Betriebsverfassungsgesetz

Band II: §§ 74–132
Gemeinschaftskommentar
11. Auflage

von

Dr. Günther Wiese
Ordinarius (em.) an der
Universität Mannheim

Dr. Peter Kreutz
Universitätsprofessor a. D.
an der Universität Kiel

Dr. Hartmut Oetker
Universitätsprofessor an
der Universität Kiel,
Richter am Thüringer
Oberlandesgericht

Dr. Thomas Raab
Universitätsprofessor an
der Universität Trier

Dr. Christoph Weber
Universitätsprofessor an
der Universität Würzburg

Dr. Martin Franzen
Universitätsprofessor an
der Universität München

Dr. Martin Gutzeit
Universitätsprofessor an
der Universität Gießen

Dr. Matthias Jacobs
Universitätsprofessor an
der Bucerius Law School
Hamburg

mitbegründet von

Dr. Fritz Fabricius (†)
weiland o. Professor an
der Universität Bochum

Dr. Alfons Kraft (†)
weiland o. Professor
an der Universität Mainz

Dr. Wolfgang Thiele (†)
weiland o. Professor
an der Universität Kiel

Gesamtredaktion:
Universitätsprofessor Dr. Hartmut Oetker

Luchterhand Verlag 2018

Bibliografische Information Der Deutschen Nationalbibliothek
Die Deutsche Nationalbibliothek verzeichnet diese Publikation in der Deutschen Nationalbibliografie; detaillierte bibliografische Daten sind im Internet über http://dnb.d-nb.de abrufbar.

ISBN 978-3-472-09523-1

www.wolterskluwer.de
www.luchterhand-fachverlag.de

Alle Rechte vorbehalten.

© 2018 by Wolters Kluwer Deutschland GmbH, Luxemburger Str. 449, 50939 Köln.

Das Werk einschließlich aller seiner Teile ist urheberrechtlich geschützt. Jede Verwertung außerhalb der engen Grenzen des Urheberrechtsgesetzes ist ohne Zustimmung des Verlages unzulässig und strafbar. Das gilt insbesondere für Vervielfältigungen, Übersetzungen, Mikroverfilmungen und die Einspeicherung und Verarbeitung in elektronischen Systemen.

Verlag und Autor übernehmen keine Haftung für inhaltliche oder drucktechnische Fehler.

Umschlagkonzeption: Martina Busch, Grafikdesign, Homburg Kirrberg

Satz: Satz-Offizin Hümmer GmbH, Waldbüttelbrunn

Druck und Weiterverarbeitung: Williams Lea & Tag GmbH, München

Gedruckt auf säurefreiem, alterungsbeständigem und chlorfreiem Papier.

Bearbeiterverzeichnis

Band II

§§ 74, 75	Kreutz/Jacobs
§§ 76, 76a	Jacobs
§§ 77, 78	Kreutz
§§ 78a, 79	Oetker
§ 80	Weber
§§ 81–86a	Franzen
§ 87 Abs. 1 Nr. 1	Wiese
§ 87 Abs. 1 Nr. 2–6, 8–13	Wiese/Gutzeit
§ 87 Abs. 1 Nr. 7, Abs. 2	Gutzeit
§§ 88, 89	Gutzeit
§§ 90, 91	Weber
§§ 92–105	Raab
§§ 106–113	Oetker
§§ 114–117	Franzen
§ 118	Weber
§§ 119–121	Oetker
§§ 122–124	nicht kommentiert
§§ 125–130, 132	Weber

Zitiervorschlag: z. B. *Wiese* GK-BetrVG, § 87 Rn. 1

Inhaltsverzeichnis

Band II

	Seite
Bearbeiterverzeichnis	V
Abkürzungsverzeichnis	XI

Vierter Teil Mitwirkung und Mitbestimmung der Arbeitnehmer ... 1

Erster Abschnitt Allgemeines ... 1

§ 74	Grundsätze für die Zusammenarbeit	1
§ 75	Grundsätze für die Behandlung der Betriebsangehörigen	55
§ 76	Einigungsstelle	126
§ 76a	Kosten der Einigungsstelle	192
§ 77	Durchführung gemeinsamer Beschlüsse, Betriebsvereinbarungen	212
§ 78	Schutzbestimmungen	411
§ 78a	Schutz Auszubildender in besonderen Fällen	445
§ 79	Geheimhaltungspflicht	499
§ 80	Allgemeine Aufgaben	524

Zweiter Abschnitt Mitwirkungs- und Beschwerderecht des Arbeitnehmers ... 577

vor § 81	Einführung	577
§ 81	Unterrichtungs- und Erörterungspflicht des Arbeitgebers	590
§ 82	Anhörungs- und Erörterungsrecht des Arbeitnehmers	597
§ 83	Einsicht in die Personalakten	604
§ 84	Beschwerderecht	635
§ 85	Behandlung von Beschwerden durch den Betriebsrat	646
§ 86	Ergänzende Vereinbarungen	655
§ 86a	Vorschlagsrecht der Arbeitnehmer	658

Dritter Abschnitt Soziale Angelegenheiten ... 664

vor § 87	Einführung	664
§ 87	Mitbestimmungsrechte	677
§ 88	Freiwillige Betriebsvereinbarungen	1105
§ 89	Arbeits- und betrieblicher Umweltschutz	1118

Vierter Abschnitt Gestaltung von Arbeitsplatz, Arbeitsablauf und Arbeitsumgebung ... 1147

vor § 90	Einführung	1147
§ 90	Unterrichtungs- und Beratungsrechte	1151
§ 91	Mitbestimmungsrecht	1165

Fünfter Abschnitt Personelle Angelegenheiten ... 1176

vor § 92 Einführung ... 1176

Erster Unterabschnitt Allgemeine personelle Angelegenheiten — 1185

§ 92	Personalplanung	1185
§ 92a	Beschäftigungssicherung	1202
§ 93	Ausschreibung von Arbeitsplätzen	1215
§ 94	Personalfragebogen, Beurteilungsgrundsätze	1237
§ 95	Auswahlrichtlinien	1266

Zweiter Unterabschnitt Berufsbildung — 1294

§ 96	Förderung der Berufsbildung	1294
§ 97	Einrichtungen und Maßnahmen der Berufsbildung	1308
§ 98	Durchführung betrieblicher Bildungsmaßnahmen	1320

Dritter Unterabschnitt Personelle Einzelmaßnahmen — 1341

§ 99	Mitbestimmung bei personellen Einzelmaßnahmen	1341
§ 100	Vorläufige personelle Maßnahmen	1461
§ 101	Zwangsgeld	1477
§ 102	Mitbestimmung bei Kündigungen	1487
§ 103	Außerordentliche Kündigung und Versetzung in besonderen Fällen	1598
§ 104	Entfernung betriebsstörender Arbeitnehmer	1652
§ 105	Leitende Angestellte	1667

Sechster Abschnitt Wirtschaftliche Angelegenheiten — 1673

vor § 106 Einführung — 1673

Erster Unterabschnitt Unterrichtung in wirtschaftlichen Angelegenheiten — 1690

§ 106	Wirtschaftsausschuss	1690
§ 107	Bestellung und Zusammensetzung des Wirtschaftsausschusses	1735
§ 108	Sitzungen	1751
§ 109	Beilegung von Meinungsverschiedenheiten	1773
§ 109a	Unternehmensübernahme	1784
§ 110	Unterrichtung der Arbeitnehmer	1792

Zweiter Unterabschnitt Betriebsänderungen — 1799

§ 111	Betriebsänderungen	1799
§ 112	Interessenausgleich über die Betriebsänderung, Sozialplan	1895
§ 112a	Erzwingbarer Sozialplan bei Personalabbau, Neugründungen	1896
§ 113	Nachteilsausgleich	2046

Fünfter Teil Besondere Vorschriften für einzelne Betriebsarten — 2083

Erster Abschnitt Seeschifffahrt — 2083

vor § 114 Einführung		2083
§ 114	Grundsätze	2086
§ 115	Bordvertretung	2101
§ 116	Seebetriebsrat	2126

Inhaltsverzeichnis

Zweiter Abschnitt Luftfahrt   2148

§ 117   Geltung für die Luftfahrt   2148

Dritter Abschnitt Tendenzbetriebe und Religionsgemeinschaften   2159

§ 118   Geltung für Tendenzbetriebe und Religionsgemeinschaften   2159

Sechster Teil Straf- und Bußgeldvorschriften   2231

§ 119   Straftaten gegen Betriebsverfassungsorgane und ihre Mitglieder   2231
§ 120   Verletzung von Geheimnissen   2255
§ 121   Bußgeldvorschriften   2272

Siebenter Teil Änderung von Gesetzen   2285

Von einer Kommentierung des Siebenten Teils (§§ 122–124) wurde abgesehen

Achter Teil Übergangs- und Schlussvorschriften   2287

§ 125   Erstmalige Wahlen nach diesem Gesetz   2287
§ 126   Ermächtigung zum Erlass von Wahlordnungen   2289
§ 127   Verweisungen   2290
§ 128   Bestehende abweichende Tarifverträge   2290
§ 129   Außerkrafttreten von Vorschriften   2291
§ 130   Öffentlicher Dienst   2292
§ 131   Berlin-Klausel   2295
§ 132   Inkrafttreten   2295

Anhang

1. Allgemeine Verwaltungsvorschrift über das Zusammenwirken der technischen Aufsichtsbeamten der Träger der Unfallversicherung mit den Betriebsvertretungen   2297

2. Allgemeine Verwaltungsvorschrift über das Zusammenwirken der Berufsgenossenschaften und der für die Bergaufsicht zuständigen Behörden   2301

3. Rahmenvereinbarung über das Zusammenwirken der staatlichen Arbeitsschutzbehörden der Länder und der Träger der gesetzlichen Unfallversicherung im Rahmen der Gemeinsamen Deutschen Arbeitsschutzstrategie (GDA)   2303

Sachverzeichnis   2309

Abkürzungsverzeichnis

a. A.	anderer Ansicht
a. a. O.	am angegebenen Ort
a. E.	am Ende
a. F.	alte Fassung
a. M.	anderer Meinung
ABG	Allgemeines Berggesetz für die preußischen Staaten vom 24. Juni 1865
ABGB	Allgemeines Bürgerliches Gesetzbuch für Österreich vom 1. Juni 1811
ABl. EG	Amtsblatt der Europäischen Gemeinschaften
ABl. EU	Amtsblatt der Europäischen Union
abl.	ablehnend
ABl.	Amtsblatt
ABl.KR	Amtsblatt des Kontrollrats in Deutschland
ABlBayArbMin.	Amtsblatt des Bayerischen Staatsministeriums für Arbeit und soziale Fürsorge bzw. Sozialordnung
Abs.	Absatz
abw.	abweichend
AcP	Archiv für die civilistische Praxis
Adomeit / Mohr AGG	*Klaus Adomeit* und *Jochen Mohr* Kommentar zum Allgemeinen Gleichbehandlungsgesetz, 2. Aufl.,Stuttgart u. a. 2011
AEntG	Gesetz über zwingende Mindestarbeitsbedingungen für grenzüberschreitend entsandte und für regelmäßig im Inland beschäftigte Arbeitnehmer und Arbeitnehmerinnen (Arbeitnehmer-Entsendegesetz) vom 20. April 2009
AEUV	Vertrag über die Arbeitsweise der Europäischen Union i. d. F. vom 9. März 2008
afa-Inf.	Informationen des Arbeitskreises für Arbeitsstudien beim DGB
AFG	Arbeitsförderungsgesetz vom 25. Juni 1969
AfP	Archiv für Presserecht. Zeitschrift für Fragen des Presse-, Urheber- und Werberechts
AFRG	Arbeitsförderungs-Reformgesetz vom 24. März 1997
AG	Aktiengesellschaft
AGBG	Gesetz zur Regelung des Rechts der Allgemeinen Geschäftsbedingungen (AGB-Gesetz) i. d. F. vom 29. Juni 2000
AGG	Allgemeines Gleichbehandlungsgesetz vom 14. August 2006
AGP	AGP-Mitteilungen, hrsg. von der Arbeitsgemeinschaft zur Förderung der Partnerschaft in der Wirtschaft e. V.
AGV	Arbeitgeberverband
AHK	Alliierte Hohe Kommission
AiB	Arbeitsrecht im Betrieb. Zeitschrift für Betriebsratsmitglieder
AK-BGB	Kommentar zum Bürgerlichen Gesetzbuch (Reihe Alternativkommentare), Gesamthrsg. *Rudolf Wassermann*, Neuwied und Darmstadt 1979 ff.
AKKR EBRG	*Georg Annuß*, *Thomas Kühn*, *Jan Rudolph* und *Hans-Jürgen Rupp* Europäische Betriebsräte-Gesetz, Kommentar, München 2014
AktG	Aktiengesetz vom 6. September 1965
AllMBl.	Allgemeines Ministerialblatt der Bayerischen Staatsregierung
AMBl.	Allgemeines Ministerialblatt
AMBV	Arbeitsmittelbenutzungsverordnung vom 11. März 1997
AmtsG	Amtsgericht
AN	Amtliche Nachrichten des Reichsversicherungsamtes

Abkürzungsverzeichnis

AnfG	Gesetz, betreffend die Anfechtung von Rechtshandlungen eines Schuldners außerhalb des Konkursverfahrens (Anfechtungsgesetz) i. d. F. vom 5. Oktober 1994
Anh.	Anhang
Anm.	Anmerkung
Annuß / Thüsing TzBfG	Kommentar zum Teilzeit- und Befristungsgesetz, hrsg. von *Georg Annuß* und *Gregor Thüsing*, 3. Aufl., Frankfurt a. M. 2012
AnwBl.	Anwaltsblatt
AO	Abgabenordnung i. d. F. vom 1. Oktober 2002
AOG	Gesetz zur Ordnung der nationalen Arbeit vom 20. Januar 1934
AOGÖ	Gesetz zur Ordnung der Arbeit in öffentlichen Verwaltungen und Betrieben vom 23. März 1934
AöR	Archiv des öffentlichen Rechts
AP	Arbeitsrechtliche Praxis (Nachschlagewerk des Bundesarbeitsgerichts)
APS	Kündigungsrecht – Großkommentar zum gesamten Recht der Beendigung von Arbeitsverhältnissen, hrsg. von *Reiner Ascheid*, *Ulrich Preis* und *Ingrid Schmidt*, 5. Aufl., München 2017
AR	Kommentar zum gesamten Arbeitsrecht, hrsg. von *Gregor Dornbusch*, *Ernst Fischermeier* und *Manfred Löwisch*, 8. Aufl., Köln 2016
Arbeitgeberverband Metall Hessen	Das neue Betriebsverfassungsgesetz. Hinweise für die Praxis, hrsg. vom Arbeitgeberverband der hessischen Metallindustrie e. V. Frankfurt (Main) und von der Vereinigung der hessischen Arbeitgeberverbände e. V. Frankfurt (Main), 2. Aufl., Frankfurt a. M. 1972
Arbeitsring Chemie	Betriebsverfassungsgesetz 72. Überblick, Erläuterungen und praktische Hinweise, hrsg. vom Arbeitsring der Arbeitgeberverbände der Deutschen Chemischen Industrie e. V., Heidelberg 1972
ArbG	Arbeitsgericht
ArbGeb.	der Arbeitgeber (Zeitschrift)
ArbGG	Arbeitsgerichtsgesetz i. d. F. vom 2. Juli 1979
AR-Blattei	Arbeitsrecht-Blattei
AR-Blattei ES	Arbeitsrecht-Blattei Entscheidungssammlung
AR-Blattei SD	Arbeitsrecht-Blattei Systematische Darstellungen
ArbMedV	Verordnung zur arbeitsmedizinischen Vorsorge vom 18. Dezember 2008
ArbMin.	Arbeitsminister(ium)
ArbN	Der saarländische Arbeitnehmer (Zeitschrift)
ArbNErfG	Gesetz über Arbeitnehmererfindungen vom 25. Juli 1957
ArbPlSchG	Gesetz über den Schutz des Arbeitsplatzes bei Einberufung zum Wehrdienst (Arbeitsplatzschutzgesetz) i. d. F. vom 16. Juli 2009
ArbR	Arbeitsrecht (Zeitschrift)
ArbRAktuell	Arbeitsrecht aktuell (Zeitschrift)
ArbRB	Der Arbeits-Rechts-Berater (Zeitschrift)
ArbRPr.	Arbeitsrechtspraxis (Zeitschrift)
ArbSch.	Arbeitsschutz (Fachbeilage des Bundesarbeitsblattes)
ArbSchG	Gesetz über die Durchführung von Maßnahmen des Arbeitsschutzes zur Verbesserung der Sicherheit und des Gesundheitsschutzes der Beschäftigten bei der Arbeit (Arbeitsschutzgesetz) vom 7. August 1996
ArbStättV	Verordnung über Arbeitsstätten (Arbeitsstättenverordnung) vom 12. August 2004
ArbStoffV	Verordnung über gefährliche Arbeitsstoffe (Arbeitsstoffverordnung) i. d. F. vom 11. Februar 1982

Abkürzungsverzeichnis

ArbuSozPol.	Arbeit und Sozialpolitik (Zeitschrift)
ArbuSozR	Arbeits- und Sozialrecht. Mitteilungsblatt des Arbeits- und Sozialministeriums Baden-Württemberg
ArbVG	Arbeitsverfassungsgesetz vom 14. Dezember 1973 (Österreich)
ArbZG	Arbeitszeitgesetz vom 6. Juni 1994
ArbZRG	Gesetz zur Vereinheitlichung und Flexibilisierung des Arbeitsrechts (Arbeitszeitrechtsgesetz) vom 6. Juni 1994
arg.	argumentum
ARS	Arbeitsrechtssammlung. Entscheidungen des Reichsarbeitsgerichts, der Landesarbeitsgerichte und Arbeitsgerichte
ARSt.	Arbeitsrecht in Stichworten (Zeitschrift)
Art.	Artikel
ASiG	Gesetz über Betriebsärzte, Sicherheitsingenieure und andere Fachkräfte für Arbeitssicherheit (Arbeitssicherheitsgesetz) vom 12. Dezember 1973
ASP	Arbeitsmedizin, Sozialmedizin, Präventivmedizin (Zeitschrift)
AtomG	Gesetz über die friedliche Verwendung der Kernenergie und der Schutz gegen ihre Gefahren (Atomgesetz) i. d. F. vom 15. Juli 1985
AuA	Arbeit und Arbeitsrecht (Zeitschrift)
AuB	arbeit und beruf (Zeitschrift)
Auffarth / Müller KSchG	*Fritz Auffarth* und *Gerhard Müller* Kündigungsschutzgesetz. Handkommentar für die Praxis, Berlin und Frankfurt a. M. 1960
Aufl.	Auflage
AÜG	Gesetz zur Regelung der gewerbsmäßigen Arbeitnehmerüberlassung (Arbeitnehmerüberlassungsgesetz) i. d. F. vom 3. Februar 1995
AuL	Arbeit und Leistung (Zeitschrift)
AuR	Arbeit und Recht (Zeitschrift)
AV	Allgemeine Verwaltungsvorschrift
AVG	Angestelltenversicherungsgesetz i. d. F. vom 28. Mai 1924
AVO	Ausführungsverordnung
AWD	Außenwirtschaftsdienst des Betriebsberaters. Recht der internationalen Wirtschaft (Zeitschrift)
Az.	Aktenzeichen
AZO	Arbeitszeitordnung vom 30. April 1938
BAFISBAÜbnG	Gesetz zur Übernahme der Beamten und Arbeitnehmer der Bundesanstalt für Flugsicherung vom 23. Juli 1992
BAG	Bundesarbeitsgericht
BAGE	Entscheidungen des Bundesarbeitsgerichtes. Amtliche Sammlung
BAGR	BAG Report, Schnelldienst zur arbeitsrechtlichen Rechtsprechung des Bundesarbeitsgerichts und des Europäischen Gerichtshofes
BAnz.	Bundesanzeiger
BArbBl.	Bundesarbeitsblatt
BAT	Bundesangestelltentarifvertrag
Bauer / Krieger AGG	*Jobst-Hubertus Bauer* und *Steffen Krieger* Allgemeines Gleichbehandlungsgesetz. Kommentar, 4. Aufl., München 2015
Baumbach / Lauterbach ZPO	Zivilprozeßordnung. Kommentar, begründet von *Adolf Baumbach*, fortgeführt von *Wolfgang Lauterbach*, nunmehr bearbeitet von *Jan Albers* und *Peter Hartmann*, 75. Aufl., München 2017
BaustellV	Verordnung über Sicherheit und Gesundheitsschutz auf Baustellen (Baustellenverordnung) vom 10. Juni 1998
BayObLG	Bayerisches Oberstes Landesgericht
BB	Betriebs-Berater (Zeitschrift)
BBergG	Bundesberggesetz vom 13. August 1980
BBG	Bundesbeamtengesetz i. d. F. vom 31. März 1999

Abkürzungsverzeichnis

BBiG	Berufsbildungsgesetz vom 23. März 2005
Bd., Bde.	Band, Bände
BDA	Bundesvereinigung der Deutschen Arbeitgeberverbände
BDO	Bundesdisziplinarordnung i. d. F. vom 20. Juli 1967
BDSG	Bundesdatenschutzgesetz i. d. F. vom 14. Januar 2003
BDSG 2017	Bundesdatenschutzgesetz vom 30. Juni 2017
BeamtStG	Gesetz zur Regelung des Statusrechts der Beamtinnen und Beamten in den Ländern (Beamtenstatusgesetz) vom 17. Juni 2008
Becker/Wulfgramm AÜG	*Friedrich Becker* und *Jörg Wulfgramm* Kommentar zum Arbeitnehmerüberlassungsgesetz, 3. Aufl., Neuwied 1985, Nachtrag 1986
BeckOK ArbR	Beck'scher Online-Kommentar Arbeitsrecht, hrsg. von *Christian Rolfs*, *Reinhard Giesen*, *Ralf Kreikebohm* und *Peter Udsching*, 43. Edition, 1. März 2017/1. April 2017
BeckRS	Beck-Rechtsprechung (online Datenbank)
BEEG	Gesetz zum Elterngeld und zur Elternzeit (Bundeselterngeld- und Elternzeitgesetz) vom 5. Dezember 2006
Beil.	Beilage
Belling Haftung des Betriebsrats	*Detlev W. Belling* Die Haftung des Betriebsrats und seiner Mitglieder für Pflichtverletzungen, Tübingen 1990
BEM	Betriebliches Eingliederungsmanagement
Bem.	Bemerkung
BErzGG	Gesetz über die Gewährung von Erziehungsgeld und Erziehungsurlaub (Bundeserziehungsgeldgesetz) i. d. F. vom 9. Februar 2004
BeschFG 1985	Gesetz über arbeitsrechtliche Vorschriften zur Beschäftigungsförderung (Beschäftigungsförderungsgesetz) vom 26. April 1985
BeschFG 1996	Arbeitsrechtliches Gesetz zur Förderung von Wachstum und Beschäftigung (Arbeitsrechtliches Beschäftigungsförderungsgesetz) vom 25. September 1996
BeschSchG	Gesetz zum Schutz der Beschäftigten vor sexueller Belästigung am Arbeitsplatz (Beschäftigtenschutzgesetz) vom 24. Juni 1994
Besgen	*Nicolai Besgen* Handbuch Betriebsverfassungsrecht, 2. Aufl., Stuttgart u. a. 2010
bestr.	bestritten
betr.	betreffend
BetrAVG	Gesetz zur Verbesserung der betrieblichen Altersversorgung (Betriebsrentengesetz) vom 19. Dezember 1974
BetrR	Der Betriebsrat. Mitteilungen für die Betriebsräte der IG Chemie-Papier- Keramik (Zeitschrift, bis 1998)
BetrSichV	Verordnung über Sicherheit und Gesundheitsschutz bei der Verwendung von Arbeitsmitteln (Betriebssicherheitsverordnung) vom 3. Februar 2015
BetrV	Die Betriebsverfassung (Zeitschrift, bis 1959)
BetrVerf-ReformG	Gesetz zur Reform des Betriebsverfassungsgesetzes vom 23. Juli 2001
BetrVG 1952	Betriebsverfassungsgesetz vom 11. Oktober 1952 (AP-Zitate ohne Zusatz 1952)
BetrVG, BetrVG 1972	Betriebsverfassungsgesetz i. d. F. vom 25. September 2001
BfA	Bundesversicherungsanstalt für Angestellte
BfAIPG	Gesetz über das Personal der Bundesagentur für Außenwirtschaft vom 8. Dezember 2008
BFH	Bundesfinanzhof
BFHE	Entscheidungen des Bundesfinanzhofes. Amtliche Sammlung
BFH/NV	Sammlung amtlich nicht veröffentlichter Entscheidungen des Bundesfinanzhofs (Zeitschrift)

Abkürzungsverzeichnis

BG	Die Berufsgenossenschaft (Zeitschrift)
BGB	Bürgerliches Gesetzbuch i. d. F. vom 2. Januar 2002
BGBl. I, II, III	Bundesgesetzblatt Teil I, II, III
BGB-RGRK	Das Bürgerliche Gesetzbuch mit besonderer Berücksichtigung der Rechtsprechung des Reichsgerichts und des Bundesgerichtshofes, Kommentar; 11. Aufl. hrsg. von Reichsgerichtsräten und Bundesrichtern, Berlin 1959–1970; 12. Aufl. hrsg. von Mitgliedern des Bundesgerichtshofes, Berlin und New York 1974 ff.
BGH	Bundesgerichtshof
BGHSt.	Entscheidungen des Bundesgerichtshofes in Strafsachen. Amtliche Sammlung
BGHZ	Entscheidungen des Bundesgerichtshofes in Zivilsachen. Amtliche Sammlung
Biedenkopf Tarifautonomie	*Kurt H. Biedenkopf* Grenzen der Tarifautonomie, Karlsruhe 1964
BildscharbV	Verordnung über Sicherheit und Gesundheitsschutz bei der Arbeit an Bildschirmgeräten vom 4. Dezember 1996
BImSchG	Gesetz zum Schutz vor schädlichen Umwelteinwirkungen durch Luftverunreinigungen, Geräusche, Erschütterungen und ähnliche Vorgänge (Bundes-Immissionsschutzgesetz) i. d. F. vom 17. Mai 2013
BioStoffV	Verordnung über Sicherheit und Gesundheitsschutz bei Tätigkeiten mit Biologischen Arbeitsstoffen (Biostoffverordnung) vom 15. Juli 2013
Bitzer	*Walter Bitzer* Die Wahl der Betriebsvertretungen, Köln 1972
BKV	Berufskrankheiten-Verordnung vom 31. Oktober 1997
Bl.	Blatt
Blanke EBRG	*Thomas Blanke* Europäische Betriebsräte-Gesetz. Kommentar, 2. Aufl., Baden-Baden 2006
Bleistein	*Franzjosef Bleistein* Betriebsverfassung in der Praxis. Praxisnaher Leitfaden und Kommentar zum Betriebsverfassungsgesetz 1972, 3. Aufl., Bonn 1977
BlStSozArbR	Blätter für Steuerrecht, Sozialversicherung und Arbeitsrecht (Zeitschrift, bis 1985)
BMA	Bundesminister(ium) für Arbeit und Sozialordnung
BMAS	Bundesminister(ium) für Arbeit und Soziales
BMF	Bundesminister(ium) der Finanzen
BMT-G	Bundesmanteltarifvertrag für Arbeiter gemeindlicher Verwaltungen und Betriebe
BMWA	Bundesminister(ium) für Wirtschaft und Arbeit
Bobrowski / Gaul Das Arbeitsrecht im Betrieb I, II	Das Arbeitsrecht im Betrieb von der Einstellung bis zur Entlassung, begründet von *Paul Bobrowski*, seit der 3. Aufl. weitergeführt von *Dieter Gaul*, 2 Bände, 7. Aufl., Heidelberg 1979
Boemke / Lembke AÜG	Arbeitnehmerüberlassungsgesetz. Kommentar, hrsg. von *Burkhard Boemke* und *Mark Lembke*, 3. Aufl., Frankfurt a. M. 2013
Bohn	*Hans Bohn* Das Betriebsverfassungsgesetz vom 11. Oktober 1952 nebst Erläuterungen für die betriebliche Praxis, 4. Aufl., Düsseldorf 1962
Bohn / Schlicht	*Hans Bohn* und *Michael Schlicht* Betriebsverfassungsgesetz vom 15. Januar 1972 und Wahlordnung vom 16. Januar 1972. Kommentar für die betriebliche Praxis, 3. Aufl., Düsseldorf 1982
BPersVG	Bundespersonalvertretungsgesetz vom 15. März 1974
BRAGO	Bundesgebührenordnung für Rechtsanwälte vom 26. Juli 1957
Brand SGB III	SGB III – Sozialgesetzbuch Arbeitsförderung, Kommentar, hrsg. von *Jürgen Brand*, 7. Aufl., München 2015

Abkürzungsverzeichnis

Braun InsO	Insolvenzordnung. Kommentar, hrsg. von *Eberhard Braun*, 7. Aufl., München 2017
BR-Drucks.	Drucksache des Deutschen Bundesrates
Brecht	*Hans-Theo Brecht* Kommentar zum Betriebsverfassungsgesetz nebst Wahlordnung, Herne, Berlin 1972
Breithaupt	Sammlung von Entscheidungen aus dem Sozialrecht
BRG 1920	Betriebsrätegesetz vom 4. Februar 1920
BRO BetrAVG	*Wolfgang Blomeyer, Christian Rolfs* und *Klaus Otto* Betriebsrentengesetz – Gesetz zur Verbesserung der betrieblichen Altersversorgung. Kommentar, 6. Aufl., München 2015
Bross Arbeitsstrafrecht	Handbuch Arbeitsstrafrecht, hrsg. von *Nikolaus Bross*, Köln 2017
Brox/Rüthers Arbeitskampfrecht	*Hans Brox, Bernd Rüthers, Wilfried Schlüter* und *Friedrich Jülicher* Arbeitskampfrecht, 2. Aufl., Stuttgart 1982
Brox/Rüthers/Henssler Arbeitsrecht	*Hans Brox, Bernd Rüthers* und *Martin Henssler* Arbeitsrecht, 19. Aufl., Stuttgart, 2016
BR-Prot.	Stenografische Berichte der Sitzungen des Deutschen Bundesrates
BRRG	Rahmengesetz zur Vereinheitlichung des Beamtenrechts (Beamtenrechtsrahmengesetz) i. d. F. vom 31. März 1999
BSchG	Gesetz betreffend die privatrechtlichen Verhältnisse der Binnenschiffahrt i. d. F. vom 20. Mai 1898
BSG	Bundessozialgericht
BSGE	Entscheidungen des Bundessozialgerichtes. Amtliche Sammlung
BSHG	Bundessozialhilfegesetz i. d. F. vom 23. März 1994
BStBl. I, II, III	Bundessteuerblatt Teil I, II, III
BT	Deutscher Bundestag
BT-Drucks.	Drucksache des Deutschen Bundestages
BtG	Gesetz zur Reform des Rechts der Vormundschaft und Pflegschaft für Volljährige (Betreuungsgesetz) vom 12. September 1990
BTHG	Gesetz zur Stärkung der Teilhabe und Selbstbestimmung von Menschen mit Behinderungen (Bundesteilhabegesetz) vom 23. Dezember 2016
BT-Prot.	Stenografische Berichte der Sitzungen des Deutschen Bundestages
Buchner/Becker	*Herbert Buchner* und *Ulrich Becker* Mutterschutzgesetz/Bundeselterngeld- und Elternzeitgesetz. Kommentar, begründet von *Gustav-Adolf Bulla*, 8. Aufl., München 2008
Buchst.	Buchstabe(n)
Bührig	*Erich Bührig* Handbuch der Betriebsverfassung, Köln 1953
Bundesvereinigung	Bundesvereinigung der Deutschen Arbeitgeberverbände, Das neue Betriebsverfassungsgesetz, Köln 1972
BUrlG	Mindesturlaubsgesetz für Arbeitnehmer (Bundesurlaubsgesetz) vom 8. Januar 1963
Buschmann/Ulber	*Rudolf Buschmann* und *Jürgen Ulber* Arbeitszeitgesetz, 8. Aufl., Frankfurt a. M. 2015
BUV	Betriebs- und Unternehmensverfassung (Zeitschrift)
BuW	Betrieb und Wirtschaft (Zeitschrift)
BVerfG	Bundesverfassungsgericht
BVerfGE	Entscheidungen des Bundesverfassungsgerichtes. Amtliche Sammlung
BVerfGG	Gesetz über das Bundesverfassungsgericht i. d. F. vom 11. August 1993
BVerwG	Bundesverwaltungsgericht
BVerwGE	Entscheidungen des Bundesverwaltungsgerichtes. Amtliche Sammlung
BwKoopG	Kooperationsgesetz der Bundeswehr vom 30. Juli 2004

BWpVerwPG	Gesetz über das Personal der Bundeswertpapierverwaltung (Bundeswertpapierverwaltungspersonalgesetz) vom 12. Juli 2006
bzw.	beziehungsweise
CCZ	Corporate Compliance Zeitschrift
CEN	Europäische Kommission für Normung
CENELEC	Europäische Kommission für elektrotechnische Normung
ChemG	Gesetz zum Schutz vor gefährlichen Stoffen (Chemikaliengesetz) i. d. F. vom 28. August 2013
CR	Computer und Recht (Zeitschrift)
Cramer SGB IX	*Horst H. Cramer* SGB IX. Kommentar zum Recht schwerbehinderter Menschen, begründet von *Karl Jung* und *Horst H. Cramer*, 6. Aufl., München 2011
CSR-Richtlinie	Richtlinie 2014/95/EU des Europäischen Parlaments und des Rates vom 22. Oktober 2014 zur Änderung der Richtlinie 2013/34/EU im Hinblick auf die Angabe nichtfinanzieller und die Diversität betreffender Informationen durch bestimmte große Unternehmen und Gruppen
d. h.	das heißt
Dachrodt / Engelbert	Praktiker-Kommentar zum Betriebsverfassungsrecht, hrsg. von *Heinz-G. Dachrodt* und *Volker Engelbert*, Herne und Berlin 2002
DAG	Deutsche Angestellten-Gewerkschaft
DAngest.	Der Angestellte (Zeitschrift)
dass.	dasselbe
Däubler Arbeitskampfrecht	Arbeitskampfrecht. Handbuch für die Rechtspraxis, hrsg. von *Wolfgang Däubler*, 3. Aufl., Baden-Baden 2011
Däubler Das Arbeitsrecht 1, 2	*Wolfgang Däubler* Das Arbeitsrecht 1, 16. Aufl., Reinbek bei Hamburg 2006, Das Arbeitsrecht 2, 12. Aufl., Reinbek bei Hamburg 2009
Däubler Gewerkschaftsrechte im Betrieb	*Wolfgang Däubler* Gewerkschaftsrechte im Betrieb. Handkommentar, 12. Aufl., Baden-Baden 2016
Däubler Tarifvertragsrecht	*Wolfgang Däubler* Tarifvertragsrecht, 3. Aufl., Baden-Baden 1993
Däubler TVG	Kommentar zum Tarifvertragsgesetz, hrsg. von *Wolfgang Däubler*, 4. Aufl., Baden-Baden 2016
DB	Der Betrieb (Zeitschrift)
DBGrG	Gesetz über die Gründung einer Deutsche Bahn Aktiengesellschaft (Deutsche Bahn Gründungsgesetz) vom 27. Dezember 1993
DBW	Die Betriebswirtschaft (Zeitschrift)
DDZ KSchR	Kündigungsschutzrecht. Kommentar für die Praxis, hrsg. von, *Wolfgang Däubler*, *Olaf Deinert* und *Bertram Zwanziger*, 10. Aufl., Frankfurt a. M. 2017
Denecke / Neumann / Biebl AZO	Arbeitszeitordnung. Kommentar, begründet von *Johannes Denecke*, fortgeführt von *Dirk Neumann* und *Josef Biebl*, 11. Aufl., München 1991
ders.	derselbe
DGB	Deutscher Gewerkschaftsbund
dgl.	dergleichen, desgleichen
Die AG	Die Aktiengesellschaft (Zeitschrift)
dies.	dieselbe(n)
Dietz	*Rolf Dietz* Betriebsverfassungsgesetz mit Wahlordnung. Kommentar, 4. Aufl., München und Berlin 1967
Dietz PersVG	*Rolf Dietz* Personalvertretungsgesetz mit Wahlordnung. Kommentar, München und Berlin 1956
Dietz / Nikisch ArbGG	*Rolf Dietz* und *Arthur Nikisch* Arbeitsgerichtsgesetz. Kommentar, München und Berlin 1954

Abkürzungsverzeichnis

Dietz / Richardi	Betriebsverfassungsgesetz. Kommentar, begründet von *Rolf Dietz*, fortgeführt von *Reinhard Richardi*, Bd. 1: §§ 1–73 mit Wahlordnung, 6. Aufl., München 1981; Bd. 2: §§ 74 – Schluss mit Betriebsverfassungsgesetz 1952, 6. Aufl., München 1982
Dietz / Richardi BPersVG	Bundespersonalvertretungsgesetz Kommentar, begründet von *Rolf Dietz*, fortgeführt von *Reinhard Richardi*, Bd. 1: §§ 1–52, 2. Aufl., München 1978; Bd. 2: §§ 53 – Schluss mit Wahlordnung, 2. Aufl., München 1978
DIN	Deutsches Institut für Normung
Diss.	Dissertation
DJT	Deutscher Juristentag
DKKW	Betriebsverfassungsgesetz. Kommentar für die Praxis, hrsg. von *Wolfgang Däubler, Michael Kittner, Thomas Klebe* und *Peter Wedde*, 15. Aufl., Frankfurt a. M. 2016 (Fortführung des Werkes von *Gnade / Kehrmann / Schneider / Blanke* [s.u.], bis zur 5. Aufl. mithrsg. von *Wolfgang Schneider*)
DMBilG	Gesetz über die Eröffnungsbilanz in Deutscher Mark und die Kapitalneufestsetzung (D-Markbilanzgesetz) i. d. F. vom 28. Juli 1994
DMitbest.	Die Mitbestimmung (Zeitschrift, ab 1982; bis 1981 MitbestGespr.)
Dörner / Wildschütz	*Klemens Maria Dörner* und *Martin Wildschütz* Praktisches Arbeitsrecht II, Köln 1993
DöV	Die öffentliche Verwaltung (Zeitschrift)
DP	Das Personal (Zeitschrift)
DRdA	Das Recht der Arbeit (österreichische Zeitschrift)
DrittelbG	Gesetz über die Drittelbeteiligung der Arbeitnehmer im Aufsichtsrat (Drittelbeteiligungsgesetz) vom 18. Mai 2004
DSAnpUG-EU	Gesetz zur Anpassung des Datenschutzrechts an die Verordnung (EU) 2016/679 und zur Umsetzung der Richtlinie (EU) 2016/680 (Datenschutz-Anpassungs- und Umsetzungsgesetz EU) vom 30. Juni 2017
DS-GVO	Verordnung (EU) 2016/679 des Europäischen Parlaments und des Rates vom 27. April 2016 zum Schutz natürlicher Personen bei der Verarbeitung personenbezogener Daten (Datenschutz-Grundverordnung)
DStR	Deutsches Steuerrecht (Zeitschrift)
DStZ	Deutsche Steuer-Zeitung (Zeitschrift)
DSWR	Datenverarbeitung in Steuer, Wirtschaft und Recht (Zeitschrift)
DuD	Datenschutz und Datensicherung (Zeitschrift)
DuR	Demokratie und Recht (Zeitschrift)
Dütz / Thüsing Arbeitsrecht	*Wilhelm Dütz* und *Gregor Thüsing* Arbeitsrecht, 21. Aufl., München 2016
Düwell / Lipke ArbGG	Arbeitsgerichtsgesetz, Kommentar zum gesamten Arbeitsverfahrensrecht, hrsg. von *Franz Josef Düwell* und *Gert-Albert Lipke*, 4. Aufl., Köln 2016
DVO	Durchführungsverordnung
DVR	Datenverarbeitung und Recht (Zeitschrift)
DZWIR (DZWir.)	Deutsche Zeitschrift für Wirtschafts- und Insolvenzrecht (bis 1999: Deutsche Zeitschrift für Wirtschaftsrecht)
e. V.	eingetragener Verein
EAS	Europäisches Arbeits- und Sozialrecht (Loseblattsammlung), hrsg. von *Hartmut Oetker* und *Ulrich Preis*, Heidelberg 1994 ff.
EBRG	Gesetz über Europäische Betriebsräte (Europäische Betriebsräte-Gesetz) i. d. F. vom 7. Dezember 2011

EBRG 1996	Gesetz über Europäische Betriebsräte (Europäische Betriebsräte-Gesetz) vom 28. Oktober 1996
EDV	Elektronische Datenverarbeitung
EFG	Entscheidungen der Finanzgerichte (Zeitschrift)
EFZG	Gesetz über die Zahlung des Arbeitsentgelts an Feiertagen und im Krankheitsfall (Entgeltfortzahlungsgesetz) vom 26. Mai 1994
EG	Einführungsgesetz/Europäische Gemeinschaft(en)/EG-Vertrag i. d. F. des Vertrages von Nizza sowie unter Berücksichtigung der Beitrittsakte vom 16. April 2003
eG	eingetragene Genossenschaft
EGBGB	Einführungsgesetz zum Bürgerlichen Gesetzbuch i. d. F. vom 21. September 1994
EGV	Vertrag zur Gründung der Europäischen Gemeinschaft i. d. F. vom 7. Februar 1992
EMRK	Konvention zum Schutze der Menschenrechte und Grundfreiheiten vom 4. November 1950
EntgTranspG	Gesetz zur Förderung der Entgelttransparenz zwischen Frauen und Männern (Entgelttransparenzgesetz) vom 30. Juni 2017
Entsch.	Entscheidung
EntschKal.	Entscheidungskalender. Arbeits- und Sozialrecht, Verwaltungsrecht
Erdmann	*Gerhard Erdmann* Das Betriebsverfassungsgesetz vom 11. Oktober 1952, 2. Aufl., Neuwied 1954
Erdmann/Jürging/Kammann	*Ernst-Gerhard Erdmann, Claus Jürging* und *Karl-Udo Kammann* Betriebsverfassungsgesetz. Kommentar für die Praxis, Neuwied und Berlin 1972
ErfK	Erfurter Kommentar zum Arbeitsrecht, hrsg. von *Rudi Müller-Glöge, Ulrich Preis* und *Ingrid Schmidt*, 17. Aufl., München 2017
Erl.	Erläuterungen
Erman BGB	Bürgerliches Gesetzbuch. Handkommentar, begründet von *Walter Erman*, fortgeführt von *Harm Peter Westermann* und *Barbara Grunewald*, 14. Aufl., Köln 2014
EStDV	Einkommensteuer-Durchführungsverordnung i. d. F. vom 10. Mai 2000
EStG	Einkommensteuergesetz i. d. F. vom 8. Oktober 2009
etc.	et cetera
Etzel	*Gerhard Etzel* Betriebsverfassungsrecht. Eine systematische Darstellung, 8. Aufl., Neuwied und Kriftel 2002
EuArbR	Kommentar zum europäischen Arbeitsrecht, hrsg. von *Martin Franzen, Inken Gallner* und *Hartmut Oetker*, München 2016
EU-DSGVO	EU-Datenschutz-Grundverordnung
EuGH	Europäischer Gerichtshof
EuroAS	Informationsdienst Europäisches Arbeits- und Sozialrecht
EuZA	Europäische Zeitschrift für Arbeitsrecht (EJLL – European Journal of Labour Law)
EuZW	Europäische Zeitschrift für Wirtschaftsrecht
evtl.	eventuell
EWG	Europäische Wirtschaftsgemeinschaft
EWGV	Vertrag zur Gründung der Europäischen Wirtschaftsgemeinschaft vom 25. März 1957
EWiR	Entscheidungen zum Wirtschaftsrecht (Entscheidungssammlung)
EzA	Entscheidungssammlung zum Arbeitsrecht, hrsg. von *Eugen Stahlhacke* und *Burghard Kreft*
EzAÜG	Entscheidungssammlung zum Arbeitnehmerüberlassungsgesetz
EzB	Entscheidungssammlung zum Berufsbildungsrecht

Abkürzungsverzeichnis

EzBAT	Entscheidungssammlung zum Bundesangestelltentarifvertrag
f., ff.	folgende
FA	Fachanwalt Arbeitsrecht (Zeitschrift)
Fabricius Unternehmensrechtsreform	*Fritz Fabricius* Unternehmensrechtsreform und Mitbestimmung in einer sozialen Marktwirtschaft, Stuttgart u. a. 1982
FAHdB ArbR	Handbuch des Fachanwalts Arbeitsrecht, hrsg. von *Klemens Dörner, Stefan Luczak, Martin Wildschütz, Ulrich Baeck* und *Axel Hoß*, 13. Aufl., Köln 2015
FamFG	Gesetz über das Verfahren in Familiensachen und in den Angelegenheiten der freiwilligen Gerichtsbarkeit vom 17. Dezember 2008
FBO UWG	Lauterkeitsrecht – Kommentar zum Gesetz gegen den unlauteren Wettbewerb (UWG), hrsg. von *Karl-Heinz Fezer, Wolfgang Büscher* und *Eva Ines Obergfell*, 3.Aufl., München 2016
FernmG	Gesetz über Fernmeldeanlagen i. d. F. vom 3. Juli 1989
FG	Finanzgericht
FGG	Gesetz über die Angelegenheiten der freiwilligen Gerichtsbarkeit i. d. F. vom 20. Mai 1898
FinDAG	Gesetz über die Bundesanstalt für Finanzdienstleistungsaufsicht vom 22. April 2002
Fischer StGB	Strafgesetzbuch und Nebengesetze. Kommentar, begr. von *Eduard Dreher*, fortgeführt von *Herbert Tröndle*, nunmehr bearbeitet von *Thomas Fischer*, 64. Aufl., München 2017
Fitting	Betriebsverfassungsgesetz. Handkommentar, begründet von *Karl Fitting*, fortgeführt von *Gerd Engels, Ingrid Schmidt, Yvonne Trebinger* und *Wolfgang Linsenmaier*, 28. Aufl., München 2016
Fitting / Auffarth	*Karl Fitting, Fritz Auffarth* und *Heinrich Kaiser* Betriebsverfassungsgesetz. Handkommentar, 10. Aufl., München 1972
Fitting / Auffarth / Kaiser Das neue Betriebsverfassungsrecht	*Karl Fitting, Fritz Auffarth* und *Heinrich Kaiser* Das neue Betriebsverfassungsrecht, München 1972
Fitting / Auffarth / Kaiser / Heither	Betriebsverfassungsgesetz. Handkommentar, begründet von *Karl Fitting*, fortgeführt von *Fritz Auffarth, Heinrich Kaiser* und *Friedrich Heither*, 17. Aufl., München 1992
Fitting / Kaiser / Heither / Engels	Betriebsverfassungsgesetz. Handkommentar, begründet von *Karl Fitting*, fortgeführt von *Heinrich Kaiser, Friedrich Heither, Gerd Engels* und *Ingrid Schmidt*, 20. Aufl., München 2000
Fitting / Kraegeloh / Auffarth	*Karl Fitting* und *Fritz Auffarth* Betriebsverfassungsgesetz nebst Wahlordnung. Handkommentar für die Praxis, 9. Aufl., Berlin und Frankfurt a. M. 1970
Fitting / Wlotzke / Wißmann MitbestG	*Karl Fitting, Otfried Wlotzke* und *Hellmut Wißmann* Mitbestimmungsgesetz mit Wahlordnungen. Kommentar, 2. Aufl., München 1978
FK-InsO	Frankfurter Kommentar zur Insolvenzordnung, hrsg. von *Klaus Wimmer*, 8. Aufl., Köln 2015
FlaggRG	Gesetz über das Flaggenrecht der Seeschiffe und die Flaggenführung der Binnenschiffe (Flaggenrechtsgesetz) i. d. F. vom 26. Oktober 1994
Floretta / Spielbüchler / Strasser Arbeitsrecht II	*Hans Floretta, Karl Spielbüchler* und *Rudolf Strasser* Arbeitsrecht Bd. 2, 4. Aufl., Wien 2001
Floretta / Strasser ArbVG	*Hans Floretta, Rudolf Strasser* Kommentar zum Arbeitsverfassungsgesetz, Wien 1975
Fn.	Fußnote
FPfZG	Gesetz über die Familienpflegezeit (Familienpflegezeitgesetz) vom 7. Dezember 2011

Frauenkron	*Karl-Peter Frauenkron* Betriebsverfassungsgesetz mit Wahlordnung. Kommentar, Stuttgart u. a. 1972
Frauenkron Grundriß	*Karl-Peter Frauenkron* Betriebsverfassungsrecht mit Gesetzestext und Wahlordnung. Grundriß für Studium und Praxis, Bonn 1980
Friese Koalitionsfreiheit	*Birgit Friese* Kollektive Koalitionsfreiheit und Betriebsverfassung, Berlin 2000
Fuchs / Marhold Europäisches Arbeitsrecht	*Maximilian Fuchs* und *Franz Marhold* Europäisches Arbeitsrecht, 4. Aufl., Wien und New York 2014
G	Gesetz
GABl.	Gemeinsames Amtsblatt
Gagel SGB III	Sozialgesetzbuch III – Arbeitsförderung. Kommentar, hrsg. von *Alexander Gagel*, Loseblatt, München 1978 ff.
Galperin Leitfaden	*Hans Galperin* Das Betriebsverfassungsgesetz 1972. Leitfaden für die Praxis, Heidelberg 1972
Galperin Regierungsentwurf	*Hans Galperin* Der Regierungsentwurf eines neuen Betriebsverfassungsgesetzes, Düsseldorf 1971
Galperin / Löwisch	Kommentar zum Betriebsverfassungsgesetz, Bd. I: Organisation der Betriebsverfassung (§§ 1–73 mit Wahlordnung), bearbeitet von *Manfred Löwisch* und *Rolf Marienhagen*, 6. Aufl., Heidelberg 1982; Bd. II: Regelung der Mitbestimmung (§§ 74–132), bearbeitet von *Manfred Löwisch* unter Mitarbeit von *Bernd Kröger*, 6. Aufl., Heidelberg 1982
Galperin / Siebert	*Hans Galperin* und *Wolfgang Siebert* Kommentar zum Betriebsverfassungsgesetz, 4. Aufl., Heidelberg 1963
Gamillscheg Arbeitsrecht I, II	*Franz Gamillscheg* Arbeitsrecht Bd. I: Arbeitsvertrags- und Arbeitsschutzrecht, 8. Aufl., München 2000; Bd. II: Kollektives Arbeitsrecht, 6. Aufl., München 1984
Gamillscheg I	*Franz Gamillscheg* Kollektives Arbeitsrecht Bd. I, München 1997
Gamillscheg II	*Franz Gamillscheg* Kollektives Arbeitsrecht Bd. II, München 2008
Gaul Betriebs- und Unternehmensspaltung	*Björn Gaul* Das Arbeitsrecht der Betriebs- und Unternehmensspaltung. Gestaltung von Betriebsübergang Outsourcing Umwandlung, Köln 2002
Gaul Das Arbeitsrecht im Betrieb I, II	*Dieter Gaul* Das Arbeitsrecht im Betrieb von der Einstellung bis zur Entlassung, 2 Bde., 8. Aufl., Heidelberg 1986 (Fortführung des Werkes von *Bobrowski / Gaul* [s.o.])
GBl.	Gesetzblatt
GdT-Schriften	Gemeinschaftsausschuß der Technik (GdT), Schriftenreihe
GefStoffV	Verordnung zum Schutz vor Gefahrstoffen (Gefahrstoffverordnung) i. d. F. vom 26. November 2010
GemSOGB	Gemeinsamer Senat der Obersten Gerichtshöfe des Bundes
GenDG	Gesetz über genetische Untersuchungen bei Menschen (Gendiagnostikgesetz) vom 31. Juli 2009
GenG	Gesetz betreffend die Erwerbs- und Wirtschaftsgenossenschaften (Genossenschaftsgesetz) i. d. F. vom 16. Oktober 2006
GenTG	Gesetz zur Regelung der Gentechnik (Gentechnikgesetz) i. d. F. vom 16. Dezember 1993
GenTSV	Gentechnische Sicherheitsverordnung i. d. F. vom 14. März 1995
GeschO BT	Geschäftsordnung des Deutschen Bundestages i. d. F. vom 25. Juni 1980
GewArch.	Gewerbearchiv (Zeitschrift)
Gewerkschafter	Der Gewerkschafter (Zeitschrift)
GewMH	Gewerkschaftliche Monatshefte
GewO	Gewerbeordnung i. d. F. vom 22. Februar 1999
GewStG	Gewerbesteuergesetz i. d. F. vom 15. Oktober 2002
GewUmschau	Gewerkschaftliche Umschau (Zeitschrift)

Abkürzungsverzeichnis

GG	Grundgesetz für die Bundesrepublik Deutschland vom 23. Mai 1949
ggf.	gegebenenfalls
GK-ArbGG	Gemeinschaftskommentar zum Arbeitsgerichtsgesetz, bearbeitet von *Martina Ahrendt* u. a., Loseblatt, Neuwied 1995 ff.
GK-BUrlG	Gemeinschaftskommentar zum Bundesurlaubsgesetz, bearbeitet von *Eugen Stahlhacke* u. a., 5. Aufl., Neuwied u. a. 1992
GK-MitbestG	Gemeinschaftskommentar zum Mitbestimmungsgesetz, hrsg. von *Fritz Fabricius*, Loseblatt, Neuwied 1976
GKR Arbeitsstrafrecht	*Björn Gercke, Oliver Kraft* und *Marcus Richter* Arbeitsstrafrecht, 2. Aufl., Heidelberg 2015
GK-SGB IX	Gemeinschaftskommentar zum Sozialgesetzbuch – Rehabilitation und Teilhabe behinderter Menschen, bearbeitet von *Ruprecht Großmann* u. a., Loseblatt, Neuwied, Kriftel, 2002 ff.
GK-TzA	Gemeinschaftskommentar zum Teilzeitarbeitsrecht, bearbeitet von *Friedrich Becker* u. a., Neuwied, Darmstadt 1987
Glaubrecht / Halberstadt / Zander	*Helmut Glaubrecht, Gerhard Halberstadt* und *Ernst Zander* Betriebsverfassung in Recht und Praxis, Loseblatt, Freiburg 1994 ff.
GleiBG	Gesetz zur Durchsetzung der Gleichberechtigung von Frauen und Männern (Zweites Gleichberechtigungsgesetz) vom 24. Juni 1994
GmbH	Gesellschaft mit beschränkter Haftung
GmbHG	Gesetz betreffend die Gesellschaften mit beschränkter Haftung i. d. F. vom 20. Mai 1898
GmbHR	GmbH-Rundschau (Zeitschrift)
GMBl.	Gemeinsames Ministerialblatt
GMP ArbGG	*Claas-Hinrich Germelmann, Hans-Christoph Matthes* und *Hanns Prütting*, Arbeitsgerichtsgesetz. Kommentar, 8. Aufl., München 2013
Gnade / Kehrmann / Schneider / Blanke	*Albert Gnade, Karl Kehrmann, Wolfgang Schneider* und *Hermann Blanke* Betriebsverfassungsgesetz. Kommentar für die Praxis, 2. Aufl., Köln 1983
Göhler OWiG	Gesetz über Ordnungswidrigkeiten. Kommentar, begründet von *Erich Göhler*, fortgeführt von *Franz Gürtler* und *Helmut Seitz*, 17. Aufl., München 2017
Gottwald	Insolvenzrechts-Handbuch, hrsg. von *Peter Gottwald*, 5. Aufl., München 2015
Goutier / Knopf / Tulloch UmwG	Kommentar zum Umwandlungsrecht, hrsg. von *Klaus Goutier, Rüdiger Knopf* und *Anthony Tulloch*, Heidelberg 1996
GPSG	Gesetz über technische Arbeitsmittel und Verbraucherprodukte (Geräte- und Produktsicherheitsgesetz) vom 6. Januar 2004
GRC	Charta der Grundrechte der Europäischen Union vom 12. Dezember 2007
Großkomm. AktG	Großkommentar zum Aktiengesetz, hrsg. von *Heribert Hirte, Peter O. Mülbert* und *Markus Roth*, 5. Aufl., Berlin und New York 2015 ff.
Großmann / Schneider Arbeitsrecht	*Ruprecht Großmann* und *Friedrich Schneider* Arbeitsrecht, 9. Aufl., Bonn 1995
GRUR	Gewerblicher Rechtsschutz und Urheberrecht (Zeitschrift)
GRUR-RR	Gewerblicher Rechtsschutz und Urheberrecht – Rechtsprechungs-Report (Zeitschrift)
GS	Großer Senat
GS Preußen	Gesetzes-Sammlung für die Königlich-Preußischen Staaten (bis 1906)
GSG	Gesetz über technische Arbeitsmittel (Gerätesicherheitsgesetz) i. d. F. vom 11. Mai 2001

GTAW	*Roland Gross, Horst Thon, Natascha Ahmad* und *Frank Woitaschek* BetrVG. Kommentar zum Betriebsverfassungsgesetz, 2. Aufl., Köln 2008
GVBl.	Gesetz- und Verordnungsblatt
GVG	Gerichtsverfassungsgesetz i. d. F. vom 9. Mai 1975
GVOBl.	s. GVBl.
GWB	Gesetz gegen Wettbewerbsbeschränkungen i. d. F. vom 15. Juli 2005
GWBG ArbGG	*Wolfgang Grunsky, Bernd Waas, Martina Benecke* und *Stefan Greiner*, Arbeitsgerichtsgesetz. Kommentar, 8. Aufl., München 2014
h. L.	herrschende Lehre
h. M.	herrschende Meinung
HAG	Heimarbeitsgesetz vom 14. März 1951
HaKo	Betriebsverfassungsgesetz. Handkommentar, hrsg. von *Franz Josef Düwell*, 4. Aufl., Baden-Baden 2014
HaKo-AGG	Allgemeines Gleichbehandlungsgesetz. Handkommentar, hrsg. von *Wolfgang Däubler* und *Martin Bertzbach*, 3. Aufl., Baden-Baden 2013
Hako-ArbR	Arbeitsrecht. Individualarbeitsrecht mit kollektivrechtlichen Bezügen – Handkommentar, hrsg. von *Wolfgang Däubler, Jens Peter Hjort, Michael Schubert* und *Martin Wolmerath*, 4. Aufl., Baden-Baden 2017
HaKo-KSchR	Kündigungsschutzrecht. Handkommentar, hrsg. von *Inken Gallner, Wilhelm Mestwerdt* und *Stefan Nägele*, 5. Aufl., Baden-Baden 2015
HaKo-TzBfG	Teilzeit- und Befristungsgesetz. Handkommentar, hrsg. von *Winfried Boecken* und *Jacob Joussen*, 4. Aufl., Baden-Baden 2016
Halberstadt	*Gerhard Halberstadt* Betriebsverfassungsgesetz. Kommentar, Freiburg i. Brsg., Berlin 1994
Halberstadt / Zander Betriebsverfassungsrecht	*Gerhard Halberstadt* und *Ernst Zander* Handbuch des Betriebsverfassungsrechts, 2. Aufl., Köln 1972
Halbs.	Halbsatz
Hamann / Lenz GG	Das Grundgesetz für die Bundesrepublik Deutschland vom 23. Mai 1949. Kommentar für Wissenschaft und Praxis, begründet von *Andreas Hamann*, fortgeführt von *Andreas Hamann* jr. und *Helmut Lenz*, 3. Aufl., Neuwied und Berlin 1970
Hanau / Adomeit Arbeitsrecht	*Peter Hanau* und *Klaus Adomeit* Arbeitsrecht, 14. Aufl., Neuwied 2007
Hanau / Ulmer MitbestG	*Peter Hanau* und *Peter Ulmer* Mitbestimmungsgesetz. Kommentar, München 1981
HandwO	Gesetz zur Ordnung des Handwerks (Handwerksordnung) i. d. F. vom 24. September 1998
Hässler	*Manfred Hässler* Die Geschäftsführung des Betriebsrates. Mit dem Muster einer Geschäftsordnung, 5. Aufl., Heidelberg 1984
Hautmann / Schmitt	*Wilhelm Hautmann, Günter Schmitt* Betriebsverfassungsgesetz vom 15. Januar 1972 mit Wahlordnung vom 16. Januar 1972. Ein Leitfaden für die Praxis, Lochham bei München 1972
HBD	Anwaltkommentar Arbeitsrecht, 2 Bände, hrsg. von *Klaus Hümmerich, Winfried Boecken* und *Franz Josef Düwell*, 2. Aufl., Bonn 2010
Hdb.	Handbuch
Heither / Schönherr ArbGG	*Friedrich Heither* und *Rudolf Schönherr* Arbeitsgerichtsgesetz, 3. Aufl., Loseblatt, Berlin 1974 ff.
Herschel / Löwisch KSchG	Kommentar zum Kündigungsschutzgesetz, begründet von *Wilhelm Herschel* und *Georg Steinmann*, fortgeführt von *Manfred Löwisch*, 6. Aufl., Heidelberg 1984
Hess Insolvenzarbeitsrecht	*Harald Hess* Insolvenzarbeitsrecht, 2. Aufl., Neuwied, und Kriftel 2000

Abkürzungsverzeichnis

Hess. LAG	Hessisches Landesarbeitsgericht (zuvor Landesarbeitsgericht Frankfurt a. M.)
Hess. VGH	Hessischer Verwaltungsgerichtshof
Hess / Schlochauer / Glaubitz	Harald Hess, Ursula Schlochauer und Werner Glaubitz Kommentar zum Betriebsverfassungsgesetz, 5. Aufl., Neuwied u. a. 1997 (Fortführung des Werkes von Kammann / Hess / Schlochauer [s.u.])
HGB	Handelsgesetzbuch vom 10. Mai 1897
HHB ArbGG	Friedrich Hauck, Ewald Helml und Josef Biebl Arbeitsgerichtsgesetz. Kommentar, 4. Aufl., München 2011
HK-InsO	Heidelberger Kommentar zur Insolvenzordnung, hrsg. von Gerhard Kreft, 6. Aufl., Heidelberg 2011
HK-KSchG	Heidelberger Kommentar zum Kündigungsschutzgesetz, bearbeitet von Eberhard Dorndorf u. a., 4. Aufl., Heidelberg 2001
HKZZ TVG	Christian Hagemeier, Otto Ernst Kempen, Ulrich Zachert und Jan Zilius Tarifvertragsgesetz. Kommentar, 2. Aufl., Köln 1990
HLS	Dietmar Heise, Mark Lembke und Robert von Steinau-Steinrück Betriebsverfassungsgesetz-Kommentar, Freiburg i. Brsg. 2008
Höfer / Abt BetrAVG I	Reinhold Höfer und Oskar Abt Gesetz zur Verbesserung der betrieblichen Altersversorgung. Kommentar, Bd. I: Arbeitsrechtlicher Teil, 2. Aufl., München 1982
Höfer / Reiners / Wüst	Reinhold Höfer, Stephan Reiners und Herbert Wüst Gesetz zur Verbesserung der betrieblichen Altersversorgung. Kommentar, Bd. I: Arbeitsrecht, Loseblatt, 3. Aufl., München 1992 ff.
Hoffmann / Lehmann / Weinmann MitbestG	Dietrich Hoffmann, Jürgen Lehmann und Heinz Weinmann Mitbestimmungsgesetz. Kommentar, München 1978
HPW	Handwörterbuch des Personalwesens, hrsg. von Eduard Gaugler, Walter A. Oechsler und Wolfgang Weber, 3. Aufl., Stuttgart 2004
Hromadka / Maschmann Arbeitsrecht 1, 2	Wolfgang Hromadka und Frank Maschmann Arbeitsrecht, Bd. 1, 6. Aufl., Heidelberg u. a. 2015, Bd. 2, 7. Aufl., Heidelberg u. a. 2017
Hromadka / Sieg SprAuG	Wolfgang Hromadka und Rainer Sieg Sprecherausschußgesetz. Kommentar, 3. Aufl., Köln 2014
HRR	Höchstrichterliche Rechtsprechung (Entscheidungssammlung)
Hrsg., hrsg.	Herausgeber, herausgegeben
HSW	Peter Hanau, Heinz-Dietrich-Steinmeyer und Rolf Wank Handbuch des europäischen Arbeits- und Sozialrechts, München 2002
HSWG	Harald Hess, Ursula Schlochauer, Michael Worzalla und Dirk Glock Kommentar zum Betriebsverfassungsgesetz, 6. Aufl., München / Unterschleißheim 2003 (Fortführung des Werkes von Hess / Schlochauer / Glaubitz [s.o.])
HSWGNR	Harald Hess, Ursula Schlochauer, Michael Worzalla, Dirk Glock, Andrea Nicolai und Franz-Josef Rose Kommentar zum Betriebsverfassungsgesetz, 8. Aufl., Köln 2011 (Fortführung des Werkes von Hess / Schlochauer / Worzalla / Glock [s.o.])
HTV	Heuertarifvertrag
HTV-See	Heuertarifvertrag für die deutsche Seeschifffahrt
Hueck / Nipperdey	Alfred Hueck und Hans Carl Nipperdey Grundriß des Arbeitsrechts, 5. Aufl., Berlin und Frankfurt a. M. 1970
Hueck / Nipperdey I	Alfred Hueck und Hans Carl Nipperdey Lehrbuch des Arbeitsrechts, Erster Band, bearbeitet von Alfred Hueck, 7. Aufl., Berlin und Frankfurt a. M. 1963
Hueck / Nipperdey II / 1	Alfred Hueck und Hans Carl Nipperdey Lehrbuch des Arbeitsrechts, Zweiter Band: Kollektives Arbeitsrecht, Erster Halbband, bearbeitet von Hans Carl Nipperdey, 7. Aufl., Berlin und Frankfurt a. M. 1967

Hueck / Nipperdey II / 2	*Alfred Hueck* und *Hans Carl Nipperdey* Lehrbuch des Arbeitsrechts, Zweiter Band: Kollektives Arbeitsrecht, Zweiter Halbband, bearbeitet von *Hans Carl Nipperdey* unter Mitarbeit von *Franz Jürgen Säcker*, 7. Aufl., Berlin und Frankfurt a. M. 1970
Hüffer / Koch AktG	*Uwe Hüffer* und *Jens Koch* Aktiengesetz. Kommentar, 12. Aufl., München 2016
HwBAR	Handwörterbuch des Arbeitsrechts für die tägliche Praxis, hrsg. von *Karlheinz Bürger, Werner Oehmann, Hans-Christoph Matthes, Kristina Göhle-Sander* und *Kurt Kreizberg*, Loseblatt, 8. Aufl., Heidelberg 1991 ff.
HWGNRH	*Harald Hess, Michael Worzalla, Dirk Glock, Andrea Nicolai, Franz-Josef Rose* und *Kristina Huke* Kommentar zum Betriebsverfassungsgesetz, 9. Aufl., Köln 2014 (Fortführung des Werkes von *Hess / Schlochauer / Worzalla / Glock* [s.o.])
HWK	Arbeitsrecht. Kommentar, hrsg. von *Martin Henssler, Heinz Josef Willemsen* und *Heinz-Jürgen Kalb*, 7. Aufl., Köln 2016
HzA	Handbuch zum Arbeitsrecht, hrsg. von *Wolfgang Leinemann*
i. d. F.	in der Fassung
i. E.	im Ergebnis
i. e. S.	im engeren Sinne
i. S. d.	im Sinne des, im Sinne der
i. S. v.	im Sinne von
i. V. m.	in Verbindung mit
IAO, ILO	Internationale Arbeits-Organisation
IfaA	Institut für angewandte Arbeitswissenschaft
Ignor / Mosbacher Arbeitsstrafrecht	Handbuch Arbeitsstrafrecht, hrsg. von *Alexander Ignor* und *Andreas Mosbacher*, Stuttgart 2016
InfStW	Die Information über Steuer und Wirtschaft (Zeitschrift)
InsO	Insolvenzordnung vom 5. Oktober 1994
IPRax.	Praxis des Internationalen Privat- und Verfahrensrechts (Zeitschrift)
JA	Juristische Arbeitsblätter (Zeitschrift)
Jacobi Arbeitsrecht	*Erwin Jacobi* Grundlehren des Arbeitsrechts, Leipzig 1927
Jahnke Tarifautonomie und Mitbestimmung	*Volker Jahnke* Tarifautonomie und Mitbestimmung, München 1984
JArbR	Das Arbeitsrecht der Gegenwart. Jahrbuch für das gesamte Arbeitsrecht und die Arbeitsgerichtsbarkeit
JArbSchG	Gesetz zum Schutze der arbeitenden Jugend (Jugendarbeitsschutzgesetz) vom 12. April 1976
Jb. UTR	Jahrbuch des Umwelt- und Technikrechts
Jg.	Jahrgang
JKOS	*Matthias Jacobs, Rüdiger Krause, Hartmut Oetker* und *Claudia Schubert* Tarifvertragsrecht, 2. Aufl., München 2013
JMBl.	Justizministerialblatt
Joost Betrieb und Unternehmen	*Detlev Joost* Betrieb und Unternehmen als Grundbegriffe im Arbeitsrecht, München 1988
JR	Juristische Rundschau (Zeitschrift)
JRH	Praxishandbuch Betriebsverfassungsrecht, hrsg. von *Georg Jaeger, Gerhard Röder* und *Günther Heckelmann*, München 2003
JurA	Juristische Analysen (Zeitschrift)
Jura	Juristische Ausbildung (Zeitschrift)
juris	Juristisches Informationssystem für die Bundesrepublik Deutschland (online Datenbank)
JurJb	Juristen-Jahrbuch
JuS	Juristische Schulung (Zeitschrift)

Abkürzungsverzeichnis

JW	Juristische Wochenschrift (Zeitschrift)
JZ	Juristenzeitung
Kallmeyer UmwG	Umwandlungsgesetz. Kommentar, hrsg. von *Harald Kallmeyer*, 6. Aufl., Köln 2017
Kamanabrou Arbeitsrecht	*Sudabeh Kamanabrou* Arbeitsrecht, 2017
Kammann / Hess / Schlochauer	*Karl-Udo Kammann, Harald Hess* und *Ursula Schlochauer* Kommentar zum Betriebsverfassungsgesetz, Neuwied und Darmstadt 1979 (Fortführung des Werkes von *Erdmann / Jürging / Kammann* [s.o.])
Kap.	Kapitel
Kapitäns-MTV	Vereinbarung über Anstellungsbedingungen für Kapitäne in der deutschen Seeschifffahrt
Karlsruher Komm. OWiG	Karlsruher Kommentar zum Gesetz über Ordnungswidrigkeiten, begründet von *Karlheinz Boujong*, fortgeführt und hrsg. von *Lothar Senge*, 4. Aufl., München 2016
Kaskel / Dersch Arbeitsrecht	*Walter Kaskel* und *Hermann Dersch* Arbeitsrecht, 5. Aufl., Berlin, Göttingen, Heidelberg 1957
KassArbR	Kasseler Handbuch zum Arbeitsrecht, hrsg. von *Wolfgang Leinemann*, 2. Aufl., Neuwied 1999
Kempen / Zachert TVG	Tarifvertragsgesetz. Kommentar, hrsg. von *Otto Ernst Kempen* und *Ulrich Zachert*, 5. Aufl., Köln 2014 (Fortführung des Werkes von *Hagemeier / Kempen / Zachert / Zilius* [s.o.])
KG	Kammergericht / Kommanditgesellschaft
KGaA	Kommanditgesellschaft auf Aktien
Kietaibl Arbeitsrecht I	*Christoph Kietaibl* Arbeitsrecht Bd 1: Gestalter und Gestaltungsmittel, 9. Aufl., Wien 2015
Kissel Arbeitskampfrecht	*Otto Rudolf Kissel* Arbeitskampfrecht. Ein Leitfaden, München 2002
KJ	Kritische Justiz (Zeitschrift)
Klebe / Ratayczak / Heilmann / Spoo	*Thomas Klebe, Jürgen Ratayczak, Micha Heilmann* und *Sibylle Spoo* Betriebsverfassungsgesetz. Basiskommentar mit Wahlordnung, 19. Aufl., Frankfurt a. M. 2016
KO	Konkursordnung i. d. F. vom 20. Mai 1898
Köhler / Bornkamm UWG	*Helmut Köhler* und *Joachim Bornkamm*, Gesetz gegen den unlauteren Wettbewerb, 35. Aufl., München 2017
Kölner Komm. AktG	Kölner Kommentar zum Aktiengesetz, hrsg. von *Wolfgang Zöllner* und *Ulrich Noack*, 3. Aufl., Köln 2005 ff.
Kölner Komm. WpHG	Kölner Kommentar zum WpHG, hrsg. von *Heribert Hirte* und *Thomas J. Möllers*, 2. Aufl., Köln 2014
Konzen Leistungspflichten	*Horst Konzen* Betriebsverfassungsrechtliche Leistungspflichten des Arbeitgebers, Köln u. a. 1984
KR	Gemeinschaftskommentar zum Kündigungsschutzgesetz und zu sonstigen kündigungsschutzrechtlichen Vorschriften, bearbeitet von *Peter Bader* u. a., 11. Aufl., Köln 2016
KrAZVO	Verordnung über die Arbeitszeit in Krankenpflegeanstalten vom 13. Februar 1924
KreisG	Kreisgericht
Kreutz Betriebsautonomie	*Peter Kreutz* Grenzen der Betriebsautonomie, München 1979
KRG Nr. 21	Kontrollratsgesetz Nr. 21 (Arbeitsgerichtsgesetz) vom 30. März 1946
KRG Nr. 22	Kontrollratsgesetz Nr. 22 (Betriebsrätegesetz) vom 10. April 1946
KrimJ	Kriminologisches Journal (Zeitschrift)
krit.	kritisch
KSchG	Kündigungsschutzgesetz i. d. F. vom 25. August 1969
KStG	Körperschaftssteuergesetz i. d. F. vom 15. Oktober 2002
KSzW	Kölner Schrift zum Wirtschaftsrecht (Zeitschrift)

KTS	Zeitschrift für Insolvenzrecht (seit 1955 bis 1988 Konkurs-, Treuhand- und Schiedsgerichtswesen; bis 1954 Konkurs- und Treuhandwesen)
Kübler / Prütting / Bork InsO	Kommentar zur Insolvenzordnung, Loseblatt, hrsg. von *Bruno M. Kübler*, *Hanns Prütting* und *Reinhard Bork*, Köln 1998 ff.
Küchenhoff	*Günther Küchenhoff* Betriebsverfassungsgesetz. Kommentar, 3. Aufl., Münster 1979
KWG	Gesetz über das Kreditwesen i. d. F. vom 9. September 1998
l.	links
Lackner / Kühl StGB	Strafgesetzbuch. Kommentar, begründet von Eduard Dreher und Herrmann Maassen, fortgeführt von *Karl Lackner* und *Kristian Kühl*, 28. Aufl., München 2014
LAG	Landesarbeitsgericht
LAGE	Entscheidungen der Landesarbeitsgerichte, hrsg. von *Gert-Albert Lipke*
LAGR	LAG Report, Schnelldienst zur Rechtsprechung der Landesarbeitsgerichte
Landmann / Rohmer GewO	Gewerbeordnung und ergänzende Vorschriften, Bd. I: Gewerbeordnung. Kommentar, begründet von *Robert von Landmann* und *Gustav Rohmer*, Loseblatt, 13. Aufl., München 1976 ff.
LärmVibrationsArbSchV	Verordnung zum Schutz der Beschäftigten vor Gefährdungen durch Lärm und Vibrationen vom 6. März 2007
LasthandhabV	Verordnung über Sicherheit und Gesundheitsschutz bei der manuellen Handhabung von Lasten bei der Arbeit (Lastenhandhabungsverordnung) vom 4. Dezember 1996
Laux / Schlachter TzBfG	*Helga Laux* und *Monika Schlachter* Teilzeit- und Befristungsgesetz. Kommentar, 2. Aufl., München 2011
LCK Arbeitsrecht	*Manfred Löwisch*, *Georg Caspers* und *Steffen Klumpp* Arbeitsrecht, 11. Aufl., München 2017
Leinemann GewO	Kommentar zur Gewerbeordnung – Arbeitsrechtlicher Teil, begründet von *Eugen Stahlhacke*, fortgeführt von *Wolfgang Leinemann*, Loseblatt, Neuwied und Kriftel 1995 ff.
Leinemann / Taubert BBiG	*Wolfgang Leinemann* und *Thomas Taubert* Berufsbildungsgesetz. Kommentar, 2. Aufl., München 2008
lfd.	laufend(e)
LG	Landgericht
LHT SE-Kommentar	SE-Kommentar, hrsg. von *Marcus Lutter*, *Peter Hommelhoff* und *Christoph Teichmann*, 2. Aufl., Köln 2015
Lieb / Jacobs Arbeitsrecht	*Manfred Lieb* und *Matthias Jacobs* Arbeitsrecht, 9. Aufl., Heidelberg 2006
lit.	Buchstabe
LK-StGB	Leipziger Kommentar zum Strafgesetzbuch, hrsg. von *Heinrich Wilhelm Laufhütte*, *Ruth Rissing-van Saan* und *Klaus Tiedemann*, 12. Aufl., Berlin und New York 2006 ff.
LohnFG	Gesetz über die Fortzahlung des Arbeitsentgelts im Krankheitsfalle (Lohnfortzahlungsgesetz) vom 27. Juli 1969
Löwe / Rosenberg StPO	Die Strafprozessordnung und das Gerichtsverfassungsgesetz. Kommentar, hrsg. von *Volker Erb* u. a., 26. Aufl., Berlin 2006–2014
Löwisch	*Manfred Löwisch* Taschenkommentar zum Betriebsverfassungsgesetz, 4. Aufl., Heidelberg 1996
Löwisch SprAuG	*Manfred Löwisch* Sprecherausschussgesetz. Kommentar, 2. Aufl., Heidelberg 1994
Löwisch / Kaiser	*Manfred Löwisch* und *Dagmar Kaiser* Betriebsverfassungsgesetz. Kommentar, 6. Aufl., Heidelberg 2010, Bd. 1, 7. Aufl., Heidelberg 2017

Abkürzungsverzeichnis

Löwisch / Rieble TVG	*Manfred Löwisch* und *Volker Rieble* Tarifvertragsgesetz. Kommentar, 4. Aufl., München 2017
LPG	Landwirtschaftliche Produktionsgenossenschaft (DDR)
LS	Leitsatz
LSG	Landessozialgericht
LStDV	Lohnsteuer-Durchführungsverordnung i. d. F. vom 10. Oktober 1989
LStR	Lohnsteuerrichtlinien vom 10. Dezember 2007
LSW KSchG	*Manfred Löwisch, Günter Spinner* und *Frank Wertheimer* Kündigungsschutzgesetz. Kommentar, 10. Aufl., Heidelberg 2013
LSZ InsO	Insolvenzordnung. Kommentar, hrsg. von *Peter Leonhardt, Stefan Smid* und *Mark Zeuner*, 3. Aufl., Stuttgart u. a. 2010
LuftVG	Luftverkehrsgesetz i. d. F. vom 27. März 1999
Lutter UmwG	Umwandlungsgesetz. Kommentar, begründet von *Marcus Lutter*, nunmehr hrsg. von *Walter Bayer* und *Jochen Vetter*, 5. Aufl., Köln 2014
Lutter / Hommelhoff GmbHG	*Marcus Lutter* und *Peter Hommelhoff* GmbH-Gesetz. Kommentar, 19. Aufl., Köln 2016
m. E.	meines Erachtens
m. w. N.	mit weiteren Nachweisen
Mager / Weinrich / Worzalla	*Ernst-Günther Mager, Christian Weinrich* und *Michael Worzalla* Betriebsverfassungsgesetz mit Erläuterungen, Bergisch Gladbach 1990
Mager / Wisskirchen	*Ernst-Günther Mager* und *Alfred Wisskirchen* Betriebsverfassungsgesetz vom 11. Oktober 1952, Gesetzestext, Rechtsprechung, Erläuterungen, Loseblatt, Köln 1971
MAR	Verordnung (EU) Nr. 596/2014 des Europäischen Parlaments und des Rates vom 16. April über Marktmissbrauch (Marktmissbrauchsverordnung)
Marhold / Friedrich Arbeitsrecht	*Franz Marhold* und *Michael Friedrich* Österreichisches Arbeitsrecht, 2. Aufl., Wien 2011
Maunz / Dürig GG	Grundgesetz. Kommentar, begründet von *Theodor Maunz* und *Günter Dürig*, fortgeführt und bearbeitet von *Peter Badura* u. a., Loseblatt, München 1991 ff.
MAVO	Rahmenordnung für eine Mitarbeitervertretungsordnung i. d. F. 20. November 1995
MBl.	Ministerialblatt
MDR	Monatsschrift für Deutsches Recht (Zeitschrift)
Meinel / Heyn / Herms AGG	*Gernod Meinel, Judith Heyn* und *Sascha Herms* Allgemeines Gleichbehandlungsgesetz. Kommentar, 2. Aufl., München 2010
Meisel Mitwirkung	*Peter G. Meisel* Die Mitwirkung und Mitbestimmung des Betriebsrats in personellen Angelegenheiten, 5. Aufl., Heidelberg 1984
Meisel / Hiersemann AZO	*Peter G. Meisel* und *Walter Hiersemann* Arbeitszeitordnung, 2. Aufl., München 1977
Meissinger	*Hermann Meissinger* Kommentar zum Betriebsverfassungsgesetz, München 1952
Meissinger / Raumer	*Hermann Meissinger* und *Konrad Raumer* Das Bayerische Betriebsrätegesetz vom 25. Oktober 1950, Kommentar, 2. Aufl., München 1951
MgVG	Gesetz über die Mitbestimmung der Arbeitnehmer bei einer grenzüberschreitenden Verschmelzung vom 21. Dezember 2006
MHH TzBfG	*Gernod Meinel, Judith Heyn* und *Sascha Herms* Teilzeit- und Befristungsgesetz. Kommentar, 5. Aufl., München 2015
MHRG	Gesetz zur Regelung der Miethöhe vom 18. Dezember 1974

MiLoG	Gesetz zur Regelung eines allgemeinen Mindestlohns (Mindestlohngesetz) vom 11. August 2014
MitB	Die Mitbestimmung (Zeitschrift, hrsg. von der DAG, bis 1961)
MitbestErgG	Gesetz zur Ergänzung des Gesetzes über die Mitbestimmung der Arbeitnehmer in den Aufsichtsräten und Vorständen der Unternehmen des Bergbaus und der Eisen und Stahl erzeugenden Industrie (Montan- Mitbestimmungsergänzungsgesetz) vom 7. August 1956
MitbestFortgG	Gesetz über die befristete Fortgeltung der Mitbestimmung in bisher den Mitbestimmungsgesetzen unterliegenden Unternehmen vom 29. November 1971
MitbestG	Gesetz über die Mitbestimmung der Arbeitnehmer (Mitbestimmungsgesetz) vom 4. Mai 1976
MitbestGespr.	Das Mitbestimmungsgespräch (Zeitschrift, bis 1981; ab 1982 DMitbest.)
MittAB	Mitteilungen aus der Arbeitsmarkt- und Berufsforschung (Zeitschrift)
MK-AktG	Münchener Kommentar zum Aktiengesetz, hrsg. von *Wulf Goette* und *Mathias Habersack*, 4. Aufl., München 2014 ff.
MK-BGB	Münchener Kommentar zum Bürgerlichen Gesetzbuch, hrsg. von *Franz Jürgen Säcker, Roland Rixecker, Hartmut Oetker* und *Bettina Limperg*, 7. Aufl., München 2015 ff.
MK-GmbHG	Münchener Kommentar zum GmbH-Gesetz, hrsg. von *Holger Fleischer* und *Wulf Goette*, 2. Aufl., München 2015/2016
MK-HGB	Münchener Kommentar zum Handelsgesetzbuch, hrsg. von *Karsten Schmidt*, 3. Aufl., München 2006 ff., 4. Aufl., München 2016 ff.
MK-InsO	Münchener Kommentar zur Insolvenzordnung, hrsg. von *Hans-Peter Kirchhof, Rolf Stürmer* und *Horst Eidenmüller*, 3. Aufl., München 2016 f.
MK-Lauterkeitsrecht	Münchener Kommentar zum Lauterkeitsrecht, hrsg. von *Peter Heermann* und *Jochen Schlingloff*, 2. Aufl., München 2015
MK-StGB	Münchener Kommentar zum Strafgesetzbuch, hrsg. von *Wolfgang Joecks* und *Klaus Miebach*, 2. Aufl., München 2012 ff.
MK-ZPO	Münchener Kommentar zur Zivilprozeßordnung, hrsg. von *Wolfgang Krüger* und *Thomas Rauscher*, 5. Aufl., München 2016
MLA	Methodenlehre des Arbeitsstudiums
MLBO	Methodenlehre der Berufsorganisation
Monjau	*Herbert Monjau* Betriebsverfassungsgesetz. Systematische Einführung und Erläuterungen mit Gesetzestext und Sachregister, Köln 1952
Montan-MitbestG	Gesetz über die Mitbestimmung der Arbeitnehmer in den Aufsichtsräten und Vorständen der Unternehmen des Bergbaus und der Eisen und Stahl erzeugenden Industrie (Montan-Mitbestimmungsgesetz) vom 21. Mai 1951
MTB	Manteltarifvertrag für Arbeiter des Bundes
MTL	Manteltarifvertrag für Arbeiter der Länder
MTV	Manteltarifvertrag
MTV-Fangfabrikschiffe	Manteltarifvertrag für Fangfabrikschiffe der deutschen Hochseefischerei
MTV-Fisch	Manteltarifvertrag für die deutsche Hochseefischerei
MTV-Frischfischschiffe	Manteltarifvertrag für Frischfischschiffe der deutschen Hochseefischerei
MTV-See	Manteltarifvertrag für die deutsche Seeschifffahrt
MuA	Mensch und Arbeit (Zeitschrift)

Abkürzungsverzeichnis

Müller EBRG	*Christopher Müller* Europäische Betriebsräte-Gesetz. Kommentar, Stuttgart u. a. 1997
MünchArbR	Münchener Handbuch zum Arbeitsrecht, hrsg. von *Reinhard Richardi, Otfried Wlotzke, Hellmut Wißmann* und *Hartmut Oetker*, 3. Aufl., München 2009
MünchArbR, 2. Aufl.	Münchener Handbuch zum Arbeitsrecht hrsg. von *Reinhard Richardi* und *Otfried Wlotzke*, 2. Aufl., München 2000
MuSchArbV	Verordnung zum Schutz der Mütter am Arbeitsplatz
MuSchG	Gesetz zum Schutze der erwerbstätigen Mutter (Mutterschutzgesetz) i. d. F. vom 20. Juni 2002
MuSchG 2017	Gesetz zum Schutz von Müttern bei der Arbeit, in der Ausbildung und im Studium (Mutterschutzgesetz) vom 23. Mai 2017
MVG	Kirchengesetz über Mitarbeitervertretungen in der Evangelischen Kirche in Deutschland i. d. F. 15. Januar 2010
n.rk.	nicht rechtskräftig
n. F.	neue Fassung
n. v.	nicht veröffentlicht
Nerlich/Römermann InsO	Insolvenzordnung. Kommentar, hrsg. von *Jörg Nerlich* und *Volker Römermann*, Loseblatt, München 2000 ff.
Neumann/Biebl ArbZG	*Dirk Neumann* und *Josef Biebl* Arbeitszeitgesetz. Kommentar, 16. Aufl., München 2013
Neumann/Pahlen SchwbG	*Dirk Neumann* und *Roland Pahlen* Schwerbehindertengesetz. Kommentar, 9. Aufl., München 1999
Neumann-Duesberg	*Horst Neumann-Duesberg* Betriebsverfassungsrecht, Berlin 1960
NFK BUrlG	*Dirk Neumann, Martin Fenski* und *Thomas Kühn* Bundesurlaubsgesetz. Kommentar, begründet von *Hermann Dersch*, bis zur 8. Aufl. von *Dirk Neumann* allein fortgeführt, 11. Aufl., München 2016
Niesel SGB III	Sozialgesetzbuch Arbeitsförderung – SGB III – Kommentar, hrsg. von *Klaus Niesel*, 7. Aufl., München 2015
Nikisch I	*Arthur Nikisch* Arbeitsrecht, I. Bd.: Allgemeine Lehren und Arbeitsvertragsrecht, 3. Aufl., Tübingen 1961
Nikisch II	*Arthur Nikisch* Arbeitsrecht, II. Bd.: Koalitionsrecht, Arbeitskampfrecht und Tarifvertragsrecht, 2. Aufl., Tübingen 1959
Nikisch III	*Arthur Nikisch* Arbeitsrecht, III. Bd.: Betriebsverfassungsrecht, 2. Aufl., Tübingen 1966
NJW	Neue Juristische Wochenschrift
NJW-RR	Neue Juristische Wochenschrift – Rechtsprechungs-Report
NK-GA	Nomos Kommentar – Gesamtes Arbeitsrecht, hrsg. von *Winfried Boecken, Franz Josef Düwell, Martin Diller* und *Hans Hanau*, Baden-Baden 2016
Novelle vom 20.12.1988	Gesetz zur Änderung des Betriebsverfassungsgesetzes, über Sprecherausschüsse der leitenden Angestellten und zur Sicherung der Montan-Mitbestimmung vom 20. Dezember 1988
NPM SGB IX	*Dirk Neumann, Ronald Pahlen* und *Monika Majerski-Pahlen* Sozialgesetzbuch IX – Rehabilitation und Teilhabe behinderter Menschen. Kommentar, 12. Aufl. München 2010
Nr.	Nummer/Nummern
NStZ	Neue Zeitschrift für Strafrecht
NStZ-RR	Neue Zeitschrift für Strafrecht – Rechtsprechungs-Report
NVwZ	Neue Zeitschrift für Verwaltungsrecht
NVwZ-RR	Neue Zeitschrift für Verwaltungsrecht – Rechtsprechungs-Report
NWB	Neue Wirtschaftsbriefe für Steuer- und Wirtschaftsrecht, Loseblatt, Herne und Berlin
NZA	Neue Zeitschrift für Arbeitsrecht (bis 1993 Neue Zeitschrift für Arbeits- und Sozialrecht)

NZA-RR	Neue Zeitschrift für Arbeitsrecht – Rechtsprechungs-Report
NZfA	Neue Zeitschrift für Arbeitsrecht (1921–1933)
NZG	Neue Zeitschrift für Gesellschaftsrecht
NZI	Neue Zeitschrift für das Recht der Insolvenz und Sanierung
NZS	Neue Zeitschrift für Sozialrecht
NZWiSt.	Neue Zeitschrift für Wirtschafts-, Steuer- und Unternehmensstrafrecht
o. a.	oben angegeben, oben angeführt
o. J.	ohne Jahresangabe
öAT	Zeitschrift für öffentliches Arbeits- und Tarifrecht
OHG	Offene Handelsgesellschaft
Ohly / Sosnitza UWG	*Ansgar Ohly* und *Olaf Sosnitza*, Gesetz gegen den unlauteren Wettbewerb. Kommentar, 7. Aufl., München 2016
ÖJZ	Österreichische Juristen-Zeitung
OLG	Oberlandesgericht
öRdW	Recht der Wirtschaft (Österreichische Zeitschrift)
OStrV	Arbeitsschutzverordnung zu künstlicher optischer Strahlung vom 19. Juli 2010
Otto Arbeitskampf- und Schlichtungsrecht	*Hansjörg Otto* Arbeitskampf und Schlichtungsrecht, München 2006
OVG	Oberverwaltungsgericht
OWiG	Gesetz über Ordnungswidrigkeiten i. d. F. vom 19. Februar 1987
Palandt BGB	Bürgerliches Gesetzbuch. Kommentar, begründet von *Otto Palandt*, 76. Aufl., München 2017
Peltzer / Stewart	*Martin Peltzer* und *Charles Stewart* Betriebsverfassungsgesetz, Labor Management Relations Act. Deutsch-Englische Gesetzesausgabe mit Kommentierung in englischer Sprache für den praktischen Gebrauch, 4. Aufl., Frankfurt a. M. 1995
PersF	Die Personalführung (Zeitschrift)
Personal	Personal (Zeitschrift)
PersR	Der Personalrat. Zeitschrift für das Personalrecht im öffentlichen Dienst
PersV	Die Personalvertretung (Zeitschrift)
PersVG	Personalvertretungsgesetz des Bundes vom 5. August 1955
PflegeVG	Gesetz zur sozialen Absicherung des Risikos der Pflegebedürftigkeit (Pflege-Versicherungsgesetz) vom 26. Mai 1994
PflegeZG	Gesetz über die Pflegezeit (Pflegezeitgesetz) vom 28. Mai 2008
Pkw	Personenkraftwagen
PostPersRG	Gesetz zum Personalrecht der Beschäftigten der früheren Deutschen Bundespost (Postpersonalrechtsgesetz) vom 14. September 1994
Preis Arbeitsrecht II	*Ulrich Preis* Kollektivarbeitsrecht – Lehrbuch für Studium und Praxis, 4. Aufl., Köln 2017
Preis / Sagan Europ. ArbR	Europäisches Arbeitsrecht, hrsg. von *Ulrich Preis* und *Adam Sagan*, Köln 2015
PrGS	Preußische Gesetzessammlung (1907–1945)
ProdSG	Gesetz über die Bereitstellung von Produkten auf dem Markt (Produktsicherheitsgesetz) vom 8. November 2011
Prot.	Protokoll
PSA-BV	Verordnung über Sicherheit und Gesundheitsschutz bei der Benutzung persönlicher Schutzausrüstungen bei der Arbeit vom 4. Dezember 1996
Quelle	Die Quelle (Zeitschrift)
R	Rückseite
r.	rechts

Abkürzungsverzeichnis

RabelsZ	Rabels Zeitschrift für ausländisches und inländisches Privatrecht
RABl.	Reichsarbeitsblatt
Radke/Mayr	*Olaf Radke* und *Friedrich Mayr* Betriebsverfassungsgesetz vom 11. Oktober 1952 mit Erläuterungen und praktischen Beispielen, Schwenningen 1953
RAG	Reichsarbeitsgericht
RAGE	Entscheidungen des Reichsarbeitsgerichtes. Amtliche Sammlung
RdA	Recht der Arbeit (Zeitschrift)
RdJB	Recht der Jugend und des Bildungswesens (Zeitschrift)
Rdn.	Randnummer(n)
RDV	Recht der Datenverarbeitung (Zeitschrift)
RDW	Personalvertretungsrecht. Bundespersonalvertretungsgesetz mit Erläuterungen zu den Landespersonalvertretungsgesetzen, hrsg. von *Reinhard Richardi, Hans-Jürgen Dörner* und *Christoph Weber*, 4. Aufl., München 2012
REFA	vormals Reichsausschuß für Arbeitszeitermittlung bzw. Reichsausschuß für Arbeitsstudien, jetzt Verband für Arbeitsstudien e. V., Darmstadt
RefE	Referentenentwurf
Reg. Begr.	Regierungsbegründung
RegBl.	Regierungsblatt
RegE	Regierungsentwurf
Reich	*Andreas Reich, Bernhard Reich* und *Christine Reich* Betriebsverfassungsgesetz. Kommentar, Bad Honnef 2003
Reuter/Streckel Grundfragen der betriebsverfassungsrechtlichen Mitbestimmung	*Dieter Reuter* und *Siegmar Streckel* Grundfragen der betriebsverfassungsrechtlichen Mitbestimmung, Frankfurt a. M. 1973
Rewolle SchwbG	*Hans-Dietrich Rewolle* Schwerbehindertengesetz. Handkommentar, Loseblatt, Düsseldorf-Grafenberg 1974 ff.
RG	Reichsgericht
RGBl.	Reichsgesetzblatt
RGSt.	Entscheidungen des Reichsgerichtes in Strafsachen. Amtliche Sammlung
RGZ	Entscheidungen des Reichsgerichtes in Zivilsachen. Amtliche Sammlung
RiA	Recht im Amt (Zeitschrift)
Richardi	*Reinhard Richardi* Betriebsverfassungsgesetz mit Wahlordnung. Kommentar, bearb. von *Georg Annuß, Gerrit Forst, Frank Maschmann, Reinhard Richardi* und *Gregor Thüsing*, 15. Aufl., München 2016 (Fortführung des Werkes von *Dietz/Richardi* [s.o.])
Richardi Betriebsverfassung	*Reinhard Richardi* Die neue Betriebsverfassung. Ein Grundriß, 2. Aufl., München 2002
Richardi Ergänzungsband	*Reinhard Richardi* Ergänzungsband zu *Reinhard Richardi* Betriebsverfassungsgesetz mit Wahlordnung. Kommentar, 7. Aufl., München 1998
Richardi Kollektivgewalt und Individualwille	*Reinhard Richardi* Kollektivgewalt und Individualwille bei der Gestaltung des Arbeitsverhältnisses, München 1968
Richardi Recht der Betriebs- und Unternehmensmitbestimmung	*Reinhard Richardi* Recht der Betriebs- und Unternehmensmitbestimmung, Bd. 1: Grundriß, 2. Aufl., Heidelberg, Karlsruhe 1979; Bd. 2: Examinatorium, 2. Aufl., Heidelberg, Karlsruhe 1979
RIW	Recht der internationalen Wirtschaft (Zeitschrift)
RKW	Rationalisierungs-Kuratorium der Deutschen Wirtschaft e. V.
RMBl.	Reichsministerialblatt
Rn.	Randnummer
RNotZ	Rheinische Notar-Zeitschrift

RöV	Verordnung über den Schutz vor Schäden durch Röntgenstrahlen (Röntgenverordnung) i. d. f. vom 30. April 2003
Rumpff/Boewer Wirtschaftliche Angelegenheiten	*Klaus Rumpff* und *Dietrich Boewer* Mitbestimmung in wirtschaftlichen Angelegenheiten und bei der Unternehmens- und Personalplanung, 3. Aufl., Heidelberg 1990
Rust/Falke AGG	Allgemeines Gleichbehandlungsgesetz mit weiterführenden Vorschriften. Kommentar, hrsg. von *Ursula Rust* und *Josef Falke*, Berlin 2007
RVG	Gesetz über die Vergütung der Rechtsanwältinnen und Rechtsanwälte (Rechtsanwaltsvergütungsgesetz) vom 5. Mai 2004
RVJ MitbestG	*Thomas Raiser, Rüdiger Veil* und *Matthias Jacobs* Mitbestimmungsgesetz und Drittelbeteiligungsgesetz. Kommentar, 6. Aufl., Berlin, New York 2015
RVO	Reichsversicherungsordnung i. d. F. vom 15. Dezember 1924
S.	Seite, siehe
SAE	Sammlung Arbeitsrechtlicher Entscheidungen
Sahmer	*Heinz Sahmer* Betriebsverfassungsgesetz. Kommentar, Loseblatt, Frankfurt a. M. 1972 ff.
Sandmann/Marschall AÜG	*Georg Sandmann* und *Dieter Marschall* Arbeitnehmerüberlassungsgesetz. Kommentar (Loseblatt)
SCEBG	Gesetz über die Beteiligung der Arbeitnehmerinnen und Arbeitnehmer in der Europäischen Genossenschaft (SCEBG) vom 14. August 2008
Schaub Arbeitsrechts-Handbuch	Arbeitsrechts-Handbuch, begründet von *Günter Schaub* und fortgeführt von *Ulrich Koch, Rüdiger Linck, Jürgen Treber* und *Hinrich Vogelsang*, 16. Aufl., München 2015
Schaub Formularsammlung	Arbeitsrechtliche Formularsammlung und Arbeitsgerichtsverfahren, begründet von *Günter Schaub*, fortgeführt von *Peter Schrader, Gunnar Straube* und *Hinrich Vogelsang*, 11. Aufl., München 2015
Schlachter/Heinig Europ. AuS	Europäisches Arbeits- und Sozialrecht, hrsg. von *Monika Schlachter* und *Hans Michael Heinig*, Baden-Baden 2016
SchlHA	Schleswig-Holsteinische Anzeigen (Justizministerialblatt für Schleswig-Holstein)
Schmidt-Bleibtreu/Hofmann/Henneke GG	Kommentar zum Grundgesetz, begründet von *Bruno Schmidt-Bleibtreu*, fortgeführt und hrsg. von *Hans Hofmann* und *Hans-Günter Henneke*, 13. Aufl., Köln 2014
Schmitt EFZG/AAG	*Jochem Schmitt* Entgeltfortzahlungsgesetz/Aufwendungsausgleichsgesetz. Kommentar, 7. Aufl., München 2012
Schmollers Jb.	Jahrbuch für Gesetzgebung. Verwaltung und Volkswirtschaft im Deutschen Reich, hrsg. von *Schmoller*
Schnorr von Carolsfeld Arbeitsrecht	*Ludwig Schnorr von Carolsfeld* Arbeitsrecht, 2. Aufl., Göttingen 1954
Scholz GmbHG	Kommentar zum GmbHG, begründet von *Franz Scholz*, bearbeitet von *Georg Crezelius* u. a., 11. Aufl., Köln 2014
Schönke/Schröder StGB	Strafgesetzbuch. Kommentar, begründet von *Adolf Schönke*, fortgeführt und hrsg. von *Horst Schröder* und *Theodor Lenckner*, 29. Aufl., München 2014
Schüren/Hamann AÜG	Arbeitnehmerüberlassungsgesetz. Kommentar, hrsg. von *Peter Schüren* und *Wolfgang Hamann*, 4. Aufl., München 2010
Schwab/Weth ArbGG	Arbeitsgerichtsgesetz. Kommentar, hrsg. von *Brent Schwab* und *Stefan Weth*, 4. Aufl., Köln 2015
SchwBeschG	Gesetz über die Beschäftigung Schwerbeschädigter i. d. F. vom 14. August 1961

Abkürzungsverzeichnis

SchwbG	Gesetz zur Sicherung der Eingliederung Schwerbehinderter in Arbeit, Beruf und Gesellschaft (Schwerbehindertengesetz) i. d. F. vom 26. August 1986
Schwerdtner Arbeitsrecht I	*Peter Schwerdtner* Arbeitsrecht, Bd. I: Individualarbeitsrecht, München 1976
SEAG	Gesetz zur Ausführung der Verordnung (EG) Nr. 2157/2001 des Rates vom 8. Oktober 2001 über das Statut der Europäischen Gesellschaft (SE) (SE-Ausführungsgesetz) vom 22. Dezember 2004
SEBG	Gesetz über die Beteiligung der Arbeitnehmer in einer Europäischen Gesellschaft (SE-Beteiligungsgesetz) vom 22. Dezember 2004
SeeAE	Sammlung See-Arbeitsrechtlicher Entscheidungen, bearbeitet von *Dierk Lindemann*, hrsg. vom Verband Deutscher Reeder, Hamburg, und vom Verband Deutscher Küstenschiffseigner, Hamburg, Loseblatt, Uelzen 1978 ff.
SeeArbG	Seearbeitsgesetz vom 20. April 2013
SeeAufgG	Gesetz über die Aufgaben des Bundes auf dem Gebiet der Seeschiffahrt (Seeaufgabengesetz) i. d. F. vom 26. Juli 2002
SeemG	Seemannsgesetz vom 26. Juli 1957
Semler / Stengel UmwG	Umwandlungsgesetz. Kommentar, hrsg. von *Johannes Semler* und *Arndt Stengel*, 4. Aufl., München 2017
SG	Sozialgericht
SGB II	Sozialgesetzbuch (SGB) Zweites Buch (II) – Grundsicherung für Arbeitsuchende – vom 24. Dezember 2003
SGB III	Sozialgesetzbuch (SGB) Drittes Buch (III) – Arbeitsförderung – vom 24. März 1997
SGB VI	Sozialgesetzbuch (SGB) Sechstes Buch (VI) – Gesetzliche Rentenversicherung – vom 18. Dezember 1989
SGB VII	Sozialgesetzbuch (SGB) Siebtes Buch (VII) – Gesetzliche Unfallversicherung – vom 7. August 1996
SGB IX	Sozialgesetzbuch (SGB) Neuntes Buch (IX) – Rehabilitation und Teilhabe von Menschen mit Behinderungen – vom 19. Juni 2001
SGB XII	Sozialgesetzbuch (SGB) Zwölftes Buch (XII) – Sozialhilfe vom 27. Dezember 2003
SHS UmwG	Umwandlungsgesetz – Umwandlungssteuergesetz. Kommentar, hrsg. von *Joachim Schmitt, Robert Hörtnagl* und *Rolf Stratz*, 7. Aufl., München 2016
Siebert / Becker	Betriebsverfassungsgesetz. Kommentar für die Praxis, begründet von *Gert Siebert*, fortgeführt und hrsg. von *Knut Becker*, 12. Aufl., Münster 2010
Sinzheimer Arbeitsrecht	*Hugo Sinzheimer* Grundzüge des Arbeitsrechts, 2. Aufl., Jena 1927
SJR ArbVG	Kommentar zum Arbeitsverfassungsgesetz, hrsg. von *Rudolf Strasser, Peter Jabornegg* und *Reinhard Resch*, Loseblatt, Wien 1999 ff.
SJZ	Süddeutsche Juristenzeitung
SK-StGB	Systematischer Kommentar zum StGB, Gesamtredaktion *Hans-Joachim Rudolphi*, Neuwied u. a. 1994 ff.
Soergel BGB	Bürgerliches Gesetzbuch. Kommentar, begründet von *Hs Th. Soergel*, fortgeführt von *Wolfgang Siebert*, bearbeitet von *Jürgen F. Baur* u. a., 13. Aufl., Stuttgart 2000 ff.
Soergel BGB, 12. Aufl.	Bürgerliches Gesetzbuch. Kommentar, begründet von *Hs. Th. Soergel*, fortgeführt von *W. Siebert*, 12. Aufl., Stuttgart u. a. 1988 ff.
Soergel / Siebert BGB	Bürgerliches Gesetzbuch. Kommentar, begründet von *Hs. Th. Soergel*, fortgeführt von *W. Siebert*, 11. Aufl., Stuttgart, Berlin, Köln, Mainz 1978 ff.
sog.	so genannt

SoldatenG	Gesetz über die Rechtsstellung der Soldaten (Soldatengesetz) i. d. F. vom 30. Mai 2005
Söllner / Waltermann Arbeitsrecht	*Alfred Söllner* und *Raimund Waltermann* Grundriß des Arbeitsrechts, 15. Aufl., München 2009
SozBA	Der Sozialversicherungsbeamte und -angestellte (Zeitschrift)
SozPlKonkG	Gesetz über den Sozialplan im Konkurs- und Vergleichsverfahren vom 20. Februar 1985
SozSich.	Soziale Sicherheit (Zeitschrift)
Sp.	Spalte
SprAuG	Gesetz über Sprecherausschüsse der leitenden Angestellten (Sprecherausschußgesetz) vom 20. Dezember 1988
SprengG	Gesetz über explosionsgefährliche Stoffe (Sprengstoffgesetz) i. d. F. vom 10. September 2002
SpTrUG	Gesetz über die Spaltung der von der Treuhandanstalt verwalteten Unternehmen vom 5. April 1991
SpuRt.	Zeitschrift für Sport und Recht
SPV	*Eugen Stahlhacke, Ulrich Preis* und *Reinhard Vossen* Kündigung und Kündigungsschutz im Arbeitsverhältnis, 11. Aufl., München 2015
SR	Soziales Recht (Zeitschrift)
st. Rspr.	ständige Rechtsprechung
standpunkt	standpunkt (Beilage zur Zeitschrift »Der Angestellte«)
StAnz.	Staatsanzeiger
Staudinger BGB	J. von Staudingers Kommentar zum Bürgerlichen Gesetzbuch, 13. Bearbeitung, Berlin 1993 ff.
Staudinger BGB, 12. Aufl.	J. von Staudingers Kommentar zum Bürgerlichen Gesetzbuch, 12. Aufl., Berlin 1978 ff.
Stege / Weinspach	*Dieter Stege* und *Friedrich Karl Weinspach* Betriebsverfassungsgesetz. Handkommentar für die betriebliche Praxis, 8. Aufl., Köln 1999
Stege / Weinspach / Schiefer	*Dieter Stege, Friedrich Karl Weinspach* und *Bernd Schiefer* Betriebsverfassungsgesetz. Handkommentar für die betriebliche Praxis, 9. Aufl., Köln 2002
Stein / Jonas ZPO	Kommentar zur Zivilprozessordnung, begründet von *Friedrich Stein* und *Martin Jonas*, 22. Aufl., Tübingen 2003 ff., 23. Aufl., Tübingen 2014 ff.
StGB	Strafgesetzbuch i. d. F. vom 13. November 1998
StörfallV	Zwölfte Verordnung zur Durchführung des Bundes-Immissionsschutzgesetzes (Störfall-Verordnung – 12. BImSchV –) vom 8. Juni 2005
StPO	Strafprozeßordnung i. d. F. vom 7. April 1987
str.	streitig
StrlSchV	Verordnung über den Schutz vor Schäden durch ionisierende Strahlen (Strahlenschutzverordnung) i. d. F. vom 20. Juli 2001
Thür. LAG	Thüringer Landesarbeitsgericht
ThürVBl.	Thüringer Verwaltungsblätter (Zeitschrift)
Thüsing AÜG	Arbeitnehmerüberlassungsgesetz. Kommentar, hrsg. von *Gregor Thüsing*, 3. Aufl., München 2012
Tomandl ArbVG	Arbeitsverfassungsgesetz. Kommentar, hrsg. von *Theodor Tomandl*, Loseblatt, Wien 2005 ff.
TÜ	Technische Überwachung (Zeitschrift)
TVAL	Tarifvertrag für die bei Dienststellen, Unternehmen und sonstigen Einrichtungen der alliierten Behörden und der alliierten Streitkräfte im Gebiet der Bundesrepublik Deutschland beschäftigten Arbeitnehmer
TVG	Tarifvertragsgesetz i. d. F. vom 25. August 1969
TVöD	Tarifvertrag für Arbeitnehmer im öffentlichen Dienst

Abkürzungsverzeichnis

TVVO	Verordnung über Tarifverträge, Arbeiter- und Angestelltenausschüsse und Schlichtung von Arbeitsstreitigkeiten vom 23. Dezember 1918
TzBfG	Gesetz über Teilzeitarbeit und befristete Arbeitsverträge (Teilzeit- und Befristungsgesetz) vom 21. Dezember 2000
u. dgl.	und dergleichen
u. ä.	und ähnliche
u. a.	und andere, unter anderem
u. s. w.	und so weiter
u. U.	unter Umständen
UA	Unterabsatz
UFITA	Archiv für Urheber-, Film-, Funk- und Theaterrecht (Zeitschrift)
UHH	*Peter Ulmer, Mathias Habersack* und *Martin Henssler* Mitbestimmungsrecht. Kommentierung des MitbestG, des DrittelbG, des SEBG und des MgVG, begr. von *Peter Hanau* und *Peter Ulmer,* 3. Aufl., München 2013
Uhlenbruck InsO	Insolvenzordnung. Kommentar, hrsg. von *Wilhelm Uhlenbruck,* 14. Aufl., München 2015
ULA	Union der leitenden Angestellten
Ulber AÜG	Arbeitnehmerüberlassungsgesetz. Kommentar, hrsg. von *Jürgen Ulber,* 4. Aufl., Frankfurt a. M. 2011
UmwBerG	Gesetz zur Bereinigung des Umwandlungsrechts vom 28. Oktober 1994
UmwG	Umwandlungsgesetz i. d. F. vom 28. Oktober 1994
Union	Die Union (Zeitschrift)
unstr.	unstreitig
UrhG	Gesetz über Urheberrecht und verwandte Schutzrechte (Urheberrechtsgesetz) vom 9. September 1965
UStG	Umsatzsteuergesetz vom 21. Februar 2005
UVMG	Gesetz zur Modernisierung der gesetzlichen Unfallversicherung vom 30. Oktober 2008
UVV	Unfallverhütungsvorschrift
UWG	Gesetz gegen den unlauteren Wettbewerb i. d. F. vom 3. März 2010
v. H.	von Hundert
VAG	Gesetz über die Beaufsichtigung der Versicherungsunternehmen (Versicherungsaufsichtsgesetz) vom 1. April 2015
VBG	Sammlung der Unfallverhütungsvorschriften (VBG-Sammelwerk), hrsg. vom Hauptverband der gewerblichen Berufsgenossenschaften
VDE	Verein deutscher Elektrotechniker
VDI	Verein Deutscher Ingenieure
Veit Zuständigkeit des Betriebsrats	*Barbara Veit* Die funktionelle Zuständigkeit des Betriebsrats, München 1998
VELA	Vereinigung der leitenden Angestellten
VerglO	Vergleichsordnung vom 26. Februar 1935
VerlagsG	Gesetz über das Verlagsrecht vom 19. Juni 1901
VermG	Gesetz zur Regelung offener Vermögensfragen (Vermögensgesetz) i. d. F. vom 9. Februar 2005
VerwArch.	Verwaltungsarchiv (Zeitschrift)
VG	Verwaltungsgericht
VGH	Verwaltungsgerichtshof
vgl.	vergleiche
VO	Verordnung
Volmer / Gaul ArbNErfG	Arbeitnehmererfindungsgesetz. Kommentar, begründet von *Bernhard Volmer,* fortgeführt von *Dieter Gaul,* 2. Aufl., München 1983

von Hoyningen-Huene Betriebsverfassungsrecht	*Gerrick von Hoyningen-Huene* Betriebsverfassungsrecht, 6. Aufl., München 2007
von Hoyningen-Huene / Linck KSchG	Kündigungsschutzgesetz. Kommentar, begründet von *Alfred Hueck*, fortgeführt von *Gerrick von Hoyningen-Huene*, *Rüdiger Linck* und *Rüdiger Krause*, 15. Aufl., München 2013
Voraufl.	Vorauflage
Vorbem.	Vorbemerkung
VVaG	Versicherungsverein auf Gegenseitigkeit
VWG	Vereinigtes Wirtschaftsgebiet
VwGO	Verwaltungsgerichtsordnung i. d. F. vom 19. März 1991
WA	Westdeutsche Arbeitsrechtsprechung (Zeitschrift)
Waltermann Arbeitsrecht	*Raimund Waltermann*, Arbeitsrecht, 18. Aufl., München 2016
Waltermann Rechtsetzung	*Raimund Waltermann* Rechtsetzung durch Betriebsvereinbarung zwischen Privatautonomie und Tarifautonomie, Tübingen 1996
WdA	Welt der Arbeit (Zeitschrift)
Weber / Ehrich / Hörchens / Oberthür	*Ulrich Weber*, *Christian Ehrich*, *Angela Hörchens* und *Nathalie Oberthür* Handbuch zum Betriebsverfassungsrecht, 2. Aufl., Köln 2003
WEG	Gesetz über das Wohnungseigentum und das Dauerwohnrecht (Wohnungseigentumsgesetz) vom 15. März 1951
Weiss / Weyand	*Manfred Weiss* und *Joachim Weyand* Betriebsverfassungsgesetz. Ein Kommentar für Studium und Praxis, 3. Aufl., Baden-Baden 1994
Wendeling-Schröder / Stein AGG	*Ulrike Wendeling-Schröder* und *Axel Stein* Allgemeines Gleichbehandlungsgesetz. Kommentar, München 2008
WHSS	*Heinz Josef Willemsen*, *Klaus-Stefan Hohenstatt*, *Ulrike Schweibert* und *Christoph H. Seibt* Umstrukturierung von Unternehmen. Arbeitsrechtliches Handbuch, 5. Aufl., München 2016
WHW	Daten und Persönlichkeitsschutz im Arbeitsverhältnis, hrsg. von *Stephan Weth*, *Maximilian Herberger* und *Michael Wächter*, München 2014
WiB	Wirtschaftsrechtliche Beratung (Zeitschrift, bis 1998)
Widmann / Mayer UmwG	Umwandlungsrecht, hrsg. von *Siegfried Widmann* und *Dieter Mayer*, Loseblatt, Bonn 1996 ff.
Wieczorek / Schütze ZPO	Zivilprozeßordnung. Kommentar, begründet von *Bernhard Wieczorek*, fortgeführt von *Georg F. Rössler* und *Rolf A. Schütze*, 3. Aufl., Berlin, New York 1994 ff., 4. Aufl., Berlin, New York 2012 ff.
Wiedemann TVG	Tarifvertragsgesetz. Kommentar, hrsg. von *Herbert Wiedemann*, bearbeitet von *Hartmut Oetker*, *Gregor Thüsing*, *Rolf Wank* und *Herbert Wiedemann*, 7. Aufl., München 2007 (Fortführung des Werkes von *Wiedemann / Stumpf* [s.u.])
Wiedemann / Stumpf TVG	Tarifvertragsgesetz. Kommentar, begründet von *Alfred Hueck* und *Hans Carl Nipperdey*, fortgeführt von *Ernst Tophoven* und *Eugen Stahlhacke*, sodann bearbeitet von *Herbert Wiedemann* und *Hermann Stumpf*, 5. Aufl., München 1977
Wiese Initiativrecht	*Günther Wiese* Das Initiativrecht nach dem Betriebsverfassungsgesetz, Neuwied und Darmstadt 1977
WiGBl.	Gesetzblatt der Verwaltung des Vereinigten Wirtschaftsgebietes
WiR	Wirtschaftsrecht (Zeitschrift)
wistra	Zeitschrift für Wirtschaft, Steuern, Strafrecht
WKS	*Hellmut Wißmann*, *Georg Kleinsoge* und *Claudia Schubert*, Mitbestimmungsrecht. Kommentar, 5. Aufl., München 2017
WKSchG	Zweites Gesetz über den Kündigungsschutz für Mietverhältnisse über Wohnraum (Zweites Wohnraumkündigungsschutzgesetz – 2. WKSchG) vom 18. Dezember 1974

Abkürzungsverzeichnis

Wlotzke	*Otfried Wlotzke* Betriebsverfassungsgesetz. Kommentar, 2. Aufl., München 1992
WM	Wertpapiermitteilungen (Zeitschrift)
WO	Erste Verordnung zur Durchführung des Betriebsverfassungsgesetzes (Wahlordnung) vom 11. Dezember 2001
WO 1953	Erste Rechtsverordnung zur Durchführung des Betriebsverfassungsgesetzes (Wahlordnung 1953) vom 18. März 1953
WoBauG	Zweites Wohnungsbaugesetz (Wohnungsbau- und Familienheimgesetz) i. d. F. vom 19. August 1994
Wolff/Bachof Verwaltungsrecht I, II	*Hans J. Wolff* und *Otto Bachof* Verwaltungsrecht I, 9. Aufl., München 1974; Verwaltungsrecht II, 4. Aufl., München 1976
Wolff/Bachof/Stober/Kluth Verwaltungsrecht I, II	*Hans J. Wolff*, *Otto Bachof*, *Rolf Stober* und *Winfried Kluth* Verwaltungsrecht I, 13. Aufl., München 2016, Verwaltungsrecht II, 7. Aufl., München 2010
WOP	Verordnung zur Durchführung der Betriebsratswahlen bei den Postunternehmen (WahlO Post) vom 22. Februar 2002
Worzalla/Will	*Michael Worzalla* und *Patricia Will* Das neue Betriebsverfassungsrecht, Köln 2002
WOS	Zweite Verordnung zur Durchführung des Betriebsverfassungsgesetzes (Wahlordnung Seeschifffahrt) vom 7. Februar 2002
WP	Betriebsverfassungsgesetz. Kommentar, hrsg. von *Otfried Wlotzke* und *Ulrich Preis*, 3. Aufl., München 2006 (Fortführung des Werkes von *Wlotzke* [s.o.])
WPg.	Die Wirtschaftsprüfung (Zeitschrift)
WpHG	Gesetz über den Wertpapierhandel (Wertpapierhandelsgesetz) i. d. F. vom 9. September 1998
WPK	Betriebsverfassungsgesetz. Kommentar, hrsg. von *Otfried Wlotzke*, *Ulrich Preis* und *Burghard Kreft*, 4. Aufl., München 2009
WpÜG	Wertpapiererwerbs- und Übernahmegesetz vom 20. Dezember 2001
WRP	Wettbewerb in Recht und Praxis (Zeitschrift)
WSI-Mitteilungen	Zeitschrift des Wirtschafts- und Sozialwissenschaftlichen Instituts der Hans-Böckler-Stiftung (früher: Mitteilungen des Wirtschafts- und Sozialwissenschaftlichen Institutes des Deutschen Gewerkschaftsbundes)
WV	Die Verfassung des Deutschen Reiches vom 11. August 1919
WWI-Mitt.	Mitteilungen des Wirtschaftswissenschaftlichen Institutes der Gewerkschaften (Zeitschrift)
WzS	Wege zur Sozialversicherung (Zeitschrift)
z. B.	zum Beispiel
z. T.	zum Teil
z. Zt.	zur Zeit
Zarb. wiss.	Zeitschrift für Arbeitswissenschaften
ZAS	Zeitschrift für Arbeitsrecht und Sozialrecht (Österreich)
ZBR	Zeitschrift für Beamtenrecht
ZBVR	Zeitschrift für Betriebsverfassungsrecht
ZD	Zeitschrift für Datenschutz
ZDVG	Gesetz über den Vertrauensmann der Zivildienstleistenden (Zivildienstvertrauensmann-Gesetz) vom 16. Januar 1991
ZESAR	Zeitschrift für europäisches Sozial- und Arbeitsrecht
ZEuP	Zeitschrift für Europäisches Privatrecht
ZEuS	Zeitschrift für Europäische Studien
ZevKR	Zeitschrift für evangelisches Kirchenrecht
ZfA	Zeitschrift für Arbeitsrecht
ZfArbWiss	Zeitschrift für Arbeitswissenschaft

ZfbF	Schmalenbachs Zeitschrift für betriebswirtschaftliche Forschung (seit 1964, bis 1963 Zeitschrift für handelswissenschaftliche Forschung)
ZfgGenW	Zeitschrift für das gesamte Genossenschaftswesen
ZfPR	Zeitschrift für Personalvertretungsrecht
ZfS	Zentralblatt für Sozialversicherung, Sozialhilfe und Versorgung
ZfSH/SGB	Zeitschrift für Sozialhilfe und Sozialgesetzbuch
ZfSozR	Zeitschrift für Sozialreform
ZfV	Zeitschrift für Versicherungswesen
ZGR	Zeitschrift für Unternehmens- und Gesellschaftsrecht
ZgStW	Zeitschrift für die gesamte Staatswissenschaft
ZHR	Zeitschrift für das gesamte Handelsrecht und Wirtschaftsrecht
ZIAS	Zeitschrift für internationales und ausländisches Arbeits- und Sozialrecht
Ziff.	Ziffer
ZInsO	Zeitschrift für das gesamte Insolvenzrecht
ZIP	Zeitschrift für Wirtschaftsrecht (früher Zeitschrift für Wirtschaftsrecht und Insolvenzpraxis)
ZIS	Zeitschrift für Internationale Strafrechtsdogmatik
zit.	zitiert
ZLH Arbeitsrecht	*Wolfgang Zöllner, Karl-Georg Loritz* und *Curt Wolfgang Hergenröder* Arbeitsrecht, 7. Aufl., München 2015
ZLW	Zeitschrift für Luft- und Raumfahrt
ZMR	Zeitschrift für Miet- und Raumrecht
ZNR	Zeitschrift für Neuere Rechtsgeschichte
Zöller ZPO	Zivilprozessordnung. Kommentar, begründet von *Richard Zöller*, 31. Aufl., Köln 2016
ZPO	Zivilprozessordnung i. d. F. vom 12. September 1950
ZRP	Zeitschrift für Rechtspolitik
ZStV	Zeitschrift für Stiftungs- und Vereinswesen
ZTR	Zeitschrift für Tarifrecht
zust.	zustimmend
zutr.	zutreffend
Zwanziger Insolvenzordnung	*Bertram Zwanziger* Das Arbeitsrecht der Insolvenzordnung, 2. Aufl., Heidelberg 2002
ZZP	Zeitschrift für Zivilprozess

Vierter Teil
Mitwirkung und Mitbestimmung der Arbeitnehmer

Erster Abschnitt
Allgemeines

§ 74
Grundsätze für die Zusammenarbeit

(1) Arbeitgeber und Betriebsrat sollen mindestens einmal im Monat zu einer Besprechung zusammentreten. Sie haben über strittige Fragen mit dem ernsten Willen zur Einigung zu verhandeln und Vorschläge für die Beilegung von Meinungsverschiedenheiten zu machen.

(2) Maßnahmen des Arbeitskampfes zwischen Arbeitgeber und Betriebsrat sind unzulässig; Arbeitskämpfe tariffähiger Parteien werden hierdurch nicht berührt. Arbeitgeber und Betriebsrat haben Betätigungen zu unterlassen, durch die der Arbeitsablauf oder der Frieden des Betriebs beeinträchtigt werden. Sie haben jede parteipolitische Betätigung im Betrieb zu unterlassen; die Behandlung von Angelegenheiten tarifpolitischer, sozialpolitischer, umweltpolitischer und wirtschaftlicher Art, die den Betrieb oder seine Arbeitnehmer unmittelbar betreffen, wird hierdurch nicht berührt.

(3) Arbeitnehmer, die im Rahmen dieses Gesetzes Aufgaben übernehmen, werden hierdurch in der Betätigung für ihre Gewerkschaft auch im Betrieb nicht beschränkt.

Literatur
Literaturnachweise zum BetrVG 1952 siehe 8. Auflage.
1. Allgemein
Bulla »Vertrauensvolle Zusammenarbeit« von Arbeitgeber und Betriebsrat als Generalklausel des Betriebsverfassungsrechts, RdA 1965, 121; *Dietz* § 49 BetrVG und seine Bedeutung für die Zusammenarbeit im Betrieb – vor allem in Bezug auf die Beteiligungsrechte, RdA 1969, 1; *Gröbing* Zur »vertrauensvollen Zusammenarbeit« nach § 49 BetrVG und § 55 PersVG, AuR 1969, 42; *Halberstadt* Das Zusammenwirken zwischen Arbeitgeber und Betriebsrat, BUV 1971, 73; *Kreutz* Grundsätze der Zusammenarbeit zwischen Arbeitgeber und Betriebsrat nach dem neuen Betriebsverfassungsgesetz, BlStSozArbR 1972, 44; *Kruse* Die Rechte des Arbeitgebers gegenüber dem Betriebsrat aus der Betriebsverfassung (Diss. Kiel), 2010 (zit.: Rechte des Arbeitgebers gegenüber dem Betriebsrat); *Söllner* Zur vertrauensvollen Zusammenarbeit zwischen Betriebsvertretung und Arbeitgeber, DB 1968, 571; vgl. zum Gebot vertrauensvoller Zusammenarbeit auch die Literatur zu § 2 sowie *Weber, R.* Vom Klassenkampf zur Partnerschaft – Die Entwicklung des Verhältnisses zwischen Arbeitgeber und betrieblicher Arbeitnehmervertretung, ZfA 1993, 517; *Wiese* Zur Freiheit der Meinungsäußerung des Betriebsrats und seiner Mitglieder im Außenverhältnis, FS 50 Jahre Bundesarbeitsgericht, 2004, S. 1125.
2. Monatliche Besprechung und Beilegung von Meinungsverschiedenheiten
Brill Die monatlichen Besprechungen von Arbeitgeber und Betriebsrat, BlStSozArbR 1985, 85; *Mundt* Über die Zulässigkeit von Kopplungsgeschäften im Zusammenhang mit den Mitbestimmungstatbeständen in den sozialen Angelegenheiten des § 87 Abs. 1 Betriebsverfassungsgesetz, Diss. Kiel 2002 (zit.: Kopplungsgeschäfte); *Wiese* (wie oben 1).
3. Arbeitskampfverbot und Friedenspflicht
Bauer/Röder Streik ohne Urabstimmung, DB 1984, 1096; *Beckerle* Die arbeitskampfrechtliche Judikatur im Spiegel der letzten zehn Jahre, NJW 2017, 439; *Bell* Wilde Arbeitskämpfe, Diss. Köln 1966; *Berghaus* Rechtsprobleme der Betriebsbesetzung und der Betriebsblockade (Diss. Konstanz), 1989; *Bieback* Arbeitsverhältnis und Betriebsratsamt bei der außerordentlichen Kündigung von Betriebsratsmitgliedern, RdA 1978, 82; *Bieback/Mayer* Mitbestimmung des Betriebsrats während des Arbeitskampfes, AuR 1982, 169; *Bieler* Entwicklungen der personalvertretungsrechtlichen Friedenspflicht, ZTR 2014, 251; *Binkert* Gewerkschaftliche Boykottmaßnahmen im System des Arbeitskampfrechts, 1981 (zit.: Gewerkschaftliche Boykottmaßnahmen); *Blanke, H.* Arbeitskampf und Betriebsrat, AiB 1993, 220; *Blomeyer* Die rechtliche Bewertung des Betriebsfriedens im Individualarbeitsrecht und im Betriebsverfassungsrecht, ZfA 1972, 85; *Bobke/Grimberg* Betriebsrat und Arbeitskampf, AiB 1984, 20; *Brill* Betriebsrat und Arbeitskampf, DB 1979, 403; *Büchner* Die Mitbestimmung des Betriebsrats bei der Anordnung von Streikarbeit, BlStSozArbR 1985, 145; *Bulla* Betriebsverfassung und Arbeitskampf, RdA 1962, 385; *Buschmann* Notdienstmaß-

nahmen im Arbeitskampf, AuR 1980, 230; *Däubler* Der Notdienst im Arbeitskampfrecht, AuR 1981, 257; *Dietz, H. W.* Friedenspflicht und Mitbestimmung des Betriebsrats in Arbeitskämpfen, Diss. Gießen 1989; *Eich* Mitbestimmungsrechte des Betriebsrats bei arbeitskampfbedingten Maßnahmen des Arbeitgebers, DB 1979, Beil. Nr. 9; *Fenn* Zur Problematik der Erhaltungsarbeiten im Arbeitskampf, DB 1982, 430; *Germelmann* Der Betriebsfrieden im Betriebsverfassungsrecht (Diss. Berlin), 1972; *Gloistein* Der Betriebsrat im Arbeitskampf – Amtstätigkeit und Entgeltansprüche arbeitskampfbetroffener Betriebsratsmitglieder, Diss. Kiel 2001; **H**acker Parteipolitische Betätigung von Betriebsratsmitgliedern innerhalb und außerhalb des Betriebes, DB 1963, 962; *Hanau* Probleme der Ausübung des Mitbestimmungsrechts des Betriebsrats, NZA 1985, Beil. Nr. 2; *Hässler* Beteiligungsrechte des Betriebsrats im Arbeitskampf (Diss. Kiel), 1992; *Heckelmann* Erhaltungsarbeiten im Arbeitskampf, 1984; *Heinze* Mitbestimmung des Betriebsrates und Arbeitskampf, DB 1982, Beil. Nr. 23; *Hellenthal* Zur Rechtswidrigkeit von sog. Betriebsbesetzungen, NZA 1987, 52; *Herbst* Rechte des Betriebsrats im Arbeitskampf, AiB 1987, 4; *Hirschberg* Erhaltungsarbeiten im Arbeitskampf, RdA 1986, 355; *Hiersemann* Die Stellung des Betriebsrats im Arbeitskampf, BB 1966, 252; *von Hoyningen-Huene* Rechtmäßigkeitsvoraussetzungen aktueller Arbeitskampfmittel der Gewerkschaften, JuS 1987, 505; *von Hoyningen-Huene / R. Hofmann* Politische Plaketten im Betrieb, BB 1984, 1050; ***J**ahn, L.* Die Beteiligung des Betriebsrats bei arbeitskampfbedingten Maßnahmen des Arbeitgebers (Diss. Darmstadt), 1993; *Jahnke* Unterlassungsansprüche bei drohender Verletzung der allgemeinen Friedenspflicht (§ 74 Abs. 2 Satz 2 BetrVG), BlStSozArbR 1974, 174; *ders.* Betriebsrisiko und Mitbestimmung des Betriebsrats, ZfA 1984, 69; *Jansen* Die betriebliche Mitbestimmung im Arbeitskampf. Zugleich ein Beitrag zum arbeitskampfrechtlichen Paritätsprinzip (Diss. Bochum), 1999; **K**onzen Der Arbeitskampf im Verfassungs- und Privatrechtssystem, AcP Bd. 177, 473; *ders.* Betriebsverfassungsrechtliche Leistungspflichten des Arbeitgebers, 1984; *Kraft* Die Mitwirkungs- und Mitbestimmungsrechte des Betriebsrats während des Arbeitskampfes, FS *G. Müller*, 1981, S. 265; *Kreutz* (wie oben 1); *Krummel* Betriebsrat und betriebliche Mitbestimmung im Arbeitskampf, BB 2002, 1418; *Küttner / Schmidt* Einseitige Anordnung von Überstunden durch den Arbeitgeber im Arbeitskampf, DB 1988, 704; *Lauschke* Die Notarbeiten im Arbeitskampf unter besonderer Berücksichtigung der Rechtsprechung, Diss. Köln 1967; *Lieb* Zur Mitbestimmung des Betriebsrats bei der Bewältigung der Fernwirkung von Arbeitskämpfen, NZA 1990, 377; *Löwisch* Freiheit und Gleichheit der Wahl zu Betriebsrat und Personalrat, BB 2017, 117; *Loritz* Betriebsbesetzungen – ein rechtswidriges Mittel im Arbeitskampf, DB 1987, 223; *Lukes* Der betriebsverfassungsrechtliche Unterlassungsanspruch des Arbeitgebers gegen den Betriebsrat, 2016; ***M**ayer, U.* Fernwirkung von Arbeitskämpfen und Mitbestimmung des Betriebsrats, AuR 1980, 65; *ders.* Lohnrisikoverteilung und Mitbestimmungsrechte bei Fernwirkung von Arbeitskämpfen, BB 1990, 2482; *Mayer-Maly* Lohnzahlungspflicht und Kurzarbeit in mittelbar kampfbetroffenen Betrieben, BB 1979, 1305; *C. Meyer* Einschränkungen der Mitbestimmung im Arbeitskampf, BB 2012, 2753; *ders.* Streikaufruf im Intranet, SAE 2014, 65; *Müller, G.* Arbeitskampf und Recht, 1987; *ders.* Erhaltungsarbeiten im Arbeitskampf, ZfA 1978, 153; *ders.* Der Einsatz von Beamten auf Arbeitnehmerplätzen bei einem legitimen Tarifstreik im öffentlichen Dienst, RdA 1982, 86; *Mummenhoff* Plaketten im Betrieb, DB 1981, 2539; **O**etker Die Durchführung von Not- und Erhaltungsarbeiten bei Arbeitskämpfen, 1984; *Olbrich* Die Betriebsbesetzung als Arbeitskampfmaßnahme, Diss. Gießen 1991; *Patett* Arbeitskampffernwirkungen, Lohnrisiko und Mitbestimmung, Diss. Hamburg 1984; *Pfrogner* Unterlassungsanspruch des Arbeitgebers gegen den Betriebsrat, RdA 2016, 161; **R**einhard Bedingt abwehrbereit – wie Arbeitgeber sich gegen eine Blockadehaltung des Betriebs zur Wehr setzen können, ArbRB 2014, 218; *Reuter* Die (persönliche und amtliche) Rechtsstellung des Betriebsrats im Arbeitskampf, AuR 1973, 1; *Reichold* Der Betriebsrat – ein »Trojanisches Pferd« im Arbeitskampf?, NZA 2004, 247; *ders.* Belegschaftsvertretungen im Spannungsfeld divergierender Arbeitnehmerinteressen, NZA-Beil. 2012, Nr. 4, S. 146; *Richardi* Arbeitskampfrecht und betriebsverfassungsrechtliche Mitbestimmungsordnung, Festschrift aus Anlaß des 10-jährigen Bestehens der Deutschen Richterakademie, 1983, S. 111; *Rieble / Wiebauer* Meinungskampf im Betrieb, ZfA 2010, 63; *Rolfs / Bütefisch* Gewerkschaftliche Betätigung des Betriebsratsmitglieds im Arbeitskampf, NZA 1996, 17; *Roß* Das Arbeitskampfverbot des Betriebsrats (Diss. Bayreuth), 2010; **S**äcker Gewerkschaften und wilder Streik, BB 1971, 962; *Schmidt, F.* Mitwirkungspflicht des Betriebsrats bei der Notdienstbestellung vor Arbeitskampf?, DB 1978, 1278; *Schönhöft / Weyhing* Neutralitätspflicht und Koalitionsfreiheit des Betriebsrats, BB 2014, 762; *Schulin* Mitbestimmung im Arbeitskampf, in: *Lieb / von Stebut / Zöllner* (Hrsg.) Arbeitskampfrecht, Symposion *Hugo Seiter* zum Gedächtnis, 1990, S. 191; *Schwarze* Beteiligungsrechte des Betriebsrates im Arbeitskampf, JA 2012, 630; *ders.* Streikaufruf per Mail, JA 2014, 787; *Schwipper* Öffentliche Meinungsäußerungen des Betriebsrats und seiner Mitglieder – Zulässigkeit und Grenzen (Diss. Osnabrück), 2012 (zit.: Öffentliche Meinungsäußerungen); *Seiter* Streikrecht und Aussperrungsrecht, 1975; *ders.* Mitbestimmung des Betriebsrats bei vorübergehender Stillegung mittelbar arbeitskampfbetroffener Betriebe?, RdA 1979, 393; *ders.* Die neue Betriebsrisiko- und Arbeitskampfrisikolehre, DB 1981, 578; *Stahlhacke* Zulässigkeit neuer Kampfmittel im Arbeitskampf, 1994; *van Straelen* Der Rollenkonflikt des Arbeitnehmervertreters zwischen Betriebsratsmitglied und Gewerkschaftsfunktionär (Diss. München), 2012 (zit.: Der Rollenkonflikt); **T**reber Aktiv produktionsbehindernde Maßnahmen (Diss. Mainz), 1996; **W**einer Die Streikbeteiligung von Außenseitern, Diss. Mainz 1976; *Weiss* Die Rolle des Betriebsrats im Arbeitskampf tariffähiger Parteien, AuR

1982, 265; *Wendt* Die Betriebsbesetzung (Diss. Freiburg), 1984; *Wesch* Neue Arbeitskampfmittel am Beispiel von Betriebsbesetzungen und Betriebsblockaden (Diss. Tübingen), 1993; *Wiese* Stellung und Aufgaben des Betriebsrats im Arbeitskampf, NZA 1984, 378; *ders.* (wie oben 1). Vgl. zur Problematik der Mitbestimmung des Betriebsrats bei der Einführung arbeitskampfbedingter Kurzarbeit die Angaben bei *Wiese* § 87 Rdn. 430 ff.

4. Verbot parteipolitischer Betätigung im Betrieb
Bauer/E. M. Willemsen Der (partei)politische Betriebsrat, NZA 2010, 1089; *Bäumer* Die Meinungsfreiheit im Arbeitsverhältnis, BlStSozArbR 1981, 337; *Berg* Der Betrieb als »politikfreie Zone«? Zum Verbot der parteipolitischen Betätigung für Arbeitgeber und Betriebsrat im Betrieb, FS *Albert Gnade*, 1992, S. 215; *Berg/Bobke/Wölter* Frieden und Abrüstung im Betrieb, BlStSozArbR 1983, 353; *Buchner* Meinungsfreiheit im Arbeitsrecht, ZfA 1982, 49; *ders.* Die persönliche Verantwortlichkeit der Betriebsratsmitglieder für rechtswidrige Betriebsratsbeschlüsse, FS *G. Müller*, 1981, S. 93; *Burger/Rein* Kein Unterlassungsanspruch des Arbeitgebers gegen betriebsverfassungswidriges Verhalten des Betriebsrats?, NJW 2010, 3613; *Buschmann/Grimberg* Plaketten als Meinungsäußerung im Betrieb, AuR 1989, 65; *Derleder* Die politische Meinungsäußerung des Betriebsrats, AuR 1988, 17; *Dudenbostel/Klas* Außerdienstliches Verhalten als Kündigungsgrund, AuR 1979, 296; *Glaubitz* Parteipolitische Betätigung im Betrieb, BB 1972, 1277; *Gnade* Zur politischen und gewerkschaftlichen Betätigung – insbesondere von Betriebsratsmitgliedern – im Betrieb, JArbR Bd. 14 (1977), S. 59; *Halberstadt* Betriebsfrieden und Politik, BUV 1972, 82; *Hofmann, R.* Das Verbot parteipolitischer Betätigung im Betrieb (Diss. Heidelberg), 1984; *Hohn* Parteipolitik und Betriebsversammlungen, BB 1975, 376; *von Hoyningen-Huene/R. Hofmann* (wie oben 3); *Husemann* Das Verbot der parteipolitischen Betätigung (Diss. Bochum), 2013; *Illes* Das betriebsverfassungsrechtliche Verbot parteipolitischer Betätigung im Betrieb, 2016; *Joachim* Freie politische und gewerkschaftliche Betätigung im Betrieb und am Arbeitsplatz – Thesen, in *Posser/Wassermann* Freiheit in der sozialen Demokratie, 1975, S. 255; *Kreutz* (wie oben 1); *Koppenfels-Spies* Der allgemeine Unterlassungsanspruch gegen den Betriebsrat vor dem Aus?, FS Blaurock, 2013, S. 213 ff.; *Kröll* Kein Unterlassungsanspruch des Arbeitgebers bei allgemeinpolitischer Betätigung des Betriebsrats, AiB 2011, 543; *Löwisch* Betriebsauftritte von Politikern, DB 1976, 676; *Lukes* Der betriebsverfassungsrechtliche Unterlassungsanspruch des Arbeitgebers gegen den Betriebsrat, 2016; *Meisel* Politik im Betrieb, RdA 1976, 38; *Müller-Boruttau* Presseerklärungen des Betriebsrats, NZA 1996, 1071; *Mummenhoff* (wie oben II 3); *Niklas* Wahlkampfgetöse im Betrieb – die parteipolitische Betätigung des Betriebsrats, DB 2013, 1665; *Oetker* Parteipolitische Betätigung von Betriebsräten im Spannungsfeld zwischen betriebsverfassungsrechtlicher Friedenspflicht und verfassungsrechtlich garantierter Meinungsfreiheit, BlStSozArbR 1983, 321; *Otto* Toleranz in den Arbeitsbeziehungen, AuR 1980, 289; *Pauly* Parteipolitische Betätigung eines Betriebsratsmitglieds, JuS 1978, 163; *Pfrogner* Unterlassungsanspruch des Arbeitgebers gegen den Betriebsrat, RdA 2016, 161; *Reichold* Kein Unterlassungsanspruch bei parteipolitischer Betätigung des Betriebsrats, RdA 2011, 58; *Richardi* Gewerkschaftliche und politische Betätigung im Betrieb, NJW 1962, 1374; *Rieble/Wiebauer* Meinungskampf im Betrieb, ZfA 2010, 63; *Rüthers* Das Verbot parteipolitischer Betätigung im Betrieb, BB 1958, 778; *Rüttgers* Das Verbot parteipolitischer Betätigung im Betrieb, Diss. Köln 1979; *Säcker* Betriebs- oder unternehmensbezogene Verhaltenspflichten des Arbeitnehmers und des Betriebsrats bei parteipolitischer Betätigung i. S. d. § 51 Satz 2 BetrVG, AuR 1965, 353; *ders.* Rechtsfragen der außerordentlichen Kündigung von Betriebsratsmitgliedern, DB 1967, 2075; *Schäcker* Sind Hinweise auf die betriebliche Stellung bei politischer Betätigung außerhalb des Betriebes zulässig?, BB 1963, 856; *Schaub* Die Freiheit der Meinungsäußerung im Individualarbeits- und Betriebsverfassungsrecht, RdA 1979, 137; *Schmitt, M.* Interessenkonflikte bei der Wahrnehmung des Betriebsratsamtes (Diss. Konstanz), 1989; *Schneider* Politische Betätigung von Betriebsräten, Quelle 1976, 359; *Schöne* Der Betriebsrat im Spannungsfeld von Parteien und Politik, SAE 2011, 184; *Schwipper* (wie oben 3); *Söllner* Wes Brot ich eß', des Lied ich sing – Zur Freiheit der Meinungsäußerung im Arbeitsverhältnis, FS *Herschel*, 1982, S. 389; *Sowka/Krichel* Politische und gewerkschaftliche Betätigung im Betrieb, DB 1989, Beil. Nr. 11; *Thümmel* Betriebsfrieden und Politplakette, 1985; *Ünsal* Politische und religiöse Symbole im Betrieb (Diss. Potsdam), 2009; *Vollmer, H.* Grenzen der politischen Betätigung im Betrieb, 1977; *Wiebauer* Unterlassungsanspruch gegen politische Betätigung des Betriebsrats, BB 2010, 3091; *Wiese* (wie oben 1); *Wortmann* Das Aus für den Unterlassungsanspruch gegen den Betriebsrat?, ArbRB 2011, 212; *Zachert* Plaketten im Betrieb – Ausdruck von Meinungsfreiheit oder Störung des Betriebsfriedens?, AuR 1984, 289; *ders.* Ein Stück Plastik und der provozierte Geist des Obrigkeitsstaates, AiB 1984, 27.

5. Betriebsratsamt und gewerkschaftliche Betätigung:
Becker/Leimert Die Stellung der Gewerkschaften nach dem neuen Betriebsverfassungsgesetz, BlStSozArbR 1972, 37; *Caspar* Die gesetzliche und verfassungsrechtliche Stellung der Gewerkschaften im Betrieb, 1980; *Däubler* Gewerkschaftsrechte im Betrieb, 11. Aufl. 2010, Rn. 464 ff.; *Gester/Kittner* Personalratsamt und Koalitionsfreiheit, RdA 1971, 161; *Gnade* (wie oben 4); *Hohn* Werbung für die Gewerkschaften auf dem Betriebsgelände, BB 1965, 545; *Kraft* Probleme im Spannungsfeld zwischen Betriebsverfassungsrecht und Koalitionsfreiheit, ZfA 1973, 243; *Krüger, H.* Gewerkschaftliche Betätigung von Betriebs- und Personalratsmitgliedern, ZBR 1972, 97; *Müller, G.* Be-

triebsratsamt und gewerkschaftlicher Vertrauensmann, RdA 1976, 46; *Richardi* Betriebsratsamt und Gewerkschaft, RdA 1972, 8; *Schmitt, M.* (wie oben 4); *Schönfeld* Gewerkschaftliche Betätigung im Betrieb, BB 1989, 1818; *Sowka/Krichel* (wie oben 4). Vgl. allgemein zur Rechtsstellung der Koalitionen in der Betriebsverfassung die Angaben bei § 2.

Inhaltsübersicht Rdn.

I. Vorbemerkung	1–8
II. Regelmäßige monatliche Besprechung (Abs. 1 Satz 1)	9–23
1. Pflichtencharakter der Norm	9–13
2. Teilnehmer	14–19
3. Durchführung	20–23
III. Verhandlungspflicht bei Meinungsverschiedenheiten (Abs. 1 Satz 2)	24–29
1. Umfang der Verhandlungspflicht	24–26
2. Verletzungsfolgen	27–29
IV. Betriebsverfassungsrechtliche Friedensordnung (Überblick über die Regelungen des Abs. 2)	30–35
V. Arbeitskampfverbot (Abs. 2 Satz 1)	36–95
1. Verbotsadressaten	37–44
a) Arbeitgeber und Betriebsrat	37
b) Betriebsratsmitglieder	38, 39
c) Einzelne Arbeitnehmer	40
d) Tariffähige Parteien	41–44
2. Maßnahmen des Arbeitskampfs	45–50
a) Arbeitskampfbegriff	46–48
b) Maßnahmebegriff	49, 50
3. Umfang des Verbots	51–86
a) Betriebsverfassungsrechtliche Kampfziele	52–54
b) Einzelarbeitsvertragliche Kampfziele	55
c) Arbeitskampfziele tariffähiger Parteien	56–83
aa) Betriebsratsamt und Arbeitskampf	57–61
bb) Rechtsstellung der Verbotsadressaten	62–68
cc) Begrenzung betriebsverfassungsrechtlicher Beteiligungsrechte	69–80
dd) Erhaltungs- und Notstandsarbeiten	81–83
d) Keine Einwirkungspflicht auf die Belegschaft	84–86
4. Rechtsfolgen einer Verbotsverletzung	87–95
a) Betriebsverfassungsrechtliche Rechtsfolgen	88–92
b) Individualrechtliche Rechtsfolgen	93–95
VI. Verbot parteipolitischer Betätigung im Betrieb (Abs. 2 Satz 3)	96–131
1. Verbotszweck	97–100
2. Verbotsadressaten	101–106
3. Parteipolitische Betätigung im Betrieb	107–119
a) Begriff »parteipolitisch«	108–112
b) Betätigung parteipolitischer Art	113–115
c) Im Betrieb	116–119
4. Angelegenheiten tarifpolitischer, sozialpolitischer, umweltpolitischer und wirtschaftlicher Art (Abs. 2 Satz 3 Halbs. 2)	120–125
5. Rechtsfolgen parteipolitischer Betätigung im Betrieb	126–131
VII. Verbot der Beeinträchtigung von Arbeitsablauf und Betriebsfrieden (Allgemeine Friedenspflicht; Abs. 2 Satz 2)	132–145
1. Verbotsadressaten	135
2. Verbotstatbestand	136–142
3. Rechtsfolgen einer Verbotsverletzung	143–145
VIII. Gewerkschaftliche Betätigung von Funktionsträgern (Abs. 3)	146–153
1. Normadressaten	147
2. Regelungsinhalt	148–153

I. Vorbemerkung

Die Vorschrift regelt Grundsätze für die Zusammenarbeit von Arbeitgeber und Betriebsrat in Betrieben, in denen ein Betriebsrat besteht. Diese **Grundsätze konkretisieren** den in § 2 Abs. 1 verankerten **Grundsatz vertrauensvoller Zusammenarbeit**. Das Gebot vertrauensvoller Zusammenarbeit zwischen Arbeitgeber und Betriebsrat zum Wohle der Arbeitnehmer und des Betriebs ist als Leitmaxime des Betriebsverfassungsrechts an die Spitze des Gesetzes gestellt worden, um damit seine grundlegende Bedeutung zu unterstreichen (vgl. Begründung zum RegE, BT-Drucks. VI/1786, S. 46). Aus diesem Kooperationsgebot ließe sich die Friedenspflicht (Abs. 2) und die Verpflichtung, bei Meinungsverschiedenheiten auf eine Beilegung hinzuarbeiten (Abs. 1 Satz 2), ebenso herleiten, wie es zu vertrauensvoller Zusammenarbeit gehört, dass von Zeit zu Zeit Besprechungen durchgeführt werden (Abs. 1 Satz 1). Andererseits ist es mit vertrauensvoller Zusammenarbeit vereinbar, wenn sich Betriebsratsmitglieder in Ausübung ihrer Koalitionsfreiheit im Betrieb für ihre Gewerkschaft betätigen; Abs. 3 stellt das im Ansatz klar.

Als Konkretisierungen des Gebots vertrauensvoller Zusammenarbeit stehen die in § 74 normierten Grundsätze der Zusammenarbeit zu jenem im **Verhältnis der Spezialität**. Damit ist jedoch noch nichts darüber gesagt, ob die spezielleren Regelungen die Grundregel nur ergänzen, diese also auch insoweit noch subsidiär anzuwenden ist, oder ob sie diese verdrängen. Das ist eine Frage der Auslegung der jeweiligen spezielleren Regelung. Allgemein lässt sich aber feststellen, dass die Leitmaxime jedenfalls dann durch einen der spezielleren Grundsätze ausgeschaltet ist, wenn diesem eine eindeutige abschließende gesetzgeberische Wertentscheidung eines dem Gesetzgeber bekannten Interessenkonflikts zu entnehmen ist: Andernfalls könnte diese legislatorische Entscheidung, zumal soweit sie politisch umstritten war, durch die Grundregel überspielt werden (vgl. *Kreutz* BlStSozArbR 1972, 44 [45]).

Neben § 74 lassen sich weitere konkretisierende Grundsätze für die Zusammenarbeit von Arbeitgeber und Betriebsrat aus § 75 und mittelbar auch aus § 76 Abs. 5 Satz 3 und § 112 Abs. 5 herleiten. § 75 legt die Betriebspartner auf die Beachtung der **Grundsätze** von **Recht und Billigkeit** fest. Nach § 76 Abs. 5 Satz 3 hat die Einigungsstelle ihren Spruch (unter angemessener Berücksichtigung der Belange des Betriebes und der betroffenen Arbeitnehmer) nach billigem Ermessen zu fassen. Ähnlich hat sich die Einigungsstelle bei der Aufstellung von Sozialplänen (unter Berücksichtigung der sozialen Belange der betroffenen Arbeitnehmer und der wirtschaftlichen Vertretbarkeit ihrer Entscheidung für das Unternehmen) von billigem Ermessen leiten zu lassen. Die Beachtung des **billigen Ermessens** gibt damit zugleich einen inhaltlich konkretisierten Maßstab auch für die Zusammenarbeit von Arbeitgeber und Betriebsrat ab, da der Spruch der Einigungsstelle nur deren Einigung ersetzt (vgl. auch *G. Müller* ZfA 1972, 213 [233 ff.]).

Im Wesentlichen entsprechen die in § 74 Abs. 1 und 2 getroffenen Regelungen den früheren Regelungen in § 49 Abs. 3 und 2 und § 51 Satz 2 BetrVG 1952. Auf Vorschlag des Ausschusses für Arbeit und Sozialordnung wurde – unter Aufrechterhaltung des Verbots parteipolitischer Betätigung im Betrieb – in Abs. 2 Satz 3 Halbs. 2 jedoch ausdrücklich klargestellt, »dass wegen der generellen Aufgabenstellung des Betriebsrats, die Interessen der Arbeitnehmer des Betriebes zu vertreten, ihm nicht verwehrt werden dürfe, Angelegenheiten tarifpolitischer, sozialpolitischer und wirtschaftlicher Art, die den Betrieb oder seine Arbeitnehmer unmittelbar betreffen, zu behandeln« (zu BT-Drucks. VI/2729, S. 10). Das BetrVerf-Reformgesetz vom 23.07.2001 (BGBl. I, S. 1852) hat diesen Katalog um Angelegenheiten umweltpolitischer Art erweitert, die den Betrieb oder seine Arbeitnehmer unmittelbar betreffen. Damit soll der zunehmenden Bedeutung des betrieblichen Umweltschutzes im betrieblichen Alltag Rechnung getragen werden.

§ 74 Abs. 3 ist 1972 neu eingefügt worden. Damit sollte klargestellt werden, »dass Arbeitnehmer, die nach diesem Gesetz Aufgaben übernehmen, hierdurch – unbeschadet der sich in ihrem Amt ergebenden Pflichten – nicht gehindert sind, als Gewerkschaftsmitglieder für ihre Gewerkschaft tätig zu werden« (vgl. Begründung zum RegE, BT-Drucks. VI/1786, S. 46). Ein Antrag der CDU/CSU-Fraktion, diesen Absatz zu streichen, wurde vom Ausschuss für Arbeit und Sozialordnung abgelehnt, »da dies möglicherweise eine sachlich nicht gerechtfertigte Beschränkung der Betriebsratsmitglieder, als Gewerkschaftsangehörige für ihre Gewerkschaft tätig zu werden, zur Folge habe. Nach Ansicht des

Ausschusses werden durch Absatz 3 die sich aus dem Betriebsratsamt ergebenden Pflichten der Betriebsratsmitglieder, insbesondere auch die Neutralitätspflicht nach § 75, nicht berührt«. Eine diesbezügliche ausdrückliche Klarstellung hielt der Ausschuss nicht für erforderlich (zu BT-Drucks. VI/2729, S. 28).

6 Nicht übernommen wurde § 49 Abs. 4 BetrVG 1952, der bestimmte, dass die Anrufung von Schiedsstellen und Behörden erst zulässig ist, nachdem eine Einigung im Betrieb nicht erzielt wurde. Nach der Begründung zum RegE (BT-Drucks. VI/1786, S. 46) erfolgte die Streichung dieses Absatzes im Hinblick darauf, dass sein Gedanke sich bereits aus dem in § 2 Abs. 1 enthaltenen Gebot zur vertrauensvollen Zusammenarbeit ergebe und die Bestimmung auch keine praktische Bedeutung gehabt habe.

7 § 74 gilt entsprechend für die Zusammenarbeit von Arbeitgeber und **Gesamtbetriebsrat** bzw. **Konzernbetriebsrat** (vgl. §§ 51 Abs. 5, 59 Abs. 1) sowie für die nach § 3 Abs. 1 Nr. 1 bis 3 gebildeten Arbeitnehmervertretungen (§ 3 Abs. 5). Nach *Fitting* (§ 74 Rn. 2) sollen »die Vorschriften« außerdem »entsprechend gelten für den Betriebsausschuss und andere Ausschüsse des Betriebsrats, die Jugend- und Auszubildendenvertretung, die Gesamt-Jugend- und Auszubildendenvertretung, die Konzern-Jugend- und Auszubildendenvertretung und den Wirtschaftsausschuss« »sowie für Arbeitsgruppen, denen nach § 28a die Wahrnehmung betriebsverfassungsrechtlicher Aufgaben übertragen worden ist«. Jedenfalls für § 74 Abs. 1 Satz 1 ist die Aussage zweifelhaft.

8 Zum **Personalvertretungsrecht** vgl. §§ 66, 67 Abs. 1 Satz 3, Abs. 2 und 3 BPersVG; für **Sprecherausschüsse** vgl. § 2 Abs. 4 SprAuG.

II. Regelmäßige monatliche Besprechung (Abs. 1 Satz 1)

1. Pflichtencharakter der Norm

9 Abs. 1 Satz 1 konkretisiert das Gebot vertrauensvoller Zusammenarbeit (§ 2 Abs. 1) ergänzend dahin, dass Arbeitgeber und Betriebsrat mindestens einmal im Monat zu einer Besprechung zusammentreten sollen. Durch die **Regelmäßigkeit von gemeinsamen Besprechungen** soll sichergestellt werden, dass sich Arbeitgeber und alle Betriebsratsmitglieder regelmäßig zu **persönlichem Kontakt** zusammenfinden. Dadurch soll, gleichsam institutionell (vgl. auch *Richardi/Maschmann/Richardi* § 74 Rn. 4; *Söllner* DB 1968, 571), die Basis für vertrauensvolle Zusammenarbeit geschaffen werden. Die Besprechungen stehen in deren Dienst. Dem Gesetz genügt insoweit ein bloßes Korrespondieren ebenso wenig wie Gesprächskontakte allein zwischen Arbeitgeber und Betriebsratsvorsitzendem oder einzelnen Betriebsratsmitgliedern. Die rasche Folge gemeinsamer Besprechungen soll einen ständigen Kontakt gewährleisten.

10 Das Gesetz verlangt mindestens eine gemeinsame Besprechung im Monat. Obwohl Abs. 1 Satz 1 als **Soll-Vorschrift** formuliert ist, wird den Betriebspartnern eine monatliche Besprechung zur betriebsverfassungsrechtlichen **Pflicht** gemacht (ebenso *Berg/DKKW* § 74 Rn. 4; *Brill* BlStSozArbR 1985, 85 [86]; *Fitting* § 74 Rn. 4; *Kaiser/LK* § 74 Rn. 2; *Kania/*ErfK § 74 BetrVG Rn. 3; *Richardi/Maschmann/Richardi* § 74 Rn. 8; **a. M.** *Worzalla/*HWGNRH § 74 Rn. 7; *Preis/WPK* § 74 Rn. 2; *Reichold/*HWK § 74 BetrVG Rn. 3; *Stege/Weinspach/Schiefer* § 74 Rn. 1; auch noch *Kreutz* BlStSozArbR 1972, 44 [50]). Sie sollen gerade nicht darauf warten, dass sich ein konkreter Besprechungsanlass ergibt. Die regelmäßigen gemeinsamen Besprechungen gehören zu den festen »Spielregeln« der Zusammenarbeit. Dass sie »mindestens« einmal im Monat stattfinden sollen, belegt ihre Unverzichtbarkeit. Der Pflichtencharakter wird auch nicht dadurch ausgeschlossen, dass das Gesetz keine besonderen Sanktionen vorsieht und den Betriebspartnern freie Hand gelassen ist, den Zeitpunkt der Besprechungen festzulegen.

11 Die Pflicht geht dahin, einmal im Monat zu einer Besprechung »zusammenzutreten«. Das verlangt von den Betriebspartnern, für das Zustandekommen der monatlichen Besprechung **aktiv Sorge zu tragen** (zutr. *Fitting* § 74 Rn. 4; zust. *Berg/DKKW* § 74 Rn. 5; *Kania/*ErfK § 74 BetrVG Rn. 3). Eine Pflichtverletzung liegt deshalb schon dann vor, wenn keine Seite die Zusammenkunft verlangt oder wenn Arbeitgeber und Betriebsrat eine monatliche Besprechung übereinstimmend nicht für erforderlich halten (zust. *Richardi/Maschmann/Richardi* § 74 Rn. 8; **a. M.** *Fitting* § 74 Rn. 4, die insoweit auf

den Charakter der Vorschrift als Sollvorschrift abstellen; *Preis / WPK* § 74 Rn. 2). Allerdings gibt es insoweit keine Sanktion.

Weigert sich eine Seite generell oder wiederholt, ohne sachlichen Grund an Besprechungen teilzunehmen, die der andere Teil wünscht, kann der Tatbestand der groben Pflichtverletzung i. S. v. § 23 Abs. 1 oder Abs. 3 erfüllt sein. *Galperin / Löwisch* (§ 74 Rn. 3) und *Brill* (BlStSozArbR 1985, 85 [86]) erwägen sie sogar schon bei einer rein formalen, passiven Teilnahme. Unter den Voraussetzungen des § 23 Abs. 3 kann dementsprechend der Betriebsrat den **Arbeitgeber** zu einer gemeinsamen Besprechung **zwingen** (zust. *Rieble / DFL* § 74 BetrVG Rn. 2). Umgekehrt kann der Arbeitgeber das nicht. Er kann nach § 23 Abs. 1 nur die Auflösung des Betriebsrats oder den Ausschluss eines Mitglieds aus diesem beantragen (zust. *Weiss / Weyand* § 74 Rn. 2). Ein von § 23 losgelöster, eigenständiger Erfüllungsanspruch, der mit der Verpflichtung aus § 74 Abs. 1 Satz 1 korrespondiert, besteht weder für Betriebsrat noch für Arbeitgeber (Soll-Vorschrift). 12

Aus Abs. 1 Satz 1 ergibt sich keine Verpflichtung, zu mehreren Besprechungen im Monat zusammenzukommen (**a. M.** offenbar *Richardi / Maschmann / Richardi* § 74 Rn. 8). Eine solche Pflicht kann sich jedoch aus § 2 Abs. 1 ergeben, wenn sachliche Gründe dafür vorliegen. 13

2. Teilnehmer

Teilnehmer der regelmäßigen gemeinsamen Besprechungen sind **Arbeitgeber und Betriebsrat**. Seitens des Betriebsrats sind grundsätzlich **alle Mitglieder** zur Teilnahme verpflichtet, aber auch berechtigt. Das folgt aus dem Zweck dieser Besprechungen (vgl. Rdn. 9). Die Monatsbesprechungen gehören danach insbesondere nicht zu den laufenden Geschäften, die vom Betriebsausschuss (§ 27 Abs. 2 Satz 1) oder in Kleinbetrieben ggf. vom Betriebsratsvorsitzenden (§ 27 Abs. 3) geführt werden (ebenso *Berg / DKKW* § 74 Rn. 7; *Fitting* § 74 Rn. 5; *Richardi / Maschmann / Richardi* § 74 Rn. 7; zust. BAG 15.08.2012 NZA 2013, 284 unter Rn. 20). Der Betriebsrat kann auch weder dem Betriebsausschuss (nach § 27 Abs. 2 Satz 2) noch einem weiteren Ausschuss (nach § 28 Abs. 1) die regelmäßige Monatsbesprechung als Aufgabe zur selbstständigen Erledigung übertragen. Eine solche Übertragung wäre mit dem Zweck dieser Besprechungen unvereinbar (ebenso *Kaiser / LK* § 74 Rn. 4; *Richardi / Maschmann / Richardi* § 74 Rn. 7, der diese Ansicht aber nicht konsequent durchhält; wie dieser auch *Reichold / HWK* § 74 BetrVG Rn. 4; **a. M.** *Berg / DKKW* § 74 Rn. 7; *Brill* BlStSozArbR 1985, 85 [86]; *Fitting* § 74 Rn. 5; *Kania / ErfK* § 74 BetrVG Rn. 5; *Lorenz / HaKo* § 74 Rn. 3; *Preis / WPK* § 74 Rn. 3; *Stege / Weinspach / Schiefer* § 74 Rn. 1; *Worzalla / HWGNRH* § 74 Rn. 4; dieser Ansicht hat sich der Siebte Senat des BAG im Hinblick auf eine Übertragung auf den Betriebsausschuss angeschlossen [BAG 15.08.2012 NZA 2013, 284 unter Rn. 27 ff.; ebenso die Vorinstanz *LAG Niedersachsen* 24.11.2010 – 15 TaBV 115/09 – juris]; er beruft sich dabei ganz formal darauf, dass nach § 27 Abs. 2 Satz 2 nur der Abschluss von Betriebsvereinbarungen von der Aufgabenübertragbarkeit ausgenommen ist und kein Kernbereich der Betriebsratskompetenz betroffen sei; eine verbreitete Praxis sieht sich damit bestätigt, die sich darauf stützen ließ, dass der Sechste Senat des BAG [19.01.1984 AP Nr. 4 zu § 74 BetrVG 1972 = DB 1984, 1529] die Frage noch ausdrücklich offen gelassen hatte). Ebenso wenig können die Monatsbesprechungen einem gemeinsamen Ausschuss des Betriebsrats und des Arbeitgebers i. S. d. § 28 Abs. 2 übertragen werden oder einer Arbeitsgruppe i. S. v. § 28a (**a. M.** *Worzalla / HWGNRH* § 74 Rn. 4). 14

Der **Arbeitgeber** hat grundsätzlich **persönlich** oder durch seine nach Gesetz oder Gesellschaftsvertrag **vertretungsberechtigten Personen** an den Besprechungen teilzunehmen. Anders als in § 43 Abs. 2 Satz 3 und § 108 Abs. 2 Satz 1 sieht § 74 Abs. 1 eine Vertretung des Arbeitgebers kraft Delegation nicht vor. Im Umkehrschluss auf die Unzulässigkeit der Vertretung bei der Monatsbesprechung zu schließen, wäre zwar formal-logisch möglich, würde aber die Bedeutung der genannten Bestimmungen überzeichnen und ist sachlich nicht gerechtfertigt (zust. BAG 11.12.1991 EzA § 90 BetrVG 1972 Nr. 2 S. 6). Nicht grundsätzlich, aber in Einzelfällen wird deshalb die Vertretung des Arbeitgebers durch solche betriebsangehörigen Personen zu akzeptieren haben, die Arbeitgeberfunktionen im Betrieb wahrnehmen, für die Betriebsleitung zu sprechen befugt und dazu aus eigener Sach- und Fachkunde auch in der Lage sind. Diese enge Begrenzung folgt aus der Bedeutung der regelmäßigen Besprechungen (vgl. Rdn. 9) und aus der Verhandlungspflicht gemäß Abs. 1 Satz 2 (im Ergebnis 15 ebenso *Brill* BlStSozArbR 1985, 85 [86]; zust. *Berg/DKKW* § 74 Rn. 6; *Fitting* § 74 Rn. 7; vgl. auch *BAG* 11.12.1991 EzA § 90 BetrVG 1972 Nr. 2 S. 6, wo der Siebte Senat im Hinblick auf das Beteiligungsrecht des Betriebsrats nach § 90 die Zulässigkeit rechtsgeschäftlicher Stellvertretung des Arbeitgebers gegenüber dem Betriebsrat durch Arbeitnehmer, die nicht verantwortlich in der Betriebsleitung tätig sind, eingrenzend davon abhängig macht, dass unter Berücksichtigung der konkreten Umstände des Einzelfalles der Zweck der jeweils einschlägigen gesetzlichen Regelung [Art und Funktion des jeweiligen Beteiligungsrechts] auch erreicht wird). Der Arbeitgeber kann weitere betriebsangehörige Personen zur Berichterstattung oder als Sachverständige mitbringen.

16 Gemäß § 68 hat der Betriebsrat (durch seinen Vorsitzenden) die **Jugend- und Auszubildendenvertretung** (d. h. alle Mitglieder) zur monatlichen Besprechung beizuziehen, wenn und soweit dort Angelegenheiten behandelt werden, die besonders jugendliche Arbeitnehmer betreffen (vgl. *Oetker* § 68 Rdn. 9).

17 Die **Schwerbehindertenvertretung** ist zu den Monatsbesprechungen hinzuzuziehen (§ 178 Abs. 5 SGB IX i. d. F. des Gesetzes zur Stärkung der Teilhabe und Selbstbestimmung von Menschen mit Behinderungen [Bundesteilhabegesetz – BTHG] v. 23.12.2016, BGBl. I, S. 3234; bis 31.12.2017: § 95 Abs. 5 SGB IX). Die dieses Teilnahmerecht ablehnende Entscheidung des *BAG* vom 19.01.1984 (AP Nr. 4 zu § 74 BetrVG 1972) ist damit überholt. Zur Hinzuziehung sind Arbeitgeber und Betriebsrat unabhängig davon verpflichtet, ob Angelegenheiten behandelt werden sollen, die besonders schwerbehinderte Menschen betreffen. Auch soweit Angelegenheiten der schwerbehinderten Menschen behandelt werden, muss der Beauftragte des Arbeitgebers (§ 181 SGB IX; bis 31.12.2017: § 98 SGB IX) nicht hinzugezogen werden (vgl. aber Rdn. 15).

18 Ein **selbständiges Teilnahmerecht für Beauftragte der im Betrieb vertretenen Gewerkschaften besteht nicht** (unstr.). Eine § 46 Abs. 1 Satz 1 entsprechende Regelung fehlt. Entsprechend besteht auch kein selbständiges Teilnahmerecht für Beauftragte des Arbeitgeberverbands, dem der Arbeitgeber angehört. **Mit** dem **Einverständnis** von Arbeitgeber und Betriebsrat können aber Vertreter der Koalitionen an den Besprechungen teilnehmen (unstr.). Str. ist dagegen, ob dieses Einverständnis erforderlich ist (so die h. M.; vgl. *Brill* BlStSozArbR 1985, 85 [86]; *Etzel* HzA Gruppe 19/1, Rn. 415; *Fitting* § 74 Rn. 8; *Kaiser/LK* § 74 Rn. 6; *G. Müller* ZfA 1972, 213 [219]; *Reichold/HWK* § 74 BetrVG Rn. 6; *Richardi/Maschmann/Richardi* § 74 Rn. 11; *Worzalla/HWGNRH* § 74 Rn. 5) oder ob es genügt, wenn eine Seite die Teilnahme wünscht (so *Berg/DKKW* § 74 Rn. 9; *Galperin/Löwisch* § 74 Rn. 3; *Lorenz/HaKo* § 74 Rn. 3). Zur Lösung kann nicht auf eine angebliche Verpflichtung der Betriebspartner zur Einladung von Verbandsvertretern abgestellt werden (so aber gleichermaßen *Fitting* § 74 Rn. 8; *Galperin/Löwisch* § 74 Rn. 3 und *Worzalla/HWGNRH* § 74 Rn. 5). Eine solche Verpflichtung ergibt sich auch dann nicht aus § 2 Abs. 1, wenn die Besprechung Fragen behandeln soll, die, wie etwa Tariffragen, die Koalitionen unmittelbar angehen. Trotz ihrer Verpflichtung zur Zusammenarbeit mit den Koalitionen nach § 2 Abs. 1 bestimmen nämlich die Betriebspartner im Rahmen ihres pflichtmäßigen Ermessens allein, in welcher Weise sie die Koalitionen zur Hilfestellung heranziehen (*Kreutz* BlStSozArbR 1972, 44 [48]; *Franzen* § 2 Rdn. 23). Willensübereinstimmung ist daher **nur dann entbehrlich**, wenn sich im Einzelfall für eine Seite aus dem Gebot vertrauensvoller Zusammenarbeit die Verpflichtung ergibt, der von der anderen Seite gewünschten Hinzuziehung von Verbandsvertretern zuzustimmen. Dabei spielt die Thematik der jeweiligen Besprechung die entscheidende Rolle (so wohl auch *Richardi/Maschmann/Richardi* § 74 Rn. 11; im Ergebnis auch *Fitting* § 74 Rn. 8; *Kania*/ErfK § 74 BetrVG Rn. 7; *Preis*/WPK § 74 Rn. 4). Nichts Anderes gilt, wenn die gemeinsame Besprechung mit einer Betriebsratssitzung verbunden wird (vgl. Rdn. 23). Zu weit geht die Annahme (vgl. *G. Müller* ZfA 1972, 213 [219]), dass bei Hinzuziehung von Koalitionsvertretern stets beide Seiten einzuladen seien. Vielmehr ist auch das vom Willen der Betriebspartner abhängig. Durch Tarifvertrag kann ein selbständiges generelles Teilnahmerecht für Koalitionsbeauftragte wegen des grundsätzlich zwingenden Charakters der betriebsverfassungsrechtlichen Organisationsbestimmungen nicht wirksam festgelegt werden.

19 Mit dem Einverständnis von Arbeitgeber und Betriebsrat kann auch im Übrigen der Teilnehmerkreis erweitert werden (unstr.). In Betracht kommt so auch die Hinzuziehung des **Sprecherausschusses**, für den kein selbständiges Teilnahmerecht besteht und der aus dem in § 2 Abs. 1 Satz 1 SprAuG festgelegten Gebot vertrauensvoller Zusammenarbeit auch nicht vom Arbeitgeber verlangen kann, zu den

Monatsbesprechungen hinzugezogen zu werden (vgl. *Kaiser/LK* § 74 Rn. 2). Wenn jedoch Angelegenheiten behandelt werden sollen, welche die gesamte Belegschaft betreffen, namentlich wenn der Abschluss einer Betriebsvereinbarung oder einer sonstigen Vereinbarung zwischen Arbeitgeber und Betriebsrat behandelt werden soll, die rechtliche Interessen der leitenden Angestellten berührt (vor deren Abschluss der Arbeitgeber nach § 2 Abs. 1 Satz 2 SprAuG den Sprecherausschuss anzuhören hat), kann sich aus dem Gebot vertrauensvoller Zusammenarbeit »zum Wohle des Betriebes« für den Betriebsrat (ggf. auch umgekehrt für den Arbeitgeber) die Pflicht ergeben, der von der anderen Seite gewünschten Hinzuziehung des Sprecherausschusses zuzustimmen. Dann genügt es, wenn eine Seite die Teilnahme wünscht.

3. Durchführung

Einberufung, Durchführung und **Gegenstand** der monatlichen Besprechungen sind nicht speziell geregelt. Insoweit besteht Gestaltungsspielraum. Die Besprechungen sind **Arbeitsbesprechungen**, obwohl sie auch dem regelmäßigen persönlichen Kontakt zwischen Arbeitgeber und Betriebsratsmitgliedern dienen sollen und auch nicht von einem konkreten Anlass abhängig sind. Es ist in der Sache Zusammenarbeit zu leisten. Die Besprechungen können sich auf alle anstehenden betriebsverfassungsrechtlich relevanten Fragen erstrecken, von Informations- und Meinungsaustausch über die Behandlung und Beilegung von Meinungsverschiedenheiten bis hin zum Abschluss von Vereinbarungen. 20

Trotz der Formulierung »zu einer Besprechung zusammentreten« haben die Besprechungen regelmäßig in einer gemeinsamen **Sitzung** stattzufinden (vgl. aber auch *BAG* 19.01.1984 AP Nr. 4 zu § 74 BetrVG 1972 Bl. 1 R). Stehkonvente kommen nur bei besonderem Anlass in Betracht (z. B. zur gemeinschaftlichen Besichtigung eines Neubaus). 21

Mangels vorgegebener Verfahrensordnung müssen sich die Betriebspartner über Zeit und Ort der Besprechung sowie die Einladungsmodalitäten vorher einigen. Das kann von Fall zu Fall geschehen, aber auch in Form einer allgemeinen Verfahrensordnung, in der etwa feste Sitzungstermine, Form und Fristen für Ladungen, Bestimmungen über die Festsetzung der Tagesordnung, die Leitung der Sitzungen, das Rederecht oder Bestimmungen über eine Sitzungsniederschrift festgelegt werden. 22

Die **gemeinsame Besprechung** kann mit einer **Betriebsratssitzung verbunden** werden (ebenso *Fitting* § 74 Rn. 6; *Raab* § 29 Rdn. 23). Eine solche Verbindung ist zwar nicht notwendig, als Straffung der Betriebsratsarbeit aber ökonomisch und daher empfehlenswert. Verbunden wird unproblematisch dadurch, dass die gemeinsame Besprechung im Anschluss (oder auch in Form der Unterbrechung) an eine Betriebsratssitzung stattfindet (oder umgekehrt). Zumindest missverständlich ist es hingegen, wenn es für möglich gehalten wird, dass die gemeinsame Besprechung auch »im Rahmen« einer Betriebsratssitzung stattfinden kann (so etwa *Brill* BlStSozArbR 1985, 85 [86]; *Richardi/Maschmann/Richardi* § 74 Rn. 9; offen gelassen von *BAG* 19.01.1984 AP Nr. 4 zu § 74 BetrVG 1972). Das ist nicht möglich. Einerseits ist die gemeinsame Besprechung wegen der Beteiligung des Arbeitgebers nicht bereits dadurch zugleich förmliche Betriebsratssitzung, dass dabei alle Mitglieder des Betriebsrats zusammenkommen, selbst wenn das Zusammenkommen im Einzelfall auf Einladung und unter Leitung des Betriebsratsvorsitzenden geschieht. Andererseits verliert eine förmliche Betriebsratssitzung diesen Charakter, wenn sie als gemeinsame Besprechung fortgeführt wird. Beides folgt aus der unterschiedlichen Rechtsstellung von Arbeitgeber und Betriebsrat bei der gemeinsamen Besprechung einerseits, bei der Teilnahme des Arbeitgebers nach § 29 Abs. 4 an einer förmlichen Betriebsratssitzung andererseits. Deshalb kann die Verpflichtung zur monatlichen Besprechung auch nicht dadurch erfüllt werden, dass der Arbeitgeber monatlich einmal an einer Sitzung des Betriebsrats teilnimmt (zust. *Berg/DKKW* § 74 Rn. 11). Andererseits können in einer gemeinsamen Sitzung keine Betriebsratsbeschlüsse gefasst werden. §§ 29 ff. sind insoweit weder unmittelbar noch analog anzuwenden. Das gilt insbesondere auch für § 31, so dass Gewerkschaftsvertreter aus dieser Bestimmung kein Recht auf Teilnahme an der gemeinsamen Besprechung ableiten können. Allerdings ist es (vorbehaltlich anderer Regelungen in der Geschäftsordnung des Betriebsrats) möglich, die gemeinsame Besprechung zu unterbrechen, um dem Betriebsrat Gelegenheit zu geben, in einer Betriebsratssitzung Beschlüsse zu fassen. Das setzt allerdings die (vorsorgliche) ordnungsgemäße Ladung (insbesondere unter Beachtung von § 29 Abs. 2 Satz 3) voraus. Auch müssen die Voraussetzungen des § 33 erfüllt sein. 23

III. Verhandlungspflicht bei Meinungsverschiedenheiten (Abs. 1 Satz 2)

1. Umfang der Verhandlungspflicht

24 Abs. 1 Satz 2 konkretisiert das Gebot vertrauensvoller Zusammenarbeit (§ 2 Abs. 1) ergänzend dahin, dass Arbeitgeber und Betriebsrat über strittige Fragen mit dem ernsten Willen zur Einigung zu verhandeln und Vorschläge für die Beilegung von Meinungsverschiedenheiten zu machen haben. Diese Verhaltensmaxime wird den Betriebspartnern zur betriebsverfassungsrechtlichen **Pflicht** gemacht. Sie bezieht sich grundsätzlich auf **alle strittigen Fragen** zwischen Arbeitgeber und Betriebsrat. So wenig sich die regelmäßigen gemeinsamen Besprechungen nach Abs. 1 Satz 1 auf die Beilegung von Streitfragen beschränken, so wenig gilt die Verhandlungspflicht nur für die gemeinsamen Besprechungen (unzutr. insoweit *Worzalla/HWGNRH* § 74 Rn. 8). Sie gilt aber auch für diese (unstr.). Die Verhandlungspflicht besteht nur da nicht, wo das Beteiligungsverfahren so ausgestaltet ist, dass trotz bestehender Meinungsverschiedenheiten weitere Verhandlungen ausscheiden. Das ist z. B. der Fall, wenn der Betriebsrat im Anhörungsverfahren einer ordentlichen Kündigung durch abschließende Stellungnahme widersprochen hat. Dann endet damit seine Beteiligung. Für weitere Verhandlungen ist kein Raum. Dagegen besteht die Verhandlungspflicht auch, wenn der Betriebsrat eine Regelung anstrebt, die (mangels Mitbestimmungsrechts) nicht Inhalt eines verbindlichen Spruchs der Einigungsstelle sein könnte (*BAG* 13.10.1987 AP Nr. 24 zu § 87 BetrVG 1972 Arbeitszeit Bl. 3 R). Nach *Mundt* (Kopplungsgeschäfte, S. 60 ff., 92) folgt aber aus einer Konkretisierung der Verhandlungspflicht, dass es der Betriebsrat zu unterlassen hat, seine Zustimmung zu einer nach § 87 mitbestimmungspflichtigen Maßnahme von der Erfüllung einer Forderung abhängig zu machen, die ihrerseits nicht der Mitbestimmung nach § 87 unterliegt. Nach diesem Lösungsansatz zur Problematik betriebsverfassungsrechtlicher Kopplungsgeschäfte soll das unzulässige Kopplungsbegehren zur Suspendierung des Mitbestimmungsrechts führen können (S. 104 ff., 141; diese Konzeption abl. *Fritz* Zulässigkeit und Grenzen von Kopplungsgeschäften zwischen Betriebsrat und Arbeitgeber, 2010, S. 22 ff.; *Gaude* Annexbedingungen und Kopplungsgeschäfte im Anwendungsbereich des § 87 I BetrVG, 2011, S. 116 ff.).

25 Abs. 1 Satz 2 erkennt an, dass es auch im Rahmen vertrauensvoller Zusammenarbeit zu Meinungsverschiedenheiten kommen kann. Obwohl dann die Verständigung Ziel der Regelung ist, verlangt das Gesetz nicht, dass sich die Betriebspartner einigen müssen. Eine Verpflichtung, unter allen Umständen eine Einigung zu erzielen, wäre sachlich unvernünftig und praktisch undurchführbar. Stattdessen sieht das Gesetz den Weg zur Einigungsstelle als Instanz innerbetrieblicher Zwangsschlichtung vor, wo eine Einigung unumgänglich ist (vgl. § 76 Abs. 5). Der Spruch der Einigungsstelle ersetzt dann die Einigung zwischen Arbeitgeber und Betriebsrat.

26 Die Bestimmung verpflichtet die Betriebspartner, sich in Verhandlungen um eine Einigung »ernstlich« zu bemühen und einander Vorschläge für die Beilegung von Meinungsverschiedenheiten zu machen. Das bedeutet **nicht**, dass die Betriebspartner zur **Kompromissbereitschaft** (oder gar zum Kompromiss) **verpflichtet** sind (heute allgemeine Meinung; vgl. *Berg*/DKKW § 74 Rn. 13; *Fitting* § 74 Rn. 10; *von Hoyningen-Huene*/MünchArbR § 214 Rn. 6; *Kaiser*/LK § 74 Rn. 8; *Kania*/ErfK § 74 BetrVG Rn. 8; *Kreutz* BlStSozArbR 1972, 44 [51]; *Preis*/WPK § 74 Rn. 5; *Reichold*/HWK § 74 BetrVG Rn. 8; *Richardi/Maschmann/Richardi* § 74 Rn. 12; *Worzalla/HWGNRH* § 74 Rn. 8; *LAG Hamm* 20.09.2012 – 10 TaBV 65/12 – juris, Rn. 33), auch wenn eine Einigung oftmals (Regelungsstreitigkeiten) nur durch gegenseitiges Nachgeben erreicht werden kann. Im Ergebnis können beide Partner kompromisslos auf ihren unterschiedlichen Standpunkten zu Regelungs- oder Rechtsfragen beharren. Das gilt insbesondere dann, wenn sie in einem schwierigen und ungeklärten Fragenkomplex eine bestimmte Rechtsauffassung vertreten (*BAG* 27.11.1973 AP Nr. 4 zu § 40 BetrVG 1972 Bl. 2 R). Darin liegt auch keine Beeinträchtigung des Betriebsfriedens i. S. d. Abs. 2 Satz 2. Dementsprechend beschränkt sich Abs. 1 Satz 2 praktisch auf die Verpflichtung, bei Meinungsverschiedenheiten einen **ernstlichen Einigungsversuch** zu unternehmen. Das gilt z. B. auch, bevor Meinungsverschiedenheiten an die Öffentlichkeit getragen werden, vor allem durch Beschwerden des Betriebsrats an außerbetriebliche Stellen (*Wiese* FS 50 Jahre Bundesarbeitsgericht, S. 1125 [1132]). Insoweit besteht eine **Einlassungs- und Erörterungspflicht** (allgemeine Meinung). Dazu gehört insbesondere, dass sich Arbeitgeber und Betriebsrat gegenseitig ihre Standpunkte ehrlich begründen, dass sie die Argu-

mente der Gegenseite prüfen und erkennbare Kompromissmöglichkeiten aufzeigen. Der Maßstab der »Ernstlichkeit« eines Einigungsversuchs bleibt dabei ebenso vage wie die Anforderungen, die an das Scheitern eines Einigungsversuchs zu stellen sind. Der förmlichen Feststellung des Scheiterns bedarf es nicht. Verständigungsbereitschaft kann auch in dem Vorschlag zum Ausdruck kommen, dass sich in Regelungsstreitigkeiten beide Parteien im Voraus dem Spruch der Einigungsstelle unterwerfen (vgl. § 76 Abs. 6) oder dass sich beide Parteien bei gleichgelagerten massenhaften Rechtsstreitigkeiten (z. B. über die Zuordnung von Arbeitnehmern bestimmter Hierarchiestufe zum Kreis der leitenden Angestellten i. S. v. § 5 Abs. 3) verpflichten, zunächst einen Musterprozess zu führen (vgl. dazu näher *Dütz* Musterprozesse bei Mitbestimmungsstreitigkeiten, BB 1978, 213).

2. Verletzungsfolgen

Abs. 1 Satz 2 hat **keine Anspruchsqualität**. Die Verhandlungspflicht zur Beilegung von Meinungsverschiedenheiten korrespondiert mangels entsprechender Ausgestaltung nicht mit einem selbständigen Erfüllungsanspruch der jeweils anderen Seite. Objektive Pflichtverletzungen lassen sich, wenn sie ein grober Verstoß sind, über § 23 Abs. 1 bzw. 3 sanktionieren (unstr.; vgl. aber auch Rdn. 29). Die einmalige Unterlassung eines Einigungsversuchs reicht dafür allerdings grundsätzlich nicht aus, zumal im Einzelfall deren Feststellung mangels eindeutiger Anforderungen zweifelhaft bleiben kann. Durch Wiederholung muss die Verweigerung der Verhandlungsbereitschaft manifest sein (i. E. ebenso *Fitting* § 74 Rn. 9a; *Richardi/Maschmann/Richardi* § 74 Rn. 13). Die grobe Verletzung der Verhandlungspflicht durch den Arbeitgeber kann im Einzelfall sogar eine nach § 119 Abs. 1 Nr. 2 strafbare Behinderung der Betriebsratstätigkeit sein (ebenso *Fitting* § 74 Rn. 9a; *Richardi/Maschmann/Richardi* § 74 Rn. 13; *Worzalla/HWGNRH* § 74 Rn. 9). 27

Noch immer bewegt die Frage, ob die Anrufung der Einigungsstelle und des Arbeitsgerichts **verfahrensmäßig** davon abhängig ist, dass Meinungsverschiedenheiten zwischen Arbeitgeber und Betriebsrat zuvor nicht durch Verständigung beigelegt werden konnten. Diese Problematik geht zurück auf die wenig geglückte Regelung des § 49 Abs. 4 BetrVG 1952, wonach die Anrufung von Schiedsstellen und Behörden erst zulässig war, nachdem eine Einigung im Betrieb nicht erzielt wurde. Diese Bestimmung hatte vielfältige Streitstände provoziert und war doch praktisch nicht bedeutsam geworden (vgl. auch Rdn. 6). Sie ist daher zu Recht entfallen. Danach steht heute zweifelsfrei fest, dass Verhandlung und **Einigungsversuch weder Verfahrensvoraussetzungen** für die Anrufung der Einigungsstelle **noch** (irgendwie geartete) besondere »**Prozess**«-**Voraussetzungen** für ein arbeitsgerichtliches Verfahren zwischen Arbeitgeber und Betriebsrat über die strittige Frage sind (vgl. *Berg/DKKW* § 74 Rn. 14; *Kaiser/LK* § 74 Rn. 9; *Preis/WPK* § 74 Rn. 6; *Worzalla/HWGNRH* § 74 Rn. 10; für die Anrufung der Einigungsstelle ebenso *Fitting* § 74 Rn. 9; *Lorenz/HaKo* § 74 Rn. 5; *Reichold/HWK* § 74 BetrVG Rn. 8; *Richardi/Maschmann/Richardi* § 74 Rn. 14); **a. M.** früher etwa *Galperin/Siebert* § 49 Rn. 27; *Hueck/Nipperdey* II/2, S. 1342 mit Fn. 36). Trotz Pflichtwidrigkeit der Unterlassung eines Einigungsversuchs kann das schon deshalb nicht anders sein, weil jenseits förmlich bewiesener Verhandlungsbereitschaft die Bereitschaft zur Verständigung in dem Maße zweifelhaft bleibt, in dem sich ein Betriebspartner eine in seinem Sinne günstigere Entscheidung der Einigungsstelle oder des Gerichts erwartet. Insoweit kommt es auf den Geist partnerschaftlicher Zusammenarbeit an, der nicht erzwingbar ist (vgl. auch *Nikisch* III, S. 233). Entgegen der Ansicht von *Richardi* (§ 74 Rn. 14 a. E., 15) kann die Nichtdurchführung eines Einigungsversuchs auch nicht zur Verneinung des Rechtsschutzinteresses an der Durchführung eines gerichtlichen Verfahrens führen. Im Verhältnis der Beteiligten zueinander besteht die konkrete Streitfrage – unabhängig von der Verletzung der Verhandlungspflicht. Zudem kann die Zulässigkeit des Verfahrens nicht davon abhängen, dass das Gericht feststellt, ob die Verhandlungsmöglichkeiten ausgeschöpft waren oder nicht. Das gilt auch für das Verfahren zur Bestellung des Vorsitzenden einer Einigungsstelle und die Bestimmung der Zahl ihrer Beisitzer nach § 76 Abs. 2 Satz 2 und 3 i. V. m. § 98 ArbGG (vgl. mit umfangreichen Rspr.-Nachweisen § 76 Rdn. 69). 28

Für den Betriebsrat ergibt sich indes aus der Korrelation von Einigungsversuch und Kostentragungspflicht des Arbeitgebers die Notwendigkeit, kein kostenträchtiges Verfahren ohne Einigungsversuch einzuleiten: Da der Arbeitgeber nach § 40 Abs. 1 nur die erforderlichen Kosten der Betriebsratstätigkeit zu tragen hat (vgl. näher *Weber* § 40 Rdn. 11 ff.), ist er grundsätzlich nicht verpflichtet, Kosten zu 29 übernehmen, die in Verfahren entstehen, bei denen der innerbetriebliche Einigungsversuch nicht gemacht wurde (zutr. *Richardi/Maschmann/Richardi* § 74 Rn. 15; zust. *Preis/WPK* § 74 Rn. 6).

IV. Betriebsverfassungsrechtliche Friedensordnung (Überblick über die Regelungen des Abs. 2)

30 Aus den in § 74 normierten »Grundsätzen für die Zusammenarbeit« zwischen Arbeitgeber und Betriebsrat ragt in der Bedeutung die in Abs. 2 verankerte **betriebsverfassungsrechtliche Friedensordnung** heraus. Das Gesetz sucht die Wahrung des Betriebsfriedens und des Arbeitsablaufs durch **drei abgestufte und sich ergänzende Verbote** zu sichern:
- Es verbietet Maßnahmen des Arbeitskampfes zwischen Arbeitgeber und Betriebsrat (Satz 1 Halbs. 1); »Arbeitskampfverbot« (vgl. dazu Rdn. 36 ff.).
- Es verbietet Arbeitgeber und Betriebsrat jede parteipolitische Betätigung im Betrieb (Satz 3 Halbs. 1); »Verbot parteipolitischer Betätigung« (vgl. dazu Rdn. 96 ff.).
- Es verbietet Arbeitgeber und Betriebsrat Betätigungen, durch die der Arbeitsablauf oder der Frieden des Betriebs beeinträchtigt wird (Satz 2); »allgemeine Friedenspflicht« (vgl. dazu Rdn. 132 ff.).

Durch diese Verbote wird das Gebot vertrauensvoller Zusammenarbeit zwischen Arbeitgeber und Betriebsrat (§ 2 Abs. 1) besonders nachdrücklich konkretisiert. Die **Kooperationsmaxime** wird durch die **Friedensmaxime** ergänzt.

31 Trotz dieser Konzeption bleibt das Betriebsverfassungsrecht institutionell Konfliktordnungsrecht. Das BetrVG 1972 hebt die in den Grundstrukturen des Arbeitsrechts angelegten Interessengegensätze zwischen Arbeitgeber und Arbeitnehmern eines Betriebes nicht auf. Insbesondere wandelt es das Arbeitsverhältnis nicht in eine Art Gesellschaftsverhältnis ab, indem sich »Kapital« und »Arbeit« zum gemeinsamen Betrieb eines Unternehmens zusammenfinden (vgl. etwa auch *Lieb* Wandelt sich das Arbeitsverhältnis zum unternehmerischen Teilhaberverhältnis?, in *Beuthien* Arbeitnehmer oder Arbeitsteilhaber, 1987, S. 41 ff., gegen die Antithese von *Adomeit* Gesellschaftsrechtliche Elemente im Arbeitsverhältnis, 1986). Arbeitgeber und Betriebsrat wird aufgegeben, gemeinsam dafür zu sorgen, dass im Betrieb zugleich human (»zum Wohl der Arbeitnehmer«) und wirtschaftlich (»zum Wohl des Betriebes«) gearbeitet wird. Damit wird ihnen der Verzicht auf die Verfolgung gegensätzlicher Interessen aber nicht abverlangt (unstr.). Sie werden aber auf Zusammenarbeit festgelegt, weil diese auf der Grundlage der in der Grundstruktur des Betriebsverfassungsrechts unverändert übernommenen Planungs-, Organisations- und Leitungskompetenz des Arbeitgebers als Unternehmer (vgl. dazu *Thiele* 4. Aufl., Einl. Rn. 23 ff.) unverzichtbar ist. Durch die Verbote des Abs. 2 wird das Kooperationsverfahren abgesichert und auf Dauer eingerichtet, der Interessengegensatz wird über die Kooperationsordnung hinaus in eine Friedensordnung eingebunden (vgl. auch *Heinze* DB 1982, Beil. Nr. 23, S. 5; *Wiese* NZA 1984, 378 m. w. N.).

32 Die Komplexität der Regelungsstruktur des Abs. 2 wird durch die Erkenntnis reduziert, dass das **Arbeitskampfverbot** (Satz 1) und das **Verbot parteipolitischer Betätigung** (Satz 3) **absolut** und **abstrakt** gelten. Auf eine konkrete Beeinträchtigung des Arbeitsablaufs und des Betriebsfriedens kommt es insoweit nicht an (vgl. *BVerfG* E 42, 133 [140] = *BVerfG* 28.04.1976 AP Nr. 2 zu § 74 BetrVG 1972 Bl. 2; *BAG* 13.09.1977 AP Nr. 1 zu § 42 BetrVG 1972 Bl. 5; 21.02.1978 AP Nr. 1 zu § 74 BetrVG 1972 Bl. 5 R; 12.06.1986 AP Nr. 5 zu § 74 BetrVG 1972 Bl. 1; *Niklas* DB 2013, 1665 – alle zur parteipolitischen Betätigung). Das ist bei der in Satz 2 festgelegten **allgemeinen Friedenspflicht** anders. Sie verbietet nur solche Betätigungen, durch die Arbeitsablauf oder Frieden des Betriebs **konkret** beeinträchtigt werden. Daraus folgt zugleich, dass weder das Arbeitskampfverbot noch das Verbot parteipolitischer Betätigung tatbestandsmäßig Unterfälle der allgemeinen Friedenspflicht sind. Das ist deshalb zu betonen, weil der RegE das Verbot parteipolitischer Betätigung als Unterfall der allgemeinen Friedenspflicht regeln wollte, dieser Wille aber gerade nicht Gesetz geworden ist (vgl. § 74 Abs. 2 Satz 2 RegE; dazu Begr. BT-Drucks. VI/1786, S. 43, 46). Zur allgemeinen Friedenspflicht stehen mithin die beiden anderen Verbote als Konkretisierungen (vgl. dazu auch *BAG* AP Nr. 5 zu § 74 BetrVG 1972) im Verhältnis **verdrängender Spezialität**. Als konkreter Verbotstatbestand ist die allgemeine Friedenspflicht jedoch zugleich allgemeiner **Auffangtatbestand** (*Jahnke* BlStSozArbR

1974, 164). Auf diesen kann zurückgegriffen werden, wenn die Voraussetzungen der absolut und abstrakt geltenden Verbotstatbestände nicht vorliegen oder wenn ihr Vorliegen zweifelhaft ist.

Unmittelbare **Schutzgüter** der Norm sind durchgängig jedenfalls **Arbeitsablauf** und **Friede des** 33 **Betriebs**. Das ergibt der Regelungszusammenhang, in dem die Verbote des Abs. 2 zueinanderstehen (vgl. auch *BVerfG* E 42, 133 [140] = *BVerfG* 28.04.1976 AP Nr. 2 zu § 74 BetrVG 1972 Bl. 2; zu weitergehenden Zielsetzungen vgl. Rdn. 37, 99 f.). Dabei steht hinter den absolut-abstrakten Verboten von Maßnahmen des Arbeitskampfs und von parteipolitischer Betätigung die gesetzgeberische Wertung, dass in diesen Fällen Arbeitsablauf und Betriebsfriede immer per se beeinträchtigt werden (zutr. *Heinze* DB 1982, Beil. Nr. 23, S. 5). Ein rechtfertigender Gegenbeweis im Einzelfall kommt nicht in Betracht (vgl. *BVerfG* E 42, 140; *BAG* 13.09.1977 AP Nr. 1 zu § 42 BetrVG 1972 Bl. 5; 12.02.1978 AP Nr. 1 zu § 74 BetrVG 1972 Bl. 5 R). Andererseits ist zu respektieren, dass nach der ausdrücklichen gesetzlichen Entscheidung das Arbeitskampfverbot »Arbeitskämpfe tariffähiger Parteien« ebenso unberührt lässt (Satz 1 Halbs. 2) wie das Verbot parteipolitischer Betätigung »die Behandlung von Angelegenheiten tarifpolitischer, sozialpolitischer, umweltpolitischer und wirtschaftlicher Art, die den Betrieb oder seine Arbeitnehmer unmittelbar betreffen« (Satz 3 Halbs. 2).

Die Verbote des Abs. 2 richten sich dem Wortlaut nach ausschließlich an Arbeitgeber und Betriebsrat, 34 nicht hingegen an die einzelnen Arbeitnehmer des Betriebs (vgl. dazu Rdn. 40). **Verbotsadressat** ist auf Seiten des Betriebsrats jedoch nicht nur das Kollektivorgan, sondern auch jedes einzelne Betriebsratsmitglied als Amtsträger (h. M., vgl. *BVerfGE* 42, 133 [140] = *BVerfG* 28.04.1976 AP Nr. 2 zu § 74 BetrVG 1972 Bl. 2; *BAG* 12.02.1978 AP Nr. 1 zu § 74 BetrVG 1972 Bl. 5 R; 12.06.1986 AP Nr. 5 zu § 74 BetrVG 1972 Bl. 1 R; 05.12.1975 AP Nr. 1 zu § 87 BetrVG 1972 Betriebsbuße Bl. 3; *LAG Hessen* 19.09.2013 – 9 TaBV 225/12 – juris, Rn. 29), weil der Betriebsrat nur durch diese handlungsfähig ist. Dadurch ergeben sich nicht unerhebliche Abgrenzungsschwierigkeiten zu der in § 74 Abs. 3 getroffenen Regelung, die zwar nicht eigentlich zur betriebsverfassungsrechtlichen Friedensordnung gehört, aber gerade den Arbeitnehmern, die betriebsverfassungsrechtliche Funktionsträger sind, die unbeschränkte Betätigung für ihre Gewerkschaft auch im Betrieb gestattet. Insoweit stellt sich die **Notwendigkeit**, verbotene Betriebsratstätigkeit von gestatteter gewerkschaftlicher Betätigung im Betrieb **abzugrenzen** (vgl. dazu Rdn. 152 f.).

Abs. 2 sucht die Wahrung des Betriebsfriedens durch abgestufte **Verbotstatbestände** zu sichern. Mit 35 Eindeutigkeit ergibt sich der Verbotscharakter des Arbeitskampfverbots aus der gesetzlichen Formulierung in Satz 1: »sind unzulässig«. Aber auch in Satz 2 und 3 belegt die Formulierung »haben ... zu unterlassen« den Verbotscharakter eindeutig. Wenn Arbeitgeber und Betriebsrat die dort genannten Betätigungen zu unterlassen haben, sind ihnen diese nicht erlaubt, also verboten. Über Sanktionen und Rechtsfolgen einer Verbotsverletzung sagt Abs. 2 nichts. Diese sind nach allgemeinen Grundsätzen bei den einzelnen Verboten zu bestimmen. Dabei ist insbesondere auch zu beachten, dass die Verbote jeweils die Gebote enthalten, verbotene Verhaltensweisen zu unterlassen. Mit den daraus folgenden gesetzlichen Unterlassungspflichten korrespondieren selbständige **Unterlassungsansprüche** der jeweils anderen Seite (vgl. dazu näher Rdn. 88, 126 ff., 143).

V. Arbeitskampfverbot (Abs. 2 Satz 1)

Maßnahmen des Arbeitskampfs zwischen Arbeitgeber und Betriebsrat sind absolut (vgl. Rdn. 32) un- 36 zulässig (Abs. 2 Satz 1). Das Verbot kennt weder Einschränkungen noch Ausnahmen. Die Verbotsadressaten sind zur Unterlassung verpflichtet.

1. Verbotsadressaten

a) Arbeitgeber und Betriebsrat

Verbotsadressaten sind nach dem Wortlaut der **Arbeitgeber** und der **Betriebsrat** als Kollektivor- 37 gan. Arbeitskampfmaßnahmen sind jedoch nur **zwischen** ihnen verboten, d. h. kein Betriebspartner darf sie gegen den jeweils anderen ergreifen, zu welchem Ziel auch immer. Damit sind Arbeitskampfmaßnahmen im Betrieb nicht allgemein ausgeschlossen. Abs. 2 Satz 1 Halbs. 2 stellt das klar. Es ist aber

§ 74 IV. 1. Allgemeines

sichergestellt, dass Meinungsverschiedenheiten jedweder Art zwischen den Betriebspartnern auf friedlichem Wege auszutragen sind, not- und ggf. unter Einschaltung der Einigungsstelle und/oder des Arbeitsgerichts. Das Gesetz verweigert ihnen die Legitimation zu Arbeitskampfmaßnahmen gegeneinander. Missverständlich und im Ergebnis zu eng (vgl. Rdn. 51) ist demgegenüber die Aussage, das Kampfverbot richte sich an Arbeitgeber und Betriebsrat »in ihrer betriebsverfassungsrechtlichen Funktion« (so etwa *Brox/Rüthers* Arbeitskampfrecht, Rn. 407; *Dietz/Richardi* § 74 Rn. 15), denn der Betriebsrat hat keine andere »Funktion«. Verbotszweck, an dem sich die Auslegung zu orientieren hat, ist der Schutz des Betriebsfriedens und des Arbeitsablaufs (s. Rdn. 33). Darüber hinaus mag das Verbot bewirken, Gewerkschaften vor einer Kampfkonkurrenz des Betriebsrats zu schützen. Diese Folge kann aber nicht eigenständiger Schutzzweck sein (**a. M.** *van Straelen* Der Rollenkonflikt, S. 75 f.; auch *Gamillscheg* I, S. 1124 und *Rieble/DFL* § 74 BetrVG Rn. 6 könnten so zu verstehen sein), schon deshalb nicht, weil sich das Verbot gleichermaßen an Betriebsrat und Arbeitgeber richtet.

b) Betriebsratsmitglieder

38 Über den Gesetzeswortlaut hinaus gilt das Arbeitskampfverbot auch für jedes **einzelne Betriebsratsmitglied in dieser Eigenschaft** (vgl. die Rechtsprechungsnachweise Rdn. 34; für die h. L. vgl. *Berg/DKKW* § 74 Rn. 17; *Brox/Rüthers* Arbeitskampfrecht, Rn. 406; *Fitting* § 74 Rn. 15; *von Hoyningen-Huene/*MünchArbR § 214 Rn. 10; *Kaiser/LK* § 74 Rn. 10; *Kania/*ErfK § 74 BetrVG Rn. 12; *Lorenz/*HaKo § 74 Rn. 10; *Preis/WPK* § 74 Rn. 7; *Reichold/HWK* § 74 BetrVG Rn. 12; *Richardi/Maschmann/Richardi* § 74 Rn. 19; *Stege/Weinspach/Schiefer* § 74 Rn. 2; *Wiese* NZA 1984, 378 [379]; *Worzalla/HWGNRH* § 74 Rn. 15; **a. M.** *Becker/Leimert* BlStSozArbR 1972, 37 [42]; *Däubler* Das Arbeitsrecht I, Rn. 777; *Däubler* in: *Däubler* [Hrsg.], Arbeitskampfrecht, 3. Aufl. 2011, § 13 Rn. 26). Das folgt zwingend daraus, dass der Betriebsrat nur durch seine Mitglieder handlungsfähig ist (ebenso *Brox/Rüthers* Arbeitskampfrecht, Rn. 406; *Kaiser/LK* § 74 Rn. 10; *von Hoyningen-Huene/*MünchArbR § 214 Rn. 10) und das Verbot leerlaufen könnte, wenn Betriebsratsmitglieder Kampfmaßnahmen ergreifen könnten, solange nur das Kollektivorgan sie nicht beschließt und ausführt. Entsprechendes muss umgekehrt auch für die **Mitglieder eines Geschäftsführungs- und Vertretungsorgans** gelten, wenn der Arbeitgeber nicht eine natürliche Person ist. Das Verbot richtet sich jedoch nur an Arbeitnehmer in ihrer Eigenschaft als Betriebsratsmitglieder. Da dieselben Personen nach Abs. 3 in der Betätigung für ihre Gewerkschaft auch im Betrieb nicht beschränkt sind, kann es zu schwierigen Rollenabgrenzungen kommen (vgl. dazu Rdn. 66, 152 f.).

39 Das Kampfverbot gilt auch für die nach § 3 Abs. 1 Nr. 1 bis 3 gebildeten Arbeitnehmervertretungen und ihre Mitglieder (§ 3 Abs. 5 Satz 2). Es gilt ferner in Übereinstimmung mit der Gleichstellung in § 74 Abs. 3 für andere betriebsverfassungsrechtliche Funktionsträger, namentlich die Jugend- und Auszubildendenvertretung und ihre Mitglieder, die Schwerbehindertenvertretung sowie Mitglieder des Wirtschaftsausschusses und der Einigungsstelle, die nicht schon dem Betriebsrat angehören (ebenso *Brox/Rüthers* Arbeitskampfrecht, Rn. 431 ff.). Das gilt entsprechend auch für Arbeitsgruppen und ihre Mitglieder bei Wahrnehmung der ihnen nach § 28a übertragenen Aufgaben (vgl. Rdn. 7).

c) Einzelne Arbeitnehmer

40 Das Arbeitskampfverbot richtet sich **nicht** an die **einzelnen Arbeitnehmer** des Betriebs, die nicht Funktionsträger sind (heute allgemeine Meinung; **a. M.** früher etwa *Dietz* § 49 Rn. 18), auch nicht an die **Belegschaft** (**a. M.** früher *Bell* Wilde Arbeitskämpfe, S. 56). Es betrifft einzelne Arbeitnehmer auch **nicht** »jedenfalls **mittelbar**« (so aber *BAG* 17.12.1976 AP Nr. 52 zu Art. 9 GG Arbeitskampf; dagegen zu Recht *Herschel* SAE 1977, 188; *Richardi* Anm. AP Nr. 52 zu Art. 9 GG Arbeitskampf). Vertretbar ist nur die Auffassung, dass ein vom Betriebsrat organisierter und geführter Belegschaftsstreik betriebsverfassungswidrig, rechtswidrig und illegitim ist, so dass Arbeitnehmer, die sich beteiligen, schon deshalb an einem rechtswidrigen Streik mit all seinen Konsequenzen teilnehmen (vgl. *Hueck/Nipperdey* II/2, S. 1013; **a. M.** auch insoweit *Brox/Rüthers* Arbeitskampfrecht, Rn. 406). Dagegen kann die Rechtswidrigkeit eines ohne Beteiligung des Betriebsrats oder seiner Mitglieder durchgeführten sog. wilden Belegschaftsstreiks nicht auf § 74 Abs. 2 Satz 1 gestützt werden, auch wenn er Fragen der Betriebsverfassung zum Gegenstand hat, z. B. wie bei *BAG* 17.12.1976 die Änderung der betrieblichen Arbeitszeit (vgl. auch *Richardi/Maschmann/Richardi* § 74 Rn. 19; *Seiter* Streik-

recht und Aussperrungsrecht, S. 394 ff.). Er ist nach den Arbeitskampfgrundsätzen des *BAG* rechtswidrig, weil er mangels gewerkschaftlicher Führung nicht der Durchsetzung tariflicher Regelungen dient (vgl. *BAG* AP Nr. 32, 41, 43, 51, 58, 59 zu Art. 9 GG Arbeitskampf = EzA Art. 9 GG Arbeitskampf Nr. 7, EzA Art. 9 GG Arbeitskampf Nr. 11, EzA Art. 9 GG Arbeitskampf Nr. 12, EzA Art. 9 GG Arbeitskampf Nr. 19, EzA Art. 9 GG Arbeitskampf Nr. 22, EzA Art. 9 GG Arbeitskampf Nr. 24).

d) Tariffähige Parteien

Tarifvertragsparteien sind **keine Verbotsadressaten** (ebenso *Brox/Rüthers* Arbeitskampfrecht, Rn. 411). **Arbeitskämpfe tariffähiger Parteien** (gemeint sind Arbeitskämpfe zwischen Tarifvertragsparteien) werden, wie Abs. 2 Satz 1 Halbs. 2 ausdrücklich klarstellt, **durch das Arbeitskampfverbot nach Halbs. 1 nicht berührt**. Ihre Rechtmäßigkeit beurteilt sich **immer** nach den (praktisch) maßgeblichen richterrechtlichen Grundsätzen des Arbeitskampfrechts, die das *BAG* entwickelt hat (vgl. insbesondere *BAG* EzA Art. 9 GG Arbeitskampf Nr. 1, EzA Art. 9 GG Arbeitskampf Nr. 12, EzA Art. 9 GG Arbeitskampf Nr. 37, EzA Art. 9 GG Arbeitskampf Nr. 38, EzA Art. 9 GG Arbeitskampf Nr. 54, EzA Art. 9 GG Arbeitskampf Nr. 56, EzA Art. 9 GG Arbeitskampf Nr. 57, EzA Art. 9 GG Arbeitskampf Nr. 58, EzA Art. 9 GG Arbeitskampf Nr. 74, EzA Art. 9 GG Arbeitskampf Nr. 105 = AP Nr. 1, 43, 64 bis 67, 81, 83, 84, 85, 101, 124, 127, 130, 173, 174 zu Art. 9 GG Arbeitskampf) und die das *BVerfG* gebilligt hat (26.06.1991 EzA Art. 9 GG Arbeitskampf Nr. 97 = AP Nr. 117 zu Art. 9 GG Arbeitskampf; 26.03.2014 EzA Art. 9 GG Arbeitskampf Nr. 152 Rn. 18). Abs. 2 Satz 1 Halbs. 2 stützt diese Rspr., die auf Art. 9 Abs. 3 GG basiert, insoweit mit ab, als daraus geschlossen werden kann, dass Arbeitskämpfe tariffähiger Parteien zur Durchsetzung tariflicher Regelungen nach der Vorstellung des einfachen Gesetzgebers zulässig sein sollen (*Loritz/ZLH* Arbeitsrecht, § 42 II 3). Weitergehende Schlussfolgerungen sind nicht gerechtfertigt, insbesondere **nicht** der Umkehrschluss, dass **nur** solche Arbeitskämpfe zulässig sein können (ebenso *Säcker* BB 1971, 962 [963]; *Seiter* Streikrecht und Aussperrungsrecht, S. 394 ff. mit ausführlichen Nachweisen zur Gegenmeinung in Fn. 49 und 50; zust. *Richardi/Maschmann/Richardi* § 74 Rn. 21).

Tariffähige Parteien sind nach § 2 Abs. 1 und 3 TVG nur Gewerkschaften, jeder einzelne Arbeitgeber, Arbeitgeberverbände sowie Spitzenverbände von Gewerkschaften und Arbeitgeberverbänden. Der Betriebsrat ist nicht tariffähig. Er kann somit niemals dem Arbeitgeber als tariffähige Partei gegenüberstehen.

Das bestätigt im Zusammenhang mit der Klarstellungsfunktion des Abs. 1 Satz 1 Halbs. 2, dass sich die Rechtswidrigkeit der Arbeitskämpfe zwischen tariffähigen Parteien niemals aus einer Verbotsverletzung nach Halbs. 1 herleiten lässt. Das gilt unabhängig vom jeweiligen Kampfziel und unabhängig davon, ob sich der Kampf nur auf einen Betrieb auswirkt. Das Kampfverbot gilt namentlich auch dann nicht, wenn Tarifvertragsparteien einen **Firmentarifvertrag** anstreben (so schon *Thiele* Drittbearbeitung, § 74 Rn. 28; *Berg/DKKW* § 74 Rn. 20; *Brox/Rüthers* Arbeitskampfrecht, Rn. 411; *Fitting* § 74 Rn. 16; *Kaiser/LK* § 74 Rn. 14; *Kania*/ErfK § 74 BetrVG Rn. 10; *Preis/WPK* § 74 Rn. 9; *Richardi/Maschmann/Richardi* § 74 Rn. 22; **a. M.** *Boldt* RdA 1971, 257 [267 f.], bei Firmentarifverträgen für verbandsgebundene Arbeitgeber; die Frage, ob ein Streik um einen Firmentarifvertrag gegen einen verbandsgebundenen Arbeitgeber rechtswidrig ist, hat jedoch mit § 74 Abs. 2 Satz 1 nichts zu tun; vgl. dazu m. w. N. etwa *ArbG Wesel* EzA Art. 9 GG Arbeitskampf Nr. 59) oder wenn sich eine Tarifkampfforderung auf **betriebliche** oder **betriebsverfassungsrechtliche** Regelungen gemäß §§ 1, 3 Abs. 2 TVG bezieht (ebenso *Berg/DKKW* § 74 Rn. 20; *Brox/Rüthers* Arbeitskampfrecht, Rn. 411; *Fitting* § 74 Rn. 16; *Kaiser/LK* § 74 Rn. 14; *Kania*/ErfK § 74 BetrVG Rn. 10; *Preis/WPK* § 74 Rn. 9; *Richardi/Maschmann/Richardi* § 74 Rn. 22; **a. M.** früher *Biedenkopf* Grenzen der Tarifautonomie, S. 311 [316], unter Hinweis auf die Problematik der Nichtorganisierten bei § 3 Abs. 2 TVG).

Abzulehnen ist demgegenüber die Auffassung, dass Arbeitskämpfe tariffähiger Parteien um betriebliche und betriebsverfassungsrechtliche Fragen wegen Umgehung des Kampfverbots rechtswidrig sein könnten (so etwa *Hueck/Nipperdey* II/2, S. 1013 f.; *Nikisch* II, S. 125 f.; vgl. dazu auch *Seiter* Streikrecht und Aussperrungsrecht, S. 527). Das ist nicht einmal dann der Fall, wenn eine Gewerkschaft einen Streik zur Durchsetzung einer bestehenden oder zum Abschluss einer neuen Betriebsvereinbarung (zwischen Arbeitgeber und Betriebsrat) führt. Dieser ist nicht etwa nach § 74 Abs. 2 Satz 1 rechtswidrig (ebenso *Brox/Rüthers* Arbeitskampfrecht, Rn. 411), sondern weil er nicht zur Durchsetzung tariflicher Regelungen eingesetzt wird. Nach allgemeinen Arbeitskampfregeln ist es auch zu beurteilen, wenn eine Gewerkschaft mittels Streiks eine Regelung in Form eines (Firmen-)Tarifvertrags durchsetzen will, weil bei deren Durchsetzung in eine Betriebsvereinbarung ein Betriebsrat vorher gescheitert ist (ebenso wohl *Richardi/Maschmann/Richardi* § 74 Rn. 20). In den Konsequenzen unbedacht, missverständlich und wegen Nichtbeachtung des Adressatenkreises nicht überzeugend ist dementsprechend auch die Formulierung des *BAG* (17.12.1976 AP Nr. 52 zu Art. 9 GG Arbeitskampf Bl. 2 R): »Arbeitskämpfe auf dem Gebiet der Betriebsverfassung sind ohne Rücksicht auf die Frage, wer sie organisiert, rechtswidrig«. Das Recht tariffähiger Parteien zum Arbeitskampf um betriebsverfassungsrechtliche Tarifregelungen hängt vielmehr allein von der Zulässigkeit tarifvertraglicher Gestaltung betriebsverfassungsrechtlicher Fragen selbst ab. Dabei besteht allerdings gerade bezüglich der Erweiterung der Beteiligungsbefugnisse des Betriebsrats, die das *BAG* billigt (vgl. *BAG* 18.08.1987 AP Nr. 23 zu § 77 BetrVG 1972 [krit. *von Hoyningen-Huene*] = SAE 1988, 97 [krit. *Löwisch/Rieble*]; 10.02.1988 EzA § 1 TVG Nr. 34 = NZA 1988, 699; 21.6.2000 EzA § 1 TVG Betriebsverfassungsnorm Nr. 1 = AP Nr. 121 zu § 102 BetrVG 1972; 29.09.2004 EzA § 87 BetrVG 2001 Arbeitszeit Nr. 6 = AP Nr. 112 zu § 87 Arbeitszeit BetrVG 1972), noch erheblicher Streit (vgl. *Wiese* Einl. Rdn. 106 m. w. N.; zum Streitstand etwa auch *Däubler* Tarifvertragsrecht, Rn. 951 ff.; *Fitting* § 1 Rn. 245 ff.; *Meier-Krenz* DB 1988, 2149 [alle dem *BAG* zust.]; *Richardi* NZA 1988, 673; *Richardi/Richardi* Einl. Rn. 141; *Thüsing/Richardi* § 99 Rn. 8; *Loritz/ZLH* Arbeitsrecht, § 36 I 3 [abl.]; wohl auch *Franzen/*ErfK § 1 TVG Rn. 48; umfassend m. w. N. *Gamillscheg* Kollektives Arbeitsrecht I, § 15 VII 6).

2. Maßnahmen des Arbeitskampfs

45 Den Verbotsadressaten sind schlechthin alle »Maßnahmen des Arbeitskampfes« gegeneinander untersagt. Das Gesetz definiert diese Tatbestandsmerkmale nicht. Aus dem umfassend formulierten Verbot und in Übereinstimmung mit seiner Zielsetzung (abstrakte Sicherung des Betriebsfriedens und des Arbeitsablaufs; vgl. Rdn. 33) folgt jedoch die Notwendigkeit, die verwendeten Begriffe »Arbeitskampf« und »Maßnahmen« weit auszulegen (ebenso *Kaiser/LK* § 74 Rn. 13; *Germelmann* Der Betriebsfrieden im Betriebsverfassungsrecht, S. 71, 105).

a) Arbeitskampfbegriff

46 Zunächst ist deshalb dem Verbot der im Arbeitskampfrecht überwiegend vertretene **weite (kampfmittelorientierte) Arbeitskampfbegriff** zugrunde zu legen (vgl. etwa *Brox/Rüthers* Arbeitskampfrecht, Rn. 17 ff.; *Däubler* [Hrsg.] Arbeitskampfrecht, § 8; *Kalb* Arbeitskampfrecht, 1986, Rn. 12; *Kissel* Arbeitskampfrecht, § 14; *Otto* Arbeitskampf- und Schlichtungsrecht, § 1; *Loritz/ZLH* Arbeitsrecht, § 41 II; zum engeren kampfzielorientierten Begriff vgl. etwa *Hueck/Nipperdey* II/2, S. 870 ff., 888; *Söllner* Arbeitsrecht, 12. Aufl. 1998, § 11 IV; aus der Rspr. etwa *BAG* 19.06.2007 EzA Art. 9 GG Arbeitskampf Nr. 140 Rn. 11 = AP Nr. 173 zu Art. 9 GG Arbeitskampf; 22.09.2009 EzA Art. 9 GG Arbeitskampf Nr. 143 Rn. 33 f. = AP Nr. 174 zu Art. 9 GG Arbeitskampf wiederum anders die arbeitsvertragliche Deutung des Arbeitskampfs, z. B. *Jacobs* ZfA 2011, 71 ff.: Kampfmittel kann ausschließlich in der Zurückbehaltung der eigenen Hauptleistung liegen). Danach ist das Kampfmittel (vgl. umfassend zu den Mitteln des Arbeitskampfes *Gamillscheg* Kollektives Arbeitsrecht I, § 21) entscheidend, und es findet keine Begriffseinengung auf bestimmte Kampfziele statt, weil es für die Begriffsbestimmung nicht maßgeblich sein kann, ob im Einzelfall ein Arbeitskampf arbeitskampfrechtlich rechtmäßig ist oder nicht. Relevant ist die **kollektive Störung der Arbeitsbeziehungen** durch die Arbeitgeber- oder Arbeitnehmerseite, **um** dadurch **Druck** zur Erreichung eines bestimmten Zieles **auszuüben**. Bedeutungslos ist dagegen das jeweils angestrebte Kampfziel, solange überhaupt ein solches verfolgt wird.

47 Nicht ausreichend ist die bloße Druckausübung (zutr. *Loritz/ZLH* Arbeitsrecht, § 41 II 1f; *Kaiser/LK* § 74 Rn. 13; **a. M.** offenbar *Rieble/DFL* § 74 BetrVG Rn. 10), wenn sie nicht durch Störung der Arbeitsbeziehungen erfolgt (z. B. wenn der Betriebsrat durch Drohung mit der Anrufung der Einigungsstelle oder der Einleitung eines Arbeitsgerichtsverfahrens beim Arbeitgeber psychologischen Druck ausübt; nicht anders ist es auch, wenn der Betriebsrat seine Zustimmung in Mitbestimmungsangelegenheiten davon abhängig macht, dass ihm der Arbeitgeber in anderen Angelegenheiten nachgibt;

vgl. zu solchen »Koppelungsgeschäften« *Wiese* § 87 Rdn. 377; vgl. auch Rdn. 24). **Die Störung der Arbeitsbeziehungen** erfolgt in der Regel **durch** die Verweigerung der Erfüllung arbeitsvertraglicher Pflichten durch alle Arten von **Streik** (Nicht-, Teil- oder Schlechtleistung der Arbeit seitens der Arbeitnehmer einschließlich Bummel- und Bleistiftstreik, nach neuerer Rspr. auch der Unterstützungsstreik, *BAG* 19.06.2007 EzA Art. 9 GG Arbeitskampf Nr. 140 = AP Nr. 173 zu Art. 9 GG Arbeitskampf; vom Schrifttum überwiegend abgelehnt, s. etwa *Jacobs* ZfA 2011, 71 ff. m. w. N.), früher auch durch **Aussperrung** (Nichtabnahme der Arbeitsleistung gegenüber einer Mehrheit von Arbeitnehmern seitens des Arbeitgebers; heute weithin bedeutungslos), gelegentlich auch durch **Boykott** von Geschäftspartnern des Arbeitgebers (vgl. dazu *Binkert* Gewerkschaftliche Boykottmaßnahmen, S. 36 ff.). In Betracht kommt aber auch die **kollektive Ausübung von Individualrechten** durch Massenänderungskündigung oder Geltendmachung von Leistungsverweigerungsrechten (str.; dafür etwa *Brox/Rüthers* Arbeitskampfrecht, Rn. 548, 594; *Seiter* Streikrecht und Aussperrungsrecht, S. 387 ff., 429 ff.; *Loritz/ZLH* Arbeitsrecht, § 41 V 1b, c, VI 4, 5; **a. M.** im Grundsatz *Däubler* Arbeitskampfrecht, § 8 Rn. 13Rn. 57; *Söllner* Arbeitsrecht, 12. Aufl. 1998, § 11 IV). Nach Rspr. und Literatur kann Kampfmittel sein auch die zukünftige **Verweigerung von Überstunden** (vgl. dazu *ArbG Elmshorn* DB 1978, 1695; *LAG Baden-Württemberg* DB 1982, 1409 [1410 f.]) oder die **Akkordarbeit** (dazu *LAG Hamm* DB 1965, 1052), ebenso der **Boykott**, der den Kampfgegner gegen rechtsgeschäftliche Kontakte (Arbeitsverträge, aber auch Kaufverträge etc.) absperren soll (vgl. *Brox/Rüthers* Arbeitskampfrecht, Rn. 64; *Binkert* Gewerkschaftliche Boykottmaßnahmen). Auch die **Betriebsbesetzung** (Sitzstreik), bei der sich Arbeitnehmer ohne zu arbeiten gegen den Willen des Arbeitgebers im Betrieb aufhalten, ist als Kampfmittel in größerem Umfang bedeutsam geworden (vgl. dazu *Berghaus* Rechtsprobleme der Betriebsbesetzung und der Betriebsblockade, Diss. Konstanz 1989; *Bieback/Unterhinninghofen* in: *Däubler* [Hrsg.] Arbeitskampfrecht, § 17 Rn. 212 ff.; *Friedrich* DÖV 1988, 194; *Hellenthal* NZA 1987, 52; *von Hoyningen-Huene* JuS 1987, 505 [512 f.]; *Kissel* Arbeitskampfrecht, § 61 VII; *Loritz* DB 1987, 223; *Müller-Roden* ZRP 1988, 161; *Olbrich* Die Betriebsbesetzung als Arbeitskampfmaßnahme, Diss. Gießen 1991; *Stahlhacke* Zulässigkeit neuer Kampfmittel im Arbeitskampf, 1994; *Treber* Aktiv produktionsbehindernde Maßnahmen, 1996; *Wendt* Die Betriebsbesetzung, 1984; *Wesch* Neue Arbeitskampfmittel am Beispiel von Betriebsbesetzungen und Betriebsblockaden, 1993; vgl. auch *BAG* AP Nr. 58 zu Art. 9 GG Arbeitskampf Bl. 4 R f.; *LAG Hamm* DB 1981, 1571 zum Fall »Erwitte«), ferner die **Betriebsblockade**, durch die der Betrieb durch Streikposten derart abgeschottet wird, dass kein arbeitswilliger Arbeitnehmer, kein Kunde oder Lieferant den Betrieb betreten, keine Ware ihn verlassen kann (vgl. dazu *BAG* 21.06.1988 EzA Art. 9 Arbeitskampf Nr. 75 [gemeinsame Anm. auch zu Nr. 76, 91 *Konzen*] sowie Nr. 76; 08.11.1988 EzA Art. 9 GG Arbeitskampf Nr. 91; die genannten *Berghaus, Stahlhacke, Treber, Wesch*; *Kissel* Arbeitskampfrecht, § 61 VIII; *Wolter* in: *Däubler* [Hrsg.] Arbeitskampfrecht, § 16 Rn. 46 ff.). Auch die Gründung von Konkurrenzunternehmen durch die Arbeitnehmerseite (vgl. *Zöllner* FS Bötticher, 1969, S. 427 [429]) und Rationalisierung als arbeitgeberseitiges Kampfmittel (vgl. *G. Müller* Arbeitskampf und Recht, S. 117 ff.) wurden als Kampfmittel erwogen. Das *BAG* erkennt auch neuere Formen von Betriebsstörungen wie streikbegleitende **Flashmobs** als prinzipiell zulässige Kampfmittel an (*BAG* EzA Art. 9 GG Arbeitskampf Nr. 143 = AP Nr. 174 zu Art. 9 GG Arbeitskampf; von der Literatur überwiegend abgelehnt, s. z. B. *Jacobs* ZfA 2011, 71 ff. m. w. N.). Auch die vom Arbeitgeber im Arbeitskampf gegenüber den Arbeitnehmern (in betriebsüblicher Weise) erklärte (vorübergehende) **Stilllegung des vom Streik betroffenen Betriebes**, die das *BAG* seit der Entscheidung vom 22.03.1994 (EzA Art. 9 GG Arbeitskampf Nr. 115 *[Fischer/Rüthers]* = AP Nr. 130 zu Art. 9 GG Arbeitskampf *[Oetker]*; zuletzt *BAG* 13.12.2011 EzA Art. 9 GG Arbeitskampf Nr. 144: Stilllegung kann sich auch auf organisatorisch abgegrenzte betriebliche Einheiten beschränken) billigt, wird als aussperrungsähnliches neues Arbeitskampfmittel eingestuft (vgl. neben *Oetker* auch *Gamillscheg* Kollektives Arbeitsrecht I, § 21 III 1b; *Kornbichler* Die Stilllegung des Betriebs im Arbeitskampf, Diss. München 1999, S. 59 ff.; gegen diese Einordnung *BAG* 11.07.1995 EzA Art. 9 GG Arbeitskampf Nr. 121; 11.07.1995 EzA Art. 9 GG Arbeitskampf Nr. 122; *Fischer/Rüthers* Anm. EzA Art. 9 GG Arbeitskampf Nr. 115 S. 31 ff.; *Lieb* SAE 1996, 182 [185]). Wegen des absoluten Verbotscharakters des § 74 Abs. 2 Satz 1 interessiert an dieser Stelle bei allen diesen Kampfmitteln nicht, ob sie nach allgemeinem Arbeitskampfrecht rechtmäßig oder rechtswidrig sind.

48 Unzutr. ist die in der Literatur verbreitete Ansicht, wonach der Streit um einen engen oder weiten Arbeitskampfbegriff im Rahmen des § 74 irrelevant sein soll, weil das Gesetz den Betriebspartnern über Arbeitskampfmaßnahmen hinaus in Abs. 2 Satz 2 auch jede Beeinträchtigung des Arbeitsablaufs und des Betriebsfriedens verbiete (so etwa *Thiele* Drittbearbeitung, § 74 Rn. 23; *Brox/Rüthers* Arbeitskampfrecht, Rn. 410). Dabei wird nicht beachtet, dass dieses Verbot im Gegensatz zum eigenständigen, abstrakt-generellen Arbeitskampfverbot tatbestandlich eine konkrete Beeinträchtigung von Betriebsfrieden oder Arbeitsablauf erfordert. Zu Recht hat *Richardi* (§ 74 Rn. 18) die noch in 8. Aufl. (§ 74 Rn. 18) vertretene Ansicht aufgegeben, als Arbeitskampfmaßnahme sei jede Maßnahme zu verstehen, die den Betriebsfrieden oder den Arbeitsablauf beeinträchtigt. Andernfalls wäre das abstrakte Arbeitskampfverbot überflüssig und wie früher nach § 49 Abs. 2 BetrVG 1952 nur Beispielsfall des allgemeinen Friedensgebots. Abzulehnen ist auch die Auffassung von *Heinze* (DB 1982, Beil. Nr. 23, S. 6 ff.), der das Arbeitskampfverbot losgelöst vom Arbeitskampfrecht als Verbot von Maßnahmen mit Arbeitskampfwirkung definieren will. Dieser Ansatz führte *Heinze* zu der unhaltbaren Konsequenz, dass Streik und Aussperrung, die Betriebsrat und Arbeitgeber gegeneinander durchführen, dem Arbeitskampfverbot nicht unterfallen.

b) Maßnahmebegriff

49 Der **Maßnahmebegriff** ist weit und unscharf. Nach dem Sprachgebrauch ist eine Maßnahme eine zweckgerichtete Handlung einer (natürlichen) Person, die in einem Tun oder Unterlassen zum Ausdruck kommt. Durch das Erfordernis finalen Handelns enthält der Begriff ein subjektives Element (**a. M.** *Heinze* DB 1982, Beil. Nr. 23, S. 8 f., der allein auf die objektive Qualität der Maßnahme zur Druckausübung abstellen will; zutr. hat dagegen das *BAG* schon 1958 das subjektive Element – »bewusst und gewollt« – im Begriff der Kampfmaßnahme erkannt; vgl. *BAG* 31.10.1958 AP Nr. 2 zu § 1 TVG Friedenspflicht). Dieses muss bei den nach Abs. 2 Satz 1 verbotenen Maßnahmen auf Arbeitskampf bezogen sein. Unerheblich ist es, ob das Handeln Entscheidungscharakter hat (z. B. ein Streikbeschluss des Betriebsrats) oder bloß willentliche Ausführung einer getroffenen Entscheidung ist (insoweit zutr. *Heinze* DB 1982, Beil. Nr. 23, S. 7).

50 Maßnahmen des Arbeitskampfs sind demnach nach h. M. mithin alle Entscheidungen und Ausführungsakte, die auf Druckausübung mittels kollektiver Störung der Arbeitsbeziehungen (vgl. im Einzelnen Rdn. 47) gerichtet sind, um ein bestimmtes Ziel zu erreichen. Dazu rechnen alle unmittelbaren Teilnahmeakte (z. B. Streikteilnahme als Betriebsratsmitglieder, Aussperrung durch den Arbeitgeber), aber auch alle Leitungs- und Organisationsmaßnahmen (z. B. Streikleitung, Einteilung und Aufstellung von Streikposten) und (unstr.; wegen des absoluten Verbotscharakters spielt der Streit um die Abgrenzung der nach der relativen tarifvertraglichen Friedenspflicht unzulässigen Arbeitskampfmaßnahmen, der durch die Entscheidung des *BAG* [AP Nr. 2 zu § 1 TVG Friedenspflicht] ausgelöst wurde, an dieser Stelle keine Rolle) auch alle Einleitungs- und Vorbereitungsmaßnahmen (z. B. Durchführung einer Streikurabstimmung, Kampfaufrufe) sowie auch alle Unterstützungsmaßnahmen (ebenso *Brox/Rüthers* Arbeitskampfrecht, Rn. 408, 412). Schon die Drohung mit Arbeitskampfmaßnahmen (insbesondere Streik und Aussperrung) ist Arbeitskampfmaßnahme (*Thiele* Drittbearbeitung, § 74 Rn. 23; zust. *Brox/Rüthers* Arbeitskampfrecht, Rn. 410; *Kaiser/LK* § 74 Rn. 13; *Rieble/Wiebauer* ZfA 2010, 63 [109]). Auch die Anordnung von Überstunden kann als Kampfmaßnahme zu werten sein, wenn sie sich räumlich und zeitlich mit einer Streikmaßnahme deckt (*LAG Hessen* 21.04.2016 – 5 TaBV 196/15 – juris, Rn. 30). Maßnahmen zur reinen **Streikfolgenkompensation** sind dagegen **nicht** als Maßnahme des Arbeitskampfs zu werten (*LAG Hessen* 21.04.2016 – 5 TaBV 196/15 – juris, Rn. 29; 08.09.2016 NZA-RR 2017, 25 Rn. 21; zust. *Beckerle* NJW 2017, 439 [443]). Das ist etwa bei der Anordnung von Überstunden der Fall, wenn die Streikmaßnahme beendet ist und der Arbeitgeber durch Aufarbeitung des streikbedingten Arbeitsausfalls lediglich reagiert, ohne andere Arbeitnehmer als die Arbeitsplatzinhaber einzusetzen oder sonst den Kampfrahmen zu überschreiten, um zusätzlichen Druck auf die Gewerkschaft auszuüben.

3. Umfang des Verbots

51 Zwischen dem Arbeitgeber einerseits sowie dem Betriebsrat und den Betriebsratsmitgliedern andererseits sind **schlechthin alle** Arbeitskampfmaßnahmen (im Rdn. 47 ff., 50 definierten Sinne) verboten.

Sie dürfen gegeneinander absolut keine Kampfmaßnahmen vornehmen. Sie unterliegen einem totalen Kampfverbot, **gleichgültig, welches Kampfziel** sie verfolgen wollen (ebenso *Galperin/Löwisch* § 74 Rn. 8; *Wiese* NZA 1984, 378 [379]; früher auch schon *Bulla* RdA 1962, 385 [386]; *Hueck/Nipperdey* II/2, S. 1343; *Kreutz* BlStSozArbR 1972, 44 [48]; *Nikisch* III, S. 242; **a. M.** wohl *Seiter* Streikrecht und Aussperrungsrecht, S. 422: nur Ziele, die in den gesetzlich umschriebenen Zuständigkeitsbereich des Betriebsrats fallen). Das Verbot richtet sich daher schon im Ansatz nicht nur an Arbeitgeber und Betriebsrat in ihrer »betriebsverfassungsrechtlichen Funktion« (so aber etwa *Dietz/Richardi* § 74 Rn. 15; *Thiele* Drittbearbeitung, § 74 Rn. 26), es gilt auch nicht nur für »betriebsverfassungsrechtliche Streitfragen« (so aber *BAG* 17.12.1976 AP Nr. 52 zu Art. 9 GG Arbeitskampf Bl. 2 R; *Richardi/Maschmann/Richardi* § 74 Rn. 17, 19) und auch nicht nur für »betriebliche Regelungsstreitigkeiten« (so aber *Herschel* SAE 1977, 188; auch *Thiele* Drittbearbeitung, § 74 Rn. 21). Diese Auffassungen werden auch nicht konsequent durchgehalten, soweit eine Neutralitätspflicht der Betriebspartner, namentlich des Betriebsrats und seiner Mitglieder, bei Arbeitskämpfen tariffähiger Parteien oder bei sog. wildem Streik postuliert wird (vgl. etwa *Dietz/Richardi* § 74 Rn. 21, 23; *Richardi/Maschmann/Richardi* § 74 Rn. 24, 26; *Thiele* Drittbearbeitung, § 74 Rn. 32, 34). Die **Neutralitätspflicht** (vgl. dazu Rdn. 67) folgt gerade aus dem Arbeitskampfverbot, kann anders nicht überzeugend begründet werden und bleibt bei der Gegenauffassung dementsprechend unbegründet (vgl. etwa *Richardi/Maschmann/Richardi* § 74 Rn. 24, 26). Einschränkungen des Arbeitskampfverbots ergeben sich auch nicht etwa aus Abs. 2 Satz 1 Halbs. 2 (vgl. dazu Rdn. 62). Um die ganze **Reichweite** des Arbeitskampfverbots deutlich zu machen, ist es hilfreich und geboten, **nach der Art in Betracht kommender Kampfziele** zu differenzieren, obgleich, wie gesagt (vgl. Rdn. 46), die Art des Zieles für die Beurteilung einer verbotenen Kampfmaßnahme irrelevant ist und insoweit eine scharfe Abgrenzung vielfach auch nicht möglich und nicht nötig ist.

a) Betriebsverfassungsrechtliche Kampfziele

Den Verbotsadressaten sind zunächst alle Kampfmaßnahmen zur **Gestaltung der betriebsverfassungsrechtlichen Ordnung** verboten. Das gilt gleichermaßen bei Regelungs- und Rechtsstreitigkeiten und unabhängig davon, ob die Ziele in den gesetzlichen Zuständigkeitsbereich des Betriebsrats fallen, was bei Rechtsstreitigkeiten vielfach gerade streitig sein wird. Betriebsverfassungsrechtliche Streitigkeiten sind stattdessen vielmehr entweder durch die Gerichte für Arbeitssachen (§ 2a Abs. 1 Nr. 1 ArbGG) oder die Einigungsstelle – in echten Mitbestimmungsangelegenheiten (vgl. z. B. §§ 37 Abs. 6, 7; 38 Abs. 2; 39 Abs. 1; 87 Abs. 2; 91; 94 Abs. 1, 2; 95 Abs. 1, 2; 98 Abs. 4; 112 Abs. 4) nach § 76 Abs. 5 im Wege der Zwangsschlichtung verbindlich – zu entscheiden. 52

Unzulässig sind insbesondere alle Kampfmaßnahmen, die den Betriebspartner zum Abschluss einer **Betriebsvereinbarung**, gleichgültig, ob es sich um einen Fall der erzwingbaren Mitbestimmung handelt, veranlassen sollen (unstr.; vgl. *BAG* 17.12.1976 AP Nr. 52 zu Art. 9 GG Arbeitskampf; *Brox/Rüthers* Arbeitskampfrecht, Rn. 409; *Däubler* Arbeitskampfrecht, § 13 Rn. 31; *Bulla* RdA 1962, 386; *Kreutz* BlStSozArbR 1972, 44 [48]; *Fitting* § 74 Rn. 12), zu einer bloßen **Regelungsabrede** (Betriebsabsprache) oder zur Vornahme oder Unterlassung sonstiger betriebsverfassungsrechtlich relevanter Handlungen (z. B. zur Ausführung einer bestehenden Betriebsvereinbarung). 53

Unzulässig sind insoweit namentlich die Aussperrung (von Teilen) der Belegschaft oder die Massenänderungskündigung des Arbeitgebers, durch die der Betriebsrat als Forderungsadressat unter Druck gesetzt werden soll, die Vorbereitung, Durchführung oder Unterstützung aller Arten von Belegschaftsstreik (z. B. auch Bummelstreik, Sitzstreik, Betriebsbesetzung) durch den Betriebsrat oder seine Mitglieder. Auch zu einem (kurzen) Warnstreik darf nicht aufgerufen werden. Jede Streikteilnahme der Betriebsratsmitglieder ist insoweit ohne Weiteres unzulässig. Auf die Hervorhebung ihrer Amtsstellung kommt es nicht an. Selbst Abwehrkampfmaßnahmen gegen rechtswidrige Angriffshandlungen der anderen Seite sind unzulässig (ebenso *Brox/Rüthers* Arbeitskampfrecht, Rn. 423; **a. M.** *Galperin/Löwisch* § 74 Rn. 11 unter unzutreffender Berufung auf *BAG* AP Nr. 6 zu Art. 9 GG Arbeitskampf). Deshalb darf der Arbeitgeber bei einem vom Betriebsrat durchgeführten Belegschaftsstreik arbeitswilligen Arbeitnehmern keine Prämie dafür zusagen, dass sie sich nicht am Streik beteiligen, wenn man mit dem *BAG* (obiter dictum vom 13.07.1993 EzA Art. 9 GG Arbeitskampf Nr. 112 m. w. N.) darin ein selbständiges Arbeitskampfmittel sieht, statt (wegen Fehlens der Störung von Arbeitsbeziehungen) 54 richtigerweise eine zulässige Maßnahme im Arbeitskampf (wie z. B. auch die Einstellung neuer Arbeitnehmer). Zur Massenänderungskündigung und kollektiven Ausübung eines Zurückbehaltungsrechts vgl. Rdn. 55.

b) Einzelarbeitsvertragliche Kampfziele

55 Dem Arbeitskampfverbot unterfallen alle Kampfmaßnahmen der Verbotsadressaten auf betrieblicher Ebene um rein **einzelarbeitsvertragliche Kampfziele**, sei es zur Durchsetzung oder Aufrechterhaltung (z. B. einer betrieblichen Übung) von Rechten, sei es zur Regelung von allgemeinen Arbeitsbedingungen. Insoweit verstößt insbesondere jede aktive Beteiligung des Betriebsrats und seiner Mitglieder an einem sog. wilden Belegschaftsstreik gegen das Kampfverbot (unabhängig davon, dass dieser sog. wilde Streik bereits mangels gewerkschaftlicher Führung rechtswidrig ist). Das gilt auch dann, wenn eine Gewerkschaft nachträglich den begonnenen Streik übernimmt. Auch der Aufruf zu und die Organisierung von Massenänderungskündigungen und der kollektiven Ausübung eines Zurückbehaltungsrechts durch den Betriebsrat sind eine verbotene Kampfmaßnahme (so auch *Brox/Rüthers* Arbeitskampfrecht, Rn. 410, 570, 609; **a. M.** *Seiter* Streikrecht und Aussperrungsrecht, S. 422, 435). Einzelne Betriebsratsmitglieder dürfen sich als Arbeitnehmer der Massenänderungskündigung anschließen, auch der kollektiven Ausübung eines Zurückbehaltungsrechts, sofern ihnen ein solches zusteht. Sie verstoßen jedoch gegen das Kampfverbot, wenn sie die Maßnahmen organisieren, dadurch über ihre individuelle Rechtsposition hinausgehen und durch Bündelung kollektiven Druck auf den Arbeitgeber ausüben (str.; **a. M.** *Brox/Rüthers* Arbeitskampfrecht, Rn. 570, 609; *Seiter* Streikrecht und Aussperrungsrecht, S. 422 f., 435). Zur Einwirkung des Betriebsrats und seiner Mitglieder auf die streikende Belegschaft vgl. Rdn. 85.

c) Arbeitskampfziele tariffähiger Parteien

56 Das absolute Verbot von Arbeitskampfmaßnahmen zwischen den Verbotsadressaten bleibt auch **im Arbeitskampf tariffähiger Parteien** unabhängig vom jeweiligen Kampfziel **gültig** (ebenso *Brox/Rüthers* Arbeitskampfrecht, Rn. 411; *Wiese* NZA 1984, 378 [379]). Es ist unerheblich, ob es sich um einen rechtmäßigen oder rechtswidrigen Arbeitskampf handelt (zutr. *Wiese* NZA 1984, 379; zust. *Berg/DKKW* § 74 Rn. 26).

aa) Betriebsratsamt und Arbeitskampf

57 Dem liegt zunächst die heute unbestr. Auffassung zugrunde, dass die **Betriebsratsmitglieder** während eines Arbeitskampfs **im Amt bleiben** und auch der **Betriebsrat als Organ funktionsfähig bleibt**. Beides gilt unabhängig davon, ob die Betriebsratsmitglieder mitstreiken oder ausgesperrt sind (vgl. dazu Rdn. 63 ff.).

58 Ihre Beteiligung an einem rechtmäßigen Streik und ihre (soweit zulässig) rechtmäßige Aussperrung hat nur suspendierende Wirkung für die Hauptpflichten aus dem Arbeitsverhältnis. Eine lösende Wirkung der Aussperrung von Betriebsratsmitgliedern ist nach der Rspr. des *BAG* nicht möglich (*BAG* GS 21.04.1971 AP Nr. 43 zu Art. 9 GG Arbeitskampf Bl. 9 R; bestätigt durch *BVerfGE* 38, 386 [392] = *BVerfG* 19.02.1975 AP Nr. 50 zu Art. 9 GG Arbeitskampf). Das Arbeitsverhältnis als Voraussetzung der Mitgliedschaft im Betriebsrat (vgl. § 24 Abs. 1 Nr. 3) bleibt somit bestehen, wie immer auch ohne Suspendierung der Hauptpflichten, wenn Streik oder Aussperrung rechtswidrig sind. Für ein **Ruhen des Betriebsratsamts** im Arbeitskampf gibt es mithin **keine Gründe** (heute unstr.; vgl. *BAG* 25.10.1988 EzA Art. 9 GG Arbeitskampf Nr. 89 S. 4 m. w. N.; *BAG* 15.10.2013 EzA Art. 9 GG Arbeitskampf Nr. 151 Rn. 40 = AP Nr. 181 zu Art. 9 GG Arbeitskampf; *Berg/DKKW* § 74 Rn. 30, 31; *Brox/Rüthers* Arbeitskampfrecht, Rn. 436; *Fitting* § 74 Rn. 17; *von Hoyningen-Huene* Betriebsverfassungsrecht, § 11 I 6 Rn. 20; *Kaiser/LK* § 74 Rn. 17; *Kania/ErfK* § 74 BetrVG Rn. 13; *Kissel* Arbeitskampfrecht, § 36 Rn. 5, 6; *Preis/WPK* § 74 Rn. 14 *Richardi/Maschmann/Richardi* § 74 Rn. 23, 28; *Stege/Weinspach/Schiefer* § 74 Rn. 5; *Wiese* NZA 1984, 378; *Worzalla/HWGNRH* § 74 Rn. 28; **a. M.** früher etwa *Neumann-Duesberg* S. 146 f.; *Nikisch* III, S. 121 f.; *Kraft* hat seine frühere Ansicht [ZfA 1973, 261] 1981 in FS *G. Müller*, S. 265 aufgegeben).

Folglich bleibt auch der Betriebsrat als Organ **funktionsfähig** und seine gesetzlichen Rechte und 59
Pflichten, insbesondere auch seine Beteiligungsrechte, bleiben grundsätzlich bestehen (so auch
BAG AP Nr. 57 Bl. 2 R, Nr. 58 Bl. 5 R, Nr. 60 Bl. 9, Nr. 63 Bl. 3, Nr. 70 Bl. 8 R zu Art. 9 GG Arbeitskampf; AP Nr. 20 zu § 102 BetrVG 1972 Bl. 1 R; *BAG* 25.10.1988 EzA Art. 9 GG Arbeitskampf
Nr. 89 S. 4; wiederum bestätigt durch *BAG* 10.12.2002 EzA § 80 BetrVG 2001 Nr. 1 unter B II 2;
13.12.2011 EzA Art. 9 GG Arbeitskampf Nr. 145 Rn. 25; die teilweise andere Ansicht in *BAG*
26.10.1971 AP Nr. 44 zu Art. 9 GG Arbeitskampf Bl. 8 R ist damit aufgegeben; für die **h. L.**: *Berg/
DKKW* § 74 Rn. 31; *Brox/Rüthers* Arbeitskampfrecht, Rn. 436; *Fitting* § 74 Rn. 18; *von
Hoyningen-Huene*/MünchArbR § 214 Rn. 15; *Kaiser/LK* § 74 Rn. 17; *Kania*/ErfK § 74 BetrVG
Rn. 14; *Löwisch/Kaiser* § 74 Rn. 8; *Reichold*/HWK § 74 BetrVG Rn. 10; *Richardi/Maschmann/Richardi* § 74 Rn. 23, 32 f.; *Wiese* NZA 1984, 378). Etwas anderes kann sich nur ergeben, wenn das Arbeitsverhältnis der Betriebsratsmitglieder und damit ihr Amt im Arbeitskampf nach allgemeinen Beendigungsgründen endet (vgl. dazu *Oetker* § 24 Rdn. 22 ff.; zur sog. Kampfkündigung auch *Raab*
§ 103 Rdn. 45 f.). Ein Abkehrrecht der suspendierend ausgesperrten Arbeitnehmer als eigenständiger
Beendigungsgrund ist entgegen *BAG* GS 21.04.1971 AP Nr. 43 zu Art. 9 GG Arbeitskampf Bl. 9
nicht anzuerkennen (ebenso *Brox/Rüthers* Arbeitskampfrecht, Rn. 319; *Konzen* AcP Bd. 177, 519 f.;
Loritz/ZLH Arbeitsrecht, § 43 IV 3).

Infolge der Funktionsfähigkeit des Betriebsrats hat der Arbeitgeber den Betriebsratsmitgliedern den 60
zur ordnungsgemäßen Durchführung ihrer Aufgaben erforderlichen **Zugang zum Betrieb** selbst
dann zu gestatten, wenn sie am Arbeitskampf beteiligt sind. Das muss auch im Falle einer allgemeinen
Betriebsbesetzung gelten. Zum Beispiel darf der Arbeitgeber die Zugangs-Code-Karten von Betriebsratsmitgliedern nicht sperren (vgl. *LAG Frankfurt a. M.* 08.02.1990 LAGE Art. 9 GG Arbeitskampf
Nr. 37, das zutr. weiter entschieden hat, dass der Arbeitgeber auch im Arbeitskampf [um einen Firmentarifvertrag] nicht berechtigt ist, Betriebsratsmitglieder bezüglich ihrer Aufgabenerfüllung durch
ein Mitglied der Personalabteilung kontrollieren zu lassen).

Für die Zeit der Wahrnehmung erforderlicher Betriebsratsaufgaben haben (mit suspendierender Wir- 61
kung) **ausgesperrte** Betriebsratsmitglieder nach zutr. Ansicht des *BAG* **keinen Entgeltanspruch**,
weil der über § 37 Abs. 2 vermittelte Vergütungsanspruch nach dem Lohnausfallprinzip für die Dauer
der Aussperrung nicht besteht (*BAG* 25.10.1988 EzA Art. 9 GG Arbeitskampf Nr. 89 = AP Nr. 110
zu Art. 9 GG Arbeitskampf [abl. *Brox*, der für Gleichstellung mit Arbeitnehmern eintritt, die Erhaltungsarbeiten durchführen]). Die Rechte aus § 37 Abs. 3 bleiben jedoch unberührt. Das *BAG* hat darüber nicht entschieden. Bei **Streik** verliert ein Betriebsratsmitglied, das in seiner Rolle als Arbeitnehmer seine Arbeit verweigert, seine Entgeltansprüche. Zweifelhaft ist indes, ob das auch dann gilt, wenn
(und soweit) das Betriebsratsmitglied während eines Streiks erforderliche Betriebsratstätigkeit ausübt.
Insoweit ist es problematisch, ob das Mitglied während der Ausführung von Betriebsratstätigkeiten tatsächlich am Streik teilnehmen kann. Das *BAG* bejaht das und lässt insoweit genügen, dass das Betriebsratsmitglied seine Teilnahme am Streik ausdrücklich oder konkludent erklärt hat. In diesem Fall entfällt
nach dem in § 37 Abs. 2 normierten Lohnausfallprinzip der Entgeltfortzahlungsanspruch (vgl. *BAG*
15.01.1991 EzA Art. 9 GG Arbeitskampf Nr. 96 = SAE 1991, 344 *[Henssler]*; dort hat der Erste Senat
einen Lohnfortzahlungsanspruch nach § 37 Abs. 2 bei Teilnahme an einer Schulungsveranstaltung
während eines Streiks im Betrieb bejaht, weil das Betriebsratsmitglied für diese Zeit seine Streikteilnahme weder ausdrücklich erklärt hat, noch neben der Teilnahme an der Schulungsveranstaltung tatsächlich am Streik teilgenommen hat). Nach einem von *Gloistein* (Der Betriebsrat im Arbeitskampf,
2001) der *BAG*-Rspr. entgegengestellten Lösungskonzept schließt die Erbringung erforderlicher Betriebsratstätigkeit bei Streik die Nichtleistung der Arbeit aus. Entgegen der h. M. (vgl. zum Streitstand
S. 88 ff.) soll deshalb der Entgeltanspruch im Umfang der Zeit der Ausübung von Amtstätigkeit erhalten bleiben (S. 94 ff., 146 ff.). Dem hat sich der Sechste Senat des *BAG* in einer Entscheidung vom
05.12.1978 (AiB 2011, 471) angeschlossen.

bb) Rechtsstellung der Verbotsadressaten
Keine Einschränkung des generellen betriebsverfassungsrechtlichen Arbeitskampfverbots, aber Ab- 62
grenzungsprobleme ergeben sich daraus, dass Arbeitskämpfe tariffähiger Parteien durch dieses unberührt bleiben (Abs. 2 Satz 1 Halbs. 2). Eine Einschränkung scheidet aus, weil nur der Arbeitgeber,

§ 74

nicht aber der Betriebsrat und seine Mitglieder tariffähig sind (vgl. Rdn. 42), so dass sie sich als tariffähige Parteien niemals gegenüberstehen können. Sie können das auch nicht als Mitglieder tariffähiger Verbände, weil der Betriebsrat und seine Mitglieder als solche niemals Gewerkschaftsmitglieder sind. Zu **Abgrenzungsschwierigkeiten um die Reichweite des Arbeitskampfverbots kommt** es jedoch wegen der **Doppelstellung**, die Arbeitgeber und Betriebsratsmitglieder als Adressaten des Arbeitskampfverbots einerseits, als Teilnehmer an Arbeitskämpfen tariffähiger Parteien andererseits einnehmen können. Insoweit ist auch § 74 Abs. 3 zu beachten. Da dem Betriebsrat als solchem eine solche Doppelstellung nicht zukommt, wirkt das Kampfverbot für die Verbotsadressaten unterschiedlich aus (zutr. herausgearbeitet bei *Brox/Rüthers* Arbeitskampfrecht, Rn. 407, 411 ff.).

63 (1) Soweit der **Arbeitgeber** als **Verbandsmitglied oder Tarifvertragspartei** (§ 2 Abs. 1 TVG) an einem Arbeitskampf gegen eine Gewerkschaft beteiligt ist, kann er ungehindert durch Abs. 2 Satz 1 Kampfmaßnahmen ergreifen (z. B. die Belegschaft, auch die Betriebsratsmitglieder, aussperren, solange die Aussperrung nicht gezielt gegen den Betriebsrat und seine Mitglieder erfolgt, z. B. nur diese ausgesperrt werden). Die Rechtmäßigkeit solcher Kampfmaßnahmen richtet sich allein nach den von der Rspr. entwickelten Grundsätzen des Arbeitskampfrechts.

64 (2) **Betriebsratsmitglieder** sind notwendigerweise Arbeitnehmer des Betriebs (§ 8). **Als Arbeitnehmer** dürfen sie sich an einem von einer tariffähigen Gewerkschaft organisierten Streik (Arbeitskampf) **beteiligen**, auch wenn sich ihre Kampfteilnahme unmittelbar oder mittelbar gegen den Arbeitgeber richtet. Für organisierte Betriebsratsmitglieder ist das aus der Klarstellung in Abs. 3 abzuleiten. **Gewerkschaftliche Organisation** erfordert einen gewerkschaftlichen Streikaufruf, welcher der Arbeitgeberseite mitgeteilt sein muss (vgl. *Däubler* Arbeitskampfrecht, § 12 Rn. 6 ff.; *Seiter* Streikrecht und Aussperrungsrecht, S. 251 f.). Unerheblich ist, ob der Streikbeschluss satzungsgemäß zustande gekommen ist, insbesondere das zuständige Gewerkschaftsorgan gehandelt hat, wenn nur das handelnde Organ für die Organisation im Verhältnis zu Dritten verbindlich handeln kann (vgl. *BAG* 17.12.1976 AP Nr. 51 zu Art. 9 GG Arbeitskampf Bl. 2 R), oder eine vorgesehene Urabstimmung durchgeführt worden ist (weil nach zutr. h. M. die Urabstimmung auch keine Rechtmäßigkeitsschranke ist; vgl. *Brox/Rüthers* Arbeitskampfrecht, Rn. 486; *Reinfelder* in: *Däubler* [Hrsg.] Arbeitskampfrecht, § 15 Rn. 33 ff.; *Seiter* Streikrecht und Aussperrungsrecht, S. 509 ff.; **a. M.** etwa *Bauer/Röder* DB 1984, 1096; grundsätzlich *Rieble* FS Canaris I, S. 1439). Ob der gewerkschaftlich geführte Streik (Arbeitskampf) im Übrigen arbeitskampfrechtlich rechtmäßig oder rechtswidrig ist, ist für die Beurteilung nach § 74 Abs. 2 Satz 1 unerheblich, aber nur die Teilnahme an einem rechtmäßigen Arbeitskampf ist selbst nicht rechts- und vertragswidrig. Die Teilnahme an einem rechtswidrigen Gewerkschaftsstreik kann gegen die Friedenspflicht des Abs. 2 Satz 2 verstoßen (ebenso *Richardi/Maschmann/Richardi* § 74 Rn. 27). Unerheblich ist auch, ob das Betriebsratsmitglied bei der kampfführenden Gewerkschaft organisiert ist. Auch Nicht- oder Andersorganisierte können sich in gleicher Weise beteiligen (ebenso schon *Thiele* Drittbearbeitung, § 74 Rn. 37; *Brox/Rüthers* Arbeitskampfrecht, Rn. 413; *Kreutz* BlStSozArbR 1972, 44 [49]; *Wiese* NZA 1984, 378 [379]). Das liegt in der Konsequenz der von der h. M. getragenen *BAG*-Rspr. zur Teilnahme von Außenseitern am Arbeitskampf (vgl. *BAG* GS 21.04.1971 AP Nr. 43 zu Art. 9 GG Arbeitskampf Bl. 8; vgl. auch *BAG* 22.03.1994 EzA Art. 9 GG Arbeitskampf Nr. 115 S. 5 m. w. N.; **a. M.** aber *van Gelder/Leinemann* AuR 1970, 1; *Weiner* Die Streikbeteiligung von Außenseitern [Diss. Mainz 1976]), auch wenn diese dogmatisch nicht befriedigend begründet werden kann und für Außenseiter § 74 Abs. 3 nicht gilt.

65 Da ein Arbeitnehmer nach ausdrücklicher Regelung in Abs. 3 durch die Übernahme des Betriebsratsamts in der Betätigung für seine Gewerkschaft auch im Betrieb nicht beschränkt wird, darf sich zur Vermeidung seiner Schlechterstellung das gewerkschaftsangehörige (und ihm gleichgestellt das nichtorganisierte) **Betriebsratsmitglied in gleicher und jeder Weise** wie andere Belegschaftsmitglieder am Arbeitskampf **beteiligen**, insbesondere auch aktiv und an hervorgehobener und führender Stelle außerhalb oder innerhalb des Betriebs den Kampf vorbereiten, organisieren und leiten, z. B. die Urabstimmung mitorganisieren, zum Streik aufrufen und in der Streikleitung mitarbeiten oder der Tarifkommission der Gewerkschaft angehören (heute ganz h. M.; vgl. *LAG Düsseldorf* 05.07.1994 LAGE § 74 BetrVG 1972 Nr. 2 = AuR 1995, 107 f.: Streikaufruf durch freigestellten Betriebsratsvorsitzenden; *Berg/DKKW* § 74 Rn. 28; *Bieback* RdA 1978, 82 [92 f.]; *Brill* DB 1978, 403; *Brox/Rüthers* Arbeitskampfrecht, Rn. 413; *Däubler* Arbeitskampfrecht, § 12 Rn. 52; *Etzel* HzA Gruppe 19/1,

Grundsätze für die Zusammenarbeit § 74

Rn. 427; *Fitting* § 74 Rn. 16; *Herbst* AiB 1987, 4; *Kaiser/LK* § 74 Rn. 14; *Kania/*ErfK § 74 BetrVG Rn. 12; *Kreutz* BlStSozArbR 1972, 44 [49]; *Richardi/Maschmann/Richardi* § 74 Rn. 26; *Stege/Weinspach/Schiefer* § 74 Rn. 4; *van Straelen* Der Rollenkonflikt, S. 81 ff.; *Wiese* NZA 1984, 379; *Worzalla/HWGNRH* § 74 Rn. 26; **a. M.** *Hiersemann* BB 1966, 252; *Rolfs/Bütefisch* NZA 1996, 17 [20]: keine leitende Funktion). Das gilt ohne Einschränkung auch für die Teilnahme am Arbeitskampf um einen Firmentarifvertrag (ebenso die genannten *Brill, Brox/Rüthers, Fitting, Wiese*; *Thiele* Drittbearbeitung, § 74 Rn. 38; einschränkend *Richardi/Maschmann/Richardi* § 74 Rn. 26: Die Tarifkommission darf nicht nur oder im Wesentlichen mit Betriebsratsmitgliedern besetzt sein; *Galperin/Löwisch* § 74 Rn. 12: keine führende Position).

Die **Abgrenzungsproblematik** dieser Fallgruppe konzentriert sich somit auf die Frage, wann ein 66 Betriebsratsmitglied in seiner **Eigenschaft** als **Arbeitnehmer** (und Gewerkschaftsmitglied) zulässigerweise unbeschränkt am Arbeitskampf einer Gewerkschaft teilnimmt und wann es in seiner Rolle als **Betriebsratsmitglied** handelt und damit gegen das Arbeitskampfverbot verstößt. Mit der Formulierung einer Neutralitätspflicht der Betriebsratsmitglieder (so etwa *Richardi/Maschmann/Richardi* § 74 Rn. 26; *Kaiser/LK* § 74 Rn. 16; *Rieble/Wiebauer* ZfA 2010, 63 [109]; *Rolfs/Bütefisch* NZA 1996, 17 [18, 20]; *Schönhöft/Weyhing* BB 2014, 762 ff.; vgl. auch *BAG* 12.10.2002 EzA § 80 BetrVG 2002 Nr. 1 unter B II 4c bb) ist insoweit nichts gewonnen. Ausgangspunkt muss die Feststellung sein, dass die Betriebsratsmitglieder als solche im Betrieb bekannt sind, so dass jede ihrer Betätigungen das Gewicht ihres Amts mit ins Spiel bringt (*BVerfGE* 28, 295 [309] = *BVerfG* 26.05.1970 AP Nr. 16 zu Art. 9 GG Bl. 5). Ein Rollenwechsel ist jedoch keineswegs ausgeschlossen. Er wird in § 74 Abs. 2 Satz 1 und Abs. 3 vorausgesetzt und gefordert, wie auch sonst von jedem Amtsträger die Trennung von Amt und sonstigen Rechts- oder Interessenlagen verlangt wird (so zutr. *Wiese* NZA 1984, 378 [379, 380]; **a. M.** noch *Thiele* Drittbearbeitung, § 74 Rn. 35; im Ergebnis für Personalratsmitglieder auch *BVerwG* 23.02.1994, PersV 1995, 14 [17 f.]). Daraus folgt, dass eine Vermutung für das Handeln als Betriebsratsmitglied nicht gerechtfertigt ist (so schon *Thiele* Drittbearbeitung, § 74 Rn. 36; *Bieback* RdA 1978, 82 [93]; *Kaiser/LK* § 74 Rn. 16; *Rieble/Wiebauer* ZfA 2010, 63 [110]; *Wiese* NZA 1984, 378 [380 m. Fn. 36 f.]). Sie müssen grundsätzlich auch nicht ausdrücklich darauf hinweisen, dass sie als Arbeitnehmer oder Gewerkschaftsmitglieder und nicht als Amtsträger handeln (ebenso *Bieback* RdA 1978, 93; *Wiese* NZA 1984, 378 [380]; zust. *Berg/DKKW* § 74 Rn. 29; *Fitting* § 74 Rn. 16; *Rolfs/Bütefisch* NZA 1996, S. 23). Nur in besonderen Situationen kann es erforderlich sein, das Handeln als Arbeitnehmer und Gewerkschaftsmitglied herauszustellen, um dem Anschein des Amtshandelns entgegenzutreten, z. B. wenn gerade der Betriebsratsvorsitzende durch Fernsehen und Presse zum Arbeitskampf interviewt wird (so zutr. *Wiese* NZA 1984, 380; *ders.* FS 50 Jahre Bundesarbeitsgericht, S. 1125 [1139], wo er hervorhebt, dass das Arbeitskampfverbot die auf Arbeitskämpfe bezogene Meinungsfreiheit der Betriebsratsmitglieder verfassungskonform einschränkt). Im Übrigen genügt es, wenn das Betriebsratsmitglied jede zusätzliche Bezugnahme und jeden ausdrücklichen Hinweis auf seine **Amtsstellung** unterlässt (z. B. beim Streikaufruf, Solidaritätsadressen), diese **nicht besonders hervorhebt** (so schon *Thiele* Drittbearbeitung, § 74 Rn. 38; zust. *LAG Düsseldorf* vom 05.07.1994 LAGE § 74 BetrVG 1972 Nr. 2 S. 4; ebenso *Brill* DB 1979, 403; *Brox/Rüthers* Arbeitskampfrecht, Rn. 413; *Fitting* § 74 Rn. 15; *Krummel* BB 2002, 1418 [1421]; *Stege/Weinspach/Schiefer* § 74 Rn. 4; *Worzalla/HWGNRH* § 74 Rn. 26; in der Sache ist nichts anderes gemeint mit der Formulierung »alles vermeiden, was den Eindruck erweckt, sie handelten als Amtsträger oder setzten die Autorität des Amtes ein«; so *Wiese* NZA 1984, 380; *Richardi/Maschmann/Richardi* § 74 Rn. 26; *Kaiser/LK* § 74 Rn. 16; *Kreutz* BlStSozArbR 1972, 44 [49]; **a. M.** *Däubler* Arbeitskampfrecht, § 12 Rn. 52, der zulassen will, dass bei Verlautbarungen, Anträgen und Resolutionen die Funktion als Betriebsratsmitglied oder -vorsitzender mit angegeben wird, und eine unzulässige Ausnutzung des Amtes erst dann annehmen will, wenn ein bestimmtes Betriebsratsverhalten als Reaktion auf Streikverhalten in Aussicht gestellt wird; ebenso *Bobke/Grimberg* AiB 1982, 20 [22]; *Lorenz/HaKo* § 74 Rn. 10; *Berg/DKKW* § 74 Rn. 29 will die Grenze bei »einer missbräuchlichen Ausnutzung des Betriebsratsamtes« ziehen; ebenso *Kissel* Arbeitskampfrecht, § 36 Rn. 24; ähnlich *Weiss* AuR 1982, 265 [271]). Unzulässig ist es dementsprechend insbesondere auch, sachliche Mittel (Räume, Geräte, Büromaterial) oder Büropersonal des Betriebsrats für Streikzwecke einzusetzen oder zur Verfügung zu stellen. Nach Ansicht des Ersten Senats des *BAG* (10.12.2002 EzA § 80 BetrVG 2001 Nr. 1 unter B II 4c bb) soll ein Betriebsratsmitglied schon dann gegen seine Neutralitätspflicht verstoßen, wenn es bei seiner Streikteilnahme Informationen (verwertet oder) weiterleitet, die es erlangt hat, weil der Arbeitgeber Informationsansprüche des Betriebsrats im Arbeitskampf erfüllt hat. Das kann jedoch höchstens gelten, wenn das Betriebsratsmitglied sich diese Informationen nicht auch anderweitig beschafft haben kann und der Arbeitgeber sie ausdrücklich als geheimhaltungspflichtig bezeichnet hat (§ 79 Abs. 1).

67 (3) Der **Betriebsrat als Organ** hat das Arbeitskampfverbot **strikt** zu beachten, denn »seine ganze Existenz erschöpft sich in seiner betriebsverfassungsrechtlichen Stellung« (*Nikisch* III, S. 244). Er hat **alle Unterstützungsmaßnahmen** für den von einer tariffähigen Gewerkschaft organisierten Arbeitskampf **zu unterlassen**, durch die der Arbeitgeber als Tarifpartei oder als Mitglied des (kampfbeteiligten) Arbeitgeberverbands unmittelbar oder mittelbar betroffen wird. Mit dieser Maßgabe hat er sich **neutral** zu verhalten. Eine uneingeschränkte (»völlige«) Neutralitätspflicht im Arbeitskampf tariffähiger Parteien lässt sich hingegen aus § 74 Abs. 2 Satz 1 entgegen der h. M. (vgl. etwa *BAG* 22.12.1980 AP Nr. 71 zu Art. 9 GG Arbeitskampf Bl. 4; *ArbG Göttingen* DB 1982, 334; *Brox/ Rüthers* Arbeitskampfrecht, Rn. 412; *Fitting* § 74 Rn. 14; *Kraft* FS G. *Müller*, S. 265 [270 f.]; *Rieble/ Wiebauer* ZfA 2010, 63 [108]; *Richardi/Maschmann/Richardi* § 74 Rn. 24; *Wiese* NZA 1984, 378 [379, 381]; zu eng ist hingegen die Auffassung, das Neutralitätsgebot nur auf Arbeitskämpfe im eigenen Betrieb beschränken will; so *Däubler* Das Arbeitsrecht I, Rn. 777; *Germelmann* Der Betriebsfrieden im Betriebsverfassungsrecht, S. 107 f.) nicht herleiten. Das absolute Kampfverbot enthält kein absolutes Neutralitätsgebot, weil es nur Kampfmaßnahmen zwischen den Betriebspartnern verbietet. Wo dieser Bezug nicht gewahrt ist, kann nur eine Verletzung der allgemeinen Friedenspflicht nach Abs. 2 Satz 2 in Betracht kommen.

68 **Verbotene Unterstützungsmaßnahmen durch den Betriebsrat** sind etwa: Streikaufrufe an die Belegschaft; Durchführung von Urabstimmungen; Streikversammlungen (vgl. *ArbG Göttingen* DB 1982, 334: Betriebsversammlung zur Behandlung des Komplexes »Warnstreik« durch einen Gewerkschaftssekretär und Abfassung einer Resolution an den Arbeitgeberverband; *ArbG Oldenburg* vom 31.05.1979 – 3 BV/GA 15/79: Betriebsversammlung zur Information und Meinungsbildung zur Vorbereitung eines Arbeitskampfes; ebenso *ArbG Neumünster* BB 1994, 717); Einteilung von Streikposten; Überlassung nach § 40 Abs. 2 zur Verfügung gestellter Räume, Sachmittel und Personal an die Streikenden oder die Streikleitung; öffentliche Stellungnahmen (»Solidaritätsadressen«) zugunsten Streikender (**a. M.** *Weiss/Weyand* § 74 Rn. 9); Geldsammlungen zugunsten Streikender des eigenen Betriebes (unstr.) oder anderer Betriebe desselben Tarifbereichs (generell ohne diese Einschränkung die h. M.; vgl. *ArbG Göttingen* DB 1982,334, obiter dictum; *Brox/Rüthers* Arbeitskampfrecht, Rn. 412; *Richardi/Maschmann/Richardi* § 74 Rn. 24; *Wiese* NZA 1984, 378 [379]; mit Beschränkung auf denselben Betrieb: *Däubler* Das Arbeitsrecht I, Rn. 777a; *Germelmann* Der Betriebsfrieden im Betriebsverfassungsrecht, S. 107; *Pflug* AuR 1954, 296). Ein Verstoß liegt auch dann vor, wenn der Betriebsrat (aufgrund einer Aufforderung der Gewerkschaft) beschließt und bekannt macht, während des Arbeitskampfs keiner Überstundenregelung zuzustimmen (*ArbG Elmshorn* DB 1978, 1695; bestätigt durch *LAG Schleswig-Holstein* vom 31.05.1978 – 2 Ta/BV 8/78; zust. zit. von *Stege/Weinspach/Schiefer* § 74 Rn. 3; vgl. auch *LAG Baden-Württemberg* DB 1982, 1409 [1410 f.]; *ArbG Göttingen* DB 1982, 334, obiter dictum; zust. *Kaiser/LK* § 74 Rn. 16; *Wiese* NZA 1984, S. 380; ebenso *Bengelsdorf* BB 1991, 613; *Küttner/Schmidt* DB 1988, 704 [705]). Der Arbeitgeber ist ebenfalls nicht verpflichtet, die Nutzung eines für dienstliche Zwecke eingerichteten E-Mail-Accounts durch den Vorsitzenden und den stellvertretenden Vorsitzenden des Betriebsrats zu Zwecken des Arbeitskampfs zu dulden (*BAG* 15.10.2013 EzA Art. 9 GG Arbeitskampf Nr. 151 Rn. 27 ff. = AP Nr. 181 zu Art. 9 GG Arbeitskampf [abl. *Bauer/von Medem*]; zur Rechtsgrundlage für den entsprechenden Unterlassungsanspruch. Dagegen ist es nicht zu beanstanden, wenn der Betriebsrat situationsbezogene Informationen an die Privatanschrift derjenigen Arbeitnehmer sendet, die wegen mittelbarer Kampfbetroffenheit des Betriebes nicht beschäftigt werden können (*Wiese* NZA 1984, 380, im Anschluss an *LAG Berlin* DB 1984, 405).

cc) Begrenzung betriebsverfassungsrechtlicher Beteiligungsrechte

69 Aus dem Neutralitätsgebot für den Betriebsrat als Organ (vgl. Rdn. 67) können sich **Ausübungsschranken für Beteiligungsrechte** (Mitwirkungs- und Mitbestimmungsrechte) des **Betriebsrats** ergeben, wenn und soweit deren konkrete Ausübung eine Kampfmaßnahme gegenüber dem Arbeitgeber ist. Das ist nach Voraussetzungen und Rechtsfolge **sehr streitig**, trotz weitgehender Einigkeit

darüber, dass der Betriebsrat im Arbeitskampf funktionsfähig bleibt und seine Beteiligungsrechte grundsätzlich fortbestehen (vgl. Rdn. 57 ff.).

Teilweise wird eine **Einschränkung** der Beteiligungsrechte im Arbeitskampf **grundsätzlich abgelehnt** (vgl. *LAG Hamm* DB 1979, 216; *Berg/DKKW* § 74 Rn. 32; *Bieback* RdA 1978, 82 [94]; *Blanke* AiB 1993, 220 f.; *Büchner* BlStSozArbR 1985, 145 [147]; *Colneric* in: *Däubler* [Hrsg.] Arbeitskampfrecht, 2. Aufl., Rn. 664, 680; *Däubler* Das Arbeitsrecht I, Rn. 567; *Dette* in: *Däubler* [Hrsg.] Arbeitskampfrecht, 3. Aufl., § 19 Rn. 125, 138; *Farthmann* RdA 1974, 65 [70]; *Gnade/Kehrmann/Schneider/Blanke* 2. Aufl., § 74 Rn. 18; *Herbst* AiB 1987, 4 [7]; *Jahn* Die Beteiligung des Betriebsrats bei arbeitskampfbedingten Maßnahmen des Arbeitgebers, 1993; *Lorenz/HaKo* § 74 Rn. 11; *U. Mayer* AuR 1980, 65 [72 f.]; *ders.* BB 1990, 2482 [2488]; *Simitis/Weiss* DB 1973, 1240 [1244]; *Weiss* AuR 1982, 265 [266 ff.]; *Weiss/Weyand* § 74 Rn. 11 f.; *Wolter* AuR 1979, 333). Diese Ansicht lässt sich nicht durchhalten (vgl. die Nachweise Rdn. 72). Das *BVerfG* hat diese Ansicht verworfen, indem es die (arbeitskampfkonforme) teleologische Reduktion der Beteiligungsrechte nach § 99 Abs. 1 gebilligt hat (*BVerfG* 07.04.1997 NZA 1997, 773). 70

Rechtsprechung (vgl. zuletzt *BAG* 10.12.2002 EzA § 80 BetrVG 2001 Nr. 1 unter B II 3 [zust. *R. Krause*] = SAE 2003, 343 [zust. *Hergenröder*] = AP Nr. 59 zu § 80 BetrVG 1972 unter erstmaliger Auseinandersetzung und Ablehnung der unten [Rdn. 72] vertretenen dogmatischen Gegenposition; 13.12.2011 EzA Art. 9 GG Arbeitskampf Nr. 145 Rn. 26; vorher bereits ständige Rspr.; vgl. *BAG* AP Nr. 57 Bl. 2 R, Nr. 58 Bl. 5 R, Nr. 63 Bl. 3, Nr. 70 Bl. 8 R ff., Nr. 71 Bl. 4 f. zu Art. 9 GG Arbeitskampf; AP Nr. 20 zu § 102 BetrVG 1972 Bl. 1 R; *LAG Frankfurt a. M.* DB 1978, 1357; *ArbG Köln* DB 1979, 457 f.) **und herrschende Lehre** (vgl. etwa *Beckerle* NJW 2017, 439 [443]; *Brill* DB 1979, 403 [404]; *Brox/Rüthers* Arbeitskampfrecht, Rn. 437 ff.; *Eich* DB 1979, Beil. Nr. 9; *Galperin/Löwisch* § 74 Rn. 13 f.; *Hanau* Anm. AR-Blattei, Arbeitskampf I, Entsch. 18; *Kaiser/LK* § 74 Rn. 18; *Kalb* Arbeitskampfrecht, Rn. 332; *Löwisch/Rumler* in: *Löwisch* [Hrsg.] Arbeitskampf- und Schlichtungsrecht, 1997, S. 293 Rn. 30 ff.; *Mayer-Maly* BB 1979, 1305 [1312]; *Matthes/*MünchArbR 2. Aufl. 2000, § 331 Rn. 15 ff.; *Preis/WPK* § 74 Rn. 16; *Reuter* AuR 1973, 1; *Reichold/HWK* § 74 BetrVG Rn. 13; *ders.* NZA 2004, 247 [250]; *Richardi/Maschmann/Richardi* § 74 Rn. 33 ff.; *ders.* FS der Deutschen Richterakademie, S. 111 [116 ff.]; *Rüthers/Henssler* Anm. zu *BAG* AP Nr. 13 zu § 87 BetrVG 1972 Ordnung des Betriebes; *Rüthers/Klosterkemper* Anm. zu *BAG* AP Nr. 63 zu Art. 9 GG Arbeitskampf; *Seiter* RdA 1979, 393 [397]; *ders.* DB 1981, 578 [583 f.]; *Worzalla/HWGNRH* § 74 Rn. 29 ff.; vgl. zum Streitstand m. w. N. auch *Patett* Arbeitskampffernwirkungen, Lohnrisiko und Mitbestimmung, S. 457 ff.; *Hässler* Beteiligungsrechte des Betriebsrats im Arbeitskampf, S. 3 ff.; *Jansen* Die betriebliche Mitbestimmung im Arbeitskampf, S. 24 ff.) halten eine **Einschränkung** bei **arbeitskampfbedingten Maßnahmen des Arbeitgebers** für geboten. Sie leiten dieses Ergebnis aber nicht aus § 74 Abs. 2 Satz 1 ab (wie die hier vertretene Gegenmeinung; vgl. dazu Rdn. 72), sondern stützen es auf eine **arbeitskampfkonforme** (einschränkende) **Auslegung der Beteiligungsrechte** (zuerst *Reuter* AuR 1973, 8; vgl. weiter *BAG* AP Nr. 57 Bl. 2 R, Nr. 58 Bl. 5 R, Nr. 63 Bl. 3 zu Art. 9 GG Arbeitskampf; AP Nr. 20 zu § 102 BetrVG 1972 Bl. 1 R [zust. *Meisel*]; zuletzt *BAG* 10.12.2002 EzA § 80 BetrVG 2001 Nr. 1 unter B II 3; 13.12.2011 EzA Art. 9 GG Arbeitskampf Nr. 145 Rn. 25; *LAG Hessen* 08.09.2016 NZA-RR 2017, 25 Rn. 23; *Beckerle* NJW 2017, 439 [443]; *Brox/Rüthers* Arbeitskampfrecht, Rn. 438; *Richardi/Maschmann/Richardi* § 74 Rn. 33; *ders.* Festschrift der Deutschen Richterakademie, S. 111 [120 ff.]; das *BVerfG* [NZA 1997, 773] spricht dabei methodisch zutr. von teleologischer Reduktion; vgl. auch *Jansen* Die betriebliche Mitbestimmung im Arbeitskampf, S. 123 ff.), um insbesondere die **Kampfparität** (auch als Chancen- und Waffengleichheit bzw. neuerdings überwiegend als Verhandlungsparität angesprochen) der Tarifvertragsparteien (als Voraussetzung der durch Art. 9 Abs. 3 GG geschützten Tarifautonomie) zu gewährleisten (vgl. u. a. *BAG* AP Nr. 57 Bl. 2 R, Nr. 63 Bl. 3, Nr. 70 Bl. 9, Nr. 71 Bl. 4 R zu Art. 9 GG Arbeitskampf; zuletzt *BAG* 10.12.2002 EzA § 80 BetrVG 2001 Nr. 1 unter B II 3; 13.12.2011 EzA Art. 9 GG Arbeitskampf Nr. 145 Rn. 27; *LAG Frankfurt a. M.* DB 1978, 1357; *Brox/Rüthers* Arbeitskampfrecht, Rn. 441 ff.; *Eich* DB 1979, Beil. Nr. 9, S. 2; die genannten *Jansen* S. 133 ff.; *Kalb, Löwisch, Mayer-Maly, Richardi; Seiter* RdA 1979, 397 f.). Teilweise werden als weitere Begründungsgesichtspunkte die Überforderung des Betriebsrats (vgl. *BAG* AP Nr. 58 Bl. 5 R, Nr. 63 Bl. 3 zu Art. 9 GG Arbeitskampf; im Beschluss vom 13.12.2011 [EzA Art. 9 GG Arbeitskampf Nr. 145 Rn. 29] stellt der Erste Senat heraus, dass damit die Überforderung zu arbeitskampfneutraler Ausübung personeller Mitbestimmungsrechte ge- 71 meint ist), die Unzumutbarkeit seiner Beteiligung bei Kampfmaßnahmen des Arbeitgebers (vgl. *BAG* 14.02.1978 AP Nr. 57 zu Art. 9 GG Arbeitskampf Bl. 3), die Konfrontation zwischen Belegschaft und Arbeitgeber im Arbeitskampf (vgl. *BAG* AP Nr. 58 Bl. 5 R, Nr. 70 Bl. 9, Nr. 71 Bl. 4 zu Art. 9 GG Arbeitskampf), der Interessenkonflikt für den Betriebsrat (*Seiter* RdA 1979, 397; *LAG Frankfurt a. M.* DB 1986, 178), der Gedanke der Gegnerunabhängigkeit (*Reuter* AuR 1973, S. 2, 5; *Seiter* Streikrecht und Aussperrungsrecht, S. 371; *Ehmann/Schnauder* Anm. zu EzA § 615 BGB Betriebsrisiko Nr. 8, S. 123) und die Neutralitätspflicht des Staats (*Eich* DB 1979, S. 3; *Thiele* Drittbearbeitung, § 74 Rn. 42; vgl. auch *Mayer-Maly* BB 1979, 1312) angeführt. In der **Rechtsfolge** wird vielfach nicht klar, ob bei kampfbedingter Einschränkung Beteiligungsrechte »entfallen« (*BAG* AP Nr. 58 [Leitsatz 2], Nr. 71 [Leitsatz 4] zu Art. 9 GG Arbeitskampf), »verdrängt werden« (*BAG* AP Nr. 70 Bl. 8 R, Nr. 71 Bl. 4 f. zu Art. 9 GG Arbeitskampf), »ruhen« (*Brox/Rüthers* Arbeitskampfrecht, Rn. 441; *Galperin/ Löwisch* § 74 Rn. 13a), »nicht ausgeübt werden können« (*BAG* AP Nr. 57 Bl. 2 R, Nr. 58 Bl. 5 R, Nr. 63 Bl. 3 zu Art. 9 GG Arbeitskampfrecht; AP Nr. 20 zu § 102 BetrVG 1972 Bl. 1 R f.), »weichen müssen« oder »ausscheiden« (*BAG* 10.12.2002 EzA § 80 BetrVG 2001 Nr. 1 unter B II 3), »nicht bestehen« (*BAG* 13.12.2011 EzA Art. 9 GG Arbeitskampf Nr. 145 Rn. 22) oder sonst wie begrenzt sind.

72 Der h. M. kann nicht gefolgt werden. Methodisch und dogmatisch kann sich **allein aus der** (richtig verstandenen) **Neutralitätspflicht** des Betriebsrats nach § 74 Abs. 2 Satz 1 eine **Ausübungsschranke für Beteiligungsrechte** ergeben (so auch *Hässler* Beteiligungsrechte des Betriebsrats im Arbeitskampf, S. 53 ff., der diesen Ansatz umfassend absichert; *Gloistein* Der Betriebsrat im Arbeitskampf, S. 66 ff., 70; jedenfalls im Ansatz auch *Heinze* DB 1982, Beil. Nr. 23; *Jahnke* ZfA 1984, 69 [86 ff.]; *Kraft* FS G. Müller, S. 265 [270 ff.]; *Wiese* NZA 1984, 378 [380 f.]; folgend: *H. W. Dietz* Friedenspflicht und Mitbestimmung des Betriebsrats in Arbeitskämpfen, S. 139 ff.; *Roß* Das Arbeitskampfverbot des Betriebsrats, S. 98 ff., 110; *Schulin* in: *Lieb/von Stebut/Zöllner*[Hrsg.] Arbeitskampfrecht, 1990, S. 191 [201]; seit 18. Aufl. auch *Fitting* § 74 Rn. 20 ff.; *Worzalla/HWGNRH* § 87 Rn. 89 (anders § 74 Rn. 29 ff.); wohl auch *von Hoyningen-Huene* Betriebsverfassungsrecht, § 11 I 6; grundsätzlich auch *Berg/DKKW* § 74 Rn. 32; *Bieback* RdA 1978, 82 [94]; *Bieback/Mayer* AuR 1982, 169 [174 ff.]; *Colneric* in: *Däubler* [Hrsg.] Arbeitskampfrecht, 2. Aufl., Rn. 673 ff.; *Dette* in: *Däubler* [Hrsg.] Arbeitskampfrecht, 3. Aufl., § 19 Rn. 134 ff.; vgl. auch *BAG* 22.12.1980 AP Nr. 71 zu Art. 9 GG Arbeitskampf Bl. 4; *Mayer-Maly* BB 1979, 1305 [1312]; *Seiter* SAE 1980, 162; § 74 Abs. 2 Satz 1 im Ansatz **abl.**: *Jahn* Die Beteiligung des Betriebsrats bei arbeitskampfbedingten Maßnahmen des Arbeitgebers, S. 196 ff.; *Jansen* Die betriebliche Mitbestimmung im Arbeitskampf, S. 61 ff.; *Kissel* NZA 1989, 81 [82]; *Lieb* NZA 1990, 377 [383]; *U. Mayer* BB 1990, 2482 [2487]; auch *Richardi* Festschrift der Deutschen Richterakademie, S. 111 [114], mit dem Hinweis, § 74 Abs. 2 Satz 1 führe nicht zu einer Verdrängung der betriebsverfassungsrechtlichen Mitbestimmungsordnung; jetzt auch *BAG* 10.12.2002 EzA § 80 BetrVG 2001 Nr. 1 [zust. *R. Krause*] = SAE 2003, 343 [zust. *Hergenröder*] unter Hinweis darauf, dem § 74 Abs. 2 Satz 1 könne nicht entnommen werden, dass die Bestimmung das Verhältnis zwischen Betriebsverfassungs- und Arbeitskampfrecht abschließend regeln solle; im Streitfall war wegen übereinstimmender Ergebnisse [vgl. Rdn. 77] keine weitere Auseinandersetzung nötig).

73 Eine arbeitskampfkonforme Reduktion der Beteiligungsrechte durch die h. M. **leuchtet methodisch nicht ein**, weil das richterrechtlich entwickelten Arbeitskampfrecht gegenüber dem gesetzlich normierten Betriebsverfassungsrecht nicht vorrangig ist (vgl. dazu grundsätzlich *BVerfGE* 50, 290 [371], Mitbestimmungsurteil [demgegenüber tendenziell eher einschränkend *BVerfG* 07.04.1997, NZA 1997, 773]; *Jahnke* Tarifautonomie und Mitbestimmung, 1984, 135 ff. und passim). In Übereinstimmung mit der vom *BVerfG* (AP Nr. 50 zu Art. 9 GG Arbeitskampf) bestätigten Entscheidung des GS des *BAG* vom 21.04.1971 (AP Nr. 43 zu Art. 9 GG Arbeitskampf) ist vielmehr der Eigenständigkeit der Teilrechtsgebiete und den Wertungen des Gesetzgebers im BetrVG vorrangig Rechnung zu tragen. Der GS hat die das Arbeitsverhältnis lösende Wirkung der Aussperrung gegenüber Betriebsratsmitgliedern generell ausgeschlossen, weil nur so deren weitere betriebsverfassungsrechtliche Tätigkeit während der kritischen Zeit des Arbeitskampfs gewährleistet werden kann. Die Auswirkungen des Betriebsverfassungsrechts auf das Arbeitskampfrecht hat der Gesetzgeber in § 74 Abs. 2 Satz 1 mitgeregelt. Diese Entscheidung steht einer vorrangigen Anknüpfung an Arbeitskampfprinzipien entgegen (ebenso *Bieback/Mayer* AuR 1982, 169 [170 ff.]; *Colneric* in: *Däubler* [Hrsg.], Arbeitskampfrecht, 2. Aufl., Rn. 674; *Dette* in: *Däubler* [Hrsg.] Arbeitskampfrecht, 3. Aufl., § 19 Rn. 135; *Heinze* DB 1982, Beil. Nr. 23, S. 1 ff., 4 f.; *Jahnke* ZfA 1984, 69 [86 f.]; *Konzen* Anm. zu *BAG* AP Nr. 57 bis

59 zu Art. 9 GG Arbeitskampf Bl. 5 R; *Kraft* FS G. *Müller*, S. 265 [273]; *Patett* Arbeitskampfwirkungen, Lohnrisiko und Mitbestimmung, S. 486 f.; *Weiss* AuR 1982, 265 [266 f.]; *Wiese* NZA 1984, 378 [380]).

Daran hat sich auch durch die Aussperrungsentscheidung des *BVerfG* (26.06.1991 EzA Art. 9 GG Arbeitskampf Nr. 97 = AP Nr. 117 zu Art. 9 GG Arbeitskampf) nichts geändert, in der das Gericht u. a. die »Verhandlungsfähigkeit beider sozialer Gegenspieler bei Tarifauseinandersetzungen« zum Kernbereich der nach Art. 9 Abs. 3 GG geschützten Koalitionsfreiheit rechnet (unter C I 3a der Gründe). Auch wenn danach der »Grundsatz der Verhandlungsparität« Grundrechtsrang hat, ist die nähere Ausgestaltung der Koalitionsfreiheit durch ein Arbeitskampfrecht, wie das *BVerfG* zu Recht betont (C I 1a, 3a der Gründe), »keine Frage des Schutzbereichs, sondern eine der Ausgestaltung des Grundrechts durch die Rechtsordnung«, jedenfalls solange Beschränkungen weder den Wesensgehalt der Koalitionsfreiheit verletzen (Art. 19 Abs. 2 GG) noch in unverhältnismäßiger Weise in das Grundrecht eingreifen. Soweit die nähere Ausgestaltung der Arbeitskampfordnung (wegen der Abstinenz des Gesetzgebers) der Rspr. des *BAG* überlassen ist, ist das Gericht jedoch nach Art. 20 Abs. 3, Art. 97 Abs. 1 GG an das vorgegebene verfassungsgemäße Gesetzesrecht gebunden, zu dem das BetrVG zählt. Auch nach der Aussperrungsentscheidung gibt es mithin nicht das Problem einer isolierten Kollisionsentscheidung zwischen Art. 9 Abs. 3 GG und dem BetrVG, das ggf. durch dessen verfassungskonforme Einschränkung zu lösen wäre. Vielmehr hat das *BAG* bei der richterlichen Ausgestaltung eines Arbeitskampfrechts und derjenigen des Grundsatzes der Verhandlungsparität das gesetzliche Betriebsverfassungsrecht zu beachten, zumal höchstrichterliche Urteile kein Gesetzesrecht erzeugen können (vgl. näher *Jahn* [wie Rdn. 72], S. 165 ff., 178 ff.; vgl. auch *Hässler* [wie Rdn. 72], S. 34 ff., 46 ff., der gegen den Vorrang des aus Art. 9 Abs. 3 GG abgeleiteten Paritätsgrundsatzes den grundrechtlichen Schutz der betrieblichen Mitbestimmung durch Art. 2 Abs. 1 GG i. V. m. dem Sozialstaatsprinzip anführt).

Der Grundsatz der Kampfparität ist zudem **dogmatisch kein praktikabler Lösungsansatz**, weil die Paritätsrelevanz auf Betriebsebene nicht hinreichend bestimmbar ist und die Geltung der Beteiligungsrechte im Arbeitskampf deshalb unsicher bliebe (so schon *Thiele* Drittbearbeitung, § 74 Rn. 41; zust. *Worzalla/HWGNRH* § 87 Rn. 89; vgl. zu den Beurteilungsschwierigkeiten der h. M. etwa *Brox/Rüthers* Arbeitskampfrecht, Rn. 445 ff.; *Eich* DB 1979, Beil. Nr. 9; nach *Jahn* [wie Rdn. 72], S. 85 ff., kann die Beteiligung des Betriebsrats nur bei arbeitskampfbedingter Anordnung von Überstunden und Kurzarbeit paritätsrelevant werden; zuletzt ist das *BAG* in anderem Kontext auf Abstand zum Paritätsprinzip gegangen, es sei »wegen seiner Abstraktionshöhe als Maßstab zur Bewertung einzelner Kampfsituationen regelmäßig nicht ausreichend«, *BAG* EzA Art. 9 GG Arbeitskampf Nr. 140 Rn. 21 = AP Nr. 173 zu Art. 9 GG Arbeitskampf; EzA Art. 9 GG Arbeitskampf Nr. 143 Rn. 40 = AP Nr. 174 zu Art. 9 GG Arbeitskampf). Das *BAG* hat denn auch den Grundsatz der Kampfparität (Verhandlungsparität) eher formelhaft und nicht als stringent zu handhabenden Abgrenzungsmaßstab verwendet. So hat das Gericht zu der betont restriktiven (vgl. *Kissel* NZA 1989, 81 [83]), gleichwohl unsicheren Abgrenzungsformel gefunden: »Eine Einschränkung von Mitbestimmungsrechten des Betriebsrats an Vorbereitungshandlungen für Arbeitskampfmaßnahmen oder Maßnahmen zur Abwehr von Folgen eines Arbeitskampfes kann allenfalls in Betracht kommen, wenn die Mitbestimmung des Betriebsrats an der Vorbereitungsmaßnahme unmittelbar und zwangsläufig zur Folge hätte, dass die Freiheit des Arbeitgebers, Arbeitskampfmaßnahmen zu ergreifen oder Folgen eines Arbeitskampfes zu begegnen, in ihrem Kernbereich beeinträchtigt wäre« (*BAG* 10.02.1988 EzA § 98 BetrVG 1972 Nr. 4 S. 12; 19.02.1991 EzA § 95 BetrVG 1972 Nr. 24 S. 6 f.). Zudem hat der Erste Senat in beiden Entscheidungen bekräftigt, dass seine Rspr. »nur für Betriebe gilt, die selbst von einem Arbeitskampf unmittelbar betroffen sind« (Beschluss vom 10.02.1988, S. 11; Beschluss vom 19.02.1991, S. 7; vgl. auch Beschluss vom 22.12.1980 EzA § 615 BGB Betriebsrisiko Nr. 8 S. 61). Diese Einschränkung hat der Senat später aufgegeben (*BAG* 13.12.2011 EzA Art. 9 GG Arbeitskampf Nr. 145 Rn. 38 ff. und Orientierungssatz 5). Widersprüchlich erfolgt die Abgrenzung im Beschluss des *BAG* vom 10.12.2002 EzA § 80 BetrVG 2001 Nr. 1: Einerseits (unter B II 4a) sollen in Anlehnung an die oben wiedergegebene Formel Mitbestimmungsrechte arbeitskampfbedingt nur insoweit ausscheiden, »als sie die Arbeitskampffreiheit des Arbeitgebers tatsächlich einschränken«, indem sie die Rechtmäßigkeit des vom Arbeitgeber beabsichtigten Handelns an die Einhaltung einer Frist oder ein positives Votum des Betriebsrats oder ggf. der Einigungsstelle knüpfen. Andererseits (unter B II 3a) soll das Mitbestimmungsrecht (schon dann) weichen, soweit es geeignet ist, »die Kampffähigkeit des Arbeitgebers zu beeinflussen«. An Letzteres anknüpfend versucht der Erste Senat im Beschluss vom 13.12.2011 (EzA Art. 9 GG Arbeitskampf Nr. 145 Rn. 27 und Orientierungssatz 1) zu präzisieren: »Eine Einschränkung der Mitbestimmungsrechte des Betriebsrats während eine Arbeitskampfes hat zu erfolgen, wenn bei deren uneingeschränkter Aufrechterhaltung die ernsthafte Gefahr besteht, dass der Betriebsrat eine dem Arbeitgeber sonst mögliche Arbeitskampfmaßnahme verhindert und dadurch zwangsläufig zu dessen Nachteil in das Kampfgeschehen eingreift. Dies gilt gleichermaßen für Arbeitskämpfe, die auf den Abschluss eines Verbands- oder Haustarifvertrags gerichtet sind.« Maßgeblich soll danach offensichtlich die ernsthafte Gefahr der Beeinträchtigung der Kampffähigkeit des Arbeitgebers im Fall einer Mitbestimmungsausübung sein. Sie soll (schon) bestehen (Rn. 28 und Orientierungssatz 2), »wenn die Wahrung der Mitbestimmungsrechte des Betriebsrats dazu führt, dass der Arbeitgeber an der Durchführung einer beabsichtigten kampfbedingten Maßnahme zumindest vorübergehend gehindert ist und auf diese Weise zusätzlicher Druck auf ihn ausgeübt wird«. Damit kommt das *BAG* der hier vertretenen Ansicht (s. Rdn. 76) im Ergebnis sehr nahe.

76 Auch die strikte Anwendung des Neutralitätsgebots (vgl. Rdn. 72) wirft **Beurteilungsschwierigkeiten** auf. Nicht konsequent ist es, einerseits ausdrücklich an § 74 Abs. 2 Satz 1 anzuknüpfen, dann aber in die Argumentationsstrukturen der h. M. zu verfallen und nur darauf abzustellen, ob es um die Beteiligung des Betriebsrats an einer Maßnahme des Arbeitgebers geht, die arbeitskampfbedingt ist oder nicht (so aber *Kraft* FS *G. Müller*, S. 265 [274]; *Wiese* NZA 1984, 378 [381] mit dem Zusatz, dass die Maßnahme unmittelbar auf das Kampfgeschehen bezogen sein muss), sei es unter Beschränkung auf Maßnahmen, mit denen dieser im Arbeitskampf agiert oder reagiert (*Kraft*), oder weiter auf Maßnahmen, »die dem Kampfgeschehen entspringen und auf dieses einwirken« (so *Jahnke* ZfA 1984, 69 [88]; zust. *Worzalla/HWGNRH* § 87 Rn. 90; ähnlich im Ergebnis *Wiese* NZA 1984, 381). Maßgebend muss vielmehr sein, ob die jeweilige Ausübung eines konkreten Beteiligungsrechts **arbeitskampfrelevant** gerade **gegenüber dem Arbeitgeber** ist (insoweit zutr. *Heinze* DB 1982, Beil. Nr. 23, S. 3, dessen Beurteilung der Arbeitskampfwirkung ich aber nicht zustimme; *Colneric* in: *Däubler* [Hrsg.] Arbeitskampfrecht, 2. Aufl., Rn. 673; vgl. auch bereits *Reuter* AuR 1973, 1 [4 ff.]). Das erfordert, dass auf den vom Arbeitskampf (unmittelbar oder mittelbar) betroffenen Arbeitgeber (vgl. Rdn. 67) ein **zusätzlicher Druck** ausgeübt wird, der über den von Beteiligungsrechten allgemein ausgehenden »Druck« hinausgeht und das Kampfziel der kampfführenden Gewerkschaft gegen den Arbeitgeber oder seinen Verband unterstützt (zust. *Fitting* § 74 Rn. 21; dem Gesichtspunkt »zusätzlicher Druckausübung« auch zust. *BAG* 10.12.2002 EzA § 80 BetrVG 2002 Nr. 1 unter B II 4a; 13.12.2001 EzA Art. 9GG Arbeitskampf Nr. 145 Rn. 28). Ob das der Fall ist, hängt von den tatsächlichen Umständen des Einzelfalles ab (dabei kann auch der Arbeitskampfbedingtheit einer Maßnahme oder ihrer Bezogenheit auf das Kampfgeschehen indizielle Bedeutung zukommen; vgl. auch *Heinze* DB 1982, Beil. Nr. 23, S. 3), aber insbesondere auch von der **Intensität des jeweiligen Beteiligungsrechts**, wobei sich namentlich die Ausübung von Informations-, Beratungs- und Anhörungsrechten allgemein als arbeitskampfneutral erweisen wird, während in der Zustimmungsverweigerung bei Zustimmungs- und Mitbestimmungsrechten sowie in der Ausübung von Initiativrechten ein Verbotsverstoß liegen kann.

77 Daraus ergibt sich die **Rechtsfolge**, dass dem Betriebsrat auch im Arbeitskampf tariffähiger Parteien zunächst sämtliche Beteiligungsrechte zustehen und von ihm insoweit uneingeschränkt ausgeübt werden können, als diese Ausübung nicht den Charakter einer Arbeitskampfmaßnahme gegenüber dem Arbeitgeber annimmt. Im Gegensatz zu den von der h. M. gebrauchten Formulierungen »ruhen« oder »entfallen« Beteiligungsrechte im Arbeitskampf nicht grundsätzlich. Aus dem Neutralitätsgebot ergeben sich nur **Ausübungsschranken** während der Dauer des Arbeitskampfs (ebenso *Colneric* in: *Däubler* [Hrsg.] Arbeitskampfrecht, 2. Aufl., Rn. 672 ff.; zutr. erkannt auch von *Bieback/Mayer* AuR 1982, 169 [174]; zust. *Berg/DKKW* § 74 Rn. 32; *Fitting* § 74 Rn. 20, 23; *Richardi* Festschrift der Deutschen Richterakademie, S. 111 [114]; *Roß* Das Arbeitskampfverbot des Betriebsrats, S. 101 ff.; **a. M.** aber *Jahnke* ZfA 1984, 69 [88]: die Mitbestimmung tritt zurück; *Kraft* FS *G. Müller*, S. 265 [272 ff.]: Ausschluss der Beteiligungsrechte; *Wiese* NZA 1984, 378 [381]: mitbestimmungsfrei). Insbesondere ist festzuhalten, dass der Betriebsrat jedes Beteiligungsrecht neutral i. S. d. richtig verstandenen Neutralitätsgebots (vgl. Rdn. 67) ausüben kann, z. B. indem er einer (arbeitskampfbedingten) Maßnahme des Arbeitgebers sofort zustimmt. Deshalb bleiben auch **Informationspflichten** des Arbeitgebers und korrespondierende Informationsansprüche des Betriebsrats **bestehen**, auch solche, die in einem weitergehenden Beteiligungsrecht (z. B. nach § 87 Abs. 1, § 99 Abs. 1) enthalten sind (so auch *LAG Frankfurt* DB 1991, 707; *LAG Köln* DB 1993, 838; *Löwisch / Rumler* in: *Löwisch* [Hrsg.] Arbeitskampf- und Schlichtungsrecht, 1997, S. 295 Rn. 33; **a. M.** *Kissel* Arbeitskampfrecht, § 36 Rn. 66). Im Ergebnis übereinstimmend hat der Erste Senat des *BAG* (vom Standpunkt arbeitskampfkonformer Auslegung und damit Einschränkung von Beteiligungsrechten; vgl. Rdn. 71) entschieden (Beschluss vom 10.12.2002 EzA § 80 BetrVG 2001, Nr. 1 [zust. *R. Krause*] = SAE 2003, 343 [zust. *Hergenröder*]; zust. *Berg / DKKW* § 74 Rn. 38; *Fitting* § 74 Rn. 21; *Richardi / Maschmann / Richardi* § 74 Rn. 33; abl. *Reichold / HWK* § 74 BetrVG Rn. 13; *LAG Hessen* 10.03.2011 – 9 TaBV 173 / 10 – juris Rn. 52 [für den § 80 entsprechenden § 70 TV Personalvertretung]; *LAG Rheinland-Pfalz* NZA-RR 2013, 24 Rn. 29), dass der **Unterrichtungsanspruch aus § 80 Abs. 2 Satz 1** (i. V. m. § 87 Abs. 1 Nr. 2, 3, § 99 sowie § 80 Abs. 1 Nr. 1) auch während der Dauer von Arbeitskampfmaßnahmen im Betrieb besteht, weil dadurch die Arbeitskampffreiheit des Arbeitgebers nicht eingeschränkt wird, obwohl – womit sich der Senat ausführlich auseinandersetzt – dieser damit seine Arbeitskampfstrategie offenbaren muss. Danach hat der Betriebsrat Anspruch auf vorherige (vgl. dazu aus taktischer Sicht *Hergenröder* SAE 2003, 351 f.; *R. Krause* Anm. zu EzA § 80 BetrVG 2001 Nr. 1 S. 27 ff.) Unterrichtung unter Namensnennung über beabsichtigte Überstunden, Schichtverschiebungen, kurzfristige Versetzungen, Einstellungen und Beschäftigung von Mitarbeitern fremder Firmen, obwohl die weitergehenden Mitbestimmungsrechte (aus § 87 Abs. 1 Nr. 2, 3 und § 99) »arbeitskampfbedingt wegfallen« und deshalb der Betriebsrat die geplanten Maßnahmen nicht blockieren kann, sieht der Erste Senat in dem Unterrichtungsanspruch keinen förmelnden Selbstzweck. Vielmehr werde der Betriebsrat dadurch in die Lage versetzt, namentlich seine Überwachungsaufgabe nach § 80 Abs. 1 Nr. 1 gerade auch im Interesse der arbeitswilligen Arbeitnehmer wahrzunehmen (unter B II 4d der Gründe; vgl. dazu *R. Krause* Anm. EzA § 80 BetrVG 2001 Nr. 1 S. 29 ff.; im Beschluss vom 13.12.2011 [EzA Art. 9 GG Arbeitskampf Nr. 145 Rn. 40 und Orientierungssatz 6] hat der Erste Senat diese Rspr. bestätigt).

78 Bei verbotswidriger und damit rechtsunwirksamer Ausübung bleiben die Beteiligungsrechte in ihrem Bestand grundsätzlich unberührt. Nur soweit der Arbeitgeber die Zustimmung des Betriebsrats als Wirksamkeitsvoraussetzung (z. B. § 87 Abs. 1) benötigt und diese nicht durch Fristablauf fingiert wird (z. B. § 99 Abs. 3) und auch sonst keine Sonderregeln für Eilfälle bestehen (z. B. § 100), kann bei verbotswidriger Ausübung des Beteiligungsrechts die **Zustimmung als erteilt gelten**, wenn durch das Neutralitätsgebot jede andere Entscheidung ausgeschlossen ist (ebenso und zur dogmatischen Begründung *Heinze* DB 1982, Beil. Nr. 23, S. 1 [9 ff.]; zust. *H. W. Dietz* [wie Rdn. 72], S. 140 f.; *Fitting* § 74 Rn. 21; *Hässler* Beteiligungsrechte des Betriebsrats im Arbeitskampf, S. 66 ff., der zu Recht eine Beschränkung von Beteiligungsrechten bis hin zum Alleinentscheidungsrecht des Arbeitgebers nur für gerechtfertigt hält, wo der betriebsverfassungsrechtliche Konfliktlösungsmechanismus einzelner Beteiligungstatbestände nicht ausreichend ist; *Roß* Das Arbeitskampfverbot des Betriebsrats, S. 104 ff.; im Ergebnis unter dem Gesichtspunkt des Missbrauchs eines Mitbestimmungsrechts auch *Jahnke* ZfA 1984, 69 [106]; allgemein auch *Hanau* NZA 1985, Beil. Nr. 2, S. 8 f.; offen gelassen von *BAG* 22.12.1980 AP Nr. 70 zu Art. 9 GG Arbeitskampf Bl. 9: Bekämpfung sachfremder Verzögerungen mit »den Mitteln des Rechts«). Einen Rest von Rechtsunsicherheit und das Risiko einer Falschbeurteilung der Rechtslage hat der Arbeitgeber auch bei dieser Lösung zu tragen, weil ggf. erst die nachfolgende arbeitsgerichtliche Entscheidung ergibt, ob er ohne Zustimmung des Betriebsrats wirksam gehandelt hat.

79 Auf **Einzelfälle der Begrenzung** (und die Konsequenzen nach Beendigung des Arbeitskampfes) ist hier nicht einzugehen. Vgl. dazu für personelle Angelegenheiten (Kündigungen, Versetzungen, Einstellungen) *Raab* § 99 Rdn. 19 ff., § 102 Rdn. 17 ff., § 103 Rdn. 45 ff., für soziale Angelegenheiten (Kurzarbeit, Überstunden) *Wiese / Gutzeit* § 87 Rdn. 358, 430 ff. Zur Betrachtung der einzelnen Beteiligungstatbestände nach dem hier vertretenen Ansatz umfassend *Hässler* [wie Rdn. 72], S. 72–176, Ergebnisse S. 178.

80 Eine Begrenzung von Beteiligungsrechten nach Abs. 2 Satz 1 im Arbeitskampf ist nicht problematisch, wenn Arbeitskampfmaßnahmen des Arbeitgebers schon **tatbestandlich** nicht der Beteiligung des Betriebsrats unterliegen (zutr. *Kraft* FS *G. Müller*, S. 265 [275]). So sind insbesondere **alle** Arten von **Aussperrungen** im Arbeitskampf tariffähiger Parteien (zur Verletzung des Abs. 2 Satz 1 bei Aussperrung als Kampfmaßnahme gegenüber dem Betriebsrat vgl. Rdn. 54) **mitbestimmungsfrei** (ebenso *BAG*

16.12.1986 EzA Art. 9 GG Arbeitskampf Nr. 64 = AP Nr. 13 zu § 87 BetrVG 1972 Ordnung des Betriebes [*Rüthers/Henssler*]; *Dütz* DB 1979, Beil. Nr. 14, S. 13; *Jahnke* ZfA 1984, 69 [88]; *Jansen* Die betriebliche Mitbestimmung im Arbeitskampf, S. 203; *Kraft* FS *G. Müller*, S. 275; *Löwisch/Rumler* in: *Löwisch* [Hrsg.] Arbeitskampf und Schlichtungsrecht, 1997, S. 293 Rn. 30; *Richardi/Maschmann/Richardi* § 74 Rn. 34; *Schwerdtner* Arbeitsrecht I, S. 100; *Seiter* RdA 1979, 397 f.; *Jahnke* und *Seiter* sahen allerdings an sich den Tatbestand des § 87 Abs. 1 Nr. 3 erfüllt). Wegen der Andersartigkeit und Komplexität des Vorgangs Aussperrung sind bei suspendierender Aussperrung der Tatbestand des § 87 Abs. 1 Nr. 3 oder des § 111 Satz 2 Nr. 1 ebenso wenig erfüllt wie bei ausnahmsweise (vgl. grundlegend *BAG* 21.04.1971 AP Nr. 43 zu Art. 9 GG Arbeitskampf) die Arbeitsverhältnisse lösender Aussperrung derjenige des § 102. Mitbestimmungsfrei ist jedoch nicht nur die Entscheidung über die Aussperrung, sondern auch deren **praktische** Umsetzung und **Durchführung**. Zu Recht hat das *BAG* (16.12.1986 EzA Art. 9 GG Arbeitskampf Nr. 64 S. 700 = SAE 1989, 243 [zust. *Natzel*]; zust. *Richardi/Maschmann/Richardi* § 74 Rn. 39) deshalb auch tatbestandsmäßig ein Mitbestimmungsrecht nach § 87 Abs. 1 Nr. 1 für den Fall verneint, dass der Arbeitgeber bei zulässiger Teilaussperrung zur Unterscheidung der nicht ausgesperrten von den ausgesperrten Arbeitnehmern den Werksausweis dahin verändert, dass dieser für die Dauer der Aussperrung den Ausweisinhaber als nicht ausgesperrt kennzeichnet. Auch die (vorübergehende) **Stilllegung des Betriebes** im Arbeitskampf (vgl. Rdn. 47 a. E.) ist mitbestimmungsfrei.

dd) Erhaltungs- und Notstandsarbeiten

81 Das Neutralitätsgebot wird vielfach im Zusammenhang mit der Frage verkannt, ob der Betriebsrat bei der **Organisation und Durchführung von Erhaltungs- und Notstandsarbeiten** (zum Begriff vgl. m. w. N. *BAG* 30.03.1982 EzA Art. 9 GG Arbeitskampf Nr. 46 S. 510 = AP Nr. 74 zu Art. 9 GG Arbeitskampf Bl. 4 R; *Oetker* Die Durchführung von Not- und Erhaltungsarbeiten bei Arbeitskämpfen, S. 3 ff., 38 ff.) in kampfbetroffenen Betrieben beteiligt werden kann (oder zu beteiligen ist). Soweit bei der Bestimmung der Zahl der Notdienstarbeitnehmer und der Auswahl der betroffenen Personen im Rahmen der arbeitskampfrechtlichen Vorgaben über das Bestimmungsrecht der kampfführenden Partei (vgl. zu dieser strittigen Frage m. w. N. *BAG* 30.03.1982 unter II. der Gründe; *Hirschberg* RdA 1986, 355; *Oetker*, S. 55 ff.; *Wiese* NZA 1984, 378 [381]; zu anderen Ansichten vgl. auch *Brox/Rüthers* Arbeitskampfrecht, Rn. 349; *Fenn* DB 1982, 430 [432]; *Heckelmann* Erhaltungsarbeiten im Arbeitskampf, 1984) eine Beteiligung des Betriebsrats durch freiwillige Regelungen nach §§ 88 bzw. 77 Abs. 3 Satz 2 (bei tariflicher Öffnungsklausel) überhaupt in Betracht kommt, wird nämlich verbreitet die Auffassung vertreten, das Neutralitätsgebot nach § 74 Abs. 2 Satz 1 schließe die funktionelle Zuständigkeit (Mitwirkungsmöglichkeit) des Betriebsrats aus (so *LAG Niedersachsen* 01.02.1980 AP Nr. 69 zu Art. 9 GG Arbeitskampf Bl. 3 f.; *Buschmann* AuR 1980, 230 [233]; *Däubler* AuR 1981, 257 [264]; *Etzel* HzA Gruppe 19/1, Rn. 428; *Heckelmann* Erhaltungsarbeiten im Arbeitskampf, S. 27; *Lauschke* Die Notarbeiten im Arbeitskampf unter besonderer Berücksichtigung der Rechtsprechung, S. 47; *G. Müller* RdA 1982, 86 [97]; *Thiele* Drittbearbeitung, § 74 Rn. 45; wohl auch *Löwisch/Mikosch* ZfA 1978, 153 [175]; vgl. auch *Berg/DKKW* § 74 Rn. 43; *Galperin/Löwisch* § 74 Rn. 13d; *Kaiser/LK* § 74 Rn. 16; *Preis/WPK* § 74 Rn. 15).

82 Das ist unzutr. Es ist schon nicht schlüssig, aus dem Zusammenhang, in dem Erhaltungs- sowie Notstandsarbeiten und Arbeitskampf stehen, abzuleiten, diese gehörten »zum« Arbeitskampf; die Auswahl der Notarbeitnehmer ist keine Kampfmaßnahme (so zutr. *Oetker* [wie Rdn. 81], S. 88; *Wiese* NZA 1984, 378 [382]), sondern (unstr.) Voraussetzung der Rechtmäßigkeit des Arbeitskampfs. Vor allem aber: § 74 Abs. 2 Satz 1 verbietet den Betriebspartnern nicht die Teilnahme »am Arbeitskampf«, sondern Kampfmaßnahmen gegeneinander. Es ist aber nicht ersichtlich, inwiefern der Betriebsrat bei einer freiwilligen Regelung mit dem Arbeitgeber über die Sicherstellung eines Notdiensts den Arbeitskampf der Gewerkschaft durch zusätzliche Druckausübung unterstützt (ebenso *Oetker* [wie Rdn. 81], S. 88). Vielmehr hat dann gerade der Arbeitgeber ein Interesse an der Mitwirkung des mit den betrieblichen Gegebenheiten vertrauten Betriebsrats (zu Recht halten deshalb neben *Oetker* und *Wiese* dessen Beteiligung für möglich: *Brox/Rüthers* Arbeitskampfrecht, Rn. 467 und 293 mit Fn. 34; *Fitting* § 74 Rn. 25; *Hiersemann* BB 1966, 252 [254]; *E. Schmidt* DB 1978, 1278 [der aus § 2 Abs. 1 eine Mitwirkungspflicht ableitet]; *LAG Frankfurt a. M.* AP Nr. 40 zu Art. 9 GG Arbeitskampf Bl. 4 f.; vgl. auch *BVerfGE* 38, 386 [396] = *BVerfG* 19.02.1975 AP Nr. 50 zu Art. 9 GG Arbeitskampf

Grundsätze für die Zusammenarbeit § 74

Bl. 4; *BAG* 14.02.1978 AP Nr. 57 zu Art. 9 GG Arbeitskampf Bl. 2 R; ganz selbstverständlich *BAG* 10.12.2002 EzA § 80 BetrVG 2001 Nr. 1 unter B II 2; bei tariflicher Öffnungsklausel, in sich insoweit widersprüchlich, auch *Galperin/Löwisch* § 74 Rn. 13d; *LAG Niedersachsen* 01.02.1980 AP Nr. 69 zu Art. 9 GG Arbeitskampf Bl. 3 f.).

Soweit der Betriebsrat bei der konkreten Durchführung der Notarbeiten Beteiligungsrechte hat (z. B. **83** nach § 87 Abs. 1 Nr. 1 über die Ausstellung von Ausweisen und Passierscheinen für Torkontrollen oder nach Nr. 2 über die Lage der Arbeitszeit oder bei Kündigungen von Notarbeitern nach § 102), gilt für deren Ausübung das Neutralitätsgebot (zutr. *Wiese* NZA 1984, 378 [383]; zust. *Fitting* § 74 Rn. 25; vgl. auch *Gaumann* NZA 2001, 245; abw. *Oetker* [wie Rdn. 81], S. 89 ff.).

d) Keine Einwirkungspflicht auf die Belegschaft
Der Betriebsrat und seine Mitglieder verstoßen nicht gegen das Kampfverbot, wenn sie die Belegschaft **84** **aufrufen**, sich **nicht** an einem Streik **zu beteiligen**. Mangels Unterstützung für die Streikenden gegenüber dem Arbeitgeber (oder seinem Verband) gilt das für rechtswidrige wilde Streiks ebenso wie für den von einer Gewerkschaft ausgerufenen Streik (a. M. insoweit aber *Berg/DKKW* § 74 Rn. 26; *Brox/Rüthers* Arbeitskampfrecht, Rn. 412; *Fitting* § 74 Rn. 14; *Kaiser/LK* § 74 Rn. 16; *Richardi/ Maschmann/Richardi* § 74 Rn. 24; *Wiese* NZA 1984, 378 f., der die Neutralitätspflicht auch im Interesse der Gewerkschaften sieht), insbesondere wenn der Betriebsrat dessen Rechtswidrigkeit erkennt. Auch kann sich der Betriebsrat auf Wunsch des Arbeitgebers um eine Beendigung rechtswidriger Maßnahmen durch Einwirkung auf die Arbeitnehmer bemühen (so zutr. *Wiese* NZA 1984, 383 unter zutr. Berufung auf *BAG* 05.12.1978 AiB 2011, 471: im Fall einer spontanen, nicht gewerkschaftlich getragenen Arbeitsniederlegung im Betrieb).

Der Betriebsrat und seine Mitglieder verstoßen grundsätzlich auch dann nicht gegen das Kampfverbot, **85** wenn sie **nicht** gegen rechtswidrige Kampfmaßnahmen der Belegschaft (oder Teile von ihr) oder gegen rechtswidrige Handlungen im Rahmen eines sonst rechtmäßigen Arbeitskampfs einschreiten, insbesondere beim wilden Belegschaftsstreik nicht mäßigend und beruhigend auf sie einwirken, sondern sich neutral verhalten. § 74 Abs. 2 Satz 1 verbietet bestimmte Verhaltensweisen, die Bestimmung enthält nur eine Unterlassungspflicht, aber **kein Handlungsgebot**, das den Betriebsrat zur aktiven Einwirkung verpflichten könnte (ebenso *BAG* 05.12.1978 [wie Rdn. 84]; *LAG Hamm* DB 1976, 343; *Berg/DKKW* § 74 Rn. 27; *Bieback* RdA 1978, 82 [96]; *Bobke/Grimberg* AiB 1984, 20 [21]; *Brill* DB 1979, 403; *Däubler* Das Arbeitsrecht I, Rn. 776; *Fitting* § 74 Rn. 14; *von Hoyningen-Huene/MünchArbR* § 214 Rn. 13; *Kaiser/LK* § 74 Rn. 15; *Kania/ErfK* § 74 BetrVG Rn. 11; *Kreutz* BlStSozArbR 1972, 44 [50]; *Richardi/Maschmann/Richardi* § 74 Rn. 25; *Weiss/Weyand* § 74 Rn. 10; *Wiese* NZA 1984, 378 [383]; a. M. *Brox/Rüthers* Arbeitskampfrecht, Rn. 415; *Bulla* RdA 1962, 385 [387]; *Germelmann* Der Betriebsfrieden im Betriebsverfassungsrecht, S. 111 f.; *Hueck/ Nipperdey* II/2, S. 1344; *Stege/Weinspach/Schiefer* § 74 Rn. 2). Eine positive Handlungspflicht lässt sich insoweit auch nicht auf § 2 Abs. 1 stützen, weil das Kampfverbot in § 74 Abs. 2 Satz 1 eine abschließend-verbindliche Regelung ist, die auch den Betriebsrat davor schützt, im Arbeitskampf Stellung beziehen und sich dadurch möglicherweise in Gegensatz zur Belegschaft setzen zu müssen (zutr. *Wiese* NZA 1984, 383). Eine Verletzung des Kampfverbots durch (unechtes) Unterlassen kann aber dann in Betracht kommen, wenn ausnahmsweise eine Garantenstellung des Betriebsrats für rechtmäßiges Belegschaftsverhalten besteht. Das kann der Fall sein, wenn der Betriebsrat den rechtswidrigen Arbeitskampf initiiert hat, so dass sein späteres Schweigen als Billigung zu werten wäre. Auch ist der Betriebsrat als Organ aufgrund der Neutralitätspflicht verpflichtet, gegen Mitglieder in geeigneter Weise vorzugehen, die als einzelne gegen das Kampfverbot verstoßen (ebenso *Galperin/Löwisch* § 74 Rn. 17; *Wiese* NZA 1984, 383; enger *Thiele* Drittbearbeitung, § 74 Rn. 31: nur wenn der Eindruck erweckt werde, dass der Betriebsrat die Kampfmaßnahme trage oder decke).

Das Arbeitskampfverbot wird aber auch nicht dadurch verletzt, dass sich der Betriebsrat (oder seine **86** Mitglieder) der Sache rechtswidrig kämpfender Belegschaftsmitglieder in Verhandlungen mit dem Arbeitgeber zur Beilegung der Arbeitsstreitigkeiten annimmt, sei es auf dessen Wunsch im Rahmen der Rechtspflicht des § 74 Abs. 1 Satz 2 (zutr. *Wiese* NZA 1984, 378 [383]; *Galperin/Löwisch* § 74 Rn. 10), sei es aus Eigeninitiative im Aufgabenbereich des § 80 Abs. 1 Nr. 2 oder 3, ggf. i. V. m. § 74 Abs. 1 Satz 2 (so im Ergebnis auch *Berg/DKKW* § 74 Rn. 27; *Fitting* § 74 Rn. 14; *Richardi/Maschmann/*

§ 74　　　　　　　　　　　　　　　　　　　　　　　　　　　　IV. 1. Allgemeines

Richardi § 74 Rn. 25; *Wiese* NZA 1984, 383). Dabei dürfen sie jedoch nicht so weit gehen, den Streik zu unterstützen, indem sie sich mit den Streikenden solidarisch erklären oder sich das Kampfziel zu eigen machen. Das ist indes noch nicht der Fall, wenn berechtigte Sachinteressen der Streikenden aufgegriffen werden und auf eine Regelung hingewirkt wird (so schon *Thiele* Drittbearbeitung, § 74 Rn. 32; *Wiese* NZA 1984, 383).

4. Rechtsfolgen einer Verbotsverletzung

87 Kampfhandlungen, die gegen § 74 Abs. 2 Satz 1 verstoßen, sind rechtswidrig. Der Störer handelt widerrechtlich. Verbotswidrige Rechtsgeschäfte (z. B. der Betriebsratsbeschluss, die Belegschaft zum Streik um eine Betriebsvereinbarung aufzurufen; Aussperrungserklärung des Arbeitgebers [vgl. Rdn. 54]) sind nach § 134 BGB nichtig (zutr. *Heinze* DB 1982, Beil. Nr. 23, S. 9 f.). Verbotsverletzungen können betriebsverfassungsrechtliche und individualrechtliche Rechtsfolgen auslösen.

a) Betriebsverfassungsrechtliche Rechtsfolgen

88 Abs. 2 Satz 1 gibt den Verbotsadressaten (vgl. Rdn. 37 ff.) bei Verbotsverstößen **gegenseitig selbständige Unterlassungsansprüche** (ebenso [obwohl die Entscheidung zu Abs. 2 Satz 2 erging] *BAG* Sechster Senat, 22.07.1980 EzA § 74 BetrVG 1972 Nr. 5 S. 49 = AP Nr. 3 zu § 74 BetrVG 1972 Bl. 2 [unter Bezugnahme auf *BAG* 17.12.1976 AP Nr. 52 zu Art. 9 GG Arbeitskampf]; 22.02.1983 EzA § 23 BetrVG 1972 Nr. 9 S. 45 = AP Nr. 2 zu § 23 BetrVG 1972 Bl. 3 R, obiter dictum; *LAG Berlin-Brandenburg* 31.01.2013 – 7 TaBV 1733/11 – juris, Rn. 27 ff. [zust. *Scharff* BB 2013, 704]; *Berg/DKKW,* bis 12. Aufl., § 74 Rn. 60; *Brox/Rüthers* Arbeitskampfrecht, Rn. 422, 427; *Fitting,* bis 25. Aufl., § 74 Rn. 74; *Galperin/Löwisch* § 74 Rn. 76; *Heinze* DB 1983, Beil. Nr. 9, S. 15; *von Hoyningen-Huene/*MünchArbR § 214 Rn. 20; *Kaiser/LK* § 74 Rn. 36; *Kania/*ErfK § 74 BetrVG Rn. 37; *Kruse* Rechte des Arbeitgebers gegenüber dem Betriebsrat, S. 94; *Reichold/HWK* § 74 BetrVG Rn. 19; *Richardi/Maschmann/Richardi* § 74 Rn. 52; *Wiese* NZA 1984, 378 [383]; *Worzalla/HWGNRH* § 74 Rn. 16; **a. M.** *Konzen* Betriebsverfassungsrechtliche Leistungspflichten des Arbeitgebers, S. 68; *LAG Baden-Württemberg* DB 1978, 798). Obwohl Abs. 2 Satz 1 nur als Verbotsgesetz (»sind unzulässig«) formuliert ist, ergibt sich im Kontext zum Auffangtatbestand des Abs. 2 Satz 2 (vgl. Rdn. 32) für die Verbotsadressaten ein Gebot zur Unterlassung von Arbeitskampfmaßnahmen gegeneinander (*Heinze* DB 1983, Beil. Nr. 9, S. 15). Mit dieser **Unterlassungspflicht** korrespondiert ein auf zukünftiges Verhalten gerichteter **Unterlassungsanspruch** der jeweils anderen Seite (*Thiele* Drittbearbeitung § 74 Rn. 25, 49; zust. *BAG* 22.07.1980 EzA § 74 BetrVG 1972 Nr. 5 S. 49 = AP Nr. 3 zu § 74 BetrVG 1972 Bl. 2; *LAG Berlin-Brandenburg* 31.01.2013 – 7 TaBV 1733/11 – juris, Rn. 27). Im Wortlaut von Abs. 2 Satz 1 wird diese Entsprechung (i. S. einer Rechtsbeziehung) dadurch unterstrichen, dass Arbeitskampfmaßnahmen ausdrücklich nur »zwischen« Arbeitgeber und Betriebsrat unzulässig sind. Dem stehen weder § 23 Abs. 1 (unzutr. *LAG Baden-Württemberg* DB 1978, 798) noch § 23 Abs. 3 (**a. M.** *Konzen* Betriebsverfassungsrechtliche Leistungspflichten des Arbeitgebers, S. 68 unter Berufung auf entstehungsgeschichtliche Argumente) entgegen. Allerdings hat gerade auch unter Hinweis auf § 23 der Siebte Senat des *BAG* zur vergleichbaren Rechtslage bei § 74 Abs. 2 Satz 3 (vgl. Rdn. 127) einen **Rechtsprechungswandel** vollzogen und entschieden, dass Verstöße des Betriebsrats gegen das Verbot parteipolitischer Betätigung im Betrieb keinen Unterlassungsanspruch des Arbeitgebers begründen (*BAG* 17.03.2010 EzA § 74 BetrVG 2001 Nr. 1 LS 2 = AP Nr. 12 zu § 74 BetrVG 1972 [abl. *Husemann*] = NZA 2010, 1133 [abl. *Bauer/E. M. Willemsen* S. 1089, 1091 ff.]; später allgemein auch für »andere in Betracht kommende betriebsverfassungsrechtliche Vorschriften« *BAG* [Siebter Senat] 28.05.2014 EzA § 74 BetrVG 2001 Nr. 3 Rn. 17 ff. = AP Nr. 66 zu § 76 BetrVG 1972 zur Unterlassung der Benennung eines Beisitzers einer Einigungsstelle; dem folgend der Erste Senat, *BAG* 15.10.2013 EzA Art. 9 GG Arbeitskampf Nr. 151 = AP Nr. 181 Art. 9 Arbeitskampf für einen Streikaufruf über einen dienstlichen E-Mail-Account eines Betriebsratsmitglieds), die auf Verallgemeinerung der Ablehnung von Unterlassungsansprüchen des Arbeitgebers gegen den Betriebsrat bei dessen Verletzung gesetzlicher Pflichten angelegt sind, ließen sich möglicherweise auch auf Verstöße gegen das Arbeitskampfverbot übertragen und würden dementsprechend auch insoweit einen Unterlassungsanspruch gegen den Betriebsrat ausschließen. Der Entscheidung ist jedoch nicht zu folgen. Sie ist nicht überzeugend begründet und wird deshalb zu Recht ganz überwiegend abge-

lehnt (vgl. zur Kritik mit umfangreichen Nachweisen Rdn. 126 ff.). Der Erste Senat des *BAG* gibt dem Arbeitgeber bei einem Streikaufruf über einen von ihm für dienstliche Zwecke eingerichteten E-Mail-Account des Betriebsrats stattdessen und nur im Ergebnis überzeugend einen Unterlassungsanspruch aus **§ 1004 Abs. 1 Satz 2 BGB** (*BAG* 15.10.2013 EzA Art. 9 GG Arbeitskampf Nr. 151 Rn. 27 ff. = AP Nr. 181 Art. 9 Arbeitskampf). Auch für Arbeitnehmer, die nicht Mitglieder des Betriebsrats sind, stellt der Senat insoweit nach Abwägung mit der individuellen Koalitionsfreiheit der Betriebsratsmitglieder in ihrer Eigenschaft als Arbeitnehmer auf das Eigentumsrecht des Arbeitgebers und darauf ab, dass der nur für dienstliche E-Mails autorisierte E-Mail-Account bestimmungswidrig genutzt wurde (vgl. demgegenüber zum grundsätzlich gebilligten Versand von Werbe-E-Mails durch die Gewerkschaft über das betriebliche E-Mail-System *BAG* 20.01.2009 EzA Art. 9 GG Nr. 96 Rn. 31, 37 ff. = AP Nr. 137 zu Art. 9 GG: »grundsätzlich berechtigt«). Das mag auch für den Betriebsrat und für Betriebsratsmitglieder passen. Die Mobilisierung zu Arbeitsniederlegungen ist aber eine Maßnahme des Arbeitskampfs und deshalb Aufgabe der jeweiligen Gewerkschaft und ihrer Mitglieder, nicht aber der Mitglieder des Betriebsrats und deshalb nach § 74 Abs. 2 Satz 1 Halbs. 2 unzulässig, wie auch der Erste Senat ausdrücklich anerkennt (*BAG* 15.10.2013 EzA Art. 9 GG Arbeitskampf Nr. 151 Rn. 29 = AP Nr. 181 zu Art. 9 GG Arbeitskampf [insoweit zust. *Bauer/von Medem*]). Aus diesem Grund ist auch der **Unterlassungsanspruch** aus **§ 74 Abs. 2 Satz 1** abzuleiten, § 74 Abs. 3 steht dem nicht entgegen (wie hier *LAG Berlin-Brandenburg* 31.01.2013 – 7 TaBV 1733/11 – juris, Rn. 25 f., 37 ff.; *Belling* Anm. BAG 15.10.2013, JZ 214, 905 ff.; *Pfrogner* RdA 2016, 161 [162 ff.].) Stellt man richtigerweise auf § 74 Abs. 2 Satz 1 BetrVG ab, kommt es für den Unterlassungsanspruch nicht darauf an, ob der E-Mail-Account zur privaten Nutzung freigegeben war oder – wie im vom Ersten Senat entschiedenen Fall – nicht (so i. E. auch *Bauer/von Medem* Anm. *BAG* AP Nr. 181 zu Art. 9 GG Arbeitskampf; für den Unterlassungsanspruch aus § 1004 BGB ebenso *v. Tiling* Anm. *BAG* 15.10.2013, ZTR 2014, 248).

Der Unterlassungsanspruch kann bei (begangener) **Verbotsverletzung** unter der Voraussetzung einer Wiederholungsgefahr (diese Voraussetzung entspricht der Systematik der Unterlassungsansprüche) nach den gewohnheitsrechtlich anerkannten Grundsätzen **vorbeugenden Rechtsschutzes**, aber auch bereits bei konkret bevorstehenden Verbotsverletzungen, gegen den (oder die) Störer im arbeitsgerichtlichen **Beschlussverfahren** (§§ 2a Abs. 1 Nr. 1, Abs. 2, §§ 80 ff. ArbGG) – zur Sicherung des Anspruchs auch im Wege des Antrags **auf einstweilige Verfügung**, die ebenfalls im Beschlussverfahren zu ergehen hat (§ 85 Abs. 2 ArbGG; §§ 935 ff. ZPO) – geltend gemacht werden. Der Antrag muss bestimmt und auf einzelne konkrete Handlungen (Maßnahmen), deren künftige Unterlassung dem Antragsgegner aufgegeben werden soll, als Verfahrensgegenstand gerichtet sein; andernfalls weist das Gericht den Antrag als unzulässig ab (vgl. *BAG* 22.07.1980 EzA § 74 BetrVG 1972 Nr. 5 S. 49 f. = AP Nr. 3 zu § 74 BetrVG 1972 Bl. 2 f.; 08.11.1983 AP Nr. 11 zu § 87 BetrVG 1972 Arbeitszeit [teilweise krit. *Grunsky*]; 17.03.2010 EzA § 74 BetrVG 2001 Nr. 1 Rn. 12 ff. = AP Nr. 12 zu § 74 BetrVG 1972) bzw. (zu Recht) als unbegründet, wenn der Antrag bestimmt genug (entsprechend § 253 Abs. 2 Nr. 2 ZPO), aber zu weit gefasst ist (sog. Globalantrag; vgl. *BAG* 10.06.1986 EzA § 87 BetrVG 1972 Arbeitszeit Nr. 18 S. 132; 18.09.1991 EzA § 40 BetrVG 1972 Nr. 67; 11.12.1991 EzA § 90 BetrVG 1972 Nr. 2; 19.07.1995 EzA § 43 BetrVG 1972 Nr. 3 S. 2). Bei fortdauernd widerrechtlicher Kampfmaßnahme kann nach den allgemeinen Grundsätzen des negatorischen Rechtsschutzes (§ 1004 BGB analog) auch ein **Beseitigungsanspruch** gegen den Störer geltend gemacht werden, wenn bloße zukünftige Unterlassung einen rechtswidrig geschaffenen Zustand nicht beseitigt (so auch *Brox/Rüthers* Arbeitskampfrecht, Rn. 422; *Wiese* NZA 1984, 378 [383]). So kann z. B. vom Betriebsrat (oder von Betriebsratsmitgliedern), der einen rechtswidrigen Arbeitskampf der Belegschaft initiiert hat, verlangt werden, auf die Belegschaft mit dem Ziel der Beendigung der Kampfmaßnahme einzuwirken (vgl. auch Rdn. 85). **89**

Ein Verbotsbeschluss ist nach § 85 Abs. 1 ArbGG, § 890 ZPO zu vollstrecken (Ordnungsgeld bis 250.000 €, Ordnungshaft). Nach h. M. kann allerdings gegen den Betriebsrat als Organ (wegen angeblich fehlender Rechtsfähigkeit und Vermögenslosigkeit) ein Ordnungsgeld nach § 890 ZPO nicht festgesetzt werden (vgl. *BAG* 22.07.1980 EzA § 74 BetrVG 1972 Nr. 5 S. 48 = AP Nr. 3 zu § 74 BetrVG 1972 Bl. 2; 17.03.2010 EzA § 74 BetrVG 2001 Nr. 1 Rn. 27, 28 = AP Nr. 12 zu § 74 BetrVG 1972; *LAG Hamburg*, BB 1977, 846; *LAG Baden-Württemberg* DB 1978, 798; *LAG Berlin* NZA 1984, 333; *Brox/Rüthers* Arbeitskampfrecht, Rn. 422; *Matthes/GMPM* ArbGG, § 85 Rn. 17; *Hauck/Helml/* **90**

Biebl ArbGG, § 85 Rn. 5; *Walker* in: *Schwab/Weth* ArbGG, § 85 Rn. 31; **a. M.** zu Recht *Grunsky* ArbGG, § 85 Rn. 5; *Jahnke* Zwangsvollstreckung in der Betriebsverfassung (Diss. Mannheim), 1977, S. 63 ff.; *Schaub* Arbeitsgerichtsverfahren, 7. Aufl. 2001, § 102 Rn. 8, 11, die alle auch die Ordnungshaft gegen den Betriebsratsvorsitzenden für zulässig halten). Fehlende Vollstreckbarkeit würde insoweit jedenfalls das Rechtsschutzinteresse im Erkenntnisverfahren für einen Unterlassungsantrag oder eine einstweilige Verfügung nicht ausschließen (*BAG* 22.07.1980 EzA § 74 BetrVG 1972 Nr. 5 S. 48 = AP Nr. 3 zu § 74 BetrVG 1972 Bl. 2). Auch gegen einen Feststellungsantrag bestehen bei Wiederholungsgefahr keine Bedenken (so in sich widersprüchlich auch *LAG Baden-Württemberg* DB 1978, 798; *BAG* 17.03.2010 EzA § 74 BetrVG 2001 Nr. 1 Rn. 29 = AP Nr. 12 zu § 74 BetrVG 1972). Im Übrigen relativiert sich der Streit, weil einer Vollstreckbarkeit eines Verbotsbeschlusses gegen verbotswidrig handelnde Betriebsratsmitglieder nichts im Wege steht, vorausgesetzt, dass ein solcher beantragt und ergangen ist.

91 Verbotsverstöße sind zugleich eine **Verletzung gesetzlicher Pflichten**. Bei **grober** Pflichtverletzung (dazu näher *Oetker* § 23 Rdn. 42 ff.) kann das ArbG nach § 23 Abs. 1 auf Antrag Antragsberechtigter den Betriebsrat auflösen oder ein verbotswidrig handelndes Mitglied ausschließen (unstr.). Bei **grobem** Verstoß des Arbeitgebers können Maßnahmen nach § 23 Abs. 3 durch eine im Betrieb vertretene Gewerkschaft beantragt werden (dazu näher *Oetker* § 23 Rdn. 257 ff.). Für den nach § 23 Abs. 3 Satz 1 ebenfalls antragsberechtigten, nach § 74 Abs. 2 Satz 1 aber materiell unterlassungsberechtigten Betriebsrat (vgl. Rdn. 88) ist das Verfahren nach § 23 Abs. 3 aber **subsidiär**. Er hat seinen (auch bei leichteren Verletzungshandlungen bestehenden) Anspruch unter den günstigeren Sanktionsmöglichkeiten der §§ 85 ArbGG, 890 ZPO durchzusetzen (vgl. m. w. N. *Oetker* § 23 Rdn. 213; vgl. auch *Heinze* DB 1983, Beil. Nr. 9, S. 15: verdrängende Spezialität des Unterlassungsanspruchs nach § 74 Abs. 2 Satz 1; nach *Konzen* Betriebsverfassungsrechtliche Leistungspflichten des Arbeitgebers, S. 68 kommt mangels Unterlassungsanspruchs nach § 74 Abs. 2 [dann konsequent] nur das Verfahren nach § 23 Abs. 3 in Betracht). Daneben kann der Arbeitgeber nach § 119 Abs. 1 Nr. 2 oder 3 (wegen Behinderung oder Störung der Betriebsratstätigkeit oder Benachteiligung der Betriebsratsmitglieder) strafbar sein (ebenso *Brox/Rüthers* Arbeitskampfrecht, Rn. 424; *Kreutz* BlStSozArbR 1972, 44 [49]; enger *Galperin/Löwisch* § 74 Rn. 7b).

92 Zur Rechtsfolge bei verbotswidriger Ausübung betriebsverfassungsrechtlicher Beteiligungsrechte vgl. Rdn. 78.

b) Individualrechtliche Rechtsfolgen

93 Solche können sich für Arbeitgeber und Betriebsratsmitglieder ergeben, weil und soweit die Verbotsverletzung auch Vertragsverletzung (sog. Simultantheorie; vgl. dazu oben *Oetker* § 23 Rdn. 29 ff.) und unerlaubte Handlung sein kann. Der Betriebsrat als solcher kommt dagegen nach h. M. als Haftungssubjekt nicht in Betracht (vgl. *Franzen* § 1 Rdn. 77). Im Einzelnen richten sich die Rechtsfolgen nach der Art der jeweiligen Arbeitskampfmaßnahme. Nicht jede Verbotsverletzung schlägt sich in individualrechtlichen Rechtsfolgen nieder. Unterstützen z. B. Betriebsratsmitglieder unter Hervorkehrung ihrer Amtsstellung (vgl. Rdn. 66) einen rechtmäßigen gewerkschaftlichen Streik, handeln sie verbots- und amtswidrig, verletzen aber nicht ihre Arbeitsvertragspflichten (zutr. *Brox/Rüthers* Arbeitskampfrecht, Rn. 417; vgl. auch *Oetker* § 23 Rdn. 27 zur Ablehnung der sog. Erweiterungstheorie). Individualrechtlich greifen bei verbotswidrigen Arbeitskampfmaßnahmen weithin die auch sonst überwiegend anerkannten Rechtsfolgen aus rechtswidrigen Arbeitskämpfen. Bei verbotswidriger Aussperrung von Betriebsratsmitgliedern etwa gilt: keine Suspendierung der beiderseitigen Hauptpflichten; Vergütungsanspruch nach § 615 BGB; bei Schäden Ersatzansprüche aus positiver Vertragsverletzung (§ 280 Abs. 1 BGB), ggf. aus § 823 Abs. 1 BGB, sofern man als sonstiges Recht das »Recht am Arbeitsplatz« anerkennt, sowie aus § 826 BGB; außerordentliches Kündigungsrecht, aber kein Abkehrrecht (vgl. näher etwa *Brox/Rüthers* Arbeitskampfrecht, Rn. 342 ff.; *Wolter* in: *Däubler* [Hrsg.] Arbeitskampfrecht, § 21 Rn. 120 ff.). Beteiligen sich Betriebsratsmitglieder an einem verbotswidrigen Belegschaftsstreik, ist dieser für sie schon nach Abs. 2 Satz 1 widerrechtlich. Es gelten jedoch (wie für andere Belegschaftsmitglieder unter dem Gesichtspunkt der Teilnahme an einem wilden Streik) die allgemeinen Rechtsfolgen rechtswidrigen Streiks: keine Suspendierung der Arbeitspflicht; kein Vergütungsanspruch (§ 326 Abs. 1 Satz 1 BGB); ggf. Schadensersatzansprüche des Arbeitgebers aus

Vertrag (§ 280 Abs. 1 und 3 BGB) oder aus Delikt (§ 823 Abs. 1 BGB bei schuldhafter Verletzung des Rechts am eingerichteten und ausgeübten Gewerbebetrieb; § 826 BGB); ggf. Unterlassungs- und Beseitigungsansprüche aus positiver Vertragsverletzung; außerordentliches Kündigungsrecht des Arbeitgebers nach § 626 BGB oder auch Recht zu einer verhaltensbedingten ordentlichen Kündigung gem. § 1 KSchG (vgl. näher etwa *Brox/Rüthers* Arbeitskampfrecht, Rn. 322 ff.; *Ögüt* in: *Däubler* [Hrsg.] Arbeitskampfrecht, § 22).

Zusätzlich wird diskutiert, ob § 74 Abs. 2 Satz 1 ein **Schutzgesetz** ist, so dass bei schuldhafter Verbotsverletzung zugleich eine Schadensersatzverpflichtung des Arbeitgebers bzw. von Betriebsratsmitgliedern nach § 823 Abs. 2 BGB in Betracht kommt. Das ist zu **verneinen** (ebenso *Richardi/Maschmann/Richardi* § 74 Rn. 56; *Isele* RdA 1962, 374; *Konzen* Betriebsverfassungsrechtliche Leistungspflichten des Arbeitgebers, S. 68; *Rosset* Rechtssubjektivität des Betriebsrats und Haftung seiner Mitglieder, 1985, S. 137; bejahend dagegen *Brox/Rüthers* Arbeitskampfrecht, Rn. 418, 426; *Brill* AuR 1980, 353 [357]; *Thiele* Drittbearbeitung, § 74 Rn. 25; vgl. auch *Hueck/Nipperdey* II/2, S. 1344; *Kaiser/LK* § 74 Rn. 37; *Rieble/DFL* § 74 BetrVG Rn. 14; *Worzalla/HWGNRH* § 74 Rn. 17). § 74 Abs. 2 Satz 1 legt betriebsverfassungsrechtliche Verpflichtungen für die Betriebspartner fest, schafft aber keine individualrechtlichen Verhaltenspflichten, weder zugunsten des Arbeitgebers noch zugunsten der Betriebsratsmitglieder oder gar der übrigen Belegschaftsmitglieder. Da das Arbeitskampfverbot für die Betriebsratsmitglieder über den Wortlaut der Bestimmung hinaus nur gilt, weil der Betriebsrat als Verbotsadressat nur durch diese handlungsfähig ist (vgl. Rdn. 38), andererseits der Betriebsrat als Haftungssubjekt ausscheidet (vgl. Rdn. 93), kann die Bestimmung auch keinen Individualschutz zwischen Arbeitgeber und Betriebsratsmitgliedern bezwecken. Nur dieses Ergebnis steht auch in Wertungsübereinstimmung mit dem Benachteiligungsverbot nach § 78 Satz 2.

94

Ein Verbotsverstoß, der zugleich eine Vertragsverletzung ist (z. B. Teilnahme an einem rechtswidrigen Belegschaftsstreik), kann nach h. M. die **außerordentliche Kündigung eines Betriebsratsmitglieds** nach §§ 15 Abs. 1 Satz 1 KSchG, 626 Abs. 1 BGB rechtfertigen. Diese wird weder durch das Amtsenthebungsverfahren nach § 23 Abs. 1 verdrängt (**a. M.** *Bieback* RdA 1978, 82 [84 ff.]; *Peter* BlStSozArbR 1977, 257 [258 ff.]; *Schwerdtner* Arbeitsrecht I, S. 226 ff.) noch durch die Möglichkeit der Geltendmachung eines Unterlassungsanspruchs (vgl. Rdn. 88). Sie ist auch nicht subsidiär, sondern beide Wege stehen alternativ oder kumulativ offen. Für die Frage, ob dem Arbeitgeber die weitere Fortsetzung des Arbeitsverhältnisses unzumutbar ist, ist jedoch mit der h. M. ein besonders **strenger Maßstab** anzulegen. In die Abwägung aller Umstände des Einzelfalls sind auch kollektivrechtliche Interessen einzubeziehen (vgl. auch *Brox/Rüthers* Arbeitskampfrecht, Rn. 421). Insbesondere darf die durch § 23 Abs. 1 bezweckte Absicherung der Amtstätigkeit nicht dadurch mittelbar (über § 24 Abs. 1 Nr. 3) beseitigt werden, dass die außerordentliche Kündigung zugelassen wird, obwohl noch keine grobe Amtspflichtverletzung vorliegt. Sie kommt daher nur bei schwerem Verstoß gegen die Pflichten aus dem Arbeitsverhältnis in Betracht (vgl. näher m. w. N. *Oetker* § 23 Rdn. 29), insbesondere bei herausgehobener Kampfbeteiligung als Kampfführer oder Organisator oder bei Exzesshandlungen (vgl. auch *Reuter* AuR 1973, 1 [4]; *Brox/Rüthers* Arbeitskampfrecht, Rn. 421; *Fitting* § 74 Rn. 74b; *Richardi/Maschmann/Richardi* § 74 Rn. 29). Zur strittigen Anwendbarkeit des § 103 in solchen Fällen vgl. *Raab* § 103 Rdn. 45 f.

95

VI. Verbot parteipolitischer Betätigung im Betrieb (Abs. 2 Satz 3)

§ 74 Abs. 2 Satz 3 verbietet Arbeitgeber und Betriebsrat jede parteipolitische Betätigung im Betrieb. Die Verbotsadressaten sind zur Unterlassung verpflichtet. Das **Verbot** gilt **absolut und abstrakt** (vgl. Rdn. 32). Auch in Abs. 2 Satz 3 Halbs. 2 ist **keine Ausnahme** formuliert. Diese Bestimmung gestattet die Behandlung tarifpolitischer, sozialpolitischer, umweltpolitischer und wirtschaftlicher Angelegenheiten, soweit sie den Betrieb oder seine Arbeitnehmer unmittelbar betreffen, befreit in diesem Rahmen aber nicht vom generellen Verbot parteipolitischer Betätigung (zutr. *R. Hofmann* Das Verbot parteipolitischer Betätigung im Betrieb, S. 157 ff. unter zutr. Berufung auf *BAG* 13.09.1977 AP Nr. 1 zu § 42 BetrVG 1972; **a. M.** [früher] *Kreutz* BlStSozArbR 1972, 44 [50]; *Galperin/Löwisch* § 74 Rn. 21a; *Rüttgers* Das Verbot parteipolitischer Betätigung im Betrieb, S. 77 ff.; *Oetker* BlStSozArbR 1983, 321 [324]). Sie führt allerdings zu einer Einschränkung des Verbots parteipolitischer Betätigung,

96

§ 74　　　　　　　　　　　　　　　　　　　　　　　　　　　　　　　　　IV. 1. Allgemeines

wenn die vom Gesetz zugelassene politische Betätigung mit parteipolitischer Betätigung zusammenfällt).

1. Verbotszweck

97 Das Verbot parteipolitischer Betätigung im Betrieb **begrenzt** für die Verbotsadressaten das **Grundrecht auf freie Meinungsäußerung** nach Art. 5 Abs. 1 GG nicht unerheblich (so *BVerfG* E 42, 133 [140 f.] = *BVerfG* 28.04.1976 AP Nr. 2 zu § 74 BetrVG 1972 Bl. 2). Diese Schrankensetzung ist jedoch durch Art. 5 Abs. 2 GG gedeckt. **Verfassungsrechtlich** bestehen gegen die Norm **keine Bedenken.** »Sie richtet sich nicht gegen die Äußerung von Meinungen als solche. Vielmehr dient sie vornehmlich der Gewährleistung des Betriebsfriedens, eines Rechtsguts, dem der Gesetzgeber gegenüber der vollen Betätigung des Grundrechts auf Meinungsfreiheit den Vorrang einräumen kann« (*BVerfG* E 42, 140 f.; ebenso *BAG* 13.09.1977 AP Nr. 1 zu § 42 BetrVG 1972 Bl. 5 = EzA § 45 BetrVG 1972 Nr. 1 [zust. *Hanau*]; 21.02.1978, 12.06.1986 AP Nr. 1 Bl. 5 R, Nr. 5 Bl. 2 zu § 74 BetrVG 1972 = EzA § 74 BetrVG 1972 Nr. 4, 7; ganz h. L.; näher *Illes* Das betriebsverfassungsrechtliche Verbot parteipolitischer Betätigung im Betrieb, S. 59 ff. m. w. N.; **a. M.** früher [aufgegeben] *Däubler* Arbeitsrecht 1, Rn. 783, der grundsätzliche verfassungsrechtliche Bedenken zu Unrecht auf eine willkürliche Schlechterstellung des Betriebsrats gegenüber dem Arbeitgeber und eine Missachtung der Betätigungsfreiheit der Parteien nach Art. 21 Abs. 1 GG stützte und § 74 Abs. 2 Satz 3 verfassungskonform dahin auslegen wollte, dass die parteipolitische Betätigung nicht absolut, sondern nur dann verboten sein soll, wenn sie zu einer konkreten Störung des Betriebsfriedens führt; zust. *Berg* FS *Gnade*, S. 215 [217]; ebenso noch *Berg/DKKW* § 74 Rn. 50; *Lorenz/*HaKo § 74 Rn. 17). Bei der Rechtsanwendung muss Abs. 2 Satz 3 nach der st. Rspr. des *BVerfG* (seit *BVerfGE* 7, 198 [208]: Wechselwirkungstheorie) jedoch unter Berücksichtigung der wertsetzenden Bedeutung des Art. 5 Abs. 1 GG ausgelegt und so in seiner das Grundrecht begrenzenden Wirkung selbst wieder eingeschränkt werden (ebenso die angegebenen Entscheidungen von *BVerfG* und *BAG* sowie auch *BAG* 17.03.2010 EzA § 74 BetrVG 2001 Nr. 1 Rn. 39 = AP Nr. 12 zu § 74 BetrVG 1972). Diese Wechselwirkung ist jedoch nicht nur bei der Auslegung des Verbots, sondern insbesondere bei der Bestimmung der Rechtsfolgen und Sanktionen einer Verbotsverletzung zu beachten (vgl. Rdn. 130).

98 **Verbotszweck** ist (unstr.) der (abstrakte) Schutz des **Betriebsfriedens** und des **Arbeitsablaufs** (näher *Illes* Das betriebsverfassungsrechtliche Verbot parteipolitischer Betätigung im Betrieb, S. 38 ff. m. w. N.). Insofern konkretisiert Abs. 2 Satz 3 als selbständiger Verbotstatbestand die allgemeine Friedenspflicht nach Abs. 2 Satz 2 (vgl. Rdn. 32). Mit dem absoluten Verbot bringt das Gesetz zum Ausdruck, dass es Betriebsfrieden und Arbeitsablauf bei parteipolitischer Betätigung im Betrieb von Arbeitgeber und Betriebsrat erfahrungsgemäß und grundsätzlich besonders gefährdet sieht. Der BT-Ausschuss für Arbeit und Sozialordnung, auf den die Regelung zurückgeht (vgl. allgemein zur Entstehungsgeschichte *R. Hofmann* [wie Rdn. 96], S. 26 ff.), hatte sich durch Sachverständigenanhörungen und aufgrund zahlreicher Hinweise aus der Praxis einmütig davon überzeugen lassen, »dass es im Interesse des Betriebsfriedens und der Zusammenarbeit im Betrieb vorzuziehen sei, parteipolitische Betätigungen von Arbeitgeber und Betriebsrat im Betrieb nicht zuzulassen« (zu BT-Drucks. VI/2729, S. 10).

99 **Weitere Normzwecke** sind methodengerecht **nicht** zu ermitteln und können mithin die Auslegung nicht beeinflussen. Entgegen verbreiteter Auffassung in der Literatur (grundlegend zum BetrVG 1952 *Richardi* NJW 1962, 1374; zust. u. a. *Hueck/Nipperdey* II/2, S. 1347 f.; *Säcker* AuR 1965, 353 [358]; zum BetrVG 1972 weiterhin *Richardi/Maschmann/Richardi* § 74 Rn. 58 f. m. w. N.; *Oetker* BlStSozArbR 1983, 321 [322]; *Wiese* FS 50 Jahre Bundesarbeitsgericht, S. 1125 [1140]; ausdrücklich offen gelassen von *BAG* 12.06.1986 AP Nr. 5 zu § 74 BetrVG 1972 = EzA § 74 BetrVG 1972 Nr. 7; *BAG* [ebenfalls 12.06.1986] NZA 1987, 153) konnte schon bisher § 74 Abs. 2 Satz 3 aus entstehungsgeschichtlichen und systematischen Gründen nicht derart in »enger Verbindung mit dem Gleichbehandlungsgebot für Arbeitgeber und Betriebsrat in § 75 Abs. 1« (a. F.) gesehen werden, dass daraus als weiteres Schutzgut des Verbots ein »parteipolitisches Neutralitätsgebot« für Arbeitgeber und Betriebsrat gegenüber allen Betriebsangehörigen abzuleiten wäre (vgl. *Kreutz* BlStSozArbR 1972, 44 [49]; ausführlich *R. Hofmann* [wie Rdn. 96], S. 41 ff.; vgl. auch *Rüttgers* [wie Rdn. 96], S. 16 ff.; im Ergebnis wie hier auch *Berg/DKKW* § 74 Rn. 54; *Brecht* § 74 Rn. 8; *Derleder* AuR 1988, 17 [24];

Fitting § 74 Rn. 37; *von Hoyningen-Huene*/MünchArbR § 214 Rn. 24; *Kaiser/LK* § 74 Rn. 28). Das gilt heute erst recht, da § 75 Abs. 1 n. F. (nur) die Benachteiligung verbietet.

Auch der Schutz der staatsbürgerlichen »**Meinungs- und Wahlfreiheit**« der Arbeitnehmer ist kein **100** eigenständiger Verbotszweck. Das *BAG* hat zwar einen solchen 1977 im Anschluss an *Löwisch* (DB 1976, 676) »entdeckt« (vgl. *BAG* 13.09.1977 AP Nr. 1 zu § 42 BetrVG 1972 Bl. 5 R = EzA § 45 BetrVG 1972 Nr. 1 [zust. *Hanau*]; 13.10.1977 EzA § 74 BetrVG 1972 Nr. 3 [zust. *Löwisch*] = AP Nr. 1 zu § 1 KSchG 1969 Verhaltensbedingte Kündigung *[Pfarr]*; ebenso dann *BAG* 21.02.1978 AP Nr. 1 zu § 74 BetrVG 1972 Bl. 6 [zust. *Löwisch*] = SAE 1979, 59 [zust. *Bohn*]; OLG Düsseldorf DB 1981, 1986) und daraus eine »strikte parteipolitische Neutralität« im Bereich des betriebsverfassungsrechtlich organisierten Betriebes, namentlich für den Betriebsrat (so *BAG* NZA 1987, 153; *BAG* 12.06.1986 AP Nr. 5 zu § 74 BetrVG 1972 Bl. 1 = EzA § 74 BetrVG 1972 Nr. 7 S. 61) abgeleitet. Die Literatur ist dem auch überwiegend (vgl. die angegebenen Anm. von *Bohn* und *Löwisch*; *Bauer/E. M. Willemsen* NZA 2010, 1089 [1091]; *Kaiser/LK* § 74 Rn. 28; *Kissel* NZA 1988, 145 [147]; *Mummenhoff* DB 1981, 2539 [2540]; *Richardi/Maschmann/Richardi* § 74 Rn. 59; *Sowka/Krichel* DB 1989, Beil. Nr. 11, S. 5; *Stege/Weinspach/Schiefer* § 74 Rn. 12b), teils in der Begründung modifizierend (*Hanau* Anm. EzA § 45 BetrVG 1972 Nr. 1: Politische Willensbildung soll vor einseitiger Ausnutzung sozialer Machtstellung bewahrt werden; zust. *Rüttgers* [wie Rdn. 96], S. 24 f.: Indoktrinationsverbot; *Buchner*, ZfA 1982, 49 [61]: Bindung zwangsverfasster Organe an die ihnen zugewiesenen Kompetenzen; zust. *Oetker* BlStSozArbR 1983, 321 [322]) gefolgt. Indes lässt sich eine solche Zwecksetzung weder entstehungsgeschichtlich noch mit systematischen Gesichtspunkten belegen. Richtig ist nur, dass die Beachtung des Verbots u. a. auch bewirkt, dass die Meinungs- und Wahlfreiheit der Arbeitnehmer des Betriebs gewahrt bleibt. Diese Wirkung ist jedoch nicht eigenständiges Regelungsziel (ebenso *R. Hofmann* [wie Rdn. 96], S. 45 ff.; *Derleder* AuR 1988, 17 [23]; zust. *Schwipper* Öffentliche Meinungsäußerungen, S. 140; *Husemann* Das Verbot der parteipolitischen Betätigung, S. 199 ff., 212). Soweit das Verbot auch die parteipolitische Beeinflussung der Arbeitnehmer untersagt, geschieht die Untersagung nämlich (vgl. insoweit auch *BAG* 12.06.1986 AP Nr. 5 zu § 74 BetrVG 1972; *BAG* NZA 1987, 153) in der Erkenntnis, dass diese Beeinflussung erfahrungsgemäß bei anders denkenden Arbeitnehmern, die sich ihrer im Betrieb nicht oder nur schwer erwehren können, als Herausforderung verstanden wird, die dem Betriebsklima und dem Arbeitsablauf abträglich sein kann (vgl. Rdn. 98). Auch über den Schutz staatsbürgerlicher Freiheiten kann demnach dem Verbot parteipolitischer Betätigung nicht der Sinn untergeschoben werden, die »parteipolitische Neutralität« der Betriebspartner zu sichern. Dementsprechend muss ein parteipolitisch nicht neutrales Verhalten nicht Verbotsverletzung sein.

2. Verbotsadressaten

Adressaten des Verbots parteipolitischer Betätigung im Betrieb sind nach dem Wortlaut (»sie«) nur **Ar- 101 beitgeber** und **Betriebsrat** als Kollektivorgan. Darüber hinaus gilt das Verbot auch für **jedes einzelne Betriebsratsmitglied** in dieser Eigenschaft (im Grundsatz ganz h. M.; vgl. *BVerfG* E 42, 133 [140] = *BVerfG* 28.04.1976 AP Nr. 2 zu § 74 BetrVG 1972 Bl. 2; *BAG* 05.12.1975 AP Nr. 1 zu § 87 BetrVG 1972 Betriebsbuße; AP Nr. 1 Bl. 6 R, Nr. 5 Bl. 1 R zu § 74 BetrVG 1972; *BAG* NZA 1987, 153 [154]; *BAG* EzA § 74 BetrVG 2001 Nr. 1 Rn. 39 = AP Nr. 12 zu § 74 BetrVG 1972; *LAG* Düsseldorf DB 1981, 1986: nachgerücktes Ersatzmitglied; *Berg/DKKW* § 74 Rn. 64; *Buchner* ZfA 1982, 49 [64]; *Fitting* § 74 Rn. 39; *Galperin/Löwisch* § 74 Rn. 23; *Gnade* JArbR Bd. 14 [1977], S. 59 [67]; *R. Hofmann* Das Verbot parteipolitischer Betätigung im Betriebe, S. 99 ff.; *von Hoyningen-Huene*/MünchArbR § 214 Rn. 25; *Illes* Das betriebsverfassungsrechtliche Verbot parteipolitischer Betätigung im Betrieb, S. 81 ff.; *Kaiser/LK* § 74 Rn. 34; *Kania/ErfK* § 74 BetrVG Rn. 22; *Niklas* DB 2013, 1665 [1667]; *Preis/WPK* § 74 Rn. 21; *Reichold/HWK* § 74 BetrVG Rn. 16; *Richardi/Maschmann/Richardi* § 74 Rn. 68; *Rieble/Wiebauer* ZfA 2010, 63 [111]; *Schönfeld* BB 1989, 1818 [1819]; *Thiele* Drittbearbeitung, § 74 Rn. 55; *Worzalla/HWGNRH* § 74 Rn. 47; **a. M.** *Buschmann/Grimberg* AuR 1989, 65 [76]; *Däubler* Gewerkschaftsrechte im Betrieb, Rn. 567; *Zachert* Betriebliche Mitbestimmung, 1979, S. 74). Das folgt zwingend daraus, dass der Betriebsrat nur durch seine Mitglieder handlungsfähig ist und das Verhaltensverbot leerlaufen könnte, wenn es die Betriebsratsmitglieder nicht erfassen würde (vgl. auch *Buchner* ZfA 1982, 64). Das Entsprechende muss umgekehrt auch für

§ 74   *IV. 1. Allgemeines*

die **Mitglieder eines Geschäftsführungs- und Vertretungsorgans** gelten, wenn der Arbeitgeber nicht eine natürliche Person ist.

102 Aus der Geltungsbegründung des Verbots für die Betriebsratsmitglieder folgt, dass diese nur in **ihrer Eigenschaft als Amtsträger** verbotsgebunden sind (das wird nicht immer ausreichend deutlich; wie hier *BAG* AP Nr. 1 [unter II 2a dd der Gründe], Nr. 5 Bl. 2 zu § 74 BetrVG 1972; *Berg/DKKW* § 74 Rn. 65; *Bieback* RdA 1978, 82 [89 ff.]; *Buchner* ZfA 1982, 49 [64 ff.]; *ders.* FS G. *Müller*, S. 93 [97 ff.]; *Fitting* § 74 Rn. 39; *Germelmann* Der Betriebsfrieden im Betriebsverfassungsrecht, S. 141; *R. Hofmann* [wie Rdn. 101], S. 102 f.; *Illes* Das betriebsverfassungsrechtliche Verbot parteipolitischer Betätigung im Betrieb, S. 92 f.; *Reichold/HWK* § 74 BetrVG Rn. 18; *Siebert/Becker* § 74 Rn. 25; gegen jegliche Differenzierung: *Bohn* SAE 1979, 68; *Meisel* RdA 1976, 38 [40]; *ders.* SAE 1977, 93). Betätigen sie sich in ihrer Eigenschaft als Arbeitnehmer im Betrieb parteipolitisch, gilt wie für alle Arbeitnehmer lediglich Arbeitsvertragsrecht (vgl. dazu Rdn. 106). Ein solcher Rollenwechsel ist möglich (vgl. Rdn. 66; vgl. auch *BAG* NZA 1987, 153 [154]; *BAG* 12.06.1986 AP Nr. 5 zu § 74 BetrVG 1972 Bl. 2 = EzA § 74 BetrVG 1972 Nr. 7 S. 63). Er wirft freilich Abgrenzungsprobleme auf. Dabei kann keine Parallele zur Arbeitskampfteilnahme von Betriebsratsmitgliedern gezogen werden, weil diesen ebenso wenig wie allen anderen Arbeitnehmern eine parteipolitische Betätigung im Betrieb allgemein gestattet ist. Das Verbot gilt für Betriebsratsmitglieder uneingeschränkt für ihr Verhalten im Betriebsrat als Gremium (Antragstellung, Abstimmungsverhalten, Leitung durch den Betriebsratsvorsitzenden; vgl. näher *Buchner* FS G. *Müller*, S. 93 [97 ff.]) sowie grundsätzlich für nach § 38 freigestellte Betriebsratsmitglieder (ebenso *Buchner* ZfA 1982, 49 [65]; *R. Hofmann* [wie Rdn. 101], S. 100, 102), weil diese sich im Betrieb sozusagen immer im Amt befinden. Im Übrigen genügt es nicht, dass Betriebsratsmitglieder bei parteipolitischer Betätigung im Betrieb ihr Amt nicht hervorkehren. Es muss vielmehr ersichtlich sein, dass sie als Arbeitnehmer (Privatmann) oder Gewerkschaftsmitglied (Vertrauensmann) handeln. Dabei ist den Umständen, unter denen gehandelt wird, mehr Gewicht beizulegen als dem ausdrücklichen Hinweis, nicht als Amtsträger zu handeln (*BAG* 12.06.1986 AP Nr. 5 zu § 74 BetrVG 1972 Bl. 2). Die Umstände sprechen für Amtshandeln: in der Betriebsversammlung, in der Betriebsratssprechstunde, bei Ausnutzung eines betriebsverfassungsrechtlichen Zutrittsrechts zum Arbeitsplatz anderer Arbeitnehmer (vgl. *Buchner* ZfA 1982, 49 [66]). Gegenbeispiel: *BAG* NZA 1987, 153 (Auslegen von Flugblättern in der Mittagspause auf nicht besetzte Arbeits- und Kantinenplätze).

103 Das Verbot parteipolitischer Betätigung im Betrieb gilt auch für **Arbeitnehmervertretungen** und ihre Mitglieder, die in den nach § 3 Abs. 1 Nr. 1 bis 3 gebildeten Organisationseinheiten bestehen (§ 3 Abs. 5 Satz 2), sowie für **Gesamt- und Konzernbetriebsrat** und ihre Mitglieder in ihrem gesamten Amtsbereich (vgl. Rdn. 7 sowie Rdn. 119). Analog gilt das Verbot allgemein (nicht nur gemäß § 71 Satz 2 i. V. m. § 45 in der Jugend- und Auszubildendenversammlung) auch für die **Jugend- und Auszubildendenvertretung und ihre Mitglieder**. Das ergibt sich entsprechend §§ 62 Satz 1, 67 Abs. 1 Satz 3 BPersVG daraus, dass erfahrungsgemäß gerade auch deren parteipolitische Betätigung im Betrieb wegen ihrer Stellung den Betriebsfrieden gefährden kann (ebenso im Ergebnis ArbG Kiel DB 1974, 1965; *Brecht* § 74 Rn. 8; *Fitting* § 74 Rn. 40; *Galperin/Löwisch* § 74 Rn. 23; *Illes* Das betriebsverfassungsrechtliche Verbot parteipolitischer Betätigung im Betrieb, S. 85 f.; *Meisel* RdA 1976, 38 [40]; *Niklas* DB 2013, 1665 [1667]; *Preis/WPK* § 74 Rn. 21; *Richardi/Maschmann/Richardi* § 74 Rn. 68; *Sowka/Krichel* DB 1989, Beil. Nr. 11, S. 5; *Worzalla/HWGNRH* § 74 Rn. 47; offen gelassen von *BAG* 11.12.1975 AP Nr. 1 zu § 15 KSchG 1969; a. M. *Berg/DKKW* § 74 Rn. 64; *Glaubitz* BB 1972, 1277 mit Fn. 6; *R. Hofmann* [wie Rdn. 101], S. 108 f.). Entsprechend muss das Verbot auch für die **Schwerbehindertenvertretung** wegen ihrer besonderen Aufgabenstellung im Betrieb (§ 178 SGB IX; bis 31.12.2017: § 95 SGB IX) gelten, obwohl auch § 178 Abs. 6 SGB IX (bis 31.12.2017: § 95 Abs. 6 SGB IX) nur auf § 45 verweist. Gegen andere betriebsverfassungsrechtliche Funktionsträger (Mitglieder des Wahlvorstands, des Wirtschaftsausschusses oder der Einigungsstelle, Wahlbewerber [dazu auch *BAG* 13.10.1977 AP Nr. 1 zu § 15 KSchG 1969 Verhaltensbedingte Kündigung]) richtet sich das Verbot dagegen nicht, soweit sie nicht auch dem Betriebsrat angehören (**abw.** *Illes* Das betriebsverfassungsrechtliche Verbot parteipolitischer Betätigung im Betrieb, S. 87 f. [§ 74 Abs. 2 Satz 3 analog]; teilweise abw. *R. Hofmann* [wie Rdn. 101], S. 111 ff.; *Meisel* RdA 1976, 38 [40]; *ders.* SAE 1977, 93).

Das Verbot richtet sich **nicht** gegen die im Betrieb vertretenen **Gewerkschaften**. Eine analoge Anwendung scheidet mangels Regelungslücke aus (abzulehnen sind daher die Positionen von *Glaubitz* BB 1972, 1277; *Meisel* RdA 1976, 38 [40]; *Vollmer* Grenzen der politischen Betätigung im Betrieb, S. 199; gegen sie auch *Illes* Das betriebsverfassungsrechtliche Verbot parteipolitischer Betätigung im Betrieb, S. 99). Sofern betriebsfremde Gewerkschaftsbeauftragte nach § 2 Abs. 2 ein Zugangsrecht zum Betrieb haben, dürfen sie sich mangels Kompetenz nicht parteipolitisch betätigen (ebenso *Richardi/Maschmann/Richardi* § 74 Rn. 70; *R. Hofmann* [wie Rdn. 101], S. 117; *von Hoyningen-Huene*/MünchArbR § 214 Rn. 25). Tun sie es doch, handeln sie missbräuchlich und rechtswidrig. Eines Rückgriffs auf § 74 Abs. 2 Satz 3 bedarf es nicht (so schon *Thiele* Drittbearbeitung, § 74 Rn. 54). Nehmen Gewerkschaftsbeauftragte nach § 46 an einer Betriebsversammlung teil, ist das Verbot allerdings auch für sie über § 45 Satz 1 Halbs. 2 anzuwenden (str.; s. *Weber* § 45 Rdn. 25). § 74 Abs. 2 Satz 3 setzt auch der koalitionsmäßigen Betätigung der Gewerkschaften im Betrieb keine Schranke (ebenso *Däubler* Gewerkschaftsrechte im Betrieb, Rn. 286; *Fitting* § 74 Rn. 44; *R. Hofmann* [wie Rdn. 101], S. 118; *Kania*/ErfK § 74 BetrVG Rn. 23; *Richardi/Maschmann/Richardi* § 74 Rn. 70; **a. M.** *Säcker* AuR 1979, 39 mit Fn. 7). Auch wenn diese nicht nur in einem Kernbereich durch Art. 9 Abs. 3 GG geschützt ist (st. Rspr. seit *BVerfG* 14.11.1995 EzA GG Art. 9 Nr. 60), ist eine dementsprechende Informations- und Werbetätigkeit jedoch immanent auf die Regelung der Arbeits- und Wirtschaftsbedingungen beschränkt und darf jedenfalls keinen parteipolitischen Inhalt haben (*BVerfGE* 42, 133 [138]; *BAG* AP Nr. 10, 26 zu Art. 9 GG). Die parteipolitische Werbetätigkeit eines betriebsangehörigen Gewerkschaftsmitglieds im Betrieb ist demnach wie diejenige jedes anderen Arbeitnehmers zu beurteilen. Ein Zugangsrecht betriebsfremder Gewerkschaftsvertreter besteht insoweit sowieso nicht (*BVerfGE* 57, 220). 104

Arbeitnehmer des Betriebs, die keine (verbotsrelevanten) Funktionsträger sind, sind vom Verbot des Abs. 2 Satz 3 **nicht betroffen** (heute ganz h. M.; vgl. *BVerfGE* 42, 133 [140] = *BVerfG* 28.04.1976 AP Nr. 2 zu § 74 BetrVG 1972 Bl. 2; *BAG* 12.06.1986 NZA 1987, 153 [154]; noch im Urteil vom 13.10.1977 AP Nr. 1 zu § 1 KSchG 1969 Verhaltensbedingte Kündigung [krit. *Pfarr*] = EzA § 74 BetrVG 1972 Nr. 3 [insoweit krit. *Löwisch*] hatte das Gericht die Frage ausdrücklich offengelassen; *LAG* Köln 20.09.1984 EzA § 74 BetrVG 1972 Nr. 6 [aber undeutlich]; *LAG* Düsseldorf DB 1981, 1986; für die h. L.: *Berg*/DKKW § 74 Rn. 65; *Bieback* RdA 1978, 82 [91]; *Fitting* § 74 Rn. 41; *Galperin/Löwisch* § 74 Rn. 23a; *R. Hofmann* [wie Rdn. 101], S. 86 f.; *von Hoyningen-Huene*/MünchArbR § 214 Rn. 25; *Hueck/Nipperdey* II/2, S. 1347; *Illes* Das betriebsverfassungsrechtliche Verbot parteipolitischer Betätigung im Betrieb, S. 88 ff.; *Kreutz* BlStSozArbR 1972, 44 [50]; *Nikisch* III, S. 237; *Richardi/Maschmann/Richardi* § 74 Rn. 25; *Rüttgers* Das Verbot parteipolitischer Betätigung, S. 47 f.; *Söllner* FS Herschel, S. 389 [395]; jetzt auch *Worzalla*/HWGNRH § 74 Rn. 49; **a. M.** *Hess/Schlochauer/Glaubitz* § 74 Rn. 34; *Meisel* RdA 1976, 38 [43]; *Stege/Weinspach/Schiefer* § 74 Rn. 11). Das ergeben eindeutig der Wortlaut und der systematische Zusammenhang, in dem die Bestimmung steht. Einer Analogie steht entgegen, dass die in ihrer betriebsverfassungsrechtlichen Stellung herausgehobenen Funktionsträger und sonstige Arbeitnehmer nicht gleichgestellt werden können und ein absolutes und abstraktes Verbot parteipolitischer Betätigung im Betrieb für alle Arbeitnehmer das Grundrecht aus Art. 5 GG unverhältnismäßig beschränken würde (vgl. *BVerfG* 28.04.1976 AP Nr. 2 zu § 74 BetrVG 1972 Bl. 2). Str. ist, ob das Verbot in Betriebs- und Abteilungsversammlungen nach § 45 Satz 1 Halbs. 2 für sämtliche Teilnehmer, insbesondere auch alle Arbeitnehmer, gilt (vgl. dazu *Weber* § 45 Rdn. 25; zur Gegenauffassung vgl. *R. Hofmann* [wie Rdn. 101], S. 166 f. m. w. N.). 105

Für den einzelnen Arbeitnehmer (auch für leitende Angestellte) ergeben sich (neben dem Deliktsrecht) die arbeitsrechtlichen Grenzen (partei-)politischer Betätigung im Betrieb aus **seinen Pflichten im Arbeitsverhältnis**. Haupt- und Nebenpflichten dürfen durch (partei-) politische Betätigung nicht verletzt werden. Insoweit ist die Meinungsfreiheit im Arbeitsverhältnis eingeschränkt (krit. zur Methode des BAG *Däubler* Gewerkschaftsrechte im Betrieb, Rn. 567 ff. m. w. N.). Nach st. Rspr. kommen Pflichtverletzungen insbesondere im Leistungsbereich, im Bereich der betrieblichen Verbundenheit aller Mitarbeiter (Betriebsfrieden), im personalen Vertrauensbereich und im Unternehmensbereich in Betracht (vgl. *BAG* NZA 1987, 153 [154]; AP Nr. 69, 73 [»Anti-Strauß-Plakette«; Vorinstanzen: *LAG* Hamm BB 1981, 1095; *ArbG* Iserlohn DB 1980, 415] zu § 626 BGB; AP Nr. 2 zu § 134 BGB; AP Nr. 83 zu § 1 KSchG, jeweils m. w. N.; vgl. näher zur Auffächerung der Funktionskreise des Arbeitsverhältnisses *R. Hofmann* [wie Rdn. 101], S. 89 ff.; *von Hoyningen-Huene/Hofmann* BB 1984, 106

1050 [1052 ff.]). Eine Pflichtverletzung (im betrieblichen Bereich) setzt immer eine **konkrete Beeinträchtigung** oder **Störung** von Arbeitsablauf oder Betriebsfrieden voraus. Die abstrakte Gefährdung (wie im Rahmen von § 74 Abs. 2 Satz 3) genügt nicht (*BAG* NZA 1987, 153 [154]; AP Nr. 69, 73 [»Anti-Strauß-Plakette«). Ob eine nur **konkrete Gefährdung** des Betriebsfriedens ausreicht, hat das *BAG* (09.12.1982 AP Nr. 73 zu § 626 BGB Bl. 3 R) zunächst offengelassen, dann (*BAG* 17.03.1988 EzA § 626 BGB Nr. 116, S. 17 ff. [zust. *Kraft/Raab* S. 33]) aber als kündigungsrechtlich erhebliche Beeinträchtigung des Arbeitsverhältnisses verneint, weil das Gericht die Unterscheidung zu der bloß abstrakten Gefährdung für theoretisch und praktisch undurchführbar hält (ebenso *Fischermeier*/KR § 626 BGB Rn. 116 m. w. N.). Für die Rechtfertigung einer fristlosen Kündigung reicht die bloße Gefährdung des Betriebsfriedens mithin nicht aus. Anders muss die Beurteilung aber bei drohenden Rechts- oder Rechtsgüterverletzungen für die Gewährung vorbeugenden Rechtsschutzes ausfallen. Vgl. allgemein zu den Grenzen (politischer) **Meinungsfreiheit** im **Arbeitsverhältnis** auch *Bäumer* BlStSozArbR 1981, 337; *Buchner* ZfA 1982, 49; *Dudenbostel/Klas* AuR 1979, 296; *Kissel* NZA 1988, 145; *Lepke* DB 1968, 1990 [2037]; *Schaub* RdA 1979, 137; *Söllner* FS *Herschel*, S. 389; *Sowka/Krichel* DB 1989, Beil. Nr. 11; speziell zum **Plaketten-Tragen im Betrieb**: *Buschmann/Grimberg* AuR 1989, 65; *von Hoyningen-Huene/Hofmann* BB 1984, 1050; *Mummenhoff* DB 1981, 2539; *Thümmel* Betriebsfrieden und Politplakette; *Zachert* AuR 1984, 289; in Anmerkungen zu *BAG* vom 09.12.1982 (AP Nr. 73 zu § 626 BGB: herausforderndes Tragen der »Anti-Strauß-Plakette« als wichtiger Grund zur außerordentlichen Kündigung) vgl. *Buchner* AR-Blattei, Kündigung VIII, Entsch. 58 (zust.); *Kohte* AuR 1984, 125 (krit.); *Löwisch/Schönfeld* EzA § 626 BGB Nr. 86 (zust.); *Roemheld* SAE 1984, 158 (zust.); *Zachert* AiB 1984, 27 (krit.); zum Tragen politischer (»Anti-Atomkraft«-)Plaketten im öffentlichen Dienst: *BAG* 02.03.1982 AP Nr. 8 zu Art. 5 I GG Meinungsfreiheit = EzA Art. 5 GG Nr. 10 = DB 1982, 2142; s. auch *Ünsal* Politische und religiöse Symbole im Betrieb, 2009.

3. Parteipolitische Betätigung im Betrieb

107 § 74 Abs. 2 Satz 3 verbietet den Verbotsadressaten **absolut jede** parteipolitische Betätigung im Betrieb. Ob im Einzelfall Arbeitsablauf oder Betriebsfrieden konkret gefährdet, beeinträchtigt oder gar gestört wird, ist für die Erfüllung des Verbotstatbestandes irrelevant. Die Tatbestandsmerkmale »Betätigung«, »parteipolitisch« und »im Betrieb« sind tendenziell eng auszulegen. Das gebietet die Wechselwirkungstheorie des *BVerfG*, die besagt, dass jedes die Meinungsfreiheit beschränkende Gesetz im Lichte der überragenden Bedeutung des eingeschränkten Grundrechts auszulegen und damit selbst wieder in seiner grundrechtsbeschränkenden Wirkung einzuschränken ist (vgl. Rdn. 97). Auch das *BAG* tritt neuerdings für ein »enge« Auslegung des Verbots ein (s. Rdn. 111).

a) Begriff »parteipolitisch«

108 Parteipolitisch ist unstr. jede **Betätigung für oder gegen eine politische Partei** i. S. v. Art. 21 GG und § 2 Abs. 1 Parteiengesetz i. d. F. vom 31.01.1994 (BGBl. I, S. 149). Parteien sind danach: »Vereinigungen von Bürgern, die dauernd oder für längere Zeit für den Bereich des Bundes oder eines Landes auf die politische Willensbildung Einfluss nehmen und an der Vertretung des Volkes im Deutschen Bundestag oder einem Landtag mitwirken wollen, wenn sie nach dem Gesamtbild der tatsächlichen Verhältnisse, insbesondere nach Umfang und Festigkeit ihrer Organisation, nach der Zahl ihrer Mitglieder und nach ihrem Hervortreten in der Öffentlichkeit eine ausreichende Gewähr für die Ernsthaftigkeit dieser Zielsetzung bieten«. Teilweise wird vertreten, dass in Abs. 2 Satz 3 nur solche Parteien gemeint seien (*R. Hofmann* Das Verbot parteipolitischer Betätigung im Betrieb, S. 62 im Anschluss an *Radke* BB 1957, 1112 [1113]; zust. *Berg*/DKKW § 74 Rn. 59). Diese Auffassung wird jedoch dem Normzweck nicht gerecht, obwohl sie eine verhältnismäßig klare Abgrenzung ermöglicht.

109 Vom Verbot erfasst werden auch Betätigungen für oder gegen Parteien oder Teilorganisationen einer Partei, die verfassungswidrig sind und vom *BVerfG* nach Art. 21 Abs. 2 GG für verfassungswidrig erklärt worden sind, weiter politische Vereinigungen, die ihre Rechtsstellung als Partei nach § 2 Abs. 2 Parteiengesetz wegen sechsjähriger Nichtteilnahme an Bundestags- oder Landtagswahlen verloren haben oder nach § 2 Abs. 3 Parteiengesetz nur deshalb nicht Partei sind, weil ihre (Vorstands-)Mitglieder in der Mehrheit Ausländer sind oder weil sie ihren Sitz oder ihre Geschäftsleitung im Ausland haben, sowie schließlich Vereinigungen, die lediglich auf kommunaler Ebene auftreten wollen (sog. Rathausparteien, Wählervereinigungen, Wählergemeinschaften). Auch die Aktivitäten für diese oder sonstige **politische Gruppierungen** (Organisationen), die noch nicht Parteien sind, aber sich ggf. organisatorisch in diese Richtung entwickeln (z. B. die »Grünen« oder sog. »Alternative Listen« gegen Ende der 1970er Jahre), oder nicht Partei sein wollen (anarchistische Gruppen), sind abstrakte für den Betriebsfrieden genauso gefährlich wie diejenigen für eine Partei i. S. d. Parteiengesetzes (zust. *Fitting* § 74 Rn. 46; *Kania*/ErfK § 74 BetrVG Rn. 25; *Richardi*/*Maschmann*/*Richardi* § 74 Rn. 61).

Aus den gleichen Gründen ist auch das Eintreten für und gegen eine bestimmte **politische Richtung** 110 verboten, auch wenn diese nicht auf einer bestimmten politischen Parteiorganisation basiert (i. E. ist insoweit dem *BAG* zuzustimmen; vgl. *BAG* 21.02.1978 AP Nr. 1 zu § 74 BetrVG 1972 Bl. 6 [zust. *Löwisch*] = SAE 1979, 64 [zust. *Bohn*]: Eintreten gegen die HIAG [Vereinigung von ehemaligen Angehörigen der Waffen-SS] und Faschisten und für Kommunisten; *BAG* 12.06.1986 EzA § 74 BetrVG 1972 Nr. 7 S. 62 = AP Nr. 5 zu § 74 BetrVG 1972 Bl. 1 R: Flugblätter gegen die Raketenstationierung in der Bundesrepublik Deutschland im Zusammenhang mit der Bewegung gegen die NATO-Nachrüstung 1983; ebenso *BAG* ebenfalls 12.06.1986 NZA 1987, 153; *Richardi*/*Maschmann*/*Richardi* § 74 Rn. 61; *Schmitt* Interessenkonflikte bei der Wahrnehmung des Betriebsratsamtes, S. 28; **a. M.** dagegen *Derleder* AuR 1988, 17 [24 f.]; *Fitting* § 74 Rn. 48; *Berg*/DKKW § 74 Rn. 57; *von Hoyningen-Huene*/*Hofmann* BB 1984, 1050 [1051]). Entgegen bisheriger Ansicht des *BAG* ist allerdings zusätzlich erforderlich, dass sich die »politische Richtung« erkennbar formiert hat, zumindest zu einer übergreifenden Bewegung geworden und daher eine »Partei«-nahme zu ihr möglich ist (vgl. auch *Oetker* BlStSozArbR 1983, 321 [325]; der Siebte Senat des *BAG* [17.03.2010 EzA § 74 BetrVG 2001 Nr. 1 Rn. 37 = AP Nr. 12 zu § 74 BetrVG 1972] hat später ausdrücklich offengelassen, ob daran festzuhalten ist, dass schon das Eintreten für oder gegen eine politische Richtung »unabhängig von einem konkreten Bezug zu einer politischen Partei« unter das Verbot fällt; s. zur insoweit nach wie vor gültiger Gleichstellung von politischer Partei, »Gruppierung« und »Richtung« in der Rspr. des *BAG* Rdn. 111). Insoweit werden Parteinahmen für **Bürgerinitiativen** (ebenso bereits *Thiele* Drittbearbeitung, § 74 Rn. 51; zust. *Oetker* BlStSozArbR 1983, 325 mit Fn. 65; *Kaiser*/LK § 74 Rn. 29; *Rieble*/*Wiebauer* ZfA 2010, 63 [112]; *Worzalla*/HWGNRH § 74 Rn. 43; **a. M.** *Fitting* § 74 Rn. 48; *Berg*/DKKW § 74 Rn. 56; *Lorenz*/HaKo § 74 Rn. 17) ebenso vom Verbot erfasst wie die praktisch relevant gewordenen Parteinahmen für die **Anti-Atom-Bewegung** (vgl. dazu auch *BAG* 02.03.1982 AP Nr. 8 zu Art. 5 I GG Meinungsfreiheit = EzA Art. 5 GG Nr. 10; *Thiele* Drittbearbeitung, § 74 Rn. 52; *Oetker* BlStSozArbR 1983, 325; *Mummenhoff* DB 1981, 2539 [2540], der diese freilich unzutr. generell den »Alternativen Listen« zuordnet; *Worzalla*/HWGNRH § 74 Rn. 46; **a. M. R.** *Hofmann* Das Verbot parteipolitischer Betätigung im Betrieb, S. 78; *von Hoyningen-Huene*/*Hofmann* BB 1984, 1051; *Berg*/DKKW § 74 Rn. 57), die **Friedensbewegung** (ebenso *Oetker* BlStSozArbG 1983, 325 mit Fn. 64; *Kania*/ErfK § 74 BetrVG Rn. 25; **a. M.** *Berg*/*Bobke*/*Wolter* BlStSozArbR 1983, 353) und speziell für die Bewegung gegen die **NATO-Nachrüstung** (vgl. *BAG* 12.06.1986 EzA § 74 BetrVG 1972 Nr. 7 = AP Nr. 5 zu § 74 BetrVG 1972; *BAG* ebenfalls 12.06.1986 NZA 1987, 153; *LAG Köln* 20.09.1984 EzA § 74 BetrVG 1972 Nr. 6; *ArbG Stuttgart* DB 1984, 835; **a. M.** *LAG Baden-Württemberg* DB 1985, 46 = AiB 1985, 16 [U. *Mayer*], aufgehoben durch *BAG* vom 12.06.1986; *LAG Hamburg* vom 21.04.1986 AuB 1987, 175 [*Wendeling-Schröder*]; *ArbG München* DB 1984, 512) oder etwa die Bewegung »Solidarität mit Chile«.

Abzulehnen ist die darüber hinausgehende (bisherige) Auffassung des *BAG* und eines Teils des 111 Schrifttums, die jegliche **(allgemein-) politische Betätigung** vom Verbot erfasst sieht, weil alle politischen Fragen (gleichgültig, ob es sich um solche der Außen- oder Innenpolitik, der äußeren oder inneren Sicherheit, der Kultur, der Arbeit oder der Freizeitgestaltung handelt) bei der Struktur der heutigen Parteien in den Bereich parteipolitischer Stellungnahmen fallen und deshalb eine Trennung in eine zulässige allgemeinpolitische Betätigung von der verbotenen parteipolitischen Betätigung nicht möglich sei (*BAG* 12.06.1986 EzA § 74 BetrVG 1972 Nr. 7 S. 62 = AP Nr. 5 zu § 74 BetrVG 1972 Bl. 1 R; NZA 1987, 153 [154]; 21.02.1978 AP Nr. 1 zu § 74 BetrVG 1972 Bl. 6 R [zust. *Löwisch*] = SAE 1979, 64 [zust. *Bohn*]; 04.05.1955 AP Nr. 1 zu § 44 BetrVG 1952 [zust. *Dietz*]; *LAG Köln* 20.09.1984 EzA § 74 BetrVG 1972 Nr. 6 S. 51 f.; *von Hoyningen-Huene*/MünchArbR § 214 Rn. 26; *ders.* Betriebsverfassungsrecht § 4 IV 4; *Kaiser*/LK § 74 Rn. 29; *Meisel* RdA 1976, 38 [39]; *Müller-Boruttau* NZA 1996, 1071 [1073]; *Pauly* JuS 1978, 163 [166]; *Preis*/WPK § 74 Rn. 19; *Richardi*/*Maschmann*/*Richardi* § 74 Rn. 62 m. w. N. zum BetrVG 1952; *Rüttgers* Das Verbot parteipolitischer Betätigung im Betrieb, S. 58; *Sowka/Krichel* DB 1989, Beil. Nr. 11, S. 5; *Stege/Weinspach/Schiefer* § 74 Rn. 12; *Wiese* FS 50 Jahre Bundesarbeitsgericht, S. 1125 [1140]; **wie hier** (z. T. schon bisher) u. a.: *Berg/DKKW* § 74 Rn. 51, 55; *Däubler* Das Arbeitsrecht 1, Rn. 781; *Derleder* AuR 1988, 17 [21 ff.]; *Etzel* HzA Gruppe 19/1, Rn. 431; *Fitting* § 74 Rn. 50; *Gnade* JArbR Bd. 14 [1977], S. 59 [66]; *R. Hofmann* [wie Rdn. 108], S. 58 ff.; *Illes* Das betriebsverfassungsrechtliche Verbot parteipolitischer Betätigung im Betrieb, S. 112 f.; *Joachim* in: *Posser/Wassermann* [Hrsg.] Freiheit in der sozialen Demokratie, S. 255 [262]; *Niklas* DB 2013, 1665 [1666]; *Oetker* BlStSozArbR 1983, 321 [325]; *Rieble/Wiebauer* ZfA 2010, 63 [112]; *Schaub* RdA 1979, 137 [140 f.]; *Schmitt* [wie Rdn. 110] S. 26 f.; *Thiele* Drittbearbeitung, § 74 Rn. 52; *Weiss/Weyand* § 74 Rn. 18; zum BetrVG 1952 schon: *Dieckhoff* AuR 1958, 238; *Lepke* DB 1968, 2037 [2039]; *Rüthers* BB 1958, 778; *Schmittner* AuR 1968, 353 [359]). Diese Auffassung ist schon mit dem Wortlaut von Abs. 2 Satz 3 unvereinbar. Wie sich auch im Unterschied zu § 75 Abs. 1 und § 118 Abs. 1 Nr. 1 ergibt, ist der Begriff »parteipolitisch« eindeutig enger als der Begriff »politisch«. Der Hinweis auf die Unmöglichkeit der Abgrenzung und damit auf Praktikabilitäts- und Rechtssicherheitsgründe ist nicht überzeugend, weil die abgelehnte Auffassung die Problematik lediglich auf die ebenso schwierige Abgrenzung von politischer und unpolitischer Betätigung verlagert. Außerdem kann sie nicht erklären, wieso in gelegentlichen politischen Gesprächen, an denen unstr. auch Arbeitgeber und Betriebsratsmitglieder am Arbeitsplatz oder in den Pausen teilnehmen können, keine »parteipolitische« Betätigung liegen soll. Schließlich wäre es mit Art. 5 GG unvereinbar, wenn das Gesetz den Betrieb politikfrei halten wollte (vgl. *BVerfGE* 42, 133 = *BVerfG* 24.08.1976 AP Nr. 2 zu § 74 BetrVG 1972). Wo eine politische Betätigung daher nicht für oder gegen eine bestimmte Partei, organisierte Gruppierung oder formulierte politische Richtung einzuordnen, vielmehr nach allen Seiten offen ist, greift nicht schon das absolute Verbot des Abs. 2 Satz 3 ein, sondern erst das Verbot der konkreten Beeinträchtigung gemäß Abs. 2 Satz 2.

112 Unter Berufung auf die hier (Rdn. 111; schon seit 5. Aufl. § 74 Rn. 98) gegen die bisherige Rspr. vorgetragenen Argumente, aber ohne Auseinandersetzung mit der Literatur, hat der Siebte Senat des *BAG* im Jahr 2010 unter Aufgabe der bisherigen Auffassung des *BAG* insoweit begrüßenswert entschieden, dass »Äußerungen allgemeinpolitischer Art, die eine politische Partei, Gruppierung oder Richtung weder unterstützen noch sich gegen sie wenden«, nicht unter das Verbot fallen (*BAG* 17.03.2010 EzA § 74 BetrVG 2001 Nr. 1 Rn. 37 ff. = AP Nr. 12 zu § 74 BetrVG 1972 [zust. insoweit *Husemann* Bl. 10 R, der aber für eine nach »Leitlinien« strukturierte Einzelfallbetrachtung eintritt; vgl. *dens.* Das Verbot der parteipolitischen Betätigung, S. 226 ff., 282 ff.]; zust. insoweit auch *Wiebauer* BB 2010, 3091 ff.; *Schwipper* Öffentliche Meinungsäußerungen, S. 149; abl., und damit den Literaturstreit [s. Rdn. 111] fortführend *Bauer/E. M. Willemsen* NZA 2010, 1089 [1090 f., 1092 f.]; *Reichold* RdA 2011, 58 [60 f.]; *Schöne* SAE 2011, 184 [185 f.]; *Worzalla/HWGNRH* § 74 Rn. 42). Zutr. hat der Senat danach keinen Verbotsverstoß in einem Aufruf des Betriebsrats an die Mitarbeiter gesehen, »an bevorstehenden politischen Wahlen und Abstimmungen teilzunehmen«.

b) Betätigung parteipolitischer Art

113 Betätigung für oder gegen eine politische Partei, Gruppierung oder eine formierte politische Richtung ist vor allem die **Propaganda** (Agitation, Werbung) in **Wort** und **Schrift**, insbesondere durch das Verteilen von **Informationsmaterial** (Zeitungen, Druckschriften, Flugblätter), das Anbringen von **Plakaten** und **Aushängen**, das Tragen von **Ansteck-Plaketten** (vgl. zu Anti-Strauß- und Anti-Atomkraft-Plaketten die Nachweise Rdn. 106) oder von Abziehbildern, z. B. auf Schutzhelmen oder Firmenfahrzeugen. Die Betätigung kann aber auch in der Veranlassung oder sonstigen Organisation von Resolutionen, Abstimmungen, Umfragen sowie von Geld- und Unterschriftensammlungen bestehen. Rechtsprechungsbeispiele bei *R. Hofmann* Das Verbot parteipolitischer Betätigung im Betrieb, S. 77 ff.; vgl. weiter etwa *Glaubitz* BB 1972, 1277; *Hacker* DB 1963, 962 (964); *Meisel* RdA 1976, 38; *Molitor* BB 1955, 167; *Stege/Weinspach/Schiefer* § 74 Rn. 12 ff. An einer »Betätigung« parteipolitischer Art fehlt es z. B., wenn der Betriebsrat nach § 40 Abs. 2 eine Zeitschrift verlangt (AiB), in der auch Kritik an der Bundesregierung geübt wird (zutr. *LAG Niedersachsen* AiB 1989, 254).

114 Die Betätigung ist parteipolitisch, wenn dabei **ausdrücklich** oder (aus der Sicht des objektiv beobachtenden Belegschaftsangehörigen) in deutlich **erkennbarer Weise** auf eine politische Partei, Gruppierung oder Bewegung **Bezug genommen** wird, ohne dass es darauf ankommt, ob objektiv für sie oder gegen sie eingetreten wird. Es genügt auch, wenn für oder gegen deren **führende Repräsentanten** (vgl. zur Anti-Strauß-Plakette die Nachweise Rdn. 106) oder auch nur lokal herausgehobene Persönlichkeiten eingetreten wird. Deshalb ist auch die **Einladung** von Parteipolitikern (insbesondere von Kandidaten, in deren Wahlkreis der Betrieb liegt) in **Wahlkampfzeiten** als Referenten (in einer Betriebsversammlung oder sonstigen betrieblichen Veranstaltung; vgl. *BAG* 13.09.1977 AP Nr. 1 zu § 42 BetrVG 1972 = EzA § 45 BetrVG 1972 Nr. 1 [zust. *Hanau*]) oder zur Betriebsbesichtigung verboten (vgl. auch Rdn. 124). Einseitigkeit ist nicht erforderlich. Vielfach wird sich die werbende, unterstützende oder befürwortende Stellungnahme für eine politische Gruppierung zugleich ausdrücklich oder erkennbar gegen deren politischen Gegner richten (vgl. etwa *BAG* 05.12.1975 AP Nr. 1 zu § 87 BetrVG 1972 Betriebsbuße; 21.02.1978 AP Nr. 1 zu § 74 BetrVG 1972). Die Betätigung muss sich auch nicht für oder gegen eine einzige Partei richten. Insbesondere vor dem Hintergrund koalitionsmäßiger Verbindungen der Parteien könnte das Verbot sonst leerlaufen (ebenso *Oetker* BlStSozArbR 1983, 321 [324 f.]). Deshalb ist das Eintreten für ein »Rot-Grünes-Bündnis« (von SPD und Grünen) ebenso unzulässig, wie etwa Aktionen gegen das »Schwarz-gelbe Chaos« (wie sie vom DGB-Vorsitzenden gegen CDU/CSU/FDP 1988 angekündigt wurden) oder für oder gegen eine »Große Koalition« (von CDU/CSU/SPD) etc. Die Betätigung muss andererseits nicht im Interesse des Handelnden selbst liegen. Auch der agent provocateur handelt verbotswidrig.

Eine »Betätigung« liegt grundsätzlich nur bei **aktiver Tätigkeit** vor. Diese kann allerdings auch in der aktiven Unterstützung oder (erkennbaren) Billigung parteipolitischer Betätigung von Belegschaftsangehörigen oder Dritten im Betrieb liegen. Es besteht aber grundsätzlich **keine Einwirkungspflicht** von Arbeitgeber und Betriebsrat gegen parteipolitische Aktivitäten von Belegschaftsangehörigen (ebenso *Berg*/DKKW § 74 Rn. 68; *Fitting* § 74 Rn. 45; *von Hoyningen-Huene*/MünchArbR § 214 Rn. 27; *Illes* Das betriebsverfassungsrechtliche Verbot parteipolitischer Betätigung im Betrieb, S. 118 ff.; *Kaiser*/LK § 74 Rn. 32; *Kania*/ErfK § 74 BetrVG Rn. 24; *Kruse* Rechte des Arbeitgebers gegenüber dem Betriebsrat, S. 86 ff.; *Niklas* DB 2013, 1665 [1667]; *Preis*/WPK § 74 Rn. 22; *Richardi*/*Maschmann*/*Richardi* § 74 Rn. 67; *Schmitt* [wie Rdn. 110], S. 31; **a. M.** *Glaubitz* BB 1972, 1277 [1278]). Abs. 2 Satz 3 enthält eine Unterlassungspflicht, aber kein Handlungsgebot; ein solches kann auch nicht aus § 2 Abs. 1 hergeleitet werden (vgl. Rdn. 85). Ungeachtet deliktischer und arbeitsvertraglicher Sanktionsmöglichkeiten des Arbeitgebers und der aus § 104 folgenden Möglichkeit des Betriebsrats kann daher mangels Garantenstellung im bloßen Dulden parteipolitischer Aktivitäten Dritter keine »Betätigung« gesehen werden (*Thiele* Drittbearbeitung, § 74 Rn. 56; ebenso *Berg*/DKKW § 74 Rn. 68; *R. Hofmann* Das Verbot parteipolitischer Betätigung im Betrieb, S. 88 ff.; *Joachim* in: *Posser*/*Wassermann* [Hrsg.] Freiheit in der sozialen Demokratie, S. 255 [262]; *Kreutz* BlStSozArbR 1972, 44 [50]; *Schmitt* [wie Rdn. 110], S. 31; **a. M.** *Glaubitz* BB 1972, 1278; *Meisel* RdA 1976, 38 [39 f.]; *Richardi*/*Maschmann*/*Richardi* § 74 Rn. 67; *Stege*/*Weinspach*/*Schiefer* § 74 Rn. 14; *Worzalla*/HWGNRH § 74 Rn. 50; unklar *Rüttgers* [wie Rdn. 111] S. 70 f.). Es ist auch nicht Sache der Betriebspartner, den bloßen Anschein einer Billigung zu vermeiden oder zu entkräften. Insbesondere ist zu berücksichtigen, dass in einer öffentlichen Missbilligung seitens des Betriebsrats vielfach ein (verbotener) parteipolitischer actus contrarius liegen würde. Nur wo **ausnahmsweise** eine **Garantenstellung** besteht, kann im Dulden selbst eine Verbotsverletzung liegen, z. B. wenn der Betriebsrat eine parteipolitische Aktivität der Belegschaft initiiert hat oder wenn der Betriebsratsvorsitzende bei der Leitung der Betriebsversammlung parteipolitische Redebeiträge zulässt. Ebenso hat der Arbeitgeber eine Garantenstellung für das Verhalten der von ihm mit Arbeitgeberfunktionen beauftragten Arbeitnehmer und muss insbesondere gegen leitende Angestellte einschreiten, wenn sie im Betrieb parteipolitisch tätig werden (diese verstoßen allerdings nicht selbst gegen das Verbot des Abs. 2 Satz 3; vgl. Rdn. 101 ff., 105 f.; **a. M.** *Meisel* RdA 1976, 38 [40]; *Schäcker* BB 1963, 856). Ebenso muss der Betriebsrat gegen parteipolitische Betätigungen seiner Mitglieder einschreiten (zust. *Kania*/ErfK § 74 BetrVG Rn. 24).

c) Im Betrieb

Den Verbotsadressaten ist nur die parteipolitische Betätigung **im Betrieb** untersagt. Das Gesetz knüpft damit (im Betrieb = in *dem* Betrieb) an das räumliche Element des Betriebsbegriffs an (s. *Franzen* § 1 Rdn. 40) und steckt einen **räumlichen Geltungsbereich** des Verbots ab. Es gilt auf dem **gesamten Betriebsgelände** (unstr.) einschließlich sämtlicher Betriebsteile (auch zugeordneter selbständiger Betriebsteile und Kleinstbetriebe nach § 4 Abs. 1 Satz 2 und Abs. 2) und Betriebseinrichtungen (z. B. auch Kantinen, Parkplätze, Sportanlagen, Erholungsheime), aber auch für parteipolitische Aktivitäten in unmittelbarer räumlicher Nähe des Betriebsgeländes, sofern diese objektiv in den Betrieb hineinwirken und damit (abstrakt) den Betriebsfrieden gefährden (so auch *BAG* 21.02.1978 AP Nr. 1 zu § 74 BetrVG 1972 Bl. 6 R [zust. *Löwisch*]; AP Nr. 4 zu § 13 KSchG; *R. Hofmann* Das Verbot parteipolitischer Betätigung im Betrieb, S. 71; *Illes* Das betriebsverfassungsrechtliche Verbot parteipolitischer Betätigung im Betrieb, S. 123 ff.; *Kaiser/LK* § 74 Rn. 33; *Meisel* RdA 1976, 38 [40]; *Oetker* BlStSozArbR 1983, 321 [323]; *Richardi/Maschmann/Richardi* § 74 Rn. 66; *Stege/Weinspach/Schiefer* § 74 Rn. 13; *Wiese* FS 50 Jahre Bundesarbeitsgericht, S. 1125 [1141]; *Worzalla/HWGNRH* § 74 Rn. 51; **a. M.** *Berg/DKKW* § 74 Rn. 62). Praktisch wird das vor allem bei der Verteilung von Flugblättern parteipolitischen Inhalts durch Betriebsratsmitglieder auf den Zugangswegen zum Betrieb, insbesondere an den Werkstoren vor Arbeitsbeginn (so der Sachverhalt von *BAG* 21.02.1978 AP Nr. 1 zu § 74 BetrVG 1972) und bei Lautsprecheraktionen am Betriebseingang (*LAG Hamburg* BB 1970, 479). Auf eine subjektive Zielrichtung des Handelnden kommt es dabei nicht entscheidend an (ebenso *Oetker* BlStSozArbR 1983, 323; **a. M.** wohl *BAG* 21.02.1978 AP Nr. 1 zu § 74 BetrVG 1972 Bl. 6 R; *R. Hofmann* Das Verbot parteipolitischer Betätigung im Betrieb, S. 72). Wo der räumliche Bezug zum Betrieb fehlt, kann dieser erst recht nicht durch die finale Zielrichtung, (auch) auf die Belegschaft einwirken zu wollen, überwunden werden. Der Betriebsbezug ist aber z. B. gewahrt, wenn der Betriebsrat einen politischen Wahlaufruf in einer Sitzung beschließt und diesen dann in einer Zeitungsanzeige veröffentlicht. Fehlt eine feste Betriebsstätte oder erbringen Arbeitnehmer ihre Arbeitsleistung typischerweise nicht in einer räumlich abgegrenzten Betriebsstätte (Außendienst), ist die parteipolitische Einwirkung auf diese Arbeitnehmer am Einsatzort untersagt.

117 Im Betrieb sind parteipolitische Betätigungen **zu jeder Zeit** verboten (in der Arbeitszeit, den Pausen, Betriebsratssitzungen, Betriebs- und Abteilungsversammlungen [vgl. auch § 45 Satz 1 Halbs. 2; danach gilt das Verbot allerdings auch, wenn die Betriebsversammlung außerhalb des Betriebes z. B. in einem gemieteten Saal stattfindet], vor und nach der Arbeitszeit). »Im Betrieb« erfordert jedoch eine Betätigung vor einer gewissen Betriebsöffentlichkeit, weil nur dann der Betriebsfriede abstrakt gefährdet ist. Das ist der Grund, weshalb allgemein zu Recht angenommen wird, dass Arbeitgeber und Betriebsratsmitglieder in privaten Gesprächen auch im Betrieb parteipolitische Ansichten und Präferenzen äußern können (vgl. dazu auch *Etzel* HzA Gruppe 19/1, Rn. 430; *Fitting* § 74 Rn. 51; *Galperin/Löwisch* § 74 Rn. 21; *R. Hofmann* Das Verbot parteipolitischer Betätigung im Betrieb, S. 70 f. m. w. N.; im Ergebnis auch *Berg/DKKW* § 74 Rn. 60).

118 Außerhalb des Betriebs bestehen grundsätzlich keine betriebsverfassungsrechtlichen **Beschränkungen** für parteipolitische Aktivitäten von Arbeitgeber und Betriebsratsmitgliedern. Insbesondere dürfen dabei Betriebsratsmitglieder und Betriebsratsvorsitzende ihre Funktion angeben und auch hervorheben, z. B. auf Parteiversammlungen, in Wahlreden und Wahlwerbeanzeigen (str.; wie hier: *LAG Frankfurt a. M.* DB 1967, 430 [431]; *Berg/DKKW* § 74 Rn. 63; *Fitting* § 74 Rn. 53; *Gnade* JArbR Bd. 14 [1977], S. 59 [72]; ausführlich *R. Hofmann* Das Verbot parteipolitischer Betätigung im Betrieb, S. 75 ff.; *Kania/ErfK* § 74 BetrVG Rn. 27; *Nikisch* III, S. 239; *Preis/WPK* § 74 Rn. 23; *Richardi/Maschmann/Richardi* § 74 Rn. 66 a. E.; *Schmittner* AuR 1968, 353 [360]; *Vollmer* Grenzen der politischen Betätigung im Betrieb, S. 70; **a. M.** *Glaubitz* BB 1972, 1277 [1278]; *Hacker* DB 1963, 962; *Meisel* RdA 1976, 38 [42]; *Oetker* BlStSozArbR 1983, 321 [323]; *Rüttgers* [wie Rdn. 111], S. 74 ff.; *Schäcker* BB 1963, 856 [857]). Insoweit ist die räumliche Begrenzung durch den Wortlaut des Verbots strikt zu beachten. Die die Meinungsfreiheit einschränkende Wirkung des Verbots steht jeder extensiven Auslegung entgegen. Ein Verstoß gegen Abs. 2 Satz 3 liegt deshalb nicht einmal dann vor, wenn ein Betriebsratsmitglied sich außerhalb des Betriebs ein parteipolitisches Handeln namens der Belegschaft anmaßt (**a. M.** *R. Hofmann* Das Verbot parteipolitischer Betätigung im Betrieb, S. 75; *Wiese* FS 50 Jahre Bundesarbeitsgericht, S. 1125 [1141]: das Gewicht des Amts darf nicht bewusst ins Spiel gebracht werden). Bei konkreter Beeinträchtigung des Betriebsfriedens greift dann aber das Verbot des Abs. 2 Satz 2 ein.

119 Der Arbeitgeber ist in jedem Betrieb seines Unternehmens an das Verbot gebunden. Für den Betriebsrat und seine Mitglieder reicht das Verbot dagegen nur soweit wie ihr Amtsbereich (*Niklas* DB 2013, 1665 [1667]). Deshalb unterliegen Betriebsratsmitglieder, die nicht zugleich Mitglieder des Gesamt-

oder Konzernbetriebsrats sind, nur in dem Betrieb (oder der nach §§ 3, 4 gebildeten Organisationseinheit), dem sie zugehörig sind, dem Verbot. Abs. 2 Satz 3 ist daher z. B. nicht verletzt, wenn ein solches Betriebsratsmitglied vor dem Werkstor eines anderen Betriebs desselben Unternehmens oder Konzerns parteipolitische Flugblätter verteilt (ebenso *Fitting* § 74 Rn. 52; *R. Hofmann* Das Verbot parteipolitischer Betätigung im Betrieb, S. 106; *Oetker* BlStSozArbR 1983, 321 [324]; *Richardi/Maschmann/Richardi* § 74 Rn. 66; **a. M.** *Lepke* DB 1968, 2037 [2038]; *Meisel* RdA 1976, 38 [42]). Umgekehrt sind Gesamt- und Konzernbetriebsräte und ihre **Mitglieder** nicht nur in ihrem Beschäftigungsbetrieb (so früher *Säcker* AuR 1965, 253 [260]), sondern in jedem ihrem Amtsbereich zuzurechnenden Betrieb gebunden. Das ergibt sich aus §§ 51 Abs. 5, 59 Abs. 1 (ebenso *Berg/DKKW* § 74 Rn. 62; *Kaiser/LK* § 74 Rn. 34 sowie die genannten *Fitting*, *R. Hofmann*, *Oetker* und *Richardi*).

4. Angelegenheiten tarifpolitischer, sozialpolitischer, umweltpolitischer und wirtschaftlicher Art (Abs. 2 Satz 3 Halbs. 2)

120 Das Verbot parteipolitischer Betätigung im Betrieb lässt nach Abs. 2 Satz 3 Halbs. 2 die Behandlung von Angelegenheiten tarifpolitischer, sozialpolitischer, umweltpolitischer und wirtschaftlicher Art **unberührt** und damit zu, wenn und soweit sie den Betrieb oder seine Arbeitnehmer unmittelbar betreffen. Arbeitgeber und Betriebsrat dürfen sich dieser Themengegenstände im Betrieb annehmen, sie gemeinsam diskutieren, über sie die Belegschaft informieren, zu ihnen Stellung nehmen, Resolutionen herbeiführen usw. Nach ausdrücklicher Bestimmung in § 45 Satz 1 dürfen auch Betriebs- und Abteilungsversammlungen diese Angelegenheiten behandeln.

121 Zur **Abgrenzung** der weiten Bereiche tarifpolitischer, sozialpolitischer, umweltpolitischer und wirtschaftlicher Angelegenheiten s. *Weber* § 45 Rdn. 13 ff.; weiter *R. Hofmann* Das Verbot parteipolitischer Betätigung im Betrieb, S. 151 ff.; *Rüttgers* Das Verbot parteipolitischer Betätigung im Betrieb, S. 79 ff. Zur eingrenzenden Voraussetzung, dass die Angelegenheiten den Betrieb oder seine Arbeitnehmer unmittelbar betreffen müssen, s. *Weber* § 45 Rdn. 11; ferner *R. Hofmann* S. 146 ff.; *Rüttgers* S. 85 ff. Erst durch das BetrVerf-Reformgesetz (vgl. Rdn. 4) ist der Katalog des Abs. 2 Satz 3 Halbs. 2 um Angelegenheiten umweltpolitischer Art, die den Betrieb oder seine Arbeitnehmer unmittelbar betreffen, erweitert worden. Für den Begriff »betrieblicher Umweltschutz« ist dessen Legaldefinition in § 89 Abs. 3 maßgeblich (vgl. dazu *Gutzeit* § 89 Rdn. 26 f.).

122 In § 74 Abs. 2 Satz 3 Halbs. 2 erkennt das Gesetz an, dass der Betrieb **nicht ganz politikfrei** gehalten werden kann. Verfassungsrechtlich wäre es mit der elementaren Bedeutung des Grundrechts aus Art. 5 Abs. 1 GG auch unvereinbar, »wollte der Gesetzgeber die Freiheit der politischen Meinungsäußerung dem Bereich der betrieblichen Arbeitswelt, die die Lebensgestaltung zahlreicher Staatsbürger wesentlich bestimmt, schlechthin fernhalten« (BVerfG E 42, 133 [140] = BVerfG 28.04.1976 AP Nr. 2 zu § 74 BetrVG 1972 Bl. 2). Durch das Erfordernis **unmittelbaren Betroffenseins** des Betriebs oder seiner Arbeitnehmer wird jedoch einer allgemeinen Politisierung der Betriebe entgegengewirkt. Insbesondere erhält der Betriebsrat auf den in Halbs. 2 genannten Politikfeldern kein eigenständiges politisches Mandat. Die zugelassenen politischen Aktivitäten dienen vielmehr der angemessenen Aufgabenwahrnehmung des Betriebsrats, ohne ihm selbst neue Aufgaben zu übertragen. Auch aus den allgemeinen betriebsverfassungsrechtlichen Aufgaben der Betriebspartner, insbesondere des Betriebsrats, lassen sich keine weitergehenden politischen Befugnisse ableiten. Die Zuständigkeiten gemäß §§ 75 und 80 setzen nämlich ebenfalls voraus, dass ein unmittelbarer Bezug zum Betrieb oder seinen Arbeitnehmern gegeben ist.

123 Darüber hinaus ist zu beachten, dass Halbs. 2 **keine Ausnahme vom** absoluten **Verbot parteipolitischer Betätigung** nach Abs. 2 Satz 3 Halbs. 1 ist. Vielmehr gilt dieses Verbot auch bei der Behandlung von Angelegenheiten aus den zugelassenen Politikbereichen (vgl. Rdn. 96). Für die Behandlung in Betriebs- und Abteilungsversammlungen ist das in § 45 Satz 1 Halbs. 2 ausdrücklich klargestellt; außerhalb der Betriebsversammlung gilt aber nichts anderes (ebenso *R. Hofmann* [wie Rdn. 121] S. 157). Die Grenzziehung zwischen beiden Halbsätzen verläuft daher nicht zwischen unzulässiger und zulässiger Parteipolitik (so aber *Oetker* BlStSozArbR 1983, 321 [324]), sondern zwischen unzulässiger parteipolitischer Betätigung und zulässiger Behandlung zugelassener **Sachthemen**.

124 Allerdings bleibt die Behandlung der in Halbs. 2 genannten Angelegenheiten auch dann zulässig, wenn dazu bereits Konzepte oder Stellungnahmen von Parteien vorliegen (ebenso *Etzel* HzA Gruppe 19/1, Rn. 432; *Fitting* § 74 Rn. 56; *R. Hofmann* [wie Rdn. 121] S. 145; *Kreutz* BlStSozArbR 1972, 44 [50]; *Richardi/Maschmann/Richardi* § 74 Rn. 63; hier erweist sich somit die Richtigkeit der oben [Rdn. 111] vertretenen Auffassung, dass parteipolitische Betätigung nicht mit allgemeinpolitischer Betätigung gleichgesetzt werden kann). Auch können sich Sachaussagen und Stellungnahmen mit den Auffassungen einer oder mehrerer Parteien oder einer politischen Richtung decken (*Thiele* Drittbearbeitung, § 74 Rn. 62; zust. *Berg/DKKW* § 74 Rn. 70). Arbeitgeber, Betriebsrat und Betriebsratsmitglieder dürfen sich jedoch nicht erkennbar zum Sprachrohr dieser Partei oder Gruppierung machen (*Thiele* Drittbearbeitung § 74 Rn. 62). Sie dürfen ihre Sachaussage nicht erkennbar mit Propaganda-Werturteilen für oder gegen eine Partei verbinden (ebenso *Etzel* HzA Gruppe 19/1, Rn. 432; *R. Hofmann* [wie Rdn. 121], S. 158; zust. *Fitting* § 74 Rn. 55; *Kania/* ErfK § 74 BetrVG Rn. 30). Auch kann sich aus den Begleitumständen, unter denen eine an sich zulässige Angelegenheit behandelt wird, ein Verstoß gegen das Verbot parteipolitischer Betätigung ergeben, etwa wenn ein Spitzenpolitiker gerade in Wahlkampfzeiten im Rahmen seiner Wahlkampfstrategie beauftragt wird, ein Referat zu einem an sich zulässigen sozialpolitischen Thema im Betrieb zu halten (vgl. *BAG* 13.09.1977 AP Nr. 1 zu § 42 BetrVG 1972 = EzA § 45 BetrVG 1972 Nr. 1 [zust. *Hanau*] = SAE 1978, 126 [zust. *Weitnauer*] = AuR 1978, 220 [abl. *Zachert*]; ebenso *Richardi/Maschmann/Richardi* § 74 Rn. 64; *Kaiser/LK* § 74 Rn. 30). Außerhalb von Wahlkampfzeiten bestehen indes keine Bedenken, wenn Parteipolitiker im Betrieb zu den in Halbs. 2 zugelassenen betriebsrelevanten Themen auf Einladung von Arbeitgeber und/oder Betriebsrat sprechen (*BAG* 13.09.177; *Fitting* § 74 Rn. 56; **a. M.** wohl *Loritz/ZLH* Arbeitsrecht, § 46 IX 2c). In der Literatur werden darüber hinaus auch gelegentliche Einladungen an Spitzenpolitiker als üblich und zulässig angesehen, auch wenn sich diese Betriebsauftritte nicht auf die Behandlung der in Abs. 2 Satz 3 Halbs. 2 genannten Gegenstände beschränken, sofern nur die Einladung im Einvernehmen von Arbeitgeber und Betriebsrat und außerhalb von Wahlkampf- und Vorwahlkampfzeiten erfolgt und der Betriebsfrieden gewahrt bleibt (*Thiele* Drittbearbeitung, § 74 Rn. 53; *Galperin/Löwisch* § 74 Rn. 22; *Hanau* Anm. zu *BAG* 13.09.1977 EzA § 45 BetrVG 1972 Nr. 1 S. 10; *Hohn* BB 1975, 376; *Löwisch* DB 1976, 676; noch weitergehend *Gnade* JArbR Bd. 14 [1977], S. 59 [71]; *Berg/DKKW* § 74 Rn. 61; *Fitting* § 74 Rn. 56: wenn die Einladung gemeinsam ausgesprochen wird). Bei Politikern, die Regierungsverantwortung tragen, ist das vertretbar, nicht aber bei reinen Parteipolitikern, weil bei diesen zu vermuten ist, dass sie sich allein vom Parteiinteresse und ihrem parteipolitischen Gesamtprogramm leiten lassen.

125 Die **Zulässigkeit** der Behandlung tarif-, sozial- und umweltpolitischer sowie wirtschaftlicher Angelegenheiten ist **beschränkt**, wenn der Arbeitsablauf oder der Betriebsfrieden konkret beeinträchtigt wird (Abs. 2 Satz 2). Politische Diskussionen und Beratungen des Betriebsrats mit einzelnen oder Gruppen von Arbeitnehmern sind während der Arbeitszeit und am Arbeitsplatz grundsätzlich unzulässig.

5. Rechtsfolgen parteipolitischer Betätigung im Betrieb

126 Die Verbotsadressaten **haben** jede parteipolitische Betätigung im Betrieb zu **unterlassen**. Schon nach dem Wortlaut von **§ 74 Abs. 2 Satz 3** ist damit hinreichend klargestellt, dass sie zur Unterlassung **verpflichtet** sind. Mit dieser Unterlassungspflicht korrespondiert ein auf zukünftiges Verhalten gerichteter **Unterlassungsanspruch** der jeweils anderen Seite (ebenso *BAG* 22.07.1980 EzA § 74 BetrVG 1972 Nr. 5 S. 49 = AP Nr. 3 zu § 74 BetrVG 1972 Bl. 2 [unter Berufung auf *BAG* 13.09.1977 AP Nr. 1 zu § 42 BetrVG 1972 und 21.02.1978 AP Nr. 1 zu § 74 BetrVG 1972]; 12.06.1986 EzA § 74 BetrVG 1972 Nr. 7 = AP Nr. 5 zu § 74 BetrVG 1972 [Vorinstanzen: *LAG Baden-Württemberg* DB 1985, 46; *ArbG Stuttgart* DB 1984, 835]; *LAG Berlin-Brandenburg* 31.01.2013 – 7 TaBV 1733/11 – juris, Rn. 27 ff. [verkürzt abgedruckt in BB 2013, 702; zust. *Scharff* BB 2013, 704: »erfreulich«]; *Galperin/Löwisch* § 74 Rn. 7b; *R. Hofmann* Das Verbot parteipolitischer Betätigung im Betrieb, S. 129; *Kaiser/LK* § 77 Rn. 36; *Richardi/Maschmann/Richardi* § 74 Rn. 72; *Schmitt* Interessenkonflikte bei der Wahrnehmung des Betriebsratsamtes, S. 51 f.; *Worzalla/HWGNRH* § 74 Rn. 56; ausf. *Lukes* Der betriebsverfassungsrechtliche Unterlassungsanspruch des Arbeitgebers gegen den Betriebsrat, S. 253 ff.). Vgl. zu dessen **Geltendmachung** (auch im Wege des Antrags auf einstweilige Verfügung) im arbeits-

gerichtlichen Beschlussverfahren (§ 2a Abs. 1 Nr. 11, Abs. 2, §§ 80 ff. ArbGG) und zur Vollstreckung eines Verbotsbeschlusses entsprechend Rdn. 89, 90 sowie als praktisches Beispiel *BAG* 12.06.1986 EzA § 74 BetrVG 1972 Nr. 7: Unterlassungsanspruch des Arbeitgebers gegen den Betriebsrat, Flugblätter zur Raketenstationierung, Nachrüstung in der Bundesrepublik, Gründung betrieblicher Friedensinitiativen und Bildung einer atomwaffenfreien Zone des Betriebes am schwarzen Brett des Betriebsrats auszuhängen. Ein solches Beschlussverfahren bietet sich vor allem zur Klärung von strittigen Grundsatzfragen an.

Demgegenüber hat der Siebte Senat des *BAG* in den Beschlüssen vom 17.03.2010 (EzA § 74 BetrVG 2001 Nr. 1 LS 2 = AP Nr. 12 zu § 74 BetrVG 1972) entschieden, dass Verstöße des Betriebsrats gegen das Verbot parteipolitischer Betätigung **keinen aus § 74 Abs. 2 Satz 3 abgeleiteten Unterlassungsanspruch** des Arbeitgebers gegenüber dem Betriebsrat begründen. Er hat diese Judikatur für »auch für andere in Betracht kommende betriebsverfassungsrechtliche Vorschriften« bestätigt (*BAG* 28.05.2014 EzA § 74 BetrVG 2001 Nr. 3 Rn. 17 ff., 21 = AP Nr. 66 zu § 76 BetrVG 1972 zur Unterlassung der Benennung eines Beisitzers einer Einigungsstelle; stattdessen Verweis auf einen Feststellungsantrag). Ihr hat sich in Bezug auf **§ 74 Abs. 2 Satz 1 Halbs. 1** für einen Streikaufruf über einen vom Arbeitgeber für dienstliche Zwecke eingerichteten E-Mail-Account des Betriebsrats der Erste Senat, gestützt auf den Wortlaut und den Gesetzeszweck, trotz der massiven Kritik im Schrifttum an den Beschlüssen des Siebten Senats (s. Rdn. 129) mit Beschluss vom 15.10.2013 (EzA Art. 9 GG Arbeitskampf Nr. 151 Rn. 25 f. = AP Nr. 181 zu Art. 9 GG Arbeitskampf [abl. *Bauer/v. Medem*]) angeschlossen und die Rspr. des Siebten Senats sogar noch auf einzelne Betriebsratsmitglieder ausgedehnt (der Senat gibt allerdings einen Unterlassungsanspruch aus § 1004 Abs. 1 Satz 2 BGB, der freilich in vielen Fallkonstellationen nicht greift).

127

Dieser **Rspr.** des Siebten Senats (und auch des Ersten Senats) ist jedoch **nicht zu folgen**. Sie ist nicht tragfähig begründet. Nicht überzeugend ist zunächst die Berufung darauf, dass der Wortlaut einen Unterlassungsanspruch nicht ausdrücklich nennt (Siebter Senat: Rn. 26), weil der Senat dann (Rn. 27) den gerichtlich anerkannten allgemeinen Unterlassungsanspruch des Betriebsrats bei Mitbestimmungsverletzungen bestätigt, für den nach § 87, § 2 Abs. 1 das Gleiche gilt. Zudem überzeugt diese Wortlautauslegung nicht, weil der Senat vermeidet, mit dem Wortlaut von einer Unterlassungspflicht (»haben ... zu unterlassen«) zu sprechen, sondern von einer »Verpflichtung zu parteipolitischer Neutralität« spricht. Auf diese Weise lässt sich die anerkannte Dogmatik nicht beiseiteschieben, nach der im Rechtsverhältnis die Unterlassungspflicht einer Seite mit einem Unterlassungsanspruch der anderen Seite korrespondiert (so zutr. auch *BAG* Sechster Senat, 22.07.1980 EzA § 74 BetrVG 1972 Nr. 5 S. 49 = AP Nr. 3 zu § 74 BetrVG 1972 Bl. 2). Auch aus einem systematischen Zusammenhang zu § 23 und dessen Konzeption lässt sich keine (generelle) Ablehnung betriebsverfassungsrechtlicher Unterlassungsansprüche des Arbeitgebers bei Verletzungen gesetzlicher Pflichten des Betriebsrats herleiten, wie der Senat meint (Rn. 27). Unterschiedliche Rechtsfolgen gegen Arbeitgeber (§ 23 Abs. 3) und Betriebsrat (§ 23 Abs. 1) beziehen sich nur auf grobe Pflichtverletzungen. Deshalb ist es unstimmig, § 23 ein abschließendes Konzept bei »Verletzung gesetzlicher Pflichten« zu entnehmen. Es fehlen Anhaltspunkte entstehungsgeschichtlicher (s. *Oetker* § 23 Rdn. 3, 149 f.) oder systematischer Art dafür, dass damit Rechtsschutz gegen sonstige (nicht »grobe«) Pflichtverletzungen ausgeschlossen sein soll. Auch aus der allgemein gefassten Überschrift von § 23 folgt das nicht. Wie sich im Kontext zur Abschnittüberschrift vor § 21 ergibt, ist § 23 als Amtszeitregelung konzipiert. § 23 Abs. 1 setzt das um, während Abs. 3 nur eine Kompensationsregelung dafür ist, dass eine Auflösung des Arbeitgebers nicht in Betracht kommt. Das belegt, dass der Senat auch nicht überzeugend für eine »strukturelle« Beurteilung von Unterlassungsansprüchen bei Pflichtverletzungen bei § 23 Abs. 3 ansetzt und im Umkehrschluss solche gegen den Betriebsrat ausschließt. Das gilt auch für die Behauptung, § 23 sehe keinen Unterlassungsanspruch des Arbeitgebers vor, weil ein solcher gegen den vermögenslosen Betriebsrat nicht vollstreckbar wäre (Rn. 27/28). Das Argument fehlender Vollstreckbarkeit hat schon der Sechste Senat zurückgewiesen (22.07.1980 EzA § 74 BetrVG 1972 Nr. 5 S. 48). Es übergeht auch die Möglichkeit paralleler Inanspruchnahme verantwortlicher Betriebsratsmitglieder (so die Konstellation im Beschluss des Ersten Senats des *BAG* vom 15.10.2013 EzA Art. 9 GG Arbeitskampf Nr. 151 = AP Nr. 181 zu Art. 9 GG Arbeitskampf, der einen Unterlassungsanspruch aus Art. 74 Abs. 2 Satz 1 Halbs. 2 gleichwohl ablehnt). Entgegen der Behauptung des Senats (Rn. 29) verkürzt die Verweigerung eines Unterlassungsanspruchs einseitig und schwerwiegend die Rechtsposition des Arbeitgebers.

128

Einmal, weil auch bei grober Pflichtverletzung die Auflösung des Betriebsrats nach § 23 Abs. 1 nur selten im Interesse des Arbeitgebers liegt, weil er mit den Kosten einer Neuwahl belastet wird, für die § 23 Abs. 2 sorgt, zum anderen, weil ihm mit dem Unterlassungsanspruch (mangels nach h. M. unzulässiger Feststellungsverfügung) die Möglichkeit einstweiligen Rechtsschutzes genommen wird, wenn Eile Not tut. Schließlich ist es eher leichtfertig, dass der Senat den Arbeitgeber bei Streit über die Rechtmäßigkeit einer bestimmten Betätigung des Betriebsrats auf den Weg eines Feststellungsantrags verweist, ohne sich mit dem Vorwurf der Widersprüchlichkeit (so Sechster Senat 22.07.1980 EzA § 74 BetrVG 1972 Nr. 5 S. 48 f. gegenüber der Vorinstanz *LAG Baden-Württemberg* [DB 1978, 798]) auseinander zu setzen, weil der Feststellungsantrag unbegründet sein muss, wenn ein Recht auf Unterlassung verneint wird (vgl. auch *Richardi/Maschmann/Richardi* § 74 Rn. 72).

129 Die Kritik zeigt, dass der Beschluss des Siebten Senats vom 17.03.2010 zu § 74 Abs. 2 Satz 3 insoweit in der Lit. zu Recht ganz überwiegend abgelehnt wird (vgl. *Bauer/E. M. Willemsen* NZA 2010, 1089 [1091 ff.]; *Bauer/v. Medem* Anm. *BAG* AP Nr. 181 zu Art. 9 GG Arbeitskampf; *Burger/Rein* NJW 2010, 3013 [3614 ff.]; *Husemann* Anm. zu *BAG* AP Nr. 12 zu § 74 BetrVG 1972 Bl. 8 ff.; *Illes* Das betriebsverfassungsrechtliche Verbot parteipolitischer Betätigung im Betrieb, S. 170 ff., 191; *Kania*/ErfK § 74BetrVG Rn. 37; *Niklas* DB 2013, 1665 [1668]: erhebliche Verkürzung von Rechten des Arbeitgebers; *Oetker* § 79 Rdn. 77; *Reichold* RdA 2011, 58 [61 f.]; *ders.* NZA-Beilage 2012, Nr. 4, S. 146 [149]; *Reichold/HWK* § 74 BetrVG Rn. 19; *Rieble/DFL* § 74 Rn. 15; *Schwipper* Öffentliche Meinungsäußerungen, S. 271 ff.; *Wiebauer* BB 2010, 3091 [394 f.]; *Wortmann* ArbRB 2011, 212 [213 ff.]; ausf. *Lukes* Der betriebsverfassungsrechtliche Unterlassungsanspruch des Arbeitgebers gegen den Betriebsrat, S. 253 ff. und passim; demgegenüber im Ergebnis, aber ohne argumentative Verstärkung, zust. *Berg/DKKW* § 74 Rn. 89; *Fitting* § 74 Rn. 74; *von Koppenfels-Spies* FS Blaurock, S. 213 [214 ff., 217 ff.]; *Kröll* AiB 2011, 543; *Lobinger* RdA 2011, 76 [80 Fn. 26]; *Schöne* SAE 2011,184 [186], der fordert, dass in der Konsequenz dieser Entscheidung auch der allgemeine Unterlassungsanspruch des Betriebsrats bei Mitbestimmungsverletzungen fallen muss). Ähnliches gilt für den Beschluss des Ersten Senats vom 15.10.2013 (*Bauer/v. Medem* AP Nr. 181 zu Art. 9 GG Arbeitskampf [»kritiklose« Akzeptanz »ohne Auseinandersetzung mit den Argumenten«]; *Bauer* ArbRAktuell 2014, 160; *Meyer* SAE 2014, 65 f.; *Reinhard* ArbRB 2014, 218 [220 f.]; ausf. abl. *Belling* Anm. *BAG* 15.10.2013 JZ 2014, 905 ff.; *Lukes* Der betriebsverfassungsrechtliche Unterlassungsanspruch des Arbeitgebers gegen den Betriebsrat, S. 240 ff. und passim; *Pfrogner* RdA 2016, 161 ff.: »Rückkehr zu früherer Rspr. wäre »dogmatisch richtig«; zust. *Beckerle* NJW 2017, 439 [443]: § 74 Abs. 2 Satz 3 »nicht anspruchsbegründend«; *Schwarze* JA 2014, 787 [789], aber ohne auf § 74 Abs. 2 BetrVG näher einzugehen; wohl auch *v. Tiling* Anm. zu BAG 15.10.2013 ZTR 2014, 248; zust. vor dem Beschluss vom 15.10.2013 schon *von Koppenfels-Spies* FS Blaurock, S. 213 [221 f.]). Erst recht sind die Beschlüsse auch keine tragfähige Basis, um Unterlassungsansprüche des Arbeitgebers bei Verletzung gesetzlicher Pflichten durch den Betriebsrat generell zu verneinen, auch wenn die (nicht überzeugende) Begründung des Siebten Senats das geradezu herausfordert (so aber schon *LAG Berlin-Brandenburg* 08.04.2011 – 9 TaBV 2765/10 – juris [zu § 42 Abs. 1 Satz 3]; *LAG Düsseldorf* 14.12.2010 NZA-RR 2011, 132 = LAGE § 74 BetrVG 2001 Nr. 3 [zu § 74 Abs. 2 Satz 2]; *Fitting* § 74 Rn. 75 [auch für die übrigen Verbotsfälle des § 74 Abs. 2]; *Berg/DKKW* § 74 Rn. 90 [für alle anderen Pflichtverstöße]).

130 Parteipolitische Betätigungen der Verbotsadressaten im Betrieb **verletzen** ihre **gesetzlichen Pflichten**. Gemäß § 23 Abs. 1 Satz 1 kann deshalb das ArbG auf Antrag den Betriebsrat **auflösen** oder ein verbotswidrig handelndes Mitglied ausschließen, wenn die unzulässige Betätigung im Einzelfall eine **grobe** Pflichtverletzung (s. dazu näher *Oetker* § 23 Rdn. 42 ff.) ist (unstr.). Diese Voraussetzung ist im Licht des durch das Verbot parteipolitischer Betätigung im Betrieb eingeschränkten Grundrechts aus Art. 5 Abs. 1 GG zurückhaltend zu beurteilen (*BVerfGE* 42, 133 [142] = *BVerfG* 28.04.1976 AP Nr. 2 zu § 74 BetrVG 1972 Bl. 2 R). Außerdem kann dabei berücksichtigt werden, ob die parteipolitische Betätigung eine konkrete Beeinträchtigung des Arbeitsablaufs oder des Betriebsfriedens bewirkt hat oder nicht (*BVerfGE* 42, 142), ein Gesichtspunkt, auf den es zur Beurteilung des Verstoßes gegen das absolute Verbot des § 74 Abs. 2 Satz 3 selbst nicht ankommt (vgl. Rdn. 107). Entsprechendes gilt für die Beurteilung eines groben Verstoßes des Arbeitgebers für Sanktionen nach § 23 Abs. 3. Zum Antragsrecht nach dieser Bestimmung vgl. entsprechend Rdn. 91. Ein Verstoß gegen § 74 Abs. 2 Satz 3 erfüllt keinen Straf- oder Ordnungswidrigkeitstatbestand nach §§ 119 ff.

Grundsätze für die Zusammenarbeit § 74

Wenn eine Verbotsverletzung durch ein Betriebsratsmitglied **zugleich eine Verletzung arbeitsvertraglicher Individualpflichten** ist (»Simultantheorie«, s. dazu *Oetker* § 23 Rdn. 29 ff.), ist der Arbeitgeber zur Abmahnung berechtigt (vgl. dazu *BAG* 12.06.1986 NZA 1987, 153; *LAG Köln* 20.09.1984 EzA § 74 BetrVG 1972 Nr. 6; *LAG Hamburg* AiB 1987, 175 *[Wendeling-Schröder]*; *LAG München* DB 1985, 1539; *ArbG München* DB 1984, 512). Außerdem kommt unter Anlegung eines besonders strengen Maßstabs (vgl. Rdn. 95) eine **außerordentliche Kündigung** nach §§ 15 Abs. 1 Satz 1 KSchG, 626 Abs. 1 BGB in Betracht (vgl. auch *R. Hofmann* Das Verbot parteipolitischer Betätigung im Betrieb, S. 135; *Schmitt* Interessenkonflikte bei der Wahrnehmung des Betriebsratsamtes, S. 61). Dabei gilt für die Beurteilung arbeitsvertraglicher Grenzen parteipolitischer Betätigung im Betrieb das, was für alle anderen Arbeitnehmer des Betriebs auch gilt (näher dazu Rdn. 106). 131

VII. Verbot der Beeinträchtigung von Arbeitsablauf und Betriebsfrieden (Allgemeine Friedenspflicht; Abs. 2 Satz 2)

Während den Betriebspartnern Arbeitskampfmaßnahmen gegeneinander und jede parteipolitische Betätigung im Betrieb absolut verboten sind (vgl. Rdn. 32, 51, 96), verpflichtet Abs. 2 Satz 2 Arbeitgeber und Betriebsrat darüber hinaus dazu, alle **Betätigungen zu unterlassen**, durch die der **Arbeitsablauf oder der Frieden des Betriebs beeinträchtigt werden**. Insoweit ist, wie schon früher in § 49 Abs. 2 Satz 1 BetrVG 1952, eine sog. **allgemeine Friedenspflicht** als Grundsatz der Zusammenarbeit verankert, die in § 74 Abs. 2 den Charakter eines Auffangtatbestandes hat (vgl. Rdn. 32) und insbesondere auch dann praktisch bedeutsam wird, wenn zweifelhaft ist, ob die Verbotsvoraussetzungen nach Abs. 2 Sätze 1 und 3 vorliegen. Abs. 2 Satz 2 begründet mit dem Wortlaut »Sie haben ... zu unterlassen« für die Verbotsadressaten eine echte **gesetzliche Unterlassungspflicht** gegenüber dem Betriebspartner. 132

Anders als früher stellt das Gesetz jetzt jedoch nicht mehr darauf ab, »alles zu unterlassen, was geeignet ist, den Betriebsfrieden zu gefährden«. Darin liegt eine bewusste und verbindliche **Einschränkung des Schutzbereichs** der Friedenspflicht (vgl. *Arendt* Verhandlungen des Deutschen Bundestages, Stenographische Berichte, Band 75, S. 5808 [B]; begrüßt von *Däubler* Das Arbeitsrecht 1, Rn. 784; krit. aber etwa *Kreutz* BlStSozArbR 1972, 44 [50]). Diese Wertentscheidung des Gesetzgebers lässt sich nicht durch ein Zurückgreifen auf § 2 Abs. 1 korrigieren, indem etwa das Gebot vertrauensvoller Zusammenarbeit i. S. d. früheren § 49 Abs. 2 BetrVG 1952 konkretisiert wird (*Kreutz* BlStSozArbR 1972, 50). 133

Verbotszweck ist der **konkrete** Schutz von Arbeitsablauf und Betriebsfrieden. **Arbeitsablauf** ist dabei die tatsächliche Verrichtung der Arbeit gemäß der im Betrieb geltenden und gehandhabten organisatorischen, räumlichen und zeitlichen Gestaltung der Arbeitsprozesse (*Thiele* Drittbearbeitung, § 74 Rn. 48; vgl. auch *Weber* § 90 Rdn. 17). Mit dem Begriff **Frieden des Betriebs** (»Betriebsfrieden«) kennzeichnet das Gesetz den Zustand friedlichen Zusammenlebens und Zusammenwirkens zwischen den Betriebsangehörigen, und zwar sowohl zwischen Arbeitgeber und Arbeitnehmern als auch zwischen den Arbeitnehmern und (nicht zuletzt) zwischen Arbeitgeber und Betriebsrat (auf der Grundlage vertrauensvoller Zusammenarbeit, § 2 Abs. 1). Die Literatur tut sich mit dem Betriebsfriedensbegriff schwer, weil sie in die Begriffsbestimmung den Interessengegensatz von Kapital und Arbeit und die Mitwirkungs- und Mitbestimmungsrechte des Betriebsrats mit einbezieht, um darzutun, dass der Friedenszustand im Betrieb nicht spannungs- und konfliktfrei ist und der Betriebsfriede mithin Teil eines Systems zur Lösung dieser Konflikte ist (vgl. ausführlich *Germelmann* Der Betriebsfrieden im Betriebsverfassungsrecht, 1972, insbesondere S. 62 f., 94 ff., 154 ff.; zust. *Däubler* Das Arbeitsrecht 1, Rn. 785; *Richardi/Maschmann/Richardi* § 74 Rn. 48; vgl. auch *Blomeyer* ZfA 1972, 85; *Kohte* AuR 1984, 125). Indessen lassen sich diese Gesichtspunkte bei der Frage der Rechtswidrigkeit einer Beeinträchtigung des Betriebsfriedens angemessen und umfassend berücksichtigen (vgl. Rdn. 138). 134

1. Verbotsadressaten

Verbotsadressaten sind nach dem Gesetzeswortlaut der **Arbeitgeber** und der **Betriebsrat** als Kollektivorgan. Darüber hinaus richtet sich die Norm auch an die **einzelnen Betriebsratsmitglieder** in die- 135

§ 74

IV. 1. Allgemeines

ser Eigenschaft (vgl. dazu m. w. N. Rdn. 38, 101). Das Verbot richtet sich jedoch **nicht** an die einzelnen **Arbeitnehmer** des Betriebs, die nicht betriebsverfassungsrechtliche Funktionsträger sind (vgl. zu diesen entsprechend Rdn. 103) sind (unstr.; vgl. *Berg/DKKW* § 74 Rn. 45; *Fitting* § 74 Rn. 27; *Richardi/Maschmann/Richardi* § 74 Rn. 51; *Stege/Weinspach/Schiefer* § 74 Rn. 8b). Für sie ergibt sich die Pflicht, Arbeitsablauf oder Betriebsfrieden nicht konkret zu beeinträchtigen, aus dem Arbeitsverhältnis (vgl. dazu Rdn. 106 m. w. N.).

2. Verbotstatbestand

136 Der Unterlassungstatbestand betrifft nur **Betätigungen**, also insbesondere Fälle positiven Tuns. Daneben kommt ein Verbotsverstoß nur in Betracht, wenn ein Betriebspartner durch ein (unechtes) Unterlassen die bewusste Billigung einer von anderen Personen (z. B. aus der Belegschaft, durch leitende Angestellte) vorgenommenen Beeinträchtigung von Arbeitsablauf oder Betriebsfrieden zum Ausdruck bringt (*Kreutz* BlStSozArbR 1972, 44 [50]). Da lediglich Betätigungen zu unterlassen sind, besteht keine Pflicht, aktiv auf die Wahrung des Betriebsfriedens hinzuwirken (ebenso *Berg/DKKW* § 74 Rn. 45; *Fitting* § 74 Rn. 28; *Kaiser/LK* § 74 Rn. 23; *Galperin/Löwisch* § 74 Rn. 17; *von Hoyningen-Huene*/MünchArbR § 214 Rn. 21; *Kania*/ErfK § 74 BetrVG Rn. 17; *Richardi/Maschmann/Richardi* § 74 Rn. 49; **a. M.** *Worzalla/HWGNRH* § 74 Rn. 36; vgl. entsprechend zum Arbeitskampfverbot auch Rdn. 85).

137 Das zu **unterlassende Verhalten** ist erfolgsqualifiziert umschrieben und betrifft alle Betätigungen, durch die der Arbeitsablauf oder der Frieden des Betriebs (zu den Begriffen vgl. Rdn. 134) beeinträchtigt werden. Eine **Beeinträchtigung** liegt vor, wenn Arbeitsablauf oder Betriebsfrieden spürbar **gestört** werden. Da aber nach dem Zweck des Verbots (vgl. Rdn. 134) eine konkrete Beeinträchtigung gerade vermieden werden soll, ist die Unterlassungspflicht nicht erst dann (aber selbstverständlich auch dann) verletzt, wenn eine tatsächliche Störung eingetreten ist (zu eng daher *Däubler* Das Arbeitsrecht 1, Rn. 784; *Otto* AuR 1980, 289 [295]; *Berg/DKKW* § 74 Rn. 44), sondern bereits dann, wenn durch eine Betätigung eine konkrete Störung des Arbeitsablaufs oder des Betriebsfriedens im konkreten Betrieb **mit hoher Wahrscheinlichkeit** droht (so ganz h. M., wenn auch der erforderliche Wahrscheinlichkeitsgrad unterschiedlich angegeben wird; wie hier bereits *Thiele* Drittbearbeitung, § 74 Rn. 46; ArbG *Verden* AuR 1990, 389; ArbG *Kempten* 21.08.2012 – 2 BV 16/12 – juris; *Fitting* § 74 Rn. 29; *von Hoyningen-Huene*/MünchArbR § 214 Rn. 21; *Jahnke* BlStSozArbR 1974, 164 [166 f.]; *Kaiser/LK* § 74 Rn. 23; *Kania*/ErfK § 74 BetrVG Rn. 18; *Schmitt* Interessenkonflikte bei der Wahrnehmung des Betriebsratsamtes, S. 16; *Preis/WPK* § 74 Rn. 25; vgl. auch *Richardi/Maschmann/Richardi* § 74 Rn. 46: »wenn es im konkreten Fall erfahrungsgemäß zu einer Störung kommt«; dem folgend *Worzalla/HWGNRH* § 74 Rn. 35; *Galperin/Löwisch* § 74 Rn. 15: »mit einiger Sicherheit«; ähnlich *Brecht* § 74 Rn. 7; *Blomeyer* ZfA 1972, 85 [119]: »mit Sicherheit«). Bei der Wahrscheinlichkeitsprognose über den Kausalverlauf, von der die Verbotsadressaten ihr Tun abhängig zu machen haben, sind die besonderen Umstände des jeweiligen Betriebs ebenso zu berücksichtigen wie die jeweilige Situation und in Wiederholungsfällen frühere Reaktionen der Belegschaft (oder Teile von ihr) oder des Arbeitgebers (oder leitender Angestellter). Keinesfalls genügt lediglich eine abstrakte Gefahr (unstr.), und auch eine bloß konkrete Gefährdung ist noch keine Beeinträchtigung (*Jahnke* BlStSozArbR 1974, 164 [167]; **a. M.** *LAG Hessen* NZA-RR 1998, 17 [18]; *Stege/Weinspach/Schiefer* § 74 Rn. 8; *Worzalla/HWGNRH* § 74 Rn. 35). Verschuldenskriterien, insbesondere die subjektive Vorhersehbarkeit einer Störung, sind keine Voraussetzung der Unterlassungspflicht und damit eines Unterlassungsanspruchs der Gegenseite (zutr. *Jahnke* BlStSozArbR 1974, 167).

138 Umfang und Bedeutung der allgemeinen Friedenspflicht werden dadurch erheblich begrenzt, dass die **Rechtswidrigkeit** der Beeinträchtigung (Störung) von Arbeitsablauf oder Betriebsfrieden Voraussetzung der Unterlassungspflicht und des Unterlassungsanspruchs der Gegenseite ist (i. E. zust. *Berg/DKKW* § 74 Rn. 49; *Fitting* § 74 Rn. 30, 36; *Kania*/ErfK § 74 BetrVG Rn. 19 f.; *Preis/WPK* § 74 Rn. 26; *Wiese* FS 50 Jahre Bundesarbeitsgericht, S. 1125 [1144]). Das ergibt sich aus der Systematik gesetzlicher Unterlassungsansprüche (vgl. § 1004 Abs. 2 BGB). Weder der Betriebsrat noch der Arbeitgeber als solcher oder in seiner Funktion als Unternehmer ist daher gehindert, gesetzliche Befugnisse zu gebrauchen, selbst wenn dadurch objektiv der Arbeitsablauf oder der Betriebsfrieden gestört wird (z. B. wenn der Arbeitgeber im Arbeitskampf tariffähiger Parteien seine Belegschaft legitim aus-

sperrt oder wenn er Arbeitnehmern kündigt oder wenn der Betriebsrat von seinem Kontrollrecht nach § 80 oder dem Recht, die Einigungsstelle anzurufen, Gebrauch macht, oder die Beachtung von Beteiligungsrechten beim Arbeitgeber anmahnt, auch wenn dieses Verlangen im Einzelfall zu Unruhe in der Belegschaft oder zur Verärgerung des Arbeitgebers führt).

Der **Arbeitsablauf** wird etwa dadurch **rechtswidrig beeinträchtigt**, dass der Betriebsrat oder seine **139** Mitglieder durch Weisungen an Arbeitnehmer oder durch die Aufforderung an sie, Arbeitgeberweisungen nicht mehr zu folgen, in den technischen Arbeitsprozess eingreifen oder in sonstiger Weise Arbeitnehmer von der Erfüllung ihrer arbeitsvertraglichen Pflichten abhalten, z. B. dadurch, dass sie zu spontanen, nicht von §§ 42 ff. gedeckten Betriebs-, Abteilungs- oder Teil-»Versammlungen« aufrufen und diese durchführen. Der Arbeitsablauf setzt z. B. auch der Durchführung von Fragebogenaktionen im Betrieb Grenzen (vgl. *BAG* 08.02.1977 AP Nr. 10 zu § 80 BetrVG 1972).

Eine **rechtswidrige** Störung **des Betriebsfriedens** liegt insbesondere darin, dass Arbeitgeber oder **140** Betriebsrat nicht das im BetrVG vorgesehene einschlägige Verfahren zur Beilegung von betrieblichen Meinungsverschiedenheiten oder Interessenkonflikten (auch bei der Beachtung und Ausübung von Beteiligungsrechten) einhält (vgl. *Germelmann* Der Betriebsfrieden im Betriebsverfassungsrecht, S. 155; *Däubler* Das Arbeitsrecht 1, Rn. 787; *Rieble/Wiebauer* ZfA 2010, 63 [115 »formeller Betriebsfrieden«; dem zust. *Schwipper* Öffentliche Meinungsäußerungen, S. 156 f.]; *Richardi/Maschmann/Richardi* § 74 Rn. 48; *Thiele* Drittbearbeitung, § 74 Rn. 48), insbesondere wenn sie das Betriebsgeschehen mit kollektivem Bezug durch offen ausgetragene Streitigkeiten belasten, z. B. indem der Betriebsrat die Belegschaft dadurch einseitig gegen den Arbeitgeber zu beeinflussen und diesen unter mittelbaren Druck zu setzen sucht, dass er die Korrespondenz mit dem Arbeitgeber zu Streitigkeiten am Schwarzen Brett veröffentlicht (vgl. *LAG Düsseldorf* BB 1977, 294 [295]) oder durch Informationsschreiben an die Belegschaft oder Leserbriefe in der Presse (so der Sachverhalt von *BAG* 22.07.1980 AP Nr. 3 zu § 74 BetrVG 1972) dem eigenen Standpunkt Nachdruck zu verleihen sucht (differenzierend zur Austragung von Meinungsverschiedenheiten über die Presse auch *Wiese* FS 50 Jahre Bundesarbeitsgericht, S. 1125 [1145]; *Rieble/Wiebauer* ZfA 2010, 63 [116]), oder der Arbeitgeber den laufenden Schriftwechsel mit dem Betriebsrat und Schriftsätze aus anhängigen Beschlussverfahren (*ArbG Trier* AiB 1989, 353) oder Fehlzeiten der Betriebsratsmitglieder wegen Krankheit, Betriebsratstätigkeit und Lehrgangsteilnahme (*LAG Niedersachsen* AuR 1991, 153; *ArbG Verden* DB 1989, 1580) oder allgemeiner die Kosten der Betriebsratsarbeit (vgl. zu den Grenzen betriebsinterner Bekanntgabe der Betriebsratskosten wegen des Behinderungsverbots nach § 78 Satz 1 ausführlich unten *Kreutz* § 78 Rdn. 45) am Schwarzen Brett oder in anderer Weise der Betriebsöffentlichkeit bekanntmacht.

Entsprechendes gilt für Auseinandersetzungen zwischen Gruppen und Fraktionen im Betriebsrat (vgl. **141** den Sachverhalt *BAG* 21.02.1978 AP Nr. 1 zu § 74 BetrVG 1972).

Mit friedlicher Zusammenarbeit ist es ferner unvereinbar, dass Aushänge des anderen Betriebspartners **142** am Schwarzen Brett eigenmächtig entfernt werden (ebenso *Fitting* § 74 Rn. 31; *Kaiser/LK* § 74 Rn. 26), dass ehrverletzende Behauptungen aufgestellt werden oder gar Handgreiflichkeiten vorkommen. Der Betriebsfrieden kann durch die Verbotsadressaten auch durch weltanschauliche, politische oder kulturelle Auseinandersetzungen gestört werden, die ihre Grundlage nicht unmittelbar im Betriebsgeschehen haben. Eine rechtswidrige Störung des Arbeitsablaufs beeinträchtigt zugleich den Betriebsfrieden.

3. Rechtsfolgen einer Verbotsverletzung

Mit der Unterlassungspflicht nach Abs. 2 Satz 2 (s. Rdn. 132) korrespondiert ein eigenständiger **Un- 143 terlassungsanspruch** der jeweils anderen Seite (bisher ganz h. M.; vgl. *BAG* 22.07.1980 EzA § 74 BetrVG 1972 Nr. 5 S. 49 = AP Nr. 3 zu § 74 BetrVG 1972 Bl. 2; *LAG Niedersachsen* AuR 1991, 153; *Berg/DKKW* bis 12. Aufl., § 74 Rn. 60; *Fitting* bis 25. Aufl., § 74 Rn. 74; *Galperin/Löwisch* § 74 Rn. 18; *Jahnke* BlStSozArbR 1974, 164 [166, 167 f.]; *Kruse* Rechte des Arbeitgebers gegenüber dem Betriebsrat, S. 60 ff.; *Löwisch/Kaiser* § 74 Rn. 36; *Lukes* Der betriebsverfassungsrechtliche Unterlassungsanspruch des Arbeitgebers gegen den Betriebsrat, S. 269 f.; *Reichold/HWK* § 74 BetrVG Rn. 19; *Richardi/Maschmann/Richardi* § 74 Rn. 52; *Thiele* Drittbearbeitung, § 74 Rn. 49; **a. M.** *Konzen* Betriebsverfassungsrechtliche Leistungspflichten des Arbeitgebers, S. 68). Der gerichtlichen Anerkennung eines Unterlassungsanspruchs des Arbeitgebers gegen den die allgemeine Friedenspflicht nach Abs. 2 Satz 2 verletzenden Betriebsrat könnte in ihrer Konsequenz allerdings die geänderte Rspr. des Siebten Senats (und ihm folgend auch der Erste Senats; s. Rdn. 127) des *BAG* zu Abs. 2 Satz 3 (17.03.2010 EzA § 74 BetrVG 2001 Nr. 1 = AP Nr. 12 zu § 74 BetrVG 1972 [abl. *Husemann*]) entgegenstehen. Danach sollen Verstöße des Betriebsrats gegen das Verbot parteipolitischer Betätigung im Betrieb keinen Unterlassungsanspruch des Arbeitgebers begründen können. Die vom Siebten Senat dabei angeführten Begründungsgesichtspunkte sind jedoch darauf angelegt, Unterlassungsansprüche des Arbeitgebers gegenüber dem Betriebsrat bei Verletzung gesetzlicher Pflichten generell auszuschließen, soweit sie gesetzlich nicht ausdrücklich vorgesehen sind. Das könnte auch für Abs. 2 Satz 2 gelten (so schon *LAG Düsseldorf* 14.12.2010 NZA 2011, 132). Der Entscheidung vom 17.03.2010 ist jedoch (insoweit) nicht zu folgen. Sie begründet den Ausschluss von Unterlassungsansprüchen des Arbeitgebers nicht in überzeugender Weise und wird deshalb in der Lit. zu Recht ganz überwiegend abgelehnt (vgl. zur ausführlichen Kritik mit umfangreichen Nachweisen Rdn. 128 f.). Es ist zu hoffen, dass diese Kritik den Senat zur Umkehr veranlasst und von weiteren Änderungen bisheriger höchstrichterlicher Rspr. auf diesem Weg abhält, zunächst hier bei Abs. 2 Satz 2. Vgl. zur gerichtlichen Durchsetzung des Unterlassungsanspruchs im arbeitsgerichtlichen Beschlussverfahren (§ 2a Abs. 1 Nr. 1, Abs. 2, §§ 80 ff. ArbGG), insbesondere auch durch Antrag auf einstweilige Verfügung, entsprechend Rdn. 89 sowie *Jahnke* BlStSozArbR 1974, 164 (167 f.). Da der Anspruch auf Unterlassung solcher Betätigung gerichtet ist, die im Falle ihrer tatsächlichen Vornahme zu einer Störung von Arbeitsablauf oder Betriebsfrieden führen würde, eine solche nach dem Normzweck aber gerade vermieden werden soll, kann der Antrag schon gestellt werden, wenn die Beeinträchtigung mit hoher Wahrscheinlichkeit zu erwarten ist (vgl. Rdn. 137).

144 Zu den **Sanktionen nach § 23 Abs. 1 und 3** bei einem groben Verstoß gegen die Unterlassungspflicht vgl. entsprechend Rdn. 91, 130. Eine Verletzung gesetzlicher Pflichten liegt insoweit aber überhaupt erst dann vor, wenn die Betätigung eines Verbotsadressaten den Arbeitsablauf oder den Betriebsfrieden tatsächlich gestört hat. Die konkrete Reaktion der Belegschaft ist insoweit nicht bedeutsam.

145 Zu **individualrechtlichen Rechtsfolgen** vgl. entsprechend Rdn. 93 ff., 131.

VIII. Gewerkschaftliche Betätigung von Funktionsträgern (Abs. 3)

146 In § 2 Abs. 3 und § 74 Abs. 3 geht das Gesetz bewusst davon aus, dass Gewerkschaften und Betriebsräte unterschiedliche Aufgaben und Funktionen haben (vgl. m. w. N. *Franzen* § 2 Rdn. 81). Soweit es um die Zusammenarbeit von Betriebsrat und (im Betrieb vertretenen) Gewerkschaften geht, ist § 2 Abs. 1 einschlägig. § 74 Abs. 3 soll darüber hinaus das dualistische System der Aufgabentrennung im Hinblick auf das einzelne Betriebsratsmitglied (und andere betriebsverfassungsrechtliche Funktionsträger) regeln (vgl. zu BT-Drucks. VI/2729, S. 11). In Abs. 3 wird deshalb ausdrücklich bestimmt, dass Arbeitnehmer, die im Rahmen des BetrVG Aufgaben übernehmen, hierdurch in der Betätigung für ihre Gewerkschaft auch im Betrieb nicht beschränkt werden (vgl. entsprechend auch § 67 Abs. 2 BPersVG 1974). Diese »Klarstellung«, die eine Gleichstellung betriebsverfassungsrechtlicher Funktionsträger mit sonstigen betriebsangehörigen Arbeitnehmern bedeutet, war angezeigt, um einschränkenden Tendenzen, namentlich der früheren Rspr., den Boden zu entziehen. Das *BVerwG* hatte zu § 26 BPersVG 1955 angenommen, es sei Personalratsmitgliedern untersagt, während der Dienstzeit für ihre Gewerkschaft Mitglieder zu werben (BVerwGE 22, 96 [100]; 36, 177 = AP Nr. 7 und 9 zu § 26 PersVG). Das *BVerfG* hatte diese Rspr. bestätigt (*BVerfGE* 28, 295 [309] = *BVerfG* 26.05.1970 AP Nr. 16 zu Art. 9 GG: »Das Gewicht seiner Beteiligungsrechte macht es notwendig, dass der Personalrat alles vermeidet, was geeignet ist, seine Stellung als Repräsentant der Gesamtheit der Bediensteten und als neutraler Sachwalter ihrer Interessen zweifelhaft erscheinen zu lassen ... Jede gewerkschaftliche Werbung durch ein Personalratsmitglied bringt ... das Gewicht des Personalratsamts ins Spiel«). In § 74 Abs. 3 (und § 67 Abs. 2 BPersVG 1974) ist der Gesetzgeber (in Kenntnis dieser Rspr.) bewusst und verfassungskonform von dieser Wertung des *BVerfG* abgewichen. Das Gesetz gibt auch den Betriebs- und Personalratsmitgliedern die gewerkschaftliche Betätigung im Betrieb frei, obwohl sie ihr Amt dabei nicht aus dem Spiel lassen können.

1. Normadressaten

Abs. 3 gibt, wie sich aus der Systematik und der Entstehungsgeschichte (vgl. Rdn. 151) herleiten lässt, in erster Linie den Betriebsratsmitgliedern (als Arbeitnehmern) die gewerkschaftliche Betätigung im Betrieb frei, darüber hinaus aber auch allen sonstigen betriebsangehörigen Arbeitnehmern, die im Rahmen des BetrVG Aufgaben übernommen haben, namentlich Mitgliedern der Jugend- und Auszubildendenvertretung, der Einigungsstelle, des Wirtschaftsausschusses und des Wahlvorstands (ebenso *Berg/DKKW* § 74 Rn. 76; *Fitting* § 74 Rn. 64; *Kaiser/LK* § 74 Rn. 39), Wahlhelfern, aber auch bereits Wahlbewerbern (ebenso *Richardi/Maschmann/Richardi* § 74 Rn. 78), sowie Auskunftspersonen (§ 80 Abs. 2 Satz 3) und Vermittlern (§ 18a Abs. 3). Für Arbeitnehmervertreter im Aufsichtsrat, deren Aufgaben nicht aus dem BetrVG folgen, kann § 74 Abs. 3 analog angewandt werden. Der Betriebsrat als Organ ist nicht Normadressat (vgl. Rdn. 151 a. E.). 147

2. Regelungsinhalt

Abs. 3 stellt klar, dass mit der Übernahme betriebsverfassungsrechtlicher Aufgaben **keine Beschränkung von Gewerkschaftsmitgliedern** »in der Betätigung für ihre Gewerkschaft auch im Betrieb« **einhergeht**. Die Bestimmung knüpft mit der Formulierung »Betätigung für ihre Gewerkschaft« an die Wahrnehmung von **Koalitionsaufgaben im Betrieb** durch **betriebsangehörige** Gewerkschaftsmitglieder an, sie begründet aber solche Aufgaben nicht und enthält insoweit auch keine Erweiterungen und Einschränkungen. Ob und inwieweit die koalitionsmäßige Betätigung im Betrieb durch die individuelle und/oder kollektive Koalitionsfreiheit nach Art. 9 Abs. 3 GG verfassungsrechtlich garantiert ist (grundlegend *BVerfG* 30.11.1965 AP Nr. 7 zu Art. 9 GG Bl. 3 R; 27.03.1979 AP Nr. 31 zu Art. 9 GG Bl. 3 R; danach gibt die Koalitionsfreiheit dem Koalitionsmitglied das Recht, »an der spezifischen Tätigkeit der Koalition in dem Bereich teilzunehmen, der für die Koalition verfassungsrechtlich geschützt ist«; im Beschluss vom 14.11.1995 [EzA GG Art. 9 Nr. 60; bestätigt durch Beschluss vom 24.04.1996 EzA GG Art. 9 Nr. 61] hat das *BVerfG* maßgebend klargestellt, dass der Schutz alle koalitionsspezifischen Verhaltensweisen umfasst und nicht lediglich auf [einen Kernbereich von] Tätigkeiten beschränkt ist, die für die Erhaltung und Sicherung des Bestandes der Koalition unerlässlich sind), ist im Rahmen von Abs. 3 unwesentlich, da die Bestimmung keine Beschränkung auf bestimmte Betätigungen oder Betätigungsformen enthält (zutr. *Däubler* Gewerkschaftsrechte im Betrieb, Rn. 474). 148

Neben der durch Art. 9 Abs. 3 GG geschützten **Informations- und Werbetätigkeit** für die eigene Gewerkschaft (vgl. dazu und zu deren Grenzen ausführlich *Franzen* § 2 Rdn. 84 ff.) kommen als **sonstige Aktivitäten** im Betrieb insbesondere in Betracht: die Tätigkeit als gewerkschaftlicher Vertrauensmann/Vertrauensfrau (vgl. dazu *Franzen* § 2 Rdn. 101 ff.), das Kassieren von Gewerkschaftsmitgliedsbeiträgen, die Beteiligung an der Willensbildung von Gewerkschaftsmitgliedern (Unterschriftensammlungen, Solidaritätserklärungen) oder die Vorbereitung, Organisation und Leitung eines legalen Streiks (vgl. dazu Rdn. 65). 149

Auch **außerhalb** des Betriebs sind die betriebsverfassungsrechtlichen Funktionsträger nicht gehindert, in ihrer Gewerkschaft Funktionen zu übernehmen, z. B. in Vorständen oder (Tarif-)Kommissionen. Sie sind auch nicht auf eine »sachlich maßvolle« Betätigung für ihre Gewerkschaft beschränkt (so aber *Schönfeld* BB 1989 [1819]), müssen sich keine besondere Zurückhaltung auferlegen (ebenso *Berg/DKKW* § 74 Rn. 77; *Fitting* § 74 Rn. 65). 150

Das Gesetz sichert nur die gewerkschaftliche Betätigung in der Rolle als **Arbeitnehmer und Gewerkschaftsmitglied**. Davon ist die Tätigkeit als betriebsverfassungsrechtlicher Funktionsträger im Betrieb, namentlich als Betriebsratsmitglied, zu unterscheiden. **Funktionsträgern als solchen** wird weder die gewerkschaftliche Betätigung im Betrieb freigegeben, noch entbindet Abs. 3 sie von den sich aus ihrem Amt ergebenden Pflichten. **Grenzen** ergeben sich vor allem aus den grundlegenden Amtspflichten des Betriebsrats und seiner Mitglieder aus §§ 2 Abs. 1, 74 Abs. 2, 75, 79, namentlich aus dem **Gebot gewerkschaftsneutraler Amtsführung** nach § 75 Abs. 1 (vgl. dazu § 75 Rdn. 84) und der Pflicht nach § 74 Abs. 2 Satz 2, alle Betätigungen zu unterlassen, durch die der Arbeitsablauf oder der Betriebsfrieden beeinträchtigt werden (vgl. dazu Rdn. 132 ff.). Diese im Kern heute unbestrittene Auffassung wird durch die Entstehungsgeschichte der Norm eindeutig belegt (vgl. 151

Begründung zum RegE, BT-Drucks. VI/1786, S. 46, wo es heißt: Durch Abs. 3 »wird klargestellt, dass Arbeitnehmer, die nach diesem Gesetz Aufgaben übernehmen, hierdurch – unbeschadet der sich aus ihrem Amt ergebenden Pflichten – nicht gehindert sind, als Gewerkschaftsmitglieder für ihre Gewerkschaft tätig zu werden«; im schriftlichen Bericht des BT-Ausschusses für Arbeit und Sozialordnung, zu BT-Drucks. VI/2729, S. 28, wird ergänzt: »Nach Ansicht des Ausschusses werden durch Abs. 3 die sich aus dem Betriebsratsamt ergebenden Pflichten der Betriebsratsmitglieder, insbesondere auch die Neutralitätspflicht nach § 75 nicht berührt«). Den Betriebsrat als Kollektivorgan betrifft Abs. 3 nicht (vgl. zur Verpflichtung gewerkschaftsneutraler Amtsausübung des Betriebsrats § 75 Rdn. 84 f.). Ebenso wenig gilt Abs. 3 für Außenseiter (vgl. aber Rdn. 64, 65).

152 **Abgrenzungsschwierigkeiten** bereitet die Frage, wann sich ein Betriebsratsmitglied in seiner Eigenschaft als Arbeitnehmer und Gewerkschaftsmitglied gewerkschaftlich betätigt und wann es in seiner Rolle als Betriebsratsmitglied für seine Gewerkschaft handelt und damit gegen das Gebot gewerkschaftsneutraler Amtsführung verstößt (vgl. zu Lösungsansätzen *van Straelen* Der Rollenkonflikt, S. 67 ff., die der hier vertretenen Ansicht folgt). Da Betriebsratsmitglieder als solche im Betrieb bekannt sind, bringt die Betätigung für ihre Gewerkschaft immer auch das Gewicht ihres Amts mit ins Spiel (*BVerfG* E 28, 295 [309] = *BVerfG* 26.05.1970 AP Nr. 16 zu Art. 9 GG Bl. 5). Die Möglichkeit eines Rollenwechsels wird jedoch von Abs. 3 vorausgesetzt und gefordert (vgl. auch Rdn. 66). Eine Vermutung für ein Handeln als Betriebsratsmitglied besteht nicht, sie wäre mit dem Sinn des Abs. 3 nicht vereinbar (heute unstr.; überholt: *BAG* 14.02.1967 AP Nr. 10 zu Art. 9 GG Bl. 5 R). Funktionsträger müssen dementsprechend grundsätzlich auch nicht ausdrücklich darauf hinweisen, nicht in ihrer Amtseigenschaft, sondern als Gewerkschaftsmitglieder zu handeln. Das gilt mangels erkennbarer Anhaltspunkte zu Differenzierungen für alle Funktionsträger, auch solche mit herausgehobenen Funktionen, z. B. als Betriebsratsvorsitzender oder freigestelltes Betriebsratsmitglied (ebenso *LAG Düsseldorf* 05.07.1994 LAGE § 74 BetrVG 1972 Nr. 2 S. 4; *Däubler* Gewerkschaftsrechte im Betrieb, Rn. 467 ff.; *Berg/DKKW* § 74 Rn. 78; *Fitting* § 74 Rn. 65; *Preis/WPK* § 74 Rn. 32; *Worzalla/HWGNRH* § 74 Rn. 58; **a. M.** *Richardi/Maschmann/Richardi* § 74 Rn. 80, der nach der Aufgabenverteilung im Betriebsrat abstuft).

153 Der Amtsträger darf bei gewerkschaftlicher Betätigung (insbesondere bei Werbung) seine Amtsstellung allerdings **nicht** besonders **hervorkehren**, das Amt auch nicht in der Weise ausnutzen, dass er etwa Mittel und Räumlichkeiten, die dem Betriebsrat zur Verfügung stehen, für die Zwecke seiner Gewerkschaft einsetzt (*Thiele* Drittbearbeitung, § 74 Rn. 67; *Fitting* § 74 Rn. 70; *Preis/WPK* § 74 Rn. 32; zu eng *Däubler* Gewerkschaftsrechte im Betrieb, Rn. 471 f., der den Rahmen des Abs. 3 erst dann überschritten sieht, wenn ein bestimmtes künftiges Betriebsratshandeln in Aussicht gestellt wird, z. B. Einsatz für die Sicherheit von Arbeitsplätzen nur von Gewerkschaftsmitgliedern; zum Versand eines Streikaufrufs über einen nur für dienstliche Zwecke eingerichteten E-Mail-Account s. Rdn. 88). Insbesondere ist auch eine **Vermischung** der Wahrnehmung von Betriebsratsaufgaben mit gewerkschaftlicher Betätigung, insbesondere Werbetätigkeit, von Abs. 3 nicht gedeckt, etwa bei Gesprächen (insbesondere in Sprechstunden) mit Arbeitnehmern, die Anträge und Anregungen einbringen (vgl. etwa die Zuständigkeiten nach §§ 80 Abs. 1, 82 Abs. 2, 83 Abs. 1) oder Beschwerden vorbringen (vgl. § 85 Abs. 1) oder vorbereitenden Gesprächen von Betriebsratsmitgliedern mit Arbeitnehmern über mitwirkungs- oder mitbestimmungsbedürftige Angelegenheiten. In Widerspruch zu gewerkschaftsneutraler Amtsführung steht es auch, wenn in den Betriebsratsräumen Informations- und Werbematerial (nur) der Gewerkschaft ausliegt, der die Mitglieder insgesamt oder mehrheitlich angehören oder auch nur die Mitglieder angehören, die diese Räume (z. B. als Freigestellte) ständig benutzen.

§ 75
Grundsätze für die Behandlung der Betriebsangehörigen

(1) Arbeitgeber und Betriebsrat haben darüber zu wachen, dass alle im Betrieb tätigen Personen nach den Grundsätzen von Recht und Billigkeit behandelt werden, insbesondere, dass jede Benachteiligung von Personen aus Gründen ihrer Rasse oder wegen ihrer ethnischen Herkunft, ihrer Abstammung oder sonstigen Herkunft, ihrer Nationalität, ihrer Religion oder Weltanschauung, ihrer Behinderung, ihres Alters, ihrer politischen oder gewerkschaftlichen Betätigung oder Einstellung oder wegen ihres Geschlechts oder ihrer sexuellen Identität unterbleibt.

(2) Arbeitgeber und Betriebsrat haben die freie Entfaltung der Persönlichkeit der im Betrieb beschäftigten Arbeitnehmer zu schützen und zu fördern. Sie haben die Selbständigkeit und Eigeninitiative der Arbeitnehmer und Arbeitsgruppen zu fördern.

Literatur
Literaturnachweise zum BetrVG 1952 siehe 8. Auflage.

I. BetrVG 1972
Amthauer Zu den Auswirkungen des AGG auf die Betriebsverfassung (Diss. Oldenburg), 2009; *Badura* Grundfreiheiten der Arbeit – Zur Frage einer Kodifikation »sozialer Grundrechte«, FS *Berber*, 1973, S. 11; *Bahlmann* Gleichberechtigung von Mann und Frau im Arbeitsleben: Der Beitrag der Rechtsprechung auf verschiedenen Ebenen, JArbR Bd. 25 (1988), S. 35; *Bauschke* Zur Problematik des arbeitsrechtlichen Gleichbehandlungsgrundsatzes, RdA 1985, 72; *Bayreuther* Zulässigkeit und Verwertbarkeit heimlicher Videoaufzeichnungen am Arbeitsplatz, DB 2012, 2222; *Becker/Braasch* Recht der ausländischen Arbeitnehmer, 3. Aufl. 1986; *Beermann* Psycho-sozialer Streß Arbeitsplatz: Mobbing und seine Folgen, PersR 1993, 385; *Bellgardt* Die Zulässigkeit der Frage nach der Schwangerschaft und das Benachteiligungsverbot des § 611a BGB, BB 1983, 2187; *Belling* Die Haftung des Betriebsrats und seiner Mitglieder für Pflichtverletzungen, 1990; *ders.* Datenschutzpraxis im Personalbereich, 1992; *Bepler* Persönlichkeitsverletzung durch graphologische Begutachtung im Arbeitsleben, NJW 1976, 1872; *Bertelsmann/Pfarr* Diskriminierung von Frauen bei der Einstellung und Beförderung, DB 1984, 1297; *dies.* Nochmals: Diskriminierung von Frauen bei der Einstellung und Beförderung, DB 1984, 1882; *Bickel* Über die Unmöglichkeit eines Grundsatzes der Gleichbehandlung im Arbeitsrecht, 1968; *Bieback* Die mittelbare Diskriminierung wegen des Geschlechts, 1997; *R. Birk* Auswirkungen der Rechtsprechung des EuGH zur Gleichbehandlung von Frauen und Männern beim Berufszugang, NZA 1984, 145; *Bleckmann* Gleichbehandlung von Männern und Frauen hinsichtlich des Zugangs zur Beschäftigung, DB 1984, 1574; *Ch. Blomeyer* Das Verbot der mittelbaren Diskriminierung gemäß Art. 119 EGV. Seine Funktion im deutschen Arbeitsrecht (Diss. Bayreuth), 1994; *Blomeyer, W* Der Interessenkonflikt zwischen Arbeitnehmer und Betriebsrat bei Individualmaßnahmen, GS *Dietz*, 1973, S. 147; *ders.* Die rechtliche Bewertung des Betriebsfriedens im Individualarbeits- und Betriebsverfassungsrecht, ZfA 1972, 85; *ders.* Die zulässige Ungleichbehandlung im Arbeitsrecht, FS *G. Müller*, 1981, S. 51; *Böhm* Der Gleichbehandlungsgrundsatz im Kündigungsrecht, DB 1977, 2448; *Boerner* Altersgrenzen für die Beendigung von Arbeitsverhältnissen in Tarifverträgen und Betriebsvereinbarungen (Diss. Bayreuth), 1992; *Brandner* Das allgemeine Persönlichkeitsrecht in der Entwicklung durch die Rechtsprechung, JZ 1983, 689; *Brossette* Der Wert der Wahrheit im Schatten des Rechts auf informationelle Selbstbestimmung (Diss. Trier), 1991; *Buchner* Vom »gläsernen Menschen« zum »gläsernen Unternehmen«, ZfA 1988, 449; *ders.* Die persönliche Verantwortlichkeit der Betriebsratsmitglieder für rechtswidrige Betriebsratsbeschlüsse, FS *G. Müller*, 1981, S. 93; *ders.* Die Rolle des Europäischen Gerichtshofs bei der Entwicklung des Arbeitsrechts, ZfA 1993, 279; *Byers* Die Videoüberwachung am Arbeitsplatz unter besonderer Berücksichtigung des neuen § 32 BDSG (Diss. Jena), 2011; *Coen* Gleichberechtigung durch Ungleichbehandlung, DB 1987, 2041; *Colneric* Recht auf Lüge beim Einstellungsgespräch?, DB 1986, 1573; *dies.* Gleichberechtigung von Mann und Frau im Europäischen Gemeinschaftsrecht, BB 1988, 968; *dies.* Verbot der Frauendiskriminierung im EG-Recht – Bilanz und Perspektiven, FS *Gnade*, 1992, S. 627; *dies.* Frauen, Quoten und Soldaten – Stimmt etwas nicht mit Justitias Waage?, FS *Kehrmann*, 1996, S. 125; *Däubler* Erhebung von Arbeitnehmerdaten, CR 1994, 101; *ders.* Wissenschaftsfreiheit im Arbeitsverhältnis, NZA 1989, 945; *ders.* Gläserne Belegschaften? Datenschutz für Arbeiter, Angestellte und Beamte, 6. Aufl. 2014; *ders.* Internet und Arbeitsrecht, 5. Aufl. 2015; *Degen* Diskriminierung von Frauen – Rechtsprechungsübersicht, AiB 1991, 104; *dies.* Die Frage nach der Schwangerschaft, AiB 1993, 503; *Degener* Das Fragerecht des Arbeitgebers gegenüber Bewerbern (Diss. Göttingen), 1975; *Deinert* Lohnausfallprinzip in § 37 BetrVG und Verbot der Diskriminierung wegen des Geschlechts, NZA 1997, 183; *Diekgräf* Genomanalyse im Arbeitsrecht, BB 1991, 1854; *Duchstein* Das Erscheinungsbild des Arbeitnehmers, BB 2011, 1717; *Dungs*

Die Europäisierung des deutschen Arbeitsrechts und der geschlechterspezifische Gleichbehandlungsgrundsatz (Diss. Jena), 1998; *Egger* Gestaltungsrecht und Gleichbehandlungsgrundsatz im Arbeitsverhältnis (Diss. Mannheim), 1979; *Ehmann* Informationsschutz und Informationsverkehr im Zivilrecht, AcP Bd. 188 (1988), 230; *ders.* Datenverarbeitung und Persönlichkeitsschutz im Arbeitsverhältnis, NZA 1985, Beil. Nr. 1; *ders.* Die Persönlichkeit als Grundlage des Arbeitsrechts, FS *Wiese*, 1998, S. 99; *Ehrich* Die Entscheidung des BAG zur Zulässigkeit der Frage nach bestehender Schwangerschaft – ein Beitrag zur Verwirklichung des Diskriminierungsverbots?, DB 1993, 431; *Eichinger* Grundsatz der Gleichbehandlung hinsichtlich des Zugangs zur Beschäftigung, zur Berufsausbildung und zum beruflichen Aufstieg sowie in Bezug auf die Arbeitsbedingungen (Richtlinie 76/207/EWG), EAS Teil B 4200; *Eickhoff/Kaufmann* Tonbandaufzeichnungen von Telefongesprächen im Betrieb, BB 1990, 914; *Esser/Wolmerath* Mobbing, 9. Aufl. 2015; *Färber/Kappes* Telefondatenerfassung und Datenschutz, BB 1986, 520; *Fastrich* Arbeitsrecht und betriebliche Gerechtigkeit, RdA 1999, 24; *Forst* Videoüberwachung am Arbeitsplatz und der neue § 32 BDSG, RDV 2009, 204; *Franzen, C.* Frauendiskriminierung kann teuer werden, AiB 1984, 83; *Franzen, M.* Die Freiheit der Arbeitnehmer zur Selbstbestimmung nach dem neuen BetrVG, ZfA 2001, 423; *ders.* Ehebezogene Leistungen des Arbeitgebers, gleichgeschlechtliche Lebenspartnerschaft und Allgemeines Gleichbehandlungsgesetz, FS *Kreutz*, 2010, S. 111; *Frey* Der Grundsatz der Gleichbehandlung im Arbeitsrecht, 1954; *ders.* Der Grundsatz der Gleichbehandlung im Arbeitsrecht bei geldlichen Ansprüchen, 1963; *Fritsch* Gleichbehandlung als Aufgabe von Arbeitgeber und Betriebsrat nach § 75 Abs. 1 BetrVG, BB 1992, 701; *Fuchsloch* Das Verbot der mittelbaren Geschlechtsdiskriminierung (Diss. Hamburg), 1995; *Gagel* Die Umsetzung sozialrechtlicher Ziele über Betriebsvereinbarungen und Tarifverträge – Eine Untersuchung zur Verantwortung von Arbeitgebern nach § 2 Abs. 1 SGB III, FS *Dieterich*, 1999, S. 169; *Galperin* Ehrenschutz im Arbeitsverhältnis I und II, DB 1963, 1321, 1358; *Gamillscheg* Die Differenzierung nach der Gewerkschaftszugehörigkeit, 1966; *ders.* Die mittelbare Benachteiligung der Frau im Arbeitsleben, FS *Floretta*, 1983, S. 171; *ders.* Frauenschutz, Gleichbehandlung, Begünstigung der Frau, FS *Strasser*, 1983, S. 209; *ders.* Differenzierung nach der Gewerkschaftszugehörigkeit im Vorruhestand, BB 1988, 555; *Gola* Der »neue« Beschäftigtendatenschutz nach § 26 BDSG n. F., BB 2017, 1462; *Gola/Klug/Körffer* Bundesdatenschutzgesetz, 12. Aufl. 2015; *Gola/Wronka/Pötters* Handbuch zum Arbeitnehmerdatenschutz, 7. Aufl. 2016; *Grimm/Schiefer* Videoüberwachung am Arbeitsplatz, RdA 2009, 329; *Gola* Arbeitnehmerdatenverarbeitung bei Betriebs-/Personalrat und der Datenschutz, NZA 1991, 790; *Grunewald* Mobbing – arbeitsrechtliche Aspekte eines neuen Phänomens, NZA 1993, 1071; *Hallenberger* Die Pflicht des Arbeitgebers zur Förderung der freien Persönlichkeitsentfaltung nach § 75 Abs. 2 Betriebsverfassungsgesetz, Diss. Mannheim 1988 (zit.: Pflicht zur Förderung; *Hammer* Betriebs- und Dienstvereinbarungen zu ISDN-Telefonanlagen, CR 1993, 567; *Hammer, M.* Die betriebsverfassungsrechtliche Schutzpflicht für die Selbstbestimmungsfreiheit des Arbeitnehmers (Diss. Regensburg), 1998; *Hanau* Zwangspensionierung des Arbeitnehmers mit 65?, RdA 1976, 24; *ders.* Die umgekehrte Geschlechtsdiskriminierung im Arbeitsleben, FS *Herschel*, 1982, S. 191; *Hanau/Preis* Zur mittelbaren Diskriminierung wegen des Geschlechts, ZfA 1988, 177; *Haneberg* § 75 BetrVG 1972 – Rechte und Pflichten, Diss. Köln 1986 (zit.: § 75 BetrVG 1972); *dies.* Beschränkung der Rückwirkung neuer Rechtsprechung zur Gleichberechtigung im Recht der betrieblichen Altersversorgung, DB 1991, 1276; *Heemann* AIDS und Arbeitsrecht, 1992; *ders.* Art. 119 EWG-Vertrag und das deutsche Arbeitsrecht, FS *Gnade*, 1992, S. 611; *Heither* Die Rechtsprechung des Bundesarbeitsgerichts zum Datenschutz für Arbeitnehmer, BB 1988, 1049; *Helle* Besondere Persönlichkeitsrechte im Privatrecht, 1991; *Herzog, U.* Sexuelle Belästigung am Arbeitsplatz im US-amerikanischen und deutschen Recht (Diss. Freiburg), 1997; *Heußner* Datenverarbeitung und die Rechtsprechung des Bundesverfassungsgerichts im Spannungsfeld zwischen Recht und Politik, AuR 1985, 309; *Heydrich* Ansprüche der Arbeitnehmer wegen Pflichtverletzung des Betriebsrats, Diss. Saarbrücken 1997; *Hilger* Zum Anspruch auf Gleichbehandlung im Arbeitsrecht, RdA 1975, 32; *von Hoyningen-Huene* Die Billigkeit im Arbeitsrecht, 1978; *ders.* Belästigungen und Beleidigungen von Arbeitnehmern durch Vorgesetzte, BB 1991, 2215; *ders.* Der psychologische Test im Betrieb, DB 1991, Beil. Nr. 10; *von Hoyningen-Huene/Püttner* Der psychologische Test im Betrieb, 1997; *Hromadka* Die Frage nach der Schwangerschaft – Gedanken zu Diskriminierungsverbot und Mutterschutz, DB 1987, 687; *Hueck, G.* Der Grundsatz der gleichmäßigen Behandlung im Privatrecht, 1958; *Hunold* Gleichbehandlungsgrundsatz, Gleichbehandlungsgesetz und Gleichberechtigungssatz im Betrieb – Eine kritische Bestandsaufnahme anhand der Rechtsprechung, DB 1984, Beil. Nr. 5; *ders.* Das Fragerecht des Arbeitgebers nach der Schwangerschaft einer Bewerberin, NZA 1987, 4; *ders.* Gleichbehandlung im Betrieb – Eine aktuelle Rechtsprechungsübersicht für die Praxis, DB 1991, 1670; *Isele* Der Stellenwert des Persönlichkeitsrechts in der Inhaltsbestimmung des Arbeitsverhältnisses, FS *Schwinge*, 1973, S. 143; *Joussen* Mitarbeiterkontrolle: Was muss, was darf das Unternehmen wissen? NZA 2011, Beil. Nr. 1, S. 35; *Kay, R.* Diskriminierung von Frauen bei der Personalauswahl (Diss. FU Berlin), 1998; *Kempff* Der Gleichbehandlungsgrundsatz im Kündigungsrecht, DB 1977, 1413; *Kilian/Taeger* Gegenwärtiger Stand der Melde- und Auskunftspflichten des Arbeitgebers im Personalbereich, BB 1984, Beil. Nr. 12; *Kirsten* Anforderungen an die Rechtfertigung einer mittelbaren Diskriminierung wegen des Geschlechts, RdA 1990, 282; *Klein* Ausforschung von Stellenbewerbern durch Fragebogen und psychologische Tests, AuR 1978, 266; *Klement*

Zulässigkeit medizinischer Datenerhebungen vor und zu Beginn von Arbeitsverhältnissen (Diss. Köln), 2011; *Koloczek* Leistungsansprüche des einzelnen Arbeitnehmers gegen den Betriebsrat, Diss. Würzburg 1982; *Konzen* Betriebsverfassungsrechtliche Leistungspflichten des Arbeitgebers, 1984; *ders.* Gleichbehandlungsgrundsatz und personelle Grenzen der Kollektivautonomie, FS *G. Müller*, 1981, S. 245; *Kort* Betriebsverfassung und EDV, Neue Entwicklungen, CR 1992, 611; *ders.* Die Auswirkungen des neuen Bundesdatenschutzgesetzes auf die Mitbestimmung im Arbeitsrecht, RdA 1992, 378; *Krebber* Ergebnisse der Richtlinie 76/207 über die Verwirklichung des Grundsatzes der Gleichberechtigung von beiden Geschlechtern hinsichtlich des Zuganges zur Beschäftigung, zur Berufsbildung und zum beruflichen Aufstieg sowie in Bezug auf die Arbeitsbedingungen, BlStSozArbR 1985, 101; *Kreutz* Grenzen der Sozialplangestaltung im Lichte der jüngeren Rechtsprechung, FS *E. Wolf*, 1985, S. 309; *ders.* Grenzen der Betriebsautonomie durch mittelbare Grundrechtsbindung, FS *Schmidt-Jortzig*, 2011, S. 753; *Küpferle* Arbeitnehmerdatenschutz im Spannungsfeld von Bundesdatenschutzgesetz und Betriebsverfassungsgesetz, 1986; *Küpferle/Wöhlgemuth* Personaldatenverarbeitende Systeme, 1987; *Kutsch* Die Rechtsprechung des EuGH zur Gleichbehandlung von Mann und Frau, BB 1991, 2149; *Lang* Mitarbeiterüberwachung, AuA 2010, 26; *Langohr-Plato* Gleichbehandlungsgrundsatz und betriebliche Altersversorgung, MDR 1992, 838; *Leipold* Einstellungsfragebögen und das Recht auf Arbeit, AuR 1971, 161; *Leuze* Bemerkungen zu dem allgemeinen Persönlichkeitsrecht des Arbeitnehmers und zu seinen Einschränkungen, ZTR 1990, 267; *Linnenkohl* Arbeitnehmerdatenschutz und BAG-Rechtsprechung, RDV 1990, 61; *Linnenkohl* Betriebsverfassungsrechtlicher Schutz des Persönlichkeitsrechts bei der Einführung neuer Kommunikationstechnologien, BB 1992, 770; *Linsenmaier* Das Verbot der Diskriminierung wegen des Alters, RdA 2003, Sonderbeilage Heft 5, S. 22; *Löwisch* Schutz und Förderung der Persönlichkeit der im Betrieb beschäftigten Arbeitnehmer (§ 75 Abs. 2 BetrVG 1972), AuR 1972, 359; *ders.* Der Erlaß von Rauchverboten zum Schutz vor Passivrauchen am Arbeitsplatz, DB 1979, Beil. Nr. 1; *ders.* Sozialplanleistungen und Gleichbehandlungsgebot, FS *G. Müller*, 1981, S. 301; *ders.* Freiheit und Gleichheit der Wahl zu Betriebsrat und Personalrat, BB 2017, 117; *Lubnow* Die Rechtsprechung zur Gleichbehandlung von Teilzeitbeschäftigten in der betrieblichen Altersversorgung, BB 1992, 1204; *Lukes* Der betriebsverfassungsrechtliche Unterlassungsanspruch des Arbeitgebers gegen den Betriebsrat, 2016; **Marhold/Beckers** Gleichbehandlung im Arbeitsverhältnis, AR-Blattei SD 800.1 (1996); *Mayer-Maly* AR-Blattei, Gleichbehandlung im Arbeitsverhältnis, 1975; *ders.* Gleichbehandlung der Arbeitnehmer, DRdA 1980, 261; *Meilicke* Recht auf Lüge beim Einstellungsgespräch, BB 1986, 1288; *Michel/Wiese* Graphologische Gutachten aus rechtlicher und psychologischer Sicht, Personal Heft 6 1988, 245; *dies.* Zur rechtlichen und psychologischen Problematik graphologischer Gutachten, NZA 1986, 505; *Mittmann* Gleichbehandlung von Frauen und Männern im niederländischen und deutschen Arbeitsleben. Ein Rechtsvergleich auf EU-rechtlicher Grundlage (Diss. Köln), 1997; *Moritz* Fragerecht des Arbeitgebers sowie Auskunfts- und/oder Offenbarungspflicht des Arbeitnehmers bei der Anbahnung von Arbeitsverhältnissen?, NZA 1987, 329; *Mummenhoff* Rauchen am Arbeitsplatz, RdA 1976, 364; *Nicolai* Rechtsfolgen der Unvereinbarkeit arbeitsrechtlicher Regelungen mit Art. 119 EG-Vertrag, ZfA 1997, 481; *Niederalt* Die Individualrechte des Arbeitnehmers nach dem Betriebsverfassungsgesetz 1972 (§§ 75, 81 ff.), Diss. München 1975 (zit.: Individualrechte); *Nill* Selbstbestimmung in der Arbeitsgruppe? Die Regelungen zur Gruppenarbeit im Betriebsverfassungs-Reformgesetz (Diss. *Thüsingen*), 2005; *Oetker* Informationelles Selbstbestimmungsrecht und graphologische Gutachten bei Anbahnung und Abwicklung des Arbeitsverhältnisses, BlStSozArbR 1985, 65, 81; *Otto* Personale Freiheit und soziale Bindung, 1978; **Palme** Zum arbeitsrechtlichen Grundsatz der Gleichbehandlung in der neueren Rechtsprechung, BlStSozArbR 1983, 257; *Pfarr* Mittelbare Diskriminierung von Frauen, NZA 1986, 585; *dies.* Gleichbehandlung von Männern und Frauen im Arbeitsverhältnis, AR-Blattei SD 800.2 (2000); *Pfarr/Bertelsmann* Gleichbehandlungsgesetz, 1985; *dies.* Diskriminierung im Erwerbsleben, 1989; *Pfarr/Kocher* Kollektivverfahren im Arbeitsrecht. Arbeitnehmerschutz und Gleichberechtigung durch Verfahren, 1998; *Pfister D*ie Übertragung von Aufgaben auf Arbeitsgruppen gemäß § 28a BetrVG unter besonderer Berücksichtigung der Förderungspflicht aus § 75 Abs. 2 Satz 2 BetrVG (Diss. Kiel), 2007 (zit.: Übertragung von Aufgaben auf Arbeitsgruppen); *Pletke* Die Zulässigkeit von Genomanalysen am Arbeitnehmer im deutschen und US-amerikanischen Recht, Diss. Hannover 1997; *Preis/Mallossek* Überblick über das Recht der Gleichbehandlung von Frauen und Männern im Gemeinschaftsrecht, EAS Teil B 4000; *Püttner* Rechtsfragen beim Einsatz von psychologischen Tests, PersF 1999, Heft 4; **Raab** Der arbeitsrechtliche Gleichbehandlungsgrundsatz, FS *Kreutz*, 2010, S. 317; *Reich/Diebal* Mittelbare Diskriminierung teilzeitbeschäftigter weiblicher Betriebsratsmitglieder, AuR 1991, 225; *Reinhard* Rechte und Pflichten des Betriebsrats bei der Verwendung von Arbeitnehmerdaten (Diss. Bucerius Law School Hamburg), 2012; *Reuter* Das Gewissen des Arbeitnehmers als Grenze des Direktionsrechts des Arbeitgebers, BB 1986, 385; *Richardi* Arbeitsrechtliche Probleme bei Einstellung und Entlassung Aids-infizierter Arbeitnehmer, NZA 1988, 73; *Riedel* Die Grundsätze für die Gleichbehandlung der Betriebsangehörigen nach § 75 Betriebsverfassungsgesetz, JArbR Bd. 14 (1977), S. 79; **Säcker** Allgemeine Arbeitsbedingungen im Spannungsfeld von Individual- und Kollektivautonomie, 1969, § 6 B; *Saunders* Gleiches Entgelt für Teilzeitarbeit. Die Anwendung der Grundsätze des Europäischen Gerichtshofs über die Gleichbehandlung Teilzeitbeschäftigter beim Entgelt durch die Gerichte in

Deutschland und Großbritannien (Diss. Regensburg), 1997; *Schlachter* Probleme der mittelbaren Benachteiligung im Anwendungsbereich des Art. 119 EGV, NZA 1995, 393; *dies.* Grundsatz des gleichen Entgelts nach Art. 119 EG-Vertrag und der Richtlinie 75/117/EWG, EAS Teil B 4100; *Schlaugat* Mobbing am Arbeitsplatz, 1999; *Schmid, K. H.* Zur rechtlichen Zulässigkeit verschiedener Formen des Personalinterviews, DB 1980, 2442, 2517; *ders.* Zur rechtlichen Zulässigkeit der Verhaltensbeurteilung bei der Bewerberauslese, BB 1980, 1865; *ders.* Rechtsprobleme bei der Anwendung psychologischer Testverfahren zur Personalauslese, BB 1981, 1646; *Schmidt/Senne* Das gemeinschaftsrechtliche Verbot der Altersdiskriminierung und seine Bedeutung für das deutsche Arbeitsrecht, RdA 2002, 80; *Schnock* Die Gewalt der Verachtung – Sexuelle Belästigung von Frauen am Arbeitsplatz, 1999; *Schnorr* Erfüllung arbeitsvertraglicher Pflichten und Persönlichkeitsschutz des Arbeitnehmers, FS *Strasser*, 1983, S. 97; *Scholz, R.* Verfassungsfragen zum Schutz des Nichtrauchers, DB 1979, Beil. Nr. 10; *Scholz, Th.* Schweigepflicht des Berufspsychologen und Mitbestimmung des Betriebsrats bei psychologischen Einstellungsuntersuchungen, NJW 1981, 1987; *Schröder, U.* Altersbedingte Kündigungen und Altersgrenzen im Individualarbeitsrecht, 1984; *Schüren* Ungleichbehandlung im Arbeitsverhältnis – Versuch einer Strukturierung der Rechtfertigungsvoraussetzungen, FS *Gnade*, 1992, S. 161; *Schulin/Babel* Rechtsfragen der Telefondatenverarbeitung, NZA 1986, 46; *Schulze-Osterloh* Öffentlich-rechtlicher Nichtraucherschutz am Arbeitsplatz, FS *Kreutz*, 2010, S. 463; *Schweighofer* Handschriftanalysen und Persönlichkeitsrechte, RdA 1978, 101; *Sievers* Die mittelbare Diskriminierung im Arbeitsrecht (Diss. Bonn), 1997; *Simitis* Die informationelle Selbstbestimmung – Grundbedingung einer verfassungskonformen Informationsordnung, NJW 1984, 398; *Söllner* Betrieb und Menschenwürde, RdA 1968, 437; *ders.* Einseitige Leistungsbestimmungen im Arbeitsverhältnis, 1966; *Sommer* CSR-Richtlinie und Betriebsverfassung, RdA 2016, 291; *Sowka* Mittelbare Frauendiskriminierung – ausgewählte Probleme, DB 1992, 2030; *Stahlhacke* Die Begrenzung von Arbeitsverhältnissen durch Festlegung einer Altersgrenze, DB 1989, 2329; *Thees* Das Arbeitnehmer-Persönlichkeitsrecht als Leitidee des Arbeitsrechts. Persönlichkeitsschutz und Persönlichkeitsentfaltung im Arbeitsverhältnis, 1995; *Thüsing* Der Fortschritt des Diskriminierungsschutzes im Europäischen Arbeitsrecht, ZfA 2001, 397; *ders.* Handlungsbedarf im Diskriminierungsrecht, NZA 2001, 1061; *ders.* Unmittelbare Geltung von EG-Richtlinien im Anti-Diskriminierungsrecht, NJW 2003, 3441; *ders.* Datenschutz im Arbeitsverhältnis, NZA 2009, 865; *Thüsing/Wurth* Social Media im Betrieb, 2015; *Vogelsang* Der Betriebsrat als Datenschützer und Datenverarbeiter, CR 1992, 163; *Walker* Zur Zulässigkeit der Frage nach der Schwangerschaft, DB 1987, 273; *Weber* Die Gleichstellung der Frau im Erwerbsleben – Neue Chancen durch Quotenregelung?, DB 1988, 45; *Weber, C.* Das Verbot altersbedingter Diskriminierung nach der Richtlinie 2000/78/EG – eine neue arbeitsrechtliche Dimension, AuR 2002, 401; *Weth/Herberger/Wächter* Daten- und Persönlichkeitsschutz im Arbeitsverhältnis, 2014; *Widmaier* Der Gleichbehandlungsgrundsatz in der jüngeren Rechtsprechung des BAG, ZTR 1990, 359; *Weth/Herberger/Wächter* Daten- und Persönlichkeitsschutz im Arbeitsverhältnis, 2014; *Wiedemann* Die Gleichbehandlungsgebote im Arbeitsrecht, 2001; *ders.* Konturen der arbeitsrechtlichen Benachteiligungsverbote, RdA 2015, 298; *Wiedemann/Thüsing* Der Schutz älterer Arbeitnehmer und die Umsetzung der Richtlinie 2000/78/EG, NZA 2002, 1234; *Wiese* Der Persönlichkeitsschutz des Arbeitnehmers gegenüber dem Arbeitgeber, ZfA 1971, 273; *ders.* Freiheit und Bindung des Arbeitnehmers bei der Gestaltung seines Äußeren, UFITA, Bd. 64, 1972, S. 145; *ders.* Individualrechte in der Betriebsverfassung, RdA 1973, 1; *ders.* Persönlichkeitsrechtliche Grenzen sozialpsychologischer Experimente, FS *Duden*, 1977, S. 719; *ders.* Bildnisschutz des Arbeitnehmers im Arbeitskampf, FS *Hubmann*, 1985, S. 481; *ders.* Persönlichkeitsschutz im Arbeitsverhältnis, in Technologischer Fortschritt als Rechtsproblem, Sammelband des Studium Generale der Universität Heidelberg, 1986; *ders.* Genetische Analyse bei Arbeitnehmern, RdA 1986, 120; *ders.* Zur gesetzlichen Regelung der Genomanalyse an Arbeitnehmern, RdA 1988, 217; *ders.* Verbot der Benachteiligung wegen des Geschlechts bei der Begründung eines Arbeitsverhältnisses, JuS 1990, 357; *ders.* Gibt es ein Recht auf Nichtwissen? – Dargestellt am Beispiel der genetischen Veranlagung von Arbeitnehmern, FS *Niederländer*, 1991, S. 475; *ders.* Genetische Analysen und Rechtsordnung, 1994; *ders.* Genetische Analysen und Arbeitsschutz, BB 1994, 1209; *ders.* Persönlichkeitsschutz im Arbeitsverhältnis, in *Tinnefeld/Philipps/Weis* (Hrsg.) Institutionen und Einzelne im Zeitalter der Informationstechnik, 1994, S. 101; *ders.* Der personale Gehalt des Arbeitsverhältnisses, ZfA 1996, 439; *ders.* Videoüberwachung von Arbeitnehmern durch den Arbeitgeber und Persönlichkeitsschutz, FS *E. Lorenz*, 2004, S. 915; *ders.* Zu einer gesetzlichen Regelung genetischer Untersuchungen im Arbeitsleben, BB 2005, 2073; *ders.* Individuum und Kollektiv im Betriebsverfassungsrecht, NZA 2006, 1; *ders.* Adressaten und Rechtsgrundlagen des innerbetrieblichen Persönlichkeitsschutzes von Arbeitnehmern, ZfA 2006, 631; *ders.* Grenzen und Begrenzbarkeit der Entfaltungsfreiheit im Sinne des § 75 Abs. 2 BetrVG in sozialen Angelegenheiten, FS *Kreutz*, 2010, S. 499; *Wisskirchen, G.* Mittelbare Diskriminierung von Frauen im Erwerbsleben. Die Rechtsprechung des Bundesarbeitsgerichtes, des Europäischen Gerichtshofes und des U. S. Supreme Court (Diss. Bonn), 1994; *Wißmann* Geschlechtsdiskriminierung, EG-Recht und Tarifverträge, ZTR 1994, 223; *ders.* Mittelbare Geschlechtsdiskriminierung: iudex calculat, FS *Wlotzke*, 1996, S. 807; *Wöhlermann* Die richtlinienkonforme Auslegung im Europäischen Arbeitsrecht: Perspektiven und Barrieren für eine europäische Rechtsmethodik am Beispiel arbeitsrechtlicher Gleichbehandlungsrichtlinien, 1998; *Wohlgemuth* Der Zugriff des Betriebsrats auf Personaldaten,

CR 1993, 218; *ders.* Auswirkungen der EG-Datenschutzrichtlinie auf den Arbeitnehmer – Datenschutz, BB 1996, 690; *Wohlgemuth/Mostert* Rechtsfragen der betrieblichen Telefondatenverarbeitung, AuR 1986, 138; *Wortmann* Videoüberwachung im Arbeitsverhältnis, ArbRB 2012, 279; *Wybitul* Wieviel Arbeitnehmerschutz ist »erforderlich«?, BB 2010, 1085; *ders.* Neue Spielregeln bei Betriebsvereinbarungen und Datenschutz, NZA 2014, 225; *ders.* Neue Spielregeln bei Betriebsvereinbarungen und Datenschutz, NZA, 2014, 225; *Zachert* Ein Mosaik von Arbeitnehmergrundrechten im Grundgesetz, BB 1998, 1310; *Zehner* Telefondatenerfassung und Benachrichtigungspflicht – Zum Datenschutz bei innerbetrieblicher Telefonkontrolle, DB 1984, 666; *Zöllner* Daten- und Informationsschutz im Arbeitsverhältnis, 2. Aufl. 1982; *ders.* Die gesetzgeberische Trennung des Datenschutzes für öffentliche und private Datenverarbeitung, RDV 1985, 3; *Zuleeg* Gleicher Zugang von Männern und Frauen zu beruflicher Tätigkeit, RdA 1984, 325.

II. Literaturauswahl zum AGG
Darstellungen: *Boemke/Danko* AGG im Arbeitsrecht, 2007; *Grager* Arbeitsrechtliche Gleichbehandlung, 2007; *Hjort/Richter* Das Allgemeine Gleichbehandlungsgesetz, AR-Blattei SD 800.1, 2007; *Oetker*/MünchArbR § 14 (Verbot der Diskriminierung wegen persönlicher Merkmale des Arbeitnehmers nach dem Allgemeinen Gleichbehandlungsgesetz), § 15 (Durchsetzung des Benachteiligungsverbots nach dem Allgemeinen Gleichbehandlungsgesetz); *Rudolf/Mahlmann* (Hrsg.) Gleichbehandlungsrecht – Handbuch, 2007; *Rühl/Schmidt/Viethen* Allgemeines Gleichbehandlungsgesetz, 2007; *Thüsing* Arbeitsrechtlicher Diskriminierungsschutz, 2007; **Kommentare:** *Adomeit/Mohr* AGG, 3. Aufl. 2013; *Bauer/Krieger* AGG, 4. Aufl. 2015; *Däubler/Bertzbach* (Hrsg.) AGG, 3. Aufl. 2013; *Hey/Forst* (Hrsg.) Kommentar zum AGG, 2. Aufl. 2014; *Meinel/Heyn/Herms* AGG, 2. Aufl. 2010; *Nollert/Borasio/Perreng* AGG, 3. Aufl. 2010; *Schleusener/Suckow/Voigt* AGG, 4. Aufl. 2013; *Thüsing*/MK-BGB Bd. 1 (AGG), 7. Aufl. 2015; *Wendeling-Schröder/Stein* AGG, 2008; in Kommentaren zum Arbeitsrecht: *Berg/Bufalica*/HK-ArbR; *Rupp*/HWK; *Schlachter*/ErfK; *v. Steinau-Steinrück/Schneider* Anwaltkommentar.

Inhaltsübersicht Rdn.

I. Vorbemerkung	1–7
II. Überwachungspflicht (Abs. 1)	8–35
1. Normadressaten	9–12
2. Geschützter Personenkreis	13–17
3. Rechtsnatur der Überwachungsaufgabe	18–27
a) Art und Umfang der Überwachungspflicht	20–25
b) Überwachungsrecht	26, 27
4. Gegenstand der Überwachung: Grundsätze von Recht und Billigkeit	28–35
a) Grundsätze des Rechts	29–31
b) Grundsätze der Billigkeit	32–35
III. Insbesondere: Benachteiligungsverbote und der Grundsatz der Gleichbehandlung	36–100
1. Gleichheitssatz (Art. 3 Abs. 1 GG)	37
2. Arbeitsrechtlicher Gleichbehandlungsgrundsatz	38–44
3. Benachteiligungsverbote	45–100
a) Rasse oder ethnische Herkunft	53–56
b) Abstammung oder sonstige Herkunft	57–60
c) Nationalität	61
d) Religion oder Weltanschauung	62–65
e) Behinderung	66–68
f) Alter	69–74
g) Politische Betätigung oder Einstellung	75, 76
h) Gewerkschaftliche Betätigung oder Einstellung	77–85
i) Geschlecht	86–98
j) Sexuelle Identität	99, 100
IV. Schutz und Förderung der freien Entfaltung der Persönlichkeit (Abs. 2 Satz 1)	101–141
1. Schutzpflicht	106–133
a) Schutz der Persönlichkeitssphäre	110–127
aa) Recht am eigenen Bild	110–115
bb) Recht an der eigenen Stimme (am gesprochenen Wort)	116–118
cc) Recht am Charakterbild	119
dd) Recht an der Ehre	120

		ee) Recht auf Achtung der Eigensphäre	121–126
		ff) Recht auf informationelle Selbstbestimmung?	127
	b)	Schutz der Freiheitsbetätigung	128–133
	2.	Förderungspflicht	134–141
V.	Förderung der Selbstständigkeit und Eigeninitiative der Arbeitnehmer und Arbeitsgruppen (Abs. 2 Satz 2)		142–153
	1.	Pflicht zur Förderung einzelner Arbeitnehmer	146–148
	2.	Pflicht zur Förderung von Arbeitsgruppen	149–153
VI.	Verstöße und Rechtsfolgen		154–160

I. Vorbemerkung

1   § 75 enthält die wesentlichen »**Grundsätze für die Behandlung der Betriebsangehörigen**« (vgl. die Gesetzesüberschrift) **durch Arbeitgeber und Betriebsrat im Rahmen der Betriebsverfassung**. § 75 Abs. 1 Satz 1 entsprach zunächst § 51 Satz 1 BetrVG 1952, der noch die Überschrift trug »Aufgaben von Arbeitgeber und Betriebsrat«; neu im BetrVG 1972 waren Abs. 1 Satz 2 und Abs. 2 (jetzt: Abs. 2 Satz 1). Das früher in § 51 Satz 2 BetrVG 1952 enthaltene absolute Verbot jeder parteipolitischen Betätigung von Arbeitgeber und Betriebsrat im Betrieb ist jetzt (abgeschwächt) in § 74 Abs. 2 Satz 3 zu finden (vgl. dazu § 74 Rdn. 96 ff.). § 75 ist **mehrfach geändert** worden. Durch das BetrVG-Reformgesetz vom 23.07.2001 (BGBl. I, S. 1852) ist der damalige Abs. 1 Satz 1 bei der Insbesondere-Aufzählung um das Verbot jeder unterschiedlichen Behandlung einer Person wegen ihrer sexuellen Identität ergänzt worden (vgl. Rdn. 99), Abs. 2 ist um Satz 2 ergänzt worden (vgl. Rdn. 142). Eine weitgehende Änderung von Abs. 1 ist im Jahr 2006 erfolgt. Durch Art. 3 Abs. 3 des Gesetzes zur Umsetzung europäischer Richtlinien zur Verwirklichung des Grundsatzes der Gleichbehandlung vom 14.08.2006 (BGBl. I, S. 1897), in Kraft seit 18.08.2006, ist § 75 Abs. 1 neu gefasst worden. Kernstück dieses Artikelgesetzes ist dessen Art. 1, der das AGG (Allgemeines Gleichbehandlungsgesetz) enthält. Nach der Gesetzesbegründung (BT-Drucks. 16/1780 S. 56) sollte im Rahmen der Umsetzung der Richtlinien 2000/43/EG, 2000/78/EG und 2002/73/EG durch das AGG § 75 Abs. 1 »an die Terminologie« des § 1 AGG angepasst werden: »Die Insbesondere-Aufzählung der unzulässigen Differenzierungsmerkmale in § 75 I BetrVG wird durch die Einfügung der Benachteiligungsverbote aus Gründen der Rasse oder wegen der ethnischen Herkunft, Weltanschauung, Behinderung und des Alters, die bisher in § 75 Abs. 1 BetrVG nicht ausdrücklich genannt waren, an die Terminologie des Allgemeinen Gleichbehandlungsgesetzes angepasst«. Mit der Aufnahme des Verbots jeder Diskriminierung wegen des Alters konnte der bisherige Satz 2 des § 75 Abs. 1 entfallen, wonach Arbeitgeber und Betriebsrat »nur« darauf zu achten hatten, dass Arbeitnehmer nicht wegen Überschreitung bestimmter Altersstufen benachteiligt werden (vgl. Rdn. 69). Von bloß »terminologischer« Anpassung der Merkmale der Insbesondere-Aufzählung kann indes keine Rede sein. Jetzt betrifft die Aufzählung insgesamt **Benachteiligungsverbote** (Diskriminierungsverbote), nicht lediglich Differenzierungsverbote wie zuvor (vgl. Rdn. 36). Das hat der Gesetzgeber nicht übersehen. In der Begründung (BT-Drucks. 16/1780 S. 56) heißt es nämlich weiter: »Der Begriff der Benachteiligung und die Zulässigkeit einer unterschiedlichen Behandlung richten sich nach den Bestimmungen des Allgemeinen Gleichbehandlungsgesetzes« (vgl. Rdn. 46). Vgl. zu den Auswirkungen des AGG auf die Betriebsverfassung die gleichnamige Schrift von *Amthauer*.

2   Während §§ 2 Abs. 1, 74 Abs. 1 und 2 die horizontale Zusammenarbeit zwischen Arbeitgeber und Betriebsrat in grundsätzlicher Weise regeln, enthält § 75 die für die **vertikale Linie** maßgeblichen betriebsverfassungsrechtlichen Grundsätze für die Behandlung der Betriebsangehörigen durch die Betriebspartner und damit eine Drittdimension (zutr. *Richardi/Maschmann/Richardi* § 75 Rn. 1). Da sich die Aufgabenstellung in § 75 jedoch gemeinsam an Arbeitgeber und Betriebsrat richtet, ergeben sich daraus zugleich inhaltliche Kriterien für ihre Zusammenarbeit.

3   § 75 ist unmittelbar **materiell-rechtlich bedeutsam**, wenn im Betrieb ein Betriebsrat besteht. Die Bestimmung hat unbestritten nicht bloß programmatische Bedeutung und besitzt auch nicht lediglich unverbindlichen Richtliniencharakter. Sie weist den Betriebspartnern auch nicht allein Aufgaben und Zuständigkeiten zu, sondern legt ihnen zuvorderst **Rechtspflichten** auf (nämlich die Überwachungspflicht nach Abs. 1, die Schutz- und Förderungspflicht nach Abs. 2 Satz 1 und die Förderungspflicht

nach Abs. 2 Satz 2), mit denen allerdings auch **Berechtigungen** korrespondieren (vgl. Rdn. 18 f.). Lediglich Teilaspekte der Auswirkungen und Rechtsfolgen der Vorschrift werden angesprochen, soweit sie »als Vorschrift zur Normenkontrolle« (z. B. *Galperin/Löwisch* § 75 Rn. 35), als »gesetzliche Auslegungsregel« (z. B. *Fitting* § 75 Rn. 4), als »Maßstäbe setzend für die Ausübung der Mitbestimmung« (z. B. *Richardi/Maschmann/Richardi* § 75 Rn. 1) charakterisiert oder wenn ihre Auswirkung auf die Ordnung des Betriebes (z. B. *Haneberg* § 75 BetrVG 1972, S. 4 f.) herausgestellt wird.

Die Vorschrift ist **kollektivrechtlicher Natur** (nicht individualrechtlicher) und gestaltet die betriebs- 4 verfassungsrechtliche (»amtliche«) Rechtsstellung von Arbeitgeber und Betriebsrat, nicht aber unmittelbar die Arbeitsverhältnisse im Betrieb (ebenso *Preis/WPK* § 75 Rn. 2; *Wiese* NZA 2006, 1 [4]; **a. M.** *Berg/DKKW* § 75 Rn. 19). Folge davon ist, dass in Betrieben, in denen kein Betriebsrat besteht, § 75 nicht gilt (ebenso *Mayer-Maly* AR-Blattei, Gleichbehandlung im Arbeitsverhältnis, C I 1c; *Kaiser/LK* § 75 Rn. 6; *Preis/WPK* § 75 Rn. 4; *Reichold/HWK* § 75 BetrVG Rn. 2; **a. M.** *Galperin/Löwisch* § 75 Rn. 2; *Hallenberger* Pflicht zur Förderung, S. 102, 104: für Abs. 2, und zwar auch bei nicht betriebsratsfähigen Betrieben; wohl auch noch *Dietz/Richardi* § 75 Rn. 6 [anders aber *Richardi/Maschmann/Richardi* § 74 Rn. 8]; einseitig für die Verpflichtungen des Arbeitgebers *Berg/DKKW* § 75 Rn. 13; *Lorenz/HaKo* § 75 Rn. 2). Die Bindung des Arbeitgebers an seine Verpflichtungen aus dem Einzelarbeitsverhältnis, auch soweit sie mit den in § 75 niedergelegten Amtspflichten deckungsgleich sind, bleibt dort aber unberührt, insbesondere etwa diejenige an den arbeitsrechtlichen Gleichbehandlungsgrundsatz. Für Sanktionen nach § 23 Abs. 3 ist deshalb mangels Amtspflicht grundsätzlich aber kein Raum (*Thiele* Drittbearbeitung, § 74 Rn. 3). Das bestätigt § 17 Abs. 2 AGG indirekt, indem dort eine Ausnahme zugelassen wird. Danach können jetzt in betriebsratsfähigen Betrieben der Betriebsrat oder eine im Betrieb vertretene Gewerkschaft bei einem groben Verstoß des Arbeitgebers gegen Vorschriften aus dem 2. Abschnitt des AGG (also der §§ 6–16 zum Schutz der Beschäftigten vor Benachteiligung) unter den Voraussetzungen des § 23 Abs. 3 Satz 1 BetrVG die dort genannten Rechte geltend machen, also Handlung, Duldung oder Unterlassung verlangen (vgl. dazu näher *Oetker* § 23 Rdn. 154 ff.). § 75 ist im Zusammenhang **mit § 80** zu sehen, der die Aufgaben des Betriebsrats über dessen besondere Beteiligungsrechte in einzelnen Angelegenheiten hinaus konkretisiert.

Die zwingende Vorschrift gilt auch für Arbeitnehmervertretungen, die in den nach § 3 Abs. 1 Nr. 1 bis 5 3 gebildeten Organisationseinheiten bestehen (vgl. § 3 Abs. 5 Satz 2). Sie gilt entsprechend für Gesamt- und Konzernbetriebsrat (vgl. § 51 Abs. 5, § 59 Abs. 1) und analog auch für die Jugend- und Auszubildendenvertretung, die Gesamt-Jugend- und Auszubildendenvertretung, die Konzern-Jugend- und Auszubildendenvertretung, den Wirtschaftsausschuss und den Konzernwirtschaftsausschuss (vgl. auch *Fitting* § 75 Rn. 6). Der Arbeitgeber ist im Bereich wirtschaftlicher Angelegenheiten auch in seiner Eigenschaft als Unternehmer gebunden.

Zum **Personalvertretungsrecht** vgl. § 67 Abs. 1 Satz 1 BPersVG; für **Sprecherausschüsse** vgl. 6 § 27 SprAuG. Wie § 75 Abs. 1 (vgl. Rdn. 1) sind auch § 27 Abs. 1 und § 67 Abs. 1 Satz 1 BPersVG an die »Terminologie« des § 1 AGG angepasst worden.

Neben der Überwachungspflicht nach Abs. 1 ist es kein Konkretisierungsgewinn, dass jetzt § 17 7 Abs. 1 AGG (neben Tarifvertragsparteien und Beschäftigten) auch Arbeitgeber und Betriebsrat (als »Vertretung« der Beschäftigten) auffordert (nicht verpflichtet), im Rahmen ihrer Aufgaben und Handlungsmöglichkeiten an der Verwirklichung des in § 1 AGG genannten Ziels mitzuwirken, d. h. Benachteiligungen wegen eines in § 1 AGG genannten Grundes zu verhindern oder zu beseitigen. Diese Vorschrift begründet auch keine neuen (Handlungs-)Rechte. Sie geht vielmehr von bestehenden Aufgaben und Handlungsmöglichkeiten aus, in deren Rahmen sich die Normadressaten für die Verwirklichung der Ziele des § 1 AGG einsetzen sollen. Sie geht deshalb nicht über einen Auslegungsgesichtspunkt hinaus.

II. Überwachungspflicht (Abs. 1)

Das Gesetz legt Arbeitgeber und Betriebsrat die Verpflichtung auf, darüber zu wachen, dass alle im 8 Betrieb tätigen Personen nach den Grundsätzen von Recht und Billigkeit behandelt werden. Beispielhaft (»insbesondere«) wird die Überwachungspflicht darauf bezogen, dass jede Benachteiligung aus den im Gesetz aufgezählten Diskriminierungsmerkmalen (Rasse oder ethische Herkunft, Abstammung oder sonstige Herkunft, Nationalität, Religion oder Weltanschauung, Behinderung, Alter, politische oder gewerkschaftliche Betätigung oder Einstellung, Geschlecht, sexuelle Identität) unterbleibt. Das Verbot dieser Diskriminierungen wird damit zugleich als besonders wichtiger Unterfall der Grundsätze des Rechts hervorgehoben. Die h. M. wendet diesen Umstand ins Positive und stellt als besonders wichtige Erscheinungsform der Grundsätze von Recht und Billigkeit eine betriebsverfassungsrechtliche (Neutralitäts- und) Gleichbehandlungspflicht heraus (vgl. Rdn. 36 ff.).

1. Normadressaten

9   § 75 verpflichtet gleichermaßen **Arbeitgeber** und **Betriebsrat** als Kollektivorgan: Sie werden vom Gesetz jeder für sich angesprochen, nicht nur zusammen. Die Überwachungspflicht beschränkt sich jedoch nicht nur auf die Behandlung der im Betrieb tätigen Personen durch den jeweils anderen Betriebspartner. Sie erstreckt sich auch auf ihr gemeinsames Handeln, mithin auf alle ihre Handlungen und Maßnahmen im Rahmen des Betriebes, durch die die dort Beschäftigten betroffen werden.

10 Über den Gesetzeswortlaut hinaus ist auch jedes **einzelne Betriebsratsmitglied** verpflichtet, bei seiner Amtsführung den Anforderungen des § 75 zu genügen (vgl. auch *Berg/DKKW* § 75 Rn. 8; *Fitting* § 75 Rn. 10; *Kania*/ErfK § 75 BetrVG Rn. 2; *Preis/WPK* § 75 Rn. 9; *Reichold/HWK* § 75 BetrVG Rn. 5; früher schon *Hueck/Nipperdey* II/2, S. 1345; *Neumann-Duesberg* S. 444). Das folgt daraus, dass der Betriebsrat nur durch seine Mitglieder handlungsfähig ist und deshalb Amtspflichten auch solche der Betriebsratsmitglieder sein müssen. Entsprechendes muss auch für die **Mitglieder eines** (gesellschaftsrechtlichen) **Geschäftsführungs- und Vertretungsorgans** gelten, wenn der Arbeitgeber keine natürliche Person ist. Entsprechend ist § 75 auch auf die Mitglieder der oben in Rdn. 5 genannten betriebsverfassungsrechtlichen Organe anzuwenden.

11 Neben dem Betriebsrat sind auch dessen **Ausschüsse** an die Grundsätze des § 75 gebunden (vgl. *Fitting* § 75 Rn. 9; zust. *Kania*/ErfK § 75 BetrVG Rn. 2; *Reichold/HWK* § 75 BetrVG Rn. 5). Das folgt einmal aus der Pflichtenstellung der einzelnen Betriebsratsmitglieder, zugleich aber auch daraus, dass diese Ausschüsse Betriebsratsaufgaben wahrnehmen, die ihnen (ggf. zur selbstständigen Erledigung; vgl. § 27 Abs. 2 Satz 2, § 28 Abs. 1 Satz 3) übertragen worden sind. Deshalb sind auch **Arbeitsgruppen** gebunden, denen nach § 28a bestimmte Aufgaben übertragen worden sind (zust. *Preis/WPK* § 75 Rn. 10; *Reichold/HWK* § 75 BetrVG Rn. 5; *Worzalla/HWGNRH* § 75 Rn. 4; ebenso i. E. *Fitting* § 75 Rn. 6). Entsprechendes muss für Personen gelten, denen der Arbeitgeber die Wahrnehmung seiner betriebsverfassungsrechtlichen Aufgaben übertragen hat (z. B. Personalchef, Betriebs- und Abteilungsleiter). Dementsprechend erfasst die Bindung an § 75 auch die von Arbeitgeber und Betriebsrat gemeinsam zu besetzenden Ausschüsse nach § 28 Abs. 2.

12 Die **im Betrieb tätigen Arbeitnehmer**, die nicht Funktionsträger sind, werden von § 75 **nicht unmittelbar berührt** (zust. *Fitting* § 75 Rn. 11; ebenso *Kaiser/LK* § 75 Rn. 2; *Reichold/HWK* § 75 BetrVG Rn. 5). Die Vorschrift begründet für sie **keine selbstständige Verpflichtung**, einander (für diesen Fall ebenso *Richardi/Maschmann/Richardi* § 75 Rn. 11) und die Betriebspartner nach Gesetz und Billigkeit zu behandeln und Diskriminierungen zu unterlassen. Aus § 99 Abs. 2 Nr. 6 und § 104 lässt sich nichts Gegenteiliges herleiten. Wenn danach u. a. eine »grobe Verletzung der in § 75 Abs. 1 enthaltenen Grundsätze, insbesondere durch rassistische und fremdenfeindliche Betätigung« durch einen Arbeitnehmer Tatbestandsmerkmal ist, setzt das zwar voraus, dass auch einzelne Arbeitnehmer an die Grundsätze von Recht und Billigkeit gebunden sind und für sie im Betrieb kein Raum ist für Rassismus und Fremdenfeindlichkeit. Aber § 75 begründet diese Bindung nicht (**a. M.**, aber mit nicht überzeugender Begründung *Berg/DKKW* § 75 Rn. 8). Sie ergibt sich vielmehr aus den allgemeinen Anforderungen rechtlichen Verhaltens, im Verhältnis zum Arbeitgeber insbesondere aus dem Arbeitsvertrag und der Treuepflicht, im Verhältnis der Arbeitnehmer zueinander aus den deliktsrechtlichen Verletzungstatbeständen (*Thiele* Drittbearbeitung, § 75 Rn. 5; zust. *Mayer-Maly* AR-Blattei, Gleichbehandlung im Arbeitsverhältnis, F II 3) und allgemein auch aus dem gesetzlichen Schutz betriebsverfassungsrechtlicher Tätigkeit von Arbeitgeber und Betriebsverfassungsorganen (§§ 119 ff.). Arbeitnehmer, die Arbeitskollegen wegen ihrer Rasse, Herkunft, Abstammung, Nationalität, Religion usw. diskriminieren, können dadurch auch ihre Friedenspflicht aus dem Arbeitsverhältnis verlet-

zen und deliktisch rechtswidrig handeln. Die Diskriminierung als solche (Nichtbeachtung, Missachtung, faktischer Ausschluss aus der Betriebsgemeinschaft u. a.) ist dagegen kein selbstständiger Tatbestand einer Rechtsverletzung. In solchen Fällen haben Arbeitgeber und Betriebsrat aber gemäß §§ 75 und 80 Abs. 1 Nr. 1 einzugreifen. Dazu fordert sie auch § 17 Abs. 1 AGG auf, soweit es um die Ziele des § 1 AGG geht. Zum Schutz vor Benachteiligungen wegen eines in § 1 AGG genannten Grundes treffen den Arbeitgeber darüber hinaus die weitreichenden speziellen Verpflichtungen nach § 12 AGG.

2. Geschützter Personenkreis

Dem Wortlaut nach bezieht sich die Verpflichtung des Abs. 1 Satz 1 auf **alle im Betrieb tätigen Personen**. Im Unterschied zu Abs. 2 Satz 1, der einschränkend vom Schutz der »im Betrieb beschäftigten Arbeitnehmer« spricht, sieht die h. L. deshalb den geschützten Personenkreis besonders weit abgegrenzt: Über den Kreis der Arbeitnehmer i. S. d. BetrVG nach § 5 Abs. 1 hinaus sollen auch Arbeitnehmer, die im Betrieb tätig sind, ohne ihm anzugehören (z. B. Monteure, Bauarbeiter, Leiharbeitnehmer), und die in § 5 Abs. 2 (Nicht-Arbeitnehmer) genannten Personen in den Schutzbereich der Norm einbezogen sein (vgl. *Berg/DKKW* § 75 Rn. 10 f., einschränkend bei den in § 5 Abs. 2 Nr. 1 und 2 Genannten; *Fitting* § 75 Rn. 13 f., die jedoch die in § 5 Abs. 2 Nr. 1 und 2 Genannten ausnehmen; ebenso *Preis/WPK* § 75 Rn. 6; *Reichold/HWK* § 75 BetrVG Rn. 6; *Kania*/ErfK § 75 BetrVG Rn. 3, der aber Fremdfirmenarbeitnehmer ausnimmt; *Lorenz/HaKo* § 75 Rn. 2; *Richardi/ Maschmann/Richardi* § 75 Rn. 7; *Riedel* JArbR Bd. 14 [1977], S. 79 [84]; *Stege/Weinspach/Schiefer* § 75 Rn. 2; *Worzalla/HWGNRH* § 75 Rn. 3). Darüber hinaus wurden vor Inkrafttreten des SprAuG verbreitet auch die in § 5 Abs. 3 genannten leitenden Angestellten als von § 75 erfasst angesehen (vgl. *Dietz/Richardi* § 75 Rn. 6; *Gnade/Kehrmann/Schneider/Blanke* 2. Aufl., § 75 Rn. 6; *Riedel* JArbR Bd. 14, S. 84; zuletzt nur noch *Hess/Schlochauer/Glaubitz* § 75 Rn. 3). Dem kann – auch eingeschränkt – nicht zugestimmt werden. Die Auffassungen übersehen im Ansatz, dass nach der geänderten Gesetzesüberschrift § 75 nur Grundsätze für die Behandlung von **Betriebsangehörigen** enthält und der Betriebsrat auch nur Arbeitnehmer i. S. d. Gesetzes repräsentieren kann, soweit im Gesetz nicht ausnahmsweise anderes bestimmt ist. Nur die betriebsangehörigen (vgl. dazu *Raab* § 7 Rdn. 17 ff.) **Arbeitnehmer** i. S. d. § 5 Abs. 1 einschließlich der jetzt ausdrücklich in Abs. 1 Satz 3 genannten Personen (vgl. dazu *Raab* § 5 Rdn. 15 ff.) bilden daher den geschützten Personenkreis, nicht aber die in § 5 Abs. 2 und 3 genannten Personen (zust. *Fritsch* BB 1992, 701 [702 f.]; *Kaiser/LK* § 75 Rn. 8; *Rieble/DFL* § 75 BetrVG Rn. 3, 14). Auf die Wahlberechtigung oder Wählbarkeit zum Betriebsrat kommt es nicht an.

Auf **leitende Angestellte** ist § 75 nicht anzuwenden, weil die Anwendung nicht (entsprechend § 5 Abs. 3) ausdrücklich bestimmt wird (ebenso *BAG* 19.02.1975 AP Nr. 9 zu § 5 BetrVG 1972 Bl. 4 R; *Martens* Das Arbeitsrecht der leitenden Angestellten, 1982, S. 146; i. E. auch *Thiele* Drittbearbeitung, § 75 Rn. 6; *Kaiser/LK* § 75 Rn. 8, wie auch schon *Galperin/Löwisch* § 75 Rn. 4; jetzt auch *Berg/ DKKW* § 75 Rn. 11; *Fitting* § 75 Rn. 15; *Kania*/ErfK § 75 BetrVG Rn. 3; *Preis/WPK* § 75 Rn. 7; *Reichold/HWK* § 75 BetrVG Rn. 6; *Richardi/Maschmann/Richardi* § 75 Rn. 7). Ihrem Schutzbedürfnis ist mit der Fürsorgepflicht des Arbeitgebers und dem arbeitsrechtlichen Gleichbehandlungsgrundsatz, dessen Anwendung auf sie im Grundsatz unbestritten ist, Rechnung zu tragen. Soweit ein Sprecherausschuss der leitenden Angestellten besteht, gilt § 27 Abs. 1 SprAuG, der § 75 Abs. 1 nachgebildet ist und ausdrücklich »alle leitenden Angestellten des Betriebes« als geschützte Personengruppe nennt.

Selbstständige (z. B. freie Mitarbeiter, Handelsvertreter, Wirtschaftsprüfer und Steuerberater, Rechtsanwälte, Steuerprüfer) werden mangels Arbeitnehmereigenschaft nicht erfasst, selbst wenn sie zeitweise oder ganz im Betrieb tätig sind (ebenso *Galperin/Löwisch* § 75 Rn. 4; zust. *Fitting* § 75 Rn. 15; *Kania*/ErfK § 75 BetrVG Rn. 3; *Preis/WPK* § 75 Rn. 7; *Reichold/HWK* § 75 BetrVG Rn. 6). Methodisch ist es nicht überzeugend, insoweit den betriebsverfassungsrechtlich geschützten Personenkreis entsprechend dem Beschäftigtenbegriff des AGG nach Maßgabe des § 6 Abs. 3 AGG abzugrenzen (so aber *Berg/DKKW* § 75 Rn. 9 ff.).

16 Sog. **Unternehmerarbeiter** (z. B. Bau- und Montagearbeiter) sind mangels Betriebszugehörigkeit im Drittbetrieb (vgl. dazu *Raab* § 7 Rdn. 145 f.) grundsätzlich nicht erfasst (zust. *Kaiser/LK* § 75 Rn. 8; *Kania/*ErfK § 75 BetrVG Rn. 3; **a. M.** *Fitting* § 75 Rn. 14; *Rieble/DFL* § 75 BetrVG Rn. 3; *Worzalla/HWGNRH* § 75 Rn. 5). Ob **Leiharbeitnehmer** durch § 75 im Entleiherbetrieb geschützt sind, ist umstritten. Die h. M. bejaht diese Frage zu Recht, wenngleich meist ohne nähere Begründung (*Berg/DKKW* § 75 Rn. 10; *Fitting* § 75 Rn. 12; *Kaiser/LK* § 75 Rn. 7; *Kania/*ErfK § 75 BetrVG Rn. 3; *Lorenz/Düwell* § 75 Rn. 2; *Richardi/Maschmann/Richardi* § 75 Rn. 7; *Werner/*BeckOK § 75 Rn. 6; **abw.** Voraufl. Rn. 13). Ihre Einbeziehung folgt aus der im Gesetz an verschiedenen Stellen angeordneten Zuständigkeit des Betriebsrats des Entleiherbetriebs für sie (etwa §§ 14 Abs. 2 Sätze 2 und 3, Abs. 3 AÜG, § 80 Abs. 2 Satz 1, 99 Abs. 2; vgl. zur Feststellung weiterer Beteiligungsrechte für den Betriebsrat im Entleiherbetrieb durch die Rspr. BAG 15.12.1992 EzA § 14 AÜG Nr. 3), die mit dem Inkrafttreten von Art. 1 des Gesetzes zur Änderung des Arbeitnehmerüberlassungsgesetzes und anderer Gesetze vom 21.01.2017 (BGBl. I, S. 258) zum 01.04.2017 auch dazu geführt hat, dass **Leiharbeitnehmer** bei Schwellenwerten im Entleiherbetrieb gem. **§ 14 Abs. 2 Satz 4 AÜG** zu berücksichtigen sind (s. *Jacobs* § 9 Rdn. 10 f.). Für sie gilt § 75 außerdem im Verleiherbetrieb, wenn dort ein Betriebsrat besteht (vgl. Rdn. 4).

17 **Grundsätzlich nicht** in den unmittelbaren Schutzbereich des § 75 Abs. 1 fallen nach dem Wortlaut die **noch nicht im Betrieb beschäftigten Arbeitnehmer**, insbesondere Bewerber um Arbeitsplätze, und die bereits aus ihm **Ausgeschiedenen**, insbesondere Ruheständler. Vgl. aber zur Beachtung der Grundsätze von Recht und Billigkeit bei der Einstellung Rdn. 44, 50 ff. Soweit sich die Betriebsverfassung auch auf bereits ausgeschiedene Arbeitnehmer erstreckt, muss auch § 75 beachtet werden (ebenso *Galperin/Löwisch* § 75 Rn. 5a; zust. *Fitting* § 75 Rn. 16; *Kaiser/LK* § 75 Rn. 10; *Preis/WPK* § 75 Rn. 8; *Richardi/Maschmann/Richardi* § 75 Rn. 8).

3. Rechtsnatur der Überwachungsaufgabe

18 Nach allgemeiner Meinung verpflichtet Abs. 1 Satz 1 die Normadressaten zur Überwachung (**Überwachungspflicht**). Sie sind aber auch zur Überwachung berechtigt (**Überwachungsrecht**). Beides folgt bereits aus dem Wortlaut der Bestimmung. Wenn das Gesetz sagt, dass Arbeitgeber und Betriebsrat »darüber zu wachen haben, dass ...«, ist diesen damit die Überwachung nicht nur zwingend geboten, sondern ihnen ist auch die Rechtsmacht eingeräumt, die Einhaltung der Grundsätze von Recht und Billigkeit zu überwachen (für ein Überwachungsrecht des Betriebsrats: BAG AP Nr. 1 Bl. 6, Nr. 2 Bl. 5 R, Nr. 3 Bl. 6 zu § 87 BetrVG 1972 Altersversorgung; *Haneberg* § 75 BetrVG 1972, S. 102 ff. [115], die [S. 122] aber ein Überwachungsrecht des Arbeitgebers ausschließt; *Hilger/Stumpf* FS G. *Müller*, S. 209 [223]; allgemein auch bereits *Thiele* Drittbearbeitung, § 75 Rn. 9; ebenso *Berg/DKKW* § 75 Rn. 15; *Fitting* § 75 Rn. 17; *Kania/*ErfK § 75 BetrVG Rn. 4; *Lorenz/HaKo* § 75 Rn. 5; *Preis/WPK* § 75 Rn. 11; ein Überwachungsrecht liegt auch in der Konsequenz derjenigen, die bei Streitigkeiten über Verstöße gegen die Grundsätze des § 75 Abs. 1 die prozessuale Geltendmachung im arbeitsgerichtlichen Beschlussverfahren zulassen, z. B. *Richardi/Maschmann/Richardi* § 75 Rn. 57, 58; *Riedel* JArbR Bd. 14 [1977], S. 79 [93]; **a. M.** *Konzen* Leistungspflichten, S. 69). Daneben ergibt sich auch aus § 80 Abs. 1 Nr. 1 ein Überwachungsrecht des Betriebsrats in Bezug auf die Einhaltung der Behandlungsgrundsätze des § 75 Abs. 1 durch den Arbeitgeber. Die Überwachung ist gesetzliche »Aufgabe« des Betriebsrats i. S. v. § 80 Abs. 2 Satz 1 (vgl. BAG 26.01.1988 EzA § 80 BetrVG 1972 Nr. 32 S. 7).

19 **Überwachung** bedeutet, dass Arbeitgeber und Betriebsrat für die Einhaltung der Grundsätze Sorge zu tragen und sich darum zu kümmern haben, dass den betriebsangehörigen Arbeitnehmern Recht und Billigkeit widerfährt. Das berechtigt und verpflichtet sie nicht nur dazu, Beschwerden, Hinweise und Anregungen von Arbeitnehmern entgegenzunehmen und entsprechend zu reagieren (vgl. auch §§ 82, 84, 85), sondern auch dazu, von sich aus die Einhaltung der Grundsätze im Betrieb zu beobachten und zu überprüfen und bei Verstößen auf Abhilfe hinzuwirken. Konkreter Beschwerden von Arbeitnehmern (etwa i. S. v. § 85) oder besonderer Anlässe bedarf es nicht.

a) Art und Umfang der Überwachungspflicht

Die Überwachungspflicht lässt sich zunächst als **gegenseitige Kontrollpflicht** verstehen (zust. *Kaiser/LK* § 75 Rn. 13; vgl. auch *Fitting* § 75 Rn. 18). Der Betriebsrat und seine Mitglieder haben gegenüber dem Arbeitgeber wie umgekehrt dieser gegenüber jenen auf die Einhaltung der Grundsätze von Recht und Billigkeit bei der Behandlung der Arbeitnehmer zu achten. Der Betriebsrat ist aber auch gegenüber seinen Mitgliedern zur Kontrolle verpflichtet, wie diese ihrerseits bei der Beschlussfassung im Betriebsrat auf die Einhaltung der Grundsätze zu achten haben (vgl. zur persönlichen Verantwortlichkeit der Betriebsratsmitglieder für rechtswidrige Betriebsratsbeschlüsse *Buchner* FS G. Müller, S. 93 ff.). Da der Kreis derjenigen, von denen Arbeitnehmer im Betrieb im weitesten Sinne »behandelt« werden, nicht auf die Normadressaten festgeschrieben ist, haben diese auch die Pflicht, für die Einhaltung der Grundsätze namentlich bei der Behandlung von Arbeitnehmern durch Arbeitskollegen Sorge zu tragen (ebenso *Fitting* § 75 Rn. 19; *Galperin/Löwisch* § 75 Rn. 39; *Neumann-Duesberg* S. 444; *Preis/WPK* § 75 Rn. 12; *Richardi/Maschmann/Richardi* § 75 Rn. 5).   **20**

Die Überwachungspflicht schließt ein, dass die Normadressaten der Verletzung von Recht und Billigkeit **entgegentreten** und sich bei Verstößen gegenseitig um **Abhilfe** bemühen (*Thiele* Drittbearbeitung, § 75 Rn. 11; zust. *Berg/DKKW* § 75 Rn. 18; *Fitting* § 75 Rn. 19; *Kania*/ErfK § 75 BetrVG Rn. 4; *Richardi/Maschmann/Richardi* § 75 Rn. 6). Die tatenlose Hinnahme festgestellter Verstöße durch die Gegenseite verletzt selbst die Überwachungspflicht. Auf Abhilfe können die Normadressaten hinwirken, indem sie die Möglichkeiten des Überwachungsrechts (vgl. Rdn. 27) ausschöpfen oder sich der arbeitsvertraglichen, betriebsverfassungsrechtlichen und faktischen Möglichkeiten bedienen, die ihnen allgemein zur Verfügung stehen. So kann der **Arbeitgeber** als Partner der Arbeitsverträge, als Träger der Organisations- und Leitungsgewalt und als Ausführender der gemeinsam mit dem Betriebsrat gefassten Beschlüsse (§ 77 Abs. 1) Verstöße rückgängig machen oder bei Verletzung der Grundsätze durch Belegschaftsmitglieder andere Maßnahmen ergreifen (z. B. Abmahnung, Kündigung, Versetzung, Sanktionen nach einer Betriebsordnung). Bei groben Verstößen des Betriebsrats oder seiner Mitglieder kann er nach § 23 Abs. 1 vorgehen. Der **Betriebsrat** hat auf Belegschaftsmitglieder unmittelbar beratend, mäßigend, warnend, aber auch (mit Blick auf § 104) abmahnend hinzuwirken oder den Arbeitgeber zu unterrichten mit der Aufforderung, seinerseits Abhilfe zu schaffen (z. B. gemäß § 104 durch Entlassung oder Versetzung). Hat der Arbeitgeber gegen die Grundsätze verstoßen, kann der Betriebsrat mit ihm darüber verhandeln (§ 74 Abs. 1 Satz 2, § 85 Abs. 1), Anträge stellen (§ 80 Abs. 1), in den Fällen des § 99 nach Abs. 2 Nr. 1, 3 bzw. 4 seine Zustimmung verweigern, in anderen Fällen die Einigungsstelle anrufen (insbesondere § 85 Abs. 2) oder nach § 23 Abs. 3 vorgehen. § 75 berechtigt den Betriebsrat aber nicht, unmittelbar in die Betriebsleitung einzugreifen und Maßnahmen des Arbeitgebers rückgängig zu machen. Der Betriebsrat kann betroffene Arbeitnehmer auf ihre Rechte hinweisen, auch wenn § 75 ebenso wenig wie § 80 Abs. 1 ein Recht zu umfassender Rechtsberatung oder gar zur Prozessvertretung gibt.   **21**

Die Überwachungspflicht setzt notwendigerweise voraus, dass eine **Verpflichtung** zur Behandlung der betriebsangehörigen Arbeitnehmer nach den Grundsätzen von Recht und Billigkeit besteht. Unstr. schließt die Überwachungspflicht diese Verpflichtung für die Normadressaten **bei ihren eigenen Maßnahmen** ein (vgl. *Berg/DKKW* § 75 Rn. 14; *Fitting* § 75 Rn. 20; *Hueck/Nipperdey* II/2, S. 1345; *Kaiser/LK* § 75 Rn. 13; *Kania*/ErfK § 75 BetrVG Rn. 4; *Neumann-Duesberg* S. 444; *Nikisch* III, S. 257; *Preis/WPK* § 75 Rn. 12; *Richardi/Maschmann/Richardi* § 75 Rn. 4; *Riedel* JArbR Bd. 14 [1977], S. 79 [83]; *Worzalla/HWGNRH* § 75 Rn. 52; ausdrücklich etwa auch BAG 16.03.1994 EzA § 112 BetrVG 1972 Nr. 73; 30.03.1994 EzA § 112 BetrVG 1972 Nr. 74; st. Rspr.). Das ist zutr., weil § 75 Abs. 1 nicht lediglich eine gegenseitige Überwachungspflicht begründet (vgl. Rdn. 9) und derjenige, der allgemein darüber zu wachen hat, dass die Grundsätze von Recht und Billigkeit beachtet werden, damit bei sich selbst anzufangen hat. Die Bestimmung enthält insoweit ein **umfassendes Verhaltensgebot** für die Normadressaten. Insoweit ist die eigentliche Kontrollpflicht nur eine Sekundärpflicht hinter der primären Pflicht, selbst die Behandlungsgrundsätze von Recht und Billigkeit zu wahren (*Neumann-Duesberg* S. 444). Das Primärgebot gilt für den **Arbeitgeber** bei allen Maßnahmen im Rahmen des Einzelarbeitsvertrags (Abschluss, inhaltliche Gestaltung und Beendigung), bei der Ausübung des Direktionsrechts, bei der Gestaltung der betrieblichen Ordnung und bei der Regelung allgemeiner Arbeitsbedingungen (arbeitsvertragliche Einheitsregelung, Gesamtzusage, betriebliche Übung). In gleichem Maße ist der **Betriebsrat** bei der Ausübung seiner Beteiligungsrechte und über-   **22**

§ 75 IV. 1. Allgemeines

haupt in seinem Verhalten bei seiner Aufgabenerfüllung gebunden, ebenso die **Betriebsratsmitglieder** bei ihrer Amtsführung (vgl. ausführlich *Belling* Haftung des Betriebsrats, S. 196 ff., der in § 75 die Grundnorm für die Amtspflichten des Betriebsrats sieht) und die **Ausschüsse** und **Arbeitsgruppen** (vgl. Rdn. 11) bei ihrer Aufgabenwahrnehmung. Arbeitgeber und Betriebsrat sind darüber hinaus auch bei **gemeinsamen** Maßnahmen und Entscheidungen gebunden, insbesondere beim **Abschluss von Betriebsvereinbarungen (Sozialplänen)** und bei Regelungsabsprachen (zu den Rechtsfolgen bei Verstößen s. Rdn. 157; zur zentralen Problematik der Inhaltskontrolle von Betriebsvereinbarungen s. ausführlich *Kreutz* § 77 Rdn. 329 ff.). Entsprechendes gilt für Vereinbarungen zwischen Arbeitgeber und Arbeitsgruppen gemäß § 28a Abs. 2.

23 Primärpflicht und sekundäre Kontrollpflicht sind aber lediglich **Amtspflichten**. Mit ihnen korrespondieren **keine subjektiven Rechte** (Ansprüche) **der** geschützten **Arbeitnehmer**. Das Gesetz nennt diese nicht als Berechtigte, und § 75 ist keine individualrechtliche Norm (i. E. ganz h. M., soweit überhaupt auf diese Frage eingegangen wird; vgl. BAG 13.07.1962 AP Nr. 1 zu § 242 BGB [zust. *Schnorr von Carolsfeld*]; 03.12.1985 EzA § 1 TVG Nr. 21 S. 129; 14.01.1986 EzA § 1 BetrAVG Nr. 40 S. 253 = AP Nr. 5 zu § 1 BetrAVG Gleichbehandlung Bl. 3 [zust. *von Hoyningen-Huene*]; *Thiele* Drittbearbeitung, § 75 Rn. 14; *Fitting* § 75 Rn. 24; *Frey* AuR 1961, 43 [47]; *Kaiser/LK* § 75 Rn. 13; *Kania*/ErfK § 75 BetrVG Rn. 1; *Koloczek* Leistungsansprüche des einzelnen Arbeitnehmers gegen den Betriebsrat, S. 46; *Niederalt* Individualrechte, S. 210 ff.; *Preis/WPK* § 75 Rn. 2; *Richardi/Maschmann/Richardi* § 75 Rn. 9; *Rieble/DFL* § 75 BetrVG Rn. 2; *Waltermann* Arbeitsrecht, 18. Aufl. 2016, § 31; *Wiese* NZA 2006, 1 [4]; **a. M.** allerdings *Haneberg* § 75 BetrVG 1972, S. 8 ff., 77, 92, die direkt aus § 75 subjektive Rechte der Arbeitnehmer gegen Arbeitgeber und Betriebsrat bejaht, die im arbeitsgerichtlichen Beschlussverfahren sollen geltend gemacht werden können [S. 124 ff.]; sie stützt diese Auffassung jedoch auf die unzutr. Annahme, § 75 beinhalte eine gesetzliche Anordnung der direkten Geltung bestimmter Grundrechte im BetrVG, durch die den Arbeitnehmern subjektive Rechte erwachsen [S. 39 ff., 50]; auch *Belling* Haftung des Betriebsrats, S. 264 ff., deutet die Amtspflichten des Betriebsrats als durchsetzbare subjektive Rechte der Arbeitnehmer und § 75 als »Berechtigungsnorm«; ohne Begründung auch *Berg/DKKW* § 75 Rn. 19; nicht überzeugend bewertet wird der Charakter von Amtspflichten von *Heydrich* Ansprüche der Arbeitnehmer wegen Pflichtverletzungen des Betriebsrates; vgl. ferner die Nachweise zu § 75 Abs. 2 Satz 1 und hier Rdn. 105).

24 Abs. 1 gibt den einzelnen Arbeitnehmern insbesondere **keine Anspruchsgrundlage** gegen den Arbeitgeber oder den Betriebsrat auf eine bestimmte Behandlung nach den Grundsätzen von Recht und Billigkeit und in Fällen der Verletzung der Grundsätze auch **keinen Beseitigungs- oder Unterlassungsanspruch**. Die Frage nach der richtigen prozessualen Geltendmachung solcher Ansprüche stellt sich nicht. Auch kann der einzelne Arbeitnehmer weder vom Arbeitgeber noch vom Betriebsrat verlangen, dass diese gegenseitig ihrer gesetzlichen Kontrollpflicht nachkommen, insbesondere zu ihren Gunsten bei der Gegenseite zu intervenieren (ebenso wohl auch *Galperin/Löwisch* § 75 Rn. 41). Das bedeutet z. B., dass der betroffene Arbeitnehmer bei diskriminierender Verweigerung der Zustimmung zu seiner Versetzung nach § 75 Abs. 1 weder einen Anspruch auf Zustimmungserteilung gegen den Betriebsrat hat noch einen Anspruch gegen den Arbeitgeber, dass dieser sich dergestalt um Abhilfe des Verstoßes bemüht oder dass er nach § 99 Abs. 4 die Ersetzung der Zustimmung durch das Arbeitsgericht beantragt (i. E. ebenso *Fitting* § 75 Rn. 24; *Galperin/Löwisch* § 75 Rn. 41). Ebenso wenig kann ein Bewerber aus § 75 Abs. 1 einen Einstellungsanspruch herleiten (vgl. zur Einschränkung der Abschlussfreiheit aber Rdn. 44), selbst wenn man davon absieht, dass dieser mangels Betriebszugehörigkeit noch nicht zum geschützten Personenkreis gehört (vgl. Rdn. 17). Der einzelne Arbeitnehmer hat auch keine spezifisch betriebsverfassungsrechtliche Möglichkeit, die Erfüllung der Amtspflichten gegenüber den Normadressaten zu erzwingen. Das arbeitsgerichtliche Beschlussverfahren ist hierfür nicht geeignet (**a. M.** *Blomeyer* Gedächtnisschrift für *Dietz*, S. 147 [172 ff.]). Mangels betriebsverfassungsrechtlicher Rechtsposition muss ein Antrag nach h. M. wegen fehlender Antragsberechtigung abgewiesen werden. Nach hier vertretener Auffassung (vgl. *Kreutz* § 19 Rdn. 62) wäre er unbegründet).

25 Auch wenn Abs. 1 als kollektivrechtliche Norm die Rechtsbeziehungen zwischen Arbeitgeber und Arbeitnehmern nicht unmittelbar gestaltet, muss der **Arbeitgeber im Einzelarbeitsverhältnis** i. E. die Grundsätze von Recht und Billigkeit beachten. Zwar begründet § 75 Abs. 1 diese Verpflichtung

nicht unmittelbar. Allerdings werden arbeitsvertragliche Schutz- und Fürsorgepflichten des Arbeitgebers (vgl. auch Rdn. 104, 141) und der arbeitsrechtliche Gleichbehandlungsgrundsatz (vgl. auch Rdn. 39) inhaltlich von den Grundsätzen des § 75 mitgeprägt (zust. *Fitting* § 75 Rn. 24; *Berg/DKKW* § 75 Rn. 19; *Kania*/ErfK § 75 BetrVG Rn. 1; für die Schutz- und Fürsorgepflicht schon *Thiele* Drittbearbeitung, § 75 Rn. 14 im Anschluss an *Mayer-Maly* AR-Blattei, Gleichbehandlung im Arbeitsverhältnis, C I 1d; vgl. auch *Galperin/Löwisch* § 75 Rn. 41; BAG 05.04.1984 EzA § 17 BBiG Nr. 1 S. 6 = AP Nr. 2 zu § 17 BBiG Bl. 4 *[Herschel]*; für eine Konkretisierung des Gleichbehandlungsgrundsatzes *Richardi/Maschmann/Richardi* § 75 Rn. 8, 15; vgl. auch BAG 03.12.1985 EzA § 1 TVG Nr. 21 S. 129 und 14.01.1986 EzA § 1 BetrAVG Nr. 40 S. 253, wo aber offengelassen wird, welche individualrechtlichen Folgen aus § 75 herzuleiten sind). Einzelheiten müssen insoweit aber aus dem Individualarbeitsrecht hergeleitet werden, z. B. der Anspruch eines Arbeitnehmers gegen den Arbeitgeber aus der Fürsorgepflicht darauf, dass dieser bei willkürlich verweigerter Zustimmung des Betriebsrats zu seiner Versetzung beim Arbeitsgericht beantragt, die Zustimmung zu ersetzen (§ 99 Abs. 4; ebenso wohl *Galperin/Löwisch* § 75 Rn. 41). Individualrechtliche Anforderungen dürfen andererseits nicht mit den betriebsverfassungsrechtlichen Pflichten aus § 75 vermengt werden. Sie stehen neben diesen. Der Unterschied zeigt sich auch im Verfahren. Streitigkeiten bei Verstößen gegen die Grundsätze des § 75 entscheidet das Arbeitsgericht auf Antrag im Beschlussverfahren (§ 2a Abs. 1 Nr. 1, Abs. 2, §§ 80 ff. ArbGG). Wenn (zugleich) Pflichten aus dem Arbeitsverhältnis verletzt werden, entscheidet das Arbeitsgericht auf Klage im arbeitsgerichtlichen Urteilsverfahren (§ 2 Abs. 1 Nr. 3, Abs. 5, §§ 46 ff. ArbGG).

b) Überwachungsrecht

Das Überwachungsrecht (vgl. Rdn. 18) geht über die Anforderungen der Kontrollpflicht (vgl. Rdn. 20 f.) hinaus, soweit es Betriebsrat und Arbeitgeber das im arbeitsgerichtlichen Beschlussverfahren **durchsetzbare Recht** gibt, bei Verstößen gegen die Grundsätze von Recht und Billigkeit von der Gegenseite **Abhilfe zu verlangen**. Abs. 1 wird damit weder zur Grundlage für die Erweiterung von Beteiligungsrechten (vgl. *Blomeyer* Anm. zu BAG AP Nr. 3 zu § 87 BetrVG 1972 Altersversorgung; *Hanau* Anm. zu BAG AP Nr. 4 zu § 87 BetrVG 1972 Altersversorgung), noch stellt er die Amtsführung des Betriebsrates einseitig unter die Kuratel des Arbeitgebers. Vielmehr verleiht er der Überwachungsaufgabe Durchschlagskraft. Eine Begrenzung des Überwachungsrechts ist nicht angezeigt. Es deckt sich mit dem Umfang der Überwachungsaufgabe. Es steht Betriebsrat und Arbeitgeber gleichermaßen zu (**a. M.** *Haneberg* § 75 BetrVG 1972, S. 122: nur dem Betriebsrat; ebenso *Berg/DKKW* § 75 Rn. 15) und ist auch nicht auf Regelungen mit kollektiver Wirkung (Betriebsvereinbarung, Versorgungs- und Ruhegeldordnungen) beschränkt. Es ist auch nicht zwischen betriebsverfassungsrechtlichen und sonstigen Verstößen zu unterscheiden, weil jeder Verstoß gegen die Grundsätze von Recht und Billigkeit mit der betriebsverfassungsrechtlichen Vorschrift unvereinbar ist.

Das Überwachungsrecht dient der Einhaltung der Verpflichtung zur Wahrung der Grundsätze von Recht und Billigkeit bei der Behandlung der betriebsangehörigen Arbeitnehmer. Bei Verstößen gegen diese Grundsätze erwächst aus ihm ein **Unterlassungs- oder Beseitigungsanspruch** gegen den Verletzer (ebenso und ausführl. *Lukes* Der betriebsverfassungsrechtliche Unterlassungsanspruch des Arbeitgebers gegen den Betriebsrat, S. 270 ff. und passim; ebenso, aber ohne Begründung nur für den Betriebsrat, *Fitting* § 75 Rn. 178; *Berg/DKKW* § 75 Rn. 143; i. E. auch *Haneberg* § 75 BetrVG 1972, S. 118 f.), je nachdem, ob künftige Verletzungen verhindert oder noch fortbestehende Verletzungen rückgängig zu machen sind. Der gerichtlichen Anerkennung eines Unterlassungsanspruchs des Arbeitgebers gegen den Betriebsrat als Verletzer könnte in ihrer Konsequenz allerdings die geänderte Rspr. des Siebten Senat (17.03.2010 EzA § 74 BetrVG 2001 Nr. 1 = AP Nr. 12 zu § 74 BetrVG 1972; bestätigt durch BAG 28.05.2014 EzA § 74 BetrVG 2001 Nr. 3 Rn. 17 ff., 21 = AP Nr. 66 zu § 76 BetrVG 1972) und des Ersten Senats (10.10.2013 EzA Art. 9 GG Arbeitskampf Nr. 151 Rn. 25 f. = AP Nr. 181 zu Art. 9 GG Arbeitskampf) des BAG zu § 74 Abs. 2 Satz 2 und 3 entgegenstehen. Danach sollen Verstöße des Betriebsrats gegen die Pflicht zur Unterlassung parteipolitischer Betätigung im Betrieb oder gegen die Pflicht, Betätigungen zu unterlassen, durch die der Arbeitsablauf oder der Frieden des Betriebs beeinträchtigt werden, keinen Unterlassungsanspruch des Arbeitgebers begründen können. Das könnte entsprechend auch hier gelten. Die vom BAG angeführten Begründungsgesichtspunkte sind (verallgemeinerungsfähig) darauf angelegt, Unterlassungsansprüche des Arbeitgebers gegen den Betriebsrat bei Verletzung gesetzlicher Pflichten generell auszuschließen, soweit sie gesetzlich nicht ausdrücklich vorgesehen sind. Dieser Rspr. ist jedoch nicht zu folgen. Sie ist nicht überzeugend begründet und wird deshalb in der Lit. ganz überwiegend zu Recht abgelehnt (vgl. zur ausführlichen Kritik mit umfangreichen Nachweisen § 74 Rdn. 127 f.; *Burger/Rein* NJW 2010, 3613; *Raif* GWR 2014, 463; *Pfrogner* RdA 2016, 161). Auch gegen einen entsprechenden **Feststellungsantrag** bestehen keine Bedenken. Die Anträge, die im arbeitsgerichtlichen Beschlussverfahren geltend zu machen sind, zur Sicherung eines Anspruchs auch im Wege des Antrags auf einstweilige Verfügung (§ 85 Abs. 2 ArbGG, §§ 935 ff. ZPO; es gibt allerdings keine Feststellungsverfügung, näher *Jacobs* Der Gegenstand des Feststellungsverfahrens, 2005, S. 499 ff. m. w. N.), müssen aber das anstößige Verhalten der Gegenseite genau angeben (vgl. auch *BAG* 22.07.1980 EzA § 74 BetrVG 1972 Nr. 5 = AP Nr. 3 zu § 74 BetrVG 1972). Ein zu weit gefasster sog. Globalantrag ist nach der Rechtsprechung zwar nicht unzulässig, ggf. aber unbegründet (st. Rspr.; vgl. *BAG* 18.09.1991 EzA § 40 BetrVG 1972 Nr. 67; 11.12.1991 EzA § 90 BetrVG 1972 Nr. 2; 03.05.1994 EzA § 23 BetrVG 1972 Nr. 36; die Rspr. zum Globalantrag **abl.** ausführl. *Jacobs* FS Picker, S. 1013 ff.). Zur Vollstreckbarkeit der Ansprüche gegen den Betriebsrat vgl. entsprechend § 74 Rdn. 90.

4. Gegenstand der Überwachung: Grundsätze von Recht und Billigkeit

28 Gegenstand der Überwachung ist die Wahrung der **Grundsätze von Recht und Billigkeit** bei der Behandlung betriebsangehöriger Arbeitnehmer. Das Gesetz bestimmt diese Grundsätze nicht inhaltlich, sondern setzt sie als bekannt und verbindlich voraus und nimmt sie in Bezug, indem es Arbeitgeber und Betriebsrat zu betriebsverfassungsrechtlichen Wächtern dieser Grundsätze bestimmt. Zur Konkretisierung der Grundsätze (des Rechts) nennt das Gesetz beispielhaft (»insbesondere«) und nicht abschließend das Verbot der Benachteiligung (zum Begriff vgl. Rdn. 47) von Personen aus Gründen ihrer Rasse oder wegen ihrer ethnischen Herkunft, ihrer Abstammung oder sonstigen Herkunft, ihrer Nationalität, ihrer Religion oder Weltanschauung, ihrer Behinderung, ihres Alters, ihrer politischen oder gewerkschaftlichen Betätigung oder Einstellung oder wegen ihres Geschlechts oder ihrer sexuellen Identität (**besondere Benachteiligungsverbote**). Vgl. insoweit zur Neufassung Rdn. 1. Da das Wort »insbesondere« auch auf die genannten Benachteiligungskriterien zu beziehen ist, ist diese Aufzählung ebenfalls nicht erschöpfend. Auch andere gesetzliche Benachteiligungsverbote in der Arbeitsrechtsordnung unterliegen als Grundsätze des Rechts der Überwachungspflicht nach Abs. 1. Das betrifft insbesondere die Benachteiligungsverbote wegen eines in § 1 AGG genannten Grundes nach **§ 7 Abs. 1 AGG** (die ebenfalls in § 75 genannt werden) und die Benachteiligungsverbote wegen Teilzeitbeschäftigung und befristet beschäftigter Arbeitnehmer nach **§ 4 Abs. 1 und 2 TzBfG** (zu einer gegen § 4 Abs. 2 TzBfG verstoßenden Sozialplanregelung s. *BAG* 09.12.2014 EzA § 112 BetrVG 2001 Nr. 54 Rn. 26 = AP Nr. 228 zu § 112 BetrVG 1972; eine Berechnung der betrieblichen Altersversorgung nach dem Pro-rata-temporis verstößt dagegen nicht gegen § 4 Abs. 1 TzBfG, *BAG* 19.04.2016 EzA § 4 TzBfG Nr. 24 Rn. 24 ff. = AP Nr. 18 zu § 1 BetrAVG Teilzeit). Aus der nur beispielhaften Aufzählung ist allerdings nicht abzuleiten, dass das Gesetz von einem allgemeinen Grundsatz der Nichtdiskriminierung ausgeht. Das Charakteristikum eines Diskriminierungsverbots ist es gerade, dass die Benachteiligung jeweils nur wegen bestimmter, ausdrücklich normierter Gründe verboten ist. Das macht den Unterschied aus zum arbeitsrechtlichen Grundsatz der Gleichbehandlung, nach dem jede unsachliche Ungleichbehandlung verboten ist (vgl. zu dieser Unterscheidung *Wiedemann* Die Gleichbehandlungsgebote im Arbeitsrecht, S. 9 ff., 59 ff.; *ders.* FS 50 Jahre Bundesarbeitsgericht, S. 265).

a) Grundsätze des Rechts

29 Die Grundsätze von Recht und Billigkeit sind zu zerlegen in die Grundsätze des Rechts und diejenigen der Billigkeit. Deshalb ist es nicht überzeugend, wenn sogar von »dem Grundsatz von Recht und Billigkeit« gesprochen wird (so aber etwa *BAG* 23.03.2010 EzA § 112 BetrVG 2001 Nr. 36 Rn. 17). Die Behandlung der Arbeitnehmer nach den **Grundsätzen des Rechts** erfordert zunächst, dass das geltende Recht im Betrieb beachtet wird, insbesondere, dass alle Rechtsansprüche der Arbeitnehmer anerkannt und erfüllt werden (ebenso *Richardi/Maschmann/Richardi* § 75 Rn. 13; *Fitting* § 75 Rn. 25; *Berg/DKKW* § 75 Rn. 7; z. B. ist es [mit der gesetzlichen Wertung in] § 611 Abs. 1 BGB un-

vereinbar, wenn eine Betriebsvereinbarung die Auszahlung der durch erbrachte Arbeitsleistung verdienten Erfolgsvergütung von der Erfüllung weiterer Zwecke abhängig macht [im Streitfall davon, dass das Arbeitsverhältnis zum Auszahlungstag außerhalb des Bezugszeitraums vom Arbeitnehmer nicht gekündigt wird]; so zutr. *BAG* 12.04.2011 EzA § 88 BetrVG 2001 Nr. 2 Rn. 21 ff. = AP Nr. 57 zu § 75 BetrVG 1972 [insoweit zust. *Wiese*]) und jegliche Gestaltung von Arbeitsbedingungen und betrieblicher Ordnung dem Recht entspricht, z. B. auch den arbeitsrechtlichen Bestimmungen des AGG und dem arbeitsrechtlichen Grundsatz der Gleichbehandlung (näher dazu Rdn. 36 ff.). Die Bindung an das Recht umfasst dabei die **positive Arbeitsrechtsordnung** (förmliches Gesetz, Rechtsverordnungen), das arbeitsrechtliche **Gewohnheitsrecht** und nach weit verbreiteter Auffassung das gerade im Arbeitsrecht bedeutungsvolle »**Richterrecht**« (z. B. *Kania*/ErfK § 75 Rn. 5), das freilich gerade keine Rechtsquelle im engeren Sinn ist. Die »Grundsätze« des Rechts umfassen darüber hinaus auch die allgemeinen **Wertungen** von Recht und Gerechtigkeit in der Rechtsordnung, insbesondere die **grundlegenden Wertentscheidungen des GG**, wie sie vor allem in den objektiven Gehalten der **Grundrechtsnormen** (vgl. zur Entstehungsgeschichte des früheren § 51 Satz 1 BetrVG 1952 *Sabel* RdA 1952, 281 [288], wo es heißt: »Durch § 51 werden Arbeitgeber und Betriebsrat verpflichtet, auf die Wahrung der Grundrechte der Art. 3 ff. GG zu achten«), dem **Grundsatz der Verhältnismäßigkeit** als aus dem Rechtsstaatsprinzip hergeleitetem Bindungsprinzip im Grundrechtsbereich sowie unter dem Gesichtspunkt eines **Schutzes des Schwächeren** im Sozialstaatsprinzip (Art. 20 Abs. 1, Art. 28 Abs. 1 GG) ausgeprägt sind. Im Rahmen des **Europäischen Arbeitsrechts** sind die Normen des europäischen **Primärrechts,** insbesondere im Vertrag über die Arbeitsweise der Europäischen Union (AEUV, dessen Bestimmungen nur ausnahmsweise von unmittelbarer Wirkung für die Bürger in den Mitgliedstaaten sind; etwa Art. 45 [Freizügigkeit der Arbeitnehmer], Art. 157 [Gleiches Entgelt für Männer und Frauen bei gleicher oder gleichwertiger Arbeit]) und in der von der EU (Art. 6 Abs. 1 EUV) formell anerkannten Charta der Grundrechte der Europäischen Union (EU-GRCharta, deren Bestimmungen nach Art. 51 Abs. 1 für die Organe der EU gelten und für die Mitgliedstaaten bei der Durchführung von Unionsrecht), das arbeitsrechtliche **Sekundärrecht** (insbesondere unmittelbar geltende Verordnungen und die in nationales Recht umzusetzenden Richtlinien nach Art. 288 AEUV) sowie das insbesondere durch die Rechtsprechung des *EuGH* geprägte bedeutungsvolle europäische »**Richterrecht**« (das allerdings wiederum keine Rechtsquelle im engeren Sinne ist) zu beachten. Entsprechendes gilt für Regelungen des **Völkerarbeitsrechts**, die etwa in der Europäischen Menschenrechtskonvention (EMRK) oder der Europäischen Sozialcharta (ESC) enthalten und wegen des Grundsatzes der völkerrechtsfreundlichen Auslegung nationalen Rechts zu beachten sein können.

30 Die Bezugnahme auf die grundrechtlichen Wertentscheidungen führt schon dem Wortlaut nach nicht dazu, dass damit die Grundrechte selbst in die innerbetrieblichen Rechtsbeziehungen eingehen (so bereits *Thiele* Drittbearbeitung, § 75 Rn. 16). Das wäre auch nicht möglich. Die Grundrechte binden unmittelbar nur die staatliche Gewalt (Art. 1 Abs. 3 GG). Dem (einfachen) Gesetzgeber ist es nicht möglich, die Grundrechte ohne Qualitätsveränderung in unterverfassungsrechtliche Vorschriften »herunterzuziehen«. Dementsprechend ist es ihm auch nicht möglich, die Geltung der Grundrechte als solcher für die Betriebspartner anzuordnen und damit die Bindung von Arbeitgeber und Betriebsrat an die Grundrechte der Arbeitnehmer direkt und unmittelbar festzuschreiben (vgl. dazu in Auswertung der Rspr. des *BAG Kreutz* FS *Schmidt-Jortzig*, S. 753 [760 f.]; **a. M.** *Haneberg* § 75 BetrVG 1972, S. 23, 27 ff., 51 ff. vom Standpunkt der unhaltbaren und überholten Lehre von der unmittelbaren Drittwirkung der Grundrechte aus; *Belling* Haftung des Betriebsrats, S. 203 ff., sieht in § 75 das »Einfallstor« für die Drittwirkung der Grundrechte für die Betriebsverfassung; i. E. auch *Küchenhoff* § 75 Rn. 3; *Neumann-Duesberg* S. 445; *Riedel* JArbR Bd. 14 [1977], S. 79 [81, 84]; meist enthält sich die Literatur einer eindeutigen Stellungnahme). § 75 Abs. 1 ist eine die Grundrechte konkretisierende, ausführende und schützende Norm. Sie setzt aber zugleich auch europäische Antidiskriminierungsmaßnahmen (Art. 19 AEUV; Art. 21 EU-GRCharta) um. Abs. 1 ordnet grundrechtsausführend (zur Realisierung grundrechtlicher Freiheiten im Betrieb) an (und das kann jenseits allen Streits um die unmittelbare oder mittelbare Wirkung der Grundrechte im Privatrecht bleiben), dass jeder der Betriebspartner (selbst und durch Kontrolle der Gegenseite), beide aber auch gemeinsam (insbesondere bei Regelungen durch Betriebsvereinbarung und Sozialplan), dafür zu sorgen haben, dass sich die in den Grundrechten niedergelegte **objektive Werteordnung** auch im Betrieb entfalten kann, dass sie insbesondere nicht missachtet wird (vgl. als Beispiele geglückter Beachtung der in Art. 6 GG enthaltenen Wertung *BAG* vom 12.11.2002 EzA § 112 BetrVG 2001 Nr. 3 und 21.10.2003 EzA § 112 BetrVG 2001 Nr. 9: soweit sich die Höhe von Sozialplanabfindungen auch nach der Dauer der Beschäftigung richtet, dürfen Zeiten des Erziehungsurlaubs [Elternzeit] nicht ausgenommen werden). Ansprüche für die Arbeitnehmer ergeben sich aus § 75 unmittelbar ohnehin nicht (vgl. Rdn. 23 f.). Vgl. zur Dogmatik eines Individualschutzes durch mittelbare Grundrechtsbindung der Betriebspartner bei Betriebsvereinbarungen grundsätzlich *Kreutz* FS *Schmidt-Jortzig*, S. 753 (756 ff.) und *Kreutz* § 77 Rdn. 333 ff.

31 Das Gesetz nimmt in Abs. 1 beispielhaft (»insbesondere«) die Wertungen des Art. 3 Abs. 2 und Abs. 3 und des Art. 9 Abs. 3 GG in Bezug, in Abs. 2 Satz 1 die der Art. 2 Abs. 1, Art. 12 Abs. 1 GG. Aus der umfassenden Bindung an die Grundsätze des Rechts folgt darüber hinaus die Verantwortlichkeit von Arbeitgeber und Betriebsrat für die Wahrung **aller anderen Grundrechtswerte** sowie für Achtung und Schutz der **Menschenwürde** (Art. 1 Abs. 1 GG). Ohne Anspruch auf Vollständigkeit ist dazu an folgende Wertentscheidungen zu erinnern: das durch Art. 2 Abs. 1 i. V. m. Art. 1 Abs. 1 GG verfassungsrechtlich gewährleistete allgemeine Persönlichkeitsrecht als unbenanntes Freiheitsrecht (vgl. dazu *BVerfGE* 54, 148 [153 f.]; 65, 1 [41 ff.]); den Gleichheitssatz (Art. 3 Abs. 1 GG); die Gewissensfreiheit (Art. 4 Abs. 1 GG); die Meinungs-(äußerungs- und verbreitungs-)Freiheit (Art. 5 Abs. 1 Satz 1 GG), die aber auch im Betrieb durch die allgemeinen Gesetze (namentlich die Treuepflicht der Arbeitnehmer) beschränkt wird (Art. 5 Abs. 2 GG); der Schutz von Ehe und Familie (Art. 6 Abs. 1 GG); die Koalitionsfreiheit (Art. 9 Abs. 3 GG); die freie Wahl von Beruf, Arbeitsplatz und Ausbildungsstätte (Art. 12 Abs. 1 GG). Vgl. zum Überblick über die praktische Bedeutung der Grundrechte im Arbeitsrecht etwa *Hanau/Adomeit* Arbeitsrecht, B II, 14. Aufl. 2006; *Müller-Glöge*/MK-BGB, § 611 Rn. 278 ff.; *Richardi*/MünchArbR § 12; *Hergenröder*/ZLH Arbeitsrecht, § 8 II; ausführlich *Gamillscheg* Die Grundrechte im Arbeitsrecht, 1989; *Schmidt*/ErfKArbR, Einl. Rn. 33–37.

b) Grundsätze der Billigkeit

32 Die Behandlung nach den **Grundsätzen der Billigkeit** zielt auf Verwirklichung (ausgleichender) **Gerechtigkeit im Einzelfall**. Um sie geht es, wo das Recht auf Billigkeit (oder auf billiges Ermessen) verweist (vgl. *von Hoyningen-Huene* Die Billigkeit im Arbeitsrecht, S. 46, 48 und passim; ebenso u. a. *Thiele* Drittbearbeitung, § 75 Rn. 15, 23; *Fitting* § 75 Rn. 26; *Kania*/ ErfK § 75 BetrVG Rn. 5; *Söllner*/MK-BGB 7. Aufl., § 315 Rn. 28). § 75 Abs. 1 legt die »Grundsätze der Billigkeit« aber ebenso wenig fest wie die »Grundsätze des Rechts«, sondern verweist auf sie als Gegenstände der Überwachung und setzt sie dabei als bekannt voraus. Deshalb darf die Bestimmung nicht als »Einfallstor« für eine allgemeine Billigkeitskontrolle der Einzelarbeitsverhältnisse und der betrieblichen Ordnung oder des betrieblichen Gesamtgeschehens missverstanden werden (zutr. wird insoweit betont, dass sich aus § 75 kein Recht zur Leistungsbestimmung nach billigem Ermessen i. S. d. § 315 BGB ergibt; vgl. *von Hoyningen-Huene* Die Billigkeit im Arbeitsrecht, S. 133; *Soergel/Wolf* BGB, 12. Aufl., § 315 Rn. 65; *Staudinger/Mayer-Maly* BGB, 13. Aufl., § 315 Rn. 39 ff.). Vielmehr haben Arbeitgeber und Betriebsrat nur insoweit für eine Verwirklichung der Einzelfallgerechtigkeit für die betriebsangehörigen Arbeitnehmer zu sorgen, Billigkeit wird nur insoweit zum Maßstab ihrer Behandlung, als eine **gesetzliche Vorschrift** oder eine **methodengerechte Rechtsfortbildung** die Heranziehung von Billigkeit gestattet oder gebietet (zutr. *von Hoyningen-Huene* Die Billigkeit im Arbeitsrecht, S. 33 ff., 49, 113 und passim). Billigkeit steht nicht vom Recht frei, sondern zielt auf eine gerechte Behandlung des Einzelnen in seinen individuellen Rechtsbeziehungen. Sie ergänzt das Recht und ist Bestandteil des Rechts (zutreffend *von Hoyningen-Huene* Die Billigkeit im Arbeitsrecht, S. 35 m. w. N.). In diesem Sinne, nicht etwa als Gegensatz, ist es zu verstehen, wenn § 75 Abs. 1 von den »Grundsätzen von Recht und Billigkeit« spricht.

33 Zu den Anwendungsgrundsätzen der Billigkeit gehört es in der Regel, dass eine **Einzelentscheidung** geboten ist, bei der auf die Umstände des Einzelfalls abzustellen ist und die Interessenlage der Beteiligten zu bewerten und gegeneinander abzuwägen ist (dem trägt z. B. der Wortlaut des § 16 Abs. 1 BetrAVG Rechnung, der bei der Anpassung der Leistungen der betrieblichen Altersversorgung vorsieht, dass die Belange des [Singular!] Versorgungsempfängers und die wirtschaftliche Lage des Arbeitgebers zu berücksichtigen sind; vgl. etwa auch *BAG* 23.04.1985 EzA § 16 BetrAVG Nr. 16, 17). Die Billigkeit betrifft dagegen **nicht kollektiv-generelle Regelungen** (vgl. zur Billigkeitskontrolle von

Grundsätze für die Behandlung der Betriebsangehörigen **§ 75**

Betriebsvereinbarungen, die das *BAG* jetzt wieder aufgegeben hat, *Kreutz* § 77 Rdn. 342 ff.). Billigkeit lässt als unbestimmter Rechtsbegriff nur eine richtige Entscheidung zu (billig oder unbillig). Str. ist, ob das auch für den Maßstab »billigen Ermessens« gilt (bejahend etwa *von Hoyningen-Huene* Die Billigkeit im Arbeitsrecht, S. 41 ff.; zutr. verneinend *BAG* 08.06.1982 AP Nr. 1 zu § 1 BetrAVG Hinterbliebenenversorgung m. w. N.; 20.12.1984 AP Nr. 9 zu § 620 BGB Bedingung; *Söllner/MK-BGB*, 7. Aufl., § 315 Rn. 28 ff.; *Soergel/Wolf* BGB, 12. Aufl., § 315 Rn. 39; *Staudinger/Rieble* BGB [2004], § 315 Rn. 118: Gestaltungsspielraum in den Grenzen der Billigkeit; vgl. auch § 76 Rdn. 134 f.).

Maßgeblicher Ansatz für die Behandlung der Arbeitnehmer nach Billigkeit ist gemäß §§ 315 ff. BGB **34** die **einseitige Leistungsbestimmung durch den Arbeitgeber** im Arbeitsverhältnis. Nach § 315 Abs. 1 BGB ist (im Zweifel) der Maßstab »billigen Ermessens« zugrunde zu legen, wenn die Leistungsbestimmung einer Vertragspartei zusteht. Erst recht ist »billiges Ermessen« anzuwenden, wenn die Parteien das vereinbart haben oder das Gesetz (wie in § 16 Abs. 1 BetrAVG) das ausdrücklich vorschreibt. Entspricht die einseitige Leistungsbestimmung (ihre sonstige Rechtmäßigkeit unterstellt) nicht der Billigkeit, ist sie unverbindlich und die Bestimmung wird (auf Klage) durch Urteil getroffen (§ 315 Abs. 3 BGB). Im Arbeitsrecht wird insoweit weithin von der (gerichtlichen) **Billigkeitskontrolle nach § 315 BGB** gesprochen (vgl. etwa *BAG* AP Nr. 10, 12, 13 zu § 315 BGB). Unmittelbar anzuwenden ist § 315 BGB aber nur in den Fällen, in denen sich der Arbeitgeber die einseitige Leistungsbestimmung im Arbeitsvertrag ausdrücklich (vgl. z. B. *BAG* AP Nr. 10 zu § 315 BGB: vorbehaltene Befugnis, eine Prämie für überdurchschnittliche Leistungen in angemessenen Zeitabständen zu ändern) oder stillschweigend vorbehalten hat. Dazu rechnet auch das **Direktions- oder Weisungsrecht** des Arbeitgebers (grundlegend: *Söllner* Einseitige Leistungsbestimmung im Arbeitsverhältnis, 1966, S. 26 ff.; *BAG* 10.12.1984 AP Nr. 27 zu § 611 BGB Direktionsrecht *[Brox]* = NJW 1986, 85; AP Nr. 84 zu § 611 BGB Urlaubsrecht [zust. *Neumann-Duesberg*]; AP Nr. 1 zu § 611 BGB Urlaub und Kur; *von Hoyningen-Huene* Die Billigkeit im Arbeitsrecht, S. 141 ff., der aber darauf besteht, dass § 315 BGB nur bei individueller Weisung anwendbar ist; a. M. etwa noch *R. Birk* Die arbeitsrechtliche Leitungsmacht, 1971, S. 81 ff.; *Reuter* BB 1986, 385). In § 106 GewO hat das ausdrücklich festgeschrieben. Soweit dabei Beteiligungsrechte des Betriebsrats bestehen, ist auch dieser an den Maßstab der Billigkeit gebunden (analog §§ 317, 319 BGB).

§§ 315 ff. BGB wurden im Arbeitsrecht (durch die Rspr., z. T. auch durch die Literatur) weit öfter **35** (auch mehrfach) **analog** als direkt angewandt (grundlegend *Söllner* Einseitige Leistungsbestimmungen im Arbeitsverhältnis, 1966; vgl. zu den Voraussetzungen einer solchen Analogie aber auch einschränkend *von Hoyningen-Huene* Die Billigkeit im Arbeitsrecht, S. 75 ff.; *Staudinger/Mayer-Maly* BGB, 13. Aufl., § 315 Rn. 43). Teilweise übt das *BAG* Billigkeitskontrolle auch aus, ohne ausdrücklich auf §§ 315 ff. BGB Bezug zu nehmen. Vgl. zum Überblick *von Hoyningen-Huene* Die Billigkeit im Arbeitsrecht, S. 127 ff.; *Söllner/MK-BGB* 7. Aufl., § 315 Rn. 28 ff.; *Staudinger/Mayer-Maly* BGB, 13. Aufl., § 315 Rn. 49 ff.; *Fastrich* Richterliche Inhaltskontrolle im Privatrecht, 1992, S. 159 ff.; *Preis* Grundfragen der Vertragsgestaltung im Arbeitsrecht, 1993, S. 180 ff., 191 ff. Im Rahmen **arbeitsgerichtlicher Billigkeitskontrolle** waren §§ 315 ff. BGB (analog) insbesondere beim (vorbehaltenen) **Widerruf** und der **Kürzung freiwilliger Leistungen** durch den Arbeitgeber angewendet worden (vgl. *BAG* BB 1983, 1791) und bei der Aufstellung sog. **allgemeiner Arbeitsbedingungen**, insbesondere in Gratifikations-, Prämien- und Ruhegeldordnungen (wegen deren faktisch einseitiger Gestaltung durch den Arbeitgeber). Vgl. auch *BAG* 12.08.1959 AP Nr. 1 zu § 305 BGB Billigkeitskontrolle; 08.07.1960 AP Nr. 2 zu § 305 BGB Billigkeitskontrolle; *Säcker* Gruppenautonomie und Übermachtkontrolle im Arbeitsrecht, 1972, S. 205 ff. Nach **§ 310 Abs. 4 Satz 2 BGB** unterfallen entsprechende Klauseln heute insoweit der **Inhaltskontrolle** (Angemessenheitskontrolle) nach **§§ 305 ff. BGB**, allerdings unter angemessener Berücksichtigung der im Arbeitsrecht geltenden Besonderheiten. Die Billigkeitskontrolle von **Betriebsvereinbarungen** kann entgegen der (früheren) Rspr. des *BAG* weder auf § 315 BGB noch auf § 75 Abs. 1 gestützt werden und ist zu Recht wieder aufgegeben worden (vgl. dazu ausführlich *Kreutz* § 77 Rdn. 342 ff., 349). Auch gelten §§ 305 ff. BGB für Betriebsvereinbarungen nicht (§ 310 Abs. 4 Satz 1 BGB). Vgl. zur Rechtskontrolle von Betriebsvereinbarungen *Kreutz* § 77 Rdn. 330 ff.

III. Insbesondere: Benachteiligungsverbote und der Grundsatz der Gleichbehandlung

36 Die Insbesondere-Aufzählung in Abs. 1 hebt jetzt **Benachteiligungsverbote** als besonders wichtige Erscheinungsformen der in Bezug genommenen **Grundsätze des Rechts** hervor, nicht mehr wie früher § 75 Abs. 1 Satz 1 a. F. den arbeitsrechtlichen Grundsatz der Gleichbehandlung (vgl. Rdn. 1 und *Kreutz* 8. Aufl., § 75 Rn. 28). Diese Hervorhebung in Anpassung an das AGG bedeutet für Arbeitgeber und Betriebsrat die nachdrückliche Anordnung strikter Beachtung, gerade auch (vgl. Rdn. 22) bei gemeinsamen Maßnahmen und Entscheidungen, insbesondere bei Regelungen durch Betriebsvereinbarung (Sozialplan) und Regelungsabreden (vgl. insoweit zu den Rechtsfolgen eines Verstoßes Rdn. 157). Genauso beachtet werden muss daneben aber nach wie vor der **arbeitsrechtliche Grundsatz der Gleichbehandlung** (Verbot unsachlicher Ungleichbehandlung). Zu dessen Ausprägungen gehören als (zu unterscheidende) **Grundsätze des Rechts**, auf die Abs. 1 (jetzt ohne konkretisierende Hervorhebung) Bezug nimmt, der allgemeine **Gleichheitssatz** (Art. 3 Abs. 1 GG; vgl. auch *BAG* 18.08.1987 EzA § 77 BetrVG 1972 Nr. 18 S. 20 m. w. N.) und der **individualarbeitsrechtliche (allgemeine) Gleichbehandlungsgrundsatz**, dessen Beachtung dadurch auf die kollektive, betriebsverfassungsrechtliche Ebene gehoben wird (vgl. auch *BAG* 14.01.1986 EzA § 87 BetrVG 1972 Betriebliche Ordnung Nr. 11 S. 81; 24.11.1993 EzA § 112 BetrVG 1972 Nr. 71; 30.11.1994 EzA § 112 BetrVG 1972 Nr. 80; 29.10.2002 EzA § 112 BetrVG 2001 Nr. 4: [damals] »wichtigster Unterfall«; 17.02.1998 EzA § 1 BetrAVG Gleichbehandlung Nr. 15). Dabei bleibt aber zu beachten, dass das *BAG* den Gleichbehandlungsgrundsatz lange Zeit nicht eindeutig als Grundsatz des Rechts eingestuft, sondern euphemistisch aus den Grundsätzen von Recht und Billigkeit hergeleitet hat (vgl. etwa *BAG* 15.01.1991 EzA § 112 BetrVG 1972 Nr. 56; 05.10.2000 EzA § 112 BetrVG 1972 Nr. 71; 08.09.2001 EzA § 112 BetrVG 1972 Nr. 80; später etwa *BAG* 29.10.2002 EzA § 112 BetrVG 2001 Nr. 3; 12.11.2002 EzA § 112 BetrVG 2001 Nr. 4; 21.10.2003 EzA § 112 BetrVG 2001 Nr. 9; 16.02.2010 EzA § 1 BetrAVG Gleichbehandlung Nr. 35 Rn. 29). In jüngerer Zeit spricht das Gericht (ohne klare Herleitung) auch vom »betriebsverfassungsrechtlichen Gleichbehandlungsgrundsatz des § 75 Abs. 1«, den die Betriebsparteien zu beachten haben und dem wiederum der allgemeine Gleichheitssatz des Art. 3 Abs. 1 GG zugrunde liege (vgl. etwa *BAG* 30.09.2014 EzA § 87 BetrVG 2001 Betriebliche Ordnung Nr. 11 Rn. 15 = AP Nr. 46 zu § 87 BetrVG 1972 Ordnung des Betriebs; 14.12.2010 EzA § 112 BetrVG 2001 Nr. 39 Rn. 15; 18.05.2010 EzA § 112 BetrVG 2001 Nr. 38; 19.02.2010 EzA § 1 BetrAVG Betriebsvereinbarung Nr. 7 Rn. 31; 19.02.2008 EzA § 112 BetrVG 2001 Nr. 26 Rn. 25; ähnlich etwa auch *BAG* 02.08.2006 EzA § 75 BetrVG 2001 Nr. 3 Rn. 19; 22.03.2005 EzA § 75 BetrVG 2001 Nr. 2 S. 4). Hinsichtlich der Rechtmäßigkeitskontrolle von Sozialplänen und anderer Betriebsvereinbarungen ist auch im Ansatz die Formulierung zu finden: »Sie müssen mit höherrangigem Recht wie dem betriebsverfassungsrechtlichen Gleichbehandlungsgrundsatz vereinbar sein« (s. *BAG* 20.01.2009 AP Nr. 198 zu § 112 BetrVG Rn. 11; 21.07.2009 EzA § 112 BetrVG 2001 Nr. 33 Rn. 11). Terminologisch verwirrend ist es aber, wenn das *BAG* auch dann vom »betriebsverfassungsrechtlichen Gleichbehandlungsgrundsatz nach Abs. 1« spricht, wenn es die Einhaltung der in Abs. 1 genannten Benachteiligungsverbote überprüft (so *BAG* 07.06.2011 EzA § 112 BetrVG 2001 Nr. 45 Rn. 20). Insbesondere hat der Ausbau des arbeitsrechtlichen **Schutzes vor Benachteiligungen** durch das AGG und die damit einhergehende Anpassung des § 75 Abs. 1 (vgl. Rdn. 1) die **Geltung des allgemeinen Gleichbehandlungsgrundsatzes** ebenso unberührt gelassen wie die Geltung sonstiger Benachteiligungsverbote oder Gebote der Gleichbehandlung. Das ergibt sich aus § 2 Abs. 3 AGG (ebenso i. E. *Adomeit/Mohr* AGG, § 2 Rn. 212 ff.; *Bauer/Krieger* AGG, § 2 Rn. 52a; *Hinrichs* in: *Däubler/Bertzbach* AGG, § 2 Rn. 168, 197; *Hinrichs/Zwanziger* DB 2007, 574; *Meinel/Heyn/Herms* AGG, § 2 Rn. 57; *Wendeling-Schröder/Stein* AGG, § 2 Rn. 37; ganz selbstverständlich *Thüsing* Arbeitsrechtlicher Diskriminierungsschutz, Rn. 153, 888 ff.; **a. M.** *Maier/Mehlich* DB 2007, 110 [112]). Durch diese Bestimmung wollte der Gesetzgeber klarstellen, dass das AGG der Umsetzung der einschlägigen EG-Antidiskriminierungsrichtlinien (vgl. Rdn. 1) dient, aber keine abschließende Regelung zum Schutz vor Benachteiligungen im Arbeitsrecht ist (vgl. BT-Drucks. 16/1780 S. 32) und damit erst recht auch nicht vor unsachlicher Ungleichbehandlung. Beide Rechtsinstitute stehen **nebeneinander**. Insbesondere ist das AGG nicht lex specialis, das den Gleichbehandlungsgrundsatz verdrängt. Deshalb ist der Gleichbehandlungsgrundsatz auch nicht nur anzuwenden, wenn die Benachteiligungsverbote nicht greifen (so aber *Hinrichs* in: *Däubler/Bertzbach* AGG, § 2 Rn. 197; *Hinrichs/Zwanziger* DB 2007, 575; *Fitting* § 75 Rn. 30;

Grundsätze für die Behandlung der Betriebsangehörigen § 75

wie hier *Bauer/Krieger* AGG, § 2 Rn. 52a). Konsequenz daraus ist, dass auch im Rahmen des § 75 Abs. 1 der Diskriminierungsschutz, nach dem Benachteiligungen nur wegen **bestimmter** Merkmale (Benachteiligungskriterien) verboten sind, und das Verbot **jeder** unsachlichen Ungleichbehandlung nebeneinander zu beachten sind, insbesondere bei Regelungen von Arbeitsbedingungen durch Betriebsvereinbarung und bei Sozialplänen (vgl. Rdn. 22). Beide Verbote sind wichtige Innenschranken der Betriebsautonomie mit der Folge, dass Vereinbarungen nach § 134 BGB nichtig sind, soweit sie gegen ein Benachteiligungsverbot oder/und den arbeitsrechtlichen Gleichbehandlungsgrundsatz verstoßen (vgl. Rdn. 157). Wegen des Nebeneinanders beider Verbote ist eine Abgrenzung erforderlich, die es rechtfertigt, auch den Grundsatz der Gleichbehandlung nachfolgend hervorzuheben, obwohl das Gesetz ihn nicht (mehr) hervorhebt. Neben **unterschiedlichen Voraussetzungen** und Rechtsfolgen (die hier aber zu vernachlässigen sind, soweit sie individualarbeitsrechtlich herzuleiten sind) sind dabei insbesondere unterschiedliche Maßstäbe einer **Rechtfertigung** von Benachteiligungen und sonstigen Ungleichbehandlungen bedeutsam.

1. Gleichheitssatz (Art. 3 Abs. 1 GG)

Der **Gleichheitssatz** mit den Inhalten der Rechtsanwendungs- und Rechtssetzungsgleichheit ist ein 37 allgemeiner Rechtssatz, der schon aus dem Wesen des Rechtsstaats und dem Prinzip der allgemeinen Gerechtigkeit folgt (*BVerfGE* 21, 372). Er verbietet rechtliche Differenzierungen gleichliegender Fälle. Er **gebietet, Gleiches gleich** und **Ungleiches** seiner Eigenart entsprechend **ungleich (verschieden) zu behandeln**. Nach st. Rspr. des *BVerfG* ist der Gleichheitssatz verletzt, wenn sich ein vernünftiger, aus der Natur der Sache ergebender oder anderweitig sachlich einleuchtender Grund für eine Differenzierung oder für eine Gleichbehandlung nicht finden lässt, wenn also die Behandlung als **willkürlich** bezeichnet werden muss (*BVerfGE* 1, 52; 4, 155; 51, 23, 76; 52, 262). **Strengere**, über den Maßstab des Willkürverbots hinausgehende **Anforderungen** stellt das *BVerfG* bei Regelungen auf, die Personengruppen verschieden behandeln oder sich auf die Wahrnehmung von Grundrechten nachteilig auswirken. In diesen Fällen prüft das Gericht im Einzelnen nach, ob für die vorgesehene Differenzierung Gründe von solcher Art und solchem Gewicht bestehen, dass sie die ungleichen Rechtsfolgen rechtfertigen können (vgl. zusammenfassend *BVerfGE* 88, 87 [96 f.]; vgl. auch *BAG* 09.03.1994, DB 1994, 2138; 18.09.2007 EzA § 1 BetrAVG Gleichbehandlung Nr. 30 Rn. 20; 16.02.2010 EzA § 1 BetrAVG Gleichbehandlung Nr. 35 Rn. 29, 30). Konkretisiert wird der Gleichheitssatz durch den **Gleichberechtigungssatz** (Art. 3 Abs. 2 Satz 1 GG), nach welchem Männer und Frauen gleichberechtigt sind (vgl. dazu auch Rdn. 86 f.), und durch das **Benachteiligungsverbot** in Art. 3 Abs. 3 Satz 1 GG, nach dem niemand wegen seines Geschlechts, seiner Abstammung, seiner Rasse, seiner Sprache, seiner Heimat und Herkunft, seines Glaubens, seiner religiösen oder politischen Anschauungen benachteiligt oder bevorzugt werden darf, sowie durch das Benachteiligungsverbot nach Art. 3 Abs. 3 Satz 2 GG, wonach niemand wegen seiner Behinderung benachteiligt werden darf. Insoweit liegt der grundrechtsausführende Charakter des § 75 Abs. 1 offen zutage.

2. Arbeitsrechtlicher Gleichbehandlungsgrundsatz

Der arbeitsrechtliche Gleichbehandlungsgrundsatz, auf den sich (als Grundsatz des Rechts) die **Über-** 38 **wachungspflicht nach Abs. 1 erstreckt**, ist als Erscheinungsform des **individuellen Arbeitsrechts gewohnheitsrechtlich** anerkannt (so auch *BAG* 03.12.2008 EzA § 242 BGB 2002 Gleichbehandlung Nr. 19 Rn. 15; auch § 1b Abs. 1 Satz 4 BetrAVG geht von seiner Geltung aus), auch wenn seine dogmatische Begründung noch immer str. ist (vgl. zu den Theorien seiner Rechtsgrundlage ausführlich *Mayer-Maly* AR-Blattei, Gleichbehandlung im Arbeitsverhältnis, C; *Blomeyer* FS *G. Müller*, S. 51; *H. Hanau* FS *Konzen*, S. 233; *Marhold/Beckers* AR-Blattei SD 800.1, Rn. 7 ff.; *Raab* FS *Kreutz*, S. 317). Der Gleichbehandlungsgrundsatz ist durch gesetzliche Regelungen gegen die Ungleichbehandlung (wegen eines in § 1 AGG genannten Grundes) nach dem AGG und wegen der Teilzeitarbeit bei teilzeitbeschäftigten Arbeitnehmern und wegen der Befristung bei befristet beschäftigten Arbeitnehmern (§ 4 Abs. 1 und 2 TzBfG) insoweit als dogmatische Grundlage entbehrlich geworden, aber nicht verdrängt worden (vgl. Rdn. 36). Inhaltlich wird er vom Gleichberechtigungssatz und vom Benachteiligungsverbot des Art. 3 Abs. 2 Satz 1 und Abs. 3 GG mitgeprägt (vgl. auch schon *BAG* AP Nr. 39, 44, 53 zu § 242 BGB Gleichbehandlung; vgl. auch die Nachweise Rdn. 36). Er reicht aber über das **Willkürverbot** des Gleichheitssatzes (vgl. Rdn. 37) **hinaus** und fordert, dass nur in vernünftiger, **sachgerechter Weise** unter Beachtung der vom Arbeitsrecht anerkannten Wertungen vom Arbeitgeber bei der **kollektiven** Behandlung seiner Arbeitnehmer unterschieden wird (*Frey* AuR 1960, 37 [39]; zum kollektiven Bezug *Raab* FS *Kreutz*, S. 317 [342 ff.]; *Richardi/Maschmann/Richardi* § 75 Rn. 17; vgl. auch *BAG* 18.10.1961 AP Nr. 69 zu Art. 3 GG [zust. *G. Hueck*]). Der Gleichbehandlungsgrundsatz gilt für die Arbeitnehmer eines **Betriebs** (früher h. M.), hat aber jedenfalls dann **überbetriebliche Geltung**, wenn der Arbeitgeber, der mehrere Betriebe hat, eine überbetriebliche Regel aufstellt und anwendet (*BAG* 12.01.1994 EzA § 2 BeschFG 1985 Nr. 32) oder eine verteilende Entscheidung des Arbeitgebers nicht auf einen einzelnen Betrieb beschränkt ist, sondern sich auf alle oder mehrere Betriebe des Unternehmens bezieht (*BAG* 03.12.2008 EzA § 242 BGB 2002 Gleichbehandlung Nr. 19 Rn. 16; bestätigend *BAG* 18.05.2010 EzA § 50 BetrVG 2001 Nr. 8 Rn. 17). Nach Ansicht des Ersten Senats des *BAG* (Urteil vom 17.11.1998 EzA § 242 BGB Gleichbehandlung Nr. 79 mit weitreichenden Schrifttumsnachweisen) spricht seine Ausprägung durch den kompetenzbezogenen Gleichheitssatz nach Art. 3 Abs. 1 GG dafür, den Anwendungsbereich des Gleichbehandlungsgrundsatzes nicht auf den Betrieb zu beschränken, sondern betriebsübergreifend auf das ganze **Unternehmen** zu erstrecken. Die Entscheidung dieser Grundsatzfrage ist aber i. E. offengeblieben, weil billigenswerte Gründe die betriebsbezogene Gruppenbildung rechtfertigten. Letzteres wird vielfach der Fall sein (vgl. zu Sachgesichtspunkten *BAG* 03.12.2008 EzA § 242 BGB 2002 Gleichbehandlung Nr. 19 Rn. 21 ff.; *Loritz/ZLH* Arbeitsrecht, § 18 III 1). Auch die Literatur ist weithin von der Betriebsbezogenheit des Gleichbehandlungsgrundsatzes abgerückt und betont seinen **Unternehmensbezug** (vgl. etwa *Schmidt*/ErfK Art. 3 Rn. 29; *Preis*/ErfK § 611 BGB Rn. 584 ff.; *Richardi*/MünchArbR § 9 Rn. 12; *Richardi* ZfA 2008, 31 [37], alle m. w. N.). Dem Arbeitgeberbezug (= Unternehmensbezug) des Gleichbehandlungsgrundsatzes steht nicht entgegen, dass § 75 Abs. 1 auf den Betrieb abstellt. Die individualrechtliche Pflicht des Arbeitgebers zur Gleichbehandlung soll dadurch nicht begrenzt werden (vgl. *Richardi*/MünchArbR § 9 Rn. 12).

39 Der Gleichbehandlungsgrundsatz verlangt nicht eine schematische Gleichbehandlung, sondern ist rechtstechnisch als **Verbot unsachlicher Differenzierungen** i. S. einer **sachfremden Schlechterstellung einzelner** Arbeitnehmer oder **Arbeitnehmergruppen** (vgl. *BAG* AP Nr. 4, 76, 83 zu § 242 BGB Gleichbehandlung; st. Rspr., vgl. etwa *BAG* 24.11.1993 EzA § 112 BetrVG 1972 Nr. 71; 19.07.1995 EzA § 112 BetrVG 1972 Nr. 82; 17.04.1996 EzA § 112 BetrVG 1972 Nr. 84; 12.03.1997 EzA § 112 BetrVG 1972 Nr. 93; 11.02.1998 EzA § 112 BetrVG 1972 Nr. 97; 25.04.1995 EzA § 1 BetrAVG Gleichbehandlung Nr. 8; 17.02.1998 EzA § 1 BetrAVG Gleichbehandlung Nr. 14; 17.02.1998 EzA § 1 BetrAVG Gleichbehandlung Nr. 15; zuletzt etwa *BAG* 18.07.2007 EzA § 242 BGB 2002 Gleichbehandlung Nr. 15; 21.07.2009 EzA § 112 BetrVG 2001 Nr. 33 Rn. 12; 22.09.2009 EzA § 112 BetrVG 2001 Nr. 35 Rn. 12; 18.05.2010 EzA § 112 BetrVG 2001 Nr. 38 Rn. 15 [Gruppenbildung durch Stichtagsregelung]; 30.09.2014 EzA § 87 BetrVG 2001 Betriebliche Ordnung Nr. 11 Rn. 15 = AP Nr. 46 zu § 87 BetrVG 1972 Ordnung des Betriebs; 10.11.2015 EzA § 1 BetrAVG Gleichbehandlung Nr. 38 Rn. 19 = AP Nr. 74 zu § 1 BetrAVG Gleichbehandlung; 10.11.2015 EzA § 1 BetrAVG Gleichbehandlung Nr. 40 Rn. 21; 10.11.2015 AP Nr. 75 zu § 1 BetrAVG Gleichbehandlung Rn. 16; 08.12.2015 EzA § 112 BetrVG 2001 Nr. 56 Rn. 20 = AP Nr. 233 zu § 112 BetrVG 1972; 19.04.2016 EzA § 4 TzBfG Nr. 24 Rn. 37 = AP Nr. 18 zu § 1 BetrAVG Teilzeit; 26.04.2016 EzA § 75 BetrVG 2001 Nr. 13 Rn. 21 = AP Nr. 60 zu § 75 BetrVG 1972; 19.07.2016 EzA § 1 BetrAVG Gleichbehandlung Nr. 42 = AP Nr. 13 zu § 1 BetrAVG Betriebsvereinbarung Rn. 33) zu verstehen (ebenso u. a. *Loritz/ZLH* Arbeitsrecht, § 18 IV 1; *Schaub/Linck* Arbeitsrechts-Handbuch, § 112 Rn. 5; *Preis*/ErfK § 611 BGB Rn. 575 ff.). Praktisch bedeutet das vornehmlich, dass die Gruppenbildung, die zur Schlechterstellung einer Gruppe führt, **nicht sachfremd** sein darf (*BAG* 30.09.2014 EzA § 87 BetrVG 2001 Betriebliche Ordnung Nr. 11 Rn. 15 = AP Nr. 46 zu § 87 BetrVG 1972 Ordnung des Betriebs; 26.04.2016 EzA § 75 BetrVG 2001 Nr. 13 Rn. 21 = AP Nr. 60 zu § 75 BetrVG 1972 zu einer Betriebsvereinbarung über Sonderzahlungen). Das ist sie, wenn es für die Differenzierung **keinen billigenswerten Grund** gibt. Maßgeblich hierfür ist vor allem der mit der Regelung verfolgte **Zweck** (s. etwa *BAG* 09.12.2014 EzA § 112 BetrVG 2001 Nr. 54 Rn. 24 = AP Nr. 228 zu § 112 BetrVG 1972 m. w. N.). Da auch die in § 75 Abs. 1 genannten **Benachteiligungsverbote** (ebenso wie die in § 1 AGG) besonders wichtige **unsachliche Differenzierungsmerkmale** nennen, deckt sich insoweit die betriebsverfassungsrechtliche Überwachungspflicht mit

den Anforderungen des arbeitsrechtlichen Gleichbehandlungsgrundsatzes. Dieser verbietet jedoch auch **jede andere** unsachliche Differenzierung. Andererseits ist zu berücksichtigen, dass § 75 kein nachgiebiges Recht enthält und deshalb in seinem Anwendungsbereich auch dann nicht wirksam unsachlich differenziert werden kann, wenn der einzelne Arbeitnehmer seiner Ungleichbehandlung zustimmt, wie das sonst beim Gleichbehandlungsgrundsatz möglich wäre (vgl. *BAG* AP Nr. 30, 32, 36 zu § 242 BGB Gleichbehandlung). Insoweit prägt § 75 auch den arbeitsrechtlichen Gleichbehandlungsgrundsatz (vgl. *BAG* AP Nr. 39, 53 zu § 242 BGB Gleichbehandlung; 09.09.1981 AP Nr. 117 zu Art. 3 GG). Mithin verstößt ein Arbeitgeberverhalten auch immer dann gegen den Gleichbehandlungsgrundsatz, wenn es zugleich gegen ein Diskriminierungsverbot i. S. d. § 75 Abs. 1 verstößt (i. E. übereinstimmend *BAG* 14.08.2007 EzA § 611a BGB 2002 Nr. 5). Umgekehrt ist eine Ungleichbehandlung im Hinblick auf den Gleichbehandlungsgrundsatz nicht unsachlich, wenn sie als Benachteiligung (ausnahmsweise) durch einen Rechtfertigungsgrund (vgl. Rdn. 48) gerechtfertigt und damit zulässig ist. Ist eine Ungleichbehandlung nicht unsachlich und liegt damit kein Verstoß gegen den Gleichbehandlungsgrundsatz vor, kann gleichwohl eine Benachteiligung vorliegen, weil an deren Rechtfertigungsgründe höhere Anforderungen zu stellen sind (vgl. Rdn. 46).

Literaturauswahl: *Hueck, G.* Der Grundsatz der gleichmäßigen Behandlung im Privatrecht, 1958; **40** *Mayer-Maly* AR-Blattei, Gleichbehandlung im Arbeitsverhältnis, 1975; *Hilger* Zum Anspruch auf Gleichbehandlung im Arbeitsrecht, RdA 1975, 32; *Egger* Gestaltungsrecht und Gleichbehandlungsgrundsatz im Arbeitsverhältnis, 1979; *Hunold* Gleichbehandlungsgrundsatz, Gleichbehandlungsgesetz und Gleichberechtigungsatz im Betrieb, Eine kritische Bestandsaufnahme anhand der Rechtsprechung, DB 1984, Beil. Nr. 5; *ders.* Gleichbehandlung im Betrieb, Eine aktuelle Rechtsprechungsübersicht, DB 1991, 1670; *Bauschke* Zur Problematik des arbeitsrechtlichen Gleichbehandlungsgrundsatzes, RdA 1985, 72; *Marhold/Beckers* Gleichbehandlung im Arbeitsverhältnis I, AR-Blattei SD 800.1 (1996); *Schaub/Linck* Arbeitsrechts-Handbuch, § 112; *Künzl*/HzA Gruppe 1/5, Rn. 1741 ff.; *Müller-Glöge*/MK-BGB, § 611 Rn. 1121 ff.; *Preis*/ErfK § 611 BGB Rn. 572 ff.; *Richardi*/MünchArbR § 9; *Thüsing* Arbeitsrechtlicher Diskriminierungsschutz, 2007, Rn. 888 ff.; *Wiedemann* Die Gleichbehandlungsgebote im Arbeitsrecht, 2001; *Loritz/ZLH* Arbeitsrecht, § 18; *Klappstein*/BGB-Schuldrecht, 3. Aufl. 2016, § 611 Rn. 41 ff.

Zum **praktischen Anwendungsbereich** des Gleichbehandlungsgrundsatzes im Individualarbeits- **41** recht (vgl. dazu etwa *Marhold/Beckers* [wie Rdn. 40], Rn. 134 ff.; *Mayer-Maly* [wie Rdn. 40], G; *Schaub/Linck* Arbeitsrechts-Handbuch, § 112 III; zu Einzelfällen sachgerechter und nicht sachgerechter Differenzierung in der Rspr. vgl. auch *Fitting* § 75 Rn. 44 ff.): Praktisch wichtig ist die Gleichbehandlung insbesondere bei der Gewährung (und Kürzung) von Gratifikationen, Ruhegeldern und ähnlichen **Sozialleistungen** in Form arbeitsvertraglicher Einheitsregelungen, Gesamtzusagen und betrieblichen Übungen (vgl. *BAG* AP Nr. 15, 31, 39, 44, 66 bis 68, 162 [*BAG* 17.11.1998 = EzA § 242 BGB Gleichbehandlung Nr. 79: betriebsbezogene Kürzung von Sonderzahlungen] zu § 242 BGB Gleichbehandlung) sowie bei freiwilligen **linearen Lohnerhöhungen** zum Ausgleich von Preissteigerungen (vgl. *BAG* AP Nr. 15, 36, 40, 42, 44, 47, 51, 76 zu § 242 BGB Gleichbehandlung) und **Lohnzulagen** (vgl. *BAG* AP Nr. 32, 37, 58, 64 zu § 242 BGB Gleichbehandlung; 26.04.2016 EzA § 75 BetrVG 2001 Nr. 13 = AP Nr. 60 zu § 75 BetrVG 1972 [bei einer freiwilligen Sonderzahlung keine Differenzierung zwischen Fernfahrern und allen anderen Mitarbeitern zulässig, wenn die Sonderzahlung Betriebstreue honorieren soll]) sowie dann, wenn der Arbeitgeber Entgeltleistungen nach einem erkennbaren und generalisierenden Prinzip festlegt (vgl. *BAG* 19.08.1992 AP Nr. 102 zu § 242 BGB Gleichbehandlung; *BAG* 23.02.1994 EzA Art. 119 EWG-Vertrag Nr. 18; *BAG* 20.11.1996 NZA 1997, 724 [Tarifanwendung durch nicht tarifgebundenen Arbeitgeber]). Das *BAG* betont zu Recht besonders (vgl. *BAG* 03.12.2008 EzA § 242 BGB 2002 Gleichbehandlung Nr. 19 Rn. 17 und Orientierungssatz 5), dass bei einer verteilenden Entscheidung des Arbeitgebers (als Voraussetzung der Anwendung des Gleichbehandlungsgrundsatzes im Entgeltbereich; *BAG* 21.09.2011 EzA § 241 BGB 2002 Gleichbehandlung Nr. 26 Rn. 21) die ungleiche Behandlung dem vom Arbeitgeber vorgegebenen Zweck (als sachlichem Grund) entsprechen muss (auch bei Sozialplanregelungen betont das Gericht, dass maßgeblicher Sachgrund für eine Gruppenbildung der mit der jeweiligen Regelung verfolgte Zweck ist; vgl. etwa *BAG* 21.07.2009 EzA § 112 BetrVG 2001 Nr. 33 Rn. 12; 22.09.2009 EzA § 112 BetrVG 2001 Nr. 35 Rn. 12; 09.12.2001 EzA § 112 BetrVG 2001 Nr. 53 Rn. 39 = AP Nr. 227 zu § 112 BetrVG 1972). Bei der Bestimmung der

Höhe einer Betriebsrente, die aufgrund einer betrieblichen Versorgungsordnung gewährt wird, muss der betriebsverfassungsrechtliche Gleichbehandlungsgrundsatz ebenfalls beachtet werden (*BAG* 10.11.2015 EzA § 1 BetrAVG Gleichbehandlung Nr. 38 Rn. 19 ff. = AP Nr. 74 zu § 1 BetrAVG Gleichbehandlung; 10.11.2015 AP Nr. 75 zu § 1 BetrAVG Gleichbehandlung Rn. 16 ff.; 10.11.2015 EzA § 1 BetrAVG Gleichbehandlung Nr. 40 Rn. 21 ff.).

42 Der Gleichbehandlungsgrundsatz ist prinzipiell bei der **Ausübung des Direktionsrechts** anzuwenden, z. B. bei der Ein- und Durchführung von Torkontrollen (vgl. *BAG* AP Nr. 3 zu § 2 KSchG 1969; *Mayer-Maly* [wie Rdn. 40], G III 5) oder bei der Heranziehung zu Mehr-, Über-, Nacht- und Feiertagsarbeit und zur Kurzarbeit usw. Vgl. zur Herleitung des Gleichbehandlungsgebots als Grenze des Weisungsrechts *Raab* FS *Kreutz*, S. 317 (331 ff., 346).

43 Str. ist seine Anwendung auf **Kündigungen** (abl. *BAG* 28.02.1958 AP Nr. 1 zu § 14 AZO; 21.10.1969 AP Nr. 41 zu Art. 9 GG Arbeitskampf [abl. *Rüthers*]; *BAG* DB 1979, 1659; *Hueck/Nipperdey* I, S. 248 f.; *Galperin/Löwisch* § 75 Rn. 3; *Böhm* DB 1977, 2448; grundsätzlich **bejahend**: *Buchner* RdA 1970, 225; *Dietz/Richardi* § 75 Rn. 17; *Egger* [wie Rdn. 40]; *Hilger* RdA 1975, 32; *Kempff* DB 1977, 1413; *Kittner* BB 1974, 1488; *Marhold/Beckers* [wie Rdn. 40], Rn. 189 ff.; *Mayer-Maly* [wie Rdn. 40], G VI). Eine »herausgreifende« Kündigung bei Vorliegen gleicher Kündigungsgründe wegen gleichartiger Pflichtverletzungen (z. B. bei »wildem« Streik) in den Fällen einer personen- oder verhaltensbedingten ordentlichen oder einer außerordentlichen Kündigung (bei betriebsbedingter Kündigung ist § 1 Abs. 3 KSchG zu beachten) wird sich allerdings nicht immer mit Gleichheitserwägungen allein lösen lassen, weil das Gesetz dem Arbeitgeber die Berücksichtigung individueller Umstände gerade vorschreibt (§ 626 Abs. 1 BGB; § 1 Abs. 2 KSchG). Immerhin wirkt sich der Gleichbehandlungsgrundsatz jedenfalls mittelbar auf die maßgebliche Interessenabwägung aus (so auch *BAG* 28.04.1982 EzA § 2 KSchG Nr. 4 S. 13 = SAE 1982, 246 *[Beitzke]*). Allein der Zweck, ein Exempel zu statuieren, rechtfertigt eine einzelne Kündigung nicht. Insoweit ist ein sachlicher Differenzierungsgrund nicht anzuerkennen (*Thiele* Drittbearbeitung, § 75 Rn. 30). Im Übrigen ist es zweifelhaft, ob und inwiefern bei Kündigungen nicht nach den in § 75 Abs. 1 genannten Verboten (Diskriminierungsmerkmalen) differenziert werden darf. Anders als früher § 611a Abs. 1 Satz 1 BGB a. F. (Verbot der Benachteiligung wegen des Geschlechts bei einer Kündigung) sieht jetzt § 2 Abs. 4 AGG vor, dass für Kündigungen ausschließlich die Bestimmungen zum allgemeinen und besonderen Kündigungsschutz gelten. Das *BAG* sieht darin jedoch zu Recht keine (europarechtswidrige) Bereichsausnahme, die der Anwendung der Diskriminierungsverbote (§§ 1–10 AGG) bei der Auslegung und Konkretisierung der unbestimmten Rechtsbegriffe des Kündigungsschutzrechts entgegensteht (vgl. *BAG* 06.11.2008 – 2 AZR 523/07 – EzA § 1 KSchG Soziale Auswahl Nr. 82 [zust. *Jacobs/Krois*] = AP Nr. 182 zu § 1 KSchG 1969 Betriebsbedingte Kündigung [zust. *Stenslik*; krit. *Temming*] = SAE 2009, 293 [zust. *von Hoff*] sowie Urteil vom selben Tag – 2 AZR 701/07; *BAG* 05.11.2009 EzA § 1 KSchG Interessenausgleich Nr. 20 = AP Nr. 183 zu § 1 KSchG 1969 Betriebsbedingte Kündigung; dem *BAG* zust. *Adomeit/Mohr* NJW 2009, 2255; krit. *Bauer/Krieger* AGG, § 2 Rn. 59 f.; vgl. auch *Benecke* AuR 2007, 229; *Kamanabrou* RdA 2007, 199).

44 Bei der **Einstellung** ist der Arbeitgeber noch nicht zur Gleichbehandlung der Bewerber nach dem arbeitsrechtlichen Gleichbehandlungsgrundsatz verpflichtet (*Marhold/Beckers* [wie Rdn. 40], Rn. 168 ff.; *Mayer-Maly* [wie Rdn. 40], G II; *Nikisch* I, S. 506). Dieser verpflichtet den Arbeitgeber nur in Bezug auf **seine** Arbeitnehmer (so auch *BAG* 03.12.2008 EzA § 242 BGB 2002 Gleichbehandlung Nr. 19 Orientierungssatz 1). Es besteht insoweit Abschlussfreiheit. Diese ist ausnahmsweise eingeschränkt, wenn ein (Wieder-)Einstellungsanspruch besteht (z. B. aufgrund eines Tarifvertrags nach lösendem Arbeitskampf; evtl. auch für Saisonarbeiter, vgl. *BAG* 29.01.1987 EzA § 620 BGB Nr. 87 S. 485). Ferner darf ein Bewerber nicht wegen gewerkschaftlicher Betätigung bei der Einstellung (Art. 9 Abs. 3 Satz 2 GG; vgl. Rdn. 80) benachteiligt werden, und die Einstellung Deutscher in den öffentlichen Dienst darf sich nach Art. 33 Abs. 2 GG nur nach Eignung, Befähigung und fachlicher Leistung richten (*BVerfGE* 39, 335; *BAG* AP Nr. 2, 6, 16, 17, 21 zu Art. 33 Abs. 2 GG; AP Nr. 45 zu § 242 BGB Gleichbehandlung). Die Benachteiligungsverbote des § 75 Abs. 1 gelten für die Einstellung jedoch nicht unmittelbar, weil sie nur Betriebsangehörige schützen (vgl. Rdn. 17). Ungeachtet des früheren Streits darüber, ob es betriebsverfassungsrechtlich dabei sein Bewenden haben muss (so grundsätzlich 8. Aufl., § 75 Rn. 44; **a. M.** *Richardi/Maschmann/Richardi* § 75 Rn. 8), ergibt sich jetzt aber

über die Bindung der Normadressaten an die Grundsätze des Rechts auch eine **Bindung an die im AGG enthaltenen Benachteiligungsverbote bei Einstellungen** (vgl. Rdn. 50 f.) im Rahmen des § 75 Abs. 1 (vgl. Rdn. 28). Der sachliche Anwendungsbereich unzulässiger Benachteiligungen aus einem in § 1 AGG genannten Grund ist auch auf Zugangsbedingungen, einschließlich Auswahlkriterien und Einstellungsbedingungen bezogen (§ 2 Abs. 1 Nr. 1 AGG), und Bewerber gelten bereits als Beschäftigte i. S. d. AGG (§ 6 Abs. 1 Satz 2 AGG). Sie dürfen somit schon bei der Begründung eines Arbeitsverhältnisses nach § 7 Abs. 1 AGG nicht wegen eines in § 1 genannten Grundes (wegen der Rasse oder der ethnischen Herkunft, des Geschlechts, der Religion oder Weltanschauung, einer Behinderung, des Alters oder der sexuellen Identität) benachteiligt werden. Eine Verletzung dieses Benachteiligungsverbots durch den Arbeitgeber wird mit Entschädigungsansprüchen des Betroffenen sanktioniert, wobei zwischen dem Ersatz immaterieller und materieller Schäden unterschieden wird (§ 15 Abs. 1 und Abs. 2 AGG). Ein Zwang zum Abschluss eines Arbeitsvertrags ist als Sanktion aber nicht vorgesehen (§ 15 Abs. 6 AGG; vgl. näher Rdn. 52).

3. Benachteiligungsverbote

Die Insbesondere-Aufzählung hebt die **Amtspflicht** für Arbeitgeber und Betriebsrat hervor, darauf zu achten, insbesondere auch bei gemeinsamen Maßnahmen und Vereinbarungen (vgl. Rdn. 22), dass jede Benachteiligung der Betriebsangehörigen aus Gründen ihrer Rasse oder wegen ihrer ethnischen Herkunft, ihrer Abstammung oder sonstigen Herkunft, ihrer Nationalität, ihrer Religion oder Weltanschauung, ihrer Behinderung, ihres Alters, ihrer politischen oder gewerkschaftlichen Betätigung oder Einstellung oder wegen ihres Geschlechts oder ihrer sexuellen Identität unterbleibt. **Keines dieser Kriterien (Merkmale) darf allein Grund einer Benachteiligung** sein (vgl. zu den Rechtsfolgen eines Verstoßes Rdn. 154 ff.). **Daneben** haben Arbeitgeber und Betriebsrat auch die **arbeitsrechtlichen Regelungen des AGG** zu beachten. Als Bestandteil der Arbeitsrechtsordnung gehört das AGG zu den Grundsätzen des Rechts, auf die sich die Überwachungspflicht nach Abs. 1 bezieht (ebenso schon *Thüsing* Arbeitsrechtlicher Diskriminierungsschutz, Rn. 159; i. E. ebenso z. B. *BAG* 26.03.2013 EzA § 112 BetrVG 2001 Nr. 49 Rn. 21 = AP Nr. 221 zu § 112 BetrVG 1972; 23.04.2013 EzA § 112 BetrVG 2001 Nr. 51 Rn. 14, wonach die unterschiedliche Behandlung der Betriebsangehörigen aus einem in § 1 AGG genannten Grund »nur unter den im AGG normierten Voraussetzungen zulässig« ist; 17.09.2013 AP Nr. 4 zu § 10 AGG Rn. 25; 09.12.2014 EzA § 112 BetrVG 2001 Nr. 52 Rn. 18 ff.; 22.10.2015 EzA § 7 AGG Nr. 6 Rn. 38 = AP Nr. 8 zu § 10 AGG19.04.2016 EzA § 4 TzBfG Nr. 24 Rn. 38 = AP Nr. 18 zu § 1 BetrAVG Teilzeit). Das AGG zielt darauf, Benachteiligungen aus Gründen der Rasse oder wegen der ethnischen Herkunft, des Geschlechts, der Religion oder Weltanschauung, einer Behinderung, des Alters oder sexuellen Identität zu verhindern oder zu beseitigen (§ 1 AGG). Das AGG enthält (im Rahmen der Vorschriften zum Schutz der Beschäftigten vor Benachteiligungen [2. Abschnitt §§ 6–18 AGG]; vgl. zum vertiefenden Überblick *Kamanabrou* RdA 2006, 321) in § **7 Abs. 1 ein zentrales Benachteiligungsverbot**. Danach dürfen Beschäftigte nicht wegen eines in § 1 AGG genannten Grunds benachteiligt werden. Auch dieses Benachteiligungsverbot haben Arbeitgeber und Betriebsrat zu beachten. Dazu sind sie nach § 75 Abs. 1 von Amts wegen verpflichtet, aber auch als Normadressaten des § 7 AGG, je für sich allein, aber auch zusammen, insbesondere bei Kollektivvereinbarungen, auf die sich der sachliche Anwendungsbereich des AGG ausdrücklich auch bezieht (§ 2 Abs. 1 Nr. 2 AGG). Nach § 7 Abs. 2 AGG sind **Vereinbarungen unwirksam**, die gegen das Benachteiligungsverbot des § 7 Abs. 1 verstoßen, sofern nicht ausnahmsweise ein Rechtfertigungsgrund besteht (vgl. Rdn. 48). Solche »Vereinbarungen« sind auch Kollektivvereinbarungen wie Betriebsvereinbarungen (Sozialpläne) und Regelungsabreden, auch soweit sie auf einem Spruch der Einigungsstelle beruhen (unstr.; vgl. *BAG* 13.10.2009 EzA § 10 AGG Nr. 2 LS 1). Nach der Rechtsprechung des *BAG*, das sich an die Judikatur des EuGH anlehnt, haben benachteiligte Arbeitnehmer im Bereich des Entgelts daneben grundsätzlich einen Anspruch auf die vorenthaltende Leistung (**»Anpassung nach oben«**). Das gilt grundsätzlich auch bei einem nach § 7 Abs. 2 AGG unwirksamen Sozialplan, wenn hierdurch nicht der Betrieb zum Erliegen kommt und eine Arbeitsleistung nicht mehr in Anspruch genommen werden kann (so lag der Fall in *BAG* 14.05.2013 EzA § 75 BetrVG 2001 Nr. 8 Rn. 25 f. m. w. N. = AP Nr. 59 zu § 75 BetrVG 1972 [Gewährung eines »Zusatzrequestes Kont« für Flugbegleiter]; Parallelentscheidung von selben Tag in EzA § 75 BetrVG 2001 Nr. 9 = AP Nr. 58 zu § 75 BetrVG 1972). Wenn der Arbeitgeber

45

§ 75   IV. 1. Allgemeines

das altersdiskriminierende Verhalten nicht einstellt, steht den benachteiligten Arbeitnehmern aber ein **Leistungsverweigerungsrecht** zu (*BAG* 14.05.2013 EzA § 75 BetrVG 2001 Nr. 8 Rn. 27 = AP Nr. 59 zu § 75 BetrVG 1972). **Weitere Rechtsfolgen** eines Verstoßes gegen ein Benachteiligungsverbot nach § 7 Abs. 1 AGG ergeben sich aus § 13 (Beschwerderecht), § 14 (Leistungsverweigerungsrecht), § 15 (Schadensersatz- und Entschädigungspflicht), § 16 (Maßregelungsverbot) sowie § 17 Abs. 2 (Antragsberechtigung nach § 23 Abs. 3 BetrVG) AGG.

46 Die **nebeneinander zu beachtenden Benachteiligungsverbote** nach § 75 Abs. 1 und § 7 Abs. 1 AGG weisen weitgehende **Gemeinsamkeiten** auf, aber auch **Unterschiede**. Beide Verbotstatbestände betreffen Benachteiligungen, § 75 Abs. 1 nicht wie früher (Abs. 1 Satz 1 a. F.) lediglich Differenzierungsverbote. Alle in § 1 AGG genannten Kriterien sind auch (Religion, Geschlecht und sexuelle Identität waren es schon vorher) in Abs. 1 aufgeführt. Auch insoweit hat eine Anpassung an das AGG stattgefunden (vgl. Rdn. 1). Über den gemeinsamen Kriterien-Katalog geht Abs. 1 hinaus. Neben den in § 1 AGG nicht ausdrücklich aufgeführten (aber sachlich teilweise durch die Merkmale »Rasse« bzw. »ethnische Herkunft« miterfassten) Kriterien »Abstammung und sonstige Herkunft« und »Nationalität« gelten namentlich die in § 1 AGG nicht enthaltenen Kriterien »politische und gewerkschaftliche Betätigung oder Einstellung« (mit umgewandelter Schutzrichtung) fort. Das in § 7 Abs. 1 AGG festgelegte generelle Verbot der Benachteiligung der Beschäftigten baut rechtssystematisch auf den im AGG enthaltenen Begriffsdefinitionen auf. Der Begriff »Beschäftigte« ist in § 6 Abs. 1 AGG definiert: Es sind Arbeitnehmer, ferner die zu ihrer Berufsausbildung Beschäftigten, arbeitnehmerähnliche Personen einschließlich Heimarbeiter, weiter gelten Bewerber um ein Beschäftigungsverhältnis (vgl. zu diesen näher Rdn. 50 ff.) und Personen, deren Beschäftigungsverhältnis beendet ist, als Beschäftigte. Für den Begriff »Benachteiligung« gelten die Begriffsbestimmungen in § 3 AGG. Außerdem bestimmen §§ 8 bis 10 und § 5 AGG abschließend, unter welchen Voraussetzungen Benachteiligungen wegen eines in § 1 AGG genannten Grundes ausnahmsweise zulässig sind. Diese **Rechtfertigungsgründe** und die **Definitionen einer Benachteiligung** in § 3 AGG sind auch für die Benachteiligungsverbote nach § 75 Abs. 1 maßgeblich (i. E. übereinstimmend *BAG* 05.03.2013 EzA § 77 BetrVG 2001 Nr. 35 Rn. 33 = AP Nr. 105 zu § 77 BetrVG 1972 [*Polloczek*]; 23.04.2013 – 1 AZR 25/12 – juris, Rn. 13), auch soweit der Kriterien-Katalog nicht deckungsgleich ist (**a. M.** insoweit *Fitting* § 75 Rn. 60). Das folgt aber nicht schon daraus, dass es in der Begründung zur Änderung des § 75 Abs. 1 (BT-Drucks. 16/1780 S. 56) heißt: »Der Begriff der Benachteiligung und die Zulässigkeit einer unterschiedlichen Behandlung richten sich nach den Bestimmungen des Allgemeinen Gleichbehandlungsgesetzes«. Soweit dieser Hinweis in Literatur (*Berg/DKKW* § 75 Rn. 28; *Fitting* § 75 Rn. 60) und Rspr. (*BAG* 07.06.2011 EzA § 112 BetrVG 2001 Nr. 45 Rn. 21) als verbindlich behandelt wird, ist das methodisch unzureichend. Die Auslegung ergibt aber unter dem genannten entstehungsgeschichtlichen Gesichtspunkt und wegen der (allgemeinen, nicht auf das AGG beschränkten) Begriffsdefinition in § 3 AGG unter systematischem Gesichtspunkt, dass der Benachteiligungsbegriff in § 75 Abs. 1 den gleichen Bedeutungsgehalt hat, wie ihn § 3 AGG bestimmt. Hinsichtlich der Rechtfertigungsgründe ist zu beachten, dass § 75 Abs. 1 eine Benachteiligung nur **wegen** eines (oder auch mehrerer) der genannten Kriterien verbietet, aber nicht schlechthin Benachteiligungen. Ein Verbotsverstoß erfordert, dass ein verbotenes Kriterium für die Benachteiligung **kausal** ist (vgl. zu den Kausalitätsanforderungen nach der Rspr. und zugleich zu Beispielen nicht erfüllter Kausalität in Fällen [unterstellter] Behinderung *BAG* 22.10.2009 EzA § 15 AGG Nr. 4 Rn. 26 ff.; 28.04.2011 EzA § 22 AGG Nr. 4 Rn. 26 ff., 32). Vielfach kann das allerdings nicht monokausal oder i. S. einer conditio sine qua non festgestellt werden. Die subjektiven Motive für eine Maßnahme können vielfältig sein (»Motivbündel«), so dass schließlich auch die Kausalitätsfrage nicht ohne Wertung zu entscheiden ist. Dabei wird eine Benachteiligung wegen eines verbotenen Kriteriums in dem Maße ausscheiden, in dem andere, sachlich relevante Unterschiede hervortreten und jene überlagern und zurücktreten lassen. Sachgesichtspunkte können eine Benachteiligung rechtfertigen. Deshalb gibt es keine absoluten Diskriminierungsverbote (*Wiedemann* FS 50 Jahre Bundesarbeitsgericht, S. 265 [279]; vgl. weiter *Thüsing* Arbeitsrechtlicher Diskriminierungsschutz, Rn. 319). In erster Linie obliegt es dem Gesetzgeber, der Benachteiligungen aus bestimmten Gründen verbietet, Ausnahmetatbestände unter Sachgesichtspunkten festzulegen. Das hat der Gesetzgeber im AGG getan, nicht aber bei § 75 Abs. 1. Um diese Lücke zu schließen und Wertungswidersprüche auszuschließen, ist es deshalb geboten, die Rechtfertigungsgründe aus dem AGG bei § 75 Abs. 1 entsprechend anzuwenden (ähnlich schon *Thüsing* Arbeitsrechtlicher Diskriminierungsschutz, Rn. 160).

Beim **Benachteiligungsbegriff** sind (gemäß dem für die Auslegung maßgeblichen § 3 AGG) vier Unterfälle der Benachteiligung zu unterscheiden, nämlich die unmittelbare Benachteiligung (Abs. 1), die mittelbare Benachteiligung (Abs. 2), die Belästigung (Abs. 3) sowie die sexuelle Belästigung (Abs. 4). Nach § 3 Abs. 5 AGG wird schon die Anweisung zur Benachteiligung einer Benachteiligung gleichgestellt. Die dabei verwendeten Begriffsdefinitionen sind weitgehend wörtlich aus den EG-Antidiskriminierungsrichtlinien übernommen worden, die das AGG umgesetzt hat (vgl. jeweils Art. 2 Abs. 2 bis 4 der Richtlinien 76/207/EWG, 2000/43/EG, 2000/78/EG sowie Art. 2 Richtlinie 2004/113/EG). Eine **unmittelbare** Benachteiligung liegt vor, wenn eine Person wegen eines in § 1 AGG genannten Grundes eine **weniger günstige Behandlung** erfährt, als eine andere Person in einer vergleichbaren Situation erfährt, erfahren hat oder erfahren würde (§ 3 Abs. 1 Satz 1 AGG). Entscheidend ist, dass die abweichende Behandlung »ungünstiger« ist. Eine bloße Ungleichbehandlung reicht nicht. Um Umgehungen zu unterbinden, wird der unmittelbaren die mittelbare Benachteiligung gleichgestellt. Der Tatbestand dieser Definition in § 3 Abs. 2 AGG ist schwieriger zu erfassen. Danach liegt eine **mittelbare** Benachteiligung vor, wenn dem Anschein nach neutrale Vorschriften, Kriterien oder Verfahren Personen (oder Personengruppen) wegen eines in § 1 AGG genannten Grundes gegenüber anderen Personen (bei denen diese Merkmale nicht vorliegen) in besonderer Weise benachteiligen können. Tatbestandsvoraussetzung ist darüber hinaus (»es sei denn ...«), dass die betreffenden Vorschriften, Kriterien oder Verfahren nicht durch ein rechtmäßiges Ziel sachlich gerechtfertigt sind und die Mittel zur Erreichung dieses Ziels nicht angemessen und erforderlich sind. Bei sachlicher Rechtfertigung und Verhältnismäßigkeit liegt mithin eine mittelbare Benachteiligung nicht vor (vgl. *Bauer/Krieger* AGG, § 3 Rn. 31; *Fitting* § 75 Rn. 61; *Schrader/Schubert* in: *Däubler/Bertzbach* AGG, § 3 Rn. 52; jetzt auch *Berg/DKKW* § 75 Rn. 30). In § 3 Abs. 3 AGG wird eine **Belästigung** rechtstechnisch zur Benachteiligung erklärt und dann definiert. Ebenso verfährt § 3 Abs. 4 AGG bei der **sexuellen Belästigung**. Wegen deren Aufnahme in das AGG ist mit dessen Inkrafttreten das Beschäftigtenschutzgesetz außer Kraft getreten (Art. 4 des Gesetzes zur Umsetzung europäischer Richtlinien zur Verwirklichung des Grundsatzes der Gleichbehandlung vom 14.08.2006). Nach § 3 Abs. 5 Satz 1 AGG gilt (Fiktion) schließlich auch schon die (verbindliche) Anweisung an eine Person, eine andere Person aus einem in § 1 AGG genannten Grund zu benachteiligen, als Benachteiligung. Eine solche **Anweisung zur Benachteiligung** liegt im Arbeitsrecht insbesondere unter den Voraussetzungen des § 3 Abs. 5 Satz 2 AGG vor. Vgl. zu Einzelheiten der Begriffsdefinitionen des § 3 AGG, zu Rechtsprechungsnachweisen und Fallbeispielen die Kommentare zum AGG (s. Literaturverzeichnis a. E.).

Die entsprechende Anwendung (vgl. Rdn. 46) der (abschließend aufgeführten) **Rechtfertigungsgründe** nach §§ 8 bis 10 und § 5 AGG bedeutet, dass bei Vorliegen ihrer Voraussetzungen nicht nur nicht gegen ein Benachteiligungsverbot nach § 7 Abs. 1 AGG verstoßen wird, sondern zugleich auch nicht gegen ein Benachteiligungsverbot nach § 75 Abs. 1. Unter den Rechtfertigungsgründen kommt § 8 Abs. 1 AGG zentrale Bedeutung zu, weil die in dieser Vorschrift geregelte Rechtfertigung **wegen beruflicher Anforderungen** für **alle** Diskriminierungsmerkmale gilt, die § 1 AGG nennt, in entsprechender Anwendung auch für diejenigen, die § 75 Abs. 1 darüber hinaus nennt (vgl. Rdn. 46). Für eine Benachteiligung wegen des Merkmals »Religion oder Weltanschauung« enthält § 9 AGG zusätzlich einen besonderen Rechtfertigungsgrund für **Religionsgemeinschaften**, der neben § 8 Abs. 1 AGG anwendbar ist (vgl. Rdn. 65). Für eine Benachteiligung **wegen des Alters** kommen zusätzliche und bedeutsame Rechtfertigungsgründe nach § 10 AGG in Betracht (vgl. Rdn. 71 ff.). Ungeachtet der in §§ 8 bis 10 AGG geregelten Rechtfertigungsmöglichkeiten kann unter den Voraussetzungen des § 5 AGG bei allen Diskriminierungsmerkmalen eine unterschiedliche Behandlung wegen sog. **positiver Maßnahmen** (fördernde Maßnahmen) gerechtfertigt sein (vgl. zu Frauenfördermaßnahmen Rdn. 98). Alle Rechtfertigungsgründe sind auf **unmittelbare** Benachteiligungen bezogen (*Thüsing* Arbeitsrechtlicher Diskriminierungsschutz, Rn. 318). Das Gesetz stellt das klar, indem es jeweils eine unterschiedliche Behandlung wegen eines in § 1 AGG genannten Grundes für zulässig erklärt, wenn die Tatbestandsvoraussetzungen eines Rechtfertigungsgrundes erfüllt sind. Für eine mittelbare Benachteiligung hat die Rechtfertigung nach § 3 Abs. 2 AGG Tatbestandsbedeutung (vgl.

Rdn. 47). Bei einer Belästigung und einer sexuellen Belästigung kommt eine Rechtfertigung regelmäßig nicht in Betracht (vgl. Gesetzesbegründung BT-Drucks. 16/1780 S. 35).

49 Wegen **beruflicher Anforderungen** können nach § 8 Abs. 1 AGG alle Benachteiligungen, die tatbestandsmäßig ein Verbotsverstoß (i. S. v. § 7 Abs. 1 AGG bzw. § 75 Abs. 1) sind, **gerechtfertigt** und damit zulässig sein, sodass auch keinerlei Rechtsfolgen wegen Verbotsverletzung ausgelöst werden. Voraussetzung ist, dass gerade das jeweilige Diskriminierungsmerkmal (z. B. das Geschlecht) wegen der auszuübenden Tätigkeit oder der Bedingungen ihrer Ausübung eine berufliche Anforderung ist, die wesentlich und entscheidend ist. Hinzukommen muss tatbestandlich, dass der Zweck der (vom Arbeitgeber in freier unternehmerischer Entscheidung vorgegebenen) beruflichen Anforderung rechtmäßig ist und die Anforderung angemessen ist. »Angemessenheit« erfordert, dass die gestellte Anforderung einer Verhältnismäßigkeitskontrolle zwischen dem beruflichen Zweck und dem Schutz vor Benachteiligung standhält (vgl. Gesetzesbegründung BT-Drucks. 16/1780 S. 35). Vgl. zu den Tatbestandsmerkmalen im Einzelnen, zu Rechtsprechungsnachweisen und zu Beispielsfällen bezüglich der einzelnen Diskriminierungsmerkmale die Kommentare zu § 8 AGG (Literaturverzeichnis a. E.). Da § 611a Abs. 1 Satz 2 BGB (aufgehoben durch Art. 3 Abs. 14 des Gesetzes zur Umsetzung europäischer Richtlinien zur Verwirklichung des Grundsatzes der Gleichbehandlung vom 14.08.2006) als (auf das Geschlecht als Benachteiligungsmerkmal beschränkte) Vorgängervorschrift zu sehen ist, sind Lit. und Rspr. zu dessen Auslegung weiterhin bedeutsam (vgl. *Bauer/Krieger* AGG, § 8 Rn. 8: einheitlicher Prüfungsmaßstab; ebenso *BAG* 28.05.2009 EzA § 8 AGG Nr. 1; 18.03.2010 EzA § 8 AGG Nr. 2). In Bezug auf **Vergütungsvereinbarungen** (auch als Kollektivvereinbarungen; ebenso *Wendeling-Schröder/Stein* AGG, § Rn. 35) konkretisiert § 8 Abs. 2 AGG die Möglichkeit einer Rechtfertigung wegen beruflicher Anforderungen einschränkend oder sogar ablehnend. Danach wird eine Benachteiligung durch Vereinbarung einer geringeren Vergütung für gleiche oder gleichwertige Arbeit nicht dadurch gerechtfertigt, dass wegen des Diskriminierungsmerkmals Schutzvorschriften bestehen (z. B. Schutzvorschriften für Frauen nach MuSchG, die dem Arbeitgeber Zusatzkosten verursachen). Die Vorschrift ist keine Anspruchsgrundlage für einen Anspruch auf gleiches Entgelt. Dieser ergibt sich daraus, dass die Vereinbarung unwirksam ist (§ 7 Abs. 2 AGG, § 134 BGB) und deswegen ein nicht diskriminierendes Entgelt zu zahlen ist. Vgl. zur Benachteiligung bei der Vergütung ausführlich *Dette* in: *Däubler/Bertzbach* § 7 Rn. 78 ff.

50 Ein wesentlicher **Unterschied** besteht **im persönlichen Schutzbereich** der Benachteiligungsverbote. Während die Benachteiligungsverbote nach § 75 Abs. 1 nur Betriebsangehörige (im Betrieb tätige Personen) vor Diskriminierungen schützen (vgl. Rdn. 17), verbietet § 7 Abs. 1 AGG die Benachteiligung (wegen eines in § 1 AGG genannten Grundes) aller Beschäftigten, die nach der Begriffsabgrenzung in § 6 Abs. 1 AGG Beschäftigte sind. Nach § 6 Abs. 1 Satz 2 AGG gelten als Beschäftigte auch die **Bewerber** (Frauen und Männer) für ein Beschäftigungsverhältnis (Arbeitsverhältnis, Berufsausbildungsverhältnis, arbeitnehmerähnliche Beschäftigung, Heimarbeit) sowie Personen, deren **Beschäftigungsverhältnis beendet** ist. Bei der Auslegung des Begriffs »Bewerber« ist es schwierig, im Hinblick auf die Schutzfunktion des AGG echte Bewerber von solchen Personen abzugrenzen, die es nur auf eine Diskriminierungsentschädigung abgesehen haben (»AGG-Hopper«). Nach der neueren Rechtsprechung des Achten Senats des *BAG* (19.05.2016 EzA § 22 AGG Nr. 17 = AP Nr. 11 zu § 3 AGG zust. [*Körner*]; 11.08.2016 NZA 2017, 310), welche die auf Vorlage des Senats an den EuGH ergangenen Vorgaben umsetzt (*EuGH* 28.07.2016 EzA § 6 AGG Nr. 2 »Kratzer«; Vorlagebeschluss: *BAG* 18.06.2015 EzA § 6 AGG Nr. 1 = AP Nr. 1 zu § 6 AGG), kann ein Entschädigungsverlangen nach § 15 Abs. 2 AGG **rechtsmissbräuchlich** sein (§ 242 BGB), wenn der Bewerber sich nicht beworben hat, um die ausgeschriebene Stelle zu erhalten, sondern wenn er den formalen Status als Bewerber i. S. v. § 6 Abs. 1 Satz 2 AGG nur erlangen wollte, um eine Entschädigung geltend zu machen. Nur derjenige wird durch das AGG vor Diskriminierung einschließlich der in § 15 AGG geregelten Entschädigung geschützt, der auch tatsächlich Schutz vor Diskriminierung beim Zugang zur Erwerbstätigkeit sucht. Der Achte Senat meint, die Darlegungs- und Beweislast für das Vorliegen der Voraussetzungen des rechtshindernden Einwands des Rechtsmissbrauchs trage nach den allgemeinen Regeln der Verteilung der Darlegungs- und Beweislast derjenige, der den Einwand geltend mache. Das ist der Arbeitgeber. Die neue Rspr. stärkt damit die Rechtsposition von diskriminierten Bewerbern, indem sie die Voraussetzungen für die Durchsetzung von Entschädigungsansprüchen abmildert, und erschwert zugleich eine Verteidigung gegen zielgerichtete Bewerbungen von rechtsmissbräuch-

lichen Bewerbern. Allerdings räumt der Senat ein, dass im Rahmen der vorzunehmenden Gesamtwürdigung die Annahme gerechtfertigt sein, dem Bewerber sei es nur darum gegangen, die Erfolgsaussichten eines Entschädigungsprozesses zu erhöhen, wenn er sich lediglich oder fast ausschließlich auf Stellenausschreibungen bewirbt, die »auf den ersten Blick« den Anschein erwecken, die Stelle sei unter Verstoß gegen § 11 AGG ausgeschrieben worden. Zwar sind Bewerber keine »im Betrieb tätigen Personen«, so dass sie gemäß § 75 Abs. 1 grundsätzlich nicht vor Diskriminierungen geschützt werden (vgl. Rdn. 44, dort auch zu Ausnahmen). Dadurch entsteht jedoch keine (wesentliche) Schutzlücke, die geschlossen werden muss. Es **greift das Benachteiligungsverbot des § 7 Abs. 1 AGG**, das Arbeitgeber und Betriebsrat im Rahmen des § 75 Abs. 1 zu beachten haben (vgl. Rdn. 45), auch im Hinblick auf dessen persönlichen Anwendungsbereich. Insoweit erfolgt über die Bindung der Betriebspartner an das AGG eine partielle Ausweitung des nach § 75 Abs. 1 geschützten Personenkreises. Dadurch werden die Wertentscheidung des Gesetzgebers im AGG beachtet und Wertungswidersprüche in der Arbeitsrechtsordnung vermieden. Soweit allerdings der Kriterienkatalog der Insbesondere-Aufzählung in § 75 Abs. 1 über denjenigen des § 1 AGG hinausgeht (vgl. Rdn. 46), ist eine Diskrepanz unvermeidbar. Das betrifft namentlich das Kriterium »politische Betätigung oder Einstellung«, während im Hinblick auf »gewerkschaftliche Betätigung oder Einstellung« Bewerber durch Art. 9 Abs. 3 Satz 2 GG vor Benachteiligungen geschützt sind (vgl. Rdn. 44, 80 f.) und fehlender Schutz durch die Kriterien »Abstammung und sonstige Herkunft« und »Nationalität« durch die im AGG gebotene weite Auslegung des Kriteriums »ethnische Herkunft« (vgl. Rdn. 55) weithin ausgeglichen wird. Arbeitgeber und Betriebsrat haben danach insbesondere auch darauf zu achten, dass kein Bewerber wegen eines in § 1 AGG genannten Grundes bei den **Einstellungsanforderungen** ungünstiger behandelt wird (z. B. dürfen zwischen Frauen und Männern keine unterschiedlichen Zeugnisnoten verlangt werden) oder im Auswahlverfahren **aussortiert** (z. B. unter Hinweis auf ihr Geschlecht; vgl. *BVerfG* 16.11.1993 EzA § 611a BGB Nr. 9; *BAG* 12.11.1998 EzA § 611a BGB Nr. 14 [männlicher Bewerber um die Stelle einer kommunalen Gleichstellungsbeauftragten]; *LAG Frankfurt a. M.* DB 1988, 1754) oder nicht wie andere zu einem Vorstellungsgespräch eingeladen und damit um die Chance einer Einstellung gebracht (*BAG* 19.08.2010 EzA § 15 AGG Nr. 12 Rn. 35; 13.10.2011 EzA § 15 AGG Nr. 13 Rn. 24) oder **abgelehnt** wird (vgl. dazu, noch zu § 611a BGB, *BAG* 05.02.2004 EzA § 611a BGB 2002 Nr. 3 *[Herresthal]* = AP Nr. 23 zu § 611a BGB *[Westenberger]* = SAE 2006, 26 *[Mohr]*), Arbeitnehmerinnen insbesondere auch nicht unter Hinweis auf eine bestehende Schwangerschaft (so i. E. auch schon *EuGH* 08.11.1990 EzA § 611a BGB Nr. 7; vgl. näher Rdn. 91. Vgl. zur Benachteiligung bei der Einstellung ausführlich *Däubler* in: *Däubler/Bertzbach* AGG, § 7 Rn. 19–73).

I. E. kann es nicht zweifelhaft sein, dass das Benachteiligungsverbot nach § 7 Abs. 1 AGG gegenüber Bewerbern nicht erst bei der Einstellungsentscheidung greift, sondern das **Fragerecht des Arbeitgebers bei Einstellungen weitreichend eingeschränkt**. Grundsätzlich darf der Arbeitgeber weder offen noch hintergründig nach den in § 1 AGG genannten Diskriminierungsmerkmalen fragen, soweit sie nicht sowieso offensichtlich sind (wie etwa Geschlecht, Behinderung, oder vielfach auch ethnische Herkunft). Etwas anderes gilt nur, wenn ein **Rechtfertigungsgrund** nach §§ 5, 8, 9, 10 AGG eingreift: Wenn eine Benachteiligung durch Nichteinstellung wegen eines in § 1 AGG genannten Grundes ausnahmsweise gerechtfertigt und damit zulässig ist, kann die Frage nach diesem Benachteiligungsmerkmal nicht unzulässig sein. I. E. wird das in der Lit. verbreitet so gesehen (vgl. *Däubler* in: *Däubler/Bertzbach* AGG, § 7 Rn. 19 ff.; *Schlachter/*ErfK § 2 AGG Rn. 4; *Wendeling-Schröder/Stein* AGG, § 2 Rn. 6; *Thüsing* Arbeitsrechtlicher Diskriminierungsschutz, Rn. 672 ff.; nach a. A. kommt den Fragen nur als Indiz beim Rechtsschutz gemäß § 22 AGG Bedeutung zu; vgl. *Meinel/Heyn/Herms* AGG, § 22 Rn. 24; einschränkend *Bauer/Krieger* AGG, § 22 Rn. 11; **a. M.** *Wisskirchen/Bissels* NZA 2007, 169 [170 f.]: Benachteiligung erst bei Absage). Die Begründungen bleiben aber meist vage. Entscheidend muss zunächst sein, ob **bereits Fragen** an Bewerber, die auf eine Offenlegung von Diskriminierungsmerkmalen zielen, **gegen das Benachteiligungsverbot verstoßen**, weil sie selbst benachteiligend sind. Das ist zu bejahen, weil bei wertender und typisierender Betrachtung mit der Antwort auf die Frage, wenn sie gestellt wird, ohne dass die Voraussetzungen eines Rechtfertigungsgrundes erfüllt sind, allein die Grundlage für eine Diskriminierung bei der Einstellung aufdeckt (ähnlich *Thüsing* Arbeitsrechtlicher Diskriminierungsschutz, Rn. 673) und die geschützte Person dadurch in negativer Hinsicht herausgestellt wird. Bei der diskriminierenden Schwangerschaftsfrage sieht das die Rspr. i. E. ebenso (vgl. Rdn. 91). Zu Recht verweist *Thüsing* (Arbeitsrechtlicher Diskrimini-

§ 75 IV. 1. Allgemeines

rungsschutz, Rn. 672) zudem auf die Parallele zur Ausschreibung eines Arbeitsplatzes, die nach § 11 AGG ebenfalls nicht unter Verstoß gegen § 7 Abs. 1 AGG erfolgen darf. Konsequenz einer unzulässigen, diskriminierenden Frage ist, dass eine unwahre Beantwortung den Arbeitgeber nicht berechtigt, den (daraufhin zustande gekommenen) Arbeitsvertrag nach § 123 Abs. 1 BGB wegen rechtswidriger (vgl. zur Dogmatik *BAG* 21.02.1991 EzA § 123 BGB Nr. 35) arglistiger Täuschung anzufechten. Ein Entschädigungs- oder Schadensersatzanspruch nach § 15 AGG (vgl. Rdn. 52) wird regelmäßig daran scheitern, dass allein auf der diskriminierenden Frage kein Schaden beruht. Ein übereinstimmendes Ergebnis ist jedenfalls im Übrigen aus dem **Persönlichkeitsrecht des Bewerbers auf Achtung der Eigensphäre** (vgl. Rdn. 122) herzuleiten. Soweit die Voraussetzungen eines Rechtfertigungsgrunds nicht erfüllt sind, besteht im Hinblick auf die Diskriminierungsmerkmale kein billigenswertes und schutzwürdiges Interesse des Arbeitgebers, durch Fragen in die Eigensphäre des Bewerbers einzudringen (so im Ansatz *Däubler* in: *Däubler/Bertzbach* AGG, § 7 Rn. 20).

52 Wird ein Bewerber wegen eines in § 1 AGG genannten Merkmals bei der Einstellung **durch Ablehnung der Bewerbung** diskriminiert, kann dieser Verstoß gegen das Benachteiligungsverbot nach § 7 Abs. 1 AGG (der nach § 7 Abs. 3 AGG zugleich eine Pflichtverletzung ist) den Arbeitgeber nach § 15 AGG zum **Schadensersatz und/oder zur Entschädigung** verpflichten (ungeachtet anderer Ansprüche gegen den Arbeitgeber aus anderen Rechtsvorschriften, § 15 Abs. 5 AGG). Ein **Anspruch auf Begründung** eines Beschäftigungsverhältnisses (Arbeitsverhältnis, arbeitnehmerähnliche Beschäftigung oder Heimarbeit) oder eines Berufsausbildungsverhältnisses besteht jedoch **nicht** (§ 15 Abs. 6 AGG). Insoweit ist der Grundsatz der Naturalrestitution nach § 249 Abs. 1 BGB eingeschränkt. Das Gesetz unterscheidet zwischen einer verschuldensunabhängigen **Entschädigung** wegen Nichtvermögensschadens (§ 15 Abs. 2 AGG) und verschuldensabhängigem **Ersatz von Vermögensschaden** (vgl. dazu *Kamanabrou* RdA 2006, 321 [335 ff.]; ausführlich und krit. *Thüsing* Arbeitsrechtlicher Diskriminierungsschutz, Rn. 512 ff.). Nach der Konzeption des Gesetzes liegt ein Nichtvermögensschaden vor, wenn ein diskriminierter Bewerber auch bei benachteiligungsfreier Auswahl nicht eingestellt worden wäre (was der Arbeitgeber zu beweisen hat). In diesem Fall ist eine angemessene Entschädigung in Geld zu zahlen, die drei Monatsgehälter nicht überschreiten darf (§ 15 Abs. 2 Satz 1 und 2 AGG; vgl. näher *Jacobs* RdA 2009, 193). Der Ersatz eines Vermögensschadens (§ 15 Abs. 1 AGG) kommt in Betracht, wenn der Bewerber beweisen kann, dass er ohne Diskriminierung eingestellt worden wäre und der Arbeitgeber nicht beweisen kann, dass er die Pflichtverletzung (d. h. den Verstoß gegen das Benachteiligungsverbot) nicht zu vertreten hat (vgl. näher *Stoffels* RdA 2009, 204). Der Schaden liegt dabei entsprechend der Rechtsprechung zu § 628 BGB (*BAG* 22.04.2004 EzA § 628 BGB 2002 Nr. 4 = AP Nr. 18 zu § 628 BGB) in dem entgangenen Arbeitsentgelt, das der Bewerber bis zum ersten hypothetischen Kündigungstermin verdient hätte (str., auf diese Summe beschränkend *Bauer/Krieger* AGG, § 15 Rn. 28; *Deinert* in: *Däubler/Bertzbach* AGG, § 15 Rn. 39 ff. m. w. N. auch zu abw. Auffassungen; *Thüsing* Arbeitsrechtlicher Diskriminierungsschutz, Rn. 539, alle m. w. N. auch zum aufgehobenen § 611a BGB). Zur Kausalitätsproblematik bei Benachteiligung mehrerer Bewerber vgl. *Bauer/Krieger* AGG, § 15 Rn. 30a). Eine **Haftungsbeschränkung** sieht § 15 Abs. 3 AGG für den Fall vor, dass es bei Anwendung kollektivrechtlicher Vereinbarungen (z. B. Auswahlrichtlinien) zu einem Verstoß gegen das Benachteiligungsverbot kommt. In diesem Fall trifft den Arbeitgeber (nicht etwa die Vereinbarungsparteien) eine Entschädigungspflicht (nach § 15 Abs. 2 AGG) nur, wenn er vorsätzlich oder grob fahrlässig benachteiligt hat, also die Kollektivvereinbarung anwendet, obwohl er ihre diskriminierende Wirkung erkannt hat oder grob fahrlässig nicht erkannt hat. Da eine solche Kollektivvereinbarung unwirksam ist (§ 7 Abs. 2 AGG) und deshalb auch nicht angewendet werden muss, soll diese Privilegierung nach einem Teil der Lit. europarechtswidrig und nicht anzuwenden sein (vgl. etwa *Kamanabrou* RdA 2006, 337 f.; *Deinert* in: *Däubler/Bertzbach* AGG, § 15 Rn. 93 m. w. N.). Ein Anspruch auf Schadensersatz oder Entschädigung unterliegt nach § 15 Abs. 4 AGG einer zweimonatigen **Ausschlussfrist** zur schriftlichen Geltendmachung gegenüber dem Arbeitgeber. Da die Frist aus europarechtlichen Gründen von der Kenntnis von der Benachteiligung abhängen muss und der Gesetzeswortlaut dem nicht entgegensteht, ist **in richtlinienkonformer Auslegung** davon auszugehen, dass die Frist bei der Ablehnung einer Bewerbung oder eines beruflichen Aufstiegs der Ablehnung beginnt, jedoch nicht vor Kenntnisnahme von der Diskriminierung, die wesentlich später liegen kann (*BAG* 15.03.2012 EzA § 15 AGG Nr. 18 = AP Nr. 11 zu § 15 AGG). Zudem gilt nach schriftlicher Geltendmachung eine dreimonatige Klagefrist nach § 61b Abs. 1 ArbGG.

a) Rasse oder ethnische Herkunft

Beide Merkmale sind in Anpassung an § 1 AGG in den Katalog der Benachteiligungsmerkmale in § 75 **53** Abs. 1 aufgenommen worden. Sie sind von der Antirassismusrichtlinie 2000/43/EG vorgegeben, die das AGG umgesetzt hat, und sind auf Art. 13 EGV (jetzt: Art. 19 AEUV) zurückzuführen. Sie stehen mit Art. 21 EU-GRCharta in Übereinstimmung. Es gibt keine Legaldefinitionen. Die »Oder«-Verbindung beider Merkmale zeigt inhaltliche Nähe an und auch, dass es insoweit auf eine strikte Abgrenzung i. E. nicht ankommt.

Das Merkmal »**Rasse**« hat einen kapriziösen Hintergrund. Im Gesetzeswortlaut wird das dadurch aus- **54** gedrückt, dass jede Benachteiligung »aus Gründen« der Rasse zu unterbleiben hat, nicht »wegen« der Rasse wie wegen der übrigen Merkmale. Ein sachlicher Unterschied liegt darin nicht (*Thüsing* Arbeitsrechtlicher Diskriminierungsschutz, Rn. 177), wie auch Art. 3 Abs. 3 GG (»wegen« der Rasse) bestätigt. Der Gesetzgeber wollte mit der sprachlichen Unterscheidung herausstellen, und zwar in Übereinstimmung mit Erwägungsgrund 6 der Richtlinie 2000/43/EG, dass das Aufgreifen des Begriffs »Rasse« keineswegs bedeuten soll, dass das Gesetz das Vorhandensein verschiedener menschlicher Rassen voraussetzt, vielmehr entsprechende Theorien zurückzuweisen sind, mit der Folge, dass nur derjenige, der sich rassistisch verhält, deren Vorhandensein annimmt. Mit dem Begriff soll die Signalwirkung zur konsequenten Bekämpfung rassistischer Tendenzen genutzt werden (BT-Drucks. 16/1780 S. 31). Aus Gründen der Rasse kann dementsprechend nur durch denjenigen diskriminiert werden, der nach eigenen (Fehl-)Vorstellungen und Vorurteilen die Rasse (etwa nach Hautfarbe, Haartracht) zuvor gebildet hat (ähnlich *Bauer/Krieger* AGG § 1 Rn. 16; *Däubler* in: *Däubler/Bertzbach* AGG, § 1 Rn. 23; *Fitting* § 75 Rn. 63; *Meinel/Heyn/Herms* AGG, § 1 Rn. 11; *Schleusener* in: *Schleusener/Suckow/Voigt* AGG § 1 Rn. 41; *Wendeling-Schröder/Stein* AGG § 1 Rn. 11: Subjektivierung des Rassebegriffs).

Das Merkmal »**ethnische Herkunft**« soll im Rahmen des AGG in weitem Sinn zu verstehen sein und **55** etwa auch Kriterien umfassen, wie sie das Internationale Übereinkommen zur Beseitigung jeder Form von Rassendiskriminierung (CERD) vom 07.03.1966 (BGBl. 1969 II, S. 961) nennt (Rasse, Hautfarbe, Abstammung, nationaler Ursprung oder Volkstum). Auch beim Abstellen auf Staatsangehörigkeit oder Religion könne ethnische Angehörigkeit gemeint sein (so die Gesetzesbegründung 16/1780 S. 31). Im Rahmen des § 75 Abs. 1 ist diese weite Auslegung grundsätzlich nicht geboten (vgl. auch *Richardi/Maschmann/Richardi* § 75 Rn. 23; **a. M.** *Fitting* § 75 Rn. 64), da »Abstammung oder sonstige Herkunft« sowie »Nationalität« hier als Benachteiligungsmerkmale eigenständig ausgeführt werden (vgl. Rdn. 57 ff., aber auch Rdn. 50). Ethnische Herkunft verweist daneben nur auf Volksgruppen, die durch eine einheitliche Kultur und Sprache geprägt sind, wie etwa Sinti und Roma, Juden, Kurden, Sorben in der Lausitz, Dänen in Schleswig-Holstein (vgl. soweit auch *Annuß* BB 2006, 1629 [1630]; *Meinel/Heyn/Herms* AGG, § 1 Rn. 12; *Wendeling-Schröder/Stein* AGG § 1 Rn. 12; *Thüsing* Arbeitsrechtlicher Diskriminierungsschutz, Rn. 181).

Eine (unmittelbare) Benachteiligung wegen ethnischer Herkunft kann nur entsprechend (vgl. **56** Rdn. 46, 49) § 8 Abs. 1 AGG wegen beruflicher Anforderungen gerechtfertigt sein (vgl. zu Einzelfällen *Brors* in: *Däubler/Bertzbach* AGG, § 8 Rn. 39 ff.). Deshalb darf auch nur unter den dort bestimmten Voraussetzungen im Bewerbergespräch oder einem Personalfragebogen nach ihr gefragt werden (vgl. Rdn. 51).

b) Abstammung oder sonstige Herkunft

Abstammung und Herkunft, die bisher (§ 75 Abs. 1 Satz 1 a. F.) verbotene Differenzierungsmerkmale **57** waren, stehen jetzt als Merkmale verbotener Benachteiligung in Übereinstimmung mit den Benachteiligungsverboten wegen Abstammung, Heimat und Herkunft in Art. 3 Abs. 3 Satz 1 GG, das Merkmal Abstammung wegen seiner Nähe zum Merkmal ethnische Herkunft (vgl. Rdn. 55) auch in Übereinstimmung mit der Richtlinie 2000/43/EG. Beide Merkmale werden in § 1 AGG nicht (ausdrücklich) genannt, sind aber bei weiter Auslegung des Merkmals »ethnische Herkunft« teilweise miterfasst (vgl. Rdn. 55). Die »Oder«-Verbindung beider Merkmale macht deutlich, dass es i. E. wegen ihrer Gleichbehandlung nicht auf eine strikte Abgrenzung des Begriffs »Abstammung« ankommt, weil mit dem Kriterium »sonstige Herkunft« ein umfassendes Auffangkriterium genannt wird, das zwar dem Merkmal »ethnische Herkunft« gegenübersteht, aber auch dessen Grenz- und Zweifelsfälle erfasst.

58 **Abstammung** ist die bluts- oder volksmäßige Herkunft, die durch Eltern und Vorfahren vermittelt wird. Unzulässig ist insoweit insbesondere die Benachteiligung wegen der Herkunft aus einer bestimmten Familie oder der Zugehörigkeit zu einer Minderheitsvolksgruppe oder wegen der Hautfarbe.

59 Unter **sonstiger Herkunft** ist das Herkommen im weitesten Sinne zu verstehen. Neben der besonders genannten Abstammung und ethnischen Herkunft gilt das vor allem für die (im Unterschied zu Art. 3 Abs. 3 GG nicht besonders aufgeführte) **Heimat** (örtliche und regionale Herkunft). Deshalb ist jede Diskriminierung von Flüchtlingen, Heimatvertriebenen, Umsiedlern und sonstigen Immigranten verboten, aber etwa auch diejenige von Arbeitnehmern mit Wohnsitz in den neuen Bundesländern bei Beschäftigung in Betrieben der alten Bundesländer (vgl. *BAG* 15.05.2001 EzA § 242 BGB Gleichbehandlung Nr. 85) oder umgekehrt, oder von Arbeitnehmern, die aus einem anderen deutschen Bundesland mit Wohnsitzwechsel zugezogen sind, oder von Arbeitnehmern mit regionalem Dialekt. Sonstige Herkunft erfasst darüber hinaus aber auch die **soziale** Herkunft aus Bevölkerungsschichten (deshalb: keine Benachteiligung von Arbeiter-, Angestellten- oder Beamtenkindern oder Kindern von Selbstständigen, aus dem Adel usw.; allgemeine Meinung; vgl. *Berg/DKKW* § 75 Rn. 38; *Fitting* § 75 Rn. 66; *Kaiser/LK* § 75 Rn. 17; *Reichold/HWK* § 75 BetrVG Rn. 11; *Worzalla/HWGNRH* § 75 Rn. 11). Auch ist eine Benachteiligung wegen ehelicher oder nichtehelicher Geburt unzulässig (ebenso *Fitting* § 75 Rn. 66).

60 Eine (unmittelbare) Benachteiligung wegen der Abstammung oder wegen der Herkunft kann nur wegen beruflicher Anforderungen in entsprechender (vgl. Rdn. 46, 49) Anwendung von § 8 Abs. 1 AGG gerechtfertigt sein.

c) Nationalität

61 Nationalität ist die **Staatsangehörigkeit** (*Schnorr* AuR 1960, 161; ebenso *Berg/DKKW* § 75 Rn. 39; *Fitting* § 75 Rn. 67; *Richardi/Maschmann/Richardi* § 75 Rn. 24). Sie wird in § 1 AGG nicht als Benachteiligungsmerkmal genannt. Durch Anpassung an § 1 AGG ist aber das frühere Differenzierungsmerkmal in Abs. 1 zu einem Diskriminierungsmerkmal geworden. Das steht in Übereinstimmung mit dem absoluten Verbot jeder Diskriminierung aus Gründen der Staatsangehörigkeit in Art. 18 AEUV. Insoweit dürfen deutsche und ausländische Staatsangehörigkeit und Staatenlosigkeit nicht Grund zur Benachteiligung sein. Nach zutr. Ansicht des *BAG* (20.06.2011 EzA § 3 AGG Nr. 5 Rn. 35 ff.) ist es aber keine mittelbare Benachteiligung, wenn der Arbeitgeber ausländische Arbeitnehmer auffordert, arbeitsnotwendige Sprachkenntnisse durch Teilnahme an einem Deutschkurs zu erwerben. Ihre Überwachungspflicht (vgl. Rdn. 21) gebietet Arbeitgeber und Betriebsrat in diesem Zusammenhang auch, Belegschaftsmitgliedern entgegenzutreten, die ausländische Betriebsangehörige diskriminieren. Das betrifft insbesondere alle Formen aggressiver Intoleranz gegenüber Ausländern. Die öffentlich-rechtlichen Voraussetzungen der Beschäftigung und Arbeitsaufnahme von Ausländern, d. h. von Personen, die nicht Deutsche i. S. d. Art. 116 Abs. 1 GG sind, werden jedoch von § 75 nicht berührt. Ein ausdrückliches Diskriminierungsverbot in Beschäftigung und Beruf wegen der Staatsangehörigkeit enthält auch das durch Gesetz vom 08.03.1961 (BGBl. I, S. 97) ratifizierte Übereinkommen Nr. 111 der IAO vom 25.06.1958 (vgl. dazu *Halbach* AuR 1961, 137). Bei der Betriebsratswahl sind gemäß §§ 7 und 8 auch ausländische Arbeitnehmer aktiv und passiv wahlberechtigt (vgl. dazu *Raab* § 7 Rdn. 13, *Raab* § 8 Rdn. 59). Die Diskriminierung ausländischer Leiharbeitnehmer, die die erforderliche Genehmigung nach § 284 Abs. 1 SGB III nicht besitzen, durch Entleiher ist sogar strafbar (§ 15a AÜG). Es ist zu beachten, dass es nach § 80 Abs. 1 Nr. 7 zu den allgemeinen Aufgaben des Betriebsrats gehört, Maßnahmen zur Bekämpfung von Rassismus und Fremdenfeindlichkeit beim Arbeitgeber zu beantragen (vgl. dazu *Weber* § 80 Rdn. 53).

d) Religion oder Weltanschauung

62 In Anpassung an § 1 AGG ist in § 75 Abs. 1 das Merkmal »Religion« (als früheres Differenzierungsmerkmal) zu einem Diskriminierungsmerkmal geworden und zugleich um das Merkmal »Welt-

anschauung« ergänzt worden (vgl. Rdn. 1). Beide Merkmale sind durch die Richtlinie 2000/78/EG vorgegeben, die das AGG umgesetzt hat. Sie sind auf Art. 13 EGV (heute: Art. 19 AEUV) zurückzuführen und stehen in Übereinstimmung mit Art. 21 EU-GRCharta. Aus der »Oder«-Verbindung beider Merkmale ergibt sich, dass es auf eine strikte Abgrenzung nicht ankommt (ebenso *Fitting* § 75 Rn. 68), da beide im Beschäftigtenschutz rechtlich gleichbehandelt werden (vgl. auch § 9 AGG und dazu Rdn. 65; eine strikte Trennung ist aber beim zivilrechtlichen Benachteiligungsverbot nach § 19 Abs. 1 AGG geboten, weil die Weltanschauung dort nicht erfasst ist). Es gibt keine Legaldefinitionen. Das Benachteiligungsverbot nach Art. 3 Abs. 3 Satz 1 GG stellt auf Glauben und religiöse Anschauungen ab. Das steht im Kontext mit der nach Art. 4 GG grundrechtlich geschützten Glaubens- und Bekenntnisfreiheit.

Mit dem Begriff **Religion** bezeichnet das Gesetz nicht nur (aber vor allen auch) die Zugehörigkeit zu **63** einer der anerkannten Kirchen und Religionsgemeinschaften, zu denen sich Menschen zur Ausübung der Religion zusammengeschlossen haben, sondern auch die Einstellung zur Religion (als Verhältnis des Menschen zu Gott [als höchstem Wesen]) ohne Zugehörigkeit zu einer solchen Gemeinschaft. Erfasst sind die »großen Weltreligionen« (Christentum, Jüdische Religion, Islam, Buddhismus u. a.), aber auch kleinere Gemeinschaften wie etwa Zeugen Jehovas, Heilsarmee. Auch andere »Religionsgesellschaften«, die nach Art. 140 GG i. V. m. Art. 137 Abs. 5 Satz 2 WRV den Status einer Körperschaft des öffentlichen Rechts erworben haben, sind hier zu nennen. Allerdings sind dabei die Übergänge von Religion- zu Weltanschauungsgemeinschaften fließend (so auch *BVerfG* E 102, 370 zu Zeugen Jehovas, das auf S. 372 eine Vielzahl solcher »Religions- und Weltanschauungsgemeinschaften«, die den Körperschaftsstatus erworben haben, aufführt). Das kann hier jedoch vernachlässigt werden, weil auch die Benachteiligung wegen der Weltanschauung einer Person gleichermaßen verboten ist. Die Scientology Kirche ist nach der Entscheidung des *BAG* vom 22.03.1995 (EzA Art. 140 GG Nr. 26) keine solche Religion- oder Weltanschauungsgemeinschaft.

Eine **Weltanschauung** muss nicht religiös fundiert sein (ebenso *Richardi/Maschmann/Richardi* § 75 **64** Rn. 25). Das folgt aus dem Nebeneinander beider Merkmale. Andererseits ist bei einer primär politischen Anschauung keine Weltanschauung gegeben. Die politische Einstellung, zu der auch die politische Grundüberzeugung gehört, ist im Katalog des Abs. 1 ausdrücklich selbstständig aufgeführt. Diesem Schluss stehen europarechtliche Auslegungsgesichtspunkte nicht entgegen (vgl. *Wendeling-Schröder/Stein* AGG, § 1 Rn. 36). Während Bezugspunkt einer Religion ein überweltliches (transzendentes) höchstes Wesen (Gott) ist, ist eine Weltanschauung auf weltliche Bezugspunkte in einem Denk- und Überzeugungssystem beschränkt, welches das Weltgeschehen zu erklären versucht (vgl. auch *BAG* 22.03.1995 EzA Art. 140 GG Nr. 26). Wie bei der Religion genügt auch das Bekenntnis zu einer bestimmten Weltanschauung, ohne dass eine Organisationszugehörigkeit erforderlich ist (vgl. *Wendeling-Schröder/Stein* AGG § 1 Rn. 38). An das Vorliegen einer Weltanschauung müssen aber strenge Anforderungen gestellt werden. Das folgt aus der Gleichstellung mit einer Religion (*Thüsing* Arbeitsrechtlicher Diskriminierungsschutz, Rn. 196, 199). *Hanau* (ZIP 2006, 2189 [2190]) verlangt das Gewicht einer Ersatz-Religion (ähnlich *Bauer/Krieger* AGG § 1 Rn. 30). Diese Anforderungen erfüllen etwa Humanismus, Utilitarismus, Atheismus, auch die Anthroposophie *Steiners* und der Marxismus (*Däubler/Däubler/Bertzbach* AGG, § 1 Rn. 60; zust. *Fitting* § 75 Rn. 71). Nicht jedes Weltbild, nicht jede Lehre oder Überzeugung genügt (weitergehend *Däubler/Däubler/Bertzbach* AGG, § 1 Rn. 61 ff., der in richtlinienkonformer Auslegung jede »feste Überzeugung« ausreichen lässt, so dass z. B. auch Tierschützer und Vegetarier geschützt sein sollen), auch nicht die Sympathie für ein Land (hier: Volksrepublik China) oder eine zu freundliche Einstellung gegenüber dessen Regierung (*BAG* 20.06.2013 EzA § 1 AGG Nr. 1 Rn. 38 = AP Nr. 8 zu § 22 AGG).

Eine Benachteiligung wegen der Religion oder Weltanschauung kann entsprechend (vgl. Rdn. 46, **65** 49) § 8 Abs. 1 AGG wegen beruflicher Anforderungen gerechtfertigt sein. Darüber hinaus kommt der **besondere Rechtfertigungsgrund** nach § 9 Abs. 1 AGG in Betracht, der aber nur bestimmten Arbeitgebern (ähnlich wie § 118 Abs. 1 BetrVG) zugutekommt, nämlich Religionsgemeinschaften und ihnen zugeordnete Einrichtungen sowie Vereinigungen zur Pflege einer Religion oder Weltanschauung (vgl. zu Einzelheiten die im Literaturverzeichnis a. E. angegebenen Kommentare zu § 9 AGG; dazu, dass § 9 Abs. 1 AGG Art. 4 Abs. 2 der Richtlinie 2000/78/EG richtlinienkonform umsetzt, vgl. *Thüsing/Fink-Jamann/v. Hoff* ZfA 2009, 153; dazu, wie Art. 4 Abs. 2 der Richtlinie

2000/78/EG auszulegen ist, s. die Vorlage des *BAG* vom 17.03.2016 an den *EuGH*, BAGE 154, 285 ff.). Sofern danach eine unterschiedliche Behandlung zulässig ist, verstößt auch die Frage nach Religion oder Weltanschauung nicht gegen das Benachteiligungsverbot (vgl. Rdn. 48, 51).

e) Behinderung

66 Das Merkmal Behinderung ist in Anpassung an § 1 AGG **neu** in den Katalog der Benachteiligungsmerkmale des § 75 Abs. 1 aufgenommen worden (vgl. Rdn. 1). Auch dieses Merkmal ist von der Richtlinie 2000/78/EG vorgegeben, die das AGG umgesetzt hat. Es geht auf Art. 13 EGV (heute: Art. 19 AEUV) zurück und stimmt mit Art. 21 EU-GRCharta überein. Das Verbot der Benachteiligung einer Person wegen ihrer Behinderung stimmt als unterverfassungsrechtliche Konkretisierung mit demjenigen nach Art. 3 Abs. 3 Satz 2 GG überein. Speziell verbietet § 164 Abs. 2 SGB IX (i. d. F. des Gesetzes zur Stärkung der Teilhabe und Selbstbestimmung von Menschen mit Behinderungen [Bundesteilhabegesetz – BTHG] v. 23.12.2016, BGBl. I, S. 3234; bis 31.12.2017: § 81 Abs. 2 Satz 1 SGB IX) dem Arbeitgeber auch nach Inkrafttreten des AGG die Benachteiligung »schwerbehinderter« Menschen wegen ihrer Behinderung. Dieses Verbot ist aber im Einzelnen den Regelungen des AGG unterstellt (§ 164 Abs. 2 SGB IX; bis 31.12.2017: § 81 Abs. 2 Satz 2 SGB IX). Bis zum Inkrafttreten des AGG galt dieses Verbot auch für Behinderte, die nicht schwerbehindert oder gleichgestellt waren (so *BAG* 03.04.2007 EzA § 81 SGB IX Nr. 15).

67 Nach der Begründung zum AGG (BT-Drucks. 16/1780 S. 31) entspricht der **Begriff »Behinderung«** den übereinstimmenden Definitionen in § 2 Abs. 1 Satz 1 SGB IX in seiner bis zum 31.12.2017 geltenden Fassung (ab 1.1.2018: § 2 Abs. 1 SGB IX i. d. F. des BTHG, s. oben Rdn. 66) und § 3 BGG in seiner bis zum 26.07.2016 geltenden Fassung (ab 27.07.2016: § 3 BGG i. d. F. des Gesetzes zu Weiterentwicklung des Behindertengleichstellungsrechts v. 19.07.2016, BGBl. I, S. 1757). Wegen der nicht identischen Schutzrichtungen (Sozialrecht, Arbeitsrecht) ist dieser Rückgriff auf die Legaldefinition nach deutschem Recht systematisch zweifelhaft (offenlassend noch *BAG* 28.04.2011 EzA § 22 AGG Nr. 4 Rn. 24; krit. zu einer Gleichsetzung »eins zu eins« wegen der Notwendigkeit europarechtskonformer Auslegung *Thüsing* Arbeitsrechtlicher Diskriminierungsschutz, Rn. 205; *Bauer/Krieger* AGG, § 1 Rn. 41 f.). Nach der Legaldefinition des **§ 2 Abs. 1 Satz 1 SGB IX** in seiner ab dem 01.01.2018 geltenden Fassung (zur bisherigen Rechtslage *Kreutz* Voraufl.) sind Menschen behindert, die »körperliche, seelische, geistige oder Sinnesbeeinträchtigungen haben, die sie in Wechselwirkung mit einstellungs- und umweltbedingten Barrieren an der gleichberechtigten Teilhabe an der Gesellschaft mit hoher Wahrscheinlichkeit länger als sechs Monate hindern können.« Eine Beeinträchtigung nach Satz 1 liegt vor, »wenn der Körper- und Gesundheitszustand von dem für das Lebensalter typischen Zustand abweicht.« Menschen sind nach Satz 3 »von Behinderung bedroht, wenn eine Beeinträchtigung nach Satz 1 zu erwarten ist.« Die Neufassung des Behinderungsbegriffs greift neuere Rechtsprechung des *EuGH* zu der dem AGG zugrundeliegenden RL 2000/78/EG auf (etwa *EuGH* 18.12.2014 EzA Richtlinie 2000/78/EG-Vertrag 1999 Nr. 38 = AP Nr. 30 zu Richtlinie 2000/78/EG [FOA]; 11.04.2013 EzA Richtlinie 2000/78/EG-Vertrag 1999 Nr. 31 = AP Nr. 28 zu Richtlinie 2000/78/EG [Ring, Skouboe Werge]) und entspricht dem Verständnis der UN-BRK. Nach diesem Wechselwirkungsansatz manifestiert sich die Behinderung erst durch gestörte oder nicht entwickelte Interaktion zwischen dem Individuum und seiner materiellen und sozialen Umwelt (lies BT-Drucks. 18/9522, S. 227). Dabei stoßen Menschen mit Behinderungen nicht nur auf bauliche und technische Barrieren, sondern auch auf kommunikative Barrieren und andere Vorurteile. Dieser Behindertenbegriff ist schon dem Wortlaut nach weiter als derjenige »schwerbehinderter« (§ 2 Abs. 2 SGB IX) und diesen »gleichgestellten behinderten Menschen« (§ 2 Abs. 3 SGB IX), die er umfasst. Anders als bei diesen kommt es deshalb auf einen bestimmten Grad der Behinderung (wenigstens 50 bzw. 30) nicht an (unstr.). Mit dem Wort »Behinderung« ist angezeigt, dass nicht jede Krankheit das Merkmal erfüllt. Eine Benachteiligung allein wegen Krankheit ist noch kein Verbotsverstoß. Vgl. zur Abgrenzung einer **lang andauernden Krankheit**, die keine Behinderung ist, *EuGH* 11.04.2013 EzA Richtlinie 2000/78/EG-Vertrag 1999 Nr. 31 = AP Nr. 28 zu Richtlinie 2000/78/EG (Ring, Skouboe Werge); 11.07.2006 EzA EG-Vertrag 1999 Richtlinie 2000/78 Nr. 1 (Chacon Navas). Im Gegensatz zu § 1 AGG (wegen »einer« Behinderung) stellt § 75 Abs. 1 mit der Formulierung »ihrer« Behinderung klar, dass nur eine Benachteiligung Behinderter selbst verboten ist, nicht schon eine Benachteiligung wegen der Behinderung Dritter, etwa behinderter pflegebedürf-

tiger Kinder (so muss aber jedenfalls § 1 AGG richtlinienkonform ausgelegt werden; vgl. *EuGH* 17.07.2008 EzA EG-Vertrag 1999 Richtlinie 2000/78 Nr. 6 [*Colemann*]). Vgl. zu Einzelfällen einer Behinderung *Bauer/Krieger* AGG, § 1 Rn. 44; *Wendeling-Schröder/Stein* AGG, § 1 Rn. 51 ff.

Eine (unmittelbare) Benachteiligung Behinderter kann nur wegen beruflicher Anforderungen entsprechend (vgl. Rdn. 46, 49) § 8 Abs. 1 AGG gerechtfertigt sein. Nur auf der Grundlage dieser Bestimmung darf im Bewerbergespräch oder einem Personalfragebogen nach einer Behinderung gefragt werden (vgl. Rdn. 51; ebenso *Wendelin-Schröder/Stein* AGG, § 1 Rn. 57). Eine unmittelbare Benachteiligung wegen Behinderung durch eine an die Rentenberechtigung aufgrund der Schwerbehinderung anknüpfende Pauschalierung einer Sozialplanabfindung ist nach zutreffender Rspr. des *BAG* nicht gerechtfertigt: Arbeitnehmer dürfen in einem Sozialplan nicht von Abfindungen ausgenommen oder durch eine Pauschalierung der Abfindungen finanziell benachteiligt werden, weil ihnen das Gesetz aus sozialen Gründen einen vorzeitigen Renteneintritt ermöglicht und damit die Überbrückungsfunktion des Sozialplans leerläuft (*BAG* 17.11.2015 EzA § 112 BetrVG 2001 Nr. 55 Rn. 14 ff. = AP Nr. 232 zu § 112 BetrVG 1972 [*Maschmann*]). **68**

f) Alter

Das Merkmal »Alter« ist in Anpassung an § 1 AGG in den Katalog der Benachteiligungsmerkmale in § 75 Abs. 1 aufgenommen worden. Zugleich ist damit der frühere Satz 2 in § 75 Abs. 1 a. F. entfallen (vgl. Rdn. 1). Diese Bestimmung enthielt bereits ein Benachteiligungsverbot und unterschied sich dadurch von der Insbesondere-Aufzählung in § 75 Abs. 1 Satz 1 a. F., die nur Differenzierungsverbote enthielt. Anders als jetzt Abs. 1 hatte Abs. 1 Satz 2 a. F. jedoch nicht die Benachteiligung von Personen schlechthin »wegen ihres Alters« verboten, sondern nur die Benachteiligung »wegen Überschreitung bestimmter Altersstufen«. Diese Regelung zielte nur auf den Schutz älterer Arbeitnehmer (vgl. dazu näher 8. Aufl., § 75 Rn. 77 ff.), so wie deren Schutz nach wie vor dadurch konkretisiert wird, dass § 80 Abs. 1 Nr. 6 dem Betriebsrat aufgibt, die Beschäftigung älterer Arbeitnehmer im Betrieb zu fördern (vgl. dazu *Weber* § 80 Rdn. 52), und § 96 Abs. 2 Satz 2 Arbeitgeber und Betriebsrat verpflichtet, gerade auch die Belange älterer Arbeitnehmer zu berücksichtigen, wenn es darum geht, den Arbeitnehmern die Teilnahme an betrieblichen oder außerbetrieblichen Berufsbildungsmaßnahmen zu ermöglichen (vgl. dazu *Raab* § 96 Rdn. 36). **69**

Das Merkmal »Alter« ist von der Richtlinie 2000/78/EG vorgegeben, die das AGG umgesetzt hat. Der »Kampf« gegen Altersdiskriminierung geht auf Art. 13 EGV (heute: Art. 19 AEUV) zurück und stimmt mit Art. 21 EU-GRCharta überein. Art. 3 Abs. 3 GG enthält kein Benachteiligungsverbot wegen des Alters. Alter meint das **Lebensalter** (unstr.). Das Benachteiligungsverbot schützt vor jeder (ungerechtfertigten) Benachteiligung, die an das Lebensalter anknüpft. Es schützt gleichermaßen jüngere wie ältere Arbeitnehmer (unstr.), auch wenn ein Schwerpunkt seines Anwendungsbereichs der Schutz Älterer ist (vgl. Gesetzesbegründung BT-Drucks. 16/1780 S. 31), der wegen der ungünstigen Situation auf dem Arbeitsmarkt und der sich abzeichnenden demographischen Entwicklung besonders bedeutsam ist (vgl. Gesetzesbegründung [zu § 10 AGG] BT-Drucks. 16/1780 S. 36). Es gibt kein Höchst- oder Mindestalter des Schutzes (unstr.). **70**

Da im Arbeitsleben in vielfältiger Weise an das Alter angeknüpft wird (etwa bei Einstellungen, Eingruppierungen und bei der Beendigung von Arbeitsverhältnissen), kommt der **Rechtfertigung altersbezogener Differenzierungen zentrale Bedeutung** zu. Das gilt insbesondere auch für das Betriebsverfassungsrecht und für das Handeln der Betriebspartner. Die Rechtfertigungsgründe, die das AGG abschließend regelt, sind im Rahmen des § 75 Abs. 1 entsprechend anzuwenden (vgl. Rdn. 46). Danach kann eine Benachteiligung (Schlechterstellung) wegen des Alters wie jede andere wegen eines Benachteiligungsmerkmals nach § 8 Abs. 1 AGG wegen beruflicher Anforderungen gerechtfertigt sein. In der praktischen Bedeutung steht dieser Rechtfertigungsgrund ebenso wie eine Rechtfertigung unter dem Gesichtspunkt »positiver Maßnahmen« nach § 5 AGG jedoch ganz im Schatten der speziellen und praktisch besonders bedeutsamen Rechtfertigungsgründe, die **§ 10 AGG** (in Umsetzung von Art. 6 der Richtlinie 2000/78/EG) vorsieht. Diese stecken auch für Arbeitgeber und Betriebsrat im Rahmen ihrer Überwachungspflicht nach Abs. 1, insbesondere auch beim Abschluss von Betriebsvereinbarungen (Sozialplänen) und Betriebsabsprachen (vgl. Rdn. 22), den zulässigen **Regelungsspielraum** ab, der schon die Zulässigkeit der **Frage nach dem Alter** bestimmt (vgl. Rdn. 51). **71**

§ 75 IV. 1. Allgemeines

72 § 10 AGG unterscheidet zwischen einem generalklauselartigen allgemeinen Rechtfertigungsgrund nach § 10 Satz 1 und 2 AGG und konkretisierenden Regelbeispielen für eine zulässige unterschiedliche Behandlung wegen des Alters (§ 10 Satz 3 Nr. 1 bis 6 AGG). Nach der **Generalklausel** ist eine unterschiedliche Behandlung wegen des Alters zulässig, wenn sie »objektiv und angemessen und durch ein legitimes Ziel gerechtfertigt ist« (Satz 1) und »die Mittel zur Erreichung dieses Ziels angemessen und erforderlich« sind (Satz 2; ausführlich zur Prüfung nach den Sätzen 1 und 2 *BAG* 22.10.2015 EzA § 7 AGG Nr. 6 Rn. 37 ff., 40 ff. = AP Nr. 8 zu § 10 AGG; Beispiele für Verstöße gegen die Generalklausel sind etwa zu finden in *BAG* 14.05.2013 EzA § 75 BetrVG 2001 Nr. 8 Rn. 19 ff. = AP Nr. 59 zu § 75 BetrVG 1972 [Grundsätze der Dienstplangestaltung in einer Betriebsvereinbarung] oder in *BAG* 22.10.2015 EzA § 7 AGG Nr. 6 Rn. 45 ff., 53 ff. = AP Nr. 8 zu § 10 AGG [Staffelung der regelmäßigen wöchentlichen Arbeitszeit nach dem Lebensalter in einer Betriebsvereinbarung]). Die (weithin kritisierte) komplizierte (möglicherweise pleonastische) Formulierung der Generalklausel lässt sich (trotz verwirrender Meinungsvielfalt in der Lit.) dahin verstehen, dass eine unterschiedliche Behandlung wegen des Alters nur gerechtfertigt ist, wenn sie einer umfassenden Verhältnismäßigkeitskontrolle (Zweck-Mittel-Prüfung) im Einzelfall standhält. Dabei kann der Zweck (Regelungsziel) vom Arbeitgeber (oder von Arbeitgeber und Betriebsrat bei gemeinsamen Entscheidungen) unter Berücksichtigung beruflich-fachlicher Zusammenhänge vorgegeben werden (so auch die Gesetzesbegründung, BT-Drucks. 16/1780 S. 36; ebenso *Fitting* § 75 Rn. 77). Er muss aber »objektiv«, »angemessen« und »legitim« sein (vgl. zu diesem Bezug der Begriffe »objektiv« und »angemessen« *Wendeling-Schröder/Stein* AGG, § 10 Rn. 9). Die Verhältnismäßigkeitsprüfung hat sich unter Berücksichtigung der konkreten Umstände des Einzelfalls auf Geeignetheit, Erforderlichkeit und Angemessenheit der unterschiedlichen Behandlung wegen des Alters zur Erreichung des Ziels zu beziehen. Die **Regelbeispiele** in § 10 Satz 3 AGG enthalten keine abschließende Konkretisierung der Generalklausel (»insbesondere«), so dass auf diese zurückgegriffen werden kann, wenn kein Regelbeispiel greift (dabei kann der Beispielskatalog Orientierungshilfe für das Gewicht der Anforderungen geben; *Löwisch* DB 2006, 1729 [1730]: Wegweisung). Umgekehrt ist dann, wenn ein Regelbeispiel tatbestandlich erfüllt ist, (grundsätzlich) noch eine Verhältnismäßigkeitsprüfung im Einzelfall erforderlich. Dieses Erfordernis wird überwiegend aus dem Wort »können« im Eingang von Satz 3 hergeleitet (vgl. *Bauer/Krieger* AGG, § 10 Rn. 25; *Meinel/Heyn/Herms* AGG, § 10 Rn. 13; so i. E. auch *BAG* 23.03.2010 EzA § 112 BetrVG 2001 Nr. 35 Rn. 28 ff.), folgt aber auch daraus, dass die Beispielsfälle gerade auch (zu Ausnahmen vgl. Rdn. 73) legitime Ziele i. S. v. § 10 Satz 1 AGG benennen (vgl. *Wendeling-Schröder/Stein* AGG, § 10 Rn. 15).

73 Die systematische Auswertung der Regelbeispiele in § 10 Satz 3 Nr. 1 bis 6 AGG ergibt im Hinblick auf Regelungsgegenstände und legitime Ziele folgenden Überblick über die (mögliche) Zulässigkeit auf das Alter bezogener Differenzierungen:

Nr. 1: Festlegung **besonderer Beschäftigungs- und Arbeitsbedingungen** (einschließlich der Bedingungen für Entlohnung und Beendigung). Soweit daneben nach Nr. 1 auch Altersgrenzen für den Zugang zu Beschäftigungsverhältnissen in Betracht kommen, gehen Nr. 2 und 3 als speziellere Regelungen vor (so zutr. *Brors/Däubler/Bertzbach* AGG, § 10 Rn. 41). Als legitime Ziele bezeichnet das Gesetz hier die Förderung der beruflichen Eingliederung und den Schutz von Jugendlichen, älteren Beschäftigten und Personen mit Fürsorgepflichten.

Nr. 2: Festlegung von **Mindestaltersgrenzen** (sowie Mindestgrenzen, die an die Berufserfahrung oder das Dienstalter anknüpfen) **für den Zugang** zur Beschäftigung und für bestimmte mit der Beschäftigung verbundene **Vorteile**. Ein legitimes Ziel wird dafür gesetzlich nicht vorgegeben. Deshalb obliegt dessen Vorgabe Arbeitgebern (und Betriebsrat) unter Beachtung von § 10 Satz 1 AGG, wenn man das Schweigen des Gesetzes nicht dahin deutet, dass diese Maßnahmen per se legitime Ziele bezeichnen (so wohl auch *Wendeling-Schröder/Stein* AGG, § 10 Rn. 15). Eine Verhältnismäßigkeitsprüfung ist in jedem Fall nötig.

Nr. 3: Festsetzung eines **Höchstalters für die Einstellung**. Das Gesetz gibt dabei als legitime Ziele spezifische Ausbildungsanforderungen eines bestimmten Arbeitsplatzes an und (zweitens) die Notwendigkeit einer angemessenen Beschäftigungszeit vor Eintritt in den Ruhestand.

Nr. 4: Festsetzung von **Altersgrenzen bei betrieblichen Systemen der sozialen Sicherheit** (insbesondere auch bei der betrieblichen Altersversorgung). Nach der Gesetzesbegründung (BT-Drucks. 16/1780 S. 36) stellt Nr. 4 klar, dass hier die Festsetzung von Altersgrenzen »regelmäßig keine Benachteiligung wegen des Alters darstellt«. Das ist unionsrechtkonform (so etwa *BAG* 11.08.2009 EzA § 10 AGG Nr. 1 LS 2; 17.09.2013 AP Nr. 4 zu § 10 AGG Rn. 19 ff.). Diese Altersgrenzen sind daher per se legitim, erfordern aber die Verhältnismäßigkeitsprüfung (Beispiel in *BAG* 17.09.2013 AP Nr. 4 zu § 10 AGG Rn. 23 f.; weitergehend *Brors/Däubler/Bertzbach* AGG, § 10 Rn. 24, die im Hinblick auf Art. 6 Abs. 2 Richtlinie 2000/78/EG in Nr. 4 keine Konkretisierung der Generalklausel sieht, mit der Folge, dass solche Altersgrenzen per se zulässig sind und es keiner Verhältnismäßigkeitsprüfung bedarf).

Nr. 5: Die Vorschrift billigt Vereinbarungen, welche die Beendigung des Beschäftigungsverhältnisses ohne Kündigung zu einem Zeitpunkt vorsehen, zu dem der oder die Beschäftigte eine Rente wegen Alters beantragen kann. Das **Regelrentenalter** ist eine **zulässige Altersgrenze** für die automatische Beendigung von Beschäftigungsverhältnissen, wenn sie vereinbart ist. Die Einschränkungen, die sich aus § 41 SGB VI ergeben, bleiben unberührt (wie Nr. 5 Halbs. 2 ausdrücklich hervorhebt). Die Vereinbarung kann durch Arbeitsvertrag, Betriebsvereinbarung und Tarifvertrag erfolgen. Solche Altersgrenzenregelungen, die als Befristungen zu qualifizieren sind (vgl. *Kreutz* § 77 Rdn. 386), werden ohne erkennbare Einschränkungsmöglichkeit, also generell zugelassen. Sie sind deshalb nach der gesetzlichen Wertung **per se gerechtfertigte Benachteiligungen** wegen des Alters (ebenso i. E. *BAG* 08.12.2010 EzA § 620 BGB 2002 Altersgrenze Nr. 10 [für einen Tarifvertrag]; 05.03.2013 EzA § 77 BetrVG 2001 Nr. 35 = AP Nr. 105 zu § 77 BetrVG 1972 [Altersgrenze wirksam, nach der das Arbeitsverhältnis mit Ablauf des Monats endet, in dem der Arbeitnehmer die Regelaltersgrenze der gesetzlichen Rentenversicherung erreicht]; 13.10.2015 EzA § 75 BetrVG 2001 Nr. 12 Rn. 16 ff., 21 ff., 33 ff. = AP Nr. 109 zu § 75 BetrVG 1972; 21.02.2017 NZA 2017, 738 Rn. 16; *Adomeit/Mohr* AGG, § 10 Rn. 173; *Bauer/Krieger* AGG, § 10 Rn. 39; *Berg/DKKW* § 75 Rn. 75, 79; *Boemke/Danko* AGG im Arbeitsrecht, § 6 Rn. 83; *Fitting* § 75 Rn. 93; *Linsenmaier* RdA 2008, 1 [10]; *Meinel/Heyn/Herms* AGG, § 10 Rn. 79; *Nollert/Borasio/Perreng* AGG, § 10 Rn. 18; *Rupp/HWK* § 10 AGG Rn. 11; *Voigt* in: *Schleusener/Suckow/Voigt* AGG, § 10 Rn. 48; *Thüsing* Arbeitsrechtlicher Diskriminierungsschutz, Rn. 439; *Wendeling-Schröder/Stein* AGG, § 10 Rn. 54 ff.). Dass die Regelung in Nr. 5 nicht richtlinienwidrig ist, konnte wohl schon nach den Entscheidungen des *EuGH* vom 16.10.2007 (EzA EG-Vertrag 1999 Richtlinie 2000/78 Nr. 3 [Palacios de la Villa] = NZA 2007, 1219) und vom 16.10.2008 (EzA EG-Vertrag 1999 Richtlinie 2000/78 Nr. 9 [Age Concern England] = NZA 2009, 305) als sicher angenommen werden (krit. dagegen noch *Brors/Däubler/Bertzbach* AGG, § 10 Rn. 83 ff.; vgl. auch *Schlachter*/ErfK § 10 AGG Rn. 10 ff.) und wurde später durch den *EuGH* ausdrücklich bestätigt (*EuGH* 12.10.2010 EzA § 620 BGB 2002 Altersgrenze Nr. 9 [Rosenbladt] = AP Nr. 18 zu Richtlinie 2000/78/EG; s. ferner *EuGH* 05.07.2012 EzA Richtlinie 2000/78 EG-Vertrag 1999 Nr. 28 [Hörnfeldt] = AP Nr. 26 zu Richtlinie 2000/78/EG). Zur Wirksamkeit solcher Pensionsgrenzen in **Betriebsvereinbarungen** vgl. ausführlich *Kreutz* § 77 Rdn. 384 ff. Vereinbarte (niedrigere) Altersgrenzen, die nicht auf die Berechtigung zum Altersrentenbezug abstellen, können nur nach der Generalklausel (§ 10 Satz 2 und 3 AGG) oder § 8 Abs. 1 AGG gerechtfertigt sein. Betriebsvereinbarungen, nach denen das Arbeitsverhältnis mit der Vollendung des 65. Lebensjahres endet, sind nach der Anhebung des Regelrentenalters allerdings regelmäßig dahingehend **auszulegen**, dass die Beendigung des Arbeitsverhältnisses erst mit der Vollendung des für den Bezug einer Regelaltersrente maßgeblichen Lebensalters erfolgen soll (*BAG* 13.10.2015 EzA § 75 BetrVG 2001 Nr. 12 Rn. 21 = AP Nr. 109 zu § 75 BetrVG 1972). Eine (tarifliche) Altersgrenze von 60 Jahren für Piloten ist aber richtlinienwidrig. Das hat der *EuGH* (13.09.2011 EzA EG-Vertrag 1999 Richtlinie 2000/78 Nr. 22 = AP Nr. 23 zu Richtlinie 2000/78/EG [Prigge]) auf Vorlage des *BAG* (17.06.2009 EzA EG-Vertrag 1999 Richtlinie 2000/78 Nr. 12 = SAE 2010, 269 [*Kamanabrou/Wietfeld*]) entschieden, das auch nach Inkrafttreten des AGG an der früheren Rspr. zur Altersgrenze von 60 Jahren festhalten wollte (zur Frage, ob die durch VO [EU] Nr. 1178/2011, Anhang I, FCL.065 b vorgeschriebene Altersgrenze von 65 Jahren diskriminierungsrechtlich zulässig ist, s. die Vorlage des *BAG* an den *EuGH* vom 27.01.2016, BAGE 154, 111 ff.). Erst recht kann die Altersgrenze von 60 Jahren z. B. nicht für Flugbegleiter (Kabinenpersonal) gerechtfertigt sein (s. dazu *EuGH* 10.03.2011 EzA § 14 TzBfG Nr. 69 = AP Nr. 8 zu Richtlinie 99/70/EG [Deutsche Lufthansa]).

Nr. 6: **Abfindungsregelungen in Sozialplänen,** die **nach Alter oder Betriebszugehörigkeit gestaffelt** sind. Als legitime Ziele von solchen altersbezogenen Differenzierungen nennt die Vorschrift die erkennbare Berücksichtigung der (wesentlich vom Alter abhängenden) Chancen auf dem Arbeitsmarkt durch eine verhältnismäßig starke Betonung des Lebensalters oder, beim Ausschluss von Leistungen, die wirtschaftliche Absicherung durch sozialrechtliche Berechtigungen (Rentenberechtigung, ggf. nach Bezug von Arbeitslosengeld). Für ältere Arbeitnehmer kann das Vorteile, aber auch Nachteile haben (vgl. dazu näher *BAG* 26.05.2009 EzA § 112 BetrVG 2001 Nr. 31 = AP Nr. 200 zu § 112 BetrVG 1972 [*Löwisch*]: § 10 Satz 3 Nr. 6 AGG ist **richtlinienkonform** [Rn. 32; bestätigt in *BAG* 26.03.2013 EzA § 112 BetrVG 2001 Nr. 49 Rn. 37 ff. = AP Nr. 221 zu § 112 BetrVG 1972, jew. m. w. N. auch zur entsprechenden EuGH-Rechtsprechung] und deckt Sozialpläne, die nach Lebensalter und Betriebszugehörigkeit gestaffelte Abfindungsregelungen vorsehen ebenso wie diejenigen, die für rentenberechtigte Arbeitnehmer Sozialplanleistungen reduzieren oder ganz ausschließen [LS 1]). Entsprechende Benachteiligungen wurden für gerechtfertigt gehalten u. a. in *BAG* 23.03.2010 EzA § 112 BetrVG 2001 Nr. 35; 12.04.2011 EzA § 112 BetrVG 2001 Nr. 42; 14.04.2011 EzA § 112 BetrVG 2001 Nr. 44; 17.04.2012 EzA § 112 BetrVG 2001 Nr. 45; 23.04.2013 – 1 AZR 25/12 – juris, Rn. 11 ff.; 26.03.2013 EzA § 112 BetrVG 2001 Nr. 49 Rn. 27 ff. = AP Nr. 221 zu § 112 BetrVG 1972; 23.04.2013 EzA § 112 BetrVG 2001 Nr. 51 Rn. 16 ff.; 09.12.2014 EzA § 112 BetrVG 2001 Nr. 52 Rn. 21 ff. = AP Nr. 225 zu § 112 BetrVG 1972; weitere Rspr.-Nachweise bei *Oetker* §§ 112, 112a Rdn. 376 ff., 381 ff.). Der *EuGH* (06.12.2012 EzA § 112 BetrVG 2001 Nr. 47 Rn. 23 ff.) hat wegen Entscheidungsunerheblichkeit die (damit abstrakte) Vorlagefrage nicht beantwortet, ob § 10 Satz 3 Nr. 6 mit der Richtlinie 2000/78 vereinbar ist.

74 Zu Einzelheiten der Rechtfertigungsgründe nach § 10 AGG, zur Kritik an der gesetzlichen Regelung und zu Bedenken an richtlinienkonformer Umsetzung vgl. die im Literaturverzeichnis (a. E.) angegebene Literatur, insbesondere die Kommentare in neuester Aufl. zum AGG.

g) Politische Betätigung oder Einstellung

75 Es gibt **keine** Antidiskriminierungsrichtlinie der EU, die sich gegen eine Benachteiligung wegen **politischer** oder **gewerkschaftlicher** Betätigung oder Einstellung richtet. Deshalb sind beide Merkmale auch nicht im Katalog der Benachteiligungskriterien in § 1 AGG enthalten, das nur der Umsetzung einschlägiger Antidiskriminierungsrichtlinien dient. Gleichwohl sind beide Merkmale durch die Anpassung von § 75 Abs. 1 an § 1 AGG (vgl. Rdn. 1) geändert worden: Sie sind jetzt nicht mehr nur (wie zuvor) Differenzierungsverbote, sondern Benachteiligungsverbote. Das stimmt mit Art. 21 EU-GRCharta insofern überein, als dort ein Diskriminierungsverbot wegen »der politischen oder sonstigen Anschauung« enthalten ist.

76 Politische Einstellung und Betätigung betreffen bei § 75 nicht nur die Parteipolitik, sondern **jedes politische Denken und Handeln.** Das politische Verhalten im weitesten Sinne ist als Kriterium für eine Benachteiligung (vgl. Rdn. 47) von Arbeitnehmern ausgeschlossen (z. B. die Mitgliedschaft in einer politischen Partei oder sonstigen Vereinigung, Kandidatur oder Wahlaufrufe für sie, Verteilung von Informationsmaterial usw.). Dabei kommt es nicht darauf an, ob die Betätigung generell rechtlich erlaubt ist oder nicht (Betätigung für eine verbotene, verfassungsfeindliche politische Partei). Es ist nicht Sache von Arbeitgeber und Betriebsrat, ein Verbot politischer Betätigung (etwa durch eine Kündigung) durchzusetzen (ebenso *Galperin/Löwisch* § 75 Rn. 18; zust. *Berg/DKKW* § 75 Rn. 88; *Fitting* § 75 Rn. 97). Sie wird es erst dann, wenn das politische Tun zugleich konkrete betriebliche oder arbeitsvertragliche Pflichten verletzt (vgl. *BAG* 26.05.1977 AP Nr. 5 zu § 611 BGB Beschäftigungspflicht; 06.02.1969 AP Nr. 58 zu § 626 BGB [*A. Hueck*] = SAE 1971, 43 [*Schnorr*]; 15.07.1971 AP Nr. 83 zu § 1 KSchG). Es ist für das Benachteiligungsverbot auch nicht maßgeblich, ob das politische Verhalten außerhalb des Betriebs oder im Betrieb stattfindet (ebenso *Galperin/Löwisch* § 75 Rn. 18, 19; *Berg/DKKW* § 75 Rn. 88). Eine andere Frage ist es, welche Grenzen politischer, insbesondere parteipolitischer Betätigung von Arbeitnehmern im Betrieb gezogen sind und welche Rechtsfolgen ein Verstoß auslösen kann (vgl. dazu § 74 Rdn. 106). In **Tendenzunternehmen** mit überwiegend politischer Zielsetzung nach § 118 Abs. 1 Satz 1 gilt das Benachteiligungsverbot nicht, wenn ihm die Eigenart des Unternehmens entgegensteht. Eine Benachteiligung kann auch entsprechend (vgl. Rdn. 46) § 8 Abs. 1 AGG wegen beruflicher Anforderungen gerechtfertigt sein, dann auch eine entsprechende Frage im Bewerbergespräch oder im Personalfragebogen (vgl. Rdn. 51).

h) Gewerkschaftliche Betätigung oder Einstellung

Die **Koalitionsfreiheit** nach Art. 9 Abs. 3 GG gehört als verfassungsrechtlich geschütztes Grundrecht bereits zu den »Grundsätzen des Rechts« (vgl. Rdn. 31). Sie umfasst das Recht des Einzelnen, zur Wahrung und Förderung von Arbeits- und Wirtschaftsbedingungen Vereinigungen (Koalitionen) zu gründen, bestehenden Vereinigungen beizutreten, in ihnen zu verbleiben und an der spezifisch koalitionsmäßigen Tätigkeit teilzunehmen, soweit diese für die Koalition verfassungsrechtlich geschützt ist (**individuelle positive Koalitionsfreiheit**) sowie eine Bestands- und Betätigungsgarantie für die Koalition als solche (**kollektive Koalitionsfreiheit**). Das ist insoweit heute allgemein anerkannt (vgl. zum Überblick *Hromadka/Maschmann* Arbeitsrecht 2, § 12 III; *Schaub/Treber* Arbeitsrechts-Handbuch, § 189; *Waltermann* Arbeitsrecht, § 23 III; *Hanau/BDDH* Art. 9 GG Rn. 4 ff.; *Hergenröder/ZLH* Arbeitsrecht, § 9 IV; zusammenfassend zu Inhalt und Reichweite des Art. 9 Abs. 3 GG *BVerfG* 01.03.1979 *BVerfGE* 50, 290 [353 ff.]; *BVerfG* 26.06.1991 EzA Art. 9 GG Arbeitskampf Nr. 97; *BAGE* GS 20, 175 [210 ff.] = 29.11.1967 AP Nr. 13 zu Art. 9 GG; etwa auch *BAG* 02.06.1987 AP Nr. 49 zu Art. 9 GG = EzA Art. 9 GG Nr. 43). Der Betätigungsschutz umfasst nach Rspr. des *BVerfG* alle koalitionsspezifischen Verhaltensweisen, nicht lediglich nur (in einem Kernbereich) diejenigen Betätigungen, die für die Wahrnehmung der Koalitionsfreiheit unerlässlich sind (Aufgabe der sog. Kernbereichsformel durch *BVerfG* 14.11.1995 EzA GG Art. 9 GG Nr. 60, bestätigt durch Beschluss vom 24.04.1996 EzA GG Art. 9 Nr. 61; später etwa *BAG* 22.09.2009 EzA Art. 9 GG Arbeitskampf Nr. 143 = AP Nr. 174 zu Art. 9 GG Arbeitskampf). Nach zutr. h. M. schützt Art. 9 Abs. 3 GG darüber hinaus auch die **negative Koalitionsfreiheit** als Freiheit des Einzelnen, sich keiner Koalition anzuschließen (»unorganisiert« zu bleiben) oder aus einer solchen auszutreten (vgl. *BVerfGE* 20, 312 [321]; 50, 290 [367]; 64, 208 [213 f.]; *BAG* GS 29.11.1967 AP Nr. 13 zu Art. 9 GG; *BAG* 21.01.1987 AP Nr. 46 Bl. 5 zu Art. 9 GG; 21.01.1987 AP Nr. 47 Bl. 5 R zu Art. 9 GG; 19.09.2006 EzA Art. 9 GG Nr. 88 = AP Nr. 22 zu § 3 TVG Verbandszugehörigkeit; *R. Scholz* Die Koalitionsfreiheit als Verfassungsproblem, 1971, S. 41; *Linsenmaier/ErfK* Art. 9 GG Rn. 32; *Scholz* in: *Maunz/Dürig* GG, Art. 9 Rn. 169, 221; *Hergenröder/ZLH* Arbeitsrecht, § 9 IV 5 – alle m. w. N.; diesen verfassungsrechtlichen Schutz abl. *Biedenkopf* JZ 1961, 346 [352]; *Däubler* Das Arbeitsrecht I, Rn. 134 ff.; *Gamillscheg* Kollektives Arbeitsrecht I, S. 381 ff.; für einen Schutz der negativen Koalitionsfreiheit nach Art. 2 Abs. 1 GG u. a. *Hueck/Nipperdey* II/1, S. 154 ff.; ferner *Waltermann* Arbeitsrecht, 18. Aufl. 2016, § 23 III; *Gamillscheg* Kollektives Arbeitsrecht I, S. 385; *Waltermann* Arbeitsrecht, § 23 IV; *Berg/DKKW* § 75 Rn. 95; ähnlich *Däubler* Das Arbeitsrecht I, Rn. 141, der auf Art. 9 Abs. 1 GG abstellt; offengelassen von *BAG* [Vierter Senat] 18.03.2009 EzA Art. 9 GG Nr. 98 = AP Nr. 41 zu § 3 TVG). Der individuellen und kollektiven Koalitionsfreiheit hat (unstr.) **unmittelbare Drittwirkung** im Privatrechtsverkehr, wie sich aus Art. 9 Abs. 3 Satz 2 GG ergibt. Danach sind alle Vertragsabreden, durch die die positive oder negative Koalitionsfreiheit (objektiv) eingeschränkt wird oder durch die der Versuch hierzu gemacht wird, **nichtig** (z. B. Verträge, durch die ein Arbeitnehmer verpflichtet wird, keiner Gewerkschaft oder nur einer im Betrieb vertretenen Gewerkschaft beizutreten oder aus einer Gewerkschaft auszutreten, oder Verträge, in denen sich ein Arbeitgeber verpflichtet, nur organisierte Arbeitnehmer einzustellen [»closed shop«; vgl. auch *EGMR* 13.08.1981 NJW 1982, 2717] oder nur Nichtorganisierte). Darüber hinaus sind alle (tatsächlichen oder rechtlichen) Maßnahmen **rechtswidrig**, welche die Koalitionsfreiheit einschränken oder zu behindern versuchen (z. B. eine Kündigung oder Versetzung oder die Verweigerung des Abschlusses eines Arbeitsvertrages wegen [bestimmter] Gewerkschaftszugehörigkeit; vgl. *BAG* 28.03.2000 EzA § 99 BetrVG 1972 Einstellung Nr. 6; 02.06.1987 AP Nr. 49 zu Art. 9 GG = EzA Art. 9 GG Nr. 43, wo der Arbeitgeber die Einstellung eines Arbeitnehmers von dessen Austritt aus einer Gewerkschaft abhängig gemacht hatte).

Das Verbot jeder Benachteiligung (zum Begriff vgl. Rdn. 47) wegen gewerkschaftlicher Betätigung oder Einstellung in § 75 Abs. 1 (vgl. auch Rdn. 46) konkretisiert damit nicht nur die Aufgabe, die Einhaltung der Koalitionsfreiheit als Grundsatz des Rechts zu überwachen, sondern **wiederholt in unterverfassungsrechtlicher Ausprägung**, was sich zum Schutz der Koalitionsfreiheit bereits unmittelbar aus Art. 9 Abs. 3 Satz 2 GG ergibt. Eine benachteiligende Behandlung von Arbeitnehmern wegen positiver oder negativer Einstellung zu einer Gewerkschaft oder wegen einer entsprechenden Betätigung ist (in aller Regel) schon nach Art. 9 Abs. 3 Satz 2 GG rechtswidrig und darf schon deswegen vom Arbeitgeber oder Betriebsrat weder selbst vorgenommen noch geduldet werden (z. B. wird in die positive Koalitionsfreiheit und den Bestandsschutz der Gewerkschaft rechtswidrig eingegriffen, wenn im Arbeitskampf nur die organisierten Arbeitnehmer ausgesperrt werden; vgl. *BAG* 10.06.1980 AP Nr. 66 zu Art. 9 GG Arbeitskampf).

79 **Allein das Verbot der Benachteiligung** nach § 75 Abs. 1 kann aber ausnahmsweise berührt sein, wenn eine solche nicht der durch Art. 9 Abs. 3 GG geschützten Stellung zu einer Gewerkschaft gilt, sondern einer konkreten Betätigung für oder gegen sie. Wird Arbeitsablauf oder Betriebsfrieden durch eine solche Betätigung nicht gestört, ist sie auch kein Gesetzesverstoß oder Rechtsmissbrauch. Dann sind insbesondere dem Arbeitgeber auch solche repressiven Maßnahmen untersagt, durch die weder unmittelbar noch mittelbar Druck hinsichtlich der Koalitionszugehörigkeit ausgeübt wird. Z. B. würde ein nicht organisierter Arbeitnehmer, der im Betrieb eine Gewerkschaftszeitung verkauft oder Werbematerial verteilt, unzulässig benachteiligt, wenn ihm allein deshalb Nachteile (z. B. der Ausschluss von einer Gratifikation) zugefügt oder angekündigt würden.

80 Andererseits geht Art. 9 Abs. 3 Satz 2 GG über § 75 Abs. 1 hinaus, weil er bereits bei **Einstellungen von Arbeitnehmern** jede Differenzierung nach der Gewerkschaftszugehörigkeit verbietet, Arbeitsplatzbewerber aber noch nicht zu dem von § 75 Abs. 1 geschützten Personenkreis gehören (vgl. Rdn. 17, 50). Deshalb darf ein Arbeitgeber die Einstellung (oder ein Betriebsrat seine Zustimmung zur Einstellung) eines Bewerbers nicht von dessen Austritt aus einer Gewerkschaft abhängig machen (*BAG* 02.06.1987 EzA GG Art. 9 Nr. 43; vgl. auch *Fitting* § 75 Rn. 100) oder wegen Gewerkschaftszugehörigkeit den Abschluss eines Arbeitsvertrags verweigern (*BAG* 28.03.2000 EzA § 99 BetrVG 1972 Einstellung Nr. 6 S. 6). Schon die Frage nach einer Gewerkschaftsmitgliedschaft des Bewerbers bei der Einstellung ist (grundsätzlich) benachteiligend (vgl. Rdn. 51) und damit unzulässig (vgl. auch *BAG* 28.03.2000 EzA § 99 BetrVG 1972 Einstellung Nr. 6 S. 7 f. = AP Nr. 27 zu § 99 BetrVG 1972 Einstellung Bl. 3 R f.; *Rieble* GS Heinze, S. 687).

81 Da das Gesetz eine Benachteiligung schon wegen gewerkschaftlicher **Einstellung** verbietet, haben die Normadressaten auch darauf zu achten, dass niemand benachteiligt wird oder ihm Nachteile angedroht werden, weil er Gewerkschaften allgemein oder eine bestimmte Koalition ablehnt. Der Streit um den Schutz der negativen Koalitionsfreiheit nach Art. 9 Abs. 3 GG (vgl. Rdn. 77) spielt deshalb für § 75 Abs. 1 insoweit keine Rolle (ebenso *Brecht* § 75 Rn. 4; *Fitting* § 75 Rn. 99; *Galperin/Löwisch* § 75 Rn. 20; *Hueck/Nipperdey* II/2, S. 1346 Fn. 61; *Nikisch* III, S. 255; *Preis/WPK* § 75 Rn. 25; *Richardi/Maschmann/Richardi* § 75 Rn. 29; *Worzalla/HWGNRH* § 75 Rn. 25; **a. M.** *Berg/DKKW* § 75 Rn. 95; *Weiss/Weyand* § 75 Rn. 5; wohl auch *Däubler* Gewerkschaftsrechte im Betrieb, Rn. 459 f.).

82 Eine Benachteiligung **wegen** gewerkschaftlicher Betätigung oder Einstellung fehlt bei der sich aus dem TVG ergebenden Ungleichbehandlung von gewerkschaftlich organisierten (nach § 3 Abs. 1 TVG tarifgebundenen) und nicht oder anders organisierten Arbeitnehmern bei der Gewährung (günstigerer) tariflicher Leistungen. Dabei ergibt sich die Differenzierung aus der zwingenden Wirkung der Tarifnormen für beiderseits Tarifgebundene (§ 4 Abs. 1 TVG), eine Differenzierung, die ihrerseits der Freiwilligkeit des Verbandsbeitritts und der Beschränkung der Verbandsmacht auf die Mitglieder Rechnung trägt, also auch sachlich gerechtfertigt ist (h. M.; vgl. *BAG* 21.01.1987 AP Nr. 46 Bl. 5 f. zu Art. 9 GG und 21.01.1987 AP Nr. 47 Bl. 6 zu Art. 9 GG, wo zu Recht betont wird, dass der insoweit damit verbundene Druck auf Außenseiter legitim ist; 20.07.1960 AP Nr. 7 zu § 4 TVG; *Berg/DKKW* § 75 Rn. 92; *Fitting* § 75 Rn. 102; *Galperin/Löwisch* § 75 Rn. 20; *Hueck/Nipperdey* II/2, S. 479 f.; *Kaiser/LK* § 75 Rn. 22; *Mayer-Maly* AR-Blattei, Gleichbehandlung im Arbeitsverhältnis, E III 2f; *Rieble/DFL* § 75 BetrVG Rn. 14; **a. M.** *Wiedemann/Stumpf* TVG, § 3 Rn. 125 [der h. M. i. E. jetzt zust. *Wiedemann/Oetker* TVG § 3 Rn. 420]; vgl. auch *BAG* DB 1979, 1039 [1042]). Die Herbeiführung einer »Allgemeinverbindlicherklärung« des Tarifvertrags auf betrieblicher Ebene mit Hilfe des Benachteiligungsverbots scheitert nicht nur am Prinzip der Tarifgebundenheit (§ 3 Abs. 1 TVG) und den Erfordernissen der Allgemeinverbindlicherklärung nach § 5 TVG. Sie würde zudem § 77 Abs. 3 widersprechen und auch gegen Art. 9 Abs. 3 GG verstoßen, weil sie (auf längere Sicht) den Koalitionsbestand gefährden würde. Tarifaußenseiter können (günstigere) tarifliche Leistungen danach (ohne Allgemeinverbindlicherklärung) nur fordern, wenn im Einzelarbeitsvertrag

oder in allgemeinen Arbeitsbedingungen auf den Tarifvertrag Bezug genommen oder aufgrund tarifvertraglicher Öffnungsklausel die Tarifregelung wirksam durch Betriebsvereinbarung übernommen wird (vgl. dazu *Kreutz* § 77 Rdn. 174) oder wenn der Tarifvertrag (auch) zu ihren Gunsten abgeschlossen worden ist. Gewährt der Arbeitgeber tarifliche Arbeitsbedingungen allerdings nach generellen, verallgemeinerungsfähigen Kriterien auch an Nichtorganisierte, verbietet der arbeitsrechtliche Gleichbehandlungsgrundsatz, einzelne Arbeitnehmer davon ohne sachlichen Grund auszunehmen.

Den Inhalten von Tarifverträgen setzt nicht § 75 Abs. 1, sondern ggf. unmittelbar Art. 9 Abs. 3 GG eine Grenze. Deshalb kann die Unwirksamkeit qualifizierter **Differenzierungsklauseln** in Tarifverträgen (Tarifausschluss- und Abstandsklauseln, durch die verhindert werden soll, dass Außenseitern arbeitsvertraglich die gleichen Arbeitsbedingungen wie Tarifgebundenen gewährt werden) nicht mit § 75 begründet werden, wenn man dafür überhaupt auf Art. 9 Abs. 3 GG zurückgreift (negative Koalitionsfreiheit) für einschlägig hält (vgl. *Jacobs* FS Bauer, 2010, S. 479 ff.; abw. etwa *BAG* 23.03.2011 EzA Art. 9 GG Nr. 104 Rn. 38 = AP Nr. 147 zu Art. 9 GG: »Überschreitung der Tarifmacht«). 83

Für den Betriebsrat und die Betriebsratsmitglieder folgt aus dem Verbot der benachteiligenden Behandlung von Arbeitnehmern wegen gewerkschaftlicher Betätigung oder Einstellung die **Pflicht zu gewerkschaftsneutraler Amtsführung**. Diese Amtspflicht setzt einer freien gewerkschaftlichen Betätigung von Betriebsratsmitgliedern im Betrieb, die ihnen § 74 Abs. 3 in ihrer Rolle als Arbeitnehmer und Gewerkschaftsmitglied ausdrücklich freigibt, eine verbindliche Grenze (vgl. dazu § 74 Rdn. 151). Die Neutralitätspflicht ist i. S. einer strikten **gewerkschaftlichen Unparteilichkeit der Amtsausübung** zu verstehen (so i. E. auch *Fitting* § 74 Rn. 66, § 75 Rn. 103; *Kania*/ErfK § 74 BetrVG Rn. 34; *Richardi*/*Maschmann*/*Richardi* § 74 Rn. 76, 78; *Schmitt* Interessenkonflikte bei der Wahrnehmung des Betriebsratsamtes, 1989, S. 98 ff.; *Worzalla*/HWGNRH § 74 Rn. 57; krit. *Däubler* Gewerkschaftsrechte im Betrieb, Rn. 458, 460 ff.). Auch wenn nicht schon jede unterschiedliche Behandlung eine Benachteiligung ist (vgl. Rdn. 47), folgt das daraus, dass das Benachteiligungsverbot durch die allgemeine Amtspflicht zur Wahrung der Koalitionsfreiheit (vgl. Rdn. 77 ff.) ergänzt wird. 84

Die **Neutralitätspflicht** wird danach vor allem **verletzt** durch eine Bevorzugung oder Benachteiligung von Arbeitnehmern wegen (fehlender) Gewerkschaftszugehörigkeit (etwa durch eine höhere Sozialplanabfindung für Gewerkschaftsmitglieder [*BAG* 15.04.2015 EzA Art. 9 GG Nr. 109 Rn. 61 = AP Nr. 57 zu § 3 TVG; der Vierte Senat sieht aber keinen Verstoß gegen § 75 Abs. 1 in der Übernahme einer tariflichen sozialplanähnlichen Regelung in einen »Interessenausgleich«, der Leistungen für alle Arbeitnehmer vorsieht, wenn neben ihr ein Tarifvertrag mit sozialplanähnlichem Inhalt besteht, der ohne Weiteres nur für die bei der tarifschließenden Gewerkschaft organisierten Arbeitnehmer des Betriebs gilt, Rn. 63] oder durch die Berücksichtigung der Gewerkschaftsmitgliedschaft [oder der Tätigkeit für eine Gewerkschaft] bei der Auswahl eines Kommunikationsbeauftragten [*BAG* 29.04.2015 EzA § 3 BetrVG 2001 Nr. 9 Rn. 67 = AP Nr. 14 zu § 3 BetrVG 1972]), Nichtzugehörigkeit oder bei Nichtrespektierung des Koalitionspluralismus, z. B. wenn der Betriebsrat sich bemüht, nur für organisierte Arbeitnehmer (oder solche einer bestimmten Gewerkschaft) eine höhere Weihnachtsgratifikation oder für gewerkschaftliche Vertrauensleute bezahlte Arbeitsfreistellung oder besonderen Kündigungsschutz zu erreichen, oder wenn Betriebsrat und Betriebsratsmitglieder sich (z. B. bei Kündigungen) für die Interessen Unorganisierter bewusst nicht einsetzen. Weiter ist an die Fälle zu denken, dass Betriebsratsmitglieder unter Hervorkehrung ihres Amts, insbesondere bei Vermischung mit ihren Amtsaufgaben, für ihre Gewerkschaft tätig werden, namentlich werben (vgl. dazu § 74 Rdn. 152 f.). Selbst durch den ausdrücklichen Hinweis, als Gewerkschaftsmitglied zu handeln, können sich Betriebsratsmitglieder nicht ihrer Amtspflicht zur Wahrung der Koalitionsfreiheit entziehen. Insoweit wird die Neutralitätspflicht namentlich dadurch verletzt, dass unter Verstoß gegen die negative Koalitionsfreiheit (inadäquater) **Druck** auf Arbeitnehmer zum Eintritt (oder Nichteintritt) in eine bestimmte Gewerkschaft oder zum Gewerkschaftswechsel (*LAG Köln* NZA-RR 2001, 371: kann je nach den Umständen den Ausschluss aus dem Betriebsrat nach § 23 Abs. 1 rechtfertigen) ausgeübt wird, z. B. durch unsachliche Angriffe auf Außenseiter oder unsittliches Bedrängen (vgl. *BAGE* 19, 217 [227] = 14.02.1967 AP Nr. 10 zu Art. 9 GG). Koalitionsgemäße Werbe- und Informationstätigkeit durch Betriebsratsmitglieder im Betrieb verstößt als solche nicht gegen die negative Koalitions- 85 freiheit. Sie ist durch Art. 9 Abs. 3 GG und durch § 74 Abs. 3 gedeckt (vgl. auch § 74 Rdn. 148). Anders ist das bei gewerkschaftlicher Werbetätigkeit durch den Betriebsrat als Kollegialorgan. Dieser hat kein durch Art. 9 Abs. 3 GG gewährleistetes Recht zur Unterstützung der Koalitionsziele, das gegen die negative Koalitionsfreiheit abzuwägen wäre. Er ist Repräsentant aller Arbeitnehmer, auch soweit diese nicht oder anders organisiert sind (vgl. BVerfGE 28, 314; 51, 77 = AP Nr. 18, 31 zu Art. 9 GG). Mit der Neutralitätspflicht ist es deshalb z. B. unvereinbar, wenn der Betriebsrat Neueingestellten den Eintritt in eine Gewerkschaft empfiehlt (krit. dagegen *Däubler* Gewerkschaftsrechte im Betrieb, Rn. 458 ff.) oder in seinem Informationsblatt für den Eintritt in eine bestimmte oder überhaupt in eine Gewerkschaft wirbt (ebenso *Galperin/Löwisch* § 74 Rn. 25). Die Benachteiligung liegt dabei allerdings nicht in der Werbetätigkeit selbst, sondern ist auf die Überlegung zu stützen, dass der Betriebsrat, der für eine Koalition wirbt, Nichtbeitrittswillige bei zukünftiger Amtsausübung schlechter behandelt.

i) Geschlecht

86 Das Merkmal **Geschlecht** kennzeichnet die Unterscheidung von **Frauen** und **Männern**. Das nach Anpassung an § 1 AGG (vgl. Rdn. 1) in § 75 Abs. 1 enthaltene Verbot jeder Benachteiligung von Betriebsangehörigen wegen ihres Geschlechts überführt das im Grundsatz der Gleichberechtigung von Männern und Frauen (Art. 3 Abs. 2 Satz 1 GG) enthaltene Diskriminierungsverbot und das Benachteiligungsverbot wegen des Geschlechts (Art. 3 Abs. 3 Satz 1 GG) in das einfachgesetzliche Betriebsverfassungsrecht. Es steht in Übereinstimmung mit Art. 19 AEUV und Art. 21 EU-GRCharta sowie weiteren internationalen Übereinkommen (Übereinkommen Nr. 100 der IAO von 1951; Art. 4 Nr. 3 ESC; Art. 2 des Internationalen Pakts über wirtschaftliche, soziale und kulturelle Rechte von 1966) und vor allem auch mit dem Entgeltgleichheitsgebot für Männer und Frauen nach Art. 157 AEUV, das sich nach Art. 157 Abs. 3 AEUV speziell auch auf Maßnahmen zur Gewährleistung der Anwendung des Grundsatzes der Chancengleichheit und der Gleichbehandlung von Männern und Frauen in Arbeits- und Beschäftigungsfragen erstreckt, sowie der (vgl. zur Entwicklung Rdn. 87) maßgeblichen Richtlinie 2006/54/EG des Europäischen Parlaments und des Rates vom 5. Juli 2006 zur Verwirklichung der Chancengleichheit von Männern und Frauen in Arbeits- und Beschäftigungsfragen (ABl. Nr. L 204 S. 23).

87 Für Anwendung und Auslegung dieses Benachteiligungsverbots ist es bedeutsam, dass die **Gleichstellung** von Männern und Frauen und das **Verbot der Diskriminierung wegen des Geschlechts** von Anfang an im europäischen Diskriminierungsschutzrecht eine **Vorreiterrolle** eingenommen haben und ganz wesentlich zu seinem Ausbau auf den heutigen Stand beigetragen haben. Schon in Art. 119 EWG-Vertrag war der Grundsatz des gleichen Entgelts für Männer und Frauen bei gleicher Arbeit festgelegt. Um die Anwendung dieses Grundsatzes zu verstärken, wurde die Richtlinie 75/117/EWG vom 10.02.1975 (Entgeltgleichheits-RL) erlassen (ABl. L 45 S. 19). Ein Jahr später folgte die RL 76/207/EWG vom 09.02.1976 »zur Verwirklichung der Gleichbehandlung von Männern und Frauen hinsichtlich des Zugangs zur Beschäftigung, zur Berufsbildung und zum beruflichen Aufstieg sowie in Bezug auf die Arbeitsbedingungen« (Gleichbehandlungsrichtlinie), durch die das Diskriminierungsverbot wegen des Geschlechts (über den Entgeltbereich hinaus) auf sämtliche Arbeitsbedingungen ausgeweitet wurde. Die Umsetzung beider Richtlinien in das deutsche Arbeitsrecht erfolgte durch das arbeitsrechtliche EG-Anpassungsgesetz vom 13.08.1980 (BGBl. I, S. 1308), das die §§ 611a, 611b, 612 Abs. 3 und 612a in das BGB a. F. eingefügt hat (wobei § 611a im Hinblick auf Schadensersatzregelungen aufgrund europarechtlicher Beanstandungen des *EuGH* zweimal nachgebessert werden musste [vgl. näher 8. Aufl., § 75 Rn. 70]). Durch den Amsterdamer Vertrag vom 02.10.1997 (ABl. Nr. C 340 S. 1) wurde aus Art. 119 EWG-Vertrag der neue Art. 141 EGV. Dessen Abs. 1 erstreckt den Entgeltgleichheitsgrundsatz (über gleiche) auf gleichwertige Arbeit (wie zuvor schon, aber rechtlich zweifelhaft, RL 75/117/EWG) und gestattet in Abs. 4 Fördermaßnahmen für das unterrepräsentierte Geschlecht (praktisch bedeutsam für »Frauenfördermaßnahmen«). Unter dem Einfluss der weiterführenden Rspr. des *EuGH* wurde dann die RL 97/80/EG vom 15.12.1997 »über die Beweislast bei Diskriminierung aufgrund des Geschlechts« (ABl. Nr. L 14 S. 6) und sodann die RL 2002/73/EG vom 23.09.2002 ABl. L 269) zur Änderung der (oben aufgeführten) RL 76/207/EWG erlassen. Diese Änderungsrichtlinie (also eigentlich die geänderte Richtlinie) hat das AGG umgesetzt (zusammen mit den RL 2000/43/EG, 2000/78/EG und 2004/113/EG). Im Zuge dieser Umsetzung durch das Ar-

tikel-Gesetz zur Umsetzung europäischer Richtlinien zur Verwirklichung des Grundsatzes der Gleichbehandlung vom 14.08.2006 (BGBl. I, S. 1897) sind gemäß Art. 3 Nr. 14 die §§ 611a, 611b und 612 Abs. 3 BGB (nicht § 612a BGB) wieder aufgehoben worden, und nach Art. 3 Nr. 2 ist § 75 an § 1 AGG angepasst worden (vgl. Rdn. 1). Dadurch ist das (frühere) Verbot unterschiedlicher Behandlung wegen des Geschlechts zum Diskriminierungsverbot geworden (vgl. Rdn. 1). In der **RL 2006/54/EG** (vgl. Rdn. 86) wurde schließlich anlässlich neuerlicher Änderungen, gestützt auf Art. 141 Abs. 3 EGV, eine Neu- und Zusammenfassung der wichtigsten Bestimmungen zur Verwirklichung des Grundsatzes der Gleichbehandlung von Mann und Frau herbeigeführt. Die maßgeblichen arbeitsrechtlichen Diskriminierungsverbote wegen (aufgrund) des Geschlechts sind dort jetzt in Art. 4 (Entgeltbestandteile und Entgeltbedingungen), Art. 5 (betriebliche Systeme der sozialen Sicherheit) und Art. 14 (Zugang zur Beschäftigung, zur Berufsbildung und zum beruflichen Aufstieg sowie in Bezug auf die Arbeitsbedingungen) enthalten. Nach Art. 34 RL 2006/54/EG sind mit Wirkung vom 15.08.2009 die RL 75/117/EWG, 76/207/EWG, 86/373/EWG (betraf betriebliche Systeme der sozialen Sicherheit) und 97/80/EG aufgehoben worden. Die Richtlinie 2006/54/EG ist jetzt maßgeblich für die richtlinienkonforme Auslegung des AGG im Hinblick auf eine Diskriminierung wegen des Geschlechts (vgl. auch *Däubler/Däubler/Bertzbach* AGG, Einl. Rn. 4), aber auch von § 75 Abs. 1, soweit das überhaupt geboten sein sollte. Mit Inkrafttreten des Vertrags von Lissabon vom 13.12.2007 (ABl. C 306 S. 1; kons. Fassung ABl. C 2010, 83 S. 47) zum 01.12.2009 entstand die einheitliche Europäische Union. Deren Primärrecht bilden der Vertrag über die Europäische Union (EUV) und der Vertrag über die Arbeitsweise der Europäischen Union (AEUV), der den EGV abgelöst hat. Jetzt entspricht **Art. 157 AEUV** dem vormaligen Art. 141 EGV.

§ 75 Abs. 1 **verlangt** von den Normadressaten, das Verbot jeder Benachteiligung (vgl. zum Begriff Rdn. 47) wegen des Geschlechts bei eigenen Maßnahmen und Entscheidungen zu beachten und seine Einhaltung im Betrieb zu überwachen. Sie dürfen auch die Diskriminierung wegen des Geschlechts durch andere Arbeitnehmer nicht zulassen (z. B. die sexuelle Belästigung bestimmter Frauen durch Männer). Dabei ist zu beachten, dass eine »sexuelle Belästigung«, wie auch schon eine »Belästigung«, Benachteiligungen (neben unmittelbarer und mittelbarer Benachteiligung) sind (vgl. die Legaldefinitionen in § 3 Abs. 4 und 3 AGG). Daneben hat der Arbeitgeber zum Schutz seiner Beschäftigten vor Benachteiligungen u. a. wegen des Geschlechts (als einem in § 1 AGG genannten Grunde) die in § 12 AGG festgelegten **Handlungspflichten** zu beachten, bei deren Verletzung er ggf. aus eigenem (Organisations-)Verschulden nach § 15 AGG haftet, insbesondere auch bei Benachteiligungen seiner Beschäftigten durch andere Beschäftigte oder durch Dritte (§ 12 Abs. 3 und 4 AGG).

88

Das Benachteiligungsverbot verbietet die Schlechterstellung (Zurücksetzung) wegen des Geschlechts, verpflichtet die Normadressaten jedoch **nicht zur Förderung** der tatsächlichen Durchsetzung der Gleichberechtigung von Männern und Frauen im Betrieb. Insofern bleibt die Regelung in § 75 Abs. 1 hinter dem (an den Staat gerichteten) Gleichberechtigungsgebot des Art. 3 Abs. 2 Satz 2 GG (i. d. F. des Gesetzes zur Änderung des Grundgesetzes vom 27.10.1994, BGBl. I, S. 3146) und auch hinter Art. 3 Abs. 2 Satz 1 GG zurück, soweit der Regelungsgehalt dieser Bestimmung nach der Rspr. des *BVerfG* (vgl. *BVerfGE* 85, 191 [207]) über das Diskriminierungsverbot des Art. 3 Abs. 3 GG hinausreicht und ein Gleichberechtigungsgebot aufstellt, das sich auch auf die gesellschaftliche Wirklichkeit erstreckt (vgl. zur Rechtfertigung von Benachteiligungen bei Fördermaßnahmen für das andere Geschlecht Rdn. 98). Zu beachten ist aber, dass es heute nach **§ 80 Abs. 1 Nr. 2a und b** (vgl. dazu *Weber* § 80 Rdn. 37 f.) zu den allgemeinen Aufgaben des Betriebsrats gehört, die Durchsetzung der tatsächlichen Gleichstellung von Frauen und Männern und (eingefügt durch das BetrVerf-Reformgesetz 2001) die Vereinbarkeit von Familie und Erwerbstätigkeit zu fördern. Darüber hinaus hat das BetrVerf-Reformgesetz in **§ 92 Abs. 3** Maßnahmen zur Förderung der Gleichstellung von Frauen und Männern und zur Förderung der Vereinbarkeit von Familie und Erwerbstätigkeit zum Gegenstand der Personalplanung gemacht, bei welcher der Betriebsrat bis hin zu einem Vorschlagsrecht zu beteiligen ist (vgl. dazu *Raab* § 92 Rdn. 41 ff.). Eine Frauenförderung sieht auch das Arbeitsförderungsrecht vor (§ 8 SGB III). Solche Fördermaßnahmen stimmen mit Art. 157 Abs. 4 AEUV überein, der die Mitgliedstaaten im Hinblick auf die effektive Gewährleistung der vollen Gleichstellung von Männern und Frauen im Arbeitsleben ermächtigt, zur Erleichterung der Berufstätigkeit des unterrepräsentierten Geschlechts oder zur Verhinderung oder zum Ausgleich von Benachteiligungen in der beruflichen Laufbahn spezifische Vergünstigungen beizubehalten oder zu beschließen.

89

§ 75　　　　　　　　　　　　　　　　　　　　　　　　　　　IV. 1. Allgemeines

90　Die Normadressaten haben dafür zu sorgen, dass keine (betriebsangehörige Arbeitnehmer-)Person oder eine Gruppe insgesamt **wegen ihrer Geschlechtszugehörigkeit** gegenüber den Personen des anderen Geschlechts benachteiligt wird. Die Normadressaten sollen die **Gleichberechtigung der Geschlechter** sichern. Die Norm verbietet nicht einseitig die Diskriminierung der Frauen gegenüber Männern (auch wenn ihre praktische Hauptbedeutung in dieser Richtung zu sehen ist), sondern ebenso die von Männern gegenüber Frauen (vgl. zu einem Fall der Männerdiskriminierung bei unterschiedlichen Altersgrenzen für Betriebsrenten *EuGH* 17.05.1990 EzA Art. 119 EWG-Vertrag Nr. 4 sowie dazu die Folgeentscheidungen vom 06.10.1993 EzA Art. 119 EWG-Vertrag Nr. 11 [keine Rückwirkung] und vom 28.09.1994 EzA Art. 119 EWG-Vertrag Nr. 21 [Möglichkeiten der für Frauen verschlechternden Vereinheitlichung des Rentenalters]; vgl. zu den [begrenzten] Möglichkeiten der Berufung von männlichen Arbeitnehmern auf Art. 157 AEUV (früher Art. 119 EWG-Vertrag) bei unterschiedlichem Zugangsalter für Frauen und Männer zu Versorgungsordnungen auch *BAG* 18.03.1997 EzA Art. 3 GG Nr. 61; 03.06.1997 EzA Art. 119 EWG-Vertrag Nr. 45). Eine Ungleichbehandlung wegen des Geschlechts kann nur vorliegen, wenn an den **Geschlechterunterschied** angeknüpft wird. Deshalb kann z. B. die Ungleichbehandlung von Arbeiterinnen und weiblichen Angestellten keine geschlechtsbezogene Diskriminierung sein.

91　Die **Benachteiligung von schwangeren** gegenüber nichtschwangeren **Frauen** kann eine Benachteiligung wegen des Geschlechts sein, weil die Schwangerschaft ein geschlechtsspezifischer Zustand ist (vgl. *EuGH* 19.11.1998 EzA Art. 119 EWG-Vertrag Nr. 54 Nr. 33 ff.). Damit übereinstimmend bestimmt § 3 Abs. 2 Satz 2 AGG (für den Bereich Beschäftigung und Beruf gemäß § 2 Abs. 1 Nr. 1 bis 4 AGG) ausdrücklich, dass eine ungünstigere Behandlung einer Frau wegen Schwangerschaft oder Mutterschaft eine **unmittelbare Benachteiligung wegen des Geschlechts** ist (vgl. dazu ausführlich *Adomeit/Mohr* AGG, § 3 Rn. 91 ff.). Nach der Gesetzesbegründung soll damit an die Entscheidung des *EuGH* vom 08.11.1990 im Fall »Dekker« (EzA § 611a BGB Nr. 7 [Rn. 12] = NJW 1991, 628 = NZA 1991, 171) angeknüpft werden. Praktisch bedeutsam ist diese Regelung bei Bewerberinnen für einen Arbeitsplatz. Unzulässig ist die **Frage nach bestehender oder möglicher Schwangerschaft** im Vorstellungs- oder Einstellungsgespräch oder in einem Personalfragebogen. Schon die Frage ist eine Benachteiligung wegen des Geschlechts (vgl. Rdn. 51), weil die Nichteinstellung bei Schwangerschaft typisierend zu unterstellen ist, wenn nach ihr gefragt wird (vgl. schon *BAG* 20.02.1986 EzA § 123 BGB Nr. 27). Insoweit sind frühere Streitstände erledigt. Die Frage ist unabhängig davon unzulässig, ob sich Männer und/oder Frauen beworben haben (so im Anschluss an *EuGH* 08.11.1990 auch *BAG* 15.10.1992 EzA § 123 BGB Nr. 37; 06.02.2003 EzA § 123 BGB 2002 Nr. 2; vgl. die ausführlichen Nachweise 8. Aufl., § 75 Rn. 69), oder ob die Frage im Hinblick auf bestehende Beschäftigungsverbote für schwangere Frauen (z. B. nach MuSchG, GefahrstoffVO) gestellt wird, und zwar unabhängig davon, ob ein unbefristeter (so auch *BAG* 06.02.2003 EzA § 123 BGB 2002 Nr. 2 im Anschluss an *EuGH* 03.02.2000 EzA § 611a BGB Nr. 15 [krit *Gamillscheg*]) oder ein befristeter Arbeitsvertrag geschlossen werden soll (für Fälle befristeter Einstellung folgt das aus weiteren Entscheidungen des *EuGH* vom 04.10.2001 EzA § 611a BGB Nr. 16 und 17 [zust. *Kamanabrou*], selbst wenn die Bewerberin aufgrund ihrer Schwangerschaft dann während eines wesentlichen Teils der Vertragszeit nicht arbeiten kann; vgl. dazu krit. *Thüsing* NZA 2003, Sonderbeil. zu Heft 16, S. 41 [44 ff.]; *Pallasch* NZA 2007, 306, der eine Rechtfertigung nach § 8 Abs. 1 AGG für möglich hält; das *BAG* hat die Frage noch nicht entschieden). Ausnahmsweise kann die Schwangerschaftsfrage nach § 8 Abs. 1 AGG (entsprechend; vgl. Rdn. 46, 49) gerechtfertigt sein, wenn das Nichtbestehen einer Schwangerschaft für die auszuübende Tätigkeit tatsächlich eine entscheidende berufliche Anforderung ist (z. B. Mannequin).

92　Verboten ist (neben Belästigungen, vgl. Rdn. 88) die unmittelbare und die mittelbare Benachteiligung wegen des Geschlechts, da auch insofern **jede** Benachteiligung zu unterbleiben hat. Eine **unmittelbare** Benachteiligung liegt vor, wenn das Geschlecht – offen oder verdeckt – zum Differenzierungskriterium gemacht wird, indem eine Person wegen ihres Geschlechts eine weniger günstige Behandlung erfährt, als eine andere Person in vergleichbarer (Sachverhalts-)Situation erfährt, (in der Vergangenheit) erfahren hat oder (hypothetisch betrachtet) erfahren würde (vgl. die Legaldefinition in § 3 Abs. 1 Satz 1 AGG, die auch für § 75 Abs. 1 maßgebend ist; vgl. Rdn. 46). Eine Benachteiligung kann auch in einem Unterlassen liegen. Die weniger günstige Behandlung (Nachteil) besteht in einer Zurücksetzung. Diese muss wegen des Geschlechts erfolgt sein (vgl. Gesetzesbegründung BT-

Drucks. 16/1780 S. 32). Deshalb muss die Vergleichsperson dem anderen Geschlecht angehören. Nur bei einer Benachteiligung einer Frau wegen Schwangerschaft oder Mutterschaft kann die Vergleichsperson Frau sein (vgl. Rdn. 91). In Betracht kommen etwa Nachteile bei der (Grund-)Vergütung (etwa wegen Schwangerschaft oder Mutterschutzzeiten; vgl. m. w. N. *Dette/Däubler/Bertzbach* AGG, § 7 Rn. 107 ff.), bei Sonderzahlungen, Zuschlägen oder Zulagen (vgl. *Dette/Däubler/Bertzbach* AGG, § 7 Rn. 134 ff.), aber auch bei anderen Arbeitsbedingungen (etwa bei der Arbeitszeit; vgl. *Dette/Däubler/Bertzbach* AGG, § 7 Rn. 151 ff.). Hervorzuheben ist, dass das auf das Geschlecht bezogene Benachteiligungsverbot in § 75 Abs. 1 durch das in **Art. 157 Abs. 1 AEUV** (früher Art. 141 EGV, davor Art. 119 EWG-Vertrag) enthaltene zwingende Gebot »gleichen Entgelts für Männer und Frauen bei gleicher oder gleichwertiger Arbeit« **gesetzlich konkretisiert** wird. Dieses Entgeltgleichheitsgebot ist nach st. Rspr. des *EuGH*, dem das *BAG* folgt (grundlegend *EuGH* 08.04.1976 NJW 1976, 2068; vgl. weiter *EuGH* 17.05.1990 EzA Art. 119 EWG-Vertrag Nr. 4 S. 10; 24.10.1996 EzA Art. 119 EWG-Vertrag Nr. 44; 09.09.1999 EzA Art. 119 EWG-Vertrag Nr. 56; 12.01.2000 EzA Art. 119 EWG-Vertrag Nr. 57; *BAG* 20.11.1993 EzA Art. 119 EWG-Vertrag Nr. 2 S. 6; 26.05.1993 EzA Art. 119 EWG-Vertrag Nr. 12 S. 4, jeweils m. w. N.; *BAG* 03.06.1997 EzA Art. 119 EWG-Vertrag Nr. 45 S. 7), in den Mitgliedstaaten unmittelbar anwendbares Recht, auf das sich (über den Wortlaut der Bestimmung hinaus) der einzelne Arbeitnehmer gegenüber dem Arbeitgeber berufen kann. Seine bessere Durchsetzbarkeit soll das am 06.07.2017 in Kraft getretene Gesetz zur Förderung der Transparenz von Entgeltstrukturen v. 30.06.2017 sichern (**Entgelttransparenzgesetz**, BGBl. I, S. 2152), dessen zentraler Inhalt ein individueller Auskunftsanspruch ist (dazu z. B. *Bauer/Romero* NZA 2017, 409 ff.; *Thüsing* BB 2017, 565). Weil das Entgeltgleichheitsgebot in den Mitgliedstaaten unmittelbar anwendbares Recht ist, ist das Entgeltgleichheitsgebot auch im Rahmen des § 75 Abs. 1 zu beachten, einmal als »Grundsatz des Rechts«, aber zugleich auch als Konkretisierung des Benachteiligungsverbots wegen des Geschlechts. Ein Verbotsverstoß liegt danach vor, wenn Frauen oder Männer für gleiche oder gleichwertige Arbeit (Art. 4 der Richtlinie 2006/54/EG spricht von einer Arbeit, »die als gleichwertig anerkannt wird«) ein geringeres Entgelt erhalten als Arbeitnehmer des anderen Geschlechts. Die Vereinbarung einer geringeren Vergütung ist auch nicht dadurch gerechtfertigt, dass wegen des Geschlechts besondere Schutzvorschriften bestehen (§ 8 Abs. 2 AGG). Vgl. zum (weiten) Entgeltbegriff Art. 157 Abs. 2 Unterabs. 1 AEUV; dem entspricht der Vergütungsbegriff (vgl. *BAG* 14.08.2007 EzA § 611a BGB 2002 Nr. 5 Rn. 15 f.). In diesem Sinne erfasst das Verbot (unmittelbarer und mittelbarer) Benachteiligung nach Art. 4 der Richtlinie 2006/54/EG »sämtliche Entgeltbestandteile und -bedingungen«. Zu den Begriffen »gleiche« und »gleichwertige« Arbeit, die schon im (aufgehobenen) § 612 Abs. 3 BGB a. F. enthalten waren, kann die dazu ergangene Rspr. und Lit. ausgewertet werden (vgl. neben den einschlägigen älteren Kommentaren zum BGB etwa *Dette/Däubler/Bertzbach* AGG, § 7 Rn. 84 ff.; *Thüsing* Arbeitsrechtlicher Diskriminierungsschutz, Rn. 363 ff.). Zu Benachteiligungen bei der Einstellung vgl. Rdn. 50 ff.

Bei der **mittelbaren** Benachteiligung (Diskriminierung) wird nicht direkt an das Geschlecht angeknüpft. Nach der maßgeblichen (vgl. Rdn. 46) Begriffsdefinition in § 3 Abs. 2 AGG (vgl. Rdn. 47), die der Definition in Art. 2 Abs. 1b der Richtlinie 2006/54/EG entspricht, liegt eine mittelbare Benachteiligung wegen des Geschlechts vor, wenn dem Anschein nach (geschlechts-)neutrale Vorschriften, Kriterien oder Verfahren Personen, die einem Geschlecht angehören, gegenüber Personen des anderen Geschlechts in besonderer Weise benachteiligen können. Mit dem angefügten »es sei denn«-Satzteil drückt das Gesetz aus, dass die betreffenden Vorschriften, Kriterien oder Verfahren gerechtfertigt sein können und eine mittelbare Benachteiligung nicht vorliegt, wenn sie »durch ein rechtmäßiges Ziel sachlich gerechtfertigt und die Mittel zur Erreichung dieses Ziels angemessen und erforderlich« sind. Tatbestandsvoraussetzungen für eine mittelbare Benachteiligung ist danach weiter, dass die betreffenden Vorschriften, Kriterien oder Verfahren nicht durch ein rechtmäßiges Ziel sachlich gerechtfertigt sind oder, falls sie das sind, die Mittel zur Erreichung dieses Zieles nicht angemessen und erforderlich sind (so auch *Bauer/Krieger* AGG, § 3 Rn. 31 ff.). Die Definitionsmerkmale gehen im Wesentlichen (trotz gewisser Modifikationen durch Art. 2 Abs. 2 der Richtlinie 97/80/EG und dann nochmals durch Art. 2 Abs. 2 der Richtlinie 2002/73/EG) auf Grundsätze zurück, die der *EuGH* (am Beispiel des Ausschlusses der Teilzeitbeschäftigten von der betrieblichen Altersversorgung) zu Art. 119 EWG-Vertrag (heute: Art. 157 AEUV) entwickelt hat (*EuGH* 13.05.1986 NZA 1986, 599 = SAE 1987, 165 *[Mayer-Maly]* = AP Nr. 10 zu Art. 119 EWG-Vertrag; st. Rspr.) und denen das *BAG* gefolgt ist (vgl. *BAG* 14.10.1986 EzA § 1 BetrAVG Gleichberechtigung Nr. 1; 14.03.1989 EzA § 1 BetrAVG Gleichberechtigung Nr. 4; 23.01.1990 EzA § 1 BetrAVG Gleichberechtigung Nr. 6; st. Rspr.; vgl. ferner *BAG* 20.11.1990 EzA Art. 119 EWG-Vertrag Nr. 2; 26.05.1993 EzA Art. 119 EWG-Vertrag Nr. 12; 28.10.1992 EzA § 112 BetrVG 1972 Nr. 65; 05.10.1993 EzA § 1 BetrAVG Lebensversicherung Nr. 5; 05.03.1997 NZA 1997, 1242). Vgl. zu diesen Rechtsprechungsgrundsätzen näher 8. Aufl., § 75 Rn. 65. Unter Berücksichtigung dieser Rechtsprechung ergibt die Auslegung:

94 »**Vorschriften**« i. S. d. Definitionsnorm sind auch Betriebsvereinbarungen (Sozialpläne). Die »**Möglichkeit der Benachteiligung in besonderer Weise**« wegen des Geschlechts (trotz geschlechtsneutraler Formulierung) setzt voraus, dass von der Schlechterstellung (insbesondere beim Ausschluss von Begünstigungen) tatsächlich wesentlich mehr Personen des einen Geschlechts als des anderen Geschlechts betroffen werden oder mit gewisser Wahrscheinlichkeit (so auch *Bauer/Krieger* AGG, § 3 Rn. 26) betroffen werden können. Dabei sind die benachteiligenden Auswirkungen auf Frauen und Männer nicht nach absoluten Zahlen des nachteilig betroffenen Geschlechts zu bestimmen, sondern nach Prozentsätzen, zu denen Männer einerseits und Frauen andererseits die geforderten Voraussetzungen erfüllen oder nicht erfüllen. Der Prozentanteil der Angehörigen eines Geschlechts muss unter den nachteilig betroffenen Personen erheblich höher sein als unter den von der Regelung begünstigten Personen. Ausreichend groß ist nach wie vor ein Anteil von 75 % (so auch *Bauer/Krieger* AGG, § 3 Rn. 26; *Schlachter*/ErfK § 3 AGG Rn. 10), weil dann die Wertung ergibt, dass wegen des Geschlechts diskriminiert wird. Zu beachten ist zudem, dass nach der Rspr. des *BAG* der statistische Nachweis nicht zwingend erforderlich ist, sondern sich die besondere Benachteiligung bei wertender Betrachtung auch aus anderen Umständen ergeben kann (*BAG* 24.04.2010 NZA 2010, 947; 27.01.2011 EzA § 3 AGG Nr. 3 = NZA 2011, 1361). Diese Lockerung der Anforderungen ist indes bei den übrigen Diskriminierungsmerkmalen bedeutungsvoller als beim Geschlecht. Die **Rechtfertigung** erfordert eine rechtmäßige Zielsetzung als sachlichen Grund. Dafür genügt, dass die Regelung einem wirklichen Bedürfnis des Unternehmens dient. Außerdem muss die Regelung (Mittel) zur Zielerreichung (Zweck) verhältnismäßig sein, d. h. einer Verhältnismäßigkeitskontrolle (nach den Kriterien Geeignetheit, Erforderlichkeit, Angemessenheit) standhalten. Ein Beispiel bildet eine Vergütungsregelung in einer Betriebsvereinbarung, die für die Vergütungshöhe nach der Dauer der Betriebszugehörigkeit (Dienstalter) differenziert. Das ist eine dem Anschein nach geschlechtsneutrale Regelung, kann aber doch zu einer Benachteiligung von Arbeitnehmerinnen (wegen Kindererziehungszeiten) gegenüber Arbeitnehmern führen. Das Problem liegt dann bei der Frage der Rechtfertigung. Als Ziel der Anknüpfung an das Dienstalter kommt in einer Vergütungsregelung die Honorierung der Berufserfahrung in Betracht. Sie ist in der Regel ein rechtmäßiges Ziel (vgl. *EuGH* 03.10.2006 EzA Art. 141 EG-Vertrag 1999 Nr. 20 [Cadman] = SAE 2006 279 *[Nicolai]* = NZA 2006, 1205). Allerdings muss dann weiter die Differenzierung nach der Betriebszugehörigkeit bei der Staffelung der Vergütung verhältnismäßig sein, darf insbesondere nicht unangemessen sein. Entsprechend ist zu prüfen, wenn bei anderen Regelungsgegenständen nach der Dauer der Betriebszugehörigkeit differenziert wird (etwa bei der Urlaubsdauer oder der Arbeitszeit). Vgl. zur Rechtfertigungsproblematik anschaulich *BAG* 26.05.1993 EzA Art. 119 EWG-Vertrag Nr. 12: Kein Verbotsverstoß, wenn teilzeitbeschäftigten Frauen, deren tägliche Arbeitszeit spätestens um 12.00 Uhr endet, keine bezahlte Freistellung an Tagen (24. und 31. 12., Weiberfastnacht, Faschingsdienstag) gewährt wird, an denen der Arbeitgeber ab 12.00 Uhr Arbeitsbefreiung unter Fortzahlung der Bezüge gewährt.

95 Das **Verbot** mittelbarer Benachteiligung wegen des Geschlechts **gilt umfassend** für alle Beschäftigungs- und Arbeitsbedingungen (nicht nur im Entgeltbereich, in dem diese Rechtsfigur entwickelt wurde), vor allem aber im Bereich der Teilzeitarbeit, in dem noch immer (2016) über 90 % Frauen beschäftigt sind (vgl. zu mittelbaren Entgeltbenachteiligungen im Bereich der Teilzeitbeschäftigten *Dette/Däubler/Bertzbach* AGG, § 7 Rn. 113 ff.). Ein Verbotsverstoß liegt aber z. B. nicht vor, wenn Überstundenzuschläge nur bei Überschreiten der für Vollzeitbeschäftigte festgelegten Regelarbeitszeit vorgesehen werden (vgl. *EuGH* 15.12.1994 EzA Art. 119 EWG-Vertrag Nr. 24; dazu *Hanau/Gilberg* BB 1995, 1238; *Stückmann* DB 1995, 826). Er liegt auch nicht vor, wenn (z. B. in Sozialplänen) bei der Berechnung der Betriebszugehörigkeit Elternzeiten nicht berücksichtigt werden, aber Wehr- und Zivildienstzeiten (vgl. *EuGH* 08.06.2004 – C 220/02).

Die strikte **Unterscheidung** zwischen einer unmittelbaren (§ 3 Abs. 1 AGG) und einer mittelbaren **96**
Benachteiligung (§ 3 Abs. 2 AGG) wegen des Geschlechts ist vor allem im Hinblick auf eine **Rechtfertigung** (und die damit einhergehende Beweislastverteilung) bedeutsam. Während nach § 3 Abs. 2 AGG allgemein einschränkend schon tatbestandsmäßig keine mittelbare Benachteiligung vorliegt, wenn die betreffenden Vorschriften usw. durch ein rechtmäßiges Ziel sachlich gerechtfertigt und verhältnismäßig sind (wobei die Nicht-Rechtfertigung im Rahmen des § 22 AGG von dem zu beweisen ist, der die mittelbare Benachteiligung geltend macht), kann eine tatbestandlich gegebene unmittelbare Benachteiligung, die zunächst ein Verbotsverstoß ist, nur unter den viel strengeren (und vom »Täter« zu beweisenden) Voraussetzungen des § 8 Abs. 1 AGG (vgl. zur entsprechenden Anwendung Rdn. 46) gerechtfertigt sein. Daneben kommt eine Rechtfertigung entsprechend § 5 AGG in Betracht, der allerdings auch in Fällen einer tatbestandlich erfüllten mittelbaren Benachteiligung anzuwenden sein kann (vgl. *Bauer/Krieger* AGG, § 3 Rn. 32). Deren Rechtfertigung nach § 8 Abs. 1 AGG scheidet dagegen aus, weil sie schon die viel niedrigere Hürde einer Rechtfertigung nach § 3 Abs. 2 AGG nicht genommen hat.

Eine unmittelbare Benachteiligung wegen des Geschlechts ist nach **§ 8 Abs. 1 AGG** zulässig, wenn **97**
das **andere** Geschlecht wegen der Art der auszuübenden Tätigkeit oder der Bedingungen ihrer Ausübung eine wesentliche und entscheidende berufliche Anforderung ist. Hinzukommen muss, dass der Zweck dieser Anforderung rechtmäßig und diese angemessen ist, also einer Verhältnismäßigkeitskontrolle (an den Kriterien Geeignetheit, Erforderlichkeit und Angemessenheit i. e. S.) standhält. Von zentraler Bedeutung ist dabei, dass ein bestimmtes Geschlecht eine »wesentliche und entscheidende« berufliche Anforderung für die auszuübende Tätigkeit ist. Obwohl diese Formulierung vom Wortlaut der (aufgehobenen, nur auf das Geschlecht beschränkten) Vorgängervorschrift (§ 611a Abs. 1 Satz 2 BGB a. F.) abweicht, wonach ein bestimmtes Geschlecht »unverzichtbare« Voraussetzung sein musste, werden dadurch keine unterschiedlichen Abgrenzungsanforderungen gestellt (vgl. Gesetzesbegründung BT-Drucks. 16/1780 S. 35; *BAG* 28.05.2009 EzA § 8 AGG Nr. 1 = NZA 2009, 1016; *Bauer/Krieger* AGG, § 8 Rn. 8; *Brors/Däubler/Bertzbach* AGG, § 8 Rn. 18; *Adomeit/Mohr* AGG, § 8 Rn. 16), so dass die zu § 611a Abs. 1 Satz 2 BGB ergangene Rspr. für die Auslegung weiter bedeutsam ist (vgl. dazu die Kommentare zu § 611a BGB a. F. und zu § 8 AGG). Ein bestimmtes Geschlecht als »wesentliche und entscheidende« berufliche Anforderung kann sich aus rechtlichen und tatsächlichen Gründen ergeben (vgl. 8. Aufl., § 75 Rn. 72). Dabei sind in europarechtskonformer Auslegung strenge Anforderungen zu stellen (vgl. Gesetzesbegründung BT-Drucks. 16/1780 S. 35). **Rechtliche Gründe** für eine Differenzierung liegen vor, soweit Frauen bestimmte Tätigkeiten untersagt sind, weil diese ausschließlich Männern vorbehalten sind (vgl. früher § 64a Abs. 1 Bundesberggesetz [m.W. v. 25.03.2009 aufgehoben] für die Beschäftigung im Bergbau unter Tage; § 92 SeemG [m.W. v. 31.07.2013 aufgehoben] für die Beschäftigung weiblicher Besatzungsmitglieder). Nicht ausreichend sind Beschäftigungsverbote für schwangere Frauen (nach MuSchG, GefahrstoffVO; vgl. Rdn. 49). **Tatsächliche Gründe** können biologischer und in engen Grenzen funktioneller Art sein, z. B. Amme, Mannequin/Dressman, Tätigkeiten im künstlerischen/schauspielerischen Bereich. Z. B. ist das weibliche Geschlecht aber nicht grundsätzlich unverzichtbar für die Bestellung zum Gleichstellungsbeauftragten (*BAG* 12.11.1998 EzA § 611a BGB Nr. 14; abw. *BAG* 18.03.2010 EzA § 8 AGG Nr. 2 = AP Nr. 2 zu § 8 AGG, wenn gleichzeitig Integrationsarbeit mit zugewanderten muslimischen Frauen geleistet werden muss).

Neben und unabhängig vom Rechtfertigungsgrund nach § 8 Abs. 1 AGG kann eine Benachteiligung **98**
wegen des Geschlechts (z. B. von Männern) entsprechend (vgl. Rdn. 46) **§ 5 AGG** gerechtfertigt sein, wenn sie sich (als Kehrseite der Medaille) aus einer zulässigen Förderungsmaßnahme (**»positive« Maßnahme**) für das andere Geschlecht (im Beispiel: Frauen) ergibt. Solche Maßnahmen können, was gerade auch im Rahmen des § 75 Abs. 1 bedeutsam ist, der Arbeitgeber, aber auch die Betriebspartner gemeinsam (durch Betriebsvereinbarung) treffen (vgl. Gesetzesbegründung BT-Drucks. 16/1780 S. 34), insbesondere in Beteiligungsangelegenheiten nach §§ 92, 95, 96, 98 BetrVG. § 5 AGG eröffnet diese Möglichkeit. Sie kommt insbesondere zur **Frauenförderung bei Einstellung und Beförderung** in Betracht, soweit Frauen unterrepräsentiert sind. Voraussetzung ist nach § 5 AGG, dass die Maßnahme bezweckt (»sollen«), bestehende Nachteile (insbesondere struktureller Art in der Belegschaft, typische Unterrepräsentation) auszugleichen oder (präventiv) zu verhindern und die Maßnahme zur Zweckerreichung »geeignet und angemessen« ist, d. h. ähnlich wie bei § 3

Abs. 2 AGG (so zutr. *Bauer/Krieger* AGG, § 5 Rn. 12) einer Verhältnismäßigkeitskontrolle (nach den Kriterien Geeignetheit, Erforderlichkeit, Angemessenheit i. e. S.) standhält. Die Zulässigkeit von Frauenfördermaßnahmen stimmt mit dem Gleichberechtigungsgebot nach Art. 3 Abs. 2 Satz 2 GG überein. Auch hat der Gesetzgeber schon mit der Einfügung von § 92 Abs. 3 durch das BetrVerf-Reformgesetz 2001 in Übereinstimmung mit Art. 141 Abs. 4 EGV (heute: Art. 157 Abs. 4 AEUV) die Frauenförderung in der Betriebsverfassung anerkannt, indem er die Gleichstellung von Frauen und Männern zum Gegenstand der Personalplanung gemacht hat. In Betracht kommt danach insbesondere (vgl. weiterführend *Hinrichs/Däubler/Bertzbach* AGG, § 5 Rn. 32 ff.) die **Festlegung leistungsbezogener Frauenquoten** (etwa in einem Frauenförderplan oder in Auswahlrichtlinien), welche die Bevorzugung von Frauen bei gleicher Qualifikation und Eignung bei Einstellung und Beförderung bis zu einem hälftigen Frauenanteil auf der jeweiligen Vergleichs- oder Funktionsebene vorsehen. Dabei muss aber (durch Öffnungsklausel oder Härteklausel) sichergestellt sein, dass bei objektiver Beurteilung die Bewerbungen der Frauen nicht »absolut« und »unbedingt« vorrangig sind, wenn in der Person eines männlichen Mitbewerbers liegende Gründe überwiegen. Das ergibt sich daraus, dass § 5 AGG nur »angemessene« Maßnahmen zulässt. Das erfordert eine Abwägung mit Rechtspositionen der von der Maßnahme nachteilig betroffenen Personen und schließt eine »starre« Quotenregelung aus, die eine grundsätzliche (»automatische«) Bevorzugung von Frauen bei gleicher Qualifikation und Eignung vorsieht. Insofern hat sich der Gesetzgeber ausdrücklich (vgl. BT-Drucks. 16/1780 S. 34) an dem dementsprechenden Urteil des *EuGH* vom 17.10.1995 (EzA Art. 3 GG Nr. 47) orientiert, dem das *BAG* (05.03.1996 EzA Art. 3 GG Nr. 52) gefolgt ist (vgl. zusammenfassend auch *EuGH* 06.07.2000 EzA EG-Vertrag Richtlinie 76/207 Nr. 2 = NZA 2000, 935). Zur Frage, ob Art. 157 Abs. 4 AEUV den Mitgliedstaaten ermöglicht, sogar solche (»starre«) Quotenregelungen zuzulassen, hat der *EuGH* noch nicht entschieden (vgl. Urteil vom 28.03.2000 EzA Art. 3 GG Nr. 81 Rn. 24). Auch Art. 3 der Richtlinie 2006/54/EG (vgl. Rdn. 86, 87) lässt das offen. Eine starre Mindestquote von 30% sehen für die Besetzung von Aufsichtsräten von Großunternehmen, die börsennotiert sind und der paritätischen Mitbestimmung unterliegen, seit dem 01.01.2016 verschiedene mitbestimmungsrechtliche Vorschriften vor, etwa §§ 7 Abs. 3 MitbestG, 96 Abs. 2 AktG).

j) Sexuelle Identität

99 Der Kanon absoluter Differenzierungsverbote in Abs. 1 Satz 1 a. F. ist durch das BetrVerf-Reformgesetz 2001 um das Verbot jeder unterschiedlichen Behandlung von Personen (betriebsangehörigen Arbeitnehmern, vgl. Rdn. 13) **wegen ihrer sexuellen Identität** ergänzt worden. Damit sollte die Richtlinie 2000/78/EG vom 27.11.2000 (vgl. Rdn. 1) teilweise umgesetzt werden (Amtliche Begründung, BT-Drucks. 14/5741, S. 45), die der Rat der Europäischen Union auf Art. 13 EGV gestützt hat. Diese durch den Vertrag von Amsterdam neu in den EGV eingefügte Bestimmung (heute: Art. 19 AEUV) ermächtigt den Rat (heute: nach Zustimmung des europäischen Parlaments) in umfassender Weise zum Erlass von Diskriminierungsverboten, u. a. ausdrücklich auch wegen »der sexuellen Ausrichtung«. Die Eigenständigkeit dieses Verbots folgt daraus, dass das Differenzierungsverbot wegen des Geschlechts nicht bereits die Ungleichbehandlung wegen der sexuellen Orientierung erfasst (*EuGH* 17.02.1998 EzA Art. 119 EWG-Vertrag Nr. 51 Rn. 37 ff.). Durch die Anpassung von § 75 Abs. 1 an § 1 AGG (vgl. Rdn. 1) ist das Differenzierungsverbot zum Benachteiligungsverbot geworden.

100 Mit dem Begriff »sexuelle Identität« setzt das Gesetz die in der Richtlinie 2000/78/EG in Übereinstimmung mit Art. 13 EGV (heute: Art. 19 AEUV) verwendete Bezeichnung »sexuelle Ausrichtung« um. Auch Art. 21 EU-GRCharta verbietet Diskriminierungen wegen »der sexuellen Ausrichtung«. Es gibt keine Legaldefinition. Gemeint ist die **sexuelle Orientierung**, in der sich die Person selbst erlebt. Als Formen kommen neben der Heterosexualität insbesondere die Homosexualität (gleichgeschlechtliche Sexualität) und die Bisexualität in Betracht. Da auf die Identität der Person im Bereich der Sexualität und des Geschlechtslebens abgestellt wird, sind Personen mit krankhafter Ausprägung sexueller Neigungen (Perversionen, Paraphilien) insoweit nicht geschützt (z. B. Exhibitionisten, Fetischisten, Voyeure, Pädophilisten, Sadisten). Auch die Neigung, die für das andere Geschlecht typische Kleidung zu tragen (Transvestismus), ist nicht geschützt. Praktisch relevant ist insbesondere die Diskriminierung wegen Homosexualität (Lesben, Schwule). Eine solche liegt z. B. vor, wenn der Arbeitgeber für den Ehepartner eines Arbeitnehmers oder für die Person des anderen Geschlechts, mit der der Arbeitnehmer eine feste nichteheliche Beziehung unterhält, Fahrtvergünstigungen gewährt, diese aber der Person verweigert, mit welcher der Arbeitnehmer eine feste gleichgeschlechtliche Beziehung unterhält (vgl. den Sachverhalt des *EuGH*-Urteils vom 17.02.1998 EzA Art. 119 EWG-Vertrag Nr. 51 und dort Rn. 48). Problematisch sind insbesondere (Entgelt-)Leistungen des Arbeitgebers, die an das Bestehen einer Ehe anknüpfen, im Verhältnis zu gleichgeschlechtlichen Lebenspartnerschaften (vgl. dazu *Franzen* FS *Kreutz*, S. 111: mittelbare Benachteiligung der in eingetragener Lebensgemeinschaft lebenden homosexuellen Menschen [§ 3 Abs. 2 AGG], die aber nach dem Zweck der jeweiligen Leistung gerechtfertigt sein kann). Ob eine Ungleichbehandlung wegen sexueller Orientierung vorliegt, wenn eine Hinterbliebenenversorgung nur für Ehegatten vorgesehen ist, hängt nach dem *EuGH* (01.04.2008 EzA EG-Vertrag 1999 Richtlinie 2000/78 Nr. 4 [Maruko] = EuZA 2009, 395 *[Franzen]*) davon ab, ob die eingetragene Lebenspartnerschaft nach innerstaatlichem Recht der Ehe gleichgestellt ist, ob also in Bezug auf die Hinterbliebenenversorgung der überlebende Ehegatte und der überlebende Lebenspartner in vergleichbarer Situation sind. Das ist nach nationalem Recht zu beurteilen. Daran anknüpfend hat das *BAG*, trotz entgegenstehender Entscheidungen anderer Bundesgerichte (vgl. für einen Verheiratetenzuschlag im Beamtenrecht *BVerfG* 06.05.2008 EzA EG-Vertrag 1999 Richtlinie 2000/78 Nr. 5 Rn. 13), für eine betriebliche Hinterbliebenenversorgung eine solche Gleichstellung bejaht, und zwar wegen der Gleichstellung der Lebenspartnerschaft mit der Ehe im Rahmen der gesetzlichen Rentenversicherung seit 01.01.2005 (*BAG* 14.01.2009 EzA § 2 AGG Nr. 3 für Fälle, die dem zeitlichen Anwendungsbereich des AGG unterfallen). Der Schutz ist aber nicht auf solche Personen beschränkt, die eine feste gleichgeschlechtliche Beziehung unterhalten, wie insbesondere die Personen, die eine Lebenspartnerschaft nach dem Lebenspartnerschaftsgesetz (vom 16.02.2001 BGBl. I, S. 266 i. d. F. des Gesetzes vom 15.12.2004 BGBl. I, S. 3396) begründet haben (zust. *Richardi/Maschmann/Richardi* § 75 Rn. 31). Die Normadressaten dürfen auch die Diskriminierung (Mobbing) von Lesben und Schwulen durch ihren Neigungen nach andere Arbeitnehmer nicht zulassen (vgl. Rdn. 21). Keine Frage »sexueller« Ausrichtung ist **Transsexualismus**, bei dem sich Personen nicht mehr dem bei ihrer Geburt angegebenen, sondern dem anderen Geschlecht als zugehörig empfinden oder nach (operativer) Geschlechtsumwandlung auch als zugehörig anzusehen sind (vgl. § 10 Transsexuellengesetz). Dabei geht es um ein Problem des personalen Selbstverständnisses eines Menschen, nicht um ihre Ausrichtung zu anderen Personen. Insoweit kommt deshalb nur eine Ungleichbehandlung wegen des Geschlechts in Betracht (vgl. *EuGH* 30.04.1996 EzA Art. 119 EWG-Vertrag Nr. 39; ebenso *Fitting* § 75 Rn. 109; *Däubler/Däubler/Bertzbach* AGG, § 1 Rn. 48 m. w. N.; vgl. aber auch *Adomeit/Mohr* AGG, § 1 Rn. 174 f.; abw. die Gesetzesbegründung zum AGG, BT-Drucks. 16/1780, S. 31: sexuelle Identität; abw. auch *BAG* 17.12.2015 EzA § 7 AGG Nr. 7 Rn. 30 f.: Geschlecht und sexuelle Identität). Dabei darf der Transsexuelle insbesondere nach dem Wechsel der Geschlechtszugehörigkeit nicht wegen des (neuen) Geschlechts diskriminiert werden.

IV. Schutz und Förderung der freien Entfaltung der Persönlichkeit (Abs. 2 Satz 1)

Mit dem 1972 eingefügten Abs. 2, der nach Ergänzung um Satz 2 durch das BetrVerf-Reformgesetz 2001 heute Abs. 2 Satz 1 ist, will der Gesetzgeber »der allgemeinen Forderung nach einer verstärkten Berücksichtigung der Persönlichkeitsrechte auch im Arbeitsleben« dadurch Rechnung tragen, »dass Arbeitgeber und Betriebsrat auf den Schutz der Persönlichkeit des einzelnen Arbeitnehmers und der freien Entfaltung seiner Persönlichkeit verpflichtet werden« (Begründung zum RegE, BT-Drucks. VI/1786, S. 46; vgl. zur Entstehungsgeschichte ausführlich *Hallenberger* Pflicht zur Förderung, S. 11 ff.). Normadressaten sind darüber hinaus aber auch hier die einzelnen Betriebsratsmitglieder (vgl. Rdn. 10). **Schutz und Verwirklichung der Arbeitnehmerpersönlichkeit** wurden damit erstmals in allgemeiner Form als **Aufgabe des Arbeitsrechts** gesetzlich formuliert – über den Schutz wirtschaftlicher und gesundheitlicher Arbeitnehmerinteressen hinaus. Konkretisierungen dieses Anliegens enthalten §§ 80, 81 ff.; 90, 91; 96–98.   **101**

Schutzgut der Norm ist die **freie Entfaltung der Persönlichkeit** der betriebsangehörigen (vgl. Rdn. 13 ff.) Arbeitnehmer. Damit nimmt Abs. 2 Satz 1 auf die grundrechtliche Wertung des Art. 2 Abs. 1 GG (»Jeder hat das Recht auf die freie Entfaltung seiner Persönlichkeit«) Bezug, ordnet aber keineswegs die unmittelbare Bindung von Arbeitgeber und Betriebsrat an dieses Grundrecht der   **102**

§ 75 IV. 1. Allgemeines

im Betrieb beschäftigten Arbeitnehmer an (**a. M.** noch *Thiele* Drittbearbeitung, § 75 Rn. 47; *Haneberg* § 75 BetrVG 1972, S. 53 ff. [60]; *Riedel* JArbR Bd. 14 [1977], S. 79 [91]; undeutlich, aber so wohl auch *Berg/DKKW* § 75 Rn. 114; *Küchenhoff* § 75 Rn. 5; *Löwisch* AuR 1972, 359; *Lorenz/*HaKo § 75 Rn. 41; *Richardi/Maschmann/Richardi* § 75 Rn. 44; **wie hier** *Wiese* NZA 2006, 1 [5]; *ders.* ZfA 2006, 631 und passim; *ders.* FS *Kreutz*, S. 499 [501 ff.]; wohl auch *Fitting* § 75 Rn. 136; *Hammer* Die betriebsverfassungsrechtliche Schutzpflicht für die Selbstbestimmungsfreiheit des Arbeitnehmers, S. 112; *von Hoyningen-Huene/*MünchArbR, 2. Aufl., § 301 Rn. 81; *Kania/*ErfK § 75 BetrVG Rn. 9; *Reichold/HWK* § 75 BetrVG Rn. 19; *Worzalla/HWGNRH* § 75 Rn. 31; ausführlich *Kreutz* FS *Schmidt-Jortzig*, S. 753 [756 ff.]; vgl. auch *Niederalt* Individualrechte, S. 208 ff. [212]). Die unmittelbare Bindung an das Grundrecht wäre auch nicht möglich (vgl. Rdn. 30). § 75 Abs. 2 Satz 1 **setzt** vielmehr **das Recht** auf freie Entfaltung der Persönlichkeit der Arbeitnehmer **voraus**, indem er Arbeitgeber und Betriebsrat zu dessen Schutz verpflichtet. Die Förderungspflicht geht über Persönlichkeitsrechte hinaus (vgl. Rdn. 134 f.). Schutz- und Förderungspflicht sind deshalb nach Funktion und Inhalt zu unterscheiden, obgleich die freie Entfaltung der Persönlichkeit Gegenstand beider Pflichten ist. Die Vorschrift begründet kein subjektives Recht auf freie Entfaltung der Persönlichkeit der Arbeitnehmer gegenüber den Normadressaten, stellt dieses für die individualrechtlichen Beziehungen auch nicht auf eine neue Grundlage (**a. M.** *Isele* FS *Schwinge*, 1973, S. 143 [146]).

103 Im **Privatrecht**, zu dem auch das Betriebsverfassungsrecht gehört, werden der Schutz der Persönlichkeit und die Freiheit ihrer Betätigung durch das **allgemeine Persönlichkeitsrecht** und die **besonderen Persönlichkeitsrechte** (neben dem in § 12 BGB geregelten Namensrecht und dem Bildnisschutz nach §§ 22 ff. KunstUrhG namentlich die Konkretisierungen des allgemeinen Persönlichkeitsrechts; vgl. dazu Rdn. 109 ff., 128 ff.) als sonstige Rechte i. S. v. § 823 Abs. 1 BGB gewährleistet (das ist heute allgemein anerkannt; vgl. BGHZ 13, 334 [338]; 50, 133 [136]; BGH JZ 1979, 102; *Wiese* NZA 2006, 1 [5]; zur Entwicklung der Rspr. *Brandner* JZ 1983, 689; *Hubmann* Das Persönlichkeitsrecht, 2. Aufl. 1967; vgl. zugleich zum umfassenden Überblick: *Erman/Ehmann* BGB, 14. Aufl., Anh. zu § 12; *Larenz/Canaris* Schuldrecht II/2, 13. Aufl. 1994, § 80; *Rixecker/*MK-BGB Bd. 1, 7. Aufl., Anhang zu § 12; *Soergel/Beater* BGB, 13. Aufl., § 823 Anh. IV [2005]; *Staudinger/Hager* BGB, 2017, § 823 C 1 ff.). Das allgemeine Persönlichkeitsrecht, das als **(Rahmen-)Recht auf Achtung und Entfaltung der Persönlichkeit** definiert werden kann, ist ein **eigenständiges subjektives Privatrecht**. Es ist aber **nicht identisch** mit dem **Grundrecht aus Art. 2 Abs. 1 GG** (so ausdrücklich auch *Wiese* ZfA 1971, 273 [276 m. w. N. Fn. 17]; *ders.* Persönlichkeitsschutz im Arbeitsverhältnis, S. 47 [48]; *ders.* ZfA 1996, 439 [468]; *ders.* ZfA 2006, 631 [634 ff.]; *ders.* FS *Kreutz*, S. 499 [503, 508]; *Blomeyer/*MünchArbR, 2. Aufl., § 97 Rn. 2; dogmatisch unsicher vielfach das *BAG*, vgl. etwa BAG 15.07.1987 AP Nr. 14 zu § 611 BGB Persönlichkeitsrecht Bl. 2 R »das durch Art. 1 und 2 GG gewährleistete allgemeine Persönlichkeitsrecht«; ebenso wieder BAG 27.03.2003 EzA § 611 BGB 2002 Persönlichkeitsrecht Nr. 1; 29.06.2004 EzA § 611 BGB 2002 Persönlichkeitsrecht Nr. 2, jew. mit dem jedenfalls im vorliegenden Zusammenhang fehlgehenden Hinweis, dass das allgemeine Persönlichkeitsrecht nicht nur ein Abwehrrecht gegenüber den Staatsorganen enthält, sondern außerdem den Schutz der Bürger durch den Staat fordert; vgl. auch BAG 02.06.1982 AP Nr. 3 zu § 284 ZPO Bl. 2) und **auch nicht** mit dem **(öffentlich-rechtlichen) allgemeinen Persönlichkeitsrecht** (so ausdrücklich BVerfG 22.08.2006 NJW 2006, 3409 [3410]; jetzt auch BAG 23.04.2009 EzA § 611 BGB 2002 Persönlichkeitsrecht Nr. 9 = AP Nr. 40 zu § 611 BGB Persönlichkeitsrecht), welches das *BVerfG* als unbenanntes Freiheitsrecht aus Art. 2 Abs. 1 in Verbindung mit Art. 1 Abs. 1 GG herleitet (vgl. BVerfGE 54, 148 [153 f.]) und das auch das »Grundrecht auf informationelle Selbstbestimmung« umfasst (vgl. BVerfGE 65, 1 [41 ff.] = NJW 1984, 419). Neben dem allgemeinen Persönlichkeitsrecht kommt zum Schutz der Persönlichkeit im Privatrecht eine (zusätzliche) unmittelbare Drittwirkung der Grundrechte (wie auch sonst allgemein) nicht in Betracht. Sie wäre auch überflüssig, zumal das allgemeine Persönlichkeitsrecht von der Rspr. (BGHZ 13, 334) unter Berufung auf die Wertentscheidungen in Art. 1 Abs. 1, Art. 2 Abs. 1 GG entwickelt wurde und auch bei seiner Ausgestaltung auf die grundrechtlichen Wertgehalte zurückzugreifen ist. Maßgeblich ist mithin, dass die Schutzpflicht nach § 75 Abs. 2 Satz 1 die Normadressaten an die **privatrechtlichen Persönlichkeitsrechte** der Arbeitnehmer bindet, nicht aber unmittelbar an die grundrechtlich geschützten Freiheitsrechte (so aber BAG 19.01.1999 EzA § 87 BetrVG 1972 Betriebliche Ordnung Nr. 24 S. 6; 11.07.2000 EzA § 87 BetrVG 1972 Sozialeinrichtung Nr. 17 S. 6; 29.06.2004 EzA § 611 BGB 2002 Persönlichkeitsrecht

Nr. 2). Vgl. näher zum Konzept einer an § 75 ansetzenden Begrenzung der Betriebsautonomie durch mittelbare Grundrechtsbindung in dogmatischer Einordnung neuerer Rechtsprechungsgrundsätze *Kreutz* FS *Schmidt-Jortzig*, S. 753 (756 ff.) sowie hier *Kreutz* § 77 Rdn. 333 ff.

Im **Arbeitsverhältnis** ist das allgemeine Persönlichkeitsrecht (über das Deliktsrecht [vgl. Anm. 103] hinaus; vgl. zu Ansprüchen des Arbeitnehmers auf Beseitigung und Unterlassung analog §§ 12, 862, 1004 BGB bei rechtswidrigen Eingriffen *BAG* 21.02.1979 AP Nr. 13 zu § 847 BGB; *BAG* AP Nr. 5, 7, 14, 15, 21 zu § 611 BGB Persönlichkeitsrecht) besonders bedeutsam, weil es den Inhalt der **Fürsorgepflicht** des Arbeitgebers wesentlich mitbestimmt, namentlich den Inhalt der ihm gegenüber den Arbeitnehmern obliegenden **Schutzpflichten** (vgl. *Thiele* Drittbearbeitung, § 75 Rn. 47; *Blomeyer* ZfA 1972, 85 [102]; *Galperin* DB 1963, 1321, 1358; *Schnorr von Carolsfeld* RdA 1964, 297 [299]; *Schwenk* NJW 1968, 822; *Schwerdtner* Fürsorgetheorie und Entgelttheorie im Recht der Arbeitsbedingungen, 1970, S. 96 ff.; *Wiese* ZfA 1971, 273 [278 ff.]; *ders.* Persönlichkeitsschutz im Arbeitsverhältnis, S. 47 [48]; *Loritz/ZLH* Arbeitsrecht, § 17 I 2). Deshalb verletzt der Arbeitgeber zugleich seine Fürsorgepflicht (§ 241 Abs. 2 BGB), wenn er im Arbeitsverhältnis das Persönlichkeitsrecht eines Arbeitnehmers rechtswidrig verletzt (*Wiese* ZfA 1971, 273 [278]; *ders.* NZA 2006, 1 [5]; zust. *Niederalt* Individualrechte, S. 163; *BAG* 15.07.1987 AP Nr. 14 zu § 611 BGB Persönlichkeitsrecht Bl. 2 R = EzA § 611 BGB Persönlichkeitsrecht Nr. 5 S. 3 *[Wiese]*). Persönlichkeitsrechte können auch das **Direktionsrecht** des Arbeitgebers begrenzen (§ 106 Satz 1 GewO) und bei einer entsprechenden rechtswidrigen Weisung ein Leistungsverweigerungsrecht des Arbeitnehmers begründen.

Wie Abs. 1 begründet auch Abs. 2 **nur Amtspflichten** für die Normadressaten, aber **keine subjektiven Rechte** für die geschützten einzelnen Arbeitnehmer jenen gegenüber (vgl. Rdn. 23 ff.; *Thiele* Drittbearbeitung, § 75 Rn. 57; *Wiese* NZA 2006, 1 [5]; *ders.* FS *Kreutz*, S. 499 [501]; *Niederalt* Individualrechte, S. 163, 165; zust. *Ehmann* FS *Wiese*, S. 99 [112]; *Fitting* § 75 Rn. 141; *Kort* RdA 1992, 378 [379]; *Reichold/HWK* § 75 BetrVG Rn. 18; *Richardi/Maschmann/Richardi* § 75 Rn. 46; *Worzalla/HWGNRH* § 75 Rn. 31; a. M. aber *Galperin/Löwisch* § 75 Rn. 47 f.; *Löwisch* AuR 1972, 359 [364]; *Hallenberger* Pflicht zur Förderung, S. 126 ff.; *Haneberg* § 75 BetrVG 1972, S. 89, S. 75; *von Hoyningen-Huene* BB 1991, 2215 [2216]; *Isele* FS *Schwinge*, 1973, S. 143 [146]). Die Amtspflichten sind **zwingend**. Anders als nach Abs. 1 (vgl. Rdn. 18) korrespondiert mit diesen jedoch schon dem Wortlaut nach **kein Überwachungsrecht**. Folge davon ist, dass bei Verstößen gegen die Pflichten nach Abs. 2 Satz 1 **kein Unterlassungs-** oder **Beseitigungsanspruch** der jeweils anderen Seite besteht, der im arbeitsgerichtlichen Beschlussverfahren durchgesetzt werden könnte (vgl. *BAG* 10.11.1987 EzA § 77 BetrVG 1972 Nr. 19 S. 8, wo aber § 75 Abs. 2 nicht beachtet wird; im Beschluss vom 08.06.1999 [EzA § 87 BetrVG 1972 Betriebliche Ordnung Nr. 25 S. 5] hat der Erste Senat des *BAG* die Frage ausdrücklich offen gelassen; wie hier jetzt *BAG* 28.05.2002 EzA § 87 BetrVG 1972 Betriebliche Ordnung Nr. 29 S. 11 f. [zust. *Katharina Gamillscheg*]: kein Anspruch des Betriebsrats gegen den Arbeitgeber, persönlichkeitsverletzende Maßnahmen gegenüber Arbeitnehmern zu unterlassen; bestätigt durch Beschluss vom 27.01.2004 NZA 2004, 556 [559] = EzA § 87 BetrVG 2001 Kontrolleinrichtung Nr. 1 S. 10; *Preis/WPK* § 75 Rn. 61; *Reichold/HWK* § 75 BetrVG Rn. 1; *Wiese* NZA 2006, 1 [5]; *Worzalla/HWGNRH* § 75 Rn. 31; **a. M.**, aber ohne Begründung *Berg/DKKW* § 75 Rn. 143; *Fitting* § 75 Rn. 178). Zu den Sanktionsmöglichkeiten und Rechtsfolgen bei Pflichtverstößen vgl. Rdn. 154 ff. Im Einzelnen ist zwischen Schutz- und Förderungspflichten zu unterscheiden.

1. Schutzpflicht

Schutzpflicht bedeutet zunächst, dass Arbeitgeber und Betriebsrat das allgemeine Persönlichkeitsrecht der Arbeitnehmer bei eigenen **Einzelmaßnahmen** (z. B. Ausübung des Direktionsrechts durch den Arbeitgeber [vgl. dazu *Schnorr* FS *Strasser*, S. 97] oder bei personellen Einzelmaßnahmen; bei Informationen und Informationsgewinnung durch den Betriebsrat), insbesondere aber auch bei **gemeinsamen Maßnahmen** (Betriebsvereinbarungen, Betriebsabsprachen) **zu beachten** haben (vgl. zu dieser »Achtungspflicht« auch *Löwisch* AuR 1972, 359 ff.; *Hallenberger* Pflicht zur Förderung, S. 68 ff.). Sie haben alles zu unterlassen, was die Persönlichkeitsrechte rechtswidrig beeinträchtigt (so auch *BAG* 28.05.2002 EzA § 87 BetrVG 1972 Betriebliche Ordnung Nr. 29 S. 11). Die Verpflichtung deckt sich dabei mit dem Charakter der Persönlichkeitsrechte als **Abwehrrechte** gegen rechtswidrige Eingriffe von Privatpersonen (*Hubmann* Das Persönlichkeitsrecht, 2. Aufl. 1967, S. 5 ff.,

175 ff.; *Wiese* ZfA 1971, 273 [277/279]). Für **Betriebsvereinbarungen** errichtet § 75 Abs. 2 Satz 1 insoweit eine **Regelungsgrenze** (allgemeine Meinung; vgl. auch *BAG* 21.08.1990 EzA § 87 BetrVG 1972 Betriebliche Ordnung Nr. 16 S. 8 [zust. *Joost*]; 19.01.1999 EzA § 87 BetrVG 1972 Betriebliche Ordnung Nr. 24 S. 7 = AP Nr. 28 zu § 87 BetrVG 1972 Ordnung des Betriebes [zust. *von Hoyningen-Huene*]; *BAG* 29.06.2004 EzA § 611 BGB 2002 Persönlichkeitsrecht Nr. 2 S. 5). Regelungen, die gegen § 75 Abs. 2 Satz 1 verstoßen, sind unwirksam (vgl. Rdn. 157 und *Kreutz* § 77 Rdn. 333 ff.). Den Beteiligungsrechten des Betriebsrats wird eine **Ausübungsschranke** gesetzt (ebenso *Richardi/Maschmann/Richardi* § 75 Rn. 47; zust. *Worzalla/HWGNRH* § 75 Rn. 32; *Preis/WPK* § 75 Rn. 44). Für den Betriebsrat können aus der Schutzpflicht aber keine neuen Beteiligungsrechte hergeleitet (vgl. auch *BAG* 28.05.2002 EzA § 87 BetrVG 1972 Betriebliche Ordnung Nr. 29 S. 10) oder vorhandene Beteiligungsrechte erweitert werden (unzutr. insoweit *LAG Köln* 08.06.1988 LAGE § 87 BetrVG 1972 Betriebliche Ordnung Nr. 5 S. 5), auch nicht unter dem Gesichtspunkt, dass der Arbeitgeber durch eine Anweisung gegen die Schutzpflicht verstoßen hat (*BAG* 08.06.1999 EzA § 87 BetrVG 1972 Betriebliche Ordnung Nr. 25). Die Verletzung des Persönlichkeitsrechts von Arbeitnehmern kann auch nicht durch die Zustimmung des Betriebsrats geheilt werden (*BAG* 28.05.2002 EzA § 87 BetrVG 1972 Betriebliche Ordnung Nr. 29 S. 10) oder gerechtfertigt sein (*BAG* 21.06.2012 EzA § 611 BGB 2002 Persönlichkeitsrecht Nr. 13 Rn. 33). Die Schutzpflicht endet nicht am Betriebstor (vgl. zur freien Entfaltung der Persönlichkeit in der außerbetrieblichen Lebensgestaltung § 77 Rdn. 375 ff.).

107 Darüber hinaus sind die Normadressaten verpflichtet, die freie **Persönlichkeitsentfaltung zu schützen**. Diese Verpflichtung entspricht der **Kontrollpflicht** i. S. d. § 75 Abs. 1 (vgl. Rdn. 20, 21) und schließt auch ein, dass Arbeitgeber und Betriebsrat Eingriffen in die Persönlichkeitssphäre von Arbeitnehmern oder Einschränkungen ihrer Betätigungsfreiheit durch andere Belegschaftsmitglieder (Kollegen, Vorgesetzte) oder auch durch andere Personen, die im Betrieb tätig werden (Kunden, Fremdfirmenarbeiter), im Einzelfall oder durch organisatorische Maßnahmen **entgegentreten** (ebenso *Blomeyer/*MünchArbR, 2. Aufl., § 97 Rn. 32; *Galperin/Löwisch* § 75 Rn. 39; *Hallenberger* Pflicht zur Förderung, S. 77 ff.; zust. *Fitting* § 75 Rn. 142; *Preis/WPK* § 75 Rn. 44; *BAG* 28.05.2002 EzA § 87 BetrVG 1972 Betriebliche Ordnung Nr. 29 S. 11; vgl. auch *Berg/DKKW* § 75 Rn. 137; *von Hoyningen-Huene* BB 1991, 2115). Insoweit konkretisiert die Schutzpflicht zugleich die Pflichten des Arbeitgebers zum Schutz der Persönlichkeitsbelange der Arbeitnehmer im Rahmen der Fürsorgepflicht (vgl. Rdn. 104; ebenso *Niederalt* Individualrechte, S. 164; auch *Löwisch* AuR 1972, 359 [362], obwohl er andererseits unmittelbar aus § 75 Abs. 2 individuelle Ansprüche der Arbeitnehmer ableitet). Andererseits lässt sie als betriebsverfassungsrechtliche Amtspflicht einschlägige individualrechtliche Schutzpflichten des Arbeitgebers unberührt, insbesondere auch seine Organisationspflichten zum Schutz der Beschäftigten vor Benachteiligungen nach § 12 AGG. § 75 Abs. 2 Satz 1 bindet aber **nicht die einzelnen Arbeitnehmer** des Betriebs (**a. M.** *Löwisch* AuR 1972, 360). Sie unterliegen allein den Anforderungen des allgemeinen zivilrechtlichen Persönlichkeitsschutzes (*Thiele* Drittbearbeitung, § 75 Rn. 47). Das gilt z. B. für Psychoterror, Schikanen und Belästigungen, durch die einzelne Arbeitnehmer durch Kollegen aus der Kollegengemeinschaft ausgegrenzt (»fertig gemacht«) werden sollen (sog. »Mobbing«; vgl. dazu etwa *Benecke* Mobbing: Arbeits- und Haftungsrecht, 2005; *Däubler* BB 1995, 1347; *Esser/Wölmerath* Mobbing und psychische Gewalt, 9. Aufl. 2015; *Grunewald* NZA 1993, 1071; *Hage/Heilmann* BB 1998, 742; *Kollmer* AR-Blattei SD 1215 (2002); *Schlaugat* Mobbing am Arbeitsplatz, 1999; *Winckler* DB 2002, 477 und AuR 2004, 87; Rspr. dazu: *LAG Rheinland-Pfalz* NZA-RR 2002, 121; *LAG Hamm* NZA-RR 2003, 8; *LAG Schleswig-Holstein* DB 2002, 1056). Arbeitgeber und Betriebsrat haben sich jedoch **schützend vor** die Betroffenen zu stellen (vgl. *LAG Thüringen* NZA-RR 2001, 577: fristlose Kündigung wegen Mobbings), genauso wie sie etwa sexuellen Belästigungen entgegenzutreten haben. Da jetzt Belästigungen und sexuelle Belästigungen (gemäß § 3 Abs. 3 und 4 AGG) Benachteiligungen sind, die nach § 7 Abs. 1 AGG verboten sind, hat der Arbeitgeber insbesondere die insofern einschlägigen Reaktionspflichten nach § 12 Abs. 3 AGG zu beachten. Vgl. zur Mobbing-Problematik unter dem Gesichtspunkt »Mobbing durch den Arbeitgeber« als Verletzung des allgemeinen Persönlichkeitsrechts von Arbeitnehmern z. B. *BAG* 15.09.2016 – 8 AZR 351/15, JurionRS 2016, 32458 sowie *LAG Thüringen* 10.04.2001 LAGE Art. 2 GG Persönlichkeitsrecht Nr. 2 (*Oetker*); *LAG Nürnberg* 02.07.2002 LAGE Art. 2 GG Persönlichkeitsrecht Nr. 4; *LAG Bremen* 17.10.2002 LAGE Art. 2 GG Persönlichkeitsrecht Nr. 5; *LAG Berlin* 01.11.2002 LAGE Art. 2

GG Persönlichkeitsrecht Nr. 6; 06.03.2003 LAGE Art. 2 GG Persönlichkeitsrecht Nr. 8; *LAG Thüringen* 10.06.2004 – 1 Sa 148/01, LAGE Art. 2 GG Persönlichkeitsrecht Nr. 8a. Zur Persönlichkeitsverletzung durch Mobbing durch (verschiedene) Vorgesetzte vgl. etwa *BAG* 14.11.2013 EzA § 611 BGB 2002 Persönlichkeitsrecht Nr. 16 = AP Nr. 8 zu § 611 BGB Mobbing; 16.05.2007 EzA § 611 BGB 2002 Persönlichkeitsrecht Nr. 6.

Die **Bedeutung der Schutzpflicht** ist davon abhängig, in welchen **Schutzbereichen** (Schutzgütern) und in welchen **Grenzen** das **allgemeine Persönlichkeitsrecht** wirkt. Nach allgemeiner Auffassung gibt es keinen fest umrissenen (definierbaren) Verletzungstatbestand. Das allgemeine Persönlichkeitsrecht ist vielmehr wegen seiner generalklauselartigen Weite zunächst durch **Fallgruppen** nach Persönlichkeitswerten zu **konkretisieren** (zu diesen einzelnen Persönlichkeitsrechten vgl. Rdn. 109 ff.). Dabei sind nicht selten mehrere dieser Schutzgüter gleichzeitig berührt (*Soergel/Zeuner* BGB, 13. Aufl., § 823 Anh. IV Rn. 32). Hinzu kommt, dass seine **Grenzen** als subjektives Privatrecht nach den **Grundsätzen des Privatrechts** zu bestimmen sind (zutr. herausgestellt von *Wiese* ZfA 1971, 273 [276]; *ders.* ZfA 1996, 439 [468]; *ders.* ZfA 2006, 631 [635, 639 f.]; *ders.* FS *Kreutz*, S. 499 [509]; *Blomeyer*/MünchArbR, 2. Aufl., § 97 Rn. 6; *Hallenberger* Pflicht zur Förderung, S. 69 ff.; ebenso i. E. *Fitting* § 75 Rn. 143; *Galperin/Löwisch* § 75 Rn. 25; das wird u. a. verkannt von *Kaiser/LK* § 75 Rn. 34; *Worzalla*/HWGNRH § 75 Rn. 31 und *Küchenhoff* § 75 Rn. 5, welche die Schranken des Art. 2 Abs. 1 GG anwenden wollen), weil naturgemäß das Recht des einen mit demjenigen anderer und anderen schützenswerten Interessen in Konflikt geraten kann (*Larenz/Canaris* Schuldrecht II, 13. Aufl. 1994, § 80 V. Das **erfordert** nach Rspr. und Literatur (vgl. etwa *BGHZ* 24, 72 [80]; *BGH* JZ 1979, 102 [103]; *BAG* 08.02.1984 AP Nr. 5 zu § 611 BGB Persönlichkeitsrecht Bl. 3 R; 02.10.1989 AP Nr. 15 zu § 611 BGB Persönlichkeitsrecht Bl. 3; 27.05.1986 EzA § 87 BetrVG 1972 Kontrolleinrichtung Nr. 16 S. 158; 21.08.1990 EzA § 87 BetrVG 1972 Betriebliche Ordnung Nr. 16 S. 9; 19.01.1999 EzA § 87 BetrVG 1972 Betriebliche Ordnung Nr. 24 S. 7; 18.11.1999 EzA § 626 BGB Verdacht strafbarer Handlung Nr. 9 S. 8; 27.03.2003 EzA § 611 BGB 2002 Persönlichkeitsrecht Nr. 1 S. 6; 29.06.2004 EzA § 611 BGB 2002 Persönlichkeitsrecht Nr. 2 S. 7; 14.12.2004 EzA § 87 BetrVG 2001 Überwachung Nr. 1 [unter B I] S. 6; 13.12.2007 EzA § 626 BGB 2002 Nr. 20 Rn. 36; 21.06.2012 EzA § 611 BGB 2002 Persönlichkeitsrecht Nr. 13 Rn. 30; *Blomeyer*/MünchArbR, 2. Aufl., § 97 Rn. 6; *Jauernig/Teichmann* BGB, 13. Aufl., § 823 Rn. 67; *Larenz/Canaris* Schuldrecht II, 13. Aufl. 1994, § 80 V; *Soergel/Zeuner* BGB, 13. Aufl., § 823 Anh. IV Rn. 32; *Staudinger/Hager* BGB, 2017, § 823 Rn. C 17; *Wiese* FS *E. Lorenz*, S. 915 [917 ff.]; *ders.* NZA 2006, 1 [5]; *ders.* FS *Kreutz*, S. 499 [409]; vgl. auch *Erman/Ehmann* BGB, 14. Aufl., Anh. zu § 12 Rn. 54 ff., 112 ff.) eine **Güter- und Interessenabwägung in jedem Einzelfall**, die zugleich für die Konkretisierung der Tatbestandsmäßigkeit (bei noch nicht fallgruppenmäßig anerkannten Persönlichkeitsrechten) und die Feststellung der Rechtswidrigkeit einer Persönlichkeitsverletzung bedeutsam ist (str.; vgl. *Wiese* FS *Duden*, S. 719 [724 f.]; insbesondere *Canaris* [*Larenz/Canaris* Schuldrecht II/2, 13. Aufl. 1994, § 80 II] strebt über die vorrangige Herausarbeitung von Schutzbereichen des Persönlichkeitsrechts nach der Art der Eingriffshandlung [nicht wie hier nach Schutzgütern] an, dass deren Tatbestandsverwirklichung die Indikation der Rechtswidrigkeit zur Folge hat; vgl. auch *Rixecker*/MK-BGB Bd. 1, 7. Aufl., Anhang zu § 12 Rn. 11 f.). Somit kann nur nach **sorgfältiger objektiver Würdigung und Abwägung** (unter Berücksichtigung grundrechtlicher und gesetzlicher Wertentscheidungen) **der jeweils berührten Interessen und Gegeninteressen sowie aller sonstigen Umstände** (insbesondere Schwere, Art und Dauer, Anlass, Mittel und Zweck einer Beeinträchtigung) und u. U. konkreter Rechtfertigungsgründe abschließend beurteilt werden, ob die Beeinträchtigung persönlichkeitsbezogener Belange im Einzelfall (das kann z. B. eine Weisung, aber auch eine Betriebsvereinbarung sein) ein Persönlichkeitsrecht rechtswidrig verletzt oder zulässig ist. Unter den besonderen Bedingungen des Arbeitsverhältnisses ist dabei auch die durch persönliche Abhängigkeit begründete **Schutzbedürftigkeit des Arbeitnehmers** zu berücksichtigen. Andererseits kann eine Einwilligung des Arbeitnehmers, an deren Wirksamkeit strenge Anforderungen zu stellen sind, einen Eingriff rechtfertigen oder die Wahrung von überwiegenden schutzwürdigen betrieblichen Interessen den Eingriff erforderlich machen. Auch dann ist er jedoch nur rechtmäßig, »wenn er nach Inhalt, Form und Begleitumständen das gebotene und schonendste Mittel zur Erreichung eines rechtlich gebilligten Zweckes ist« (*Wiese* ZfA 1971, 273 [283]; zust. *Fitting* § 75 Rn. 144; *Galperin/Löwisch* § 75 Rn. 25; *Kania*/ErfK § 75 BetrVG Rn. 9). Das *BAG* bestimmt das »zulässige Ausmaß« einer Beschränkung des allgemeinen

108

Persönlichkeitsrechts nach dem **Grundsatz der Verhältnismäßigkeit** (vgl. *BAG* 19.01.1999 EzA § 87 BetrVG 1972 Betriebliche Ordnung Nr. 24 S. 7; 11.07.2000 EzA § 87 BetrVG Sozialeinrichtung Nr. 17 S. 6; 29.06.2004 EzA § 611 BGB 2002 Persönlichkeitsrecht Nr. 2 S. 7; 14.12.2004 EzA § 87 BetrVG 2001 Überwachung Nr. 1 S. 6 f.; 26.08.2008 EzA § 87 BetrVG 2001 Überwachung Nr. 2 Rn. 18 ff.; 09.07.2013 EzA § 29 BetrVG 2001 Nr. 2 Rn. 23 = AP Nr. 7 zu § 29 BetrVG 1972; 17.11.2016 – 2 AZR 730/15, NZA 2017, 394 Rn. 30 = AP Nr. 15 zu § 626 BGB Unkündbarkeit). Dieser Grenzziehung zulässiger Beschränkungen der (privatrechtlichen) Persönlichkeitsrechte im Rahmen der Schutzpflicht nach § 75 Abs. 2 Satz 1 ist jedenfalls i. E. zuzustimmen (vgl. näher *Kreutz* FS *Schmidt-Jortzig*, S. 753 [766, 768 f.]), auch wenn das *BAG* (in hier verfassungsrechtlich wenig überzeugender Denkweise) die Geltung dieses Grundsatzes nicht überzeugend begründen kann. Wenn die Verhältnismäßigkeitsprüfung im Rahmen der privatrechtlich gebotenen Güter- und Interessenabwägung erfolgt, strukturieren seine Prüfungsmaßstäbe (Geeignetheit, Erforderlichkeit und Angemessenheit eines Eingriffs im Hinblick auf den erstrebten Erfolg) diese Abwägung sinnvoll und übersichtlich (auch *Wiese* ZfA 2006, 631 [635, 639] räumt trotz begrifflicher Bedenken ein, dass es zu richtigen Ergebnissen führt, wenn die Verhältnismäßigkeitsprüfung im Rahmen einer angemessen Güter- und Interessenabwägung erfolgt; nach wie vor krit. *Wiese* Anm. zu *BAG* 25.08.2008 AP Nr. 54 zu § 75 BetrVG 1972).

109 Folgende **Einzelbereiche des Persönlichkeitsschutzes** (einzelne Persönlichkeitsrechte) des Arbeitnehmers, in die nur vorbehaltlich des positiven Ergebnisses der stets vorzunehmenden Güter- und Interessenabwägung eingegriffen werden darf, lassen sich unterscheiden (grundlegend dazu *Wiese* ZfA 1971, 273 [283 ff.] m. w. N. zur älteren Literatur und Rspr.; unter Berücksichtigung neuerer Rspr. *ders.* Persönlichkeitsschutz im Arbeitsverhältnis, in: Technologischer Fortschritt als Rechtsproblem, S. 47 [51 ff.]; weithin zust. *Reichold*/MünchArbR 3. Aufl., § 86 Rn. 77 ff.; *Galperin/Löwisch* § 75 Rn. 24 ff.; *Thiele* Drittbearbeitung, § 75 Rn. 49 ff.; vgl. zur Schutzbereichsanalyse auch *Erman/Ehmann* BGB, 14. Aufl., Anh. § 12 Rn. 18 ff.; *Rixecker*/MK-BGB Bd. 1, 7. Aufl., Anhang zu § 12 Rn. 58 ff.; *Staudinger/Hager* BGB, 2017, § 823 Rn. C 151 ff.; vgl. auch *Baston-Vogt* Der sachliche Schutzbereich des zivilrechtlichen allgemeinen Persönlichkeitsrechts, 1997).

a) Schutz der Persönlichkeitssphäre

aa) Recht am eigenen Bild

110 Das Recht am eigenen Bilde schützt über §§ 22 ff. KunstUrhG hinausgehend nicht nur vor jeder Art unbefugter Verbreitung und Veröffentlichung, sondern auch vor jeder Art der unbefugten **Anfertigung eines Bilds** der Person (dazu *Wiese* ZfA 1971, 284 ff.). Vgl. zum strafrechtlichen Schutz § 201a StGB. Darunter fällt auch die unter Verwendung technischer Mittel bewirkte Direktübertragung des Erscheinungsbilds des Menschen, namentlich die Überwachung des Arbeitnehmers bei der Arbeit durch heimliche oder offene fotografische Einzelaufnahmen, Film-, Fernseh- oder Videokameras. Deren Einsatz kann aber zulässig sein, wenn die Interessenabwägung im Einzelfall ergibt, dass der Eingriff das Verhältnismäßigkeitsprinzip wahrt, d. h. geeignet, erforderlich und angemessen ist, den erstrebten Zweck zu erreichen (s. Rdn. 108). Namentlich die heute verbreitete **Videoüberwachung** am Arbeitsplatz (Beobachtung mit optisch-elektronischen Einrichtungen) kann danach zulässig sein, ebenso wie ihre Aufzeichnung und Nutzung, wenn sie durch das BDSG in seiner Interpretation durch die Rspr. des *BAG* gerechtfertigt ist (vgl. dazu zuletzt z. B. *BAG* 20.10.2016 – 2 AZR 395/15, NZA 2017, 443; *Byers* Die Videoüberwachung am Arbeitsplatz unter besonderer Berücksichtigung des neuen § 32 BDSG, 2011; *Forst* RDV 2009, 204; *Ganz* AuR 2015, 565 ff.; *Grimm/Schiefer* RdA 2009, 329; *Joussen* NZA 2011, Beil. Nr. 1, S. 35 [38 f.]; *Lohse* Beschäftigtendatenschutz bei der Verhinderung und Aufdeckung von Straftaten, 2013; *Thüsing* NZA 2009, 865; *Venetis/Oberwetter* NJW 2016, 1051 ff.; *Wybitul* BB 2010, 1085). Als Zulässigkeitsnormen kommen bislang § 6b, § 32 Abs. 1 Satz 2, § 32 Abs. 1 Satz 1 und 28 Abs. 1 Satz 1 Nr. 2 BDSG in Betracht. Als »andere Rechtsvorschrift« i. S. v. § 4 Abs. 1 BDSG können Betriebsvereinbarungen sie erlauben, die zwar § 75 Abs. 2 Satz 1 strikt zu beachten haben, aber nicht unmittelbar an die Zulässigkeitstatbestände des BDSG gebunden sind (s. dazu Rdn. 126).

111 Ab dem 25.05.2018 ist allerdings die Verordnung des Europäischen Parlaments und des Rates zum Schutz natürlicher Personen bei der Verarbeitung personenbezogener Daten, zum freien Datenverkehr und zur Aufhebung der Richtlinie 95/46/EG (**Datenschutz-Grundverordnung** [DSGVO]; ABl. EU L 119/1 vom 04.5.2016) anzuwenden. Sie enthält die Öffnungsklauseln, die es den einzelnen Mitgliedstaaten ermöglichen, bestimmte Aspekte des Datenschutzes auf nationaler Ebene zu regeln. Zur Datenverarbeitung im Beschäftigungskontext bestimmt dazu **Art. 88 Abs. 2 DSGVO**, dass die Mitgliedstaaten durch Rechtsvorschriften oder durch Kollektivvereinbarungen spezifischere Vorschriften zur Gewährleistung des Schutzes der Rechte und Freiheiten hinsichtlich der Verarbeitung personenbezogener Beschäftigtendaten im Beschäftigungskontext, insbesondere für Zwecke der Einstellung, der Erfüllung des Arbeitsvertrags einschließlich der Erfüllung von durch Rechtsvorschriften oder durch Kollektivvereinbarungen festgelegten Pflichten, des Managements, der Planung oder Organisation der Arbeit, der Gleichheit und Diversität am Arbeitsplatz, der Gesundheit und Sicherheit am Arbeitsplatz, des Schutzes des Eigentums der Arbeitgeber oder der Kunden sowie für Zwecke der Inanspruchnahme der mit der Beschäftigung zusammenhängenden individuellen oder kollektiven Rechte und Leistungen und für Zwecke der Beendigung des Beschäftigungsverhältnisses vorsehen können. Am 25.05.2018 wird außerdem ein Anpassungsgesetz zur DSGVO, nämlich das »**Gesetz zur Anpassung des Datenschutzrechts an die Verordnung [EU] 2016/679 und zur Umsetzung der Richtlinie [EU] 2016/680**« in Kraft treten [**DSAnpUG-EU**], BGBl. 2017 I, S. 2097). Ein wesentlicher Teil des DSAnpUG-EU enthält ein neues Bundesdatenschutzgesetz, welches das bisherige BDSG ablöst. Mit Wirkung ab dem 25.05.2018 regelt **§ 26 BDSG** den Beschäftigtendatenschutz neu (dazu *Gola* BB 2017, 1462 ff.). Er greift auf wesentliche Strukturen und Regelungen des bisherigen § 32 BSDG zurück, ist allerdings umfangreicher angelegt und regelt mehr einzelne beschäftigungsdatenschutzrechtliche Aspekte als dieser. Gem. § 26 Abs. 4 Satz 1 BDSG n. F. kann die Verarbeitung von Beschäftigtendaten weiterhin in **Betriebsvereinbarungen** geregelt werden. Das ergibt sich freilich auch aus Art. 88 Abs. 1 DSGVO und Erwägungsgrund Nr. 155 der DSGVO. Beim Abschluss solcher Vereinbarungen sind die **Vorgaben von Art. 88 Abs. 2 DSGVO** zu beachten (**§ 26 Abs. 4 Satz 2 BDSG n. F.**). Betriebsvereinbarungen zur Verarbeitung personenbezogener Daten von Beschäftigten müssen somit angemessene und besondere Maßnahmen zur Wahrung der menschlichen Würde, der berechtigten Interessen und der Grundrechte der betroffenen Person treffen, insbesondere im Hinblick auf die Transparenz der Verarbeitung, auf die Übermittlung personenbezogener Daten innerhalb einer Unternehmensgruppe oder einer Gruppe von Unternehmen, die eine gemeinsame Wirtschaftstätigkeit ausüben, und auf die Überwachungssysteme am Arbeitsplatz. § 26 BDSG n. F. enthält **keine Ausnahmeregelungen für »Altfälle«**, also für vor der Geltung der DSGVO abgeschlossene Betriebsvereinbarungen. Da diese Abwägungen von der Rechtsprechung in der Sache im Wesentlichen schon bislang vorgenommen worden sind, werden sich nach neuer Rechtslage vermutlich keine großen Änderungen ergeben, allenfalls vielleicht in Detailfragen (vgl. auch BT-Drucks. 18/11325, S. 96 f.: »§ 26 führt die spezialgesetzliche Regelung des § 32 BDSG a. F. fort.«).

Zu einem Fall weithin wirksamer Regelungen zur Einführung einer Videoüberwachung für ein Briefverteilzentrum durch Spruch der Einigungsstelle vgl. *BAG* 26.08.2008 EzA § 87 BetrVG 2001 Überwachung Nr. 2, das auch dartut (Rn. 47 ff.), dass diese Betriebsvereinbarung den Anforderungen des § 6b BDSG standhält. Nur nach näherer Maßgabe von **§ 6b BDSG** (ab 25.05.2018: § 4 BDSG) kann die Videoüberwachung öffentlich zugänglicher Räume zulässig sein (vgl. zu dessen Bedeutung für den Bildnisschutz *Wiese* FS *E. Lorenz*, S. 915 [923 ff.]). Erstmals zu dieser Bestimmung hat der Zweite Senat des *BAG* im Urteil vom 21.06.2012 (EzA § 611 BGB 2002 Persönlichkeitsrecht Nr. 13 = AP Nr. 66 zu § 1 KSchG 1969 Verhaltensbedingte Kündigung [zust. *Lunk*]) Grundsätzliches zur Videoüberwachung am Arbeitsplatz entschieden: Zu den öffentlich zugänglichen Räumen gehören auch Verkaufsräume von Geschäften, die Überwachung kann auf die Beobachtung der Allgemeinheit, aber auch auf die in diesen Verkaufsräumen beschäftigten Arbeitnehmer zielen (Rn. 36 m. w. N.). Das Gebot der Erkennbarmachung der Überwachung nach § 6b Abs. 2 BDSG (ab 25.05.2018: § 4 Abs. 2 BDSG) ist keine Zulässigkeitsvoraussetzung. Deshalb ist die verdeckte Videoüberwachung nicht per se unzulässig (Rn. 39 ff. m. w. N., auch zur Gegenmeinung). Im Rahmen der gebotenen Güterabwägung (und der diese strukturierenden Verhältnismäßigkeitsprüfung; s. Rdn. 108) ist »die heimliche Videoüberwachung eines Arbeitnehmers zulässig, wenn der konkrete Verdacht einer strafbaren Handlung oder einer anderen schweren Verfehlung zu Lasten des Arbeitgebers besteht, weniger einschneidende Mittel zur Aufklärung des Verdachts ergebnislos ausgeschöpft sind, die verdeckte Video-

112

überwachung damit praktisch das einzige verbleibende Mittel darstellt und sie insgesamt nicht unverhältnismäßig ist« (Rn. 30; damit übernimmt der Senat fast wörtlich die Anforderungen der Getränkemarktentscheidung des *BAG* vom 27.03.2003 EzA § 611 BGB 2002 Persönlichkeitsrecht Nr. 1, bei der § 6b BDSG noch nicht anwendbar war; nach Ansicht des *EGMR* [05.10.1010 EzA § 611 BGB 2002 Persönlichkeitsrecht Nr. 12] ist diese Rspr. mit der EMRK vereinbar). Bei gerechtfertigter Videoüberwachung besteht kein Beweisverwertungsverbot in Bezug auf die Aufzeichnungen. Schon 2004 hat das *BAG* (in einem Fall unzulässiger Videoüberwachung in einem Briefverteilzentrum) zutr. entschieden, dass eine analoge Anwendung von § 6b BDSG bei nicht öffentlich zugänglichen Arbeitsplätzen nicht in Betracht kommt (*BAG* 29.06.2004 EzA § 611 BGB 2002 Persönlichkeitsrecht Nr. 2 S. 11). Erst Recht gilt das nach Inkrafttreten (01.09.2009) von § 32 BDSG als zentraler Norm des Arbeitnehmerdatenschutzes im BDSG (ab 25.05.2018: § 26 BDSG).

113 Nach der speziellen Regelung zur Aufdeckung von Straftaten in **§ 32 Abs. 1 Satz 2 BDSG** (ab 25.05.2018 wortgleich: § 26 Abs. 1 Satz 2 BDSG) dürfen personenbezogene Daten eines Beschäftigten nur (auch heimlich) erhoben, verarbeitet oder genutzt werden, »wenn zu dokumentierende tatsächliche Anhaltspunkte den Verdacht begründen, dass der Betroffene im Beschäftigungsverhältnis eine Straftat begangen hat, die Erhebung, Verarbeitung oder Nutzung zur Aufdeckung erforderlich ist und das schutzwürdige Interesse des Beschäftigten an dem Ausschluss der Erhebung, Verarbeitung oder Nutzung nicht überwiegt, insbesondere Art und Ausmaß im Hinblick auf den Anlass nicht unverhältnismäßig sind«. Im Urteil vom 21.06.2012 war eine Verletzung dieser Vorschrift nicht zu prüfen, weil die streitbefangenen Videoaufzeichnungen vor deren Inkrafttreten erfolgten. Allerdings hat der Zweite Senat die Wendung aus dem Grundsatzurteil vom 27.03.2003 unter ausdrücklicher Bezugnahme auf dieses in einem Urteil vom 20.10.2016 übernommen (*BAG* 20.10.2016 NZA 2017, 443 Rn. 22). Damit steht fest, dass § 32 Abs. 1 Satz 2 BDSG für die heimliche automatisierte Videoüberwachung keine strengeren Anforderungen aufstellt als diejenigen, die das *BAG* für § 6b BDSG entwickelt hat (so auch bisher *Bayreuther* DB 2012, 2222 [2224]; *Thüsing/Pötters* Anm. zu EzA § 611 BGB 2002 Persönlichkeitsrecht Nr. 13 S. 19 f.). Ergänzend hat der Senat zu Recht festgestellt, dass die Erhebung, Verarbeitung oder Nutzung von personenbezogenen Daten zur Aufdeckung von Straftaten gem. § 32 Abs. 1 Satz 2 BDSG lediglich einen »**einfachen**« **Verdacht** i. S. eines Anfangsverdachts voraussetzt, der zwar nicht dringend sein muss, aber über vage Anhaltspunkte und bloße Mutmaßungen hinausreichen muss (*BAG* 20.10.2016 NZA 2017, 443 Rn. 25).

114 Auch § 32 Abs. 1 Satz 2 BDSG (und genauso § 26 Abs. 1 Satz 2 BDSG ab dem 25.05.2018) erfordert deshalb eine ebenso umfassende, **durch das gesetzlich ausformulierte Verhältnismäßigkeitsprinzip strukturierte Güter- und Interessenabwägung**, wie sie der Zweite Senat zwar nicht zu, aber doch schon vor dem Hintergrund dieser Bestimmung bei § 6b BDSG entworfen hat. Zudem ist zu berücksichtigen, dass der Gesetzgeber lediglich die in der Entscheidung des *BAG* vom 27.03.2003 entwickelten Abwägungsgrundsätze gesetzlich festschreiben wollte (vgl. BT-Drucks. 16/13657 S. 36). Der Gesetzgeber hat in der Gesetzesbegründung zu § 26 BDSG n. F. allerdings ausdrücklich zu erkennen gegeben, dass er die Dauerüberwachung für unzulässig hält (BT-Drucks. 18/11325, S. 97; so schon *Jacobs* ZfA 2015, 215, 226). Insoweit ist das Ergebnis der Verhältnismäßigkeitsprüfung durch den Willen des Gesetzgebers also vorprogrammiert. Im Übrigen kann eine Videoüberwachung nach **§ 32 Abs. 1 Satz 1 BDSG** (ab 25.05.2018: § 26 Abs. 1 Satz 1 BDSG) insbesondere zulässig sein, wenn sie zur Durchführung von Beschäftigungsverhältnissen erforderlich ist, etwa zur Kontrolle von Arbeitsvorgängen, die aus technischen Gründen der Beobachtung bedürfen (Walzstraßen, Hochöfen), oder wenn die Kontrolle aus Sicherheitsgründen erfolgt (z. B. Bankschalter, Tresorräume, Warenhäuser, kerntechnische Anlagen, Tore) und der einzelne Arbeitnehmer über diese Maßnahme informiert worden ist (s. dazu auch *Jacobs* ZfA 2015, 215 [227] mit Erläuterung des abschließenden Sieben-Punkte-Katalogs zu den legitimen Zwecken in BR-Drucks. 17/4230, S. 21).

115 Soweit bei Einführung und Anwendung optischer Überwachungseinrichtungen ein Mitbestimmungsrecht des Betriebsrats nach **§ 87 Abs. 1 Nr. 6 besteht** (vgl. *BAG* AP Nr. 1, 4 zu § 87 BetrVG 1972 Überwachung; *BAG* 07.10.1987 EzA § 611 BGB Persönlichkeitsrecht Nr. 6 *[Wiese]* = AP Nr. 15 zu § 611 BGB Persönlichkeitsrecht), wird dadurch die Zulässigkeit von Eingriffen in die Persönlichkeitssphäre der Arbeitnehmer nicht etwa erweitert. Vielmehr muss gerade dabei die Schutz-

pflicht nach § 75 Abs. 2 Satz 1 strikt beachtet werden (zum Persönlichkeitsschutz im Rahmen des § 87 Abs. 1 Nr. 6 ausführlich *Wiese/Gutzeit* § 87 Rdn. 509 ff.). Umgekehrt führt die Nichtbeteiligung des Betriebsrats an einer nach § 87 Abs. 1 Nr. 6 BetrVG mitbestimmungspflichtigen Videoüberwachung von Betriebsräumen nach der überzeugenden Rechtsprechung des Zweiten Senats des *BAG* für sich genommen noch nicht dazu, dass die Aufzeichnung als Beweismittel oder Sachvortrag, der sich auf daraus erlangte Erkenntnisse stützt, prozessual nicht verwertet werden kann (*BAG* 20.10.2016 NZA 2017, 443 Rn. 32). Der Schutzzweck von § 87 Abs. 1 Nr. 6 BetrVG fordert ein solches Verwertungsverbot jedenfalls dann nicht, so der Senat, wenn die Verwendung und Verwertung eines Beweismittels nach allgemeinen Grundsätzen zulässig ist. Zu Beweisverwertungsverboten in diesem Kontext s. ausführl. etwa *Fuhlrott/Schröder* NZA 2017, 278 ff.; *Reitz* NZA 2017, 273 ff., jew. m. w. N. Zu den Problemen des Bildnisschutzes im Arbeitskampf vgl. *Wiese* FS *Hubmann*, S. 481 ff. Allgemein zur Visualisierung im Arbeitsleben *Tinnefeld/Viethen* NZA 2003, 468.

bb) Recht an der eigenen Stimme (am gesprochenen Wort)

Das Recht an der eigenen Stimme (am gesprochenen Wort) ist die Befugnis, selbst zu bestimmen, ob es **116** allein dem Gesprächspartner oder auch Dritten oder sogar der Öffentlichkeit zugänglich sein soll und ob es auf Tonträger aufgenommen werden darf. Es verbietet, unbefugt Äußerungen eines Menschen unter Anwendung technischer Mittel abzuhören, aufzunehmen oder anderen zugänglich zu machen (dazu *Wiese* ZfA 1971, 287 ff.; *BAG* 02.06.1982 AP Nr. 3 zu § 284 ZPO; *BAG* 29.10.1997 EzA § 611 BGB Persönlichkeitsrecht Nr. 12 S. 3; *BGH* 18.02.2003 NJW 2003, 1727). Unzulässig sind insoweit vor allem die offene oder heimliche **akustische Überwachung** des Arbeitnehmers durch **Abhörgeräte** (»Wanzen«) oder **Tonbandaufnahmen** (vgl. zu Ausnahmen *BGHZ* 27, 284 [286]: wenn der Zusammenhang mit der Persönlichkeit des Sprechers weitgehend gelöst ist; zum **strafrechtlichen Schutz** nach § 201 StGB und zu dessen Bedeutung für das Recht am gesprochenen Wort *Helle* Besondere Persönlichkeitsrechte im Privatrecht, S. 232 ff.; zum Persönlichkeitsschutz im Rahmen des § 87 Abs. 1 Nr. 6 s. *Wiese/Gutzeit* § 87 Rdn. 509 ff.). Das gilt auch für das **Abhören** dienstlicher oder privater **Telefongespräche** des Arbeitnehmers, z. B. durch die Telefonzentrale, über Nebenstellenapparate oder Konferenzanlagen (ebenso *BAG* 01.03.1973 AP Nr. 1 zu § 611 BGB Persönlichkeitsrecht Bl. 3; *LAG Berlin* DB 1974, 1243; *ArbG Essen* BB 1970, 258; *Wiese* ZfA 1971, 289 f.; *Berg/DKKW* § 75 Rn. 56; *Blomeyer*/MünchArbR, 2. Aufl., § 97 Rn. 11; *Fitting* § 75 Rn. 145; *Kaiser/LK* § 75 Rn. 35; *Worzalla/HWGNRH* § 75 Rn. 33; **a. M.** *LAG Baden-Württemberg* AP Nr. 2 zu § 611 BGB Persönlichkeitsrecht; *Kretzschmar* BB 1959, 1068), und die (Tonband-)Aufzeichnung von Telefongesprächen (vgl. dazu *Eickhoff/Kaufmann* BB 1990, 914). Zulässig ist dagegen eine »Aufschaltanlage«, durch die sich der Arbeitgeber oder die Telefonzentrale in ein laufendes Gespräch durch ein Tickerzeichen deutlich wahrnehmbar einschalten kann, um das Gespräch zu unterbrechen (*BAG* 01.03.1973 AP Nr. 1 zu § 611 BGB Persönlichkeitsrecht; *LAG Köln* 11.03.1982 EzA § 611 BGB Persönlichkeitsrecht Nr. 1). Vom Abhören sind das Mithören oder Mithörenlassen eines Telefonats (vgl. Rdn. 118) und die Telefonüberwachung nach äußeren Umständen (vgl. Rdn. 117) zu unterscheiden. Dabei handelt es sich um Kontrolle der Nutzung von Einrichtungen der **Telekommunikation**. Das moderne Telekommunikationsrecht erfasst zwar auch, aber bei weitem nicht nur Telefongespräche, sondern jegliche Art des Austauschs und der Übermittlung von Nachrichten mittels Telekommunikationsanlagen (vgl. § 3 Nr. 16 TKG). Auch hinsichtlich **nichtsprachlicher Kommunikation** (insbesondere durch E-Mails und Nutzung des Internets) kann jedoch eine Kontrolle das allgemeine Persönlichkeitsrecht verletzen. Deshalb ist es richtig, diese Fälle in Parallele zur Telefonüberwachung zu beurteilen, obwohl insoweit nicht das Recht am gesprochenen Wort betroffen ist; doch stehen sie dem Telefon näher als dem Briefverkehr (*Balke/Müller* DB 1997, 326; *Däubler* Internet und Arbeitsrecht, Rn. 243 ff.; *Raffler/Hellich* NZA 1997, 862 [863]; vgl. auch *Beckschulze/Henkel* DB 2001, 1491).

Bei der **Erfassung von Telefondaten** ist zwischen Dienstgesprächen (denen Privatgespräche aus **117** dienstlichem Anlass gleichgestellt sind) und Privatgesprächen zu unterscheiden. Bei **Dienstgesprächen** ist die Erfassung von Apparatnummer, Datum, Uhrzeit, Zielnummer, Gebühreneinheit, die eine Betriebsvereinbarung erlaubt (vgl. Rdn. 126), nach Interessenabwägung grundsätzlich zulässig, weil das Interesse des Arbeitgebers zur Kontrolle des Arbeitsverhaltens des Arbeitnehmers insoweit in vollem Umfang überwiegt (grundlegend *BAG* 27.05.1986 EzA § 87 BetrVG 1972 Kontrolleinrichtung Nr. 16; offengelassen hat das Gericht, ob die Erfassung der Zielnummer im Verhältnis zum Angerufenen datenschutzrechtlich zulässig ist, weil die Wirksamkeit der Betriebsvereinbarung davon nicht abhängen könne; umfassend bejahend *LAG Düsseldorf* DB 1984, 2624; *LAG Frankfurt a. M.* MDR 1982, 82; *LAG Köln* 11.03.1982 EzA § 611 BGB Persönlichkeitsrecht Nr. 1; *Färber/Kappes* BB 1986, 520; *Schulin/Babel* NZA 1986, 46; *Wiese* Persönlichkeitsschutz im Arbeitsverhältnis [wie Rdn. 109], S. 54; *Zehner* DB 1984, 666; **a. M.** *LAG Hamburg* DB 1986, 702; *ArbG Hamburg* DB 1984, 2625 und NZA 1985, 191; *Mostert* AuR 1987, 149; *Wohlgemut/Mostert* AuR 1986, 138). Aus Gründen, das Geheimnis der öffentlichen Beratung oder Behandlung einer anderen Person zu wahren (vgl. § 203 Abs. 1 StGB), dürfen aber z. B. bei angestellten Psychologen und Ehe-, Erziehungs- oder Jugendberatern die Zielnummern von Dienstgesprächen nicht erfasst werden (*BAG* 13.01.1987 EzA § 87 BetrVG 1972 Kontrolleinrichtung Nr. 17; krit. dazu *Ehmann* AcP 1988 (Bd. 188), 230 [345 f.]). Entsprechend der Zulässigkeit der Telefondatenerfassung kann (durch Betriebsvereinbarung) auch die Datenerfassung bei dienstlichen **E-Mails** oder der Inanspruchnahme von Internetangeboten erlaubt werden (Zahl, Zeitpunkt und Länge der abgesendeten E-Mails, angewählte Adressen, eingehende E-Mail-Adressen, Umstände der Internetnutzung). Bei (erlaubten) **Privatgesprächen** dürfen die Zielnummern nicht erfasst werden (so schon *BAG* 27.05.1986 EzA § 87 BetrVG 1972 Kontrolleinrichtung Nr. 16). Heute ist ihre Erfassung auch nach **§ 88 TKG** unzulässig, weil der Arbeitgeber zur Wahrung des Fernmeldegeheimnisses nur die erforderlichen Abrechnungsdaten beschaffen darf (vgl. *Däubler* Internet und Arbeitsrecht, 2. Aufl. 2002, Rn. 275). Entsprechend eingeschränkt ist nach h. M. die Datenerfassung bei gestatteter **privater E-Mail-Nutzung** oder sonstiger privater Internetnutzung (vgl. *Däubler* Internet und Arbeitsrecht, Rn. 273 ff.). Zur Zulässigkeit der Erfassung von Telefondaten (von Ferngesprächen) des Betriebsrats beachte *BAG* 01.08.1990, DB 1991, 47.

118 Das **Mithören** oder **Mithörenlassen** eines Telefonats (insbesondere durch angeschlossenen Lautsprecher bzw. Mithöreinrichtung des Telefons, die heute Standard ist, Zweithörer oder Ohrmuschel, Ohranlegen) oder Gesprächs (z. B. über eine Bürosprechanlage) ist für den anderen Gesprächsteilnehmer persönlichkeitsverletzend, wenn das Gespräch (ausdrücklich oder konkludent) als vertraulich gekennzeichnet ist (zutr. *BAG* 02.06.1982 AP Nr. 3 zu § 284 ZPO [zust. *Baumgärtel*] = AR-Blattei, Kündigung II, Entsch. 29 [zust. *Wiese*] = BB 1983, 1727 [zust. *Schlund*] = SAE 1984, 294 [zust. *Lorenz/Unger*]; ebenso *BGH* 17.02.1982 AP Nr. 2 zu § 284 ZPO = JR 1982, 373 [zust. *Schlund*]). Selbst ohne diese Voraussetzung kann man im Arbeitsverhältnis ohne (zumindest konkludente) Zustimmung des Arbeitnehmers (etwa nach entsprechendem Hinweis) zum Mithören seiner Gespräche dessen Zulässigkeit im Rahmen der Interessenabwägung nicht allein damit begründen, dass wegen der Entwicklung im Fernsprechbereich allgemein damit zu rechnen sei, dass an geschäftliche und private Telefonanschlüsse Mithörgeräte angeschlossen sind und benutzt werden (so aber allgemein noch *BGH* 17.02.1982 AP Nr. 2 zu § 284 ZPO; *Stumpf* Anm. AP Nr. 1 zu § 284 ZPO; wie hier *BAG* 29.10.1997 EzA § 611 BGB Persönlichkeitsrecht Nr. 12 [zust. *Dörrwächter*] = AP Nr. 27 zu § 611 BGB Persönlichkeitsrecht [krit. *Otto*]: der Gesprächspartner, der Dritte mithören lassen will, trifft eine Offenbarungspflicht; das heimliche Mithörenlassen ist im Allgemeinen unzulässig, auf diese Weise erlangte Beweismittel dürfen grundsätzlich nicht zugunsten des Verletzers verwertet werden; so allgemein, nicht auf das Arbeitsverhältnis bezogen, *BGH* 18.02.2003 NJW 2003, 1727: es kommt nicht auf die Vereinbarung besonderer Vertraulichkeit an [unter Berufung auf *BVerfG* 09.10.2002 EzA § 611 BGB Persönlichkeitsrecht Nr. 15 S. 6]; nach *BAG* 23.04.2009 DB 2009, 1936 [1937 f.] folgt ein Beweisverwertungsverbot nur bei aktiv zielgerichtet veranlasstem Mithörenlassen, nicht aber bei zufälligem [unbemerktem] Mithören eines [Mobil-]Telefongesprächs; *LAG Berlin* 15.02.1982 AP Nr. 1 zu § 284 ZPO; *Wiese* Persönlichkeitsschutz im Arbeitsverhältnis [wie Rdn. 109], S. 55; *Blomeyer*/MünchArbR, 2. Aufl., § 97 Rn. 11; *Fitting* § 75 Rn. 147; *Schwerdtner*/MK-BGB 3. Aufl., § 12 Rn. 229; vgl. auch *BVerfG* 19.12.1991 EzA § 611 BGB Persönlichkeitsrecht Nr. 10: die Kenntnis von der Mithörmöglichkeit genügt bei Dienstgesprächen nicht, um einen Verstoß gegen das durch Art. 2 Abs. 1 i. V. m. Art. 1 Abs. 1 GG verfassungsrechtlich gewährleistete Persönlichkeitsrecht auszuschließen). Nach der Interessenabwägung ist aber eine Betriebsvereinbarung nicht zu beanstanden, die dem Arbeitgeber erlaubt, externe Telefongespräche der Arbeitnehmer mit deren Kenntnis zu Ausbildungszwecken (in der Probezeit) mitzuhören (*BAG* 30.08.1995 EzA § 87 BetrVG 1972 Kontrolleinrichtung Nr. 27; das Gericht hat offengelassen, ob jedes Mithören eines geschäftlichen Telefongesprächs mit Kenntnis und in Gegenwart des betroffenen Arbeitnehmers zulässig ist). Entsprechend dem heimlichen Mithören von (dienstlichen) Telefongesprächen der Arbeitnehmer greift der Zugriff auf die **Inhalte von** ihnen übermittelter **E-Mails** unzulässig in die Persönlichkeitssphäre ein, wenn keine überwiegenden Arbeitgeberinteressen bestehen, z. B. bei begründetem Verdacht strafbarer Handlungen, insbesondere für den Verrat von Betriebs- oder Geschäftsgeheimnissen (vgl. *Balke/Müller* DB 1997, 326 [328]; *Blomeyer/*MünchArbR, 2. Aufl., § 97 Rn. 15; *Däubler* Internet und Arbeitsrecht, Rn. 249 ff.; *Raffler/Hellich* NZA 1997, 862 [863 f.]). Das ergibt sich aus § 32 Abs. 1 Satz 1 oder Satz 2 BDSG (ab 25.05.2018: § 26 Abs. 1 Satz 1 oder Satz 2 BDSG). Hält man das TKG für anwendbar, wenn der Arbeitgeber die private E-Mail-Kommunikation gestattet, ist das BDSG nicht anwendbar, dann ist der Zugriff auf die E-Mails stets unzulässig, solange der Kommunikationsvorgang andauert, **§ 88 TKG** (im Einzelnen, sehr str., s. etwa *Polenz* in: Kilian/Heussen, Computerrechts-Handbuch, Stand: Februar 2017, Teil 13, Rn. 24 m. w. N.). Grundsätzlich ist die Persönlichkeitssphäre auch dann beeinträchtigt, wenn der Inhalt von Dateien überprüft wird, die der Arbeitnehmer aus dem Internet auf seinen PC heruntergeladen hat (vgl. *Däubler* Internet und Arbeitsrecht, Rn. 260 ff.).

cc) Recht am Charakterbild

Das Recht am Charakterbild schützt vor unbefugter Ausforschung (»Ausleuchten«) der inneren Strukturen und Eigenschaften des Menschen (dazu *Wiese* ZfA 1971, 291 ff.; *ders.* FS Duden, S. 719 [726 ff.]). Es erfordert im Arbeitsrecht für die Anfertigung **graphologischer Gutachten** (vgl. dazu *BAG* 16.09.1982 AP Nr. 24 zu § 123 BGB *[Brox]* = EzA § 123 BGB Nr. 22 *[Wohlgemuth]*; *LAG Baden-Württemberg* NJW 1976, 310; *Bepler* NJW 1976, 1872; *Michel/Wiese* NZA 1986, 505; *Oetker* BlStSozArbR 1985, 65, 81; *Schweighofer* RdA 1978, 101) und die Durchführung **psychologischer Tests und Eignungsuntersuchungen** (vgl. dazu *BAG* 13.02.1964 AP Nr. 1 zu Art. 1 GG; *Klein* AuR 1978, 266; *K. H. Schmid* DB 1980, 2442, 2517; *ders.* BB 1980, 1865; *ders.* BB 1981, 1646; *Th. Scholz* NJW 1981, 1987; *von Hoyningen-Huene* DB 1991, Beil. Nr. 10; zu Rechtsfragen für die Praxis: *von Hoyningen-Huene/Püttner* Der psychologische Test im Betrieb) grundsätzlich die (ausdrückliche; vgl. auch *Schmidt/*ErfK Art. 2 GG Rn. 88 ff.) **Einwilligung** des Arbeitnehmers (Bewerbers). Außerdem muss die Erforderlichkeit und Verhältnismäßigkeit zum (zu besetzenden) Arbeitsplatz gewahrt bleiben. Ausnahmsweise kann ein Arbeitnehmer aufgrund seiner Treuepflicht zur Einwilligung verpflichtet sein. Zur genetischen Analyse bei Arbeitnehmern vgl. Rdn. 123.

119

dd) Recht an der Ehre

Das Recht an der Ehre (dazu *Wiese* ZfA 1971, 297 ff.) ist heute als Persönlichkeitsrecht allgemein anerkannt (vgl. *BGHZ* 31, 308; 39, 124; 99, 133; vgl. zugleich zum Überblick *Erman/Ehmann* BGB, 14. Aufl., Anh. § 12 Rn. 18 ff.; *Rixecker/*MK-BGB Bd. 1, 7. Aufl., Anhang zu § 12 Rn. 94 ff.; *Soergel/Zeuner* BGB, 13. Aufl., § 823 Anh. IV Rn. 9; *Staudinger/Hager* BGB, 2017, § 823 Rn. C 63 ff.; vgl. auch *Soergel/Beater* BGB, 13. Aufl., § 823 Anh IV Rn. 155 ff.; *Reichold/*MünchArbR, § 86 Rn. 19). Es kann durch die Kundgabe der Nichtachtung oder Missachtung (Beleidigung), durch üble Nachrede oder sonstige **Minderung des Ansehens** des Arbeitnehmers und seiner **sozialen Geltung** (so auch *BAG* 08.02.1984 AP Nr. 5 zu § 611 BGB Persönlichkeitsrecht Bl. 2 [unkorrekte Verwendung des akademischen Grads »Diplom-Ingenieur, Dipl.-Ing.« durch den an sich wahren Zusatz »Fachhochschulabsolvent«] im Anschluss an *Wiese* [ZfA 1971, 297 ff.]; ebenso *BAG* 27.11.1985 AP Nr. 93 zu § 611 BGB Fürsorgepflicht) verletzt sein (vgl. zu einem Fall schwerer Ehrverletzung [»Die faulste Mitarbeiterin Deutschlands«] in einer Gemengelage von Tatsachenbehauptungen und Meinungsäußerungen, die auch durch die Pressefreiheit nicht zu rechtfertigen sind, *BAG* 18.02.1999 EzA § 611 BGB Persönlichkeitsrecht Nr. 13 = AP Nr. 31 zu § 611 BGB Persönlichkeitsrecht [zust. *Wiese*]). Entwürdigend kann die Versendung von »Krankenbriefen« an arbeitsunfähig erkrankte Arbeitnehmer sein, die dadurch vom Arbeitgeber unter Druck gesetzt werden sollen (vgl. *LAG Köln* 19.02.1988 LAGE § 23 BetrVG 1972 Nr. 21). Die Belästigung und die sexuelle Belästigung am Arbeitsplatz verletzen definitionsgemäß (§ 3 Abs. 3 und 4 AGG) die Würde von Beschäftigten, sind damit aber auch ehrverletzend (ebenso *Fitting* § 75 Rn. 157). Vgl. zur Problematik des **Mobbing** Rdn. 107.

120

ee) Recht auf Achtung der Eigensphäre

121 Das Recht auf Achtung der Eigensphäre (»Privatleben«, »Intim- und Privatsphäre«) muss als **Auffangtatbestand** im Gegensatz zu den bisher genannten relativ konkreten Persönlichkeitsrechten weiter konkretisiert werden (dazu *Wiese* ZfA 1971, 299 ff. [310 f.]). Durchgängig ist dabei zu beachten, dass **Beeinträchtigungen** (auch bei Einwilligung) **nicht weitergehen dürfen**, als es der Zweck des konkreten Arbeitsverhältnisses unter Beachtung der Persönlichkeit des Arbeitnehmers (unbedingt) erfordert.

122 Das **Persönlichkeitsrecht** begrenzt ungeachtet §§ 7, 3, 1 AGG sowie – dazu gleich noch – § 32 Abs 1 Satz 1 BDSG (ab 25.05.2018: § 26 Abs. 1 Satz 1 BDSG) Inhalt und Umfang des **Fragerechts des Arbeitgebers** bei Einstellungen (vgl. u. a. BAG AP Nr. 2, 15, 26, 31 zu § 123 BGB; *BAG* 22.10.1986 EzA § 23 BDSG Nr. 4; m. w. N. *Degener* Das Fragerecht des Arbeitgebers gegenüber Bewerbern, 1975; *Moritz* NZA 1987, 329; *Schaub/Linck* Arbeitsrechts-Handbuch, § 26 Rn. 16 ff.; nicht überzeugend *Küpferle/Wohlgemuth* Personalverarbeitende Systeme, Rn. 33 ff., die meinen, mit dem Volkszählungsurteil des *BVerfG* [vgl. dazu Rdn. 127] sei das Fragerecht als Rechtsinstitut entfallen) und ist insoweit im **Vorstellungsgespräch** und insbesondere bei **Personalfragebögen** i. S. d. § 94 zu beachten (vgl. dazu und zur individualrechtlichen Zulässigkeit einzelner Fragen *Raab* § 94 Rdn. 29 ff.). Daneben hat die Umsetzung der EG-Antidiskriminierungsrichtlinien durch das AGG zu weitreichenden Einschränkungen des Fragerechts bezüglich der Diskriminierungsmerkmale geführt (vgl. Rdn. 51). Die Frage nach der Schwangerschaft ist stets unzulässig (*Thüsing*/MK-BGB § 11 AGG Rn. 21 ff. m. w.N), diejenige nach der Gewerkschaftsmitgliedschaft jedenfalls bei der Einstellung (*BAG* 28.03.2000 EzA § 99 BetrVG 1972 Einstellung Nr. 6 = AP Nr. 27 zu § 99 BetrVG 1972 Einstellung) sowie während laufender Tarifverhandlungen (*BAG* 18.11.2014 EzA Art. 9 GG Nr. 108 = AP Nr. 150 zu Art. 9 GG). Bei der Frage nach einer HIV-Infektion oder einer AIDS-Erkrankung kommt es auf die Umstände des Einzelfalls an (näher *Heemann* AIDS und Arbeitsrecht, S. 59 ff.; *Jacobs* in: Roß/Roggendorf, Übertragungsrisiko von HBV, HCV und HIV durch infiziertes medizinisches Personal, 2. Aufl. 2007, S. 86 ff.). Seit Inkrafttreten des § 32 Abs 1 Satz 1 BDSG (ab 25.05.2018: § 26 Abs. 1 Satz 1 BDSG) misst das *BAG* das Fragerecht nicht mehr am allgemeinen Persönlichkeitsrecht, sondern am BDSG (s. etwa *BAG* 16.02.2012 EzA § 3 AGG Nr. 7 = AP Nr. 9 zu § 85 SGB IX; zur Schranke dews BDSG im Verhältnis zum allgemeinen Persönlichkeitsrecht näher *Thüsing*/MK-BGB § 11 AGG Rn. 17 ff. m. w. N.). Da das BDSG das allgemeine Persönlichkeitsrecht einfachgesetzlich konkretisiert, bleibt das für die Ergebnisse ohne Belang: Es werden keine weiteren Anforderungen an das Fragerecht gestellt, als sich auch schon aus der gebotenen Achtung der Eigensphäre des Arbeitnehmers ergeben.

123 Weiterhin begrenzt die Achtung der Eigensphäre dem Verlangen nach **ärztlichen Untersuchungen**, die über bestehende Arbeitsschutzvorschriften hinausgehen (vgl. dazu *Schaub/Linck* Arbeitsrechts-Handbuch, § 26 Rn. 14, § 154), wenn der Arbeitnehmer nicht einwilligt oder (ausnahmsweise) aufgrund seiner Treuepflicht zur Duldung verpflichtet ist (vgl. auch *Klement* Zulässigkeit medizinischer Datenerhebungen vor und zu Beginn von Arbeitsverhältnissen, 2011; *Reichold*/MünchArbR, § 86 Rn. 15). **Genetische Analysen** (Genomanalysen) greifen besonders tief in die Eigensphäre des Arbeitnehmers ein, weil sie auf Erkenntnisse über Strukturen und Funktionen seiner Gene zielen und damit auf die Feststellung von Erbanlagen, die sich jedoch nicht zwingend realisieren müssen (vgl. *Wiese* RdA 1986, 120; *ders.* Genetische Analysen und Rechtsordnung, S. 36 ff.). Bemühungen um eine gesetzliche Regelung im Rahmen des ArbSchG (vgl. dazu *Wiese* BB 1994, 1209) sind erfolglos geblieben. Heute regelt das Gesetz über genetische Untersuchungen bei Menschen (GenDG) die Voraussetzungen genetischer Untersuchungen und in deren Rahmen durchgeführte genetische Analysen sowie die Verwendung genetischer Proben und Daten. §§ 19–22 GenDG regeln genetische Untersuchungen im Arbeitsleben. Nach § 19 GenDG ist es **dem Arbeitgeber generell verboten**, von Beschäftigten vor oder nach Begründung eines Beschäftigungsverhältnisses die Vornahme genetischer Untersuchungen oder Analysen oder die Mitteilung von Ergebnissen bereits vorgenommener zu verlangen oder solche Ergebnisse entgegenzunehmen oder zu verwenden. Eine Einwilligung des Arbeitnehmers nach § 8 GenDG kann hiervon nicht suspendieren (*Genenger* AuR 2009, 285 [288]; *Wiese* BB 2009, 2198 [2202]). Entsprechende Verbote bestimmt § 20 Abs. 1 GenDG für den Bereich **arbeitsmedizinischer Vorsorgeuntersuchungen**. In deren Rahmen lässt § 20 Abs. 2 GenDG unter engen Voraussetzungen der Erforderlichkeit der Feststellung genetischer Eigenschaften »diagnostische genetische Untersuchungen durch Genproduktanalyse« zu (zu den Begriffsbestimmungen vgl. § 3

GenDG). Nach § 20 Abs. 3 GenDG kann die Bundesregierung durch Rechtsverordnung weitergehende Untersuchungen zulassen. Eine solche Rechtsverordnung ist bislang nicht erlassen worden. § 21 GenDG enthält ein **Benachteiligungsverbot** wegen genetischer Eigenschaften eines Beschäftigten oder einer genetisch verwandten Person, das sich umfassend auf Vereinbarungen und Maßnahmen bezieht.

Die Eigensphäre der Arbeitnehmer begrenzt auch die Zulässigkeit des Einsatzes von technischen **Arbeitskontrollgeräten** (die nicht bereits als optische und akustische Überwachungsgeräte unzulässig sind, Rdn. 110, 116 ff.) und ist insoweit insbesondere im Rahmen des § 87 Abs. 1 Nr. 6 zu beachten (vgl. dazu *Wiese/Gutzeit* § 87 Rdn. 525). Unzulässig ist stets die Kontrolle durch (nur von einer Seite durchsehbarer) sog. **Einwegscheiben** (*Wiese* ZfA 1971, 285, 305; i. E. ebenso *Berg/DKKW* § 75 Rn. 119; *Fitting* § 75 Rn. 149; *Kaiser/LK* § 75 Rn. 35). 124

Überhaupt dürfen Tatsachen, die den Arbeitnehmer persönlich betreffen, nicht weiter aufgedeckt werden, als die Aufdeckung aufgrund seiner Einordnung in den Betrieb unbedingt erforderlich ist (*Wiese* ZfA 1971, 305 ff.). Das gilt z. B. für **Torkontrollen**, deren Regelung in einer Betriebsvereinbarung nach Auffassung des *BAG* verhältnismäßig ist, wenn sie am Betriebstor erfolgt, um Diebstähle von kleinräumigen Produktionsgegenständen zu verhindern, vor dem Inkrafttreten der Betriebsvereinbarung innerhalb eines Jahres ein Schaden durch entwendete Gegenstände in Höhe von ca. € 250.000,– entstanden war und die Auswahl der an dreißig Tagen im Jahr kontrollierten Arbeitnehmer ein Zufallsgenerator vornimmt (*BAG* 09.07.2013 EzA § 29 BetrVG 2001 Nr. 2 Rn. 28 f. [zur Vereinbarkeit mit dem BDSG Rn. 31] = AP Nr. 7 zu § 29 BetrVG 1972; ferner *BAG* 15.04.2014 EzA § 29 BetrVG 2001 Nr. 4 Rn. 42 ff. [zur Vereinbarkeit mit dem BDSG Rn. 49] = AP Nr. 9 zu § 29 BetrVG 1972 [Torkontrollen ebenfalls verhältnismäßig]) und **Leibesvisitationen** und ist besonders im Rahmen des § 87 Abs. 1 Nr. 1 zu beachten (vgl. dazu *Wiese* § 87 Rdn. 222). Auch an Ehrlichkeitskontrollen (z. B. bei Kassiererinnen und Kassierern) kann ein überwiegendes schutzwürdiges Interesse des Arbeitgebers bestehen (vgl. *BAG* 18.11.1999 EzA § 626 BGB Verdacht strafbarer Handlung Nr. 9). Unzulässig ist, dass der Arbeitgeber ohne Einwilligung die **Schwangerschaft** einer Arbeitnehmerin dem Betriebsrat **mitteilt** (str.; vgl. dazu *Weber* § 80 Rdn. 88). Erst recht sind schutzwürdige Geheimhaltungsinteressen zu achten (z. B. kein unbefugtes Öffnen von Privatbriefen). Insbesondere darf ohne Einwilligung des Arbeitnehmers der Inhalt von **Personalakten** (ebenso *BAG* 18.12.1984 AP Nr. 8 zu § 611 BGB Persönlichkeitsrecht; *LAG Köln* DB 1983, 1664; unzulässig ist insoweit auch die Bekanntmachung von Abmahnungen am Schwarzen Brett [*ArbG Regensburg* AiB 1989, 354]) oder **ärztlichen Attesten** (vgl. *BGHZ* 24, 72 [81]) unzuständigen Dritten nicht offengelegt werden. Der **ausgefüllte Personalfragebogen** eines nicht eingestellten Bewerbers ist zu vernichten, wenn der Arbeitgeber kein überwiegendes berechtigtes Interesse (z. B. weil mit Rechtsstreitigkeiten wegen der negativen Entscheidung zu rechnen ist) an deren Aufbewahrung hat (*BAG* 06.06.1984 AP Nr. 7 zu § 611 BGB Persönlichkeitsrecht [zust. *Echterhölter*] = SAE 1985, 95 [krit. *Krause* zur Begründung aus dem allgemeinen Persönlichkeitsrecht]). Eine **Personalbeurteilung** darf nicht weitergehen, als es die Funktion des Arbeitnehmers im Betrieb erfordert (*Wiese* ZfA 1971, 307 f.). Das ist vor allem bei der Aufstellung allgemeiner Beurteilungsgrundsätze nach § 94 Abs. 2 zu beachten. 125

Besonders bedeutsam ist das Recht auf Achtung der Eigensphäre (vorbehaltlich der Zuordnung zu einem Recht auf informationelle Selbstbestimmung; vgl. Rdn. 127) bei der **automatischen** (elektronischen) **Verarbeitung und Nutzung personenbezogener Arbeitnehmerdaten** im Betrieb. **Personalinformationssysteme** (je geprägt durch Art und Umfang der gespeicherten Daten, die verfügbaren Auswertungsprogramme und die verwendete Systemausstattung) dienen der Rationalisierung und Verbesserung der Personalverwaltung (einschließlich der Anforderungen einer Vielzahl gesetzlicher Melde- und Auskunftspflichten, insbesondere im Arbeits-, Sozial- und Steuerrecht) und Personalplanung des Arbeitgebers. Als deren spezifische **Gefahren für die Persönlichkeit** der Arbeitnehmer werden allgemein die Möglichkeit umfassender Datenerfassung, deren jederzeitige Abruf- und Verfügbarkeit, der Kontextverlust der Daten, der Wegfall der »Gnade des Vergessens« und vor allem die Möglichkeit der Datenverknüpfung und -kombination genannt, durch die Personalentscheidungen durch den Computer und die Erstellung von Persönlichkeitsbildern (Persönlichkeitsprofilen) der einzelnen Arbeitnehmer ermöglicht werden (vgl. *BVerfGE* 65, 1 [42]; ferner etwa *Däubler* Gläserne Belegschaften? Datenschutz für Arbeiter, Angestellte und Beamte, 6. Aufl. 2014; *Küpferle* Arbeitneh- 126 merdatenschutz im Spannungsfeld von Bundesdatenschutzgesetz und Betriebsverfassungsgesetz, S. 79 ff.). **Arbeitnehmerschutz** vor diesen Gefahren gewährleistet (neben den Mitbestimmungstatbeständen in § 87 Abs. 1 Nr. 6 und § 94 Abs. 1) das Recht auf Achtung der Eigensphäre als Konkretisierung des allgemeinen Persönlichkeitsrechts und **daneben** (vgl. zu dieser Zweigleisigkeit grundsätzlich *Ehmann* NZA 1985, Beil. 1, S. 2 ff.; *Zöllner* Daten- und Informationsschutz im Arbeitsverhältnis, S. 1 ff.) der **gesetzliche Datenschutz nach dem BDSG** (s. dazu auch *Franzen* § 83 Rdn. 42) sowie (eingeschränkt im Arbeitsverhältnis) derjenige des Telekommunikationsrechts (dazu näher *Däubler* Internet und Arbeitsrecht, Rn. 234 ff.; vgl. auch Rdn. 117). § 32 BDSG (ab 25.05.2018: § 26 BDSG i. V. m. der DSGVO) verdrängt in seinem Anwendungsbereich das allgemeine Persönlichkeitsrecht nicht, obwohl auch der gesetzliche Datenschutz nach ausdrücklicher Bestimmung in § 1 Abs. 1 BDSG (vorverlagerten) Persönlichkeitsschutz bezweckt: Dessen Schutzgut ist nämlich das aus Art. 2 Abs. 1 i. V. m. Art. 1 Abs. 1 GG hergeleitete verfassungsrechtliche Persönlichkeitsrecht, nicht das subjektive Privatrecht (vgl. zu dieser Unterscheidung Rdn. 103), das mithin auch nicht unmittelbar konkretisiert wird. Darüber hinaus ist zu beachten, dass sich für das Betriebsverfassungsrecht wegen § 75 Abs. 2 Satz 1 die Frage einer Normenkonkurrenz nicht stellt (vgl. dazu auch *Wiese/Gutzeit* § 87 Rdn. 517). Arbeitgeber und Betriebsrat haben nach **§ 75 Abs. 2 Satz 1** das Recht auf Achtung der Eigensphäre der Arbeitnehmer strikt zu wahren. Diese Schutzpflicht ist insbesondere bei Ausübung der Mitbestimmung im Rahmen des § 87 Abs. 1 Nr. 6 zu beachten. Sie begrenzt die Regelungsbefugnis der Betriebspartner, erweitert aber nicht das Mitbestimmungsrecht des Betriebsrats (vgl. auch *Wiese/Gutzeit* § 87 Rdn. 512 ff.). Sie ist rechtlich allein maßgeblich, wenn über die Verarbeitung und Nutzung von Arbeitnehmerdaten durch den Arbeitgeber eine Betriebsvereinbarung abgeschlossen oder durch Spruch der Einigungsstelle herbeigeführt werden soll: Dann greift der gesetzliche Datenschutz nicht ein. Das ergibt sich aus **§ 4 Abs. 1 BDSG**. In dieser Bestimmung wird als Grundkonzeption des Gesetzes das »Verbot mit Erlaubnisvorbehalt« festgelegt und bestimmt, dass die Erhebung, Verarbeitung personenbezogener Daten und deren Nutzung nur zulässig sind, »wenn dieses Gesetz oder eine andere Rechtsvorschrift sie erlaubt oder anordnet oder soweit der Betroffene eingewilligt hat«. Als eine solche »andere Rechtsvorschrift« (die das Gesetz ohne Einschränkung zulässt und folglich gegenüber §§ 32, 28 BDSG als einschlägiger gesetzlicher Erlaubnisbestimmung vorrangig ist) kommen nach allgemeiner Ansicht auch die Regelungen über die Zu- bzw. Unzulässigkeit einer Personaldatenverarbeitung in einer Betriebsvereinbarung oder einem Einigungsstellenspruch in Betracht (vgl. *BAG* 27.05.1986 EzA § 87 BetrVG 1972 Kontrolleinrichtung Nr. 16 S. 156. w. N. = AP Nr. 15 zu § 87 BetrVG 1972 Überwachung Bl. 5 R; 30.08.1995 EzA § 87 BetrVG 1972 Kontrolleinrichtung Nr. 21 S. 10 = AP Nr. 1 zu § 58 BetrVG 1972 Bl. 4 f.; *Blomeyer/*MünchArbR, 2. Aufl., § 99 Rn. 23; *Auernhammer* BDSG, 4. Aufl. 2014, § 4 Rn. 6, 7; *Franzen/*ErfK § 4 BDSG Rn. 2; *Gola/Schomerus* BDSG, 12. Aufl. 2015, § 4 Rn. 7, 10; *Taeger* in: *Taeger/Gabel* (Hrsg.) BDSG, 2. Aufl. 2013, § 4 Rn. 34 ff.). Daran ändert sich auch nach Inkrafttreten der DSGVO am 25.05.2018 nichts. § 26 Abs. 4 BDSG (neu) bestimmt i. Z. m. Art. 88 DSGVO ausdrücklich, dass die Verarbeitung personenbezogener Daten einschließlich besonderer Kategorien personenbezogener Daten von Beschäftigten für Zwecke des Beschäftigungsverhältnisses auf der Grundlage von Kollektivvereinbarungen, zu denen auch Betriebsvereinbarungen zählen, zulässig ist. Der Arbeitnehmerpersönlichkeitsschutz ist auch dann weiterhin nur über **§ 75 Abs. 2 Satz 1** zu gewährleisten (so konsequent schon früher auch *BAG* 27.05.1986 EzA § 87 BetrVG 1972 Kontrolleinrichtung Nr. 16 S. 156; zust. auch *Franzen* Datenschutz im Arbeitsverhältnis, EAS B 5300 Rn. 61 m. w. N.; vgl. m. w. N. auch *Kreutz* § 77 Rdn. 394). Es gelten allerdings die Erwägungen zur Interessenabwägung (Rdn. 108) mit der Maßgabe, dass die vom Gesetzgeber in den Zulässigkeitstatbeständen der §§ 32, 28 BDSG (ab dem 25.05.2018: § 62 BDSG i. V. m. Art. 88 DSGVO) getroffenen Gewichtungen als gesetzliche Wertentscheidungen im Bereich des Datenschutzes nicht verletzt werden dürfen. Die Ausführungen zu den Personalinformationssystemen gelten entsprechend für den Personaldatenschutz in **Betriebsdatenerfassungssystemen** (vgl. dazu *Buchner* ZfA 1988, 449 ff.). Zum Datenschutz bei der **Arbeitnehmerdatenverarbeitung durch den Betriebsrat** näher *Reinhard* Rechte und Pflichten des Betriebsrats bei der Verwendung von Arbeitnehmerdaten – eine Untersuchung anhand betriebsverfassungsrechtlicher und datenschutzrechtlicher Vorgaben, 2012; *Gola/Wronka* NZA 1991, 770; *Wohlgemuth* CR 1993, 218; *Vogelsang* CR 1992, 163.

ff) Recht auf informationelle Selbstbestimmung?

127 Nachdem das *BVerfG* im Volkszählungsurteil (*BVerfGE* 65, 1 [41 ff.] = NJW 1984, 419; umfangreiche Literaturnachweise dazu bei *Ehmann* AcP Bd. 188, 230 [298 mit Fn. 322]) das in Art. 2 Abs. 1 in Verbindung mit Art. 1 Abs. 1 GG als ungeschriebenes Grundrecht gewährleistete allgemeine Persönlichkeitsrecht dahin konkretisiert hat, dass es das Recht auf »informationelle Selbstbestimmung« (definiert als »die Befugnis des einzelnen, grundsätzlich selbst über die Preisgabe und Verwendung seiner persönlichen Daten zu bestimmen«) umfasst, drängt sich eine entsprechende Konkretisierung des zivilrechtlichen allgemeinen Persönlichkeitsrechts auf. Das gilt umso mehr, weil eine unmittelbare Drittwirkung des (Grund-)Rechts auf informationelle Selbstbestimmung im Privatrecht – wie auch sonst – nicht in Betracht kommt (grundsätzlich dazu *Zöllner* RDV 1985, 3 ff.; *Ehmann* AcP Bd. 188 (1988), 230 [267, 303]; gegen unmittelbare Drittwirkung auch *BAG* AP 22.10.1986 Nr. 2 zu § 23 BDSG im Anschluss an *Heußner* AuR 1985, 309 [314]; *Blomeyer/MünchArbR*, 2. Aufl., § 99 Rn. 5 m. w. N.; **a. M.** etwa *Simitis* NJW 1984, 398 [401]; *Küpferle/Wohlgemuth* Personalverarbeitende Systeme, Rn. 41 f.). Ein solches zivilrechtliches »Recht am eigenen Datum« als spezielles Persönlichkeitsrecht ist jedoch bedenklich, weil damit **jede** Erhebung, Speicherung, Verwendung und Weitergabe persönlicher Daten innerhalb und außerhalb automatischer Datenverarbeitung im Ansatz so umfassend geschützt wäre, dass die Handlungs- und Informationsfreiheit des gegenüberstehenden Informationsinteressenten (insbesondere des Arbeitgebers im Arbeitsrecht) nicht adäquat-gleichgewichtig berücksichtigt werden könnte (grundsätzlich dazu: *Ehmann* Informationsschutz und Informationsverkehr im Zivilrecht, AcP Bd. 188 (1988), 230 [266 ff., 298 ff. m. w. N. auch zur Gegenmeinung]; *Brossette* Der Wert der Wahrheit im Schatten des Rechts auf informationelle Selbstbestimmung, S. 214 ff., 237). Gerade weil nicht jedes persönliche Datum im Privatrechtsverkehr schon an sich schutzwürdig ist, gibt das Recht auf Achtung der Eigensphäre (oder der Intim- und Privatsphäre) ein gegenständlich konkreteres Schutzgut der Persönlichkeit an, das mithin dem Recht auf informationelle Selbstbestimmung auch im Hinblick auf die Grenzziehung zulässiger Arbeitnehmerdatenerhebung und -verarbeitung vorzuziehen ist. Allerdings ist der Ansatz im Hinblick auf die im konkreten Fall stets maßgebliche Interessenabwägung (Wahrung des Grundsatzes der Verhältnismäßigkeit) für das Ergebnis nur eine Frage der richtigen Wertvorstellung.

b) Schutz der Freiheitsbetätigung

128 Neben der bisher genannten (besonderen) Persönlichkeitsrechten, die vor rechtswidrigen Eingriffen in die individuelle Persönlichkeitssphäre schützen, werden z. T. andere anerkannt, die (primär) vor Eingriffen in einzelne **Freiheiten der Betätigung** schützen, wie insbesondere die **Glaubens-** und **Gewissensfreiheit**, die **Freiheit der Meinungsäußerung**, die **Berufsfreiheit** (*BAG* 05.03.2013 EzA § 77 BetrVG 2001 Nr. 35 Rn. 26 = AP Nr. 105 zu § 77 BetrVG 1972 [*Pollocek*]; 21.02.2017 NZA 2017, 738 Rn. 17, woraus das *BAG* einen § 14 Abs. 1 Satz 1 TzBfG entsprechenden Befristungsschutz für Regelungen in Betriebsvereinbarungen ableitet, Rn. 18 [dazu schon *BAG* 08.12.2010 EzA § 620 BGB 2002 Altersgrenze Nr. 10 Rn. 29 für einen Tarifvertrag]) und die **Vereinigungs-** bzw. **Koalitionsfreiheit** (vgl. *Hubmann* Das Persönlichkeitsrecht, 2. Aufl. 1967, S. 201 ff.; *Larenz/Canaris* Schuldrecht II, 13. Aufl. 1994, § 80; *Wiese* ZfA 1971, 273 [279, 283 f.]; *ders.* UFITA Bd. 64, 1972, S. 145 [172 f.]; *ders.* FS *Duden*, S. 719 [733]; *Thiele* Drittbearbeitung, § 75 Rn. 48, 55; für die Koalitionsfreiheit etwa auch *Hueck/Nipperdey* II/1, S. 132 f.; *Nikisch* II, 2. Aufl., S. 41 f.). Methodisch und dogmatisch ist gegen diese Transformierung grundrechtlicher Freiheiten in privatrechtliche Persönlichkeitsrechte nichts einzuwenden. Nicht zu folgen ist hingegen in der Begründung *Löwisch* (AuR 1972, 359; *Galperin/Löwisch* § 75 Rn. 31; zust. *Belling* Die Haftung des Betriebsrats und seiner Mitglieder für Pflichtverletzungen, S. 212; ähnlich auch *Richardi/Maschmann/Richardi* § 75 Rn. 44), der § 75 Abs. 2 Satz 1 so verstehen will, »dass der Gesetzgeber nur das Hauptfreiheitsrecht in das BetrVG eingefügt hat, in der Vorstellung, dass aus ihm alle Einzelfreiheitsrechte als Konkretisierungen abzuleiten sind«. Dabei stimmt nämlich die Prämisse nicht (vgl. Rdn. 102).

129 Darüber hinaus kann die Persönlichkeit aber **nicht umfassend hinsichtlich ihrer Entfaltungsfreiheit geschützt** sein (vgl. auch *Larenz/Canaris* Schuldrecht II/2, 13. Aufl. 1994, § 80 II 6; *Kreutz* FS *Schmidt-Jortzig*, S. 753 [763 f.]; **a. M.** insbesondere *Hubmann* Das Persönlichkeitsrecht, 2. Aufl. 1967, S. 175 ff.; *Wiese* FS *Duden*, S. 719 [732 ff.]; *ders.* FS *Kreutz*, S. 499 [503]; *Reichold/MünchArbR*, § 86 Rn. 23; i. E. auch *BAG* 19.01.1999 EzA § 87 BetrVG 1972 Betriebliche Ordnung Nr. 24 S. 6, wo dann folgerichtig besondere Sorgfalt auf die Prüfung der Wahrung des Grundsatzes der Verhältnismäßigkeit [Interessenabwägung] verwendet wird). Die Ableitung des allgemeinen Persönlichkeitsrechts aus dem **Zusammenhang** der Wertgehalte der Art. 1 Abs. 1 und Art. 2 Abs. 1 GG spricht dafür, dass sein Tatbestand enger abzustecken ist als derjenige der allgemeinen Handlungsfreiheit nach Art. 2 Abs. 1 GG (so auch *BVerfGE* 54, 148 [151 ff.]). Das schließt die **Herausbildung weiterer Freiheitsrechte**, die einen engeren Bezug zur Persönlichkeitssphäre aufweisen, als Konkretisierungen des allgemeinen Persönlichkeitsrechts nicht aus. Dazu ist mit *Wiese* (UFITA Bd. 64, 1972, S. 145 [172 f.]) etwa das »**Recht des Arbeitnehmers auf Gestaltung seines Äußeren**« (Freiheit der Gestaltung von Kleidung, Haar- und Barttracht, Kosmetik und Schmuck) zu rechnen, in das folglich nur vorbehaltlich des positiven Ergebnisses der Güter- und Interessenabwägung eingegriffen werden darf. Dieses Recht wird (nach Interessenabwägung) z. B. nicht durch die Einführung einer einheitlichen Arbeitskleidung verletzt, durch die das äußere Erscheinungsbild des Arbeitgebers (Unternehmens) verbessert (*BAG* 01.12.1992 EzA § 87 BetrVG 1972 Betriebliche Ordnung Nr. 20 S. 4) oder gewährleistet werden soll (*BAG* 13.02.2007 EzA § 87 BetrVG 2001 Betriebliche Ordnung Nr. 2 Rn. 21 ff. = AP Nr. 40 zu § 87 BetrVG 1972 Ordnung des Betriebes: Billigung einer einheitlichen Dienstkleidung für das Personal eines Spielcasinos, allerdings verfehlt unter dem Gesichtspunkt eines Eingriffs in die nach Art. 2 Abs. 1 GG geschützte allgemeine Handlungsfreiheit). Das ist dagegen nicht der Fall, wenn Piloten aufgrund einer Betriebsvereinbarung eine zur Dienstuniform gehörende »**Cockpit-Mütze**« zu tragen haben, Pilotinnen dagegen nicht (30.09.2014 EzA § 87 BetrVG 2001 Betriebliche Ordnung Nr. 11 Rn. 19 ff. = AP Nr. 46 zu § 87 BetrVG 1972 Ordnung des Betriebs). Vgl. zur Kleidung auch schon *BAG* AP Nr. 3 zu § 56 BetrVG Ordnung des Betriebes; 17.01.2012 EzA § 87 BetrVG 2001 Betriebliche Ordnung Nr. 7 = AP Nr. 41 zu § 87 BetrVG Ordnung des Betriebes; *LAG Frankfurt a. M.* DB 1967, 251; *Gumpert* BB 1961, 1380 [Pfennigabsätze]; zur Haartracht vgl. *ArbG Bayreuth* BB 1972, 175; *ArbG Essen* BB 1966, 861). Nicht bloß um die Gestaltung des Äußeren und der Kleidung geht es beim Tragen eines **islamischen Kopftuchs** als Symbol einer bestimmten religiösen Überzeugung, durch das eine Arbeitnehmerin ihre Grundrechte nach Art. 4 Abs. 1 und 2 GG gebraucht. Dann muss im Rahmen der Interessenabwägung zur Ausfüllung unbestimmter Rechtsbegriffe des Privatrechts (§ 315 Abs. 1 BGB, § 1 Abs. 2 KSchG) unter Abwägung der grundrechtlichen Wertentscheidungen die unternehmerische Betätigungsfreiheit (Art. 12 Abs. 1 GG) des Arbeitgebers hinter den Grundrechtspositionen der Arbeitnehmerin aus Art. 4 Abs. 1 und 2 GG zurücktreten, nach Ansicht des *BAG* jedenfalls dann, wenn der Arbeitgeber die Intensität der Betroffenheit seiner Grundrechtsposition nicht dadurch untermauert, dass er betriebliche Störungen oder wirtschaftliche Einbußen durch das Kopftuchtragen konkret darlegt (*BAG* 10.10.2002 EzA § 1 KSchG Verhaltensbedingte Kündigung Nr. 58 [krit. *Rüthers*] = AP Nr. 44 zu § 1 KSchG 1969 Verhaltensbedingte Kündigung [zust. *Adam*] = SAE 2003, 331 [abwägend *Bachmann*] = RdA 2003, 240 [zust. *Preis/Greiner*]; zust. auch *Hoevels* NZA 2003, 701; *Thüsing* NJW 2003, 405; das *BVerfG* 30.07.2003 EzA § 1 KSchG Verhaltensbedingte Kündigung Nr. 58a [krit. *Rüthers*] hat die Verfassungsbeschwerde nicht angenommen, aber zusätzlich darauf hingewiesen, dass Art. 12 Abs. 1 GG auch das Interesse des Arbeitnehmers an der Erhaltung seines Arbeitsplatzes schützt). Ist die Arbeitnehmerin in einer Einrichtung der Evangelischen Kirche beschäftigt, ist das Tragen eines Kopftuchs als Symbol der Zugehörigkeit zum islamischen Glauben und damit als Kundgabe einer anderen Religionszugehörigkeit nach Auffassung des *BAG* regelmäßig mit der arbeitsvertraglichen Verpflichtung einer tätigen Arbeitnehmerin zu einem zumindest neutralen Verhalten gegenüber ihrem Arbeitgeber nicht in Einklang zu bringen (*BAG* 24.09.2014 EzA § 611 BGB 2002 Kirchliche Arbeitnehmer Nr. 33 Rn. 36, 41 = AP Nr. 135 zu § 615 BGB; s. ferner unter dem Gesichtspunkt einer Diskriminierung nach der RL 2000/78/EG *EuGH* 14.03.2017 NZA 2017, 375 »Bougnaoui« und *EuGH* 14.03.2017 EuZW 2017, 480 »Achbita«). Zur Entschließungsfreiheit vgl. *Wiese* FS Duden, S. 719 (734 ff.). Zur Wissenschaftsfreiheit von wissenschaftlich tätigen Arbeitnehmern vgl. *Däubler* NZA 1989, 945.

130 Dagegen geht es zu weit, Konkretisierungen des allgemeinen Persönlichkeitsrechts der Arbeitnehmer schon darin zu sehen, am Arbeitsplatz (bzw. im Betrieb) zu **rauchen, Alkohol** zu trinken, zu **singen** oder **Radio** zu hören (obwohl diese Betätigungen Bestandteile der freien Entfaltung der Persönlichkeit i. S. d. Art. 2 Abs. 1 GG sind; vgl. insoweit Rdn. 136). Die betriebsverfassungsrechtliche Problematik eines Rauch-, Alkohol-, Sing- oder Radiohörverbots liegt vielmehr bei der Frage, ob der Betriebsrat (insbesondere nach § 87 Abs. 1 Nr. 1, u. U. auch nach Nr. 7) ein Mitbestimmungsrecht hat

(vgl. dazu näher *Wiese* § 87 Rdn. 223 ff.) und ob bei dessen Ausübung durch Betriebsvereinbarung die Innenschranken der Betriebsautonomie (vgl. dazu *Kreutz* § 77 Rdn. 329 ff.) eingehalten sind. Zu Recht sind einschlägige Entscheidungen dabei auf den Gesichtspunkt einer Verletzung des allgemeinen Persönlichkeitsrechts nicht eingegangen (vgl. *BAG* 14.01.1986 AP Nr. 10 zu § 87 BetrVG 1972 Ordnung des Betriebs: Verbot des Radiohörens; *BAG* 23.09.1986 EzA § 87 BetrVG 1972 Betriebliche Ordnung Nr. 12: Alkoholverbot).

Für den Problembereich »**Rauchen am Arbeitsplatz**« kann nichts anderes gelten. Mangels Persönlichkeitsrechts der Nichtraucher **zum Nichtrauchen** gebietet § 75 Abs. 2 Satz 1 nicht, zum Schutze der Nichtraucher vor Passivrauchen Rauchverbote zu erlassen (ebenso *Galperin/Löwisch* § 75 Rn. 30 f.; *Kania*/ErfK § 75 BetrVG Rn. 10; jetzt auch *Fitting* § 75 Rn. 162; vgl. auch *R. Scholz* Verfassungsfragen zum Schutze des Nichtrauchers, DB 1979, Beil. Nr. 10, S. 1 [8]; nur i. E. übereinstimmend, weil von einem Persönlichkeitsrecht der Nichtraucher ausgehend, *Berg*/DKKW § 75 Rn. 130; *Löwisch* DB 1979, Beil. Nr. 15, S. 1 [11]; vgl. auch *Mummenhoff* RdA 1976, 364 [372]). Eine andere Frage ist es, unter welchen Voraussetzungen Nichtraucher vom Arbeitgeber angemessene Schutzmaßnahmen verlangen können (bejahend, wenn das Verlangen aus gesundheitlichen Gründen geboten ist, schon *BAG* 17.02.1998 EzA § 618 BGB Nr. 14 [zust. *Streckel*] = AP Nr. 28 zu § 618 BGB [zust. *Börgmann*]). Das wurde früher insbesondere unter dem Gesichtspunkt einer Schutzpflicht gem. § 618 BGB beurteilt. Heute ist der Nichtraucherschutz speziell in **§ 5 ArbStättV** geregelt. Danach hat der Arbeitgeber die erforderlichen Maßnahmen zu treffen, damit die nicht rauchenden Beschäftigten in Arbeitsstätten wirksam vor den Gesundheitsgefahren durch Tabakrauch geschützt sind (§ 5 Abs. 1 Satz 1 ArbStättV), in Arbeitsstätten mit Publikumsverkehr (nach § 5 Abs. 2 ArbStättV) aber nur insoweit, als die Natur des Betriebs und die Art der Beschäftigung es zulassen (vgl. dazu *Wellenhofer-Klein* RdA 2003, 155; nach Ansicht von *Schulze-Osterloh* [FS Kreutz, S. 463, 468 ff.] ist die Einschränkung nach § 5 Abs. 2 ArbStättV mangels Einhaltung der Ermächtigungsgrundlage [§ 18 Abs. 1 ArbSchG] für die ArbStättV nichtig). Der Nichtraucherschutz setzt danach im Rahmen des vom Arbeitgeber vorgegebenen Entscheidungsrahmens (»Natur des Betriebs und Art der Beschäftigung«) eine Abwägung der Raucherinteressen mit dem Interesse der Nichtraucher an einem wirksamen Gesundheitsschutz durch »erforderliche« Maßnahmen voraus, der Arbeitgeber und Betriebsrat im Rahmen des Mitbestimmungsrechts nach § 87 Abs. 1 Nr. 7 einen weiteren Gestaltungsspielraum lässt. Nach § 5 Abs. 1 Satz 2 ArbStättV hat der Arbeitgeber, soweit es erforderlich ist, ein allgemeines oder auf einzelne Bereiche der Arbeitsstätte beschränktes Rauchverbot zu erlassen (s. dazu *Uhl/Polloczek* BB 2008, 1114). Nichts zu regeln ist, wenn ein gesetzliches Rauchverbot besteht, wie nach Maßgabe des Bundesnichtraucherschutzgesetzes in Einrichtungen des Bundes und öffentlichen Verkehrsmitteln sowie in Gaststätten nach den landesrechtlichen Nichtraucherschutzgesetzen (vgl. dazu *Entzer/Sauer* BB 2008, 1116). Wo ein solches Rauchverbot (wirksam) besteht, hat ein dort beschäftigter Arbeitnehmer nach zutreffender Ansicht des Neunten Senats des *BAG* (Urteil vom 19.05.2009 EzA § 618 BGB 2002 Nr. 4) gemäß § 618 Abs. 1 BGB, § 5 Abs. 1 Satz 1 und 2 ArbStättV Anspruch auf Zuweisung eines tabakrauchfreien Arbeitsplatzes gegen den Arbeitgeber.

Mangels eines Persönlichkeitsrechts **zum Rauchen** steht Abs. 2 Satz 1 umgekehrt dem Erlass eines Rauchverbotes nicht entgegen. I. E. zutr. verstößt nach dem Ersten Senat des *BAG* (Urteil vom 19.01.1999 EzA § 87 BetrVG 1972 Betriebliche Ordnung Nr. 24 = AP Nr. 28 zu § 87 BetrVG 1972 Ordnung des Betriebes [zust. *von Hoyningen-Huene*] = RdA 1999, 397 [zust. *Börgmann*] = AiB 1999, 404 [im Wesentlichen zust. *Heilmann*]; zust. *Künzel* BB 1999, 2187) ein in einer Betriebsvereinbarung erlassenes Rauchverbot nicht gegen § 75 Abs. 2 Satz 1, das Rauchen in allen Betriebsgebäuden verbietet, um Nichtraucher vor Gesundheitsgefahren und Belästigungen zu schützen. Die Überprüfung der Betriebsvereinbarung am Maßstab des § 75 Abs. 2 Satz 1 überzeugt jedoch nicht, weil das Gericht offenlässt, ob das Rauchverbot das allgemeine Persönlichkeitsrecht der Raucher berührt. Damit bleibt unbeachtet, dass im Privatrecht der Schutz der freien Entfaltung der Persönlichkeit nur durch (privatrechtliche) Persönlichkeitsrechte erfolgt (vgl. Rdn. 103). Stattdessen hält der Senat die Betriebspartner nach § 75 Abs. 2 Satz 1 unmittelbar für verpflichtet, die allgemeine Handlungsfreiheit (Art. 2 Abs. 1 GG) zu schützen, deren Beschränkung – insoweit konsequent – nur dann zulässig ist, wenn der Grundsatz der Verhältnismäßigkeit gewahrt ist, das Rauchverbot somit geeignet, erforderlich und angemessen ist, um den erstrebten Zweck zu erreichen. Die Überprüfung der Betriebsvereinbarung am Maßstab der Verhältnismäßigkeit entspricht billigenswerter Rechtskontrolle (vgl.

Kreutz § 77 Rdn. 348 f. sowie *Kreutz* § 77 Rdn. 337 zur mittelbaren Grundrechtsbindung von Betriebsvereinbarungen). § 75 Abs. 2 Satz 1 gibt insoweit aber nur dann den zutr. Ansatz, wenn man ein Persönlichkeitsrecht (entgegen der hier vertretenen Einschränkung; Rdn. 130) auf allgemeine Handlungsfreiheit anerkennt. Als unverhältnismäßig erkennt der Senat zutr. ein generelles Rauchverbot (auch) im betrieblichen Freigelände, wenn es nur mit dem Gesundheitsschutz der Nichtraucher (nicht etwa mit brandschutzrechtlichen oder produktionstechnischen Gegebenheiten) begründet wird. Auch die Überprüfung eines Rauchverbots am Maßstab des Nichtraucherschutzes des § 5 ArbStättV i. V. m. § 75 Abs. 1 Satz 1 lässt die Problematik einer umfassenden Interessenabwägung unberührt (vgl. Rdn. 131).

133 Zur Verletzung des allgemeinen Persönlichkeitsrechts durch **geschlechtsspezifische Benachteiligung** vgl. *BAG* 14.03.1989 EzA § 611a BGB Nr. 4, 5 m. w. N. (zust. *Schlachter*) = AP Nr. 5, 6 zu § 611a BGB *(abl. Scholz)*; abl. *Wiese* JuS 1990, 357. Ein generelles **Verbot von Liebesbeziehungen** im Betrieb (»Flirtverbot«) greift nach Auffassung des *BAG* (22.07.2008 EzA § 87 BetrVG 2001 Betriebliche Ordnung Nr. 3 Rn. 63 [zust. *Brecht-Heitzmann*] = AP Nr. 14 zu § 87 BetrVG 1972) zu Recht schwerwiegend in das allgemeine Persönlichkeitsrecht ein, so dass das Verbot regelmäßig unzulässig ist, aber ein Mitbestimmungsrecht nach § 87 Abs. 1 Nr. 1 bei diesem Regelungsgegenstand (im Rahmen von Ethik-Richtlinien) nicht ausschließt.

2. Förderungspflicht

134 Der Funktion nach geht die **Pflicht**, die **freie Entfaltung der Persönlichkeit** der betriebsangehörigen Arbeitnehmer **zu fördern**, weit über die Schutzpflicht (vgl. Rdn. 106, 107) hinaus. Die Förderungspflicht statuiert für Arbeitgeber und Betriebsrat **positive Handlungspflichten**. Sie verlässt damit den anerkannten privatrechtlichen Persönlichkeitsschutz, der (nur) Eingriffe in die Persönlichkeitsrechte verbietet, also grundsätzlich (Ausnahme: Eingriff durch pflichtwidriges Unterlassen) Unterlassung gebietet, aber keinen Anspruch gegen Dritte auf Förderung der eigenen Persönlichkeit begründet (vgl. *Hubmann* Das Persönlichkeitsrecht, 2. Aufl. 1967, S. 186; *Wiese* ZfA 1971, 273 [279 f.]; *ders.* UFITA Bd. 64, 1972, S. 145 [173]; *ders.* FS *Duden*, S. 719 [734]; *ders.* ZfA 1996, 439 [477]; *ders.* NZA 2006, 1 [6]; *Erman / Weitnauer* BGB, 7. Aufl., Anh. zu § 12, Rn. 14; *Schwerdtner* / MK-BGB 3. Aufl., § 12 Rn. 275; *Hallenberger* Pflicht zur Förderung, S. 30; *Niederalt* Individualrechte, S. 163; **a. M.** ohne Begründung *Badura* FS *Berber*, S. 11 [26]; vgl. aber auch *Ehmann* FS *Wiese*, S. 99 [103 ff.]; *Erman / Ehmann* BGB, 9. Aufl., Anh. zu § 12 Rn. 341 ff. [wie hier dann aber *Erman / Ehmann* BGB, 12. Aufl., Anh. § 12 Rn. 13]; nicht überzeugend *Leipold* AuR 1971, 1615, der ein Recht auf Arbeit als Persönlichkeitsrecht bejaht).

135 Die Förderungspflicht ist nicht auf Wahrung der anerkannten zivilrechtlichen Persönlichkeitsrechte gerichtet (so aber noch immer *Berg / DKKW* § 75 Rn. 136). Sie wäre sonst neben der Schutzpflicht bedeutungslos (zust. *Fitting* § 75 Rn. 168). Sie kann überhaupt nicht auf diese Persönlichkeitsrechte bezogen werden. Diese können nicht gefördert werden, sondern sind zu beachten. Im Unterschied zur Schutzpflicht, die gerade an die vorhandenen Persönlichkeitsrechte anknüpft, in denen sich der Schutz der Persönlichkeitssphäre und Freiheiten bestimmter Betätigungen entfalten, bezieht sich die Förderungspflicht (wortlautgetreu) auf die **freie Entfaltung der Persönlichkeit als ein noch zu erreichendes Ziel** (zutr. *Hallenberger* Pflicht zur Förderung, S. 45 ff.). Sie gibt Arbeitgeber und Betriebsrat Ziel und Maßstab, je für sich, insbesondere aber für ihre betriebsverfassungsrechtliche Zusammenarbeit. Sie präzisiert damit einen wichtigen Teilaspekt des in § 2 Abs. 1 (neben dem Wohl des Betriebs) genannten Wohls der Arbeitnehmer. Sie macht deutlich, dass in diesem Schutzbereich gerade auch der **einzelne** Arbeitnehmer als Persönlichkeit einbezogen ist, dass seine individuelle Entfaltung trotz seiner Gliedstellung im Betrieb, der Fremdbestimmtheit seiner Arbeitsleistung und seiner Einbindung in die Sachzwänge der betrieblichen Abläufe zu gewährleisten ist (*Thiele* Drittbearbeitung, § 75 Rn. 56).

136 Die freie Entfaltung der Persönlichkeit gründet auf der **Handlungsfreiheit**. Das ergibt sich in Parallele zum Inhalt des Begriffs in Art. 2 Abs. 1 GG. Das Verständnis dieses Grundrechts auf freie Entfaltung der Persönlichkeit als allgemeine Handlungsfreiheit ist heute nahezu unbestritten (st. Rspr. seit *BVerfG* 16.01.1957 *BVerfGE* 6, 32 [36]; vgl. auch die Kommentare *Jarass / Pieroth* GG, 14. Aufl., Art. 2

Rn. 3; *Maunz/Dürig* GG, Art. 2 Abs. 1 Rn. 11; *v. Mangoldt/Klein/Stark* GG, 6. Aufl., Art. 2 Rn. 8 ff.; *von Münch/Kunig* GG, 6. Aufl., Art. 2 Rn. 12). Die Förderungspflicht zielt mithin dahin, der **Handlungs- und Entwicklungsfreiheit** der Arbeitnehmer im Betrieb **Raum zu geben** (einzuräumen oder zu belassen). Das ist vor allem bedeutsam, wenn spezielle Freiheitsrechte als Konkretisierungen des allgemeinen Persönlichkeitsrechts nicht bestehen (vgl. Rdn. 129), und – soweit Persönlichkeitsrechte bestehen – jenseits ihrer bloßen Respektierung durch Nichtverletzung. Darin liegt die Sinnhaftigkeit des Nebeneinanders von Schutz- und Förderungspflicht. Weitergehend leitet *Hammer* (Die betriebsverfassungsrechtliche Schutzpflicht für die Selbstbestimmungsfreiheit des Arbeitnehmers) aus Abs. 2 Satz 1 (»schützen und fördern«) eine umfassende Schutzpflicht her, den einzelnen Arbeitnehmern eine möglichst weitgehende Selbstgestaltung aller sie betreffenden Arbeitsbedingungen zu ermöglichen. Dadurch wird § 75 Abs. 2 Satz 1 zur Zentralnorm für die Schrankensetzung der Ausübung der betriebsverfassungsrechtlichen Mitbestimmung und insbesondere auch für die Regelung von Arbeitsbedingungen durch Betriebsvereinbarung (vgl. dazu näher *Kreutz* § 77 Rdn. 352). Diesem Ansatz ist jedoch nicht zuzustimmen. Er wird der Unterschiedlichkeit von Schutzpflicht- und Förderungspflicht in Abs. 2 Satz 1 nicht gerecht, indem er die Förderungspflicht in die Schutzpflicht integriert.

Die Förderungspflicht ist umfassend angelegt. Sie betrifft die **gesamte Betätigung** der Arbeitnehmer im Betrieb, nicht etwa nur einen geistig-sittlichen oder ideellen Bereich (zust. *Hammer* [wie Rdn. 136], S. 25 ff.; *Richardi/Maschmann/Richardi* § 75 Rn. 45; **a. M.** wohl *Hallenberger* Pflicht zur Förderung, S. 55 ff., 58 ff., der Vermögensinteressen und Gesundheitsschutz als Ziele der Persönlichkeitsentfaltung grundsätzlich ausgrenzt). Nicht die Entfaltung **zur**, sondern die freie Entfaltung **der** Persönlichkeit ist zu fördern. Das gilt z. B. bei der Gestaltung der betrieblichen Ordnung, des sozialen Kontakts, von Arbeitsplatz, Arbeitsablauf und Arbeitsumgebung, aber auch etwa in der Betriebsversammlung. Ziel muss vor allem sein, den Arbeitnehmer seinen beruflichen Kenntnissen und Fähigkeiten entsprechend einzusetzen (ebenso *Richardi/Maschmann/Richardi* § 75 Rn. 44), insoweit Handlungsspielraum zur Weiterentwicklung zu geben (was zu Recht nach *BAG* 01.09.1987 EzA § 118 BetrVG 1972 Nr. 41 S. 12 nicht heißt, dass der Arbeitgeber verpflichtet ist, bei einer Stellenbesetzung in jedem Fall dem aus dem Betrieb kommenden Arbeitnehmer vor einem externen Bewerber den Vorzug zu geben), Selbstbestimmung zu ermöglichen (insbesondere durch Information und Anhörung des Arbeitnehmers), Verantwortungsbereiche zu delegieren (*Löwisch* AuR 1972, 359 [364]) und die Arbeit gerade mit Blick auf neue Techniken menschengerecht zu gestalten und zu organisieren (vgl. auch *Berg*/DKKW § 75 Rn. 114; *Blomeyer*/MünchArbR, 2. Aufl., § 97 Rn. 41; *Däubler* AiB 1988, 235 [236]; *Fitting* § 75 Rn. 166 ff.; *Galperin/Löwisch* § 75 Rn. 43; *Hallenberger* Pflicht zur Förderung, S. 60 ff.; *Riedel* JArbR Bd. 14 [1977], S. 79 [92]). 137

Das Gesetz nennt keine **Grenzen der Förderungspflicht**. Das ist bei ihrem Charakter als offene Amtspflicht von Arbeitgeber und Betriebsrat (aus der die Arbeitnehmer unmittelbar keine subjektiven Rechte herleiten können; vgl. Rdn. 155) auch nicht nötig. Sie begründet **keine neuen Beteiligungsrechte** des Betriebsrats in Angelegenheiten, für die das Gesetz sie nicht vorsieht (ebenso *Fitting* § 75 Rn. 169; *Hallenberger* Pflicht zur Förderung, S. 86, 190; *Kania*/ErfK § 75 BetrVG Rn. 10; *Niederalt* Individualrechte, S. 166; *Richardi* 7. Aufl., § 75 Rn. 38; *Wiese* NZA 2006, 1 [6]; vgl. auch Leitsatz 2 zu *BAG* 08.06.1999 EzA § 87 BetrVG 1972 Betriebliche Ordnung Nr. 25; *LAG Düsseldorf* NZA 2001, 908 [909]). Insoweit gilt nichts anderes als für § 2 Abs. 1 (vgl. *Franzen* § 2 Rdn. 13). 138

Die Förderungspflicht gibt der Zusammenarbeit von Arbeitgeber und Betriebsrat einen verbindlichen **Verhaltensmaßstab** (vgl. Rdn. 135), wird insoweit aber **begrenzt durch Umfang und Intensität der Beteiligungsrechte** (in echten Mitbestimmungsangelegenheiten also am Maßstab des § 76 Abs. 5 Satz 3). Das wird ganz besonders deutlich bei Beteiligungsangelegenheiten, die speziell (auch) auf die Förderung der freien Persönlichkeitsentfaltung zielen (vgl. insbesondere §§ 90, 91, 96–98). Dabei dürfen subtile gesetzliche Wertungen nicht unter Berufung auf § 75 Abs. 2 Satz 1 beiseitegeschoben werden. Einer Berufung auf das Spezialitätsprinzip bedarf es insoweit aber nicht (unklar insoweit *Galperin/Löwisch* § 75 Rn. 46, 47). Vielmehr ist umgekehrt zu betonen, dass auch in allen anderen Beteiligungsangelegenheiten die Förderungspflicht **inhaltliche Anforderungen** stellt, so dass etwa allein die Geltendmachung von Mitbestimmungsrechten in sozialen Angelegenheiten die Förderungspflicht des Betriebsrats gesehen noch nicht erfüllt (**a. M.** offenbar *Galperin/Löwisch* § 75 Rn. 43). Bei 139 der inhaltlichen Ausgestaltung einer Regelung haben die Betriebspartner ihrer Förderungspflicht zu genügen (z. B. wenn Verhaltensverbote festgelegt werden oder Fließbandarbeit näher ausgestaltet werden soll). Tendenziell kann die Förderungspflicht auch dahingehen, von kollektiven Maßnahmen abzusehen und der Privatautonomie der einzelnen Arbeitnehmer Raum zu lassen (vgl. auch *Richardi/Maschmann/Richardi* § 75 Rn. 47; *Wiese* NZA 2006, 1 [6] sieht insoweit einen Ansatzpunkt für das Subsidiaritätsprinzip). Auch außerhalb von Beteiligungsangelegenheiten haben Arbeitgeber und Betriebsrat je für sich ihre Förderungspflicht im Auge zu behalten. Sie können auch gegenseitig deren Erfüllung anmahnen. Es fehlen insoweit aber effektive Sanktionsmechanismen. Theoretisch bleiben die Möglichkeiten nach § 23 Abs. 1 und 3 bei grober Verletzung der Förderungspflicht.

140 Bedeutsam sind Förderungspflicht und Schutzpflicht darüber hinaus als **Auslegungsregel** gesetzlicher Bestimmungen, insbesondere der Vorschriften über die Mitbestimmung und Mitwirkung des Betriebsrats und der §§ 81 ff. (ebenso *Richardi/Maschmann/Richardi* § 75 Rn. 46; *Thiele* Drittbearbeitung, § 75 Rn. 57; zust. *Fitting* § 75 Rn. 169; *Kania*/ErfK § 75 BetrVG Rn. 10), aber auch von Betriebsvereinbarungen (*Hallenberger* Pflicht zur Förderung, S. 122 f.): Im Zweifel ist die Auslegung vorzuziehen, die der Zielsetzung des § 75 Abs. 2 Satz 1 entspricht.

141 Wie die Schutzpflicht (vgl. Rdn. 104) kann auch die Förderungspflicht zugleich als **Konkretisierung der Fürsorgepflicht des Arbeitgebers** im Arbeitsverhältnis verstanden werden (ebenso *Hallenberger* Pflicht zur Förderung, S. 94; *Niederalt* Individualrechte, S. 164, 168; *Thees* Das Arbeitnehmer-Persönlichkeitsrecht als Leitidee des Arbeitsrechts, S. 174; *Wiese* ZfA 1996, 439 [477]; zust. *Blomeyer*/MünchArbR 2. Aufl., § 97 Rn. 41). Dass die Förderungspflicht positive Handlungspflicht ist (vgl. Rdn. 134), bereitet dabei keine dogmatischen Schwierigkeiten, weil die Fürsorgepflicht auch sonst Grundlage für zahlreiche Handlungspflichten ist (vgl. etwa *Loritz/ZLH* Arbeitsrecht, § 17 II). Einzelpflichten des Arbeitgebers gegenüber einem Arbeitnehmer lassen sich freilich nur durch umfassende Interessenabwägung im Einzelfall feststellen.

V. Förderung der Selbstständigkeit und Eigeninitiative der Arbeitnehmer und Arbeitsgruppen (Abs. 2 Satz 2)

142 Durch Art. 1 Nr. 51 BetrVerf-Reformgesetz wurde § 75 Abs. 2 um Satz 2 ergänzt. Damit wurde ein Novellierungsvorschlag des DGB aufgegriffen. Abs. 2 Satz 2 begründet eine weitere gemeinsame Förderungspflicht für Arbeitgeber und Betriebsrat in der Betriebsverfassung neben derjenigen nach Abs. 2 Satz 1 (vgl. Rdn. 134 ff.). Normadressaten sind aber auch hier die einzelnen Betriebsratsmitglieder (vgl. Rdn. 10).

143 **Schutzgut** der Norm sind die **Selbstständigkeit** und **Eigeninitiative** der Arbeitnehmer und der Arbeitsgruppen. Nach der amtlichen Begründung (BT-Drucks 14/5741, S. 45) sollen Arbeitgeber und Betriebsrat durch deren Förderung »einen Beitrag zu mehr Demokratie im Betrieb leisten«. Diese schlagwortartige Zielbestimmung vermittelt indes keine zusätzlichen Erkenntnisse. Sie ist sogar irreführend, soweit sie die Verwirklichung des demokratischen Prinzips in der Betriebsverfassung suggeriert (vgl. *Kreutz* Betriebsautonomie, S. 25 ff.). Gemeint ist vielmehr, wie sich aus der amtlichen Begründung weiter ergibt, dass Selbstständigkeit und Eigeninitiative vor allem durch »eine entsprechende Gestaltung der Betriebsorganisation und der Arbeit, die Freiräume für Entscheidungen, Eigenverantwortung und Kreativität der Arbeitnehmer und der Arbeitsgruppen schafft«, zu fördern sind. Zu Recht sieht die Begründung deshalb in der Förderungspflicht zugleich »eine wesentliche Grundlage« dafür, dass die durch das BetrVerf-Reformgesetz eingeführten Beteiligungsrechte der einzelnen Arbeitnehmer und der Arbeitsgruppen auch greifen. Im Kontext der amtlichen Begründung (BT-Drucks. 14/5741, A III 7, S. 29 f.) bezieht sich das auf §§ 28a, 80 Abs. 2 Satz 3, 86a (vgl. dazu *Franzen* ZfA 2001, 423).

144 Abs. 2 Satz 2 begründet (wie auch Abs. 1 und Abs. 2 Satz 1) als kollektivrechtliche Norm **nur Amtspflichten** für die Normadressaten, aber keine subjektiven Rechte der einzelnen Arbeitnehmer (oder der Arbeitsgruppen) gegen die Normadressaten auf Förderung der Selbstständigkeit und Eigeninitiative im Betrieb (vgl. Rdn. 23 ff., 105; ebenso *Fitting* § 75 Rn. 175; zust. *Nill* Selbstbestimmung in der Arbeitsgruppe? S. 110 f.; *Preis/WPK* § 75 Rn. 68; *Reichold/HWK* § 75 BetrVG Rn. 18; *Richardi/*

Maschmann/Richardi § 75 Rn. 46; Wiese NZA 2006, 1 [6]; Worzalla/HWGNRH § 75 Rn. 30). Eine Seite kann die Erfüllung der Förderungspflicht durch die jeweils andere Seite im arbeitsrechtlichen Beschlussverfahren auch nicht durchzusetzen (vgl. Rdn. 105). Die Förderungspflicht prägt aber die **Schutz- und Fürsorgepflicht** des Arbeitgebers im Arbeitsverhältnis ebenso mit wie die Förderungspflicht nach Abs. 2 Satz 1 (vgl. Rdn. 141).

Die Förderpflicht begründet für Arbeitgeber und Betriebsrat zuvorderst positive **Handlungspflichten**, die darauf gerichtet sind, der Selbstständigkeit und Eigeninitiative von Arbeitnehmern und Arbeitsgruppen im Betrieb als noch zu erreichendem Ziel Raum zu geben, aber auch, vorhandene Freiräume zu belassen. Die Förderungspflicht trifft als Aufgabe je für sich Arbeitgeber und Betriebsrat. Sie gibt aber vor allem der **Zusammenarbeit** von Arbeitgeber und Betriebsrat einen verbindlichen **Verhaltensmaßstab**, ohne dabei neue Beteiligungsrechte des Betriebsrats in Angelegenheiten zu begründen, für die das Gesetz sie nicht vorsieht (vgl. entsprechend Rdn. 138 f.). Sie konkretisiert damit, dass es dem Wohl der Arbeitnehmer **und** des Betriebes i. S. d. § 2 Abs. 1 entspricht, wenn Selbstständigkeit und Eigeninitiative einzelner Arbeitnehmer und diejenige von Arbeitsgruppen im Betrieb gefördert werden. Damit ist die anthropozentrische Ausrichtung der modernen Produktions- und Managementsysteme nach der »**Lean-Philosophie**« (»Lean Production«, »Lean-Management« als synonyme Termini) in das Betriebsverfassungsrecht eingegangen (vgl. zum Überblick *Bösenberg/Metzen* Lean Management, Vorsprung durch schlanke Konzepte, 5. Aufl. 1995; *Corsten/Will* (Hrsg.) Lean Production, Schlanke Produktionsstrukturen als Erfolgsfaktor, 1993; *Institut für angewandte Arbeitswissenschaft e. V.* Lean Production – Idee – Konzept – Erfahrungen in Deutschland, 1992; *Schneider* Lean-Philosophie und zwischenbetriebliche Arbeitsteilung, Personal 1993, 380; *Traeger* Grundgedanken der Lean Production, 1994; hilfreich interdisziplinär *Boysen* Betriebsverband und Arbeitsverhältnis am Beispiel der Gruppenarbeit (Diss. Kiel), 1998; weitere Nachweise bei *Schaub/Koch* Arbeitsrechts-Handbuch, 16. Aufl., § 181; *Blanke* RdA 2003, 145). Eines ihrer Leitprinzipien ist (in Abwendung von der durch *Taylor* [Die Grundsätze wissenschaftlicher Betriebsführung, 1919] begründeten und auf industrielle Massenproduktion ausgerichteten Betriebsführungslehre), den Arbeitnehmer mit seinen Bedürfnissen und Fähigkeiten, die es zur Leistungssteigerung durch Eigenverantwortung freizusetzen gilt, in den Mittelpunkt des unternehmerischen Wertschöpfungsprozesses zu stellen. Zur Umsetzung dieses Leitprinzips propagiert die »Lean-Philosophie« die Einführung (teilautonomer) Gruppenarbeit als ihren wesentlichen Gestaltungsfaktor. Im Konzept dieser Gruppenarbeit sieht sie die optimale Kombination von Arbeitsorganisation und Führung.

1. Pflicht zur Förderung einzelner Arbeitnehmer

Die Pflicht nach Abs. 2 Satz 2 geht nicht über die Förderungspflicht nach Abs. 2 Satz 1 hinaus, weil mehr Raum zu selbstständigem und eigeninitiativem Handeln zugleich der freien Entfaltung der Persönlichkeit der betriebsangehörigen Arbeitnehmer dient (vgl. Rdn. 136, 137). Insofern unterstreicht die Herausstellung von Selbstständigkeit und Eigeninitiative allerdings deren Bedeutung zur Selbstverwirklichung der Arbeitnehmer im Betrieb (vgl. auch *Fitting* § 75 Rn. 170; *Richardi/Maschmann/Richardi* § 75 Rn. 46). Zugleich wird aber auch einem Leitprinzip der »Lean-Philosophie« (vgl. Rdn. 145) entsprochen, das dem selbstständig und eigenverantwortlich handelnden Mitarbeiter zentrale Bedeutung im Produktionsgeschehen zuerkennt. Die Selbstständigkeit einzelner Arbeitnehmer können Arbeitgeber und Betriebsrat allgemein dadurch fördern, dass **Weisungsgebundenheit abgebaut** wird, die nach h. M. und seit 01.01.2017 auch gemäß § 611a BGB definitionsgemäß zur persönlichen Abhängigkeit führt, die den Arbeitnehmerstatus ausmacht (vgl. BAG 30.11.1994 EzA § 611 BGB Arbeitnehmerbegriff Nr. 55). Allerdings ist die Förderung(spflicht) systemimmanente Arbeitnehmerförderung, sie ist nicht etwa darauf angelegt, aus Arbeitnehmern Selbstständige zu machen. Die Förderung kann durch die **Eröffnung von Handlungs- und Entscheidungsspielräumen** im fachlichen Bereich der zu leistenden Dienste erfolgen, aber auch durch Abbau organisatorischer Zwänge, denen sich der Arbeitnehmer aus Rechtsgründen fügen muss (vgl. auch *Fitting* § 75 Rn. 175). Vielfach wird diese Förderung der Selbstständigkeit den Arbeitnehmern zugleich Freiräume für Eigeninitiativen schaffen, insbesondere innerhalb ihrer Arbeitstätigkeit aus eigenem Antrieb zu handeln. Die Eigeninitiative kann aber auch dadurch besonders gefördert werden, dass Arbeitnehmer durch die Einräumung und bei der Wahrnehmung und Ausübung eigener betriebsverfassungsrechtlicher Beteiligungsrechte unterstützt werden. Die amtliche Begründung (BT-Drucks. 14/5741, unter A III 6) stellt dementsprechend § 75 Abs. 2 Satz 2 in unmittelbaren Zusammenhang mit dem Anliegen des BetrVerf-Reformgesetzes, die einzelnen Arbeitnehmer stärker in die Betriebsverfassung einzubeziehen.

147 Der Ausbau der Individualrechte der einzelnen Arbeitnehmer durch das BetrVerf-Reformgesetz ist jedoch (anders als die der Arbeitsgruppenrechte) dürftig ausgefallen. Die Individualrechte, die sich aus den durch das BetrVG 1972 eingefügten §§ 81 bis 86 ergeben, sind unverändert geblieben. Weitreichende Novellierungsvorschläge des DGB zu §§ 81 ff. hat der Gesetzgeber nicht aufgegriffen (vgl. dazu *Franzen* vor § 81 Rdn. 8; krit. deshalb *Blanke/Rose* RdA 2001, 92 [95 ff.]; *Wendeling-Schröder* NZA 2001, 357 [360 f.]). Lediglich § 86a ist hinzugekommen. Danach hat jeder Arbeitnehmer das Recht, dem Betriebsrat jedwedes **Thema zur Beratung vorzuschlagen**. Solche kommunikationsfördernden Eigeninitiativen haben der Betriebsrat und die Betriebsratsmitglieder zu fördern, etwa dadurch, dass der Betriebsratsvorsitzende einen Vorschlag schon dann auf die Tagesordnung einer Betriebsratssitzung setzt, wenn er dazu nach § 86a Satz 2 noch nicht verpflichtet ist, dass sich der Betriebsrat ernsthaft mit der Thematik auseinandersetzt und den Antragsteller über die weitere Behandlung des Vorschlags informiert, insbesondere darüber, ob und wie er weiterverfolgt wird (einer ausdrücklichen Regelung dieser Informationspflicht bedurfte es also nicht; das übersehen etwa *Blanke/Rose* RdA 2001, 92 [97]; *Neef* NZA 2001, 361 [363]). Entsprechend müssen der Betriebsrat, einzelne hinzugezogene Betriebsratsmitglieder (vgl. § 81 Abs. 4 Satz 3, § 82 Abs. 2 Satz 2, § 83 Abs. 1 Satz 2, § 84 Abs. 1 Satz 2) und der Arbeitgeber die Ausübung der Individualrechte nach §§ 81 ff. unterstützen.

148 Gelegenheit, Eigeninitiative einzelner Arbeitnehmer zu fördern, hat der Betriebsrat, wenn er nach § 80 Abs. 2 Satz 3 vom Arbeitgeber verlangt, ihm sachkundige Arbeitnehmer als Auskunftspersonen zur Verfügung zu stellen, soweit es zur ordnungsgemäßen Erfüllung seiner Aufgaben erforderlich ist. Auch diese Bestimmung ist unter dem Gesichtspunkt einer weiteren Einbeziehung einzelner Arbeitnehmer in die Betriebsverfassung geschaffen worden (vgl. amtliche Begründung, BT-Drucks. 14/5741, A III 6). Sie dient allerdings primär der Erfüllung neuer, schwieriger und komplexer Betriebsratsaufgaben, indem der Betriebsrat vom Fachwissen der Arbeitnehmer profitieren kann (vgl. amtliche Begründung, BT-Drucks. 14/5741, A III 4). Wird der einzelne Arbeitnehmer **als sachkundige Auskunftsperson herangezogen**, kann er aber zugleich eigene Vorstellungen stärker in die Betriebsratsarbeit einbringen. Das gilt erst recht, wenn die in der amtlichen Begründung (BT-Drucks. 14/5741, S. 47 [zu Nr. 54]) aufgezeigte Möglichkeit aufgegriffen wird und ein oder mehrere sachkundige Arbeitnehmer zusammen mit Betriebsratsmitgliedern Arbeitskreise bilden, die zu wichtigen komplexen Themen (z. B. Qualifizierung, Beschäftigungssicherung, Gesundheitsschutz im Betrieb) Lösungsvorschläge erarbeiten. Der Arbeitgeber kann insoweit seiner Förderungspflicht etwa dadurch nachkommen, dass er dem Verlangen des Betriebsrats keine unberechtigten Einwände entgegensetzt oder die Vorschläge des Betriebsrats zur Person des sachkundigen Arbeitnehmers nur bei zwingenden betrieblichen Notwendigkeiten unberücksichtigt lässt. Darüber hinaus geht die Förderung einzelner Arbeitnehmer insbesondere auch mit einer **Förderung** der Selbstständigkeit und Eigeninitiative **von Arbeitsgruppen** einher, denen die Arbeitnehmer angehören (vgl. dazu Rdn. 150). Das ist vom Gesetzgeber auch so gesehen und gewollt (vgl. amtliche Begründung, BT-Drucks. 14/5741, A III 6 sowie S. 47 [zu Nr. 56]).

2. Pflicht zur Förderung von Arbeitsgruppen

149 Mit der Verpflichtung von Arbeitgeber und Betriebsrat, neben der Selbstständigkeit und Eigeninitiative einzelner Arbeitnehmer auch diejenige von Arbeitsgruppen zu fördern, erkennt § 75 Abs. 2 Satz 2 erstmalig die Förderungswürdigkeit von Gruppenarbeit an und unterstreicht deren Bedeutung gerade auch als moderne Form der betrieblichen Arbeitsgestaltung. In verschiedenen Erscheinungsformen ist Gruppenarbeit allerdings seit langem unstr. anerkannt. Da der **Begriff der Arbeitsgruppe** (wie in § 28a) ohne jede Einschränkung verwendet wird, bezieht sich die Förderungspflicht auf alle Erscheinungsformen von Arbeitsgruppen, die Gruppenarbeit leisten (ebenso *Fitting* § 75 Rn. 174; *Wiese* NZA 2006, 1 [7]). Sie ist nicht auf die in § 87 Abs. 1 Nr. 13 zweiter Halbsatz definierte Gruppenarbeit beschränkt, die in der amtlichen Begründung (BT-Drucks. 14/5741, S. 47) zutr. als teilautonome Gruppenarbeit bezeichnet und als wesentliches arbeitsrechtliches Strukturelement moderner betrieb-

licher Arbeitsorganisation im Zeitalter der »Lean-Philosophie« (vgl. Rdn. 145) gesehen wird. Neben solchen »teilautonomen« Arbeitsgruppen, kommen Team- und Projektgruppen sowie Arbeitsgruppen für bestimmte Beschäftigungsarten und Arbeitsbereiche in Betracht (das ergibt auch die Begründung des RegE BetrVerf-Reformgesetz zum Begriff »Arbeitsgruppe« in § 28a; vgl. BT-Drucks. 14/5741, S. 40). Vgl. zum Arbeitsgruppenbegriff näher *Raab* § 28a Rdn. 12 ff.; ausführlich *Pfister* Übertragung von Aufgaben auf Arbeitsgruppen, S. 24 ff.). Im Gegensatz zu Einzelarbeit erfordert Gruppenarbeit, dass eine Mehrheit von Arbeitnehmern organisatorisch so zusammengefasst ist, dass sie unter gemeinsamer Verantwortung eine übertragene Arbeitsaufgabe erledigen (vgl. zur Mitverantwortung der Mitglieder für die Gruppenleistung schon *BAG* 24.04.1974 AP Nr. 4 zu § 611 Akkordkolonne). Die zu fördernde Arbeitsgruppe kann (vom Arbeitgeber zusammengeschlossene) **Betriebsgruppe** oder (von den Mitgliedern vor Abschluss der Arbeitsverträge selbst gebildete) **Eigengruppe** sein (vgl. zu dieser Unterscheidung etwa *Schaub/Koch* Arbeitsrechts-Handbuch § 181).

Selbstständigkeit und Eigeninitiative von Arbeitsgruppen werden zunächst in dem Maße gefördert, in dem der Gruppe von Arbeitnehmern für die Erledigung übertragener Aufgaben **Eigenverantwortung** eingeräumt wird. Diese ist nicht nur Last, sondern eröffnet vielmehr der Gruppe kollektive (und in ihrem Rahmen ihren Mitgliedern persönliche) Handlungs- und Entscheidungsfreiräume (Entscheidungsbefugnisse), die Eigeninitiativen und Entscheidungsselbstständigkeit herausfordern. Zu Recht wird deshalb in der Begründung zum RegE BetrVerf-Reformgesetz (BT-Drucks. 14/5741 S. 47) herausgehoben, dass teilautonome Gruppenarbeit (wie sie in § 87 Abs. 1 Nr. 13 zweiter Halbsatz definiert ist) Selbstständigkeit und Eigeninitiative der einzelnen Arbeitnehmer und der Arbeitsgruppe fördert und damit § 75 Abs. 2 Satz 2 entspricht. Bei dieser zutr. als »teilautonom« bezeichneten Gruppenarbeit geht die Eigenverantwortung definitionsgemäß besonders weit. Vorausgesetzt wird, dass einer Gruppe von Arbeitnehmern »im Rahmen des betrieblichen Arbeitsablaufs« eine »Gesamtaufgabe« übertragen ist, die sie »im Wesentlichen eigenverantwortlich« erledigt (vgl. zu diesen Merkmalen näher *Wiese* § 87 Rdn. 1076 ff.). Mit der Definition teilautonomer Gruppenarbeit knüpft der Gesetzgeber an die »Lean-Philosophie« (vgl. Rdn. 145) an, für die die teilautonome Arbeitsgruppe (vgl. zu deren Definition etwa *Antoni* Teilautonome Arbeitsgruppen, 1996; *Boysen* [wie Rdn. 145], S. 149 ff.) als Prototyp moderner Arbeitsorganisation die Basis für eine optimale Verwirklichung der Unternehmensziele ist. Die Förderung der Selbstständigkeit von Arbeitsgruppen ist jedoch nicht auf die Einräumung solcher Teilautonomie beschränkt. So wie in der Praxis unterschiedliche Grade der Gruppenautonomie feststellbar sind, können Arbeitsgruppen durch Übertragung von Eigenverantwortung und Entscheidungsbefugnissen (in unterschiedlichem Umfang) auch dann gefördert werden, wenn sie die in § 87 Abs. 1 Nr. 13 definierte Teilautonomie nicht erreichen. Alle Arbeitsgruppen kommen insoweit in Betracht (vgl. zu den unterschiedlichen Formen etwa *Grap* Personal 1993, 348; *Ruhnau/Esser* Personal 1993, 354), bis hin zur Einrichtung traditioneller Gruppenarbeit (industrielle Akkordgruppen, Arbeitskolonnen in der Bau- und Landwirtschaft).

150

Obwohl nach der »Lean-Philosophie« die Einführung teilautonomer Gruppenarbeit trotz ihrer anthropozentrischen Ausrichtung gerade auch im Unternehmensinteresse liegt, bleibt es der **freien unternehmerischen Entscheidung** des Arbeitgebers überlassen, ob und in welchem Umfang er eigenverantwortliche Gruppenarbeit **einführen** will. Diese Entscheidung ist in allen Fällen mitbestimmungsfrei. Der Mitbestimmungstatbestand in § 87 Abs. 1 Nr. 13 bezieht sich nur auf »Grundsätze über die Durchführung von Gruppenarbeit« (bei teilautonomer Gruppenarbeit), erfasst also deren Einführung (und Beendigung) nicht (vgl. näher *Gutzeit* § 87 Rdn. 1081 ff., 1084 ff.). Diese unternehmerische Entscheidungsfreiheit geht auch der Förderungspflicht nach § 75 Abs. 2 Satz 2 vor. Der Arbeitgeber bleibt frei in der Entscheidung darüber, ob er (soweit rechtlich möglich) aufgrund seines Direktionsrechts oder mittels freiwilliger Betriebsvereinbarung (dazu ausführlich *Breisig* Gruppenarbeit und ihre Regelungen durch Betriebsvereinbarungen, Handbuch für Praktiker, 1997; *Herlitzius* Lean Production- Arbeitsrechtsfragen bei Einführung und Gestaltung von Gruppenarbeit, 2. Aufl. 1997; *Elert* Gruppenarbeit: Individual- und kollektivrechtliche Fragen moderner Arbeitsformen, 2001; *Blanke* RdA 2003, 140) zusammen mit dem Betriebsrat Gruppenarbeit einführt oder die Eigenverantwortung bestehender Arbeitsgruppen erweitert (zur Pflichtenlage nach § 75 Abs. 2 Satz 2 für Arbeitgeber und Betriebsrat bei der Übertragung von Aufgaben auf Arbeitsgruppen vgl. näher *Pfister* [wie Rdn. 149], S. 129 ff.).

151

152 Weitergehend können die Betriebspartner die Selbstständigkeit von **Arbeitsgruppen** dadurch fördern, dass sie diese jeweils zu einer eigenständigen betriebsverfassungsrechtlichen **Entscheidungsebene** ausbauen. Die Möglichkeit dazu bietet § 28a bei Betrieben mit mehr als 100 Arbeitnehmern. Diese Bestimmung wurde durch Art. 1 Nr. 25 BetrVerf-Reformgesetz in das Betriebsverfassungsgesetz eingefügt. Sie sieht vor, dass der Betriebsrat nach Maßgabe einer zuvor mit dem Arbeitgeber abgeschlossenen Rahmenvereinbarung bestimmte (Betriebsrats-)Aufgaben (die mit den von der Arbeitsgruppe zu erledigenden Tätigkeiten im Zusammenhang stehen müssen) auf Arbeitsgruppen (widerruflich) übertragen kann, die dann die dazugehörigen Beteiligungsrechte wahrnehmen, bis hin zum selbstständigen Abschluss freiwilliger Vereinbarungen mit dem Arbeitgeber, für die § 77 entsprechend gilt (vgl. dazu im Einzelnen und zur Kritik namentlich aus gewerkschaftlicher Sicht *Raab* § 28a). Dadurch sollen Arbeitnehmer, denen in Arbeitsgruppen Eigeninitiative und Mitverantwortung abverlangt wird, in gleicher Weise die betriebliche Mitbestimmung mitgestalten können (vgl. Begründung zum RegE BetrVerf-Reformgesetz, BT-Drucks. 14/5741, unter A III 6). Das ermöglicht einen Abbau von Fremdbestimmung durch Arbeitgeber und Betriebsrat.

153 Die Förderung der Arbeitsgruppen durch Dezentralisierung betriebsverfassungsrechtlicher Entscheidungsstrukturen (*Däubler* AuR 2001, 1 [3]) erfordert zunächst den Abschluss einer **Rahmen(betriebs-)vereinbarung** zwischen Arbeitgeber und Betriebsrat, in der festgelegt wird, dass der Betriebsrat bestimmte **Betriebsratsaufgaben** auf bestimmte Arbeitsgruppen **übertragen kann** (§ 28a Abs. 1 Satz 1 2. HS). Erst dadurch wird die Voraussetzung für die Übertragbarkeit der mit den Aufgaben verbundenen Beteiligungsrechte geschaffen. Mangels ausdrücklicher Regelung wird die Erzwingbarkeit der Rahmenvereinbarung in der Lit. allerdings verneint (vgl. *Konzen* RdA 2001, 76 [85]; *Däubler* AuR 2001, 3; *Raab* § 28a Rdn. 20 m. w. N.). Jedenfalls ist sie mangels greifender Sanktionsmechanismen unter Anmahnung der Förderungspflicht nach § 75 Abs. 2 Satz 2 nicht durchsetzbar (vgl. Rdn. 144; näher *Pfister* Übertragung von Aufgaben auf Arbeitsgruppen, S. 135 ff.). Soweit allerdings Betriebsratsaufgaben auf teilautonome Arbeitsgruppen übertragen werden sollen, greift das Mitbestimmungsrecht nach § 87 Abs. 1 Nr. 13. Zu den Grundsätzen über die Durchführung (teilautonomer) Gruppenarbeit gehört auch die Frage, ob die Gruppe bei den von ihr zu erledigenden Tätigkeiten damit im Zusammenhang stehende Beteiligungsrechte (§ 28a Abs. 1 Satz 2) wahrnehmen kann (zust. *Wiese* NZA 2006, 1 [7], **a. M.** *Raab* § 28a Rdn. 21). Arbeitgeber und Betriebsrat können insoweit eine Rahmenvereinbarung vereinbaren und notfalls über die Einigungsstelle durchzusetzen versuchen. Das kann mit anderen Vorschlägen zur Regelung von Grundsätzen über die Durchführung der Gruppenarbeit verbunden werden. Ob der Betriebsrat nach Maßgabe einer abgeschlossenen Rahmenvereinbarung sodann bestimmte **Aufgaben** (schriftlich) auf **Arbeitsgruppen überträgt**, liegt in seinem Ermessen. Ein Beschluss bedarf der Mehrheit der Stimmen seiner Mitglieder (§ 28a Abs. 1 Satz 1). Unter Berufung auf die Förderungspflicht des Betriebsrats nach § 75 Abs. 2 Satz 2 kann der Arbeitgeber eine solche Delegation nicht erzwingen.

VI. Verstöße und Rechtsfolgen

154 § 75 begründet als **kollektivrechtliche** Norm gesetzliche **Amtspflichten** (vgl. Rdn. 23, 105, 144) für die Normadressaten. Bei **grober** Pflichtverletzung kommen die **Sanktionen** nach § 23 Abs. 1 und Abs. 3 (vgl. dazu *BAG* 28.05.2002 EzA § 87 BetrVG 1972 Betriebliche Ordnung Nr. 29 S. 10) in Betracht. Bei (sämtlichen) Verstößen gegen die Grundsätze von Recht und Billigkeit und die Benachteiligungsverbote nach Abs. 1 haben Betriebsrat und Arbeitgeber das Recht, von der jeweils anderen Seite (ggf. durch einstweilige Verfügung) **Beseitigung** und **Unterlassung** im arbeitsgerichtlichen Beschlussverfahren (§ 2a Abs. 1 Nr. 1, Abs. 2; §§ 80 ff. ArbGG) zu verlangen (vgl. Rdn. 26 f., auch zu Zweifeln am Fortbestand dieser Rechtslage). Das gilt für die Schutz- und Förderungspflicht nach Abs. 2 Satz 1 und die Förderungspflicht nach Abs. 2 Satz 2 nicht (vgl. Rdn. 105, 144). Insoweit ist der Weg über § 23 Abs. 3 für den Betriebsrat subsidiär. Er hat seinen (auch bei leichteren Verletzungshandlungen des Arbeitgebers bestehenden) Anspruch unter den günstigeren Sanktionsmöglichkeiten nach § 85 ArbGG, § 890 ZPO durchzusetzen (vgl. m. w. N. *Oetker* § 23 Rdn. 213).

155 Aus der Verletzung aller in § 75 begründeten Amtspflichten lassen sich **unmittelbar keinerlei individualrechtliche** Rechtsfolgen herleiten. Insbesondere ergeben sich aus § 75 für den einzelnen Arbeit-

nehmer keine positiven Leistungsansprüche, auch keine Unterlassungsansprüche oder Leistungsverweigerungsrechte gegenüber dem Arbeitgeber, wenn dieser gegen die Pflichten aus § 75 verstößt (vgl. Rdn. 23, 105, 144; ebenso *von Hoyningen-Huene/*MünchArbR 2. Aufl., § 301 Rn. 87 [anders für § 75 Abs. 2 *von Hoyningen-Huene* BB 1991, 2215, 2216]; *Kaiser/LK* § 75 Rn. 44; *Lukes* Der betriebsverfassungsrechtliche Unterlassungsanspruch des Arbeitgebers gegen den Betriebsrat, S. 276 ff.; *Preis/WPK* § 75 Rn. 62; *Reichold/HWK* § 75 BetrVG Rn. 1; *Richardi/Maschmann/Richardi* § 75 Rn. 52; *Richardi/*MünchArbR § 13 Rn. 5; zust. *Fritsch* BB 1992, 701 [707]; **a. M.** zum Leistungsverweigerungsrecht *Berg/DKKW* § 75 Rn. 142; wohl auch, aber unklar in der Herleitung *Fitting* § 75 Rn. 177 und *Kania/*ErfK § 75 BetrVG Rn. 12; für einen Erfüllungsanspruch auf Förderung der Persönlichkeitsentfaltung *Hallenberger* Pflicht zur Förderung, S. 254; generell bejaht *Belling* Haftung des Betriebsrats, S. 264 ff., Erfüllungsansprüche der Arbeitnehmer auf Beachtung der Amtspflichten aus § 75 gegenüber dem Betriebsrat, die im Beschlussverfahren durchsetzbar sein sollen [S. 283 ff.]). Der einzelne Arbeitnehmer kann die Amtspflichterfüllung auch nicht erzwingen (vgl. Rdn. 23 f.). Eine andere Frage ist es, ob mit der Amtspflichtverletzung **zugleich** auch **Pflichten aus dem Arbeitsverhältnis** (insbesondere auch der durch § 75 konkretisierten Fürsorgepflicht des Arbeitgebers und des Gleichbehandlungsgrundsatzes; vgl. Rdn. 25 m. w. N.) verletzt werden oder etwa aus dem AGG (vgl. Rdn. 52) und welche individualrechtlichen Rechtsfolgen sich daraus ergeben. Diese sind ggf. im arbeitsgerichtlichen Urteilsverfahren (§ 2 Abs. 1 Nr. 3, Abs. 5; §§ 46 ff. ArbGG) durch Klage geltend zu machen.

Aus der Verletzung der Amtspflichten als solcher ergeben sich auch **keine Schadensersatzansprüche** für geschädigte betriebsangehörige Arbeitnehmer, weder gegen den Arbeitgeber noch gegen den Betriebsrat oder beteiligte Betriebsratsmitglieder. Namentlich sind § 75 Abs. 1 und Abs. 2 Satz 1 **keine Schutzgesetze** i. S. v. § 823 Abs. 2 BGB (ebenso *Richardi/Maschmann/Richardi* § 75 Rn. 53; *Herschel* Anm. zu BAG AP Nr. 2 zu § 17 BBiG; *von Hoyningen-Huene/*MünchArbR 2. Aufl., § 301 Rn. 87; *Isele* RdA 1962, 373 [374]; zust. *Fritsch* BB 1992, 701 [707]; *Kaise/LK* § 75 Rn. 45; *Reichold/HWK* § 75 BetrVG Rn. 1; *Worzalla/HWGNRH* § 75 Rn. 43; vgl. auch *Belling* Haftung des Betriebsrats, S. 213 ff., der jedoch dem einzelnen Arbeitnehmer Schadensersatzansprüche bei Verletzung von Amtspflichten durch den Betriebsrat und dessen Mitglieder analog zu den Haftungsnormen anderer Sachwalter [z.B. § 1833 BGB] zubilligt [S. 285 ff.]; **a. M.**, aber ohne Begründung, *Fitting* § 75 Rn. 177; *Galperin/Löwisch* § 75 Rn. 38; *Hanau* ArbR 1976, 24 [28]; *Riedel* JArbR Bd. 14 [1977], S. 79 [94]; *U. Schröder* Altersbedingte Kündigungen und Altersgrenzen im Individualarbeitsrecht, S. 203; zust. *Kania/*ErfK § 75 BetrVG Rn. 12; *Lorenz/HaKo* § 75 Rn. 58; *Stege/Weinspach/Schiefer* § 75 Rn. 2; für § 75 Abs. 1 auch BAG 05.04.1984 AP Nr. 2 zu § 17 BBiG Bl. 4 = EzA § 17 BBiG Nr. 1; *Berg/DKKW* § 75 Rn. 147). § 75 zielt auf die Festlegung kollektivrechtlicher Amtspflichten, gewährt aber keinen Individualschutz (vgl. Rdn. 23). Speziell zu § 75 Abs. 1 kommt noch Folgendes hinzu: Soweit die Bestimmung dem Schutz und Interesse der betriebsangehörigen Arbeitnehmer dient (vgl. Rdn. 13), reicht diese allgemeine Schutzfunktion nicht aus, weil Schutzgesetze nur dann vorliegen, wenn sie auf den Schutz eines bestimmten (konkreten) Rechtsguts oder Interesses zielen. Diesen Anforderungen genügt Abs. 1 aber nicht, da er umfassend die Beachtung der Grundsätze von Recht und Billigkeit fordert. Zudem überzeugt es nicht, über § 75 Abs. 1 gleichsam das gesamte Individualarbeitsrecht (vgl. Rdn. 29) deliktsrechtlich zu unterfangen. Die Persönlichkeitsrechte sind aber als »sonstige Rechte« i. S. v. § 823 Abs. 1 BGB deliktsrechtlich geschützt (s. Rdn. 103). **156**

§ 75 ist ein **Verbotsgesetz** i. S. v. § 134 BGB. Die Auslegung ergibt, dass die Vorschrift den Normadressaten auch verbietet, durch Rechtsgeschäft gegen die in Abs. 1 und Abs. 2 festgelegten Grundsätze für die Behandlung der Betriebsangehörigen (vgl. Überschrift) zu verstoßen. Nach § 134 BGB ist ein verbotswidriges Rechtsgeschäft jedoch nur dann nichtig, wenn das Verbotsgesetz diese Sanktion verlangt. Bei § 75 ist der **kollektivrechtliche Charakter** der Norm maßgeblich. Deshalb hat ein Verstoß gegen § 75 nur die Nichtigkeit von Rechtsgeschäften auf betriebsverfassungsrechtlich-kollektiver Ebene zur Folge, nicht auf individualrechtlicher Ebene, insbesondere im Verhältnis zwischen Arbeitgeber und einzelnem Arbeitnehmer (ebenso i. E. für das Benachteiligungsverbot nach § 75 Abs. 1 Satz 2 a. F. bei einzelvertraglich vereinbarter Altersgrenze *U. Schröder* aaO Rn. 156, S. 202; das verkennt *Kaiser/LK* § 75 Rn. 42, der deshalb in § 75 kein Verbotsgesetz sehen will). § 75 ist demnach insofern hauptsächlich **Schranken- und Kontrollnorm für Betriebsvereinbarungen** (als auch für **Sozialpläne**), Betriebsabsprachen und sonstige betriebliche Einigungen zwischen Arbeitgeber und Betriebsrat. Eine Betriebsvereinbarung (auch als Sozialplan), die gegen die **157**

Grundsätze des § 75 Abs. 1 oder Abs. 2 Satz 1 oder 2 verstößt, insbesondere auch gegen ein **Benachteiligungsverbot** oder/und den **arbeitsrechtlichen Gleichbehandlungsgrundsatz** (vgl. Rdn. 36), ist insoweit nichtig (ebenso i. E., insbesondere bei Verstößen gegen den Gleichbehandlungsgrundsatz *Belling* Haftung des Betriebsrats, S. 200 ff.; *Berg/DKKW* § 75 Rn. 142; *Fitting* § 75 Rn. 177; *Galperin/Löwisch* § 75 Rn. 37; *Hallenberger* Pflicht zur Förderung, S. 118 ff.; *von Hoyningen-Huene* DB 1984, Beil. Nr. 1, S. 1 [3]; *von Hoyningen-Huene*/MünchArbR 2. Aufl., § 301 Rn. 86; *Joost* Anm. EzA § 87 BetrVG 1972 Betriebliche Ordnung Nr. 16 S. 14; *Kania*/ErfK § 75 BetrVG Rn. 12; *Lorenz*/ HaKo § 75 Rn. 58; *Preis/WPK* § 75 Rn. 58; *Reichold/HWK* § 75 BetrVG Rn. 2; *Worzalla*/ HWGNRH § 75 Rn. 43; im Ganzen folgend *Fritsch* BB 1992, 701 [707]; i. E. **übereinstimmend das BAG in st. Rspr.** [wenn auch in der Dogmatik vielfach vage, s. a. Rdn. 36]; vgl. zur Prüfung der Unwirksamkeit von Betriebsvereinbarungen am Maßstab des arbeitsrechtlichen Gleichbehandlungsgrundsatzes etwa BAG 08.06.1999 EzA § 87 BetrVG 1972 Betriebliche Ordnung Nr. 25 S. 5; 19.01.2009 EzA § 1 BetrAVG Betriebsvereinbarung Nr. 7 [Differenzierung bei einer Versorgungsordnung]; 16.02.2010 EzA § 1 BetrAVG Gleichbehandlung Nr. 35 [Differenzierung zwischen Arbeitern und Angestellten bei der Betriebsrente]; vgl. auch *Kreutz* § 77 Rdn. 330, 375 ff.); zu **Überprüfungen von Sozialplanregelungen** vgl. mit umfangreichen Nachweisen *Oetker* §§ 112, 112a Rdn. 376 ff.). Das gilt auch für Betriebsvereinbarungen (Sozialpläne), die auf einem Spruch der Einigungsstelle beruhen. Auch dieser Spruch, der die Einigung zwischen Arbeitgeber und Betriebsrat ersetzt, ist an § 75 zu messen (so etwa auch BAG 11.03.1986 AP Nr. 14 zu § 87 BetrVG 1972 Überwachung Bl. 6 R = EzA § 87 BetrVG 1972 Kontrolleinrichtung Nr. 15 S. 137; 27.10.1987 EzA § 112 BetrVG 1972 Nr. 41 S. 14; für den Sozialplan etwa 06.05.2003 EzA § 112 BetrVG 2001 Nr. 8; vgl. auch § 76 Rdn. 132]. Eine Betriebsvereinbarung (Sozialplan), die (der) gegen ein Benachteiligungsverbot nach § 75 Abs. 1 verstößt, ist zugleich auch nach § 7 Abs. 2 AGG unwirksam, soweit ein Merkmal betroffen ist, das auch in § 1 AGG genannt ist. Eine Benachteiligung wegen gewerkschaftlicher Betätigung oder Einstellung ist auch nach Art. 9 Abs. 3 Satz 2 GG nichtig.

158 Aus § 75 folgt darüber hinaus eine mittelbare Grundrechtsbindung der Betriebspartner beim Abschluss von Betriebsvereinbarungen (s. Rdn. 30). Daraus ist jetzt ein dogmatisch tragfähiges Konzept zur Rechtskontrolle von Betriebsvereinbarungen hergeleitet worden, die Arbeitnehmer (einseitig) belasten: **Individualschutz durch mittelbare Grundrechtsbindung**. Dieses Lösungskonzept gründet auf einer Neuausrichtung der jüngeren Rspr. des *BAG*, nach der die Betriebsparteien beim Abschluss von Betriebsvereinbarungen »gemäß § 75 Abs. 1, Abs. 2 S. 1 BetrVG zur Wahrung der grundrechtlich geschützten Freiheitsrechte verpflichtet sind«, bedurfte indes vielfältiger Klarstellungen, der Ausräumung von Unstimmigkeiten und präziser dogmatischer Einordnung. Vgl. dazu ausführlich *Kreutz* FS *Schmidt-Jortzig*, S. 753 sowie *Kreutz* § 77 Rdn. 333 ff.

159 Verstößt der Arbeitgeber bei **personellen Einzelmaßnahmen** gegen die Behandlungsgrundsätze des § 75, muss der Betriebsrat schon nach § 99 Abs. 2 Nr. 1 seine Zustimmung verweigern, weil er sonst selbst gegen seine Amtspflichten aus § 75 verstoßen würde (vgl. Rdn. 21).

160 **Streitigkeiten** zwischen Betriebsrat und Arbeitgeber in Angelegenheiten des § 75 entscheiden die Gerichte für Arbeitssachen im Beschlussverfahren (§ 2a Abs. 1 Nr. 1, Abs. 2; §§ 80 ff. ArbGG).

§ 76
Einigungsstelle

(1) Zur Beilegung von Meinungsverschiedenheiten zwischen Arbeitgeber und Betriebsrat, Gesamtbetriebsrat oder Konzernbetriebsrat ist bei Bedarf eine Einigungsstelle zu bilden. Durch Betriebsvereinbarung kann eine ständige Einigungsstelle errichtet werden.

(2) Die Einigungsstelle besteht aus einer gleichen Anzahl von Beisitzern, die vom Arbeitgeber und Betriebsrat bestellt werden, und einem unparteiischen Vorsitzenden, auf dessen Person sich beide Seiten einigen müssen. Kommt eine Einigung über die Person des Vorsitzenden nicht zustande, so bestellt ihn das Arbeitsgericht. Dieses entscheidet auch, wenn kein Einverständnis über die Zahl der Beisitzer erzielt wird.

(3) Die Einigungsstelle hat unverzüglich tätig zu werden. Sie fasst ihre Beschlüsse nach mündlicher Beratung mit Stimmenmehrheit. Bei der Beschlussfassung hat sich der Vorsitzende zunächst der Stimme zu enthalten; kommt eine Stimmenmehrheit nicht zustande, so nimmt der Vorsitzende nach weiterer Beratung an der erneuten Beschlussfassung teil. Die Beschlüsse der Einigungsstelle sind schriftlich niederzulegen, vom Vorsitzenden zu unterschreiben und Arbeitgeber und Betriebsrat zuzuleiten.

(4) Durch Betriebsvereinbarung können weitere Einzelheiten des Verfahrens vor der Einigungsstelle geregelt werden.

(5) In den Fällen, in denen der Spruch der Einigungsstelle die Einigung zwischen Arbeitgeber und Betriebsrat ersetzt, wird die Einigungsstelle auf Antrag einer Seite tätig. Benennt eine Seite keine Mitglieder oder bleiben die von einer Seite genannten Mitglieder trotz rechtzeitiger Einladung der Sitzung fern, so entscheiden der Vorsitzende und die erschienenen Mitglieder nach Maßgabe des Absatzes 3 allein. Die Einigungsstelle fasst ihre Beschlüsse unter angemessener Berücksichtigung der Belange des Betriebs und der betroffenen Arbeitnehmer nach billigem Ermessen. Die Überschreitung der Grenzen des Ermessens kann durch den Arbeitgeber oder den Betriebsrat nur binnen einer Frist von zwei Wochen, vom Tage der Zuleitung des Beschlusses an gerechnet, beim Arbeitsgericht geltend gemacht werden.

(6) Im Übrigen wird die Einigungsstelle nur tätig, wenn beide Seiten es beantragen oder mit ihrem Tätigwerden einverstanden sind. In diesen Fällen ersetzt ihr Spruch die Einigung zwischen Arbeitgeber und Betriebsrat nur, wenn beide Seiten sich dem Spruch im Voraus unterworfen oder ihn nachträglich angenommen haben.

(7) Soweit nach anderen Vorschriften der Rechtsweg gegeben ist, wird er durch den Spruch der Einigungsstelle nicht ausgeschlossen.

(8) Durch Tarifvertrag kann bestimmt werden, dass an die Stelle der in Absatz 1 bezeichneten Einigungsstelle eine tarifliche Schlichtungsstelle tritt.

Literatur
Literaturnachweise zum BetrVG 1952 siehe 8. Auflage.

Barkey-Heine Inhaltliche Kontrollmaßstäbe für die gerichtliche Überprüfung der betriebsverfassungsrechtlichen Einigungsstelle (Diss. Münster), 1993; *Bauer* Der Anwalt im Einigungsstellenverfahren, AnwBl. 1985, 225; *ders.* Einigungsstellen – Ein ständiges Ärgernis, NZA 1992, 433; *ders.* Schnellere Einigungsstelle – Gesetzesreform nötig, ZIP 1996, 117; *Bauer/Diller* Der Befangenheitsantrag gegen den Einigungsstellenvorsitzenden, DB 1996, 137; *Bauer/Röder* Problemlose Einigungsstellenkosten?, DB 1989, 224; *Behrens* Konkretisierung des Gegenstandes der Einigungsstelle, NZA 1991, Beil. 2, S. 23; *Bengelsdorf* Rechtliche Möglichkeiten zur Beschleunigung des erzwingbaren Einigungsstellenverfahrens, BB 1991, 613; *Bertelsmann* Geltendmachung der Besorgnis der Befangenheit bei Einigungsstellenvorsitzenden, NZA 1996, 234; *ders.* Befangenheit von Einigungsstellenvorsitzenden, FS *Wißmann*, 2005, S. 230; *Bischoff* Die Einigungsstelle im Betriebsverfassungsrecht, 1975 (zit.: Die Einigungsstelle); *Blomeyer* Der Interessenkonflikt zwischen Arbeitnehmer und Betriebsrat bei Individualmaßnahmen, GS *Dietz*, 1973, S. 147; *Bötticher* Regelungsstreitigkeiten, FS *Lent*, 1957, S. 89; *ders.* Die Zuständigkeit der Einigungsstelle des § 70 Abs. 2 BetrVG in rechtsstaatlicher Sicht, FS *A. Hueck*, 1959, S. 149; *Brill* Die Einigungsstelle nach dem neuen Betriebsverfassungsgesetz, BB 1972, 178; *ders.* AR-Blattei, Einigungsstelle, 1975; *Bürger* Möglichkeiten für den Einsatz der Mediation im Arbeitsrecht unter Einbeziehung des Mediationsgesetzes (Diss. Stuttgart 2014), 2014; *Buhren* Zur gerichtlichen Kontrolle der Beschlüsse der Einigungsstelle, PersV 1983, 393; *Burdich* Das Verfahren vor der Einigungsstelle, AuA 1995, 412; *Caspers* Ablehnung des Einigungsstellenvorsitzenden wegen Befangenheit, BB 2002, 578; *Clemenz* Errichtung der Einigungsstelle, FS ARGE Arbeitsrecht im DAV, 2006, S. 815; *Dedert* Zuständigkeit der Einigungsstelle bei Abmahnungen, BB 1986, 320; *Dütz* Die gerichtliche Überprüfung der Sprüche von betriebsverfassungsrechtlichen Einigungs- und Vermittlungsstellen (Diss. Bielefeld), 1966 (zit. Die gerichtliche Überprüfung); *ders.* Verbindliche Einigungsverfahren nach den Entwürfen zu einem neuen Betriebsverfassungsrecht, DB 1971, 674, 723; *ders.* Zwangsschlichtung im Betrieb. Kompetenz und Funktion der Einigungsstelle nach dem BetrVG 1972, DB 1972, 383; *ders.* Einstweiliger Rechts- und Interessenschutz in der Betriebsverfassung, ZfA 1972, 247; *ders.* Verfahrensrecht der Betriebsverfassung, AuR 1973, 353; *ders.* Die Beilegung von Arbeitsstreitigkeiten im Betrieb, RdA 1978, 291; *ders.* Arbeitsgerichtliche Überprüfbarkeit von Einigungsstellensprüchen nach

§ 109 BetrVG, FS *D. Gaul*, 1992, S. 41; *Dusny* Aktuelle Rechtsprechung zum Einigungsstellenverfahren, ArbR 2015, 447; *Ebert, O.* Die Kosten der Einigungsstelle gemäß § 76a BetrVG unter besonderer Berücksichtigung der Honorierung von Einigungsstellenmitgliedern (Diss. Kiel), 1999 (zit.: Kosten der Einigungsstelle); *ders.* Die Einrichtung einer Einigungsstelle, FA 1998, 373; *ders.* Durchführung eines Einigungsstellenverfahrens nach § 76 BetrVG, FA 1999, 47; *Ehrich/Fröhlich* Die Einigungsstelle. Eine systematische Darstellung zur Lösung betriebsverfassungsrechtlicher Konflikte, 2. Aufl. 2010; *Eisemann* Das Verfahren vor der Einigungsstelle, FS ARGE Arbeitsrecht im DAV, 2006, S. 837; *Emmert* Bildung der Einigungsstelle, FA 2006, 226; *Faulenbach* Ausgewählte Fragen des Einigungsstellenverfahrens, NZA 2012, 953; *Feudner* Die betriebliche Einigungsstelle – ein unkalkulierbares Risiko, DB 1997, 826; *Fiebig* Der Ermessensspielraum der Einigungsstelle (Diss. Göttingen), 1992; *ders.* Grundprobleme der Arbeit betrieblicher Einigungsstellen, DB 1995, 1278; *Fischer, U.* Der Spruch der Einigungsstelle – Folgen einer Teilunwirksamkeit, NZA 1997, 1017; *ders.* Einigungsstellenvorsitz – Quasi richterliche oder Meditationstätigkeit sui generis?, DB 2000, 217; *ders.* Die Beisitzer der Einigungsstelle – Schiedsrichter, Schlichter, Parteivertreter oder Wesen der vierten Art?, AuR 2005, 391; *Friedemann* Das Verfahren der Einigungsstelle für Interessenausgleich und Sozialplan, 1997 (zit.: Das Verfahren der Einigungsstelle); *Ganslmayer* Die gerichtliche Überprüfung der Sprüche von Einigungsstellen nach dem Betriebsverfassungsgesetz 1972 (Diss. Augsburg), 1974; *Gaul* Die betriebliche Einigungsstelle, 2. Aufl. 1980; *ders.* Zur Aussetzung des Verfahrens über die Bestellung des Einigungsstellenvorsitzenden, BB 1978, 1067; *ders.* Die Entscheidung über die Besetzung der Einigungsstelle, ZfA 1979, 97; *ders.* Einigungsstelle: Aussetzung des Bestellungsverfahrens, DB 1980, 1894; *Gaul/Bartenbach* Die Beanstandung der Ermessensüberschreitung durch die betriebliche Einigungsstelle, NZA 1985, 341; *Giese* Einigungsstellenverfahren, Pausen bei Akkordentlohnung, Verfahrenskosten als Druckmittel, ZfA 1991, 53; *Gnade* Die Einigungsstelle nach dem neuen Betriebsverfassungsgesetz, AuR 1973, 43; *ders.* Die Bildung und Zusammensetzung der Einigungsstelle nach dem BetrVG, MitbestGespr. 1975, 204; *Göritz/Laßmann* Handbuch Einigungsstelle, 2015; *Groh* Die Haftung von Einigungsstellenmitgliedern, 2017; *Hanau/Reitze* Die Wirksamkeit von Sprüchen der Einigungsstelle, FS *Kraft*, 1998, S. 167; *Hase/von Neumann-Cosel/Rupp/u. a.* Handbuch für die Einigungsstelle, 3. Aufl. 1998; *Heilmann* Streitigkeiten um Vorsitzende einer Einigungsstelle, AiB 1989, 68; *Heinze* Verfahren und Entscheidung der Einigungsstelle, RdA 1990, 262; *ders.* Regelungsabrede, Betriebsvereinbarung und Spruch der Einigungsstelle, NZA 1994, 580; *Hennige* Das Verfahrensrecht der Einigungsstelle, 1996; *Henssler* Die Entscheidungskompetenz der betriebsverfassungsrechtlichen Einigungsstelle in Rechtsfragen, RdA 1991, 268; *C. S. Hergenröder* Einigungsstelle I, AR-Blattei SD 630.1 (2001); *Herschel* Bemerkungen zum Recht der Einigungsstelle, AuR 1974, 257; *Hinrichs/Boltze* Verhinderung des Beisitzers in der Einigungsstelle wegen Teilnahme an Arbeitskampfmaßnahmen, BB 2013, 814; *Hoffmann* Das Unternehmenswohl bei den mitbestimmten Unternehmen und die angemessene Berücksichtigung der Belange des Betriebs und der Arbeitnehmer im Betriebsverfassungsgesetz, JArbR Bd. 15 (1978), S. 37; *Hunold* Bildung und Kosten der Einigungsstelle nach dem BetrVG, DB 1978, 2362; *ders.* Die Sorgfaltspflichten des Einigungsstellenvorsitzenden, insbesondere im Verfahren über einen Sozialplan, NZA 1999, 785; *Jäcker* Die Einigungsstelle nach dem Betriebsverfassungsgesetz 1972 (Diss. Bonn), 1974 (zit.: Die Einigungsstelle); *Jahnke* Kompetenzen des Betriebsrats mit vermögensrechtlichem Inhalt, RdA 1975, 343; *Kaven* Das Recht des Sozialplans, 1977; *Kehrmann* Das Verfahren vor der Einigungsstelle und die gerichtliche Überprüfbarkeit des Spruches, MitbestGespr. 1975, 208; *Kempter/Merkel* Grundzüge und Fallstricke im Einigungsstellenverfahren, DB 2014, 1807; *Knuth* Betriebsvereinbarungen und Einigungsstellen, Ergebnisse einer empirischen Untersuchung, BABl. 1983, Heft 9, S. 8; *Krüger* Die Beilegung arbeitsrechtlicher Streitigkeiten nach irischem und deutschem Recht, 2015; *Kühne/Meyer* Antworten für die Praxis, Einigungsstelle: Einberufung, Durchführung, Kosten, 2016; *Leinemann* Die Bestellung des Vorsitzenden und die Bestimmung der Zahl der Beisitzer einer betriebsverfassungsrechtlichen Einigungsstelle, AuR 1975, 22; *ders.* Schlichten oder Richten – Kann ein Vorsitzender einer betriebsverfassungsrechtlichen Einigungsstelle wegen der Besorgnis der Befangenheit abgelehnt werden?, FS *Schwerdtner*, 2003, S. 323; *Leipold* Die Einigungsstelle nach dem neuen Betriebsverfassungsgesetz, FS *Schnorr von Carolsfeld*, 1973, S. 273; *Lelley/Nikolova* Betriebliche Einigungsstelle, P&R 2013, 75; *Lepke* Zur Rechtsstellung der betrieblichen Einigungsstelle, insbesondere im arbeitsgerichtlichen Beschlußverfahren, BB 1977, 49; *Lerch/Weinbrenner* Einigungsstelleneinsetzungsverfahren bei Betriebsänderungen, NZA 2015, 1228; *Lunk/Nebendahl* Die Vergütung der außerbetrieblichen Einigungsstellenbeisitzer, NZA 1990, 921; *Mallmann* Verfahrensgrundsätze zur Einigungsstelle, AiB 2013, 364; *Matthes* Zur Antragstellung im Beschlußverfahren, DB 1984, 453; *Meik* Zu Problemen der Bildung und Entscheidung tariflicher Einigungsstellen bei konkurrierenden bzw. gleichlautenden Tarifverträgen, DB 1990, 2522; *Moll* Die Mitbestimmung des Betriebsrats beim Entgelt (Diss. Köln), 1977; *Müller, G.* Zur Stellung der Verbände im neuen Betriebsverfassungsrecht, ZfA 1972, 213 (234 ff.); *ders.* Die Einigungsstelle, ArbGeb. 1972, 419; *ders.* Rechtliche Konzeption und soziologische Problematik der Einigungsstelle nach dem BetrVG 1972, DB 1973, 76, 431; *ders.* Einigungsstelle und tarifliche Schlichtungsstelle nach dem BetrVG 1972, FS *Barz*, 1974, S. 489; *Neft/Ocker* Die Einigungsstelle im Betriebsverfassungsrecht, 2. Aufl. 1995 (zu *Bischoff* Die Einigungsstelle); *Neumann, D.* Einigungsstelle und Schlichtung, RdA 1997, 142; *Obermeyer* Verfassungsrechtliche Bedenken gegen den Regierungsentwurf eines Betriebsverfassungsgesetzes, DB 1971, 1715; *Oechsler/ Schönfeld* Die Bedeutung von Einigungsstellen im Rahmen der Betriebsverfassung – Empirische Analyse, Teil IV: Stellenwert der Einigungsstelle als innerbetrieblicher Konfliktlösungsmechanismus, 1990; *Pfrogner* Haftung von Einigungsstellenmitgliedern, 2015; *Plander* Verbindliche Entscheidung der Einigungsstelle in Personalangelegenheiten hoheitlich tätiger Angestellter, PersR 1987, 13; *Pünnel* Praktische Probleme des Einigungsstellenverfahrens nach dem BetrVG 1972, AuR 1973, 257; *ders.* Die Einigungsstelle des BetrVG 1972, 3. Aufl. 1990 (zit.: Die Einigungsstelle); *Pünnel/Isenhardt* Die Einigungsstelle des BetrVG 1972, 4. Aufl. 1997 (zit.: Die Einigungsstelle); *Pünnel/Schönfeld* Das Verfahren vor der Einigungsstelle, RdA 1989, 301; *Reinhard* Schiedsgerichte und Schlichtungsstellen im Arbeitsrecht, ArbRB 2016, 307; *Reuter* Die Mitbestimmung des Betriebsrats über die Lage der Arbeitszeit von Ladenangestellten, ZfA 1981, 165; *Rieble* Die Kontrolle des Ermessens der betriebsverfassungsrechtlichen Einigungsstelle (Diss. Freiburg), 1990 (zit.: Kontrolle des Ermessens); *ders.* Die Kontrolle der Einigungsstelle in Rechtsstreitigkeiten, BB 1991, 471; *ders.* Die tarifliche Schlichtungsstelle nach § 76 Abs. 8 BetrVG, RdA 1993, 140; *Rossmanith* Betriebliche Mitbestimmung – Beschlußverfahren – Rechtsschutzinteresse, AuR 1982, 339; *Rupp* Die Einigungsstelle, AiB 2002, 247; *Sbresny-Uebach* Die Einigungsstelle, AR-Blattei SD 630 (1992); *Schack* Die zivilrechtliche Stellung des Einigungsstellenvorsitzenden und die Problematik seiner Unparteilichkeit i. S. d. § 76 Abs. 2 S. 1 BetrVG (Diss. Kiel), 2002 (zit.: Die zivilrechtliche Stellung des Einigungsstellenvorsitzenden); *Schank* Die Einigungsstelle als Möglichkeit innerbetrieblicher Konfliktaustragung – Eine Untersuchung von Einigungsstellenverfahren im Saarland, ArbN 1981, 307; *Schaub* Die Bestellung und Abberufung der Vorsitzenden von Einigungsstellen, NZA 2000, 1087; *Schell* »Vorfragenkompetenz« der Einigungsstelle und Funktion des Vorsitzenden des Arbeitsgerichts bei der Bestellung des Vorsitzenden einer Einigungsstelle nach § 76 Abs. 2 BetrVG, BB 1976, 1517; *Schlochauer* Die betriebliche Einigungsstelle: Ein zunehmendes Ärgernis?, in: *Rüthers/Hacker* Das Betriebsverfassungsgesetz auf dem Prüfstand, 1983, S. 99; *Schlüter* Tarifmacht gegenüber Außenseitern – Zur Verfassungsmäßigkeit der tariflichen Schlichtungsstellen (§ 76 Abs. 8 BetrVG), FS *Lukes*, 1989, S. 559; *J. Schmidt* Einigungsstellen vor Gericht, JArbR Bd. 40, 2003, S. 121; *Schmitt-Rolfes* Das betriebsverfassungsrechtliche Schlichtungswesen, JArbR Bd. 19 (1982), S. 69; *ders.* Die Stellung der Verbände im betriebsverfassungsrechtlichen Einigungsstellenverfahrens (Diss. Köln), 1977; *Schneider* Aufgaben und Befugnisse der Einigungsstelle nach dem Betriebsverfassungsgesetz, MitbestGespr. 1975, 191; *Schönfeld* Die Einigungsstelle – ein Schlichtungsorgan der Betriebsverfassung, AuA 1990, 249; *ders.* Die Person des Einigungsstellenvorsitzenden, BB 1988, 1996; *ders.* Das Verfahren vor der Einigungsstelle, 1988; *ders.* Grundsätze der Verfahrenshandhabung der Einigungsstelle, NZA 1988, Beil. 4, S. 3; *Scholz* Dotierung eines Sozialplans durch die Einigungsstelle, BB 2006, 1498; *Schroeder-Printzen* Zur Erforderlichkeit der schriftlichen Begründung des Spruchs der Einigungsstelle, ZIP 1983, 264; *Sasse* Die gerichtliche Einsetzung der Einigungsstelle, DB 2015, 2817; *Schulze* Die Einigungsstelle – Voraussetzungen und Ablauf, ArbR 2013, 321; *Sieg* Interne Schlichtung zur Vermeidung von Arbeitsgericht und Einigungsstelle, FS 50 Jahre Bundesarbeitsgericht (2004), S. 1329; *Simitis/Weiss* Funktion und Grenzen der Intervention des Arbeitsgerichts bei der Bestellung des Vorsitzenden der Einigungsstelle, ZfA 1974, 383; *Söllner* Mitbestimmung als Mitgestaltung und Mitbeurteilung, FS 25 Jahre Bundesarbeitsgericht, 1979, S. 605; *ders.* Schlichten ist kein Richten, ZfA 1982, 1; *Sowka* Die Tätigkeit von Rechtsanwälten als Parteivertreter vor der Einigungsstelle, NZA 1990, 91; *Sturn* Die Befugnisse der Einigungsstelle nach dem BetrVG, ArbuSozR 1975, 153; *ders.* Die Einigungsstelle nach dem neuen Betriebsverfassungsgesetz, AuL 1972, 276; *Thiele* Die Einigungsstelle, BlStSozArbR 1973, 353; *Tschöpe* Die Bestellung der Einigungsstelle – Rechtliche und taktische Fragen, NZA 2004, 945; *Trebeck/von Broich* Spruchkompetenz der Einigungsstelle bei nachwirkenden freiwilligen Betriebsvereinbarungen, NZA 2012, 1018; *Voss* Die Rechtsstellung von Minderheitslisten im Betriebsrat, 2015; *Weber/Burmester* Die Ermessensentscheidung der Einigungsstelle bei Sozialplänen und ihre arbeitsgerichtliche Überprüfung, BB 1995, 2268; *Weber/Ehrich* Einigungsstelle, 1999; *Wenning-Morgenthaler* Die Einigungsstelle. Leitfaden für die Praxis, 6. Aufl. 2013; *Wiese* Zur Zuständigkeit der Einigungsstelle nach § 85 Abs. 2 BetrVG, FS *G. Müller*, 1981, S. 625; *ders.* Das Initiativrecht nach dem Betriebsverfassungsgesetz, 1977; *Wiesemann* Die Einigungsstelle als Einrichtung zur Beilegung von Rechtsstreitigkeiten im Betriebsverfassungsrecht (Diss. Jena), 2003 (zit.: Die Einigungsstelle als Einrichtung zur Beilegung von Rechtsstreitigkeiten); *Wölmerath* Mediation und Güterichter – recht unbekannte Werkzeuge zur Streitschlichtung, ArbR 2015, 343; *Wulff* Einigt euch im Betrieb, AiB 2015, 15; *Zachert* Konfliktregulierung in der Betriebsverfassung, Mitbest Gespr. 1975, 187; *Zeppenfeld/Fries* In dubio pro Einigungsstellenspruch? – Praktische Auswirkungen des Einigungsstellenverfahrens nach § 76 V 4 BetrVG am Beispiel des Sozialplans, NZA 2015, 647; *Zitscher* Die »vertrauensvolle Zusammenarbeit« zwischen Betriebsrat und Arbeitgeber, DB 1984, 1395.

Inhaltsübersicht

		Rdn.
I.	Vorbemerkung	1–4
II.	Aufgaben der Einigungsstelle	5–14
	1. Schlichtungsfunktion	5–8
	2. Gegenstand der Schlichtung: Regelungsstreitigkeiten	9–11
	3. Entscheidung von Rechtsfragen	12–14
III.	Zuständigkeit der Einigungsstelle	15–27
	1. Meinungsverschiedenheiten zwischen Arbeitgeber und Betriebsrat	15
	2. Spezielle Kompetenzzuweisungen zu verbindlicher Entscheidung	16–19
	3. Allgemeine Zuständigkeitsregelung	20–27
	a) Rechtsstreitigkeiten	22, 23
	b) Regelungsstreitigkeiten	24–27
IV.	Errichtung der Einigungsstelle	28–85
	1. Errichtung im Einzelfall	28–34
	a) Errichtung auf Antrag einer Partei	29–32
	b) Errichtung auf Antrag beider Parteien	33, 34
	2. Besetzung der Einigungsstelle	35–80
	a) Bestellung der Beisitzer	37–53
	aa) Zahl der Beisitzer	37–45
	bb) Auswahl und Bestellung der Beisitzer	46–53
	b) Bestellung des Vorsitzenden	54–80
	aa) Bestellung durch die Parteien	54–61
	bb) Bestellung durch das Arbeitsgericht	62–80
	3. Ständige Einigungsstelle	81–83
	4. Betriebliche Schiedsstellen	84, 85
V.	Rechtsstellung der Einigungsstelle und ihrer Mitglieder	86–97
	1. Rechtsnatur der Einigungsstelle	86–88
	2. Rechtsstellung der Mitglieder	89–97
VI.	Verfahren vor der Einigungsstelle	98–125
	1. Parteien	98
	2. Antragserfordernis	99–102
	3. Verfahrensablauf	103–122
	a) Allgemeine Verfahrensgrundsätze	104–110
	b) Beschlussfassung	111–122
	4. Verfahrensregelung durch Betriebsvereinbarung (Abs. 4)	123, 124
	5. Kosten des Verfahrens	125
VII.	Spruch der Einigungsstelle	126–144
	1. Inhaltliche Schranken des Spruchs	126–135
	a) Zuständigkeit der Einigungsstelle	126–129
	b) Bindung an zwingendes Recht	130
	c) Innenschranken	131–135
	2. Rechtswirkungen des Spruchs	136–144
	a) Wirkungen im freiwilligen Einigungsverfahren (Abs. 6)	136–138
	b) Wirkungen im verbindlichen Verfahren (Abs. 5)	139–144
VIII.	Gerichtliche Überprüfung der Sprüche	145–181
	1. Zuständigkeit des Arbeitsgerichts	145, 146
	2. Beschränkung auf Rechtskontrolle	147
	3. Umfang der Rechtskontrolle	148–174
	a) Überprüfungsverfahren	148–153
	b) Überprüfung von Sprüchen über Rechtsfragen	154, 155
	c) Überprüfung von Sprüchen über Regelungsfragen	156–174
	aa) Voraussetzungen der Ermessenskontrolle	160–165
	bb) Durchführung der Ermessenskontrolle	166–174
	4. Inhalt und Wirkung der gerichtlichen Entscheidung	175–181
IX.	Rechtsweggarantie (Abs. 7)	182, 183
X.	Tarifliche Schlichtungsstellen (Abs. 8)	184–192

Einigungsstelle § 76

I. Vorbemerkung

Arbeitgeber und Betriebsrat sind bei der Wahrnehmung ihrer betriebsverfassungsrechtlichen Aufgaben gleichermaßen gehalten, sich am Wohl der Arbeitnehmer und des Betriebs zu orientieren (§ 2 Abs. 1). Das schließt **widerstreitende Zielvorstellungen und Interessen** nicht aus. Vielmehr sind sie notwendig in Rechnung zu stellen, weil der Betriebsrat als der Vertreter der Interessen der Arbeitnehmer des Betriebs gerade deren Belange zur Geltung bringen soll. Das Gesetz musste daher für eine angemessene **Konfliktlösung** sorgen. Das Arbeitskampfverbot (§ 74 Abs. 2 Satz 1) und das Behinderungs- und Benachteiligungsverbot (§§ 78, 119) schließen es aus, die Konfliktlösung dem freien Spiel der Kräfte zu überlassen. Die beiderseitige Verpflichtung zur Verhandlung über strittige Fragen mit dem ernsten Willen zur Einigung (§ 74 Abs. 1 Satz 2) gibt noch keine Gewähr dafür, dass die erforderlichen oder geforderten betrieblichen Regelungen zustande kommen. Vor allem aber in Fällen der notwendigen Mitbestimmung des Betriebsrats bedarf es eines Verfahrens, um Pattsituationen aufzulösen, damit Betriebsabläufe nicht verzögert oder blockiert werden, die zugleich eine Gefahr für die Arbeitnehmer und ihre Arbeitsplätze bedeuten würden. Das Gesetz hat deshalb die **Konfliktlösung institutionalisiert** (vgl. Ausschussbericht, zu BT-Drucks. VI/2729, S. 10; *Thiele* Drittbearbeitung, § 76 Rn. 1; *Dütz* DB 1972, 383 [391]). Es weist strittige Fälle (auf Antrag) der Einigungsstelle zu, teils zur Entscheidung (Abs. 5), teils zur Hilfestellung zu einer Einigung der Betriebspartner (Abs. 6). 1

Die Grundsätze des Einigungsverfahrens sind aus dem BetrVG 1952 (§ 50) übernommen, in § 76 aber um wichtige Einzelheiten ergänzt worden. **Neu sind:** Abs. 1 Satz 1 und 2; Abs. 3 Satz 2 und 3 (jetzt: Satz 3 und 4); Abs. 4; Abs. 5 Satz 3 und 4; Abs. 7. Durch Art. 8 Job-AQTIV-Gesetz vom 10.12.2001 (BGBl. I, S. 3443) ist Abs. 3 Satz 1 neu eingefügt worden. In den Betrieben der privatisierten **Postunternehmen** (Deutsche Post AG, Deutsche Postbank AG, Deutsche Telekom AG) sind bei Meinungsverschiedenheiten über bestimmte Personalangelegenheiten der bei ihnen beschäftigten Beamten Sondervorschriften in §§ 29, 30 PostPersRG zu beachten. 2

Die **Bedeutung der Einigungsstelle** als Institution zur Beilegung von Interessenkonflikten erschließt sich nicht aus § 76, sondern aus ihrem Zuständigkeitsbereich in Angelegenheiten, in denen ihr Spruch die Einigung zwischen Arbeitgeber und Betriebsrat auf Antrag einer Seite ersetzt. Er ist gegenüber der Rechtslage nach dem BetrVG 1952 erheblich ausgeweitet worden (vgl. dazu Rdn. 16). Dementsprechend ist auch die **praktische Bedeutung** der Einigungsstelle gestiegen, wie eine Vielzahl gerichtlicher Entscheidungen zum Einigungsstellenrecht belegt. Andererseits ist der von vielen im Ausmaß befürchtete Anstieg der Einigungsstellenverfahren offenbar ausgeblieben. Es gibt dazu aber keine amtliche Statistik (vgl. zu einer auf das Saarland beschränkten Untersuchung *Schank* ArbN 1981, 307; darüber hinausgehend *Knuth/Büttner/Schank* Zustandekommen und Analyse von Betriebsvereinbarungen und praktische Erfahrungen mit Einigungsstellen, Forschungsbericht im Auftrag des Bundesministers für Arbeit- und Sozialordnung, Teil I: Ergebnisse, 1983; dazu *Knuth* BABl. 1983, Heft 9, S. 8). 3

Zum **Personalvertretungsrecht** vgl. § 71 BPersVG; im **SprAuG** gibt es (auch mangels notwendiger Mitbestimmung) keine vergleichbare Regelung. 4

II. Aufgaben der Einigungsstelle

1. Schlichtungsfunktion

Die Einigungsstelle soll **Meinungsverschiedenheiten** zwischen dem Arbeitgeber und dem Betriebsrat (auch Gesamt- oder Konzernbetriebsrat) **beilegen,** dazu ist sie zu bilden (Abs. 1 Satz 1). Das bedeutet zunächst, dass sie **Hilfe** zu leisten hat zur Beendigung des Streits und zur Regelung der umstrittenen Frage. Die Hilfeleistung zur Beendigung einer Gesamtstreitigkeit durch Abschluss einer Gesamtvereinbarung wird **Schlichtung** genannt (vgl. nur *Hueck/Nipperdey* II/1, S. 42, 722 m. w. N.; *Söllner* ZfA 1982, 1 [7 ff.]). Dieser Begriff der Schlichtung ist jedoch am Leitbild des Tarifvertragsrechts und des Arbeitskampfs zur Erzwingung tariflicher Regelungen orientiert. Er geht vom Grundsatz der freiwilligen Schlichtung aus, d. h. von der Hilfeleistung der schlichtenden Stelle zum Abschluss eines Tarifvertrags, welche die Tarifpartner selbst vereinbaren und die ihrer freien Einigung Vorschub leisten 5 soll. Dem entspricht allein die Tätigkeit der Einigungsstelle im Rahmen des Abs. 6. Dort hat der Spruch der Einigungsstelle lediglich den Charakter eines Regelungsvorschlages, der Rechtswirkungen nur entfaltet, wenn Arbeitgeber und Betriebsrat den Spruch annehmen oder sich ihm im Voraus unterworfen haben.

6 Es bestehen indes keine Bedenken, auch die Tätigkeit der Einigungsstelle im Rahmen des Abs. 5 Schlichtung zu nennen. **Ersetzt** der Spruch der Einigungsstelle die Einigung zwischen den Betriebspartnern, ist ihr Spruch also verbindlich, handelt es sich um einen Fall von betrieblicher **Zwangsschlichtung** (ebenso *BVerfG* 18.10.1986 EzA § 76 BetrVG 1972 Nr. 38; *Thiele* Drittbearbeitung, § 76 Rn. 6; *Dietz/Richardi* § 76 Rn. 14; *Dütz* DB 1972, 383; *C. S. Hergenröder* AR-Blattei SD 130.1, Rn. 28; *Kania*/ErfK § 76 BetrVG Rn. 2; *Kliemt*/HWK § 76 BetrVG Rn. 2; *Preis*/WPK § 76 Rn. 11a; *Richardi/Maschmann/Richardi* § 76 Rn. 23; *Worzalla*/HWGNRH § 76 Rn. 5; vgl. weitergehend zu den Funktionen der Einigungsstelle *Fiebig* Der Ermessensspielraum der Einigungsstelle, S. 48 ff.). Terminologische Bedenken bestehen insoweit schon deshalb nicht, weil das Gesetz selbst die Stelle, der nach Abs. 8 durch Tarifvertrag die Funktion der Einigungsstelle übertragen werden kann, »Schlichtungsstelle« nennt.

7 Andererseits darf aus dem Charakter betriebsverfassungsrechtlicher Zwangsschlichtung **nicht** in Entsprechung zum Tarifvertrags- und Arbeitskampfrecht auf die **Verfassungswidrigkeit** von § 76 Abs. 5 geschlossen werden. Eine mit Art. 9 Abs. 3 GG unvereinbare Zwangsschlichtung steht hier nicht in Rede. Rückwirkungen betriebsverfassungsrechtlicher Regelungskompetenz auf die Tarifautonomie werden durch den Vorrang des Tarifvertrags (§ 77 Abs. 3, § 87 Abs. 1 Eingangssatz) ausgeschlossen (*BVerfG* 18.12.1985 NZA 1986, 199 [200]). Verfassungsrecht wird durch die innerbetriebliche Zwangsschlichtung auch dort nicht verletzt, wo sie sich auf materielle Arbeitsbedingungen erstreckt (vgl. *BVerfG* 18.10.1986 EzA § 76 BetrVG 1972 Nr. 38; 18.12.1985 NZA 1986, 199 [200]; *BAG* 16.12.1986 EzA § 87 BetrVG 1972 Leistungslohn Nr. 14 *[Gaul]* = AP Nr. 8 zu § 87 BetrVG 1972 Prämie *[Linnenkohl/Rauschenberg/Schütze]*; 13.03.1973 AP Nr. 1 zu § 87 BetrVG 1972 Werkmietwohnungen; *Wiese* § 87 Rdn. 45 f. m. w. N.). Insoweit gibt § 76 Abs. 5 Satz 3 die Gewähr, dass die Einigungsstelle in allen Fällen, in denen der Betriebsrat mitzubestimmen hat, die Belange des Betriebs und der betroffenen Arbeitnehmer nach billigem Ermessen angemessen berücksichtigen muss, so dass Grundrechte des Arbeitgebers (aus Art. 2 Abs. 1, 12, 14 GG) nicht verletzt werden. Schließlich sind Anhaltspunkte dafür, dass das Einigungsstellenverfahren im Allgemeinen wegen Verstoßes gegen das Rechtsstaatsprinzip verfassungswidrig sein könnte, auch für das BVerfG nicht erkennbar (vgl. *BVerfG* 18.10.1986 EzA § 76 BetrVG 1972 Nr. 38): Die Einigungsstelle ist kein Gericht i. S. d. Art. 92 GG, und das Ergebnis der Einigungsstellentätigkeit unterliegt in vollem Umfang der arbeitsgerichtlichen Rechtskontrolle (vgl. auch *Berg*/DKKW § 76 Rn. 3; *Dütz* DB 1972, 383 [390]; *Fitting* § 76 Rn. 2 f.; *Galperin/Löwisch* § 76 Rn. 4; *Henssler* RdA 1991, 268; *Kania*/ErfK § 76 BetrVG Rn. 2; *Kliemt*/HWK § 76 BetrVG Rn. 3; *Preis*/WPK § 76 Rn. 11a; *Richardi/Maschmann/Richardi* § 76 Rn. 25; *Worzalla/HWGNRH* § 76 Rn. 5; zu unberechtigten verfassungsrechtlichen Bedenken früher *Galperin* Der Regierungsentwurf eines neuen Betriebsverfassungsgesetzes, 1971, S. 48 ff.; *Krüger* Der Regierungsentwurf eines Betriebsverfassungsgesetzes vom 29. Januar 1971 und das Grundgesetz, 1971; *Obermayer* DB 1971, 1715 [1719]).

8 Gerade weil das Einigungsstellenverfahren nur Vor-Verfahren ist, wenn auch nur eine Seite die gerichtliche Kontrolle seiner Entscheidung im arbeitsgerichtlichen Beschlussverfahren beantragt, wird teilweise bezweifelt, dass die Einigungsstelle im Hinblick auf Zeit und Kosten eine sinnvolle Einrichtung der Betriebsverfassung ist (vgl. *Joost*/MünchArbR § 232 Rn. 6 f.; ausführlich zu Varianten zum bestehenden Einigungsstellenverfahren *Ebert* Kosten der Einigungsstelle, S. 232 ff.). Den Forderungen nach einer zumindest »schnelleren Einigungsstelle« (vgl. *Bauer* NZA 1992, 433; *ders.* ZIP 1996, 117; *Feudner* DB 1997, 826) ist der Gesetzgeber zunächst nur mit einer zwiespältigen Novellierung des § 98 ArbGG a. F. (nunmehr mit unverändertem Normtext § 100 ArbGG [Gesetz zur Tarifeinheit vom 03.07.2015, BGBl. I, S. 1130], vom 16.08.2014 bis einschließlich 09.07.2015: § 99 ArbGG a. F. [Gesetz zur Stärkung der Tarifautonomie vom 11.08.2014, BGBl. I, S. 1348]) nachgekommen (vgl. Gesetz zur Änderung des Bürgerlichen Gesetzbuchs und des Arbeitsgerichtsgesetzes vom 29.06.1998, BGBl. I, S. 1694; dazu *Hümmerich* DB 1998, 1133; *Treber* NZA 1998, 856; *Goergens* AiB 1998, 481). Durch Art. 9 Job-AQTIV-Gesetz (vgl. Rdn. 2) hat der Gesetzgeber die Änderungen unter nunmehr aus-

Einigungsstelle § 76

schließlicher Orientierung an einer Verfahrensbeschleunigung z. T. wieder rückgängig gemacht (heute: § 100 Abs. 1 Satz 1, Abs. 2 Satz 3 ArbGG) und z. T. ausgebaut (heute: § 100 Abs. 1 Satz 4 und 6 Halbs. 2 ArbGG). Außerdem wurde Satz 1 in § 76 Abs. 3 neu eingefügt (vgl. Rdn. 2).

2. Gegenstand der Schlichtung: Regelungsstreitigkeiten

Gegenstand der **Schlichtung** sind nur die **Regelungsstreitigkeiten** unter den Betriebspartnern 9 (zum Begriff *Bötticher* FS Lent, 1957, S. 89 ff.; s. auch schon *Jacobi* Arbeitsrecht, S. 148). Die Einigungsstelle soll eine Meinungsverschiedenheit (Interessenkonflikt) zwischen Arbeitgeber und Betriebsrat (oder Gesamt- oder Konzernbetriebsrat) in deren Zuständigkeitsbereich darüber, wie eine in ihren gemeinsamen Zuständigkeitsbereich fallende Angelegenheit geordnet werden soll, »schlichten«, d. h. ihnen einen Regelungsvorschlag unterbreiten oder an ihrer Stelle die Regelung selbst treffen. Der Inhalt der Regelung, auf welche die Betriebspartner sich nicht einigen konnten, und der Inhalt der von der Einigungsstelle vorzuschlagenden oder zu treffenden Regelung sind rechtlich nicht determiniert. Es geht nicht um das Auffinden eines rechtlich vorgeformten, »des« richtigen Ergebnisses, sondern darum, eine zweckmäßige und sachgerechte Lösung für die Zukunft zu finden.

»Regelung« und Einzelfall schließen einander begrifflich nicht aus. Sofern die Einigungsstelle auch zur 10 Regelung von Einzelfällen zuständig ist, wird sie ebenfalls mit einem Regelungsstreit befasst. Die Zuständigkeit des Betriebsrats ist nicht von vornherein auf »kollektive« Angelegenheiten (im Gegensatz zu individuellen Regelungsgegenständen) beschränkt. Arbeitgeber und Betriebsrat können auch durch Betriebsvereinbarung nicht nur **abstrakt-generelle Regelungen** setzen, sondern auch **Individualnormen** (s. dazu *Kreutz* § 77 Rdn. 354).

Ob die Mitbestimmungs- und Mitwirkungsbefugnisse des Betriebsrats nur »kollektive« Maßnahmen 11 oder auch Einzelmaßnahmen betreffen, ist eine andere Frage. Sie lässt sich nicht einheitlich beantworten. § 87 Abs. 1 zeigt, dass auch **das Gesetz die Regelung von Einzelfällen dem Mitbestimmungsrecht unterstellt**; vgl. insbesondere Nr. 5 (Festsetzung der zeitlichen Lage des Urlaubs für einzelne Arbeitnehmer, wenn zwischen den Arbeitsvertragsparteien kein Einverständnis erzielt wird) und Nr. 9 (Zuweisung und Kündigung von »Werkwohnungen«). Auch außerhalb des Bereichs sozialer Angelegenheiten sind Einzelfälle Gegenstand von Mitwirkungs- und Mitbestimmungsbefugnissen des Betriebsrats (vgl. § 85 Abs. 1 und 2, § 98 Abs. 1 bis 3, §§ 99 und 102). In einer Reihe von Fällen stellt das Gesetz auch die Schlichtung eines Streits über die **Einzelmaßnahme** in die **Zuständigkeit** der **Einigungsstelle** (vgl. § 87 Abs. 2, § 85 Abs. 2, § 98 Abs. 4, § 102 Abs. 6; vgl. auch *Dütz* DB 1972, 383 [387 f.]).

3. Entscheidung von Rechtsfragen

Die Entscheidung über Rechtsfragen ist nicht mehr Schlichtung. Sie ist nicht mehr Regelung und Ge- 12 staltung der (künftigen) Rechtslage, sondern Feststellung dessen, was rechtens ist. Ist Gegenstand einer Meinungsverschiedenheit unter den Betriebspartnern eine **Rechtsfrage**, ist regelmäßig das **Arbeitsgericht** zur Entscheidung zuständig (§ 2a Abs. 1 Nr. 1 ArbGG).

Unter dem **BetrVG 1952** wurde die Abgrenzung von Regelungs- und Rechtsstreitigkeiten vielfach 13 als grundlegend betrachtet für die Zuständigkeit der Einigungsstelle oder des Arbeitsgerichts (vgl. *Dietz* § 56 Rn. 5 ff.; *Gaul* Theorie und Praxis der Einigungs- und Vermittlungsstelle, S. 55 ff. [219]; *Hueck/Nipperdey* II/1, S. 767; *Nikisch* III, S. 318 ff.; **a. M.** *Dütz* Die gerichtliche Überprüfung der Sprüche von betriebsverfassungsrechtlichen Einigungs- und Vermittlungsstellen, S. 30 ff.; *Fitting/Kraegeloh/Auffarth* § 50 Rn. 3). Schon das BetrVG 1952 war jedoch nicht konsequent in der Zuweisung. Auch das BetrVG 1972 kennt **Regelungsfragen**, die vom **Arbeitsgericht** zu entscheiden sind (§§ 16 Abs. 2, 17 Abs. 4; insbesondere auch § 76 Abs. 2 Satz 2 und 3). Andererseits gibt es der **Einigungsstelle** die Entscheidung von **Rechtsfragen** auf, etwa in den Fällen § 37 Abs. 6 und Abs. 7, § 38 Abs. 2, zu Einzelfragen der §§ 47 Abs. 6 und 87 Abs. 1 Nr. 11 sowie in § 109 und ggf. § 102 Abs. 6 (vgl. auch *Dietz/Richardi* § 76 Rn. 19 f.; *Dütz* DB 1972, 383 [384 ff.]; *ders.* AuR 1973, 353 [358]; *Galperin/Löwisch* § 76 Rn. 2; *Rieble* BB 1991, 471, der jedoch die Unterscheidung zwischen Rechts- und

Regelungsstreitigkeiten ablehnt; vgl. auch *ders.* Kontrolle des Ermessens, S. 173 ff.; *Wiesemann* Die Einigungsstelle als Einrichtung zur Beilegung von Rechtsstreitigkeiten, S. 51 ff., 103 ff., 153 ff.).

14 Wichtiger noch ist die Erkenntnis, dass es **reine Regelungsstreitigkeiten nicht gibt**, weil die Einigungsstelle stets als **Vorfrage** ihre Zuständigkeit, also eine Rechtsfrage, zu prüfen und darüber zu entscheiden hat (*Dütz* DB 1972, 383 [385]; vgl. auch Rdn. 21 f.). Außerdem hat die Einigungsstelle immer darauf zu achten, dass sich ihr Spruch in den Grenzen zwingenden Rechts hält, insbesondere die durch § 76 Abs. 5 Satz 3 gezogenen Grenzen nicht überschreitet. Die Frage, ob der Spruch die Grenzen des Ermessens überschreitet, ist eine Rechtsfrage, die ebenso arbeitsgerichtlicher Überprüfung unterliegt wie die Bejahung ihrer Zuständigkeit durch die Einigungsstelle (s. zum Umfang arbeitsgerichtlicher Kontrolle von Sprüchen der Einigungsstelle näher Rdn. 148 ff.).

III. Zuständigkeit der Einigungsstelle

1. Meinungsverschiedenheiten zwischen Arbeitgeber und Betriebsrat

15 Die Einigungsstelle ist nur zuständig für die **Beilegung von Meinungsverschiedenheiten** zwischen dem Arbeitgeber und dem Betriebsrat (oder Gesamtbetriebsrat, Konzernbetriebsrat), § 76 Abs. 1. Streitigkeiten des Arbeitgebers mit Arbeitnehmern oder Dritten gehören ebenso wenig vor die Einigungsstelle wie Streitigkeiten unter den Mitgliedern des Betriebsrats oder zwischen Arbeitnehmern. Der Betriebsrat kann sich jedoch in weitem Umfang der Belange einzelner Arbeitnehmer annehmen, sie aufnehmen und durch Verhandlungen mit dem Arbeitgeber zu ordnen versuchen. Dazu geben ihm insbesondere §§ 80 Abs. 1 und 85 Abs. 1 die Rechtsgrundlage. Die Einigungsstelle ist jedoch nur zur Entscheidung eines Streits über die Berechtigung einer Beschwerde zuständig, wenn Gegenstand der Beschwerde nicht ein Rechtsanspruch ist (§ 85 Abs. 2).

2. Spezielle Kompetenzzuweisungen zu verbindlicher Entscheidung

16 Abs. 1 bestimmt nur in allgemeiner Form, dass die Einigungsstelle zur Beilegung von Meinungsverschiedenheiten zu bilden ist. § 76 enthält jedoch keinen Zuständigkeitskatalog der Einigungsstelle für die Fälle, in denen der Spruch der Einigungsstelle die Einigung zwischen Arbeitgeber und Betriebsrat ersetzt und in denen Abs. 5 gilt. § 76 wird insoweit ergänzt und präzisiert durch eine Vielzahl von **Einzelvorschriften**, die **spezielle Kompetenzzuweisungen** enthalten. Sie decken sich – mit einer Ausnahme (§ 112 Abs. 2 und 3, Interessenausgleich bei Betriebsänderungen) – mit den Fällen des »erzwingbaren« Einigungsstellenverfahrens und der verbindlichen Entscheidung der Einigungsstelle. **Die Bestimmungen sind**: § 37 Abs. 6 und 7; § 38 Abs. 2; § 39 Abs. 1; § 47 Abs. 6; § 55 Abs. 4 i. V. m. § 47 Abs. 6; § 65 i. V. m. § 37 Abs. 6 und 7; § 69 i. V. m. § 39 Abs. 1; § 72 Abs. 6; § 73a Abs. 4 i. V. m. § 72 Abs. 6; § 85 Abs. 2; § 87 Abs. 2; § 91; § 94 Abs. 1 und 2; § 95 Abs. 1 und 2; § 97 Abs. 2; § 98 Abs. 4 und 6; § 102 Abs. 6; § 109; § 112 Abs. 4; § 116 Abs. 3 Nr. 2, 4, 8.

17 Nach Rechtsprechung des BAG zur Erweiterung der erzwingbaren Mitbestimmungsrechte des Betriebsrats durch Tarifvertrag kann auch **durch Tarifvertrag** festgelegt werden, dass der Spruch der Einigungsstelle die Einigung zwischen Arbeitgeber und Betriebsrat ersetzt, wenn sie sich in der tarifvertraglich begründeten Mitbestimmungsangelegenheit nicht einigen können (*BAG* 18.08.1987 EzA § 77 BetrVG 1972 Nr. 18 = AP Nr. 23 zu § 77 BetrVG 1972 [abl. *von Hoyningen-Huene*], unter B III der Gründe für den Fall der Bestimmung der Dauer der individuellen regelmäßigen wöchentlichen Arbeitszeit für Vollzeitbeschäftigte; vgl. dazu näher *Wiese/Gutzeit* § 87 Rdn. 292). Da es sich bei der Zuständigkeitszuweisung um eine Tarifnorm über betriebsverfassungsrechtliche Fragen nach § 1 Abs. 1 TVG handelt, gilt die Regelung nach § 3 Abs. 2 TVG für alle Betriebe, deren Arbeitgeber tarifgebunden sind. In Weiterführung des Ansatzes ist die Einigungsstelle aber auch schon zur verbindlichen Entscheidung zuständig, wenn (die Auslegung ergibt, dass) ein Tarifvertrag dem Betriebsrat ein echtes Mitbestimmungsrecht einräumt, aber nicht ausdrücklich bestimmt, dass im Konfliktfall der Spruch der Einigungsstelle die Einigung zwischen Arbeitgeber und Betriebsrat ersetzt. Konsequent greift das BAG insoweit auf das gesetzliche Konfliktlösungsmodell gemäß § 76 Abs. 5 zurück (*BAG* 09.05.1995 EzA § 76 BetrVG 1972 Nr. 66 S. 7 für den Fall, dass ein Tarifvertrag eine Erschwernis-

zulage vorsieht, deren Höhe vom Arbeitgeber »im Einvernehmen« mit dem Betriebsrat festzulegen ist).

Nach **§ 87 Abs. 2** ist die Einigungsstelle nur zur verbindlichen Entscheidung zuständig, wenn eine Einigung in einer Angelegenheit nicht zustande kommt, in der dem Betriebsrat ein erzwingbares Mitbestimmungsrecht nach Abs. 1 zusteht. Das hat i. S. d. Eingangssatzes von § 87 Abs. 1 zur Voraussetzung, dass eine gesetzliche oder tarifliche Regelung nicht besteht. Besteht eine tarifliche Regelung, weist sie selbst aber eine nähere Ausgestaltung der Regelung den Betriebspartnern zu (zur Zulässigkeit s. *Wiese* § 87 Rdn. 59), hängt es von der Öffnungsklausel ab, ob im Fall der Nichteinigung zwischen den Betriebspartnern die Einigungsstelle verbindlich entscheiden kann. Auch wenn bei fehlender tariflicher Regelung der Betriebsrat ein erzwingbares Mitbestimmungsrecht hätte, kann die **Öffnungsklausel die verbindliche Entscheidung der Einigungsstelle ausschließen** (vgl. *BAG* 28.02.1984 EzA § 87 BetrVG 1972 Leistungslohn Nr. 9 = SAE 1985, 293 [zust. *von Hoyningen-Huene*]). Ist das nicht geschehen, ist die Einigungsstelle zur verbindlichen Entscheidung nach § 87 Abs. 2 zuständig (vgl. *BAG* 03.04.1979 AP Nr. 2 zu § 87 BetrVG 1972). 18

Die Einigungsstelle ist **unzuständig**, wenn sie Mitbestimmungsrechte regeln soll, die **bereits Gegenstand einer anderen tagenden Einigungsstelle** sind (*LAG Hamburg* 12.01.2015 – 8 TaBV 14/14 – juris, Rn. 31; *LAG Rheinland-Pfalz* 12.04.2011 – 3 TaBV 6/11 – juris, Rn. 36; *LAG Berlin-Brandenburg* 26.10.2011 – 20 TaBV 1084/11 – juris, Rn. 25; s. a. Rdn. 74). Auch wenn der Regelungsgegenstand der später eingesetzten Einigungsstelle eine besondere Sachnähe aufweist, ist sie nach dem Prioritätsprinzip unzuständig. Die zuerst bestellte Einigungsstelle hat den Konflikt im Rahmen der gestellten Anträge vollständig zu lösen (vgl. Rdn. 118). Eine nachträgliche Entziehung des Regelungsgegenstandes wäre nicht sachgemäß und ein parallel geführtes Verfahren unpraktikabel. 19

3. Allgemeine Zuständigkeitsregelung

§ 76 Abs. 1 ist angesichts der Fälle spezieller Kompetenzzuweisungen zur verbindlichen Entscheidung nach Abs. 5 nur für das **auf Antrag beider Parteien** durchzuführende **freiwillige Einigungsverfahren** nach Abs. 6 bedeutsam. Das Gesetz sagt nicht näher, welcher Art die Meinungsverschiedenheiten zwischen den Betriebspartnern sein müssen, die von ihnen nach § 76 Abs. 6 Satz 1 vor die Einigungsstelle gebracht werden können. Das ist eine Auslegungsfrage des § 76 Abs. 1 als Kompetenznorm. 20

Die Auslegung ergibt, dass den Betriebspartnern wegen **sämtlicher Meinungsverschiedenheiten** der Weg zur Einigungsstelle offensteht. Der Begriff enthält keine Einschränkung auf eine bestimmte Art von Streitigkeiten. Meinungsverschiedenheiten können Regelungsfragen, aber auch Rechtsfragen betreffen. Dementsprechend wird in der Literatur allgemein angenommen, dass im Verfahren nach Abs. 6 neben Regelungsstreitigkeiten grundsätzlich auch Rechtsstreitigkeiten entschieden werden können (vgl. *Berg/DKKW* § 76 Rn. 12; *Dütz* AuR 1973, 353 [358]; *Etzel* Rn. 1382; *Fitting* § 76 Rn. 108 ff.; *Joost/MünchArbR* § 232 Rn. 22; *Leser* AuR 1955, 19 [21]; *Kliemt/HWK* § 76 BetrVG Rn. 8; *Richardi/Maschmann/Richard* § 76 Rn. 36 f.; *Wiesemann* Die Einigungsstelle als Einrichtung zur Beilegung von Rechtsstreitigkeiten, S. 69 ff., 79; *Worzalla/HWGNRH* § 76 Rn. 14; die überwiegende Gegenmeinung zum BetrVG 1952 [vgl. dazu *Oetker* SAE 1991, 301 f.] ist damit überholt). Das BAG hat sich der Ansicht angeschlossen (*BAG* 20.11.1990 EzA § 76 BetrVG 1972 Nr. 55 S. 12 [zust. *Rieble*] = SAE 1991, 296 [zust. *Oetker*]). Sie wird durch die Gesetzessystematik bestätigt: Zum einen sind auch Rechtsfragen ausdrücklich der Entscheidung durch die Einigungsstelle zugewiesen (s. Rdn. 13 f.), zum anderen bezieht sich der Begriff »Meinungsverschiedenheiten« in § 74 Abs. 1 Satz 2 und § 109 (Überschrift) eindeutig (auch) auf Rechtsstreitigkeiten (vgl. *Kreutz/Jacobs* § 74 Rdn. 24). Schließlich spricht auch der Zweck des Einigungsstellenverfahrens, Meinungsverschiedenheiten zunächst innerbetrieblich (ohne Anrufung der Gerichte für Arbeitssachen) beizulegen, für die Einbeziehung von Rechtsstreitigkeiten (vgl. auch *Oetker* SAE 1991, 301 [303 f.]). Grundsätzliche Bedenken gegen die Verhandlung von Rechtsstreitigkeiten vor der Einigungsstelle bestehen nicht (so richtig *Dütz* Die gerichtliche Überprüfung, S. 32 ff., 52 ff. sowie AuR 1973, 353 [358]). 21

a) Rechtsstreitigkeiten

22 Daraus folgt, dass **alle Rechtsstreitigkeiten** vor der Einigungsstelle behandelt werden können, wenn beide Seiten es beantragen oder damit einverstanden sind (so wohl auch *BAG* 20.11.1990 EzA § 76 BetrVG 1972 Nr. 55 S. 12; dort ging es konkret jedoch nur um Rechtsfragen, die der Einigungsstelle in einer freiwilligen Betriebsvereinbarung für den Fall von Auslegungsstreitigkeiten zur Entscheidung zugewiesen worden waren). Für die funktionelle Zuständigkeit der Einigungsstelle ist es **nicht erforderlich**, dass die Betriebspartner über den Gegenstand der Rechtsstreitigkeit **verfügen** können (so aber noch 4. Aufl., § 76 Rn. 20; früher auch *Thiele* Drittbearbeitung, § 76 Rn. 20; *Dietz/Richardi* § 76 Rn. 28; *Berg/DKKW* § 76 Rn. 12; *Fitting* § 76 Rn. 108; *C. S. Hergenröder* AR-Blattei SD 630.1, Rn. 34; *Joost/MünchArbR* § 232 Rn. 22, die sich insoweit aber zu Unrecht auf den Beschluss des BAG vom 20.11.1990 berufen; wie hier *Kania/*ErfK § 76 BetrVG Rn. 23; *Preis/WPK* § 76 Rn. 5; *Wiesemann* Die Einigungsstelle als Einrichtung zur Beilegung von Rechtsstreitigkeiten, S. 76 ff.). Wie das BAG (20.11.1990 EzA § 76 BetrVG 1972 Nr. 55 [zust. *Rieble*; *Oetker* SAE 1991, 301 (304 f.)]) zutr. entschieden hat, führt die fehlende Verfügungsbefugnis der Betriebspartner über die streitige Rechtsposition nicht zur Unzuständigkeit der Einigungsstelle und mithin auch nicht zur Unzulässigkeit des Einigungsstellenverfahrens. Deshalb ist eine Vereinbarung der Betriebsparteien, dass zunächst eine Einigungsstelle im Streitfall eine Rechtsfrage entscheiden soll, auch wirksam, wenn die Betriebspartner nicht über sie verfügen können (der Entscheidung vom 20.11.1990 lag eine Betriebsvereinbarung zugrunde, in der bestimmt war, dass eine Einigungsstelle, die [nicht verfügbare] Rechtsfrage, welchen Inhalt die Betriebsvereinbarung [gegenwärtig!] hat, als Auslegungsstreit zu entscheiden hat). Die Vereinbarung verpflichtet die Betriebspartner, zunächst die Entscheidung der Einigungsstelle herbeizuführen und führt (als befristeter pactum de non petendo; [zutr. *Rieble* Anm. zu *BAG* EzA § 76 BetrVG 1972 Nr. 55 S. 23]) zur Unzulässigkeit des Antrags, z. B. den Inhalt der Betriebsvereinbarung im Beschlussverfahren festzustellen, solange das vereinbarte Einigungsstellenverfahren nicht durchgeführt ist (20.11.1990 EzA § 76 BetrVG 1972 Nr. 55 S. 15; ebenso *LAG Köln* 22.04.1994 NZA 1995, 445). Fehlt allerdings eine solche Vereinbarung, ist in allen Rechtsstreitigkeiten (soweit sie nicht ausdrücklich durch Gesetz der Einigungsstelle zugewiesen sind; s. Rdn. 13 f.) der Rechtsweg zu den Gerichten für Arbeitssachen offen, auch bevor der Spruch der Einigungsstelle ergangen ist. Die gemeinsame Anrufung der Einigungsstelle begründet allein keine der Schiedsgerichtseinrede vergleichbare Einrede (*Leser* AuR 1955, 19 [21]).

23 Die **Verfügungsbefugnis** über den Gegenstand der Rechtsstreitigkeit ist hingegen **maßgeblich für die Verbindlichkeit** des Spruchs der Einigungsstelle für die Betriebspartner und damit für die Frage, ob der Spruch in einem nachfolgenden Beschlussverfahren der Rechtskontrolle standhalten kann. Fehlt die Verfügungsbefugnis, ist der Spruch der Einigungsstelle auch nicht bindend, wenn sich beide Seiten ihm im Voraus unterworfen oder ihn nachträglich angenommen haben. Dem Einigungsstellenverfahren kommt dann nur die Bedeutung eines unverbindlichen außergerichtlichen Vorverfahrens zu, das aber mit § 76 Abs. 6 Satz 2 vereinbar ist. Die Bestimmung geht davon aus, dass ein Spruch als bloßer Einigungsvorschlag unverbindlich bleibt. Die Unverbindlichkeit folgt daraus, dass nach § 76 Abs. 6 Satz 2 der Spruch der Einigungsstelle die Einigung der Betriebspartner ersetzen soll, was zwingend voraussetzt, dass der Streit durch Einigung der Parteien verbindlich beigelegt werden kann (*Dütz* Die gerichtliche Überprüfung, S. 51). In Rechtsfragen ist das aber nicht möglich, soweit die Betriebspartner über das umstrittene Recht nicht verfügungsbefugt sind (so im Anschluss an die hier schon in der 4. Aufl. [§ 76 Rn. 20] vertretene Ansicht *BAG* 20.11.1990 EzA § 76 BetrVG 1972 Nr. 55, S. 13; im Ergebnis zust. *Fitting* § 76 Rn. 132; *Kania/*ErfK § 76 BetrVG Rn. 23; *Neft/Ocker* Die Einigungsstelle im Betriebsverfassungsrecht, Rn. 20; *Preis/WPK* § 76 Rn. 5; *Richardi/Maschmann/Richardi* § 76 Rn. 40; *Wiesemann* Die Einigungsstelle als Einrichtung zur Beilegung von Rechtsstreitigkeiten, S. 71 ff.). Streiten sich die Betriebspartner etwa um das Bestehen eines Mitwirkungs- oder Mitbestimmungsrechts des Betriebsrats (z. B. nach § 87 Abs. 1), kann auch ein von beiden Seiten angenommener Spruch der Einigungsstelle ein bestehendes Recht nicht wirksam verneinen, da der Betriebsrat auf seine Teilhaberechte nicht wirksam verzichten kann (*Wiese* RdA 1968, 455 ff.). Auch kann ein Spruch ein nicht bestehendes Beteiligungsrecht nicht schrankenlos schaffen (vgl. allgemein oben *Wiese* Einl. Rdn. 106 m. w. N.). Das gilt auch für konkrete Einzelbefugnisse. Die Unverbindlichkeit lässt sich im Ergebnis auch nicht durch die Vereinbarung umgehen, dass die Entscheidung der Einigungsstelle verbindlich und die Anrufung des Arbeitsgerichts ausgeschlossen

sein soll. Denn in »Angelegenheiten aus dem Betriebsverfassungsgesetz« (§ 2a Abs. 1 Nr. 1 ArbGG) ist, wie sich im Umkehrschluss aus § 4 ArbGG ergibt, ein Ausschluss der Arbeitsgerichtsbarkeit nicht wirksam möglich (vgl. *Germelmann/GMPMS* ArbGG, § 4 Rn. 4; zust. *BAG* 20.11.1990 EzA § 76 BetrVG 1972 Nr. 55 S. 14 [zust. *Rieble*]). Soweit die Betriebspartner aber Beteiligungsrechte des Betriebsrats erweitern können, sind sie auch imstande, den Streit über deren Bestehen durch Einigung beizulegen. Dann können sie sich aber auch der Hilfe der Einigungsstelle bedienen, wenn beide Seiten es wünschen. Der die Einigung der Betriebspartner nach § 76 Abs. 6 Satz 2 ersetzende Spruch unterliegt jedoch (auf Antrag) der gerichtlichen Rechtmäßigkeitskontrolle. Letztlich entscheidet also auch bei Rechtsstreitigkeiten das Arbeitsgericht (Abs. 7). Das Gericht hat aber die Verbindlichkeit des Spruchs der Einigungsstelle zu beachten, soweit die vorherige Unterwerfung der Betriebspartner oder die nachträgliche Annahme durch ihre Verfügungsbefugnis über die streitige Rechtsposition gedeckt ist. Wie schmal indes bei Rechtsstreitigkeiten der Grat zwischen fehlender und bestehender Verfügungsbefugnis sein kann, belegt die Entscheidung des *BAG* vom 20.11.1990 (EzA § 76 BetrVG 1972 Nr. 55): Zu Recht hat das *BAG* dort erkannt, dass die Auslegung einer Betriebsvereinbarung (d. h. die Feststellung ihres gegenwärtigen Inhalts) eine Rechtsfrage ist, über welche die Betriebspartner nicht verfügen können und die Einigungsstelle nicht verbindlich entscheiden kann. Obiter (20.11.1990 EzA § 76 BetrVG 1972 Nr. 55 S. 13) hat das *BAG* aber zutr. davon die Vereinbarungsvariante unterschieden, dass die Einigungsstelle bei Streit über den Inhalt der Betriebsvereinbarung (rechtsgestaltend) entscheiden soll. Dann liegt eine Rechtsstreitigkeit vor, über welche die Betriebspartner (durch Abänderungsvereinbarung) jederzeit verfügen können.

b) Regelungsstreitigkeiten
Die Zuständigkeit der Einigungsstelle **in Regelungssachen ist unbeschränkt**. Im freiwilligen Einigungsverfahren können auch Regelungsfragen vor die Einigungsstelle gebracht werden, die das Gesetz dem Arbeitsgericht zugewiesen hat (vgl. Rdn. 13). Gelingt eine Einigung, ist das arbeitsgerichtliche Verfahren entbehrlich. 24

Gegenstand eines Regelungsstreits können auch Angelegenheiten sein, in denen dem Betriebsrat kein Mitbestimmungs- oder Mitwirkungsrecht zusteht. So kann der Betriebsrat den Arbeitgeber z. B. auffordern, eine Kündigung nicht auszusprechen, eine personelle Einzelmaßnahme oder eine Betriebsänderung nicht, nicht zu der Zeit oder in der Weise vorzunehmen. In diesen Fällen kann der Arbeitgeber nach geltendem Recht **allein** entscheiden. Der Betriebsrat hat nur ein auf bestimmte Gründe beschränktes Widerspruchsrecht (§ 102 Abs. 3) oder das Recht, seine Zustimmung zu verweigern (§ 99 Abs. 2). Einen Interessenausgleich bei Betriebsänderungen kann er nicht erzwingen (vgl. §§ 112, 113). Gleichwohl kann sich der Arbeitgeber einem **freiwilligen Einigungsverfahren** stellen (im Fall des § 112 Abs. 3 muss er es, will er nicht den Nachteilsausgleich gemäß § 113 Abs. 3 riskieren). 25

Nikisch (III, S. 322) meinte, die Einschaltung der Einigungsstelle würde nur einen unnützen Zeitaufwand verursachen, da der Arbeitgeber durch eine Einigung mit dem Betriebsrat so wenig wie durch einen von den Parteien angenommenen Spruch der Einigungsstelle daran gehindert werde, die umstrittene Maßnahme dennoch durchzuführen. In der Tat ist der Arbeitgeber an der Durchführung einer personellen Maßnahme in Abweichung von einer Einigung nicht gehindert. Das schließt aber eine schuldrechtliche Bindung an die Einigung nicht aus. 26

Eine andere Frage ist, ob die **Erfüllung solcher Pflichten erzwingbar** ist. Aus §§ 112, 113 ergibt sich freilich, dass ein erzielter Interessenausgleich nicht mit Hilfe des Arbeitsgerichts durchsetzbar ist, dass vielmehr nur die mittelbare Sanktion des Nachteilsausgleichs gem. § 113 besteht. Im Unterschied zu dem Fall des § 112 ist aber in den anderen Beispielsfällen keine Möglichkeit gegeben, die Einigungsstelle **einseitig** anzurufen. Sowohl das Verfahren vor der Einigungsstelle als auch die zwischen den Betriebspartnern getroffene Einigung (Vereinbarung i. S. d. § 77 Abs. 1), sei sie ohne oder mit Hilfe der Einigungsstelle (§ 76 Abs. 6 Satz 2) zustande gekommen, ist in jeder Hinsicht und für beide Teile freiwillig. Dann besteht aber kein Grund, den Beteiligten die Möglichkeit zu versagen, die Erfüllung der in der Vereinbarung übernommenen Pflichten gerichtlich durchzusetzen (§§ 2a Abs. 1 Nr. 1, 85 ArbGG). Unter diesen Umständen ist das Einigungsverfahren nicht sinnlos. 27

IV. Errichtung der Einigungsstelle

1. Errichtung im Einzelfall

28 Die Einigungsstelle ist gesetzlich **nicht** als eine **ständige Einrichtung** im Betrieb vorgesehen. Sie wird vielmehr »bei Bedarf« in **jedem Einzelfall** neu **gebildet**, wenn Arbeitgeber und Betriebsrat (oder Gesamtbetriebsrat oder Konzernbetriebsrat) eine Meinungsverschiedenheit nicht selbst beilegen können (Abs. 1 Satz 1). Durch Betriebsvereinbarung kann aber auch eine ständige Einigungsstelle errichtet werden (Abs. 1 Satz 2; vgl. dazu Rdn. 81 ff.). Das Einigungsverfahren setzt daher normalerweise ein »Vorverfahren« voraus mit dem Ziel, die Einigungsstelle ad hoc zu konstituieren. Das Vorverfahren ist unterschiedlich geregelt, je nachdem, ob die Einigungsstelle auf Antrag nur einer Partei tätig werden kann (Abs. 5) oder ob beide Parteien es beantragen müssen (Abs. 6).

a) Errichtung auf Antrag einer Partei

29 In den Fällen, in denen **der Spruch der Einigungsstelle die Einigung zwischen Arbeitgeber und Betriebsrat ersetzt** (vgl. Rdn. 16 ff.), wird die Einigungsstelle **auf Antrag einer Partei** tätig (Abs. 5 Satz 1). Sie kann in dem Fall auch gegen den Willen der anderen Partei errichtet werden (»erzwingbares« Einigungsstellenverfahren). Für die Errichtung gilt Abs. 2 Satz 2 und 3, wenn über die Zusammensetzung der Einigungsstelle eine Einigung zwischen Arbeitgeber und Betriebsrat nicht zustande kommt. In dem Fall entscheidet das Arbeitsgericht auf Antrag **einer** Partei im besonderen Beschlussverfahren nach **§ 100 Abs. 1 ArbGG**. Zu beachten ist, dass in den Fällen des § 37 Abs. 6 und 7, § 38 Abs. 2, § 95 Abs. 1 nur der Arbeitgeber, im Fall des § 85 Abs. 2 nur der Betriebsrat die Einigungsstelle anrufen kann, d. h. ihre Errichtung vom jeweils anderen Betriebspartner verlangen kann (vgl. *Berg/DKKW* § 76 Rn. 47; *Hennige* Das Verfahrensrecht der Einigungsstelle, S. 64 f.).

30 Das Verfahren zur **Errichtung** der Einigungsstelle **beginnt** damit, dass das Verlangen (»Antrag«) einer Partei der anderen zugeht, zur Beilegung bestimmter Meinungsverschiedenheiten eine Einigungsstelle zu bilden und deren Entscheidung herbeizuführen. Antragsförmlichkeiten und Formvorschriften bestehen insoweit nicht; Schriftform und ein Vorschlag für die Zusammensetzung der Einigungsstelle sind zweckmäßig (*Fitting* § 76 Rn. 101, *Kempter/Merkel* DB 2014, 1807 [1809]). Der Antrag muss aber den Regelungsgegenstand bezeichnen, für den die Einigungsstelle tätig werden soll (*Kempter/Merkel* DB 2014, 1807; *Lerch/Weinbrenner* NZA 2015, 1228 [1233]). Verlangt der Betriebsrat (Gesamtbetriebsrat, Konzernbetriebsrat) die Bildung der Einigungsstelle, muss vorher ein entsprechender Beschluss gefasst werden (§ 33). Nur im Fall des § 38 Abs. 2 ist der Antrag fristgebunden (vgl. dazu *Weber* § 38 Rdn. 69 f.).

31 Zweckmäßig ist sodann, dass sich die Parteien über die **Zahl der Beisitzer** einigen. Die Partei, die das Einigungsverfahren betreiben will, wird der anderen Partei (zweckmäßigerweise schon im Antragsschreiben) entsprechende Vorschläge machen und sie auffordern, die von ihr zu bestellenden Beisitzer zu benennen. Sie wird zugleich einen **Vorsitzenden** vorschlagen. Sie wird gleichzeitig eine angemessene Frist mit dem Hinweis setzen, dass sie nach deren Ablauf beim Arbeitsgericht die Bestimmung der Zahl der Beisitzer und des Vorsitzenden (vgl. Abs. 2 Satz 2 und 3) beantragen wird, wenn die Vorschläge nicht angenommen oder keine Gegenvorschläge unterbreitet werden.

32 Steht die Zahl der Beisitzer fest, bestellt die betreibende Partei den oder die von ihr zu benennenden Beisitzer (vgl. dazu Rdn. 46 ff.). Ist auch der Vorsitzende bestellt (vgl. Rdn. 54 ff.), kann sie ihre Sachanträge stellen. Die Einigungsstelle ist errichtet und funktionsfähig, auch wenn die andere Partei (noch) keine Beisitzer bestellt hat (Abs. 5 Satz 2; zum weiteren Verfahren vgl. Rdn. 98 ff.).

b) Errichtung auf Antrag beider Parteien

33 Im **freiwilligen Einigungsverfahren** (Abs. 6) kann die Einigungsstelle **nur im Einverständnis beider Parteien** errichtet und tätig werden (h. M., s. zuletzt etwa *LAG Hamm* 14.07.2015 – 7 TaBV 25/15 – juris, Rn. 40; Ausnahme: § 112 Abs. 2 Satz 2 hinsichtlich des Interessenausgleichs; vgl. dazu, dass die Einigungsstelle allein dazu angerufen werden kann, *LAG Berlin* 03.06.1994 AP Nr 52 zu § 76 BetrVG 1972). Sie ist erst errichtet und funktionsfähig, wenn beide Teile die von ihnen zu benennenden Beisitzer wirksam bestellt haben und auch der Vorsitzende bestellt ist. Eine Par-

tei wird also die andere auffordern, ihr Einverständnis mit dem Tätigwerden der Einigungsstelle zu erklären. Gleichzeitig wird sie eine bestimmte Zahl von Beisitzern sowie den Vorsitzenden vorschlagen. Reagiert die andere Partei nicht oder lehnt sie ab, kommt es nicht zu einem Einigungsstellenverfahren.

Das Einverständnis der Parteien mit der Verhandlung ihrer Meinungsverschiedenheiten vor der Einigungsstelle **ist jederzeit widerruflich**, auch nach deren Errichtung (ebenso *Fitting* § 76 Rn. 107; *Hennige* Das Verfahrensrecht der Einigungsstelle, S. 143 f.; *Preis/WPK* § 76 Rn. 8). Weder § 2 Abs. 1 noch § 74 Abs. 1 Satz 2 zwingt die Parteien zur Durchführung des Verfahrens. Das gilt auch für die Anrufung einer ständigen Einigungsstelle. Das unwiderrufene Einverständnis beider Teile ist auch Voraussetzung für ein Tätigwerden des Vorsitzenden des Arbeitsgerichts gemäß Abs. 2 Satz 2 und 3 i. V. m. § 100 ArbGG. Sowohl die Bestimmung der Zahl der Beisitzer als auch die Bestellung des Vorsitzenden der Einigungsstelle durch das Arbeitsgericht setzen demgemäß einen Antrag **beider** Parteien voraus (ebenso *Berg/DKKW* § 76 Rn. 88; *Preis/WPK* § 76 Rn. 9; *Richardi/Maschmann/Richardi* § 76 Rn. 55; **a. M.** für die Bestellung des Vorsitzenden *Fitting* § 76 Rn. 106; *Leinemann* AuR 1975, 22 [26]; allgemein *Schlewing/GMPMS* ArbGG, § 98 Rn. 13). Für ein Tätigwerden des Gerichts fehlt ansonsten das Rechtsschutzinteresse (*Dörner/GK-ArbGG* § 98 Rn. 8 hält den Antrag wegen offensichtlicher Unzuständigkeit für unbegründet). Eine Ausnahme gilt nur für das gerichtliche Bestellungsverfahren zur Herbeiführung eines Interessenausgleichs: Hier können der Unternehmer oder der Betriebsrat die Einigungsstelle anrufen (§ 112 Abs. 2 Satz 2), auch wenn sie nicht verbindlich entscheidet (ebenso *LAG Bremen* 08.09.1983 AuR 1984, 90; **a. M.** *LAG Berlin* 04.10.1982 DB 1983, 888). **Unwiderruflich** ist allerdings das in einer **Betriebsvereinbarung** enthaltene Einverständnis, es gilt nur § 77 Abs. 5 (Kündigung der Betriebsvereinbarung). Solange die Betriebsvereinbarung wirksam ist, sind die Betriebspartner auch verpflichtet, die Einigungsstelle zu errichten.

2. Besetzung der Einigungsstelle

Die Einigungsstelle besteht aus **Beisitzern**, die je zur Hälfte vom Arbeitgeber und vom Betriebsrat bestellt werden, und einem unparteiischen **Vorsitzenden**, auf dessen Person sich beide Parteien einigen müssen (Abs. 2 Satz 1). Dabei handelt es sich um zwingende Vorgaben, von denen auch nicht durch die Errichtung einer tariflichen Einigungsstelle abgewichen werden kann (vgl. Rdn. 188). An die Stelle des Betriebsrats treten in ihrem Zuständigkeitsbereich der Gesamtbetriebsrat oder der Konzernbetriebsrat. Zur Arbeitgeberbestellung im Konzern vgl. *Franzen* § 58 Rdn. 11.

Die Einigungsstelle hat danach immer eine **ungerade** Zahl von **Mitgliedern**. Auch wenn das Gesetz in Abs. 5 Satz 2 nur von den Beisitzern als Mitgliedern spricht, ist auch der Vorsitzende entsprechend allgemeinem Sprachgebrauch Mitglied der Einigungsstelle (vgl. auch *Fitting* § 76 Rn. 12). Das ist praktisch bedeutsam für §§ 78, 79 Abs. 2, 119 Abs. 1 Nr. 3.

a) Bestellung der Beisitzer

aa) Zahl der Beisitzer

Das Gesetz bestimmt die Zahl der Beisitzer nicht. Es verlangt nur, dass **jede Partei die gleiche Zahl** von Beisitzern bestellt (Abs. 2 Satz 1). Die Parteien sind in der Bestimmung der Zahl der Beisitzer frei. Das Abweichen vom Paritätsgrundsatz ist allerdings ein schwerer Verfahrensfehler. § 76 Abs. 2 Satz 1 ist unabdingbar. Eine anderslautende Vereinbarung kann auch nicht im Rahmen des Abs. 4 getroffen werden, da es sich insoweit um »weitere« Einzelheiten des Verfahrens handelt (vgl. *LAG Berlin-Brandenburg* 18.03.2009 – 5 TaBV 2416/08 – juris, Rn. 34, 39).

Können sich die Parteien über die **Zahl** der Beisitzer **nicht einigen, entscheidet** auf Antrag **das Arbeitsgericht** (Abs. 2 Satz 3). Für das Verfahren gelten die Besonderheiten des § 100 ArbGG (vgl. Rdn. 8). Das Arbeitsgericht ist an den Grundsatz der Parität der von beiden Parteien zu bestellenden Beisitzer gebunden. Die Festlegung ihrer Zahl steht nicht in seinem freien Belieben, sondern ist nach pflichtgemäßem Ermessen vorzunehmen. Maßgebend für die Entscheidung ist in erster Linie der Gegenstand (die Gegenstände) der Meinungsverschiedenheit und der Schwierigkeitsgrad der Angelegenheiten, aber auch die Größe des Betriebs, wenn verschiedene Gruppen von Arbeitnehmern betrof-

§ 76 IV. 1. Allgemeines

fen sind. Im Interesse der Funktionsfähigkeit der Einigungsstelle und wegen der Kostenbelastung darf die Zahl ihrer Mitglieder aber nicht unverhältnismäßig hoch angesetzt werden. Eine Anlehnung an andere gesetzliche Bestimmungen (§ 5 Gesetz über die Festsetzung von Mindestarbeitsbedingungen, § 4 HAG) ist allenfalls im Hinblick auf eine Höchstzahl (fünf oder drei Beisitzer von jeder Seite) vertretbar, ohne dass aber verbindliche Richtlinien daraus abgeleitet werden können (nach *LAG München* 31.01.1989 LAGE § 98 ArbGG 1979 Nr. 14 sind mehr als drei Beisitzer in der Regel nicht vertretbar; dagegen hat das *LAG Hamburg* [13.01.1999 AiB 1999, 221 für die Einführung eines EDV-gestützten Redaktionssystems] vier Beisitzer für notwendig gehalten). Die Vorstellungen der Parteien können dem Vorsitzenden des Arbeitsgerichts weitere Anhaltspunkte geben.

39 **Im Regelfall** werden **je zwei** Beisitzer als angemessen und ausreichend anzusehen sein (so auch *LAG Berlin* 12.09.2001 NZA-RR 2002, 25; *LAG Bremen* 02.07.1982 AuR 1983, 28; *LAG Düsseldorf* 28.11.1980 DB 1981, 379; *LAG Frankfurt a. M.* 29.09.1992 NZA 1993, 1008; *Hess. LAG* 22.11.1994 LAGE § 76 BetrVG 1972 Nr. 43; 13.09.2005 AuR 2006, 173; *LAG Hamm* 20.06.1975 DB 1975, 2452; *LAG München* 15.07.1975 DB 1975, 2452; *LAG Hamm* 08.04.1987 NZA 1988, 210; 21.12.2005 – 10 TaBV 173/05 – juris; *LAG München* 15.07.1991 NZA 1992, 185; *LAG Saarland* 14.05.2003 NZA-RR 2003, 639; *LAG Niedersachsen* 15.08.2006 LAGE § 98 ArbGG 1979 Nr. 47; *LAG Baden-Württemberg* 30.09.2010 – 15 TaBV 4/10 – juris, Rn. 57; *Dörner/GK-ArbGG* § 98 Rn. 43; *Koch/ErfK* § 100 ArbGG Rn. 6; *Etzel* Rn. 1387; *Fitting* § 76 Rn. 19; *Gaul* Die betriebliche Einigungsstelle, F I Rn. 5; *Kania/ErfK* § 76 BetrVG Rn. 8; *Kliemt/HWK* § 76 BetrVG Rn. 23; *Löwisch/Kaiser* § 76 Rn. 3; *Schlewing/GMPMS* ArbGG, § 98 Rn. 29; *Preis/WPK* § 76 Rn. 14; *Pünnel/Isenhardt* Die Einigungsstelle, Rn. 36; *Sasse* DB 2015, 2817 [2820]; *Tschöpe* NZA 2004, 945 [948]; *Worzalla/HWGNRH* § 76 Rn. 45; eine »Regelbesetzung« abl. *Berg/DKKW* § 76 Rn. 27 f. [**drei**]; dem zust. *LAG Hamburg* 13.01.1999 AiB 1999, 221; *Krasshöfer/HaKo* § 76 Rn. 13; *Lerch/Weinbrenner* NZA 2015, 1228 [1233]). Das *Hess. LAG* (03.11.2009 – 4 TaBV 185/09 – juris, Rn. 24; 12.03.2002 – 4 TaBV 75/01 – juris, Rn. 23) nimmt als Ausnahme von dem Grundsatz bei Beschwerden eines Arbeitnehmers gem. § 85 Abs. 2 BetrVG (vgl. *Franzen* § 85 Rdn. 5 ff.) an, dass ein Beisitzer pro Seite genügt, da Rechtsansprüche nicht Gegenstand der Einigungsstelle sein können. Nach *LAG Schleswig-Holstein* (28.09.1983 DB 1984, 1530; 13.09.1990 DB 1991, 287; 15.11.1990 DB 1991, 288; 28.01.1993 LAGE § 98 ArbGG 1979 Nr. 24; zust. *Hennige* Das Verfahrensrecht der Einigungsstelle, S. 113; *Joost/MünchArbR* § 232 Rn. 12) sollte die Regelbesetzung bei jeweils **einem** Beisitzer liegen, zumal auch das Arbeitsgericht, das die Beschlüsse der Einigungsstelle gerichtlich kontrolliert, jeweils nur aus einem Berufsrichter und zwei ehrenamtlichen Richtern besteht. Das Gericht geht dabei freilich davon aus, dass sich die Beteiligten in der Regel auf einen Richter der Arbeitsgerichtsbarkeit als Vorsitzenden einigen. Das *LAG Schleswig-Holstein* (04.02.1997 LAGE § 76 BetrVG 1972 Nr. 44) hat entschieden, dass die Zahl der Beisitzer in keinem Fall auf weniger als zwei pro Seite festzusetzen ist. § 71 Abs. 1 BPersVG sieht eine Besetzung mit je drei Beisitzern zwingend vor.

40 Das Arbeitsgericht entscheidet im Beschlussverfahren (§ 2a Abs. 1 Nr. 1, Abs. 2, § 100 ArbGG). Für das Verfahren gelten in erster Instanz §§ 80 bis 84 ArbGG entsprechend (§ 100 Abs. 1 Satz 3). **Besonderheiten**, die der Beschleunigung des Verfahrens dienen, bestehen (vgl. zur Gesetzesänderung Rdn. 8) in Folgendem: Nach § 100 Abs. 1 Satz 1 ArbGG ergeht die Entscheidung (wie früher) durch den **Vorsitzenden** (des Arbeitsgerichts) **allein**, d. h. ohne Beteiligung der ehrenamtlichen Richter. Die Einlassungs- und Ladungsfristen sind zwingend auf **48 Stunden** verkürzt (§ 100 Abs. 1 Satz 4 ArbGG). Der Beschluss des Kammervorsitzenden soll den Beteiligten innerhalb von zwei Wochen, er muss ihnen **spätestens innerhalb von vier Wochen** nach Eingang des Antrags zugestellt werden (§ 100 Abs. 1 Satz 6 ArbGG).

41 **Örtlich zuständig** ist bei Meinungsverschiedenheit zwischen Arbeitgeber und Betriebsrat das Arbeitsgericht, in dessen Bezirk der Betrieb liegt, bei Meinungsverschiedenheit mit dem Gesamtbetriebsrat oder dem Konzernbetriebsrat das Gericht, in dessen Bezirk das Unternehmen oder das herrschende Konzernunternehmen seinen Sitz hat (§ 100 Abs. 1 Satz 3, § 82 ArbGG).

42 Die Entscheidung ergeht allein durch den Vorsitzenden der Kammer, die nach dem Geschäftsverteilungsplan über betriebsverfassungsrechtliche Streitigkeiten zu entscheiden hat, und zwar grundsätzlich nach mündlicher Anhörung der beteiligten Konfliktparteien vor dem Vorsitzenden, soweit sie nicht ihr Einverständnis mit einem schriftlichen Verfahren erteilt haben (§ 100 Abs. 1 Satz 3, § 83 Abs. 3

Einigungsstelle § 76

und 4 ArbGG). Der für die Entscheidung erhebliche Sachverhalt ist von Amts wegen zu erforschen (§ 100 Abs. 1 Satz 3, § 83 Abs. 1 ArbGG). Zur Prüfung des Rechtsschutzinteresses und der Zuständigkeit der Einigungsstelle vgl. Rdn. 69, 68; Entsprechendes gilt für den Antrag auf Festlegung der Zahl der Beisitzer. Einigen sich die Parteien noch während des Verfahrens auf die Beisitzerzahl, ist das Beschlussverfahren bei übereinstimmender Erledigungserklärung vom Vorsitzenden des Arbeitsgerichts einzustellen (§ 100 Abs. 1 Satz 3, § 83a Abs. 2 ArbGG).

Die Entscheidung des Vorsitzenden ergeht **durch Beschluss** und ist zu begründen (§ 100 Abs. 1 Satz 3, § 84 ArbGG). Das Arbeitsgericht entscheidet nur über die Zahl der Beisitzer, nicht über Personen (unstr.). Da das Verfahren nach § 100 ArbGG selbst (nach wie vor) als Eilverfahren ausgestaltet ist und deshalb § 100 Abs. 1 Satz 3 die entsprechende Anwendung von § 85 ArbGG nicht bestimmt, ist der Erlass einer **einstweiligen Verfügung** nach § 85 Abs. 2 ArbGG **nicht zulässig,** das gilt insbesondere auch für die Bestellung des Vorsitzenden (vgl. dazu m. w. N. Rdn. 67). **43**

Das Rechtsmittel gegen den Beschluss des Vorsitzenden des Arbeitsgerichts ist die **Beschwerde** an das Landesarbeitsgericht (§ 100 Abs. 2 Satz 1 ArbGG). Sie ist innerhalb von zwei Wochen nach Zustellung des Beschlusses einzulegen und zu begründen (§ 100 Abs. 2 Satz 2 ArbGG). Es entscheidet auch hier nicht die Kammer in voller Besetzung, sondern (wie früher) an Stelle der zuständigen Kammer deren Vorsitzender allein (§ 100 Abs. 2 Satz 3 ArbGG). Dessen Entscheidung ist unanfechtbar (§ 100 Abs. 2 Satz 4 ArbGG). Gerade deswegen ist es geboten, dass die Beschwerdeinstanz sich darauf beschränkt, die (Ermessens-)Entscheidung der ersten Instanz auf Fehlerhaftigkeit zu überprüfen, das Landesarbeitsgericht darf nicht frei nach eigenen Vorstellungen neu entscheiden (vgl. *Hennige* Das Verfahren der Einigungsstelle, S. 115 ff.; *Walker* in: *Schwab/Weth* ArbGG, § 99 Rn. 67; offenlassend für den Fall pflichtgemäßer Ermessensausübung durch das Arbeitsgericht *LAG Niedersachsen* 15.08.2006 LAGE § 98 ArbGG 1979 Nr. 47; a. M. *Schlewing/GMPMS* ArbGG, § 98 Rn. 40 m. w. N.). **44**

Einigen sich die Parteien nachträglich **auf eine andere** als die vom Arbeitsgericht bestimmte Zahl von Beisitzern, gilt diese Zahl. Die Parteien können etwa die Zahl der Beisitzer erhöhen, wenn es sich im Laufe des Einigungsstellenverfahrens als notwendig erweist. Aber auch eine Reduzierung der Zahl ist möglich **45**

bb) Auswahl und Bestellung der Beisitzer

Die Auswahl der Beisitzer in der vereinbarten oder vom Arbeitsgericht festgelegten Zahl **obliegt allein dem Arbeitgeber und dem Betriebsrat**. Jede Partei bestellt »ihre« Beisitzer allein. Die Bestellung bedarf der Annahme (vgl. Rdn. 89). Der Betriebsrat bestellt »seine« Beisitzer durch Beschluss, der den allgemeinen Wirksamkeitsvoraussetzungen (vgl. dazu *Raab* § 33 Rdn. 7 ff., 47 ff.) genügen muss (vgl. *BAG* 19.08.1992 EzA § 76a BetrVG 1972 Nr. 7 S. 4; 10.10.2007 EzA § 26 BetrVG 2001 Nr. 2 = DB 2008, 478: der Betriebsrat kann eine mangels wirksamen Beschlusses zunächst schwebend unwirksame Bestellung durch nachträgliche Beschlussfassung genehmigen; *Fitting* § 76 Rn. 13; ausführlich zur Unwirksamkeit des Bestellungsakts und den Folgen für die Wirksamkeit eines Spruchs der Einigungsstelle auch *Hanau/Reitze* FS *Kraft*, 1998, S. 167 [168 ff.], die im Gegensatz zur h. M. Bestellungsbeschlüsse nicht nach § 33 beurteilen, sondern betriebsratsinternen Wahlen gleichstellen wollen, die grundsätzlich nur analog § 19 anfechtbar sein sollen; vgl. zur Unwirksamkeit der Bestellung nach Ablauf der Amtszeit des Betriebsrats *LAG Rheinland-Pfalz* 23.10.1996 NZA-RR 1998, 164; abw. *Voss* Die Rechtsstellung von Mnderheitslisten im Betriebsrat, S. 217 ff., 219 ff.: Bestellung der Beisitzer durch Verhältniswahl erforderlich [nicht Mehrheitsbeschluss]). Eine Bestellung durch das Arbeitsgericht ist nicht vorgesehen und auch auf Antrag der Partei nicht möglich (so auch *LAG Hamm* 08.04.1987 NZA 1988, 210). Bestellt im freiwilligen Einigungsverfahren eine Partei keine Beisitzer, kann das Verfahren nicht durchgeführt werden. Werden im verbindlichen Verfahren von einer Seite keine Beisitzer ernannt, entscheiden der Vorsitzende und die anderen Mitglieder der Einigungsstelle allein (Abs. 5 Satz 2). **46**

Besondere **persönliche Voraussetzungen** stellt das Gesetz für die Beisitzer **nicht** auf. Sie brauchen, anders als der Vorsitzende, nicht unparteiisch zu sein. Sie brauchen auch nicht Arbeitnehmer des Betriebs zu sein (unstr.). Die Parteien sind vielmehr in der Auswahl **grundsätzlich frei** (ebenso *BAG* 18.04.1967 AP Nr. 7 zu § 39 BetrVG; 14.01.1983 AP Nr. 12 zu § 76 BetrVG 1972 Bl. 2; *LAG Düssel-* **47** dorf 03.04.1981 EzA § 76 BetrVG 1972 Nr. 30; *Berg/DKKW* § 76 Rn. 29; *Fitting* § 76 Rn. 14; *Joost/* MünchArbR § 232 Rn. 14; *Kania/* ErfK § 76 BetrVG Rn. 9; *Preis/WPK* § 76 Rn. 14; *Pünnel/ Isenhardt* Die Einigungsstelle, Rn. 38; *Stege/Weinspach/Schiefer* § 76 Rn. 3).

48 Allerdings kann die Teilnahme eines Arbeitnehmers (auch eines Betriebsratsvorsitzenden) an einer **betriebsfremden**, aber unternehmenszugehörigen Einigungsstelle gegen ein **arbeitsvertragliches Nebentätigkeitsverbot** oder gegen die **Pflicht zur Rücksichtnahme auf die Interessen des Arbeitgebers** gem. § 241 Abs. 2 BGB verstoßen (ähnl. *Galperin/Löwisch* § 76 Rn. 8: nur freie Auswahl, wenn erwartet werden kann, dass nicht berechtigte Interessen der anderen Seite verletzt werden; ebenso *Bischoff* Die Einigungsstelle, S. 78; *Heinze* RdA 1990, 262 [268]). Ein Verstoß gegen ein Nebentätigkeitsverbot kann zum Beispiel vorliegen, wenn die Nebentätigkeit einen Interessenwiderstreit hervorruft, der geeignet ist, das Vertrauen des Arbeitgebers in die Loyalität und Integrität des Arbeitnehmers zu zerstören, wenn mit anderen Worten die **betrieblichen Interessen des Arbeitgebers beeinträchtigt** werden (dazu näher *BAG* 13.05.2015 EzA § 626 BGB 2002 Nr. 51 Rn. 19 ff. = AP Nr. 77 zu § 15 KSchG 1969 [zust. *Wiese*]; zust. *Vormbaum-Heinemann* AuR 2016, 122 f.; abl. *Kleinebrink* ArbRB 2017, 29 [30]). Davon kann bei der bloßen Mitwirkung eines Arbeitnehmers in einer Einigungsstelle nach § 76 BetrVG nicht ausgegangen werden. Sie beeinträchtigt grundsätzlich nicht die betrieblichen Interessen des Arbeitgebers, auch wenn es sich um eine Einigungsstelle in einem anderen Betrieb des Unternehmens des Arbeitgebers handelt (*BAG* 13.05.2015 EzA § 626 BGB 2002 Nr. 51 Rn. 32, 33 ff. = AP Nr. 77 zu § 15 KSchG 1969; **abl.** *Kleinebrink* ArbRB 2017, 29 [30]: Ermöglichung des Geschäftsmodells »außerbetrieblicher Vorsitzender«). Auch das Bestehen eines Honoraranspruchs des betriebsfremden Einigungsstellenmitglieds gegen den Arbeitgeber gem. § 76a Abs. 3 BetrVG ändert daran grundsätzlich nichts (*BAG* 13.05.2015 EzA § 626 BGB 2002 Nr. 51 Rn. 36 ff. = AP Nr. 77 zu § 15 KSchG 1969). **Anders** sieht es mit einer Nebentätigkeit als »**komparativer Betriebsratsberater**« oder einer gewerbsmäßigen Teilnahme an Einigungsstellen aus, die über die gelegentliche Wahrnehmung von Bestellungen als Beisitzer hinausgeht (insoweit offen gelassen von *BAG* 13.05.2015 EzA § 626 BGB 2002 Nr. 51 Rn. 22 ff. = AP Nr. 77 zu § 15 KSchG 1969). Eine solche Nebentätigkeit muss der Arbeitgeber nicht hinnehmen. Auch bei Bestellungen zum Beisitzer in Einigungsstellen anderer Betriebe als Teil eines »**Ringtauschs**«, wenn die Betriebsräte des Arbeitgebers ihre Mitglieder wechselseitig zu Einigungsstellenbeisitzern bestellen, um ihnen Honoraransprüche zu verschaffen, die andernfalls wegen § 76a Abs. 2 BetrVG nicht entstünden, ist die Pflicht zur Rücksichtnahme auf die Interessen des Arbeitgebers verletzt (ähnl. *Sasse* ArbRB 2016, 9: »Exzess«; ebenfalls offen gelassen dagegen von *BAG* 13.05.2015 EzA § 626 BGB 2002 Nr. 51 Rn. 42 = AP Nr. 77 zu § 15 KSchG 1969). Ein solches Vorgehen ist **rechtsmissbräuchlich** (*Wiese* in Anm. zu *BAG* 13.05.2015 AP Nr. 77 zu § 15 KSchG 1969).

49 Davon zu trennen ist die Frage, ob die grundsätzlich freie Auswahl der Beisitzer eingeschränkt ist, wenn Personen als Beisitzer von Einigungsstellen benannt werden, die für die diese Tätigkeit »**offensichtlich**« ungeeignet sind. Der Siebte Senat des *BAG* bejaht diese Frage und stützt sich dabei auf das Gebot der vertrauensvollen Zusammenarbeit gem. **§ 2 Abs. 1 BetrVG** (*BAG* 28.05.2014 EzA § 76 BetrVG 2001 Nr. 8 Rn. 36; ebenso *BAG* [Zweiter Senat] 13.05.2015 EzA § 626 BGB 2002 Nr. 51 Rn. 32, 33 ff. = AP Nr. 77 zu § 15 KSchG 1969 [zust. *Wiese*]; ähnl. *Worzalla/HWGNRH* § 76 Rn. 47, 50 unter Berufung auf das auch für die Einigungsstelle geltende Gebot vertrauensvoller Zusammenarbeit; vgl. auch *Richardi/Maschmann/Richardi* § 76 Rn. 49; *Gaul* Die betriebliche Einigungsstelle, F I, Anm. 8; *Joost/* MünchArbR § 232 Rn. 15: keine für die andere Seite »unzumutbaren« Beisitzer; bei »offensichtlicher Unzumutbarkeit« *Neft/Ocker* Die Einigungsstelle, Rn. 85; für »immanente« Bestellungsgrenzen *U. Fischer* AuR 2005, 391 [392]). Nach dem Senat kommt es darauf an, ob die benannte Person mit Blick auf ihre Kenntnisse und Erfahrungen offensichtlich ungeeignet ist, »über die der Einigungsstelle zugrundeliegende Regelungsmaterie zu entscheiden«, oder wenn »der benannten Person die mangelnde Eignung in sonstiger Weise anhaftet und sich daraus ergibt, dass sie in der Einigungsstelle ihre Funktion nicht ordnungsgemäß ausüben kann«. Was der Siebte Senat unter einer offensichtlich fehlenden Eignung versteht, führt er nicht näher aus. Immerhin ist nach dem *BAG* bei der Beurteilung ein »strenger Maßstab« anzulegen. Es gehe insbesondere nicht darum, einzelne Verhaltensweisen der Person in der Vergangenheit zu sanktionieren. Maßstab sei auch nicht, ob Gründe für eine außerordentliche Kündigung des Arbeitsverhältnisses oder den Ausschluss aus dem Betriebsrat vorlägen. Eine Person scheide als Beisitzer der Einigungsstelle nur aus, wenn unter ihrer

Einigungsstelle § 76

Mitwirkung eine ordnungsgemäße Aufgabenerfüllung der Einigungsstelle nicht zu erwarten sei. Dafür genügt eine einmalige »grobe und schwerwiegende Entgleisung« eines ehemaligen Arbeitnehmers gegenüber einem anderen Arbeitnehmer jedenfalls nicht (*BAG* 28.05.2014 EzA § 76 BetrVG 2001 Nr. 8 Rn. 37). Ob die Entscheidung vor diesem Hintergrund praktisch relevant wird, ist zu bezweifeln. Es ist fraglich, welche Fälle einer offensichtlich fehlenden Eignung dann überhaupt noch denkbar sind.

§ 78 BetrVG greift erst, wenn eine betriebsverfassungsrechtliche Funktion wahrgenommen wird. Die 50
Bestellung kann aber nicht wirksam angenommen werden, wenn gegen ein Nebentätigkeitsverbot verstoßen wird. Außerdem kann der Betriebsrat vom Arbeitgeber nicht verlangen, dass er dem Arbeitnehmer, der als betriebsfremder Beisitzer vorgesehen ist, nicht mit arbeitsrechtlichen Maßnahmen droht, wenn er als Beisitzer an der Einigungsstelle teilnimmt (vgl. dazu *LAG München* 14.12.2012 – 4 TaBVGa 12/12; *ArbG Augsburg* 27.11.2012 – 6 BVGa 9/12; *ArbG Herford* 08.01.2013 – 3 BVGa 6/12; *ArbG Wilhelmshaven* 10.01.2013 – 1 BVGa 2/12).

Es geht darum, jeder Partei die Darstellung ihrer Interessen auch im Rahmen der Einigungsstelle zu 51
ermöglichen. Deshalb gibt es die paritätische Besetzung mit Beisitzern und auch – gewissermaßen als Fortsetzung des Einigungsauftrages gem. § 74 Abs. 1 Satz 2 – die Regelung des § 76 Abs. 3 Satz 3, nach der die Beisitzer zunächst allein, bei Stimmenthaltung des Vorsitzenden, abstimmen. Daher können Arbeitgeber und Betriebsrat nicht nur Belegschaftsmitglieder (auch leitende Angestellte), sondern auch jeden Dritten zum Beisitzer bestellen: Vertreter eines Arbeitgeberverbands oder einer Gewerkschaft (vgl. *BAG* 06.04.1973 AP Nr. 1 zu § 76 BetrVG 1972; 11.05.1976 AP Nr. 3 zu § 76 BetrVG 1972; 15.12.1978 AP Nr. 6 zu § 76 BetrVG 1972; 14.01.1983 AP Nr. 12 zu § 76 BetrVG 1972; 01.12.1983 AP Nr. 13 zu § 76 BetrVG 1972; 03.05.1984 AP Nr. 15 zu § 76 BetrVG 1972; 31.07.1986 AP Nr. 19 zu § 76 BetrVG 1972; 14.12.1988 AP Nr. 30 zu § 76 BetrVG 1972; ebenso *Berg/DKKW* § 76 Rn. 30; *Fitting* § 76 Rn. 14; *Galperin/Löwisch* § 76 Rn. 8a; *Pünnel/Isenhardt* Die Einigungsstelle, Rn. 36, die hervorheben, dass deren Mitwirkung erfahrungsgemäß zur Objektivierung des Einigungsstellenverfahrens beiträgt; *Richardi/Maschmann/Richardi* § 76 Rn. 45; *Worzalla/HWGNRH* § 76 Rn. 48), ebenso wie Außenstehende, z. B. Rechtsanwälte oder Steuerberater. Durch die Vergütungsregelung für betriebsfremde Beisitzer hat der Gesetzgeber das anerkannt. Dabei ist jedoch wegen der höheren Kostenbelastung nach § 76a Abs. 3 für externe Beisitzer das Verhältnismäßigkeitsprinzip zu wahren (str.; vgl. § 76a Rdn. 29). Auch der Arbeitgeber selbst (ggf. der Insolvenzverwalter) und Mitglieder des Betriebsrats können als Beisitzer (nach Bestellung) mitwirken (*BAG* 06.05.1986 EzA § 112 BetrVG 1972 Nr. 39; *LAG Düsseldorf* 03.04.1981 EzA § 76 BetrVG 1972 Nr. 30; *ArbG Heilbronn* 27.09.1974 BB 1975, 329; unstr. in der Literatur), ebenso ein Arbeitnehmer des Betriebs, der von der Entscheidung des Meinungsstreits persönlich betroffen ist, z. B. in den Fällen § 38 Abs. 2, § 87 Abs. 1 Nr. 9, § 98 Abs. 4 (ebenso *Faulenbach* NZA 2012, 953 [954]; außerdem *Kania*/ErfK § 76 BetrVG Rn. 9; *Fitting* § 76 Rn. 15, die das aber in der Regel für unzweckmäßig halten; **a. M.** *U. Fischer* AuR 2005, 391 [392]). Soll im Insolvenzverfahren des Arbeitgebers ein Sozialplan aufgestellt werden, müssen nicht notwendig Gläubiger (oder deren Vertreter) zu Beisitzern der Einigungsstelle bestellt werden (*BAG* 06.05.1986 EzA § 112 BetrVG 1972 Nr. 39). Eine weitere Beschränkung der Wahl der Betriebsparteien kann aus dem Gebot der vertrauensvollen Zusammenarbeit (vgl. *Franzen* § 2 Rdn. 3 ff.) folgen (vgl. *LAG Hamburg* 15.11.2011 – 1 TaBV 5/11 – juris, Rn. 54, das bei vor dem Verfahren getätigten schweren Beleidigungen keine Verletzung des Gebots annahm), wenn Zweifel an der Ehrlichkeit und Offenheit des Beisitzers bestehen.

Eine Ablehnung der von einer Partei bestellten Beisitzer durch die andere ist im Gesetz **nicht** vor- 52
gesehen. Rechtswirksam ist sie nicht möglich. Die Befangenheit der Beisitzer als Interessenvertreter der sie bestellenden Partei ist vom Gesetz eingeplant (ebenso *Dütz* AuR 1973, 353 [359]; *Leipold* FS *Schnorr von Carolsfeld*, 1973, S. 278 Fn. 12; zust. *LAG Düsseldorf* 03.04.1981 EzA § 76 BetrVG 1972 Nr. 30; *LAG Baden-Württemberg* 04.09.2001 AuR 2002, 151; *Neft/Ocker* Die Einigungsstelle, Rn. 86; im Ergebnis übereinstimmend *Berg/DKKW* § 76 Rn. 40; *Fitting* § 76 Rn. 16; *Pünnel/Isenhardt* Die Einigungsstelle, Rn. 38 f.; *Richardi/Maschmann/Richardi* § 76 Rn. 49; *Worzalla/HWGNRH* § 76 Rn. 50). Auch ein Stimmrechtsausschluss bei persönlicher Betroffenheit kommt nicht in Betracht (zust. *Berg/DKKW* § 76 Rn. 33; *Kania*/ErfK § 76 BetrVG Rn. 9; **a. M.** *Schmitt* NZA 1987,

78 [82 f.]; zust. *Pünnel/Isenhardt* Die Einigungsstelle, Rn. 100; *Weber/Erich* Einigungsstelle, E Rn. 83; wohl auch *Richardi/Maschmann/Richardi* § 76 Rn. 49).

53 Die Bestellung von **stellvertretenden Beisitzern** ist im Gesetz nicht vorgesehen, aber zulässig (ebenso *Berg/DKKW* § 76 Rn. 34; *Fitting* § 76 Rn. 22; *Kliemt/HWK* § 76 BetrVG Rn. 27; *Pünnel/Isenhardt* Die Einigungsstelle, Rn. 40). Das Recht jedes Betriebspartners, seine Beisitzer zu benennen, schließt ebenso die Befugnis ein, **Beisitzer jederzeit abzuberufen** und durch andere Personen zu ersetzen (krit. *Tschöpe* NZA 2004, 945 [948]: nur bei sachlichem Grund), wie die Benennung von Stellvertretern, um für Neubestellungen vorzusorgen. Ersatzbeisitzer sind bis zu ihrem Nachrücken noch keine Mitglieder der Einigungsstelle, dürfen namentlich bei der mündlichen Beratung und Beschlussfassung der Einigungsstelle nicht anwesend sein (vgl. Rdn. 110).

b) Bestellung des Vorsitzenden

aa) Bestellung durch die Parteien

54 Die Einigungsstelle muss einen Vorsitzenden haben, der eine natürliche Person sein muss. Er wird **von den Parteien**, d. h. vom Arbeitgeber und Betriebsrat, gemeinsam **bestellt** (heute unstr.; anders früher *G. Müller* DB 1973, 431, der die Meinung, dass die Beisitzer sich über die Person des Vorsitzenden einigen müssen, aber aufgegeben hat; vgl. FS *Barz*, 1974, S. 489 [492]). Dafür spricht schon der Wortlaut des Gesetzes. In Abs. 2 Satz 1 heißt es, dass sich beide Seiten auf einen Vorsitzenden einigen müssen. Auch in Abs. 5 und 6 ist von »den Seiten« die Rede, worunter Arbeitgeber und Betriebsrat zu verstehen sind. Es gibt keinen Anhaltspunkt dafür, dass Abs. 2 Satz 1 etwas anderes meint. Es bestehen jedoch keine Bedenken dagegen, dass die Parteien die Bestellung des Vorsitzenden jeweils von ihnen bestellten Beisitzern übertragen (ebenso *Fitting* § 76 Rn. 23; *Löwisch/Kaiser* § 76 Rn. 7; *Richardi/Maschmann/Richardi* § 76 Rn. 50; *Worzalla/HWGNRH* § 76 Rn. 52). Die Einigung über die Person des Vorsitzenden (wie über die Zahl der Beisitzer) ist eine Regelungsabrede (vgl. *Kreutz* § 77 Rdn. 8; vgl. dazu, auch zur Bindungswirkung, ausführlich *Hennige* Das Verfahrensrecht der Einigungsstelle, S. 69 ff.).

55 Der Vorsitzende der Einigungsstelle ist die **Schlüsselfigur** des Einigungsverfahrens (vgl. *G. Müller* ArbGeb. 1972, 419 [422]). Die Beisitzer sind zwar an Aufträge und Weisungen der Partei, die sie bestellt hat, nicht gebunden (*BAG* 20.08.2014 EzA § 37 BetrVG 2001 Nr. 18 Rn. 22 = AP Nr. 157 zu § 37 BetrVG 1972), sie sind aber praktisch Interessenvertreter der Parteien (relativierend *Hess. LAG* 03.08.2015 – 16 TaBV 200/14 – juris, Rn. 50: nicht »verlängerter Arm« der Betriebsparteien). Deshalb kommt der Unabhängigkeit des Vorsitzenden, seiner Einsichts- und Entscheidungsfähigkeit, seiner Standfestigkeit und seinem Verhandlungsgeschick große Bedeutung zu. Ihr haben die Parteien bereits bei der Bestellung des Vorsitzenden Rechnung zu tragen, der aber vor allem **unparteiisch** sein muss (»zentale Anforderung«: *ArbG Köln* 16.01.2017 – 19 BV 499/16 – juris, Rn. 20; vgl. dazu *Schack* Die zivilrechtliche Stellung des Einigungsstellenvorsitzenden und die Problematik seiner Unparteilichkeit, S. 47 ff., 91 ff.). Die Tatsache, dass sich die Parteien auf einen Vorsitzenden geeinigt haben, genügt, besagt aber lediglich, dass sie ihn als unparteiisch ansehen. Das ist ein Indiz dafür, dass er unparteiisch ist, aber nicht mehr (zust. *Friedemann* Das Verfahren der Einigungsstelle, Rn. 103; weitergehend *Berg/DKKW* § 76 Rn. 19; *Galperin/Löwisch* § 76 Rn. 10; *Hueck/Nipperdey* II/1, S. 766; *Joost/*MünchArbR § 232 Rn. 20; *Lepke* BB 1977, 49 [51]; *Nikisch* III, S. 325; *Preis/WPK* § 76 Rn. 15; *Pünnel/Isenhardt* Die Einigungsstelle, Rn. 19). Die Parteien können sich auf eine **betriebsangehörige** Person als Vorsitzenden einigen (ebenso *Berg/DKKW* § 76 Rn. 19; *Fitting* § 76 Rn. 23; *Neft/Ocker* Die Einigungsstelle, Rn. 49; *Richardi/Maschmann/Richardi* § 76 Rn. 52; **a. M.** *Koch* Arbeitsrechts-Handbuch, § 232 Rn. 11). Auch **Richter** können bestellt werden (s. dazu näher Rn. 64 ff.), ebenso Hochschullehrer, insbesondere Arbeitsrechtler, und Fachanwälte für Arbeitsrecht.

56 Ergeben sich während des Einigungsstellenverfahrens **Anhaltspunkte für eine Parteilichkeit** des Vorsitzenden, kann er nicht einseitig abberufen werden (ebenso schon *Thiele* Drittbearbeitung, § 76 Rn. 41; *Dietz/Richardi* § 76 Rn. 53). Auch die Kündigung der Einigung über die Bestellung des Vorsitzenden genügt nicht (so aber *Galperin/Löwisch* § 76 Rn. 15), weil der Bestellungsakt im Außenverhältnis rückgängig gemacht werden muss. Wenn eine Einigung über einen neuen Vorsitzenden nicht möglich ist, haben Arbeitgeber oder Betriebsrat aber die **Möglichkeit**, den Vorsitzenden, auch wenn er vom Arbeitsgericht bestellt worden ist (vgl. Rdn. 60 ff.), jederzeit **wegen Befangenheit abzuleh-**

Einigungsstelle § 76

nen. Das Gesetz ist insofern lückenhaft, weil es eine solche Ablehnung nicht vorsieht, andererseits aber die Unparteilichkeit als maßgebliches Qualifikationskriterium für den Vorsitzenden bestimmt (Abs. 2 Satz 1). Die Lücke ist durch Analogie zu den Bestimmungen über die Ablehnung eines **Schiedsrichters** im Schiedsrichterlichen Verfahren nach dem 10. Buch der ZPO (§§ 1036 f.) in der durch das SchiedsVfG vom 22.12.1997 (BGBl. I, S. 3224) herbeigeführten Neufassung zu schließen. Die Vergleichbarkeit der Interessenlage ist bei Befangenheit gegeben, weil die Unparteilichkeit eines Schiedsrichters ebenso Funktionsvoraussetzung des privaten Schiedsverfahrens ist wie diejenige des Vorsitzenden für die Einigungsstelle. Der Ähnlichkeit der Verfahren steht nicht entgegen, dass das Schiedsrichterliche Verfahren als Ausübung privater Gerichtsbarkeit eingestuft wird (*BGH* 15.05.1986 NJW 1986, 3027), während die Einigungsstelle kein Gericht, sondern privatrechtliche Schlichtungsstelle ist (vgl. Rdn. 86, 88). **Entsprechend §§ 1036 f. ZPO** ist daher die Ablehnung des Vorsitzenden möglich (vgl. auch *Schaub* NZA 2000, 1087 [1088 f.]; *Schack* Die zivilrechtliche Stellung des Einigungsstellenvorsitzenden und die Problematik seiner Unparteilichkeit, S. 72 ff.; ebenso *BAG* 11.09.2001 EzA § 76 BetrVG 1972 Nr. 68 [zust. *Brehm/Hezel* = AP Nr. 15 zu § 76 BetrVG 1972 Einigungsstelle zust. *Schwarze* = BB 2002, 576 zust. *Caspers*]; 29.01.2002 EzA § 76 BetrVG 1972 Nr. 70 [zust. *Thiel*], nachdem das Bundesarbeitsgericht schon im Beschluss vom 09.05.1995 [EzA § 76 BetrVG 1972 Nr. 66 S. 9] der im Schrifttum damals überwiegend vertretenen Ansicht angeschlossen hatte, dass unter entsprechender Anwendung von § 1032 a. F. und §§ 42 ff. ZPO über die Ablehnung eines Schiedsrichters die Ablehnung des Vorsitzenden wegen Befangenheit möglich ist [vgl. mit umfangreichen Nachweisen 7. Aufl. § 76 Rn. 52]; bestätigend *BAG* 17.11.2010 EzA § 76 BetrVG 2001 Nr. 3; das Schrifttum folgt dem *BAG* überwiegend, vgl. *Berg/DKKW* § 76 Rn. 102; *Eisemann* FS ARGE Arbeitsrecht im DAV, 2006, S. 837 [851]; *Faulenbach* NZA 2012, 953 [957]; *Fitting* § 76 Rn. 43; *Joost/MünchArbR* 232 Rn. 43; *Preis/WPK* § 76 Rn. 16; *Kempter/Merkel* DB 2014, 1807 [1809]; *I. Schmidt* JArbR Bd. 40, 2003, S. 121 [127]; *Worzalla/HWGNRH* § 76 Rn. 55; *Hauck/Helml* ArbGG, § 98 Rn. 7; *Walker* in: *Schwab/Weth* ArbGG, § 99 Rn. 7; im Ansatz undeutlich, aber auch *Kania/ErfK* § 76 BetrVG Rn. 16; *Kliemt/HWK* § 76 BetrVG Rn. 64 ff.; teilweise wird die Änderung der Vorschriften über die Ablehnung eines Schiedsrichters nach § 1036 f. ZPO allerdings noch nicht beachtet; vgl. *Etzel* Rn. 1395; *Krasshöfer/HaKo* § 76 Rn. 17; *Richardi/Maschmann/Richardi* § 76 Rn. 53, 89; *Stege/Weinspach/Schiefer* § 76 Rn. 15b; **a. M.** *Bertelsmann* NZA 1996, 234; weiterhin krit. *ders.* FS *Wißmann*, 2005, S. 230 [242 ff.]; *Schlewing/GMPMS* ArbGG § 98 Rn. 33; *Leinemann* FA 2004, 98; *ders.* FS *Schwerdtner*, 2003, S. 323 [328]; früher *Leinemann/GK-ArbGG* § 98 Rn. 67 [jetzt *Dörner/GK-ArbGG* § 98 Rn. 55 ff.]; *Pünnel/Isenhardt* Die Einigungsstelle, Rn. 19, 102, die alle allein auf die Möglichkeit der späteren Geltendmachung von Verfahrensfehlern im Verfahren der Anfechtung des Spruchs der Einigungsstelle verweisen; grundsätzlich auch *Friedemann* Das Verfahren der Einigungsstelle, Rn. 187 ff., der die Ablehnung aber zulässt, soweit Befangenheitsgründe vor der Bestellung entstanden sind). Wegen der Neufassung der Bestimmungen, die jetzt eine eigenständige und geschlossene Regelung der Voraussetzungen und des Verfahrens der Ablehnung sind, ergeben sich erhebliche Modifizierungen gegenüber den Ansichten, die sich zuvor aus einer Analogie zu § 1032 a. F. i. V. m. §§ 42 ff. ZPO ergaben (vgl. insoweit 6. Aufl. § 76 Rn. 45). Zu beachten ist, dass nach methodisch zutr. Rechtsprechung des BAG die in § 1036 f. ZPO getroffenen Regelungen nur soweit entsprechend anzuwenden sind, als der Anwendung nicht zwingende Grundsätze des Einigungsstellenverfahrens nach § 76 BetrVG entgegenstehen (vgl. *BAG* 11.09.2001 EzA § 76 BetrVG 1972 Nr. 68 unter B I 3, 29.01.2002 EzA § 76 BetrVG 1972 Nr. 70 unter B I 2b bb). Im Einzelnen gilt danach (vgl. auch *I. Schmidt* JArbR Bd. 40, 2003, 127 ff.; aus Sicht des ablehnenden Betriebsrats, teils abweichend, *Bertelsmann* FS *Wißmann*, 2005, S. 337 ff.), vorbehaltlich einer anderweitigen Regelung durch Betriebsvereinbarung nach § 76 Abs. 4, Folgendes:

Ablehnungsgründe sind Umstände, die berechtigte Zweifel an der Unparteilichkeit oder Unabhängigkeit aufkommen lassen (§ 1036 Abs. 2 Satz 1 ZPO analog). An die Darlegung eines Näheverhältnisses zwischen dem Vorsitzenden und der Partei sind strenge Anforderungen zu stellen. Ist der Vorsitzende einvernehmlich durch die Parteien bestellt worden, kann ihn eine Partei nur aus Gründen ablehnen, die ihr erst nach der Bestellung bekannt geworden sind (§ 1036 Abs. 2 Satz 2 ZPO analog). Nicht maßgeblich ist, ob ein Grund vor oder nach der Bestellung entstanden ist. Ein Ablehnungsgrund geht zudem verloren, wenn er nicht (unverzüglich, spätestens) innerhalb von zwei Wochen nach Kenntniserlangung von der Partei, die den Vorsitzenden ablehnen will, der Einigungsstelle schriftlich

57

§ 76

dargelegt wird (§ 1037 Abs. 2 Satz 1 ZPO analog; ebenso *BAG* 11.09.2001 EzA § 76 BetrVG Nr. 68 [unter B IV 1] und 29.01.2002 EzA § 76 BetrVG 1972 Nr. 70 [unter B I 2b]). Eine Ablehnung zu Protokoll der Einigungsstelle genügt also nicht. Einen **Ablehnungsantrag** können nur die Betriebsparteien (Arbeitgeber und Betriebsrat oder – bei Zuständigkeit – Gesamt- oder Konzernbetriebsrat) selbst stellen, nicht ein anderes Mitglied der Einigungsstelle, das zwar als Bote einer Betriebspartei einen Befangenheitsantrag überbringen, nicht aber als deren Vertreter den Antrag selbst stellen kann, weil es ansonsten über seinen eigenen Antrag (mit-) zu entscheiden hätte (*BAG* 29.01.2002 EzA § 76 BetrVG 1972 Nr. 70 [unter B I 2b cc]).

58 Über einen schriftlich begründeten **Ablehnungsantrag entscheidet zunächst die Einigungsstelle**, wenn der abgelehnte Vorsitzende nicht zurücktritt oder die andere Partei der Ablehnung nicht zustimmt (insoweit analog § 1037 Abs. 2 Satz 2 ZPO). Anders als »das Schiedsgericht« hat die Einigungsstelle aber **ohne den Vorsitzenden** zu entscheiden und deshalb in Abweichung vom zweistufigen Abstimmungsverfahren nach § 76 Abs. 3 Satz 3 in nur einem Abstimmungsgang. Dabei stützt das BAG den Ausschluss des Vorsitzenden von der Beschlussfassung plausibel auf den »rechtsstaatlichen Grundsatz«, dass niemand Richter in eigener Sache sein kann, von dem (anders möglicherweise als bei Ablehnung eines Schiedsrichters) im Einigungsstellenverfahren mit Blick gerade auf den ersten Abstimmungsgang ohne den Vorsitzenden nach § 76 Abs. 3 Satz 3 keine Abweichung gerechtfertigt ist (*BAG* 11.09.2001 EzA § 76 BetrVG 1972 Nr. 68 [zust. *Brehm / Hezel*] = AP Nr. 15 zu § 76 BetrVG 1972 Einigungsstelle [zust. *Schwarze*]; obiter dictum *BAG* 29.01.2002 EzA § 76 BetrVG 1972 Nr. 70 unter B I 2b bb; *I. Schmidt* JArbR Bd. 40, 2003, S. 121 [129]; *BAG* 17.11.2010 EzA § 76 BetrVG 2001 Nr. 3; *Bertelmann* FS *Wißmann*, 2005, S. 230 [238]; ebenso schon *Bauer / Diller* DB 1996, 137 [142]; *Friedemann* Das Verfahren der Einigungsstelle, Rn. 190; *Weber / Ehrich* Einigungsstelle, E Rn. 75). Praktisch ist der Ausschluss des Vorsitzenden von der Teilnahme an der Beschlussfassung aber ohne große Bedeutung: Analog § 1037 Abs. 2 Satz 2 ZPO kann der Vorsitzende zurücktreten, wenn er den Ablehnungsgrund für berechtigt hält. Ansonsten ist der Ablehnungsantrag schon bei Stimmengleichheit unter den Beisitzern abgelehnt, weil er keine Mehrheit gefunden hat. In beiden Fällen liegt deshalb auch dann kein wesentlicher Verfahrensfehler vor, wenn der Vorsitzende an der Beschlussfassung (etwa in einer zweiten Abstimmung) mitgewirkt hat (vgl. auch *BAG* 11.09.2001 EzA § 76 BetrVG 1972 Nr. 68 unter B II 3). Gibt die Einigungsstelle dem **Ablehnungsantrag** mit Mehrheit **statt**, ist der Vorsitzende abgelöst, und von den Parteien oder durch das Arbeitsgericht (vgl. Rdn. 62 ff.) ist ein anderer Vorsitzender zu bestellen. Ignoriert der Vorsitzende durch Nichtbefassung der Einigungsstelle den Ablehnungsantrag, begeht er bereits dadurch einen Verfahrensfehler, der die Unwirksamkeit eines späteren Sachbeschlusses zur Folge hat (*LAG Köln* 23.01.1997 LAGE § 76 BetrVG 1972 Nr. 45; *BAG* 11.09.2001 EzA § 76 BetrVG 1972 Nr. 68 unter B III 2; *BAG* 29.01.2002 EzA § 76 BetrVG 1972 Nr. 70 unter B I 2b bb; *I. Schmidt* JArbR Bd. 40, 2003, S. 121 [129]).

59 Wird der **Ablehnungsantrag** von der Einigungsstelle **abgelehnt**, ist das Einigungsstellenverfahren fortzusetzen. Die ablehnende Partei kann jedoch (spätestens innerhalb eines Monats nach Kenntniserlangung von der Entscheidung) beim **Arbeitsgericht im Beschlussverfahren** die Entscheidung über die Ablehnung beantragen (entsprechend § 1037 Abs. 3 Satz 1 ZPO). § 100 ArbGG ist nicht anzuwenden (so noch vertreten in der 9. Auflage), sondern erfolgt analog §§ 1037 Abs. 3 Satz 1 und 2, 1062 Abs. 1 Nr. 1 Var. 2, 1065 Abs. 2 Satz 2 ZPO in erster und letzter Instanz in voller Kammerbesetzung (*BAG* 17.11.2010 EzA § 76 BetrVG 2001 Nr. 3, das den Hinweis des *BAG* 09.05.1995 EzA § 76 BetrVG 1972 Nr. 66 auf § 100 ArbGG für ersichtlich nicht tragend hält; gegen die Anwendung des § 100 ArbGG auch schon die Vorinstanz *LAG Hamburg* 16.04.2009 – 1 TaBV 1/09 – juris; ihm folgend *Berg / DKKW* § 76 Rn. 104; *Fitting* § 76 Rn. 41; für ein Beschlussverfahren nach §§ 2a, 80 ff. ArbGG *Schönfeld* DB 1988, 1996 [2001]; nach *I. Schmidt* JArbR Bd. 40, 2003, S. 121 [129] soll eine Entscheidung durch das Landesarbeitsgericht analog § 1062 Abs. 1 Nr. 1 ZPO in der Konsequenz der Entscheidung des Ersten Senats von 1995 liegen; **a. M.**: *Heinze* RdA 1990, 262 [273]; *Hennige* Das Verfahren der Einigungsstelle, S. 236; *Friedemann* Das Verfahren der Einigungsstelle, Rn. 191; wohl auch *BAG* 09.05.1995 EzA § 76 BetrVG 1972 Nr. 66 S. 9; *LAG Köln* 11.07.2001 AP Nr. 13 zu § 76 BetrVG 1972 Einigungsstelle; auch *Bauer / Diller* DB 1996, 137 [142] bei Verbindung des Antrags mit der Bestellung eines neuen Vorsitzenden; einschränkend auf § 100 Abs. 1 ArbGG *Weber / Ehrich* Einigungsstelle, E Rn. 76 f.). Dem Antrag fehlt das Rechtsschutzinteresse, wenn er vor der Entscheidung der Einigungsstelle gestellt wird.

Einigungsstelle § 76

Erfolgt der Ablehnungsantrag beim Arbeitsgericht, kann die Einigungsstelle (einschließlich des abgelehnten Vorsitzenden) ihr **Verfahren fortsetzen** und einen **Spruch erlassen** (§ 1037 Abs. 3 Satz 2 ZPO analog). Das gilt erst recht, solange ein solcher Antrag der Einigungsstelle nur angekündigt ist. Dadurch wird nur der Verschleppung dienenden Befangenheitsanträgen im Interesse zügiger Verfahrensdurchführung die Wirkung genommen. Die Einigungsstelle riskiert aber einen Verfahrensfehler, mit dem ihr Spruch angegriffen werden kann, wenn das Arbeitsgericht dem Ablehnungsantrag stattgibt. Deshalb kann es sich empfehlen, dass die Einigungsstelle die Aussetzung ihres Verfahrens bis zur Entscheidung des Arbeitsgerichts gemäß § 76 Abs. 3 Satz 3 beschließt; anderenfalls hat sie die Fortführung des Verfahrens zu beschließen (vgl. *BAG* 11.09.2001 EzA § 76 BetrVG 1972 Nr. 68 unter B III; 17.11.2010 EzA § 76 BetrVG 2001 Nr. 3 unter B II 1a). 60

Wird keine Entscheidung des Arbeitsgerichts beantragt oder unterbleibt die Ablehnung des Vorsitzenden wegen Befangenheit, ist dessen **Parteilichkeit kein** ausreichender **Grund** für die Unwirksamkeit des Spruchs der Einigungsstelle. Bei der gerichtlichen Nachprüfung des Spruchs kommt es nur darauf an, ob er selbst der Rechtskontrolle (auch im Hinblick auf Verfahrensfehler) standhält. Ausnahmsweise sind die form- und fristgerecht vorgebrachten Ablehnungsgründe jedoch zu überprüfen, wenn das Einigungsstellenverfahren abgeschlossen worden ist, bevor die beantragte Entscheidung des Arbeitsgerichts erlangt werden konnte (vgl. *BAG* 11.09.2001 EzA § 76 BetrVG 1972 Nr. 68 unter B III 1 m. w. N.; *LAG Köln* 11.07.2001 AP Nr. 13 zu § 76 BetrVG 1972 Einigungsstelle). 61

bb) Bestellung durch das Arbeitsgericht
Einigen sich die Parteien nicht auf einen Vorsitzenden, bestellt ihn **auf Antrag** das Arbeitsgericht (§ 76 Abs. 2 Satz 2 i. V. m. § 100 Abs. 1 ArbGG). Die Entscheidung ergeht (wie früher) allein durch den Vorsitzenden der nach dem Geschäftsverteilungsplan berufenen Kammer des zuständigen Arbeitsgerichts (vgl. Rdn. 40). Im »verbindlichen« Einigungsverfahren (Abs. 5) genügt der Antrag einer Partei, im freiwilligen Einigungsverfahren (Abs. 6) ist der Antrag beider Parteien erforderlich (vgl. Rdn. 34). **Der Antrag ist zu begründen**. Anzugeben ist nicht nur die mangelnde Einigung der Parteien über die Person eines Vorsitzenden der Einigungsstelle (dazu Rdn. 69), sondern auch der Gegenstand der Meinungsverschiedenheit, über die die zu errichtende Einigungsstelle einen Spruch fällen soll (vgl. *LAG Düsseldorf* 21.08.1987 NZA 1988, 211 [212]; *LAG Köln* 18.02.1998 AuR 1998, 378; *Hess. LAG* 31.01.2006 AuR 2006, 214). Er ist im Tenor der Entscheidung über die Bestellung des Vorsitzenden anzugeben und steckt **deren Kompetenzbereich** ab (ebenso *Schlewing/GMPMS* ArbGG, § 98 Rn. 15, 27, 34; zust. *BAG* 15.05.2001 EzA § 87 BetrVG 1972 Leistungslohn Nr. 18 S. 8). Daraus wird z. T. abgeleitet, dass bereits der Antrag selbst erkennen lassen muss, für welche konkrete Meinungsverschiedenheit die Bestellung eines Vorsitzenden der Einigungsstelle begehrt wird (vgl. *Hennige* Das Verfahrensrecht der Einigungsstelle, S. 84). Der Antrag kann ggf. mit dem Antrag auf Bestimmung der Zahl der Beisitzer gestellt werden. 62

Die Bestimmung des Vorsitzenden der Einigungsstelle durch das Arbeitsgericht ist eine »Ausnahmesituation« für die fehlender Einigung und gerade nicht der Regelfall (*ArbG Köln* 16.01.2017 – 19 BV 499/16 – juris, Rn. 20). Sie erfordert deshalb größte Sorgfalt. Das Arbeitsgericht ist **an Vorschläge** der Parteien **nicht gebunden** (vgl. *LAG Düsseldorf* 25.08.2014 LAGE § 98 ArbGG 1979 Nr. 74 Rn. 39; *LAG Frankfurt a. M.* 06.04.1976 AuR 1977, 62; *LAG Hamm* 16.08.1976 DB 1976, 2069; *LAG Berlin* 22.06.1998 NZA-RR 1999, 34; 12.09.2001 NZA-RR 2002, 25; *ArbG Köln* 16.01.2017 – 19 BV 499/16 – juris, Rn. 19; *Kempter/Merkel* DB 2014, 1807 [1808]; *Lerch/Weinbrenner* NZA 2015, 1228, 1233; *Sasse* DB 2015, 2817 [2819]; ausführlich *Hennige* Das Verfahrensrecht der Einigungsstelle, S. 86 ff., mit dem zutr. Hinweis, dass im Bestellungsverfahren nicht etwa das Recht einer Seite, eine bestimmte Person als Vorsitzenden oder eine bestimmte Zahl Beisitzer verlangen zu können, zu bestätigen ist; vgl. auch *Clemenz* FS ARGE Arbeitsrecht im DAV, 2006, S. 815 [830 ff. m. w. Rechtsprechungsnachweisen]). Es besteht ein weitreichender Ermessensspielraum des Arbeitsgerichts (*LAG Düsseldorf* 25.08.2014 LAGE § 98 ArbGG 1979 Nr. 74 Rn. 44; *ArbG Köln* 16.01.2017 – 19 BV 499/16 – juris, Rn. 19). Wird jedoch (wie regelmäßig) die Bestellung einer bestimmten **Person beantragt**, hat das Gericht nach § 100 Abs. 1 Satz 3 i. V. m. § 83 Abs. 1 ArbGG von dem Antrag auszugehen (zutr. *LAG Berlin-Brandenburg* 10.09.2014 – 15 TaBV 1308/14 – juris, Rn. 10; *LAG Bremen* 01.07.1988 AR-Blattei, Einigungsstelle, Entsch. 35 = AiB 1988, 315 [zust. *Trittin*]; zust. *Heilmann* 63

AiB 1989, 68 [69]; vgl. auch *LAG München* 31.01.1989 LAGE § 98 ArbGG 1979 Nr. 14: der Beschluss, der einem Teil des Antrags nicht stattgibt, beschwert den Antragsteller). Es soll aber versuchen, eine Einigung herbeizuführen und eine Person zu bestellen, die das Vertrauen beider Seiten hat (vgl. *LAG Düsseldorf* 25.08.2014 LAGE § 98 ArbGG 1979 Nr. 74 Rn. 39; *LAG Frankfurt a. M.* 23.06.1988 LAGE § 98 ArbGG 1979 Nr. 12). Wenn es möglich ist, einen Vorsitzenden zu bestellen, gegen den kein Beteiligter Einwände erhebt, ist von der Bestellung solcher Personen abzusehen, die, wenn auch unbegründet, von einer Seite abgelehnt werden (so zu Recht *LAG Frankfurt a. M.* 05.07.1985 DB 1986, 756; 28.06.1985 BB 1986, 600; *LAG Hamburg* 21.05.1984 DB 1984, 2202; *LAG Schleswig-Holstein* 28.01.1993 LAGE § 98 ArbGG 1979 Nr. 24 S. 8; *LAG Berlin-Brandenburg* 04.06.2010 – 6 TaBV 901/10 – juris, Rn. 48; wohl auch *LAG Düsseldorf* 25.08.2014 LAGE § 98 ArbGG 1979 Nr. 74 Rn. 44; *LAG Hamm* 04.10.2010 – 13 TaBV 74/10 – juris, Rn. 55; differenzierend *LAG Baden-Württemberg* 30.09.2010 – 15 TaBV 4/10 – juris, Rn. 55, das eine kurze Begründung der Bedenken fordert; **a. M.**: es müssen begründete Bedenken vorgetragen werden *LAG Hamburg* 08.05.1995 LAGE § 98 ArbGG 1979 Nr. 29; *LAG Hamburg* 27.10.1997 – 4 TaBV 6/97 – juris, Rn. 47; *LAG Düsseldorf* 29.09.2009 – 17 TaBV 107/09 – juris, Rn. 42; *LAG Berlin-Brandenburg* 22.01.2010 – 10 TaBV 2829/09 – juris, Rn. 48; 03.06.2010 – 10 TaBV 1058/10 – juris, Rn. 36; *Lerch/Weinbrenner* NZA 2015, 1228 [1233]; *Sasse* DB 2015, 2817 [2819]). Ansonsten sind subjektive Vorbehalte nur zu berücksichtigen, wenn sie eine Tatsachengrundlage haben (vgl. *LAG Schleswig-Holstein* 22.06.1989 LAGE § 98 ArbGG 1979 Nr. 17 im Anschluss an *Heilmann* AiB 1989, 68 [70]; *LAG Frankfurt a. M.* 23.06.1988 LAGE § 98 ArbGG 1979 Nr. 12), z. B. wenn ein Grund vorliegt, der geeignet ist, Misstrauen oder Zweifel gegen die Unparteilichkeit zu rechtfertigen (dazu reicht aber bloße Partei- oder Gewerkschaftszugehörigkeit eines Arbeitsrichters nicht aus). Bestehen beide Seiten jeweils prinzipiell auf der Bestellung der von ihr vorgeschlagenen Person, kann es geboten sein, eine andere Person zu bestellen (*LAG Berlin* 12.09.2001 NZA-RR 2002, 25; *LAG Schleswig-Holstein* 04.09.2002 LAGE § 98 ArbGG 1979 Nr. 39; das ist aber nicht zwingend vgl. *LAG Nürnberg* 02.07.2004 NZA-RR 2005, 100). Will das Arbeitsgericht abweichend von den Vorschlägen (Anträgen) der Beteiligten einen Vorsitzenden bestellen, muss ihnen zuvor Gelegenheit zur Äußerung gegeben werden (*LAG München* 31.01.1989 LAGE § 98 ArbGG 1979 Nr. 14). Das Gericht hat nicht nur auf strikte **Neutralität** des zu bestellenden Vorsitzenden zu achten, sondern auch auf dessen **Sachverstand**, der je nach der von der Einigungsstelle zu behandelnden Frage vornehmlich auf sozialem, betriebswirtschaftlichem oder volkswirtschaftlichem Gebiet liegen wird. Auch rechtliche Kenntnisse sind zu fordern, insbesondere die erforderlichen arbeitsrechtlichen Grundkenntnisse des Betriebsverfassungsrechts (vgl. auch *Gaul* Die betriebliche Einigungsstelle, H I Rn. 11 ff.; *Hennige* Das Verfahrensrecht der Einigungsstelle, S. 105 ff.; *Neft/Ocker* Die Einigungsstelle, Rn. 42 ff.; *Pünnel/Isenhardt* Die Einigungsstelle, Rn. 14 ff.; *Schönfeld* DB 1988, 1996 [1998 f.]; vgl. auch Rdn. 55). Das Erfordernis der **Unparteilichkeit steht dagegen**, Mitglieder des Betriebsrats, den Arbeitgeber, Repräsentanten oder nahe Verwandte des Arbeitgebers, Verbandsfunktionäre und grundsätzlich wohl auch sonstige Angehörige des Betriebs (ebenso *Berg/DKKW* § 76 Rn. 57; *Richardi/Maschmann/Richardi* § 76 Rn. 52; *Sasse* DB 2015, 2817 [2819]; *Worzalla/HWGNRH* § 76 Rn. 54) gerichtlich zu bestellen.

64 Überwiegend sind in der Vergangenheit **Berufsrichter der Arbeitsgerichtsbarkeit** zu Vorsitzenden der Einigungsstelle bestellt worden. An ihrer Eignung ist grundsätzlich nicht zu zweifeln, auch wenn es sicher Regelungsstreitigkeiten gibt, die zusätzliche Qualifikationsmerkmale erfordern (vgl. dazu *U. Fischer* DB 2000, 217; krit. zur Bestellung von Richtern *Herschel* DB 1982, 1984; *Bengelsdorf* SAE 1997, 236; vgl. auch *Dirk Neumann* RdA 1997, 142). Ihre Bestellung ist auch nicht deswegen ausgeschlossen, weil der Spruch der Einigungsstelle der arbeitsgerichtlichen Überprüfung (Abs. 5 Satz 4, Abs. 7) unterliegt (vgl. *LAG Hamburg* 07.03.1985 DB 1985, 1798). Es handelt sich auch nicht um eine mit den Aufgaben der rechtsprechenden Gewalt unvereinbare Aufgabe (vgl. § 4 Abs. 2 Nr. 5 DRiG). Neben den Richtern aus der Arbeitsgerichtsbarkeit kommen aber auch Richter aus einer anderen Gerichtsbarkeit in Betracht (vgl. *LAG Köln* 21.08.1984 DB 1985, 135: Eignung eines Konkursrichters als Einigungsstellenvorsitzender für die Aufstellung eines Sozialplans im Konkurs).

65 Ein **Richter** darf nach § 100 Abs. 1 Satz 5 ArbGG aber **nur** zum Vorsitzenden der Einigungsstelle bestellt werden, wenn aufgrund der Geschäftsverteilung **ausgeschlossen ist**, dass er mit der Überprüfung, der Auslegung oder Anwendung des Spruchs der Einigungsstelle **befasst wird**. Die Vorschrift bestätigt die Unvereinbarkeit der Funktionen als Einigungsstellenvorsitzender und (Berufs-)Richter,

der mit dem Spruch »seiner« Einigungsstelle befasst wird. Sie gibt (anders als § 41 Nr. 6 ZPO) der Ausübung des Richteramts Vorrang. Es soll von vornherein ausgeschlossen werden, dass ein Richter als Einigungsstellenvorsitzender bestellt wird, der später namentlich als Richter am Arbeitsgericht, am Landesarbeitsgericht oder BAG mit dem Spruch der Einigungsstelle befasst sein könnte (vgl. BT-Drucks. 13/10242, S. 9). Die Regelung geht über die frühere Rechtslage hinaus (vgl. 6. Aufl. § 76 Rn. 48). Sie verbietet die Bestellung nicht nur, wenn der Richter später mit der Überprüfung der Wirksamkeit des Spruchs befasst sein kann, sondern auch bei jeder möglichen Befassung mit der Auslegung und Anwendung des Spruchs, insbesondere also auch bei Streitigkeiten zwischen Arbeitnehmern und Arbeitgeber im Individualverfahren. Die Bestellung muss unterbleiben, wenn nicht zum Zeitpunkt der Entscheidung nach der (tatsächlichen) Geschäftsverteilung des Gerichts, dem der Richter angehört, seine spätere Befassung mit einem Spruch der Einigungsstelle definitiv ausgeschlossen ist. Das muss nicht notwendig in allen Fällen, aber doch **regelmäßig** dazu führen, dass die Bestellung eines Richters des gleichen Arbeitsgerichts, des zuständigen Landesarbeitsgerichts und des BAG **ausgeschlossen** sein wird (ebenso *Dörner*/GK-ArbGG § 98 Rn. 39; *Schlewing*/GMPMS ArbGG, § 98 Rn. 24; *Richardi*/*Maschmann*/*Richardi* § 76 Rn. 54; wohl auch *Berg*/DKKW § 76 Rn. 21 f.; **a. M.** *Koch*/ErfK § 100 ArbGG Rn. 4; früher *Leinemann* GK-ArbGG § 98 Rn. 51). § 100 Abs. 1 Satz 5 ArbGG darf nicht dadurch umgangen werden, dass im Geschäftsverteilungsplan des Gerichts festgelegt wird, dass ein Vertretungsfall vorliegt, wenn der Richter in der Sache als Einigungsstellenvorsitzender tätig war. Die vorrangige Ausübung des Richteramts als Zweck der Norm steht dem entgegen (anders früher *LAG Schleswig-Holstein* 22.06.1989 LAGE § 98 ArbGG 1979 Nr. 17).

Bei Verstoß gegen § 100 Abs. 1 Satz 5 ArbGG ist die arbeitsgerichtliche Bestellung des Vorsitzenden **66** unwirksam, was zur Unwirksamkeit eines Spruchs führt, den die Einigungsstelle unter seiner Leitung fasst (ebenso *Richardi*/*Maschmann*/*Richardi* § 76 Rn. 54). Allerdings darf ein solcher Richter als Vorsitzender dienstrechtlich überhaupt nicht tätig werden: Wenn die Voraussetzungen nach § 100 Abs. 1 Satz 5 ArbGG nicht vorliegen, ist die für Richter erforderliche Nebentätigkeitsgenehmigung nach § 40 Abs. 2 i. V. m. Abs. 1 Satz 2 DRiG immer zu versagen (ebenso *Koch*/ErfK § 100 ArbGG Rn. 4; zust. *Dörner*/GK-ArbGG § 98 Rn. 39). Deshalb ist es nur eine Scheinlösung, wenn darauf verwiesen wird (vgl. *Richardi*/*Maschmann*/*Richardi* § 76 Rn. 54), dass sich die Betriebspartner, weil sie nicht gemäß § 100 Abs. 1 Satz 5 ArbGG beschränkt sind, noch im Laufe des Einigungsstellenverfahrens auf den (unwirksam) bestellten Richter als Vorsitzenden einigen und damit die Unwirksamkeit eines Spruchs vermeiden können (mit Verweis auf den zwingenden Charakter der Norm jetzt auch *Schlewing*/GMPMS ArbGG, § 98 Rn. 25, **a. A.** noch *Matthes* in der 6. Aufl.). Richtig ist allerdings, dass die Nebentätigkeitsgenehmigung nicht Wirksamkeitsvoraussetzung der Bestellung ist.

Für das **gerichtliche Bestellungsverfahren** gelten gemäß § 100 Abs. 1 Satz 3 ArbGG die §§ 80–84 **67** ArbGG entsprechend (vgl. dazu näher Rdn. 40 ff.). Beteiligte sind nur der Arbeitgeber und der Betriebsrat (Gesamtbetriebsrat, Konzernbetriebsrat), nicht etwa auch der vorgeschlagene oder in Aussicht genommene Vorsitzende (vgl. *LAG Berlin* 22.06.1998 NZA-RR 1999, 34), auch nicht der Gesamtbetriebsrat, wenn ein Betriebsrat Antragsteller ist, dessen offensichtliche Unzuständigkeit geltend gemacht wird (*LAG Hessen* 13.04.1999 NZA-RR 2000, 83). Die Bestellung des Vorsitzenden erfolgt durch Beschluss des Kammervorsitzenden (vgl. Rdn. 42, 43), eine Bestellung durch **einstweilige Verfügung** ist **nicht** zulässig (ebenso *LAG Niedersachsen* 29.09.1988 AuR 1989, 290; *ArbG Düsseldorf* 24.06.1992 NZA 1992, 907; *ArbG Ludwigshafen* 20.11.1996 NZA 1997, 172; *ArbG Siegburg* 15.11.2001 DB 2002, 278; *Dörner*/GK-ArbGG § 98 Rn. 13; *Dütz* ZfA 1972, 247 [255]; *Olderog* NZA 1985, 753 [756 f.]; ausführlich *Bengelsdorf* BB 1991, 613 [614 ff.]; *Schlewing*/GMPMS ArbGG, § 98 Rn. 20; *Hennige* Das Verfahrensrecht der Einigungsstelle, S. 119 ff.; *Joost*/MünchArbR § 232 Rn. 19; *Neft*/*Ocker* Die Einigungsstelle, Rn. 72 f.; *Etzel* Rn. 1392; **a. M.** *LAG Düsseldorf* 08.02.1991 LAGE § 98 ArbGG 1979 Nr. 19 [zust. *Bauer* NZA 1992, 433, 436 Fn. 23]; *Bauer* ZIP 1996, 117 [118 f.]); vgl. zur Begründung Rdn. 43.

Das Arbeitsgericht hat nur über die gemäß § 76 Abs. 2 Satz 2 und 3 gestellten Anträge zu entscheiden, **68** **nicht** über die verfahrensrechtliche **Vorfrage**, ob die zu errichtende Einigungsstelle für die Angelegenheit, mit der sie befasst werden soll, auch zuständig ist. Die umfassende, oft schwierige Prüfung **der funktionellen Zuständigkeit der Einigungsstelle** im Bestellungsverfahren würde dem Beschleunigungszweck des § 100 ArbGG zuwiderlaufen, der (auch nach der Novellierung der Vorschrift;

§ 76

IV. 1. Allgemeines

vgl. Rdn. 8) dahin geht, beim Auftreten von Meinungsverschiedenheiten möglichst rasch eine formal funktionsfähige Einigungsstelle zur Verfügung zu stellen (vgl. *BAG* 24.11.1981 AP Nr. 11 zu § 76 BetrVG 1972 Bl. 2 R; *LAG Düsseldorf* 04.11.1988 NZA 1989, 146; *LAG Frankfurt a. M.* 15.06.1984 NZA 1985, 33; *LAG Hamburg* 09.07.1985 LAGE § 98 ArbGG Nr. 7 S. 11; 02.11.1988 LAGE § 98 ArbGG 1979 Nr. 16 S. 6; *LAG München* 13.03.1986 LAGE § 98 ArbGG 1979 Nr. 10 S. 31; *LAG Hamm* 02.06.1992 LAGE § 76 BetrVG 1972 Nr. 40 S. 7; *LAG Nürnberg* 22.03.1995 NZA-RR 1996, 91 [93]). Der Gesetzgeber hat deshalb durch § 100 Abs. 1 Satz 2 ArbGG 1979 die früher strittige Frage (vgl. zum früheren Streitstand *Thiele* Drittbearbeitung, § 76 Rn. 45) i. S. d. schon damals h. M. entschieden: Wegen fehlender Zuständigkeit der Einigungsstelle können die Anträge nur zurückgewiesen werden, wenn die Einigungsstelle **offensichtlich unzuständig** ist (nach den Novellierungen steht das jetzt wieder in § 100 Abs. 1 Satz 2 ArbGG), vgl. dazu Rdn. 70 ff. Der Vorsitzende des Arbeitsgerichts ist danach zu umfassender Prüfung der Vorfrage weder berechtigt noch verpflichtet, auch wenn sie vielfach der eigentliche Streitpunkt zwischen den Betriebspartnern ist, nicht die Person des Vorsitzenden. Soweit die Einigungsstelle nicht »offensichtlich« unzuständig ist, dürfen **wegen Unzuständigkeit** Anträge weder als unzulässig noch als unbegründet abgelehnt werden.

69 Unberührt bleibt die **Unzulässigkeit** eines Antrags aus anderen Gründen, insbesondere **wegen fehlenden Rechtsschutzinteresses**, weil noch nicht einmal der Versuch einer Einigung über die Person eines Vorsitzenden zwischen den Betriebspartnern gemacht worden ist (vgl. insoweit den Wortlaut von § 76 Abs. 2 Satz 2) oder weil noch nicht rechtskräftig entschieden ist, ob eine frühere Einigungsstelle ihre Zuständigkeit für dasselbe Regelungsbegehren zu Recht verneint hat (vgl. *LAG Baden-Württemberg* 21.03.1985 NZA 1985, 745). Die **Anforderungen** an das Rechtsschutzinteresse dürfen aber **nicht überspannt** werden (vgl. *Kreutz/Jacobs* § 74 Rdn. 28; *Kempter/Merkel* DB 2014, 1807 [1808]; dazu *asse* DB 2015, 2817, 2818; vgl. auch *Dörner/GK-ArbGG* § 98 Rn. 8; zu lässig *Tschöpe* NZA 2004, 945 [946]; nicht akzeptabel *LAG Niedersachsen* 25.10.2005 LAGE § 98 ArbGG 1979 Nr. 45: die Betriebspartner entscheiden autonom, ob sie es für sinnvoll erachten, Verhandlungen aufzunehmen; konziliant *Hess. LAG* 14.02.2006 AuR 2006, 413). Es ist **zu bejahen**, wenn die Gegenseite Verhandlungen über die Angelegenheit, für welche die Einigungsstelle gebildet werden soll, verweigert (zutr. *BAG* 18.03.2015 EzA § 40 BetrVG 2001 Nr. 26 Rn. 17; *LAG Baden-Württemberg* 16.10.1991 NZA 1992, 186; *LAG Hamm* 20.06.2011 – 10 TaBV 39/11 – juris, Rn. 47, 49; *LAG Schleswig-Holstein* 02.03.2011 – 3 TaBV 1/11 – juris, Rn. 47: Verhandlungspflicht nach § 74 Abs. 1 Satz 2 ist keine Verfahrensvoraussetzung; *Kempter/Merkel* DB 2014, 1807, 1808; dazu auch *Sasse* DB 2015, 2817 [2818 f.]), nach Verhandlungen ein weiteres Gespräch abgesagt (vgl. *LAG Frankfurt a. M.* 12.11.1991 NZA 1992, 853), keinerlei Reaktion mehr gezeigt (vgl. *Hess. LAG* 22.11.1994 LAGE § 76 BetrVG 1972 Nr. 43; *LAG Düsseldorf* 10.12.1997 DB 1998, 933; *LAG Niedersachsen* 07.12.1998 AiB 1999, 647), einen Regelungsvorschlag abgelehnt (*LAG Sachsen* 12.10.2001 NZA-RR 2002, 362; *LAG Hamm* 09.08.2004 LAGE § 98 ArbGG 1979 Nr. 43) oder die Einladung zu einem Gespräch nicht wahrgenommen hat (*LAG Hamm* 10.05.2010 – 10 TaBV 23/10 – juris, Rn. 37) oder es erkennbar keine Kompromisslinie gibt (*LAG Hamm* 14.06.2010 – 13 TaBV 44/10 – juris, Rn. 37) und der Antragsteller deshalb annehmen durfte, dass eine Einigung der Betriebspartner in angemessener Zeit nicht erreichbar ist (vgl. *LAG Nürnberg* 05.04.2005 LAGE § 98 ArbGG 1979 Nr. 44; *LAG Rheinland-Pfalz* 02.11.2012 – 9 TaBV 34/12 – juris, Rn. 29). Unzulässig ist der Antrag aber nicht nur dann, wenn das Rechtsschutzinteresse und andere Verfahrensvoraussetzungen »offensichtlich« nicht gegeben sind. Die Offensichtlichkeitsprüfung nach § 100 Abs. 1 Satz 2 ArbGG betrifft nur die Rechtsfrage der Zuständigkeit der Einigungsstelle. Gleichwohl kann ein Antrag als unzulässig abzuweisen sein, wenn die Einigungsstelle offensichtlich unzuständig ist (vgl. näher Rdn. 74).

70 **Wenn** und (bei Meinungsverschiedenheiten über mehrere Gegenstände) **soweit** (ebenso *Schlewing/GMPMS* ArbGG, § 98 Rn. 22) die Einigungsstelle **offensichtlich unzuständig** ist, muss der Antrag als unbegründet, u. U. aber auch als unzulässig (vgl. Rdn. 74) zurückgewiesen werden. Das ist nach (konkretisierungsbedürftigen; vgl. Rdn. 74) Formeln der Rechtsprechung nur der Fall, wenn ihre Zuständigkeit im konkreten Streitfall **»auf den ersten Blick unter keinem denkbaren rechtlichen Gesichtspunkt als möglich erscheint«** (vgl. *LAG Baden-Württemberg* 21.08.1987 NZA 1988, 211 [213]; *LAG Berlin* 19.08.1988 LAGE § 98 ArbGG 1979 Nr. 11; *LAG Düsseldorf* 21.12.1981 EzA § 98 ArbGG 1979 Nr. 4; *LAG Hamburg* 07.03.1985 LAGE § 98 ArbGG 1979 Nr. 6; *LAG Hamm* 14.05.2014 – 7 TaBV 21/14 – juris, Rn. 32; *LAG Köln* 11.05.2017 – 8 TaBV 32/17 – juris,

Rn. 34; *LAG München* 31.01.1985 LAGE § 98 ArbGG 1979 Nr. 5; *LAG München* 13.03.1986 LAGE § 98 ArbGG 1979 Nr. 10; *LAG München* 14.03.1989 LAGE § 98 ArbGG 1979 Nr. 18; *LAG Niedersachsen* 30.09.1988 NZA 1989, 149; *LAG Nürnberg* 22.03.1995 NZA-RR 1996, 91 [92]; *LAG Saarland* 14.05.2003 NZA-RR 2003, 639; ebenso etwa auch *Berg/DKKW* § 76 Rn. 61; *Dörner/GK-ArbGG* § 98 Rn. 23; *Etzel* Rn. 1393; *Fitting* § 76 Rn. 30 f.; *Kempter/Merkel* DB 2014, 1807 [1808]; *Schlewing/GMPMS* ArbGG § 98 Rn. 8; *Pünnel/Isenhardt* Die Einigungsstelle, Rn. 31; *Stege/Weinspach/Schiefer* § 76 Rn. 5c; *Wlotzke/Schwedes/Lorenz* Das neue Arbeitsgerichtsgesetz 1979, § 98 Rn. 2) oder wenn sich (sofern ein erzwingbares Einigungsstellenverfahren angestrebt wird) die Streitigkeit »**sofort erkennbar nicht unter einen mitbestimmungspflichtigen Tatbestand des BetrVG subsumieren lässt**« (vgl. *LAG Berlin* 18.02.1980 EzA § 98 ArbGG 1979 Nr. 1; NZA-RR 1999, 34 [35]; dem folgend: *LAG Baden-Württemberg* 04.10.1984 NZA 1985, 163; *LAG Düsseldorf* 04.11.1988 NZA 1989, 146 und 10.12.1997 DB 1998, 933; *LAG Frankfurt a. M.* 15.06.1984 NZA 1985, 33; *LAG Hamburg* 09.07.1985 LAGE § 98 ArbGG 1979 Nr. 7; *LAG Hamm* 04.12.1985 DB 1986, 547 [548], 16.04.1986 BB 1986, 1359 [1360], vom 19.09.1995 LAGE § 98 ArbGG 1979 Nr. 28; *LAG Köln* 20.06.1984 DB 1984, 2202; *LAG München* 30.10.1985 NZA 1986, 577; *LAG Niedersachsen* 11.11.1993 LAGE § 98 ArbGG 1979 Nr. 27; *LAG Nürnberg* 29.09.1989 NZA 1990, 503; *LAG Schleswig-Holstein* 21.12.1989 NZA 1990, 703, 28.01.1993 LAGE § 98 ArbGG 1979 Nr. 24; *Richardi/Maschmann/Richardi* § 76 Rn. 65; *Worzalla/HWGNRH* § 76 Rn. 20).

Maßgeblicher **Beurteiler ist der fachkundige Richter**, der sich jedoch nicht nur am Gesetzestext, sondern auch am Stand der Wissenschaft, insbesondere der höchstrichterlichen Rechtsprechung des BAG, sofern sie sich in der Literatur durchgesetzt hat, zu orientieren hat (vgl. *LAG München* 13.03.1986 LAGE § 98 ArbGG 1979 Nr. 10; 14.03.1989 LAGE § 98 ArbGG 1979 Nr. 18; *LAG Frankfurt a. M.* 15.06.1984 NZA 1985, 33; *LAG Baden-Württemberg* 09.03.1982 AuR 1982, 261; 16.10.1991 NZA 1992, 186; *LAG Hamm* 16.04.1986 BB 1986, 1359; *LAG Köln* 16.12.2005 AuR 2006, 214; *Dörner/GK-ArbGG* § 98 Rn. 24; unakzeptabel insoweit *LAG Hamburg* 04.08.1989 BetrR 1990, 12 mit dem Hinweis, dass höchstrichterliche Entscheidungen weder die Einigungsstelle noch die Instanzgerichte binden, so dass auch eine Entscheidung des BAG, die das Bestehen eines Mitbestimmungsrechts verneint, in der Regel nicht zu einer offensichtlichen Unzuständigkeit führt; richtig ist aber, dass von offensichtlicher Unzuständigkeit nicht gesprochen werden kann, wenn die Zuständigkeit der Einigungsstelle von Rechtsfragen abhängt, die in der Literatur und Rechtsprechung umstritten sind; vgl. insoweit auch *Hess. LAG* 01.03.2016 NZA-RR 2016, 535 – juris, Rn. 20; *LAG Schleswig-Holstein* 28.01.1993 LAGE § 98 ArbGG 1979 Nr. 24; *LAG Niedersachsen* 11.11.1993 LAGE § 98 ArbGG 1979 Nr. 27; *LAG Nürnberg* 21.09.1992 NZA 1993, 281; *LAG Saarland* 15.05.2003 NZA-RR 2003, 639). 71

Maßgeblicher **Beurteilungsgegenstand** wird vielfach allein der vom Antragsteller zur Begründung vorgetragene schlüssige Sachverhalt sein; ggf. hat er sein Begehren an die Einigungsstelle klarzustellen (*LAG Köln* 18.02.1998 AuR 1998, 378). Etwas anderes gilt, wenn nach dem tatsächlichen Vorbringen des Antragsgegners die Zuständigkeit der Einigungsstelle unter keinem rechtlichen Gesichtspunkt in Betracht kommt: Maßgeblich ist nicht, ob der Antrag offensichtlich unbegründet ist. Das Gericht muss vielmehr **von Amts wegen** (§ 100 Abs. 1 Satz 3, § 83 Abs. 1 Satz 1 ArbGG), ggf. durch Beweisaufnahme, den **Sachverhalt** aufklären, welcher der Entscheidung über die offensichtliche Unzuständigkeit der Einigungsstelle zugrunde zu legen ist (ebenso *LAG Düsseldorf* 21.08.1987 NZA 1988, 211 [213] und 10.12.1997 DB 1998, 933 [934]; *LAG München* 31.01.1985 LAGE § 98 ArbGG 1979 Nr. 5; 14.03.1989 LAGE § 98 ArbGG 1979 Nr. 18 [Zeugenvernehmung und Sachverständigengutachten kommen aber in aller Regel nicht in Betracht]; *Koch*/ErfK § 100 ArbGG Rn. 4; *Hennige* Das Verfahrensrecht der Einigungsstelle, S. 92; *Sasse* DB 2015, 2817 [2818]; *Schlewing/GMPMS* ArbGG, § 98 Rn. 19; *Richardi/Maschmann/Richardi* § 76 Rn. 65). Für die Prüfung der offensichtlichen Unzuständigkeit der Einigungsstelle ist der **Zeitpunkt** des letzten Anhörungstermins maßgeblich (*LAG Berlin-Brandenburg* 23.07.2015 – 26 TaBV 857/15 – juris, Rn. 21). 72

Wird der Antrag im Bestellungsverfahren wegen offensichtlicher Unzuständigkeit der Einigungsstelle rechtskräftig abgewiesen, besteht für ein späteres Feststellungsverfahren um die Zuständigkeit der Einigungsstelle oder um das Bestehen eines Mitbestimmungsrechts **keine Bindungswirkung**, weil die Zuständigkeit im Bestellungsverfahren nur Vorfrage, nicht Streitgegenstand war (ebenso *BAG* 73

§ 76   *IV. 1. Allgemeines*

25.04.1989 EzA § 98 ArbGG 1979 Nr. 6 S. 5; *LAG Stuttgart* 10.11.1987 NZA 1988, 325; *LAG Düsseldorf* 28.11.1980 DB 1981, 379 [380]; *Grunsky* ArbGG, § 98 Rn. 10; *Schlewing / GMPMS* ArbGG, § 98 Rn. 12), und lässt auch das Rechtsschutzinteresse für ein späteres Feststellungsverfahren nicht entfallen (*BAG* 25.04.1989 EzA § 98 ArbGG 1979 Nr. 6 mit näherer Begründung). Folge ist, dass ggf. der Antrag in einem Bestellungsverfahren erneut gestellt werden kann, nachdem das geltend gemachte Mitbestimmungsrecht zwischen den Beteiligten rechtskräftig festgestellt worden ist (zutr. *BAG* 25.04.1989 EzA § 98 ArbGG 1979 Nr. 6); vgl. zur Bindungswirkung Rdn. 76 a. E.

74 **Offensichtliche Unzuständigkeit** der Einigungsstelle, bei welcher der Antrag nach § 76 Abs. 2 Satz 2 und 3 zurückzuweisen ist, liegt vor allem (aber nicht nur) **bei offensichtlichem Nicht-Bestehen eines erzwingbaren Mitbestimmungsrechts** in der streitigen Angelegenheit vor, wie das der Fall ist, wenn offensichtlich die Voraussetzungen für das geltend gemachte Mitbestimmungsrecht nicht oder nicht vollständig erfüllt sind oder wenn zwischen den Betriebspartnern bereits rechtskräftig entschieden ist, dass es nicht besteht. Insoweit wurde in der Rechtsprechung **offensichtliche Unzuständigkeit etwa angenommen** bei Streit: um die Vergütung von Wegezeiten als Arbeitszeit (*LAG Berlin* 16.02.1980 EzA § 98 ArbGG 1979 Nr. 1); um die Frage, ob Streikteilnehmer von der Zahlung einer Zuwendung an Nichtstreikteilnehmer ausgeschlossen werden dürfen (*LAG Niedersachsen* 17.09.1985 LAGE § 98 ArbGG 1979 Nr. 8); um den Abbau von Überstunden auf Dauer (*LAG Hamm* 04.12.1985 DB 1986, 547); um eine generelle Regelung der Arbeitsbedingungen von Teilzeitkräften (*LAG Schleswig-Holstein* 25.01.1990 BB 1990, 922; vgl. dazu *Hennige* Das Verfahrensrecht der Einigungsstelle, S. 84 ff., die auf die Parallele zu unbegründeten Globalanträgen über die Feststellung des Bestehens oder Nichtbestehens von Mitbestimmungsrechten abstellt; solche Globalanträge sind allerdings nach zutr. Auffassung unzulässig, näher *Jacobs* FS Picker, 2010, S. 1013 ff. m. w. N.); um die Regelung eines Rauchverbots in den Stations- und Funktionsräumen eines Krankenhauses (*LAG München* 30.10.1985 NZA 1986, 577); um die Regelung über sog. Krankengespräche zwischen Arbeitgeber und Arbeitnehmern (*LAG Hamm* 16.04.1986 BB 1986, 1359; *LAG Baden-Württemberg* 05.03.1991 NZA 1992, 184; *LAG Frankfurt a. M.* 24.03.1992 NZA 1993, 237; a. M. *LAG Hamburg* 04.08.1989 BetrR 1990, 12); um die Höhereinstufung von Arbeitnehmern (*ArbG Darmstadt* 06.07.1981 ARSt. 1981, 165); um die Einführung von Kurzarbeit auf Initiative des Betriebsrats (*ArbG Braunschweig* 16.03.1983 DB 1984, 672; a. M. *LAG Frankfurt a. M.* 08.11.1983 DB 1984, 672); um Fragen der Anrechnung übertariflicher Zulagen, wenn sie sich »automatisch« vollzieht (*LAG Rheinland-Pfalz* 21.08.1989 ARSt. 1990, 179); um die Frage, ob eine betriebliche Bildungsmaßnahme überhaupt durchgeführt wird (*LAG Rheinland-Pfalz* 12.12.1988 NZA 1989, 943); um einen Sozialplan wegen rechtsgeschäftlichen Betriebsübergangs (*LAG München* 13.03.1986 LAGE § 98 ArbGG 1979 Nr. 10); wenn ein Sozialplan bei weniger als zwanzig Beschäftigten verlangt wird (*LAG Baden-Württemberg* 09.03.1982 AuR 1982, 261) oder wenn im Fall des Personalabbaus die erforderliche Quote nicht erreicht ist (*LAG Baden-Württemberg* 16.04.1982 DB 1982, 1628); um einen Sozialplan bei einer Betriebsänderung, die nicht unter § 111 Satz 3 fällt, der verlangt wird, ohne dass wesentliche Nachteile für die betroffenen Arbeitnehmer dargelegt werden (*LAG Niedersachsen* 02.11.2006 LAGE § 111 BetrVG 2001 Nr. 6); um die Verteilung von Trinkgeldern (*LAG Hamm* 14.05.2014 – 7 TaBV 21/14 – juris); um Auswahlrichtlinien in einem Betrieb mit weniger als 500 Arbeitnehmern (§ 95 Abs. 2, *ArbG Magdeburg* 22.01.2014 – 3 BV 2/14 – juris); darum, dass eine andere bereits bestehende Einigungsstelle in der Lage ist, denselben Gegenstand zu regeln (*LAG Hamburg* 12.01.2015 – 8 TaBV 14/14 – juris, Rn. 31; s. a. Rdn. 19); um die Frage eines Interessenausgleiches wegen einer Betriebsschließung, obgleich gemäß einer Betriebsvereinbarung noch eine Standortgarantie bestand (*LAG Köln* 11.05.2017 – 8 TaBV 32/17 – juris, Rn. 35). **Offensichtlich unzuständig ist die Einigungsstelle auch**, wenn das Mitbestimmungsrecht durch den Abschluss einer (Dauer-)Betriebsvereinbarung schon (abschließend) ausgeübt oder verbraucht ist (solange sie nicht gekündigt oder für unwirksam erklärt ist; vgl. *LAG Düsseldorf* 09.09.1977 EzA § 76 BetrVG 1972 Nr. 16; *LAG Baden-Württemberg* 18.11.2008 – 9 TaBV 6/08 – juris, Rn. 46; *LAG Köln* 07.04.2016 – 12 TaBV 86/15 – juris, Rn. 38; *Kempter/Merkel* DB 2014, 1807 [1810]; vgl. zur Zulässigkeit einer Dauerbetriebsvereinbarung, die dem Arbeitgeber bei bestimmten Sachverhalten Alleinentscheidungsbefugnisse einräumt *Säcker/Oetker* RdA 1992, 16 [22 ff.]; einschränkend bei Anpassungsbedarf *LAG Köln* 06.09.2005 LAGE § 98 ArbGG 1979 Nr. 44a) oder wenn es offensichtlich nicht dem antragstellenden Betriebsrat, sondern dem Gesamtbetriebsrat (oder umgekehrt) zusteht (vgl. *LAG Düsseldorf* 21.08.1987 NZA

1988, 211; 04.03.1992 NZA 1992, 613; *LAG Frankfurt a. M.* 15.06.1984 NZA 1985, 33; *LAG Hamburg* 10.04.1991 DB 1991, 2195; *LAG Nürnberg* 29.09.1989 NZA 1990, 503 und 21.09.1992 NZA 1993, 281; *LAG Berlin* 22.06.1998 NZA-RR 1999, 34 [35]; *Hess. LAG* 13.04.1999 NZA-RR 2000, 83; *LAG Hamm* 22.03.2010 – 10 TaBV 13/10 – juris, Rn. 55). Treten während der Laufzeit einer Betriebsvereinbarung allerdings nachträglich Entwicklungen auf, so dass die Abänderung eines Teils der Regelungen bei Beibehaltung des übrigen Regelungskomplexes sinnvoll ist, kann es zulässig sein, eine Modifikation der Betriebsvereinbarung über die Zwangsschlichtung der Einigungsstelle anzustreben (*LAG Köln* 03.12.2014 – 11 TaBV 64/14 – juris, Rn. 18). In Betracht kommt weiter, dass die Einigungsstelle **offensichtlich »noch nicht« zuständig** ist, weil es zu Meinungsverschiedenheiten noch nicht gekommen ist (vgl. *LAG Düsseldorf* 04.11.1988 NZA 1989, 146: wenn eine Rahmenbetriebsvereinbarung »Informationstechnik« gefordert wird, ohne dass die Ausgestaltung einer konkreten technischen Anlage in Frage steht; *LAG Schleswig-Holstein* 17.11.1988 LAGE § 98 ArbGG 1979 Nr. 13: wenn eine sozialplanfähige Betriebsänderung vom Arbeitgeber noch nicht geplant ist; *LAG Düsseldorf* 24.07.1984 BB 1985, 55: bei bloßer Absicht des Arbeitgebers, einen Personalfragebogen einzuführen) oder eine Einigung in der streitigen Angelegenheit noch nicht ernsthaft versucht worden ist (dazu *Hess. LAG* 30.09.2014 – 4 TaBV 157/14 – juris, Rn. 32), soweit die spezielle Kompetenzzuweisung an die Einigungsstelle (wie z. B. in § 87 Abs. 2, § 91) davon abhängig gemacht ist, dass eine Einigung nicht zustande gekommen ist. Insoweit ist aber nicht Voraussetzung, dass zwischen den Betriebspartnern Verhandlungen tatsächlich stattgefunden haben, wenn sich eine Seite auf Verhandlungen überhaupt nicht eingelassen hat. Andernfalls könnte sie allein durch ihre Verweigerung die Errichtung der Einigungsstelle entgegen Abs. 5 Satz 1 verhindern (*LAG Baden-Württemberg* 16.10.1991 NZA 1992, 186; **a. M.** offenbar *LAG Schleswig-Holstein* 17.11.1988 LAGE § 98 ArbGG 1979 Nr. 13; vgl. zur Frage des Scheiterns von Verhandlungen, das nicht ohne jeglichen Anlass angenommen werden darf, *LAG Frankfurt a. M.* 12.11.1991 NZA 1992, 853; *Hess. LAG* 22.11.1994 LAGE § 76 BetrVG 1972 Nr. 43; vgl. auch Rdn. 69). Die Einigungsstelle ist auch **dann offensichtlich unzuständig**, wenn sie für einen Regelungsgegenstand errichtet werden soll, für den bereits eine Einigungsstelle besteht (*LAG Rheinland-Pfalz* 12.04.2011 – 3 TaBV 6/11 – juris, Rn. 36; vgl. Rdn. 19), sie für einen bereits abgeschlossenen Vorgang errichtet werden soll (*LAG Köln* 14.03.2011 – 5 TaBV 101/10 – juris, Rn. 27) oder wenn ihr Regelungsgegenstand nicht eine selbstständige mitbestimmungspflichtige Angelegenheit, sondern lediglich ein Teil einer solchen sein soll (*Hess. LAG* 22.03.2016 – 4 TaBV 20/16 – juris, Rn. 14). Offensichtliche Unzuständigkeit der Einigungsstelle liegt aber auch vor, wenn die Wahl des antragstellenden Betriebsrats nichtig (*LAG Köln* 24.10.1996 AuR 1997, 168), seine Amtszeit offensichtlich beendet, ein Übergangsmandat abgelaufen, ein Betrieb (nach Umstrukturierungen) offensichtlich betriebsratslos geworden oder der Betriebsratsbeschluss über die Einleitung des Bestellungsverfahrens nach § 100 ArbGG offensichtlich unwirksam ist (*LAG Hamburg* 02.11.1988 BB 1989, 916). Auch solche Vorfragen der Zuständigkeit der Einigungsstelle sind im Bestellungsverfahren nur am Maßstab der Offensichtlichkeit zu beurteilen. Daran ändert nichts, dass der Antrag ggf. (wegen fehlender Beteiligtenfähigkeit) als unzulässig zurückgewiesen ist (vgl. *LAG Hamburg* 02.11.1988 LAGE § 98 ArbGG 1979 Nr. 16, das aber zu Unrecht § 98 Abs. 1 Satz 2 ArbGG a. F. [jetzt § 100 Abs. 1 Satz 1 ArbGG] nur analog anwendet; zu weitgehend nach Wortlaut und Entstehungsgeschichte der Norm *Berg/DKKW* § 76 Rn. 65, der die beschränkte Prüfungskompetenz des Arbeitsgerichts am Maßstab der Offensichtlichkeit schlechthin für alle Fragen im Bestellungsverfahren anwenden will): Wenn die Einigungsstelle offensichtlich unzuständig ist, ist es unmaßgeblich, wie sich der Grund dafür verfahrensmäßig auf die Zurückweisung des Antrags auswirkt. Eine **Einigungsstelle nach § 85 Abs. 2 ist offensichtlich unzuständig**, wenn eine Arbeitnehmerbeschwerde nicht vorliegt oder wenn eine Popularbeschwerde erhoben wird, die sich allgemein auf betriebliche Streitpunkte bezieht (*LAG Schleswig-Holstein* 21.12.1989 NZA 1990, 703; dazu *Nebendahl/Lunk* NZA 1990, 676; *LAG Hamm* 21.08.2001 NZA-RR 2002, 139 sieht keine Popularbeschwerde, wenn sich eine Abteilungsleiterin über die personale Unterbesetzung ihrer Abteilung und damit verbundener Arbeitsüberlastung beschwert), wenn offensichtlich der Grund für die Beschwerde vollständig ausgeräumt ist (vgl. *LAG Frankfurt a. M.* 15.09.1992 LAGE § 98 ArbGG 1979 Nr. 26) oder wenn die Einigungsstelle Beschwerden über Abmahnungen behandeln soll (*LAG Berlin* 19.08.1988 LAGE § 98 ArbGG 1972 Nr. 11; *LAG Rheinland-Pfalz* 17.01.1985 NZA 1985, 190; *LAG Hamm* 16.01.1986 BB 1986, 1359; **a. M.** *LAG Köln* 16.11.1984 NZA 1985, 191; *LAG Hamburg* 10.07.1985 BB 1985, 1729, die jedoch durch die Rechtsprechung des BAG zur An-

§ 76

greifbarkeit von Abmahnungen überholt sind; vgl. dazu *Franzen* § 85 Rdn. 15); aber nicht in allen Fällen ist offensichtliche Unzuständigkeit gegeben, wenn mit der Beschwerde ein Rechtsanspruch geltend gemacht wird (vgl. *LAG Frankfurt a. M.* 08.12.1992 LAGE § 98 ArbGG 1979 Nr. 25; 15.09.1992 LAGE § 98 ArbGG 1979 Nr. 26). Mangels erzwingbaren Mitbestimmungsrechts zum Abschluss eines Interessenausgleichs ist eine Einigungsstelle über den Versuch eines **Interessenausgleichs** (§ 112 Abs. 2 Satz 2) offensichtlich unzuständig, wenn die Betriebsänderung durchgeführt ist (*LAG Niedersachsen* 14.02.2006 LAGE § 98 ArbGG 1979 Nr. 46).

75 Vor der Errichtung der Einigungsstelle, während des Bestellungsverfahrens (nach § 76 Abs. 2 Satz 2 und 3 i. V. m. § 100 ArbGG) und auch während des Verfahrens vor der Einigungsstelle kann deren Zuständigkeit (oder das Bestehen oder Nichtbestehen eines Mitbestimmungsrechts des Betriebsrats) zum Gegenstand eines arbeitsgerichtlichen Beschlussverfahrens (**sog. Vorabentscheidungsverfahren, Zuständigkeitsverfahren**) gemacht werden (h. M.; vgl. m. w. N. nur *BAG* 22.10.1981 AP Nr. 10 zu § 76 BetrVG 1972 *[Hilger]* = EzA § 76 BetrVG 1972 Nr. 32 *[Herschel]*; 24.11.1981 AP Nr. 11 zu § 76 BetrVG 1972 *[Grunsky]* = EzA § 76 BetrVG 1972 Nr. 33 *[Gaul]*; 06.12.1983 EzA § 87 BetrVG 1972 Bildschirmarbeitsplatz Nr. 1 S. 9 ff.; 25.04.1989 EzA § 98 ArbGG 1979 Nr. 6 S. 4; 27.06.2006 EzA § 112a BetrVG 2001 Nr. 2 Rn. 14; **a. M.** noch *ArbG Wetzlar* 24.07.1986 BB 1986, 2199; *Rossmanith* AuR 1982, 339; vgl. näher auch Rdn. 128). Erst wenn ein Einigungsstellenspruch (einvernehmlich) zustande gekommen ist, kann ein Feststellungsantrag mangels Feststellungsinteresses unzulässig sein (vgl. *BAG* 11.06.2002 EzA § 256 ZPO Nr. 66).

76 Das **Bestellungsverfahren darf nicht ausgesetzt** werden, wenn gleichzeitig ein Zuständigkeitsverfahren anhängig ist (h. M.; vgl. *BAG* 24.11.1981 AP Nr. 11 zu § 76 BetrVG 1972 *[zust. Grunsky]* = EzA § 76 BetrVG 1972 Nr. 33 *[einschränkend Gaul]* = SAE 1983, 246 *[abl. Dütz]*; 25.04.1989 EzA § 98 ArbGG 1979 Nr. 6; *LAG Baden-Württemberg* 25.03.1980 DB 1980, 1076; *LAG Düsseldorf* 05.06.1981 DB 1981, 1783; *LAG Düsseldorf* 21.12.1981 EzA § 98 ArbGG 1979 Nr. 4; *Berg/DKKW* § 75 Rn. 82; *Dörner/*GK-ArbGG § 98 Rn. 54; *Fitting* § 76 Rn. 36; *Galperin/Löwisch* § 76 Rn. 25; *Grunsky* ArbGG, § 98 Rn. 10; *Hennige* Das Verfahrensrecht der Einigungsstelle, S. 118; *Kania*/ErfK § 76 BetrVG Rn. 34; *Schlewing/GMPMS* ArbGG, § 98 Rn. 11; *Neft/Ocker* Die Einigungsstelle, Rn. 68 ff.; *Pünnel/Isenhardt* Die Einigungsstelle, Rn. 25 ff.; *Koch* Arbeitsrechts-Handbuch, § 232 Rn. 17; *Worzalla/HWGNRH* § 76 Rn. 25; auch *Richardi/Maschmann/Richardi* § 76 Rn. 71 [anders noch *Dietz/Richardi* § 76 Rn. 54]; **a. M.** *LAG Rheinland-Pfalz* 29.07.1985 LAGE § 98 ArbGG 1979 Nr. 9; *Dütz* SAE 1983, 249 [250 ff.]; *Gaul* Die betriebliche Einigungsstelle, F II Rn. 17 ff.; *ders.* ZfA 1979, 97 [115 ff.]; *Schmitt-Rolfes* JArbR Bd. 19 [1981], 1982, S. 69 [83]; *Stege/Weinspach/Schiefer* § 76 Rn. 6; *Thiele* Drittbearbeitung, § 76 Rn. 46 m. w. N. zur Rechtsprechung für die Zeit vor Einfügung des § 100 Abs. 1 Satz 2 ArbGG am 01.07.1979, jetzt auch § 100 Abs. 1 Satz 2 ArbGG). Der aus der Beschränkung der Zuständigkeitsprüfung in § 100 Abs. 1 Satz 2 ArbGG ableitbare **Zweck des Bestellungsverfahrens**, nämlich bei Meinungsverschiedenheiten (bei denen die Zuständigkeit der Einigungsstelle nicht offensichtlich ausgeschlossen ist) möglichst rasch eine formal funktionsfähige Einigungsstelle zur Verfügung zu stellen (die über ihre Zuständigkeit selbst zu entscheiden hat, vgl. Rz. 122), steht einer Aussetzung entsprechend § 148 ZPO (über §§ 100 Abs. 1 Satz 3, 80 Abs. 2, 46 Abs. 2 ArbGG) grundsätzlich entgegen, obwohl die Entscheidung im Zuständigkeitsverfahren für das Bestellungsverfahren vorgreiflich ist. Die von der Gegenmeinung angeführten Zweckmäßigkeits- und Kostenüberlegungen müssen demgegenüber zurücktreten. Eine Aussetzung kommt auch nicht in Betracht, wenn das Arbeitsgericht die Einigungsstelle für offensichtlich unzuständig hält (zust. *Berg/DKKW* § 76 Rn. 82). In diesem Fall muss es den Bestellungsantrag zurückweisen. Umgekehrt scheidet eine Aussetzung des Zuständigkeitsverfahrens schon mangels Vorgreiflichkeit des Bestellungsverfahrens aus. Eine rechtskräftige Entscheidung im Zuständigkeitsverfahren hat im Bestellungsverfahren Bindungswirkung. Dort ist deshalb der Antrag wegen offensichtlicher Unzuständigkeit der Einigungsstelle ohne weitere Prüfung abzuweisen, wenn zwischen den Beteiligten rechtskräftig entschieden ist, dass das geltend gemachte Mitbestimmungsrecht nicht besteht. Ist umgekehrt das Mitbestimmungsrecht rechtskräftig festgestellt worden, ist das Arbeitsgericht daran gebunden, wenn zwischen den Beteiligten doch noch ein Bestellungsverfahren notwendig wird (vgl. *BAG* 25.04.1989 EzA § 98 ArbGG 1979 Nr. 6 S. 5; die Aussage, der Antrag im Bestellungsverfahren könne dann nicht mehr mit der Begründung abgewiesen werden, die Einigungsstelle sei offensichtlich unzuständig, geht jedoch zu weit, z. B. wenn der Antrag gestellt worden ist, ohne dass auch nur der Versuch der Einigung

gemacht worden ist). Hat das Arbeitsgericht das streitige Mitbestimmungsrecht in einem gleichzeitig anhängigen Zuständigkeitsverfahren bejaht, ist die Entscheidung aber noch nicht rechtskräftig, ist sie vom Beschwerdegericht im Bestellungsverfahren zu würdigen, aber nicht bindend (weitergehend *LAG Köln* 11.02.1992 NZA 1992, 1103: keine Zurückweisung wegen offensichtlicher Unzuständigkeit mehr möglich).

Einigen sich Arbeitgeber und Betriebsrat **während des Bestellungsverfahrens** (ggf. durch Vermittlung des Gerichts) auf einen Vorsitzenden der Einigungsstelle, gilt die Vereinbarung, und das Verfahren ist nach § 100 Abs. 1 Satz 3, § 83a Abs. 2 ArbGG einzustellen (vgl. *Grunsky* ArbGG, § 98 Rn. 1). Das Verfahren ist auch einzustellen, wenn der Antragsteller den Antrag zurücknimmt, was jederzeit möglich ist (§ 100 Abs. 1 Satz 3, § 81 Abs. 2 ArbGG). **77**

Die gerichtliche Bestellung zum Vorsitzenden der Einigungsstelle bindet die Parteien. Sie können den Ernannten auch durch übereinstimmende Erklärung nicht ablehnen. Sie können sich aber jederzeit **auf einen anderen Vorsitzenden einigen.** Einer Abberufung des gerichtlich bestellten Vorsitzenden durch das Gericht bedarf es dann nicht (so aber *Weiss/Weyand* § 76 Rn. 12), die Entscheidung des Arbeitsgerichts wird vielmehr gegenstandslos (ebenso *Berg/DKKW* § 76 Rn. 83; *Fitting* § 76 Rn. 25; *Galperin/Löwisch* § 76 Rn. 15; *Lepke* BB 1977, 49 [51]; *Neft/Ocker* Die Einigungsstelle, Rn. 75; *Pünnel/Isenhardt* Die Einigungsstelle, Rn. 32; *Richardi/Maschmann/Richardi* § 76 Rn. 70; *Schaub* NZA 2000, 1087). **78**

Das Verfahren über die Bestellung des Vorsitzenden ist erst beendet, wenn der Bestellte das Amt des Vorsitzenden annimmt (vgl. Rdn. 89). Er ist zur Annahme nicht verpflichtet. Lehnt er ab, hat das Gericht eine andere Person zu bestellen (zust. *Berg/DKKW* § 76 Rn. 83; **a. M.** *Schlewing/GMPMS* ArbGG, § 98 Rn. 31 und *Hauck/Helml* ArbGG, § 98 Rn. 7): Es muss ein neuer Antrag gestellt werden, der ein neues Verfahren anhängig macht (ebenso *Dörner/GK-ArbGG* § 98 Rn. 37 und *Koch/ErfK* § 100 ArbGG Rn. 5, die dabei aber auf die Ablehnung nach Rechtskraft des Bestellungsbeschlusses abstellen). **79**

Gegen den Beschluss des Arbeitsgerichts im Bestellungsverfahren ist als Rechtsmittel nur die **Beschwerde** an das Landesarbeitsgericht statthaft (§ 100 Abs. 2 Satz 1 ArbGG), die innerhalb einer Frist von zwei Wochen einzulegen und zu begründen ist (§ 100 Abs. 2 Satz 2 ArbGG). Den Vorschlag (BMA-Entwurf III a 7 – 30222 – vom 10.08.1997) zur Verfahrensbeschleunigung Rechtsmittel auszuschließen, hat der Gesetzgeber bei der Novellierung des § 100 ArbGG durch das Gesetz vom 29.06.1998 (vgl. dazu Rdn. 8) nicht aufgegriffen; ebenso wenig den Vorschlag (*Bauer* ZIP 1996, 117), die Entscheidung in nur einer Instanz sofort dem Landesarbeitsgericht zu überantworten. Näheres zur Beschwerde Rdn. 44. Ist gegen die Bestellung des Vorsitzenden der Einigungsstelle Beschwerde eingelegt, darf er wegen deren aufschiebender Wirkung (§ 100 Abs. 2 Satz 3, § 87 Abs. 4 ArbGG) das Einigungsstellenverfahren vor der Entscheidung des Landesarbeitsgerichts nicht einleiten (zutr. *Bengelsdorf* BB 1991, 613 [619]). Ein weiteres Rechtsmittel ist nicht gegeben (§ 100 Abs. 2 Satz 4 ArbGG); insbesondere kann die Rechtsbeschwerde nicht wirksam zugelassen werden (vgl. *Grunsky* ArbGG, § 98 Rn. 16; *Schlewing/GMPMS* ArbGG, § 98 Rn. 41). **80**

3. Ständige Einigungsstelle

Die Einigungsstelle wird regelmäßig von Fall zu Fall (ad hoc) neu gebildet. Durch (freiwillige) **Betriebsvereinbarung** in der Form des § 77 Abs. 2 kann jedoch eine ständige Einigungsstelle errichtet werden (Abs. 1 Satz 2). In der Betriebsvereinbarung ist auch zu regeln, wie die ständige Einigungsstelle besetzt sein soll und wie die Mitglieder, auch die Ersatzmitglieder, bestellt werden. Die Grundstruktur der Einigungsstelle – Parität der Beisitzer und unparteiischer Vorsitzender – ist angesichts der gesetzlichen Aufgabe der Einrichtung beizubehalten. Dafür spricht auch die Fassung des Gesetzes im Zusammenhang von Abs. 1 und Abs. 2. In der Ausgestaltung des Verfahrens sind die Betriebspartner jedoch freier (vgl. auch Abs. 4). Für eine ständige Einigungsstelle spricht, dass sie nicht (u. U. zeitaufwendig) erst im Streitfall zu bilden ist (z. B. wenn für bestimmte Regelungsgegenstände ihre wiederholte Anrufung absehbar ist). Dagegen spricht aber, dass eine präsente Einigungsstelle durch ihre schnellere Anrufung einen Widerspruch zu § 74 Abs. 1 Satz 2 provozieren kann (vgl. auch *Berg/ DKKW* § 76 Rn. 7; *Hase/von Neumann-Cosel/Rupp/Teppich* Handbuch der Einigungsstelle, S. 39 f., **81** welche die Nachteile »für mögliche Durchsetzungsstrategien für Arbeitnehmerinteressen« aufführen; zu den Nachteilen auch *Schönfeld* Das Verfahren vor der Einigungsstelle, S. 56 ff.; *Worzalla / HWGNRH* § 76 Rn. 29). In der Praxis ist sie selten.

82 Auch die **ständige Einigungsstelle** wird nur im Rahmen der **gesetzlichen Zuständigkeit** und unter Beachtung der Vorschriften der Abs. 5 und 6 tätig. Sie wird auf **Antrag einer Partei** tätig, wenn ihr Spruch die Einigung der Parteien ersetzt. In anderen Fällen kann sie nur tätig werden, wenn **beide Seiten** damit **einverstanden** sind. Das Einverständnis kann im Voraus (in der Betriebsvereinbarung) erklärt werden. Dann genügt der Antrag einer Partei. Wird ohne eine solche generelle Einverständniserklärung die Einigungsstelle nur von einer Partei angerufen, genügt es, wenn sich die andere Partei zur Sache einlässt. Auch in den Fällen wird der Spruch nur verbindlich, wenn sich ihm beide Parteien unterwerfen oder ihn angenommen haben. Die vorherige **Unterwerfung** kann jedenfalls für bestimmt bezeichnete einzelne Fälle auch generell – etwa in einer Betriebsvereinbarung – erfolgen (h. M.).

83 Eine allgemeine Regelung dahin, dass **in allen Streitfällen über Regelungsfragen** die (ständige) Einigungsstelle **verbindlich** entscheiden soll, ist dagegen bedenklich, vor allem wenn jede Partei generell ihr Einverständnis mit der Verhandlung der Meinungsverschiedenheiten vor der Einigungsstelle erklärt hat. Dann könnten auf einseitigen Antrag jeder Partei alle in den Zuständigkeitsbereich der Einigungsstelle fallenden Angelegenheiten verbindlich entschieden werden. Die ZPO hat den Bedenken gegen eine umfassende und nicht auf bestimmte Sachverhalte bezogene Unterwerfung der Parteien in § 40 Abs. 1 ZPO und § 1029 Abs. 1 ZPO Rechnung getragen. Die gesetzliche Wertung ist auch hier zu beachten. Die vorherige Unterwerfung unter den Spruch der Einigungsstelle muss daher die erfassten Fälle eindeutig angeben (ebenso *Thiele* Drittbearbeitung, § 76 Rn. 51; *Richardi / Maschmann / Richardi* § 76 Rn. 40; **a. M.** *Fitting* § 76 Rn. 132; *Kania*/ErfK § 76 BetrVG Rn. 26). Bei Rechtsstreitigkeiten sind zudem die Grenzen verbindlicher Entscheidung durch die Einigungsstelle zu beachten (s. Rdn. 23).

4. Betriebliche Schiedsstellen

84 Durch **Betriebsvereinbarung** können auch andere betriebliche Schieds- und Schlichtungsgremien geschaffen werden, die **nicht Einigungsstellen** sind und auch abweichend von Abs. 2 Satz 1 (z. B. paritätisch) zusammengesetzt sein können. Dabei geht es vor allem um Schiedsstellen, die direkt von den Arbeitnehmern angerufen werden können. Zur Zulässigkeit einer tarifvertraglich vorgesehenen betrieblichen Schiedsstelle zur Überprüfung der analytischen Arbeitsbewertung vgl. *BAG* 19.05.1978 AP Nr. 1 zu § 88 BetrVG 1972 *(Löwisch / Hetzel)* = SAE 1980, 30 *(Gamp)*; *LAG Köln* 11.05.2017 – 8 TaBV 32/17 – juris, Rn. 30: Antrag auf Errichtung einer Einigungsstelle wegen eines in einer Betriebsvereinbarung vorgesehenen obligatorischen innerbetrieblichen Schlichtungsverfahrens unzulässig. Zur Vorschaltung betrieblicher »Kommissionen« vor Anrufung der Einigungsstelle vgl. *LAG Düsseldorf* 22.02.1985 DB 1985, 764. Vgl. auch *Schönfeld* Das Verfahren vor der Einigungsstelle, S. 71 ff. Zu einem Gesetzesvorschlag für ein »Internes Schlichtungsverfahren« zur Überwindung derzeitiger Hindernisse für interne Schlichtungen vgl. *Sieg* FS 50 Jahre Bundesarbeitsgericht, 2004, S. 1329 (1358 ff.). Es ist aber betriebsverfassungsrechtlich **unzulässig, an die Stelle der Einigungsstelle** eine betriebliche Schiedsstelle zu setzen oder eine »paritätisch besetzte Kommission« als Einigungsstelle i. S. d. Gesetzes zu qualifizieren (*Hess. LAG* 15.11.2012 – 5 TaBVGa 257/12 – juris, Rn. 30 ff.).

85 **An die Stelle** der Einigungsstelle kann allgemein eine tarifliche Schlichtungsstelle treten (Abs. 8; vgl. dazu näher Rdn. 184 ff.), für das Beschwerdeverfahren (§ 85 Abs. 2) eine betriebliche Beschwerdestelle, die durch Tarifvertrag oder Betriebsvereinbarung geschaffen werden kann (§ 86 Satz 2; siehe dazu *Franzen* § 86 Rdn. 7 ff.). Eine ständige Einigungsstelle darf nicht mit einem gemeinsamen Ausschuss nach § 28 Abs. 2 verwechselt werden (vgl. dazu *Raab* § 28 Rdn. 37 ff.).

V. Rechtsstellung der Einigungsstelle und ihrer Mitglieder

1. Rechtsnatur der Einigungsstelle

Die Einigungsstelle ist **kein Gericht**, auch kein Schiedsgericht i. S. d. §§ 1025 ff. ZPO. Sie übt auch im verbindlichen Verfahren keine richterliche Tätigkeit aus (allgemeine Meinung; vgl. *BVerfG* 18.10.1986 EzA § 76 BetrVG 1972 Nr. 38; *BAG* 18.01.1994 EzA § 76 BetrVG 1972 Nr. 63 S. 3; 29.01.2002 EzA § 76 BetrVG 1972 Nr. 70 S. 10; zur Unbegründetheit verfassungsrechtlicher Bedenken aus Art. 92 und 101 GG vgl. Rdn. 7). Vielmehr unterliegen die Sprüche der Einigungsstelle einer umfassenden richterlichen Kontrolle (vgl. Rdn. 145 ff.). Auch soweit die Einigungsstelle über Rechtsfragen befindet (vgl. Rdn. 12 ff.; 21 f.), entscheidet sie nur in einem »außergerichtlichen Vorverfahren« (*Dütz* DB 1972, 383 [389]) unter dem Vorbehalt richterlicher Rechtskontrolle (vgl. *Dütz* Rechtsstaatlicher Gerichtsschutz im Privatrecht, S. 200 ff., 207). 86

Die Einigungsstelle ist auch **keine Verwaltungsbehörde**, die Verwaltungsakte erlässt. Ihre Tätigkeit ist **nicht öffentliche Verwaltung**, nicht Ausübung vollziehender Gewalt. Das Gesetz stellt zwar ein rechtlich geordnetes Verfahren zur Beilegung von Meinungsverschiedenheiten unter den Betriebsparteien zur Verfügung, es gliedert die Einigungsstelle aber nicht zugleich in die staatliche Verwaltungsorganisation ein. Des Rückgriffs auf verwaltungsrechtliche Institute bedarf es zur Erklärung der Stellung der Einigungsstelle auch nicht (ganz h. M.; **a. M.** nur *Huber* Wirtschaftsverwaltungsrecht II, S. 638; *Küchenhoff* § 76 Rn. 3, der daraus sogar die Haftung des Staates für Amtspflichtverletzungen der Einigungsstelle im Rahmen von Art. 34 GG, § 839 BGB abgeleitet hat; vgl. auch *Obermayer* DB 1971, 1715 [1720]; unentschieden *Dütz* Die gerichtliche Überprüfung, S. 15, 71 ff., 87 ff.). Die Rechtserzeugungsmethode ist selbst bei den verbindlichen Sprüchen nicht hoheitlicher, sondern privatrechtlicher Natur. Dass die Bindungswirkungen des Spruchs der Einigungsstelle nicht mit dem Prinzip der Privatautonomie legitimiert werden können, steht dem nicht im Weg. Weder beruht das Privatrecht insgesamt allein auf dem Prinzip der Privatautonomie und seiner Entfaltung, noch ist die private Regelung von Rechtsverhältnissen notwendig an die Selbstbestimmung der Betroffenen gebunden (vgl. zur privatheteronomen Rechtsnatur der Betriebsvereinbarung *Kreutz* § 77 Rdn. 250 f.). 87

Die Einigungsstelle ist eine **betriebsverfassungsrechtliche Institution** (vgl. auch Begründung zum RegE zu § 78, in dem die Einigungsstelle zu den nach dem BetrVG »möglichen Institutionen« gezählt wird, deren Mitglieder ebenfalls schutzbedürftig sind; BT-Drucks. VI/1786, S. 47). Sie setzt die nach § 74 Abs. 1 Satz 2 vorrangige Kompetenz der Betriebspartner fort. Sie ist deshalb als **privatrechtliche Schlichtungsstelle** zur Konfliktlösung (vgl. Rdn. 1) zu begreifen, deren Entscheidungen die Rechtsordnung anerkennt, ohne sie selbst inhaltlich zu präformieren. Soweit ihr Spruch die Einigung zwischen Arbeitgeber und Betriebsrat ersetzt, hat er grundsätzlich keinen anderen Rechtscharakter als eine entsprechende Vereinbarung der Betriebspartner (im Ergebnis so ganz h. M.; vgl. *BAG* 22.01.1980 AP Nr. 7 zu § 111 BetrVG 1972 Bl. 3 R f.; 22.01.1980 AP Nr. 3 zu § 87 BetrVG 1972 Lohngestaltung Bl. 4; *Berg*/DKKW § 76 Rn. 2; *Fitting* § 76 Rn. 4; *Galperin/Löwisch* § 76 Rn. 3; *Gaul* Die betriebliche Einigungsstelle, B I; *C. S. Hergenröder* AR-Blattei SD 630.1, Rn. 29; *Herschel* AuR 1974, 257 [258]; *Leipold* FS Schnorr von Carolsfeld, 1973, S. 273 [278 ff.]; *Lepke* BB 1977, 49; *G. Müller* FS Barz, 1974, S. 489; *Pünnel/Isenhardt* Die Einigungsstelle, Rn. 5; *Richardi/Maschmann/Richardi* § 76 Rn. 6 f.; *Schmitt-Rolfes* JArbR Bd. 19 [1982], S. 69 [72]). 88

2. Rechtsstellung der Mitglieder

Der Vorsitzende und die Beisitzer erlangen ihre Stellung als Mitglieder der Einigungsstelle durch die **Annahme ihrer Bestellung** (vgl. auch *BAG* 19.08.1992 EzA § 76a BetrVG 1972 Nr. 7 S. 4; 10.10.2007 EzA § 26 BetrVG 2001 Nr. 2 = DB 2008, 478). Das gilt auch, wenn die Bestellung des Vorsitzenden durch das Arbeitsgericht erfolgt ist. Eine **Rechtspflicht** zur Annahme besteht **nicht**, auch nicht für Betriebsratsmitglieder (vgl. *BAG* 24.04.1996 EzA § 76a BetrVG 1972 Nr. 10 S. 3). Die Annahmeerklärung der Beisitzer ist der bestellenden Partei gegenüber abzugeben. Der Vorsitzende nimmt das Amt durch Erklärung gegenüber beiden Parteien an. Es genügt aber regelmäßig die Erklärung gegenüber dem Arbeitgeber. Die Annahmeerklärung bedarf keiner Form. Wird der Bestellte in der Einigungsstelle tätig, liegt darin die schlüssige Annahmeerklärung. 89

90 Mit der Annahme der Bestellung kommt regelmäßig zugleich ein **Vertragsverhältnis zwischen** dem **Mitglied** der Einigungsstelle **und** dem **Arbeitgeber** zustande (zust. *Berg/DKKW* § 76 Rn. 41), in dem es sich entsprechend seiner Funktion zur Mitarbeit in der Einigungsstelle im Betrieb (Unternehmen, Konzern) des Arbeitgebers verpflichtet (**abw.** *Pfrogner* Haftung von Einigungsstellenmitgliedern, S. 17 ff. m. w. N.). Der Betriebsrat ist an dem Schuldverhältnis nicht beteiligt (**a. M.** *Schack* Die zivilrechtliche Stellung des Einigungsstellenvorsitzenden, S. 19 ff., 42, der ein dreiseitiges vertragliches Schuldverhältnis zwischen dem Vorsitzenden, dem Arbeitgeber und dem Betriebsrat annimmt, aber nicht erklären kann, wie es mit der alleinigen Kostentragungspflicht des Arbeitgebers harmoniert). Eines ausdrücklichen Vertragsschlusses bedarf es nicht, es müssen auch keine weiteren Bedingungen festgelegt werden. Für betriebsfremde Beisitzer und den Vorsitzenden der Einigungsstelle besteht ein gesetzlicher Vergütungsanspruch gegenüber dem Arbeitgeber nach § 76a Abs. 3 (dazu näher § 76a Rdn. 27 ff.), insoweit handelt es sich um ein **entgeltliches Geschäftsbesorgungsverhältnis** (§§ 675 Abs. 1, 611 BGB). Für das Verhältnis betriebsangehöriger Beisitzer der Einigungsstelle zum Arbeitgeber, die für die Tätigkeit keine Vergütung erhalten (§ 76a Abs. 2 Satz 1), gilt insoweit **Auftragsrecht** (§§ 662 ff. BGB). Soweit der Vorsitzende der Einigungsstelle vom Arbeitsgericht und die Beisitzer vom Betriebsrat bestellt worden sind, gilt nichts anderes, weil der Arbeitgeber die Mitglieder der Einigungsstelle nicht ablehnen kann. In der schuldrechtlichen Typenzuordnung übereinstimmend *Fitting* (§ 76 Rn. 48), *Kania* (ErfK § 76 BetrVG Rn. 11) und *Preis* (WPK § 76 Rn. 17), die aber annehmen, dass durch die Annahme der Bestellung kein Vertragsverhältnis, sondern kraft Gesetzes ein betriebsverfassungsrechtliches Schuldverhältnis zustande kommt.

91 Zwischen dem Betriebsrat und den von ihm bestellten Beisitzern bestehen keine unmittelbaren schuldrechtlichen Beziehungen (so schon vor Inkrafttreten des § 76a für Honorarvereinbarungen, allerdings mit zweifelhafter dogmatischer Begründung *BAG* 15.12.1978 AP Nr. 6 zu § 76 BetrVG 1972 [zust. *Gaul*] = EzA § 76 BetrVG 1972 Nr. 23 [zust. *Wohlgemuth*] = SAE 1979, 265 [zust. *Herschel*]; *Galperin/Löwisch* § 76 Rn. 18; vgl. auch *Jahnke* RdA 1975, 343 [348]; **a. M.** damals *Dietz/Richardi* § 76 Rn. 129; *Thiele* Drittbearbeitung, § 76 Rn. 56, 59; vgl. ferner *Pfrogner* Haftung von Einigungsstellenmitgliedern, S. 24 ff.: betriebsverfassungsrechtliches Rechtsverhältnis). Das gilt jedenfalls dann, wenn der Betriebsrat bei einer Honorar»zusage« nicht über die durch § 76a Abs. 3 Satz 2 gezogene Höchstgrenze hinausgeht. Anderenfalls bleibt dem Beisitzer entsprechend der Rechtsprechung des BGH aber die Möglichkeit, sich im Rahmen des entsprechend anzuwendenden § 179 BGB an diejenigen Betriebsratsmitglieder persönlich zu halten, welche die überhöhte Zusage gemacht haben (vgl. *BGH* 25.10.2012 EzA § 40 BetrVG 2011 Nr. 24 [zust. *Müller*]; dazu auch § 76a Rdn. 34; einer Haftung des verantwortlichen Betriebsratsmitglieds zust. *Fitting* § 76 Rn. 49).

92 Zur Frage, ob der Arbeitgeber mit betriebsangehörigen Beisitzern eine Honorarvereinbarung wirksam schließen kann, vgl. § 76a Rdn. 64. § 37 Abs. 2 und 3 gilt für betriebsangehörige Beisitzer entsprechend (§ 76a Abs. 2 Satz 1). Noch ungeklärt ist, ob für betriebsangehörige Beisitzer die Vorgaben des **Arbeitszeitgesetzes** einzuhalten sind. Wegen des Verweises auf § 37 Abs. 2 und 3 sowie mit Blick auf den Zweck des Arbeitszeitgesetzes spricht vieles dafür, die vom Bundesarbeitsgericht entwickelten Grundsätze für Betriebsratsmitglieder insoweit auf betriebsangehörige Einigungsstellenmitglieder zu übertragen. Nimmt danach ein Betriebsratsmitglied an einer außerhalb seiner persönlichen Arbeitszeit stattfindenden Betriebsratssitzung teil und ist es ihm deswegen unmöglich oder unzumutbar, seine vor oder nach der Betriebsratssitzung liegende Arbeitszeit einzuhalten, kann es insoweit nicht nur gemäß § 37 Abs. 2 bezahlte Arbeitsbefreiung beanspruchen. Vor allem ist bei der Beurteilung, ob und wann ihm die Fortsetzung der Arbeit wegen einer außerhalb seiner persönlichen Arbeitszeit bevorstehenden Betriebsratssitzung unzumutbar ist, **die in § 5 Abs. 1 ArbZG ausgedrückte Wertung zu berücksichtigen** (*BAG* 18.01.2017 NZA 2017, 791 Rn. 22, 26). Deshalb ist ein Betriebsratsmitglied, das zwischen zwei Nachtschichten an einer Betriebsratssitzung teilzunehmen hat, berechtigt, die Arbeit in der vorherigen Nachtschicht vor dem Ende der Schicht zu einem Zeitpunkt einzustellen, der eine ununterbrochene Erholungszeit von elf Stunden am Tag ermöglicht, in der weder Arbeitsleistung noch Betriebsratstätigkeit zu erbringen ist. Entsprechendes gilt für betriebsangehörige Beisitzer und ihre Teilnahme an Einigungsstellensitzungen.

93 Die Mitglieder der Einigungsstelle dürfen **gemäß § 78** in ihrer Tätigkeit nicht gestört oder behindert werden und wegen ihrer Tätigkeit weder benachteiligt noch begünstigt werden. Das Verbot ist mit

Einigungsstelle § 76

Strafsanktionen bewehrt (§ 119 Abs. 1 Nr. 2 und 3). Eine Kündigung betriebsangehöriger Beisitzer wegen ihrer Tätigkeit in der Einigungsstelle ist nach § 134 BGB i. V. m. § 78 Satz 2 nichtig. Einen besonderen Kündigungsschutz genießen betriebsangehörige Mitglieder der Einigungsstelle als solche aber nicht: § 15 KSchG, § 103 gelten für sie nicht.

Die Mitglieder der Einigungsstelle unterliegen **gemäß § 79 Abs. 2** der Geheimhaltungspflicht (vgl. zu deren Inhalt, Umfang und Dauer sowie Sanktionen [insbesondere Schadensersatzpflicht] *Oetker* § 79 Rdn. 54 ff., 74 ff.). Beachte auch die Strafvorschrift § 120 Abs. 1 Nr. 1. **94**

Die von Arbeitgeber und Betriebsrat bestellten Beisitzer sind an **Weisungen** der sie bestellenden Seite **nicht gebunden** (allgemeine Meinung; vgl. etwa *BAG* 18.01.1994 EzA § 76 BetrVG 1972 Nr. 63 S. 4; 15.05.2001 EzA § 87 BetrVG 1972 Leistungslohn Nr. 18 S. 7; *Berg/DKKW* § 76 Rn. 38; *Fitting* § 76 Rn. 51; *C. S. Hergenröder* AR-Blattei SD 630.1, Rn. 32; *Jäcker* Die Einigungsstelle, S. 31; *Kliemt/ HWK* § 76 BetrVG Rn. 30; *Leipold* FS *Schnorr von Carolsfeld*, 1973, S. 273 [277]; *Pünnel/Isenhardt* Die Einigungsstelle, Rn. 42; krit. *Jacobs* in Anm. zu *BAG* 15.05.2001 EzA § 87 BetrVG 1972 Leistungslohn Nr. 18 S. 14, dessen Hinweis auf einen möglichen Wertungswiderspruch zum Weisungsrecht gem. §§ 675, 665 BGB aber nicht trifft, weil das Geschäftsbesorgungsverhältnis oder Auftragsverhältnis nur zum Arbeitgeber besteht [vgl. Rdn. 90] und deshalb ein Weisungsrecht wegen des ansonsten widersinnigen Ergebnisses ausgeschlossen sein muss, dass der Arbeitgeber den vom Betriebsrat bestellten Beisitzern Weisungen erteilen könnte). Zu Recht betont das BAG darüber hinaus, dass die Beisitzer nicht »verlängerter Arm«, Vertreter oder Verfahrensbevollmächtigte der jeweiligen Betriebspartei sind, sondern in einer inneren Unabhängigkeit an der Streitschlichtung mitwirken, die sie zu Kompromisslösungen erst befähigt (vgl. *BAG* 27.06.1995 EzA § 76 BetrVG 1972 Nr. 65 S. 4; 29.01.2002 EzA § 76 BetrVG 1972 Nr. 70 S. 10; 14.02.1996 EzA § 40 BetrVG 1972 Nr. 76. S. 5 f.). Gleichwohl ist ihre Parteilichkeit vom Gesetz eingeplant, so dass sie die Interessen der sie bestellenden Partei bevorzugen dürfen (»Doppelfunktion«; vgl. *Friedemann* Das Verfahren der Einigungsstelle, Rn. 136 ff.), während der Vorsitzende der Einigungsstelle seine Unparteilichkeit strikt zu wahren hat und schon deshalb weisungsunabhängig ist. Weisungen beider Parteien in Bezug auf das Verfahren binden nur, wenn sie der Form einer Betriebsvereinbarung genügen (Abs. 4). Das Recht jeder Seite, ihre Beisitzer zu bestellen, schließt das Recht ein, die Bestellung zu widerrufen und andere Beisitzer zu bestellen, falls sie nicht mehr das Vertrauen der bestellenden Seite besitzen (*Sbresny-Uebach* AR-Blattei SD 630 [1992], Rn. 43). **95**

Andererseits können die Mitglieder der Einigungsstelle ihr **Amt jederzeit niederlegen** (ebenso *Berg/DKKW* § 76 Rn. 37; *Faulenbach* NZA 2012, 953 [956]; *Joost/MünchArbR* § 232 Rn. 99; **a. M.** für den gerichtlich bestellten Vorsitzenden *Pünnel/Isenhardt* Die Einigungsstelle, Rn. 103: Abberufung auf eigenen Antrag durch das Arbeitsgericht), insbesondere wenn ihnen das Gewissen gebietet, (unwirksamen) Weisungen, z. B. in Bezug auf das Abstimmungsverhalten, nicht zu folgen. Für betriebsangehörige Beisitzer folgt das aus der Kündigungsmöglichkeit nach § 671 BGB, für den Vorsitzenden und die betriebsfremden Beisitzer aus § 627 BGB. Bei der Amtsniederlegung ohne wichtigen Grund zur Unzeit können sich aber Schadensersatzverpflichtungen ergeben (§§ 671 Abs. 2, 627 Abs. 2 BGB). **96**

Der Vorsitzende kann sich dem Arbeitgeber auch wegen schuldrechtlicher Pflichtverletzung **schadensersatzpflichtig** machen (ausführlich zur dogmatischen Herleitung einer solchen Haftung *Groh* Die Haftung von Einigungsstellenmitgliedern S. 85 ff., die auch eine Haftung der Beisitzer für möglich hält). Voraussetzung ist, dass er seine Hauptpflicht (Leitung der Einigungsstelle, Mitwirkung an der Beilegung der Meinungsverschiedenheit) oder Schutzpflichten aus dem Geschäftsbesorgungsverhältnis (vgl. Rdn. 90; zu den Einzelheiten des Vertragsschlusses *Groh* Die Haftung von Einigungsstellenmitgliedern S. 115 ff., die für eine Einordnung als »Vertrag sui generis« plädiert) schuldhaft verletzt und dem Arbeitgeber daraus Schaden entsteht. Als **Pflichtverletzungen** kommen dabei insbesondere individualisierbare Verfahrensfehler (Beispielsfall bei *Hunold* NZA 1999, 785), die zu einem fehlerhaften Spruch der Einigungsstelle führen, sowie der Erlass eines rechts- oder ermessensfehlerhaften Spruchs in Betracht (für eine detaillierte Kategorisierung der möglichen Haftungskonstellationen vgl. *Groh* Die Haftung von Einigungsstellenmitgliedern S. 85 ff.). Ein Haftungsprivileg ist gesetzlich nicht vorgesehen, eine **Haftungsbeschränkung** bedarf daher zumindest einer konkludenten Vereinbarung (vgl. *Friedemann* Das Verfahren der Einigungsstelle, Rn. 355; *Schack* Die zivilrechtliche Stel- **97** lung des Einigungsstellenvorsitzenden, S. 44 f.; *Worzalla/HWGNRH* § 76 Rn. 58; ebenso *Groh* Die Haftung von Einigungsstellenmitgliedern S. 278 ff., die zu Recht auf die »natürliche« Beschränkung der Haftung durch die verkehrskreisbezogene Bestimmung der Sorgfaltsanforderungen im Rahmen des § 276 Abs. 2 BGB, den verhältnismäßig weiten Ermessensspielraum der Einigungsstelle und die Verteilung der Darlegungs- und Beweislast hinweist; **a. M.**: Haftung grds. nur für Vorsatz und grobe Fahrlässigkeit *Bischoff* Die Einigungsstelle, S. 158; *Fitting* § 76 Rn. 52; vgl. ferner *Pfrogner* Haftung von Einigungsstellenmitgliedern, S. 141; zust. *Berg/DKKW* § 76 Rn. 45; *Kania/*ErfK § 76 BetrVG Rn. 12; *Neft/Ocker* Die Einigungsstelle, Rn. 93; *Pünnel/Isenhardt* Die Einigungsstelle, Rn. 47; *Weber/Ehrich* Einigungsstelle, D Rn. 29; die Ansicht ist jedoch unstimmig, weil sie sich auf die Vergleichbarkeit der Einigungsstelle mit einem Schiedsgericht beruft, aber nicht sieht, dass Schiedsrichter nur in den viel engeren Grenzen des § 839 Abs. 2 BGB haften [vgl. *Zöller/Geimer* ZPO, § 1035 Rn. 30]). *Preis* (*WPK* § 76 Rn. 19) sieht denn auch in der Haftungsbeschränkung auf Vorsatz und grobe Fahrlässigkeit lediglich »einen vertretbaren Kompromiss zwischen Schlichtungsfunktion einerseits und mangelnder (Schieds-)Gerichtsqualität der Einigungsstelle andererseits«. Ein **Schaden** des Arbeitgebers kann vor allem in den Kosten gerichtlicher Feststellung der Unwirksamkeit des Spruchs und weiteren Kosten des Einigungsstellenverfahrens liegen. In Betracht kommen zudem Kosten aufgrund der (erzwungenen) Umsetzung eines unwirksamen Spruchs sowie die Geltendmachung entgangenen Gewinns (vgl. zu den denkbaren Schadensposten und möglichen Kausalitätsproblemen *Groh* Die Haftung von Einigungsstellenmitgliedern S. 313 ff. und S. 324 ff.). Ergeben sich aus dem Inhalt des fehlerhaften Spruchs Vermögensbelastungen des Arbeitgebers, soll es gemäß § 254 Abs. 2 Satz 1 BGB zum völligen Haftungsausschluss führen, wenn der Arbeitgeber den Antrag auf dessen arbeitsgerichtliche Überprüfung schuldhaft unterlassen hat (*Friedemann* Das Verfahren der Einigungsstelle, Rn. 357; *Fitting* § 76 Rn. 52; ausführlich zu möglichen Anknüpfungspunkten für ein Mitverschulden des Arbeitgebers *Groh* Die Haftung von Einigungsstellenmitgliedern S. 334 ff.). Zur strafrechtlichen Verantwortung von Einigungsstellenmitgliedern *Pfrogner* Haftung von Einigungsstellenmitgliedern, S. 199 ff.

VI. Verfahren vor der Einigungsstelle

1. Parteien

98 Parteien des Verfahrens vor der Einigungsstelle können **nur** der Arbeitgeber (gemäß §§ 109, 112 der Unternehmer) und der Betriebsrat sein, im Rahmen ihrer Zuständigkeiten auch der Gesamtbetriebsrat und der Konzernbetriebsrat. »Betriebsrat« ist auch eine nach § 3 Abs. 1 Nr. 1 bis 3 gebildete Arbeitnehmervertretung (§ 3 Abs. 5 Satz 2). In den engen Grenzen der §§ 27 Abs. 2, 28 Abs. 1 kann ein Betriebsrat auch einem Ausschuss das Recht zur Anrufung der Einigungsstelle übertragen. Einzelne oder Gruppen von Arbeitnehmern können nicht Partei eines Einigungsstellenverfahrens sein, auch nicht Arbeitsgruppen i. S. v. § 28a, wie sich aus § 28a Abs. 2 Satz 3 ergibt.

2. Antragserfordernis

99 Die Einigungsstelle (auch eine ständige) wird **nur auf Antrag tätig** (vgl. Abs. 5 Satz 1; Abs. 6 Satz 1), nicht etwa »von Amts wegen«. Ein Antrag setzt die Errichtung der Einigungsstelle voraus (und darf deshalb nicht mit der »Anrufung« der Einigungsstelle, mit der das Verfahren zur Errichtung der Einigungsstelle eingeleitet wird, oder dem Antrag auf Bestellung des Vorsitzenden durch das Arbeitsgericht verwechselt oder gleichgesetzt werden), dafür müssen die Beisitzer und der Vorsitzende bestellt sein. Im Fall des Abs. 5 ist die Einigungsstelle bereits handlungsfähig, wenn die das Verfahren betreibende Partei ihre Mitglieder bestellt hat und auch der Vorsitzende bestellt ist. Der Antrag ist an den Vorsitzenden zu richten. Er wird in der Regel schriftlich gestellt, zwingend vorgeschrieben ist das aber nicht. Der Antrag muss erkennen lassen, in welcher Meinungsverschiedenheit und in welchem Umfang ein Spruch der Einigungsstelle ergehen soll. Er muss sich im Rahmen der Meinungsverschiedenheit, zu deren Beilegung die Einigungsstelle zuvor einvernehmlich errichtet wurde, oder des Kompetenzbereichs halten, den das Arbeitsgericht bei gerichtlicher Bestellung des Vorsitzenden abgesteckt hat (vgl. Rdn. 62). Die **Meinungsverschiedenheit** und der ihr zugrundeliegende (streitige) Sachverhalt **bestimmt** den **Verfahrensgegenstand**, über den die Einigungsstelle zu verhandeln und zu beschließen hat (»tätig wird«). Er ist notwendigerweise bereits bei der Errichtung der Einigungsstelle festgelegt worden (so zutr. *Hennige* Das Verfahrensrecht der Einigungsstelle, S. 125 ff., 132). Das Gesetz schreibt aber nicht vor, dass das Verfahren durch bestimmte Sachanträge der Parteien vorbereitet werden muss (Ausnahme: § 112 Abs. 3 Satz 1) und dass Anträge später nicht geändert oder erweitert werden dürfen (vgl. auch *BAG* 28.07.1981 AP Nr. 2 zu § 87 BetrVG 1972 Urlaub Bl. 3; 30.01.1990 EzA § 87 BetrVG 1972 Betriebliche Lohngestaltung Nr. 27 S. 12; demgegenüber versteht *Heinze* RdA 1990, 262 [264], das Antragsprinzip im Sinne streng formaler Sachanträge im streitigen Verfahren, durch die der Entscheidungsgegenstand inhaltlich wie umfangmäßig verbindlich und abschließend bestimmt wird; gegen einen Zwang zu bestimmten Sachanträgen spricht jedoch, dass die Einigungsstelle Meinungsverschiedenheiten beizulegen, nicht aber über Anträge zu entscheiden hat; in dem Sinn auch *Eisemann* FS ARGE Arbeitsrecht im DAV, 2006, S. 837 [845]). Sachanträge der Parteien sind aber zweckmäßig, um die Meinungsverschiedenheit zu definieren und damit den (bindenden) Rahmen für die Entscheidung der Einigungsstelle abzustecken.

Von der jederzeit möglichen Änderung der Sachanträge im Rahmen des ursprünglichen Verfahrensgegenstandes sind spätere **Änderungen und Erweiterungen des Verfahrensgegenstandes** zu unterscheiden. Sie erfordern das ausdrückliche Einvernehmen beider Betriebspartner, durch die der Kompetenzrahmen der Einigungsstelle geändert oder erweitert wird (so auch *BAG* 27.10.1992 EzA § 95 BetrVG 1972 Nr. 26 S. 6; *LAG Frankfurt a. M.* 13.11.1984 DB 1985, 1535; *Behrens* NZA 1991, Beil. Nr. 2, 23 [26]; *Bengelsdorf* BB 1991, 613 [620]; *Feudner* DB 1997, 826 [827]; *Fitting* § 76 Rn. 88; *Hennige* Das Verfahren der Einigungsstelle S. 151 ff., 156 f.; *Stege/Weinspach/Schiefer* § 76 Rn. 11a; *Neft/Ocker* Die Einigungsstelle, Rn. 171, die aber konkludente Zustimmung genügen lassen). **100**

Im »verbindlichen«Verfahren genügt der Antrag **einer** Partei (Abs. 5 Satz 1). Stellt im freiwilligen Verfahren nur eine Partei den Antrag, wird die Einigungsstelle (soweit sie z. B. als ständige Einigungsstelle errichtet ist) nicht untätig bleiben, sondern die andere Partei zur Klärung darüber auffordern, ob sie sich dem Antrag anschließt. Äußert sie sich zur Sache, ist das als Einverständnis zu werten. **101**

Jede Betriebspartei kann ihren **Antrag** jederzeit **zurücknehmen** (unstr.). In Fällen erzwingbarer Einigungsverfahren, in denen beide Betriebspartner die Einigungsstelle anrufen können (zu Ausnahmen vgl. Rdn. 29), führt die Rücknahme jedoch nur zur Beendigung des Verfahrens, wenn auch die Gegenseite das Verfahren nicht weiterführt (ausführlich *Hennige* Das Verfahren der Einigungsstelle S. 136 ff., 146 f.; ebenso *Faulenbach* NZA 2012, 953 [958]; *Joost/* MünchArbR § 232 Rn. 34; *Richardi/Maschmann/Richardi* § 76 Rn. 95; zust. *Friedemann* Das Verfahren der Einigungsstelle, Rn. 309; unzutr. in der Konsequenz *Fitting* § 76 Rn. 60 und *Kliemt/HWK* § 76 BetrVG Rn. 19, die schon für die Antragsrücknahme die Zustimmung der anderen Partei für erforderlich halten). **102**

3. Verfahrensablauf

Das Gesetz regelt das Verfahren vor der Einigungsstelle nicht. Es bestimmt jetzt (vgl. Rdn. 2) in Abs. 3 Satz 1 zum Zwecke der **Verfahrensbeschleunigung** lediglich, dass die Einigungsstelle unverzüglich (d. h. nach der Legaldefinition in § 121 Abs. 1 BGB »ohne schuldhaftes Zögern«) tätig werden muss, und enthält ansonsten nur Vorschriften über die Beschlussfassung der Einigungsstelle (Abs. 3, Abs. 5 Satz 2). Darin liegt jedoch keine gesetzgeberische Fehlleistung, sondern, wie sich aus Abs. 4 ergibt, **die bewusste Einräumung freizügiger Verfahrensgestaltung**, die gerade die Stärke des privatrechtlichen Schlichtungsverfahrens ausmacht und vor allem auch deshalb sinnvoll ist, weil damit der Gefahr vorgebeugt wird, dass die Entscheidung der Einigungsstelle allein wegen Verfahrensfehlern unwirksam ist. Eine analoge Anwendung der Verfahrensregelungen des arbeitsgerichtlichen Beschlussverfahrens (§§ 80 ff. ArbGG) oder des schiedsrichterlichen Verfahrens (§§ 1025 ff. ZPO) kommt nicht (weder im ganzen noch punktuell, Ausnahme: Ablehnung des Vorsitzenden wegen Befangenheit; vgl. Rdn. 56 ff.) in Betracht, weil die Einigungsstelle weder ein Gericht noch in die staatliche Gerichtsbarkeit eingebunden ist (*Hinrichs/Boltze* BB 2013, 814; vgl. dazu *Schönfeld* Das Verfahren vor der Einigungsstelle, S. 126 ff. m. w. N. auch zu Gegenansichten, der seinerseits aber konturenlos auf »der Basis rechtsstaatlicher Grundsätze« »einzelne Vorschriften anderer Verfahrensordnungen als Richtschnur« heranziehen will; *Hennige* Das Verfahrensrecht der Einigungsstelle, S. 196 ff.). Unbegründet und un- **103** stimmig bleibt deshalb auch die verbreitete Ansicht, derzufolge der Freiraum der Einigungsstelle durch die Bindung an »elementare Grundsätze rechtsstaatlicher (!) Verfahrensweise« begrenzt sein soll (so etwa *Hinrichs/Boltze* BB 2013, 814 [815]; *Schönfeld* Das Verfahren vor der Einigungsstelle, S. 130, 140 ff.; ihm zust. *BAG* 18.04.1989 EzA § 76 BetrVG 1972 Nr. 48 S. 6 mit dem nicht tragfähigen Hinweis auf die Funktion der Einigungsstelle als Organ, das normative Regelungen erzeugt /krit. insoweit *Herrmann* SAE 1990, 152 f.]; wiederum *BAG* 27.06.1995 EzA § 76 BetrVG 1972 Nr. 65 S. 4; 29.01.2002 EzA § 76 BetrVG 1972 Nr. 70 S. 8; 28.05.2002 EzA § 87 BetrVG 1972 Bildungsurlaub Nr. 1 S. 10; *Joost/*MünchArbR § 232 Rn. 30). Liegt auch keine Betriebsvereinbarung vor, die das Verfahren i. S. v. Abs. 4 näher regelt, oder ein im Betrieb geltender einschlägiger Tarifvertrag, bestimmt **die Einigungsstelle** – nicht die Betriebspartner, nicht der Vorsitzende allein – ihr Verfahren **selbst** (so auch *BAG* 04.07.1989 EzA § 87 BetrVG 1972 Betriebliche Lohngestaltung Nr. 24 S. 12; 18.01.1994 EzA § 76 BetrVG 1972 Nr. 63; *LAG Köln* 26.07.2005 NZA-RR 2006, 197). Sie muss dabei nur solche allgemeinen Verfahrensgrundsätze (vgl. Rdn. 104 ff.) beachten, die sich zwingend aus betriebsverfassungsrechtlichen Vorgaben ergeben (so im Ansatz zutr. auch *Heinze* RdA 1990, 262 [264, 267]; wohl auch *Faulenbach* NZA 2012, 953 [954]), im Übrigen aber ihre Verfahrensgestaltung an der Aufgabe ausrichten, die Meinungsverschiedenheiten der Betriebspartner durch ihren Spruch sachgerecht zu entscheiden. **Bei der Verletzung wesentlicher Verfahrensgrundsätze**, die als Verbotsgesetze i. S. d. § 134 BGB zu qualifizieren sind (dogmatisch zutr. *Heinze* RdA 1990, 262 [278]; *ders.* Anm. zu *BAG* 27.06.1995 EzA § 76 BetrVG 1972 Nr. 65), ist der Spruch der Einigungsstelle unwirksam (vgl. auch Rdn. 157), wenn der Verfahrensfehler nicht noch nachträglich geheilt worden ist (vgl. auch *BAG* 18.04.1989 EzA § 76 BetrVG 1972 Nr. 48 S. 6; 06.11.1990 EzA § 4 TVG Metallindustrie Nr. 78 S. 12; 29.01.2002 EzA § 76 BetrVG 1972 Nr. 70 S. 8). Aus der **Stellung des Vorsitzenden** ergibt sich, dass er die **Sitzungen der Einigungsstelle** durch Ladung der Beisitzer (mündlich oder schriftlich) **terminiert** (dazu aus einem speziellen Blickwinkel der Verhinderung des Beisitzers in der Einigungsstelle wegen Teilnahme an Arbeitskampfmaßnahmen näher *Hinrichs/Boltze* BB 2013, 814 [815 ff.]) und **einberuft** (sofern Ort und Zeit einer Sitzung nicht bereits zwischen allen Mitgliedern abgesprochen sind; vgl. *BAG* 27.06.1995 EzA § 76 BetrVG 1972 Nr. 65, S. 6; *BAG* 29.01.2002 EzA § 76 BetrVG 1972 Nr. 70 S. 8 erklärt in einem obiter dictum die rechtzeitige und ordnungsgemäße Unterrichtung der Einigungsstellenmitglieder über Ort und Zeit der Sitzungen zu einem elementaren Verfahrensgrundsatz; ebenso *I. Schmidt* JArbR Bd. 40, 2003, S. 121 [125]; vgl. zur unverzüglichen [Abs. 3 Satz 1] Ingangsetzung des Verfahrens *Friedemann* Das Verfahren der Einigungsstelle, Rn. 165 ff.), **leitet** und sonstige verfahrensleitende Maßnahmen trifft (zur Verhandlungsleitung ausführlich *Friedemann* Das Verfahren der Einigungsstelle, Rn. 238 ff.). Er ist dabei allerdings an (Mehrheits-)Entscheidungen der Einigungsstelle als Kollegialorgan gebunden (zutr. *Schönfeld* Das Verfahren vor der Einigungsstelle, S. 135 f.). Für verfahrensleitende Beschlüsse der Einigungsstelle gilt Abs. 3 Satz 2 (nicht Satz 3). Nach der Rechtsprechung des BAG ist die Bescheidung eines Ablehnungsantrags wegen Befangenheit des Vorsitzenden ein wesentlicher Verfahrensgrundsatz (vgl. Rdn. 58).

a) Allgemeine Verfahrensgrundsätze

104 In jedem Fall ist den beteiligten **Betriebspartnern rechtliches Gehör** zu gewähren (h. M. in der Literatur, z. B. *Faulenbach* NZA 2012, 953 [955] m. w. N.). Das folgt (weil die Einigungsstelle kein Gericht ist, vgl. Rdn. 86) entgegen verbreiteter Ansicht zwar nicht unmittelbar (oder analog) aus Art. 103 Abs. 1 GG, sondern daraus, dass es sich beim Einigungsstellenverfahren um eine Hilfestellung bei der Beilegung eines Parteienstreits handelt und die Angaben und Meinungen der Parteien für die Entscheidung der Einigungsstelle von wesentlicher Bedeutung sind. Im theoretischen Ansatz nicht überzeugend ist demgegenüber die Ansicht des *BAG* (11.02.1992 EzA § 76 BetrVG 1972 Nr. 60 S. 7; ihm noch zust. *Kania*/ErfK § 76 BetrVG Rn. 18; *Krasshöfer*/HaKo § 76 Rn. 22) gewesen, das rechtliche Gehör sei nicht den Betriebspartnern selbst, sondern nur den Mitgliedern der Einigungsstelle zu gewähren, weil die Betriebspartner gerade durch ihre Beisitzer in der Einigungsstelle vertreten würden (abl. insoweit auch *Berg*/DKKW § 76 Rn. 92; *Fitting* § 76 Rn. 69; *Hanau/Reitze* FS *Kraft*, 1998, S. 167 [176 f.]; *Kliemt*/HWK § 76 BetrVG Rn. 41; *Preis/*WPK § 76 Rn. 21; *Richardi/Maschmann/ Richardi* § 76 Rn. 87). Gleichwohl hat das Gericht im konkreten Fall einen Verstoß gegen den Grundsatz der Gewährung rechtlichen Gehörs (der zur Unwirksamkeit des Spruchs der Einigungsstelle geführt hätte) zutr. verneint: Der Grundsatz erfordert nur, dass die Betriebspartner sich in der Sache äu-

Einigungsstelle § 76

ßern, Stellungnahmen zum Vorbringen der anderen Seite abgeben und Lösungsvorschläge machen können, nicht aber, dass sie sich in der Phase der Beschlussfassung über den Entscheidungsvorschlag des Vorsitzenden, der sich im Rahmen der bereits abgelehnten Lösungsvorschläge beider Seiten hält, nochmals äußern können. Zu Recht hat das Bundesarbeitsgericht das geschilderte Verständnis von der Beisitzerrolle zwischenzeitlich aufgegeben (vgl. *BAG* 27.06.1995 EzA § 76 BetrVG 1972 Nr. 65 S. 4; näher dazu Rdn. 95; irritierend ist, dass es im Beschluss vom 29.01.2002 EzA § 76 BetrVG 1972 Nr. 70 S. 8 für die Geltung des Grundsatzes wieder auf den Beschluss vom 11.02.1992 verweist).

Eine **mündliche Verhandlung der Parteien** vor der Einigungsstelle ist **nicht** vorgeschrieben und **105** nicht zwingend erforderlich (ebenso *Fitting* § 76 Rn. 71; *Friedemann* Das Verfahren der Einigungsstelle, Rn. 217; *Gaul* Die betriebliche Einigungsstelle, K II Rn. 7, 17; *Hanau/Reitze* FS *Kraft*, 1998, S. 167 [177]; *Hennige* Das Verfahrensrecht der Einigungsstelle, S. 159 f.; *Jäcker* Die Einigungsstelle, S. 124; *Joost/MünchArbR* § 232 Rn. 35; *Kania/ErfK* § 76 BetrVG Rn. 18; *Neft/Ocker* Die Einigungsstelle, Rn. 117 ff.; *Preis/WPK* § 76 Rn. 25; *Richardi/Maschmann/Richardi* § 76 Rn. 86; *Worzalla/HWGNRH* § 76 Rn. 64; **a. M.** *Berg/DKKW* § 76 Rn. 62; *Heinze* RdA 1990, 262 [266, 271]; *Kliemt/HWK* § 76 BetrVG Rn. 43; *Pünnel/Isenhardt* Die Einigungsstelle, Rn. 52; *Schönfeld* Das Verfahren vor der Einigungsstelle, S. 146 f.), in der Regel aber zweckmäßigerweise anzuberaumen, um den Parteien nochmals Gelegenheit zu geben, sich zu einigen. Die in Abs. 3 Satz 2 angeordnete »mündliche Beratung« betrifft nur die Vorbereitung des Beschlusses der Einigungsstelle, nicht aber das Verfahren vor ihr, und lässt auch keinen Schluss auf die Mündlichkeit der Verhandlung zu (ebenso *Dütz* AuR 1973, 353 [363]; *Bischoff* Die Einigungsstelle, S. 86). Es genügt deshalb, wenn den Parteien Gelegenheit gegeben wird, sich schriftlich zu äußern. Andererseits ist eine Entscheidung der Einigungsstelle im Umlaufverfahren oder durch schriftliches Votum fehlerhaft (unstr.).

Die **Parteien** sind grundsätzlich **berechtigt, sich** im Verfahren **vor** der Einigungsstelle durch Bevoll- **106** mächtigte unterstützen oder **vertreten zu lassen**, z. B. durch Verbandsvertreter, auch durch Rechtsanwälte (vgl. *BAG* 05.11.1981 EzA § 40 BetrVG 1972 Nr. 50; 21.06.1989 EzA § 40 BetrVG 1972 Nr. 61; 14.02.1996 EzA § 40 BetrVG 1972 Nr. 76; *LAG Frankfurt a. M.* 13.08.1987 LAGE § 76 BetrVG 1972 Nr. 28; *Berg/DKKW* § 76 Rn. 94; *Dütz* AuR 1973, 353 [363]; *Fitting* § 76 Rn. 72; *Galperin/Löwisch* § 76 Rn. 26; *Gaul* Die betriebliche Einigungsstelle, K II Rn. 42; *Joost/MünchArbR* § 232 Rn. 38; *Kliemt/HWK* § 76 BetrVG Rn. 58; *Pünnel/Isenhardt* Die Einigungsstelle, Rn. 70 ff.; *Richardi/Maschmann/Richardi* § 76 Rn. 87: weil die Einigungsstelle auch über Rechtsfragen mitentscheidet; *Worzalla/HWGNRH* § 76 Rn. 64; **a. M.** *Friedemann* Das Verfahren der Einigungsstelle, Rn. 154: § 76 Abs. 2 nennt die Beteiligten abschließend; *Tschöpe* NZA 2004, 945 [948] gesetzlich nicht vorgesehen; insofern wird aber § 17 Nr. 7d RVG übersehen). Einer Zulassung des Bevollmächtigten durch die Einigungsstelle bedarf es nicht, Einschränkungen bestehen mangels gesetzlicher Regelung nicht (*BAG* 05.11.1981 EzA § 40 BetrVG 1972 Nr. 50; 21.06.1989 EzA § 40 BetrVG 1972 Nr. 61; 14.02.1996 EzA § 40 BetrVG 1972 Nr. 76). Eine andere Frage ist es, in welchem Umfang der Arbeitgeber die **Kosten eines Bevollmächtigten** (Rechtsanwalts) des Betriebsrats nach § 76a Abs. 1 zu tragen hat (vgl. dazu näher § 76a Rdn. 16 ff.). Für die Vertretung im Vorbereitungsstadium (Errichtung der Einigungsstelle, Vorbereitung eines Sozialplans) gilt § 80 Abs. 3 Satz 1.

Die Parteien haben der Einigungsstelle die erforderlichen **Unterlagen und Daten** zur Verfügung zu **107** stellen und Auskünfte zu erteilen. Das folgt aus § 74 Abs. 1 Satz 2, weil sie auch vor der Einigungsstelle mit dem ernsten Willen zur Beilegung von Meinungsverschiedenheiten zu verhandeln haben, und ist auf Antrag eines Betriebspartners gerichtlich durchsetzbar (vgl. *ArbG Berlin* 02.07.1999 AiB 2000, 436). Das bedeutet aber **nicht**, dass die Einigungsstelle ihrer Entscheidung **nur** solche Tatsachen zugrunde legen darf, die von den Parteien im Einigungsstellenverfahren vorgebracht worden sind, und Beweis nur erhoben werden darf, wenn die Parteien Beweismittel bei streitigem Sachverhalt benannt haben (so aber *Heinze* RdA 1990, 262 [265, 270]; zust. *Joost/MünchArbR* § 232 Rn. 41; einschränkend auch *Hennige* Das Verfahrensrecht der Einigungsstelle, S. 227: Beweisaufnahme nur über Tatsachen, die von den Betriebspartnern im Verfahren vorgebracht worden sind). Die Einigungsstelle **kann** vielmehr auch selbst **Ermittlungen anstellen, Zeugen** oder **Sachverständige** hören, Gutachten von Sachverständigen einholen oder **Ortsbesichtigungen** (Augenscheineinnahme) vornehmen (im Ergebnis ebenso *Berg/DKKW* § 76 Rn. 107 ff.; *Faulenbach* NZA 2012, 953 [956]; *Fitting* § 76 Rn. 65; *Friedemann* Das Verfahren der Einigungsstelle, Rn. 233 ff., 298 ff.; *Galperin/Löwisch* § 76

Rn. 28; *Hunold* NZA 1999, 785 [787]; *Kania*/ErfK § 76 BetrVG Rn. 17; *Neft*/*Ocker* Die Einigungsstelle, Rn. 139, 142; *Preis*/*WPK* § 76 Rn. 26; *Pünnel*/*Isenhardt* Die Einigungsstelle, Rn. 49, 92 ff.; *Richardi*/*Maschmann*/*Richardi* § 76 Rn. 91; *Schönfeld* Das Verfahren vor der Einigungsstelle, S. 147, 212 ff.; *ders.* NZA 1988, Beil. 4, S. 3 [9]; *Worzalla*/*HWGNRH* § 76 Rn. 66; für Beweiserhebung durch **Sachverständigengutachten** [auch ohne Zustimmung des Arbeitgebers] BAG 04.07.1989 EzA § 87 BetrVG 1972 Betriebliche Lohngestaltung Nr. 24 S. 24; 13.11.1991 EzA § 76a BetrVG 1972 Nr. 1 S. 9 [vgl. zur Kostentragung unten § 76a Rdn. 11 ff.]; abl. *Hennige* Das Verfahrensrecht der Einigungsstelle, S. 161 ff., 229 mit Ausnahme des Verfahrens nach § 109). Das Gesetz bestimmt zwar nicht, dass die Einigungsstelle von Amts wegen den Sachverhalt aufzuklären hat, der zur Entscheidung über die vor sie gebrachte Meinungsverschiedenheit erforderlich ist. Die Geltung eines solchen Untersuchungsgrundsatzes (»Offizialmaxime«) lässt sich auch nicht analog § 83 Abs. 1 ArbGG (so aber *Pünnel*/*Isenhardt* Die Einigungsstelle, Rn. 49; *Kliemt*/HWK § 76 BetrVG Rn. 70) oder § 1034 ZPO a. F. (so aber *Schönfeld* Das Verfahren vor der Einigungsstelle, S. 147) herleiten (vgl. Rdn. 103). Für die Zulässigkeit einer Sachverhaltsaufklärung (einschließlich des Erwerbs erforderlicher Sachkenntnisse) durch die Einigungsstelle selbst spricht aber, dass sie unter Entscheidungszwang steht, die Meinungsverschiedenheit durch einen sachangemessenen und vor allem auch ermessensfehlerfreien Spruch beizulegen. Außerdem ist das Einigungsstellenverfahren auch hinsichtlich eines »Beweisverfahrens« nicht den Förmlichkeiten eines streitigen Verfahrens unterworfen. Wenn die Einigungsstelle dementsprechend weitergehende Ermittlungsrechte als die Parteien hat, entspricht das ihrer Stellung als Entscheidungsinstanz, § 109 Satz 3 stützt das Ergebnis (str.). Da eine Sachverhaltsaufklärung durch die Einigungsstelle keinen Verfahrensgrundsatz verletzt, kann ihr Spruch deswegen nicht unwirksam sein (**a. M.** *Heinze* RdA 1990, 262 [265]: Verstoß gegen den Beibringungsgrundsatz). Die selbständige Anfechtung eines »Beweisbeschlusses« der Einigungsstelle vor Gericht ist nicht zulässig (*BAG* 04.07.1989 EzA § 87 BetrVG 1972 Betriebliche Lohngestaltung Nr. 24 S. 24).

108 **Zwangsmittel** stehen der Einigungsstelle aber weder gegen die Parteien noch gegen Zeugen und Sachverständige zu. Eine Vereidigung ist ausgeschlossen (unstr.). Sie kann auch das Arbeitsgericht nicht um die Vernehmung von Zeugen ersuchen (unstr.).

109 Eine Pflicht zur **Protokollierung** des Verfahrensablaufs vor der Einigungsstelle besteht nicht, ist aber insbesondere bei nur mündlich gestellten Anträgen, bei der Vernehmung von Zeugen oder wichtigen Parteierklärungen ratsam (*Hennige* Das Verfahrensrecht der Einigungsstelle, S. 225 ff.; *Pünnel*/*Isenhardt* Die Einigungsstelle, Rn. 80). Das Protokoll wird üblicherweise vom Vorsitzenden geführt, aber auch eine Person, die nicht Mitglied der Einigungsstelle ist, kommt in Betracht. Wird bei mehreren Sitzungen der Einigungsstelle jeweils ein Protokoll geführt, haben die Beisitzer Anspruch auf eine Abschrift. Sie können ggf. Berichtigung verlangen, um den Verfahrensstand richtig zu stellen (grundsätzlich einen Berichtigungsanspruch abl. *Friedemann* Das Verfahren der Einigungsstelle, Rn. 345).

110 Das Verfahren vor der Einigungsstelle ist **nicht öffentlich**, auch nicht betriebsöffentlich (allgemeine Meinung; **a. M.** nur *Berg*/DKKW § 76 Rn. 95 f.). Durch Protokollführer wird der Grundsatz nicht verletzt (zust. *Fitting* § 76 Rn. 74). Die Zulassung der Streit-Parteien (»Parteiöffentlichkeit«) ist hingegen strikt zu wahren, wenn (wie meist) eine mündliche Verhandlung stattfindet (unstr.; vgl. auch Rdn. 105), das ergibt ihr Anspruch auf rechtliches Gehör (vgl. Rdn. 104). Die abschließende **mündliche Beratung** und **Beschlussfassung** der Einigungsstelle gemäß § 76 Abs. 3 Satz 2 muss aber in Abwesenheit der Betriebsparteien und ihrer Vertreter erfolgen (unstr.; vgl. *BAG* 18.01.1994 EzA § 76 BetrVG 1972 Nr. 63 S. 5 m. w. N.; Hess. LAG 03.08.2015 – 16 TaBV 200/14 – juris, Rn. 50), soweit sie nicht als Beisitzer mitwirken (vgl. Rdn. 47): Auch, wenn das Einigungsstellenverfahren nicht justizförmige Verfahrensabschnitte aufzugliedern ist, darf die Entscheidungsfreiheit aller Einigungsstellenmitglieder nicht gefährdet werden (zutr. *LAG Hamm* 23.03.1993 LAGE § 76 BetrVG 1972 Nr. 41 S. 4, Vorinstanz zu *BAG* 18.01.1994 EzA § 76 BetrVG 1972 Nr. 63). Ein Verstoß führt nach der Rechtsprechung des *BAG* (18.01.1994 EzA § 76 BetrVG 1972 Nr. 63) zur Unwirksamkeit des Spruchs der Einigungsstelle. Das gilt aber nicht, wenn bloß ein Protokollführer anwesend ist (ebenso *Fitting* § 76 Rn. 74; *Preis*/*WPK* § 76 Rn. 29; *Worzalla*/*HWGNRH* § 76 Rn. 65; **a. M.** *Friedemann* Das Verfahren der Einigungsstelle, Rn. 255 f.; *Joost*/MünchArbR § 232 Rn. 46). Gegen den Grundsatz der Nichtöffentlichkeit kann verstoßen werden, wenn nachträglich die Rechtsunwirksam-

Einigungsstelle § 76

keit einer von einer gerichtlichen Festsetzung abweichenden Vereinbarung über die Zahl der Beisitzer festgestellt wird (*LAG Berlin-Brandenburg* 18.03.2009 – 5 TaBV 2416/08 – juris, Rn. 48).

b) Beschlussfassung

Die Einigungsstelle trifft Entscheidungen durch **Beschluss**. Der Beschluss ist das rechtstechnische Mittel für die interne Willensbildung der aus mehreren Mitgliedern zusammengesetzten Einigungsstelle. Er ist das Ergebnis der Abstimmung zu einem bestimmten Antrag nach Ermittlung der positiven und negativen Stimmabgaben. 111

Die Einigungsstelle hat ihre Beschlüsse **nach mündlicher Beratung** zu fassen (Abs. 3 Satz 2). Das setzt gleichzeitige Anwesenheit der an der Beschlussfassung Mitwirkenden und damit zwingend mindestens eine Sitzung voraus (*Joost*/MünchArbR § 232 Rn. 36). Der Vorsitzende und die Beisitzer müssen ihre Stimme **höchstpersönlich** abgeben. Eine Vertretung durch Dritte oder die Übertragung des Stimmrechts auf ein anderes Mitglied der Einigungsstelle ist nicht zulässig. Eine Beschlussfassung im schriftlichen **Umlaufverfahren** oder auch schriftliches Votum ist **unzulässig** (*Faulenbach* NZA 2012, 953 [958]), ein ohne mündliche Beratung gefasster Beschluss ist rechtsunwirksam (vgl. *Thiele* Drittbearbeitung, § 76 Rn. 74). Eine geheime Abstimmung auf Stimmzetteln ist aber möglich, wenn es die Einigungsstelle für einzelne Beschlüsse zuvor mit Stimmenmehrheit (Abs. 3 Satz 2) beschließt (*Friedemann* Das Verfahren der Einigungsstelle, Rn. 274 f.; zust. *Fitting* § 76 Rn. 79). War die Ladung unter Berücksichtigung des Einzelfalles nach Ort und Zeit nicht ordnungsgemäß und haben deshalb nicht alle Beisitzer an der Sitzung teilgenommen, ist ein dennoch gefasster Spruch unwirksam (vgl. *BAG* 27.06.1995 EzA § 76 BetrVG 1972 Nr. 65 [zust. *Heinze*]). 112

Die Beschlüsse werden mit **Stimmenmehrheit** gefasst (Abs. 3 Satz 2). Es wird nicht nach Gruppen (vom Arbeitgeber und vom Betriebsrat bestellte Mitglieder) abgestimmt. Jedes Mitglied hat eine Stimme. Die Einigungsstelle ist nur **beschlussfähig**, wenn **alle** Mitglieder anwesend sind, weil nur dann »die« Einigungsstelle als entscheidungsbefugte Institution vorhanden ist (h. M.; **a. M.** *Fiebig* DB 1995, 1278; *Kühnreich*/NK-ArbR § 76 Rn. 34; *Richardi*/*Maschmann*/*Richardi* § 76 Rn. 99). Deshalb kann bei Verhinderung eines Beisitzers (z. B. wegen Krankheit) kein (wirksamer) Beschluss gefasst werden, wenn kein stellvertretender Beisitzer zur Verfügung steht (vgl. Rdn. 53) oder die Partei, von der das verhinderte Mitglied bestellt worden ist, es ad hoc durch eine andere Person ersetzt. Kein gangbarer Ausweg ist eine sog. **Pairing-Absprache** (Paritätsherstellung durch Stimmverzicht der anderen Seite; solche Absprachen könnten jedenfalls nur mit Zustimmung sämtlicher Mitglieder der Einigungsstelle getroffen werden, nicht jedoch durch Vereinbarung einzelner Mitglieder der Einigungsstelle oder der Betriebsparteien, welche die Einigungsstelle angerufen haben, *LAG Berlin-Brandenburg* 18.03.2009 – 5 TaBV 2416/08 – juris, Rn. 44) der anderen Mitglieder, weil sie die Zusammensetzung der Einigungsstelle nicht verändern können (ebenso im Ergebnis *Hennige* Das Verfahrensrecht der Einigungsstelle, S. 182; **a. M.** *Fitting* § 76 Rn. 78; *Kania*/ErfK § 76 BetrVG Rn. 19; *Preis*/WPK § 76 Rn. 28; *Worzalla*/HWGNRH § 76 Rn. 67; einschränkend [nur wenn alle Mitglieder der Einigungsstelle zustimmen] *LAG Köln* 26.07.2005 NZA-RR 2006, 197). Eine **wichtige Ausnahme** gilt nur nach Abs. 5 Satz 2 im »verbindlichen« Verfahren: Hat eine Seite keine Mitglieder ernannt oder bleiben die von einer Seite bestellten Mitglieder trotz ordnungsgemäßer rechtzeitiger Ladung der Sitzung fern, entscheiden die erschienenen Mitglieder und der Vorsitzende allein. Das gilt analog auch dann, wenn die Beisitzer einer Seite vor der Abstimmung die Sitzung verlassen (im Ergebnis auch *Berg*/DKKW § 76 Rn. 121) oder wenn sich beide Betriebspartner bereits verbindlich dem Spruch der Einigungsstelle unterworfen haben (zutr. *Hennige* Das Verfahrensrecht der Einigungsstelle, S. 172 f.). Da auch in diesem Fall Abs. 3 Satz 3 gilt, besteht die Möglichkeit, dass die einseitig bestellten (meist parteiischen) Mitglieder allein entscheiden (ebenso *Fitting* § 76 Rn. 102; *Gaul* Die betriebliche Einigungsstelle, K III Rn. 16; *Richardi*/*Maschmann*/*Richardi* § 76 Rn. 101; *Worzalla*/HWGNRH § 76 Rn. 68; im Ergebnis auch *LAG Baden-Württemberg* 07.11.1989 NZA 1990, 282 [284]; **a. M.** *Friedemann* Das Verfahren der Einigungsstelle, Rn. 266). Trotz Abs. 5 Satz 3 ergibt sich daraus ein Druck für die andere Partei, auch ihrerseits Beisitzer zu bestellen. Die Stimmenmehrheit ist für den Spruch erforderlich, der nach Abs. 3 Satz 4 den Betriebspartnern zuzuleiten ist. Entscheidet die Einigungsstelle über eine aus Einzelbestimmungen zusammengesetzte **Gesamtregelung**, genügt es für die Beschlussfassung mit Stimmenmehrheit nicht, dass die Einzelbestimmungen mit (möglicherweise wechselnden) Mehrheiten beschlossen 113

§ 76

worden sind. Erforderlich ist, dass die Gesamtregelung von der Mehrheit der Einigungsstellenmitglieder getragen ist. Dafür ist aber keine förmliche Schlussabstimmung erforderlich, wenn sich aus den Umständen (z. B. wenn die Einzelregelungen übereinstimmend oder jeweils mit der gleichen Mehrheit beschlossen worden sind) ergibt, dass die Gesamtregelung von der Mehrheit gebilligt worden ist (so zutr. *BAG* 18.04.1989 EzA § 76 BetrVG 1972 Nr. 48 [zust. *Rotter*]; 06.11.1990 EzA § 4 TVG Metallindustrie Nr. 78 S. 12 [a. M. die Vorinstanz *LAG Hamm* 21.12.1988 LAGE § 76 BetrVG 1972 Nr. 33] und 18.12.1990 EzA § 4 TVG Metallindustrie Nr. 79 S. 7).

114 Streitig ist, ob eine **Stimmenthaltung der Beisitzer zulässig** ist (dafür: *BAG* 17.09.1991 EzA § 112 BetrVG 1972 Nr. 58; *LAG Frankfurt a. M.* 25.09.1990 LAGE § 76 BetrVG 1972 Nr. 37; *Berg/DKKW* § 76 Rn. 128; *Brecht* § 76 Rn. 10; *Fitting* § 76 Rn. 86; *Heinze* RdA 1990, 262 [275]; *Kania/*ErfK § 76 BetrVG Rn. 20; *Kliemt/HWK* § 76 BetrVG Rn. 78; *Preis/WPK* § 76 Rn. 29; *Stege/Weinspach/Schiefer* § 76 Rn. 14e; *Worzalla/HWGNRH* § 76 Rn. 68; dagegen: *Galperin/Löwisch* § 76 Rn. 32; *Gaul* Die betriebliche Einigungsstelle, K III Rn. 18 ff.; *Gnade* AuR 1973, 44; *Jäcker* Die Einigungsstelle, S. 134 f.; *G. Müller* DB 1973, 76 [77]; *Pünnel/Isenhardt* Die Einigungsstelle, Rn. 115; *Richardi/Maschmann/Richardi* § 76 Rn. 103; differenzierend zwischen erster und zweiter Beschlussfassung *Bischoff* Die Einigungsstelle im Betriebsverfassungsrecht, S. 92 ff.). Eine rechtliche Pflicht zu positiver oder negativer Stimmabgabe für die Beisitzer gibt es nicht. Es gibt auch keine rechtliche Handhabe (für den Vorsitzenden), ihre Stimmenthaltung zu verhindern. Die Stimmenthaltung kann auch deshalb nicht unzulässig sein, weil sie sonst zur Unwirksamkeit des Spruchs führen müsste, welche die Beisitzer einer Seite herbeiführen könnten (zutr. *LAG Frankfurt a. M.* 25.09.1990 LAGE § 76 BetrVG 1972 Nr. 37).

115 Maßgeblich ist daher allein, wie eine Stimmenthaltung zu werten ist. Nach dem Gesetzestext entscheidet »die Einigungsstelle« »mit Stimmenmehrheit«. Im systematischen Kontext kann das nur heißen: Es entscheidet die Einigungsstelle in der Zusammensetzung, wie sie sich aus Abs. 2 oder ausnahmsweise aus Abs. 5 Satz 2 ergibt. Daraus ist zu folgern, dass es für ihre Beschlussfassung auf die **Mehrheit der Mitgliederstimmen** ankommt, so dass **Stimmenthaltungen wie Nein-Stimmen** zu zählen sind und wirken (ebenso *Bischoff* Die Einigungsstelle, S. 94; *Fiebig* DB 1995, 1278; *Friedemann* Das Verfahrensrecht der Einigungsstelle, Rn. 265 f.; *Joost/*MünchArbR § 232 Rn. 50; *G. Müller* DB 1973, 76 [77]; *Richardi/Maschmann/Richardi* § 76 Rn. 103; *Weiss/Weyand* § 76 Rn. 16). Entsprechendes gilt auch für die Nichtbeteiligung anwesender Mitglieder an der Abstimmung. Die Gegenmeinung, nach der die Stimmenthaltungen nicht mitzuzählen sein sollen und ein Spruch dementsprechend schon beschlossen ist, wenn die Zahl der Ja-Stimmen größer ist als die der Nein-Stimmen (*LAG Frankfurt a. M.* 25.09.1990 LAGE § 76 BetrVG 1972 Nr. 37; *Berg/DKKW* § 76 Rn. 128; *Fitting* § 76 Rn. 86; *Hennige* Das Verfahrensrecht der Einigungsstelle, S. 173 ff.; *Kania/*ErfK § 76 BetrVG Rn. 20; *Kliemt/HWK* § 76 BetrVG Rn. 78; *Löwisch/Kaiser* § 76 Rn. 35; *Neft/Ocker* Die Einigungsstelle, Rn. 203; *Pünnel/Isenhardt* Die Einigungsstelle, Rn. 115; jedenfalls für die Fälle des § 76 Abs. 5 auch *BAG* 17.09.1991 EzA § 112 BetrVG 1972 Nr. 58; *Heinze* RdA 1990, 262 [275]), findet im Gesetz keine Stütze. Insbesondere ist eine Gleichstellung mit den in Abs. 5 Satz 2 geregelten Fallgruppen nicht gerechtfertigt. Richtig ist, dass, wenn die Einigungsstelle in der Zusammensetzung des Abs. 5 Satz 2 entscheidet, die von einer Seite nicht benannten oder nicht erschienenen Beisitzer nicht als Nein-Stimmen zu werten sind, sondern bei der für die Stimmenmehrheit maßgeblichen Zahl der Einigungsstellenmitglieder nicht mitgezählt werden. Die Sonderregelung, welche die Funktionsfähigkeit der Einigungsstelle sichern soll, trifft jedoch für die bei der Abstimmung anwesenden Mitglieder nicht zu. Ihrer Wertung nach gilt sie nicht einmal, wenn nicht alle Beisitzer einer Seite ausbleiben, sondern nur einzelne.

116 Die Einigungsstelle entscheidet **zunächst ohne den Vorsitzenden.** Er hat sich zunächst der Stimme zu enthalten (Abs. 3 Satz 3). Das Verfahren hat der Gesetzgeber in Anlehnung an die bewährte Regelung in § 4 Abs. 3 HAG für die Heimarbeitsausschüsse eingeführt (vgl. BT-Drucks. VI/1786, S. 46). Dadurch sollen die Parteien und die von ihnen bestellten und praktisch weiterhin ihre Interessen vertretenden Beisitzer gezwungen werden, möglichst selbst zu einem Ausgleich zu gelangen. Aus der Zwecksetzung folgt, dass Abs. 3 Satz 3 nur für **Sachentscheidungen** gilt, nicht für bloß verfahrensleitende Beschlüsse, für die Abs. 3 Satz 2 gilt (so auch *Berg/DKKW* § 76 Rn. 130; *Fitting* § 76 Rn. 87; *C. S. Hergenröder* AR-Blattei SD 630.1, Rn. 62; *Joost/*MünchArbR § 232 Rn. 44; *Richardi/Maschmann/Richardi* § 76 Rn. 101; vgl. zum Sonderfall der Entscheidung über einen Befangenheitsantrag

Einigungsstelle § 76

Rdn. 58). Ergibt sich eine Stimmenmehrheit für einen Beschlussantrag, bleibt es bei diesem Beschluss. Der Vorsitzende darf nicht mehr abstimmen.

Ergibt sich Stimmengleichheit, wird erneut beraten (Abs. 3 Satz 3) und danach abermals, nun unter Mitwirkung des Vorsitzenden, abgestimmt. Einer neuen Sitzung bedarf es nicht. Die **erneute Beratung** kann kurz sein, zumal wenn die Beisitzer einer Seite endgültig auf ihrem bisherigen Standpunkt beharren (vgl. *BAG* 28.09.1988 EzA § 112 BetrVG 1972 Nr. 49 S. 6; *LAG Düsseldorf* 23.10.1986 LAGE § 76 BetrVG 1972 Nr. 26 [zust. *Löwisch/Debong*]) oder alle Mitglieder keine weitere Beratung wünschen (vgl. *BAG* 30.01.1990 EzA § 87 BetrVG 1972 Betriebliche Lohngestaltung Nr. 27 S. 10; *LAG Hamburg* 05.05.2000 AuR 2000, 356); strenger, eher einen Verfahrensfehler bejahend *Friedemann* Das Verfahren der Einigungsstelle, Rn. 263; ihm folgend *Hunold* NZA 1999, 785 (789 f.), die insoweit von verschiedenen Verfahrensabschnitten ausgehen. Der Vorsitzende darf sich in diesem Fall der Stimme **nicht enthalten** (ebenso *Berg*/DKKW § 76 Rn. 126; *Fitting* § 76 Rn. 86; *Friedemann* Das Verfahren der Einigungsstelle, Rn. 269; *Heinze* RdA 1990, 262 [275]; *Joost*/MünchArbR § 231 Rn. 52; *Kania*/ErfK § 76 BetrVG Rn. 20; *Kliemt*/HWK § 76 BetrVG Rn. 78; *Pünnel/Isenhardt* Die Einigungsstelle, Rn. 115; *Stege/Weinspach/Schiefer* § 76 Rn. 14e; *Worzalla*/HWGNRH § 76 Rn. 71). Seine Stimme soll den Ausschlag geben, insbesondere eine Pattsituation zwischen den Beisitzern beider Seiten entscheiden. Ergibt sich bei der ersten Abstimmung der Beisitzer eine Mehrheit gegen den Beschlussantrag, ist die Entscheidung endgültig getroffen. Eine erneute Abstimmung über den Antrag unter Beteiligung des Vorsitzenden findet nicht statt (**a. M.** bei einem Vermittlungsvorschlag des Vorsitzenden *LAG Baden-Württemberg* 08.10.1986 NZA 1988, 214; zust. *Fitting* § 76 Rn. 84; *Hennige* Das Verfahrensrecht der Einigungsstelle, S. 175). Die Einigungsstelle hat in diesem Fall die Beratung fortzusetzen und nach einer anderweitigen Lösung zu suchen, ebenso, wenn sich auch unter Mitwirkung des Vorsitzenden keine Mehrheit für den Antrag ergeben hat (z. B. weil sich ein Beisitzer der Stimme enthalten hat). Seine Stimme gibt in diesem Fall nicht den Ausschlag (wie hier *Gaul* Die betriebliche Einigungsstelle, K III Rn. 21; zust. *Fitting* § 76 Rn. 84), sie ist aber mitzurechnen (**a. M.** *Joost*/MünchArbR § 232 Rn. 52: die Mehrheit der übrigen Beisitzer ist maßgeblich).

117

Die Einigungsstelle ist an die (Sach-)**Anträge** der Parteien **nicht gebunden** (ebenso *BAG* 27.10.1992 EzA § 95 BetrVG 1972 Nr. 26 S. 6; 30.01.1990 EzA § 87 BetrVG 1972 Betriebliche Lohngestaltung Nr. 27 S. 11 f.; *Berg*/DKKW § 76 Rn. 120; *Dütz* AuR 1973, 353 [364 f.]; *Fitting* § 76 Rn. 88; *Hennige* Das Verfahrensrecht der Einigungsstelle, S. 158, 170 f.; *Jäcker* Die Einigungsstelle, S. 129; *Joost*/MünchArbR § 232 Rn. 54; *Preis*/WPK § 76 Rn. 30; *Pünnel/Isenhardt* Die Einigungsstelle, Rn. 110; *Richardi/Maschmann/Richardi* § 76 Rn. 104; *Stege/Weinspach/Schiefer* § 76 Rn. 11b; *Worzalla*/HWGNRH § 76 Rn. 51a; **a. M.** *Heinze* RdA 1990, 262 [264, 274]; *Behrens* NZA 1991, Beil. 2, S. 23 [26]). Die Einigungsstelle muss sich jedoch in dem **Entscheidungsrahmen** halten, der durch die konkrete Meinungsverschiedenheit, zu deren Beilegung sie angerufen wurde (vgl. Rdn. 99), vorgegeben wird (so auch *BAG* 27.10.1992 EzA § 95 BetrVG 1972 Nr. 26 S. 6; *LAG Frankfurt a. M.* 13.11.1984 LAGE § 76 BetrVG 1972 Nr. 21 = DB 1985, 1535; *LAG Schleswig-Holstein* 28.09.1983 DB 1984, 1530; *Schönfeld* Das Verfahren vor der Einigungsstelle, S. 203; *Dütz* AuR 1973, 353, [364 f.]; *Fitting* § 76 Rn. 88; *Hennige* Das Verfahrensrecht der Einigungsstelle, S. 158, 170 f.; *Jäcker* Die Einigungsstelle, S. 129; *Joost*/MünchArbR § 232 Rn. 54; *Preis*/WPK § 76 Rn. 30; *Richardi/Maschmann/Richardi* § 76 Rn. 104; *Stege/Weinspach/Schiefer* § 76 Rn. 11a); vgl. zur Änderung oder Erweiterung des Verfahrensgegenstandes Rdn. 100. Sie kann dem Lösungsvorschlag einer der Parteien zustimmen, indem sie ihn zum Inhalt ihres Spruchs macht. Sie kann aber auch eine von den Parteien nicht beantragte, nicht einmal erwogene Lösung beschließen (**a. M.** *Heinze* RdA 1990, 262 [264, 274], der meint, dass die Einigungsstelle strikt an die von den gegensätzlichen Sachanträgen nach dem letzten Verfahrensstand mitumfassten Lösungsmodelle gebunden ist und deshalb »qualitativ nichts anders, quantitativ nicht mehr, wohl aber weniger als begehrt festsetzen« darf [*Heinze* RdA 1990, 262 (264) Fn. 31]; noch enger *Schönfeld* Das Verfahren vor der Einigungsstelle, S. 248, der meint, dass die Einigungsstelle nur über die gestellten Anträge abzustimmen habe, damit aber verkennt, dass sie eine Lösung zur Beilegung des Meinungsstreits zu finden hat). In diesem Fall sind jedoch besondere Anforderungen an das **rechtliche Gehör** zu stellen. Die Einigungsstelle soll die Lösungsmöglichkeiten umfassend mit den Beteiligten erörtern. In Regelungssachen kann sie auch einmal zu dem Ergebnis gelangen, dass die Regelung z. B. einer der Angelegenheiten des § 87 Abs. 1 z. Z. nicht erforderlich oder

118

§ 76   IV. 1. Allgemeines

zweckdienlich sei, selbst wenn sich die Parteien nur über die Modalitäten einer beiderseits für zweckmäßig erachteten Regelung streiten (als zu weitgehend abl. *Hennige* Das Verfahrensrecht der Einigungsstelle, S. 159). Der Spruch der Einigungsstelle wird sich aber möglichst im Rahmen der von den Parteien unterbreiteten Lösungsvorstellungen halten. Im freiwilligen Verfahren wäre sonst kaum mit einer Annahme durch die Parteien zu rechnen, im verbindlichen Verfahren bestünde die Gefahr, dass, sofern der Spruch eine Betriebsvereinbarung ersetzt, die Parteien alsbald von ihrem Kündigungsrecht gem. § 77 Abs. 5 Gebrauch machen und der frühere Streit erneut aufflammt. In jedem Fall hat die Einigungsstelle die gesamte Streitigkeit zu entscheiden, die ihr vorgelegt worden ist, auch wenn sich der Streitgegenstand nur z. T. aus einem förmlichen Antrag, darüber hinaus aber aus dem vorgelegten Sachverhalt ergibt (vgl. *BAG* 30.01.1990 EzA § 87 BetrVG 1972 Betriebliche Lohngestaltung Nr. 27; *LAG Bremen* 26.10.1998 NZA-RR 1999, 86 [87]: Unwirksamkeit eines Spruchs, der den Betriebspartnern zu weiteren Verhandlungen bestimmte Grundsätze vorgibt).

119 Die Einigungsstelle (nicht der Vorsitzende allein) kann, wenn sie das sachlich für geboten hält (insbesondere bei kompliziertem, voraussichtlich länger dauerndem Verfahren), auch eine **vorläufige Regelung** bis zu ihrer endgültigen Entscheidung beschließen (unstr.; vgl. *Olderog* NZA 1985, 753 [759]; *Heinze* RdA 1990, 262 [279 f.]; *Bengelsdorf* BB 1991, 613 [618]; *Berg/DKKW* § 76 Rn. 118; *Fitting* § 76 Rn. 90; *Joost/*MünchArbR § 232 Rn. 71 f.; *Richardi/Maschmann/Richardi* § 76 Rn. 33). Eine andere Frage ist, ob das Arbeitsgericht auf Antrag im Beschlussverfahren bis zur endgültigen Entscheidung der Einigungsstelle durch einstweilige Verfügung vorläufigen Rechtsschutz gewähren kann. Das ist zulässig, wenn die Einigungsstelle Rechtsfragen zu entscheiden hat (vgl. Rdn. 183); für Regelungsfragen ist es streitig (vgl. verneinend *Fitting* § 76 Rn. 186; bejahend *Richardi/Maschmann/Richardi* § 76 Rn. 34, beide m. w. N.).

120 Die Beschlüsse der Einigungsstelle sind (aus Gründen der Rechtssicherheit zwingend) **schriftlich niederzulegen** und (nur) **vom Vorsitzenden zu unterschreiben.** Je eine Ausfertigung ist **Arbeitgeber und Betriebsrat zuzuleiten** (Abs. 3 Satz 4). Soweit es auf die Fristwahrung nach § 76 Abs. 5 Satz 4 ankommen kann, sollte die Zuleitung beweiskräftig festgestellt werden (*Gaul* Die betriebliche Einigungsstelle, K III Rn. 34 ff.; *Koch* Arbeitsrechts-Handbuch, § 232 Rn. 25). Besondere Formerfordernisse stellt das Gesetz aber nicht auf. Dagegen ist die Schriftform Wirksamkeitsvoraussetzung (§ 125 Satz 1 BGB), auch ein schriftlicher Spruch ist ohne Unterschrift des Vorsitzenden unwirksam (vgl. *BAG* 14.09.2010 EzA § 76 BetrVG 2001 Nr. 1, Rn. 20; *LAG Hamm* 27.04.1998 AuA 1998, 430). Dem Schriftformerfordernis wird auch dann genügt, wenn außer dem Vorsitzenden sämtliche Beisitzer unterschreiben, selbst wenn der Beschluss durch die ausschlaggebende Stimme des Vorsitzenden zustande gekommen ist. Es ist auch gewahrt, wenn der Vorsitzende ein erkennbar einheitliches (nummeriertes) Schriftstück nicht (wie es sich empfiehlt) nach dem Beschluss (dem Regelungstext), sondern erst nach der Begründung unterzeichnet (*BAG* 29.01.2002 EzA § 76 BetrVG 1972 Nr. 70 S. 7). Dagegen kann die Schriftform nach der Rechtsprechung wegen des Normcharakters des Einigungsstellenbeschlusses **nicht** durch die **elektronische Form (§ 126a BGB)** oder die **Textform (§ 126b BGB)** ersetzt werden (*BAG* 05.10.2010 EzA § 76 BetrVG 2001 Nr. 2, Rn. 18; 13.03.2012 EzA § 84 SGB IX Nr. 10, Rn. 20 = AP Nr. 80 zu § 87 BetrVG 1972 [*Giesen*]; 10.12.2013 EzA § 76 BetrVG 2001 Nr. 6 Rn. 13 = AP BetrVG 1972 § 76 Nr. 64 [krit. insoweit *Joost*]). Aus Gründen der Rechtssicherheit kommt insoweit auch keine nachträgliche Heilung in Betracht (*LAG Berlin-Brandenburg* 06.11.2011 – 17 TaBV 1366/11 – juris, Rn. 20; 08.03.2012 – 5 TaBV 141/12 – juris, Rn. 36). Soweit der Spruch der Einigungsstelle die Einigung zwischen Arbeitgeber und Betriebsrat über den Abschluss einer Betriebsvereinbarung ersetzt, müssen die Betriebsparteien nicht zusätzlich unterzeichnen (§ 77 Abs. 2 Satz 2 Halbs. 2). Allerdings muss ein die Betriebsvereinbarung ersetzender Spruch insgesamt den Anforderungen der §§ 126 BGB, 77 Abs. 2 BetrVG entsprechen (*LAG Niedersachsen* 01.08.2012 – 2 TaBV 52/11 – juris, Rn. 55, unter Rüge der mangelnden Rückbeziehung der Anlagen zum Einigungsstellenspruch).

121 Eine **schriftliche Begründung** der Beschlüsse ist im Gesetz nicht vorgeschrieben und nach h. M. auch **nicht obligatorisch,** ihr Fehlen führt nicht zur Unwirksamkeit des Spruchs (vgl. *BAG* 08.03.1977 AP Nr. 1 zu § 87 BetrVG 1972 Auszahlung; 30.10.1979 AP Nr. 9 zu § 112 BetrVG 1972; 28.07.1981 AP Nr. 2 zu § 87 BetrVG 1972 Urlaub Bl. 3; 31.08.1982 AP Nr. 8 zu § 87 BetrVG 1972 Arbeitszeit Bl. 7; 30.01.1990 EzA § 87 BetrVG 1972 Betriebliche Lohngestaltung Nr. 27 S. 11; *Berg/*

DKKW § 76 Rn. 133; *Fitting* § 76 Rn. 131; *Friedemann* Das Verfahren der Einigungsstelle, Rn. 340; *Galperin/Löwisch* § 76 Rn. 34; *Hennige* Das Verfahrensrecht der Einigungsstelle, S. 184 ff.; *Joost/*MünchArbR § 232 Rn. 62; *Kania/*ErfK § 76 BetrVG Rn. 21; *Kliemt/HWK* § 76 BetrVG Rn. 90; *Preis/WPK* § 76 Rn. 31; *Richardi/Maschmann/Richardi* § 76 Rn. 108; *Koch* Arbeitsrechts-Handbuch, § 232 Rn. 26; ausführlich *Schroeder-Printzen* ZIP 1983, 264 [265 ff.]; *Thiele* Drittbearbeitung, § 76 Rn. 97; *Worzalla/HWGNRH* § 76 Rn. 75; **a. M.** ArbG Lörrach 09.08.1976 DB 1977, 1371; *Bischoff* Die Einigungsstelle im Betriebsverfassungsrecht, S. 108; *Heinze* RdA 1990, 262 [275], sofern die Verfahrensbeteiligten nicht ausdrücklich verzichten; für Entscheidung über bloße Rechtsfragen *Pünnel/Isenhardt* Die Einigungsstelle, Rn. 117; eine rechtspolitische Lücke sieht *Beuthien* [FS *G. Müller*, 1981, S. 13, 21 ff.], sie soll dadurch überwunden werden, dass die Einigungsstelle zumindest Sozialplanentscheidungen auf Wunsch eines Verfahrensbeteiligten schriftlich zu begründen habe; nach *Barkey-Heine* [Inhaltliche Kontrollmaßstäbe für die gerichtliche Überprüfung der betriebsverfassungsrechtlichen Einigungsstelle, S. 120] und *Rieble* [Die Kontrolle des Ermessens der betriebsverfassungsrechtlichen Einigungsstelle, S. 209 f.] ergibt sich die Begründungspflicht aus der [unzutreffenden; vgl. Rdn. 168] Annahme, dass das Arbeitsgericht auch den Ermessensfehlgebrauch der Einigungsstelle zu kontrollieren habe). Zu Recht hat auch das *BVerfG* (18.10.1986 EzA § 76 BetrVG 1972 Nr. 38) eine Begründung von Verfassungs wegen nicht für geboten erachtet, weil das Ergebnis der Einigungsstellentätigkeit und nicht die Tätigkeit selbst der gerichtlichen Kontrolle unterliegt und Ermessensüberschreitungen i. S. d. § 76 Abs. 5 Satz 4 in den dazu beantragten Beschlussverfahren dadurch zutage treten, dass die Beteiligten die vom Einigungsstellenspruch berührten konkreten Belange des Betriebs und der Arbeitnehmer in das Gerichtsverfahren einbringen. Die Beifügung einer schriftlichen Begründung wird jedoch allgemein als **zweckmäßig** angesehen (ausführlich *Schroeder-Printzen* ZIP 1983, 264; einschränkend *Galperin/Löwisch* § 76 Rn. 34 mit dem Hinweis, dass eine missglückte Begründung leicht Anlass zu neuen Meinungsverschiedenheiten sein kann).

Eine **Rechtsmittelbelehrung** ist ebenfalls nicht erforderlich (vgl. *Gaul* Die betriebliche Einigungsstelle, K III Rn. 48 ff.; *Joost/*MünchArbR § 232 Rn. 62), aber zumindest im Hinblick auf die Frist nach Abs. 5 Satz 4 sachgerecht (vgl. *Pünnel/Isenhardt* Die Einigungsstelle, Rn. 119). **122**

4. Verfahrensregelung durch Betriebsvereinbarung (Abs. 4)

§ 76 Abs. 4 ermöglicht es den Betriebspartnern, das Verfahren vor der Einigungsstelle durch Betriebsvereinbarung näher zu regeln. Schon der Wortlaut des Gesetzes (»weitere Einzelheiten«) lässt erkennen, dass die in Abs. 2 und 3 aufgestellten Verfahrensregeln nicht abgeändert werden können (ebenso *Berg/DKKW* § 76 Rn. 136; *Fitting* § 76 Rn. 94; *Pünnel/Isenhardt* Die Einigungsstelle, Rn. 48; *Schönfeld* Das Verfahren vor der Einigungsstelle, S. 123 ff.). Erst recht gibt Abs. 4 nicht die Ermächtigung, die Zuständigkeit der Einigungsstelle zu erweitern oder einzuengen. So kommen als weitere Einzelheiten des Verfahrens, die durch Betriebsvereinbarung geregelt werden können, vor allem in Betracht: die Festlegung der Zahl der Beisitzer, das Erfordernis schriftlicher Anträge und der mündlichen Verhandlung, Vorschriften über die Protokollierung, über Ladungs- und Einlassungsfristen, über Kostenvorschüsse und/oder Benutzung betrieblicher Einrichtungen durch die Mitglieder der Einigungsstelle usw. Durch die Betriebsvereinbarung kann auch bestimmt werden, dass die Einigungsstelle auch im »freiwilligen« Verfahren bereits auf Antrag **einer Partei** tätig wird oder dass die andere Partei **verpflichtet** ist, ebenfalls einen Antrag zu stellen (vgl. auch *BAG* 13.07.1962 AP Nr. 3 zu § 57 BetrVG). **123**

Abs. 4 schließt ebenso wenig wie Abs. 8 aus, dass auch **durch Tarifvertrag** weitere Einzelheiten des Verfahrens vor der Einigungsstelle geregelt werden (ebenso *Fitting* § 76 Rn. 94). § 77 Abs. 3 gilt auch im Anwendungsbereich von Abs. 4. **124**

5. Kosten des Verfahrens

Die Kosten des Einigungsstellenverfahrens (insbesondere Aufwendungen der Einigungsstelle und ihrer Mitglieder, Vergütungen für die Mitglieder) hat der Arbeitgeber nach näherer Maßgabe von § 76a zu tragen (vgl. zu Einzelheiten die Kommentierung dort). **125**

VII. Spruch der Einigungsstelle

1. Inhaltliche Schranken des Spruchs

a) Zuständigkeit der Einigungsstelle

126 Die Einigungsstelle kann nur im Rahmen ihrer Zuständigkeit wirksam tätig werden (vgl. dazu Rdn. 15 ff.). Die Einigungsstelle hat zunächst **über ihre eigene Zuständigkeit als Vorfrage selbst zu befinden** und hat insoweit nach allgemeiner Meinung eine **Vorfragenkompetenz** über die **Rechtsfrage** ihrer Zuständigkeit, entscheidet aber nicht verbindlich (vgl. *BAG* 03.04.1979 AP Nr. 2 zu § 87 BetrVG 1972; 22.01.1980 AP Nr. 3 zu § 87 BetrVG 1972 Lohngestaltung; 08.03.1983 AP Nr. 14 zu § 87 BetrVG 1972 Lohngestaltung; 22.10.1981 AP Nr. 10 zu § 76 BetrVG 1972; 24.11.1981 AP Nr. 11 zu § 76 BetrVG 1972; 18.03.1975 AP Nr. 1 zu § 111 BetrVG 1972; 15.10.1979 AP Nr. 5 zu § 111 BetrVG 1972; 22.01.1980 AP Nr. 7 zu § 111 BetrVG 1972; 04.07.1989 AP Nr. 27 zu § 111 BetrVG 1972; *BAG* 28.05.2002 EzA § 87 BetrVG 1972 Bildungsurlaub Nr. 1 S. 11; 22.01.2002 EzA § 76 BetrVG 1972 Nr. 69 S. 6; *LAG* Sachsen-Anhalt 13.01.2014 – 4 TaBV 27/13 – juris, Rn. 50; *Berg/DKKW* § 76 Rn. 112; *Fitting* § 76 Rn. 113; *Galperin/Löwisch* § 76 Rn. 25; *Gaul* Die betriebliche Einigungsstelle, C II Rn. 10; *Heinze* RdA 1990, 262 [273]; *Leipold* FS *Schnorr von Carolsfeld*, 1973, S. 273 [289]; *Lepke* BB 1977, 49 [56]; *Preis/WPK* § 76 Rn. 32; *Richardi/Maschmann/Richardi* § 76 Rn. 105; *I. Schmidt* JArbR Bd. 40, 2003, S. 121 [122]; ausführlich *Schönfeld* Das Verfahren vor der Einigungsstelle, S. 184 ff.; *Thiele* Drittbearbeitung, § 76 Rn. 13, 88).

127 **Hält sie sich für unzuständig** und stellt sie das durch Beschluss fest, ist das Verfahren vom Vorsitzenden unter Beachtung der Förmlichkeiten nach Abs. 3 Satz 4 zu beenden (vgl. aber *BAG* 30.01.1990 EzA § 87 BetrVG 1972 Betriebliche Lohngestaltung Nr. 27 S. 11: schon der Spruch beende das Einigungsstellenverfahren; konsequent hält das Gericht eine dem Spruch nachfolgende Einstellung des Verfahrens durch den Vorsitzenden für überflüssig, aber auch für unschädlich). Die Entscheidung der Einigungsstelle entfaltet jedoch keine bindende Wirkung zwischen den Betriebspartnern, sie ist eine Rechtsentscheidung, die auf Antrag der vollen **Nachprüfung** durch das Arbeitsgericht im arbeitsgerichtlichen Beschlussverfahren unterliegt (vgl. *BAG* 24.11.1981 AP Nr. 11 zu § 76 BetrVG 1972; 30.01.1990 EzA § 87 BetrVG 1972 Betriebliche Lohngestaltung Nr. 27 S. 6; 28.05.2002 EzA § 87 BetrVG 1972 Bildungsurlaub Nr. 1 S. 11). Verfahrensmäßig ist dabei zu beachten, dass nach der Rechtsprechung des Ersten Senats (10.12.2002 EzA § 99 BetrVG 2001 Umgruppierung Nr. 1 S. 6 f.; 31.05.2005 EzA § 87 BetrVG 2001 Betriebliche Lohngestaltung Nr. 7 S. 4 f.; 17.09.2013 EzA § 76 BetrVG 2001 Nr. 5 Rn. 10 = AP BetrVG 1972 § 4 Nr. 20) der die Zuständigkeit verneinende Beschluss der Einigungsstelle (ebenso wie der über die Bejahung; vgl. Rdn. 128) keine Einigung der Betriebspartner ersetzt und deshalb kein Rechtsverhältnis zwischen ihnen begründet, so dass (auch insoweit) ein Antrag auf Feststellung der Unwirksamkeit des Beschlusses nach § 256 Abs. 1 ZPO unzulässig ist; das Gericht hilft, sofern das nicht schon hilfsweise beantragt ist, indem es den Feststellungsantrag dahin auslegt, dass das Bestehen eines Mitbestimmungsrechts des Betriebsrats festgestellt werden soll [was allerdings nur sinnvoll ist, wenn wie meist die Zuständigkeit der Einigungsstelle vom Bestehen eines Mitbestimmungsrechts abhängt; vgl. entsprechend zum sog. Vorabentscheidungsverfahren Rdn. 128]). Auch im verbindlichen Einigungsstellenverfahren bedarf es insoweit nicht der Einhaltung der Frist von zwei Wochen nach Abs. 5 Satz 4. An dem Beschlussverfahren ist die **Einigungsstelle nicht beteiligt** (»anhörungsberechtigt« i. S. v. § 83 Abs. 3 ArbGG), weil sie durch die Entscheidung in einer betriebsverfassungsrechtlichen Rechtsposition nicht betroffen werden kann (*BAG* 22.01.1980 AP Nr. 7 zu § 111 BetrVG 1972 [zust. *Löwisch/Röder*] = EzA § 111 BetrVG 1972 Nr. 11 [im Ergebnis zust. *Fabricius/Cottmann*] = SAE 1982, 220 [ausführlich zust. *Kreutz*]; 22.01.1980 AP Nr. 3 zu § 87 BetrVG 1972 Lohngestaltung [zust. *Moll*] = SAE 1981, 109 [abl. *Weber*]). Verneint das Arbeitsgericht die Zuständigkeit der Einigungsstelle ebenfalls, bleibt es bei dem Spruch, und das Verfahren ist beendet. Bejaht das Arbeitsgericht die Zuständigkeit der Einigungsstelle, stellt es die Unwirksamkeit des Unzuständigkeitsspruchs der Einigungsstelle fest (vgl. Rdn. 175). In dem Fall ist das Verfahren von der Einigungsstelle fortzusetzen, der Bildung einer neuen Einigungsstelle bedarf es nicht (str.; vgl. Rdn. 178).

128 **Bejaht die Einigungsstelle ihre Zuständigkeit**, kann sie das in einem gesonderten Zwischenbeschluss feststellen (ebenso *BAG* 22.01.2002 EzA § 76 BetrVG 1972 Nr. 69 S. 10; 08.06.2004 EzA

§ 87 BetrVG 2001 Gesundheitsschutz Nr. 1 S. 4; *LAG Niedersachsen* 20.03.2003 NZA-RR 2003, 538 [540]). Dazu besteht aber (selbst bei einem entsprechenden Antrag einer Betriebspartei) keine Pflicht (ebenso *BAG* 28.05.2002 EzA § 87 BetrVG 1972 Bildungsurlaub Nr. 1 S. 10 f.; *I. Schmidt* JArbR Bd. 40, 2003, S. 121 [125]). Sie kann vielmehr das Einigungsstellenverfahren auch durchführen, wenn eine Seite ihre Zuständigkeit bestreitet. Das gilt auch dann, wenn die Zuständigkeit der Einigungsstelle oder das Bestehen oder Nichtbestehen eines Mitbestimmungsrechts des Betriebsrats als deren Voraussetzung während des Verfahrens vor der Einigungsstelle zum Gegenstand eines Beschlussverfahrens vor dem Arbeitsgericht gemacht wird oder wenn ein solches Verfahren schon vor der Errichtung der Einigungsstelle anhängig war. Das *BAG* bejaht in st. Rechtsprechung zu Recht die **Zulässigkeit** eines solchen **sog. Vorabentscheidungsverfahrens** (vgl. *BAG* 22.10.1981 AP Nr. 10 zu § 76 BetrVG 1972; 24.11.1981 AP Nr. 11 zu § 76 BetrVG 1972 [vgl. dazu auch Rdn. 75]; 16.03.1982 AP Nr. 2 zu § 87 BetrVG 1972 Vorschlagswesen; 08.12.1981 AP Nr. 1 zu § 87 BetrVG 1972 Prämie; 13.09.1983 AP Nr. 3 zu § 87 BetrVG 1972 Prämie; ausführlich 06.12.1983 AP Nr. 7 zu § 87 BetrVG 1972 Überwachung; 15.10.1979 AP Nr. 5 zu § 111 BetrVG 1972; 17.02.1981 AP Nr. 9 zu § 111 BetrVG 1972; 17.12.1985 AP Nr. 15 zu § 111 BetrVG 1972; 08.03.1983 AP Nr. 14 zu § 87 BetrVG 1972 Lohngestaltung; 13.10.1987 AP Nr. 24 zu § 87 BetrVG 1972 Arbeitszeit = EzA § 87 BetrVG 1972 Nr. 25 [nicht vollständig abgedruckt]; 26.08.1997 EzA § 112 BetrVG 1972 Nr. 96 S. 5; ebenso *Berg/DKKW* § 76 Rn. 162; *Fitting* § 76 Rn. 115, 183; *Galperin/Löwisch* § 76 Rn. 25, 40; *Leipold* FS *Schnorr von Carolsfeld*, S. 273 [289]; *Richardi/Maschmann/Richardi* § 76 Rn. 106; *Stege/Weinspach/Schiefer* § 76 Rn. 12; *Worzalla/HWGNRH* § 76 Rn. 23; **a. M.** *Rossmanith* AuR 1982, 339, wegen Entwertung des Einigungsstellenverfahrens; *Gamp* SAE 1982, 230, aus Gründen der Prozessökonomie; einschränkend *Hennige* Das Verfahrensrecht der Einigungsstelle, S. 54 f., die zu Unrecht von einer umfassenden Primärzuständigkeit der Einigungsstelle ausgeht und daraus ableitet, dass ein Vorabentscheidungsverfahren erst zulässig ist, wenn die Einigungsstelle bereits angerufen worden ist). Die Unzuständigkeit (oder Zuständigkeit) der Einigungsstelle konnte nach früherer Rechtsprechung des *BAG* (vgl. *BAG* 22.10.1981 AP Nr. 10 zu § 76 BetrVG 1972; 08.03.1983 AP Nr. 14 zu § 87 BetrVG 1972 Lohngestaltung) ebenso Gegenstand eines **Feststellungsantrags** sein wie das Bestehen oder Nichtbestehen eines Mitbestimmungsrechts als Voraussetzung der Zuständigkeit der Einigungsstelle nach Abs. 5 (vgl. *BAG* 17.12.1985 AP Nr. 15 zu § 111 BetrVG 1972; 06.12.1983 AP Nr. 7 zu § 87 BetrVG 1972 Überwachung Bl. 4). In der Entscheidung vom 13.10.1987 (AP Nr. 24 zu § 87 BetrVG 1972 Arbeitszeit) hat das Gericht aber den Antrag auf Feststellung, dass die Einigungsstelle für im einzelnen aufgeführte Regelungen unzuständig ist, als unzulässig angesehen, weil er sich nicht auf die Feststellung eines Rechtsverhältnisses gemäß § 256 Abs. 1 ZPO beziehe (vgl. auch *Matthes* DB 1984, 453). Die Spruchpraxis bezieht sich jedoch nur auf die Fälle, in denen hinter dem Streit über die Zuständigkeit der Einigungsstelle die Frage steht, ob der Betriebsrat in einer bestimmten Angelegenheit ein Mitbestimmungsrecht hat oder nicht. **Dann** ist der Antrag auf Feststellung des Bestehens oder Nichtbestehens eines Mitbestimmungsrechts (und damit eines Rechtsverhältnisses) in der (oder den) konkret bezeichneten Angelegenheit(en) zu richten (vgl. zu den strengen Anforderungen an die Bestimmtheit des Antrags und das Rechtsschutzinteresse an der beantragten Feststellung zusammenfassend *BAG* 13.10.1987 AP Nr. 24 zu § 87 BetrVG 1972 Arbeitszeit). Wenn dagegen die Zuständigkeit der Einigungsstelle aus anderen Gründen streitig ist, hält das *BAG* den Antrag auf Feststellung ihrer Zuständigkeit (oder Unzuständigkeit) weiterhin für zulässig und bejaht auch, dass ein Rechtsverhältnis i. S. v. § 256 Abs. 1 ZPO festgestellt wird (vgl. *BAG* 20.11.1990 EzA § 76 BetrVG 1972 Nr. 55 S. 9: Streit um die Zuständigkeit der Einigungsstelle zur Entscheidung über den Inhalt einer Betriebsvereinbarung). Unzuständig ist die Einigungsstelle insoweit etwa auch, wenn eine tarifliche Schlichtungsstelle zu entscheiden hat (*Matthes* DB 1984, 453) oder wenn ein verbindliches innerbetriebliches Instanzsystem nicht ausgeschöpft ist (vgl. *Schönfeld* Das Verfahren vor der Einigungsstelle, S. 185). **Unzulässig** ist aber **der Antrag** auf Feststellung, dass der (Zwischen-)Beschluss der Einigungsstelle, mit dem sie ihre Zuständigkeit als Vorfrage bejaht hat, unwirksam ist. Der Beschluss ist (anders als der Beschluss über die Unzuständigkeit; jetzt zweifelhaft, vgl. Rdn. 127) kein die Einigung der Betriebspartner ersetzender Spruch und deshalb nicht selbständig anfechtbar (zust. *Fitting* § 76 Rn. 116; *Kania*/ErfK § 76 BetrVG Rn. 35; *Preis/WPK* § 76 Rn. 33; *Koch* Arbeitsrechts-Handbuch, § 232 Rn. 18; unklar insoweit zunächst *BAG* 04.07.1989 EzA § 87 BetrVG 1972 Betriebliche Lohngestaltung Nr. 24 S. 11). Im Beschluss vom 22.01.2002 (EzA § 76 BetrVG 1972 Nr. 69 S. 10) hat der Dritte Senat die Problematik klargestellt, musste aber wegen der besonderen Sachverhaltskonstellation nicht grundsätzlich, sondern nur insoweit entscheiden, dass der Zwischenbeschluss jedenfalls nicht mehr gesondert gerichtlich anfechtbar ist, wenn bereits vor der gerichtlichen Anhörung im Verfahren erster Instanz der abschließend regelnde Spruch der Einigungsstelle vorliegt. Die generelle Unzulässigkeit hat der Erste Senat des *BAG* zwischenzeitlich mehrfach klargestellt (vgl. *BAG* 08.06.2004 EzA § 87 BetrVG 2001 Gesundheitsschutz Nr. 1 S. 5; 31.05.2005 EzA § 87 BetrVG 2001 Betriebliche Lohngestaltung Nr. 7 S. 4 f., obiter dictum; 22.11.2005 EzA § 85 BetrVG 2001 Nr. 1 Rn. 21; wie im Fall der Verneinung der Zuständigkeit durch die Einigungsstelle [vgl. Rdn. 127] hilft das Gericht jedoch auch hier, indem es den Antrag, die Unwirksamkeit des ihre Zuständigkeit bejahenden Beschlusses der Einigungsstelle festzustellen [oder den Antrag, die Unzuständigkeit der Einigungsstelle festzustellen], regelmäßig dahin versteht, dass das Nichtbestehen eines entsprechenden Mitbestimmungsrechts festgestellt werden soll, von dem die Zuständigkeit der Einigungsstelle abhängig ist). Die Durchführung des Einigungsstellenverfahrens ist **keine »Sachurteilsvoraussetzung«** für ein arbeitsgerichtliches Beschlussverfahren, in dem über das Bestehen eines Mitbestimmungsrechts des Betriebsrats in einer bestimmten Angelegenheit oder über die Zuständigkeit der Einigungsstelle gestritten wird (vgl. *BAG* 24.11.1981 AP Nr. 11 zu § 76 BetrVG 1972; 08.03.1983 AP Nr. 14 zu § 87 BetrVG 1972 Lohngestaltung). Das Vorabentscheidungsverfahren **darf** auch **nicht** etwa **ausgesetzt** werden, bis die Einigungsstelle entschieden hat (*BAG* 22.10.1981 AP Nr. 10 zu § 76 BetrVG 1972 Bl. 2), was mit der Kompetenzkompetenz des Arbeitsgerichts unvereinbar wäre (vgl. auch *Schmitt-Rolfes* JArbR Bd. 19 [1982], S. 69 [81]).

129 Hält die Einigungsstelle ihre Zuständigkeit für gegeben, **muss sie keineswegs** ihr Verfahren bis zur rechtskräftigen Entscheidung im sog. Vorabentscheidungsverfahren **aussetzen** (ebenso *Richardi / Maschmann / Richardi* § 76 Rn. 105; *Galperin / Löwisch* § 76 Rn. 25; *Jäcker* Die Einigungsstelle, S. 128; *Preis / WPK* § 76 Rn. 32; *Schmitt-Rolfes* JArbR Bd. 19 [1982], S. 69 [82]; *Worzalla / HWGNRH* § 76 Rn. 25; a. M. *Dütz* AuR 1973, 353 [368]; *ders.* SAE 1983, 249 [251 f.]; vgl. auch *Birk* Anm. zu *BAG* 15.10.1979 AP Nr. 5 zu § 111 BetrVG 1972 Bl. 5 f.). Das wäre mit ihrer Vorfragen-Kompetenz unvereinbar (vgl. Rdn. 126). Andererseits **kann** die Einigungsstelle einstimmig oder durch Mehrheitsbeschluss die **Aussetzung** in entsprechender Anwendung von § 148 ZPO **beschließen**, weil das Vorabentscheidungsverfahren für das Einigungsstellenverfahren vorgreiflich ist (ebenso *LAG Düsseldorf* 21.02.1979 EzA § 76 BetrVG 1972 Nr. 29; *Richardi / Maschmann / Richardi* § 76 Rn. 105; *Galperin / Löwisch* § 76 Rn. 25; *Jäcker* Die Einigungsstelle, S. 128; *Preis / WPK* § 76 Rn. 32; *Schmitt-Rolfes* JArbR Bd. 19 [1982], S. 69 [82]; *Worzalla / HWGNRH* § 76 Rn. 21a; ferner *Friedemann* Das Verfahren der Einigungsstelle, Rn. 316; *Heinze* RdA 1990, 262 [273]; *Leipold* FS *Schnorr von Carolsfeld*, 1973, S. 273 [289]; *Lepke* BB 1977, 49 [56], der auch für möglich hält, dass die Partei, die das Beschlussverfahren eingeleitet hat, durch einstweilige Verfügung die Aussetzung erreichen kann; *Neft / Ocker* Die Einigungsstelle, Rn. 213 f.; *Pünnel / Isenhardt* Die Einigungsstelle, Rn. 83, welche die Aussetzung wegen der Verfahrenskosten als wirtschaftlicheren Weg ansehen; ähnlich *Wiesemann* Die Einigungsstelle als Einrichtung zur Beilegung von Rechtsstreitigkeiten, S. 54 ff., die auch den Befriedungsaspekt hervorhebt; *Thiele* Drittbearbeitung, § 76 Rn. 88, der die Zweckmäßigkeit betont; *Weber / Ehrich* Einigungsstelle, E Rn. 97; a. M. *Fitting* § 76 Rn. 115; *Berg / DKKW* § 76 Rn. 114; *Etzel* Rn. 1418; wohl auch *Hennige* Das Verfahrensrecht der Einigungsstelle, S. 222 f., alle nur bei Einverständnis der Betriebspartner, weil die Einigungsstelle dazu berufen ist, alsbald zu entscheiden; das ist jedoch ein anderer, ebenfalls zulässiger Ansatz; gegen jede Aussetzung *Joost / MünchArbR* § 232 Rn. 128 unter Berufung auf *BAG* 17.09.1991 EzA § 106 BetrVG 1972 Nr. 13 S. 5: dort fehlt jedoch jede Begründung, und die Berufung auf frühere Rechtsprechung ist unstimmig, weil sie sich auf die Aussetzung des Bestellungsverfahrens nach § 100 ArbGG bezieht, so dass von einem Irrtum des Gerichts auszugehen ist; *Koch* Arbeitsrechts-Handbuch, § 232 Rn. 18 unter unzutreffender Berufung auf *LAG Düsseldorf* 21.02.1979 EzA § 76 BetrVG 1972 Nr. 29; *Kliemt / HWK* § 76 BetrVG Rn. 61: »darf nicht aussetzen«, unter Berufung auf ein zweifelhaftes obiter dictum von *BAG* 28.05.2002 EzA § 87 BetrVG 1972 Bildungsurlaub Nr. 1 S. 11; *Kania / ErfK* § 76 BetrVG Rn. 22: Aussetzung »findet nicht statt«). Die Aussetzung bietet sich vor allem an, wenn die Beisitzer beider Seiten die Zuständigkeit unterschiedlich beurteilen und der Vorsitzende wegen der Schwierigkeit der Rechtsfragen Zweifel hat.

Einigungsstelle § 76

b) Bindung an zwingendes Recht

Die Einigungsstelle hat bei ihrer Entscheidung in Rechts- und Regelungsangelegenheiten zwingendes Recht zu beachten. Dazu gehören auch die im Betrieb geltenden **Tarifverträge**. Das gilt sowohl für verbindliche Sprüche (Abs. 5) als auch für Sprüche im freiwilligen Einigungsverfahren. Auch ihnen gegenüber verdient das Vertrauen der Beteiligten auf einen rechtsfehlerfreien Spruch Schutz (*Dütz* Die gerichtliche Überprüfung, S. 74 f.). Zu beachten sind insbesondere die durch **§ 77 Abs. 3** gesetzten Schranken (vgl. *Kreutz* § 77 Rdn. 107 ff.) sowie **§ 75**, z. B. darf ihr Spruch nicht gegen die absoluten Benachteiligungsverbote nach § 75 Abs. 1 oder die Pflichten aus § 75 Abs. 2 verstoßen (vgl. z. B. *LAG Hamm* 02.02.2016 – 7 TaBV 83/15 – juris, Rn. 94 f.), und **§ 87** (Beispiel *LAG Baden-Württemberg* 07.11.2013 LAGE § 76 BetrVG 2001 Nr. 6 Rn. 115). Das bedeutet z. B., dass ein Spruch der Einigungsstelle, der auf Verfahrensregelungen beschränkt ist, nicht von den in **§ 87 Abs. 2** enthaltenen Vorgaben zur Auflösung von Konflikten der Betriebsparteien abweichen darf (*BAG* 08.12.2015 EzA § 87 BetrVG 2001 Arbeitszeit Nr. 25 Rn. 19 = AP Nr. 139 zu § 87 BetrVG 1972 Arbeitszeit [*Joost*]). Der Betriebsrat kann sich deshalb gegenüber einem Ersuchen des Arbeitgebers in den Angelegenheiten des § 87 Abs. 1 form- und fristfrei äußern. Eine für personelle Angelegenheiten mit § 99 Abs. 3 vergleichbare Zustimmungsfiktion ist in § 87 Abs. 2 ebenso wenig vorgesehen wie die Angabe von Gründen, auf denen das fehlende Einverständnis des Betriebsrats beruht. Ebenso darf eine Maßnahme, die der Mitbestimmung des Betriebsrats nach § 87 Abs. 1 unterliegt, erst nach dessen Zustimmung oder deren Ersetzung durch die Einigungsstelle durchgeführt werden. Eine einseitige Regelungsbefugnis des Arbeitgebers oder dessen Möglichkeit, eine von § 87 Abs. 1 BetrVG erfasste Maßnahme vorläufig durchzuführen, sieht das Gesetz im Bereich der sozialen Angelegenheiten nicht vor. Vor diesem Hintergrund sind, soweit sich der Spruch der Einigungsstelle auf Verfahrensregelungen beschränkt, an § 99 Abs. 2, Abs. 3 und Abs. 4, § 100 Abs. 1 und Abs. 2 angelehnte Verfahrensregelungen unwirksam (*BAG* 08.12.2015 EzA § 87 BetrVG 2001 Arbeitszeit Nr. 25 Rn. 19 = AP Nr. 139 zu § 87 BetrVG 1972 Arbeitszeit [*Joost*]; 9. Juli 2013 EzA § 87 BetrVG 2001 Arbeitszeit Nr. 17 Rn. 30 = AP Nr. 130 zu § 87 BetrVG 1972 Arbeitszeit).

130

c) Innenschranken

Im verbindlichen Verfahren **ersetzt** der Spruch der Einigungsstelle **die Einigung** von Arbeitgeber und Betriebsrat, ebenso im freiwilligen Verfahren, wenn sich die Parteien dem Spruch im Voraus unterworfen haben. Sonst ist der Spruch nur ein Einigungsvorschlag, der aber durch die nachträgliche Annahme verbindlich werden kann. Die Einigungsstelle hat deshalb jedenfalls die Regelungsschranken zu beachten, die auch Arbeitgeber und Betriebsrat bei ihren Einigungen binden (zu den Schranken der Betriebsvereinbarung vgl. *Kreutz* § 77 Rdn. 84 ff., 329 ff.).

131

Die rechtliche Bindung der Einigungsstelle reicht jedoch weiter als diejenige der Betriebspartner, die sich bei ihren Einigungen an den Grundsätzen der § 2 Abs. 1 und § 75 zu orientieren haben. Auch für die Einigungsstelle gelten diese Schranken grundsätzlich entsprechend. Die Einigungsstelle hat aber gemäß **§ 76 Abs. 5 Satz 3** darüber hinaus ihre Beschlüsse immer **unter angemessener Berücksichtigung der Belange des Betriebs und der betroffenen Arbeitnehmer nach billigem Ermessen** zu fassen. Damit sind ihre Ermessensbindungen und ihr Entscheidungsspielraum eng und speziell abgesteckt. Daneben kann eine Ermessensbildung der Einigungsstelle nicht auch noch aus § 2 Abs. 1 hergeleitet werden (so aber *Heinze* RdA 1990, 262 [276 f.]; dem folgend *Barkey-Heine* Inhaltliche Kontrollmaßstäbe, S. 103 ff., deren Ergebnisse aber die Unhaltbarkeit des Ansatzes aufzeigen). Andernfalls würde durch eine der Ermessenskontrolle vorgehende Rechtskontrolle am Maßstab des § 2 Abs. 1 die Begrenzung der Ermessenskontrolle nach § 76 Abs. 5 Satz 4 unterlaufen. § 76 Abs. 5 Satz 3 gilt jedoch nur für die Entscheidung der Einigungsstelle in **Regelungsstreitigkeiten**, nicht dagegen, wenn sie Rechtsfragen zu entscheiden hat, weil insoweit allenfalls ein Beurteilungsspielraum zur Konkretisierung eines unbestimmten Rechtsbegriffs besteht, aber kein Ermessensspielraum (ebenso *von Hoyningen-Huene* Billigkeit im Arbeitsrecht, S. 50; *Richardi/Maschmann/Richardi* § 76 Rn. 122; h. M., vgl. auch Rdn. 154). Für die Entscheidung über einen **Sozialplan** gilt als **speziellere Regelung § 112 Abs. 5** (*Zeppenfeld/Fries* NZA 2015, 647). Danach hat die Einigungsstelle nach billigem Ermessen sowohl die sozialen Belange der betroffenen Arbeitnehmer zu berücksichtigen als auch auf die wirtschaftliche Vertretbarkeit ihrer Entscheidung für das Unternehmen zu achten. Durch Ermessensricht-

132

linien werden die Grenzen des Ermessens näher abgesteckt (vgl. zu § 112 Abs. 5 näher *Oetker* §§ 112, 112a Rdn. 420 ff.; *Fiebig* Der Ermessensspielraum der Einigungsstelle, S. 129 ff.).

133 Die Ermessensbindung gilt nach dem Wortlaut des Gesetzes nur im verbindlichen Verfahren nach Abs. 5. Im freiwilligen Verfahren nach Abs. 6 erhält der Spruch der Einigungsstelle erst durch die vorherige oder nachträgliche Unterwerfung von Arbeitgeber und Betriebsrat Rechtsgeltung. Der Gedanke der objektiven und neutralen Schlichtung verlangt jedoch auch hier, dass die Einigungsstelle den Beteiligten einen rechtsfehlerfreien Einigungsvorschlag unterbreitet, der die in Abs. 5 Satz 3 genannten Grundsätze beachtet. Sie müssen erst recht gelten, wenn sich die Beteiligten dem Spruch im Voraus unterworfen haben (ebenso *G. Müller* DB 1973, 76 [77]; *von Hoyningen-Huene* Die Billigkeit im Arbeitsrecht, S. 51; *Fiebig* Der Ermessensspielraum der Einigungsstelle, S. 40; *Fitting* § 76 Rn. 126; *Neft/Ocker* Die Einigungsstelle, Rn. 219). Die gerichtliche Ermessenskontrolle erfolgt in dem Fall ohne die in § 76 Abs. 5 Satz 4 genannten Beschränkungen (vgl. Rdn. 159).

134 Das Gesetz koppelt in Abs. 5 Satz 3 **unbestimmte Rechtsbegriffe** mit der Ausübung (billigen) **Ermessens**. Zur Deutung solcher Verbindungen vgl. die Entscheidung des Gemeinsamen Senats der obersten Gerichtshöfe des Bundes vom 19.10.1971 (BGHZ 58, 399 = BVerwGE 39, 362; dazu *Bachof* JZ 1972, 641). Der Einigungsstelle ist in Regelungssachen ein **Ermessensspielraum** eingeräumt, der lediglich durch den unbestimmten Rechtsbegriff der Billigkeit eingeengt wird, aber keinen Vorgaben der Betriebsparteien unterliegt (*BAG* 17.09.2013 EzA § 76 BetrVG 2001 Nr. 5 Rn. 20 = AP Nr. 63 zu § 76 BetrVG 1972). Aus § 76 Abs. 5 Satz 4 ergibt sich, dass das Gesetz selbst von einem Ermessensrahmen ausgeht (ebenso die ganz h. M.; vgl. *BAG* 31.08.1982 AP Nr. 8 zu § 87 BetrVG 1972 Arbeitszeit Bl. 3 R, 6 R; 11.03.1986 AP Nr. 14 zu § 87 BetrVG 1972 Überwachung Bl. 7; 28.10.1986 AP Nr. 20 zu § 87 BetrVG 1972 Arbeitszeit Bl. 3; 28.09.1988 EzA § 112 BetrVG 1972 Nr. 49 = AP Nr. 47 zu § 112 BetrVG 1972 *[Löwisch]*; *Dütz* AuR 1973, 353 [366 f.]; *Dietz/Richardi* § 76 Rn. 88, 104; *Berg/DKKW* § 76 Rn. 139; *Fitting* § 76 Rn. 121; *Fiebig* Der Ermessensspielraum der Einigungsstelle, S. 87 ff., 127; *Galperin/Löwisch* § 76 Rn. 31; *Gaul* Die betriebliche Einigungsstelle, C II Rn. 13 ff.; *Heinze* RdA 1990, 262 [276 f.]; *Joost/MünchArbR* § 232 Rn. 59; *Löwisch* SAE 1983, 143; *Preis/WPK* § 76 Rn. 34; *Pünnel/Isenhardt* Die Einigungsstelle, Rn. 142; *Richardi/Maschmann/Richardi* Rn. 115; *BAG* 31.08.1982 EzA § 87 BetrVG 1972 Arbeitszeit Nr. 13 S. 102j; *Koch* Arbeitsrechts-Handbuch, § 232 Rn. 31; *Weber/Ehrich* Einigungsstelle, F Rn. 9; **a. M.** *BAG* 28.07.1981 AP Nr. 2 zu § 87 BetrVG 1972 Urlaub Bl. 3 R: »billiges Ermessen« sei ein unbestimmter Rechtsbegriff, der den Tatsacheninstanzen Beurteilungsspielraum belasse; die Auffassung hat der Erste Senat aufgegeben in *BAG* 31.08.1982 AP Nr. 8 zu § 87 BetrVG 1972 Arbeitszeit Bl. 6 R; *von Hoyningen-Huene* Die Billigkeit im Arbeitsrecht, S. 42, 50 ff.; *Kornblum* AcP 168 [1968], 450 [460]). Der Begriff des »billigen Ermessens« ist auch in vielen anderen gesetzlichen Bestimmungen zu finden (z. B. §§ 315, 317, 319, 660, 2048 BGB). Auch dort wird bei ganzheitlicher Betrachtungsweise der durch Ermessen eingeräumte Gestaltungsspielraum durch den Begriff der Billigkeit nur eingegrenzt (vgl. etwa zu § 315 *Söllner/MK-BGB* 2. Aufl., § 315 Rn. 14; *Soergel/Wolf* BGB § 315 Rn. 39; *Staudinger/Rieble* BGB, § 315 Rn. 117, alle m. w. N.). Auch der Gesetzgeber ist von einem Ermessensrahmen ausgegangen (vgl. BT-Drucks. VI/2729, S. 28).

135 Danach hat die Einigungsstelle (wenn und soweit sie nicht nur über Rechtsfragen zu entscheiden hat) Regelungsstreitigkeiten nach ihrem Ermessen zu entscheiden. Das **Ermessen** ist jedoch **in zweifacher Hinsicht rechtlich gebunden**:

> **(1)** Zunächst wird das Ermessen durch die sich schon aus § 2 Abs. 1 ergebende und in § 76 Abs. 5 Satz 3 speziell für die Einigungsstelle begründete Verpflichtung, die Belange des Betriebs und der betroffenen Arbeitnehmer angemessen zu berücksichtigen, begrenzt (vgl. zu den Kriterien ausführlich *Fiebig* Der Ermessensspielraum der Einigungsstelle, S. 87 ff.). Im verbindlichen Einigungsverfahren muss ein Ausgleich gesucht werden, d. h. eine Lösung der Sachfrage, die beiden Seiten angemessen gerecht wird. Es ist nicht ohne Weiteres möglich, den ganzen Spielraum zwischen der Grenze zur Verletzung des Wohls der Arbeitnehmer und derjenigen zur Beeinträchtigung der Belange des Betriebs auszuschöpfen. Es ist vielmehr eine »mittlere« Lösung zu finden, bei der innerhalb des Spielraums die **Interessen beider Seiten angemessen berücksichtigt** und nicht lediglich nicht verletzt werden. Eine »mittlere« Lösung bedeutet nicht, dass die zu berücksichtigenden Belange in jedem Fall absolut gleichwertig wären. Es ist vielmehr jeweils eine Abwägung nach den konkreten Umständen vor-

zunehmen, wobei sich nicht selten ergibt, dass die Interessen der einen Seite hinter denen der anderen mehr oder minder zurücktreten müssen. Das Regulativ der Angemessenheit reduziert das Ermessen der Einigungsstelle nicht auf Null, so dass im Rahmen eines Beurteilungsspielraums nur eine Entscheidung möglich wäre. Der Einigungsstelle verbleibt vielmehr ein Ermessensspielraum, dessen Einhaltung zudem nur begrenzter gerichtlicher Kontrolle unterliegt. Vgl. auch Rdn. 167 ff.

(2) Die Ermessensausübung ist ferner gebunden durch die Anforderungen der **Billigkeit**. Der Maßstab der Billigkeit passt indessen nur auf individuelle, nicht auf kollektive Sachverhalte. Das Gesetz ist insoweit unpräzise gefasst. Es legt selbst dort, wo für die billige Einzelfallentscheidung Raum ist, die Einigungsstelle durch die Bindung an das **billige Ermessen** nicht auf eine einzige Entscheidung, »die« allein billige Regelung fest (anders *von Hoyningen-Huene* Die Billigkeit im Arbeitsrecht, S. 41 ff., 50 ff., 53); vgl. auch Rdn. 170.

2. Rechtswirkungen des Spruchs

a) Wirkungen im freiwilligen Einigungsverfahren (Abs. 6)

Im freiwilligen Einigungsverfahren hat der Spruch der Einigungsstelle nur unmittelbare rechtliche Wirkung, wenn sich die Parteien ihm **im Voraus unterworfen** haben (zur Auslegung der Unterwerfungserklärungen vgl. *BAG* 13.07.1962 AP Nr. 3 zu § 57 BetrVG; 28.02.1984 AP Nr. 4 zu § 87 BetrVG 1972 Tarifvorrang Bl. 4). Die erforderlichen beiderseitigen Unterwerfungserklärungen können unter den Parteien formfrei ausgetauscht werden. Sie können auch in einer Betriebsvereinbarung enthalten sein (*BAG* 13.07.1962 AP Nr. 3 zu § 57 BetrVG; 28.02.1984 AP Nr. 4 zu § 87 BetrVG 1972 Tarifvorrang Bl. 3 R f.; vgl. auch Rdn. 123). Sie können schließlich auch der Einigungsstelle gegenüber abgegeben werden. Haben sich die Parteien unterworfen, **ist** der Spruch (auch in Rechtsfragen) **weder Schiedsspruch** eines Schiedsgerichts, **noch entspricht** er ihm (so aber *Dütz* Die gerichtliche Überprüfung, S. 56 ff., 84 ff.; wie hier schon *Thiele* Drittbearbeitung, § 76 Rn. 100; *Dietz/Richardi* § 76 Rn. 94). Der Schiedsspruch eines Schiedsgerichts hat unter den Parteien dieselben Wirkungen wie ein rechtskräftiges Urteil des Arbeitsgerichts (§ 108 Abs. 4 ArbGG). Der Spruch der Einigungsstelle ersetzt dagegen die Einigung zwischen Arbeitgeber und Betriebsrat, hat also, je nach seinem Inhalt, die Wirkungen einer Betriebsvereinbarung oder einer (bloßen) betrieblichen Einigung (Betriebsabsprache). Wie sie kann der Spruch der Einigungsstelle rechtsunwirksam sein. Einer **Aufhebungsklage** analog § 110 ArbGG bedarf es **nicht**, auch nicht einer Beseitigung (»Anfechtung«) des Spruchs im Beschlussverfahren gemäß §§ 80 ff. ArbGG, aber unter den Voraussetzungen des § 110 ArbGG (**a. M.** *Dütz* Die gerichtliche Überprüfung, S. 84 f.). **Rechtsfehler** können vielmehr jederzeit (ohne die zeitlichen Begrenzungen des § 110 Abs. 3 ArbGG und des § 76 Abs. 5 Satz 4) geltend gemacht werden, sei es durch **Feststellungsantrag** im Beschlussverfahren oder inzidenter bei der Geltendmachung von Rechten aufgrund des Spruchs der Einigungsstelle (vgl. Rdn. 145 ff.). **136**

Ohne vorherige Unterwerfung hat der Spruch lediglich die Wirkung eines (unverbindlichen) **Einigungsvorschlages**. Die Parteien können frei entscheiden, ob sie ihn (durch Erklärung gegenüber dem Vorsitzenden der Einigungsstelle) annehmen wollen oder nicht. Auch die Annahmeerklärung ist formfrei (ebenso *BAG* 26.08.1997 EzA § 112 BetrVG 1972 Nr. 96 S. 7; *Berg/DKKW* § 76 Rn. 13; *Fitting* § 76 Rn. 132; *Richardi/Maschmann/Richardi* § 76 Rn. 40); sie kann auch konkludent erfolgen (*BAG* 26.08.1997 EzA § 112 BetrVG 1972 Nr. 96). Hat eine Partei Bedenken hinsichtlich der Rechtmäßigkeit des Spruchs, wird sie ihn nicht annehmen. Sie kann aber auch, vor allem, wenn sie den Spruch inhaltlich zu akzeptieren bereit ist, die Rechtmäßigkeit durch das Arbeitsgericht klären lassen. In Regelungsfragen haben die Parteien ein Recht auf einen rechtsfehlerfreien Spruch auch dann, wenn er zunächst nur die Wirkung eines Einigungsvorschlags hat (vgl. auch *Dütz* Die gerichtliche Überprüfung, S. 97 m. w. N.). Bei einem Einigungsvorschlag in Rechtsfragen entscheidet das Arbeitsgericht jedoch im Streitfall endgültig über die Rechtsfrage selbst (*Dütz* Die gerichtliche Überprüfung, S. 84). **137**

Haben der Arbeitgeber und der Betriebsrat den Spruch **nachträglich angenommen**, kommt durch die Annahmeerklärungen eine Betriebsvereinbarung oder eine betriebliche Einigung mit dem Inhalt des Spruchs der Einigungsstelle zustande. Der Spruch geht in der Einigung der Parteien auf. Die Einigung kann, wenn der Spruch in einer **Rechtsfrage** ergeht, die Wirkung eines außergerichtlichen **138**

Vergleichs der Parteien haben (*Dütz* Die gerichtliche Überprüfung, S. 55 f.). Der Spruch selbst verliert dann jede eigenständige Bedeutung, kann also als solcher nicht mehr gerichtlich überprüft werden (*Dütz* Die gerichtliche Überprüfung, S. 84), das kann nur hinsichtlich der Einigung der Betriebspartner selbst geschehen.

b) Wirkungen im verbindlichen Verfahren (Abs. 5)

139 Im verbindlichen Verfahren **ersetzt der Spruch** der Einigungsstelle in jedem Fall unmittelbar **die Einigung** zwischen Arbeitgeber und Betriebsrat, zu der sie nicht in der Lage waren. Welche rechtliche Bedeutung dem Spruch zukommt, richtet sich zunächst danach, ob er Regelungsstreitigkeiten oder Rechtsfragen entscheidet.

140 Eine **Entscheidung in Regelungsstreitigkeiten** wird **vielfach** die **Rechtsnatur einer Betriebsvereinbarung** haben, was jedoch keineswegs notwendigerweise der Fall ist (zutr. etwa *Berg/DKKW* § 76 Rn. 141; *Fitting* § 76 Rn. 134; *Galperin/Löwisch* § 76 Rn. 36; *Weber/Ehrich* Einigungsstelle, F Rn. 18; *Preis/WPK* § 76 Rn. 39; *Richardi/Maschmann/Richardi* § 76 Rn. 111; *Worzalla/HWGNRH* § 76 Rn. 77). Der Spruch kann auch die Wirkung einer verbindlichen Betriebsabsprache (Regelungsabrede, formlose betriebliche Einigung) haben. Dem steht § 77 Abs. 2 Satz 2 Halbs. 2 nicht entgegen. Die dortige Formulierung »**soweit** Betriebsvereinbarungen auf einem Spruch der Einigungsstelle beruhen« bedeutet nicht, dass verbindliche Sprüche der Einigungsstelle in Regelungsfragen nur die Wirkung einer Betriebsvereinbarung haben können (vgl. auch *Wiese* § 87 Rdn. 96). **Maßgeblich ist vielmehr, welche rechtliche Wirkung die ersetzte Einigung zwischen Arbeitgeber und Betriebsrat hätte** (so auch *Moll* Der Tarifvorrang im Betriebsverfassungsgesetz, S. 56; vgl. auch *Heinze* NZA 1994, 580 [586]). Das wiederum ist maßgeblich davon abhängig, worüber Arbeitgeber und Betriebsrat streiten. Darüber hinaus ist weiter zu beachten, dass der Betriebsrat seine Mitbestimmungsrechte (z. B. nach § 87 Abs. 1) zulässig durch formlose Betriebsabsprache ausüben kann (s. *Wiese* § 87 Rdn. 88 ff.). Deshalb kann noch nicht einmal allein aufgrund des Regelungstatbestandes immer beurteilt werden, ob der Spruch den Charakter einer Betriebsvereinbarung hat. Das ist aber der Fall, wenn um den Abschluss einer Betriebsvereinbarung gestritten wird und durch die Entscheidung der Einigungsstelle Rechte oder Pflichten von Arbeitnehmern begründet, aufgehoben oder verändert werden. In Regelungsfragen, die nur die Betriebspartner betreffen, ersetzt der Spruch einen schuldrechtlichen Vertrag zwischen ihnen, der keine Betriebsvereinbarung i. S. v. § 77 Abs. 4 ist (vgl. *Kreutz* § 77 Rdn. 209 ff.).

141 Soweit der Spruch der Einigungsstelle die Einigung der Betriebspartner über den Abschluss einer Betriebsvereinbarung ersetzt, **ist er** qualitativ **Betriebsvereinbarung** (*Zeppenfeld/Fries* NZA 2015, 647 [648]). Der Spruch ist Regelungsakt im Rahmen privatrechtlich organisierter Zwangsschlichtung. Das bedeutet, dass er, um wirksam zu sein, die Außen- und Innenschranken der Betriebsautonomie wahren (vgl. dazu *Kreutz* § 77 Rdn. 84 ff., 329 ff.) und zusätzlich Abs. 5 Satz 3 gerecht werden muss (vgl. Rdn. 132). Rechtsfehlerhafte Sprüche sind unwirksam, nicht nur »anfechtbar« (vgl. Rdn. 174). Der Spruch hat die gleichen Rechtswirkungen, wie wenn die Betriebsvereinbarung durch Vertrag zwischen Arbeitgeber und Betriebsrat zustande gekommen wäre. Die Rechtswirkungen bestimmt das Gesetz (§ 77 Abs. 4, 6); vgl. zur unmittelbaren und zwingenden Geltung der Betriebsvereinbarung *Kreutz* § 77 Rdn. 186 ff., zur Weitergeltung nach Ablauf *Kreutz* § 77 Rdn. 443 ff. Auch für die Beendigung gilt das Recht der Betriebsvereinbarung (vgl. dazu *Kreutz* § 77 Rdn. 396 ff.), z. B. kann auch die Einigungsstelle im Rahmen des Abs. 5 Satz 3 eine Kündigungsfrist in den Spruch aufnehmen (vgl. BAG 08.03.1977 AP Nr. 1 zu § 87 BetrVG 1972 Auszahlung; 28.07.1981 AP Nr. 2 zu § 87 BetrVG 1972 Urlaub; ebenso *Fitting* § 76 Rn. 125; *Richardi/Maschmann/Richardi* § 76 Rn. 108). Der Arbeitgeber ist nach § 77 Abs. 1 verpflichtet, die auf dem Spruch beruhende Betriebsvereinbarung durchzuführen (vgl. dazu *Kreutz* § 77 Rdn. 23 ff.), nach § 77 Abs. 2 Satz 3 hat er die Betriebsvereinbarung im Betrieb auszulegen.

142 In **Rechtsfragen** (z. B. § 37 Abs. 6 Satz 5 und 6 sowie § 38 Abs. 2 Satz 4 und 5) hat der Spruch streitentscheidende, rechtsfeststellende Bedeutung. Die verbindlichen Entscheidungen in Rechtsfragen sind nicht den Sprüchen von Schiedsgerichten gleichzusetzen. Sie haben auch nicht die Eigenschaften von Schiedsgutachterentscheidungen i. S. d. §§ 317 ff. BGB (*Dütz* Die gerichtliche Überprüfung, S. 65 ff.; zust. *Fitting* § 76 Rn. 136; *Richardi/Maschmann/Richardi* § 76 Rn. 112). Sie sind vielmehr

Entscheidungen eines eigenartigen privatrechtlichen Spruchkörpers, deren Rechtswirkungen das Gesetz bestimmt. Sie sind daher auch nicht Verwaltungsakte. Ein rechtswidriger Spruch der Einigungsstelle ist unwirksam. Die Unwirksamkeit kann jederzeit geltend gemacht werden. Der »Anfechtung« durch einen Beteiligten bedarf es nicht (**a. M.** *Dütz* Die gerichtliche Überprüfung, S. 87 f., 92 f.); die Geltendmachung der Unwirksamkeit des Spruchs ist jedenfalls auch als Antrag auf Entscheidung der Rechtsfrage selbst anzusehen (vgl. auch Rdn. 175).

Der verbindliche Spruch der Einigungsstelle ersetzt in allen Fällen nur eine inhaltlich übereinstimmende Einigung der Betriebspartner. Er begründet unmittelbare Rechte und Pflichten zwischen Arbeitgeber und Betriebsrat oder die normativen Wirkungen gemäß § 77 Abs. 4, wenn er eine Betriebsvereinbarung ersetzt. Der Spruch hat aber **nicht** die Bedeutung und Wirkung eines **Vollstreckungstitels** (ebenso etwa *LAG Köln* 20.04.1999 NZA-RR 2000, 311 [312]; *Fitting* § 76 Rn. 137; *Gaul* Die betriebliche Einigungsstelle, K IV Rn. 6; *Grunsky* ArbGG, § 2a Rn. 27; *Joost*/MünchArbR § 232 Rn. 63; *Preis*/WPK § 76 Rn. 41; *Pünnel/Isenhardt* Die Einigungsstelle, Rn. 154; *Richardi/Maschmann/Richardi* § 76 Rn. 113; *Weber/Ehrich* Einigungsstelle, F Rn. 20; *Worzalla*/HWGNRH § 76 Rn. 79; *Zeppenfeld/Fries* NZA 2015, 647 [648]). Ersetzt der Spruch eine Betriebsvereinbarung, sind die Rechte und Pflichten der Arbeitnehmer, die sich aus ihr gegen den Arbeitgeber (und umgekehrt) ergeben, im Streitfall im **Urteilsverfahren** vor dem Arbeitsgericht geltend zu machen (§ 2 Abs. 1 Nr. 3, Abs. 5, §§ 46 ff. ArbGG). Die Rechtswirksamkeit des Spruchs der Einigungsstelle ist in dem Verfahren als Vorfrage zu prüfen und inzident mitzuentscheiden (vgl. *Dütz* Die gerichtliche Überprüfung, S. 95, 101). Ist das Beschlussverfahren zur Überprüfung des Spruchs anhängig, ist ein solches Urteilsverfahren nach § 148 ZPO **auszusetzen** (*LAG Hamm* 22.06.1978 BB 1978, 1014; *Richardi/Maschmann/Richardi* § 76 Rn. 113; *Worzalla*/HWGNRH § 76 Rn. 56). **Ermessensüberschreitungen** i. S. d. Abs. 5 Satz 4 können freilich **nur** innerhalb der Frist von zwei Wochen und **nur** vom Arbeitgeber oder Betriebsrat im **Beschlussverfahren** geltend gemacht werden. Der Rechtsfehler ist daher im Urteilsverfahren über arbeitsvertragliche Ansprüche nur zu berücksichtigen, wenn über ihn im Beschlussverfahren entschieden ist. Läuft die Frist noch oder ist das Verfahren über die Rechtsgültigkeit des Spruchs der Einigungsstelle eingeleitet, aber noch nicht beendet, ist das Urteilsverfahren ebenfalls auszusetzen (gegen eine »Regelaussetzung« *LAG Berlin* 22.11.1983 AuR 1984, 287).

Die Rechte und Pflichten der **Betriebspartner** untereinander, die sich aus dem Spruch der Einigungsstelle ergeben, sind im Streitfall im arbeitsgerichtlichen Beschlussverfahren geltend zu machen (§ 2a Abs. 1 Nr. 1 und Abs. 2, §§ 80 ff. ArbGG). Die Zwangsvollstreckung richtet sich nach § 85 Abs. 1 ArbGG, wenn der Beschluss des Arbeitsgerichts einen vollstreckungsfähigen Inhalt hat.

VIII. Gerichtliche Überprüfung der Sprüche

1. Zuständigkeit des Arbeitsgerichts

Für die Entscheidung von **Streitigkeiten über** die Rechtmäßigkeit oder die **Wirksamkeit des Spruchs** der Einigungsstelle sind die **Gerichte für Arbeitssachen** nach § 2a Abs. 1 Nr. 1 ArbGG zuständig. Da die Einigungsstelle ausschließlich in Angelegenheiten aus dem Betriebsverfassungsgesetz zuständig ist, ist der Streit um die Wirksamkeit ihres Spruchs eine betriebsverfassungsrechtliche Streitigkeit. Nach § 2a Abs. 2, §§ 80 ff. ArbGG ist im **Beschlussverfahren** zu entscheiden.

Streitigkeiten zwischen Arbeitgeber und Arbeitnehmern um Rechtsfragen aus dem Arbeitsverhältnis sind gemäß § 2 Abs. 1 Nr. 3, Abs. 5, §§ 46 ff. ArbGG im **Urteilsverfahren** zu entscheiden. Dabei ist auch über betriebsverfassungsrechtliche Vorfragen zu entscheiden. Auch die **Wirksamkeit eines Spruchs** der Einigungsstelle kann **Vorfrage** sein. Die gerichtliche Überprüfung beschränkt sich dann auf die Rechtmäßigkeit des Spruchs mit Ausnahme der Frage, ob die Einigungsstelle die Grenzen des ihr eingeräumten billigen Ermessens eingehalten hat. Die Frage ist nur auf Antrag des Arbeitgebers oder des Betriebsrats binnen einer Ausschlussfrist von zwei Wochen und nur im Beschlussverfahren geltend zu machen (vgl. auch Rdn. 143 und Rdn. 162).

2. Beschränkung auf Rechtskontrolle

147 Die Sprüche der Einigungsstelle unterliegen in vollem Umfang **arbeitsgerichtlicher Rechtskontrolle** (zust. *BAG* 21.09.1993 EzA § 87 BetrVG 1972 Nr. 19 S. 5; 04.05.1993 EzA § 105i GewO Nr. 3 S. 4; 25.01.2000 EzA § 112 BetrVG 1972 Nr. 106 S. 4). Die gerichtliche Überprüfung ist auf eine Rechtskontrolle **beschränkt**. Ihr unterliegen die Sprüche der Einigungsstelle sowohl in Rechtsstreitigkeiten als auch in Regelungssachen. Insbesondere handelt es sich auch dann um Rechtskontrolle, wenn gemäß Abs. 5 Satz 4 geprüft wird, ob der Spruch der Einigungsstelle die Grenzen des ihr eingeräumten Ermessens beachtet hat (vgl. Rdn. 158 ff.). Die Überprüfbarkeit ergibt sich nicht nur aus § 2a Abs. 1 Nr. 1 ArbGG, sie folgt bereits aus dem rechtsstaatlichen Gebot eines umfassenden und effektiven gerichtlichen Rechtsschutzes (vgl. *Dütz* DB 1972, 383 [389]; *ders.* Rechtsstaatlicher Gerichtsschutz im Privatrecht, S. 95 ff., 115 ff.). Das Gesetz legt dem Spruch der Einigungsstelle keine schlechthin rechtlich verbindliche Wirkung bei. Er ersetzt nur die Einigung zwischen den Betriebspartnern. Deren Einigung ist nur rechtswirksam, wenn und soweit sie sich im Rahmen des geltenden Rechts bewegt. Ihre rechtswirksame Ersetzung ist zudem durch die Beachtung der gesetzlichen Zuständigkeits- und Verfahrensregeln für die Einigungsstelle bedingt. § 76 Abs. 7 bringt das klarstellend zum Ausdruck (vgl. RegE, BT-Drucks. VI/1786, S. 46 f.). Die Rechtskontrolle bezieht sich nur auf die »**Sprüche**« der Einigungsstelle. Das sind die Entscheidungen, durch die in der streitigen Angelegenheit die Einigung zwischen Arbeitgeber und Betriebsrat (Gesamtbetriebsrat, Konzernbetriebsrat) ersetzt wird, eingeschlossen sind vorläufige Regelungen (vgl. Rdn. 119). Beschlüsse der Einigungsstelle, die sich nur auf den Fortgang des Verfahrens beziehen oder nur Vorfragen abklären (»**verfahrensbegleitende Zwischenbeschlüsse**«), können als solche nicht selbständig gerichtlich überprüft werden (zutr. *BAG* 04.07.1989 EzA § 87 BetrVG 1972 Betriebliche Lohngestaltung Nr. 24: für Beweisbeschlüsse der Einigungsstelle; *BAG* 22.01.2002 EzA § 76 BetrVG 1972 Nr. 69: für verfahrensbegleitende Zwischenbeschlüsse, die nicht die Zuständigkeit der Einigungsstelle zum Gegenstand haben). Das gilt auch für einen Beschluss, durch den die Einigungsstelle ihre Zuständigkeit förmlich feststellt (vgl. Rdn. 128), nicht aber für den Beschluss über ihre Unzuständigkeit (vgl. Rdn. 127). Zur Entscheidung über einen Ablehnungsantrag wegen Befangenheit des Vorsitzenden vgl. Rdn. 58 f.

3. Umfang der Rechtskontrolle

a) Überprüfungsverfahren

148 Die Rechtmäßigkeit des Spruchs der Einigungsstelle ist in jedem anhängigen Verfahren vor dem Arbeitsgericht von Amts wegen zu prüfen, wenn die Entscheidung von der Rechtswirksamkeit des Spruchs abhängt. Dabei ist zu unterscheiden, ob die Rechtswirksamkeit des Spruchs nur **Vorfrage** einer Entscheidung (im Urteils- oder Beschlussverfahren) über einen anderen Streitgegenstand ist oder ob sie selbst **Streitgegenstand** ist. Für die Vorfragenentscheidung kommt es nur darauf an, ob die Wirksamkeit des Spruchs entscheidungserheblich ist. Das Arbeitsgericht stellt das Bestehen oder Nichtbestehen in den Gründen fest. Die Feststellung nimmt an der Rechtskraft der Entscheidung nicht teil. Sie wirkt nur zwischen den Parteien (vgl. auch Rdn. 176). Ist bereits ein Beschlussverfahren über die Wirksamkeit des Spruchs der Einigungsstelle anhängig oder wird es vor der Vorfragenentscheidung anhängig gemacht, ist das Verfahren über konkrete Rechte oder Pflichten, insbesondere ein Urteilsverfahren, wegen Vorgreiflichkeit (nach § 148 ZPO, §§ 46 Abs. 2, 80 Abs. 2 ArbGG) **auszusetzen** (*LAG Hamm* 22.06.1978 LAGE § 76 BetrVG 1972 Nr. 16; *Zeppenfeld/Fries* NZA 2015, 647 [650 f.]; vgl. auch *Dütz* ZfA 1972, 268; *Thiele* Drittbearbeitung, § 76 Rn. 112; zust. *Fitting* § 76 Rn. 140; *Neft/Ocker* Die Einigungsstelle, Rn. 255; vgl. auch Rdn. 143), es sei denn, dass die Aussetzung nicht geboten ist (so die Fallkonstellation bei *BAG* 14.08.2001 EzA § 613a BGB Nr. 200 unter B).

149 **Streitgegenstand** ist die Rechtswirksamkeit des Spruchs der Einigungsstelle, wenn im arbeitsgerichtlichen Beschlussverfahren beantragt wird, **festzustellen, dass der Spruch** (ganz oder teilweise; vgl. Rdn. 179) **rechtsunwirksam** (oder nichtig) ist. Der **Feststellungsantrag** ist nach zutr. st. Rechtsprechung des *BAG* (vgl. etwa *BAG* 21.09.1993 EzA § 87 BetrVG 1972 Nr. 19 S. 5; 04.05.1993 EzA § 105i GewO Nr. 3 S. 4; 28.05.2002 EzA § 87 BetrVG 1972 Bildungsurlaub Nr. 1 S. 6 [anders als in den Gründen wird im Orientierungssatz 2 unzutr. von einer Feststellungs*klage* gesprochen];

06.05.2003 EzA § 112 BetrVG 2001 Nr. 8 unter B I = AP Nr. 161 zu § 112 BetrVG 1972 [insoweit zust. *Oetker*]; 22.07.2003 EzA § 87 BetrVG 2001 Arbeitszeit Nr. 4 S. 6; 06.12.2006 AP Nr. 5 zu § 21b BetrVG 1972 Rn. 14) der richtige Antrag, weil die gerichtliche Entscheidung über die Wirksamkeit eines Spruchs der Einigungsstelle nur feststellende, aber keine rechtsgestaltende Wirkung haben kann. Die Einigungsstelle ist keine (den Gerichten vorgeschaltete) Instanz, deren Entscheidung aufhebbar wäre. Der Spruch, der die Einigung zwischen Arbeitgeber und Betriebsrat ersetzt, hat den gleichen Rechtscharakter wie eine solche Einigung. Steht sie nicht im Einklang mit der Rechtsordnung, hat sie keine Rechtswirkung, ohne dass es dazu einer gerichtlichen Gestaltungsentscheidung bedarf. Das *BAG* hält deshalb den Antrag, den Spruch der Einigungsstelle aufzuheben, schon für unzulässig (vgl. *BAG* 30.10.1979 AP Nr. 9 zu § 112 BetrVG 1972; 28.02.1984 AP Nr. 4 zu § 87 BetrVG 1972 Tarifvorrang; 22.10.1985 AP Nr. 3 zu § 87 BetrVG 1972 Leistungslohn; 27.05.1986 AP Nr. 15 zu § 87 BetrVG 1972 Überwachung). Falls nicht hilfsweise ein Antrag auf Feststellung der Unwirksamkeit gestellt worden ist, kann der Antrag auf »Aufhebung« i. S. e. Feststellungsantrags ausgelegt werden, wenn das dem Begehren des Antragstellers entspricht (vgl. *BAG* 30.10.1979 AP Nr. 9 zu § 112 BetrVG 1972; 28.06.1984 AP Nr. 1 zu § 85 BetrVG 1972; 06.12.2006 AP Nr. 5 zu § 21b BetrVG 1972 Rn. 14). Weil die Wirksamkeit des Spruchs Streitgegenstand ist, können verschiedene Unwirksamkeitsgründe **nicht** durch Feststellungsanträge **in mehreren** Beschlussverfahren geltend gemacht werden; der spätere Antrag ist wegen Rechtshängigkeit unzulässig (§§ 80 Abs. 2, 46 Abs. 2 ArbGG; § 261 Abs. 3 Nr. 1 ZPO). Werden mehrere Verfahren zeitgleich anhängig, ist nach Ansicht des *BAG* (16.07.1996 AP Nr. 53 zu § 76 BetrVG 1972) der Antrag unzulässig, über den zuerst entschieden wird.

Die Feststellung der Unwirksamkeit eines Einigungsstellenspruchs können **Arbeitgeber** und **Betriebsrat** (oder Gesamt- oder Konzernbetriebsrat) als Parteien des Einigungsstellenverfahrens beantragen (so auch *Richardi/Maschmann/Richardi* § 76 Rn. 117; *Worzalla/HWGNRH* § 76 Rn. 81; wohl auch *Preis/WPK* § 76 Rn. 42; im Ergebnis auch *Berg/DKKW* § 76 Rn. 161; *Fitting* § 76 Rn. 141; *Kania/*ErfK § 76 BetrVG Rn. 29; *Kliemt/HWK* § 76 BetrVG Rn. 102). Sie sind (i. S. d. h. M.) **antragsbefugt**, gleichgültig, ob der Spruch ihre Einigung ersetzt oder die Zuständigkeit der Einigungsstelle verneint. Für sie besteht das entsprechend § 256 Abs. 1 ZPO erforderliche Feststellungsinteresse grundsätzlich (vgl. *BAG* 18.08.1987 EzA § 77 BetrVG 1972 Nr. 18 S. 6 f.; vgl. aber jetzt auch Rdn. 127) und unabhängig von einer materiell-rechtlichen Beschwer durch den Spruch der Einigungsstelle, weil es um Rechtskontrolle geht (*BAG* 08.06.2004 EzA § 87 BetrVG 2001 Gesundheitsschutz Nr. 2). Es kann bei abgeschlossenen Vorgängen aber entfallen sein (vgl. *BAG* 06.11.1990 EzA § 4 TVG Metallindustrie Nr. 78 S. 8). Wenn der Antragsteller das Verfahren für erledigt erklärt, weil der Spruch wegen eines erledigenden Ereignisses (Betriebsstilllegung) keine Wirkung mehr haben kann, kommt auch eine gerichtliche Einstellung (entsprechend § 269 Abs. 3 ZPO) in Betracht (vgl. *BAG* 19.06.2001 EzA § 83a ArbGG 1979 Nr. 7). Der Beschluss des Betriebsrats, den Einigungsstellenspruch überprüfen zu lassen, kann ähnlich wie bei § 103 Abs. 2 (dazu *BAG* 07.05.1986 EzA § 103 BetrVG 1972 Nr. 31 = AP Nr. 18 zu § 103 BetrVG 1972 [*Leipold*]) **nicht** bereits im Vorfeld der Entscheidung der Einigungsstelle – sozusagen »**auf Vorrat**« – gefasst werden; ungeachtet dessen kann ein unwirksamer Beschluss nur innerhalb der gesetzlichen Ausschlussfrist von zwei Wochen geheilt oder genehmigt werden (näher und überzeugend *LAG Nürnberg* 6.5.2015 – 4 TaBV 8/13 – juris, Rn. 84).

Tarifvertragsparteien (Gewerkschaften, Arbeitgeberverbände) fehlt dagegen die Antragsbefugnis, weil sie durch die Feststellung der Unwirksamkeit des Spruchs in eigenen betriebsverfassungsrechtlichen Rechten nicht betroffen werden können und ihnen auch keine allgemeine Aufsichtsfunktion gegenüber Betriebsvereinbarungen oder Sprüchen der Einigungsstelle zugewiesen ist (so *BAG* 18.08.1987 EzA § 81 ArbGG 1979 Nr. 11; 23.02.1988 EzA § 81 ArbGG 1979 Nr. 13; *LAG Hamm* 21.12.1988 LAGE § 76 BetrVG 1972 Nr. 33). Sie sind deshalb auch nicht anhörungsberechtigt i. S. v. § 83 Abs. 3 ArbGG, auch wenn der Spruch der Einigungsstelle tarifliche Vorgaben beachten musste (*BAG* 18.12.1990 EzA § 4 TVG Metallindustrie Nr. 79 S. 6). Vgl. auch *Kreutz* § 77 Rdn. 482 ff.

Die **Einigungsstelle** selbst ist **nicht antragsbefugt**, kann **nicht Antragsgegner** sein und ist auch **nicht beteiligungsbefugt** (anhörungsberechtigt i. S. v. § 83 Abs. 3 ArbGG). Ihr stehen keine eigenen betriebsverfassungsrechtlichen Rechte zu, da sie lediglich Hilfs- und Ersatzfunktionen für die Betriebspartner wahrnimmt. Sie kann dementsprechend auch kein eigenes betriebsverfassungsrecht-

150

151

152

§ 76 *IV. 1. Allgemeines*

liches Interesse am Ausgang des Beschlussverfahrens zwischen Arbeitgeber und Betriebsrat haben. Die Einigungsstelle ist auch insoweit allenfalls mittelbar betroffen, als sie dann, wenn ihr Spruch unwirksam ist, ihre Aufgabe nicht erfüllt hat und zu erneuter Entscheidung berufen ist (vgl. Rdn. 178), wenn ihr Spruch nicht wegen Unzuständigkeit unwirksam ist. Die Beteiligungsbefugnis fehlt der Einigungsstelle nicht nur, wenn um die Wirksamkeit eines Spruchs gestritten wird, in dem sie ihre Zuständigkeit verneint hat (vgl. Rdn. 127 m. w. N.), sondern auch, wenn sie in der Sache entschieden hat und der Spruch die Einigung der Betriebspartner ersetzt (ebenso *BAG* 28.04.1981 AP Nr. 1 zu § 87 BetrVG 1972 Vorschlagswesen *[zust. Herschel]*; 28.07.1981 AP Nr. 2 zu § 87 BetrVG 1972 Urlaub *[zust. Boldt]* = SAE 1984, 114 *[zust. Birk]*; 28.06.1984 AP Nr. 1 zu § 85 BetrVG 1972; *Berg/DKKW* § 76 Rn. 161; *Fitting* § 76 Rn. 141, 144; *Galperin/Löwisch* § 76 Rn. 45; *Grunsky* ArbGG, § 83 Rn. 17a; *Joost*/MünchArbR § 232 Rn. 78; *Kania*/ErfK § 76 BetrVG Rn. 29; *Kliemt/HWK* § 76 BetrVG Rn. 103; *Kreutz* SAE 1982, 224; *Matthes/GMPMS* ArbGG, § 83 Rn. 66; *Neft/Ocker* Die Einigungsstelle, Rn. 252; *Preis/WPK* § 76 Rn. 42; *Pünnel/Isenhardt* Die Einigungsstelle, Rn. 151; *Richardi/Maschmann/Richardi* § 76 Rn. 118; *Sbresny-Uebach* AR-Blattei SD 630, 1992, Rn. 116; *Weber/Ehrich* Einigungsstelle, F Rn. 22 f.; *Worzalla/HWGNRH* § 76 Rn. 81; **a. M.** *Lepke* BB 1977, 49 [55]; *Weber* SAE 1981, 114; *LAG Düsseldorf* 24.01.1978 EzA § 87 BetrVG 1972 Vorschlagswesen Nr. 1; *LAG Hamm* 21.10.1977 EzA § 76 BetrVG 1972 Nr. 19; *ArbG Berlin* 05.02.1975 DB 1975, 652; *LAG Berlin* 15.06.1977 EzA § 87 BetrVG 1972 Nr. 6, alle überholt durch die neuere Rechtsprechung des *BAG*; anders vgl. aber auch *BVerfG* 13.02.1976 BVerfGE 50, 176 [179]; 26.08.1987 PersR 1988, 45).

153 **Einzelne Arbeitnehmer** können **beteiligungsbefugt** sein, wenn sie durch die Feststellung der Unwirksamkeit des Spruchs der Einigungsstelle unmittelbar betroffen werden (*Fitting* § 76 Rn. 145; *Kania*/ErfK § 76 BetrVG Rn. 29; *Kliemt/HWK* § 76 BetrVG Rn. 103; *Neft/Ocker* Die Einigungsstelle, Rn. 251; *Weber/Ehrich* Einigungsstelle, F Rn. 25). Das können z. B. Betriebsratsmitglieder in den Fällen der §§ 37 Abs. 6 Satz 5 und 38 Abs. 2 Satz 4 sein oder Arbeitnehmer in den Fällen des § 87 Abs. 1 Nr. 5, 9. Im Verfahren über die Wirksamkeit des Spruchs der Einigungsstelle nach § 85 Abs. 2 ist der beschwerdeführende Arbeitnehmer nach Ansicht des *BAG* (28.06.1984 AP Nr. 1 zu § 85 BetrVG 1972) nicht Beteiligter, weil er nunmehr die Möglichkeit hat, die Beschwerde zurückzuziehen und das Beschwerdeverfahren damit zu beenden. Die betroffenen einzelnen Arbeitnehmer sind auch selbst **antragsbefugt** (*Thiele* Drittbearbeitung, § 76 Rn. 114; *Joost*/MünchArbR § 232 Rn. 79; **a. M.** *Fitting* § 76 Rn. 141; *Richardi/Maschmann/Richardi* § 76 Rn. 117; *Kania*/ErfK § 76 BetrVG Rn. 29; *Kliemt/HWK* § 76 BetrVG Rn. 102; *Neft/Ocker* Die Einigungsstelle, Rn. 251; *Preis/WPK* § 76 Rn. 42; *Weber/Burmester* BB 1995, 2268 [2271]; *Worzalla/HWGNRH* § 76 Rn. 81). Dabei ist jedoch jeweils das Rechtsschutzinteresse zu prüfen, das vor allem zu verneinen ist, wenn er sein Recht wirkungsvoller durch Leistungsklage oder Leistungsantrag geltend machen kann.

b) Überprüfung von Sprüchen über Rechtsfragen

154 Hat die Einigungsstelle eine **Rechtsfrage** entschieden, unterliegt ihr Spruch einer **umfassenden und zeitlich nicht begrenzten Rechtskontrolle.** Die zweiwöchige Ausschlussfrist nach § 76 Abs. 5 Satz 4 ist nicht anzuwenden, da im Rahmen einer Rechtsentscheidung kein Ermessensrahmen, sondern höchstens ein Beurteilungsspielraum bei der Anwendung unbestimmter Rechtsbegriffe bestehen kann (*Dietz/Richardi* § 76 Rn. 100; *Thiele* Drittbearbeitung, § 76 Rn. 115; ebenso im Ergebnis *Fitting* § 76 Rn. 148; *Joost*/MünchArbR § 232 Rn. 80; *Preis/WPK* § 76 Rn. 37; *Pünnel/Isenhardt* Die Einigungsstelle, Rn. 140; *Sbresny-Uebach* AR-Blattei SD 630, 1992, Rn. 129; *Weber/Ehrich* Einigungsstelle, F Rn. 30 f.; *Worzalla/HWGNRH* § 76 Rn. 82). Das Arbeitsgericht hat die Rechtslage selbst zu entscheiden. Es ist an die tatsächlichen Feststellungen der Einigungsstelle nicht gebunden. Das Verfahren vor dem Arbeitsgericht hat nicht die Bedeutung eines bloßen Revisionsverfahrens. Die Einigungsstelle entscheidet Rechtsfragen auch im »verbindlichen« Verfahren gemäß Abs. 5 nicht abschließend, sondern in einem außergerichtlichen »Vorverfahren«, das unter dem Vorbehalt vollen gerichtlichen Rechtsschutzes steht (vgl. dazu *Dütz* Rechtsstaatlicher Gerichtsschutz im Privatrecht, S. 200 ff., 207; *ders.* DB 1972, 383 [388 f.]). Die Fehlerhaftigkeit der Rechtsentscheidung kann grundsätzlich unbefristet geltend gemacht werden, Verwirkung (§ 242 BGB) ist aber möglich. Der Spruch kann wegen Unzuständigkeit der Einigungsstelle, wegen Verletzung (wesentlicher) Verfahrensvorschriften (Verfahrensgrundsätze) oder wegen unrichtiger Entscheidung der Rechtsfrage unwirksam sein (vgl. auch Rdn. 157).

Einigungsstelle § 76

Demgegenüber sind Einschränkungen des gerichtlichen Prüfungsumfangs in Bezug auf die von der 155
Einigungsstelle entschiedene Rechtsfrage, wie sie das *BAG* in einem ausführlichen obiter dictum
zu einem Spruch der Einigungsstelle nach § 109 entwickelt hat (vgl. *BAG* 08.08.1989 EzA § 106
BetrVG 1972 Nr. 8 *[Henssler]* = AR-Blattei, Betriebsverfassung XIV D, Entsch. 11 *[Rieble]* = AP Nr. 6
zu § 106 BetrVG 1972 = SAE 1991, 225 *[abl. Dütz/Vogg];* abl. auch *Dütz* FS *D. Gaul,* 1992, S. 41),
ebenso wenig gerechtfertigt wie danach in der Literatur vertretene Ansichten. Sie gehen von unterschiedlichen dogmatischen Ansätzen aus, zielen aber übereinstimmend auf die Vermeidung einer angeblich system- und funktionswidrigen Einschaltung der Einigungsstelle als bloßer Vorschaltinstanz
und sprechen der Einigungsstelle im Ergebnis in pauschaler Form einen Beurteilungsspielraum zu,
der nur nach oder analog § 76 Abs. 5 Satz 4 kontrolliert werden könne (vgl. *Rieble* Die Kontrolle
des Ermessens der betriebsverfassungsrechtlichen Einigungsstelle, S. 171 ff.; *ders.* BB 1991, 471:
»Die Verfahren vor der Einigungsstelle können nicht in Rechts- und Regelungsstreitigkeiten unterteilt
werden«; *Henssler* RdA 1991, 268: pauschale Zubilligung eines Beurteilungsspielraums bei der Entscheidung von reinen Rechtsfragen [Ausnahme: § 102 Abs. 6]; im Ergebnis zust. *Richardi / Maschmann / Richardi* § 76 Rn. 122; wohl auch *Kania*/ErfK § 76 BetrVG Rn. 30). Es ist zu begrüßen, dass
das *BAG* seine Bedenken gegen eine volle (und zeitlich unbegrenzte) Rechtskontrolle des Einigungsstellenanspruchs nach § 109 wieder aufgegeben hat (vgl. *BAG* 11.07.2000 EzA § 109 BetrVG 1972
Nr. 2; gegen Vorinstanz *LAG Köln* 13.07.1999 AuR 2000, 151 *[abl. Däubler]* und *LAG Köln*
13.07.1999 AP Nr. 1 zu § 109 BetrVG 1972). Auch soweit die Einigungsstelle bei der Entscheidung
von Rechtsfragen unbestimmte Rechtsbegriffe anzuwenden hat, unterliegt ihr Spruch danach zutr.
uneingeschränkter gerichtlicher Rechtskontrolle (zust. auch *Löwisch / Kaiser* § 76 Rn. 55). In der Literatur wird dagegen im Anschluss an die (überholte) Entscheidung vom 08.08.1989 noch verbreitet die
Ansicht vertreten, dass sich die gerichtliche Überprüfung auf die Einhaltung der Grenzen des Beurteilungsspielraums beschränkt, »soweit der Einigungsstelle bei der Auslegung unbestimmter Rechtsbegriffe ein Beurteilungsspielraum zusteht« (*Fitting* § 76 Rn. 149; *Kliemt*/HWK § 76 BetrVG
Rn. 111). Dabei bleibt jedoch vage, inwieweit ein solcher Beurteilungsspielraum eingeräumt wird,
und offen, inwiefern ein solcher nach zivilrechtlichen Grundsätzen überhaupt in Betracht kommen
und zu einer Begrenzung der gerichtlichen Überprüfbarkeit führen kann (*Wiesemann* Die Einigungsstelle als Einrichtung zur Beilegung von Rechtsstreitigkeiten, S. 81 ff., versucht das in Anlehnung an
verwaltungsrechtliche Grundsätze zu klären). Ein ganz anderer Gesichtspunkt ist es, dass das *BAG* als
Rechtsbeschwerdegericht bei der Anwendung unbestimmter Rechtsbegriffe nur zu prüfen hat, »ob
das Beschwerdegericht den Rechtsbegriff selbst verkannt hat, ob es bei der Unterordnung des Sachverhalts unter die Rechtsnorm Denkgesetze und allgemeine Erfahrungssätze verletzt hat und ob es
alle vernünftigerweise in Betracht kommenden Umstände widerspruchsfrei beachtet hat« (*BAG*
11.07.2000 EzA § 109 BetrVG 1972 Nr. 2).

c) Überprüfung von Sprüchen über Regelungsfragen
Auch in **Regelungssachen** unterliegt der Spruch der Einigungsstelle zeitlich unbegrenzt und grund- 156
sätzlich in vollem Umfange (zu Einschränkungen bei der Ermessensüberschreitung vgl. aber
Rdn. 162) der gerichtlichen **Rechtskontrolle** (vgl. zuletzt etwa auch *BAG* 04.05. EzA § 105i
GewO Nr. 3 S. 4; 21.09.1993 EzA § 87 BetrVG 1972 Nr. 19). Sie erstreckt sich insbesondere darauf,
ob der Spruch formell und materiell mit dem geltenden Recht vereinbar ist (vgl. dazu ausführlich
Fiebig Der Ermessensspielraum der Einigungsstelle, S. 71 ff.; *Heinze* RdA 1990, 262 [263 ff., 275]).

Der Spruch kann rechtswidrig und damit rechtsunwirksam sein wegen **Unzuständigkeit der Eini-** 157
gungsstelle (insoweit hat die Einigungsstelle die Vorfrage ihrer Zuständigkeit unrichtig entschieden,
z. B. indem sie zu Unrecht ein Mitbestimmungsrecht des Betriebsrats bejaht hat; vgl. auch
Rdn. 126 ff.), wegen **Verletzung (wesentlicher) Verfahrensvorschriften** (Verfahrensgrundsätze)
bei der Errichtung, Verhandlung und Beschlussfassung der Einigungsstelle (vgl. dazu Rdn. 28 ff.,
58, 99 ff., 103 ff., 111 ff.; vgl. auch *BAG* 18.04.1989 EzA § 76 BetrVG 1972 Nr. 48 S. 6; 18.01.1994
EzA § 76 BetrVG 1972 Nr. 63 S. 2; 27.06.1995 EzA § 76 BetrVG 1972 Nr. 65 S. 3; 29.01.2002 EzA
§ 76 BetrVG 1972 Nr. 70 S. 8 [zu den elementaren Verfahrensgrundsätzen gehören nach der Rechtsprechung des Ersten Senats: die rechtzeitige und ordnungsgemäße Unterrichtung der Einigungsstellenmitglieder über Ort und Zeit der Sitzungen, die Gewährung rechtlichen Gehörs, die Beschlussfassung aufgrund nichtöffentlicher Beratung, die Bescheidung eines ordnungsgemäß gestellten

Befangenheitsantrags]; *Schönfeld* NZA 1988, Beil. 4, S. 3; *Heinze* RdA 1990, 262 [263 ff., 277 ff.]; *ders.* Anm. zu *BAG* 27.06.1995 EzA § 76 BetrVG 1972 Nr. 65, der zu Recht eine Verfahrensvorschrift nur als »wesentlich« anerkennt, wenn die Prüfung ihren Charakter als Verbotsgesetz i. S. v. § 134 BGB ergibt; *Hennige* Das Verfahrensrecht der Einigungsstelle, S. 248 ff.; vgl. auch *Hanau/Reitze* FS *Kraft*, 1998, S. 164 [184 f.] zur Frage eines Vertrauensschutzes bei unwirksamen Sprüchen) oder wegen Verstoßes gegen (**sonstiges**) **zwingendes Recht** (z. B. § 75; vgl. etwa *BAG* 04.05.1993 EzA § 105i GewO Nr. 3: Verstoß gegen § 105i Abs. 2 GewO a. F.), gegen Tarifverträge und auch Betriebsvereinbarungen, sofern der Spruch nicht gerade eine abändernde oder aufhebende Betriebsvereinbarung ersetzt (*Thiele* Drittbearbeitung, § 76 Rn. 116). Maßgeblicher **Zeitpunkt** für die Beurteilung der Rechtmäßigkeit des Spruchs ist der Zeitpunkt, in dem er in Kraft tritt. Eine geltungserhaltende Umdeutung in dem Sinne, dass er – wenn schon nicht zum ausdrücklich geregelten – zum frühestmöglichen Zeitpunkt in Kraft treten soll, ist nicht möglich (*BAG* 19.10.2011 EzA § 4 TVG Metallindustrie Nr. 145, Rn. 34: eine Überschneidung der Geltungszeiträume bewirkt die Unwirksamkeit).

158 In **Regelungssachen** umfasst **die Rechtskontrolle** auch die Überprüfung darauf, ob der Spruch **die Grenzen des Ermessens der Einigungsstelle überschreitet** (Abs. 5 Satz 4). **Ausgeschlossen** ist dagegen jede andere Überprüfung der Ermessensentscheidung, insbesondere jede **Zweckmäßigkeitskontrolle** (vgl. *Berg/DKKW* § 76 Rn. 147; *Dütz* DB 1972, 383 [388]; *Fitting* § 76 Rn. 153; *Kania/*ErfK § 76 Rn. 31; *Kliemt/HWK* § 76 BetrVG Rn. 112; *Richardi/Maschmann/Richardi* § 76 Rn. 120; *I. Schmidt* JArbR Bd. 40, 2003, 121 [122]; *Stege/Weinspach/Schiefer* § 76 Rn. 28; *Weber/Ehrich* Einigungsstelle, F Rn. 39). Das Gericht darf sein Ermessen nicht an die Stelle des Ermessens der Einigungsstelle setzen (ebenso *LAG Köln* 13.07.1999 AP Nr. 1 zu § 109 BetrVG 1972 Bl. 6 R; *Galperin/Löwisch* § 76 Rn. 43; *Joost/*MünchArbR § 232 Rn. 83; *Kliemt/HWK* § 76 BetrVG Rn. 112; *Pünnel/Isenhardt* Die Einigungsstelle, Rn. 143; *Sbresny-Uebach* AR-Blattei SD 630, 1992, Rn. 119). Ausgeschlossen ist auch eine reine Billigkeits- oder Angemessenheitskontrolle.

159 § 76 Abs. 5 Satz 4 ist eine **Sonderregelung für die Ermessenskontrolle** von Sprüchen der Einigungsstelle im **verbindlichen Einigungsstellenverfahren** nach Abs. 5. Im freiwilligen Einigungsverfahren nach Abs. 6 ist die Rechtskontrolle der Ermessensausübung zeitlich und sachlich **nicht** gemäß Abs. 5 Satz 4 beschränkt (vgl. Rdn. 133).

aa) Voraussetzungen der Ermessenskontrolle

160 Die arbeitsgerichtliche Ermessenskontrolle nach Abs. 5 Satz 4 **setzt voraus**, dass die Überschreitung der Ermessensgrenzen durch die Einigungsstelle vom Arbeitgeber oder vom Betriebsrat binnen einer **Zwei-Wochen-Frist** nach Zuleitung des Spruchs **beim Arbeitsgericht geltend gemacht worden ist**.

161 Zur **Geltendmachung** der Ermessensüberschreitung sind nur **Arbeitgeber** (oder nach § 80 InsO der Insolvenzverwalter; vgl. entsprechend zum früheren Konkursverwalter *BAG* 13.12.1978 BAGE 31, 176 = AP Nr. 6 zu § 112 BetrVG 1972; 14.05.1985 EzA § 76 BetrVG 1972 Nr. 35 S. 194 f.) **und Betriebsrat** (oder Gesamt- oder Konzernbetriebsrat) als Parteien des Einigungsstellenverfahrens **befugt**. Die Geltendmachung der Ermessensüberschreitung zielt darauf, die Unwirksamkeit des Spruchs der Einigungsstelle geltend zu machen. Deshalb ist dies durch entsprechenden Feststellungsantrag (vgl. Rdn. 149) beim Arbeitsgericht anzubringen, zu dessen Begründung die Ermessensüberschreitung geltend zu machen ist. Daneben können beliebige andere Unwirksamkeitsgründe angeführt werden.

162 Die **Zwei-Wochen-Frist**, die der Gesetzgeber gesetzt hat, um im Interesse des betrieblichen Rechtsfriedens rasch Klarheit zu schaffen, ist eine **materiell-rechtliche Ausschlussfrist** (ebenso *BAG* 26.05.1988 EzA § 76 BetrVG 1972 Nr. 41; *LAG Berlin-Brandenburg* 07.07.2016 NZA-RR 2016, 644 Rn. 89; *LAG Nürnberg* 06.05.2015 – 4 TaBV 8/13 – juris, Rn. 84; vgl. auch *Berg/DKKW* § 76 Rn. 142; *Etzel* Rn. 1426; *Fitting* § 76 Rn. 157; *Joost/*MünchArbR § 232 Rn. 84; *Neft/Ocker* Die Einigungsstelle, Rn. 261; *Preis/WPK* § 76 Rn. 36; *Richardi/Maschmann/Richardi* § 76 Rn. 128; *Koch* Arbeitsrechts-Handbuch, § 232 Rn. 32; *Weber/Burmester* BB 1995, 2268 [2270]; *Weber/Ehrich* Einigungsstelle, F Rn. 34). Mit Ablauf der Frist kann eine Ermessensüberschreitung der Einigungsstelle nicht mehr geltend gemacht werden (*LAG Berlin-Brandenburg* 07.07.2016 NZA-RR 2016,

Einigungsstelle § 76

644 Rn. 90). Dem Arbeitsgericht ist dann jede Ermessenskontrolle des Einigungsstellenspruchs verwehrt (*BAG* 26.05.1988 EzA § 76 BetrVG 1972 Nr. 41, S. 3). Die Versäumung der Frist hat die materiell-rechtliche Wirkung, dass der Spruch der Einigungsstelle, wenn er nicht aus anderem Grunde rechtsunwirksam ist, **als von Anfang an rechtswirksam gilt** (so wohl auch *BAG* 26.05.1988 EzA § 76 BetrVG 1972 Nr. 41, S. 6). Soweit eine Ermessensüberschreitung vorlag, ist sie geheilt. Der Rechtsgedanke des § 7 KSchG kann insoweit entsprechend angewendet werden (vgl. auch *BAG* 26.05.1988 EzA § 76 BetrVG 1972 Nr. 41, S. 5, das insoweit zu Recht auch eine Parallele zur Anfechtungsfrist bei der Wahlanfechtung nach § 19 Abs. 2 Satz 2 zieht).

Konsequenz der materiell-rechtlichen Bedeutung der Frist ist, dass ein verspäteter Antrag, die Unwirksamkeit des Spruchs der Einigungsstelle festzustellen, nicht unzulässig ist. Die **Einhaltung der Frist** ist **nicht »Sachurteilsvoraussetzung«** (vgl. auch *BAG* 14.05.1985 EzA § 76 BetrVG 1972 Nr. 35 S. 197; 26.05.1988 EzA § 76 BetrVG 1972 Nr. 41 S. 4). Der Antrag kann auch in der Sache Erfolg haben, wenn der Einigungsstellenspruch aus irgendeinem anderen Grund rechtsunwirksam ist (z. B. wegen Unzuständigkeit der Einigungsstelle, wesentlichen Verfahrensfehlern, Verstoßes gegen § 75), da deren Geltendmachung nicht fristgebunden ist (vgl. z. B. *BAG* 26.05.1988 EzA § 76 BetrVG 1972 Nr. 41 sowie Rdn. 157) und das Gericht die Wirksamkeit des Spruchs von Amts wegen unter allen rechtlichen Gesichtspunkten zu überprüfen hat (vgl. *BAG* 16.07.1996 AP Nr. 53 zu § 76 BetrVG 1972 Bl. 2). Ansonsten ist er als unbegründet abzuweisen. Da die Frist Ausschlussfrist ist, ist ihre Nichteinhaltung **von Amts wegen** durch das Gericht zu berücksichtigen. Bei Versäumung der Frist, auch wenn sie unverschuldet ist, scheidet mangels anderweitiger gesetzlicher Regelung eine Wiedereinsetzung in den vorherigen Stand oder eine Zulassung der verspäteten Geltendmachung durch das Gericht aus (ebenso *Berg*/DKKW § 76 Rn. 142, *Fitting* § 76 Rn. 159; *Richardi/Maschmann/Richardi* § 76 Rn. 128). 163

Zur Fristwahrung muss der Antrag auf Feststellung der Unwirksamkeit des Spruchs innerhalb der Zwei-Wochen-Frist **beim Arbeitsgericht eingehen** (vgl. dazu entsprechend *Kreutz* § 19 Rdn. 88) und unter Geltendmachung einer Überschreitung der Ermessensgrenzen der Einigungsstelle **begründet** werden. Die rechtzeitige Einreichung der Antragsschrift allein genügt nicht, weil darin noch nicht die vom Gesetz geforderte Geltendmachung einer Ermessensüberschreitung gesehen werden kann und deshalb eine erst später nachgeschobene Begründung einer unzulässigen Fristverlängerung gleichkäme. Der Antragsteller muss deshalb jedenfalls solche Gründe vortragen, die geeignet sind, Zweifel an der Einhaltung der Grenzen des Ermessens durch die Einigungsstelle zu begründen (ebenso *BAG* 26.05.1988 EzA § 76 BetrVG 1972 Nr. 41 S. 3, welches das Ergebnis aber zu Unrecht mit dem im Beschlussverfahren geltenden Begründungszwang begründet, obwohl die Wahrung einer materiell-rechtlichen Ausschlussfrist in Rede steht; *BAG* 25.07.1989 EzA § 87 BetrVG 1972 Arbeitszeit Nr. 38 S. 7). Ist hingegen die Ermessensüberschreitung rechtzeitig hinreichend geltend gemacht worden, hat das Arbeitsgericht im Rahmen des gestellten Antrags den Sachverhalt von Amts wegen zu erforschen (§ 83 Abs. 1 Satz 1 ArbGG). Deshalb darf die Überprüfung der Einhaltung der Grenzen des Ermessens nicht nur anhand derjenigen Tatsachen erfolgen, die innerhalb der Frist vorgetragen worden sind (offen gelassen von *BAG* 14.05.1985 EzA § 76 BetrVG 1972 Nr. 35 S. 198). Das Gericht hat von Amts wegen alle Unwirksamkeitsgründe zu ermitteln, sei es, dass sie nachgeschoben werden oder vom Gericht nach dem vorgetragenen Sachverhalt ermittelt werden (zust. *Fitting* § 76 Rn. 159; *Neft/Ocker* Die Einigungsstelle, Rn. 263). 164

Die zweiwöchige Geltendmachungsfrist **beginnt** für Arbeitgeber und Betriebsrat **jeweils gesondert** mit der Zuleitung des schriftlichen Spruchs (Abs. 3 Satz 4). Das ist bereits der Fall, wenn der Spruch noch in der Sitzung der Einigungsstelle den Betriebspartnern oder deren Verfahrensbevollmächtigten (auch wenn sie zugleich Beisitzer der Einigungsstelle sind) vom Vorsitzenden übergeben wird (vgl. *ArbG Neumünster* 12.07.1985 NZA 1985, 788). Zur **Fristwahrung** gelten §§ 187 ff. BGB. Danach beginnt die Frist nach § 187 Abs. 1 BGB mit dem auf den Zuleitungstag folgenden Tag und endet nach § 188 Abs. 2 BGB mit dem Ablauf des Tags der zweiten Woche, der durch seine Benennung dem Tag entspricht, an dem der Spruch zugeleitet worden ist. Beispiel: Ist der Spruch an einem Freitag zugeleitet worden, endet die Frist mit Ablauf des Freitags der übernächsten Woche. Ist der letzte Tag der Frist am Sitz des Betriebs ein staatlich anerkannter allgemeiner Feiertag oder ein Sonnabend oder Sonntag, endet die Frist mit Ablauf des nächsten Werktags (§ 193 BGB). 165

bb) Durchführung der Ermessenskontrolle

166 § 76 Abs. 5 Satz 4 beschränkt die gerichtliche Überprüfung der Ermessensausübung auf die Frage, ob der Spruch der Einigungsstelle die Grenzen ihres Ermessens überschritten hat. Das ist eine **Rechtsfrage**, die als solche uneingeschränkt der arbeitsgerichtlichen Kontrolle, auch durch das Rechtsbeschwerdegericht, unterliegt (*BAG* 31.08.1982 AP Nr. 8 zu § 87 BetrVG 1972 Arbeitszeit Bl. 6 R unter Aufgabe der in 28.07.1981 AP Nr. 2 zu § 87 BetrVG 1972 Urlaub Bl. 3 R vertretenen Meinung, dass es um die Anwendung eines unbestimmten Rechtsbegriffs gehe, der den Tatsacheninstanzen einen Beurteilungsspielraum gewähre = EzA § 87 BetrVG 1972 Arbeitszeit Nr. 13 *[insoweit zust. Richardi]*; im Ergebnis zust. *Löwisch* SAE 1983, 143; bestätigt durch *BAG* 11.03.1986 AP Nr. 14 zu § 87 BetrVG 1972 Überwachung Bl. 7; st. Rechtsprechung, vgl. etwa *BAG* 21.09.1993 EzA § 87 BetrVG 1972 Nr. 19 S. 6; 06.05.2003 EzA § 112 BetrVG 2001 Nr. 8 S. 12).

167 Die arbeitsgerichtliche Ermessenskontrolle ist nach dem klaren Wortlaut von Abs. 5 Satz 4 auf die Überprüfung einer **Ermessensüberschreitung** begrenzt. Ob der Spruch der Einigungsstelle die Grenzen des ihr in Abs. 5 Satz 3 eingeräumten Ermessens beachtet hat, beurteilt sich **allein** danach, ob die durch den Spruch getroffene Regelung als solche sich innerhalb dieser Grenzen hält, d. h. nach billigem Ermessen die Belange des Betriebs und der betroffenen Arbeitnehmer angemessen berücksichtigt. Zur Beurteilung steht mit dem Spruch der Einigungsstelle nur das **Ergebnis ihrer Tätigkeit**, nicht die von der Einigungsstelle angestellten Überlegungen und Erwägungen bei ihrer Tätigkeit (so zutr. *BAG* 31.08.1982 AP Nr. 8 zu § 87 BetrVG 1972 Arbeitszeit Bl. 6 R *[insoweit zust. Rath-Glawatz]*; 11.03.1986 AP Nr. 14 zu § 87 BetrVG 1972 Überwachung Bl. 7; zust. *BVerfG* 18.10.1986 EzA § 76 BetrVG 1972 Nr. 38; st. Rechtsprechung; vgl. ferner etwa *BAG* 14.01.2014 EzA § 94 BetrVG 2001 Nr. 1 Rn. 23 = AP Nr. 10 zu § 94 BetrVG 1972; 17.09.2013 EzA § 76 BetrVG 2001 Nr. 5 Rn. 20 = AP Nr. 63 zu § 76 BetrVG 1972; 22.07.2003 EzA § 87 BetrVG 2001 Arbeitszeit Nr. 4 S. 10; 29.01.2002 EzA § 76 BetrVG 1972 Nr. 70 S. 11 [zur Beurteilung steht auch nicht die Vorgehensweise bei der Sachaufklärung]; 30.08.1995 EzA § 87 BetrVG 1972 Kontrolleinrichtung Nr. 21 S. 12; 14.12.1993 EzA § 87 BetrVG 1972 Betriebliche Lohngestaltung Nr. 43 S. 5; 21.09.1993 § 87 BetrVG 1972 Nr. 19 S. 5; 10.08.1993 EzA § 87 BetrVG 1972 Lohn und Arbeitsentgelt Nr. 16 S. 5; 27.10.1992 EzA § 95 BetrVG 1972 Nr. 26 S. 12; 11.02.1992 EzA § 76 BetrVG 1972 Nr. 60 S. 8; für den Sozialplan: *BAG* 06.05.2003 EzA § 112 BetrVG 2001 Nr. 8 unter B II 2a = AP Nr. 161 zu § 112 BetrVG 1972 *[insoweit zust. Oetker]*; 25.01.2000 EzA § 112 BetrVG 1972 Nr. 106 S. 6f.; 14.09.1994 EzA § 112 BetrVG 1972 Nr. 77 S. 3; *LAG* Köln 13.07.1999 AP Nr. 1 zu § 109 BetrVG 1972 Bl. 6 R; ebenso *Berg/DKKW* § 76 Rn. 147; *Etzel* Rn. 1428; *Fitting* § 76 Rn. 154; *C. S. Hergenröder* AR-Blattei SD 630.1, Rn. 84; *Joost/MünchArbR* § 232 Rn. 88; *Kliemt/HWK* § 76 BetrVG Rn. 113; *Krasshöfer/HaKo* § 76 Rn. 33; *Neft/Ocker* Die Einigungsstelle, Rn. 268, 270; *Preis/WPK* § 76 Rn. 34; *Pünnel/Isenhardt* Die Einigungsstelle, Rn. 143; *Sbresny-Uebach* AR-Blattei SD 630, 1992, Rn. 122; *Koch* Arbeitsrechts-Handbuch, § 232 Rn. 31; *Stege/Weinspach/Schiefer* § 76 Rn. 23, 25a; *Weber/Ehrich* Einigungsstelle, F Rn. 39; wohl auch *Jäcker* Die Einigungsstelle, S. 114 f.). Das steht in Übereinstimmung damit, dass der Spruch der Einigungsstelle keiner Begründung bedarf (vgl. Rdn. 121).

168 Demgegenüber wird in der Literatur verbreitet die Auffassung vertreten, dass sich die Ermessenskontrolle entsprechend der im Verwaltungsrecht (§ 114 VwGO) geläufigen Unterscheidung zwischen Ermessensüberschreitung und Ermessensmissbrauch (Ermessensfehlgebrauch) auch auf alle Fälle des Ermessensfehlgebrauchs erstreckt (vgl. *Thiele* Drittbearbeitung, § 76 Rn. 119; *Blomeyer* Anm. zu *BAG* 27.02.1975 EzA § 87 BetrVG 1972 Lohn und Arbeitsentgelt Nr. 1 S. 15; *Galperin/Löwisch* § 76 Rn. 43; *von Hoyningen-Huene* Die Billigkeit im Arbeitsrecht, S. 53; *Leipold* FS *Schnorr von Carolsfeld*, 1973, S. 273 [290 Fn. 50]; *Löwisch* SAE 1983, 143; *Richardi* Anm. zu *BAG* 31.08.1982 EzA § 87 BetrVG 1972 Arbeitszeit Nr. 13 S. 102m; *Richardi/Maschmann/Richardi* § 76 Rn. 137; ferner *Fiebig* Der Ermessensspielraum der Einigungsstelle, S. 178 ff.; ders. DB 1995, 1278 [1280]; *Heinze* RdA 1990, 262 [277]; *Kania*/ErfK § 76 BetrVG Rn. 32; *Löwisch/Kaiser* § 76 Rn. 57; *Rieble* Die Kontrolle des Ermessens, S. 163 ff., m. w. N. S. 23 ff.; *Vogg* Anm. zu *BAG* EzA § 87 BetrVG 1972 Lohn und Arbeitsentgelt Nr. 16; vgl. auch *Barkey-Heine* Inhaltliche Kontrollmaßstäbe, S. 117, die meint, dass nur der Ermessensfehlgebrauch der eingeschränkten Kontrolle nach Abs. 5 Satz 4 unterliege). Zur Begründung wird darauf abgestellt, dass das Ziel des Abs. 5 Satz 4 die zeitliche Begrenzung der Ermessenskontrolle sei, wie sich aus dem engen systematischen Zusammenhang mit Abs. 5 Satz 3 ergebe (vgl. etwa

Einigungsstelle § 76

Thiele Drittbearbeitung, § 76 Rn. 119). Indes normiert Abs. 5 Satz 3 einen Ermessensrahmen, obwohl bei Regelungsstreitigkeiten verschiedene Regelungen möglich sein können. Deshalb ist es sachgerecht, die Ermessenskontrolle mit dem Wortlaut von Abs. 5 Satz 4 darauf zu beschränken, dass sich der Spruch selbst im vorgegebenen Rahmen hält. Bei grob fehlerhaften Erwägungen der Einigungsstelle wird das nicht der Fall sein. Zu Recht verweist *Preis* (*WPK* § 76 Rn. 34) insoweit auf den entsprechenden Rechtsgedanken in § 214 Abs. 3 Satz 2 BBauG.

Für die Beurteilung einer Ermessensüberschreitung sind die Umstände **im Zeitpunkt der Beschlussfassung der Einigungsstelle** maßgeblich, nicht etwa die tatsächliche Situation, wie sie im Zeitpunkt der Entscheidung des Arbeitsgerichts besteht (vgl. *BAG* 31.08.1982 AP Nr. 8 zu § 87 BetrVG 1972 Arbeitszeit Bl. 7; zust. *Löwisch* SAE 1983, 143; *BAG* 06.05.2003 EzA § 112 BetrVG 2001 Nr. 8 S. 15 mit LS 1 für den Sozialplan mit dem konsequenten [vgl. Rdn. 167] Hinweis, dass es für die Beurteilung durch das Gericht ohne Bedeutung sei, ob die objektiven Umstände der Einigungsstelle bekannt waren oder bekannt sein konnten). Später eingetretene Tatsachen, welche die Interessen des Betriebs und der betroffenen Arbeitnehmer anders gewichten, sind außer Betracht zu lassen, weil sich die Kontrolle auf die Ermessensentscheidung der Einigungsstelle bezieht. Sie können aber ggf. Anlass zur späteren Änderung der Regelung, u. U. auch zu einer außerordentlichen Kündigung, geben (*BAG* 31.08.1982 AP Nr. 8 zu § 87 BetrVG 1972 Arbeitszeit Bl. 7). 169

Die arbeitsgerichtliche **Ermessenskontrolle** des Einigungsstellenspruchs **erstreckt** sich auf die **Einhaltung der in Abs. 5 Satz 3 normierten Grenzen** (vgl. dazu ausführlich *Fiebig* Der Ermessensspielraum der Einigungsstelle, S. 162 ff.). Sie hat davon auszugehen, dass das Gesetz der Einigungsstelle einen **Ermessensrahmen** zugesteht (vgl. Rdn. 134 f.), die **Ermessensausübung** jedoch dadurch **rechtlich gebunden** ist, dass sie sich an einer Vielzahl unbestimmter Rechtsbegriffe (Belange des Betriebs, Belange der betroffenen Arbeitnehmer, Angemessenheit, Billigkeit) zu orientieren hat. Es ist danach zu überprüfen, ob die getroffene Regelung die Belange der betroffenen Arbeitnehmer und des Betriebs angemessen abgewogen und beide zu einem billigen Ausgleich gebracht hat (vgl. auch *BAG* 31.08.1982 AP Nr. 8 zu § 87 BetrVG 1972 Arbeitszeit Bl. 7; 11.03.1986 AP Nr. 14 zu § 87 BetrVG 1972 Überwachung Bl. 7; 11.02.1992 EzA § 76 BetrVG 1972 Nr. 60 S. 8; *Dütz* DB 1972, 383 [389]; *G. Müller* DB 1973, 76 [77]; *Fitting* § 76 Rn. 155; *Pünnel/Isenhardt* Die Einigungsstelle, Rn. 142; *Weber/Ehrich* Einigungsstelle, F Rn. 41; *Stege/Weinspach/Schiefer* § 76 Rn. 25a). Das Gericht hat dabei von der Entscheidung der Einigungsstelle auszugehen und zu kontrollieren, ob die vorgegebenen rechtlichen Maßstäbe angelegt und rechtsfehlerfrei angewendet worden sind. Notfalls sind die Belange des Betriebs (nicht die persönlichen, insbesondere wirtschaftlichen Interessen des Arbeitgebers) und der betroffenen Arbeitnehmer und die tatsächlichen Umstände, die das für die Abwägung maßgebliche jeweilige Gewicht der Belange begründen, im Wege der Beweisaufnahme (durch Amtsermittlung nach § 83 Abs. 1 ArbGG) festzustellen, unabhängig davon, ob sie von den Betriebspartnern im Einigungsstellenverfahren vorgetragen worden sind (*BAG* 31.08.1982 AP Nr. 8 zu § 87 BetrVG 1972 Arbeitszeit Bl. 7) oder ob die Betriebsparteien der Einigungsstelle inhaltliche Vorgaben gemacht haben; an sie ist sie nicht gebunden (*BAG* 17.09.2013 EzA § 76 BetrVG 2001 Nr. 5 Rn. 20 = AP Nr. 63 zu § 76 BetrVG 1972). 170

Zutreffend orientiert das Bundesarbeitsgericht die **Prüfung** der Einhaltung der Ermessensgrenzen auch **am Zweck** des jeweils im Streit stehenden konkreten Mitbestimmungsrechts des Betriebsrats (vgl. *BAG* 17.10.1989 EzA § 76 BetrVG 1972 Nr. 54 S. 10; 11.02.1992 EzA § 76 BetrVG 1972 Nr. 60 Rdn. 170 [jeweils für Ausgestaltung eines Entlohnungssystems nach § 87 Abs. 1 Nr. 10]; 27.10.1992 EzA § 95 BetrVG 1972 Nr. 26 S. 12 [für Auswahlrichtlinien nach § 95]; 10.08.1993 EzA § 87 BetrVG 1972 Lohn und Arbeitsentgelt Nr. 16 S. 6 [für § 87 Abs. 1 Nr. 4]; 30.08.1995 EzA § 87 BetrVG 1972 Kontrolleinrichtung Nr. 21 S. 12 [für Einführung und Anwendung einer automatisierten Telefonanlage nach § 87 Abs. 1 Nr. 6]; für den Sozialplan: *BAG* 14.09.1994 EzA § 112 BetrVG 1972 Nr. 77 S. 2; 30.11.1994 EzA § 112 BetrVG 1972 Nr. 80 S. 4; 19.07.1995 EzA § 112 BetrVG 1972 Nr. 82 S. 6). Neben Ermessensüberschreitungen zum Nachteil des Arbeitgebers (vgl. insoweit *BAG* 27.10.1992 EzA § 95 BetrVG 1972 Nr. 26; 10.08.1993 EzA § 87 BetrVG 1972 Lohn und Arbeitsentgelt Nr. 16) kommen insoweit Ermessensüberschreitungen insbesondere auch dadurch in Betracht, dass die Einigungsstelle **eine eigene Ermessensentscheidung unterlässt** und die Konfliktlösung aufgrund der nicht ausreichenden Regelung wieder an die Betriebsparteien zurückgibt (*Hess. LAG* 171

08.04.2010 – 5 TaBV 123/09 – juris, Rn. 48 f.; *LAG Rheinland-Pfalz* 09.02.2011 – 8 TaBV 7/10 – juris, Rn. 78) oder **dem Arbeitgeber Alleinentscheidungsbefugnisse einräumt**, durch die das Mitbestimmungsrecht übergangen wird (vgl. *BAG* 17.10.1989 EzA § 76 BetrVG 1972 Nr. 54; *LAG Bremen* 04.06.1991 LAGE § 87 BetrVG 1972 Betriebliche Lohngestaltung Nr. 9, aufgehoben durch *BAG* 11.02.1992 EzA § 76 BetrVG 1972 Nr. 60) oder ihrem Regelungsauftrag, regelungsbedürftige Angelegenheit im Rahmen der gestellten Anträge vollständig zu lösen, nicht ausreichend nachkommt und **keine abschließende Regelung** trifft (zu § 87 Abs. 1 Nr. 7 und § 5 ArbSchG *BAG* 11.02.2014 EzA § 87 BetrVG 2001 Gesundheitsschutz Nr. 9 Rn. 14 = AP Nr. 20 zu § 87 BetrVG 1972 Gesundheitsschutz). Wenn die Einigungsstelle den Regelungsgegenstand aber selbst unter Ausschöpfung des Mitbestimmungsrechts gestaltet hat, ist ihr Spruch nicht deshalb ermessensfehlerhaft, weil er dem Arbeitgeber gewisse Freiräume einräumt (vgl. *BAG* 11.02.1992 EzA § 76 BetrVG 1972 Nr. 60, S. 9 m. w. N.; vgl. zu der Problematik auch *Säcker/Oetker* RdA 1992, 16), auch dann nicht, wenn sie den Regelungsgegenstand zunächst nur durch Festlegung abstrakt-genereller Grundsätze löst, den Betriebspartnern aber die Regelung künftig auftretender konkreter Einzelfälle nach den Grundsätzen überlässt (*BAG* 26.08.2008 EzA § 87 BetrVG 2001 Überwachung Nr. 2 Rn. 41: für Einführung einer Videoüberwachung in einem Briefverteilungszentrum) oder wenn sie auf eine Ausgestaltung der formellen Anforderungen für eine Aufgabenbeschreibung verzichtet und deren inhaltliche Gestaltung dem Arbeitgeber überlässt; durch diesen Freiraum wird ihm nicht das alleinige Gestaltungsrecht über den mitbestimmungspflichtigen Tatbestand eröffnet (*BAG* 11.01.2011 EzA § 87 BetrVG 2001 Gesundheitsschutz Nr. 5 Rn. 16 = AP Nr. 17 zu § 87 BetrVG 1972 Gesundheitsschutz; 14.01.2014 EzA § 94 BetrVG 2001 Nr. 1 Rn. 26 = AP Nr. 10 zu § 94 BetrVG 1972). Das Gericht hat aber nicht die Aufgabe, den Spruch der Einigungsstelle nach seinen eigenen Vorstellungen von »der« angemessenen Berücksichtigung der Belange der Beteiligten und »der« Billigkeit der Entscheidung zu messen (*Thiele* Drittbearbeitung, § 76 Rn. 123). Es hat nicht sein eigenes Ermessen walten zu lassen (vgl. Rdn. 158) und auch nicht selbst »möglichst sachnah« zu entscheiden (so aber *G. Müller* DB 1973, 76 [77]).

172 Das Gericht hat festzustellen, ob die vom Antragsteller geltend gemachte Überschreitung der Ermessensgrenzen vorliegt. Deshalb ist auch insoweit der **Feststellungsantrag** der richtige Antrag (vgl. Rdn. 149). Aus Abs. 5 Satz 3 i. V. m. Satz 4 ergibt sich, dass **jede** Überschreitung der verbindlichen Ermessensgrenzen **rechtswidrig** ist. Es ist nicht auf Evidenz der Ermessensüberschreitung abzustellen (vgl. *Thiele* Drittbearbeitung, § 76 Rn. 123), nicht auf »grobe« Ermessensüberschreitung (so aber *Sbresny-Uebach* AR-Blattei SD 630, 1992, Rn. 119) und auch nicht auf »offenbare Unbilligkeit« des Spruchs i. S. v. § 319 Abs. 1 BGB (ebenso *Thiele* Drittbearbeitung, § 76 Rn. 123; *Neft/Ocker* Die Einigungsstelle, Rn. 271; *Pünnel/Isenhardt* Die Einigungsstelle, Rn. 143). Andererseits ist die im Grenzbereich der angemessenen Berücksichtigung der Interessen und der Billigkeit liegende Entscheidung der Einigungsstelle rechtmäßig (vgl. *Fitting* § 76 Rn. 153 f.). Bloße Zweifel an der Einhaltung der Ermessensgrenzen genügen nicht, um den Spruch für rechtswidrig zu halten. Maßgebend ist, ob das Gericht die Überzeugung gewonnen hat, dass der Spruch ermessensfehlerhaft ist, insbesondere, weil die Interessen des Betriebs und der Arbeitnehmer nicht oder nicht sachgerecht abgewogen sind oder die getroffene Regelung nicht nur unzweckmäßig, sondern objektiv ungeeignet ist (zust. *BAG* 27.10.1992 EzA § 95 BetrVG 1972 Nr. 26 S. 12; *BAG* 21.09.1993 EzA § 87 BetrVG 1972 Nr. 19 S. 6).

173 Im Fall der Ermessensüberschreitung ist der Spruch der Einigungsstelle **unwirksam** (im Ergebnis h. M.; vgl. etwa *BAG* 10.08.1993 EzA § 87 BetrVG 1972 Lohn- und Arbeitsentgelt Nr. 16 S. 4). Das Gesetz ordnet die Rechtsfolge nicht ausdrücklich an. Sie ergibt sich jedoch aus allgemeinen Überlegungen, hilfsweise aus § 134 BGB (weil Abs. 5 Satz 3 i. V. m. Satz 4 auch als Verbotsgesetz gedeutet werden kann, die Ermessensgrenzen zu überschreiten). In Regelungsfragen ist der Spruch der Einigungsstelle ein (betriebsverfassungsrechtliches) Rechtsgeschäft (vgl. auch *BAG* 26.05.1988 EzA § 76 BetrVG 1972 Nr. 41 S. 3), an das die Rechtsordnung in Form der Bindung an die Ermessensgrenzen rechtliche Anforderungen stellt. Mangels anderer Anhaltspunkte im Gesetz ist nicht anzunehmen, dass ein Spruch rechtswirksam werden soll, der den Anforderungen nicht genügt. Zur Frage der Teilunwirksamkeit vgl. Rdn. 179.

Einigungsstelle § 76

174 Insbesondere lässt das Gesetz für eine der verwaltungsrechtlichen Anfechtungsklage entsprechende Betrachtungsweise keinen Raum (vgl. *Thiele* Drittbearbeitung, § 76 Rn. 124). Da der Spruch der Einigungsstelle kein Verwaltungsakt ist (vgl. Rdn. 87), kommt ihm (anders als nach § 113 VwGO) keinerlei Bestandsschutz zu. Davon ist auch im Fall der Ermessensüberschreitung keine Ausnahme angezeigt. Dass lediglich Arbeitgeber und Betriebsrat und nur innerhalb der Zwei-Wochen-Frist zur Geltendmachung von Ermessensüberschreitungen nach Abs. 5 Satz 4 befugt sind, ergibt nichts für eine bloße Aufhebbarkeit des Spruchs und spricht auch nicht für eine bloße Anfechtbarkeit mit ex-nunc-Wirkung ab Rechtskraft (so aber *Dietz/Richardi* § 76 Rn. 110; *Leipold* FS *Schnorr von Carolsfeld*, 1973, S. 273 [296]; *Richardi* Anm. zu BAG 31.08.1982 EzA § 87 BetrVG 1972 Arbeitszeit Nr. 13 S. 102k [anders jetzt *ders.* § 76 Rn. 135]. Da eine Unterscheidung von Rechtsunwirksamkeit und Anfechtbarkeit von Sprüchen nicht richtig ist, ist auch eine Unterscheidung von Nichtigkeits- und Anfechtungsgründen nicht möglich; anders *Leipold* FS *Schnorr von Carolsfeld*, 1973, S. 295 ff., der zwischen »externen« und »internen« Mängeln differenziert; vgl. zum BetrVG 1952 auch *Dütz* Die gerichtliche Überprüfung, S. 92 ff., 99 ff.). Deshalb ist insoweit auch keine Parallelbetrachtung zur Anfechtung der Betriebsratswahl gerechtfertigt (bedenklich insoweit BAG 26.05.1988 EzA § 76 BetrVG 1972 Nr. 41 S. 5). Zu Recht geht das Bundesarbeitsgericht in st. Rspr. davon aus, dass **immer** nur die **Rechtsunwirksamkeit** eines Spruchs der Einigungsstelle **festzustellen**, niemals ihr Spruch (durch Gestaltungsentscheidung) aufzuheben ist (vgl. Rdn. 149 m. w. N.).

4. Inhalt und Wirkung der gerichtlichen Entscheidung

175 Stellt das Arbeitsgericht auf entsprechenden Feststellungsantrag rechtskräftig (Rechtsmittel: Beschwerde, §§ 87 ff. ArbGG; Rechtsbeschwerde, §§ 92 ff. ArbGG) durch Beschluss fest, dass der **Spruch der Einigungsstelle unwirksam** (oder nichtig) ist, ist der Spruch mit Wirkung für und gegen den Arbeitgeber, den Betriebsrat und alle Arbeitnehmer mit Rückwirkung (ex-tunc) beseitigt, so wie es der wirklichen Rechtslage von Anfang an entsprochen hat. Wird der **Antrag** rechtskräftig **zurückgewiesen**, ist damit endgültig festgestellt, dass der Spruch rechtswirksam ist und die Einigung von Arbeitgeber und Betriebsrat ersetzt. Dabei ist ohne Belang, welchen Mangel der Antragsteller geltend gemacht hat und ob er alle in Betracht kommenden Mängel gerügt hat: Das Arbeitsgericht entscheidet über die Wirksamkeit oder Unwirksamkeit des Spruchs der Einigungsstelle, nicht aber über die Begründetheit der Rüge bestimmter Rechtsverletzungen. Es hat sonstige Unwirksamkeitsgründe von Amts wegen zu beachten (§ 83 Abs. 1 ArbGG), weil die Wirksamkeit des Spruchs unter allen rechtlichen Gesichtspunkten zu überprüfen ist (vgl. auch BAG 16.07.1996 AP Nr. 53 zu § 76 BetrVG 1972 Bl. 2 und hier Rdn. 163).

176 Ist in einem Urteilsverfahren oder in einem Beschlussverfahren mit anderem Streitgegenstand **über die Wirksamkeit eines Spruchs** der Einigungsstelle **als Vorfrage** entschieden worden, wirkt die Feststellung nur im Rahmen der Entscheidung über den Streitgegenstand unter den Parteien und Beteiligten. Zur Aussetzung eines solchen Verfahrens vgl. Rdn. 148.

177 Das Arbeitsgericht ist im Rahmen der Überprüfung einer Ermessensüberschreitung nach Abs. 5 Satz 4 **nur** zur Entscheidung darüber berufen, ob der Spruch der Einigungsstelle wirksam ist. Es kann den Spruch weder abändern noch selbst die Meinungsverschiedenheit zwischen Arbeitgeber und Betriebsrat durch eine eigene Regelung beilegen (h. M.; vgl. LAG Düsseldorf 04.07.1980 EzA § 76 BetrVG 1972 Nr. 2; 24.01.1978 EzA § 87 BetrVG 1972 Vorschlagswesen Nr. 1; *Berg/DKKW* § 76 Rn. 151; *Dütz* DB 1972, 383 [389]; *Fitting* § 76 Rn. 161; *Galperin/Löwisch* § 76 Rn. 43; *Gnade* AuR 1973, 43 [46]; *Herschel* AuR 1974, 257 [265]; *Joost/MünchArbR* § 232 Rn. 90; *Kreutz* ZfA 1975, 65 [83]; *Neft/Ocker* Die Einigungsstelle, Rn. 274; *Pünnel/Isenhardt* Die Einigungsstelle, Rn. 143; *Richardi/Maschmann/Richardi* § 76 Rn. 136; *Söllner* 25 Jahre Bundesarbeitsgericht, 1979, S. 605 [616]; *Stege/Weinspach/Schiefer* § 76 Rn. 28; *Worzalla/HWGNRH* § 76 Rn. 88; **a. M.** *Leipold* FS *Schnorr von Carolsfeld*, S. 273 [287 f.]; *G. Müller* DB 1973, 76 [77]). Das Gericht kann die Streitsache auch nicht an die Einigungsstelle zurückverweisen (*Löwisch/Kaiser* § 76 Rn. 53). Hat die Einigungsstelle allerdings in einer Rechtsfrage entschieden, stellt das Arbeitsgericht nicht nur die Unwirksamkeit des rechtsfehlerhaften Spruchs fest, sondern entscheidet die Rechtsfrage selbst abschließend (ebenso *Dietz/Richardi* § 76 Rn. 112 [anders *Richardi/Maschmann/Richardi* § 76 Rn. 135]; *Fitting* § 76

Rn. 148; *Joost*/MünchArbR § 232 Rn. 90; *Kliemt/HWK* § 76 BetrVG Rn. 114; *Preis/WPK* § 76 Rn. 38; *Koch* Arbeitsrechts-Handbuch, § 232 Rn. 37).

178 Nach rechtskräftiger Feststellung der Unwirksamkeit des Spruchs der Einigungsstelle sind in allen Fällen die Einigungsbemühungen von Arbeitgeber und Betriebsrat fortzusetzen. Sie können ihre Meinungsverschiedenheit selbst beilegen (*Thiele* Drittbearbeitung, § 76 Rn. 127; *Jäcker* Die Einigungsstelle, S. 151), z. B. auch einen Vergleich schließen. Sie können aber auch das **Verfahren vor der Einigungsstelle fortsetzen**, wenn nicht (gerade) die Zuständigkeit der Einigungsstelle verneint worden ist (insbesondere wegen Nichtbestehens eines Mitbestimmungsrechts). Mit dem unwirksamen Spruch (bei unwirksamer Sachentscheidung wie bei fälschlicher Verneinung ihrer Zuständigkeit) ist die Zuständigkeit der Einigungsstelle nicht »verbraucht«, die Tätigkeit der Einigungsstelle ist nicht beendet, weil sie ihre Aufgabe, die Beilegung der Meinungsverschiedenheit, um derentwillen sie angerufen worden ist, nicht erfüllt hat. Sie besteht vielmehr fort (ebenso schon *Thiele* Drittbearbeitung, § 76 Rn. 127; *LAG Düsseldorf* 24.01.1978 EzA § 87 BetrVG 1972 Vorschlagswesen Nr. 1; *Bischoff* Die Einigungsstelle, S. 165; *Stege/Weinspach/Schiefer* § 76 Rn. 28; wie hier auch *BAG* 30.01.1990 EzA § 87 BetrVG 1972 Betriebliche Lohngestaltung Nr. 27 S. 13; 10.12.2002 EzA § 99 BetrVG 2001 Umgruppierung Nr. 1 S. 12; 31.05.2005 EzA § 87 BetrVG 2001 Betriebliche Lohngestaltung Nr. 7 S. 5 [alle bei fehlerhafter Verneinung der Zuständigkeit der Einigungsstelle; vgl. dazu auch Rdn. 127]; *Berg/DKKW* § 76 Rn. 152; *U. Fischer* NZA 1997, 1017 [1020]; *Fitting* § 76 Rn. 162; *Joost*/MünchArbR § 232 Rn. 92; *Kliemt/HWK* § 76 BetrVG Rn. 115; *Preis/WPK* § 76 Rn. 33; *Weber/Ehrich* Einigungsstelle, F Rn. 45; *Worzalla/HWGNRH* § 76 Rn. 90). Es bedarf weder der Einrichtung einer neuen Einigungsstelle (**a. M.** *Pünnel/Isenhardt* Die Einigungsstelle, Rn. 149; *Koch* Arbeitsrechts-Handbuch, § 232 Rn. 37, unter unzutreffender Berufung auf *BAG* 25.08.1983 AP Nr. 14 zu § 59 KO = DB 1984, 303, da die Entscheidung nur den Fall betrifft, dass nach Beendigung der Tätigkeit der Einigungsstelle erneut Meinungsverschiedenheiten entstehen) noch einer Neuanrufung der bestehenden Einigungsstelle (**a. M.** *Richardi/Maschmann/Richardi* § 76 Rn. 138; *Kania*/ErfK § 76 BetrVG Rn. 22, wenn die Einigungsstelle eine Sachentscheidung getroffen hat, nicht, wenn sie fehlerhaft ihre Zuständigkeit verneint hat); *Dütz* AuR 1973, 353 [366]; *Galperin/Löwisch* § 76 Rn. 46; *Gnade* AuR 1973, 43 [47]), noch einer Vereinbarung der Betriebspartner über den Fortbestand der bisherigen Einigungsstelle (**a. M.** *Fitting/Auffarth/Kaiser/Heither* 17. Aufl., § 76 Rn. 33; *Neft/Ocker* Die Einigungsstelle, Rn. 286). Vor erneuter Beschlussfassung gemäß Abs. 3 Satz 3 muss aber erneut mündlich beraten werden (Abs. 3 Satz 2).

179 Feststellungsantrag und feststellende Entscheidung des Arbeitsgerichts werden in der Regel die Unwirksamkeit des Spruchs der Einigungsstelle insgesamt betreffen. Notwendig ist das aber nicht. Der Spruch kann ganze Regelungskomplexe ordnen (z. B. in den Fällen der §§ 87 Abs. 1 Nr. 1, 5, 6, 7, 8, 10, 12; 91; 94; 95; 112 Abs. 4), von denen womöglich nur einzelne Teile rechtsfehlerhaft sind. Dem kann mit dem Feststellungsantrag (vgl. *LAG Berlin* 16.06.1986 LAGE § 76 BetrVG 1972 Nr. 24; *LAG Hamm* 27.03.1985 NZA 1985, 631) und dem ist mit der gerichtlichen Feststellungsentscheidung Rechnung zu tragen. Gemäß dem Rechtsgedanken des § 139 BGB führt die **Teilunwirksamkeit** nicht zur Unwirksamkeit des gesamten Spruchs, wenn der wirksame Teil auch ohne die unwirksamen Bestimmungen eine sinnvolle und in sich geschlossene Regelung enthält (st. Rspr. unter Berufung auf den Normcharakter der Betriebsvereinbarung, vgl. *BAG* 09.07.2013 EzA § 87 BetrVG 2001 Arbeitszeit Nr. 17 Rn. 39 = AP Nr. 130 zu § 87 BetrVG 1972 Arbeitszeit; 30.08.1995 EzA § 87 BetrVG 1972 Kontrolleinrichtung Nr. 21 S. 11; 18.12.1990 EzA § 4 TVG Metallindustrie Nr. 79 S. 15 m. w. N.; 28.04.1981 AP Nr. 1 zu § 87 BetrVG 1972 Vorschlagswesen Bl. 7; 28.07.1981 AP Nr. 2 zu § 87 BetrVG 1972 Urlaub Bl. 2; *ArbG Hamburg* 03.07.2014 – 17 BV 1/14 – juris, Rn. 63; ebenso schon *Thiele* Drittbearbeitung, § 76 Rn. 128; *Berg/DKKW* § 76 Rn. 153; *Fitting* § 76 Rn. 160; *Joost*/MünchArbR § 232 Rn. 91; vgl. auch *Kreutz* § 77 Rdn. 66; **a. M.** *U. Fischer* NZA 1997, 1017, der strukturelle Unterschiede zur Betriebsvereinbarung herausstellt und auch eine bloße »Teilanfechtung« des Spruchs nicht für möglich hält). In einer Reihe jüngerer Entscheidungen des Bundesarbeitsgerichts war das aber nicht der Fall (vgl. *BAG* 15.05.2001 EzA § 87 BetrVG 1972 Leistungslohn Nr. 18 S. 9; 25.01.2000 EzA § 112 BetrVG 1972 Nr. 106 S. 7 ff.; 28.05.2002 EzA § 87 BetrVG 1972 Bildungsurlaub Nr. 1 S. 14).

Einigungsstelle § 76

Als privatrechtliches Rechtsgeschäft, das die Einigung zwischen Arbeitgeber und Betriebsrat ersetzt, **180** ist der Spruch der Einigungsstelle entweder wirksam oder (teil-) rechtsunwirksam. Wird das Arbeitsgericht mit dem Antrag angerufen, die Unwirksamkeit des Spruchs festzustellen (vgl. Rdn. 149), berührt das die wahre Rechtslage nicht. Die gerichtliche Geltendmachung der Unwirksamkeit, gleich aus welchem Grunde sie erfolgt (insbesondere gilt insoweit für die Geltendmachung einer Ermessensüberschreitung nach § 76 Abs. 5 Satz 4 nichts Besonderes), hat für die Geltung des Spruchs **keine suspendierende Wirkung** (ebenso *LAG Berlin* 15.06.1977 DB 1978, 117; *LAG Hamm* 22.06.1978 BB 1978, 1014; *LAG Berlin* 06.12.1984 BB 1985, 1199; 08.11.1990 BB 1991, 206 [das aber einschränkend eine Suspendierung bei offensichtlicher Rechtswidrigkeit in Betracht zieht]; *LAG Köln* 20.04.1999 NZA-RR 2000, 311 [312]; 30.07.1999 NZA 2000, 334; *Auffarth* AuR 1972, 33 [42]; *Dütz* ZfA 1972, 247 [268 f.]; *Berg/DKKW* § 76 Rn. 150; *Fitting* § 76 Rn. 164; *Gnade* AuR 1973, 43 [46]; *Pünnel/Isenhardt* Die Einigungsstelle, Rn. 152; *Stege/Weinspach/Schiefer* § 76 Rn. 27a; **a. M.** *Gaul* Die betriebliche Einigungsstelle, K IV Rn. 16 ff. für die Geltendmachung der Ermessensüberschreitung; dann aber wie hier *Gaul/Bartenbach* NZA 1985, 341 [342 f.]; krit. auch *Zeppenfeld/Fries* NZA 2015, 647 [648]: »dürftig begründete« h. M.). Anhaltspunkte für jedwede Parallelbetrachtung zur verwaltungsrechtlichen Anfechtungsklage fehlen.

Andererseits ist der verbreiteten Ansicht nicht zu folgen, derzufolge in jedem Fall zunächst einmal der **181** Spruch für die Betriebspartner bindend und (vom Arbeitgeber) durchzuführen ist (so etwa *LAG Berlin* 06.12.1984 BB 1985, 1199; *LAG Köln* 20.04.1999 NZA-RR 2000, 311 [312]; *LAG Mecklenburg-Vorpommern* 03.02.2010 – 2 TaBV 15/09 – juris, Rn. 20; *ArbG Berlin* 17.12.1984 ARSt. 1985, 173; *Berg/DKKW* § 76 Rn. 150; *Fitting* § 76 Rn. 164; *Gaul/Bartenbach* NZA 1985, 341 [342]; *Krasshöfer/HaKo* § 76 Rn. 31; *Weber/Ehrich* Einigungsstelle, F Rn. 48), denn der Spruch ist nur verbindlich, wenn er rechtswirksam ist (zust. *Joost/MünchArbR* § 232 Rn. 70). Die Einigungsstelle hat auch nicht die Befugnis, die vorläufige Vollstreckbarkeit ihrer Entscheidung anzuordnen. Die während des Überprüfungsverfahrens ungeklärte Rechtslage ist nach allgemeinen Grundsätzen zu handhaben. Ausgangspunkt ist § 77 Abs. 1 Satz 1, der ausdrücklich bestimmt, dass der Arbeitgeber Vereinbarungen zwischen Arbeitgeber und Betriebsrat, auch soweit sie auf einem Spruch der Einigungsstelle beruhen, durchzuführen hat. Hält der Arbeitgeber den Spruch für wirksam, kann er ihn dementsprechend durchführen. Es liegt dann am Betriebsrat, mit Hilfe einer **einstweiligen Verfügung** im Rahmen des von ihm anhängig gemachten Beschlussverfahrens (§ 85 Abs. 2 ArbGG) die Anwendung des Spruchs zu **verhindern**. Er kann sich dabei auf § 80 Abs. 1 Nr. 1 berufen, wird aber nur Erfolg haben, wenn der Spruch offensichtlich rechtswidrig ist und ein Verfügungsgrund vorliegt (so auch *LAG Frankfurt a. M.* 24.09.1987 LAGE § 85 ArbGG 1979 Nr. 2; *LAG Baden-Württemberg* 07.11.1989 NZA 1990, 286; *LAG Köln* 30.07.1999 NZA 2000, 334; vgl. auch *LAG Hamburg* 05.05.2000 AuR 2000, 356). Hält der Arbeitgeber den Spruch für rechtsunwirksam und führt er ihn deshalb nicht durch, kann der Betriebsrat sein Durchführungsverlangen auf § 77 Abs. 1 Satz 1 stützen (vgl. dazu näher *Kreutz* § 77 Rdn. 23 ff.). Ggf. kann er durch **einstweilige Verfügung** den **Vollzug** des Spruchs erreichen (so *LAG Berlin* 06.12.1984 BB 1985, 1199; 08.11.1990 BB 1991, 206; *LAG Köln* 20.04.1999 NZA-RR 2000, 311 [312]; vgl. auch *ArbG Berlin* 17.12.1984 ARSt. 1985, 173). Nicht etwa ist der Arbeitgeber, der das Überprüfungsverfahren anhängig gemacht hat, seinerseits gehalten, sich von der Pflicht zur Durchführung vorläufig befreien zu lassen (so aber *ArbG Berlin* 17.12.1984 ARSt. 1985, 173; *Pünnel/Isenhardt* Die Einigungsstelle, Rn. 152). Zur Aussetzung eines Urteilsverfahrens vgl. Rdn. 143, 148.

IX. Rechtsweggarantie (Abs. 7)

Abs. 7, wonach der Spruch der Einigungsstelle einen nach anderen Vorschriften gegebenen Rechts- **182** weg nicht ausschließt, ist eine Reaktion des Gesetzgebers auf die unklare Fassung des § 50 Abs. 4 BetrVG 1952. Dort war – wie in den §§ 47 Abs. 4, 56 Abs. 2, 70 Abs. 2 BetrVG 1952 – die Rede von verbindlichen Entscheidungen der Einigungsstelle. Das ist z. T. dahin missverstanden worden, dass ein »Rechtsmittel« gegen die Entscheidung nicht gegeben sei (vgl. *LAG Berlin* 24.02.1964 BB 1964, 964). Demgegenüber hat sich die Auffassung durchgesetzt, dass die **Sprüche** der Einigungsstelle auf ihre Übereinstimmung mit dem geltenden Recht **überprüfbar** sind. Schon die Entwurfsfassung der Abs. 5 und 6 des § 76 BetrVG 1972 (der Spruch der Einigungsstelle ersetzt die Einigung ...) sollte das deutlich machen (Begründung RegE, BT-Drucks. VI/1786, S. 46). Erst in der Fassung des 10. Ausschusses ist der Gedanke, dass der Einigungsstelle keine richterliche Funktion zukommt und daher keinem Beteiligten durch den Spruch der Einigungsstelle die Geltendmachung seiner Rechte vor den Gerichten versperrt wird (zu BT-Drucks. VI/2729, S. 10, 28), auch ausdrücklich im Gesetz niedergelegt worden. Vgl. Rdn. 145 ff.

183 Insbesondere hindert eine Entscheidung der Einigungsstelle in **Rechtsfragen** die Betroffenen nicht, **individuelle Rechtsansprüche** ungeachtet des Spruchs gerichtlich geltend zu machen. Auch die Zulässigkeit des sog. Vorabentscheidungsverfahrens (vgl. Rdn. 75) bleibt unberührt. Nur wenn die Einigungsstelle nach dem Gesetz zur Entscheidung von Rechtsfragen berufen ist, die nicht nur Vorfragen sind (vgl. Rdn. 13 f.), ist die Anrufung des Arbeitsgerichts grundsätzlich erst nach Durchführung des Einigungsverfahrens zulässig. Eine Ausnahme gilt in eilbedürftigen Fällen. **Die Primärzuständigkeit** der Einigungsstelle erstreckt sich **nicht** auf die Gewährung einstweiligen Rechtsschutzes (vgl. *Fitting* § 76 Rn. 166; *Galperin/Löwisch* § 76 Rn. 39; *Leipold* FS *Schnorr von Carolsfeld*, 1973, S. 273 [286]; *Richardi/Maschmann/Richardi* § 76 Rn. 34). Da sie ihn nicht gewähren kann, bleibt es bei der Möglichkeit, eine einstweilige Verfügung im arbeitsgerichtlichen Beschlussverfahren (§ 85 Abs. 2 ArbGG) zu beantragen. Eine Ausnahme gilt auch für Individualansprüche in den Fällen des § 87 Abs. 1 Nr. 5 und 9. Sie bleiben gerichtlich durchsetzbar, auch wenn die Einigungsstelle noch nicht entschieden hat (vgl. auch *Galperin/Löwisch* § 76 Rn. 41; *Richardi/Maschmann/Richardi* § 76 Rn. 32).

X. Tarifliche Schlichtungsstellen (Abs. 8)

184 Während durch Betriebsvereinbarung nur ergänzende Verfahrensregelungen getroffen werden können (Abs. 4), kann durch **Tarifvertrag** bestimmt werden, dass die Funktionen der betrieblichen Einigungsstelle von einer tariflichen Schlichtungsstelle wahrgenommen werden (Abs. 8). Die Tarifvertragsparteien können die Zuständigkeit der Schlichtungsstelle auf **alle** oder aber auch nur auf einen Teil der Aufgaben und Zuständigkeiten der Einigungsstelle erstrecken und sie **insoweit** ersetzen (so schon *Thiele* Drittbearbeitung, § 76 Rn. 131; *Galperin/Löwisch* § 76 Rn. 48; ebenso *Berg/DKKW* § 76 Rn. 157; *Fitting* § 76 Rn. 174 f.). Die Zuständigkeit einer Schlichtungsstelle **verdrängt** insoweit die der Einigungsstelle. Die tarifvertragliche Ersetzungsregelung muss eindeutig sein (vgl. *BAG* 09.05.1995 EzA § 76 BetrVG 1972 Nr. 66: Es genügt nicht die Bestimmung, dass bei Meinungsverschiedenheiten »die Tarifvertragsparteien zwecks Klärung und Schlichtung einzuschalten sind«). Wie die Einigungsstelle hat die tarifliche Schlichtungsstelle jedoch nur die betriebsverfassungsrechtliche Funktion, Meinungsverschiedenheiten zwischen Arbeitgeber und Betriebsrat (Gesamtbetriebsrat, Konzernbetriebsrat) beizulegen. Obgleich sie von den Tarifpartnern instituiert wird, ist sie nicht Organ der Tarifordnung (vgl. auch *Rieble* RdA 1993, 140 [144]). Dementsprechend eröffnet § 76 Abs. 8 auf dem Weg über verbindliche Sprüche der Schlichtungsstelle keine »Tarifmacht gegenüber Außenseitern«, gegen die *Schlüter* (FS *Lukes*, 1989, S. 559) verfassungsrechtliche Bedenken wegen fehlender demokratischer Legitimation (Art. 20 Abs. 2 Satz 1 GG) und Verletzung der negativen Koalitionsfreiheit (Art. 9 Abs. 3 GG) vorgebracht hat.

185 Da die tarifliche Schlichtungsstelle »**an die Stelle**« der Einigungsstelle tritt, ergibt sich, dass ihre Zuständigkeit in betriebsverfassungsrechtlichen Angelegenheiten derjenigen der Einigungsstelle entspricht. Eine Einengung der Zuständigkeit unter Ausschluss der Einigungsstelle ist unzulässig. Eine Erweiterung der Zuständigkeit ist zulässig, soweit Betriebsverfassungsrecht oder Tarifrecht es gestatten. Abs. 8 gibt keine Rechtsgrundlage für eine solche Erweiterung, steht ihr aber auch nicht entgegen. Nach der Rechtsprechung des *BAG* kann durch Tarifvertrag (in Form einer betriebsverfassungsrechtlichen Norm i. S. v. § 1 Abs. 1 TVG) bestimmt werden, dass der Spruch der Einigungsstelle die Einigung zwischen Arbeitgeber und Betriebsrat auch in Angelegenheiten ersetzt, die nach dem Betriebsverfassungsgesetz nicht der Mitbestimmung des Betriebsrats unterliegen (vgl. auch *Wiese* § 87 Rdn. 11 ff.). Zugleich kann in einem solchen Tarifvertrag weiter bestimmt werden, dass eine tarifliche Schlichtungsstelle an die Stelle der Einigungsstelle tritt (vgl. zu der Konstellation *BAG* 18.08.1987 AP Nr. 23 zu § 77 BetrVG 1972 = EzA § 77 BetrVG 1972 Nr. 18; vgl. auch *BAG*

09.05.1995 EzA § 76 BetrVG 1972 Nr. 66, wo aber eine Ersetzungsregelung mangels Eindeutigkeit zu Recht verneint wird).

Für die tarifliche Schlichtungsstelle gelten **zwingend die Verfahrensregeln** des § 76 Abs. 3, 5 und 6. **186** Die Bindung wollte der Gesetzgeber ausweislich der Begründung zum RegE in Abweichung von § 50 Abs. 5 BetrVG 1952 herbeiführen (vgl. BT-Drucks. VI/1786, S. 47). § 76 Abs. 3 ist nicht tarifdispositiv (ebenso im Ergebnis schon *Thiele* Drittbearbeitung, § 76 Rn. 133; *Fitting* § 76 Rn. 176; *Kania/* ErfK § 76 BetrVG Rn. 33; *Pünnel/Isenhardt* Die Einigungsstelle, Rn. 135; *Richardi/Maschmann/ Richardi* § 76 Rn. 147; *Rieble* RdA 1993, 140 [147]; *Stege/Weinspach/Schiefer* § 76 Rn. 30; *Worzalla/ HWGNRH* § 76 Rn. 34; **a. M.** *Gnade/Kehrmann/Schneider/Blanke* 2. Aufl., § 76 Rn. 75 und *Berg/ DKKW* § 76 Rn. 156, beide unter unzutreffender Berufung auf den Vorrang der Tarifautonomie; nach *Galperin/Löwisch* § 76 Rn. 49 sind lediglich Abweichungen von § 76 Abs. 5 und 6 ausgeschlossen). Für eine ergänzende Regelung des Verfahrens vor der tariflichen Schlichtungsstelle sind aber nicht die Betriebspartner gemäß § 76 Abs. 4, sondern allein die Tarifvertragsparteien zuständig (zust. *Rieble* RdA 1993, 140 [148]). So kann etwa auch ein (zusätzlicher) Instanzenzug im Tarifvertrag vorgesehen werden (*Thiele* Drittbearbeitung, § 76 Rn. 133; *Fitting* § 76 Rn. 179; *Galperin/Löwisch* § 76 Rn. 49; *Pünnel/Isenhardt* Die Einigungsstelle, Rn. 135; *Rieble* RdA 1993, 140 [151]; *Worzalla/ HWGNRH* § 76 Rn. 34; **a. M.** *G. Müller* ZfA 1972, 213 [235]; *ders.* FS *Barz*, 1974, S. 489 [499]).

Die Tarifvertragsparteien können eine **ständige** tarifliche Schlichtungsstelle bilden, aber auch fest- **187** legen, dass sie ad-hoc zu bilden ist. Die Schlichtungsstelle kann auf betrieblicher, aber auch auf überbetrieblicher Ebene gebildet werden (Ausnahme: die betriebliche Beschwerdestelle nach § 86 Satz 2; vgl. *Rieble* RdA 1993, 140 [149]).

Die **Besetzung** der tariflichen Schlichtungsstelle **ist durch Tarifvertrag zu regeln**. Das gilt sowohl **188** für Zahl und Bestellung der Beisitzer als auch für die Bestellung des Vorsitzenden. Die Schlichtungsstelle mit den Aufgaben der Einigungsstelle **muss** einen unparteiischen Vorsitzenden haben (ebenso schon *Thiele* Drittbearbeitung, § 76 Rn. 134; *Pünnel/Isenhardt* Die Einigungsstelle, Rn. 136; *Richardi/ Maschmann/Richardi* § 76 Rn. 149) und paritätisch mit Beisitzern besetzt sein (ebenso *Bischoff* Die Einigungsstelle, S. 115; *Fitting* § 76 Rn. 176; *Joost/* MünchArbR § 232 Rn. 125; **a. M.** *Galperin/Löwisch* § 76 Rn. 49). Das folgt aus dem Zusammenhang der zwingenden Verfahrensvorschriften nach Abs. 3 mit dem auch zwingenden Abs. 2 Satz 1. Ist im Tarifvertrag dazu nichts geregelt, liegt keine tarifliche Schlichtungsstelle vor. Haben die Tarifvertragsparteien keinen Vorsitzenden bestellt und auch nicht das Verfahren zu seiner Bestellung nicht festgelegt, gilt Abs. 2 Satz 2; insoweit gilt auch § 100 Abs. 1 ArbGG (zust. *Rieble* RdA 1993, 140 [149]; *Fitting* § 76 Rn. 176; *Schlewing/GMPMS* ArbGG, § 98 Rn. 2; **a. M.** *Richardi/Maschmann/Richardi* § 76 Rn. 149: nur wenn der Tarifvertrag das vorsieht, »jedenfalls dann« auch *Dörner/* GK-ArbGG § 98 Rn. 3; *Hauck/Helml* ArbGG, § 98 Rn. 1; *Pünnel/Isenhardt* Die Einigungsstelle, Rn. 136).

Eine tarifliche Regelung nach Abs. 8 ist für den Betrieb nur gem. § 3 Abs. 2 TVG verbindlich, da es **189** sich um eine betriebsverfassungsrechtliche Normierung handelt. Erforderlich und ausreichend ist es, wenn der **Arbeitgeber tarifgebunden** ist (ganz h. M.; **a. M.** unter Berufung auf eine verfassungskonform-restriktive Auslegung *Rieble* RdA 1993, 140 [143], der fordert, dass die tarifschließende Gewerkschaft zumindest durch einen Arbeitnehmer als Mitglied im Betrieb vertreten ist) und der Geltungsbereich des Tarifvertrags sich auf den Betrieb erstreckt. Das gilt entsprechend, wenn die Schlichtungsstelle auf Unternehmensebene Meinungsverschiedenheiten zwischen Arbeitgeber und Gesamtbetriebsrat beilegen soll. Eine tarifliche Schlichtungsstelle auf Konzernebene setzt eine Regelung nach Abs. 8 in einem konzerneinheitlich geltenden Tarifvertrag voraus; vgl. dazu *Rieble* RdA 1993, 140 [145 f.] und *Franzen* § 55 Rdn. 28).

Soweit die tarifliche Schlichtungsstelle danach (mangels Übergangsregelung mit Inkrafttreten des Ta- **190** rifvertrages) zuständig ist, ist für die Bildung einer Einigungsstelle kein Raum mehr. Die **Schlichtungsstelle tritt an die Stelle der Einigungsstelle**. Ist die tarifliche Schlichtungsstelle noch nicht errichtet oder aus anderen Gründen aktionsunfähig, können Arbeitgeber und Betriebsrat nicht auf die gesetzliche Einigungsstelle zurückgreifen (**a. M.** *Richardi/Maschmann/Richardi* § 76 Rn. 151; *Worzalla/HWGNRH* § 76 Rn. 38; nach *Rieble* RdA 1993, 140 [149] und *Wiedemann* TVG, 6. Aufl., § 1 Rn. 743, aber erst nach Ablauf einer Frist nach § 102 Abs. 2 Nr. 2 und 3 ArbGG). Arbeitgeber und

Betriebsrat müssen aber im Tarifvertrag Möglichkeiten gewährt sein, die Errichtung und die Tätigkeit der Schlichtungsstelle wirksam zu beeinflussen. Andernfalls wird ihr gesetzliches Recht, eine Einigungs- oder Schlichtungsstelle anrufen zu können, beschnitten. Sieht der Tarifvertrag für sie keine Möglichkeit vor, die Errichtung der noch nicht oder nicht mehr bestehenden Schlichtungsstelle zu erwirken, läuft die tarifliche Regelung leer. Die Einigungsstelle tritt wieder in ihre Rechte ein (*Thiele* Drittbearbeitung, § 76 Rn. 136; *Pünnel/Isenhardt* Die Einigungsstelle, Rn. 137; vgl. auch *Fitting* § 76 Rn. 177, die jedoch zu Unrecht auch, wenn der Tarifvertrag die ordnungsgemäße Besetzung sicherstellt, § 76 Abs. 5 Satz 2 bei der tariflichen Schlichtungsstelle nicht für anwendbar halten). Nach den Prinzipien der Tarifkonkurrenz lösbar ist die Zuständigkeit der Schlichtungsstelle für den Fall, dass gleichlautende Tarifverträge (z. B. zwischen einem Arbeitgeberverband und der IG Metall und der ver.di) für dieselbe Aufgabe eine tarifliche Schlichtungsstelle vorsehen: Vorrangig ist der Tarifvertrag mit der höheren Zahl mitgliedschaftlich legitimierter Tarifbindungen (Mehrheitsprinzip).

191 Der Spruch der tariflichen Schlichtungsstelle unterliegt in demselben Umfang der arbeitsgerichtlichen Überprüfung, in dem auch der Spruch der Einigungsstelle der gerichtlichen Nachprüfung unterliegen würde (vgl. *BAG* 18.12.1990 EzA § 4 TVG Metallindustrie Nr. 79 S. 8; 18.08.1987 AP Nr. 23 zu § 77 BetrVG 1972 Bl. 8 f. = EzA § 77 BetrVG 1972 Nr. 18 S. 19; 22.10.1981 AP Nr. 10 zu § 76 BetrVG 1972 Bl. 1 R m. w. N.; *Berg/DKKW* § 76 Rn. 158; *Fitting* § 76 Rn. 180; *Löwisch/Kaiser* § 76 Rn. 62; *Richardi/Maschmann/Richardi* § 76 Rn. 152; *Worzalla/HWGNRH* § 76 Rn. 39). Insbesondere haben die Sprüche einer tariflichen Schlichtungsstelle keine »Vermutung der Richtigkeit« für sich; ihre gerichtliche Überprüfung bei Geltendmachung der Ermessensüberschreitung ist nicht auf »offensichtliche Unbilligkeit« beschränkt (vgl. *G. Müller* ZfA 1972, 213 [235]; *ders.* DB 1973, 76 [78]). Durch Tarifvertrag kann die Ermessenskontrolle nicht abbedungen werden. Sie bezieht sich (wie bei Sprüchen der Einigungsstelle; vgl. Rdn. 167) aber nur auf das Ergebnis der Tätigkeit der Schlichtungsstelle (**a. M.** *Rieble* RdA 1993, 140 [151]), da auch sie ihre Sprüche nicht begründen muss (**a. M.** *Rieble* RdA 1993, 140 [151]: mangels Beteiligung der Betriebspartner in der Schlichtungsstelle; zust. insoweit *Fitting* § 76 Rn. 178; *Kliemt/HWK* § 76 BetrVG Rn. 11).

192 Zu den **Kosten** des Verfahrens der Schlichtungsstelle vgl. § 76a Rdn. 65.

§ 76a
Kosten der Einigungsstelle

(1) Die Kosten der Einigungsstelle trägt der Arbeitgeber.

(2) Die Beisitzer der Einigungsstelle, die dem Betrieb angehören, erhalten für ihre Tätigkeit keine Vergütung; § 37 Abs. 2 und 3 gilt entsprechend. Ist die Einigungsstelle zur Beilegung von Meinungsverschiedenheiten zwischen Arbeitgeber und Gesamtbetriebsrat oder Konzernbetriebsrat zu bilden, so gilt Satz 1 für die einem Betrieb des Unternehmens oder eines Konzernunternehmens angehörenden Beisitzer entsprechend.

(3) Der Vorsitzende und die Beisitzer der Einigungsstelle, die nicht zu den in Absatz 2 genannten Personen zählen, haben gegenüber dem Arbeitgeber Anspruch auf Vergütung ihrer Tätigkeit. Die Höhe der Vergütung richtet sich nach den Grundsätzen des Absatzes 4 Satz 3 bis 5.

(4) Der Bundesminister für Arbeit und Soziales kann durch Rechtsverordnung die Vergütung nach Absatz 3 regeln. In der Vergütungsordnung sind Höchstsätze festzusetzen. Dabei sind insbesondere der erforderliche Zeitaufwand, die Schwierigkeit der Streitigkeit sowie ein Verdienstausfall zu berücksichtigen. Die Vergütung der Beisitzer ist niedriger zu bemessen als die des Vorsitzenden. Bei der Festsetzung der Höchstsätze ist den berechtigten Interessen der Mitglieder der Einigungsstelle und des Arbeitgebers Rechnung zu tragen.

(5) Von Absatz 3 und einer Vergütungsordnung nach Absatz 4 kann durch Tarifvertrag oder in einer Betriebsvereinbarung, wenn ein Tarifvertrag dies zulässt oder eine tarifliche Regelung nicht besteht, abgewichen werden.

Kosten der Einigungsstelle § 76a

Literatur
Bauer/Röder Problemlose Einigungsstellenkosten?, DB 1989, 224; *Bengelsdorf* Die Vergütung der Einigungsstellenmitglieder, NZA 1989, 489; *Berger/Delhey* Der Rechtsanwalt als Vertreter des Betriebsrats vor der Einigungsstelle, ZTR 1990, 282; *Ebert* Die Kosten der Einigungsstelle gemäß § 76a BetrVG 1972 unter besonderer Berücksichtigung der Honorierung von Einigungsstellenmitgliedern (Diss. Kiel), 1999 (zit.: Kosten der Einigungsstelle); *Engels/Natter* Die geänderte Betriebsverfassung, BB 1989, Beil. Nr. 8, S. 1; *Friedemann* Das Verfahren der Einigungsstelle für Interessenausgleich und Sozialplan, 1997 (zit.: Das Verfahren der Einigungsstelle); *C. S. Hergenröder* Einigungsstelle II, Kosten, AR-Blattei SD 630.2, 2001; *Kamphausen* Rechtsanwälte »vor« oder »in« der Einigungsstelle – auch eine Frage der Meistbegünstigung von Anwälten, NZA 1994, 49; *ders.* Pauschalierung oder Stundensatz-Vergütung für außerbetriebliche Beisitzer in Einigungsstellen, NZA 1992, 55; *Kleinebrink* Die Vergütung der Beisitzer der Einigungsstelle, ArbRB 2017, 29; *Löwisch* Die gesetzliche Regelung der Einigungsstellenkosten (§ 76a BetrVG n. F.), DB 1989, 223; *Lubitz* Der Rechtsanwalt in der Betriebsverfassung (Diss. Bonn), 1998; *Lunk/Nebendahl* Die Vergütung der außerbetrieblichen Einigungsstellenbeisitzer, NZA 1990, 921; *Neft/Ocker* Die Einigungsstelle im Betriebsverfassungsrecht, 1995, S. 163 ff. (zit.: Die Einigungsstelle); *Platz* Der Grundsatz der prozessualen Waffengleichheit als Grenze der Kostentragungspflicht des Arbeitgebers bei Einigungsstellen- und Beschlußverfahren, ZfA 1993, 373; *Pünnel/Isenhardt* Die Einigungsstelle des BetrVG 1972, 4. Aufl. 1997, S. 65 ff. (zit.: Die Einigungsstelle); *Sbresny-Uebach* Die Einigungsstelle, AR-Blattei SD 630, 1992; *Schack* Die zivilrechtliche Stellung des Einigungsstellenvorsitzenden und die Problematik seiner Unparteilichkeit i. S. d. § 76 Abs. 2 S. 1 BetrVG (Diss. Kiel), 2002 (zit: Die zivilrechtliche Stellung des Einigungsstellenvorsitzenden); *H. Schäfer* Zur Vergütung der außerbetrieblichen Mitglieder der Einigungsstelle nach § 76a BetrVG, NZA 1991, 836; *R. Schneider* Die Vergütung von Einigungsstellenmitgliedern – Rechtsgrundlagen und Rechtstatsachen, FS *Stege*, 1997, S. 329; *Sowka* Die Tätigkeit von Rechtsanwälten als Parteivertreter vor der Einigungsstelle, NZA 1990, 91; *Weber/Ehrich* Einigungsstelle, 1999; *Wlotzke* Die Änderungen des BetrVG und das Gesetz über Sprecherausschüsse der leitenden Angestellten, DB 1989, 111; *Ziege* Der Rechtsanwalt im Einigungsstellenverfahren gem. § 76 BetrVG, NZA 1990, 926.

Zur Rechtslage vor Inkrafttreten des § 76a
Bauer Der Anwalt im Einigungsstellenverfahren, AnwBl. 1985, 225; *ders.* Der Anwalt – arbeitsrechtlicher Interessenvertreter neben den Verbänden, AnwBl. 1987, 383; *Bischoff* Die Einigungsstelle im Betriebsverfassungsrecht, 1975, S. 118 ff.; *Brill* Die Vergütung der Mitglieder der betrieblichen Einigungsstelle, BB 1980, 1277; *Däubler* Die Kosten des Verfahrens vor der Einigungsstelle, DB 1973, 233; *Gaul* Die betriebliche Einigungsstelle, 2. Aufl., 1980; *ders.* Zur Gebührenberechnung bei Einigungsstellenverfahren, DB 1983, 1148; *Glaubitz* Die Kosten von Einigungsstellenverfahren nach § 76 BetrVG, DB 1983, 555; *Güntner* Kosten der betrieblichen Schlichtungsstelle, BB 1964, 88; *Herschel* Die Einigungsstelle und ihre Kosten, DB 1982, 1984; *Hess* Das angemessene Honorar für den Vorsitzenden einer Einigungsstelle, BlStSozArbR 1983, 161; *Hunold* Bildung und Kosten der Einigungsstelle nach dem BetrVG, DB 1978, 2362; *Jäcker* Die Einigungsstelle nach dem BetrVG 1972 (Diss. Bonn), 1974, S. 152 ff. (zit.: Die Einigungsstelle); *Lepke* Zur Rechtsstellung der betrieblichen Einigungsstelle, insbesondere im arbeitsgerichtlichen Beschlußverfahren, BB 1977, 49; *Nipperdey* Gesetzliche Regelung der Einigungsstellenkosten – kein Bedürfnis?, DB 1982, 1321; *Pünnel* Die Einigungsstelle des BetrVG 1972, 2. Aufl., 1985; *Sbresny-Uebach* Die Einigungsstelle, AR-Blattei, Einigungsstelle I, 1983; *Schumann* Die Kosten der Einigungsstelle – kein unlösbares Problem, DB 1983, 1094; *Weiss* Zu den Kosten der Betriebsverfassung, insbesondere der Einigungsstelle, JArbR Bd. 22 (1985), S. 37.

Inhaltsübersicht Rdn.

I. Vorbemerkung	1–4
II. Kosten der Einigungsstelle (Abs. 1)	5–20
1. Kostentragungspflicht des Arbeitgebers	6–8
2. Erforderlichkeit und Verhältnismäßigkeit der Kosten	9, 10
3. Umfang der Kostentragungspflicht	11–20
III. Vergütungsansprüche	21–58
1. Betriebsangehörige Beisitzer (Abs. 2)	22–26
2. Vorsitzender und betriebsfremde Beisitzer (Abs. 3)	27–40
3. Vergütungshöhe	41–58
a) Grundsätze zur Bestimmung der Vergütungshöhe (Abs. 4 Satz 3 bis 5)	43–52
aa) Vergütung der Leistungszeit	46–49
bb) Höhe der Vergütung für Beisitzer	50–52
b) Festlegung der Vergütungshöhe	53–58

| IV. | Abweichende Regelungen (Abs. 5) | 59–65 |
| V. | Streitigkeiten | 66–68 |

I. Vorbemerkung

1 Die Vorschrift ist durch die **Novelle vom 20.12.1988** (BGBl. I, S. 2312) in das Betriebsverfassungsgesetz eingefügt worden. Der Gesetzgeber des BetrVG 1972 hatte sich – trotz einer Empfehlung des Bundestagsausschusses für Arbeit und Sozialordnung (zu BT-Drucks. VI/2729, S. 10) – nicht zu einer ausdrücklichen gesetzlichen Kostenregelung für das Einigungsstellenverfahren durchringen können. Wie sich in der Folgezeit zeigte, war auch die Rechtsprechung des *BAG* nicht in der Lage, die Gesetzeslücke in befriedigender Weise auszufüllen.

2 Im Mittelpunkt der teils sehr deutlichen Kritik an der Rechtslage (vgl. nur *Dietz/Richardi* § 76 Rn. 126; *Galperin/Löwisch* § 76 Rn. 19; *Stege/Weinspach* 5. Aufl., § 76 Rn. 32; *Bauer* AnwBl. 1987, 383 [387]; *Gaul* DB 1983, 1148; *Glaubitz* DB 1983, 555; *Herschel* DB 1982, 1984; *Hunold* DB 1978, 2362 [2365]; *Nipperdey* DB 1982, 1321; *Schumann* DB 1983, 1094 [1095]; zusammenfassend *Bengelsdorf* NZA 1989, 489 [490 ff.]), die in einer parlamentarischen Anfrage gipfelte (BT-Drucks. 10/39, S. 13 ff.), standen dabei vor allem die Vergütungspflicht des Arbeitgebers für Gewerkschaftsfunktionäre als Beisitzer auf der Betriebsratsseite in der Einigungsstelle, seine Kostentragungspflicht für einen vom Betriebsrat als Bevollmächtigten vor der Einigungsstelle herangezogenen Rechtsanwalt sowie die Heranziehung der BRAGO (jetzt: RVG vom 05.05.2004) für die Bemessung der Höhe der Vergütung für den Vorsitzenden der Einigungsstelle und die Beisitzer. Insbesondere wurde insoweit kritisiert, dass sich der für die Vergütungsfestsetzung nach der BRAGO als Grundlage notwendige Gegenstandswert bei Streitigkeiten vor der Einigungsstelle oft nur schwer taxieren lässt, dass die Einigungsstelle oft selbst schätzen und damit de facto ihr Honorar selbst festsetzen musste (oder durfte). Ferner wurde geltend gemacht, dass die BRAGO auf anwaltliche Tätigkeiten zugeschnitten ist, während die laufenden Bürokosten von Anwälten bei Mitgliedern einer Einigungsstelle gerade nicht anfallen. Schließlich wurde es als unerträglich empfunden, dass die Gebührenberechnung nach der BRAGO in vielen Fällen zu überhöhten Vergütungen führte, die in keinem Verhältnis zum Arbeits- und Zeitaufwand standen, deshalb dem Ansehen der Richter der Arbeitsgerichtsbarkeit, die überwiegend zu Vorsitzenden der Einigungsstelle bestellt werden, schaden und die Institution der Einigungsstelle in Verruf bringen (so ausdrücklich Ausschussbericht, BT-Drucks. 11/3618, S. 18).

3 Um die »unbefriedigende Rechtslage« (so die Begründung des Ausschussberichts, BT-Drucks. 11/3618, S. 18) angemessener zu ordnen, hat der Gesetzgeber aufgrund eines erst im Laufe des Gesetzgebungsverfahrens (quasi in letzter Minute) gestellten Änderungsantrages der Fraktionen der *CDU/CSU* und *FDP* in das am 01.01.1989 in Kraft getretene Gesetz zur Änderung des Betriebsverfassungsgesetzes, über Sprecherausschüsse der leitenden Angestellten und zur Sicherung der Montan-Mitbestimmung vom 20.12.1988 (BGBl. I, S. 2312) noch § 76a aufgenommen.

4 Nach der Vorschrift hat der Arbeitgeber die Kosten der Einigungsstelle zu tragen (Abs. 1). Speziell die Vergütung der Mitglieder der Einigungsstelle wird in Abs. 2 und 3 geregelt. Dabei unterscheidet das Gesetz zwischen betriebsangehörigen Beisitzern einerseits (Abs. 2) und dem Vorsitzenden der Einigungsstelle und betriebsfremden Beisitzern andererseits (Abs. 3 Satz 1), denen ein Vergütungsanspruch gewährt wird, dessen Höhe sich gemäß Abs. 3 Satz 2 nach den Grundsätzen des Abs. 4 Satz 3 bis 5 bestimmt, solange der Bundesminister für Arbeit und Soziales (davor: Bundesminister für Wirtschaft und Arbeit; davor: Bundesminister für Arbeit und Sozialordnung) von der in Abs. 4 erteilten Verordnungsermächtigung (wie bisher) keinen Gebrauch macht. Abweichende Regelungen von Abs. 3 und einer Vergütungsverordnung nach Abs. 4 durch Tarifvertrag und Betriebsvereinbarung sind in Abs. 5 zugelassen. Im Bundespersonalvertretungsgesetz gibt es keine entsprechende Vorschrift.

II. Kosten der Einigungsstelle (Abs. 1)

5 Nach Abs. 1 **trägt der Arbeitgeber** die Kosten der Einigungsstelle. Damit hat der Gesetzgeber die schon bisher einhellige Ansicht in Rechtsprechung und Lehre festgeschrieben. Str. war früher ledig-

lich, ob die Rechtsgrundlage für die Kostentragungspflicht in § 40 Abs. 1 (so *Bischoff* Die Einigungsstelle, S. 122; *Dietz/Richardi* § 76 Rn. 115 f.; *Gaul* Die betriebliche Einigungsstelle, M II Rn. 1. ff.; *Jäcker* Die Einigungsstelle, S. 152 f.), in § 40 Abs. 1 analog (so *BAG* 15.12.1978 AP Nr. 6 zu § 76 BetrVG 1972; 27.03.1979 AP Nr. 7 zu § 76 BetrVG 1972; 13.01.1981 AP Nr. 8 zu § 76 BetrVG 1972; *Galperin/Löwisch* § 76 Rn. 17; *Lepke* BB 1977, 49 [51]; *Pünnel* Die Einigungsstelle, 2. Aufl., Rn. 160; *Sbresny-Uebach* AR-Blattei, Einigungsstelle I, G I; *Stege/Weinspach* 5. Aufl., § 76 Rn. 35a) oder in einer Rechtsanalogie zu §§ 20 Abs. 3 Satz 1, 40, 44 Abs. 1, 65 Abs. 1 (so *Däubler* DB 1973, 233 [234]) zu suchen war.

1. Kostentragungspflicht des Arbeitgebers

Abs. 1 **verpflichtet** den Arbeitgeber in umfassender Weise, die Kosten der Einigungsstelle zu tragen. Für Kosten, die dem Arbeitgeber wegen seiner Verpflichtung zur Entgeltfortzahlung für betriebsangehörige Beisitzer der Einigungsstelle entstehen, gilt jedoch ausschließlich die Sonderregelung in Abs. 2. Entsprechendes gilt für die Vergütung des Vorsitzenden und der betriebsfremden Beisitzer nach Abs. 3. **Abs. 1 betrifft daher nur die darüber hinausgehenden Kosten** der Einigungsstelle. 6

Abs. 1 begründet die **gesetzliche Verpflichtung** des Arbeitgebers, die Kosten der Einigungsstelle zu tragen. Mit den Kosten wird allein und unabhängig vom Ausgang des Verfahrens der Arbeitgeber belastet, weil die Einigungsstelle für seinen Betrieb tätig wird. Für die Kostentragungspflicht kommt es nicht darauf an, ob die Kosten unmittelbar beim Arbeitgeber anfallen (z. B. in Form von Naturalleistungen) oder aus Verbindlichkeiten herrühren, die gegenüber Dritten begründet oder auch bereits erfüllt worden sind. Die Kosten hat der Arbeitgeber zu übernehmen. Anspruchsgrundlage gegen ihn ist § 76a Abs. 1. Obwohl die Bestimmung mangels Nennung bestimmter Anspruchsberechtigter als Anspruchsgrundlage unvollständig ist, ist sie hinreichende Rechtsgrundlage zur Inanspruchnahme des Arbeitgebers durch jeden, der Aufwendungen getätigt hat, die als Kosten der Einigungsstelle anzusehen sind (vgl. dazu Rdn. 11 ff.). Soweit Verbindlichkeiten begründet worden sind, besteht ein **Freistellungsanspruch**, der sich in einen **Zahlungsanspruch** umwandelt, wenn die Verbindlichkeit des Dritten erfüllt worden ist (vgl. entsprechend *Weber* § 40 Rdn. 22). 7

Andererseits ergibt sich aus der Kostentragungspflicht **für niemanden** die **Bevollmächtigung**, Rechtsgeschäfte mit unmittelbarer Wirkung für und gegen den Arbeitgeber in dessen Namen abzuschließen. Ebenso wenig lässt sich daraus eine Verpflichtungsermächtigung herleiten. Die gegenteilige Auffassung des *BAG* (15.12.1978 AP Nr. 6 zu § 76 BetrVG 1972) im Hinblick auf die Begründung einer Honorarverpflichtung des Arbeitgebers gegenüber den vom Betriebsrat bestellten Beisitzern der Einigungsstelle ist durch § 76a Abs. 3 überholt. Abs. 1 begründet auch keine unmittelbare Durchgriffshaftung des Arbeitgebers gegenüber Dritten (anders früher für den Honoraranspruch der vom Betriebsrat bestellten Beisitzer *BAG* 06.04.1973 AP Nr. 1 zu § 76 BetrVG 1972). 8

2. Erforderlichkeit und Verhältnismäßigkeit der Kosten

Der Arbeitgeber hat nur die Kosten zu tragen, die **notwendig** (erforderlich) sind und auch sonst dem **Grundsatz der Verhältnismäßigkeit** entsprechen (im Grundsatz unstr.; vgl. *BAG* 13.11.1991 EzA § 76a BetrVG 1972 Nr. 1 S. 9 [zust. *Vogg*]; *Berg/DKKW* § 76a Rn. 9; *Fitting* § 76a Rn. 5; *Joost/MünchArbR* § 232 Rn. 100; *Kania/ErfK* § 76a BetrVG Rn. 2; *Kliemt/HWK* § 76a BetrVG Rn. 3; *Löwisch* DB 1989, 223; *Preis/WPK* § 76a Rn. 2; *Richardi/Maschmann/Richardi* § 76a Rn. 6 ff.; *Worzalla/HWGNRH* § 76a Rn. 7). Die Einschränkung ist zwar im Gesetzeswortlaut nicht ausdrücklich zum Ausdruck gekommen. Hinsichtlich der Kostenbelastung des Arbeitgebers ist aber der Grundsatz der Verhältnismäßigkeit, insbesondere die Erforderlichkeit der Kosten, ein das gesamte Betriebsverfassungsrecht beherrschender Grundsatz, der im Gesetz vielfach Ausdruck gefunden hat (vgl. § 20 Abs. 3 Satz 2; § 37 Abs. 2, Abs. 6 Satz 1; § 40 Abs. 2), darüber hinaus aber auch für die Kosten, die durch die Tätigkeit des Betriebsrats entstehen (§ 40 Abs. 1), allgemein anerkannt ist (vgl. *Weber* § 40 Rdn. 11 ff.) und auch schon früher für die Kosten der Einigungsstelle anerkannt war (vgl. *BAG* 06.04.1973 AP Nr. 1 zu § 76 BetrVG 1972; 11.05.1976 AP Nr. 3 zu § 76 BetrVG 1972; 15.12.1978 AP Nr. 6 zu § 76 BetrVG 1972; 05.11.1981 AP Nr. 9 zu § 76 BetrVG 1972; 14.01.1983 AP Nr. 12 zu § 76 BetrVG 1972; 14.12.1988 EzA § 76 BetrVG 1972 Nr. 47; *Däubler* DB 1973, 233 f.; 9

Dietz / Richardi § 76 Rn. 115, 118; *Galperin / Löwisch* § 76 Rn. 17; *Gaul* Die betriebliche Einigungsstelle, M II Rn. 6, M III Rn. 3; *Jäcker* Die Einigungsstelle, S. 153 f.). Nach der Rechtsprechung des *BAG* (24.04.1996 EzA § 76a BetrVG 1972 Nr. 10) soll allerdings für die Bestellung von vergütungsberechtigten betriebsfremden Beisitzer das Erforderlichkeitsprinzip nicht zu beachten sein; vgl. dazu Rdn. 29 ff.

10   Die **Erforderlichkeit** der Kosten ist nicht ex post nach einem objektiven Maßstab festzustellen. Die Beurteilung ist auch nicht dem subjektiven Ermessen der Mitglieder der Einigungsstelle oder des beteiligten Betriebsrats überlassen (so aber *Däubler* DB 1973, 233 [234]). Wie bei § 40 Abs. 1 ist eine gemischt **objektiv-subjektive Betrachtungsweise** angemessen. Maßgeblich ist danach, ob der (oder die) Kostenverursacher bei gewissenhafter Abwägung aller einsichtigen Umstände im Zeitpunkt der Kostenverursachung sie zur ordnungsgemäßen Aufgabenwahrnehmung (prognostisch) für erforderlich halten durfte (so auch *BAG* 06.04.1973 AP Nr. 1 zu § 76 BetrVG 1972; 11.05.1976 AP Nr. 3 zu § 76 BetrVG 1972; 15.12.1978 AP Nr. 6 zu § 76 BetrVG 1972; 05.11.1981 AP Nr. 9 zu § 76 BetrVG 1972; 14.01.1983 AP Nr. 12 zu § 76 BetrVG 1972; 14.12.1988 EzA § 76 BetrVG 1972 Nr. 47 S. 7 f.; 13.11.1991 EzA § 76a BetrVG 1972 Nr. 1 S. 10; *Dietz / Richardi* § 76 Rn. 118; *Fitting* § 76a Rn. 5; *Gaul* Die betriebliche Einigungsstelle, M II Rn. 6; *Jäcker* Die Einigungsstelle, S. 153 f.; *Joost* / MünchArbR § 232 Rn. 100; *Preis / WPK* § 76a Rn. 2; *Worzalla / HWGNRH* § 76a Rn. 7; ebenso bei § 40 Abs. 1 *Weber* § 40 Rdn. 13 sowie *Weber* § 37 Rdn. 43 jeweils m. w. N.). Dabei ist auf die Sicht eines vernünftigen objektiven Beobachters abzustellen. Bei Beachtung der Grundsätze bleibt die Kostentragungspflicht des Arbeitgebers unberührt, wenn sich nachträglich herausstellt, dass die Kosten objektiv nicht erforderlich waren. Sie ist auch unabhängig davon, ob der Arbeitgeber zuvor der Kostenverursachung zugestimmt hat.

3. Umfang der Kostentragungspflicht

11   Kosten der Einigungsstelle können aus der Anrufung und Errichtung der Einigungsstelle, deren Tätigkeit sowie der ihrer Mitglieder entstehen (vgl. auch *BAG* 05.11.1981 AP Nr. 9 zu § 76 BetrVG 1972 Bl. 1 R). Erfasst werden **Sachkosten** der Einigungsstelle und **persönliche Kosten** ihrer Mitglieder (vgl. *BAG* 27.03.1979 AP Nr. 7 zu § 76 BetrVG 1972 Bl. 1 R). Auf eine exakte Abgrenzung kommt es wegen der gleichen Rechtsfolge aber nicht entscheidend an. Kosten, die dadurch entstehen, dass die Unwirksamkeit des Spruchs der Einigungsstelle vom Betriebsrat im arbeitsgerichtlichen Beschlussverfahren geltend gemacht wird (vgl. § 76 Rdn. 145 ff.), sind nicht zu den Kosten der Einigungsstelle zu rechnen. Sie sind vom Arbeitgeber nach § 40 Abs. 1 zu tragen.

12   Zu den Kosten gehört zunächst der **Geschäftsaufwand** der Einigungsstelle (Sachkosten). Insbesondere sind ihr vom Arbeitgeber in erforderlichem Umfang Räumlichkeiten, Büromaterial und auch eine Schreibkraft zur Verfügung zu stellen (vgl. auch *Löwisch / Kaiser* § 76a Rn. 2; *Löwisch* DB 1989, 223). Kosten, die aus einer eigenmächtigen Anmietung von Tagungsräumen oder der Anschaffung von sachlichen Mitteln durch die Mitglieder der Einigungsstelle entstehen, sind nicht als erforderlich anzusehen, solange der Arbeitgeber ihre Zurverfügungstellung nicht verweigert hat.

13   Kosten sind außerdem die erforderlichen **Auslagen** (Aufwendungen) der Mitglieder der Einigungsstelle, insbesondere Reisekosten, Übernachtungs- und Verpflegungskosten (zust. *BAG* 14.02.1996 EzA § 76a BetrVG 1972 Nr. 9 S. 6 = SAE 1997, 233 [insoweit zust. *Bengelsdorf*]; *Ebert* Anm. zur Vorinstanz *LAG Schleswig-Holstein* 11.05.1995 LAGE § 76a BetrVG 1972 Nr. 7 m. w. N.; *ders.* Kosten der Einigungsstelle, S. 41 ff., der zutr. hervorhebt, dass der Aufwand nach der Systematik der Norm nicht bereits mit dem Honorar abgegolten ist), etwaige Auslagen für Telefon, Porto und Fotokopien. Die persönlichen Kosten sind grundsätzlich spezifiziert abzurechnen, soweit nicht eine angemessene Pauschalierung mit dem Arbeitgeber vereinbart worden ist. Für betriebsangehörige Beisitzer können Tage- und Übernachtungsgelder gezahlt werden, wie sie auch anderen Arbeitnehmern aufgrund einer betrieblichen Reisekostenregelung bei Geschäftsreisen gezahlt werden. Pauschalierungen schließen die Geltendmachung höherer Kosten nicht aus, soweit deren Erforderlichkeit nachgewiesen wird.

14   Zu tragen sind auch die Kosten für einen von der Einigungsstelle hinzugezogenen **Sachverständigen** (wozu u. U. auch Rechtsanwälte zählen können), dessen Fachkenntnis sich mangels eigener Sachkunde der Mitglieder der Einigungsstelle als **notwendig** (erforderlich und verhältnismäßig) erweist,

um eine angemessene und ermessensfehlerfreie Entscheidung zu treffen (ebenso *BAG* 04.07.1989 EzA § 87 BetrVG 1972 Betriebliche Lohngestaltung Nr. 24 S. 12; 13.11.1991 EzA § 76a BetrVG 1972 Nr. 1 S. 8 ff.; vgl. auch *Löwisch* DB 1989, 223; *Gaul* Die betriebliche Einigungsstelle, M III Rn. 3; *Pünnel / Isenhardt* Die Einigungsstelle, Rn. 95, 195 m. w. N.; *Ebert* Kosten der Einigungsstelle, S. 47 ff.; *C. S. Hergenröder* AR-Blattei SD 630.2, Rn. 6). Für dessen Bestellung ist im Gegensatz zur Hinzuziehung eines Sachverständigen durch den Betriebsrat nach § 80 Abs. 3 keine vorherige Vereinbarung mit dem Arbeitgeber erforderlich (*LAG Niedersachsen* 04.03.1988 AiB 1988, 311; wohl auch *BAG* 04.07.1989 EzA § 87 BetrVG 1972 Betriebliche Lohngestaltung Nr. 24 S. 12; *Berg / DKKW* § 76a Rn. 12; *Ebert* Kosten der Einigungsstelle, S. 52; *Fitting* § 76a Rn. 7; *Löwisch / Kaiser* § 76a Rn. 3; *Lubitz* Der Rechtsanwalt in der Betriebsverfassung, S. 172; *Neft / Ocker* Die Einigungsstelle, Rn. 309; **a. M.** *Heinze* RdA 1990, 262 [270 f.]; *Joost / MünchArbR* § 232 Rn. 42, 102; *Stege / Weinspach / Schiefer* § 76a Rn. 3a, die daraus ableiten, dass die Einigungsstelle die Hinzuziehung nicht gegen die Stimmen der Arbeitgeberbeisitzer beschließen kann; wohl auch *Worzalla / HWGNRH* § 76a Rn. 11; vgl. zur Zulässigkeit der Sachverhaltsaufklärung durch die Einigungsstelle § 76 Rdn. 107). Die Hinzuziehung eines externen Sachverständigen ist jedoch in dem Maße nicht erforderlich, in dem der Arbeitgeber sachkundige Arbeitnehmer zur Verfügung stellt.

Soweit Mitgliedern der Einigungsstelle durch ihre Tätigkeit ein **Verdienstausfall** entsteht, wären 15 auch diese Kosten an sich als Kosten der Einigungsstelle anzusehen. Jedoch haben betriebsangehörige Beisitzer gemäß § 76a Abs. 2 i. V. m. § 37 Abs. 2 und 3 einen Anspruch auf Arbeitsbefreiung ohne Lohnminderung oder auf Freizeitausgleich. Dadurch ist ein Verdienstausfall ausgeschlossen. Für den Vorsitzenden und die betriebsfremden Beisitzer ist der Verdienstausfall nach Abs. 3 i. V. m. Abs. 4 Satz 3 im Gegensatz zur früheren Rechtslage Teil der Vergütung (vgl. Rdn. 43).

Keine Kosten der Einigungsstelle sind die Kosten eines vom Betriebsrat (aufgrund ordnungsgemä- 16 ßen Beschlusses) zu seiner Vertretung **vor** der Einigungsstelle herangezogenen (vgl. dazu § 76 Rdn. 106) **Rechtsanwalts** (ebenso *BAG* 05.11.1981 AP Nr. 9 zu § 76 BetrVG 1972 Bl. 1 R = EzA § 40 BetrVG 1972 Nr. 50; *Berg / DKKW* § 76a Rn. 13; *Fitting* § 76a Rn. 8; *Joost / MünchArbR* § 232 Rn. 103; *Preis / WPK* § 76a Rn. 3; *Richardi / Maschmann / Richardi* § 76a Rn. 10; *Sbresny-Uebach* AR-Blattei SD 630, Rn. 112; *Worzalla / HWGNRH* § 76a Rn. 13; **a. M.** im Ansatz *Sowka* NZA 1990, 91 [92]; vgl. auch *Löwisch / Kaiser* § 76a Rn. 4). An der Rechtslage, die das *BAG* (05.11.1981 AP Nr. 9 zu § 76 BetrVG 1972 Bl. 1 R) zutr. beurteilt hat, hat sich durch die Einfügung von § 76a Abs. 1 nichts geändert.

Eine Kostentragungspflicht des Arbeitgebers kommt deshalb insoweit **nur nach § 40 Abs. 1** in Be- 17 tracht, weil zur »Tätigkeit des Betriebsrats« i. S. d. Bestimmung auch die erforderliche Interessenwahrnehmung durch einen verfahrensbevollmächtigten Rechtsanwalt vor der Einigungsstelle gehört (so *BAG* 05.11.1981 AP Nr. 9 zu § 76 BetrVG 1972 Bl. 1 R = EzA § 40 BetrVG 1972 Nr. 50; 21.06.1989 EzA § 40 BetrVG 1972 Nr. 61 = SAE 1990, 105 [abl. *Eich*: keine Betriebsratstätigkeit] = AP Nr. 34 zu § 76 BetrVG 1972 [abl. *Berger-Delhey*]; obiter dictum auch *BAG* 26.02.1992 EzA § 80 BetrVG 1972 Nr. 40; zuletzt *BAG* 14.02.1996 EzA § 40 BetrVG 1972 Nr. 76 S. 4; zust.: *Berg / DKKW* § 76a Rn. 13; *Ebert* Kosten der Einigungsstelle, S. 66 ff.; *Fitting* § 40 Rn. 36, § 76a Rn. 8; *Joost / MünchArbR* § 232 Rn. 103; *Kamphausen* NZA 1994, 49 [51]; *Preis / WPK* § 76a Rn. 3; *Pünnel / Isenhardt* Die Einigungsstelle, Rn. 192 f.; *Richardi / Maschmann / Richardi* § 76a Rn. 10; *Sbresny-Uebach* AR-Blattei SD 630, Rn. 108 ff.; *Ziege* NZA 1990, 926 [929]; vgl. auch *Bauer* AnwBl. 1985, 225 [228]; *Däubler* DB 1973, 233 [235]; s. a. *Weber* § 40 Rdn. 133, der zu Recht konstatiert, dass für die anwaltliche Vertretung des Betriebsrats vor der Einigungsstelle dieselben Grundsätze gelten wie für die Vertretung bei Rechtsstreitigkeiten; **a. M.** unter nicht tragfähiger Berufung auf § 76a als abschließende Regelung *Bengelsdorf* NZA 1989, 489 [497]; *Berger-Delhey* Anm. zu *BAG* 21.06.1989 AP Nr. 34 zu § 76 BetrVG 1972 und ZTR 1990, 282 [284]; *Stege / Weinspach / Schiefer* § 76a Rn. 18; grundsätzlich abl. auch *Glaubitz* DB 1983, 555; *Herschel* DB 1982, 1984 [1985]; *Nipperdey* DB 1982, 1321 [1323]; *Platz* ZfA 1993, 373 [406]; *Schumann* DB 1983, 1094 [1096]; *Zitscher* DB 1984, 1395 ff.).

Voraussetzung ist danach aber, dass der Betriebsrat bei seiner Beschlussfassung die Heranziehung des 18 Anwalts bei pflichtmäßiger, verständiger Würdigung aller Umstände **für erforderlich** (notwendig) halten konnte. Die Frage der Erforderlichkeit darf der Betriebsrat nicht nach subjektivem Ermessen (seiner Mitglieder) beantworten (vgl. *BAG* 14.02.1996 EzA § 40 BetrVG 1972 Nr. 76 S. 4). Entgegen der früheren Ansicht des *BAG* (05.11.1981 AP Nr. 9 zu § 76 BetrVG 1972 Bl. 1 R = EzA § 40 BetrVG 1972 Nr. 50) lässt sich die Erforderlichkeit der Heranziehung des Rechtsanwalts allerdings nicht bereits damit begründen, dass der Vorsitzende der Einigungsstelle (wie es üblich ist) die schriftliche Vorbereitung und die Darlegung der Standpunkte der Beteiligten vor der Einigungsstelle verlangt hat (zu Recht hat das *BAG* die Ansicht im Beschluss vom 21.06.1989 EzA § 40 BetrVG 1972 Nr. 61 aufgegeben). Vielmehr ist insoweit auf die **rechtliche Schwierigkeit der Streitigkeit** abzustellen (vgl. *BAG* 21.06.1989 EzA § 40 BetrVG 1972 Nr. 61) sowie darauf, ob Betriebsratsmitglieder über den zur sachgerechten Interessenwahrnehmung notwendigen Sachverstand verfügen (vgl. *BAG* 14.02.1996 EzA § 40 BetrVG 1972 Nr. 76 S. 5). Für die Erforderlichkeit kann sprechen, dass sich auch der Arbeitgeber von einem Rechtsanwalt vertreten lässt (vgl. auch *BAG* 21.06.1989 EzA § 40 BetrVG 1972 Nr. 61; 14.02.1996 EzA § 40 BetrVG 1972 Nr. 76 S. 5; *Berg/DKKW* § 76a Rn. 14f; *Fitting* § 40 Rn. 37; weitergehend *Kamphausen* NZA 1994, 49 [53], der unter Berufung auf den »Grundsatz der Waffengleichheit« die Erforderlichkeitsprüfung für entbehrlich hält; dagegen *Ebert* Kosten der Einigungsstelle, S. 78). Gegen die Erforderlichkeit kann sprechen, dass der Betriebsrat es versäumt hat, einen Rechtsanwalt oder einen rechtlich erfahrenen Gewerkschaftsfunktionär als Beisitzer zu bestellen (*Berger-Delhey* Anm. zu *BAG* 21.06.1989 AP Nr. 34 zu § 76 BetrVG 1972; *Neft/Ocker* Die Einigungsstelle, Rn. 312 f.; *Platz* ZfA 1993, 373 [394]; gegen die Berücksichtigung solcher Handlungsvarianten *BAG* 14.02.1996 EzA § 40 BetrVG 1972 Nr. 76 S. 4 S. 5 f.). Keinesfalls darf sich der Betriebsrat bei seiner Entscheidung, ob der Anwalt »in« oder »vor« der Einigungsstelle tätig wird, von der für den Rechtsanwalt je nach Gegenstandswert verdienstmäßig »günstigsten« Lösung leiten lassen (vgl. dazu *Kamphausen* NZA 1994, 49; *Ebert* Kosten der Einigungsstelle, S. 81 ff.), auch nicht vom Gebühreninteresse eines Rechtsanwalts, der den Betriebsrat im Vorfeld des Einigungsstellenverfahrens (als Sachverständiger i. S. v. § 80 Abs. 3) beraten hat (vgl. *BAG* 14.02.1996 EzA § 40 BetrVG 1972 Nr. 76 S. 5). Hat der Betriebsrat bereits einen Rechtsanwalt als Beisitzer der Einigungsstelle bestellt, wird trotz dessen Weisungsungebundenheit (vgl. § 76 Rdn. 95) die Vertretung durch einen weiteren Rechtsanwalt vor der Einigungsstelle grundsätzlich nicht erforderlich sein (vgl. *LAG Hamm* 11.12.1990 LAGE § 76a BetrVG 1972 Nr. 2; *Berg/DKKW* § 76a Rn. 16; *Ebert* Kosten der Einigungsstelle, S. 77; *Fitting* § 40 Rn. 38; *Kamphausen* NZA 1992, 55 [61]; *Lubitz* Der Rechtsanwalt in der Betriebsverfassung, S. 177 f.). Der Erforderlichkeit der Hinzuziehung eines Rechtsanwalts kann auch fehlen, wenn der Betriebsrat gleichwertigen, aber kostengünstigeren Rechtsschutz durch einen Gewerkschaftsbeauftragten zumutbar in Anspruch nehmen kann (vgl. *Lubitz* Der Rechtsanwalt in der Betriebsverfassung, S. 178 ff.; vgl. auch *Weber* § 40 Rdn. 129).

19 Die **Vergütung** des Rechtsanwalts für seine Tätigkeit **vor** der Einigungsstelle bestimmt sich jetzt nach dem RVG, das die BRAGO abgelöst hat. Danach richtet sich der gesetzliche Vergütungsanspruch (wie zuvor) nach dem Gegenstandswert des Verfahrens (§ 2 RVG), der hilfsweise vom Arbeitsgericht nach billigem Ermessen zu bestimmen ist (§ 23 Abs. 3 Satz 2 RVG). Die Wertgebühr ergibt sich aus §§ 13, 17 Nr. 7d RVG i. V. m. Vergütungsverzeichnis (Anlage 1 RVG) Nr. 2303 Nr. 4 (vgl. *Rohn* in: *Mayer/Kroiß* RVG, 5. Aufl. 2012, § 17 Rn. 59; *Madert* in: *Gerold/Schmidt* RVG, VV 2303 Rn. 7). Eine Vergütungsvereinbarung gem. § 3a RVG, die eine höhere als die gesetzliche Vergütung vorsieht, kann wirksam nur mit dem zahlungsverpflichteten Arbeitgeber getroffen werden. Auch bei nicht bezifferbarem Gegenstandswert ist der Betriebsrat nicht befugt, nach billigem Ermessen mit dem Rechtsanwalt eine Gegenstandswertvereinbarung oder eine Honorarvereinbarung (bis zur Höhe der an einen betriebsfremden Einigungsstellenbeisitzer zu zahlenden Vergütung) zu Lasten des Arbeitgebers zu treffen. Nach Inkrafttreten des § 76a ist die entgegenstehende Entscheidung des *BAG* (21.06.1989 EzA § 40 BetrVG 1972 Nr. 61) überholt.

20 Zu den **Vergütungsansprüchen** als Kosten der Einigungsstelle, für die Abs. 2 und 3 als Sonderregelungen gelten, vgl. Rdn. 22 ff. **Honorardurchsetzungskosten** sind keine Kosten der Einigungsstelle (ebenso *BAG* 27.07.1994 EzA § 76a BetrVG 1972 Nr. 8; *LAG Frankfurt a. M.* 17.03.1988 LAGE § 76 BetrVG 1972 Nr. 30; **a. M.** *LAG Bremen* 05.02.1992 AiB 1992, 647; *Berg/DKKW* § 76a Rn. 45); vgl. zu deren Durchsetzung Rdn. 68.

III. Vergütungsansprüche

Vergütungsansprüche der Mitglieder der Einigungsstelle für ihre Tätigkeit sind Kosten der Einigungsstelle. Der Arbeitgeber hat sie jedoch nur nach Maßgabe der Abs. 2 bis 5 zu tragen. Die Sonderregelungen gehen der allgemeinen Kostentragungspflicht nach Abs. 1 vor. Die Neuregelung weicht teilweise erheblich von der früheren Rechtslage ab, die der Gesetzgeber insbesondere im Hinblick auf die Höhe der Vergütung als unbefriedigend und begrenzungsbedürftig empfunden hat (vgl. Rdn. 2 f.). Sie **unterscheidet** zwischen betriebsangehörigen Beisitzern (Abs. 2) einerseits und dem Vorsitzenden und den betriebsfremden (oder unternehmens- und konzernfremden) Beisitzern (Abs. 3) andererseits. 21

1. Betriebsangehörige Beisitzer (Abs. 2)

Nach Abs. 2 Satz 1 Halbs. 1 erhalten die **betriebsangehörigen Beisitzer keine** (besondere) **Vergütung für ihre Tätigkeit** in der Einigungsstelle. Sie üben (ähnlich wie die Betriebsratsmitglieder nach § 37 Abs. 1) ein **unentgeltliches Ehrenamt** aus (so schon vor Inkrafttreten von § 76a Abs. 2 *BAG* 11.05.1976 AP Nr. 2 zu § 76 BetrVG 1972 [abl. *Dütz*]; *Galperin/Löwisch* § 76 Rn. 21; damals a. A. *Dietz/Richardi* § 76 Rn. 123; *Thiele* Drittbearbeitung, § 76 Rn. 58, alle m. w. N.; wie hier jetzt auch *Berg/DKKW* § 76a Rn. 18; *Fitting* § 76a Rn. 11; *Joost/*MünchArbR § 232 Rn. 122; *Kania/*ErfK § 76a BetrVG Rn. 3; *Kliemt/HWK* § 76a BetrVG Rn. 18; *Neft/Ocker* Die Einigungsstelle, Rn. 325 f.; *Preis/WPK* § 76a Rn. 6; *Richardi/Maschmann/Richardi* § 76a Rn. 12; *Worzalla/HWGNRH* § 76a Rn. 15). Das ist aus dem Gesichtspunkt einer Tätigkeit »gleichsam in eigenen Angelegenheiten« gerechtfertigt (so schon *BAG* 11.05.1976 AP Nr. 2 zu § 76 BetrVG 1972; *Engels/Natter* BB 1989, Beil. 8, S. 1 [26]). Die gesetzliche Festlegung ist zwingend, eine davon abweichende Honorarvereinbarung kann nicht wirksam getroffen werden (vgl. auch Rdn. 64). 22

Nach Abs. 2 Satz 1 Halbs. 2 haben die betriebsangehörigen Beisitzer aber in entsprechender Anwendung von **§ 37 Abs. 2** einen Anspruch auf Befreiung von ihrer beruflichen Tätigkeit ohne Minderung des Arbeitsentgelts. Ist die Einigungsstellentätigkeit der Beisitzer außerhalb der Arbeitszeit durchzuführen, haben sie entsprechend § 37 Abs. 3 Satz 1 Anspruch auf Arbeitsbefreiung unter Fortzahlung des Arbeitsentgelts und hilfsweise entsprechend § 37 Abs. 3 Satz 2 einen Anspruch auf Mehrarbeitsvergütung für die aufgewendete Zeit, wenn die Arbeitsbefreiung aus betriebsbedingten Gründen nicht vor Ablauf eines Monats gewährt werden konnte. Durch die entsprechende Anwendung von § 37 Abs. 2 und 3 hat der Gesetzgeber die Tätigkeit in der Einigungsstelle der (geschuldeten) Arbeitsleistung gleichgestellt, die durch jene erfüllt und wie sie vergütet wird. Auch von daher ist eine zusätzliche Vergütung nicht gerechtfertigt und mit Blick auf das Begünstigungsverbot (§ 78 Satz 2) unzulässig. Es kommt dabei nicht darauf an, ob der Beisitzer zugleich Betriebsratsmitglied ist. Zu den Aufgaben des Betriebsrats gehört es im Übrigen, die Verhandlungen in der Einigungsstelle zu begleiten und sich mit ihren Vorschlägen kritisch auseinanderzusetzen. Diese Aufgabe muss der Betriebsrat aus eigener Kompetenz wahrnehmen können. Dazu kann es erforderlich sein, ein in die Einigungsstelle entsandtes Betriebsratsmitglied zu schulen. **Nicht erforderlich** i. S. v. § 37 Abs. 6 Satz 1 ist aber die **Schulung** eines in die Einigungsstelle entsandten Betriebsratsmitglieds **durch** ein in die Einigungsstelle entsandten **externen Beisitzer**, weil dadurch der Zweck, eine kritische und unabhängige Auseinandersetzung mit den Vorschlägen der Einigungsstelle zu ermöglichen, nicht erreicht werden kann (*BAG* 20.08.2014 EzA § 37 BetrVG 2001 Nr. 18 Rn. 25, 26 = AP Nr. 157 zu § 37 BetrVG 1972). 23

Abs. 2 Satz 1 gilt für betriebsangehörige Beisitzer **beider Seiten**. Zur **Betriebszugehörigkeit** vgl. *Raab* § 7 Rdn. 17 ff. Betriebsangehörige sind auch leitende Angestellte als Beisitzer auf der Arbeitgeberseite, ebenso die in § 5 Abs. 2 genannten Personen, wenn sie in dem betreffenden Betrieb tätig sind (*Löwisch/Kaiser* § 76a Rn. 11; zust. *Pünnel/Isenhardt* Die Einigungsstelle, Rn. 163). Endet während des Einigungsstellenverfahrens die Betriebszugehörigkeit eines Beisitzers, hat er für seine fortwährende Tätigkeit als betriebsfremder Beisitzer Anspruch auf eine anteilige Vergütung (*ArbG Düsseldorf* 24.06.1992 EzA § 76a BetrVG 1972 Nr. 5; abl. *Stege/Weinspach/Schiefer* § 76a Rn. 8), vorausgesetzt, dass seine weitere Tätigkeit erforderlich und verhältnismäßig ist (vgl. Rdn. 29). 24

Wenn die Einigungsstelle auf **Unternehmens- oder Konzernebene** zur Beilegung von Meinungsverschiedenheiten zwischen Arbeitgeber und Gesamtbetriebsrat oder Konzernbetriebsrat gebildet 25 worden ist, haben Beisitzer keinen Vergütungsanspruch, wenn sie dem Unternehmen oder Konzern angehören (Abs. 2 Satz 2). Auch für sie gilt aber § 37 Abs. 2 und 3 entsprechend. Insoweit hat der Gesetzgeber den Gedanken einer Tätigkeit »gleichsam in eigenen Angelegenheiten« (vgl. Rdn. 22) konsequent weitergeführt.

26 Im **Umkehrschluss** dazu ergibt sich, dass ein Beisitzer, der einem anderen Betrieb des Unternehmens oder Konzerns angehört, betriebsfremd ist und dementsprechend nach Abs. 3 zu behandeln ist, wenn die Einigungsstelle auf Betriebsebene gebildet ist (ebenso *LAG Baden-Württemberg* 30.12.1988 DB 1989, 736; *Bauer/Röder* DB 1989, 224 [225]; *Berg/DKKW* § 76a Rn. 20; *Engels/Natter* BB 1989, Beil. 8, S. 1 [26]; *Fitting* § 76a Rn. 13; *Kania*/ErfK § 76a BetrVG Rn. 3; *Kliemt/HWK* § 76a Rn. 20; *Neft/Ocker* Die Einigungsstelle, Rn. 327; *Preis/WPK* § 76a Rn. 7; *Richardi/Maschmann/Richardi* § 76a Rn. 14; zur früheren Rechtslage *BAG* 21.06.1989 EzA § 76 BetrVG 1972 Nr. 49; **a. M.** nach früherer Rechtslage *LAG Niedersachsen* 18.08.1987 NZA 1988, 290; *Stege/Weinspach/Schiefer* § 76a Rn. 8 halten die Regelung bei nach § 38 freigestellten Betriebsratsmitgliedern zu Recht für bedenklich). Insofern ist auch § 37 Abs. 2 und 3 nicht entsprechend anzuwenden. Gegen das Ergebnis lässt sich angesichts der klaren gesetzlichen Regelung nicht rechtspolitisch einwenden, dass so die Mitglieder der Betriebsräte verschiedener Betriebe eines Unternehmens die Möglichkeit haben, sich wechselseitig zu Beisitzern in Einigungsstellenverfahren zu bestellen, um zu Honoraransprüchen gegen den Arbeitgeber zu gelangen. Es ist jedoch nicht ausgeschlossen, mit einem unternehmensangehörigen Beisitzer individuell (vgl. Rdn. 61) als »Honorar« die entsprechende Geltung von § 37 Abs. 2 und 3 zu vereinbaren (vgl. *Fitting* § 76a Rn. 13).

2. Vorsitzender und betriebsfremde Beisitzer (Abs. 3)

27 Nach Abs. 3 Satz 1 (als Anspruchsgrundlage) haben der (unparteiische) Vorsitzende und die betriebsfremden Beisitzer (sofern sie nicht unter Abs. 2 Satz 2 fallen) einen **gesetzlichen Anspruch auf Vergütung** ihrer Tätigkeit. Die Vergütungshöhe richtet sich nach den in Abs. 4 Satz 3 bis 5 festgelegten Grundsätzen (Abs. 3 Satz 2). Schon vor Inkrafttreten des § 76a Abs. 3 war es einhellige Meinung, dass der Vorsitzende auch ohne ausdrückliche Vereinbarung einen (angemessenen) Honoraranspruch hat (vgl. *BAG* 15.12.1978 AP Nr. 5 zu § 76 BetrVG 1972; 27.03.1979 AP Nr. 7 zu § 76 BetrVG 1972; 13.01.1981 AP Nr. 8 zu § 76 BetrVG 1972; *Dietz/Richardi* § 76 Rn. 122, 126; *Fitting/Auffarth/Kaiser/Heither* 15. Aufl., § 76 Rn. 18a; *Galperin/Löwisch* § 76 Rn. 18; *Gaul* Die betriebliche Einigungsstelle, M IV Rn. 6ff.; *Gnade/Kehrmann/Schneider/Blanke* 2. Aufl., § 76 Rn. 31; *Hess/Schlochauer/Glaubitz* 3. Aufl., § 76 Rn. 64; *Pünnel* Die Einigungsstelle, 2. Aufl., § 76 Rn. 165ff.; *Stege/Weinspach* 5. Aufl., § 76 Rn. 32). Für einen Honoraranspruch betriebsfremder Beisitzer, die vom Betriebsrat bestellt wurden, war jedoch namentlich nach der Rechtsprechung des *BAG* eine Vereinbarung darüber erforderlich, dass die Tätigkeit entgeltlich sein sollte (vgl. *BAG* 01.12.1983 EzA § 40 BetrVG 1972 Nr. 54 = AP Nr. 13 zu § 76 BetrVG 1972; ebenso *Fitting/Auffarth/Kaiser/Heither* 15. Aufl., § 76 Rn. 18b; *Gnade/Kehrmann/Schneider/Blanke* 2. Aufl., § 76 Rn. 34; *Hunold* DB 1978, 2362 [2366]; *Pünnel* Die Einigungsstelle, 2. Aufl., Rn. 188; *Stege/Weinspach* 5. Aufl., § 76 Rn. 35; **a. M.** wohl *Brill* DB 1980, 1277 [1279]; *Däubler* DB 1973, 233 [235]; *Galperin/Löwisch* § 76 Rn. 18); die Auffassung ist jetzt überholt (vgl. jetzt auch *BAG* 12.02.1992 EzA § 76a BetrVG 1972 Nr. 6 und *BAG* 19.08.1992 EzA § 76a BetrVG 1972 Nr. 7).

28 Der gesetzliche Vergütungsanspruch nach Abs. 3 **gestaltet das Rechtsverhältnis**, das mit der Annahme der Bestellung zwischen dem Mitglied der Einigungsstelle und dem Arbeitgeber zustande kommt (vgl. § 76 Rdn. 90). Er richtet sich unmittelbar gegen den Arbeitgeber. Der Anspruch besteht aber nur, wenn die Bestellung rechtswirksam erfolgt ist. Fehler bei der Bestellung, welche deren Rechtswirksamkeit nicht betreffen (formelle, aber geheilte Verfahrensfehler), stehen dem Vergütungsanspruch nicht entgegen (*LAG Schleswig-Holstein* 14.01.2016 NZA-RR 2016, 304 Rn. 61 ff.). Das setzt bei einem vom Betriebsrat bestellten Beisitzer einen wirksamen Betriebsratsbeschluss voraus (so zutr. *BAG* 19.08.1992 EzA § 76a BetrVG 1972 Nr. 7 gegen die Ansicht der Vorinstanzen [*LAG Rheinland-Pfalz* 24.05.1991 LAGE § 76 BetrVG 1972 Nr. 4; *ArbG Ludwigshafen* 23.01.1991 ARSt. 1991, 197], die die konkrete Beisitzer-Tätigkeit in der Einigungsstelle aus Gründen des Vertrauensschutzes genügen lassen wollten; bestätigt durch *BAG* 10.10.2007 EzA § 26 BetrVG 2001 Nr. 2; *LAG Düsseldorf* 01.08.1995 LAGE § 76a BetrVG Nr. 8; *Berg/DKKW* § 76a Rn. 22; *Fitting* § 76a

Rn. 14a). Es besteht aber die Möglichkeit, dass der Betriebsrat eine (mangels wirksamen Beschlusses) zunächst schwebend unwirksame Bestellung genehmigt, die der Vorsitzende im Namen des Betriebsrats vorgenommen hat (*BAG* 10.10.2007 EzA § 26 BetrVG 2001 Nr. 2; vgl. auch *Hanau/Reitze* FS *Kraft*, 1998, S. 167 [169 ff.], die aber anders als die h. M. eine bloße Anfechtungslösung entsprechend § 19 für den Bestellungsakt vertreten). Der Anspruch entsteht unabhängig von einer Mitteilung des Betriebsrats von der Bestellung betriebsfremder Beisitzer an den Arbeitgeber und unabhängig von seiner Reaktion. Der Betriebsrat ist aber nach § 2 Abs. 1 verpflichtet, noch vor Beginn des Einigungsstellenverfahrens den Arbeitgeber über die Bestellung betriebsfremder Beisitzer zu unterrichten, damit dieser sich darauf einstellen kann (vgl. Rdn. 33). Zur Abdingbarkeit des Vergütungsanspruchs vgl. Rdn. 61.

Da Vergütungsansprüche gegen den Arbeitgeber zu den Kosten der Einigungsstelle gehören, ist für die Entstehung eines gesetzlichen Vergütungsanspruchs dem Grunde nach Wirksamkeitsvoraussetzung, dass die Bestellung von Mitgliedern, die nach Abs. 3 einen Vergütungsanspruch haben, **erforderlich** ist und auch sonst dem Grundsatz der Verhältnismäßigkeit entspricht, der das gesamte betriebsverfassungsrechtliche Kostenrecht prägt (vgl. Rdn. 9). Für die Bestellung des **Vorsitzenden** der Einigungsstelle ergeben sich daraus allerdings keine Einschränkungen, da die Einigungsstelle zwingend einen Vorsitzenden haben muss (vgl. § 76 Rdn. 54). Er hat nach Abs. 3 **immer** einen gesetzlichen Vergütungsanspruch, gleichgültig, ob er betriebsfremd ist oder betriebsangehörig, da nach Abs. 2 Satz 1 nur betriebsangehörige Beisitzer keine Vergütung erhalten (ebenso *Fitting* § 76a Rn. 14; *Kliemt/HWK* § 76a BetrVG Rn. 4; *Preis/WPK* § 76a Rn. 8; **a. M.** *Worzalla/HWGNRH* § 76a Rn. 15). Auch für betriebsfremde Beisitzer, die vom Arbeitgeber bestellt werden, ist keine Einschränkung angezeigt. 29

Der **Betriebsrat ist dagegen nur befugt**, betriebsfremde (vergütungsberechtigte) Personen als Beisitzer zu bestellen, die nur bereit sind, für ein Honorar tätig zu werden, wenn er andere Personen, die sein Vertrauen genießen, nicht finden kann. Die nach früherer Rechtslage ganz h. M. (vgl. *BAG* 11.05.1976 AP Nr. 3 zu § 76 BetrVG 1972, 15.12.1978 AP Nr. 6 zu § 76 BetrVG 1972, 13.01.1981 AP Nr. 8 zu § 76 BetrVG 1972, 14.01.1983 AP Nr. 12 zu § 76 BetrVG 1972, 01.12.1983 AP Nr. 13 zu § 76 BetrVG 1972, 03.05.1984 AP Nr. 15 zu § 76 BetrVG 1972, 31.07.1986 AP Nr. 19 zu § 76 BetrVG 1972; zuletzt vom 14.12.1988 EzA § 76 BetrVG 1972 Nr. 47 S. 5 = BB 1989, 983; *Thiele* Drittbearbeitung, § 76 Rn. 81; *Bauer* AnwBl. 1987, 383 [387]; *Brill* BB 1980, 1277 [1280]; *Dietz/Richardi* § 76 Rn. 38; *Fitting/Auffarth/Kaiser/Heither* 15. Aufl., § 76 Rn. 18b; *Hess/Schlochauer/Glaubitz* 3. Aufl., § 76 Rn. 73; *Jäcker* Die Einigungsstelle, S. 156; *Pünnel/Isenhardt* Die Einigungsstelle, 2. Aufl., Rn. 186 f.; *Stege/Weinspach* 5. Aufl., § 76 Rn. 35a) gilt auch für § 76a Abs. 3 (ebenso *Bauer/Röder* DB 1989, 224 [225]; *Engels/Natter* BB 1989, Beil. 8, S. 1 [26]; *Neft/Ocker* Die Einigungsstelle, Rn. 335; *Stege/Weinspach/Schiefer* § 76a Rn. 9a; *Wlotzke* 2. Aufl. § 76a Rn. 4; *Worzalla/HWGNRH* § 76a Rn. 8; im Ansatz auch *LAG Rheinland-Pfalz* 24.05.1991 LAGE § 76a BetrVG 1972 Nr. 4; *Schäfer* NZA 1991, 836 [840]; **a. M.** *BAG* 24.04.1996 EzA § 76a BetrVG 1972 Nr. 10; Vorinstanz *LAG Düsseldorf* 01.08.1995 LAGE § 76a BetrVG 1972 Nr. 8; bestätigend *BAG* 10.10.2007 EzA § 26 BetrVG Nr. 2 Rn. 11; *Joost/MünchArbR* § 232 Rn. 107; wohl auch *Fitting* § 76a Rn. 15; *Kliemt/HWK* § 76a BetrVG Rn. 23; *Preis/WPK* § 76a Rn. 8; *Weber/Ehrich* Einigungsstelle, G Rn. 30). Maßgebliches Beurteilungskriterium ist auch insoweit, ob der Betriebsrat die Bestellung der vergütungsberechtigten Beisitzer nach den Umständen für erforderlich halten durfte (vgl. Rdn. 10). 30

Daran kann es etwa fehlen, wenn der Arbeitgeber den Betriebsrat auf geeignete betriebsangehörige Beisitzer oder auf externe Beisitzer, welche bereit sind, die Aufgabe unentgeltlich zu übernehmen (etwa ein pensionierter ehemaliger Betriebsratsvorsitzender), hingewiesen und dieser den Vorschlag willkürlich abgelehnt hat. Maßgeblich ist jedoch, dass die als Beisitzer vorgesehenen Personen das Vertrauen des Betriebsrats oder jedenfalls der Mehrheit seiner Mitglieder genießen. Deshalb kann die objektive Geeignetheit vorgeschlagener und sonstiger in Betracht kommender Personen nicht ausschlaggebend sein und rechtfertigt nicht, das Auswahlrecht des Betriebsrats einzuschränken (*BAG* 03.05.1984 EzA § 40 BetrVG 1972 Nr. 56). Unverhältnismäßig kann es auch sein, wenn der Betriebsrat **mehrere vergütungsberechtigte** betriebsfremde Beisitzer bestellt, obwohl in der Einigungsstelle nur eine verhältnismäßig einfache Rechts- und Sachlage zu behandeln ist. Das *BAG* hält es jedoch zu Recht für zulässig, dass auch mehrere externe Beisitzer bestellt werden können, soweit der Betriebsrat 31 es für erforderlich halten konnte (vgl. *BAG* 11.05.1976 AP Nr. 3 zu § 76 BetrVG 1972; 14.01.1983 AP Nr. 12 zu § 76 BetrVG 1972; 03.05.1984 AP Nr. 15 zu § 76 BetrVG 1972; 14.12.1988 EzA § 76 BetrVG 1972 Nr. 47 S. 5f.; vgl. auch *LAG Frankfurt a. M.* 13.08.1987 LAGE § 76 BetrVG 1972 Nr. 28). Insoweit ist auch dem *BAG* (24.04.1996 EzA § 76a BetrVG 1972 Nr. 10 S. 4) zuzustimmen: Der Betriebsrat hat nicht stets neben einem außerbetrieblichen einen betrieblichen Beisitzer zu bestimmen, wenn zwei Beisitzer zu bestellen sind.

32 Weil aus dem Gebot der vertrauensvollen Zusammenarbeit in Zusammenhang mit der Kostenerstattung gemäß § 40 BetrVG folgt, dass ein Betriebsrat nur Kosten auslösen darf, die er im Zeitpunkt von deren Verursachung bei gewissenhafter Berücksichtigung aller Umstände unter Berücksichtigung betrieblicher Belange für **erforderlich** halten durfte, kann es unverhältnismäßig sein, wenn der Betriebsrat an sich selbstständige, aber parallel liegende und sachlich miteinander zusammenhängende mitbestimmungspflichtige Angelegenheiten in einer **Vielzahl einzelner Einigungsstellen** verhandeln möchte, anstatt sie in einer einheitlichen Einigungsstelle zu verhandeln, weil er dann nicht lediglich Kosten verursacht, die er bei gewissenhafter Beurteilung für erforderlich halten durfte (*Hess. LAG* 01.03.2016 NZA-RR 2016, 535 Rn. 27). Es ist sehr wahrscheinlich, dass die Bestellung von vielen separaten Einigungsstellen – etwa für jede Unterabteilung eines Betriebs – erheblich mehr kostet als die Bestellung einer einheitlichen Einigungsstelle für alle Unterabteilungen. Es ist nämlich nicht zu erwarten, dass der Vorsitzende und die externen Beisitzer sich mit einer Vergütung von einem entsprechenden Bruchteil der regulären Vergütung für jede einzelne separate Einigungsstelle begnügen werden. Nicht auszuschließen ist es außerdem, dass der Betriebsrat die Bestellung unterschiedlicher Vorsitzender für jede Einigungsstelle betreibt.

33 Dass der Verhältnismäßigkeitsgrundsatz in diesen Fällen verletzt wird, beeinflusst nicht die **Wirksamkeit der Bestellung** der Beisitzer (**a. M.** *Ebert* Kosten der Einigungsstelle, S. 188 ff.). Das folgt daraus, dass Betriebsrat und Arbeitgeber in der Auswahl ihrer Beisitzer frei sind (vgl. § 76 Rdn. 47). Der gesetzliche **Vergütungsanspruch** nach Abs. 3 **entsteht aber nicht** (ebenso *Bauer/Röder* DB 1989, 224 [225]; *Lubitz* Der Rechtsanwalt in der Betriebsverfassung, S. 199 ff.; *Neft/Ocker* Die Einigungsstelle, Rn. 334; *Wlotzke* 2. Aufl., § 76a Rn. 4; *Worzalla*/HWGNRH § 76a Rn. 24; vgl. zur früheren Rechtslage auch *LAG Düsseldorf* 11.01.1974 DB 1974, 832; *ArbG Hannover* 09.09.1976 BB 1976, 1367; *Dietz/Richardi* § 76 Rn. 38; *Pünnel* Die Einigungsstelle, 2. Aufl., Rn. 187). Die Gegenmeinung (*BAG* 24.04.1996 EzA § 76a BetrVG 1972 Nr. 10 = SAE 1997, 190 [scharf und ausführlich abl. *Bengelsdorf*]; auch die Vorinstanz *LAG Düsseldorf* 01.08.1995 LAGE § 76a BetrVG 1972 Nr. 8; zust. *Fitting* § 76a Rn. 15; *Joost*/MünchArbR § 232 Rn. 107; *Krasshöfer*/HaKo § 76a Rn. 8; *Preis/WPK* § 76a Rn. 8; im Ergebnis auch wieder *BAG* 10.10.2007 EzA § 26 BetrVG 2001 Nr. 2 Rn. 11) ist methodisch nicht tragfähig hergeleitet, indem sie geltend macht, dass der Vergütungsanspruch nach dem Gesetzeswortlaut nicht ausdrücklich von der Erforderlichkeit der Bestellung abhängig gemacht ist: Als (im betriebsverfassungsrechtlichen Kostenrecht) allgemein geltender Grundsatz bedarf der Grundsatz der Verhältnismäßigkeit keiner ausdrücklichen Anordnung im Einzelfall. Das ist für § 40 Abs. 1 und § 76a Abs. 1 auch unbestritten, so dass die Gegenmeinung auch widersprüchlich ist. Dem Gesetz lassen sich auch keine Anhaltspunkte dafür entnehmen, dass dem Arbeitgeber die Berufung auf die fehlende Erforderlichkeit der Bestellung betriebsfremder Beisitzer nach Abschluss des Einigungsstellenverfahrens grundsätzlich verwehrt ist. Die Gegenauffassung (vgl. *LAG Rheinland-Pfalz* 24.05.1991 LAGE § 76a BetrVG 1972 Nr. 4 mit dem Hinweis, dass der Streit um die erforderliche Zusammensetzung vor Konstituierung der Einigungsstelle ausgetragen werden müsse, weil der Arbeitgeber die Kosten der konkret tätig gewordenen Einigungsstelle zu tragen habe; ebenso *Kamphausen* NZA 1992, 55 [61]; *Schäfer* NZA 1991, 836 [840]) verkennt, dass der Arbeitgeber nur die erforderlichen Kosten zu tragen hat und ein Vorabverfahren zur verbindlichen Bestimmung der Personen der Beisitzer nicht zur Verfügung steht. Allerdings muss der Einwand fehlender Erforderlichkeit unberücksichtigt bleiben, wenn er gegen das Verbot widersprüchlichen Verhaltens verstößt (z. B. wenn er erstmals nach Abschluss des Verfahrens der Einigungsstelle, die mit Einverständnis des Arbeitgebers tätig geworden ist, vorgebracht wird). Dann ist der Arbeitgeber zur Zahlung der (gesetzlichen) Vergütung verpflichtet.

34 Da der Betriebsrat ansonsten auch keinerlei Befugnis hat, den Arbeitgeber rechtsgeschäftlich gegenüber dem Beisitzer zur Vergütungszahlung zu verpflichten, ergibt sich die Konsequenz, dass sich die betriebsfremden Beisitzer wegen eines Vergütungsanspruchs in diesen Fällen nur an die handelnden

Betriebsratsmitglieder persönlich halten können. Sie haften nach der Rechtsprechung des *BGH* entsprechend § 179 BGB (vgl. *BGH* 25.10.2012 EzA § 40 BetrVG 2011 Nr. 24 [zust. *Müller*]; vgl. auch *BAG* 06.04.1973 AP Nr. 1 zu § 76 BetrVG 1972 Bl. 3 R f.; *Dietz/Richardi* § 76 Rn. 132; *Thiele* Drittbearbeitung, § 76 Rn. 60; zweifelhaft kompromissbereit *Fitting* § 76a Rn. 15: der Arbeitgeber ist zur Vergütung verpflichtet, kann aber bei klarem Verstoß gegen den Grundsatz, ihn nicht mit unnötigen Kosten zu belasten, bei den handelnden Betriebsratsmitgliedern Regress nehmen).

35 Der Vergütungsanspruch nach Abs. 3 steht auch **Gewerkschaftsfunktionären** (Rechtssekretären) zu, die als externe Beisitzer auf Betriebsratsseite in der Einigungsstelle tätig werden. Die Wirksamkeit von Honorarvereinbarungen des Betriebsrats mit ihnen war vor Inkrafttreten des § 76a sehr str. (bejahend: *BAG* 11.05.1976 AP Nr. 3 zu § 76 BetrVG 1972; 15.12.1978 AP Nr. 6 zu § 76 BetrVG 1972; 14.01.1983 AP Nr. 12 zu § 76 BetrVG 1972; 03.05.1984 AP Nr. 15 zu § 76 BetrVG 1972; 14.12.1988 EzA § 76 BetrVG 1972 Nr. 47; zuletzt *BAG* 13.11.1991 EzA § 76a BetrVG 1972 Nr. 1; *Dietz/Richardi* § 76 Rn. 124; *Fitting/Auffarth/Kaiser/Heither* 15. Aufl., § 76 Rn. 18b; *Galperin/Löwisch* § 76 Rn. 21; *Hess/Schlochauer/Glaubitz* 3. Aufl., § 76 Rn. 70; *Jäcker* Die Einigungsstelle, S. 156 f.; *Lepke* BB 1977, 49 [53]; *Thiele* Drittbearbeitung, § 76 Rn. 57; verneinend: *LAG Hamm* 20.02.1975 DB 1975, 985; *Gaul* Die betriebliche Einigungsstelle, MIV Rn. 26 ff.; *Glaubitz* DB 1983, 555; *Hunold* DB 1978, 2362 [2366]; *Nipperdey* DB 1982, 1321 [1322]; *Schumann* DB 1983, 1094 [1095]; *Stege/Weinspach* 5. Aufl., § 76 Rn. 37, 39). Da der Gesetzgeber, dem der Streit bekannt war, nunmehr allen betriebsfremden Beisitzern den gesetzlichen Vergütungsanspruch einräumt und dabei Vertreter von Gewerkschaften oder Arbeitgeberverbänden nicht (ausdrücklich) ausnimmt, kann daraus nur ihre Einbeziehung gefolgert werden (ebenso *Bauer/Röder* DB 1989, 224 [225]; *Engels/Natter* BB 1989, Beil. 8, S. 1 [26]; jetzt auch *LAG Hamburg* 18.11.1991 LAGE § 76a BetrVG 1972 Nr. 5; *Berg/DKKW* § 76a Rn. 24; *Fitting* § 76a Rn. 16; *Joost/MünchArbR* § 232 Rn. 108; *Neft/Ocker* Die Einigungsstelle, Rn. 338; *Richardi/Maschmann/Richardi* § 76a Rn. 16; *Worzalla/HWGNRH* § 76a Rn. 25), zumal bekannt ist, dass etwa die Hälfte aller von Betriebsräten bestellten Beisitzer Gewerkschaftsfunktionäre sind (vgl. *Glaubitz* DB 1983, 555).

36 Zu Recht hat das *BAG* (14.12.1988 EzA § 76 BetrVG 1972 Nr. 47 S. 8 ff.) verfassungsrechtliche Bedenken gegen Vergütungsansprüche von Gewerkschaftsmitarbeitern unter dem Gesichtspunkt einer das koalitionsrechtliche Prinzip der Gegnerunabhängigkeit verletzenden »Gegnerfinanzierung« (so *Nipperdey* DB 1982, 1321; *ArbG Düsseldorf* DB 1988, 2519) zurückgewiesen (krit. nach wie vor *Bengelsdorf* NZA 1989, 489 [493]; *Stege/Weinspach/Schiefer* § 76a Rn. 11). Die Wahrnehmung von Beisitzertätigkeit in der Einigungsstelle ist keine betriebsverfassungsrechtliche Aufgabe der Gewerkschaften, der sie unentgeltlich nachzukommen hätten. Deshalb können selbst dann keine verfassungsrechtlichen Bedenken erhoben werden, wenn ein betriebsfremder Beisitzer sein Honorar ganz oder teilweise an die ihn hauptberuflich beschäftigende Gewerkschaft oder an eine gewerkschaftsnahe Stiftung aufgrund entsprechender Empfehlung oder vertraglicher Verpflichtung abführt (*BAG* 14.12.1988 EzA § 76 BetrVG 1972 Nr. 47 S. 9; *Preis/WPK* § 76a Rn. 9).

37 Auch ein **Rechtsanwalt**, der als betriebsfremder Beisitzer (oder Vorsitzender) **in** der Einigungsstelle tätig geworden ist, hat den Vergütungsanspruch nach Abs. 3. Als Mitglied der Einigungsstelle wird er jedoch nicht in seiner Eigenschaft als Rechtsanwalt tätig. Deshalb richtet sich die Höhe seiner Vergütung nach Abs. 3 Satz 2 und nicht nach dem RVG (so zur früheren BRAGO auch *BAG* 20.02.1991 EzA § 76 BetrVG 1972 Nr. 56 S. 5). Das gilt auch, wenn durch die Arbeit der Einigungsstelle andere Verfahren faktisch miterledigt werden. Der Rechtsanwalt kann in den Fällen kein über die Vergütung seiner Tätigkeit in der Einigungsstelle hinausgehendes Honorar nach dem RVG verlangen (richtig *LAG Köln* 29.10.2014 – 11 TaBV 30/14 – juris, Rn. 17 f.; *ArbG Weiden* 20.02.2012 – 5 BV 30/11 – juris, Rn. 27).

38 Zu Recht hatte das *BAG* (31.07.1986 EzA § 76 BetrVG 1972 Nr. 36; zust. noch *LAG München* 11.01.1991 LAGE § 76a BetrVG 1972 Nr. 1 S. 9; *LAG Schleswig-Holstein* 11.05.1995 LAGE § 76a BetrVG 1972 Nr. 7) dementsprechend vor Inkrafttreten von § 76a entschieden, dass der mehrwertsteuerpflichtige Rechtsanwalt die auf die Vergütung seiner Einigungsstellentätigkeit anfallende Mehrwertsteuer nicht nach § 25 Abs. 2 BRAGO verlangen kann, sondern nur, wenn es vereinbart worden ist. Die Rechtsprechung ist jetzt allerdings überholt (vgl. *BAG* 14.02.1996 EzA § 76a BetrVG 1972 Nr. 9 S. 6 f.). Das folgt daraus, dass der gesetzliche Vergütungsanspruch nach § 76a Abs. 3 als Nettovergütungsanspruch ausgestaltet ist, so dass der umsatzsteuerpflichtige Beisitzer (und Vorsitzende) Anspruch auf Erstattung der auf die Vergütung zu zahlenden **Umsatzsteuer** hat (*Ebert* Kosten der Einigungsstelle, S. 214 ff.; im Ergebnis übereinstimmend *Berg/DKKW* § 76a Rn. 40; *Fitting* § 76a Rn. 29; *Kliemt/HWK* § 76a BetrVG Rn. 17; *LAG Köln* 29.10.2014 – 11 TaBV 30/14 – juris, Rn. 18).

39 Mit der Vergütung für die Beisitzertätigkeit ist eine spätere gerichtliche Vertretung des Betriebsrats durch den Rechtsanwalt im arbeitsgerichtlichen Beschlussverfahren auch dann nicht abgegolten, wenn es dabei um die Feststellung der Unwirksamkeit des Spruchs der Einigungsstelle geht (*LAG Rheinland-Pfalz* 06.08.1992 NZA 1993, 93). Zu den Kosten der Tätigkeit des Rechtsanwalts **vor** der Einigungsstelle vgl. Rdn. 16 ff. Eine Kostentragungspflicht des Arbeitgebers nach § 40 Abs. 1 kommt mangels Erforderlichkeit nicht in Betracht, wenn der Rechtsanwalt nicht nur als Beisitzer in, sondern auch noch zusätzlich als Verfahrensbevollmächtigter vor der Einigungsstelle tätig geworden sein sollte (*Kamphausen* NZA 1992, 55 [61]).

40 **Vergütungsansprüche** und andere Kosten der Einigungsstelle nach Abs. 1 können **im Insolvenzverfahren** über das Vermögen des Arbeitgebers insgesamt vorweg zu berichtigende Masseverbindlichkeiten nach § 55 Abs. 1 Nr. 1 InsO sein, wenn das Einigungsstellenverfahren entweder vollständig nach Eröffnung des Insolvenzverfahrens durchgeführt oder zwar vor Eröffnung begonnen, aber erst nach Eröffnung des Insolvenzverfahrens durch einen Spruch der Einigungsstelle abgeschlossen wurde. Voraussetzung ist jedoch, dass der Insolvenzverwalter das Einigungsstellenverfahren (nicht bloß als Rechtsnachfolger des Gemeinschuldners, sondern) im Rahmen der ihm übertragenen Aufgaben führt, wie das z. B. bei der Aufstellung eines Sozialplans im Hinblick auf die Feststellung der Schuldenmasse der Fall ist (ebenso *Fitting* § 76a Rn. 36; zum früheren Konkursrecht *BAG* 27.03.1979 AP Nr. 7 zu § 76 BetrVG 1972 [*Gaul*] = SAE 1984, 46 [*Fabricius/Decker*]; 25.08.1983 AP Nr. 14 zu § 59 KO [*Gerhardt*]). War das Einigungsstellenverfahren dagegen bei Eröffnung des Insolvenzverfahrens bereits abgeschlossen, sind Vergütungsansprüche (einfache) Insolvenzforderungen i. S. v. § 38 InsO. Das gilt auch für rückständige Lohn- und Gehaltsansprüche der betriebsangehörigen Beisitzer nach § 76a Abs. 2 i. V. m. § 37 Abs. 2 (§ 108 Abs. 2 InsO). Entstehen solche Ansprüche nach Eröffnung des Insolvenzverfahrens, sind sie aus der Insolvenzmasse zu bezahlen (§ 108 Abs. 1 InsO).

3. Vergütungshöhe

41 Das Gesetz enthält keine festen Vergütungssätze. Abs. 3 Satz 2 bestimmt, dass sich die Höhe der Vergütung nach den Grundsätzen des Abs. 4 Satz 3 bis 5 richtet. An diese Grundsätze ist gemäß Abs. 4 Satz 3 (»Dabei ...«) auch der Bundesminister für Arbeit und Soziales gebunden, wenn er von der ihm durch Abs. 4 Satz 1 eingeräumten Verordnungsermächtigung Gebrauch macht und die Vergütung für die Vorsitzenden und die betriebsfremden Beisitzer einer Einigungsstelle nach Abs. 3 in einer Vergütungsrechtsverordnung regelt. In einer Verordnung sind Höchstsätze festzusetzen (Abs. 4 Satz 2). Daraus ergibt sich, dass wenn von der Verordnungsermächtigung Gebrauch gemacht wird, über die festgelegten Höchstsätze hinausgehende gesetzliche Vergütungsansprüche nicht bestehen können (so auch *Löwisch/Kaiser* § 76a Rn. 9; *Löwisch* DB 1989, 223 [224]), selbst wenn im Einzelfall unter Zugrundelegung der Grundsätze nach Abs. 4 Satz 3 bis 5 eine höhere Vergütung angemessen wäre.

42 Eine **Vergütungsverordnung** ist **bisher noch nicht erlassen** worden. Ein Verordnungsentwurf (Bundesminister für Arbeit und Sozialordnung IIIa 2–32393–1, Stand 13.06.1990; vgl. dazu *Ebert* Kosten der Einigungsstelle, S. 176 ff.; *Friedemann* Das Verfahren der Einigungsstelle, Rn. 628 ff.; *Schack* Die zivilrechtliche Stellung des Einigungsstellenvorsitzenden, S. 136 ff. mit eigenem Verordnungsentwurf) ist nicht in Kraft gesetzt worden. Angesichts der Klagen über bekannt gewordene überzogen hohe Vergütungen für Vorsitzende (Richter der Arbeitsgerichtsbarkeit) und Beisitzer (Rechtsanwälte, Gewerkschaftssekretäre) der Einigungsstelle (vgl. *Neumann* RdA 1997, 142; *Ebert* Kosten der Einigungsstelle, S. 165 ff. [auch zu Umfragen über Kosten]) ist die lange Untätigkeit des Verordnungsgebers, insbesondere Höchstsätze festzulegen, unverständlich. In der Literatur wird sie im Hinblick auf Art. 20 Abs. 1 GG bereits als verfassungswidrig eingestuft (vgl. *Bengelsdorf* SAE 1997, 239). Allerdings richtet sich auch vor Erlass einer solchen Verordnung die Vergütungshöhe maßgeblich nach den in Abs. 4 Satz 3 bis 5 festgelegten Grundsätzen. Das ist der Sinn des Verweises in Abs. 3 Satz 2 (verkannt nur von *LAG Düsseldorf* 15.03.1990 NZA 1990, 946).

a) Grundsätze zur Bestimmung der Vergütungshöhe (Abs. 4 Satz 3 bis 5)

Maßgebliche Grundsätze für die Bestimmung der Vergütungshöhe sind nach Abs. 4 Satz 3 insbesondere der **erforderliche Zeitaufwand**, die **Schwierigkeit** der Streitigkeit sowie ein (etwaiger) **Verdienstausfall**. Außerdem muss die Handhabung dieser Kriterien dazu führen, dass die Vergütung der Beisitzer (wie schon nach bisheriger Rechtslage) niedriger bemessen wird als diejenige des Vorsitzenden (Abs. 4 Satz 4). Schließlich ist den berechtigten Interessen der Mitglieder der konkreten Einigungsstelle einerseits und denen des Arbeitgebers andererseits Rechnung zu tragen (Abs. 4 Satz 5), wenn es um die Bestimmung zulässiger Höchstsätze geht. Dadurch kann die wirtschaftliche Situation der Beteiligten die Vergütungshöhe beeinflussen. 43

Damit sind die maßgebenden Bemessungskriterien im Gesetz **abschließend** aufgeführt (zust. *Kamphausen* NZA 1992, 55 [56]; *Neft/Ocker* Die Einigungsstelle, Rn. 345; **a. M.** *Bauer/Röder* DB 1989, 224 [225]; *Kaiser* Anm. zu BAG 12.02.1992 EzA § 76a BetrVG 1972 Nr. 6 S. 12; *Fitting* § 76a Rn. 19; *Kliemt/HWK* § 76a BetrVG Rn. 7; *Preis/WPK* § 76a Rn. 12). Die Verwendung des Wortes »insbesondere« in Abs. 4 Satz 3 spricht nicht für eine lediglich beispielhafte Aufzählung, sondern hebt die besondere Bedeutung des erforderlichen Zeitaufwands für die Vergütungshöhe hervor. Daneben sind nur noch die Schwierigkeit der Streitigkeit (in rechtlicher und tatsächlicher Hinsicht) sowie ein Verdienstausfall zu berücksichtigen. Diese Sichtweise entspricht dem vom Gesetzgeber verfolgten Normzweck, die als unbefriedigend empfundene entsprechende Heranziehung der Bundesrechtsanwaltsgebührenordnung (BRAGO) auszuschließen, für die der Gegenstandswert Grundlage der Vergütungsfestsetzung war (vgl. Ausschussbericht, BT-Drucks. 11/3618, S. 18; vgl. auch Rdn. 2). 44

Das **Kriterium »Gegenstandswert«**, das früher mangels einer Vereinbarung die Kosten der Einigungsstelle entscheidend bestimmte (vgl. BAG 15.12.1978 AP Nr. 5 zu § 76 BetrVG 1972; 31.07.1986 AP Nr. 19 zu § 76 BetrVG 1972; *Fitting/Auffarth/Kaiser/Heither* 15. Aufl., § 76 Rn. 18a; *Galperin/Löwisch* § 76 Rn. 19; *Gaul* Die betriebliche Einigungsstelle, M IV Rn. 6 ff.; *Gnade/Kehrmann/Schneider/Blanke* 2. Aufl., § 76 Rn. 31; *Hess/Schlochauer/Glaubitz* 3. Aufl., § 76 Rn. 65; *Pünnel* Die Einigungsstelle, 2. Aufl., Rn. 169 ff.; krit. *Dietz/Richardi* § 76 Rn. 126; *Herschel* DB 1982, 1984; *Hess* BlStSozArbR 1983, 161; *Nipperdey* DB 1982, 1321; *Schumann* DB 1983, 1094; *Weiss* JArbR Bd. 22 [1985], S. 37 [47]) ist durch die Neuregelung nicht nur in seiner Bedeutung zurückgedrängt (so *Bauer/Röder* DB 1989, 224 [225]), sondern für die Berechnung der Vergütung **ausgeschlossen** worden (ebenso *Engels/Natter* BB 1989, Beil. Nr. 8, S. 1 [26]; *Berg/DKKW* § 76a Rn. 28; *Worzalla/HWGNRH* § 76a Rn. 32; *Däubler* Das Arbeitsrecht I, Rn. 952; *Fitting* § 76a Rn. 19; *Kamphausen* NZA 1992, 55 [57]; *Neft/Ocker* Die Einigungsstelle, Rn. 345; *Preis/WPK* § 76a Rn. 11; **a. M.** *Friedemann* Das Verfahren der Einigungsstelle, Rn. 633 ff., der nach wie vor eine Analogie zur BRAGO befürwortet hat). Die entsprechende Heranziehung des **RVG scheidet** deshalb als Berechnungsgrundlage **aus**, da sich nach § 2 RVG der gesetzliche Vergütungsanspruch des Rechtsanwalts, ebenso wie früher nach der BRAGO, gerade nach dem Gegenstandswert bestimmt. Die wirtschaftliche Bedeutung der Streitangelegenheiten ist allein im Rahmen der Interessenabwägung nach Abs. 4 Satz 5 zu berücksichtigen. 45

aa) Vergütung der Leistungszeit

Die Vergütungshöhe bestimmt sich in erster Linie nach dem **erforderlichen Zeitaufwand**. Insofern hat sich der Gesetzgeber für ein **Zeitentgeltsystem** zur Vergütung der Tätigkeit in der Einigungsstelle entschieden. Dem entspricht es, die Vergütung nach **Stunden- oder Tagessätzen** zu berechnen. Dafür spricht auch, dass die Schwierigkeit der Streitigkeit in der Regel im Zeitaufwand zum Ausdruck kommt (*Engels/Natter* BB 1989, Beil. Nr. 8, S. 1 [26]) und auch ein Verdienstausfall sich im Zeitaufwand widerspiegeln wird. Dabei ist jedoch nicht nur der Zeitaufwand für die Sitzung(en) der Einigungsstelle selbst, sondern auch die erforderliche Zeit ihrer Vorbereitung (z. B. Studium der Unterlagen, Prüfung von Rechtsfragen, getrennte Beratung der Beisitzer beider Seiten) und Nacharbeit (Anfertigung von Protokollen, Anfertigung der schriftlichen Begründung der Einigungsstellenbeschlüsse) zu vergüten (ebenso *Bauer/Röder* DB 1989, 224 [225]; *Engels/Natter* BB 1989, Beil. Nr. 8, S. 1 [26]; *Berg/DKKW* § 76a Rn. 31; *Fitting* § 76a Rn. 20; *Joost/* MünchArbR § 232 Rn. 114; *Löwisch* DB 1989, 223 [224]; *Löwisch/Kaiser* § 76a Rn. 8; *Neft/Ocker* Die Einigungsstelle, Rn. 346; *Preis/WPK* § 76a Rn. 12; *Stege/Weinspach/Schiefer* § 76a Rn. 28; *Worzalla/HWGNRH* § 76a Rn. 31; vgl. 46

auch *Schumann* DB 1983, 1094 f.). **Angefangene Stunden** sind voll zu vergüten. Die Vergütung nach Zeitaufwand schließt eine Pauschalvergütung aus (**a. M.** *Kamphausen* NZA 1992, 55 [59], der auch eine Bezahlung nach Sitzungstagen durch Pauschalbeträge für mit dem Gesetz vereinbar hält). Freilich sind Vereinbarungen über eine pauschale Vergütung möglich (vgl. Rdn. 61 ff.).

47 Solange durch eine Vergütungsverordnung keine Höchstsätze festgesetzt sind (Abs. 4 Satz 2), besteht die Hauptschwierigkeit darin, die **Stunden- oder Tagessätze zu bemessen**. *Löwisch* (DB 1989, 223 [224]) hat vorgeschlagen, als **Orientierungshilfe** für die Höhe der Stundensätze § 3 des Gesetzes über die Entschädigung von Zeugen und Sachverständigen (ZSEG) heranzuziehen, weil die Tätigkeit in der Einigungsstelle ihrer Schwierigkeit nach am ehesten der eines Sachverständigen vergleichbar sei (im Ansatz so auch schon früher *ArbG Frankfurt a. M.* 01.07.1975 BB 1975, 1635; *Gaul* DB 1983, 1149; *Hess* BlStSozArbR 1983, 161 [162]; ebenso *Bengelsdorf* NZA 1989, 489 [495], für die Tätigkeit des Vorsitzenden; allgemein *ders.* SAE 1995, 26 [32]; *Hess/Schlochauer/Glaubitz* 3. Aufl., § 76a Rn. 31; *Löwisch/Kaiser* § 76a Rn. 8; zust. *Lunk/Nebendahl* NZA 1990, 921 [925]; *Stege/Weinspach/Schiefer* § 76a Rn. 28; *Worzalla/HWGNRH* § 76a Rn. 33). Dem ist in den Vorauflagen im Grundsatz zugestimmt worden, weil allein das ZSEG mit dem Stunden(rahmen)satz für die Entschädigung von Sachverständigen einen gesetzlichen Maßstab für die Vergütung vergleichbar qualifizierter Tätigkeit angibt. Sachverständige werden wie die Mitglieder der Einigungsstelle nach § 76a Abs. 3 für ihre Tätigkeit nach erforderlichem Zeitaufwand entschädigt; sie werden wie Sachverständige tätig (vgl. auch *BAG* 31.07.1986 EzA § 76 BetrVG 1972 Nr. 36 S. 202). Orientiert an § 3 ZSEG ließ sich ein Stundensatz zwischen 25 und 104 Euro für den Vorsitzenden der Einigungsstelle als angemessen ermitteln (vgl. näher 8. Aufl. § 76a Rn. 46). Dem konnte nicht überzeugend entgegengehalten werden, dass der Satz für Rechtsanwälte zu gering sei, um neben dem erheblichen laufenden Kostenaufwand für das Büro ein angemessenes Honorar zu gewährleisten (so aber *Bauer/Röder* DB 1989, 224 [225] gegen *Löwisch* DB 1989, 223 [224]). Rechtsanwälte, die in der Einigungsstelle mitwirken, werden nebenberuflich als Sachkundige tätig, nicht in ihrer Eigenschaft als Rechtsanwälte (vgl. Rdn. 37). Die Orientierung an § 3 ZSEG ist gleichwohl weithin auf Ablehnung gestoßen, insbesondere mit dem Hinweis, dass Einigungsstellentätigkeit erheblich komplexer und umfassender sei als die eines Sachverständigen (abl. *LAG München* 11.01.1991 LAGE § 76a BetrVG 1972 Nr. 1; *LAG Frankfurt a. M.* 26.09.1991 LAGE § 76a BetrVG 1972 Nr. 6; *Bauer/Röder* DB 1989, 224 [226]; *Berg/DKKW* § 76a Rn. 32; *Däubler* Das Arbeitsrecht I, Rn. 952; *Ebert* Kosten der Einigungsstelle, S. 202 f.; *Fitting* § 76 Rn. 24f; *Kamphausen* NZA 1992, 55 [59]; *Kliemt/HWK* § 76a BetrVG Rn. 13; *Neft/Ocker* Die Einigungsstelle, Rn. 358; *Preis/WPK* § 76a Rn. 12; das *BAG* [28.08.1996 EzA § 76a BetrVG 1972 Nr. 11] hat eine Analogie zu § 3 ZSEG wegen Fehlens einer planwidrigen Gesetzeslücke abgelehnt, weil nach Abs. 4 Satz 2 allein dem Verordnungsgeber die Festsetzung von Höchstbeträgen vorbehalten sei; dabei hat das Gericht aber verkannt, dass die Bestimmung als Orientierungshilfe herangezogen, nicht aber analog angewendet werden soll). Insbesondere hat sich ein **Höchststundensatz** von »nur« etwa **100 Euro** als **nicht konsensfähig** erwiesen (*Preis/WPK* § 76a Rn. 12: »zu geizig«). Deshalb verspricht es keinen Erfolg, nach Ablösung des ZSEG durch das Justizvergütungs- und -entschädigungsgesetz (JVEG) vom 05.05.2004 jetzt den angemessenen Stundenrahmensatz an § 9 JVEG zu orientieren, nach dem das Honorar für Sachverständige gestaffelt nach Honorargruppen zwischen 65 und 100 Euro für jede Stunde beträgt.

48 Stattdessen ist entsprechend § 612 Abs. 2 BGB mangels einer Vergütungsvereinbarung die in der Praxis **übliche Vergütung** zugrunde zu legen. *Däubler* (Das Arbeitsrecht I, Rn. 952) hat in der Praxis Stundensätze zwischen 50 und 350 Euro für den Vorsitzenden gefunden. *Pünnel/Isenhardt* (Die Einigungsstelle, Rn. 176) halten einen Mindeststundensatz von DM 150,– und einen Höchststundensatz von DM 500,–, jetzt ca. 80 bis 260 Euro, für vertretbar (zust. *Berg/DKKW* § 76a Rn. 32: 100 bis 300 Euro [Vergleich mit der Tätigkeit eines UN-Beraters]; *Etzel* Rn. 1401; *Neft/Ocker* Die Einigungsstelle, Rn. 360: Höchstsatz aber »nur ganz ausnahmsweise«; ähnlich im Ergebnis *Weber/Ehrich* Einigungsstelle, G Rn. 24: 100 bis 500 DM [ca. 52 bis 257 Euro)]; vgl. auch *Fitting* § 76a Rn. 24b). *Kania*/ErfK (§ 76a BetrVG Rn. 5) hält ca. 200 bis 250 Euro für üblich und angemessen, *Kliemt/HWK* (§ 76a BetrVG Rn. 14) 100 bis 300 Euro, in besonderen Fällen auch darüber. *Preis/WPK* § 76a hält 150 bis 200 Euro für nicht unangemessen. Das *BAG* (28.08.1996 EzA § 76a BetrVG 1972 Nr. 11) hat einen Stundensatz von DM 300,– (ca. 154 Euro) bei einer Streitigkeit von mittlerer Schwierigkeit (Sozialplanstreitigkeit bei Betriebsstilllegung) gebilligt. *Joost/MünchArbR* § 232 Rn. 114 will entsprechend dem Verordnungsentwurf (vgl. Rdn. 42) nur einen Stundensatz von 50 bis 100 Euro zugrunde legen, was aber nicht konsensfähig ist. Tagessätze sind entsprechend den Stundensätzen zu berechnen.

Bei der **Ausfüllung des üblichen Rahmenstundensatzes** (von durchschnittlich 50 bis etwa 260 Euro) sind die Qualifikation der Mitglieder und ihre Leistungen in der Einigungsstelle, ein etwaiger Verdienstausfall oder Erwerbsverlust sowie auch sonstige wirtschaftliche Umstände sowohl auf Seiten der Mitglieder der Einigungsstelle als vor allem auch des Arbeitgebers (wirtschaftliche Lage des Unternehmens, wirtschaftliche Bedeutung der Streitigkeit, Umfang des Einigungsstellenverfahrens) angemessen Rechnung zu tragen. Der Stundensatz muss auch nicht einheitlich für die gesamte erforderliche Zeit bemessen werden. Möglich ist, Vorbereitungsstunden niedriger zu bemessen als die Sitzungsstunden der Einigungsstelle (vgl. auch schon *BAG* 27.03.1979 AP Nr. 7 zu § 76 BetrVG 1972). Es ist nicht gerechtfertigt, beim Vorsitzenden ohne weiteres vom Höchstsatz auszugehen. 49

bb) Höhe der Vergütung für Beisitzer

Abs. 4 Satz 4 legt **zwingend** fest, dass die (gesetzliche) Vergütung des einzelnen (externen) Beisitzers (im Ergebnis) **niedriger** zu bemessen ist als die des Vorsitzenden. Mit der Bemessungsregel schreibt das Gesetz die bisherige Praxis fest, ohne sie **im Umfang** zu bestätigen. Sie gewährte relativ starr **7/10 des Vorsitzendenhonorars** an die Beisitzer (vgl. *BAG* 06.04.1973 AP Nr. 1 zu § 76 BetrVG 1972, 15.12.1978 AP Nr. 6 zu § 76 BetrVG 1972, 13.01.1981 AP Nr. 8 zu § 76 BetrVG 1972, 14.01.1983 AP Nr. 12 zu § 76 BetrVG 1972, 03.05.1984 AP Nr. 15 zu § 76 BetrVG 1972, 31.07.1986 AP Nr. 19 zu § 76 BetrVG 1972; 14.12.1988 EzA § 76 BetrVG 1972 Nr. 47; 20.02.1991 EzA § 76 BetrVG 1972 Nr. 56; 13.11.1991 EzA § 76a BetrVG 1972 Nr. 1; *LAG* Köln 29.10.2014 – 11 TaBV 30/14 – juris, Rn. 17; *Kleinebrink* ArbRB 2017, 29 [30]; vgl. auch *Dietz/Richardi* § 76 Rn. 127; *Galperin/Löwisch* § 76 Rn. 20). Für die Richtigkeit einer solch feststehenden Relation (»**7/10-Automatik**«) gibt das Gesetz jetzt **keinen Anhaltspunkt** mehr (ebenso *LAG* Hamm 11.12.1990 LAGE § 76a BetrVG 1972 Nr. 2 und 15.01.1991 LAGE § 76a BetrVG 1972 Nr. 3; *LAG* Schleswig-Holstein 11.05.1995 LAGE § 76a BetrVG 1972 Nr. 7 [zust. *Ebert*]; *ArbG* Regensburg 10.02.1997 NZA-RR 1997, 256; *Bauer/Röder* DB 1989, 224 [226]; *Bengelsdorf* NZA 1989, 489 [495 f.]; *ders.* SAE 1997, 248 ff.; *Ebert* Kosten der Einigungsstelle, S. 204 ff.; *Engels/Natter* BB 1989, Beil. Nr. 8, S. 1 [26]; *Joost/MünchArbR* § 232 Rn. 116; *Lunk/Nebendahl* NZA 1990, 921 [924]; *Stege/Weinspach/Schiefer* § 76a Rn. 22, 26 ff.; *Worzalla/HWGNRH* § 76a Rn. 35). Vielmehr ist auch die Vergütungshöhe der Beisitzer nach dem jeweils erforderlichen Zeitaufwand nach Stundensätzen zu berechnen, die sich an den praxisüblichen Stundensätzen für die Vorsitzenden (vgl. Rdn. 48) orientieren können und nach individuell zu handhabenden Kriterien und unter Abwägung der berechtigten Interessen der Mitglieder der Einigungsstelle und des Arbeitgebers auszufüllen sind (vgl. Rdn. 49); allerdings kann nicht eine höhere Stundenzahl angesetzt werden, um eine höhere Vergütung als die der Vorsitzenden zu erreichen (*Kleinebrink* ArbRB 2017, 29 [31]). Das *BAG* (12.02.1992 EzA § 76a BetrVG 1972 Nr. 6 *[zust. Kaiser]* = SAE 1995, 23 *[abl. Bengelsdorf]*; 14.02.1996 EzA § 76a BetrVG 1972 Nr. 9 = SAE 1997, 233 *[scharf abl. Bengelsdorf]*), ein Teil der Instanzgerichte (vgl. *LAG* Düsseldorf 15.03.1990 NZA 1990, 946; *LAG* München 11.01.1991 LAGE § 76a BetrVG 1972 Nr. 1; *LAG* Rheinland-Pfalz 24.05.1991 LAGE § 76a BetrVG 1972 Nr. 4; *LAG* Hamburg 18.11.1991 LAGE § 76a BetrVG 1972 Nr. 5; *LAG* Frankfurt a. M. 26.09.1991 LAGE § 76a BetrVG 1972 Nr. 6) und der Literatur (vgl. *Berg/DKK* § 76a Rn. 34; *Etzel* Rn. 1401; *Fitting* § 76a Rn. 25; *Friedemann* Das Verfahren der Einigungsstelle, Rn. 664 ff.; *Kamphausen* NZA 1992, 55; *Kania/ErfK* § 76a BetrVG Rn. 6; *Kliemt/HWK* § 76a BetrVG Rn. 24; *Löwisch/Kaiser* § 76a Rn. 6; *Preis/WPK* § 76a Rn. 14, aber keine Automatik; *Richardi/Maschmann/Richardi* § 76a Rn. 22; *Schäfer* NZA 1991, 836 [839]; *Weber/Ehrich* Einigungsstelle, G Rn. 34 ff.) halten es demgegenüber mit den Bemessungsgrundsätzen des Abs. 4 Satz 3 bis 5 und der Leistungsbestimmung nach billigem Ermessen (vgl. zur Kritik der Kumulation der Maßstäbe Rdn. 56) für vereinbar, die Beisitzervergütung weiterhin pauschal in Höhe von 7/10 des Vorsitzendenhonorars zu bemessen, sofern (vgl. *BAG* 12.02.1992 EzA § 76a BetrVG 1972 Nr. 6) es seinerseits billigem Ermessen entspricht und besonders zu berücksichtigende individuelle Umstände fehlen. Der 3/10 Regelabschlag auf die Vorsitzendenvergütung mag Abs. 4 Satz 4 und auch dem praktischen Bedürfnis nach einem möglichst praktikablen Vergütungsrahmen für die externen Beisitzer Rechnung tragen. Dem Erfordernis individueller Vergütungsabrechnung nach den Kriterien des Abs. 4 Satz 3 wird die Regelvergütung je- 50 doch zumindest deshalb nicht gerecht, weil sie die Darlegungs- und Beweislast für die Berücksichtigung individueller Umstände zum Nachteil des Arbeitgebers umkehrt.

51 Nach den Bemessungsgrundsätzen des Abs. 4 Satz 3 und 5 wird sich der **Vergütungsvorsprung** des Vorsitzenden regelmäßig bereits daraus ergeben, dass der von ihm zu erbringende Zeitaufwand im Hinblick auf Vorbereitung und Nacharbeit des Einigungsstellenverfahrens höher ist als der der Beisitzer. Bei der Festlegung des Stundensatzes muss seine Leitungsfunktion in der Einigungsstelle und die aus seiner Unparteilichkeit resultierende Verantwortung zu einer Erhöhung seines Stundensatzes gegenüber dem der Beisitzer führen. Andererseits kann das jedenfalls z. T. dadurch kompensiert sein, dass der Vorsitzende (in der Regel ein Richter der Arbeitsgerichtsbarkeit) durch seine Tätigkeit in der Einigungsstelle im Gegensatz zu Beisitzern (z. B. einem freiberuflich tätigen Rechtsanwalt) keine Einkommenseinbuße erleidet.

52 Die (gesetzliche) Vergütung der Beisitzer kann **unterschiedlich hoch** sein (ebenso *Bauer/Röder* DB 1989, 224 [226]; *Engels/Natter* BB 1989, Beil. Nr. 8, S. 1 [26]; *Bengelsdorf* SAE 1995, 26 [29]; *Ebert* Kosten der Einigungsstelle, S. 195 f.; *Joost*/MünchArbR § 232 Rn. 117; *Lunk/Nebendahl* NZA 1990, 921 [925]; vgl. auch *LAG Hamm* 15.01.1991 LAGE § 76a BetrVG 1972 Nr. 3, S. 3; *Berg/DKK* § 76a Rn. 37; *Neft/Ocker* Die Einigungsstelle, Rn. 364; **a. M.** *LAG Rheinland-Pfalz* 24.05.1991 LAGE § 76a BetrVG 1972 Nr. 4, S. 4 f.; *LAG Hamburg* 18.11.1991 LAGE § 76a BetrVG 1972 Nr. 5, S. 7 f.; *Fitting* § 76a Rn. 26, die aber Ausnahmen zulassen; *Schäfer* NZA 1991, 836 [839]; vgl. auch *Kamphausen* NZA 1992, 55 [62 f.]), da die Bemessungskriterien die Berücksichtigung individueller Umstände (z. B. Zeitaufwand, Verdienstausfall, Qualifikation) erfordern. Z. B. kann der Stundensatz eines Beisitzers, der als hauptberuflicher Gewerkschaftsmitarbeiter sein Gehalt fortbezahlt bekommt, geringer zu bemessen sein als der eines freiberuflich tätigen Rechtsanwalts (*Bauer/Röder* DB 1989, 224 [226]; vgl. zur Rechtslage vor Inkrafttreten des § 76a aber auch *BAG* 20.02.1991 EzA § 76 BetrVG 1972 Nr. 56). Insoweit kann es auch zu Vergütungsdifferenzen auf derselben Beisitzerseite kommen, wie zu solchen auf den Beisitzerseiten. Vgl. zur Vergütungsdifferenzierung zwischen den Beisitzerseiten durch Vereinbarung Rdn. 62 f.

b) Festlegung der Vergütungshöhe

53 Das Gesetz lässt offen, wie die Vergütungshöhe, die nach den Grundsätzen des Abs. 4 Satz 3 bis 5 zu berechnen ist, konkret festgelegt wird. Es überlässt das den Beteiligten und im Streitfall den Arbeitsgerichten (*Engels/Natter* BB 1989, Beil. Nr. 8, S. 1 [26]). Das Arbeitsgericht entscheidet jedoch nur Streitigkeiten über den Vergütungsanspruch. Es kann nicht mit dem Antrag angerufen werden, die Vergütung durch Beschluss festzusetzen (vgl. auch *BAG* 12.02.1992 EzA § 76a BetrVG 1972 Nr. 6 S. 4 f.).

54 In Betracht kommt zunächst, dass der Arbeitgeber, gegen den sich der gesetzliche Vergütungsanspruch nach Abs. 3 richtet, mit jedem anspruchsberechtigten Mitglied der Einigungsstelle über die Vergütungshöhe eine **Vereinbarung** im Rahmen der vorgegebenen Bemessungsgrundsätze trifft (vgl. zur Zulässigkeit weitergehender Vereinbarungen Rdn. 61 ff.). Dabei ist jedoch zu berücksichtigen, dass sich der für die Vergütung maßgebliche Zeitaufwand erst nach Durchführung des Einigungsstellenverfahrens exakt feststellen und die konkrete Vergütungshöhe erst dann festlegen lässt (vgl. *Wlotzke* DB 1989, 111 [118]). Die vorherige Festlegung eines festen Stundensatzes ist aber möglich und sinnvoll (ebenso *Engels/Natter* BB 1989, Beil. Nr. 8, S. 1 [26]).

55 Der Betriebsrat ist seit Inkrafttreten des § 76a am 01.01.1989 nicht (mehr) berechtigt, mit den von ihm bestellten Beisitzern Absprachen über die Vergütungshöhe (einschließlich der Stundensätze) zu treffen. Er kann aber auf die gesetzliche Höhe des Vergütungsanspruchs hinweisen. Jede »Zusage«, die darüber hinausgeht, bindet den Arbeitgeber nicht, begründet aber eine Haftung der Handelnden (vgl. Rdn. 34); **a. M.** *BAG* 12.02.1992 EzA § 76a BetrVG 1972 Nr. 6 S. 5: einer Honorarzusage des Betriebsrats kommt keine eigenständige Bedeutung mehr zu.

56 Eine **Vereinbarung** mit dem Arbeitgeber über die Vergütungshöhe ist **nicht erforderlich**. Da die Mitglieder der Einigungsstelle nach Abs. 3 einen gesetzlichen Vergütungsanspruch haben, die Vergütungshöhe im Gesetz aber nicht präzise festgelegt ist, steht deren nähere Bestimmung entsprechend § 316 BGB den Anspruchsberechtigten (Vorsitzender, betriebsfremde Beisitzer) zu (insoweit im Er-

gebnis unstr.; vgl. *BAG* 12.02.1992 EzA § 76a BetrVG 1972 Nr. 6 S. 6 [zust. *Kaiser*]; *LAG Schleswig-Holstein* 11.05.1995 LAGE § 76a BetrVG 1972 Nr. 7 S. 3 f.; *Berg/DKK* § 76a Rn. 41; *Fitting* § 76a Rn. 28; *Jost* Anm. zu *BAG* 28.08.1996 AP Nr. 7 zu § 76a BetrVG 1972; *Löwisch/Kaiser* § 76a Rn. 5; *Stege/Weinspach/Schiefer* § 76a Rn. 26). Sie müssen sich bei der Ausübung des Bestimmungsrechts jedoch im Rahmen der Grundsätze des Abs. 4 Satz 3 bis 5 halten (Abs. 3 Satz 2). Daneben muss, was vielfach nicht richtig gesehen wird, die Bestimmung aber nicht auch noch »billigem Ermessen« entsprechen (so aber etwa *BAG* 12.02.1992 EzA § 76a BetrVG 1972 Nr. 6 S. 3): Die Ausübung des Leistungsbestimmungsrechts nach § 315 Abs. 1 BGB erfolgt nur im Zweifel nach billigem Ermessen. § 76a Abs. 3 Satz 2 legt aber durch Verweis auf Abs. 4 Satz 3 bis 5 konkreter gefasste Bestimmungsmaßstäbe fest, so dass die Bestimmung der Vergütungshöhe statt nach billigem Ermessen nach den gesetzlichen Maßstäben vorzunehmen ist (insoweit übereinstimmend *Kaiser* zu *BAG* 12.02.1992 EzA § 76a BetrVG 1972 Nr. 6 S. 10; zust. *Preis/WPK* § 76a Rn. 16).

Die Berücksichtigung und Einhaltung der gesetzlichen Bemessungskriterien ist im Streitfall vom Arbeitsgericht zu überprüfen. Entsprechend § 315 Abs. 3 Satz 2 BGB kommt subsidiär eine richterliche Festsetzung der Vergütung eines Einigungsstellenmitglieds in Betracht, wenn die von ihm bestimmte Höhe seiner Vergütung sich nicht im Rahmen der Grundsätze des Abs. 4 Satz 3 bis 5 hält (vgl. auch *BAG* 12.02.1992 EzA § 76a BetrVG 1972 Nr. 6 S. 4 f., wo aber unzutr. am Maßstab der Unbilligkeit angeknüpft wird; vgl. auch *BAG* 14.02.1996 EzA § 76a BetrVG 1972 Nr. 9 Leitsatz 1; richtig beurteilt die Vorinstanz *LAG Schleswig-Holstein* 11.05.1995 LAGE § 76a BetrVG 1972 Nr. 7 S. 3 f. die Angemessenheit nach den Grundsätzen des Abs. 4 Satz 3 bis 5 [und kommt dabei wegen der besonderen Umstände zu einer Festsetzung der Beisitzervergütung nur in Höhe von 33 % der Vorsitzendenvergütung]). 57

Vergütungsansprüche (vgl. zum Entstehungszeitpunkt Rdn. 28) werden erst nach Abschluss des Einigungsstellenverfahrens **fällig**, wenn über die Entrichtung der Vergütung nichts anderes vereinbart ist (§§ 675, 611, 614 Satz 1 BGB). Das muss entgegen § 614 Satz 2 BGB auch gelten, wenn die Vergütung nach Stunden- oder Tagessätzen zu bemessen ist. Mangels abweichender Vereinbarung hat der Anspruchsinhaber gegenüber dem Arbeitgeber spezifiziert **abzurechnen**, insbesondere den Zeitaufwand (Sitzungen, Vor- und Nacharbeit) anzugeben (vgl. *Joost*/MünchArbR § 232 Rn. 118). Eine **Vorschusszahlungspflicht** besteht nicht, auch nicht bei langer Dauer des Verfahrens (so aber *Fitting* § 76a Rn. 18; *Weber/Ehrich* Einigungsstelle, G Rn. 28), wenn nicht besondere Umstände (etwa Verdienstausfall) hinzukommen, die den Arbeitgeber nach § 242 BGB zum Vorschuss verpflichten (ebenso *Joost*/MünchArbR § 232 Rn. 118; *Neft/Ocker* Die Einigungsstelle, Rn. 366). 58

IV. Abweichende Regelungen (Abs. 5)

Nach Abs. 5 kann von den in Abs. 3 und (ggf.) den in einer Vergütungsordnung nach Abs. 4 getroffenen (gesetzlichen) Regelungen **durch Tarifvertrag** und – unter Wahrung des Tarifvorrangs – auch **durch Betriebsvereinbarung** abgewichen werden: Eine (freiwillige) Betriebsvereinbarung ist nur zulässig, wenn ein Tarifvertrag das zulässt (»Öffnungsklausel«; vgl. dazu *Kreutz* § 77 Rdn. 165 ff.) oder eine tarifliche Regelung nicht besteht (dazu näher *Kreutz* § 77 Rdn. 109 ff.); wegen der spezielleren Regelung in Abs. 5 entfaltet »Tarifüblichkeit«, anders als nach § 77 Abs. 3, hier keine Sperrwirkung. Von den in Abs. 1 und 2 getroffenen Regelungen kann weder durch Tarifvertrag noch durch Betriebsvereinbarung abgewichen werden. Insbesondere kann insoweit keine Vergütung für betriebsangehörige Beisitzer der Einigungsstelle festgelegt werden. Die entsprechende Anwendung von § 37 Abs. 2 und 3 kann ihnen aber auch nicht genommen werden. Da es sich bei abweichender tarifvertraglicher Regelung um betriebsverfassungsrechtliche Normen handelt, genügt die Tarifgebundenheit des Arbeitgebers für deren unmittelbare und zwingende Geltung (§ 3 Abs. 2, § 4 Abs. 1 Satz 2 TVG). 59

Eine nach Abs. 5 **zulässige Abweichung** kann die Vergütungsansprüche des Vorsitzenden und der externen Beisitzer nach Abs. 3 Satz 1, die Vergütungshöhe nach Abs. 3 Satz 2 und die Regelungen einer (noch ausstehenden) Vergütungsordnung, insbesondere die nach Abs. 4 Satz 2 festgelegten Höchstsätze betreffen. Der gesetzliche Vergütungsanspruch kann ausgeschlossen werden (ebenso 60

Löwisch DB 1989, 223 [224]; *Löwisch/Kaiser* § 76a Rn. 10), die Vergütungshöhe kann zugunsten wie zuungunsten der vergütungsberechtigten Einigungsstellenmitglieder geändert werden. Insbesondere können in Abweichung von Abs. 4 Satz 3 auch andere Grundsätze, nach denen sich die Höhe der Vergütung richtet, festgelegt werden.

61 Daraus, dass Abs. 5 autonomen Regelungen der Tarifvertragsparteien oder der Betriebspartner Vorrang einräumt, ergibt sich im Wege des Umkehrschlusses **keine Beschränkung der individuellen Vertragsautonomie**. Unstr. können die nach Abs. 3 Vergütungsberechtigten **auf ihre Vergütung** ganz oder teilweise **verzichten**. Die gesetzliche Vergütungshöhe legt, wie vor allem Abs. 4 Satz 2 deutlich macht, im Interesse der Kostenbegrenzung des Einigungsstellenverfahrens Höchstsätze fest, nicht Mindestsätze (*Löwisch* DB 1989, 223 [224]; *Löwisch/Kaiser* § 76a Rn. 13). Dementsprechend können sie auch von vornherein eine **niedrigere** Vergütung mit dem Arbeitgeber vereinbaren (ebenso *Joost*/MünchArbR § 232 Rn. 120; *Kania*/ErfK § 76a BetrVG Rn. 7; *Preis/WPK* § 76a Rn. 17; **a. M.** ohne Begründung *Kliemt/HWK* § 76a BetrVG Rn. 30). Andererseits kann aber der Arbeitgeber mit den nach Abs. 3 Vergütungsberechtigten auch **höhere Vergütungen vereinbaren** als diejenigen, die sich nach den Grundsätzen des Abs. 4 Satz 3 bis 5 ergeben oder in einer Vergütungsverordnung nach Abs. 4 als Höchstsätze festgelegt sind (vgl. *Löwisch* DB 1989, 223 [224]; mittlerweile ganz h. M.; vgl. *LAG Rheinland-Pfalz* 24.05.1991 LAGE § 76a BetrVG 1972 Nr. 4 S. 3; *Bauer/Röder* DB 1989, 224 [226]; *Berg/DKK* § 76a Rn. 49; *Fitting* § 76a Rn. 32; *Joost*/MünchArbR § 232 Rn. 120; *Lunk/Nebendahl* NZA 1990, 921 [925]; *Neft/Ocker* Die Einigungsstelle, Rn. 368; *Preis/WPK* § 76a Rn. 17; *Worzalla*/HWGNRH § 76a Rn. 42; **a. M.** *Engels/Natter* BB 1989, Beil. Nr. 8, S. 1 [27], weil die gesetzliche Vergütungsregelung im öffentlichen Interesse erlassen sein soll; ebenso *Stege/Weinspach/Schiefer* § 76a Rn. 34; wohl auch *Pünnel/Isenhardt* Die Einigungsstelle, Rn. 169). Der gesetzlichen Begrenzung der Vergütungshöhe nach Abs. 3 Satz 2 ist kein zwingender Charakter zu entnehmen. Die Neuregelung bezweckt die Kostenbegrenzung für den Fall, dass es an einer Vereinbarung der Beteiligten über die Höhe der Vergütung fehlt und deshalb in der Vergangenheit die BRAGO entsprechend herangezogen wurde; nur diese Rechtslage wurde vom Gesetzgeber als unbefriedigend empfunden (vgl. Ausschussbericht, BT-Drucks. 11/3618, S. 18 und hier Rdn. 2). Eine Begrenzung der Vereinbarungsbefugnis ist dagegen nicht bezweckt. Insofern ist der Arbeitgeber auch nicht schutzbedürftig. Selbst durch eine großzügige Vergütungsvereinbarung kann daher der Gesetzeszweck nicht vereitelt werden. Im Übrigen wäre das Verbot höherer Vergütungen auch unpraktikabel.

62 Die Vereinbarung einer höheren (Pauschal-)Vergütung mit dem Vorsitzenden der Einigungsstelle hat nicht zur Folge, dass auch die Vergütung der Beisitzer entsprechend zu erhöhen ist (zust. *Joost*/MünchArbR § 232 Rn. 120; *Worzalla*/HWGNRH § 76a Rn. 42; **a. M.** *Bauer/Röder* DB 1989, 224 [226]; vgl. aber auch *LAG München* 11.01.1991 LAGE § 76a BetrVG 1972 Nr. 1 und *LAG Rheinland-Pfalz* 24.05.1991 LAGE § 76a BetrVG 1972 Nr. 4). Eine solche **Automatik** ist dem Gesetz **nicht** zu entnehmen. Selbst im Rahmen des gesetzlichen Vergütungsanspruchs orientiert sich der Vergütungsanspruch der Beisitzer nur einseitig an dem des Vorsitzenden, als deren Vergütung niedriger zu bemessen ist (Abs. 4 Satz 4). Andererseits kann mit einem Beisitzer auch unabhängig von der Höhe der (gesetzlichen oder vertraglichen) Vergütung des Vorsitzenden eine Honorarvereinbarung getroffen werden. Das kann auch eine höhere Vergütung als die des Vorsitzenden vorsehen (so auch *Bauer/Röder* DB 1989, 224 [226]; *LAG Hamm* 20.01.2006 NZA-RR 2006, 323). Der Arbeitgeber kann mit jedem außerbetrieblichen Beisitzer auch unterschiedlich hohe Vergütungen vereinbaren, jedenfalls wenn es dafür sachliche Gründe gibt.

63 Die Vereinbarung einer **höheren als der gesetzlichen Vergütung** mit den (externen) **Beisitzern der Arbeitgeberseite** löst keinen erhöhten Anspruch der Beisitzer der Betriebsratsseite aus (ebenso *Bauer/Röder* DB 1989, 224 [226]; zust. *Ebert* Kosten der Einigungsstelle, S. 195 ff.; *Joost*/MünchArbR § 232 Rn. 120; *Lunk/Nebendahl* NZA 1990, 921 [925]; *Worzalla*/HWGNRH § 76a Rn. 42; im Ergebnis auch *Richardi/Maschmann/Richardi* § 76a Rn. 23). Die Gegenauffassung (*Löwisch* DB 1989, 223 [224]; *Löwisch/Kaiser* § 76a Rn. 13; *Berg/DKK* § 76a Rn. 36; *Fitting* § 76a Rn. 32; *Kania*/ErfK § 76a BetrVG Rn. 7; *Kliemt/HWK* § 76a BetrVG Rn. 30; *Preis/WPK* § 76a Rn. 13) sieht zu Unrecht die in § 76 vorausgesetzte Parität in der Einigungsstelle beeinträchtigt (die auch von der Qualifikation der Mitglieder abhänge, auf die wiederum die Höhe der Vergütung von Einfluss sein könne). Ein solcher Paritätsgrundsatz, der auf die Vergütung durchschlägt, besteht nicht. Das belegt Abs. 2, der einen

Vergütungsanspruch für alle betriebsangehörigen Beisitzer ausdrücklich ausschließt, ohne damit die Parität in der Einigungsstelle oder deren Funktionsfähigkeit zu tangieren. Außerdem geht das Gesetz angesichts der individuell zu handhabenden Bemessungskriterien für die Vergütungshöhe nach Abs. 4 Satz 3 selbst von der Möglichkeit unterschiedlich hoher gesetzlicher Vergütungsansprüche für die einzelnen Mitglieder der Einigungsstelle aus. Im Übrigen ist der Arbeitgeber nicht zur Gleichbehandlung externer Beisitzer der Betriebsratsseite verpflichtet, weil er auf ihre Auswahl und Bestellung keinerlei Einfluss hat. Der Betriebsrat ist dementsprechend nicht befugt, den von ihm bestellten Beisitzern mit Bindungswirkung für den Arbeitgeber die gleiche Vergütung zuzusagen, die die vom Arbeitgeber bestellten Beisitzer erhalten (zust. *Joost*/MünchArbR § 232 Rn. 121; **a. M.** *Löwisch* DB 1989, 223 [224]). Unterschiedlich hohe Vergütungsvereinbarungen stellen auch keine verbotene Benachteiligung oder Begünstigung »wegen« der Tätigkeit in der Einigungsstelle nach § 78 Satz 2 dar.

Vergütungsvereinbarungen zwischen dem Arbeitgeber und **betriebsangehörigen Beisitzern** können **nicht wirksam** geschlossen werden. Solche Vereinbarungen sind nach § 134 BGB nichtig, weil sie das auch für Einigungsstellenmitglieder geltende Begünstigungsverbot nach § 78 Satz 2 verletzen. Die schon vor Inkrafttreten des § 76 h. M. (vgl. *BAG* 11.05.1976 AP Nr. 2 zu § 76 BetrVG 1972, 11.05.1976 AP Nr. 3 zu § 76 BetrVG 1972; *LAG* Baden-Württemberg 30.12.1988 DB 1989, 736; *LAG Frankfurt a. M.* AuR 1975, 349; *Brill* BB 1980, 1277 [1279]; *Fitting/Auffarth/Kaiser/Heither* 15. Aufl., § 76 Rn. 18; *Galperin/Löwisch* § 76 Rn. 21; *Gnade/Kehrmann/Schneider/Blanke* 2. Aufl., § 76 Rn. 33; *Jäcker* Die Einigungsstelle, S. 156; *Lepke* BB 1977, 49 [52]; *Pünnel* Die Einigungsstelle, 2. Aufl., Rn. 184 f.; *Schumann* DB 1983, 1094; *Stege/Weinspach* 5. Aufl., § 76 Rn. 34; **a. M.** *Bischoff* Die Einigungsstelle, S. 136 ff.; *Däubler* DB 1973, 233 [235]; *Dietz/Richardi* § 76 Rn. 123; *Dütz* Anm. zu *BAG* 11.05.1976 AP Nr. 2 zu § 76 BetrVG 1972; *Hess/Schlochauer/Glaubitz* 3. Aufl., § 76 Rn. 70; differenzierend zwischen Betriebsratsmitgliedern und sonstigen betriebsangehörigen Arbeitnehmern *Wiese* SAE 1978, 133 [134]; *Wohlgemuth* Anm. zu *BAG* 15.12.1978 EzA § 76 BetrVG 1972 Nr. 23) ist heute abgesichert und bestätigt (ohne Begründung **a. M.** *Löwisch* DB 1989, 223 [224]; *Löwisch/Kaiser* § 76a Rn. 13; *Pünnel/Isenhardt* Die Einigungsstelle, Rn. 184), weil nach § 76a Abs. 2 Satz 1 die Tätigkeit in der Einigungsstelle als unentgeltliches Ehrenamt für betriebsangehörige Beisitzer ausgestaltet ist, die mit der Tätigkeit in der Einigungsstelle ihre Arbeitspflicht erfüllen (vgl. Rdn. 22 f.). Deshalb würden sie durch eine zusätzliche Vergütung für ihre Tätigkeit gegenüber anderen Arbeitnehmern des Betriebs unzulässig bevorzugt (*Lunk/Nebendahl* NZA 1990, 921 [925]; *Joost*/MünchArbR § 232 Rn. 121; *Neft/Ocker* Die Einigungsstelle, Rn. 369; im Ergebnis ebenso [unter Hinweis auf den zwingenden Charakter von Abs. 2 Satz 1] *Berg*/DKK § 76a Rn. 18; *Fitting* § 76a Rn. 11; *Kliemt*/HWK § 76a BetrVG Rn. 18; *Weber/Ehrich* Einigungsstelle, G Rn. 43).

§ 76a gilt auch, wenn gemäß § 76 Abs. 8 durch Tarifvertrag bestimmt wird, dass eine **tarifliche Schlichtungsstelle** an die Stelle der Einigungsstelle tritt. Auch insoweit kann nach Abs. 5 durch Tarifvertrag von den Regelungen in Abs. 3 oder einer Vergütungsordnung nach Abs. 4 abgewichen werden. Der Tarifvertrag kann auch den Tarifvertragsparteien die Kostentragung auferlegen (vgl. *Rieble* RdA 1993, 140 [150]). Die Tarifvertragsparteien sind ansonsten aber nicht verpflichtet, die Kosten der von ihnen benannten Beisitzer zu übernehmen (**a. M.** *Pünnel/Isenhardt* Die Einigungsstelle, Rn. 138; *Stege/Weinspach/Schiefer* § 76 Rn. 30).

V. Streitigkeiten

Streitigkeiten über die Tragung der Kosten der Einigungsstelle, insbesondere über Vergütungsansprüche, entscheidet das Arbeitsgericht auf Antrag im arbeitsgerichtlichen **Beschlussverfahren** nach § 2a Abs. 1 Nr. 1, Abs. 2, §§ 80 ff. ArbGG (vgl. *BAG* 06.04.1973 AP Nr. 1 zu § 76 BetrVG 1972; 11.05.1976 AP Nr. 2 zu § 76 BetrVG 1972; 11.05.1976 AP Nr. 3 zu § 76 BetrVG 1972; 15.12.1978 AP Nr. 5 zu § 76 BetrVG 1972; 15.12.1978 AP Nr. 6 zu § 76 BetrVG 1972; 27.03.1979 AP Nr. 7 zu § 76 BetrVG 1972; 13.01.1981 AP Nr. 8 zu § 76 BetrVG 1972; 31.07.1986 AP Nr. 19 zu § 76 BetrVG 1972; 14.12.1988 AP Nr. 30 zu § 76 BetrVG 1972; zuletzt etwa *BAG* 14.02.1996 EzA § 76a BetrVG 1972 Nr. 9; 28.08.1996 EzA § 76a BetrVG 1972 Nr. 11; 10.10.2007 EzA § 26 BetrVG 2001 Nr. 2).

67 Soweit betriebsangehörige Beisitzer der Einigungsstelle individualrechtliche Ansprüche im Zusammenhang mit der entsprechenden Anwendung von § 37 Abs. 2 und 3 nach § 76a Abs. 2 Satz 1 Halbs. 2 geltend machen (Anspruch auf Fortzahlung des Arbeitsentgelts, Arbeitsbefreiung unter Fortzahlung des Arbeitsentgelts, Mehrarbeitsvergütung), müssen sie Klage erheben, über die das Arbeitsgericht im **Urteilsverfahren** gemäß § 2 Abs. 1 Nr. 3a, Abs. 5, §§ 46 ff. ArbGG entscheidet (vgl. auch *Weber* § 37 Rdn. 314 ff.).

68 Streitigkeiten zwischen einem **betriebsfremden Einigungsstellenbeisitzer** und dem Arbeitgeber über die Erstattung der Kosten, die bei der gerichtlichen Durchsetzung des Vergütungsanspruchs nach § 76a Abs. 3 entstanden sind (sog. **Honorardurchsetzungskosten**), entscheidet das Arbeitsgericht auf Antrag nach § 2a Abs. 1 Nr. 1, Abs. 2, §§ 80 ff. ArbGG im arbeitsgerichtlichen Beschlussverfahren (so zutr. *BAG* 26.07.1989 EzA § 2a ArbGG 1979 Nr. 1; 27.07.1994 EzA § 76a BetrVG 1972 Nr. 8; *LAG Frankfurt a. M.* 03.09.1992 DB 1993, 1096; *LAG Hamm* 10.02.2012 – 10 TaBV 67/11 – juris, Rn. 68; 10.02.2012 – 10 TaBV 61/11 – juris, Rn. 84). Zwar sind Honorardurchsetzungskosten keine »Kosten der Einigungsstelle« (vgl. Rdn. 20), als Anspruchsgrundlage kommen aber §§ 280 Abs. 1 und 286 Abs. 1 BGB in Betracht (*BAG* 27.07.1994 EzA § 76a BetrVG 1972 Nr. 8; zust. *Ebert* Kosten der Einigungsstelle, S. 90 ff.; *Fitting* § 76a Rn. 34; *Richardi/Maschmann/Richardi* § 76a Rn. 24, 28; *Weber/Ehrich* Einigungsstelle, G Rn. 46). Der Sekundäranspruch ergibt sich ggf. aus dem nicht rechtzeitig erfüllten betriebsverfassungsrechtlichen Vergütungsanspruch nach Abs. 3. Insoweit können auch Rechtsanwaltskosten als Verzugsschaden ersetzt werden, selbst wenn das Einigungsstellenmitglied ein Rechtsanwalt ist, der das Beschlussverfahren zur Durchsetzung seines Honoraranspruchs selbst geführt hat. § 12a Abs. 1 Satz 1 ArbGG steht dem Kostenerstattungsanspruch nicht entgegen, weil die Bestimmung auf Beschlussverfahren nicht, auch nicht analog anwendbar ist (*BAG* 27.07.1994 EzA § 76a BetrVG 1972 Nr. 8; *LAG Hamm* 10.02.2012 – 10 TaBV 67/11 – juris, Rn. 72; 10.02.2012 – 10 TaBV 61/11 – juris, Rn. 84). Entsprechendes gilt für die Geltendmachung der Honorardurchsetzungskosten des **Vorsitzenden** der Einigungsstelle.

§ 77
Durchführung gemeinsamer Beschlüsse, Betriebsvereinbarungen

(1) Vereinbarungen zwischen Betriebsrat und Arbeitgeber, auch soweit sie auf einem Spruch der Einigungsstelle beruhen, führt der Arbeitgeber durch, es sei denn, dass im Einzelfall etwas anderes vereinbart ist. Der Betriebsrat darf nicht durch einseitige Handlungen in die Leitung des Betriebs eingreifen.

(2) Betriebsvereinbarungen sind von Betriebsrat und Arbeitgeber gemeinsam zu beschließen und schriftlich niederzulegen. Sie sind von beiden Seiten zu unterzeichnen; dies gilt nicht, soweit Betriebsvereinbarungen auf einem Spruch der Einigungsstelle beruhen. Der Arbeitgeber hat die Betriebsvereinbarungen an geeigneter Stelle im Betrieb auszulegen.

(3) Arbeitsentgelte und sonstige Arbeitsbedingungen, die durch Tarifvertrag geregelt sind oder üblicherweise geregelt werden, können nicht Gegenstand einer Betriebsvereinbarung sein. Dies gilt nicht, wenn ein Tarifvertrag den Abschluss ergänzender Betriebsvereinbarungen ausdrücklich zulässt.

(4) Betriebsvereinbarungen gelten unmittelbar und zwingend. Werden Arbeitnehmern durch die Betriebsvereinbarung Rechte eingeräumt, so ist ein Verzicht auf sie nur mit Zustimmung des Betriebsrats zulässig. Die Verwirkung dieser Rechte ist ausgeschlossen. Ausschlussfristen für ihre Geltendmachung sind nur insoweit zulässig, als sie in einem Tarifvertrag oder einer Betriebsvereinbarung vereinbart werden; dasselbe gilt für die Abkürzung der Verjährungsfristen.

(5) Betriebsvereinbarungen können, soweit nichts anderes vereinbart ist, mit einer Frist von drei Monaten gekündigt werden.

(6) **Nach Ablauf einer Betriebsvereinbarung gelten ihre Regelungen in Angelegenheiten, in denen ein Spruch der Einigungsstelle die Einigung zwischen Arbeitgeber und Betriebsrat ersetzen kann, weiter, bis sie durch eine andere Abmachung ersetzt werden.**

Literatur
I. Ausgewählte ältere Literatur
Adomeit Die Regelungsabrede, 2. Aufl. 1961; *ders.* Zur Rechtsnatur der Betriebsvereinbarung, BB 1962, 1246; *ders.* Mitbestimmung durch schlüssiges Verhalten des Betriebsrats, RdA 1963, 623; *ders.* Betriebliche Einigungen, BB 1967, 1003; *ders.* Rechtsquellenfragen im Arbeitsrecht, 1969; *Bickel* Die normative Wirkung von Betriebsvereinbarungen, ZfA 1971, 181; *Biedenkopf* Grenzen der Tarifautonomie, 1964; *Bitzer* Zur Problematik des § 59 BetrVG, MitbestGespr. 1962, 196; *Blomeyer* Zur Problematik formloser betrieblicher Einigungen, BB 1969, 101; *Boewer* Die Unterscheidung von formellen und materiellen Arbeitsbedingungen, DB 1970, 2319; *Bogs* Autonomie und verbandliche Selbstverwaltung im modernen Arbeits- und Sozialrecht, RdA 1956, 1; *Brecht* Kündigung von Betriebsnormen, BB 1951, 965; *ders.* Die Bekanntmachung der Betriebsvereinbarung als Voraussetzung ihrer Wirksamkeit, BB 1952, 520; *Brox* Die Bedeutung von Günstigkeitsklauseln in Kollektivvereinbarungen, BB 1966, 1190; *Bulla* Die Nachwirkung der Normen einer beendeten Betriebsvereinbarung, DB 1962, 1207; *Canaris* Funktionelle und inhaltliche Grenzen kollektiver Gestaltungsmacht bei der Betriebsvereinbarung, AuR 1966, 129; *Citron* Die konstituierende Betriebsvereinbarung, DRZ 1948, 425; *ders.* Die heutige Betriebsvereinbarung und ihr Gegenstand, RdA 1949, 241; *Courth* Günstigkeitsprinzip und Günstigkeitsvergleich im Spannungsfeld zwischen Individual- und Kollektivrecht, Diss. Köln 1969; *Cuntz* Die Unzulässigkeit von Betriebsvereinbarungen bei bestehender Tarifüblichkeit, Diss. Frankfurt a. M. 1969; *Dieckhoff* Abtretungsverbot durch Betriebsvereinbarung?, AuR 1958, 304; *Dietz* Die Betriebsvereinbarung im heutigen Arbeitsrecht, RdA 1949, 161; *ders.* Das Monopol der Sozialpartner und die Betriebsvereinbarung, RdA 1955, 241; *ders.* Betriebsvereinbarung und Dienstvereinbarung, FS *Sitzler*, 1956, S. 131; *ders.* Probleme der Mitbestimmungsrechts, 1966; *Fauth* Individual- und Kollektivregelungen im Rahmen des erzwingbaren Mitbestimmungsrechts des Betriebsrats nach dem Betriebsverfassungsgesetz, BlStSozArbR 1959, 203; *Fitting* Zum Begriff der Betriebsvereinbarung, RdA 1949, 374; *ders.* Fortgeltung und Kündigungsmöglichkeiten von Betriebsvereinbarungen, MitB 1956, 149; *ders.* Sinn und Zweck des § 59 BetrVG, BetrV 1956, 210; *Flatow* Betriebsvereinbarung und Arbeitsordnung, 2. Aufl. 1923; *Floretta* Die Betriebsvereinbarung, DRdA 1958, 99; 1959, 5, 50; *ders.* Kollektivmacht und Individualinteressen im Arbeitsrecht, in: *Floretta / Strasser* Die kollektiven Mächte des Arbeitslebens, Wien 1963, S. 59; *ders.* Die Rechtsnatur der Quellen des kollektiven Arbeitsrechts (Kollektivvertrag, Satzung, Betriebsvereinbarung), in: *Floretta / Kafka* Zur Rechtstheorie des kollektiven Arbeitsrechts, Wien 1970, S. 5; *Galperin* Die betriebliche Ordnung, RdA 1955, 260; *ders.* Grundlagen und Grenzen der Betriebsvereinbarung, BB 1949, 374; *ders.* Betriebsvereinbarung und Arbeitsbedingungen, BB 1950, 25; *ders.* Möglichkeiten der betrieblichen Rechtssetzung, BB 1960, 454; *ders.* Die autonome Rechtsetzung im Arbeitsrecht, FS *E. Molitor*, 1962, S. 143; *ders.* Begriff und Wesen des Betriebsverbandes, JArbR Bd. 1 (1964), S. 75; *Gamillscheg* Die Grundrechte im Arbeitsrecht, AcP Bd. 164, 385; *Gester* Die betriebsverfassungsrechtliche Stellung von Belegschaft und Betriebsrat, Diss. Köln 1958; *Göbel* Die übliche Regelung durch Tarifvertrag i. S. d. § 59 BetrVG, Diss. Köln 1969; *Görner* Die Einwirkung einer Betriebsvereinbarung auf bestehende Arbeitsverhältnisse, DB 1955, 689, 727; *Gramm* Aufhebung von Betriebsordnungen, BB 1951, 758; *ders.* Zum Außerkrafttreten und zur Kündigung von Betriebsordnungen, BB 1953, 295; *ders.* Das Ordnungsprinzip im kollektiven Arbeitsrecht, AuR 1961, 353; *Großhauser* Die Unzulässigkeit von Betriebsvereinbarungen nach § 59 Betriebsverfassungsgesetz, Diss. Köln 1970; *Gumpert* Rechtliche Formen der Mitbestimmung in sozialen Angelegenheiten, BB 1953, 359; *Hablitzel* Zur Zulässigkeit von Betriebsvereinbarungen bei bestehender Tarifüblichkeit, DB 1971, 2158; *Herschel* Tariffähigkeit und Tarifmacht, 1932; *ders.* Betriebsvereinbarung oder Betriebssatzung?, RdA 1948, 47; *ders.* Betriebssatzung oder Betriebsvereinbarung?, BArbBl. 1954, S. 731; *ders.* Die Auslegung der Tarifvertragsnormen, FS *E. Molitor*, 1962, S. 161; *ders.* Verweisungen in Tarifverträgen und Betriebsvereinbarungen, BB 1963, 1220; *ders.* Beweislastregelungen in Tarifverträgen und Betriebsvereinbarungen, DB 1966, 227; *ders.* Abschied von den formellen und materiellen Arbeitsbedingungen, AuR 1968, 129; 1969, 65; *Hessel* Die Betriebsvereinbarung nach deutschem Recht, DRdA 1958, 61; *Hilger* Das betriebliche Ruhegeld, 1959; *dies.* Änderung und Aufhebung betriebseinheitlich geltender Arbeitsbedingungen, BB 1958, 417; *dies.* Der Einfluß des kollektiven Arbeitsrechts auf das Einzelarbeitsverhältnis, in Verhandlungen des 43. DJT München 1960, Bd. II/F, 1962; *dies.* Arbeitstechnische Lohnfestsetzung zwischen formellen und materiellen Arbeitsbedingungen, BB 1969, 448; *Höcker* Tarifvertrag und Betriebsvereinbarung in sozialen Angelegenheiten, RdA 1956, 17; *Hoppe* Das 65. Lebensjahr und die Betriebsvereinbarung, BB 1968, 757; *A. Hueck* Normen des Tarifvertrags über betriebliche und betriebsverfassungsrechtliche Fragen, BB 1949, 530; *ders.* Normenverträge, Jherings Jahrbuch Bd. 73 (1923), S. 33; *Hueck, G.* Die Betriebsvereinbarung, 1952; *ders.* Die Betriebsvereinbarung nach dem Betriebsverfassungsgesetz des Bundes, RdA 1952,

366; *ders.* Entwicklungslinien im System der innerbetrieblichen Regelungen, RdA 1962, 376; *ders.* Zur kollektiven Gestaltung der Einzelarbeitsverhältnisse, FS *E. Molitor*, 1962, S. 203; *Iffland* Verweisungen in Tarifverträgen und Betriebsvereinbarungen, DB 1964, 1737; *Isele* Reflexwirkungen der Betriebsverfassung im Individualbereich, RdA 1962, 373; *ders.* Ordnungsprinzip oder Parteiwille?, JZ 1964, 113; *Jaeckle* Die Ablösung kollektiver Ordnungen (Ein Beitrag zur Lehre vom Ordnungsprinzip), Diss. Freiburg 1969; *Jaerisch* Wesen und Rechtsnatur der Betriebsvereinbarung, ArbuSozPol. 1957, 127; *Karakatsanis* Die kollektivrechtliche Gestaltung des Arbeitsverhältnisses und ihre Grenzen, 1963; *Kastner* Das Recht der Betriebsvereinbarung, in: *Bührig* Handbuch der Betriebsverfassung, 1953, S. 87; *Kaufmann* Das Recht der Betriebsvereinbarung, DB 1956, 988; *Kelsen* Zum Begriff der Norm, FS *Nipperdey* Bd. I, 1965, S. 57; *Koch* Die Betriebsvereinbarung, BlStSozArbR 1954, 267; *ders.* Die Arbeitsordnung, 3. Aufl. 1963; *König* Grundsätze der Normenwirkung von Betriebsvereinbarungen nach geltendem Recht, BlStSozArbR 1956, 123; *Kummer* Die Rechtsverbindlichkeit einer Betriebsvereinbarung, DRdA 1959, 235; *Lehmann, H.* Die Betriebsvereinbarung, in: Beiträge zum Wirtschaftsrecht, Festgabe für *Heymann*, 1931, Bd. II, S. 1274; *Lüßmann* Anfechtbarkeit und Unwirksamkeit von Betriebsvereinbarungen, besonders im Hinblick auf die §§ 56 und 67 BetrVG, Diss. Würzburg 1969; *Marzen* Abschlußnormen in Betriebsvereinbarungen, RdA 1966, 296; *Meissinger* Die Betriebsvereinbarung, BetrV 1955, Nr. 3, S. 4; *ders.* Zusammenarbeit der überbetrieblichen und der betrieblichen Sozialpartner. § 59 im System der Betriebsverfassung, DB 1955, 410; *Mengel* Die betriebliche Übung, 1967; *Meyer-Cording* Die Rechtsnormen, 1971; *Molodovsky* Formlose Absprachen als Rechtsform des Mitbestimmungsrechts in sozialen Angelegenheiten nach § 56 Betriebsverfassungsgesetz (»Betriebsabsprachen«), Diss. München 1959; *ders.* Zur Problematik formloser Absprachen zwischen Arbeitgeber und Betriebsrat in den Angelegenheiten des § 56 BetrVG, DB 1961, 338; *Monjau* Der Vorrang der Tarifvertragsparteien bei der Regelung materieller Arbeitsbedingungen, BB 1965, 632; *G. Müller* Einflüsse des kollektiven Arbeitsrechts auf das Arbeitsverhältnis, DB 1967, 903; *Müller, W.* Die Grenzen der normativen Gestaltungswirkung der Betriebsvereinbarung, Diss. München 1966; *Mummenhoff* Die Sperrwirkung des Tarifvertrags nach den §§ 56 und 59 BetrVG, Diss. Köln 1968; *Musa* Die Zulässigkeit von Betriebsvereinbarungen, BetrV 1959, 84; *Neumann-Duesberg* Wirkungsgrenzen der Betriebsordnung und Betriebsvereinbarung, RdA 1949, 48; *ders.* Kündigung der Betriebsvereinbarung, RdA 1958, 371; *ders.* Rechtsprobleme der betrieblichen Einigung, FS *Bogs*, 1959, S. 275; *Nikisch* Die Regelungsabrede, DB 1964, 622; *Nipperdey* Mindestbedingungen und günstigere Arbeitsbedingungen nach der Arbeitsordnungsgesetz (Ordnungsprinzip und Leistungsprinzip), FS *H. Lehmann*, 1937, S. 257; *Nipperdey/Säcker* Das Verhältnis des Tarifvertrags zu den übrigen arbeitsrechtlichen Rechtsquellen, AR-Blattei, Tarifvertrag I G; *Oppler* Schiedssprüche und Betriebsvereinbarungen, SJZ 1947, Sp. 169; *Popp* Was ist unter einem gemeinsamen Beschluß i. S. d. § 52 II BetrVG zu verstehen?, DB 1958, 1100; *Pornschlegel / Rumpff* Die Betriebsvereinbarung, 1971; *Quasten* Zulässigkeit und Unzulässigkeit von Betriebsvereinbarungen, Diss. Köln 1971; *Radke* Zum Recht der Betriebsvereinbarung, RdA 1950, 338; *Reichel* Die Beseitigung von Dienstordnungen und Betriebsordnungen, DB 1957, 367; *Reinfeld* Kündigung und Nachwirkung von Betriebsvereinbarungen, Diss. Frankfurt a. M. 1966; *Reuscher* Betriebsrätegesetz und Betriebsvereinbarung, SJZ 1948, Sp. 249; *Rewolle* Die Kündbarkeit von Betriebsvereinbarungen, DB 1959, 1400; *Richardi* Die betriebliche Übung, RdA 1960, 401; *ders.* Die arbeitsvertragliche Einheitsregelung und ihr Verhältnis zu Kollektivvereinbarungen, RdA 1965, 49; *ders.* Kollektivgewalt und Individualwille bei der Gestaltung des Arbeitsverhältnisses, 1968; *ders.* Die Beschränkung der Vertragsfreiheit durch das Mitbestimmungsrecht des Betriebsrats in sozialen Angelegenheiten, Festgabe für *v. Lübtow*, 1970, S. 755; *ders.* Kritische Anmerkungen zur Reform der Mitbestimmung des Betriebsrats in sozialen und personellen Angelegenheiten nach dem Regierungsentwurf, DB 1971, 621; *Roesch* Rechtsfragen um die Betriebsvereinbarung, BlStSozArbR 1951, 152; *Rüthers* Betriebsverfassungsrechtliches Mitbestimmungsrecht und Individualbereich, in: *Rüthers / Boldt* Zwei arbeitsrechtliche Vorträge, 1970; *Säcker* Allgemeine Arbeitsbedingungen im Spannungsfeld von Individual- und Kollektivautonomie, 1969; *ders.* Zur Interpretation der Öffnungsklausel des § 59 BetrVG, RdA 1967, 370; *Schäcker* Kann der Arbeitgeber die Kosten von Lohnpfändungen vom Arbeitnehmer ersetzt verlangen?, BB 1959, 492; *Schauber* Zur Abgrenzung der Betriebsvereinbarung von anderen Vereinbarungen zwischen Betriebsrat und Arbeitgeber, RdA 1963, 375; *Scheid* Der Vorrang tarifüblicher Regelungen nach § 59 Betriebsverfassungsgesetz, Diss. München 1972; *Schelp* Tarifvertrag und Betriebsvereinbarung im Rahmen von § 59 des Betriebsverfassungsgesetzes, DB 1962, 1242, 1275; *Schimana* Festsetzung der Altersgrenze für Arbeitnehmer durch Betriebsvereinbarung, BB 1970, 1138; *O. Schmidt* Kritische Gedanken zu Kollektivwirkung, Individualbereich und personenrechtlichem Gemeinschaftsdenken im Arbeitsrecht, AcP Bd. 162, 305; *G. Schneider* Richterliche Kontrolle von Betriebsvereinbarungen und Flexibilisierung von Arbeitsbedingungen,(Diss. Leipzig), 2010; *H. Schneider* Autonome Satzung und Rechtsverordnung, FS *Ph. Möhring*, 1965, S. 521; *Schnorr* Die für das Arbeitsrecht spezifischen Rechtsquellen, Wien 1969; *Schuldt* Die Betriebsvereinbarung im Verhältnis zum Einzelarbeitsvertrag und zum Tarifvertrag, 1925; *Schulze-Reimpell* Kündigung von Betriebsvereinbarungen, BB 1962, 139; *Schwendy* Abänderbarkeit betriebsverfassungsrechtlicher Rechtssätze durch Tarifvertrag und Betriebsvereinbarung, 1969; *Seiter* Die Betriebsübung, 1967; *Siebert* Betriebsvereinbarung und betriebliche Einigung über Einzelfälle, BB 1952, 950; *ders.* Kollektivmacht und Individualsphäre beim

Arbeitsverhältnis, BB 1953, 241; *ders.* Kollektivnorm und Individualrecht im Arbeitsverhältnis, FS *Nipperdey* 1955, S. 119; *ders.* Grundgedanken der Betriebsverfassung, RdA 1958, 161; *Sieg* Wesen und Geltung der Betriebsübung, RdA 1955, 441; *Sinzheimer* Der korporative Arbeitsnormenvertrag, Bd. 1, 2, 1907/1908; *Sitzler* Betriebsvereinbarung, AR-Blattei, Betriebsvereinbarung I, 1962; *Söllner* Einseitige Leistungsbestimmung im Arbeitsverhältnis, 1966; *Spiertz* Das Ordnungsprinzip im Arbeitsrecht, Diss. Köln 1971; *Stadler* Die rechtliche Bedeutung fehlerhafter Betriebsvereinbarungen, BB 1971, 709; *Stahlhacke* Kollektive Einwirkungen auf erworbene Rechte, RdA 1959, 266; *ders.* Bezugnahme auf Tarifverträge in Betriebsvereinbarungen, DB 1960, 579; *Steinwedel* Die betriebliche Übung, DB 1963, 1572; *Straetmans* Betriebsvereinbarung und Ruhegeld unter besonderer Berücksichtigung des grundlegenden Beschlusses des Bundesarbeitsgerichts vom 16.03.1956, AuR 1969, 269; *Strasser* Zur Abgrenzung der Betriebsvereinbarung von der Einigung über den Einzelfall, RdA 1956, 448; *ders.* Die Betriebsvereinbarung nach österreichischem und deutschem Recht, Wien 1957; *ders.* Kollektivvertrag und Verfassung, 1968; *Thiele* Die Zustimmungen in der Lehre vom Rechtsgeschäft, 1966; *ders.* Bemerkungen zur Kündigung von Gesamtvereinbarungen, RdA 1968, 424; *Tomandl* Der Kollektivvertrag – doch ein Instrument des Privatrechts, ZAS 1969, 161, 206; *Wiedemann* Zeitliche Grenzen kollektiver Gestaltungsmacht, RdA 1959, 454; *Wiese* Die Beschränkung der Sperrwirkung des § 59 BetrVG auf Arbeitsentgelte und sonstige Arbeitsbedingungen, RdA 1968, 41; *ders.* Der Persönlichkeitsschutz des Arbeitnehmers gegenüber dem Arbeitgeber, ZfA 1971, 273; *Wlotzke* Das Günstigkeitsprinzip im Verhältnis des Tarifvertrages zum Einzelvertrag und zur Betriebsvereinbarung, 1957 (zit.: Das Günstigkeitsprinzip); *Wolf, E.* Gutachten über die »betriebliche Übung« und die »betriebliche Ordnung«, 1967; *Zeuner* Zum Problem der betrieblichen Übung, BB 1957, 647; *Zigan* Betriebsvereinbarungen nach dem Kontrollratsgesetz Nr. 77 (Betriebsrätegesetz), 1948; *Zöllner* Zur Publikation von Tarifvertrag und Betriebsvereinbarung, DVBl. 1958, 124; *ders.* Das Wesen der Tarifnormen, RdA 1964, 443; *ders.* Die Sperrwirkung des § 59 BetrVG, FS *Nipperdey* Bd. II, 1965, S. 699; *ders.* Die Rechtsnatur der Tarifnormen nach deutschem Recht, 1966; *ders.* Der Abbau einheitsvertraglicher Arbeitsbedingungen im nicht tariflich gesicherten Bereich, RdA 1969, 250.

II. BetrVG 1972

Adomeit Thesen zur betrieblichen Mitbestimmung nach dem neuen BetrVG, BB 1972, 53; *ders.* Das Günstigkeitsprinzip – neu verstanden, NJW 1984, 26; *ders.* Die Regelungsabrede – nach 40 Jahren, FS *Hanau*, 1999, S. 347; *Ahrend* Die ablösende Betriebsvereinbarung im Ruhegeldrecht – ein Beitrag zum »sozialen Fortschritt«?, FS *Hilger/ Stumpf*, 1983, S. 17; *Ahrend/Dernberger/Rößler* Der Dotierungsrahmen im Beschluß des Großen Senats des BAG zur ablösenden Betriebsvereinbarung, BB 1988, 333; *Ahrend/Förster/Rühmann* Die ablösende Betriebsvereinbarung – Instrument zur Anpassung betrieblicher Versorgungsregelungen, DB 1982, 224; *dies.*, Die abändernde und ablösende Betriebsvereinbarung, BB 1987, Beil. Nr. 7, S. 1; *Ahrend/Neumann* Betriebsvereinbarungen zur Änderung betrieblicher Versorgungswerke, NWB 1989, 1635; *Ahrendt* Der Durchführungsanspruch des Betriebsrats, NZA 2011, 774; *Ahrens* Eingeschränkte Rechtskontrolle von Betriebsvereinbarungen, NZA 1999, 686; *Aksu* Die Regelungsbefugnis der Betriebsparteien durch Betriebsvereinbarungen (Diss. Tübingen), 2000; *Annuß* Der Eingriff in den Arbeitsvertrag durch Betriebsvereinbarungen, NZA 2001, 756; *Au* Das Übergangsmandat der Arbeitnehmervertretungen (Diss. Erlangen-Nürnberg), 2014; *Bachner* Auswirkungen unternehmensinterner Betriebsumstrukturierungen auf die Wirksamkeit von Betriebsvereinbarungen, NZA 1997, 79; *ders.* Fortgeltung von Gesamt- und Einzelbetriebsvereinbarungen nach Betriebsübergang, NJW 2003, 2861; *ders.* Betriebsvereinbarungen bei Betriebsübergang und Unternehmensumwandlung, AiB 2012, 725; *Bakopoulos* Zuständigkeitsverteilung zwischen tarifvertraglicher und innerbetrieblicher Normsetzung (Diss. FU Berlin), 1989; *Bange* Fortgeltung von Kollektivverträgen bei Unternehmensumstrukturierung durch Umwandlung (Diss. Frankfurt), 2000; *Banwasser* Zur Zulässigkeit von Betriebsvereinbarungen über materielle Arbeitsbedingungen in nichttarifgebundenen Betrieben, insbesondere in Mischbetrieben, DB 1975, 2275, DB 1976, 110; *Bauer/Diller* Flucht aus Tarifverträgen, DB 1993, 1085; *Bauer/v. Steinau-Steinbrück* Das Schicksal freiwilliger Betriebsvereinbarungen beim Betriebsübergang, NZA 2000, 505; *Th. Baumann* Die Delegation tariflicher Rechtsetzungsbefugnisse (Diss. Köln), 1992; *Belling* Das Günstigkeitsprinzip im Betriebsverfassungsgesetz, DB 1982, 2513; *ders.* Das Günstigkeitsprinzip im Arbeitsrecht (Diss. Münster), 1984; *ders.* Das Günstigkeitsprinzip nach dem Beschluß des Großen Senats des Bundesarbeitsgerichts vom 16.09.1986, DB 1987, 1888; *ders.* Das Günstigkeitsprinzip nach dem Beschluß des Großen Senats des Bundesarbeitsgerichts, in: *Scholz* Wandel der Arbeitswelt als Herausforderung des Rechts, 1988, S. 119; *Belling/Hartmann* Die Rechtswirkung einer gegen § 77 III BetrVG verstoßenden Betriebsvereinbarung, NZA 1998, 673; *Bender* Arbeitszeitflexibilisierung durch Tarifvertrag und Betriebsvereinbarung auf der Grundlage eines entschärften Tarifvorranges, BB 1987, 1117; *Bengelsdorf* Tarifliche Arbeitszeitbestimmungen und Günstigkeitsprinzip, ZfA 1990, 563; *Benrath* Tarifvertragliche Öffnungsklauseln zur Einführung variabler Entgeltbestandteile durch Betriebsvereinbarung (Diss. Bonn), 2007 (zit.: Tarifvertragliche Öffnungsklauseln); *ders.* Neues zur Rechtsetzung durch Betriebsvereinbarung – Anmerkungen zur Entscheidung des BAG vom 12.12.2006, 1 AZR 96/06, FS *Adomeit*, 2008, S. 63; *Berg* Tarifvorrang und Regelungsabrede, FS *Kehrmann*, 1997, S. 271; *Beuthien* Unternehmerische Mitbestimmung kraft Tarif- oder Betriebsautonomie?, ZfA 1983, 141; *ders.* Tariföffnungsklauseln zwecks Arbeitsplatzsicherung, BB 1983, 1992; *Beyer* Betriebsvereinbarung über die Förderung von Frauen bei Beschäftigung, Aus- und Weiterbildung, beruflichem Aufstieg, BetrR 1989, 93; *Biberacher* Betriebliche Rechtssetzungsmacht (Diss. Augsburg), 1983; *Bichler* Nochmals: Zur Zulässigkeit von Betriebsvereinbarungen über Arbeitsbedingungen für AT-Angestellte, DB 1979, 1939; *Bieback* Betriebliche Sozialpolitik, staatliche Subventionen, und die Mitbestimmung des Betriebsrats, RdA 1983, 265; *Bieder* Die betriebliche Übung – individueller Gestaltungsfaktor oder kollektive Rechtsquelle des Arbeitsrechts?, ZfA 2016, 1; *Birk* Die arbeitsrechtliche Leitungsmacht, 1973; *ders.* Innerbetriebliche Absprachen – Typen und Rechtswirkungen, ZfA 1986, 73; *Bitter* Betriebsvereinbarungen im AT-Bereich der Praxis, DB 1979, 695; *Blomeyer* Das Übermaßverbot im Betriebsverfassungsrecht, 25 Jahre Bundesarbeitsgericht, 1979, S. 17; *ders.* Der Bestandsschutz der Ruhegeldanwartschaften bei einer Einschränkung der betrieblichen Altersversorgung, FS *Hilger/Stumpf*, 1983, S. 41; *ders.* Die »Billigkeitskontrolle« der abändernden Betriebsvereinbarung über betriebliche Ruhegelder, DB 1984, 926; *ders.* Die »ablösende Betriebsvereinbarung« im Meinungsstreit, NZA 1985, 641; *ders.* Kündigung und Neuabschluß einer Betriebsvereinbarung über teilmitbestimmungspflichtige Sozialleistungen, DB 1985, 2505; *ders.* Das kollektive Günstigkeitsprinzip – Bemerkungen zum Beschluß des Großen Senats des Bundesarbeitsgerichts vom 16.09.1986, DB 1987, 634; *ders.* Zur rückwirkenden Geltung von Richterrecht für Betriebsvereinbarungen, FS *K. Molitor*, 1988, S. 41; *ders.* Nachwirkung und Weitergeltung abgelaufener Betriebsvereinbarungen über »freiwillige« Sozialleistungen, DB 1990, 173; *ders.* Das Günstigkeitsprinzip in der Betriebsverfassung, NZA 1996, 337; *Boecken* Unternehmensumwandlungen und Arbeitsrecht, 1996; *Boemke/Kursawe* Grenzen der vereinbarten Nachwirkung freiwilliger Betriebsvereinbarungen, DB 2000, 1405; *Boerner, D.* Altersgrenzen für die Beendigung von Arbeitsverhältnissen in Tarifverträgen und Betriebsvereinbarungen, 1992; *Bösche/Grimberg* Standards setzen für betriebliche Leistungen – Plädoyer für neue Akzente einer Betriebsvereinbarungspolitik, Mitbestimmung 1991, 614; *Boewer* Das Initiativrecht des Betriebsrats in sozialen Angelegenheiten, DB 1973, 522; *Boldt* Die Betriebsvereinbarung, NWB (1985) Fach 26, 1915; *Borngräber* Die inhaltliche Kontrolle von Betriebsvereinbarungen (Diss. Köln), 2005; *Brandt* Betriebsvereinbarungen als datenschutzrechtliche »Öffnungsklauseln«?, DuD 2010, 213; *Braun* Verbandstarifliche Normen in Firmentarifverträgen und Betriebsvereinbarungen, BB 1986, 1428; *Braun, S.* Die Fortgeltung von Betriebsvereinbarungen beim Betriebsübergang (Diss. Würzburg), 2006; *Breidenstein* Grenzen der Regelungskompetenz des Betriebsrates beim Abschluß von Betriebsvereinbarungen zur Datenverarbeitung (Diss. Frankfurt a. M.), 1991; *Breisig* Gruppenarbeit und ihre Regelung durch die Betriebsvereinbarung: Handbuch für Praktiker, 1997; *ders.* Personalbeurteilung – Mitarbeitergespräch – Zielvereinbarungen. Grundlagen, Gestaltungsmöglichkeiten und Umsetzung in Betriebs- und Dienstvereinbarungen, 1998; *Brune* Betriebsvereinbarung, AR-Blattei SD 520 (1998); *Buchner* Der Abbau arbeitsvertraglicher Ansprüche durch Betriebsvereinbarung im System der Mitbestimmung in sozialen Angelegenheiten (§ 87 BetrVG), DB 1983, 877; *ders.* Rechtswirksamkeit der tarifvertraglichen Regelung über die Flexibilisierung der Arbeitszeit in der Metallindustrie, DB 1985, 913; *ders.* Arbeitszeitregelungen im Spannungsfeld zwischen Tarifvertrag und Betriebsvereinbarung, NZA 1986, 377; *ders.* Die Umsetzung der Tarifverträge im Betrieb – Bewältigtes und Unbewältigtes aus dem Spannungsverhältnis tariflicher und betrieblicher Regelungsbefugnis, RdA 1990, 1; *ders.* Abschied von der Einwirkungspflicht der Tarifvertragsparteien, DB 1992, 572; *ders.* Wirkliche und vermeintliche Gefährdungen der Tarifautonomie, FS *Kissel*, 1994, S. 97; *ders.* Die Reichweite der Regelungssperre aus § 77 Abs. 3 BetrVG, DB 1997, 573; *Buschmann* Mitbestimmung des Betriebsrats bei der Festlegung der Arbeitszeit im Einzelhandel, DB 1982, 1059; *Canaris* Tarifdispositive Normen und richterliche Rechtsfortbildung, Gedächtnisschrift für *Dietz*, 1973, S. 199; *ders.* Grundrechtswirkungen und Verhältnismäßigkeitsprinzip in der richterlichen Anwendung und Fortbildung des Privatrechts, JuS 1989, 161; *Coester* Zur Ablösung einheitsvertraglicher Leistungsordnungen, BB 1984, 797; *Conze* Zur Zulässigkeit von Betriebsvereinbarungen für AT-Angestellte über materielle Arbeitsbedingungen, DB 1978, 490; *Däubler* Verschlechterung der Arbeitsbedingungen durch Betriebsvereinbarung, AuR 1984, 1; *ders.* Der gebremste Sozialabbau, AuR 1987, 349; *ders.* Gewerkschaftliches Klagerecht gegen tarifwidrige Betriebsvereinbarungen, BB 1990, 2257; *Dauner-Lieb* Empfiehlt es sich, die Regelungsbefugnis der Tarifparteien im Verhältnis zu den Betriebsparteien neu zu ordnen?, DZWIR 1996, 317; *Denck* Das kollektive Lohnabtretungsverbot, AuR 1979, 109; *Dieterich* Aktuelle Rechtsprechung des *BAG* zur betrieblichen Altersversorgung, NZA 1987, 545; *ders.* Arbeitsgerichtlicher Schutz der kollektiven Koalitionsfreiheit, FS *Wißmann*, 2005, S. 114; *ders.* Tarif- und Betriebsautonomie: ein Spannungsverhältnis, FS *Richardi*, 2007, S. 117; *Edenfeld* Die Tarifsperre des § 77 Abs. 3 BetrVG im Gemeinschaftsbetrieb, DB 2012, 575; *Eder* Die Regelungsabrede als Alternative zur Betriebsvereinbarung bei der Gestaltung materieller Arbeitsbedingungen (Diss. Göttingen), 2004 (zit: Die Regelungsabrede); *Ehlers* Personalkostenabbau durch betriebliche Bündnisse für Arbeit (Diss. Kiel), 2007; *Ehmann* Betriebsrisikolehre und Kurzarbeit, 1979; *ders.* Empfiehlt es sich, die Regelungsbefugnis der Tarifparteien im Verhältnis zu den Betriebsparteien zu ordnen?, ZRP 1996, 314; *ders.* Die Tarifbindung des Arbeitgebers als Voraussetzung des Tarifvorbehalts, FS *Zöllner*, Bd. II, 1998, S. 715; *Ehmann/Lambrich* Vorrang der Betriebs- vor der Tarifautonomie kraft des Subsidiaritätsprinzips, NZA 1996, 346; *Ehmann/Schmidt* Betriebsvereinbarungen und Tarifverträge,

NZA 1995, 193; *Eich* Kürzung übertariflicher Einkommensbestandteile und Mitbestimmungsrecht des Betriebsrats, DB 1980, 1340; *ders.* Betriebsvereinbarung – Das verkannte Medium, NZA 2010, 1389; *Eichhorn / Hickler / Steinmann* Handbuch Betriebsvereinbarung, 1995; *Eickelberg* Probleme der Betriebsvereinbarung über Arbeitsentgelte und sonstige Arbeitsbedingungen nach dem Betriebsverfassungsgesetz 1972, Diss. Bochum 1973; *Emmert* Betriebsvereinbarungen über den Zeitlohn: Reichweite und Schranken der Betriebsautonomie (Diss. Trier), 2001; *Engelen-Kefer* Betriebsvereinbarung statt Tarifvertrag?, AuR 1997, 8; *F. Engelhardt* Kündigung und Nachwirkung von teilmitbestimmten Betriebsvereinbarungen (unter besonderer Berücksichtigung der betrieblichen Altersversorgung), Diss. Bonn 1999; *Falkenberg* Betriebsvereinbarung als Mittel zur Verschlechterung von Arbeitsbedingungen?, DB 1984, 875; *ders.* Der rechtsgeschäftliche Betriebsübergang und seine Auswirkungen auf die betriebliche Altersversorgung, BB 1987, 328; *Farthmann* Die Mitbestimmung des Betriebsrates bei der Regelung der Arbeitszeit, RdA 1974, 65; *Fastrich* Betriebsvereinbarung und Privatautonomie, RdA 1994, 129; *ders.* Arbeitsrecht und betriebliche Gerechtigkeit, RdA 1999, 24; *Federlin* Der kollektive Günstigkeitsvergleich (Diss. Gießen), 1993; *Feudner* Betriebsautonomie versus Tarifautonomie – Freiräume für Vereinbarungen auf Betriebs- oder Unternehmensebene, DB 1993, 2231; *Firlei* Das Problem der Objektivierung des Günstigkeitsvergleichs im österreichischen und deutschen Arbeitsverfassungsrecht, DRdA 1981, 1; *Ch. Fischer* Die tarifwidrigen Betriebsvereinbarungen (Diss. Konstanz), 1998; *F. W. Fischer* Geheime Tarifverträge und Betriebsvereinbarungen, BB 2000, 354; *U. Fischer* Der Betriebsrat als Kläger – Zur Durchsetzung von Betriebsvereinbarungen, in: Recht-Politik-Geschichte, FS *Düwell*, 2011, S. 234; *Föhr* Mitbestimmung des Betriebsrats in sozialen Angelegenheiten unter besonderer Berücksichtigung der außertariflichen Angestellten, AuR 1975, 353; *Frey / Pulte* Betriebsvereinbarungen in der Praxis, 2. Aufl. 1997; *Friese* Kollektive Koalitionsfreiheit und Betriebsverfassung (Diss. Jena), 2000; *von Friesen* Die Rechtsstellung des Betriebsrats gegenüber nichtleitenden AT-Angestellten, DB 1980, Beil. Nr. 1, S. 1; *dies.* Betriebliche Lohngestaltung für AT-Angestellte, AuR 1980, 367; *dies.* Mitbestimmung bei der Einführung und Ausgestaltung eines Prämiensystems im zentralen Schreibdienst, DB 1983, 1871; *Fröhlich / Schelp* Betriebsvereinbarung: Durchführungsanspruch des Betriebsrats versus Prozessstandschaft, ArbRB 2012, 385; *Fuhrmann* Die Teilkündigung der Betriebsvereinbarung beim Betriebsübergang (Diss. Mannheim), 2013 (zit.: Teilkündigung); *Gamillscheg* Zur Abfindung bei Verlust des Arbeitsplatzes, FS *Bosch*, 1976, S. 209; *ders.* Der Große Senat zur ablösenden Betriebsvereinbarung, JArbR Bd. 25 (1988), S. 49; *Gantzckow* Die Beendigung der Erwerbstätigkeit durch gesetzliche und kollektivvertragliche Altersgrenzen im deutschen und angloamerikanischen Recht, Diss. Hamburg 1999; *Gasser* Der Dotierungsrahmen in der betrieblichen Altersversorgung und seine Bedeutung für die abändernde Betriebsvereinbarung, Diss. Erlangen-Nürnberg 1989; *Gast* Arbeitsvertrag und Direktion, 1978; *ders.* Tarifautonomie und die Normsetzung durch Betriebsvereinbarung, 1981; *B. Gaul* Das Schicksal von Tarifverträgen und Betriebsvereinbarungen bei der Umwandlung von Unternehmen, NZA 1995, 717; *D. Gaul* Betriebliche Gehaltspolitik für außertarifliche Angestellte und deren rechtliche Ordnung, BB 1978, 764; *ders.* Die kollektiven und kollektivrechtlichen Auswirkungen des Betriebsinhaberwechsels, DB 1980, 98; *ders.* Freiheit und Grenzen einer kollektivrechtlichen Gestaltung durch Betriebsvereinbarung, BB 1984, 931; *ders.* Die Beendigung der Betriebsvereinbarung im betriebsratslosen Betrieb, NZA 1986, 628; *ders.* Die kollektivrechtlichen Auswirkungen eines rechtsgeschäftlich begründeten Betriebsübergangs, ZTR 1989, 432; *ders.* Schranken der Bezugnahme auf einen Tarifvertrag, ZTR 1993, 355; *Gerult* Rechtsetzung auf betrieblicher Ebene, AuA 1992, 369; *Giesler* Die konkludente Regelungsabrede: Eine Untersuchung zur Wirksamkeit stillschweigender Vereinbarungen im Betriebsverfassungsrecht, Diss. Bonn 1997; *Gitter* Zum Maßstab des Günstigkeitsvergleichs, FS *Wlotzke*, 1996, S. 297; *Goebel* Der betriebsverfassungsrechtliche Durchführungsanspruch gem. § 77 Abs. 1 S. 1 BetrVG (Diss. Köln), 2006 (zit.: Durchführungsanspruch); *Goethner* Nochmals: Die Regelungsschranken des § 77 III BetrVG im System der tarifvertraglichen Ordnung des TVG, NZA 2006, 303; *Grau / Sittard* Nachwirkung einer Betriebsvereinbarung, RdA 2013, 118; *Griebeling* Bestandsschutz und Billigkeitskontrolle in der betrieblichen Altersversorgung aus der Sicht des BAG, FS *P. Ahrend*, 1992, S. 208; *ders.* Die Änderung und Ablösung betrieblicher Versorgungsordnungen in der Rechtsprechung des Bundesarbeitsgerichts, ZIP 1993, 1055; *Grunsky* Antragsbefugnis der Gewerkschaft zur Feststellung der Tarifvertragswidrigkeit einer Betriebsvereinbarung, DB 1990, 526; *Güllich* Die unmittelbare Geltung von Betriebsvereinbarungen im Konzern zu Lasten von beherrschten Gesellschaften, Diss. Erlangen 1978; *Gussen* Die Fortgeltung von Betriebsvereinbarungen und Tarifverträgen beim Betriebsübergang, 1989; *Gussen / Dauck* Die Weitergeltung von Betriebsvereinbarungen und Tarifverträgen bei Betriebsübergang und Umwandlung, 1997; *Haas* Die Auswirkungen des Betriebsübergangs insbesondere bei der Fusion von Kapitalgesellschaften auf Betriebsvereinbarungen, Diss. Mainz 1994; *Hablitzel* Das Verhältnis von Tarif- und Betriebsautonomie im Lichte des Subsidiaritätsprinzips, NZA 2001, 467; *Hänlein* Die Legitimation betrieblicher Rechtsetzung, RdA 2003, 23; *Halser* Die Betriebsvereinbarung, 2. Aufl. 1995; *Hammen* Die »richterliche Inhaltskontrolle« von Betriebsvereinbarungen (Sozialplänen) durch das Bundesarbeitsgericht insbesondere aus revisionsrechtlicher Sicht, RdA 1986, 23; *Hammer* Betriebs- und Dienstvereinbarungen zu ISDN-Telefonanlagen, CR 1993, 567; *Hanau, P.* Allgemeine Grundsätze der betrieblichen Mitbestimmung, RdA 1973, 281; *ders.* Probleme der Mitbestimmung des Betriebsrats über den

Sozialplan, ZfA 1974, 89; *ders.* Zwangspensionierung des Arbeitnehmers mit 65?, RdA 1976, 24; *ders.* Aktuelle Probleme der Mitbestimmung über das Arbeitsentgelt gemäß § 87 Nr. 10 BetrVG, BB 1977, 350; *ders.* Repräsentation des Arbeitgebers und der leitenden Angestellten durch den Betriebsrat?, RdA 1979, 324; *ders.* Probleme der Ausübung des Mitbestimmungsrechts des Betriebsrats, NZA 1985, Beil. Nr. 2, S. 3; *ders.* Verkürzung und Differenzierung der Arbeitszeit als Prüfsteine des kollektiven Arbeitsrechts, NZA 1985, 73; *ders.* Rechtswirkungen der Betriebsvereinbarung, RdA 1989, 207; *ders.* Die Deregulierung von Tarifverträgen durch Betriebsvereinbarungen als Problem der Koalitionsfreiheit, RdA 1993, 1; *ders.* Betriebsvereinbarung oder Regelungsabrede, AuA 1995, 401; *ders.* Wege zu einer beschäftigungsorientierten Arbeitsmarktordnung: Spannungsverhältnis Individualvertrag, Betriebsvereinbarung, Tarifvertrag, FS *Wiedemann*, 2002, S. 283; *ders.* Beschäftigungssicherung durch Regelungsabrede, FS *Adomeit*, 2008, S. 251; *Hanau/Preis* Der Übergang von Gesamtversorgung zu einer von der Sozialversicherung abgekoppelten Betriebsrente, RdA 1988, 65; *dies.* Die Kündigung von Betriebsvereinbarungen, NZA 1991, 81; *dies.* Beschränkung der Rückwirkung neuer Rechtsprechung zur Gleichberechtigung im Recht der betrieblichen Altersversorgung, DB 1991, 1276; *dies.* Betriebsvereinbarungsoffene betriebliche Altersversorgung, FS *P. Ahrend*, 1992, S. 235; *Hanau/Vossen* Die Auswirkungen des Betriebsinhaberwechsels auf Betriebsvereinbarungen und Tarifverträge, FS *Hilger/Stumpf*, 1983, S. 271; *Hanau, H.* Individualautonomie und Mitbestimmung in sozialen Angelegenheiten (Diss. Tübingen), 1994 (zit.: Individualautonomie und Mitbestimmung); *Hauck* Betriebsübergang und Betriebsverfassungsrecht, FS *Richardi*, 2007, S. 537; *Haug* Tarifvorrang und innerbetriebliche Regelungsmechanismen, BB 1986, 1921; *Haußmann/Röder* Die Geltung von Gesamtbetriebsvereinbarungen nach einer Umwandlung, DB 1999, 1754; *Heilmann* Die Betriebsvereinbarung, 4. Aufl. 2008; *Heinze* Die betriebsverfassungsrechtlichen Ansprüche des Betriebsrates gegenüber dem Arbeitgeber, DB 1983, Beil. Nr. 9, S. 1; *ders.* Betriebsvereinbarung versus Tarifvertrag, NZA 1989, 41; *ders.* Tarifautonomie und sogenanntes Günstigkeitsprinzip, NZA 1991, 329; *ders.* Regelungsabrede, Betriebsvereinbarung und Spruch der Einigungsstelle, NZA 1994, 580; *ders.* Kollektive Arbeitsbedingungen im Spannungsfeld zwischen Tarif- und Betriebsautonomie, NZA 1995, 5; *ders.* Gibt es eine Alternative zur Tarifautonomie?, DB 1996, 729; *Heisig* Arbeitsentgelt- und Arbeitszeitregelungen im Spannungsfeld zwischen tariflicher und betriebsvereinbarungsrechtlicher Normsetzungsbefugnis (Diss. Köln), 1991; *Heither* Möglichkeiten und Grenzen der Änderung von Zusagen auf betriebliche Altersversorgung, BB 1992, 145; *ders.* Bestandsschutz und Billigkeitskontrolle in der betrieblichen Altersversorgung, RdA 1993, 72; *ders.* Die Änderung von Versorgungszusagen, JArbR Bd. 31 (1994), 55; *ders.* Der Tarifvorrang des § 77 III BetrVG und seine Durchsetzung, FS *Dieterich*, 1999, S. 231; *Hempelmann* Die freiwillige Betriebsvereinbarung in Vergangenheit und Gegenwart (Diss. Münster), 1997; *Henkel/Hagemeier* Mitwirkungs- und Mitbestimmungsrechte des Betriebsrats in Angelegenheiten der außertariflichen Angestellten, BB 1976, 1420; *Henssler* Was ist von der Altersrente geblieben? Zur Zulässigkeit und Abänderbarkeit von Altersgrenzenvereinbarungen, DB 1993, 1669; *Herbst* Umfang des Mitbestimmungsrechts bei freiwilligen übertariflichen Zulagen, DB 1987, 738; *Herrmann* Das Günstigkeitsprinzip und die verschlechternde Betriebsvereinbarung, ZfA 1989, 577; *dies.* Kollektivautonomie contra Privatautonomie: Arbeitsvertrag, Betriebsvereinbarung und Mitbestimmung, NZA 2000, Sonderbeilage zu Heft 3, S. 14; *Herschel* Überindividualrechtliche Elemente im Privatrecht, FS *Küchenhoff*, 1972, S. 245; *ders.* Formelle und materielle Arbeitsbedingungen und kein Ende?, BArbBl. 1974, 134; *ders.* Verweisung in Betriebsvereinbarungen, AR-Blattei, Betriebsvereinbarung II, 1975; *ders.* Eigenart und Auslegung der Tarifverträge, AuR 1976, 1; *ders.* Der Pensionär in der Betriebsverfassung, FS *Hilger/Stumpf*, 1983, S. 311; *ders.* Tarifautonomie und Betriebsautonomie, AuR 1984, 321; *Heyer* Betriebliche Normsetzung und Tarifautonomie, Diss. Berlin 1984; *Hilger* Zur Änderung betrieblicher Versorgungsordnungen durch Betriebsvereinbarung, in: *Blomeyer* Betriebliche Altersversorgung unter geänderten Rahmenbedingungen, 1984, S. 47; *dies.* Die Betriebsvereinbarung über Sonderzuwendungen ist gekündigt – was nun?, FS *Gaul*, 1992, S. 327; *Hilger/Stumpf* Ablösung betrieblicher Gratifikations- und Versorgungsordnungen durch Betriebsvereinbarung, FS *G. Müller*, 1981, S. 209; *dies.* Kündigungsfreiheit und Vertrauensschutz im Recht der Betriebsvereinbarung, BB 1990, 929; *Hirschberg* Der Grundsatz der Verhältnismäßigkeit, 1981; *Höfer/Kisters-Kölkes/Küpper* Betriebliche Altersversorgung und die Entscheidung des Großen Senats des *BAG* zur ablösenden Betriebsvereinbarung, DB 1987, 1585; *Höfer/Küpper* Die Änderung genereller betrieblicher Versorgungszusagen durch Betriebsvereinbarungen, BB 1982, 565; *Hoehn* Neudefinition des Günstigkeitsprinzips – zum Verhältnis von Tarifvertrag, Betriebsvereinbarung und Einzelvertrag, in: *Scholz* Wandel der Arbeitswelt als Herausforderung des Rechts, 1988, S. 72; *Höhne* Zur praktischen Notwendigkeit ablösender Betriebsvereinbarungen, RdA 1983, 233; *Hönn* Kompensation gestörter Vertragsparität, 1982; *Hohenstatt/Müller-Bonanni* Auswirkungen eines Betriebsinhaberwechsels auf Gesamtbetriebsrat und Gesamtbetriebsvereinbarungen, NZA 2003, 766; *Hohmeister* Die teilmitbestimmte Betriebsvereinbarung im Spannungsverhältnis zwischen § 77 Abs. 3 BetrVG und § 87 Abs. 1 BetrVG, BB 1999, 418; *Holzer* Strukturfragen des Betriebsvereinbarungsrechts, Wien 1982; *Hoppe* Die Betriebsvereinbarung und das 65. Lebensjahr, BlStSozArbR 1974, 29; *von Hoyningen-Huene* Die Billigkeit im Arbeitsrecht, 1978; *ders.* Ablösende Betriebsvereinbarungen für ausgeschiedene Arbeitnehmer, Pensionäre und leitende Angestellte?, RdA 1983, 225; *ders.* Fehlerhafte Betriebsvereinbarungen und ihre Auswirkungen auf Arbeitnehmer,

DB 1984, Beil. Nr. 1, S. 1; *ders.* Kompetenzüberschreitende Tarifverträge zur Regelung unterschiedlicher Wochenarbeitszeit, NZA 1985, 169; *ders.* Die Einführung und Anwendung flexibler Arbeitszeiten im Betrieb, NZA 1985, 9; *ders.* Drittbeziehungen in der Betriebsverfassung, RdA 1992, 355; *ders.* Die Inhaltskontrolle von Betriebsvereinbarungen der betrieblichen Altersversorgung, BB 1992, 1640; *ders.* Die Bezugnahme auf einen Firmentarifvertrag durch Betriebsvereinbarung, DB 1994, 2026; *ders.* Freiwilligkeitsvorbehalt und Nachwirkungsklausel in Betriebsvereinbarungen über Sozialleistungen, BB 1997, 1998; *von Hoyningen-Huene/Maier-Krenz* Mitbestimmung trotz Tarifvertrages? NZA 1987, 793; *dies.* Flexibilisierung des Arbeitsrechts durch Verlagerung tariflicher Regelungskompetenzen auf den Betrieb, ZfA 1988, 293; *Hromadka* Arbeitsordnung im Wandel der Zeit, 1979; *ders.* Die belastende Betriebsvereinbarung, DB 1985, 864; *ders.* Änderung und Ablösung von Einheitsarbeitsbedingungen, NZA 1987, Beil. Nr. 3, S. 2; *ders.* Betriebsvereinbarung über mitbestimmungspflichtige soziale Angelegenheiten bei Tarifüblichkeit: Zwei-Schranken-Theorie ade?, DB 1987, 1991; *ders.* Änderungen von Arbeitsbedingungen, RdA 1992, 235; *ders.* Mehr Flexibilität für die Betriebe – Ein Gesetzesvorschlag, NZA 1996, 1233; *ders.* § 77 III und die teilmitbestimmte Betriebsvereinbarung, FS *Schaub*, 1998, S. 337; *ders.* Die ablösende Betriebsvereinbarung ist wieder da! NZA 2013, 1061; *ders.* Arbeitsvertrag und Betriebsvereinbarung, FS *Wank*, 2014, S. 175; *ders.* Entgeltänderung durch Betriebsvereinbarung, NZA Beilage 4/2014, 136; *G. Hueck/Fastrich* AR-Blattei, Betriebsübung I; *Hümmerich* Flexibilisierung der Arbeitszeit durch Betriebsvereinbarung, DB 1996, 1182; *Husemann* Zu den Rechtsschutzmöglichkeiten der Gewerkschaft bei tarifvertragswidrigen Abreden auf Betriebsebene, SAE 2012, 54; *Jacobs* Die vereinbarte Nachwirkung bei freiwilligen Betriebsvereinbarungen, NZA 2000, 69; *ders.* Entgeltmitbestimmung beim nicht (mehr) tarifgebundenen Arbeitgeber, FS *Säcker*, S. 201; *Jahnke* Tarifautonomie und Mitbestimmung, 1984; *Janert* AT-Angestellte und Betriebsrat, DB 1976, 243; *Jedzig* Mitbestimmung des Betriebsrats bei der Durchführung von Betriebsvereinbarungen über Leistungsbeurteilung von Arbeitnehmern, DB 1991, 859; *Jobs* Die Betriebsvereinbarung als kollektives Regelungsrecht zur Änderung von arbeitsvertraglichen Individual- und Gesamtzusagen, DB 1986, 1120; *ders.* Gerichtliche Billigkeitskontrolle bei abändernden Betriebsvereinbarungen, AuR 1986, 147; *Joost* Betriebsverfassungsrechtliche Mitbestimmung bei Arbeitszeiten und betrieblichen Öffnungszeiten, DB 1983, 1818; *ders.* Tarifrechtliche Grenzen der Verkürzung der Wochenarbeitszeit, ZfA 1984, 173; *ders.* Ablösende Betriebsvereinbarungen und allgemeine Arbeitsbedingungen, RdA 1989, 7; *ders.* Betriebliche Mitbestimmung bei der Lohngestaltung im System von Tarifautonomie und Privatautonomie, ZfA 1993, 257; *Jung* Die Weitergeltung kollektivvertraglicher Regelungen (Tarifverträge, Betriebsvereinbarungen) bei einem Betriebsinhaberwechsel, RdA 1981, 360; *Abbo Junker* Der Flächentarifvertrag im Spannungsverhältnis von Tarifautonomie und betrieblicher Regelung, ZfA 1996, 383; *M. Junker* Die auf einer Betriebsvereinbarung beruhende Altersversorgung beim Betriebsübergang, RdA 1993, 203; *Käppler* Voraussetzungen und Grenzen tarifdispositiven Richterrechts (Diss. Mainz), 1977; *dies.* Tarifvertragliche Regelungsmacht, NZA 1991, 745; *dies.* Die Betriebsvereinbarung als Regelungsinstrument in sozialen Angelegenheiten, FS *Kissel*, 1994, S. 475; *Kallrath* Gerichtliche Kontrolle von Betriebsvereinbarungen (Diss. Köln), 1997; *Kamlah* Bestandsschutz und Ablösung von Kollektivverträgen bei Betriebsübergang, Diss. Bonn 1996; *Kania* § 77 Abs. 3 auf dem Rückzug, BB 2001, 1091; *Kania/Kramer* Unkündbarkeitsregelungen in Arbeitsverträgen, Betriebsvereinbarungen und Tarifverträgen, RdA 1995, 287; *Kempen* Zur Rechtsschutzgewähr für die Tarifvertragsparteien im neuen tariflichen Arbeitszeitrecht, AuR 1989, 261; *ders.* Zusammentreffen unterschiedlicher Versorgungsregelungen anläßlich eines Betriebsübergangs, BB 1990, 785; *ders.* Struktur- und Funktionsunterschiede zwischen Tarifvertrag und Betriebsvereinbarung, JArbR Bd. 30 (1993), 97; *ders.* Betriebsverfassung und Tarifvertrag, RdA 1994, 140; *ders.* Zur Zulässigkeit verschlechternder Betriebsvereinbarungen kraft Vorbehalts bei betrieblicher Altersversorgung, DB 1987, 986; *Kempff* Klagebefugnis der Gewerkschaften gegen tarifwidrige Betriebsvereinbarungen, AiB 1989, 66; *Kessal-Wulf* Die Innenverbände (Diss. Kiel), 1995; *Kielkowski* Die betriebliche Einigung (Diss. Trier), 2016; *Kirchhof* Private Rechtssetzung, 1987; *Kirchner* Die Sperrwirkung von Tarifvertrag und Tarifübung für die Verwirklichung des Mitbestimmungsrechts des Betriebsrats nach § 87 BetrVG, BB 1972, 1279; *Kissel* Das Spannungsfeld zwischen Betriebsvereinbarung und Tarifvertrag, NZA 1986, 73; *ders.* Kollektive Arbeitsbedingungen im Spannungsfeld zwischen Tarif- und Betriebsautonomie, NZA 1995, 1; *Kittner* Klage ausgeschlossen (Gegen tarifwidrige Betriebsvereinbarungen können Gewerkschaften nicht klagen), Quelle 1991/10, 22; *ders.* Öffnung des Flächentarifvertrages, FS *Schaub*, 1998, S. 389; *H. D. Klein* Die Nachwirkung der Betriebsvereinbarung, Diss. Köln 1997; *Klempt* Dreiseitige Standortsicherungsvereinbarungen (Diss. Trier), 2012; *M. Koch* Dreigliedrige Standortsicherungsvereinbarungen (Diss. Hamburg) 2012; *U. Koch* Die Mitbestimmung des Betriebsrats nach § 87 Abs. 1 Nr. 10 BetrVG im Bereich der betrieblichen Lohngestaltung, SR 2016, 131 (Teil 1), 2017, 19 (Teil 2); *E. König* Änderung von Betriebsvereinbarungen über betriebliche Entgelte, Diss. Köln 1997; *Konzen* Tarifvertragliche und innerbetriebliche Normsetzung, BB 1977, 1307; *ders.* Gleichbehandlungsgrundsatz und personelle Grenzen der Kollektivautonomie, FS *G. Müller*, 1981, S. 245; *ders.* Betriebsverfassungsrechtliche Leistungspflichten des Arbeitgebers, 1984; *ders.* Die Tarifautonomie zwischen Akzeptanz und Kritik, NZA 1995, 913; *ders.* Die umstrukturierende Betriebsvereinbarung, Sozialrecht und Sozialpolitik in Deutschland und Europa, FS *von Maydell*, 2002, S. 341; *ders.* Kündigung und Kündigungswirkungen bei Betriebsvereinbarungen über die betriebliche Altersversorgung, FS *Kreutz*, 2010, S. 229; *Konzen/Jacobs* Betriebsvereinbarung und Ruhestandsverhältnis, FS *Dieterich*, 1999, S. 297; *Kraft* Fragen zur betriebsverfassungsrechtlichen Stellung von Leiharbeitnehmern, FS *Pleyer*, 1986, S. 383; *ders.* Die betriebliche Lohngestaltung im Spannungsfeld von Tarifautonomie, betrieblicher Mitbestimmung und Vertragsfreiheit, FS *K. Molitor*, 1988, S. 207; *Krauss* Günstigkeitsprinzip und Autonomiebestreben am Beispiel der Arbeitszeit, 1995; *Kreft* Normative Fortgeltung von Betriebsvereinbarungen nach einem Betriebsübergang, FS *Wißmann*, 2005, S. 347; *ders.* Tarifliche Vergütungsordnung und betriebliche Entlohnungsgrundsätze, FS *Kreutz*, 2010, S. 263; *ders.* Mitbestimmung bei der Änderung von Entlohnungsgrundsätzen, Arbeitsgerichtsbarkeit und Wissenschaft, FS *Bepler*, 2012, S. 317; *Kreßel* Parkplätze für Betriebsangehörige, RdA 1992, 169; *ders.* Betriebsverfassungsrechtliche Auswirkungen systemverändernder Tarifverträge auf bestehende Betriebsvereinbarungen, 50 Jahre Bundesarbeitsgericht, 2004, S. 981; *Kreutz* Kritische Gedanken zur gerichtlichen Billigkeitskontrolle von Betriebsvereinbarungen, ZfA 1975, 65; *ders.* Grenzen der Betriebsautonomie, 1979; *ders.* Grenzen der Sozialplangestaltung, FS *E. Wolf*, 1985, S. 309; *ders.* Betriebsverfassungsrechtliche Auswirkungen unternehmensinterner Betriebsumstrukturierungen – Skizze eines neuen Lösungskonzepts, FS *Wiese*, 1998, S. 249; *ders.* Gestaltungsaufgabe und Beendigung von Betriebsvereinbarungen, FS *Kraft*, 1998, S. 323; *ders.* Grundsätzliches zum persönlichen Geltungsbereich der Betriebsvereinbarung, ZfA 2003, 361; *ders.* Das Übergangsmandat des Betriebsrats und Fortgeltung von Betriebsvereinbarungen bei unternehmensinternen Betriebsumstrukturierungen, Gedächtnisschrift für *Jürgen Sonnenschein*, 2003, S. 829; *ders.* Normative Fortgeltung von Betriebsvereinbarungen nach einem Betriebsteilübergang, FS 50 Jahre Bundesarbeitsgericht, 2004, S. 993; *ders.* Die zwingende Geltung der Betriebsvereinbarung, FS *Konzen*, 2006, S. 461; *ders.* Betriebsautonomie als Verbandsautonomie?, FS *Reuter*, 2010, S. 643; *ders.* Grenzen der Betriebsautonomie durch mittelbare Grundrechtsbindung, in: Die Freiheit des Menschen in Kommune, Staat und Europa, FS *Schmidt-Jortzig*, 2011, S. 752; *ders.* Teilnichtigkeit und Teilkündigung einer Betriebsvereinbarung, FS *Säcker*, 2011, S. 247; *Krohm* Weitergeltung & Nachwirkung (Diss. Bucerius Law School Hamburg), 2014; *Kuderna* Zur Diskussion über die Auslegung kollektivrechtlicher Normen, ZAS 1981, 203; *Kühn* Nachteiligkeit als Schranke der Betriebsautonomie (Diss. FU Berlin), 2006; *Küttner* Arbeitsrecht und Vertragsgestaltung, RdA 1999, 59; *Küttner/Schlüpers-Oehmen/Rebel* Rechtsprobleme der Tarifverträge über Arbeitszeitverkürzung und Arbeitszeitflexibilisierung, DB 1985, 172; *Kunst* Das Günstigkeitsprinzip im Betriebsvereinbarungsrecht, Diss. Bochum 1973; *Kunze* Änderungen auf der Arbeitgeberseite von Kollektivvereinbarungen, RdA 1976, 31; *Lambrich* Tarif- und Betriebsautonomie. Ein Beitrag zu den Voraussetzungen und Grenzen des Tarifvorbehalts, insbesondere dem Erfordernis der Tarifbindung des Arbeitgebers (Diss. Trier), 1999; *Lange* Die Betriebsvereinbarung nach Wegfall des Betriebsrats, 2003; *von Langen* Von der Tarif- zur Betriebsautonomie (Diss. Trier), 1994; *Langohr-Plato* Kündigungen von Betriebsvereinbarungen über betriebliche Altersversorgung, BB 2000, 1885; *Latendorf/Rademacher* Betriebsvereinbarungen als andere Rechtsvorschriften, widersprüchliche Rechtsprechung des *BAG* zur Ausweitung des § 3 S. 1 Ziff. 1 BDSG, CR 1989, 1105; *Leinemann* Änderung einzelvertraglicher Ansprüche durch Betriebsvereinbarungen, DB 1985, 1394; *ders.* Änderung von Arbeitsbedingungen durch Betriebsvereinbarungen, BB 1989, 1905; *ders.* Wirkungen von Tarifverträgen und Betriebsvereinbarungen auf das Arbeitsverhältnis, DB 1990, 732; *Lerch* Auswirkungen von Betriebsübergängen und unternehmensinternen Umstrukturierungen auf Betriebsvereinbarungen (Diss. Mainz), 2006; *Lethert* Ist der in § 77 Abs. 3 BetrVG normierte Tarifvorbehalt nur noch »law in the book«? (Diss. Köln), 2001; *Lieb* Kritische Gedanken zum tarifdispositiven Richterrecht, RdA 1972, 129; *ders.* Die Regelungszuständigkeit des Betriebsrats für die Vergütung von AT-Angestellten, ZfA 1978, 179; *ders.* Mehr Flexibilität im Tarifvertragsrecht? »Moderne« Tendenzen auf dem Prüfstand, NZA 1994, 289; *ders.* Skandal oder Signal? Zur Problematik tarifwidriger Betriebsvereinbarungen, FS *Kraft*, 1998, S. 343; *Lieb/Westhoff* Voraussetzungen und Abgrenzung von richterlicher Inhaltskontrolle und Rechtsfortbildung, DB 1973, 69; *Liedmeier* Die Auslegung und Fortbildung arbeitsrechtlicher Kollektivverträge (Diss. Münster), 1991; *Linck/Koch* Die Mitbestimmung des Betriebsrats bei Zielvereinbarungen, Arbeitsgerichtsbarkeit und Wissenschaft, FS *Bepler*, S. 357; *Linnenkohl* Rechtsfragen der Neugestaltung der Arbeitszeit, BB 1989, 2472; *Linnenkohl/Rauschenberg* Tarifvertragliche Neuregelung der Wochenarbeitszeit und betriebsverfassungsrechtliche Gestaltungsmöglichkeiten, BB 1984, 2197; *Linsenmaier* Normsetzung der Betriebsparteien und Individualrechte der Arbeitnehmer, RdA 2008, 1; *ders.* Vertrauen und Enttäuschung – zur Rückwirkung verschlechternder Betriebsvereinbarungen, FS *Kreutz*, 2010, S. 285; *ders.* Arbeitsvertrag und Betriebsvereinbarung – Kompetenz und Konkurrenz, RdA 2014, 336; *Löwisch* Möglichkeiten und Grenzen der Betriebsvereinbarung, AuR 1978, 97; *ders.* Die Verschlechterung von Individualansprüchen durch Betriebsvereinbarung, DB 1983, 1709; *ders.* Die Einbeziehung der Nichtorganisierten in die neuen Arbeitszeittarifverträge der Metallindustrie, DB 1984, 2457; *ders.* Zur Zulässigkeit freiwilliger Samstagsarbeit nach dem Günstigkeitsprinzip, DB 1989, 1185; *ders.* Dienstleistungsabend mit freiwilligen Mitarbeitern, NZA 1989, 959; *ders.* Die Freiheit zu arbeiten – nach dem Günstigkeitsprinzip!, BB 1991, 59; *ders.* Neuabgrenzung von Tarifvertragssystem und Betriebsverfassung, JZ 1996, 812; *Loritz* Betriebliche Arbeitnehmerbeteiligungen in Tarifverträgen und Betriebsvereinbarungen, DB 1985, 531; *ders.* Sinn und Aufgabe der Mitbestimmung heute, ZfA 1991, 1; *ders.* Die

Kündigung von Betriebsvereinbarungen und die Diskussion um eine Nachwirkung freiwilliger Betriebsvereinbarungen, RdA 1991, 65; *ders.* Die Beendigung freiwilliger Betriebsvereinbarungen mit vereinbarter Nachwirkung, DB 1997, 2074; *Maaß* Die Zulässigkeit der Teilkündigung einer Betriebsvereinbarung, ArbR 2010, 335; *Martens* Das betriebsverfassungsrechtliche Ablösungsprinzip im System der §§ 87, 88, 77 BetrVG, RdA 1983, 217; *Materne* Das Verhältnis zwischen Tarifverträgen und ihrem Vorrang gegenüber Betriebsvereinbarungen, BB 1976, 1615; *Maus*, O. C. Erweiterung von Mitbestimmungsrechten des Betriebsrats durch tarifliche Öffnungsklauseln, Diss. Münster 1994; *May* Die Zulässigkeit der Regelung von Lohn und Arbeitszeit in Betriebsvereinbarungen (Diss. Tübingen), 2001; *Mayer-Maly* Über die Teilnichtigkeit, GS *Gschnitzer*, 1969, S. 265; *Meimann* Die kollektivrechtliche Fortgeltung von Betriebsvereinbarungen beim Betriebsübergang. Diss. Münster 2004; *Meinert* Zur Nachwirkung von Tarifverträgen und ihrem Vorrang gegenüber Betriebsvereinbarungen, BB 1976, 1615; *Mengel* Umwandlungen im Arbeitsrecht (Diss. Köln), 1997; *Merten* Die Regelungsbefugnis der Betriebspartner erörtert am Beispiel der ablösenden Betriebsvereinbarung (Diss. Köln), 2000; *Meyer, C.* Zum Verhältnis von Tarif- und Betriebsautonomie im Recht der Betriebsänderung der §§ 111, 112 BetrVG unter Berücksichtigung von Erfahrungen aus der Restrukturierung der Treuhandunternehmen, RdA 1996, 181; *ders.* Die Nachwirkung von Sozialplänen gem. § 77 VI BetrVG, NZA 1997, 289; *ders.* Ablösung von Betriebs-, Gesamt- und Konzernbetriebsvereinbarungen beim Betriebsübergang, DB 2000, 1174; *Möschel* Das Spannungsverhältnis zwischen Individualvertrag, Betriebsvereinbarung und Tarifvertrag, BB 2002, 1315; *Molkenbur/Bopp* Rechtswirkungen von Betriebsvereinbarungen, AuA 1996, 16; *dies.* Nachwirkung von Betriebsvereinbarungen, AuA 1996, 121; *Molkenbur/Roßmanith* Mitbestimmung des Betriebsrats und Betriebsvereinbarungen in der betrieblichen Altersversorgung, AuR 1990, 333; *Moll* Der Tarifvorrang im Betriebsverfassungsgesetz, 1980 (zit.: Der Tarifvorrang); *ders.* Der Ablösungsgedanke im Verhältnis zwischen Vertragsregelung und Betriebsvereinbarung, NZA 1988, Beil. Nr. 1, S. 17; *ders.* Altersgrenzen in Kollektivverträgen, DB 1992, 475; *G. Müller* Zum Verhältnis zwischen Betriebsautonomie und Tarifautonomie AuR 1992, 257; *Th. Müller* Umwandlung des Unternehmensträgers und Betriebsvereinbarung, RdA 1996, 287; *Müller-Franken* Die Befugnis zu Eingriffen in die Rechtsstellung des einzelnen betrieblichen Arbeitsverhältnisses (Diss. Mainz), 1997; *Mues* Die Betriebsvereinbarung als Rechtsquelle des Arbeitsverhältnisses – zur Reichweite eines betriebsverfassungsrechtlichen Gestaltungsrechts in einer rechtsgeschäftlichen Ordnung des Arbeitslebens, in: Brennpunkte des Arbeitsrechts, 1992, S. 75; *ders.* Das rechtliche Schicksal einer Betriebsvereinbarung nach dem Übergang eines Betriebsteils, ArbRB 2009, 245; *Natzel* Subsidiaritätsprinzip im kollektiven Arbeitsrecht, ZfA 2003, 103; *Nause* Die Grenzen der Regelungsbefugnis von Arbeitgeber und Betriebsrat gegenüber dem einzelnen Arbeitnehmer bei Abschluß von Betriebsvereinbarungen, Diss. Göttingen 1982; *Nebel* Die Normen des Betriebsverbandes am Beispiel der ablösenden Betriebsvereinbarung (Diss. Kiel), 1989; *Neef* Die Betriebsvereinbarung als Ersatztarifvertrag, FS *Schaub*, 1999, S. 515; *Neukirchen* Betriebsvereinbarung und Betriebskollektivvertrag, Diss. Mainz 1981; *D. Neumann* Tarif- und Betriebsautonomie, RdA 1990, 257; *Niebler* Inhalt und Reichweite der Betriebsvereinbarungsautonomie – Meinungsstand und Bedeutung der dogmengeschichtlichen Entwicklung, Diss. Regensburg 1990; *Niklas/Mückl* Auswirkungen eines Betriebsübergangs auf betriebsverfassungsrechtliche Ansprüche, DB 2008, 2250; *Oetker* Nachwirkende Tarifnormen und Betriebsverfassung, FS *Schaub*, 1998, S. 535; *Oetker/Friese* Massebelastende Betriebsvereinbarungen in der Insolvenz (§ 120 InsO), DZWIR 2000, 397; *Otto* Das Schicksal von Betriebsvereinbarungen bei Betriebsuntergang (Diss. Kiel), 2000; *Pauly* Zu Umfang und Grenzen des Mitbestimmungsrechts aus § 87 Nr. 8 und 10 BetrVG im Bereich der betrieblichen Altersversorgung, DB 1985, 2246; *Peterek* Fragen zur Regelungsabrede, FS *Gaul*, 1992, S. 471; *Pfab* Wirkungsweise und Reichweite tarifvertraglicher Öffnungsklauseln (Diss. Erlangen-Nürnberg), 2004; *Pfarr* Mitbestimmung bei der Ablösung und der Verschlechterung allgemeiner Arbeitsbedingungen, BB 1983, 2001; *Picker* Tarifautonomie – Betriebsautonomie – Privatautonomie, NZA 2002, 761; *Ch. Picker* Die ablösende Betriebsvereinbarung. Zum Verhältnis von privatautonomer und betriebsverfassungsrechtlicher Regelungsmacht, in: *Bieler/Hartmann* (Hrsg.) Individuelle Freiheit und kollektive Interessenwahrnehmung im deutschen und europäischen Arbeitsrecht, 2012, S. 103 (zit.: Die ablösende Betriebsvereinbarung); *Preis* Probleme der Bezugnahme auf Allgemeine Arbeitsbedingungen und Betriebsvereinbarungen, NZA 2010, 361; *Preis/Stefan* Zum Schicksal kollektivrechtlicher Regelungen beim Betriebsübergang, FS *Kraft*, 1998, S. 477; *Preis/Ulber* Die Rechtskontrolle von Betriebsvereinbarungen, RdA 2013, 211; *dies.* Die Wiederbelebung des Ablösungs- und Ordnungsprinzips?, NZA 2014, 6; *Raatz* Personalleitung und Betriebsverfassung, DB 1972, Beil. Nr. 1, S. 1; *Rech* Die Nachwirkung freiwilliger Betriebsvereinbarungen (Diss. Bonn), 1997; *Reichart* Die Störung der Geschäftsgrundlage von Betriebsvereinbarungen (Diss. Potsdam), 2005; *Reichold* Betriebsverfassung als Sozialprivatrecht, 1995; *ders.* Rechtsprobleme der Einführung einer 32-Stunden-Woche durch Tarifvertrag oder Betriebsvereinbarung, ZfA 1998, 237; *ders.* Metamorphosen der gekündigten Betriebsvereinbarung, in: Altersgrenzen und Alterssicherung im Arbeitsrecht, *Wolfgang Blomeyer* zum Gedenken, 2003, S. 275; *ders.* Mitbestimmung bei Vergütungsordnung ohne Tarifbindung – Nachwirkung bei Abschaffung der Weihnachtszuwendung, RdA 2009, 322; *ders.* Verdrängung statt Beseitigung – zum Verhältnis von Betriebsvereinbarung und Arbeitsvertrag, FS *Kreutz*, 2010, S. 349; *ders.* Entgeltmitbestimmung und »betriebliche Vergütungsordnung«, FS *Picker*,

2010, S. 1079; *ders.* Entgeltanspruch aufgrund Vergütungsordnung trotz fehlender Nachwirkung, RdA 2011, 311; *ders.* Zum Inhalt des gewerkschaftlichen Beseitigungsanspruchs bei tarifwidrigen betrieblichen Regelungen, RdA 2012, 245; *Reinermann* Verweisungen in Tarifverträgen und Betriebsvereinbarungen, Diss. Bonn 1997; *Reinfeld* Arbeitnehmer-Nebenpflichten und Betriebsvereinbarungen, AuA 1994, 41; *Reiß* Tarifautonomie im Spannungsverhältnis zwischen Betriebsvereinbarung und Tarifvertrag am Beispiel der Tarifverträge der Metallindustrie 1984, Diss. Münster 1992; *Reuter* Vergütung von AT-Angestellten und betriebsverfassungsrechtliche Mitbestimmung, 1979; *ders.* Die Rolle des Arbeitsrechts im marktwirtschaftlichen System – Eine Skizze, ORDO Bd. 36 (1985), S. 51; *ders.* Re-Individualisierung des Arbeitsverhältnisses? Überlegungen zu einer Neubestimmung des Verhältnisses Tarifvertrag/Betriebsvereinbarung/Arbeitsvertrag, in: *Besters* Auflösung des Normalarbeitsverhältnisses?, 1988, S. 29; *ders.* Das Verhältnis von Individualautonomie, Betriebsautonomie und Tarifautonomie, RdA 1991, 193; *ders.* Die Lohnbestimmung im Betrieb – Realität, rechtliche Einordnung, rechtspraktische Konsequenz, ZfA 1993, 221; *ders.* Betriebsverfassung und Tarifvertrag, RdA 1994, 152; *ders.* Möglichkeiten und Grenzen einer Auflockerung des Tarifkartells, ZfA 1995, 1; *ders.* Empfiehlt es sich, die Regelungsbefugnisse der Tarifparteien im Verhältnis zu den Betriebsparteien neu zu ordnen? Verhandlungen 61. DJT 1996, Bd. II 1, K 35; *ders.* Das Verhältnis von Tarif- und Betriebsautonomie, FS *Schaub*, 1998, S. 605; *ders.* Gibt es Betriebsautonomie?, FS *Kreutz*, 2010, S. 359; *Reuter/ Streckel* Grundfragen der betriebsverfassungsrechtlichen Mitbestimmung, 1973; *Richardi* Betriebsverfassung und Privatautonomie, 1973; *ders.* Richterrecht und Tarifautonomie, Gedächtnisschrift für *Dietz*, 1973, S. 269; *ders.* Die Mitbestimmung des Betriebsrats bei der Regelung des Arbeitsentgelts, ZfA 1976, 1; *ders.* Eingriff in die Arbeitsvertragsregelung durch Betriebsvereinbarung, RdA 1983, 201, 278; *ders.* Die tarif- und betriebsverfassungsrechtliche Bedeutung der tarifvertraglichen Arbeitszeitregelung in der Metallindustrie, NZA 1984, 387; *ders.* Verkürzung und Differenzierung der Arbeitszeit als Prüfsteine des kollektiven Arbeitsrechts, NZA 1985, 172; *ders.* Betriebsverfassungsrechtliche Mitbestimmung und Einzelarbeitsvertrag, 1986; *ders.* Der Beschluß des Großen Senats des *BAG* zur ablösenden Betriebsvereinbarung, NZA 1987, 185; *ders.* Erweiterung der Mitbestimmung des Betriebsrates durch Tarifvertrag, NZA 1988, 673; *ders.* Ablösung arbeitsrechtlicher Vereinbarungen durch Betriebsvereinbarung, NZA 1990, 331; *ders.* Arbeitszeitverlängerung nach der Tarifvertragsregelung in der Metallindustrie, DB 1990, 1613; *ders.* Kollektivvertragliche Arbeitszeitregelung – Fremdbestimmung durch Kollektivnorm oder Regelung der Arbeitsbedingungen für ein rechtsgeschäftliches Dienstleistungsversprechen?, ZfA 1990, 211; *ders.* Arbeitszeitflexibilisierung – Kollektive Arbeitszeitregelung und individuelle Arbeitszeitsouveränität, FS *Merz*, 1992, S. 481; *ders.* Die Betriebsvereinbarung als Rechtsquelle des Arbeitsverhältnisses – zur Reichweite eines betriebsverfassungsrechtlichen Gestaltungsrechts in einer rechtsgeschäftlichen Ordnung des Arbeitslebens (Teil 1), in: Brennpunkte des Arbeitsrechts, 1992, S. 51; *ders.* Die Betriebsvereinbarung als Rechtsquelle des Arbeitsverhältnisses, ZfA 1992, 307; *ders.* Auslegung und Kontrolle von Arbeitsverträgen und Betriebsvereinbarungen in der Rechtsprechung des Bundesarbeitsgerichts, in: Die Arbeitsgerichtsbarkeit, 1994, S. 537; *ders.* Empfiehlt es sich, die Regelungsbefugnisse der Tarifparteien im Verhältnis zu den Betriebsparteien neu zu ordnen?, Gutachten B zum 61. DJT 1996; *ders.* Die Bedeutung des Subsidiaritätsprinzips für das Verhältnis der Tarifautonomie zur Betriebsautonomie, FS *Kehrmann*, 1997, S. 263; *ders.* Tarifvorbehalt und Tarifgebundenheit, FS *Schaub*, 1998, S. 639; *ders.* Welche Folgen hätte eine Aufhebung des Tarifvorbehalts (§ 77 III BetrVG)?, NZA 2000, 617; *ders.* Bestandssicherung und Mitbestimmung in der betrieblichen Altersversorgung, in: Altersgrenzen und Alterssicherung im Arbeitsrecht, *Wolfgang Blomeyer* zum Gedenken, 2003, S. 299; *ders.* Die Betriebsvereinbarung als Rechtsinstitut gesetzlich gestalteter Betriebsautonomie, FS *Kreutz*, 2010, S. 379; *Richenhagen* EDV-Betriebsvereinbarungen in der Einigungsstelle, AiB 1993, 204; *Rieble* Krise des Flächentarifvertrages?, RdA 1996, 151; *ders.* Arbeitsmarkt und Wettbewerb, 1996; *ders.* Öffnungsklausel und Tarifverantwortung, ZfA 2004, 405; *Rieble/Schul* Arbeitsvertragliche Bezugnahme auf Betriebsvereinbarungen, RdA 2006, 339; *Röder* Die Fortgeltung von Kollektivnormen bei Betriebsübergang gemäß § 613a BGB, DB 1981, 1980; *Rolfs* Die Inhaltskontrolle arbeitsrechtlicher Individual- und Betriebsvereinbarungen, RdA 2006, 349; *Roloff* der betriebsverfassungsrechtliche Erfüllungsanspruch, RdA 2015, 252; *Rose/ Oberhofer* Die verschlechternde Betriebsvereinbarung, AiB 1983, 101; *Roßmanith* Die Kündigung von Betriebsvereinbarungen über betriebliche Altersversorgung, DB 1999, 634; *Ruch* Dreiseitige Vereinbarungen zwischen Arbeitgeber, Gewerkschaft und Betriebsrat (Diss. Bonn), 2010; *Rühle* Aktuelle Probleme der betrieblichen Altersversorgung, ZIP 1984, 411; *H.-J. Rupp* Fortgeltung von Betriebs- und Dienstvereinbarungen beim Rechtsträgerwechsel – unter besonderer Berücksichtigung des Rechtsträgerwechsels vom öffentlichen in das private Recht (Diss. Regensburg), 2011; *Säcker* Gruppenautonomie und Übermachtkontrolle im Arbeitsrecht, 1972; *ders.* Die Regelung sozialer Angelegenheiten im Spannungsfeld zwischen tariflicher und betriebsvereinbarungsrechtlicher Normsetzungsbefugnis, ZfA 1972, Sonderheft S. 41; *ders.* Die Betriebsvereinbarung, AR-Blattei, Betriebsvereinbarung I, 1979; *ders.* Inhaltliche Grenzen der Betriebs- und Dienstvereinbarungsautonomie, AR-Blattei, Betriebsvereinbarung III, 1979; *ders.* Tarifvorrang und Mitbestimmung des Betriebsrats beim Arbeitsentgelt, BB 1979, 1201; *ders.* Aktuelle Probleme und Reform des Betriebsverfassungsrechts, Bd. II (Betriebsvereinbarungen und Einigungsstellensprüche zu mitbestimmungspflichtigen Regelungsgegenständen), 1989; *ders.* Die stillschweigende

Willenserklärung als Mittel zur Schaffung neuen und zur Wiederentdeckung alten Rechts, BB 2013, 2677; *Salamon* Das Schicksal von Gesamtbetriebsvereinbarungen bei Betriebs- und Betriebsteilveräußerungen (Diss. Hamburg), 2006; *ders.* Die kollektivrechtliche Geltung von Betriebsvereinbarungen beim Betriebsübergang unter Berücksichtigung der neueren BAG-Rechtsprechung, RdA 2007, 153; *ders.* Die Ablösung und Kündigung von Betriebsvereinbarungen bei Wegfall der beteiligten Arbeitnehmervertretung, NZA 2007, 367; *ders.* Rechtsprobleme gemischt individual- und betriebsvereinbarungsrechtlicher Ruhegeldzusagen – insbesondere Reichweite der normativen Geltung und Nachwirkung, NZA 2010, 536; *ders.* Nachwirkung von Betriebsvereinbarungen über freiwillige Leistungen, NZA 2010, 745; *ders.* Das kurze Gastspiel einer betriebsverfassungsrechtlich freiwilligen Gesamtvergütung, NZA 2011, 549; *Salje* Betriebsvereinbarungen als Mittel zur Verbesserung des Umweltschutzes, BB 1988, 73; *Scharmann* Die ablösende Betriebsvereinbarung (Diss. Erlangen-Nürnberg), 1988; *Schaub* Änderungskündigung und Kündigungsschutz bei Betriebsvereinbarungen, BB 1990, 289; *ders.* Die Sicherung der Versorgungszusage gegen Änderung und Aufhebung, BB 1992, 1058; *ders.* Die Beendigung von Betriebsvereinbarungen, BB 1995, 1639; *Schelp* Dreiseitige Standortsicherungsvereinbarungen (Diss. Würzburg), 2013; *Schiefer* Arbeitsrechtliche Voraussetzungen und Folgen des Betriebsübergangs gem. § 613a BGB, RdA 1994, 83; *Schirge* Kündigung und Nachwirkung von Betriebsvereinbarungen über betriebliche übertarifliche Leistungen, DB 1991, 441; *Schlewing* Fortgeltung oder Nachwirkung gekündigter Betriebsvereinbarungen über Leistungen der betrieblichen Altersversorgung?, NZA 2010, 529; *Schliemann* Zur Abänderbarkeit staatlicher Arbeitszeitnormen durch Tarifverträge, Betriebsvereinbarungen, Dienstvereinbarungen und kirchliche Arbeitsregelungen, FS *Schaub*, 1998, S. 675; *ders.* Zur arbeitsrechtlichen Kontrolle kollektiver Regelungen, FS *Hanau*, 1999, S. 577; *Schlüter/Belling* Die Zulässigkeit von Altersgrenzen im Arbeitsverhältnis, NZA 1988, 297; *Schmeisser* Regelungsabreden der Betriebsparteien als Mittel und Grundlage einer Abweichung vom Gesetzesrecht (Diss. Heidelberg), 2015 (zit.: Regelungsabrede); *I. Schmidt*, Altersgrenzen, Befristungskontrolle und die Schutzpflicht der Gerichte, FS *Dieterich*, 1999, S. 585; *dies.* Sozialplangestaltung und arbeitsgerichtliche Kontrolle, FS *Kreutz*, 2010, S. 451; *Th. Schmidt* Das Günstigkeitsprinzip im Tarifvertrags- und Betriebsverfassungsrecht (Diss. Trier), 1994; *M. Schneider* Die Auswirkungen von Tarifmehrheiten im Betrieb auf die Betriebsverfassung (Diss. Nürnberg-Erlangen), 2014; *Schnitker* Die Auswirkungen des neuen Umwandlungsgesetzes auf die Zuordnung und den Inhalt der Arbeitsverhältnisse sowie die Fortgeltung von Betriebsvereinbarungen (Diss. Münster), 1998; *Schoden* Verschlechternden Betriebsvereinbarungen die Zähne gezogen, AiB 1987, 109; *Schöne/Klaes* Sittenwidrigkeit von Nachwirkungsklauseln in freiwilligen Betriebsvereinbarungen, BB 1997, 2374; *Schönhöft/Brahmstaedt* Betriebsvereinbarungen und Gemeinschaftsbetrieb, NZA 2010, 851; *Schüren* Neue rechtliche Rahmenbedingungen der Arbeitszeitflexibilisierung, RdA 1985, 22; *Schuhmann* Die Grenzen der Regelungsbefugnis der Betriebspartner bei der Regelung der Arbeitszeit, Diss. Würzburg 1982; *Schulin* Änderung von betrieblichen Ruhegeldzusagen, DB 1984, Beil. Nr. 10, S. 1; *R. Schulz* Der Bestandsschutz von Betriebsvereinbarungen bei Kündigung, Diss. Potsdam 1995; *P. Schulze* Das Günstigkeitsprinzip im Tarifvertragsrecht, Diss. Bremen 1985; *Schumann* Gestaltungsmöglichkeiten zur Rückführung ausufernder Lasten bei der betrieblichen Altersversorgung, ZIP 1987, 137; *ders.* Zur Bindungswirkung des Beschlusses des Großen Senats vom 16.09.1986 zur ablösenden Betriebsvereinbarung, DB 1988, 2510; *ders.* Wie sicher ist die Betriebsrente? – Zur Bestandskraft betrieblicher Versorgungsversprechen (Teil II), DB 1990, 2165; *Schütt* Dualismus in der betrieblichen Rechtsetzung (Diss. Düsseldorf), 2012; *Schwarze* Der Betriebsrat im Dienst der Tarifvertragsparteien (Diss. Göttingen), 1991; *ders. Schwerdtner* Die Änderung kollektivrechtlich begründeter Ruhegeldberechtigungen, ZfA 1975, 171; *Seiter* Tarifverträge und Betriebsvereinbarungen beim Betriebsinhaberwechsel, DB 1980, 877; *Senne* Die Regelungsabrede – Bestandsaufnahme und Kritik, Diss. Bonn 1995; *Simitis/Weis* Zur Mitbestimmung des Betriebsrats bei Kurzarbeit, DB 1973, 1240; *Staschik* Grundfragen zur Betriebsvereinbarung, Diss. Köln 1990; *von Stebut* Die Zulässigkeit der Einführung von Kurzarbeit, RdA 1974, 332; *Stege/Rinke* Die Mitbestimmung des Betriebsrats bei der Anrechnung übertariflicher Zulagen auf eine Tariflohnerhöhung, DB 1991, 2386; *Strasser* Die vom Regelungsgegenstand her unzulässige Betriebsvereinbarung, RdA 1989, 258; *Stumpf* Die ablösende Betriebsvereinbarung, in: *Höfer* Gegenwart und Zukunft der betrieblichen Altersversorgung, 1982, S. 102; *Tech* Günstigkeitsprinzip und Günstigkeitsbeurteilung im Arbeitsrecht, Diss. Kiel 1989; *Thiele* Zur gerichtlichen Überprüfung von Tarifverträgen und Betriebsvereinbarungen, FS *Larenz*, 1973, S. 1043; *Thon* Die Regelungsschranken des § 77 III BetrVG im System der tarifvertraglichen Ordnung des TVG, NZA 2005, 858; *Thüsing* Die Grenzen der Sperrwirkung des § 77 Abs. 3 BetrVG, ZTR 1996, 146; *ders.* Folgen einer Umstrukturierung für Betriebsrat und Betriebsvereinbarung, DB 2004, 2474; *Travlos-Tzanetatos* Die Regelungsbefugnis der Betriebspartner und ihre Grenzen zum Einzelarbeitsverhältnis, 1974 (zit.: Die Regelungsbefugnis der Betriebspartner); *Trebeck/Broich* Spruchkompetenz der Einigungsstelle bei nachwirkenden freiwilligen Betriebsvereinbarungen, NZA 2012, 1018; *Trittin* Zum Mitbestimmungsrecht bei übertariflichen Zulagen, AuR 1991, 329; *Trümner* Probleme beim Wechsel vom öffentlich-rechtlichen zum privatrechtlichen Arbeitgeber infolge von Privatisierungen öffentlicher Dienstleistungen, PersR 1993, 473; *ders.* Die betriebsverfassungsrechtliche Unzulässigkeit von Arbeitsgruppensprechern in Betriebsvereinbarungen über die Einführung von Gruppenarbeit, FS *Däubler*, 1999, S. 295; *Vassilakakis* Die Konkurrenz von Betriebsvereinbarungen mit Allgemeinen Arbeitsbedingungen – Zur Problematik der ablösenden Betriebsvereinbarungen, Diss. München 1988; *Veit* Flexibilisierung der Arbeitszeit durch Betriebsvereinbarung, in: *Scholz* Wandel der Arbeitswelt als Herausforderung des Rechts, 1988, S. 134; *dies.* Die funktionelle Zuständigkeit des Betriebsrats, 1998; *Veit / Waas* Die Umdeutung einer kompetenzwidrigen Betriebsvereinbarung, BB 1991, 1329; *Vetter* Zur Zulässigkeit tarifvertragsübernehmender Betriebsvereinbarungen, DB 1991, 1833; *B. Voigt* Der kollektive Günstigkeitsvergleich im System der arbeitsrechtlichen Gestaltungsmittel, 1992; *Vollmer* Aufgaben- und Zuständigkeitsverteilung zwischen mitbestimmungsrechtlicher und tarifvertraglicher Interessenvertretung, DB 1979, 308, 355; *ders.* Bestandssicherung existenzgefährdeter Unternehmen durch Kürzung von Löhnen und Leistungen, DB 1982, 1670; *Vollstädt* Die Beendigung von Arbeitsverhältnissen durch Vereinbarung einer Altersgrenze (Diss. Köln), 1997; *Vossen* Tarifdispositives Richterrecht (Diss. Köln), 1974; *Wadephul* Die Vereinbarungen der Betriebspartner, Diss. Kiel 1996; *K.-R. Wagner* Verfassungsrechtliche Grundlagen der Übertragung von Kompetenzen der Tarifparteien auf die Betriebsparteien, DB 1992, 2550; *Walker* Möglichkeiten und Grenzen einer flexibleren Gestaltung von Arbeitsbedingungen, ZfA 1996, 353; *Waltermann* Kollektivvertrag und Grundrechte – Zur Bedeutung der Grundrechte und ihrer Gesetzesvorbehalte für die Rechtsnormsetzung durch Kollektivverträge, RdA 1990, 138; *ders.* Altersgrenzen in Kollektivverträgen, RdA 1993, 209; *ders.* Anordnung von Kurzarbeit durch Betriebsvereinbarung, NZA 1993, 679; *ders.* 75 Jahre Betriebsvereinbarung, NZA 1995, 1177; *ders.* Rechtsetzung durch Betriebsvereinbarung zwischen Privatautonomie und Tarifautonomie, 1996 (zit.: Rechtsetzung durch Betriebsvereinbarung); *ders.* Gestaltung von Arbeitsbedingungen durch Vereinbarung mit dem Betriebsrat, NZA 1996, 357; *ders.* Zuständigkeiten und Regelungsbefugnis im Spannungsfeld von Tarifautonomie und Betriebsautonomie, RdA 1996, 129; *ders.* Ablösende Betriebsvereinbarung für Ruheständler, NZA 1998, 505; *ders.* Tarifvertragliche Öffnungsklauseln für betriebliche Bündnisse für Arbeit – zur Rolle der Betriebsparteien, ZfA 2005, 505; *ders.* »Umfassende Regelungskompetenz« der Betriebsparteien zur Gestaltung durch Betriebsvereinbarung?, RdA 2007, 257; *ders.* Zu Grundfragen der Betriebsvereinbarung, insbesondere zu ihrer personellen Reichweite, FS *Kreutz*, 2010, S. 471; *ders.* Rechtsquellenfragen der Betriebsvereinbarung mit Blick auf den Tarifvertrag, FS *v. Hoyningen-Huene*, 2014, S. 549; *ders.* »Ablösung« arbeitsvertraglicher Zusagen durch Betriebsvereinbarung?, RdA 2016, 296; *Wank* Die Geltung von Kollektivvereinbarungen nach einem Betriebsübergang, NZA 1987, 505; *ders.* Tarifautonomie oder betriebliche Mitbestimmung? Zur Verteidigung der Zwei-Schranken-Theorie, RdA 1991, 129; *ders.* Empfiehlt es sich, die Regelungsbefugnisse der Tarifparteien im Verhältnis zu den Betriebsparteien neu zu ordnen?, NJW 1996, 2273; *ders.* Die Auslegung von Betriebsvereinbarungen, FS *Kraft*, 1998, S. 665; *Weiß* Einzelfragen zu Betriebsvereinbarungen in Angelegenheiten der außertariflichen Angestellten, BlStSozArbR 1979, 97; *Wendeling-Schröder* Empfiehlt es sich, die Regelungsbefugnisse der Tarifparteien im Verhältnis zu den Betriebsparteien neu zu ordnen?, Verhandlungen 61. DJT 1996, Bd. II 1, K 9; *Wenzeck* Die verschlechternde Betriebsvereinbarung, Diss. Gießen 1986; *Weyand* Möglichkeiten und Grenzen der Verlagerung tariflicher Regelungskompetenzen auf die Betriebsebene, AuR 1989, 193; *Wiedemann* Höhere Angestellte im Betriebsverfassungsrecht, In memoriam *Sir Otto Kahn-Freund*, 1980, S. 343; *ders.* Normsetzung durch Vertrag, FS *Dieterich*, 1999, S. 661; *ders.* Tarifvertragliche Öffnungsklauseln, FS *Hanau*, 1999, S. 607; *Wiese* Zum Gesetzes- und Tarifvorbehalt nach § 87 Abs. 1 BetrVG, 25 Jahre Bundesarbeitsgericht, 1979, S. 661; *ders.* Wegfall der Geschäftsgrundlage bei Gesamtversorgungsregelungen unter besonderer Berücksichtigung kollektiver Aspekte, FS *Zöllner*, Bd. II, 1998, S. 983; *Wiese, Ursula-Eva* Das Ruhestandsverhältnis (Diss. Konstanz), 1990; *Wiesner* Betriebsvereinbarungen bei Betriebsübergang, BB 1986, 1636; *Windbichler* Betriebliche Mitbestimmung als institutionalisierte Vertragshilfe, FS *Zöllner*, Bd. II, 1998, S. 999; *Wisskirchen* Über Abweichungen von den Normen eines Tarifvertrages, FS *Hanau*, 1999, S. 623; *Wollgast* Geltung, Wirkung und Nachwirkung von Betriebsvereinbarungen (Diss. Hamburg), 1998; *Worzalla* Geregelte oder üblicherweise geregelte Arbeitsbedingungen i. S. d. § 77 Abs. 3 BetrVG, FS *Kreutz*, 2010, S. 525; *Wüllner* Die Pflicht des Arbeitgebers zur Anhörung des Sprecherausschusses vor Abschluß von Betriebsvereinbarungen und sonstigen Vereinbarungen mit dem Betriebsrat, Diss. Gießen 1993; *Wurth* Der Irrtum über den Umfang der Mitbestimmung – Fehlerhafte Betriebsvereinbarungen und ihre Rechtsfolgen (Diss. Köln), 1997; *Zachert* Krise des Flächentarifvertrages?, RdA 1996, 140; *ders.* Betriebsvereinbarung statt Tarifvertrag?, AuR 1997, 11; *Zander* Betriebsautonomie und Tarifautonomie, BB 1987, 1315; *Zöllner* Auswahlrichtlinien für Personalmaßnahmen, FS *G. Müller*, 1981, S. 665.

Inhaltsübersicht Rdn.

I. Vorbemerkung	1–3
II. Die betrieblichen Einigungen	4–22
1. Überblick	4, 5
2. Begriff der betrieblichen Einigung	6
3. Die Betriebsvereinbarung	7

4. Die Regelungsabrede (Betriebsabsprache)	8–22
a) Abschluss der Regelungsabrede	10, 11
b) Anwendungsbereich der Regelungsabrede	12–20
aa) Schuldrechtliche Regelungsabreden	13–15
bb) Regelungsabreden mit betriebsverfassungsrechtlicher Wirkung	16, 17
cc) Regelungsabrede als Ausübungsform der Mitbestimmung	18–20
c) Beendigung der Regelungsabrede	21, 22
III. Durchführung betrieblicher Einigungen (Abs. 1)	23–34
1. Inhalt der Durchführungspflicht	23–30
2. Verbot des Eingriffs in die Betriebsleitung	31–34
IV. Die Betriebsvereinbarung	35–476
1. Zustandekommen der Betriebsvereinbarung (Abs. 2)	38–83
a) Abschluss durch Arbeitgeber und Betriebsrat	40–61
aa) Rechtsnatur des Regelungsaktes	40–42
bb) Parteien der Betriebsvereinbarung	43–48
cc) Schriftform (Abs. 2 Satz 1 und 2)	49–54
dd) Auslage (Abs. 2 Satz 3)	55–59
ee) Anhörung des Sprecherausschusses	60, 61
b) Abschlussmängel	62–70
aa) Nichtigkeit	63–65
bb) Teilnichtigkeit	66–69
cc) Anfechtung	70
c) Auslegung der Betriebsvereinbarung	71–83
2. Regelungsbereich der Betriebsvereinbarung – Abs. 3 (Außenschranken der Betriebsautonomie)	84–185
a) Regelungsgegenstand der Betriebsvereinbarung	93–106
aa) Alle Arbeitsbedingungen	93, 94
bb) Abs. 3 als gegenstandsabgrenzende Norm	95–97
cc) Unzureichende Inhaltsbestimmung durch die Literatur	98, 99
dd) Abs. 3 nicht auf materielle Arbeitsbedingungen beschränkt	100–105
ee) Nur Arbeitsbedingungen	106
b) Die Regelungssperre des Abs. 3 Satz 1	107–164
aa) Voraussetzungen der Regelungssperre	108–138
(1) Regelung durch Tarifvertrag	109–128
(2) Tarifübliche Regelung	129–138
bb) Rechtsfolgen der Regelungssperre (Sperrwirkung)	139–154
cc) Ausschluss der Regelungssperre	155–164
c) Tarifvertragliche Öffnungsklausel (Abs. 3 Satz 2)	165–185
aa) Rechtsfolge der Öffnungsklausel	168, 169
bb) Voraussetzungen der Öffnungsklausel	170–182
cc) Wirkungsdauer der Öffnungsklausel	183–185
3. Die unmittelbare und zwingende Geltung der Betriebsvereinbarung (Abs. 4 Satz 1)	186–309
a) Die Betriebsvereinbarung als Normenvertrag	189–192
b) Normadressaten (persönlicher Geltungsbereich der Betriebsvereinbarung)	193–211
aa) Gestaltung von Arbeitsverhältnissen	194–198
bb) Gestaltung sonstiger Drittrechtsverhältnisse	199–207
cc) Keine Gestaltung eines betrieblichen Rechtsverhältnisses	208
dd) Keine schuldrechtlichen Abreden	209–211
c) Räumlicher Geltungsbereich der Betriebsvereinbarung	212, 213
d) Zeitlicher Geltungsbereich der Betriebsvereinbarung	214–225
e) Inhalt der Betriebsvereinbarung (Regelungstypen)	226–236
f) Die unmittelbare Geltung	237–252
aa) Normwirkung der Betriebsvereinbarung	238–243
bb) Geltungsgrund der Betriebsvereinbarung	244–252
g) Die zwingende Geltung (Unabdingbarkeit)	253–309
aa) Bedeutung zwingender Geltung	254–259
bb) Einschränkung: Geltung des Günstigkeitsprinzips	260–268
cc) Günstigkeitsvergleich	269–281

dd) Verschlechternde Betriebsvereinbarung	282–306
(1) Grundsätzliche Nichtgeltung des Günstigkeitsprinzips	283–297
(2) Nichtgeltung des Günstigkeitsprinzips im Einzelfall (Betriebsvereinbarungsoffenheit)	298–306
ee) Dispositivität der Unabdingbarkeit	307–309
4. Rechtsverlust durch Verzicht, Verwirkung, Ausschlussfristen und Abkürzung von Verjährungsfristen (Abs. 4 Satz 2–4)	310–328
a) Verzicht auf Rechte aus der Betriebsvereinbarung (Abs. 4 Satz 2)	311–319
b) Verwirkung (Abs. 4 Satz 3)	320–322
c) Ausschlussfristen, Abkürzung von Verjährungsfristen (Abs. 4 Satz 4)	323–328
5. Innenschranken der Betriebsautonomie	329–395
a) Bindung an zwingendes staatliches Recht	330–341
aa) Überblick	330–332
bb) Individualschutz durch mittelbare Grundrechtsbindung	333–338
cc) Dispositives Recht	339–341
b) Keine gerichtliche Billigkeitskontrolle der Betriebsvereinbarungen	342–349
c) Individualschutz vor der Betriebsvereinbarung – frühere Lösungsvorschläge	350–362
aa) Kollektivfreier Individualbereich?	351–353
bb) Verbot von Individualnormen?	354–357
cc) Begrenzung der Betriebsautonomie durch den Schutzzweck der Betriebsvereinbarung	358–362
d) Problematische Einzelfälle	363–395
aa) Verschlechterung von Ansprüchen und Anwartschaften	364–374
bb) Außerbetriebliche Lebensgestaltung	375–381
cc) Eingriffe in den Bestand des Arbeitsverhältnisses	382–389
dd) Sonstige Schutzzweckverfehlungen	390–393
ee) »Verschlechterung« des gesetzlichen Beschäftigtendatenschutzes	394, 395
6. Die Beendigung der Betriebsvereinbarung (Abs. 5)	396–442
a) Beendigungsgründe	398–427
aa) Zeitablauf, Zweckerreichung	398, 399
bb) Aufhebungsvertrag	400
cc) Ablösung durch neue Betriebsvereinbarung	401, 402
dd) Kündigung	403–418
ee) Untergang des Betriebes	419–427
b) Keine Beendigungsgründe	428–442
7. Weitergeltung (Nachwirkung) nach Ablauf der Betriebsvereinbarung (Abs. 6)	443–476
a) Voraussetzungen der Weitergeltung	445–471
aa) Beiderseits erzwingbare Betriebsvereinbarungen	448–450
bb) »Freiwillige« Betriebsvereinbarungen	451, 452
cc) »Teilmitbestimmte« Betriebsvereinbarungen	453–468
(1) Bei tarifgebundenem Arbeitgeber	455–460
(2) Bei nicht (mehr) tarifgebundenem Arbeitgeber	461–468
dd) Vereinbarte Nachwirkung	469–471
b) Weitergeltung	472–476
V. Streitigkeiten	477–493
1. Streitigkeiten zwischen Arbeitgeber und Betriebsrat	477–480
2. Streitigkeiten über die Regelungssperre nach § 77 Abs. 3	481–491
3. Streitigkeiten im Arbeitsverhältnis	492, 493

I. Vorbemerkung

1 Die Vorschrift handelt von der **Durchführung der Vereinbarungen** von Arbeitgeber und Betriebsrat (Abs. 1) und von der **Betriebsvereinbarung** (Abs. 2–6). Sie nimmt die Regelungen der §§ 52 und 59 BetrVG 1952 in sich auf und ergänzt sie in wichtigen, zuvor nicht geregelten Punkten. So wird der früher in § 59 geregelte Vorrang des Tarifvertrages in Abs. 3 präzisiert und ausgeweitet, und es werden erstmals die Rechtswirkungen, die Kündbarkeit und die Nachwirkungen von Betriebsvereinbarungen gesetzlich geregelt (Abs. 4–6).

Entsprechend gilt § 77 für Vereinbarungen, die der Arbeitgeber mit **Arbeitsgruppen** im Rahmen der 2
diesen vom Betriebsrat übertragenen Aufgaben gemäß § 28a Abs. 2 schließt; § 28a ist durch Art. 1
Nr. 25 BetrVerf-Reformgesetz in das Betriebsverfassungsgesetz eingefügt worden.

Zum **Personalvertretungsrecht** vgl. §§ 73, 74, 75 Abs. 5 BPersVG; zu **Sprecherausschüssen** vgl. 3
§ 28 SprAuG.

II. Die betrieblichen Einigungen

1. Überblick

Die Rechtsverhältnisse der im Betrieb beschäftigten Personen finden ihre Ausgestaltung in einer Viel- 4
zahl rechtlicher Regelungen, die einander in eigenartiger Weise ergänzen, aber auch überschneiden
oder verdrängen. Objektive Gestaltungskräfte wie das Gesetz, aber auch für allgemeinverbindlich erklärte Tarifverträge formen die Arbeitsverhältnisse ebenso aus wie subjektive. Das Instrumentarium
»subjektiver« Gestaltung reicht vom Einzelarbeitsvertrag und dem Direktionsrecht des Arbeitgebers
über arbeitsvertragliche Einheitsregelungen, Gesamtzusagen und betriebliche Übungen bis zu den Tarifverträgen und Betriebsvereinbarungen. Hinzu kommen sog. Betriebsabsprachen (Betriebsabrede,
Regelungsabrede) zwischen Arbeitgeber und Betriebsrat, die teils nur schuldrechtliche Wirkungen
zwischen den Betriebspartnern entfalten, teils streitschlichtende Funktion haben, teils aber auch Wirk-
samkeitsbedingung sind für die Gestaltung von Arbeitsverhältnissen durch Einzelarbeitsverträge oder
durch Ausübung des Direktionsrechts (vgl. Rdn. 12 ff.).

Das Gesetz regelt das Zusammenspiel und die denkbaren Kollisionen der einzelnen »Gestaltungsfak- 5
toren« (»Rechtserzeugungsmethoden«) nur in geringerem Umfang, etwa in § 4 Abs. 1 und 3 TVG,
§ 77 Abs. 3 und 4 BetrVG. Nicht geregelt ist vor allem das Verhältnis der durch arbeitsvertragliche Einheitsregelung, Gesamtzusage oder betriebliche Übung geschaffenen sog. allgemeinen Arbeitsbedingungen zu den Regelungen einer vorausgehenden oder nachfolgenden Betriebsvereinbarung (vgl.
dazu insb. Rdn. 282 ff.). Zum gesetzlich nicht geregelten Verhältnis von Vereinbarungen zwischen Arbeitgeber und Betriebsrat zu Vereinbarungen zwischen Arbeitgeber und Arbeitsgruppe gemäß § 28a
vgl. *Raab* § 28a Rdn. 55.

2. Begriff der betrieblichen Einigung

Betriebliche Einigungen sind die rechtlich bindenden **Vereinbarungen** zwischen Arbeitgeber und 6
Betriebsrat, an die § 77 Abs. 1 Satz 1 anknüpft. Sie sind die **Ausübungsformen der Mitbestimmung**, aber auch die **Instrumente** der sonstigen **Zusammenarbeit** zwischen Arbeitgeber und Betriebsrat (§ 2 Abs. 1) und die **Mittel zur Beilegung von Meinungsverschiedenheiten** (§ 74
Abs. 1). Die »betriebliche Einigung« kann als **Oberbegriff** für die Betriebsvereinbarung einerseits
und die sog. Regelungsabrede oder Betriebsabsprache andererseits angesehen werden. Die Terminologie ist jedoch nicht einheitlich. Das Gesetz spricht in Abs. 1 allgemein von Vereinbarungen zwischen
Arbeitgeber und Betriebsrat und hebt dann in Abs. 2–6 die Betriebsvereinbarung als Unterfall besonders hervor. Neben den hier angesprochenen verbindlichen betrieblichen Einigungen gibt es eine
Vielzahl innerbetrieblicher Abreden »problematischer« Rechtsqualität (zu solchen Typen und ihren
Rechtswirkungen vgl. *Birk* ZfA 1986, 73).

3. Die Betriebsvereinbarung

Die Betriebsvereinbarung ist »das« **Instrument der innerbetrieblichen Normsetzung**. Sie wird 7
von Arbeitgeber und Betriebsrat »gemeinsam beschlossen« und bedarf der Schriftform (Abs. 2). Sie
wirkt unmittelbar und zwingend auf die Arbeitsverhältnisse im Betrieb ein (Abs. 4 Satz 1). Wegen dieser ihre Besonderheit ausmachenden normativen Wirkung ist sie zugleich die praktisch wichtigste
Ausübungsform der Mitbestimmung. Näheres zur Betriebsvereinbarung als Rechtsinstitut Rdn. 35 ff.

4. Die Regelungsabrede (Betriebsabsprache)

8 **Regelungsabrede** (auch Betriebsabsprache, Betriebsabrede oder formlose betriebliche Einigung genannt) ist **jede** verbindliche **Einigung** von Arbeitgeber und Betriebsrat, **die nicht Betriebsvereinbarung** ist (vgl. Rdn. 6). Über die Betriebsabrede trifft das Gesetz, außer in § 77 Abs. 1, keine nähere Regelung; § 77 Abs. 2–6 betreffen nur die Betriebsvereinbarung. Die Regelungsabrede ist jedoch allgemein anerkannt (grundlegend *Adomeit* Die Regelungsabrede; *Molodovsky* Formlose Absprachen als Rechtsform des Mitbestimmungsrechts in sozialen Angelegenheiten nach § 56 Betriebsverfassungsgesetz [»Betriebsabsprachen«]).

9 Dass nicht jede »Einigung« der Betriebspartner eine Betriebsvereinbarung i. S. d. Abs. 2–6 ist, lässt sich schon aus der Systematik des Gesetzes ablesen. Dieses unterscheidet in § 77 Abs. 1 und 2 die bloßen Vereinbarungen von den Betriebsvereinbarungen. Es knüpft an verschiedenen Stellen Rechtsfolgen an die Einigung der Betriebspartner, gelegentlich an ihr Einvernehmen (vgl. § 44 Abs. 2 Satz 2) oder ihr Einverständnis (vgl. § 76 Abs. 2 Satz 3), vielfach auch an die Zustimmung des Betriebsrats, ohne ausdrücklich eine Betriebsvereinbarung zu verlangen. An anderen Stellen legt es nur einer Betriebsvereinbarung rechtliche Wirkungen bei (z. B. §§ 72 Abs. 4, 76 Abs. 4, 86, 88) oder wertet eine Einigung als Betriebsvereinbarung (§ 112 Abs. 1 Satz 3: Sozialplan). Das Gesetz verlangt eine Betriebsvereinbarung nur dort, wo eine normative Regelung erfolgen soll oder von der Sache her geboten ist (z. B. bei einer Vereinbarung i. S. d. § 102 Abs. 6; vgl. *BAG* 14.02.1978 AP Nr. 60 zu Art. 9 GG Arbeitskampf Bl. 8). In allen anderen Fällen begnügt es sich damit, dass Arbeitgeber und Betriebsrat auf irgendeine andere Weise zu einer Willensübereinstimmung gelangen.

a) Abschluss der Regelungsabrede

10 Die Regelungsabrede ist eine **Einigung der Betriebspartner**. Der Begriff der Einigung wird mit dem des Vertrages i. S. d. Angebot-Annahme-Mechanik der §§ 145 ff. BGB gleichgesetzt. So wird denn auch die Betriebsabsprache gemeinhin als **Vertrag** angesehen (vgl. nur *Hueck/Nipperdey* II/2, S. 1306 m. w. N.; *Richardi* § 77 Rn. 227; **a. M.** etwa *Adomeit* Die Regelungsabrede, S. 96 ff.: Beschluss). Andererseits wird jedoch der Begriff der Regelungsabrede auch verwendet für alle Ausübungsformen der Mitbestimmung, die nicht Betriebsvereinbarung sind. Dabei besteht weithin Einigkeit darüber, dass den Erfordernissen der Mitbestimmung auch dadurch genügt werden kann, dass der Betriebsrat einer vom Arbeitgeber geplanten Maßnahme **einseitig zustimmt** und es diesem überlässt, die Regelung allein (Direktionsrecht) oder durch Arbeitsvertrag (Änderungsvertrag) mit den einzelnen Arbeitnehmern zu treffen (vgl. *BAG* 15.12.1961 AP Nr. 1 und 2 zu § 56 BetrVG Arbeitszeit; 08.10.1959 AP Nr. 14 zu § 56 BetrVG; *Hueck/Nipperdey* II/2, S. 1304; vgl. auch Rdn. 18). In diesem Sinne sollte der Begriff der Regelungsabrede/Betriebsabsprache nicht auf Verträge der Betriebspartner beschränkt werden, obwohl der allgemeine Sprachgebrauch wohl mit einer Absprache die Vorstellung des beiderseitigen Einigseins, also des Vertrages verbindet. Genau besehen trifft es jedoch nicht zu, dass der Vertrag ein Einigsein, eine Verständigung der Beteiligten voraussetzt (vgl. dazu *Thiele* Die Zustimmungen in der Lehre vom Rechtsgeschäft, S. 103 ff., 106 f.). Erforderlich ist nur das **Einverständnis aller Beteiligten** mit der rechtlichen Regelung. Das liegt aber auch vor, wenn der Betriebsrat einer Regelung durch den Arbeitgeber nur zustimmt. Das Erfordernis vorheriger Zustimmung folgt dabei nicht etwa aus der Dogmatik der Zustimmung (§§ 182 ff. BGB), sondern aus den betriebsverfassungsrechtlichen Zustimmungs- und Mitbestimmungstatbeständen selbst (ausführlich dazu *Thiele* Drittbearbeitung, § 77 Rn. 23 f.).

11 Die formlose Regelungsabrede setzt das **Einverständnis des Betriebsrats** voraus. Nach § 33 erfolgt die **Willensbildung** innerhalb des Betriebsrats durch **Beschluss**. Der Vorsitzende des Betriebsrats vertritt den Betriebsrat nur im Rahmen der von diesem gefassten Beschlüsse (§ 26 Abs. 3). Soweit der Vorsitzende durch einen Beschluss des Betriebsrats gedeckt ist, gelten für ihn die allgemeinen Regeln über die Abgabe und den Zugang von Willenserklärungen. Nur unter dieser Voraussetzung sind auch schlüssige Erklärungen des Betriebsratsvorsitzenden beachtlich (sofern er nicht in Erledigung laufender Geschäfte nach § 27 Abs. 3 handelt). Eine schlüssige »Zustimmung« des Betriebsrats selbst ist dagegen wegen der formalisierten Willensbildung nicht möglich (**a. M.** früher *BAG* 15.12.1961 AP Nr. 1 zu § 56 BetrVG Arbeitszeit; 08.02.1963 AP Nr. 4 zu § 56 BetrVG Akkord; z. T. auch *Blomeyer* BB 1969, 101; wohl auch *Heinze* NZA 1994, 580 [583 f.]; ausführlich *Giesler* Die konkludente Regelungsabrede, Diss. Bonn 1997; **wie hier** schon bisher *LAG Frankfurt a. M.* ZIP 1983, 1114; *Adomeit* RdA 1963, 265; [vgl. aber auch *denselben* FS *Hanau*, S. 347, 352]; *Berg/DKKW* § 77 Rn. 165; *Fitting* § 77 Rn. 219; *Kaiser/LK* § 77 Rn. 106; *Nikisch* III, S. 372; *Richardi* Kollektivgewalt und Individualwille, S. 285 f.; *ders.* § 77 Rn. 227; *Säcker* ZfA 1972, Sonderheft S. 58 f.; jetzt auch *BAG* 18.03.2014 EzA § 87 BetrVG 2001 Nr. 30 Rn. 33 = AP Nr. 146 zu § 87 BetrVG 1972 Lohngestaltung: »Die bloße Hinnahme eines mitbestimmungswidrigen Verhaltens des Arbeitgebers [Gewährung eines mitbestimmungswidrig eingeführten Vergütungsbestandteils] durch den Betriebsrat ist für den Abschluss einer Regelungsabrede nicht ausreichend«). Deshalb sind auch die Grundsätze über die Anscheins- und Duldungsvollmacht unanwendbar; Rechtsscheinsprinzip und Vertrauensgrundsatz können eine ordnungsgemäße Willensbildung des Betriebsrats nicht ersetzen. Handelt der Vorsitzende ohne Vertretungsmacht, so ist seine Erklärung schwebend unwirksam, kann jedoch nach § 177 Abs. 1 BGB durch Genehmigung des Betriebsrats rückwirkend wirksam werden (vgl. *Raab* § 26 Rdn. 38 ff.).

b) Anwendungsbereich der Regelungsabrede
Die formlose Regelungsabrede ist ein geeignetes Instrument, um Rechte und Pflichten eines Betriebspartners gegenüber dem anderen zu begründen oder betriebsverfassungsrechtlich relevante Rechtslagen rasch zu klären und festzustellen. Sie ist darüber hinaus als Ausübungsform der Mitbestimmung anerkannt, die vornehmlich bei Einzelmaßnahmen von Bedeutung ist. In der betrieblichen Praxis spielt die Regelungsabrede eine bedeutsame Rolle. 12

aa) Schuldrechtliche Regelungsabreden
Verpflichtungen eines Betriebspartners gegenüber dem anderen können nach h. M. zwar durch Betriebsvereinbarung begründet werden (vgl. Rdn. 209), sie müssen es aber nicht. Die Formvorschrift des Abs. 2 ist nach ihrem Sinn und Zweck – Kundmachungsfunktion, nicht Übereilungsschutz – nur auf normativ wirkende betriebliche Einigungen bezogen. Sie erstreckt sich daher insbesondere nicht auf schuldrechtliche Vereinbarungen zwischen Arbeitgeber und Betriebsrat. **Schuldverträge** zwischen ihnen sind **nicht formgebunden**, sofern das Gesetz nicht ausnahmsweise etwas anderes bestimmt (vgl. für den Interessenausgleich § 112 Abs. 1 Satz 1). Sie haben aber auch nicht die Wirkung des Abs. 4 Satz 1 (allgemeine Meinung). In Betracht kommt aber eine Regelungsabrede mit Begünstigungswirkung zugunsten Dritter (§ 328 Abs. 1 BGB), der Arbeitnehmer, durch die diese unmittelbar Leistungsansprüche gegenüber dem Arbeitgeber erwerben (vgl. dazu *Peterek* FS *Gaul*, S. 471 [485 f.]); *Kania/ErfK* § 77 BetrVG Rn. 132; *Goebel* Durchführungsanspruch, S. 26; abl. *BAG* 09.12.1997 EzA § 77 BetrVG 1972 Nr. 61 S. 8 [krit. *Dörrwächter*]; zust. *Kaiser/LK* § 77 Rn. 108; der Einwand des Ersten Senats, mit dem Instrument einer Regelungsabrede zugunsten der Arbeitnehmer des Betriebes werde die Regelungsschranke des § 77 Abs. 3 wirkungslos gemacht, ist indes nicht tragfähig, weil diese Schranke auch nach Ansicht des *BAG* nur Betriebsvereinbarungen, nicht aber Regelungsabreden erfasst [vgl. Rdn. 154 m. w. N.]); auf solche Regelungsabreden ist das Schriftformerfordernis zu erstrecken (zutr. *Hanau* RdA 1989, 207 [209]; abl. *Preis/WPK* § 77 Rn. 93; *Schmeisser* Regelungsabreden, S. 101). 13

Arbeitgeber und Betriebsrat können obligatorisch wirkende Regelungsabreden (hier besser: Betriebsabsprachen) **nur im Rahmen der funktionellen Zuständigkeit des Betriebsrats** treffen. Gleichwohl bleibt ein weiter Bereich, in dem Schuldverträge möglich sind. So kann sich der Arbeitgeber dem Betriebsrat gegenüber verpflichten, die Kosten des Betriebsrats und den Sachaufwand über das in § 40 festgelegte Maß hinaus zu tragen. Er kann sich verpflichten, bestimmte vom Betriebsrat beantragte oder angeregte Maßnahmen (vgl. § 80 Abs. 1 Nr. 2–4, 6, 7) zu ergreifen, einer Beschwerde abzuhelfen (§§ 84, 85) oder über die gesetzlichen Verpflichtungen gemäß § 91 hinaus Belastungen der Arbeitnehmer aufzuheben oder zu mildern. Er kann die Verpflichtung eingehen, eine geplante personelle Maßnahme (§ 99) nicht oder anders als vorgesehen durchzuführen. Er kann dem Betriebsrat versprechen, dem Wirtschaftsausschuss eine Auskunft zu geben, auf die dieser keinen oder nur einen zweifelhaften Anspruch hat. Auch im Rahmen von **Standortsicherungsverträgen** bzw. im Rahmen sog. **betrieblicher Bündnisse für Arbeit** kann sich der Arbeitgeber dem Betriebsrat gegenüber schuldrechtlich verpflichten, z. B. zur Beibehaltung eines Standorts oder zu Modernisierungsinvestitionen (zur Beschäftigungssicherung durch Regelungsabrede s. *Peter Hanau* FS *Adomeit*, S. 251); in Zweifels- 14 fällen ist durch Auslegung zu ermitteln, ob eine bindende Verpflichtung oder bloß eine Absichtserklärung vorliegt.

15 Die (formlose) Betriebsabsprache schuldrechtlichen Inhalts gibt dem aus ihr Berechtigten einen Anspruch auf Erfüllung, der notfalls vor dem Arbeitsgericht im Beschlussverfahren geltend zu machen ist (§ 2a Abs. 1 Nr. 1, Abs. 2, §§ 80 ff. ArbGG); das gilt auch dann, wenn sich aus der Regelungsabrede ein Unterlassungsanspruch ergibt (vgl. *BAG* 23.06.1992 EzA § 87 BetrVG 1972 Arbeitszeit Nr. 50). Eine Besonderheit gilt für eine Einigung über die Durchführung oder Nichtdurchführung einer Betriebsänderung i. S. d. § 111, den sog. Interessenausgleich. Soweit sich aus ihm die Verpflichtung des Arbeitgebers ergibt, eine Betriebsänderung nicht oder nur in bestimmter Weise durchzuführen, kann diese vom Betriebsrat nicht gerichtlich geltend gemacht werden; denn die Rechtswirkungen einer Abweichung von einem Interessenausgleich sind in § 113 abschließend bestimmt (vgl. auch *Oetker* §§ 112, 112a Rdn. 60, 83).

bb) Regelungsabreden mit betriebsverfassungsrechtlicher Wirkung

16 Regelungsabreden können auch die Wirkung entfalten, dass durch sie betriebsverfassungsrechtlich erhebliche Rechtslagen geklärt oder hergestellt werden (dazu ausführlich *Schmeisser* Regelungsabrede, S. 233 ff.). So beschließt der Betriebsrat gemäß § 37 Abs. 6 und 7 über die zeitliche Lage der Teilnahme an Schulungs- und Bildungsveranstaltungen unter Berücksichtigung der betrieblichen Notwendigkeiten. Er beschließt nach § 38 Abs. 2 auch über die Freistellung von Betriebsratsmitgliedern. Einigen sich Arbeitgeber und Betriebsrat über diese Angelegenheiten, so ist der Beschluss nunmehr voll wirksam. Die Einigung hat sowohl streitschlichtende als auch feststellende Funktion; sie hat Bindungswirkung. Der Arbeitgeber kann weder die zeitliche Festlegung (§ 37) noch die Freistellung (§ 38) in Frage stellen und die Einigungsstelle oder das Arbeitsgericht anrufen. Entsprechendes gilt, wenn der Arbeitgeber dem Beschluss des Betriebsrats nur zugestimmt hat. Die Beispiele zeigen deutlich, dass die Einigung der Betriebspartner gewisse **Drittwirkungen** entfalten kann. Die betroffenen Betriebsratsmitglieder **sind** gemäß den nunmehr »unanfechtbaren« Beschlüssen des Betriebsrats von der beruflichen Tätigkeit freigestellt.

17 Andere Fälle feststellender Regelungsabreden sind z. B. Einigungen über die Durchführung von Maßnahmen der betrieblichen Berufsbildung gemäß § 98 Abs. 1 sowie Einigungen über personelle Einzelmaßnahmen gemäß §§ 99, 100 Abs. 2 oder über eine Kündigung (§ 102). Die Betriebsabsprache nimmt hier dem Betriebsrat die Möglichkeit, die Durchführung der geplanten Maßnahme rechtlich zu hindern. Ebenso macht eine Einigung über die Durchführung von Betriebsänderungen (§ 111) für den Arbeitgeber den Weg dazu frei, entbindet ihn insbesondere, sofern er sich an die Absprache (Interessenausgleich) hält, von der Verpflichtung zu einem Nachteilsausgleich gemäß § 113.

cc) Regelungsabrede als Ausübungsform der Mitbestimmung

18 Der Betriebsrat hat auch dort echte Mitbestimmungsbefugnisse, wo das Gesetz seine **Zustimmung** zu einer Maßnahme des Arbeitgebers verlangt oder wo es ihm ein Widerspruchsrecht gibt: §§ 94, 95, 99 Abs. 1, 102 Abs. 6, 103 Abs. 1 (positives Konsensprinzip); §§ 98 Abs. 2, 100 Abs. 2 (negatives Konsensprinzip), abgeschwächt auch gemäß § 102 Abs. 2, 3. Dem Mitbestimmungserfordernis ist in diesen Fällen genügt, wenn der Betriebsrat einer vom Arbeitgeber geplanten Maßnahme zustimmt, wenn also dem Arbeitgeber ein zustimmender Betriebsratsbeschluss als einseitige Willenserklärung zugeleitet wird. In allen Fällen kann die jeweils erforderliche Einverständniserklärung des Betriebsrats allerdings auch in der Form einer vertraglichen Einigung mit dem Arbeitgeber abgegeben werden.

19 Nach ganz h. M. kann der Betriebsrat auch dort sein Einverständnis durch formlose Regelungsabrede (Betriebsabsprache) erteilen, wo das Gesetz seine **Mitbestimmung** verlangt. Der Streit wurde vornehmlich über die Form geführt, in der die Mitbestimmung in sozialen Angelegenheiten auszuüben ist. Die h. M. versteht die Mitbestimmung des Betriebsrates in den Fällen des § 87 Abs. 1 als **Wirksamkeitsvoraussetzung** (vgl. *Wiese* § 87 Rdn. 100 ff.) und lässt zu Recht die **formlose Betriebsabsprache (Betriebsabrede) genügen** (vgl. *BAG* GS 16.09.1986 EzA § 77 BetrVG 1972 Nr. 17 S. 103; *BAG* 14.01.1991 EzA § 87 BetrVG 1972 Kurzarbeit Nr. 1; 20.01.1998 EzA § 87 BetrVG 1972 Betriebliche Lohngestaltung Nr. 63 S. 4; 29.01.2008 EzA § 87 BetrVG 2001 Betriebliche Lohn-

gestaltung Nr. 14 Rn. 35; s. u. *Wiese* § 87 Rdn. 88 ff. m. w. N.; *Berg/DKKW* § 77 Rn. 161; *Fitting* § 77 Rn. 223; *Kaiser/LK* § 77 Rn. 107, 110; *Richardi* § 77 Rn. 225; grundsätzlich abl. *Senne* Die Regelungsabrede, S. 73 ff., 135); die Ausübung durch Betriebsvereinbarung ist lediglich eine Alternative. Entsprechend genügt die Regelungsabrede in allen anderen Mitbestimmungsfällen (vgl. etwa zu § 95 *Raab* § 95 Rdn. 8).

Dabei genügt jede Form des Einverständnisses. Die erforderliche Mitbestimmung des Betriebs- 20 rats kann erfolgen durch vorherige **Einigung** von Arbeitgeber und Betriebsrat über Art und Inhalt der betreffenden Regelung. Sie kann aber auch erfolgen durch vorherige **Zustimmung** zu den vom Arbeitgeber einseitig oder durch Abschluss entsprechender Einzelarbeitsverträge durchzuführenden Regelungen; es genügt aber nicht, wenn der Betriebsrat lediglich zu erkennen gibt, in der Angelegenheit keinen Mitbestimmungsanspruch zu beanspruchen (*BAG* 29.01.2008 EzA § 87 BetrVG 2001 Betriebliche Lohngestaltung Nr. 14 Rn. 35). Einigung und Zustimmung **legitimieren** den Arbeitgeber zur Vornahme der fraglichen Maßnahme (zu dieser Legitimationswirkung vgl. *Adomeit* BB 1967, 1003 [1005]; *ders.* Rechtsquellenfragen, S. 151 f.; *Birk* ZfA 1986, 73 [80]; *Kania*/ErfK § 77 BetrVG Rn. 128 f.: ermächtigende Regelungsabrede); sie heben die durch das Mitbestimmungsrecht errichtete Sperre für einseitige Maßnahmen des Arbeitgebers und Vereinbarungen auf individualrechtlicher Ebene (Theorie der notwendigen Mitbestimmung) auf. Darüber hinaus kann die Regelungsabrede zugleich aber auch schuldrechtlichen Charakter haben (vgl. Rdn. 13 ff.), z. B. wenn der Arbeitgeber sich verpflichtet hat, eine vom Betriebsrat initiierte Maßnahme durchzuführen. Sie hat aber **keine normative Wirkung**. Die mit dem Betriebsrat getroffene Regelungsabrede führt der Arbeitgeber nach § 77 Abs. 1 durch. Dabei kann er sich grundsätzlich aller ihm individual-arbeitsrechtlich zu Gebote stehenden Handlungsformen bedienen: Direktionsrecht; Vertragsänderung, notfalls auf dem Weg über eine Änderungskündigung oder eine Vertragsanpassung wegen Wegfalls der Geschäftsgrundlage, wo es um Verschlechterungen von Arbeitsbedingungen geht; Gesamtzusage. Zur Ausübung der Mitbestimmungsrechte des Betriebsrats durch Betriebsvereinbarung vgl. Rdn. 35, 39 sowie *Wiese* § 87 Rdn. 88 ff.; dort auch zur Frage, inwieweit der Arbeitgeber vom Betriebsrat verlangen kann, dass eine Regelung durch Betriebsvereinbarung erfolgt. Aus der Sicht des Betriebsrats kann eine Regelungsabrede vorzugswürdig sein (vgl. *Hanau* AuA 1995, 401).

c) Beendigung der Regelungsabrede
Die auf eine einzelne Maßnahme bezogene Regelungsabrede erledigt sich in der Regel durch **Vollzug** 21 der Maßnahme (durch Zweckerreichung) von selbst. Vor dem Vollzug kommt nur eine einverständliche **Aufhebung** oder **Ersetzung** durch eine andere Absprache in Betracht; nicht möglich sind dagegen grundsätzlich einseitige Aufhebungsakte (Kündigung, Rücktritt, Widerruf, Rücknahme der Zustimmung). Regelungsabreden über **auf Dauer angelegte** Regelungen können (wie immer bei Dauerrechtsverhältnissen; vgl. § 314 BGB) **aus wichtigem Grund fristlos gekündigt** werden. Soweit der durch Betriebsabsprache geregelte Gegenstand auch durch Betriebsvereinbarung hätte geordnet werden können, wird man darüber hinaus analog § 77 Abs. 5 auch eine angemessen befristete **ordentliche Kündigung** (mit einer Frist von höchstens drei Monaten) zulassen müssen (vgl. auch *Fitting* § 77 Rn. 225; *Galperin/Löwisch* § 77 Rn. 104; *Hueck/Nipperdey* II/2, S. 1307; zust. *BAG* 10.03.1992 EzA § 77 BetrVG 1972 Nr. 47 = SAE 1993, 164 [insoweit zust. *Raab*] = AiB 1992, 583 [zust. *Neuhaus*]; zust. *Kaiser/LK* § 77 Rn. 109; *BAG* 23.06.1992 EzA § 87 BetrVG 1972 Arbeitszeit Nr. 50 = SAE 1993, 68 [zust. *Peterek* S. 74]; *LAG Frankfurt a. M.* 08.01.1991 LAGE § 94 BetrVG 1972 Nr. 1; *LAG Hamburg* 06.05.1994 LAGE § 77 BetrVG 1972 Nr. 20; *LAG Köln* 07.10.2011 NZA-RR 2012, 135 Rn. 42; *Berg/DKKW* § 77 Rn. 166; *Matthes*/MünchArbR § 239 Rn. 103; *Peterek* FS Gaul, S. 471 [492]; *Richardi* § 77 Rn. 232; *Schmeisser* Regelungsabrede, S. 111; *Worzalla/HWGNRH* § 77 Rn. 188), wenn nichts anderes vereinbart ist. Die Kündigung führt nur zur Beendigung der Regelungsabrede selbst. Sie kann eine etwa erfolgte Umsetzung auf individualrechtlicher Ebene nicht beseitigen (*Haug* BB 1986, 1921 [1930]; *Raab* SAE 1993, S. 170 f.); das kann, unter Beachtung des Günstigkeitsprinzips, nur eine die Regelungsabrede ablösende Betriebsvereinbarung erreichen.

Eine **Nachwirkung** aufgehobener oder gekündigter Regelungsabreden kommt **nicht** in Betracht 22 (vgl. Rdn. 445; ebenso *Galperin/Löwisch* § 77 Rn. 105; *Heinze* NZA 1994, 580 [584]; *Kaiser/LK*

§ 77 Rn. 109; *Kielkowski* Die betriebliche Einigung, S. 139 ff.; *Matthes*/MünchArbR § 239 Rn. 103; *Peterek* FS *Gaul*, S. 492 ff.; *Raab* SAE 1993, 171 f.; *Richardi* § 77 Rn. 234; *Schmeisser* Regelungsabrede, S. 115 ff.; *Senne* Die Regelungsabrede, S. 64 ff.; *Worzalla/HWGNRH* § 77 Rn. 189; ebenso [nicht nur obiter dictum] *BAG* GS 03.12.1991 EzA § 87 BetrVG 1972 Betriebliche Lohngestaltung Nr. 30 S. 19; jetzt auch *Fitting* § 77 Rn. 226; ausführlich *Krohm* Weitergeltung & Nachwirkung, S. 143 ff.; **a. M.**, d. h. für analoge Anwendung von § 77 Abs. 6 in Mitbestimmungsangelegenheiten, im Anschluss an *Dietz/Richardi* [§ 77 Rn. 164] *BAG* [Erster Senat] 23.06.1992 EzA § 87 BetrVG 1972 Nr. 50 [abl. *Berger-Delhey*] = SAE 1993, 68 [abl. *Peterek*]; zust. *LAG Hamburg* 06.05.1994 LAGE § 77 BetrVG 1972 Nr. 20; *Berg/DKKW* § 77 Rn. 166; *Goebel* Durchführungsanspruch, S. 92 f.; *Kania*/ErfK § 77 BetrVG Rn. 148; *Preis/WPK* § 77 Rn. 97; *Stege/Weinspach/Schiefer* § 77 Rn. 45; *Wollgast* Geltung, Wirkung und Nachwirkung von Betriebsvereinbarungen, S. 514); das folgt daraus, dass die Regelungsabrede keine unmittelbare Wirkung in den Einzelarbeitsverhältnissen entfaltet. Entgegen der Ansicht des Ersten Senats (23.06.1992 EzA § 87 BetrVG 1972 Betriebliche Lohngestaltung Nr. 30 S. 19) lässt sich eine analoge Anwendung von § 77 Abs. 6 auch nicht mit dem Hinweis rechtfertigen, dass die Regelungsabrede in mitbestimmungspflichtigen Angelegenheiten für das Verhältnis zwischen Arbeitgeber und Betriebsrat die gleiche Rechtswirkung wie eine Betriebsvereinbarung hat; denn die Nachwirkung zielt nicht darauf, das Verhältnis von Betriebsrat und Arbeitgeber zu regeln (vgl. Rdn. 449).

III. Durchführung betrieblicher Einigungen (Abs. 1)

1. Inhalt der Durchführungspflicht

23 Die von Arbeitgeber und Betriebsrat getroffenen **Vereinbarungen führt der Arbeitgeber durch** (Abs. 1 Satz 1), und zwar in eigenem Namen und eigenverantwortlich. Diese gesetzliche Kompetenzabgrenzung gilt (mangels irgendwelcher Einschränkungen) für **alle Vereinbarungen** zwischen ihnen (sofern sie nicht unwirksam sind). Das sind Betriebsvereinbarungen und Regelungsabreden (s. auch Rdn. 25), auch soweit sie auf einem Spruch der Einigungsstelle beruhen, der ihre Einigung ersetzt (s. dazu *Jacobs* § 76 Rdn. 140 ff.). Bei Betriebsvereinbarungen bedeutet »Durchführung« deren korrekte Anwendung; Regelungsabreden sind ihrem Inhalt entsprechend (s. Rdn. 13 ff.) umzusetzen. Die in der Überschrift zu § 77 enthaltene Formulierung »Durchführung gemeinsamer Beschlüsse« ist durch ein Versehen des Gesetzgebers aus § 52 BetrVG 1952 (»Ausführung der Beschlüsse«) übernommen und beibehalten worden, aber durch die Textänderung überholt (s. auch Rdn. 40). Der Betriebsrat hat keine Ausführungsbefugnisse (sofern sich aus Gesetz oder Vereinbarung nicht ausnahmsweise anderes ergibt; s. Rdn. 33). Das entspricht der Grundstruktur des Betriebsverfassungsrechts, nach der die Organisations- und Leitungsgewalt beim Arbeitgeber bleibt. Der Betriebsrat kann, soweit ihm ein Beteiligungsrecht zusteht, auf die betrieblichen Entscheidungen und Maßnahmen Einfluss nehmen; er hat aber nicht das Recht, einseitig in die betrieblichen Abläufe organisatorischer oder technischer Art einzugreifen. Das Gesetz gesteht ihm weder ein Direktionsrecht neben dem Arbeitgeber noch ein Mitdirektionsrecht i. S. einer kollektiven Betriebsführung zu (allgemeine Meinung); Abs. 1 Satz 1 stellt das klar. § 77 Abs. 1 gilt entsprechend für Vereinbarungen zwischen Arbeitgeber und Arbeitsgruppen gem. § 28a Abs. 2.

24 Die Bestimmung begründet zugleich eine (gesetzliche) **Durchführungspflicht** des Arbeitgebers, der ein **Durchführungsanspruch** des Betriebsrats gegenübersteht, der sich ebenfalls aus § 77 Abs. 1 Satz 1 ergibt (ebenso *Konzen* Leistungspflichten, S. 60; *Heinze* DB 1983, Beil. Nr. 9, S. 1 [7]; *Kreutz* Betriebsautonomie, S. 43 mit Fn. 18; zust. *Fitting* § 77 Rn. 7; *Preis/WPK* § 77 Rn. 2; *Worzalla/ HWGNRH* § 75 Rn. 207; pragmatisch *Goebel* Durchführungsanspruch, S. 17 ff., die sodann den Durchführungsanspruch umfassend behandelt; **a. M.** *Roloff* RdA 2015, 252, der statt des [gesetzlichen] Durchführungsanspruchs aus den Vereinbarungen einen allgemeinen schuldrechtlichen Erfüllungsanspruch herleiten will, was aber ebenso wenig überzeugt wie die daraus abgeleiteten Folgen). Das ergibt die Auslegung (»Vereinbarungen ... führt der Arbeitgeber durch«). Das Gesetz sieht in der Durchführung dieser Vereinbarungen eine allgemeine Aufgabe, die es dem Arbeitgeber zuweist. In den Kategorien des Privatrechts ist sie damit Recht und Pflicht des Arbeitgebers. Die Durchführungspflicht besteht gegenüber dem Betriebsrat als Vereinbarungspartei; korrespondierend steht die-

sem ein Durchführungsanspruch gegen den Arbeitgeber zu. **Abs. 1 Satz 1 ist dafür eigenständige gesetzliche Anspruchsgrundlage.** Dafür spricht weiter, dass sich die Durchführung auch auf Vereinbarungen erstreckt, die auf einem Spruch der Einigungsstelle beruhen, der ihre Einigung zwar ersetzt, aber keine Parteivereinbarung ist, und der Betriebsrat aus eigenem Recht auch dessen Durchführung verlangen kann (so jedenfalls für die Antragsbefugnis ganz selbstverständlich auch *BAG* 22.01.2013 EzA § 85 ArbGG 1979 Nr. 6 Rn. 10 = NZA 2013, 752 nur LS). Neben einem Durchführungsanspruch aus Abs. 1 Satz 1 kann ein Erfüllungsanspruch des Betriebsrats bestehen, wenn im Einzelfall schuldrechtliche Verpflichtungen des Arbeitgebers vereinbart worden sind (etwa bei schuldrechtlichen Regelungsabreden; s. Rdn. 15).

Demgegenüber hat *BAG* bisher strikt vermieden, § 77 Abs. 1 Satz 1 als maßgebliche gesetzliche Anspruchsgrundlage des Durchführungsanspruchs anzuerkennen; das ist mit erheblichen Rechtsunsicherheiten verbunden. Das *BAG* bejaht seit dem insoweit grundlegenden Beschluss vom 24.02.1987 (EzA § 87 BetrVG 1972 Nr. 10 [unter B II 1a] = AP Nr. 21 zu § 77 BetrVG 1972) einen Anspruch des Betriebsrats gegenüber dem Arbeitgeber auf Durchführung einer (zwischen den Parteien vereinbarten) **Betriebsvereinbarung**, hat dabei aber immer offen gelassen, ob dieser Anspruch »sich unmittelbar aus § 77 Abs. 1 Satz 1 ergibt« oder »seinen Grund in der Betriebsvereinbarung selbst hat«. Das Gericht ist dabei zu Unrecht von einem entsprechenden Literaturstreit ausgegangen, den es bei Bejahung des Anspruchs nicht für entscheidungsbedürftig hält (s. dazu näher Vorauflage, § 77 Rn. 24). In einer langen Reihe von Folgeentscheidungen hat das Gericht den Durchführungsanspruch zuletzt im Wege eines Formelkompromisses »aus der betreffenden Betriebsvereinbarung i. V. m. § 77 Abs. 1 Satz 1« hergeleitet (*BAG* Erster Senat 18.05.2010 EzA § 77 BetrVG 2001 Nr. 30 Rn. 16 = AP Nr. 51 zu § 77 BetrVG 1972 Betriebsvereinbarung *[Bergwitz]*; 18.03.2014 EzA § 87 BetrVG 2001 Betriebliche Lohngestaltung Nr. 30 Rn. 31 = AP Nr. 146 zu § 87 BetrVG 1972 Lohngestaltung; s. zu weiteren Nachweisen Vorauflage, § 77 Rn. 24). Dogmatisch ist dabei immer unklar geblieben, wieso die Betriebsvereinbarung überhaupt Grundlage für einen Durchführungsanspruch sein kann (zumal ein obligatorischer Teil der Betriebsvereinbarung nicht besteht; str., s. Rdn. 209 ff.). Diese Unklarheit wurde noch dadurch gesteigert, dass das Gericht sogar für einen **Spruch der Einigungsstelle** offen gelassen hat, ob § 77 Abs. 1 Satz 1 oder die auf dem Spruch beruhende Betriebsvereinbarung als Grundlage des Durchführungsanspruchs anzusehen ist (vgl. *BAG* 28.09.1988 EzA § 87 BetrVG 1972 Arbeitszeit Nr. 30 S. 6; 28.11.1989 EzA § 4 TVG Einzelhandel Nr. 13 S. 4); erst im Beschluss vom 23.01.2013 (EzA § 85 ArbGG 1979 Nr. 6 Rn. 11) hat der Erste Senat insoweit § 77 Abs. 1 Satz 1 eindeutig als Anspruchsgrundlage herausgestellt. Nach wie vor lässt er aber offen, ob ein Durchführungsanspruch auch für **Regelungsabreden** besteht (vgl. *BAG* 18.03.2014 EzA § 87 BetrVG 2001 Betriebliche Lohngestaltung Nr. 30 Rn. 31, wo im Streitfall [Rn. 32] allerdings mangels getroffener Regelungsabrede ein Durchführungsanspruch zutr. verneint wird = AP Nr. 146 zu § 87 BetrVG 1972 Lohngestaltung; sein damaliges Mitglied *Koch* (SR 2016, 131 [140]) will ihn [im Bereich des § 87 Abs. 1 Nr. 10] regelmäßig bejahen, gibt aber keine Anspruchsgrundlage an).

Ist § 77 Abs. 1 Satz 1 die Anspruchsgrundlage, kann nicht zweifelhaft sein, dass der Betriebsrat auch die Durchführung lediglich **nachwirkender** Bestimmungen einer Betriebsvereinbarung verlangen kann (auch das hat das *BAG* [05.10.2010 EzA § 87 BetrVG 2001 Betriebliche Lohngestaltung Nr. 23 Rn. 31 m. w. N.] bisher allerdings offen gelassen, im Streitfall mangels Nachwirkung zu Recht; wiederum offen lassend *BAG* 10.12.2013 EzA § 87 BetrVG 2001 Betriebliche Lohngestaltung Nr. 28 Rn. 36); der Wegfall der zwingenden Wirkung nach Abs. 6 steht dem nicht entgegen, solange und soweit die vereinbarten Regelungen ihre unmittelbare Geltungswirkung behalten (das verkennt wohl *Goebel* Durchführungsanspruch, S. 82 ff.), und auch an der Urheberschaft der Betriebspartner ändert sich nichts, wenn die von ihnen vereinbarten Regelungen nur noch kraft gesetzlicher Anordnung weiter gelten (krit. demgegenüber *Ahrendt* NZA 2011, 774 [775]; dieser zust. *Roloff* RdA 2015, 252 [253]). Der Durchführungsanspruch ist aber **auf Vereinbarungen** der Betriebspartner **beschränkt**. Deshalb kann der Betriebsrat vom Arbeitgeber nicht verlangen, einen mitbestimmungswidrig eingeführten Vergütungsbestandteil weiter zu gewähren (zutr. *BAG* 18.03.2014 EzA § 87 BetrVG 2001 Betriebliche Lohngestaltung Nr. 30 LS und Rn. 30 = AP Nr. 146 zu § 87 BetrVG 1972 Lohngestaltung).

27 Der **Durchführungsanspruch** des Betriebsrats kann im **arbeitsgerichtlichen Beschlussverfahren** (§ 2a Abs. 1 Nr. 1, Abs. 2, §§ 80 ff. ArbGG) **durchgesetzt** werden, indem dem Arbeitgeber auf Antrag des Betriebsrats (dazu näher *Ahrendt* RdA 2011, 774 [777]) bestimmte vereinbarungsgemäße Maßnahmen aufgegeben werden (vgl. zuletzt etwa *BAG* 22.01.2013 EzA § 85 ArbGG 1979 Nr. 6; 18.05.2010 EzA § 77 BetrVG 2001 Nr. 30 für einen Feststellungsantrag; *ArbG Berlin* AuR 1985, 99; *Thiele* Drittbearbeitung, § 77 Rn. 27; im Ergebnis ebenso *Berg/DKKW* § 77 Rn. 167 ff.; *Fitting* § 77 Rn. 227; *Galperin/Löwisch* § 77 Rn. 1; *Richardi* § 77 Rn. 15; ausführlich zu verfahrensrechtlichen Fragen *Goebel* Durchführungsanspruch, S. 112 ff.), **auch im Wege einstweiliger Verfügung** (vgl. *LAG Niedersachsen* 06.04.2009 – 9 TaBVGa 15/19 – juris; *LAG Köln* 12.06.2012 – 12 Ta 95/12 – juris). Unter Hinweis auf den Durchführungsanspruch bejaht das *BAG* die Antragsbefugnis des Betriebsrats (vgl. *BAG* 21.01.2003 EzA § 77 BetrVG 2001 Nr. 3 S. 6; 18.01.2005 EzA § 77 BetrVG 2001 Nr. 17 S. 11, wo aber auch auf den Betriebsrat als Vertragspartner abgestellt wird); der Betriebsrat ist auch antragsbefugt, wenn er aus eigenem Recht die Durchführung eines Einigungsstellenspruchs verlangt (*BAG* 22.01.2013 EzA § 85 ArbGG 1979 Nr. 6 Rn. 11). Insbesondere kann der Betriebsrat vom Arbeitgeber die Anwendung einer Betriebsvereinbarung entsprechend ihrem Regelungsgehalt im Betrieb verlangen (vgl. zu einem Fall fehlenden Rechtsschutzinteresses *LAG Nürnberg* 24.02.1995 LAGE § 77 BetrVG 1972 Nr. 19); dazu gehört auch, dafür zu sorgen, dass sich auch die Arbeitnehmer in seinem Betrieb an die Regelungen einer Betriebsvereinbarung halten (vgl. *BAG* 29.04.2004 EzA § 77 BetrVG 2001 Nr. 8 S. 23 i. V. m. Orientierungssatz 1; *LAG Köln* 08.02.2010 NZA-RR 2010, 303). Im Streitfall hat das Gericht dabei auch deren Inhalt (*BAG* 24.02.1987 EzA § 87 BetrVG 1972 Nr. 10) und Wirksamkeit festzustellen, die Voraussetzung der Durchführungspflicht des Arbeitgebers ist (vgl. *BAG* 29.04.2004 EzA § 77 BetrVG 2001 Nr. 8 S. 17/23).

28 Auf Antrag des Betriebsrats (Unterlassungsantrag) können dem Arbeitgeber auch betriebsvereinbarungswidrige oder absprachewidrige Maßnahmen gerichtlich untersagt werden (vgl. *BAG* 13.10.1987 EzA § 611 BGB Teilzeitarbeit Nr. 2 = AP Nr. 2 zu § 77 BetrVG 1972 Auslegung; 10.11.1987 EzA § 77 BetrVG 1972 Nr. 19 = AP Nr. 24 zu § 77 BetrVG 1972; 28.11.1989 EzA § 4 TVG Einzelhandel Nr. 13; 23.06.1992 EzA § 87 BetrVG 1972 Arbeitszeit Nr. 51; 29.04.2004 EzA § 77 BetrVG 2001 Nr. 8 S. 22 ff.: die Duldung der Überschreitung des Gleitzeitrahmens durch Arbeitnehmer; 05.10.2010 EzA § 85 ArbGG 1979 Nr. 4 Rn. 7: Mitarbeiter aus der betrieblichen Zeiterfassung nach der Betriebsvereinbarung »Jahresarbeitszeit« herauszunehmen; vgl. auch *LAG Frankfurt a. M.* 12.07.1988 LAGE § 87 BetrVG Arbeitszeit Nr. 10 [auch durch einstweilige Verfügung]; *LAG München* AiB 1990, 270; *LAG Baden-Württemberg* 25.02.2011 LAGE § 77 BetrVG 2001 Nr. 11; *LAG Hamm* 10.02.2012 – 10 TaBV 59/11 – juris, Rn. 85; *Hess. LAG* 19.04.2012 – 5 TaBV 192/11 – juris; *ArbG Köln* AiB 1992, 650). Der **Durchführungsanspruch** aus § 77 Abs. 1 Satz 1 **beinhaltet** diesen **Unterlassungsanspruch**; denn »Durchführung« bedeutet auch, Maßnahmen zu unterlassen, die im Widerspruch zur getroffenen Vereinbarung stehen. Zur Durchsetzung einer gerichtlichen Unterlassungsverpflichtung nach § 77 Abs. 1 Satz 1 kann das ArbG auf Antrag des Betriebsrats für den Fall der Zuwiderhandlung ein Ordnungsgeld bis zu 10.000 Euro androhen, nach der Wertung in § 85 Abs. 1 Satz 3 ArbGG aber keine Ordnungshaft für den Fall, dass das Ordnungsgeld nicht beigetrieben werden kann (*BAG* 05.10.2010 EzA § 85 ArbGG 1979 Nr. 6). Der Unterlassungsanspruch des Betriebsrats nach § 77 Abs. 1 Satz 1 ist kein Anspruch auf Unterlassung »mitbestimmungswidriger« Verhaltens (zutr. *BAG* 10.11.1987 EzA § 77 BetrVG 1972 Nr. 19 und 23.06.1992 EzA § 87 BetrVG 1972 Arbeitszeit Nr. 51 S. 7); ein solcher Anspruch kann aber daneben bestehen, ebenso wie ein Unterlassungsanspruch nach § 23 Abs. 3 bei groben Verstößen des Arbeitgebers gegen die Durchführungspflicht.

29 Aus § 77 Abs. 1 Satz 1 kann der Betriebsrat keinen Unterlassungsanspruch herleiten, wenn der Arbeitgeber eine Vereinbarung (Betriebsvereinbarung, Sozialplan, insbesondere wenn sie auf einem Spruch der Einigungsstelle beruhen) anwendet, die der Betriebsrat für rechtsunwirksam hält; solange diese Unwirksamkeit nicht rechtskräftig festgestellt ist, bleibt der Arbeitgeber zur Durchführung verpflichtet (s. auch *Jacobs* § 76 Rdn. 180 f.). Umgekehrt kann der Betriebsrat sein Durchführungsverlangen auf § 77 Abs. 1 Satz 1 stützen, wenn und solange der Arbeitgeber eine Vereinbarung nur deshalb nicht durchführt, weil er sie bzw. den Spruch der Einigungsstelle für rechtsunwirksam hält. Hat der Arbeitgeber jedoch ein gerichtliches Überprüfungsverfahren beantragt, ist ein Durchführungsantrag des Betriebsrats im Beschlussverfahren erst vollstreckungsfähig (§ 85 Abs. 1 Satz 2 ArbGG), wenn der Antrag

auf Feststellung der Unwirksamkeit rechtskräftig abgewiesen worden ist. Das *BAG* legt deshalb einen Durchführungsantrag »gesetzeskonform« dahin aus, dass er allein auf Durchführung nach dieser rechtskräftigen Entscheidung gerichtet ist und dann auch begründet ist (*BAG* 22.01.2013 EzA § 85 ArbGG 1979 Nr. 6 Rn. 8); eine Aussetzung des Durchführungsverfahrens wegen Vorgreiflichkeit des Überprüfungsverfahrens erübrigt sich damit.

Der Anspruch des Betriebsrats auf Durchführung einer Betriebsvereinbarung beinhaltet **nicht** das Recht, vom Arbeitgeber (in Prozessstandschaft) die Erfüllung von Ansprüchen der Arbeitnehmer aus dieser Betriebsvereinbarung zu verlangen (zutr. *BAG* 17.10.1989 EzA § 112 BetrVG 1972 Nr. 54; 21.01.2003 EzA § 77 BetrVG 2001 Nr. 3 S. 7; 18.01.2005 EzA § 77 BetrVG 2001 Nr. 11 S. 7; *LAG Schleswig-Holstein* 15.09.2009 LAGE § 77 BetrVG 2001 Nr. 8; *LAG Berlin-Brandenburg* 24.05.2016 – 7 TaBV 1981/15 – juris, Rn. 16; zust. *Berg/DKKW* § 77 Rn. 10; *Brune* AR-Blattei SD 520, Rn. 421; *U. Fischer* FS *Düwell*, S. 234 [242]; *Fitting* § 77 Rn. 7; *Jedzig* DB 1991, 859; *Matthes*/MünchArbR § 239 Rn. 70; vgl. zur Abgrenzung auch *LAG Hamm* 18.08.2006 – 10 TaBV 13/06 – juris). Überhaupt kann der örtliche Betriebsrat schon nach dem Wortlaut von Abs. 1 Satz 1 nur die Durchführung solcher Vereinbarungen verlangen, die er selbst **(als Partei)** mit dem Arbeitgeber geschlossen hat (»Vereinbarungen zwischen Betriebsrat und Arbeitgeber, auch soweit sie auf einem Spruch der Einigungsstelle beruhen«) oder in seinem Auftrag der Gesamtbetriebsrat als Vertreter für ihn nach § 50 Abs. 2 (so im Ergebnis zu Recht *BAG* 18.05.2010 EzA § 77 BetrVG Nr. 30 Rn. 17, 18, 19, allerdings unter Berufung auf die Einigung mit dem Arbeitgeber, die dem Betriebsrat das Recht verleihe, die Durchführung verlangen zu können = AP Nr. 51 zu § 77 BetrVG 1972 Betriebsvereinbarung [zust. *Bergwitz*]; zust. *Ahrendt* NZA 2011, 774 [776]; *Fitting* § 77 Rn. 7). Deshalb kann ein Betriebsrat nicht die Durchführung von Gesamt- und Konzernbetriebsvereinbarungen verlangen; deren Durchführung können nur der Gesamtbetriebsrat (§ 51 Abs. 5, § 77 Abs. 1 Satz 1) bzw. der Konzernbetriebsrat (§ 59 Abs. 1, § 51 Abs. 5, § 77 Abs. 1 Satz 1) als jeweiliger Vertragspartner verlangen (so auch *LAG Hamm* 05.03.2010 – 10 TaBV 67/09 – juris, für die Gesamtbetriebsvereinbarung; krit. *U. Fischer* FS *Düwell*, S. 234 [243] für den Fall, dass nur ein Betrieb von der Nichtanwendung einer Gesamtbetriebsvereinbarung oder nur ein Unternehmen von der Nichtanwendung einer Konzernbetriebsvereinbarung betroffen ist), auch in Form eines Unterlassungsanspruchs (*LAG Baden-Württemberg* 25.02.2011 LAGE § 77 BetrVG 2001 Nr. 11, das dieses Ergebnis aus dem Charakter des Durchführungsanspruchs als eines Erfüllungsanspruchs herleitet). Der örtliche Betriebsrat kann nach Abs. 1 Satz 1 mangels Vertragspartnerschaft auch dann nicht die Durchführung einer Gesamtbetriebsvereinbarung verlangen, wenn diese ihm eigene (Durchführungs-)Rechte einräumt; er muss dann diese Rechte geltend machen, ebenso wie dies Arbeitnehmer tun müssen, wenn sie Ansprüche aus einer Betriebsvereinbarung geltend machen.

2. Verbot des Eingriffs in die Betriebsleitung

Während Abs. 1 Satz 1 dem Arbeitgeber die alleinige Führung des Betriebes überlässt, **verbietet** Satz 2 dem Betriebsrat ausdrücklich **einseitige Eingriffe** in die Betriebsführung (so auch schon § 52 Abs. 1 Satz 2 BetrVG 1952). Der Betriebsrat hat solche Eingriffe zu unterlassen; mit dieser Unterlassungspflicht korrespondiert ein **Unterlassungsanspruch** des Arbeitgebers, der bei Verstößen im arbeitsgerichtlichen Beschlussverfahren geltend zu machen ist. Seiner gerichtlichen Anerkennung könnte jetzt in ihrer Konsequenz allerdings die geänderte Rspr. des Siebten Senats des *BAG* (17.03.2010 EzA § 74 BetrVG 2001 Nr. 1 = AP Nr. 12 zu § 74 BetrVG 1972) zu § 74 Abs. 2 Satz 3 entgegenstehen, nach der Verstöße des Betriebsrats gegen die Pflicht zur Unterlassung parteipolitischer Betätigung im Betrieb keinen Unterlassungsanspruch des Arbeitgebers begründen sollen. Das könnte nach den verallgemeinerungsfähigen Begründungsgesichtspunkten des Siebten Senats auch hier gelten; denn diese sind darauf angelegt, Unterlassungsansprüche des Arbeitgebers gegen den Betriebsrat bei Verletzung gesetzlicher Pflichten generell auszuschließen, soweit sie nicht ausdrücklich gesetzlich vorgesehen sind. Dieser neuen Rspr. ist jedoch nicht zu folgen; sie ist nicht tragfähig begründet und wird deshalb in der Literatur zu Recht ganz überwiegend abgelehnt (vgl. zur ausführlichen Kritik *Kreutz/Jacobs* m. w. N. § 74 Rdn. 126 ff.). Die Ablehnung eines Unterlassungsanspruchs wäre hier im Kontext zudem wertungswidersprüchlich, wenn andererseits aus der Durchführungspflicht des Arbeitgebers nach Abs. 1 Satz 1 ein Unterlassungsanspruch des Betriebsrats hergeleitet wird (s. Rdn. 24). Dass der Betriebsrat keine Arbeitsverträge abschließen, ändern oder kündigen kann, ergibt sich schon daraus, dass er nicht Partei der Arbeitsverhältnisse ist und dass das Gesetz ihm auch keine Vertretungsmacht für den Arbeitgeber gewährt. Er kann auch nicht rechtsverbindliche Anweisungen erteilen, die die Ausführung der Arbeit oder die Gestaltung der Arbeitsplätze betreffen. Erst recht sind Anweisungen des Betriebsrats, eine Betriebsänderung durchzuführen usw., rechtlich nicht verbindlich. § 77 Abs. 1 Satz 2 bestimmt dazu, dass der Betriebsrat solche Anweisungen auch nicht geben darf und derartige Maßnahmen auch nicht selbst durchführen darf. Das gilt auch dann, wenn der Arbeitgeber sich nicht an eine betriebliche Einigung hält, die die Durchführung solcher Maßnahmen vorsieht. Der Betriebsrat darf dann nicht zur Selbsthilfe greifen, sondern ist auf den Rechtsweg verwiesen (vgl. Rdn. 23 f.). Das Verbot gilt uneingeschränkt auch dann, wenn der Arbeitgeber unter Verletzung von Mitwirkungs- oder Mitbestimmungsrechten des Betriebsrats handelt.

32 Jeder unberechtigte (verbotene) Eingriff in die Betriebsleitung ist eine **Verletzung der Amtspflicht**, die unter den Voraussetzungen des § 23 Abs. 1 zum Ausschluss einzelner Mitglieder oder zur Auflösung des Betriebsrats führen kann. In schweren Fällen kann die fristlose **Kündigung** von Betriebsratsmitgliedern begründet sein, da dann auch regelmäßig eine Vertragspflichtverletzung vorliegen wird. Bei schuldhaftem unberechtigtem Eingriff können die handelnden Betriebsratsmitglieder auch **schadensersatzpflichtig** werden. Die Voraussetzungen bestimmen sich nach den allgemeinen Vorschriften (§§ 823, 826 BGB, bei Betriebsstörungen ggf. auch unter dem Gesichtspunkt eines Eingriffs in den eingerichteten und ausgeübten Gewerbebetrieb). § 77 Abs. 1 Satz 2 ist aber **kein Schutzgesetz** i. S. d. § 823 Abs. 2 BGB (ebenso *Richardi* § 77 Rn. 12; *Isele* RdA 1962, 374; *Brecht* § 77 Rn. 6; zust. *Fitting* § 77 Rn. 10; *Preis/WPK* § 77 Rn. 4; **a. M.** *Worzalla/HWGNRH* § 77 Rn. 215); die Bestimmung sichert die ungestörte Betriebsleitung, dient aber keinem Individualschutz.

33 Die Regelung des Abs. 1 Satz 2 ist **dispositiv**. Schon aus Abs. 1 Satz 1 ergibt sich, dass Arbeitgeber und Betriebsrat im Einzelfall Abweichendes vereinbaren können. Ein Vollzugsrecht des Betriebsrats ergibt sich bereits aus dem Gesetz in den Fällen § 39 Abs. 1 (Vereinbarung über Ort und Zeit der Sprechstunden), § 44 Abs. 2 Satz 2 (Einigung über sonstige Betriebs- und Abteilungsversammlungen während der Arbeitszeit), §§ 37 Abs. 6 und 38 Abs. 2 (Einigung über die zeitliche Lage von Bildungsveranstaltungen und über die Freistellung von der beruflichen Tätigkeit). In anderen Fällen ist erforderlich, dass der Arbeitgeber die Durchführung betrieblicher Einigungen durch Vereinbarung auf den Betriebsrat überträgt, z. B. einen Betriebsausflug durchzuführen, eine Kantine zu betreiben oder eine Betriebszeitung herauszugeben. Wenn nichts anderes vereinbart ist, besteht aber keine Pflicht des Betriebsrats, die Durchführung zu übernehmen (zust. *Berg/DKKW* § 77 Rn. 9; diesem zust. *Fitting* § 77 Rn. 5; *Worzalla/HWGNRH* § 77 Rn. 211).

34 Kein Eingriff in die Betriebsleitung liegt vor, wenn der Betriebsrat die im Rahmen seiner Zuständigkeit gefassten Beschlüsse selbst ausführt. Das gilt auch dann, wenn dadurch Interessen des Arbeitgebers betroffen werden. Beispiele: Bestellung des Wahlvorstandes (§ 16) mit den Rechtsfolgen etwa aus § 20 Abs. 3; Einberufung von Betriebsratssitzungen (§ 29 Abs. 2, §§ 30, 37 Abs. 2, 3); Einberufung von Betriebsversammlungen (§§ 43 Abs. 1, 44).

IV. Die Betriebsvereinbarung

35 Die **Betriebsvereinbarung** ist ein eigenständiges betriebsverfassungsrechtliches **Rechtsinstitut**, das vor allem in § 77 Abs. 2–6 gesetzlich geregelt ist, wenn auch nicht umfassend, so dass vieles strittig ist. Das Gesetz gibt **keine Definition** des Begriffs »Betriebsvereinbarung«. Die Betriebsvereinbarung ist aber als Gestaltungsfaktor von Arbeitsbedingungen im Betrieb unbestritten; sie steht im Rangverhältnis zwischen Arbeitsvertrag und Tarifvertrag. **Sie wird zwischen Arbeitgeber und Betriebsrat in der Form des § 77 Abs. 2 vereinbart und enthält Regelungen, die** (in ihrem Geltungsbereich) **für die einzelnen Arbeitsverhältnisse im Betrieb unmittelbar und zwingend gelten (§ 77 Abs. 4 Satz 1).** Ihr Hauptcharakteristikum ist somit, dass sie für Arbeitgeber und Betriebsrat, die Betriebspartner, das nun schon klassische Mittel ist, im Rahmen betrieblicher Mitbestimmung durch Vereinbarung Arbeitsbedingungen festzusetzen, die für die am Abschluss der Betriebsvereinbarung nicht selbst mitwirkenden Arbeitnehmer des Betriebs verbindlich gelten, auch bei Widerstreben. Diese Regelungsmacht wird auch als **Betriebsautonomie** bezeichnet (*Kreutz* Grenzen der Betriebsautono-

Durchführung gemeinsamer Beschlüsse, Betriebsvereinbarungen § 77

mie, S. 1, weit verbreitete Terminologie; anders *Waltermann* Rechtsetzung durch Betriebsvereinbarung, S. 61, der mit dem Begriff »Betriebsautonomie« nur den Autonomiebereich bezeichnet, von dem die »Normsetzungsbefugnis« zu unterscheiden sein soll; anders auch die Lehre vom Betriebsverband [vgl. *Reuter* FS *Kreutz*, S. 259], die unter Betriebsautonomie die Regelungsmacht des Betriebes als teilrechtsfähiger Verbandsorganisation versteht). Dadurch unterscheidet sich die Betriebsvereinbarung grundlegend von der formlosen Regelungsabrede (vgl. Rdn. 8 ff.), die gerade nicht unmittelbar und zwingend auf die Arbeitsverhältnisse einwirkt. Das Gesetz bestimmt nicht ausdrücklich, ob durch Betriebsvereinbarung auch Schuldverhältnisse zwischen den vertragsschließenden Parteien begründet werden können (vgl. dazu Rdn. 209 ff.).

Als **Gestaltungsmittel von Arbeitsbedingungen** durch Vereinbarung zwischen Arbeitgeber und Betriebsrat lässt sich die Betriebsvereinbarung über die einschlägigen Vorläufer des BetrVG 1972 bis zum BRG 1920 (RGBl. S. 147) zurückverfolgen. Dieses kannte allerdings den Begriff »Betriebsvereinbarung« selbst noch nicht. Er wurde erst von *Flatow* (Betriebsvereinbarung und Arbeitsordnung, 1921) geprägt und entwickelt. »Vorläufer« der Betriebsvereinbarung war die Arbeitsordnung des 19. Jahrhunderts, deren Erlass erstmals durch die Novelle von 1891 (RGBl. S. 261) zur GewO (»Arbeiterschutzgesetz«) vorgeschrieben wurde (vgl. zur geschichtlichen Entwicklung der Betriebsvereinbarung etwa *Hueck/Nipperdey* II/2, S. 1251 ff.; *Kreutz* Betriebsautonomie, S. 201 ff.; *Niebler* Inhalt und Reichweite der Betriebsvereinbarungsautonomie − Meinungsstand und Bedeutung der dogmengeschichtlichen Entwicklung, S. 121 ff.; *Nikisch* III, S. 266 ff.; *Säcker* AR-Blattei, Betriebsvereinbarung I B; *Waltermann* NZA 1995, 1177; vgl. auch *Hromadka* Arbeitsordnung im Wandel der Zeit). 36

Das Recht der Betriebsvereinbarung ist durch eine Fülle überkommener Streitstände überfrachtet, die teilweise überholt sind. Sie dürfen jedenfalls den Blick auf die aktuellen Probleme nicht verstellen. Trotz der (erwähnten) Lückenhaftigkeit strukturiert, wie vielfach im Meinungs- und Theorienstreit unterzugehen scheint, die gesetzliche Regelung in § 77 Abs. 2–6 das Recht der Betriebsvereinbarung sinnvoll und zweckmäßig: Abs. 2 regelt das **Zustandekommen** der Betriebsvereinbarung. In Abs. 3 **wird** ihr **Regelungsgegenstand** abgesteckt und zugleich werden **Grenzen der Betriebsautonomie** im Verhältnis zum Tarifvertrag (Vorrang des Tarifvertrages) festgelegt. Die Klärung der Grenzen betriebsvereinbarungsrechtlicher Regelungsmacht im Verhältnis zur Privatautonomie ist dagegen gesetzlich ungeregelt geblieben und bildet ein Zentralproblem des Rechts der Betriebsvereinbarung (vgl. dazu grundsätzlich: *Richardi* Kollektivgewalt und Individualwille bei der Gestaltung des Arbeitsverhältnisses, 1968; *Säcker* Gruppenautonomie und Übermachtkontrolle im Arbeitsrecht, 1972; *Kreutz* Grenzen der Betriebsautonomie, 1979). Die eigentliche Besonderheit der Betriebsvereinbarung ist ihre **Wirkungsweise** (Abs. 4). Die entscheidende Regelung ist in Abs. 4 Satz 1 enthalten: »Betriebsvereinbarungen gelten unmittelbar und zwingend«. Der **Geltungsbereich** ist dagegen gesetzlich nicht abgesteckt. Die **Beendigung** der Betriebsvereinbarung durch Kündigung wird in Abs. 5 angesprochen; andere Beendigungsgründe sind nicht gesetzlich geregelt. Eine besondere Rechtswirkung wird schließlich in Abs. 6 festgelegt, der bestimmt, dass auch nach Ablauf einer Betriebsvereinbarung ihre Regelungen in bestimmten Angelegenheiten weiter gelten (**Nachwirkung**). 37

1. Zustandekommen der Betriebsvereinbarung (Abs. 2)

Wie sich aus Abs. 2 entnehmen lässt, können Betriebsvereinbarungen auf **zweierlei Weise** zustande kommen: Einmal dadurch, dass Arbeitgeber und Betriebsrat sie »gemeinsam beschließen«, schriftlich niederlegen und beide Seiten sie unterzeichnen. Zum anderen können sie auf einem Spruch der Einigungsstelle beruhen; dann gilt die spezielle Formvorschrift des § 76 Abs. 3 Satz 4, und die Unterzeichnung von Arbeitgeber und Betriebsrat ist entbehrlich. Auf einem Spruch der Einigungsstelle beruht die Betriebsvereinbarung nur, wenn der Spruch gemäß § 76 Abs. 5 oder 6 die Einigung zwischen Arbeitgeber und Betriebsrat über eine Betriebsvereinbarung ersetzt (vgl. dazu *Jacobs* § 76 Rdn. 136, 140 f.). Die Auslage der Betriebsvereinbarung im Betrieb, zu der Abs. 2 Satz 3 den Arbeitgeber verpflichtet, ist nur Ordnungsvorschrift, nicht Wirksamkeitsvoraussetzung (vgl. Rdn. 55 ff.). 38

Der Unterschied im Zustandekommen der Betriebsvereinbarung (einmal durch Vertrag zwischen Arbeitgeber und Betriebsrat, zum anderen durch Spruch der Einigungsstelle) ist **nicht deckungsgleich** mit der **Unterscheidung** von **freiwilligen** und **erzwingbaren** Betriebsvereinbarungen, obwohl 39 auch diese Unterscheidung (von der im Gesetz selbst nicht die Rede ist) das Regelungsverfahren betrifft. Beide, freiwillige wie erzwingbare, sind gleichermaßen vollwertige Betriebsvereinbarungen (BAG GS 16.09.1986 AP Nr. 17 zu § 77 BetrVG 1972 = EzA § 77 BetrVG 1972 Nr. 17, unter C II 3c der Gründe); ein Unterschied in der Geltungswirkung zeigt sich nur nach Ablauf der Betriebsvereinbarungen bezüglich einer Nachwirkung nach § 77 Abs. 6 (vgl. Rdn. 448 ff.). Erzwingbare Betriebsvereinbarungen werden im Bereich erzwingbarer Mitbestimmung des Betriebsrats abgeschlossen (z. B. § 87 Abs. 1), freiwillige Betriebsvereinbarungen im Bereich nicht erzwingbarer Mitwirkung des Betriebsrats (z. B. § 88). Während freiwillige Betriebsvereinbarungen nicht erzwungen werden können, wenn sich Arbeitgeber und Betriebsrat nicht einigen, kann im Bereich erzwingbarer Mitbestimmung von jeder Seite allein die Einigungsstelle angerufen werden (§ 76 Abs. 5), deren Spruch die Einigung zwischen Arbeitgeber und Betriebsrat verbindlich ersetzt. Selbstverständlich können sich aber auch im Bereich erzwingbarer Mitbestimmung Arbeitgeber und Betriebsrat »freiwillig« einigen; andererseits kann im Bereich nicht erzwingbarer Mitwirkung die Einigungsstelle gemäß § 76 Abs. 6 verbindlich entscheiden, wenn beide Seiten es beantragen und beide sich dem Spruch der Einigungsstelle im Voraus unterwerfen oder ihn nachträglich annehmen.

a) Abschluss durch Arbeitgeber und Betriebsrat
aa) Rechtsnatur des Regelungsaktes

40 Nach heute (fast) einhelliger Auffassung kommt die Betriebsvereinbarung als **privatrechtlicher Vertrag** i. S. d. §§ 145 ff. BGB zustande (sog. »Vertragstheorie«; vgl. *Brune* AR-Blattei SD, Rn. 62; *Fitting* § 77 Rn. 13; *Galperin/Löwisch* § 77 Rn. 6; *von Hoyningen-Huene* Betriebsverfassungsrecht, § 11 III 2; *Kreutz* Betriebsautonomie, S. 15 f.; *ders.* FS Reuter, S. 643; *Matthes/*MünchArbR § 239 Rn. 1; *Preis/ WPK* § 77 Rn. 7; *Richardi* § 77 Rn. 24, 26, 29 f.; *Säcker* AR-Blattei, Betriebsvereinbarung I, D I 4; *Travlos-Tzanetatos* Die Regelungsbefugnis der Betriebspartner, S. 57 ff.; *Waltermann* Rechtsetzung durch Betriebsvereinbarung, S. 97; *Worzalla/HWGNRH* § 77 Rn. 6; zuletzt auch *Hess/Schlochauer/ Glaubitz* § 77 Rn. 5 f., die in der 3. Aufl. noch eine öffentlich-rechtliche Vertragstheorie vertraten; nach Inkrafttreten des BetrVG 1972 noch **a. M.** *Herschel* FS G. Küchenhoff, S. 245 [255]; *Nebel* Die Normen des Betriebsverbandes am Beispiel der ablösenden Betriebsvereinbarung, S. 162 ff.; *Kessal-Wulf* Die Innenverbände, S. 333). Damit ist der jahrzehntelange Streit über die Rechtsnatur des Begründungsaktes der Betriebsvereinbarung verbunden mit den Bezeichnungen »Vertragstheorie«, »Satzungstheorie«, »Beschlusstheorie« und »Vereinbarungstheorie« (vgl. zu diesen Theorien näher *Säcker* AR-Blattei, Betriebsvereinbarung I, D I) praktisch erledigt, obgleich Abs. 2 Satz 1 davon spricht, dass Betriebsvereinbarungen »gemeinsam zu beschließen« sind, und die Überschrift zu § 77 unbedacht die Formulierung »Durchführung gemeinsamer Beschlüsse« beibehalten hat, obwohl das Gesetz in Abs. 1 von »Vereinbarungen« spricht (nicht mehr wie noch § 52 Abs. 1 BetrVG 1952 von »gemeinsamen Beschlüssen«).

41 Nur die **Vertragstheorie** kann das Zustandekommen der Betriebsvereinbarung befriedigend und widerspruchsfrei erklären. Der Vertrag ist ein Akt, durch den eine Regelung in Geltung gesetzt wird. Der Vertragsschluss ist der rechtstechnisch ausgeformte Vorgang des »Sich-Einigens« der Vertragspartner; er ist das Verfahren, die erforderlichen inhaltlich übereinstimmenden Willensäußerungen herbeizuführen. Demgegenüber kommt dem Begriff der **Vereinbarung** keine eigenständige rechtliche Bedeutung zu. Darüber besteht im Ergebnis Einigkeit (vgl. *Richardi* § 77 Rn. 24; *Säcker* AR-Blattei, Betriebsvereinbarung I, D I 2; vgl. auch *Hueck/Nipperdey* II/2, S. 1274; *Neumann-Duesberg* S. 356 f.; *Nikisch* III, S. 270 ff.). Die Betriebsvereinbarung ist auch **keine Satzung** mit konstitutionellem Charakter (**a. M.** die »Satzungstheorie«, früher vertreten vornehmlich von *Herschel* [RdA 1948, 47; BArbBl. 1954, 731; RdA 1956, 161 (168); Juristen Jahrbuch, Bd. 2, 1961/62, S. 87] und *Galperin* [BB 1949, 374; *Galperin/Siebert* § 52 Rn. 23]). Als Entstehungstatbestand rechtlicher Regelungen unterscheidet sich die privatrechtliche Satzung nicht vom Vertrag, wenn sie nicht, als Satzungsänderung, durch Mehrheitsbeschluss erfolgt. *Herschel* zog die Parallele denn auch zu den öffentlich-rechtlichen Satzungen, den abstrakten Rechtssetzungen dem Staat eingeordneter, aber rechtlich selbständiger Verbände zur Regelung ihrer eigenen Angelegenheiten. Er sprach vom parallelen Tätigwerden von Arbeitgeber und Betriebsrat als »Organen des Betriebs« durch gleichwertige, nebeneinander stehende Beschlüsse, vergleichbar der Gesetzgebung in einem Zweikammersystem. Der Betrieb ist jedoch nicht

verbandsmäßig organisiert (**a. M.** in neuerer Zeit *Reuter* und seine Schule mit der Lehre vom Arbeitsverband im Betrieb [Betriebsverband], für die die Betriebsvereinbarung Verbandssatzung ist; vgl. *Reuter* in: *Besters* Auflösung des Normalarbeitsverhältnisses?, 1988, S. 29 [37]; *ders.* RdA 1991, 193 [197 ff.]; *ders.* ZfA 1993, 221 [226 ff.]; *ders.* RdA 1994, 152 [157]; *ders.* ZfA 1995, 1 [67]; *ders.* FS *Schaub*, S. 605 [626 ff.]; nochmals grundsätzlich *ders.* FS *Kreutz*, S. 359; *Kessal-Wulf* Die Innenverbände, S. 321 ff.; *Nebel* Die Normen des Betriebsverbandes am Beispiel der ablösenden Betriebsvereinbarung, S. 162 ff.; *Wadephul* Die Vereinbarungen der Betriebspartner, S. 38 ff.; vgl. auch *Boysen* Betriebsverband und Arbeitsverhältnis am Beispiel der Gruppenarbeit, 1997, der die Lehre vom Betriebsverband für das Individualarbeitsrecht fruchtbar macht; vgl. ausführlich dazu, dass dieser Lehre nicht zu folgen ist, obwohl sie argumentativ nicht falsifizierbar ist, *Kreutz* FS *Reuter*, S. 643). Die Betriebsverfassung ist bipolar strukturiert (vgl. auch *Thiele* 4. Aufl., Einl. Rn. 83 m. w. N.). Durch die Betriebsvereinbarung wird nicht Recht gesetzt innerhalb eines Arbeitgeber und Arbeitnehmer umfassenden Verbandes, sondern von Arbeitgeber und Betriebsrat unter Wahrung ihrer jeweils eigenen Interessen. §§ 2 Abs. 1 und 74 Abs. 1 verpflichten die Betriebspartner dabei nur auf die Einhaltung bestimmter »Spielregeln«, verbinden sie aber weder zu einem Organ eines mitgliedschaftlich verfassten »Betriebsverbandes« noch zu zwei gleichberechtigten und zum Zusammenwirken aufgerufenen Organen einer solchen Einheit von Arbeitgeber und Arbeitnehmern. Das Instrument des Interessenausgleichs in der zweipolig strukturierten Betriebsverfassung ist daher weder die Satzung **noch** der **Beschluss** (zur »Beschlusstheorie« als einer Modifikation der Satzungstheorie vgl. *Bogs* RdA 1956, 1 [5]; *Adomeit* BB 1962, 1246 [1248 f.], anders *ders.* Rechtsquellenfragen des Arbeitsrechts, S. 146 f.; vgl. zur Kritik auch *Hueck/Nipperdey* II/2, S. 1273; *Säcker* AR-Blattei, Betriebsvereinbarung I, D I 1b; *Brune* AR-Blattei SD 520, Rn. 51 ff.), sondern der **Vertrag** (vgl. auch *Kreutz* Betriebsautonomie, S. 15 f.).

Vom **Zustandekommen** der Betriebsvereinbarung als Vertrag ist die Erklärung ihrer **Rechtswirkungen** nach Abs. 4 Satz 1 zu unterscheiden (vgl. dazu Rdn. 186 ff., 237 ff., 253 ff.). 42

bb) Parteien der Betriebsvereinbarung
Betriebsrat und **Arbeitgeber** sind die **Parteien** (Partner) der Betriebsvereinbarung; nur sie sind am 43 Abschluss der Betriebsvereinbarung beteiligt. Für den Arbeitgeber handeln ggf. Vertretungsorgane oder sonstige Vertreter mit entsprechender Vertretungsmacht, etwa der Betriebsleiter. Der Betriebsrat wird in eigenem Namen aus eigener Kompetenz heraus tätig, die gesetzlich begründet ist (vgl. ausführlich *Kreutz* Betriebsautonomie, S. 16 ff.; *Brune* AR-Blattei SD 520 Rn. 63, *von Hoyningen-Huene* Betriebsverfassungsrecht, § 11 III 2; *E. R. Huber* Wirtschaftsverwaltungsrecht, 2. Aufl., Bd. II, 1954, S. 519; *Nikisch* II S. 264 f.; *Richardi* § 77 Rn. 31, 33; *Säcker* Gruppenautonomie und Übermachtkontrolle im Arbeitsrecht, S. 341; *ders.* AR-Blattei, Betriebsvereinbarung I, A; jetzt auch *Fitting* § 77 Rn. 18; *Reichold* Betriebsverfassung als Sozialprivatrecht, S. 548; *Waltermann* Rechtsetzung durch Betriebsvereinbarung, S. 139 f.; *Worzalla/HWGNRH* § 77 Rn. 7; vgl. auch BAG 12.12.2006 EzA § 88 BetrVG 2001 Nr. 1 Rn. 17). Demgegenüber wurde in der Literatur früher verbreitet auf Arbeitnehmerseite nicht der Betriebsrat, sondern die Belegschaft des Betriebes (als solche oder die einzelnen Arbeitnehmer in ihrer betrieblichen Verbundenheit zur Belegschaft) als Partner des Arbeitgebers beim Abschluss einer Betriebsvereinbarung angesehen. Das Tätigwerden des Betriebsrats wurde rechtlich der handlungsunfähigen Belegschaft zugerechnet (vgl. etwa *Boldt* NWB [1985] Fach 26, 1915 [1921]; *Galperin/Löwisch* § 77 Rn. 9; *Gester* Die betriebsverfassungsrechtliche Stellung von Belegschaft und Betriebsrat, S. 38; *Hueck/Nipperdey* II/2, S. 1257; *G. Hueck* Die Betriebsvereinbarung, S. 49; *Neumann-Duesberg* S. 358 f.; *Quasten* Zulässigkeit und Unzulässigkeit von Betriebsvereinbarungen, S. 36; *Strasser* Die Betriebsvereinbarung, S. 108; *Travlos-Tzanetatos* Die Regelungsbefugnis der Betriebspartner, S. 43, 58). Diese Auffassung ist jedoch nicht haltbar (ausführliche Kritik bei *Kreutz* Betriebsautonomie, S. 17 ff., 30 ff.). Sie basiert auf der fiktiven Zuordnung betriebsverfassungsrechtlicher Beteiligungsrechte an die Belegschaft und dem (nicht schlüssigen) Schluss daraus auf die Parteistellung bei der Betriebsvereinbarung. Für das bloße Zustandekommen der Betriebsvereinbarung ist der Streit unerheblich. Für die Dogmatik des Rechts der Betriebsvereinbarung ist er grundlegend, weil mit der Feststellung von Arbeitgeber und Betriebsrat als Parteien der Betriebsvereinbarung feststeht, dass Regelungsurheber und Regelungsadressaten nicht identisch sind, soweit die Regelungen der Betriebsvereinbarung für Arbeitnehmer des Betriebes als Dritte verbindlich sind (Abs. 4 Satz 1). Darin liegt

letztlich der Grund dafür, dass die Betriebsvereinbarung **Fremdbestimmungsordnung** ist (s. näher Rdn. 242).

44 Im Rahmen ihrer Zuständigkeit können auch der **Gesamtbetriebsrat** als Partner der Unternehmensleitung (vgl. *Kreutz/Franzen* § 50 Rdn. 78 ff.) bzw. der **Konzernbetriebsrat** als Partner der Konzernleitung (vgl. *Franzen* § 58 Rdn. 51 ff.) eine Betriebsvereinbarung (»Gesamtbetriebsvereinbarung«, »Konzernbetriebsvereinbarung«) abschließen. Auch **Arbeitsgruppen** können im Rahmen ihnen übertragener Aufgaben mit dem Arbeitgeber Gruppenbetriebsvereinbarungen schließen (vgl. *Raab* § 28a Rdn. 44 ff.). Arbeitnehmervertretungen in den nach § 3 Abs. 1 Nr. 1 bis 3 gebildeten Organisationseinheiten können Partei einer Betriebsvereinbarung sein, da auf sie die Vorschriften über Rechte und Pflichten des Betriebsrats Anwendung finden (§ 3 Abs. 5 Satz 2). Dagegen können die Jugend- und Auszubildendenvertretung, die Gesamt-Jugend- und Auszubildendenvertretung, der Wirtschaftsausschuss und die Betriebsversammlung niemals Partei einer Betriebsvereinbarung sein. Das gilt auch für den Betriebsausschuss (§ 27 Abs. 2 Satz 2) und weitere Ausschüsse (§ 28 Abs. 1 Satz 3). In betriebsratslosen Betrieben kann keine Betriebsvereinbarung im Rechtssinn geschlossen werden. Das gilt auch dann, wenn die Betriebsratswahl nichtig ist (vgl. dazu § 19 Rdn. 143 ff.), nicht aber bei bloßer Anfechtbarkeit, solange die Wahl nicht erfolgreich angefochten worden ist (vgl. § 19 Rdn. 125 ff.). Auch **Sprecherausschüsse** leitender Angestellter kommen als Partei einer Betriebsvereinbarung nicht in Betracht; sie können mit dem Arbeitgeber aber Richtlinien über den Inhalt, den Abschluss und die Beendigung von Arbeitsverhältnissen der leitenden Angestellten nach § 28 SprAuG vereinbaren. Diese Richtlinien haben (wie die Betriebsvereinbarung) Normcharakter, wenn Arbeitgeber und Sprecherausschuss (schriftlich) vereinbaren, dass ihr Inhalt unmittelbar und zwingend gilt (§ 28 Abs. 2 Satz 1 SprAuG). Unter dieser Voraussetzung ist dann aber auch der Abschluss eines **trilateralen Normenvertrages** zwischen Arbeitgeber, Betriebsrat und Sprecherausschuss zulässig, der zwischen Arbeitgeber und Betriebsrat Betriebsvereinbarung ist, zwischen Arbeitgeber und Sprecherausschuss Richtlinie nach § 28 SprAuG (ebenso *Löwisch* SprAuG, 2. Aufl., § 2 Rn. 18; *Oetker* ZfA 1990, 43 [83 f.]). Eine solche »Gesamtvereinbarung« ist (über die Anhörung nach § 2 Abs. 1 Satz 2 SprAuG hinaus) dann sinnvoll, wenn im Zuständigkeitsbereich von Betriebsrat und Sprecherausschuss das Bedürfnis nach einer für alle Arbeitnehmer einheitlichen Regelung besteht (z. B. für Arbeitszeitregelungen).

45 Als Vertrag (»Willenseinigung«) erfordert die Betriebsvereinbarung **korrespondierende Willenserklärungen von Betriebsrat und Arbeitgeber**. Das setzt die Willensbildung des Betriebsrats durch (wirksamen) Beschluss voraus (§ 33). § 77 Abs. 2 Satz 1 ist dabei nicht wörtlich zu verstehen (»sind von Betriebsrat und Arbeitgeber gemeinsam zu beschließen«); eine gemeinsame Beschlussfassung in einer gemeinsamen Sitzung ist nicht erforderlich (unstr.). Wenn der Arbeitgeber (oder sein Vertreter) an einer Sitzung des Betriebsrats teilnimmt (§ 29 Abs. 4), kann der Text der Betriebsvereinbarung zwar gemeinsam ausgehandelt und festgelegt werden, ein »gemeinsamer Beschluss« wäre aber rechtstechnisch aufzulösen in einen Beschluss des Betriebsrats, der den Anforderungen des § 33 genügen muss, und in die kongruente Willenserklärung des Arbeitgebers. Diese und alle anderen Verfahrensweisen zur Herstellung des Textes sind aber nur eine Vorstufe des Abschlusses, der erst durch die Unterschrift des Arbeitgebers (oder seines Bevollmächtigten) und des Vorsitzenden des Betriebsrats bzw. (im Verhinderungsfall) seines Stellvertreters (§ 26 Abs. 2) unter die schriftlich niedergelegte Betriebsvereinbarung vollzogen wird. Soweit eine **Betriebsvereinbarung auf einem Spruch der Einigungsstelle beruht** (vgl. dazu *Jacobs* § 76 Rdn. 136, 140 f.), ersetzt dieser die Einigung zwischen Arbeitgeber und Betriebsrat.

46 Mehrgliedrige Betriebsvereinbarungen gibt es, seit sich die Ansicht durchgesetzt hat, dass ein Betrieb i. S. d. BetrVG auch mehreren, im Rechtssinne selbständigen Unternehmen zugeordnet sein kann, wenn nur ein einheitlicher Leitungsapparat besteht (vgl. *Franzen* § 1 Rdn. 34, 46 ff.); in § 1 Abs. 1 Satz 2 ist der gemeinsame Betrieb jetzt auch in allgemeiner Form gesetzlich anerkannt (eingefügt durch Art. 1 Nr. 2 BetrVerf-Reformgesetz 2001). Auf Arbeitgeberseite sind dann beim Abschluss einer Betriebsvereinbarung mit dem Betriebsrat eines solchen gemeinsamen Betriebs mehrere einzelne Arbeitgeber (die Trägerunternehmen) am Vertragsschluss beteiligt; sie werden durch die gemeinsame Leitung vertreten, sofern diese mit entsprechender Vertretungsmacht ausgestattet ist (jetzt zust. *Fitting* § 77 Rn. 20, die früher als Vertragspartner die aus dem Zusammenschluss entstandene BGB-

Gesellschaft angesehen haben; das ist jedoch unstimmig, weil eine solche BGB-Gesellschaft nicht Arbeitgeber wird). In Betracht kommt aber auch, dass nur einer der beteiligten Arbeitgeber Partei der Betriebsvereinbarung wird, weil der Regelungsgegenstand nur seine Arbeitnehmer betrifft und die gemeinsame Leitung insoweit nur ihn vertritt (vgl. auch *Fitting* [§ 77 Rn. 20] und *Richardi* [§ 77 Rn. 33], beide unter Berufung auf *Oberthür/OS* Betriebsvereinbarungen, A. III. Rn. 1).

Inhaltsgleiche Betriebsvereinbarungen kann der Arbeitgeber **mit mehreren Betriebsräten** aus **47** den Betrieben seines Unternehmens (diese ggf. vertreten durch den Gesamtbetriebsrat nach § 50 Abs. 2) schließen (vgl. z. B. *BAG* 06.11.2007 EzA § 77 BetrVG 2001 Nr. 19 Rn. 2, 14); es handelt sich dann aber um rechtlich selbständige Parallelvereinbarungen, nicht um eine einheitliche mehrgliedrige Betriebsvereinbarung.

Eine **dreiseitige Betriebsvereinbarung** zwischen dem Arbeitgeber als dem Betriebsinhaber, dem **48** Betriebsrat und dem (potentiellen) Betriebserwerber (vor Betriebsübergang) scheitert daran, dass der zukünftige Betriebsinhaber zum Zeitpunkt des Vertragsschlusses noch nicht Arbeitgeber ist und deshalb keine Parteistellung in einer solchen Betriebsvereinbarung einnehmen kann. *Birk* (ZfA 1986, 73 [99 f.]) hält sie gleichwohl für zulässig. Zu einem übereinstimmenden Ergebnis müssen diejenigen gelangen, die es sogar für möglich halten, dass der zukünftige Betriebsinhaber allein mit dem Betriebsrat eine (normative) Betriebsvereinbarung schließt (z. B. einen Sozialplan), deren Wirksamkeit (aufschiebend bedingt) erst eintritt, wenn der Betrieb übergeht und der Erwerber Arbeitgeber wird (so *Hanau/Vossen* FS *Hilger/Stumpf*, S. 271 [285 f.]; *Seiter* Betriebsinhaberwechsel, 1980, S. 123; zust. *Fitting* § 77 Rn. 20; *Richardi* § 77 Rn. 33; *Brune* AR-Blattei SD, Rn. 72; abl. *Bracker* Betriebsübergang und Betriebsverfassung, 1979, S. 108; *Schwerdtner* SAE 1978, 65).In Wirklichkeit liegt insoweit aber nur ein schuldrechtlicher (Vor-)Vertrag vor (vgl. auch *BAG* 24.03.1977 AP Nr. 6 zu § 613a BGB Bl. 2 R f.), der, um Betriebsvereinbarung zu werden, der förmlichen Bestätigung bedarf, wenn der Übernehmer Arbeitgeber geworden ist). Auch eine (normativ wirkende) Betriebsvereinbarung zulasten des Betriebserwerbers als Drittem ist nicht wirksam möglich (*BAG* 11.01.2011 DB 2011, 1171). Zu **dreiseitigen Normenverträgen** zwischen Arbeitgeber, Betriebsrat und Sprecherausschuss vgl. Rdn. 44. Diese sind zu unterscheiden von »**Dreiseitigen Vereinbarungen zwischen Arbeitgeber, Gewerkschaft und Betriebsrat**« (vgl. die gleichnamige Schrift von *Ruch* [Diss. Bonn], 2010; *Schelp* Dreigliedrige Standortsicherungsvereinbarungen (Diss. Würzburg), 2013), die Tarifvertrag und zugleich auch Betriebsvereinbarung sein können (vgl. zur Notwendigkeit zweifelsfreier Abgrenzung der Urheberschaft einzelner Regelungskomplexe *BAG* 15.04.2008 EzA § 1 TVG Nr. 49 = AP Nr. 96 zu § 77 BetrVG 1972 [*Kolbe*]).

cc) Schriftform (Abs. 2 Satz 1 und 2)

Die (zwischen Arbeitgeber und Betriebsrat abgeschlossene) Betriebsvereinbarung ist schriftlich (nicht **49** zwingend nur in deutscher Sprache) niederzulegen und von beiden Seiten zu unterzeichnen; sie bedarf (vgl. § 126 Abs. 1 BGB) also der **Schriftform** (vgl. näher *Raab* FS *Konzen*, S. 719 [734 ff.]). Die **Formvorschrift** des Abs. 2 Sätze 1 und 2 ist **konstitutiv**; sie zielt auf Rechtsklarheit und Rechtssicherheit (s. a. *BAG* 15.04.2008 EzA § 1 TVG Nr. 49 Rn. 22). Eine mündliche Betriebsvereinbarung ist ebenso nichtig wie eine schriftlich fixierte Betriebsvereinbarung, die nicht von beiden Seiten eigenhändig von zuständigen (vertretungsberechtigten) Personen durch Namensunterschrift unterschrieben worden ist (§ 125 Satz 1, § 126 Abs. 1 BGB); die Schriftform kann nach § 126 Abs. 3, § 126a BGB (i. d. F. des Gesetzes vom 13.07.2001, BGBl. I, S. 1542) aber durch die elektronische Form ersetzt werden (zust. *Berg/DKKW* § 77 Rn. 60; *Kaiser/LK* § 77 Rn. 77; *Preis/WPK* § 77 Rn. 8; *Rieble/AR* § 77 BetrVG Rn. 5; *Worzalla/HWGNRH* § 77 Rn. 11; jetzt auch *Fitting* § 77 Rn. 21; **a. M.** *Raab* FS *Konzen*, S. 735 und *Richardi* § 77 Rn. 34, beide unter Berufung auf die Eigenständigkeit der in Abs. 2 Satz 1 und 2 getroffenen Regelung), auch wenn die Praxis davon kaum Gebrauch machen dürfte. Nach dem Sinn der Formvorschrift ist § 126 Abs. 2 Satz 1 BGB anzuwenden (ebenso *BAG* 11.11.1986 EzA § 1 BetrAVG Gleichberechtigung Nr. 2): Beide Seiten müssen ihre Unterschrift auf derselben Urkunde leisten. Der Austausch gleich lautender, jeweils nur von einer Seite unterschriebener Urkunden (§ 126 Abs. 2 Satz 2 BGB) genügt nicht (ebenso *BAG* 14.02.1978 AP Nr. 60 zu Art. 9 GG Arbeitskampf Bl. 7 R; zust. *Berg/DKKW* § 77 Rn. 58; *Brune* AR-Blattei SD 520, Rn. 79; *Fitting* § 77 Rn. 21; *von Hoyningen-Huene* DB 1984, Beil. Nr. 1, S. 1 [2]; *Raab* FS *Konzen*,

S. 734; *Richardi* § 77 Rn. 38; *Worzalla/HWGNRH* § 77 Rn. 11). Das ergibt sich auch aus § 77 Abs. 2 Satz 3, wonach die Betriebsvereinbarung im Betrieb auszulegen ist. Die Schriftform ist auch dann nicht gewahrt, wenn der Arbeitgeber nur die Kopie eines Betriebsratsbeschlusses unterschreibt (vgl. *LAG Berlin* DB 1991, 2593). Soweit Betriebsvereinbarungen auf einem Spruch der Einigungsstelle beruhen, bedarf es keiner beiderseitigen Unterzeichnung (Abs. 2 Satz 2 Halbs. 2); es gilt § 76 Abs. 3 Satz 4 (vgl. *Jacobs* § 76 Rdn. 120).

50 Bei **mehreren Blättern** müssen die Unterschriften die Urkunde räumlich abschließen, also unterhalb des Textes stehen. Die Schriftform erfordert keine körperliche Verbindung der einzelnen Blätter, wenn sich die Einheit anderweitig zweifelsfrei ergibt, etwa aus fortlaufenden Seitenzahlen, Nummerierung der einzelnen Bestimmungen, inhaltlichem Zusammenhang des Textes oder vergleichbaren Merkmalen (so auch *BAG* 07.05.1998 EzA § 1 KSchG Interessenausgleich Nr. 6 S. 5 [zust. *Kraft*] im Anschluss an *BGH* 24.09.1997 NJW 1998, 58; zust. *LAG Baden-Württemberg* 05.10.2010 – 15 Sa 26/09 – juris, Rn. 91). **Anlagen** als Teil der Regelung müssen nicht gesondert unterzeichnet werden, wenn die Betriebsvereinbarung auf die Anlage Bezug nimmt und beide auch äußerlich erkennbar eine Einheit bilden, z. B. zusammengeheftet sind (*BAG* 11.11.1986 EzA § 1 BetrAVG Gleichberechtigung Nr. 2; 07.05.1998 EzA § 1 KSchG Interessenausgleich Nr. 6 S. 5; *ArbG Kaiserslautern* ARSt. 1991, 181; nach *LAG Frankfurt a. M.* NZA 1990, 117, soll eine Verbindung mittels »gemeinsamen Heftrückens« nicht ausreichen, weil sie ohne teilweise Substanzzerstörung wieder aufgehoben werden kann; dabei ist aber noch nicht beachtet, dass es einen absoluten Schutz gegen nachträgliche Manipulationen auch bei Verbindung mittels Heftmaschine nicht geben kann, und deshalb der *BGH* [24.09.1997 NJW 1998, 58] seine früher strengere Rspr. [13.11.1963 BGHZ 40, 255] aufgegeben hat). Nach billigenswerter Ansicht des *BAG* (3. Senat, Urteil vom 03.06.1997 EzA § 77 BetrVG 1972 Nr. 59) ist die Schriftform gewahrt, wenn auf eine vom Arbeitgeber unterzeichnete Gesamtzusage verwiesen wird, auch wenn diese nicht als Anlage angeheftet ist. Daran wird deutlich, dass die Grenze zwischen der Bildung einer Gesamturkunde mittels Anlage und zulässiger inhaltlicher Verweisung (vgl. Rdn. 52) fließend ist.

51 Die Unterschrift des Vorsitzenden des Betriebsrats oder seines Stellvertreters ist nur rechtsverbindlich, wenn sie durch einen wirksamen **Beschluss des Betriebsrats** gedeckt ist (§ 26 Abs. 2 Satz 1); vgl. zur Unwirksamkeit von Beschlüssen *Raab* § 33 Rdn. 47 ff. Der Vorsitzende ist hier nur Vertreter in der Erklärung, nicht Vertreter im Willen (vgl. auch *BAG* 17.02.1981 EzA § 112 BetrVG 1972 Nr. 21; AP Nr. 2 zu § 70 PersVG Kündigung). Auch für den Abschluss einer Betriebsvereinbarung kann der Vorsitzende aber vom Betriebsrat ermächtigt oder bevollmächtigt sein (vgl. *Raab* § 26 Rdn. 33 ff.). Handelt der Vorsitzende ohne entsprechenden Beschluss des Betriebsrats, ist seine Erklärung schwebend unwirksam; sie kann gemäß § 177 Abs. 1 BGB durch ordnungsgemäßen Genehmigungsbeschluss (nicht allein durch schlüssiges Verhalten) des Betriebsrats rückwirkend (§ 184 Abs. 1 BGB) voll wirksam werden (vgl. *BAG* 09.12.2014 EzA § 26 BetrVG 2001 Nr. 4 Rn. 15 = AP Nr. 108 zu § 77 BetrVG 1972; m. w. N. *Raab* § 26 Rdn. 39 f.). Dieser Beschluss ist dem Betriebsratsvorsitzenden oder dem Arbeitgeber mitzuteilen (vgl. § 182 Abs. 1 BGB, aber auch § 177 Abs. 2 BGB). Handelt für den Arbeitgeber ein Vertreter ohne Vertretungsmacht, so ist § 177 Abs. 1 BGB ebenfalls anwendbar (zust. jetzt auch *Brune* AR-Blattei SD 520, Rn. 121; ganz selbstverständlich *BAG* 11.12.2007 EzA § 77 BetrVG 2001 Nr. 21 Rn. 23 ff.).

52 Die Schriftform ist auch dann gewahrt, wenn die Betriebsvereinbarung auf einen **als Anlage** beigefügten Tarifvertrag oder eine fremde Betriebsvereinbarung **verweist**, sofern eine Verweisung **nicht durch § 77 Abs. 3 überhaupt ausgeschlossen** ist (vgl. Rdn. 150). Dem Formerfordernis ist auch dann Genüge getan, wenn auf einen **konkreten, geltenden** Tarifvertrag **Bezug** genommen wird, ohne dass dessen Inhalt besonders wiedergegeben oder als Anlage angeheftet wird (*BAG* 08.10.1959 AP Nr. 14 zu § 56 BetrVG; 27.03.1963 AP Nr. 9 zu § 59 BetrVG; *BAG* 23.06.1992 EzA § 77 BetrVG 1972 Nr. 49 S. 7; *Berg/DKKW* § 77 Rn. 68; *Brune* AR-Blattei SD 520, Rn. 85; *Fitting* § 77 Rn. 23; *Galperin/Löwisch* § 77 Rn. 11; *Hueck/Nipperdey* II/2, S. 1278; *Kaiser/LK* § 77 Rn. 78; *Nikisch* III S. 283; *Preis/WPK* § 77 Rn. 9; *Reinermann* Verweisungen in Tarifverträgen und Betriebsvereinbarungen, S. 125, 57; *Richardi* § 77 Rn. 34; *Worzalla/HWGNRH* § 77 Rn. 14; gegen eine Lockerung der Formerfordernisse aber *Buchner* AR-Blattei, Tarifvertrag V C III 2b). Gleiches gilt, wenn auf eine Gesamtbetriebsvereinbarung Bezug genommen wird (vgl. *BAG* Erster Senat, 10.10.2006 EzA § 77

BetrVG 2001 Nr. 18 Rn. 17) oder eine schriftliche, den Arbeitnehmern bekannt gemachte Gesamtzusage des Arbeitgebers verwiesen wird oder auf vorliegende Richtlinien oder Erlasse (*BAG* Dritter Senat, 03.06.1997 EzA § 77 BetrVG 1972 Nr. 59 S. 3). Zu Recht hebt der Dritte Senat hervor, dass bei der Betriebsvereinbarung als Normenvertrag die Urkunde nicht das gesamte formbedürftige Rechtsgeschäft enthalten muss, weil die Schriftform hier nur bezweckt, Zweifel über den Inhalt der vereinbarten Regelungen auszuschließen, nicht aber auch dem Übereilungsschutz dient (wie weithin bei sonstigen Rechtsgeschäften des Zivilrechts); ebenso Erster Senat *BAG* 18.03.2014 EzA § 77 BetrVG 2001 Nr. 38 Rn. 17. Der in Bezug genommene Tarifvertrag braucht nicht einschlägig zu sein. Die Betriebsvereinbarung gilt mit dem Inhalt des Tarifvertrages auch dann fort, wenn dieser abgelaufen oder durch einen neuen ersetzt worden ist (zust. *Fitting* § 77 Rn. 24; *Worzalla/HWGNRH* § 77 Rn. 14; **a.M.** *Stahlhacke* DB 1960, 579).

Nicht möglich ist aber die **Verweisung auf den jeweils geltenden Tarifvertrag** (sog. dynamische **53** Blankett-Verweisung) oder eine dynamische Verweisung auf Betriebsvereinbarungen **anderer** Betriebe. Dies ist allerdings weniger ein Problem der Klarstellungsfunktion der Schriftform (so jedoch *Richardi* § 77 Rn. 35). Die Betriebspartner können sich vielmehr ihrer Regelungsaufgabe nicht dadurch entledigen, dass sie die Gestaltung der betrieblichen Rechtsverhältnisse anderen überlassen. Der Betriebsrat insbesondere hat sein Mandat höchstpersönlich auszuüben. Das schließt auch eine Einigung mit dem Arbeitgeber dahin aus, dass im Betrieb die Regelung gelten solle, die in einem künftigen Tarifvertrag getroffen werden wird. Bei dieser Verweisung handelt es sich zwar nicht um eine (unzulässige) Übertragung der Regelungsbefugnis (so richtig *Herschel* DB 1963, 1220 [1222]; *Iffland* DB 1964, 1737; *Dietz/Richardi* § 77 Rn. 31; **a.M.** *Wiedemann/Arnold* Anm. AP Nr. 55 zu § 77 BetrVG 1972 Bl. 6), wohl aber um einen ebenso unzulässigen **Verzicht** auf eine hinreichend bestimmte oder doch vorhersehbar bestimmbare **eigene inhaltliche Gestaltung**. Anders als die Übernahme bestehender, inhaltlich bestimmter Regelungen eines Tarifvertrages (oder einer Betriebsvereinbarung) ist die vorherige Unterwerfung unter noch unbestimmte künftige Regelungen mit den Funktionsprinzipien des Betriebsverfassungsrechts unvereinbar. Dem steht nicht entgegen, dass die Betriebspartner die Bezugnahme jederzeit zurücknehmen könnten. Dazu bedürfte es einer neuen Betriebsvereinbarung, die jedenfalls im Bereich freiwilliger Betriebsvereinbarungen nicht erzwungen werden könnte. Die Kündigungsmöglichkeit unter Einhaltung einer dreimonatigen Frist (§ 77 Abs. 5) kann die inhaltliche Selbstgestaltung durch die Betriebspartner ebenfalls nicht hinreichend sichern (gegen die Zulässigkeit einer [dynamischen] Verweisung auf den jeweils geltenden Tarifvertrag im Ergebnis auch *Berg/DKKW* § 77 Rn. 68; *Brune* AR-Blattei SD 520, Rn. 95; *Fitting* § 77 Rn. 24; *Galperin/Löwisch* § 77 Rn. 11; *Gumpert* BB 1961, 1277; *von Hoyningen-Huene* DB 1994, 2026 [2030]; *Neumann-Duesberg* S. 368; *Kaiser/LK* § 77 Rn. 79; *Nikisch* III S. 284, mit Einschränkungen; *Preis/WPK* § 77 Rn. 9; *Richardi* § 77 Rn. 35; *Säcker* AR-Blattei, Betriebsverfassung I, E II 1; *Stahlhacke* DB 1960, 581; *Stege/Weinspach/Schiefer* § 77 Rn. 5; **a.M.** *Worzalla/HWGNRH* § 77 Rn. 14; früher *Frey* AuR 1958, 306; *Herschel* BB 1963, 1220 [1222]; *Iffland* DB 1964, 1737; vgl. auch *Dietz/Richardi* § 77 Rn. 31 unter Hinweis auf eine Änderung der *BAG*-Rspr. zum entsprechenden Problem beim Tarifvertrag; danach sollten dynamische Verweisungen bei engem sachlichem Zusammenhang der Geltungsbereiche grundsätzlich zulässig sein). Der Erste Senat des *BAG* hat sich der hier vertretenen Ansicht auch in der Begründung angeschlossen (*BAG* 23.06.1992 EzA § 77 BetrVG 1972 Nr. 49 S. 6 = AP Nr. 55 zu § 77 BetrVG 1972 *[Wiedemann/Arnold]*); dem folgen der Dritte Senat (22.08.2006 EzA § 77 BetrVG 2001 Nr. 17 S. 8: dynamische Blankettverweisung auf Gesamtbetriebsvereinbarungen eines anderen Unternehmens), der Zehnte Senat (28.03.2007 EzA § 112 BetrVG 2001 Nr. 23 S. 10: dynamische Blankettverweisung auf ein einseitig gesetztes Regelwerk im Konzern) und der Fünfte Senat (22.02.2015 EzA § 3 TVG Bezugnahme auf Tarifvertrag Nr. 60 Rn. 28 = AP Nr. 129 zu § 1 TVG Bezugnahme auf Tarifvertrag: obiter dictum). Eine dynamische Blankettverweisung kann auch nicht ausnahmsweise dann wirksam sein, wenn ein enger sachlicher Zusammenhang zum Geltungsbereich des in Bezug genommenen Tarifvertrags besteht (ebenso wohl *Fitting* § 77 Rn. 24; offen gelassen von *BAG* 23.06.1992 EzA § 77 BetrVG 1972 Nr. 49 S. 6; **a.M.** *Wiedemann/Arnold* Anm. AP Nr. 55 zu § 77 BetrVG 1972 Bl. 5 R). Nach Ansicht des Ersten Senats des *BAG* (23.06.1992 EzA § 77 BetrVG 1972 Nr. 49 S. 6) führt aber die Unwirksamkeit der Verweisung auf »den jeweils geltenden Tarifvertrag« nicht zur Unwirksamkeit der Verweisung auf den Tarifvertrag, der zum Zeitpunkt des Abschlusses der Betriebsvereinbarung gilt; diese Aufspaltung »der« Verweisung ist sachgerecht (zust.

auch *Gaul* ZTR 1993, 355 [363]; *Richardi* § 77 Rn. 36; *Fitting* § 77 Rn. 24) und steht in Übereinstimmung mit dem Prinzip der Restgültigkeit einer teilnichtigen Betriebsvereinbarung (vgl. Rdn. 66).

54 Zulässig ist es dagegen, wenn die Konkretisierung und weitere inhaltliche Ausgestaltung einer nur allgemeine Grundsätze regelnden Betriebsvereinbarung dem Arbeitgeber, einem Ausschuss oder einer Kommission übertragen wird. Die Bestimmung unterliegt der gerichtlichen Billigkeitskontrolle gemäß §§ 315 ff. BGB (vgl. BAG 28.09.1977 AP Nr. 4 zu § 1 TVG Tarifverträge: Rundfunk). Als unwirksam hat dagegen das *Hessische LAG* (Urteil vom 14.03.1997 BB 1997, 2217) unter zusätzlicher Berufung auf das Prinzip der Normklarheit angesehen, dass eine Betriebsvereinbarung über Einführung von Kurzarbeit dem Arbeitgeber die Bestimmung der Betroffenen durch Listenaushang überlässt.

dd) Auslage (Abs. 2 Satz 3)

55 Die abgeschlossene und ebenso die auf einem Spruch der Einigungsstelle beruhende Betriebsvereinbarung ist vom Arbeitgeber an geeigneter Stelle **im Betrieb auszulegen**. Die Auslage ist **Pflicht** des Arbeitgebers, für die Betriebsvereinbarung aber **kein Wirksamkeitserfordernis**, vergleichbar etwa der Verkündung von Gesetzen und Rechtsverordnungen gemäß Art. 82 Abs. 1 GG. Die Auslage hat lediglich deklaratorische Bedeutung. Abs. 2 Satz 3 ist **bloße Ordnungsvorschrift** (h. M., vgl. BAG 17.04.2012 BB 2013, 57 Rn. 40 und Orientierungssatz 2; *Berg/DKKW* § 77 Rn. 74; *Brecht* § 77 Rn. 12; *Brune* AR-Blattei SD 520, Rn. 97 ff.; *Fitting* § 77 Rn. 25; *Gaul/HWK* § 77 BetrVG Rn. 19; *von Hoyningen-Huene* Betriebsverfassungsrecht, § 11 III 2; *Hueck/Nipperdey* II/2, S. 1278 f.; *Kaiser/LK* § 77 Rn. 81; *Kania/ErfK* § 77 BetrVG Rn. 23; *Matthes/MünchArbR* § 239 Rn. 18; *Nikisch* III S. 282 f.; *Preis/WPK* § 77 Rn. 11; *Richardi* § 77 Rn. 40; *Schwarze/NK-GA* § 77 BetrVG Rn. 8; *Stege/Weinspach/Schiefer* § 77 Rn. 6; *Worzalla/HWGNRH* § 77 Rn. 18; **a. M.** *Zöllner* DVBl. 1958, 124 [127]; *Zöllner/Loritz/Hergenröder* Arbeitsrecht, § 48 II 2; *Adomeit* BB 1962, 1250; *Heinze* NZA 1994, 580 [582]; *Schnorr von Carolsfeld* Arbeitsrecht, S. 84, 438; *Strasser* Die Betriebsvereinbarung, S. 170; neuerdings *Fischer* BB 2000, 354 [360 ff.], 1143). Das Gesetz geht von einem rechtsgeschäftlichen Entstehungstatbestand der Betriebsvereinbarung aus. Die Bekanntmachung von Rechtsgeschäften gehört aber selbst dort, wo andere als die am Abschluss Beteiligten betroffen werden (z. B. bei Mehrheitsbeschlüssen), grundsätzlich nicht zu den Wirksamkeitsvoraussetzungen. Die von der Gegenmeinung angeführten allgemeinen rechtsstaatlichen Grundsätze zwingen im Bereich des Privatrechts auch im Hinblick auf die normative Wirkung der Gesamtvereinbarungen (Betriebsvereinbarung, Tarifvertrag) zu keiner anderen Lösung (so offenbar auch *BVerfG* vom 09.02.2000 unveröffentlicht, kommentiert von *Fischer* BB 2000, 1143), da die Informationsmöglichkeiten für die Arbeitnehmer durch die Amtspflichten des Betriebsrats (vgl. auch § 80 Abs. 1 Nr. 1) gewährleistet, durch die Kundmachungspflicht des Arbeitgebers zusätzlich gesichert (vgl. Rdn. 57) und schließlich dadurch verstärkt sind, dass die Auslegung Bestandteil der Durchführungspflicht des Arbeitgebers nach Abs. 1 Satz 1 ist, mit der ein gerichtlich durchsetzbarer Durchführungsanspruch des Betriebsrats korrespondiert (vgl. Rdn. 24 ff.). Rechtlich möglich ist jedoch, in der Betriebsvereinbarung die konstitutive Wirkung einer bestimmten Auslegung im Betrieb festzulegen; sie tritt dann erst mit der Auslage in Kraft.

56 Die Betriebsvereinbarung muss so im Betrieb ausgelegt werden, dass sie allen Arbeitnehmern während der Arbeitszeit und der Pausen **zur Einsichtnahme zugänglich** ist; dies muss auf **Dauer** gewährleistet sein. Die geeignete Stelle bestimmt der Arbeitgeber nach pflichtgemäßem Ermessen. Die Stelle muss so bestimmt sein, dass sie von allen Arbeitnehmern ohne besondere Umstände erreichbar ist. Das kann in Großbetrieben bedeuten, dass die Betriebsvereinbarung an verschiedenen Stellen auszulegen ist, bei Betrieben mit vielen Betriebsstätten in jeder. Zu den Räumlichkeiten, in denen die Betriebsvereinbarung ausgelegt ist, muss jeder Arbeitnehmer Zutritt haben. Die Betriebsvereinbarung braucht nicht offen auszuliegen. Dafür spricht zwar der Wortlaut, doch dem Zweck des Gesetzes wird auch dadurch genügt, dass der Arbeitnehmer jederzeit Einsichtnahme verlangen kann (so für die Auslage der Tarifverträge nach § 8 TVG BAG 05.01.1963 AP Nr. 1 zu § 1 TVG Bezugnahme auf Tarifvertrag; ebenso *Richardi* § 77 Rn. 41; bei umfangreichen und auf längere Dauer angelegten Betriebsvereinbarungen auch *Berg/DKKW* § 77 Rn. 72; *Fitting* § 77 Rn. 25; *Matthes/MünchArbR* § 239 Rn. 17; *Worzalla/HWGNRH* § 77 Rn. 18; wohl auch *Brune* AR-Blattei SD, Rn. 102; *Gaul/HWK* § 77 BetrVG Rn. 20; vgl. auch *Wiedemann/Oetker* TVG, § 8 Rn. 7; **a. M.** *Galperin/Löwisch* § 77 Rn. 13; *Hess/Schlochauer/Glaubitz* § 77 Rn. 123). Deshalb genügen auch eine einmalige Ver-

öffentlichung in der Betriebszeitung oder ein nur kurzzeitiger Anschlag am Schwarzen Brett nicht. Der Arbeitgeber muss vielmehr den Ort der Einsichtnahme (z. B. Personalabteilung, Betriebsratsbüro) hinreichend bekanntmachen (z. B. im Arbeitsvertrag, durch Anschlag am »Schwarzen Brett«). Insbesondere müssen auch später in den Betrieb eintretende Arbeitnehmer von den im Betrieb geltenden Betriebsvereinbarungen Kenntnis nehmen können. Der Arbeitgeber ist aber nicht verpflichtet, jedem Arbeitnehmer von jeder Betriebsvereinbarung eine Abschrift auszuhändigen. Daran hat das Nachweisgesetz vom 20.07.1995 (BGBl. I, S. 946) nichts geändert (vgl. dazu Rdn. 58).

Für die **Verletzung der Auslegungspflicht** durch den Arbeitgeber sieht das Gesetz keine besonderen Rechtsfolgen vor. Es gelten die allgemeinen Bestimmungen, insbesondere § 77 Abs. 1 Satz 1 (Durchführungsanspruch des Betriebsrats, vgl. Rdn. 55) und § 23 Abs. 3. Ein **Schutzgesetz** i. S. v. § 823 Abs. 2 BGB ist § 77 Abs. 2 Satz 3 ebenso wenig wie § 8 TVG (ebenso *Brune* AR-Blattei SD 520, Rn. 110; *Richardi* § 77 Rn. 41; *Rieble*/AR § 77 BetrVG Rn. 6; zu § 8 TVG ebenso BAG 23.01.2002 EzA § 2 NachwG Nr. 3 S. 15; *Löwisch/Rieble* TVG, § 8 Rn. 33; *Wiedemann/Oetker* TVG, § 8 Rn. 22 f. m. w. N.). Die Auslagepflicht konkretisiert auch nicht die **Fürsorgepflicht** des Arbeitgebers (ebenso *Richardi* § 77 Rn. 41; zust. *Preis/WPK* § 77 Rn. 11; **a. M.** jetzt *Fitting* § 77 Rn. 26; *Schwarze*/NK-GA § 77 BetrVG Rn. 8). Die Nichtauslage allein ist weder positive Forderungsverletzung noch ist sie eine Treuwidrigkeit, die eine Berufung des Arbeitgebers auf einen für die Arbeitnehmer nachteiligen Inhalt der Betriebsvereinbarung (z. B. bei Versäumung einer Ausschlussfrist) als unzulässige Rechtsausübung erscheinen ließe (vgl. BAG 15.11.1957 AP Nr. 1 zu § 8 TVG; 23.01.2002 EzA § 2 NachwG Nr. 3 S. 11 ff. [krit. *Lambrich* S. 29 ff., im Anschluss an *Koch* FS Schaub, 1998, S. 421: § 8 TVG als individualschützende Norm]; *Wiedemann/Oetker* TVG, § 8 Rn. 26, 27; *Worzalla*/HWGNRH § 77 Rn. 20; **a. M.** *Berg/DKKW* § 77 Rn. 74; *Galperin/Löwisch* § 77 Rn. 13; *Matthes*/MünchArbR § 239 Rn. 18, die ohne nähere Begründung von der Möglichkeit einer Schadensersatzpflicht ausgehen).

§ 77 Abs. 2 Satz 3 selbst verpflichtet nicht dazu, den Arbeitnehmern die Betriebsvereinbarung bekannt zu geben oder auf diese hinzuweisen, sondern nur dazu, ihnen durch Auslegung (Auslage) die Möglichkeit der Kenntnisnahme zu geben. Darüber hinaus ist nunmehr allerdings die **Hinweispflicht** des Arbeitgebers nach § 2 Abs. 1 Satz 2 Nr. 10 **Nachweisgesetz** zu beachten, die sich u. a. auf die Betriebsvereinbarungen bezieht, die auf das Arbeitsverhältnis eines Arbeitnehmers anzuwenden sind. Dieser Hinweis kann in allgemeiner Form gehalten sein. Dann genügt der Arbeitgeber seiner Informationspflicht aber nur, wenn die in Bezug genommenen Betriebsvereinbarungen für die Arbeitnehmer im Betrieb auch wirklich auf Dauer zur Einsichtnahme zugänglich sind (vgl. Begründung zum Gesetzentwurf, BT-Drucks. 13/668, S. 11). Andernfalls folgt aus der Verletzung der Auslegungspflicht die Verletzung der Hinweispflicht (vgl. auch *Schwarze* ZfA 1997, 43 [51]). Als Sanktion kommt dann bei Verschulden eine Schadensersatzpflicht aus positiver Forderungsverletzung in Betracht, da durch die Nachweispflicht die Fürsorgepflicht des Arbeitgebers erweitert worden ist (ebenso *Schwarze* ZfA 1997, 62; vgl. auch *Preis/WPK* § 77 Rn. 11: Schadensersatzanspruch wegen Verzugs; **a. M.** *Kaiser/LK* § 77 Rn. 81: die Auslagepflicht wird nicht auf dem Umweg des NachwG schadensersatzbewehrt). Vgl. zur Verletzung der entsprechenden Hinweispflicht auf Tarifverträge BAG 17.04.2002 EzA § 2 NachwG Nr. 5; 29.05.2002 EzA § 2 NachwG Nr. 4; 05.11.2003 EzA § 2 NachwG Nr. 6.

Darüber hinaus kann sich ein Arbeitnehmer auf seine **Rechtsunkenntnis berufen**, wenn er gegen eine Pflicht verstößt, die sich aus einer nicht bekannt gemachten Betriebsvereinbarung ergibt (*Richardi* § 77 Rn. 42), z. B. um darzutun, dass ihn kein Sorgfaltsverstoß (§ 276 BGB) trifft. Außerdem kommt ein **Vertrauensschutz** für Arbeitnehmer in Betracht, wenn eine nicht ausgelegte oder anderweitig bekannt gemachte Betriebsvereinbarung Arbeitsbedingungen verschlechtert, etwa eine betriebliche Versorgungsordnung (in diesem Sinne BVerfG vom 09.02.2000 [unveröffentlicht], kommentiert von *Fischer* BB 2000, 1143).

ee) Anhörung des Sprecherausschusses

Soweit im Betrieb nach Maßgabe des SprAuG ein gesetzlicher Sprecherausschuss der leitenden Angestellten besteht, hat der **Arbeitgeber** nach § 2 Abs. 1 Satz 2 SprAuG vor Abschluss einer Betriebsvereinbarung (oder sonstigen Vereinbarung, namentlich Regelungsabrede) mit dem Betriebsrat, die rechtlichen Interessen der leitenden Angestellten berührt, den **Sprecherausschuss rechtzeitig an-**

zuhören. Da die Betriebsvereinbarung für leitende Angestellte nicht gilt (vgl. auch Rdn. 195 f.), können deren rechtliche Interessen nur im Wege der Rückwirkung (auf die einzelnen leitenden Angestellten oder den Gestaltungsspielraum des Sprecherausschusses, z. B. bei Regelungen über die Lage der Arbeitszeit, Urlaubsplan, Nutzung von Sozialeinrichtungen, Altersversorgung) betroffen werden. Die ordnungsgemäße Anhörung ist **keine Wirksamkeitsvoraussetzung** der Betriebsvereinbarung (ebenso *Berg/DKKW* § 77 Rn. 56; *Borgwardt/Fischer* Sprecherausschussgesetz für leitende Angestellte, § 2 Rn. 6; *Brune* AR-Blattei SD 520, Rn. 122; *Fitting* § 77 Rn. 28; *Oetker* ZfA 1990, 43 [67]; *Richardi* § 77 Rn. 44; *Wlotzke* DB 1989, 173 [174]). Das SprAuG selbst sieht keine Sanktion bei Verletzung der Anhörungspflicht vor; sie ist noch nicht einmal eine Ordnungswidrigkeit i. S. v. § 36 SprAuG. Im Umkehrschluss zu § 31 Abs. 2 Satz 3 SprAuG wird deutlich, dass das Gesetz auch keine Sanktion gewollt hat. Dort ist bestimmt, dass eine ohne Anhörung des Sprecherausschusses ausgesprochene Kündigung, vor der der Sprecherausschuss nach § 31 Abs. 2 Satz 1 SprAuG zu hören ist, unwirksam ist. Zudem ist zu berücksichtigen, dass nur der Arbeitgeber den Sprecherausschuss anzuhören hat, nicht aber die Betriebsvereinbarungsparteien oder gar die Einigungsstelle (sofern deren Spruch die Einigung zwischen Arbeitgeber und Betriebsrat ersetzt). Auch hat der Sprecherausschuss keine rechtliche Befugnis, sich selbst in die Verhandlungen zwischen Betriebsrat und Arbeitgeber einzuschalten (*Wlotzke* DB 1989, 175).

61 Die Wirksamkeit der Betriebsvereinbarung ist nicht davon abhängig, dass diese rechtliche Interessen der leitenden Angestellten angemessen berücksichtigt. Der Sprecherausschuss hat auch keine rechtliche Möglichkeit, die Inkraftsetzung einer Betriebsvereinbarung durch sein »Veto« aufzuhalten oder ihre Aufhebung beim Arbeitsgericht zu beantragen, wenn er der Meinung ist, dass rechtliche Interessen der leitenden Angestellten unangemessen beeinträchtigt werden. Dies ergibt sich eindeutig daraus, dass § 33 des Gesetzentwurfs der Fraktionen der CDU/CSU und FDP (BT-Drucks. 11/2503), der entsprechendes vorsah, aufgrund allseitiger Kritik im Hinblick auf die Beeinträchtigung der Betriebsratsarbeit (vgl. *Hanau* RdA 1985, 291; *ders.* AuR 1988, 261 [263 ff.]; *Hromadka* DB 1986, 857 [862]; *Richardi* AuR 1986, 33 [46]; *Schumann* AiB 1988, 205 [207 f.]) und nach den einmütigen Ergebnissen der Sachverständigen-Anhörung vor dem BT-Ausschuss für Arbeit und Sozialordnung am 28.09.1988 (Prot. Nr. 48) als »nicht erforderlich« (vgl. Ausschussbericht BT-Drucks. 11/3618, S. 12) wieder gestrichen wurde.

b) Abschlussmängel

62 Als privatrechtlicher Vertrag (vgl. Rdn. 40) unterliegt die Betriebsvereinbarung auch den allgemeinen Vorschriften über die Wirksamkeit und Unwirksamkeit von Rechtsgeschäften. Modifizierungen sind wegen der besonderen Wirkungsweise der Betriebsvereinbarung (Abs. 4 Satz 1) aber geboten.

aa) Nichtigkeit

63 Eine Betriebsvereinbarung ist nichtig (= unwirksam; vgl. *von Hoyningen-Huene* DB 1984, Beil. Nr. 1, S. 1 [6]), wenn sie der **Schriftform** (Abs. 2 Satz 1 und 2) ermangelt (§ 125 Satz 1 BGB), wenn sie auf Arbeitnehmerseite **nicht** von dem allein als **Partei zuständigen Betriebsrat** (Gesamtbetriebsrat, Konzernbetriebsrat, Arbeitsgruppe, Arbeitnehmervertretungen in den nach § 3 Abs. 1 bis 3 gebildeten Organisationseinheiten) abgeschlossen wurde (vgl. zu Zuständigkeitsüberschreitungen insb. *Kreutz/Franzen* § 50 Rdn. 82), nach **Verweigerung der Genehmigung** durch den Betriebsrat (vgl. Rdn. 51), falls der Betriebsratsvorsitzende (oder ein anderes Betriebsratsmitglied) ohne Vertretungsmacht gehandelt hat, oder wenn die **Betriebsratswahl nichtig** war (vgl. dazu § 19 Rdn. 143 ff.) oder die Amtszeit des Betriebsrats abgelaufen war (*Hess. LAG* 15.05.2012 – 12 Sa 280/11 – juris, Rn. 25). Entsprechendes gilt, wenn auf Seiten des Arbeitgebers ein Vertreter ohne Vertretungsmacht gehandelt hat, nach Verweigerung der Genehmigung durch den Arbeitgeber (vgl. *BAG* 11.12.2007 EzA § 77 BetrVG 2001 Nr. 21 Rn. 23 ff.: Arbeitnehmer können dann keinen Erfüllungs- oder Schadensersatzanspruch aus § 179 Abs. 1 BGB herleiten, weil sie nicht Vertragspartner sind). Unwirksam ist auch eine Betriebsvereinbarung, die auf einem unwirksamen Spruch der Einigungsstelle (vgl. dazu *Jacobs* § 76 Rdn. 175 ff.) beruht (vgl. dazu *Jacobs* § 76 Rdn. 136 ff.). Nichtigkeit ist auch die Rechtsfolge, wenn eine Betriebsvereinbarung unter Überschreitung der **Außenschranken** (vgl. dazu i. E. Rdn. 139 ff.) oder der **Innenschranken** (vgl. dazu i. E. Rdn. 329 ff.) der Betriebsautonomie ge-

schlossen wird (vgl. dazu zusammenfassend auch *von Hoyningen-Huene* DB 1984, Beil. Nr. 1, S. 1 [3 ff.]). Die Nichtigkeitsgründe der §§ 116, 117, 118 BGB haben für die Betriebsvereinbarung keine praktische Bedeutung, da bei den von ihnen Regelungen betroffenen Arbeitnehmern weder die Kenntnis des geheimen Vorbehalts einer Vertragspartei noch das Einverständnis mit einer Scheinerklärung vorhanden sein wird.

Eine nichtige Betriebsvereinbarung entfaltet keine Rechtswirkungen (vgl. aber Rdn. 146). Eine **Umdeutung** der nichtigen Betriebsvereinbarung nach § 140 BGB in eine **Regelungsabrede** scheidet regelmäßig aus (vgl. Rdn. 145). Auch eine Umdeutung in ein **individualrechtlich wirksames Rechtsgeschäft** (Gesamtzusage, Vertrag zugunsten Dritter, Vertrag zwischen Arbeitgeber und Belegschaft, diese vertreten durch den Betriebsrat [dazu *BAG* 19.07.1977 AP Nr. 1 zu § 77 BetrVG 1972]) kommt **grundsätzlich nicht** in Betracht, weil all dies wegen andersartiger Wirkungsweise und schwierigerer Abänderbarkeit (hypothetisch) nicht gewollt ist, wenn eine (mit dreimonatiger Frist jederzeit kündbare) Betriebsvereinbarung abgeschlossen wird (vgl. auch *Fitting* § 77 Rn. 31, 105; *BAG* 20.11.2001 EzA § 77 BetrVG 1972 Nr. 70 S. 9 f.). Eine solche Umdeutung ist nach der Rspr. des *BAG* aber nicht ausgeschlossen: Die Umdeutung in eine Gesamtzusage (oder gebündelte Vertragsangebote), die die Arbeitnehmer (nach § 151 BGB) ohne ausdrückliche Erklärung gegenüber dem Arbeitgeber annehmen können, ist danach **ausnahmsweise** für Fälle zu bejahen, bei denen besondere Umstände die Annahme rechtfertigen, dass sich der Arbeitgeber unabhängig von der Regelungsform betriebsweit binden wollte (*BAG* 24.01.1996 EzA § 77 BetrVG 1972 Nr. 55 S. 6 ff. [krit. *Ch. Fischer*] = AP Nr. 8 zu § 77 BetrVG 1972 Tarifvorbehalt [zust. *Moll*] = SAE 1997, 41 [zust. *Misera*]; bestätigt durch *BAG* 05.03.1997 EzA § 77 BetrVG 1972 Nr. 58; 20.10.2002 EzA § 77 BetrVG 1972 Nr. 72 S. 10; 30.05.2006 EzA § 77 BetrVG 2001 Nr. 14 Rn. 34 = AP Nr. 23 zu § 77 BetrVG 1972 Tarifvorbehalt [*Oetker*]; 17.03.2010 EzA § 47 BetrVG 2001 Nr. 5 Rn. 26; 26.01.2017 NZA 2017, 522 Rn. 27 = AP Nr. 16 zu § 626 BGB Unkündbarkeit); dies soll jedenfalls bei solchen nichtigen (hier insbes.: wegen Verstoßes gegen § 77 Abs. 3) Betriebsvereinbarungen in Betracht kommen, bei denen die ordentliche Kündbarkeit ausgeschlossen ist oder deren Regelungsgegenstand sich in einmaliger Leistung erschöpft (vgl. auch *LAG Köln* 17.04.1996 LAGE § 77 BetrVG 1972 Nr. 21 S. 6; *LAG Niedersachsen* 11.02.1998 LAGE § 77 BetrVG 1972 Nr. 23 S. 3; *ArbG Düsseldorf* 28.02.2012 – 2 Ca 4878/11 – juris; *LAG Hamburg* 10.01.2017 LAGE § 140 BGB 2002 Nr. 2; *Berg/DKKW* § 77 Rn. 131). Der Dritte Senat des *BAG* (23.02.2016 EzA § 77 BetrVG 2001 Nr. 41 Rn. 25 ff. = AP Nr. 12 zu § 1 BetrAVG Betriebsvereinbarung [krit. *Worzalla*]) hat die Umdeutung einer nichtigen Betriebsvereinbarung über Leistungen der betrieblichen Altersversorgung in eine wirksame Gesamtzusage bejaht und dies u. a., aber maßgeblich (und insoweit verallgemeinerungsfähig) darauf gestützt, dass sich nach der Rspr. des Senats (Stichwort: Drei-Stufen-Prüfung) insoweit die Abänderung einer Betriebsvereinbarung und einer Gesamtzusage im Wesentlichen entsprechen. Ebenso wenig können die Regelungen nichtiger Betriebsvereinbarungen kraft betrieblicher Übung in die Einzelarbeitsverhältnisse eingehen (vgl. *BAG* 13.08.1980 EzA § 77 BetrVG 1972 Nr. 8 = AP Nr. 2 zu § 77 BetrVG 1972; *LAG Berlin* 25.09.1991 LAGE § 112 BetrVG 1972 Nr. 19), jedenfalls dann nicht, wenn der Arbeitgeber für die Arbeitnehmer erkennbar Leistungen in Erfüllung der Betriebsvereinbarung erbracht hat (*BAG* 10.05.2006 EzA § 77 BetrVG 2001 Nr. 14 Rn. 37). Vgl. zur Gesamtproblematik *von Hoyningen-Huene* DB 1984, Beil. Nr. 1, S. 1 (7 ff.), dort (S. 10 ff.) auch zu den Rechtspositionen des einzelnen Arbeitnehmers, wenn sich die Nichtigkeit einer praktizierten Betriebsvereinbarung herausstellt; *Stadler* BB 1971, 709; *Veit/Waas* BB 1991, 1329 (1334 ff.); ausführlich zu den Umdeutungsvoraussetzungen *Moll/Kreitner* Anm. EzA § 140 BGB Nr. 16; *Belling/Hartmann* NZA 1998, 673 (674 ff.), die aber unzutreffend nur eine analoge Anwendung von § 140 BGB in Betracht ziehen, weil die Betriebsvereinbarung, da auf Fremdbestimmung angelegt, kein Rechtsgeschäft sein soll.

Nur wenn der Arbeitgeber **in Kenntnis** der Nichtigkeit der Betriebsvereinbarung Leistungen gewährt, ist seinem Verhalten ein individualrechtlicher Bindungswille zu entnehmen, so dass sich für die begünstigten Arbeitnehmer ein Rechtsanspruch aufgrund einer (konkludent zustande gekommenen) vertraglichen Einheitsregelung oder betrieblicher Übung ergibt (vgl. *BAG* 13.08.1980 EzA § 77 BetrVG 1972 Nr. 8; 27.06.1985 EzA § 77 BetrVGG 1972 Nr. 16 S. 70; 24.01.1996 EzA § 77 BetrVG 1972 Nr. 55 S. 8; *von Hoyningen-Huene* DB 1984, Beil. Nr. 1, S. 1 [8 f.]; *Fitting* § 77 Rn. 31, 105 f.; *Stege/Weinspach/Schiefer* § 77 Rn. 33; vgl. auch *Berg/DKKW* § 77 Rn. 131; *Birk* ZfA 1986, 73 [103 f.]; *Brune* AR-Blattei SD 520, Rn. 153; zögerlich *Worzalla/HWGNRH* § 77 Rn. 145; **a. M.**

Hess / Schlochauer / Glaubitz § 77 Rn. 172; *Stadler* BB 1971, 709 [711]), für dabei willkürlich ausgenommene Arbeitnehmer aus dem arbeitsrechtlichen Gleichbehandlungsgrundsatz (*BAG* 13.08.1980 EzA § 77 BetrVG 1972 Nr. 8; *von Hoyningen-Huene* DB 1984, Beil. Nr. 1, S. 10 f.). Insoweit geht es aber nicht um eine Umdeutung der nichtigen Betriebsvereinbarung nach oder analog § 140 BGB (deren Voraussetzungen nicht gegeben sind), sondern um eine (zusätzliche) Rechtsgrundlage auf individualrechtlicher Ebene (das wird verkannt von der in der Begründung missglückten Entscheidung des *BAG* 23.08.1989 EzA § 140 BGB Nr. 16 [krit. *Moll / Kreitner*] = AP Nr. 42 zu § 77 BetrVG 1972 [krit. *Hromadka*]; krit. dazu auch *Veit / Waas* BB 1991, 1329; vgl. auch *LAG Hamm* 22.10.1998 LAGE § 140 BGB Nr. 13; der Kritik insoweit beipflichtend *BAG* 24.01.1996 EzA § 77 BetrVG 1972 Nr. 55). Für die Annahme eines individualrechtlichen Verpflichtungswillens des Arbeitgebers reicht es entgegen *BAG* (23.08.1989 EzA § 140 BGB Nr. 16; ebenso die Vorinstanz, *LAG Hamm* 27.04.1988 LAGE § 140 BGB Nr. 6) nicht aus, dass der Arbeitgeber die (nichtige) Betriebsvereinbarung freiwillig abgeschlossen hat, um eine Befriedung im Betrieb herbeizuführen, und die Betriebspartner deren ordentliche Kündigung ausgeschlossen haben (ebenso *Brune* AR-Blattei SD 520, Rn. 152; *Moll / Kreitner* Anm. EzA § 140 BGB Nr. 16 S. 13). Ein Rechtsanspruch wäre aber auch dann zu bejahen, wenn (ausnahmsweise) die nichtige Betriebsvereinbarung einzelvertraglich in Bezug genommen worden ist, um eine Geltung ihrer Regelung bewusst sicherzustellen (vgl. *von Hoyningen-Huene* DB 1984, Beil. Nr. 1, S. 9). Allein dadurch, dass der Arbeitgeber auf die Gültigkeit der (nichtigen) Betriebsvereinbarung vertraut, wird deren Inhalt noch nicht durch Vertragsergänzung zum Inhalt der Einzelarbeitsverträge (**a. M.** *Strasser* RdA 1989, 258 [262 f.]). Vgl. speziell zur Nichtigkeit einer Betriebsvereinbarung wegen Verletzung der Sperrwirkung des § 77 Abs. 3 hier Rdn. 139 ff.

bb) Teilnichtigkeit

66 Sind nur einzelne Bestimmungen einer Betriebsvereinbarung nichtig (insb. wegen Verstoßes gegen § 77 Abs. 3 Satz 1 oder wegen Unzuständigkeit der Einigungsstelle in Fällen des § 76 Abs. 5), so geht es darum, die adäquaten Rechtsfolgen für die vom Nichtigkeitsgrund nicht erfassten Teile zu bestimmen; dabei ist zwischen Gesamtnichtigkeit und Restgültigkeit zu entscheiden. Maßgebliches Beurteilungskriterium ist der Parteiwille der Betriebspartner (bzw. der Wille der Einigungsstelle). Steht (nach Auslegung) der **tatsächliche Parteiwille** fest, so gilt das Gewollte. Das kann, bei Betriebsvereinbarungen eher unüblich, bei ausdrücklicher salvatorischer Erhaltungsklausel (Restgültigkeit bei Teilnichtigkeit) wie bei entgegengesetzter Klausel (Gesamtnichtigkeit bei Teilnichtigkeit) der Fall sein. Praktisch bedeutsam ist der Fall, dass beiden Parteien beim Abschluss der Betriebsvereinbarung die Teilnichtigkeit bewusst ist (z. B. und insb. bei Verstoß gegen § 77 Abs. 3 Satz 1); dann ist die übrige Regelung wirksam (vgl. *Kreutz* FS *Säcker*, S. 248 [245]), weil in diesem Fall der Parteiwille auf Restgültigkeit zielt oder überhaupt kein Wille bestand, ein einheitlich wirksames Rechtsgeschäft vorzunehmen (vgl. zu beiden Begründungsansätzen *Busche*/MK-BGB § 139 Rn. 31). **Andernfalls** ist nach der Auslegungsregel des **§ 139 BGB** zu verfahren (vgl. zur Begründung näher *Kreutz* FS *Säcker*, S. 247 [248 ff.]; für Anwendung des § 139 BGB zunächst auch *BAG* 15.05.1964 AP Nr. 5 zu § 56 BetrVG Akkord; 29.05.1964 AP Nr. 24 zu § 59 BetrVG [wo allerdings offen gelassen werden konnte, ob § 139 BGB auf Betriebsvereinbarungen anwendbar ist]; *Brune* AR-Blattei SD 520, Rn. 127 ff.; *v. Hoyningen-Huene* Betriebsverfassungsrecht, § 11 III 7 Rn. 80; *Kaiser / LK* § 77 Rn. 138; *Worzalla / HWGNRH* § 77 Rn. 242). Die Anwendung der dort getroffenen gesetzlichen Wertentscheidung auf die Betriebsvereinbarung als Rechtsgeschäft (s. Rdn. 40) bedeutet, dass bei Teilnichtigkeit die ganze Betriebsvereinbarung nichtig ist, wenn nicht anzunehmen ist, dass sie auch ohne den nichtigen Teil vorgenommen sein würde. Damit wird Gesamtnichtigkeit als Rechtsfolge widerlegbar vermutet; Restgültigkeit setzt die Widerlegung dieser Vermutung voraus. Das wiederum setzt voraus, dass die Annahme gerechtfertigt ist, dass die Betriebsvereinbarung auch ohne den nichtigen Teil abgeschlossen worden wäre. Dafür ist, heute unstr., der mutmaßliche (hypothetische) Parteiwille Beurteilungsmaßstab, der aus objektiver Bewertung aussagekräftiger Umstände herzuleiten ist. Restgültigkeit erfordert danach die Annahme, dass die Betriebsparteien (bzw. die Einigungsstelle) bei Kenntnis der Teilnichtigkeit den verbleibenden Teil der Betriebsvereinbarung im Hinblick auf den erkennbar verfolgten Regelungszweck vernünftigerweise geregelt hätten (vgl. zum Maßstab etwa *Busche*/MK-BGB § 139 Rn. 30, 32; *Jauernig*/*Mansel* BGB, § 139 Rn. 12; *Palandt / Ellenberger* BGB, § 139 Rn. 14; *Roth* in: Staudinger BGB [2015], § 139 Rn. 75).

Demgegenüber besteht in Rspr. und Literatur (vordergründig) weitgehend Einigkeit darüber, dass die **67** vom Nichtigkeitsgrund nicht erfassten Teile einer Betriebsvereinbarung **regelmäßig wirksam** bleiben, sofern sie noch, so die Abgrenzungsformel für Restgültigkeit, **eine sinnvolle und in sich geschlossene Regelung** enthalten. Bei dieser Abkehr von § 139 BGB folgt die Literatur (vgl. *Fitting* § 77 Rn. 32; *Matthes*/MünchArbR § 239 Rn. 77; *Preis/WPK* § 77 Rn. 15; *Richardi* § 77 Rn. 48; auch noch hier 9. Aufl. § 77 Rn. 61) der seit langem st. Rspr. des *BAG*, die dessen Erster Senat 1981 mit dem Normencharakter der Betriebsvereinbarung begründet hat, der es ebenso wie bei Tarifverträgen und Gesetzen gebiete, im Interesse der Kontinuität und Rechtsbeständigkeit einer gesetzten Ordnung diese soweit aufrecht zu erhalten, als sie auch ohne den unwirksamen Teil ihre Ordnungsfunktion noch entfalten könne (*BAG* 28.04.1981 EzA § 87 BetrVG 1972 Vorschlagswesen Nr. 2 unter B IV [*Kraft*] = AP Nr. 1 zu § 87 BetrVG 1972 Vorschlagwesen [*Herschel*]; zur Kritik dieser Herleitung vgl. *Kreutz* FS *Säcker*, S. 257 [251 f.]) und die das *BAG* in einer langen Entscheidungsreihe bis in die Gegenwart bestätigt hat (vgl. etwa zuletzt *BAG* 29.04.2004 EzA § 77 BetrVG Nr. 8 S. 23; 22.03.2005 EzA § 77 BetrVG 2001 Nr. 10 S. 17; 06.11.2007 EzA § 77 BetrVG 2001 Nr. 19 Rn. 17; 26.08.2008 EzA § 87 BetrVG 2001 Überwachung Nr. 2 Rn. 57; 16.08.2011 EzA § 4 TVG Metallindustrie Nr. 142 Rn. 20; 05.05.2015 EzA § 87 BetrVG 2001 Betriebliche Lohngestaltung Nr. 32 Rn. 20; 19.07.2016 AP Nr. 13 zu § 1 BetrAVG Betriebsvereinbarung Rn. 41 = NZA 2016, 1475).

In jüngeren Entscheidungen des *BAG* hat sich indes die Abgrenzungs**un**tauglichkeit der BAG-Formel **68** erwiesen, nämlich in Fällen, in denen das Gericht (anders als in allen vorangegangenen Entscheidungen) bei Teilnichtigkeit einer Betriebsvereinbarung nicht die Restgültigkeit bejaht, sondern Gesamtnichtigkeit angenommen hat, obwohl jeweils eine praktisch anwendbare sinnvolle Restregelung verblieben war (vgl. *BAG* 20.07.1999 EzA § 87BetrVG 1972 Betriebliche Lohngestaltung Nr. 67 S. 11 f.; 25.01.2000 EzA § 112 BetrVG 1972 Nr. 106 S. 8 f.; 15.05.2001 EzA § 87 BetrVG 1972 Leistungslohn Nr. 18 S. 8 f.; 13.02.2003 EzA § 77 BetrVG 2001 Nr. 1 S. 6 f.; näher dazu *Kreutz* FS *Säcker*, S. 247 [252 f.]). Dabei hat das Gericht jeweils entscheidend auf Aspekte des mutmaßlichen Parteiwillens (bzw. des Willens der Einigungsstelle) abgestellt, aber nicht ausdrücklich auf § 139 BGB zurückgegriffen, wie es für eine dogmatisch abgesicherte Entscheidung geboten gewesen wäre. Eine Rückkehr zu § 139 BGB hat dann aber doch in zwei Entscheidungen stattgefunden, in denen bei Teilnichtigkeit die Gesamtunwirksamkeit einer Betriebsvereinbarung nach Maßgabe des § 139 BGB angenommen wurde (vgl. *BAG* 28.05.2002 EzA § 87 BetrVG 1972 Bildungsurlaub Nr. 1 S. 14; 21.01.2003 EzA § 77 BetrVG 2001 Nr. 3 S. 14); argumentativ konnten beide Entscheidungen nicht überzeugen, weil sie vom Bemühen geleitet waren, die überkommene *BAG*-Formel zu retten, statt sich grundsätzlich zur Anwendung des § 139 BGB zu bekennen. Der Maßstab einer »sinnvollen und in sich geschlossenen Restregelung« kann aber schon deshalb nicht abgrenzungstauglich sein, weil Teilnichtigkeit einer Betriebsvereinbarung überhaupt nur in Betracht kommt, wenn die urkundlich einheitliche Betriebsvereinbarung in einen nichtigen und in einen verbleibenden Teil zerlegt werden kann, der zur selbständigen Anwendung fähig ist (so im Ansatz überzeugend *Busche*/MK-BGB § 139 Rn. 24 ff.). Wo eine solche Aufspaltung nicht möglich ist, muss jede Nichtigkeit zur Gesamtnichtigkeit führen; § 139 BGB ist nicht anwendbar. Deshalb kann mit der *BAG*-Formel nur die Anwendbarkeit des § 139 BGB dargetan werden. Ob der vom Nichtigkeitsgrund nicht erfasste Teil gültig bleibt, hängt dann nach § 139 BGB allein davon ab, dass objektive Umstände die Annahme (des Richters) rechtfertigen, dass die verbleibende Regelung auch ohne den nichtigen Teil zustande gekommen wäre. Für diese Annahme spricht, wenn der verbleibende Teil eine sinnvolle und in sich geschlossene Regelung enthält; andere Gesichtspunkte können allerdings für einen entgegenstehenden hypothetischen Parteiwillen sprechen (vgl. *Kreutz* FS *Säcker*, S. 247 [254, 259]).

Wenn im Rahmen schuldrechtlicher Absprachen der Betriebspartner nur einzelne Bestimmungen **69** nichtig sind, ist § 139 BGB ebenfalls anwendbar.

cc) Anfechtung

Beruht der Abschluss der Betriebsvereinbarung auf einem **Willensmangel** (Irrtum, arglistige Täu- **70** schung, Drohung) einer Partei, würde das nach allgemeinen Grundsätzen (§§ 119, 123 BGB) diese zur Anfechtung berechtigen, die, wenn sie erfolgt, die Betriebsvereinbarung rückwirkend nichtig machen würde (§ 142 Abs. 1 BGB). Die rückwirkende Vernichtbarkeit einer Betriebsvereinbarung oder

§ 77 	IV. 1. Allgemeines

einzelner ihrer Bestimmungen wird jedoch nach (fast) allgemeiner Auffassung mit Recht verneint (vgl. *BAG* 15.12.1961 AP Nr. 1 zu § 615 BGB Kurzarbeit; *Brune* AR-Blattei SD 520, Rn. 133; *Fitting* § 77 Rn. 33; *Galperin/Löwisch* § 77 Rn. 16; *von Hoyningen-Huene* DB 1984, Beil. Nr. 15, S. 1 [3]; *Hueck/ Nipperdey* II/2 S. 1282; *Kaiser/LK* § 77 Rn. 84; *Matthes/*MünchArbR § 239 Rn. 49; *Nikisch* III S. 285; *Preis/WPK* § 77 Rn. 15; *Richardi* § 77 Rn. 49; *Worzalla/HWGNRH* § 77 Rn. 237; *Wurth* Der Irrtum über den Umfang der Mitbestimmung, unter C II 3; für Rückwirkung bei Anfechtbarkeit nach § 123 BGB *Kania/*ErfK § 77 BetrVG Rn. 26, weil sonst Arglist und Drohung zum Erfolg kämen). Wie bei anderen Dauerrechtsverhältnissen auch, würde die rückwirkende Vernichtung der **in Vollzug gesetzten** Regelung zu praktisch kaum überwindbaren Schwierigkeiten führen. Das gilt für die normativen (wie, wenn man sie anerkennt, die obligatorischen) Regelungen der Betriebsvereinbarung (anders für die obligatorischen Teile *G. Hueck* Die Betriebsvereinbarung, S. 50). Die Anfechtbarkeit kann deshalb nur mit Wirkung für die Zukunft durch einseitige Erklärung derjenigen Partei, die einen Anfechtungsgrund hat, geltend gemacht werden. Ob man diese beendigende Erklärung als (fristlose) **Kündigung** unter Berufung auf die Anfechtungsgründe (so wohl *Berg/DKKW* § 77 Rn. 112) oder als **Anfechtung** auffasst, die **nur für die Zukunft** (ex nunc) wirkt (so zutr. schon *Dietz/Richardi* § 77 Rn. 38; *Galperin/Löwisch* § 77 Rn. 16; jetzt auch *Fitting* § 77 Rn. 33; *Kaiser/LK* § 77 Rn. 84), ist praktisch ohne Bedeutung (ebenso *von Hoyningen-Huene* DB 1984, Beil. Nr. 1, S. 3; *Worzalla/HWGNRH* § 77 Rn. 237). Die Einordnung hat in keinem Fall Einfluss auf die konkreten Rechtsfolgen (z. B. auch nicht darauf, ob die Anfechtung bzw. Kündigung die Betriebsvereinbarung im Ganzen beendet, oder ob sie nur diejenigen Bestimmungen unwirksam werden lässt, die von dem Willensmangel betroffen sind). Eine Teilanfechtung bzw. Teilkündigung ist grundsätzlich möglich (*Thiele* Drittbearbeitung, § 77 Rn. 152; vgl. auch Rdn. 410 ff.); eine Nachwirkung nach Abs. 6 wäre sachwidrig. Mangels Rückabwicklungsschwierigkeiten kann eine Anfechtung mit ex-tunc-Wirkung aber in Betracht kommen, wenn die abgeschlossene Betriebsvereinbarung noch nicht in Kraft getreten ist oder einen in der Zukunft liegenden konkreten Einzelfall regelt (vgl. insoweit auch *Hess/Schlochauer/Glaubitz* § 77 Rn. 220).

c) Auslegung der Betriebsvereinbarung

71 Privatrechtliche Verträge sind nach §§ 133, 157 BGB auszulegen. Die Betriebsvereinbarung kommt als privatrechtlicher Vertrag zustande (vgl. Rdn. 40). Ihre Regelungen (»Normen«; s. zur »Norm«-Qualität aber Rdn. 189 ff., 238 ff.) gelten aber nach Abs. 4 Satz 1 unmittelbar für die Arbeitsverhältnisse im Betrieb (vgl. dazu Rdn. 194 ff.). Deshalb ist das **Auseinanderfallen von Regelungsurhebern und Regelungsadressaten** bei der Auslegung der Betriebsvereinbarung (Sozialplan) zu berücksichtigen, wie beim Tarifvertrag. Nach Rspr. (vgl. nur *BAG* 12.11.2002 EzA § 112 BetrVG 2001 Nr. 2 S. 4; 29.10.2002 EzA § 112 BetrVG 2001 Nr. 4 S. 5; 09.12.1997 EzA § 77 BetrVG 1972 Nr. 62 S. 3; 28.04.1993 EzA § 112 BetrVG 1972 Nr. 68 S. 7; 28.04.1992 EzA § 50 BetrVG 1972 Nr. 10 S. 11; 08.11.1988 EzA § 112 BetrVG 1972 Nr. 50 S. 4; 13.10.1987 AP Nr. 2 zu § 77 BetrVG 1972 Auslegung; 23.10.1985 AP Nr. 33 zu § 1 TVG Tarifverträge: Metallindustrie; 27.08.1975 AP Nr. 2 zu § 112 BetrVG 1972) und Literatur (vgl. schon *Dietz/Richardi* § 77 Rn. 151; *Hess/Schlochauer/Glaubitz* § 77 Rn. 60; *Säcker* AR-Blattei, Betriebsvereinbarung I, E III; *Thiele* Drittbearbeitung, § 77 Rn. 188) gelten wegen der normativen Wirkung die gleichen **Grundsätze wie für die Auslegung von Tarifverträgen**. Das wiederum bedeutet, dass auch die Regelungen von Betriebsvereinbarungen, wie die Normen eines Tarifvertrages, weithin den Regeln unterstellt werden, die für die **Auslegung von Gesetzen** gelten (st. Rspr. aller Senate des BAG; vgl. etwa *BAG* 13.10.2015 EzA § 75 BetrVG 2001 Nr. 12 Rn. 22 = AP Nr. 109 zu § 77 BetrVG 1972; 18.09.2014 – 8 AZR 757/13 – juris, Rn. 21; 15.10.2013 – 1 AZR 544/12 – juris, Rn. 12; 24.04.2013 – 7 AZR 523/11 – juris, Rn. 33 = AP Nr. 63 zu § 77 BetrVG 1972 Betriebsvereinbarung; 24.05.2012 EzA § 1 KSchG Betriebsbedingte Kündigung Nr. 168 Rn. 63; 27.07.2010 EzA § 77 BetrVG 2001 Nr. 31 Rn. 9; 11.12.2007 EzA § 77 BetrVG 2001 Nr. 22 Rn. 19; 19.10.2005 EzA § 77 BetrVG 2001 Nr. 13 S. 6; 21.01.2003 EzA § 87 BetrVG 2001 Betriebliche Lohngestaltung Nr. 1 S. 4; 07.11.2000 EzA § 77 BetrVG 1972 Nachwirkung Nr. 2 S. 6; 28.04.1992 EzA § 50 BetrVG 1972 Nr. 10 S. 11; 08.11.1988 EzA § 112 BetrVG 1972 Nr. 50 S. 4; *BAG* 23.10.1985 AP Nr. 33 zu § 1 TVG Tarifverträge: Metallindustrie = SAE 1986, 286 [*Coester*]; 11.06.1975 AP Nr. 1 zu § 77 BetrVG 1972 Auslegung; AP Nr. 3, 9 zu § 77 BetrVG 1972; *Brune* AR-Blattei SD 520, Rn. 143; *Berg/DKKW* § 77 Rn. 52; *Fitting* § 77

Rn. 15; *von Hoyningen-Huene* Betriebsverfassungsrecht, § 11 III 6; *Kaiser/LK* § 77 Rn. 31; *Matthes/*MünchArbR § 239 Rn. 5; *Stege/Weinspach/Schiefer* § 77 Rn. 26; **a. M.** *Liedmeier* Die Auslegung und Fortbildung arbeitsrechtlicher Kollektivverträge, S. 146 ff.; vgl. zur Auslegung von Tarifverträgen *BAG* AP Nr. 1 ff., insbes. Nr. 135 zu § 1 TVG Auslegung; *Buchner* AR-Blattei, Tarifvertrag IX, Auslegung; *Däubler* TVG, Einl. Rn. 590 ff.; *Krause/JKOS* Tarifvertragsrecht, S. 280 ff.; *Löwisch/Rieble* TVG, § 1 Rn. 1675 ff.; *Wiedemann/Wank* TVG, § 1 Rn. 978 ff.). Durch Auslegung ist nicht nur der **Inhalt** von Betriebsvereinbarungen zu ermitteln, sondern ggf. auch, **ob überhaupt** eine normativ wirkende Regelung (Betriebsvereinbarung) vorliegt (vgl. *BAG* 11.12.2007 EzA § 77 BetrVG 2001 Nr. 22 Rn. 19). Ist jedoch zweifelhaft, ob es sich bei einer Vereinbarung um einen (Firmen-)Tarifvertrag oder eine Betriebsvereinbarung handelt, ist nach §§ 133, 157 BGB auszulegen, nicht nach den Grundsätzen zur Auslegung des normativen Teils von Tarifverträgen (*BAG* 15.04.2008 EzA § 4 TVG Tarifkonkurrenz Nr. 21).

Die Trennung von Vertrags- und Gesetzesauslegung darf indes nicht übersehen, dass in der Sache kaum **72** wesentliche Differenzen bestehen, zumal die (Gesetzes-)Auslegungstheorie von erheblichen Unsicherheiten gekennzeichnet ist. Auch die Vertragsauslegung forscht nicht nach dem inneren (subjektiven) Willen des Erklärenden, sondern nach der Bedeutung des erklärten Willens. Für diese kommt es entscheidend darauf an, wie der Erklärungsempfänger die Willenserklärung nach Treu und Glauben verstehen musste (§§ 133, 157 BGB). Richtet sich die Erklärung an einen größeren (bestimmten oder unbestimmten) Personenkreis, so ist auf die Verständnismöglichkeit eines durchschnittlichen Adressaten abzustellen. Nichts wesentlich anderes bedeutet es, wenn Betriebsvereinbarungen wie Gesetze auszulegen sein sollen. Denn unabhängig vom noch immer bestehenden Gegensatz zwischen subjektiver und objektiver Auslegungstheorie besteht Einigkeit darüber, dass die Auslegung nicht das Ziel einer empirisch-psychologischen Willenserforschung hat, sondern **objektiv** »der vom Gesetzgeber erkennbar verfolgte Zweck eines Gesetzes« (subjektive Theorie) bzw. der »normative Sinn des Gesetzes« (objektive Theorie) zu ermitteln ist. Auf die besonderen Kenntnisse einzelner Adressaten kommt es hier wie dort nicht an, weil der Norminhalt allgemein und für alle Adressaten gleichermaßen gelten muss. Damit entfällt die Rücksichtnahme auf individuelle Verständnismöglichkeiten des von den Betriebspartnern übereinstimmend Gewollten bei davon abweichendem objektivem Normsinn. Die Falsa-demonstratio-Regel ist unanwendbar.

Die **Grundsätze einer »objektiven« Auslegung** schließen den Rückgriff auf den **realen Willen** **73** **der Betriebspartner** nicht aus (ebenso *Dütz* FS *K. Molitor*, S. 63 [77]). Die Betriebsvereinbarung gilt, weil sie durch übereinstimmenden Willen von Arbeitgeber und Betriebsrat in Geltung gesetzt worden ist (»Betriebsautonomie«). Das hat für die Auslegung aller Willenserklärungen maßgebliche Bedeutung. § 133 BGB ist insoweit auch bei der Auslegung von Betriebsvereinbarungen anwendbar. Ihrem »normativen« Charakter ist mit der (insoweit zutreffenden) Rspr. dadurch Rechnung zu tragen, dass darauf abzustellen ist, ob und inwieweit der übereinstimmende wirkliche Wille der Betriebspartner **in der betreffenden Regelung erkennbaren Ausdruck gefunden hat** (vgl. dazu die Nachweise in Rdn. 74 und weiter etwa *BAG* 11.10.2016 EzA § 99 BetrVG 2001 Nr. 30 = AP Nr. 150 zu § 99 BetrVG 1972; 21.01.2003 EzA § 87 BetrVG 2001 Betriebliche Lohngestaltung Nr. 1 S. 4; 28.04.1993 EzA § 112 BetrVG 1972 Nr. 68 S. 7; 09.02.1984 AP Nr. 9 zu § 77 BetrVG 1972; 11.06.1975 AP Nr. 1 zu § 77 BetrVG 1972 Auslegung Bl. 2). **Auslegungsziel** ist also die Ermittlung des in der Norm (Regelung) objektivierten Willens der Betriebspartner; dem dienen als (gleichrangige) Auslegungs**mittel** (Kriterien, Elemente, methodische Hilfsgesichtspunkte) die Auslegung aus ihrem **Wortlaut**, ihrem (logisch-systematischen) **Zusammenhang**, aus ihrem **Zweck** sowie aus der **Entstehungsgeschichte**.

Entsprechend heißt es nun in jüngsten Entscheidungen des *BAG* zur Auslegung von Betriebsverein- **74** barungen (und Sozialplänen): »Ausgehend vom Wortlaut und dem durch ihn vermittelten Wortsinn kommt es auf den Gesamtzusammenhang und die Systematik der Bestimmung an. Darüber hinaus sind Sinn und Zweck der Regelung von besonderer Bedeutung. Im Zweifel gebührt derjenigen Auslegung der Vorzug, die zu einem sachgerechten, zweckorientierten, praktisch brauchbaren und gesetzeskonformen Verständnis der Regelung führt« (*BAG* 05.05.2015 – 1 AZR 826/13 – juris, Rn. 18; 17.11.2015 – 1 AZR 881/13 – juris, Rn. 13 = AP Nr. 231 zu § 112 BetrVG 1972; 15.11.2016 – 9 AZR 81/16 – juris, Rn. 18 = NZA 2017, 264). Damit sind die zuvor von den Senaten des *BAG*

§ 77   IV. 1. Allgemeines

seit langem stereotyp herausgestellten Auslegungsgrundsätze korrigiert, die aus hier vertretener Sicht (Rdn. 73) mehrfach unstimmig waren (bezüglich der Bedeutung des wirklichen Willens der Betriebspartner und der Gleichrangigkeit der Auslegungsmittel); vgl. zuletzt etwa noch mit jeweils weiteren Verweisen *BAG* 13.10.2015 EzA § 75 BetrVG 2001 Nr. 12 Rn. 22 = AP Nr. 109 zu § 77 BetrVG 1972; 18.09.2014 – 8 AZR 757/13 – juris, Rn. 21; 18.02.2014 – 3 AZR 568/12 – juris, Rn. 24; 15.10.2013 – 1 AZR 544/12 – juris, Rn. 12; 24.04.2013 – 7 AZR 523/11 – juris, Rn. 33 = AP Nr. 63 zu § 77 BetrVG 1972 Betriebsvereinbarung, wo jeweils formuliert war: »*Auszugehen ist vom Wortlaut und dem durch ihn vermittelten Wortsinn. Insbesondere bei unbestimmtem Wortsinn sind der wirkliche Wille der Betriebsparteien und der von ihnen beabsichtigte Zweck zu berücksichtigen, sofern und soweit sie im Text ihren Niederschlag gefunden haben. Abzustellen ist ferner auf den Gesamtzusammenhang und die Systematik der Regelungen.* Im Zweifel gebührt . . .«(wie oben). Allerdings bleibt auch in der neuen Formel das Auslegungsziel offen. Auch wird die Entstehungsgeschichte (sog. historische Auslegung) nicht als Auslegungsmittel genannt; die Rspr. will dieser zu Unrecht (s. Rdn. 79) nur ergebnisbestätigende und zweifelausräumende Bedeutung zuerkennen. Der Hinweis, wie »im Zweifel« zu verfahren sein soll, ist nicht weiterführend und überflüssig (s. Rdn. 78).

75 Die Betriebsvereinbarung ist zunächst nach dem **Wortlaut** (Grammatik, gewöhnlicher Sprachgebrauch) auszulegen (vgl. etwa auch *BAG* 21.03.2001 EzA § 611 BGB Gratifikation, Prämie Nr. 164 S. 5; 24.05.2012 EzA § 1 KSchG Betriebsbedingte Kündigung Nr. 168 Rn. 64). Der noch mögliche Wortsinn begrenzt die Auslegung (so auch schon *BAG* 11.06.1975 AP Nr. 1 zu § 77 BetrVG 1972 Auslegung Bl. 2; 13.08.1980 AP Nr. 2 zu § 77 BetrVG 1972 Bl. 1 R; 24.05.1982 AP Nr. 3 zu § 80 ArbGG 1979; zuletzt etwa *BAG* 28.04.2009 AP Nr. 47 zu § 77 BetrVG 1972 Betriebsvereinbarung Rn. 12; 30.11.2010 AP Nr. 10 zu § 1 BetrAVG Auslegung; 18.10.2011 AP Nr. 140 zu § 87 BetrVG 1972 Lohngestaltung Rn. 15; 16.11.2011 EzA § 4 TVG Metallindustrie Nr. 143 Rn. 28; 09.10.2012 DB 2013, 942 Rn. 21; **a. M.** *Thiele* Drittbearbeitung, § 77 Rn. 190; auch das *BVerfG* [Kammerbeschluss vom 26.09.2011 NJW 2012, 669 Rn. 57] hat hervorgehoben: »Der Wortlaut des Gesetzes zieht im Regelfall keine starre Auslegungsgrenze«; methodisch bleibt das allerdings unklar, weil das Gericht unvermittelt direkt anfügt: »zu den anerkannten Methoden der Gesetzesauslegung gehört auch die teleologische Reduktion«; die ist jedoch im traditionellen Verständnis Methode der Rechtsfortbildung). Auch ein »eindeutiger«Wortlaut schließt aber die Sinnermittlung nach anderen Kriterien nicht aus (bedenklich insoweit etwa noch *BAG* 12.11.2002 EzA § 112 BetrVG 2001 Nr. 2 S. 4, 25.03.2003 EzA § 112 BetrVG 2001 Nr. 5 S. 3: Bei nicht eindeutigem Wortlaut ist der wirkliche Wille der Betriebsparteien mitzuberücksichtigen, soweit er in den Vorschriften seinen Niederschlag gefunden hat; später abschwächend auf »Insbesondere bei unbestimmtem Wortsinn . . .«; s. Rdn. 74); andernfalls würde gegen das Verbot der Buchstabeninterpretation (§ 133 BGB) verstoßen. Bei Verwendung von (arbeitsrechtlichen) Rechtsbegriffen gilt deren allgemein gültige Bedeutung, sofern sich aus der Betriebsvereinbarung selbst nicht erkennbar etwas anderes ergibt (vgl. *BAG* 27.07.2010 EzA § 77 BetrVG 2001 Nr. 31 LS = AP Nr. 52 zu § 77 BetrVG 1972 Betriebsvereinbarung; 16.04.2002 EzA § 112 BetrVG 1972 Nr. 111 S. 4 f.; 24.06.1992 EzA § 77 BetrVG 1972 Nr. 48 S. 3; *BAG* AP Nr. 13, 119, 120 zu § 1 TVG Auslegung; *LAG Köln* NZA-RR 1997, 391; krit. *Siegers* DB 1967, 1630 [1634]); durch Auslegung kann sich ergeben, dass Abweichungen zugunsten, aber auch zum Nachteil der Arbeitnehmer gewollt sind. Geht es um eine einen Tarifvertrag ergänzende Betriebsvereinbarung (§ 77 Abs. 3 Satz 2), so sind die Begriffe (und Formulierungen) im Zweifel ebenso auszulegen wie diejenigen im Tarifvertrag (*BAG* 24.06.1992 EzA § 77 BetrVG 1972 Nr. 48 S. 3).

76 Neben dem Wortsinn sind auch **authentische Interpretationen** der Betriebspartner von entscheidender Bedeutung. Sie interpretieren die Betriebsvereinbarung bindend, wenn sie ihrerseits von den Betriebspartnern vereinbart und schriftlich fixiert sind. Sie sind dann selbst ergänzende (erläuternde) Betriebsvereinbarungen. Entsprechendes gilt von Verhandlungsniederschriften und sog. **Protokollnotizen**, sofern sie der Betriebsvereinbarung beigefügt und in dieser ausdrücklich in Bezug genommen sind. In beiden Fällen ist nicht erforderlich, dass alle Anlagen von den Betriebspartnern besonders unterzeichnet sind, sofern diese mit der Betriebsvereinbarung eine Gesamturkunde bilden, z. B. wenn sie zusammengeheftet sind (vgl. auch *BAG* 11.11.1986 EzA § 1 BetrAVG Gleichberechtigung Nr. 2). Andernfalls können sie nur im Rahmen »historischer Auslegung« herangezogen werden (vgl. Rdn. 79). Im Übrigen ist durch Auslegung zu ermitteln, ob einer Protokollnotiz normativer Charakter zukommt und sie insoweit selbst Betriebsvereinbarung ist (vgl. *BAG* 09.12.1997 EzA § 77 BetrVG

1972 Nr. 62 S. 3 f.; 20.02.2001 EzA § 77 BetrVG 1972 Nr. 65; 02.10.2007 EzA § 77 BetrVG 2001 Nr. 20 Rn. 15).

Neben dem Wortlaut sind gleichwertig **logisch-systematische** und **teleologische Gesichtspunkte** zu beachten. Dazu gehört sowohl die Berücksichtigung der Stellung und Bedeutung einzelner Vorschriften im Gesamtzusammenhang der Betriebsvereinbarung als auch ihre Beziehung zu übergeordnetem Gesetzesrecht und den Grundsätzen des Rechts (»gesetzeskonforme Auslegung«: Auslegung der rangniederen Regelung im Einklang mit der ranghöheren Norm, ggf. auch des Grundgesetzes und des Europarechts; Beispiele: *BAG* 13.10.2015 EzA § 75 BetrVG 2001 Nr. 12 Rn. 25 = AP Nr. 109 zu § 77 BetrVG 1972: ältere Betriebsvereinbarungen, nach denen das Arbeitsverhältnis mit »Vollendung des 65. Lebensjahres« endet, sind nach Anhebung des Regelrentenalters [§§ 35 Satz 2, 235 Abs. 2 Satz 2 SGB VI], gesetzeskonform (geltungserhaltend) dahin auszulegen, dass es erst endet, wenn der Arbeitnehmer Anspruch auf Regelaltersrente hat, weil die Altersgrenzenregelung nur dann sachlich gerechtfertigt und zulässig ist [s. Rdn. 387]; 19.01.2010 § 1 BetrAVG Betriebsvereinbarung Nr. 7 Rn. 27; 12.11.2002 EzA § 112 BetrVG 2001 Nr. 2 S. 4 ff.; 29.10.2002 EzA § 112 BetrVG 2001 Nr. 4 S. 5 ff.; vgl. auch *Fitting* § 77 Rn. 15; zu Rechtsbegriffen hier Rdn. 75). Bei teleologischer Interpretation ist zu berücksichtigen, dass der Regelungszweck, wenn er sich nicht aus einer Art Präambel ergibt, selbst erst mit Hilfe des Wortlauts, der Systematik und (vor allem) entstehungsgeschichtlicher Gesichtspunkte erschlossen werden muss, damit nicht normgelöste subjektive Wertungen und Sacheinsichten in Wahrheit die Entscheidung tragen (vgl. zur Zweckermittlung *Kreutz* Betriebsautonomie, S. 145 ff.). **77**

Eine Überdehnung des Bereichs teleologischer Auslegung bedeutet es, wenn das *BAG* den Auslegungsvorgang (»bei verbleibenden Zweifeln«) an einer »vernünftigen, sachgerechten, zweckorientierten und praktisch brauchbaren Regelung« orientieren wollte (vgl. etwa *BAG* 21.01.2003 EzA § 87 BetrVG 2001 Betriebliche Lohngestaltung Nr. 1 S. 4; 25.03.2003 EzA § 112 BetrVG 2001 Nr. 5 S. 3; 07.11.2000 EzA § 77 BetrVG 1972 Nachwirkung Nr. 2 S. 6; für Tarifverträge *BAG* 12.09.1984 EzA § 1 TVG Auslegung Nr. 14 S. 63 m. w. N.; *Nikisch* II S. 221; *Wiedemann / Wank* TVG, § 1 Rn. 1031) oder in Abwandlung dieser Formel jetzt »im Zweifel« derjenigen Auslegung den Vorzug geben will, »die zu einem sachgerechten, zweckorientierten, praktisch brauchbaren und gesetzeskonformen Verständnis der Regelung führt« (s. dazu die Nachweise Rdn. 74). Dabei schlägt das Zweckkriterium unvermittelt in das Auslegungsziel eines gerechten und sachangemessenen Auslegungsergebnisses um und verliert damit seinen heuristischen Wert. Auch ist es nicht Sache der Auslegung, über Vernünftigkeit und praktische Brauchbarkeit einer Regelung zu urteilen; sonst droht die Gefahr, dass das Gericht durch seine Richtigkeitsvorstellungen die der Regelungsurheber schlichtweg korrigiert (vgl. auch *Zöllner* RdA 1964, 443 [449]; *Siegers* DB 1967, 1630 [1634]; *Coester* SAE 1986, 292). Im Übrigen ist dieser salvatorische Leitsatz nicht weiterführend und deshalb überflüssig; er bestätigt lediglich die Gleichrangigkeit systematischer (»gesetzeskonform«) und teleologischer (»zweckorientiert«) Auslegung (s. Rdn. 77). Vorbehalte bestehen auch gegen den Satz, dass im Zweifel dem sozialeren (den Arbeitnehmern günstigeren) Auslegungsergebnis der Vorzug zu geben sei (so *BAG* 17.09.1957 AP Nr. 4 zu § 1 TVG Auslegung; 31.05.1968 AP Nr. 127 zu § 242 BGB Ruhegehalt; 27.08.1975 AP Nr. 2 zu § 112 BetrVG 1972; *Galperin / Löwisch* § 77 Rn. 20; *Säcker* AR-Blattei, Betriebsvereinbarung I, E III; **a. M.** dazu auch *Herschel* FS E. *Molitor*, S. 161 [183]; *ders.* AuR 1976, 1 [4]). Diese Tendenz widerspricht, vor allem bei im sowieso begünstigenden Regelungen, dem Prinzip der Gestaltungsfreiheit, das gebietet, die Interessen und Intentionen beider Seiten gleichermaßen zu berücksichtigen (*Thiele* Drittbearbeitung, § 77 Rn. 195). **78**

Nicht zu billigen (vgl. etwa auch *Wiedemann / Wank* TVG, § 1 Rn. 1023 ff.; *Siegers* DB 1967, 1630 [1631]; *Coester* SAE 1986, 289 f.) ist die grundsätzliche Zurücksetzung (s. Rdn. 74) **historisch-entstehungsgeschichtlicher Auslegungsgesichtspunkte** durch die Rspr. (vgl. dazu *BAG* 30.11.2010 AP Nr. 10 zu § 1 BetrAVG Auslegung Rn. 15; 19.10.2005 EzA § 77 BetrVG 2001 Nr. 13 S. 6; 25.03.2003 EzA § 112 BetrVG 2001 Nr. 5 S. 3; 21.01.2003 EzA § 87 BetrVG 2001 Betriebliche Lohngestaltung Nr. 1 S. 4; 28.04.1992 EzA § 50 BetrVG 1972 Nr. 10 S. 11; 13.10.1987 AP Nr. 2 zu § 77 BetrVG 1972 Auslegung; 23.10.1985 AP Nr. 33 zu § 1 TVG Tarifverträge: Metallindustrie). Auch die objektive Auslegungstheorie muss anerkennen, dass alle Auslegungskriterien Teilaspekte im Sinndeutungsprozess bilden, die einander ergänzen, stützen, korrigieren und vielfach schon im Ansatz **79** miteinander verwoben sind. Erst im Falle des Konflikts zwischen den Ergebnissen der einzelnen Erkenntnismittel bedarf es, mangels einer festen Rangordnung, einer offenen und nachprüfbaren Argumentationsweise, die die Gründe dafür angibt, warum im konkreten Fall welche Gesichtspunkte entscheidend sein sollen. Der Berücksichtigung entstehungsgeschichtlicher Aspekte setzt demnach nur der noch mögliche Wortsinn die Grenze; deshalb kommt eine vom Wortlaut nicht mehr gedeckte Feststellung des Parteiwillens, etwa mit Hilfe von Zeugenaussagen, nicht in Betracht (*BAG* 11.06.1975 AP Nr. 1 zu § 77 BetrVG 1972 Auslegung; vgl. auch *LAG Hamm* BB 1989, 1621). Wohl aber können Sitzungsniederschriften, Verhandlungsprotokolle, auch soweit es sich nicht um eine authentische Interpretation handelt (vgl. Rdn. 76), gemeinsame Erklärungen der Betriebspartner an die Betriebsöffentlichkeit nach Unterzeichnung einer Betriebsvereinbarung Erkenntnisse über den Sinn einer Regelung geben. Das gilt auch von einer betrieblichen Praxis, auch wenn sie sich erst aus der tatsächlichen Handhabung der Betriebsvereinbarung selbst entwickelt hat. Allerdings kann die Betriebsvereinbarung dadurch keinen vom Wortlaut abweichenden Inhalt gewinnen (ebenso *Dietz/Richardi* § 77 Rn. 152); in Betracht kommen höchstens Arbeitnehmeransprüche aus betrieblicher Übung auf individualrechtlicher Ebene. Anders als die Vollzugspraxis des Arbeitgebers, der die Betriebsvereinbarung selbst abgeschlossen hat, kann aber diejenige eines einzelnen beherrschten Unternehmens für die Auslegung einer Konzernbetriebsvereinbarung keine Rolle spielen (*BAG* 22.01.2002 EzA § 77 BetrVG 1972 Ruhestand Nr. 2).

80 Eine Betriebsvereinbarung kann (planwidrige) **Lücken** enthalten (z. B. bei Vergütungsgruppen). Dann haben es die Betriebspartner in der Hand, ohne besondere Schwierigkeiten eine entsprechende Ausgleichung durch Änderung der Betriebsvereinbarung vorzunehmen; das gilt insbesondere dann, wenn sich die tatsächlichen oder rechtlichen Grundlagen einer Betriebsvereinbarung nachträglich ändern. Im Streitfall kommt aber auch eine **Lückenausfüllung durch das Gericht** in Betracht (zust. *Fitting* § 77 Rn. 15; *Worzalla/HWGNRH* § 77 Rn. 26; zweifelnd wegen des normativen Charakters der Betriebsvereinbarung *BAG* Sechster Senat 13.02.2003 EzA § 77 BetrVG 2001 Nr. 1 S. 7; Dritter Senat 21.04.2009 EzA § 1 BetrAVG Auslegung Nr. 1; vgl. zum Tarifrecht *BAG* 13.06.1973 AP Nr. 123 zu § 1 TVG Auslegung; *Däubler* TVG, Einleitung Rn. 623 ff.; *Krause/JKOS* Tarifvertragsrecht, S. 292 ff.; *Löwisch/Rieble* TVG, § 1 Rn. 1737 ff.; *Wiedemann/Wank* TVG, § 1 Rn. 1037 ff.). Nicht die Grundsätze der Rechtsfortbildung (so aber *Thiele* Drittbearbeitung, § 77 Rn. 201), sondern die **ergänzender Vertragsauslegung** geben das geeignete methodische Instrumentarium, da dabei bereits ein normativ-hypothetischer Parteiwille zu ermitteln ist (zust. *Brune* AR-Blattei SD 520, Rn. 162; grundsätzlich auch *BAG* Erster Senat 05.05.2015 EzA § 87 BetrVG 2001 Betriebliche Lohngestaltung Nr. 32 Rn. 30 = AP Nr. 147 zu § 87 BetrVG 1972 Lohngestaltung; Dritter Senat 10.02.2009 EzA § 1 BetrAVG Betriebsvereinbarung Nr. 6 Rn. 31). Maßgeblich ist, wie die Betriebspartner als vernünftige, redliche Partner nach Treu und Glauben die Lücke geschlossen hätten. Es ist jedoch besondere Umsicht bei der **Feststellung einer Regelungslücke** am Platze, da die Regelungen oft Kompromisscharakter haben und überdies den in Frage stehenden Regelungsbereich nicht allemal umfassend abdecken sollen. Die Rspr. ist dementsprechend zu Recht zurückhaltend in der Feststellung »planwidriger Unvollständigkeiten« (vgl. *BAG* 21.02.1967 AP Nr. 25 zu § 59 BetrVG; 05.05.2015 EzA § 87 BetrVG 2001 Betriebliche Lohngestaltung Nr. 32 Rn. 30 = AP Nr. 147 zu § 87 BetrVG 1972 Lohngestaltung; vgl. aber etwa auch *BAG* 28.04.1998 EzA § 77 BetrVG 1972 Nachwirkung Nr. 1 [*R. Krause*] = AP Nr. 11 zu § 77 BetrVG 1972 Nachwirkung [*Rech*] = SAE 1999, 209 [*v. Hoyningen-Huene*]).

81 Die Auslegung der Regelungen von Betriebsvereinbarungen ist im Urteilsverfahren **revisibel** (§ 73 ArbGG) und im Beschlussverfahren **rechtsbeschwerdefähig** (§ 93 ArbGG) (allgemeine Meinung; vgl. etwa *BAG* 06.11.2007 EzA § 77 BetrVG 2001 Nr. 19 Rn. 16; 28.04.1992 EzA § 50 BetrVG 1972 Nr. 10 S. 11; 08.11.1988 EzA § 112 BetrVG 1972 Nr. 50 S. 4; 30.08.1963 AP Nr. 4 zu § 57 BetrVG und st. Rspr. ohne dass das Gericht das immer hervorhebt; *Brune* AR-Blattei SD 520, Rn. 163; *Fitting* § 77 Rn. 17; *Galperin/Löwisch* § 77 Rn. 23; *Richardi* § 77 Rn. 223). Die Regelungen der Betriebsvereinbarung sind zwar keine Rechtsnormen i. S. d. staatlichen Rechtstheorie, haben aber wegen ihrer unmittelbaren Geltung (Abs. 4 Satz 1) »normativen« Charakter (vgl. näher Rdn. 238 ff.) und können daher ebenfalls durch Nichtanwendung oder unrichtige Anwendung verletzt werden. Alle zur Auslegung erforderlichen Ermittlungen (insb. auch die Aufklärung der Entstehungsgeschichte) hat das Revisionsgericht von Amts wegen (in den Grenzen des § 293 ZPO) selbst anzustellen (ebenso *BAG* 09.12.1997 EzA § 77 BetrVG 1972 Nr. 61 S. 7; 06.11.2007 EzA § 77 BetrVG 2001 Nr. 19 Rn. 16; vgl. auch *BAG* AP Nr. 115, 117, 121 zu § 1 TVG Auslegung [für Tarifverträge]). Zur **Klärung von Auslegungsstreitigkeiten im** arbeitsgerichtlichen **Beschlussverfahren** vgl. Rdn. 478.

Würde man **schuldrechtliche** Abreden in der Betriebsvereinbarung anerkennen (dagegen Rdn. 209 ff.), würden diese uneingeschränkt den Prinzipien der Rechtsgeschäftsauslegung unterliegen (§§ 133, 157 BGB). Das Revisions- (bzw. Rechtsbeschwerde-)Gericht hätte nur zu prüfen, ob die Auslegung allgemeine Auslegungsgrundsätze, Denkgesetze oder Erfahrungssätze verletzt.

82

Keine Auslegungsfrage, sondern Problem der Innenschranken der Betriebsautonomie ist die **gerichtliche Billigkeitskontrolle** von Betriebsvereinbarungen, die jetzt aber überwunden ist (vgl. dazu Rdn. 342 ff.).

83

2. Regelungsbereich der Betriebsvereinbarung – Abs. 3 (Außenschranken der Betriebsautonomie)

Abs. 3 bestimmt die sog. **Außenschranken der Betriebsautonomie**, steckt also den äußeren Abschlussbereich für eine (wirksame) Regelung durch Betriebsvereinbarung ab; dieser erfährt durch die sog. Innenschranken (inhaltliche Grenzen) weitere Eingrenzungen (vgl. dazu Rdn. 329 ff.).

84

Aus Abs. 3 ist herzuleiten, dass grundsätzlich **alle Arbeitsbedingungen Gegenstand** einer Betriebsvereinbarung sein können (vgl. näher Rdn. 93, 96 ff.). Der Bestimmung kommt insoweit **gegenstandsabgrenzende Funktion** für die Betriebsvereinbarung zu. Im Vordergrund steht jedoch die **zuständigkeitsabgrenzende Funktion** des Abs. 3 Satz 1, der eine **Regelungssperre** für die Betriebsvereinbarung aufstellt (vgl. näher Rdn. 107 ff.): Arbeitsbedingungen, die durch Tarifvertrag geregelt sind oder üblicherweise geregelt werden, können nicht Gegenstand einer Betriebsvereinbarung sein. Insoweit fehlt den Betriebspartnern die **funktionelle Zuständigkeit** zur Regelung durch Betriebsvereinbarung, also die Regelungsbefugnis (synonym Regelungskompetenz). Eine dem zuwider abgeschlossene Betriebsvereinbarung ist nichtig (vgl. näher Rdn. 139 ff.). Eine Ausnahme davon gilt nur, wenn ein Tarifvertrag den Abschluss ergänzender Betriebsvereinbarungen ausdrücklich zulässt (Abs. 3 Satz 2); zu dieser sog. **tariflichen Öffnungsklausel** vgl. näher Rdn. 165 ff. Die Außenschranken der Regelungszuständigkeit werden schließlich durch den **Geltungsbereich** der Betriebsvereinbarung abgesteckt. Das Gesetz hat den persönlichen und räumlichen Geltungsbereich aber nicht ausdrücklich festgelegt (vgl. näher Rdn. 193 ff., 212 f.).

85

Grundgedanke des Abs. 3 Satz 1, der an § 59 BetrVG 1952 anknüpft, ist es, **ein Nebeneinander** von tariflicher bzw. tarifüblicher Regelung und Betriebsvereinbarung über **denselben** Regelungsgegenstand **auszuschließen**. Die Bestimmung berücksichtigt, dass sich die Kompetenzbereiche der Tarifvertragsparteien und der Betriebspartner überschneiden. Sie sind unabhängig voneinander zur Regelung von Arbeits- und Wirtschaftsbedingungen berufen. § 2 Abs. 3 hält an dem schon in § 2 BetrVG 1952 niedergelegten Grundsatz fest, dass die Aufgaben der Koalitionen durch das BetrVG nicht berührt werden. Dementsprechend schränkt auch die Betriebsautonomie die Tarifautonomie rechtlich nicht ein. Diese nur negative Bestimmung ändert aber nichts daran, dass das Tarifvertragsrecht die konkurrierende Zuständigkeit der Betriebspartner nur begrenzt (§ 4 Abs. 1 und 3 TVG) ausschließt. Das Günstigkeitsprinzip (§ 4 Abs. 3 TVG) würde erlauben, dass die Betriebspartner eine tarifliche Gestaltung überbieten. Angelegenheiten, die durch Tarifvertrag nicht geregelt sind, könnten ohne weiteres durch Betriebsvereinbarung geregelt werden. Schließlich könnte die Betriebsvereinbarung zu einem »Ersatztarifvertrag« für nicht organisierte Arbeitnehmer gemacht werden, indem die Betriebsvereinbarung Regelungen eines Tarifvertrages schlicht übernimmt. Das könnte zu einer Beeinträchtigung oder gar Aushöhlung der grundrechtlich gewährleisteten (Art. 9 Abs. 3 GG) Tarifautonomie und der Funktionsfähigkeit der Koalitionen, insbesondere der Gewerkschaften führen. Dem soll § 77 Abs. 3 entgegenwirken (vgl. zur Entstehungsgeschichte *Hromadka* DB 1987, 1991 [1993]).

86

Nach allgemeiner Meinung räumt § 77 Abs. 3 den Tarifvertragsparteien eine **Normsetzungsprärogative** (*Säcker* RdA 1967, 370 [371]), eine **Vorrangkompetenz** (*Siebert* FS *Nipperdey*, 1955, S. 119

87

[121]; *Thiele* Drittbearbeitung, § 77 Rn. 86) vor den Betriebsvereinbarungsparteien ein. Diesen fehlt im Anwendungsbereich des Abs. 3 Satz 1 die Zuständigkeit zur Regelung von Arbeitsbedingungen durch Betriebsvereinbarung. In dieser zuständigkeitsabgrenzenden Funktion wird jedoch ganz überwiegend noch nicht »der« **Normzweck** gesehen; Abs. 3 Satz 1 ist **nicht** als **Kollisionsnorm** (Kollisionsregel) rivalisierender Zuständigkeiten zu verstehen, weil insoweit neben einer tariflichen Regelung keine Betriebsvereinbarung bestehen kann (**a. M.** *Fabricius* Anm. zu *BAG* AP Nr. 28 zu § 59 BetrVG; *Eickelberg* Probleme der Betriebsvereinbarung über Arbeitsentgelt und sonstige Arbeitsbedingungen nach dem Betriebsverfassungsgesetz 1972, S. 124). Vorrang kommt auch nicht dem Tarifvertrag, sondern den Tarifvertragsparteien zu; deshalb spricht man richtig vom **Tarifvorbehalt**, nicht vom Tarifvorrang (vgl. *Gast* Tarifautonomie und die Normsetzung durch Betriebsvereinbarung, S. 39 f. und passim; *ders.* BB 1987, 1249; *Hromadka* DB 1987, 1991 [1993]; *M. Schmidt* Auswirkungen von Tarifmehrheiten im Betrieb auf die Betriebsverfassung, S. 293; abw. *Wiese* § 87 Rdn. 57). Die Richtigkeit dieser Diktion wird noch deutlicher, wenn man die gegenstandsabgrenzende Funktion von Abs. 3 Satz 1 (s. Rdn. 95 ff.) berücksichtigt. Danach können Arbeitsbedingungen durch Betriebsvereinbarung nur unter dem Vorbehalt geregelt werden, dass diese nicht schon durch Tarifvertrag geregelt sind oder üblicherweise geregelt werden.

88 Der **Normzweck** erschließt sich durch die Frage, wozu das Gesetz den Tarifvertragsparteien die Vorrangkompetenz einräumt. Dies ist die **Sicherung** der (ausgeübten und aktualisierten) **Tarifautonomie** vor Aushöhlung und Bedeutungsminderung durch (konkurrierende) Betriebsvereinbarungen (so st. Rspr. des *BAG*; vgl. etwa *BAG* 09.04.1991 EzA § 77 BetrVG 1972 Nr. 39 S. 5; 20.08.1991 EzA § 77 BetrVG 1972 Nr. 41 S. 14; 01.12.1992 EzA § 77 BetrVG 1972 Nr. 50 S. 5; 24.01.1996 EzA § 77 BetrVG 1972 Nr. 55 S. 4; 05.03.1997 EzA § 77 BetrVG 1972 Nr. 58 S. 9; 20.02.2001 EzA § 77 BetrVG 1972 Nr. 65; 29.10.2002 EzA § 77 BetrVG 1972 Nr. 72 S. 4; 22.03.2005 EzA § 77 BetrVG 2001 Nr. 10 S. 10; 30.05.2006 EzA § 77 BetrVG 2001 Nr. 14 Rn. 26; 10.12.2013 EzA § 87 BetrVG 2001 Betriebliche Lohngestaltung Nr. 28 Rn. 43 = AP Nr. 144 zu § 87 BetrVG 1972 Lohngestaltung; 25.02.2015 EzA § 3 TVG Bezugnahme auf Tarifvertrag Nr. 60 Rn. 32 = AP Nr. 129 zu § 1 TVG Bezugnahme auf Tarifvertrag; früher etwa *BAG* 22.05.1979 AP Nr. 13 zu § 118 BetrVG 1972; 22.01.1980 AP Nr. 3 zu § 87 BetrVG 1972 Lohngestaltung; 27.01.1987 AP Nr. 42 zu § 99 BetrVG 1972; 24.02.1987 EzA § 87 BetrVG 1972 Nr. 10; in der Lit.: *Berg/DKKW* § 77 Rn. 127; *Brune* AR-Blattei SD 520, Rn. 207; *Kaiser/LK* § 77 Rn. 113; *Kania/*ErfK § 77 BetrVG Rn. 43; *Linsenmaier* RdA 2014, 336 [337]; *Loritz/ZLH* Arbeitsrecht, § 50 Rn. 36; *Matthes/*MünchArbR § 238 Rn. 55; *Moll* Der Tarifvorrang, S. 37, 49; *Preis/WPK* § 77 Rn. 58; *Richardi* § 77 Rn. 244; *Säcker* ZfA 1972, Sonderheft S. 64; *Stege/Weinspach/Schiefer* § 77 Rn. 12; weiter etwa auch *Haug* BB 1986, 1921 [1922]; *von Hoyningen-Huene/Meier-Krenz* NZA 1987, 793 [794]; *Matthießen* DB 1988, 285 [288]; *Veit* Die funktionelle Zuständigkeit des Betriebsrats, S. 212 ff.; *Wendeling-Schröder* in: *Kempen/Zachert* TVG, Grundlagen Rn. 432; *Weyand* AuR 1989, 193 [194]; *Worzalla* FS *Kreutz*, S. 525; dieser Normzweck wird bestätigt durch die von § 59 BetrVG 1952 abweichende Gesetzesfassung, durch die verhindert werden soll, »dass der persönliche Geltungsbereich von Tarifverträgen auf einem anderen als dem hierfür vorgesehenen Weg der Allgemeinverbindlicherklärung nach dem Tarifvertragsgesetz ausgedehnt wird«; Begr. RegE, BT-Drucks. VI/1786, S. 47; Ausschussbericht zu BT-Drucks. VI/2729, S. 11) bzw. – insoweit spezieller – die **Erhaltung und Stärkung der Funktionsfähigkeit der Koalitionen**, und zwar in erster Linie der Gewerkschaften (*Biedenkopf* Grenzen der Tarifautonomie, S. 280 ff.; *Zöllner* FS *Nipperdey* Bd. II, 1965, S. 699 [703]; *Wiese* RdA 1968, 41 [42 ff.]; *ders.* 25 Jahre Bundesarbeitsgericht, S. 661 [664]; *Beuthien* BB 1983, 1992 [1994 f.]; *Hromadka* DB 1987, 1991 [1993]; *Fitting* § 77 Rn. 67; *Kamanabrou* Arbeitsrecht, Rn. 2610). Auf eine praktische und theoretische Unterscheidung dieser miteinander untrennbar verbundenen Zielsetzungen kommt es nicht an (ebenso *Moll* Der Tarifvorrang, S. 21; *Bender* BB 1987, 1117 [1119]; vgl. auch schon *Thiele* Drittbearbeitung, § 77 Rn. 86); **a. M.** *Hueck/Nipperdey* II/2 S. 1396 mit Fn. 47a; *Reuter* Vergütung von AT-Angestellten und betriebsverfassungsrechtliche Mitbestimmung, S. 26 f.; wohl auch *Hromadka* DB 1987, 1994). vielfach werden jetzt beide Zielsetzungen **kumulativ** aufgeführt; vgl. etwa *BAG* 08.12.2009 EzA § 87 BetrVG 2001 Betriebliche Lohngestaltung Nr. 20 Rn. 34; *Fitting* § 77 Rn. 67; *Schaub/Koch* Arbeitsrechts-Handbuch, § 231 Rn. 21; *Schwarze/*NK-GA § 77 BetrVG Rn. 18). Eindeutig **falsifiziert** (vgl. *Zöllner* FS *Nipperdey* Bd. II, S. 701 ff.; *Säcker* RdA 1967, 370 ff.; *Eickelberg* Probleme der Betriebsvereinbarung über Arbeitsentgelt und sonstige Arbeitsbedingungen nach dem Be-

Durchführung gemeinsamer Beschlüsse, Betriebsvereinbarungen § 77

triebsverfassungsgesetz 1972, S. 129 ff.; *Moll* Der Tarifvorrang, S. 37 ff., alle m. w. N. aus Rspr. und Schrifttum; z. T. noch **a. M.** *Galperin/Löwisch* § 77 Rn. 73; *Hess/Schlochauer/Glaubitz* § 77 Rn. 141, 145) sind angebliche »Normzwecke« wie, »Schutz der überbetrieblichen Ordnung«, (vgl. auch *BAG* 21.09.2003 EzA § 77 BetrVG 2001 Nr. 3 S. 9) »Schutz der sozialpolitischen Leitfunktion der Tarifpolitik« und »Wahrung des Betriebsfriedens«, da sie insbesondere im Widerspruch stehen zur Möglichkeit tarifvertraglicher Öffnungsklauseln (Abs. 3 Satz 2), Firmentarifverträgen (§ 2 Abs. 1 TVG), sog. allgemeinen Arbeitsbedingungen und dem Verbot tarifübernehmender Betriebsvereinbarungen, das aus Abs. 3 Satz 1 folgt (vgl. Rdn. 150).

Die Zuständigkeitsabgrenzung nach § 77 Abs. 3 und ihre Zwecksetzung sind **rechtspolitisch** nicht **89** unbestritten (vgl. schon *Thiele* Drittbearbeitung, § 77 Rn. 88; *Bender* BB 1987, 1117 [1118 ff.]; *Gast* Tarifautonomie und die Normsetzung durch Betriebsvereinbarung, S. 35 ff.; *Hablitzel* DB 1971, 2158). Es ist bekannt, dass sich die betriebliche Praxis in nicht unerheblichem Maße (je nach Konjunkturlage) über § 77 Abs. 3 hinwegsetzt und Betriebsvereinbarungen unangefochten anwendet, die unter Verletzung von § 77 Abs. 3 Satz 1 (bzw. früher § 59 BetrVG 1952) abgeschlossen wurden, und die Koalitionen (insb. auch die Gewerkschaften) dies vielfach auch hinnehmen (dazu und zu den Konsequenzen auf der Rechtsfolgenseite m. w. N. *Birk* ZfA 1986, 73 [101 ff.]; vgl. aus der Praxis auch *Gentz* FS *Schaub*, S. 205 [206]; *Kania* BB 2001, 1091). Das spricht für ein Bedürfnis nach betriebsspezifischen normativen Regelungen trotz bestehender oder üblicher Tarifvertragsregelung ohne Öffnungsklausel. Andererseits kann daraus **nicht** abgeleitet werden, dass § 77 Abs. 3 etwa **gewohnheitsrechtlich derogiert** wurde (so aber *Birk* ZfA 1986, 104 im Anschluss an *Zöllner* FS *Nipperdey* Bd. II, 1965, S. 699 [702 f.]; vgl. auch *Reuter* RdA 1994, 152 [154]: mangels sozialer Akzeptanz nicht mehr geltendes Recht); dagegen spricht entschieden, dass Rspr. und Lehre die Bestimmung übereinstimmend als zwingendes geltendes Recht behandeln. Flexibilität ist zudem unter Wahrung des Normzwecks durch Abs. 3 Satz 2 gesichert.

Abs. 3 dient der in Art. 9 Abs. 3 GG verfassungsrechtlich abgesicherten Tarifautonomie und ist ver- **90** fassungskonform (**a. M.** *Reuter* RdA 1991, 193 [199 f.]: Verstoß gegen das Übermaßverbot; zu verfassungsrechtlichen Bedenken soweit die Sperrwirkung nach h. M. auch für nicht tarifgebundene Arbeitgeber greift, vgl. Rdn. 115). Andererseits ist die Bestimmung aber **nicht** unabänderlich **von der Verfassung geboten** (vgl. schon *Thiele* Drittbearbeitung, § 77 Rn. 88; ebenso, auch unter Berufung auf BVerfGE 50, 290 [368 ff.] »Mitbestimmungsurteil«, *BAG* 24.02.1987 EzA § 87 BetrVG 1972 Nr. 10 [unter B II 4b dd]; *Bender* BB 1987, 1117 [1119]; *Ehmann/Schmidt* NZA 1995, 193 [195 f.]; *Gast* Tarifautonomie und Normsetzung durch Betriebsvereinbarung, S. 35 ff.; *ders.* BB 1987, 1249 [1251]; *Gamillscheg* I, S. 326; *von Hoyningen-Huene/Meier-Krenz* NZA 1987, 793 [794]; *Hromadka* NZA 1996, 1233 [1239]; *Jahnke* Tarifautonomie und Mitbestimmung, S. 43; *Löwisch* JZ 1996, 812 [817 f.]; *Rüthers* RdA 1994, 177; *Wiese* Anm. zu *BAG* AP Nr. 1 zu § 87 BetrVG 1972 Kurzarbeit Bl. 7; **a. M.** *Moll* Der Tarifvorrang, S. 42; *Kempen/Zachert* TVG [3. Aufl.], Grundlagen Rn. 250; *Heinze* NZA 1995, 5 [6]; wohl auch *Berg*/DKKW § 77 Rn. 156; *Rieble* RdA 1996, 151 [152]; *Dieterich* FS *Richardi*, S. 117 [124]; differenzierend *Friese* Kollektive Koalitionsfreiheit und Betriebsverfassung, S. 397 ff., die nur die Sperrwirkung bei bestehenden Tarifverträgen [nicht bei Tarifüblichkeit] und auch dies nur eingeschränkt [insb. nur bei Tarifgebundenheit des Arbeitgebers; Zulässigkeit des Günstigkeitsprinzips] verfassungsrechtlich gewährleistet sieht). Der Gesetzgeber hat daher die Möglichkeit, die Vorrangkompetenz der Tarifvertragsparteien abzuschwächen, wie es auch bei § 112 Abs. 1 Satz 4 der Fall ist (zu einem früheren Reformvorschlag vgl. *Bender* BB 1987,1119; zur Freistellung von Betriebsvereinbarungen mit nicht tarifgebundenen Arbeitgebern von § 77 Abs. 3 soweit sie bei Betriebsänderungen der Beschäftigungssicherung dienen vgl. *Hanau* Gutachten C 69 zum 63. DJT 2000; in allgemeiner Form forderte der Sachverständigenrat zur Begutachtung der gesamtwirtschaftlichen Entwicklung [Jahresgutachten 2003/2004, BT-Drucks. 15/2000, S. 381 unter Nr. 674] die Freistellung der Betriebsvereinbarungen mit nicht tarifgebundenen Arbeitgebern von § 77 Abs. 3; abl. insoweit Arbeitsgruppe zur Entwicklung des Tarifvertragsrechts *Dieterich/Hanau/Henssler/Oetker/Wank/Wiedemann* RdA 2004, 65 [71]) oder gar aufzuheben, wenn er sich der Auffassung anschließt, dass die Tarifautonomie durch konkurrierende Betriebsvereinbarungen nicht ernstlich gefährdet wird und deshalb entsprechend dem Subsidiaritätsprinzip der sachnäheren Regelung Vorrang gebührt. Bis zu einer solchen Entscheidung müssen jedoch rechtspolitische Bedenken gegenüber der Entscheidung des Gesetzgebers in Abs. 3 zurücktreten; der Rechtsanwender schuldet dem Gesetz Gehorsam. Diesen hat der Erste Senat des *BAG* im Beschluss vom 24.02.1987 (EzA § 87 BetrVG 1972 Nr. 10) allerdings verweigert, als er rechtspolitisch entschieden hat, dass § 77 Abs. 3 Betriebsvereinbarungen in Angelegenheiten nicht erfasst, in denen der Betriebsrat nach § 87 Abs. 1 ein Mitbestimmungsrecht hat (dazu näher Rdn. 159). Im Gegensatz dazu hatte sein damaliger Vorsitzender noch kurze Zeit vorher ausgeführt: »Die Rechtsprechung, vor allem das *BAG*, hält trotz mancher Kritik sehr dezidiert an diesem Tarifvorrang (gemeint ist § 77 Abs. 3) fest. Ob dieser vom Gesetz eindeutig postulierte Tarifvorrang noch zeitgemäß ist, ist eine ganz andere Frage, die der Gesetzgeber entscheiden muss« (*Kissel* NZA 1986, 73 [76]). Zu beachten ist, dass allein die Aufhebung des § 77 Abs. 3 durch den Gesetzgeber nach h. M. die Geltung des Günstigkeitsprinzips nach § 4 Abs. 3 TVG unberührt lassen würde (vgl. zu den begrenzten Folgen einer bloßen Aufhebung von § 77 Abs. 3 *Richardi* NZA 2000, 617; *Richardi* § 77 Rn. 242 f.). Deshalb ist darüber hinaus der Vorschlag in die (rechtspolitische) Diskussion gekommen, durch **gesetzliche Öffnungsklauseln** eine Deregulierung von Tarifverträgen durch Betriebsvereinbarung (teilweise eingeschränkt auf Notfälle) zuzulassen (vgl. dazu einerseits [mit verfassungsrechtlichen Bedenken nach Art. 9 Abs. 3 GG] *Hanau* RdA 1993, 1; [mit arbeitsrechtssystematischen Einwänden] *Kempen* JArbR 1993, 97; andererseits *Wagner* DB 1992, 2550; *Reuter* RdA 1994, 152 [167 f.]; vgl. auch *Konzen* NZA 1995, 913 [919], der zutr. die Reichweite einer solchen Öffnung für entscheidend hält).

91 Unter dem Eindruck der (seit 1991 verstärkt) vorgetragenen Neuordnungsvorschläge (insb. auch der Deregulierungskommission und der Monopolkommission; vgl. zusammenfassend *Richardi* Gutachten B zum 61. DJT 1996, B 13 ff.) und krisenhafter Entwicklungstendenzen in der Tarifpolitik vor dem Hintergrund bedrückend hoher Arbeitslosenquoten und der Rezession 1992/93 hat sich 1996 der 61. DJT (Arbeitsrechtliche Abteilung) mit der Frage beschäftigt »Empfiehlt es sich, die Regelungsbefugnisse der Tarifparteien im Verhältnis zu den Betriebsparteien neu zu ordnen?«. Die Frage wurde eindeutig verneint (vgl. Beschluss B 2a des 61. DJT, DB 1996, 2030); eine Streichung des § 77 Abs. 3 [die *Reuter* in seinem Referat gefordert hat; vgl. Thesen III 2b] war damit inzident abgelehnt. Auch Änderungsvorschläge zu § 77 Abs. 3 (Streichung der Worte »oder üblicherweise geregelt werden«; Änderung, dass Betriebe nicht tarifgebundener Arbeitgeber nicht erfasst werden) wurden jeweils mit deutlicher Mehrheit abgelehnt; mit Mehrheit angenommen wurde (nur) die Empfehlung an den Gesetzgeber, den Betriebsparteien durch Novellierung des § 4 Abs. 3 TVG und des § 77 Abs. 3 BetrVG zu gestatten, in einer konkret festzustellenden Notsituation (wenn das Unternehmen in seiner Existenz bedroht ist oder erhebliche Teile der Belegschaft ihren Arbeitsplatz zu verlieren drohen) durch Betriebsvereinbarung tarifliche Leistungen vorübergehend herabzusetzen (vgl. zu einem entsprechenden Gesetzesvorschlag *Hromadka* NZA 1996, 1233). Damit hatten sich auf dem 61. DJT tendenziell diejenigen, eher konservativen Positionen durchgesetzt, die auch in der begleitenden Literatur überwogen (vgl. insb. *Richardi* Gutachten B zum 61. DJT; *Wendeling-Schröder* Referat, Verhandlungen des 61. DJT Bd. II/1, K 9; *Dauner-Lieb* DZWiR 1996, 317; *Heinze* NZA 1995, 5; *ders.* DB 1996, 729; *Junker* ZfA 1996, 383; *Konzen* NZA 1995, 913; *Lieb* NZA 1994, 289, 337; *Merten* Der Arbeitgeber 1996, 506; *Rieble* RdA 1996, 151; *Walker* ZfA 1996, 353; *Waltermann* RdA 1996, 129; *Wank* NJW 1996, 2273; *Zachert* RdA 1996, 140; weitergehend *Löwisch* JZ 1996, 812; für eine »Auflockerung des Tarifkartells« und eine Neubestimmung des Verhältnisses von Tarif- und Betriebsautonomie *Reuter* Referat, Verhandlungen des 61. DJT Bd. II/1, K 35; *ders.* ZfA 1995, 1, RdA 1994, 152 und dann FS *Schaub*, S. 605; *Ehmann* ZRP 1996, 314; *Ehmann/Lambrich* NZA 1996, 346; *Ehmann/Schmidt* NZA 1995, 193; vgl. auch *Adomeit* Regelung von Arbeitsbedingungen und ökonomische Notwendigkeiten, 1996).

92 Vorschläge zur Aufhebung bzw. zu Änderungen von § 77 Abs. 3 sind auch in der jüngeren Diskussion vorgebracht worden und haben zu einer Reihe von Gesetzentwürfen geführt; vgl. zwei Gesetzentwürfe vom 04.07.2001 und 25.06.2003 der *FDP*-Fraktion zur Sicherung betrieblicher Bündnisse für Arbeit, BT-Drucks. 14/6548 und 15/1225; Gesetzentwurf der *CDU/CSU*-Fraktion vom 18.06.2003 zur Modernisierung des Arbeitsrechts, BT-Drucks. 15/1182. Im Bundestag sind diese Entwürfe abgelehnt worden (vgl. BT-Drucks. 14/7362; 15/1587); in der Lit. haben sie ein vielstimmiges Echo ausgelöst mit dem Ergebnis, dass sich aktuelle Reformbestrebungen tendenziell eher von einer Änderung des § 77 Abs. 3 abwenden und auf Änderungen im Tarifvertragsrecht (gesetzliche Öffnungsklausel/Erweiterung des Günstigkeitsprinzips) zielen (vgl. etwa *Dieterich* Flexibilisiertes Tarifrecht und Grundgesetz, RdA 2002, 1; *Dieterich/Hanau/Henssler/Oetker/Wank/Wiedemann* Empfehlungen zur Entwicklung des Tarifvertragsrechts, RdA 2004, 65; *Hromadka* Bündnisse für Arbeit – Angriff auf die Tarifautonomie, DB 2003, 42; *ders.* Gesetzliche Tariföffnungsklauseln – unzulässige Einschränkungen der Koalitionsfreiheit oder Funktionsbedingung der Berufsfreiheit?, NJW 2003, 1273; *Möschel* Das Spannungsverhältnis zwischen Individualvertrag, Betriebsvereinbarung und Tarifvertrag, BB 2002, 1314; *ders.* Dezentrale Lohnfindung und Tarifautonomie, BB 2003, 1951; *Raab* Betriebliche Bündnisse für Arbeit – Königsweg aus der Beschäftigungskrise? ZfA 2004, 371; *Wolter* Richtungswechsel im Tarifvertragsrecht – Betriebliche Bündnisse für Arbeit und Tarifvertrag, NZA 2003, 1317; *Ehlers* Personalkostenabbau durch betriebliche Bündnisse für Arbeit (Diss. Kiel), 2007; *Dieterich* FS *Richardi*, S. 117; vgl. auch Sachverständigenrat zur Begutachtung der gesamtwirtschaftlichen Entwicklung, Jahresgutachten 2002/2003, BT-Drucks. 15/100 S. 261 Nr. 466 ff.; Jahresgutachten 2003/2004, BT-Drucks. 15/2000 Nr. 673 ff.). Danach ist die Reformdiskussion abgeebbt.

a) Regelungsgegenstand der Betriebsvereinbarung

aa) Alle Arbeitsbedingungen

Durch Betriebsvereinbarung können grundsätzlich **alle Arbeitsbedingungen** (im weiten Sinne) geregelt werden (s. näher zur Begründung Rdn. 95 ff.). Keine Rolle spielt, ob es sich um sog. materielle oder formelle Arbeitsbedingungen handelt und wie diese Abgrenzung überhaupt vorzunehmen wäre. Gleichgültig ist auch, ob Arbeitsbedingungen einem Mitbestimmungsrecht des Betriebsrats unterliegen oder nicht. Darüber besteht im Ergebnis in der Rechtsprechung, insb. auch des **BAG**, und ganz überwiegender **Literaturansicht Einigkeit** (vgl. BAG 18.08.1987 EzA § 77 BetrVG 1972 Nr. 18 S. 7 f.; grundlegend BAG GS 07.11.1989 EzA § 77 BetrVG 1972 Nr. 34 S. 5 f.; danach st. Rspr.; vgl. BAG 09.04.1991 EzA § 77 BetrVG 1972 Nr. 39 S. 4; 06.08.1991 EzA § 77 BetrVG 1972 Nr. 40 S. 4; 19.01.1999 EzA § 87 BetrVG 1972 Betriebliche Ordnung Nr. 24 S. 5; 19.10.2005 EzA § 77 BetrVG 2001 Nr. 13 S. 6; 18.07.2006 EzA § 75 BetrVG 2001 Nr. 4 Rn. 30; 12.12.2006 EzA § 88 BetrVG 2001 Nr. 1 Rn. 14; 26.08.2008 EzA § 87 BetrVG 2001 Überwachung Nr. 2 Rn. 13; 12.04.2011 EzA § 88 BetrVG 2001 Nr. 2 Rn. 19; 07.06.2011 EzA § 88 BetrVG 2001 Nr. 3 Rn. 35; 30.10.2012 EzA § 87 BetrVG 2001 Betriebliche Lohngestaltung Nr. 27 Rn. 21; 05.03.2013 EzA § 77 BetrVG 2001 Nr. 35 Rn. 23 = AP Nr. 105 zu § 33 BetrVG 1972; 24.04.2013 – 7 AZR 523/11 – juris, Rn. 26; 25.02.2015 EzA § 3 TVG Bezugnahme auf Tarifvertrag Nr. 60 Orientierungssatz 1 und Rn. 31 = AP Nr. 129 zu § 1 TVG Bezugnahme auf Tarifvertrag; vgl. auch BAG 19.05.1978 AP Nr. 1 zu § 88 BetrVG 1972 BL. 3 R; *LAG Köln* 14.08.1996 LAGE § 77 BetrVG 1972 Nr. 22 S. 5; für den Sozialplan etwa BAG 31.05.2005 EzA § 112 BetrVG 2001 Nr. 14 S. 5 f.; *Berg*/DKKW § 77 Rn. 81; *Brune* AR-Blattei SD 520, Rn. 184 f.; *Buchner* DB 1985, 913 [915 f.]; *ders.* NZA 1986, 377 [378]; *Fitting* § 77 Rn. 45 ff.; *Gaul*/HWK § 77 BetrVG Rn. 32; *von Hoyningen-Huene* Betriebsverfassungsrecht, § 11 III 4; *von Hoyningen-Huene*/*Meier-Krenz* NZA 1987, 793 [794]; *Hromadka* FS *Wank*, S. 175 ff.; *ders.* NZA Beilage 4/2014, 136 [139 f.]; *Hromadka*/*Maschmann* Arbeitsrecht Bd. 2, § 16 Rn. 360; *Jahnke* Tarifautonomie und Mitbestimmung, S. 91; *Kaiser*/LK § 77 Rn. 10; *Kania*/ErfK § 77 BetrVG Rn. 36; *Kreutz* Betriebsautonomie, S. 208 ff., 222; *ders.* FS *Schmidt-Jortzig*, S. 753 [754 f.]; *Linsenmaier* RdA 2008, 1 [4]; *ders.* RdA 2014, 336 [337]; *Lorenz*/HaKo § 77 Rn. 28; *Matthes*/MünchArbR § 238 Rn. 47; *Rieble*/AR § 77 BetrVG Rn. 7; *Säcker* BB 2013, 2677 f.; *Schaub*/*Koch* Arbeitsrechts-Handbuch, § 231 Rn. 18; *Schwarze*/NK-GA § 77 BetrVG Rn. 11; *Stege*/*Weinspach*/*Schiefer* § 77 Rn. 7; *Werner*/RGKU § 77 BetrVG Rn. 35; *Worzalla* FS *Kreutz*, S. 525 [527]; *Worzalla*/HWGNRH § 77 Rn. 38).

In der Lehre gibt es auch Gegenstimmen, die die Grenzen der Betriebsautonomie gerade durch **Begrenzung ihres Gegenstandsbereichs** herbeiführen wollen. Zunächst war das nur *Richardi* (vgl. Kollektivgewalt und Individualwille, S. 313, 317, 319 ff., wo er wegen des Zwangsordnungscharakters der Betriebsvereinbarung die Möglichkeit zur Regelung materieller Arbeitsbedingungen grundsätzlich einschränken wollte; bei *Dietz*/*Richardi* § 77 Rn. 54 begrenzt *Richardi* diese Beschränkung auf solche materiellen Arbeitsbedingungen, »die dem Arbeitsverhältnis seine konkrete Struktur geben«; vgl. auch *Richardi* ZfA 1990, 211 [235 ff.], wo die Kompetenz zur Regelung der Dauer der individuellen wöchentlichen Arbeitszeit verneint wird; später [ZfA 1992, 307, 321, 329 f.; ähnlich Gutachten B zum 61. DJT B 57] vertritt er die Ansicht, dass sich die Regelungskompetenz aus dem Mitbestimmungsprinzip ergibt, die Betriebspartner aber keine Regelungsbefugnis haben, »die den Arbeitsvertrag ersetzt« [*Richardi* § 77 Rn. 72]; neuerdings einschränkend [FS *Kreutz*, S. 379] unter dem Gesichtspunkt, dass in der Betriebsvereinbarung als Rechtsinstitut gesetzlich gestalteter Betriebsautonomie bezüglich ihres Inhalts kein auf den Betrieb projizierter Tarifvertrag gesehen werden darf; gegen *Richardi* insb. *Säcker* Gruppenautonomie und Übermachtkontrolle im Arbeitsrecht, S. 344; *ders.* ZfA 1972, Sonderheft S. 50; *ders.* AR-Blattei, Betriebsvereinbarung I, C III; *Hanau* JZ 1969, 643; *Kreutz* Betriebsautonomie, S. 209; *Reuter* RdA 1994, 152 [159]; *Travlos-Tzanetatos* Die Regelungsbefugnis der Betriebspartner, S. 64 ff.; *Thiele* Drittbearbeitung, § 77 Rn. 56; *Zöllner* ZfA 1988, 261 [276]). Danach folgte mit ebenfalls einschränkenden Thesen *Waltermann* (vgl. Rechtsetzung durch Betriebsvereinbarung, 1996, S. 142 ff., 185, nach dessen Ansicht nicht alle Arbeitsbedingungen durch Betriebsvereinbarung geregelt werden können; aus der Deutung der Betriebsvereinbarung als Fremdbestimmungsordnung, die im staatlich anerkannten Autonomiebereich »Betrieb« privates objektives Recht setzte, will er Grenzen der Normsetzungsbefugnis aus dem »Vorbehalt des Gesetzes« bei Grundrechtseingriffen herleiten, die zugleich die möglichen Regelungsgegenstände der Betriebsvereinbarung bestimmen; namentlich zur Regelung für Arbeitnehmer belastender Betriebsvereinbarungen soll den Betriebsparteien die Regelungsbefugnis nur zustehen, wenn im Einzelfall eine hinreichende parlamentsgesetzliche Ermächtigungsgrundlage besteht; vgl. *ders.* NZA 1996, 357 [359 ff.]; RdA 2007, 257; *ders.* RdA 2016, 296 [302 f.]; zust.: *Wank* NJW 1996, 2273, 2280; *Preis/WPK* § 77 Rn. 18; *Preis/Ulber* RdA 2013, 211 [214 ff.], die im Ergebnis aus eigenen Sacheinsichten »Auswüchse des Zugriffs auf arbeitsvertragliche Regelungen« differenzierend zu begrenzen suchen, aber die h. M. »nicht vollends verwerfen«; ausführlich *Benrath* Tarifvertragliche Öffnungsklauseln, S. 80 ff.; *Kamanabrou* Arbeitsrecht, Rn. 2571). *Richardi* und *Waltermann* haben dann Unterstützung gefunden: So sollen nach *Picker* (Die Tarifautonomie in der deutschen Arbeitsverfassung, 2000, S. 55 ff.; *ders.* NZA 2002, 762, 769) im Anschluss an *Richardi* der Betriebsvereinbarung »die Reservate genuin privatautonomer Gestaltung« (materielle Arbeitsbedingungen) verschlossen sein (ähnlich dessen Schüler *May* [Die Zulässigkeit der Regelung von Lohn und Arbeitszeit in Betriebsvereinbarungen, S. 299] für Arbeitsbedingungen, die die Struktur des individuellen Arbeitsverhältnisses betreffen [Lohnhöhe, Dauer der Arbeitszeit]; das soll sogar für günstigere Regelungen gelten; zust. *Ch. Picker* Die ablösende Betriebsvereinbarung, S. 116; ähnlich im Ergebnis *Merten* [Die Regelungsbefugnisse der Betriebspartner erörtert am Beispiel der ablösenden Betriebsvereinbarung, S. 281] für einen »Kernbereich der Arbeitsbedingungen« [Entgelt, Gesamtarbeitszeit]). Zu ähnlichem Ergebnis gelangt *Franzen* (NZA Beil. 3/2006, S. 107), der die Befugnis zur Gestaltung von Arbeitsbedingungen durch Betriebsvereinbarung aus dem Arbeitsvertrag herleitet und daraus ableitet, dass keine Regelungen im synallagmatischen Austauschverhältnis der Arbeitsvertragsparteien getroffen werden können. Soweit geht *Veit* (Die funktionelle Zuständigkeit des Betriebsrats, S. 345, 424) nicht, kommt aber wegen angeblich beschränkter funktioneller Zuständigkeit des Betriebsrats im Bereich der §§ 87, 88 differenzierend zu weit reichenden Einschränkungen der Regelungsmacht. *Herrmann* (NZA 2000, Sonderbeilage zu Heft 3, S. 14) will Betriebsvereinbarungen nur im Rahmen einzelner, gesetzlich geregelter Mitbestimmungstatbestände zulassen und hält sogar § 88 für verfassungswidrig. *Lobinger* (RdA 2011, 76, 84 ff.) will die Regelungsbefugnis »zivilrechtssystematisch« auf Arbeitsbedingungen beschränken, die ansonsten dem Alleinbestimmungsrecht des Arbeitgebers unterlägen, so dass sich die im Gegenseitigkeitsverhältnis stehenden Kernarbeitsbedingungen »gleichsam als sakrosankt« erweisen sollen. *Bieder* [ZfA 2016, 1, 21 ff.] will ausgehend vom Arbeitnehmerschutz des Betriebsverfassungsrechts die betriebliche Regelungsmacht nach eigenen Sacheinsichten auf Bereiche begrenzen, in denen der Abschluss von Betriebsvereinbarungen »die Privatautonomie per se nicht unzulässig verkürzen kann«. **Allen** am Regelungsgegenstand ansetzenden Einschränkungen der Betriebsautonomie **ist nicht zu folgen**, weil der **Gesetzgeber anders entschieden** hat (näher dazu Rdn. 95 ff.).

bb) Abs. 3 als gegenstandsabgrenzende Norm

95 Das BetrVG enthält allerdings (anders als § 1 Abs. 1 TVG für den Tarifvertrag) keine ausdrückliche Regelung über den möglichen Inhalt von Betriebsvereinbarungen. Es bestimmt den Gegenstandsbereich weder in genereller Weise positiv, noch beschränkt es (wie § 73 BPersVG) die Betriebsvereinbarung auf Regelungsangelegenheiten, in denen sie das Gesetz ausdrücklich vorsieht. Auf eine Grundrechtsgewährleistung (wie Art. 9 Abs. 3 GG für den Tarifvertrag) kann nicht zurückgegriffen werden. **Maßgeblich** muss daher sein, was **aus dem Gesetz selbst abgeleitet werden kann** (so schon *Thiele*

Drittbearbeitung, § 77 Rn. 55; *Säcker* Gruppenautonomie und Übermachtkontrolle im Arbeitsrecht, S. 343 ff.; *Linsenmaier* RdA 2008, 1 [4]).

Mittels **Umkehrschlusses** aus § 77 Abs. 3 Satz 1 ergibt sich, dass grundsätzlich **sämtliche Arbeits-** 96 **bedingungen** durch Betriebsvereinbarung geregelt werden können (*Kreutz* Betriebsautonomie, S. 208 ff., 222; für sog. materielle Arbeitsbedingungen früher schon *Strasser* Die Betriebsvereinbarung, S. 126; *Nikisch* III S. 277; *Thiele* Drittbearbeitung, § 77 Rn. 56). Nach Abs. 3 Satz 1 und Satz 2 können »Arbeitsentgelte und sonstige Arbeitsbedingungen«, die durch Tarifvertrag geregelt sind oder üblicherweise geregelt werden, nicht Gegenstand einer Betriebsvereinbarung sein, sofern der Tarifvertrag den Abschluss ergänzender Betriebsvereinbarungen nicht ausdrücklich zulässt. Die Bestimmung enthält damit zunächst eine negative Abgrenzung des Regelungsbereichs der Betriebsvereinbarung (»können nicht Gegenstand einer Betriebsvereinbarung sein«). Durch Umkehrschluss, dessen logische Voraussetzungen nicht zweifelhaft sind, lässt sich aus Abs. 3 Satz 1 die positive Folgerung ziehen, dass **alle** Arbeitsentgelte und **alle** sonstigen Arbeitsbedingungen durch Betriebsvereinbarung geregelt werden können, wenn diese Gegenstände nicht durch Tarifvertrag geregelt sind oder üblicherweise geregelt werden. Anders formuliert: Arbeitsentgelte und sonstige Arbeitsbedingungen können nur dann nicht Gegenstand einer Betriebsvereinbarung sein, wenn sie durch Tarifvertrag geregelt sind oder üblicherweise geregelt werden und der Tarifvertrag den Abschluss ergänzender Betriebsvereinbarungen nicht ausdrücklich zulässt. Abs. 3 hat somit neben seiner Sperrwirkung, positiv gewendet, **gegenstandsabgrenzende Funktion**. Die Bestimmung legt die **funktionelle Zuständigkeit** und Befugnis der Betriebspartner zur Regelung von Arbeitsbedingungen durch Betriebsvereinbarung fest. Dafür sprechen neben dem Wortlaut und dem Normzweck (vgl. Rdn. 88) auch die herausgehobene systematische Stellung des § 77 Abs. 3 im ersten Abschnitt des Vierten Teils des Gesetzes sowie die Stellung des Abs. 3 im Rahmen des § 77, der die Betriebsvereinbarung eingehend und zusammenfassend als eigenständiges, von Mitbestimmungstatbeständen unabhängiges betriebsverfassungsrechtliches Institut regelt. Dafür spricht schließlich auch Abs. 3 Satz 2, wonach Arbeitsentgelte und sonstige Arbeitsbedingungen jedenfalls dann Gegenstand einer Betriebsvereinbarung sein können, wenn ein Tarifvertrag den Abschluss ergänzender Betriebsvereinbarungen ausdrücklich zulässt. Der Vergleich mit § 28 Abs. 1 SprAuG bestätigt dies.

Das **BAG** und ein überwiegender Teil der **Literatur** haben sich in den letzten Jahrzehnten der hier 97 vertretenen Ansicht **angeschlossen** (vgl. *BAG* [Erster Senat] 18.08.1987 EzA § 77 BetrVG 1972 Nr. 18 S. 7 f.; 09.04.1991 EzA § 77 BetrVG 1972 Nr. 39 S. 4 [zust. *Schulin*]; 06.08.1991 EzA § 77 BetrVG 1972 Nr. 40 S. 4 f.; *BAG* GS 07.11.1989 EzA § 77 BetrVG 1972 Nr. 34 S. 6 [zust. *Otto*, S. 13], wo aber auf § 77 Abs. 3 eher nur zur Bestärkung einer aus § 88 als Auffangnorm abgeleiteten umfassenden Regelungskompetenz abgestellt wird; umgekehrt hat neuerdings wiederum der Erste Senat [12.12.2006 EzA § 88 BetrVG 2001 Nr. 1 Rn. 14] die umfassende Kompetenz der Betriebsparteien zur Regelung materieller und formeller Arbeitsbedingungen maßgeblich auf § 77 Abs. 3 Satz 1 und 2 gestützt und nur »ferner« auf § 88; ebenso 24.04.2011 EzA § 88 BetrVG 2001 Nr. 2 Rn. 19 = AP Nr. 57 zu § 75 BetrVG 1972; 07.06.2011 EzA § 88 BetrVG 2001 Nr. 3 Rn. 35 = AP Nr. 55 zu § 77 BetrVG 1972 Betriebsvereinbarung; 05.03.2013 DB 2013, 1542 Rn. 23; Siebter Senat 24.04.2013 – 7 AZR 523/11 – juris, Rn. 26; *LAG Köln* 14.08.1996 LAGE § 77 BetrVG 1972 Nr. 22 S. 5; *Boemke / Kursawe* DB 2000, 1405 [1407]; *Brune* AR-Blattei SD 520, Rn. 185; *Fitting* § 77 Rn. 46; *Gaumann / Schafft* NZA 1998, 176 [181]; *Kreutz* FS Schmidt-Jortzig, S. 753 [754]; *Linsenmaier* RdA 2008, 1[4]; *Loritz/ZLH* Arbeitsrecht, § 51 Rn. 4; *Matthes/* MünchArbR § 238 Rn. 48; *Rieble /* AR § 77 BetrVG Rn. 7; *Schmeisser* Regelungsabrede, S. 124 f. [anders S. 126 ff.]; *Veit / Waas* BB 1991, 1329 [1330]; *Wollgast* Geltung, Wirkung und Nachwirkung von Betriebsvereinbarungen, S. 129; vgl. auch *Heisig* Arbeitsentgelt- und Arbeitszeitregelungen im Spannungsfeld zwischen tariflicher und betriebsvereinbarungsrechtlicher Normsetzungsbefugnis, S. 323; *Staschik* Grundfragen zur Betriebsvereinbarung, S. 126; **abl.** *Benrath* Tarifvertragliche Öffnungsklauseln, S. 88; *ders.* FS Adomeit, S. 63 [69]; *Bieder* ZfA 2016, 1 [19 f.]; *Ehmann* FS Kissel, S. 175 [183]; *Kamanabrou* Arbeitsrecht, Rn. 2571; *Lambrich* Tarif- und Betriebsautonomie, S. 358 f.; *Kolbe* Mitbestimmun und Demokratieprinzip, S. 199; *Merten* Die Regelungsbefugnisse der Betriebspartner, S. 108 ff.; *Niebler* Inhalt und Reichweite der Betriebsvereinbarungsautonomie, S. 115 ff.; *Preis/Ulber* RdA 2013, 211 [214, aber unsicher]; *Reichold* FS *Kreutz*, S. 349 [354]; *Richardi* § 77 Rn. 67; *ders.* ZfA 1992, 307 [322]; *ders.* Gutachten B zum 61. DJT B 51 mit der resignativen Bemerkung »dürftige gesetzespositivistische Argumentation«; *Veit* Die funktionelle Zuständigkeit des Betriebsrats, S. 207 ff.; *Waltermann* RdA 2007, 257 [260]). Der Kritik ist es nicht gelungen, die hier vorgetragene Begründung zu entkräften (vgl. *Waltermann* RdA 2007, 260 ff.): Sie argumentiert einseitig (Abs. 3 nehme allein [!] das Verhältnis zwischen Tarifautonomie und Betriebsautonomie in den Blick), begrifflich (gegen den vom *BAG* gebrauchten Begriff »umfassende Regelungskompetenz«) und schwingt die Keule der Verfassungswidrigkeit zu Unrecht (dagegen auch *BAG* 12.12.2006 EzA § 88 BetrVG Nr. 1 Rn. 15 ff.; *Linsenmaier* RdA 2008, 5 ff.; s. auch Rdn. 252). Entscheidend ist, dass ungeachtet der verfassungsrechtlich gebotenen Anforderungen an privatrechtliche »Normsetzung« gerade in Abs. 3 die maßgebliche parlamentsgesetzliche Festlegung des Gegenstandsbereichs für die Regelung durch Betriebsvereinbarung generalklauselartig getroffen worden ist. Im Kontext mit Abs. 4 Satz 1 können danach alle Arbeitsbedingungen für die Arbeitsverhältnisse im Betrieb durch Betriebsvereinbarung unmittelbar und zwingend geregelt werden; bedeutsame Grenzen ergeben sich erst durch die Regelungssperre, die zugleich in Abs. 3 Satz 1 bestimmt ist (vgl. Rdn. 107 ff.), und dann durch die Innenschranken der Betriebsautonomie (vgl. Rdn. 329 ff.). Aus § 77 Abs. 3 ergibt sich aber nur, dass sämtliche **Arbeitsbedingungen** Gegenstand einer Betriebsvereinbarung sein können. Zu weit geht die Ableitung, dass »in den Schranken des § 77 Abs. 3 jede durch Tarifvertrag gemäß § 1 Abs. 1 TVG regelbare Angelegenheit grundsätzlich Gegenstand einer Betriebsvereinbarung sein kann« (so aber *BAG* GS 07.11.1989 EzA § 77 BetrVG 1972 Nr. 34 S. 6 [krit. insoweit *Otto* S. 12]; vgl. demgegenüber zu Recht einschränkend *BAG* vom 09.04.1991 EzA § 77 BetrVG 1972 Nr. 39 S. 4: »sind unter Arbeitsbedingungen wie in § 1 Abs. 1 TVG Rechtsnormen zu verstehen, die den Inhalt von Arbeitsverhältnissen ordnen«). Vgl. näher zum Inhalt der Betriebsvereinbarung Rdn. 226 ff.

cc) Unzureichende Inhaltsbestimmung durch die Literatur

98 Ein Teil der Literatur (früher h. M.) entwickelt das Ergebnis aus anderer Sicht. Er geht (wie vor 1972 und ohne insoweit § 77 Abs. 3 auszuwerten) davon aus, dass eine Betriebsvereinbarung nur über solche Fragen (Angelegenheiten) abgeschlossen werden kann, die nach dem Gesetz der **funktionellen Zuständigkeit** des Betriebsrats unterliegen, also zu seinem Aufgabenbereich gehören (vgl. etwa *Berg/DKKW* § 77 Rn. 81; *Ehmann* FS *Kissel*, S. 175 [182 f.]; *Hess/Schlochauer/Glaubitz* § 77 Rn. 15; *von Hoyningen-Huene* Betriebsverfassungsrecht, § 11 III 4; *G. Hueck* Die Betriebsvereinbarung, S. 65 ff.; *Hueck/Nipperdey* II/2 S. 1262; *Jahnke* Tarifautonomie und Mitbestimmung, S. 91; *Kaiser/LK* § 77 Rn. 16; *Lorenz/HaKo* § 77 Rn. 28; *Löwisch* AuR 1978, 97 [100]; *Nikisch* III S. 276; *Richardi* § 77 Rn. 50, 64; *Säcker* AR-Blattei, Betriebsvereinbarung I, C III 1; *Schaub/Koch* Arbeitsrechts-Handbuch, § 231 Rn. 18; *Thiele* Drittbearbeitung, § 77 Rn. 55; *Travlos-Tzanetatos* Die Regelungsbefugnis der Betriebspartner, S. 60 f.; *Worzalla/HWGNRH* § 77 Rn. 38; weitere Nachweise bei *Kreutz* Betriebsautonomie, S. 2 Fn. 2). Im Ausgangspunkt ist das natürlich richtig (vgl. auch *BAG* 14.03.2012 – 7 AZR 147/11 – AP Nr. 60 zu § 77 BetrVG 1972 Betriebsvereinbarung).

99 Die so abgesteckten sog. Außenschranken der Betriebsautonomie (*Thiele* Drittbearbeitung, § 77 Rn. 55) erweisen sich jedoch nicht wirklich als Einschränkung, als welche sie formuliert sind, für die betriebsvereinbarungsrechtliche Gestaltung von Arbeitsbedingungen, »weil man für den Bereich der sozialen Angelegenheiten, die die formellen und materiellen Arbeitsbedingungen im weitesten Sinne umfassen, eine unbeschränkte funktionelle Zuständigkeit des Betriebsrats annimmt« (so zutr. die früher h. M. kennzeichnend *Dietz/Richardi* § 77 Rn. 49; *Richardi* § 77 Rn. 66; vgl. auch schon *BAG* GS 16.03.1956 AP Nr. 1 zu § 57 BetrVG; dagegen *Veit* Die funktionelle Zuständigkeit des Betriebsrats). Dementsprechend wird § 88 dahin verstanden, dass grundsätzlich alle sozialen Angelegenheiten durch Betriebsvereinbarung geregelt werden können (vgl. dazu *Gutzeit* § 88 Rdn. 7 m. w. N.). Zur Begründung beruft man sich auf die nur beispielhafte (»insbesondere«), nicht erschöpfende Aufzählung der (jetzt fünf) Regelungsangelegenheiten in § 88, und schließt aus der systematischen Stellung dieser Bestimmung im Abschnitt über »soziale Angelegenheiten«, dass grundsätzlich sämtliche soziale Angelegenheiten durch (freiwillige) Betriebsvereinbarung geregelt werden können. Da »soziale Angelegenheiten« alle Arbeitsbedingungen im weitesten Sinne umfassen sollen (so etwa *Dietz/Richardi* § 77 Rn. 49; *Hueck/Nipperdey* II/2 S. 1353; *Neumann-Duesberg* S. 453; *Nikisch* III S. 348), folgt dann grundsätzlich aus § 88 die Möglichkeit umfassender Regelung von Arbeitsbedingungen durch Betriebsvereinbarung. Soweit einschränkend, aber genauer, Arbeitsbedingungen, die soziale Angelegenheiten betreffen, von solchen unterschieden werden, die personelle oder wirtschaftliche

Durchführung gemeinsamer Beschlüsse, Betriebsvereinbarungen **§ 77**

Angelegenheiten betreffen (zuerst *Säcker* ZfA 1972, Sonderheft S. 45; vgl. auch *Joost* Anm. AP Nr. 2 zu § 620 BGB Altersgrenze), stellt sich zunächst die Frage der Abgrenzung (vgl. dazu *Gutzeit* § 88 Rdn. 11), bei ausgegrenzten Angelegenheiten dann die Frage, ob auch sie durch Betriebsvereinbarung geregelt werden können (vgl. dazu *Gutzeit* § 88 Rdn. 10 m. w. N.). Soweit ausdrückliche Regelungen (wie etwa § 102 Abs. 6) im Gesetz fehlen, bleibt eine Begründungslücke bestehen, wenn und soweit auf § 88 als »Auffangnorm« (so *BAG GS* 07.11.1989 EzA § 77 BetrVG 1972 Nr. 34 S. 6) oder allein auf die Zuständigkeit des Betriebsrats abgestellt wird (so aber etwa *Jahnke* Tarifautonomie und Mitbestimmung, S. 89 ff.). Denn es besteht, wenn man nicht auf § 77 Abs. 3 zurückgreift, kein allgemeiner Grundsatz des Inhalts, dass alle Arbeitsbedingungen durch Betriebsvereinbarung geregelt werden können, wenn die funktionelle Zuständigkeit des Betriebsrats gegeben ist. Im Übrigen befriedigt das Ergebnis der bisher h. M. unter systematischem Aspekt nicht, weil § 88 im Abschnitt über soziale Angelegenheiten steht, eine Bestimmung über den Regelungsbereich der Betriebsvereinbarung aber im unmittelbaren Zusammenhang mit der allgemeinen Regelung dieses Rechtsinstituts erwartet werden muss.

dd) Abs. 3 nicht auf materielle Arbeitsbedingungen beschränkt

Vertreter der früher h. M. (s. Rdn. 98) sahen (bzw. sehen) sich offensichtlich deshalb gehindert, § 77 Abs. 3 als zentrale und grundlegende Bestimmung des Gegenstandsbereichs der Betriebsvereinbarung zu verstehen, weil nach eben dieser Ansicht die **Sperrwirkung** (dazu näher Rdn. 107 ff.) des § 77 Abs. 3 auf »materielle« Arbeitsbedingungen beschränkt sein soll, sich aber nicht auf sog. »formelle« Arbeitsbedingungen beziehen soll (so früher ohne nähere Problematisierung und vielfach beiläufig das *BAG*; vgl. aber *BAG* 24.02.1987 EzA § 87 BetrVG 1972 Nr. 10 [unter B II 4a, b bb]; 01.04.1987 EzA § 613a BGB Nr. 63 S. 428; in der Entscheidung vom 21.12.1982 [DB 1983, 996] hatte das *BAG* die Frage noch offen gelassen; *Thiele* Drittbearbeitung, § 77 Rn. 62, 89 ff.; *Dietz/Richardi* § 77 Rn. 186 ff.; *Galperin/Löwisch* § 77 Rn. 75; *Wiedemann/Stumpf* TVG, 5. Aufl., § 4 Rn. 293 – alle m. w. N.; weiter etwa *Wiese* 25 Jahre Bundesarbeitsgericht, S. 661 [665]; *Boewer* DB 1973, 522 [526]; *Hanau* RdA 1973, 281 [283]; *ders.* BB 1977, 350; *Hanau/Adomeit* Arbeitsrecht, 11. Aufl., D II 3a; *Hess/Schlochauer/Glaubitz* § 77 Rn. 133 f.; *Jahnke* Tarifautonomie und Mitbestimmung, S. 141 ff., 146 ff.; *Kirchner* BB 1972, 1279; *Konzen* BB 1977, 1307 [1311 f.]; *Loritz/ZLH* Arbeitsrecht, § 50 Rn. 38; *Löwisch* AuR 1978, 97 [107]; *Reuter* Vergütung von AT-Angestellten und betriebsverfassungsrechtliche Mitbestimmung, S. 28; *Richardi* § 77 Rn. 256; *Schwarze/NK-GA* § 77 BetrVG Rn. 19; *Stege/Weinspach/Schiefer* § 77 Rn. 12; *Veit* Die funktionelle Zuständigkeit des Betriebsrats, S. 238 ff.; *Wank* RdA 1991, 129 [133 f.]; *Wiedemann/Wank* TVG, § 4 Rn. 572 f.; weitere Nachweise bei *Moll* Der Tarifvorrang, S. 46 f. mit Fn. 58, 66; vgl. auch die Diss. [Titel im Literaturverzeichnis] aus neuerer Zeit von: *Bakopoulos*, S. 119 f.; *Heisig*, S. 194 ff.; *Niebler*, S. 111 ff.; *Schwarze*, S. 203).

100

Die **Reduktion** des § 77 Abs. 3 (und damit die Sperrwirkung) auf »materielle« Arbeitsbedingungen ist jedoch **keineswegs gerechtfertigt**, die Bestimmung bezieht sich auf **alle** Arbeitsbedingungen (vgl. ausführlich *Kreutz* Betriebsautonomie, S. 211 ff.; *Moll* Der Tarifvorrang, S. 44 ff.; das *BAG* hat sich dieser Meinung angeschlossen; vgl. Urteil vom 09.04.1991 EzA § 77 BetrVG 1972 Nr. 39 S. 4 f. [zust. *Schulin*] = SAE 1992, 193 [zust. *Hönn*], bestätigt durch Urteil vom 06.08.1991 EzA § 77 BetrVG 1972 Nr. 40 S. 5 und Beschluss des *GS* des *BAG* vom 03.12.1991 EzA § 87 BetrVG 1972 Betriebliche Lohngestaltung Nr. 30 S. 15; ebenso *Adomeit* BB 1972, 53; *Berg/DKKW* § 77 Rn. 129; *Brune* AR-Blattei SD 520, Rn. 221 ff.; *Däubler* Tarifvertragsrecht, Rn. 230; *Farthmann* RdA 1972, 65 [72]; *Fitting* § 77 Rn. 71; *Gaul/HWK* § 77 BetrVG Rn. 48; *Gast* Tarifautonomie und Normsetzung durch Betriebsvereinbarung, S. 16 ff., 40; *Haug* BB 1986, 1921 [1928 f.]; *Herschel* BArbBl. 1974, 134 f.; *Heinze* NZA 1989, 41 [44]; *Heyer* Betriebliche Normsetzung und Tarifautonomie, S. 59 ff., 108; *von Hoyningen-Huene* Betriebsverfassungsrecht, § 11 III 5c; *von Hoyningen-Huene/Meier-Krenz* NZA 1987, 793 [794 f.]; *Kaiser/LK* § 77 Rn. 114; *Kamanabrou* Arbeitsrecht, Rn. 2612; *Kania/ErfK* § 77 BetrVG Rn. 44; *Küchenhoff* § 77 Rn. 11; *von Langen* Von der Tarif- zur Betriebsautonomie, S. 80; *Matthes/MünchArbR* § 238 Rn. 59; *Preis/WPK* § 77 Rn. 60; *Rieble/AR* § 77 BetrVG Rn. 27; *Säcker* ZfA 1972, Sonderheft S. 66; *ders.* BB 1979, 1201 [1202]; *Schaub/Koch* Arbeitsrechts-Handbuch, § 231 Rn. 22; *Simitis/Weiss* DB 1973, 1240 [1247]; *Thüsing* ZTR 1996, 146 [147 f.]; *Vollmer* DB 1979, 308 [309]; *Waltermann* Rechtsetzung durch Betriebsvereinbarung, S. 270 ff., 282 f.; *Weiss/Weyand* § 77 Rn. 30; *Wollgast* Geltung, Wirkung und Nachwirkung von Betriebsvereinbarungen, S. 151 f.; *Worzal-*

101

la/HWGNRH § 77 Rn. 110; zu § 59 BetrVG 1952 schon *Biedenkopf* Grenzen der Tarifautonomie, S. 283 ff.; *Höcker* RdA 1956, 18).

102 Dem **Wortlaut** ist eine Einschränkung nicht zu entnehmen (**a. M.** *Thiele* Drittbearbeitung, § 77 Rn. 90; *Dietz/Richardi* § 77 Rn. 186; *Galperin/Löwisch* § 77 Rn. 75; *Wiedemann/Wank* TVG, § 4 Rn. 572). § 77 Abs. 3 spricht von »Arbeitsentgelte und sonstige Arbeitsbedingungen, die . . .« und lässt insoweit bei den »sonstigen« Arbeitsbedingungen keinerlei Beschränkung auf eine bestimmte Art erkennen. Die bloße Nennung dieser im Anschluss an die Arbeitsentgelte gibt dafür nichts her; das wäre anders bei einer Formulierung wie etwa Arbeitsentgelte und »ähnliche« oder »vergleichbare« Arbeitsbedingungen. In der Hervorkehrung der »Arbeitsentgelte« kann man eine Anspielung auf ein Synallagma sehen, es kann aber auch bedeuten, dass das Gesetz sie als wichtigste aller Arbeitsbedingungen, die typischerweise durch Tarifvertrag geregelt werden, besonders herausstellen wollte. Der gegenüber § 59 BetrVG 1952 bezüglich der Formulierung »Arbeitsentgelte und sonstige Arbeitsbedingung« unveränderte Wortlaut kann mangels jeglicher Anhaltspunkte in den Gesetzesmaterialien nicht dafür in Anspruch genommen werden, dass der Gesetzgeber die früher vorherrschende Beschränkung auf materielle Arbeitsbedingungen (vgl. die Nachweise bei *Moll* Der Tarifvorrang, S. 45 Fn. 58) billigen wollte (so aber *Hanau* RdA 1973, 281 [284]; *Konzen* BB 1977, 1307 [1311]; *Richardi* § 77 Rn. 256). Denn im Kontext hat Abs. 3 gegenüber § 59 BetrVG 1952 eine wesentliche Änderung erfahren. Hieß es früher »soweit Arbeitsentgelte und sonstige Arbeitsbedingungen üblicherweise durch Tarifvertrag geregelt werden, sind Betriebsvereinbarungen nicht zulässig«, und war damit entscheidendes Gewicht auf die Arbeitsbedingungen gelegt, die üblicherweise (typischerweise) durch Tarifvertrag geregelt werden, so sind heute die von der Regelungssperre betroffenen Arbeitsbedingungen unbegrenzt an die Spitze des Tatbestands gestellt und es sind nicht mehr nur die Arbeitsbedingungen betroffen, die üblicherweise, sondern bereits diejenigen, die erstmals durch Tarifvertrag geregelt sind.

103 Entgegen früher h. M. ist aber auch **keine teleologische Reduktion** (so zur Methode der früher h. M. zutr. *Konzen* BB 1977, 1307 [1311 f.]) geboten. Der **Normzweck** fordert keine Restriktion auf materielle Arbeitsbedingungen, sondern im Gegenteil die **Einbeziehung sämtlicher Arbeitsbedingungen** (*Kreutz* Betriebsautonomie, S. 213; *Moll* Der Tarifvorrang, S. 49; *von Hoyningen-Huene/Meier-Krenz* NZA 1987, 793 [795]; zust. *BAG* 09.04.1991 EzA § 77 BetrVG 1972 Nr. 39 S. 4 f.; *Berg/DKKW* § 77 Rn. 129; *Fitting* § 77 Rn. 71; *Waltermann* Rechtsetzung durch Betriebsvereinbarung, S. 279, 282). Normzweck ist die Sicherung der (aktualisierten) Tarifautonomie bzw. der Funktionsfähigkeit der Koalitionen (vgl. Rdn. 88). Diese Zielsetzung wird am umfassendsten verwirklicht, wenn die Vorrangkompetenz der Tarifvertragsparteien im Anwendungsbereich des Abs. 3 für sämtliche Arbeitsbedingungen gilt. Dem entspricht, dass die Tarifautonomie ohne Einschränkungen sämtliche Arbeitsbedingungen umfasst (Art. 9 Abs. 3 GG) und das Selbstverständnis der Gewerkschaften sich auf die Wahrung der Arbeitnehmerinteressen bei sämtlichen Arbeitsbedingungen richtet. Demgegenüber kann der Einwand nicht überzeugen, dass die »Ordnung des Betriebes« den Sachgesetzlichkeiten der einzelnen Betriebe überlassen werden müsse und daher diese Fragen typischerweise nicht durch Tarifvertrag geregelt würden. Denn wenn die Verhältnisse der einzelnen Betriebe einer Regelung durch Tarifvertrag entgegenstehen, greift die Sperrwirkung des Abs. 3 nicht ein, und die Betriebsvereinbarung steht als Gestaltungsfaktor zur Verfügung (*Kreutz* Betriebsautonomie, S. 213 f.; *Moll* Der Tarifvorrang, S. 48; *Haug* BB 1986, 1921 [1929]). Wenn aber formelle Arbeitsbedingungen (gleich wie man diese abgrenzt) tariflicher Regelung zugänglich sind und dementsprechend eine tarifliche Regelung besteht oder üblich ist, könnte ein Nebeneinander von Betriebsvereinbarung und Tarifvertrag zu einer der Zwecksetzung des Abs. 3 widersprechenden Aushöhlung der Tarifautonomie führen. Insofern muss auch die zukünftige Entwicklung des Tarifwesens offen gehalten werden (*Biedenkopf* Grenzen der Tarifautonomie, S. 248; *Moll* Der Tarifvorrang, S. 49).

104 Es besteht auch **keine gesetzliche Gesamtkonzeption** für §§ 77 Abs. 3 und 87 Abs. 1 Eingangssatz, die eine Beschränkung des § 77 Abs. 3 auf materielle Arbeitsbedingungen fordern würde. Eine solche hatte die h. M. unter der Geltung des BetrVG 1952 für die Abgrenzung der § 56 Abs. 1 Eingangssatz und § 59 (denen heute § 87 Abs. 1 Eingangssatz und § 77 Abs. 3 im Wesentlichen entsprechen) entwickelt. Danach sollten die Mitbestimmungsrechte des Betriebsrats im Rahmen des § 56 auf formelle Arbeitsbedingungen beschränkt sein, während die Sperrwirkung des § 59 auf materielle reduziert wurde. Mit Hilfe des Gegensatzpaares »materielle« und »formelle« Arbeitsbedingungen war damit eine tat-

Durchführung gemeinsamer Beschlüsse, Betriebsvereinbarungen § 77

bestandliche Aufteilung der Gegenstandsbereiche der §§ 56 und 59 BetrVG 1952 vorgenommen, die Überschneidungen grundsätzlich ausschloss (vgl. nur *Hueck/Nipperdey* II/2 S. 1396 f.; *Nikisch* III S. 381), trotz der von der damaligen h. M. grundsätzlich vorausgesetzten Anwendbarkeit des § 59 im Bereich des § 56 BetrVG 1952 (dazu m. w. N. *Wiese* RdA 1968, 41 [42 mit Fn. 11]; *Moll* Der Tarifvorrang, S. 34). Damit waren zugleich die unterschiedliche Reichweite des Tarifvorbehalts in § 59 und des Tarifvorrangs in § 56 BetrVG 1952 aufeinander abgestimmt. Dieses Konzept, das schon damals zweifelhaft war (dagegen eindringlich *Herschel* AuR 1969, 65; 1968, 129), kann jedenfalls der jetzigen gesetzlichen Regelung nicht mehr entnommen werden, weil der Katalog der Mitbestimmungsangelegenheiten in § 87 Abs. 1 Nr. 3, 10 und 11 unbezweifelbar auf früher definitionsgemäß »materielle« Arbeitsbedingungen ausgedehnt worden ist (*Kreutz* Betriebsautonomie, S. 214 f.; *Moll* Der Tarifvorrang, S. 46 f.; *Haug* BB 1986, 1921 [1928]; *von Hoyningen-Huene/Meier-Krenz* NZA 1987, 793 [794]; *Richardi* § 77 Rn. 247, 255; *Säcker* ZfA 1972, Sonderheft S. 66). Die frühere Konzeption ist auch durch die Lehre von den sog. »materiellen Annexregelungen« (*Konzen* BB 1977, 1307 [1311 f.], im Anschluss an *Hanau* RdA 1973, 281 [282 f.]) nicht haltbar (vgl. näher *Kreutz* Betriebsautonomie, S. 215 ff.; s. u. *Wiese* § 87 Rdn. 34; *Moll* Der Tarifvorrang, S. 47; *Haug* BB 1986, 1928). Nicht nur im Rahmen des § 87 (vgl. dazu *Wiese* § 87 Rdn. 34 ff.), auch im Rahmen des § 77 ist damit die **Unterscheidung** zwischen formellen und materiellen Arbeitsbedingungen (vgl. zur historischen Entwicklung dieser zunächst klassifikatorischen Unterscheidung zu einer typologischen Umschreibung *Kreutz* Betriebsautonomie, S. 217 ff.) **ohne Relevanz**.

Schließlich kann auch die (optimale) Berücksichtigung der zentralen Bedeutung der Mitbestimmung nach § 87 Abs. 1 nicht dazu führen, die Sperrwirkung nach § 77 Abs. 3 auf »materielle« Arbeitsbedingungen zu begrenzen. § 77 Abs. 3 gilt auch im Anwendungsbereich des § 87 Abs. 1 (so die verbreitete Ansicht, die von *Säcker* ZfA 1972, Sonderheft S. 65, zu Unrecht »Zwei-Schranken-Theorie« genannt wurde; sehr str.; vgl. dazu näher Rdn. 158 ff.); das folgt aus der hervorgehobenen systematischen Stellung des § 77 Abs. 3 im Rahmen der allgemeinen Vorschriften, die der Gesetzgeber aus »rechtssystematischen Gründen« bewusst herbeigeführt hat (Begründung zum RegE, BT-Drucks. VI/1786, S. 47), und entspricht seinem Normzweck. Deshalb kann § 77 Abs. 3 nicht mit Blick auf § 87 Abs. 1 einschränkend ausgelegt werden, zumal damit die Überschneidung in den wichtigen Angelegenheiten des § 87 Abs. 1 Nr. 3, 10 und 11 nicht ausgeschlossen werden könnte. Wenn man es für rechtspolitisch bedenklich hält, dass die sog. Zwei-Schranken-Theorie gilt und § 77 Abs. 3 sich auf alle Arbeitsbedingungen bezieht (so etwa *Dietz/Richardi* § 77 Rn. 187), muss man sich konsequenterweise für die sog. Vorrangtheorie entscheiden, die § 77 Abs. 3 im Anwendungsbereich des § 87 Abs. 1 nicht anwenden will; diese ist jedoch mit der rechtspolitischen Entscheidung des Gesetzgebers unvereinbar (vgl. näher Rdn. 162 ff.). Im Übrigen ist zu berücksichtigen, dass § 77 Abs. 3 nur auf die Ausübung der Mitbestimmungsrechte nach § 87 Abs. 1 einwirkt, indem er die Betriebsvereinbarung als **Ausübungsform** ausschließt, wenn Arbeitsbedingungen durch Tarifvertrag geregelt sind oder üblicherweise geregelt werden. **Niemals** aber **schließt § 77 Abs. 3 ein Mitbestimmungsrecht nach § 87 Abs. 1 aus** (*Kreutz* Betriebsautonomie, S. 221; insb. kommt auch eine Erweiterung der Sperrwirkung über die Betriebsvereinbarung hinaus auf andere Formen der Beteiligung des Betriebsrats (Betriebsabsprachen) nicht in Betracht; vgl. dazu Rdn. 154). Das Mitbestimmungsrecht nach § 87 Abs. 1 Nr. 1–13 ist nur dann ausgeschlossen, wenn gemäß Eingangssatz eine (gesetzliche oder) tarifliche Regelung besteht. Ist das nicht der Fall, liegen aber die Voraussetzungen der Regelungssperre des § 77 Abs. 3 Satz 1 vor (weil zwar keine tarifliche Regelung besteht, eine solche aber üblich ist; dazu näher Rdn. 129 ff.), so kann das Mitbestimmungsrecht nach wie vor durch **Betriebsabsprache** ausgeübt werden, auch ein verbindlicher Spruch der Einigungsstelle herbeigeführt werden, wenn eine Betriebsabsprache zwischen Arbeitgeber und Betriebsrat nicht zustande kommt (*Thiele* Drittbearbeitung, § 77 Rn. 93; näher auch Rdn. 164). Dass in diesem Falle die Betriebsvereinbarung als Ausübungsform nicht zur Verfügung steht, entspricht dem vom Gesetzgeber hoch eingeschätzten Schutz der Tarifautonomie in § 77 Abs. 3 (*Thiele* Drittbearbeitung, § 77 Rn. 95); unstimmig ist das nicht, weil Tarifüblichkeit immer nur für einen Übergangszeitraum besteht (vgl. Rdn. 130 ff.).

105

ee) Nur Arbeitsbedingungen
Durch Betriebsvereinbarung können sämtliche Arbeitsbedingungen, aber auch **nur Arbeitsbedingungen** mit der Wirkung des Abs. 4 Satz 1 geregelt werden. Soweit nach ausdrücklicher Bestimmung

106

§ 77 IV. 1. Allgemeines

etwa in den §§ 3 Abs. 2, 21a Abs. 1 Satz 4, 38 Abs. 1 Satz 4, 47 Abs. 4, 5, 9, 55 Abs. 4, 72 Abs. 4, 5, 8, 76 Abs. 1 und 4, 86 BetrVG sowie § 325 Abs. 2 UmwG einzelne betriebsverfassungsrechtliche Angelegenheiten Gegenstand einer »Betriebsvereinbarung« sein können, handelt es sich doch nur dann um Betriebsvereinbarungen, wenn die getroffenen Regelungen unmittelbar und zwingend auf Arbeitsverhältnisse einwirken. Vereinbarungen lediglich obligatorischer Natur fallen nicht unter den Begriff der Betriebsvereinbarung (vgl. dazu näher Rdn. 209 ff.).

b) Die Regelungssperre des Abs. 3 Satz 1

107 § 77 Abs. 3 ist eine **Kompetenznorm**, keine (reine) Kollisionsnorm (vgl. Rdn. 87). Arbeitgeber und Betriebsrat **fehlt** bereits die **funktionelle Zuständigkeit zur Regelung** von Arbeitsbedingungen **durch Betriebsvereinbarung**, wenn die Voraussetzungen des Abs. 3 Satz 1 vorliegen; die Regelungskompetenz der Tarifvertragsparteien genießt Vorrang. Die tarifliche oder tarifübliche Regelung von Arbeitsbedingungen hat insoweit **Sperrwirkung** (Regelungssperre). Solange und soweit keine tarifliche Regelung besteht oder üblich ist, haben die Betriebspartner eine konkurrierende Regelungszuständigkeit; die maßgebliche Kollisionsnorm für das Verhältnis einer Betriebsvereinbarung zum Tarifvertrag ist dann § 4 Abs. 1 TVG mit den Einschränkungen nach § 4 Abs. 3 TVG. Eine **gesetzliche Regelung** löst **keine** Regelungssperre aus (vgl. zur Bindung an zwingendes staatliches Recht Rdn. 330 ff.).

aa) Voraussetzungen der Regelungssperre

108 Die Regelungssperre gilt nur für Arbeitsentgelte und sonstige Arbeitsbedingungen, die durch Tarifvertrag geregelt sind oder üblicherweise geregelt werden. **Gegenstand** der Sperrwirkung sind **sämtliche Arbeitsbedingungen** (str.; vgl. ausführlich Rdn. 93 ff., 96 ff., 100 ff.). Die Unterscheidung von materiellen und formellen Arbeitsbedingungen ist im Rahmen von Abs. 3 **gänzlich irrelevant**, ganz gleich, ob man diese Unterscheidung überhaupt sinnvoll durchführen kann und wie die Abgrenzung zu geschehen hätte. Auf eine exakte Abgrenzung des Begriffs »**Arbeitsentgelte**« (dazu näher *Wiese / Gutzeit* § 87 Rdn. 850 ff.) kommt es nicht an, weil sich die Sperrwirkung auch auf **alle sonstigen Arbeitsbedingungen** bezieht. Zur näheren Aufgliederung der Arbeitsbedingungen vgl. Rdn. 226 ff.

(1) Regelung durch Tarifvertrag

109 Die Sperrwirkung greift anders als nach § 59 BetrVG 1952 nicht erst ein, wenn Arbeitsbedingungen üblicherweise durch Tarifvertrag geregelt werden, sondern schon dann, wenn sie (erstmals) **durch Tarifvertrag geregelt sind** (so auch *Richardi* § 77 Rn. 257). Das Gesetz legt aber nicht näher fest, unter welchen Voraussetzungen dies der Fall ist. Da es aber maßgeblich auf die **Regelung** durch Tarifvertrag abstellt, kommt es auf die **Geltung** der Tarifnormen (§ 4 Abs. 1 TVG) für die Arbeitsverhältnisse in dem Betrieb, in dem eine Betriebsvereinbarung abgeschlossen werden soll oder ist, **nicht** entscheidend an. Es ist deshalb nicht ausgeschlossen, dass in einem Betrieb eine Betriebsvereinbarung nicht zulässig ist, obwohl kein Tarifvertrag gilt.

110 Arbeitsbedingungen **sind durch Tarifvertrag geregelt**, wenn ein Tarifvertrag über die betreffenden Arbeitsbedingungen **abgeschlossen** worden ist und der Betrieb bzw. die dort beschäftigten Arbeitnehmer in den **Geltungsbereich** dieses Tarifvertrags fallen (so auch *BAG* 21.12.1982 DB 1983, 996; 27.01.1987 EzA § 99 BetrVG 1972 Nr. 55; 01.04.1987 EzA § 613a BGB Nr. 63 S. 428; 09.12.1997 EzA § 77 BetrVG 1972 Nr. 61 S. 6 [zust. *Dornwächter*]; 21.01.2003 EzA § 77 BetrVG 2001 Nr. 3 S. 8; 22.03.2005 EzA § 77 BetrVG 2001 Nr. 10 S. 10; 26.08.2008 EzA § 87 BetrVG 2001 Betriebliche Lohngestaltung Nr. 16 = AP Nr. 15 zu § 87 BetrVG 1972; *Berg/DKKW* § 77 Rn. 138; *Fitting* § 77 Rn. 75; *von Hoyningen-Huene/Meier-Krenz* NZA 1987, 793 [795]; *Kaiser/LK* § 77 Rn. 122; *Moll* Der Tarifvorrang, S. 40; *Preis/WPK* § 77 Rn. 66 f.; *Richardi* § 77 Rn. 264 f.; *Worzalla/HWGNRH* § 77 Rn. 123; undeutlich noch *Galperin/Löwisch* § 77 Rn. 78 ff.; *Hess/Schlochauer/Glaubitz* § 77 Rn. 140 ff.). Ohne Berücksichtigung des **Geltungsbereichs** des Tarifvertrags könnte eine Zuständigkeitsabgrenzung nicht sinnvoll und rechtssicher vorgenommen werden.

111 Fällt ein Betrieb in den Geltungsbereich zweier oder mehrerer Tarifverträge (**Tarifpluralität**), so konnten diese nach Maßgabe ihrer jeweiligen Geltungsbereiche grundsätzlich nebeneinander jeweils Regelungssperren im Betrieb auslösen, nachdem durch die Rspr des *BAG* (07.07.2010 EzA § 4 TVG

Tarifkonkurrent Nr. 25 [zust. *Brecht-Heitzmann*] = AP Nr. 140 zu Art. 9 GG [zust. *B. Schmidt*]) das bis dahin richterrechtlich geltende Prinzip der Tarifeinheit bei Tarifpluralität aufgegeben worden war (so auch Vorauf. § 77 Rn. 106; im Ergebnis ebenso *Fitting* § 77 Rn. 81; *Franzen* RdA 2008, 193 [200]; *Greiner* Rechtsfragen der Koalitions-, Tarif- und Arbeitskampfpluralität, S. 377 ff.; *Jacobs* NZA 2008, 325 [332]; *Jacobs/JKOS* § 7 Rn. 248; *B. Schmidt* Tarifpluralität im System der Arbeitsrechtsordnung, 2010, S. 471 ff.; *M. Schneider* Die Auswirkungen von Tarifmehrheiten im Betrieb auf die Betriebsverfassung, 2014, S. 304 ff. und m. w. N. Fn. 1138; *Worzalla* FS *Kreutz*, S. 525 [530 f.]). In der danach einsetzenden Diskussion um eine **gesetzliche Regelung der Tarifeinheit im Betrieb** (zum Überblick vgl. *Kamanabrou* Arbeitsrecht, Rn. 2012 ff.) setzten sich deren Befürworter (übereistimmend auch BDA und DGB) beim Gesetzgeber durch. **Jetzt regelt § 4a TVG** (eingefügt durch Art. 1 Tarifeinheitsgesetz vom 03.07.2015 [BGBl. I S. 1130], in Kraft seit 10.07.2015, mit Übergangsrecht nach § 13 Abs. 3 zugunsten der Tarifverträge, die am 10.07.2015 galten; im Streit um dessen Verfassungsmäßigkeit hat das *BVerfG* im Urteil vom 11.07.2017 entschieden, dass die Regelungen des Tarifeinheitsgesetzes »weitgehend mit Art. 9 Abs. 3 vereinbar sind« und die Vorschrift grundsätzlich weiter angewandt werden kann, der Gesetzgeber aber bis zum 31.12.2018 Vorkehrungen dagegen treffen muss, dass die Interessen kleinerer Berufsgewerkschaften, deren Tarifvertrag verdrängt wird, »nicht einseitig vernachlässigt werden«) **die Tarifpluralität** (nach der Überschrift zu § 4a TVG nur in Fällen der »Tarifkollision«) und löst sie unter den Voraussetzungen von Abs. 2 Satz 2 und Satz 1 **nach dem Prinzip der Tarifeinheit im Betrieb** auf. Das ist unter dem Begriff »kollidierende Tarifverträge« der Fall, der tatbestandlich (einschränkend; s. zu den Merkmalen näher *Däubler/Zwanziger* TVG, § 4a Rn. 36 ff.) vorliegt, »soweit sich die Geltungsbereiche nicht inhaltsgleicher Tarifverträge verschiedener Gewerkschaften überschneiden«, an die der Arbeitgeber (jeweils) nach § 3 TVG gebunden ist; letzteres ist zwar in Abs. 2 Satz 2 nicht ausdrücklich vorausgesetzt, ergibt sich aber bei systematischer Betrachtung zwingend aus Abs. 2 Satz 1, wo auf diese mehrfache Tarifgebundenheit bei Kollisionen abgestellt wird (ebenso im Ergebnis *Däubler* in: *Däubler/Bepler* Das neue Tarifeinheitsgesetz, 2016, Rn. 45; *Däubler/Zwanziger* TVG, § 4a Rn. 21; *Kamanabrou* Arbeitsrecht, Rn. 2022; *Waltermann* Arbeitsrecht, Rn. 631). Ist die gesetzliche Kollisionslage gegeben, »sind im Betrieb nur die Rechtsnormen des Tarifvertrags derjenigen Gewerkschaft anwendbar, die zum Zeitpunkt des Abschlusses des zuletzt abgeschlossenen kollidierenden Tarifvertrags im Betrieb die meisten in einem Arbeitsverhältnis stehenden Mitglieder hat«. Rechtsfolge ist also Tarifeinheit nach dem Prinzip der Mitgliedermehrheit der Gewerkschaften im Betrieb (zu beachten ist dabei allerdings, dass nach dem Urteil des BVerfG vom 11.07.2017 die Verdrängung des Tarifvertrages einer Berufsgruppe bis zu der dem Gesetzgeber aufgegebenen Neuregelung nur in Betracht kommt, wenn plausibel dargelegt werden kann, dass der Tarifvertrag der Mehrheitsgewerkschaft die Interessen von Berufsgruppen, deren Tarifvertrag verdrängt wird, ernsthaft und wirksam berücksichtigt hat). Soweit sich die Geltungsbereiche (nicht die Tarifinhalte) der Tarifverträge von Mehrheits- und Minderheitsgewerkschaft überschneiden (decken), löst folglich auch nur der anwendbare Tarifvertrag der Mehrheitsgewerkschaft die Regelungssperre nach § 77 Abs. 3 Satz 1 im Betrieb aus. Der Tarifvertrag der Minderheitsgewerkschaft ist nicht anwendbar (aber nicht nichtig; vgl. *Konzen/Schliemann* RdA 2015, 1 [8]); er ist durch die Auflösung der Tarifkollision aus dem Betrieb verdrängt und kann folglich wertungsgemäß im Betrieb (solange diese Verdrängung andauert) keine Sperrwirkung entfalten, auch wenn es (s. Rdn. 109) für die Sperrwirkung auf die Geltung des Tarifvertrags im Betrieb nicht entscheidend ankommt (ebenso im Ergebnis *Berg/DKKW* § 77 Rn. 145a; **a. M.** *Fitting* § 77 Rn. 81). Diese materielle Rechtslage gilt unabhängig davon, ob schon in einem Verfahren nach § 99 Abs. 3 ArbGG rechtskräftig über den nach § 4a Abs. 2 Satz 2 TVG anwendbaren (Mehrheits-)Tarifvertrag entschieden ist (ebenso *Däubler/Zwanziger* TVG, § 4a Rn. 36, 97; **a. M.** *Fitting* § 77 Rn. 81, die verkennen, dass diese Entscheidung feststellender, nicht rechtsgestaltender Art ist).

Nur wenn der Tatbestand »kollidierender Tarifverträge« nicht erfüllt ist, die Kollision gesetzlich also nicht aufgelöst wird, können bei Tarifpluralität im Betrieb Tarifverträge **nebeneinander Sperrwirkung** für verschiedene Arbeitnehmer auslösen. Das ist insbesondere der Fall, wenn mehrere Tarifverträge derselben Gewerkschaft kollidieren, die Tarifverträge mehrerer Gewerkschaften inhaltsgleich sind (ggf. nach Nachzeichnung gemäß § 4a Abs. 4 TVG) oder wenn der Arbeitgeber nicht an beide Tarifverträge nach § 3 TVG gebunden ist, z. B. wenn ein für allgemeinverbindlich erklärter Tarifvertrag neben einen Tarifvertrag tritt, an den der Arbeitgeber nach § 3 TVG gebunden ist. Dieses Neben-

112

einander ist jedoch nur dann unproblematisch zu handhaben, wenn bei Inhalts-, Abschluss- und Beendigungsnormen die Geltungsbereiche der verschiedenen Tarifverträge (insb. auch in fachlicher und persönlicher Hinsicht) übereinstimmen; ist das nicht der Fall, muss unter genauer Auslotung des jeweiligen tariflichen Geltungsbereichs beurteilt werden, inwieweit und für welche Personengruppe jeweils Sperrwirkung ausgelöst wird. Allerdings genügt es für eine betriebsweite Auslösung der Sperrwirkung, wenn nur ein Tarifvertrag Normen über betriebliche oder betriebsverfassungsrechtliche Fragen enthält; denn nach § 3 Abs. 2 TVG gelten diese für alle Arbeitsverhältnisse im Betrieb. Deshalb muss eine Kollision aufgelöst werden, wenn insoweit mehrere Tarifverträge unterschiedliche Normen enthalten (z. B. zum Umfang eines Rauchverbots als Ordnungsnorm; s. Rdn. 232). Mangels gesetzlicher Regelung und weil mangels Regelungslücke § 4a Abs. 2 Satz 2 TVG auch nicht analog anwendbar ist, ist es naheliegend, nach der gesetzlichen Wertung in § 4a Abs. 2 Satz 2 TVG die Kollision nach dem Mehrheitsprinzip aufzulösen und die Sperrwirkung nach dem Tarifvertrag der Gewerkschaft zu bestimmen, die im Betrieb die meisten Mitglieder hat (ebenso *Kamanabrou* Arbeitsrecht, Rn. 2006). Zur Bedeutung der Tarifgebundenheit vgl. Rdn. 115 f.

113 Der **Geltungsbereich** (ausführlich dazu etwa *Wiedemann/Wank* TVG, § 4 Rn. 93 ff.; *Däubler/Deinert* TVG, § 4 Rn. 195 ff.; *Jacobs/JKOS* Tarifvertragsrecht, S. 303 ff.; *Löwisch/Rieble* TVG, § 4 Rn. 147 ff., 189 ff.) wird von den Tarifvertragsparteien (innerhalb ihrer Tarifzuständigkeit) festgelegt und ist daher ausschließlich **durch Auslegung** des Tarifvertrags zu ermitteln (*Wiedemann/Wank* TVG, § 4 Rn. 99), und zwar in allen seinen Ausprägungen. Man unterscheidet (bei nicht übereinstimmender Terminologie) den räumlichen, betrieblichen bzw. branchenmäßigen, fachlichen, zeitlichen und persönlichen Geltungsbereich. Der Geltungsbereich des Tarifvertrages bestimmt also nicht nur, **welche** Betriebe (räumlich, betrieblich, vorbehaltlich der Tarifüblichkeit auch zeitlich) erfasst werden, sondern in diesem Rahmen auch, für welche **Personengruppen** (fachlich, nach der Art der Tätigkeit, z. B. nur für technische oder kaufmännische Angestellte) die Sperrwirkung eingreift und von welchen besonderen **persönlichen Voraussetzungen** (Arbeiter oder Angestellteneigenschaft, Herausnahme von Auszubildenden, Teilzeitbeschäftigten, Aushilfskräften etc.) sie abhängt. Für Betriebe (bzw. Arbeitsverhältnisse), die außerhalb des Geltungsbereichs des Tarifvertrages liegen, greift die Sperrwirkung nicht, weil sich die Tarifvertragspartner der in Frage stehenden Arbeitsbedingungen nicht angenommen haben; sie haben ihre Vorrangkompetenz nur in dem von ihnen selbst bestimmten Geltungsbereich »aktualisiert«.

114 In diesem Zusammenhang ist zu beachten, dass der Geltungsbereich eines Tarifvertrags nicht objektiv sachbezogen nach betrieblichen und fachlichen Tätigkeitsbereichen (Wirtschaftszweig, Branche) abgegrenzt sein muss. Namentlich um Lücken im Tarifschutz zu vermeiden, kann die Abgrenzung auch so erfolgen, dass der Tarifvertrag schlechthin für die Betriebe der Mitglieder des tarifvertragschließenden Arbeitgeberverbandes gilt (vgl. dazu mit Beispielen aus der Tarifpraxis *Buchner* DB 1997, 573 [576 f.]; *Kania* BB 2001, 1091). Dann gilt die Sperrwirkung (wegen personeller Begrenzung des Geltungsbereichs im Tarifvertrag) nur in den Betrieben der Verbandsmitglieder (*Buchner* DB 1997, 576 f.; *Fitting* § 77 Rn. 76; *LAG Köln* NZA-RR 1999, 481; **a. M.**, d. h. potentieller Erwerb der Mitgliedschaft im Arbeitgeberverband nach der Verbandssatzung genügt, *Matthes*/MünchArbR § 238 Rn. 64; jetzt auch *Berg/DKKW* § 77 Rn. 139; *Kaiser/LK* § 77 Rn. 122), auch für sog. außerordentliche Mitglieder (Mitglieder ohne Tarifbindung = OT-Mitglieder); für diese gilt jedoch die Sperrwirkung nicht, wenn die Tarifvertragsparteien den Geltungsbereich zulässigerweise (vgl. BAG 24.02.1999 EzA § 3 TVG Nr. 16 = AP Nr. 17 zu § 3 TVG Verbandszugehörigkeit) ausdrücklich auf die ordentlichen Mitglieder des tarifschließenden Arbeitgeberverbandes begrenzen (so auch *Kania*/ErfK § 77 BetrVG Rn. 46). Wird der sachlich-betriebliche Geltungsbereich eines Verbandstarifvertrags durch die Mitgliedschaft im tarifschließenden Arbeitgeberverband bestimmt, hat dies (hier, s. sonst Rdn. 115) auch nach Ansicht des *BAG* (22.03.2005 EzA § 77 BetrVG 2001 Nr. 10 S. 12 ff. = AP Nr. 26 zu § 4 TVG Geltungsbereich [*Wiese*]) zur Folge, dass die Sperrwirkung des Abs. 3 Satz 1 nicht tarifgebundene Arbeitgeber nicht erfasst. Möglicherweise war das aber von den Tarifvertragsparteien nicht bedacht und beabsichtigt. Fürsorglich hat das Gericht deshalb entschieden, dass eine mitgliedschaftsbezogene Bestimmung des Geltungsbereichs die Sperrwirkung des Tarifvertrags nicht ausschließt, wenn dieser (vertretbar) dahin ausgelegt werden kann, dass der Geltungsbereich nicht nur auf tatsächliche Mitgliedsunternehmen beschränkt ist, sondern sich auch auf potentielle Mitglieder erstrecken lässt (bestätigend unter Betonung der typischen Interessenlage der Tarifvertragsparteien *BAG* 23.03.2011

AP Nr. 101 zu § 77 BetrVG 1972 Rn. 39). Die Praxis wird das durch ggf. ausdrückliche Festlegungen zu berücksichtigen haben.

Vom Geltungsbereich ist die **Tarifgebundenheit** zu unterscheiden (vgl. § 4 Abs. 1 TVG). Für die **115** Auslösung der Sperrwirkung soll es aber nach **h. M. nicht** auf die Tarifgebundenheit des Arbeitgebers (oder gar zusätzlich auch nur eines Arbeitnehmers des Betriebes) ankommen; die Sperrwirkung soll (im Geltungsbereich eines Tarifvertrages) auch gegenüber Betriebsvereinbarungen nicht tarifgebundener Arbeitgeber greifen (vgl. für die h. M. *Thiele* Drittbearbeitung, § 77 Rn. 100 auch mit Rechtsprechungs- und Literaturhinweisen zu § 59 BetrVG 1952 [diese sind jedoch heute nicht mehr repräsentativ, weil es früher nur darauf ankam, ob Arbeitsbedingungen üblicherweise durch Betriebsvereinbarung geregelt werden]; *Bakopoulos* Zuständigkeitsverteilung, S. 152 f.; *Berg*/DKKW § 77 Rn. 140; *Brecht* § 77 Rn. 25; *Brune* AR-Blattei SD 520, Rn. 235; *Buchner* DB 1997, 573; *Däubler* Gewerkschaftsrechte im Betrieb, Rn. 182; *Ch. Fischer* Die tarifwidrigen Betriebsvereinbarungen, S. 200 ff.; *Fitting* § 77 Rn. 78; *Heisig* Arbeitsentgelt- und Arbeitszeitregelungen, S. 189 f.; *Heither* FS *Dieterich*, S. 231 [236]; *von Hoyningen-Huene* Betriebsverfassungsrecht, § 11 III 5c; *Kaiser*/LK § 77 Rn. 120; *Loritz*/ZLH Arbeitsrecht, § 50 Rn. 39; *Moll* Der Tarifvorrang, S. 42; *Preis*/WPK § 77 Rn. 66; *Schaub*/*Koch* Arbeitsrechts-Handbuch, § 231 Rn. 25a; *Waltermann* Rechtsetzung durch Betriebsvereinbarung, S. 284; *Wank* RdA 1991, 129 [133]; *Wiedemann*/*Wank* TVG, § 4 Rn. 562; *Worzalla*/HWGNRH § 77 Rn. 124; dieser Ansicht hat sich der Erste Senat des *BAG* angeschlossen; vgl. Urteil vom 24.01.1996 EzA § 77 BetrVG 1972 Nr. 55 S. 5 [insoweit zust. *Ch. Fischer*] = AP Nr. 8 zu § 77 BetrVG 1972 Tarifvorbehalt [zust. *Moll*] = SAE 1997, 41 [zust. *Misera*]; 05.03.1997 EzA 77 BetrVG 1972 Nr. 58 S. 9; bestätigt durch *BAG* 20.11.2001 EzA § 77 BetrVG 1972 Nr. 70 S. 7; 21.01.2003 EzA § 77 BetrVG 2001 Nr. 3 S. 8; 22.03.2005 EzA § 77 BetrVG 2001 Nr. 10 S. 10, 12; 10.10.2006 EzA § 77 BetrVG 2001 Nr. 18 Rn. 21; 26.08.2008 EzA § 87 BetrVG 2001 Betriebliche Lohngestaltung Nr. 16 Rn. 11; 08.12.2009 EzA § 87 BetrVG 2001 Betriebliche Lohngestaltung Nr. 20 Rn. 34; 13.03.2012 EzA § 77 BetrVG 2001 Nr. 33 Rn. 20; 25.02.2015 EzA § 3 TVG Bezugnahme auf Tarifvertrag Nr. 60 Rn. 32; st. Rspr.; zust. auch *Gaul*/HWK § 77 BetrVG Rn. 49; *Kamanabrou* Arbeitsrecht, Rn. 2615; *Kania*/ErfK § 77 BetrVG Rn. 45; *Matthes*/MünchArbR § 238 Rn. 64; *LAG Köln* 17.04.1996 LAGE § 77 BetrVG 1972 Nr. 21 sowie NZA-RR 1999, 481 [483]; vgl. auch *LAG Baden-Württemberg* [BB 1997, 1258 und AiB 1997, 172], *LAG Niedersachsen* [LAGE § 77 BetrVG 1972 Nr. 23 S. 3] und *LAG Hamm* [AiB 1997, 290 und LAGE § 140 BGB Nr. 13 S. 3], die aber bei fehlender Tarifgebundenheit unstimmig nur auf Tarifüblichkeit abstellen; **a. M.**, d. h. für Tarifbindung des Arbeitgebers als Voraussetzung der Sperrwirkung, mit unterschiedlicher Begründung [dazu *Ch. Fischer* Anm. zu EzA § 77 BetrVG Nr. 55; *ders.* Die tarifwidrigen Betriebsvereinbarungen, S. 200 ff.] *Barwasser* DB 1975, 2275; *Eickelberg* Probleme der Betriebsvereinbarung über Arbeitsentgelt und sonstige Arbeitsbedingungen nach dem BetrVG 1972, S. 100; *Fabricius* RdA 1973, 126; *Gast* Tarifautonomie und die Normsetzung durch Betriebsvereinbarung, S. 41; *Nickel* ZfA 1979, 357 [394]; später ebenso *Ehmann* ZRP 1996, 314 [317]; *ders.* FS *Zöllner*, S. 715 ff.; *Ehmann*/*Lambrich* NZA 1996, 346 [356]; *Ehmann*/*Schmidt* NZA 1995, 193 [196]; umfassend, mit historischen, systematischen und verfassungsrechtlichen Argumenten, die z. T. [verfassungsrechtliche Gewährleistung der Betriebsautonomie] aber zu weit gehen, *Lambrich* Tarif- und Betriebsautonomie, S. 333 ff.; *Richardi* § 77 Rn. 260; *ders.* FS *Schaub*, S. 639 [644 ff.], der [wie *Lambrich* Tarif- und Betriebsautonomie, S. 383 ff.] die Tarifgebundenheit des Arbeitgebers für erforderlich hält, weil andernfalls die Sperrwirkung mit der verfassungsrechtlichen Garantie der negativen Koalitionsfreiheit durch Art. 9 Abs. 3 GG unvereinbar sein soll; *ders.* NZA 2000, 617 [620]; ebenso *Bauer* NZA 1997, 233 [235 f.]; wohl auch *Feudner* DB 1993, 2221 [2223]; *von Hoyningen-Huene* DB 1994, 2026 [2028 f.], der sich dabei aber zu Unrecht auf die Entscheidung des *BAG* vom 23.06.1992 [EzA § 77 BetrVG 1972 Nr. 49] beruft, die nur den Tarifvorbehalt nach § 87 Abs. 1 Eingangssatz betrifft; vgl. auch *Friese* [Kollektive Koalitionsfreiheit und Betriebsverfassung, S. 336 ff.], die herausstellt, dass das Erfordernis der Tarifgebundenheit nicht in Konflikt mit Art. 9 Abs. 3 Satz 1 GG tritt; *Hablitzel* NZA 2001, 467 [471], der neben der Tarifbindung des Arbeitgebers zusätzlich diejenige mindestens eines Arbeitnehmers verlangt; *M. Schneider* Die Auswirkungen von Tarifmehrheiten im Betrieb auf die Betriebsverfassung, S. 301 ff.).

Dieser **h. M.** ist (unabhängig von der Frage, ob die Verteidigung der Tarifautonomie durch eine Gel- **116** tungserstreckung der Sperrwirkung von Tarifverträgen auf Betriebsvereinbarungen nicht tarifgebundener Arbeitgeber deren negative Koalitionsfreiheit verfassungsgemäß gewichtet) **nicht zu folgen**, auch wenn es auf die Geltung des Tarifvertrags im Betrieb nicht entscheidend ankommt (vgl. Rdn. 109). Zwar ist Abs. 3 Satz 1 eine Kompetenznorm, die nicht nur (aber auch) die Funktion hat, konkrete Normenkonkurrenzen zu verhindern. Darum geht es jedoch auch nicht, solange nicht (wie bei § 87 Abs. 1 Eingangssatz) verlangt wird, dass die tarifliche Regelung für Arbeitsverhältnisse im Betrieb gilt, sondern lediglich die **Tarifbindung des Arbeitgebers** als zusätzliches Abgrenzungskriterium gefordert wird. Auch das Abstellen auf den Geltungsbereich (vgl. Rdn. 110) hat nämlich den Sinn, eine Abgrenzung für ein **mögliches** Nebeneinander von Tarifvertrag und Betriebsvereinbarung herbeizuführen, bei dem sich die Regelungsbefugnisse überschneiden würden (vgl. auch BAG 21.12.1982 DB 1983, 996), und in diesem Rahmen die Vorrangkompetenz der Tarifvertragsparteien sicherzustellen, die sonst uferlos wäre. Da die Vorrangkompetenz betriebsbezogen ist (Schutz der Tarifautonomie lediglich vor betrieblicher Regelungskonkurrenz), kann unter Berufung auf den Normzweck auch nicht stimmig geltend gemacht werden, dass die Tarifautonomie auch dann gestört werden kann, wenn in Betrieben nicht tarifgebundener Arbeitgeber Betriebsvereinbarungen geschlossen werden können. Erst die zusätzliche Berücksichtigung der Tarifbindung des Arbeitgebers gibt rechtssicher Auskunft, ob eine Vorrangkompetenz, die ja nicht um ihrer selbst willen eingeräumt wird, durch konkurrierende Betätigung der Betriebspartner betroffen werden kann (vgl. zur Tarifbindung des Arbeitgebers als Voraussetzung des Tarifvorbehalts nach § 87 Abs. 1 Eingangssatz *Wiese* § 87 Rdn. 67 f.). Das zeigt sich vor allem, wenn ein Betrieb von den Geltungsbereichen mehrerer Tarifverträge erfasst wird. Das gilt zum einen bei derjenigen Tarifpluralität (»Tarifkollision«), die jetzt nach § 4a Abs. 2 Satz 2 und Satz 1 TVG aufgelöst wird und dabei tatbestandlich u. a. zur Voraussetzung hat, dass der Arbeitgeber ausschließlich nach § 3 TVG an mehrere Tarifverträge unterschiedlicher Gewerkschaften gebunden ist (s. Rdn. 111). Auch die Feststellung einer Tarifkonkurrenz (bei der zwei Tarifverträge normativ auf ein und dasselbe Arbeitsverhältnis anwendbar sind, und die deshalb zwingend aufgelöst werden muss) kann nicht ohne Berücksichtigung der Tarifbindung des Arbeitgebers getroffen werden. Auch ist die **Tarifgebundenheit** des Arbeitgebers für die Auslösung der Sperrwirkung nach der Vorrangtheorie, wie sie das *BAG* in st. Rspr. vertritt, im Bereich der Mitbestimmungsangelegenheiten nach § 87 Abs. 1 **von Bedeutung** (vgl. Rdn. 162 f.). Danach greift die Sperrwirkung in den Betrieben eines nicht tarifgebundenen Arbeitgebers nur insoweit ein, wie der betreffende Regelungsgegenstand nicht der zwingenden Mitbestimmung des Betriebsrats nach § 87 Abs. 1 unterliegt (vgl. *BAG* 22.03.2005 EzA § 77 BetrVG 2001 Nr. 10 S. 16 = AP Nr. 26 zu § 4 TVG Geltungsbereich [*Wiese*]). Schließlich spricht für die hier vertretene Auffassung, dass die Sperrwirkung gemäß Abs. 3 Satz 2 nur bei Tarifgebundenheit des Arbeitgebers durch eine tarifliche Öffnungsklausel als betriebsverfassungsrechtlicher Tarifnorm aufgehoben werden kann (s. Rdn. 169). Die **Tarifbindung** ist beim Firmentarifvertrag (§ 3 Abs. 1 TVG) und bei der Allgemeinverbindlicherklärung eines Tarifvertrages (§ 5 Abs. 4 TVG) **stets gegeben** und daher nur bei sonstigen Verbandstarifverträgen zusätzliches Erfordernis (sofern nicht bereits der Geltungsbereich des Tarifvertrags nach der Mitgliedschaft im tarifschließenden Arbeitgeberverband abgegrenzt ist; vgl. Rdn. 114). Tarifgebundenheit auf Arbeitnehmerseite ist nicht erforderlich.

117 Keine (weitere) Voraussetzung ist, dass die tariflich geregelten Arbeitsbedingungen üblicherweise durch Tarifvertrag geregelt werden. Tarifliche Regelung und übliche tarifliche Regelung stehen im Rahmen des Abs. 3 im Verhältnis der **Alternativität**. Es genügt die **erstmalige** Tarifregelung (ebenso *Fitting* § 77 Rn. 75; zust. *Kaiser/LK* § 77 Rn. 124).

118 Die Sperrwirkung hängt weiter auch nicht davon ab, dass die tarifschließende Gewerkschaft für den Betrieb (so aber *Dietz/Richardi* § 77 Rn. 193; wie hier jetzt *Richardi* § 77 Rn. 263) oder die tarifliche Regelung für die Branche **repräsentativ** ist (ebenso *BAG* 13.08.1980 AP Nr. 2 zu § 77 BetrVG 1972 Bl. 2; 20.11.2001 EzA § 77 BetrVG 1972 Nr. 70 S. 8; *Brune* AR-Blattei SD 520, Rn. 238; *Ch. Fischer* Die tarifwidrigen Betriebsvereinbarungen, S. 205 f.; *Fitting* § 77 Rn. 79; *Matthes*/MünchArbR § 238 Rn. 64; jetzt auch *Kaiser/LK* § 77 Rn. 121; **a. M.** im Anschluss an *BAG* 06.12.1963 AP Nr. 23 zu § 59 BetrVG [ähnlich auch *BAG* 08.12.1970 AP Nr. 28 zu § 59 BetrVG mit abl. Anm. *Fabricius*], wo es aber nur um die Beurteilung der nach § 59 BetrVG allein maßgeblichen Tarifüblichkeit ging, aber noch *Dietz/Richardi* § 77 Rn. 199 [hilfsweise auch *Richardi* § 77 Rn. 271] und *Galperin/Löwisch* § 77 Rn. 72, die damit der Tarifgebundenheit entgegen ihrer Ausgangsposition [vgl. Rdn. 115] doch Bedeutung zuerkannten; für die Betriebspartner, deren Zuständigkeit davon abhängen würde, unakzeptabel rechtsunsicher soll maßgebend sein, ob die Zahl der in den tarifgebundenen [!] Betrieben re-

gelmäßig beschäftigten Arbeitnehmer größer ist als die Zahl der Arbeitnehmer, die regelmäßig in den nicht tarifgebundenen Betrieben beschäftigt werden).

Die Sperrwirkung tariflicher Regelung erwächst für **jeden** Tarifvertrag, also auch beim **Firmentarif-** **119** **vertrag** (h. M.; *Thiele* Drittbearbeitung, § 77 Rn. 101; *Berg/DKKW* § 77 Rn. 138; *Brune* AR-Blattei SD 520, Rn. 240; *Fitting* § 77 Rn. 80; *Kaiser/LK* § 77 Rn. 120; *Matthes*/MünchArbR § 238 Rn. 64; *Preis/WPK* § 77 Rn. 68; *Richardi* § 77 Rn. 258; *Wiedemann/Wank* TVG, § 4 Rn. 579; jetzt auch *BAG* 21.01.2003 EzA § 77 BetrVG 2001 Nr. 3 S. 8; 22.03.2005 EzA § 77 BetrVG 2001 Nr. 10 S. 12 = AP Nr. 26 zu § 4 TVG Geltungsbereich [zust. *Wiese*]); die abweichende Ansicht von *Hess/Schlochauer/ Glaubitz* (§ 77 Rn. 145; ebenso *Bakopoulos* Zuständigkeitsverteilung, S. 154), die in diesem Fall die Vorrangkompetenz der Arbeitgeberverbände nicht gewahrt sehen, ist nicht begründet, weil Normzweck nicht die Erhaltung einer überbetrieblichen Ordnung der Arbeitsbedingungen ist, sondern die Vorrangsicherung der aktualisierten Tarifautonomie (im Ergebnis jetzt wie die h. M. *Worzalla/ HWGNRH* § 77 Rn. 132). Ein Firmentarifvertrag enthält auch nicht per se eine Öffnungsklausel i. S. v. Abs. 3 Satz 2, die seine Sperrwirkung beseitigt (**a. M.** *von Hoyningen-Huene* DB 1994, 2026 [2031 f.]; *Stege/Weinspach/Schiefer* § 77 Rn. 17). Soweit ein Firmentarifvertrag auf einzelne Betriebe eines Unternehmens beschränkt ist, entfaltet er in anderen keine Sperrwirkung. Ein solcher Firmentarifvertrag kann auch keine »Tarifüblichkeit« für andere Betriebe begründen. Ein Firmentarifvertrag kann insbesondere auch kein Sperrwirkung in Betrieben anderer Unternehmen herbeiführen (so auch *BAG* 22.03.2005 EzA § 77 BetrVG 2001 Nr. 10 S. 12). Auch eine Vielzahl von Firmentarifverträgen kann die Sperrwirkung für andere Betriebe nicht begründen, weil der Geltungsbereich dieser Tarifverträge jeweils auf die beteiligten Unternehmen und deren Betriebe begrenzt ist. Dies gilt auch dann, wenn die Mehrzahl vergleichbarer Betriebe von solchen Tarifverträgen erfasst wird und diese daher schon als »repräsentativ« anzusehen wären (so auch *BAG* 27.01.1987 EzA § 99 BetrVG 1972 Nr. 55, für private Forschungseinrichtungen; zust. *Berg/DKKW* § 77 Rn. 148; *Brune* AR-Blattei SD 520, Rn. 240; **a. M.** *Däubler* Tarifvertragsrecht, Rn. 232). Wenn die Gewerkschaft auf den Abschluss entsprechender Firmentarifverträge mit den übrigen Arbeitgebern verzichtet oder diese nicht durchsetzen kann, wird ihre Tarifautonomie nicht dadurch gefährdet, dass im tariffreien Raum Betriebsvereinbarungen abgeschlossen werden (*Thiele* Drittbearbeitung, § 77 Rn. 102).

Durch Tarifvertrag sind Arbeitsbedingungen dann **nicht** geregelt, wenn die Geltung eines Tarifvertrages **120** von einem Arbeitgeber, der vom Geltungsbereich eines Tarifvertrages nicht erfasst wird, mit seinen Arbeitnehmern **einzelvertraglich** durch Inbezugnahme vereinbart wird. Eine solche Praxis führt auch nicht dazu, dass die Arbeitsbedingungen üblicherweise durch Tarifvertrag geregelt sind (ebenso *BAG* 27.01.1987 EzA § 99 BetrVG 1972 Nr. 55 = AP Nr. 42 zu §§ 99 BetrVG 1972).

An einer Regelung **durch** Tarifvertrag fehlt es auch dann, wenn ein Tarifvertrag nur noch kraft **Nach-** **121** **wirkung** (§ 4 Abs. 5 TVG) gilt, weil dieser dann seine zwingende Wirkung (§ 4 Abs. 1 TVG) verloren hat (krit. *Oetker* FS *Schaub*, S. 535 [550 f.]). Eine Sperrwirkung tritt daher nur ein, wenn die Regelung tarifüblich ist, was vielfach der Fall ist (vgl. Rdn. 130), und die Tarifautonomie ergänzend sichert. Bei (ausnahmsweise) fehlender Tarifüblichkeit kann daher der nachwirkende Tarifvertrag durch jede andere Abrede, also auch durch Betriebsvereinbarung verdrängt werden (*LAG Berlin* 15.06.1977 EzA § 87 BetrVG 1972 Nr. 6 S. 37; DB 1981, 1730; *Berg/DKKW* § 77 Rn. 146; *Fitting* § 77 Rn. 83; *Galperin/Löwisch* § 77 Rn. 70; vgl. [aus Sicht der Vorrangtheorie] *BAG* 27.11.2002 EzA § 77 BetrVG 2001 Nr. 2).

Die Sperrwirkung des Abs. 3 Satz 1 greift nur ein, **soweit** der nach Geltungsbereich und (wie hier ge- **122** fordert) Tarifbindung des Arbeitgebers einschlägige Tarifvertrag **bestimmte Arbeitsbedingungen tatsächlich regelt**. Der **Umfang** (Reichweite) einer tariflichen Regelung kann schwierige Beurteilungsfragen aufwerfen. Die Problematik hat eine Parallele im Eingangssatz von § 87 Abs. 1 (vgl. dazu *Wiese* § 87 Rdn. 71 ff.). Der Umfang einer Regelung ist **immer durch Auslegung** des Tarifvertrages selbst zu ermitteln (zur Auslegungsmethode vgl. Rdn. 71 ff.). Dabei ist zu berücksichtigen, dass § 77 Abs. 3 nach seinem Zweck verhindern soll, dass die Gegenstände, deren sich die Tarifvertragsparteien im Tarifvertrag angenommen haben, konkurrierend durch Betriebsvereinbarung geregelt werden. **Objektive** Kriterien, die eine rechtssicherere Abgrenzung ermöglichten, sind nicht vorhanden (zutr. *Coester* SAE 1986, 288 [289] gegen *Lieb* ZfA 1978, 179 [207 f.]). Die Abgrenzungskriterien zur Bestimmung der relativen Friedenspflicht des Tarifvertrags können hilfreich sein (*Wiedemann/Wank*

TVG, § 4 Rn. 580 i. V. m. § 1 Rn. 664 ff.), haben aber eine andere Funktion und können nicht pauschal übernommen werden (*Wiedemann* In memoriam *Sir Otto Kahn-Freund*, 1980, S. 343 [349 f.]).

123 Arbeitsbedingungen sind dann durch Tarifvertrag geregelt, wenn und soweit dieser eine **positive Sachregelung** enthält; diese Sachmaterie ist für jede Regelung durch Betriebsvereinbarung gesperrt, auch und vor allem für die günstigere. Problematisch ist hingegen, ob und unter welchen Voraussetzungen **trotz fehlender positiver Regelungssubstanz** eine tarifliche Regelung vorliegen kann, die die Sperrwirkung auslöst. Dabei ist zwischen einer (reinen) **Negativregelung** (s. Rdn. 124), der (schlichten) **Nichtregelung** (s. Rdn. 125) und **Teilregelungen** (s. Rdn. 126 f.) zu unterscheiden (zust. *Brune* AR-Blattei SD 520, Rn. 260 ff.; *Worzalla* FS *Kreutz*, S. 525 [528]).

124 Eine **reine Negativregelung** löst **keine** Sperrwirkung aus (im Ergebnis ebenso *BAG* 22.01.1980 AP Nr. 3 zu § 87 BetrVG 1972 Lohngestaltung [zust. *Moll*] = EzA § 87 BetrVG 1972 Lohn und Arbeitsentgelt Nr. 11 = SAE 1980, 109 *[Weber]*; *BAG* 01.12.1992 EzA § 77 BetrVG 1972 Nr. 50 S. 5 = AP Nr. 6 zu § 77 BetrVG 1972 Tarifvorbehalt; *Berg/DKKW* § 77 Rn. 130; *Buchner* SAE 1982, 293; *Coester* SAE 1986, 288 f.; *Fitting* § 77 Rn. 85; *Galperin/Löwisch* § 77 Rn. 83b; *Moll* Der Tarifvorrang im Betriebsverfassungsgesetz, S. 75; *Preis/WPK* § 77 Rn. 70; *Wiedemann* In memoriam *Sir Otto Kahn-Freund*, S. 343 [351]); sie ist keine Sachregelung von Arbeitsbedingungen, die Abs. 3 verlangt. Negativregelungen sind gekennzeichnet durch den im Tarifvertrag zum Ausdruck gekommenen Willen der Tarifvertragsparteien, für bestimmte Arbeitsbedingungen eine **tarifliche Regelung gerade auszuschließen**. Durch eine derartige Regelung machen sie aber nicht von ihrer Vorrangkompetenz Gebrauch, sondern verfolgen nur den nicht schützenswerten Zweck, eine Gestaltung durch Betriebsvereinbarung zu unterbinden. Dies gilt auch für die Variante, dass die Gestaltung von Arbeitsbedingungen ausdrücklich nur einzelvertraglicher Regelung vorbehalten wird (ebenso *BAG* 01.12.1992 EzA § 77 BetrVG 1972 Nr. 50 S. 6; *Fitting* § 77 Rn. 85). Wird unter fachlichen oder persönlichen Gesichtspunkten eine bestimmte Gruppe von Arbeitnehmern aus dem Geltungsbereich des Tarifvertrages ausgenommen, so kann insoweit schon deshalb die Sperrwirkung nicht greifen (vgl. Rdn. 113).

125 Eine (schlichte) **Nichtregelung** liegt vor, wenn sich die Tarifvertragsparteien über eine Sachregelung **nicht geeinigt** haben; sie kann ebenfalls **keine** Sperrwirkung auslösen. Insbesondere reicht es nicht aus, dass tariflich regelbare Arbeitsbedingungen lediglich in Tarifverhandlungen gefordert und erörtert wurden (*BAG* 23.10.1985 EzA § 4 TVG Metallindustrie Nr. 21 = SAE 1986, 286 [zust. *Coester*]; *Thiele* Drittbearbeitung, § 77 Rn. 98). Nichts anderes gilt auch dann, wenn wegen einer Tarifforderung – letztlich erfolglos – gestreikt worden ist (*BAG* 23.10.1985, hat die Frage ausdrücklich offen gelassen; zust. *Brune* AR-Blattei SD 520, Rn. 261; *Fitting* § 77 Rn. 86; *Preis/WPK* § 77 Rn. 71; **a. M.** *Thiele* Drittbearbeitung, § 77 Rn. 98; *Coester* SAE 1986, 291). Der Arbeitskampf zeigt nur, dass sich eine Tarifvertragspartei intensiver als bei bloßer Forderung in Verhandlungen für eine tarifliche Regelung eingesetzt hat. Ein Qualitätsumschlag von einer Nichtregelung zur Regelung erfolgt dadurch aber nicht; zu einem Nebeneinander von Tarifvertrag und Betriebsvereinbarung, das § 77 Abs. 3 unterbinden will, kann es mangels tariflicher Sachregelung nicht kommen. Im Übrigen würde eine solche Differenzierung unerträgliche praktische Abgrenzungsschwierigkeiten aufwerfen (z. B.: Genügt ein kurzer Warnstreik? Was gilt, wenn der um mehrere Forderungen geführte Arbeitskampf abgebrochen wird, weil ein anderer Teil erfüllt worden ist?).

126 Schwierig sind demgegenüber **Teilregelungen** zu beurteilen, wenn man die Sperrwirkung nicht von vornherein auf **tarifidentische** Regelungen beschränkt (so *Gast* Tarifautonomie und die Normsetzung durch Betriebsvereinbarung, S. 43). Eine tarifliche Regelung von Arbeitsbedingungen ist kaum je erschöpfend und umfassend (*Wiese* Anm. *BAG* AP Nr. 1 zu § 87 BetrVG 1972 Kurzarbeit). Sie umfasst aber jedenfalls nicht nur die positive Festlegung von Arbeitsbedingungen, sondern damit jeweils auch eine negative Entscheidung der Tarifvertragsparteien: Dass die betreffende Sachfrage so und nicht anders gelöst ist, dass es »mehr tariflich nicht gibt« (*Coester* SAE 1986, 289). Das *BAG* fordert insoweit unscharf eine »abschließende« Regelung (vgl. etwa *BAG* 03.04.1979 AP Nr. 2 zu § 87 BetrVG 1972 Bl. 3; 17.12.1985 AP Nr. 5 zu 87 BetrVG 1972 Tarifvorrang Bl. 2; *BAG* GS 03.12.1991 EzA § 87 BetrVG 1972 Betriebliche Lohngestaltung Nr. 30 S. 20 = AP Nr. 51 zu § 87 BetrVG 1972 Lohngestaltung). Maßgeblich für die Abgrenzung dieses problematischen **negativen Regelungsteils** muss die Auslegung des Tarifvertrages sein (vgl. Rdn. 122). Entscheidend ist, ob und in welchem Umfang ein Wille der Tarifvertragsparteien zur Negativregelung in der positiven tariflichen Regelung

seinen Niederschlag gefunden hat. Die Tarifgeschichte, vor allem auch der Zweck einer tariflichen Regelung können darüber Auskunft geben; systematisch kann er auch aus der positiven Sachregelung gefolgert werden. Soweit ein solcher Negativregelungswille methodengerecht nicht feststellbar ist, bleibt es bei der Sperrwirkung allein der positiven tariflichen Regelung. Das gilt insbesondere auch für bloße Richtlinien und ergänzungsbedürftige tarifliche **Rahmenregelungen** (vgl. dazu auch *Wiese* § 87 Rdn. 76); sie stehen der Ausfüllung und Ausführung durch Betriebsvereinbarung offen (ebenso *Coester* SAE 1986, 290; zust. *Berg/DKKW* § 77 Rn. 130; *Fitting* § 77 Rn. 84; **a. M.** *Thiele* Drittbearbeitung, § 77 Rn. 120).

Beispiele: Ist das »Entgelt für die vertraglich geschuldete Arbeitsleistung in Form des Zeitlohnes« tariflich festgelegt, so sind damit mangels näherer Anhaltspunkte weitere (»übertarifliche«) Leistungen mit Entgeltcharakter (Gratifikationen; Zuschläge, mit denen besondere Nachteile oder Erschwernisse oder persönliche Leistungen abgegolten werden sollen) nicht ausgeschlossen. Die Grenze unzulässiger Betriebsvereinbarung verläuft nach neuerer Rspr. des *BAG* da, wo eine Zulage »das tarifliche Entgelt schlicht und für alle Arbeitnehmer gleichmäßig« erhöht (*BAG* 17.12.1985 AP Nr. 5 zu § 87 BetrVG 1972 Tarifvorrang Bl. 2 R [insoweit abl. *Kraft*], bestätigt durch *BAG* GS 03.12.1991 EzA § 87 BetrVG 1972 Betriebliche Lohngestaltung Nr. 30 S. 21 ff.; anders noch *BAG* 31.01.1984 AP Nr. 3 zu § 87 BetrVG 1972 Tarifvorrang m. w. N.) bzw. wenn die tarifliche Entgeltregelung »lediglich durch gleichartige Ansprüche ergänzt« wird (*BAG* 05.03.1997 EzA § 87 BetrVG 1972 Nr. 58 S. 9; 09.12.1997 EzA § 77 BetrVG 1972 Nr. 61 S. 2) oder sich eine übertarifliche Zulage »in der Aufstockung der Tariflöhne erschöpft« (*BAG* 30.05.2006 EzA § 77 BetrVG 2001 Nr. 14 Rn. 29; 09.07.2013 EzA § 77 BetrVG 2001 Nr. 36 Rn. 15). Durch Betriebsvereinbarung können aber zusätzliche Entgeltbestandteile vorgesehen werden, die an besondere Voraussetzungen gebunden sind, welche vom Tariflohn nicht berücksichtigt werden (*BAG* 09.12.1997 EzA § 77BetrVG 1972 Nr. 58 S. 13; bestätigend *BAG* 09.07.2013 EzA § 77 BetrVG 2001 Nr. 36 Rn. 15: bei außertariflicher Zulage für durch Betriebsvereinbarung eingeführte Schichtarbeit). Wegen unterschiedlicher Zwecksetzung schließt ein tariflicher Nachtarbeitszuschlag eine Wechselschichtprämie nicht aus, obwohl beide Zulagen gezahlt werden, weil die Arbeitnehmer zu ungewöhnlichen Zeiten arbeiten müssen (so nach der konkreten Zwecksetzung zu Recht differenzierend *BAG* 23.10.1985 EzA § 4 TVG Metallindustrie Nr. 21; bestätigt durch *BAG* 07.11.2000 EzA § 77 BetrVG 1972 Nachwirkung Nr. 2). Eine tarifliche Wechselschichtzulage für die zweite und dritte Schicht enthält aber die Negativregelung, dass für die erste Schicht keine Zulage zu zahlen ist; insoweit greift die Sperrwirkung (zust. *Fitting* § 77 Rn. 87). § 77 Abs. 3 hindert nach Ansicht des Ersten Senats des *BAG* (09.12.1997 EzA § 77 BetrVG 1972 Nr. 58 S. 13 [insoweit abl. *Dörnwächter* S. 25]) aber nicht, die Anrechnung von Tariflohnerhöhungen auf übertarifliche (einzelvertragliche) Zulagen auszuschließen, weil den Tarifvertragsparteien wegen des Verbots von Effektivklauseln insoweit die Regelungszuständigkeit praktisch versperrt ist. Möglich sind auch Regelungen über die Anrechnung von Tariflohnerhöhungen auf übertarifliche Zulagen, wenn diese ihrerseits dem Tarifvorbehalt genügen, indem sie an besondere Voraussetzungen gebunden sind; jegliche Regelung über tarifliche Vergütungsbestandteile ist aber durch Abs. 3 Satz 1 gesperrt (*BAG* 30.05.2006 EzA § 77 BetrVG 2001 Nr. 14 Rn. 28 f.).

127

Nach den genannten Gesichtspunkten (Rdn. 124–126) ist auch zu entscheiden, ob § 77 Abs. 3 Satz 1 der Gestaltung von Vergütungsleitlinien oder Gehaltsgruppen für sog. **AT-Angestellte** durch Betriebsvereinbarung entgegensteht. Im Ergebnis ist das nach zutreffender h. M. nicht der Fall (vgl. *BAG* 22.01.1980 AP Nr. 3 zu § 87 BetrVG 1972 Lohngestaltung [zust. *Moll*]; *Thiele* Drittbearbeitung, § 77 Rn. 99 m. w. N.; *Berg/DKKW* § 77 Rn. 130; *Fitting* § 77 Rn. 89; *Föhr* AuR 1975, 353; *von Friesen* DB 1980, Beil. Nr. 1, S. 14 ff.; *Henkel/Hagemeier* BB 1976, 1420; *Moll* Der Tarifvorrang, S. 73 ff.; *Reuter* Vergütung von AT-Angestellten und betriebsverfassungsrechtliche Mitbestimmung, S. 29 ff.; *Wiedemann* In memoriam Sir Otto Kahn-Freund, S. 343 [348 ff.]; vgl. m. w. N. auch *Wiese* § 87 Rdn. 78 und *Wiese/Gutzeit* § 87 Rdn. 975; **a. M.** *Conze* DB 1978, 490 [493]; *Janert* DB 1976, 243 [245]; *Lieb* ZfA 1978, 179 [204 ff.]). Da es aber einen vorgegebenen Begriff des sog. AT-Angestellten nicht gibt, hängt es in der Begründung von der jeweiligen tariflichen Ausgestaltung ab, weshalb der Tarifvertrag die Entgeltfragen dieser Personengruppe **nicht** regelt. In Betracht kommt vor allem, dass sie aus dessen fachlichen oder persönlichen Geltungsbereich ausgenommen sind oder dass es sich insoweit um eine reine Negativregelung handelt. Soweit das nicht der Fall ist, greift die Sperrwirkung des § 77 Abs. 3 aber auch dann nicht, wenn der Negativregelungswille der Tarifvertragsparteien für höherverdienende

128

§ 77

Angestellte der positiven Vergütungsgruppenregelung nicht zu entnehmen ist (**a. M.** unter Anerkennung der obersten Tarifgruppe als Mindesttarifgehalt *Galperin/Löwisch* § 77 Rn. 83b; *Gaul* BB 1978, 764 [767]; *Hanau* BB 1977, 350 [351]; diese übersehen aber, dass es sich dabei höchstens um eine ausfüllungsbedürftige und ausfüllungsfähige Blankettregelung handelt).

(2) Tarifübliche Regelung

129 Nach § 59 BetrVG 1952 kam der Tarifüblichkeit zentrale Bedeutung im Sperrtatbestand zu, weil Betriebsvereinbarungen nur dann unzulässig waren, »soweit Arbeitsentgelte und sonstige Arbeitsbedingungen üblicherweise durch Tarifvertrag geregelt werden«. Nachdem nunmehr die Sperrwirkung schon dann eingreift, wenn Arbeitsbedingungen erstmals durch Tarifvertrag geregelt sind (vgl. Rdn. 109), hat das **Merkmal der Tarifüblichkeit lediglich Auffangcharakter** im Tatbestand des § 77 Abs. 3 Satz 1 (zust. *Preis/WPK* § 77 Rn. 73; *Worzalla/HWGNRH* § 77 Rn. 133; unstimmig *Schaub/Koch* Arbeitsrechts-Handbuch, § 231 Rn. 24). Es ist nur von Bedeutung, wenn keine tarifliche Regelung der betreffenden Arbeitsbedingungen besteht; besteht sie, so löst diese ggf. die Sperrwirkung aus und auf Tarifüblichkeit kommt es nicht an. Auf Tarifüblichkeit kommt es aber auch dann nicht an, wenn eine tarifliche Regelung deshalb keine Sperrwirkung entfaltet, weil der Betrieb nicht in den Geltungsbereich dieses Tarifvertrages fällt oder (nach hier vertretener Ansicht) die Tarifbindung des Arbeitgebers fehlt (vgl. Rdn. 110, 115 f.). Dementsprechend ist die Tarifüblichkeit heute im Lichte und im Kontext zur tariflichen Regelung zu bestimmen. Weithin wird das noch immer nicht beachtet. Weil die Tarifüblichkeit nach wie vor zur Entfaltung der Sperrwirkung ausreicht (Alternativität von tariflicher Regelung und Tarifüblichkeit), wird gefolgert, insoweit bestehe die gleiche Rechtslage wie nach § 59 BetrVG 1952 (z. B. *Richardi* § 77 Rn. 267). Vielfach werden deshalb überholte Streitstände weitergeschleppt. Das gilt vor allem auch für die Faustregel, eine tarifliche Regelung sei üblich, wenn sie sich »eingebürgert« habe (vgl. etwa *Thiele* Drittbearbeitung, § 77 Rn. 104 m. w. N.; *Hess/Schlochauer/Glaubitz* § 77 Rn. 148; *Loritz/ZLH* Arbeitsrecht, § 50 Rn. 36; *Richardi* § 77 Rn. 273), und die Behauptung, der Begriff »Tarifüblichkeit« sei weit auszulegen (vgl. etwa *Berg/DKKW* § 77 Rn. 147; *Däubler* Tarifvertragsrecht, Rn. 231), und die daraus abgeleiteten Konsequenzen zur näheren Konkretisierung. Auf all dies kommt es jedoch nicht mehr an.

130 Bestimmte Arbeitsbedingungen **werden** dann **üblicherweise durch Tarifvertrag geregelt**, wenn sie – ohne z. Z. durch Tarifvertrag geregelt zu sein – bereits **einmal** (vgl. auch *BAG* 23.10.1985 EzA § 4 TVG Metallindustrie Nr. 21 = AP Nr. 33 zu § 1 TVG Tarifverträge: Metallindustrie) durch Tarifvertrag geregelt **waren** und anzunehmen ist, dass sie **auch künftig** wieder tarifvertraglich geregelt werden (zust. *Fitting* § 77 Rn. 90; *Kaiser/LK* § 77 Rn. 124; *Preis/WPK* § 77 Rn. 73; *Worzalla* FS *Kreutz*, S. 525 [533]; *Worzalla/HWGNRH* § 77 Rn. 136; vgl. auch *BAG* 22.03.2005 EzA § 77 BetrVG 2001 Nr. 10 S. 11, wo auf zeitliche Geltungslücken zwischen einem abgelaufenen und einem zu erwartenden Tarifvertrag abgestellt wird, die nicht zum Wegfall der Sperrwirkung führen; bestätigend *BAG* 05.03.2013 EzA § 77 BetrVG 2001 Nr. 35 Rn. 19 = AP Nr. 105 zu § 77 BetrVG 1972). Das ist nur im Zeitraum **nach Ablauf** eines Tarifvertrages der Fall, in dem seine Normen nur noch kraft Nachwirkung gelten (§ 4 Abs. 5 TVG) und deshalb keine tarifliche Regelung i. S. v. § 77 Abs. 3 Satz 1 besteht (vgl. Rdn. 121). In diesem Zeitraum ist für die nachwirkenden Regelungen Tarifüblichkeit **immer** anzunehmen, **solange** mit ihrer erneuten tarifvertraglichen Regelung gerechnet werden kann; dazu genügt, dass die Tarifvertragsparteien über sie Verhandlungen führen (vgl. *BAG* 13.10.2015 EzA § 75 BetrVG 2001 Nr. 12 Rn. 29). Tarifüblichkeit ist insoweit zukunftsbezogen zu bestimmen. Das gilt gleichermaßen für abgelaufene Verbands- und Firmentarifverträge. Kommt es zur Neuregelung, so bestimmt sich die Sperrwirkung allein nach dieser.

131 Fällt der Betrieb in den Geltungsbereich mehrerer Tarifverträge und wird die **Tarifpluralität** nach § 4a Abs. 2 Satz 2 und Satz 1 TVG nach dem Prinzip der Tarifeinheit gesetzlich aufgelöst (s. Rdn. 111), ist es im Hinblick auf die damit bezweckte Ordnungsfunktion (§ 4a Abs. 1 TVG) wertungsmäßig nur konsequent, nach Ablauf des Tarifvertrags der Mehrheitsgewerkschaft die Sperrwirkung allein nach dessen Tarifüblichkeit zu beurteilen (s. Rdn. 130). Das setzt allerdings voraus, dass der nur noch nachwirkende Tarifvertrag der Mehrheitsgewerkschaft und der zwingend geltende Tarifvertrag der Minderheitsgewerkschaft noch »kollidierende Tarifverträge« i. S. v. § 4a Abs. 2 Satz 2 TVG sind, deren Kollision zugunsten des Mehrheitstarifvertrags aufgelöst bleibt. Das ist zu bejahen (**a. M.** *Däubler/Zwanziger* TVG, § 4a Rn. 18 gegen *Däubler/Bepler* TVG, § 4 Rn. 935 ff.), weil die Kollision

nach dem Gesichtspunkt der »Anwendbarkeit« der Tarifverträge aufgelöst wird, an der sich auch bei Nachwirkung nichts ändert, und zudem keine Anhaltspunkte dafür vorliegen, dass das Gesetz den Tarifvertrag der Minderheitsgewerkschaft als »andere Abmachung« i. S. v. § 4 Abs. 5 TVG ansieht. Erst wenn die Tarifüblichkeit des Mehrheitstarifvertrags entfällt, richtet sich die Sperrwirkung allein nach dem Minderheitstarifvertrag. Handelt es sich um eine Tarifpluralität, die mangels Tatbestandsmäßigkeit nicht nach § 4a Abs. 1 Satz 2 mit Satz 1 TVG aufgelöst wird und bei der demgemäß beide Tarifverträge nebeneinander Sperrwirkung entfalten (näher dazu Rdn. 112), so kommt es auf deren jeweilige Tarifüblichkeit nach deren Ablauf an.

Nicht erforderlich ist, dass die (nachwirkende) Regelung bereits **mehrfach** in aufeinander folgenden Tarifverträgen enthalten war (so schon *Thiele* Drittbearbeitung, § 77 Rn. 105; *Dietz/Richardi* § 77 Rn. 207). Auch die Laufdauer des ersten Tarifvertrages ist nicht maßgeblich (vgl. auch *Thiele* Drittbearbeitung, § 77 Rn. 106; zust. *Brune* AR-Blattei SD 520, Rn. 243; *Fitting* § 77 Rn. 90; *Worzalla/HWGNRH* § 77 Rn. 128; **a. M.** *Richardi* § 77 Rn. 273, der unter Berufung auf BAG 06.12.1963 AP Nr. 23 zu § 59 BetrVG noch immer darauf abhebt, »dass er lange genug gilt« und die Regelung »sich eingebürgert hat«; ebenso *Wiedemann/Wank* TVG, § 4 Rn. 567; *Gaul/HWK* § 77 BetrVG Rn. 50; vgl. auch *Lambrich* Tarif- und Betriebsautonomie, S. 322 ff., der so eine »betriebsverfassungsfreundliche Auslegung der Tarifüblichkeitsschranke« anstrebt). Überhaupt kommt es auf einen »Entstehungszeitraum« der Tarifüblichkeit nicht an (zust. *Preis/WPK* § 77 Rn. 73; *Worzalla/HWGNRH* § 77 Rn. 135; anders noch *Hess/Schlochauer/Glaubitz* § 77 Rn. 149). Tarifüblichkeit setzt aber zumindest **einen** entsprechenden Tarifabschluss voraus; es genügt nicht, dass Tarifvertragsparteien beabsichtigen, bestimmte Arbeitsbedingungen zukünftig erstmals durch Tarifvertrag zu regeln oder dass tariflich regelbare Gegenstände in Tarifverhandlungen erörtert wurden (BAG 22.05.1979 AP Nr. 13 zu § 118 BetrVG 1972; 23.10.1985 EzA § 4 TVG Metallindustrie Nr. 21; 26.08.2008 EzA § 87 BetrVG 2001 Betriebliche Lohngestaltung Nr. 16 Rn. 11 = AP Nr. 15 zu § 87 BetrVG 1972; 05.03.2013 EzA § 77 BetrVG 2001 Nr. 35 Rn. 19 = AP Nr. 105 zu § 77 BetrVG 1972; *Fitting* § 77 Rn. 91; *von Hoyningen-Huene/Meier-Krenz* NZA 1987, 793 [795]). Tarifüblichkeit ist insofern (aber auch nur insoweit) vergangenheitsbezogen. Z. B. kann deshalb Abs. 3 Satz 1 einer Regelung von Arbeitsbedingungen für **Gewerkschaftsbedienstete** durch Betriebsvereinbarung (meist Gesamtbetriebsvereinbarungen); vgl. BAG 10.12.2013 EzA § 87 BetrVG 2001 Betriebliche Lohngestaltung Nr. 28 = AP Nr. 144 zu § 87 BetrVG 1972 Lohngestaltung) nicht entgegenstehen, weil es bisher keine Tarifverträge für diese gegeben hat (vgl. BAG 14.12.1999 EzA § 87 BetrVG 1972 Betriebliche Lohngestaltung Nr. 68; 17.05.2001 NZA 2001, 1087; 20.02.2001 EzA § 77 BetrVG 1972 Nr. 66); daran kann sich nichts ändern, solange es dem 1994 gegründeten Verband der Gewerkschaftsbeschäftigten, dessen Koalitionseigenschaft das BAG bestätigt hat (Urteil vom 17.02.1998 EzA Art. 9 GG Nr. 63 = AP Nr. 87 zu Art. 9 GG [*Oetker*]), nicht gelingt, mit Gewerkschaften zu Tarifabschlüssen zu kommen.

132

Die Tarifüblichkeit nachwirkender Tarifregelungen **endet nicht** dadurch, dass sie durch eine andere, nicht tarifliche Abmachung ersetzt werden. Die Sperrwirkung der Tarifüblichkeit erfasst vielmehr grundsätzlich gerade den **gesamten Zeitraum zwischen zwei artgleichen Tarifverträgen**, in dem ansonsten mangels tariflicher Regelung keine Sperrwirkung bestünde. Nur wenn die Tarifvertragsparteien zu erkennen geben, dass sie zur Neuregelung eines bestimmten Gegenstandes **nicht mehr willens** (oder in der Lage) sind, endet die Tarifüblichkeit (im Ergebnis ebenso *Berg/DKKW* § 77 Rn. 149; *Brune* AR-Blattei SD 520, Rn. 252; *Däubler* Tarifvertragsrecht, Rn. 231; *Fitting* § 77 Rn. 93; *Matthes/* MünchArbR § 238 Rn. 63; *Preis/WPK* § 77 Rn. 75; *Waltermann* Rechtsetzung durch Betriebsvereinbarung, S. 284 f.; *Worzalla/HWGNRH* § 77 Rn. 140). Das kann ausnahmsweise schon mit Ablauf des bisherigen Tarifvertrages der Fall sein. Grundsätzlich endet die Tarifüblichkeit aber erst, wenn die bislang übliche Regelung beim Abschluss eines neuen (entsprechenden) Tarifvertrages nicht mehr, auch nicht in veränderter Form, fortgeführt wird **und** die Tarifvertragsparteien damit zum Ausdruck bringen, dass die Angelegenheit (zunächst) nicht mehr tariflich geregelt werden soll, auch weil sie dazu nicht in der Lage sind (ebenso *Galperin/Löwisch* § 77 Rn. 83a). Zwischenzeitlich kann die Tarifüblichkeit auch über einen **längeren Zeitraum** fortbestehen. Dabei ist insbesondere zu berücksichtigen, dass bei schwierigen Materien, vor allem bei der Neufassung von Manteltarifverträgen und Rahmenabkommen, langwierige, u. U. mehrjährige Verhandlungen erforderlich sein können und nicht selten auch sind (so schon *Thiele* Drittbearbeitung, § 77 Rn. 109; vgl. BAG 24.02.1987 EzA § 87 BetrVG 1972 Nr. 10 [unter B II 3], wo das Gericht zu Recht einen Zeitraum

133

§ 77　　　　　　　　　　　　　　　　　　　　　　　　　　　　　　　　　　IV. 1. Allgemeines

bis zu 18 Monaten zur Aufnahme von Neuverhandlungen als angemessen angesehen hat; *LAG Berlin* DB 1978, 115; *Richardi* § 77 Rn. 274; *Galperin/Löwisch* § 77 Rn. 83a). Feste Richtlinien für die Akzeptanz eines »tariflosen« Zustandes lassen sich nicht aufstellen (ebenso bereits *Thiele* Drittbearbeitung, § 77 Rn. 109; *Richardi* § 77 Rn. 274; *Fitting* § 77 Rn. 93, *Worzalla/HWGNRH* § 77 Rn. 140; **a. M.** mit willkürlich gegriffenen Zeiträumen *Hess/Schlochauer/Glaubitz* § 77 Rn. 157 f.; vgl. auch *Meinert* BB 1976, 1615). Auch auf die Relation zur Laufzeit des bisherigen Tarifvertrages kommt es nicht an (**a. M.** *Bakopoulos* Zuständigkeitsverteilung, S. 157). Maßgeblich ist, ob sich die Tarifvertragsparteien erkennbar und ernsthaft um einen Neuabschluss bemühen; erst wenn sie dieses Bemühen aufgeben, **endet** die **Tarifüblichkeit** auch ohne Neuabschluss. Kommt es zum Neuabschluss, richtet sich die Sperrwirkung allein nach der tariflichen Regelung.

134　Die **Tarifüblichkeit entfällt** mangels Aussicht auf einen Neuabschluss auch dann, wenn sich eine Tarifvertragspartei (etwa der Arbeitgeberverband) auflöst oder durch Satzungsänderung ihre Tarifunfähigkeit oder Tarifunzuständigkeit herbeiführt (zust. *Brune* AR-Blattei SD 520, Rn. 253; *Fitting* § 77 Rn. 94; *Preis/WPK* § 77 Rn. 75; *Richardi* § 77 Rn. 275). An diesem Ergebnis ändert sich nichts, wenn für die Mehrzahl der betroffenen (früher verbandsangehörigen) Unternehmen Firmentarifverträge abgeschlossen werden, die die bislang übliche Regelung aufnehmen. Diese Firmentarifverträge entfalten jeweils nur in ihrem Geltungsbereich Sperrwirkung, können darüber hinaus aber keine Tarifüblichkeit begründen (vgl. Rdn. 119; zust. jetzt *Fitting* § 77 Rn. 94). Die Verschmelzung von Gewerkschaften oder Arbeitgeberverbänden lässt dagegen bestehende Tarifüblichkeit unberührt, sofern die Tarifzuständigkeit des neuen Verbandes bestehen bleibt.

135　Die Tarifüblichkeit entfaltet, wie die tarifliche Regelung (vgl. Rdn. 110 ff.), Sperrwirkung **nur im Geltungsbereich** des abgelaufenen Tarifvertrages (ebenso *BAG* 15.10.2015 EzA § 75 BetrVG 2001 Nr. 12 Rn. 29; im Ergebnis schon *BAG* 21.12.1982, DB 1983, 996; 28.04.1992 EzA § 50 BetrVG 1972 Nr. 10 S. 9; *Thiele* Drittbearbeitung, § 77 Rn. 108; *Berg/DKKW* § 77 Rn. 147 f.; *Brune* AR-Blattei SD 520, Rn. 241; *Fitting* § 77 Rn. 96; *Richardi* § 77 Rn. 268 ff.; *Worzalla/HWGNRH* § 77 Rn. 133 f.; früher schon *Nikisch* III S. 383; *Zöllner* FS *Nipperdey*, 1965, S. 699 [711 ff.]; anders früher etwa *BAG* 16.09.1960 AP Nr. 1 zu § 2 ArbGG Betriebsvereinbarung; 06.12.1963 AP Nr. 23 zu § 59 BetrVG; unzulänglich etwa *LAG Hamm* 07.01.1988 LAGE § 77 BetrVG 1972 Nr. 3 mit dem pauschalen Hinweis, dass »Treueprämien und Gratifikationen üblicherweise in Tarifverträgen geregelt werden« und nur für die Betriebe, deren **Arbeitgeber tarifgebunden** sind (vgl. Rdn. 115 f.; *Ehmann/Lambrich* NZA 1996, 346 [356]; so wohl auch *Feudner* DB 1993, 2231 [2232], aber inkonsequent S. 2233; *Friese* Kollektive Koalitionsfreiheit und Betriebsverfassung, S. 339; vgl. auch *Richardi* § 77 Rn. 271; *ders.* FS *Schaub*, S. 639 [648], der aber auf »potentielle« Tarifgebundenheit abstellt; das steht jedoch im Widerspruch zur Annahme, dass Tarifüblichkeit nur im Geltungsbereich des Tarifvertrages begründet wird, und deshalb »aktuelle« Tarifgebundenheit maßgeblich sein muss; **a. M.**, d. h. auf Tarifgebundenheit kommt es nicht an, die **h. M.**; vgl. *Brune* AR-Blattei SD 520, Rn. 248; *Fitting* § 77 Rn. 95; *Kaiser/LK* § 77 Rn. 125). Damit ist eine klare Abgrenzung möglich, und zwar gleichermaßen für die Beurteilung der Sperrwirkung abgelaufener Verbands- und Firmentarifverträge.

136　Darüber hinaus spielt es **keine Rolle**, ob die tarifübliche Regelung für die Branche (Wirtschafts- oder Gewerbezweig) oder in ihrem Geltungsbereich oder sonstwie (vgl. Rdn. 119) **repräsentativ** ist und wie dies zu bestimmen wäre (ebenso im Ergebnis auch schon *Thiele* Drittbearbeitung, § 77 Rn. 107 f.; *Berg/DKKW* § 77 Rn. 147; *Brune* AR-Blattei SD 520, Rn. 250; *Fitting* § 77 Rn. 90; *Wiedemann/Wank* TVG, § 4 Rn. 565; *Worzalla/HWGNRH* § 77 Rn. 138; *Zöllner* FS *Nipperdey*, 1965, S. 715; **a. M.** *Galperin/Löwisch* § 77 Rn. 82; *Stege/Weinspach/Schiefer* § 77 Rn. 16; *Däubler* Tarifvertragsrecht, Rn. 231 [bei fehlender Tarifgebundenheit des Arbeitgebers], alle im Anschluss an die überholte Entscheidung *BAG* 06.12.1963 AP Nr. 23 zu § 59 BetrVG; vgl. auch Rdn. 118).

137　Die Sperrwirkung üblicher, weil nachwirkender verbandstariflicher Regelung endet immer durch Abschluss eines Firmentarifvertrages mit einem verbandsangehörigen Arbeitgeber in dessen Geltungsbereich, weil auch insoweit die speziellere Regelung vorgeht (vgl. auch Rdn. 119). Nach dem neuen Firmentarifvertrag richtet sich dann auch die Sperrwirkung. Scheidet ein Arbeitgeber durch Austritt oder Ausschluss aus dem Arbeitgeberverband aus, der den die Tarifüblichkeit begründenden Verbandstarifvertrag geschlossen hat, so entfällt für seine Betriebe die Sperrwirkung wegen Tarifüblichkeit (im Ergebnis ebenso *Richardi* § 77 Rn. 276; **a. M.** *Däubler* Gewerkschaftsrechte im Betrieb, Rn. 182), da

Durchführung gemeinsamer Beschlüsse, Betriebsvereinbarungen § 77

das ausgeschiedene Mitglied nicht an künftig abzuschließende Verbandstarifverträge gebunden ist. Aus dem gleichen Grund entfällt jegliche Sperrwirkung, wenn ein Verbandstarifvertrag endet, an den ein Arbeitgeber nur noch nach § 3 Abs. 3 TVG gebunden war; das gilt unabhängig davon, dass nach h. M. (vgl. m. w. N. *Wiedemann/Oetker* TVG, § 3 Rn. 106) insoweit eine Nachwirkung entsprechend § 4 Abs. 5 TVG eintritt.

Auch bei Tarifüblichkeit greift die Sperrwirkung des § 77 Abs. 3 Satz 1 nur in dem **Umfang** ein, in dem der abgelaufene Tarifvertrag bestimmte Arbeitsbedingungen sachlich regelt; insoweit gelten die Rdn. 122 ff. entwickelten Grundsätze. 138

bb) Rechtsfolgen der Regelungssperre (Sperrwirkung)
Soweit Arbeitsbedingungen durch Tarifvertrag geregelt sind (vgl. Rdn. 109 ff.) oder üblicherweise geregelt werden (vgl. Rdn. 129 ff.) **können sie nicht Gegenstand einer Betriebsvereinbarung sein** (Abs. 3 Satz 1), wenn ein Tarifvertrag den Abschluss ergänzender Betriebsvereinbarungen nicht ausdrücklich zulässt (Abs. 3 Satz 2). Mit der Formulierung »können nicht Gegenstand einer Betriebsvereinbarung sein« schließt das Gesetz die **Betriebsvereinbarung** als Gestaltungsfaktor für die genannten Arbeitsbedingungen **umfassend** aus. Die Bestimmung geht auch auf der Rechtsfolgenseite weiter als § 59 BetrVG 1952, wo es entsprechend nur hieß: »sind Betriebsvereinbarungen nicht zulässig«. Die Regelungssperre gilt für jede Art von Betriebsvereinbarung und für alle Arbeitsbedingungen, die tariflich geregelt sind oder tarifüblich geregelt werden. Unerheblich ist es, ob es sich dabei um Angelegenheiten handelt, in denen der Betriebsrat ein Mitbestimmungsrecht hat; die Betriebsvereinbarung ist deshalb insbesondere auch im Anwendungsbereich des § 87 Abs. 1 ausgeschlossen, sofern die Voraussetzungen des § 77 Abs. 3 vorliegen (sehr str.; **a. M.** die Rspr. nach der sog. Vorrangtheorie; vgl. näher Rdn. 158 ff.). Soweit die Regelungssperre eingreift, fehlt den Betriebspartnern die Kompetenz zur Gestaltung von Arbeitsbedingungen durch Betriebsvereinbarung. Sie **können** diese Arbeitsbedingungen **nicht** mittels Betriebsvereinbarung festlegen. 139

Eine Betriebsvereinbarung, die gegen die Regelungssperre des § 77 Abs. 3 Satz 1 verstößt, ist **nichtig** oder, was nichts anderes bedeutet, endgültig (s. Rdn. 141) **unwirksam** (so im Ergebnis auch *BAG* 13.08.1980 AP Nr. 2 zu § 77 BetrVG 1972 Bl. 1 R, 2; 23.08.1989 EzA § 140 BGB Nr. 16; 24.01.1996 EzA § 77 BetrVG 1972 Nr. 55; 05.03.1997 EzA § 77 BetrVG 1972 Nr. 58; 22.03.2005 EzA § 77 BetrVG 2001 Nr. 10 S. 10; 02.08.2006 EzA § 75 BetrVG 2001 Nr. 3 Rn. 23 m. w. N.; 10.10.2006 EzA § 77 BetrVG 2001 Nr. 18 Rn. 21; ausdrücklich so auch *BAG* 26.08.2008 EzA § 87 BetrVG 2001 Betriebliche Lohngestaltung Nr. 16 Rn. 11 = AP Nr. 15 zu § 87 BetrVG 1972; zuletzt etwa auch *BAG* 24.04.2013 – 7 AZR 523/11 – juris, Rn. 29; *LAG Düsseldorf* 19.04.2016 – 3 Sa 467/15 – juris, Rn. 65; 10.05.2017 – 12 Sa 1024/16 – juris, Rn. 99; *LAG Hamburg* 10.01.2017 LAGE § 140 BGB Nr. 2; *Thiele* Drittbearbeitung, § 77 Rn. 111; *Belling/Hartmann* NZA 1998, 673; *Berg/DKKW* § 77 Rn. 131; *Birk* ZfA 1986, 73 [101]; *Brune* AR-Blattei SD 520, Rn. 291; *Däubler* Tarifvertragsrecht, Rn. 234; *Fitting* § 77 Rn. 97; *Haug* BB 1986, 1921 [1927]; *von Hoyningen-Huene* Betriebsverfassungsrecht, § 11 Rn. 51; *ders.* DB 1984, Beil. Nr. 1, S. 1 [4]; *von Hoyningen-Huene/Meier-Krenz* NZA 1987, 793 [795]; *Kaiser/LK* § 77 Rn. 137; *Kamanabrou* Arbeitsrecht, Rn. 2610; *Moll* Der Tarifvorrang, S. 51; *Preis/WPK* § 77 Rn. 76; *Richardi* § 77 Rn. 310; *Worzalla/HWGNRH* § 77 Rn. 143; abw. früher *Neumann-Duesberg* Anm. zu *BAG* AP Nr. 24 zu § 59 BetrVG). Durchweg wird dieses Ergebnis auf § 134 BGB gestützt, der auf die Betriebsvereinbarung anwendbar ist. Anders als § 59 BetrVG 1952 (»nicht zulässig«) ist § 77 Abs. 3 Satz 1 jedoch nicht als Verbotsgesetz, sondern als zwingende Kompetenznorm ausgestaltet (zutr. *Birk* ZfA 1986, 102), so dass § 134 BGB nur anwendbar ist, wenn man jede zwingende Norm als Verbotsnorm interpretiert (das ist heute nicht mehr h. M.; vgl. aber etwa *Soergel/Hefermehl* BGB, 12. Aufl., § 134 Rn. 2; *Staudinger/Dilcher* BGB, 12. Aufl., § 134 Rn. 2). Der Streit kann jedoch auf sich beruhen. Jedenfalls **beschränkt** § 77 Abs. 3 Satz 1 die betriebsverfassungsrechtliche **Gestaltungsmacht** (Gestaltungsbefugnis als rechtliches Können) der Betriebspartner, so dass jede Betriebsvereinbarung unwirksam ist, die der Kompetenznorm widerspricht, weil die Rechtsordnung ihre Wirksamkeit nicht zulässt (ebenso *Birk* ZfA 1986, 102; *Ch. Fischer* Die tarifwidrigen Betriebsvereinbarungen, S. 212; *Veit/Waas* BB 1991, 1329 [1331]). 140

Die Unwirksamkeit ist **endgültig**. Die Annahme bloß **schwebender** Unwirksamkeit (die eine rückwirkende Öffnungsklausel ermöglichen soll) durch die neuere Rspr. des *BAG* (Urteil vom 20.04.1999 141

EzA § 77 BetrVG 1972 Nr. 64 S. 15 f.; bestätigt durch *BAG* 29.01.2002 EzA § 77 BetrVG 1972 Nr. 71 S. 6; 29.10.2002 EzA § 77 BetrVG 1972 Nr. 72 S. 6; 09.12.2003 EzA § 77 BetrVG 2001 Nr. 6 S. 5; zust. *LAG Düsseldorf* NZA-RR 2000, 137 [139]; *LAG Hamm* 09.03.2000 LAGE § 77 BetrVG 1972 Nr. 27; *Fitting* § 77 Rn. 100, 119; *Preis/WPK* § 77 Rn. 77; *Richardi* § 77 Rn. 310) ist nicht tragfähig begründbar (zust. *Worzalla* FS *Kreutz*, S. 525; *Worzalla/HWGNRH* § 77 Rn. 143; gegen die Möglichkeit nachträglicher Heilung schon *Kittner* FS *Schaub*, S. 389 [415]; *Schaub* NZA 1998, 617 [623]). Sie wird dem Regel-Ausnahme-Verhältnis von Abs. 3 Satz 1 und 2 nicht gerecht und berücksichtigt nicht, dass die Betriebsvereinbarungsparteien, die gegen die Regelungssperre verstoßen, (anders als die Betroffenen bei schwebender Unwirksamkeit etwa nach § 108 Abs. 1, § 177 Abs. 1 BGB) nicht schutzwürdig sind. Außerdem widerspricht es der Normsetzungsprärogative (vgl. Rdn. 87), dass die Tarifvertragsparteien gezwungen wären, gegenüber den Betriebsvereinbarungsparteien die Genehmigung der gegen die Sperrwirkung verstoßenden Betriebsvereinbarung zu verweigern, um deren endgültige Unwirksamkeit herbeizuführen (vgl. § 1366 Abs. 4 BGB), wenn sie nicht durch rückwirkende tarifvertragliche Öffnungsklausel genehmigen wollen.

142 Zu den Folgen einer Teilnichtigkeit vgl. Rdn. 66 ff. **Teilnichtigkeit** ist hier anzunehmen, wenn die Sperrwirkung des Abs. 3 Satz 1 nur für einen Teil der Regelungen einer Betriebsvereinbarung greift. Nach der Rspr. des *BAG* (vgl. Rdn. 116, 162) kann dies insbesondere bei teilmitbestimmten Betriebsvereinbarungen in Betrieben eines nicht tarifgebundenen Arbeitgebers der Fall sein, weil insoweit die Sperrwirkung eines Tarifvertrags nur soweit eingreift, wie der Regelungsgegenstand nicht der zwingenden Mitbestimmung nach § 87 Abs. 1 unterliegt (»mitbestimmungsfreie Regelungen«); vgl. *BAG* 22.03.2005 EzA § 77 BetrVG 2001 Nr. 10 S. 16 f. = AP Nr. 26 zu § 4 TVG Geltungsbereich).

143 Zur **gerichtlichen Geltendmachung** der Unwirksamkeit, die der tarifbeteiligten Gewerkschaft nur eingeschränkt möglich ist, vgl. Rdn. 482 ff.; dort (Rdn. 483) ist auch näher begründet, dass § 77 Abs. 3 Satz 1 eine Pflichtenbindung für beide Betriebspartner begründet. Zweifelhaft ist, ob eine Betriebsvereinbarung, die unter Verstoß gegen § 77 Abs. 3 Satz 1 abgeschlossen worden ist, das durch Art. 9 Abs. 3 GG geschützte Recht der Tarifvertragsparteien (namentlich der beteiligten Gewerkschaft) zur Regelung der Arbeits- und Wirtschaftsbedingungen durch Tarifvertrag verletzt (vgl. Rdn. 486 ff.).

144 Eine gemäß § 77 Abs. 3 nichtige Betriebsvereinbarung kann grundsätzlich **nicht** durch **Umdeutung** (§ 140 BGB) auf **einzelvertraglicher Ebene** Wirkung entfalten, weil ein entsprechender Bindungswille des Arbeitgebers nicht besteht (vgl. näher u. m. w. N. Rdn. 64; nicht überzeugend in der Begründung *LAG Hamm* 07.01.1988 LAGE § 77 BetrVG 1972 Nr. 3 mit dem Hinweis, dass der Umdeutung bereits der Normzweck des § 77 Abs. 3 entgegenstehe; ähnlich aber *Moll/Kreitner* Anm. EzA § 140 BGB Nr. 16 S. 14 ff. und *Loritz/ZLH* Arbeitsrecht, § 50 Rn. 41; dagegen auch *Belling/Hartmann* NZA 1998, 673 [676 f.]; *Veit/Waas* BB 1991, 1329 [1330 f.]). Etwas anderes gilt nur dann, wenn er (sicherlich nicht selten) **in Kenntnis** der Nichtigkeit der Betriebsvereinbarung Leistungen (ohne Vorbehalt) gewährt hat (dazu und zu weiteren Ausnahmen nach *BAG* 24.01.1996 EzA § 77 BetrVG 1972 Nr. 55 vgl. Rdn. 64, 65); dann kommt auch keine Kündigung der individualrechtlichen Verpflichtung entsprechend § 77 Abs. 5 in Betracht (**a. M.** *von Hoyningen-Huene* DB 1984, Beil. Nr. 1, S. 1 [10], mit dem inkonsequenten Hinweis, dass der Arbeitnehmerschutz nicht weitergehen könne als bei wirksamer Betriebsvereinbarung; *Belling/Hartmann* NZA 1998, 679). Für Arbeitgeber bedeutet es insofern ein erhebliches Risiko, sich bewusst über § 77 Abs. 3 Satz 1 hinwegzusetzen. Soweit andererseits bei verschlechternder Betriebsvereinbarung (insb. in Fällen sog. betrieblicher Bündnisse für Arbeit) der Bindungswille des Arbeitgebers nicht zweifelhaft ist, wird das konkludente Zustandekommen einer vertraglichen Einheitsregelung regelmäßig scheitern, weil in der bloß stillschweigenden Weiterarbeit der Arbeitnehmer keine Annahme zu einem (vertraglichen) Änderungsangebot zum Ausdruck kommt (vgl. *LAG Baden-Württemberg* NZA-RR 2000, 86; *LAG Hamm* 22.10.1998 LAGE § 140 BGB Nr. 13; in beiden Fällen wurde die spätere Geltendmachung von Ansprüchen aber als treuwidrig [unzulässige Rechtsausübung bzw. Verwirkung] angesehen).

145 Eine **Umdeutung** in eine **Regelungsabrede** (für die die Sperrwirkung nicht gilt, vgl. Rdn. 154) scheitert daran, dass wegen der unterschiedlichen Wirkungsweisen diese (hypothetisch) regelmäßig nicht gewollt ist, wenn eine Betriebsvereinbarung abgeschlossen wird (ebenso *BAG* 20.11.2001 EzA § 77 BetrVG 1972 Nr. 70 S. 9 f.; *von Hoyningen-Huene* DB 1984, Beil. Nr. 1, S. 1 [7]; zust. *Brune*

Durchführung gemeinsamer Beschlüsse, Betriebsvereinbarungen § 77

AR-Blattei SD 520, Rn. 140 f.; *Fitting* § 77 Rn. 104; *Worzalla/HWGNRH* § 77 Rn. 144; im Ergebnis auch *Kaiser/LK* § 77 Rn. 141; *Veit/Waas* BB 1991, 1329 [1332 ff.]; **a. M.** *Birk* ZfA 1986, 73 [107 mit Fn. 203]; *Belling/Hartmann* NZA 1998, 673 [679 f.]; *Kania/* ErfK § 77 BetrVG Rn. 29; *Kielkowski* Die betriebliche Einigung, S. 229 ff.); deshalb kann der Betriebsrat vom Arbeitgeber nicht verlangen, in Zukunft die in der nichtigen Betriebsvereinbarung festgelegten Leistungen auf individualrechtlicher Ebene zu gewähren.

Hat der Arbeitgeber **in Unkenntnis** des Verstoßes gegen Abs. 3 Satz 1 **Leistungen erbracht**, so sind diese rechtsgrundlos erfolgt. Entsprechend den Grundsätzen über das fehlerhafte Arbeitsverhältnis (vgl. etwa *Kamanabrou* Arbeitsrecht, Rn. 794 ff.; *Loritz/ZLH* Arbeitsrecht § 14 Rn. 27 ff.; *Waltermann* Arbeitsrecht, Rn. 175) ist aber anzunehmen, dass die Nichtigkeit nicht mit Wirkung für die Vergangenheit geltend gemacht werden kann; dementsprechend besteht keine Rückzahlungspflicht der Arbeitnehmer (so schon *Thiele* Drittbearbeitung, § 77 Rn. 111; zust. *Fitting* § 77 Rn. 107; *Hess/Schlochauer/Glaubitz* § 77 Rn. 174; *Birk* ZfA 1986, 73 [106], der damit aber Folgerungen daraus ziehen will, dass sich die Praxis in nicht unerheblichem Maße über § 77 Abs. 3 Satz 1 hinwegsetzt; *von Hoyningen-Huene* DB 1984, Beil. Nr. 1, S. 1 [11] hält die Bereicherungsvorschriften [§§ 812 ff. BGB] für ausreichend; zust. *Kaiser/LK* § 77 Rn. 142; ebenso *Belling/Hartmann* NZA 1998, 673 [680], die den Arbeitnehmern aber den Arglisteinwand zubilligen, wenn sich der Arbeitgeber auf die Rechtsgrundlosigkeit beruft; ebenso *Worzalla/HWGNRH* § 77 Rn. 147). Für die Zukunft kann sich der Arbeitgeber fristlos von der »Betriebsvereinbarung« lossagen (**a. M.** *Birk* ZfA 1986, 106, dem eine an § 77 Abs. 5 orientierte Auslauffrist von drei Monaten ab Rechtskraft der Feststellung der Nichtigkeit angemessen erscheint, das Vertrauen der Belegschaft auf die Vereinbarung zu berücksichtigen). 146

Nichtig ist **jede** Betriebsvereinbarung, die gegen die Regelungssperre des Abs. 3 Satz 1 verstößt. Dabei spielt keine Rolle, ob die durch Betriebsvereinbarung geregelten Arbeitsbedingungen für Arbeitnehmer **günstiger, ungünstiger** oder gegenüber der tariflichen oder tarifüblichen Regelung **günstigkeitsneutral** sind. Nichtig sind gleichermaßen einschlägige nachtarifliche wie vortarifliche Betriebsvereinbarungen (vgl. auch Rdn. 151). Es ist daran zu erinnern, dass es auch auf die Unterscheidung zwischen materiellen und formellen Arbeitsbedingungen nicht ankommt (vgl. Rdn. 108 i. V. m. Rdn. 93 ff.). 147

Das **Günstigkeitsprinzip** gilt im Sperrbereich weder im Verhältnis einer Betriebsvereinbarung zur tariflichen noch zur tarifüblichen Regelung. § 77 Abs. 3 Satz 1, der den Betriebspartnern die Regelungskompetenz nimmt, um vor der Tarifautonomie den Vorrang einzuräumen, geht als speziellere Norm § 4 Abs. 3 und Abs. 5 TVG vor. Auch günstigere Betriebsvereinbarungen sind daher im Sperrbereich **unwirksam** (im Ergebnis ganz h. M.; vgl. etwa *Berg/DKKW* § 77 Rn. 22; *Brune* AR-Blattei SD 520, Rn. 204, 281; *Däubler* Tarifvertragsrecht, Rn. 234; *Ch. Fischer* Die tarifwidrigen Betriebsvereinbarungen, S. 213 ff.; *Fitting* § 77 Rn. 97; *Richardi* § 77 Rn. 278; *Waltermann* Rechtsetzung durch Betriebsvereinbarung, S. 264; *Wiedemann/Wank* TVG, § 4 Rn. 556 ff. m. w. N.; *Worzalla/HWGNRH* § 77 Rn. 142; **a. M.** *G. Müller* AuR 1992, 257 [261]; *Ehmann* ZRP 1996, 314 [316 f.]; *Ehmann/Lambrich* NZA 1996, 346 [348 ff.]; *Ehmann/Schmidt* NZA 1995, 193 [198 ff.]; *Lambrich* Tarif- und Betriebsautonomie, S. 234 f.; *Blomeyer* NZA 1996, 337 [345]; *Th. Schmidt* Günstigkeitsprinzip, S. 106 ff.). 148

Erst recht kann die Betriebsvereinbarung Arbeitsbedingungen, die der Regelungssperre unterliegen, **nicht ungünstiger** gestalten (ebenso *Fitting* § 77 Rn. 97; *Brune* AR-Blattei SD 520, Rn. 281). Das gilt insbesondere auch für die Verlängerung tariflicher Arbeitszeiten und die Kürzung tariflicher Entgelte im Rahmen sog. betrieblicher Bündnisse für Arbeit bzw. in Betriebsvereinbarungen zur Standortsicherung (vgl. etwa *LAG Baden-Württemberg* NZA-RR 2000, 86 und 264; *LAG Düsseldorf* NZA-RR 2000, 137; *LAG Hamm* LAGE § 140 BGB Nr. 13; *ArbG Stuttgart* BB 1998, 696; **a. M.** *Reuter* RdA 1991, 193 [201 f.], der von der [seiner Ansicht nach gegebenen] Unverbindlichkeit des § 77 Abs. 3 auf die Betriebsvereinbarungsdispositivität des Tarifvertrags geschlossen hat; dies wiederum einschränkend auf Not-Betriebsvereinbarungen *ders.* ZfA 1995, 1 [66 ff.]; ebenso *ArbG Düsseldorf* BB 1997, 1585: bei Existenzgefährdung des Arbeitgebers). Das gilt völlig unabhängig davon, ob diese Regelungen für tarifgebundene Arbeitnehmer (für die sie bei Tarifgebundenheit des Arbeitgebers auch nach § 4 Abs. 1, 3 TVG unwirksam sind) oder nur für Tarifaußenseiter gelten sollen (**a. M.** für Tarifaußenseiter *Gast* Tarifautonomie und die Normsetzung durch Betriebsvereinbarung, S. 43); denn von der Geltung der Tarifnorm für die Arbeitsverhältnisse im Betrieb ist die Sperrwirkung nicht ab- 149 hängig (vgl. Rdn. 109). Soweit eine tarifliche oder tarifübliche Regelung besteht, kann schon wegen § 77 Abs. 3 eine günstigere betriebliche Einheitsregelung nicht durch Betriebsvereinbarung beseitigt werden (missverständlich insoweit *Galperin/Löwisch* § 77 Rn. 85a; vgl. zur verschlechternden Betriebsvereinbarung im Übrigen Rdn. 282 ff.).

150 **Nichtig** sind auch Betriebsvereinbarungen, die sich darauf beschränken, tarifliche oder tarifübliche Regelungen ausdrücklich oder durch Inbezugnahme **inhaltlich unverändert zu übernehmen**. Auch auf diesem Wege würden die betreffenden Arbeitsbedingungen Gegenstand einer Betriebsvereinbarung. Gerade das wollte der Gesetzgeber aber mit der von § 59 BetrVG 1952 abweichenden Formulierung (»können nicht ... sein«) unterbinden, um die Erstreckung des tariflichen Regelungsgehalts auf Tarifaußenseiter zu verhindern (vgl. die Begründung zum RegE, BT-Drucks. VI/1786, S. 47; Ausschussbericht, BT-Drucks. zu VI/2729, S. 11). Die gegenteilige h. M. in Rspr. und Literatur zu § 59 BetrVG 1952 (vgl. die Nachweise bei *Thiele* Drittbearbeitung, § 77 Rn. 118 f.; *Dietz/Richardi* § 77 Rn. 220) ist daher heute nach Wortlaut, Entstehungsgeschichte und Zwecksetzung des § 77 Abs. 3 nicht mehr haltbar und ganz überwiegend zu Recht aufgegeben worden (vgl. *BAG* 20.11.2001 EzA § 77 BetrVG 1972 Nr. 70 S. 8 f.; beiläufig auch schon *BAG GS* 03.12.1991 EzA § 87 BetrVG 1972 Betriebliche Lohngestaltung Nr. 30 S. 17; *Berg/DKKW* § 77 Rn. 136; *Brecht* § 77 Rn. 28; *Brune* AR-Blattei SD 520 Rn. 292; *Buchner* DB 1997, 573 f.; *Fitting* § 77 Rn. 98; *Frauenkron* § 77 Rn. 20; *Galperin/Löwisch* § 77 Rn. 85; *Gaul/HWK* § 77 BetrVG Rn. 53; *Kaiser/LK* § 77 Rn. 115; *Lieb/Jacobs* Arbeitsrecht, Rn. 773; *Preis/WPK* § 77 Rn. 76; *Richardi* § 77 Rn. 288 ff.; *Wiedemann/Wank* TVG, § 4 Rn. 581 ff.; weiter etwa *Ch. Fischer* Die tarifwidrigen Betriebsvereinbarungen, S. 215; *Haug* BB 1986, 1921 [1925 f.]; *von Hoyningen-Huene* DB 1994, 2026 [2027]; *von Hoyningen-Huene/Meier-Krenz* NZA 1987, 793 [795]; *Jahnke* Tarifautonomie und Mitbestimmung, S. 149; *Moll* Der Tarifvorrang, S. 51 ff.; *Reinermann* Verweisungen in Tarifverträgen und Betriebsvereinbarungen, S. 132 ff., 139, aber einschränkend bei Firmentarifverträgen, S. 184 ff.; *Säcker* ZfA 1972, Sonderheft S. 42; *Schaub/Koch* Arbeitsrechts-Handbuch, § 231 Rn. 25; *Vetter* DB 1991, 1833 [zu *BAG* vom 23.04.1991 – 1 AZN 67/91 n. v.]; **a. M.** *Arbeitsring Chemie* § 77 Rn. 3; *Mager/Wisskirchen* § 77 Rn. 62 f.; zuletzt noch: *Hess/Schlochauer/Glaubitz* § 77 Rn. 162; *Stege/Weinspach/Schiefer* § 77 Rn. 21; vgl. auch *ArbG Siegburg* DB 1978, 1281). Dazu bedurfte es keiner ausdrücklichen Festschreibung im Gesetz, wie sie noch im *SPD*-Entwurf (BT-Drucks. V/3658 = RdA 1969, 35) und im *DGB*-Entwurf (AuR 1968, 80, 112, 145, 176) vorgesehen war (»Betriebsvereinbarungen, welche die Anwendung tariflicher Regelungen auf nicht tarifgebundene Arbeitnehmer ausdehnen, sind unzulässig«). Auch bei der hier vertretenen Auslegung enthält Abs. 3 keineswegs einen Verstoß gegen die negative Koalitionsfreiheit (vgl. dazu *Kreutz/Jacobs* § 75 Rdn. 77); denn diese gebietet nicht, dass die Betriebsvereinbarung als Gestaltungsfaktor von Arbeitsbedingungen für die Tarifaußenseiter zur Verfügung stehen muss (ebenso *Dietz/Richardi* § 77 Rn. 222; *Fitting* § 77 Rn. 98; *Moll* Der Tarifvorrang, S. 53). Es ist aber daran zu erinnern, dass die Sperrwirkung nach hier vertretener Ansicht nur bei Tarifgebundenheit des Arbeitgebers eingreift (vgl. Rdn. 116, 135). Wo diese nicht gegeben ist, ist die Übernahme einer tariflichen Regelung durch Betriebsvereinbarung folglich möglich (vgl. auch *Richardi* § 77 Rn. 291). Dem steht nicht entgegen, dass in einzelnen neueren Gesetzesbestimmungen (§ 7 Abs. 3 Satz 1 AZG, § 21a Abs. 2 JArbSchG) gestattet wird, durch Betriebsvereinbarungen vom Gesetz zulässigerweise abweichende tarifvertragliche Regelungen zu übernehmen, wenn der Arbeitgeber nicht tarifgebunden ist; denn dadurch soll nur erreicht werden, dass im Geltungsbereich solcher Tarifverträge auch ohne Tarifbindung des Arbeitgebers durch Betriebsvereinbarung vom Gesetz abweichende Regelungen getroffen werden können.

151 Nichtig sind nicht nur **Betriebsvereinbarungen, die abgeschlossen werden**, obwohl bereits eine einschlägige tarifliche oder tarifübliche Regelung besteht. Maßgeblicher Beurteilungszeitpunkt ist dabei der Abschluss der Betriebsvereinbarung; nur wenn sie nicht mit ihrem Abschluss, sondern erst zu einem späteren Zeitpunkt in Kraft treten soll, gilt dieser (vgl. *BAG* 21.01.2003 EzA § 77 BetrVG 2001 Nr. 3 S. 9 = AP Nr. 1 zu § 21a BetrVG 1972). Nichtig sind vielmehr auch diejenigen **(vortariflichen) Betriebsvereinbarungen**, die schon bestehen, wenn ein Tarifvertrag in Kraft tritt, der den gleichen Gegenstand regelt (ebenso *Fitting* § 77 Rn. 99; *Haug* BB 1986, 1921 [1927 f.]; *von Hoyningen-Huene* DB 1984, Beil. Nr. 1, S. 1 [4]; *von Hoyningen-Huene/Meier-Krenz* NZA 1987, 793 [795]; *Kaiser/LK* § 77 Rn. 120; *Matthes/MünchArbR* § 238 Rn. 56; *Moll* Der Tarifvorrang, S. 51; *Richardi* § 77 Rn. 279; *Rieble* ZfA 2004, 405 [421 f.]; *Säcker* ZfA 1972, Sonderheft S. 41 [69]; *Thon* NZA 2005,

858 [859]; *Wiedemann/Moll* Anm. zu *BAG* AP Nr. 1 zu § 87 BetrVG 1972 Auszahlung Bl. 7; *Wiedemann/Wank* TVG, § 4 Rn. 578; zust. *BAG* 21.01.2003 EzA § 77 BetrVG 2001 Nr. 3 S. 9; 07.11.2000 EzA § 77 BetrVG 1972 Nachwirkung Nr. 2, beide obiter dictum; bestätigend *BAG* 22.03.2005 EzA § 77 BetrVG 2001 Nr. 10 S. 11; 29.03.2011 AP Nr. 101 zu § 77 BetrVG 1972 Rn. 40; *LAG Köln* 26.05.2010 – 9 Sa 921/09 – juris, Rn. 42). Die Gegenauffassung (*Thiele* Drittbearbeitung, § 77 Rn. 66; *Weiss/Weyand* § 77 Rn. 34 f.; vgl. auch *Schaub/Koch* Arbeitsrechts-Handbuch, § 231 Rn. 24, wie hier dann Rn. 25) beachtet nicht, dass sich auch insoweit die gegenüber § 59 BetrVG 1952 geänderte Gesetzesfassung auswirken muss. Die vortarifliche Betriebsvereinbarung **verliert** ihre **Wirksamkeit** mit dem Inkrafttreten der tariflichen Regelung (ex nunc), weil nunmehr die tariflich geregelten Arbeitsbedingungen nicht mehr Gegenstand einer Betriebsvereinbarung sein können; eine Weitergeltung nach § 77 Abs. 6 kommt nicht in Betracht. Sie verliert ihre Wirksamkeit dauernd, lebt also auch dann nicht wieder auf, wenn die Sperrwirkung nach Abs. 3 später wieder wegfällt (differenzierend nach freiwilligen und [nur »überlagerten«] erzwingbaren Betriebsvereinbarungen aber *Däubler* Tarifvertragsrecht, Rn. 234, 240). § 77 Abs. 3 wird damit als Kompetenznorm folgerichtig angewendet und wird nicht etwa zur Kollisionsnorm; die Kompetenz der Betriebspartner wird auch keinesfalls rückwirkend nachträglich entzogen. Das Günstigkeitsprinzip greift auch insoweit nicht ein; es ist durch § 77 Abs. 3 Satz 1 verdrängt. Man sollte gleichwohl nicht davon sprechen, dass stattdessen das Ablösungsprinzip gilt (so etwa *Richardi* § 77 Rn. 279 und *Säcker* ZfA 1972, Sonderheft S. 69); denn auf die Geltung der neuen Tarifnormen auf die Arbeitsverhältnisse im Betrieb kommt es für die Sperrwirkung nicht an (vgl. Rdn. 109). Deshalb ist es auch nicht stimmig, dass neuerdings auch der Erste Senat des *BAG* (13.03.2012 EzA § 77 BetrVG 2001 Nr. 33 Rn. 22 ff. = AP Nr. 27 zu § 77 BetrVG 1972 Tarifvorbehalt) von einer »Verdrängung« der Regelungen der Betriebsvereinbarung durch die bei der Arbeitgeberin neu geltenden Tarifnormen spricht. Offenbar soll das die neue Ansicht des Senats unterstreichen, wonach die Normen des Tarifvertrags, soweit deren Gegenstände der erzwingbaren Mitbestimmung nach § 87 Abs. 1 unterliegen, vom tarifgebundenen Arbeitgeber ungeachtet der Tarifbindung der Arbeitnehmer im Betrieb anzuwenden sein sollen (*BAG* 18.10.1011 EzA § 87 BetrVG 2001 Betriebliche Lohngestaltung Nr. 26 = AP Nr. 141 zu § 87 BetrVG 1972 Lohngestaltung). Diese »Verdrängung« verletze nicht die durch Art. 9 Abs. 3 GG geschützte negative Koalitionsfreiheit nicht tarifgebundener Arbeitnehmer (Rn. 25 ff.). Der neue Tarifvertrag kann aber, was durch Auslegung zu ermitteln ist, bestimmen, dass günstigere ältere Betriebsvereinbarungen weiter gelten (Öffnungsklausel); vgl. dazu näher auch Rdn. 165 ff.

152 § 77 Abs. 3 Satz 1 schließt die **Betriebsvereinbarung** als Regelungsinstrument von Arbeitsbedingungen **immer** aus, ohne dass es dabei von Bedeutung ist, ob die tariflich geregelten oder üblicherweise geregelten Arbeitsbedingungen Angelegenheiten betreffen, in denen der Betriebsrat ein Mitbestimmungsrecht hat oder nicht. Im Sperrbereich der Norm kann weder eine sog. freiwillige Betriebsvereinbarung wirksam abgeschlossen werden, noch steht die Betriebsvereinbarung als Ausübungsform für Mitbestimmungsrechte zur Verfügung. Im Übrigen berührt § 77 Abs. 3 Mitbestimmungsrechte des Betriebsrats aber überhaupt nicht. Es ist mit Nachdruck insbesondere zu betonen, dass Abs. 3 Satz 1 keinesfalls Mitbestimmungsrechte ausschließt, namentlich nicht diejenigen nach § 87 Abs. 1. Näher zum streitigen Verhältnis von § 77 Abs. 3 zu § 87 Abs. 1 Eingangssatz Rdn. 158 ff.

153 Andererseits bezieht sich die Sperrwirkung nach Abs. 3 Satz 1 **nur** auf **Betriebsvereinbarungen**; das ergibt sich unzweifelhaft aus dem Wortlaut (»können nicht Gegenstand einer Betriebsvereinbarung sein«). Die Bestimmung steckt der Betriebsautonomie (diese verstanden als Befugnis zur Regelung von Arbeitsbedingungen durch Betriebsvereinbarung; vgl. *Kreutz* Betriebsautonomie, S. 1) Außengrenzen. **Unberührt** bleibt die **Individualautonomie.** In dem von § 4 Abs. 3 (Günstigkeitsprinzip) und Abs. 5 (Nachwirkung) TVG abgesteckten Rahmen sind vom Tarifvertrag bzw. von der tarifüblichen Regelung abweichende Regelungen von Arbeitsbedingungen sowohl durch Einzelvertrag als auch in Gestalt sog. allgemeiner Arbeitsbedingungen durch arbeitsvertragliche Einheitsregelung, Gesamtzusage oder betriebliche Übung zulässig. Abs. 3 gestaltet allein das Verhältnis der sog. Gesamtvereinbarungen Tarifvertrag und Betriebsvereinbarung zueinander, zielt aber nicht auf eine Einengung des Gebrauchs individualrechtlicher Regelungsinstrumente. Daher kommt auch eine analoge Anwendung von Abs. 3 Satz 1 auf sog. allgemeine Arbeitsbedingungen nicht in Betracht (heute fast unstr.; vgl. *BAG* 24.01.1996 EzA § 77 BetrVG 1972 Nr. 55 S. 8; 20.04.1999 EzA Art. 9 GG Nr. 65 LS 1; 21.01.2003 EzA § 77 BetrVG 2001 Nr. 3 S. 9; *LAG Hamm* NZA-RR 1997, 434; *Thiele* Drittbearbeitung, § 77 Rn. 130; *Galperin/Löwisch* § 77 Rn. 90; *Fitting* § 77 Rn. 101; *Kaiser/LK* § 77 Rn. 117; *Moll* Der Tarifvorrang, S. 53; *Reuter* ZfA 1993, 221 [248]; *Richardi* § 77 Rn. 295; *Säcker* Gruppenautonomie und Übermachtkontrolle im Arbeitsrecht, S. 294 ff.; *Wiedemann/Wank* TVG, § 4 Rn. 561; wie selbstverständlich auch schon *BAG* 13.08.1980 AP Nr. 2 zu § 77 BetrVG 1972; **a. M.** neuerdings *Berg/DKKW* § 77 Rn. 160: »soweit der Betriebsrat daran mitgewirkt hat«).

154 Die Sperrwirkung lässt auch **Betriebsabsprachen** (Regelungsabreden) zwischen Arbeitgeber und Betriebsrat, auch und insbesondere schuldrechtlich-verpflichtender Art (vgl. Rdn. 13 ff.) über Arbeitsbedingungen, die tariflich geregelt oder tarifüblich sind, **völlig unberührt** (str., wie hier h. M.: *BAG* 20.04.1999 EzA Art. 9 GG Nr. 65 LS 1 [unter Verweis auf diese Entscheidung offen lassend *BAG* 15.05.2011 EzA Art. 9 GG Nr. 105 Rn. 28]; 21.01.2003 EzA § 77 BetrVG 2001 Nr. 3 S. 9; *ArbG Marburg* NZA 1996, 1331 [1335]; 1337 [1339] »*Viessmann*«; *LAG Köln* 31.01.2012 – 11 TaBV 73/11 – juris, Rn. 16; *Adomeit* BB 1972, 53; *Brune* AR-Blattei SD 520, Rn. 284; *Eder* Die Regelungsabrede, S. 208 ff.; *Ch. Fischer* Die tarifwidrigen Betriebsvereinbarungen, S. 217 ff.; *Fitting* § 77 Rn. 102; *Goethner* NZA 2006, 303 ff.; *Haug* BB 1986, 1921 [1929]; *Heinze* NZA 1995, 5 [6]; *Heyer* Betriebliche Normsetzung und Tarifautonomie, S. 82; *Hromadka/Maschmann* Arbeitsrecht Bd. 2, § 16 Rn. 374; *Jahnke* Tarifautonomie und Mitbestimmung, S. 150; *Kaiser/LK* § 77 Rn. 117; *Kamanabrou* Arbeitsrecht, Rn. 2622, 2630; *Kania*/ErfK § 77 BetrVG Rn. 52; *Kielkowski* Die betriebliche Einigung, S. 219 ff.; *Kirchner* BB 1972, 1279 [1282]; *Kreft* FS *Kreutz*, S. 263 [267]; *Kreutz* Betriebsautonomie, S. 221; *Krohm* Weitergeltung & Nachwirkung, S. 95 ff.; *Küchenhoff* § 77 Rn. 15; *Loritz/ZLH* Arbeitsrecht, § 50 Rn. 42; ausführlich *Moll* Der Tarifvorrang, S. 54 ff.; *Preis/WPK* § 77 Rn. 59; *Rieble*/AR § 77 BetrVG Rn. 31; *Säcker* Gruppenautonomie und Übermachtkontrolle im Arbeitsrecht, S. 298 mit Fn. 169; *Schaub/Koch* Arbeitsrechts-Handbuch, § 131 Rn. 28; *Schmeisser* Regelungsabrede, S. 163 ff.; *Stege/Weinspach/Schiefer* § 77 Rn. 20b; *Walker* FS *Wiese*, S. 603 [606 f.]; *Waltermann* Rechtsetzung durch Betriebsvereinbarung, S. 269 f.; *Wank* RdA 1991, 129 [133]; *Wiedemann/Wank* TVG, § 4 Rn. 560, 576; m. w. N. s. u. *Wiese* § 87 Rdn. 53; **a. M.** *Annuß* RdA 2000, 287 [291]; *Bichler* DB 1979, 1940; *Berg/DKKW* § 77 Rn. 158 f.; *Däubler* Tarifvertragsrecht, Rn. 249; *Däubler/Zwanziger* TVG § 4a Rn. 174; *Gamillscheg* I, S. 328, II S. 780, 787; *Hanau* BB 1977, 350; *Lorenz*/HaKo § 77 Rn. 55; *Matthes*/MünchArbR § 238 Rn. 69; *Richardi* § 77 Rn. 293; *Schwarze*/NK-GA § 77 BetrVG Rn. 27; *Thon* NZA 2005, 858 [860]; *Weiss/Weyand* § 77 Rn. 36; *Worzalla*/HWGNRH § 77 Rn. 187; *Zachert* RdA 1996, 140 [145]; vgl. auch *Reuter* FS *Schaub*, S. 605 [623]; *Veit/Waas* BB 1991, 1329 [1333]). Auch insoweit ist der Wortlaut eindeutig. Der Normzweck, der methodengerecht nur unter Berücksichtigung eben dieses Wortlauts ermittelt werden kann, gebietet keine andere Sicht und auch keine Analogie. Normzweck ist es nicht, schlechthin kollektive Vereinbarungen auf betrieblicher Ebene zu unterbinden (so aber *Dietz/Richardi* § 77 Rn. 224) oder schlechthin die Tarifautonomie vor einer konkurrierenden Regelungskompetenz auf betrieblicher Ebene zu sichern (so jetzt aber *Richardi* § 77 Rn. 293; ähnlich schon *Däubler* Tarifvertragsrecht, Rn. 249); Normzweck ist es nur, die Normsetzungsprärogative der Tarifvertragsparteien zu sichern und solche Vereinbarungen mit gleichem Gegenstand zu unterbinden, die die gleiche Wirkungsweise wie der Tarifvertrag haben: Betriebsvereinbarungen. Verpflichtende Betriebsabsprachen sind daher wirksam; der Betriebsrat kann vom Arbeitgeber die Durchführung verlangen (s. Rdn. 23 ff.). Die in Vollzug der Betriebsabsprache vorgenommenen individualrechtlichen Akte sind wirksam (vgl. Rdn. 153). Die Sperrwirkung greift jedoch dann, wenn eine »Regelungsabrede« in Wirklichkeit Betriebsvereinbarung ist, weil ihre Regelungen nach ihrem Inhalt unmittelbar und zwingend gelten sollen (vgl. *LAG Köln* 29.07.2011 – 10 TaBV 91/10 – juris, Rn. 92 ff.).

cc) Ausschluss der Regelungssperre

155 Nach ausdrücklicher Bestimmung in § 112 Abs. 1 Satz 4 **gilt** § 77 Abs. 3 **nicht** für den **Sozialplan**, obwohl dieser die Wirkung einer Betriebsvereinbarung hat (§ 112 Abs. 1 Satz 3) und damit Betriebsvereinbarung ist (vgl. näher *Oetker* §§ 112, 112a Rdn. 157 ff.; vgl. dort auch Rdn. 188 m. w. N. dazu, dass § 112 Abs. 1 Satz 4 nicht für freiwillige vorsorgliche Sozialpläne gilt). Partiell ist die Regelungssperre durch § 2 Abs. 2 Satz 2 AltersteilzeitG gesetzlich geöffnet.

156 **Weitere Ausnahmen** von der Anwendung des § 77 Abs. 3 kennt das Gesetz nicht und **sind** auch **nicht zu machen**.

Durchführung gemeinsamer Beschlüsse, Betriebsvereinbarungen § 77

Entgegen verbreiteter Auffassung gilt § 77 Abs. 3 uneingeschränkt auch für freiwillige **Betriebsvereinbarungen über Maßnahmen zur Förderung der Vermögensbildung** nach § 88 Nr. 3 (vgl. *Gutzeit* § 88 Rdn. 33 m. w. N.). Die Sperrwirkung greift jedoch nur ein, wenn der Tarifvertrag selbst Vorschriften über die Vermögensbildung enthält. Tarifvertragliche oder tarifübliche Regelungen über Löhne und Gehälter, Prämien und Gratifikationen entfalten insoweit noch keine Sperrwirkung; denn vermögenswirksame Leistungen sind demgegenüber eine andere Regelungsmaterie (ebenso *Richardi* § 77 Rn. 284). 157

Die Sperrwirkung greift **uneingeschränkt** auch im **Anwendungsbereich des § 87 Abs. 1**, wenn die Voraussetzungen des § 77 Abs. 3 Satz 1 vorliegen. § 87 Abs. 1 Eingangssatz enthält keine Ausnahme von der Regelungssperre für Betriebsvereinbarungen in Mitbestimmungsangelegenheiten (**so die in der Literatur** wohl noch immer **h. M.**, die nach einer Formulierung von *Säcker* [ZfA 1972, Sonderheft S. 65] abwertend »Zwei-Schranken-Theorie« genannt wird, aber zu Unrecht, weil § 77 Abs. 3 Satz 1 die einzige Schranke ist, die einer Regelung von mitbestimmungspflichtigen Angelegenheiten durch Betriebsvereinbarung im Wege steht; vgl. *Boewer* DB 1973, 522 [526]; *Brecht* § 77 Rn. 11; *Conze* DB 1978, 490 [492]; *Dietz/Richardi* § 77 Rn. 180 ff., 187; *Ehmann* Betriebsrisikolehre und Kurzarbeit, S. 36, 52, 61 [anders dann *ders.* FS Kissel, S. 175, 184]; *Eich* DB 1980, 1340; *Ch. Fischer* Die tarifwidrigen Betriebsvereinbarungen, S. 244 f., 249 ff.; *Fitting/Kaiser/Heither/Engels* bis 21. Aufl. 2002, § 77 Rn. 111 [anders jetzt *Fitting* § 77 Rn. 111]; *Galperin/Löwisch* § 77 Rn. 76; *Gutzeit* AR-Blattei SD 530.14.2 Rn. 47 ff.; *Hanau* RdA 1973, 281 [284]; *ders.* BB 1977, 350; *Haug* BB 1986, 1921 [1923 ff.]; *Heinze* NZA 1995, 5 [6], vgl. aber auch *ders.* NZA 1989, 41 [44]; *Heisig* Arbeitsentgelt- und Arbeitszeitregelungen, S. 212 ff.; *Heither* FS Dieterich, 1999, S. 231 [240]; *Hess/Schlochauer/Glaubitz* § 77 Rn. 136; *Hromadka* DB 1987, 1991; *Hromadka/Maschmann* Arbeitsrecht Bd. 2, § 16 Rn. 379; *von Hoyningen-Huene* Betriebsverfassungsrecht, 2. Aufl., § 11 III 5c [anders seit 4. Aufl. und *von Hoyningen-Huene/Meier-Krenz* NZA 1987, 793, 797 ff.]; *Jahnke* Tarifautonomie und Mitbestimmung, S. 167 ff.; *Joost* ZfA 1993, 257 [267]; *Kamanabrou* Arbeitsrecht, Rn. 2641 ff., 2646; *Kirchner* BB 1972, 1279 [1280 f.]; *Konzen* BB 1977, 1307 [1311 f.]; *Kraft* FS K. Molitor, S. 207 [213 ff.]; *Krauss* DB 1996, 528 [529]; *Kreutz* Betriebsautonomie, S. 220 f.; *Krohm* Weitergeltung & Nachwirkung, S. 68 ff., 93 ff.; *Lethert* Ist der in § 77 Abs. 3 BetrVG normierte Tarifvorbehalt nur noch »law in the book«? S. 76 ff.; *Lieb/Jacobs* Arbeitsrecht, Rn. 784; *Loritz/ZLH* Arbeitsrecht, § 51 Rn. 88 ff.; *Löwisch* AuR 1978, 97 [106], anders dann *Löwisch/Rieble* in Anm. AR-Blattei, Betriebsverfassung XIV B, Entsch. 102 und *Kaiser/LK* § 77 Rn. 130; *Moll* Der Tarifvorrang, S. 34 ff.; *D. Neumann* RdA 1990, 257 [260]; *Richardi* ZfA 1976, 1 [4]; *ders.* § 77 Rn. 249; *Schwarze* Der Betriebsrat im Dienst der Tarifvertragsparteien, S. 203; *Schwarze/NK-GA* § 77 BetrVG Rn. 23; *v. Stebut* RdA 1974, 332 [339 f.]; *Stege/Weinspach/Schiefer* § 87 Rn. 35; *Thiele* Drittbearbeitung, § 77 Rn. 92 ff.; *Walker* ZfA 1996, 353 [357]; *Waltermann* Rechtsetzung durch Betriebsvereinbarung, S. 285 ff., 301; *ders.* RdA 1996, 129 [138 f.]; *Wank* RdA 1991, 129; *Wiedemann/Wank* TVG, § 4 Rn. 616 ff.; *Wiese* § 87 Rdn. 48 ff. m. w. N.; *ders.* SAE 1989, S. 6 ff.; *Worzalla/HWGNRH* § 77 Rn. 157; früher auch *LAG Hamm* 07.01.1988 LAGE § 77 BetrVG 1972 Nr. 3; *LAG Schleswig-Holstein* BB 1987, 2298; *BVerwG* DB 1983, 1877). Weder kann eine Betriebsvereinbarung erzwungen werden, wo Mitbestimmungsangelegenheiten nur tarifüblich, d. h. nachwirkend (vgl. Rdn. 130) geregelt sind, noch kommt eine freiwillige Betriebsvereinbarung in Betracht, wo eine tarifliche Regelung besteht, die das Mitbestimmungsrecht nach § 87 Abs. 1 Eingangssatz ausschließt und zugleich die Sperrwirkung nach Abs. 3 Satz 1 auslöst (vgl. Rdn. 109 ff.). 158

Demgegenüber vertrat zunächst nur eine **Minderheit in der Literatur** (zuerst *Säcker* ZfA 1972, Sonderheft S. 41 [64 ff.]; *ders.* BB 1979, 1201 [1202]; *Birk* Anm. zu BAG EzA § 87 BetrVG 1972 Initiativrecht Nr. 2; *Fabricius* RdA 1973, 125 [126]; *Farthmann* RdA 1974, 65 [71 f.]; *von Friesen* DB 1980, Beil. Nr. 1, S. 14 f.; *dies.* DB 1983, 1871 [1872 f.]; *Gast* Tarifautonomie und die Normsetzung durch Betriebsvereinbarung, S. 39; *Kempen/Zachert* TVG, Grundlagen Rn. 279; *Heyer* Betriebliche Normsetzung und Tarifautonomie, S. 131 ff., 165; *Reuter* SAE 1976, 17 f.; *Reuter/Streckel* Grundfragen der betriebsverfassungsrechtlichen Mitbestimmung, S. 33 ff.; *Simitis/Weiss* DB 1973, 1240 [1247]; *Weiss/Weyand* § 77 Rn. 29), **der sich aber 1987 auch der Erste Senat des BAG angeschlossen** hat (Beschluss vom 24.02.1987, SAE 1989, 1 [abl. *Wiese*] = AP Nr. 21 zu § 77 BetrVG 1972 [abl. *Richardi*] = EzA § 87 BetrVG 1972 Nr. 10 [zust. *Gaul*] = BB 1987, 1246 [zust. *Gast*] = AR-Blattei, Betriebsverfassung XIV B Entsch. 102 [zust. *Löwisch/Rieble*]; zuvor hatte das BAG die Frage ausdrücklich offen gelassen; vgl. BAG 05.03.1974 AP Nr. 1 zu § 87 BetrVG 1972 Kurzarbeit; 29.03.1977 AP Nr. 1 zu 159

§ 77   IV. 1. Allgemeines

§ 87 BetrVG 1972 Provision; 13.07.1977 AP Nr. 2 zu § 87 BetrVG 1972 Kurzarbeit; 22.01.1980 AP Nr. 3 zu § 87 BetrVG 1972 Lohngestaltung; 17.12.1985 AP Nr. 5 zu § 87 BetrVG 1972 Tarifvorrang; zuletzt Beschluss vom 27.01.1987 EzA § 99 BetrVG 1972 Nr. 55 = AP Nr. 42 zu § 99 BetrVG 1972; wie die h. M. in der Literatur früher *BAG* 14.11.1974 AP Nr. 1 zu § 87 BetrVG 1972 Bl. 2 R; 03.08.1982 AP Nr. 12 zu § 87 BetrVG 1972 Lohngestaltung Bl. 4 [*Misera*, Bl. 10]), die sog. **Vorrangtheorie**, die in § 87 Abs. 1 Eingangssatz eine **speziellere Norm** sehen will, die der Regelung in § 77 Abs. 3 vorgehen soll mit der Folge, dass Mitbestimmungsrechte nach § 87 Abs. 1, die nicht durch dessen Eingangssatz (»gesetzliche oder tarifliche Regelung«) ausgeschlossen sind, auch durch Abschluss einer Betriebsvereinbarung wahrgenommen werden können; namentlich soll das bei bloß tarifüblicher Regelung und bei fehlender Tarifgebundenheit des Arbeitgebers der Fall sein. Vgl. zu **Einschränkungen** der Vorrangtheorie Rdn. 163.

160 Diese Auffassung ist jedoch methodisch und dogmatisch nicht überzeugend begründbar; sie stellt in Wirklichkeit eine **rechtspolitische Korrektur** an § 77 Abs. 3 dar, die der Rechtsanwendung nicht zukommt (vgl. insb. auch die Kritik von *Hromadka* DB 1987, 1991; *Kraft* FS *K. Molitor* S. 207 [214 ff.]; *Richardi* Anm. AP Nr. 21 zu § 77 BetrVG 1972; *Wank* RdA 1991, 129; *Waltermann* Rechtsetzung durch Betriebsvereinbarung, S. 285 ff.; *Wiese* SAE 1989, 6). Der Erste Senat des *BAG* hat seine Entscheidung vom 24.02.1987 (Nachweise Rdn. 159) zwischenzeitlich gleichwohl vielfach bestätigt (vgl. *BAG* 24.11.1987 EzA § 87 BetrVG 1972 Lohn und Arbeitsentgelt Nr. 14 S. 6 f.; 24.11.1987 EzA § 87 BetrVG 1972 Betriebliche Lohngestaltung Nr. 17 S. 5; 10.02.1988 EzA § 87 BetrVG 1972 Betriebliche Lohngestaltung Nr. 18 S. 5; 31.01.1989 EzA § 87 BetrVG 1972 Arbeitszeit Nr. 32 S. 4; 14.02.1989 EzA § 87 BetrVG 1972 Leistungslohn Nr. 17 S. 6 [abl. *Wiese*]; 30.01.1990 EzA § 118 BetrVG 1972 Nr. 50 S. 6 f.; 20.11.1990 EzA § 77 BetrVG 1972 Nr. 37 S. 4 ff.; 20.08.1991 EzA § 87 BetrVG 1972 Betriebliche Lohngestaltung Nr. 29 S. 4; 20.08.1991 EzA § 77 BetrVG 1972 Nr. 41 S. 12 f.; 28.04.1992 EzA § 50 BetrVG 1972 Nr. 10 S. 9; 23.06.1992 EzA § 77 BetrVG 1972 Nr. 49 S. 8; 22.06.1993 EzA § 23 BetrVG 1972 Nr. 35; 24.01.1996 EzA § 77 BetrVG 1972 Nr. 55 S. 5; st. Rspr., vgl. etwa auch Entscheidungen vom 21.01.2003 EzA § 77 BetrVG 2001 Nr. 3 S. 13; 03.06.2003 EzA § 77 BetrVG 2001 Nr. 5 S. 8; 09.12.2003 EzA § 77 BetrVG 2001 Nr. 6 S. 7; 29.04.2004 EzA § 77 BetrVG 2001 Nr. 8 S. 18). Der **GS des *BAG* hat sich** der Auffassung des Ersten Senats **angeschlossen** (vgl. Beschluss vom 03.12.1991 EzA § 87 BetrVG 1972 Betriebliche Lohngestaltung Nr. 30 S. 16 = SAE 1993, 97 [abl. *Lieb* S. 116]; ebenso der Vierte Senat, Urteile vom 05.03.1997 EzA § 77 BetrVG 1972 Nr. 58 S. 9 und 27.11.2002 EzA § 77 BetrVG 2001 Nr. 2 S. 10), wenn auch mit gewissen Differenzierungen in der Begründung. Die Vielzahl der Judikate und die Zustimmung, die diese Rspr. zum Teil in der Literatur gefunden hat (vgl. *Bakopoulos* Zuständigkeitsverteilung, S. 139 ff.; *Berg*/DKKW § 77 Rn. 132; *Däubler* Tarifvertragsrecht, Rn. 227; *Ehmann* ZRP 1996, 314 [316]; *Ehmann*/*Lambrich* NZA 1996, 346 [355]; *Ehmann*/*Schmidt* NZA 1995, 193 [197]; *Feudner* DB 1993, 2231 [2233]; *von Langen* Von der Tarif- zur Betriebsautonomie, S. 80 f.; *Kempen* RdA 1994, 140 [151], der die Vorrangtheorie sogar grundrechtlich begründet sieht; *Lambrich* Tarif- und Betriebsautonomie, S. 304; *Matthes*/MünchArbR § 238 Rn. 66 f.; *Preis*/WPK § 77 Rn. 62; *Reinermann* Verweisungen in Tarifverträgen und Betriebsvereinbarungen, S. 155 ff., 168; *Schaub*/*Koch* Arbeitsrechts-Handbuch, § 231 Rn. 23; *Schulin* Anm. EzA § 77 BetrVG 1972 Nr. 39 S. 7; *Veit* Die funktionelle Zuständigkeit des Betriebsrats, passim; *Weyand* AuR 1989, 193 [195]; *Wollgast* Geltung, Wirkung und Nachwirkung von Betriebsvereinbarungen, S. 154; wohl auch *Gaul*/HWK § 77 BetrVG Rn. 51; *Kania*/ErfK § 77 BetrVG Rn. 56), haben allerdings nicht zu neuen Erkenntnissen für die Vorrangtheorie geführt, wohl aber beim *BAG* zu der Einsicht, dass wesentliche Gesichtspunkte, mit denen der Erste Senat seine Entscheidung für die Vorrangtheorie begründet hat, nicht tragfähig sind.

161 Die Tarifvertragssperren in § 77 Abs. 3 und § 87 Abs. 1 Eingangssatz **konkurrieren weder** idealiter miteinander, **noch hat § 87 Abs. 1 Vorrang**. Der **Wortlaut** beider Rechtssätze zeigt kein Konkurrenzverhältnis an. Sie unterscheiden sich in Voraussetzungen und Rechtsfolgen; ihr Gegenstand ist nicht identisch (*Kreutz* Betriebsautonomie, S. 220; *Jahnke* Tarifautonomie und Mitbestimmung, S. 169; *Waltermann* Rechtsetzung durch Betriebsvereinbarung, S. 290 ff., 300 f.; das räumt auch der GS des *BAG* ein [vgl. Beschluss vom 03.12.1991 EzA § 87 BetrVG 1972 Betriebliche Lohngestaltung Nr. 30 S. 18, unter C I 4c]). Der Erste Senat des *BAG* (Beschluss vom 24.02.1987, wie Rdn. 159, unter B II 4b bb der Gründe) hat versucht, eine Verbindung beider Bestimmungen mit der Behauptung herzustellen, dass § 77 Abs. 3 folgerichtig auch Mitbestimmungsrechte ausschließen müsste, wenn er die Betriebsvereinbarung in mitbestimmungspflichtigen Angelegenheiten ausschließe, weil sich die Frage, ob Mitbestimmungsrechte bestehen und ob diese Angelegenheit durch Betriebsvereinbarung geregelt werden kann, nicht trennen lasse (so unzutreffend auch *Stege/Rinke* DB 1991, 2386 [2389]). Das ist indes einschließlich der damit verbundenen Attacke gegen die Regelungsabrede unzutreffend und steht im Widerspruch zur Rechtsmeinung des GS des *BAG* (16.09.1986 AP Nr. 17 zu § 77 BetrVG 1972 Bl. 9 R, 14 = EzA § 77 BetrVG 1972 Nr. 17) und allgemeiner Meinung, die die Ausübung von Mitbestimmungsrechten durch Regelungsabrede anerkennen (vgl. Rdn. 19). Der Erste Senat konterkariert zudem an anderer Stelle (unter B II 4b cc) seine eigene Auffassung mit der (zutreffenden) Feststellung, dass Mitbestimmungsrechte des Betriebsrats nicht mit Betriebsvereinbarungen gleichgesetzt werden können und dass umgekehrt Regelungen über die Zulässigkeit von Betriebsvereinbarungen nicht gleichzeitig Regelungen über den Ausschluss von Mitbestimmungsrechten darstellen können. Zwischenzeitlich haben sowohl der Erste Senat (vgl. insb. Urteil vom 20.11.1990 EzA § 77 BetrVG 1972 Nr. 37 S. 4 f.) als auch der GS des *BAG* (vgl. Beschluss vom 03.12.1991 EzA § 87 BetrVG 1972 Betriebliche Lohngestaltung Nr. 30 S. 17) eingeräumt, dass § 77 Abs. 3 nicht die Mitbestimmungsrechte des § 87 Abs. 1 entfallen lässt, sondern lediglich den Abschluss von Betriebsvereinbarungen untersagt, wenn Arbeitsbedingungen durch Tarifvertrag geregelt sind oder üblicherweise geregelt werden. Damit ist ein wesentlicher, aber unhaltbarer Begründungsgesichtspunkt für die Vorrangtheorie aufgegeben worden.

Eindeutig sprechen die **Systematik** und die **Entstehungsgeschichte** des Gesetzes gegen die Vorrangtheorie. § 77 Abs. 3 kommt kraft seiner Stellung im Ersten Abschnitt (»Allgemeines«) Grundsatzcharakter für alle Beteiligungsangelegenheiten im Vierten Teil des Gesetzes zu; dies hat der Gesetzgeber aus rechtssystematischen Gründen bewusst so herbeigeführt (vgl. Begründung zum RegE, BT-Drucks. VI/1786, S. 47; vgl. näher auch *Hanau* RdA 1973, 281 [284]). § 112 Abs. 1 Satz 4 bestätigt diese Systematik, indem er § 77 Abs. 3 für den Sozialplan ausdrücklich für nicht anwendbar erklärt (*Kreutz* Betriebsautonomie, S. 220; *Moll* Der Tarifvorrang, S. 36; *Haug* BB 1986, 1921 [1923 f.]; *Hromadka* DB 1987, 1991 [1992]; *Wiese* SAE 1989, 7). Beim Nebeneinander beider Bestimmungen ist der Tarifvorrang im Eingangssatz von § 87 Abs. 1 auch keineswegs sinnlos und überflüssig (**a. M.** zuerst *Säcker* ZfA 1972, Sonderheft S. 41 [65, 66]; ferner *Simitis/Weiss* DB 1973, 1240 [1247]; *Farthmann* RdA 1974, 65 [72]; einschränkend auch *von Hoyningen-Huene/Meier-Krenz* NZA 1987, 793 [798]). Dieser schließt nur das Mitbestimmungsrecht aus, nicht aber, wie § 77 Abs. 3, die Betriebsvereinbarung als Instrument zur freiwilligen Regelung günstigerer (§ 4 Abs. 3 TVG) Arbeitsbedingungen (*Kreutz* Betriebsautonomie, S. 221). Die Vorrangtheorie müsste demgegenüber die Konsequenz haben, dass günstigere freiwillige Betriebsvereinbarungen im Anwendungsbereich des § 87 Abs. 1 unbegrenzt zulässig bleiben (so etwa *Ehmann/Schmidt* NZA 1995, 193 [198 m. w. N. Fn. 59]). Möglicherweise müsste dies auch für sog. teilmitbestimmte Betriebsvereinbarungen gelten (vgl. *Hanau* NZA 1993, 817 [821]; *ders.* RdA 1994, 173 f.; dagegen, d. h. doch für Anwendbarkeit des § 77 Abs. 3, wenn mit der Betriebsvereinbarung nicht nur mitbestimmungspflichtige Verteilungsgrundsätze, sondern auch das mitbestimmungsfreie Ob oder die Höhe einer Zahlung geregelt wird, *BAG* 05.03.1997 EzA § 77 BetrVG 1972 Nr. 58 LS 2, allerdings ohne Begründung; 07.11.2000 EzA § 77 BetrVG 1972 Nachwirkung Nr. 2; *Thüsing* ZTR 1996, 146 f.; *Hromadka* FS *Schaub*, S. 337; *Ch. Fischer* Die tarifwidrigen Betriebsvereinbarungen, S. 245 ff.). Damit könnte der durch § 77 Abs. 3 bezweckte Schutz der aktualisierten Tarifautonomie vor konkurrierenden Betriebsvereinbarungen in erheblichem Maße leer laufen (zutr. *Jahnke* Tarifautonomie und Mitbestimmung, S. 169 f.). *Säcker* (ZfA 1972, Sonderheft S. 64 ff.) nimmt zur Vermeidung dieser Konsequenz ohne nähere Begründung an, dass der Tarifvorrang im Eingangssatz des § 87 Abs. 1 freiwillige Betriebsvereinbarungen ausschließe; ähnlich hat sich das *BAG* zunächst mit der Behauptung beholfen, tarifliche Regelungen in den Mitbestimmungsangelegenheiten des § 87 Abs. 1 begrenzten den Handlungsspielraum für Betriebsvereinbarungen, so dass diese bei Nichtbeachtung wegen Verstoßes gegen die Schranke des § 87 Abs. 1 Eingangssatz nichtig seien (vgl. *BAG* 18.08.1987 EzA § 77 BetrVG 1972 Nr. 18 S. 13; 22.06.1993 EzA § 23 BetrVG 1972 Nr. 35 S. 8; 12.10.1994 EzA § 87 BetrVG 1972 Kurzarbeit Nr. 2; im Ergebnis, aber ohne nachvollziehbare Begründung noch *BAG* [Vierter Senat] 27.11.2002 EzA § 77 BetrVG 2001 Nr. 2 S. 10). Dabei wird bewusst missachtet, dass gerade all dies Regelungsgegenstand des § 77 Abs. 3 ist. *Matthes* (MünchArbR 2. Aufl. 2000, § 327 Rn. 72) hat als Vertreter der Vorrangtheorie zuerst anerkannt, dass

162

insoweit § 77 Abs. 3 doch gilt; dem hat sich in jüngeren Entscheidungen der Erste Senat des *BAG* angeschlossen (*BAG* 29.10.2002 EzA § 77 BetrVG 1972 Nr. 72 S. 5; 09.12.2003 EzA § 77 BetrVG 2001 Nr. 6 S. 5 f.; 29.04.2004 EzA § 77 BetrVG 2001 Nr. 8 S. 18; 22.03.2005 EzA § 77 BetrVG 2001 Nr. 10 S. 16; wieder bestätigend *BAG* 13.03.2012 EzA § 77 BetrVG 2001 Nr. 33 Rn. 21 = AP Nr. 27 zu § 77 BetrVG 1972 Tarifvorbehalt).

163 **Festzuhalten** ist danach, dass die insoweit **modifizierte Vorrangtheorie** die Regelungssperre nur ausschließt, wenn der Betriebsrat im konkreten Fall ein erzwingbares Mitbestimmungsrecht nach § 87 Abs. 1 hat; nach dem Eingangssatz von § 87 Abs. 1 setzt das voraus, dass insoweit keine zwingende tarifliche Regelung besteht, an die der Arbeitgeber (tarif-)gebunden ist. Das *BAG* (22.03.2005 EzA § 77 BetrVG 2001 Nr. 10 S. 16) formuliert: Angelegenheiten, die der zwingenden Mitbestimmung unterliegen, können auch dann durch Betriebsvereinbarung geregelt werden, wenn einschlägige tarifliche Regelungen bestehen, die beim Arbeitgeber mangels Tarifbindung nicht normativ gelten. Oder umgekehrt: § 77 Abs. 3 gilt auch im Anwendungsbereich des § 87 Abs. 1, soweit eine (freiwillige oder teilmitbestimmte) Betriebsvereinbarung eine Regelung trifft, der eine zwingende tarifliche Regelung entgegensteht. Damit erlangt die Tarifgebundenheit des Arbeitgebers (als Voraussetzung des Ausschlusses eines Mitbestimmungsrechts nach dem Eingangssatz von § 87 Abs. 1) entgegen der Ausgangsposition der Rspr. (vgl. Rdn. 115) unversehens doch Bedeutung für die Auslösung der Sperrwirkung nach § 77 Abs. 3 Satz 1. Vgl. zu den dogmatischen Unstimmigkeiten der Vorrangtheorie auch *Ch. Fischer* Anm. zu *BAG* EzA § 77 BetrVG 1972 Nr. 55 S. 22 ff.; *ders.* Die tarifwidrigen Betriebsvereinbarungen, S. 168 ff., 172 ff.

164 Auch eine **Normzweckbetrachtung** rechtfertigt die Rechtsfortbildung contra legem i. S. d. Vorrangtheorie keineswegs (vgl. auch *Wiese* SAE 1989, 7 f.). Selbstverständlich ist, dass dem Normzweck des § 77 Abs. 3 am besten durch dessen Anwendung auch im Bereich des § 87 Abs. 1 Rechnung getragen wird (*Moll* Der Tarifvorrang, S. 37 ff.). Dass die Regelungssperre des § 77 Abs. 3 durch Art. 9 Abs. 3 GG verfassungsrechtlich nicht geboten ist, rechtfertigt nicht den Ungehorsam des Rechtsanwenders gegenüber der Entscheidung des Gesetzgebers (bedenklich insoweit *BAG* vom 24.02.1987, wie Rdn. 159, unter B II 4b dd). Andererseits erfordert der durch § 87 Abs. 1 bezweckte Arbeitnehmerschutz durch Betriebsrats-Mitbestimmung (vgl. zum Normzweck ausführlich *Wiese* § 87 Rdn. 97 ff.) die Nichtanwendung des § 77 Abs. 3 nicht. Wenn demgegenüber das *BAG* in einer Art Normzweckabwägung meint, der Ausschluss des Regelungsinstruments Betriebsvereinbarung sei in mitbestimmungspflichtigen Angelegenheiten nicht zu rechtfertigen (Beschluss des Ersten Senats vom 24.02.1987, wie Rdn. 159, unter B II 4b cc der Gründe; Beschluss des *GS* vom 03.12.1991 EzA § 87 BetrVG 1972 Betriebliche Lohngestaltung Nr. 30 S. 18), so folgt dies aus der unhaltbaren Gleichsetzung von Betriebsvereinbarung und Mitbestimmung und der daraus abgeleiteten Befürchtung, der Ausschluss von Mitbestimmungsrechten bei lediglich tarifüblicher Regelung führe zum gänzlichen Wegfall eines kollektivrechtlichen Arbeitnehmerschutzes (*BAG* 24.02.1987, wie Rdn. 159, unter B II 4b dd der Gründe). Richtig ist nur, dass sich die Problematik ausreichenden Arbeitnehmerschutzes überhaupt nur bei lediglich tarifüblicher Regelung stellt; bei tariflicher Regelung können sich keine Diskrepanzen ergeben, weil die Anforderungen, die an ihr Vorliegen zu stellen sind, nach hier vertretener Auffassung zu § 77 Abs. 3 und nach h. M. zum Tarifvorrang im Eingangssatz des § 87 Abs. 1 übereinstimmen (Geltungsbereich, Tarifbindung des Arbeitgebers; vgl. Rdn. 109 ff.). Im Übergangszeitraum bloß tarifüblicher Regelung (vgl. Rdn. 130) ist jedoch der Ausschluss der Betriebsvereinbarung als Ausübungsform der bestehenden Mitbestimmungsrechte durchaus sinnvoll, weil er eine Präjudizierung der Tarifvertragsparteien beim (absehbaren) Neuabschluss unterbindet und insoweit der Zielsetzung des § 77 Abs. 3 entspricht. Die Mitbestimmungsrechte sind insoweit durch Regelungsabrede auszuüben; dadurch wird, wie sonst, dem Arbeitnehmerschutz ausreichend Rechnung getragen. Im Übrigen wird die Entbehrlichkeit der Vorrangtheorie dadurch unterstrichen, dass bei fehlender Tarifbindung des Arbeitgebers die Regelungssperre nach der gebotenen engen Abgrenzung ihrer Voraussetzungen nie eingreift (vgl. Rdn. 116, 135).

c) Tarifvertragliche Öffnungsklausel (Abs. 3 Satz 2)

165 Wenn und soweit ein Tarifvertrag den Abschluss ergänzender Betriebsvereinbarungen ausdrücklich zulässt (»Öffnungsklausel«), können auch Arbeitsbedingungen, die durch Tarifvertrag geregelt sind oder

üblicherweise geregelt werden, durch Betriebsvereinbarung wirksam geregelt werden (zur Warnung vor einem »Betriebspartikularismus« vgl. *Herschel* AuR 1984, 321 ff.; *Kissel* NZA 1986, 73 [78]; zur Warnung vor Gefahren für die Tarifautonomie vgl. *Berg/DKKW* § 77 Rn. 155; zur Frage rechtspolitischer Zweckmäßigkeit von Öffnungsklauseln vgl. *Lieb* NZA 1994, 289 [290 ff.]).

Unterfällt der Betrieb den Geltungsbereichen mehrerer Tarifverträge und wird diese **Tarifpluralität** 166 nach § 4a Abs. 2 Satz 2 mit Satz 1 TVG zugunsten des Tarifvertrags der Mehrheitsgewerkschaft im Betrieb dahin aufgelöst, dass nur dieser im Betrieb anwendbar ist (s. Rdn. 111), so bestimmt sich auch allein nach diesem Tarifvertrag, ob und inwieweit er durch wirksame Öffnungsklausel seine Sperrwirkung aufhebt. Eine Öffnungsklausel im verdrängten Tarifvertrag der Minderheitsgewerkschaft ist unmaßgeblich. Handelt es sich aber um eine Tarifpluralität, die mangels Tatbestandsmäßigkeit nicht nach § 4a Abs. 2 Satz 2 mit Satz 1 TVG nach dem Prinzip der Tarifeinheit im Betrieb aufgelöst wird (s. Rdn. 112), dann lösen diese nach Maßgabe ihres Geltungsbereichs nebeneinander Sperrwirkung aus, soweit sie diese nicht jeweils durch wirksame Öffnungsklausel aufheben (vgl. zu abw. Lösungskonzepten *M. Schneider* Die Auswirkungen von Tarifmehrheiten im Betrieb auf die Betriebsverfassung, S. 318 ff.).

Dass der Tarifvertrag von den Tarifvertragsparteien **dispositiv** gestaltet werden kann, folgt allgemein 167 schon aus § 4 Abs. 3 TVG; danach kann der Tarifvertrag »abweichende Abmachungen« gestatten. Dem geht § 77 Abs. 3 Satz 2 jedoch als **speziellere Norm** vor; diese Bestimmung stellt ihrem Wortlaut nach strengere Anforderungen an die Wirksamkeit einer Öffnungsklausel: Zum einen lässt sie nur **ergänzende** Betriebsvereinbarungen zu und verlangt zum anderen, dass der Tarifvertrag die Gestaltung der Arbeitsbedingungen **ausdrücklich** und gerade (auch) **durch Betriebsvereinbarung** freigibt.

aa) Rechtsfolge der Öffnungsklausel

Rechtsfolge einer wirksamen (vgl. dazu Rdn. 170 ff.) tarifvertraglichen Öffnungsklausel ist die **Nicht-** 168 **geltung** (Beseitigung) der **Sperrwirkung** des Abs. 3 Satz 1, soweit die Öffnungsklausel reicht. Die Öffnungsklausel enthält dagegen keine Delegation tarifvertraglicher Normsetzungsbefugnis (so schon *Thiele* Drittbearbeitung, § 77 Rn. 122; ebenso *Buchner* DB 1985, 913 [915]; *Fitting* § 77 Rn. 117; *von Hoyningen-Huene/Meier-Krenz* ZfA 1988, 293 [302]; *Kühn* Nachteiligkeit als Schranke der Betriebsautonomie, S. 64 ff.; *Reiß* Tarifautonomie im Spannungsverhältnis, S. 112 ff.; *Richardi* ZfA 1990, 211 [223]; *Rieble* ZfA 2004, 405 [409 ff.]; *Staschik* Grundfragen zur Betriebsvereinbarung, S. 136; vgl. auch BAG 20.08.1991 EzA § 77 BetrVG 1972 Nr. 41 S. 14 sowie BAG 18.08.1987 EzA § 77 BetrVG 1972 Nr. 18 S. 11 = AP Nr. 23 zu § 77 BetrVG 1972 [zust. insoweit *von Hoyningen-Huene*], wo das Gericht ganz selbstverständlich von der Aufhebung der Sperrwirkung ausgeht; **a. M.** zu Unrecht *Th. Baumann* Die Delegation tariflicher Rechtsetzungsbefugnisse, S. 87 ff., der die Öffnungsklausel mit einer tarifvertraglichen Bestimmungsklausel [vgl. dazu Rdn. 181] gleichsetzt und daraus ableitet, dass eine »ergänzende Betriebsvereinbarung« eine solche kraft tarifvertraglicher Delegation ist, die sich von einer Betriebsvereinbarung im betriebsverfassungsrechtlichen Sinne dadurch unterscheidet, dass nicht § 77 Abs. 4 Satz 1, sondern § 3 Abs. 2 TVG Anwendung findet; *Benrath* Tarifvertragliche Öffnungsklauseln, S. 98 ff., 113 ff.; *Kempen* RdA 1994, 140 [152]; *Linnenkohl* BB 1988, 1459 [1460]; *Waltermann* ZfA 2005, 505 [518 f.]; *Wendeling-Schröder* NZA 1998, 624; vgl. auch *Wiedemann/Thüsing* TVG, § 1 Rn. 259 ff.; *Wiedemann/Wank* TVG, § 4 Rn. 591 ff.; missverständlich *Kissel* NZA 1986, 73 [79]). Vielmehr ergibt sich die umfassende Befugnis der Betriebspartner zur Regelung von Arbeitsbedingungen durch Betriebsvereinbarung aus § 77 Abs. 3 Satz 1, wenn die Regelungssperre nicht eingreift (vgl. Rdn. 93 ff.), sei es, dass ihre Voraussetzungen nicht vorliegen, sei es, dass sie durch wirksame Öffnungsklausel beseitigt ist. Soweit keine Sperrwirkung besteht, bedarf es keiner tarifvertraglichen Freigabe zur Regelung durch Betriebsvereinbarung; eine gleichwohl vorgesehene Öffnungsklausel geht insoweit ins Leere (vgl. zu der damit u. U. aber verbundenen Erweiterung der Beteiligungsrechte des Betriebsrats durch Tarifvertrag Rdn. 182). In Betrieben ohne Betriebsrat kann von der Öffnungsklausel kein Gebrauch gemacht werden (*Däubler* FS *Kreutz*, S. 69 [70]); soweit die Regelungssperre durch Öffnungsklausel beseitigt ist, erstreckt sich bei originärer Zuständigkeit des Gesamtbetriebsrats dessen Zuständigkeit aber auch auf Betriebe ohne Betriebsrat (§ 50 Abs. 1 Satz 1).

169 Die Öffnungsklausel ist eine **betriebsverfassungsrechtliche Tarifnorm** i. S. d. § 1 Abs. 1 TVG, weil sie die Sperrwirkung des § 77 Abs. 3 Satz 1 beseitigt. Sie gilt nach § 3 Abs. 2 TVG schon dann, wenn nur der Arbeitgeber tarifgebunden ist. Das unterstreicht die Richtigkeit der hier vertretenen Auffassung, wonach (auch) die Tarifgebundenheit des Arbeitgebers Voraussetzung für das Eingreifen der Sperrwirkung des § 77 Abs. 3 Satz 1 ist (vgl. Rdn. 116, 135). Demgegenüber ist die h. M. insoweit in Schwierigkeiten. Sie sieht deshalb in der Öffnungsklausel eine nicht näher qualifizierte »Zulassungsnorm«, die auch für Betriebe gelten soll, deren Arbeitgeber nicht tarifgebunden ist (vgl. *Richardi* § 77 Rn. 303; *von Stebut* RdA 1974, 332 [340 f.]; vgl. auch *Buchner* DB 1985, 913 [917]; *Fitting* § 77 Rn. 120 a. E.).

bb) Voraussetzungen der Öffnungsklausel

170 Die Sperrwirkung wird nur beseitigt, wenn die Öffnungsklausel **wirksam** ist. Das erfordert zunächst die ausdrückliche Zulassung ergänzender Betriebsvereinbarungen **im Tarifvertrag**, dessen Sperrwirkung aufgehoben werden soll. Deshalb kann die Öffnungsklausel in einem Firmentarifvertrag nicht die Sperrwirkung eines Verbandstarifvertrages beseitigen (so auch *BAG* 20.04.1999 EzA § 77 BetrVG 1972 Nr. 64 S. 13; 07.11.2000 EzA § 77 BetrVG 1972 Nachwirkung Nr. 2), sofern der Verbandstarifvertrag das nicht zulässt (vgl. zu solchen betrieblichen Ergänzungstarifverträgen *Wendeling-Schröder* NZA 1998, 624). Wohl aber können Tarifvertragsparteien, die einen Tarifvertrag ohne Öffnungsklausel geschlossen haben, in einem ergänzenden Tarifvertrag die Öffnungsklausel vorsehen, wenn sie es nicht vorziehen, den Tarifvertrag durch Einfügung der Öffnungsklausel zu ändern. Der Öffnungsklausel im Ergänzungs- oder Abänderungstarifvertrag kann aber entgegen *BAG* (20.04.1999 EzA § 77 BetrVG 1972 Nr. 64 S. 15 f.) **keine Rückwirkung** in dem Sinne beigelegt werden, dass rückwirkend Betriebsvereinbarungen genehmigt werden, die unter Verstoß gegen die Regelungssperre nach Abs. 3 Satz 1 abgeschlossen worden sind (vgl. Rdn. 141); insoweit kommt nur ein (förmlicher) Neuabschluss in Betracht (im Ergebnis ebenso *Schaub* NZA 1998, 617 [623]). Ein Tarifvertrag kann eine Öffnungsklausel auch nicht für einen nachfolgenden Tarifvertrag vorsehen (vgl. Rdn. 184). Auch wenn Arbeitgeber, Betriebsrat und die Gewerkschaft, die den Verbandstarifvertrag geschlossen hat, einen (»Konsolidierungs«-)Vertrag schriftlich schließen, der die Kürzung tarifvertraglicher Ansprüche der Arbeitnehmer vorsieht, kann dieser keine Öffnungsklausel enthalten: Ist dieser Vertrag Betriebsvereinbarung, genügt die Unterzeichnung durch die Gewerkschaft nicht den Anforderungen einer tarifvertraglichen Regelung (insoweit zutr. *LAG Düsseldorf* NZA-RR 2000, 137 [139]); ergibt die Auslegung, dass ein Haustarifvertrag vorliegt (so *BAG* vom 07.11.2000 EzA § 1 TVG Nr. 43 = NZA 2001, 727 unter maßgeblicher Berücksichtigung, dass eine Betriebsvereinbarung mit diesem Inhalt nach § 77 Abs. 3 unwirksam wäre), bedarf es keiner Öffnungsklausel.

171 Das **Erfordernis der Ausdrücklichkeit** dient dazu, möglichst klare Feststellungen zu ermöglichen und den Tarifvertragsparteien bewusst zu machen, dass sie ihre Vorrangkompetenz aufgeben; zugleich soll verhindert werden, dass in einen Tarifvertrag »hinterher – vielleicht auch gegen den wirklichen Willen der Sozialpartner – eine stillschweigende Zulassung hineininterpretiert wird« (*BAG* 06.03.1958 AP Nr. 1 zu § 59 BetrVG). Nach billigenswerter st. Rspr. des *BAG* verlangt dies, dass der Tarifvertrag eine **eindeutig positive Bestimmung** enthält, durch die ergänzende Betriebsvereinbarungen für zulässig erklärt werden (vgl. *BAG* AP Nr. 1, 7, 8, 23, 26, 27 zu § 59 BetrVG; AP Nr. 80 zu § 1 TVG Auslegung; AP Nr. 1 zu § 2 ArbGG Betriebsvereinbarung; zust. *Fitting* § 77 Rn. 117; *Kaiser/LK* § 77 Rn. 126; *Richardi* § 77 Rn. 302; *Worzalla/HWGNRH* § 77 Rn. 151; krit. *Säcker* RdA 1967, 369 [374]). Damit ist jedoch nicht schlechthin die Anwendung allgemeiner Auslegungsgrundsätze verboten. **Ausgeschlossen** sind nur der Rückgriff auf einen hypothetischen, durch ergänzende Tarifvertragsauslegung zu ermittelnden Willen (zust. *Fitting* § 77 Rn. 117; *Preis/WPK* § 77 Rn. 78; *Richardi* § 77 Rn. 302) und die Berücksichtigung eines (zwar) realen Öffnungswillens, wenn dieser im schriftlich niedergelegten Tarifvertrag selbst keinen Niederschlag gefunden hat. »Ausdrücklich« heißt, dass die Zulassung im Wortlaut des Tarifvertrages hinreichenden Anhalt finden muss; dabei genügt eine bloße Andeutung noch nicht (anders *Säcker* RdA 1967, 374). Die Zulassung muss aber nicht wort-wörtlich erfolgen (vgl. *BAG* 29.10.2002 EzA § 77 BetrVG 1972 Nr. 72 S. 5 f. = AP Nr. 18 zu § 77 BetrVG 1972 Tarifvorbehalt: Herleitung der Zulassung ergänzender Betriebsvereinbarungen über betriebliche Sonderleistungen aus der Bestimmung ihrer Anrechnung auf den tariflichen Anspruch; 09.12.2003 EzA § 77 BetrVG 2001 Nr. 6 S. 6; 17.01.2012 AP Nr. 26 zu § 77

BetrVG 1972 Tarifvorbehalt Rn. 27). Der Abschluss eines Firmentarifvertrages genügt allein nicht für die Annahme einer Öffnungsklausel (**a. M.** *von Hoyningen-Huene* DB 1994, 2026 [2031 f.]). Weist der Text des Tarifvertrages deutlich auf die Zulassung hin, ist unter Zuhilfenahme der für Tarifverträge geltenden Auslegungsgrundsätze zu ermitteln, ob und vor allem in welchem Umfang die Tarifvertragsparteien eine Freigabe wirklich gewollt haben (vgl. auch *BAG* 19.04.1999 EzA § 77 BetrVG 1972 Nr. 64 S. 11; vgl. zu einem Grenzfall vertretbarer Auslegung *BAG* 20.02.2001 EzA § 77 BetrVG 1972 Nr. 65; verfehlt ist dort im Ansatz jedoch die Formulierung, dass die Tarifvertragsparteien übertarifliche Leistungen »durch Betriebsvereinbarung nicht generell sperren wollten«).

Die ausdrückliche Regelung muss gerade die **Zulassung von Betriebsvereinbarungen** zum Inhalt haben. Die Tarifregelung braucht aber das Wort »Betriebsvereinbarung« nicht zu verwenden (*BAG* 20.12.1961 AP Nr. 7 zu § 59 BetrVG). Es genügt z. B. die Zulassung »ergänzender betrieblicher Regelungen«, von Regelungen durch »Arbeitgeber und Betriebsrat«, »die Betriebsparteien« oder »die Betriebspartner«. Die Zulassung bezieht sich auf vortarifliche (also schon wirksam bestehende) und nachtarifliche Betriebsvereinbarungen, wenn nichts anderes bestimmt wird (vgl. auch Rdn. 178). **172**

Dem Wortlaut nach kommt nur die Zulassung **ergänzender** Betriebsvereinbarungen in Betracht. »Ergänzen« hat die Bedeutung von vervollständigen, auffüllen, nachtragen, hinzufügen (so auch *Beuthien* BB 1983, 1992 [1993]) und setzt eine vorgegebene Rahmenregelung voraus (zust. *Brune* AR-Blattei SD 520, Rn. 304; *Reiß* Tarifautonomie im Spannungsverhältnis, S. 120 f.). Ergänzung des Tarifvertrages heißt deshalb zunächst, dass sich die zugelassene Betriebsvereinbarung dem Zweck und System der vorgegebenen Tarifregelung einpassen muss und (nur) tarifausführende und tarifanwendende Regelungen getroffen werden können (z. B. Festsetzung der Vorgabezeiten für Akkordarbeit, *BAG* 09.02.1984 EzA § 77 BetrVG 1972 Nr. 13). Zweifelhaft ist bereits, ob die Gewährung günstigerer Arbeitsbedingungen noch Ergänzung ist (vgl. auch Rdn. 175). **173**

Da eine Betriebsvereinbarung unabhängig von der Tarifgebundenheit nach dem Grundsatz der Gleichbehandlung grundsätzlich für alle Arbeitnehmer des Betriebes gilt, bedeutet die tarifvertragliche Ergänzungs-(Öffnungs-)klausel zugleich auch die **Zulassung der Übernahme** der zu ergänzenden tariflichen Regelung für die nicht organisierten Belegschaftsmitglieder. Denn ergänzende Regelungen einer Betriebsvereinbarung ergeben ohne Übernahme der zu ergänzenden Tarifregelung (vielfach) keine schlüssige und für die nicht Organisierten anwendbare Regelung. Abweichend vom Grundsatz, dass die Regelungssperre des Abs. 3 Satz 1 auch der Übernahme tariflicher und tarifüblicher Regelungen auf nicht Organisierte entgegensteht (vgl. Rdn. 150), impliziert deshalb die Zulassung ergänzender Betriebsvereinbarungen in diesem Rahmen die Zulassung dieser Übernahme (ebenso *W. Braun* BB 1986, 1428 [1433 f.]; *Buchner* RdA 1990, 1 [5, 13]; *Fitting* § 77 Rn. 120; *von Hoyningen-Huene/Meier-Krenz* ZfA 1988, 293 [303]; *von Stebut* RdA 1974, 332 [341]; *Staschik* Grundfragen zur Betriebsvereinbarung, S. 181; *Thiele* Drittbearbeitung, § 77 Rn. 123; abl. *Th. Baumann* Die Delegation tariflicher Rechtssetzungsbefugnisse, S. 147). Die Übernahme kann auch ausdrücklich im Tarifvertrag zugelassen werden. Letztlich muss es auch zulässig sein, die Übernahme (Bezugnahme) unabhängig von der Zulassung sonstiger Ergänzungen zuzulassen (ebenso wohl *Beuthien* BB 1983, 1992 [1997]); denn in einem weiteren Sinne kann man die Übernahme für nicht Organisierte noch als Ergänzung der Tarifregelung auffassen, und die Tarifvertragsparteien müssen insoweit nicht vor sich selbst geschützt werden. **174**

Der Tarifvertrag kann auch **abweichende** Regelungen durch Betriebsvereinbarung zulassen. Zwar ist § 4 Abs. 3 TVG durch den spezielleren § 77 Abs. 3 Satz 2 verdrängt (vgl. Rdn. 167), und der Wortbedeutung nach reicht der Ausdruck »abweichend« weiter als der Ausdruck »ergänzend«, erfasst insbesondere auch die Abänderung zugunsten wie zuungunsten der Arbeitnehmer. Gleichwohl spricht der **Normzweck** für die Zulässigkeit (ausdrücklicher) Tariföffnung für abweichende Betriebsvereinbarungen (ebenso schon *Thiele* Drittbearbeitung, § 77 Rn. 125; ausführlich *Beuthien* BB 1983, 1992; *Benrath* Tarifvertragliche Öffnungsklauseln, S. 103; *Brune* AR-Blattei SD 520, Rn. 305; *Bakopoulos* Zuständigkeitsverteilung, S. 178 f.; *Fitting* § 77 Rn. 121; *Gamillscheg* I, S. 812; *Gaumann/Schafft* NZA 1998, 176 [178]; *von Hoyningen-Huene/Meier-Krenz* ZfA 1988, 293 [302]; *dies.* NZA 1987, 793 [794]; *Abbo Junker* ZfA 1996, 383 [405 f.]; *Kania/*ErfK § 77 BetrVG Rn. 60; *Lieb* NZA 1994, 289 [290]; *Lohs* DB 1996, 1722 [1723]; *Neumann-Duesberg* S. 472; *Preis/*WPK § 77 Rn. 79; *Reiß* Tarifautonomie im Spannungsverhältnis, S. 112; *Richardi* § 77 Rn. 301; *Rieble* ZfA 2004, 405 [428 f.]; **175**

Schwarze Der Betriebsrat im Dienst der Tarifvertragsparteien, S. 206 ff., 226; *Schwarze*/NK-GA § 77 BetrVG Rn. 32; Walker ZfA 1996, 353 [360]; *Wendeling-Schröder* NZA 1998, 624; *Worzalla*/ HWGNRH § 77 Rn. 152; ohne nähere Begründung im Ergebnis auch BAG 22.05.2012 EzA § 77 BetrVG 2001 Nr. 34 Rn. 12 [Zulassung eines abweichenden, auch rückwirkenden Hinausschiebens des Zeitpunkts der zweiten Stufe einer Tariflohnerhöhung]; 09.12.2003 EzA § 50 BetrVG 2001 Nr. 3 [Zulassung abweichender Verteilung der Wochenarbeitszeit auf die Werktage]; 22.06.1993 EzA § 23 BetrVG 1972 Nr. 35 S. 10; 18.08.1987 EzA § 87 BetrVG 1972 Nr. 18 = AP Nr. 23 zu § 77 BetrVG 1972 Bl. 5 [Abweichung von der tariflichen wöchentlichen Arbeitszeit von 38,5 Stunden]; 28.02.1984 AP Nr. 4 zu § 87 BetrVG 1972 Tarifvorrang [Gestattung der Vereinbarung einer anderen Methode zur Ermittlung der Leistungszulage]; 12.08.1982 AP Nr. 5 zu § 77 BetrVG 1972 [Gestattung, statt des tariflich geregelten summarischen Verfahrens der Lohnfindung die analytische Arbeitsbewertung einzuführen]). Abs. 3 Satz 1 gewährleistet den Tarifvertragsparteien eine Normsetzungsprärogative (vgl. Rdn. 87). Sie sind aber frei, von ihrer Regelungsbefugnis Gebrauch zu machen oder nicht. Können sie aber den Betriebspartnern das Feld überlassen, indem sie einen Gegenstand nicht (bei nachwirkendem Tarifvertrag: nicht mehr) regeln, so ist nicht anzunehmen, dass ihnen das Gesetz die Möglichkeit nehmen wollte, die von ihnen getroffenen Regelungen über Ergänzungen hinaus auch generell zur Disposition der Betriebsparteien zu stellen (*Thiele* Drittbearbeitung, § 77 Rn. 125; ähnlich *Fitting* § 77 Rn. 121; *Matthes*/MünchArbR § 238 Rn. 65; *PreisWPK* § 77 Rn. 79; einschränkend *Heinze* NZA 1995, 5 [7]; *Kittner* FS *Schaub*, S. 389 [403 ff., 409]; *Wiedemann*/*Wank* TVG § 4 Rn. 591 m. w. N.; *Zachert* RdA 1996, 140 [145]; vgl. auch *Berg*/DKKW § 77 Rn. 152 ff.). Die andernfalls vorliegende Beschränkung der Tarifautonomie wäre mit dem Schutzzweck des § 77 Abs. 3 nicht mehr sinnvoll zu vereinbaren, zumal die Tarifvertragsparteien die Tariföffnungsklausel bei nächster Gelegenheit auch wieder streichen können. Der Einwand von *Beuthien* (BB 1983, 1992 [1994]), dass mit dem Hinweis auf die Verzichtbarkeit der Sperrwirkung durch Regelungsverzicht durch die h. M. der Sperrwirkung der Tarifüblichkeit nicht ausreichend Rechnung getragen werde, ist jedenfalls nach hier vertretener Auffassung nicht schlüssig, weil Tarifüblichkeit nur bei nachwirkender Tarifregelung anzunehmen ist, solange die Tarifvertragsparteien einen Neuabschluss anstreben (vgl. Rdn. 130).

176 Der Tarifvertrag muss **Gegenstand** und **Umfang** zugelassener Betriebsvereinbarungen bestimmen. Diese Festlegungen, insbesondere auch die Frage, ob nur ergänzende oder auch abweichende Betriebsvereinbarungen zugelassen sind, sind notfalls durch Auslegung der Öffnungsklausel zu ermitteln. In Betracht kommen für die Praxis vor allem die Zulassung von Ergänzungen, Abweichungen oder Übernahmen für **konkret bestimmte** Tarifregelungen. Auch **pauschale** Zulassungen sind aber möglich, indem ein Tarifvertrag allgemein für alle seine Regelungen den Weg zur Betriebsvereinbarung freigibt (einschränkend dagegen *Beuthien* BB 1983, 1992 [1996], weil Abs. 3 Satz 2 einen Bestimmtheitsgrundsatz enthalte; *Zöllner* ZfA 1988, 265 [275]). Soweit ein Tarifvertrag abweichende oder ergänzende Regelungen durch Betriebsvereinbarung uneingeschränkt zulässt, hat eine entsprechende Betriebsvereinbarung unabhängig von ihrem für die Arbeitnehmer günstigeren oder ungünstigeren Inhalt Vorrang vor der Tarifregelung. Dies ergibt sich sowohl aus § 4 Abs. 3 TVG als auch aus § 77 Abs. 3 Satz 2, weil die Tarifvertragsparteien insoweit auf ihre Normsetzungsprärogative verzichtet haben.

177 Unter dem Eindruck tarifvertraglicher Regelungen zur Flexibilisierung der Arbeitszeit in der Metallindustrie (sog. »Leber/Rüthers-Modell«, 1984) ist neben politischen Bedenken zuerst von *Kissel* (NZA 1986, 73 [78 ff.]) auch die Frage nach den rechtlichen Grenzen »weiter« Tariföffnungsklauseln aufgeworfen worden (vgl. dazu auch *Buchner* NZA 1986, 377 [380]; *von Hoyningen-Huene*/*Meier-Krenz* ZfA 1988, 293 [305]; *Löwisch* NZA 1985, 170; ausführlich zur Verfügbarkeit des Tarifvorbehalts für die Tarifvertragsparteien *Schwarze* Der Betriebsrat im Dienst der Tarifvertragsparteien, S. 203 ff.), insbesondere in Angelegenheiten, die bisher traditionell verbindlich durch Tarifvertrag geregelt worden sind. Auch das BAG (Beschluss vom 18.08.1987 EzA § 77 BetrVG 1972 Nr. 18 = AP Nr. 23 zu § 77 BetrVG 1972 Bl. 5 R; vgl. auch BAG 11.07.1997 EzA § 4 TVG Öffnungsklausel Nr. 1 S. 6) hat die Möglichkeit der Verletzung von »Grundsätzen der Tarifautonomie« angedeutet, wenn Tarifvertragsparteien »in größerem Umfang« auf die verbindliche Gestaltung materieller Arbeitsbedingungen verzichten. Indes lässt sich auch aus Art. 9 Abs. 3 GG kaum die Unzulässigkeit weiter Tariföffnungsklauseln herleiten, da auch die Beseitigung der Sperrwirkung Ausübung tarifautonomer Regelungs-

befugnis darstellt und Art. 9 Abs. 3 GG »gewährleistet, dass die Beteiligten selbst eigenverantwortlich bestimmen können, wie sie die Arbeits- und Wirtschaftsbedingungen fördern wollen« (*BVerfGE* 50, 290 [371] – »Mitbestimmungsurteil«); eine Rechtspflicht der Koalitionen zur aktiven Wahrnehmung ihrer Normsetzungskompetenzen besteht nicht (ausführlich *Rieble* ZfA 2004, 405 [414 ff.; 422 ff.]; vgl. auch *Schwarze* Der Betriebsrat im Dienst der Tarifvertragsparteien, S. 203 ff.; *Wiedemann/Thüsing* TVG, § 1 Rn. 273; **a. M.** *Reiß* Tarifautonomie im Spannungsverhältnis, S. 197 ff.). Verfehlt ist es, die Unzulässigkeit weiter Öffnungsklauseln darauf zu stützen, dass sich die Tarifvertragsparteien ihrer originären Rechtssetzungsbefugnis nicht durch (weitgehende) Delegation entäußern dürften; denn darum geht es bei einer tarifvertraglichen Öffnungsklausel i. S. d. § 77 Abs. 3 Satz 2 nicht (vgl. Rdn. 168). Nicht tragfähig ist deshalb auch die Berufung auf den Rechtsgedanken des Art. 80 Abs. 1 GG zur gesetzlichen Verordnungsermächtigung, die Inhalt, Zweck und Ausmaß der Ermächtigung bestimmen muss (so aber etwa *Berg/DKKW* § 77 Rn. 153; *Däubler* Tarifvertragsrecht, Rn. 243; *Zachert* RdA 1996, 140 [142 ff.]), und die daraus abgeleitete Folgerung, dass der Schwerpunkt der Regelung im Tarifvertrag selbst (»Programmvorgabeerfordernis«) liegen müsse (so etwa *Kittner* FS *Schaub*, S. 389 [408 ff.]; *Wiedemann/Wank* TVG, § 4 Rn. 591).

Die Zulassung ergänzender/abweichender Betriebsvereinbarungen kann **näher eingeschränkt** erfolgen, z. B. indem diese von der Erfüllung bestimmter tariflicher Vorgaben (z. B. durch die Festlegung von Voraussetzungen für die Einführung von Kurzarbeit [vgl. zur Einhaltung einer sog. Ansagefrist *BAG* 12.10.1994 EzA § 87 BetrVG 1972 Kurzarbeit Nr. 2], die Zulassung untertariflicher Entlohnung nur für neu eingestellte [Langzeit-]Arbeitslose oder bei drohender Zahlungsunfähigkeit des Arbeitgebers) oder von der Zustimmung (Genehmigung) der Tarifvertragsparteien abhängig gemacht werden (ebenso *Fitting* § 77 Rn. 122; *Galperin/Löwisch* § 77 Rn. 87; *G. Müller* RdA 1958, 432; *Richardi* § 77 Rn. 301; *BAG* 20.10.2010 AP Nr. 145 zu Art. 9 GG [*Kamanabrou*] = EzA § 1 TVG Nr. 51, dort auch zu der Frage, unter welchen Voraussetzungen eine der Parteien des Tarifvertrags von der anderen die Zustimmung verlangen kann) oder allein von der Zustimmung der Gewerkschaft (vgl. Sachverhalt von *LAG Rheinland-Pfalz* 04.03.2013 – Sa 460/12 – juris, Rn. 3). Sind Betriebsvereinbarungen nur »unter Berücksichtigung der tarifvertraglichen Mindestbestimmungen« zugelassen (vgl. die Öffnungsklausel im Sachverhalt von *BAG* 25.00.1983 AP Nr. 7 zu § 77 BetrVG 1972), sind Abweichungen zum Nachteil der Arbeitnehmer ausgeschlossen. Die Öffnungsklausel kann sich auf Betriebsvereinbarungen beschränken, die bereits vor dem Inkrafttreten des Tarifvertrages wirksam (ohne Verstoß gegen den Tarifvorbehalt) bestanden haben; dies ist im Zweifel aber nicht gewollt (*BAG* 20.02.2001 EzA § 77 BetrVG 1972 Nr. 65 = AP Nr. 15 zu § 77 BetrVG 1972 Tarifvorbehalt). Ein Tarifvertrag kann auch bestimmen, dass **nur günstigere** ältere Betriebsvereinbarungen weiter gelten; diese bleiben dann wirksam, wenn sie nicht einen Vorbehalt künftiger tarifvertraglicher Regelung enthalten (vgl. Rdn. 185). Die Übernahme einer Tarifregelung kann z. B. auch vom Organisationsgrad im Betrieb abhängig gemacht werden. Regelt ein Tarifvertrag eine (ansonsten nach § 87 Abs. 1) Mitbestimmungsangelegenheit, kann sich eine Öffnungsklausel auf die Zulassung freiwilliger abweichender Betriebsvereinbarungen beschränken (*BAG* 09.12.2003 EzA § 50 BetrVG 2001 Nr. 3 [Zulassung abweichender Verteilung der Wochenarbeitszeit auf die Wochentage]; entgegen der Ansicht des Ersten Senats wird damit die zugelassene Abweichung zum Gegenstand freiwilliger Mitbestimmung, weil die tarifliche Regelung nach dem Eingangssatz von § 87 Abs. 1 ein Mitbestimmungsrecht ausschließt und deshalb nicht etwa die Befugnis zur Regelung einer Mitbestimmungsangelegenheit an die Betriebspartner zurückgegeben wird; das ist nur der Fall, wenn die Öffnungsklausel die Möglichkeit eröffnet, eine abweichende Regelung mit Hilfe der Einigungsstelle zu erzwingen). **178**

Die Vorrangkompetenz der Tarifvertragsparteien gestattet auch, **inhaltliche Vorgaben** zu machen; vgl. z. B. die tarifvertragliche Vorgabe von 38,5 Wochenstunden als Festlegung des zulässigen Gesamtarbeitszeitvolumens der Belegschaft des Betriebes für die Flexibilisierung der Arbeitszeit nach dem sog. »*Leber/Rüthers*-Modell« in der Metallindustrie (vgl. dazu Sachverhalt *BAG* 18.08.1987 EzA § 77 BetrVG 1972 Nr. 18 = AP Nr. 23 zu § 77 BetrVG 1972). Durch solche Vorgaben (sog. »Korridorlösung«) werden nicht tarifgebundene Arbeitnehmer nicht in ihrer negativen Koalitionsfreiheit berührt, weil sie nicht von den Tarifnormen, sondern nur von der durch die Öffnungsklausel zugelassenen Betriebsvereinbarung erfasst werden (*BAG* 18.08.1987 EzA § 77 BetrVG 1972 Nr. 18 unter B II 3b der Gründe m. w. N.; vgl. auch *Buchner* RdA 1990, 1 [4 ff.]; *Kissel* NZA 1995, 1 [5]; ausführlich *Reiß* Tarifautonomie im Spannungsverhältnis, S. 100 ff., 130 ff.; krit. *Löwisch/Rieble* SAE 1988, 104; *Kaiser/LK* **179**

§ 77 Rn. 126; *Loritz* ZfA 1991, 1 [27 ff.]; *Richardi* ZfA 1990, 211 [222 ff.]; *Schüren* RdA 1988, 138; *Walker* ZfA 1996, 353 [364 ff.]; *Wank* NJW 1996, 2273 [2280 f.]; grundsätzlich zur Indienstnahme des Betriebsrats durch die Tarifvertragsparteien *Schwarze* Der Betriebsrat im Dienst der Tarifvertragsparteien, S. 203 ff.; die Kritik ist auch unberechtigt, soweit sie sich darauf stützt, dass insoweit den Betriebsparteien durch Tarifvertrag Regelungsmacht auch gegenüber Tarifaußenseitern übertragen werde, die die Tarifvertragsparteien selbst nicht haben; denn durch Betriebsvereinbarung können sämtliche Arbeitsbedingungen [vgl. Rdn. 96] für die Arbeitnehmer des Betriebes geregelt werden, ohne dass die Tarifgebundenheit eine Rolle spielt).

180 Die Öffnungsklausel kann dagegen **nicht** den Charakter einer reinen **Ermächtigungsnorm** haben (a. M. *Thiele* Drittbearbeitung, § 77 Rn. 124). Denn wenn der (geltende oder nachwirkende) Tarifvertrag selbst keine inhaltliche Regelung enthält, sondern nur bestimmte Fragen der »Regelung durch Betriebsvereinbarung« oder »einer angemessenen betrieblichen Regelung« vorbehält, geht eine solche »Öffnungsklausel« mangels Sperrwirkung nach Abs. 3 Satz 1 ins Leere (vgl. Rdn. 168). Voraussetzung einer wirksamen Öffnungsklausel ist hier wie allgemein, dass gerade der Tarifvertrag, der die Sperrwirkung auslösen würde, den Weg zur Betriebsvereinbarung freigibt. Deshalb ist es auch nicht möglich, dass ein Tarifvertrag die von einem anderen einschlägigen Tarifvertrag ausgehende Sperrwirkung beseitigt (vgl. Rdn. 170).

181 Von der Öffnungsklausel sind sog. **Bestimmungsklauseln** zu unterscheiden, wenn durch diese gerade die Betriebspartner **zur Konkretisierung** einer Tarifnorm eingesetzt werden. Tarifvertragliche Bestimmungsklauseln bestimmen Personen oder Stellen zur Konkretisierung der im Tarifvertrag nur rahmenmäßig oder leitlinienhaft festgelegten Arbeitsbedingungen (vgl. BAG 28.11.1984 AP Nr. 1 und 2 zu § 4 TVG Bestimmungsrecht *[Wiedemann]*; *Däubler/Nebe* TVG, § 1 Rn. 232 ff.; *von Hoyningen-Huene/Meier-Krenz* ZfA 1988, 293 [295 ff.]; *Krause/JKOS* Tarifvertragsrecht, § 4 Rn. 7 ff.; *Löwisch/Rieble* TVG, § 1 Rn. 2286 ff. [»Leistungsbestimmungsrechte«]; *Wiedemann/Thüsing* TVG, § 1 Rn. 261 ff.). Ist den Betriebspartnern gemeinsam diese Konkretisierungsaufgabe übertragen, so sind sie Dritte i. S. d. § 317 Abs. 1 BGB (so auch BAG 18.08.1987 EzA § 77 BetrVG 1972 Nr. 18 S. 9 = AP Nr. 23 zu § 77 BetrVG 1972 Bl. 4; zur Deutung solcher Indienstnahme der Betriebspartner als Delegation tariflicher Regelungsmacht und zu deren Grenzen vgl. *Schwarze* Der Betriebsrat im Dienst der Tarifvertragsparteien, S. 286 ff.). Erfolgt eine solche Konkretisierung durch die Betriebspartner, so geht die normative Wirkung allein von der tariflichen (Inhalts-)Norm aus und erfasst nur die tarifgebundenen Arbeitsverhältnisse (ebenso BAG 18.08.1987 EzA § 77 BetrVG 1972 Nr. 18 S. 9; BAG 28.11.1984 AP Nr. 2 zu § 4 TVG Bestimmungsrecht; *Buchner* DB 1985, 913 [922 f.]; *ders.* NZA 1986, 373 [379]; *Hanau* NZA 1985, 73 [76]; *von Hoyningen-Huene/Meier-Krenz* ZfA 1988, 293 [298 f.]; *Richardi* ZfA 1990, 211 [223 ff.]; **a. M.** LAG Schleswig-Holstein DB 1986, 2440; *Hueck/Nipperdey* II/1 S. 288). Die Frage der Zulässigkeit einer Betriebsvereinbarung stellt sich insoweit nicht. Durch Auslegung ist zu ermitteln, ob eine Öffnungsklausel oder eine Bestimmungsklausel gewollt ist. Sieht der Tarifvertrag ausdrücklich eine Konkretisierung »durch Betriebsvereinbarung« vor, so handelt es sich um eine Öffnungsklausel, weil anzunehmen ist, dass die Verwendung dieses Begriffes die gesetzlich geregelte Institution meint (st. Rspr.; vgl. BAG 18.08.1987 EzA § 77 BetrVG 1972 Nr. 18 S. 9). Ohne ausdrückliche Öffnungsklausel kann auch eine Konkretisierung einer ausführungs- oder ausfüllungsbedürftigen tariflichen Regelung durch Betriebsvereinbarung **nicht** wirksam erfolgen; dem steht die Sperrwirkung nach Abs. 3 Satz 1 entgegen (ebenso *Thiele* Drittbearbeitung, § 77 Rn. 116, 120; *Richardi* § 77 Rn. 305).

182 Von der Öffnungsklausel zu unterscheiden ist auch die tarifvertragliche **Erweiterung von Beteiligungsrechten** des Betriebsrats bis hin zur Einräumung neuer (in § 87 Abs. 1 nicht vorgesehener) **erzwingbarer Mitbestimmungsrechte**. Soweit man eine solche Erweiterung überhaupt für zulässig hält (vgl. dazu *Wiese* § 87 Rdn. 7 ff.), ist dann auch die Kombination von Öffnungsklausel und Erweiterung von Mitbestimmungsrechten zulässig, durch die den Betriebspartnern die Möglichkeit eröffnet wird, ergänzende Betriebsvereinbarungen auch in solchen Angelegenheiten mit Hilfe der Einigungsstelle (bzw. gemäß § 76 Abs. 5 der tariflichen Schlichtungsstelle) zu erzwingen, die nach dem Gesetz nicht der erzwingbaren Mitbestimmung des Betriebsrats unterliegen und deshalb bei bloßer Öffnungsklausel nur freiwilligen Betriebsvereinbarungen zugänglich sind; dabei muss der Tarifvertrag ein erzwingbares Mitbestimmungsrecht aber ausdrücklich vorsehen (BAG 23.02.2010 – 1 ABR

65/08 – DB 2010, 1767 Orientierungssätze). Umstrittenes Beispiel dafür: Die Arbeitszeittarifverträge in der Metallindustrie von 1984 nach dem sog. »*Leber/Rüthers*-Modell« zur Arbeitszeitflexibilisierung (für deren Wirksamkeit: *BAG* 18.08.1987 EzA § 77 BetrVG 1972 Nr. 18 unter B III 2 der Gründe = AP Nr. 23 zu § 77 BetrVG 1972; *Buchner* DB 1985, 913; *ders.* NZA 1986, 377; *Küttner/Schlüpers-Oehmen/Rebel* DB 1985, 172; *Linnenkohl/Rauschenberg* BB 1984, 2197; *Weyand* AuR 1989, 193; krit. dagegen mit unterschiedlicher Begründung *von Hoyningen-Huene* NZA 1985, 9, 169; *von Hoyningen-Huene/Meier-Krenz* ZfA 1988, 293 [315 ff.]; *Löwisch* DB 1984, 2457; *Löwisch/Rieble* SAE 1988, 103; *Richardi* NZA 1984, 387; *ders.* NZA 1988, 673; *ders.* ZfA 1990, 211 [226 ff.]; *Schüren* RdA 1985, 22; vgl. dazu auch Rdn. 179 und die Diss. von *Th. Baumann, Maus, Reiß* und *Schwarze*, alle im Literaturverzeichnis); die Tarifvertragsparteien haben dieses Modell bei der weiteren Arbeitszeitverkürzung seit 1990 wieder aufgegeben (vgl. *Richardi* FS Merz, S. 481 [488 ff.]; vgl. zu einem Modell freiwilliger Betriebsvereinbarungen *Bauer/Diller* NZA 1994, 353).

cc) Wirkungsdauer der Öffnungsklausel

Die tarifliche Öffnungsklausel ist eine betriebsverfassungsrechtliche Norm (vgl. Rdn. 169), die über **183** den Ablauf des Tarifvertrages hinaus kraft Nachwirkung (§ 4 Abs. 5 TVG) wirksam bleibt. Bis zum Abschluss eines neuen Tarifvertrages können daher auch bei Tarifüblichkeit (vgl. dazu Rdn. 130) im Rahmen der Öffnungsklausel noch Betriebsvereinbarungen abgeschlossen und geändert werden (ebenso *Berg/DKKW* § 77 Rn. 157; *Brune* AR-Blattei SD 520, Rn. 313; *Fitting* § 77 Rn. 123; *Galperin/Löwisch* § 77 Rn. 88; *Richardi* § 77 Rn. 306).

Eine aufgrund tarifvertraglicher Öffnungsklausel **abgeschlossene Betriebsvereinbarung** ist in ihrer **184** Laufzeit grundsätzlich auf die Dauer des die Öffnungsklausel enthaltenden **Tarifvertrages** sowie ggf. dessen **Nachwirkungszeitraum beschränkt** (so auch *BAG* 25.08.1983 AP Nr. 7 zu § 77 BetrVG 1972 *[Misera]* im Anschluss an *BAG* 20.12.1961 [AP Nr. 7 zu § 59 BetrVG = *BAGE* 12, 143] und 14.12.1966 [AP Nr. 27 zu § 59 BetrVG = *BAGE* 19, 181]). Mit dem Inkrafttreten eines neuen Tarifvertrages mit gleichem Regelungsgegenstand, der keine Öffnungsklausel enthält, greift die Regelungssperre des § 77 Abs. 3 Satz 1 wieder unbeschränkt ein; damit ist die Betriebsvereinbarung unwirksam (vgl. Rdn. 140). Ein Tarifvertrag kann eine Öffnungsklausel nicht für einen nachfolgenden Tarifvertrag vorsehen (vgl. Rdn. 170).

Übernimmt der neue Tarifvertrag die bisherige Öffnungsklausel unverändert (oder enthält er eine Öff- **185** nungsklausel, die nach Gegenstand und Umfang eine aufgrund der früheren Öffnungsklausel abgeschlossene Betriebsvereinbarung ebenfalls deckt), so werden diese Betriebsvereinbarungen nicht nach § 77 Abs. 3 Satz 1 unwirksam, da durch die Öffnungsklausel des neuen Tarifvertrages dessen Sperrwirkung nicht entsteht. Die »Fortschreibung« der Öffnungsklausel und selbst die ausdrückliche Anordnung der Fortgeltung bisheriger ergänzender Betriebsvereinbarungen durch den neuen Tarifvertrag können allerdings deren Fortgeltung **allein** nicht bewirken. Hinzukommen muss, dass die Betriebsvereinbarung nicht bereits mit Ablauf des bisherigen Tarifvertrages bzw. dessen Nachwirkung ihr Ende gefunden hat; denn durch Regelungen in einem nachfolgenden Tarifvertrag kann die Geltung von (ergänzenden) Betriebsvereinbarungen nicht zeitlich erweitert werden (zutr. *BAG* 25.08.1983 EzA § 77 BetrVG 1972 Nr. 12 = AP Nr. 7 zu § 77 BetrVG 1972 [zust. *Misera*]; zust. *Brune* AR-Blattei SD 520, Rn. 314; *Fitting* § 77 Rn. 123; *Worzalla/HWGNRH* § 77 Rn. 154; vgl. auch *Wiedemann/Wank* TVG, § 4 Rn. 601; das übersehen im Anschluss an *Rüthers* [Anm. zu *BAG* AP Nr. 27 zu § 59 BetrVG] *Thiele* Drittbearbeitung, § 77 Rn. 129 und *Galperin/Löwisch* § 77 Rn. 88). Insoweit ist es Frage der Auslegung dieser Betriebsvereinbarung, ob die Parteien ihre Geltung auf die Laufzeit des ergänzten Tarifvertrages beschränken wollten oder ob sie auch im Hinblick auf künftige Tarifverträge abgeschlossen worden ist. Ist letzteres nicht hinreichend deutlich in der Betriebsvereinbarung zum Ausdruck gekommen, so endet diese wegen Zweckerreichung (so *BAG* 20.12.1961 AP Nr. 7 zu § 59 BetrVG; in *BAG* vom 25.08.1983 [EzA § 77 BetrVG 1972 Nr. 12 = AP Nr. 7 zu § 77 BetrVG 1972] ist die dogmatische Begründung der Beendigung offen geblieben) oder (besser) wegen Fristablaufs spätestens mit Ende der Nachwirkung des abgelaufenen Tarifvertrages (*Misera* Anm. AP Nr. 7 zu § 77 BetrVG 1972).

3. Die unmittelbare und zwingende Geltung der Betriebsvereinbarung (Abs. 4 Satz 1)

186 Im Gegensatz zum BetrVG 1952 enthält § 77 Abs. 4–6 Bestimmungen über die bis dahin positivrechtlich nicht geregelten **Rechtswirkungen einer Betriebsvereinbarung**. Dadurch sollten in Anlehnung an die Regelungen für Tarifverträge im TVG früher bestehende Unklarheiten beseitigt werden (vgl. Begründung zum RegE, BT-Drucks. VI/1786, S. 47). Maßgebend und von grundsätzlicher Bedeutung ist § 77 Abs. 4 Satz 1. Mit dieser Bestimmung bestätigt das Gesetz die zum BetrVG 1952 in Rspr. und ganz überwiegend auch in der Literatur vertretene Auffassung von der unmittelbaren und zwingenden Wirkungsweise der Betriebsvereinbarung (vgl. nur *BAG GS* 16.03.1956 AP Nr. 1 zu § 57 BetrVG; *BAG* Zweiter Senat, 25.03.1971 AP Nr. 5 zu § 57 BetrVG; *Dietz* § 52 Rn. 33 ff.; *Galperin/Siebert* § 52 Rn. 54 ff.; *Hueck/Nipperdey* II/2, S. 1290 ff.; *Neumann-Duesberg* S. 371 ff.; *Nikisch* III, S. 286 ff.). Zugleich wird damit die **Besonderheit der Betriebsvereinbarung** als Gestaltungsfaktor von Arbeitsbedingungen anerkannt: Die Betriebsvereinbarung kommt als Rechtsgeschäft (Vertrag) zwischen Arbeitgeber und Betriebsrat zustande (vgl. Rdn. 40), gilt aber für die Regelungsadressaten unmittelbar und zwingend.

187 Die in Abs. 4 Satz 1 angeordnete Geltungswirkung ist in verschiedener Hinsicht **deutungsbedürftig** und darüber hinaus **lückenhaft**. Ungeregelt ist geblieben, wer Adressat der in einer Betriebsvereinbarung geregelten Arbeitsbedingungen ist bzw. sein kann (**persönlicher Geltungsbereich**; s. dazu Rdn. 193 ff.). Damit im Zusammenhang steht die Frage, ob Betriebsvereinbarungen stets unmittelbar und zwingend gelten und deshalb ausschließlich **schuldrechtliche Abreden** zwischen den Betriebspartnern **nicht** Betriebsvereinbarung (i. S. d. § 77 Abs. 4 Satz 1) sind (s. dazu Rdn. 209 ff.). Zu bestimmen bleibt auch, welchen **räumlichen und zeitlichen Geltungsbereich** eine Betriebsvereinbarung hat bzw. haben kann (s. dazu Rdn. 212 f., 214 ff.).

188 Von der Absteckung des Geltungsbereichs (als neben § 77 Abs. 3 maßgeblicher Außenschranke der Regelungszuständigkeit der Betriebspartner) hängt wiederum ab, welchen **Inhalt** eine Betriebsvereinbarung haben kann, d. h. welche Arten von Arbeitsbedingungen durch Betriebsvereinbarung geregelt werden können (s. dazu Rdn. 224 ff.). Deutungsbedürftig ist dann vor allem die gesetzliche Anordnung der unmittelbaren und zwingenden Wirkung, d. h. die Einordnung der Regelungen einer Betriebsvereinbarung in das Rechtssystem (**Geltungsgrund** der Betriebsvereinbarung; **Rechtsnatur der Regelungsmacht** der Betriebsvereinbarungsparteien; s. dazu Rdn. 238 ff., 244 ff.). Die Klärung dieser strittigen Frage ist wiederum von Einfluss auf die Bestimmung der **Innenschranken der Betriebsautonomie**, einem **Zentralproblem** im Recht der Betriebsvereinbarung (s. dazu Rdn. 329 ff.). Der Anordnung **zwingender** Geltung (s. dazu Rdn. 253 ff.) ist eine dem § 4 Abs. 3 TVG entsprechende Bestimmung nicht angefügt; daraus resultieren Unsicherheiten über die Geltung des **Günstigkeitsprinzips** im Verhältnis von Betriebsvereinbarung zur (vorausgehenden oder nachfolgenden) arbeitsvertraglichen Regelung, insbesondere zu sog. allgemeinen Arbeitsbedingungen (Problematik »verschlechternde Betriebsvereinbarung«; s. Rdn. 282 ff.).

a) Die Betriebsvereinbarung als Normenvertrag

189 Nach heute einhelliger, vom *BVerfG* (BVerfGE 73, 261 [268]) geteilter Ansicht begründet die **unmittelbare** Geltung nach Abs. 4 Satz 1 die normative Wirkung der Betriebsvereinbarung. Die Betriebsvereinbarung wird dementsprechend (wie der Tarifvertrag) als **Normenvertrag** bezeichnet (zur Entwicklung dieser Rechtsfigur grundlegend *Sinzheimer* Der korporative Arbeitsnormenvertrag; *A. Hueck* Normenverträge, Jherings Jahrbuch Bd. 73 [1923], S. 33 ff.). In Verbindung der unmittelbaren mit der zwingenden Wirkung wird die **Besonderheit der Betriebsvereinbarung** darin gesehen, dass sie trotz privatrechtsgeschäftlicher Begründung Normen enthält, die für die am Abschluss der Betriebsvereinbarung nicht selbst mitwirkenden Arbeitnehmer des Betriebes zwingend gelten.

190 Die Betonung einer Normwirkung und die Charakterisierung der Betriebsvereinbarung als Normenvertrag sind im Ergebnis richtig (vgl. Rdn. 238 ff.). Aus dieser Begrifflichkeit können jedoch noch keine dogmatischen Schlussfolgerungen abgeleitet werden; die Qualifizierung als Normenvertrag hängt allein vom Normbegriff ab, den man zugrunde legt. Deshalb ist die Betonung einer »normativen« Wirkung juristisch wenig präzise (zutr. *Adomeit* Rechtsquellenfragen, S. 141). Maßgeblich ist insoweit vielmehr allein die Einordnung der »Normen« der Betriebsvereinbarung in das Rechtssystem

Durchführung gemeinsamer Beschlüsse, Betriebsvereinbarungen § 77

(vgl. dazu Rdn. 244 ff.). Zudem kommt dem Norm-(Rechtssatz-)begriff, worin immer man seine Charakteristika sehen mag (vgl. Rdn. 239 ff.), nurmehr beschränkter Erklärungswert zu, nachdem die Lehre vom Stufenbau der Rechtsordnung (*Merkl*, *Kelsen*) den Gegensatz zwischen rechtsgeschäftlicher Regelung und (objektiver) Rechtssetzung abgeschwächt hat.

Außerdem ist zu beachten, dass das BetrVG 1972 nur die unmittelbare Geltung der Betriebsvereinbarungen anordnet, im Gegensatz zu § 1 Abs. 1, § 3 Abs. 2, § 4 Abs. 1 und 5 TVG aber an keiner Stelle von »Rechtsnormen« der Betriebsvereinbarung spricht und insoweit jedenfalls rechtstheoretisch völlig offen formuliert. Insbesondere unterscheidet das BetrVG 1972 in Abweichung zu § 1 Abs. 1, § 3 Abs. 2, § 4 Abs. 1 TVG auch nicht zwischen Normen, die den Inhalt, den Abschluss und die Beendigung von Arbeitsverhältnissen sowie betriebliche und betriebsverfassungsrechtliche Fragen ordnen. Auch der 1980 in das BGB eingefügte § 613a Abs. 1 Satz 2 spricht nur von Rechtsnormen eines Tarifvertrags, nicht aber von solchen einer Betriebsvereinbarung. Soweit allein aus dieser bewusst differenzierenden Wortwahl des Gesetzgebers begrifflich abgeleitet wird, dass die Betriebsvereinbarung nicht Rechtsnorm i. S. eines Gesetzes im materiellen Sinne (entsprechend dem Gesetzesbegriff in Art. 2 EGBGB, § 12 EGZPO) ist (vgl. *Hanau* RdA 1989, 207 f.; zust. *Kempen* JArbR 1993, 97 [101 f.]; ders. RdA 1994, 140 [151 f.]; *Staschik* Grundfragen der Betriebsvereinbarung, S. 42 ff.), bleibt ihre maßgeblich rechtsquellentheoretische Zuordnung offen (vgl. dazu Rdn. 246 ff.). 191

Als Normenvertrag darf die Betriebsvereinbarung keineswegs als ein »auf die Stufe des Betriebes projizierter Tarifvertrag« begriffen werden (dagegen schon *Jacobi* Grundlehren, S. 345; *Thiele* Drittbearbeitung, § 77 Rn. 55; *Nikisch* III, S. 263; *Dietz/Richardi* § 77 Rn. 24), obwohl sich die Regelung der Rechtswirkungen in § 77 Abs. 4–6 an die für Tarifverträge »anlehnt« (vgl. Rdn. 186). Tarifvertrag und Betriebsvereinbarung beruhen auf **unterschiedlichen Ordnungsgrundsätzen** (vgl. *Richardi* Kollektivgewalt und Individualwille, S. 309 ff.; *Kreutz* Betriebsautonomie, S. 79 ff.; *Dietz/Richardi* § 77 Rn. 60 ff.; vgl. auch Rdn. 241). Die »teleologische Einheit des Gesamtvereinbarungsrechts«, die vor allem *Säcker* (vgl. Gruppenautonomie und Übermachtkontrolle im Arbeitsrecht, S. 344; ders. AR-Blattei, Betriebsvereinbarung I, C III 2) betont, darf deshalb nicht weitergehen, als sie aus dem BetrVG 1972 abgeleitet werden kann. 192

b) Normadressaten (persönlicher Geltungsbereich der Betriebsvereinbarung)
Das Gesetz hat den **Geltungsumfang** der Betriebsvereinbarung in persönlicher, räumlicher und zeitlicher Hinsicht nicht ausdrücklich festgelegt. Insbesondere ist offen geblieben, wer Norm-(Regelungs-)adressat einer Betriebsvereinbarung ist bzw. sein kann. Normadressat **ist**, wer **tatsächlich** von einer bestimmten Betriebsvereinbarung erfasst wird. Das bestimmt sich allein nach dem **persönlichen Geltungsbereich**, durch den die Betriebsvereinbarungsparteien festlegen, welche **Rechtsverhältnisse** von der konkreten Betriebsvereinbarung geregelt werden. Normadressaten sind die Partner dieser Rechtsverhältnisse. Die Normadressaten sind notfalls durch Auslegung der Betriebsvereinbarung zu ermitteln. Die Geltungswirkung ist grundsätzlich nicht von zusätzlichen subjektiven Voraussetzungen abhängig, namentlich nicht von der Tarifgebundenheit (wie im Tarifvertragsrecht nach § 3 Abs. 2, § 4 Abs. 1 TVG); dies gilt vor allem auch dann, wenn eine (ergänzende oder abweichende) Betriebsvereinbarung aufgrund tarifvertraglicher Öffnungsklausel (§ 77 Abs. 3 Satz 2) abgeschlossen wird (ebenso *Galperin/Löwisch* § 77 Rn. 30; vgl. auch Rdn. 174). 193

aa) Gestaltung von Arbeitsverhältnissen
Nicht restlos geklärt ist, wer überhaupt Normadressat **sein kann**, d. h. welchen persönlichen Geltungsbereich eine Betriebsvereinbarung haben kann. Allgemein wird die unmittelbare und zwingende Geltung zu Recht auf die **individuellen Arbeitsverhältnisse** (einschließlich Berufsausbildungs- und ähnlicher Rechtsverhältnisse) zwischen dem Arbeitgeber, der selbst Partei der Betriebsvereinbarung ist, und seinen betriebsangehörigen Arbeitnehmern i. S. d. § 5 Abs. 1 (einschließlich der in Heimarbeit Beschäftigten, die in der Hauptsache für den Betrieb arbeiten, und den in Satz 3 genannten Personen), die vom vertragschließenden Betriebsrat repräsentiert werden, bezogen. Die **unmittelbare Geltung bedeutet** dabei insbesondere, dass die am Abschluss der Betriebsvereinbarung nicht selbst beteiligten Arbeitnehmer deren Regelungen unterliegen, ohne dass noch eine rezipierende Vertragsabrede der Arbeitsvertragsparteien oder ihre Billigung oder ggf. ihre Ausführung mittels Direktions- 194

rechts durch den Arbeitgeber erforderlich ist, weiter **ohne Rücksicht auf die Kenntnis** der betroffenen Arbeitnehmer von der getroffenen Regelung und unabhängig davon, ob die Arbeitsverhältnisse **vor oder nach Abschluss** der Betriebsvereinbarung begründet wurden (vgl. auch Rdn. 237 ff.). Die Betriebsvereinbarung selbst gestaltet die Arbeitsverhältnisse. Soweit sie **zwingend gilt** (vgl. Rdn. 253 ff.), schließt sie abweichende arbeitsvertragliche Abreden aus. Diese Deutung der besonderen Wirkungsweise der Betriebsvereinbarung steht in Übereinstimmung mit der geschichtlichen Entwicklung dieses Rechtsinstituts, knüpft maßgeblich daran an, dass ihr Regelungsgegenstand Arbeitsbedingungen sind (vgl. Rdn. 93 ff.; zu deren Inhalt näher Rdn. 226 ff.) und wird auch durch Abs. 4 Satz 2–4 gestützt, in denen das Gesetz selbst von Rechten ausgeht, die Arbeitnehmern durch Betriebsvereinbarung eingeräumt sind.

195 Eine Betriebsvereinbarung gilt **nicht** für den in § 5 Abs. 2 genannten Personenkreis und auch nicht für **leitende Angestellte** (§ 5 Abs. 3, 4), weil anderes im Gesetz nicht ausdrücklich bestimmt ist (unstr.; vgl. *Berg/DKKW* § 77 Rn. 78; *Fitting* § 77 Rn. 36; *Kaiser/LK* § 77 Rn. 28; *Preis/WPK* § 77 Rn. 16; *Richardi* § 77 Rn. 73; *Worzalla/HWGNRH* § 77 Rn. 35; vgl. für den Sozialplan auch *BAG* 31.01.1979 AP Nr. 8 zu § 112 BetrVG 1972 Bl. 4 R; 16.07.1985 EzA § 112 BetrVG 1972 Nr. 38 S. 248 f.). Für die Vereinbarung vermögenswirksamer Leistungen in einer Betriebsvereinbarung gilt keine Ausnahme (**a. M.** früher *Säcker* AR-Blattei, Betriebsvereinbarung I, C II 1 zum 3. Vermögensbildungsgesetz m. w. N. zur älteren Kommentarliteratur zu den Vermögensbildungsgesetzen).

196 Die Betriebspartner können die Geltungswirkung der Betriebsvereinbarung auch nicht dadurch erweitern, dass sie leitende Angestellte zu deren Gunsten (ausdrücklich) in den persönlichen Geltungsbereich einbeziehen. Versuchen sie das doch, so liegt darin kein Vertrag zugunsten Dritter (so aber *BAG* 31.01.1979 AP Nr. 8 zu § 112 BetrVG 1972 Bl. 5 = SAE 1980, 49 [zust. *Löwisch*]; *Gaul/HWK* § 77 BetrVG Rn. 24; *Matthes*/MünchArbR § 239 Rn. 23), auch kein Vertragsschluss nach § 177 BGB durch den Betriebsrat als Vertreter ohne Vertretungsmacht (so aber *Dietz/Richardi* § 77 Rn. 61; *Hanau* RdA 1979, 324 [329]); denn die Betriebsvereinbarung ist ein Normenvertrag (dieser Begründung zust. *Fitting* § 77 Rn. 36, aber widersprüchlich zu Rn. 50; *Worzalla/HWGNRH* § 77 Rn. 35; im Ergebnis auch *Preis/WPK* § 77 Rn. 16), enthält aber keine schuldrechtlichen Absprachen (vgl. Rdn. 209), aus denen sich schuldrechtliche Berechtigungen Dritter begründen ließen. Die ausdrückliche Einbeziehung der leitenden Angestellten kann höchstens (zweifelhaft erscheint diese Auslegung im Hinblick auf die ungleich schwierigere Abänderbarkeit individualrechtlicher Regelungen) als Vertragsangebot des Arbeitgebers an diese gewertet werden (zust. *Fitting* § 77 Rn. 36; abl. *Worzalla/HWGNRH* § 77 Rn. 36; *Kaiser/LK* § 77 Rn. 28), das diese freilich noch annehmen müssen, um Ansprüche geltend machen zu können (vgl. dazu, dass der Arbeitgeber nach dem arbeitsrechtlichen Gleichbehandlungsgrundsatz nicht verpflichtet ist, leitende Angestellte den von einem Sozialplan begünstigten Arbeitnehmern gleichzustellen, *BAG* 16.07.1985 EzA § 112 BetrVG 1972 Nr. 38).

197 Der nach dem SprAuG gebildete **Sprecherausschuss** der leitenden Angestellten kann mit dem Arbeitgeber nach § 28 SprAuG **Richtlinien** über den Inhalt, den Abschluss und die Beendigung von Arbeitsverhältnissen der leitenden Angestellten vereinbaren, die unmittelbar und zwingend für die Arbeitsverhältnisse gelten, wenn **dies zusätzlich** vereinbart wird. Zur Möglichkeit eines dreiseitigen Normenvertrages zwischen Arbeitgeber, Betriebsrat und Sprecherausschuss vgl. Rdn. 44.

198 Konkrete Betriebsvereinbarungen müssen keineswegs für alle Arbeitnehmer des Betriebs i. S. d. § 5 Abs. 1 gelten. Die Betriebsvereinbarungsparteien können den **persönlichen Geltungsbereich** einer konkreten Betriebsvereinbarung **beschränken** (unstr.); ob dies der Fall ist, bestimmt sich nach dem Inhalt der Betriebsvereinbarung und ist ggf. durch Auslegung zu ermitteln. In Betracht kommt zum einen eine Differenzierung wegen **persönlicher Eigenschaften** (z. B. Auszubildende, Jugendliche, Schwerbehinderte, Teilzeitbeschäftigte, Akademiker, Pendler, Frauen, natürlich immer unter Beachtung der Diskriminierungsverbote nach § 75 Abs. 1), aber auch in **beruflich-fachlicher** Hinsicht nach der Art der Tätigkeit (z. B. Arbeiter, Angestellte, kaufmännische Angestellte, technische Angestellte, AT-Angestellte, Schichtdienst, Außendienst, Telearbeit usw.) oder in einer Kombination beider (z. B. Arbeiterinnen). Die Differenzierung kann negativer Art sein, indem Personen oder Personengruppen von der Geltung einer Betriebsvereinbarung ausgenommen werden, oder positiver Art, indem für die Geltung der Betriebsvereinbarung in persönlicher-fachlicher Hinsicht bestimmte Anforderungen gestellt werden. Jedwede gruppenspezifische Differenzierung bedarf jedoch einer sach-

Durchführung gemeinsamer Beschlüsse, Betriebsvereinbarungen § 77

lichen Rechtfertigung, wenn sie vor dem Gleichbehandlungsgrundsatz bestehen soll, an den die Betriebspartner nach § 75 Abs. 1 gebunden sind (vgl. *Kreutz/Jacobs* § 75 Rdn. 36, 38 ff.).

bb) Gestaltung sonstiger Drittrechtsverhältnisse

Str. ist, ob sich der persönliche Geltungsbereich **nur** auf die **Aktivbelegschaft** erstrecken kann (so die 199 früher h. M. namentlich mit Blick auf das Ruhestandsverhältnis; vgl. *BAG* GS 16.03.1956 AP Nr. 1 zu § 57 BetrVG [unter I 3 der Gründe] = SAE 1956, 156 [abl. *Molitor*] = AuR 1956, 217 [zust. *Mendigo*] = AR-Blattei, Ruhegehalt, Entsch. 10 [zust. *Sitzler*]; AP Nr. 2 zu § 57 BetrVG [zust. *Siebert*]; AP Nr. 46, 142, 175, 185 zu § 242 BGB Ruhegehalt; AP Nr. 7, 8 [zust. *Kraft*] zu § 242 BGB Ruhegehalt-Unterstützungskassen; AP Nr. 6 zu § 1 BetrAVG Ablösung Bl. 4 R; zuletzt grundsätzlich Urteil vom 25.10.1988 EzA § 77 BetrVG 1972 Nr. 26 [abl. *Rüthers/Bakker*] = AP Nr. 1 zu § BetrAVG Betriebsvereinbarung; *LAG* Hamm 20.11.1984 EzA § 1 BetrAVG Nr. 33; aus der Literatur vgl. etwa *Thiele* Drittbearbeitung, § 77 Rn. 51 ff.; *Blomeyer/Otto* BetrAVG, Einl. Rn. 246; *Dietz/Richardi* § 77 Rn. 62 f. [grundsätzlich weiterhin *Richardi* § 77 Rn. 75 f., aber einschränkend Rn. 77]; *Heissmann* Die betrieblichen Ruhegeldverpflichtungen, 6. Aufl. 1967, S. 76; *Hess/Schlochauer/Glaubitz* § 77 Rn. 10; *Hilger* Das betriebliche Ruhegeld, 1959, S. 189; *Höfer/Abt* BetrAVG, Arb.Gr. Rn. 204; *von Hoyningen-Huene* RdA 1983, 225 [226]; *Hueck/Nipperdey* II/2, S. 1259; *Kania/* ErfK § 77 BetrVG Rn. 34; *Nikisch* I, S. 576) oder ob, wenigstens in beschränktem Umfang, die Betriebsvereinbarung auch die Rechtsverhältnisse der bei ihrem Inkrafttreten bereits aus dem Betrieb **ausgeschiedenen** (früheren) **Arbeitnehmer**, insbesondere die **Ruheständler** normativ betreffen kann (so im Ergebnis, z. T. differenzierend, die **jetzt wohl h. M.;** vgl. *Berg/DKKW* § 77 Rn. 79 f.; *Blomeyer* Anm. zu BAG AP Nr. 9 zu § 79 LPVG Baden-Württemberg; *Brune* AR-Blattei SD 520, Rn. 439 ff.; *Fitting* § 77 Rn. 39; *Dieterich* NZA 1984, 273 [278]; *Galperin/Löwisch* § 77 Rn. 23; *Gamillscheg* FS Bosch, S. 209 [223]; *Gamillscheg* II, S. 775 f.; *Gaul/HWK* § 77 BetrVG Rn. 25 f.; *Griebeling* Betriebliche Altersversorgung, Rn. 141 ff.; *Hanau* ZfA 1974, 89 [107 f.]; *Herschel* FS Hilger/Stumpf, 1983, S. 311 [312]; *Heubeck/Höhne/Paulsdorff/Rau/Weinert* BetrAVG, Bd. I, 2. Aufl., § 16 Rn. 180; *Kaiser/LK* § 77 Rn. 25 ff.; *Konzen/Jacobs* FS *Dieterich*, S. 297; *Kreutz* FS *Kraft*, S. 323 [326 ff.]; ausführlich *ders.* ZfA 2003, 361; *Lorenz/HaKo* § 77 Rn. 20; *Löwisch/Hetzel* SAE 1981, 68; *Matthes/* MünchArbR § 238 Rn. 10; *Reichold* SAE 1998, 49; *Rüthers/Bakker* Anm. EzA § 77 BetrVG 1972 Nr. 26 S. 20 ff.; *Säcker* Gruppenautonomie und Übermachtkontrolle im Arbeitsrecht, S. 363 ff.; *ders.* AR-Blattei, Betriebsvereinbarung I, C II 2; *Schaub/Koch* Arbeitsrechts-Handbuch, § 231 Rn. 30a; *Stege/Weinspach/Schiefer* § 77 Rn. 28; *Schulin* ZfA 1981, 577 [702]; *Schwarze/NK-GA* § 77 BetrVG Rn. 16; *Schwerdtner* ZfA 1975, 171; *Straetmans* AuR 1969, 269; *Travlos-Tzanetatos* Die Regelungsbefugnis der Betriebspartner, S. 116 ff.; *Waltermann* Rechtsetzung durch Betriebsvereinbarung, S. 196 ff., 213; *ders.* NZA 1996, 357 [365]; *ders.* NZA 1998, 505; *ders.* FS *Kreutz*, S. 471 [475]; *Weiss/Weyand* § 77 Rn. 7; *U. E. Wiese* Das Ruhestandsverhältnis, S. 195 ff.; *Worzalla/HWGNRH* § 77 Rn. 30 ff.; vgl. auch *Konzen* FS *G. Müller*, S. 245 [261]; neuere Entscheidungen des *BAG* deuten an, dass die Rechtsprechung schwankend geworden ist und sich bei Entscheidungsbedarf demnächst möglicherweise (vgl. *Linsenmaier* RdA 2008, 1 [7]) dieser Ansicht anschließt: so hat der Dritte Senat in Parallelurteilen vom 28.07.1998 [EzA § 1 BetrAVG Ablösung Nr. 18 = AP Nr. 4 zu § 1 BetrAVG Überversorgung; EzA § 1 BetrAVG Ablösung Nr. 19 = AP Nr. 9 zu § 79 LPVG Baden-Württemberg] ausdrücklich offen gelassen, »ob an der bisherigen Rechtsprechung festzuhalten ist oder die Gegenansicht den Vorzug verdient«, und schon zuvor hat der Erste Senat [Urteil vom 13.05.1997 EzA § 77 BetrVG 1972 Ruhestand Nr. 1 = AP Nr. 65 zu § 77 BetrVG 1972 = SAE 1999, 72 mit zust. Anm. *Blomeyer/Huep*] ausdrücklich angedeutet, dass seine Entscheidung nicht anders ausgefallen wäre, »wenn man die Regelungskompetenz des Betriebsrats für ausgeschiedene Arbeitnehmer bejahte«; vgl. auch Urteil des Zehnten Senats vom 11.02.1998 EzA § 112 BetrVG 1972 Nr. 97 [Änderung der Sozialplanabfindung], weiterhin offen lassend, »ob in dieser im Schrifttum zunehmend kritisierten Auffassung festzuhalten ist« *BAG* Dritter Senat, 14.12.2010 – 3 AZR 799/08 – juris, Rn. 19; 10.02.2009 EzA § 1 BetrAVG Betriebsvereinbarung Nr. 6 Rn. 16; 31.07.2007 NZA-RR 2008, 263 = AP Nr. 79 zu § 242 BGB Betriebliche Übung Rn. 37 f.; 12.12.2006 EzA § 1 BetrAVG Nr. 89 Rn. 30).

Zu beachten ist, dass der **Streit um die unmittelbare** (normative) **Geltung** der Betriebsverein- 200 barung geführt wird. Demgegenüber sind sog. vertragliche **Jeweiligkeitsklauseln** auch im Bereich der betrieblichen Altersversorgung das Instrument, das es der Praxis ermöglicht, der Rechtsprechung zu begegnen, solange sie die Möglichkeit noch nicht einräumt, durch Betriebsvereinbarung mit normativer Wirkung Ruhestandsverhältnisse zu regeln: Indem zwischen Arbeitgeber und Arbeitnehmer, meist schon zu Beginn, aber etwa auch bei Aufhebung des Arbeitsverhältnisses, vertraglich die Geltung der jeweiligen betriebsvereinbarungsrechtlichen Ruhegeldordnung auch für die Dauer des Ruhestandes vereinbart wird, wird durch diese Inbezugnahme sichergestellt, dass auch verbessernde oder verschlechternde Betriebsvereinbarungen, die während des Ruhestandes in Kraft treten, unabhängig von normativer Wirkung gelten; das *BAG* erkennt an, dass die vertraglich vereinbarte Jeweiligkeitsklausel für Ruhestandsleistungen über das Ende des Arbeitsverhältnisses hinaus gilt (so ausdrücklich *BAG* 23.09.1997 EzA § 1 BetrAVG Ablösung Nr. 14 [unter I 3] = AP Nr. 23 zu § 1 BetrAVG Ablösung).

201 Die früher h. M. wird vor allem damit begründet, dass der Betriebsrat zur Repräsentation Ausgeschiedener nicht mehr legitimiert sei, da diese nicht mehr (betriebsangehörige) Arbeitnehmer sind, damit kein Wahlrecht (§ 7) und keine sonstigen Einflussmöglichkeiten (§ 23 Abs. 1) haben (vgl. etwa *BAG* Dritter Senat vom 25.10.1988 EzA § 77 BetrVG 1972 Nr. 26 S. 6; Erster Senat vom 13.05.1997 EzA § 77 BetrVG 1972 Ruhestand Nr. 1 S. 4). Z. T. wird auch das Bedürfnis für eine Rechtsfortbildung verneint (*Thiele* Drittbearbeitung, § 77 Rn. 53; *von Hoyningen-Huene* RdA 1983, 225 [227]), für die vor allem *Säcker* (Gruppenautonomie und Übermachtkontrolle im Arbeitsrecht, S. 363 ff.) im Hinblick auf eine nachwirkende Zuständigkeit des Betriebsrats zur Regelung der Ruhestandsverhältnisse Ausgeschiedener eintritt (diesen Ansatz ausbauend *Konzen/Jacobs* FS *Dieterich*, S. 297 [318 ff.]). Ausnahmsweise wird allerdings allgemein und völlig zu Recht unter Berufung auf Sinn und Zweck des Gesetzes gebilligt, dass **Sozialplanregelungen** auch für die infolge einer Betriebsänderung bereits ausgeschiedenen Arbeitnehmer getroffen werden können (vgl. *Oetker* §§ 112, 112a Rdn. 155) und durch späteren Sozialplan auch wieder geändert werden können (*BAG* 24.03.1981 EzA § 112 BetrVG 1972 Nr. 22; 05.10.2000 EzA § 112 BetrVG 1972 Nr. 107 = AP Nr. 141 zu § 112 BetrVG 1972; *von Hoyningen-Huene* RdA 1983, 228; *Säcker* AR-Blattei, Betriebsvereinbarung I, C II 2b).

202 **Der früher h. M. ist nicht zu folgen** (vgl. näher *Kreutz* ZfA 2003, 361 [363 ff.]). Die formal-pauschale Berufung auf die fehlende Legitimation des Betriebsrats zur Repräsentation Ausgeschiedener überzeugt nicht, da sie unstimmig von einer mandatarischen Stellung des Betriebsrats zu den Belegschaftsmitgliedern ausgeht und dabei übersieht, dass der gewählte Betriebsrat seine Legitimation zur Wahrnehmung betriebsverfassungsrechtlicher Aufgaben und Zuständigkeiten primär aus dem Betriebsverfassungsgesetz erfährt. Zudem wird im Widerspruch dazu mit entsprechender Konsequenz nicht argumentiert, wenn es um die (unstreitige) Geltung einer Betriebsvereinbarung für diejenigen Arbeitnehmer geht, die erst nach deren Inkrafttreten in den Betrieb eingetreten sind (vgl. Rdn. 194) oder mangels Volljährigkeit bei der Betriebsratswahl nicht wahlberechtigt waren. Außerdem hat das Legitimationsargument jedenfalls dadurch an Gewicht verloren, dass der Gesetzgeber durch das BetrVerf-Reformgesetz 2001 die originäre Zuständigkeit von Gesamt- und Konzernbetriebsrat auf Betriebe ohne Betriebsrat erstreckt hat. Vor allem aber ist diese Argumentation rechtspolitisch überholt. Sie diente dem *GS* des *BAG* 1956 (AP Nr. 1 zu § 57 BetrVG, weitere Nachweise Rdn. 199) dazu, Besitzstände von Ruheständlern zu sichern. Durch die enge Absteckung des persönlichen Geltungsbereichs der Betriebsvereinbarung sollte vor allem unterbunden werden, dass durch ablösende Betriebsvereinbarungen Ruhegeldregelungen einer früheren Betriebsvereinbarung für Pensionäre verschlechtert werden. Das hat zu vielerlei methodischen und dogmatischen Irrungen und Wirrungen geführt, insbesondere zu der nicht tragfähig begründbaren Ansicht, dass sich mit dem Ausscheiden eines Arbeitnehmers aus dem Arbeitsverhältnis die in einer Betriebsvereinbarung geregelten Leistungsansprüche für die Zeit des Ruhestandes in Form einer Geltungstransformation von der kollektiven auf eine individualrechtlich-schuldrechtliche Rechtsgrundlage umwandeln sollen (vgl. dazu krit. *Konzen/Jacobs* FS *Dieterich*, S. 297 [302 ff.]; *Kreutz* FS *Kraft*, S. 323 [325 ff.]; *ders.* ZfA 2003, 361 [367 ff.]; *Rüthers/Bakker* Anm. EzA § 77 BetrVG 1972 Nr. 26 S. 23 ff.; *Waltermann* NZA 1998, 505); heute macht dies keinen Sinn mehr, weil ein weitgehender Besitzstandsschutz durch arbeitsgerichtliche Rechtskontrolle von Betriebsvereinbarungen sichergestellt ist (vgl. Rdn. 207).

203 Es geht in Wirklichkeit auch nicht um die Erforderlichkeit einer Rechtsfortbildung zur Anerkennung nachwirkender Regelungszuständigkeit des Betriebsrats (**a. M.** *Thiele* Drittbearbeitung, § 77 Rn. 52 f.; neuerdings *Konzen/Jacobs* FS *Dieterich*, S. 297 [318 ff.]) und mit Blick auf ausgeschiedene frühere Arbeitnehmer praktisch auch nicht bloß um die wichtige Gestaltung der Ruhestandsverhältnisse neben den Sozialplanregelungen (zu deren Vergleichbarkeit zu Recht *Rüthers/Bakker* Anm. EzA § 77 BetrVG 1972 Nr. 26 S. 18 f.), sondern schlechthin um die **Bestimmung des persönlichen Geltungsbereichs** der Betriebsvereinbarung, zu dem das Gesetz keine ausdrückliche Aussage macht (vgl. zur Geltungswirkung Rdn. 196). Da seine Beschränkung auf die Aktivbelegschaft nicht tragfähig und widerspruchsfrei dargetan werden kann, erscheint es der richtige Weg, **über den gesetzlich festgelegten Regelungsgegenstand** der Betriebsvereinbarung ihren persönlichen Geltungsbereich zu erschließen (vgl. zu dieser Lösungskonzeption näher *Kreutz* ZfA 2003, 361 [383 ff.]). Dafür ist im Ausgangspunkt maßgebend, dass durch Betriebsvereinbarung Arbeitsbedingungen im weitesten Sinne geregelt werden können (vgl. Rdn. 93). Dadurch werden in erster Linie, jedoch **nicht** notwendig **nur** die **bestehenden Arbeitsverhältnisse** zwischen dem Arbeitgeber, der selbst Partei der Betriebsvereinbarung ist, und seinen (betriebszugehörigen) Arbeitnehmern gestaltet.

In Betracht kommt zum einen auch die Gestaltung solcher Arbeitsverhältnisse, die durch eine »**gespaltene Arbeitgeberstellung**« gekennzeichnet sind (vgl. zu solchen »arbeitsrechtlichen Drittbeziehungen« *Raab* § 7 Rdn. 69 ff.). Das gilt namentlich für **Leiharbeitnehmer**, die einerseits während der Zeit ihrer Arbeitsleistung beim Entleiher Angehörige des entsendenden Betriebs des Verleihers bleiben (§ 14 Abs. 1 AÜG), andererseits voll in den Betrieb des Entleihers eingegliedert sind und ihre Arbeiten dort allein nach dessen Weisungen ausführen, ohne dort (wie insb. bei erlaubter gewerbsmäßiger Arbeitnehmerüberlassung) betriebszugehörig zu sein (vgl. *Raab* § 7 Rdn. 84 ff., 92). Soweit dabei arbeitsrechtliche Beziehungen zwischen Entleiher und Leiharbeitnehmer bestehen, können sie durch Betriebsvereinbarung im Entleiherbetrieb geregelt werden. Neben der Teilhabe des Entleihers am Anspruch auf die Arbeitsleistung und arbeitsrechtlichen Nebenpflichten betrifft dies vor allem die Ausübung seiner Weisungsrechte (vgl. auch *Kraft* FS *Pleyer*, S. 383 [krit. aber FS *Konzen*, S. 439, 456 ff.]; *Waltermann* Rechtsetzung durch Betriebsvereinbarung, S. 219 ff.; ders. NZA 1996, 357 [365]; zust. *Richardi* § 77 Rn. 80; diesem zust. *Fitting* § 77 Rn. 35; *Worzalla/HWGNRH* § 77 Rn. 33). Schwierigkeiten kann die Abgrenzung betriebsverfassungsrechtlicher Zuständigkeiten für Leiharbeitnehmer zwischen den Betriebsräten im Verleiherbetrieb und im Entleiherbetrieb machen (vgl. zur Mitbestimmung bei Arbeitszeitfragen BAG 19.06.2001 EzA § 87 BetrVG 1972 Arbeitszeit Nr. 63 [*Hamann*] = AP Nr. 1 zu § 87 BetrVG 1972 Leiharbeitnehmer [*Marschall*] = SAE 2002, 41 [*Kraft*]; allgemein *Schüren/Hamann* AÜG § 14 Rn. 140 ff., 355 ff., der dabei aber von doppelter Betriebszugehörigkeit ausgeht).

In Betracht kommt aber auch die Regelung solcher individueller **Rechtsverhältnisse** zwischen Arbeitgeber und Arbeitnehmern, die (zeitgleich) **neben dem Arbeitsverhältnis**, aber doch in innerem Zusammenhang zu ihm stehen, wie z. B. die Festlegung der Nutzungsbedingungen für Mietverhältnisse aus der Vermietung sog. Werkmietwohnungen (§ 576 ff. BGB), bei der der Betriebsrat nach § 87 Abs. 1 Nr. 9 ein Mitbestimmungsrecht hat, das durch Betriebsvereinbarung ausgeübt werden kann. Ähnliche Konstellationen können sich etwa auch bei Kauf-, Pacht-, Darlehens-, Werk- und Versicherungsverträgen zwischen Arbeitgeber und Arbeitnehmer ergeben, wenn diese mit Rücksicht auf das Bestehen des Arbeitsverhältnisses abgeschlossen und inhaltlich ausgestaltet werden (*Kreutz* Betriebsautonomie, S. 48 f.; *Richardi* § 77 Rn. 82). Voraussetzung ist dabei immer, dass das Rechtsverhältnis gerade zwischen Arbeitgeber und Arbeitnehmer (wenn auch in anderer Eigenschaft) besteht und einen solchen Bezug zum Arbeitsverhältnis aufweist, dass bei seiner Gestaltung noch von Arbeitsbedingungen gesprochen werden kann. Diese Voraussetzung liegt z. B. nicht vor, wenn Wohnräume zwar mit Rücksicht auf das bestehende Arbeitsverhältnis, aber nicht vom Arbeitgeber, sondern von einem beliebigen Dritten an die Arbeitnehmer vermietet werden; in diesem Falle kann nur das Arbeitsverhältnis mittels Betriebsvereinbarung mit Blick auf das Mietverhältnis gestaltet werden, z. B. durch Festsetzung eines Mietkostenzuschusses. Entsprechend können die Satzung und die Verwaltung selbständiger Sozialeinrichtungen nicht durch Betriebsvereinbarung geregelt werden.

Außerdem und vor allem gibt es Arbeitsbedingungen, die sich **typischerweise** (z. B. Sozialplanleistungen wegen Arbeitsplatzverlustes, insbesondere betriebliche Ruhegelder, aber auch andere Leistungen mit Entgeltcharakter an Ruheständler wie etwa Beihilfeleistungen im Krankheitsfall [vgl. dazu BAG 13.05.1997 EzA § 77 BetrVG 1972 Ruhestand Nr. 1 = AP Nr. 65 zu § 77 BetrVG 1972; 10.02.2009 EzA § 1 BetrAVG Betriebsvereinbarung Nr. 6] oder Deputate, Wettbewerbsverbote) oder **gelegentlich** (z. B. unverfallbare Ruhegeldanwartschaften Ausgeschiedener, Nutzungsbedingungen für Mietverhältnisse über Werkmietwohnungen, die mit Pensionären fortgesetzt werden) auf die **Zeit nach Beendigung** des Arbeitsverhältnisses erstrecken, ohne mit dieser Beendigung ihren Charakter als Arbeitsbedingungen zu verlieren, auch wenn das Rechtsverhältnis, wie etwa beim Ruhestandsverhältnis, dann nicht mehr (aktives) Arbeitsverhältnis ist (z. B. ist die Ruhegeldzahlung nicht etwa Schenkung, sondern Entgelt- oder Versorgungsleistung des Arbeitgebers; näher zu betrieblichen Ruhegeldleistungen als Arbeitsbedingungen *Kreutz* ZfA 2003, 361 [384 f.]; ähnlich auch *Blomeyer* Anm. zu *BAG* vom 28.07.1998 AP Nr. 9 zu § 79 LPVG Baden-Württemberg, der insofern zu Recht darauf abstellte, dass das Ruhestandsverhältnis die eingeschränkte Fortführung des Arbeitsverhältnisses bildet). Da der Adressatenkreis dabei mit dem des früheren Arbeitsverhältnisses identisch ist, bestehen grundsätzlich keine Bedenken gegen eine Veränderung eben dieser Arbeitsbedingungen durch Betriebsvereinbarung, um zugunsten (unstr. unter den Vertretern der jetzt wohl h. M.; vgl. die Nachweise Rdn. 199), aber auch zuungunsten (ebenso im Ergebnis *Blomeyer* Anm. AP Nr. 9 zu § 79 LPVG Baden- Württemberg; *Brune* AR-Blattei SD 520, Rn. 439 ff.; *Fitting* § 77 Rn. 39; *Galperin/Löwisch* § 77 Rn. 33; *Gaul/HWK* § 77 BetrVG Rn. 26; *Griebeling* Betriebliche Altersversorgung, Rn. 142 f.; *Konzen/Jacobs* FS *Dieterich*, 1999, S. 297 [321]; *Kreutz* FS *Kraft*, S. 323 [329]; *ders.* ZfA 2003, 361 [386 f.]; *Löwisch/Kaiser* 5. Aufl., § 77 Rn. 22 f. [anders jetzt *Kaiser/LK* § 77 Rn. 27]; *Matthes/* MünchArbR § 238 Rn. 10; *Rüthers/Bakker* Anm. EzA § 77 BetrVG 1972 Nr. 26 S. 21 ff.; *Schaub/Koch* Arbeitsrechts-Handbuch, § 231 Rn. 30a; *Schwerdtner* ZfA 1975, 171; *Waltermann* Rechtsetzung durch Betriebsvereinbarung, S. 213 ff.; *ders.* NZA 1998, 505; *ders.* FS *Kreutz*, S. 471 [475 ff., wo er seine noch weitergehende Konzeption verteidigt, nach der Betriebsvereinbarungen über die Regelung von Arbeitsbeziehungen hinaus auch Dritte, wie etwa Lieferanten und Besucher erfassen können]; *Worzalla/HWGNRH* § 77 Rn. 31; vgl. auch *Richardi* § 77 Rn. 77) der früheren Arbeitnehmer veränderten Verhältnissen Rechnung zu tragen.

207 Kann dementsprechend in begrenztem Umfang der persönliche Geltungsbereich auch Ausgeschiedene (insb. Ruheständler, Sozialplanberechtigte und Werkmietwohnungsmieter) erfassen, so bedeutet dies **nicht**, dass damit die Rechtspositionen der Betroffenen Verschlechterungen **schutzlos** ausgeliefert sind. Es gelten die allgemeinen Innenschranken der Betriebsautonomie. Soweit z. B. eine betriebliche Ruhegeldzusage auf arbeitsvertraglicher Ebene (einschließlich sog. allgemeiner Arbeitsbedingungen) beruht, kommt eine Verschlechterung durch Betriebsvereinbarung, wie auch sonst, grundsätzlich nicht in Betracht (vgl. dazu und zu Ausnahmen ausführlich Rdn. 282 ff.). Anders ist dies, wenn die Ruhegeldregelung oder die Gewährung sonstiger Leistungen durch Betriebsvereinbarung getroffen ist. Dann kommen durch actus contrarius auch Verschlechterungen in Betracht, weil die Regelungsadressaten nicht darauf vertrauen können, dass die einmal beschlossene Regelung für alle Zeiten Bestand haben wird (vgl. dazu näher Rdn. 401 f.); auf einen Abänderungsvorbehalt in der Betriebsvereinbarung selbst (»Jeweiligkeitsklausel«) kommt es dabei nicht entscheidend an (**a. M.** *Säcker* AR-Blattei, Betriebsvereinbarung I, C II 2a; dagegen aus Gründen der Systemstimmigkeit zu Recht schon *Thiele* Drittbearbeitung, § 77 Rn. 54; vgl. i. d. S. wohl auch *BAG* 13.05.1997 EzA § 77 BetrVG 1972 Ruhestand Nr. 1 S. 6 = AP Nr. 65 zu § 77 BetrVG 1972). In der Rspr. ist aber anerkannt, dass bei allen Eingriffen durch verschlechternde Betriebsvereinbarung in eigentumsähnliche Rechtspositionen, insbesondere auch im Bereich der betrieblichen Altersversorgung, die Grundsätze der Verhältnismäßigkeit und des Vertrauensschutzes zu wahren sind (vgl. dazu Rdn. 364). Bei Ruhegeldansprüchen und Ruhegeldanwartschaften sichert das in der extensiven Ausprägung der Rspr. des Dritten Senats des *BAG* einen weitgehenden Schutz aller Besitzstände (vgl. dazu Rdn. 372).

cc) Keine Gestaltung eines betrieblichen Rechtsverhältnisses

208 Neben Arbeitsverhältnissen und den genannten individuellen Drittrechtsverhältnissen kann durch Betriebsvereinbarung ein sog. **betriebliches Rechtsverhältnis nicht** gestaltet werden (*Kreutz* Betriebsautonomie, S. 49 f.; **a. M.** *Richardi* § 77 Rn. 81, 127; *Fitting* § 77 Rn. 47, 129). Darunter versteht die Literatur (vgl. *Richardi* Kollektivgewalt und Individualwille, S. 230 ff.; *ders.* § 77 Rn. 136; *Buchner* RdA 1966, 208 [210]; *Galperin/Löwisch* § 77 Rn. 37) im Anschluss an *A. Hueck* (BB 1949, 530) ein Rechtsverhältnis zwischen dem Arbeitgeber und der Arbeitnehmerschaft seines Betriebes, dem solche Regelungen der Betriebsvereinbarungen zugeordnet werden (sog. »Solidarnormen«), die dem einzelnen Arbeitnehmer weder einen individuellen Erfüllungsanspruch noch ein Leistungsverweigerungsrecht geben können oder geben sollen (nach *Dietz/Richardi* § 77 Rn. 93 z. B. Bestimmungen über die Ent-

lüftung und Heizung der Arbeitsräume, über die Errichtung und Verwaltung von Kantinen oder sonstigen Sozialeinrichtungen). Die Annahme eines solchen Rechtsverhältnisses scheitert daran, dass die Belegschaft weder rechtsfähig noch teil- oder sonderrechtsfähig ist und daher auch im Rahmen sog. Betriebs- oder Solidarnormen weder Rechte noch Pflichten tragen kann (*Kreutz* Betriebsautonomie, S. 50). Es kann sich daher insoweit nur um Betriebsabsprachen handeln, deren Durchführung der Betriebsrat vom Arbeitgeber verlangen kann (§ 77 Abs. 1).

dd) Keine schuldrechtlichen Abreden

Durch Betriebsvereinbarung (i. S. d. § 77 Abs. 4 Satz 1) können grundsätzlich **keine Schuldrechtsbeziehungen zwischen Arbeitgeber und Betriebsrat** gestaltet werden; die Betriebsvereinbarung selbst kann keine schuldrechtlichen Abreden enthalten, die Rechte und Pflichten zwischen Arbeitgeber und Betriebsrat begründen. Weithin wird das anders gesehen (vgl. etwa *Thiele* Drittbearbeitung, § 77 Rn. 183 ff.; *Fitting* § 77 Rn. 50; *Heinze* NZA 1994, 580 [582]; *von Hoyningen-Huene* Betriebsverfassungsrecht, § 11 Rn. 41; *Hromadka/Maschmann* Arbeitsrecht Bd. 2, § 16 Rn. 359; *Kaiser/LK* § 77 Rn. 86; *Matthes/*MünchArbR § 239 Rn. 2; *Richardi* ZfA 1992, 307 [322 f.]; *ders.* § 77 Rn. 59, 190; *Staschik* Grundfragen zur Betriebsvereinbarung, S. 49 ff.; *Wadephul* Die Vereinbarungen der Betriebspartner, S. 69 ff.; *Worzalla/HWGNRH* § 77 Rn. 41; zum früheren Recht etwa *G. Hueck* Die Betriebsvereinbarung, S. 73 ff.; *Neumann-Duesberg* S. 359 f.). Diese Ansicht beachtet jedoch nicht hinreichend den Wortlaut des § 77 Abs. 4 Satz 1, der (im Unterschied zu § 1 Abs. 1 TVG) unzweideutig darauf hindeutet, dass Betriebsvereinbarungen (Mehrzahl!) **stets** und **im ganzen** unmittelbar und zwingend gelten. Diese Wirkungsweise (vgl. Rdn. 194) passt aber nicht auf schuldrechtliche Abreden (vgl. näher *Kreutz* Betriebsautonomie, S. 44 ff.). Insbesondere ist die Anordnung zwingender Geltung unvereinbar mit dem Grundsatz, dass Urheber einer Regelung diese durch actus contrarius wieder aufheben können und demgemäß Vertragsabreden für die Vertragspartner abdingbar sind (*Kreutz* Betriebsautonomie, S. 46). Da die Betriebsvereinbarung als eigenständiges Rechtsinstitut gerade in den in § 77 Abs. 4 Satz 1 festgelegten Rechtswirkungen unstr. ihre Besonderheit aufweist, kann die ausschließlich schuldrechtlich zwischen Arbeitgeber und Betriebsrat wirkende Abrede in diesem Sinne nicht Betriebsvereinbarung sein (vgl. *Kreutz* Betriebsautonomie, S. 42 ff.; *Birk* ZfA 1986, 73 [79]; *Fitting/Auffarth/Kaiser/Heither* 17. Aufl., § 77 Rn. 18; *Hanau* RdA 1989, 207 [209]; *ders.* AuA 1995, 401 [402]; *Hess/Schlochauer/Glaubitz* § 77 Rn. 13; *Kania/*ErfK § 77 BetrVG Rn. 37; *Kielkowski* Die betriebliche Einigung, S. 85 ff., 97; *May* Die Zulässigkeit der Regelung von Lohn und Arbeitszeit in Betriebsvereinbarungen, S. 255 ff.; zum BetrVG 1952 *Hueck/Nipperdey* II/2, S. 1269 f.; *Nikisch* III, S. 280 ff.; vom Standpunkt der Satzungstheorie aus insb. *Herschel* RdA 1948, 47 f.; *Galperin/Siebert* § 52 Rn. 20; früher schon *Jacobi* Grundlehren, S. 304 ff.).

Praktische und rechtliche Gründe gebieten **keine Korrektur am Gesetz**; der Vorwurf an den Gesetzgeber, es handele sich insoweit um ein Redaktionsversehen (*Dietz/Richardi* § 77 Rn. 91; *Zöllner/Loritz/Hergenröder* Arbeitsrecht, 6. Aufl., § 48 II 3), ist nicht belegt. Insbesondere kann man sich in Anlehnung an das Tarifvertragsrecht nicht auf die Friedens- und Durchführungspflicht als notwendige (immanente) Folgepflichten schuldrechtlicher Art berufen, weil diese Pflichten (auch) für die Betriebsvereinbarung bereits gesetzlich festgelegt sind (§ 74 Abs. 2, § 77 Abs. 1 Satz 1) und darüber hinausgehende Verhaltenspflichten ggf. aus dem Gebot vertrauensvoller Zusammenarbeit (§ 2 Abs. 1) folgen (zum Anspruch des Betriebsrats auf Durchführung der Betriebsvereinbarung vgl. Rdn. 24 ff.). Die Meinungsverschiedenheit hat aber durchaus auch praktische Konsequenzen; insbesondere kann die Betriebsvereinbarung selbst mangels schuldrechtlichen Teils nicht als Vertrag zugunsten Dritter (§ 328 BGB) gedeutet werden (vgl. Rdn. 196), anders als die Regelungsabrede (s. Rdn. 13).

Die hier vertretene Auffassung führt jedoch keineswegs dazu, dass für **schuldrechtliche Abreden** zwischen Arbeitgeber und Betriebsrat kein Raum bliebe. Unstr. können solche Abreden heute durch sog. Betriebsabsprache (vgl. Rdn. 8 ff.) getroffen werden. Es ist darüber hinaus möglich, eine formfreie Betriebsabsprache in der Form des § 77 Abs. 2 abzuschließen und sie auch zusammen mit den unmittelbar und zwingend geltenden Betriebsvereinbarungen in einer Urkunde aufzunehmen (*Adomeit* Rechtsquellenfragen, S. 145; *Kreutz* Betriebsautonomie, S. 46 f.; *Thiele* Drittbearbeitung, § 77 Rn. 183; auch *Richardi* § 77 Rn. 62). Dadurch lassen sich praktisch besonders Grenzfragen, bei denen der ausschließlich schuldrechtliche Charakter einer Regelung zweifelhaft ist, angemessen gestalten (zur Abgrenzung näher Rdn. 229, 233). Der Ausdruck »obligatorische Betriebsvereinbarung« ist aber widersprüchlich und sollte vermieden werden.

c) Räumlicher Geltungsbereich der Betriebsvereinbarung

212 Die Betriebsvereinbarung gilt räumlich (äußerstenfalls) nur für die Rechtsverhältnisse im Bereich des Betriebes, mit dessen Betriebsrat sie abgeschlossen wurde (unstr.; vgl. BAG 28.06.2005 EzA § 77 BetrVG 2001 Nr. 12 S. 5 = AP Nr. 25 zu § 77 BetrVG 1972 Betriebsvereinbarung); ihr Geltungsbereich kann deshalb nicht durch Vereinbarung der Betriebspartner auf andere, betriebsratslose Betriebe desselben Unternehmens erstreckt werden (BAG 19.02.2002 EzA § 4 BetrVG 1972 Nr. 8 S. 6 = AP Nr. 13 zu § 4 BetrVG 1972). Beim Vorliegen sachlicher Gründe kann der räumliche Geltungsbereich beschränkt werden (z. B. auf Betriebsteile, Betriebsabteilungen, zugeordnete Kleinstbetriebe).

213 Betriebsvereinbarungen, die der Gesamtbetriebsrat (**»Gesamtbetriebsvereinbarung«**) oder der Konzernbetriebsrat (**»Konzernbetriebsvereinbarung«**) im Rahmen ihrer originären Zuständigkeiten (§ 50 Abs. 1 bzw. § 58 Abs. 1) abgeschlossen haben, gelten (äußerstenfalls, d. h. soweit ihr Geltungsbereich nicht beschränkt ist) für alle Betriebe des Unternehmens bzw. Konzerns, und zwar nach neuer, durch das BetrVerf-Reformgesetz herbeigeführter Rechtslage unabhängig davon, ob dort Betriebsräte bestehen oder ob es sich um betriebsratslose Betriebe handelt (vgl. näher dazu *Kreutz/Franzen* § 50 Rdn. 55 ff., 86 bzw. *Franzen* § 58 Rdn. 36 ff.). Wird der Gesamtbetriebsrat (nach § 50 Abs. 2) bzw. der Konzernbetriebsrat (nach § 58 Abs. 2) nur kraft Auftrags tätig, so richtet sich der Geltungsbereich einer entsprechend abgeschlossenen Betriebsvereinbarung nach dem Zuständigkeitsbereich des jeweils beauftragenden Betriebsrats bzw. Gesamtbetriebsrats.

d) Zeitlicher Geltungsbereich der Betriebsvereinbarung

214 Betriebsvereinbarungen gelten grundsätzlich von ihrem **förmlichen** (Vertrags-)**Abschluss** an (§ 77 Abs. 2 Sätze 1 und 2), d. h. mit der Unterzeichnung durch die letzte Partei. Insoweit bedarf es keiner Festlegung des Zeitpunkts ihres Inkrafttretens; Abschluss und Inkrafttreten fallen zusammen. Der Auslage nach § 77 Abs. 2 Satz 3 kommt keine konstitutive Bedeutung zu (vgl. Rdn. 55).

215 Beruht die Betriebsvereinbarung auf einem **Spruch der Einigungsstelle** (dazu näher *Jacobs* § 76 Rdn. 136, 140 f.), so ist für den Beginn der Geltungswirkung, die nicht von beiderseitiger Unterzeichnung abhängt (§ 77 Abs. 2 Satz 2 Halbs. 2), zu unterscheiden: Ersetzt der Spruch die Einigung zwischen Arbeitgeber und Betriebsrat (§ 76 Abs. 5) oder haben sich die Parteien dem Spruch der Einigungsstelle freiwillig im Voraus unterworfen (§ 76 Abs. 6), so ist der Zeitpunkt der letzten Zustellung des Beschlusses nach § 76 Abs. 3 Satz 3 für das Inkrafttreten maßgeblich, nicht bereits der Zeitpunkt der Beschlussfassung der Einigungsstelle (zust. *Fitting* § 77 Rn. 40). In freiwilligen Einigungsstellenverfahren ohne vorherige Unterwerfung hat der Spruch lediglich die Wirkung eines Einigungsvorschlags. In diesem Falle tritt die Betriebsvereinbarung in Kraft, wenn die letzte Partei ihre Annahme gegenüber dem Vorsitzenden der Einigungsstelle (formfrei) erklärt hat.

216 Soweit die Betriebsvereinbarungsparteien es ausdrücklich bestimmen, kann das Inkrafttreten der gesamten Betriebsvereinbarung oder einzelner Bestimmungen über den Abschlusszeitpunkt **hinausgeschoben werden**. Es kann aufschiebend auch von einer Bedingung abhängig sein (vgl. *LAG Rheinland-Pfalz* 04.10.1999 AuR 2000, 361; BAG 15.01.2002 EzA § 614 BGB Nr. 1 S. 10 = AP Nr. 13 zu § 11 GmbHG: Bedingung war der Abschluss eines Firmentarifvertrages). Auch eine bestimmte rechtskräftige gerichtliche Entscheidung kommt als Bedingung für das Inkrafttreten in Betracht (vgl. Sachverhalt von BAG 17.06.2003 EzA § 1 BetrAVG Ablösung Nr. 40 und unter B II 2 = AP Nr. 44 zu § 1 BetrAVG Ablösung). Vgl. zur auflösend bedingten Betriebsvereinbarung Rdn. 398.

217 Dagegen kann die **»rückwirkende Inkraftsetzung« nicht wirksam** bestimmt werden, weil die Betriebsvereinbarung erst mit ihrem Abschluss Rechtswirkung entfalten kann (**a. M.**, d. h. für die Möglichkeit rückwirkender Inkraftsetzung als sog. echte Rückwirkung BAG 08.03.1977 AP Nr. 1 zu § 87 BetrVG 1972 Auszahlung Bl. 3 R; BAG 19.09.1995 EzA § 76 BetrVG 1972 Nr. 67 S. 5 = AP Nr. 61 zu § 77 BetrVG 1972; *Berg/DKKW* § 77 Rn. 87; *Fitting* § 77 Rn. 41; *Matthes/*MünchArbR § 239 Rn. 29; *Richardi* § 77 Rn. 128; *Worzalla/HWGNRH* § 77 Rn. 44). Eine (im Ergebnis gleiche) **Rück-**

Durchführung gemeinsamer Beschlüsse, Betriebsvereinbarungen § 77

wirkung lässt sich grundsätzlich nur dadurch erreichen, dass durch die Betriebsvereinbarung Rechtsfolgen an die in der Vergangenheit liegenden Tatbestände geknüpft werden, z. B. indem ein Zuschlag für bereits geleistete Arbeit gewährt wird oder gekürzt wird (vgl. *BAG* 19.09.1995 EzA § 76 BetrVG 1972 Nr. 67 = AP Nr. 61 zu § 77 BetrVG 1972) oder der Mietzins für Werkmietwohnungen rückwirkend erhöht wird. Die weitere Unterscheidung von echter und unechter Rückwirkung (vgl. etwa *Fitting* § 77 Rn. 193; *Richardi* § 77 Rn. 129; jedenfalls zur Systematisierung *Linsenmaier* FS *Kreutz*, S. 285 [290]; für den Tarifvertrag *Wiedemann / Wank* TVG, § 4 Rn. 237) ist mangels Abgrenzungsschärfe unbrauchbar (gleichwohl dieser Unterscheidung folgend *BAG* 02.10.2007 EzA § 77 BetrVG 2001 Nr. 20 Rn. 23; 23.01.2008 EzA § 77 BetrVG 2001 Nr. 24 Rn. 28 = AP Nr. 40 zu § 77 BetrVG 1972 Betriebsvereinbarung 17.07.2012 EzA § 75 BetrVG 2001 Nr. 7 Rn. 50 ff. = AP Nr. 61 zu § 77 BetrVG 1972 Betriebsvereinbarung) und hinsichtlich der Grenzziehung zulässiger Rückwirkung auch dann überflüssig (s. Rdn. 220), wenn man der hier vertretenen Ansicht nicht folgt, nach der eine rückwirkende Inkraftsetzung schon dogmatisch nicht in Betracht kommt.

Rückwirkenden Regelungen durch Betriebsvereinbarung sind jedoch **rechtliche und tatsächliche Grenzen** gesetzt; letzteres deshalb, weil die Rechtsordnung von niemandem Unmögliches verlangen kann (für den Tarifvertrag *Wiedemann / Wank* TVG, § 4 Rn. 243; vgl. auch § 306 BGB a. F.). Wo Rechte und Pflichten nachträglich nicht mehr erfüllt werden können, läuft eine Regelung für die Vergangenheit ins Leere und kann keine Rechtsfolgen mehr auslösen, z. B. wenn rückwirkend Vorschriften über das Verhalten der Arbeitnehmer im Betrieb erlassen würden (ebenso *Richardi* § 77 Rn. 129; zust. *Fitting* § 77 Rn. 42). Soweit eine Rückwirkung möglich ist (insb. für Geldleistungen und Leistungen mit geldwertem Charakter), sind ihr rechtliche Grenzen gesetzt. Dabei ist zwischen Rückwirkungsregelungen zugunsten (s. Rdn. 224) und zuungunsten der Arbeitnehmer zu unterscheiden. 218

Eine Regelung **zu Lasten der Arbeitnehmer** und zugunsten des Arbeitgebers (z. B. Herabsetzung, Stundung oder Teilerlass bereits entstandener Lohn- und Gehaltsansprüche; rückwirkende Erhöhung des Mietzinses für Werkmietwohnungen) kommt überhaupt nur in Betracht, wenn es sich um Arbeitsbedingungen handelt, die bisher durch Betriebsvereinbarung geregelt waren (vgl. näher Rdn. 364); arbeitsvertragliche Regelungen sind grundsätzlich (sofern sie nicht betriebsvereinbarungsoffen gestaltet sind) durch das Günstigkeitsprinzip vor jeder, also auch rückwirkender Verschlechterung durch Betriebsvereinbarung gesichert (h. M.; vgl. näher Rdn. 260 ff., 282 ff.), tarifliche Rechtspositionen durch § 4 Abs. 4 TVG, § 77 Abs. 3 (vgl. aber zur rückwirkenden Kürzung einer tarifvertraglichen Jahressonderzahlung durch Betriebsvereinbarung auf der Grundlage einer tarifvertraglichen Öffnungsklausel *LAG Rheinland-Pfalz* 16.05.2002 LAGE § 611 BGB Gratifikation Nr. 68d). 219

Nach h. M. muss eine neue (ablösende) Betriebsvereinbarung jedoch weiter den **Grundsatz des Vertrauensschutzes** beachten, der **unvorhersehbare** Rückwirkungen ausschließt; insofern sollen die Arbeitnehmer schutzwürdig sein, wenn sie mit rückwirkender Verschlechterung nicht zu rechnen brauchten (vgl. *Berg/DKKW* § 77 Rn. 87; *Fitting* § 77 Rn. 44; *Matthes/* MünchArbR § 239 Rn. 30; *Richardi* § 77 Rn. 130; *Worzalla/HWGNRH* § 77 Rn. 46; auch noch 9. Aufl. § 77 Rn. 198; *BAG* 18.09.2001 EzA § 1 BetrAVG Ablösung Nr. 31 S. 9, für Aussetzung der Beitragszahlungspflicht des Arbeitgebers zu abgeschlossener Gruppendirektversicherung; obiter dictum auch *BAG* 10.08.1994 EzA § 112 BetrVG 1972 Nr. 76 S. 5, für Sozialplanansprüche; *BAG* 19.09.1995 EzA § 76 BetrVG 1972 Nr. 67 S. 5 f., für eine auf den Zeitpunkt einer Tariflohnerhöhung rückwirkende Anrechnung übertariflicher Zulagen; vgl. auch *Hueck/Nipperdey* II/2, S. 1298 f.). Danach soll grundsätzlich insbesondere nicht dadurch eine Verschlechterung herbeigeführt werden können, dass eine neue Betriebsvereinbarung in den zeitlichen Geltungsbereich einer wirksamen früheren Betriebsvereinbarung eingreift; etwas anderes könne höchstens dann gelten, wenn die frühere Regelung »unklar und verworren« war. Ein **Vertrauenstatbestand** auf Seiten der Arbeitnehmer liege aber ausnahmsweise dann **nicht** vor, wenn die frühere Betriebsvereinbarung abgelaufen ist (insb. bei Kündigung durch den Arbeitgeber), die bisherigen Regelungen nur noch kraft Nachwirkung oder rein faktisch angewendet worden sind und die Arbeitnehmer (insb. bei entsprechender Mitteilung des Arbeitgebers oder bei sich hinziehenden Verhandlungen) erkennen müssen, dass mit einer Änderung zu rechnen ist. Nach Zumutbarkeitsgesichtspunkten komme dann eine Rückwirkung bis zum Endigungszeitpunkt der früheren Betriebsvereinbarung auch zu Lasten der Arbeitnehmer in Betracht (im Ergebnis weitgehend übereinstimmend *BAG* 19.09.1995 EzA § 76 BetrVG 1972 Nr. 67 und die Literatur; vgl. 220

die zitierten *Fitting, Hueck/Nipperdey, Matthes/* MünchArbR, *Richardi, Worzalla/HWGNRH; Hanau* RdA 1989, 207 [209 f.] unter Hinweis auf Mitbestimmungsprobleme in Entgeltfragen; zust. *Berg/ DKKW* § 77 Rn. 87; *Brune* AR-Blattei SD 520, Rn. 460; *Kaiser/LK* § 77 Rn. 30; **a. M.** *Neumann-Duesberg* S. 401, der jede rückwirkende Verschlechterung zu Lasten der Arbeitnehmer für unzulässig hielt). Die h. M. zieht insoweit eine Parallele zu dem verfassungsrechtlichen Grundsatz des Vertrauensschutzes, der als Ausfluss des Rechtsstaatsprinzips nach der Rspr. des *BVerfG* dem Gesetzgeber beim Erlass rückwirkender Gesetze erhebliche Beschränkungen auferlegt, wobei das *BVerG* die Schutzwürdigkeit des Vertrauens durch die Unterscheidung von echter Rückwirkung (Rückbewirkung von Rechtsfolgen) und unechter Rückwirkung (tatbestandliche Rückanknüpfung) zu beurteilen sucht (vgl. dazu *Herzog* in *Maunz/Dürig* GG, Art. 20 VII Rn. 69 ff., 76 ff.; *Linsenmaier* FS *Kreutz*, S. 285 [287 ff.]; für das Tarifvertragsrecht *Wiedemann/Wank* TVG, § 4 Rn. 244 ff.). Weil jedoch die Betriebsvereinbarung kein objektives Recht setzt (vgl. Rdn. 246 ff.), ist diese Parallelbetrachtung und ihre unmittelbare Ausrichtung an verfassungsrechtlichen Kategorien verfehlt. Diese Grenzziehung wird hier aufgegeben.

221 Maßgebend muss sein, dass auch für rückwirkende Verschlechterungen (ablösender) Betriebsvereinbarungen zum Individualschutz das **Schrankenkonzept mittelbarer Grundrechtsbindung** mit dem Verhältnismäßigkeitsprinzip als Bindungsprinzip nach § 75 Abs. 1 greift (dazu ausführlich Rdn. 333 ff.). Danach dürfen auch rückwirkende Regelungen einer Betriebsvereinbarung nicht unverhältnismäßig in grundrechtlich geschützte Rechtspositionen der Arbeitnehmer eingreifen; bei Verbotsverstoß ist die Regelung unwirksam (s. *Kreutz/Jacobs* § 75 Rdn. 157). Zu prüfen ist, ob eine grundrechtlich geschützte Rechtsposition besteht, in die die rückwirkende Regelung eingreift. Praktisch kommen insbesondere Eingriffe in nach Art. 14 Abs. 1 GG geschützte vermögenswerte Rechte in Betracht (z. B. wenn entstandene Geldleistungsansprüche der Arbeitnehmer nachträglich gekürzt werden), aber auch in die nach Art. 2 Abs. 1 GG geschützte allgemeine Handlungsfreiheit (z. B. wenn bei rückwirkender Mietzinserhöhung für Werksmietwohnungen ein Handlungsdruck entsteht). Liegt ein solcher Eingriff vor, ist zu prüfen, ob er das Verhältnismäßigkeitsprinzip wahrt, indem er gemessen am Zweck der Regelung geeignet, erforderlich und angemessen (verhältnismäßig im engeren Sinn) ist. Die Angemessenheitskontrolle erfordert eine Abwägung der Intensität des Eingriffs mit rechtfertigenden Gründen (vgl. zu dieser Prüfungsformel Rdn. 337); dies ist dann der richtige Rahmen für die Einbeziehung von Gesichtspunkten, die für oder gegen schutzwürdiges Vertrauen der Arbeitnehmer sprechen (wegweisend insoweit *Linsenmaier* FS *Kreutz*, S. 289, 290, dessen grundlegende Überlegungen zur Systematisierung der Vertrauensgesichtspunkte [S. 291 ff.] allerdings nicht strikt am Verhältnismäßigkeitsprinzip ausgerichtet sind.

222 Auch die jüngere Rspr. des Ersten Senats des *BAG* geht jetzt in diese Richtung, allerdings unstimmig differenzierend und (noch) ohne die gebotene dogmatische Ausrichtung. Danach sind Regelungen, die bereits eingetretene Rechtsfolgen rückwirkend für Arbeitnehmer nachteilig gestalten (sog. »echte Rückwirkung«), »verfassungsrechtlich grundsätzlich unzulässig« (und damit wohl unwirksam); das ist methodisch mangels unmittelbarer Grundrechtsbindung (s. Rdn. 332) unstimmig und kann Ausnahmen nicht erklären. Demgegenüber soll eine tatbestandliche Rückbeziehung, die Rechtspositionen nachträglich entwertet (sog. »unechte Rückwirkung«), »verfassungsrechtlich zulässig« sein, »wenn sie bei Eingriffen in bereits entstandene, aber noch nicht erfüllte Ansprüche den Grundsatz der Verhältnismäßigkeit wahrt und im Übrigen ein schützenswertes Vertrauen in das Fortbestehen einer Regelung nicht verletzt« (*BAG* 17.07.2012 EzA § 75 BetrVG 2001 Nr. 7 Rn. 51, 52 = AP Nr. 61 zu § 77 BetrVG 1972 Betriebsvereinbarung; übereinstimmend schon *BAG* 23.01.2008 EzA § 77 BetrVG 2001 Nr. 24 Rn. 28 = AP Nr. 40 zu § 77 BetrVG 1972 Betriebsvereinbarung; davor formulierte der Senat noch ohne Bezug auf verfassungsrechtliche Zulässigkeit: Die Möglichkeit einer Rückwirkung normativer Regelungen ist »durch das Vertrauensschutz- und Verhältnismäßigkeitsprinzip beschränkt«; vgl. *BAG* 02.10.2007 EzA § 77 BetrVG 2001 Nr. 20 Rn. 19 ff.; 19.06.2007 EzA § 1a KSchG Nr. 2 Rn. 40). Auch insoweit ist die verfassungsrechtliche Grenzziehung methodisch und dogmatisch unstimmig; zudem bedarf es bei konsequenter Rechtskontrolle nach § 75 Abs. 1 keines besonderen Vertrauensschutzes (s. Rdn. 221).

223 Vgl. zur Kürzung von Ruhegeldansprüchen und zur Beschränkung von Ruhegeldanwartschaftsrechten Rdn. 366 ff.

Durchführung gemeinsamer Beschlüsse, Betriebsvereinbarungen § 77

Bei einer Rückwirkung **zugunsten der Arbeitnehmer** und zu Lasten des Arbeitgebers (z. B. Erhö- 224
hung von Lohnzuschlägen, Zusatzurlaub) bestehen keine Schranken, wenn der Arbeitgeber **selbst** die
Betriebsvereinbarung **abgeschlossen hat**. Es gilt das Ablösungsprinzip, auch für den Fall, dass die
neue Betriebsvereinbarung in den zeitlichen Geltungsbereich einer früheren eingreift; der Arbeitgeber bedarf insoweit keines Schutzes. Anders kann dies sein, wenn die Betriebsvereinbarung auf
einem **bindenden Spruch der Einigungsstelle** beruht (Beispiel: *BAG* 08.03.1977 AP Nr. 1 zu
§ 87 BetrVG 1972 Auszahlung: rückwirkende Festlegung der Kostentragung zu Lasten des Arbeitgebers bei bargeldloser Lohnzahlung); dann kann es geboten sein, dem Arbeitgeber Vertrauensschutz
zu gewähren (*BAG* 08.03.1977 AP Nr. 1 zu § 87 BetrVG 1972 Auszahlung; *Richardi* § 77 Rn. 131).
Insoweit kommt allerdings § 75 Abs. 1 nicht als Kontrollnorm in Betracht; Vertrauensschutzgesichtspunkte sind aber bei der arbeitsgerichtlichen Überprüfung des Spruchs gemäß § 76 Abs. 5 Satz 4 zu
berücksichtigen.

Die Geltungswirkung nach § 77 Abs. 4 Satz 1 endet mit Ablauf der Betriebsvereinbarung. Nach Maß- 225
gabe von Abs. 6 werden bestimmte Regelungen in das Stadium der Nachwirkung überführt (dazu näher Rdn. 443 ff.).

e) Inhalt der Betriebsvereinbarung (Regelungstypen)
Entsprechend der in Abs. 4 Satz 1 angeordneten Wirkungsweise können Inhalt der Betriebsverein- 226
barung **nur Regelungen von Arbeitsbedingungen** sein, durch die Arbeitsverhältnisse (vgl.
Rdn. 194 ff.) und (in Grenzen) sonstige Drittrechtsverhältnisse (vgl. Rdn. 199 ff.) zwischen dem beteiligten Arbeitgeber und seinen einzelnen (ggf. früheren) Arbeitnehmern gestaltet werden. Ausschließlich schuldrechtliche Abreden und sonstige Einigungen zwischen Arbeitgeber und Betriebsrat
sind nicht Betriebsvereinbarung i. S. dieser spezifischen Wirkungsweise (vgl. Rdn. 209); sie werden
durch Abs. 4 Satz 1 aber auch nicht beschränkt.

Die für das Tarifvertragsrecht (wegen § 3 Abs. 2 TVG) wichtige Unterscheidung zwischen Inhalts-, 227
Abschluss- und Beendigungsnormen einerseits und Normen betrieblicher und betriebsverfassungsrechtlicher Art andererseits ist für das Recht der Betriebsvereinbarung ohne rechtliche und praktische
Bedeutung (*Thiele* Drittbearbeitung, § 77 Rn. 153). Dass der Gesetzgeber auch im Übrigen die im
TVG (§ 1 Abs. 1, § 4 Abs. 1) getroffene Unterscheidung nach den genannten Normtypen nicht aufgegriffen hat, hat seinen guten Grund: Die Regelungsbefugnis der Betriebspartner ist enger als die der
Tarifvertragsparteien. Durch Betriebsvereinbarung können nur Normen gesetzt werden, die den Inhalt der Arbeitsverhältnisse sowie (begrenzt) betriebliche und betriebsverfassungsrechtliche Fragen regeln.

Unmittelbare (normative) Wirkung haben uneingeschränkt nur sog. **Inhaltsnormen**, d. h. Regelun- 228
gen, die Rechte und Pflichten und den sonstigen Inhalt von Arbeitsverhältnissen (bzw. sonstiger einschlägiger Drittrechtsverhältnisse) festlegen (z. B. Bestimmungen über Art und Zeitpunkt der Lohn-
und Gehaltszahlung, über Beginn und Ende der täglichen Arbeitszeit, über Akkorde, Zulagen, Prämien, Lohnfortzahlung trotz Nichtleistung der Arbeit, Urlaub usw.). Zu diesen Inhaltsnormen sind
auch Regelungen über die Beendigung von Arbeitsverhältnissen (sog. **Beendigungsnormen**) zu
rechnen (z. B. über die Dauer des Arbeitsverhältnisses, Form und Fristen für die Kündigung, Kündigungsgründe). Die für die Praxis wichtigsten Inhaltsnormen betreffen soziale Angelegenheiten, unabhängig davon, ob der Betriebsrat dabei ein Mitbestimmungsrecht hat (§ 87 Abs. 1) oder nicht (§ 88).

Mit normativer Wirkung können **keine** sog. **Abschlussnormen** über die Begründung von Arbeits- 229
verhältnissen (Abschlussverbote, Abschlussgebote, Formvorschriften) festgelegt werden. Dies folgt
zwingend daraus, dass sich der persönliche Geltungsbereich der Betriebsvereinbarung nicht auf
Rechtsbeziehungen zu Personen erstrecken kann, die noch nicht als Arbeitnehmer dem Betrieb angehören (ebenso im Ergebnis auch schon *Thiele* Drittbearbeitung, § 77 Rn. 155 f.; *Dietz/Richardi*
§ 77 Rn. 43; *Galperin/Löwisch* § 77 Rn. 36a; *Marzen* RdA 1966, 296 [300]; *Nikisch* III, S. 277; *Preis/
WPK* § 77 Rn. 24; *Richardi* Kollektivgewalt und Individualwille, S. 318; *ders.* § 77 Rn. 55; *Worzalla/
HWGNRH* § 77 Rn. 39; jetzt wohl auch *Fitting* § 77 Rn. 46; *LAG Saarbrücken* NJW 1966, 2136;
a. M. *Neumann-Duesberg* S. 374 f.; für Abschlussgebote auch *Hueck/Nipperdey* II/2, S. 1269; *Säcker*
AR-Blattei, Betriebsvereinbarung I, C III 1c). Ein Arbeitsvertrag, der gegen ein Abschlussverbot in

§ 77 IV. 1. Allgemeines

einer »Betriebsvereinbarung« verstößt, ist daher nicht eo ipso nach § 134 BGB nichtig. Dem kann nicht mit Erfolg entgegengehalten werden, dass Abschlussverbote und Abschlussgebote auch in Richtlinien über die personelle Auswahl bei Einstellungen nach § 95 enthalten sind, die als Betriebsvereinbarung anzusehen seien (so aber *Brune* AR-Blattei SD 520, Rn. 194). Letzteres ist gerade nicht der Fall (ebenso auch *Birk* ZfA 1986, 73 [86]), und der Einwand ist deshalb zirkelhaft. Denn sämtliche Auswahlrichtlinien i. S. d. § 95 haben schon deshalb keine normative Wirkung für die Einzelarbeitsverhältnisse, weil sonst unverständlich wäre, dass Rechtswirkungen bei einem Verstoß gegen diese Auswahlrichtlinien kraft Gesetzes (vgl. § 99 Abs. 2 Nr. 2, § 102 Abs. 3 Nr. 2; vgl. auch § 1 Abs. 2 KSchG) an den Widerspruch des Betriebsrats geknüpft sind (ebenso insoweit etwa *Raab* § 95 Rdn. 8; *Fitting* § 95 Rn. 6; *Rose/HSWGNR* § 95 Rn. 8; *Zöllner* FS *G. Müller*, S. 665 [673], der deshalb lediglich von einer »Betriebsvereinbarung ohne normative Wirkung« spricht). Auswahlrichtlinien begründen nur die betriebsverfassungsrechtliche (schuldrechtliche) Rechtspflicht des Arbeitgebers zu ihrer Beachtung und geben dem Betriebsrat bei Nichtbeachtung ein Zustimmungsverweigerungsrecht. Auswahlrichtlinien, die unter Einhaltung der Form des § 77 Abs. 2 aufgestellt worden sind, könnten demnach nur als schuldrechtliche Betriebsvereinbarung eingeordnet werden (so im Ergebnis etwa *Thiele* Drittbearbeitung, § 77 Rn. 155 f.; *Richardi* § 77 Rn. 55; *Zöllner* FS *G. Müller*, S. 673); diese Kategorie kann es jedoch nicht geben (vgl. Rdn. 209).

230 Den in einer Betriebsvereinbarung enthaltenen **Formvorschriften** für die Eingehung eines Arbeitsverhältnisses und **Wiedereinstellungsklauseln** für frühere Betriebsangehörige kann jedoch als Inhaltsnorm normative Wirkung zukommen. In der Regel wird die Auslegung ergeben, dass eine Formvorschrift nur Beweiszwecken dient und dem (wirksam eingestellten) Arbeitnehmer das Recht gibt, die schriftliche Fixierung seines Arbeitsvertrages noch nachträglich zu verlangen (ebenso *Marzen* RdA 1966, 296 [301]; *Nikisch* III, S. 278). Die normative Begründung einer Verpflichtung des Arbeitgebers zur Wiedereinstellung früherer Betriebsangehöriger (z. B. Saisonarbeiter; nach lösender Wirkung von Arbeitskämpfen) erscheint möglich, weil die Wiedereinstellungsklausel als Inhaltsnorm des früheren Arbeitsverhältnisses gedeutet werden kann (im Ergebnis übereinstimmend *BAG* 19.10.2005 EzA § 77 BetrVG 2001 Nr. 13 S. 6: Wiedereinstellungsklausel [Rückkehrzusage] in einer aus Anlass eines Betriebsteilübergangs geschlossenen Betriebsvereinbarung für den Fall, dass eine Beschäftigung beim Erwerber aus betrieblichen Gründen nicht mehr möglich ist [abl. *Diehn* BB 2006, 1794]; ebenso wohl *Thiele* Drittbearbeitung, § 77 Rn. 156; im Ergebnis auch *Marzen* RdA 1966, 301, der die von ihm beurteilte Sachverhaltslage jedoch widersprüchlich angibt; ohne tragfähige Begründung ebenso *Hueck/Nipperdey* II/2, S. 1269; *Säcker* AR-Blattei, Betriebsvereinbarung I, C III 1c; **a. M.** *Nikisch* III, S. 278).

231 Bei sog. **Betriebsnormen** handelt es sich der Sache nach um Fragen der Betriebsorganisation (*Loritz/ZLH* Arbeitsrecht, § 38 Rn. 10). Vgl. zu ihrer historischen Entwicklung *Dieterich* Die betrieblichen Normen nach dem TVG vom 09.04.1949, 1964; zur Diskussion der Abgrenzung ihres sachlich-gegenständlichen Anwendungsbereichs *Säcker/Oetker* Grundlagen und Grenzen der Tarifautonomie, 1992, S. 136 ff. Im Gegensatz zum Tarifvertragsrecht (vgl. § 3 Abs. 2 TVG) kommt der Begriffsabgrenzung im Betriebsverfassungsrecht keine grundsätzliche Bedeutung zu. Es ist jedoch zu berücksichtigen, dass unter dem Oberbegriff »Betriebsnormen« Regelungen mit **unterschiedlichem Regelungsinhalt** und damit auch unterschiedlicher Wirkungsweise zusammengefasst werden (vgl. auch *Richardi* § 77 Rn. 52, 136), ohne dass dies immer deutlich gemacht wird. Im Einzelnen lassen sich noch immer Ordnungsnormen und Solidarnormen unterscheiden (vgl. *Lieb/Jacobs* Arbeitsrecht, Rn. 537 f.; *Loritz/ZLH* Arbeitsrecht, § 38 Rn. 10, der noch weitere Kategorien einbezieht), auch wenn mit dieser Typologie keine präzise Inhaltsabgrenzung einhergeht (vgl. *BAG* 26.04.1990 NZA 1990, 850 [853]).

232 Zu den **Ordnungsnormen** rechnen insbesondere Regelungen über die Ordnung des Betriebes und das Verhalten der Arbeitnehmer im Betrieb (z. B. Festlegungen über die Kontrolle der Anwesenheit [Torkontrolle, Stechuhren], Vorschriften über Krankmeldung, Rauch- und Singverbote, Disziplinarmaßnahmen, Benutzung des Telefons für private Zwecke, die Festlegung von Beginn und Ende der täglichen Arbeitszeit und der Pausen u. Ä.). Diese Regelungen **sind** zugleich **Inhaltsnormen**, weil sie den Inhalt der Arbeitsverhältnisse gestalten können und sollen. Dementsprechend können sie Inhalt einer Betriebsvereinbarung sein.

Durchführung gemeinsamer Beschlüsse, Betriebsvereinbarungen § 77

Anders ist dies bei sog. **Solidarnormen** (vgl. dazu auch Rdn. 208; *Wiedemann/Thüsing* TVG, § 1 **233** Rn. 712 ff.), die definitionsgemäß (!) den Inhalt der einzelnen Arbeitsverhältnisse nicht berühren sollen, vielmehr nur den Arbeitgeber aus Schutz- oder Fürsorgegesichtspunkten für die Gesamtheit der Belegschaft des Betriebes oder für Teile von ihr zu bestimmten Maßnahmen verpflichten (z. B. zur Bereitstellung von Waschräumen, Bauhuden, zur Errichtung von Kantinen, Erholungsheimen, Pensions- und Urlaubskassen, zu Maßnahmen der Entlüftung, Heizung, Beleuchtung von Arbeitsräumen u. Ä.). Da solche Regelungen den einzelnen Arbeitnehmern weder einen Erfüllungsanspruch noch ein Leistungsverweigerungsrecht einräumen sollen und andererseits die Gestaltung eines sog. betrieblichen Rechtsverhältnisses durch Betriebsvereinbarung nicht in Betracht kommt (vgl. Rdn. 208), handelt es sich lediglich um eine schuldrechtliche Betriebsabsprache, deren Durchführung der Betriebsrat vom Arbeitgeber (notfalls im arbeitsgerichtlichen Beschlussverfahren) verlangen kann (vgl. auch *Galperin/Löwisch* § 77 Rn. 37, die freilich wie viele dabei von einer schuldrechtlichen Wirkung der Betriebsvereinbarung sprechen). Echte Solidarbestimmungen können also nicht Inhalt einer Betriebsvereinbarung i. S. d. § 77 Abs. 4 Satz 1 sein (**a. M.** etwa *Brune* AR-Blattei SD 520, Rn. 188; *Fitting* § 77 Rn. 47; *Richardi* § 77 Rn. 136). Es ist jedoch zu berücksichtigen, dass die Abgrenzung und Einordnung einer Regelung als Solidarnorm immer eine Frage der Auslegung des jeweiligen Regelungsinhalts ist und deshalb immer zu prüfen ist, ob die Regelung für den einzelnen Arbeitnehmer nicht doch einen individuellen Anspruch enthält, so dass bei Einhaltung der Form des § 77 Abs. 2 eine normativ wirkende Betriebsvereinbarung vorliegt.

Durch Betriebsvereinbarung können schließlich auch **betriebsverfassungsrechtliche Fragen** gere- **234** gelt werden (ebenso *Brune* AR-Blattei SD 520, Rn. 191; *Fitting* § 77 Rn. 48; *Kaiser/LK* § 77 Rn. 14; *Richardi* § 77 Rn. 137; *Säcker* AR-Blattei, Betriebsvereinbarung I, C III 1b; **a. M.** offenbar *Galperin/Löwisch* § 77 Rn. 36); dadurch kann die gesetzliche Regelung über die Betriebsverfassung modifiziert und ergänzt werden, soweit dem nicht zwingende Bestimmungen des Gesetzes entgegenstehen. Ausdrücklich vorgesehen ist die Regelung durch Betriebsvereinbarung für die in § 3 Abs. 2, § 38 Abs. 1 Satz 5, § 47 Abs. 4, 5 und 9, § 55 Abs. 4, § 72 Abs. 4, 5 und 8, § 73a Abs. 4, § 76 Abs. 1 und 4, § 86 genannten betriebsverfassungsrechtlichen Angelegenheiten sowie nach § 325 Abs. 2 UmwG für die Regelung der Weitergeltung von Rechten und Beteiligungsrechten des Betriebsrats, die sonst infolge der Spaltung (oder Teilübertragung) eines Rechtsträgers entfallen. Folgerichtig handelt es sich jedoch auch in diesen Einzelfällen nur dann um eine Betriebsvereinbarung i. S. d. § 77 Abs. 4 Satz 1, wenn die getroffene Regelung geeignet ist, unmittelbar auf Arbeitsverhältnisse gestaltend einzuwirken. Das ist etwa für die Bestimmung der Einzelheiten des Beschwerdeverfahrens nach § 86 der Fall, nicht aber für abweichende Organisationsbestimmungen nach §§ 38, 47, 55, 72, 73a, 76 und die Regelungen nach § 325 Abs. 2 UmwG. Im Unterschied zu einer tarifvertraglichen Norm, die z. B. eine anderweitige Regelung über die Freistellung nach § 38 Abs. 1 Satz 5 vorsieht, wirkt sich hier auf die Regelungsqualität aus, dass bei entsprechender Regelung durch Betriebsvereinbarung Regelungsurheber und Regelungsadressaten identisch sind. Von normativer Wirkung kann deshalb insoweit nur wegen der Abweichung von der gesetzlichen Normierung gesprochen werden, durch die die Rechtsstellung betriebsverfassungsrechtlicher Organe unmittelbar festgelegt wird. Jedenfalls kann aber die gesetzliche Entscheidung für die Regelung durch Betriebsvereinbarung in den genannten Fällen nicht unter Berufung auf dogmatische Folgerichtigkeit beiseite geschoben werden. Entsprechende Betriebsvereinbarungen sind solche, auch wenn die Wirkungsweise nach § 77 Abs. 4 Satz 1 nicht passt (so im Ergebnis auch *Schmeisser* Regelungsabreden, S. 81 ff.).

Sonstige betriebsverfassungsrechtliche Fragen können jedoch nur dann durch Betriebsvereinbarung **235** geregelt werden, wenn die getroffene Regelung zugleich auch auf Arbeitsverhältnisse einwirkt. Das ist z. B. bei Vereinbarungen über **Ort und Zeit der Sprechstunden** des Betriebsrats (bzw. der Jugend- und Auszubildendenvertretung) **in der Arbeitszeit** (§§ 39 Abs. 1, 69) der Fall, weil daraus das Recht der Arbeitnehmer folgt, diese Sprechstunden aufzusuchen (s. *Weber* § 39 Rdn. 29), oder wenn durch Betriebsvereinbarung gemäß § 102 Abs. 6 bestimmt wird, dass **Kündigungen** des Arbeitgebers der **Zustimmung des Betriebsrats** bedürfen; zu beachten sind etwa auch die Einigungen in Angelegenheiten nach § 37 Abs. 6 und 7, § 38 Abs. 2, §§ 93, 94, 98 Abs. 3. Vielfach werden jedoch nur Betriebsabsprachen obligatorischer Art vorliegen, z. B. in den Angelegenheiten der §§ 80 Abs. 3, 95 (vgl. Rdn. 229) oder bei näheren Absprachen über die Kostentragungspflicht des Arbeitgebers für die Geschäftsführung des Betriebsrats.

236 Für betriebsverfassungsrechtliche Streitigkeiten (§ 2a Abs. 1 Nr. 1 ArbGG) kann ebenso wenig wie für Rechtsstreitigkeiten zwischen Arbeitnehmern und Arbeitgebern (§ 2 Abs. 1 Nr. 3 ArbGG) durch Betriebsvereinbarung die Arbeitsgerichtsbarkeit dadurch ausgeschlossen werden, dass die Zuständigkeit eines Schiedsgerichts vereinbart wird; die **Unzulässigkeit eines Schiedsvertrages** auch durch Betriebsvereinbarung folgt aus § 4 und § 101 Abs. 3 ArbGG (ebenso *Richardi* § 77 Rn. 57; *Grunsky* ArbGG, § 101 Rn. 1, 2).

f) Die unmittelbare Geltung

237 Das Gesetz legt die Wirkungsweise der Betriebsvereinbarungen zunächst dahin fest, dass sie **unmittelbar gelten**. Da ihr Regelungsgegenstand Arbeitsbedingungen sind (vgl. Rdn. 93 ff., 226 ff.) bedeutet das vor allem, dass die beim Abschluss der Betriebsvereinbarung nicht selbst mitwirkenden Arbeitnehmer des Betriebes deren Regelungen **ohne weiteres** (vgl. Rdn. 194) unterliegen, soweit ihre Arbeitsverhältnisse vom Geltungsbereich (dazu Rdn. 193 ff.) der konkreten Betriebsvereinbarung erfasst werden. Die Unmittelbarkeit der Wirkung wird im Anschluss an *Nipperdey* (*Hueck/Nipperdey* II/2, S. 1266; vgl. etwa auch *BAG GS* vom 16.03.1956 AP Nr. 1 zu § 57 BetrVG; *Nikisch* III, S. 287 m. w. N.; *Säcker* AR-Blattei, Betriebsvereinbarung I, D II 1) verbreitet so verstanden, dass die »Regeln der Betriebsvereinbarung von außen wie ein Gesetz auf die Arbeitsverhältnisse einwirken, ohne als deren Bestandteil in diese einzugehen«. Diese Parallelbetrachtung ist allerdings im zweiten Satzteil missverständlich, weil sie nicht klar zwischen der Bedeutung für Arbeitsvertrag und Arbeitsverhältnis unterscheidet. Richtig ist, dass die Regelungen der Betriebsvereinbarung nicht in den Arbeitsvertrag eingehen, nicht Vertragsabrede werden, sondern ihre rechtliche Existenz als selbständige Gestaltungsfaktoren des Arbeitsverhältnisses behalten. Sie werden aber insofern Bestandteil des Arbeitsverhältnisses, als sie neben anderen Gestaltungsfaktoren von Arbeitsbedingungen (Gesetzen, Normen eines Tarifvertrages, Vertragsabreden, Arbeitgeberweisungen im Rahmen des Direktionsrechts) unmittelbar das Rechtsverhältnis zwischen Arbeitgeber und Arbeitnehmer ordnen (*Thiele* Drittbearbeitung, § 77 Rn. 154; *Kreutz* Betriebsautonomie, S. 53).

aa) Normwirkung der Betriebsvereinbarung

238 Durch die einhellige Hervorhebung des Normcharakters der Betriebsvereinbarung wird zunächst zutr. auf ihre Eigenart jenseits eines lediglich schuldrechtlichen Vertrages verwiesen und zugleich deutlich gemacht, dass frühere Versuche (vgl. etwa *Jacobi* Grundlehren, S. 348 ff.; zuletzt *Thiele* Zweitbearbeitung, § 77 Rn. 42 ff.; vgl. auch *Gaul* BB 1984, 931: »Verpflichtungsermächtigung«) längst aufgegeben sind, mit Hilfe traditioneller privatrechtlicher Konstruktionen (Vertretung, § 164 BGB; Vertrag zugunsten Dritter, § 328 BGB) die unmittelbare Wirkung der Betriebsvereinbarung auf die Einzelarbeitsverhältnisse zu erklären. Zu Recht wird insbesondere **gegen** die **Vertreterkonstruktion** eingewendet, dass auf Arbeitnehmerseite der Betriebsrat selbst Partei der Betriebsvereinbarung ist und in eigenem Namen handelt (dazu ausführlich *Kreutz* Betriebsautonomie, S. 16 ff.) und dass sie die zwingende Geltung, die Unverzichtbarkeit (§ 77 Abs. 4 Satz 2), die Nachwirkung (§ 77 Abs. 6) sowie die Geltung der Betriebsvereinbarung für erst nach ihrem Abschluss in den Betrieb eintretende Arbeitnehmer nicht plausibel erklären kann (vgl. dazu etwa *Zöllner* Die Rechtsnatur der Tarifnormen nach deutschem Recht, 1966, S. 9 f. m. w. N.; *Thiele* Zweitbearbeitung, § 77 Rn. 42 ff.; *Bickel* ZfA 1971, 181 [189 ff.]).

239 Für die **Begründung des Normcharakters** der Betriebsvereinbarung ist maßgeblich auf die Anordnung ihrer **unmittelbaren Geltung** in § 77 Abs. 4 Satz 1 abzustellen. Die Betriebsvereinbarung ist Norm, weil sie unmittelbar gilt, nicht deshalb, weil sie den (jeweiligen) Anforderungen entspricht, die die verschiedenen Normtheorien an den Normbegriff (Rechtssatzbegriff) stellen. Mit der Feststellung der Normwirkung ist zudem noch nichts über den Geltungsgrund der Betriebsvereinbarung gesagt (dazu Rdn. 244 ff.). Die Eigenart der Betriebsvereinbarung lässt sich z. B. nicht dadurch erklären, dass man sie als Norm i. S. d. Theorie vom Stufenbau der Rechtsordnung (**normologische Rechtstheorie**; vgl. für das Arbeitsrecht insb. *Adomeit* Rechtsquellenfragen, S. 72 ff.) bezeichnet. Diese Theorie nimmt eine »Norm« schon dann an, wenn eine rechtliche Regelung »ein Verhalten als gesollt statuiert« (*Kelsen* FS *Nipperdey* Bd. I, 1965, S. 57 ff.), stellt also allein auf die **Verbindlichkeit** der Regelung ab und überbrückt dadurch den Gegensatz zwischen Schuldvertrag und Gesetzesnorm. Die

Durchführung gemeinsamer Beschlüsse, Betriebsvereinbarungen § 77

Geltung der Betriebsvereinbarung für die am Abschluss nicht selbst mitwirkenden Arbeitnehmer wird aber nicht als Besonderheit gewürdigt und ist danach nur eine Frage des Adressatenkreises (vgl. *Adomeit* Rechtsquellenfragen, S. 142 [145]). Von geringem Erkenntniswert für die unmittelbare Drittwirkung der Betriebsvereinbarung ist es andererseits, wenn man mit einer weit verbreiteten Lehre (vgl. *Meyer-Cording* Die Rechtsnormen, S. 24 ff.; weitere Nachweise bei *Richardi* Kollektivgewalt und Individualwille, S. 24 mit Fn. 28; *Säcker* Gruppenautonomie und Übermachtkontrolle im Arbeitsrecht, S. 96 mit Fn. 64; *F. Kirchhof* Private Rechtsetzung, S. 64 ff.) neben der Verbindlichkeit des weiteren das Kriterium **generell-abstrakter Regelung** für maßgeblich hält. Dann könnte nur generell-abstrakten Regelungen in einer Betriebsvereinbarung Normcharakter zuerkannt werden. Problematisch bliebe die vom Gesetz nicht angesprochene Frage, ob durch Betriebsvereinbarung auch ein Einzelfall geregelt werden kann. Wollte man dies unter Hinweis auf den Normcharakter der Betriebsvereinbarung verneinen, würde man einem klassischen Zirkelschluss unterliegen. Entsprechendes müsste gelten, wenn man das maßgebliche Kriterium einer Rechtsnorm in der **Verwirklichung des Rechtsgedankens** sehen wollte (dazu *Zöllner* Die Rechtsnatur der Tarifnormen nach deutschem Recht, S. 34 ff., der zu Recht den heuristischen Wert dieses Kriteriums betont).

Die Betriebsvereinbarung hat Normcharakter, weil ihre Regelungen **unabhängig vom Willen** der 240 regelungsbetroffenen Arbeitnehmer gelten. »Selbstherrliche« Geltung ist in der traditionellen Rechtsquellentheorie das wesentliche Unterscheidungskriterium von Rechtsnormen und rechtsgeschäftlicher Regelung, eine als fundamental verstandene Unterscheidung, was seit der Pandektistik die Zivilrechtsdogmatik beherrscht. Ein solcher Dualismus zwischen Normsetzung und Rechtsgeschäft besteht zwar nicht, wie die Kategorie privatheteronomer Rechtsgeschäfte zeigt (vgl. dazu Rdn. 250). Gleichwohl ist es richtig, dass **Heteronomität** typisches und erforderliches Kennzeichen der Rechtsnorm ist (vgl. *Enneccerus/Nipperdey* Allgemeiner Teil des Bürgerlichen Rechts, 15. Aufl., 1. Halbbd., S. 210; *Jacobi* Grundlehren, S. 76; *F. Kirchhof* Private Rechtsetzung, S. 84 ff. m. w. N., der allerdings schon potentielle Heteronomität genügen lässt; *Larenz* Allgemeiner Teil des Deutschen Bürgerlichen Rechts, 7. Aufl., § 1 c; *Richardi* Kollektivgewalt und Individualwille, S. 33 ff.; *Zöllner* Die Rechtsnatur der Tarifnormen nach deutschem Recht, S. 29 ff.; zum ganzen auch *Kreutz* Betriebsautonomie, S. 54 ff., 108; *Kielkowski* Die betriebliche Einigung, S. 35 ff., 82 f.; beiläufig auch schon BAG GS 16.03.1956 BAGE 3, 1 [5]; **a. M.** etwa *Meyer-Cording* Die Rechtsnormen, S. 45 ff., der den Gegensatz zwischen Gesetz und Rechtsgeschäft durch die Unterscheidung von [staatlichen] Zwangs- und [institutionellen] Wahlnormen zu überwinden sucht).

Die Betriebsvereinbarung gilt unabhängig vom Willen der regelungsbetroffenen Arbeitnehmer, weil 241 ihre unmittelbare Geltung für diese **nicht privatautonom** erklärt werden kann. Die Betriebsvereinbarung ist kein Akttyp der Privatautonomie, weil die Arbeitnehmer durch Betriebsvereinbarung ihre Rechtsbeziehungen zum Arbeitgeber nicht nach dem Prinzip der Selbstbestimmung gestalten (dazu ausführlich *Kreutz* Betriebsautonomie, S. 57 ff.). Die Vertreterkonstruktion scheidet aus (vgl. Rdn. 238). Den Grenzfall privatautonomer Gestaltung markiert die freiwillige Unterwerfung unter den Regelungswillen anderer (*Bötticher* Gestaltungsrecht und Unterwerfung im Privatrecht, 1964). Den Anforderungen freiwilliger Unterwerfung unter den Regelungswillen der Betriebspartner genügt aber **weder der Abschluss des Arbeitsvertrages** (a. M. nur *Meyer-Cording* Die Rechtsnormen, S. 89 f., 102 ff., der den Arbeitsvertrag als personenrechtlichen Statusvertrag sieht, durch sich der Arbeitnehmer den objektiven Ordnungskräften des Betriebes unterwerfe, sowie insb. die von *Reuter* und Schülern vertretene neuere Lehre vom »Arbeitsverband im Betrieb«, die annimmt, dass die Arbeitnehmer durch Abschluss des Arbeitsvertrages freiwillig in den Betriebsverband eintreten, und für die deshalb die Betriebsvereinbarung privatautonomes Arbeitsverbandsrecht schafft; vgl. *Reuter* RdA 1989, 193 [197 ff.]; *ders.* ZfA 1993, 221 [226 ff., 245 f.]; *ders.* RdA 1994, 152 [157 ff.]; *ders.* ZfA 1995, 1 [67]; *ders.* Verhandlungen des 61. DJT, Bd. II 1 K 35 [K 44]; *ders.* FS Schaub, S. 605 [628]; *ders.* FS *Kreutz*, S. 359 [373 ff.]; vgl. zur Replik *Kreutz* FS *Reuter*, S. 643, 653 f.]; *Kessal-Wulf* Die Innenverbände, S. 321 ff.; *Nebel* Die Normen des Betriebsverbandes am Beispiel der ablösenden Betriebsvereinbarung, S. 49 ff., 124 ff.; vgl. auch *Boysen* Betriebsverband und Arbeitsverhältnis am Beispiel der Gruppenarbeit, 1998, S. 229 ff.; ohne der Lehre vom Betriebsverband zu folgen, aber doch ebenfalls gestützt auf den Abschluss des Arbeitsvertrages, durch den die Mitgliedschaft im Betrieb freiwillig erworben werde, nehmen auch *Ehmann* [ZRP 1996, 314, 317, 319], *Ehmann/Lambrich* [NZA 1996, 346, 349 ff.] sowie *Lambrich* [Tarif- und Betriebsautonomie, S. 175 ff., 380] und *Emmert* [Betriebsvereinbarungen über den Zeitlohn, S. 188 ff.] an, dass der Betriebsautonomie sogar Grundrechtsschutz nach Art. 2 Abs. 1 oder Art. 9 Abs. 1 GG zukomme) bzw. die Eingliederung in den Betrieb (abw. aber *Nikisch* III, S. 275) **noch** unter dem Gesichtspunkt einer Unterwerfung unter die Mitgestaltungsmacht des Betriebsrates die Teilnahme an der **Wahl des Betriebsrates** oder die Möglichkeit dazu (vgl. näher zur Begründung dieser These *Kreutz* Betriebsautonomie S. 61 ff.; danach nochmals ausführlich *Müller-Franken* Die Befugnis zu Eingriffen in die Rechtsstellung des einzelnen durch Betriebsvereinbarung, S. 45 ff., 101 f.; vgl. aber auch *Jahnke* Tarifautonomie und Mitbestimmung, S. 111, der die Beteiligung an der Betriebsratswahl als freiwillige rechtsgeschäftliche Unterwerfung deuten will, dabei aber nicht umhin kommt, Lücken der Legitimation zu konstatieren, die er jedoch vernachlässigt) und konsequenterweise dann auch nicht die Kombination von Arbeitsvertrag und Betriebsratswahl (so aber *Hänlein* RdA 2003, 26 [30 f.]; zust. *Franzen* NZA 2006, Beil. 3, S. 107 [108]). Soweit in der Literatur (vgl. insb. *Säcker* AR-Blattei, Betriebsvereinbarung I, C III 2; *ders.* Gruppenautonomie und Übermachtkontrolle im Arbeitsrecht, S. 344) die Wahl des Betriebsrats durch die Arbeitnehmer als ausreichende demokratische Legitimation für eine kollektivrechtliche Gestaltungsmacht angesehen wird, wird aus der Sicht des öffentlichen Rechts mit der Methode zur Legitimation von »Herrschenden« argumentiert, aber nicht dargetan, dass die Wahl des Betriebsrats zu privatautonomer Gestaltung legitimiert.

242 Nach ihrer Wirkungsweise für die regelungsbetroffenen Arbeitnehmer ist daher die Betriebsvereinbarung nicht Selbst-, sondern **Fremdbestimmungs- und Zwangsordnung** (ebenso *Richardi* Kollektivgewalt und Individualwille, S. 309 ff.; *ders.* Betriebsverfassung und Privatautonomie, S. 7 ff.; *ders.* § 77 Rn. 65; *ders.* FS *Kreutz*, S. 379: Rechtsinstitut gesetzlich gestalteter Betriebsautonomie; *Staudinger/Richardi* BGB, vor §§ 611 ff., Rn. 1112; *Thiele* Drittbearbeitung, § 77 Rn. 35; *Konzen* ZfA 1985, 469 [474]; *Kreutz* Betriebsautonomie, S. 74 und passim; *ders.* ZfA 1975, 65 [80 ff.]; *ders.* FS *Reuter*, S. 643 [653 f.]; *Beuthien* ZfA 1983, 141 [164]; ebenso in neuerer Zeit etwa *Hans Hanau* Individualautonomie und Mitbestimmung in sozialen Angelegenheiten, S. 59 ff.; *Kallrath* Gerichtliche Kontrolle von Betriebsvereinbarungen, S. 152 ff.; *Linsenmaier* RdA 2008, 1 [5]; *May* Die Zulässigkeit der Regelung von Lohn und Arbeitszeit in Betriebsvereinbarungen, S. 193 und passim; *Picker* Die Tarifautonomie in der deutschen Arbeitsverfassung, S. 56; *ders.* NZA 2002, 761 [769]; *Ch. Picker* Die ablösende Betriebsvereinbarung, S. 116; *Preis/Ulber* RdA 2013, 211 [215]; *Schwarze* Der Betriebsrat im Dienst der Tarifvertragsparteien, S. 140 ff.; *Staschik* Grundfragen zur Betriebsvereinbarung, S. 9 ff.; *Veit* Die funktionelle Zuständigkeit des Betriebsrats, S. 169 ff., 202; *Walker* ZfA 1996, 353 [357]; *Waltermann* Rechtsetzung durch Betriebsvereinbarung, S. 86 ff., 98; *ders.* FS *Kreutz*, S. 471 f.; *ders.* FS *v. Hoyningen-Huene*, S. 548 [551]; erstmals auch *BAG* 12.12.2006 EzA § 88 BetrVG 2001 Nr. 1 Rn. 16, allerdings mit unstimmiger und irritierender Folgerung, dass die einzelnen Grundrechtsträger vor unverhältnismäßigen Grundrechtsbeschränkungen durch privatautonome [!?] Regelungen zu schützen sind (Rn. 23); richtig muss von privatheteronomen Regelungen gesprochen werden [vgl. Rdn. 250]; vgl. auch *M. Hammer* Die betriebsverfassungsrechtliche Schutzpflicht für die Selbstbestimmungsfreiheit des Arbeitnehmers, 1998, S. 58 ff.; **a. M.** *Jahnke* [wie Rdn. 241] S. 116 ff.; relativierend auch *Hönn* Kompensation gestörter Vertragsparität, S. 212 ff.; noch konsequenter vertragsrechtsdogmatisch *Reichold* Betriebsverfassung als Sozialprivatrecht, S. 542 ff., der die Betriebsverfassung vertragsrechtsakzessorisch deutet und im Arbeitsvertrag als Zweckkontrakt [nicht: Statuskontrakt] die alleinige und ausreichende privatautonome Legitimation für die Normenwirkung der Betriebsvereinbarung sieht; diesem vage zust. *Rieble* Arbeitsmarkt und Wettbewerb, S. 427 ff.; neuerdings [FS *Kreutz*, S. 349] hat aber auch *Reichold* anerkannt, dass die Betriebsvereinbarung für die betroffenen Arbeitnehmer »Akt der Fremdbestimmung« ist); darüber hinaus ist die Betriebsvereinbarung, die in den Fällen des § 76 Abs. 5 auf einem Spruch der Einigungsstelle beruht, zusätzlich auch Fremdbestimmungsordnung für den Arbeitgeber (*I. Schmidt* FS *Kreutz*, S. 451 [457]). Nur daraus, dass die Betriebsvereinbarung Fremdbestimmungsordnung ist, rechtfertigt sich die Annahme ihres **Normcharakters**. Diese Feststellung stützt sich allein auf die selbstherrliche Geltung der Betriebsvereinbarung, d. h. ihre Heteronomität; vgl. Rdn. 250). Damit ist nicht gesagt, dass es sich um Normen i. S. einer »staatlichen Rechtstheorie« handelt, die das objektive Recht, die staatliche Rechtsordnung bilden (vgl. auch *BVerfG*E 73, 261 [268], wo das *BVerfG* hervorhebt, dass Betriebsvereinbarungen **nicht** dadurch den **Charakter von Akten öffentlicher Gewalt** erhalten, dass der Gesetzgeber [§ 77 Abs. 4 Satz 1] ihnen normative Wirkung zuerkannt hat).

Vgl. zu **praktischen Konsequenzen** aus dem Normcharakter der Betriebsvereinbarung Rdn. 66 **243**
(Teilnichtigkeit), Rdn. 70 (Auslegung), Rdn. 81 (Revisibilität) und Rdn. 394 f. (Betriebsvereinbarung als »andere Rechtsvorschrift« i. S. v. § 4 Abs. 1 BDSG). Eine unmittelbare Grundrechtsbindung besteht aber nicht (vgl. Rdn. 332).

bb) Geltungsgrund der Betriebsvereinbarung
Die Normwirkung der Betriebsvereinbarung beruht auf § 77 Abs. 4 Satz 1; das ist im Ergebnis heute **244**
unstr. Nicht abschließend geklärt ist indes der **Geltungsgrund** der Betriebsvereinbarung und die damit zusammenhängende Einordnung der Normen der Betriebsvereinbarung in das Rechtssystem, von der wiederum entscheidend abhängt, welche rechtlichen Konsequenzen aus dem Normcharakter zur Schließung gesetzlicher Regelungslücken gezogen werden können (z. B. bezüglich einer Grundrechtsbindung, der Auslegung und Kontrolle, insb. der Grenzen der Gestaltungsmacht). Dabei ist die Diskrepanz und Besonderheit zu überbrücken, die sich daraus ergibt, dass die Betriebsvereinbarung als privatrechtlicher Vertrag (vgl. Rdn. 40) zustande kommt und dementsprechend die Normerzeugungsmethode privatrechtlicher Natur ist, gleichwohl Normen hervorgebracht werden, deren Geltung nicht individualrechtlich-privatautonom erklärt werden kann (vgl. Rdn. 241).

Nach der »**Tatbestandstheorie**« ist die Betriebsvereinbarung lediglich Tatbestandsmerkmal des § 77 **245**
Abs. 4 Satz 1, an dessen Vorliegen das Gesetz die Normwirkung ihrer Bestimmungen unmittelbar anknüpft; die in den Arbeitsverhältnissen eintretenden Rechtswirkungen sind danach unmittelbare Wirkungen des staatlichen Gesetzes, nicht solche der Betriebsvereinbarungen selbst (*Bickel* ZfA 1971, 181 [193 ff.]; ähnlich formal auch *F. Kirchhof* Private Rechtssetzung, S. 139 ff., soweit er die Betriebsvereinbarung als »Rechtssatzform« einstuft; vgl. entsprechend für den Tarifvertrag *Scholz* Koalitionsfreiheit, S. 57 Anm. 54; *ders.* in *Maunz / Dürig* GG, Art. 9 Rn. 301). Diese Ansicht könnte für sich geltend machen, dass in § 77 Abs. 4 Satz 1 in der Mehrzahl von »Betriebsvereinbarungen« die Rede ist. Jedoch bleibt dieser gesetzespositivistische Ansatz ohne eigenen dogmatischen Erklärungswert, weil er die eigentliche Besonderheit der Betriebsvereinbarung ausblendet, die darin besteht, dass die Betriebspartner durch vertragliches Zusammenwirken die Rechtsverhältnisse der Arbeitnehmer unmittelbar gestalten (ebenso *Thiele* Drittbearbeitung, § 77 Rn. 40; *Kreutz* Betriebsautonomie, S. 41 mit Fn. 1; *Hönn* Kompensation gestörter Vertragsparität, S. 211; *Jahnke* Tarifautonomie und Mitbestimmung, S. 106; *Richardi* § 77 Rn. 25; *Säcker* AR-Blattei, Betriebsvereinbarung I, C III 2).

Weithin wird die Ansicht vertreten, dass den Betriebspartnern durch § 77 Abs. 4 Satz 1 eine **Normset- 246
zungsbefugnis** (bzw. Rechtssetzungsmacht i. S. einer Kompetenz) eingeräumt ist, **die vom Staat abgeleitet ist**. Darüber, wie man sich diese **Delegation** vorzustellen hat, gehen die Meinungen jedoch auseinander. Im Schrifttum wird in der Sache eine öffentlich-rechtliche und eine privatrechtliche Delegationstheorie im Ergebnis danach unterschieden, ob die vom Staat »delegierte« Rechtssetzungsbefugnis als eine öffentlich-rechtliche oder eine privatrechtliche Befugnis (oder Kompetenz) angesehen wird (vgl. zur Analyse *Bickel* ZfA 1971, 181 [183 ff.]). Einig sind sich alle Vertreter einer Delegation in der Ablehnung der mandatarisch-rechtsgeschäftlichen Vertreterkonstruktion (vgl. Rdn. 238). Die Tatsache, dass der Gesetzgeber in offensichtlich bewusstem Gegensatz zum Tarifvertrag bei der Betriebsvereinbarung nicht von »Rechtsnormen« spricht (vgl. Rdn. 191), wird von ihnen übergangen.

Nach der (echten) **Delegationstheorie** beruht die Normsetzungsbefugnis der Betriebspartner auf **247**
staatlicher Übertragung rechtssetzender Gewalt; Delegationsnorm ist § 77 Abs. 4 Satz 1. Die Betriebspartner üben die ihnen übertragene Befugnis (Beleihung) in eigenem Namen aus, produzieren aber staatliches, objektives Recht (so *Adomeit* Rechtsquellenfragen, S. 136 ff.; *Biberacher* Betriebliche Rechtssetzungsmacht, S. 36 ff.; *Belling* Anm. zu BAG 20.11.1987 EzA § 620 BGB Altersgrenze Nr. 1 S. 27; *E. R. Huber* Wirtschaftsverwaltungsrecht II, S. 521; *Neumann-Duesberg* S. 371 f.; *W. Müller* Die Grenzen der normativen Gestaltungswirkung der Betriebsvereinbarung, S. 71 ff.; wohl auch *Picker* NZA 2002, 761 [769]: Delegation staatlicher Regelungsmacht; *Rieble / Gutzeit* NZA 2003, 233 [234]). Diese Ansicht knüpft an die (richtige) These vom Normsetzungsmonopol des Staates (dazu *Kreutz* Betriebsautonomie, S. 55 m. w. N. **a. M.** *Waltermann* Rechtsetzung durch Betriebsvereinbarung, S. 122 ff. m. w. N.) und macht Ernst mit der traditionellen Rechtsquellenlehre, die Rechtssetzung und Rechtsgeschäfte (zu Unrecht) als kontradiktorische Gegensätze versteht. Sie ist aber nicht in

der Lage zu erklären, wieso die Rechtserzeugungsmethode privatrechtlicher Natur ist (konsequent allerdings *E. R. Huber* Wirtschaftsverwaltungsrecht II, S. 521, der die Betriebsvereinbarung als öffentlich-rechtlichen Normenvertrag ansah). Weiter wird gegen sie die fehlende Staatsaufsicht geltend gemacht (vgl. *Bickel* ZfA 1971, 181 [183 f.]; *F. Kirchhof* Private Rechtsetzung, S. 174).

248 Verbreitet wird deshalb die Normsetzungsbefugnis auf die **gesetzliche Erteilung einer Autonomie-Ermächtigung** gestützt; Ermächtigungsnorm ist § 77 Abs. 4 Satz 1 (vgl. *Hueck/Nipperdey* II/2, S. 1275 f., 1669; *Säcker* Gruppenautonomie und Übermachtkontrolle im Arbeitsrecht, S. 344; *ders.* ZfA 1972, Sonderheft S. 41 [50]; *ders.* AR-Blattei, Betriebsvereinbarung I, C III 2; *ders.* BB 2013, 2677; weiter etwa *G. Hueck* Die Betriebsvereinbarung, S. 27 ff.; *Strasser* Die Betriebsvereinbarung, S. 149; *Fitting* § 77 Rn. 13; *Frauenkron* § 77 Rn. 17; *Nebel* Die Normen des Betriebsverbandes am Beispiel der ablösenden Betriebsvereinbarung, S. 200 ff.; ohne nähere Herleitung geht jetzt auch das *BAG* [12.12.2006 EzA § 88 BetrVG 2001 Nr. 1 Rn. 18, 20] von »verliehener Betriebsautonomie« aus; ebenso *Fitting* § 77 Rn. 45). Durch die Annahme staatlich begründeter Autonomie geht diese Lehre über die mit dem staatlichen Rechtsetzungsmonopol unvereinbare und heute überholte ältere betriebsverfassungsrechtliche Verbandstheorie hinweg, die in der Tradition der genossenschaftlichen Rechtstheorie *von Gierkes* (Privatrecht, S. 142 ff.) stand und dem »Betriebsverband« originäre Rechtssetzungsbefugnis zuerkannte (vgl. *Bogs* RdA 1956, 5; *Galperin* FS *E. Molitor*, 1962, S. 143 [149]; *ders.* JArbR Bd. 1 [1964], S. 75 ff.; vgl. zur neueren Lehre vom »Arbeitsverband im Betrieb« Rdn. 241). Die entscheidende Besonderheit dieser »Theorie delegierter Autonomie« (»Verbandstheorie«) liegt darin, dass sie in Anlehnung an *H. Schneider* (FS *Ph. Möhring*, 1965, S. 521 ff.) einen Unterschied zwischen staatlicher Autonomie-Ermächtigung einerseits und (privatrechtlicher) Normsetzung durch den privilegierten Autonomieträger andererseits (widerspruchsfrei) konstruieren will, nach der die Normsetzung eigenes, nichtstaatliches, wenn auch vom Staat anerkanntes Recht hervorbringt. Dementsprechend bezeichnet diese Lehre die Betriebsvereinbarung (ebenso wie den Tarifvertrag) als »autonomes, objektives Satzungsrecht kraft staatlicher, auf einen konkreten Sachbereich bzw. Mitgliederstand bezogener Autonomie-Ermächtigung« (vgl. *Säcker* Gruppenautonomie und Übermachtkontrolle im Arbeitsrecht, S. 344).

249 Dieser vom Tarifvertrag schematisch übernommene Erklärungsversuch überzeugt jedenfalls für die Betriebsvereinbarung nicht (vgl. zur Kritik auch *Thiele* Drittbearbeitung, § 77 Rn. 38 f.; *Bickel* ZfA 1971, 181 [184 f.]; *Biberacher* Betriebliche Rechtssetzungsmacht, S. 37 ff.; *Waltermann* Rechtsetzung durch Betriebsvereinbarung, S. 128 ff.). Die Arbeitnehmer sind nicht Mitglieder eines aus ihnen und dem Arbeitgeber bestehenden (Betriebs-) Verbandes im Rechtssinne; zu Recht wird dementsprechend die Satzungstheorie heute fast allgemein abgelehnt (vgl. Rdn. 40 f.). Außerdem bleibt der Fremdbestimmungscharakter der Betriebsvereinbarung nicht gewürdigt, wenn die Betriebsvereinbarung einer Vereinssatzung gleichgestellt wird; denn im Gegensatz zu dieser ist die Betriebsvereinbarung nicht privatautonom zu erklären (vgl. Rdn. 241). Andererseits bleibt offen, wie Satzungsrecht über die Rechtsbeziehungen des »Verbandes« hinaus auf die davon zu unterscheidenden schuldrechtlichen Einzelarbeitsverhältnisse einwirken könnte; es ist auch nicht ersichtlich, inwieweit »demokratische Legitimation« durch die Wahl des Betriebsrats daran etwas ändern könnte. Gegen jede Art einer Delegation von Normsetzungsbefugnis über Dritte, **aus staatlicher Rechtssetzungsgewalt** (Normsetzungsmonopol des Staates) abgeleitet wird, ist aber vor allem einzuwenden, dass sie **mit dem Rechtsstaatsprinzip unvereinbar** ist. Dieser elementare Verfassungsgrundsatz verbietet die Rückverlagerung staatlicher Entscheidungsgewalt in die Gesellschaft und damit auch die Übertragung von Normsetzungsbefugnis oder die Autonomie-Ermächtigung, die über die Regelung eigener Angelegenheiten hinausgeht, durch den Gesetzgeber auf die Betriebspartner (ausführlich dazu *Kreutz* Betriebsautonomie, S. 76 ff., 82 ff., 92 ff.; vgl. auch *Müller-Franken* Die Befugnis zu Eingriffen in die Rechtsstellung des einzelnen durch Betriebsvereinbarung, S. 147 ff.).

250 Richtig erscheint es, die Betriebsvereinbarung als **privatheteronomes Rechtsgeschäft** in das Rechtssystem einzuordnen (dazu grundsätzlich *Kreutz* Betriebsautonomie, S. 99 ff.; zust. *Canaris* JuS 1989, 161 [167]; *Fastrich* RdA 1999, 24 [27]; *Hans Hanau* Individualautonomie und Mitbestimmung in sozialen Angelegenheiten, S. 68; *Hönn* Kompensation gestörter Vertragsparität, S. 213; *Linsenmaier* RdA 2008, 1 [3]; *Nause* Die Grenzen der Regelungsbefugnis von Arbeitgeber und Betriebsrat gegenüber dem einzelnen Arbeitnehmer bei Abschluss von Betriebsvereinbarungen, S. 92 ff.;

Schwarze Der Betriebsrat im Dienst der Tarifvertragsparteien, S. 143; *Thiele* Drittbearbeitung, § 77 Rn. 47; *Veit* Die funktionelle Zuständigkeit des Betriebsrats, S. 201; vgl. auch *M. Hammer* Die betriebsverfassungsrechtliche Schutzpflicht für die Selbstbestimmungsfreiheit des Arbeitnehmers, S. 110; *Hanau* RdA 1989, 207 [208]; *Kempen* RdA 1994, 140 [148/150 f.]; **abl.** *Biberacher* Betriebliche Rechtssetzungsmacht, S. 27 ff.; *Nebel* Die Normen des Betriebsverbandes am Beispiel der ablösenden Betriebsvereinbarung, S. 170 ff.; *Staudinger/Richardi* BGB, vor §§ 611 ff., Rn. 1112; *Richardi* [§ 77 Rn. 65, 70] steht gleichwohl der hier vertretenen Einordnung nahe, da er die Betriebsvereinbarung als rechtsgeschäftliche Fremdbestimmungsordnung einstuft, bei der es sich zwar um private Rechtssetzung handele, die aber nicht auf einer Delegation staatlicher Rechtssetzungsbefugnis, sondern auf Staatsintervention zur Verwirklichung von Mitbestimmung der Arbeitnehmerseite beruht; deshalb könne man die Betriebsvereinbarung den privaten Ämtern des Bürgerlichen Rechts zuordnen [*Richardi* FS *Kreutz*, S. 379, 386]; vgl. auch die Kritik bei *Waltermann* Rechtsetzung durch Betriebsvereinbarung, S. 130 ff., der die Betriebsvereinbarung seinerseits als private Rechtssetzung im staatlich anerkannten Autonomiebereich »Betrieb« deutet; ähnlich sieht auch *Müller-Franken* [wie Rdn. 249, S. 113 f., 158 f.] die Betriebsvereinbarung als private Rechtssetzung, die der Staat durch den Geltungsbefehl in § 77 Abs. 4 Satz 1 anerkennt; beide knüpfen dabei an *F. Kirchhof* Private Rechtssetzung, an).

Die Kategorie privatheteronomer Rechtsgeschäfte (zu ihrer Begründung vgl. *Kreutz* Betriebsautonomie, S. 99 ff.) ist in der Gegensätzlichkeit von (staatlicher) Rechtssetzung und Rechtsgeschäft in der Privatrechtslehre lange übersehen worden, weil die rechtsgeschäftliche Regelung schlechthin mit privatautonomer Gestaltung gleichgesetzt wurde. Das Rechtsgeschäft ist aber funktionsgemäß nicht stets Instrument der Gestaltung von Rechtsverhältnissen in Selbstbestimmung. Rechtsgeschäfte können auch Fremdbestimmungsakte und Fremdbestimmungsregelungen sein; das belegen die Rechtsgeschäfte der Vertreter von Gesetzes (Eltern, Vormund, Pfleger) und von Amts wegen (Insolvenzverwalter, Testamentsvollstrecker, Nachlaßverwalter). Auch die Regelungen der Betriebsvereinbarung sind heteronom-rechtsgeschäftlicher Art, da sie durch privatrechtlichen Vertrag zwischen Arbeitgeber und Betriebsrat zustande kommen, aber weder privatautonom-rechtsgeschäftliche Gestaltungen der regelungsbetroffenen Arbeitnehmer sind (vgl. Rdn. 241), noch als Rechtsnormen i. S. d. staatlichen Rechtstheorie erklärt werden können (vgl. Rdn. 245 ff.). Arbeitsbedingungen, die der Arbeitgeber und der Betriebsrat als Sachwalter der Arbeitnehmerinteressen (vgl. zu dieser »Sachwalter-Konzeption« ausführlich *Kreutz* Betriebsautonomie, S. 156 ff.; übereinstimmend insoweit *Reichold* Betriebsverfassung als Sozialprivatrecht, S. 548 f., der aber [S. 544 f.] der Deutung der Betriebsvereinbarung als privatheteronomes Rechtsgeschäft zunächst nicht gefolgt ist, nun aber doch folgt [FS *Kreutz*, S. 349]; auch *Hänlein* RdA 2003, 26 [30] verweist auf den »wahren Kern« der Einordnung als privatheteronomes Rechtsgeschäft) in Form der Betriebsvereinbarung festlegen, gelten, weil es von beiden Parteien gewollt ist und das Gesetz (§ 77 Abs. 4 Satz 1) diesen Willen rechtlich anerkennt. Die **von der Rechtsordnung anerkannte Geltungsanordnung der Betriebspartner ist mithin der Geltungsgrund** für die Normen der Betriebsvereinbarung (ebenso auch *Thiele* Drittbearbeitung, § 77 Rn. 47 und Einl. Rn. 59). **251**

Gegen diese Einordnung der Betriebsvereinbarung als Fremdbestimmungsordnung in das Privatrechtssystem bestehen im Ergebnis **keine verfassungsrechtlichen Bedenken**. Anders als bei den delegatorischen Theorien (vgl. Rdn. 247) stellt sich nicht das staatsorganisatorische Problem der Ableitung von Normsetzungsbefugnis aus dem Normsetzungsmonopol des Staates für beliehene Private (vgl. *Kreutz* Betriebsautonomie, S. 111 ff.). Die rechtsgeschäftliche Fremdbestimmung durch (Arbeitsbedingungen regelnde) Betriebsvereinbarung steht mit den grundrechtlichen Freiheitsverbürgungen der regelungsbetroffenen Arbeitnehmer, namentlich mit Art. 2 Abs. 1, 12 Abs. 1 GG in Einklang, weil § 77 Abs. 4 Satz 1 das grundrechtstypische Verhältnismäßigkeitsprinzip wahrt und somit Bestandteil der verfassungsmäßigen Ordnung i. S. d. Art. 2 Abs. 1 GG ist (ausführlich dazu *Kreutz* Betriebsautonomie, S. 115 ff.). Die Verfassungsmäßigkeit von Abs. 4 Satz 1 wird auch nicht bestritten (*Linsenmaier* RdA 2008, 1 [3]). Demgegenüber sieht allerdings *Waltermann* (Rechtsetzung durch Betriebsvereinbarung, S. 142 ff.; zust. *Benrath* Tarifvertragliche Öffnungsklauseln, S. 80 ff.; *ders.* FS *Adomeit*, S. 63) aus der Sicht privater Rechtssetzung (vgl. Rdn. 250) die verfassungsrechtliche Problematik nicht in der Verfassungsmäßigkeit des § 77 Abs. 4 Satz 1, sondern in den Bindungen, die sich von Verfassungswegen aus dem Vorbehalt des Gesetzes durch den Parlamentsgesetzgeber für die Normsetzung durch Betriebsvereinbarung für einzelne Regelungsgegenstände ergeben. Übereinstimmend sieht auch *Mül-* **252** *ler-Franken* (Die Befugnis zu Eingriffen in die Rechtsstellung des einzelnen durch Betriebsvereinbarung, S. 172 ff.) den Vorbehalt des Gesetzes als Maßstab und Grenze betrieblicher Rechtsetzung, die in grundrechtlich geschützte Freiheitsbereiche der Arbeitnehmer eingreift. Beide leiten daraus weit reichende Grenzen der Rechtsetzung durch Betriebsvereinbarung ab (vgl. dazu Rdn. 362); eine alle Arbeitsbedingungen umfassende Regelungsbefugnis soll verfassungswidrig sein (vgl. *Waltermann* RdA 2007, 357 [360 ff.]). Das trifft indes nicht zu. Wie der Erste Senat des *BAG* (12.12.2006 EzA § 88 BetrVG 2001 Nr. 1) in einer Art Grundsatzentscheidung im Ergebnis zutr. entschieden hat, stehen verfassungsrechtliche Erfordernisse der grundsätzlich umfassenden Befugnis der Betriebsparteien zur Regelung aller (formellen und materiellen) Arbeitsbedingungen durch Betriebsvereinbarung nicht entgegen. Allerdings hat das Gericht (Rn. 20) der Gegenauffassung eingeräumt, dass zur verfassungsrechtlichen Legitimation privater Rechtsetzung (Normsetzung) die Grundsätze entsprechend anwendbar sein sollen, die das *BVerfG* (09.05.1972 BVerfGE 33, 125 = NJW 1972, 1504) im Facharzt-Beschluss vorgegeben hat. Selbst deren nur entsprechende Anwendung ist jedoch höchst zweifelhaft. Denn anders als bei der Verleihung von Satzungsautonomie an juristische Personen des öffentlichen Rechts (Ärztekammern) zur Schaffung objektiven Rechts, geht es bei der sog. »Verleihung der Betriebsautonomie« (*BAG* 12.12.2006 EzA § 88 BetrVG 2001 Nr. 1 Rn. 18, 20) nicht darum, dass sich der Gesetzgeber seiner Rechtsetzungsbefugnis entäußert, indem er privat-heteronome Rechtsgeschäfte anerkennt (vgl. Rdn. 251). Der Unterschied zeigt sich in der Rechtsprechung des *BVerfG* vor allem darin, dass objektives Satzungsrecht »mit dem GG voll in Übereinstimmung stehen muss« und »einer als Rechtsaufsicht ausgestalteten Staatsaufsicht« unterliegt (*BVerfG* 09.05.1972 BVerfGE 33, 125 unter B III 3), während bei Betriebsvereinbarungen keine unmittelbare Bindung an die Grundrechte besteht, weil sie nicht den Charakter öffentlicher Gewalt haben (*BVerfG* 23.04.1986 BVerfGE 73, 261 [268 f.]; vgl. Rdn. 332). Im Ergebnis sieht das *BAG* die dem Facharzt-Beschluss zu entnehmenden Anforderungen gewahrt. Das kann schon deshalb nicht anders sein, weil § 77 Abs. 4 Satz 1 keine Blankettregelung zur Fremdbestimmung darstellt, sondern im Kontext mit Abs. 3 gesehen werden muss; dort wird dem Vorbehalt des Gesetzes jedenfalls dadurch genügt, dass in generalklauselartiger Form vom Gesetzgeber bestimmt worden ist, dass grundsätzlich alle, aber eben auch nur Arbeitsbedingungen durch Betriebsvereinbarungen (im jeweiligen persönlichen Geltungsbereich; s. Rdn. 194 ff.) geregelt werden können (vgl. Rdn. 95 ff.). Im Übrigen setzen Außenschranken (vgl. Rdn. 107 ff.) und Innenschranken (vgl. Rdn. 329 ff.) der Betriebsvereinbarung als Fremdbestimmungsordnung Grenzen.

g) Die zwingende Geltung (Unabdingbarkeit)

253 Die Betriebsvereinbarung gilt nach Absatz 4 Satz 1 (nicht nur unmittelbar, sondern auch) zwingend. Das Gesetz hat damit die bereits zu § 52 BetrVG 1952 ganz überwiegend vertretene Rechtsansicht (vgl. m. w. N. *Hueck/Nipperdey* II/2, S. 1290 ff.; *Nikisch* III, S. 288) in Anlehnung an § 4 Abs. 1 TVG festgeschrieben. Die Anordnung zwingender Geltung ist erforderlich, weil die unmittelbare Geltung allein noch nicht besagt, dass die Regelungen der Betriebsvereinbarung **unabdingbar** sind. Die Normwirkung allein hätte entgegenstehende Vertragsabreden jeder Art (zeitlich vorausgehende und nachfolgende, ungünstigere und günstigere) nicht aus dem Felde schlagen können; sie begrenzt allerdings bereits das Direktionsrecht des Arbeitgebers, weil derselbe Tatbestand nun nicht mehr mittels Direktionsrechts geregelt werden kann (*Birk* Die arbeitsrechtliche Leitungsmacht, S. 107; *Kreutz* Betriebsautonomie, S. 223). Die zwingende Geltung (Wirkungsweise) verstärkt die Geltungskraft der Betriebsvereinbarung, indem sie (wie bei zwingendem Gesetzesrecht) sichert, dass deren Regelungen (grundsätzlich) auch gegen den Willen **beider** Arbeitsvertragsparteien gelten. Die zwingende Geltung erfährt nach h. M. zwei, im Gesetz allerdings nicht ausdrücklich vorgesehene **Einschränkungen**: Es gilt das Günstigkeitsprinzip (vgl. näher Rdn. 260 ff.; zu Ausnahmen Rdn. 282 ff.), und die zwingende Geltung selbst unterliegt der Disposition der Betriebsvereinbarungsparteien (vgl. Rdn. 307 ff.).

aa) Bedeutung zwingender Geltung

254 Die zwingende Geltung **schließt abweichende arbeitsvertragliche Regelungen über den gleichen Regelungsgegenstand aus – soweit sie nicht für die Arbeitnehmer günstiger** sind (zur Geltung des Günstigkeitsprinzips vgl. Rdn. 260 ff.). Das gilt für individuelle Einzelabsprachen ebenso

Durchführung gemeinsamer Beschlüsse, Betriebsvereinbarungen § 77

wie für sog. allgemeine Arbeitsbedingungen (arbeitsvertragliche Einheitsregelungen, Gesamtzusagen, betriebliche Übungen), die ihre Geltungswirkung ebenfalls im Arbeitsvertrag haben (ganz h. M.; ebenso *BAG GS* Beschluss vom 16.09.1986 EzA § 77 BetrVG 1972 Nr. 17 [unter C II 1] = AP Nr. 17 zu § 77 BetrVG 1972 wo der *GS* zu Recht alle Versuche ablehnt, in den Einheitsregelungen eine selbständige kollektivrechtliche Gestaltungsmöglichkeit auf betrieblicher Ebene neben der Betriebsvereinbarung zu sehen; krit. dazu *Joost* RdA 1989, 7 [11 ff.]; **a. M.** insb. *Reuter* SAE 1983, 201 [202 f.], SAE 1987, 285 [286]; RdA 1991, 193 [198 f.]). Die zwingende Geltung legt somit im Stufenbau der Gestaltungsfaktoren von Arbeitsbedingungen den **Vorrang** der Betriebsvereinbarung vor dem Arbeitsvertrag **bei Regelungskonkurrenz** fest, soweit dieses Rangprinzip nicht durch das Günstigkeitsprinzip durchbrochen wird. Das Verhältnis zwischen Betriebsvereinbarung und Tarifvertrag ist durch § 77 Abs. 3 bestimmt (vgl. Rdn. 84 ff.).

Soweit das Günstigkeitsprinzip nicht eingreift, führt die zwingende Geltung zur **Unwirksamkeit** (Nichtigkeit) der bei Inkrafttreten einer Betriebsvereinbarung **bestehenden** betriebsvereinbarungswidrigen **(ungünstigeren) Vertragsabreden**, und auch die nachfolgende betriebsvereinbarungswidrige **Abänderung** bestehender Arbeitsverhältnisse und der **Abschluss** betriebsvereinbarungswidriger Arbeitsverträge mit neu in den Betrieb eintretenden Arbeitnehmern sind unwirksam. Diesen Bedeutungsgehalt ergibt die Auslegung (ausführlich dazu *Kreutz* FS *Konzen*, S. 461 [478 ff.]; bündig auch *Hromadka / Maschmann* Arbeitsrecht 2, § 16 Rn. 403; ebenso zum Tarifvertrag *Wiedemann / Wank* TVG § 4 Rn. 369; *Löwisch / Rieble* TVG, 2. Aufl. § 4 Rn. 22, einschränkend jetzt aber 4. Aufl. § 4 Rn. 35 ff.). § 77 Abs. 4 Satz 1 ist insoweit **Kollisionsnorm**, die vertragliche Regelungen mit der Nichtigkeitsfolge verdrängt. Da das aber nur gilt, wenn das Günstigkeitsprinzip nicht eingreift, ist dies die Schlüsselfrage für die Beurteilung dieser Rechtsfolgen zwingender Geltung im Einzelfall. Das Gesetz zielt dabei auf Arbeitnehmerschutz. Dem Arbeitgeber soll die Möglichkeit genommen werden, seine (evtl.) überlegene Vertragspartnerposition gegenüber den einzelnen Arbeitnehmern ins Spiel zu bringen und abweichende, ungünstigere Arbeitsbedingungen herbeizuführen (*Kreutz* Betriebsautonomie, S. 223). Daraus folgt, dass § 139 BGB nicht anzuwenden ist, wenn nur Teile einer umfassenderen arbeitsvertraglichen Regelung nichtig sind; vielmehr gilt die Betriebsvereinbarung an Stelle der von ihr abweichenden Abrede, und im Übrigen bleibt die arbeitsvertragliche Regelung wirksam. Dogmatisch Abweichendes gilt bei sog. **Betriebsvereinbarungsoffenheit** vertraglicher Regelungen (s. Rdn. 298 ff.); diese werden durch die zwingende Geltung einer nachfolgenden verschlechternden Betriebsvereinbarung »abgelöst«; zur dogmatische Herleitung s. Rdn. 299, 306). 255

Entgegen hier vertretener Auffassung (Rdn. 255) wird von der jetzt h. M. vertreten, dass die zwingenden Regelungen der Betriebsvereinbarung ältere ungünstigere arbeitsvertragliche Abreden nicht nichtig machen, sondern **nur** für die Dauer ihrer normativen Wirkung mit der Folge **verdrängen**, dass diese nach Beendigung der Betriebsvereinbarung **wieder aufleben** und damit den Arbeitnehmern insoweit erhalten bleiben; nur ausnahmsweise (zu weiteren Ausnahmen s. Rdn. 258) soll nach dieser vom Ersten Senat des *BAG* entwickelten Ansicht der umstrukturierenden (einem kollektiven Günstigkeitsvergleich zugänglichen; s. dazu Rdn. 287) Betriebsvereinbarung dann ablösende (d. h. wohl den vertraglichen Anspruch unwirksam machende, dauerhaft ersetzende; vgl. Rdn. 294) Wirkung zukommen, wenn es sich um arbeitsvertragliche Ansprüche auf Sozialleistungen handelt, die auf arbeitsvertraglicher Einheitsregelung (Gesamtzusage, betrieblicher Übung) beruhen (*BAG* 21.09.1989 EzA § 77 BetrVG 1972 Nr. 33 [zust. *Otto*] = AP Nr. 43 zu § 77 BetrVG 1972 [zust. *Löwisch*] = SAE 1990, 329 [zust. *Schmitt*] = AR-Blattei, Betriebsvereinbarung, Entsch. 50 [zust. *Kort*]; bestätigt durch Urteil vom 28.03.2000 EzA § 77 BetrVG 1972 Ablösung Nr. 1 = RdA 2001, 404 [zust. *Wiese*]; im Grundsatz zust. *Berg / DKKW* § 77 Rn. 34; *Brune* AR-Blattei SD 520, Rn. 468 f.; *Fitting* § 77 Rn. 197; *Gaul / HWK* § 77 BetrVG Rn. 59; *Matthes*/ MünchArbR § 239 Rn. 28; *Richardi* § 77 Rn. 159; **abl.** mit ausführlicher Kritik *Kreutz* FS *Konzen*, S. 465 ff.; abl. auch *Merten* Die Regelungsbefugnis der Betriebspartner, S. 170 ff.; *Merten / Schwartz* DB 2001, 646, die das Wiederaufleben vertraglicher Ansprüche dadurch vermeiden wollen, dass sie Leistungszulagen in allgemeinen Arbeitsbedingungen im Wege ergänzender Vertragsauslegung als betriebsvereinbarungsoffen ansehen; *Reuter* JuS 1990, 855 [856]; krit. auch *LAG Düsseldorf* 19.06.2001 LAGE § 242 BGB Betriebliche Übung Nr. 27). Da jedoch nach dieser Ansicht Grundsatz und Ausnahme nicht stimmig und auch nicht rechtssicher abgrenzbar sind (vgl. dazu anschaulich *BAG* 28.03.2000 EzA § 77 BetrVG 1972 Nr. 1 zur Beurteilung eines auf betrieblicher Übung beruhenden Urlaubsgeldanspruchs, der zwar als Sozialleistung eingestuft wird, durch 256

§ 77

insoweit günstigere Gesamtbetriebsvereinbarung aber gleichwohl nicht abgelöst worden sein soll, weil in ihr auch andere Arbeitsbedingungen geregelt waren und deshalb ein kollektiver Günstigkeitsvergleich nicht möglich gewesen sein soll), wird in der Literatur jetzt vielfach die Ansicht vertreten, dass die (verbessernde und die ggf. umstrukturierende) Betriebsvereinbarung generell nur verdrängende Wirkung (bloßer **Anwendungsvorrang** für die Dauer ihrer Geltung) haben soll (vgl. *Löwisch* Anm. AP Nr. 43 zu § 77 BetrVG 1972; *Richardi* NZA 1990, 331 [334]; *ders.* § 77 Rn. 160; in Anmerkungen zu *BAG* vom 28.03.2000: *R. Krause* EzA § 77 BetrVG 1972 Ablösung Nr. 1 S. 25 ff.; *Richardi* AP Nr. 83 zu § 77 BetrVG 1972 Bl. 6; *Benecke* SAE 2001, 145 [156]; weiter *Annuß* NZA 2001, 756 [763]; *Kaiser/LK* § 77 Rn. 7; *Kania*/ErfK § 77 BetrVG Rn. 68; *Konzen* FS *von Maydell*, S. 341 [360 ff.]; *Preis/WPK* § 77 Rn. 82; *Reichold* FS *Kreutz*, S. 349 [351 ff.]; *Schwarze*/NK-GA § 77 BetrVG Rn. 48; *Worzalla/HWGNRH* § 77 Rn. 160; der Erste Senat hat im Urteil vom 28.03.2000 EzA § 77 BetrVG 1972 Ablösung Nr. 1 [unter II 2b dd] offen gelassen, wie bei Entscheidungserheblichkeit die Rechtsfolge der Ablösung einer umstrukturierenden Betriebsvereinbarung zu bestimmen ist; ebenso h. M. zur zwingenden Wirkung des Tarifvertrages; vgl. *BAG* 12.12.2007 EzA § 4 TVG Nr. 44 = DB 2008, 1102).

257 Diese Auffassung **kann nicht überzeugen** (vgl. *Kreutz* FS *Konzen*, S. 468 ff., 476 ff.; zur Replik vgl. *Reichold* FS *Kreutz*, S. 349 [351 ff.], die deutlich macht, dass die Gegenmeinung von dem Vorverständnis geleitet wird, zur Schonung der Privatautonomie den Vorrang des Arbeitsvertrages bei der Deutung der Betriebsverfassung zu sichern). Sie entzieht sich der Aufgabe, die Bedeutung zwingender Geltung der Betriebsvereinbarung zu bestimmen; stattdessen sucht sie Gesichtspunkte für das Wiederaufleben ungünstigerer vertraglicher Abreden darzutun, wenn die zwingende Wirkung einer günstigeren Betriebsvereinbarung später entfällt. Diese sind jedoch nicht tragfähig; sie bauen auf der unzutreffenden Fiktion auf, dass die vertragliche Vereinbarung den Arbeitnehmern einen »Mindeststandard« sichern soll. Gerade mit dem Abschluss der günstigeren Betriebsvereinbarung bringt der Arbeitgeber aber die Maßgeblichkeit der kollektiven Regelung zum Ausdruck. Im Gegensatz dazu zwingt die Gegenansicht den (gut beratenen) Arbeitgeber, die ältere ungünstigere Vertragsabrede notfalls mittels Änderungskündigung zu beseitigen, obwohl mit der zwingenden Wirkung der Betriebsvereinbarung auch eine »latent« fortbestehende Vertragsabrede unvereinbar ist. Auch erscheint es (mit Blick auf § 242 BGB) unverhältnismäßig, dogmatische Folgerichtigkeit und klare Rechtslage zu opfern, um einem »listigen« Arbeitgeber den Weg zu versperren, allgemeine Arbeitsbedingungen dadurch abzulösen, dass zunächst unter Beachtung des Günstigkeitsprinzips mit dem »ahnungslosen« Betriebsrat eine günstigere Betriebsvereinbarung abgeschlossen wird, die er dann kündigt oder durch ablösende Betriebsvereinbarung verschlechtert. Die Annahme, dass sogar eine während der Geltung einer Betriebsvereinbarung getroffene ungünstigere Vertragsabrede mit deren Ablauf auflebt (so *Fitting* § 77 Rn. 197; abl. *Gamillscheg* II, S. 802: sie ist und bleibt unwirksam), widerspricht deren zwingender Wirkung erst recht.

258 Zudem ist die h. M. im Hinblick darauf unstimmig, dass sie in einer Reihe wichtiger Fallkonstellationen (ohne plausible Erklärung) ebenfalls zu dem hier als richtig erkannten Ergebnis gelangt, dass nämlich die zwingende Geltung einer Betriebsvereinbarung zur Unwirksamkeit (bzw. dauerhafter Ersetzung oder Ablösung) vertraglicher Regelungen führt, die nicht durch das Günstigkeitsprinzip gesichert sind (s. Rdn. 255). Das betrifft zunächst den Fall, dass die h. M. (völlig zu Recht) zulässt, dass vertragliche Regelungen, die betriebsvereinbarungsoffen ausgestaltet sind, durch nachfolgende verschlechternde Betriebsvereinbarung abgelöst werden können (s. dazu näher Rdn. 298 ff.). Das hat der Dritte Senat des *BAG* kürzlich ausdrücklich offenkundig gemacht (*BAG* 15.02.2011 EzA § 1 BetrAVG Betriebsvereinbarung Nr. 9 = AP Nr. 13 zu § 1 BetrAVG Auslegung [zust. *Schnittker/Sittard* BB 2011, 3070] sowie in mehreren Parallelentscheidungen vom selben Tag; vgl. zuvor schon *BAG* 21.04.2009 AP Nr. 53 zu § 1 BetrAVG Ablösung) und so zusammengefasst (Orientierungssatz 2): »Eine Gesamtzusage über Leistungen der betrieblichen Altersversorgung kann durch eine inhaltsgleiche Betriebsvereinbarung dauerhaft abgelöst werden, d. h. ersetzt werden, wenn die Gesamtzusage betriebsvereinbarungsoffen ist oder der Arbeitgeber sich den Widerruf des Versorgungsversprechens vorbehalten hat. Ersetzen die Betriebsparteien die Gesamtzusage in diesem Fall durch eine inhaltsgleiche Betriebsvereinbarung, lebt die Gesamtzusage nach Beendigung der Betriebsvereinbarung nicht wieder auf« (eine solch klare Aussage hat der Erste Senat bei gleicher Konstellation im Urteil vom 06.11.2007 [EzA § 77 BetrVG 2001 Nr. 19 Rn. 12 = AP Nr. 35 zu § 77 BetrVG 1972 Betriebsver-

Durchführung gemeinsamer Beschlüsse, Betriebsvereinbarungen § 77

einbarung] noch vermieden; dann aber die Zeitkollisionsregel (als Ablösungsregel) betonend Urteil vom 17.07.2012 EzA § 75 BetrVG 2001 Nr. 7 Rn. 32 = AP Nr. 61 zu § 77 BetrVG 1972 Betriebsvereinbarung). Da bei Betriebsvereinbarungsoffenheit das Günstigkeitsprinzip nicht gilt (s. näher Rdn. 299), ist nicht ersichtlich, wieso in anderen Fällen (insb. bei nachfolgender günstigerer Betriebsvereinbarung), in denen das Günstigkeitsprinzip ebenfalls nicht eingreift, etwas anderes gelten soll. Erst recht ist das unstimmig, wenn die nachfolgende Betriebsvereinbarung vertragliche Regelungen inhaltsgleich übernimmt (wie vom Dritten Senat aufgezeigt): Denn bei identischen Regelungen greift das Günstigkeitsprinzip sowieso nicht ein (s. Rdn. 269), und zwar ganz unabhängig vom Bestehen einer Betriebsvereinbarungsoffenheit. Zu beachten ist außerdem, dass nach der Rspr. des *BAG* ein bloßer Anwendungsvorrang der Betriebsvereinbarung (auch) gegenüber ungünstigeren Regelungen auf individualrechtlicher Ebene jedenfalls auch dann ausscheidet, wenn es sich dabei um Rechte oder Pflichten handelt, die beim Betriebs(teil)übergang (ausnahmsweise, vgl. Rdn. 433, 441) nach § 613a Abs. 1 Satz 2 BGB aus einer Betriebsvereinbarung transformiert worden sind; sie können beim Erwerber durch Betriebsvereinbarung abgelöst werden (es gilt das Ablösungs-, nicht das Günstigkeitsprinzip), weil sie nicht weiter geschützt sind, als wenn sie kollektivrechtlich weiter gegolten hätten (*BAG* 14.08.2001 EzA § 613a BGB Nr. 200 = AP Nr. 85 zu § 77 BetrVG 1972 [zust. *Raab*] = SAE 2002, 263 [zust. *Reichold*]; bestätigt durch *BAG* 18.11.2003 EzA § 77 BetrVG 2001 Nr. 9 S. 7; 28.06.2005 EzA § 77 BetrVG 2001 Nr. 12 S. 7 f.; 13.03.2012 EzA § 77 BetrVG 2001 Nr. 33 Rn. 17; zust. *LAG Köln* 19.06.2002 LAGE § 77 BetrVG 1972 Nr. 30; *Fitting* § 77 Rn. 196, 197; *Kania*/ErfK § 77 BetrVG Rn. 68; vgl. zur Deutung des § 613a Abs. 1 Satz 2 BGB als Bestimmung, die beim Betriebsteilübergang eine normative [kollektivrechtliche] Weitergeltung von Betriebsvereinbarungen anordnet, *Kreutz* FS 50 Jahre Bundesarbeitsgericht, S. 993 [998 ff. m. w. N.]).

Die zwingende Wirkung schließt auch **Umgehungsgeschäfte** aus (ebenso *Galperin/Löwisch* § 77 Rn. 38). Das zeigt sich insbesondere auch in § 77 Abs. 4 Satz 2, der den **Verzicht** auf Rechte, die Arbeitnehmern durch Betriebsvereinbarung eingeräumt werden, ohne Zustimmung des Betriebsrats für unwirksam erklärt (vgl. auch Rdn. 311). **259**

bb) Einschränkung: Geltung des Günstigkeitsprinzips
Die Betriebsvereinbarung gilt im Verhältnis zur arbeitsvertraglichen Regelung von Arbeitsbedingungen nur **einseitig** zwingend; sie hat **zugunsten** der Arbeitnehmer **stets** dispositiven Charakter. Zugunsten der Arbeitnehmer kann von den unmittelbar geltenden Normen der Betriebsvereinbarung durch arbeitsvertragliche Regelung **jederzeit** wirksam abgewichen werden; sind günstigere Vertragsabreden bereits vor Inkrafttreten der Betriebsvereinbarung getroffen worden, so bleiben sie (grundsätzlich) rechtswirksam. Es gilt insoweit das sog. **Günstigkeitsprinzip**. **260**

Das ist in § 77 Abs. 4 (anders als in § 4 Abs. 3 TVG und § 28 Abs. 2 Satz 2 SprAuG) zwar nicht ausdrücklich normiert, ist aber heute in Rspr. und Schrifttum **im Grundsatz** zu Recht (zu Einschränkungen vgl. Rdn. 282 ff.) ganz überwiegend **anerkannt** (vgl. *BAG GS* Beschluss vom 16.09.1986 AP Nr. 17 zu § 77 BetrVG 1972 [unter C II] = EzA § 77 BetrVG 1972 Nr. 17 *[Otto]* = SAE 1987, 175 *[Löwisch]* = BB 1987, 265 = DB 1987, 383 = NZA 1987, 168; durch diesen Beschluss ist die teilweise abweichende frühere Rspr. der *BAG*-Senate, die im Beschluss referiert wird [unter C I der Gründe], namentlich zum Problemfeld der Verschlechterung allgemeiner Arbeitsbedingungen durch Betriebsvereinbarung [vgl. dazu Rdn. 283 ff.] überholt; bekräftigt durch *BAG GS* vom 07.11.1989 AP Nr. 46 zu § 77 BetrVG 1972 [unter C II] = EzA § 77 BetrVG 1972 Nr. 34 *[Otto]*; vgl. auch *BAG* 21.09.1989 § 77 BetrVG 1972 Nr. 33 S. 14 f.; 23.09.1997 EzA § 77 BetrVG 1972 Nr. 60 S. 5; 27.01.2004 EzA § 77 BetrVG 2001 Nr. 7 [unter II 2b]: Anwendung des Günstigkeitsprinzips bei individualvertraglichem Verzicht auf Sozialplanansprüche, wenn diese Abweichung günstiger ist; wieder bestätigend etwa *BAG* 21.04.2010 EzA § 613a BGB 2002 Nr. 118 Rn. 88; 15.02.2011 EzA § 1 BetrAVG Betriebsvereinbarung Nr. 9 Rn. 51; 05.03.2013 EzA § 77 BetrVG 2001 Nr. 35 Rn. 55 = AP Nr. 105 zu § 77 BetrVG 1972; 19.07.2016 AP Nr. 13 zu § 1 BetrAVG Betriebsvereinbarung Rn. 44; aus der Literatur: *Belling* DB 1982, 2513; *ders.* Das Günstigkeitsprinzip im Arbeitsrecht, S. 107 ff., 111 ff.; *ders.* DB 1987, 1888; *Berg/DKKW* § 77 Rn. 33 f.; *Blomeyer* DB 1987, 634 [637]; *Brecht* § 77 Rn. 14; *Brune* AR-Blattei SD 520, Rn. 470 f.; *Däubler* AuR 1984, 1 [9 ff., 22]; *ders.* AuR 1987, 349 [351]; *Etzel* HzA Gruppe 19/1, Rn. 1102; *Fitting* § 77 Rn. 126, 196, 208; *Falkenberg* DB 1984, 875 [879]; *Federlin* **261**

Der kollektive Günstigkeitsvergleich, S. 62; *Frauenkron* § 77 Rn. 24; *Galperin/Löwisch* § 77 Rn. 94; *Gamillscheg* JArbR Bd. 25 [1988], S. 49 [58]; *Gamillscheg* II, S. 800; *Gaul/HWK* § 77 BetrVG Rn. 59; *M. Hammer* Die betriebsverfassungsrechtliche Schutzpflicht für die Selbstbestimmungsfreiheit des Arbeitnehmers, S. 83; *Hergenröder/ZLH* Arbeitsrecht, § 7 Rn. 15; *Herrmann* ZfA 1989, 577[617 f.]; *Hess/Schlochauer/Glaubitz* § 77 Rn. 89 [anders noch 3. Aufl. § 77 Rn. 51]; *Hilger* in: *Blomeyer* Betriebliche Altersversorgung unter geänderten Rahmenbedingungen, S. 47 [53]; *von Hoyningen-Huene* Betriebsverfassungsrecht, § 11 Rn. 29, 65; *Hromadka* DB 1985, 864 [866]; *Hromadka/Maschmann* Arbeitsrecht 2, § 16 Rn. 384; *Joost* ZfA 1993, 257 [274]; *Junker* Arbeitsrecht, Rn. 730; *Kaiser/LK* § 77 Rn. 51; *Kamanabrou* Arbeitsrecht, Rn. 2576; *Kania*/ErfK § 77 BetrVG Rn. 68; *Krauss* Günstigkeitsprinzip und Autonomiebestreben am Beispiel der Arbeitszeit, S. 157; *Kreutz* Betriebsautonomie, S. 224; *ders.* FS Schmidt-Jortzig, S. 753 [755]; *Kunst* Das Günstigkeitsprinzip im Betriebsverfassungsrecht, S. 22 ff.; *Küchenhoff* § 77 Rn. 17; *Lambrich* Tarif- und Betriebsautonomie, S. 233 f.; *Lieb/Jacobs* Arbeitsrecht, Rn. 796; *Linsenmaier* RdA 2014, 336 [341]; *Lorenz*/HaKo § 77 Rn. 57; *Loritz/ZLH* Arbeitsrecht § 50 Rn. 24; *Martens* RdA 1983, 217 [222]; *Matthes*/MünchArbR § 239 Rn. 27; *Moll* NZA 1988, Beil. Nr. 1, S. 17 [21]; *Pfarr* BB 1983, 2001 [2004]; *Preis/WPK* § 77 Rn. 82; *Raatz* DB 1972, Beil. Nr. 1, S. 4; *Reichold* RdA 1995, 147 [150]; *ders.* FS Kreutz, S. 349 [353 ff.]; *Richardi* RdA 1983, 201 [215]; *ders.* Betriebsverfassungsrechtliche Mitbestimmung und Einzelarbeitsvertrag, S. 15 ff.; *ders.* NZA 1990, 331; *ders.* ZfA 1992, 307 [323 ff.]; *ders.* § 77 Rn. 141 ff.; *Rieble*/AR § 77 BetrVG Rn. 34; *Säcker* ZfA 1972, Sonderheft S. 41 [53 f.]; *ders.* AR-Blattei, Betriebsvereinbarung I, D II 2; *Schaub/Koch* Arbeitsrechts-Handbuch, § 231 Rn. 31; *Th. Schmidt* Das Günstigkeitsprinzip im Tarifvertrags- und Betriebsverfassungsrecht, S. 75 ff.; *Schulin* DB 1984, Beil. Nr. 10, S. 1 [3]; *Schwarze*/NK-GA § 77 BetrVG Rn. 47; *Stege/Weinspach/Schiefer* § 77 Rn. 30; *Tech* Günstigkeitsprinzip und Günstigkeitsbeurteilung im Arbeitsrecht, S. 27 ff.; *Thiele* Drittbearbeitung, § 77 Rn. 159 ff.; *Veit* Die funktionelle Zuständigkeit des Betriebsrats, S. 334 ff.; *Voigt* Der kollektive Günstigkeitsvergleich im System der arbeitsrechtlichen Gestaltungsmittel, S. 11; *Waltermann* Rechtsetzung durch Betriebsvereinbarung, S. 235 ff.; *ders.* Arbeitsrecht, Rn. 889 ff.; *Weiss/Weyand* § 77 Rn. 15; *Wenzeck* Die verschlechternde Betriebsvereinbarung, S. 180, 195; *Wlotzke* § 77 unter II 6d; *Worzalla*/HWGNRH § 77 Rn. 161; **a. M.** allgemein nur *BAG* Sechster Senat Urteil vom 12.08.1982 AP Nr. 4 zu § 77 BetrVG 1972 [abl. *Hanau*] = EzA § 77 BetrVG 1972 Nr. 9 [abl. *Buchner*] = SAE 1983, 129 [abl. *Lieb*] = AR-Blattei, Betriebsvereinbarung, Entsch. 28 [abl. *Fastrich*]; diese Entscheidung ist durch den o. a. Beschluss des *GS* vom 16.09.1986 überholt; *Kammann/Hess/Schlochauer* § 77 Rn. 50; *Leinemann* DB 1985, 1394 [1395 f.]; *ders.* BB 1989, 1905 [1909]; *ders.* DB 1990, 732 [735]; *Reuter* Ordo Bd. 36 [1985], S. 51 [75]; *ders.* ZfA 1993, 221 [246 f.]; **einschränkend** *Jobs* DB 1986, 1120 [1122] für die auf § 87 Abs. 1 beruhende Betriebsvereinbarung; differenzierend *Hans Hanau* Individualautonomie und Mitbestimmung, S. 35 ff., 127 ff., der das Verhältnis der Wirkungsweise der Mitbestimmungsrechte zur Normwirkung der Betriebsvereinbarung im Rahmen einer verfassungskonformen Auslegung des § 77 Abs. 4 Satz 1 untersucht und für den im Ergebnis die jeweilige Reichweite des Mitbestimmungsrechts maßgeblich ist für die Beantwortung der Frage, ob das Günstigkeitsprinzip gilt; ähnlich *Richardi* [§ 77 Rn. 150] und *Annuß* [NZA 2001, 756, 762], die, soweit eine Betriebsvereinbarung die einem Mitbestimmungsrecht beigelegte Ausgleichsfunktion widerstreitender Individualinteressen innerhalb der Belegschaft verwirklicht, Einschränkungen mit dem Ziel befürworten, diese Mitbestimmungsrechte nicht zu entwerten; ähnlich *Kolbe* [Mitbestimmung und Demokratieprinzip, S. 195 ff., 317 ff.], der die Geltung davon abhängig macht, ob die konkrete Betriebsvereinbarung nach ihrem Zweck Abweichungen im Einzelfall verträgt, weil sie im Gegensatz zu Verteilungsfragen nur Mindestarbeitsbedingungen festsetzt; auch *Blomeyer* NZA 1996, 337 [341 ff.] wollte dem Günstigkeitsprinzip Wirkungsgrenzen ziehen, soweit dies unter Beachtung des Übermaßverbotes zur Erreichung des gesetzgeberischen Ziels der Mitbestimmung des Betriebsrats im Einzelfall erforderlich und verhältnismäßig ist).

262 Die grundsätzliche Anerkennung des Günstigkeitsprinzips bedeutet nach eben dieser h. M., dass das Prinzip im Verhältnis der (wirksamen) Betriebsvereinbarung zu den ihr zeitlich **vorausgehenden** wie **nachfolgenden** arbeitsvertraglichen **Einzelabreden** und **allgemeinen Arbeitsbedingungen** (aufgrund vertraglicher Einheitsregelung, Gesamtzusage, betrieblicher Übung) gilt. Im Verhältnis einer Betriebsvereinbarung zu nachfolgenden arbeitsvertraglichen Regelungen bedeutet das Günstigkeitsprinzip, dass von den Regelungen der Betriebsvereinbarung zugunsten der Arbeitnehmer abgewichen werden kann (so wie das auch § 28 Abs. 2 Satz 2 SprAuG ausdrücklich bestimmt), aber nicht zu ihren Ungunsten. Insofern bestimmt das Günstigkeitsprinzip das rechtliche »Können« der Arbeitsvertragsparteien; zugleich folgt daraus (als Regelungsschranke), dass durch Betriebsvereinbarung keine Höchstarbeitsbedingungen festgelegt werden können und auch keine zweiseitig zwingende Geltung ihrer Regelungen. Kommt eine günstigere Vertragsregelung wirksam zustande, verliert die Betriebsvereinbarung für die betroffenen Arbeitsverhältnisse ihre unmittelbare Geltung, bleibt aber wirksam bestehen und gilt ggf. für alle anderen Arbeitsverhältnisse unmittelbar und zwingend weiter. Im umgekehrten Verhältnis arbeitsvertraglicher Regelungen zu nachfolgender Betriebsvereinbarung sichert das Günstigkeitsprinzip den günstigeren arbeitsvertraglichen Regelungsbestand vor Verschlechterungen durch die ungünstigere Betriebsvereinbarung. Insofern setzt das Günstigkeitsprinzip der kollektiven Gestaltungsmacht Geltungsgrenzen, führt aber auch insoweit nicht etwa zur Unwirksamkeit der kollektiven Regelung. Unter beiden Aspekten des Günstigkeitsprizips gehen günstigere arbeitsvertragliche Regelungen konkurrierenden Regelungen der Betriebsvereinbarung vor; der Grund für den »Vorrang« ist derselbe; die Geltung des Günstigkeitsprizips, das als Kollisionsregel wirkt (zu abweichender Begründung dieses »Vorrangs« vgl. *Hromadka* FS *Wank*, S. 175 [182 f.] sowie NZA Beilage 4/2014, S. 336 [340 ff.] mit der überspitzten und nicht überzeugend begründeten Konsequenz, dass im Verhältnis eines vorausgehenden Arbeitsvertrages zu einer nachfolgenden Betriebsvereinbarung entgegen h. M. das Günstigkeitsprinzip nicht gelten soll). Die Betonung **»grundsätzlicher«** Geltung des Günstigkeitsprizips zeigt an, dass es nicht uneingeschränkt gilt. Unangefochten gilt es in der Variante, dass günstigere vertragliche Regelungen (in Einzelabreden oder als allgemeine Arbeitsbedingungen) einer Betriebsvereinbarung nachfolgen. Wichtige **Einschränkungen** der Geltung des Günstigkeitsprizips durch Rspr. und Literatur sind aber zu beachten, wenn eine nachfolgende Betriebsvereinbarung mit bestehenden günstigeren arbeitsvertraglichen Regelungen in Konkurrenz tritt. Dann stellt sich das Problem »verschlechternder Betriebsvereinbarung« (dazu ausführlich Rdn. 282 ff.). Dagegen ist die Ablösung einer Betriebsvereinbarung, die den Arbeitnehmern Rechte einräumt, durch eine spätere verschlechternde Betriebsvereinbarung kein Problem der Anerkennung des Günstigkeitsprinzips (vgl. Rdn. 401 f.).

Aus dem Fehlen gesetzlicher Festschreibung des Günstigkeitsprinzips leitet die h. M. zu Recht **nicht** ab, dass der **Gesetzgeber** des BetrVG 1972 dessen Geltung **ausschließen** wollte, indem er ohne nähere Eingrenzung die zwingende Geltung der Betriebsvereinbarung in Abs. 4 Satz 1 festgelegt hat. Der zweiseitig zwingende Charakter der Betriebsvereinbarung stand während des Gesetzgebungsverfahrens nie zur Diskussion. Das Fehlen einer gesetzlichen Regelung erklärt sich allein daraus, dass der Gesetzgeber ausweislich der Begründung zu § 77 Abs. 4–6 »derzeit bestehende Rechtsunklarheiten« beseitigen wollte (BT-Drucks. VI/1786, S. 47), die Geltung des Günstigkeitsprinzips zum BetrVG 1952 aber seit längerem völlig unstr. war (vgl. *Dietz* § 52 Rn. 36; *Galperin/Siebert* § 52 Rn. 57a; *Hueck/Nipperdey* II/2, S. 1291; *Nikisch* III, S. 288; *G. Hueck* FS *E. Molitor*, 1962, S. 203 [215 f.], der damit seine frühere teils gegenteilige Auffassung [Die Betriebsvereinbarung, S. 115 ff.] aufgegeben hat). Deshalb kann es nur darum gehen, ob der Gesetzgeber die Festlegung des Günstigkeitsprinzips nicht für notwendig hielt (so etwa *Säcker* ZfA 1972, Sonderheft S. 51 [54]) oder die Frage einfach übersehen hat (so *Richardi* § 77 Rn. 143; *Kreutz* Betriebsautonomie, S. 224). Jedenfalls ist ein **Umkehrschluss** zu § 4 Abs. 3 TVG **nicht berechtigt**. Vielmehr belegt jetzt auch § 28 Abs. 2 Satz 2 SprAuG, dass der Gesetzgeber die Geltung des Günstigkeitsprinzips für selbstverständlich hält und ihm insoweit zum BetrVG 1972 nur ein Redaktionsversehen unterlaufen ist (ähnlich BAG GS 07.11.1989 EzA § 77 BetrVG 1972 Nr. 34 S. 9). Danach sind abweichende Regelungen zugunsten leitender Angestellter von Richtlinien zwischen Arbeitgeber und Sprecherausschuss, deren Inhalt für die Arbeitsverhältnisse unmittelbar und zwingend gilt, ausdrücklich für zulässig erklärt. Im Übrigen wäre es wertungsmäßig ungereimt, wenn das Günstigkeitsprinzip beim Tarifvertrag gelten würde, bei der diesem gegenüber schwächeren Betriebsvereinbarung aber nicht. Andernfalls könnte das unsinnige (*Säcker* AR-Blattei, Betriebsvereinbarung I, D II 2b) Ergebnis eintreten, dass die tarifliche Regelung sozialer Angelegenheiten günstigeren Absprachen offen steht, eine vom Tarifvertrag zugelassene Betriebsvereinbarung (§ 77 Abs. 3 Satz 2) dagegen nicht (vgl. auch *Richardi* RdA 1983, 201 [216]; *Däubler* AuR 1984, 1 [11]).

Keine Übereinstimmung besteht über die **methodische Herleitung** des Günstigkeitsprinzips. Einigkeit besteht aber darin, dass seine Geltung **keine Frage der Auslegung** der jeweiligen **konkreten** Betriebsvereinbarung ist; es stellt eine **feste (Binnen-)Schranke der Kollektivmacht** (s. auch

Rdn. 262) dar (vgl. zu weiteren Schranken Rdn. 329 ff.). Daran hat sich durch den Beschluss des *GS des BAG* vom 16.09.1986 (vgl. Rdn. 261) nichts geändert (vgl. aber krit. zu entsprechenden Konsequenzen dieser Entsch. *Richardi* NZA 1987, 185 [188]; *Belling* DB 1987, 1888 [1892]). Denn die Betriebspartner können weder eine zweiseitig zwingende Geltung einer Betriebsvereinbarung anordnen noch Arbeitsbedingungen als Höchstbedingungen vereinbaren (ebenso *Richardi* § 77 Rn. 142; *ders.* RdA 1983, 201 [215]). Dem stünde auch § 75 Abs. 2 Satz 1 entgegen. Da arbeitsvertraglich begründete Arbeitsbedingungen wegen des Günstigkeitsprinzips durch nachfolgende Betriebsvereinbarung (grundsätzlich) nicht verschlechtert werden können, ist dieses über eine Kollisionsregel hinaus zugleich Binnenschranke für Regelungen von Arbeitsbedingungen durch Betriebsvereinbarung (ebenso *Richardi* § 77 Rn. 141, 151; *Kreutz* FS Schmidt-Jortzig, S. 753 [755]; *BAG* 01.12.1992 AP Nr. 20 zu § 87 BetrVG 1972 Ordnung des Betriebes; wohl auch *BAG* 11.07.2000 EzA § 87 BetrVG 1972 Sozialeinrichtung Nr. 17 S. 6; offen lassend *BAG* 18.07.2006 EzA § 75 BetrVG 2001 Nr. 4 Rn. 33; weiter Nachweis Rdn. 279; abl. *Linsenmaier* RdA 2008, 1 [9]; RdA 2014, 336 [338 f.] und *Fitting* § 77 Rn. 196, die aber die hier vertretene Position missverstehen [s. Rdn. 262], indem sie annehmen, die Einordnung als Binnenschranke führe zur Unwirksamkeit ungünstigerer Betriebsvereinbarungen).

265 Zum Teil wird die Geltung des Günstigkeitsprinzips nach wie vor (Inkrafttreten des BetrVG 1972) auf eine **Analogie** zu § 4 Abs. 3 TVG gestützt (vgl. *Otto* Anm. zu *BAG GS* 16.09.1986 EzA § 77 BetrVG 1972 Nr. 17 S. 113; *Säcker* AR-Blattei, Betriebsvereinbarung I, D II 4b trotz methodologischer Bedenken unter D II 2a). Das ist aber schon deshalb zweifelhaft, weil das Günstigkeitsprinzip in § 4 Abs. 3 TVG nur unvollkommenen Ausdruck gefunden hat. Nach ihrem Wortlaut sichert diese Bestimmung den Tarifvertrag nur gegen spätere ungünstigere vertragliche Absprachen; nach allgemeiner Meinung können aber grundsätzlich auch bereits bestehende einzelvertraglich festgelegte Arbeitsbedingungen nicht nachträglich durch ungünstigeren Tarifvertrag verdrängt oder verschlechtert werden.

266 Zum Teil wird eine **teleologische Reduktion** des im Wortlaut zu weit geratenen § 77 Abs. 4 Satz 1 unter Berufung auf das arbeitsrechtliche **Schutzprinzip** befürwortet, dem es widerspräche, wenn die Betriebsvereinbarung gegenüber günstigeren Vertragsabreden Sperrwirkung entfalten würde (*Fitting* § 77 Rn. 196; der *GS* des *BAG* nennt diese Begründung »einleuchtend«; vgl. *BAG* 16.09.1986 EzA § 77 BetrVG 1972 Nr. 17 [unter C II 3a] = AP Nr. 17 zu § 77 BetrVG 1972; der Dritte Senat [17.06.2003 EzA § 1 BetrAVG Ablösung Nr. 40 unter B III 2 = AP Nr. 44 zu § 1 BetrAVG Ablösung] folgt ihr). Nach verbreiteter Ansicht besitzt das Günstigkeitsprinzip die Rechtsnatur eines **verfassungsmäßig** anerkannten **Grundsatzes** des kollektiven Arbeitsrechts (vgl. dazu m. w. N. *Belling* Das Günstigkeitsprinzip im Arbeitsrecht, S. 111; *ders.* DB 1987, 1888 [1890 f.]; für das Tarifvertragsrecht *Hueck/Nipperdey* II/2, S. 232, 573); dementsprechend erfordert eine **verfassungskonforme Interpretation** des § 77 Abs. 4 Satz 1 die Anerkennung des Günstigkeitsprinzips. Seine verfassungsmäßige Absicherung wird dabei wiederum unterschiedlich erklärt, teils wird sie aus dem Sozialstaatsprinzip hergeleitet (*G. Müller* DB 1967, 903 [905]; *Ramm* JZ 1966, 214 [218]), für das Betriebsverfassungsrecht wird sie teils aus dem verfassungsrechtlichen Subsidiaritätsprinzip (*Ehmann/Schmidt* NZA 1995, 193 [195]; *Th. Schmidt* Das Günstigkeitsprinzip im Tarifvertrags- und Betriebsverfassungsrecht, S. 70 ff.) hergeleitet, ganz überwiegend aber als Ausdruck der allgemeinen Handlungsfreiheit (bzw. des Selbstbestimmungsrechts oder der Privatautonomie) nach Art. 2 Abs. 1 (bzw. z. T. Art. 12 Abs. 1) GG gedeutet (vgl. *Belling* DB 1987, 1890 f.; *Blomeyer* DB 1987, 634 [637]; *ders.* NZA 1996, 337 [338 f.]; *Däubler* AuR 1984, 1 [10]; *Ehmann* ZRP 1996, 314 [315]; *Ehmann/Schmidt* NZA 1995, 193 [195, 198]; *Hromadka* DB 1985, 864 [866]; *Martens* RdA 1983, 217 [222]; *Moll* NZA 1988, Beil. Nr. 1, S. 17 [21]; *Preis/WPK* § 77 Rn. 82; *Richardi* RdA 1983, 201 [216]; *Säcker* Gruppenautonomie und Übermachtkontrolle im Arbeitsrecht, S. 293 f.; vgl. auch *Reuter* RdA 1991, 193 [198]). Dem ist im Ergebnis zuzustimmen, weil es (soweit es um den Vorrang einzelvertraglicher Regelungen geht) mit der durch Art. 2 Abs. 1 GG gewährten freien Selbstbestimmung des einzelnen auch unter Beachtung des Verhältnismäßigkeitsprinzips im Hinblick auf die Schutzbedürftigkeit der Arbeitnehmer (vgl. dazu näher *Kreutz* Betriebsautonomie, S. 118 ff.) unvereinbar wäre, wenn durch Betriebsvereinbarung Höchstarbeitsbedingungen festgelegt würden und die Möglichkeit zu Verbesserungen durch individuelle Selbstbestimmung ausgeschlossen wäre (so auch schon *Richardi* Kollektivgewalt und Individualwille, S. 368; *ders.* RdA 1983, 201 [216]; *ders.* § 77 Rn. 142; *Kreutz* Betriebsautonomie, S. 224 mit Fn. 136).

Durchführung gemeinsamer Beschlüsse, Betriebsvereinbarungen § 77

Dementsprechend sichert das Günstigkeitsprinzip den Vorrang privatautonom- arbeitsvertraglicher Regelungen vor der Betriebsvereinbarung als Fremdbestimmungsordnung (s. Rdn. 242).

Diese Begründung des Günstigkeitsprinzips aus einschränkend-verfassungskonformer Interpretation des § 77 Abs. 4 Satz 1 als maßgeblicher Kollisionsnorm unterstreicht den **individualistischen Charakter** dieses Prinzips und macht zugleich deutlich, dass seine Geltung nicht in Fällen eingeschränkt sein kann, in denen eine Betriebsvereinbarung eine Angelegenheit regelt, in der der Betriebsrat (z. B. nach § 87 Abs. 1) **mitzubestimmen** hat (ebenso im Ergebnis *BAG GS*, Beschluss vom 16.09.1986 AP Nr. 17 zu § 77 BetrVG 1972 [unter C II 3c], wo unter Zurückweisung der Gegenansicht des Sechsten Senats [AP Nr. 4 zu § 72 BetrVG 1972] zu Recht darauf abgestellt wird, dass »der Schutzzweck der in § 87 geregelten Mitbestimmung nicht generell Eingriffe in günstigere vertragliche Abreden« rechtfertigt; vgl. auch *Martens* RdA 1983, 217 [218 ff.]; *Richardi* RdA 1983, 278 [282 ff.]; zur Gegenansicht *Löwisch* DB 1983, 1709 [1710]; *Jobs* BB 1986, 1120 [1122]; *Joost* RdA 1989, 7 [18]; vgl. auch *Blomeyer* NZA 1985, 641 [645 f.]; *ders.* DB 1987, 634 [638], der in § 87 Abs. 1 einen gesetzlichen Vorbehalt zur Änderung durch Betriebsvereinbarung sehen will, der das Günstigkeitsprinzip ausschließt; differenzierend nach der Funktion der einzelnen Mitbestimmungstatbestände des § 87 Abs. 1 *Hans Hanau* Individualautonomie und Mitbestimmung, S. 130 ff., der neben der Schutzfunktion auch eine Ausgleichsfunktion der Betriebsvereinbarung anerkennt, so dass das Günstigkeitsprinzip dann zurückzutreten hat, wenn dem Mitbestimmungsrecht in der geregelten Angelegenheit Ausgleichsfunktion zukommt; ähnlich *Richardi* § 77 Rn. 150; *Annuß* NZA 2001, 756 [762]; vgl. auch *Kaiser/LK* § 77 Rn. 57; weitere Nachweise zum Zusammenhang von Mitbestimmung und verschlechternder Betriebsvereinbarung Rdn. 293). 267

Eine andere Frage ist es, ob das Günstigkeitsprinzip (jedenfalls im Grundsatz) auch dann gilt, wenn eine arbeitsvertragliche Regelung (insb. allgemeine Arbeitsbedingungen) unter **Verletzung von Mitbestimmungsrechten** des Betriebsrats zustande gekommen ist. Bei strikter Anwendung der Theorie der Wirksamkeitsvoraussetzung sind solche arbeitsvertraglichen Vereinbarungen unwirksam (vgl. dazu *Wiese* § 87 Rdn. 121). Dementsprechend wäre für die Anwendung des Günstigkeitsprinzips bei nachfolgender abweichender Betriebsvereinbarung mangels zweier rechtlich bestehender konkurrierender Regelungen kein Raum (so *Buchner* DB 1983, 877 [879 f., 882]). Dieser Lösung ist der *GS* des *BAG* im Beschluss vom 16.09.1986 zu Recht nicht gefolgt (vgl. AP Nr. 17 zu § 77 BetrVG 1972 [unter C III 4]). Nach Ansicht des Gerichts gibt es keine einheitliche Sanktion für die Verletzung von Mitbestimmungsrechten (das Gericht folgt insoweit *Richardi* ZfA 1976, 1 [37], der »ein bewegliches System von Sanktionen« vorgeschlagen hat); die Annahme, die vertraglichen Ansprüche seien unwirksam, hält das Gericht in dieser Allgemeinheit für nicht richtig. Das kann im Kontext nur dahin verstanden werden, dass der *GS* die Arbeitsbedingungen, die unter Verstoß gegen Mitbestimmungsrechte zustande gekommen sind, jedenfalls insoweit für wirksam hält, als bei nachfolgender verschlechternder Betriebsvereinbarung eine Kollisionslage entsteht, bei der als Kollisionsregel »das Günstigkeitsprinzip zu beachten« ist (vgl. dazu auch *Joost* RdA 1989, 7 [16 ff.], der aus der Ablehnung einer umfassenden Theorie der Wirksamkeitsvoraussetzung ableiten will, dass nicht das Günstigkeitsprinzip, sondern das Ablösungsprinzip als Kollisionsregel zu gelten habe, weil das Prinzip betriebsverfassungsrechtlicher Mitbestimmung [und zwar Mitbestimmungsrechte und bloße Mitbestimmungszuständigkeiten i. S. d. §§ 87, 88] nicht durch die Arbeitsvertragsparteien verdrängt werden dürfe; diese Auffassung geht indes zu weit; sie beachtet den Schutzzweck betriebsverfassungsrechtlicher Mitbestimmung nicht; vgl. zu Modifizierungen der Unwirksamkeitsfolge bei mitbestimmungswidrigen Abreden auch *Hans Hanau* Individualautonomie und Mitbestimmung S. 185 ff.). 268

cc) Günstigkeitsvergleich

Nach dem Günstigkeitsprinzip geht eine arbeitsvertragliche Regelung einer Betriebsvereinbarung nur dann vor, wenn sie für den oder die betroffenen Arbeitnehmer **günstiger** ist. Die Anwendung des Prinzips verlangt einen **Günstigkeitsvergleich wirksam bestehender konkurrierender Regelungen** über denselben Gegenstand für dieselben Arbeitnehmer. Wo keine arbeitsvertragliche Regelung besteht, kann ein Günstigkeitsvergleich nicht stattfinden (vgl. *LAG Baden-Württemberg* 28.10.1991 LAGE § 77 BetrVG 1972 Nr. 16 zur Änderung der betriebsüblichen Arbeitszeit durch Einführung von Schichtarbeit; zweifelhaft demgegenüber *LAG Düsseldorf* 22.05.1991 LAGE § 77 269

BetrVG 1972 Nr. 12) und das **Günstigkeitsprinzip nicht eingreifen** (so auch *Linsenmaier* RdA 2014, 336 [339 f., 345 Thesen 4 und 5; *Richardi* § 77 Rn. 145). Mangels objektiver Kriterien, die eine rechtssichere Beurteilung einer Kollisionslage ermöglichten, ist sie immer durch Auslegung beider Gestaltungsfaktoren zu ermitteln (ebenso *Fitting* § 77 Rn. 196). Schwierig ist ihre Feststellung vor allem in der Konstellation einer nachfolgenden Betriebsvereinbarung, wenn im vorausgehenden Arbeitsvertrag der betreffende Gegenstand nicht ausdrücklich geregelt ist. Dann wird es sich grundsätzlich um eine (schlichte) Nichtregelung handeln (z. B. wenn keine Verpflichtung zur Leistung von Überstunden vereinbart ist oder keine Altersgrenze), die keine Kollision auslöst, wenn es keine Anhaltspunkte für einen negativen Regelungsteil gibt (Nichtregelung als positive Sachregelung). Zu bedenken ist immer, dass bei großzügiger Bejahung der Regelungskonkurrenz das Günstigkeitsprinzip eingreift, das dann aber ausnahmsweise doch nicht gilt, wenn die konkurrierende Vertragsregelung betriebsvereinbarungsoffen gestaltet ist; da auch bei der Beurteilung einer Betriebsvereinbarungsoffenheit großzügiger oder strenger ausgelegt werden kann (s. näher Rdn. 298), lässt sich dabei die Entscheidung zur Kollisionslage konterkarieren. Wird hingegen die Kollision verneint, kommt es auf Betriebsvereinbarungsoffenheit nicht mehr an; eine spätere Betriebsvereinbarung gilt zwingend (über diese Einsicht ist der Erste Senat des *BAG* [05.03.2013 EzA § 77 BetrVG 2001 Nr. 35 Rn. 57, 58 ff. = AP Nr. 105 zu § 77 BetrVG1972] mit einem Aufsehen erregenden obiter dictum zur Betriebsvereinbarungsoffenheit hinweggegangen [s. Rdn. 302]; auch in der Lit. wird sie gelegentlich verkannt, wenn beim Fehlen einer vertraglichen Regelung der Arbeitsvertrag als »betriebsvereinbarungsoffen« angesehen wird [so etwa von *Preis/Ulber* RdA 2013, 211, 223 ff.; *dies.* NZA 2014, 6, 7 f.], obwohl es nur bei verschlechternder Betriebsvereinbarung für deren zwingende Geltung darauf ankommt, ob die günstigere Vertragsregelung unter dem Abänderungsvorbehalt durch Betriebsvereinbarung steht [s. Rdn. 299]; dies klarstellend gegenüber *BAG* Erster Senat vom 03.06.2003 [EzA § 77 BetrVG 2001 Nr. 5 unter II 3 = AP Nr. 19 zu § 77 BetrVG 1972 Tarifvorbehalt] auch *Linsenmaier* RdA 2014, 336 [339 f.]).

270 Wo **identische Regelungen** bestehen, greift das Günstigkeitsprinzip nicht ein. Es ist aber möglich, dass ein Arbeitsvertrag Regelungen einer Betriebsvereinbarung übernimmt, um sie vom Bestand der Betriebsvereinbarung zu lösen (vgl. Rdn. 200); die zwingende Geltung der Betriebsvereinbarung führt insoweit (vgl. ansonsten Rdn. 255 f.) nicht zur Unwirksamkeit der Vertragsabrede, da sie nicht betriebsvereinbarungswidrig ist (vgl. zu solcher Besitzstandswahrung und der AGB-Kontrolle der Bezugnahme *Rieble/Schul* RdA 2006, 339).

271 Das individualistische Günstigkeitsprinzip verlangt immer einen **individuellen**, auf den einzelnen Arbeitnehmer bezogenen **Günstigkeitsvergleich** (so auch *BAG* GS 07.11.1989 EzA § 77 BetrVG 1972 Nr. 34 S. 9; vgl. aber zum kollektiven Günstigkeitsvergleich nach der Rspr des GS des *BAG* bei allgemeinen Sozialleistungen Rdn. 286).

272 Günstigkeit ist nicht anhand einer Definition zu ermitteln. Der Günstigkeitsvergleich erfordert ein (gerichtlich überprüfbares) **Werturteil** (unstr.). Dieses wird durch **Vergleichsgegenstand** und **Beurteilungsmaßstab** methodisch strukturiert. Für die Beurteilung können im Betriebsverfassungsrecht die Grundsätze mit herangezogen werden, die Literatur und Rspr. im Tarifvertragsrecht entwickelt haben (vgl. allgemein zur Günstigkeitsbeurteilung *Belling* Das Günstigkeitsprinzip im Arbeitsrecht, S. 169 ff.; *Däubler* Tarifvertragsrecht, Rn. 201 ff.; *Däubler/Deinert* TVG, § 4 Rn. 675 ff.; *Hans Hanau* Individualautonomie und Mitbestimmung, S. 113 ff.; *Hueck/Nipperdey* II/1, S. 607 ff.; *Krause/JKOS* Tarifvertragsrecht, S. 476 ff.; *Kempen/Zachert* TVG, § 4 Rn. 387 ff.; *Löwisch/Rieble* TVG, § 4 Rn. 588 ff.; *Nikisch* II, S. 430 ff.; *Richardi* Kollektivgewalt und Individualwille, S. 377 ff.; *Rieble/Klumpp/*MünchArbR § 183 Rn. 34 ff.; *P. Schulze* Das Günstigkeitsprinzip im Tarifvertragsrecht, S. 207 ff.; *Th. Schmidt* Das Günstigkeitsprinzip im Tarifvertrags- und Betriebsverfassungsrecht, S. 115 ff.; *Tech* Günstigkeitsprinzip und Günstigkeitsbeurteilung im Arbeitsrecht, S. 72 ff.; *Wiedemann/Wank* TVG, § 4 Rn. 432 ff.; *Wlotzke* Das Günstigkeitsprinzip, S. 72 ff.).

273 Der **Vergleichsgegenstand** ist begrenzt. Faktoren und Effekte, die nicht zum Inhalt der konkurrierenden Regelungen gehören, bleiben unberücksichtigt (z. B. die Lohnstundung zur Erhaltung des Arbeitsplatzes oder der Umstand, dass eine Betriebsvereinbarung durch Kündigung leichter beendet werden kann als eine Vertragsabrede). Auch ein **Gesamtvergleich** der Regelungen der Betriebsvereinbarung mit denen des Arbeitsvertrages findet nicht statt (unstr.). Andererseits sind **nicht notwen-**

dig nur die den gleichen Regelungsgegenstand betreffenden Einzelbestimmungen einander gegenüberzustellen (**Einzelvergleich**); insbesondere ist das Herausgreifen und die isolierte Betrachtung von Einzelvorschriften ohne Berücksichtigung ihres offensichtlichen Zusammenhangs mit anderen Bestimmungen (»Rosinentheorie«; vgl. *Hueck/Nipperdey* II/1 S. 610) nicht zulässig. Nach Rspr. und h. L. sind vielmehr die in einem inneren Zusammenhang stehenden Teilkomplexe gegeneinander abzuwägen (**Sachgruppenvergleich**); vgl. *BAG* 27.01.2004 EzA § 77 BetrVG 2001 Nr. 7 unter II 2b aa; zu § 4 Abs. 3 TVG st. Rspr.; vgl. *BAG* 19.12.1958 AP Nr. 1 zu § 4 TVG Sozialzulagen; 17.04.1959 AP Nr. 1 zu § 6 ArbKrankG *(Dersch)*; 20.04.1999 (»Burda«) EzA Art. 9 GG Nr. 65 unter B III 1b aa; *Berg/DKKW* § 77 Rn. 35; *Fitting* § 77 Rn. 199; *Hueck/Nipperdey* II/1, S. 611; *Jacobs/JKOS* Tarifvertragsrecht, § 7 Rn. 37 ff.; *Joost* ZfA 1984, 173 (176 ff.), *Linsenmaier* RdA 2014, 336 (341); *Nikisch* II, S. 434; *Wiedemann/Wank* TVG, § 4 Rn. 467 ff.; krit. *Kaiser/LK* § 77 Rn. 52.

Der **Zusammenhang** mehrerer Bestimmungen ist grundsätzlich **objektiv** danach zu beurteilen, ob sie miteinander eine rechtliche Einheit bilden (zu eng etwa *Kempen/Zachert* TVG, § 4 Rn. 414, die den Zusammenhang nur bejahen, wenn die eine ohne die andere Regelung sinnlos bzw. nicht verständlich wäre; ähnlich *Däubler* Tarifvertragsrecht, Rn. 206). Bei unterschiedlichen Leistungen stellt das *BAG* (Urteil vom 27.01.2004 EzA § 77 BetrVG 2001 Nr. 7 [unter II 2b aa]) darauf ab, ob sie funktional äquivalent sind. Entgegen der h. M. genügt es nicht, dass die Arbeitsvertragsparteien durch Parteivereinbarung objektiv nicht zusammenhängende Regelungen zu einer Sachgruppe zusammenfassen. Insbesondere ist allein durch subjektive Begründung eines inneren Zusammenhangs eine **Kompensation** von Verschlechterungen mit Verbesserungen von Arbeitsbedingungen (»Abkauf«) nicht möglich, selbst wenn es einen Beurteilungsmaßstab gäbe, nach dem der betreffende Gesamtkomplex insgesamt als günstiger beurteilt werden könnte (ebenso *Belling* Das Günstigkeitsprinzip im Arbeitsrecht, S. 181 ff.; *Firlei* DRdA 1981, 1 [13 f.]; *Tech* [wie Rdn. 272], S. 107 ff.). Z. B. lässt sich durch Lohnzuschläge eine Verkürzung der in der Betriebsvereinbarung festgelegten Kündigungsfristen nicht kompensieren. Das wäre mit dem Schutzzweck der Unabdingbarkeit der Betriebsvereinbarung nicht vereinbar; deshalb bleibt es beim Einzelvergleich (zum Tarifvertragsrecht hat das *BAG* [20.04.1999 EzA Art. 9 GG Nr. 65 unter B III 1b aa] entschieden, dass Verschlechterungen beim Arbeitsentgelt oder der Arbeitszeit einerseits und eine Beschäftigungsgarantie andererseits mangels gemeinsamen Maßstabs nicht miteinander verglichen werden können); vgl. zu rechtspolitischen Änderungsvorschlägen Rdn. 92. Etwas anderes gilt allerdings dann, wenn die Betriebsvereinbarung selbst bestimmte Kompensationsvereinbarungen (entsprechend § 4 Abs. 3, 1. Alt. TVG) zulässt (zust. *Brune* AR-Blattei SD 520, Rn. 493, 496; vgl. dazu auch Rdn. 307). 274

Der Günstigkeitsvergleich ist mit der ganz h. M. an einem **objektiven** (hypothetischen) **Beurteilungsmaßstab** durchzuführen (zust. *BAG* 27.01.2004 EzA § 77 BetrVG 2001 Nr. 7 [unter II 2b aa]; *Fitting* § 77 Rn. 200); die subjektive Einschätzung des jeweiligen Arbeitnehmers als dem Begünstigungsadressaten kann nicht maßgeblich sein, weil sonst der in der Unabdingbarkeit liegende Mindestschutz der Betriebsvereinbarung zugunsten des Arbeitnehmers ebenso wenig zu verwirklichen wäre wie ihre einheitliche Anwendung (anders *Adomeit* NJW 1984, 26 [27]; differenzierend *ders.* Regelung von Arbeitsbedingungen und ökonomische Notwendigkeiten, 1996, S. 38 ff., 42 ff.; für subjektiv-realen Maßstab *Gitter* FS *Wlotzke*, S. 297 [301 ff.], im Anschluss an *Krauss* Günstigkeitsprinzip und Autonomiebestreben am Beispiel der Arbeitszeit, 1995). Inhaltlich ist die objektive Beurteilung aber am Wohl und **Interesse des betroffenen Arbeitnehmers** auszurichten (individueller Günstigkeitsvergleich), nicht etwa am Kollektivinteresse der Belegschaft des Betriebes; der einzelne Arbeitnehmer ist der **Begünstigungsadressat** (h. M.; *Brune* AR-Blattei SD 520, Rn. 484; *Däubler* Tarifvertragsrecht, Rn. 202 f.; *Fitting* § 77 Rn. 200; *Hueck/Nipperdey* II/1, S. 608; *Joost* ZfA 1984, 173 [178]; *Nikisch* II, S. 431; *Richardi* § 77 Rn. 146; *Wiedemann/Wank* TVG, § 4 Rn. 446; *Wlotzke* Das Günstigkeitsprinzip, S. 77). Nach den Grundsätzen der Arbeitsrechtsordnung unter Berücksichtigung der Verkehrsauffassung ist zu beurteilen, ob durch die arbeitsvertragliche Regelung Verpflichtungen des Begünstigungsadressaten abgebaut oder seine Rechte vermehrt werden (vgl. zu den praktischen Anwendungsbereichen einer Begünstigung *Schulze* Das Günstigkeitsprinzip im Tarifvertragsrecht, S. 87 ff.). 275

Maßgebend für den Günstigkeitsvergleich ist der **Zeitpunkt**, in dem sich die konkurrierenden Regelungen **erstmals gegenüberstehen** (zust. *BAG* 27.01.2004 EzA § 77 BetrVG 2001 Nr. 7 [unter II 2b aa]; 19.07.2016 AP Nr. 13 zu § 1 BetrAVG Betriebsvereinbarung Rn. 45; *Fitting* § 77 Rn. 200; 276

Schwarze/NK-GA § 77 BetrVG Rn. 47). Diese Ex-ante-Betrachtung muß für jeden in Frage kommenden Zeitpunkt ergeben, dass die Abweichung für den Arbeitnehmer günstiger ist. Str. ist die Beurteilung, wenn die abweichende Vertragsregelung im **Zeitablauf** einerseits günstiger, andererseits aber ungünstiger als die Betriebsvereinbarung ist oder dies sein kann (z. B.: Eine Betriebsvereinbarung gewährt eine Weihnachtsgratifikation oder ein Urlaubsgeld in fester Höhe; einzelvertraglich wird eine mit der Dauer der Betriebszugehörigkeit steigende Leistung vereinbart, die zunächst unter, später aber erheblich über dem Satz der Betriebsvereinbarung liegt). Soweit zur Lösung ein **abstrakter** Günstigkeitsvergleich in der Form einer **zeitlichen Gesamtschau** ex ante befürwortet wurde (*BAG* 20.03.1969 AP Nr. 3 zu § 13 BUrlG Unabdingbarkeit *[Thiele]*; *Nikisch* II, S. 436; *Wlotzke* Das Günstigkeitsprinzip, S. 92 ff.), steht dem entgegen, dass § 77 Abs. 4 Satz 1 eine zeitlich begrenzte Abweichung von der Betriebsvereinbarung zuungunsten der Arbeitnehmer nicht zu entnehmen ist und vor allem kein praktikabler Maßstab zur Günstigkeitsbeurteilung der im Zeitablauf unsicheren Kompensation von Vor- und Nachteilen bereitsteht. Es muss deshalb bei der zwingenden Geltung der Betriebsvereinbarung bleiben, wenn die Günstigkeit der Vertragsregelung nicht im Voraus, also unabhängig von den konkreten Bedingungen des jeweiligen Anwendungsfalles, feststeht (so jetzt eindeutig auch *BAG* 19.07.2016 AP Nr. 13 zu § 1 BetrAVG Betriebsvereinbarung Rn. 45; vgl. auch schon *BAG* 12.04.1972 AP Nr. 13 zu § 4 TVG Günstigkeitsprinzip *[Wiedemann]*). Soweit andererseits vorgeschlagen wurde (*Hueck/Nipperdey* II/1, S. 608; *Richardi* Kollektivgewalt und Individualwille, S. 381 f. m. w. N.), dass die im Zeitablauf **jeweils günstigere Regelung** (»zeitliche Rosinentheorie«) gilt, bleibt unbeachtet, dass das Günstigkeitsprinzip eine Teilnichtigkeit zusammengehöriger Bestimmungen der abweichenden Vertragsregelung durch Abweichung von § 139 BGB nicht zulässt (*Thiele* Drittbearbeitung, § 77 Rn. 164); auch insoweit bleibt es daher bei der zwingenden Geltung der Betriebsvereinbarung.

277 Ähnlich stellt sich die Rechtslage bei »**Regelungen mit Doppelwirkung**« (»zweischneidige Bestimmungen«) dar, bei denen die abweichende Abmachung den Begünstigungsadressaten zugleich begünstigt und belastet (z. B. bei beiderseitiger Verlängerung oder Verkürzung der Kündigungsfristen). Auch hier kann die abweichende Regelung nicht je nachdem wirksam sein, ob sie sich unter den Umständen des Einzelfalles für den Arbeitnehmer als günstiger erweist (z. B. Wirksamkeit der beiderseitig verlängerten Kündigungsfristen für den gekündigten, nicht aber für den kündigenden Arbeitnehmer; Wirksamkeit je nach Arbeitsmarktlage im Kündigungszeitpunkt). Vielmehr bleibt es bei der zwingenden Geltung der Betriebsvereinbarung, wenn die Günstigkeit der Vertragsabrede in der Gesamtschau ex ante (auch unter Berücksichtigung persönlicher Besonderheiten des Begünstigungsadressaten, wie Alter, berufliche Qualifikation, Mobilität) nicht zweifelsfrei festgestellt werden kann (zust. *Brune* AR-Blattei SD 520, Rn. 499; vgl. auch *Wiedemann/Wank* TVG, § 4 Rn. 452; nach *Dietz/Richardi* § 77 Rn. 107 sollte aus Gründen der Rechtssicherheit immer die Betriebsvereinbarung maßgebend sein).

278 Immer bleibt es bei der zwingenden Geltung der Betriebsvereinbarung, wenn sich nicht **eindeutig** (zweifelsfrei) feststellen lässt, dass die vertragliche Abweichung für den einzelnen Arbeitnehmer günstiger ist (zust. *BAG* 27.01.2004 EzA § 77 BetrVG 2001 Nr. 7 unter II 2b aa; für Tarifverträge vgl. *BAG* 12.04.1972 AP Nr. 13 zu § 4 TVG Günstigkeitsprinzip *[Wiedemann]*; *Däubler* Tarifvertragsrecht, Rn. 213; *Kempen/Zachert* TVG, § 4 Rn. 420; *Löwisch/Rieble* TVG, § 4 Rn. 635 f.; *Wiedemann/Wank* TVG, § 4 Rn. 478; einschränkend *Joost* ZfA 1984, 173 [182 f.] und diesem folgend eine neuere Lehre [zur Zulässigkeit einzelvertraglicher Verlängerung der tariflichen Wochenarbeitszeit], die [hilfsweise] im Falle eines objektiven non-liquet die subjektive Einschätzung des Arbeitnehmers maßgeblich sein lässt, weil er insoweit des Schutzes der Kollektivvereinbarung nicht bedarf; vgl. *Zöllner* DB 1989, 2121 [2126]; *Bengelsdorf* ZfA 1990, 563 [596 ff.]; *Heinze* NZA 1991, 329 [332 ff.]; *Hromadka* DB 1992, 1042 [1047]; *Hans Hanau* Individualautonomie und Mitbestimmung S. 117 ff.; *Richardi* § 77 Rn. 146).

279 In Literatur und Rspr. wird in einer Reihe von Fällen die Anwendung des Günstigkeitsprinzips ausgeschlossen, weil eine **Abweichung** zugunsten der Arbeitnehmer **nicht in Betracht komme**; dem ist nicht zu folgen. Das gilt zunächst für die Ablehnung des Günstigkeitsprinzips bei sog. **negativen Inhaltsnormen**. Dies sollen solche Bestimmungen der Betriebsvereinbarung sein, die Verbote enthalten, bestimmte Regelungen zum Inhalt von Arbeitsverhältnissen zu machen, z. B. wenn vereinbart wird, dass nicht im Akkord gearbeitet wird (vgl. *Dietz/Richardi* § 77 Rn. 103; *Wiedemann/Stumpf* TVG, § 4 Rn. 224). Abgesehen davon, dass es vielfach allein eine Frage der Formulierung ist, ob

eine Betriebsvereinbarung positive oder negative Bestimmungen enthält (*Bötticher* RdA 1968, 418 [419]), können sich die Betriebsvereinbarungsparteien kein Regelungsmonopol anmaßen; das Günstigkeitsprinzip setzt vielmehr der Kollektivmacht eine Schranke (ebenso *Joost* ZfA 1984, 173 [188 ff.]; *Kamanabrou* Arbeitsrecht, Rn. 2576; vgl. zur Tarifmacht auch *Löwisch/Rieble* TVG § 4 Rn. 557; *Wiedemann/Wank* TVG, § 4 Rn. 409). Unbegründet ist deshalb auch die Ansicht, dass für sog. **Betriebsnormen** (vgl. dazu Rdn. 231 f.) wegen deren betriebseinheitlicher Ausrichtung das Günstigkeitsprinzip nicht gilt (so aber *Matthes*/MünchArbR § 238 Rn. 74; *Th. Schmidt* Das Günstigkeitsprinzip im Tarifvertrags- und Betriebsverfassungsrecht, S. 79 ff.; wie hier *Löwisch* BB 1991, 59 [61]; *Löwisch/Rieble* TVG, § 4 Rn. 570; *Däubler/Deinert* TVG, § 4 Rn. 643; vgl. auch *Wiedemann/Wank* TVG, § 4 Rn. 410, 415).

Unrichtig ist die (noch) verbreitete Auffassung, dass im Bereich sog. **formeller Arbeitsbedingungen** ein Günstigkeitsvergleich nicht möglich sei, weil diese (weitgehend) **günstigkeitsneutral** seien (so *Dietz/Richardi* § 77 Rn. 104 m. w. N., inkonsequent Rn. 105; *Säcker* AR-Blattei, Betriebsvereinbarung I, D II 2b; wie hier dagegen: *Kreutz* Betriebsautonomie, S. 187 f. m. w. N.; *Thiele* Drittbearbeitung, § 77 Rn. 63; *Blomeyer* NZA 1996, 337 [343]; *Däubler* AuR 1984, 1 [2]; *Fitting* § 77 Rn. 204; *Galperin/Löwisch* § 77 Rn. 96; *Hönn* Kompensation gestörter Vertragsparität, S. 208; *Löwisch* BB 1991, 59 [61]; *Matthes*/MünchArbR § 238 Rn. 74; *P. Schulze* Das Günstigkeitsprinzip im Tarifvertragsrecht, S. 71, 208; *Wlotzke* Das Günstigkeitsprinzip, S. 155). Da rechtlich relevante Präferenz- und Interessenskalen für alle Arbeitsbedingungen nicht geleugnet werden können (z. B. ist für den Raucher das Rauchverbot ebenso ungünstig wie für den Frühaufsteher ein besonders später oder für denjenigen, der einen besonders weiten oder beschwerlichen Arbeitsweg hat, ein besonders früher Arbeitsbeginn), ist auch für alle eine veröjektivierte Günstigkeitsbeurteilung möglich. Gerade bei Ordnungs- und Verhaltensregeln kann dabei den subjektiven Wertigkeitsvorstellungen des jeweiligen Begünstigungsadressaten besondere Relevanz zugemessen werden. Einer solchen Besserstellung stehen weder das Interesse an einer einheitlichen betrieblichen Regelung noch etwa der arbeitsrechtliche Gleichbehandlungsgrundsatz entgegen. So zu einer Betriebsvereinbarung zur Lage der Arbeitszeit (Einführung eines 4-Schicht-Systems bei einheitsvertraglicher Regelung eines 1-, 2- oder 3-Schicht-Systems) *LAG Hamm* 15.02.2012 – 15 Sa 1360/11 – juris. 280

Der Günstigkeitsvergleich scheitert auch nicht in den Fällen, in denen die Günstigerstellung einzelner Arbeitnehmer »automatisch« oder »unmittelbar« zum Nachteil für andere führt. Solchen **»Günstigkeitsabreden mit Drittwirkung«** wird nach verbreiteter Ansicht im Wege teleologischer Reduktion der Anwendung des Günstigkeitsprinzips die Wirksamkeit versagt (vgl. *Säcker* AR-Blattei, Betriebsvereinbarung I, D II 2c; *Galperin/Löwisch* § 77 Rn. 96; *Kunst* Das Günstigkeitsprinzip im Betriebsverfassungsrecht, S. 42 ff.; *Schuhmann* Die Grenzen der Regelungsbefugnis der Betriebspartner bei der Regelung der Arbeitszeit, S. 120; zust. und weiterführend *Pfarr* BB 1983, 2001 [2004]; dieser zust. BAG GS 16.09.1986 AP Nr. 17 zu § 77 BetrVG 1972 [unter C II 4c] = EzA § 77 BetrVG 1972 Nr. 17]; noch weitergehend *Joost* RdA 1989, 7 [18], der das Günstigkeitsprinzip im »mitbestimmungsrechtlichen Regelungsbereich« von vornherein nicht anerkennen will; nach *Hans Hanau* Individualautonomie und Mitbestimmung, S. 105 ff., 130 ff., soll das Günstigkeitsprinzip zurücktreten, soweit Mitbestimmungstatbeständen eine sog. Ausgleichsfunktion zukommt). Man denkt dabei an Fälle, in denen einem Arbeitnehmer in Abweichung von einer Betriebsvereinbarung etwa die Verpflichtung zur Leistung von Überstunden erlassen wird oder wenn er bei der Urlaubsfestsetzung oder der Zuteilung einer Werksmietwohnung bevorzugt wird (*Galperin/Löwisch*, *Säcker*) oder in Abweichung von einem Leistungsplan für Sozialleistungen begünstigt wird (*Pfarr*). In solchen Fällen werden jedoch lediglich **faktische Drittinteressen** (nicht Rechte Dritter) betroffen (**a. M.** *Rieble* Arbeitsmarkt und Wettbewerb, S. 429 mit Fn. 439, der geltend macht, dass diese Drittinteressen durch das BetrVG rechtliche Qualität erhalten; zust. *M. Hammer* Die betriebsverfassungsrechtliche Schutzpflicht für die Selbstbestimmungsfreiheit des Arbeitnehmers, S. 80); die anderen Arbeitnehmer behalten ihre aus der Betriebsvereinbarung folgende Rechtsposition. Die Begünstigung erfolgt rechtlich nur auf Kosten des Arbeitgebers, und das wirksam nur, wenn dabei ggf. Mitbestimmungsrechte des Betriebsrats beachtet worden sind. Das individualistische Günstigkeitsprinzip steht jedoch nicht unter dem Vorbehalt einer Arbeitnehmersolidarität. Eine Einschränkung des Günstigkeitsprinzips würde in diesen Fällen zudem dazu führen, dass Drittinteressen maßgebliche Bedeutung zukäme, auf die es bei der Günstigkeitsbeurteilung am Maßstab des Individualvergleichs gerade nicht ankommt; sie ist deshalb abzulehnen 281 (ebenso *Belling* Das Günstigkeitsprinzip im Arbeitsrecht, S. 173 ff.; *ders.* DB 1987, 1888 [1892 f.]; *Gamillscheg* JArbR 1988, 49 [56 f.]; *Moll* NZA 1988, Beil. Nr. 1, S. 17 [21 f.]; *Tech* Günstigkeitsprinzip und Günstigkeitsbeurteilung im Arbeitsrecht, S. 160 ff.; zust. *Brune* AR-Blattei SD 520, Rn. 498; vgl. auch *Blomeyer* DB 1987, 634 [636]; *ders.* NZA 1996, 337 [341]; *Dietz/Richardi* § 77 Rn. 105).

dd) Verschlechternde Betriebsvereinbarung

282 Mit dem (individualistischen) **Günstigkeitsprinzip** ist die **Verschlechterung** arbeitsvertraglich begründeter Arbeitsbedingungen **durch nachfolgende Betriebsvereinbarung** grundsätzlich **unvereinbar**; das Günstigkeitsprinzip wirkt als Regelungsschranke der Betriebsautonomie (vgl. Rdn. 264, 329). Nur soweit trotz Regelungskonkurrenz (s. Rdn. 269) das **Günstigkeitsprinzip nicht gilt** kommen verschlechternde Betriebsvereinbarungen in Betracht. Dabei ist zwischen **genereller** Nichtgeltung (bzw. genereller Geltung) und Nichtgeltung **in Ausnahmefällen** zu unterscheiden. Traditionell wird bei der Frage nach genereller Nichtgeltung zwischen der Verschlechterung individuell geregelter Arbeitsbedingungen und sog. allgemeinen Arbeitsbedingungen unterschieden. Bei **echten Einzelvereinbarungen** ist die generelle Geltung des Günstigkeitsprinzips (fast) allseits akzeptiert (s. Rdn. 260, 262 und die Nachweise Rdn. 261); nur **ausnahmsweise** gilt es hier **nicht,** insbesondere wenn einzelvertragliche Regelungen unter dem Vorbehalt abändernder Betriebsvereinbarung vereinbart worden ist (sog. Betriebsvereinbarungsoffenheit) oder bei Wegfall der Geschäftsgrundlage oder Widerrufsvorbehalt (s. näher Rdn. 298) und wenn Rechte und Pflichten aus einer Betriebsvereinbarung ausnahmsweise nach § 613a Abs. 1 Satz 2 BGB auf die individualrechtliche Ebene transformiert worden sind (s. Rdn. 258 m. w. N.]). Demgegenüber war es lange Zeit eine der zentralen Streitfragen des Arbeitsrechts, **ob durch verschlechternde Betriebsvereinbarung bestehende allgemeine Arbeitsbedingungen** (arbeitsvertragliche Einheitsregelungen, Gesamtzusagen, betriebliche Übungen) **zuungunsten der Arbeitnehmer abgelöst** (eingeschränkt oder aufgehoben) werden können, das Günstigkeitsprinzip also generell nicht gilt (s. Rdn. 283). Mit richtungsweisenden Grundsatzbeschlüssen des GS des *BAG* von 1986 und 1989 hat sich dann aber die Ansicht durchgesetzt, dass auch insoweit das **Günstigkeitsprinzip gilt,** allerdings mit noch immer beachtenswerten **Einschränkungen** bei **allgemeinen Arbeitsbedingungen** (nur) über **Sozialleistungen** (s. dazu ausführlich Rdn. 284 ff.). Von besonderer Aktualität ist dagegen jetzt die Frage, unter welchen Voraussetzungen allgemeine Arbeitsbedingungen betriebsvereinbarungsoffen gestaltet sind, und deshalb das Günstigkeitsprinzip ausnahmsweise nicht gilt und der zwingenden Geltung verschlechternder Betriebsvereinbarungen damit nicht entgegen steht (s. dazu näher Rdn. 298 ff.).

(1) Grundsätzliche Nichtgeltung des Günstigkeitsprinzips

283 In der Rspr. des *BAG* haben sich alle damit befassten Senate **bis** einschließlich **1981** mit wechselnden Begründungen für die **Ablösbarkeit allgemeiner Arbeitsbedingungen** durch verschlechternde Betriebsvereinbarung ausgesprochen (vgl. *BAG* Erster Senat 01.02.1957 AP Nr. 1 zu § 32 SchwBeschG; 26.10.1962 AP Nr. 87 zu § 242 BGB Ruhegehalt; *BAG* Dritter Senat 30.01.1970 AP Nr. 142 zu § 242 BGB Ruhegehalt; 08.12.1981 AP Nr. 1 zu § 1 BetrAVG Ablösung). Die Literatur hat (wohl) überwiegend ebenfalls diesen Standpunkt eingenommen. Er lässt sich als »kollektivrechtlicher Lösungsansatz« bezeichnen: Es gilt nicht das Günstigkeitsprinzip, sondern das Ordnungsbzw. (seit 1970) das Ablösungsprinzip wegen des kollektiven Erscheinungsbildes allgemeiner Arbeitsbedingungen. Demgegenüber wurde von einer beachtlich starken Minderheit in der Literatur (»individualrechtlicher Lösungsansatz«) die Auffassung vertreten, dass das individuelle Günstigkeitsprinzip auch hier einer verschlechternden Betriebsvereinbarung entgegensteht (vgl. zum Streitstand bis 1971: *Säcker* Gruppenautonomie und Übermachtkontrolle im Arbeitsrecht, S. 356 f., 325 f.; bis 1982: *Thiele* Drittbearbeitung, § 77 Rn. 166 ff.; *Dietz/Richardi* § 77 Rn. 120 ff.; vgl. auch die umfangreichen Nachweise 10. Aufl. Rn. 277). Mit dem Urteil vom 12.08.1982 (AP Nr. 4 zu § 77 BetrVG 1972 = EzA § 77 BetrVG 1972 Nr. 9) ist der Sechste Senat aus der Phalanx der *BAG*-Senate ausgebrochen und hat dadurch Vorlagebeschlüsse an den GS des *BAG* gemäß § 45 Abs. 2 ArbGG durch den Fünften Senat vom 08.12.1982 (AP Nr. 6 zu § 77 BetrVG 1972 = EzA § 77 BetrVG 1972 Nr. 11), den Dritten Senat vom 30.04.1985 (AP Nr. 4 zu § 1 BetrAVG Ablösung = EzA § 77 BetrVG 1972 Nr. 14) und den Zweiten Senat vom 19.09.1985 (AP Nr. 11 zu § 77 BetrVG 1972 = EzA § 77 BetrVG 1972 Nr. 15) ausgelöst. Der Sechste Senat wollte die Ablösung nur noch dann billigen, wenn die Betriebsverein-

Durchführung gemeinsamer Beschlüsse, Betriebsvereinbarungen § 77

barung eine Angelegenheit der erzwingbaren Mitbestimmung nach § 87 Abs. 1 betrifft, nicht aber im Rahmen freiwilliger betrieblicher Mitwirkung des Betriebsrats. Die Kontroverse der *BAG*-Senate wurde von einer beispiellos breiten Literaturdiskussion begleitet, auf die der *GS* im Wesentlichen in seiner Entscheidung vom 16.09.1986 (s. Rdn. 284) eingegangen ist.

Am **16.09.1986 hat der *GS* des *BAG*** über den Vorlagebeschluss des Fünften Senats entschieden (*BAG* AP Nr. 17 zu § 77 BetrVG 1972 = EzA § 77 BetrVG 1972 Nr. 17 *[Otto]* = SAE 1987, 175 *[Löwisch]*; weitere Fundstellennachweise Rdn. 261; vgl. zu dieser Entscheidung: *Ahrend/Dernberger/ Rößler* BB 1988, 333; *Ahrend/Förster/Rühmann* BB 1987, Beil. Nr. 7; *Belling* DB 1987, 1888; *Blomeyer* DB 1987, 634; *Däubler* AuR 1987, 349; *Dieterich* NZA 1987, 545 [547 ff.]; *Gamillscheg* JArbR Bd. 25 [1988], S. 49; *Höfer/Kisters-Kölkes/Küpper* DB 1987, 1585; *Hromadka* NZA 1987, Beil. Nr. 3, S. 2; *Hüttenmeister* BetrR 1987, 169; *Joost* RdA 1989, 7; *Kemper* DB 1987, 986; *Moll* NZA 1988, Beil. Nr. 1, S. 17; *Reuter* JuS 1987, 753; *ders.* SAE 1987, 285 f.; *Richardi* NZA 1987, 185; *Schäffl* DRdA 1988, 195; *Schoden* AiB 1987, 109; *Schumann* ZIP 1987, 137; *ders.* DB 1988, 2510). Der *GS* folgt dabei weder der traditionellen Linie der *BAG*-Senate noch der abweichenden Auffassung des Sechsten Senats, aber auch nicht konsequent dem »individualrechtlichen Lösungsansatz« der Literatur, sondern stellt die Problematik unter Aufgabe der bisherigen Rspr. der *BAG*-Senate auf ein **neues Lösungspodest**. Wichtig ist, dass diese Entscheidung des *GS* zunächst nicht die Gesamtproblematik behandelt, sondern **nur** die Ablösung allgemeiner Arbeitsbedingungen **bei Sozialleistungen**. Über die Aufhebung oder Einschränkung anderer allgemeiner Arbeitsbedingungen (z. B. über Zuschläge für Mehr-, Nacht- oder Feiertagsarbeit, Lohnfortzahlung im Krankheitsfall, Urlaubsfragen, Kündigungsfristen, Altersgrenzen) durch eine nachfolgende Betriebsvereinbarung ist in diesem Beschluss nicht entschieden worden. Das hat der *GS* im Beschluss vom **07.11.1989** (*BAG* EzA § 77 BetrVG 1972 Nr. 34 *[Otto]* = AP Nr. 46 zu § 77 BetrVG 1972, Entscheidung über den Vorlagebeschluss des Zweiten Senats vom 19.09.1985) ausdrücklich festgestellt (unter B II 2 der Gründe) und dann in allgemeiner Form (konkret: zu einer verschlechternden Altersgrenzenregelung) positiv entschieden (unter C II der Gründe), dass das **individuelle Günstigkeitsprinzip gilt** und einer verschlechternden Betriebsvereinbarung entgegensteht, soweit es sich nicht um arbeitsvertragliche Ansprüche auf Sozialleistungen handelt, die auf vertraglicher Einheitsregelung, Gesamtzusage oder einer betrieblichen Übung beruhen. Damit hat sich der »**individualrechtliche Lösungsansatz**« auch in der höchstrichterlichen Rechtsprechung durchgesetzt – **mit Einschränkungen** nach der im Beschluss des *GS* vom 16.09.1986 entwickelten Lösung zur **Ablösung durch »umstrukturierende Betriebsvereinbarung« bei Sozialleistungen** (s. Rdn. 287, 293 ff.). Auf diese **Differenzierung** in der Rechtsprechung hatten sich Praxis und Rechtslehre einzustellen; die Erfahrung, dass Entscheidungen des *GS* besondere Rechtskontinuität zukommt, wurde bestätigt.

284

Im dogmatischen Ansatz ist bereits der Entscheidung des *GS* vom 16.09.1986 (s. Rdn. 284) **voll zuzustimmen**: Ansprüche der Arbeitnehmer auf **Sozialleistungen** (Gratifikationen, Jubiläumszuwendungen, betriebliche Altersversorgung u. ä.), die auf vom Arbeitgeber gesetzte Einheitsregelung oder eine Gesamtzusage oder eine betriebliche Übung (= allgemeine Arbeitsbedingungen) zurückgehen, **sind vertragliche Ansprüche** (vgl. unter C II 1 der Gründe), für deren Verhältnis (auch!) zu nachfolgender Betriebsvereinbarung das **Günstigkeitsprinzip** gilt (vgl. unter C II 2, 3 der Gründe). § 77 Abs. 4 Satz 1 ergänzt um das Günstigkeitsprinzip ist die **allein maßgebliche Kollisionsnorm**; alle anderen in Literatur und Rspr. diskutierten Kollisionsregeln (Ordnungsprinzip; Ablösungsprinzip; Lehre von der Normsetzungsprärogative der Parteien einer Betriebsvereinbarung; Lehre von der Abänderbarkeit vertraglicher Ansprüche bei Verletzung von Mitbestimmungsrechten des Betriebsrats) scheiden aus (vgl. dazu näher unter C III der Gründe). Günstigere arbeitsvertragliche Bestimmungen, die vor Abschluss der Betriebsvereinbarung zustande gekommen sind, bleiben somit – jedenfalls im Grundsatz – wirksam.

285

Der *GS* **modifiziert** jedoch **Handhabung und Inhalt des Günstigkeitsprinzips**, wenn **Sozialleistungen** in der Form allgemeiner Arbeitsbedingungen im Arbeitsvertrag wie auch in einer Betriebsvereinbarung geregelt werden: Maßgebend soll zunächst nicht ein individueller (vgl. Rdn. 275), sondern ein **kollektiver Günstigkeitsvergleich** sein, bei dem die Gesamtheit der Sozialleistungen des Arbeitgebers, die aus einem bestimmten Anlass oder Zweck gewährt werden, vor und nach Abschluss einer Betriebsvereinbarung vergleichsweise gegenüberzustellen sind (vgl. unter C II 4 der

286

Gründe). **Dieser dogmatische Bruch ist nicht zu rechtfertigen**; er hat in der Literatur allseits nur Kritik erfahren (vgl. insb. *Belling* DB 1987, 1888; *Blomeyer* DB 1987, 634 [636 f.]; *Däubler* AuR 1987, 349 [353 ff.]; *Federlin* Der kollektive Günstigkeitsvergleich, S. 70 ff., 140 ff.; *Gamillscheg* JArbR Bd. 25 [1988], S. 49 [58 ff.]; *Herrmann* ZfA 1989, 577 [616 ff.]; *Hromadka* NZA 1987, Beil. Nr. 3, S. 2 [4 ff.]; *ders.* RdA 1992, 235 [248]; *Joost* RdA 1989, 7 [18 ff.]; *Moll* NZA 1988, Beil. Nr. 1, S. 17 [21 f., 24]; *Otto* Anm. EzA § 77 BetrVG 1972 Nr. 17 S. 113 ff.; *Richardi* NZA 1987, 185 [187 f.]; *ders.* § 77 Rn. 154; *Th. Schmidt* Das Günstigkeitsprinzip im Tarifvertrags- und Betriebsverfassungsrecht, S. 117 f.; *Zöllner/Loritz* Arbeitsrecht, 4. Aufl. § 6a II 2b; mit zust. Tendenz *Voigt* Der kollektive Günstigkeitsvergleich im System der arbeitsrechtlichen Gestaltungsmittel, S. 112 ff.), auch wenn das Ergebnis weithin hingenommen wird. Er ermöglicht dem GS einen Kompromiss, der an den **kollektiven Bezug** (Bezugssystem der Leistungen, das auf der Entscheidung über Dotierungsrahmen und Entscheidungskriterien beruht) allgemeiner Arbeitsbedingungen im Sozialbereich anknüpft (im Anschluss an *Hilger/Stumpf* FS *G. Müller*, S. 209 und *Coester* BB 1984, 797 [799]) und im Ergebnis die Verschlechterung arbeitsvertraglicher Arbeitnehmer-Positionen durch nachfolgende Betriebsvereinbarung zulässt, allerdings in erheblich engeren Grenzen als nach der früheren Rspr. der *BAG*-Senate. Im Beschluss vom 07.11.1989 (*BAG* EzA § 77 BetrVG 1972 Nr. 34 [unter C II 2] = AP Nr. 46 zu § 77 BetrVG 1972) hat der GS die Erforderlichkeit eines kollektiven Günstigkeitsvergleichs im Bereich der Sozialleistungen mit kollektivem Bezug bekräftigt. Zur Rspr. der Fachsenate vgl. m. w. N. Rdn. 295.

287 Je nach dem **Ergebnis des kollektiven Günstigkeitsvergleichs** unterscheidet der GS zwischen der Betriebsvereinbarung, die (insb. aus wirtschaftlichen Kostengründen) Sozialleistungsansprüche der Arbeitnehmer kürzt oder streicht (**»verschlechternde Betriebsvereinbarung«**), und der bloß **»umstrukturierenden (umverteilenden) Betriebsvereinbarung«**, bei der unter Änderung der Verteilungsgrundsätze (des Leistungsplans) die **wirtschaftliche Gesamtlast** (das zu verteilende Gesamtvolumen) für den Arbeitgeber **gleich bleibt** oder sich gar erhöht. Diese Unterscheidung ist auch dann maßgeblich, wenn allgemeine Arbeitsbedingungen über Sozialleistungen unter **Verletzung eines Mitbestimmungsrechts** des Betriebsrats zustande gekommen sind; die Kollision der Regelungen entfällt nicht, weil diese Verletzung nach Ansicht des GS des *BAG* nicht schlechthin die Unwirksamkeit der Vertragspositionen zur Folge hat (s. Beschluss vom 16.09.1986 [s. Rdn. 284] unter C III 4 der Gründe und Rdn. 268). Auf die Unterscheidung zwischen umstrukturierender und verschlechternder Betriebsvereinbarung am Maßstab **kollektiven Günstigkeitsvergleichs** kommt es **nicht** an, wenn sich der Arbeitgeber das Recht vorbehalten hat, die vertraglichen Zusagen durch spätere Betriebsvereinbarung – auch verschlechternd – abändern zu können (**»Betriebsvereinbarungsoffenheit«** der vertraglichen Regelung, die verhindert, dass im Verhältnis zu einer Betriebsvereinbarung das Günstigkeitsprinzip gilt; vgl. dazu ausführlich Rdn. 298 ff.).

288 Beim **Typ** der (insgesamt) **verschlechternden Betriebsvereinbarung bei Sozialleistungen** werden alle vertraglichen Besitzstände durch das (insoweit wieder individuell wirkende) Günstigkeitsprinzip gesichert, und zwar unabhängig davon, ob die in der Betriebsvereinbarung geregelte Angelegenheit der erzwingbaren Mitbestimmung des Betriebsrats (§ 87 Abs. 1) unterliegt oder ob sie als freiwillige Betriebsvereinbarung (§ 88) zustande gekommen ist (s. Beschluss vom 16.09.1986 [s. Rdn. 284] Leitsatz 3). Der GS folgt insoweit bereits im Beschluss vom 16.09.1986 im Ergebnis (wenn auch über den »Umweg« des kollektiven Günstigkeitsvergleichs) dem **individualrechtlichen Lösungsansatz** (vgl. Rdn. 283), wie er weithin in der Literatur schon vorher vertreten wurde (s. zum damaligen Meinungsstand 10. Aufl. § 77 Rn. 277 mit umfangreichen Nachweisen) und jetzt auch h. M. ist (s. Rdn. 261). Im Beschluss vom 07.11.1989 (s. Rdn. 284) hat der GS diese Lösung dann in allgemeiner Form (über Sozialleistungen hinaus) für alle Arbeitsbedingungen anerkannt (s. Rdn. 284). Das war schon aus dem Beschluss vom 16.09.1986 abzuleiten, weil bei allen anderen Arbeitsbedingungen anders als bei Sozialleistungen eine kollektive Umverteilung (»Umstrukturierung«) nicht sinnvoll durchgeführt und dementsprechend auch gar nicht bezweckt wird bzw. bei denen bei kollektivem Günstigkeitsvergleich die Verschlechterung für die Belegschaft insgesamt »auf den ersten Blick« erkennbar ist, z. B. bei der Einführung von lohnmindernder Kurzarbeit (vgl. 4. Aufl. § 77 Rn. 223).

289 Damit war zutr. durch die höchstrichterliche Rspr. entschieden: Die insgesamt verschlechternde Betriebsvereinbarung kann (ebensowenig wie echte Einzelvereinbarungen; s. Rdn. 282) auch alle güns-

Durchführung gemeinsamer Beschlüsse, Betriebsvereinbarungen § 77

tigeren allgemeinen Arbeitsbedingungen **grundsätzlich nicht ablösen**. Wenn diese nicht (ausnahmsweise) betriebsvereinbarungsoffen gestaltet sind (s. dazu näher Rdn. 298 ff.), muss sich der Arbeitgeber vertragsrechtlicher Gestaltungsmöglichkeiten (Abänderungsvertrag, Änderungskündigung, Geltendmachung eines vorbehaltenen Widerrufs [s. auch Rdn. 290], Vertragsanpassung nach den Grundsätzen des Wegfalls der Geschäftsgrundlage [s. auch Rdn. 291]) bedienen, wenn er eine Verschlechterung erreichen will (vgl. zu den vertragsrechtlichen Änderungsmöglichkeiten, auf die auch schon der *GS* die Arbeitgeber verwiesen hat [Beschluss vom 16.09.1986 unter C IV der Gründe] auch schon *Ahrend / Förster / Rühmann* BB 1987, Beil. Nr. 7, S. 13 ff.; *Gamillscheg* JArbR Bd. 25 [1988], S. 49 [67 ff.]; *Hromadka* NZA 1987, Beil. Nr. 3, S. 2 [11 f.]; *Joost* RdA 1989, 7 [22 f.]; *Löwisch* SAE 1987, 186 f.; *Moll* NZA 1988, Beil. Nr. 1, S. 17 [29 f.]).

Hat sich der Arbeitgeber für Fälle sachlicher Gründe in allgemeinen Arbeitsbedingungen den **Widerruf** von Leistungen wirksam **vorbehalten**, so kann dieses einseitige Änderungsrecht auch durch freiwillige verschlechternde Betriebsvereinbarung ausgeübt werden; es geht über vereinbarte Betriebsvereinbarungsoffenheit hinaus, schließt diese aber ein (vgl. auch *Kania/* ErfK § 77 BetrVG Rn. 87). 290

Eine Besonderheit ist zu beachten, wenn die Voraussetzungen eines **Wegfalls (Störung) der Geschäftsgrundlage** bei allgemeinen Arbeitsbedingungen vorliegen. Insoweit ließ schon der *GS* zu, dass die Vertragsanpassung (damals: kraft Gesetzes, heute nach § 313 BGB: soweit sie vom Arbeitgeber verlangt werden kann) in Gestalt einer (vom Betriebsrat freiwillig abgeschlossenen) verschlechternden Betriebsvereinbarung erfolgen kann (vgl. Beschluss vom 16.09.1986 [s. Rdn. 262] unter C IV 3 der Gründe; ebenso *BAG* 28.07.1998 EzA § 1 BetrAVG Ablösung Nr. 18 S. 5, 9; 17.06.2003 EzA § 1 BetrAVG Ablösung Nr. 40 S. 11). Bei Sozialleistungen ist das für den *GS* die Folge daraus, dass der Betriebsrat nach § 87 Abs. 1 Nr. 10 über die Aufstellung der neuen Verteilungsgrundsätze bei Leistungsanpassung ein Mitbestimmungsrecht hat, das er durch Regelungsabrede, aber auch durch Betriebsvereinbarung ausüben kann. Im Ergebnis verdient dies Zustimmung, weil die Berechtigung einer solchen Vertragsanpassung verbindlich sowieso nur in einem Rechtsstreit geklärt werden kann und das Günstigkeitsprinzip der Verschlechterung nicht entgegensteht, wenn diese durch Wegfall der Geschäftsgrundlage gerechtfertigt ist (vgl. aber zu dogmatischen Bedenken *Otto* Anm. EzA § 77 BetrVG 1972 Nr. 17 S. 124 ff.). 291

Da die Entscheidung des *GS* der Praxis **keinerlei »Übergangsregelung«** zugestanden hat, war im Grundsatz davon auszugehen, dass in der Vergangenheit abgeschlossene verschlechternde Betriebsvereinbarungen allgemeine Arbeitsbedingungen nur dann wirksam abgelöst haben, wenn Betriebsvereinbarungsoffenheit bestand oder die Verschlechterung durch den Wegfall der Geschäftsgrundlage gerechtfertigt war. Ein Schutz des Vertrauens des Arbeitgebers (gemäß dem aus dem Rechtsstaatsprinzip abzuleitenden Verfassungsgrundsatz des Vertrauensschutzes vor der richterlichen Rechtsfindung; vgl. *BVerfGE* 74, 129 [155 f.]) auf die Zulässigkeit der Ablösung (insb. bei betrieblichen Versorgungsordnungen) nach der früheren Rspr. der *BAG*-Senate kommt mangels Vertrauensgrundlage jedenfalls für die Zeit nach Anrufung des *GS* durch den Fünften Senat (08.12.1982) und der Veröffentlichung dieses Vorlagebeschlusses, also ab Januar 1983 (so auch *Heither* BB 1992, 145 [149]) nicht in Betracht (vgl. auch *Joost* RdA 1989, 7 [24]; *Däubler* AuR 1987, 349 [358], der insoweit auf den Zeitpunkt der Entscheidung des Sechsten Senats [12.08.1982] abstellen will; der Dritte Senat des *BAG* hat im Urteil vom 20.11.1990 [EzA § 77 BetrVG 1972 Nr. 38 = SAE 1992, 276 zust. *von Maydell / Kruse*] »jedenfalls bis zum Bekanntwerden des Urteils des 6. Senats« Vertrauensschutz gewährt und eine verschlechternde Betriebsvereinbarung vom 28.12.1982 anerkannt, die eine vertragliche Versorgungsregelung abgelöst hat; bestätigt durch Urteil vom 18.09.2001 EzA § 1 BetrAVG Ablösung Nr. 29 S. 8; gegen jede Rückwirkung *Schumann* DB 1988, 2510 [2511 f.]; *LAG Köln* DB 1990, 1523; *LAG Hamm* 10.07.1990 LAGE § 77 Nr. 8 S. 11 ff.). Zu den Folgeproblemen der rückwirkenden Unwirksamkeit einer verschlechternden Betriebsvereinbarung vgl. *Blomeyer* FS *K. Molitor*, S. 41 (57 ff.). 292

Bei **»umstrukturierender« Betriebsvereinbarung** über Sozialleistungen (s. Rdn. 287) soll das **individuelle Günstigkeitsprinzip** (anders als bei verschlechternder Betriebsvereinbarung) **grundsätzlich nicht** gelten und damit einer Neuregelung durch Betriebsvereinbarung nicht entgegenstehen, selbst wenn einzelne Arbeitnehmer dadurch schlechter gestellt werden (*GS* des *BAG* 16.09.1986 [s. Rdn. 284] unter C II 4f der Gründe); eine Ausnahme lässt der *GS* (in zweifelhafter Folgerichtigkeit) nur zu, wenn dem einzelnen von einer Verschlechterung betroffenen Arbeitnehmer der **kollektive** 293

Bezug einer vertraglichen Einheitsregelung **nicht erkennbar** war (unter C II 4d der Gründe). Eingriffe in Besitzstände Betroffener müssen nach Ansicht des GS allerdings den Grundsatz der Verhältnismäßigkeit wahren (vgl. unter C II 5 der Gründe), nach jetzt st. Rspr. des Dritten Senats bei Versorgungsansprüchen (vgl. etwa *BAG* 23.10.2001 EzA § 1 BetrAVG Ablösung Nr. 30 unter II 1; 17.06.2003 EzA § 1 BetrAVG Ablösung Nr. 40 unter B III 2) die Gebote des Vertrauensschutzes und der Verhältnismäßigkeit (vgl. dazu näher Rdn. 348 f., 371 ff.).

294 Der nur umstrukturierenden Betriebsvereinbarung kommt **ablösende** Wirkung zu; die abgelösten allgemeinen Arbeitsbedingungen sind (insoweit wohl auch nach der Rspr. des *BAG*, vgl. Rdn. 256) nichtig. Dem GS war es dabei wichtig (vgl. Beschluss vom 16.09.1986 [s. Rdn. 284] unter C II 4b, c der Gründe; im Ergebnis ebenso *Pfarr* BB 1983, 2001 [2004 ff.]), dass sich die Unterscheidung zwischen Umverteilung und Einsparung in das System der Mitbestimmung einpasst und namentlich dem Mitbestimmungsrecht nach § 87 Abs. 1 Nr. 10 Geltung verschafft. Da sich dieses nach der Rspr. bei freiwilligen Sozialleistungen nicht auf den Dotierungsrahmen, wohl aber auf die Verteilungsgrundsätze (Leistungsplan) bezieht, soll der Betriebsrat mittels seines Initiativrechts eine Verwirklichung betrieblicher Lohngerechtigkeit durch Umstrukturierung erzwingen können, ohne durch vertragliche Besitzstände der Arbeitnehmer daran gehindert zu werden (vgl. zum **Zusammenhang von Verschlechterungsproblematik und Mitbestimmung** zuerst *Hilger/Stumpf* FS *G. Müller*, S. 209 [214 f.]; vgl. mit z. T. weitergehenden Konsequenzen auch *Löwisch* DB 1983, 1709 [1710]; *Buchner* DB 1983, 877 [883 ff.]; *Blomeyer* NZA 1985, 641 [645 f.]; *ders.* DB 1987, 634 [638]; *Hanau* Anm. zu *BAG* AP Nr. 4 und 6 zu § 77 BetrVG 1972; *Hans Hanau* Individualautonomie und Mitbestimmung, S. 130 ff.; *Leinemann* DB 1985, 1394 [1395 f.]; *Jobs* DB 1986, 1120; *Moll* NZA 1988, Beil. Nr. 1, S. 17 [22 ff.]; *Joost* RdA 1989, 7 [16 ff.]; *Scharmann* Die ablösende Betriebsvereinbarung, S. 142 ff.; *BAG* Sechster Senat, 12.08.1982 AP Nr. 4 zu § 77 BetrVG 1972). Auch damit lässt sich jedoch die **Ausschaltung des individuellen Günstigkeitsprinzips nicht rechtfertigen**, weil dieses Schranke der Kollektivmacht ist, nicht umgekehrt (vgl. zur Kritik insb. *Richardi* RdA 1983, 201 [214 ff.], 278 ff.; *ders.* NZA 1987, 185 [190]; *ders.* § 77 Rn. 154; *ders.* in: Altersgrenzen und Alterssicherung im Arbeitsrecht, *Wolfgang Blomeyer* zum Gedenken, 2003, S. 299 ff.; *Martens* RdA 1983, 217 [218 ff.]; *Belling* DB 1987, 1888 [1891]; vgl. auch *Gamillscheg* JArbR Bd. 25 [1988], S. 49 [65 f.]; vgl. neuerdings zur Anerkennung umstrukturierender Betriebsvereinbarung gestützt auf § 87 Abs. 1 Nr. 10 *Konzen* FS *Maydell*, S. 341 [351 f.] ähnlich *Schwarze*/NK-GA § 77 BetrVG Rn. 50). Zudem wird der Schutzzweck der Betriebsvereinbarung verfehlt, wenn durch diese einzelne Arbeitnehmer lediglich Verschlechterungen erfahren (*Kreutz* Betriebsautonomie, S. 250; vgl. auch Rdn. 359).

295 Für die rechtliche Behandlung umstrukturierender Betriebsvereinbarungen bei Sozialleistungen wirft der Beschluss des GS vom 16.09.1986 eine Reihe **schwieriger Folgefragen** auf. Die Klärung von Einzelfragen bei der **Durchführung des kollektiven Günstigkeitsvergleichs**, insbesondere der Frage, welche Sozialleistungen und Abreden in den konkreten Günstigkeitsvergleich einbezogen werden müssen oder dürfen (dazu etwa *Hromadka* NZA 1987, Beil. Nr. 3, S. 2 [6 ff.]; *ders.* RdA 1992, 235 [248 ff.]; *Moll* NZA 1988, Beil. Nr. 1, S. 17 [26 f.]; *Otto* Anm. EzA § 77 BetrVG 1972 Nr. 17 S. 133 f.; vgl. auch *LAG Hamm* DB 1997, 382, das den Günstigkeitsvergleich auf die Gewährung einer festen Zulage zur tariflichen Vergütung anstelle einer Steigerung der Versorgungsanwartschaft bezogen hat) und wie der wirtschaftliche Wert der Zusagen zu berechnen ist (dazu *Ahrend/Dernberger/Rößler* BB 1988, 333 ff.; vgl. auch *Gasser* Der Dotierungsrahmen in der betrieblichen Altersversorgung und seine Bedeutung für die abändernde Betriebsvereinbarung, Diss. Erlangen-Nürnberg 1989), hat der GS ausdrücklich den Fachsenaten überlassen. Der an sich plausible Hinweis, dass es in erster Linie auf den Zweck der Neuregelung ankomme (vgl. unter C II 4e der Gründe), hat sich in der Folgeentscheidung des Achten Senats vom 03.11.1987 (EzA § 77 BetrVG 1972 Nr. 20 S. 13) schnell als unergiebig erwiesen, in der Entscheidung des Ersten Senats vom 28.03.2000 (Nachweise sogleich) als eher beliebig verwertbar. Vgl. zur Einschränkung des Anwendungsbereichs des kollektiven Günstigkeitsvergleichs in Folgeentscheidungen des Ersten Senats *BAG* 21.09.1989 EzA § 77 BetrVG 1972 Nr. 33 und dann *BAG* vom 28.03.2000 EzA § 77 BetrVG 1972 Ablösung Nr. 1 (*Krause*) = AP Nr. 83 zu § 77 BetrVG 1972 (*Richardi*) = RdA 2001, 404 (*Wiese*) = SAE 2001, 145 (*Benecke*). Auch der Dritte Senat räumt jetzt zwischenzeitlich deutlich gewordene Anwendungsprobleme des kollektiven Günstigkeitsvergleichs bei betrieblicher Altersversorgung, seinem Hauptanwendungsbereich, ein (vgl. *BAG* 17.06.2003 EzA § 1 BetrAVG Ablösung Nr. 40 unter B III 3b m. w. N. zur Rspr. des Senats).

Ob für die Kategorie umstrukturierender Betriebsvereinbarungen ein **praktisches Bedürfnis** besteht, wurde von Anfang an bezweifelt (*Belling* DB 1987, 1888 [1889]; *Hayen* BetrR 1987, 152 [158]; *Kemper* DB 1987, 986). Jedenfalls erledigt sich diese Kategorie und mit ihr die gesamte Unterscheidung am Maßstab des kollektiven Günstigkeitsvergleichs bei Sozialleistungen praktisch **nicht** bereits dadurch, dass allgemeine Arbeitsbedingungen schon »bei erkennbar kollektivem Bezug« der Regelung »betriebsvereinbarungsoffen« sind, und damit das Günstigkeitsprinzip vertraglich ausgeschlossen ist (s. sogleich Rdn. 298 ff.). *Löwisch* (SAE 1987, 185) und *Gamillscheg* (JArbR Bd. 25, [1988], S. 49 [64]) wollten den GS zwar so verstehen. Für eine solche Gleichsetzung gibt die Entscheidung jedoch nichts her (vgl. auch *BAG* 20.11.1990 EzA § 77 BetrVG 1972 Nr. 38 S. 6; 17.06.2003 EzA § 1 BetrAVG Ablösung Nr. 40 S. 13). Der GS hat nur darauf hingewiesen, dass »der kollektive Bezug der Zusagen die Prüfung nahe legt, ob sich der Arbeitgeber in der von ihm formulierten Einheitsregelung oder Gesamtzusage das Recht vorbehalten wollte, die vertraglichen Zusagen durch später nachfolgende Betriebsvereinbarung in den Grenzen von Recht und Billigkeit abändern zu können« (vgl. unter C II 1c der Gründe). Richtig ist danach zunächst nur, dass sich der kollektive Günstigkeitsvergleich erübrigt, wenn allgemeine Arbeitsbedingungen wirksam betriebsvereinbarungsoffen ausgestaltet sind (s. Rdn. 287).

Unabhängig vom Problemfeld einer Betriebsvereinbarungsoffenheit ist der **Anwendungsbereich** 297 für eine umstrukturierende Betriebsvereinbarung jedenfalls **wesentlich kleiner** als dies der GS selbst und die insoweit weithin nicht widersprechende Literatur wohl annehmen, wenn die »wirtschaftliche Gesamtlast« als maßgebliches Kriterium im kollektiven Günstigkeitsvergleich konsequent herangezogen wird. Nach Ansicht des GS (16.09.1986 EzA § 77 BetrVG 1972 Nr. 17 [unter B II, ähnlich unter C II 4a] = AP Nr. 17 zu § 77 BetrVG 1972) geht es nicht um Kürzungen, wenn der Leistungsplan geändert wird, »weil sich entweder die rechtlichen Rahmenbedingungen geändert haben oder die Auffassungen darüber, wie Sozialleistungen zu verteilen sind (Gleichbehandlung von Arbeitern und Angestellten, von Männern und Frauen)«. Die Literatur nennt weiter etwa die Ausdehnung von Leistungen an Witwer, Teilzeitbeschäftigte oder Beschäftigte, die gemäß § 613a BGB übernommen wurden (vgl. *Gamillscheg* JArbR Bd. 25 [1988], S. 49 [53, 60]; *Hromadka* NZA 1987, Beil. Nr. 3, S. 2 [6]; *Ahrend/Förster/Rühmann* BB 1987, Beil. Nr. 7, S. 10). Hinter solchen Umverteilungsgesichtspunkten stehen jedoch nicht lediglich geänderte rechtliche Rahmenbedingungen und Wertvorstellungen, sondern, was im Einzelnen zu prüfen ist, in einer Reihe von Fällen echte Leistungsansprüche der bisher Benachteiligten gegen den Arbeitgeber aus dem arbeitsrechtlichen Gleichbehandlungsgrundsatz. Deshalb liegt in Wahrheit eine Kürzung vor, wenn der bisherige Dotierungsrahmen zur Umverteilung herangezogen wird, ohne die Arbeitgeberverpflichtungen aus dem Gleichbehandlungsgrundsatz zu berücksichtigen. Auf diese Weise entzieht sich der Arbeitgeber (gesetzlichen) Verpflichtungen und verringert damit seine wirtschaftliche Gesamtlast. Das weist aus, dass in Wirklichkeit eine verschlechternde Betriebsvereinbarung vorliegt, die nach den für diese geltenden Grundsätzen (vgl. Rdn. 288 ff.) zu behandeln ist (vgl. auch *Otto* Anm. EzA § 77 BetrVG 1972 Nr. 17 S. 116 f., der zu Recht geltend macht, dass die »finanzielle Überlast« nur nach den Grundsätzen vom Wegfall der Geschäftsgrundlage zu Lasten anderer Arbeitnehmer abgebaut werden darf; vgl. in diesem Zusammenhang auch *BAG* 14.10.1986 AP Nr. 11 zu Art. 119 EWG-Vertrag *[Pfarr]* = EzA § 1 BetrAVG Gleichberechtigung Nr. 1, wo der Dritte Senat des *BAG* entschieden hat, dass die unberechtigte Ausklammerung von Teilzeitbeschäftigten aus der betrieblichen Altersversorgung nicht dazu führen könne, dass die erdienten Anwartschaften der Vollzeitbeschäftigten irgendwie geschmälert werden dürften). Im Übrigen ist zu beachten, dass nach der Rechtsprechung auch dann, wenn die (umstrukturierende) Betriebsvereinbarung dem kollektiven Günstigkeitsvergleich Stand hält, in derselben Weise eine Rechtskontrolle stattfindet wie bei Ablösung einer Betriebsvereinbarung (vgl. *BAG* 24.01.2006 EzA § 1 BetrAVG Ablösung Nr. 46 Rn. 48 = AP Nr. 50 zu § 1 BetrAVG Ablösung, obiter dictum). In der Praxis ist die Bedeutung lediglich umstrukturierender Betriebsvereinbarungen gering (*Hromadka* NZA Beilage 4/2014, 136 [142]).

(2) Nichtgeltung des Günstigkeitsprinzips im Einzelfall (Betriebsvereinbarungsoffenheit)

Zusammenfassend bleibt festzuhalten: Nach der vom GS des *BAG* geprägten Rechtslage gilt das Güns- 298 tigkeitsprinzip im **Grundsatz nur dann nicht**, wenn durch eine Betriebsvereinbarung allgemeine Sozialleistungsansprüche lediglich »umstrukturiert« (s. Rdn. 287) werden. Vertraglich geregelte Ar-

§ 77 IV. 1. Allgemeines

beitsbedingungen können durch zwingende Geltung nachfolgender Betriebsvereinbarung aber auch dann verschlechtert werden, wenn **im konkreten Einzelfall** das **Günstigkeitsprinzip nicht eingreift**. Das ist der Fall, wenn bei **Wegfall** (Störung) **der Geschäftsgrundlage** die vom Arbeitgeber geforderte Vertragsanpassung oder bei wirksamem **Widerrufsvorbehalt** die Änderung durch Betriebsvereinbarung erfolgt (s. Rdn. 290, 291). Von besonderer praktischer Bedeutung sind jedoch heute die Fälle, in denen im Arbeitsvertrag Arbeitsbedingungen »**betriebsvereinbarungsoffen**« gestaltet sind; sie gelten dann **unter dem Vorbehalt einer Änderung** (Einschränkung, Aufhebung) **durch spätere Betriebsvereinbarung.** »Betriebsvereinbarungsoffenheit« geht auf die alte Idee zurück, zur Beurteilung einer Ablösung vertraglicher Arbeitsbedingungen durch Betriebsvereinbarung nicht auf ein Ordnungsprinzip (s. Rdn. 283) sondern auf den Willen der Arbeitsvertragsparteien abzustellen (vgl. resümierend m. w. N. *Hromadka* FS *Wank*, S. 175 [183 ff.]). Den Begriff, der jetzt schon als terminus technicus zu verstehen ist (s. Rdn. 269), verwendete, soweit ersichtlich, zuerst der Sechste Senat des *BAG* (12.08.1982 EzA § 77 BetrVG 1972 Nr. 9 [unter II 4a] = AP Nr. 4 zu § 77 BetrVG 1972); der *GS* des *BAG* (16.09.1986 EzA § 77 BetrVG 1972 Nr. 17 [unter C II 1c] = AP Nr. 17 zu § 77 BetrVG 1972) hat ihn dann für den Vorbehalt mit Bezug auf eine vom Arbeitgeber vorformulierte Einheitsregelung und Gesamtzusage übernommen. Betriebsvereinbarungsoffen können aber nicht nur **allgemeine Arbeitsbedingungen** (in einer vertraglichen Einheitsregelung, Gesamtzusage oder betrieblicher Übung) gestaltet werden, sondern auch echte **einzelvertragliche Vereinbarungen**; in der Rspr. des *BAG* wird das zutr. hervorgehoben (s. *BAG* 17.02.2015 – 1 AZR 599/13 – juris, Rn. 27; 05.03.2013 EzA § 77 BetrVG 2001 Nr. 35 Rn. 55, 60 = AP Nr. 77 zu § 77 BetrVG 1972; 17.07.2012 EzA § 75 BetrVG 2001 Nr. 7 Rn. 29 = AP Nr. 61 zu § 77 BetrVG 1972 Betriebsvereinbarung; 05.08.2009 EzA § 242 BGB 2002 Betriebliche Übung Nr. 10 Rn. 12 = AP Nr. 85 zu § 242 BGB Betriebliche Übung). Auch wenn günstigere Vertragsregelungen von einer vorausgehenden Betriebsvereinbarung abweichen, können sie, wie es insbesondere bei Allgemeinen Arbeitsbedingungen vielfach der Fall ist, betriebsvereinbarungsoffen gestaltet werden.

299 Die **Zulässigkeit**, arbeitsvertragliche Vereinbarungen über (einzelne, mehrere oder alle) Arbeitsbedingungen für jeweils betroffene Arbeitnehmer betriebsvereinbarungsoffen zu gestalten, ist in Rspr. und Lit. unbestritten (so auch *Hromadka* FS *Wank*, S. 175 [183 f.]: *Linsenmaier* RdA 2014, 336 [341 f.]; *Preis / Ulber* RdA 2014, 6 [8]; *Waltermann* RdA 2016. 296 [300]); diese Gestaltung ist Akt privatautonomer Selbstbestimmung der Arbeitsvertragsparteien. Wenn es auf Grund des Vorbehalts im Arbeitsvertrag später zu einer verschlechternden Betriebsvereinbarung kommt, gilt diese zwingend; das ist auch gemeint, wenn verbreitet von einem durch betriebsvereinbarungsoffene Gestaltung eingeräumten Vorrang dieser Betriebsvereinbarung gesprochen wird (vgl. etwa *Fitting* § 77 Rn. 198; *Linsenmaier* RdA 2014, 336 [341]). Maßgeblich ist, dass dann das **Günstigkeitsprinzip nicht schützend eingreift**; seine Geltung wäre zum Vorbehalt der Abänderbarkeit der Vertragsregelung durch Betriebsvereinbarung wertungswidersprüchlich. Die dogmatische Herleitung dieses Ergebnisses ist indes noch unklar; insoweit bedarf der Vorbehalt der Auslegung. Danach bedeutet er nicht die vertragliche Bezugnahme auf die spätere Betriebsvereinbarung (ebenso *Waltermann* SAE 2013, 94 [100] und RdA 2016, 296 [303]; *Linsenmaier* RdA 2014, 336 [342]; vgl. auch *Fitting* § 77 Rn. 198: auch nicht, wenn sich der Vorbehalt gerade aus einem Verweis auf Betriebsvereinbarungen ergibt), auch nicht, dass das Günstigkeitsprinzip abbedungen ist; denn dieses ist kein Recht, über das im Einzelfall verfügt werden könnte. Möglich erscheint die Annahme, dass mit dem Inkrafttreten der Betriebsvereinbarung keine Kollisionslage entsteht, weil die vertragliche Regelung, wie es dem Vorbehalt entspricht, zurücktritt. Klarer und überzeugender erscheint, die Vertragsregelung als durch das spätere Inkrafttreten einer verschlechternden Betriebsvereinbarung **auflösend bedingt** anzusehen (so zur »Tarifoffenheit« auch *Höpfner* Die Tarifgeltung im Arbeitsverhältnis, S. 512); zu diesem Zeitpunkt endet dann die vertragliche Regelung (§ 158 Abs. 2 BGB), sie ist damit endgültig abgelöst (s. Rdn. 306).

300 **Betriebsvereinbarungsoffenheit** muss **bei allen** Arbeitsbedingungen jeweils **rechtsgeschäftlich** nachgewiesen werden und im Streitfall vom Arbeitgeber dargetan und bewiesen werden. Der (Verschlechterungs-)Vorbehalt kann **ausdrücklich**, aber bei entsprechenden Begleitumständen **auch stillschweigend** erfolgen (unstr.; vgl. zuletzt etwa *BAG* 17.02.2015 – 1 AZR 599/13 – juris, Rn. 27; 17.07.2012 EzA § 75 BetrVG 2001 Nr. 7 Rn. 29 = AP Nr. 61 zu § 77 BetrVG 1972 Betriebsvereinbarung). Immer ist seine Feststellung **Frage der Auslegung** der konkreten Vereinbarung gemäß §§ 133, 157 BGB (so auch schon *BAG GS* 16.09.1986 EzA § 77 BetrVG 1972 Nr. 17 [unter C II

1c] = AP Nr. 17 zu § 77 BetrVG 1972; *Wenzeck* Die verschlechternde Betriebsvereinbarung, S. 195; vgl. auch *Fitting* § 77 Rn. 198; *Linsenmaier* RdA 2014, 336 [342]; *Matthes*/MünchArbR § 238 Rn. 85; *Richardi* § 77 Rn. 158). Schon für eine bloß ergänzende Vertragsauslegung ist mithin kein Platz (zutr. *Däubler* AuR 1987, 349 [356 f.]; **a. M.** früher *Richardi* Betriebsverfassungsrechtliche Mitbestimmung und Einzelarbeitsvertrag, S. 41; *ders.* NZA 1987, 185 [189]; *Fastrich* RdA 1994, 129 [132]; *Hromadka* NZA Beilage 3/1987, 2 [11]; *Kemper* DB 1987, 986 [987]). Da der Vorbehalt vor allem im berechtigten Interesse des Arbeitgebers an späterer kollektiver Abänderbarkeit (insbes. allgemeiner Arbeitsbedingungen) liegt, sollte er **ausdrücklich** erfolgen (z. B. durch den Hinweis, dass eine spätere Betriebsvereinbarung Vorrang hat oder indem auf Betriebsvereinbarungen in ihrer jeweiligen Fassung Bezug genommen wird oder auf die jeweilige betriebliche Regelung verwiesen wird); er muss zudem so klar und verständlich formuliert sein, insbesondere bei vertraglicher Einheitsregelung und Gesamtzusage. dass er einer AGB-Wirksamkeitskontrolle standhält (Unklarheitenkontrolle [§ 305 Abs. 2 BGB]; Transparenzkontrolle [§ 307 Abs. 1 Satz 2 BGB]); s. noch Rdn. 303. Dabei ist ggf. auch differenzierend zu spezifizieren, je nachdem, ob sich der Verschlechterungsvorbehalt auf nur eine (z. B. Zulage), mehrere oder generell auf alle Arbeitsbedingungen beziehen soll. Wollen umgekehrt Arbeitnehmer einer späteren kollektivrechtlichen Verschlechterung rechtssicher vorbeugen, müssen sie einen Änderungsvorbehalt vertraglich ausdrücklich ausschließen, ggf. durch zusätzliche Individualabrede (s. Hinweise bei *BAG* 05.03.2013 [EzA § 77 BetrVG 2001 Nr. 35 Rn. 60 = AP Nr. 105 zu § 77 BetrVG 1972] und 17.07.2012 [EzA § 75 BetrVG 2001 Nr. 3 Orientierungssatz 3 = AP Nr. 61 zu § 77 BetrVG 1972 Betriebsvereinbarung]).

Problematisch ist die Feststellung **konkludent** vereinbarter Betriebsvereinbarungsoffenheit. Damit kann erhebliche **Rechtsunsicherheit** verbunden sein, weil man bei Annahme stillschweigenden Vorbehalts eher großzügig verfahren oder eher strenge Anforderungen stellen kann (so auch schon *Joost* RdA 1989, 7 [21]). Das belegten bereits die Entscheidungen der befassten Senate des *BAG* im Vorlagerechtsstreit, der zur Entscheidung des GS vom 16.09.1986 führte (s. Rdn. 283 f.): Im Gegensatz zum zunächst zuständigen Fünften Senat (*BAG* 08.12.1982 EzA § 77 BetrVG 1972 Nr. 11 = AP Nr. 6 zu § 77 BetrVG 1972) hat der Achte Senat zu Recht einen stillschweigenden Änderungsvorbehalt bejaht (*BAG* 03.11.1987 EzA § 77 BetrVG 1972 Nr. 20 S. 5 ff. [zust. *Wank*] = AP Nr. 25 zu § 77 BetrVG 1972 [zust. *Hromadka*] = SAE 1988, 311 [zust. *Eich*] = AR-Blattei, D-Blatt »Betriebsvereinbarung«: Entsch. 44 [abl. *Fastrich*]. Vgl. als jüngeres Beispiel *BAG* 23.10.2001 EzA § 1 BetrAVG Ablösung Nr. 30 (unter I 2b). Aus praktischen Gründen empfiehlt sich gleichwohl eine Orientierung an den Anforderungen, die die höchstrichterliche Rspr. als Leitlinien für die Auslegung vorgibt. Danach kommt eine stillschweigend vereinbarte Betriebsvereinbarungsoffenheit z. B. in Betracht, wenn die Begleitumstände ergeben, dass vom Arbeitgeber darauf hingewiesen wurde, dass die Regelung mit dem Betriebsrat bzw. Konzernbetriebsrat »abgestimmt« ist (*BAG* 03.11.1987 EzA § 77 BetrVG 1972 Nr. 20) oder »im Einverständnis mit dem Gesamtbetriebsrat beschlossen« worden ist (*BAG* 10.12.2002 EzA § 1 BetrAVG Ablösung Nr. 37 = AP Nr. 249 zu § 611 BGB Gratifikation) oder der Gesamtbetriebsrat (bzw. die jeweils zuständige Arbeitnehmervertretung) an der Erarbeitung der jeweiligen Regelungen beteiligt war oder Änderungen in der Vergangenheit unter Beteiligung des Betriebsrats vorgenommen worden sind (vgl. *BAG* 17.07.2012 EzA § 75 BetrVG 2001 Nr. 7 Rn. 29 f. = AP Nr. 61 zu § 77 BetrVG 1972 Betriebsvereinbarung); denn solche Hinweise müssen bei den Erklärungsempfängern die Folgerung nahe legen, dass die vom Arbeitgeber zu erbringen Leistungen in Abstimmung mit dem Betriebsrat auch umgestaltet werden können. Zu den Anforderungen eines stillschweigenden Vorbehalts bei einer **Ruhegeldordnung**, die auf einer Gesamtzusage (Ruhegeldordnung) beruht, vgl. *BAG* 20.11.1990 EzA § 77 BetrVG 1872 Nr. 38 S. 7 f., das damit die zu weitgehende Entscheidung des *LAG Köln* (DB 1990, 130) korrigiert; nach *BAG* Dritter Senat (15.02.2011 EzA § 1 BetrAVG Betriebsvereinbarung Nr. 9 Rn. 47 und Orientierungssatz 3; bestätigend 30.09.2014 EzA § 2 BetrAVG Nr. 37 Rn. 51 = AP Nr. 73 zu § 2 BetrAVG) muss die Betriebsvereinbarungsoffenheit einer Gesamtzusage über Leistungen der betrieblichen Altersversorgung »nicht ausdrücklich formuliert sein, sondern kann sich auch aus den Gesamtumständen ergeben, z. B. aus dem Hinweis, dass die Leistung auf mit dem Betriebsrat abgestimmten Richtlinien beruht«; auch ohne einen solchen Hinweis leitet jetzt der Dritte Senat (10.03.2015 EzA § 1 BetrAVG Ablösung Nr. 52 Rn. 31 ff. = AP Nr. 68 zu § 1 BetrAVG Ablösung) eine konkludente Betriebsvereinbarungsoffenheit daraus her, dass bei einer Gesamtzusage von Leistungen der betrieblichen Altersversorgung der Arbeit-

301

§ 77   IV. 1. Allgemeines

geber nur eine Versorgung nach dem bei ihm geltenden Versorgungsbedingungen zusagt, weil die Leistungen, auch für die Begünstigten erkennbar, nach einheitlichen Regeln und auf unbestimmte Zeit zu erbringen sind und damit möglichem künftigen Änderungsbedarf ausgesetzt sind; vgl. zur Betriebsvereinbarungsoffenheit betrieblicher Altersversorgung schon *Hanau/Preis* FS *P. Ahrend*, S. 235 ff. Dagegen genügt es nicht, die Bestandskraft allgemeiner Arbeitsbedingungen unter Berufung auf »schwächeres Vertrauen« der Arbeitnehmer in ihre Bindungswirkung zu relativieren, etwa bei Kenntnis des einzelnen Arbeitnehmers von der Geltung gleicher Arbeitsbedingungen bei anderen Arbeitnehmern (vgl. *BAG* 20.11.1990 EzA § 77 BetrVG 1972 Nr. 38 S. 8; *Hans Hanau* Individualautonomie und Mitbestimmung, S. 62 ff.). Zustimmung verdient der Zehnte Senat des *BAG* (05.08.2009 EzA § 242 BGB 2002 Betriebliche Übung Nr. 10 Orientierungssatz 1 = AP Nr. 85 zu § 242 BGB Betriebliche Übung), der entschieden hat, dass Vergütungsansprüche aus **betrieblicher Übung** nicht unter dem stillschweigenden Vorbehalt einer ablösenden Betriebsvereinbarung stehen.

302 Zweifelhaft ist, ob es für eine stillschweigend vereinbarte Betriebsvereinbarungsoffenheit schon genügt, »wenn der Vertragsgegenstand in Allgemeinen Geschäftsbedingungen geregelt ist und einen kollektiven Bezug hat«. Nach einem obiter dictum des Ersten Senats des *BAG* soll dies »regelmäßig« anzunehmen sein (*BAG* 05.03.2013 EzA § 77 BetrVG 2001 Nr. 35 Rn. 60 = AP Nr. 105 zu § 77 BetrVG 1972). Diese Ansicht hat Zustimmung gefunden (vgl. *Linsenmaier* RdA 2014, 336 [341 ff.]; *Fitting* § 77 Rn. 198; *Meinel/Kiehn* NZA 2014, 509 [512 ff.]; *Polloczek* Anm. AP Nr. 105 zu § 77 BetrVG 1972 Bl. 12 [»aus Sicht der Praxis«]), aber auch heftige Kritik erfahren, weil sie mit rechtsgeschäftlichen Auslegungsgrundsätzen unvereinbar und die durchgeführte AGB-Kontrolle unzureichend sei (*Säcker* BB 2013, 2677 [2680 ff.]; aggressiv *Preis/Ulber* NZA 2014, 6 [7 ff.]; *Waltermann* SAE 2013, 94 [99 f.]; *ders.* RdA 2016, 296 [300 ff.]). Als Auslegungsregel ist sie im Kontext des Streitfalls nachvollziehbar begründet. Denn wenn schon bei der Einstellung erkennbar allgemeine Geschäftsbedingungen zur Bestimmung der Arbeitsbedingungen verwendet werden (= vertragliche Einheitsregelung), ist dem Arbeitnehmer auch erkennbar, dass im Betrieb einheitliche Vertragsbedingungen gelten sollen (»kollektiver Bezug«), die dementsprechend auch kollektiv abänderbar sind. Allerdings sind bei solcher Auslegung nach wie vor auch sonstige Begleitumstände zu würdigen (so auch *Linsenmaier* RdA 2014, 336 [344]). Im Streitfall war das der Umstand, dass im Arbeitsvertrag (der »Einstellungsmeldung«) auf bestimmte Tarifverträge und die Arbeitsordnung »in der jeweils gültigen Fassung« verwiesen wurde. In die Gegenrichtung könnte etwa der (im Streitfall nicht gegebene) Hinweis einer Betriebsratslosigkeit des Einstellungsbetriebs deuten. Zwischenzeitlich hat auch der Erste Senat wieder auf die Würdigung weitere Begleitumstände abgestellt; bei (wiederum) einer vertraglichen Einheitsregelung hat er sich nicht darauf bezogen, dass dabei im Arbeitsvertrag auf Vertragsgegenstände in Form kollektiv geregelter allgemeiner Arbeitsbedingungen verwiesen wird (noch dazu »in ihrer jeweils geltenden Fassung«), sondern will von einem betriebsvereinbarungsoffenen Verweis im Arbeitsvertrag »ausgehen«, »wenn die vertragliche Einheitsregelung in Abstimmung mit der jeweils zuständigen Arbeitnehmervertretung zustande gekommen ist oder wenn Änderungen in der Vergangenheit unter Beteiligung des Betriebsrats vorgenommen worden sind« und die Arbeitnehmer darüber informiert sind (*BAG* 17.02.2015 – 1 AZR 599/13 – juris, Rn. 27; insoweit wird das Urteil vom 17.07.2012 [s. Rdn. 301] bestätigt). Damit dürfte auch klar sein, dass grundsätzlich nicht schon bei kollektivem Bezug allgemeiner Arbeitsbedingungen konkludent vereinbarte Betriebsvereinbarungsoffenheit zu bejahen ist (**a. M.**, aber nur zum Urteil vom 05.03.2013, *Hromadka* NZA 2013, 1061 [1063]; *Hergenröder/ZLH* Arbeitsrecht, § 8 Rn. 21 ff.; *Bieder* ZfA 2016, 1 [18]; zurückhaltend gegenüber solcher Bewertung *Preis/Ulber* NZA 2014, 6 [8 f.]; *Krause* JA 2014, 944 [956]; *Waltermann* RdA 2016, 296 [298 ff.]); er gibt, wie der GS des *BAG* 1986 entschieden hat (s. Rdn. 296), nur Anlass zu deren Prüfung.

303 Wenn die Auslegung der in allgemeinen Geschäftsbedingungen geregelten Arbeitsbedingungen deren Betriebsvereinbarungsoffenheit ergibt, muss diese Vereinbarung noch einer **AGB-Kontrolle** standhalten, insbesondere nach § 305c Abs. 2 und § 307 Abs. 1 Satz 2 BGB. Zweifelhaft ist allerdings, ob über die Verwendung allgemeiner Geschäftsbedingungen in vertraglichen Einheitsregelungen hinaus, auch die durch Gesamtzusage oder betriebliche Übung begründeten allgemeinen Arbeitsbedingungen allgemeine Geschäftsbedingungen sind. Das hat der Zehnte Senat des *BAG* bei betrieblicher Übung bejaht, wenn der Arbeitgeber die auf dieser Grundlage begründete Vertragsbedingung für eine Vielzahl von Arbeitsverhältnissen verwendet (*BAG* 05.08.2009 EzA § 242 BGB 2002 Betrieb-

liche Übung Nr. 10 Rn. 13 und Rn. 14 f. zu den Anforderungen der Transparenzkontrolle nach § 307 Abs. 1 Satz 2 BGB in Parallele zu Widerrufsvorbehalten oder Freiwilligkeitsvorbehalten = AP Nr. 85 zu 242 BGB Betriebliche Übung). Für Gesamtzusagen kann nichts anderes gelten.

Auch bei wirksam vereinbarter Betriebsvereinbarungsoffenheit ist die spätere verschlechternde Betriebsvereinbarung unwirksam, wenn sie die Regelungssperre nach § 77 Abs. 3 Satz 1 missachtet (s. Rdn. 140). Denn der Vorbehalt einer Verschlechterung durch spätere Betriebsvereinbarung bewirkt nur, dass Vertragsbedingungen nicht durch das Günstigkeitsprinzip geschützt sind, wenn eine verschlechternde Betriebsvereinbarung in Kraft tritt (s. Rdn. 299). Die Arbeitsvertragsparteien können aber die Regelungssperre als zwingendes Betriebsverfassungsrecht nicht aufheben (so wohl auch BAG 05.08.2009 [EzA § 242 BGB 2002 Betriebliche Übung Nr. 10 Rn. 15 = AP Nr. 85 zu § 242 BGB Betriebliche Übung], allerdings mit eher vager Begründung [»Eine derartige Befugnis widerspräche dem System der Betriebsverfassung«]). Soweit die Betriebsvereinbarungsparteien wegen der Regelungssperre gehindert sind, Arbeitsbedingungen (z. B. eine Weihnachtsgratifikation) durch Betriebsvereinbarung zu regeln, ist der Ratschlag unstimmig, von der Möglichkeit einer Betriebsvereinbarung Gebrauch zu machen, statt auf allgemeine Arbeitsbedingungen mit unklarem Änderungsvorbehalt auszuweichen (so etwa *Waltermann* RdA 2016, 296 [302]). Zudem hilft ein noch so klarer Änderungsvorbehalt nicht, wenn einer verschlechternden Betriebsvereinbarung die Regelungssperre entgegensteht. **304**

Darüber hinaus ist zu beachten, dass bei wirksamer Betriebsvereinbarungsoffenheit nach zutr. Rspr. des *BAG* die Ablösung der vertragsrechtlichen Regelung (insbes. allgemeiner Arbeitsbedingungen) wie die Ablösung einer Betriebsvereinbarung behandelt wird und dementsprechend die verschlechternde Betriebsvereinbarung derselben **Inhaltskontrolle** (Rechtskontrolle) unterliegt (vgl. näher Rdn. 402). Nach der Rspr. des Dritten Senats des *BAG* dürfen bei Versorgungsregulierungen insbesondere die Grundsätze des Vertrauensschutzes und der Verhältnismäßigkeit, die der Senat durch ein dreistufiges Prüfungsschema richterrechtlich präzisiert hat (vgl. Rdn. 372, zur Kritik Rdn. 373), nicht verletzt werden (vgl. etwa *BAG* 24.01.2006 EzA § 1 BetrAVG Ablösung Nr. 46 Rn. 48 = AP Nr. 50 zu § 1 BetrAVG Ablösung; 31.07.2007 AP Nr. 79 zu § 242 BGB Betriebliche Übung Rn. 38; 30.09.2014 EzA § 2 BetrAVG Nr. 37 Rn. 56 = AP Nr. 73 zu § 2 BetrAVG). **305**

Nach Sinn und Zweck vereinbarter Betriebsvereinbarungsoffenheit **löst** die nachfolgende verschlechternde Betriebsvereinbarung die Regelung des gleichen Gegenstands auf arbeitsvertraglicher Ebene auch nach der Rspr. des *BAG* (s. Rdn. 258) **endgültig ab**; die Vertragsregelung entfällt mit Inkrafttreten der abändernden Betriebsvereinbarung als auflösender Bedingung (s. Rdn. 299) und damit steht der zwingenden Geltung der Betriebsvereinbarung nichts im Wege. Unbegründet ist die Ansicht geblieben, dass dies für individuelle vertragliche Vereinbarungen (anders als für arbeitsvertragliche Einheitsregelungen oder Gesamtzusagen) nicht gelten soll, und insoweit bei einem späteren Wegfall der Betriebsvereinbarung die frühere arbeitsvertragliche Regelung wieder auflebt (*Linsenmaier* RdA 2014, 336 [342]; wie hier *Hromadka* NZA Beilage 4/2014, 136 [142] und FS *Wank*, S. 175 [190]). **306**

ee) Dispositivität der Unabdingbarkeit

Die einseitig zwingende Geltung der Betriebsvereinbarung (vgl. Rdn. 260) steht dagegen, dass (rechtswirksam) von ihren Regelungen **zuungunsten** der Arbeitnehmer durch arbeitsvertragliche Abreden abgewichen wird. Diese Geltungswirkung unterliegt jedoch der **Disposition der Betriebsvereinbarungsparteien**. Sie können analog § 4 Abs. 3, 1. Alt. TVG durch entsprechende Ausgestaltung der Betriebsvereinbarung gestatten, dass von ihrer Regelung auch zuungunsten der Arbeitnehmer arbeitsvertraglich abgewichen wird (ebenso *Fitting* § 77 Rn. 130, 197; *Galperin/Löwisch* § 77 Rn. 93; *Kaiser/LK* § 77 Rn. 48; *Kania/ErfK* § 77 Rn. 78; *Kreutz* Betriebsautonomie, S. 48; *Richardi* § 77 Rn. 139; *Säcker* AR-Blattei, Betriebsvereinbarung I, D II 4d aa; **a. M.** im Ergebnis BAG vom 06.08.1991 EzA § 77 BetrVG 1972 Nr. 40 = SAE 1992, 197 [insoweit abl. *Rieble*], das aber die Problematik einer Öffnungsklausel in einer Betriebsvereinbarung nicht erkennt). Denn das Gesetz sichert den Regelungsvorrang der Betriebsvereinbarung gegenüber dem Arbeitsvertrag nicht in der Form, wie es etwa in § 77 Abs. 3 Satz 1 den Vorrang des Tarifvertrages vor der Betriebsvereinbarung festlegt. Die lediglich dispositive Gestaltung von Arbeitsbedingungen ist mit dem Schutzcharakter der Be- **307** triebsvereinbarung vereinbar; sie stellt auch in Mitbestimmungsangelegenheiten keine unzulässige Rechtsausübung des Betriebsrats dar.

308 Die Betriebsvereinbarung kann **Abweichungen** allgemein oder nur für einzelne Regelungspunkte oder nur unter bestimmten Sachverhaltsvoraussetzungen gestatten, insbesondere kann eine solche **Öffnungsklausel** Ergänzungen zur Betriebsvereinbarung zulassen (ebenso *Richardi* § 77 Rn. 140; vgl. entsprechend zur tarifvertraglichen Öffnungsklausel Rdn. 170 ff.). Da die Wirksamkeit einer Öffnungsklausel allein vom Willen der Betriebsvereinbarungsparteien abhängt, ist weder eine sachliche Rechtfertigung erforderlich, noch muss die Gestattung in der Betriebsvereinbarung ausdrücklich (**a. M.** *Richardi* § 77 Rn. 140) erfolgen. Es genügt, wenn sich ein entsprechender Öffnungswille mit Sicherheit aus dem Inhalt der Betriebsvereinbarung ergibt; im Zweifel hat sie aber zwingende Wirkung (ebenso *Fitting* § 77 Rn. 130). Die Öffnungsklausel gestattet dem Arbeitgeber nicht, sich bei Einzelvereinbarungen seiner Verpflichtungen aus § 75 zu entziehen. Bei abweichenden Vereinbarungen ist insbesondere auch der arbeitsrechtliche Gleichbehandlungsgrundsatz (vgl. § 75 Rdn. 38 ff.) zu beachten.

309 Sind Abweichungen gestattet, so gilt die Betriebsvereinbarung kraft ihrer unmittelbaren Geltung, solange keine abweichenden Abmachungen getroffen sind. Bestehen bei Inkrafttreten der Betriebsvereinbarung bereits widersprechende arbeitsvertragliche Abreden, die von der Öffnungsklausel gedeckt sind, so bleiben sie bestehen, sofern sich aus der Betriebsvereinbarung nichts anderes ergibt. Soweit Abweichungen gestattet sind, kann der einzelne Arbeitnehmer auch wirksam auf Rechte verzichten, die ihm die Betriebsvereinbarung einräumt.

4. Rechtsverlust durch Verzicht, Verwirkung, Ausschlussfristen und Abkürzung von Verjährungsfristen (Abs. 4 Satz 2–4)

310 Die Regelungen in § 77 Abs. 4 Sätze 2 – 4 lehnen sich an diejenigen für Tarifverträge in § 4 Abs. 4 TVG an (vgl. BT-Drucks. VI/1786, S. 47). Als Interpretationshilfen können daher Rspr. und Literatur zu § 4 Abs. 4 TVG mit herangezogen werden (vgl. etwa *Hueck/Nipperdey* II/1, S. 615 ff.; *Nikisch* II, S. 456 ff.; *Däubler/Zwanziger* TVG, § 4 Rn. 1003 ff.; *Brecht-Heitzmann* in: *Kempen/Zachert* TVG, § 4 Rn. 580 ff.; *Löwisch/Rieble* TVG, § 4 Rn. 657 ff.; *Wiedemann/Wank* TVG, § 4 Rn. 652 ff., alle m. w. N.). Die Vorschriften unterstreichen den Schutzzweck der Betriebsvereinbarung (*Kreutz* Betriebsautonomie, S. 224); sie »steigern« die Unabdingbarkeit der Betriebsvereinbarung zugunsten der Arbeitnehmer und beugen zugleich ihrer Umgehung dadurch vor, dass Rechte, die Arbeitnehmern durch Betriebsvereinbarung eingeräumt werden, zusätzliche Absicherung erfahren: Satz 2 erklärt einen Verzicht auf solche Rechte nur mit Zustimmung des Betriebsrates für zulässig, Satz 3 schließt die Verwirkung dieser Rechte aus, Satz 4 lässt Ausschlussfristen für ihre Geltendmachung und die Abkürzung ihrer Verjährungsfristen nur insoweit zu, als sie in einem Tarifvertrag oder einer Betriebsvereinbarung vereinbart sind.

a) Verzicht auf Rechte aus der Betriebsvereinbarung (Abs. 4 Satz 2)

311 Ein Verzicht auf Rechte, die Arbeitnehmern durch Betriebsvereinbarung eingeräumt werden, ist gemäß Abs. 4 Satz 2 **nur mit Zustimmung des Betriebsrats** zulässig. Die Zustimmung ist **Wirksamkeitsvoraussetzung**; ohne die Zustimmung ist der Verzicht (grundsätzlich) **rechtsunwirksam**. Es handelt sich dogmatisch aber nicht um ein Verzichtsverbot i. S. d. § 134 BGB (**a. M.** *Brune* AR-Blattei SD 520, Rn. 570; *Fitting* § 77 Rn. 132; *BAG* 30.03.2004 EzA § 112 BetrVG 2001 Nr. 10 [unter II 4b aa] = AP Nr. 170 zu § 112 BetrVG 1972; 19.07.2016 AP Nr. 13 zu § 1 BetrAVG Betriebsvereinbarung Rn. 48 f. = NZA 2016, 1475). Abs. 4 Satz 2 bestätigt die Stellung des Betriebsrats als Partei der Betriebsvereinbarung und weist diesen als »Herrn« dieser Vereinbarung aus, da von seinem Willen abhängig ist, ob auf ein Recht wirksam verzichtet werden kann oder nicht (*Kreutz* Betriebsautonomie, S. 39). Es ist jedoch zu beachten, dass die Betriebsvereinbarung zugunsten der Arbeitnehmer stets dispositiv ist und für günstigere Vertragsabreden das Günstigkeitsprinzip gilt (vgl. Rdn. 260). Dies gilt dann auch bei einem individualvertraglichen Verzicht (vgl. Rdn. 315) auf Rechte aus einer Betriebsvereinbarung (so für Ansprüche aus einem Sozialplan *BAG* 27.01.2004 EzA § 77 BetrVG 2001 Nr. 7 [unter II 2b aa] = AP Nr. 166 zu § 112 BetrVG 1972: Verzicht auf einmalige Sozialplanabfindung zu-

gunsten wiederkehrender Überbrückungsleistungen des Arbeitgebers; bestätigend *BAG* 19.07.2016 AP Nr. 13 zu § 1 BetrAVG Betriebsvereinbarung Rn. 53); ein Anspruchsverzicht kann deshalb nach dem Günstigkeitsprinzip (ausnahmsweise) auch ohne Zustimmung des Betriebsrats wirksam sein.

Für die **Zustimmung** gelten die §§ 182 ff. BGB (vgl. auch *BAG* 03.06.1997 EzA § 77 BetrVG 1972 Nr. 59 S. 3 f.; 27.01.2004 EzA § 77 BetrVG 2001 Nr. 7 [unter II 2a aa] = AP Nr. 166 zu § 112 BetrVG 1972; *LAG Hamm* 02.02.2012 – 11 Sa 79/11 – juris, Rn. 152). Die Zustimmung kann, bezogen auf die jeweilige Verzichtserklärung, als vorherige (Einwilligung, § 183 BGB) oder nachträgliche (Genehmigung, § 184 BGB) erteilt werden. Die Zustimmung ist für jeden **einzelnen** Verzicht zu erteilen (zust. *BAG* 27.01.2004 EzA § 77 BetrVG 2001 Nr. 7 [II 2a aa]; *LAG Hamm* 02.02.2012 – 11 Sa 79/11 – Rn. 153). Ist die Zustimmung pauschal bereits in der Betriebsvereinbarung enthalten, liegt lediglich eine dispositive Regelung vor, von der auch durch Verzicht jederzeit abgewichen werden kann (vgl. Rdn. 309). In einer späteren Betriebsvereinbarung können aber auch Regelungen getroffen werden, nach denen Arbeitnehmer (unter bestimmten Voraussetzungen) auf Ansprüche aus einer früheren Betriebsvereinbarung verzichten können; mit Abs. 4 Satz 2 ist das vereinbar (*BAG* 11.12.2007 EzA § 77 BetrVG 2001 Nr. 21 Rn. 37). Zustimmen muss der Betriebsrat als Gremium; das setzt wirksame Beschlussfassung nach § 33 voraus. Eine wirksame Beschlussfassung über die Genehmigung eines Verzichts setzt voraus, dass der Betriebsrat über die für die Zustimmung bedeutsamen Umstände des Verzichts, insbesondere über dessen Umfang unterrichtet worden ist (so unter zutr. Hinweis auf den Normzweck der Zustimmung *BAG* 15.10.2013 EzA § 77 BetrVG 2001 Nr. 37 Rn. 27 = AP Nr. 222 zu § 112 BetrVG 1972). Die Zustimmung kann (gemäß § 26 Abs. 2) dem Arbeitgeber oder dem verzichtswilligen Arbeitnehmer gegenüber erklärt werden (§ 182 Abs. 1 BGB). Ein ohne Einwilligung des Betriebsrats erklärter Verzicht des Arbeitnehmers ist immer schwebend unwirksam. Genehmigt der Betriebsrat, so wird der Verzicht rückwirkend wirksam, wird die Genehmigung verweigert, so ist er endgültig unwirksam.

312

Das gesetzliche Zustimmungserfordernis bezieht sich auf **alle** Rechte, die Arbeitnehmern **durch Betriebsvereinbarung** eingeräumt werden, und gilt **unabhängig** davon, ob das **Arbeitsverhältnis** im Zeitpunkt des Verzichts **noch besteht oder nicht**. Das gilt nicht nur für die nach Beendigung des Arbeitsverhältnisses noch offenen Ansprüche (z. B. auf Zahlung rückständigen Lohnes etc.), sondern z. B. auch für Ansprüche auf Ruhegelder oder aus einem Sozialplan bei Betriebsstilllegung. Das macht deutlich, dass die Betonung weniger auf »Arbeitnehmer«-Rechten liegt, vielmehr alle **durch Betriebsvereinbarung eingeräumten Rechte** der Arbeitnehmerseite erfasst werden. Deshalb sind auch alle mit der Amtsstellung des Betriebsrats und seiner Mitglieder oder anderer betriebsverfassungsrechtlicher Organe verbundenen Rechte betroffen, soweit sie auf einer Betriebsvereinbarung beruhen (**a. M.** *Thiele* Drittbearbeitung, § 77 Rn. 172). Nicht erfasst werden mangels Unabdingbarkeit aber Rechte, die auf lediglich nachwirkender Betriebsvereinbarung beruhen (zust. *Fitting* § 77 Rn. 133).

313

Ein **Verzicht** kann je nach dem Rechtsgegenstand als **ein- oder zweiseitiges Rechtsgeschäft** erfolgen. Durch einseitiges Rechtsgeschäft kommt er insbesondere in Betracht durch Aufgabe in der Betriebsvereinbarung eingeräumter besonderer Kündigungs-, Rücktritts- oder Anfechtungsrechte (Gestaltungsrechte) oder Leistungsverweigerungsrechte (Einreden). Dieser Verzicht ist von der bloßen Nichtausübung solcher Rechte zu unterscheiden.

314

Praktisch bedeutsam ist Abs. 4 Satz 2 vor allem für die durch Betriebsvereinbarung eingeräumten **Ansprüche**, insbesondere für Forderungen aus dem Arbeitsverhältnis, auf die vom Arbeitnehmer rechtlich nicht wirksam einseitig verzichtet werden kann. Ein Verzicht auf diese Ansprüche ist vor allem durch **Erlassvertrag** (§ 397 Abs. 1 BGB) oder Vereinbarung eines **negativen Schuldanerkenntnisses** (§ 397 Abs. 2 BGB) möglich. Abs. 4 Satz 2 erstreckt sich dabei auf künftige und vor allem auch auf **bereits entstandene Ansprüche** (ebenso *Fitting* § 77 Rn. 133; *Galperin/Löwisch* § 77 Rn. 39; **a. M.** *Stege/Weinspach/Schiefer* § 77 Rn. 32). Bestätigen sich die Arbeitsvertragsparteien bei Beendigung des Arbeitsverhältnisses gegenseitig, gegeneinander keine Ansprüche zu haben (sog. **Ausgleichsquittung**), so wird darin regelmäßig ein Erlassvertrag bzw. negatives Schuldanerkenntnis für den Fall gesehen, dass gleichwohl objektiv noch Ansprüche bestehen (vgl. *Schaub/Linck* Arbeitsrechts-Handbuch, § 72 Rn. 14 ff.). Betrifft die Ausgleichsquittung (auch) Ansprüche aus einer Betriebsvereinbarung, so ist die Ausgleichsklausel insoweit ohne Zustimmung des Betriebsrats unwirksam; § 139 BGB ist anwendbar (ebenso *Däubler* Tarifvertragsrecht, Rn. 1305). Einer Anfechtung oder Rückforderung der

315

Ausgleichsquittung gemäß § 812 BGB bedarf es nicht. Es ist aber zu beachten, dass bereits die Auslegung der Ausgleichsquittung in der Regel ergeben wird, dass sie sich nicht auf Ansprüche bezieht, die erst nach oder bei Beendigung des Arbeitsverhältnisses fällig werden (z. B. Ruhegeldansprüche, Zeugnisansprüche). Ein Verzicht kann auch in einer **Schuldersetzung** (Schuldumwandlung, Novation) liegen, z. B. wenn rückständige Entgeltansprüche in ein (privates) Darlehen umgewandelt werden (ebenso *Brecht-Heitzmann* in: *Kempen / Zachert* TVG, § 4 Rn. 583); anders, wenn es sich um die Ausschöpfung gesetzlich gesicherter Vermögensbildungsmodelle handelt.

316 Ein Verzicht i. S. v. Abs. 4 Satz 2 ist auch der **prozessuale Anspruchsverzicht** nach § 306 ZPO (ebenso *Richardi* § 77 Rn. 180); ohne Zustimmung des Betriebsrats darf ein Verzichtsurteil nicht ergehen, weil durch dieses der Anspruch unklagbar gemacht würde (vgl. *Baumbach / Lauterbach / Albers / Hartmann* ZPO, § 306 Rn. 6). Dagegen ist die bloße **Klagerücknahme** (§ 269 ZPO) durch den Arbeitnehmer zulässig, weil sie den materiellen Anspruch unberührt lässt und die Sache lediglich nicht als anhängig geworden gilt (ebenso *Richardi* § 77 Rn. 180; *Fitting* § 77 Rn. 134). Auch gegen eine Verpflichtung zur Klagerücknahme bestehen keine Bedenken, sofern darin nicht gleichzeitig ein Verzicht auf den geltend gemachten Anspruch enthalten ist (ebenso *Hueck / Nipperdey* II / 1, S. 619 Fn. 17; *Nikisch* II, S. 460 Fn. 26; zust. *Brune* AR-Blattei SD 520, Rn. 575).

317 Anders als nach § 4 Abs. 4 Satz 1 TVG muss nach Abs. 4 Satz 2 ein Verzicht **nicht in einem Vergleich** erfolgen, um zustimmungsfähig zu sein. Grundsätzlich liegt jedoch im gerichtlichen oder außergerichtlichen Vergleich (i. S. d. § 779 BGB) über Rechte aus der Betriebsvereinbarung zugleich ein zustimmungsbedürftiger Verzicht (z. B. auch, wenn sich Arbeitgeber und Arbeitnehmer über die streitige Auslegung oder Wirksamkeit einer Betriebsvereinbarung »einigen« oder wenn sich der Arbeitgeber im Vergleichswege seinen Verpflichtungen teilweise entziehen will); dies gilt nach h. M. nur dann nicht, wenn durch den Vergleich lediglich die Ungewissheit über die tatsächlichen Voraussetzungen eines Anspruchs des Arbeitnehmers bereinigt wird (**»Tatsachenvergleich«**), z. B. über die Zahl der wirklich geleisteten Überstunden oder das Akkordergebnis (so schon *Thiele* Drittbearbeitung, § 77 Rn. 174; *Fitting* § 77 Rn. 134; *Galperin / Löwisch* § 77 Rn. 39; *Preis / WPK* § 77 Rn. 22; *Richardi* § 77 Rn. 184; *Worzalla / HWGNRH* § 77 Rn. 193; vgl. auch *BAG* 31.07.1996 EzA § 112 BetrVG 1972 Nr. 88; bestätigend *BAG* 19.07.2016 AP Nr. 13 zu § 1 BetrAVG Rn. 49; **a. M.** *Brecht-Heitzmann* in: *Kempen / Zachert* TVG, § 4 Rn. 592, der zu Recht darauf hinweist, dass die Unterscheidung kaum praktikabel durchzuführen ist; für strenge Maßstäbe zur Beurteilung eines Tatsachenvergleichs *Brune* AR-Blattei SD 520, Rn. 574).

318 **Kein Verzicht** liegt vor, wenn sich Vereinbarungen zwischen Arbeitgeber und Arbeitnehmer auf die Arbeitspflicht des Arbeitnehmers beziehen, auch soweit diese mit Rechten aus einer Betriebsvereinbarung korrespondieren, z. B. bei der (vorübergehenden) Verkürzung der Arbeitszeit (Kurzarbeit), Suspendierung der Arbeitspflicht (Beurlaubung), Vereinbarung von Teilzeitarbeit, Aufhebung des Arbeitsverhältnisses ungeachtet der in einer Betriebsvereinbarung vorgesehenen Kündigungsfristen (vgl. auch *Däubler* Tarifvertragsrecht, Rn. 1308; *Brecht-Heitzmann* in: *Kempen / Zachert* TVG, § 4 Rn. 587; *Richardi* § 77 Rn. 179).

319 Ein **Verzicht des Arbeitgebers** auf Rechte aus der Betriebsvereinbarung bleibt unberührt.

b) Verwirkung (Abs. 4 Satz 3)

320 Abs. 4 Satz 3 schließt die Verwirkung von Rechten, die Arbeitnehmern durch Betriebsvereinbarung entstanden sind (»dieser Rechte«; vgl. Rdn. 313), aus. Insoweit wird dem **Arbeitgeber** der **Verwirkungseinwand abgeschnitten**. Dadurch werden Arbeitnehmer nicht nur vor einem Rechtsverlust bewahrt; es werden zugleich Streitigkeiten darüber, ob im konkreten Fall die Voraussetzungen einer Verwirkung vorliegen, ausgeschlossen. Im Unterschied zu tariflichen Rechten (§ 4 Abs. 4 Satz 2 TVG) kann nach dem eindeutigen Wortlaut von Satz 3 **der Arbeitgeber** Rechte aus der Betriebsvereinbarung verwirken (unstr.).

321 Ausgeschlossen ist **nur** die **Verwirkung** von Rechten (unstr.). Der Begriff ist aber **mehrdeutig** (zutr. *Wiedemann / Stumpf* TVG, § 4 Rn. 350). Er wird heute im Zivilrecht allgemein nur in einem engeren Sinne als ein **Unterfall** einer unzulässigen Rechtsausübung verstanden. Das gilt auch hier (so auch *Berg / DKKW* § 77 Rn. 91; *Fitting* § 77 Rn. 137; *Richardi* § 77 Rn. 185; *Worzalla / HWGNRH* § 77

Rn. 195; gegen diese Begrenzung für § 4 Abs. 4 Satz 2 TVG aber *Joachim* RdA 1954, 1 [7]; *Däubler* Tarifvertragsrecht, Rn. 1319; *Däubler/Zwanziger* TVG, § 4 Rn. 1017; *Brecht-Heitzmann* in: *Kempen/Zachert* TVG, § 4 Rn. 597). Wie diese stellt die Verwirkung eine präzisierende Anwendungsmaxime des allgemeinen Rechtsgrundsatzes von Treu und Glauben (§ 242 BGB) dar. Ansprüche, Gestaltungsrechte und Gegenrechte (Einreden) können durch **illoyale Verspätung der Geltendmachung** verwirkt werden. Nähere Voraussetzung ist, dass seit der Möglichkeit der Geltendmachung längere Zeit verstrichen ist (Zeitmoment) und besondere Umstände hinzutreten, die die verspätete Geltendmachung als Verstoß gegen Treu und Glauben erscheinen lassen (Umstandsmoment); letzteres ist der Fall, wenn der Verpflichtete bei objektiver Betrachtung aus dem Verhalten des Berechtigten entnehmen durfte, dass dieser sein Recht nicht mehr geltend machen werde, und er sich im Vertrauen auf das Verhalten des Berechtigten so eingerichtet hat, dass ihm durch die verspätete Durchsetzung des Rechts ein unzumutbarer Nachteil entstehen würde (BGHZ 97, 212 [220 f.]). Durch das Bestehen einer Verjährungs- oder Ausschlussfrist wird die Verwirkung nicht ausgeschlossen; die Verwirkung kann auch noch nach Verjährungseintritt eintreten.

Nicht mit der Verwirkung erfasste Tatbestände einer **unzulässigen Rechtsausübung bleiben** von 322 Abs. 4 Satz 3 **unberührt** (ebenso schon *Thiele* Drittbearbeitung, § 77 Rn. 178; *Brune* AR-Blattei SD 520, Rn. 585; *Fitting* § 77 Rn. 137; *Matthes/*MünchArbR § 239 Rn. 31; *Richardi* § 77 Rn. 185; *Worzalla/HWGNRH* § 77 Rn. 195). Insbesondere sind insoweit dem Arbeitgeber die Einwände des unredlichen Rechtserwerbs, der Arglist und des Rechtsmissbrauchs (insb. grob unbilliger, eigennütziger Rechtsverfolgung) und des widersprüchlichen Vorverhaltens (venire contra factum proprium) als solche nicht abgeschnitten (letzteres mangels Vertrauenstatbestandes für den Arbeitgeber offen lassend *BAG* 19.07.2016 AP Nr. 13 zu § 1 BetrAVG Betriebsvereinbarung Rn. 57). Es ist jedoch zu berücksichtigen, dass der Arbeitnehmer seine Rechte aus der Betriebsvereinbarung sogar dann noch geltend machen kann, wenn er rechtsgeschäftlich, aber wegen Abs. 4 Satz 2 unwirksam, auf sie verzichtet hat. Die Einwände des Arbeitgebers aus § 242 BGB sind deshalb ausgeschlossen, soweit sie eine Umgehung der Unwirksamkeit des Rechtsverzichts darstellen. Deshalb ist z. B. das Vertrauen des Arbeitgebers, Rechte nicht erfüllen zu müssen, keinesfalls schutzwürdig, selbst wenn es auf ein entsprechendes Vorverhalten des Arbeitnehmers gegründet ist.

c) Ausschlussfristen, Abkürzung von Verjährungsfristen (Abs. 4 Satz 4)
Durch Abs. 4 Satz 4 will das Gesetz den auf einer Betriebsvereinbarung beruhenden Rechten der 323 Arbeitnehmer dadurch weiteren Schutz gewähren, dass es für sie die **arbeitsvertragliche Vereinbarung** von **Ausschlussfristen** und die **Abkürzung** der (gesetzlichen) **Verjährungsfristen** verbietet; eine dem zuwider erfolgende arbeitsvertragliche Regelung ist nichtig (§ 134 BGB). Diese Rechtsfolge ergibt sich allerdings auch bereits aus der Unabdingbarkeit der Betriebsvereinbarung, weil entsprechende arbeitsvertragliche Fristenregelungen die betriebsvereinbarungsrechtlichen Rechte zu Lasten der Arbeitnehmer beschneiden (str.).

Dass **tarifvertragliche** Ausschluss- und Verjährungsfristen auch auf Rechte aus einer Betriebsverein- 324 barung ausgedehnt werden können (Auslegungsfrage für die jeweilige Klausel), folgt unstr. bereits aus dem Vorrang des Tarifvertrages nach § 77 Abs. 3 (vgl. etwa *Wiedemann/Wank* TVG, § 4 Rn. 749); dementsprechend kann durch Betriebsvereinbarung eine Ausschlussfrist nicht wirksam geregelt werden, wenn Ausschlussfristen für die Geltendmachung von Ansprüchen aus dem Arbeitsverhältnis (ohne Öffnungsklausel) tarifvertraglich geregelt sind (vgl. *BAG* 09.04.1991 EzA § 77 BetrVG 1972 Nr. 39). Tarifliche Fristenregelungen gelten unmittelbar jedoch nur für Arbeitnehmer, die nach § 4 Abs. 1 TVG an diese Inhaltsnormen gebunden sind (ebenso *Galperin/Löwisch* § 77 Rn. 41). In Abs. 4 Satz 4 kann keinesfalls eine gesetzliche Ermächtigungsnorm oder »Verweisungsklausel« gesehen werden, tarifvertragliche Ausschlussfristen und Verjährungsfristen für betriebsvereinbarungsrechtliche Rechte der Arbeitnehmer unmittelbar auch für Nichtorganisierte festzulegen. Die Fristenregelungen des Tarifvertrages gelten für diese aber dann, wenn der Tarifvertrag einzelvertraglich in Bezug genommen ist (zust. *Fitting* § 77 Rn. 138; *Worzalla/HWGNRH* § 77 Rn. 197; *BAG* 27.01.2004 EzA § 77 BetrVG 2001 Nr. 7 S. 10, wo aber offen bleibt, ob das auch gilt, wenn nicht der Tarifvertrag insgesamt, sondern lediglich dessen Ausschlussfristen in Bezug genommen werden). Soweit eine tarifvertragliche Regelung besteht (oder üblich ist), die auch Rechte aus der Betriebsvereinbarung erfasst, können durch Betriebsvereinbarung Ausschluss- und Verjährungsfristen nur aufgrund einer tarifvertraglichen Öffnungsklausel nach § 77 Abs. 3 Satz 2 (wirksam) festgelegt werden.

325 **Ausschlussfristen** (synonym wird von Verfall-, Präklusiv- und Verwirkungsfristen gesprochen) sind Fristen für die Geltendmachung von Rechten, bei deren Versäumung das Recht mit Fristablauf **ipso iure erlischt**; das ist im Rechtsstreit von Amts wegen zu berücksichtigen (unstr.). Ausschlussfristen sind deshalb ein »rigoroses Instrument« (*Herschel* AuR 1973, 126). Sie treffen, auch wenn sie so formuliert sind, dass sie die beiderseitigen Forderungen zum Erlöschen bringen, vor allem den Arbeitnehmer, weil er meist in Form von Arbeit vorleistet und die Verfallfrist ohne Rücksicht auf seine Kenntnis läuft. Nur in krassen Fällen kann der Gläubiger der Berufung auf den Ablauf der Ausschlussfrist mit dem Einwand unzulässiger Rechtsausübung begegnen (vgl. BAG 27.03.1963 AP Nr. 9 zu § 59 BetrVG; 08.02.1972 AP Nr. 49 zu § 4 TVG Ausschlussfristen; m. w. N. *Wiedemann/Wank* TVG, § 4 Rn. 784 ff.). Ausschlussfristen dienen der Rechtssicherheit und der Rechtsklarheit. Verfallklauseln sind jedoch grundsätzlich eng auszulegen, weil sie die Geltendmachung von Rechten einschränken, unabhängig davon, ob die Ausschlussfrist mit Fälligkeit zu laufen beginnt oder erst mit Beendigung des Arbeitsverhältnisses. Extrem kurze Ausschlussfristen können nach § 138 Abs. 1 BGB wegen Sittenwidrigkeit nichtig sein (*BAG* 16.11.1965 AP Nr. 30 zu § 4 TVG Ausschlussfristen).

326 **Keine Ausschlussfrist** für die Geltendmachung von Rechten der Arbeitnehmer liegt vor, wenn, vornehmlich aus Gründen der Beweisführung, die Reklamation von Auszahlungen oder Abrechnungen an bestimmte Voraussetzungen und Fristen gebunden wird (*Thiele* Drittbearbeitung, § 77 Rn. 181; *Fitting* bis 23. Aufl., § 77 Rn. 140; *Hueck/Nipperdey* II/1, S. 633; **a. M.** *Wiedemann/Wank* TVG, § 4 Rn. 729; zust. *Fitting* § 77 Rn. 140); ihre Regelung durch Arbeitsvertrag ist daher zulässig.

327 Im Unterschied zur Verfallfrist erlischt mit Ablauf der **Verjährungsfrist** ein Anspruch nicht, sondern gibt dem Schuldner lediglich ein Leistungsverweigerungsrecht (§ 214 Abs. 1 BGB). Die gesetzlichen Verjährungsfristen sind nach § 202 BGB grundsätzlich dispositiv; sie können abgekürzt (Ausnahme: bei Haftung wegen Vorsatzes), aber auch verlängert werden. Abs. 4 Satz 4 verbietet jedoch, Verjährungsfristen für Ansprüche der Arbeitnehmer aus Betriebsvereinbarung einzelvertraglich abzukürzen. Die Vertragsfreiheit wird auch hier beschränkt, um Rechte der Arbeitnehmer aus der Betriebsvereinbarung zu sichern.

328 Sind **in einer Betriebsvereinbarung** Ausschlussfristen festgelegt oder Verjährungsfristen verkürzt, so gilt dies nur für die Rechte aus der Betriebsvereinbarung, ggf. auch für bereits entstandene Ansprüche aus einer abgelösten Betriebsvereinbarung. Zwar können darüber hinaus auch Ausschlussfristen zur Geltendmachung von Ansprüchen aus dem Arbeitsverhältnis, die nicht auf einer Betriebsvereinbarung beruhen, Regelungsgegenstand einer Betriebsvereinbarung sein (vgl. Rdn. 93; *BAG* 09.04.1991 EzA § 77 BetrVG 1972 Nr. 39, wo zutr. hervorgehoben wird, dass aus § 77 Abs. 4 Satz 4 nichts anderes folgt). Das **Günstigkeitsprinzip** steht aber dagegen, entsprechende Regelungen für **arbeitsvertragliche** Ansprüche zu treffen, soweit es sich dabei nicht um Abmachungen handelt, die »betriebsvereinbarungsoffen« sind, bei denen also die Abänderung oder Ausgestaltung durch Betriebsvereinbarung ausdrücklich oder konkludent vorbehalten wurde (vgl. Rdn. 262, 289, 296); das kann die Auslegung namentlich bei Vereinbarungen ergeben, die zugunsten der Arbeitnehmer von den Bestimmungen der Betriebsvereinbarung abweichen (etwa bei Zulagen). Für zwingende **gesetzliche** Ansprüche kann im Ergebnis nichts anderes gelten, weil die Betriebsvereinbarung sonst gegen deren Unabdingbarkeit verstößt (ebenso im Ergebnis *Brune*, AR-Blattei SD 520, Rn. 591; *Fitting* § 77 Rn. 139 mit Rn. 64; *Richardi* § 77 Rn. 189; **a. M.** *Matthes*/MünchArbR § 239 Rn. 33; *Worzalla/HWGNRH* § 77 Rn. 199). Fristen für die Geltendmachung tariflicher Rechte können nur im Tarifvertrag vereinbart werden (§ 4 Abs. 4 Satz 3 TVG). Vgl. zu Ausschlussfristen in der Betriebsvereinbarung auch Rdn. 374.

5. Innenschranken der Betriebsautonomie

329 Der Regelung von Arbeitsbedingungen durch Betriebsvereinbarung sind durch **Innenschranken der Regelungsmacht** (Regelungsbefugnis, Betriebsautonomie) bedeutsame **Grenzen** gezogen. Diese lassen sich nicht aus § 77 Abs. 4 Satz 1 herleiten, der keine Grenzziehung erkennen lässt; eine Ausnahme gilt insofern nur für die Geltung des **Günstigkeitsprinzips** als Schranke der Kollektiv-

macht, die aus verfassungskonformer Interpretation der Vorschrift herzuleiten ist (vgl. Rdn. 264 ff.). Inhaltliche Grenzen ergeben sich zum einen aus der **Bindung** der Betriebsvereinbarungsparteien an **zwingendes staatliches Recht** (vgl. dazu Rdn. 330 ff.), zum anderen aus der in § 77 Abs. 3 aufgestellten **Regelungssperre für Betriebsvereinbarungen zugunsten der Tarifautonomie** (vgl. dazu ausführlich Rdn. 107 ff.). Einigkeit besteht weiterhin darin, dass der Regelungsmacht **im Interesse der regelungsunterworfenen Arbeitnehmer** darüber hinaus **noch engere Grenzen** gezogen sind; noch ist nicht endgültig geklärt, wie diese abzustecken sind. Die Rspr. des BAG begnügte sich lange Zeit im Wesentlichen damit, Betriebsvereinbarungen einer **gerichtlichen Billigkeitskontrolle** zu unterziehen (vgl. näher Rdn. 342 ff.), die zuletzt aber nicht über eine spezifische **Rechtskontrolle** hinausgegangen ist (vgl. Rdn. 348) und jetzt von einem neuen Schrankenkonzept (»Individualschutz durch mittelbare Grundrechtsbindung«) abgelöst worden ist (vgl. Rdn. 333 ff.). Auch in der Lehre wurde die Entwicklung einer allgemeingültigen, inhaltlich bestimmten Abgrenzungsformel lange nicht für möglich gehalten (vgl. etwa *Fitting* § 77 Rn. 55 ff.; *Galperin/Löwisch* § 77 Rn. 46 ff.; *von Hoyningen-Huene* Die Billigkeit im Arbeitsrecht, S. 166 ff.; *W. Müller* Die Grenzen der normativen Gestaltungswirkung der Betriebsvereinbarung, S. 164 ff.; *Quasten* Zulässigkeit und Unzulässigkeit von Betriebsvereinbarungen, S. 54 ff.; *Richardi* § 77 Rn. 97 ff., 103 ff.; *Säcker* Gruppenautonomie und Übermachtkontrolle im Arbeitsrecht, S. 450 ff.; *ders.* AR-Blattei, Betriebsvereinbarung III, B; *Thiele* Drittbearbeitung, § 77 Rn. 70, 75 ff.; *Travlos-Tzanetatos* Die Regelungsbefugnis der Betriebspartner, S. 68 ff., 160), teilweise im Interesse einer flexiblen Schrankenziehung wohl nicht einmal für wünschenswert (vgl. *Richardi* Kollektivgewalt und Individualwille, S. 336; *Rüthers* in *Rüthers/Boldt* Zwei arbeitsrechtliche Vorträge, S. 7 [18]; *O. Schmidt* AcP Bd. 162, 305 [315]); sie begnügte sich weithin damit, pragmatisch für typische Sachverhaltskonstellationen Lösungen herauszuarbeiten, die dem Spannungsverhältnis zwischen Individuum und Kollektiv sachangemessen Rechnung tragen (vgl. Rdn. 363 ff.). Bemühungen in der Literatur, die **immanenten Grenzen der Regelungsmacht**, insbesondere aus Gründen der Rechtssicherheit, in genereller Form abzustecken, haben sich (bisher) nicht durchsetzen können (vgl. dazu Rdn. 350 ff.).

a) Bindung an zwingendes staatliches Recht
aa) Überblick
Inhaltliche Grenzen werden der Betriebsautonomie vor allem durch alles **zwingende staatliche** 330 **Recht** (Gesetz, Verordnung, Satzungsrecht der Berufsgenossenschaften in Form von Unfallverhütungsvorschriften) gezogen sowie durch das dem nationalen Recht vorrangige **EU-Recht**, soweit es unmittelbar gilt. Dabei sind neben **§ 134 BGB** (zwingende Normen als Verbotsgesetze, z. B. kann zwingendes Kündigungsschutzrecht ebenso wenig beschränkt werden [vgl. *LAG Berlin-Brandenburg* 19.12.2011 LAGE § 1 KSchG Interessenausgleich Nr. 21 = NZA-RR 2012, 131] wie Mitbestimmungsrecht des Betriebsrats nicht beschränkt oder aufgehoben werden können [vgl. *Hess. LAG* 03.11.2011 – 5 TaBV 70/11 – juris, Rn. 26 ff.]) und **§ 138 BGB** (Verstoß gegen die guten Sitten) vor allem auch die Wertmaßstäbe zu beachten und die Grundsätze einzuhalten, die das BetrVG in **§ 2 Abs. 1, § 75 Abs. 1 und 2** der Zusammenarbeit zwischen Arbeitgeber und Betriebsrat setzt (im Ansatz heute unstr.; vgl. schon *Thiele* Drittbearbeitung, § 77 Rn. 67; weiter etwa *Berg/DKKW* § 77 Rn. 19; *Däubler* Das Arbeitsrecht I, Rn. 804; *Fitting* § 77 Rn. 53; *Galperin/Löwisch* § 77 Rn. 57; *Hilger* Anm. zu BAG AP Nr. 12 zu § 112 BetrVG 1972; *Kamanabrou* Arbeitsrecht, Rn. 2605, 2233; *F. Kirchhof* Private Rechtssetzung, S. 218 f.; *Kreutz* Betriebsautonomie, S. 248; *Richardi* § 77 Rn. 102). Lässt die Bindung an die Beachtung des Wohls der Arbeitnehmer und des Betriebes (§ 2 Abs. 1) noch einen relativ weiten Gestaltungs- und Abwägungsspielraum (vgl. aber auch Rdn. 348), so sind die konkreten Verpflichtungen aus § 75 Abs. 1 und 2 doch unmittelbar maßgebende Bewertungsmaßstäbe für die Bestimmung von Umfang und Reichweite der Regelungsbefugnis im konkreten Fall (vgl. näher Rdn. 333 ff.; vgl. auch *I. Schmidt* FS *Kreutz*, S. 451 [454], die zu Recht geltend macht, dass man den Ursprung für die Bindung der Betriebsparteien an zwingendes Gesetzesrecht in § 75 Abs. 1 sehen kann, der sie zur Wahrung der Grundsätze von Recht und der Billigkeit verpflichtet). Das gilt allgemein für die Beachtung der Grundsätze von Recht und Billigkeit (vgl. dazu *Kreutz/Jacobs* § 75 Rdn. 28 ff.), spezieller vor allem für die Beachtung des **Grundsatzes der Gleichbehandlung** (vgl. dazu *Kreutz/Jacobs* § 75 Rdn. 36 ff.) und der **Benachteiligungsverbote** nach § 75 Abs. 1 (vgl. dazu *Kreutz/Jacobs* § 75 Rdn. 45 ff.) sowie für den **Persönlichkeitsschutz** für die im Betrieb beschäf-

tigten Arbeitnehmer (vgl. dazu *Kreutz/Jacobs* § 75 Rdn. 101 ff.); zu den Rechtsfolgen bei Verstößen vgl. *Kreutz/Jacobs* § 75 Rdn. 157. Zu den verbindlichen Grundsätzen des Rechts gehören insbesondere auch die grundrechtlichen Wertentscheidungen und auch das Verhältnismäßigkeitsprinzip als (grundrechtstypisches) Bindungsprinzip (vgl. Rdn. 333 ff., 349).

331 Es ist zu beachten, dass das staatliche Arbeitsrecht (insb. das Individualarbeitsrecht) weithin **nur zugunsten der Arbeitnehmer** (einseitig) **zwingend** ist. Dies ist mitunter ausdrücklich bestimmt (z. B. § 13 Abs. 1 Satz 3 BUrlG), ergibt sich im Allgemeinen aber schon durch Auslegung nach dem Zweck dieser Bestimmungen als Mindest-Arbeitnehmerschutzrecht. Insoweit gilt dann nicht das Rangprinzip, sondern das Günstigkeitsprinzip für günstigere Betriebsvereinbarungen. Soweit in den Mitbestimmungsangelegenheiten des § 87 Abs. 1 einseitig zwingendes Arbeitnehmerschutzrecht besteht, schließt der Gesetzesvorbehalt im Eingangssatz dieser Bestimmung keineswegs für Arbeitnehmer günstigere **freiwillige** Betriebsvereinbarungen aus (vgl. *Wiese* § 87 Rdn. 65 f.; zumindest missverständlich *Galperin/Löwisch* § 77 Rn. 56).

332 Eine **unmittelbare Bindung** der Betriebsvereinbarungen **an die Grundrechte** besteht **nicht** (so *BVerfG* 23.04.1986 *BVerfGE* 73, 261 [268 f.] = AP Nr. 28 zu Art. 2 GG = NJW 1987, 827; ausdrücklich zust. *BAG* Erster Senat 12.11.2002 EzA § 112 BetrVG 2001 Nr. 3 S. 7). Das *BVerfG* begründet diese Auffassung zutr. damit, dass nach seiner st. Rspr. auf dem Gebiet des Privatrechts eine unmittelbare Bindung an die Grundrechte nicht in Betracht kommt, Betriebsvereinbarungen und Sozialpläne aber dem Bereich des privaten Rechts zuzuordnen sind und nicht etwa dadurch den Charakter von Akten öffentlicher Gewalt erhalten, dass der Gesetzgeber ihnen in §§ 77 Abs. 4 Satz 1, 112 Abs. 1 Satz 3 normative Wirkung zuerkannt hat (ebenso schon *Kreutz* Betriebsautonomie, S. 248, unter Hinweis auf den Charakter der Betriebsvereinbarung als privatheteronomes Rechtsgeschäft [vgl. dazu Rdn. 250]; *F. Kirchhof* Private Rechtssetzung, S. 218 f.; grundsätzlich auch *Blomeyer*/MünchArbR 2. Aufl., § 99 Rn. 5; *Canaris* JuS 1989, 161 [166 f.]; *Dieterich*/ErfK, 12. Aufl. 2012, Einl. GG Rn. 24, 59; *Hanau* RdA 1989, 207 [208]; *Kempen* RdA 1994, 140 [151]; *Preis/WPK* § 77 Rn. 26; *Richardi*/MünchArbR § 12 Rn. 32; *I. Schmidt*/ErfK Einl. GG Rn. 24, 56; *Staschik* Grundfragen zur Betriebsvereinbarung, S. 72 f.; *Wiese* ZfA 1996, 439 [477 mit Fn. 237]; ders. FS *Kreutz*, S. 499 [504 ff.]; für den Spruch der Einigungsstelle schon *BAG* 27.05.1986 AP Nr. 15 zu § 87 BetrVG 1972 Überwachung Bl. 4; **a. M.** früher die Rspr. des *BAG* [vgl. zur Abkehr von dieser Rspr. aber *BAG GS* 27.02.1985 AP Nr. 14 zu § 611 BGB Beschäftigungspflicht Bl. 7 = EzA § 611 BGB Beschäftigungspflicht Nr. 9 S. 97] etwa *BAG* 28.03.1958 AP Nr. 28 zu Art. 3 GG; 24.03.1981 AP Nr. 12 Bl. 5 zu § 112 BetrVG 1972; 14.02.1984 AP Nr. 21 Bl. 4 zu § 112 BetrVG 1972; DB 1988, 1501 [unter B V der Gründe] = EzA § 620 BGB Altersgrenze Nr. 1 S. 24 ff. [insoweit zust. *Belling*]; ebenso *Berg/DKKW* § 77 Rn. 17; *Biberacher* Betriebliche Rechtssetzungsmacht, S. 114; *Dietz/Richardi* § 77 Rn. 78; *Gamillscheg* AcP Bd. 164, 385 [402 f.]; *Jobs* AuR 1986, 147 [148]; *Söllner*/MK-BGB 2. Aufl., § 611 Rn. 179 [anders dann *Müller-Glöge*/MK-BGB, 5.–7. Aufl., § 611 Rn. 293]; *Nause* Die Grenzen der Regelungsbefugnis von Arbeitgeber und Betriebsrat gegenüber den einzelnen Arbeitnehmer bei Abschluss von Betriebsvereinbarungen, S. 155 ff., obwohl er der Lehre vom privatheteronom-rechtsgeschäftlichen Charakter der Betriebsvereinbarung folgt; *Reuter* SAE 1987, 286; *Travlos-Tzanetatos* Die Regelungsbefugnis der Betriebspartner, S. 75 ff. m. w. N.; *Waltermann* Rechtsetzung durch Betriebsvereinbarung, S. 245 f., der den Grundrechtsschutz aber vor allem dadurch sichern will, dass er Eingriffe in Grundrechtspositionen der Arbeitnehmer durch Betriebsvereinbarung über den staatlichen Geltungsbefehl des § 77 Abs. 4 Satz 1 hinaus dem Vorbehalt des Parlamentsgesetzes für die einzelnen Regelungsgegenstände unterstellt [vgl. zusammenfassend S. 242 ff.]; in diesen Ansatz übereinstimmend *Müller-Franken* Die Befugnis zu Eingriffen in die Rechtsstellung des einzelnen durch Betriebsvereinbarung, S. 180 ff.).

bb) Individualschutz durch mittelbare Grundrechtsbindung

333 Eine **mittelbare Grundrechtsbindung folgt** jedoch **aus § 75**. Denn zu den Grundsätzen des Rechts, die die Betriebspartner nach § 75 Abs. 1 zu beachten haben, gehören auch die **grundrechtlichen Wertentscheidungen** (vgl. *Kreutz/Jacobs* § 75 Rdn. 29 ff.; vgl. etwa auch *BAG* 19.04.1983 AP Nr. 124 zu Art. 3 GG; mustergültig *BAG* 12.11.2002 EzA § 112 BetrVG 2001 Nr. 3 S. 6 ff. für den Sozialplan = AP Nr. 159 zu § 112 BetrVG 1972; *Dieterich*/ErfK 12. Aufl. 2012, Einl. GG Rn. 60;

Fitting § 77 Rn. 53; *F. Kirchhof* Private Rechtsetzung, S. 218; *Kaiser/LK* § 77 Rn. 19; Brune AR-Blattei SD 520 Rn. 321; *Preis/WPK* § 77 Rn. 26; *Richardi* § 77 Rn. 100 ff.; *I. Schmidt/*ErfK Einl. GG Rn. 57; *Worzalla/*HWGNRH § 77 Rn. 52, 62; insoweit übereinstimmend etwa auch *Berg/DKKW* § 77 Rn. 17; *Waltermann* Rechtsetzung durch Betriebsvereinbarung, S. 245). Außerdem nimmt § 75 Abs. 2 Satz 1 auf die **Wertung des Art. 2 Abs. 1 GG** Bezug (vgl. *Kreutz/Jacobs* § 75 Rdn. 102; ebenso *BAG* GS 07.11.1989 EzA § 77 BetrVG 1972 Nr. 34 [unter C I 3c]). Aus dieser mittelbaren Grundrechtsbindung leitet namentlich der Erste Senat des *BAG* seit 1999 in jetzt ständiger Rspr. ab, dass die Betriebsparteien auch die in Art. 2 Abs. 1 GG geschützte **Handlungsfreiheit** (vgl. dazu *BAG* 11.07.2000 EzA § 87 BetrVG 1972 Sozialeinrichtung Nr. 17: Belastung mit den Kosten des Kantinenessens auch bei Nichtteilnahme unwirksam; 18.07.2006 EzA § 75 BetrVG 2001 Nr. 4: Belastung mit Bearbeitungskosten von Lohn- und Gehaltspfändungen unwirksam; 12.12.2006 EzA § 88 BetrVG 2001 Nr. 1: Regelung unwirksam, die von Arbeitnehmern verlangt, Annahmeverzugsansprüche bereits während eines laufenden Kündigungsschutzprozesses gerichtlich geltend zu machen, obwohl sie von dessen Ausgang abhängen; 13.02.2007 EzA § 87 BetrVG 2001 Betriebliche Ordnung Nr. 2 Rn. 21: Festlegung einer Kleiderordnung für ein Spielkasino wirksam) und das in Art. 2 Abs. 1 i. V. m. Art. 1 Abs. 1 GG gewährleistete **allgemeine Persönlichkeitsrecht** (vgl. dazu *BAG* 19.01.1999 EzA § 87 Betriebliche Ordnung Nr. 24: betriebliches Rauchverbot; 29.06.2004 EzA § 611 BGB 2002 Persönlichkeitsrecht Nr. 2: dauerhafte Videoüberwachung in einem Briefzentrum; 26.08.2008 EzA § 87 BetrVG 2001 Überwachung Nr. 2: Einführung einer Videoüberwachung im Betrieb eines Briefverteilzentrums durch Spruch der Einigungsstelle; 15.04.2014 EzA § 29 BetrVG 2001 Nr. 4 Rn. 39 ff.: Taschenkontrollen bei über einen Zufallsgenerator ausgewählten Arbeitnehmern beim Verlassen des Betriebsgeländes eines Kosmetika und Parfums vertreibenden Unternehmens) der Arbeitnehmer zu beachten und **vor unverhältnismäßigen Beschränkungen zu schützen** haben. Das zulässige Maß einer Beschränkung bestimmt das Gericht nach dem **Grundsatz der Verhältnismäßigkeit** (als grundrechtstypischem Bindungsprinzip; s. Rdn. 330).

Diesen Entscheidungen ist im Ergebnis zuzustimmen. Wichtiger ist, dass diese Neuausrichtung der Rspr. an höherrangigem Recht (§ 75 Abs. 1, § 75 Abs. 2 Satz 1) fortschreitend zu einem immer deutlicher werdenden **neuem Lösungskonzept zum Schutz der Arbeitnehmer vor einseitig belastenden betriebsvereinbarungsrechtlichen Regelungen** geführt hat (vgl. *Linsenmaier* RdA 2008, 1 mit Konsequenzen zur Beurteilung wichtiger Fallkonstellationen; *I. Schmidt* FS *Kreutz*, S. 451 zur Sozialplankontrolle. Ungeachtet der Akzeptanz und Tauglichkeit (so ausdrücklich *BAG* 18.07.2006 EzA § 75 BetrVG 2001 Nr. 4 Rn. 32; = AP Nr. 15 zu § 850 ZPO) der im Schrifttum entwickelten Binnenschrankenkonzepte zum Individualschutz vor der Betriebsvereinbarung (vgl. näher Rdn. 350 ff.) ist damit ein eigenständiges Lösungskonzept gefunden, das gleichermaßen für Betriebsvereinbarungen und Sozialpläne und auch unabhängig davon gelten kann, ob diese auf einer Einigung der Betriebsparteien beruhen oder auf einem Spruch der Einigungsstelle, die deren Einigung ersetzt. Zugleich ist damit die gerichtliche Billigkeitskontrolle von Betriebsvereinbarungen, die das *BAG* über Jahrzehnte gegen den Widerstand der überwiegenden Lehre betrieben hat (vgl. näher Rdn. 342 ff.), überflüssig und aufgegeben worden (das bestätigen beteiligte Richter; vgl. *Linsenmaier* RdA 2008, 1 [8 f.]; *I. Schmidt* FS *Kreutz*, S. 451 [460 f.]). **334**

Der Erste Senat des **BAG** (12.12.2006 EzA § 88 BetrVG 2001 Nr. 1 Rn. 23, 24 = AP Nr. 94 zu § 77 BetrVG 1972) hat seine **Konzeption** dazu so zusammengefasst: »Die Betriebsparteien sind beim Abschluss von Betriebsvereinbarungen gem. § 75 Abs. 1, Abs. 2 Satz 1 BetrVG zur Wahrung der grundrechtlich geschützten Freiheitsrechte verpflichtet«. ... »Sie haben damit auch die durch Art. 2 Abs. 1 geschützte allgemeine Handlungsfreiheit zu beachten«. ... »Zwar wird diese, soweit sie über den Kernbereich der Persönlichkeit hinausgeht, ihrerseits durch die verfassungsmäßige Ordnung beschränkt, zu der auch die von den Betriebsparteien im Rahmen ihrer Regelungskompetenz geschlossenen Betriebsvereinbarungen gehören«. ... »Zugleich sind jedoch die einzelnen Grundrechtsträger vor unverhältnismäßigen Grundrechtsbeschränkungen durch privatautonome (gemeint: »privatheteronome«?) Regelungen zu schützen«. ... »Das zulässige Ausmaß einer Beschränkung der allgemeinen Handlungsfreiheit bestimmt sich nach dem Grundsatz der Verhältnismäßigkeit« (vgl. zur Bestätigung dieser Rspr. *BAG* 12.04.2011 EzA § 88 BetrVG 2001 Nr. 2 Rn. 20 = AP Nr. 57 zu § 75 BetrVG 1972; 17.07.2012 EzA § 75 BetrVG 2001 Nr. 7 Rn. 36 = AP Nr. 61 zu § 77 BetrVG 1972 Betriebsvereinbarung; 05.03.2013 EzA § 77 BetrVG 2001 Nr. 35 Rn. 26 = AP Nr. 105 zu § 77 BetrVG 1972; 21.02.2017 **335**

– 1 AZR 292/15 – juris, Rn. 17 = EzA § 75 BetrVG Nr. 15 Rn. 17). Diese Rechtsprechungsgrundsätze bedürfen allerdings dogmatischer Klarstellungen und Berichtigungen; erst dann bilden sie ein tragfähiges, konsensfähiges und **umfassendes Lösungskonzept** zum Individualschutz vor belastenden Regelungen einer Betriebsvereinbarung (ausführlich und weiterführend *Kreutz* FS *Schmidt-Jortzig*, S. 753 [757 ff.].

336 Richtig ist der Ansatz bei § 75. Die Vorschrift ist (trotz deutungsbedürftiger Diktion des Ersten Senats) das »Medium« (Einfallstor) mittelbarer Grundrechtsbindung der Betriebsparteien beim Abschluss von Betriebsvereinbarungen (ausdrücklich bestätigt der Erste Senat, dass es ihm um mittelbare Grundrechtsbindung geht; s. *BAG* 18.07.2006 EzA § 75 BetrVG 2001 Nr. 4 Rn. 34 = AP Nr. 15 zu § 850 ZPO). Im dogmatischen Ansatz ist dann aber strikt zwischen den Verpflichtungen der Betriebsparteien nach § 75 Abs. 1 und § 75 Abs. 2 Satz 1 zu unterscheiden. Die pauschale Herleitung der Verpflichtung »zur Wahrung grundrechtlich geschützter Freiheitsrechte« ... »gem. § 75 Abs. 1, Abs. 2 Satz 1« ist unstimmig (auch in Literatur wird vielfach ungenau pauschal auf § 75 abgestellt; vgl. etwa *Kaiser/LK* § 77 Rn. 19; *Preis/WPK* § 77 Rn. 26). Eine **mittelbare Grundrechtsbindung** ergibt sich **bei § 75 Abs. 1** daraus, dass zu den »Grundsätzen des Rechts« auch alle grundrechtlichen objektiven Wertentscheidungen gehören (s. *Kreutz/Jacobs* § 75 Rdn. 29 f.). Als unterverfassungsrechtliche und grundrechtsausführende Privatrechtsnorm verpflichtet § 75 Abs. 1 die Betriebspartner insoweit zur Wahrung der in den Grundrechten niedergelegten objektiven Werteordnung (zur Anerkennung der Grundrechte auch als objektive Grundsatznormen in der Rspr. des *BVerfG* vgl. *Jarass* FS Bundesverfassungsgericht, 2001, Bd. 2 S. 35). Wegen der umfassenden Bindung an »die« Grundsätze des Rechts gehören dazu neben der unantastbaren Menschenwürde (Art. 1 Abs. 1 GG) **alle** Grundrechtswerte, insbesondere die Freiheitswerte und somit die aus Art. 2 Abs. 1 GG hergeleitete allgemeine Handlungsfreiheit. Eine Rechtskontrolle von Betriebsvereinbarungen am Maßstab des § 75 Abs. 1 hat auch deren Beachtung zu sichern. Demgegenüber kann eine mittelbare Grundrechtsbindung **bei § 75 Abs. 2 Satz 1** nur über das »Medium« der dort Arbeitgeber und Betriebsrat auferlegten Schutzpflicht hergeleitet werden. Deren Schutzgut ist die freie Entfaltung der Persönlichkeit im Betrieb beschäftigter Arbeitnehmer (s. *Kreutz/Jacobs* § 75 Rdn. 102). Damit wird auf die grundrechtliche Wertung des Art. 2 Abs. 1 GG Bezug genommen, nach der jeder das Recht auf die freie Entfaltung seiner Persönlichkeit hat. Die Vorschrift ordnet aber keineswegs die Bindung an dieses Grundrecht an; das wäre ohne Qualitätsveränderung auch gar nicht möglich (s. *Kreutz/Jacobs* § 75 Rdn. 30). Ihre Auslegung ergibt vielmehr, dass sie das Recht der Arbeitnehmer auf freie Entfaltung der Persönlichkeit voraussetzt, aber nicht selbst als subjektives Privatrecht begründet; denn die Schutzpflicht ist lediglich Amtspflicht (s. *Kreutz/Jacobs* § 75 Rdn. 105, 23). Deshalb ist maßgeblich, dass im Privatrecht (zu dem das Betriebsverfassungsrecht gehört) nur das heute allgemein anerkannte allgemeine Persönlichkeitsrecht und seine rechtlichen Konkretisierungen (vgl. näher *Kreutz/Jacobs* § 75 Rdn. 109 ff.) den Schutz der freien Entfaltung der Persönlichkeit gewährleisten. Nur diese subjektiven Privatrechte haben die Betriebsparteien zu schützen und dürfen sie nicht verletzen. Das privatrechtliche allgemeine Persönlichkeitsrecht ist dabei nicht identisch mit dem öffentlich-rechtlichen allgemeinen Persönlichkeitsrecht (so ausdrücklich *BVerfG* 22.08.2006 NJW 2006, 3409 [3410]; jetzt auch *BAG* 23.04.2009 EzA § 611 BGB 2002 Persönlichkeitsrecht Nr. 9 Rn. 21 ff. = AP Nr. 40 zu § 611 BGB Persönlichkeitsrecht), das vom *BVerfG* als unbenanntes Freiheitsrecht aus Art. 2 Abs. 1 i. V. m. Art. 1 Abs. 1 GG hergeleitet wird (vgl. *BVerfG* 03.06.1980 BVerGE 54, 148 [153 f.]). Jedoch ist auch das privatrechtliche allgemeine Persönlichkeitsrecht gerade unter Berufung auf die verfassungsrechtlichen Wertentscheidungen in Art. 1 Abs. 1, Art. 2 Abs. 1 GG vom *BGH* entwickelt und in das Privatrecht eingeführt worden (*BGH* 25.05.1954 BGHZ 13, 334). Die privatrechtlichen Persönlichkeitsrechte sind also unterverfassungsrechtliche Konkretisierungen dieser grundrechtlichen Wertentscheidungen. Deshalb ist gerade diese mittelbare Grundrechtsbindung Gegenstand der Schutzpflicht. Darüber hinaus kann nicht hergeleitet werden, dass nach § 75 Abs. 2 Satz 1 die Betriebsparteien pauschal »zur Wahrung der grundrechtlich geschützten Freiheitsrechte« verpflichtet sind, auch nicht der allgemeinen Handlungsfreiheit (vgl. dazu näher *Kreutz* FS *Schmidt-Jortzig*, S. 753 [763 f., mit Nachw. in Fn. 61/60 zu insoweit verfehlten Ansätzen der Rspr. des *BAG*]). Eines solchen Schutzes bedarf es auch nicht; er erfolgt bereits aus § 75 Abs. 1; § 75 Abs. 2 schützt allein vor Eingriffen in die privatrechtlich anerkannten Persönlichkeitsrechte der Arbeitnehmer.

Durchführung gemeinsamer Beschlüsse, Betriebsvereinbarungen § 77

Mit diesen Klar- und Richtigstellungen erweist sich das aus mittelbarer Grundrechtsbindung entwickelte Individualschutzkonzept als trag- und konsensfähig. Seine Bedeutung hängt nun entscheidend davon ab, in welchen **Grenzen** die grundrechtlichen Freiheitsentscheidungen nach § 75 Abs. 1 und die anerkannten privatrechtlichen Persönlichkeitsrechte nach § 75 Abs. 2 Satz 1 ihre Wirkung entfalten bzw., anders gewendet, wann ein Verstoß gegen diese Kontrollnormen vorliegt, der nach § 134 BGB die Nichtigkeit einer Arbeitnehmer einseitig belastenden Regelung einer Betriebsvereinbarung zur Folge hat (vgl. *Kreutz/Jacobs* § 75 Rdn. 157). Das *BAG* bestimmt das »zulässige Ausmaß« jeglicher Beschränkung nach dem **Grundsatz der Verhältnismäßigkeit**. Danach muss eine in einer Betriebsvereinbarung getroffene Freiheitsbeschränkung oder eine Persönlichkeitsbeeinträchtigung geeignet, erforderlich und unter Berücksichtigung der gewährleisteten Freiheitsrechte/Persönlichkeitsrechte angemessen sein, um den erstrebten Zweck zu erreichen. Stereotyp formuliert das *BAG* dazu: Geeignet ist die Regelung dann, wenn mit ihrer Hilfe der erstrebte Erfolg gefördert werden kann. Erforderlich ist sie, wenn kein anderes gleich wirksames, aber das Freiheitsrecht (die Handlungsfreiheit, das Persönlichkeitsrecht) weniger einschränkend belastendes Mittel zur Verfügung steht. Angemessen ist sie, wenn sie verhältnismäßig im engeren Sinne erscheint. Es bedarf hier einer Güterabwägung zwischen der Intensität des Eingriffs und dem Gewicht der ihn rechtfertigenden Gründe; die Grenze der Zumutbarkeit darf nicht überschritten werden (vgl. etwa *BAG* 12.12.2006 [EzA § 88 BetrVG Nr. 1 Rn. 24 = AP Nr. 94 zu § 77 BetrVG 1972] und 13.02.2007 [EzA § 87 BetrVG 2001 Betriebliche Ordnung Nr. 2 Rn. 21 = AP Nr. 40 zu § 87 BetrVG 1972 Ordnung des Betriebes] zu Eingriffen in die allgemeine Handlungsfreiheit; *BAG* 29.06.2004 [EzA § 611 BGB 2002 Persönlichkeitsrecht Nr. 2 unter B I 2d = AP Nr. 41 zu § 87 BetrVG 1972 Überwachung, mit Anm. *Ehmann*] und 26.08.2008 [EzA § 87 BetrVG 2001 Überwachung Nr. 2 Rn. 18 ff. = AP Nr. 54 zu § 75 BetrVG 1972, mit Anm. *Wiese*] zu Eingriffen in das allgemeine Persönlichkeitsrecht; vgl. auch *Linsenmaier* RdA 2008, 1 [8 ff.]; *I. Schmidt* FS *Kreutz*, S. 451 [461], die dabei allgemein auf belastende Regelungen abstellt). Bei Unverhältnismäßigkeit ist die Regelung wegen Verstoßes gegen höherrangiges Recht (§ 75 Abs. 1, § 75 Abs. 2 Satz 1) unwirksam. Dieser Grenzziehung (die das *BAG* nicht überzeugend begründet) ist im Ergebnis **zuzustimmen**; sie wird der Anforderung gerecht, die Grenzen privatrechtlichen Schutzes nach den Grundsätzen des Privatrechts zu bestimmen. Soweit die Betriebsparteien nach § 75 Abs. 1 die grundrechtlichen Wertentscheidungen (Grundsatznormen) als Grundsätze des Rechts zu beachten haben, zieht diese Bindung das grundrechtstypische Verhältnismäßigkeitsprinzip als Bindungsprinzip im Grundrechtsbereich nach sich (*Kreutz* Betriebsautonomie, S. 128 ff.), das aus dem Rechtsstaatsprinzip ableitbar ist (vgl. etwa BVerfGE 17, 306 [313]; 19, 342 [348]; 65, 1 [44]). Der Grundsatz der Verhältnismäßigkeit ist jedenfalls insoweit selbst ein zu beachtender Grundsatz des Rechts i. S. v. § 75 Abs. 1 (vgl. *Kreutz/Jacobs* § 75 Rdn. 29; ebenso *Blomeyer* 25 Jahre Bundesarbeitsgericht, S. 17 [25]; *Biberacher* Betriebliche Rechtssetzungsmacht, S. 129; *Canaris* AuR 1966, 129 [136, 138]; *ders.* JuS 1989, 161 [166 f.]; *Rüthers* in: *Rüthers/Boldt* Zwei arbeitsrechtliche Vorträge, S. 7 [36]; *Worzalla/HWGNRH* § 75 Rn. 6). Zur Feststellung einer rechtswidrigen Persönlichkeitsverletzung ist im Einzelfall eine umfassende Güter- und Interessenabwägung erforderlich; diese Abwägung wird durch die Anwendung des Grundsatzes der Verhältnismäßigkeit und seiner Untergrundsätze sinnvoll und übersichtlich strukturiert (vgl. *Kreutz/Jacobs* § 75 Rdn. 108).

Eine **Bindung** der Betriebspartner **an das Gemeinwohl** besteht bei der Gestaltung von Arbeitsbedingungen durch Betriebsvereinbarung **nicht** (ebenso *Galperin/Löwisch* § 77 Rn. 58; *F. Kirchhof* Private Rechtssetzung, S. 218); denn die Verpflichtung, das Gemeinwohl zu beachten, würde die Betriebspartner überfordern und ist deshalb zu Recht nicht mehr in § 2 Abs. 1 enthalten (vgl. dazu *Franzen* § 2 Rdn. 46; die Aufhebung der Gemeinwohlbindung übersieht *BAG* 11.06.1975 AP Nr. 1 zu § 77 BetrVG 1972 Auslegung Bl. 3).

cc) Dispositives Recht
Tarifdispositives Gesetzesrecht hat für die Betriebsvereinbarung zwingende Wirkung. Soweit Gesetze (z. B. § 622 Abs. 4 Satz 1 BGB, § 4 Abs. 4 Satz 1 EntgeltfortzahlungsG, § 13 Abs. 1 Satz 1 BUrlG, §§ 7, 12 ArbZG, §§ 12 Abs. 3, 13 Abs. 4 TzBfG, § 21a JArbSchG) gestatten, dass von dem an sich zwingenden Arbeitnehmerschutzrecht (auch **zuungunsten** der Arbeitnehmer) **durch Tarifvertrag** abgewichen werden kann, gilt dies **nicht** für die Betriebsvereinbarung (ebenso *Thiele* Drittbearbeitung, § 77 Rn. 58; *Fitting* § 77 Rn. 53; *Hueck/Nipperdey* II/2, S. 1264; *Richardi* § 77 Rn. 91). Da

337

338

339

§ 77 IV. 1. Allgemeines

der Gesetzgeber die betreffenden Bestimmungen bewusst nur zur Disposition der Tarifvertragsparteien gestellt hat, kommt auch keine Analogie in Betracht. Betriebsvereinbarungsdispositive Arbeitnehmerschutzgesetze gibt es nicht (vgl. aber auch *Kaiser/LK* § 77 Rn. 15); wohl aber können aufgrund eines Tarifvertrages in einer Betriebsvereinbarung Abweichungen im Bereich des tarifdispositiven Arbeitszeitrechts zugelassen werden (§§ 7, 12 ArbZG, § 21a JArbSchG). Zu beachten ist auch § 102 Abs. 6.

340 Durch Betriebsvereinbarung kann **nicht** wirksam von sog. »**tarifdispositivem Richterrecht**« abgewichen werden (vgl. auch *Fitting* § 77 Rn. 53; *Galperin/Löwisch* § 77 Rn. 56; *Richardi* § 77 Rn. 92; *Säcker* AR-Blattei, Betriebsvereinbarung III, A 2). Soweit rechtsfortbildend entwickelte Richterrechtsgrundsätze nicht überhaupt dispositiv sind, hat das *BAG* den Tarifvertragsparteien teilweise die Abweichung von Richterrechtssätzen gestattet, denen es andererseits für Arbeitsverträge und Betriebsvereinbarungen zwingende Wirkung zugemessen hat. Das gilt insbesondere für die vom *BAG* entwickelten Beurteilungsgrundsätze über die Wirksamkeit von Gratifikationsrückzahlungsklauseln (vgl. zur Tarifdispositivität BAG AP Nr. 54 [vom 31.03.1966 mit zust. Anm. *Biedenkopf*], 57, 68, 98 zu § 611 BGB Gratifikation; zur Unabdingbarkeit durch Betriebsvereinbarung BAG AP Nr. 63 [vom 16.11.1967 mit zust. Anm. *Gamillscheg*], 66, 68 zu § 611 BGB Gratifikation), für die Stichtagsregelung für einen Anspruch auf Sonderzuwendungen (BAG 04.09.1985 AP Nr. 123 zu § 611 BGB Gratifikation Bl. 2 R, wo die Tarifdispositivität festgestellt, aber die Unabdingbarkeit im Übrigen ausdrücklich dahingestellt bleibt) und für die früher bedeutsame Zulassung der (mehrfachen) Befristung von Arbeitsverhältnissen (vgl. BAG 04.12.1969, 30.09.1971 AP Nr. 32, 36 zu § 620 BGB Befristeter Arbeitsvertrag) und bedingte Wettbewerbsverbote (BAG 12.11.1971 AP Nr. 28 zu § 74 HGB). Vgl. dazu allgemein *Käppler* Voraussetzungen und Grenzen tarifdispositiven Richterrechts, 1977; *Vossen* Tarifdispositives Richterrecht, 1974; krit. zu dieser Rspr. *Lieb* RdA 1972, 129; *Lieb/Westhoff* DB 1973, 69; *Preis* ZfA 1972, 271; *Thiele* FS Larenz, 1973, S. 1043; vgl. auch *Canaris* und *Richardi* beide in: Gedächtnisschrift für *Dietz*, S. 199 bzw. 269; *Wiedemann/Wiedemann* TVG, Einl. Rn. 400 ff. Diese Privilegierung des Tarifvertrags vor der Betriebsvereinbarung seit 1967 hat der seit 1970 vom *BAG* in Anspruch genommenen gerichtlichen Billigkeitskontrolle von Betriebsvereinbarungen (vgl. dazu Rdn. 342 ff.) den Weg geebnet. Sie beruht wie diese auf einem unberechtigten Misstrauen in die Effizienz betrieblicher Mitbestimmung. Der gedankliche Zusammenhang wird dabei dadurch offen gelegt, dass das *BAG* die Anerkennung tarifdispositiven Richterrechts mit den gleichen Argumenten rechtfertigt, die dann unter ausdrücklicher Bezugnahme (BAG 30.01.1970 AP Nr. 142 zu § 242 BGB Ruhegehalt Bl. 6 R f.) dazu verwendet werden, die Billigkeitskontrolle zu begründen: Während der Tarifvertrag von gleichberechtigten und gleichgewichtigen Parteien des Arbeitslebens ausgehandelt werde und deshalb eine Richtigkeitsgewähr für tarifliche Regelungen bestehe (vgl. etwa BAG 04.09.1985 AP Nr. 123 zu § 611 BGB Gratifikation Bl. 3), soll die Autonomie der Betriebspartner nicht soweit gehen, weil die Betriebsratsmitglieder als Arbeitnehmer trotz Kündigungsschutzes vom Arbeitgeber abhängig seien und dem Betriebsrat das schärfste Machtmittel der Gewerkschaften, der Streik, nicht zur Verfügung stehe (vgl. BAG 16.11.1967 AP Nr. 63 zu § 611 BGB Gratifikation Bl. 2).

341 **Dispositives Gesetzesrecht** setzt der Regelungsmacht der Betriebspartner selbst keine Schranke; von ihm kann durch Betriebsvereinbarung grundsätzlich auch zuungunsten der Arbeitnehmer abgewichen werden. Dabei müssen allerdings die sonstigen Innenschranken der Betriebsautonomie gewahrt bleiben (vgl. Rdn. 358 ff.).

b) Keine gerichtliche Billigkeitskontrolle der Betriebsvereinbarungen

342 Seit der Leitentscheidung des *BAG* vom 30.01.1970 (BAG AP Nr. 142 zu § 242 BGB Ruhegehalt [zust. *Richardi*] = SAE 1970, 262 [zust. *Säcker*]) haben (s. Rdn. 349) die Arbeitgerichte Betriebsvereinbarungen (einschließlich Sozialplan) in st. Rspr. (verbal) **einer allgemeinen gerichtlichen Billigkeitskontrolle** unterzogen (vgl. u. a. BAG 25.03.1971 AP Nr. 5 zu § 57 BetrVG; 13.09.1974 AP Nr. 84 zu § 611 BGB Gratifikation; 11.06.1975 AP Nr. 1 zu § 77 BetrVG 1972 Auslegung; 11.03. und 13.10.1976 AP Nr. 11, 15 zu § 242 BGB Ruhegehalt-Unverfallbarkeit; 08.12.1981 AP Nr. 1 zu § 1 BetrAVG Unterstützungskassen; 17.02.1981, 24.03.1981, 14.02.1984 AP Nr. 11, 12, 21 zu § 112 BetrVG 1972; 12.08.1982 AP Nr. 4 zu § 77 BetrVG 1972; 08.12.1981, 30.04.1985, 17.03.1987

AP Nr. 1, 4, 9 zu § 1 BetrAVG Ablösung; *BAG GS* 16.09.1986 EzA § 77 BetrVG 1972 Nr. 17 [unter C II 5] = AP Nr. 17 zu § 77 BetrVG 1972; *BAG* 03.11.1987 EzA § 77 BetrVG 1972 Nr. 20; 20.11.1987 EzA § 620 BGB Altersgrenze Nr. 1 = AP Nr. 2 zu § 620 BGB Altersgrenze; 26.07.1988 EzA § 112 BetrVG 1972 Nr. 43; 25.04.1991 EzA § 611 BGB Gratifikation, Prämie Nr. 85; 21.01.1992 EzA § 1 BetrAVG Ablösung Nr. 8; 01.12.1992 EzA § 77 BetrVG 1972 Nr. 50 S. 8; 21.01.1997 § 242 BGB Betriebliche Übung Nr. 36 S. 6 f.). Mit der im Gesetz nicht vorgesehenen Billigkeitskontrolle sollten der Betriebsvereinbarung **engere Innenschranken** gezogen werden als sie sich durch (das damals insoweit noch nicht ausgeschöpftes; vgl. jetzt Rdn. 349, 333 ff.) zwingendes höherrangiges Recht und die guten Sitten (§§ 134, 138 BGB) ergeben. Sie sollte dem Gericht schon dann die Möglichkeit zu korrigierendem Eingreifen geben, wenn der Inhalt der Betriebsvereinbarung (nach den Vorstellungen des Gerichts) unbillig oder unangemessen ist (vgl. *Kreutz* ZfA 1975, 65 [66]; nach *BAG* vom 22.02.1983, AuR 1983, 120, sollte allerdings nur »offensichtliche« Unbilligkeit zur Unwirksamkeit führen).

Diese Rspr. wird im Schrifttum ganz überwiegend abgelehnt (vgl. *Kreutz* ZfA 1975, 65; *ders.* **343** Betriebsautonomie, S. 11, 248; *von Hoyningen-Huene* Die Billigkeit im Arbeitsrecht, S. 161 ff.; *ders.* Betriebsverfassungsrecht, § 11 III 5 f.; *ders.* BB 1992, 1640 [1641 f.]; *Thiele* Drittbearbeitung, § 77 Rn. 69 ff.; *ders.* FS *Larenz*, 1973, S. 1043 [1057 ff.]; aus dem umfangreichen Schrifttum ferner: *Bakopoulos* Zuständigkeitsverteilung, S. 87 ff.; *Bender* Anm. *BAG* EzA § 611 BGB 2002 Persönlichkeitsrecht Nr. 2 S. 21 ff.; *Blomeyer* FS *Hilger/Stumpf*, S. 42 [50 f.]; *ders.* DB 1984, 926 [927]; *Borngräber* Die inhaltliche Kontrolle von Betriebsvereinbarungen, S. 50 ff.; *Brune* AR-Blattei SD 520 Rn. 394 ff.; *Fastrich* Richterliche Inhaltskontrolle im Privatrecht, S. 204; *Fitting* § 77 Rn. 233; *Glaubitz* SAE 1976, 105 f.; *Hammen* RdA 1986, 23; *Herschel* Anm. *BAG* AP Nr. 1 zu § 1 BetrAVG Ablösung Bl. 7 R; *Hromadka* SAE 1984, 330 ff.; *Hromadka/Maschmann* Arbeitsrecht 2, § 16 Rn. 400; *Jahnke* Tarifautonomie und Mitbestimmung, S. 119 ff.; *Jobs* AuR 1986, 147; *Kallrath* Gerichtliche Kontrolle von Betriebsvereinbarungen, S. 169 ff.; *Käppler* FS *Kissel*, S. 475 [495]; *Kraft* Anm. *BAG* AP Nr. 11 zu § 112 BetrVG 1972 Bl. 6; *Konzen* Anm. *BAG* AP Nr. 21 zu § 112 BetrVG 1972 Bl. 5 R f.; *von Langen* Von der Tarifzur Betriebsautonomie, S. 162 f.; *Leinemann* BB 1989, 1905 f.; *Lieb* Arbeitsrecht, 8. Aufl., Rn. 119; *Linsenmaier* RdA 2008, 1 [8 f.]; *Loritz/ZLH* Arbeitsrecht, § 50 Rn. 48; *Matthes/MünchArbR* § 239 Rn. 85; *Preis/WPK* § 77 Rn. 33; *Reuter* SAE 1983, 201 f.; *ders.* RdA 1994, 152 [159]; *Rolfs* RdA 2006, 349 [354 ff.]; *Schulin* SAE 1982, 48 f.; *Söllner/Waltermann* Arbeitsrecht, 13. Aufl., § 22 II 2c [in 14. Aufl. nicht mehr erwähnt]; *Stege/Weinspach/Schiefer* § 77 Rn. 24a; *Weiss/Weyand* § 77 Rn. 23 f.; *Wolf/Hammen* SAE 1982, 301 ff.; *Worzalla/HWGNRH* § 77 Rn. 93); sie hat aber **auch Zustimmung** gefunden (vgl. etwa *Berg/DKKW* § 77 Rn. 173 f.; *Galperin/Löwisch* § 77 Rn. 54; [aber einschränkend *Löwisch* SAE 1985, 324 f.; abl. *Kaiser/LK* § 77 Rn. 146]; *Gast* Arbeitsvertrag und Direktion, S. 172 f.; *Hess/Schlochauer/Glaubitz* § 77 Rn. 53; *Hilger/Stumpf* FS *G. Müller*, S. 209 [217 ff.]; *Kempen* RdA 1994, 140 [150]; *Kissel* NZA 1995, 1 [4]; *Richardi* Gedächtnisschrift für *Dietz*, S. 269 [278 f.]; aber anders jetzt *ders.* § 77 Rn. 118; *Säcker* ZfA 1972, Sonderheft S. 41 [48 f.]; *ders.* AuR 1994, 1 [10]; *Schwerdtner* Anm. *BAG* AP Nr. 86 zu § 611 BGB Gratifikation Bl. 7 R; *Staschik* Grundfragen zur Betriebsvereinbarung, S. 67 f.; *Travlos-Tzanetatos* Die Regelungsbefugnis der Betriebspartner, S. 72 ff.; *Vollstädt* Die Beendigung von Arbeitsverhältnissen durch Vereinbarung einer Altersgrenze, S. 315 ff.; vgl. auch *Meyer-Cording* Die Rechtsnormen, S. 114 f.).

Die h. M. in der Literatur hält dem *BAG* vor allem entgegen, dass es für eine gerichtliche Billigkeits- **344** kontrolle von Betriebsvereinbarungen **keine tragfähige dogmatische Grundlage** gibt. Außerdem wird geltend gemacht, dass Billigkeit auf die Verwirklichung der **Gerechtigkeit im Einzelfall** zielt und deshalb eine Billigkeitsüberprüfung auf kollektive Tatbestände nicht passt (*von Hoyningen-Huene* Billigkeit im Arbeitsrecht, S. 163, 22 ff.; *Konzen* Anm. *BAG* AP Nr. 21 zu § 112 BetrVG 1972 Bl. 5 R f.; *Thiele* Drittbearbeitung, § 77 Rn. 69). *Hammen* (RdA 1986, 23) hat gegen eine Billigkeitskontrolle gerade durch das *BAG* aus **revisionsrechtlicher Sicht** Bedenken erhoben. Sie ist weiter deshalb abzulehnen, weil sie mit erheblichen **Einbußen an Rechtssicherheit** verbunden ist (*Kreutz* Betriebsautonomie, S. 8), zumal es den Senaten des *BAG* in einer über 30-jährigen Geschichte der »Billigkeitskontrolle« nicht gelungen ist, den für die Billigkeitsprüfung maßgeblichen spezifischen Maßstab überzeugend darzutun. Auch § 310 Abs. 4 Satz 1 BGB spricht jetzt gegen eine Billigkeitskontrolle; denn auf Betriebsvereinbarungen (ebenso wie auf Tarifverträge) findet danach die AGB-Kontrolle nach §§ 305 ff. BGB nicht statt (vgl. jetzt *BAG* 13.10.2015 EzA § 75 BetrVG 2001 Nr. 12 Rn. 31; auch

§ 77   IV. 1. Allgemeines

schon *BAG* 01.02.2006 EzA § 310 BGB 2002 Nr. 3: Widerrufsvorbehalt in einer Betriebsvereinbarung unterliegt keiner Kontrolle nach §§ 305 ff. BGB; ausführlich u. a. mit Blick auf Widerrufsvorbehalt auch *G. Schneider* Richterliche Kontrolle von Betriebsvereinbarungen und Flexibilisierung von Arbeitsbedingungen, S. 76 ff., 93 ff.). Niemand hat dem *BAG* bisher allerdings vorgeworfen, den eigenmächtig geschaffenen Freiraum zu ungebundener rechtlicher Intervention missbraucht zu haben (*Reuter* SAE 1982, 202). Das liegt freilich in erster Linie daran, dass sich das *BAG* trotz der nach außen reklamierten Billigkeitskontrolle in der Sache weithin auf Rechtskontrolle beschränkt hat (vgl. näher Rdn. 348) und die erarbeiteten Ergebnisse konsensfähig waren. Der Gegensatz zur üblichen Rechtskontrolle kann jedoch nicht mit der Behauptung überspielt werden, Billigkeitskontrolle sei Rechtskontrolle (so aber *BAG* 26.07.1988 EzA § 112 BetrVG 1972 Nr. 43 S. 6). Im GK-BetrVG wurde das *BAG* schon lange bedrängt, von der Billigkeitskontrolle endgültig Abschied nehmen (vgl. 4. Aufl., § 77 Rn. 260); sie ist seit jeher **unbegründet und überflüssig**, und zwar aus folgenden Gründen:

345 Im Ansatz ist seit 1970 die Billigkeitskontrolle vom *BAG* als **Übermachtkontrolle** entwickelt worden (vgl. *BAG* 30.01.1970 AP Nr. 142 zu § 242 BGB Ruhegehalt Bl. 6 R f.; zuletzt 26.07.1988 EzA § 112 BetrVG 1972 Nr. 43 S. 6): Weil die Mitglieder des Betriebsrates trotz besonderen Kündigungsschutzes als Arbeitnehmer vom Arbeitgeber abhängig sind und dem Betriebsrat der Arbeitskampf verwehrt ist (§ 74 Abs. 2 Satz 1), müsse die gerichtliche Inhaltskontrolle bei der Betriebsvereinbarung **im Interesse des Schutzes der regelungsbetroffenen Arbeitnehmer** weitergehen als beim Tarifvertrag, der nur darauf zu überprüfen sei, ob er gegen die Verfassung, zwingendes Gesetzesrecht, die guten Sitten und tragende Grundsätze des Arbeitsrechts verstößt (zur Herkunft dieser Argumentation vgl. Rdn. 340). Das *BAG* hat mit dieser Begründung die Billigkeitskontrolle von Anfang an in genereller, grundsätzlicher Form in Anspruch genommen (*Kreutz* ZfA 1975, 65 mit Fn. 3). Sie soll nicht nur für die **Ablösung** oder **Änderung** allgemeiner Arbeitsbedingungen (diese Fälle betreffen etwa *BAG* 30.01.1970 AP Nr. 142 zu § 242 BGB Ruhegehalt; 08.12.1981 AP Nr. 1 zu § 1 BetrAVG Ablösung; AP Nr. 4, 17 zu § 77 BetrVG 1972; 03.11.1987 EzA § 77 BetrVG 1972 Nr. 20) oder einer früheren Betriebsvereinbarung (so etwa *BAG* 24.03.1981 AP Nr. 12 zu § 112 BetrVG 1972; 17.03.1987 AP Nr. 9 zu § 1 BetrAVG Ablösung) durch eine u. U. ungünstigere spätere Betriebsvereinbarung gelten, sondern allgemein für jede Betriebsvereinbarung (vgl. etwa *BAG* 13.09.1974 AP Nr. 84 zu § 611 BGB Gratifikation; 20.11.1987 EzA § 620 BGB Altersgrenze Nr. 1; 26.07.1988 EzA § 112 BetrVG 1972 Nr. 43). Diese vom *BAG* angeführten Begründungsgesichtspunkte rechtfertigen die Billigkeitskontrolle nicht (vgl. ausführlich *Kreutz* ZfA 1975, 65 [67 ff.]). Der gewichtigste Einwand geht dahin, dass die Annahme gestörter Vertragsparität zwischen Betriebsrat und Arbeitgeber wegen fehlender Unabhängigkeit der Betriebsratsmitglieder die Grundkonzeption der betrieblichen Mitbestimmung in Frage stellen würde, die das BetrVG gewährleistet (vgl. *Thiele* FS *Larenz*, 1973, S. 1043 [1057]; *ders.* Drittbearbeitung, § 77 Rn. 69, 71; *Kreutz* ZfA 1975, 65 [78 f.]; *von Hoyningen-Huene* Billigkeit im Arbeitsrecht, S. 165; *Hromadka* SAE 1984, 332; *Jahnke* Tarifautonomie und Mitbestimmung, S. 123; *Kallrath* Gerichtliche Kontrolle von Betriebsvereinbarungen, S. 187 ff.; *Matthes*/MünchArbR § 239 Rn. 86; *Reuter* ZfA 1995, 1 [59]; anders *Däubler* AuR 1984, 1 [26 f.]). Denn das Gesetz vertraut darauf, dass die Betriebspartner die betrieblichen Angelegenheiten »richtig« ordnen können und der Betriebsrat auch beim Abschluss von Betriebsvereinbarungen zu kraftvoller Wahrnehmung der Arbeitnehmerinteressen in der Lage ist; es unterwirft allein die Sprüche der Einigungsstelle im Rahmen der Zwangsschlichtung in eingeschränkter Form gerichtlicher Ermessenskontrolle (§ 76 Abs. 5 Satz 4). Im Übrigen kann das Arbeitskampfverbot nicht als Ausdruck effektiver Schwäche des Betriebsrats gewertet werden, weil sich seine betriebsverfassungsrechtlich relevante Stärke (anders als die von Gewerkschaften) nicht nach effektiven Machtmitteln beurteilt, sondern allein nach der gesetzlichen Ausgestaltung seiner Beteiligungsbefugnisse und seines funktionellen Zuständigkeitsbereichs bis hin zur Konfliktlösung durch verbindliche Entscheidung der Einigungsstelle (*Kreutz* ZfA 1975, 79; zust. *Jobs* AuR 1986, 147 [148]). Mangels gestörter Vertragsparität kommt jedenfalls insoweit eine Analogie zu § 315 BGB keinesfalls in Betracht (*Kreutz* ZfA 1975, 73 ff.).

346 Darüber hinaus kann auch eine sonstige **Inbezugnahme auf §§ 315, 317, 319 BGB** die Billigkeitskontrolle **nicht rechtfertigen** (a. M. insb. *Dietz/Richardi* § 77 Rn. 77; *Richardi* Anm. zu *BAG* AP Nr. 142 zu § 242 BGB Ruhegehalt Bl. 12 R; differenzierter jetzt *ders.* § 77 Rn. 117 ff.). Die Gestaltungsmacht der Betriebspartner ist dem Leistungsbestimmungsrecht eines Vertragsteils oder eines Dritten in Struktur und Funktion unvergleichbar (ebenso *Thiele* Drittbearbeitung, § 77 Rn. 69; *von Hoy-*

348   *Kreutz*

ningen-Huene Billigkeit im Arbeitsrecht, S. 163; *Konzen* Anm. zu *BAG* AP Nr. 21 zu § 112 BetrVG 1972 Bl. 6; *Söllner* Anm. zu *BAG* AP Nr. 3 zu § 615 BGB Kurzarbeit). Dies räumt der Dritte Senat des *BAG* ausdrücklich ein (08.12.1981 AP Nr. 1 zu § 1 BetrAVG Ablösung Bl. 4). Er sieht aber § 315 BGB als Ausdruck eines (welchen?) »allgemeinen Rechtsgedankens«, der auch im Betriebsverfassungsrecht Geltung beanspruche, wie die §§ 75 Abs. 1 und 76 Abs. 5 Satz 3 zeigen sollen.

§ 75 Abs. 1 legitimiert indes eine allgemeine Billigkeitskontrolle, wie sie das *BAG* verbal reklamiert hat, **nicht** (ebenso schon *Thiele* Drittbearbeitung, § 77 Rn. 69; *Hammen* RdA 1986, 23 [24]; *Jobs* AuR 1986, 147 [148]; *Kallrath* [wie Rdn. 345], S. 172 ff.; *Konzen* Anm. zu *BAG* AP Nr. 21 zu § 112 BetrVG 1972 Bl. 6, der aber ähnlich wie *Wolf/Hammen* SAE 1982, 302 f., die wirkliche Bedeutung der Bestimmung unterschätzt [s. Rdn. 349]; **a. M.** *BAG* 11.03.1976 AP Nr. 11 zu § 242 BGB Ruhegehalt-Unverfallbarkeit Bl. 2; 08.12.1981 AP Nr. 1 zu § 1 BetrAVG Ablösung Bl. 4; AP Nr. 12 Bl. 4 R, Nr. 14 Bl. 2 R zu § 112 BetrVG 1972; *Galperin/Löwisch* § 77 Rn. 54; *Hilger/Stumpf* FS *G. Müller*, S. 209 [222]). Die Bestimmung gebietet nicht schlechthin die Beachtung von Billigkeit, sondern setzt die Grundsätze von Recht und Billigkeit, an die sie die Betriebspartner bindet, als bekannt voraus, begründet sie aber nicht (vgl. näher *Kreutz/Jacobs* § 75 Rdn. 32). Deshalb bietet § 75 Abs. 1 keine Grundlage für eine Billigkeitskontrolle, wenn nicht **anderweitig** hergeleitet werden kann, dass die Regelungsmacht der Betriebspartner an den Maßstab der Billigkeit gebunden und entsprechend der Gerichtskontrolle unterworfen ist. Das ist jedoch nicht der Fall; insbesondere kommt insoweit auch **§ 76 Abs. 5 Satz 3** (§ 112 Abs. 5) **nicht in Betracht**. Diese Bestimmung gilt nur für die Einigungsstelle; nur diese hat in Fällen der Zwangsschlichtung ihre Beschlüsse »unter angemessener Berücksichtigung der Belange des Betriebs und der betroffenen Arbeitnehmer nach billigem Ermessen« zu fassen. Ob diese Regelung (»antizipativ«) für frei ausgehandelte Betriebsvereinbarungen verallgemeinerungsfähig ist, mag offen bleiben (vgl. *Säcker* ZfA 1972, Sonderheft S. 41 [48 mit Fn. 26]). Jedenfalls knüpft das Gesetz an diese Ermessenseinräumung gerade nicht die Befugnis der Arbeitsgerichte, die Beschlüsse der Einigungsstelle inhaltlich und zeitlich unbegrenzt einer allgemeinen Billigkeitskontrolle zu unterziehen. Nach ausdrücklicher Regelung in § 76 Abs. 5 Satz 4 sind die Gerichte vielmehr darauf beschränkt, die Einhaltung der Ermessensgrenzen zu überprüfen; zudem ist diese Überprüfung auf Ermessensfehler einem Beschlussverfahren zwischen Arbeitgeber und Betriebsrat vorbehalten, das binnen einer Frist von zwei Wochen einzuleiten ist (*Kreutz* ZfA 1975, 65 [83]; *Hammen* RdA 1986, 23 [24 f.]; *Löwisch* SAE 1985, 324 f., der zu Recht zudem geltend macht, dass eine allgemeine Billigkeitskontrolle vollends unvereinbar wäre mit den ins einzelne gehenden Ermessensgrundsätzen nach § 112 Abs. 5). Auch gibt § 76 Abs. 5 Satz 4 dem Gericht nicht das Recht, über eine kassatorische Entscheidung hinaus selbst nach eigenem billigem Ermessen den Spruch der Einigungsstelle zu ersetzen (*Kreutz* ZfA 1975, 83; vgl. auch *Jacobs* § 76 Rdn. 170 ff.).

Dem Fehlen einer tragfähigen dogmatischen Grundlage entsprachen Schwankungen, ja unerträgliche Widersprüchlichkeiten in der **Handhabung der Billigkeitskontrolle** durch die Senate des *BAG*. Die Analyse ergibt, dass das Gericht je länger je mehr in der Sache über die **Rechtskontrolle**, wie sie in der Literatur gefordert wird (vgl. *Kreutz* ZfA 1975, 65 [84]; *von Hoyningen-Huene* Billigkeit im Arbeitsrecht, S. 166; *Lieb* Arbeitsrecht, 8. Aufl., Rn. 119), nicht hinausgeht. Den **Maßstab** für die (allgemeine) Billigkeitskontrolle entnahm das *BAG* zunächst § 2 Abs. 1 (§ 49 Abs. 1 BetrVG 1952): Die Betriebspartner seien verpflichtet, die **Belegschaftsinteressen** einerseits und die **Betriebsinteressen** andererseits zu einem billigen Ausgleich zu bringen. Es komme nicht auf eine individuelle Interessenabwägung an; vielmehr sei am Maßstab von Treu und Glauben unter Berücksichtigung des Vertrauensschutzgedankens die Auswirkung der Regelung **auf alle Gruppen** unter den betroffenen Arbeitnehmern zu prüfen (*BAG* 30.01.1970 AP Nr. 142 zu § 242 BGB Ruhegehalt Bl. 7; 25.03.1971 AP Nr. 5 zu § 57 BetrVG Bl. 8; 11.06.1975 AP Nr. 1 zu § 77 BetrVG 1972 Auslegung Bl. 3). In zwei Entscheidungen vom 08.12.1981 (AP Nr. 1 zu § 1 BetrAVG Ablösung Bl. 4; AP Nr. 1 zu § 1 BetrAVG Unterstützungskassen Bl. 3 f.) hat der Dritte Senat dann erstmals zwischen **abstrakter und konkreter Billigkeitskontrolle** bei solchen Betriebsvereinbarungen unterschieden, die bereits bestehende Rechtspositionen zum Nachteil der Arbeitnehmer verschlechtern: Bei abstrakter Kontrolle sei an einem verallgemeinernden Maßstab zu messen, ob das Regelungsziel und die Mittel, mit denen es erreicht werden soll, die Grundsätze der Billigkeit beachten. Sei die Neuregelung insgesamt nicht zu beanstanden, so könne geprüft werden, ob die Regelung im Einzelfall unbillige Wirkungen entfaltet. Eine solche Kontrolle füge der wirksamen Betriebsvereinbarung gleichsam nur eine

§ 77   IV. 1. Allgemeines

Härteklausel hinzu. Im Gegensatz dazu hat der Erste Senat im gleichen Jahr die abstrakte Billigkeitskontrolle zum Sozialplanrecht praktisch aufgegeben und entschieden, dass sich die Kontrolle, jedenfalls im Individualprozess, nicht auf die Angemessenheit der finanziellen Gesamtausstattung eines Sozialplans beziehen könne. Es sei nur zu prüfen, »ob die Regelung in sich der Billigkeit entspricht oder ob einzelne Arbeitnehmer oder Gruppen von ihnen in unbilliger Weise benachteiligt werden« (*BAG* AP Nr. 11 Bl. 4 R, Nr. 14 Bl. 2 R, Nr. 21 Bl. 2 R zu § 112 BetrVG 1972; 26.07.1988 EzA § 112 BetrVG 1972 Nr. 43 S. 6; 01.12.1992 EzA § 77 BetrVG 1972 Nr. 50 S. 8; ebenso der Sechste Senat 25.04.1991 EzA § 611 BGB Gratifikation, Prämie Nr. 85 S. 10). *Löwisch* (SAE 1985, 325) und *Konzen* (Anm. *BAG* AP Nr. 21 zu § 112 BetrVG 1972 Bl. 6 R) haben zu Recht darauf aufmerksam gemacht, dass damit die Billigkeitsprüfung auf die Prüfung der **Verletzung des Gleichbehandlungsgrundsatzes** hinausläuft; diese ist jedoch unstr. Rechtskontrolle (s. Rdn. 330; *Kreutz/Jacobs* § 75 Rdn. 36, 38 ff.), von der Erste Senat seit 1988 auch spricht (im Anschluss an *Fitting/Auffarth/Kaiser/Heither* [bis 17. Aufl., § 77 Rn. 97] verstand dagegen der Zweite Senat [EzA § 620 BGB Altersgrenze Nr. 1 unter VI der Gründe] die Rspr. des Ersten Senats gerade im Gegenteil dahin, dass wegen der Natur der Betriebsvereinbarung als kollektiver Regelung nur eine abstrakte Billigkeitskontrolle der Norm als solcher in Betracht komme, nicht aber eine Überprüfung ihrer Auswirkung auf die einzelnen Arbeitsverhältnisse i. S. einer konkreten Billigkeitskontrolle; im Widerspruch dazu erwog der Zweite Senat jedoch die Einfügung einer Härteklausel i. S. d. konkreten Billigkeitskontrolle in der Rspr. des Dritten Senats). Auch der **GS** des **BAG** (16.09.1986 EzA § 77 BetrVG 1972 Nr. 17 [unter C II 5] = AP Nr. 17 zu § 77 BetrVG 1972) hat lediglich auf den (Rechts-)**Grundsatz der Verhältnismäßigkeit** als Prüfungsmaßstab abgestellt und die Bezeichnung »Billigkeitskontrolle« gänzlich vermieden. Die Ablösung allgemeiner Arbeitsbedingungen (in den Grenzen des kollektiven Günstigkeitsprinzips bei Sozialleistungen) und einer älteren Betriebsvereinbarung durch zeitlich nachfolgende Betriebsvereinbarung dürfe nur in den Grenzen von Recht und Billigkeit in Besitzstände der **einzelnen** Arbeitnehmer eingreifen. Alle Eingriffe müssten den Grundsatz der Verhältnismäßigkeit wahren; sie müssten am Zweck der Maßnahme gemessen geeignet, erforderlich und proportional sein. Dem sind der Dritte Senat (*BAG* 17.03.1987 AP Nr. 9 zu § 1 BetrAVG Ablösung Bl. 4; 21.01.1992 EzA § 1 BetrAVG Ablösung Nr. 8 S. 5; vgl. dazu näher und m. w. N. Rdn. 371, 372) und der Achte Senat (*BAG* 03.11.1987 EzA § 77 BetrVG 1972 Nr. 20 S. 9) gefolgt. Der lange Zeit für Bestand und Inhalt eines Sozialplans zuständige Zehnte Senat prüfte nur, ob ein Sozialplan gegen § 75, insbesondere gegen den Gleichbehandlungsgrundsatz verstößt (vgl. *BAG* EzA § 112 BetrVG 1972 Nr. 66, 70, 71, 73, 74, 75; 02.08.2006 EzA § 75 BetrVG 2001 Nr. 3 Rn. 19); ähnlich dann auch der Erste Senat bei Leistungsverteilungsregelungen, der den Gleichbehandlungsgrundsatz (aber nur) als wichtigsten Unterfall der nach § 75 Abs. 1 Satz 1 a. F. zu beachtenden Grundsätze von Recht und Billigkeit herausstellte (vgl. etwa *BAG* 29.10.2002 EzA § 112 BetrVG 2001 Nr. 4; 21.10.2003 EzA § 112 BetrVG 2001 Nr. 9; 22.03.2005 EzA § 75 BetrVG 2001 Nr. 2 S. 4). Vgl. auch die weiteren Nachweise Rdn. 402.

349 Mit der Grenzziehung nach dem Grundsatz der Verhältnismäßigkeit hat die Rspr. des *BAG* die frühere Billigkeitskontrolle von Betriebsvereinbarungen hinter sich gelassen und sich zur Rechtskontrolle bekannt. Und doch war dies zunächst noch kein schlüssiges Schrankenkonzept, weil die Verhältnismäßigkeitsprüfung im Interesse der regelungsbetroffenen Arbeitnehmer gleichsam frei schwebend und ohne tragfähige Basis erfolgte. Das hat sich jetzt geändert. Auf der Grundlage mittelbarer Grundrechtsbindung gem. § 75 Abs. 1 und § 75 Abs. 2 Satz 1 ist jetzt ein **Lösungskonzept** gefunden, das die Schrankenziehung stimmig dartun kann (vgl. dazu ausführlich Rdn. 333 ff.). Danach sind die Grundrechte als objektive Grundsatznormen »Grundsätze des Rechts«, die die Betriebspartner nach **§ 75 Abs. 1** zu beachten haben und in die sie deshalb durch Regelungen, die grundrechtlich geschützte Rechtspositionen der Arbeitnehmer einseitig belasten, nur unter Wahrung des Verhältnismäßigkeitsprinzips (als grundrechtstypischem Bindungsgrundsatz) eingreifen dürfen. Darüber hinaus sind die betriebsangehörigen Arbeitnehmer vor unverhältnismäßigen Eingriffen durch Betriebsvereinbarung in privatrechtlich anerkannte (aus grundrechtlichen Wertentscheidungen hergeleitete) Persönlichkeitsrechte speziell nach **§ 75 Abs. 2 Satz 1** geschützt. Im Zuge dieser Entwicklung ist die gerichtliche Billigkeitskontrolle vom Ersten Senat des *BAG* endgültig (wenn auch nicht ausdrücklich) aufgegeben worden (dies ausdrücklich bestätigend *Linsenmaier* RdA 2008, 1 [8 f.]; *I. Schmidt* FS *Kreutz*, S. 451 [460 f.]; *Linck* FS v. *Hoyningen-Huene*, S. 255 [265]). Jetzt besteht nur noch die Notwendigkeit, dass sich auch der Dritte Senat des *BAG* förmlich zu diesem Lösungskonzept bekennt (vgl. dazu Rdn. 372).

c) Individualschutz vor der Betriebsvereinbarung – frühere Lösungsvorschläge

W. Siebert kommt das Verdienst zu, das Problem des **Schutzes des einzelnen vor der Kollektivnorm** 350 (Tarifvertrag und Betriebsvereinbarung) aufgegriffen und die moderne Diskussion dieser Problematik angeregt zu haben (vgl. BB 1953, 241 ff.; *ders.* FS *Nipperdey*, 1955, S. 119 [128 ff.]). Es geht dabei darum, der Regelungsmacht der Betriebsvereinbarungsparteien im Interesse der regelungsunterworfenen einzelnen Arbeitnehmer mit einer allgemeingültigen, inhaltlich bestimmten Lösungsformel engere Grenzen zu ziehen, als sie sich über die Bindung an zwingendes staatliches Recht (einschließlich der Regelungssperre nach § 77 Abs. 3 Satz 1) ergeben; die Konsequenzen, die jetzt aus den Verpflichtungen der Betriebsparteien in § 75 Abs. 1 und Abs. 2 Satz 1 für den Individualschutz zu ziehen sind (vgl. Rdn. 333 ff.: »Individualschutz durch mittelbare Grundrechtsbindung«), waren damals noch nicht ausgelotet. Alle Lösungsvorschläge zielen auf eine Restriktion des als zu weit empfundenen Satzes, dass alles, was möglicher Inhalt des Arbeitsvertrages sein kann, auch durch Betriebsvereinbarung geregelt werden kann (so für den Tarifvertrag zuerst *Herschel* Tariffähigkeit und Tarifmacht, 1932, S. 45 ff.).

aa) Kollektivfreier Individualbereich?

Nach der Lehre *Sieberts* (vgl. die Nachweise Rdn. 350) ist der **Individualbereich** (die Individualsphäre) des Arbeitnehmers der **kollektiven Gestaltung** durch Betriebsvereinbarung (und Tarifvertrag) **entzogen**. Dieser wird von »ursprünglichen« und »gewordenen« Individualrechten gebildet. Erstere sollen nur in so losem Zusammenhang zum Arbeitsverhältnis stehen, dass ihre Unterwerfung unter den Kollektivwillen den Privatbereich des Arbeitnehmers ungebührlich einengen würde, was notfalls durch Interessenabwägung im Einzelfall zu bestimmen sei. Zu diesen Rechtspositionen zählt *Siebert* (FS *Nipperdey*, 1955, S. 119 [139 ff.]) vor allem die Entscheidungs- und Verfügungsbefugnis des Arbeitnehmers über seinen Arbeitslohn, seine Freizeit; Lohnabtretungs- und Nebenbeschäftigungsverbote sowie Lohnverwendungsvorschriften wären damit etwa unvereinbar. Zu den »gewordenen« Individualrechten rechnete er (S. 133 ff.) sämtliche Ansprüche, die zwar durch Kollektivnorm begründet sind, sich aber mit ihrer Entstehung aus dem unmittelbaren Zusammenhang mit dem Arbeitsprozess und dem Arbeitsverhältnis gelöst haben und dem Arbeitnehmer Mittel und Möglichkeiten für die private Lebensgestaltung liefern (wie vor allem die Ansprüche auf Lohn, Urlaub, Ruhegeld); deren Erlass, Herabsetzung oder Stundung durch Betriebsvereinbarung wäre daher unzulässig.

Der Lehre *Sieberts* **fehlt die eigentliche Begründung**. Sie argumentiert mit der erst noch (in jedem 352 Einzelfall) zu beweisenden Behauptung, dass Rechtspositionen des vorgegebenen, im einzelnen schwer abgrenzbaren Individualbereichs der Betriebsautonomie entzogen sind (vgl. zur Kritik je m. w. N. *Biedenkopf* Grenzen der Tarifautonomie, S. 227 ff., 252 ff.; *Kreutz* Betriebsautonomie, S. 5 f.; *Richardi* Kollektivgewalt und Individualwille, S. 336 ff.; *ders.* § 77 Rn. 98; *Säcker* Gruppenautonomie und Übermachtkontrolle im Arbeitsrecht, S. 426 ff.; *Travlos-Tzanetatos* Die Regelungsbefugnis der Betriebspartner, S. 86 ff.; *Siebert* in den praktischen Ergebnissen dagegen folgend *Galperin/Löwisch* § 77 Rn. 48 ff.; *von Hoyningen-Huene* Betriebsverfassungsrecht, § 11 III 5d; *ders.* DB 1984, Beil. Nr. 15, S. 1 [4]). Zu Recht ist *Siebert* jedoch der Gefahr einer Mediatisierung der Privatsphäre des Arbeitnehmers durch die Kollektivmächte entgegengetreten. Die **Persönlichkeitssphäre** der betriebsangehörigen Arbeitnehmer **zu schützen** ist indes jetzt (eingeführt durch BetrVG 1972) ausdrückliche **Pflicht** der Betriebspartner **nach § 75 Abs. 2 Satz 1**. Mit Blick auf die Lehre *Sieberts* wird die Bedeutung dieser Verpflichtung als **Schranke der Betriebsautonomie** unterstrichen (vgl. m. w. N. der jüngeren *BAG*-Rspr. und ihrer Schrankenkonzeption Rdn. 333 ff.; zu Einzelheiten *Kreutz/Jacobs* § 75 Rdn. 101 ff.; zust. *Brune* AR-Blattei SD 520 Rn. 326; vgl. auch *M. Hammer* Die betriebsverfassungsrechtliche Schutzpflicht für die Selbstbestimmungsfreiheit des Arbeitnehmers, der die Grenzen betrieblicher Rechtsetzungsmacht (zu eng) aus den Beschränkungen durch § 75 Abs. 2 Satz 1 herleitet), auch wenn sich die von *Siebert* mit der Kategorie der »gewordenen« Individualrechte erarbeiteten Ergebnisse so nicht rechtfertigen lassen (vgl. auch *Rüthers/Bakker* Anm. EzA § 77 BetrVG 1972 Nr. 26 S. 25 f.).

Mit der Lehre vom kollektivfreien Individualbereich ist zugleich die damit eng verbundene Auffassung 353 abzulehnen, die Regelungsbefugnis der Betriebspartner sei auf den **unmittelbaren Inhalt** des Arbeitsverhältnisses (die unmittelbaren Lohn- und Arbeitsbedingungen) beschränkt (so *BAG* 20.12.1957

§ 77   IV. 1. Allgemeines

AP Nr. 1 zu § 399 BGB = DB 1958, 489). Abgesehen von der Unschärfe dieses Kriteriums lässt sich diese Beschränkung deshalb nicht durchführen, weil die Arbeitsvertragsparteien durch ihre Regelung den unmittelbaren Bezug zum Arbeitsverhältnis aufgrund ihrer Vertragsfreiheit jederzeit herstellen können (*Kreutz* Betriebsautonomie, S. 6).

bb) Verbot von Individualnormen?

354   Eine Grenze der Regelungsbefugnis wird verbreitet darin gesehen, dass die Betriebsvereinbarung auf **generelle** (allgemeine, kollektive, gruppenbezogene) **Regelungen beschränkt** sein soll, dagegen **nicht zur konkret-individuellen Regelung** der Arbeitsverhältnisse einzelner Arbeitnehmer in Betracht komme (Verbot von Individualnormen). Unter den Vertretern dieser Ansicht ist str., ob die Regelung **abstrakt-generell** sein muss (so insb. *Säcker* Gruppenautonomie und Übermachtkontrolle im Arbeitsrecht, S. 346; *ders.* ZfA 1972, Sonderheft S. 41 [61 ff.]; *ders.* AR-Blattei, Betriebsvereinbarung I, C IV m. w. N.; weiter etwa auch *Birk* Die arbeitsrechtliche Leitungsmacht, S. 117; *Brecht* § 77 Rn. 13; *Dietz* § 52 Rn. 26, 81, 85; *Frauenkron* § 77 Rn. 17; obiter dictum etwa *BAG* 08.12.1981 AP Nr. 1 zu § 1 BetrAVG Ablösung Bl. 4; früher *BAG* 08.10.1956 AP Nr. 14 zu § 56 BetrVG) oder ob es genügt, dass sie generell ist, auch wenn der geregelte Sachverhalt konkret fixiert ist (**generell-konkrete Regelung**), z. B. bei einmaliger Arbeitszeitverlegung, einmaliger Zuwendung aus Anlass eines Betriebsjubiläums, Festlegung von Feierschichten zwischen Weihnachten und Neujahr für ein bestimmtes Jahr (so die überwiegende Meinung; vgl. *Thiele* Drittbearbeitung, § 77 Rn. 57; *Eickelberg* Probleme der Betriebsvereinbarung über Arbeitsentgelt und sonstige Arbeitsbedingungen nach dem BetrVG 1972, S. 39 ff.; *Hilger* Verhandlungen zum 43. DJT, Bd. II, Teil F, S. 5 [14 ff.]; *Karakatsanis* Die kollektivrechtliche Gestaltung des Arbeitsverhältnisses und ihre Grenzen, S. 34 ff.; *Neumann-Duesberg* S. 352 f.; *Nikisch* III, S. 262; wohl auch, jedenfalls gegen die Zulässigkeit konkret-individueller Regelungen *Biberacher* Betriebliche Rechtssetzungsmacht, S. 93 ff.; *Fitting/Auffarth/Kaiser/Heither* 17. Aufl., § 77 Rn. 90 f.; *Stege/Weinspach/Schiefer* § 77 Rn. 23). Strittig ist dabei weiterhin die für beide Ansichten maßgebliche **Abgrenzung** zwischen **genereller und individuell-konkreter** Regelung, auch wenn man sich im Ergebnis einig ist, dass die Regelung nicht die gesamte Belegschaft erfassen muss, sondern schon »kollektive«, »gruppenbezogene« Sachverhalte geregelt werden können und dabei die Zahl der betroffenen Arbeitnehmer (quantitativer Maßstab) nicht (oder höchstens als Indiz) maßgeblich ist (**a. M.** früher *BAG* 31.01.1969 AP Nr. 5 zu § 56 BetrVG Entlohnung; *Galperin/Siebert* vor § 56 Rn. 8, 9; zust. *Löwisch* AuR 1978, 101). Zweifelhaft ist aber vor allem, ob die Präzisierung des Gegensatzpaares ein Definitionsproblem ist (so *Säcker* Gruppenautonomie und Übermachtkontrolle im Arbeitsrecht, S. 99, der dabei auf die Abgrenzung im öffentlichen Recht zwischen Verwaltungsakt und Allgemeinregelung anknüpft), oder ob der Gruppen- oder Kollektivbegriff **inhaltlich-qualitativ** festzulegen ist und wenn ja, wie (so *Hilger*, *Karakatsanis*, *Eickelberg* mit unterschiedlichen Umschreibungen); auch das *BAG* grenzt die mitbestimmungsfreien Individualmaßnahmen von kollektiven Mitbestimmungstatbeständen bei § 87 Abs. 1 qualitativ etwa ab; vgl. etwa *BAG* AP Nr. 3, 6, 7, 18, 21, 33, 41 zu § 87 BetrVG 1972 Arbeitszeit; vgl. auch *Wiese* § 87 Rdn. 15 ff.). Die Schwierigkeit der Abgrenzungsproblematik (vgl. dazu auch *Dietz/Richardi* § 77 Rn. 70) erledigt sich jedoch dadurch, dass ein Verbot von Individualnormen nicht begründet ist.

355   Diese (Generalitäts-)Lehre **findet im Gesetz keine Stütze**. Es gibt keinen Satz des Inhalts, dass die unmittelbare und zwingende Wirkung der Betriebsvereinbarung (§ 77 Abs. 4 Satz 1) nur generellen Regelungen vorbehalten ist. Auch **konkret-individuelle Regelungen** sind **möglich** (ebenso *Däubler* AuR 1984, 1 [5 f.]; *Galperin/Löwisch* § 77 Rn. 28, anders Rn. 47a; *Hueck/Nipperdey* II/2, S. 1261; *Kreutz* Betriebsautonomie, S. 228 ff.; *Nause* Die Grenzen der Regelungsbefugnis von Arbeitgeber und Betriebsrat gegenüber den einzelnen Arbeitnehmer beim Abschluss von Betriebsvereinbarungen, S. 19 ff.; *Richardi* Kollektivgewalt und Individualwille, S. 339 ff.; *ders.* § 77 Rn. 95 f.; *Waltermann* Rechtsetzung durch Betriebsvereinbarung, S. 239 ff.; vgl. auch *Löwisch* AuR 1978, 101, der jedoch die Möglichkeit der Einzelfallregelung zu eng an den Umfang der Mitbestimmung nach § 87 Abs. 1 koppelt).

356   Die Gegenauffassung lässt sich überzeugend weder auf die Natur (so *Fitting/Auffarth/Kaiser/Heither* 17. Aufl., § 77 Rn. 90) noch die Ordnungsfunktion der Betriebsvereinbarung (so *Hilger* Verhandlungen zum 43. DJT, Bd. II, Teil F, S. 5 [15 f.]; *Karakatsanis* Die kollektivrechtliche Gestaltung des Arbeits-

verhältnisses und ihre Grenzen, S. 34), noch auf ihren Rechtsnormcharakter (so *Karakatsanis*, S. 104; *Biberacher* Betriebliche Rechtssetzungsmacht, S 94 ff.) stützen, weil die Betriebsvereinbarung privatheteronomes Rechtsgeschäft ist (vgl. Rdn. 250) und darüber hinaus selbst im Verfassungsrecht (Art. 19 Abs. 1 GG) kein generelles Verbot von Einzelfallgesetzen besteht (vgl. *BVerfGE* 25, 271 [396]; 36, 383 [400]). Auch aus dem einseitig-zwingenden Charakter der Kollektivnorm lässt sich das Verbot von Individualnormen nicht herleiten. Die These (*Säcker* wie Rdn. 354), dass die Regelungen der Betriebsvereinbarungen »nach unten hin ein Niveau allgemeiner und gleicher Mindestarbeitsbedingungen« sichern sollen, ist unbegründet geblieben. Auch Einzelfallregelungen können ein Mindestniveau sichern, von dem nach Maßgabe des Günstigkeitsprinzips einzelvertraglich abgewichen werden kann; die Spezialität des Günstigkeitsprinzips steht nicht in notwendigem Gegensatz zur Generalität der Mindestarbeitsbedingungen (*Kreutz* Betriebsautonomie, S. 232; zust. *Nause* [wie Rdn. 355] S. 24 ff.). Auch ist die Betriebsvereinbarung nicht wegen ihres Inhalts kollektivrechtliches Gestaltungsmittel, sondern wegen der Beteiligung des Betriebsrats als Repräsentant der Belegschaft als Kollektiv. Schließlich ist zu betonen, dass sich aus der Lehre von den mitbestimmungsfreien Individualmaßnahmen zu § 87 Abs. 1 (vgl. dazu *Wiese* § 87 Rdn. 15 ff.) keine Rückschlüsse auf die Grenzen der Betriebsautonomie ziehen lassen und umgekehrt; freiwillige Betriebsvereinbarungen bleiben unberührt, wo Mitbestimmungsrechte fehlen.

Konkret-individueller Gestaltung einzelner Arbeitsverhältnisse setzt insbesondere der **Grundsatz der Gleichbehandlung**, an den die Betriebspartner nach § 75 Abs. 1 gebunden sind (vgl. Rdn. 330 und näher *Kreutz / Jacobs* § 75 Rdn. 36, 38 ff.), Grenzen. Keineswegs stellt aber jede »individualbezogene Bevorzugung oder Benachteiligung« einzelner Arbeitnehmer durch Betriebsvereinbarung bereits einen Verstoß gegen das Gleichbehandlungsgebot dar (**a. M.** offenbar *Säcker* AR-Blattei, Betriebsvereinbarung I, C 4); auf die Prüfung der Willkürlichkeit bzw. Unsachlichkeit im Einzelfall ist ebenso wenig zu verzichten wie auf die Bestimmung der Rechtsfolgen einer Verletzung des Grundsatzes der Gleichbehandlung nach den Konstellationen des Einzelfalles (vgl. auch *Richardi* § 77 Rn. 96). 357

cc) Begrenzung der Betriebsautonomie durch den Schutzzweck der Betriebsvereinbarung

In der Literatur ist die Auffassung entwickelt worden, dass die Betriebsautonomie **durch den Schutzzweck der Betriebsvereinbarung eingeschränkt** ist. Zuerst hat *Canaris* (AuR 1966, 129 ff.) ausgehend vom Nebeneinander einer Schutz- und Ordnungsfunktion der Betriebsvereinbarung und anknüpfend an den Unterschied von formellen und materiellen Arbeitsbedingungen angenommen, dass der Schutzfunktion im Bereich der materiellen Arbeitsbedingungen Vorrang zukommt, während umgekehrt bei der Regelung formeller Arbeitsbedingungen die Ordnungsfunktion vorgeht. Er hat daraus den Schluss gezogen, dass eine Betriebsvereinbarung, die Arbeitnehmer **ausschließlich belastet**, bei formellen Arbeitsbedingungen grundsätzlich zulässig, im Rahmen **materieller Arbeitsbedingungen** dagegen grundsätzlich **unzulässig** sei; eine Ausnahme bestehe, wenn die Betriebsvereinbarung zur Abwehr eines betrieblichen Notstandes über eine Konkretisierung der Treuepflicht nicht wesentlich hinausgehe. 358

Nach *Kreutz* (Betriebsautonomie, Schlussbetrachtung, S. 246 ff.) ist **alleiniger Zweck** der Betriebsvereinbarung **der Schutz** der regelungsbetroffenen Arbeitnehmer zur Kompensation ihrer Schutzbedürftigkeit, die bei der Regelung derselben Arbeitsbedingungen mittels Arbeitsvertrages (sog. materielle Arbeitsbedingungen) oder Direktionsrechts (sog. formelle Arbeitsbedingungen) besteht; ein Ordnungszweck der Betriebsvereinbarung ist entgegen der h. M. in einer offenen, methodenehrlichen Zweckermittlung nicht zu verifizieren. Bei der Regelung formeller Arbeitsbedingungen, bei der die Schutzbedürftigkeit der Arbeitnehmer aus der Alleinbestimmungsmacht des Arbeitgebers mittels Direktionsrechts folgt, verwirklicht sich der Schutzzweck durch vertraglich-einvernehmliche Gestaltung als solche. In diesen Fällen wirkt das Einverständnis des Betriebsrats als Filter betriebsegoistischen Wollens des Arbeitgebers, so dass es für die Zweckwahrung ohne Bedeutung ist, ob es sich um eine Betriebsvereinbarung zugunsten oder zuungunsten der Arbeitnehmer handelt (im Ergebnis ist das auch nach anderen Ansätzen zur Begrenzung der Betriebsautonomie nicht streitig). Bei materiellen Arbeitsbedingungen führt der Schutzzweck der Betriebsvereinbarung, nämlich die Vertragsimparität zwischen Arbeitgeber und einzelnem Arbeitnehmer durch Einschaltung des Betriebsrats als Sachwal- 359 ter der Arbeitnehmerbelange auszugleichen, nach *Kreutz* zu einer allgemeingültigen, wesentlichen Begrenzung der Betriebsautonomie: Eine **Betriebsvereinbarung über materielle Arbeitsbedingungen** ist wegen Zweckverfehlung **unwirksam**, wenn die Regelung die betroffenen Arbeitnehmer **ausschließlich belastet** (zum Günstigkeitsvergleich vgl. entsprechend Rdn. 269 ff.). Eine **Ausnahme** gilt, wenn eine jüngere Betriebsvereinbarung eine ältere für Arbeitnehmer günstigere Betriebsvereinbarung (verschlechternd) ablöst; denn grundsätzlich ist jede Regelung durch actus contrarius aufhebbar (**Ablösungsprinzip**).

360 Die Lehre von der Reduktion der Betriebsautonomie (Regelungsmacht) durch den Schutzzweck der Betriebsvereinbarung wurde als **Grundkonzeption** entwickelt, mit der die nur kasuistische, rechtsunsichere Behandlung des Spannungsverhältnisses zwischen Individuum und Kollektiv durch die damals h. L. und Rspr. überwunden werden kann (*Kreutz* Betriebsautonomie, 1979, S. 1, 7 f.). Insbesondere die Diskussion über die Zulässigkeit verschlechternder Betriebsvereinbarungen seit 1982 (vgl. näher Rdn. 282 ff.) hat jedoch deutlich gemacht, dass mit Blick auf die angestrebte Allgemeingültigkeit der Lösungsformel nicht alle Fallkonstellationen berücksichtigt wurden, bei denen es ausnahmsweise zu einer Regelung **materieller Arbeitsbedingungen auch zuungunsten der Arbeitnehmer** durch Betriebsvereinbarung kommen kann. Dies ist nicht nur bei der Ablösung einer älteren durch eine jüngere Betriebsvereinbarung der Fall (vgl. schon Rdn. 359), sondern auch dann, wenn individualrechtliche Rechtspositionen »**betriebsvereinbarungsoffen**« (d. h. unter Vorbehalt einer künftigen Abänderung durch Betriebsvereinbarung) begründet wurden oder wenn wegen **Wegfalls der Geschäftsgrundlage** dem Arbeitgeber ein Festhalten an der bisherigen Vertragsregelung nicht mehr zugemutet werden kann. Zu Recht hat der GS des *BAG* insoweit für Sozialleistungen anerkannt, dass eine Leistungsanpassung (unter Wahrung des dabei gegebenen Mitbestimmungsrechts des Betriebsrats nach § 87 Abs. 1 Nr. 10 zum neuen Leistungsplan) auch durch Betriebsvereinbarung (nicht nur durch Regelungsabrede) erfolgen kann (16.09.1986 EzA § 77 BetrVG 1972 Nr. 17 [unter C IV 3] = AP Nr. 17 zu § 77 BetrVG 1972; vgl. dazu auch Rdn. 289 ff., 298 ff.). Da bei Wegfall der Geschäftsgrundlage die Verschlechterung materieller Arbeitsbedingungen im Ergebnis auch durch den Arbeitgeber allein bewirkt werden könnte, aktualisiert sich Arbeitnehmerschutz durch die Betriebsvereinbarung (wie bei formellen Arbeitsbedingungen) schon durch die einvernehmliche Entscheidungsfindung zwischen Arbeitgeber und Betriebsrat (so zutr. schon *Coester* BB 1984, 797 [802]). Entsprechendes gilt bei nachteiliger Gestaltung in Fällen eines (sonstigen) wirksamen Widerrufsrechts des Arbeitgebers (vgl. auch Rdn. 367 f.) sowie in betriebsvereinbarungsoffenen Regelungsangelegenheiten.

361 Eine Betriebsvereinbarung kann **zugleich** nach der aus dem **Schutzzweck** der Betriebsvereinbarung abgeleiteten Begrenzungsformel (»eine Betriebsvereinbarung, die materielle Arbeitsbedingungen ausschließlich zuungunsten der Arbeitnehmer gestaltet, ist unwirksam«) und wegen **Verstoßes gegen höherrangiges Recht**, insbesondere wegen Verstoßes gegen die Bindungen nach § **75 Abs. 1 und 2** (vgl. Rdn. 333 ff.) unwirksam sein oder wegen des Günstigkeitsprinzips (s. Rdn. 262, 264) keine Geltungswirkung entfalten. Diese Innenschranken stehen jedoch (kumulativ) nebeneinander, müssen also nicht zu übereinstimmenden Ergebnissen gelangen. So bleibt die Rechtskontrolle unberührt, wenn eine Betriebsvereinbarung schutzzweckkonform ist, insbesondere bei formellen Arbeitsbedingungen (vgl. zur Abgrenzung Rdn. 359). Andererseits tritt die eigenständig-tragende Bedeutung der Schutzzwecklehre zurück, wenn schon zwingendes höherrangiges Recht inhaltliche Wirksamkeitsgrenzen setzt; denn im Ansatz will die Schutzzwecklehre der Betriebsautonomie bewusst engere Grenzen ziehen als sie sich schon aus jenem ergeben. Dabei können sich auch Weiterentwicklungen auswirken. Das gilt jetzt namentlich für die Schrankenziehung, zu der die jüngere Rspr. des *BAG* über die aus § 75 Abs. 1 und 2 hergeleitete mittelbare Grundrechtsbindung der Betriebsparteien, vor allem auch im Hinblick auf die allgemeine Handlungsfreiheit und das allgemeine Persönlichkeitsrecht der Arbeitnehmer gefunden hat; danach sind Regelungen einer Betriebsvereinbarung, die solche Grundrechtspositionen von Arbeitnehmern beschränken, unwirksam, wenn sie einer Überprüfung am Grundsatz der Verhältnismäßigkeit nicht Stand halten (vgl. m. w. N. Rdn. 333 ff.). Auf übereinstimmende Ergebnisse nach der Schutzzwecklehre kommt es insoweit nicht mehr an, obwohl das gerade bei einer Betriebsvereinbarung über materielle Arbeitsbedingungen, die Arbeitnehmer ausschließlich belastet, grundsätzlich der Fall ist. So führt z. B. nach der Entscheidung des GS (*BAG* 16.09.1986 EzA § 77 BetrVG 1972 Nr. 17 = AP Nr. 17 zu § 77 BetrVG 1972) jetzt auch nach der

Durchführung gemeinsamer Beschlüsse, Betriebsvereinbarungen § 77

Rspr. bereits die Geltung des Günstigkeitsprinzips dazu, dass Sozialleistungsansprüche der Arbeitnehmer, die auf vertragliche Einheitsregelung, Gesamtzusage oder betriebliche Übung zurückgehen, durch nachfolgende (insgesamt verschlechternde) Betriebsvereinbarung nicht wirksam abgelöst werden können (s. Rdn. 289), sofern der Arbeitgeber nicht wegen Betriebsvereinbarungsoffenheit (s. Rdn. 298 ff.) oder Wegfalls der Geschäftsgrundlage (s. Rdn. 291) eine Abänderung verlangen kann. Die Schutzzwecklehre kommt zu entsprechendem Ergebnis (vgl. *Kreutz* Betriebsautonomie, S. 250 und Rdn. 360). Übereinstimmend mit der Schutzzwecklehre hat der Erste Senat des *BAG* aus der Geltung des Günstigkeitsprinzips als Regelungsschranke im Verhältnis von vertraglicher Vereinbarung zur Betriebsvereinbarung abgeleitet, dass (freiwillige) Betriebsvereinbarungen unwirksam sind, »durch die materielle Arbeitsbedingungen ausschließlich zuungunsten der Arbeitnehmer gestaltet werden« (Urteil vom 01.12.1992 AP Nr. 20 zu § 87 BetrVG 1972 Ordnung des Betriebes = EzA § 87 BetrVG 1972 Betriebliche Ordnung Nr. 20 S. 7, Zitat aber unvollständig abgedruckt [zust. *von Hoyningen-Huene*] = SAE 1994, 316 [im Ergebnis zust. *Ch. Weber*]). Umgekehrt ist z. B. eine Betriebsvereinbarung über formelle Arbeitsbedingungen jederzeit schutzzweckkonform, muss sich aber etwa am Grundsatz der Gleichbehandlung (vgl. dazu *Kreutz/Jacobs* § 75 Rdn. 36, 38 ff.) oder am Verhältnismäßigkeitsprinzip messen lassen (z. B. wenn die Festlegung einer Torkontrolle oder eines Rauchverbots in die freie Entfaltung der Persönlichkeit der Arbeitnehmer eingreift; vgl. auch Rdn. 333, 349).

Über die differenzierten Begrenzungen der Schutzzwecklehre und den aus höherrangigem Recht herzuleitenden Binnenschranken der Betriebsautonomie hinaus ist der (lange weithin vertretene) **allgemeine Satz unbegründet und unrichtig** (und wird auch nicht konsequent ernst genommen), dass Regelungen in Betriebsvereinbarungen unwirksam sind, die **ausschließlich in einer Belastung** der Arbeitnehmer bestehen (so aber früher *BAG* 05.03.1959 AP Nr. 26 zu § 611 BGB Fürsorgepflicht; *Brune* AR-Blattei SD 520 Rn. 353; *Fitting* bis 22. Aufl., § 77 Rn. 66; *Kühn* Nachteiligkeit als Schranke der Betriebsautonomie, S. 125, 150, der wegen angeblich fehlender Legitimation der Betriebsparteien »arbeitnehmernachteilige Regelungen« pauschal für unzulässig und unwirksam hält; *Neumann-Duesberg* S. 371 Fn. 102; *Ramm* JZ 1964, 546 [555]; *Preis/WPK* § 77 Rn. 27; *Richardi* § 77 Rn. 111; *Rüthers* in: *Rüthers/Boldt* Zwei arbeitsrechtliche Vorträge, S. 7 [29 f.]; *Säcker* Gruppenautonomie und Übermachtkontrolle im Arbeitsrecht, S. 454 f.; *Stege/Weinspach/Schiefer* § 77 Rn. 24; gänzlich, auch eine Begrenzung nach dem Schutzzweck der Betriebsvereinbarung ablehnend. etwa *Thiele* Drittbearbeitung, § 77 Rn. 85; *Matthes/*MünchArbR § 238 Rn. 50; *Nause* Die Grenzen der Regelungsbefugnis von Arbeitgeber und Betriebsrat gegenüber dem einzelnen Arbeitnehmer beim Abschluss von Betriebsvereinbarungen, S. 26 ff., 106; vgl. auch *Hess/Schlochauer/Glaubitz* § 77 Rn. 35 f., die beispielhaft aber nur formelle Arbeitsbedingungen nennen [wie Torkontrolle, Rauch- und Alkoholverbote], die unstr. auch zuungunsten der Arbeitnehmer geregelt werden können; **wie hier differenzierend** *Söllner* Arbeitsrecht, 12. Aufl., § 22 III 2; *ders.* Anm. zu *BAG* vom 09.05.1984 EzA § 1 LohnFG Nr. 71; im Ergebnis auch *BAG* vom 01.12.1992 EzA § 87 BetrVG 1972 Betriebliche Ordnung Nr. 20 [zust. *von Hoyningen-Huene*] = SAE 1994, 316 [insoweit zust. *Ch. Weber*]; vgl. auch *Hromadka/Maschmann* Arbeitsrecht 2, § 16 Rn. 395 f.; zu ähnlichen Ergebnissen wie hier gelangt unter Ablehnung der Schutzzwecklehre *Reichold* Betriebsverfassung als Sozialprivatrecht, S. 487 ff., 534, der die Betriebsverfassung »vertragsrechtsakzessorisch« zu erklären sucht und von daher »Innenschranken« der Betriebsautonomie im »Kernbereich« der individuellen Vertragsbeziehung [Art und Dauer der Arbeitsleistung, Höhe des Entgelts] herleitet, der grundsätzlich vertraglicher Festlegung überlassen bleibt und durch das Günstigkeitsprinzip gesichert wird; ähnlich *Franzen* NZA 2006, Beil. 3, S. 107 [109 ff.]; auch *Waltermann* Rechtsetzung durch Betriebsvereinbarung, kommt bei Ablehnung der Schutzzwecklehre [S. 163 ff.] in wichtigen Fallgestaltungen zu übereinstimmenden Ergebnissen, weil nach seiner Konzeption belastende Betriebsvereinbarungen rechtswidrig sind, die ohne hinreichende parlamentsgesetzliche Ermächtigungsgrundlage in Grundrechtspositionen der Arbeitnehmer eingreifen [S. 142 ff., 185]; mit *Waltermann* in der Lehre vom Vorbehalt des Gesetzes übereinstimmend, in den Ergebnissen gleichwohl radikaler *Müller-Franken* Die Befugnis zu Eingriffen in die Rechtsstellung des einzelnen durch Betriebsvereinbarung, S. 217 ff., 345 ff., der mangels jeglicher Eingriffsgrundlage [abgelehnt werden § 77 Abs. 4 Satz 1, § 77 Abs. 3, §§ 88 und 87] jeden Eingriff in grundrechtliche Freiheitsbereiche durch Betriebsvereinbarung für unwirksam hält, sofern dafür nicht eine individualrechtliche Grundlage [Stichwort: Betriebsvereinbarungsoffenheit] besteht). Zutr. (vgl. Rdn. 252) betont demgegenüber der Erste Senat des *BAG* (12.12.2006 EzA § 88 BetrVG 2001 Nr. 1

362

Rn. 13; ebenso *Linsenmaier* RdA 2008, 1 [6 ff.]), dass verfassungsrechtliche Anforderungen auch Regelungen durch Betriebsvereinbarung nicht entgegenstehen, welche die Arbeitnehmer belasten, und zwar unabhängig davon, ob sie erzwingbarer Mitbestimmung unterliegen oder nicht. Alles Weitere ist eine Frage von Binnenschranken. Vgl. zu einem Gesetzesvorschlag, der in eng umschriebenen Grenzen auch Regelungen ausschließlich zuungunsten der Arbeitnehmer zulassen will, *Hromadka* NZA 1996, 1233 (1239). Vgl. zur (verfehlten) Begrenzung der Betriebsautonomie durch **Beschränkungen des Regelungsgegenstandes** der Betriebsvereinbarung auch Rdn. 94.

d) Problematische Einzelfälle

363 Die Innenschranken der Betriebsautonomie haben sich in einer Reihe von Fallgestaltungen zu bewähren, die Rspr. und Literatur immer wieder beschäftigt haben, aber nach wie vor kontrovers beurteilt werden (vgl. auch die Übersichten bei *Brune* AR-Blattei SD 520, Rn. 327 ff.; *Fitting* § 77 Rn. 55 ff.; *Galperin/Löwisch* § 77 Rn. 46 ff.; *Richardi* § 77 Rn. 103 ff.; *Worzalla/HWGNRH* § 77 Rn. 64 ff.).

aa) Verschlechterung von Ansprüchen und Anwartschaften

364 **(1)** In bereits (entstandene) **fällige Ansprüche** der Arbeitnehmer (z. B. auf Lohn = »Lohnrückstände«, Urlaub, Gratifikation, Ruhegeld u. ä.) kann eine Betriebsvereinbarung grundsätzlich nicht durch **Erlass, Herabsetzung oder Stundung** eingreifen. Das wird im Ergebnis zu Recht vielfach betont (vgl. etwa *Berg/DKKW* § 77 Rn. 83; *Brune* AR-Blattei SD 520, Rn. 375; *Fitting* § 77 Rn. 60; *Galperin/Löwisch* § 77 Rn. 50; *Richardi* § 77 Rn. 121; *Säcker* AR-Blattei, Betriebsvereinbarung III, B 2; *Thiele* Drittbearbeitung, § 77 Rn. 80 m. w. N.; *Worzalla/HWGNRH* § 77 Rn. 72), bedarf jedoch differenzierter **Begründung nach der Rechtsgrundlage des jeweiligen Anspruchs** (so jetzt auch *Fitting* § 77 Rn. 60; *Preis/WPK* § 77 Rn. 29; *Worzalla/HWGNRH* § 77 Rn. 84). Für **gesetzliche** Ansprüche gilt das Unabdingbarkeitsprinzip. **Tarifliche** Ansprüche sind allgemein nach § 4 Abs. 4 Satz 1 TVG, § 77 Abs. 3 der Regelungsmacht der Betriebspartner entzogen. Ansprüche, die auf **arbeitsvertraglicher** Grundlage entstanden sind, werden durch das Günstigkeitsprinzip (vgl. Rdn. 260 ff.) und den Schutzzweck der Betriebsvereinbarung bei materiellen Arbeitsbedingungen (vgl. Rdn. 358 ff.) gesichert. Dabei spielt es keine Rolle, ob die Ansprüche auf Individualabreden beruhen oder auf vertragliche Einheitsregelung, Gesamtzusage oder betriebliche Übung zurückgehen, weil es sich bei Entzug, Kürzung oder Stundung fälliger Ansprüche immer um die Kategorie der insgesamt verschlechternden Betriebsvereinbarung handelt, für die grundsätzlich das individuelle Günstigkeitsprinzip gilt (vgl. Rdn. 284, 288). Sind Ansprüche **durch Betriebsvereinbarung** begründet worden, so stehen das Günstigkeitsprinzip und der Schutzzweck der Betriebsvereinbarung einer Herabsetzung oder Stundung durch neue Betriebsvereinbarung nicht entgegen (vgl. Rdn. 360, 401). In diesem Fall ergeben sich die Regelungsgrenzen für Eingriffe in eigentumsähnliche, nach Art. 14 Abs. 1 GG geschützte Vermögenspositionen der Arbeitnehmer jedoch aus dem Schrankenkonzept mittelbarer Grundrechtsbindung mit dem Verhältnismäßigkeitsprinzip als Bindungsprinzip **nach § 75 Abs. 1** (vgl. ausführlich Rdn. 333 ff.), das regelmäßig nur dann gewahrt sein wird, wenn die Maßnahme geeignet und erforderlich (z. B. Stundung vor Kürzung und Totalentzug) ist, eine wirtschaftliche Notlage des Arbeitgebers in für die Arbeitnehmer zumutbarer Weise zu sanieren. Jedenfalls entfällt danach die Grenzziehung nach dem Verhältnismäßigkeitsprinzips nicht dadurch, dass einer neuen Betriebsvereinbarung **Rückwirkung** beigelegt wird, indem die Rechtsfolgen für die in der Vergangenheit liegenden Tatbestände durch Kürzungen neu bestimmt werden (vgl. Rdn. 217); eine solche Rückwirkung unterliegt nämlich ebenfalls dem Schrankenkonzept mittelbarer Grundrechtsbindung nach § 75 Abs. 1 (nach anderer Ansicht scheitert sie grundsätzlich am Grundsatz des Vertrauensschutzes (vgl. näher Rdn. 220 ff.). Ob überhaupt in fällige **Ruhegeldansprüche** eingegriffen werden kann, ist im Hinblick auf den zulässigen persönlichen Geltungsbereich der Betriebsvereinbarung zweifelhaft, aber zu bejahen (vgl. Rdn. 199 ff.).

365 Besonderheiten sind zu beachten, wenn **Ansprüche** schon entstanden, aber noch **nicht fällig** sind, und Arbeitnehmer deshalb eine bestimmte Leistung noch nicht verlangen können. Das gilt im Arbeitsverhältnis für alle Ansprüche, die nach Zeitabschnitten bemessen sind (vgl. § 614 BGB, z. B. Vergütung, Ruhegeld, Urlaub, sofern man hier nicht annimmt, dass sie befristet entstehen) oder für die eine Zeit für die Leistung bestimmt ist (§ 271 Abs. 2 BGB, z. B. Gratifikationszahlungen und Ju-

Durchführung gemeinsamer Beschlüsse, Betriebsvereinbarungen § 77

biläumszuwendungen). Praktisch ist in diesen Fällen ein Entzug oder eine Kürzung durch Betriebsvereinbarung dadurch zu bewerkstelligen, dass mit Wirkung für die Zukunft Anspruchsvoraussetzungen geändert oder Leistungen eingeschränkt werden; das Problem einer Rückwirkung stellt sich insoweit nicht. In Ansprüche aus **Gesetz, Tarifvertrag** und **Individualvereinbarung** kann auch auf diese Weise nicht eingegriffen werden (vgl. entsprechend Rdn. 364; z. B. ist die Einführung von **Feierschichten** zwischen Weihnachten und Neujahr unter Fortfall der Entlohnung [wenn Arbeitsvertrag oder Tarifvertrag keine Grundlage dafür abgeben] **unwirksam**; ebenso *Söllner* Anm. zu *BAG* 09.05.1984 EzA § 1 LohnFG Nr. 71 gegen *BAG*). Zu Eingriffen in individualrechtlich begründete Ruhegeldansprüche vgl. noch Rdn. 367. Soweit Ansprüche aufgrund **vertraglicher Einheitsregelung, Gesamtzusage** oder **betrieblicher Übung** entstanden sind, sind die Grundsätze maßgebend, die sich nach der Entscheidung des GS des *BAG* vom 16.09.1986 für die Beurteilung verschlechternder Betriebsvereinbarungen ergeben (vgl. näher Rdn. 282 ff.). Danach gilt auch insoweit grundsätzlich das Günstigkeitsprinzip (vgl. Rdn. 282, 285, 288); zu übereinstimmenden Ergebnissen gelangt die Lehre vom Schutzzweck der Betriebsvereinbarung bei materiellen Arbeitsbedingungen (vgl. Rdn. 359 ff.). Soweit danach ausnahmsweise Rechte durch Betriebsvereinbarung entzogen oder gekürzt werden können (vgl. Rdn. 289 ff., 360), kann dies nicht schrankenlos geschehen; vielmehr ist bei allen Eingriffen in grundrechtlich geschützte eigentumsähnliche Vermögenspositionen nach dem Schrankenkonzept mittelbarer Grundrechtsbindung **nach § 75 Abs. 1** der Grundsatz der Verhältnismäßigkeit zu wahren (vgl. ausführlich dazu Rdn. 333 ff.). Diese Schrankenziehung ist auch dann von maßgeblicher Bedeutung, wenn Ansprüche, die **auf Betriebsvereinbarung beruhen**, durch nachfolgende neue Betriebsvereinbarung entzogen oder gekürzt werden sollen (vgl. Rdn. 364). Bei **Versorgungsansprüchen**, die durch Betriebsvereinbarung begründet worden sind, stellt sich zusätzlich das Schrankenproblem, ob die neue Betriebsvereinbarung ihren persönlichen Geltungsbereich auf Ruhestandsverhältnisse erstrecken kann (str., aber zu bejahen; vgl. näher Rdn. 202 ff.). Würde man dies verneinen und (mit gewagter Konstruktion) zusätzlich mit dem *BAG* (Urteil vom 25.10.1988 EzA § 77 BetrVG 1972 Nr. 26 [abl. *Rüthers/Bakker*]; bestätigt durch *BAG* 13.05.1997 EzA § 77 BetrVG 1972 Ruhestand Nr. 1 S. 4) annehmen, dass sich ein Ruhegeldanspruch, der auf Betriebsvereinbarung beruht, mit dem Ausscheiden des Arbeitnehmers aus dem Betrieb (mit dem der Anspruch in der Regel erst entsteht) in einen selbständig-schuldrechtlichen Anspruch umwandelt, so wäre eine Abänderung gegen den Willen des Ruheständlers nur durch Widerruf des Versorgungsanspruchs wegen Wegfalls der Geschäftsgrundlage (bei planwidriger Überversorgung oder erheblichen Mehrbelastungen infolge wesentlicher und unerwarteter Änderung der Rechtslage) möglich (vgl. dazu Rdn. 367).

(2) Auch nur ausnahmsweise kann zuungunsten der Arbeitnehmer durch Betriebsvereinbarung eingegriffen werden, wenn Ansprüche zwar noch nicht entstanden sind, aber doch bereits schuldrechtliche **Anwartschaften** bzw. **Anwartschaftsrechte** auf künftigen Forderungserwerb bestehen, insbesondere bei aufschiebend bedingten Ansprüchen (die zwar begründet sind, aber erst mit Bedingungseintritt entstehen). Solche Anwartschaften sind vor allem bei **Ruhegeldregelungen** (»Betriebliche Altersversorgung« i. S. d. BetrAVG) bedeutsam. § 1b BetrAVG (ursprünglich § 1 BetrAVG) geht in Anlehnung an die frühere Rspr. des *BAG* zur Unverfallbarkeit von Versorgungszusagen (*BAG* 10.03.1972 AP Nr. 156 zu § 242 BGB Ruhegehalt Bl. 4 R) davon aus, dass die **Anwartschaft** (in der Regel) mit Erteilung der Versorgungszusage (Versorgungsvereinbarung) entsteht, der **Versorgungsanspruch** aber erst später mit Erfüllung meist mehrerer Bedingungen (im Falle der Altersversorgung insbesondere mit dem Eintritt des Versorgungsfalles, der »Erlebensbedingung«). Die Versorgungsanwartschaft ist eine Rechtsposition, deren Inhalt sich nach der Versorgungszusage richtet und die sich aufgrund geleisteter Betriebstreue sukzessive wertmäßig aufbaut; das wird besonders deutlich, wenn die Unverfallbarkeit nach § 1b BetrAVG eingetreten ist (und damit eine »Verbleibebedingung« [Verfallklausel] unwirksam geworden ist). Der Eintritt der Unverfallbarkeit verändert die Anwartschaft jedoch nicht qualitativ, sondern nur nach Maßgabe von § 2 BetrAVG quantitativ. Deshalb hängt es im dogmatischen Ansatz nicht vom Eintritt der Unverfallbarkeit ab, ob eine Betriebsvereinbarung Versorgungsanwartschaften einschränken oder beseitigen kann. **Maßgeblich** ist vielmehr, auf welcher **Rechtsgrundlage die Versorgungszusage beruht**, und ob diese zuungunsten der Arbeitnehmer durch Betriebsvereinbarung abgeändert werden kann (ausführlich zur Änderung und Aufhebung von Versorgungszusagen *Blomeyer/Rolfs/Otto* BetrAVG, Anh § 1 Rn. 448 ff.). Dies kommt in Betracht,

366

wenn die Versorgungszusage auf Arbeitsvertrag (Einzelvereinbarung, vertragliche Einheitsregelung, Gesamtzusage, betriebliche Übung) oder Betriebsvereinbarung beruht und gilt insoweit auch für die Einschränkung oder Aufhebung bereits entstandener, aber noch nicht fälliger Versorgungsansprüche der Ruheständler, soweit man nicht mit der früher h. M. annimmt, dass die Regelungskompetenz der Betriebspartner mit dem Ende des Arbeitsverhältnisses ihr Ende findet (vgl. Rdn. 199 ff.).

367 Bei **Einzelvereinbarung** (in der Praxis der Ausnahmefall) sind die **Versorgungsanwartschaften** durch das Günstigkeitsprinzip (ebenso *BAG* 08.12.1977 AP Nr. 177 zu § 242 BGB Ruhegehalt Bl. 2) und den Schutzzweck der Betriebsvereinbarung bei materiellen Arbeitsbedingungen (vgl. Rdn. 359) gesichert (sofern die Versorgungszusage nicht »betriebsvereinbarungsoffen« erfolgt ist). Ausnahmsweise kann eine Reduzierung oder gar Entziehung aber erfolgen, wenn der Arbeitgeber **zum Widerruf** der Versorgungszusage **berechtigt ist** und er diesen (insb. in Form einer Neuregelung) **durch Betriebsvereinbarung ausübt**. Das ist zulässig (ebenso *Blomeyer/Rolfs/Otto* BetrAVG, Anh. § 1 Rn. 539, anders wohl Rn. 490; das liegt auch in der Konsequenz der Entscheidung des *BAG GS* vom 16.09.1986 AP Nr. 17 zu § 77 BetrVG 1972 = EzA § 77 BetrVG 1972 Nr. 17 [unter C IV]; *BAG* 08.12.1977 AP Nr. 177 zu § 242 BGB Ruhegehalt Bl. 3 fordert zusätzlich eine Widerrufserklärung gegenüber dem Anwartschaftsberechtigten, die jedoch bereits in einem Hinweis auf die Neuregelung liegt) und bietet sich vor allem an, soweit der Betriebsrat beim Widerruf als Teil einer allgemeinen Lohnregelung über den Leistungsplan nach § 87 Abs. 1 Nr. 10 (bzw. Nr. 8 bei Pensionskassen, Pensionsfonds und Unterstützungskassen) mitzubestimmen hat (vgl. *BAG* 17.12.1980, 03.08.1982 AP Nr. 4, 12 zu § 87 BetrVG 1972 Lohngestaltung; *BAG* 26.04.1988 EzA § 87 BetrVG 1972 Altersversorgung Nr. 2; 09.05.1989 EzA § 87 BetrVG 1972 Altersversorgung Nr. 3; 10.03.1992 EzA § 87 BetrVG 1972 Altersversorgung Nr. 4; vgl. auch *BAG* 09.07.1985 EzA § 1 BetrAVG Nr. 37 S. 240, wo zu Recht darauf hingewiesen wird, dass aber auch eine Regelungsabrede in Betracht kommt), insbesondere bei bloßer Einschränkung der Versorgungszusage, ggf. auch für Übergangsregelungen bei Totalentzug.

368 Ob der Arbeitgeber ein (durch Betriebsvereinbarung ausgeübtes) **Widerrufsrecht** (Anpassungsrecht) hat, hängt nach der Rspr. des *BAG* nicht entscheidend von einem (wirksam vereinbarten) entsprechenden Vorbehalt ab (vgl. zu den in Betracht kommenden Widerrufsgründen *Blomeyer/Rolfs/Otto* BetrAVG Anh § 1 Rn. 486 ff.). Denn unabhängig davon hält das *BAG* den Arbeitgeber **nur wegen Wegfalls der Geschäftsgrundlage**, dann aber auch allgemein (ohne Vorbehalt, der nach der Rspr. nichts anderes zum Ausdruck bringt) für berechtigt, die Ruhegeldzusage einseitig zu reduzieren bzw. je nach den Umständen auch gänzlich zu widerrufen. Andererseits erfüllen die aus steuerrechtlichen Gründen in Versorgungszusagen enthaltenen allgemeinen und speziellen Widerrufsvorbehalte die Tatbestandsvoraussetzungen, die jetzt nach § 313 Abs. 1 und 2 BGB an die Störung (Wegfall) der Geschäftsgrundlage zu stellen sind, schon durch vielfach wörtliche Übereinstimmung (vgl. näher *Blomeyer/Rolfs/Otto* BetrAVG, Anh. § 1 Rn. 495 ff.). Ein Anpassungsrecht wegen Wegfalls der Geschäftsgrundlage kommt nach der Rechtsprechung insbesondere bei planwidriger Überversorgung als Fall der Zweckverfehlung und bei erheblichen Mehrbelastungen infolge ganz wesentlicher und unerwarteter Änderung der zugrunde gelegten Rechtslage in Betracht (vgl. etwa *BAG* 23.07.1997 EzA § 77 BetrVG 1972 Nr. 60; 28.07.1998 EzA § 1 BetrAVG Ablösung Nr. 18, 19), entgegen früherer Rechtsprechung (vgl. *BAG* 26.04.1988 EzA § 1 BetrAVG Geschäftsgrundlage Nr. 1; st. Rspr.) aber nicht mehr bei »wirtschaftlicher Notlage« des Arbeitgebers, auch nicht bei entsprechendem Notlagen-Widerrufsvorbehalt (vgl. *BAG* 17.06.2003 EzA § 7 BetrAVG Nr. 69; 31.07.2007 EzA § 7 BetrAVG Nr. 72 S. 8; das steht in Wertungsübereinstimmung damit, dass nach Aufhebung des § 7 Abs. 1 Satz 3 Nr. 5 BetrAVG a. F. zum 01.01.1999 »wirtschaftliche Notlage« kein Sicherungsfall mehr für den Träger der Insolvenzsicherung ist). Die strengen Widerrufsvoraussetzungen sollen nach der Rspr. des *BAG* grundsätzlich auch dann gelten, wenn **Versorgung durch eine Unterstützungskasse** zugesagt ist (vgl. *BAG* 23.04.1985 EzA § 1 BetrAVG Unterstützungskasse Nr. 1 S. 5 = AP Nr. 6 zu § 1 BetrAVG Unterstützungskassen [zust. *Schulin*]). Die dabei übliche Klausel »ohne Rechtsanspruch« (vgl. § 1b [ursprünglich § 1] Abs. 4 BetrAVG) wird vom *BAG* (seit *BAG* 17.05.1973 AP Nr. 6 zu § 242 BGB Ruhegehalt-Unterstützungskassen) unter Billigung des *BVerfG* (AP Nr. 2 [19.10.1983], 11 [14.01.1987], 12 [16.00.1987], 14 [24.02.1987] zu § 1 BetrAVG Unterstützungskassen) nur »als ein an sachliche Gründe gebundenes Widerrufsrecht« ausgelegt, das durch die genannten strengen An-

forderungen an den Wegfall der Geschäftsgrundlage (früher insb. noch bei wirtschaftlicher Notlage) nochmals eingeschränkt wird.

Beruht die Versorgungszusage auf **vertraglicher Einheitsregelung, Gesamtzusage** oder **betrieblicher Übung** (sog. Ruhegeld-, Pensions- oder Versorgungsordnungen oder -richtlinien), so beurteilt sich jede **Verschlechterung von Versorgungsanwartschaften** durch Betriebsvereinbarung nach den Grundsätzen, die nach der Entscheidung des *BAG GS* vom 16.09.1986 für Sozialleistungen maßgeblich geworden sind (vgl. dazu Rdn. 282 ff.; vgl. zusammenfassend *BAG* 17.06.2003 EzA § 1 BetrAVG Ablösung Nr. 40 Orientierungssatz 2). Soweit danach ausnahmsweise eine verschlechternde Betriebsvereinbarung zur Leistungsanpassung wegen Wegfalls der Geschäftsgrundlage oder bei Betriebsvereinbarungsoffenheit der Zusage in Betracht kommt (vgl. Rdn. 291, 298 ff.), müssen die oben (Rdn. 368) angegebenen, gerade auch im Hinblick auf allgemeine Arbeitsbedingungen entwickelten strengen Voraussetzungen erfüllt sein, die zum Widerruf der Versorgungszusage berechtigen. 369

Beruht die **Versorgungszusage auf Betriebsvereinbarung**, so stehen einer späteren Betriebsvereinbarung, die Versorgungsanwartschaften für aktive Arbeitnehmer kürzt oder u. U. auch entzieht, weder das Günstigkeitsprinzip (ebenso *BAG* 17.03.1987 AP Nr. 9 zu § 1 BetrAVG Ablösung = EzA § 1 BetrAVG Nr. 48 *[Schulin]*; *BAG* 25.10.1988 EzA § 77 BetrVG 1972 Nr. 26 [unter I 3 der Gründe]; vgl. auch Rdn. 401) noch der Schutzweck der Betriebsvereinbarung (vgl. Rdn. 359 f.) entgegen. 370

(3) **In allen Fällen**, in denen eine **Kürzung oder Entziehung** von Versorgungsanwartschaften und noch nicht fälliger Versorgungsansprüche der Ruheständler (vgl. Rdn. 366 a. E.) durch Änderung der Versorgungszusage **mittels Betriebsvereinbarung** in Betracht kommt (vgl. Rdn. 367–370), ist diese nur wirksam, wenn sie nach dem Schutzkonzept mittelbarer Grundrechtsbindung nicht gegen **§ 75 Abs. 1** verstößt, weil der Eingriff in eigentumsähnliche Vermögenspositionen das **Verhältnismäßigkeitsprinzip** wahrt (vgl. zu diesem Schutzkonzept ausführlich Rdn. 333 ff.). Auch der Dritte Senat des *BAG* hält die Wahrung des Verhältnismäßigkeitsprinzips für den maßgeblichen Prüfungsmaßstab (vgl. *BAG* 17.03.1987 AP Nr. 9 zu § 1 BetrAVG Ablösung = EzA § 1 BetrAVG Nr. 48 *[Schulin]*, wo der Senat zwar (noch) von einer »Billigkeitskontrolle« spricht, im Anschluss an den *GS* [16.09.1986 AP Nr. 17 zu § 77 BetrVG 1972 = EzA § 77 BetrVG 1972 Nr. 17, unter C II 5 der Gründe] in der Sache aber eine Verhältnismäßigkeitskontrolle durchführt; in einer Reihe jüngerer Entscheidungen spricht der Dritte Senat dann und in jetzt st. Rspr. von einer Rechtskontrolle nach den Grundsätzen der Verhältnismäßigkeit und des Vertrauensschutzes; vgl. *BAG* EzA § 1 BetrAVG Ablösung Nr. 2; EzA § 1 BetrAVG Ablösung Nr. 4; EzA § 1 BetrAVG Ablösung Nr. 5; EzA § 1 BetrAVG Ablösung Nr. 8; EzA § 1 BetrAVG Ablösung Nr. 13; EzA § 1 BetrAVG Ablösung Nr. 18; zuletzt etwa vom 21.11.2000 EzA § 1 BetrAVG Ablösung Nr. 26; 23.10.2001 EzA § 1 BetrAVG Ablösung Nr. 30; 18.02.2003 EzA § 1 BetrAVG Ablösung Nr. 35; 17.06.2003 EzA § 1 BetrAVG Ablösung Nr. 40 Orientierungssatz 2 (Verschlechterung einer auf Gesamtzusage beruhenden Versorgungsordnung); 19.04.2005 EzA § 1 BetrAVG Nr. 43 S. 9), aber (noch) ohne dogmatisch stimmiges Konzept (vgl. Rdn. 373). 371

Zum Schutz der Besitzstände bei einer Ablösung von (vertraglichen oder durch Betriebsvereinbarung geregelten) **Versorgungsordnungen** hat der **Dritte Senat** des *BAG* (noch zu Zeiten gerichtlicher Billigkeitskontrolle) **allgemeine Regeln entwickelt**, die der *GS* [wie Rdn. 371] grundsätzlich gebilligt hat. Geboten ist danach eine **Abwägung** der **Änderungsgründe** gegenüber den **Bestandsschutzinteressen** der betroffenen Arbeitnehmer; je stärker in Besitzstände eingegriffen wird, desto schwerer müssen die Änderungsgründe wiegen. Bei der Wertigkeit der Besitzstände wird vor allem zwischen den **erdienten** und den nicht erdienten Teilen der Versorgungsanwartschaft unterschieden. Die Anwartschaft wird laufend zu einem anwachsenden Teil erdient, nämlich im Verhältnis der erwarteten Gesamtdienstzeit zur bereits geleisteten Dienstzeit. Eine Kürzung des erdienten Teilwerts würde dem Arbeitnehmer die entgeltwerte Gegenleistung für geleistete Betriebstreue entziehen; er ist deshalb stärker geschützt als diejenigen Teile, für die der berechtigte Arbeitnehmer noch nicht vorgeleistet hat. Im Einzelnen hat der Dritte Senat zur Konkretisierung der allgemeinen Grundsätze des Vertrauensschutzes und der Verhältnismäßigkeit (so jetzt ausdrücklich *BAG* 21.04.2009 – 3 AZR 674/07 – AP Nr. 53 zu § 1 BetrAVG Ablösung Rn. 26 = DB 2009, 2386; 15.01.2013 EzA § 1 BetrAVG Ablösung Nr. 50 Orientierungssatz 2 = AP Nr. 60 zu § 1 BetrAVG Ablösung) folgendes **Drei-Stufen-** 372

Modell (als Prüfschema) entwickelt (vgl. zusammenfassend *BAG* Dritter Senat, 16.07.1996 EzA § 1 BetrAVG Ablösung Nr. 13 S. 5; wiederum Urteil vom 18.02.2003 EzA § 1 BetrAVG Ablösung Nr. 35 S. 6): Der bereits erdiente und nach den Grundsätzen des § 2 BetrAVG zu berechnende Teilbetrag darf nur in seltenen Ausnahmefällen (»**zwingende** Gründe«; vgl. *BAG* 23.10.1990 EzA § 1 BetrAVG Nr. 4 S. 5) gekürzt werden, gleichgültig, ob er bereits unverfallbar ist oder nicht. Zuwächse, die sich aus variablen Berechnungsfaktoren ergeben, können nur aus **triftigen** Gründen (vgl. dazu *BAG* 07.07.1992 EzA § 1 BetrAVG Ablösung Nr. 9) geschmälert werden, soweit sie zeitanteilig erdient sind. Für Eingriffe in Zuwachsraten, die noch nicht erdient sind, genügen **sachliche** Gründe (st. Rspr.; vgl. i. E. *BAG* 17.03.1987 AP Nr. 9 zu § 1 BetrAVG Ablösung = EzA § 1 BetrAVG Nr. 48; zuvor schon Vorlagebeschluss an den *GS* vom 30.04.1985 AP Nr. 4 zu § 1 BetrAVG Ablösung; grundsätzlich Urteil vom 17.04.1985 EzA § 1 BetrAVG Unterstützungskasse Nr. 2 = AP Nr. 4 zu § 1 BetrAVG Unterstützungskassen *[Loritz]* = SAE 1986, 89 *[Blomeyer]* = AR-Blattei, Betriebliche Altersversorgung, Entsch. 159 *[Hilger]*; *BAG* 17.11.1992 EzA § 1 BetrAVG Unterstützungskasse Nr. 10; 19.04.2005 EzA § 1 BetrAVG Nr. 43 S. 9: »sachlich-proportionale Gründe«; vgl. zur Kritik an der Einbeziehung von Steigerungsraten in die erdienten Anwartschaftsteile [sog. »erdiente Dynamik«], an der das *BAG* bei Eingriffen in Versorgungsanwartschaften festhält [vgl. *BAG* EzA § 1 BetrAVG Ablösung Nr. 3 und Nr. 9, obiter dictum auch Nr. 13, wo dann aber entschieden worden ist, dass für Eingriffe, die nur die Rentenentwicklung betreffen, sachliche Gründe genügen], die Anm. von *Blomeyer* und *Loritz*; *Hanau/Preis* RdA 1988, 65 [77 ff.]; *Loritz* ZfA 1989, 1; *Schumann* FS *Ahrend*, S. 221; *Steinmeyer* Anm. EzA § 1 BetrAVG Ablösung Nr. 3). Weitergehende Eingriffe in Versorgungsregelungen hält der Dritte Senat des BAG aber dann für zulässig, wenn aufgrund der besonderen Umstände des Einzelfalles Grundsätze des Vertrauensschutzes und der Verhältnismäßigkeit nicht entgegenstehen (*BAG* 21.04.2009 – 3 AZR 674/07 EzA SD 2009, Nr. 18 S. 16 Orientierungssatz 2). Rechtsprechungsüberblicke geben *Griebeling* ZIP 1993, 1055; *ders.* FS *Ahrend*, 1992, S. 208; *ders.* FS *Wiese*, 1998, S. 139; *Heither* JArbR 31 (1994), S. 55; *ders.* RdA 1993, 72; *ders.* BB 1992, 145; *ders.* BB 1998, 1155; *Kremhelmer* JArbR 36 (1999), S. 99; *Schaub* BB 1992, 1058. **Versorgungsbesitzstände**, die auf einer **Betriebsvereinbarung** beruhen, werden wie im Falle ihrer Ablösung durch nachfolgende Betriebsvereinbarung auch dann nach dem Drei-Stufen-Modell des Dritten Senats des *BAG* geschützt, wenn der Arbeitgeber die Betriebsvereinbarung über die betriebliche Altersversorgung nach § 77 Abs. 5 **kündigt** (vgl. *BAG* 18.04.1989 EzA § 77 BetrVG 1972 Nr. 28 *[Schulin]* = AP Nr. 2 zu § 1 BetrAVG Betriebsvereinbarung *[Richardi; Hanau]* = SAE 1990, 181 *[Kraft]*; 10.03.1992 EzA § 77 BetrVG 1972 Nr. 46); näher und krit. dazu Rdn. 406. Grundsätzlich soll es nicht ausgeschlossen sein, die für die Ablösung betrieblicher Versorgungsordnungen entwickelten Regeln auch für andere Sozialleistungen in Betracht zu ziehen; für Betriebsvereinbarungen über längerfristige Entgeltfortzahlung im Krankheitsfall (so *BAG* 15.11.2000 EzA § 77 BetrVG 1972 Ablösung Nr. 2) und Jahresleistungen (so *BAG* 29.10.2002 EzA § 77 BetrVG 1972 Nr. 72) ist das jedoch nicht der Fall.

373 Das Drei-Stufen-Modell kommt dem Bedürfnis der Praxis nach Rechtssicherheit entgegen. Es dient, wie der Dritte Senat ausdrücklich hervorhebt (*BAG* 21.04.2009 – 3 AZR 674/07 – EzA-SD 2009, Nr. 18 S. 16 Orientierungssatz 2; 15.01.2013 EzA § 1 BetrAVG Ablösung Nr. 50 Orientierungssatz 2), der Konkretisierung der allgemeinen Grundsätze des Vertrauensschutzes und der Verhältnismäßigkeit. Diese Grundsätze hält der Senat für die maßgeblichen Prüfungsmaßstäbe einer Rechtskontrolle zum Schutz der Versorgungsbesitzstände. Dieser Rechtskontrolle fehlt jedoch seit jeher die tragfähige Basis. Denn es ist dogmatisch völlig ungeklärt, an welcher höherrangigen gesetzlichen Schranken- und Kontrollnorm der Senat sich orientiert und in welchem Rahmen dementsprechend die Prüfung der Verhältnismäßigkeit (und des Vertrauensschutzes) erfolgt. Demgegenüber hat der Erste Senat des *BAG* zu einem (zwar klarstellungsbedürftigen aber danach) überzeugenden »**Individualschutzkonzept durch mittelbare Grundrechtsbindung**« nach § 75 Abs. 1 gefunden (vgl. ausführlich Rdn. 333 ff.). Danach gehören die Grundrechte als objektive Grundsatznormen (Wertentscheidungen) zu den Grundsätzen des Rechts, die die Betriebsparteien nach § 75 Abs. 1 zu wahren haben und gegen die sie insbesondere in Betriebsvereinbarungen nicht verstoßen dürfen. Aber nicht jeder Eingriff in grundrechtlich geschützte Rechtspositionen ist verboten. Denn die mittelbare Grundrechtsbindung zieht das grundrechtstypische Verhältnismäßigkeitsprinzip als Bindungsprinzip nach sich, das insoweit selbst ein Grundsatz des Rechts ist. Deshalb sind nur unverhältnismäßige Eingriffe verboten und nach § 134 BGB bei Verstoß nichtig. Es wäre ein großer Schritt zu gebotener einheitlicher höchstrichterlicher Rechtsprechung, wenn sich der Dritte dem Ersten Senat insoweit anschließen könnte. Konsequent wäre es dann aber auch, das Drei-Stufen-Modell an den Untergrundsätzen des Verhältnismäßigkeitsprinzips auszurichten, wo es seinen Platz bei der Prüfung der Verhältnismäßigkeit im engeren Sinn hat. Umgekehrt hat sich jüngst aber der Erste Senat dem Dritten Senat genähert, indem er folgenden Orientierungssatz gebildet hat: »Die Betriebsparteien sind wegen § 75 BetrVG bei ihrer Normsetzung auch an das aus Art. 2 Abs. 1 GG i. V. m. dem Rechtsstaatsprinzip (Art. 20 Abs. 3 GG) folgende Gebot des Vertrauensschutzes gebunden« (*BAG* 21.02.2017 EzA § 75 BetrVG 2001 Nr. 15 Orientierungssatz 1 = NZA 2017, 738); im Begründungszusammenhang ist dies allerdings als inkonsequent zu kritisieren (s. Rdn. 387 a. E.).

(4) Ausschlussfristen können in einer Betriebsvereinbarung **wirksam nur** für die Geltendmachung **374** von Rechten festgelegt werden, die Arbeitnehmern gerade **durch Betriebsvereinbarungen** eingeräumt werden (vgl. § 77 Abs. 4 Satz 4 und Rdn. 328). Da Ausschlussfristen den Inhalt des Rechts durch Rechtsbefristung beschränken (zutr. *Herschel* Anm. zu *BAG* AP Nr. 1 zu § 4 TVG Ordnungsprinzip Bl. 3 f.), ist ihre Regelung durch Betriebsvereinbarung **für einzelvertragliche** Ansprüche weder mit dem Günstigkeitsprinzip noch mit dem Schutzzweck der Betriebsvereinbarung als materiellen Arbeitsbedingungen (vgl. Rdn. 359) vereinbar (ebenso im Ergebnis *Brune* AR-Blattei SD 520, Rn. 591, *Langer* Gesetzliche und vereinbarte Ausschlussfristen im Arbeitsrecht, 1983, S. 120; *Müller-Franken* Die Befugnis zu Eingriffen in die Rechtsstellung des einzelnen durch Betriebsvereinbarung, S. 22, 223; *Richardi* § 77 Rn. 189; *Waltermann* RdA 2007, 257 [266, aber zu Unrecht unter Berufung auf fehlende Regelungskompetenz]; bis zur 23. Aufl. auch *Fitting* § 77 Rn. 139; **a. M.** *BAG* 30.10.1962 AP Nr. 1 zu § 4 TVG Ordnungsprinzip, für Ansprüche, die allgemeine Arbeitsbedingungen betrafen; *Buchner* DB 1967, 284 [287 f.]; *Matthes/*MünchArbR § 239 Rn. 33; *Worzalla/ HWGNRH* § 77 Rn. 199; jetzt auch *Fitting* § 77 Rn. 64, aber unter insoweit nicht tragfähiger Berufung auf umfassende Regelungskompetenz, da es sich um eine Frage der Innenschranken der Betriebsautonomie handelt; *Linsenmaier* RdA 2008, 1 [9]; offen lassend *BAG* 12.12.2006 EzA § 88 BetrVG 2001 Nr. 1 Rn. 26; zutr. wird dort jedoch die Regelung wegen unverhältnismäßiger Beschränkung der allgemeinen Handlungsfreiheit für unwirksam angesehen, die von Arbeitnehmern verlangt, Annahmeverzugsansprüche bereits während eines laufenden Kündigungsschutzprozesses gerichtlich geltend zu machen; wieder offen lassend *BAG* 25.02.2015 EzA § 3 TVG Bezugnahme auf Tarifvertrag Nr. 60 Rn. 30 = AP Nr. 129 zu § 1 TVG Bezugnahme auf Tarifvertrag). Ihrer Festlegung für tarifliche Rechte steht § 4 Abs. 4 Satz 3 TVG entgegen, der für gesetzliche Ansprüche deren Unabdingbarkeit (§ 134 BGB). Sind Ausschlussfristen für die Geltendmachung von Ansprüchen aus dem Arbeitsverhältnis tarifvertraglich geregelt, steht außerdem die Regelungssperre des § 77 Abs. 3 Satz 1 einer Regelung von Ausschlussfristen durch Betriebsvereinbarung entgegen, sofern die tarifliche Regelung insoweit keine Öffnungsklausel enthält (zutr. *BAG* 09.04.1991 EzA § 77 BetrVG 1972 Nr. 39 [zust. *Schulin*] = SAE 1992, 193 [zust. *Hönn*]; tarifvertragliche Ausschlussfristen können aber auch Ansprüche aus Betriebsvereinbarungen erfassen (vgl. *Wiedemann/Wank* TVG, § 4 Rn. 749 f.). Eine allgemein oder zu weit gefasste Ausschlussfristenregelung in der Betriebsvereinbarung ist mit dem zulässigen Inhalt wirksam. Entsprechendes gilt für die **Verkürzung von Verjährungsfristen**.

bb) Außerbetriebliche Lebensgestaltung

Durch Betriebsvereinbarung können keine Bestimmungen wirksam darüber getroffen werden, wie **375** der Arbeitnehmer sein Leben außerhalb des Betriebes zu gestalten hat, insbesondere wie er das verdiente **Arbeitsentgelt verwendet** und seine **arbeitsfreie Zeit gestaltet**. Das ist im Grundsatz unstr., kann tragfähig aber nicht durch Berufung auf die insoweit fehlende funktionelle Zuständigkeit des Betriebsrats (so aber etwa *Richardi* § 77 Rn. 104; *Hess/Schlochauer/Glaubitz* § 77 Rn. 20) oder gegenständlich begrenzte Regelungsbefugnis der Betriebspartner (vgl. dazu Rdn. 94, 96) oder auf die Zugehörigkeit dieser Rechtsstellungen zum »ursprünglichen« Individualbereich des Arbeitnehmers (so *Siebert* FS *Nipperdey*, 1955, S. 119 [139 ff.]; *Galperin/Löwisch* § 77 Rn. 49; vgl. dazu Rdn. 351 f.) begründet werden; die Eingriffsmöglichkeit findet mangels unmittelbarer Grundrechtsbindung (vgl. Rdn. 332) auch nicht ihre Grenze »im Prinzip des freiheitlichen und sozialen Rechtsstaats und im Grundsatz der individuellen Entfaltungsfreiheit des Art. 2 Abs. 1 GG innerhalb der verfassungsmäßigen Ordnung« (so aber *BAG* 20.12.1957 AP Nr. 1 zu § 399 BGB Bl. 1 R; 24.03.1981 AP Nr. 12 zu § 112 BetrVG 1972 Bl. 5; *Hess/Schlochauer/Glaubitz* § 77 Rn. 20). Die Grenzziehung ergibt sich vielmehr zum einen aus dem **Schutzzweck der Betriebsvereinbarung**, der dagegen steht, dass materielle Arbeitsbedingungen ausschließlich zuungunsten der Arbeitnehmer gestaltet werden (vgl. Rdn. 359); **Verwendungsregelungen** über Lohn und Freizeit **sind** aber **Arbeitsbedingungen** (dazu, dass diese in weitestem Sinne zu verstehen sind, vgl. Rdn. 93) materieller Art, weil sie nicht mittels Direktionsrechts vom Arbeitgeber allein getroffen werden könnten. Weithin übereinstimmende Grenzen ergeben sich zum anderen aus dem **Günstigkeitsprinzip** (vgl. BAG 01.12.1992 EzA § 87 BetrVG 1972 Betriebliche Ordnung Nr. 20 für die teilweise Kostenbelastung der Arbeitnehmer für vom Arbeitgeber gestellte Arbeitskleidung) sowie vor allem auch aus der sich aus **mittelbarer Grundrechtsbindung** ergebenden Verpflichtung der Betriebspartner nach § 75 Abs. 1, Arbeitnehmer insbesondere auch vor unverhältnismäßigen Beschränkungen ihrer allgemeinen Handlungsfreiheit (aber auch anderer ggf. betroffener grundrechtlich geschützter Rechtspositionen) zu schützen; bei unverhältnismäßiger Beschränkung ist die Regelung der Betriebsvereinbarung wegen Verstoßes gegen § 75 Abs. 1 als Verbotsgesetz (vgl. *Kreutz/Jacobs* § 75 Rdn. 157) i. V. m. § 134 BGB unwirksam; um wirksam zu sein müssen Eingriffe am Zweck der Maßnahme gemessen geeignet, erforderlich und proportional sein (vgl. zu diesem Individualschutzkonzept ausführlich Rdn. 333 ff.; in den Ergebnissen weithin übereinstimmend *Fitting* § 77 Rn. 56 ff.; *Worzalla/HWGNRH* § 77 Rn. 68 ff.; über die Schutzpflicht der Betriebspartner nach § 75 Abs. 2 Satz 1 kann hingegen der Schutz vor Beschränkungen der allgemeinen Handlungsfreiheit der Arbeitnehmer nicht hergeleitet werden, weil der privatrechtliche Schutz der Persönlichkeit [nach hier vertretener Ansicht] nicht die allgemeine Betätigungsfreiheit erfasst [vgl. Rdn. 336; weiter *Kreutz/Jacobs* § 75 Rdn. 129; *Kreutz* FS *Schmidt-Jortzig*, S. 753, 761 ff.]; dagegen grundsätzlich zur Bestimmung der Grenzen betrieblicher Normsetzung nach diesem Ansatz *M. Hammer* Die betriebsverfassungsrechtliche Schutzpflicht für die Selbstbestimmungsfreiheit des Arbeitnehmers, S. 117 ff.). Diese Verpflichtung endet nicht am Betriebstor. Danach ist z. B. das (allgemeine) Verbot von Liebesbeziehungen zwischen Vorgesetzten und Untergebenen in einem Verhaltenskodex (Ethik-Richtlinien) unwirksam (vgl. BAG 22.07.2008 EzA § 87 BetrVG 2001 Betriebliche Ordnung Nr. 3 Rn. 63).

376 Danach sind z. B. unwirksam Lohnverwendungsbestimmungen in Form von **Lohnabzügen** zugunsten kirchlicher, karitativer oder politischer Einrichtungen (ebenso im Ergebnis schon BAG 20.12.1957 AP Nr. 1 zu § 399 BGB Bl. 2 R) oder für Sportverbände oder Verlage (z. B. zum Bezug bestimmter Zeitungen). Eine unzulässige Lohnverwendungsbestimmung liegt ferner vor, wenn Arbeitnehmer auch dann mit den Kosten für das Kantinenessen belastet werden, wenn sie es nicht in Anspruch nehmen (BAG 11.07.2000 EzA § 87 BetrVG 1972 Sozialeinrichtung Nr. 17 = NZA 2001, 462). Auch kann die **Einziehung von Gewerkschaftsbeiträgen** durch das Lohnbüro des Arbeitgebers nicht wirksam festgelegt werden (ebenso im Ergebnis *Richardi* § 77 Rn. 104, der darin zudem zu Recht eine Verletzung des Neutralitätsgebots nach § 75 Abs. 1 sieht; *Galperin/Löwisch* § 77 Rn. 49; *Neumann-Duesberg* S. 371 FN 101; *Worzalla/HWGNRH* § 77 Rn. 65; **a. M.** bis zur 17. Aufl. *Fitting/Auffarth/Kaiser/Heither* § 77 Rn. 35; *Farthmann* AuR 1963, 353). Unzulässig sind auch **Spargebote** jeder Art (so im Ergebnis schon *Siebert* FS *Nipperdey*, 1955, S. 119 [142 f.]) oder Kaufgebote. Ein Zwang zum Sparen kann auch nicht durch **Maßnahmen zur Förderung der Vermögensbildung** gemäß § 88 Nr. 3 (vgl. dazu *Gutzeit* § 88 Rdn. 30 ff.) ausgeübt werden. Die vermögenswirksame Anlage von Teilen des Arbeitslohns setzt immer ein schriftliches Verlangen des Arbeitnehmers an den Arbeitgeber voraus; davon kann durch Betriebsvereinbarung nicht abgewichen werden (vgl. § 11 Abs. 1 und 6 des Fünften Vermögensbildungsgesetzes, BGBl. 1994 I S. 630). Wohl aber können vermögenswirksame Leistungen des Arbeitgebers in Betriebsvereinbarungen vereinbart werden (§ 10 Abs. 1 5. Vermögensbildungsgesetz). Auch können Lohnzuschläge ausschließlich zu vermögenswirksamen Anlagen gewährt werden; dann liegt es beim Arbeitnehmer, ob er davon Gebrauch macht oder schon *Thiele* Drittbearbeitung, § 77 Rn. 75; zust. *Fitting* § 77 Rn. 57; *Worzalla/HWGNRH* § 77 Rn. 66; wohl auch *Galperin/Löwisch* § 77 Rn. 49; *Richardi* § 77 Rn. 104; unklar *Röder* NZA 1987, 799 [805]). Für **Entgeltumwandlungen zur betrieblichen Altersversorgung** gilt Entsprechendes. Auch insoweit ist Voraussetzung, dass der Arbeitnehmer vom Arbeitgeber diese Verwendung von Entgeltansprüchen verlangt (§ 1a Abs. 1 Satz 1 BetrAVG); durch Betriebsvereinbarung kann der Arbeitnehmer nicht verpflichtet werden, einen Teil seines zukünftigen Entgelts umzuwandeln (ebenso *Blomeyer/Rolfs/Otto* BetrAVG, § 1a Rn. 58). Unwirksam ist auch die Festlegung von **Kostenpauschalen** für die Bearbeitung von **Lohn- und Gehaltspfändungen** durch den Arbeitgeber (ebenso schon *Brecht*

Durchführung gemeinsamer Beschlüsse, Betriebsvereinbarungen § 77

BB 1954, 413; *Schäcker* BB 1959, 492; zust. *Brune* AR-Blattei SD 520, Rn. 362; *Fitting* § 77 Rn. 58; jetzt auch *BAG* 18.07.2006 EzA § 75 BetrVG 2001 Nr. 4; *Linsenmaier* RdA 2008, 1 [9 f.], der insoweit aber zu Unrecht von einer Überschreitung der gegenständlichen Regelungsbefugnis der Betriebsparteien ausgeht, denn auch diese Lohnverwendungsbestimmung ist Arbeitsbedingung, die in einer Betriebsvereinbarung geregelt werden kann [vgl. Rdn. 93, 96]; zutr. hat deshalb das *BAG* [18.07.2006 EzA § 75 BetrVG 2001 Nr. 4 Rn. 34 ff.] die Unwirksamkeit mit einem Verstoß gegen § 75 Abs. 1, Abs. 2 [mittelbare Grundrechtsbindung; vgl. dazu klarstellend Rdn. 333 ff.] wegen unverhältnismäßiger Beschränkung der allgemeinen Handlungsfreiheit begründet; **a. M.** *Hess/Schlochauer/Glaubitz* § 77 Rn. 34; *Mertz* BB 1959, 493 [495]; *Worzalla/HWGNRH* § 77 Rn. 64).

Verbreitet wird die Festlegung von **Lohn- und Gehaltsabtretungsverboten** durch Betriebsvereinbarung für wirksam gehalten (vgl. *BAG* 20.12.1957, 05.09.1960 AP Nr. 1 [zust. *Hueck*], Nr. 4 zu § 399 BGB; 26.01.1983 AP Nr. 1 zu § 75 LPVG Rheinland-Pfalz Bl. 3 R *[Pecher]*; einschränkend aber *BAG* 02.06.1966 AP Nr. 8 zu § 399 BGB mit zust. Anm. *Baumgärtel* [Unwirksamkeit eines Verbots gegenüber einem Versicherungsträger, der an einen Arbeitnehmer während einer Kur Zahlungen gegen Gehaltsabtretung geleistet hat]; *LAG* Düsseldorf DB 1976, 440; *Galperin/Löwisch* § 77 Rn. 51; *Richardi* § 77 Rn. 105 m. w. N.; *Worzalla/HWGNRH* § 77 Rn. 64). Dem ist **nicht zu folgen** (ebenso *Canaris* AuR 1966, 129 [133]; *Denck* AuR 1979, 109 [112]; *Diekhoff* AuR 1958, 304 f.; *Karakatsanis* Die kollektivrechtliche Gestaltung des Arbeitsverhältnisses und ihre Grenzen, S. 87 ff.; *Kreutz* Betriebsautonomie, S. 249; *Larenz* Anm. zu *BAG* AP Nr. 4 zu § 399 BGB; *Müller-Franken* [wie Rdn. 374], S. 223; *Siebert* FS *Nipperdey*, 1955, S. 119 [140 ff.]; *Veit* Die funktionelle Zuständigkeit des Betriebsrats, S. 398 ff.; *Waltermann* Rechtsetzung durch Betriebsvereinbarung, S. 169 ff.; zust. jetzt auch *Berg/DKKW* § 77 Rn. 82; *Brune* AR-Blattei SD 520, Rn. 369; *Fitting* § 77 Rn. 57). Da das Verbot bewirken soll, dass die (Gesamt-)Lohn- und Gehaltsforderung von Anfang an als nicht abtretbares Recht entsteht (*BAG* 20.12.1957 AP Nr. 1 zu § 399 BGB; 26.01.1983 AP Nr. 1 zu § 75 LPVG Rheinland-Pfalz), handelt es sich um die Regelung einer materiellen Arbeitsbedingung, die für die Arbeitnehmer ausschließlich rechtlich nachteilig ist, weil sie an der freien Verfügung über ihren Lohnanspruch gehindert werden; sie ist mit dem Schutzzweck der Betriebsvereinbarung unvereinbar und ebenso wenig mit dem Günstigkeitsprinzip vereinbar (vgl. Rdn. 260 ff.), soweit die Lohnforderung auf Vertrag beruht; außerdem ist sie wegen der mittelbaren Grundrechtsbindung der Betriebspartner als unverhältnismäßige Beschränkung der allgemeinen Handlungsfreiheit der Arbeitnehmer wegen Verstoß gegen § 75 Abs. 1 unwirksam (vgl. Rdn. 375, 333 ff.; vgl. auch *ArbG* Hamburg 31.08.2010 DB 2010, 2111). Unmaßgeblich ist der sozialpolitische Gesichtspunkt, dass das Verbot den Arbeitnehmer vor sich selbst schützen soll. Dass nach einem obiter dictum des *BAG* (AP Nr. 1 zu § 399 BGB) das Verbot Ansprüche nicht erfassen kann, die vor Abschluss der Betriebsvereinbarung entstanden sind, ist bedeutungslos. Im Übrigen wird weithin ein Lohnabtretungsverbot bereits nach § 77 Abs. 3 unwirksam sein, weil es den Lohnanspruch inhaltlich gestaltet, der tariflich geregelt ist oder üblicherweise tariflich geregelt wird; insofern löst nicht erst ein tarifliches Lohnabtretungsverbot die Sperrwirkung aus. Etwas anderes könnte nur dann gelten, wenn die Lohnforderung (ausnahmsweise) ebenfalls auf Betriebsvereinbarung beruht.

Regelungen, die in die **Freizeit- und Urlaubsgestaltung** eingreifen, sind grundsätzlich unzulässig, z. B. können keine Residenzpflicht (Wohnsitznahme) am Betriebsort oder Teilnahmeverpflichtungen für außerbetriebliche Veranstaltungen religiöser, sportlicher oder geselliger Art oder die Pflicht zum Mitgliedschaftserwerb in entsprechenden Organisationen und Vereinen begründet oder ein Urlaubsort (z. B. das unternehmenseigene Erholungsheim) vorgeschrieben werden; ebenso wenig ein allgemeines Rauchverbot, das Arbeitnehmer zu gesünderer Lebensführung anhalten soll (vgl. *BAG* 19.01.1999 EzA § 87 BetrVG 1972 Betriebliche Ordnung Nr. 24 S. 8), oder Sportverbote.

Auch ein **Nebenbeschäftigungsverbot** greift zum Nachteil der Arbeitnehmer in die Gestaltung ihrer arbeitsfreien Zeit ein (und zudem ggf. in die nach Art. 12 Abs. 1 GG grundrechtlich geschützte Berufsausübungsfreiheit) und kann daher **nicht** (ebenso *Fitting* § 77 Rn. 56; *Rewolle* BB 1959, 670 [672]; *Richardi* § 77 Rn. 104; zust. *Berg/DKKW* § 77 Rn. 82; *Brune* AR-Blattei SD 520, Rn. 372; **a. M.** *Galperin/Löwisch* § 88 Rn. 2; *Knevels* DB 1961, 168 [169]; wohl auch *Worzalla/HWGNRH* § 77 Rn. 69; vgl. zum Tarifvertrag auch *BAG* 13.06.1958 AP Nr. 6 zu Art. 12 GG), **jedenfalls nicht in genereller Form** wirksam festgelegt werden (so auch *Thiele* Drittbearbeitung, § 77 Rn. 78;

377

378

379

§ 77

Blomeyer 25 Jahre Bundesarbeitsgericht, S. 17 [28]; *Coppée* BB 1961, 1132 [1133]; *Gift* BB 1959, 43 [46]; *Wertheimer/Krug* BB 2000, 1462 [1466]; s. u. *Gutzeit* § 88 Rdn. 12; die Genannten wollen **funktionsbedingte** Nebenbeschäftigungsverbote in engen Grenzen zulassen, »soweit das verbotene Verhalten die Erfüllung der arbeitsvertraglichen Pflichten voraussehbar und konkret beeinträchtigen würde und der Eingriff in die freie Persönlichkeitsentfaltung durch überwiegende betriebliche und schutzwürdige Interessen des Arbeitgebers gerechtfertigt ist« [*Thiele*]; indes bedarf es keines Nebenbeschäftigungsverbots, um die Erfüllung bestehender Arbeitspflichten zu sichern); vgl. aber zu einem Grenzfall *BAG* 28.05.2002 EzA § 87 BetrVG 1972 Betriebliche Ordnung Nr. 29 (danach betrifft die Einführung von Ethikregeln, die für Redakteure einer Wirtschaftszeitung [»Handelsblatt«] den Besitz von Wertpapieren oder die Ausübung von Nebentätigkeiten mit dem Ziel einschränken, die Unabhängigkeit der Berichterstattung zu gewährleisten, nicht [nur] das außerbetriebliche Verhalten, das der Regelungskompetenz der Betriebsparteien entzogen ist [was so aber nicht zutrifft; vgl. Rdn. 375]).

380 Die wirksame Regelung eines **Wettbewerbsverbots** für die Zeit **nach Beendigung des Arbeitsverhältnisses** erscheint dagegen möglich (ebenso *Thiele* Drittbearbeitung § 77 Rn. 78; *Brune* AR-Blattei SD 520, Rn. 377 f.; *von Hoyningen-Huene* DB 1984, Beil. Nr. 1, S. 1 [4]; *Worzalla/HWGNRH* § 77 Rn. 70; **a. M.** *Fitting* § 77 Rn. 56), sofern dabei entsprechend die Grenzen der §§ 74 ff. HGB beachtet werden, insbesondere das Verbot unter Berücksichtigung der zu gewährenden Entschädigung nach Ort, Zeit und Gegenstand keine unbillige Erschwerung des Fortkommens der Arbeitnehmer enthält (§ 74a Abs. 1 Satz 2 HGB), so dass es die Arbeitnehmer nicht lediglich belastet und das Verhältnismäßigkeitsprinzip wahrt.

381 Durch Betriebsvereinbarung kann grundsätzlich nicht zur Teilnahme an **Betriebsausflügen und -feiern** (gesellig-gesellschaftlicher Art) verpflichtet werden, auch nicht, wenn diese während der Arbeitszeit stattfinden (ebenso *Feller* RdA 1964, 41 [43]; *Fitting* § 77 Rn. 56; *Neumann* AR-Blattei, Betriebsfeier I, C II; *Travlos-Tzanetatos* Die Regelungsbefugnis der Betriebspartner, S. 151 ff.; *Worzalla/HWGNRH* § 77 Rn. 68; *ArbG Marburg* AP Nr. 20 zu § 611 BGB Lehrverhältnis), und erst recht nicht durch Auferlegung von Nachteilen bei Nichtteilnahme (*Thiele* Drittbearbeitung, § 77 Rn. 79; vgl. auch *BAG* 04.12.1970 AP Nr. 5 zu § 7 BUrlG zur Nichtanrechnung als Urlaubstag; abzulehnen ist jedenfalls für die Betriebsvereinbarung die Auffassung von *Feller* und *Neumann*, dass unter Abbedingung des § 615 BGB der Lohnanspruch bei Nichtteilnahme entzogen werden kann). Dagegen kann durch Betriebsvereinbarung bestimmt werden, dass und wann gesellige Veranstaltungen abzuhalten sind (ebenso *Feller*, *Neumann*); auch können Anreize (Zuschläge) festgelegt werden, die nur den Teilnehmern zugute kommen. Soweit das Direktionsrecht des Arbeitgebers reicht, kann auch durch Betriebsvereinbarung die Arbeitspflicht bei Betriebsfeiern gestaltet werden (z. B. Teilnahmepflicht für das Personal der Betriebskantine).

cc) Eingriffe in den Bestand des Arbeitsverhältnisses

382 **Vertragliche Kündigungsbeschränkungen**, insbesondere der »**Status der Unkündbarkeit**« der Arbeitnehmer (der, insb. zum Schutze älterer Arbeitnehmer eingeräumt, dahin geht, dass das ordentliche Kündigungsrecht des Arbeitgebers ausgeschlossen ist) können durch Betriebsvereinbarung nicht wirksam aufgehoben werden (ebenso im Ergebnis unter Berufung auf *BAG* 16.02.1962 [AP Nr. 11 zu § 4 TVG Günstigkeitsprinzip] *Galperin/Löwisch* § 77 Rn. 52; *Richardi* § 77 Rn. 106; zust. *Fitting* § 77 Rn. 62; *Worzalla/HWGNRH* § 77 Rn. 76). Dabei spielt es keine Rolle, ob die Beschränkung auf Einzelvereinbarung beruht oder auf vertraglicher Einheitsregelung, Gesamtzusage oder betrieblicher Übung. Das ergibt sich aus der insoweit uneingeschränkten Geltung des Günstigkeitsprinzips (vgl. Rdn. 260 ff., 284) ebenso wie aus dem Schutzzweck der Betriebsvereinbarung (vgl. Rdn. 359). Ebenso wenig können mangels Abdingbarkeit zwingende gesetzliche **Kündigungsschutzbestimmungen** abgeändert werden (vgl. auch *BAG* 11.03.1976 AP Nr. 1 zu § 95 BetrVG 1972 Bl. 2 R; 06.03.1986 DB 1988, 1501 = EzA § 620 BGB Altersgrenze Nr. 1 [unter B IV 1]); sie dürfen auch nicht umgangen werden. Das ist aber z. B. nicht der Fall, wenn ein **Sozialplan** die Zahlung von Abfindungen an die infolge einer Betriebsänderung entlassenen Arbeitnehmer davon abhängig macht, dass sie gegen die Kündigung keine gerichtlichen Schritte unternehmen (ebenso *Weber* Anm. zu *BAG* AP Nr. 33 zu § 112 BetrVG 1972 Bl. 5; **a. M.** *Galperin/Löwisch* § 112 Rn. 39 m. w. N.). Im Übrigen ist eine solche **Klageverzichts-Klausel** im Sozialplan auch **nicht wegen Schutzzweckverfehlung**

unwirksam (so aber *BAG* 20.12.1983 AP Nr. 17 zu § 112 BetrVG 1972 [zust. *von Hoyningen-Huene*]; 20.06.1985 AP Nr. 33 zu § 112 BetrVG 1972 [zust. *Weber*]); denn der solchermaßen bedingte Sozialplananspruch bringt den betroffenen Arbeitnehmern per saldo lediglich Vorteile (vgl. näher *Kreutz* Anm. zu *BAG* 20.12.1983 EzA § 112 BetrVG 1972 Nr. 29; *ders.* FS E. *Wolf*, S. 309 [313]; vgl. auch *Hunold* BB 1984, 2275 [2282]; zust. *Worzalla/HWGNRH* § 77 Rn. 79). Gleichwohl und trotz jetzt gegenteiliger gesetzlicher Wertung in § 1a KSchG (in Kraft seit 01.01.2004) hält das Erste Senate des *BAG* an seiner Rspr. fest und stützt nunmehr die Unwirksamkeit unter Berufung auf die Ausgleichs- und Überbrückungsfunktion der Sozialplanleistung entscheidend auf einen Verstoß gegen den betriebsverfassungsrechtlichen Gleichbehandlungsgrundsatz des § 75 Abs. 1 (*BAG* 31.05.2005 EzA § 112 BetrVG 2001 Nr. 14 [mit umfangreichen Nachweisen der Zustimmung zur bisherigen Rspr. und im Hinblick auf § 1a KSchG unter II 1 der Gründe]). Indes ist dabei schon die Annahme einer Gruppenbildung im Hinblick auf die Gewährung von Sozialplanleistungen nicht gerechtfertigt, weil ohne Sozialplanregelung kein Leistungsanspruch besteht und auch keine Pflicht besteht, wirtschaftliche Nachteile, die Arbeitnehmern infolge einer Betriebsänderung entstehen, zu mildern oder auszugleichen. Als zulässige, für die Praxis richtungweisende Alternativregelungen sieht das Gericht, (1.) im Sozialplan die Fälligkeit des Sozialplananspruchs bis zum (rechtskräftigen) Abschluss eines etwaigen Kündigungsschutzprozesses hinauszuschieben (unter II 1b bb der Gründe) oder, gleichsam um der Sozialplanfunktion zu entkommen, (2.)im Interesse des Arbeitgebers an alsbaldiger Planungssicherheit zusätzlich zum Sozialplan in einer freiwilligen Betriebsvereinbarung Leistungen für den Fall vorzusehen, dass der Arbeitnehmer keine Kündigungsschutzklage erhebt (vgl. Orientierungssatz 2; folgend Vierter Senat *BAG* 03.05.2006 EzA § 612a BGB 2002 Nr. 3 = AP Nr. 17 zu § 612a BGB [*Krebber*]: aber nur, wenn dabei für die Arbeitnehmer das Wahlrecht zwischen Abfindungsanspruch und Kündigungsschutzklage erkennbar ist). Wie dabei Sozialplanleistungen von zusätzlichen freiwilligen (Abfindungs-) Leistungen dogmatisch einsichtig abgegrenzt werden können, bleibt unklar (vgl. *Annuß* RdA 2006, 378; vgl. zu dieser Rspr. auch *Oetker* §§ 112, 112a Rdn. 368 ff.).

Bestehende **Arbeitsverhältnisse** können zu Lasten der Arbeitnehmer **nicht** durch Betriebsvereinbarung **aufgelöst** werden. Das gilt z. B. auch im Falle der Betriebsstilllegung (so auch *BAG* 17.07.1964 AP Nr. 3 zu § 80 ArbGG) und des Betriebs- oder Betriebsteilübergangs (so *BAG* 02.10.1974 AP Nr. 1 zu § 613a BGB); auch kann das Widerspruchsrecht des Arbeitnehmers zum Übergang seines Arbeitsverhältnisses auf den Betriebserwerber nach § 613a Abs. 6 BGB nicht durch Betriebsvereinbarung ausgeschlossen werden (vgl. *BAG* 02.10.1974 AP Nr. 1 zu § 613a BGB). Durch Betriebsvereinbarung können auch keine Bestimmungen in Form einer Disziplinarordnung getroffen werden, aufgrund deren der Arbeitgeber die **Entlassung** eines Arbeitnehmers **im Wege einer Disziplinarmaßnahme** vornehmen kann; insbesondere können die Betriebspartner **keine** (wie auch immer geartete) **eigenständige neue Möglichkeit zur Beendigung** des Arbeitsverhältnisses schaffen, durch die das zwingende Kündigungsrecht umgangen wird (*BAG* 28.04.1982 AP Nr. 4 zu § 87 BetrVG 1972 Betriebsbuße [*Herschel*] = EzA § 87 BetrVG 1972 Betriebsbuße Nr. 5). Zu Recht hat das *BAG* aber auch erkannt, dass es bereits eine unzulässige (insb. das berufliche Fortkommen beeinträchtigende) Regelung ist, wenn dem Arbeitgeber gestattet wird, eine Kündigung **in Gestalt** einer Disziplinarmaßnahme auszusprechen; auf die Wirksamkeit der Kündigung ist die Unwirksamkeit der Einkleidung als Disziplinarmaßnahme jedoch ohne Einfluss. Bestimmt eine Betriebsvereinbarung, dass das Arbeitsverhältnis **bei Eintritt der Erwerbsunfähigkeit** endet, so kann (Auslegungsfrage) diese Klausel bereits wegen nicht hinreichender Bestimmtheit des Auflösungszeitpunktes (Verstoß gegen das Gebot der Rechtsklarheit) unwirksam sein (vgl. *BAG* 27.10.1988 EzA § 620 BGB Bedingung Nr. 9 [zust. *Moll*] = AP Nr. 16 zu § 620 BGB Bedingung).

383

Vielschichtig problematisch ist, ob durch Betriebsvereinbarung (Gesamtbetriebsvereinbarung) eine **Altersgrenze** (namentlich auf die Vollendung des 65. Lebensjahres des Arbeitnehmers bzw. auf das Erreichen der **Regelaltersgrenze** in der gesetzlichen Rentenversicherung) **wirksam** festgelegt werden kann, bei deren Erreichen die betroffenen Arbeitsverhältnisse ohne weiteres enden. Bemerkenswert ist, dass deren (eingeschränkte) Zulässigkeit durch das AGG 2006 klarer geworden ist (vgl. Rdn. 387), obwohl dieses Gesetz u. a. der Umsetzung der Richtlinie 2000/78 EG dient, nach der es u. a. keine Diskriminierung wegen des Alters geben darf, allerdings eine solche Benachteiligung (ausnahmsweise) auch gerechtfertigt sein kann. Damit ist eine Unterscheidung zwischen **Grundsatz und Ausnahme** angezeigt. **Grundsätzlich** kann durch Betriebsvereinbarung **keine Altersgren-**

384

§ 77 *IV. 1. Allgemeines*

zenregelung wirksam erfolgen (zu den wichtigen Ausnahmen vgl. Rdn. 386 ff.). Dies folgt nicht nur, aber auch aus dem Schutzzweck der Betriebsvereinbarung (vgl. *Kreutz* Betriebsautonomie, S. 249 f. und Rdn. 359; mit unterschiedlichen Begründungen im Ergebnis ebenso *Canaris* AuR 1966, 129 [134]; *Hanau* RdA 1976, 24 [25, 28 f.]; *Hoppe* BB 1968, 757; *ders.* BlStSozArbR 1974, 29; *Linnenkohl / Rauschenberg / Schmidt* BB 1984, 603 [606 f.]; *Richardi* § 77 Rn. 107 f.; *Schlüter / Belling* NZA 1988, 297; *Belling* Anm. zu *BAG* 20.11.1987 EzA § 620 BGB Altersgrenze Nr. 1; *Waltermann* RdA 1993, 209 [216]). Unzutreffend ist allerdings im Ausgangspunkt die Annahme, dass eine solche Altersgrenzenregelung mangels Regelungsbefugnis der Betriebsparteien nicht einmal Gegenstand einer Betriebsvereinbarung sein kann (so aber mit unterschiedlichen Ansätzen *Boerner* Altersgrenzen für die Beendigung von Arbeitsverhältnissen in Tarifverträgen und Betriebsvereinbarungen, S. 180 ff.; *Joost* Anm. zu *BAG* AP Nr. 2 zu § 620 BGB Altersgrenze; *Herrmann* NZA 2000, Sonderbeilage zu Heft 3, S. 14 [22]; *May* Die Zulässigkeit der Regelung von Lohn und Arbeitszeit in Betriebsvereinbarungen, S. 234; *Picker* NZA 2002, 761 [769]; *Veit* Die funktionelle Zuständigkeit des Betriebsrats, S. 407 ff.; *Waltermann* Rechtsetzung durch Betriebsvereinbarung, S. 160 ff.]; zust. *Boecken* 62. DJT 1998, Gutachten B 42). Sie verkennt, dass grundsätzlich alle Arbeitsbedingungen **Gegenstand** einer Betriebsvereinbarung sein können (vgl. näher Rdn. 93, 96), also auch die Regelung der Beendigung von Arbeitsverhältnissen bei Erreichen einer Altersgrenze (so für die jetzt st. Rspr. grundlegend *BAG GS* 07.11.1989 EzA § 77 BetrVG 1972 Nr. 34 = AP Nr. 46 zu § 77 BetrVG 1972; auch *BAG* 05.03.2013 EzA § 77 BetrVG 2001 Nr. 35 Rn. 22 f. = AP Nr. 105 zu § 77 BetrVG 1972; 13.10.2015 EzA § 75 BetrVG 2001 Nr. 12 Rn. 13; 21.02.2017 EzA § 75 BetrVG 2001 Nr. 15 Rn. 16 = NZA 2017, 738). Grenzen setzen nur die Regelungssperre nach § 77 Abs. 3 Satz 1 und die Innenschranken der Betriebsautonomie. Dabei ist die Unterscheidung bedeutsam, ob die Altersgrenzenregelung **verschlechternden Charakter** hat oder ob die Betriebsvereinbarung nur **für später begründete** Arbeitsverhältnisse gelten soll. Eine Verschlechterung stellt die **erstmalige Einführung** einer Altersgrenze für alle Arbeitnehmer dar, die bei ihrem Inkrafttreten schon in einem Dauerarbeitsverhältnis stehen, das auf unbestimmte Zeit geschlossen ist (sei es aufgrund einer Einzelvereinbarung oder vertraglicher Einheitsregelung); sie kann aber auch in der **Herabsetzung** einer vertraglich bestimmten **Altersgrenze** liegen (vgl. zu den Voraussetzungen wirksamer Regelung Rdn. 386, 387). Diese letztere Konstellation lag dem Vorlagebeschluss des Zweiten Senats des *BAG* vom 19.09.1985 (AP Nr. 11 zu § 77 BetrVG 1972 = EzA § 77 BetrVG 1972 Nr. 15 = SAE 1986, 242 *[Hromadka]*) zugrunde (»Kann eine vom Arbeitgeber einheitlich [hier: für sog. außertarifliche Angestellte] angewandte, auf vertraglicher Grundlage beruhende Regelung, nach der das Arbeitsverhältnis mit Erreichen einer bestimmten Altersgrenze [hier: 6 Monate nach Vollendung des 65. Lebensjahres] endet, durch Betriebsvereinbarung dahin abgeändert werden, dass eine niedrigere Altersgrenze [hier: Vollendung des 65. Lebensjahres] festgelegt wird?«), über die der *GS* des *BAG* am 07.11.1989 (EzA § 77 BetrVG 1972 Nr. 34 *[Otto]*) entschieden hat. Nach zutr. Ansicht des *GS* gilt das (individuelle) Günstigkeitsprinzip als Kollisionsnorm (vgl. Rdn. 260 ff., 288) auch für das Verhältnis von vertraglichen Regelungen über Altersgrenzen zu den entsprechenden Inhaltsnormen einer Betriebsvereinbarung. Günstiger ist die Regelung, die dem Arbeitnehmer länger die Wahlmöglichkeit zwischen Arbeit und Ruhestand einräumt; insoweit war die Herabsetzung der Altersgrenze durch Betriebsvereinbarung eindeutig die ungünstigere Regelung.

385 Nach dem grundlegenden Beschluss des *GS* des *BAG* vom 16.09.1986 (AP Nr. 17 zu § 77 BetrVG 1972 = EzA § 77 BetrVG 1972 Nr. 17 *[Otto]*) zur Verschlechterung von Sozialleistungen durch Betriebsvereinbarung durfte bereits erwartet werden, dass auch die Wirksamkeit der **Herabsetzung des Bestandsschutzes** durch eine Altersgrenze nach **den gleichen Grundsätzen zu beurteilen ist**. Im Beschluss vom 07.11.1989 (EzA § 77 BetrVG 1972 Nr. 34) hat der *GS* dies im Ergebnis bestätigt. Im Verhältnis einer Einzelvereinbarung zur Betriebsvereinbarung gilt danach uneingeschränkt das **(individuelle) Günstigkeitsprinzip** (zust. *Brune* AR-Blattei SD 520, Rn. 333; *Fitting* § 77 Rn. 53e). Soweit der Bestandsschutz auf vertraglicher Einheitsregelung, Gesamtzusage oder betrieblicher Übung beruht, haben (mangels praktischer Anhaltspunkte für die Möglichkeit bloß umstrukturierender Betriebsvereinbarung nach dem Maßstab eines kollektiven Günstigkeitsvergleichs; vgl. Rdn. 288) die Grundsätze zu gelten, die der *GS* zur Beurteilung insgesamt verschlechternder Betriebsvereinbarungen anwendet. Dies bedeutet, dass auch insoweit grundsätzlich das **(individuelle) Günstigkeitsprinzip** gilt (konsequent im Ansatz deshalb *BAG* 05.03.2013 EzA § 77 BetrVG 2001

Nr. 35 Rn. 55 = AP Nr. 105 zu § 77 BetrVG 1972) und deshalb nicht wirksam durch eine betriebsvereinbarungsrechtliche Altersgrenze in den Bestandsschutz des Arbeitsverhältnisses eingegriffen werden kann. Etwas anderes gilt ausnahmsweise bei »betriebsvereinbarungsoffener« vertraglicher Gestaltung (diese Konsequenz hat der Zweite Senat bereits für ein allgemein betriebsvereinbarungsoffen gestaltetes Arbeitsverhältnis im Urteil vom 20.11.1987 [EzA § 620 BGB Altersgrenze Nr. 1 unter B VIII der Gründe, insoweit zust. *Belling* S. 33 f. = AP Nr. 2 zu § 620 BGB Altersgrenze, krit. *Joost*] anerkannt; ebenso in einem weitreichenden obiter dictum der Erste Senat im Urteil vom 05.03.2013 [EzA § 77 BetrVG 2001 Nr. 35 Rn. 58 ff. = AP Nr. 105 zu § 77 BetrVG 1972]) oder (was praktisch ausscheidet) wenn der Arbeitgeber wegen Wegfalls der Geschäftsgrundlage die Einführung einer Altersgrenze verlangen kann (vgl. näher Rdn. 289, 291). Unbefristete Dauerarbeitsverhältnisse sichert das Günstigkeitsprinzip bei erstmaliger Einführung einer Altersgrenze durch Betriebsvereinbarung auch dann, wenn eine ausdrückliche Altersgrenzenregelung im Arbeitsvertrag nicht vorhanden ist, aber Anhaltspunkte für eine positive Sachregelung durch Nichtregelung (Negativregelung) vorliegen; dafür genügt es jedoch nicht, dass man die Rechtslage nach dem Arbeitsvertrag unter Mitberücksichtigung des diesen ergänzenden dispositiven Rechts bestimmt (so etwa *Fastrich* RdA 1994, 129 [133]). Vielmehr ist dann von einer Nichtregelung auszugehen (so etwa *Moll* DB 1992, 475 [477]; im Ergebnis wohl auch *BAG* 05.03.2013 EzA § 77 BetrVG 2001 Nr. 35 Rn. 55 ff.), die einem Günstigkeitsvergleich mangels konkurrierender Regelungen unzugänglich ist (s. dazu näher Rdn. 269). Allerdings ist dann doch die die Rechtslage der Arbeitnehmer verschlechternde Betriebsvereinbarung mit deren Schutzzweck unvereinbar (vgl. Rdn. 359; vgl. auch *Ch. Weber* SAE 1994, 321 f.).

Soweit danach **ausnahmsweise** die Geltung einer verschlechternden Altersgrenzenregelung (bei Betriebsvereinbarungsoffenheit oder Fehlen konkurrierender Regelungen) nicht bereits am Günstigkeitsprinzip scheitert (bzw. am Schutzzweck der Betriebsvereinbarung) **und immer**, wenn die Regelung nur **für nach Abschluss** der Betriebsvereinbarung begründete Arbeitsverhältnisse gelten soll (bzw. eine sonst unzulässige verschlechternde Betriebsvereinbarung in diesem eingeschränkten Sinn einschränkend auszulegen und aufrecht zu erhalten wäre), bleibt ihre **Wirksamkeit** unter **verschiedenen Gesichtspunkten wegen Verstoßes gegen höherrangiges Recht zu prüfen**. Unzutreffend war schon immer die Ansicht, die ganz allgemein die Festsetzung der Altersgrenze mit Vollendung des 65. Lebensjahres für zulässig hielt (so *Hess/Schlochauer/Glaubitz* § 77 Rn. 31; *Schimana* BB 1970, 1138); sie übersah § 75 Abs. 1 Satz 2 a. F. Andererseits kann mangels unmittelbarer Grundrechtsbindung der Betriebsvereinbarungsparteien (vgl. Rdn. 332) die Unwirksamkeit einer Altersgrenzenregelung nicht unmittelbar aus einer Verletzung des Art. 12 GG i. V. m. § 134 BGB hergeleitet werden (so auch *BAG* GS 07.11.1989 EzA § 77 BetrVG 1972 Nr. 34 unter C I 3c, während der Zweite Senat im Urteil vom 20.11.1987 [EzA § 620 BGB Altersgrenze Nr. 1 unter B V, insoweit zust. *Belling* S. 23 ff.] noch unbefangen Art. 12 Abs. 1 GG als unmittelbaren Kontrollmaßstab herangezogen hat). Richtig ist aber, dass **(1.)** aus § 75 Abs. 1 eine mittelbare Grundrechtsbindung der Betriebspartner folgt (vgl. Rdn. 333). Danach haben sie die **grundrechtlichen Wertenscheidungen i. V. m. dem Verhältnismäßigkeitsprinzip** als grundrechtstypischem Bindungsprinzip zu wahren. Da Altersgrenzen die Berufsfreiheit (Art. 12 Abs. 1 GG: freie Wahl des Arbeitsplatzes, Berufsausübungsfreiheit) und auch das berufliche Selbstverwirklichungsrecht (Art. 2 Abs. 1 i. V. m. Art. 1 Abs. 1 GG) einschränken, ist die Regelung insoweit nur wirksam, wenn sie das Verhältnismäßigkeitsprinzip wahrt, d. h. im Hinblick auf deren erstrebten Zweck geeignet, erforderlich und angemessen ist (vgl. zu diesem Individualschutzkonzept ausführlich Rdn. 333 ff.). Daneben ist **(2.)** das **Benachteiligungsverbot wegen des Alters** nach § 75 Abs. 1 maßgebliche Innenschranke jeder starren Arbeits-Altersgrenze (näher zu diesem Benachteiligungsverbot *Kreutz/Jacobs* § 75 Rdn. 69 ff.). Die automatische Beendigung der Arbeitsverhältnisses bei Erreichen der festgelegten Altersgrenze stellt eine Benachteiligung wegen des Alters dar, weil Arbeitnehmer, die dieses Alter erreichen, unmittelbar eine weniger günstige Behandlung erfahren als alle anderen Arbeitnehmer (so zu Recht *EuGH* 16.10.2007 EzA EG-Vertrag 1999 Richtlinie 2000/78 Nr. 3 Rn. 51 [Palacios de la Villa]; folgend etwa *BAG* 05.03.2013 EzA § 77 BetrVG 2001 Nr. 35 Rn. 38; 15.10.2015 EzA § 75 BetrVG 2001 Nr. 12 Rn. 16; *Fitting* § 77 Rn. 53c). Obwohl die Benachteiligungsverbote nach § 75 Abs. 1 absolut formuliert sind, gelten sie nicht so; eine Benachteiligung (auch wegen Alters) kann sachlich gerechtfertigt sein (vgl. *Kreutz/Jacobs* § 75 Rdn. 46, 48 f.). Dann ist sie nicht wegen Verbotsverstoßes nach § 134 BGB nichtig. Eines sachlichen Grundes bedarf es **(3.)** auch deshalb, weil die Festlegung einer Altersgrenze nach billigenswerter neue-

386

rer Rspr. des Siebten Senats des *BAG* (vgl. *BAG* 16.08.2003 EzA § 620 BGB 2002 Altersgrenze Nr. 3; 19.11.2003 EzA § 620 BGB 2002 Altersgrenze Nr. 4) eine kalendermäßige (Höchst-) **Befristung** der Arbeitsverhältnisse zum Inhalt hat, die nach § 14 Abs. 1 Satz 1 TzBfG nur zulässig ist, wenn sie durch einen sachlichen Grund gerechtfertigt ist. Eine Altersgrenzenregelung kann schließlich **(4.)** nach § **7 Abs. 2 AGG** unwirksam sein. Danach sind Bestimmungen in Vereinbarungen unwirksam, die gegen ein Benachteiligungsverbot nach § 7 Abs. 1 AGG verstoßen. Eine solche »Vereinbarung« ist auch eine Betriebsvereinbarung. Enthält sie eine Altersgrenzenregelung, verstößt sie (grundsätzlich) gegen das Benachteiligungsverbot wegen des Alters nach § 7 Abs. 1 i. V. m. § 1 AGG (vgl. *EuGH* 16.10.2007 EzA EG-Vertrag 1999 Richtlinie 2000/78 Nr. 3 Rn. 51). Ein Verbotsverstoß liegt jedoch dann nicht vor, wenn die unterschiedliche Behandlung wegen des Alters (ausnahmsweise) nach § 10 AGG oder wegen beruflicher Anforderungen nach § 8 AGG zulässig ist (vgl. *Kreutz/Jacobs* § 75 Rdn. 72 f.). **Zur (sachlichen) Rechtfertigung** gilt Folgendes:

387 § **10 AGG** ist jetzt für eine (ausnahmsweise) **allgemein** zulässige Altersgrenzenregelung **von maßgeblicher Bedeutung**. Über die generalklauselartige Zulassung unterschiedlicher Behandlung wegen des Alters unter den in § 10 Satz 1 und 2 AGG genannten Voraussetzungen hinaus konkretisiert Satz 3 Nr. 5 dies dahin, dass eine unterschiedliche Behandlung auch eine Vereinbarung einschließen kann, »die die Beendigung des Arbeitsverhältnisses ohne Kündigung zu einem Zeitpunkt vorsieht, zu dem der oder die Beschäftigte eine Rente wegen Alters beantragen kann«. Wortlaut und Entstehungsgeschichte (vgl. BT-Drucks. 16/1780 S. 36) ergeben, dass eine solche Vereinbarung auch in einer Betriebsvereinbarung getroffen werden kann. Generell gerechtfertigt und dementsprechend **nicht nach § 7 Abs. 2 AGG unwirksam** ist danach auch die in einer Betriebsvereinbarung festgelegte Altersgrenze, wenn sie auf den Zeitpunkt der **Regel-Altersrentenberechtigung** in der gesetzlichen Rentenversicherung der Beschäftigten (nach §§ 35 ff., 235 Abs. 2 SGB VI) abstellt (ebenso im Ergebnis *BAG* 05.03.2013 EzA § 77 BetrVG 2001 Nr. 35, 2. Orientierungssatz = AP Nr. 105 zu § 77 BetrVG 1972; 13.10.2015 EzA § 75 BetrVG 2001 Nr. 12 Rn. 13 ff.; 21.02.2017 EzA § 75 BetrVG 2001 Nr. 15 LS 1; *Fitting* § 77 Rn. 53c; *Linsenmaier* RdA 2008, 1 [10]; vgl. auch *Berg/DKKW* § 77 Rn. 84; *Worzalla/HWGNRH* § 77 Rn. 73) bzw. in diesem Sinne ausgelegt werden kann; das muss wegen der gesetzlichen Ausnahmen nicht die Vollendung des 67. Lebensjahres als neuer Regelaltersgrenze nach § 35 Satz 2 SGB VI sein (eingeführt durch Gesetz vom 20. April 2007 BGBl. I S. 554, in Kraft seit 1. Januar 2008). Ältere Betriebsvereinbarungen, nach denen das Arbeitsverhältnis noch mit Vollendung des 65. Lebensjahres (als alter Regelaltersgrenze) endet, sind nach billigenswerter Rspr. des Ersten Senats (*BAG* 13.10.2015 EzA § 75 BetrVG 2001 Nr. 12) jetzt regelmäßig (wenn keine besonderen Umstände entgegenstehen) gesetzeskonform-geltungserhaltend dahin auszulegen, dass die Beendigung erst mit Vollendung des für den Bezug einer Regelaltersrente maßgeblichen Lebensalters erfolgen soll. Allerdings musste das auf das Erreichen des Regelrentenalters abstellende Ergebnis zunächst unter dem Vorbehalt der Konformität von § 10 Satz 3 Nr. 5 AGG mit Art. 6 der EG-Richtlinie 2000/78, dessen Umsetzung sie dient, gesehen werden; nach der eher großzügigen Entscheidung des *EuGH* vom 16.10.2007 (wie Rdn. 386) war diese schon wahrscheinlich und wurde dann auch bestätigt (*EuGH* 12.10.2010 EzA § 620 BGB 2002 Altersgrenze Nr. 9 [Rosenblad] = NZA 2010, 1167. Mit § 10 Satz 3 Nr. 5 AGG hat der Gesetzgeber die bisherige Rspr. des *BAG* bestätigt (vgl. insb. *BAG* 20.11.1987 DB 1988, 1501 = EzA § 620 BGB Altersgrenze Nr. 1 [abl. *Belling*] = AP Nr. 2 zu § 620 BGB Altersgrenze [abl. *Joost*] = AR-Blattei, D-Blatt Betriebsvereinbarung, Entsch. 43 [abl. *Hanau*]; danach sollte die auf die Vollendung des 65. Lebensjahres abstellende Altersgrenze bereits dann wirksam sein, wenn sie nur für Arbeitnehmer gilt [was notfalls durch einschränkende Auslegung herbeizuführen ist], die zu diesem Zeitpunkt ein gesetzliches Altersruhegeld beanspruchen können. Der Zweite Senat war damit von seiner Entscheidung vom 25.03.1971 abgerückt, in der er die Altersgrenze deshalb für wirksam ansah, weil eine zusätzliche betriebliche Versorgungsregelung bestand, die ebenfalls auf den Zeitpunkt der Vollendung des 65. Lebensjahres abstellte; vgl. *BAG* 25.03.1971 AP Nr. 5 zu § 57 BetrVG = SAE 1972, 132 [insoweit zust. *Richardi*]; zust. für diesen Fall auch *Dietz/Richardi* § 77 Rn. 88; *Hueck* KSchG, 10. Aufl., § 1 Rn. 85) und zugleich der Kritik an dieser Rspr. den Boden entzogen (vgl. 8. Aufl., § 77 Rn. 343); diese ging im Wesentlichen dahin, dass allein die wirtschaftliche Absicherung durch den möglichen Bezug einer gesetzlichen Altersrente (ohne ausreichende betriebliche Zusatz-Altersversorgung) nicht ausreicht, bei einer Abwägung der Interessen der Arbeitnehmer (Bestandsschutzinteresse aus wirtschaftlichen und ideellen Gründen) mit denen des Arbeitgebers (Bedürfnis

nach einer sachgerechten und berechenbaren Personal- und Nachwuchsplanung) letzteren regelmäßig den die Altersgrenze rechtfertigenden Vorrang einzuräumen. Gerade das hat jetzt der Gesetzgeber nicht gelten lassen. **In Wertungsübereinstimmung** (vgl. *Kreutz/Jacobs* § 75 Rdn. 71) **mit § 10 Satz 3 Nr. 5 AGG** liegt wegen sachlicher Rechtfertigung zugleich auch **kein Verstoß** gegen das **Benachteiligungsverbot wegen des Alters** nach § 75 Abs. 1 vor, wenn die Altersgrenze an die gesetzliche Regelaltersrentenberechtigung anknüpft. Zugleich ist unter dieser Voraussetzung die in der Altersgrenzenregelung liegende **Befristung** der Arbeitsverhältnisse nach § 14 Abs. 1 TzBfG sachlich **gerechtfertigt**. Wenn die Altersgrenzenregelung der Befristungskontrolle standhält, **wahrt** sie grundsätzlich zugleich das grundrechtstypische **Verhältnismäßigkeitsprinzip bei Prüfung eines Verstoßes gegen § 75 Abs. 1** (vgl. Rdn. 386). Mit diesen Beurteilungen stimmt jetzt die jüngere Rspr. des Ersten Senats des BAG in den Ergebnissen zu den genannten Prüfungsgesichtspunkten (bei abw. Prüfungsreihenfolge) überein (vgl. *BAG* 05.03.2013 EzA § 77 BetrVG 2001 Nr. 35 Rn. 25 ff. = AP Nr. 105 zu § 77 BetrVG 1972; auch, aber enger zur Wirksamkeit der auf das Regelrentenalter bezogenen Altersgrenzen in Betriebsvereinbarungen argumentierend *BAG* 13.10.2015 EzA § 75 BetrVG 2001 Rn. 14 ff.,; im Urteil vom 21.02.2017 [NZA 2017, 738 Rn. 17 ff.= EzA § 75 BetrVG 2001 Nr. 15] beschränkt sich der Erste Senat auf eine knappe Befristungskontrolle, um dann darzutun, dass eine Altersgrenzenregelung, die den Anforderungen des § 14 Abs. 1 Satz 1 TzBfG gerecht wird, doch wegen Verstoßes gegen den nach § 75 Abs. 1 Satz 1 für die Betriebsparteien geltenden Grundsatz des Vertrauensschutzes insgesamt unwirksam sein kann. Die Bindung an das Gebot des Vertrauensschutzes folgt für den Senat bündig »grundrechtlich aus Art. 2 Abs. 1 GG i. V. m. dem Rechtsstaatsprinzip (Art. 20 Abs. 3 GG)«. Den Verstoß sieht er darin, dass die erstmals eine Altersgrenze einführende Betriebsvereinbarung keine Übergangsregelungen für die bei Inkrafttreten bereits rentennahen Arbeitnehmer vorsieht; insofern hätte der Senat den Betriebsparteien [3. Orientierungssatz] allerdings einen weiten Gestaltungsspielraum zugebilligt; im Begründungszusammenhang erscheint dieses Ausweichen auf einen Verstoß gegen den Grundsatz des Vertrauensschutzes indes inkonsequent; richtig wäre nach der bisherigen Rspr. des Ersten Senats (s. Rdn. 333, 337) nach dem grundrechtstypischen Grundsatz der Verhältnismäßigkeit zu beurteilen gewesen, ob die Altersgrenzenregelung, die keinerlei Übergangsregelung für die bereits rentennahen Arbeitnehmer vorsieht, als Eingriff in die Berufsfreiheit [Art. 12 Abs. 1 GG] noch bzw. nicht mehr angemessen ist). Im Umkehrschluss ist aus § 10 Satz 3 Nr. 5 AGG herzuleiten, dass eine Altersgrenze, die auf einen Zeitpunkt abstellt (Erreichen eines bestimmten Lebensalters), zu dem Beschäftigte **noch keine Regelaltersrente** beantragen können, auch nicht nach der Generalklausel des § 10 Satz 1 und 2 AGG zulässig sein kann, sondern in Einzelfällen (Beispiel: Piloten; vgl. dazu aber *Kreutz/Jacobs* § 75 Rdn. 73) nur wegen beruflicher Anforderungen nach § 8 AGG.

Sollte als Altersgrenze in der Betriebsvereinbarung der Zeitpunkt fixiert sein, zu dem ein Arbeitnehmer vor Erreichen der Regelaltersgrenze (§§ 36 ff. SGB VI) **Altersrente der gesetzlichen Rentenversicherung beantragen kann**, so gilt diese Vereinbarung (analog § 41 Satz 2 SGB VI n. F., dessen Geltung § 10 Satz 3 Nr. 5 Halbs. 2 AGG ausdrücklich unberührt lässt) dem Arbeitnehmer gegenüber als erst auf das Erreichen der Regelaltersgrenze abgeschlossen, sofern ein Arbeitnehmer die Regelung nicht innerhalb von drei Jahren vor dem vorgesehenen Ausscheiden bestätigt hat (vgl. näher dazu, dass die Unwirksamkeit einer Altersgrenzenregelung wegen Verstoßes gegen § 41 Satz 2 SGB VI nicht mehr in Betracht kommt, 8. Aufl. § 75 Rn. 85), befreit aber nicht von der Prüfung, ob die Regelung durch Betriebsvereinbarung überhaupt wirksam ist. **388**

Eine Altersgrenzenregelung enthält als solche (wenn nichts anderes deutlich zum Ausdruck kommt) **kein Verbot der Weiterbeschäftigung** über die Altersgrenze hinaus oder der Einstellung von Arbeitnehmern, die die Altersgrenze überschritten haben; auch eine wirksame Altersgrenzenregelung gibt deshalb dem Betriebsrat kein Zustimmungsverweigerungsrecht nach § 99 Abs. 2 Nr. 1 (zutr. *BAG* 10.03.1992 EzA § 99 BetrVG 1972 Nr. 104; zust. *Brune* AR-Blattei SD 520, Rn. 334; *Richardi* § 77 Rn. 110). **389**

dd) Sonstige Schutzzweckverfehlungen

Unwirksam ist eine Betriebsvereinbarung, die **materiell** nur in einem **Haftungsausschluss zugunsten des Arbeitgebers** besteht (so im Grundsatz zutr. das vieldiskutierte Haftungsausschlussurteil des **390**

BAG vom 05.03.1959 AP Nr. 26 zu § 611 BGB Fürsorgepflicht *[Hueck]* = AuR 1959, 316 *[Herschel]* = SAE 1959, 145 *[Bulla]*; ebenso *Fitting* § 77 Rn. 64; *Galperin/Löwisch* § 77 Rn. 47; *von Hoyningen-Huene* DB 1984, Beil. Nr. 1, S. 1 [4]; *Kreutz* Betriebsautonomie, S. 249; *Reichold* Betriebsverfassung als Sozialprivatrecht, S. 535; *Richardi* § 77 Rn. 112; *Säcker* Gruppenautonomie und Übermachtkontrolle im Arbeitsrecht, S. 454 f.; *ders.* AR-Blattei, Betriebsvereinbarung III, B 5; *Worzalla/HWGNRH* § 77 Rn. 82). Das muss z. B. gelten, wenn allgemein die Haftung des Arbeitgebers gegenüber dem Arbeitnehmer **bei Sachschäden** auf mittlere oder grobe Fahrlässigkeit beschränkt wird oder wenn die **Beschränkung der Haftung** der Arbeitnehmer **bei schadensgeneigter Arbeit**, wie sie sich nach der Rspr. des *BAG* ergibt (vgl. grundsätzlich *BAG* GS 27.09.1994 EzA § 611 BGB Arbeitnehmerhaftung Nr. 49), oder die Verteilung des **Betriebsrisikos** zuungunsten der Arbeitnehmer geändert werden.

391 Das **Haftungsausschlussurteil** des *BAG* (s. Rdn. 390) ist jedoch im Ergebnis **unzutreffend (a. M.** *Ramm* JZ 1964, 546 [555]; *Rüthers* in: *Rüthers/Boldt* Zwei arbeitsrechtliche Vorträge, S. 7 [29 f.]). Nach der vom *BAG* beurteilten Betriebsvereinbarung hatte der Arbeitgeber seinen Arbeitnehmern die Unterstellung ihrer Krafträder in seiner Versandhalle gestattet, ohne allerdings die Haftung für auftretende Schäden zu übernehmen. Insoweit handelte es sich nicht um einen materiellen Haftungsausschluss, sondern um eine Modalität der Gestattung der Unterstellung, die vorzunehmen dem Arbeitgeber kraft seines Direktionsrechtes allein zustand (wenn man vom Mitbestimmungsrecht des Betriebsrats nach § 87 Abs. 1 Nr. 1 absieht); mithin war der Haftungsausschluss im konkreten Fall als formelle Arbeitsbedingung zu qualifizieren und konnte daher auch zuungunsten der Arbeitnehmer wirksam geregelt werden (vgl. Rdn. 359; ebenso *Canaris* AuR 1966, 129 [132]). Selbst wenn man dieser Begründung nicht folgt, stellte doch die Betriebsvereinbarung insgesamt **keine ausschließliche Begünstigung des Arbeitgebers** und eine entsprechende Belastung der Arbeitnehmer dar, weil sie diesen die schützende Unterstellung ihrer Krafträder in der Versandhalle gestattete (deshalb ebenfalls abl. zum Haftungsausschlussurteil: *Bulla*, *Herschel*, *Hueck*, *Säcker* [alle wie Rdn. 390]; *Biedenkopf* Grenzen der Tarifautonomie, S. 317 Fn. 89; *Fitting* § 77 Rn. 64; *Galperin/Löwisch* § 77 Rn. 47; *Nause* Die Grenzen der Regelungsbefugnis von Arbeitgeber und Betriebsrat gegenüber dem einzelnen Arbeitnehmer bei Abschluss von Betriebsvereinbarungen, S. 166; *Richardi* § 77 Rn. 112; *Thiele* Drittbearbeitung, § 77 Rn. 85; *Worzalla/HWGNRH* § 77 Rn. 82). Ein Haftungsausschluss erscheint auch möglich, wenn sich ein Arbeitgeber durch Betriebsvereinbarung verpflichtet, Einrichtungen zur Sicherung von persönlichen Gegenständen der Arbeitnehmer bereitzustellen, zugleich aber die Haftung gegenüber denjenigen ausgeschlossen wird, die davon keinen Gebrauch machen (*Hess/Schlochauer/Glaubitz* § 77 Rn. 36).

392 Soweit der Arbeitgeber nach § 618 BGB und einschlägigen Unfallverhütungsvorschriften verpflichtet ist, auf eigene Kosten **Schutz- oder Arbeitskleidung** (z. B. Sicherheitsschuhe für Zimmerer) und sonstige Ausrüstung zur Verfügung zu stellen, ist eine Betriebsvereinbarung **unwirksam**, durch die die Arbeitnehmer ganz oder z. T. mit den **Anschaffungskosten belastet** werden. Nach *BAG* (10.03.1976, 18.08.1982, 21.08.1985 AP Nr. 17 *[Herschel]*, Nr. 18 *[Lorenz]*, Nr. 19 zu § 618 BGB) gilt dies zu Recht selbst dann, wenn die Gegenstände in das Eigentum der Arbeitnehmer übergehen sollen und von ihnen auch im privaten Bereich benutzt werden können, sofern dies nicht davon abhängig gemacht wird, dass die Arbeitnehmer dies wünschen; erst dann steht der Kostenbelastung ein adäquater Vorteil gegenüber. Durch Betriebsvereinbarung kann auch nicht wirksam eine Kostenbeteiligung der Arbeitnehmer für die Gestellung von Arbeitskleidung eingeführt werden, die »der Verbesserung des äußeren Erscheinungsbildes und Images« des Arbeitgebers dient (vgl. *BAG* 01.12.1992 EzA § 87 BetrVG 1972 Betriebliche Ordnung Nr. 20 [zust. *von Hoyningen-Huene*] = SAE 1994, 316 [zust. *Ch. Weber*]). Zu Recht hat demgegenüber das *BAG* (13.02.2007 EzA § 87 BetrVG 2001 Betriebliche Ordnung Nr. 2 = AP Nr. 40 zu § 87 BetrVG 1972 Ordnung des Betriebes *[Edenfeld]*) einen Einigungsstellenspruch als verhältnismäßig gebilligt, der für die Arbeitnehmer eines Spielkasino das Tragen mitternachtsblauer oder schwarzer Anzüge und Kostüme (ohne Regelung der Kostentragung) vorschreibt; dabei handelt es sich um formelle, dem Direktionsrecht unterfallende und nach § 87 Abs. 1 Nr. 1 mitbestimmungspflichtige Arbeitsbedingungen, die auch zuungunsten der Arbeitnehmer geregelt werden können (vgl. Rdn. 359).

Vgl. allgemein zur Beurteilung **verschlechternder Betriebsvereinbarungen** Rdn. 282 ff. Auch die **393** Einführung von lohnmindernder **Kurzarbeit** durch Betriebsvereinbarung kann ein Fall verschlechternder Betriebsvereinbarung sein, wenn die Arbeitszeit auf einzelvertraglicher Basis beruht; dann gilt grundsätzlich das individuelle Günstigkeitsprinzip (vgl. Rdn. 282 ff., 288 ff.; vgl. dazu auch *Söllner* Anm. zu *BAG* 09.05.1984 EzA § 1 LohnFG Nr. 71; *Waltermann* NZA 1993, 679; *ders.* Rechtsetzung durch Betriebsvereinbarung, S. 177 ff.: Kurzarbeit kann durch Betriebsvereinbarung nur dann eingeführt werden, wenn dem Arbeitgeber die einseitige Einführung durch Tarifvertrag, einzelvertragliche Abmachung oder Gestattung des Landesarbeitsamtes nach § 19 KSchG erlaubt ist; *Müller-Franken* Die Befugnis zu Eingriffen in die Rechtsstellung des einzelnen durch Betriebsvereinbarung, S. 223, 336: immer unwirksam, wenn keine individualrechtliche Grundlage [»Betriebsvereinbarungsoffenheit«] besteht; vgl. demgegenüber **zur Wirksamkeit** der Einführung von Kurzarbeit durch Betriebsvereinbarung m. w. N. *Wiese/Gutzeit* § 87 Rdn. 418, 383; zu Recht hebt *Linsenmaier* [RdA 2008, 1, 11 mit Bezug auf *BAG* 14.02.1991 EzA § 87 BetrVG 1972 Kurzarbeit Nr. 1] hervor, dass die [lohnmindernde] vorübergehende Verkürzung der Arbeitszeit nach § 87 Abs. 1 Nr. 3 Gegenstand einer Betriebsvereinbarung sein kann [vgl. zum Regelungsgegenstand grundsätzlich Rdn. 93, 96]; ebenso jetzt *BAG* Neunter Senat 18.12.2008 EzA § 7 BUrlG Nr. 120 Rn. 28; *BAG* Fünfter Senat 18.11.2015 EzA § 615 BGB 2002 Nr. 47 Rn. 15, der die Betriebsvereinbarung zur Einführung von Kurzarbeit aber [dogmatisch unklar] als unwirksam ansieht, weil sie die Auswahl der betroffenen Arbeitnehmer nicht konkretisiert, sondern dem Ermessen des Arbeitgebers überlässt). Aus der Sicht der Schutzzwecklehre ist hinzuzufügen, dass durch die Einführung von Kurzarbeit materielle Arbeitsbedingungen nicht ausschließlich zuungunsten der Arbeitnehmer geregelt werden, weil in der Regel das Verhältnis von Leistung [Arbeit] und Gegenleistung [Lohn] gleich bleibt und Einkommenseinbußen der Arbeitnehmer durch Kurzarbeitergeld und die Aussicht auf Erhalt der Arbeitsplätze kompensiert werden kann. Ist im Arbeitsvertrag die Leistung von **Überstunden** (nicht festgelegt, aber auch) nicht ausgeschlossen, so kann nach *BAG* (03.06.2003 EzA § 77 BetrVG 2001 Nr. 5 unter II 3 = AP Nr. 19 zu § 77 BetrVG 1972 Tarifvorbehalt [abl. *Lobinger*]) auch eine Betriebsvereinbarung Grundlage für die vorübergehende Anordnung von Überstunden sein, weil diese dann nicht in Rechtspositionen des Arbeitnehmers eingreife; solange die Überstunden nicht unentgeltlich erbracht werden sollen, liegt in der Tat keine ausschließlich zuungunsten der Arbeitnehmer wirkende Gestaltung i. S. d. Schutzzwecklehre vor. Ob das individuelle Günstigkeitsprinzip, wenn es nicht durch Betriebsvereinbarungsoffenheit der Vertragsregelung sowieso nicht gilt (s. Rdn. 298 ff.), vor einer Überstundeneinführung durch Betriebsvereinbarung sichern kann, hängt zunächst davon ab, ob die Auslegung des Arbeitsvertrags eine schlichte Nichtregelung ergibt oder wegen besonderer Anhaltspunkte einen Ausschluss von Überstunden als Sachregelung durch Nichtregelung, die erst einen Günstigkeitsvergleich konkurrierender Regelungen ermöglicht (s. Rdn. 269). Ist das ausnahmsweise der Fall, wird bei der gebotenen objektiven Beurteilung im Günstigkeitsvergleich (s. Rdn. 275) kaum festzustellen sein, dass die Einhaltung der betriebsüblichen Arbeitszeit für die betroffenen Arbeitnehmer günstiger ist (vgl. auch *Linsenmaier* RdA 2008, 1 [11]). Über die Schranken des Günstigkeitsprinzips hinaus müssen auch Betriebsvereinbarungen, die Kurzarbeit oder Überstunden anordnen, mit höherrangigem Recht vereinbar sein, insbesondere auch mit dem Individualschutzkonzept mittelbarer Grundrechtsbindung (s. dazu Rdn. 333 ff.); dass dies in den einschlägigen Entscheidungen des BAG nicht überprüft worden ist, wird beklagt (*Preis/Ulber* RdA 2013, 211 [219]). Zur **Rückwirkung von Betriebsvereinbarungen** vgl. Rdn. 217 ff.

ee) »Verschlechterung« des gesetzlichen Beschäftigtendatenschutzes

Nach § 4 Abs. 1 BDSG vom 20.12.1990 (i. d. F. der Neubekanntmachung vom 14.01.2003 [BGBl. I **394** S. 66], der noch bis zum 24.05.2018 gilt [s. Rdn. 395]; zuvor entsprechend § 3 Abs. 1 Nr. 1 BDSG 1977) ist die Erhebung, Verarbeitung und Nutzung personenbezogener Daten nicht nur dann zulässig, wenn das BDSG sie erlaubt, sondern auch dann, wenn eine **andere Rechtsvorschrift** sie erlaubt. Die **Betriebsvereinbarung** (ebenso wie ein Spruch der Einigungsstelle, der die Rechtsnatur einer Betriebsvereinbarung hat) ist eine solche »andere Rechtsvorschrift« (so *BAG* 27.05.1986 AP Nr. 15 zu § 87 BetrVG 1972 Überwachung Bl. 5 R = EzA § 87 BetrVG 1972 Kontrolleinrichtung Nr. 16 S. 156, zur Telefondatenerfassung [bestätigt durch *BAG* 30.08.1995 EzA § 87 BetrVG 1972 Kontrolleinrichtung Nr. 21 S. 10]; danach unstr (s. auch *Wiese/Gutzeit* § 87 Rdn. 517 f., 585 ff.; *Franzen* § 83

Rdn. 60). Die Weite des Begriffs »Rechtsvorschrift« deckt diese Auslegung, die Entstehungsgeschichte des BDSG steht ihr nicht entgegen. Vor allem aber ist es sinnvoll, durch Betriebsvereinbarung sachnah an den konkreten Umständen des Betriebes den Datenschutz sicherzustellen. Die Wirksamkeit einer Betriebsvereinbarung ist daher nicht allein dadurch in Frage gestellt, dass sie zuungunsten der Arbeitnehmer hinter den Schutzvorschriften des Beschäftigtendatenschutzes nach § 32 BDSG zurückbleibt (z. B. kam es noch zu § 23 BDSG 1977 nicht auf die Erfüllung von dessen Voraussetzungen für eine Telefondatenerfassung im Betrieb an; vgl. *BAG* 27.05.1986 EzA § 87 BetrVG 1972 Kontrolleinrichtung Nr. 16; anders noch kurz zuvor *BAG* 11.03.1986 AP Nr. 14 zu § 87 BetrVG 1972 Überwachung Bl. 6); wegen der Öffnung durch § 4 Abs. 1 BDSG steht der Schutzzweck der Betriebsvereinbarung solchen Abweichungen nicht entgegen (krit. dazu *M. Hammer* Die betriebsverfassungsrechtliche Schutzpflicht für die Selbstbestimmungsfreiheit des Arbeitnehmers, S. 151 ff.). Die maßgeblichen Begrenzungen datenschutzrechtlicher Betriebsvereinbarungen ergeben sich vielmehr aus § 75 Abs. 2 Satz 1 als zwingendem Recht und dem Individualschutzkonzept mittelbarer Grundrechtsbindung (s. Rdn. 330, 333 ff.; zu Eingriffen in die freie Entfaltung der Persönlichkeit s. *Kreutz/Jacobs* § 75 Rdn. 108 sowie dann i. E. § 75 Rdn. 125, 126 f., 136). Deshalb ist denjenigen nicht zuzustimmen, die mit unterschiedlichen Begründungsansätzen jede Verschlechterung des Standards, den das BDSG gewährt, ablehnen; etwa *Breidenstein* Grenzen der Regelungskompetenz des Betriebsrates beim Abschluss von Betriebsvereinbarungen zur Datenverarbeitung, S. 73 f.; *Fitting* § 83 Rn. 30; *Klebe/DKKW* § 87 Rn. 195; *Latendorf/Rademacher* CR 1989, 1105; *Linnenkohl/Rauschenberg/Schütz* BB 1987, 1454. Zum Spielraum datenschutzrechtlicher »Öffnungsklauseln« vgl. *Brandt* DuD 2010, 213.

395 Am 25.05.2018 **ändern sich die Rechtgrundlagen** des Datenschutzes, auch des Beschäftigtendatenschutzes. An diesem Tag treten die europäische Datenschutzgrundverordnung (DSGVO) als unmittelbar geltendes Recht in den EU-Mitgliedstaaten (Art. 288 Abs. 2 AEUV) und das neue deutsche Datenschutzgesetz (BDSG-neu) in Kraft; das BDSG (i. d. F. vom 14.01.2003) tritt außer Kraft; Das BDSG-neu ist Teil des Gesetzes zur Anpassung des Datenschutzrechts an die VO (EU) 2016/679 und der Umsetzung der Richtlinie (EU) 2016/680 (DSAnpUG-EU vom 30.06.2017 BGBl. I S. 2097). Zentrale Bestimmungen zum Beschäftigtendatenschutz sind Art. 88 DSGVO und § 26 BDSG-neu. Entsprechend der noch geltenden Rechtslage wird in beiden Bestimmungen ausdrücklich klargestellt, dass auch durch »Kollektivvereinbarungen« (Art. 88 Abs. 1 DSGVO) bzw. »Betriebsvereinbarungen und andere Kollektivvereinbarungen« (§ 26 Abs. 4 BDSG-neu) Beschäftigtendatenschutz geregelt werden kann. Soweit Betriebsvereinbarungen die Verarbeitung personenbezogener Beschäftigtendaten im Beschäftigungskontext erlauben, müssen sie, ebenso wie der nationale Gesetzgeber beim BDSG-neu, den inhaltlichen Anforderungen genügen, die Art. 88 Abs. 2 DSGVO aufstellt (das stellt § 26 Abs. 4 Satz 2 BDSG vorsichtshalber klar). Das hat zur Folge, dass zukünftig Betriebsvereinbarungen das Schutzniveau des BDSG-neu nur noch dann und nur insoweit wirksam unterschreiten können, wie dieses über den Mindeststandard (ebenso im Auslegungsergebnis *Düwell/Brink* NZA 2016, 665 [666]; *Kort* DB 2016, 58 [59]; *Reichold*/MünchArbR § 96 Rn. 15; **a. M.** *Maschmann* DB 2016, 2480 [2482 ff.]) hinausgeht, den Art. 88 Abs. 2 DSGVO sichert. Auch dann sind die Begrenzungen zu beachten, die sich aus § 75 Abs. 2 Satz 1 und dem Schutzkonzept mittelbarer Grundrechtsbindung ergeben (s. Rdn. 330, 333 ff.). Soweit einschlägige datenschutzrechtliche Betriebsvereinbarungen bei Inkrafttreten der DSGVO bestehen, gelten sie weiter, wenn sie nicht gegen Art. 88 Abs. 2 DSGVO verstoßen (vgl. *Maschmann* DB 2016, 2480 [2485]); das sollte rechtzeitig überprüft werden.

6. Die Beendigung der Betriebsvereinbarung (Abs. 5)

396 Abs. 5 soll die früher bestehende Rechtsunsicherheit darüber beseitigen, dass eine Betriebsvereinbarung **durch Kündigung** beendet werden kann (vgl. BT-Drucks. VI/1786, S. 47; vgl. zum Streitstand zum BetrVG 1952 *Hueck/Nipperdey* II/2, S. 1283 ff.; *Nikisch* III, S. 297 ff.). Die Bestimmung lässt aber offen, welche weiteren Beendigungsgründe daneben in Betracht kommen (s. Rdn. 398 ff.) und welche Vorkommnisse keine Beendigungsgründe sind (s. Rdn. 428 ff.).

397 Die **Beendigung** der Betriebsvereinbarung **bedeutet**, dass ihre Regelungen die unmittelbare und zwingende Geltungswirkung (Abs. 4 Satz 1) für die betroffenen Arbeitsverhältnisse verlieren. Der Eintritt eines Beendigungsgrundes führt jedoch in allen Fällen nur dazu, dass die zwingende Geltung en-

det; damit ist in der Terminologie des Gesetzes die Betriebsvereinbarung »abgelaufen« (vgl. Abs. 6). Ob zugleich auch die unmittelbare Geltung endet, richtet sich nach Abs. 6. Soweit die Betriebsvereinbarung danach weiter gilt (»Weitergeltung« = »Nachwirkung«), behalten ihre Regelungen ihre unmittelbare Geltungswirkung, bis sie durch eine andere Abmachung ersetzt werden; in solchen Fällen ist die Betriebsvereinbarung erst mit dieser Ersetzung »voll« beendet, sonst bereits mit Eintritt des Beendigungsgrundes (vgl. auch Rdn. 444). Von der Beendigung ist die **Unwirksamkeit** einer Betriebsvereinbarung zu unterscheiden; eine unwirksame Betriebsvereinbarung hat grundsätzlich keine Geltungswirkung (vgl. zur Anfechtung aber näher Rdn. 70).

a) Beendigungsgründe

aa) Zeitablauf, Zweckerreichung

Nach allgemeinen Grundsätzen endet eine befristete Betriebsvereinbarung ohne weiteres mit **Ablauf** **398** **der Zeit**, für die sie abgeschlossen ist. Die Befristung ist uneingeschränkt zulässig (vgl. *BAG* 19.06.2001 EzA § 77 BetrVG 1972 Nr. 67), insbesondere bedarf sie keines sachlichen Grundes, um wirksam zu sein. Vom Zeitablauf ist der Eintritt einer **auflösenden Bedingung** zu unterscheiden. Wie das Inkrafttreten einer Betriebsvereinbarung von einer aufschiebenden Bedingung abhängig gemacht werden kann (vgl. Rdn. 216), können ihre Rechtswirkungen auch von einer auflösenden Bedingung abhängig gemacht werden (vgl. *BAG* 22.07.2003 EzA § 112 BetrVG 2001 Nr. 7: auflösend bedingter Sozialplan); dann hängt ihr Fortbestehen davon ab, dass das künftige, objektiv ungewisse Ereignis nicht eintritt. Bei Bedingungseintritt endet die Wirkung der Betriebsvereinbarung ohne weiteres und ohne Rückwirkung (§ 158 Abs. 2 BGB).

Ist eine Betriebsvereinbarung zur Erreichung eines bestimmten Zweckes abgeschlossen, so endet sie **399** automatisch mit **Zweckerreichung** (unstr.; vgl. *BAG* 20.12.1961, 14.12.1966 AP Nr. 7 und 27 zu § 59 BetrVG; *BAG* 12.08.1982, 25.08.1983 AP Nr. 5, 7 zu § 77 BetrVG 1972; *Berg/DKKW* § 77 Rn. 92; *Fitting* § 77 Rn. 142; *Hueck/Nipperdey* II/2, S. 1283, die dafür auf die Wertung des § 726 BGB verweisen; *Kaiser/LK* § 77 Rn. 93; *Preis/WPK* § 77 Rn. 37; *Richardi* § 77 Rn. 193), z. B. eine Rahmen-Betriebsvereinbarung mit Abschluss der Durchführungs-Betriebsvereinbarung (*BAG* 12.08.1982 AP Nr. 5 zu § 77 BetrVG 1972). Zweckerreichung (**a. M.** *Misera* Anm. *BAG* AP Nr. 7 zu § 77 BetrVG 1972 Bl. 4 f.: auflösende Befristung) liegt auch vor, wenn ein Tarifvertrag endet, zu dem eine durch tarifliche Öffnungsklausel (§ 77 Abs. 3 Satz 2) zugelassene Betriebsvereinbarung ergänzende Regelungen getroffen hat (st. Rspr.; vgl. *BAG* AP Nr. 7 und 27 zu § 59 BetrVG; AP Nr. 7 zu § 77 BetrVG 1972); die Betriebsvereinbarung ist insoweit in ihrer Laufzeit auf die Dauer des Tarifvertrages sowie ggf. dessen Nachwirkungszeitraum beschränkt (vgl. aber auch Rdn. 183 ff.). Ob eine Betriebsvereinbarung, die eine Weihnachtsgratifikation nur für ein bestimmtes Jahr gewährt, wegen Zeitablauf oder Zweckerreichung endet, hat das *BAG* (17.01.1995 EzA § 77 BetrVG 1972 Nr. 54) im Ergebnis zu Recht offen gelassen. Zur Zweckerreichung, wenn die Betriebsvereinbarung gegenstandslos wird, vgl. Rdn. 420 ff.

bb) Aufhebungsvertrag

Arbeitgeber und Betriebsrat (Beschlussfassung nach § 33 vorausgesetzt) können eine Betriebsverein- **400** barung jederzeit durch Vertrag aufheben. Als actus contrarius zur Betriebsvereinbarung bedarf der **Aufhebungsvertrag der Schriftform des § 77 Abs. 2**; durch formlose **Regelungsabrede** kann eine Betriebsvereinbarung **nicht abgelöst oder beendet** werden (so für die ablösende Regelungsabrede auch *BAG* 27.06.1985 EzA § 77 BetrVG 1972 Nr. 16 und 20.11.1990 EzA § 77 BetrVG 1972 Nr. 37; zust. *Eich* SAE 1986, 178; ebenso bereits *Adomeit* DB 1962, 1250; im Ergebnis auch *Berg/DKKW* § 77 Rn. 93; *Fitting* § 77 Rn. 143; *Kaiser/LK* § 77 Rn. 94; *Matthes/MünchArbR* § 239 Rn. 37; *Preis/WPK* § 77 Rn. 37; *Richardi* § 77 Rn. 194; *Rieble/AR* § 77 BetrVG Rn. 16; *Schwarze/NK-GA* § 77 BetrVG Rn. 75; *Stege/Weinspach/Schiefer* § 77 Rn. 39; *Worzalla/HWGNRH* § 77 Rn. 235; für Formfreiheit des Aufhebungsvertrages unter Hinweis darauf, dass auch die Kündigung formlos erfolgen kann, dagegen *Thiele* Drittbearbeitung, § 77 Rn. 206; *Brecht* § 77 Rn. 20; *Brune* AR-Blattei SD 520, Rn. 526; *Bulla* DB 1962, 1208; *Gaul* NZA 1986, 628; *Hueck/Nipperdey* II/2, S. 1283; *Nikisch* III, S. 297; *Peterek* FS Gaul, S. 471 [488]; *Säcker* AR-Blattei, Betriebsvereinbarung I, F II; *Schaub* BB 1995, 1639; das *BAG* [20.11.1990 EzA § 77 BetrVG 1972 Nr. 37] hat gegen diese Ansicht

»Bedenken«, aber die Entscheidung offen gelassen; offen gelassen auch im Urteil vom 22.03.1995 EzA § 611 BGB Arbeitszeit Nr. 1). Da die Regelungsabrede anders als die Betriebsvereinbarung keine unmittelbare und zwingende Geltungswirkung hat, kann sie deren Wirkungen (gleichgültig zu welchem Ziel) nicht beseitigen (das *BAG* spricht insoweit anschaulich von »höherrangigem Recht«); deshalb kommt es nicht darauf an, ob im Zivilrecht formbedürftige Verträge formlos aufgehoben werden können. Möglich erscheint eine Umdeutung eines formlosen Aufhebungsvertrages in eine formlos gültige Kündigung, soweit die völlige Beseitigung der Betriebsvereinbarung gewollt ist (ebenso *Hess / Schlochauer / Glaubitz* § 77 Rn. 218; *Preis / WPK* § 77 Rn. 37).

cc) Ablösung durch neue Betriebsvereinbarung

401 Eine Betriebsvereinbarung endet, **wenn und soweit** sie durch eine **neue Betriebsvereinbarung aufgehoben** (vgl. Rdn. 400), **ersetzt** oder **geändert** wird. Weil es sich um **ranggleiche Gestaltungsfaktoren** handelt, verdrängt die jüngere die ältere Regelung mit dem gleichen Regelungsgegenstand und Adressatenkreis mit Wirkung für die Zukunft (vgl. auch Rdn. 220) entsprechend der Zeitkollisionsregel »lex posterior derogat legi priori« (im Grunde unstr.; vgl. *BAG* GS 16.09.1986 EzA § 77 BetrVG 1972 Nr. 17 [unter C II 5] = AP Nr. 17 zu § 77 BetrVG 1972; *BAG* 17.03.1987 EzA § 1 BetrAVG Nr. 48 [unter I 3c]; 25.10.1988 EzA § 77 BetrVG 1972 Nr. 26 S. 7; 22.05.1990 EzA § 1 BetrAVG Ablösung Nr. 2; 23.10.1990 EzA § 1 BetrAVG Ablösung Nr. 4; 09.04.1991 EzA § 1 BetrAVG Ablösung Nr. 5; 21.01.1992 EzA § 1 BetrAVG Ablösung Nr. 8; 16.07.1996 EzA § 1 BetrAVG Ablösung Nr. 13; 10.08.1994 EzA § 112 BetrVG Nr. 76 S. 5; zuletzt etwa *BAG* 19.01.1999 EzA § 87 BetrVG 1972 Betriebliche Ordnung Nr. 24 S. 5; 15.11.2000 NZA 2001, 900 = EzA § 77 BetrVG 1972 Ablösung Nr. 2; 29.01.2001 EzA § 77 BetrVG 1972 Nr. 72 S. 7; 14.08.2001 EzA § 613a BGB Nr. 200 S. 7; 18.11.2003 EzA § 77 BetrVG 2001 Nr. 9 S. 7; 28.06.2005 EzA § 77 BetrVG 2001 Nr. 12 S. 7; 02.10.2007 EzA § 77 BetrVG 2001 Nr. 20 Rn. 19; 23.01.2008 EzA § 77 BetrVG 2001 Nr. 24 Rn. 19; 15.04.2008 – 9 AZR 26/07 – juris = NZA-RR 2008, 580; 24.05.2012 EzA § 1 KSchG Betriebsbedingte Kündigung Nr. 168 Rn. 61 = AP Nr. 194 zu § 1 KSchG 1969 Betriebsbedingte Kündigung; vgl. auch Urteil vom 24.03.1981 EzA § 112 BetrVG 1972 Nr. 22 S. 136 m. w. N. zur älteren Rspr.; auch schon *BAG* GS 16.03.1956 AP Nr. 1 zu § 57 BetrVG [unter I 2]; vgl. auch *LAG Köln* 19.06.2002 LAGE § 77 BetrVG 1972 Nr. 30, wo zutreffend klargestellt wird, dass die Ablösung ein eigenständiger, selbständiger Beendigungsgrund ist, der keine vorherige Kündigung der abzulösenden Betriebsvereinbarung erfordert; *Berg / DKKW* § 77 Rn. 23; *Brune* AR-Blattei SD 520, Rn. 599; *Fitting* § 77 Rn. 192; *Gaul / HWK* § 77 BetrVG Rn. 54; *Hueck / Nipperdey* II/2, S. 1293 f. m. w. N.; *Kaiser / LK* § 77 Rn. 91; *Kania* / ErfK § 75 BetrVG Rn. 64; *Matthes* / MünchArbR § 239 Rn. 37; *Preis / WPK* § 77 Rn. 38; *Richardi* § 77 Rn. 195, 174 f.; *Rieble* / AR § 77 BetrVG Rn. 19; *Schwarze* / NK-GA § 77 BetrVG Rn. 43). Es gilt nicht das Günstigkeitsprinzip (ausdrücklich auch jeweils das *BAG*; vgl. auch *BAG* 21.09.1989 EzA § 77 BetrVG 1972 Nr. 33 S. 19); es gilt das **Ablösungsprinzip**. Wenn eine jüngere eine ältere Betriebsvereinbarung nicht zugleich ausdrücklich aufhebt, ist bei Unklarheit durch Auslegung der jüngeren Betriebsvereinbarung zu ermitteln, ob und inwieweit sie den gleichen Gegenstand regelt und deshalb die ältere Betriebsvereinbarung ablöst (vgl. *BAG* 24.05.2012 EzA § 1 KSchG Betriebsbedingte Kündigung Nr. 168 Rn. 62; *LAG Köln* 16.07.2003 LAGE § 77 BetrVG 2001 Nr. 3), ggf. weiter, ob und inwieweit sie (andere) ältere Regelungen bestehen lässt oder (konkludent) aufhebt.

402 Nach dem Ablösungsprinzip kann die jüngere die ältere Betriebsvereinbarung **auch zuungunsten** der Arbeitnehmer ablösen (vgl. auch Rdn. 359); ebenso ein Sozialplan eine ältere Versorgungsordnung in der Rechtsform einer Betriebsvereinbarung (*BAG* 25.02.1986 EzA § 6 BetrAVG Nr. 11 = AP Nr. 13 zu § 6 BetrAVG) sowie ein Sozialplan (Betriebsvereinbarung) einen älteren Sozialplan (*BAG* 24.03.1981 EzA § 112 BetrVG 1972 Nr. 22; 10.08.1994 EzA § 112 BetrVG 1972 Nr. 76; 11.02.1998 EzA § 112 BetrVG 1972 Nr. 97; 05.10.2000 EzA § 112 BetrVG 1972 Nr. 107). Deshalb hat die Rspr. des *BAG* auch die ablösende neue Betriebsvereinbarung der gerichtlichen Billigkeitskontrolle unterstellt; das ist abzulehnen, ist insoweit in der Sache mit Aufgabe der Billigkeitskontrolle von Betriebsvereinbarungen auch erledigt (vgl. näher Rdn. 342 ff., 349). Auch eine ablösende Betriebsvereinbarung unterliegt nur der Rechtskontrolle; sie darf höherrangiges Recht nicht verletzen. Dazu bedarf es einer normbezogenen Prüfung. Deshalb hat der GS des *BAG* (16.09.1986 [wie Rdn. 401]) zwar die richtige Richtung gewiesen, aber dogmatisch zu kurz gegriffen, indem er den

Durchführung gemeinsamer Beschlüsse, Betriebsvereinbarungen § 77

Grundsatz der Verhältnismäßigkeit als maßgebliches Bindungsprinzip für Eingriffe in »Besitzstände« der betroffenen Arbeitnehmer herausgestellt hat (vgl. dazu Rdn. 348 f.). Eine solche allgemeine Verhältnismäßigkeitskontrolle geht nicht wesentlich über die verfehlte allgemeine Billigkeitskontrolle hinaus. Wesentlich ist, dass nur in rechtlich geschützte Rechtspositionen nicht unverhältnismäßig eingegriffen werden darf. Dazu ist jetzt die mittelbare Grundrechtsbindung der Betriebsparteien nach § 75 Abs. 1 als maßgeblicher Kontrollnorm bei Eingriffen in grundrechtlich geschützte Rechtspositionen gefunden (vgl. Rdn. 333 ff., 349, 372). Daneben dürfen auch privatrechtlich anerkannte Persönlichkeitsrechte der Arbeitnehmer nicht unverhältnismäßig eingeschränkt werden; § 75 Abs. 2 Satz 1 ist dabei die Kontrollnorm (vgl. Rdn. 333 ff., sowie *Kreutz/Jacobs* § 75 Rdn. 108, 158). Auch sonst darf eine ablösende Betriebsvereinbarung höherrangiges Recht (z. B. § 75 Abs. 1) nicht verletzen, namentlich nicht den Gleichbehandlungsgrundsatz als Grundsatz des Rechts (vgl. *Kreutz/Jacobs* § 75 Rdn. 38 ff.) oder die in § 75 Abs. 1 und im AGG festgeschriebenen Benachteiligungsverbote (vgl. *Kreutz/Jacobs* § 75 Rdn. 45 ff.). Folgt ein Tarifvertrag einer Betriebsvereinbarung nach, so gilt weder das Ablösungsprinzip noch das Günstigkeitsprinzip, sondern § 77 Abs. 3 (vgl. Rdn. 147). Zur Ablösung einer Betriebsvereinbarung **durch** eine **Gesamtbetriebsvereinbarung** vgl. *Kreutz/Franzen* § 50 Rdn. 82 ff.

dd) Kündigung

Neben dem Zeitablauf und der Ablösung durch jüngere Betriebsvereinbarung ist die **Kündigung der** 403 **Betriebsvereinbarung** deren praktisch wichtigster Beendigungsgrund. Das Gesetz hat die zum BetrVG 1952 bestehende Rechtsunsicherheit um die (von der h. M. bejahte) Kündbarkeit von Betriebsvereinbarungen (vgl. Rdn. 396) in Abs. 5 nunmehr dahin entschieden, dass eine **Kündigung** unter Einhaltung einer **Frist von drei Monaten** möglich ist, soweit nichts anderes vereinbart ist. Abs. 5 gibt insoweit gleichermaßen dem Betriebsrat und dem Arbeitgeber das **Recht**, durch **einseitige** Gestaltungserklärung mit dreimonatiger Frist die Betriebsvereinbarung **mit Wirkung für die Zukunft** zu beenden.

(1) Diese (ordentliche) Kündigung ist **nicht** an einen **sachlichen Kündigungsgrund** gebunden 404 (ganz h. M.; vgl. *BAG* 18.04.1989 EzA § 77 BetrVG 1972 Nr. 28; 26.04.1990 EzA § 77 BetrVG 1972 Nr. 35; 10.03.1992 EzA § 77 BetrVG 1972 Nr. 46; 26.10.1993 EzA § 77 BetrVG 1972 Nr. 53; 17.01.1995 EzA § 77 BetrVG 1972 Nr. 54 S. 7 jeweils m. w. N.; später etwa 07.11.2000 EzA § 77 BetrVG 1972 Nachwirkung Nr. 2; 21.08.2001 EzA BetrAVG Betriebsvereinbarung Nr. 4 S. 6; 18.11.2003 EzA § 77 BetrVG 2001 Nr. 9 S. 8; 17.08.2004 § 1 BetrAVG Betriebsvereinbarung Nr. 5 S. 4; *Berg/DKKW* § 77 Rn. 111; *Blomeyer* DB 1985, 2506 [2507]; *ders.* DB 1990, 173; *Brune* AR-Blattei SD 520, Rn. 513; *Fitting* § 77 Rn. 146 ff.; *Gaul/HWK* § 77 BetrVG Rn. 34; *Heither* BB 1992, 145 [148]; *Käppler* FS *Kissel*, S. 475 [493]; *Kaiser/LK* § 77 Rn. 96; *Kania*/ErfK § 77 BetrVG Rn. 117; *Klein* Die Nachwirkung der Betriebsvereinbarung, S. 89 ff., 123 ff.; *Kraft* SAE 1990, 185; *Leinemann* BB 1989, 1905 [1907]; *Löwisch/Kaiser* § 77 Rn. 96; ausführlich, auch zur Gegenmeinung, *Loritz* RdA 1991, 65; *Matthes*/MünchArbR § 239 Rn. 41; *Molkenbur/Roßmanith* AuR 1990, 333 [338]; *Richardi* § 77 Rn. 200; *Roßmanith* DB 1999, 634; *Schulin* Anm. § 77 BetrVG 1972 Nr. 53; *Schulz* Der Bestandsschutz von Betriebsvereinbarungen bei Kündigung, S. 29 ff.; *Schwarze*/NK-GA § 77 BetrV Rn. 76; *Stege/Weinspach/Schiefer* § 77 Rn. 41; *Worzalla*/HWGNRH § 77 Rn. 223), die Ausübung dieses Kündigungsrechts bedarf keiner Rechtfertigung und unterliegt folglich auch nicht gerichtlicher Billigkeitskontrolle oder Inhaltskontrolle (vgl. *BAG* 26.04.1990 EzA § 77 BetrVG 1972 Nr. 35; 26.10.1993 EzA § 77 BetrVG 1972 Nr. 53; 11.05.1999 EzA § 1 BetrAVG Betriebsvereinbarung Nr. 1 S. 4 f.; 17.08.1999 EzA § 1 BetrAVG Betriebsvereinbarung Nr. 2 S. 6 f.; 21.08.2001 EzA § 1 BetrAVG Betriebsvereinbarung Nr. 4 S. 4); sie ist auch ohne Begründung wirksam (vgl. *BAG* 18.04.1989 EzA § 77 BetrVG 1972 Nr. 28). Zu Recht haben sich verschiedene Ansätze aus der Literatur nicht durchgesetzt, die das gesetzlich freie Kündigungsrecht bei sog. freiwilligen Betriebsvereinbarungen über Sozialleistungen (bei denen eine Nachwirkung viel zu undifferenziert ausgeschlossen wurde, vgl. Rdn. 454 ff.) durch die Begründung von Kündigungsschutzbestimmungen einschränken wollen, um Arbeitnehmer davor zu schützen, dass die in der Betriebsvereinbarung vereinbarten Arbeitgeberleistungen ohne sachlichen Grund entfallen (vgl. *Schaub* BB 1990, 289; *Hilger/Stumpf* BB 1990, 929; *Hanau/Preis* NZA 1991, 81 [88 ff.]; *Hilger* FS *Gaul*, S. 327; vgl. auch *Preis/WPK* § 77 Rn. 42). Ein solcher Kündigungsschutz bei Betriebsvereinbarungen ist nicht überzeugend begründbar; er ist

§ 77 IV. 1. Allgemeines

auch nicht erforderlich (vgl. Rdn. 452), namentlich auch nicht zur Vermeidung von Wertungswidersprüchen im Bestandsschutz im Verhältnis zu allgemeinen Arbeitsbedingungen (zutr. *Käppler* FS *Kissel*, S. 490 ff. gegen *Hanau/Preis* und *Hilger/Stumpf*).

405 Soweit nichts anderes vereinbart ist, unterliegt **jede** Betriebsvereinbarung (unabhängig vom Regelungsgegenstand) der ordentlichen, befristeten Kündigung. Es ist insbesondere ohne Belang, ob sie als sog. »freiwillige« Betriebsvereinbarung abgeschlossen worden ist oder ob sie eine Angelegenheit regelt, die der (echten) Mitbestimmung des Betriebsrats unterliegt, bei der ein Spruch der Einigungsstelle die Einigung zwischen Arbeitgeber und Betriebsrat ersetzen kann. Kündbar ist auch eine Betriebsvereinbarung, die auf einem **verbindlichen Spruch der Einigungsstelle** beruht, sofern nichts anderes festgelegt ist (unstr.; vgl. *Berg/DKKW* § 77 Rn. 113; *Fitting* § 77 Rn. 144; *Hanau* NZA 1985, Beil. Nr. 2, S. 3 [9]; *Kaiser/LK* § 77 Rn. 95; *Preis/WPK* § 77 Rn. 40; *Richardi* § 77 Rn. 208). Die Kündigung ist schon nach »kurzer« Laufzeit möglich (vgl. Sachverhalt von *BAG* 18.02.2003 EzA § 77 BetrVG 2001 Nr. 4). Zur (eingeschränkten) Weitergeltung (Nachwirkung) nach Abs. 6 vgl. näher Rdn. 448 ff.

406 Frei kündbar sind auch Betriebsvereinbarungen über eine **betriebliche Altersversorgung** (vgl. *BAG* Dritter Senat 18.04.1989 EzA § 77 BetrVG 1972 Nr. 28 *[Schulin]*; 10.03.1992 EzA § 77 BetrVG 1972 Nr. 46; 11.05.1999 EzA § 1 BetrAVG Betriebsvereinbarung Nr. 1 = AP § 1 BetrAVG Betriebsvereinbarung Nr. 6 *[Käppler]* = SAE 2000, 230 *[Blomeyer/Vienken]*; 17.08.1999 EzA § 1 BetrAVG Betriebsvereinbarung Nr. 2; 21.08.2001 EzA § 1 BetrAVG Betriebsvereinbarung Nr. 4; 18.09.2001 EzA § 1 BetrAVG Ablösung Nr. 31 mit Orientierungssatz 4; 15.02.2011 EzA § 1 BetrAVG Betriebsvereinbarung Nr. 9 Rn. 64; ebenso insoweit *BAG* Erster Senat 05.05.2015 EzA § 613a BGB 2002 Nr. 164 Rn. 56). Anders als bei anderen freiwilligen Leistungen (z. B. Weihnachtsgratifikationen, Urlaubsgeld) unterscheidet der Dritte Senat des *BAG* (in den angegebenen Entscheidungen) dabei aber zwischen der Wirksamkeit der Kündigung und den Kündigungsfolgen und sucht über eine Begrenzung der Kündigungsfolgen Versorgungsbesitzstände der Arbeitnehmer zu sichern: Die Auswirkungen der Kündigung werden nach den Grundsätzen der Verhältnismäßigkeit und des Vertrauensschutzes gerichtlicher Kontrolle unterworfen und ggf. begrenzt; dabei greift der Dritte Senat auf das Prüfungsschema zurück, das er für ablösende Betriebsvereinbarungen entwickelt hat (»Drei-Stufen-Modell«; vgl. Rdn. 371 f.). Diese Rspr. betrifft, wie der Erste Senat (19.09.2006 EzA § 77 BetrVG 2001 Nr. 16 Rn. 21) klargestellt hat, nur die betriebliche Altersversorgung i. S. v. § 1 Abs. 1 Satz 1 BetrAVG, z. B. mangels Versorgungscharakters nicht die Zusage eines Sterbegeldes in Form eines Beitrags zu den Bestattungskosten. Auch bei der Altersversorgung bedarf es jedoch für den Schutz von Besitzständen (Ansprüche, »erdiente« Anwartschaften) **keiner** gerichtlichen Eingriffskontrolle und dementsprechend ist es verfehlt, zum Schutz solcher Besitzstände insoweit eine normative Fortgeltung der gekündigten Betriebsvereinbarung anzunehmen (so aber *Schlewing* NZA 2010, 529, die nur die Alternative zwischen normative Fortgeltung und Nachwirkung sieht). Dieser Besitzstandsschutz ergibt sich vielmehr daraus, dass die **Kündigung** die Betriebsvereinbarung **nur ex nunc** (bei Ablauf der Kündigungsfrist) beendet (vgl. näher Rdn. 452); im Ergebnis übereinstimmend *BAG* Erster Senat 05.05.2015 EzA § 613a BGB 2002 Nr. 164 Rn. 56. Der Dritte Senat hat das anfangs wohl verkannt, indem er angenommen hat, durch die Kündigung entfalle die Betriebsvereinbarung als Rechtsgrundlage (*BAG* 18.04.1989 EzA § 77 BetrVG 1972 Nr. 28; 10.03.1992 EzA § 77 BetrVG 1972 Nr. 46). Deshalb wird diese Rspr. im Schrifttum zu Recht zunehmend abgelehnt (vgl. *Käppler* Anm. zu § 1 BetrAVG Betriebsvereinbarung Nr. 6 S. 11 ff.; *Blomeyer/Vienken* SAE 2000, 234 ff.; *Roßmanith* DB 1999, 634; *Sommer* Die Kündigung von Betriebsvereinbarungen über betriebliche Sozialleistungen, S. 118 ff.; ausführlich *Reichold* GS *Wolfgang Blomeyer*, S. 275; *Waltermann* GS *Meinhard Heinze*, S. 1021 [1028 ff.]; ders. FS *Kreutz*, S. 471 [483 f.]; nachdrücklich *Konzen* FS *Kreutz*, S. 229 [243 ff.]; *Kaiser/LK* § 77 Rn. 66), zumal die Anwendung des »Drei-Stufen-Modells« im Ansatz zu Eingriffen in die Kündigungswirkungen zum Nachteil der Begünstigten führt; das gilt nur nicht für die bei Wirksamwerden der Kündigung noch nicht erdienten (zukünftigen) dienstzeitabhängigen Steigerungsraten, die nach Kündigungsrecht als bloße Erwartungen nicht geschützt sind, nach der »Drei-Stufen-Theorie« aber nur bei Vorliegen eines sachlich-proportionalen Grundes wegfallen sollen (*Konzen* FS *Kreutz*, S. 245 hält insoweit eine Einschränkung der Kündigungswirkung für folgerichtig).

Einschränkend wird weithin noch immer an der von *Neumann-Duesberg* (Betriebsverfassungsrecht, **407** S. 383 ff.) begründeten Auffassung festgehalten, dass eine ordentliche Kündigung nur für Betriebsvereinbarungen in Betracht komme, deren Regelungen auf eine **gewisse Dauer** angelegt sind; unkündbar soll die Regelung eines **konkreten Sachverhalts** sein (so *BAG* 22.06.1962 BAGE 13, 156 [158 f.] = AP Nr. 2 zu § 52 BetrVG; *Thiele* Drittbearbeitung, § 77 Rn. 213; *Fitting* § 77 Rn. 145; *Hanau/Preis* NZA 1991, 81 [86]; *Preis/WPK* § 77 Rn. 41; *Richardi* § 77 Rn. 199). Dem ist nicht zu folgen (zust. *Brune* AR-Blattei SD 520, Rn. 512; *Schulz* Der Bestandsschutz von Betriebsvereinbarungen bei Kündigung, S. 27 f., 42 f.; *Wollgast* Geltung, Wirkung und Nachwirkung von Betriebsvereinbarungen, S. 240 ff., 248 ff.; *Worzalla/HWGNRH* § 77 Rn. 218; zweifelnd auch *BAG* 26.04.1990 EzA § 77 BetrVG 1972 Nr. 35 S. 4). Der Streitstand ist überholt, nachdem anders als nach früherer Ansicht (vgl. etwa *BAG* 22.06.1962 BAGE 13, 158; 30.08.1963 AP Nr. 4 zu § 57 BetrVG) heute keine jederzeitige ordentliche Kündigung mehr möglich ist, sondern nur noch die unter Einhaltung einer Frist von drei Monaten. Dadurch erledigen sich die beispielhaft genannten Fälle von selbst, z. B. einer Betriebsvereinbarung vom 20.12., die die Arbeitszeit am Heiligen Abend regelt (so *BAGE* 22.06.1962), oder einer vom 15.11., die die Arbeitszeit zwischen Weihnachten und Neujahr eines bestimmten Jahres regelt. Es ist aber nicht einzusehen, dass insoweit auch eine außerordentliche Kündigung ausgeschlossen sein soll (so aber *Neumann-Duesberg* Betriebsverfassungsrecht, S. 283 ff.). Gewiss ist hier, wie auch sonst im Privatrecht, die Kündigung das Rechtsinstitut, eine auf Dauer eingegangene Bindung durch einseitige Gestaltungserklärung zu lösen. Diese Dauerbindung besteht jedoch auch bei einer Betriebsvereinbarung, die einen in der Zukunft liegenden einmaligen Tatbestand regelt, z. B. wenn im August eine Betriebsvereinbarung geschlossen wird, die die einmalige Gewährung einer Gratifikation oder der Leistung von Überstunden im Dezember vorsieht (vgl. entsprechend zur Kündigung einer Betriebsvereinbarung, die ein zusätzliches Weihnachtsgeld vorsah, im Laufe des Bezugszeitraumes »Kalenderjahr« *BAG* 26.04.1990 EzA § 77 BetrVG 1972 Nr. 35 S. 4). In solchen Fällen kommt auch die ordentliche Kündigung in Betracht; sie darf aber nicht rechtsmissbräuchlich sein. Insoweit ist auch eine Kündigung vor Inkrafttreten der Betriebsvereinbarung möglich; die Kündigungsfrist beginnt dann aber erst mit dem Zeitpunkt des vereinbarten Inkrafttretens zu laufen, wenn nichts anderes vereinbart ist.

(2) In der Betriebsvereinbarung können die **Kündigungsmöglichkeit** und die **Kündigungsfrist** **408** **abweichend** von Abs. 5 geregelt werden; das gilt auch für Betriebsvereinbarungen, die auf einem Spruch der Einigungsstelle beruhen (vgl. *BAG* 29.01.2002 EzA § 76 BetrVG 1972 Nr. 70 [unter B IV 5]). Die ordentliche Kündigung kann (ausdrücklich oder konkludent) ganz oder für bestimmte Zeit (auch für mehrere Jahre; vgl. *BAG* 03.06.2003 EzA § 77 BetrVG 2001 Nr. 5: Betriebsvereinbarung zu Überstunden; 15.04.2014 EzA § 29 BetrVG 2001 Nr. 4 Rn. 50 = AP Nr. 9 zu § 29 BetrVG 1972: Betriebsvereinbarung über Torkontrollen) ausgeschlossen oder an bestimmte Gründe gebunden werden. Gänzlicher Ausschluss ist anzunehmen, wenn die Betriebsvereinbarung befristet ist (ebenso *BAG* 07.11.2000 EzA § 77 BetrVG 1972 Nachwirkung Nr. 2; 24.01.1996 EzA § 77 BetrVG 1972 Nr. 55 S. 10: konkludenter Ausschluss), wenn eine auflösende Bedingung vereinbart ist (vgl. *LAG Rheinland-Pfalz* – 10 Sa 145/11 – juris, Rn. 28) oder wenn sich aus ihrem Zweck eine bestimmte Mindestlaufzeit ergibt; sie ist dann nur außerordentlich aus wichtigem Grund kündbar (vgl. Rdn. 413). Ist dagegen eine Höchstlaufzeit festgelegt, so bleibt es mangels weiterer Regelungen bei Abs. 5. Die Vereinbarung eines allgemeinen steuerunschädlichen Widerrufsvorbehalts in einer Betriebsvereinbarung über eine betriebliche Altersversorgung schließt deren ordentliche Kündbarkeit nicht aus (*BAG* 10.03.1992 EzA § 77 BetrVG 1972 Nr. 46; dort hat das Gericht zu Recht die Gegenmeinung von *Hanau/Preis* NZA 1991, 81 [87] zurückgewiesen, die diese aus einer »Wesensgleichheit« von Widerruf und Kündigung herleiten wollten). Ebenso wenig kann die Bestimmung in einer Betriebsvereinbarung über Weihnachtsgratifikationen, dass ältere Besitzstände erhalten bleiben, als stillschweigender Ausschluss ordentlicher Kündbarkeit ausgelegt werden (*BAG* 17.01.1995 EzA § 77 BetrVG 1972 Nr. 54). Die dreimonatige Kündigungsfrist kann verkürzt und verlängert werden. Es können auch Kündigungstermine festgelegt werden. In allen Fällen einer Abweichung von Abs. 5 musste früher jedoch (entgegen hier vertretener Auffassung) insoweit mit gerichtlicher Billigkeitskontrolle gerechnet werden (vgl. dazu Rdn. 342 ff.; vgl. z. B. noch *BAG* 08.03.1977 AP Nr. 1 zu § 87 BetrVG 1972 Auszahlung; *BAG* 21.07.1981 AP Nr. 2 zu § 87 BetrVG 1972 Urlaub Bl. 3 f. hat eine Mindestlaufzeit von fünf Jahren bei einer Betriebsferienregelung gebilligt; demgegenüber hat das *Hess. LAG* [03.03.2011 –

§ 77 IV. 1. Allgemeines

9 TaBV 168/10 – juris, Rn. 24] die Mindestlaufzeitregelung von drei Jahren in einer Änderungs-Betriebsvereinbarung deshalb für unwirksam gehalten, weil sie kurz vor Amtsende des Betriebsrats erfolgte und deshalb eine rechtsmissbräuchliche Behinderung des neuen Betriebsrats darstelle). Für Betriebsvereinbarungen, die vor Inkrafttreten des BetrVG 1972 abgeschlossen sind, gilt Abs. 5 uneingeschränkt (ebenso *Galperin/Löwisch* § 77 Rn. 61).

409 Nach **§ 120 Abs. 1 Satz 2 InsO** kann in der Insolvenz des Arbeitgebers eine Betriebsvereinbarung, die Leistungen vorsieht, die die Insolvenzmasse belasten, **auch dann** mit einer Frist von drei Monaten gekündigt werden, wenn eine längere Frist vereinbart ist (umfassend zu diesem Kündigungsrecht *Oetker/Friese* DZWIR 2000, 397; ausführlich auch *Fitting* § 77 Rn. 154 ff.). Zur Entlastung der Insolvenzmasse sollen Insolvenzverwalter und Betriebsrat zuvor allerdings über eine einvernehmliche Herabsetzung der Leistungen beraten (§ 120 Abs. 1 Satz 1 InsO). Da diese Beratung nur stattfinden soll, aber nicht muss, ist sie nicht Voraussetzung für die wirksame Ausübung des Kündigungsrechts nach § 120 Abs. 1 Satz 2 durch eine der Parteien (ebenso *Giessen* ZIP 1998, 142; *Heinze* NZA 1999, 57 [61]; *Caspers*/MK-InsO § 120 Rn. 21; *Linck*/HK-InsO § 120 Rn. 6; *Moll* in: *Kübler/Prütting/Bork* InsO, § 120 Rn. 31 f.; *Oetker/Friese* DZWIR 2000, 404; *Fitting* § 77 Rn. 155 [unter Verkennung der hier vertretenen Meinung]; a. M. *Zwanziger* Das Arbeitsrecht der Insolvenzordnung, 1997, § 120 Rn. 4). Nach dem Wortlaut erfasst § 120 Abs. 1 Satz 2 InsO nur die Fälle, in denen von § 77 Abs. 5 abweichend eine längere Kündigungsfrist vereinbart ist. Die Bestimmung dient jedoch dem Zweck, die Insolvenzmasse kurzfristig von Verbindlichkeiten aus Betriebsvereinbarungen zu entlasten, deren wirtschaftliche Grundlage durch die Insolvenz in Frage gestellt ist. Deshalb ist ihre **analoge Anwendung** geboten, wenn die ordentliche Kündigung ausgeschlossen oder an bestimmte Gründe gebunden ist (vgl. Rdn. 408; ebenso im Ergebnis *Hess* Insolvenzarbeitsrecht, 2. Aufl. 2000, § 120 Rn. 17; *Aghamiri* in: *Leonhardt/Smid/Zeuner* InsO, § 120 Rn. 7; *Caspers*/MK-InsO § 120 Rn. 26; *Linck*/HK-InsO § 120 Rn. 7; *Moll* in: *Kübler/Prütting/Bork* InsO, § 120 Rn. 27, 28; ausführlich *Oetker/Friese* DZWIR 2000, 405 f.; *Schrader* NZA 1997, 70 [71]; *Worzalla*/HWGNRH § 77 Rn. 222; **a. M.** *Berg*/DKKW § 77 Rn. 109; *Bichelmeier/Oberhofer* AiB 1997, 161 [163]; *Fitting* § 77 Rn. 156) oder wenn wirksam (dazu Rdn. 469 ff.) die Weitergeltung einer freiwilligen Betriebsvereinbarung vereinbart worden ist, weil diese Vereinbarung sonst der Vollbeendigung der Betriebsvereinbarung durch Kündigung entgegenstünde, obwohl § 120 Abs. 1 Satz 2 InsO lediglich § 77 Abs. 6 unberührt lassen sollte (zutr. *Oetker/Friese* DZWIR 2000, 407). Das Recht zur fristlosen Kündigung bleibt nach § 120 Abs. 2 InsO unberührt (s. auch Rdn. 413).

410 Die Betriebsvereinbarung kann auch die Möglichkeit einer **Teilkündigung** vorsehen (unstr.). Das folgt aber entgegen *BAG* (06.11.2007 EzA § 77 BetrVG 2001 Nr. 19 Rn. 26, 28) und *Fitting* (§ 77 Rn. 153) nicht daraus, dass die Zulässigkeit einer Teilkündigung nicht gesetzlich geregelt ist, sondern aus § 77 Abs. 5; danach können »Betriebsvereinbarungen«, also auch die einzelne Betriebsvereinbarung, offensichtlich nur im Ganzen gekündigt werden, wenn nichts anderes vereinbart ist. Ist das nicht ausdrücklich geschehen, kommt eine wirksame Teilkündigung nach bisher überwiegender Ansicht nur in Betracht, wenn sie sich auf einen **selbständigen**, mit dem weiteren Inhalt der Betriebsvereinbarung sachlich nicht zusammenhängenden **Komplex** bezieht **und** Anhaltspunkte für die Auslegung vorliegen, dass die Betriebspartner davon ausgegangen sind, dass dieser Teil ein selbständiges Schicksal haben sollte oder könnte (vgl. *BAG* 17.04.1959 AP Nr. 10 zu § 59 BetrVG; 29.05.1964 AP Nr. 24 zu § 59 BetrVG; ebenso schon *Thiele* Drittbearbeitung, § 77 Rn. 215; *Brune* AR-Blattei SD 520, Rn. 521; *Galperin/Löwisch* § 77 Rn. 64; *Kaiser/LK* § 77 Rn. 99; *Richardi* § 77 Rn. 206; *Worzalla*/HWGNRH § 77 Rn. 230); eine rein objektive Betrachtung reicht nicht aus (ebenso noch *LAG Hamburg* 10.08.2006 LAGE § 77 BetrVG 2001 Nr. 6). Diese Ansicht hat der Erste Senat des *BAG* aufgegeben; er lässt jetzt die Kündigung selbständiger Teilkomplexe einer Betriebsvereinbarung (anders als bei Tarifvertrag und Arbeitsvertrag) schon dann zu, wenn die Parteien die **Unzulässigkeit einer Teilkündigung nicht (deutlich) zum Ausdruck gebracht** haben (*BAG* 06.11.2007 EzA § 77 BetrVG 2001 Nr. 19 Rn. 26 ff. = AP Nr. 35 zu § 77 BetrVG 1972; folgend *BAG* Dritter Senat 15.02.2011 EzA § 1 BetrAVG Betriebsvereinbarung Nr. 9 Rn. 43; *LAG München* 27.03.2013 – 6 TaBV 101/11 – juris; zust. *Fitting* § 77 Rn. 153; *Fuhrmann* Teilkündigung, S. 59 ff. [der danach auch die Teilkündigung lediglich des betrieblichen Geltungsbereichs für möglich hält]; *Kania*/ErfK § 77 BetrVG Rn. 95; *Lorenz*/HaKo § 77 Rn. 73; *Preis/WPK* § 77 Rn. 40; *Schaub/Koch* Arbeitsrechts-Handbuch, § 231 Rn. 51; zuvor schon *Berg*/DKK § 77 Rn. 55 [einschränkend jetzt *Berg*/

DKKW § 77 Rn. 113] und *Matthes/*MünchArbR, 2. Aufl., § 328 Rn. 44, beide aber mit z. T. unstimmigen Belegen; *Hueck/Nipperdey* II/2, S. 1287 m. w. N.).

Die Praxis hat sich auf die neue Rspr. einzustellen; **Zustimmung verdient sie nicht**, weil sie trotz auffällig aufwendigen Begründungsbemühens dogmatisch und methodisch nicht tragfähig hergeleitet ist (vgl. zur Kritik ausführlich *Kreutz* FS *Säcker*, S. 247 [255 ff.]; krit. auch *Maaß* [ArbR 2010, 335] und *Hoffmann* [AiB 2008, 618] wegen der Rechtsunsicherheit, »selbständige Regelungskomplexe« abzugrenzen; vgl. auch *Kaiser/LK* § 77 Rn. 99). Dass nicht die Zulässigkeit der Teilkündigung (zumindest schlüssig) vereinbart werden muss, sondern ihr Ausschluss, stellt gleichermaßen die in § 77 Abs. 5 getroffene Regelung wie die Dogmatik des Kündigungsrechts auf den Kopf. Mit unstimmiger Ableitung wird die gesetzliche Ausgangslage in ihr Gegenteil verkehrt. Dass es eines Teilkündigungsrechts bedarf, damit eine Teilkündigung wirksam ist, wird verkannt. Ein Kündigungsrecht kann auf Gesetz beruhen oder auf Vereinbarung; beides belegt § 77 Abs. 5. Da diese Bestimmung aber kein Teilkündigungsrecht vorsieht, bedarf dieses der Vereinbarung, entweder ausdrücklich in der Betriebsvereinbarung oder konkludent, was durch Auslegung zu ermitteln ist. Dieser Auslegungsproblematik ist das *BAG* aber ausgewichen. Dass in einer Betriebsvereinbarung verschiedene Arbeitsbedingungen (Angelegenheiten) geregelt sind, die auch jeweils in gesonderten Betriebsvereinbarungen hätten geregelt werden können, genügt nicht für die Annahme eines schlüssig vereinbarten Teilkündigungsrechts. Dagegen spricht entscheidend, dass eine urkundlich einheitliche Regelung erfolgt ist, gerade keine gesonderte (ähnlich *Rieble*/AR § 77 BetrVG Rn. 17). Die einzelnen Teile einer Betriebsvereinbarung stehen regelmäßig auch nicht isoliert nebeneinander, sondern in einem inneren Zusammenhang (oft als Kompensationsregelung), der jedenfalls nicht einseitig auseinander gerissen werden darf. Zusätzlich müssen deshalb Anhaltspunkte dafür vorliegen, dass die Betriebsparteien (bzw. die Einigungsstelle) davon ausgegangen sind, dass gerade der gekündigte Teil ein selbständiges rechtliches Schicksal haben sollte oder könnte. Das Problem der Teilkündigung stellt sich anders als das der Teilnichtigkeit (dazu Rdn. 66 ff.). Bei dieser ist die Entscheidung allein zwischen der Folge der Gesamtnichtigkeit oder der Restgültigkeit zu treffen, während die Nichtigkeit eines Teils endgültig feststeht. Demgegenüber ist die Teilkündigung ein Problem ihrer rechtlichen Zulässigkeit, keine Frage der adäquaten Bestimmung von Rechtsfolgen. Deshalb ist hier ein strenger Maßstab anzulegen, auch wenn die Gegenseite das Recht hat, auf eine Teilkündigung mit der Restkündigung zu antworten (vgl. *Thiele* Drittbearbeitung, § 77 Rn. 215; auch *G. Hueck* RdA 1968, 201 ff.).

Die Teilkündigung einer Betriebsvereinbarung über freiwillige außertarifliche oder soziale Leistungen kann auch für den Fall vereinbart werden, dass der Arbeitgeber nur eine Verringerung des Leistungsvolumens und eine Änderung des Verteilungsplanes anstrebt; ohne Vereinbarung ist eine solche Teilkündigung unzulässig (offen gelassen von *BAG* 18.04.1989 EzA § 77 BetrVG 1972 Nr. 28 S. 6 f.; unter dem Gesichtspunkt einer Äquivalenzstörung dürfte dies auch in der Konsequenz von *BAG* 06.11.2007 EzA § 77 BetrVG 2001 Nr. 19 Rn. 29 ff. liegen), dann kommt aber eine Änderungskündigung in Betracht (vgl. Rdn. 417).

(3) Von Abs. 5 und grundsätzlich auch von anderweitigen Kündigungsregelungen in der Betriebsvereinbarung unberührt bleibt die Möglichkeit ihrer **fristlosen Kündigung aus wichtigem Grund**. Es entspricht einem gewohnheitsrechtlich anerkannten **Rechtsgrundsatz**, dass jedes Dauerrechtsverhältnis bei Unzumutbarkeit seiner Fortsetzung bis zum vereinbarten Ende (bei Befristung) oder (auch nur) bis zum Ablauf der Kündigungsfrist oder auf »ewig« (bei Ausschluss der ordentlichen Kündigung bei Dauerregelung) durch außerordentliche Kündigung beendet werden kann (vgl. für Dauerschuldverhältnisse § 314 BGB). Ein solches **Kündigungsrecht** wird allgemein auch für die Betriebsvereinbarung anerkannt (vgl. nur *BAG* 19.07.1957, 22.06.1962 AP Nr. 1, 2 zu § 52 BetrVG; 29.05.1964 AP Nr. 24 zu § 59 BetrVG zur befristeten Betriebsvereinbarung; *BAG* 28.04.1992 EzA § 50 BetrVG 1972 Nr. 10 [unter B IV]); der Gesetzgeber hat das Recht, eine Betriebsvereinbarung aus wichtigem Grund ohne Einhaltung einer Kündigungsfrist zu kündigen, in § 120 Abs. 2 InsO ausdrücklich anerkannt. Das außerordentliche Kündigungsrecht ist nicht abdingbar (vgl. auch *BAG* 17.01.1995 EzA § 77 BetrVG 1972 Nr. 54 S. 6; bestätigt durch *BAG* 28.04.1998 EzA § 77 BetrVG 1972 Nachwirkung Nr. 1 S. 9). Es trifft jedoch nicht zu, dass an das Vorliegen eines wichtigen Grundes für die außerordentliche Kündigung der Betriebsvereinbarung »besonders strenge Anforderungen« zu stellen sind (so aber *Fitting* § 77 Rn. 151; *Galperin/Löwisch* § 77 Rn. 63; *Hess/Schlochauer/Glaubitz* § 77 Rn. 211). Ist die weitere Geltung für einen Vertragspartner unter Berücksichtigung aller Umstände und unter Abwägung der Interessen beider Betriebspartner und der von der Regelung betroffenen Arbeitnehmer unzumutbar, liegt ein Grund zur fristlosen Kündigung vor. Ein »mehr oder minder« gibt es dabei nicht (*Thiele* Drittbearbeitung, § 77 Rn. 218; ebenso *Nikisch* III, S. 297 Fn. 191; *Richardi* § 77 Rn. 201; zust. *Preis/WPK* § 77 Rn. 47; *Worzalla/HWGNRH* § 77 Rn. 226). Ein **wichtiger Grund** kann insbesondere in der Veränderung wirtschaftlicher Verhältnisse und in einer Änderung der Rechtslage begründet sein (insoweit kann auch der Wegfall der Geschäftsgrundlage einen wichtigen Grund darstellen; vgl. Rdn. 431; ausführlich *Schulz* Der Bestandsschutz von Betriebsvereinbarungen bei Kündigungen, S. 58 ff.); nicht ist es eine (beabsichtigte) Betriebsveräußerung. Die Wirksamkeit einer fristlosen Kündigung ist nicht von der Mitteilung des Kündigungsgrundes abhängig (zust. *Fitting* § 77 Rn. 151); § 2 Abs. 1 erfordert jedoch die Begründung. Eine analoge Anwendung von § 626 Abs. 2 Satz 1 BGB kommt nicht in Betracht. Die Wirksamkeit einer außerordentlichen Kündigung leidet nicht, wenn der Kündigende eine angemessene Auslauffrist gewährt. Ist in der Betriebsvereinbarung die Möglichkeit einer (ordentlichen) Teilkündigung wirksam vorgesehen (s. Rdn. 410 f.), kann diese auch fristlos erfolgen, wenn nur für einen selbständigen Teilkomplex der Betriebsvereinbarung ein Grund zur fristlosen Kündigung gegeben ist. Diese Möglichkeit der Teilkündigung dürfte auch in der Konsequenz der neuen *BAG*-Rspr. zur Zulässigkeit der Teilkündigung liegen (s. Rdn. 410).

414 **(4)** Die **Kündigung** ist Ausübung eines Kündigungsrechts. Kündigung ist eine auf die Beendigung der Betriebsvereinbarung für die Zukunft gerichtete einseitige **Gestaltungserklärung**, die dem jeweils anderen Betriebspartner gegenüber abzugeben ist und erst **mit Zugang** bei diesem **wirksam** wird (§ 130 Abs. 1 Satz 1 BGB). Die **Kündigung durch den Betriebsrat** setzt Beschlussfassung nach § 33 voraus; die Kündigung gehört nicht zu den laufenden Geschäften des Betriebsrats, die vom Betriebsausschuss zu führen sind. Ebenso wie der Betriebsrat dem Betriebsausschuss den Abschluss von Betriebsvereinbarungen nicht zur selbständigen Erledigung übertragen kann (§ 27 Abs. 2 Satz 2), kann er ihm auch nicht die Beendigung von Betriebsvereinbarungen durch Kündigung übertragen. Die Kündigungserklärung ist vom Betriebsratsvorsitzenden oder im Falle seiner Verhinderung von seinem Stellvertreter, dem Arbeitgeber zu erklären (§ 26 Abs. 2 Satz 1). Die **Kündigung des Arbeitgebers** wird wirksam, sobald sie dem Betriebsratsvorsitzenden oder im Falle seiner Verhinderung dessen Stellvertreter zugeht (§ 26 Abs. 2 Satz 2; vgl. zu den Anforderungen dieses Zugangs *Raab* § 26 Rdn. 55). Ist eine Betriebsvereinbarung von einem nach § 50 Abs. 2 beauftragten Gesamtbetriebsrat abgeschlossen worden, ist grundsätzlich der beauftragende Betriebsrat Kündigungsadressat einer Arbeitgeberkündigung (vgl. *Kreutz/Franzen* § 50 Rdn. 78); das gilt auch, wenn der Gesamtbetriebsrat zugleich durch mehrere oder alle Betriebsräte beauftragt war und einheitliche parallele Betriebsvereinbarungen abgeschossen hat.

415 Die **Kündigungserklärung** bedarf (wenn nichts anderes vereinbart ist) **keiner Form** (so auch *BAG* 09.12.1997 EzA § 77 BetrVG 1972 Nr. 61 S. 14), muss aber hinreichend klar sein (vgl. *BAG* 15.02.1957 AP Nr. 3 zu § 56 BetrVG; 08.02.1963 AP Nr. 4 zu § 56 BetrVG Akkord Bl. 2: keine Kündigung, wenn der Arbeitgeber durch Aushang die Änderung von Arbeitsbedingungen ankündigt; 29.05.1964 AP Nr. 24 zu § 59 BetrVG; zu Zweifeln an einer Kündigung, wenn zugleich von einem Widerrufsvorbehalt Gebrauch gemacht wird, vgl. *BAG* 18.04.1989 EzA § 77 BetrVG 1972 Nr. 28); Schriftform ist aus Beweisgründen zu empfehlen. In Zweifelsfällen ist die Kündigungserklärung gemäß § 133 BGB auszulegen (vgl. *BAG* 19.02.2008 EzA § 77 BetrVG 2001 Nr. 23 Rn. 17: zum Gegenstand einer Kündigung); der objektive Erklärungswert (nach dem Empfängerhorizont) bestimmt, was erklärt ist.

416 Bei der (ordentlichen) Kündigung nach Abs. 5 setzt die ordnungsgemäße Kündigungserklärung die dreimonatige Kündigungsfrist in Gang, mit deren Ablauf die Betriebsvereinbarung (vorbehaltlich einer Weitergeltung nach Abs. 6; vgl. Rdn. 443 ff.) endet. Die Fristberechnung bestimmt sich nach § 187 Abs. 1, § 188 Abs. 2 BGB. Die Frist ist nicht auf das Ende eines Kalendermonats bezogen.

417 Nach allgemeinen arbeitsrechtlichen Grundsätzen (vgl. § 2 KSchG) kann die Kündigung auch als **Änderungskündigung** ausgesprochen werden, die unter der Bedingung wirksam wird, dass der andere Teil die Änderungen nicht zugesteht, die im Zusammenhang mit der Kündigung angeboten werden (im Ergebnis unstr.; vgl. auch *Schaub* BB 1990, 289). Keine Änderungskündigung liegt vor, wenn das Änderungsangebot nicht gleichzeitig mit der Kündigungserklärung erfolgt, sondern dieser erst nach-

Durchführung gemeinsamer Beschlüsse, Betriebsvereinbarungen § 77

folgt. Eine Beendigungskündigung ist nicht deshalb unwirksam, weil die Möglichkeit einer Änderungskündigung nicht geprüft wurde (**a. M.** bei der Kündigung einer Betriebsvereinbarung über Sozialleistungen durch den Arbeitgeber *Schaub* BB 1990, 289; gegen diese Ansicht zu Recht *BAG* 26.10.1993 EzA § 77 BetrVG 1972 Nr. 53 S. 4; *Loritz* RdA 1991, 65 [69]); sowenig wie die Beendigungskündigung (vgl. Rdn. 404) ist die Änderungskündigung durch Kündigungsschutzbestimmungen beschränkt (**a. M.** *Schaub* BB 1990, 291). Nimmt der Betriebspartner das Änderungsangebot an, so bedarf es zur Wirksamkeit der Abänderung der Schriftform des § 77 Abs. 2; lehnt er ab, so steht damit die Kündigung der Betriebsvereinbarung fest. Von der Änderungskündigung ist die Möglichkeit jedes Betriebspartners zu unterscheiden, jederzeit die Abänderung oder Aufhebung einer Betriebsvereinbarung auf dem Verhandlungswege zu verlangen. Zum Initiativrecht in mitbestimmungspflichtigen Angelegenheiten vgl. *Wiese* § 87 Rdn. 140 ff.

Vgl. näher zur Kündigung (und Wegfall der Geschäftsgrundlage) des **Sozialplans** *Oetker* §§ 112, 112a **418** Rdn. 236 ff., 248 ff. sowie etwa *BAG* 10.08.1994 EzA § 112 BetrVG 1972 Nr. 76; 28.08.1996 EzA § 112 BetrVG 1972 Nr. 87 *(zust. B. Gaul)*.

ee) Untergang des Betriebes
Nach lange Zeit h. M. sollten Betriebsvereinbarungen, unbeschadet der bis dahin erworbenen Rechte, **419** grundsätzlich **mit dem Untergang des Betriebes enden**, von dessen Betriebsrat sie mit dem Arbeitgeber abgeschlossen wurden (vgl. die Nachweise 6. Aufl., § 77 Rn. 317). Fallgestaltungen solchen Betriebsuntergangs sind die endgültige **Betriebsstilllegung** sowie der **Zusammenschluss** (Zusammenlegung) und die **Spaltung** von Betrieben (so jetzt auch § 21b). Der Untergang des Betriebes wurde dabei weitgehend als quasi-natürlicher Beendigungsgrund für Betriebsvereinbarungen gesehen, aber nicht näher begründet. Dieses Defizit führte zu erheblichen Schwierigkeiten, vielfältige Ausnahmen von diesem Grundsatz dogmatisch zu begründen. Insbesondere bleibt unklar, wieso Betriebsvereinbarungen ausnahmsweise (etwa bei Betriebsstilllegung) nicht enden sollen, wenn sie vor der endgültigen Auflösung des Betriebs abgeschlossen worden sind und (inhaltlich) darauf angelegt sind, den Untergang des Betriebes zu überdauern, z. B. Sozialpläne und Betriebsvereinbarungen über betriebliches Ruhegeld (so etwa *Berg/DKKW* § 77 Rn. 94; *Galperin/Löwisch* § 77 Rn. 66; *Säcker* AR-Blattei, Betriebsvereinbarung I, F III; *Thiele* Drittbearbeitung, § 77 Rn. 209).

Der **Untergang** des Betriebes (bzw. eines nach § 4 Abs. 1 als selbständiger Betrieb geltenden Betriebs- **420** teils) als Organisationseinheit ist jedoch **kein eigenständiger Beendigungsgrund** für Betriebsvereinbarungen. Es erscheint vielmehr richtig anzunehmen, dass beim Untergang eines Betriebes Betriebsvereinbarungen **nur** dann enden, weil und **soweit sie gegenstandslos** werden (bzw. ihre Gestaltungsaufgabe verlieren); vgl. zu dieser in den Vorauflagen entwickelten Ansicht 6. Aufl. § 77 Rn. 319 ff.; zust. *Fitting* § 77 Rn. 160 ff.; *Kania/ErfK* § 77 Rn. 125; *Matthes/MünchArbR* § 239 Rn. 47; jetzt auch *Brune* AR-Blattei SD 520, Rn. 531 ff.; ausführlich *Lerch* Auswirkungen von Betriebsübergängen und unternehmensinternen Umstrukturierungen auf Betriebsvereinbarungen, S. 133 ff., 192 ff.; im Ergebnis folgend *Berg/DKKW* § 77 Rn. 94 ff.; *Richardi* § 77 Rn. 210 ff.; gegen die früher h. M. bei unternehmensinternen Betriebsumstrukturierungen auch *Bachner* NZA 1997, 79; vgl. Rdn. 423); dann enden Betriebsvereinbarungen wegen **Zweckerreichung** (vgl. Rdn. 399) mit Wegfall ihrer Gestaltungsaufgabe (*Kreutz* FS *Kraft*, S. 323 [341]; zust. *Otto* Das Schicksal von Betriebsvereinbarungen beim Betriebsuntergang, S. 94 ff.).

(1) Dies gilt bei **endgültiger Betriebseinstellung** (erforderlich ist dafür die tatsächliche Beendigung **421** der Betriebs- und Produktionsgemeinschaft, so dass feststeht, dass alle aktiven Arbeitsverhältnisse beendet sind oder durch Versetzung die Zugehörigkeit von Arbeitnehmern zu anderen Betrieben begründet worden ist; die [nicht nur vorübergehende] Produktionseinstellung genügt nicht, solange noch sächliche Arbeitsmittel vorhanden sind und Arbeitsverhältnisse bestehen), z. B. für Betriebsvereinbarungen über die betriebliche Ordnung und das Verhalten im Betrieb, Beginn und Ende der täglichen Arbeitszeit, Überstunden, Gratifikationen, Lohnzuschläge, Urlaubsfragen etc., weil diese dann im nunmehr stillgelegten Betrieb keine Arbeitsverhältnisse aktiver Arbeitnehmer mehr gestalten können. Diese Betriebsvereinbarungen sind durch **Zweckerreichung vollbeendet**; in all diesen Fällen kommt (unabhängig vom Bestehen eines Restmandats gemäß § 21b) keine Weitergeltung nach Abs. 6 in Betracht (vgl. Rdn. 446).

422 Dagegen **gelten** bei Betriebsstilllegung alle Betriebsvereinbarungen **weiter**, die inhaltlich darauf angelegt sind (Auslegungsfrage), Rechtsverhältnisse auch und gerade nach Untergang des Betriebes zwischen Arbeitgeber und früheren Arbeitnehmern zu gestalten (insb. Sozialpläne wegen der Betriebsstilllegung, Betriebsvereinbarungen über betriebliche Ruhegeldleistungen, Werkmietwohnungen, nachvertragliche Wettbewerbsverbote). Es ist dies eine Frage der Abgrenzung des persönlichen Geltungsbereichs der Betriebsvereinbarung, die auch Rechtsverhältnisse bereits aus dem Betrieb ausgeschiedener Arbeitnehmer regeln kann (vgl. Rdn. 202 ff.; ausführlich auch *Kreutz* FS *Kraft*, S. 323 [327 ff.]; *ders.* ZfA 2003, 361 [383 ff.]). Diese Betriebsvereinbarungen behalten ihre unmittelbare (normative) und zwingende Geltungswirkung nach Abs. 4 Satz 1 (für den Sozialplan bei Betriebsstilllegung ebenso *BAG* 24.03.1981 AP Nr. 12 zu § 112 BetrVG 1972 Bl. 4 *[Hilger]* = EzA § 112 BetrVG 1972 Nr. 22; obiter dictum bestätigt durch *BAG* 21.01.2003 EzA § 77 BetrVG 2001 Nr. 3 S. 7; im Ergebnis wie hier *Berg/DKKW* § 77 Rn. 94; *Brune* AR-Blattei SD 520, Rn. 530; *Fitting* § 77 Rn. 161; *Kaiser/LK* § 77 Rn. 101; *Kania/*ErfK § 77 BetrVG Rn. 125; *Matthes/*MünchArbR § 239 Rn. 47; *Richardi* § 77 Rn. 210; im Ansatz auch *Hohenstatt/WHSS* E Rn. 77, der dann (Rn. 80) aber doch eine individualrechtliche Fortgeltung »konstruieren« will). Für die Fortgeltung ist es unbeachtlich, ob ein Arbeitnehmer nach der Betriebsstilllegung in den Ruhestand geht, arbeitslos wird, ein Arbeitsverhältnis in einem anderen Unternehmen begründet oder in einem anderen Betrieb seines bisherigen Arbeitgebers weiterarbeitet (den letzten Fall betrifft *BAG* vom 24.03.1981 EzA § 112 BetrVG 1972 Nr. 22; die dort entwickelte Vorstellung, dass der aus Anlass der Betriebsstilllegung aufgestellte Sozialplan nach Übernahme der Arbeitnehmer des stillgelegten Betriebes in einen anderen Betrieb desselben Unternehmens zum Bestand der kollektiven Normenordnung dieses Weiterbeschäftigungsbetriebes wird, mit der Folge seiner Abänderbarkeit durch Betriebsvereinbarung dort, passte allerdings nur zur Lösung des konkreten Falles, lässt sich aber nicht verallgemeinern; vgl. auch *Hilger* Anm. zu *BAG* AP Nr. 12 zu § 112 BetrVG 1972; *Mayer-Maly* SAE 1982, 81). Die fortgeltende Betriebsvereinbarung (insb. bei Dauerregelungen, die fortlaufende, zeitlich unbegrenzte Leistungsansprüche begründen) ist damit keineswegs jeder zukünftigen **Abänderung** entzogen; in Betracht kommen vielmehr (sofern die Voraussetzungen vorliegen) eine außerordentliche Kündigung, die mangels Betriebsrats allerdings allen Betroffenen gegenüber erklärt werden muss, sowie eine Leistungsanpassung wegen Wegfalls der Geschäftsgrundlage der Betriebsvereinbarung (vgl. dazu auch Rdn. 431).

423 (2) Auch bei **unternehmensinternen Betriebsumstrukturierungen** kann der **Untergang** eines oder mehrerer Betriebe **kein eigenständiger Grund** für die Beendigung von Betriebsvereinbarungen sein. Zweifelhaft ist schon, wann solche Organisationsänderungen zum Untergang von Betrieben führen: In der Literatur wird das verbreitet in grundsätzlicher Weise danach beurteilt, ob Betriebe ihre Identität verlieren (vgl. exemplarisch *Wiese* 5. Aufl., § 21 Rn. 40; *Buchner* GmbHRdSch. 1997, 377 [383]; neuerdings wieder *Thüsing* DB 2004, 2474 [2477]; *Hohenstatt/WHSS* E 83 ff.; im Ansatz, nicht in den Ergebnissen, auch *Kania/*ErfK § 77 BetrVG Rn. 121 ff.; *S. Braun* Die Fortgeltung von Betriebsvereinbarungen beim Betriebsübergang, S. 30 ff., passim). Bei Identitätsverlust sollen mit dem Untergang des Betriebes die in diesem geschlossenen Betriebsvereinbarungen enden; sie sollen aber fortgelten, soweit Betriebe trotz der jeweiligen Umorganisation ihre Identität wahren (vgl. etwa *Brune* AR-Blattei SD 520, Rn. 430 (1998); *Gaul/HWK* 2. Aufl., § 77 BetrVG Rn. 71; *Hess/Schlochauer/Glaubitz* § 77 Rn. 227; **a. M.** schon frühzeitig *Bachner* NZA 1997, 79, der schon vor Anerkennung des Übergangsmandats in § 21a annahm, dass Betriebsvereinbarungen grundsätzlich fortgelten müssen, um die Arbeitnehmer vor nicht kontrollierbaren Organisationsentscheidungen des Arbeitgebers zu schützen; diese Ansicht ist jedoch dogmatisch nicht abgesichert und die Grenzziehung bei den Ausnahmen bei objektiver Unmöglichkeit der Durchführung unstimmig; abl. deshalb auch *Lerch* [wie Rdn. 420], S. 191 f.). Für die relevanten Betriebsumstrukturierungen wird eine Fülle von Fallkonstellationen genannt (vgl. etwa *Berg/DKKW* § 77 Rn. 95 ff.; *Fitting* § 77 Rn. 162 ff.). So werden die Betriebsaufspaltung von der Betriebs(teil)abspaltung, der Zusammenschluss (»Verschmelzung«) von Betrieben von der Eingliederung eines Betriebes in einen anderen und außerdem noch eine Reihe von Kombinationen der genannten Fälle unterschieden (z. B. Abspaltung eines Betriebsteils und Eingliederung in einen anderen Betrieb; Abspaltung von Teilen von mehreren Betrieben und Zusammenlegung zu einem neuen Betrieb). Während die **Betriebsaufspaltung** (in zwei oder mehrere neue Betriebe) und der **Zusammenschluss** von Betrieben (zu einem neuen Betrieb) zum Verlust der Identität und Untergang des aufgespaltenen und der zusammengeschlossenen Betriebe führen sol-

len, soll dagegen bei der **Betriebs(teil)abspaltung** die Identität des abgebenden Betriebs ebenso aufrecht erhalten bleiben wie in den **Eingliederungsfällen** diejenige des aufnehmenden Betriebes. Diese Konzeption und ihre theoretische Begrifflichkeit sind indes zur stimmigen Abgrenzung nicht tragfähig, weil Betriebsumstrukturierungen im Unternehmen immer mit dem Verlust der Identität betroffener Betriebe verbunden sind (also auch bei sog. Betriebs[teil]abspaltung für den abgebenden Betrieb und in den sog. Eingliederungsfällen nicht nur für den eingegliederten, sondern auch für den aufnehmenden Betrieb). Das folgt ausgehend vom Betriebsbegriff aus der Erkenntnis, dass eine Betriebseinheit durch die Leitungsstelle (»Leitungsapparat«) konstituiert wird, die die Entscheidungskompetenz im Kern der Arbeitgeberfunktionen in sozialen und personellen Beteiligungsangelegenheiten nach dem BetrVG besitzt (s. *Franzen* § 1 Rdn. 43), und deshalb diese Leitungsstrukturen für die Beurteilung der Identitätsstrukturen von Betrieben maßgeblich sind. Bei Betriebsumstrukturierungen entstehen dann immer neue Einheiten, die durch die neu geordneten Leitungsstrukturen definiert werden. Folglich lässt sich ein Sachproblem wie die Fortgeltung von Betriebsvereinbarungen nicht mit Hilfe des Identitätsbegriffs differenzierend beurteilen (dazu näher *Kreutz* FS *Wiese*, S. 235 [239 ff.]; *ders.* GS *Sonnenschein*, S. 829 [830 ff.]; vgl. zur Abgrenzung des Begriffs »Betriebsuntergang«, der in § 21b Eingang in das Gesetz gefunden hat, § 21b Rdn. 7, 30).

Richtig ist es, auch in allen Fällen **unternehmensinterner** Betriebsumstrukturierungen (nicht auf **424** den Untergang der Organisationseinheit als solcher, sondern) maßgeblich darauf abzustellen, dass Betriebsvereinbarungen **wegen Zweckerreichung** bei Wegfall ihrer Gestaltungsaufgabe **nur** enden, weil und soweit sie **gegenstandslos** werden. Das ist jedoch bei allen genannten Organisationsänderungen grundsätzlich **nicht** der Fall (so auch schon 6. Aufl. § 77 Rn. 321). Diese Einsicht hat sich mittlerweile in den Ergebnissen verbreitet durchgesetzt. Zur Begründung ist jetzt zusätzlich maßgeblich darauf abzustellen, dass der Gesetzgeber des BetrVerf-ReformG 2001 mit der Verankerung des Übergangsmandats des Betriebsrats als allgemeinem Rechtsgrundsatz in § 21a klare rechtspolitische Vorgaben zur Beurteilung betriebsverfassungsrechtlicher Auswirkungen betrieblicher Umstrukturierungen gemacht hat. Das Übergangsmandat, das die Entstehung betriebsratsloser Zeiten verhindern soll, sichert die Amtskontinuität in den neu geschaffenen Betriebseinheiten, und zwar ganz unabhängig von der Frage, ob es bei der Spaltung von Betrieben (§ 21a Abs. 1) oder der Zusammenfassung von Betrieben oder Betriebsteilen zu einem neuen Betrieb (§ 21a Abs. 2) Fallkonstellationen gibt, die nicht zum Wegfall des bisherigen Betriebsrats führen (vgl. dazu näher § 21a Rdn. 24 f., 60 ff.). Diese **Amtskontinuität verlangt grundsätzlich die kollektive Fortgeltung** der Betriebsvereinbarungen in ihrem bisherigen Geltungsbereich (vgl. ausführlich *Kreutz* GS *Sonnenschein*, S. 829 [835 ff.]; zust. *Berg*/DKKW § 77 Rn. 96 ff.; *Bachner* in: *Kittner/Zwanziger/Deinert* Arbeitsrecht, § 97 Rn. 8; *ders.* AiB 2012, 725 [726]; *Au* Übergangsmandat, S. 170 f.; vgl. zu diesem maßgeblichen Argumentationsgesichtspunkt auch beim unternehmensübergreifenden Übergangsmandat m. w. N. Rdn. 433, 441). Anderenfalls wäre der mit dem Übergangsmandat bezweckte Arbeitnehmerschutz »in der kritischen Phase im Anschluss an eine betriebliche Umstrukturierung« (Begründung zum RegE-BetrVerf-Reformgesetz, BT Drucks. 14/5741, S. 39) nur unvollständig zu gewährleisten; außerdem würde eine völlig ungerechtfertigte Funktionsbeeinträchtigung des das Übergangsmandat wahrnehmenden Betriebsrats eintreten und zudem ein Wertungswiderspruch dazu, dass das Übergangsmandat als Vollmandat selbst zum Abschluss neuer Betriebsvereinbarungen mit demselben Arbeitgeber berechtigt. Soweit die Organisationsänderung nicht zum Wegfall des bisherigen Betriebsrats führt, gibt es keinen Grund, dass in seinem Zuständigkeitsbereich Betriebsvereinbarungen enden, soweit sie nicht gerade durch die Organisationsänderung gegenstandslos werden.

Ungeachtet der neu geschaffenen Betriebseinheiten behalten Betriebsvereinbarungen (Sozialpläne) in **425** ihrem **bisherigen Geltungsbereich** ihre Gestaltungsaufgabe (zust. *Matthes*/MünchArbR § 239 Rn. 48; *Otto* Das Schicksal von Betriebsvereinbarungen bei Betriebsuntergang, S. 98 ff.; *Brune* AR-Blattei SD 520, Rn. 522 ff.; im Ergebnis auch *Richardi* § 77 Rn. 211, 212), sofern sich Regelungen nicht ausnahmsweise gerade durch die neuen Betriebsstrukturen erledigen. Wegen des Gleichlaufs mit dem Übergangsmandat bzw. einem fortbestehenden Vollmandat (vgl. § 21a Rdn. 24 f., 60 ff.) ist ihre kollektive Fortgeltung nicht zusätzlich davon abhängig, dass bisherige Betriebe oder Teile davon in den neuen Einheiten räumlich oder organisatorisch abgrenzbar fortbestehen (nur unter dieser Voraussetzung für die Fortgeltung beim Zusammenschluss von Betrieben und in den sog. Eingliederungsfällen *Fitting* § 77 Rn. 163 f.; *Galperin/Löwisch* § 77 Rn. 67; wohl auch *Berg*/DKKW § 77

Rn. 97 f.). Da Kennzeichen betriebsverfassungsrechtlich relevanter Betriebsumstrukturierungen gerade die Änderung der Leitungsstrukturen ist, wird das im Allgemeinen (zumindest übergangsweise) sowieso der Fall sein. Immer ist es bei bloßer **Betriebsspaltung** der Fall, weil sich die Summe der neuen Teilbereiche mit dem Bereich der ursprünglichen Organisationseinheit deckt (vgl. *Kreutz* GS *Sonnenschein*, S. 829 [838 f.]; für Fortgeltung insoweit jetzt h. M.: *Berg/DKKW* § 77 Rn. 99; *Brune* AR-Blattei SD 520, Rn. 534; *Fitting* § 77 Rn. 165; *Kania/*ErfK § 77 BetrVG Rn. 124; *Richardi* § 77 Rn. 212; *Salamon* RdA 2007, 153 [158]; zust. *Kolbe* Mitbestimmung und Demokratieprinzip, S. 311; **a. M.** wegen Betriebsuntergangs (bzw. Verlust der Betriebsidentität) *B. Gaul* Das Arbeitsrecht der Betriebs- und Unternehmensspaltung, § 25 Rn. 179 f. [wie hier aber jetzt *Gaul/HWK* § 77 BetrVG Rn. 73]; *Hohenstatt/WHSS*, E Rn. 84, der aber [Rn. 86] § 613a Abs. 1 Satz 2 BGB analog anwenden will; *Stege/Weinspach/Schiefer* § 77 Rn. 34; *Thüsing* DB 2004, 2474 [2477]; *Worzalla/HWGNRH* § 77 Rn. 244). In den Fällen der **Zusammenfassung von Betrieben und Betriebsteilen** ist für die Fortgeltung notfalls nur auf den persönlichen Geltungsbereich der jeweiligen Betriebsvereinbarung abzustellen; insofern fällt der Fortbestand ihrer Gestaltungsaufgabe mit der Abgrenzung ihres persönlichen Geltungsbereichs zusammen (vgl. *Kreutz* GS *Sonnenschein*, S. 839 ff.; weithin wird jetzt der normativen Fortgeltung in den Zusammenschlussfällen zugestimmt; vgl. *Brune* AR-Blattei SD 520, Rn. 532: *Berg/DKKW* § 77 Rn. 98; *Fitting* § 77 Rn. 164; *Richardi* § 77 Rn. 211; auch *Kania/*ErfK § 77 BetrVG Rn. 123, der aber unklar von einer nachwirkenden, offenbar nicht zwingenden Geltung ausgeht; **a. M.** *Hohenstatt/WHSS* E Rn. 84; *Salamon* RdA 2007, 153 [158 f.], weil insoweit, anders als bei der Betriebsspaltung, der räumliche Geltungsbereich der Betriebsvereinbarung nicht fortbestehen soll; vgl. zu diesem [nicht tragfähigen] Ansatz *ders*. Das Schicksal von Gesamtbetriebsvereinbarungen bei Betriebs- und Betriebsteilveräußerungen, S. 42 ff.; wohl auch *Gaul/HWK* § 77 BetrVG Rn. 74). Da das Übergangsmandat zum Abschluss von Betriebsvereinbarungen berechtigt, ermöglicht es auch die Harmonisierung unterschiedlicher Regelungen in der neuen Einheit. Im räumlich-persönlichen Geltungsbereich werden auch neu begründete Arbeitsverhältnisse von fortgeltenden Betriebsvereinbarungen erfasst. Soweit sie ihre Gestaltungsaufgabe behalten, werden die fortgeltenden Betriebsvereinbarungen zum Bestandteil der kollektiven Normenordnung in den neuen Betriebseinheiten (so unter dem Gesichtspunkt der Betriebseingliederung auch BAG 24.03.1981 AP Nr. 12 zu § 112 BetrVG 1972 Bl. 4, obwohl dort die Betriebseingliederung nur in der Übernahme der Arbeitnehmer eines stillgelegten Betriebes mit gleichem Betriebszweck gesehen werden konnte). Vgl. auch BAG 21.01.2003 EzA § 77 BetrVG 2001 Nr. 3 S. 7, wo der Erste Senat die kollektive Fortgeltung einer Betriebsvereinbarung aus einem Betrieb offen gelassen hat, der mit einem anderen Betrieb »zusammengeführt« wird und »dabei seine Identität« verliert. Zu beachten ist, dass nach neuer Rspr. des Ersten Senats des BAG (07.06.2011 EzA § 3 BetrVG 2001 Nr. 4) bei Zusammenfassung von Betrieben durch Tarifvertrag nach § 3 Abs. 1 Nr. 1b Betriebsvereinbarungen in den bisherigen betrieblichen Einheiten nur dann normativ fortgelten sollen, wenn diese in der neuen Einheit ihre »betriebsverfassungsrechtliche Identität« behalten, indem »die Organisation der Arbeitsabläufe, der Betriebszweck und die Leitungsstruktur, welche die Betriebsidentität prägen«, »unverändert geblieben sind«; selbst räumliche und organisatorische Abgrenzbarkeit des bisherigen Geltungsbereichs (auf den *LAG München* als Vorinstanz zu Recht abgestellt hat), ist danach zur Beurteilung der Fortgeltung nicht ausreichend.

426 Wenn nach der Spaltung eines Betriebes ein diesem bislang zugeordneter **Betriebsteil** in einen anderen Betrieb **eingegliedert** wird, in dem ein Betriebsrat besteht, kann die Fortgeltung der im Ursprungsbetrieb geltenden Betriebsvereinbarungen für diesen Betriebsteil nicht zusätzlich auf den Gleichlauf mit einem Übergangsmandat gestützt werden; § 21a Abs. 1 Satz 1 schließt für diesen Fall ein Übergangsmandat aus, weil auch ohne dieses keine betriebsratslose Zeit entsteht. Dieser Konzeption des Gesetzes entspricht es, dass die im aufnehmenden Betrieb bestehenden Betriebsvereinbarungen fortgelten und gemäß § 77 Abs. 4 Satz 1 auch für die Arbeitsverhältnisse des eingegliederten Teils gelten, sofern ihr persönlicher oder räumlicher Geltungsbereich nicht begrenzt ist. Alle Betriebsvereinbarungen des gespaltenen Betriebes mit entsprechendem Regelungsgegenstand werden damit für den eingegliederten Betriebsteil gegenstandslos (vgl. auch *Fitting* § 77 Rn. 166, 163) und enden wegen Zweckerreichung (ebenso im Ergebnis *Berg/DKKW* § 77 Rn. 97; *Brune* AR-Blattei SD 520, Rn. 533). Dagegen enden neben denjenigen, die darauf angelegt sind, die Spaltung des Betriebes zu überdauern (z. B. Sozialplan), auch diejenigen nicht, für die es im aufnehmenden Betrieb keine entsprechende Betriebsvereinbarung gibt, sofern sie ihre Gestaltungsaufgabe behalten (z. B. bei besonderen Leistungen für Tätigkeiten, die auch im aufnehmenden Betrieb ausgeführt werden); ebenso *Fitting, Berg, Brune*; tendenziell zust. *BAG* 28.06.2005 EzA § 77 BetrVG 2001 Nr. 12 S. 5, ausdrücklich für Regelungen in Sozialplänen). Lässt sich diese Fortgeltung nicht auf eine räumliche oder organisatorische Abgrenzung des eingegliederten Teils stützen, ist (ebenso wie Rdn. 425) auf den persönlichen Geltungsbereich der jeweiligen Betriebsvereinbarung abzustellen.

Entfallen nach der Spaltung eines Betriebes für diesem bislang zugeordnete Betriebsteile die Voraussetzungen der Betriebsratsfähigkeit nach § 1 Abs. 1 Satz 1, so werden diese Teile von einem Übergangsmandat des bisherigen Betriebsrats nicht erfasst (§ 21a Abs. 1 Satz 1). Auch in diesem Teil gelten die Betriebsvereinbarungen jedoch fort (vgl. Rdn. 430). 427

b) Keine Beendigungsgründe
Betriebsvereinbarungen enden **nicht bei Veränderungen im Betrieb**, solange der Betrieb als **organisatorische Einheit** bestehen bleibt. Das gilt unstr. für den **Tod des Arbeitgebers** (Gesamtrechtsnachfolge, § 1922 BGB), das **Amtsende des Betriebsrats**, der die Betriebsvereinbarung abgeschlossen hat, die Änderung der **Zusammensetzung der Belegschaft** (Fluktuation) oder des **Betriebszweckes**. 428

(1) Die Laufzeit einer Betriebsvereinbarung ist **nicht auf die Amtszeit** des jeweils abschließenden Betriebsrats beschränkt (sofern nichts anderes bestimmt ist; zu weit geht es [so *Gussen/Dauck* Die Weitergeltung von Betriebsvereinbarungen und Tarifverträgen bei Betriebsübergang und Umwandlung, Rn. 71], aus § 77 das Gebot herauszulesen, Betriebsvereinbarungen nicht nur für die Dauer einer Amtsperiode abzuschließen); das gilt auch für eine Betriebsvereinbarung, die auf einem verbindlichen Spruch der Einigungsstelle beruht (*BAG* 28.07.1981 AP Nr. 2 zu § 87 BetrVG 1972 Urlaub Bl. 3 R). Die Tatsache, dass dadurch bei fester Laufzeit einem späteren Betriebsrat die Möglichkeit einer Regelung der gleichen Angelegenheit nach eigenen Vorstellungen genommen werden kann, ist unmaßgeblich (*BAG* 28.07.1981 AP Nr. 2 zu § 87 BetrVG 1972 Urlaub Bl. 3 R). Dies folgt daraus, dass der Betriebsrat als Repräsentant der Belegschaft ungeachtet seiner jeweiligen Zusammensetzung **in Kontinuität** den betriebsverfassungsrechtlichen Gegenpol zum Arbeitgeber bildet (vgl. zur Begründung näher *Kreutz* FS *Kraft*, S. 323 [334 f.]; im Ergebnis unstr.; vgl. *BAG* 15.04.2014 EzA § 29 BetrVG 2001 Nr. 4 Rn. 50 = AP Nr. 9 zu § 29 BetrVG 1972; *Berg/DKKW* § 77 Rn. 107; *Fitting* § 77 Rn. 175; *Hueck/Nipperdey* II/2, S. 1287; *Nikisch* III, S. 297; *Richardi* § 77 Rn. 209; demgegenüber hat das *Hess. LAG* [03.03.2011 – 9 TaBV 168/10 – juris, Rn. 24] wegen rechtsmissbräuchlicher Behinderung des neuen Betriebsrats eine Mindestlaufzeitregelung von drei Jahren in einer Änderungsbetriebsvereinbarung deshalb für unwirksam gehalten, weil sie erst kurz vor Amtsende des Betriebsrats erfolgte). 429

(2) Wird der Betrieb **betriebsratslos**, so ist auch dies kein Beendigungsgrund (ausführlich dazu *Kreutz* FS *Kraft*, S. 323 [335 ff.]). Deshalb kommt es nicht darauf an, ob und wann nach Ablauf der Amtszeit eines Betriebsrats oder dessen vorzeitigem Amtsende (s. § 21 Rdn. 31 ff.) ein neuer Betriebsrat gewählt wird. Erfolgt keine (wirksame) Neuwahl, obwohl der Betrieb betriebsratsfähig i. S. d. § 1 geblieben ist, muss dem Arbeitgeber doch die Möglichkeit eingeräumt werden, kündbare Betriebsvereinbarungen durch ordentliche oder ggf. außerordentliche Kündigung (kollektivrechtlich) zu beenden (und zwar ohne Nachwirkung nach Abs. 6; s. Rdn. 447). Da diese Kündigung keinem Betriebsrat gegenüber erklärt werden kann, genügt es, wenn sie allen betroffenen Arbeitnehmern gegenüber erklärt wird (ebenso *Thiele* Drittbearbeitung, § 77 Rn. 221; *Galperin/Löwisch* § 77 Rn. 62; zust. *Berg/DKKW* § 77 Rn. 107; *Brune* AR-Blattei SD 520, Rn. 547; *Däubler* FS *Kreutz*, S. 69 [73]; *Fitting* § 77 Rn. 175; *B. Gaul/HWK* § 77 BetrVG Rn. 42; *Kreft* FS *Wißmann*, S. 347 [350]; *Matthes/MünchArbR* § 239 Rn. 45: Aushang am »Schwarzen Brett« genügt; *Preis/WPK* § 77 Rn. 39; *Richardi* § 77 Rn. 209; *Salamon* NZA 2007, 367; *Worzalla/HWGNRH* § 77 Rn. 245; dann auch *BAG* 18.09.2002 EzA § 613a BGB 2002 Nr. 5 [unter B III 2b cc] = AP Nr. 7 zu § 77 BetrVG 1972 Betriebsvereinbarung [*Hergenröder*]; *LAG Hamm* 21.03.2016 LAGE § 77 BetrVG 2001 Nr. 18 Rn. 78; **a. M.** *D. Gaul* NZA 1986, 628 [631], der Betriebsvereinbarungen bereits dann enden lässt, wenn Betriebsratslosigkeit »endgültig feststeht«; zust. *Kaiser/LK* § 77 Rn. 100, die aber, mangels Betriebsrats unstimmig, Nachwirkung nach Abs. 6 annimmt; deshalb für Beendigung ohne Nachwirkung *Rieble/AR* § 77 430

§ 77   IV. 1. Allgemeines

BetrVG Rn. 20, weil der Kollektivvertrag voraussetze, dass beide Vertragsparteien die Regelungsverantwortung tragen; diesem zust. *Kolbe* Mitbestimmung und Demokratieprinzip, S. 309 ff.; nach *Kissel* Freundesgabe für *Alfred Söllner*, 1990, S. 143 [153 f.] sollen sich die Regelungen von ihrem Entstehungsgrund lösen und integrale Bestandteile des Individualarbeitsverhältnisses werden; ähnlich *Hanau* RdA 1989, 207 [211], der für eine Analogie zu § 613a Abs. 1 Satz 2 BGB eintritt). Entsprechendes muss gelten, wenn die Voraussetzungen der **Betriebsratsfähigkeit** des Betriebes nach § 1 **entfallen** sind und damit der Betrieb endgültig betriebsratslos ist (zust. *Berg / DKKW* § 77 Rn. 107; *Brune* AR-Blattei SD 520, Rn. 547; *Däubler* FS *Kreutz*, S. 73; *Fitting* § 77 Rn. 175; *Worzalla / HWGNRH* § 77 Rn. 245; **a. M.** *Thiele* Drittbearbeitung, § 77 Rn. 221; *Kaiser / LK* § 77 Rn. 100).

431 (3) Die Grundsätze über das **Fehlen** oder den **Wegfall der Geschäftsgrundlage** (vgl. § 313 BGB) können auch bei der Betriebsvereinbarung zur Anwendung kommen. Darin liegt jedoch kein selbständiger Beendigungsgrund (*Thiele* Drittbearbeitung, § 77 Rn. 220; *Brune* AR-Blattei SD 520, Rn. 519; *Fitting* § 77 Rn. 152; *Richardi* § 77 Rn. 196; *Worzalla / HWGNRH* § 77 Rn. 239; vgl. auch *BAG* 10.08.1994 EzA § 112 BetrVG 1972 Nr. 76 S. 11 = AP Nr. 86 zu § 112 BetrVG 1972 [zust. *von Hoyningen-Huene*]; 28.08.1996 EzA § 112 BetrVG 1972 Nr. 87 [zust. *B. Gaul*] für den Sozialplan; ausführlich zu den Rechtsfolgen *Reichart* Die Störung der Geschäftsgrundlage von Betriebsvereinbarungen, S. 113 ff.; **a. M.** *Säcker* AR-Blattei, Betriebsvereinbarung I, F IV 2). Es bedarf (sofern keine Anpassung an die veränderten Verhältnisse in Betracht kommt oder Anpassungsverhandlungen der Betriebsvereinbarungsparteien scheitern) zumindest der Lossagung durch eine Partei, die in der Wirkung einer außerordentlichen Kündigung gleichkommt. Die eigenständige Bedeutung der Grundsätze über den Wegfall der Geschäftsgrundlage im Verhältnis zur außerordentlichen Kündigung der Betriebsvereinbarung (vgl. Rdn. 413) zeigt sich vor allem darin, dass die Partei, die sich auf den Wegfall beruft, Anspruch auf Anpassungsverhandlungen hat, der in Mitbestimmungsangelegenheiten durch einseitige Anrufung der Einigungsstelle durchgesetzt werden kann (vgl. m. w. N. *Oetker / Friese* DZWIR 2000, 397 [408 f.]; *Preis / WPK* § 77 Rn. 46; *Wollgast* Geltung, Wirkung und Nachwirkung von Betriebsvereinbarungen, S. 242 ff.).

432 (4) Außer beim Tod des Arbeitgebers (vgl. Rdn. 428) bleibt **der Betrieb** als organisatorische Einheit auch bei jedem **sonstigen** (bloßen) **Wechsel des Arbeitgebers** bestehen. Insoweit ist zunächst aber nur die kollektivrechtliche **Fortgeltung** der Betriebsvereinbarungen im Falle einer **gesellschaftsrechtlichen Gesamtrechtsnachfolge** (Universalsukzession) bzw. **Sonderrechtsnachfolge** (partielle Universalsukzession, teilweise Gesamtrechtsnachfolge) unzweifelhaft (zur rechtsgeschäftlichen Singularsukzession vgl. Rdn. 436 ff.; zur kollektivrechtlichen Fortgeltung von Gesamt- und Konzernbetriebsvereinbarungen bei einem Betriebsinhaberwechsel vgl. *Kreutz / Franzen* § 50 Rdn. 92 ff., *Franzen* § 58 Rdn. 58 ff.). Bei den nun abschließend im UmwG vom 28.10.1994 geregelten Fällen dieser Gesamtrechtsnachfolge (bei Verschmelzung und Vermögensvollübertragung nach § 20 Abs. 1 Nr. 1, § 174 Abs. 1 UmwG [bei identitätswahrendem Formwechsel nach §§ 190 ff. UmwG findet keine Vermögensübertragung mehr statt]) bzw. teilweiser Gesamtrechtsnachfolge (bei Spaltung [Aufspaltung, Abspaltung, Ausgliederung] und Vermögensteilübertragung nach § 131 Abs. 1 Nr. 1, § 174 Abs. 2 UmwG) tritt ein neuer Rechtsträger kraft Gesetzes an die Stelle des bisherigen Rechtsträgers; das gilt dann auch für die Nachfolge in die Parteistellung des Arbeitgebers in der Betriebsvereinbarung, so dass schon deshalb deren Fortgeltung unproblematisch und dementsprechend (jedenfalls im Ergebnis) unstr. ist (vgl. m. w. N. *Boecken* Unternehmensumwandlungen und Arbeitsrecht, Rn. 156 ff.; *B. Gaul* NZA 1995, 717 [723 f.]; *Gussen / Dauck* Die Weitergeltung von Betriebsvereinbarungen und Tarifverträgen bei Betriebsübergang und Umwandlung, Rn. 330; *Mengel* Umwandlungen im Arbeitsrecht, S. 187 ff.; *Müller* RdA 1996, 287 [288 ff.]; etwa auch *Fitting* § 77 Rn. 167, 176; *Haas* Die Auswirkungen des Betriebsübergangs insbesondere bei der Fusion von Kapitalgesellschaften auf Betriebsvereinbarungen, S. 28 ff.; *Hohenstatt / WHSS*, E Rn. 9 ff.; *Lutter / Joost* UmwG, § 324 Rn. 39; *Richardi* § 77 Rn. 215). Mit der Vorstellung, dass der neue Rechtsträger umfassend an die Stelle des bisherigen Rechtsträgers tritt, wird allerdings vernachlässigt, dass sich die Gesamtrechtsnachfolge (lediglich) auf einzelne Vermögensgegenstände bezieht. Das ist jedoch gerechtfertigt, weil auch der Gesetzgeber Betriebe und Betriebsteile real als Spaltungsgegenstände ansieht, indem er deren Zuordnung im Spaltungs- und Übernahmevertrag in § 126 Abs. 1 Nr. 9 UmwG vorschreibt. Verallgemeinernd darf dann auch die Parteistellung in der Betriebsvereinbarung als Rechtsposition gewertet werden, die kraft Gesamtrechtsnachfolge übergeht. Zu Recht wird dieses Ergebnis nicht dadurch in Zweifel gezogen,

Durchführung gemeinsamer Beschlüsse, Betriebsvereinbarungen § 77

dass § 324 UmwG auf § 613a Abs. 1 BGB »verweist« (vgl. entsprechend Rdn. 436 ff.). Für die Richtigkeit dieses Ergebnisses spricht zusätzlich, dass beim Betriebsübergang durch Gesamtrechtsnachfolge der Betrieb als organisatorische Einheit bestehen bleibt, damit aber auch der im Betrieb gewählte Betriebsrat regulär im Amt bleibt (vgl. m. w. N. § 21 Rdn. 39) und diese Amtskontinuität die kollektive Fortgeltung der Betriebsvereinbarungen verlangt und zugleich sichert.

Hat eine Spaltung oder (Vermögens-)Teilübertragung eines **Rechtsträgers** nach §§ 123 ff., 174 ff. **433** UmwG die **Spaltung eines Betriebes** zur Folge, so hat dessen Betriebsrat nach Maßgabe des § 21a Abs. 3, Abs. 1 Satz 1 ein (befristetes) Übergangsmandat für die ihm bislang zugeordneten Betriebsteile (vgl. dazu ausführlich § 21a Rdn. 92 ff.). Dieses **Übergangsmandat** sichert die **Amtskontinuität** (vgl. Rdn. 429) in den neu geschaffenen Betriebseinheiten rechtsträgerübergreifend. Diese Amtskontinuität verlangt die **kollektivrechtliche Fortgeltung** der Betriebsvereinbarungen des gespaltenen Betriebes **in den neuen Betrieben** wie bei einer unternehmensinternen Betriebsspaltung, soweit sie ihre Gestaltungsaufgabe behalten (vgl. zur Begründung und Nachweisen entsprechend Rdn. 424 f.; ausführlich auch *Kreutz* FS 50 Jahre Bundesarbeitsgericht, S. 993 [995 ff., insb. 1006 ff.]; überzeugend auch *Kreft* FS *Wißmann*, S. 347 [352 ff., 355]; *Lerch* [wie Rdn. 420] S. 192 ff., der aber zur Begründung allein auf den Fortbestand der Gestaltungsaufgabe abstellt, nicht auf das Übergangsmandat; im Ergebnis auch *Düwell* NZA 1996, 393 [395]; *Gussen/Dauck* [wie Rdn. 432], Rn. 334 ff.; *Fitting* § 77 Rn. 174; *Berg/DKKW* § 77 Rn. 102; *Bachner* in: *Kittner/Zwanziger/Deinert* Arbeitsrecht § 97 Rn. 8; *ders.* AiB 2012, 725 [726]; dieser Ansicht ist über das *BAG* [Erster Senat 18.09.2002 EzA § 613a BGB 2002 Nr. 5, 3. Leitsatz und unter B III 2b dd = AP Nr. 7 zu § 77 BetrVG 1972 Betriebsvereinbarung mit Anm. *Hergenröder*] angeschlossen [anders noch *BAG* 14.08.2001 EzA § 613a BGB Nr. 200 unter A II 1, allerdings schon mit der zutr. Konsequenz, dass die nach § 613a Abs. 1 Satz 2 BGB individualrechtlich wirkenden Regelungen der Betriebsvereinbarung beim Erwerber nicht weiter geschützt sein können als bei kollektivrechtlicher Weitergeltung und deshalb der Ablösung durch eine neue Betriebsvereinbarung zugänglich sind]). Dem steht nicht entgegen, dass das Gesetz diese kollektivrechtliche Fortgeltung nicht anordnet (wie § 31 Abs. 5 ArbVG in Österreich), sondern in § 324 UmwG (vage) bestimmt, dass § 613a Abs. 1 BGB unberührt bleibt. Daraus ist nicht abzuleiten, dass gemäß § 613a Abs. 1 Satz 2 bis 4 BGB lediglich eine individualrechtliche Fortgeltung der betriebsvereinbarungsrechtlichen Regelungen stattzufinden hat (im Ergebnis so aber *Boecken* [wie Rdn. 432], Rn. 159; *B. Gaul* NZA 1995, 717 [724]; *Lutter/Joost* UmwG, § 324 Rn. 40; ausführlich *Mengel* [wie Rdn. 432], S. 189 ff.; *Müller* RdA 1996, 287 [291]; vgl. auch *Oetker/Busche* NZA 1991 Beil. Nr. 1 S. 18 [23, zu § 13 SpTrUG]; neuerdings *Hohenstatt/WHSS* E Rn. 20 ff., 32, der aber systemisches Denken verfehlt, indem er das Argument »Übergangsmandat« nicht überzeugend nennt, weil Übergangsmandat und Fortgeltung von Betriebsvereinbarungen unterschiedliche Problemkreise betreffe [Rn. 22]; ähnlich *S. Braun* [wie Rdn. 423], S. 125 ff.; *Niklas/Mückl* DB 2008, 2250 [2251]); auch insoweit ist zu berücksichtigen, dass es sich dabei nur um eine subsidiäre Auffangregelung handelt (vgl. Rdn. 437). Da das UmwG Betriebe und Betriebsteile real gleichermaßen als Spaltungsgegenstände ansieht (vgl. Rdn. 432), ist zwanglos erklärbar, dass mit partieller Gesamtrechtsnachfolge in Betriebsteile auch eine rechtsträgerübergreifende Vervielfältigung der Parteistellung in den Betriebsvereinbarungen auf Arbeitgeberseite einhergeht (anders noch 6. Aufl., § 77 Rn. 326). Dann aber ist keine Differenzierung hinsichtlich der kollektivrechtlichen Fortgeltung beim Übergang von Betrieben und Betriebsteilen durch Gesamtrechtsnachfolge gerechtfertigt. Wird allerdings im Zusammenhang mit der Rechtsträgerspaltung ein **Teil** des gespaltenen Betriebes beim Erwerber in einen Betrieb **eingegliedert**, in dem ein Betriebsrat besteht, scheidet eine kollektivrechtliche Fortgeltung von Betriebsvereinbarungen des gespaltenen Betriebes aus, weil dessen Betriebsrat insoweit gemäß § 21a Abs. 3, Abs. 1 Satz 1 kein Übergangsmandat zukommt. In solchen Fällen kommt § 613a Abs. 1 Satz 2 bis 4 BGB als Auffangregelung kraft der »Verweisung« in § 324 UmwG zur Anwendung. Gleiches gilt, wenn der erworbene Betriebsteil die Voraussetzungen der Betriebsratsfähigkeit nach § 1 Abs. 1 Satz 1 nicht erfüllt. Dagegen bleibt die kollektivrechtliche Fortgeltung von Betriebsvereinbarungen in ihrem jeweiligen Geltungsbereich unberührt, wenn die Spaltung (Vermögensteilübertragung) eines Rechtsträgers die **Spaltung mehrerer Betriebe** zur Folge hat und dann bei einem übernehmenden (oder bei Rechtsträgerabspaltung oder Ausgliederung nach § 123 Abs. 2 oder 3 UmwG auch beim übertragenden) Rechtsträger solche Betriebsteile, die bislang verschiedenen Betrieben zugeordnet waren, zu einem neuen Betrieb zusammengelegt werden. Insoweit sichert das Übergangsmandat des nach der

§ 77

IV. 1. Allgemeines

Zahl der wahlberechtigten Arbeitnehmer größten Betriebsteils (§ 21a Abs. 3, Abs. 2) die Amtskontinuität als Voraussetzung kollektivrechtlicher Fortgeltung der Betriebsvereinbarungen, bei denen die Parteistellung auf Arbeitgeberseite durch partielle Gesamtrechtsnachfolge erworben wird.

434 Kollektivrechtlich gelten Betriebsvereinbarungen auch dann fort, wenn der Betrieb trotz Spaltung als **gemeinsamer Betrieb** mehrerer Unternehmen gemäß § 1 Abs. 1 Satz 2, Abs. 2 Nr. 2 fortgeführt wird (ebenso *Hohenstatt/WHSS*, E Rn. 19; *Mengel* [wie Rdn. 432], S. 194; *Müller* RdA 1996, 287 [291]; *Richardi* § 77 Rn. 215) und deshalb der Betriebsrat im Amt bleibt, also nicht nur ein Übergangsmandat wahrnimmt (vgl. näher § 21a Rdn. 93). Die kollektivrechtliche Fortgeltung ist auch insoweit gesichert, als im Zuge einer Rechtsträgerabspaltung oder Ausgliederung (nach § 123 Abs. 2 und 3 UmwG) ein Teil des gespaltenen Betriebes beim übertragenden Rechtsträger verbleibt (vgl. dazu § 21a Rdn. 92).

435 Kommt es im Zusammenhang mit einer Umwandlung nach dem UmwG (Verschmelzung, Spaltung, Vermögensübertragung) bei einem beteiligten Rechtsträger zur **Zusammenlegung** von Betrieben, so handelt es sich nicht um unmittelbare Folgen einer Umstrukturierung auf Rechtsträgerebene, sondern um unternehmensinterne Umstrukturierungen der Betriebsorganisation (vgl. § 21a Rdn. 95 f.); vgl. dazu Rdn. 424 f.

436 (5) Anders als in Fällen der Gesamtrechtsnachfolge (vgl. Rdn. 432 ff.) war die (kollektivrechtliche) Fortgeltung der Betriebsvereinbarung beim **rechtsgeschäftlichen Betriebsinhaberwechsel** (Singularsukzession) zweifelhaft, weil das Gesetz den Übergang der Parteistellung in der Betriebsvereinbarung für diesen Fall nicht ausdrücklich vorsieht. Gleichwohl bestand zunächst sowohl unter der Geltung des BetrVG 1952 (vgl. etwa *BAG* 19.07.1957 AP Nr. 1 zu § 52 BetrVG; *Hueck/Nipperdey* II/2, S. 1287; *Nikisch* III, S. 297) als auch nach Inkrafttreten des BetrVG 1972 und der Geltung des § 613a Abs. 1 a. F. (jetzt: § 613a Abs. 1 Satz 1) BGB weitgehende Einigkeit darüber, dass der rechtsgeschäftliche Betriebsinhaberwechsel am Fortbestand der mit dem früheren Inhaber abgeschlossenen Betriebsvereinbarungen nichts ändert, solange der Betrieb seine Identität wahrt (vgl. die Nachweise bei *Seiter* DB 1980, 877 [879 mit Fn. 14]; *Dietz/Richardi* § 77 Rn. 146, die selbst aber die Neufassung des § 613a Abs. 1 Sätze 2–4 BGB noch nicht beachteten; **a. M.** *D. Gaul* DB 1980, 98 [100 ff.]). Jetzt scheint § 613a Abs. 1 Satz 2 BGB (i. d. F. des Arbeitsrechtlichen EG-Anpassungsgesetzes vom 13.08.1980, BGBl. I, S. 1308; durch Einfügung der Sätze 2–4 in § 613a Abs. 1 BGB hat der Gesetzgeber seine Verpflichtungen nach Art. 3 Abs. 2 der EG-Richtlinie 77/187/EWG, Richtlinie zur Angleichung der Rechtsvorschriften der Mitgliedstaaten über die Wahrung von Ansprüchen der Arbeitnehmer bei Übergang von Unternehmen, Betrieben oder Betriebsteilen, ABlEG Nr. 61 vom 05.03.1977, S. 26, erfüllt) einer kollektivrechtlichen Fortgeltung von Betriebsvereinbarungen im Wege zu stehen, weil danach Rechte und Pflichten, die (durch Rechtsnormen eines Tarifvertrages oder) durch eine Betriebsvereinbarung geregelt sind, »Inhalt des Arbeitsverhältnisses zwischen dem neuen Inhaber und dem Arbeitnehmer« werden und (vorbehaltlich der Sätze 3 und 4) nicht vor Ablauf eines Jahres nach dem Zeitpunkt des Übergangs zum Nachteil des Arbeitnehmers geändert werden dürfen. Allgemein wird dies dahin verstanden, dass die Regelungen der Betriebsvereinbarung ihre unmittelbare und zwingende Wirkung nach § 77 Abs. 4 Satz 1 verlieren und (durch gesetzliche Transformation) individualrechtlich, d. h. wie arbeitsvertragliche Regelungen, aber zugunsten der Arbeitnehmer einseitig zwingend weitergelten (vgl. etwa *Schaub*/MK-BGB, 3. Aufl., § 613a Rn. 148, 161; *Seiter* AR-Blattei, Betriebsinhaberwechsel I, B VIII 3a, b). Dass eine solch »individualrechtliche Lösung« mit § 613a Abs. 1 Satz 2 BGB gewollt ist, bestätigt die Entstehungsgeschichte (vgl. BT-Drucks. 8/3317, S. 11). Im Wortlaut der Bestimmung kommt dies freilich nicht exakt zum Ausdruck. Denn Inhalt des **Arbeitsverhältnisses** werden auch die unmittelbar und zwingend geltenden Betriebsvereinbarungen (vgl. Rdn. 237); sie werden nur nicht Inhalt der **Arbeitsverträge**.

437 Unabhängig von diesem Einwand gelten beim rechtsgeschäftlichen Betriebsübergang Betriebsvereinbarungen **kollektivrechtlich** fort, weil § 613a Abs. 1 Satz 2 BGB nicht als abschließende gesetzgeberische Entscheidung dagegen zu verstehen ist; die Bestimmung ist vielmehr ein »**Auffangtatbestand**«, mit dem der nach der EG-Richtlinie verbindlich vorgegebene **Bestandsschutz (subsidiär) gesichert** werden soll, wenn und soweit die kollektivrechtliche Fortgeltung betriebsverfassungsrechtlich nicht in Betracht kommt (str.; wie hier jetzt auch *BAG* 27.07.1994 EzA § 613a BGB Nr. 123 S. 8 = AP Nr. 118 zu § 613a BGB [zust. *Gussen*] im Anschluss an *BAG* 05.02.1991 EzA § 613a

BGB Nr. 93 S. 21 obiter dictum; bestätigt durch *BAG* 07.11.2000 EzA § 77 BetrVG 1972 Nachwirkung Nr. 2; 15.01.2002 EzA § 613a BGB Nr. 206 S. 3; 18.09.2002 EzA § 613a BGB 2002 Nr. 5 S. 8 f.; 05.05.2015 EzA § 613a BGB 2002 Nr. 164 Rn. 47 f.; im Ergebnis wie hier *Berg/DKKW* § 77 Rn. 100; *Birk* ZfA 1986, 73 [100]; *Boecken* Unternehmensumwandlungen und Arbeitsrecht, Rn. 157; *S. Braun* Die Fortgeltung von Betriebsvereinbarungen beim Betriebsübergang, S. 30 ff., 86 f.; *Brune* AR-Blattei SD 520, Rn. 538; *Fitting* § 77 Rn. 168; *B. Gaul* Das Arbeitsrecht der Betriebs- und Unternehmensspaltung, § 25 Rn. 8; *Gussen/Dauck* Die Weitergeltung von Betriebsvereinbarungen und Tarifverträgen bei Betriebsübergang und Umwandlung, Rn. 44 ff., 78; *Haas* [wie Rdn. 432], S. 45 ff.; *Hanau/Vossen* FS *Hilger/Stumpf*, 1983, S. 271; *Hohenstatt/WHSS*, E Rn. 8; *Jung* RdA 1981, 360 [362]; *Kaiser/LK* § 77 Rn. 102; *Knigge* BB 1980, 1272 [1276]; *Kreft* FS *Wißmann*, S. 347; *Kreutz* FS *Kraft*, S. 323 [333 f.]; *ders.* FS 50 Jahre Bundesarbeitsgericht, S. 993 ff.; *Kort* SAE 2003, 28; *Matthes/*MünchArbR § 239 Rn. 46; *Müller-Glöge/*MK-BGB § 613a Rn. 149; *Pfeiffer/KR* 9. Aufl., § 613a BGB Rn. 166; *Preis/*ErfK § 613a BGB Rn. 113; *RGRK/Ascheid* BGB, 12. Aufl., § 613a Rn. 182; *Richardi* § 77 Rn. 213; *Röder/Haußmann* DB 1999, 1754; *Schiefer* RdA 1994, 83 [88]; *Soergel/Raab* BGB, § 613a Rn. 118; *Staudinger/Annuß* BGB (2011), § 613a Rn. 199; *Stege/Weinspach/Schiefer* § 77 Rn. 34; *Wank/*MünchArbR § 102 Rn. 180 [anders noch 1. Aufl.]; **a. M.** *Thiele* Drittbearbeitung, § 77 Rn. 210; *Falkenberg* BB 1987, 328; *Galperin/Löwisch* § 77 Rn. 65; *D. Gaul* ZTR 1989, 432 [436]; *M. Junker* RdA 1993, 203; *Kemper* BB 1990, 784 [788]; *Seiter* AR-Blattei, Betriebsinhaberwechsel I, B VI 4d; *Wiesner* BB 1986, 1636 [1637]; neuerdings *Rieble/Gutzeit* NZA 2003, 233 [234]; *Meimann* Die kollektivrechtliche Fortgeltung von Betriebsvereinbarungen beim Betriebsübergang, 2004; im Anschluss an *Sagan* [RdA 2011,163] hält nun auch *Preis/*ErfK § 613a BGB Rn. 113, 112 nicht mehr am Auffangcharakter fest, sondern sieht in § 613a Abs. 1 Satz 2 eine (nicht überzeugend: anderen Rechtsgrundlagen vorgehende) Spezialregelung, die die kollektivrechtliche Fortgeltung der Kollektivregelungen anordne, allerdings nur für die nach § 613a Abs. 1 Satz 1 übergehenden Arbeitsverhältnisse und »statisch« in ihrer im Zeitpunkt des Übergangs geltenden Fassung [sog Sukzessionsmodell]).

Für die **kollektivrechtliche Fortgeltung** der Betriebsvereinbarungen auch beim rechtsgeschäftlichen Übergang eines Betriebes spricht zunächst maßgeblich der Fortbestand des Betriebes als organisatorische Einheit (vgl. *BAG* 15.01.2002 EzA § 613a BGB Nr. 206 S. 3: die Identität des Betriebs bleibt die entscheidende Grundlage), in der die Betriebsvereinbarung nach § 77 Abs. 4 Satz 1 gilt. Der Bipolarität der Betriebsverfassung entspricht es, dass der Arbeitgeberwechsel ebenso wenig ein Beendigungsgrund für die Betriebsvereinbarung ist wie der Wechsel des Betriebsrats (vgl. Rdn. 429 f.). Auch der Gesetzgeber geht nach § 613a Abs. 1 Satz 4 BGB ersichtlich davon aus, dass mit dem Betriebsübergang die Betriebsvereinbarung nicht endet (ebenso *Seiter* Betriebsinhaberwechsel, Schriften zur Arbeitsrecht-Blattei Bd. 9, 1980, S. 90); die Bestimmung berücksichtigt aber ihre spätere Beendigung nach allgemeinen Regeln. Es ist demnach anzunehmen, dass der Betriebserwerber kraft seiner Betriebsinhaberschaft an die im Betrieb geltenden Betriebsvereinbarungen gebunden bleibt; einer rechtsgeschäftlichen Übertragung der Parteistellung in der Betriebsvereinbarung (die möglich ist; vgl. *Seiter* Betriebsinhaberwechsel, S. 91) bedarf es insoweit nicht. Dem entspricht es, dass § 613a BGB nach allgemeiner Meinung die Betriebsratskontinuität wahrt; das Betriebsratsamt endet nicht, solange der Betrieb nicht untergeht (so auch Art. 5 EG-Richtlinie 77/187/EWG, vgl. dazu näher § 21 Rdn. 39 ff.). Es wäre aber eine erhebliche Beeinträchtigung der Rechtsstellung und Funktion des Betriebsrats, wenn Betriebsvereinbarungen beim Betriebsinhaberwechsel ihre kollektivrechtliche Geltung verlieren würden (*Hanau/Vossen* FS *Hilger/Stumpf*, S. 271 [274]; *Schaub/*MK-BGB, 3. Aufl., § 613a Rn. 145). Für die normative Fortgeltung spricht schließlich zusätzlich, dass der Betriebserwerber im Verhältnis zu den Arbeitnehmern des Betriebes Rechtsnachfolger des bisherigen Betriebsinhabers wird (§ 613a Abs. 1 Satz 1 BGB) und damit die Arbeitsverhältnisse fortbestehen, die die Betriebsvereinbarungen gerade gestalten sollen. Wegen der Fortdauer dieser Gestaltungsaufgabe ist daher deren normative Fortgeltung geboten (*Kreutz* FS *Kraft*, S. 323 [334]; ausführlich zust. *Lerch* [wie Rdn. 420], S. 192, 205 ff.). Es ist auch nicht zu befürchten, dass die kollektivrechtliche Fortgeltung die vom Gesetzgeber gewollten Beschränkungen des § 613a Abs. 1 Sätze 2–4 BGB unterläuft. Für den neuen Betriebsinhaber bedeutet die kollektive Fortgeltung nicht deshalb eine Belastung, weil damit auch neu abgeschlossene Arbeitsverhältnisse automatisch erfasst werden; diesen Arbeitnehmern gegenüber ist er bereits nach dem Gleichbehandlungsgrundsatz zur Gleichstellung verpflichtet.

438

Die kollektivrechtliche Fortgeltung bietet zudem den Vorteil jederzeitiger Ablösbarkeit durch spätere Betriebsvereinbarung (vgl. Rdn. 401) oder durch Kündigung (vgl. Rdn. 403 ff.). Andererseits steht der individualrechtliche Bestandsschutz auf ein Jahr nach § 613a Abs. 1 Satz 2 BGB von vornherein unter dem Vorbehalt des Vorrangs der kollektivrechtlichen Regelung beim neuen Betriebsinhaber gemäß § 613a Abs. 1 Satz 3 BGB. Das bedeutet insbesondere auch, dass jederzeit (aus Anlass des Betriebsübergangs oder auch später innerhalb der Jahresfrist) durch eine neue Betriebsvereinbarung mit entsprechendem Regelungsgegenstand der individualrechtliche Bestandsschutz verhindert bzw. verdrängt werden kann (ebenso *Hanau / Vossen* FS *Hilger / Stumpf*, S. 281; *Pfeiffer* / KR 9. Aufl., § 613a BGB Rn. 169; *Schaub* / MK-BGB, 3. Aufl., § 613a Rn. 187; *Seiter* Betriebsinhaberwechsel, S. 94; *ders.* AR-Blattei, Betriebsinhaberwechsel I, B VIII 6b; *Wank* NZA 1987, 505 [508]; das übersieht *Wiesner* BB 1986, 1636 [1638]).

439 Ändert demnach der rechtsgeschäftliche Betriebsinhaberwechsel per se nichts an der kollektivrechtlichen Fortgeltung der im Betrieb geltenden Betriebsvereinbarungen, so scheidet insoweit eine Transformation dieser Regelungen auf die individualrechtliche Ebene nach § 613a Abs. 1 Satz 2 BGB aus; das ergibt sich bereits aus § 613a Abs. 1 Satz 3 BGB (ebenso schon *Seiter* AR-Blattei, Betriebsinhaberwechsel I, B VIII 4a). Die kollektivrechtliche Fortgeltung hat jedoch nach bisher (vgl. aber Rdn. 441) vorherrschender Ansicht (vgl. die Nachweise Rdn. 437) zur Voraussetzung, dass der Betrieb beim Betriebsinhaberwechsel seine **Identität wahrt** (so auch *BAG* 27.07.1994 EzA § 613a BGB Nr. 123 S. 8; 15.01.2002 EzA § 613a BGB Nr. 206 S. 3; 18.09.2002 EzA § 613a BGB 2002 Nr. 5 S. 8); das ist der Fall, wenn der Erwerber ihn als selbständigen Betrieb fortführt oder übernimmt, sei es, dass er keinen sonstigen Betrieb hat, sei es neben eigenen Betrieben. Zu einem Kollisionsproblem kommt es dabei dann (vgl. *Kreutz / Franzen* § 50 Rdn. 87), wenn im aufnehmenden Unternehmen eine Gesamtbetriebsvereinbarung oder Konzernbetriebsvereinbarung mit gleichem Regelungsgegenstand besteht (vgl. zuerst *Hanau / Vossen* FS *Hilger / Stumpf*, S. 271 [277 ff.]); nach der Wertung in § 613a Abs. 1 Satz 3 BGB und der Zuständigkeitsregelung in § 50 Abs. 1 bzw. § 58 Abs. 1 kann die Lösung nur darin bestehen, dass die Gesamtbetriebsvereinbarung bzw. Konzernbetriebsvereinbarung ex-nunc vorgeht (so auch *Fitting* § 77 Rn. 169; ausführlich *Gussen / Dauck* [wie Rdn. 437], Rn. 97 ff.; abw. *S. Braun* [wie Rdn. 437], S. 160 ff.: Weitergeltung der Betriebsvereinbarung im übergegangenen Betrieb).

440 Kommt es im Zusammenhang mit einer Betriebsveräußerung beim Erwerber zur Zusammenfassung des erworbenen mit einem eigenen Betrieb, so handelt es sich um eine unternehmensinterne Umstrukturierung (vgl. § 21a Rdn. 58 f.); vgl. zur kollektivrechtlichen Fortgeltung von Betriebsvereinbarungen Rdn. 424 f.; im Ergebnis auch *Mues* DB 2003, 1273 [1275].

441 Auch wenn lediglich ein **Betriebsteil** durch Rechtsgeschäft auf einen neuen Inhaber übergeht (§ 613a Abs. 1 Satz 1 BGB) und bei diesem als selbständiger Betrieb (oder als selbständiger Betrieb geltender Betriebsteil gemäß § 4 Abs. 1) fortgeführt wird, gelten in diesem die Betriebsvereinbarungen des Ursprungsbetriebes, die ihre Gestaltungsaufgabe behalten, **kollektivrechtlich** fort, nicht lediglich individualrechtlich gemäß § 613a Abs. 1 Satz 2 BGB. Das wurde bisher nur vereinzelt so gesehen wie hier (vgl. *Berg* / DKKW § 77 Rn. 102; *Fitting* § 77 Rn. 174; zust. *Wank* / MünchArbR 2. Aufl., § 124 Rn. 201); wegen des Verlustes der Identität des Ursprungsbetriebes wurde weithin eine Geltungstransformation der in den Betriebsvereinbarungen geregelten Rechte und Pflichten auf die individualrechtliche Ebene nach Maßgabe von § 613a Abs. 1 Satz 2 bis 4 BGB angenommen (vgl. die Nachweise Rdn. 437; vgl. zu den Begründungsansätzen einer normativen Fortgeltung von Betriebsvereinbarungen auch nach § 613a Abs. 1 Satz 2 BGB m. w. N. *Kreutz* FS 50 Jahre Bundesarbeitsgericht, S. 993 [997 ff.]). Jetzt ergibt sich die kollektivrechtliche Fortgeltung daraus, dass der Betriebsrat des Ursprungsbetriebes für den veräußerten Betriebsteil nach Maßgabe des § 21a Abs. 3, Abs. 1 ein Übergangsmandat hat; denn durch die Betriebsteilveräußerung wird der Ursprungsbetrieb gespalten, und zwar unabhängig davon, ob ein Teil des Ursprungsbetriebes beim Veräußerer verbleibt oder ob zugleich alle ihm bislang zugeordneten Teile durch Rechtsgeschäft auf verschiedene Erwerber übergehen (vgl. § 21a Rdn. 92). Das **Übergangsmandat** sichert die **Amtskontinuität** rechtsträgerübergreifend; diese verlangt die kollektivrechtliche Fortgeltung der Betriebsvereinbarungen in allen veräußerten Einheiten, die dem Ursprungsbetrieb bislang zugeordnet waren (vgl. zur Begründung entsprechend Rdn. 424, 433; ausführlich *Kreutz* FS 50 Jahre Bundesarbeitsgericht, S. 1006 ff.; ebenso *Fitting* § 77 Rn. 174; *Bachner* in: *Kittner / Zwanziger* Arbeitsrecht § 97 Rn. 8; dem hat sich der Erste Senat des *BAG* [18.09.2002 EzA § 613a BGB 2002 Nr. 5 3. Leitsatz und unter B III 2b dd] angeschlossen; bestätigt durch Urteil vom 18.11.2003 EzA § 77 BetrVG 2001 Nr. 9 S. 7; zust. *Bachner* NJW 2003, 2861 [2863]; *Gaul/HWK* § 77 BetrVG Rn. 73; *Mues* DB 2003, 1273 [1276]; *Richardi/Kortstock* RdA 2004, 173 [175]; abl. nach wie vor wegen Verlust der Betriebsidentität *Hohenstatt/Müller-Bonanni* NZA 2003, 766 [770]; *Preis/Richter* ZIP 2004, 925 [929]; *Rieble* NZA 2003 Sonderbeilage zu Heft 16, S. 62 [70 f.]; *Thüsing* DB 2004, 2474; ausführlich und überzeugend gegen diese Kritik *Kreft* FS *Wißmann*, S. 347 [352 ff.]; vgl. auch *Kreutz/Franzen* § 50 Rdn. 94). Da § 613a Abs. 1 Satz 1 BGB den rechtsgeschäftlichen Übergang von Betrieben und Betriebsteilen gleichermaßen regelt, ist anzunehmen, dass der Betriebsteilerwerber wie der Betriebserwerber (vgl. Rdn. 438) kraft seiner Betriebsinhaberschaft an die fortgeltenden Betriebsvereinbarungen (unter Vervielfältigung der Parteistellungen) gebunden ist. Die normative Fortgeltung ist nicht davon abhängig, dass bis zur Beendigung des Übergangsmandats im Betrieb ein neuer Betriebsrat gewählt ist (vgl. Rdn. 430; **a. M.** insoweit *Bachner* in: *Kittner/Zwanziger/Deinert* Arbeitsrecht § 97 Rn. 8). Wird allerdings im Zusammenhang mit der Betriebsteilveräußerung der übergegangene **Betriebsteil** beim Erwerber in einen Betrieb **eingegliedert**, in dem ein Betriebsrat besteht, kommt mangels eines Übergangsmandats (nach § 21a Abs. 3, Abs. 1 Satz 1) eine kollektivrechtliche Fortgeltung von Betriebsvereinbarungen nicht in Betracht; dann **greift die Auffangregelung** gemäß § 613a Abs. 1 Satz 2 bis 4 BGB. Gleiches gilt, wenn der erworbene Betriebsteil die Voraussetzungen der Betriebsratsfähigkeit nach § 1 Abs. 1 Satz 1 nicht erfüllt.

Eine kollektivrechtliche Fortgeltung von Betriebsvereinbarungen scheidet aus, wenn der rechtsgeschäftlich erworbene Betrieb oder Betriebsteil beim Erwerber (gemäß §§ 118 Abs. 2, 130) nicht mehr in den Geltungsbereich des BetrVG fällt. In diesen Fällen greift § 613a Abs. 1 Satz 2 bis 4 BGB als maßgebliche Auffangregelung. **442**

7. Weitergeltung (Nachwirkung) nach Ablauf der Betriebsvereinbarung (Abs. 6)

Während nach § 4 Abs. 5 TVG (1949) die Rechtsnormen eines Tarifvertrags nach dessen Ablauf generell solange weitergelten, bis sie durch eine andere Abmachung ersetzt werden, war die Frage einer Nachwirkung von Betriebsvereinbarungen unter der Geltung des BetrVG 1952 ungeklärt und str. (vgl. zum Streitstand *Dietz/Richardi* § 77 Rn. 108; *Hueck/Nipperdey* II/2, S. 1288; *Neumann-Duesberg* S. 391 ff.; *Nikisch* III, S. 290). § 77 Abs. 6 soll diese Rechtsunklarheiten beseitigen (vgl. BT-Drucks. VI/1786, S. 47). Danach gelten nach Ablauf einer Betriebsvereinbarung ihre Regelungen **nur in solchen** Angelegenheiten weiter, in denen ein Spruch der Einigungsstelle die Einigung zwischen Arbeitgeber und Betriebsrat ersetzen kann. Im Stadium der Weitergeltung können die Regelungen **jederzeit** durch eine andere Abmachung ersetzt werden. Die Anordnung der Weitergeltung in Abs. 6 ist weder abschließend (s. Rdn. 469 f.) noch zwingend (s. Rdn. 474 f.). **443**

Weitergeltung (synonym: »Nachwirkung«) **bedeutet**, dass die Regelungen ihre **unmittelbare Geltungswirkung** i. S. v. § 77 Abs. 4 Satz 1 auf die Arbeitsverhältnisse im Geltungsbereich der Betriebsvereinbarung für die Zukunft **behalten**; Betriebsvereinbarungen gelten insoweit (trotz Ablaufs) als solche weiter. Sie gelten jedoch **nicht mehr zwingend** (vgl. zu dessen Bedeutung Rdn. 254 ff.). Das ergibt sich aus der Begrenzung der Weitergeltung bis zu dem Zeitpunkt, zu dem (irgend-)eine andere Abmachung getroffen wird bzw. in Kraft tritt. Das Gesetz verlangt nicht, dass es sich um eine neue Betriebsvereinbarung handelt. Die Nachwirkung endet vielmehr, sobald **irgendeine** Neuregelung des Gegenstandes **wirksam** erfolgt, sei es durch Tarifvertrag, Betriebsvereinbarung oder Arbeitsvertrag. Der Inhalt der Neuregelung kann im Rahmen der jeweiligen allgemeinen gesetzlichen Wirksamkeitsgrenzen von den Beteiligten frei vereinbart werden. **444**

a) Voraussetzungen der Weitergeltung

Die Weitergeltung nach Abs. 6 kommt **nur** für Regelungen einer **wirksamen Betriebsvereinbarung**, auch soweit sie auf einem Spruch der Einigungsstelle beruht, in Betracht, **nicht** für sog. **Betriebsabsprachen** (Regelungsabreden), denen mangels unmittelbarer Geltungswirkung auf die Arbeitsverhältnisse auch keine Weitergeltung zukommen kann (ebenso *Brune* AR-Blattei SD 520, Rn. 551; *Galperin/Löwisch* § 77 Rn. 105; *Hanau* NZA 1985, Beil. Nr. 2, S. 3 [11]; *Klein* Die Nach- **445** wirkung der Betriebsvereinbarung, S. 236 ff.; *Krohm* Weitergeltung & Nachwirkung, S. 143 ff., 149; weitere Nachweise, auch zur Gegenmeinung, oben Rdn. 22). **Nicht erforderlich** ist, dass die Betriebsvereinbarung tatsächlich auf einem verbindlichen Spruch der Einigungsstelle beruht. Ein **Sozialplan**, der nach § 112 Abs. 1 Satz 3 die Wirkung einer Betriebsvereinbarung hat, ist Betriebsvereinbarung i. S. d. Abs. 6 (vgl. *BAG* 10.08.1994 EzA § 112 BetrVG 1972 Nr. 76 S. 6; zur Nachwirkung von Sozialplänen vgl. *Meyer* NZA 1997, 289; *Oetker* §§ 112, 112a Rdn. 172 f.).

446 Die Betriebsvereinbarung muss **abgelaufen** sein, d. h. es muss ein Beendigungsgrund vorliegen, der die »**Voll**«**beendigung noch nicht** herbeigeführt hat (vgl. Rdn. 397). Keineswegs wird jede Form der Beendigung erfasst; eine Weitergeltung kommt vielmehr **grundsätzlich nur** bei **Zeitablauf** (bei Befristung) und **ordentlicher Kündigung** (nach Ablauf der Kündigungsfrist) der Betriebsvereinbarung in Betracht: Bei **Zweckerreichung** (vgl. Rdn. 399) ist die Nachwirkung schon nach dem Inhalt der Betriebsvereinbarung konkludent ausgeschlossen (ebenso *Thiele* Drittbearbeitung, § 77 Rn. 228; *Fitting* § 77 Rn. 179; nicht richtig beachtet von *BAG* 12.08.1982 AP Nr. 5 zu § 77 BetrVG 1972 Bl. 2; zutr. dagegen *BAG* 17.01.1995 EzA § 77 BetrVG 1972 Nr. 54 für die Regelung eines Weihnachtsgeldes für ein bestimmtes Jahr; für den Einzel-Sozialplan *Meyer* NZA 1997, 289 [290 f., 293]). Das gilt auch für diejenigen Betriebsvereinbarungen, die in Ergänzung zu einem bestimmten Tarifvertrag aufgrund einer Öffnungsklausel nach § 77 Abs. 3 Satz 2 abgeschlossen worden sind; sie sind in ihrer Laufzeit auf die dieses Tarifvertrages sowie ggf. dessen Nachwirkungszeitraum beschränkt (wenn die Auslegung nicht ergibt, dass sie auch mit Wirkung für spätere Tarifverträge mit entsprechender Öffnungsklausel, also als Dauerregelung, abgeschlossen worden sind) und treten danach ohne weiteres völlig außer Kraft, insbesondere mit dem Inkrafttreten eines neuen Tarifvertrages (vgl. auch *BAG* 25.08.1983 AP Nr. 7 zu § 77 BetrVG 1972 *[Misera]*). Wird die Betriebsvereinbarung bei **Betriebsstilllegung gegenstandslos** (vgl. Rdn. 421), kommt ebenso wenig eine Nachwirkung in Betracht wie im Falle der Eingliederung eines aus einer Betriebsspaltung hervorgegangenen Betriebsteils in einen anderen Betrieb, soweit eine Betriebsvereinbarung durch eine ebensolche mit entsprechendem Inhalt im aufnehmenden Betrieb gegenstandslos wird (vgl. Rdn. 426). Erfolgt die Beendigung im Wege der **Ablösung** durch eine neue Betriebsvereinbarung (vgl. Rdn. 401), ist jede Nachwirkung schon logisch ausgeschlossen (im Ergebnis auch *BAG* 19.06.2001 EzA § 77 BetrVG 1972 Nr. 67 S. 13; 18.09.2001 EzA § 1 BetrAVG Ablösung Nr. 31 S. 12). Auch ein **Aufhebungsvertrag** (vgl. Rdn. 400) wird in der Regel keine Nachwirkung auslösen (**a. M.** *Thiele* Drittbearbeitung, § 77 Rn. 207). Da die Betriebspartner jede Nachwirkung wirksam ausschließen können (vgl. Rdn. 474), ist ein Aufhebungsvertrag im Zweifel in diesem Sinne auszulegen.

447 Grundsätzliche **Ausnahmen von der Nachwirkung** gibt es auch **bei der Kündigung** der Betriebsvereinbarung. Insb. entfällt sie bei **fristloser** Kündigung (vgl. Rdn. 413) für solche Regelungen, auf die sich der wichtige Grund gerade bezieht (*Thiele* Drittbearbeitung, § 77 Rn. 222, 228; zust. *Fitting* § 77 Rn. 179; *Schwarze*/NK-GA § 77 BetrVG Rn. 86; *Worzalla*/*HWGNRH* § 77 Rn. 249; wohl auch *Kania*/ErfK § 77 BetrVG Rn. 102), weil den Anforderungen der Zumutbarkeit bei einer Weitergeltung bis zum Zustandekommen einer anderen Abmachung zwischen den Betriebspartnern (vgl. insoweit Rdn. 449) sonst nicht hinreichend Rechnung getragen werden kann (zust. *Boemke/Kursawe* DB 2000, 1405 [1409]; *Brune* AR-Blattei SD 520, Rn. 554; *Fitting* § 77 Rn. 179; *Kania*/ErfK § 77 BetrVG Rn. 102; *R. Krause* Anm. zu *BAG* EzA § 77 BetrVG 1972 Nachwirkung Nr. 1 S. 21; **a. M.** *Matthes*/MünchArbR § 239 Rn. 58; unter Berufung auf diesen (1. Aufl.) bejahte auch der Zehnte Senat des *BAG* [10.08.1994 EzA § 112 BetrVG 1972 Nr. 76 S. 9] bei außerordentlicher Kündigung eines Sozialplans die Nachwirkung; *Berg*/DKKW § 77 Rn. 116; *Gaul*/HWK § 77 BetrVG Rn. 44; *Kaiser*/LK § 77 Rn. 64; *Preis*/WPK § 77 Rn. 56; *Schulz* Der Bestandsschutz von Betriebsvereinbarungen bei Kündigung, S. 125 ff.). Hat der Arbeitgeber **bei Betriebsratslosigkeit** (vgl. Rdn. 430) gekündigt, scheidet eine Nachwirkung aus, weil hier mangels Betriebsrats und damit eines Mitbestimmungsrechtes kein Spruch der Einigungsstelle in Betracht kommt (zust. *Salamon* NZA 2007, 367 [368]; *Worzalla*/HWGNRH § 77 Rn. 249; **a. M.** *Fitting* § 77 Rn. 175, 179, die bei Gegenständen erzwingbarer materieller Arbeitsbedingungen Nachwirkung annehmen wollen, weil der Arbeitgeber diese durch individualvertragliche Vereinbarungen oder Änderungskündigungen beseitigen könne; das ist jedoch kein Gegenargument und zudem ist es wertungswidersprüchlich, den Arbeitgeber auf individualrechtliche Beendigungsmöglichkeiten zu verweisen, nachdem ihm zuvor die kollektivrechtliche Möglichkeit zur Kündigung gegenüber den Arbeitnehmern wegen der Betriebsratslosigkeit eingeräumt worden ist [s. Rdn. 116]). Nachwirkung scheidet dementsprechend auch aus, wenn eine Betriebsvereinbarung nach Abs. 5 regulär (von Arbeitgeber oder Betriebsrat) gekündigt worden ist, der Betrieb aber noch vor Ablauf der Kündigungsfrist (und damit der Betriebsvereinbarung) betriebsratslos wird (**a. M.** *LAG Hamm* 31.03.2016 LAGE § 77 BetrVG 2001 Nr. 18 Rn. 82, das § 77 Abs. 6 entsprechend anwendet); zu dem Fall, dass der Betrieb erst im Nachwirkungszeitraum betriebsratslos wird, s. Rdn. 476. Wird eine Betriebsvereinbarung, die zur Ergänzung eines Tarifvertrages **aufgrund einer Öffnungsklausel** abgeschlossen worden war, gekündigt, so gilt (ggf. nach Ablauf der Kündigungsfrist) wieder die tarifliche Regelung, und die Sperrwirkung des § 77 Abs. 3 verhindert eine Nachwirkung (*BAG* 12.08.1982 AP Nr. 5 zu § 77 BetrVG 1972 Bl. 2 R). Bei **befristeter** Betriebsvereinbarung kann in der Befristungsabrede bereits ein konkludenter Ausschluss der Nachwirkung liegen (vgl. Rdn. 474); Abs. 6 regelt aber keineswegs nur die Nachwirkung ordentlich gekündigter Betriebsvereinbarungen.

aa) Beiderseits erzwingbare Betriebsvereinbarungen

Nach Ablauf einer Betriebsvereinbarung gelten ihre Regelungen nach Abs. 6 **nur** in Angelegenheiten weiter, in denen ein Spruch der Einigungsstelle die Einigung zwischen Arbeitgeber und Betriebsrat ersetzen kann. Nach allgemeiner Meinung betrifft dies nur Regelungsgegenstände, **die der erzwingbaren Mitbestimmung des Betriebsrats unterliegen**, sog. Mitbestimmungspflichtigkeit der Angelegenheit (vgl. *BAG* 09.07.2013 EzA § 77 BetrVG 2001 Nr. 36 Rn. 18 = AP Nr. 64 zu § 77 BetrVG 1972 Betriebsvereinbarung; 05.10.2010 EzA § 87 BetrVG 2001 Betriebliche Lohngestaltung Nr. 23 Rn. 18; 09.12.2008 EzA § 1 BetrAVG Ablösung Nr. 47 Rn. 46; 26.08.2008 EzA § 87 BetrVG 2001 Betriebliche Lohngestaltung Nr. 16 Rn. 14; 18.11.2003 EzA § 77 BetrVG 2001 Nr. 9 S. 8 f.; 28.04.1998 EzA § 77 BetrVG 1972 Nachwirkung Nr. 1 S. 7; 11.05.1999 EzA § 1 BetrAVG Betriebsvereinbarung Nr. 1 S. 12; 17.08.1999 EzA § 1 BetrAVG Betriebsvereinbarung Nr. 2 S. 8; 09.02.1989, 18.04.1989, 26.04.1990, 21.08.1990, 23.06.1992 EzA § 77 BetrVG 1972 Nr. 27, Nr. 28 *[Schulin]* = SAE 1990, 181 *[Kraft]* = AP Nr. 2 zu § 1 BetrAVG Betriebsvereinbarung *[Hanau; Richardi]*, Nr. 35, Nr. 36 *[Kittner]*, Nr. 49; *BAG* 12.08.1982, 27.06.1985 AP Nr. 5 Bl. 2, Nr. 14 Bl. 3 R f. zu § 77 BetrVG 1972; *Berg/DKKW* § 77 Rn. 116; *Fitting* § 77 Rn. 178; *Kaiser/LK* § 77 Rn. 64; *Preis/WPK* § 77 Rn. 51; *Richardi* § 77 Rn. 166; *Stege/Weinspach/Schiefer* § 77 Rn. 44; *Worzalla/HWGNRH* § 77 Rn. 246). Vom Wortlaut her könnte dagegen eingewandt werden, dass ein Spruch der Einigungsstelle die Einigung zwischen Arbeitgeber und Betriebsrat auch dann ersetzen »kann«, wenn sie lediglich nach § 76 Abs. 6 zuständig ist (§ 76 Abs. 6 Satz 2); die Entstehungsgeschichte sagt dazu nichts. Die Systematik spricht jedoch für die Richtigkeit der h. M. Die Weitergeltung ist, ganz im Gegensatz zu § 4 Abs. 5 TVG, in gegenständlicher Hinsicht eindeutig einschränkend formuliert und bezieht sich im Kontext nur auf solche Angelegenheiten, für die **kraft Gesetzes** vorgesehen ist, dass der Spruch der Einigungsstelle die Einigung der Betriebspartner ersetzen kann (weitergehend *Matthes*/MünchArbR § 239 Rn. 52: auch, wenn aufgrund eines Tarifvertrages ein erzwingbares Mitbestimmungsrecht besteht; zust. *Schwarze*/NK-GA § 77 BetrVG Rn. 84). Erzwingbare Mitbestimmungsangelegenheiten sind nach der Systematik des Gesetzes jedoch gerade daran zu erkennen, dass der Spruch der Einigungsstelle die Einigung zwischen Arbeitgeber und Betriebsrat ersetzt, wenn sie (gemäß § 76 Abs. 5) entscheidet, weil eine Einigung der Betriebspartner nicht zustande gekommen ist (vgl. insb. § 87 Abs. 2, § 112 Abs. 4 sowie weiter die Zusammenstellung bei *Jacobs* § 76 Rdn. 16). Nichts anderes gilt, wenn gemäß § 76 Abs. 8 durch Tarifvertrag bestimmt ist, dass statt der Einigungsstelle eine tarifliche Schlichtungsstelle entscheidet (vgl. *BAG* 29.09.2004 NZA 2005, 532 [534]; *Fitting* § 77 Rn. 178).

Abs. 6 hat bei dieser Auslegung auch einen guten Sinn. Danach kann nämlich die Weitergeltung nur für Regelungen eintreten, bei denen eben diese Weitergeltung auch gegen den Willen eines Betriebspartners durch Anrufung der Einigungsstelle durch den jeweils anderen und deren verbindliche Entscheidung beendet werden kann. Würde man dagegen auch Nicht-Mitbestimmungsangelegenheiten der Nachwirkung unterwerfen, könnten nachwirkende Regelungen trotz Kündigung oder Zeitablaufs als solche nicht beseitigt werden, solange ein Betriebspartner die Ablösung verweigert (vgl. *BAG* 12.08.1982 AP Nr. 5 zu § 77 BetrVG 1972 Bl. 2). Anders als § 4 Abs. 5 TVG bezweckt danach Abs. 6 nicht in allgemeiner Form, eine durch Betriebsvereinbarung einmal geschaffene Ordnung aufrecht zu erhalten, um eine inhaltliche Entleerung der betroffenen Arbeitsverhältnisse zu vermeiden. **Die beschränkte Nachwirkung verfolgt ein engeres Ordnungsziel** (vgl. auch *Kreutz* Betriebsautonomie, S. 227 f.; *Richardi* § 77 Rn. 164; *Wollgast* Geltung, Wirkung und Nachwirkung von Betriebsvereinbarungen, S. 419 f.). Sie will verhindern, dass sich in Mitbestimmungsangelegenheiten, in denen sich durch Abschluss einer Betriebsvereinbarung eine gewisse Regelungsnotwendigkeit erwiesen hat, »zeitliche Regelungslücken« zwischen der abgelaufenen Betriebsvereinbarung und einer neuen Abmachung zwischen den Betriebspartnern auftun (so auch *Thiele* Drittbearbeitung, § 77 Rn. 226; *Fitting* § 77 Rn. 178; *Galperin/Löwisch* § 77 Rn. 44; *Klein* Die Nachwirkung der Betriebsvereinbarung, S. 75 ff.; *Raab* SAE 1993, 172); zugleich sichert die Nachwirkung damit die kontinuierliche Wahrung der Mitbestimmungsrechte (*BAG* 17.01.1995 EzA § 77 BetrVG 1972 Nr. 54 S. 9; zuletzt etwa *BAG* 15.02.2011 EzA § 1 BetrAVG Betriebsvereinbarung Nr. 9 Rn. 80; 05.10.2010 § 87 BetrVG 2001 Betriebliche Lohngestaltung Nr. 23 Rn. 20; 09.12.2008 EzA § 1 BetrAVG Ablösung Nr. 47 Rn. 46; 26.08.2008 EzA § 87 BetrVG 2001 Betriebliche Lohngestaltung Nr. 16 Rn. 16). Das Gesetz verlangt zwar nicht, dass es sich bei einer »Abmachung«, die die nachwirkende Regelung ersetzt, stets um eine neue Betriebsvereinbarung handelt (vgl. Rdn. 444). Folgt man jedoch der herrschenden Theorie von der notwendigen Mitbestimmung für die wichtige Gruppe der Mitbestimmungsangelegenheiten nach § 87 Abs. 1 (vgl. *Wiese* § 87 Rdn. 97 ff.), so ist die Zustimmung des Betriebsrats dort Wirksamkeitsvoraussetzung mit der Konsequenz, dass eine einzelvertragliche Abmachung (mit kollektivem Bezug; vgl. *Wiese* § 87 Rdn. 15 ff.) wirksam erst möglich ist, wenn der Betriebsrat seine Zustimmung in Form einer Regelungsabrede erteilt oder ein bindender Spruch der Einigungsstelle vorliegt.

450 **Alle** Regelungen gelten weiter, die eine (beiderseits) erzwingbare Mitbestimmungsangelegenheit zum Gegenstand haben; beiderseitige Erzwingbarkeit fehlt bei § 95 Abs. 1 (vgl. dazu näher *Raab* § 95 Rdn. 11). Eine Beschränkung der Weitergeltung auf »Inhaltsnormen« sieht das Gesetz nicht vor (ebenso *Thiele* Drittbearbeitung, § 77 Rn. 226; *Fitting* § 77 Rn. 178; *Galperin/Löwisch* § 77 Rn. 44). Die Nachwirkung tritt aber nicht bereits dann ein, wenn eine Regelung abstrakt als erzwingbare Mitbestimmungsangelegenheit einzustufen ist; erforderlich ist, dass **im Zeitpunkt der Beendigung** (»Ablauf«) der Betriebsvereinbarung, deren Nachwirkung zu beurteilen ist, ein erzwingbares Mitbestimmungsrecht des betroffenen Betriebsrats besteht. **Bei Betriebsratslosigkeit** (zu diesem Zeitpunkt) **gibt es keine Nachwirkung** (s. Rdn. 447). Unerheblich ist, ob die mitbestimmungspflichtige Regelung durch freiwillige Einigung zwischen Arbeitgeber und Betriebsrat zustande gekommen ist oder ob sie auf einem Spruch der Einigungsstelle beruht (vgl. *BAG* 18.11.2003 EzA § 77 BetrVG 2001 Nr. 9 S. 9).

bb) »Freiwillige« Betriebsvereinbarungen

451 Regelungen in allen **mitbestimmungsfreien Angelegenheiten** (sog. »freiwillige« Betriebsvereinbarungen) **gelten** (kraft Gesetzes; vgl. zur vereinbarten Nachwirkung Rdn. 469 f.) **nicht weiter**; sie sind mit Eintritt des Beendigungsgrundes »voll« beendet (h. M.; vgl. schon *BAG* 13.11.1964 AP Nr. 25 zu § 56 BetrVG; ferner AP Nr. 5 Bl. 2, Nr. 14 Bl. 3 R zu § 77 BetrVG 1972; ausdrücklich auch *BAG* 26.04.1990 EzA § 77 BetrVG 1972 Nr. 35; 21.08.1990 EzA § 77 BetrVG 1972 Nr. 36 [*Kittner*]; 26.10.1993 EzA § 77 BetrVG 1972 Nr. 53; 17.01.1995 EzA § 77 BetrVG 1972 Nr. 54 S. 8; 28.04.1998 EzA § 77 BetrVG 1972 Nachwirkung Nr. 1 S. 7; 11.05.1999 EzA § 1 BetrAVG Betriebsvereinbarung Nr. 1 S. 12; 17.08.1999 EzA § 1 BetrAVG Betriebsvereinbarung Nr. 2 S. 8; 07.11.2000 EzA § 77 BetrVG 1972 Nachwirkung Nr. 2; zuletzt etwa *BAG* 26.08.2008 EzA § 87 BetrVG 2001 Betriebliche Lohngestaltung Nr. 16 Rn. 14; 05.10.2010 EzA § 87 BetrVG 2001 Betriebliche Lohngestaltung Nr. 23 Rn. 18; *Thiele* Drittbearbeitung, § 77 Rn. 222; *Boemke/Kursawe* DB 2000, 1405; *Berg/DKKW* § 77 Rn. 117; *Blomeyer* DB 1985, 2506 [2508]; *Brune* AR-Blattei SD 520, Rn. 552 f.; *Fitting* § 77 Rn. 186; *Gaul/HWK* § 77 BetrVG Rn. 45; *Hanau* NZA 1985, Beil. Nr. 2, S. 3 [10]; *ders.* RdA 1989, 207 [210]; *Hempelmann* Die freiwillige Betriebsvereinbarung, S. 228 ff.; *von Hoyningen-Huene* Betriebsverfassungsrecht, § 11 III 8b; *Jacobs* NZA 2000, 69 [70]; *Kaiser/LK* § 77 Rn. 66; *Kania/ErfK* § 77 BetrVG Rn. 105; *Klein* Die Nachwirkung der Betriebsvereinbarung, S. 68, 183 ff.; *Kreutz* Betriebsautonomie, S. 227; *Leinemann* BB 1989, 1905 [1907 f.]; *Loritz* RdA 1991, 65 [76]; *Matthes/*MünchArbR § 239 Rn. 60; *Preis/WPK* § 77 Rn. 53; *Rech* Die Nachwirkung freiwilliger Betriebsvereinbarungen, S. 36; *Rieble/AR* § 77 BetrVG Rn. 24; *Säcker* AR-Blattei, Betriebsvereinbarung I, F V; *Schulz* Der Bestandsschutz von Betriebsvereinbarungen bei Kündigung, S. 92, 180 ff.; *Stege/Weinspach/Schiefer* § 77 Rn. 44; *Weiss/Weyand* § 77 Rn. 47; *Wollgast* [wie Rdn. 449], S. 427;

Worzalla / HWGNRH § 77 Rn. 246; *Zöllner / Loritz / Hergenröder* Arbeitsrecht, § 48 II 4). Die (frühere) **Gegenauffassung**, die insoweit für eine Nachwirkung in Analogie zu § 4 Abs. 5 TVG eintrat (vgl. *Richardi* 7. Aufl., § 77 Rn. 152, 155; *ders.* Anm. AP Nr. 40 zu § 77 BetrVG 1972; *ders.* ZfA 1992, 307 [327 f.]; zust. *Schwerdtner* ZfA 1975, 171 [192]; auch *Blomeyer* DB 1990, 173 [174 f.]), überzeugt nicht (*Richardi* § 77 Rn. 165 hat sie unter Berufung auf *Reichold* GS *Wolfgang Blomeyer*, S. 275 [293] aufgegeben); sie unterstellte eine »offene Regelungslücke« (*Dietz / Richardi* § 77 Rn. 115; *Schwerdtner* ZfA 1975, 192), die aber nicht vorliegt, weil § 77 Abs. 6 sehr wohl sagt, welchen Einfluss der Ablauf einer sog. freiwilligen Betriebsvereinbarung auf die betroffenen Arbeitsverhältnisse hat: Sie werden mit Wirkung für die Zukunft inhaltlich entleert. Diese Vollbeendigung sog. »freiwilliger« Betriebsvereinbarungen steht allerdings unter dem Vorbehalt, dass es sich nicht um sog. teilmitbestimmte Betriebsvereinbarungen handelt; in diesem Bereich kommt es, insbesondere bei Kündigungen durch den Arbeitgeber, noch zu erheblichen Differenzierungen (vgl. Rdn. 454 ff.). Zur Frage, ob mit Beendigung der Betriebsvereinbarung ältere (ungünstigere) arbeitsvertragliche Abreden wieder aufleben, vgl. Rdn. 255 ff.

Unabhängig von der Nachwirkungsproblematik **bleiben** Ansprüche und Anwartschaften (**»Besitzstände«**), die ihre Rechtsgrundlage in der (freiwilligen) Betriebsvereinbarung haben und in deren Laufzeit erworben wurden, nach deren Ablauf **bestehen**. Dies entspricht verbreiteter Ansicht; erstaunlich unsicher ist aber ihre rechtsdogmatische Begründung. Erkannt ist, dass das Ergebnis über die Befürwortung genereller Nachwirkung freiwilliger Betriebsvereinbarungen nicht befriedigend hergeleitet werden kann (vgl. *Loritz* RdA 1991, 65 [78] namentlich gegen *Blomeyer* DB 1990, 173). Auch das *BAG* unterscheidet zwischen Nachwirkung und Fortbestand erworbener Rechtspositionen (vgl. Dritter Senat 18.04.1989 EzA § 77 BetrVG 1972 Nr. 28, 10.03.1992 EzA § 77 BetrVG 1972 Nr. 46 zur betrieblichen Altersversorgung [vgl. zum Besitzstandsschutz dort Rdn. 371 ff., 406, jeweils mit Kritik]; ausdrücklich Erster Senat 21.08.1990 EzA § 77 BetrVG 1972 Nr. 36 S. 8 unter Klarstellung, dass durch Kündigung einer Betriebsvereinbarung über freiwillige Leistungen den Arbeitnehmern nicht rückwirkend bereits erworbene Rechte entzogen werden können). Der Fortbestand erworbener Besitzstände (wenn es sich denn um solche handelt, was für die Beurteilung begründeter Anwartschaften vielfach das Problem ist und ggf. durch Klage der Arbeitnehmer im Urteilsverfahren zu klären ist [vgl. *BAG* 10.03.1992 EzA § 77 BetrVG 1972 Nr. 46 S. 7]) ist keine Frage des Vertrauensschutzes (so aber *Hilger / Stumpf* BB 1990, 929; *Schulz* [wie Rdn. 451], S. 202 ff.). Er lässt sich auch nicht überzeugend mit einem »individualrechtlichen Kern der Betriebsvereinbarung« erklären, der hervortritt, wenn ihre normative Wirkung entfällt (so aber *Hanau / Preis* NZA 1991, 81 [88]). Denn die Vorstellung, dass schuldrechtliche Ansprüche, die in der Betriebsvereinbarung enthalten sind, von deren normativer Wirkung »überlagert« werden, trifft die Wirkungsweise der Betriebsvereinbarung ebenso wenig wie die, dass die Betriebsvereinbarung bei Ablauf »in den Einzelverträgen der Arbeitnehmer fortlebt« (so aber noch *Blomeyer* DB 1990, 173 [177]) oder in die »Individualsphäre übertritt« (so *Hanau* / MünchArbR 2. Aufl., § 62 Rn. 98). Vielmehr werden die Regelungen der Betriebsvereinbarung insofern von vornherein Bestandteil der individuellen Arbeitsverhältnisse, als sie in ihrem Geltungsbereich (nicht anders als Gesetze) das Rechtsverhältnis zwischen Arbeitgeber und Arbeitnehmer gestalten (vgl. Rdn. 237), z. B. indem schuldrechtliche Ansprüche, die die Betriebsvereinbarung gewährt, ohne weiteres bei Erfüllung der Anspruchsvoraussetzungen entstehen. Ist eine solche Gestaltung erfolgt, so ist es für den Fortbestand aller entstandenen Ansprüche und der begründeten Anwartschaften unerheblich, ob die Betriebsvereinbarung später abläuft (ebenso *Schulin* Anm. EzA § 77 BetrVG 1972 Nr. 28 unter 1; zust. *Fitting* § 77 Rn. 188; *Klein* [wie Rdn. 451], S. 122 ff., 137; *Rech* [wie Rdn. 451], S. 142; vgl. auch *Loritz* RdA 1991, 65 [78]; *Schulz* [wie Rdn. 451], S. 217 ff.; *Molkenbur / Roßmanith* AuR 1990, 333 [339], die aber unzutreffend zwischen Versorgungsleistungen und sonstigen Sozialleistungen unterscheiden wollen; zuletzt auch *Blomeyer / Vienken* SAE 2000, 230 [234]; *Reichold* GS *Wolfgang Blomeyer*, S. 275 [293 ff.]; *Konzen* FS *Kreutz*, S. 229 ff.; *Waltermann* FS *Kreutz*, S. 471 [483 f.]). Keineswegs wird durch Ablauf die Betriebsvereinbarung als Grundlage bereits entstandener Rechte rückwirkend (ex-tunc) beseitigt (ebenso *Käppler* FS *Kissel*, S. 475 [491 f.] im Anschluss an *Lieb* SAE 1983, 134). In der Terminologie des Gesetzes wird mit dem »Ablauf der Betriebsvereinbarung« zutreffend zum Ausdruck gebracht, dass sie damit ihre **Wirkung nur für die Zukunft verliert**, sofern keine Nachwirkung in Betracht kommt. Diese ex-nunc-Wirkung wird bei Ablauf einer Betriebsvereinbarung durch Kündigung unterstrichen, die als einseitige Gestaltungserklä-

452

rung (privatrechtsdogmatisch unstreitig) Dauerrechtsverhältnisse nur für die Zukunft beendet (vgl. Rdn. 403). Entgegen noch abweichender Rspr. des Dritten Senats des *BAG* muss das insbesondere auch für die Kündigung einer Betriebsvereinbarung über Leistungen der betrieblichen Altersversorgung beachtet werden (ausführlich dazu Rdn. 406).Demgegenüber bedeutet die Nachwirkung die unmittelbare Weitergeltung der Betriebsvereinbarung für die Zukunft mit der Folge, dass sie selbst auch zukünftig die Arbeitsverhältnisse gestaltet und Ansprüche und Anwartschaften auf ihrer Grundlage weiterhin neu entstehen können (vgl. Rdn. 472).

cc) »Teilmitbestimmte« Betriebsvereinbarungen

453 Stehen in einer Betriebsvereinbarung **mitbestimmungspflichtige und mitbestimmungsfreie** Regelungsgegenstände (»Angelegenheiten«) **nebeneinander**, so kommt grundsätzlich nur der (den) mitbestimmungspflichtigen Regelung(en) Nachwirkung zu (vgl. auch *BAG* 23.06.1992 EzA § 77 BetrVG 1972 Nr. 49 [unter B II 5]: bei aus sich heraus handhabbarer Regelung); das folgt daraus, dass Abs. 6 auf die jeweilige Regelungsangelegenheit abstellt, nicht auf die Betriebsvereinbarung im Ganzen. Bei unterschiedlichen Angelegenheiten wird sich die Betriebsvereinbarung auch regelmäßig sinnvoll in einen nachwirkenden und einen nicht nachwirkenden Teil aufspalten lassen. Nur wenn das nicht der Fall ist, muss der gesamten Betriebsvereinbarung Nachwirkung zukommen, um die mitbestimmte Regelung zu sichern (so auch *BAG* 26.08.2008 EzA § 87 BetrVG 2001 Betriebliche Lohngestaltung Nr. 16 Rn. 14; 05.10.2010 EzA § 87 BetrVG 2001 Betriebliche Lohngestaltung Nr. 23 Rn. 18; 09.07.2013 EzA § 77 BetrVG 2001 Nr. 36 Rn. 18 = AP Nr. 64 zu § 77 BetrVG 1972 Betriebsvereinbarung: innerer Zusammenhang bejaht zwischen einer mitbestimmungspflichtigen Schichtplanregelung und einer dafür zunächst teilmitbestimmten Zulagenregelung, für die der Arbeitgeber die Mittel aber ersatzlos einstellen will; 10.12.2013 EzA § 87 BetrVG 2001 Betriebliche Lohngestaltung Nr. 28 Rn. 17 = AP Nr. 144 zu § 87 BetrVG 1972 Lohngestaltung).

454 Schwieriger (und noch keineswegs für alle Fallgestaltungen rechtssicher geklärt) ist die Beurteilung der Nachwirkung, wenn in einer gekündigten Betriebsvereinbarung der **alleinige Regelungsgegenstand** (oder **mehrere** Regelungsgegenstände nebeneinander jeweils) nur **teilweise mitbestimmungspflichtig** ist (sog. teilmitbestimmte Betriebsvereinbarung). Praktisch wichtigste Beispiele bieten Regelungen der **betrieblichen Lohngestaltung**, die bezüglich aller Formen des Arbeitsentgelts der erzwingbaren Mitbestimmung nach § 87 Abs. 1 Nr. 10 unterliegen (vgl. *Gutzeit* § 87 Rdn. 852), die aber nach st. Rspr. des *BAG* und h. M. nicht die Höhe der Entgeltleistungen betrifft, sondern nur – so stereotyp das *BAG* – »die Strukturformen des Entgelts einschließlich ihrer näheren Vollzugsformen« (zuletzt etwa *BAG* 17.05.2011 EzA § 87 BetrVG 2001 Betriebliche Lohngestaltung Nr. 25 Rn. 15; vgl. auch *Gutzeit* § 87 Rdn. 837, 843; *Kreft* FS *Kreutz*, S. 263 [264]), also nach dem Gesetzeswortlaut insbesondere die Aufstellung und Änderung von Entlohnungsgrundsätzen und die Einführung, Anwendung und Änderung von Entlohnungsmethoden (durch die erstere ausgestaltet und durchgeführt werden). Dementsprechend kann der Arbeitgeber (mangels anderweitiger Verpflichtung) den Leistungsumfang (Vergütungsvolumen) mitbestimmungsfrei vorgeben, während die Entlohnungsgrundsätze (Verteilungsgrundsätze, Leistungsplan, Strukturformen), die als abstrakt-generelle Grundsätze der Lohnfindung das Vergütungssystem bestimmen (so zutr. *BAG* 17.05.2011 EzA § 87 BetrVG 2001 Betriebliche Lohngestaltung Rn. 16), mitbestimmungspflichtig sind (sofern die Vorgabe Gestaltungsspielraum lässt). Die von der **Reichweite der Mitbestimmung abhängige Nachwirkungsproblematik** solcher regelmäßig **teilmitbestimmten Betriebsvereinbarungen** wurde lange zu eng gesehen, weil zunächst nur solche in den Blick gerieten, deren alleiniger Regelungsgegenstand eine vom Arbeitgeber (»freiwillig«) gewährte zusätzliche Sozialleistung oder Zulage war, wie ein übertarifliches Urlaubsgeld (*BAG* Achter Senat 09.02.1989 EzA § 77 BetrVG 1972 Nr. 27) oder Weihnachtsgeld (*BAG* Sechster Senat 26.04.1990 EzA § 77 BetrVG 1972 Nr. 35), eine Jahressonderzahlung (*BAG* Erster Senat 21.08.1990 EzA § 77 BetrVG 1972 Nr. 36; 18.11.2003 EzA § 77 BetrVG 2001 Nr. 9) oder Leistungen der betrieblichen Altersversorgung (*BAG* Dritter Senat 18.04.1989 EzA § 77 BetrVG 1972 Nr. 28; 11.05.1999 EzA § 1 BetrAVG Betriebsvereinbarung Nr. 1; 17.08.1999 EzA § 1 BetrAVG Betriebsvereinbarung Nr. 2; 18.09.2001 EzA § 1 BetrAVG Ablösung Nr. 31), die der Arbeitgeber jeweils in der (verlautbarten) Absicht gekündigt hatte, die Leistung zukünftig vollständig entfallen zu lassen. In diesen Fallkonstellationen haben alle beteiligten *BAG*-Senate übereinstimmend jede Nachwirkung verneint; dieser Rspr. hat das Schrifttum zu Recht ganz überwiegend zugestimmt (vgl. 9. Aufl. § 77 Rn. 408 sowie Rn. 406 zu abweichenden älteren Literaturansätzen). Erst im Zuge einer Vielzahl jüngerer Entscheidungen des Ersten Senats (seit 2001), die zu einer erheblichen Ausweitung der Reichweite des Mitbestimmungsrechts nach § 87 Abs. 1 Nr. 10 führten (vgl. dazu ausführlich *Kreft* FS *Kreutz*, S. 263; *Boewer* FS *Bauer*, S. 195; *Bepler* FS *Bauer*, S. 161; *Reichold* FS *Picker* S. 1079; *Jakobs* FS *Säcker*, S. 211; *Koch* SR 2016, 131 [Teil 1], 2017, 19 [Teil 2]), ist deutlich geworden, dass bei der Beurteilung der Nachwirkung danach **unterschieden werden muss**, ob der Arbeitgeber **tarifgebunden** ist (bzw. ein Tarifvertrag kraft Allgemeinverbindlichkeit gilt) **oder nicht** (so erstmals grundsätzlich *BAG* 26.08.2008 EzA § 87 BetrVG 2001 Betriebliche Lohngestaltung Nr. 16 Rn. 19 ff.; zust. *Fitting* § 77 Rn. 191 ff., aber insoweit inkonsequent Rn. 190 ff.), weil je nachdem die Reichweite erzwingbarer Entgeltmitbestimmung unterschiedlich ist: Das Mitbestimmungsrecht ist nach dem Eingangssatz des § 87 Abs. 1 ausgeschlossen, soweit eine tarifliche Regelung besteht (»Tarifvorbehalt«); das ist nach h. M. im Geltungsbereich eines Tarifvertrages schon bei normativer Tarifbindung des Arbeitgebers der Fall (vgl. m. w. N. *Wiese* § 87 Rdn. 67, der selbst aber zusätzlich Tarifbindung sämtlicher Arbeitnehmer oder Allgemeinverbindlicherklärung verlangt). Beim **tarifgebundenen** Arbeitgeber kommt mithin nur jenseits des Tarifvorbehalts, also bei Regelungen über- und außertariflicher Entgeltleistungen, Nachwirkung in Betracht (so auch *BAG* 26.08.2008 EzA § 87 BetrVG 2001 Betriebliche Lohngestaltung Nr. 16 Orientierungssatz 2 und Rn. 20 – obiter dictum), zumal auch nur in diesem Bereich die Regelungssperre des § 77 Abs. 3 Satz 1 der Wirksamkeit der Betriebsvereinbarung nicht entgegensteht (vgl. Rdn. 127, 128). Auf eine exakte Abgrenzung über- und außertariflicher Leistungen kommt es dabei nicht an. Allerdings unterliegt die wichtigste Fallgruppe außertariflicher Entgeltleistungen, die für **AT-Angestellte**, abweichender Beurteilung. Für diese besteht definitionsgemäß keine tarifliche Regelung, weil sie wegen ihrer Tätigkeit nicht vom persönlichen Geltungsbereich des einschlägigen Tarifvertrags erfasst werden. Die Nachwirkung von Betriebsvereinbarungen über die Vergütung von AT-Angestellten beurteilt sich deshalb nicht anders als allgemein die beim **nicht tarifgebundenen** Arbeitgeber: Mitbestimmungspflichtig ist das gesamte Vergütungssystem (vgl. dazu Rdn. 461).

(1) Bei tarifgebundenem Arbeitgeber
Kündigt der **tarifgebundene** Arbeitgeber **die einzige** Betriebsvereinbarung über eine übertarifliche (Lohn-)Zulage, Prämie oder Sozialleistung (insb. Betriebliche Ruhegelder, Gratifikationen, Jubiläumszuwendungen) in der (gegenüber Betriebsrat oder Belegschaft) erklärten **Absicht**, die Leistungen für die Zukunft **vollständig und ersatzlos entfallen** zulassen, gibt es nach der Rspr. des *BAG* seit 1989, der zuzustimmen ist, **keine Nachwirkung** (vgl. *BAG* vom 09.02.1989, 18.04.1989, 26.04.1990 [wie Rdn. 454]; diese Rspr. hat der Erste Senat [obiter dictum] vielfach bestätigt; vgl. *BAG* 26.10.1993 EzA § 77 BetrVG 1972 Nr. 53 [unter 2a]; 28.02.2006 EzA § 87 BetrVG 2001 Betriebliche Lohngestaltung Nr. 9 Rn. 21; 26.08.2008 EzA § 87 BetrVG 2001 Betriebliche Lohngestaltung Nr. 16 Rn. 20; 05.10.2010 EzA § 87 BetrVG 2001 Betriebliche Lohngestaltung Nr. 23 Rn. 20; für den Bereich der Betrieblichen Altersversorgung ebenso der Dritte Senat; vgl. *BAG* 11.05.1999 EzA § 1 BetrAVG Betriebsvereinbarung Nr. 1 [unter IV 1]; 17.08.1999 EzA § 1 BetrAVG Betriebsvereinbarung Nr. 2 [unter B I 5a] sowie etwa wieder 15.02.2011 EzA § 1 BetrAVG Betriebsvereinbarung Nr. 9 Rn. 81; zust. *Fitting* § 77 Rn. 191a). Dabei macht es keinen Unterschied, ob in der (einzigen) Betriebsvereinbarung nur eine oder nebeneinander mehrere übertarifliche Leistungen geregelt sind. Entsprechendes gilt, wenn zugleich alle Betriebsvereinbarungen über überbetriebliche Leistungen mit gleicher Absicht gekündigt sind. Denn wenn alle Leistungen vollständig entfallen sollen, ist nichts mehr zu verteilen und dementsprechend nichts mitzubestimmen. Zuzustimmen ist auch der Berücksichtigung und Differenzierung nach der vom Arbeitgeber verfolgten **Absicht**. Denn obgleich die Kündigung nach dem Inhalt der Erklärung auszulegen ist und die ordentliche Kündigung nicht an sachliche Gründe gebunden ist (vgl. Rdn. 404), kann, wenn nicht eine Änderungs- oder Teilkündigung erklärt wird, nur aus den Umständen, auf die der Arbeitgeber im Zusammenhang mit der Kündigung verweist, entnommen werden, dass noch etwas mitzubestimmen ist, was folglich die Nachwirkung auslöst; allein die Möglichkeit späterer Wiederaufnahme der freiwilligen Leistung bewirkt dies nicht (vgl. *BAG* 17.01.1995 EzA § 77 BetrVG 1972 Nr. 54 S. 8 f.). Da jedoch die Erklärung, die Leistung zukünftig einzustellen, nicht bereits mit der Kündigung verbunden werden muss, nimmt der Erste Senat aus Gründen der »Rechtssicherheit und Rechtsklarheit« Nachwirkung bis zum Zugang dieser Erklärung beim Betriebsrat oder den bisher begünstigten Arbeitnehmern an (*BAG* 05.10.2010

EzA § 87 BetrVG 2001 Betriebliche Lohngestaltung Nr. 23 Rn. 26). Noch nicht entschieden ist, ob Nachwirkung entsprechend auch ausscheidet, wenn **nur eine** Betriebsvereinbarung **von mehreren** über übertarifliche Leistungen gekündigt worden ist. Wenn man dabei stimmig auf die Mitbestimmungspflichtigkeit des gesamten übertariflichen Vergütungssystems abstellt, ist die Annahme der Nachwirkung konsequent; ob das *BAG* mit Blick auf die Eigenständigkeit der gekündigten Betriebsvereinbarung anders entscheiden wird, ist zweifelhaft (vgl. Parallele Rdn. 466).

456 Kündigt der tarifgebundene Arbeitgeber eine teilmitbestimmte Betriebsvereinbarung mit der verlautbarten Absicht, die Leistungen weiterhin zu gewähren, aber eine **Verringerung des Leistungsvolumens und/oder** eine **Änderung des Verteilungsschlüssels** herbeizuführen, so sind **verschiedene Fallgestaltungen zu unterscheiden:**

457 Zunächst ist zu prüfen, ob bloß eine Änderungskündigung vorliegt (vgl. Rdn. 417); ist dies der Fall, stellt sich das Nachwirkungsproblem zunächst nicht, weil die Kündigung noch nicht wirksam ist (*Leinemann* BB 1989, 1905 [1908]).

458 Wird die gesamte Betriebsvereinbarung mit der (eingeschränkten) Absicht einer bloßen **Änderung des Leistungsplans** (Umstrukturierung der Leistungen) gekündigt, **wirkt sie insgesamt nach** (ebenso *Fitting* § 77 Rn. 190). Ergibt die Auslegung, dass nur der Leistungsplan gekündigt ist, und ist eine solche Teilkündigung (ausnahmsweise) zulässig (vgl. Rdn. 410), tritt nur insoweit Nachwirkung ein; hinsichtlich des Leistungsvolumens bleibt es bei zwingender Geltung.

459 Erfolgt die Kündigung mit der Absicht, das **Leistungsvolumen** herabzusetzen **und** den **Verteilungsschlüssel** zu ändern, so ist **mit dem Ersten Senat** des *BAG* **Nachwirkung** (grundsätzlich) anzunehmen (*BAG* Erster Senat 26.10.1993 EzA § 77 BetrVG 1972 Nr. 53 unter 2b der Gründe: für ein zusätzliches Weihnachtsgeld; spätere Bestätigungen dieser Rspr. [vgl. etwa *BAG* 26.08.2008 EzA § 87 BetrVG Betriebliche Lohngestaltung Nr. 16 Rn. 17] betreffen Betriebsvereinbarungen bei nicht tarifgebundenen Arbeitgebern und sind in diesem Kontext zu beachten [vgl. Rdn. 461]; der Dritte Senat des *BAG* hat bisher offen gelassen, ob diese Rspr. des Ersten Senats auf den Bereich der **betrieblichen Altersversorgung** übertragen werden kann oder ob dort Nachwirkung grundsätzlich nicht in Betracht kommt [in letztem Sinne apodiktisch allerdings nur *BAG* 17.08.2004 EzA § 1 BetrAVG Betriebsvereinbarung Nr. 5 Orientierungssatz 2; vgl. zu den Überlegungen des Dritten Senats *Schlewing* NZA 2010, 529]; tatsächlich hat der Dritte Senat stets die Nachwirkung von Betriebsvereinbarungen verneint, deren alleiniger Regelungsgegenstand Leistungen der betrieblichen Altersversorgung waren; zur Begründung stellt er, meist kumulativ, darauf ab, dass der mitbestimmungsfrei verringerte Dotierungsrahmen aus rechtlichen oder tatsächlichen Gründen keinen Verteilungsspielraum belasse, der Arbeitgeber mit der Kündigung aber auch nicht die Absicht verbunden habe, ein neues Versorgungswerk mit mitbestimmungspflichtiger Umverteilung zugänglichem Volumen zu errichten [vgl. insb. *BAG* 11.05.1999 EzA § 1 BetrAVG Betriebsvereinbarung Nr. 1 unter IV 1 und 2; 17.08.1999 EzA § 1 BetrAVG Betriebsvereinbarung Nr. 2 unter B I 5a und b; 15.02.2011 EzA § 1 BetrAVG Betriebsvereinbarung Nr. 9 Rn. 79 ff.; 09.12.2008 EzA § 1 BetrAVG Ablösung Nr. 47 Rn. 46 ff.; vgl. zum Schutz erdienter Besitzstände bei Kündigung nach der Rspr. des Dritten Senats Rdn. 406]). **Entgegen der Ansicht des Ersten Senats** (diesem zust. *LAG Hamm* 31.05.1995 LAGE § 77 BetrVG 1972 Nachwirkung Nr. 1; *Berg/DKKW* § 77 Rn. 59; *Richardi* § 77 Rn. 171; jetzt auch *Fitting* § 77 Rn. 191a) ist es jedoch nicht so, dass dann »nur die ganze Betriebsvereinbarung nachwirken kann« mit der Folge, dass der Arbeitgeber im Nachwirkungszeitraum die Leistungen noch in voller Höhe zu erbringen hat. Da die Herabsetzung des Leistungsvolumens mitbestimmungsfrei ist, kann der Arbeitgeber diese vornehmen und unter Beibehaltung des allein weitergeltenden (mitbestimmten) bisherigen Verteilungsschlüssels die einzelnen Leistungen kürzen (so im Ergebnis auch *Käppler* ZfA 1995, 271 [367]; *Krebs* SAE 1995, 282 f.; *Matthes*/MünchArbR § 239 Rn. 62; *Rech* Die Nachwirkung freiwilliger Betriebsvereinbarungen, S. 63; *Schulin* Anm. EzA § 77 BetrVG 1972 Nr. 53 unter 3; *Worzalla*/HWGNRH § 77 Rn. 247; dies liegt auch in der Konsequenz der Entscheidung des GS des *BAG* vom 03.12.1991 zur Mitbestimmung bei der Anrechnung übertariflicher Zulagen [EzA § 87 BetrVG 1972 Betriebliche Lohngestaltung Nr. 30, LS 5a], in der das Gericht dem Arbeitgeber bei mitbestimmungspflichtigen Anrechnungen bis zur Einigung mit dem Betriebsrat einräumt, das Zulagenvolumen und – unter Beibehaltung der bisherigen Verteilungsgrundsätze – auch entsprechend die einzelnen Zulagen zu kürzen; abl. *Klein* Die Nachwirkung der Betriebsvereinbarung, S. 226 ff., 288 f., der

statt dessen für eine rückwirkende Neuregelung eintritt; ähnlich *Wollgast* Geltung, Wirkung und Nachwirkung von Betriebsvereinbarungen, S. 431 ff., wenn die Mittelkürzung nur durch Änderung des Leitungsplanes [faktisch] zu realisieren ist; eine Nachwirkung gänzlich abl. *H. Hanau* RdA 1998, 345 [350]; *Hempelmann* Die freiwillige Betriebsvereinbarung, S. 233; *von Hoyningen-Huene* BB 1997, 1998 [2000]; *Schulz* Der Bestandsschutz von Betriebsvereinbarungen bei Kündigung, S. 122 ff.; vgl. auch *Loritz* RdA 1991, 65 [76 ff.]).

Entsprechendes gilt, wenn die Kündigung der gesamten Betriebsvereinbarung mit dem Ziel erfolgt, **460 nur das** (mitbestimmungsfreie) **Leistungsvolumen** (unter Beibehaltung des Verteilungsschlüssels) herabzusetzen; dann wirkt auch nach der Rspr. des Ersten Senats die Betriebsvereinbarung nur hinsichtlich des Verteilungsplans nach (vgl. *BAG* 26.08.2008 EzA § 87 BetrVG 2001 Betriebliche Lohngestaltung Nr. 16 Rn. 18; zust. *Fitting* § 77 Rn. 190; *Worzalla/HWGNRH* § 77 Rn. 247). Hat der Arbeitgeber insoweit aber lediglich eine (ausnahmsweise zulässige) Teilkündigung ausgesprochen, scheidet eine Nachwirkung aus (vgl. auch *Hanau/MünchArbR* 2. Aufl., § 62 Rn. 96, der aber von einer dogmatisch zweifelhaften »Änderungskündigung« spricht).

(2) Bei nicht (mehr) tarifgebundenem Arbeitgeber
In Betrieben **nicht tarifgebundener Arbeitgeber** unterliegen sämtliche Entlohnungsgrundsätze **461** und damit das gesamte Entgeltsystem (Vergütungssystem) erzwingbarer Mitbestimmung nach § 87 Abs. 1 Nr. 10 (vgl. Rdn. 454), soweit nicht nach dessen Eingangssatz in Einzelfällen der Gesetzesvorbehalt eingreift (etwa für Mindestlohn nach dem MiLoG). Ist die **gesamte Vergütung in einer Betriebsvereinbarung umfassend geregelt** (ggf. auch mit anderen Arbeitsbedingungen), liegt darin die Ausübung der Mitbestimmung bezüglich aller darin festgelegten oder zum Ausdruck kommenden Entlohnungsgrundsätze (zutr. *BAG* 22.06.2010 EzA § 87 BetrVG 2001 Betriebliche Lohngestaltung Nr. 22 Rn. 25), deren Änderung folglich mitbestimmungspflichtig ist und Nachwirkung zur Folge hat. Einer Nachwirkung steht, jedenfalls nach der Rspr. des *BAG*, nicht die Unwirksamkeit der Betriebsvereinbarung wegen Verstoßes gegen die Regelungssperre des § 77 Abs. 3 Satz 1 entgegen (vgl. Rdn. 445, 140); denn nach der sog. Vorrangtheorie, für die sich das *BAG* entschieden hat (vgl. Rdn. 159 f.; zur Kritik Rdn. 161 ff.), greift diese trotz Vorliegens ihrer Voraussetzungen im Anwendungsbereich des § 87 Abs. 1 als speziellerer Norm nicht. Für die Nachwirkung kann auch hier die mit der Kündigung verfolgte **Absicht** des Arbeitgebers **maßgebend sein:**

Unbeachtlich wäre allerdings der Wille, alle Vergütungsleistungen vollständig und ersatzlos einzustellen. **462** Das ist, anders als bei übertariflichen Leistungen (des tarifgebundenen Arbeitgebers; s. Rdn. 455), nicht möglich, weil der Arbeitgeber zur Vergütung verpflichtet ist (§ 611 Abs. 1 BGB).

Beabsichtigt der Arbeitgeber, **lediglich** das **Vergütungsvolumen** unter Beibehaltung aller Entloh- **463** nungsgrundsätze prozentual gleichmäßig zu kürzen, so wirkt die Betriebsvereinbarung nur hinsichtlich dieser nach, weil die Kürzung mitbestimmungsfrei durchführbar ist (so im Ergebnis auch *BAG* 26.08.2008 EzA § 87 BetrVG 2001 Betriebliche Lohngestaltung Nr. 16 Orientierungssatz 1 Satz 3); zu ungerechtfertigter Einschränkung, wenn sich der relative Abstand der Gesamtvergütungen zueinander ändert, s. Rdn. 464.

Erfolgt die Kündigung in der erklärten Absicht, das Gesamtvergütungsvolumen unter **Änderung von 464 Entlohnungsgrundsätzen** zu senken (oder zu erhöhen) oder das **Vergütungssystem umzustrukturieren, wirkt die gesamte Betriebsvereinbarung nach** (so überzeugend *BAG* 26.08.2008 EzA § 87 BetrVG 2001 Betriebliche Lohngestaltung Nr. 16 Rn. 22; 05.10.2010 EzA § 87 BetrVG 2001 Betriebliche Lohngestaltung Nr. 23 Rn. 22, 25; zust *Fitting* § 77 Rn. 191b), z. B. wenn der Arbeitgeber ein System erfolgsabhängiger (leistungsorientierter) Vergütung neu einführen will (Sachverhalt von *BAG* 05.10.2010) oder wenn einzelne Vergütungsbestandteile (Zulagen, Sozialleistungen) eingestellt (so für eine Weihnachtszuwendung in Höhe eines Monatsgehalts *BAG* 26.08.2008) oder gekürzt werden sollen (vgl. für eine jährliche Sonderzahlung den Sachverhalt von *BAG* 22.06.2010 EzA § 87 BetrVG 2001 Betriebliche Lohngestaltung Nr. 22 [teils krit. *Jakobs*]; diesem Urteil ist allerdings nicht zuzustimmen [vgl. auch *Reichold* RdA 2011, 311]; es steht im Wertungswiderspruch zu den Anforderungen einer Nachwirkung nach § 77 Abs. 6, über die sich der Erste Senat rechtsschöpferisch hinweggesetzt hat, weil er sich offensichtlich nicht damit abfinden wollte, dass das *LAG Baden-Württemberg* in einem vorausgegangenen Beschlussverfahren verfehlt (!), aber rechtskräftig, den Antrag auf Feststel-

§ 77

IV. 1. Allgemeines

lung der Nachwirkung der einschlägigen Betriebsvereinbarung abgewiesen hatte). Plakativ formuliert das *BAG*: »Eine Änderung der Vergütungsstruktur liegt regelmäßig vor, wenn nur einer der mehreren Bestandteile, aus denen sich die Gesamtvergütung zusammensetzt, gestrichen, erhöht oder vermindert wird« (BAG 26.08.2008 EzA § 87 BetrVG 2001 Betriebliche Lohngestaltung Nr. 16 Rn. 21; 05.10.2010 EzA § 87 BetrVG 2001 Betriebliche Lohngestaltung Nr. 23 Rn. 22). Dieser **Ausrichtung am Gesamtvergütungssystem ist zuzustimmen** (zust. auch *Jakobs* FS *Säcker*, S. 210 [211]; *ders.* Anm. zu BAG 22.06.2010 EzA § 87 BetrVG 2001 Betriebliche Lohngestaltung Nr. 22 S. 16 f.; *Boewer* FS *Bauer*, S. 195 [197]; *Kreft* FS *Kreutz*, S. 263 [274 ff.]; *Krohm* Weitergeltung & Nachwirkung, S. 257 ff.; *Fitting* § 77 Rn. 191b; *Richardi* § 77 Rn. 171; ebenso schon *Engels* Anm. zu BAG 28.02.2006 AP § 87 BetrVG 1972 Lohngestaltung Nr. 127 Bl. 5; *Kreutz* FS *Buchner*, S. 511 [518 f.]; dagegen krit. *Reichold* RdA 2009, 322 [323 f.]; *ders.* FS *Picker*, S. 1079 [1086]; *Bauer/Günther* DB 2009, 620 [624]; *Salamon* NZA 2010, 745 und 2011, 549 [550 f.]; *Worzalla/HWGNRH* § 77 Rn. 248). Da beim nicht tarifgebundenen Arbeitgeber Aufstellung und Änderung des gesamten Entgeltsystems mitbestimmungspflichtig sind, kann die punktuelle Systemveränderung nicht mitbestimmungsfrei sein. Die einzelnen Entlohnungsgrundsätze sind gerade dadurch systemisch verbunden, dass die strukturelle Verteilung des gesamten Vergütungsvolumens mitbestimmungspflichtig ist. Diese Verbundenheit kann der Arbeitgeber nicht dadurch auflösen, dass er nur die in einzelnen Bestandteilen der Gesamtvergütung festgelegten Entlohnungsgrundsätze verändern will, z. B. ein Urlaubsgeld oder eine Jahressonderzahlung einstellen will. Unmaßgeblich ist, ob die Änderung eines Entlohnungsgrundsatzes darüber hinaus eine Änderung der relativen Abstände der Gesamtvergütungen der Arbeitnehmer ergibt (so auch BAG 26.08.2008 EzA § 87 BetrVG 2001 Betriebliche Lohngestaltung Nr. 16 Rn. 22; anders noch BAG 28.02.2006 EzA § 87 BetrVG 2001 Betriebliche Lohngestaltung Nr. 9 Rn. 18 und wieder BAG 22.06.2010 EzA § 87 BetrVG Betriebliche Lohngestaltung Nr. 22 Rn. 33/39 und 17.01.2011 EzA § 87 BetrVG 2001 Betriebliche Lohngestaltung Nr. 25 Rn. 18 = AP Nr. 138 zu § 87 BetrVG 1972 Lohngestaltung); das wäre pleonastisch. Untauglich ist es, in Parallele zu freiwilligen übertariflichen Leistungen (beim tarifgebundenen Arbeitgeber) die Gesamtvergütung beim nicht tarifgebundenen Arbeitgeber als (tarifvertraglich betrachtet) »freiwillig« einzustufen (so noch BAG 26.08.2008 EzA § 87 BetrVG 2001 Betriebliche Lohngestaltung Nr. 16 LS 1 und Rn. 21 und 10.12.2013 EzA § 87 BetrVG 2001 Betriebliche Lohngestaltung Nr. 28 Rn. 19 = AP Nr. 144 zu § 87 BetrVG 1972 Lohngestaltung; abl. *Kreft* FS *Kreutz*, S. 263, [273 f.]), mit der daraus abgeleiteten Folge, dass eine Nachwirkung eintritt, solange er die Arbeit überhaupt vergütet; denn er kann nicht frei entscheiden, ob er eine Vergütung zahlt (so treffend schon BAG 13.03.2001 EzA § 87 BetrVG 1972 Betriebliche Lohngestaltung Nr. 72 [unter B II 2a]). Eine dann nötige Uminterpretation des Begriffs »freiwillig« bleibt ohne Erklärungswert, wenn damit der Bereich bezeichnet wird, der mangels Tarifvorbehalts der Mitbestimmung uneingeschränkt unterliegt (so *Jakobs* FS *Säcker*, S. 201 [211]; vgl. auch *Lunk/Leder* NZA 2011, 249).

465 **Nachwirkung** tritt konsequenter Weise auch dann ein, wenn eine **Betriebsvereinbarung**, die lediglich einen **Bestandteil der Gesamtvergütung regelt** (z. B. eine Zulage oder Gratifikation), mit der erklärten Absicht gekündigt wird, nur diese Leistung vollständig und ersatzlos einzustellen. Auch dabei ist mitbestimmungsrechtlich auf das Gesamtvergütungssystem abzustellen, unabhängig davon, ob andere Entlohnungsgrundsätze ebenfalls auf einer oder mehreren (ebenfalls gekündigten oder nicht gekündigten) Betriebsvereinbarungen oder auf arbeitsvertraglicher Grundlage beruhen oder einer vom Arbeitgeber einseitig (etwa zu Zeiten früherer Betriebsratslosigkeit oder mitbestimmungswidrig) aufgestellten Vergütungsordnung. Denn es ist zu entscheiden, ob die vom Arbeitgeber mitbestimmungsfrei vorgegebene Absenkung des Vergütungsvolumens gerade auf dem Weg der gekündigten Betriebsvereinbarung verwirklicht werden soll oder anderweitig.

466 Demgegenüber hat der Erste Senat des *BAG* eine **Nachwirkung** einer solchen **gesonderten** Betriebsvereinbarung **verneint** (BAG 05.10.2010 EzA § 87 BetrVG 2001 Betriebliche Lohngestaltung Nr. 23 = AP Nr. 144 zu § 87 BetrVG 1972 Lohngestaltung; zust. *Jakobs* Anm. EzA § 87 BetrVG 2001 Betriebliche Lohngestaltung Nr. 22 S. 18 f.; *ders.* FS *Säcker*, S. 201 [212]; *Salamon* NZA 2011, 549 [550 f.]; abl. *Krohm* Weitergeltung & Nachwirkung, S. 285 ff.). Das *BAG* bestätigt damit diejenigen, die nach der Richtungsentscheidung vom 26.08.2008 die gesonderte Regelung einzelner Vergütungsbestandteile empfohlen hatten, weil dann bei Kündigung die jeweilige Leistung vollständig entfallen könne (*Heither* DB 2008, 2705 [2706]; *Bauer/Günther* DB 2009, 620 [625]; *Reichold* RdA 2009, 322

[325 f.]; *Boemke* JuS 2009, 764 [766]; *Lunk/Leder* NZA 2011, 249 [250]; **a. M.** *Kreft* FS *Kreutz*, S. 263 [276]; *Leuchten* BB 2009, 501 [504]). Das ist indes inkonsequent und zudem nicht tragfähig begründet, wenn der Senat anführt, der nicht tarifgebundene Arbeitgeber, der über die Einführung einer zusätzlichen Leistung ohne Beteiligung des Betriebsrats entscheiden könne, müsse die Möglichkeit haben, sie vollständig zu beseitigen (*BAG* 05.10.2010 EzA § 87 BetrVG 2001 Betriebliche Lohngestaltung Nr. 23 Rn. 23). Dabei stimmt schon die Prämisse nicht: Da mit der Einführung einer zusätzlichen Vergütungsleistung ein neuer Entlohnungsgrundsatz aufgestellt wird, hat der Betriebsrat (unabhängig von den aufzustellenden Verteilungsgrundsätzen) über das Ob der Einführung mitzubestimmen (h. M.; vgl. m. w. N. *Wiese/Gutzeit* § 87 Rdn. 867, 897; *Fitting* § 87 Rn. 453; eindeutig auch wieder *BAG* 18.03.2014 EzA § 87 BetrVG 2001 Betriebliche Lohngestaltung Nr. 30 Rn. 18 = AP Nr. 146 zu § 87 BetrVG 1972 Lohngestaltung); im Abschluss der Betriebsvereinbarung liegt seine Zustimmung. Als actus contrarius ist auch die Abänderung (Aufhebung) dieses Entlohnungsgrundsatzes mitbestimmungspflichtig. Zudem erscheint es unstimmig, die systemische Verbundenheit aller Entlohnungsgrundsätze nur für den Fall einer gesonderten Betriebsvereinbarung aufzugeben, wenn der Senat andererseits die Kündigung selbständiger Teilkomplexe einer Betriebsvereinbarung grundsätzlich zulässt (vgl. dazu Rdn. 410). Als Präzedenzfall taugt der Beschluss vom 05.10.2010 schließlich nicht, weil er übergeht, dass neben der gesonderten zeitgleich auch die daneben bestehende umfassende Betriebsvereinbarung über Entlohnungsgrundsätze gekündigt worden war, weil der Arbeitgeber ein leistungsorientiertes Vergütungssystem neu einführen wollte.

Diese Kritik hat den Ersten Senat im Ergebnis nicht überzeugt (s. *BAG* 10.12.2013 EzA § 87 **467** BetrVG 2001 Betriebliche Lohngestaltung Nr. 28 Rn. 20 sowie Orientierungssätze 1 und 2 = AP Nr. 144 zu § 87 BetrVG 1972 Lohngestaltung; dazu *Koch* SR 2017, 19 [24 ff.]; zust. *BAG* Neunter Senat 29.04.2015 EzA § 77 BetrVG 2001 Nr. 40 Rn. 16 ff.; *LAG* Baden-Württemberg 17.05.2017 – 4 Sa 1/17 – juris, Rn. 59 ff.). Er hat wiederum die Nachwirkung einer gesonderten Betriebsvereinbarung, die mit dem Ziel vollständiger Leistungseinstellung gekündigt wurde, verneint, allerdings mit deutlich einschränkender Tendenz. Jetzt stellt der Senat die zu einem »späteren Zeitpunkt« gesondert geschlossene Betriebsvereinbarung über einen weiteren einzelnen Vergütungsbestandteil (im Fall: Vergütungsaufstockung bei Altersteilzeit) den bereits früher von den Betriebsparteien geregelten »Entlohnungsgrundsätze zur Verteilung des Gesamtvergütung« gegenüber, die »regelmäßig« unberührt bleiben sollen, wenn später eigenständige Entlohnungsgrundsätze für die Verteilung weiterer finanzieller Mittel geregelt werden, die der Arbeitgeber für einen Zweck aufbringt, der durch die bisherigen Grundsätze nicht abgedeckt ist. Insoweit soll durch die spätere gesonderte Regelung die systemische Einbindung in eine bestehende betriebliche Lohngestaltung vermeidbar sein. Auch diese Begründung ist indes unstimmig, weil insoweit das zwingende Mitbestimmungsrecht nach § 87 Abs. 1 Nr. 10 für spätere Änderungen des Gesamtvergütungssystems zur Disposition der Betriebsparteien gestellt wird. Zudem ist die Abgrenzung zwischen »früher« geregeltem Gesamtvergütungssystem und »späterer« gesonderter Betriebsvereinbarung mit erheblichen Rechtsunsicherheiten verbunden (vgl. Sachverhalt zu *BAG* 18.03.2014 EzA § 87 BetrVG 2001 Betriebliche Lohngestaltung Nr. 30 Rn. 18 = AP Nr. 146 zu § 87 BetrVG 1972 Lohngestaltung, wo der Erste Senat die Einführung eines neuen Vergütungsbestandteils (Zeitgutschrift für Samstagsarbeit) »Jahre« nach Eröffnung der Filiale ganz selbstverständlich als mitbestimmungspflichtige Änderung des bestehenden Vergütungssystems angesehen hat). Immerhin erscheint es nun auch nach Ansicht des *BAG* ausgeschlossen, ein Gesamtvergütungssystem beim nicht tarifgebundenen Arbeitgeber auszuschließen, indem alle Vergütungsbestandteile von vornherein auf gesonderte Betriebsvereinbarungen verteilt werden. Offen ist, ob und ggf. unter welchen Voraussetzungen betriebliche Entlohnungsgrundsätze beim nicht (mehr) tarifgebundenen Arbeitgeber von systemischer Einbindung trennbar sein sollen, die sich aus unterschiedlichen (nicht mehr normativ wirkenden) Tarifverträgen (Vergütungsgruppentarifvertrag, Tarifvertrag über eine Sonderzahlung) ergeben (für Abtrennbarkeit der gesonderten Regelung *Koch* SR 2017, 19 [26]).

Keine Nachwirkung tritt ein, wenn eine Betriebsvereinbarung, die allein Leistungen der **betrieb- 468 lichen Altersversorgung** regelt, in der Absicht gekündigt wird, das Versorgungswerk für Neueintretende völlig zu schließen, oder wenn der Arbeitgeber zwar nur den Dotierungsrahmen verringern will, aber dann aus rechtlichen oder tatsächlichen Gründen kein Verteilungsspielraum verbleibt. Im Ergebnis entspricht das der st. Rspr. des Dritten Senats des *BAG* (die allerdings an freiwilligen übertariflichen Leistungen orientiert ist und die unbeschränkte Entgeltmitbestimmung beim nicht tarifgebundenen

§ 77   IV. 1. Allgemeines

Arbeitgeber nicht berücksichtigt; vgl. nur *BAG* 11.05.1999 EzA § 1 BetrAVG Betriebsvereinbarung Nr. 1 unter IV 1; 17.08.1999 EzA § 1 BetrAVG Betriebsvereinbarung Nr. 2 unter B I 5a; 21.08.2001 EzA § 1 BetrAVG Betriebsvereinbarung Nr. 4 unter B II 2f aa; 15.02.2011 EzA § 1 BetrAVG Betriebsvereinbarung Nr. 9 Rn. 80, 81, 85) sowie der Rspr. des Ersten Senats bei gesonderter Betriebsvereinbarung (vgl. Rdn. 466). Da die vom Arbeitgeber finanzierte betriebliche Altersversorgung neben dem Entgeltcharakter zugleich auch Versorgungscharakter hat (h. M.; vgl. *Blomeyer/Rolfs/Otto* BetrAVG, Einl. Rn. 25 ff.), ist es gerechtfertigt, diese Leistungen aus der systemischen Verbundenheit der mitbestimmungspflichtigen Entgeltleistungen auszunehmen, die die tatsächliche Arbeitsleistung fortlaufend vergüten, und einem separaten (nach § 87 Abs. 1 Nr. 10 ebenfalls mitbestimmungspflichtigen) Versorgungsentgeltsystem zuzuordnen (ähnlich *Reichold* BB 2009, 1470 [1471]; *Boewer* FS *Bauer*, S. 195 [202]; vgl. auch *Fitting* § 77 Rn. 191, § 87 Rn. 452; *Jakobs* FS *Säcker*, S. 201 [213]).

dd) Vereinbarte Nachwirkung

469 Grundsätzlich möglich ist, dass die Betriebspartner in »freiwilligen« und »teilmitbestimmten« Betriebsvereinbarungen **Nachwirkung** (Weitergeltung i. S. v. Abs. 6) **vereinbaren** (vgl. zum früheren Streitstand 6. Aufl., § 77 Rn. 340). Zu Recht hat der Erste Senat des *BAG* dies im Beschluss vom 28.04.1998 (EzA § 77 BetrVG 1972 Nachwirkung Nr. 1 [*R. Krause*] = AP Nr. 11 zu § 77 BetrVG 1972 Nachwirkung [*Rech*] = SAE 1999, 209 [*v. Hoyningen-Huene*]) anerkannt (bestätigend *BAG* 19.02.2008 EzA § 80 BetrVG 2001 Nr. 8 Rn. 20 = AP Nr. 69 zu § 80 BetrVG 1972; folgend *LAG* Schleswig-Holstein 03.05.2016 LAGE § 88 BetrVG 2001 Nr. 1; *LAG* Saarland 18.01.2017 – 1 TaBV 1/16 – juris, Rn. 111; *LAG* Baden-Württemberg 17.05.2017 – 4 Sa 1/17 – juris, Rn. 69 ff.). Entgegen verbreiteter Ansicht (vgl. unter Berufung auf *Dietz* [Anm. zu *BAG* AP Nr. 5 zu § 56 BetrVG Akkord] *R. Krause* Anm. EzA § 77 BetrVG1972 Nachwirkung Nr. 1, S. 20; *Rech* Anm. AP Nr. 11 zu § 77 BetrVG 1972 Bl. 6 R f.; *ders.* Die Nachwirkung freiwilliger Betriebsvereinbarungen, S. 156 f.; nachdrücklich *Jacobs* NZA 2000, 69 [72]) kann die **Rechtsmacht** zur normativen Vereinbarung solcher Nachwirkung **nicht zweifelhaft** sein (vgl. *BAG* 28.04.1998 EzA § 77 BetrVG 1972 Nachwirkung Nr. 11972 [unter B II 2b]; *Boemke/Kursawe* DB 2000, 1405 [1407]; *Berg/DKKW* § 77 Rn. 123; *Brune* AR-Blattei SD 520, Rn. 560; *Fitting* § 77 Rn. 187; *Kaiser/LK* § 77 Rn. 71; *Kania/ErfK* § 77 BetrVG Rn. 106; *Preis/WPK* § 77 Rn. 54; *Richardi* § 77 Rn. 172; *Schwarze/NK-GA* § 77 BetrVG Rn. 89; *Worzalla/HWGNRH* § 77 Rn. 256); sie bedarf keiner ausdrücklichen gesetzlichen Legitimation. Bei der Nachwirkungsvereinbarung geht es um die Festlegung des Geltungsumfangs der Betriebsvereinbarung in zeitlicher Hinsicht. Diese überlässt das Gesetz mangels verbindlicher Vorgaben auch sonst der Vereinbarung durch die Betriebspartner. Insbesondere regelt Abs. 6 die Geltungsdauer nicht abschließend; die Bestimmung hat nur einen begrenzten Regelungsbereich (vgl. Rdn. 449) und ist nicht einmal insoweit zwingend (vgl. Rdn. 474). Es darf auch nicht verkannt werden (so aber im Anschluss an *Thiele* [Drittbearbeitung, § 77 Rn. 231] und *Säcker* [AR-Blattei Betriebsvereinbarung I, F V; wiederum krit. *Säcker* BB 2013, 2677, 2680] *R. Krause* und *Rech*, beide wie angegeben; *Hess. LAG* 05.05.1994 LAGE § 77 BetrVG 1972 Nr. 18 S. 5), dass die Nachwirkungsvereinbarung in der Sache (wie in Abs. 6) nichts anderes bedeutet als die Abrede, dass nach Eintritt eines ansonsten die Vollbeendigung herbeiführenden Grundes die Regelungen ihre unmittelbare Geltungswirkung (Abs. 4 Satz 1) behalten und lediglich ihre zwingende Geltung entfallen soll; die Unterscheidung zwischen (unzulässiger) Nachwirkungsvereinbarung und (zulässiger) Abrede über den Wegfall zwingender Wirkung macht mithin keinen Sinn (zust. *Wollgast* Geltung, Wirkung und Nachwirkung von Betriebsvereinbarungen, S. 443). Die Nachwirkung kann für alle oder Teile der Regelungen der Betriebsvereinbarung festgelegt werden. Sie kann insbesondere auf den Ablauf der Laufzeit und die ordentliche Kündigung der Betriebsvereinbarung bezogen werden. Für den Fall der außerordentlichen Kündigung kommt sie nicht in Betracht, weil diese selbst nicht abdingbar ist (vgl. Rdn. 413); deshalb ist eine allgemeine Nachwirkungsvereinbarung einschränkend dahin auszulegen, dass sie sich nicht auf eine (wirksame) außerordentliche Kündigung bezieht (*R. Krause* Anm. EzA § 77 BetrVG 1972 Nachwirkung Nr. 1 S. 22). Sofern die Nachwirkungsvereinbarung nicht ausdrücklich erfolgt, müssen für eine konkludente Regelung konkrete Anhaltspunkte im Einzelfall sprechen (zu weitgehend *Hanau* NZA 1985, Beil. Nr. 2, S. 11).

470 Die zentrale Problematik der Nachwirkungsvereinbarung liegt in der **Gefahr ständiger Nachwirkung** freiwilliger Betriebsvereinbarungen, wenn ein Betriebspartner zur Ablösung nicht bereit ist

und der andere (anders als in Fällen beiderseits erzwingbarer Mitbestimmungsangelegenheiten; vgl. Rdn. 449) allein die Beendigung der Weitergeltung nicht herbeiführen kann (vgl. 6. Aufl., § 77 Rn. 340; *v. Hoyningen-Huene* BB 1997, 1998 [2000 ff.]; *Klein* Die Nachwirkung der Betriebsvereinbarung, S. 233; *Schöne/Klaes* BB 1997, 2374: Nichtigkeit der Nachwirkungsklausel nach § 138 Abs. 1 BGB). Die Bedenken gegen eine solche »Dauerbindung« werden auch nicht durch die Möglichkeit der Abänderbarkeit durch Arbeitsvertrag ausgeräumt (6. Aufl., § 77 Rn. 340; zust. *BAG* 28.04.1998 EzA § 77 BetrVG 1972 Nachwirkung [unter B II 2b bb]; **a. M.** *Kania*/ErfK § 77 BetrVG Rn. 106), und auch nicht allein dadurch, dass die weitergeltende Betriebsvereinbarung ggf. durch fristlose Kündigung aus wichtigem Grunde beendet werden kann (vgl. *Boemke/Kursawe* DB 2000, 1405 [1409]; *Wollgast* [wie Rdn. 469], S. 439). Der Perpetuierung kann jedoch in vielfältiger Weise anderweitig begegnet werden, so dass die Annahme genereller Unzulässigkeit der Nachwirkungsvereinbarung ungerechtfertigt ist. Unbedenklich ist sie, wenn sie ausdrücklich befristet ist (zust. *BAG* 28.04.1998 EzA § 77 BetrVG 1972 Nachwirkung Nr. 1 [unter II 2b cc a. E.]) oder wenn konkrete Anhaltspunkte für ihre konkludente Befristung bestehen (vgl. dazu weitergehend *Loritz* DB 1997, 2074 [2076 f.]), etwa wenn vorgesehen ist, dass die Nachwirkung endet, wenn eine Partei der anderen das Scheitern der Verhandlungen über eine Neuregelung erklärt. Unbedenklich ist sie auch, wenn ausdrücklich und unwiderruflich vorgesehen ist, dass bei Scheitern der Verhandlungen über eine Neuregelung die Einigungsstelle einseitig angerufen werden und verbindlich entscheiden kann (§ 76 Abs. 6 Satz 2 1. Alt.). Fehlt es an einer solchen ausdrücklichen Regelung, wird die ergänzende Vertragsauslegung der Nachwirkungsvereinbarung im Regelfall zu eben diesem Ergebnis führen, weil sie auf eine Übergangs-, aber nicht auf Dauernachwirkung zielt und sich insoweit mangels anderer Anhaltspunkte an der gesetzlich geregelten Nachwirkung (Abs. 6) orientiert (*BAG* 28.04.1998 [wie Rdn. 469] mit zust. Anm. von *R. Krause*, Rech und grundsätzlich auch *v. Hoyningen-Huene*; zust. *Berg/DKKW* § 77 Rn. 123; *Boemke/Kursawe* DB 2000, 1405 [1408]; *Fitting* § 77 Rn. 187; *Kaiser/LK* § 77 Rn. 71; *Kania*/ErfK § 77 BetrVG Rn. 107; *Stege/Weinspach/Schiefer* § 77 Rn. 44a; *Trebeck/Broich* NZA 2012, 1018 [1019]; *Wollgast* [wie Rdn. 469], S. 442; im Ergebnis übereinstimmend *Hempelmann* Die freiwillige Betriebsvereinbarung, S. 230; *Schulz* Der Bestandsschutz von Betriebsvereinbarungen bei Kündigungen, S. 135 ff.; schon mangels Regelungslücke überholt ist damit *LAG* Düsseldorf 23.02.1988 LAGE § 77 BetrVG 1972 Nr. 4, das kurzer Hand § 87 Abs. 2 analog anwenden wollte; **a. M.** *Jacobs* NZA 2000, 69 [74 ff.], der die Nachwirkungsvereinbarung dahin auslegt, dass die abgelaufene Betriebsvereinbarung als Regelungsabrede nachwirkt). Der Einwand (vgl. *Jacobs* NZA 2000, 74), dass dann über die Entscheidung der Einigungsstelle doch in abgemilderter Form eine Dauerbindung herbeigeführt werde, wenn sie die Nachwirkung nicht für beendet erkläre, sondern eine Nachfolgebetriebsvereinbarung beschließe, ist richtig, aber Konsequenz des in der Nachwirkungsvereinbarung liegenden Parteiwillens (vgl. *Boemke/Kursawe* DB 2000, 1408).

In Mitbestimmungsangelegenheiten ist es zulässig, dass die Betriebsvereinbarungsparteien von vornherein (statt ganz kurz befristeter) **lediglich nachwirkende** Betriebsvereinbarungen vereinbaren. Das kann sinnvoll sein, um nachwirkende Betriebsvereinbarungen, deren Neuabschluss zeitaufwendig ist, kurzfristig veränderten Umständen anzupassen. Bedenken, wie sie im Tarifvertragsrecht wegen der Manipulation der Friedenspflicht diskutiert werden (vgl. dazu *Wiedemann/Wank* TVG, § 4 Rn. 364 ff.), bestehen hier nicht. **471**

b) Weitergeltung
Die Weitergeltung ist eine in Abs. 6 **gesetzlich angeordnete Rechtswirkung** der Betriebsvereinbarung, die beiderseits erzwingbare Mitbestimmungsangelegenheiten regelt. Die nachwirkende Betriebsvereinbarung **gilt unmittelbar** i. S. v. § 77 Abs. 4 Satz 1, aber nicht mehr zwingend (vgl. Rdn. 444). Solange die Nachwirkung besteht, gilt die Betriebsvereinbarung für **alle Arbeitsverhältnisse** in ihrem Geltungsbereich, also nicht nur für diejenigen, die zum Zeitpunkt des Ablaufs bereits begründet waren, sondern auch für die, die erst im Nachwirkungszeitraum begründet werden (ebenso *Berg/DKKW* § 77 Rn. 125; *Fitting* § 77 Rn. 182; *Hanau* NZA 1985, Beil. Nr. 2, S. 3 [10]; ders. RdA 1989, 207 [211]; *Herschel* ZfA 1976, 89 [99]; *Klein* Die Nachwirkung der Betriebsvereinbarung, S. 250 ff.; *Matthes*/MünchArbR § 239 Rn. 53; *Richardi* § 77 Rn. 166; *Schulz* Der Bestandsschutz von Betriebsvereinbarungen bei Kündigung, S. 129 ff.; *Wollgast* Geltung, Wirkung und Nachwirkung von Betriebsvereinbarungen, S. 416 ff.). Die Gegenauffassung, die sich auf die Worte »gelten weiter« **472**

§ 77　　　　　　　　　　　　　　　　　　　　　　　　　　　　　　　　　　IV. 1. Allgemeines

stützt (*Blomeyer* DB 1985, 2506 [2507]; *Blomeyer / Otto* BetrAVG, 2. Aufl., Einl. Rn. 253) und eine (zudem zweifelhafte; vgl. *Wiedemann / Wank* TVG, § 4 Rn. 330 ff.) Parallelbetrachtung zu § 4 Abs. 5 TVG betont (*Thiele* Drittbearbeitung, § 77 Rn. 227; *Kaiser / LK* § 77 Rn. 65; *Galperin / Löwisch* § 77 Rn. 43; *Stege / Weinspach / Schiefer* § 77 Rn. 44d), verkennt, dass Abs. 6 die Weitergeltung auf die Geltungsweise der Betriebsvereinbarung nach Abs. 4 Satz 1 bezieht, nicht auf Arbeitsverhältnisse, für die die konkrete Betriebsvereinbarung bereits gilt. Die von der Gegenauffassung angedeuteten Hilfskonstruktionen (vgl. *Thiele* Drittbearbeitung, § 77 Rn. 227) sind damit ebenso überflüssig wie Differenzierungen nach dem Regelungsinhalt (vgl. *Kaiser / LK* § 77 Rn. 65). Auch im Nachwirkungsstadium besteht der Durchführungsanspruch nach Abs. 1 (vgl. *BAG* DB 1997, 883).

473 Auch bei **vereinbarter Nachwirkung** »freiwilliger« Betriebsvereinbarungen (vgl. Rdn. 469 f.) gelten diese für alle Arbeitsverhältnisse in ihrem persönlichen und räumlichen Geltungsbereich unmittelbar weiter; auch insoweit werden die im Nachwirkungszeitraum neu begründeten Arbeitsverhältnisse erfasst, wenn die Nachwirkungsvereinbarung nichts anderes vorsieht.

474 Das Gesetz ordnet die Weitergeltung gemäß Abs. 6 **nicht zwingend** an; die Betriebsvereinbarungsparteien können über die Weitergeltung **disponieren** (allgemeine Meinung; vgl. *BAG* 09.02.1984 AP Nr. 9 zu § 77 BetrVG 1972 Bl. 3; 17.01.1995 EzA § 77 BetrVG 1972 Nr. 54 S. 10; *Fitting* § 77 Rn. 180; *Kaiser / LK* § 77 Rn. 70; *Kania / ErfK* § 77 BetrVG Rn. 103; *Rieble / AR* § 77 BetrVG Rn. 22; *Worzalla / HWGNRH* § 77 Rn. 254). Wer die Gestaltungsbefugnis zur Inkraftsetzung einer Betriebsvereinbarung hat, muss im Wege des actus contrarius auch in der Lage sein, sie ersatzlos aufzuheben (vgl. Rdn. 400). Zudem ergibt sich der nicht zwingende Charakter der Weitergeltung daraus, dass sie jederzeit durch eine andere Abmachung ersetzt, d. h. aber auch bloß aufgehoben werden kann. Die Nachwirkung kann schon beim Abschluss der Betriebsvereinbarung, aber auch später, z. B. bei der Verlängerung der Laufzeit (vgl. *BAG* 09.02.1984) ausgeschlossen werden. Der Ausschluss kann völlig oder auch nur teilweise (z. B. dadurch, dass Arbeitsverhältnisse nicht erfasst werden, die erst im Nachwirkungszeitraum begründet werden; ebenso *Fitting* § 77 Rn. 180) erfolgen. Es kann auch eine zeitlich begrenzte Nachwirkung vereinbart werden (vgl. *BAG* 18.02.2003 EzA § 77 BetrVG 2001 Nr. 4 S. 12); dadurch lässt sich »Einigungsdruck« zum Neuabschluss erzeugen. Ein ausdrücklicher Ausschluss ist nicht erforderlich; es genügt, wenn er sich durch Auslegung der Betriebsvereinbarung ermitteln lässt (*BAG* 18.02.2003 EzA § 77 BetrVG 2001 Nr. 4 S. 12). Bei einer Aufhebungs(betriebs-)vereinbarung wird dies im Zweifel anzunehmen sein (vgl. Rdn. 446). Viel zu weit geht die Annahme, bei jeder **befristeten** Betriebsvereinbarung sei die Nachwirkung ausgeschlossen (so aber *Brill* Die Betriebsvereinbarung, NWB 1985, Fach 26, S. 1915 [1924]; *Stege / Weinspach / Schiefer* § 77 Rn. 44c; anders zu Recht *BAG* 09.02.1984 AP Nr. 9 zu § 77 BetrVG 1972 Bl. 3 R; *Berg / DKKW* § 77 Rn. 124; *Kaiser / LK* § 77 Rn. 70; *Thiele* Drittbearbeitung, § 77 Rn. 230; *Worzalla / HWGNRH* § 77 Rn. 254). Für den Nachwirkungsausschluss sind vielmehr besondere Anhaltspunkte in der Betriebsvereinbarung erforderlich, die über eine bloße Befristungsvereinbarung hinausgehen (z. B. nach *BAG* [09.02.1984 AP Nr. 9 zu § 77 BetrVG Bl. 3 R] die zusätzliche Vereinbarung, dass mit Fristablauf die Betriebsvereinbarung »unwirksam« ist; Schlechtwetterzulagen nur für die Zeit vom 1. 12. bis 28. 2.); dies können auch Regelungen konkret einmaliger Sachverhalte sein (wie die Gewährung einer Weihnachtsgratifikation [vgl. *BAG* 17.01.1995 EzA § 77 BetrVG 1972 Nr. 54, wo zudem ein ausdrücklicher Freiwilligkeitsvorbehalt bestand, der Zahlungen für künftige Jahre ausschloss] oder die Regelung von Betriebsferien für ein bestimmtes Jahr), gleichgültig ob anzunehmen ist, dass diese durch Fristablauf oder Zweckerreichung enden (*BAG* 17.01.1995 EzA § 77 BetrVG 1972 Nr. 54 S. 9 f.). Eine gerichtliche Sachangemessenheitskontrolle des Nachwirkungsausschlusses ist abzulehnen (**a. M.** noch [vgl. Rdn. 349] *BAG* 17.01.1995 EzA § 77 BetrVG 1972 S. 11).

475 Abs. 6 ist jedoch **insofern zwingend**, als die Betriebspartner der nachwirkenden Regelung **keine zwingende** Geltungswirkung beilegen können; diese kann sich nur aus dem Gesetz ergeben. Wenn die Betriebspartner etwa verhindern wollen, dass mit einer (ordentlichen) Kündigung die Betriebsvereinbarung ihre zwingende Wirkung verliert, müssen sie die Beendigungswirkung der »Kündigung« abbedingen. Das erscheint möglich, weil auch ein völliger Ausschluss der ordentlichen Kündigung zulässig ist (vgl. Rdn. 408).

476 Die **Weitergeltung endet**, wenn und soweit (Auslegungsfrage) die nachwirkenden Regelungen **durch eine andere Abmachung** (Tarifvertrag, Betriebsvereinbarung, Arbeitsvertrag; vgl. Rdn. 444) über denselben Regelungsgegenstand **ersetzt** werden. Das Gesetz lässt jede Ersetzung zu, also auch eine bloße Aufhebung, durch die dann eine inhaltliche Entleerung der Arbeitsverhältnisse herbeigeführt wird. Eine **Regelungsabrede** (Betriebsabsprache) kommt als andere Abmachung **nicht** in Betracht, weil sie keine unmittelbare Geltungswirkung auf die Arbeitsverhältnisse hat (vgl. Rdn. 400). Da die Nachwirkung sich auf Regelungen beschränkt, in denen der Betriebsrat ein erzwingbares Mitbestimmungsrecht hat, liegt in der Regelungsabrede jedoch die Ausübung des Mitbestimmungsrechts, so dass in ihrem Rahmen einer wirksamen Gestaltung durch arbeitsvertragliche Abrede nach der Theorie von der notwendigen Mitbestimmung in Angelegenheiten des § 87 Abs. 1 auch in genereller Form (Einheitsregelung) nichts im Wege steht (vgl. auch Rdn. 449). Eine Neuregelung durch Arbeitsvertrag kann der Arbeitgeber jedoch nicht erzwingen. Wenn die nachwirkende Regelung genereller Art ist, kommt auch eine (herausgreifende) Änderungskündigung nicht in Betracht; sie würde gegen den Gleichbehandlungsgrundsatz verstoßen (*Thiele* Drittbearbeitung, § 77 Rn. 229). Erfolgt die Ablösung durch neue (wirksame) Betriebsvereinbarung (auch soweit diese auf einem verbindlichen Spruch der Einigungsstelle beruht; *vgl. Hess. LAG 26.04.2012 – 5 Sa 924/11 – juris*), so ist die Angelegenheit damit wieder unmittelbar und zwingend geregelt (Abs. 4 Satz 1). Bei tariflicher Regelung endet die Nachwirkung für alle Arbeitsverhältnisse nach § 77 Abs. 3 Satz 1. Wird der Betrieb im Nachwirkungszeitraum betriebsratslos, enden nachwirkende Regelungen nicht (**a. M.** *Kania*/ErfK § 77 BetrVG Rn. 101); andernfalls entstünde ein Wertungswiderspruch zur Annahme, dass es kein Beendigungsgrund für Betriebsvereinbarungen ist, wenn der Betrieb betriebsratslos wird (s. Rdn. 116). Insoweit muss allerdings hingenommen werden, dass nachwirkende Regelungen nicht durch Betriebsvereinbarung als andere Abmachung ersetzt werden können, solange kein neuer Betriebsrat wirksam gewählt wird.

V. Streitigkeiten

1. Streitigkeiten zwischen Arbeitgeber und Betriebsrat

Streitigkeiten zwischen Arbeitgeber und Betriebsrat darüber, **ob und wie** (richtig) eine zwischen ihnen getroffene **Vereinbarung (Betriebsvereinbarung, Regelungsabrede) auszuführen** ist (§ 77 Abs. 1 Satz 1), entscheidet auf Antrag das Arbeitsgericht im Beschlussverfahren (§ 2a Abs. 1 Nr. 1, Abs. 2, §§ 80 ff. ArbGG). Näher zur Durchsetzung des **Durchführungsanspruchs** des Betriebsrats Rdn. 27 ff. Im Beschlussverfahren ist auch darüber zu entscheiden, ob der Betriebsrat durch bestimmte Maßnahmen in die Betriebsleitung (Abs. 1 Satz 2) eingegriffen hat oder einzugreifen droht. 477

Auch Streit zwischen Arbeitgeber und Betriebsrat über das **Bestehen** bzw. die **Geltung** (auch das ungekündigte Fortbestehen; vgl. *BAG 10.03.1992 EzA § 77 BetrVG 1972 Nr. 46 S. 4*) **oder Nichtbestehen einer Betriebsvereinbarung**, über deren Zulässigkeit und Rechtswirksamkeit (bzw. Rechtsunwirksamkeit) im ganzen oder einzelner Regelungen (vgl. *BAG 15.04.2014 EzA § 29 BetrVG 2001 Nr. 4 Rn. 17 = AP Nr. 9 zu § 29 BetrVG 1972*), etwa auch bei Streit, ob eine Betriebsvereinbarung eine Gesamtzusage wirksam abgelöst hat (vgl. *BAG 17.06.2003 EzA § 1 BetrAVG Ablösung Nr. 40 = AP Nr. 44 zu § 1 BetrAVG Ablösung [Moll/Schmülling]*) sowie über deren Inhalt, Nachwirkung und Auslegung (vgl. *BAG 18.01.2005 EzA § 77 BetrVG 2001 Nr. 11 [unter B III 3]*) entscheidet das Arbeitsgericht auf (Feststellungs-) Antrag im Beschlussverfahren (§ 2a Abs. 1 Nr. 1, Abs. 2, §§ 80 ff. ArbGG); der Antrag ist unzulässig, wenn das nach § 256 Abs. 1 ZPO erforderliche Feststellungsinteresse nicht besteht. Ein Antrag auf Feststellung eines bestimmten Inhalts einer Betriebsvereinbarung ist auch unzulässig, wenn er ohne Durchführung eines innerbetrieblichen Schlichtungsverfahrens gestellt wird, zu der sich die Betriebsparteien bei Auslegungsmeinungsverschiedenheiten verpflichtet haben (*BAG 11.02.2014 EzA § 76 BetrVG 2001 Nr. 7 Rn. 14 = AP Nr. 65 zu § 76 BetrVG 1972*: Rechtsschutz im einstweiligen Verfügungsverfahren kann eine solche Vereinbarung aber nicht unterbinden [Rn. 19]). Beruht die Betriebsvereinbarung auf verbindlichem Spruch der Einigungsstelle, so ist die Ausschlussfrist des § 76 Abs. 5 Satz 4 von zwei Wochen für die Antragstellung zu beachten, wenn die Unwirksamkeit wegen Überschreitung der Grenzen des Ermessens geltend gemacht werden soll (vgl. auch *Jacobs* § 76 Rdn. 160 ff.). Erforderlich zur zulässigen Verfahrenseinleitung durch den Betriebsrat (ggf. durch einen beauftragten Rechtsanwalt) ist ein wirksamer Betriebsratsbeschluss für beides (*BAG 18.02.2003 EzA § 77 BetrVG 2001 Nr. 4 S. 7*). 478

479 Mangels Betroffenheit in eigenen betriebsverfassungsrechtlichen Rechtspositionen fehlt nach der Rspr. des *BAG* **einzelnen Betriebsratsmitgliedern** die Antragsbefugnis (an der das Gericht als Voraussetzung einer Sachentscheidung festhält; s. Rdn. 482) für den Antrag, die Unwirksamkeit einer Betriebsvereinbarung festzustellen. Das gilt dann auch für die Mitglieder einer Minderheitsfraktion im Betriebsrat (oder auch der Mehrheitsfraktion); *BAG* 29.04.2015 EzA § 3 BetrVG 2001 Nr. 9 Rn. 18. Weder das BetrVG noch das ArbGG sehen ein gegenseitiges inhaltliches Normenkontrollrecht der auf unterschiedlichen Ebenen im Unternehmen oder Konzern errichteten Arbeitnehmervertretungen vor. Deshalb besteht auch insoweit die Antragsbefugnis nach der Rspr. nur, wenn vom Antragsteller Eingriffe in betriebsverfassungsrechtliche Rechtspositionen geltend gemacht werden, namentlich die Verletzung gerade seiner Regelungsbefugnis (*BAG* 05.03.2013 EzA § 81 ArbGG 1979 Nr. 20 Rn. 18, wo dann allerdings die fehlende Antragsbefugnis [als Zulässigkeitsvoraussetzung] des antragstellenden Betriebsrats, der die Unwirksamkeit einer Gesamtbetriebsvereinbarung geltend macht, mit seiner Regelungsunzuständigkeit, also doch mit einer Sachentscheidung, begründet wird).

480 Dem Beschluss im Beschlussverfahren kommt neben formeller auch materielle **Rechtskraftwirkung** zu (vgl. *BAG* 20.03.1996 EzA § 322 ZPO Nr. 10; 06.06.2000 EzA § 322 ZPO Nr. 12). Das hat zur Folge, dass es bei unverändertem Sachverhalt unzulässig ist, die gleiche Streitfrage (gleicher Streitgegenstand) zwischen den Beteiligten erneut zur gerichtlichen Entscheidung zu stellen, aber auch, dass in einem nachfolgenden Verfahren der Inhalt der rechtskräftigen Entscheidung zugrunde zu legen ist, wenn es auf deren Streitgegenstand als Vorfrage ankommt (vgl. *BAG* 15.01.2002 EzA § 50 BetrVG 1972 Nr. 19: Wirksamkeit der [durch Spruch der Einigungsstelle zustande gekommenen] Betriebsvereinbarung als rechtskräftig entschiedener Streitgegenstand bei späterem Streit um deren Nachwirkung). Kommt eine Einigung zwischen Arbeitgeber und Betriebsrat über eine erst abzuschließende Betriebsvereinbarung (Regelungsstreitigkeit) nicht zustande, so **entscheidet** (ausschließlich) **die Einigungsstelle**, auf Antrag einer Seite aber nur in den Fällen, in denen ihr Spruch kraft Gesetzes die Einigung zwischen Arbeitgeber und Betriebsrat ersetzt (§ 76 Abs. 5); im Übrigen ist § 76 Abs. 6 einschlägig.

2. Streitigkeiten über die Regelungssperre nach § 77 Abs. 3

481 Auch Streitigkeiten über die Unwirksamkeit einer Betriebsvereinbarung **wegen Verstoßes gegen die Sperrwirkung nach § 77 Abs. 3 Satz 1** (vgl. Rdn. 139 ff.) entscheidet das Arbeitsgericht im arbeitsgerichtlichen Beschlussverfahren (§ 2a Abs. 1 Nr. 1, Abs. 2, §§ 80 ff. ArbGG). Als berechtigte Antragsteller eines **Feststellungsantrags** kommen jedoch nur Arbeitgeber und Betriebsrat in Betracht; das Begehren der Feststellung der Rechtsunwirksamkeit ist dabei (wie auch sonst beim Streit über die Unwirksamkeit einer Betriebsvereinbarung; vgl. *BAG* 18.02.2003 EzA § 77 BetrVG 2001 Nr. 4 S. 10) nicht rechtsmissbräuchlich, obwohl der Antragsteller selbst die Betriebsvereinbarung mit abgeschlossen hat (*BAG* 08.12.1970 AP Nr. 28 zu § 59 BetrVG). In der Regel fehlt jedoch das nach § 256 Abs. 1 ZPO erforderliche Feststellungsinteresse für einen Antrag des Betriebsrats, die Unwirksamkeit einer gekündigten, nicht mehr weitergeltenden Betriebsvereinbarung festzustellen; der Antrag ist dann unzulässig (*BAG* 18.02.2003 EzA § 77 BetrVG 2001 Nr. 4 S. 11).

482 Nach neuerer Rspr. des *BAG* **fehlt Tarifvertragsparteien** (insb. der Gewerkschaft, die den Tarifvertrag geschlossen hat, um dessen Sperrwirkung es geht) die **Befugnis**, die Unwirksamkeit einer Betriebsvereinbarung durch einen darauf gerichteten **Feststellungsantrag** im Beschlussverfahren geltend zu machen (*BAG* 18.08.1987 EzA § 81 ArbGG 1979 Nr. 11; 23.02.1988 EzA § 81 ArbGG 1979 Nr. 13; **zust.** *LAG Hamm* 21.12.1988 LAGE § 76 BetrVG 1972 Nr. 33 [für Arbeitgeberverband]; *LAG Baden-Württemberg* 29.10.1990 LAGE § 77 BetrVG 1972 Nr. 10; *Gaul/HWK* § 77 BetrVG Rn. 96; *Kaiser/LK* § 77 Rn. 154; *Matthes/Spinner/GMPM* ArbGG, § 81 Rn. 68; *Richardi* 7. Aufl., § 77 Rn. 296; *Stege/Weinspach/Schiefer* § 77 Rn. 46c; *Worzalla/HWGNRH* § 77 Rn. 260; **abl.** dazu *Däubler* BB 1990, 2256; *ders.* FS *Wlotzke*, S. 257 [275 ff.]; *Grunsky* DB 1990, 526; *Heither* FS *Dieterich*, S. 231 [245 ff.]; *Kempen* AuR 1989, 261; *Kempff* AiB 1989, 66; *Matthießen* DB 1988, 285; *Otto* RdA 1989, 247 [250]; *Schwarze* Der Betriebsrat im Dienst der Tarifvertragsparteien, 1991, S. 239 ff.; *Weyand* AuR 1989, 193 [198 f.]; vgl. auch Th. *Baumann* Die Delegation tariflicher Normsetzungsbefugnis, 1992, S. 165 ff., der § 77 Abs. 3 Satz 2 zu Unrecht als Delegation deutet; **a. M.** früher *BAG* 16.09.1960 AP Nr. 1 zu § 2 ArbGG Betriebsvereinbarung; AP Nr. 8, 25, 26, 28 zu § 59 BetrVG;

Durchführung gemeinsamer Beschlüsse, Betriebsvereinbarungen § 77

LAG Schleswig-Holstein vom 27.08.1986 DB 1986, 2438; nach wie vor *Fitting* § 77 Rn. 235). Das ist aus Sicht des *BAG*, das an der **Antragsbefugnis** (Antragsberechtigung) als Voraussetzung für eine Sachentscheidung im arbeitsgerichtlichen Beschlussverfahren festhält (anders die hier vertretene Ansicht: Danach kann jeder einen Antrag stellen, wenn er behauptet, ein eigenes Recht geltend zu machen; alles andere ist allein Frage der Begründetheit; so im Anschluss an *Grunsky* ArbGG [§ 80 Rn. 29, § 81 Rn. 6] hier § 19 Rdn. 62 m. w. N.) konsequent: Streitgegenstand ist nach dem Antrag, die Unwirksamkeit der Betriebsvereinbarung festzustellen, das Bestehen oder Nichtbestehen der Betriebsvereinbarung. An diesem Rechtsverhältnis ist die Gewerkschaft aber nicht unmittelbar beteiligt und die Frage, ob die Betriebsvereinbarung wirksam ist oder nicht, ist auch nicht für ihre Rechtsbeziehungen zu Arbeitgeber, Betriebsrat oder Arbeitnehmern von Bedeutung. Genau genommen belegt dies aber nur, dass der Antrag unzulässig ist, weil der Gewerkschaft (oder auch einem antragstellenden Arbeitgeberverband) das nach § 256 ZPO erforderliche Feststellungsinteresse fehlt (so auch *BAG* 20.08.1991 EzA § 77 BetrVG 1972 Nr. 41 S. 17, wo das Gericht die Gegenmeinung von *Grunsky* [DB 1990, 526, 531 f.] zu Recht als nicht überzeugend zurückweist = AP Nr. 2 zu § 77 BetrVG 1972 Tarifvorbehalt).

Zulässig ist dagegen ein (Leistungs-)**Antrag** einer im Betrieb vertretenen Gewerkschaft **nach § 23** **483** **Abs. 3** gegen den Arbeitgeber (insb. auf Unterlassung der Anwendung einer Betriebsvereinbarung), wenn sie einen Verstoß gegen § 77 Abs. 3 Satz 1 geltend macht (vgl. *BAG* 20.08.1991 EzA § 77 BetrVG 1972 Nr. 41 [zust. *Berger-Delhey*] = SAE 1992, 151 [zust. *Oetker*] = BB 1992, 490 [zust. *Reske/Berger-Delhey*]; *LAG Baden-Württemberg* AuR 1999, 156 [zust. *Kocher*]); zulässig ist insofern auch ihr Antrag nach **§ 23 Abs. 1**, den Betriebsrat aufzulösen (*BAG* 22.06.1993 EzA § 23 BetrVG 1972 Nr. 35 [krit. *Kittner*] = SAE 1994, 136 [krit. *Schwarze*]). Die Begründetheit dieser Anträge hängt dann davon ab, dass § 77 Abs. 3 anwendbar ist (nach der vom *BAG* vertretenen Vorrangtheorie soll dies in den Angelegenheiten des § 87 nicht der Fall sein [vgl. Rdn. 159]; das *BVerfG* [29.06.1993 EzA § 77 BetrVG 1972 Nr. 41a] hat die gemäß der Vorrangtheorie vom *BAG* in der Entscheidung vom 20.08.1991 generell verneinten Schutzansprüche aus § 23 bei Betriebsvereinbarungen, die in Ausübung eines Mitbestimmungsrechts aus § 87 Abs. 1 zustande gekommen sind, als »nicht unproblematisch« bezeichnet; das gilt aber nur zusätzlich gegen diese Theorie) und der Verstoß gegen § 77 Abs. 3 für den Arbeitgeber einen »Verstoß gegen seine Verpflichtungen aus diesem Gesetz« bzw. für den Betriebsrat eine »Verletzung seiner gesetzlichen Pflichten« darstellt. Das *BAG* (20.08.1991) bejaht zu Recht solche Pflichtverletzungen (zust. *Oetker* SAE 1992, 160 f.; vgl. auch oben *Oetker* § 23 Rdn. 245; zweifelnd dann aber *BAG* 20.04.1999 EzA Art. 9 GG Nr. 65 [unter B II 1a]; krit. *Lieb* FS *Kraft*, S. 343 [349 ff.]; abl. *Preis/WPK* § 77 Rn. 100); das folgt daraus, dass § 77 Abs. 3 Kompetenznorm ist (vgl. Rdn. 140), der die betriebsverfassungsrechtliche Pflicht der Betriebspartner entnommen werden kann, sie nicht zu überschreiten. Jedenfalls der Auflösungsantrag wird aber meist daran scheitern, dass die Pflichtverletzung nicht »grob« ist (vgl. *BAG* 22.06.1993).

§ 77 Abs. 3 selbst gewährt den Tarifvertragsparteien **keinen eigenständigen**, neben § 23 Abs. 3 ste- **484** henden (betriebsverfassungsrechtlichen) **Unterlassungsanspruch**, mit dem diese die Einhaltung der Sperrwirkung erzwingen könnten (so aber *Schwarze* Der Betriebsrat im Dienst der Tarifvertragsparteien, 1991, S. 240 ff., *Oetker* SAE 1992, 161; *Säcker/Oetker* Grundlagen und Grenzen der Tarifautonomie, 1992, S. 97 Fn. 242; *Berg/DKKW* § 77 Rn. 182, 184 ff.; wie hier *Kaiser/LK* § 77 Rn. 154; *Preis/WPK* § 77 Rn. 101); denn auch der Schutzzweck der Norm (vgl. Rdn. 88) begründet hier keine Rechtsbeziehung zwischen den Tarifvertragsparteien und den Betriebspartnern, so dass auch keine Parallele zur neuen Rspr. des *BAG* zum Unterlassungsanspruch bei Verstößen gegen Mitbestimmungsrechte nach § 87 (vgl. *BAG* 13.05.1994 EzA § 23 BetrVG 1972 Nr. 36 und 06.12.1994 EzA § 23 BetrVG 1972 Nr. 37) in Betracht kommt.

Eine andere Möglichkeit, die Einhaltung der Sperrwirkung herbeizuführen, besteht für Gewerkschaf- **485** ten darin, den Arbeitgeberverband als Tarifvertragspartner zu verklagen, auf seine Mitglieder einzuwirken, die Durchführung tarifwidriger Betriebsvereinbarungen zu unterlassen. Eine solche **Einwirkungsklage** ist als Leistungsklage zulässig (vgl. *BAG* 29.04.1992 EzA § 1 TVG Durchführungspflicht Nr. 2 *[Rieble]* = SAE 1993, 138 [zust. *Walker*]; krit. *Schwarze* ZTR 1993, 229); sie ist jedoch ziemlich ineffizient (vgl. auch *Walker* FS *Schaub*, S. 743): Einerseits stellt das *BAG* im Anschluss an *Buchner* (DB 1992, 572) hohe Anforderungen an die Bejahung der Einwirkungspflicht. Diese soll nur

§ 77   IV. 1. Allgemeines

bestehen, wenn nach eindeutiger oder unbestrittener Auslegung oder nach verbindlicher Feststellung des Tarifinhalts durch einen Schiedsstellenspruch oder ein rechtskräftiges Urteil im Verfahren nach § 9 TVG die Tarifwidrigkeit der Betriebsvereinbarung feststeht; bei zweifelhafter Rechtslage muss der Einwirkungsklage mithin das Verfahren nach § 9 TVG (ggf. in drei Instanzen) vorausgehen. Ist die Einwirkungsklage (ggf. in 3. Instanz) erfolgreich, muss der rechtskräftig verurteilte Verband andererseits seine Einwirkungsmittel gegen den nicht einsichtigen Arbeitgeber notfalls gerichtlich durchsetzen.

486 Neben dem Antragsrecht nach § 23 Abs. 3 (vgl. Rdn. 483) hat der Erste Senat des *BAG* im (»Burda«-) Beschluss vom 20.04.1999 (EzA Art. 9 GG Nr. 65 [krit. *Fischer*] = AP Nr. 89 zu Art. 9 GG [krit. *Richardi*] = SAE 1999, 253 [krit. *Reuter*] = RdA 2000, 165 [zust. *Wiedemann*]) erstmals einer Gewerkschaft als Partei eines Verbandstarifvertrages einen **eigenen (koalitionsrechtlichen) Unterlassungsanspruch** gegen einen Arbeitgeber zugebilligt, der auf der Grundlage einer Regelungsabrede mit dem Betriebsrat in Form einer vertraglichen Einheitsregelung mit seinen Arbeitnehmern untertarifliche Arbeitsbedingungen (Arbeitszeit, Entgelte) vereinbart, dafür aber zugleich eine viereinhalbjährige uneingeschränkte Beschäftigungsgarantie gegeben hatte. Die Rechtsgrundlage für den Anspruch auf Unterlassung der Durchführung der **vertraglichen Einheitsregelung** (obiter dictum ggf. auch einer **Betriebsvereinbarung**) sieht der Senat in »§§ 1004, 823 BGB in Verbindung mit Art. 9 Abs. 3 GG«. Die für die Praxis richtungweisende Entscheidung ist im Begründungszusammenhang deutungsbedürftig und lässt im Ergebnis eine klare Abgrenzung der Anspruchsvoraussetzungen offen; sie ist gleichwohl weithin stimmig entwickelt (zust. auch *Berg/DKKW* § 77 Rn. 197 ff.; *Berg/Platow* DB 1999, 2362; *Böker* Tarifunterschreitung durch Betriebsvereinbarung und Arbeitsvertrag, S. 170 ff.; *Däubler* AiB 1999, 481; *Fitting* § 77 Rn. 236; *Friese* Kollektive Koalitionsfreiheit und Betriebsverfassung, S. 357 ff.; *Gaul/HWK* § 77 BetrVG Rn. 96; *Kania*/ErfK § 77 BetrVG Rn. 156; *Kocher* AuR 1999, 382; *Preis/WPK* § 77 Rn. 102; *Wohlfahrt* NZA 1999, 962; in der Tendenz auch *Rieble* ZTR 1999, 483; *Thüsing* DB 1999, 1552; zust. LAG Baden-Württemberg 07.12.2007 AuR 2008, 185 [zust. *Drohsel*]; LAG Hamm 29.07.2011 – 10 TaBV 91/10 – juris, Rn. 101 ff.; **krit.-abl.** dagegen *Annuß* RdA 2000, 287; *Bauer* NZA 1999, 957; *Buchner* NZA 1999, 897; *Hromadka* AuA 2000, 13; *Kaiser/LK* § 77 Rn. 155 f.; *Löwisch* BB 1999, 2080; *H.-P Müller* DB 1999, 2310; *Richardi* DB 2000, 42 [44 ff.]; *Trappehl/Lambrich* NJW 1999, 3217; *Walker* ZfA 2000, 29 [37 ff.]; *Worzalla/HSWGNR* § 77 Rn. 260, die jedoch zustimmen, dass die Abweichungen nicht vom Günstigkeitsprinzip gedeckt sind). Mit Urteil vom 17.05.2011 (EzA Art. 9 GG Nr. 165 [krit. *Löwisch/Krauss*] = AP Nr. 148 zu Art. 9 GG [grundsätzlich abl. *Richardi*] = NJW 2012, 250 [zust. *Bauer/von Medem*]; in Besprechungsaufsätzen zust. *Husemann* SAE 2012, 54; *Reichold* RdA 2012, 245) hat der Erste Senat diese Rechtsprechung bestätigt und (obiter dictum) zu einem Beseitigungsanspruch einer Gewerkschaft gegen den Arbeitgeber bei tarifwidrigen betrieblichen Regelungen fortgeführt.

487 Dass **analog § 1004 Abs. 1 Satz 2 BGB** ein Unterlassungsanspruch bei anderen absoluten Rechten in Betracht kommt, für die es keine unmittelbare gesetzliche Regelung gibt, ist allgemein anerkannt. Berücksichtigt man die Drittwirkung nach Art. 9 Abs. 3 Satz 2 GG, so ist die aus Art. 9 Abs. 3 Satz 1 GG hergeleitete **kollektive Betätigungsfreiheit** einer Gewerkschaft eine solche absolute Rechtsposition, der negatorischer Rechtsschutz zukommen kann, ohne dass es der Heranziehung des § 823 BGB bedarf. Dem Ersten Senat ist zuzustimmen, dass der **Schutzbereich** gewerkschaftlicher Betätigungsfreiheit nicht nur die Schaffung, sondern auch den Geltungserhalt von Tarifrecht umfasst (zust. insoweit auch *Annuß* RdA 2000, 287 [294]; *Richard* Anm. zu BAG AP Nr. 89 zu Art. 9 GG Bl. 14 R) und deshalb eine **Beeinträchtigung** auch darin liegen kann, dass auf betrieblicher Ebene tarifwidrige Regelungen getroffen werden, die (unter Verstoß gegen § 4 Abs. 1 und 3 TVG) Tarifbestimmungen zu verdrängen suchen. Allerdings ist, wie der Senat zutr. hervorhebt, nicht schon jede tarifwidrige Vereinbarung als Beeinträchtigung zu werten. Billigenswert verlangt der Senat die Verdrängung der »**Tarifnorm als kollektive Ordnung**« durch **tarifnormwidrige** Betriebsvereinbarung oder vertragliche Einheitsregelung (insb. wenn diese in Umsetzung einer Regelungsabrede erfolgt). Konsequenterweise hängt danach ein gewerkschaftlicher Unterlassungsanspruch zunächst entscheidend davon ab, dass der von ihr geschlossene Tarifvertrag im Betrieb als »kollektive Ordnung« normativ gilt. Das setzt voraus, dass der Betrieb im Geltungsbereich des Tarifvertrages liegt und der Arbeitgeber tarifgebunden ist (und zwar entgegen insofern missverständlicher Formulierung unter B III 2 der Gründe auch im Anwendungsbereich des § 77 Abs. 3, weil insoweit die Tarifwidrigkeit maßgeblich ist; vgl. auch *LAG Baden-Württemberg* [24.10.2000 AP Nr. 18 zu § 3 TVG Verbandszugehörigkeit], das schließlich im »Burda«-Verfahren den Unterlassungsantrag der Gewerkschaft mangels Tarifbindung des Arbeitgebers abgewiesen hat; *K. Schmidt* RdA 2004, 152; klarer zur Notwendigkeit der Tarifbindung des Arbeitgebers jetzt *BAG* 17.05.2011 EzA Art. 9 GG Nr. 105 Rn. 26, 37). Sind zudem alle oder fast alle Arbeitnehmer des Betriebes als Gewerkschaftsmitglieder (Tarifbindung durch Allgemeinverbindlicherklärung nach § 5 Abs. 4 TVG genügt nicht) tarifgebunden, ist die Annahme folgerichtig, dass tarifvertragswidrige betriebseinheitliche Regelungen Tarifnormen als kollektive Ordnung zu verdrängen suchen und damit die Koalitionsfreiheit der Gewerkschaft beeinträchtigt wird (auch wenn sie nach Art. 9 Abs. 3 Satz 2 GG nichtig sind). In anderen Fällen ist (bei Inhaltsnormen) zweifelhaft, wie hoch der Anteil tarifgebundener Arbeitnehmer sein muss, damit Tarifnormen im Betrieb eine »kollektive Ordnung« bilden. Denn in keinem Fall kann die betriebliche Regelung untertariflicher Arbeitsbedingungen für Nichtorganisierte tarifwidrig sein (unklar insoweit der Erste Senat im Beschluss vom 20.04.1999 unter B III 2b der Gründe). Im Herleitungszusammenhang wäre die Annahme widersprüchlich, dass dann der Unterlassungsanspruch nur hinsichtlich der (namentlich benannten) Gewerkschaftsmitglieder besteht. Insoweit kann der Unterlassungsantrag »allenfalls« (vgl. Erster Senat unter B III 2b der Gründe) Erfolg haben. Voraussetzung ist aber, dass ein so erheblicher Teil der Belegschaft tarifgebunden ist, dass die Tarifregelung im Betrieb als »kollektive Ordnung« angesehen werden kann; aus Gründen der Rechtssicherheit ist es bedauerlich, dass der Erste Senat diese Abgrenzungsfrage offen gelassen hat (vgl. *Rieble* ZTR 1999, 483 [485], der vorschlägt, die Beschäftigungsquoten des § 17 KSchG als Maßstab zu nehmen; ebenso *K. Schmidt* RdA 2004, 152 [158]). Ob ein Mindestquorum tarifgebundener Arbeitnehmer vom *BAG* überhaupt noch erforderlich gehalten wird, ist jetzt nach der Entscheidung des Ersten Senats vom 17.05.2011 (EzA Art. 9 GG Nr. 105; weitere Nachw. Rdn. 486 a. E.) zweifelhaft geworden. Ohne auf diese Frage einzugehen, hat der Senat zur Verletzung der Koalitionsfreiheit nämlich nur bemerkt, dass es »offenkundiger Zweck« tarifwidriger Betriebsvereinbarungen ist »Tarifnormen als kollektive Ordnung« faktisch zu verdrängen (Rn. 35). Dazu wird im Sachverhalt nur mitgeteilt, dass die Gewerkschaft im Betrieb vertreten ist (Rn. 4). Dessen Umfang ist jedoch hier für die Stimmigkeit einer Beeinträchtigung der Koalitionsfreiheit maßgebend. Möglicherweise hat der Senat dieses Problemfeld aber nur prozessökonomisch umgangen, weil die Klage sowieso unbegründet war. Zwischenzeitlich ist es in diesem Zusammenhang zu einer Diskrepanz mit einem Prozessurteil des Vierten Senats (*BAG* 19.03.2003 EzA § 253 ZPO 2002 Nr. 1 = AuR 2004, 155 [krit. *Kocher*]) gekommen, der den Unterlassungsklageantrag einer Gewerkschaft wegen Unbestimmtheit (§ 253 Abs. 2 Nr. 2 ZPO) als unzulässig angesehen hat, weil die namentliche Benennung der Gewerkschaftsmitglieder unterblieben ist, denen gegenüber die Arbeitgeberin die tarifwidrige vertragliche Einheitsregelung unterlassen sollte (vgl. dazu *Dieterich* AuR 2005, 121; *ders.* FS *Wißmann*, S. 65). Das erklärt der Erste Senat [17.05.2011 EzA Art. 9 GG Nr. 105 Rn. 25] jedoch überzeugend mit unterschiedlichen Antragstellungen. Das zeigt, dass der pauschale Antrag, die Anwendung tarifwidriger Betriebsvereinbarungen zu unterlassen, vorzugswürdig ist, jedenfalls wenn sich die Gewerkschaft hinreichender Repräsentanz im Betrieb sicher sein kann und deshalb die Tarifnormen im Betrieb eine »kollektive Ordnung« bilden.

Konsequent ist es, dass der Erste Senat bei § 1004 Abs. 1 BGB als Anspruchsgrundlage neben einem Unterlassungsanspruch (analog) § 1004 Abs. 1 Satz 2 BGB auch einen Anspruch der Gewerkschaft auf **Beseitigung** fortdauernder Beeinträchtigungen ihrer Koalitionsfreiheit (analog) § 1004 Abs. 1 Satz 1 BGB anerkennt (*BAG* 17.05.2011 EzA Art. 9 GG Nr. 105; weitere Nachw. Rdn. 486 a. E.). Der Beseitigungsanspruch richtet sich jedoch nur gegen die Beeinträchtigung der Koalitionsfreiheit durch Abschluss oder Durchführung tarifwidriger betrieblicher Regelungen. Ausdrücklich (Rn. 40 und LS 2) und zu Recht hat der Erste Senat hervorgehoben, dass dieser Beseitigungsanspruch nicht die Wiederherstellung des tarifkonformen Zustands durch Nachzahlung der tariflichen Leistungen an die Arbeitnehmer umfasst (abl. nur *Berg/DKKW* § 77 Rn. 217). Im Streitfall war der gerade darauf gerichtete Gewerkschaftsantrag deshalb unbegründet. Nach Ansicht des Senats kann die fortdauernde Beeinträchtigung durch Nichtanwendung der tarifwidrigen (ohnehin nach § 77 Abs. 3 unwirksamen) Betriebsvereinbarung und darauf gerichtete Erklärung des Arbeitgebers gegenüber den Arbeitnehmern beseitigt werden (Rn. 42 und Orientierungssatz 4). **488**

Zweifelhaft ist, ob der **Unterlassungsanspruch** einer Gewerkschaft entsprechend § 1004 BGB im Beschluss- oder Urteilsverfahren geltend zu machen ist. Der Erste Senat des *BAG* hat sich jetzt ausdrücklich für das **Beschlussverfahren** (gemäß § 2a Abs. 1 Nr. 1, Abs. 2 ArbGG) entschieden, **489** wenn sich der Anspruch gegen die Durchführung oder den Abschluss von **Betriebsvereinbarungen** richtet (Beschluss vom 13.03.2001 EzA § 17a GVG Nr. 13; zust. *LAG Baden-Württemberg* 07.12.2007 AuR 2008, 185]). Unter Hinweis darauf, dass der Inhalt des geltend gemachten Anspruchs und nicht die Anspruchsgrundlage die zutreffende Verfahrensart bestimme, hat der Senat dabei die grundlegende Kritik in weiten Teilen der Lit. gegen sein obiter dictum im Beschluss vom 20.04.1999 [wie Rdn. 486] zurückgewiesen und zugleich bestätigt, dass das Beschlussverfahren auch dann gilt, wenn vertragliche Einheitsregelungen angegriffen werden, die eine **Regelungsabrede** der Betriebsparteien **umsetzen**. Dem Gericht geht es dabei ersichtlich vor allem um die Sicherstellung des Gleichlaufs mit einem Unterlassungsanspruch nach § 23 Abs. 3 i. V. m. § 77 Abs. 3 (vgl. Rdn. 483). Konsequenz dieser Rspr. ist aber, dass eine Gewerkschaft einen Unterlassungsanspruch analog § 1004 BGB im **Urteilverfahren** geltend zu machen hat, wenn für eine vertragliche Einheitsregelung keine Regelungsabrede ursächlich ist oder im Betrieb kein Betriebsrat besteht (so auch Beschluss vom 20.04.1999 [wie Rdn. 486] unter B I 2b der Gründe). Obiter dictum hält der erste Senat (*BAG* 17.05.2011 EzA Art. 9 GG Nr. 105 Orientierungssatz 1) das Beschlussverfahren (konsequent) auch dann für die richtige Verfahrensart, wenn eine Gewerkschaft vom Arbeitgeber **Beseitigung** der Störung ihrer Koalitionsfreiheit wegen tarifwidriger Betriebsvereinbarungen und Regelungsabreden verlangt.

490 Str. ist, ob ein Unterlassungsanspruch durch **einstweilige Verfügung** gesichert werden kann (bejahend *Berg/Platow* DB 1999, 2362 [2368]; verneinend *Bauer* NZA 1999, 957 [961]). Das hängt entscheidend davon ab, ob die Gewerkschaft den Verfügungsanspruch in vollem Umfang glaubhaft machen kann, insbesondere dartun kann, dass der Tarifvertrag im Betrieb als kollektive Ordnung gilt (vgl. dazu Rdn. 487). Zur vorläufigen Durchsetzung eines Beseitigungsanspruchs der Gewerkschaft kommt nach nicht näher begründeter Ansicht des Ersten Senats (*BAG* 17.05.2011 EzA Art. 9 GG Nr. 105 Rn. 45) einstweiliger Rechtsschutz durch eine Regelungsverfügung nach § 940 ZPO in Betracht. Dieses obiter dictum ist zugleich an die Instanzgerichte gerichtet, weil gegen Beschlüsse über einstweilige Verfügungen die Rechtsbeschwerde nicht zulässig ist (§ 92 Abs. 1 Satz 3 ArbGG).

491 Die Anerkennung eines eigenen Unterlassungsanspruchs analog § 1004 BGB ist zu unterscheiden von einer **Verbandsklage**, mit der eine Gewerkschaft im eigenen Namen tariflich begründete Rechte ihrer Mitglieder einklagt; eine solche kennt unser Recht (im Gegensatz etwa zum französischen Recht; vgl. *Gamillscheg* Kollektives Arbeitsrecht I, S. 634 f.) **nicht**; sie wird aber rechtspolitisch gefordert. Eine andere Frage ist, unter welchen Voraussetzungen eine gewillkürte Prozessstandschaft der Gewerkschaft in Betracht kommt (vgl. dazu abgewogen *Annuß* RdA 2000, 287 [291]).

3. Streitigkeiten im Arbeitsverhältnis

492 **Ein Rechtsstreit über Ansprüche aus dem Arbeitsverhältnis**, die sich auf eine Betriebsvereinbarung als Anspruchsgrundlage stützen oder durch sie beeinflusst werden (z. B. durch Ausschlussklauseln), ist vom Arbeitsgericht auf Klage im **Urteilsverfahren** zu entscheiden (§ 2 Abs. 1 Nr. 3, 4, Abs. 5, §§ 46 ff. ArbGG). Dabei ist über das Bestehen oder Fortbestehen, die Wirksamkeit und den Inhalt der Betriebsvereinbarung **als Vorfrage** zu entscheiden (*BAG* 25.03.1971 AP Nr. 5 zu § 57 BetrVG; vgl. etwa auch *BAG* 03.06.2003 EzA § 77 BetrVG 2001 Nr. 5 und 18.11.2003 EzA § 77 BetrVG 2001 Nr. 9; *Fitting* § 77 Rn. 229). Diese Entscheidung wirkt aber nur zwischen den Parteien des Verfahrens. Eine andere Frage ist es, ob ein rechtskräftiger Beschluss aus einem Beschlussverfahren zwischen Arbeitgeber und Betriebsrat über die Wirksamkeit oder den Inhalt einer Betriebsvereinbarung (auch soweit sie auf einem Einigungsstellenspruch beruht) **Bindungswirkung** hat, wenn es auf dieselbe Betriebsvereinbarung im Rechtsstreit zwischen Arbeitgeber und Arbeitnehmer als Vorfrage ankommt. Grundsätzlich wirkt die subjektive Rechtskraft einer Entscheidung nur für und gegen die Parteien des Verfahrens. Nach § 9 TVG sind rechtskräftige Entscheidungen zwischen Tarifvertragsparteien aus dem Tarifvertrag (betrifft insb. Auslegung und Inhalt) oder über das Bestehen oder Nichtbestehen eines Tarifvertrages in Rechtsstreitigkeiten zwischen tarifgebundenen Parteien bindend. Diese Bestimmung beruht auf der Überlegung, widersprechende Entscheidungen in Individualprozessen zu verhindern. Die gleiche Interessenlage bei der Betriebsvereinbarung sowie übereinstimmende Rechtswirkungen von Tarifvertrag und Betriebsvereinbarung (»unmittelbare und zwingende Geltung«) sprechen für eine analoge Anwendung von § 9 TVG (so auch *Kraft* Anm. zu *BAG* AP Nr. 11 zu § 112 BetrVG 1972; *Dütz* JArbR Bd. 20 [1983] S. 33 [53 ff.]; *ders.* FS *Gnade*, S. 487 [496]; *Konzen*

FS *Zeuner*, S. 401 [425 f.]; *Preis / WPK* § 77 Rn. 103; für die rechtskräftige Entscheidung über den Inhalt der Betriebsvereinbarung auch *BAG* 17.02.1992 EzA § 112 BetrVG 1972 Nr. 59 [zust. *Rieble* auch für Entscheidungen über die Gültigkeit]; *Otto* RdA 1989, 247 [252]; *Neuhaus* AiB 1992, 652; zweifelnd an der Berechtigung der Analogie *Hanau* RdA 1989, 207 [211]; abl. *Prütting* RdA 1991, 257 [265 f.]; offen lassend neuerdings *BAG* Dritter Senat 09.12.2008 EzA § 1 BetrAVG Ablösung Nr. 47 Rn. 53; Erster Senat 22.06.2010 EzA § 87 BetrVG 2001 Betriebliche Lohngestaltung Nr. 22 Rn. 45; vgl. m. w. N. *Wiedemann / Oetker* TVG, § 9 Fn. 58).

Die Anwendung einschließlich der Auslegung der Normen von Betriebsvereinbarungen ist **revisibel** (vgl. Rdn. 81). Zur **Ablehnung einer Billigkeitskontrolle** von Betriebsvereinbarungen vgl. Rdn. 342 ff.; zu den **Innenschranken der Betriebsautonomie** vgl. Rdn. 329 ff., 364 ff.

493

§ 78
Schutzbestimmungen

Die Mitglieder des Betriebsrats, des Gesamtbetriebsrats, des Konzernbetriebsrats, der Jugend- und Auszubildendenvertretung, der Gesamt-Jugend- und Auszubildendenvertretung, der Konzern-Jugend- und Auszubildendenvertretung, des Wirtschaftsausschusses, der Bordvertretung, des Seebetriebsrats, der in § 3 Abs. 1 genannten Vertretungen der Arbeitnehmer, der Einigungsstelle, einer tariflichen Schlichtungsstelle (§ 76 Abs. 8) und einer betrieblichen Beschwerdestelle (§ 86) sowie Auskunftspersonen (§ 80 Abs. 2 Satz 4) dürfen in der Ausübung ihrer Tätigkeit nicht gestört oder behindert werden. Sie dürfen wegen ihrer Tätigkeit nicht benachteiligt oder begünstigt werden; dies gilt auch für ihre berufliche Entwicklung.

Literatur
Literaturnachweise zum BetrVG 1952 siehe 8. Auflage.

Bayreuther Sach- und Personalausstattung des Betriebsrats – Eine Betrachtung vor dem Hintergrund des betriebsverfassungsrechtlichen Begünstigungsverbots, NZA 2013, 758; *ders.* Die »betriebsübliche« Beförderung des freigestellten Betriebsratsmitglieds, NZA 2014, 235; *Behrendt / Lilienthal* Unzulässige Begünstigung von Betriebsratsmitgliedern im unternehmerischen Alltag – wo sind die Grenzen?, KSzW 2014, 277; *Benecke* Der europarechtliche Schutz von Betriebsratsmitgliedern, EuZA 2016, 34; *Bengelsdorf* Die öffentliche Bekanntgabe der Betriebsratskosten, AuA 1998, 149; *ders.* Der Dialog über die Betriebsratskosten – Der Betriebsrat unter Rechtfertigungsdruck, FS *Hanau*, 1999, S. 359; *Boemke-Albrecht* Die Versetzung von Betriebsratsmitgliedern, BB 1991, 541; *Brill* Angabe der Betriebsratstätigkeit im Zeugnis?, BB 1981, 616; *Byers* Die Höhe der Betriebsratsvergütung, NZA 2014, 65; *Dannecker* Der strafrechtliche Schutz der betriebsverfassungsrechtlichen Organe und ihrer Mitglieder, FS *W. Gitter*, 1995, S. 167; *Dütz* Unterlassungs- und Beseitigungsansprüche des Betriebsrats gegen den Arbeitgeber (zit.: Unterlassungs- und Beseitigungsansprüche), Rechtsgutachten für die Hans-Böckler-Stiftung, 1983; *ders.* Erzwingbare Verpflichtungen des Arbeitgebers gegenüber dem Betriebsrat, DB 1984, 115; *P. Esser* Die Begünstigung von Mitgliedern des Betriebsrats (Diss. Köln), 2014 (zit.: Begünstigung); *U. Fischer* Sachausstattung des Betriebsrats und Behinderungsverbot nach § 78 BetrVG, BB 1999, 1920; *ders.* Das Ehrenamtsprinzip der Betriebsverfassung »post Hartzem – revisited«, NZA 2014, 71; *Fuhlrott / Fabritius* Die Versetzung von Betriebsratsmitgliedern, ArbR 2012, 418; *Hamann / Klengel* Zutritt verboten für den Betriebsrat? Zum Zugangsrecht des Betriebsrats des Verleihers zu den Arbeitsplätzen der Leiharbeitnehmer im Entleiherbetrieb, AuR 2016, 99; *Happe* Die persönliche Rechtsstellung von Betriebsräten (Diss. Bielefeld), 2017; *Hennecke* Bemessung von Arbeitsentgelt und allgemeinen Zuwendungen für freigestellte Betriebsräte, BB 1986, 936; *Hunold* »Rechtfertigungsdruck« auf den Betriebsrat als Behinderung der Betriebsratsarbeit, BB 1999, 1492; *Jacobs / Frieling* Grundlagen und Grenzen der Bezahlung freigestellter Betriebsratsmitglieder, ZfA 2015, 241; *Keilich* Die Bemessung der Betriebsratsvergütung – Gut gemeint ist das Gegenteil von gut, BB 2014, 2229; *Konzen* Betriebsverfassungsrechtliche Leistungspflichten des Arbeitgebers, 1984; *ders.* Privatrechtssystem und Betriebsverfassung, ZfA 1985, 469; *Kutsch* Schutz des Betriebsrats und seiner Mitglieder (Diss. Mannheim), 1994 (zit.: Schutz des Betriebsrats); *Laber* Die Abmahnung von Betriebsratsmitgliedern, ArbRB 2014, 282; *Lipp* Honorierung und Tätigkeitsschutz von Betriebsratsmitgliedern (Diss. Passau), 2008 (zit.: Tätigkeitsschutz); *Matthes* Probleme des Kündigungsschutzes von Betriebsratsmitgliedern, DB 1980, 1165; *Moll / Roebers* Pauschale Zahlungen an Betriebsräte, NZA 2012, 57; *Oetker* Die Reichweite des Amtsschutzes betriebs-

§ 78

verfassungsrechtlicher Organmitglieder – am Beispiel der Versetzung von Betriebsratsmitgliedern, RdA 1990, 343; *Pallasch* Benachteiligungsverbote und Vertragsabschlussfreiheit, RdA 2015, 108; *Peter* Mandatsausübung und Arbeitsverhältnis, BlStSozArbR 1977, 257; *Purschwitz* Das betriebsverfassungsrechtliche Benachteiligungs- und Begünstigungsverbot nach § 78 Satz 2 BetrVG (Diss. Göttingen), 2015 (zit.: Benachteiligungs- und Begünstigungsverbot); *Rieble* Gewerkschaftsnützige Leistungen an Betriebsräte, BB 2009, 1016; *ders.* Betriebsratsbegünstigung und Betriebsausgabenabzug, BB 2009, 1612; *Säcker* Betriebsratsamt und Arbeitsverhältnis. Ein Beitrag zum Problem der Unabhängigkeit des Amtswalters, RdA 1965, 372; *Schleusener* Die betriebsverfassungsrechtliche Abmahnung, NZA 2001, 640; *Weinspach* § 37 Abs. 1 BetrVG – ist das Ehrenamtsprinzip noch zeitgemäß? FS *Kreutz*, 2010, S. 485; *Wiebauer* Kosten der Privaten Lebensführung als Kosten der Betriebsratsarbeit, BB 2011, 2104; *ders.* Betriebsverfassungsrechtliche Vertragsstrafen, AuR 2012, 150; *Wiedenfels* Betriebsratskosten. Veröffentlichung im Betrieb, AuA 1999, 220; *Witt* Die Erwähnung des Betriebsratsamtes und der Freistellung im Arbeitszeugnis, BB 1996, 2194; *Wolke* Die Bekanntgabe der Betriebsratskosten durch den Arbeitgeber und dessen Recht auf freie Meinungsäußerung im Betrieb (Diss. Kiel), 2000 (zit.: Bekanntgabe der Betriebsratskosten); *Worzalla* Anspruch eines Betriebsratsmitglieds auf Verlängerung des Arbeitsverhältnisses über das Ende einer vereinbarten Befristung hinaus? – Besprechungsaufsatz zum BAG-Urteil vom 25.06.2014 – 7 AZR 847/12, SAE 2015, 49.

Inhaltsübersicht

	Rdn.
I. Vorbemerkung	1–10
II. Allgemeines zum Schutzumfang	11–29
1. Geschützter Personenkreis	11–22
a) Schutz der Funktionsträger	11–19
b) Schutz der Organe	20–22
2. Rechtscharakter der Verbote	23–29
III. Behinderungsverbot (Satz 1)	30–53
1. Behinderungstatbestand	30–47
a) Pflichtwidriges Unterlassen	36–38
b) Rechtswidriges Tun	39–45
c) Weitere Beispiele aus der Rechtsprechung	46, 47
2. Rechtsschutz und Rechtsfolgen bei einer Verbotsverletzung	48–53
IV. Verbot der Benachteiligung und Begünstigung (Satz 2)	54–105
1. Maßregelungs- und Begünstigungsverbot, Allgemeines	54–64
2. Benachteiligungen	65–80
3. Begünstigungen	81–93
4. Rechtsschutz und Rechtsfolgen bei einer Verbotsverletzung	94–105
a) Beschlussverfahren	94, 95
b) Urteilsverfahren	96–104
c) Strafbarkeit	105

I. Vorbemerkung

1 Die betriebsverfassungsrechtlichen Funktionsträger haben gesetzliche Aufgaben zu erfüllen. Ihre Amtsausübung unterliegt vor allem den allgemeinen Grundsätzen nach § 2 Abs. 1, §§ 74, 75. Sie können ihre Aufgaben aber nur dann funktionsgemäß und wirkungsvoll erfüllen, wenn ihnen ein Mindestmaß an Unabhängigkeit gesichert wird. Dabei geht es nicht nur um rechtliche, sondern vor allem auch um faktische Unabhängigkeit. **Diese Unabhängigkeit soll § 78 sichern.**

2 § 78 enthält **zwei Verbote** (»dürfen ... nicht«). Satz 1 verbietet eine Störung und Behinderung der genannten Funktionsträger in der Ausübung ihrer Amtstätigkeit; dieses Verbot **bezweckt** den Schutz der **freien Ausübung der Amtstätigkeit.** Satz 2 will durch ein Benachteiligungs- und Begünstigungsverbot die **persönliche Unabhängigkeit** der Funktionsträger sichern; sie sollen vor persönlichen Nachteilen, auch in ihrer beruflichen Entwicklung, wegen ihrer Amtstätigkeit geschützt werden, sollen aber auch in ihrem Amtsverständnis und Amtshandeln nicht »käuflich« sein.

3 Nach der **Begründung zum RegE** (die mit dem RegE am 29.01.1971 beim Bundestag eingebracht wurde; BT-Drucks. VI/1786) soll § 78 im Wesentlichen der Vorgängervorschrift des § 53 BetrVG 1952 entsprechen, seinen Geltungsbereich wegen gleicher Schutzbedürftigkeit aber auf die Mitglieder

aller nach dem BetrVG möglichen Institutionen ausdehnen sowie das Benachteiligungs- und Begünstigungsverbot um den Hinweis auf die berufliche Entwicklung verdeutlichen (vgl. BT- Drucks. VI/1786, S. 47). Dabei ist aber zu beachten, dass nach § 53 Abs. 1 BetrVG 1952 das Verbot der Störung und Behinderung auf den Betriebsrat selbst bezogen war, nicht nur auf die Betriebsratsmitglieder wie das Benachteiligungs- und Begünstigungsverbot nach § 53 Abs. 2 BetrVG 1952. Wegen der mit § 78 allein bezweckten Ausweitung des Schutzbereichs ergibt sich aber keine Einschränkung daraus, dass jetzt nach § 78 Satz 1 die Organe (wie etwa der Betriebsrat) nicht mehr genannt sind; auch sie sind insoweit geschützt (vgl. Rdn. 20).

Das **BetrVerf-Reformgesetz** vom 23.07.2001 (BGBl. I, S. 1852) hat als Folge der Änderung des § 3 die Mitglieder aller dort genannten Arbeitnehmervertretungen (»§ 3 Abs. 1«) sowie auch vom Betriebsrat hinzugezogene Auskunftspersonen i. S. d. § 80 Abs. 2 Satz 4 n. F. in den Schutzbereich des § 78 einbezogen. Auch diese Personen dürfen in der Ausübung ihrer Tätigkeit nicht gestört oder behindert werden und wegen ihrer Tätigkeit nicht benachteiligt oder begünstigt werden. Gleiches gilt für die Mitglieder der Konzern-Jugend und Auszubildendenvertretung, sofern diese nach § 73a errichtet ist. **4**

Das in § 78 Satz 1 aufgestellte Behinderungsverbot **ergänzt** den Wahlschutz nach § 20 Abs. 1 und 2. Der persönliche Schutz der Funktionsträger nach § 78 Satz 2 wird **verstärkt und konkretisiert** durch §§ 37, 38 (51 Abs. 1, 59 Abs. 1, 65 Abs. 1, 73 Abs. 2), den Schutz Auszubildender nach § 78a sowie durch den besonderen Kündigungsschutz nach §§ 15, 16 KSchG und § 103 für die dort jeweils genannten Funktionsträger. Diese spezielleren Regelungen gehen § 78 vor, der insoweit nur **subsidiär** gilt (ebenso *Preis/WPK* § 78 Rn. 4; *Richardi/Thüsing* § 78 Rn. 3; *Worzalla/HWGNRH* § 78 Rn. 2; zust. *Kaiser/LK* § 78 Rn. 2). Praktisches Beispiel: Da der Entgeltschutz nach § 37 Abs. 4 Satz 1 das Benachteiligungsverbot des § 78 Satz 2 konkretisiert, darf die Anwendung dieser Vorschrift wegen des subsidiär geltenden Begünstigungsverbots nach § 78 Satz 2 nicht zu einer Begünstigung eines Betriebsratsmitglieds gegenüber anderen Arbeitnehmern führen (so auch *BAG* 14.07.2010 EzA § 78 BetrVG 2001 Nr. 1 Rn. 30; 18.01.2017 – 7 AZR 205/15 – juris, Rn. 16 = NZA 2017, 935; *LAG Hamburg* 05.03.2015 LAGE § 37 BetrVG 2001 Nr. 11 Rn. 78; *Hess. LAG* 19.11.2013 – 13 Sa 614/13 – juris, Rn. 44; zutr. betont auch *Happe* [Die persönliche Rechtsstellung von Betriebsräten, S. 22 ff.], dass § 37 Abs. 4 nur in Bezug auf das Benachteiligungsverbot die speziellere Regelung ist, nicht für vergütungsmäßige Begünstigungen); wie schwierig dabei die Abgrenzung im Einzelfall sein kann, zeigt das Urteil des *BAG* vom 18.01.2017, das das Urteil des *LAG Hamburg* vom 05.03.2015 aufgehoben hat. **5**

In ihrer Komplexität gehen diese Schutzbestimmungen zusammen mit § 119 (vgl. Rdn. 7) weit über die Anforderungen hinaus, die **Art. 7 der Richtlinie 2002/14/EG** (zur Festlegung eines allgemeinen Rahmens für die Unterrichtung und Anhörung der Arbeitnehmer in der Europäischen Gemeinschaft) zum Schutz der Arbeitnehmervertreter und der ihnen zu bietenden Sicherheiten stellt; für den deutschen Gesetzgeber besteht insoweit keinerlei Umsetzungshandlungsbedarf (ebenso *Giesen* RdA 2000, 298 [302]; *Reichold* NZA 2003, 289 [297 f.]; *Richardi/Thüsing* § 78 Rn. 3; *Waskow*/NK-GA § 78 BetrVG Rn. 1). Zutr. hat deshalb das *BAG* (05.12.2012 EzA § 14 TzBfG Nr. 89 Rn. 36 ff. m. umfangreichen Nachw., auch zu Gegenstimmen = AP Nr. 102 zu § 14 TzBfG *[zust. E. M. Kaiser]*; bestätigend *BAG* 26.06.2014 EzA § 78 BetrVG 2001 Nr. 4 Rn. 16 = AP Nr. 14 zu § 78 BetrVG 1972; ebenso schon die Vorinstanz *LAG Niedersachsen* 08.08.2012 – 2 Sa 1733/11 – LAGE § 14 TzBfG Nr. 71b) entschieden, dass insoweit auch bei richtlinienkonformer Auslegung keine teleologische Reduktion des § 14 Abs. 2 TzBfG geboten ist, soweit danach auch für Betriebsratsmitglieder sachgrundlos befristete Arbeitsverhältnisse zulässig sind, die mit Fristablauf enden; den **unionsrechtlich gebotenen Schutz gewährleistet** hierbei **das Benachteiligungsverbot nach § 78 Satz 2** (folgend *LAG Berlin-Brandenburg* 13.01.2016 – 23 Sa 1445/15 – LAGE § 78 BetrVG 2001 Nr. 11 Rn. 43; *LAG Hamm* 05.11.2013 LAGE § 78 BetrVG 2001 Nr. 8 Rn. 47; *LAG München* 02.08.2013 – 5 Sa 1005/12 – juris, Rn. 43; anders noch *ArbG München* 08.10.2010 – 24 Ca 861/10, das § 14 Abs. 2 TzBfG in richtlinienkonformer Auslegung dahin einschränken wollte, dass die Befristung mit der Wahl zum Betriebsrat unwirksam wird) und der Rechtsschutz bei Verbotsverletzung (dazu Rdn. 95 ff.) . Näher zu Rechtsfragen der einschlägigen Fallgestaltungen Rdn. 72, 75, 91, 97 ff. **6**

7 Ein **vorsätzlicher Verstoß** gegen die Verbote nach Satz 1 und 2 wird nach § 119 Abs. 1 Nr. 2 und 3 **bestraft**; die Tat wird nur auf Antrag eines nach § 119 Abs. 2 Antragsberechtigten verfolgt, zu denen aber die einzelnen Funktionsträger nicht gehören, sondern nur die Organe selbst, soweit sie in § 119 Abs. 2 genannt sind (näher *Oetker* § 119 Rdn. 72 f.).

8 Allein auf die Schutzvorschrift des § 78 angewiesen sind die Mitglieder einer zusätzlichen betriebsverfassungsrechtlichen Arbeitsgemeinschaft und Vertretung nach § 3 Abs. 1 Nr. 4 und 5, des Wirtschaftsausschusses, der Einigungsstelle, einer tariflichen Schlichtungsstelle und einer betrieblichen Beschwerdestelle sowie Auskunftspersonen i. S. v. § 80 Abs. 2 Satz 4; ihre Amtstätigkeit wird **in diesen Funktionen** aber auch dann besonders geschützt, wenn sie zugleich Betriebsratsmitglieder sind und **auch in dieser Funktion** geschützt sind. Mit Schutz in unterschiedlichen Funktionen erklärt sich auch die Aufführung der Mitglieder des Gesamt- und Konzernbetriebsrats und der Gesamt-Jugend- und Auszubildendenvertretung, obwohl ihre Mitglieder stets Betriebsratsmitglieder bzw. Jugend- und Auszubildendenvertreter sind. Dabei ist immer nach der jeweiligen Amtstätigkeit, also funktionsbezogen zu beurteilen, ob ein Verstoß gegen ein Verbot nach § 78 vorliegt. Wendet sich etwa der Arbeitgeber mit Sanktionen oder deren Androhung gegen die Teilnahme eines Betriebsratsvorsitzenden als betriebsfremder Beisitzer einer Einigungsstelle in anderen Betrieben des Unternehmens, ist dieser als Mitglied der Einigungsstelle geschützt, nicht aber in seiner Funktion als Betriebsratsmitglied, weil die Mitwirkung in der Einigungsstelle im fremden Betrieb für ihn keine Betriebsratstätigkeit ist (vgl. zu solcher Konstellation stimmig *LAG Niedersachsen* 27.05.2014 – 11 TaBV 104/13 – juris; *LAG München* 21.11.2013 – 4 TaBV 61/13 – juris; unstimmig *LAG Rheinland-Pfalz* 20.03.2014 – 2 TaBV 18/13 – juris, Rn. 70 f.).

9 Für die **Mitglieder eines Europäischen Betriebsrats**, die Mitglieder des besonderen Verhandlungsgremiums und die Arbeitnehmervertreter im Rahmen eines Verfahrens zur Unterrichtung und Anhörung, die im Inland beschäftigt sind, gilt u. a. § 78 entsprechend (§ 40 Abs. 1 und 2 EBRG; näher dazu *Oetker* § 40 EBRG Rdn. 1 ff.). Für die **Arbeitnehmervertreter im Aufsichtsrat** nach dem DrittelbG und dem MitbestG gibt es dem § 78 entsprechende spezielle Schutzbestimmungen (§ 9 DrittelbG; § 26 MitbestG, dort allerdings ohne Begünstigungsverbot). Auch für die **Mitglieder der Schwerbehindertenvertretung** gibt § 179 (bis 2018: § 96) Abs. 2 SGB IX eine § 78 entsprechende Schutzvorschrift, die für die Gesamt- und Konzernschwerbehindertenvertretung entsprechend gilt (§ 180 [bis 2018: § 97] Abs. 7 SGB IX).

10 Zum **Personalvertretungsrecht** vgl. §§ 8, 107 BPersVG; für Mitglieder der **Sprecherausschüsse** vgl. § 2 Abs. 3 SprAuG.

II. Allgemeines zum Schutzumfang

1. Geschützter Personenkreis

a) Schutz der Funktionsträger

11 § 78 Satz 1 **nennt den** (durch § 78 Sätze 1 und 2) **geschützten Personenkreis** nicht in Form einer Generalklausel (wie §§ 8, 107 BPersVG: »Personen, die Aufgaben und Befugnisse nach diesem Gesetz wahrnehmen«), sondern, offenbar um jede Unklarheit auszuschließen, durch **Einzelaufzählung**. Geschützt sind die **Mitglieder** des Betriebsrats, des Gesamtbetriebsrats, des Konzernbetriebsrats, der Jugend- und Auszubildendenvertretung, der Gesamt-Jugend- und Auszubildendenvertretung, der Konzern-Jugend- und Auszubildendenvertretung, des Wirtschaftsausschusses, der Bordvertretung, des Seebetriebsrats, aller gemäß § 3 Abs. 1 errichteten Arbeitnehmervertretungen und Gremien, der Einigungsstelle, einer tariflichen Schlichtungsstelle (i. S. v. § 76 Abs. 8) und einer betrieblichen Beschwerdestelle (i. S. v. § 86) sowie vom Betriebsrat hinzugezogene **Auskunftspersonen** (i. S. v. § 80 Abs. 2 Satz 4). Da es allein auf die Funktionsträgerschaft ankommt, greift der Schutz unabhängig davon, ob ein Funktionsträger in einem unbefristeten oder befristeten Arbeitsverhältnis steht und ob er voll- oder teilzeitbeschäftigt ist; zum Schutz Betriebsfremder s. Rdn. 18.

12 Unabhängig vom Beginn der Amtszeit eines neu gewählten Betriebsrats nach § 21 Satz 2 **beginnt die Mitgliedschaft** im Betriebsrat mit der Bekanntgabe des Wahlergebnisses durch den Wahlvorstand

(§ 18 Abs. 3 Satz 1). Gewählte Personen sind schon als Betriebsratsmitglieder anzusehen (so auch § 29 Abs. 1 Satz 1), die als Mandatsträger nach § 78 geschützt sind. Entsprechendes gilt für die Jugend- und Auszubildendenvertreter (§ 63 Abs. 2 Satz 2), die Mitglieder der Bordvertretung, des Seebetriebsrats und der nach § 3 Abs. 1 genannten Vertretungen der Arbeitnehmer. Die Mitgliedschaft im Gesamtbetriebsrat wird durch die Beschlussfassung der Entsendung im Betriebsrat und die Zustimmung des Betroffenen begründet (s. *Kreutz/Franzen* § 47 Rdn. 37 ff., 43), die im Konzernbetriebsrat durch Beschlussfassung im Gesamtbetriebsrat (bzw. im Betriebsrat) und Zustimmung des Betroffenen (s. *Franzen* § 55 Rdn. 13). Entsprechendes gilt für den Beginn der Mitgliedschaft in der Gesamt- Jugend- und Auszubildendenvertretung und der Konzern- Jugend- und Auszubildendenvertretung. Auch die Bestimmung der Mitglieder des Wirtschaftsausschusses erfordert neben der Wahl durch den Betriebsrat bzw. Gesamtbetriebsrat die Zustimmung der Betroffenen. Die Einigungsstelle besteht aus Beisitzern und einem unparteiischen Vorsitzenden, auf dessen Person sich beide Parteien einigen müssen (§ 76 Abs. 2 Satz 1) und der auch Mitglied der Einigungsstelle ist; zu dessen Bestellung vgl. *Jacobs* § 76 Rdn. 54 ff. Die Bestellung »ihrer« Beisitzer obliegt Arbeitgeber und Betriebsrat je allein (s. dazu näher *Jacobs* § 76 Rdn. 46 ff.). Der Vorsitzende und die Beisitzer erlangen ihre Stellung als Mitglieder der Einigungsstelle durch die Annahme ihrer Bestellung (s. *Jacobs* § 76 Rdn. 89). Nichts anderes gilt für die Mitglieder einer tariflichen Schlichtungsstelle und einer betrieblichen Beschwerdestelle. Auskunftspersonen sind sachkundige Arbeitnehmer, die der Arbeitgeber dem Betriebsrat (oder dem Gesamt- oder Konzernbetriebsrat) zur Erfüllung seiner Aufgaben auf Verlangen zur Verfügung gestellt hat (§ 80 Abs. 2 Satz 4), d. h. im Rahmen seines Direktionsrechts zur Auskunftserteilung angewiesen hat.

Ersatzmitglieder brauchten im Gesetz nicht besonders genannt zu werden. Rückt ein Ersatzmitglied an die Stelle eines ausgeschiedenen Organmitglieds, ist es endgültig ordentliches Mitglied. Ein Ersatzmitglied, das ein nur zeitweilig verhindertes Mitglied vertritt, ist wie ein ordentliches Mitglied zu behandeln, solange die Vertretung dauert (»amtierendes Ersatzmitglied«; so nach der Sachverhaltskonstellation zutr. *BAG* 05.12.2012 EzA § 14 TzBfG Nr. 89 Rn. 47 = AP Nr. 102 zu § 14 TzBfG); danach gilt nur noch der Schutz nach Satz 2 (vgl. dazu Rdn. 62). Solange ein Ersatzmitglied noch nicht kraft Gesetzes endgültig oder vorübergehend in das Organ nachgerückt ist, für das es als Ersatz bestimmt ist bzw. in Betracht kommt, kann ihm mangels Funktionsträgerschaft auch noch kein Funktionsschutz nach § 78 zukommen. Eine Vorwirkung des § 78 ist mangels Abgrenzungsschärfe nicht anzuerkennen (vgl. Rdn. 63).   13

Da der Gesetzgeber die Mitglieder aller nach dem BetrVG möglichen »Institutionen« erfassen wollte (vgl. Rdn. 3), hat er die **Mitglieder des Wahlvorstandes** vergessen. Für sie gilt daher § 78 analog (zust. *Dannecker* FS Gitter, S. 167 [181]; *Fitting* § 78 Rn. 2; *Purschwitz* Benachteiligungs- und Begünstigungsverbot, S. 51 ff., 56; vgl. auch *Richardi/Thüsing* § 78 Rn. 10; abl. *Kaiser/LK* § 78 Rn. 4). Speziellere Schutzbestimmungen (wie Wahlschutz nach § 20 Abs. 1 und 2 und Kündigungsschutz nach § 103 und § 15 Abs. 3 KSchG) gehen nach dem Spezialitätsprinzip aber vor (vgl. Rdn. 5).   14

Wahlbewerber gehören keiner betriebsverfassungsrechtlichen »Institution« an; ihre Nichterwähnung in § 78 Satz 1 kann daher nicht als Versehen des Gesetzgebers gewertet werden. Sie genießen den besonderen Kündigungsschutz nach § 15 Abs. 3 bis 5 KSchG, § 103; daneben gilt für die Betriebsratswahl der Wahlschutz nach § 20 Abs. 1 und 2. Insbesondere § 20 Abs. 2 enthält jedoch kein nachträgliches Maßregelungsverbot (vgl. § 20 Rdn. 30). Da sie sich jedoch im Rahmen der Betriebsverfassung exponiert haben, ist nach seinem Schutzzweck § 78 Satz 2 analog anzuwenden, soweit eine Maßregelung nicht bereits nach §§ 138, 242 BGB unwirksam ist (zust. *Fitting* § 78 Rn. 2; abl. *Purschwitz* Benachteiligungs- und Begünstigungsverbot, S. 58).   15

Mit entsprechender Begründung ist § 78 Satz 2 analog anzuwenden, wenn sich ein Arbeitnehmer im Verfahren nach § 18a als **Vermittler** exponiert hat (vgl. § 18a Rdn. 77; zum Behinderungsverbot § 18a Rdn. 75) oder als **Berater** nach § 111 Satz 2 (für den, wie für die ausdrücklich genannten **Auskunftspersonen** nach § 80 Abs. 2 Satz 4, auch eine analoge Anwendung von § 78 Satz 1 geboten ist). Gleiches gilt für die nach § 15 Abs. 3a KSchG Geschützten.   16

Gerechtfertigt ist die analoge Anwendung von § 78 Satz 2 auch dann, wenn sich **Arbeitnehmer** im Rahmen **einer Arbeitsgruppe** nach § 28a exponiert haben (z. B. als Gruppensprecher oder als Mit-   17 glied eines Verhandlungsgremiums) und die Rahmenvereinbarung zwischen Arbeitgeber und Betriebsrat keine Schutzbestimmungen enthält (ähnlich einschränkend auf die Gruppenmitglieder bei Ausübung betriebsverfassungsrechtlicher Befugnisse *Raab* § 28a Rdn. 8). Eine weitergehende Analogie ist nicht geboten; sie würde pauschal ganze Belegschaftsteile ungerechtfertigt privilegieren und damit gegen den Grundsatz der Einheit der Belegschaft verstoßen (**a. M.** im Ergebnis *Fitting* § 78 Rn. 1, die § 78 pauschal auf Arbeitsgruppen und ihre Mitglieder entsprechend anwenden wollen; zust. *Waskow*/NK-GA § 78 BetrVG Rn. 9; *Worzalla*/HWGNRH § 78 Rn. 1; einschränkend auf »die Mitglieder« *Preis*/WPK § 78 Rn. 2); nach *Buschmann*/DKKW § 78 Rn. 7 soll die Behinderung der Mitglieder einer Arbeitsgruppe regelmäßig (damit aber viel zu pauschal) eine Maßregelung i. S. d. § 612a BGB sowie Behinderung des Betriebsrats als Organ sein, da sie vom Betriebsrat übertragene Aufgaben wahrnehmen).

18 Wie sich aus der ausdrücklichen Nennung der Mitglieder der Einigungsstelle und einer nach § 76 Abs. 8 zuständigen tariflichen Schlichtungsstelle ergibt, kann sich insoweit der Schutz des § 78 auch auf **Betriebsfremde** erstrecken, namentlich den Vorsitzenden der Einigungsstelle und betriebsfremde Beisitzer (ebenso schon *Thiele* Drittbearbeitung, § 78 Rn. 10; zust. *Buschmann*/DKKW § 78 Rn. 7; *Fitting* § 78 Rn. 7; *Richardi*/*Thüsing* § 78 Rn. 7). Deren Tätigkeitsvergütung durch den Arbeitgeber stellt aber keine verbotswidrige Begünstigung nach § 78 Satz 2 dar; sie ist dessen gesetzliche Pflicht nach § 76a Abs. 3. Das gilt auch für betriebsfremde Beisitzer aus einem anderen Betrieb des Unternehmens, auch wenn diese dort Betriebsratsmitglieder sind (so wohl auch *BAG* 13.05.2015 EzA § 626 BGB 2002 Nr. 51 Rn. 38 f. = AP Nr. 77 zu § 15 KSchG 1969 [zust. *Wiese* Bl. 11 f.], das entschieden hat, dass sie durch Wahrnehmung dieses Beisitzeramtes auch keine vertraglichen Rücksichtnahmepflichten verletzen). Wenn allerdings ein Betriebsrat für eine Einigungsstelle in seinem Betrieb gerade Betriebsratsmitglieder eines anderen Betriebs des Unternehmens als Beisitzer bestellt, um ihnen Vergütungsansprüche nach § 76a Abs. 3 zu verschaffen, kann er eine verbotswidrige Begünstigung begehen: Etwa wenn das durch Betriebsräte des Unternehmens wechselseitig geschieht (»Ringtausch«) oder bei offensichtlicher Ungeeignetheit als Beisitzer, nicht aber, wenn die Bestellung wegen der besonderen fachlichen Qualifikation für den Verfahrensgegenstand oder der als Betriebsratsmitglied erworbenen Kenntnisse und Fähigkeiten erfolgt.

19 Für die Tätigkeit **gewerkschaftlicher Vertrauensleute** im Betrieb gilt § 78 weder direkt noch entsprechend. Sie sind wegen ihrer gewerkschaftlichen Betätigung gegen jede Benachteiligung nach § 75 Abs. 1 geschützt (ebenso *Galperin*/*Löwisch* § 78 Rn. 4; *Worzalla*/HWGNRH § 78 Rn. 1; ebenso im Ergebnis *Buschmann*/DKKW § 78 Rn. 8 mit Fn. 16). Das Zugangsrecht für **Beauftragte** der im Betrieb vertretenen Gewerkschaften zur Wahrnehmung betriebsverfassungsrechtlicher Aufgaben und Befugnisse ist durch § 2 Abs. 2 besonders geregelt; daneben ist § 78 nicht entsprechend anzuwenden (zust. *Waskow*/NK-GA § 78 BetrVG Rn. 24; **a. M.** *Richardi*/*Thüsing* § 78 Rn. 11). Allerdings kann in Einzelfällen (z. B. bei Zugangsverweigerung in Fällen der §§ 31, 46) zugleich eine Behinderung des Betriebsrats nach § 78 Satz 1 vorliegen, wenn Gewerkschaftsbeauftragte bei gesetzlich konkret vorgesehener Zusammenarbeit mit dem Betriebsrat gehindert werden (zu weitgehend *Buschmann*/DKKW § 78 Rn. 8, der in jeder Behinderung betriebsverfassungsrechtlicher Betätigung von Gewerkschaftsbeauftragten zugleich eine Behinderung der Amtsführung des Betriebsrats sieht, weil das BetrVG auf enge Zusammenarbeit von Betriebsrat und Gewerkschaft bei der Arbeitnehmervertretung angelegt sein soll).

b) Schutz der Organe

20 Anders als § 53 Abs. 1 BetrVG 1952 (vgl. Rdn. 3) schützt **§ 78 Satz 1** nach seinem Wortlaut nicht mehr den Betriebsrat und die anderen genannten betriebsverfassungsrechtlichen Organe (»Institutionen«), sondern **nur deren Mitglieder** in der Ausübung ihrer Amtstätigkeit. Ein sachlicher Unterschied zum früheren Recht ergibt sich daraus jedoch nicht (vgl. Rdn. 3). Das zeigt auch § 119 Abs. 1 Nr. 2, der nur die Behinderung oder Störung der Tätigkeit des Betriebsrats und der anderen Institutionen unter Strafe stellt und in § 119 Abs. 2 nur diesen Organen das Strafantragsrecht zubilligt. Auch § 78 Satz 1 will die Funktionsfähigkeit der **Organe selbst** gewährleisten; auch sie dürfen in der Ausübung ihrer Tätigkeit nicht gestört oder behindert werden (in der Lit. jetzt unstr.; vgl. *Buschmann*/DKKW § 78 Rn. 15; *Dütz* Unterlassungs- und Beseitigungsansprüche, S. 5; *Fitting* § 78 Rn. 1, 6;

Kaiser/LK § 78 Rn. 11; *Kania/*ErfK § 78 BetrVG Rn. 2; *Oetker* RdA 1990, 343 [347 f.]; *Richardi/ Thüsing* § 78 Rn. 9; *Waskow/*NK-GA § 78 Rn. 6; *Weiss/Weyand* § 78 Rn. 2; *Worzalla/HWGNRH* § 78 Rn. 1; jetzt auch *Rieble/*AR § 78 BetrVG Rn. 1). Das *BAG* ist zunächst ganz selbstverständlich vom Behinderungsschutz des Betriebsrats als Gremium ausgegangen (vgl. BAG 12.11.1997 EzA § 23 BetrVG 1972 Nr. 38 unter B 1 und 2). Erst Im Beschluss vom 04.12.2013 (EzA § 78 BetrVG 2001 Nr. 3 Rn. 34 ff.) hat der Siebte Senat das durch den Wortlaut entstandene Problem aufgegriffen und im Anschluss an die hier vorgetragene Begründung den Organschutz bejaht (folgend etwa BAG 15.10.2014 EzA § 80 BetrVG 2001 Nr. 20 Rn. 32 = AP Nr. 79 zu § 80 BetrVG 1972; 09.09.2015 EzA § 78 BetrVG 2001 Nr. 5 Rn. 24 = AP Nr. 15 zu § 78 BetrVG 1972; ArbG Solingen – 3 BV 15/15 lev – juris, Rn. 46).

Gegner von Störungs- und Behinderungsmaßnahmen sind aber nicht der Betriebsrat und die anderen **21** Institutionen, sondern es sind notwendig **die diese verkörpernden Personen** (*Thiele* Drittbearbeitung, § 78 Rn. 7). Insofern hat § 78 Satz 1 gegenüber § 53 Abs. 1 BetrVG 1952 eine sachlich und sprachlich korrektere Fassung erhalten. Werden die Mitglieder der geschützten Organe in der Ausübung ihrer Amtstätigkeit behindert, so wird zugleich die Tätigkeit der Organe selbst betroffen (ebenso *Konzen* Betriebsverfassungsrechtliche Leistungspflichten des Arbeitgebers, S. 62; *Richardi/ Thüsing* § 78 Rn. 9). Dabei spielt es keine Rolle, ob sich die Störungs- und Behinderungsmaßnahme gegen alle oder nur gegen einzelne Mitglieder (z. B. des Betriebsrats) richtet. Vgl. zum Rechtsschutz der Organe Rdn. 48 ff.

§ 78 Satz 2 bezweckt **nur** den **persönlichen Schutz** der einzelnen Funktionsträger und bezieht sich **22** nur auf ihre **persönliche Rechtsstellung** (so auch *Richardi/Thüsing* § 78 Rn. 20; *Esser* Begünstigung, S. 10 f.; zust. *Waskow/*NK-GA § 78 BetrVG Rn. 6 [unstimmig dazu Rn. 35]); anders als § 78 Satz 1 (vgl. Rdn. 20) schützt Satz 2 **nicht** die jeweiligen **Organe**. Dem entspricht der Straftatbestand des § 119 Abs. 1 Nr. 3, wenn auch insoweit nur die Organe selbst strafantragsberechtigt sind (§ 119 Abs. 2). Auch waren schon in der Vorgängerregelung des § 53 Abs. 2 BetrVG 1952 das Benachteiligungs- und Begünstigungsverbot nur auf die Betriebsratsmitglieder bezogen, nicht auf den Betriebsrat als Organ wie das Behinderungsverbot nach dessen Abs. 1; nach der Begründung zum RegE sollte daran nichts geändert werden (vgl. Rdn. 3). Mit demgegenüber unstimmiger und nicht tragfähiger Begründung hat der Siebte Senat des *BAG* (25.06.2014 EzA § 78 BetrVG 2001 Nr. 4 Rn. 32 f. = AP Nr. 14 zu § 78 BetrVG 1972) den Schutz des § 78 Satz 2 (wie den nach § 78 Satz 1; vgl. Rdn. 20) auch auf den Betriebsrat als Organ bezogen (Sicherung der »Kontinuität der Betriebsratsarbeit«). Die verfehlte Betonung (auch) eines gremienbezogenen Normzwecks diente dem Senat dazu, die analoge Anwendung des § 15 Abs. 6 AGG (kein Anspruch auf Begründung eines Beschäftigungsverhältnisses bei Verstoß gegen das allein personenbezogene Benachteiligungsverbot des § 7 Abs. 1 AGG) bei einer Benachteiligung nach § 78 Satz 2 wegen unterschiedlicher Interessenlage auszuschließen, die der Senat zuvor für das ebenfalls allein personenbezogene Benachteiligungsverbot des § 612a BGB bejaht hatte (*BAG* 21.09.2011 EzA § 612a BGB 2002 Nr. 7). Diese Analogiefrage bei § 78 Satz 2 ist mithin in der Begründung nicht überzeugend, aber im Ergebnis treffend höchstrichterlich entschieden (vgl. Rdn. 97; krit. zum Gremienschutz, aber für eine analoge Anwendung des § 15 Abs. 6 AGG auch bei § 78 Satz 2 *Worzalla* SAE 2015, 49; überzeugend gegen jede Analogie von § 15 Abs. 6 AGG bei Benachteiligung bereits Beschäftigter *Pallasch* RdA 2015, 108 [113 f.]; *Adam* Anm. zu *BAG* 21.09.2011 EzA § 612a BGB 2002 Nr. 7 S. 21; *Horscher* RdA 2014, 93 [100]; vgl. auch *Kohte* FS *Wank*, S. 245 [248 ff.]); die Analogie muss scheitern, weil weder eine Regelungslücke noch eine Gleichheit der Interessenlage besteht, wenn es nicht um die Begründung (»Bewerbersituation«), sondern um die Verlängerung eines Vertragsverhältnisses eines befristet beschäftigten Betriebsratsmitglieds bei Fristablauf geht. Eine zu großzügige Sach- und Personalausstattung des Betriebsrats kann aber zugleich verbotene Begünstigung seiner Mitglieder sein; vgl. *Bayreuther* NZA 2013, 758.

2. Rechtscharakter der Verbote

§ 78 enthält allgemeine gesetzliche Verbote. Sie richten sich **gegen jedermann** (ebenso *Buschmann/* **23** DKKW § 78 Rn. 11; *Fitting* § 78 Rn. 7; *Galperin/Löwisch* § 78 Rn. 5; *Kania/*ErfK § 78 BetrVG Rn. 2; *Joost/*MünchArbR § 220 Rn. 127; *Lorenz/*HaKo § 78 Rn. 4; *Preis/WPK* § 78 Rn. 6; *Richardi/Thüsing* § 78 Rn. 12, 20; *Schrader/*HWK § 78 BetrVG Rn. 4; *Waskow/*NK-GA § 78 BetrVG

§ 78   *IV. 1. Allgemeines*

Rn. 10; *Worzalla/HWGNRH* § 78 Rn. 3, 14; zust. *BAG* 15.10.2014 EzA § 80 BetrVG 2001 Nr. 20 Rn. 32 = AP Nr. 79 zu § 80 BetrVG 1972). In erster Linie sind naturgemäß die **im Betrieb tätigen Personen Verbotsadressaten**, also der Arbeitgeber, für ihn handelnde Vertreter, einzelne oder Gruppen von Arbeitnehmern, leitende Angestellte sowie die in § 5 Abs. 2 Genannten. Die Mitglieder der verschiedenen Organe sind aber auch **gegenseitig** an die Verbote gebunden (z. B. darf der Gesamtbetriebsrat die Betriebsratstätigkeit nicht behindern). Mitglieder dürfen die Amtstätigkeit **anderer Mitglieder** nicht behindern, die Gremienmehrheit nicht die Gremienminderheit (vgl. *Hess. LAG* 19.09.2013 – 9 TaBV 225/12 – juris) und umgekehrt. Die Verbote gelten auch für den Sprecherausschuss der leitenden Angestellten, aber auch für jede Gewerkschaft und ihre Funktionäre, ob im Betrieb vertreten oder nicht (vgl. z. B. zur Drohung mit dem Gewerkschaftsausschluss § 20 Rdn. 43 ff.), für die Arbeitgeberverbände und ihre Funktionäre sowie beliebige Dritte, die als Verbotsverletzer in Betracht kommen (z. B. konzernverbundene andere Arbeitgeber oder betriebsverfassungsrechtliche Organe anderer, insbesondere unternehmenszugehöriger Betriebe, oder der Arbeitgeber eines Entleiherbetriebs, der den Mitgliedern des Betriebsrats des Verleiherbetriebs den Zugang zu seinem Betrieb und den Arbeitsplätzen der Leiharbeitnehmer verweigert, wenn diese dort betriebsverfassungsrechtliche Aufgaben wahrzunehmen haben [ein anlass**un**abhängiges Zutrittsrecht und damit insoweit eine Behinderung aber zutr. verneinend *BAG* 15.10.2014 EzA § 80 BetrVG 2001 Nr. 20 Rn. 33 = AP Nr. 79 zu § 80 BetrVG 1972; zust. *Rudolph* AiB 2016 Nr. 2, 63; krit. *Hamann/Klengel* AuR 2016, 99]). Zu weiteren Beispielen aus der Rechtsprechung s. Rdn. 46 f.

24   Beide Verbotssätze des § 78 sind **zwingenden Rechts** (ebenso schon *Thiele* Drittbearbeitung, § 78 Rn. 13; *Hennecke* BB 1986, 936 [941]; vgl. auch *Buschmann/DKKW* § 78 Rn. 1; *Fitting* § 78 Rn. 4; *Worzalla/HWGNRH* § 78 Rn. 2). Sie bestehen nicht nur im Interesse der Funktionsträger, sondern im öffentlichen Interesse an der Funktionsfähigkeit der Betriebsräte und der anderen Institutionen in der Betriebsverfassung. Auf die Einhaltung der Verbote kann daher kein Geschützter rechtswirksam verzichten, weder tatbestandsausschließend noch rechtfertigend durch Einwilligung. Auch eine Abbedingung durch Tarifvertrag oder Betriebsvereinbarung ist nicht wirksam (zust. *Kania/ErfK* § 78 BetrVG Rn. 1; *Schrader/HWK* § 78 BetrVG Rn. 3).

25   Die Verbote der Sätze 1 und 2 sind **gesetzliche Verbote** i. S. v. § 134 BGB; **Rechtsgeschäfte**, die einem Verbot zuwider vorgenommen werden, sind **nichtig** (unstr.; vgl. *BAG* 16.02.2005 EzA § 46 BPersVG Nr. 3 S. 4 [zu § 8 BPersVG]; 20.01.2010 EzA § 40 BetrVG 2001 Nr. 18 Rn. 10 [zu § 78 Satz 2]; bestätigend *BAG* 18.01.2017 – 7 AZR 205/15 – juris, Rn. 26; *Hess. LAG* 20.02.2017 – 7 Sa 513/16 – juris; *Fitting* § 78 Rn. 21, 23; *Galperin/Löwisch* § 78 Rn. 27, 28; *Richardi/Thüsing* § 78 Rn. 37; vgl. auch Rdn. 53, 103), da sich aus diesen Verboten nichts anderes ergibt. Das gilt für Verträge (auch Tarifverträge, Betriebsvereinbarungen) und einseitige Rechtsgeschäfte (z. B. Kündigungen, Versetzungen oder sonstige Anordnungen des Arbeitgebers im Direktionsbereich). **Sonstige Behinderungsmaßnahmen** sind **rechtswidrig**.

26   Soweit **Funktionsträger** selbst Verbotsadressaten sind (vgl. Rdn. 23), begründet § 78 **gesetzliche Pflichten**, deren grobe Verletzung den Sanktionen (Auflösung, Ausschluss) nach § 23 Abs. 1 (für Betriebsrat und Betriebsratsmitglieder) unterliegt (vgl. entsprechend für die Jugend- und Auszubildendenvertretung § 65, für die Bordvertretung § 115 Abs. 3, den Seebetriebsrat § 116 Abs. 2); Mitglieder des Gesamtbetriebsrats (§ 48) und des Konzernbetriebsrats (§ 56) können bei groben Verletzungen ausgeschlossen werden. Für den **Arbeitgeber** begründet § 78 gesetzliche Verpflichtungen i. S. v. § 23 Abs. 3.

27   § 78 ist **nicht im Ganzen** ein **Schutzgesetz** i. S. d. § 823 Abs. 2 BGB (zumindest in der Formulierung, aber ohne Begründung a. M. *Buschmann/DKKW* § 78 Rn. 14; *Fitting* § 78 Rn. 4a; *Hess/Schlochauer/Glaubitz* § 78 Rn. 13; *Schaub/Koch* Arbeitsrechts-Handbuch, § 230 Rn. 22; *Stege/Weinspach/Schiefer* § 78 Rn. 7). **Schutzgesetz** ist unstr. das **Benachteiligungsverbot** gem. Satz 2 (vgl. *BAG* 12.02.1975 AP Nr. 1 zu § 78 BetrVG 1972 [unter III 4 der Gründe]; 09.06.1982 AP Nr. 1 zu § 107 BPersVG = DB 1982, 2711; 25.06.2014 EzA § 78 BetrVG 2001 Nr. 4 Rn. 30 = AP Nr. 14 zu § 78 BetrVG 1972; *LAG Bremen* 12.08.1982 AP Nr. 15 zu § 99 BetrVG 1972 Bl. 1; *Thiele* Drittbearbeitung, § 78 Rn. 17; *Fitting* § 78 Rn. 21; *Galperin/Löwisch* § 78 Rn. 28; *Hennecke* BB 1986, 936 [940]; *Heinze* DB 1983, Beil. Nr. 9, S. 15; *Kaiser/LK* § 78 Rn. 22; *Kania/ErfK* § 78 BetrVG Rn. 8; *Konzen* ZfA 1985, 469 [494]; *Preis/WPK* § 78 Rn. 19; *Richardi/Thüsing* § 78 Rn. 36; *Rieble/DLF* § 78

BetrVG Rn. 7; *Schrader / HWK* § 78 BetrVG Rn. 13; *Worzalla / HWGNRH* § 78 Rn. 5; *Zachert* MitbestGespr. 1974, 235 [239]; vgl. auch *Buschmann / DKKW* § 78 Rn. 36); denn dieses Verbot schützt die Funktionsträger ausdrücklich vor persönlichen Nachteilen. Zu Schadensersatzansprüchen und anderen Rechtsfolgen bei Verletzung des Benachteiligungsverbots vgl. Rdn. 95 ff.

Das **Begünstigungsverbot** nach Satz 2 ist dagegen **kein Schutzgesetz** für Arbeitnehmer, die von der Begünstigung ausgeschlossen worden sind (so schon *Thiele* Drittbearbeitung, § 78 Rn. 17; *Kaiser / LK* § 78 Rn. 24; *Galperin / Löwisch* § 78 Rn. 28; *Richardi / Thüsing* § 78 Rn. 36; *Waskow / NK-GA* § 78 BetrVG Rn. 30; *Worzalla / HWGNRH* § 78 Rn. 5); es soll die persönliche Unabhängigkeit der Funktionsträger sichern, nicht aber Vermögensinteressen Dritter (zust. *Buschmann / DKKW* § 78 Rn. 14 mit Fn. 34). 28

Auch das **Behinderungsverbot** nach Satz 1 ist **kein Schutzgesetz** i. S. v. § 823 Abs. 2 BGB (str.; wie hier ausführlich *Konzen* Betriebsverfassungsrechtliche Leistungspflichten des Arbeitgebers, S. 61 ff.; *ders.* ZfA 1985, 469 [491]; *Kutsch* Schutz des Betriebsrats, S. 68; ebenso *Kaiser / LK* § 78 Rn. 12; *Richardi / Thüsing* § 78 Rn. 36; *Waskow / NK-GA* § 78 BetrVG Rn. 28; *Worzalla / HWGNRH* § 78 Rn. 5; wohl auch *Heinze* DB 1983, Beil. Nr. 9, S. 15; vgl. auch diejenigen, die allein den Schutzgesetzcharakter von § 78 Satz 2 hervorheben, z. B. *Galperin / Löwisch* § 78 Rn. 28; jetzt auch *Fitting* § 78 Rn. 21; *Kania / ErfK* § 78 BetrVG Rn. 8; **a. M.** *Dütz* Unterlassungs- und Beseitigungsansprüche, S. 3 ff.; *ders.* DB 1984, 115 [118 ff.]; *Hess / Schlochauer / Glaubitz* § 78 Rn. 13; *Joost / MünchArbR* § 220 Rn. 128; vgl. auch *ArbG Berlin* BB 1984, 404); Satz 1 will die ungestörte und unbehinderte Amtstätigkeit der geschützten Funktionsträger sicherstellen, dient aber nicht deren persönlichen Interessen im Sinne eines Individualschutzes. Auch wenn § 823 Abs. 2 BGB nicht nur reine Vermögensschäden erfasst, müsste doch ein durch deliktsrechtliche Haftung kompensierbarer Schaden vorhanden sein; das ist jedoch nicht der Fall, wenn gegen das Behinderungsverbot verstoßen wird. Zu den Rechtsfolgen (Rechtsschutz) einer Verletzung des Behinderungsverbots vgl. Rdn. 48 ff. 29

III. Behinderungsverbot (Satz 1)

1. Behinderungstatbestand

Die geschützten Funktionsträger (vgl. Rdn. 11 ff.) und durch sie ihre Institutionen (vgl. Rdn. 20 f.) dürfen nach Satz 1 von niemandem (vgl. Rdn. 23) in der Ausübung ihrer Amtstätigkeit gestört oder behindert werden. Eine solche Störung bzw. **Behinderung** liegt vor, wenn durch ein **rechtswidriges Tun** oder **pflichtwidriges Unterlassen** die Amtstätigkeit erschwert oder unmöglich gemacht wird. Dabei ist jede **Störung zugleich Behinderung** (zust. *Waskow / NK-GA* § 78 BetrVG Rn. 11); Behinderung ist der weitere Begriff (vgl. auch §§ 8, 107 BPersVG, § 96 Abs. 2 SGB IX, die nur die Behinderung verbieten) und **umfassend** zu verstehen (vgl. *BAG* 12.11.1997 EzA § 23 BetrVG 1972 Nr. 38 S. 2; *LAG Köln* 22.10.2013 LAGE § 78 BetrVG 2001 Nr. 7a Rn. 84; *BAG* 04.12.2013 EzA § 78 BetrVG 2001 Nr. 3 Rn. 36 = AP Nr. 13 zu § 78 BetrVG 1972; 09.09.2015 EzA § 78 BetrVG 2001 Nr. 5 Rn. 24 = AP Nr. 15 zu § 78 BetrVG 1972: »jede unzulässige Erschwerung, Störung oder gar Verhinderung«). Auch ein Verstoß gegen das Benachteiligungs- oder Begünstigungsverbot nach Satz 2 kann zugleich ein Verstoß gegen das Behinderungsverbot sein. 30

Schutzbereich des Behinderungsverbots ist schlechthin die jeweilige **Amtstätigkeit** als Mitglied des Betriebsrats, des Gesamtbetriebsrats usw. sowie als Auskunftsperson i. S. d. § 80 Abs. 2 Satz 4. Die Betätigung als Funktionsträger ist jedoch nur **soweit** geschützt, als sie **rechtmäßig** ist (so auch *BAG* 04.04.1974 AP Nr. 1 zu § 626 BGB Arbeitnehmervertreter im Aufsichtsrat [unter III 2]; 13.10.1974 AP Nr. 1 zu § 1 KSchG Verhaltensbedingte Kündigung; 20.10.1999 – 7 ABR 37/98 – juris, Rn. 30; *LAG Niedersachsen* 16.01.2016 NZA-RR 2016, Rn. 26 *Buschmann / DKKW* § 78 Rn. 16 *Fitting* § 78 Rn. 8; *Preis / WPK* § 78 Rn. 6; *Richardi / Thüsing* § 78 Rn. 14; *Oetker* RdA 1990, 343 [349]; *Stege / Weinspach / Schiefer* § 78 Rn. 3; *Worzalla / HWGNRH* § 78 Rn. 8). Sie muss sich im Rahmen der gesetzlich umschriebenen Aufgaben und Zuständigkeiten halten (was bei Streit allerdings erst durch rechtskräftige gerichtliche Entscheidung geklärt wird; vgl. *BAG* 15.10.2014 EzA § 80 BetrVG 2001 Nr. 20 Rn. 31 ff. = AP Nr. 79 zu § 80 BetrVG 1972 [insoweit zust. *Boemke*] gegen die Vorinstanz *LAG Bremen* 30.05.2012 – 2 TaBU 36/11: dass dem Betriebsrat des Verleiherbetriebs im Entleiher- 31 betrieb die allgemeine Überwachungsaufgabe nach § 80 Abs. 1 Nr. 1 nicht obliegt; **a. M.** insoweit *Hamann/Klengel* AuR 2016, 99) und es dürfen nur rechtlich zulässige Mittel zur Erreichung rechtlich zulässiger Zwecke angewendet werden. Das Gesetz verbietet weder den Widerstand gegen rechtlich unzulässige Maßnahmen noch deren Abwehr (z. B. wenn der Arbeitgeber dagegen einschreitet, dass sich Betriebsratsmitglieder im Betrieb oder in einer Betriebsversammlung entgegen §§ 45, 74 Abs. 2 Satz 3 parteipolitisch betätigen; Entfernung rechtswidriger Betriebsratsanschläge vom schwarzen Brett [*LAG Düsseldorf* BB 1959, 632; 1977, 294]). Es verbietet auch nicht, dass wegen rechtswidriger Verhaltensweisen eines Funktionsträgers nachteilige Sanktionen verhängt oder beantragt werden (z. B. nach § 23 Abs. 1, §§ 48, 56).

32 Die Behinderung kann durch **Tun oder Unterlassen** geschehen (allgemeine Meinung; vgl. *Buschmann/DKKW* § 78 Rn. 15; *Fitting* § 78 Rn. 9; *Richardi/Thüsing* § 78 Rn. 16; *Stege/Weinspach/Schiefer* § 78 Rn. 2; *Worzalla/HWGNRH* § 78 Rn. 6). Behinderungen richten sich gegen die freie Amtsausübung der Funktionsträger, indem diese in der Ausübung ihrer betriebsverfassungsrechtlichen Rechte und Pflichten oder ihrer Handlungsfähigkeit **unmittelbar oder mittelbar** ge- oder behindert oder sonstwie beeinträchtigt werden. Die Behinderung muss **objektiv** vorliegen bzw. feststellbar sein. Schon objektiv liegt z. B. keine Behinderung der Betriebsratstätigkeit vor, wenn im Betrieb nach dem SprAuG **Sprecherausschüsse der leitenden Angestellten** gewählt werden (das war früher umstritten; vgl. *BAG* AP Nr. 9, 10 zu § 5 BetrVG 1972; *ArbG Verden* ARSt. 1973, 82; *Dietz/Richardi* § 78 Rn. 13; *Fitting/Auffarth/Kaiser/Heither* 15. Aufl., § 78 Rn. 5; *Föhr* BB 1975, 140 [141 f.]; *Galperin/Löwisch* § 78 Rn. 9) oder wenn sich ein **Gremium gewerkschaftlicher Vertrauensleute** bildet (ebenso *Richardi/Thüsing* § 78 Rn. 15), solange dieses sich nicht Betriebsratskompetenzen anmaßt.

33 **Objektive Behinderungen** sind z. B.: Das Verbot von Betriebsratssitzungen oder Betriebsversammlungen durch den Arbeitgeber; die Störung solcher Sitzungen oder Versammlungen durch den Arbeitgeber oder andere Arbeitnehmer; die Aufforderung des Arbeitgebers an Betriebsratsmitglieder, von Betriebsratssitzungen fernzubleiben; Druckausübung, um Funktionsträger zum Amtsrücktritt zu bewegen, durch Arbeitgeber, Arbeitnehmer oder Gewerkschaften; Verbot des Arbeitgebers an Arbeitnehmer, Sprechstunden des Betriebsrats aufzusuchen; Verhinderung des Zugangs zum Betrieb oder zu den Räumen, in denen das jeweilige Organ sein Amt ausübt oder deren Betreten zur ordnungsgemäßen Erfüllung von Aufgaben (insb. Überwachungsaufgaben) erforderlich ist (vgl. zur Verhinderung des Zugangs zu allen Arbeitsplätzen *ArbG Hamburg* NZA-RR 1998, 78; *ArbG Elmshorn* AiB 2004, 40); Nichtweiterleitung von Post an den Betriebsrat; Nichterfüllung der Verpflichtungen des Arbeitgebers nach §§ 37, 38, 40, 76a.

34 Das Gesetz verbietet generalklauselartig **jede** Behinderung in der Ausübung der Amtstätigkeit. Es genügt aber nicht, wenn objektiv eine Behinderung bewirkt wird. Hinzukommen muss, dass positives Tun **rechtswidrig** (näher Rdn. 39 ff.) und Unterlassen **pflichtwidrig** (näher Rdn. 36 ff.) ist; das ergibt sich dogmatisch aus dem mit dem Behinderungsverbot korrespondierenden Anspruch auf Unterlassung (vgl. Rdn. 48; im Ergebnis auch *BAG* 12.11.1997 EzA § 23 BetrVG 1972 Nr. 38 S. 2; 04.12.2013 EzA § 78 BetrVG 2001 Nr. 3 Rn. 36 = AP Nr. 13 zu § 78 BetrVG 1972; 09.09.2015 EzA § 78 BetrVG 2001 Nr. 5 Rn. 24 = AP Nr. 15 zu § 78 BetrVG 1972: jede *unzulässige* Erschwerung, Störung oder Verhinderung; *Dütz* Unterlassungs- und Beseitigungsansprüche, S. 19 ff.; *Buschmann/DKKW* § 78 Rn. 15; *Fitting* § 78 Rn. 9, 12; *Kaiser/LK* § 78 Rn. 5; *Richardi/Thüsing* § 78 Rn. 16, 19, einschränkend offenbar Rn. 17; zust. *Boemke-Albrecht* BB 1991, 541 [542]; *Kutsch* Schutz des Betriebsrats, S. 74 ff.; *Oetker* RdA 1990, 343 [349]; *Stege/Weinspach/Schiefer* § 78 Rn. 4; *Waskow/NK-GA* § 78 BetrVG Rn. 11; *Worzalla/HWGNRH* § 78 Rn. 9; widersprüchlich *Preis/WPK* § 78 Rn. 7). Da in jedem Fall ein rechtswidriges Verhalten erforderlich ist, kommt es auf die exakte Abgrenzung zwischen einem Tun und Unterlassen nicht entscheidend an.

35 Ein **Verschulden** ist dagegen **ebenso wenig erforderlich** wie eine **Behinderungsabsicht** desjenigen, der behindert (h. M. und st. Rspr.; vgl. *BAG* 12.11.1997 EzA § 23 BetrVG 1972 Nr. 38 S. 2; 04.12.2013 EzA § 78 BetrVG 2001 Nr. 3 Rn. 36 = AP Nr. 13 zu § 78 BetrVG 1972; 09.09.2015 EzA § 78 BetrVG 2001 Nr. 5 Rn. 24 = AP Nr. 15 zu § 78 BetrVG 1972; *LAG Köln* 23.10.1985 LAGE § 44 BetrVG 1972 Nr. 3 S. 9 f.; 22.10.2013 LAGE § 78 BetrVG 2001 Nr. 7a Rn. 84; *LAG Niedersachsen* 06.04.2004 DB 2004, 1735; *Thiele* Drittbearbeitung, § 78 Rn. 19; *Auffarth* AR-Blattei, Betriebsverfassung XIV, A VI; *Buschmann/DKKW* § 78 Rn. 21; *Dütz* Unterlassungs- und Beseitigungs-

ansprüche, S. 19 ff.; *ders.* DB 1984, 115 [119]; *Fitting* § 78 Rn. 12; *Galperin/Löwisch* § 78 Rn. 10; *Joost/*MünchArbR § 220 Rn. 127; *Kaiser/*LK § 78 Rn. 5; *Kania/*ErfK § 78 BetrVG Rn. 4; *Oetker* RdA 1990, 343 [350 f.]; *Preis/*WPK § 78 Rn. 7; *Richardi/Thüsing* § 78 Rn. 17; *Schrader/*HWK § 78 BetrVG Rn. 5; *Weiss/Weyand* § 78 Rn. 3; *Zachert* MitbestGespr. 1974, 235 [238]; jetzt auch *Stege/Weinspach/Schiefer* § 78 Rn. 4; *Waskow/*NK-GA § 78 BetrVG Rn. 11; *Worzalla/*HWGNRH § 78 Rn. 10; früher **a. M.** *Brecht* § 78 Rn. 5: Verschulden; für Vorsatz: *Hess/Schlochauer/Glaubitz* § 78 Rn. 8). Für subjektive Voraussetzungen geben Wortlaut, Entstehungsgeschichte und Normzweck keinen Anlass. Die Bestimmung will die Funktionsfähigkeit der betriebsverfassungsrechtlichen Institutionen sichern; das erfordert bereits die Abwehr bloß objektiver Behinderungen. Die Bestrafung gemäß § 119 Abs. 1 Nr. 2 setzt dagegen Vorsatz voraus (vgl. *Oetker* § 119 Rdn. 51 f.).

a) Pflichtwidriges Unterlassen

Eine Behinderung durch **pflichtwidriges Unterlassen** kommt vor allem dadurch in Betracht, dass **36** der Arbeitgeber **gesetzliche Förderungs- bzw. Mitwirkungspflichten** nicht erfüllt, die ihn zu positivem Tun verpflichten (z. B. nach § 37 Abs. 2, § 38 Abs. 1 Freistellungen nicht vornimmt, nach § 40 Abs. 2 Räume, sachliche Mittel oder Büropersonal nicht zur Verfügung stellt). Unabhängig von der Subsidiarität des § 78 Satz 1 zu den genannten Bestimmungen (vgl. auch Rdn. 5) ist dabei aber immer sehr genau die Pflichtwidrigkeit zu prüfen; so besteht eine Freistellungspflicht nach § 37 Abs. 2 nur, »wenn und soweit es nach Umfang und Art des Betriebes zur ordnungsgemäßen Durchführung ihrer Aufgaben erforderlich ist«, und nach § 40 Abs. 2 ist nur »in erforderlichem Umfang« Büroausstattung zur Verfügung zu stellen (vgl. aber zu Fällen mittelbarer Behinderung bei der Sachausstattung *U. Fischer* BB 1999, 1920). Mangels Pflichtwidrigkeit liegt ein Verstoß gegen Satz 1 etwa dann nicht vor, wenn der Arbeitgeber keine Beisitzer der Einigungsstelle bestellt, die nach § 76 Abs. 5 entscheidet (im Ergebnis ebenso *Richardi/Thüsing* § 78 Rn. 16; *Fitting* § 78 Rn. 11; *Galperin/Löwisch* § 78 Rn. 9; *Lorenz/*HaKo § 78 Rn. 8; vgl. auch *Buschmann/*DKKW § 78 Rn. 18); insofern wird jedenfalls weder die Tätigkeit des Betriebsrats noch die der Einigungsstelle pflichtwidrig behindert, da diese auch so entscheiden kann (§ 76 Abs. 5 Satz 2). Dementsprechend wird auch eine vom Arbeitgeber nach § 76 Abs. 5 beantragte Einigungsstelle nicht unzulässig behindert, wenn der Betriebsrat keine Beisitzer benennt.

Zweifelhaft ist, ob bereits die **Nichtbeachtung einzelner Beteiligungsbefugnisse** (insb. von Mit- **37** bestimmungsbefugnissen nach § 87 Abs. 1) eine Behinderung der Betriebsratstätigkeit durch pflichtwidriges Unterlassen des Arbeitgebers darstellt (so im Grundsatz *Dütz* Unterlassungs- und Beseitigungsansprüche, S. 8 ff., 20 ff.; *ders.* DB 1984, 115 [118 ff.], wo [S. 124 ff.] aber mit Blick auf §§ 90, 111 die Vorschrift des § 78 Satz 1 einschränkend nur dann für anwendbar erklärt wird, wenn nicht besondere betriebsverfassungsrechtliche Bestimmungen anzuwenden sind). Das ist zu verneinen (ebenso *Derleder* AuR 1983, 289 [300]; *Konzen* Betriebsverfassungsrechtliche Leistungspflichten des Arbeitgebers, S. 63 f.; *Kutsch* Schutz des Betriebsrats, S. 73 f.). Das völlige Übergehen des Betriebsrats in Beteiligungsangelegenheiten geht in der Intensität über eine bloße Behinderung der Betriebsratstätigkeit im traditionellen Verständnis des § 78 Satz 1 hinaus (so zutr. *Dütz* Unterlassungs- und Beseitigungsansprüche, S. 8). Daraus kann aber entgegen *Dütz* nicht gefolgert werden, dass es erst recht vom Verbot erfasst wird. Es ist nämlich nicht erkennbar, dass der Normzweck des § 78 mit den speziellen Zwecken der Mitbestimmungstatbestände derart abgestimmt ist, dass Satz 1 quasi zur Generalklausel wird, in der sich das gesamte materielle Betriebsverfassungsrecht widerspiegelt. Diese grundsätzlichen Bedenken stehen dagegen, lediglich auf die Subsidiarität des § 78 abzustellen. Es ist jedoch zuzugeben, dass die hier abgelehnte Auffassung dadurch ein Stück an Plausibilität gewonnen hat, dass jetzt das *BAG* in Abweichung von seiner früheren Rechtsprechung dem Betriebsrat bei Verletzung seiner Mitbestimmungsrechte aus § 87 Abs. 1 einen allgemeinen Anspruch auf Unterlassung der mitbestimmungswidrigen Maßnahme zubilligt (vgl. *BAG* 03.05.1994 EzA § 23 BetrVG 1972 Nr. 36 m. w. N.; 23.07.1996 EzA § 87 BetrVG 1972 Arbeitszeit Nr. 55; bestätigend *BAG* 17.03.2010 EzA § 74 BetrVG 2001 Nr. 1 Rn. 24 = AP Nr. 12 zu § 74 BetrVG 1972). Auch diese vom *BAG* befürwortete vertretbare Konstruktion ist jedoch »weit hergeholt« und differenziert zwischen den einzelnen Beteiligungstatbeständen (vgl. dazu näher *Oetker* § 23 Rdn. 162, 164 ff.). Das reicht jedenfalls nicht aus, um § 78 Satz 1 als einheitliche Sanktionsnorm bei Verletzung von Beteiligungsrechten anzusehen (so zutr. *Birk* FS *Kreutz*, S. 59 [67]).

38 Eine Behinderung der Betriebsratstätigkeit liegt jedoch vor, wenn der Arbeitgeber **wiederholt, beharrlich** oder **grundsätzlich** Mitwirkungs- und Mitbestimmungsrechte des Betriebsrats missachtet oder die Zusammenarbeit mit anderen betriebsverfassungsrechtlichen Institutionen verweigert; dieses qualifizierte Unterlassen wird vom Schutzzweck der Norm erfasst und ist nach § 2 Abs. 1 pflichtwidrig (zust. *Birk* FS *Kreutz*, S. 67; *Kaiser/LK* § 78 Rn. 5; im Ergebnis auch *Thiele* Drittbearbeitung, § 78 Rn. 18; *Buschmann/DKKW* § 78 Rn. 17; *Derleder* AuR 1983, 289 [300]; *Fitting* § 78 Rn. 9; *Waskow/NK-GA* § 78 BetrVG Rn. 15; *Worzalla/HWGNRH* § 78 Rn. 10; konsequent [weil ja schon die einfache Verletzung ausreichen soll] abl. *Dütz* Unterlassungs- und Beseitigungsansprüche, S. 12; *ders.* DB 1984, 115 [119]; abl. auch *Kutsch* Schutz des Betriebsrats, S. 74). Ein Arbeitgeber, der ständig außerordentliche statt ordentliche Kündigungen (mit dem Ziel, das Widerspruchsrecht des Betriebsrats nach § 102 Abs. 3 zu vermeiden) ausspricht, handelt höchstens rechtsunwirksam, aber nicht pflichtwidrig (**a. M.** *Buschmann/DKKW* § 78 Rn. 17; *Fitting* § 78 Rn. 9; *Weiss/Weyand* § 78 Rn. 2).

b) Rechtswidriges Tun

39 Das Hauptproblem der Feststellung einer verbotenen Behinderung liegt in der Frage der **Rechtswidrigkeit positiven Tuns** (*Thiele* Drittbearbeitung, § 78 Rn. 20), insbesondere bei der Ausübung des Direktionsrechts. Diese Frage ist nicht generell zu beantworten, sondern nur im Einzelfall unter Berücksichtigung der Umstände, insbesondere unter Abwägung der widerstreitenden Interessen. Besonders schwierig ist dabei die Abwägung der Interessen an einer ordnungsgemäßen und unbeeinträchtigten Amtstätigkeit und dem Interesse des Arbeitgebers an der Arbeitsleistung des Funktionsträgers als Arbeitnehmer im geordneten Betriebsablauf. Dafür ist aus § 37 Abs. 2 (über dessen unmittelbaren Anwendungsbereich hinaus) als Bewertungsgrundsatz abzuleiten, dass der Arbeitgeber solche **Amtstätigkeiten** der jeweiligen Funktionsträger, die nach Umfang und Art des Betriebs zur ordnungsgemäßen Durchführung ihrer Aufgaben **erforderlich** sind, nicht unter Berufung auf Pflichten aus dem Arbeitsverhältnis und die Ordnung des Betriebs behindern darf (so schon *Thiele* Drittbearbeitung, § 78 Rn. 20; ähnlich *Dütz* Unterlassungs- und Beseitigungsansprüche, S. 20; zust. *Richardi/Thüsing* § 78 Rn. 19; vgl. auch *Fitting* § 78 Rn. 12; *Nikisch* III, S. 151 f.). Im Einzelfall können aber dringende betriebliche Notwendigkeiten ergeben, dass die Amtstätigkeit nicht erforderlich ist (vgl. insoweit auch § 30 Satz 2, § 37 Abs. 6 Satz 2). Auch dann ist aber nach dem Grundsatz der Verhältnismäßigkeit eine Lösung zu suchen, die die Erfüllung der den Funktionsträgern obliegenden Aufgaben möglichst wenig beeinträchtigt. Nach diesen Grundsätzen ist vor allem auch zu verfahren, wenn ein Funktionsträger durch die Anordnung von **Außendiensttätigkeit** an der Wahrnehmung von Amtsaufgaben im Betrieb (Sitzungen und ihre Vorbereitung, Sprechstunden, Besprechungen) gehindert wird. Im Streitfall muss die Rechtswidrigkeit der Behinderung positiv festgestellt werden; **darlegungs- und beweispflichtig** ist derjenige, der sich auf einen Verstoß gegen § 78 Satz 1 beruft (**a. M.** *Oetker* RdA 1990, 343 [349 f.]: die objektive Behinderung indiziert deren Rechtswidrigkeit, so dass der Störer die Beweislast für die Rechtfertigung seines Verhaltens trägt).

40 Das Behinderungsverbot lässt das Recht des Arbeitgebers, das Arbeitsverhältnis eines geschützten Funktionsträgers zu **kündigen**, grundsätzlich unberührt. Eine an sich zulässige (vgl. § 15 KSchG, §§ 102, 103 Abs. 1 und 2 BetrVG) Kündigung ist nicht zusätzlich nach § 134 BGB, § 78 Satz 1 deshalb nichtig, weil sie sachlich unbegründet ist (§ 626 BGB; § 1 KSchG). § 134 BGB greift (was im Hinblick auf § 13 Abs. 3 KSchG bedeutungsvoll sein kann) insoweit nur ein, wenn der angegebene Kündigungsgrund nur vorgeschoben oder »aus der Luft« gegriffen ist, insbesondere wenn der Arbeitgeber die objektiv erforderliche Sorgfalt bei der tatsächlichen und rechtlichen Prüfung des angenommenen Kündigungsgrundes außer Acht gelassen hat (*Thiele* Drittbearbeitung, § 78 Rn. 21); dann ist der Ausspruch der Kündigung als rechtswidrige Behinderung zu bewerten und als (einseitiges) Rechtsgeschäft nach § 134 BGB nichtig. Im Übrigen verstößt aber die Kündigung, auch soweit sie dazu führt, dass mit der Beendigung des Arbeitsverhältnisses die Amtsstellung erlischt (vgl. § 24 Nr. 3), nicht gegen das Behinderungsverbot. Denn dieses geht nach Wortlaut und Zwecksetzung (vgl. Rdn. 2) dahin, die freie Ausübung der Amtstätigkeit zu sichern, zielt aber nicht auf einen Bestandsschutz für die Amtsstellung, sondern setzt deren Bestand voraus. Der vom Gesetzgeber für notwendig gehaltene besondere Kündigungsschutz (§ 103, § 15 KSchG) bestätigt das (vgl. auch *BAG* 06.07.1955 AP Nr. 1 zu § 20 BetrVG Jugendvertreter). Ein Vorstoß gegen das Behinderungsverbot ist aber zu bejahen, wenn eine außerordentliche Kündigung eines nach §§ 78 Satz 1, 103 Abs. 1 geschützten Funktionsträgers erfolgt,

ohne dass die erforderliche Zustimmung des Betriebsrats vorliegt oder durch eine rechtskräftige arbeitsgerichtliche Entscheidung ersetzt ist (§ 103 Abs. 1 und 2), oder wenn sein Arbeitsverhältnis entgegen § 15 KSchG ordentlich gekündigt wird; **wegen der gesetzlichen Unzulässigkeit** solcher Kündigungen behindern sie ungeachtet ihrer Unwirksamkeit die Ausübung der Amtstätigkeit rechtswidrig. Gleiches gilt, wenn eine (außerordentliche) Kündigung (insbesondere eines Betriebsratsmitgliedes) ausschließlich mit der Verletzung betriebsverfassungsrechtlicher Amtspflichten begründet wird; denn bei alleiniger Verletzung von Amtspflichten kommen nur betriebsverfassungsrechtliche Sanktionen in Betracht, nach st. Rspr. und h. L. aber keine vertragsrechtlichen Sanktionen wie eine Kündigung (vgl. zuletzt *BAG* 09.09.2015 EzA § 78 BetrVG 2001 Nr. 5 Rn. 41 m. w. N. = AP Nr. 15 zu § 78 BetrVG 1972; *Oetker* § 23 Rdn. 26 f. m. w. N.). Es ist jedoch keine rechtswidrige Behinderung, wenn einem Betriebsratsmitglied wegen einer Vertragspflichtverletzung außerordentlich gekündigt wird, die zugleich Amtspflichtverletzung ist. Bei dieser Konstellation ist bei der Prüfung eines wichtigen Kündigungsgrundes (§ 626 BGB) nach der Rspr. allerdings ein besonders strenger Maßstab anzulegen mit der Folge, dass jener zu verneinen ist, wenn dem Arbeitgeber unter Berücksichtigung aller Umstände nach dem Grundsatz der Verhältnismäßigkeit als milderes Mittel zuzumuten ist, den Ausschluss aus dem Betriebsrat nach § 23 Abs. 1 vorrangig zu betreiben (näher und m. w. N. *Oetker* § 23 Rdn. 36). Nach Hess. *LAG* (12.03.2015 – 9 TaBV 188/14 – juris) gilt das auch für den sensiblen Bereich einer Verletzung der Verschwiegenheitspflicht.

Nach entsprechenden Grundsätzen schützt das Behinderungsverbot Funktionsträger, insbesondere **41** Betriebsratsmitglieder, auch vor **Abmahnungen** durch den Arbeitgeber (oder für ihn handelnde Befugte) nur eingeschränkt. Abmahnungen, durch die ein bestimmtes Verhalten als pflichtwidrig beanstandet und für den Fall seiner Wiederholung eine Sanktion angedroht wird, stören die Amtstätigkeit wegen ihrer Warnfunktion und weil sie i. d. R. zu Beweiszwecken schriftlich erfolgen und zu den Personalakten genommen werden. Das ist, allgemein gesprochen, aber **nur** dann **rechtswidrig** (vgl. Rdn. 34), wenn die beanstandete Pflichtwidrigkeit »aus der Luft gegriffen« ist bzw. schlicht willkürlich erscheint oder wenn die **Abmahnung als Rechtsmittel unzulässig** ist. Bei der rechtlichen Beurteilung solcher Unzulässigkeit macht es einen wichtigen Unterschied, ob **allein ein vertragspflichtwidriges** Verhalten beanstandet wird (»individualrechtliche« Abmahnung, die in § 314 Abs. 2 Satz 1 BGB eine gesetzliche Grundlage gefunden hat) oder ausschließlich ein nach Betriebsverfassungsrecht **amtspflichtwidriges** Verhalten (»betriebsverfassungsrechtliche« Abmahnung, deren grundsätzliche Zulässigkeit heute nur noch vereinzelt verneint [vgl. etwa *Fitting* § 23 Rn. 17a] oder übersehen [vgl. *Laber* ArbRB 2014, 282] wird). Denn nach st. Rspr. des *BAG* (vgl. *BAG* 09.09.2015 EzA § 78 BetrVG 2001 Nr. 5 Rn. 41 m. w. N. = AP Nr. 15 zu § 78 BetrVG 1972), dem das Schrifttum überwiegend folgt (vgl. *Oetker* § 23 Rdn. 26 ff. m. w. N.), können diese unterschiedlichen Pflichtverletzungen jeweils nur die der Handlungsebene entsprechenden Sanktionen auslösen und dementsprechend Abmahnungen als »mildere Mittel« auch nur diese Sanktionen androhen; ansonsten sind sie unzulässig und verletzen das Behinderungsverbot (ungeachtet ihrer auch anderweitig begründeten Unwirksamkeit und eines Anspruchs auf Entfernung der Abmahnung aus der Personalakte; zu Rechtsschutzfragen und weiteren Rechtsfolgen vgl. näher Rdn. 48 ff., 51 f.). Das ist insbesondere der Fall, wenn bei ausschließlicher Beanstandung amtspflichtwidrigen Verhaltens von Betriebsratsmitgliedern (oder anderen geschützten Funktionsträgern) für den Wiederholungsfall eine insoweit unzulässige individualrechtliche (außerordentliche) Kündigung des Arbeitsverhältnisses angedroht wird (weil nicht entscheidungserheblich, hat das *BAG* das bisher allerdings ausdrücklich offen gelassen; *BAG* 04.12.2013 EzA § 78 BetrVG 2001 Nr. 3 Rn. 57 = AP Nr. 13 zu § 78 BetrVG 1972; 09.09.2015 EzA § 78 BetrVG 2001 Nr. 5 Rn. 23, 38 ff. = AP Nr. 15 zu § 78 BetrVG 1972; wie hier wohl *LAG Niedersachsen* 30.11.2011 – 16 TaBV 75/10 – juris, Rn. 46; 26.01.2016 NZA-RR 2016, 301 Rn. 26) oder wenn allein vertragspflichtwidriges Verhalten gerügt, aber die betriebsverfassungsrechtlichen Sanktionen nach § 23 Abs. 1 (Amtsenthebung, Auflösung) angedroht werden. Dagegen kann der Arbeitgeber ohne Verbotsverstoß individualrechtliche und betriebsverfassungsrechtliche Sanktionen alternativ oder kumulativ androhen, wenn er ein Verhalten deutlich wegen **gleichzeitiger** Verletzung von Vertrags- **und** Amtspflicht (zu dieser Kategorie *Oetker* § 23 Rdn. 29 ff.) beanstandet (so obiter dictum wohl auch *BAG* 09.09.2015 EzA § 78 BetrVG 2001 Nr. 5 Rn. 44 = AP Nr. 15 zu § 78 BetrVG 1972). Im Übrigen verstößt weder eine individualrechtliche noch eine betriebsverfassungsrechtliche Abmahnung gegen das Behinderungsverbot, wenn die beanstandete Pflichtwidrigkeit sachlich unbegründet

§ 78

(§ 626 BGB, § 1 KSchG) oder keine »grobe« Verletzung i. S. d. § 23 Abs. 1 ist; denn von der Abmahnung als zulässigem Rechtsinstrument darf auch in Zweifelsfällen Gebrauch gemacht werden. Das gilt folgerichtig auch, wenn ein nach § 23 Abs. 1 (neben dem Arbeitgeber) Antragsberechtigter (insbesondere eine Im Betrieb vertretene Gewerkschaft) unter Androhung eines dort vorgesehenen Verfahrens eine (nicht aus der Luft gegriffene) Amtspflichtverletzung rügt.

42 Auch eine betriebsverfassungsrechtliche **Abmahnung** des **Betriebsratsgremiums** wegen grober Amtspflichtverletzungen ist grundsätzlich keine Behinderung der Betriebsratsarbeit; sie ist gegenüber dem Antrag auf Auflösung des Betriebsrats nach § 23 Abs. 1 grundsätzlich ein geeignetes und milderes Mittel i. S. d. Verhältnismäßigkeitsgrundsatzes (so zutr. *ArbG Solingen* 18.02.2016 – 3 BV 15/15 lev – juris, Rn. 46 ff., das im Beschlussverfahren den schon wegen Unbestimmtheit unzulässigen Antrag, die Abmahnung zurückzunehmen, als unbegründeten Globalantrag zurückgewiesen hat; vgl. auch *ArbG Berlin* 10.01.2007 – 76 BV 16.593/06 – juris, Rn. 33 ff.; *Schleusener* NZA 2001, 640 [642]). Auch diese Abmahnung ist aber rechtswidrig, wenn sie willkürlich erscheint.

43 Die **betriebsübergreifende Versetzung** ist entsprechend den zur Kündigung aufgezeigten Grundsätzen (Rdn. 40) zu beurteilen: Soweit der Arbeitgeber aufgrund einer individual- oder kollektivvertraglichen Versetzungsklausel und unter Beachtung von § 103 Abs. 3 (eingefügt durch das BetrVerf-Reformgesetz 2001) berechtigt ist, einen geschützten Funktionsträger dauerhaft in einen anderen Betrieb zu versetzen, begründet das Behinderungsverbot auch dann keinen Schutz vor einer solchen Versetzung, wenn damit kraft Gesetzes (vgl. § 24 Nr. 4) der Verlust der Amtsstellung verbunden ist (vgl. ausführlich *Oetker* RdA 1990, 343 [347 ff.]). Zutr. hat das *LAG Köln* (20.10.2013 LAGE § 78 BetrVG 2001 Nr. 7a Rn. 83 ff.) auch in der vom Arbeitsvertrag gedeckten teilweisen Versetzung (mit nur einem Teil der Arbeitszeit) und entsprechender Reduzierung der Anwesenheit im Mandatsbetrieb keine unzulässige Behinderung gesehen. Eine Versetzung, die nicht mit Einverständnis eines nach §§ 78 Satz 1, 103 Abs. 1 geschützten Funktionsträgers erfolgt, stellt jedoch eine rechtswidrige Behinderung dar, wenn sie ohne die nach § 103 Abs. 3 Satz 1 erforderliche Zustimmung des Betriebsrats oder eine rechtskräftige arbeitsgerichtliche Zustimmungsersetzungsentscheidung erfolgt (§ 103 Abs. 3 Satz 2, wobei das ArbG die Zustimmung nur ersetzen kann, wenn das Gericht nach umfassender Interessenabwägung zu dem Ergebnis gelangt, dass die Versetzung auch unter Berücksichtigung der betriebsverfassungsrechtlichen Stellung des betroffenen Arbeitnehmers aus dringenden betrieblichen Gründen notwendig ist). Darüber hinaus ist ein Verstoß gegen das Behinderungsverbot in Betracht zu ziehen, wenn der Arbeitgeber die Versetzung individualrechtlich unberechtigt anordnet.

44 Entsprechendes gilt für die Beurteilung der **Suspendierung der Arbeitspflicht** des Arbeitnehmers, der geschützter Funktionsträger ist. Die zulässige Suspendierung als solche ist keine Behinderung (vgl. *BAG* 25.10.1988 EzA Art. 9 GG Arbeitskampf Nr. 89 zur suspendierenden Abwehraussperrung von Betriebsratsmitgliedern; *LAG Hamm* 24.10.1974 EzA § 103 BetrVG 1972 Nr. 5; *LAG Düsseldorf* BB 1977, 1053; *LAG Baden-Württemberg* ZIP 1983, 1238; *ArbG Bayreuth* AuR 1974, 251; *Dietz/Richardi* § 78 Rn. 21). Die Suspendierung lässt jedoch die betriebsverfassungsrechtliche Funktion unberührt; deshalb darf dem Funktionsträger grundsätzlich nicht der Zugang zum Betrieb verwehrt werden, soweit dies die Ausübung seiner betriebsverfassungsrechtlichen Aufgaben erfordert (zu den Grenzen bei rechtsmissbräuchlicher Ausübung des Zutrittsrechts vgl. *LAG Hamm* 24.07.1972 EzA § 103 BetrVG 1972 Nr. 1; *LAG Düsseldorf* DB 1977, 1053; zu Grenzen beim Verdacht strafbarer Handlungen vgl. *LAG München* NZA-RR 2003, 641).

45 Die betriebsinterne **Bekanntgabe der Betriebsratskosten** und Äußerungen des Arbeitgebers gegenüber Arbeitnehmern über die vom Betriebsrat verursachte Kostenlast verstoßen nicht per se gegen das Behinderungsverbot; nach den Umständen des Einzelfalles kann dies aber der Fall sein (vgl. *BAG* 12.11.1997 EzA § 23 BetrVG 1972 Nr. 38 = AP Nr. 27 zu § 23 BetrVG 1972 [abl. *Bengelsdorf*]; 19.07.1995 EzA § 43 BetrVG 1972 Nr. 3 [krit. *Bengelsdorf*] = AP Nr. 25 zu § 23 BetrVG 1972; *Bengelsdorf* AuA 1998, 149; ders. FS Hanau, S. 359; *Fitting* § 78 Rn. 10; *Hunold* BB 1999, 1492; *Kaiser/LK* § 78 Rn. 9; *Waskow*/NK-GA § 78 BetrVG Rn. 13; *Wiedenfels* AuA 1999, 220; *Wolke* Bekanntgabe der Betriebsratskosten, S. 22; vgl. auch *Buschmann/DKKW* § 78 Rn. 17; *Richardi/Thüsing* § 78 Rn. 18; *Stege/Weinspach/Schiefer* § 78 Rn. 2; *Worzalla/HWGNRH* § 78 Rn. 12; **a. M.** *Berg/DKKW* § 2 Rn. 23: in der Regel unzulässig). Die Grenzziehung ist schwierig. Voraussetzung eines Verstoßes ist zunächst, dass durch eine solche Bekanntgabe oder Äußerung objektiv eine Erschwerung der Amts-

tätigkeit konkret bewirkt wird; nach der zit. Rspr. des *BAG* ist das der Fall, wenn der Betriebsrat gegenüber der Belegschaft unter Rechtfertigungsdruck gerät (krit. dazu *Bengelsdorf* FS *Hanau*, S. 379 f.; *ders.* Anm. zu *BAG* AP Nr. 27 BetrVG 1972 Bl. 8; *Hunold* BB 1999, 1492 [1494 f.]; *Rieble / Wiebauer* ZfA 2010, 63 [119]). Hinzukommen muss aber, dass die Bekanntgabe bzw. Äußerung rechtswidrig ist (vgl. Rdn. 34). Im Ergebnis zutr. (im Ansatz undeutlich) ist dies nach *BAG* anzunehmen, wenn sie betriebsverfassungswidrig ist, insbesondere gegen das Gebot vertrauensvoller Zusammenarbeit (§ 2 Abs. 1) verstößt (**a. M.** *Bengelsdorf* FS *Hanau*, S. 382, der § 74 Abs. 2 Satz 2 auch insoweit als die speziellere Norm sieht; ebenso *Wolke* Bekanntgabe der Betriebsratskosten, S. 27 ff.). Das wiederum hängt von den Umständen des Einzelfalles ab, insbesondere von der Art und Weise der Bekanntmachung oder Äußerung (soweit nicht schon wegen unwahrer Angaben ein Verstoß vorliegt); dabei ist die Meinungsfreiheit des Arbeitgebers (Art. 5 Abs. 1 GG) mit abzuwägen (vgl. *BAG* 12.11.1997 EzA § 23 BetrVG 1972 Nr. 38 unter B 4 der Gründe; sehr krit. wegen deren unzureichender Berücksichtigung in der Rspr. des *BAG Bengelsdorf* in allen genannten Beträgen; *Wolke* Bekanntgabe der Betriebsratskosten, S. 27 ff.; zum Konflikt zwischen Kritik am Betriebsrat im Allgemeinen und Meinungsfreiheit beim Behinderungsschutz vgl. *Rieble / Wiebauer* ZfA 2010, S. 120 f.). Danach verdienen die genannten Beschlüsse des *BAG* vom 12.11.1997 und (obiter dictum) vom 19.07.1995 keine Zustimmung, weil sie einen Verbotsverstoß allein deshalb bejahen, weil der Arbeitgeber bei einer Äußerung zu den Lasten der Betriebsratskosten bei einer Gruppenleiterbesprechung bzw. bei der Bekanntgabe der Betriebsratskosten in einer Betriebsversammlung nicht herausgestellt hat, dass er von Gesetzes wegen die Kosten der Betriebsratsarbeit zu tragen hat, soweit sie für die Erledigung seiner Aufgaben erforderlich und verhältnismäßig sind (dieser Begründung aber zust. *ArbG Dortmund* 17.06.2015 – 8 BV 83/14 – juris, Rn. 78 f.). Instanzgerichte haben dagegen einen Verstoß gegen das Behinderungsverbot zu Recht bejaht (vgl. *ArbG Darmstadt* AiB 1987, 140: bei monatlicher Bekanntgabe der Betriebsratskosten auf den Lohn- und Gehaltsabrechnungen der Arbeitnehmer; *ArbG Rosenheim* BB 1989, 147: bei Ankündigung der Kürzung von Sozialleistungen [Fahrtkostenzuschüssen] mit der Begründung der Kostenbelastung durch den Betriebsrat nach dessen Beschluss über die Freistellung eines Mitgliedes; *ArbG Wesel* AiB 1997, 52: bei Aushang im Betrieb, in dem die Erhöhung freiwilliger Weihnachtsgeldzahlungen von Einsparungen bei den stark gestiegenen Betriebsratskosten abhängig gemacht wird; *ArbG Leipzig* NZA-RR 2003, 142: bei Aushang am schwarzen Brett, dass der Betrieb geschlossen und die Produktion ins Ausland verlagert werde, wenn der Arbeitgeber vom Betriebsrat verursachte Kosten aus Gerichtsverfahren zu übernehmen habe; *LAG Niedersachsen* DB 2004, 1735: Bekanntgabe der Betriebsratskosten durch Aushang in der Auseinandersetzung über streitige Regelungsfragen).

c) Weitere Beispiele aus der Rechtsprechung

Ein **Verstoß** gegen das Behinderungsverbot wurde **verneint**,

46

– wenn durch eine automatische **Erfassung** von Telefonaten für **Betriebsratsgespräche** bei Ferngesprächen auch Zeitpunkt und Dauer des einzelnen Gesprächs erfasst werden, durch die der Betriebsrat gezwungen werden kann, die Erforderlichkeit der Gespräche nachzuweisen (*BAG* 27.05.1986 EzA § 87 BetrVG 1972 Kontrolleinrichtung Nr. 16 S. 166; nichts anderes gilt auch für die Aufzeichnung von Zielnummern bei Ferngesprächen, nicht aber bei Haus-, Orts- und Nahbereichsgesprächen [vgl. *BAG* 01.08.1990 DB 1991, 47]; vgl. zur Problematik auch *LAG Hamburg* DB 1986, 1473; *ArbG Hamburg* DB 1985, 599; *Hilger* DB 1986, 911 [913]; *Wohlgemuth / Mostert* AuR 1986, 138 [146]);
– wenn ein **Betriebsratsmitglied betriebsintern versetzt** wird, weil der Betriebsrat darauf bestanden hat, um zu erreichen, dass das betreffende Mitglied auf Dauer in dem ihm zugewiesenen Betreuungsgebiet anwesend sein kann (*ArbG Mannheim* BB 1982, 1421);
– wenn ein Arbeitgeber ein Betriebsratsmitglied nicht mehr als solches behandelt (auch nicht beschäftigt und vergütet), das gegen den Erwerber eines Betriebsteils gerichtlich die Feststellung beantragt hat, dessen Arbeitnehmer geworden zu sein (*LAG Köln* AuR 1998, 378);
– bei Umbaumaßnahmen des Arbeitgebers, durch die der **Weg** vom Betriebsratsbüro zur Damentoilette für ein weibliches amtierendes Ersatzmitglied **verlängert** wurde (*Hess. LAG* 03.03.2014 LAGE § 78 BetrVG 2001 Nr. 10);
– bei **kritischen Äußerungen zur Betriebsratsarbeit** in einem am schwarzen Brett ausgehängten offenen Brief eines leitenden Angestellten an die Mitarbeiter des Betriebes, weil bei Anwendung des

§ 78 Satz 1 der besondere Wesensgehalt der Meinungsfreiheit (Art. 5 Abs. 1 GG) gewahrt bleiben muss, indem § 78 Satz 1 in seiner das Grundrecht begrenzenden Wirkung unter dessen Berücksichtigung selbst wieder eingegrenzt werden muss (*Hess. LAG* 02.09.2013 – 16 TaBV 44/13 – juris, Rn. 48);
- gegenüber der **Minderheitsfraktion** im Betriebsrat, wenn sog. Kommunikationsbeauftragte (die die Kommunikation von Betriebsratsmitgliedern und Belegschaft in einem Großbetrieb unter teilweiser Arbeitsfreistellung unterstützen sollen) durch Mehrheitsbeschluss vom Betriebsrat bestellt werden, in dem die IG-Metall-Mitglieder die absolute Mehrheit haben und deshalb weit überwiegend nur gewerkschaftliche Vertrauensleute bestellt werden (*BAG* 29.04.2015 – 7 ABR 102/12 – juris; insoweit zust. *Vielmeier* SAE 2016, 71 [74]).

47 Ein **Verstoß** gegen das Behinderungsverbot wurde **bejaht,**
- beim Erfordernis **schriftlicher** Ab- und Rückmeldung bei Betriebsratstätigkeit nicht freigestellter Betriebsratsmitglieder und deren schriftlicher Bestätigung durch Vorgesetzte (*ArbG Oberhausen* AiB 1985, 45) und bei **Anweisung** des Arbeitgebers, Arbeitsabwesenheit wegen Betriebsratstätigkeit in einem Zeiterfassungssystem zu buchen (*Hess. LAG* 26.11.2013 – 7 TaBV 74/13 – juris, Rn. 59ff., das im Anschluss an die Rspr. des *BAG* betont, dass es Sache des Betriebsratsmitglieds ist wie es seine Meldung bewirkt); zur gleichwohl bestehenden Ab- und Rückmeldepflicht im Rahmen des § 37 Abs. 2 vgl. näher *Weber* § 37 Rdn. 56 ff.);
- bei Verweigerung innerbetrieblicher Kommunikationsmittel (Telefonanlage) zum Dialog mit der Belegschaft, das der Arbeitgeber selbst nutzt (obiter dictum *BAG* 09.06.1999 EzA § 40 BetrVG 1972 Nr. 88 S. 4);
- bei Löschung von Seiten durch den Arbeitgeber im betriebsinternen Intranet, die der nutzungsberechtigte Betriebsrat (auch bei Überschreiten seines Aufgabenbereichs) eingestellt hat (*LAG Hamm* vom 12.03.2004 – 10 TaBV 161/03);
- bei **Rechenschaftsverlangen** des Arbeitgebers im Rahmen selbstverständlichen Zeitbedarfs, dass ein Betriebsratsmitglied in Anspruch genommene Zeit benötigte (*ArbG Heide* ARSt. 1973, 113);
- bei eigenmächtiger **Öffnung der Betriebsratspost** durch den Arbeitgeber (*ArbG Stuttgart* GewUmschau 1988, Beil. Nr. 3, S. 17);
- bei **Aufforderung** des Arbeitgebers an die Arbeitnehmer durch schriftlichen Aushang, einer vom Betriebsrat angesetzten **Betriebsversammlung fern zu bleiben** (*OLG Stuttgart* AiB 1989, 23); umgekehrt ist es auch ein Verbotsverstoß, wenn der Arbeitgeber Betriebsratsmitglieder von einer von ihm einberufenen **Mitarbeiterversammlung ausschließt** (*ArbG Gelsenkirchen* 30.08.2016 – 5 BV 19/16 – juris, Rn. 104 ff.);
- wenn der Arbeitgeber eine in der Betriebsversammlung geführte Auseinandersetzung mit dem Betriebsrat dadurch fortsetzt, dass er ein an den Betriebsrat gerichtetes Schreiben mit erheblichen Vorwürfen (u. a. »verbissene Aggressivität gegen das Unternehmen«, »bewusst unredliches Handeln«, »bösartige Häme«) einem größeren Kreis von Betriebsangehörigen zuschickt (*LAG Köln* BB 1991, 1191);
- bei **Hausverbot** für gekündigten Betriebsratsvorsitzenden nach Ablauf der Kündigungsfrist (*ArbG Elmshorn* AiB 1997, 173 unter Zubilligung eines Weiterbeschäftigungsanspruchs analog § 102 Abs. 5); ebenso bei Hausverbot nach offensichtlich unwirksamer Kündigung (*LAG Hamm* 23.06.2014 – 13 TaBVGa 20/14 – juris); ähnlich *ArbG Berlin* 02.08.2013 – 28 BVGa 10241/13 – juris: wenn der Arbeitgeber von der beurlaubten Betriebsratsvorsitzenden verlangt, jeweils mitzuteilen, wann sie das Unternehmen zu Betriebsratstätigkeiten aufsuchen will;
- wenn der Arbeitgeber einzelne Betriebsratsmitglieder im individualrechtlichen Klageverfahren auf Unterlassung von Äußerungen in Anspruch nimmt, die der Betriebsrat als Organ abgegeben hat (*LAG Baden-Württemberg* 04.07.2012 – 13 TaBV 4/12 – juris).
- wenn der Arbeitgeber die (bezahlte) Teilnahme eines Betriebsratsmitglieds an Personalgesprächen nach § 82 von entsprechender Vorankündigung abhängig macht (*Hess. LAG* 07.12.2015 – 16 TaBV 140/15 – juris; zust. *J. Becker* DB 2016, 1138; *Wolmerath* jurisPR-ArbR 22/2016 Anm. 6). Verallgemeinernd lässt sich diese Entscheidung dahin deuten, dass auch durch »Compliance-Regelungen« neue Verhaltenspflichten für Betriebsratsmitglieder nicht wirksam begründet werden können (so allgemein auch *Buschmann/DKKW* § 78 Rn. 23).

– bei systematischer und langdauernder **Vorenthaltung von Informationen** durch den Betriebsratsvorsitzenden und die Betriebsratsmehrheit gegenüber der Minderheit (*Hess. LAG* 19.09.2013 – 9 TaBV 225/12 – juris, Rn. 29).

2. Rechtsschutz und Rechtsfolgen bei einer Verbotsverletzung

Obwohl § 78 Satz 1 nur als Verbotsgesetz (s. Rdn. 2, 25) formuliert ist (»dürfen ... nicht«), wird die Bestimmung in Literatur und Rspr. weithin ganz unbefangen und ohne nähere Begründung als **Anspruchsgrundlage** eingestuft, auf die im Behinderungsfall durch den unmittelbar behinderten **Funktionsträger** (z. B. Betriebsratsmitglied), aber auch durch **seine Institution** (z. B. Betriebsrat; vgl. auch § 119 Abs. 1 Nr. 2) **Unterlassungsansprüche** gestützt werden können (vgl. *BAG* 19.07.1995 EzA § 43 BetrVG 1972 Nr. 3 S. 3 *[Bengelsdorf]*; 12.11.1997 EzA § 23 BetrVG 1972 Nr. 38 S. 3 = AP Nr. 27 zu § 23 BetrVG 1972 *[Bengelsdorf]*; 20.10.1999 – 7 ABR 37/98 – juris, Rn. 29; 04.12.2013 EzA § 78 BetrVG 2001 Nr. 3 Rn. 38 = AP Nr. 13 zu § 78 BetrVG 1972; 15.10.2014 EzA § 80 BetrVG 2001 Nr. 20 Rn. 32 = AP Nr. 79 zu § 80 BetrVG 1972; 09.09.2015 EzA § 78 BetrVG 2001 Nr. 5 Rn. 25 = AP Nr. 15 zu § 78 BetrVG 1972; *LAG Hamm* 25.06.2004 – 10 TaBV 61/04 – juris; 26.11.2013 – 7 TaBV 74/13 – juris, Rn. 58; 23.06.2014 – 13 TaBVGa 20/14 – juris, Rn. 27; *ArbG Darmstadt* AiB 1987, 140; *ArbG Elmshorn* AiB 1997, 173; *Thiele* Drittbearbeitung, § 78 Rn. 11, 15; *Buschmann/DKKW* § 78 Rn. 22, 39; *Fitting* § 78 Rn. 13; *Hamann/Klengel* AuR 2016, 99 [102]; *Joost*/MünchArbR § 220 Rn. 128; *Kaiser/LK* § 78 Rn. 11; *Kania*/ErfK § 78 BetrVG Rn. 5; *Preis/WPK* § 78 Rn. 18; *Richardi/Thüsing* § 78 Rn. 17, 39; *Schrader/HWK* § 78 BetrVG Rn. 7; *Stege/Weinspach/Schiefer* § 78 Rn. 7a; *Waskow*/NK-GA § 78 BetrVG Rn. 29; *Worzalla*/HWGNRH § 78 Rn. 13).

Dem ist im Ergebnis **zuzustimmen.** Zur **Begründung** ist mit *Dütz* (Unterlassungs- und Beseitigungsansprüche, S. 31 ff.; *ders.* DB 1984, 115 [119 f.]; vgl. auch *Kutsch* Schutz des Betriebsrats, S. 89 ff.) darauf abzustellen, dass die Verbotsadressaten, die die betriebsverfassungsrechtlichen Funktionsträger in der Ausübung ihrer Amtstätigkeit nicht behindern dürfen, zur Unterlassung von Behinderungsmaßnahmen verpflichtet sind, und dementsprechend von denjenigen, zu deren Schutz das Verbot existiert (s. Rdn. 11 ff., 20), auf Unterlassung in Anspruch genommen werden können. Dadurch wird die Effektivität des Schutzes und der mit der Bestimmung verfolgte Normzweck (auf den auch das *BAG* abstellt; vgl. *BAG* 12.11.1997 EzA § 23 BetrVG 1972 Rn. 38 S. 3; 04.12.2013 EzA § 78 BetrVG 2001 Nr. 3 Rn. 38 = AP Nr. 13 zu § 78 BetrVG 1972) gesichert (**a. M.** *Heinze* DB 1983, Beil. Nr. 9, S. 15 f., für die der Vorschrift keinen hinreichenden Tatbestands- und Rechtsfolgenaufbau enthält und auch im systematisch-teleologischen Zusammenhang nicht als selbständige Bestimmungsnorm qualifiziert werden kann; *Konzen* Betriebsverfassungsrechtliche Leistungspflichten des Arbeitgebers, S. 61 ff., der sich mit entstehungsgeschichtlichen Argumenten gegen einen unmittelbaren Anspruch des Betriebsrats wendet). Wenn Unterlassung verlangt werden kann, besteht je nach Behinderungsart ggf. auch ein inhaltlich entsprechender **Duldungs- oder Handlungsanspruch** (z. B. bei Behinderung durch Zugangsverweigerung statt Unterlassung der Zugangsverweigerung ein Anspruch auf Duldung des Zutritts [so auch *BAG* 20.10.1999 – 7 ABR 37/98 – juris, Rn. 29 f.; 04.12.2013 EzA § 78 BetrVG 2001 Nr. 3 Rn. 38 = AP Nr. 13 zu § 78 BetrVG 1972]; bei pflichtwidrigem Unterlassen [dazu Rdn. 36 ff.], z. B. einer gesetzlichen Förderpflicht, ein Anspruch darauf, die jeweilige Handlung vorzunehmen).

Der Unterlassungsanspruch kann bei (begangener) **Verbotsverletzung** (namentlich durch rechtswidriges positives Tun; Rdn. 39 ff.) unter der Voraussetzung einer (auf Tatsachen gestützten) **Wiederholungsgefahr**, nach den gewohnheitsrechtlich anerkannten Grundsätzen **vorbeugenden Rechtsschutzes** aber auch bei konkret bevorstehender erster Verbotsverletzung, gegen den (oder die) Störer im arbeitsgerichtlichen **Beschlussverfahren** (§ 2a Abs. 1 Nr. 1, Abs. 2, §§ 80 ff. ArbGG) geltend gemacht werden. Der Antrag muss bestimmt und auf einzelne konkrete Handlungen (Maßnahmen) als Verfahrensgegenstand gerichtet sein, deren künftige Unterlassung dem Antragsgegner aufgegeben werden soll; bei einem Globalantrag riskiert der Antragsteller die Zurückweisung als unbegründet, wenn der Anspruch nicht in allen denkbaren Fallgestaltungen ohne Einschränkung besteht (st. Rspr. des *BAG*; vgl. etwa *BAG* 19.07.1995 EzA § 43 BetrVG Nr. 3; 20.10.1999 – 7 ABR 37/98 – juris, Rn. 21, 30). Ist der Antrag nicht hinreichend bestimmt (i. S. v. § 253 Abs. 2 Nr. 2 ZPO), ist er als un-

§ 78   IV. 1. Allgemeines

zulässig abzuweisen (*BAG* 04.12.2013 EzA § 78 BetrVG 2001 Nr. 3 Rn. 21, 41 m. w. N. = AP Nr. 13 zu § 78 BetrVG 1972). Zur Sicherung des Unterlassungsanspruchs kommt auch der Antrag auf **einstweilige Verfügung** in Betracht (vgl. auch *BAG* 09.09.2015 EzA § 78 BetrVG 2001 Nr. 5 Rn. 25 – obiter dictum; *LAG Düsseldorf* DB 1977, 1053; *LAG Köln* 23.10.1985 LAGE § 44 BetrVG 1972 Nr. 3 S. 8 ff.; *ArbG Bayreuth* AuR 1974, 251; *ArbG Darmstadt* AiB 1987, 140; *ArbG Hamburg* NZA-RR 1998, 78; *ArbG Stuttgart* GewUmschau 1988, Beil. Nr. 3, S. 17; *ArbG Elmshorn* AiB 1997, 173, 2004, 40; *Buschmann/DKKW* § 78 Rn. 39; *Fitting* § 78 Rn. 13, 25; *Kaiser/LK* § 78 Rn. 11), deren Erlass auch im Beschlussverfahren (§ 85 Abs. 2 Satz 1 ArbGG; §§ 935 ff. ZPO) zulässig ist. Die Begründetheit des Antrags setzt einen Verfügungsanspruch voraus, der (als Abwehranspruch) aus der Verbotsverletzung nach § 78 Satz 1 folgt (so auch *LAG Hamm* 23.06.2014 – 13 TaBVGa 20/14 – juris, Rn. 27), und Eilbedürftigkeit als Verfügungsgrund, die bei Wiederholungs- und Erstbegehungsgefahr regelmäßig gegeben sein wird.

51 Bei gegenwärtig noch fortdauernder widerrechtlicher Behinderung kann nach den allgemeinen Grundsätzen negatorischen Rechtsschutzes (analog § 1004 Abs. 1 Satz 1 BGB) auch ein **Beseitigungsanspruch** gegen den Störer geltend gemacht werden (vgl. *ArbG Rosenheim* BB 1989, 147; *Richardi/Thüsing* § 78 Rn. 17; *Dütz* Unterlassungs- und Beseitigungsansprüche, S. 57 f.; *ders.* DB 1984, 115 [121]; zust. *Waskow/NK-GA* § 78 BetrVG Rn. 29). Das kommt namentlich auch in Betracht, wenn durch pflichtwidriges Unterlassen (s. Rdn. 36 ff.) behindert wird. Bei **rechtswidriger Abmahnung** (also Tun; s. Rdn. 41) eines Betriebsratsmitglieds (Funktionsträger) durch den Arbeitgeber kann ein **Anspruch auf Entfernung der Abmahnung aus der Personalakte** (auch) nach § 78 Satz 1 bestehen, der durch Beseitigungsantrag im Beschlussverfahren geltend gemacht werden kann, da die Behinderung fortdauert, solange sich die schriftliche Abmahnung in der Personalakte (oder gesonderter Betriebsratsakte) befindet. Zulässige Anträge können das betroffene Betriebsratsmitglied, aber auch der Betriebsrat stellen. Dessen Antrag, der mangels anderer Anspruchsgrundlage allein auf § 78 Satz 1 gestützt werden könnte, ist nach der Rspr. des *BAG* aber jedenfalls deshalb unbegründet, weil das Gericht den Abmahnungsentfernungsanspruch zurecht als ein höchstpersönliches Recht einstuft, das allein dem betroffenen Funktionsträger zustehen kann (*BAG* 09.09.2015 EzA § 78 BetrVG 2001 Nr. 5 Rn. 23 ff. = AP Nr. 15 zu § 78 BetrVG 1972; 04.12.2013 EzA § 78 BetrVG 2001 Nr. 3 Rn. 32 ff., 39 = AP Nr. 13 zu § 78 BetrVG 1972; zust. *Laber* ArbRB 2014, 282 [284 m. w. N.]). Offen geblieben ist dabei, unter welchen Voraussetzungen der Betriebsrat (als geschütztes Organ) wegen Behinderung seiner Amtstätigkeit durch rechtswidrige Abmahnung eines seiner Mitglieder (dazu näher Rdn. 41) einen Unterlassungsanspruch (s. Rdn. 48 ff.) erfolgreich geltend machen kann. Ob das abgemahnte Betriebsratsmitglied den Abmahnungsentfernungsanspruch auf § 78 Satz 1 stützen kann (wie hier, Rdn. 41, vertreten), brauchte das *BAG* (in den zit. Beschlüssen) nicht zu entscheiden, weil nach seiner Ansicht der (Beseitigungs-)Anspruch jedenfalls aus einer entsprechenden Anwendung von §§ 242, 1004 Abs. 1 Satz 1 BGB folgte (*BAG* 09.09.2015 EzA § 78 BetrVG 2001 Nr. 5 Rn. 38; 04.12.2013 EzA § 78 BetrVG 2001 Nr. 3 Rn. 57 ff.). Die Prüfung dieses individualrechtlichen Anspruchs im Beschlussverfahren begründet der Siebte Senat des *BAG* überzeugend damit, dass nach § 48 Abs. 1 ArbGG i. V. m. § 17 Abs. 1 GVG der Verfahrensgegenstand im zulässigen Beschlussverfahren unter allen in Betracht kommenden rechtlichen Gesichtspunkten zu entscheiden ist (krit. dazu *Salamon* NZA 2015, 85: Gefahr der Verfahrensmanipulation). Zulässig ist das Beschlussverfahren mithin schon dann, wenn der Abmahnungsentfernungsanspruch nach dem Tatsachenvortrag womöglich auch auf § 78 Satz 1 gestützt werden kann, weil die Abmahnung (auch) ein amtspflichtwidriges Verhalten beanstandet (ähnlich *LAG Niedersachsen* 26.01.2016 NZA-RR 2016, 301 Rn. 27: die Abmahnung muss »mit der Mandatsausübung im Zusammenhang stehen«; ähnlich im Ergebnis *Hess. LAG* 04.05.2017 – 9 Ta 45/17 – juris, allerdings bei undeutlichem Verfügungsanspruch im einstweiligen Verfügungsverfahren).

52 Bei Wiederholungsgefahr, die das gegenwärtige Feststellungsinteresse belegt, kommt auch der Antrag auf **Feststellung** eines Unterlassungsanspruchs (ggf. eines Duldungs- oder Handlungsanspruchs) oder einer korrespondierenden Pflicht im Beschlussverfahren in Betracht. Denn unstr. sind auch einzelne Rechte und Pflichten feststellungsfähige Rechtsverhältnisse i. S. d. auch im Beschlussverfahren anwendbaren § 256 Abs. 1 ZPO. Feststellungsunfähig und damit unzulässig sind hingegen Anträge auf Feststellung abstrakter Rechtsfragen oder rechtlicher Vorfragen von Ansprüchen (jüngst etwa wieder *BAG* 24.02.2016 EzA § 256 ZPO 2002 Nr. 18 Rn. 12 = AP Nr. 110 zu § 256 ZPO 1977). Zurecht

hat der Siebte Senat des *BAG* deshalb Anträge des Betriebsrats und dessen Vorsitzenden auf Feststellung der **Unwirksamkeit einer Abmahnung** des Betriebsratsvorsitzenden durch den Arbeitgeber ebenso als unzulässig zurückgewiesen (*BAG* 04.12.2013 EzA § 78 BetrVG Nr. 3 Rn. 19, 49 = AP Nr. 13 zu § 78 BetrVG 1972; 09.09.2015 EzA § 78 BetrVG 2001 Nr. 5 Rn. 168 ff. = AP Nr. 15 zu § 78 BetrVG 1972) wie den Antrag, festzustellen, dass die Abmahnung eine **Behinderung** der Arbeit des Betriebsrats und dessen Vorsitzenden ist (*BAG* 04.12.2013 EzA § 78 BetrVG 2001 Nr. 3 Rn. 23, 49) oder ein bestimmtes Verhalten des Arbeitgebers **gegen das Benachteiligungsverbot** nach § 78 Satz 2 verstößt (*BAG* 24.02.1016 EzA § 256 ZPO 2002 Nr. 18 = AP Nr. 110 zu § 256 ZPO 1977). Demgegenüber hat der Senat allerdings die beantragte **Rechtswidrigkeit der Zugangsverweigerung** festgestellt und dies lebensnah, aber **unstimmig** damit begründet, dass der Antrag die Pflicht der Arbeitgeberin gegenüber dem Betriebsrat betreffe, »den Zutritt des Rechtsanwalts N zum Betriebsratsbüro zu dulden« (*BAG* 20.10.1999 – 7 ABR 37/98 – juris, Rn. 32). Da eine rechtswidrige Abmahnung (s. Rdn. 41) ebenso wie die rechtswidrige Zutrittsverweigerung Ansprüche nach § 78 Satz 1 auslösen kann, kann auch nur deren Feststellung zulässig beantragt werden, nicht deren Vorfragen.

Rechtsfolgen einer Verbotsverletzung können sich weiter aus dem Straftatbestand des § 119 Abs. 1 Nr. 2 und (wenn sie grob ist) wegen grober Verletzung gesetzlicher Pflichten nach § 23 Abs. 1 und 3 (vgl. Rdn. 26) ergeben. **Verbotswidrige Arbeitgeberweisungen** sind nichtig (§ 134 BGB; vgl. dazu Rdn. 25), so dass Funktionsträger, die sich darüber hinwegsetzen, auch ihre arbeitsvertraglichen Pflichten nicht verletzen (ebenso *Buschmann/DKKW* § 78 Rn. 22; *Fitting* § 78 Rn. 13). **53**

IV. Verbot der Benachteiligung und Begünstigung (Satz 2)

1. Maßregelungs- und Begünstigungsverbot, Allgemeines

Als Schutzbestimmung zur **Sicherung der persönlichen Unabhängigkeit** für alle in Satz 1 aufgezählten oder analog geschützten Funktionsträger (vgl. Rdn. 11 ff.) verbietet § 78 Satz 2 **jedermann** (vgl. Rdn. 23) **jegliche** Benachteiligung oder Begünstigung **wegen** ihrer Amtstätigkeit. Das gilt absolut (vgl. aber zur Rechtfertigung Rdn. 64), nicht erst ab einer (wie auch immer bestimmten Erheblichkeitsschwelle (ebenso *Purschwitz* Benachteiligungs- und Begünstigungsverbot, S. 67 ff.). Selbst im engeren Verhältnis zwischen Arbeitgeber und Arbeitnehmer sind die Verbote nicht lediglich als Ausdruck des Gleichbehandlungsgrundsatzes zu begreifen; sie haben eigenständige Bedeutung und Rechtswirkungen und schließen nicht allein (allerdings zugleich auch) die Amtstätigkeit als unsachliches Differenzierungskriterium aus. Die Verbote gelten unabhängig davon, ob ein Funktionsträger unbefristet oder befristet (so auch *BAG* 05.12.2012 EzA § 14 TzBfG Nr. 89 Rn. 47) oder in Voll- oder Teilzeit beschäftigt ist. **54**

Trotz des engeren Wortlauts (»Tätigkeit«) ist der Schutzbereich von Satz 2 umfassend darauf gerichtet, dass weder die **Amtsstellung** im Allgemeinen (das Mandat) noch **konkrete Tätigkeiten** der Funktionsträger im Besonderen Anlass für eine Benachteiligung oder Begünstigung sein dürfen. Das bedeutet vor allem, dass die rechtliche und tatsächliche Lage des Funktionsträgers durch Zufügung von Nachteilen nicht verschlechtert und durch Gewährung von Vorteilen nicht verbessert werden darf, sofern dafür die Amtsstellung ursächlich ist (zust. *BAG* 31.01.1990 EzA § 40 BetrVG 1972 Nr. 64 S. 4, wo das Gericht fallbezogen zu Recht entschieden hat, dass dem Betriebsratsmitglied die Prozesskosten für die Rechtsverfolgung im zweiten Rechtszug des Zustimmungsersetzungsverfahrens nach § 103 Abs. 2 allein aufgrund seines Betriebsratsamtes entstanden sind; nach *BAG* 05.04.2000 EzA § 40 BetrVG 1972 Nr. 91 S. 5 ist ein Mitglied der Jugend- und Auszubildendenvertretung einem Beschlussverfahren nach § 78a Abs. 4 aber nicht wegen seiner Amtsstellung sondern deshalb ausgesetzt, weil er als Auszubildender seine Weiterbeschäftigung verlangt hat; zutr. verletzt deshalb seine Kostentragungspflicht für eine anwaltliche Vertretung in diesem Verfahren das Benachteiligungsverbot wegen individualrechtlicher Interessenwahrnehmung nicht) oder die Amtsausübung. **55**

Das gilt gleichermaßen für Vor- und Nachteile **materieller** und **immaterieller** Natur und ohne Unterschied, ob sie den Funktionsträger **unmittelbar** oder (etwa über Angehörige) **mittelbar** treffen (vgl. insoweit zur Benachteiligung auch die Begriffsbestimmungen in § 3 Abs. 1 und 2 AGG und **56**

§ 78   IV. 1. Allgemeines

die Kommentarliteratur dazu). Verbotsverletzungen können durch Tun oder Unterlassen begangen werden; sie können in tatsächlichen Maßnahmen, aber auch in einseitigen und mehrseitigen Rechtsgeschäften bestehen, die dann nach § 134 BGB nichtig sind (s. Rdn. 25).

57 § 78 Satz 2 enthält im Kern ein **Maßregelungsverbot** und ein **Verbot der Gewährung von Vorteilen** allein **wegen der Amtstätigkeit** (*BAG* 12.02.1975 AP Nr. 1 zu § 78 BetrVG 1972 Bl. 3 = EzA § 78 BetrVG 1972 Nr. 4; *LAG Bremen* 12.08.1982 AP Nr. 15 zu § 99 BetrVG 1972 Bl. 1 R; *Thiele* Drittbearbeitung, § 78 Rn. 22). Das setzt nicht notwendig und stets einen Vergleich mit Nicht-Funktionsträgern voraus (so aber für den Vergleich von Betriebsratsmitgliedern mit Nicht-Betriebsratsmitgliedern *BAG* 23.06.1975 AP Nr. 10 zu § 40 BetrVG 1972 Bl. 3; 20.01.2010 EzA § 40 BetrVG 2001 Nr. 18 Rn. 11; 05.12.2012 EzA § 14 TzBfG Nr. 89 Rn. 47; 25.06.2014 EzA § 78 BetrVG 2001 Nr. 4 Rn. 29 = AP Nr. 14 zu § 78 BetrVG 1972; 10.11.2015 EzA § 1 BetrAVG Gleichbehandlung Nr. 47 [bei der Betriebsrente]; 18.05.2016 EzA § 37 BetrVG 2001 Nr. 24 Rn. 21 = AP Nr. 162 zu § 37 BetrVG 1972; folgend *Fitting* § 78 Rn. 17; dabei bleibt unbeachtet, dass etwa der Arbeitgeber eine Schlechterstellung oder Begünstigung einzelner Betriebsratsmitglieder wegen ihrer Amtstätigkeit auch dadurch herbeiführen kann, dass er Betriebsratsmitglieder unterschiedlich behandelt), wohl aber den Vergleich etwa von Betriebsratstätigkeit und Nichtbetriebsratstätigkeit (soweit zutr. *BAG* 23.06.1975 AP Nr. 10 zu § 40 BetrVG 1972 Bl. 3; ebenso *Galperin/Löwisch* § 78 Rn. 13). Die § 78 Satz 2 konkretisierenden (vgl. Rdn. 5) Regelungen des Entgelt- und Tätigkeitsschutzes in § 37 Abs. 4 und 5 schreiben aus Gründen der Praktikabilität zwar einen Vergleich mit Arbeitnehmern vor, die kein betriebsverfassungsrechtliches Amt wahrnehmen, und stellen auf die betriebsübliche berufliche Entwicklung ab. Im Übrigen kommt es aber nur darauf an, ob ein Funktionsträger **besser** oder **schlechter** behandelt wird **als** er **ohne** das **Amt** behandelt worden wäre (zust. *Purschwitz* Benachteiligungs- und Begünstigungsverbot, S. 77 f., allerdings unter zweifelhafter Berufung auch auf *BAG* 20.01.2010 EzA § 40 BetrVG 2001 Nr. 18 und *Worzalla/HWGNRH* § 78 Rn. 15; **dagegen** allgemein für einen Vergleich mit anderen Arbeitnehmern *Fitting* § 78 Rn. 17; ausführlich zust. *Lipp* Tätigkeitsschutz, S. 163 f.; *Waskow/NK-GA* § 78 BetrVG Rn. 16; vgl. auch *BAG* 05.12.2012 EzA § 14 TzBfG Nr. 89 Rn. 47 = AP Nr. 102 zu § 14 TzBfG; 25.06.2014 EzA § 78 BetrVG 2001 Nr. 4 Rn. 29 = AP Nr. 14 zu § 78 BetrVG 1972; 18.05.2016 EzA § 37 BetrVG 2001 Nr. 24 Rn. 21 = AP Nr. 162 zu § 37 BetrVG 1972: »jede Schlechterstellung im Vergleich zu anderen Arbeitnehmern, die nicht auf sachlichen Gründen, sondern auf der Amtstätigkeit beruht«; ebenso wieder *BAG* 28.09.2016 EzA § 37 BetrVG 2001 Nr. 27 Rn. 42 = AP Nr. 165 zu § 37 BetrVG 1972). Wenn diese tatbestandlichen Verbotsvoraussetzungen vorliegen, bedarf es auch nicht der Vorstellung, dass man sich fiktive Dritte hinzudenkt (so aber die Idee von *Adam* Anm. zu *BAG* 21.09.2011 EzA § 612a BGB 2002 Nr. 7 S. 19).

58 Verboten ist jede **objektive** Benachteiligung oder Begünstigung der Funktionsträger **wegen** ihrer Amtstätigkeit, nicht schlechthin deren Benachteiligung und Begünstigung. Ein Verbotsverstoß erfordert, dass das Kriterium ihrer Amtstätigkeit für die Benachteiligung oder die Gewährung von Vorteilen ursächlich ist. Voraussetzung im Verbotstatbestand ist also ein **objektiver kausaler Zusammenhang** zwischen der Amtstätigkeit und der benachteiligenden oder begünstigenden Maßnahme (vgl. auch *BSG* BlStSozArbR 1978, 206). Kausal ist die Amtstätigkeit, wenn die Besser- oder Schlechterstellung entfallen würde, wenn man die Amtstätigkeit hinwegdenkt (so auch [für die Benachteiligung in der beruflichen Entwicklung] *BAG* 11.12.1991 NZA 1993, 909 [910]; allgemein zust. *LAG Rheinland-Pfalz* 19.08.2013 – 5 Sa 167/13 – juris, Rn. 79; *Waskow/NK-GA* § 78 BetrVG Rn. 16).

59 Die **Kausalität** zwischen Amtstätigkeit und Schlechterstellung (oder Besserstellung) eines Funktionsträgers ist als (»innere«) Tatsache von Amts wegen zu ermitteln (Untersuchungsgrundsatz, § 83 Abs. 1 Satz 1 ArbGG), wenn verbotswidrige Benachteiligungen durch Antrag im **Beschlussverfahren** (s. Rdn. 95 f.) geltend gemacht werden. Bei Leistungsstreitigkeiten im **Urteilsverfahren** (s. Rdn. 96 ff.) ist die Kausalität der Amtstätigkeit grundsätzlich eine Frage der Darlegungs- und Beweislast desjenigen, der eine Verbotsverletzung geltend macht (näher dazu Rdn. 99 ff.).

60 Die Einflussnahme auf die Unabhängigkeit der Funktionsträger durch bloßes **Androhen** von Nachteilen oder **Versprechen** von Vorteilen erfüllt den Verbotstatbestand des § 78 Satz 2 noch nicht (zust. *Purschwitz* Benachteiligungs- und Begünstigungsverbot, S. 76; **a. M.** *Esser* Begünstigung, S. 28, der aber »Versprechen« mit »Vereinbarung« gleichsetzt); darin kann aber ein Verstoß gegen das Behinderungsverbot nach Satz 1 liegen, ggf. auch eine verbotene Wahlbeeinflussung nach § 20 Abs. 2,

wenn sich der Handelnde bewusst ist, dass er einen an der Betriebsratswahl Beteiligten begünstigt oder benachteiligt (vgl. § 20 Rdn. 27).

Subjektive Voraussetzungen werden in Satz 2 **nicht aufgestellt**. Nicht erforderlich ist, dass der Handelnde sich **bewusst** ist, einen Funktionsträger im Hinblick auf seine Tätigkeit zu benachteiligen oder zu begünstigen (ebenso *Buschmann/DKKW* § 78 Rn. 23; *Dütz* Unterlassungs- und Beseitigungsansprüche, S. 11 f.; *Galperin/Löwisch* § 78 Rn. 13; *Joost/*MünchArbR § 220 Rn. 129; *Weiss/Weyand* § 78 Rn. 3; *Lipp* Tätigkeitsschutz, S. 163 ff.). Die frühere Gegenansicht von *Thiele* (Drittbearbeitung, § 78 Rn. 23), die sich auf ältere Rspr. zu § 53 Abs. 2 BetrVG 1952 stützt (*BAGE* 2, 50 [55]; BAG 04.04.1974 AP Nr. 1 zu § 626 BGB Arbeitnehmervertreter im Aufsichtsrat Bl. 4: willensmäßig ursächlicher Zusammenhang), findet im Wortlaut von Satz 2 keine Stütze mehr; anders als nach § 53 Abs. 2 BetrVG 1952 (»dürfen um ihrer Tätigkeit willen nicht benachteiligt oder begünstigt werden«) dürfen jetzt Funktionsträger allein objektiv »wegen ihrer Tätigkeit« nicht benachteiligt oder bevorzugt werden. Auch **auf Motive** kommt es im Einzelnen **nicht** an (**a. M.** *Oetker* RdA 1990, 343 [352], der entsprechend der höchstrichterlichen Rechtsprechung zu § 613a Abs. 4 und § 612a BGB für erforderlich hält, dass z. B. die Betriebsratstätigkeit tragender Beweggrund für die nachteilige Veränderung des status quo war, wenn mehrere Ursachen für die Benachteiligung kausal geworden sein können). Die **Absicht** der Maßregelung oder der Beeinflussung auf ein bestimmtes Ziel hin ist **nicht** erforderlich (ebenso *Thiele* Drittbearbeitung, § 78 Rn. 23; zust. *Buschmann/DKKW* § 78 Rn. 23; *Fitting* § 78 Rn. 17; *Kaiser/LK* § 78 Rn. 13). Überhaupt ist eine Benachteiligungsabsicht (oder Begünstigungsabsicht) nicht erforderlich (ebenso BAG 05.12.2012 EzA § 14 TzBfG Nr. 89 Rn. 47 = AP Nr. 102 zu § 14 TzBfG; 25.06.2014 EzA § 78 BetrVG 2001 Nr. 4 Rn. 29 = AP Nr. 14 zu § 78 BetrVG 1972; 10.11.2015 EzA § 1 BetrAVG Gleichbehandlung Nr. 38 Rn. 47; 18.05.2016 EzA § 37 BetrVG 2001 Nr. 24 Rn. 21 = AP Nr. 162 zu § 37 BetrVG 1972; 28.09.2016 EzA § 37 BetrVG 2001 Nr. 27 Rn. 42 = AP Nr. 165 zu § 37 BetrVG 1972; *Waskow/*NK-GA § 78 BetrVG Rn. 17). Eine Benachteiligung muss **nicht schuldhaft** sein (*Richardi/Thüsing* § 78 Rn. 21; *Schrader/HWK* § 78 BetrVG Rn. 12; LAG Bremen 12.08.1982 AP Nr. 15 zu § 99 BetrVG 1972 Bl. 1 R). Die Bestrafung nach § 119 Abs. 1 Nr. 3 setzt jedoch Vorsatz voraus (vgl. *Oetker* § 119 Rdn. 51 ff.).

Das Benachteiligungs- und Begünstigungsverbot ist schon nach dem Wortlaut nicht auf die Amtsdauer der Funktionsträger begrenzt; das wird durch die ausdrückliche Erstreckung auf die berufliche Entwicklung in Satz 2 Halbs. 2 lediglich verdeutlicht (vgl. BT-Drucks. VI/1786, S. 47). Der Schutz hat **Nachwirkung** (ebenso *Buschmann/DKKW* § 78 Rn. 10; *Fitting* § 78 Rn. 16), die zeitlich nicht begrenzt ist. Speziellere Regelungen enthalten insoweit bereits § 37 Abs. 4 und 5, § 38 Abs. 3 für die wirtschaftliche und berufliche Sicherung der Betriebsratsmitglieder (vgl. entsprechend § 65 Abs. 1 für die Jugend- und Auszubildendenvertreter) und der besondere Kündigungsschutz nach § 15 KSchG für die dort Genannten. Dieser zeitlich begrenzte Entgelt-, Tätigkeits- und Kündigungsschutz für die Zeit nach Beendigung der Amtszeit schließt jedoch nicht aus, dass auch darüber hinaus der frühere Amtsträger keinesfalls allein wegen seiner Amtstätigkeit benachteiligt oder begünstigt werden darf. Der Schutzzweck erfordert, dass § 78 Satz 2 zeitlich unbegrenzte Anwendung findet (so auch schon *Thiele* Drittbearbeitung, § 78 Rn. 34).

Dagegen ist eine **Vorwirkung nicht** anzuerkennen (s. zum Beginn des Schutzes Rdn. 12); sie widerspricht dem Wortlaut (»Mitglieder«); zust. *Preis/WPK* § 78 Rn. 11; *Worzalla/HWGNRH* § 78 Rn. 16; *Purschwitz* Benachteiligungs- und Begünstigungsverbot, S. 65 f.; **a. M.** *Buschmann/DKKW* § 78 Rn. 10; *Fitting* § 78 Rn. 16; einschränkend *Esser* Begünstigung, S. 11 ff.: Verbotswirkung aber erst, wenn der benachteiligte oder begünstigte Arbeitnehmer das Betriebsratsamt tatsächlich erlangt. Ein Schutz im Hinblick auf zukünftige Funktionsträgerschaft ist mangels Schutzlücke auch nicht durch Analogie zu begründen. Ersatzmitglieder, die noch nicht tätig geworden sind, werden wie sonstige Wahlbewerber analog Satz 2 vor Benachteiligungen geschützt (vgl. Rdn. 15); für Vorwirkung, wenn das Nachrücken eines Ersatzmitglieds durch vorherige Kündigung verhindert werden soll, die dann nach § 134 BGB, § 78 nichtig sei, *Oetker* § 25 Rdn. 77 m. w. N.

Die objektive Benachteiligung oder Begünstigung wegen der Amtstätigkeit indiziert ihre **Rechtswidrigkeit**. Nicht rechtswidrig sind aber solche Maßnahmen (insb. des Arbeitgebers), die **nach dem Gesetz zulässig** sind (allgemein zust. BAG 28.09.2016 EzA § 37 BetrVG 2001 Nr. 27 Rn. 45 = AP Nr. 165 zu § 37 BetrVG 1972), z. B. die Tragung der Kosten, die durch die Teilnahme von Betriebsratsmitgliedern an Schulungs- und Bildungsveranstaltungen (nach §§ 37, 38) entstehen, oder die Vergütung der Tätigkeit als Vorsitzender oder betriebsfremder Beisitzer einer Einigungsstelle nach § 76a Abs. 3, auch wenn diese in einem anderen Betrieb des Arbeitgebers Funktionsträger sind (näher Rdn. 18). Auch Betriebsratsmitglieder (insb. Vorsitzende), die, vermittelt durch ihre Amtstätigkeit, als unternehmensangehörige Aufsichtsratsmitglieder der Arbeitnehmer Aufsichtsratsmandate im Unternehmen wahrnehmen, erhalten ihre Aufsichtsratsvergütung (im gesetzlich zulässigen Rahmen; dazu *Aszmonz* DB 2014, 895) mit Blick auf § 78 Satz 2 nicht rechtswidrig; ihre Doppelmitgliedschaft wird heute unstr. als rechtlich zulässig angesehen, trotz rechtspolitischer Kritik (dazu *Wissmann* FS *Kreutz*, S. 513 [516 ff.]; krit. zu Sonderbezahlungen und Auswirkungen auf die Unternehmensführung *Rieble* AG 2016, 315). Objektive Benachteiligungen oder Begünstigungen können aber auch nach allgemeinem Brauch als zulässig angesehen werden. Dazu gehören nicht nur sachlich gerechtfertigte Maßnahmen im Arbeitsverhältnis (vgl. *LAG Berlin* AuR 2000, 478: der Arbeitgeber kann verlangen, dass teilzeitbeschäftigte Betriebsratsmitglieder die über ihre Arbeitszeit hinausgehende Betriebsratstätigkeit belegen), sondern insbesondere auch Begünstigungen, die der Erleichterung der Amtstätigkeit dienen, wie z. B. die Bewirtung auf Kosten des Arbeitgebers während einer Betriebsratssitzung bis hin zur Bereitstellung von Dienstfahrzeugen im Einzelfall (*Thiele* Drittbearbeitung, § 78 Rn. 24; vgl. auch *ArbG Darmstadt* AiB 1988, 285).

2. Benachteiligungen

65 Als Benachteiligungen (Schlechterbehandlungen wegen der Amtstätigkeit oder Amtsstellung) kommen vornehmlich **Handlungen,** auch Unterlassungen, **des Arbeitgebers** in Betracht, z. B. Zuweisung minderbezahlter (vgl. *LAG Düsseldorf* DB 1970, 2035), härterer, unangenehmerer, zeitlich oder örtlich ungünstiger liegender Arbeit, aber auch **Versetzungen** mit Verschlechterung des Arbeitsentgelts oder des Arbeitsgebiets (vgl. *LAG Berlin* AuR 1984, 54; *LAG Frankfurt a. M.* BB 1986, 2199; *ArbG Leipzig* AuA 2000, 90), oder Veränderung des Berufsbildes (vgl. *LAG Bremen* 12.08.1982 AP Nr. 15 zu § 99 BetrVG 1972) oder Entzug einer Führungs- und Vorgesetztenposition (*ArbG Trier* AiB 1993, 241), aber nicht Versetzung auf einen gleichwertigen Arbeitsplatz (vgl. *BAG* 09.06.1982 AP Nr. 1 zu § 107 BPersVG = DB 1982, 2711). Hierzu gehört auch der Ausschluss von **allgemeinen** Sonderzuwendungen oder anderen Vergünstigungen, die der Arbeitgeber anderen Arbeitnehmern gewährt (so allgemein auch *BAG* 05.12.2012 EzA § 14 TzBfG Nr. 89 Rn. 47 = AP Nr. 102 zu § 14 TzBfG; 25.06.2014 EzA § 78 BetrVG 2001 Nr. 4 Rn. 29 = AP Nr. 14 zu § 78 BetrVG 1972).

66 Bei der **Vergütung** konkretisiert § 37 Abs. 2 das Benachteiligungsverbot für Betriebsratsmitglieder (und all diejenigen, für die diese Bestimmung entsprechend gilt; s. *Weber* § 37 Rdn. 2). Deshalb liegt eine Benachteiligung vor, wenn das in dieser Vorschrift (unstr.) festgelegte Lohnausfallprinzip nicht beachtet wird. Zum Arbeitsentgelt gehören danach (st. Rspr. des *BAG*; vgl. zusammenfassend *BAG* 05.04.2000 EzA § 37 BetrVG 1972 Nr. 141 S. 3 = AP Nr. 131 zu § 37 BetrVG1972; bestätigend *BAG* 18.05.2016 EzA § 37 BetrVG 2001 Nr. 24 Rn. 15 = AP Nr. 162 zu § 37 BetrVG 1972; ausführlich zum Lohnausfallprinzip *Weber* § 37 Rdn. 64 ff.) neben der Grundvergütung alle Zuschläge und Zulagen, die das Betriebsratsmitglied (Funktionsträger) ohne Befreiung von der beruflichen Tätigkeit verdient hätte (zu dieser Voraussetzung anschaulich *BAG* 18.05.2016 EzA § 37 BetrVG 2001 Nr. 24 = AP Nr. 162 zu § 37 BetrVG 1972: zum Verlust des Nachtarbeitszuschlags, wenn mit Beginn der Amtstätigkeit vereinbarungsgemäß keine Nachtarbeit mehr zu leisten ist), insbesondere Zuschläge für Mehr-, Über-, Nacht-, Sonn- und Feiertagsarbeit, Erschwernis- und Sozialzulagen, auch arbeitszeitunabhängige Provisionen (zu deren Berechnung *Jacobs/Frieling* NZA 2015, 513), nicht aber Aufwandsentschädigungen, die solche Aufwendungen abgelten sollen, die dem Funktionsträger infolge Arbeitsbefreiung nicht entstehen; zur Abgrenzung ist auf die inhaltliche Ausgestaltung und den objektiven Zweck der Leistung abzustellen (vgl. auch *LAG Rheinland-Pfalz* NZA-RR 1998, 503, das bei Freistellung von Schichtarbeit auch einen Zusatzurlaub und wöchentliche Altersfreizeit gewährt). Die Gewährung solcher Aufwandsentschädigungen verstößt gegen das Begünstigungsverbot.

67 Über § 37 Abs. 2 hinaus konkretisieren **§ 37 Abs. 4 und 5** das Schlechterstellungsverbot des § 78 Satz 2 für die Mitglieder des Betriebsrats (und diejenigen, für die diese Bestimmungen entsprechend gelten; s. *Weber* § 37 Rdn. 2) in vergütungsrechtlicher und beruflicher Hinsicht (s. *Weber* § 37 Rdn. 128 m. w. N.). Eine Benachteiligung kann deshalb auch darin liegen, dass der Arbeitgeber

den Anforderungen dieses Arbeitsentgelt- und Tätigkeitsschutzes nicht gerecht wird (allgemein dazu *Weber* § 37 Rdn. 129 ff., 150 ff.). Nach § 37 Abs. 4 darf das Arbeitsentgelt (einschließlich allgemeiner Zuwendungen des Arbeitgebers) der Betriebsratsmitglieder (bedeutsam nicht nur, aber vor allem auch für nach § 38 völlig freigestellte) nicht geringer bemessen werden als das »vergleichbarer Arbeitnehmer mit betriebsüblicher beruflicher Entwicklung« (zu dieser schwer zu handhabenden Bemessungsgrundlage ausführlich *Weber* § 37 Rdn. 129 ff.). Sie sind also in ihrer Vergütungsentwicklung dieser (bei Amtsübernahme bestehenden) Vergleichsgruppe in ihrer Amtszeit (und ein Jahr nach deren Beendigung) gleichzustellen. Eine Benachteiligung liegt danach vor, wenn der Arbeitgeber es unterlässt, einen nach diesem Vergleichsmaßstab erhöhten Vergütungsanspruch zu erfüllen. Wie schwierig aber auch hier die Abgrenzung zu einer nach Satz 2 verbotenen Begünstigung (s. Rdn. 5) ist, belegt das Urteil des Siebten Senats des *BAG* vom 18.01.2017 – 7 AZR 205/15 – juris = NZA 2017, 935, das die durch die Vorinstanz gebilligte Vertragsanpassung (*LAG* Hamburg 05.03.2015 LAGE § 37 BetrVG 2001 Nr. 11) unter Zurückverweisung an das LAG aufgehoben hat. Vgl. zu Benachteiligungen in der beruflichen Entwicklung Rdn. 71 f.).

Eine Benachteiligung kann vor allem auch in einer **Kündigung** liegen, die bei einer Verbotsverletzung nach § 134 BGB nichtig ist (was nach § 13 Abs. 3 KSchG allerdings nicht mehr ohne Einhaltung einer Klagefrist geltend gemacht werden kann). Dabei ist jedoch zu beachten, dass der besondere Kündigungsschutz nach § 15 Abs. 1 und 3 KSchG (für Mitglieder des Betriebsrats, der Jugend- und Auszubildendenvertretung, der Bordvertretung, des Seebetriebsrats sowie für Mitglieder des Wahlvorstands und Wahlbewerber) eine gegenüber § 78 Satz 2 speziellere Regelung (vgl. auch *BAG* 21.06.1995 EzA § 15 KSchG n. F. Nr. 43 S. 11) darstellt: Das absolute Verbot der **ordentlichen Kündigung** greift ohne Rücksicht darauf ein, ob im Einzelfall eine Benachteiligung wegen der Amtstätigkeit (oder eine Behinderung der Amtsausübung nach Satz 1; näher dazu Rdn. 40) vorliegt; es ist zugleich lex specialis gegenüber dem Begünstigungsverbot. Bedeutungsvoll bleibt insoweit das Benachteiligungsverbot vor allem für die übrigen nach § 78 geschützten Funktionsträger (vgl. Rdn. 8) sowie allgemein für die Zeit nach Ablauf des Kündigungsschutzes (vgl. Rdn. 62). **68**

Eine **außerordentliche Kündigung** wegen **rechtmäßiger Amtstätigkeit** ist immer Verbotsverletzung. Gleiches gilt, wenn die Kündigung **ausschließlich** wegen betriebsverfassungsrechtlicher **Amtspflichtverletzung** erfolgt und deshalb unzulässig (und zugleich Verletzung des Behinderungsverbots nach Satz 1) ist (vgl. zur Begründung Rdn. 40). Andererseits bleibt die Kündigung von Funktionsträgern wegen **vertragswidrigen** Verhaltens möglich. Haben sich auch andere Arbeitnehmer in gleicher Weise vertragswidrig verhalten, darf aber nicht allein z. B. das Betriebsratsmitglied herausgegriffen und fristlos entlassen werden: § 78 Satz 2 lässt es nicht zu, das Verhalten deshalb als besonders schwerwiegend zu bewerten, weil es von einem Betriebsratsmitglied begangen wurde (*BAG* 22.02.1979 EzA § 103 BetrVG 1972 Nr. 23 S. 168 = DB 1979, 1659). Soll die Kündigung wegen einer **Vertragsverletzung** erfolgen, die **zugleich Amtspflichtverletzung** ist (»Simultantheorie«; vgl. *Oetker* § 23 Rdn. 30), so muss dem Benachteiligungsverbot bei der Prüfung des wichtigen Grundes i. S. d. § 626 BGB durch besonders strenge Anforderungen Rechnung getragen werden, weil der Arbeitnehmer nur wegen seiner Amtstätigkeit in die Situation gekommen ist, mit einer Amtspflichtverletzung zugleich eine Vertragsverletzung begangen zu haben; andererseits kann die Vertragspflichtverletzung nicht grundsätzlich unbeachtet bleiben, weil sonst gegen das Begünstigungsverbot verstoßen würde (vgl. dazu Rdn. 40 und näher *Oetker* § 23 Rdn. 34 ff.). **69**

Das Benachteiligungsverbot steht auch dagegen, bei der außerordentlichen Kündigung eines nach § 15 KSchG geschützten Funktionsträgers die **Prüfung der Zumutbarkeit einer Weiterbeschäftigung** für den Arbeitgeber nach § 626 BGB auf den frühest möglichen Kündigungszeitpunkt nach Ablauf des Sonderkündigungsschutzes zu beziehen; ansonsten würde sich wegen der langen Bindungsdauer eine wertungswidersprüchliche Erleichterung der außerordentlichen Kündigung gerade wegen des Sonderkündigungsschutzes ergeben. Um diese Benachteiligung zu vermeiden, hat das *BAG* zunächst auf eine (mangels ordentlicher Kündbarkeit) »fiktive« Kündigungsfrist abgestellt, neuerdings im Anschluss an *Preis* (Anm. zu *BAG* 21.06.1995 AP Nr. 36 zu § 15 KSchG 1969) dogmatisch präziser und doch im Ergebnis ähnlich darauf, ob »dem Arbeitgeber bei einem vergleichbaren Nichtbetriebsratsmitglied dessen Weiterbeschäftigung bis zum Ablauf der einschlägigen ordentlichen Kündigungsfrist unzumutbar wäre« (*BAG* 10.02.1999 EzA § 15 KSchG n. F. Nr. 47 unter B II 3 der **70**

§ 78   IV. 1. Allgemeines

Gründe m. w. N. [zust. *Auer*] = AP Nr. 42 zu § 15 KSchG 1969; 27.09.2001 EzA § 15 KSchG n. F. Nr. 54 S. 5).

71 Benachteiligungen können auch die weitere **berufliche Entwicklung** betreffen, z. B. wenn ein freigestelltes Betriebsratsmitglied wegen seiner Betriebsratstätigkeit **nicht befördert** wird (vgl. *BAG* 11.12.1991 NZA 1993, 909 und *BAG* 15.01.1991 EzA § 37 BetrVG 1972 Nr. 110; in beiden Fällen war aber der Kausalitätsnachweis [vgl. Rdn. 58 f., 99 ff.] nicht erbracht, dass das Betriebsratsmitglied ohne sein Amt die frei gewordene Stelle tatsächlich erhalten hätte; vgl. zu einer unbegründeten Klage auf Höhergruppierung *BAG* 14.07.2010 EzA § 78 BetrVG 2001 Nr. 1) oder vom Bewährungsaufstieg ausgeschlossen wird (vgl. *BAG* 15.05.1968 AP Nr. 1 zu § 23a BAT), oder wenn einem Betriebsratsmitglied nach Beendigung seiner Amtszeit nicht die Möglichkeit zur beruflichen Fortbildung gegeben wird, die vergleichbaren Arbeitnehmern gewährt worden ist (*Thiele* Drittbearbeitung, § 78 Rn. 34).

72 Eine verbotene Benachteiligung in der beruflichen Entwicklung kann auch darin liegen, dass ein (zulässig, ggf. auch nach zulässiger Verlängerung) **befristet Beschäftigter,** der danach (nach sechsmonatiger Betriebszugehörigkeit) in den Betriebsrat gewählt wurde, bei Fristablauf gerade **wegen** der Betriebsratstätigkeit **nicht** in ein unbefristetes oder ein weiteres (nach § 14 TzBfG zulässig) befristetes Arbeitsverhältnis **übernommen** wird (so auch *BAG* 05.12.2012 EzA § 14 TzBfG Nr. 89 Rn. 47 = AP Nr. 102 zu § 14 TzBfG [zust. *E. M. Kaiser*]; 25.06.2014 EzA § 78 BetrVG 2001 Nr. 4 Rn. 29 = AP Nr. 14 zu § 78 BetrVG 1972; *LAG Berlin-Brandenburg* 04.11.2011 – 13 Sa 1549/11 = AuR 2011, 507; 13.01.2016 LAGE § 78 BetrVG 2001 Nr. 11 Orientierungssatz 3; *LAG Niedersachsen* 08.08.2012 – 2 Sa 1733/11 [Vorinstanz zu *BAG* 25.06.2014]: in allen Entscheidungen war aber der Kausalitätsnachweis nicht erbracht; s. dazu Rdn. 99 ff.). Zu den **Rechtsfolgen (Rechtsschutz)** einer solchen Verbotsverletzung näher Rdn. 96 ff. Auch Art. 7 der Richtlinie 2002/14/EG erfordert keinen über § 78 Satz 2 hinausgehenden Schutz (s. Rdn. 6). Vgl. dazu, dass andererseits eine Verlängerungsvereinbarung verbotene Begünstigung sein kann, Rdn. 91. Ist ein Arbeitnehmer schon bei Verlängerung der Befristung seines Arbeitsvertrages Betriebsratsmitglied (auch als amtierendes Ersatzmitglied), kann die **Befristungsabrede** eine verbotswidrige Benachteiligung sein, wenn der Arbeitgeber dem Arbeitnehmer gerade wegen seiner Betriebsratstätigkeit nur die Verlängerung seines befristeten Arbeitsverhältnisses statt eines unbefristeten Folgearbeitsverhältnisses angeboten hat; die Befristungsabrede ist dann nach § 134 BGB unwirksam (s. Rdn. 25; ebenso *BAG* 05.12.2012 EzA § 14 TzBfG Nr. 89 Rn. 47; bestätigend 25.06.2014 EzA § 78 BetrVG 2001 Nr. 4 Rn. 17) mit der Folge, dass das Arbeitsverhältnis unbefristet verlängert ist (was mit einer Befristungskontrollklage – § 17 TzBfG – geltend gemacht werden kann). Entsprechend kann eine Verbotsverletzung darin liegen, dass ein **teilzeitbeschäftigtes** Betriebsratsmitglied nur wegen seiner Betriebsratstätigkeit nicht in ein Vollzeitarbeitsverhältnis übernommen wird (ebenso *LAG Düsseldorf* 03.08.2007 LAGE § 9 TzBfG Nr. 2 S. 11; *Fitting* § 78 Rn. 19; *Richardi/Thüsing* § 78 Rn. 24) oder ein **Nachtarbeitnehmer** nicht auf einen **Tagesarbeitsplatz** (vgl. § 6 Abs. 4 ArbZG).

73 Verbotswidrig handelt der Arbeitgeber auch, wenn er gegen den Willen des Arbeitnehmers dessen **Betriebsratstätigkeit im Arbeitszeugnis** angibt (oder gar negativ bewertet), weil sich daraus eine Benachteiligung bei der Suche nach einem neuen Arbeitsplatz ergeben kann (vgl. *LAG Frankfurt a. M.* AuR 1984, 287; *ArbG Ludwigshafen* DB 1987, 1364; ausführlich *Brill* BB 1981, 616; *Hess/Schlochauer/Glaubitz* § 78 Rn. 14; *Schaub/Linck* Arbeitsrechts-Handbuch, § 146 Rn. 18; *Witt* BB 1996, 2194 [2195]; **a. M.** *Purschwitz* Benachteiligungs- und Begünstigungsverbot, S. 69 ff., die insoweit die Erwähnung der Amtstätigkeit einzig als verbotswidrige Begünstigung einstuft, weil sie gegenüber Nichtamtsträgern ein zusätzliches »mehr« gewähre). Das *BAG* hat zur Aufnahme von Betriebsratstätigkeit in Arbeitszeugnisse bisher nicht Stellung genommen, aber zu § 8 BPersVG, der § 78 entspricht, entschieden, dass die Ausübung einer ehrenamtlichen Tätigkeit nach dem BPersVG in einer dienstlichen Regelbeurteilung im Regelfall nicht erwähnt werden darf (*BAG* 19.08.1992 EzA § 630 BGB Nr. 14; ebenso die Vorinstanz, *LAG Hamm* 06.03.1991 LAGE § 630 BGB Nr. 13; ob dies mit Einverständnis oder auf Wunsch des Arbeitnehmers zulässig ist oder dann gegen das Begünstigungsverbot verstößt, hat das *BAG* ausdrücklich offen gelassen; letzteres ist aber beim Arbeitszeugnis nicht der Fall [ebenso *Schlessmann* BB 1988, 1320, 1322]). Ausnahmsweise kann die Angabe aus Gründen der Zeugnis-Wahrheit gerechtfertigt sein, wenn das Betriebsratsmitglied längere Zeit freigestellt war und der Arbeitgeber

deshalb nicht mehr in der Lage ist, dessen Leistungen und Führung als Arbeitnehmer in einem qualifizierten Arbeitszeugnis verantwortlich zu beurteilen (vgl. *LAG Frankfurt a. M.* DB 1978, 167; *Brill* BB 1981, 616 [618 f.]; *Richardi / Thüsing* § 78 Rn. 27; *Witt* BB 1996, 2194 [2196];, zust. *Waskow/ NK-GA* § 78 BetrVG Rn. 23; ähnlich für die dienstliche Beurteilung im Öffentlichen Dienst *BAG* vom 19.08.1992 EzA § 630 BGB Nr. 14; anders im Ergebnis *Hess. LAG* BB 1994, 1150).

Vor Inkrafttreten des § 78a hat das *BAG* zutr. die Weigerung des Arbeitgebers, ein Betriebsratsmitglied 74 (bzw. Jugend- und Auszubildendenvertreter) nach Beendigung des **Berufsausbildungsverhältnisses** in ein Arbeitsverhältnis zu übernehmen, als Verstoß gegen § 78 Satz 2 beurteilt, **wenn andere** Ausgebildete **übernommen** werden und für die Nichtübernahme des Funktionsträgers keine sachlichen Gründe angeführt werden können, so dass sich die Weigerung als eine Benachteiligung gerade wegen der Tätigkeit in den Betriebsverfassungsorganen erweist (*BAG* 12.02.1975 AP Nr. 1 zu § 78 BetrVG 1972; ferner *LAG Düsseldorf* DB 1973, 2304; *ArbG Berlin* BB 1974, 39; *H. P. Müller* DB 1974, 1526 [1529 f.]). Wenn die Voraussetzungen des § 78a Abs. 2 und 3 vorliegen, tritt heute § 78 Satz 2 als subsidiär zurück, weil dann unabhängig davon ein Arbeitsverhältnis als begründet gilt, ob die Weigerung der Übernahme gegen § 78 Satz 2 verstößt (ähnlich *BAG* 05.12.2012 EzA § 78a BetrVG 2001 Nr. 8 Rn. 20 = AP Nr. 56 zu § 78a BetrVG 1972; 15.12.2011 EzA § 78a BetrVG 2001 Nr. 7 Rn. 13 = AP Nr. 55 zu § 78a BetrVG 1972). Andernfalls bleibt aber § 78 Satz 2 mit der vom *BAG* gegebenen Begründung zur Kausalitätsfrage bedeutsam, insbesondere wenn der Funktionsträger nicht zum geschützten Personenkreis nach § 78a gehört (Volontäre, Praktikanten, Umschüler; vgl. dazu *Oetker* § 78a Rdn. 18 ff.) oder wenn ein Auszubildender es versäumt hat, innerhalb der letzten drei Monate vor Beendigung des Berufsausbildungsverhältnisses schriftlich vom Arbeitgeber die Weiterbeschäftigung zu verlangen (vgl. *BAG* 31.10.1985 AP Nr. 15 zu § 78a BetrVG 1972 Bl. 3, wo aber die Rechtsfolgen eines Verstoßes gegen das Benachteiligungsverbot verkannt werden; zutr. *Löwisch* Anm. AR-Blattei, Betriebsverfassung XIII, Entsch. 18), oder wenn das Berufsausbildungsverhältnis erst nach Ablauf eines Jahres nach Beendigung der Amtszeit endet (vgl. § 78a Abs. 3), oder wenn der geschützte Auszubildende hilfsweise bereit ist, zu anderen als den sich aus § 78a Abs. 2 ergebenden Arbeitsbedingungen weiterbeschäftigt zu werden (vgl. dazu *Oetker* § 78a Rdn. 83 ff.).

Das Benachteiligungsverbot des § 78 Satz 2 bleibt auch allein maßgebend, wenn das Arbeitsverhältnis 75 eines (zulässig) befristet beschäftigten Funktionsträgers (insb. eines Betriebsratsmitglieds) bei Fristablauf nicht oder nur befristet (statt unbefristet) verlängert wird (näher dazu Rdn. 72). Eine analoge Anwendung von § 78a Abs. 2 Satz 1 kommt dabei **nicht** in Betracht, weil weder eine planwidrige Regelungslücke noch eine Gleichheit der Interessenlage besteht (zutr. herausgearbeitet von *BAG* 05.12.2012 EzA § 14 TzBfG Nr. 89 Rn. 45, 46 = AP Nr. 102 zu § 14 TzBfG [zust. *E. M. Kaiser* Bl. 14 R]).

Allgemeine Maßnahmen, durch die die Lage **aller Arbeitnehmer** oder bestimmter Gruppen von 76 Arbeitnehmern **verschlechtert** wird, treffen auch die Funktionsträger (z. B. Einführung von Kurzarbeit, Abbau übertariflicher Lohnbestandteile). In solchen Fällen fehlt es schon am erforderlichen Kausalzusammenhang zwischen der Verschlechterung und der Amtstätigkeit. Würden die Funktionsträger von solchen Maßnahmen ausgenommen, so würden sie wegen ihrer Tätigkeit verbotswidrig begünstigt. Eine Verschlechterung allgemeiner Arbeitsbedingungen über Sozialleistungen durch nachfolgende Betriebsvereinbarungen ist nach der Entscheidung des GS des *BAG* vom 16.09.1986 allerdings nur in engen Grenzen möglich (vgl. dazu näher § 77 Rdn. 282 ff., 288 ff.; vgl. zur Einführung einer Altersgrenze durch Betriebsvereinbarung, bei deren Erreichen alle Arbeitsverhältnisse automatisch enden, § 77 Rdn. 384 ff.).

Auch die Frage, ob Funktionsträger vor einer **Massenänderungskündigung** des Arbeitgebers ge- 77 schützt sind, lässt sich nicht mit § 78 Satz 2 bejahen (unstr.). Eine andere Frage ist es, ob auch für die ordentliche Massenänderungskündigung der besondere Kündigungsschutz nach § 15 KSchG für die dort genannten Funktionsträger gilt (zu Recht bejahend *BAG* 24.04.1969 AP Nr. 18 zu § 13 KSchG [zust. *Wiese*]; 29.01.1981 AP Nr. 10 zu § 15 KSchG 1969 [zust. *Beitzke*]; 09.04.1987 EzA § 15 KSchG n. F. Nr. 37; 07.10.2004 EzA § 15 KSchG Nr. 57 [krit. *Löwisch/Kraus*] = AP Nr. 56 zu § 15 KSchG 1969 [abl. *Schiefer/Poppel*]; *Etzel/KR* 10. Aufl., § 15 KSchG Rn. 18; *v. Hoyningen-Huene/Linck* KSchG, § 15 Rn. 68 ff.; für eine teleologische Reduktion des § 15 KSchG im Hinblick auf das Begünstigungsverbot des § 78 Satz 2 aber u. a. *Dietz/Richardi* § 78 Rn. 26 f.; *Thiele* Drittbearbeitung, § 78 Rn. 28 f., jeweils m. w. N.; *Richardi/Thüsing* § 78 Rn. 29 f.; noch weitergehend *Hilbrandt* NZA 1997, 465 [467 f.]; 1998, 1258; vgl. auch *Raab* § 103 Rdn. 30).

78 Wenn im Arbeitskampf auch Betriebsratsmitglieder (und andere Funktionsträger) mit suspendierender Wirkung **ausgesperrt** werden (vgl. *BAG* 25.10.1988 EzA Art. 9 GG Arbeitskampf Nr. 89), verstößt auch dies mangels Kausalität der Amtstätigkeit nicht gegen das Benachteiligungsverbot.

79 An einer Benachteiligung wegen der Amtstätigkeit durch den Arbeitgeber fehlt es dann, wenn sich **Nachteile** für die Funktionsträger (insb. Betriebsratsmitglieder) **unmittelbar aus dem Gesetz** ergeben (zust. *BAG* 28.09.2016 EzA § 37 BetrVG 2001 Nr. 27 Rn. 45 = AP Nr. 165 zu § 37 BetrVG 1972), wie z. B. aus § 76a Abs. 2, wonach betriebsangehörige Beisitzer der Einigungsstelle für diese Tätigkeit **keine Vergütung** erhalten. Auch muss ein freigestelltes Betriebsratsmitglied den **Abzug von Steuern und Sozialversicherungsanteilen** hinnehmen, auch wenn es vor seiner Freistellung für Sonntags-, Feiertags- oder Nachtarbeit abgabenfreie Zuschläge zum Lohn erhalten hat; denn die unversteuerte Auszahlung setzt (nach § 3b EStG) tatsächlich geleistete Sonntagsarbeit usw. voraus, so dass der Arbeitgeber mit der Abführung nur seiner gesetzlichen Pflicht nachkommt (vgl. *BAG* 29.07.1980 EzA § 37 BetrVG 1972 Nr. 70 [abl. *Kittner*] und 22.08.1985 EzA § 37 BetrVG 1972 Nr. 82, jeweils m. w. N.; anders zum BetrVG 1952 *BAG* AP Nr. 12 zu § 37 BetrVG). Weiterführend hat das *Hess. LAG* (10.03.2014 –16 TaBVGa 214/13 – juris) allerdings festgestellt, dass die Betriebsratsmitglieder (im Betrieb eines Spielkasinos) wegen ihrer Tätigkeit benachteiligt werden, wenn sie für Zeiten der Teilnahme an Betriebsratssitzungen in der Nacht und sonn- und feiertags keine steuerfreien Zuschläge erhalten; diesen Beschluss hat das *BAG* (24.02.2016 EzA § 256 ZPO 2002 Nr. 18) zwar zutr. wegen Unzulässigkeit des Feststellungsantrags (s. Rdn. 95) aufgehoben, aber damit in der Sache nicht präjudiziert. Eine Benachteiligung kann nicht darin gesehen werden, dass der Arbeitgeber einem rechtmäßig **ausgesperrten Betriebsratsmitglied**, das während der Aussperrung Betriebsratsaufgaben wahrgenommen hat, **die Vergütung versagt**. Die Unentgeltlichkeit der Tätigkeit folgt daraus, dass die Betriebsratsmitglieder ihr Amt nach § 37 Abs. 1 als unentgeltliches Ehrenamt zu führen haben und der über § 37 Abs. 2 vermittelte Vergütungsanspruch sie nur so stellen soll, wie sie gestanden hätten, wenn sie keine Betriebsratstätigkeit ausgeübt hätten (vgl. *BAG* 25.10.1988 EzA Art. 9 GG Arbeitskampf Nr. 89). In diesem Sinne ist es ganz allgemein hinzunehmen, dass der Arbeitgeber nach § 37 Abs. 2 das Arbeitsentgelt nur nach dem Lohnausfallprinzip weiter zu zahlen hat (vgl. *BAG* 28.06.1995 EzA § 11 BUrlG Nr. 38: nicht für Trinkgelder bei Bedienungspersonal in Gaststätten). Eine gesetzlich gebotene Ungleichbehandlung liegt auch dann vor, wenn einem nach § 38 **freigestellten Betriebsratsmitglied** eine **Überstundenvergütung** (bzw. Zeitgutschrift auf dem Überstundenkonto) wegen Nichtvorliegens der Voraussetzungen des § 37 Abs. 3 **versagt** wird, weil seinen Überstunden keine vergütungspflichtige Arbeitsleistung außerhalb der Arbeitszeit zugrunde lag, sondern ehrenamtliche Betriebsratstätigkeit (vgl. *BAG* 28.09.2016 EzA § 37 BetrVG 2001 Nr. 27 Rn. 43 ff. = AP Nr. 165 zu § 37 BetrVG 1972; dazu näher *Schönhöft/Oelze* NZA 2017, 284; zust. *Kleinebrink* DB 2017, 790). »§ 37 Abs. 3 gewährt keinen Anspruch auf Vergütung von Betriebsratstätigkeit«, ein solcher Anspruch wäre mit dem Ehrenamtsprinzip unvereinbar (*BAG* 27.07.2016 EzA § 37 BetrVG 2001 Nr. 25 Rn. 15, 19: für Fahrzeiten zwischen Wohnung und Betrieb, die ein Betriebsratsmitglied zur Wahrnehmung von Betriebsratstätigkeit aufwendet).

80 Soweit aus der Amtstätigkeit Nachteile erwachsen, zu deren Ausgleich der Arbeitgeber verpflichtet ist (z. B. nach § 37 Abs. 3 und 4, § 40), stellt die **Verweigerung des Ausgleichs** (subsidiär) zugleich eine Benachteiligung nach § 78 Satz 2 durch Unterlassen dar (vgl. zum Fall, dass wegen konkreter Amtstätigkeit [Betriebsratssitzungen] die Möglichkeit der kostengünstigen Mitbenutzung der Werksbusse entfällt, *LAG Düsseldorf* BB 1969, 1086; dagegen hat das *BAG* [vom 28.08.1991 EzA § 40 BetrVG 1972 Nr. 66] zutr. entschieden, dass der Aufwand eines freigestellten Betriebsratsmitglieds für seine regelmäßigen Fahrten von seiner Wohnung in den Betrieb auch dann nicht vom Arbeitgeber nach § 40 Abs. 1 zu tragen ist, wenn es ohne Freistellung auf auswärtigen Baustellen zu arbeiten gehabt hätte und ihm hierfür Fahrkostenaufwand erstattet worden wäre; ähnlich auch *BAG* 13.06.2007 EzA § 40 BetrVG 2001 Nr. 13 für den Fall, dass das Betriebsratsbüro vom Wohnort weiter entfernt ist als die Arbeitsstätten, an denen ohne Freistellung zu arbeiten gewesen wäre; ähnlich *Sächs. LAG* 15.05.2012 – 7 TaBV 22/11 – juris). Ist umgekehrt der Funktionsträger mit Vermögensaufwendungen belastet, die der Arbeitgeber sonst nicht zu tragen hat (z. B. nicht nach § 40, weil es sich nicht um Betriebsrats-

Schutzbestimmungen § 78

tätigkeit handelt), so kann in dieser Belastung grundsätzlich auch kein Verstoß gegen das Benachteiligungsverbot liegen (vgl. *BAG* 05.04.2000 EzA § 40 BetrVG 1972 Nr. 91 für die Kosten anwaltlicher Vertretung eines Auszubildenden im Verfahren nach § 78a Abs. 4; *BAG* 31.01.1990 EzA § 40 BetrVG 1972 Nr. 64 für die Anwaltskosten eines Betriebsratsmitglieds im Verfahren nach § 103 Abs. 2; nur weil dabei die besondere Fallkonstellation bei wertender Betrachtung ergab, dass das Betriebsratsmitglied allein aufgrund seiner Amtsstellung mit Rechtsanwaltskosten belastet wurde, hat das Gericht einen Kostenerstattungsanspruch auf § 78 Satz 2 gestützt; vgl. dazu Rdn. 98; zust. *LAG Hamm* 15.02.2013 – 13 TaBV 9/13 – juris, Rn. 20).

3. Begünstigungen

Das Begünstigungsverbot richtet sich wie das Benachteiligungsverbot **an jedermann, vornehmlich** 81 aber an den **Arbeitgeber** der geschützten Funktionsträger, insbesondere der Betriebsratsmitglieder. Denn die betriebsverfassungsrechtlichen Ämter sind Ehrenämter (dazu näher *Weber* § 37 Rdn. 11 ff.), die nicht besonders entlohnt werden (§ 37 Abs. 1); insoweit steht deshalb das Begünstigungsverbot stets in Korrelation zum Ehrenamtsprinzip, an dem trotz gewandelter Verhältnisse (Aufgabenfülle, Höherwertigkeit der Betriebsratstätigkeit, insb. in Großbetrieben und großen Unternehmen) zumindest de lege lata (mit *Weinspach* FS *Kreutz*, S. 485 mangels Alternative auch de lege ferenda; ebenso in jüngerer Zeit *Bayreuther* NZA 2014, 235 [236]; *Esser* Begünstigung, S. 208 ff.: *U. Fischer* NZA 2014, 71; *Jacobs/Frieling* ZfA 2015, 241 [242 ff.]; vgl. auch *Lipp* Tätigkeitsschutz, S. 194 ff.; für Lockerung durch Kollektivverträge *Byers* NZA 2014, 65; für gesetzliche Festlegung von Höchstbeträgen für freiwillige zusätzliche Vergütungsvereinbarungen für Betriebsratstätigkeit auf individualrechtlicher Ebene *Happe* Die persönliche Rechtsstellung von Betriebsräten, S. 175 ff.) festzuhalten ist. § 37 Abs. 2 und 4 sichern den Arbeitsentgeltanspruch (vgl. Rdn. 66 f.); § 40 sorgt für den Ersatz von Aufwendungen. Diese Vorschriften gelten für alle anderen Arbeitnehmervertretungen (vgl. § 3 Abs. 5, § 51 Abs. 1, § 59 Abs. 1, § 65 Abs. 1, § 73 Abs. 2, § 73b Abs. 2, § 115 Abs. 4, § 116 Abs. 3); auch für die Mitglieder des Wirtschaftsausschusses sind die Bestimmungen jedenfalls entsprechend anwendbar. Zusätzliche Vergütungen und Zuwendungen wegen des Amtes oder der Funktionstätigkeit sind verboten, bei Betriebsratsmitgliedern gleichermaßen für von ihrer beruflichen Tätigkeit freigestellte, teilweise freigestellte und nicht freigestellte Mitglieder.

Für die betriebsangehörigen Mitglieder der **Einigungsstelle** gilt § 37 Abs. 2 entsprechend (§ 76a 82 Abs. 2 Satz 1); die Kosten der Einigungsstelle hat der Arbeitgeber zu tragen (§ 76a Abs. 1). § 76a Abs. 2 Satz 1 bestimmt jetzt aber ausdrücklich auch, dass die betriebsangehörigen Mitglieder der Einigungsstelle für ihre Tätigkeit keine Vergütung erhalten (vgl. *Jacobs* § 76a Rdn. 22); deshalb kann wegen des Begünstigungsverbots auch eine Vergütungsvereinbarung nicht wirksam geschlossen werden (vgl. *Jakobs* § 76a Rdn. 64). Damit ist die frühere Streitfrage spezialgesetzlich entschieden (vgl. zum früheren Streitstand *Dietz/Richardi* § 76 Rn. 123; *Thiele* Drittbearbeitung, § 78 Rn. 62). Nur der Vorsitzende der Einigungsstelle hat, auch wenn er dem Betrieb angehört, einen gesetzlichen Vergütungsanspruch wie die nicht betriebsangehörigen Beisitzer (§ 76a Abs. 3 Satz 1); zu diesen gehören allerdings auch Funktionsträger (insb. Betriebsratsmitglieder) aus einem anderen Betrieb des Arbeitgebers (vgl. Rdn. 18).

Das Begünstigungsverbot ist nicht erst verletzt, wenn der Funktionsträger durch den ihm eingeräum- 83 ten Vorteil zu einem bestimmten – pflichtgemäßen oder pflichtwidrigen – Tun oder Unterlassen veranlasst oder für ein bestimmtes Verhalten belohnt werden soll. Da das Verbot die Amtsführung in persönlicher Unabhängigkeit gewährleisten soll, ist **jede** Zuwendung eines Vorteils verboten, der **allein** wegen der Amtstätigkeit erfolgt, auch wenn diese nur den letzten Ausschlag für die Begünstigung gegeben hat.

Unter diesen Voraussetzungen kommen als **Begünstigungen** vor allem **Geldleistungen** (z. B. auch 84 in Form von Sitzungsgeldern für die Teilnahme an Betriebsrats- oder Ausschusssitzungen oder an Gesamtbetriebsrats- und Konzernbetriebsratssitzungen oder Tagungsgelder, etwa für die Teilnahme an erforderlichen Schulungsveranstaltungen, oder die Gewährung unüblich günstiger Darlehen, oder Geldzahlungen trotz Versäumung tariflicher Ausschlussfristen [*BAG* 08.09.2010 EzA § 4 TVG Ausschlussfristen Nr. 198]) oder Geschenke (auch über Familienangehörige), Beförderungen, Lohn-

Kreutz 437

und Gehaltserhöhungen, Zulagen (etwa für die Tätigkeit im Betriebsrat; vgl. *LAG Rheinland-Pfalz* 19.08.2013 – 5 Sa 167/13 – juris, Rn. 80), Umsetzung oder Versetzung auf einen bevorzugten Arbeitsplatz und Sonderurlaub in Betracht (vgl. zu Rechtsprechungsnachweisen auch *Buschmann/ DKKW* § 78 Rn. 33 ff.; *Fitting* § 78 Rn. 22; *Kaiser/LK* § 78 Rn. 14 ff.; *Richardi/Thüsing* § 78 Rn. 35; *Worzalla/HWGNRH* § 78 Rn. 24; ausführlich zu typischen Fallgestaltungen *Purschwitz* Benachteiligungs- und Begünstigungsverbot, S. 257–341; *Esser* Begünstigung, S. 51–142; *Behrendt/Lilienthal* KSzW 2014, 277). Unzulässige Begünstigungen sind etwa auch zusätzliche Sozialplanleistungen an Betriebsratsmitglieder (*ArbG Nürnberg* AuA 1998, 107), die Vereinbarung einer über den Sozialplan hinausgehenden Abfindung im Aufhebungsvertrag mit einem Betriebsratsmitglied (*LAG Düsseldorf* BB 2002, 306; vgl. zu anderer Konstellation Rdn. 85), die Bezahlung von Betriebsratsmehrarbeit, wenn die Voraussetzungen nach § 37 Abs. 3 Satz 3 nicht vorliegen (*LAG Köln* NZA-RR 1999, 247; s. auch Rdn. 79) und die entgeltliche Arbeitsbefreiung zur Wahrnehmung eines Aufsichtsratsmandats (näher *Schönhöft/Oelze* NZA 2016, 145).

85 Es ist keine unzulässige Begünstigung, wenn statt einer vom Arbeitgeber beabsichtigten außerordentlichen (verhaltensbedingten) Kündigung ein **Aufhebungsvertrag** geschlossen wird, in dem einem Betriebsratsmitglied (oder einem anderen genannten Funktionsträger) **wegen seines Sonderkündigungsschutzes** (§ 15 Abs. 1 und 3 KSchG, § 103 BetrVG) besonders günstige finanzielle Bedingungen gewährt werden. Zwar ist dann nicht zweifelhaft, dass eine Begünstigung wegen des Amtes erfolgt, auf dem dieser Schutz beruht. Dieser Sonderkündigungsschutz geht jedoch als speziellere Regelung dem allgemeinen Begünstigungsverbot nach § 78 Satz 2 vor (s. Rdn. 5). Er ist für den Arbeitgeber mit erheblichen verfahrensmäßigen (Zustimmungsersetzungsverfahren, nachfolgende Kündigungsschutzklage) und finanziellen Risiken verbunden, wenn er das Arbeitsverhältnis eines Funktionsträgers durch Kündigung beenden will. Dieser gesetzlichen Wertentscheidung entspricht es, dass die Schutzposition als Verhandlungsposition auf den Abschluss eines Aufhebungsvertrages durchschlägt. Begünstigungen sind erst dann unzulässig, wenn sie unter Berücksichtigung der Umstände des Einzelfalles im Verhältnis zu den Risiken einer Kündigung nicht plausibel gewichtet werden können (ähnlich im Ergebnis mit abwägender Begründung *LAG Saarland* 22.06.2016 – 1 Sa 63/15 – juris, Rn. 85; im Streitfall hatte das begünstigte Betriebsratsmitglied selbst ohne Erfolg die Nichtigkeit des Aufhebungsvertrages [nach § 134 BGB, § 78 Satz 2] geltend gemacht).

86 Auch **Freizeitgewährung** über das in § 37 Abs. 3 Satz 1 bestimmte Maß hinaus ist verboten (z. B. darf ein Betriebsratsmitglied zum Ausgleich von Fahrt- und Reisezeiten, auch wenn sie mit der Betriebsratstätigkeit in unmittelbarem Zusammenhang stehen, kein Freizeitausgleich gewährt werden, wenn diese Zeiten nach den im Betrieb geltenden tarifvertraglichen oder betrieblichen Regelungen über die Durchführung von Dienstreisen nicht als Arbeitszeiten zu bewerten sind; vgl. *BAG* 16.04.2003 EzA § 37 BetrVG 2001 Nr. 1; Vorinstanz *LAG Sachsen* NZA-RR 2002, 471; vgl. auch *LAG Baden-Württemberg* vom 03.02.2004 – 17 Sa 70/03). Auch ist es unzulässig, einem teilzeitbeschäftigten Betriebsratsmitglied einen Freizeitausgleich für die Teilnahme an einer Schulungs- und Bildungsveranstaltung nach § 37 Abs. 6 zu gewähren, die außerhalb seiner individuellen Arbeitszeit stattgefunden hat (st. Rspr.; vgl. *BAG* 20.10.1993 EzA § 37 BetrVG 1972 Nr. 115 sowie vom 05.03.1997 EzA § 37 BetrVG 1972 Nr. 135; dieser Ausschluss hat zwar, wie der *EuGH* im Urteil vom 06.02.1996 [EzA § 37 BetrVG 1972 Nr. 129] auf den Vorlagebeschluss des *BAG* vom 20.10.1993 entschieden hat, eine mittelbare Diskriminierung von Frauen zur Folge; diese ist jedoch durch objektive Gründe gerechtfertigt, die einen Verstoß gegen Art. 119 EGV [jetzt: Art. 157 AEUV] ausschließen [*BAG* 05.03.1997 EzA § 37 BetrVG 1972 Nr. 135]). Eine bezahlte Freistellung von Betriebsratsmitgliedern zur Teilnahme an einer allgemeinen Bildungsveranstaltung, die in keinem hinreichenden Zusammenhang mit der Betriebsratstätigkeit steht und nicht unter § 37 Abs. 7 fällt, ist ebenfalls mit § 78 Satz 2 unvereinbar (vgl. auch *BAG* 11.08.1993 EzA § 37 BetrVG 1972 Nr. 117 S. 6; *LAG Schleswig-Holstein* NZA-RR 2000, 366).

87 Bedenklich unter dem Gesichtspunkt der Begünstigung wie der Benachteiligung ist die Vereinbarung einer **Pauschale zum Ausgleich** für Betriebsratstätigkeit (pauschale »Aufwandsentschädigung«); sie kann höchstens als Abschlagszahlung verstanden werden (vgl. *LAG Köln* DB 1985, 394; *ArbG Stuttgart* 13.12.2012 – 24 Ca 5430/12 – juris; vgl. zu dieser Problematik auch *Esser* Begünstigung, S. 68 ff.; *Moll/Roebers* NZA 2012, 57). Es verstößt auch gegen das Begünstigungsverbot, wenn der Arbeitgeber

einem Betriebsratsmitglied Aufwendungen seiner persönlichen Lebensführung (z. B. die regelmäßigen Fahrtkosten zum Betrieb) erstattet; vgl. dazu *BAG* 28.08.1991 EzA § 40 BetrVG 1972 Nr. 66 S. 4; bestätigend *BAG* 13.06.2007 EzA § 40 BetrVG 2001 Nr. 13 = NZA 2007, 1301 [1302]). Es ist aber kein Verbotsverstoß, wenn Reisekosten erstattet werden, die ausschließlich dadurch entstanden sind, dass ein Mitglied an Sitzungen des Betriebsausschusses außerhalb der Arbeitszeit teilgenommen hat (*BAG* 16.01.2008 EzA § 40 BetrVG 2001 Nr. 14). Bei mehrtägiger auswärtiger Betriebsratstätigkeit kann auch in der Erstattung von Kosten kein Verbotsverstoß gesehen werden, die einem allein erziehenden Betriebsratsmitglied für die Betreuung eines minderjährigen Kindes entstanden sind (*BAG* 23.06.2010 EzA § 40 BetrVG 2001 Nr. 20). Die Beispiele zeigen, wie nahe sich ein Benachteiligungsverbot (s. Rdn. 80) und ein Begünstigungsverbot dabei kommen können.

Es muss **keine rechtswidrige Begünstigung in der beruflichen Entwicklung** sein, wenn ein Betriebsratsmitglied als Arbeiter oder Angestellter **befördert** wird (indem ihm unter Änderung des Arbeitsvertrags höherwertige Arbeitsaufgaben mit entsprechend höherer Vergütung übertragen werden oder eine entsprechende Versetzung erfolgt) oder **in Vergütungsgruppen hochgestuft** wird, weil es gerade während der Amtstätigkeit als Betriebsratsmitglied, zumal in Führungspositionen, zusätzliche beförderungsrelevante Fähigkeiten (z. B. in der Mitarbeiterführung), Kenntnisse oder Qualifikationsnachweise erworben hat, erst recht, wenn diese Weiterbildung durch vom Arbeitgeber finanzierte Schulungen (nach §§ 37, 38) erfolgt ist oder durch erfolgreiche Teilnahme an betrieblichen oder außerbetrieblichen Berufsbildungsmaßnahmen i. S. v. § 97, an deren Einrichtung der Betriebsrat beteiligt war. Das ist dann trotz des Kausalbezugs zur Amtstätigkeit keine unzulässige Bezahlung für Betriebsratstätigkeit (für deren Zulässigkeit *Gamillscheg* II, S. 566 ff.), sondern Honorierung konkreter individueller beruflicher Weiterbildung oder Qualifikation (z. B. wenn sich ein Betriebsratsmitglied in der Mandatszeit vom Chemiefacharbeiter zum Chemie-Meister weitergebildet hat). Die h. M. sieht das (vordergründig) anders, weil sie verfehlt davon ausgeht, dass insoweit jegliche Vergütung, die über die Bemessung nach § 37 Abs. 4 hinausgeht und keine Grundlage im Arbeitsverhältnis hat, verbotene Begünstigung ist (vgl. *Richardi/Thüsing* § 78 Rn. 28; jüngst *Jacobs/Frieling* ZfA 2015, 241 [253 m. w. N.]; *U. Fischer* NZA 2014, 71 f.; *Waskow/* NK-GA § 78 BetrVG Rn. 25; grundsätzlich auch *Bayreuther* NZA 2014, 235 [236 f.], der aber im Anschluss an *Fitting* [§ 37 Rn. 120] »besondere Leistungen des Arbeitnehmers im Betriebsratsamt« »als Indiz für seine Qualifikation« bei leistungsabhängigen Beförderungen heranziehen will). Das ist nach Wortlaut und Zweck dieser Bestimmung aber nicht der Fall. Der Wortlaut (»darf nicht geringer bemessen werden«) spricht für einen Mindestschutz, schließt eine Besserstellung aber nicht aus (so auch schon *Kehrmann* FS *Wlotzke*, S. 357 [364]). Dementsprechend bezweckt die Norm nur, einer Benachteiligung vorzubeugen. die sich daraus ergeben kann, dass Betriebsratsmitglieder (insb. bei völliger Freistellung) ihre berufliche Tätigkeit nicht mehr (voll) erbringen und dadurch in ihrer beruflichen Entwicklung (Gehaltserhöhungen, Beförderungen) hinter vergleichbaren Arbeitnehmern (ohne Ehrenamt) zurückbleiben können; sie erhalten deshalb Anspruch auf ein (fiktiv erhöhtes) Entgelt, das am Maßstab vergleichbarer Arbeitnehmer mit im Betrieb üblicher beruflicher Entwicklung zu bemessen ist (dazu ausführlich *Weber* § 37 Rdn. 129 ff.). Mit dieser hypothetisch zu ermittelnden Entgeltzusicherung ist aber über die konkrete individuelle berufliche Entwicklung nicht entschieden. Dementsprechend konkretisiert § 37 Abs. 4 das Benachteiligungsverbot (über § 37 Abs. 2 hinaus; vgl. Rdn. 67), enthält aber keine abschließende Sonderregelung, sodass § 78 Satz 2 daneben anwendbar ist (s. *Weber* § 37 Rdn. 128 m. w. N.). Eine über § 37 Abs. 4 hinausgehende Vergütung kann daher geboten sein, um **rechtswidrige Benachteiligungen zu vermeiden** (so im Ansatz auch *Byers* NZA 2014, 65 [66], der dabei [zu eng] aber nur während der Amtsausübung erlangte Fähigkeiten berücksichtigt, die mit der bisherigen Arbeitstätigkeit im Zusammenhang stehen). Das ist der Fall, wenn andere Arbeitnehmer des Betriebes wegen gleicher oder vergleichbarer nachträglich erworbener Befähigungsnachweise (für Eignungs- und Leistungskriterien) unter Gehaltserhöhung aufgestiegen sind. Dieser Vergleich ist nicht auf »vergleichbare Arbeitnehmer« i. S. v. § 37 Abs. 4 beschränkt und die dortige »Betriebsüblichkeit« beruflicher Entwicklung ist unmaßgeblich. Auch gegenüber einzelnen Arbeitnehmern mit außergewöhnlicher beruflicher und vergütungsrechtlicher Karriere darf ein Betriebsratsmitglied nicht deshalb schlechter gestellt werden, weil es besondere entgeltrelevante Fähigkeiten erst während und durch die Amtsausübung erlangt hat. Bei einvernehmlicher Beförderungsentscheidung sollte der jeweils maßgebende Qualifikationszuwachs sorgfältig dokumentiert werden, um dem Vorwurf verbotener Begünstigung begegnen zu können. Im Streitfall hat das Betriebsratsmitglied seinen vergleichbaren Qualifikationszuwachs darzutun und zu beweisen, ebenso die Kausalität der Amtstätigkeit für die Schlechterstellung durch Nichtbeförderung (s. Rdn. 99 ff.). Dieser Kausalitätsnachweis dürfte kaum gelingen, wenn es im Betrieb keine vergleichbare (Entgelt-)Beförderung anderer Arbeitnehmer gibt.

89 Es muss auch keine verbotene Begünstigung sein, wenn einem Betriebsratsmitglied, das nach § 37 Abs. 2 von der beruflichen Tätigkeit vollständig befreit ist, ein **Firmen-PKW zur privaten Nutzung** überlassen wird; nämlich dann nicht, wenn das Firmenfahrzeug (als Dienstfahrzeug) schon vor der Freistellung nach der arbeitsvertraglichen Vereinbarung (als Vergütungsbestandteil) auch privat genutzt werden konnte. Dann erfolgt keine Besserstellung wegen der Betriebsratstätigkeit, weil die private Nutzung, wie zuvor, nur außerhalb der Arbeitszeit (jetzt seiner Betriebsratstätigkeit) möglich ist (so zutr. *BAG* 23.06.2004 EzA § 37 BetrVG 2001 Nr. 1 = AP Nr. 139 zu § 37 BetrVG 1972; zust. und ausführlich die Dienstwagenproblematik strukturierend *Esser* Begünstigung, S. 119 ff., 127; *Purschwitz* Benachteiligungs- und Begünstigungsverbot, S. 257 ff. unter Vertiefung der Entgeltproblematik; zust. *Fitting* § 78 Rn. 22; *Behrendt / Lilienthal* KSzW 2014, 277 [280]; *Weber* § 37 Rdn. 73; abl. *Richardi / Thüsing* § 37 Rn. 33).

90 Der Arbeitgeber darf auch bestehende **Verpflichtungen** des Funktionsträgers aus dem Arbeitsverhältnis nicht über den Rahmen des Erforderlichen hinaus (etwa nach § 37 Abs. 2 und 6, § 38) **ermäßigen** (z. B. durch zusätzliche **nicht erforderliche** Freistellungen nach § 38; ebenso *Fitting* § 78 Rn. 22; *Kania*/ErfK § 78 BetrVG Rn. 9; *Preis / WPK* § 78 Rn. 17; *Bayreuther* NZA 2013, 758 [761 f.] auch für Fälle verkappter Freistellung; **a. M.** *Lorenz*/HaKo § 78 Rn. 23: »nur Mindestfreistellungen«, was aber das Begünstigungsproblem nicht trifft) oder ihn bei allgemeinen **Verschlechterungen** von Arbeitsbedingungen ohne sachlichen Grund **ausnehmen** (vgl. auch Rdn. 76). Deshalb liegt eine Verbotsverletzung auch dann vor, wenn der Arbeitgeber von der in einer Betriebsvereinbarung vorgesehenen Möglichkeit, das Arbeitsverhältnis nach dem Erreichen der Altersgrenze fortzusetzen, bei Betriebsratsmitgliedern generell, sonst aber nur nach Maßgabe betrieblicher Notwendigkeiten Gebrauch macht (ebenso schon *Thiele* Drittbearbeitung, § 78 Rn. 29; **a. M.** *BAG* 12.12.1968 AP Nr. 6 zu § 24 BetrVG [abl. *Herschel*] = SAE 1970, 53 [abl. *G. Hueck*]; *Richardi / Thüsing* § 78 Rn. 30). Der Zweck, die Kontinuität der Betriebsratsarbeit zu wahren, ist angesichts der Regelungen des § 25 im Normalfall kein hinreichender Grund, die Bevorzugung von Amtsträgern zu rechtfertigen. Keinesfalls ist der Arbeitgeber verpflichtet, Betriebsratsmitgliedern die Fortsetzung des Arbeitsverhältnisses anzubieten (**a. M.** *BAG* vom 12.12.1968).

91 Eine **Besserstellung** wegen der Amtstätigkeit (Mandat) liegt auch vor, wenn das ansonsten wegen Fristablaufs endende befristete Arbeitsverhältnis eines Betriebsratsmitglieds **bis zum Ablauf der Amtszeit** des Betriebsrats **befristet verlängert** wird; dabei folgt aus dieser Befristungsabrede, dass die besserstellende Verlängerung wegen der Betriebsratstätigkeit erfolgt. Gleichwohl hat das *BAG* (Urt. V. 23.01.2002 EzA § 620 BGB Nr. 185 = AP Nr. 230 zu § 620 BGB [krit. *Meinel*] = SAE 2003, 52 [krit. *Ricken*]) im Rahmen einer Befristungskontrollklage die Frage einer Verbotsverletzung übergangen und (erstmals) nur entschieden, dass das Eigeninteresse des Arbeitgebers an der Sicherung der personellen Kontinuität des Betriebsrats als Sachgrund (nach § 14 Abs. 1 Satz 1 TzBfG) die Befristung der Verlängerung rechtfertigt (dies bestätigend *BAG* 20.01.2016 EzA § 37 BetrVG 2001 Nr. 23). Dabei hätte wegen der besonderen Sachverhaltskonstellation (1080 von 1236 Arbeitnehmern des Betriebes waren nur befristet beschäftigt und wegen des ständigen Ausscheidens befristet beschäftigter Betriebsratsmitglieder waren in den letzten Jahren wiederholt Neuwahlen außerhalb der Wahlperiode erforderlich geworden) vertretbar dargetan werden können, dass der die Befristung rechtfertigende Sachgrund ausnahmsweise auf die Besserstellung durchschlägt (ähnlich *LAG München* 03.12.2013 – 9 Sa 590/13 – juris, Rn. 109), und damit die Befristungsabrede nicht nach § 78 Satz 2, § 134 BGB nichtig ist (s. Rdn. 25, 103). Stattdessen hat der Siebte Senat des *BAG* dieses Ergebnis nur mittelbar dadurch zum Ausdruck gebracht, dass ausdrücklich offen gelassen wurde, ob der Abschluss eines unbefristeten Anschlussarbeitsvertrages gegen das Begünstigungsverbot verstößt. Das ist indes zweifelhaft, weil dabei anders als bei der Befristungsvariante der Kausalitätsnachweis (vgl. Rdn. 58 f.) noch nicht erbracht ist. Zur Frage einer verbotenen Benachteiligung, wenn der Arbeitgeber beim Fristablauf eines befristet beschäftigten Betriebsratsmitglieds keinen Folgevertrag anbietet oder einen solchen ablehnt, Rdn. 72. Die Nähe einer verbotenen Benachteiligung zu einer verbotenen Begünstigung in

diesen Fällen unterstreicht die Bedeutung der Kausalitätsfrage und zwingt den Arbeitgeber, die Kausalität der Amtstätigkeit sorgfältig auszuschließen.

Auch Besserstellungen bei **Reisekostenabrechnungen** gegenüber einer einschlägigen betrieblichen Reisekostenregelung sind verboten (vgl. *BAG* AP Nr. 6, 9, 10 zu § 40 BetrVG 1972; AP Nr. 8 zu § 37 BetrVG 1972); pauschale Schulungskosten sind gleichwohl jedenfalls dann zu erstatten, wenn das Betriebsratsmitglied diese nicht beeinflussen kann (vgl. *BAG* 07.06.1984 EzA § 40 BetrVG 1972 Nr. 57). Es verstößt weiter z. B. auch gegen § 78 Satz 2, wenn in einer vom Arbeitgeber einberufenen »Mitarbeiterversammlung« nur Betriebsratsmitgliedern ein allgemeines Rederecht zugestanden wird (vgl. *LAG Düsseldorf* DB 1985, 872) oder wenn einem Betriebsratsmitglied nur aufgrund seiner Betriebsratstätigkeit ein Anspruch auf tatsächliche Beschäftigung zuerkannt wird (vgl. *LAG Berlin* AP Nr. 6 zu § 611 BGB Beschäftigungspflicht Bl. 2 R) oder die Haftungsquote bei mittlerer Fahrlässigkeit vermindert wird, weil ein Betriebsratsmitglied betroffen ist (vgl. *LAG Bremen* NZA-RR 2000, 126). 92

Dagegen kann einem Jugend- und Auszubildendenvertreter die Weiterbeschäftigung nach § 78a Abs. 2 nach erfolgreichem Abschluss der Ausbildung in einem Vollzeitarbeitsverhältnis nicht unter Berufung auf das Begünstigungsverbot verwehrt werden, weil der Arbeitgeber allen Ausgebildeten nur Teilzeitarbeitsplätze zur Verfügung stellen will (a. M. *ArbG Kassel* DB 1987, 2418, das insoweit aber verkennt, dass § 78a die speziellere Regelung ist). 93

4. Rechtsschutz und Rechtsfolgen bei einer Verbotsverletzung

a) Beschlussverfahren

Wie bei der Verletzung des Behinderungsverbots (s. Rdn. 48 ff.) kann die Rechtswidrigkeit verbotswidriger Benachteiligungen (theoretisch auch von Begünstigungen) durch **Unterlassungsantrag** beim Arbeitsgericht, auch durch Antrag auf Erlass einer **einstweiligen Verfügung** (s. Rdn. 50), oder ggf. auch durch Antrag auf **Feststellung** eines Unterlassungsanspruchs oder ggf. eines Duldungs- oder Handlungsanspruchs (s. Rdn. 52) geltend gemacht werden. Unzulässig, weil auf kein feststellungsfähiges Rechtsverhältnis (§ 256 Abs. 1 ZPO) gerichtet, ist hingegen der Antrag festzustellen, dass ein bestimmtes Verhalten gegen das Benachteiligungsverbot verstößt (*BAG* 24.02.2016 EzA § 256 ZPO 2002 Nr. 18 = AP Nr. 110 zu § 256 ZPO 1977; s. auch Rdn. 52). Bei gegenwärtig noch fortdauernder Benachteiligung kommt auch ein **Beseitigungsanspruch** in Betracht (s. Rdn. 51). Das Arbeitsgericht entscheidet insoweit im **Beschlussverfahren** (§ 2a Abs. 1 Nr. 1, Abs. 2, §§ 80 ff. ArbGG). **Antragsberechtigt** (i. S. d. nach der Rspr. erforderlichen Antragsbefugnis) ist **nur der Funktionsträger** (insb. etwa ein Betriebsratsmitglied), der seine Benachteiligung geltend macht; seiner Institution (etwa dem Betriebsrat) fehlt die Antragsbefugnis, weil § 78 Satz 2 nach richtiger Ansicht (s. Rdn. 22) **nicht die Organe** schützt, sondern nur die Funktionsträger persönlich (**a. M.** *Kaiser*/LK § 78 Rn. 25). Da das *BAG*, wenn auch in anderem Zusammenhang (Nachweis Rdn. 22), auch den Schutz der Organe nach § 78 Satz 2 (verfehlt) schon einmal anerkannt hat, erscheint es nicht ausgeschlossen, dass das Gericht etwa auch den Antrag des Betriebsrats für zulässig hält, eine bestimmte Benachteiligung oder Begünstigung einzelner Mitglieder zu unterlassen oder einen rechtswidrigen Zustand zu beseitigen. Im Beschluss vom 24.02.2016 (EzA § 256 ZPO 2002 Nr. 18 = AP Nr. 110 zu § 256 ZPO 1977) hat der Siebte Senat diese Problematik übergangen und den Antrag des Betriebsrats auf Feststellung eines Verstoßes gegen das Benachteiligungsverbot nur deshalb als unzulässig abgewiesen, weil er nicht auf ein feststellungsfähiges Rechtsverhältnis gerichtet war. 94

Bei groben Verstößen gegen § 78 Satz 2 durch den Arbeitgeber kommt außerdem ein Verfahren nach § 23 Abs. 3 in Betracht. Wegen der dort bestimmten Antragsberechtigung für den Betriebsrat und die im Betrieb vertretenen Gewerkschaften kann dieses Verfahren bei Benachteiligungen, insbesondere aber auch bei groben Verstößen gegen das Begünstigungsverbot von Bedeutung sein, weil der geschützte Funktionsträger durch Unterlassungsantrag (Rdn. 95) kaum gegen seine Besserstellung angehen wird. 95

b) Urteilsverfahren

96 Bei **verbotswidriger Benachteiligung** durch den Arbeitgeber kann der benachteiligte Funktionsträger aufgrund des arbeitsrechtlichen **Gleichbehandlungsgrundsatzes** (vgl. Rdn. 54) die ihm unzulässig vorenthaltene **Leistung verlangen**, z. B. wenn er bei allgemeinen Sonderzuwendungen oder anderen Vergünstigungen (s. Rdn. 65) ausgeschlossen worden ist. Da § 78 Satz 2 zugleich die **Fürsorgepflicht** des Arbeitgebers gestaltet, indem das betriebsverfassungsrechtliche Verbot auf die Gestaltung des Arbeitsverhältnisses durchschlägt, kommt bei schuldhafter Benachteiligung auch ein **Schadensersatzanspruch** aus Verletzung dieser Schutzpflicht **nach § 280 Abs. 1 BGB** in Betracht. Daneben besteht allgemein bei materieller Schädigung durch schuldhafte Benachteiligung ein deliktischer **Schadensersatzanspruch nach § 823 Abs. 2 BGB**, da das Benachteiligungsverbot Schutzgesetz i. S. dieser Bestimmung ist (vgl. Rdn. 27). Obwohl ein Verstoß gegen das Benachteiligungsverbot nicht schuldhaft sein muss (s. Rdn. 61), setzen doch die Schadensersatzpflichten Verschulden (also zumindest fahrlässigen Verbotsverstoß) voraus (§ 280 Abs. 1 Satz 2, § 823 Abs. 2 Satz 2 BGB). Ein Schadensersatzanspruch geht in erster Linie auf **Naturalrestitution** (§ 249 Satz 1 BGB), d. h. es ist der Zustand herzustellen, der bestehen würde, wenn die Benachteiligung unterblieben wäre (vgl. auch *BAG* 12.02.1975 AP Nr. 1 zu § 78 BetrVG 1972 Bl. 4).

97 In jüngeren Entscheidungen ist das *BAG* diesem **Schadensausgleich durch Naturalrestitution** im Ergebnis gefolgt und hat zu der im Hinblick auf die Vertragsabschlussfreiheit problematischen Vertragsverlängerungspflicht des Arbeitgebers **bei Ablauf wirksam befristeter Arbeitsverhältnisse von Betriebsratsmitgliedern** stimmig entschieden: »Benachteiligt der Arbeitgeber ein befristet beschäftigtes Betriebsratsmitglied, indem er wegen dessen Betriebsratstätigkeit (bei Fristablauf) den Abschluss eines Folgevertrages ablehnt, kann das Betriebsratsmitglied gemäß § 78 Satz 2 BetrVG i. V. m. § 280 Abs. 1, § 823 Abs. 2, § 249 Abs. 1 BGB den Abschluss eines Folgevertrages als Schadensersatz beanspruchen« (*BAG* 25.06.2014 EzA § 78 BetrVG 2001 Nr. 4 Orientierungssatz 3 und Rn. 27 ff., Rn. 30 = AP Nr. 14 zu § 78 BetrVG 1972 [wo der Siebte Senat klarstellt, dass als Anspruchsgrundlagen § 280 Abs. 1 und § 823 Abs. 2 BGB nebeneinander stehen, wobei er allerdings bei § 280 Abs. 1 BGB nicht wie hier [Rdn. 96] auf die Gestaltung der Fürsorgepflicht durch § 78 Satz 2 abstellt, sondern ein gesetzliches Schuldverhältnis begründet sieht, auf das § 280 Abs. 1 auch Anwendung findet]; andeutungsweise schon *BAG* 05.12.2012 EzA § 14 TzBfG Nr. 89 Rn. 47 sowie [bei Verstoß gegen das Maßregelungsverbot nach § 612a BGB] *BAG* 21.09.2011 EzA § 612a BGB Nr. 7 Rn. 36 *[Adam]*; folgend *LAG Köln* 25.04.2016 – 2 Sa 561/15 – juris, Rn. 39; zust. *Benecke* EuZA 2016, 34; krit. zu einem Vertragsschluss als Schadensersatz und auch als Folgenbeseitigung *Pallasch* RdA 2015, 108 [111 f.], der einen Anspruch auf Abschluss eines Folgevertrages [»Kontrahierungszwang«] dogmatisch unbefriedigend [s. Rdn. 98] unmittelbar aus dem Benachteiligungsverbot herleiten will, dessen Verletzung kein Verschulden erfordert; abl. m. w. N. *Castrup* Bucerius Law Journal 2016, 1 [10 ff.], der nur einen quasinegatorischen Beseitigungsanspruch für tragfähig hält; krit. auch noch *LAG Hamm* [05.11.2013 LAGE § 78 BetrVG 2001 Nr. 8 Rn. 50], das stattdessen bei Verbotsverletzung dem Arbeitgeber die Berufung auf die letzte Befristung versagen und dadurch zu einem unbefristeten Arbeitsverhältnis gelangen wollte, jedoch unstimmig, wenn so nur eine Verbotsumgehung verhindert werden soll, statt die Rechtsfolge einer Verbotsverletzung zu bestimmen). Je nachdem, ob die unzulässige Benachteiligung in der Ablehnung eines unbefristeten oder nur eines weiteren befristeten Folgevertrages besteht, ist der damit eingetretene Schaden durch Naturalrestitution auszugleichen; vgl. zu dieser Benachteiligung näher Rdn. 72. Vgl. näher dazu, dass einem solchen Anspruch auf Abschluss eines unbefristeten oder befristeten Folgevertrages nicht § 15 Abs. 6 AGG analog entgegensteht, Rdn. 22. In beiden Entscheidungen war aber der notwendige Kausalitätsnachweis nicht erbracht, dass die Ablehnung eines Folgevertrages gerade wegen der Amtstätigkeit erfolgte (vgl. dazu näher Rdn. 100 ff.).

98 Darüber hinaus hat der Siebte Senat des *BAG* in früheren Entscheidungen den Regelungsinhalt des § 78 Satz 2 jedenfalls im Hinblick auf das **Verbot der Benachteiligung für die berufliche Entwicklung** als ein an den Arbeitgeber gerichtetes Gebot gedeutet, dem Betriebsratsmitglied eine berufliche Entwicklung angedeihen zu lassen, wie es sie ohne das Betriebsratsamt genommen hätte. § 78 Satz 2 wird insoweit als **Anspruchsgrundlage** eingestuft mit der Folge, dass ein Betriebsratsmitglied, das nur infolge (zur Kausalitätsproblematik vgl. Rdn. 55 ff., 99 ff.) seiner Betriebsratstätigkeit nicht in eine Position mit höherer Vergütung aufgestiegen ist, den Arbeitgeber unmittelbar auf Zahlung dieser höheren Vergütung in Anspruch nehmen kann (vgl. *BAG* 15.01.1992 EzA § 37 BetrVG

1972 Nr. 110 S. 8; 11.12.1991 NZA 1993, 909; 26.09.1990 NZA 1991, 694 [zu §§ 8, 46 Abs. 3 Satz 6 BPersVG]; 17.08.2005 EzA § 37 BetrVG 2001 Nr. 5 S. 5; 14.07.2010 EzA § 78 BetrVG 2001 Nr. 1 Rn. 19; zust. *LAG Düsseldorf* 28.04.2015 – 3 Sa 13/15 – juris, Rn. 46; *LAG Rheinland-Pfalz* 06.07.2016 – 7 Sa 566/15 – juris, Rn. 56; *LAG München* 27.10.2016 – 3 Sa 318/16 – juris, Rn. 73; *Fitting* § 78 Rn. 15; *Stege/Weinspach/Schiefer* § 78 Rn. 7; *Worzalla/HWGNRH* § 78 Rn. 22; vgl. auch schon Beschluss vom 31.01.1990 EzA § 40 BetrVG 1972 Nr. 64, wo der Senat ohne nähere Begründung § 78 Satz 2 als Anspruchsgrundlage herangezogen und einem Betriebsratsmitglied einen Anspruch auf Erstattung der Rechtsanwaltskosten zugebilligt hat, die ihm als Beteiligtem im zweiten Rechtszug eines Zustimmungsersetzungsverfahrens nach § 103 Abs. 2 entstanden sind). Sicherlich wird damit die Effektivität des Schutzes optimal abgesichert. Gleichwohl begegnet diese Rechtsfortbildung Bedenken, weil der Normaufbau nicht auf einen unmittelbaren Erfüllungsanspruch angelegt ist und sich aus der Entstehungsgeschichte ergibt (vgl. Rdn. 3), dass der ausdrückliche Hinweis auf die berufliche Entwicklung nur zur Verdeutlichung erfolgt ist. Im Hinblick auf einen Schadensausgleich durch Naturalrestitution (s. Rdn. 96. 1) besteht für sie auch kein wirkliches Bedürfnis, auch wenn dort Verschulden erforderlich ist. Es gibt allerdings (noch) keinen tragfähigen Hinweis, dass das *BAG* das jetzt auch so sieht und die Einordnung des § 78 Satz 2 als unmittelbare Anspruchsgrundlage aufgegeben hat. Die Revisionsentscheidung (*BAG* 7 AZR 451/15) gegen *LAG Düsseldorf* vom 28.04.2015 könnte dazu Klarheit bringen.

Über entsprechende **Leistungsstreitigkeiten** (vgl. Rdn. 96, 97, 98) zwischen (dem Funktionsträger als) Arbeitnehmer und Arbeitgeber entscheidet das Arbeitsgericht auf Klage **im Urteilsverfahren** (§ 2 Abs. 1 Nr. 3, Abs. 5, §§ 46 ff. ArbGG). Dabei ist im ersten Rechtszug jedwede Kostenerstattung wegen Zeitversäumnis oder Hinzuziehung eines Prozessbevollmächtigten auch bei Obsiegen nach § 12a Abs. 1 ArbGG ausgeschlossen (vgl. auch *BAG* 30.06.1993 EzA § 12a ArbGG 1979 Nr. 10, das zutr. eine teleologische Reduktion des § 12a Abs. 1 Satz 1 ArbGG verwirft, obwohl das Prozessrisiko allein auf der Verletzung des Benachteiligungsverbots beruht). Im Urteilsverfahren kann auch mit einer Feststellungsklage der Umfang einer Leistungspflicht (Vergütungspflicht, Arbeitspflicht) geltend gemacht werden, der vom Vorliegen/Nichtvorliegen einer verbotenen Schlechterstellung abhängt (*BAG* 18.02.2014 – 3 AZR 568/– juris, Rn. 18; *Sächs. LAG* 27.10.2015 – 3 Sa 267/15 – juris, Rn. 64 ff.; Revision eingelegt [*BAG* 7 AZR 731/15]).   **99**

Grundsätzlich ist die **Kausalität** der Amtstätigkeit für die Schlechterstellung **im Urteilsverfahren** **100** eine Frage der **Darlegungs- und Beweislast** desjenigen, der eine Verbotsverletzung geltend macht (so jetzt auch ausdrücklich *BAG* 25.06.2014 EzA § 78 BetrVG 2001 Nr. 4 Rn. 36 = AP Nr. 14 zu § 78 BetrVG 1972; ebenso *Kania*/ErfK § 78 BetrVG Rn. 7; *Rieble*/AR § 78 BetrVG Rn. 4; *Schrader/HWK* § 78 BetrVG Rn. 14). Der Umstand, dass der Funktionsträger anders behandelt wird als andere Arbeitnehmer, kommt nur als Indiz (Hilfstatsache) neben anderen Indizien, wie etwa Äußerungen des Arbeitgebers mit Bezug auf die Amtstätigkeit dafür in Betracht, dass dies wegen der Amtstätigkeit erfolgt ist. Mangels entsprechender Erfahrungssätze ist das aber nicht prima-facie zu unterstellen oder zu vermuten (wie hier jetzt auch *BAG* 25.06.2014 EzA § 78 BetrVG 2001 Nr. 4 Rn. 37 = AP Nr. 14 zu § 78 BetrVG 1972; zust. *LAG Rheinland-Pfalz* 19.08.2013 – 5 Sa 167/13 – juris, Rn. 79; *Purschwitz* Benachteiligungs- und Begünstigungsverbot, S. 86 f.; bedenklich insoweit noch *BAG* 22.02.1979 EzA § 103 BetrVG 1972 Nr. 23 S. 168; *Galperin/Löwisch* § 78 Rn. 14; *Buschmann/DKKW* § 78 Rn. 37; *Fitting* § 78 Rn. 21; *Kaiser/LK* § 78 BetrVG Rn. 13). Auch die Beweislastregel des § 22 AGG findet dabei weder unmittelbare noch analoge Anwendung (so zutr. *BAG* 25.06.2014 EzA § 78 BetrVG 2001 Nr. 4 Rn. 37 = AP Nr. 14 zu § 78 BetrVG 1972; für Beweiserleichterungen nach Art der Benachteiligung *Lipp* Tätigkeitsschutz, S. 170 ff., die aber eine Analogie zu § 22 AGG ausschließt).

Allerdings hat die Praxis im Prozess ein für den Kausalitätsnachweis verallgemeinerungsfähiges »abge- **101** stuftes System der Darlegungs-, Einlassungs- und Beweislast« zu beachten, welches der Siebte Senat des *BAG* (25.06.2014 EzA § 78 BetrVG 2001 Nr. 4 Rn. 37 ff. = AP Nr. 14 zu § 78 BetrVG 1972) gerade mit Blick auf die in § 22 AGG zum Ausdruck kommende gesetzliche Wertung richtungsweisend herausstellt; danach dürfe die gerichtliche Geltendmachung einer vom Gesetz missbilligten Benachteiligung nicht durch die prozessuale Verteilung der Beweislast unzumutbar erschwert werden. Dieses »System« läuft im Ergebnis, durch Darlegungserleichterungen und Einlassungspflichten der Gegenseite im Verhandlungsablauf strukturiert, auf eine Beweiserleichterung durch Abstriche bei den Beweisanforderungen hinaus.

102 Dieses »System« hat der Senat zur (nach der Sachverhaltskonstellation im Ergebnis zutr. verneinten) Frage aufgezeigt, ob der Arbeitgeber ein befristet beschäftigtes Betriebsratsmitglied wegen dessen Amtstätigkeit unzulässig benachteiligt, wenn er **bei Fristablauf den Abschluss eines Folgevertrages ablehnt** (zum Rechtsschutz näher Rdn. 96 ff.). Es kann aber bei Leistungsstreitigkeiten wegen verbotswidriger Benachteiligungen allgemein angewandt werden und taugt als Schablone für eine einheitliche Rspr. der Instanzgerichte (vgl. etwa schon *LAG Rheinland-Pfalz* 06.07.2016 – 7 Sa 566/15 – juris, Rn. 60 ff.). Danach darf der klagende Arbeitnehmer (Funktionsträger) ohne Verstoß gegen seine prozessuale Wahrheitspflicht behaupten, gerade wegen der Amtstätigkeit benachteiligt zu werden. Der beklagte Arbeitgeber muss sich dazu wahrheitsgemäß erklären (§ 138 Abs. 1 und 2 ZPO). Bestreitet er die Behauptung nicht ausdrücklich, gilt sie als zugestanden. Bei Bestreiten ist der Arbeitnehmer, da er praktisch für die »innere« Tatsache keinen unmittelbaren Beweis erbringen kann, auf eine Beweisführung durch Vortrag von Hilfstatsachen (Indizien) verwiesen, die den Schluss auf die Kausalität der Amtstätigkeit (als Haupttatsache) rechtfertigen. Auch zu diesen Indizien muss sich der Arbeitgeber konkret erklären; er kann sie bestreiten oder entkräften. Hierzu kann sich wiederum der Arbeitnehmer erklären. Dem Tatsachengericht wird dann bei der danach vorzunehmenden Beweiswürdigung (vorgetragener Indizien, dem gesamten Inhalt der Verhandlungen und einer etwaigen Beweisaufnahme) nach § 286 Abs. 1 ZPO zugestanden, sich in Zweifelsfällen mit »einem für das praktische Leben brauchbaren Grad von Gewissheit« für die Kausalität der Amtstätigkeit begnügen zu dürfen.

103 **Rechtsgeschäfte**, die gegen § 78 Satz 2 verstoßen, sind nach § 134 BGB **nichtig** (vgl. Rdn. 25). Aus einer **verbotswidrigen Begünstigungsvereinbarung** kann der Begünstigte weder für die Vergangenheit noch für die Zukunft Ansprüche herleiten. Ist eine Begünstigung bereits gewährt, so scheitert ihre Rückforderung nicht an § 817 Satz 2 BGB (anders noch *Buschmann/DKKW* § 78 Rn. 36; *Fitting* § 78 Rn. 23; *Henssler* BB 2002, 307 [308]); denn der Zweck des Begünstigungsverbots (vgl. Rdn. 2) steht der Anwendung des § 817 Satz 2 BGB entgegen, weil die verbotswidrige Besserstellung sonst für die Vergangenheit Bestand hätte (so im Anschluss an *Wiese* [6. Aufl., § 37 Rn. 15] jetzt auch *Jacobs/Frieling* ZfA 2015, 241 [259 mit Fn. 102]; *Joost/*MünchArbR § 220 Rn. 133; *Kaiser/LK* § 78 Rn. 24; *Preis/WPK* § 78 Rn. 18; *Rieble/AR* § 78 BetrVG Rn. 7; *Richardi/Thüsing* § 78 Rn. 37; *Waskow/*NK-GA § 78 BetrVG Rn. 30; ausführlich *Lipp* Tätigkeitsschutz, S. 186 ff.; *Purschwitz* Benachteiligungs- und Begünstigungsverbot, S. 95 ff.; vgl. auch *Weber* § 37 Rdn. 22; wohl auch *Worzalla/HWGNRH* § 78 Rn. 5; einschränkend *Esser* Begünstigung, S. 153: nur bei kollusivem Zusammenwirken der Beteiligten), und auch der Anwendung des § 814 BGB (so auch schon *Rieble* NZA 2008, 276 [278]; *Bittmann/Mujan* BB 2012, 1604 [1606]; *Dzida/Mehrens* NZA 2013, 753 [757]). Vgl. zu einem begünstigenden Aufhebungsvertrag die unterschiedlichen Konstellationen in Rdn. 84 und Rdn. 85.

104 Bei verbotswidriger Begünstigung von Funktionsträgern (insb. von Betriebsratsmitgliedern) können andere Arbeitnehmer keine Ansprüche auf Gleichbehandlung wegen Verletzung des arbeitsrechtlichen Gleichbehandlungsgrundsatzes herleiten (vgl. auch *LAG Düsseldorf* BB 2002, 306, das eine Gleichbehandlung mit dem begünstigten Funktionsträger bei einer Abfindungszahlung zutr. ablehnt). Denn die Verbotsverletzung ist unrechtmäßig und im Unrecht kann die Rechtsordnung keinen Anspruch auf Gleichbehandlung anerkennen (st. Rspr.; vgl. etwa *BAG* 13.08.1980 EzA § 77 BetrVG 1972 Nr. 8; 26.11.1998 EzA § 242 BGB Gleichbehandlung Nr. 81; 12.12.2002 AP Nr. 96 zu §§ 22, 23 BAT Lehrer Rn. 11), weil dabei durch Gleichbehandlung keine Gerechtigkeit hergestellt werden kann. Da § 78 Satz 2 kein Schutzgesetz für Dritte ist (s. Rdn. 28), kommt für diese auch kein Schadensersatzanspruch nach § 823 Abs. 2 BGB in Betracht. Werden etwa nur einzelne Betriebsratsmitglieder verbotswidrig begünstigt, kann das für andere auch keine verbotene Schlechterstellung sein, die entsprechende Rechtsfolgen (s. Rn. 72 ff.) auslösen könnte.

c) Strafbarkeit

105 Eine vorsätzliche verbotswidrige Benachteiligung oder Begünstigung ist nach § 119 Abs. 1 Nr. 3 **strafbar** (s. näher *Oetker* § 119 Rdn. 43 ff.). Strafantragsberechtigt sind aber nur die beteiligten Arbeitnehmervertretungen, der Unternehmer und jede im Betrieb vertretene Gewerkschaft (§ 119 Abs. 2).

In Begünstigungsfällen dürfte deren Interesse an einer Strafverfolgung allerdings nur ausnahmsweise vorliegen. Verbotswidrige Begünstigungen können aber in steuerstrafrechtlicher Hinsicht (Steuerhinterziehung nach § 370 Abs. 1 Nr. 1 AO) bedeutsam sein, wenn der Arbeitgeber sie als Betriebsausgaben deklariert. Vgl. näher zur Frage, ob den Handelnden auf Arbeitgeberseite eine Strafbarkeit wegen Untreue droht, *Jacobs/Frieling* ZfA 2015, 241 (260 f.); *Behrendt/Lilienthal* KSzW 2014, 277 (281).

§ 78a
Schutz Auszubildender in besonderen Fällen

(1) Beabsichtigt der Arbeitgeber, einen Auszubildenden, der Mitglied der Jugend- und Auszubildendenvertretung, des Betriebsrats, der Bordvertretung oder des Seebetriebsrats ist, nach Beendigung des Berufsausbildungsverhältnisses nicht in ein Arbeitsverhältnis auf unbestimmte Zeit zu übernehmen, so hat er dies drei Monate vor Beendigung des Berufsausbildungsverhältnisses dem Auszubildenden schriftlich mitzuteilen.

(2) Verlangt ein in Absatz 1 genannter Auszubildender innerhalb der letzten drei Monate vor Beendigung des Berufsausbildungsverhältnisses schriftlich vom Arbeitgeber die Weiterbeschäftigung, so gilt zwischen Auszubildendem und Arbeitgeber im Anschluss an das Berufsausbildungsverhältnis ein Arbeitsverhältnis auf unbestimmte Zeit als begründet. Auf dieses Arbeitsverhältnis ist insbesondere § 37 Abs. 4 und 5 entsprechend anzuwenden.

(3) Die Absätze 1 und 2 gelten auch, wenn das Berufsausbildungsverhältnis vor Ablauf eines Jahres nach Beendigung der Amtszeit der Jugend- und Auszubildendenvertretung, des Betriebsrats, der Bordvertretung oder des Seebetriebsrats endet.

(4) Der Arbeitgeber kann spätestens bis zum Ablauf von zwei Wochen nach Beendigung des Berufsausbildungsverhältnisses beim Arbeitsgericht beantragen,
1. festzustellen, dass ein Arbeitsverhältnis nach Absatz 2 oder 3 nicht begründet wird, oder
2. das bereits nach Absatz 2 oder 3 begründete Arbeitsverhältnis aufzulösen,

wenn Tatsachen vorliegen, aufgrund derer dem Arbeitgeber unter Berücksichtigung aller Umstände die Weiterbeschäftigung nicht zugemutet werden kann. In dem Verfahren vor dem Arbeitsgericht sind der Betriebsrat, die Bordvertretung, der Seebetriebsrat, bei Mitgliedern der Jugend- und Auszubildendenvertretung auch diese Beteiligte.

(5) Die Absätze 2 bis 4 finden unabhängig davon Anwendung, ob der Arbeitgeber seiner Mitteilungspflicht nach Absatz 1 nachgekommen ist.

Literatur
Auffarth Das Verfahren nach § 78a BetrVG 1972, FS *Herschel*, 1982, S. 13; *Barwasser* Der Befreiungsantrag des Arbeitgebers nach § 78a BetrVG, DB 1976, 2114; *Becker-Schaffner* Die Rechtsprechung zu § 78a BetrVG, DB 1987, 2647; *Bengelsdorf* Die gesetzes- und verfassungswidrige Umdeutung des § 78a BetrVG, NZA 1991, 537; *Benöhr* Ausbildungsverhältnis und Jugendvertretung, NJW 1973, 1778; *Blaha/Mehlich* Unbefristeter Arbeitsvertrag durch Wahl? – Vertragsfreiheit contra »Azubi-Schutz«, NZA 2005, 667; *Blanke* Nochmals: Sind Redaktionsvolontäre Tendenzträger?, AiB 1983, 30; *Brecht* Schutz in Ausbildung befindlicher Mitglieder von Betriebsverfassungsorganen, NWB 1974, 441 = Fach 26, S. 1207; *Feudner* Schutz Auszubildender in besonderen Fällen, NJW 2005, 1462; *Gamillscheg* Blinder Eifer um § 78a BetrVG, FS *Wiedemann*, 2002, S. 269; *Graf* Begründung von befristeten Arbeitsverhältnissen nach Ausbildungsende gemäß § 78a BetrVG, DB 1992, 1290; *Hayen* Der Schutz Auszubildender in besonderen Fällen durch § 78a BetrVG, AiB 1982, 76; *Heigl* Der Übernahmeanspruch von JAV-Mitgliedern. Schutzzweck und überbetriebliche Prüfung von Beschäftigungsmöglichkeiten, PersR 1997, 297; *Herschel* Das Verfahren zum Schutze Auszubildender in besonderen Fällen, DB 1976, 1285; *Houben* § 78a BetrVG – Schutz vor einer Schutznorm, NZA 2006, 769; *Jäger/Künzl* Probleme der Weiterbeschäftigung von Auszubildenden nach § 78a BetrVG und § 9 BPersVG, ZTR 2000, 300, 347; *Kleinbrink* Pflicht zur Übernahme von Ausgebildeten in Arbeitsverhältnisse, ArbRB 2010, 279; *Kramer* Amtsschutz durch Bestandsschutz (Diss. Mannheim), 2009 (zit.: Amtsschutz); *Künzl* Begründung von Teilzeitarbeitsverhältnissen gemäß § 78a BetrVG, BB 1986, 2404; *ders./Schindler* Leistungsvergleich zwischen Jugend- und Auszubildendenvertretern und sonstigen Auszubildenden?,

§ 78a
IV. 1. Allgemeines

ZTR 2010, 625; *Löwisch* Die Unzumutbarkeit der Weiterbeschäftigung Auszubildender nach § 78a BetrVG, DB 1975, 1893; *Malottke* Aktuelles zur Übernahme von JAV- und Betriebsratsmitgliedern, AiB 2009, 202; *Matthes* Die Anträge des Arbeitgebers nach § 78a Abs. 4 BetrVG und nach § 9 BPersVG, NZA 1989, 916; *Moritz* Das Weiterbeschäftigungsgebot des § 78a BetrVG und seine Wirkung für die Jugendvertretung und ihre Mitglieder, DB 1974, 1016; *ders.* Die »Zumutbarkeitsklausel« des § 78a Abs. 4 Nr. 2 BetrVG i. d. F. vom 18.01.1974, NJW 1974, 1494; *Müller, H. P.* Übernahme eines in Ausbildung befindlichen Mitglieds eines Betriebsverfassungsorgans in ein Arbeitsverhältnis kraft Gesetzes, DB 1974, 1526; *Natzel* Berufsbildungsrecht, 3. Aufl. 1982; *Nielebock* Übernahme von Mitgliedern der Jugend- und Auszubildendenvertretung nach der Ausbildung, AiB 1990, 219; *Oberthür* Die Übernahme organisierter Auszubildender – Kontrahierungszwang in engen Grenzen, ArbRB 2006, 157; *Opolony* Die Weiterbeschäftigung von Auszubildenden nach § 78a BetrVG, BB 2003, 1329; *Pielsticker* Der Schutz in Ausbildung befindlicher Mitglieder von Betriebsverfassungsorganen nach § 78a BetrVG, Diss. Münster 1987 (zit.: Der Schutz in Ausbildung); *Possienke* Der Weiterbeschäftigungsanspruch Auszubildender nach § 78a BetrVG (Diss. Hannover), 2011 (zit.: Weiterbeschäftigungsanspruch); *Reinecke* Die Übernahme des Auszubildenden in ein Arbeitsverhältnis, DB 1981, 889; *Reuter, W. J.* Betrieblich beschränkter Prüfungsmaßstab für Auflösungsanträge nach § 78a BetrVG, BB 2007, 2678; *Schäfer* Zum Begriff der Unzumutbarkeit in § 78a Abs. 4 BetrVG, AuR 1978, 202; *ders.* Zum Wechsel des Jugendvertreters vom Ausbildungs- ins Arbeitsverhältnis, NZA 1985, 418; *Schiefer* Die »Unzumutbarkeit« der Weiterbeschäftigung gem. § 78a Abs. 4 BetrVG, FS *Kreutz*, 2010, S. 429; *Schwedes* Verbesserter Schutz der Jugendvertreter, BArbBl. 1974, 9; *Strieder* Besonderheiten der Auflösungsklage nach § 78a Abs. 4 Nr. 2 BetrVG, BB 1983, 579; *Studt* Übernahme von Auszubildenden, AuA 2004, Heft 3, 18; *Thiele* Schutz der in Ausbildung befindlichen Mitglieder von Betriebsverfassungsorganen, BlStSozArbR 1974, 177; *Weng* Weiterbeschäftigungsanspruch eines Jugendvertreters nach § 78a BetrVG trotz entgegenstehender betrieblicher Gründe?, DB 1976, 1013; *Wiencke* Der Schutz Auszubildender in besonderen Fällen – § 78a BetrVG, Diss. Berlin 1983 (zit.: Der Schutz Auszubildender); *Witt* Bestandsschutz von Auszubildenden in betriebsverfassungs- oder personalvertretungsrechtlichen Ämtern, AR-Blattei SD 530.13.1, 1996; *Wöllenschläger* Gesetz zum Schutze in Ausbildung befindlicher Mitglieder von Betriebsverfassungsorganen, NJW 1974, 935.

Inhaltsübersicht

	Rdn.
I. Vorbemerkung	1–13
II. Geschützter Personenkreis	14–52
1. Auszubildender	15–28
a) Begriffsbestimmung entsprechend BBiG	15, 16
b) Personen in sonstigen Berufsbildungsverhältnissen	17–28
aa) Volontäre, Praktikanten	18–22
bb) Umschüler und Fortzubildende	23–27
cc) Auszubildende auf Kauffahrteischiffen	28
2. Mitgliedschaft in einem Betriebsverfassungsorgan	29–52
a) Mitglieder	29–43
b) Ersatzmitglieder	44–48
c) Nachwirkung des Schutzes (Abs. 3)	49–52
III. Mitteilungspflicht des Arbeitgebers (Abs. 1)	53–67
IV. Begründung eines Arbeitsverhältnisses (Abs. 2)	68–122
1. Weiterbeschäftigungsverlangen	68–98
a) Allgemeines	68–71
b) Schriftform	72–77
c) Geschäftsfähigkeit	78–81
d) Inhalt des Weiterbeschäftigungsverlangens	82–86
e) Dreimonatsfrist	87–96
f) Beteiligung des Betriebsrats	97, 98
2. Rechtswirkungen	99–115
a) Fiktion eines Arbeitsvertrages	99
b) Widerruf des Weiterbeschäftigungsverlangens	100
c) Verzicht auf das Weiterbeschäftigungsverlangen	101–103
d) Anfechtung des Weiterbeschäftigungsverlangens	104
e) Rechtsmissbräuchliches Weiterbeschäftigungsverlangen	105
f) Nichtbestehen der Abschlussprüfung	106
g) Kündigung und Aufhebungsvertrag	107, 108

h) Inhalt des Arbeitsverhältnisses		109–115
3. Streitigkeiten über Entstehung und Inhalt des Arbeitsverhältnisses		116–122
V. Unzumutbarkeit der Weiterbeschäftigung (Abs. 4)		123–218
1. Unzumutbarkeit		124–177
a) Allgemeines		124–127
b) Persönliche Gründe		128–139
c) Betriebliche Gründe		140–177
aa) Allgemeines		141–149
bb) Fallgruppen		150–177
2. Geltendmachung der Unzumutbarkeit		178–206
a) Allgemeines		178–183
b) Antragsfrist		184–189
c) Feststellungs- und Auflösungsantrag		190–206
3. Verfahren		207–218
a) Verfahrensart		207–210
b) Beurteilungszeitpunkt		211, 212
c) Darlegungs- und Beweislast		213, 214
d) Einstweiliger Rechtsschutz		215–218

I. Vorbemerkung

§ 78a BetrVG ist durch das »Gesetz zum Schutze in Ausbildung befindlicher Mitglieder von Betriebs- **1** verfassungsorganen« vom 18.01.1974 (BGBl. I S. 85), verkündet am 22.01.1974 und in Kraft getreten am 23.01.1974, in das Betriebsverfassungsgesetz eingefügt worden. Die Vorschrift regelt die Übernahme auszubildender Mitglieder der aufgezählten Betriebsverfassungsorgane in ein Arbeitsverhältnis auf unbestimmte Zeit nach Ablauf ihrer Ausbildungszeit. Sie soll diesen Mitgliedern der Betriebsverfassungsorgane eine Ausübung ihres Amtes **ohne Furcht vor Nachteilen** für ihre zukünftige berufliche Entwicklung ermöglichen (BT-Drucks. 7/1170, S. 1; s. a. *BAG* 16.07.2008 EzA § 78a BetrVG 2001 Nr. 4 Rn. 20 = AP Nr. 50 zu § 78a BetrVG 1972 = NZA 2009, 202; 17.02.2010 EzA § 78a BetrVG 2001 Nr. 5 Rn. 16 = AP Nr. 53 zu § 78a BetrVG 1972; 08.09.2010 EzA § 78a BetrVG 2001 Nr. 6 Rn. 18 = AP Nr. 54 zu § 78a BetrVG 1972 = NZA 2011, 221; 15.12.2011 EzA § 78a BetrVG 2001 Nr. 7 Rn. 13, 16 = AP Nr. 55 zu § 78a BetrVG 1972 = NZA-RR 2012, 413; *LAG Hamm* 11.01.2013 – 10 TaBV 5/12 – juris; *Gamillscheg* II, § 45, 2a [S. 681]; ebenso zu § 9 BPersVG *BVerwG* 30.05.2012 NZA-RR 2013, 55 Rn. 10; 26.05.2015 NZA-RR 2015, 499 Rn. 15).

Darüber hinaus bezweckt die Vorschrift, die **Kontinuität und Unabhängigkeit** der Arbeit in der **2** Jugend- und Auszubildendenvertretung und im Betriebsrat sicherzustellen (st. Rspr. seit *BAG* 16.01.1979 EzA § 78a BetrVG 1972 Nr. 5 S. 22 = AP Nr. 5 zu § 78a BetrVG 1972 Bl. 2 [*Schwedes*] = SAE 1979, 281 [*Reuter*]; zuletzt *BAG* 15.11.2006 EzA § 78a BetrVG 2001 Nr. 3 Rn. 24 [*Adam*] = AP Nr. 38 zu § 78a BetrVG 1972; 16.07.2008 EzA § 78a BetrVG 2001 Nr. 4 Rn. 20 = AP Nr. 50 zu § 78a BetrVG 1972 = SAE 2009, 189 [*Werhahn*]; 25.02.2009 EzB § 78a BetrVG Nr. 12 Rn. 16; 17.02.2010 EzA § 78a BetrVG 2001 Nr. 5 Rn. 16 = AP Nr. 53 zu § 78a BetrVG 1972; 08.09.2010 EzA § 78a BetrVG 2001 Nr. 6 Rn. 18 = AP Nr. 54 zu § 78a BetrVG 1972 = NZA 2011, 221; 15.12.2011 EzA § 78a BetrVG 2001 Nr. 7 Rn. 13, 16 = AP Nr. 55 zu § 78a BetrVG 1972 = NZA-RR 2012, 413; *LAG Hamm* 11.01.2013 – 10 TaBV 5/12 – juris; *Bachner/DKKW* § 78a Rn. 2; *Fitting* § 78a Rn. 1; *Gamillscheg* FS *Wiedemann*, S. 269 [272 f.]; *Künzl* BB 1986, 2404 [2405]; ders./APS § 78a BetrVG Rn. 4; *Nicolai/HWGNRH* § 78a Rn. 3; *Pielsticker* Der Schutz in Ausbildung, S. 13; *Preis/WPK* § 78a Rn. 1; *Richardi/Thüsing* § 78a Rn. 2; *Waskow/NK-GA* § 78a BetrVG Rn. 1; *Weigand/KR* § 78a BetrVG Rn. 3; *Witt* AR-Blattei SD 530.13.1, Rn. 1; ebenso zu § 9 BPersVG *BVerwG* 30.05.2012 NZA-RR 2013, 55 Rn. 10; 26.05.2015 NZA-RR 2015, 499 Rn. 15); denn das übernommene Mitglied bleibt im Amt. Neuerdings ist str. geworden, ob der Individualschutz dem Schutz der Amtskontinuität vorgeht (dazu Rdn. 147 f.). Der durch § 78a bezweckte Schutz beschränkt sich nicht auf die formale Mitgliedschaft im Betriebsrat bzw. der Jugend- und Auszubildendenvertretung, sondern gewährleistet zugleich durch die Begründung eines Arbeitsvertrages, dass die weitere Amtsausübung auf einer **gesicherten wirtschaftlichen Grundlage** erfolgen kann (*BAG* 19.08.2015 EzA

§ 4 TVG Ausschlussfristen Nr. 211 Rn. 28 = AP Nr. 141 zu § 615 BGB = NZA 2015, 1465; 24.08.2016 EzA § 4 TVG Ausschlussfristen Nr. 215 Rn. 32 = AP Nr. 149 zu § 615 BGB = NZA-RR 2017, 76).

3 Die Ergänzung des Gesetzes geht zurück auf Initiativen einer Gruppe von *CDU/CSU*-Abgeordneten (Gesetzesentwurf BT-Drucks. 7/1163) sowie der Fraktionen von *SPD* und *FDP* (Gesetzesentwurf BT-Drucks. 7/1170). Während der Abgeordnetenentwurf die Einfügung eines § 15a in das Kündigungsschutzgesetz vorsah, der zugleich eine allgemeine Regelung zur Übernahme von Auszubildenden in ein unbefristetes Arbeitsverhältnis enthalten sollte, ging der Entwurf der damaligen Regierungsfraktionen bereits von einer Ergänzung des Betriebsverfassungsgesetzes aus und beschränkte sich auf Schutzvorschriften für Auszubildende, die Mitglieder von Betriebsverfassungsorganen sind oder waren. Dem Gesetz liegt der vom Ausschuss für Arbeit und Sozialordnung in mehreren Punkten abgeänderte (s. BT-Drucks. 7/1334) Entwurf der Fraktionen von *SPD* und *FDP* zugrunde. Der Bundestag stimmte der Ausschussvorlage in zweiter und dritter Lesung am 06.12.1973 mit großer Mehrheit zu, nachdem der Abgeordnetenentwurf (Gruppenantrag) einstimmig für erledigt erklärt worden war.

4 Eine Ergänzung des Betriebsverfassungsgesetzes zum Schutze in Ausbildung befindlicher Mitglieder von Betriebsverfassungsorganen war nach übereinstimmender Auffassung aller im Bundestag vertretenen Parteien erforderlich. Denn:

5 Der besondere **Kündigungsschutz des § 15 KSchG** (i. d. F. des § 123 Nr. 3 BetrVG 1972) läuft für Auszubildende praktisch weitgehend leer. Nach § 22 BBiG kann der Arbeitgeber ein Berufsausbildungsverhältnis nur während der ein- bis viermonatigen Probezeit (§ 20 Satz 2 BBiG) ordentlich kündigen. Der Ausschluss der ordentlichen Kündigung gemäß § 15 Abs. 1 KSchG wird deshalb nur in dieser Zeit wirksam. Während der Probezeit dürfte es aber einem Auszubildenden nur in Ausnahmefällen gelingen, in ein Betriebsverfassungsorgan gewählt zu werden. Daher beschränkt sich der gesetzliche Kündigungsschutz während der Probezeit praktisch auf den Anwendungsbereich des § 15 Abs. 2 (jetzt Abs. 3) KSchG (Wahlvorstand, Wahlbewerber). Im Übrigen endet das Berufsausbildungsverhältnis mit Ablauf der Ausbildungszeit bzw. schon mit Bestehen der Abschlussprüfung, ohne dass es einer Kündigung bedarf (§ 21 Abs. 1, 2 BBiG). Für die Anwendung des § 15 KSchG ist insoweit kein Raum, auch nicht im Wege der Analogie (ebenso z. B. *Künzl/APS* § 78a BetrVG Rn. 8; *Wiencke* Der Schutz Auszubildender, S. 24; **a. M.** nur *Benöhr* NJW 1973, 1778 [1781]). Nach Ablauf der Probezeit schließt schon § 22 Abs. 2 BBiG die ordentliche Kündigung aus.

6 Das **Bedürfnis nach einem weitergehenden Schutz** der Auszubildenden ergab sich in der Praxis denn auch nicht im Rahmen des Berufsausbildungsverhältnisses, sondern bei der **anschließenden Übernahme in ein Arbeitsverhältnis**. Im Berufsausbildungsvertrag kann die Übernahme kraft der zwingenden Vorschrift des § 12 BBiG nicht von vornherein beiderseits bindend vereinbart werden. Doch ist es in der Praxis des Arbeitslebens seit langem üblich, dass der Ausbildende die Auszubildenden nach Beendigung des Ausbildungsverhältnisses, insbesondere nach dem Bestehen der Abschlussprüfung, als Arbeitnehmer weiterbeschäftigt, soweit das nach den Verhältnissen im Betrieb oder Unternehmen möglich ist. Häufig wird darüber nicht einmal eine ausdrückliche Vereinbarung getroffen (dem trägt § 24 BBiG Rechnung, der fingiert, dass dann ein Arbeitsverhältnis auf unbestimmte Zeit begründet ist).

7 In vielen, vor allem mittleren und größeren Betrieben werden jedoch mehr Auszubildende ausgebildet, als später Arbeitsplätze zur Verfügung stehen. Bei der Auswahl derjenigen, die nach Abschluss ihrer Ausbildung in ein Arbeitsverhältnis übernommen werden sollen, unterliegt der Arbeitgeber wie auch sonst bei der Begründung von Arbeitsverträgen grundsätzlich keinen Bindungen (s. aber *Kreutz/Jacobs* § 75 Rdn. 44). Seine Entscheidungsfreiheit ist auch in allen anderen Fällen grundsätzlich unbeschränkt. Er ist, vorbehaltlich besonderer Vereinbarungen im Einzelfall (s. a. § 12 Abs. 1 Satz 2 BBiG), rechtlich weder verpflichtet, überhaupt einen Auszubildenden als Arbeitnehmer zu übernehmen, noch ist er gehalten, die im eigenen Betrieb Ausgebildeten bevorzugt einzustellen. Aus diesen Gründen besteht die Gefahr, dass Auszubildende, die ein betriebsverfassungsrechtliches Amt wahrgenommen haben, durch Verweigerung der Übernahme benachteiligt werden. Gerade derjenige, der sein Amt als Mitglied der Jugend- und Auszubildendenvertretung oder des Betriebsrats (usw.) ernst genom-

men hat und auch harten Auseinandersetzungen mit dem Arbeitgeber nicht ausgewichen ist, läuft Gefahr, nicht als Arbeitnehmer im Betrieb bleiben zu können.

Dieser Gefahr der Benachteiligung von Mitgliedern von Betriebsverfassungsorganen war mit dem **Benachteiligungsverbot des § 78 Satz 2 nicht wirksam** genug zu begegnen. Ein Kontrahierungszwang kann hieraus nur in Ausnahmefällen abgeleitet werden (*Kreutz* § 78 Rdn. 74, 96; *BAG* 12.02.1975 EzA § 78 BetrVG 1972 Nr. 4 S. 8 f. = AP Nr. 1 zu § 78 BetrVG 1972 Bl. 3 R f. sowie hier Rdn. 13; ferner sowohl hierzu als auch zu weiteren vor Einführung des § 78a erwogenen Lösungsmöglichkeiten s. *Kreutz* § 78 Rdn. 74 sowie *Auffarth* FS *Herschel*, S. 13; *Wiencke* Der Schutz Auszubildender, S. 22 f.). Um die Rechtsschutzlücke zu schließen, hat sich der Gesetzgeber entschlossen, die in der Berufsausbildung befindlichen Mitglieder von Betriebsverfassungsorganen nach Beendigung des Ausbildungsverhältnisses auf Antrag grundsätzlich in ein unbefristetes Arbeitsverhältnis zu überführen. Damit wird für die Betroffenen zugleich der **besondere Kündigungsschutz** des § 15 KSchG und § 103 BetrVG **wirksam**, da sie ihre betriebsverfassungsrechtliche Funktion behalten. **8**

Entgegen verbreiteter Ansicht (z. B. *BAG* 29.11.1989 EzA § 78a BetrVG 1972 Nr. 20 S. 14 *[Kraft/ Raab]* = AP Nr. 20 zu § 78a BetrVG 1972 Bl. 6 f. *[Berger-Delhey]* = SAE 1991, 373 *[Eich]*; 16.07.2008 EzA § 78a BetrVG 2001 Nr. 4 Rn. 20 = AP Nr. 50 zu § 78a BetrVG 1972 = SAE 2009, 189 *[Werhahn]*; 17.02.2010 EzA § 78a BetrVG 2001 Nr. 5 Rn. 16 = AP Nr. 53 zu § 78a BetrVG 1972; 08.09.2010 EzA § 78a BetrVG 2001 Nr. 6 Rn. 18 = AP Nr. 54 zu § 78a BetrVG 1972 = NZA 2011, 221; 15.12.2011 EzA § 78a BetrVG 2001 Nr. 7 Rn. 13 = AP Nr. 55 zu § 78a BetrVG 1972 = NZA-RR 2012, 413; *BVerwG* 26.05.2015 NZA-RR 2015, 499 Rn. 15 [zu § 9 BPersVG]; *LAG Hamm* 11.01.2013 – 10 TaBV 5/12 – juris; *Thür. LAG* 27.03.1996 LAGE § 78a BetrVG 1972 Nr. 11 S. 3; im Schrifttum z. B. *Fitting* § 78a Rn. 1; *Gamillscheg* II, § 45, 2a [S. 680]; *Gross/GTAW* § 78a Rn. 1; *Jäger/Künzl* ZTR 2000, 346 [348]; *Lorenz/HaKo* § 78a Rn. 1; *Preis/WPK* § 78a Rn. 1; *Sittard/HWK* § 78a BetrVG Rn. 1) ist § 78a deshalb **keine spezielle Ausformung »des Benachteiligungsverbots des § 78 Satz 2«**; die Regelung geht über dieses Verbot weit hinaus (zutr. *BAG* 13.11.1987 EzA § 78a BetrVG 1972 Nr. 19 S. 5 = AP Nr. 18 zu § 78a BetrVG Bl. 3 R = SAE 1989, 144 *[Natzel]*: gewisse Bevorzugung ist vom Gesetz im Interesse des Schutzes des Betriebsverfassungsamtes bewusst in Kauf genommen worden; zust. *Heigl* PersR 1997, 297 [307]). Die Vorschrift bevorzugt den von § 78a geschützten Personenkreis insbesondere gegenüber denjenigen Auszubildenden, für die infolge der Weiterbeschäftigung eine Übernahme in ein Arbeitsverhältnis wegen eines fehlenden Beschäftigungsbedarfs nicht mehr in Betracht kommt, was unter Umständen sogar zur Verdrängung besser qualifizierter Auszubildender führen kann (s. Rdn. 134), weil für sie wegen der Weiterbeschäftigung des von § 78a Geschützten kein Arbeitsplatz (mehr) zur Verfügung steht und deshalb die Übernahme in ein Arbeitsverhältnis nicht in Betracht kommt (widersprüchlich insoweit *Gamillscheg* II, § 45, 2a [S. 681]: »keine Bevorzugung«, der andererseits aber [mit Recht!] darauf hinweist [§ 45, 2b [1] [S. 682 unten]], dass der Schutz auf Kosten der anderen Auszubildenden geht). Diese Privilegierung lässt sich nicht allein mit dem Schutz vor einer Benachteiligung, sondern nur im Hinblick auf die vom Gesetzgeber als vorrangig bewertete Kontinuität des Mitbestimmungsorgans rechtfertigen. **9**

Die Vorschrift des § 78a ist ebenso wenig eine Durchbrechung der nach § 78 Satz 2 unzulässigen Begünstigung wie die des § 103. Entgegen einer im Schrifttum von *H. P. Müller* (DB 1974, 1526) vertretenen Ansicht bestehen **keine verfassungsrechtlichen Bedenken** dagegen, dass § 78a den geschützten Auszubildenden ein Gestaltungsrecht (hierzu auch Rdn. 70) einräumt, mit dem sie die Begründung eines Arbeitsverhältnisses auf unbestimmte Zeit herbeiführen können (*Bachner/DKKW* § 78a Rn. 3; *Fitting* § 78a Rn. 2; *Galperin/Löwisch* § 78a Rn. 2; *Horcher* RdA 2014, 93 [96]; *Künzl/ APS* § 78a BetrVG Rn. 10; *Richardi/Thüsing* § 78a Rn. 4; ausführlich *Blaha/Mehrlich* NZA 2005, 667 [668 ff.]; *Pielsticker* Der Schutz in Ausbildung, S. 72 ff.; *Possienke* Weiterbeschäftigungsanspruch, S. 13 ff.; *Reinecke* DB 1981, 889; *Waskow*/NK-GA § 78a BetrVG Rn. 1; *Weigand*/KR § 78a BetrVG Rn. 6). Die darin liegende Beschränkung der Vertragsfreiheit des Arbeitgebers wird (auch im Ausmaß des Abs. 3) ebenso wie der besondere Kündigungsschutz gemäß § 15 KSchG und § 103 BetrVG durch das **Sozialstaatsprinzip** legitimiert (*Blaha/Mehrlich* NZA 2005, 667 [671]; *Horcher* RdA 2014, 93 [96]; *Künzl/APS* § 78a BetrVG Rn. 10; *Pielsticker* Der Schutz in Ausbildung, S. 76; *Richardi/Thüsing* § 78a Rn. 4); die Einschränkung des Art. 12 Abs. 1 GG bezüglich der Privatautonomie des Arbeitgebers wahrt das Verhältnismäßigkeitsprinzip (*Künzl/APS* § 78a BetrVG Rn. 10; ausführlich *Blaha/* **10**

Mehrlich NZA 2005, 667 [670 ff.]; *N. Kramer* Amtsschutz, S. 142 ff.; *Possienke* Weiterbeschäftigungsanspruch, S. 22 ff.), da ihm das Verfahren in Abs. 4 die Möglichkeit eröffnet, die Verpflichtung zur Übernahme des Auszubildenden im Fall der Unzumutbarkeit abzuwenden bzw. rückgängig zu machen (ebenso im Grundansatz *Blaha/Mehrlich* NZA 2005, 667 [671 f.], *Possienke* Weiterbeschäftigungsanspruch, S. 32 f., die hieraus jedoch – entgegen der vorherrschenden Meinung – die Forderung nach einer weiten Auslegung der »Unzumutbarkeit« ableiten [zu den Konsequenzen u. a. Rdn. 134 ff.]).

11 In den Entscheidungen der Arbeitsgerichte zu § 78a, die ein überdurchschnittliches Maß an Publizität genießen, spiegeln sich Notwendigkeit und Brisanz der Regelung wider. Die meisten Verfahren enden nicht in erster Instanz. Auch ist das Schutzrecht des § 78a zum Handelsobjekt (»Abkauf«) geworden (*Reinecke* DB 1981, 889 mit Hinweis auf drei grundlegende *BAG*-Entscheidungen; *Weigand*/KR § 78a BetrVG Rn. 4).

12 Zum **Personalvertretungsrecht** vgl. § 9 BPersVG. Die dortige Regelung gilt auch für Arbeitnehmervertretungen nach den Personalvertretungsgesetzen der Länder (§ 107 Satz 2 BPersVG); trotz ihrer unmittelbaren Geltung in den Ländern haben diese die Vorschrift in den jeweiligen Personalvertretungsgesetzen wiederholt (z. B. § 9 ThürPersVG). Sowohl aus dem weitgehend übereinstimmenden Wortlaut als auch aus der zeitgleichen Entstehung folgt, dass § 78a und § 9 BPersVG ein im Wesentlichen übereinstimmendes Schutzniveau gewährleisten wollen (treffend z. B. *BVerwG* 18.08.2010 BVerwGE 137, 346 Rn. 25 = NZA-RR 2011, 51), so dass die verwaltungsgerichtliche Judikatur zu § 9 BPersVG auch für die Auslegung von § 78a herangewogen werden kann (s. zum Schutzzweck einerseits oben Rdn. 1 f. sowie andererseits *BVerwG* 30.05.2012 NZA-RR 2013, 55 Rn. 10; 26.05.2015 NZA-RR 2015, 499 Rn. 15).

13 Ein mit Auszubildenden vergleichbares Schutzbedürfnis wird auch im Übrigen für **Betriebsratsmitglieder** diagnostiziert, die im Rahmen eines **befristeten Arbeitsverhältnisses** beschäftigt sind. Für diese wird deshalb vereinzelt eine **entsprechende Anwendung des § 78a** befürwortet (so *Huber/Mücke/Helm* ArbR 2012, 422). Dem steht entgegen, dass der Gesetzgeber in § 78a bewusst von einer generellen Problemlösung abgesehen hat (s. Rdn. 3), so dass die für einen Analogieschluss unerlässliche planwidrige Regelungslücke fehlt (treffend auch *BAG* 05.12.2012 EzA § 14 TzBfG Nr. 89 Rn. 45 = AP Nr. 102 zu § 14 TzBfG = NZA 2013, 515 sowie zuvor *LAG Niedersachsen* 08.08.2012 BB 2012, 2760 [2763]; Entschließungsanträge der Fraktion BÜNDNIS 90/DIE GRÜNEN [BT-Drucks. 18/2750] sowie der Fraktion DIE LINKE [BT-Drucks. 18/5327] hat der Deutsche Bundestag ausdrücklich abgelehnt [Plenarprotokoll 18/206, S. 20593; zur Beschlussempfehlung des BT-Ausschusses für Arbeit und Soziales BT-Drucks. 18/7595]). Hieran scheitert auch eine im Schrifttum vereinzelt auf das Verbot der Altersdiskriminierung gestützte unionsrechtskonforme Fortbildung der lex lata (hierfür aber *Huber/Mücke/Helm* ArbR 2012, 422). Es verbleibt der aus dem allgemeinen **Benachteiligungsverbot (§ 78 Satz 2)** abzuleitende Schutz, der unter Umständen auch auf Abschluss eines unbefristeten Arbeitsvertrages gerichtet sein kann (s. *Kreutz* § 78 Rdn. 74, 96; *BAG* 05.12.2013 EzA § 14 TzBfG Nr. 89 Rn. 47 = AP Nr. 102 zu § 14 TzBfG = NZA 2013, 515; 25.06.2014 EzA § 78 BetrVG 2001 Nr. 4 Rn. 27 ff. = AP Nr. 14 zu § 78 BetrVG 1972 = NZA 2014, 1209 sowie sehr weitgehend bejahend *LAG Berlin-Brandenburg* 04.11.2011 LAGE § 14 TzBfG Nr. 67a; *ArbG München* 08.10.2010 AiB 2011, 267; *Helm/Bell/Windirsch* AuR 2012, 293 ff.; ähnlich *LAG Hamm* 05.11.2013 LAGE § 78 BetrVG 2001 Nr. 5 [Berufung auf die Befristung ausgeschlossen]; ablehnend demgegenüber im entschiedenen Fall *LAG München* 18.02.2011 – 7 Sa 896/10 – BeckRS 2012, 75537). Den Anforderungen durch Art. 7 der Richtlinie 2002/14/EG trägt der hierdurch vermittelte Schutz ausreichend Rechnung (*BAG* 05.12.2012 EzA § 14 TzBfG Nr. 89 Rn. 47 = NZA 2013; *LAG Berlin-Brandenburg* 13.01.2016 LAGE § 78 BetrVG 2001 Nr. 11 = BeckRS 2016, 71352; *LAG Niedersachsen* 08.08.2012 BB 2012, 2760 [2763]; s. a. *LAG München* 18.02.2011 – 7 Sa 896/10 – BeckRS 2012, 75537; *LAG Rheinland-Pfalz* 01.10.2012 – 5 Sa 268/12 – BeckRS 2012, 76238 sowie zu Art. 7 der Richtlinie 2002/14/EG *EuGH* 11.02.2010 NZA 2010, 286 Rn. 46 ff.; *BAG* 05.12.2012 EzA § 14 TzBfG Nr. 89 Rn. 39 ff. = NZA 2013, 515; *Benecke* EuZA 2016, 34 ff.; *Weber/* EuArbR Art. 7 RL 2002/14/EG Rn. 7). Zu weit geht es jedoch, in Übernahme der Wertung in § 78a einen Verstoß gegen das Benachteiligungsverbot stets dann zu bejahen, wenn einem befristet beschäf-

tigten Betriebsratsmitglied kein unbefristetes Arbeitsverhältnis angeboten wird (s. *Kreutz* § 78 Rdn. 74).

II. Geschützter Personenkreis

§ 78a schützt **Auszubildende**, die Mitglieder der Jugend- und Auszubildendenvertretung, des Betriebsrats, der Bordvertretung oder des Seebetriebsrats sind (Abs. 1) oder es waren (Abs. 3), und deren Berufsausbildungsverhältnis endet (nach Abs. 3 spätestens vor Ablauf eines Jahres nach Beendigung der Amtszeit des entsprechenden Betriebsverfassungsorgans). 14

1. Auszubildender

a) Begriffsbestimmung entsprechend BBiG

Der Begriff des durch die Vorschrift geschützten **Auszubildenden** ist weder in § 78a definiert noch lässt sich seine einheitliche Verwendung durch den Gesetzgeber nachweisen (*Pielsticker* Der Schutz in Ausbildung, S. 7). Gleichwohl besteht Einigkeit darüber, dass sich der Begriff des Auszubildenden in § 78a an dem des BBiG orientiert. Dessen Begriffsbestimmung kann grundsätzlich (s. aber auch Rdn. 20) für das Betriebsverfassungsrecht übernommen werden (*BAG* 23.06.1983 EzA § 78a BetrVG 1972 Nr. 11 S. 73 = AP Nr. 10 zu § 78a BetrVG 1972 Bl. 2 R [*Natzel*]; 01.12.2004 EzA § 78a BetrVG 2001 Nr. 1 S. 5; 17.08.2005 EzA § 78a BetrVG 1972 Nr. 2 S. 4; *Becker-Schaffner* DB 1987, 2647; *Fitting* § 78a Rn. 4; *Galperin/Löwisch* § 78a Rn. 3; *Kaiser/LK* § 78a Rn. 6; *Künzl/APS* § 78a BetrVG Rn. 14; *Nicolai/HWGNRH* § 78a Rn. 6; *Pielsticker* Der Schutz in Ausbildung, S. 7; *Possienke* Weiterbeschäftigungsanspruch, S. 60 ff.; *Richardi/Thüsing* § 78a Rn. 6; *Schiefer* FS *Kreutz*, S. 429 [431]; *Sittard/HWK* § 78a BetrVG Rn. 1; *Stege/Weinspach/Schiefer* § 78a Rn. 1; *Waskow/NK-GA* § 78a BetrVG Rn. 2; *Weigand/KR* § 78a BetrVG Rn. 8; *Wiencke* Der Schutz Auszubildender, S. 32). 15

Auszubildender i. S. d. § 78a ist demnach derjenige, der aufgrund eines mit dem Ausbildenden nach Maßgabe der §§ 10, 11 BBiG geschlossenen **Berufsausbildungsvertrages** von diesem in einem Ausbildungsberuf ausgebildet wird. Dabei müssen die für einen Beruf notwendigen Fähigkeiten in einem geordneten Ausbildungsgang vermittelt werden. In Betracht kommen insoweit **jedenfalls** die gemäß den §§ 4 ff. BBiG staatlich anerkannten Ausbildungsberufe (s. a. Rdn. 20). Das Berufsausbildungsverhältnis wird nur durch einen wirksamen, nicht der Schriftform bedürftigen Berufsausbildungsvertrag begründet. Dieser muss mit dem Arbeitgeber abgeschlossen sein, von dem der Auszubildende die Weiterbeschäftigung begehrt; die Absolvierung eines Teils der Ausbildung bei einem anderen Unternehmen reicht nicht aus, um diesem gegenüber die Weiterbeschäftigung gemäß Abs. 2 verlangen zu können (*BAG* 17.11.2005 EzA § 78a BetrVG 2001 Nr. 2 S. 5 ff.; ebenso als Vorinstanz *LAG* Brandenburg 24.08.2004 LAGE § 78a BetrVG 2001 Nr. 1 S. 5 ff.; bestätigt von *BAG* 17.02.2010 EzA § 78a BetrVG 2001 Nr. 5 Rn. 14 = AP Nr. 53 zu § 78a BetrVG 1972). Diese Grundsätze geltend entsprechend im **Gemeinschaftsbetrieb**; auch in diesem entsteht das Arbeitsverhältnis mit dem Vertragsarbeitgeber und nur dieser ist zur Stellung eines Auflösungsantrags berechtigt (*BAG* 25.02.2009 EzB § 78a BetrVG Nr. 12 Rn. 11 [Vorinstanz: *Hess. LAG* 26.04.2007 EzB § 78a BetrVG Nr. 9]). Auf die **Dauer** des **Ausbildungsverhältnisses** kommt es grundsätzlich ebenso wenig an wie auf das **Alter der Auszubildenden** (*Bachner/DKKW* § 78a Rn. 5; *Berkowsky/MünchArbR* § 137 Rn. 24; *Galperin/Löwisch* § 78a Rn. 3; *Kaiser/LK* § 78a Rn. 3; *Preis/WPK* § 78a Rn. 14; *Witt* AR-Blattei SD 530.13.1, Rn. 4). 16

b) Personen in sonstigen Berufsbildungsverhältnissen

Zweifelhaft ist, ob der Schutzzweck des § 78a nur Auszubildende i. S. d. BBiG erfasst oder (zumindest unter bestimmten Voraussetzungen) auch Personen in sonstigen Berufsbildungsverhältnissen, wie Volontäre, Praktikanten, Umschüler und Fortzubildende unter den Schutzbereich fallen. 17

aa) Volontäre, Praktikanten

18 Der Begriff des Auszubildenden ist enger als der »des zur Berufsausbildung Beschäftigten« (§ 5 Abs. 1). **Volontäre** und **Praktikanten** (zu den Begriffen *Schaub/Vogelsang* Arbeitsrechts-Handbuch, § 15 Rn. 7 f., 9 ff.) sind zwar Arbeitnehmer i. S. d. § 5 Abs. 1 Satz 1 (z. B. *Raab* § 5 Rdn. 56; *Richardi* § 5 Rn. 68), sie sind aber **nicht Auszubildende i. S. d.** § **78a**, da sich die Begriffsbestimmung des Gesetzes an diejenige des § 1 Abs. 3 BBiG anlehnt. Hiernach sind Volontäre und Praktikanten keine Auszubildenden, sondern Arbeitnehmer, deren Arbeitsverhältnis vom Ausbildungszweck beherrscht wird, so dass auf sie § 26 BBiG anzuwenden ist (für die h. M. *Knigge* AR-Blattei SD 1740, Rn. 3, 12). Somit gelten zwar auch für Praktikanten und Volontäre die §§ 10 bis 23 und 25 BBiG, nicht aber die §§ 4 ff. BBiG, weil für sie kein geordneter Ausbildungsgang vorgeschrieben ist. Auch die Dauer der Ausbildung ist nicht festgelegt, sondern der Vereinbarung überlassen (§§ 26, 11 Abs. 1 Nr. 2 BBiG im Gegensatz zu § 5 Abs. 1 Nr. 2 BBiG), und eine vorzeitige Lösung des Vertragsverhältnisses ist ohne schadensersatzrechtliche Folgen möglich (§§ 26, 23 Abs. 1 Satz 1 BBiG). Zudem ergibt sich aus § 9 BPersVG, der eine § 78a BetrVG entsprechende Regelung enthält, dass der Gesetzgeber grundsätzlich lediglich Auszubildende i. S. d. BBiG schützen wollte. Diese Vorschrift definiert den Auszubildenden als »einen in einem Berufsausbildungsverhältnis nach dem BBiG stehenden Beschäftigten«. Dass der Gesetzgeber mit § 9 BPersVG inhaltlich von § 78a BetrVG abweichen wollte, ist aus den Materialien nicht ersichtlich, so dass von einer Identität der Regelungsgehalte beider Vorschriften auszugehen ist (*Dietz/Richardi* § 78a Rn. 4; *Pielsticker* Der Schutz in Ausbildung, S. 9 f.; s. a. *BVerwG* 18.08.2010 BVerwGE 137, 346 Rn. 25 = NZA-RR 2011, 51). All dies zeigt, dass das Gesetz die Bindung der Volontäre und Praktikanten an den Betrieb als nicht so eng ansieht wie die des Auszubildenden. Deshalb ist auch eine **(entsprechende) Anwendung** des § 78a für Volontäre und Praktikanten **generell nicht** überzeugend begründbar (ebenso im Ergebnis *Berkowsky*/MünchArbR § 137 Rn. 25; *Fitting* § 78a Rn. 6a; *Galperin/Löwisch* § 78a Rn. 3; *Kaiser/LK* § 78a Rn. 6; *Künzl/APS* § 78a BetrVG Rn. 20; *Nicolai/HWGNRH* § 78a Rn. 7; *Pielsticker* Der Schutz in Ausbildung, S. 8, 16 ff.; *Possienke* Weiterbeschäftigungsanspruch, S. 61 ff., 66 f.; *Preis/WPK* § 78a Rn. 2; *Richardi/Thüsing* § 78a Rn. 6; *Rieble*/AR § 78a BetrVG Rn. 1; *Schiefer* FS *Kreutz*, S. 429 [432 f.]; *Stege/Weinspach/Schiefer* § 78a Rn. 1; *Waskow*/NK-GA § 78a BetrVG Rn. 4; *Weiss/Weyand* § 78a Rn. 2; *Wiencke* Der Schutz Auszubildender, S. 33; *Witt* AR-Blattei SD 530.13.1, Rn. 5).

19 Gegen diese Ansicht spricht nicht, dass vor allem Volontäre nach Beendigung ihrer Ausbildung nicht selten in ein Dauerarbeitsverhältnis übernommen werden. Anderer Meinung ist *Weigand* (KR § 78a BetrVG Rn. 11; im Ergebnis ebenso *Bachner/DKKW* § 78a Rn. 4), der der Tatsache Rechnung tragen will, dass Volontäre und Praktikanten gerade vor dem Hintergrund einer sich verengenden Arbeitsmarktsituation zunehmend einen unbefristeten Arbeitsvertrag in dem gleichen Betrieb verschaffen wollen. Jedoch sind weniger die Gegebenheiten des Arbeitslebens als vielmehr der Charakter der Ausbildung in einem (nach Dauer und Anforderung) geordneten Ausbildungsgang maßgebend. Volontäre sind daher grundsätzlich Arbeitnehmern gleichgestellt, die wirksam befristete Arbeitsverträge abgeschlossen haben. Auf befristete Arbeitsverträge ist § 78a ebenfalls nicht entsprechend anwendbar (so auch *Galperin/Löwisch* § 78a Rn. 3; *Thiele* Drittbearbeitung, § 78a Rn. 12).

20 **Ausnahmsweise** ist § 78a auf **Volontäre anwendbar**, wenn sie sich in einer Berufsausbildung befinden, die nach einem bestimmten festgelegten Verfahren durchgeführt wird und die von daher einer Ausbildung i. S. d. BBiG gleichwertig ist (zur Gleichwertigkeit s. a. § 43 Abs. 2 Satz 2 BBiG). Zu Recht hat das *BAG* (23.06.1983 EzA § 78a BetrVG 1972 Nr. 11 S. 75 = AP Nr. 10 zu § 78a BetrVG 1972 Bl. 3 f. *[Natzel]*); bestätigt durch *BAG* 01.12.2004 EzA § 78a BetrVG 2001 Nr. 1 S. 7 = NZA 2005, 779; 17.08.2005 EzA § 78a BetrVG 2001 Nr. 2 S. 5) entschieden, dass die Begriffe **des Auszubildenden im BBiG und im BetrVG nicht zwingend deckungsgleich** sind, da die **jeweiligen Gesetze andere Zielrichtungen** verfolgen. Die begriffliche Festlegung in § 1 Abs. 3 BBiG gelte unmittelbar und zwingend nur für das BBiG und die danach ergehenden Rechtsvorschriften und Regelungen. Im Übrigen sei aber für jedes Gesetz gesondert festzulegen, wer als Auszubildender anzusehen sei. § 78a müsse von seinem Schutzzweck her auch auf andere als staatlich anerkannte Ausbildungsberufe Anwendung finden, wenn diese tariflichen Regelungen entsprechen und eine geordnete Ausbildung von mindestens zwei Jahren vorsehen. Diese Voraussetzungen sah es bei dem Tarifvertrag über Ausbildungsrichtlinien für **Redaktionsvolontäre** an **Tageszeitungen** vom 01.09.1969 als gegeben an (zust. *Berkowsky*/MünchArbR § 137 Rn. 25; *Blanke* AiB 1983, 30 [31]; *Etzel* Rn. 1245; *Fitting*

§ 78a Rn. 6; *Kaiser*/LK § 78a Rn. 6; *Künzl*/APS § 78a BetrVG Rn. 12, 21; *Lorenz*/HaKo § 78a Rn. 2; *Richardi*/*Thüsing* § 78a Rn. 7; *Schiefer* FS Kreutz, S. 429 [431]; *Witt* AR-Blattei SD 530.13.1, Rn. 5a).

Nach der Gegenansicht (*LAG Baden-Württemberg* 06.08.1980 AfP 1980, 237; *Natzel* Anm. zu *BAG* 23.06.1983 AP Nr. 10 zu § 78a BetrVG 1972, insbesondere Bl. 7 ff.; *Pielsticker* Der Schutz in Ausbildung, S. 8, 18 f.; *Stege*/*Weinspach*/*Schiefer* § 78a Rn. 1) ist die Auslegung des Auszubildendenbegriffs in § 78a ausnahmslos auf den im BBiG verwandten Begriff begrenzt, zumal das Volontariat im Gegensatz zur Ausbildung eines Auszubildenden nicht im dualen System, d. h. im Betrieb und in der berufsbegleitenden Berufsschule erfolge (*Natzel* Anm. zu *BAG* 23.06.1983 AP Nr. 10 zu § 78a BetrVG 1972 Bl. 8). Diese Kritik übersieht die Schutzbedürftigkeit solcher Volontäre, die, wie Redaktionsvolontäre, keinen adäquaten staatlich anerkannten Ausbildungsgang (z. B. zum Journalisten) beschreiten können, gleichwohl aber als Mitglied eines Betriebsverfassungsorgans im Spannungsfeld zwischen Arbeitgeber und Belegschaftsinteressen stehen und deshalb befürchten müssen, wegen eines Einsatzes für die Interessen der Arbeitnehmer nach Ende des Volontariats nicht in ein Arbeitsverhältnis übernommen zu werden. Anders ist hingegen für ein **Volontariat** in der **Filmbranche** zu entscheiden, wenn nach dem Inhalt des Vertrages die Arbeitsleistung und nicht die Aus- oder Fortbildung im Vordergrund steht (*BAG* 01.12.2004 EzA § 78a BetrVG 2001 Nr. 1 S. 6; Vorinstanz: *LAG Nürnberg* 13.02.2004 LAGR 2004, 256 [LS]). 21

In **Tendenzunternehmen** steht § 118 Abs. 1 Satz 1 Nr. 2 der Begründung eines Arbeitsverhältnisses nach § 78a Abs. 2 mit einem Redaktionsvolontär nach Beendigung der Ausbildung jedenfalls im Grundsatz nicht entgegen (*BAG* 23.06.1983 EzA § 78a BetrVG 1972 Nr. 11 S. 78 f. = AP Nr. 10 zu § 78a BetrVG 1972 Bl. 5 f. [*Natzel*]; ebenso *Künzl*/APS § 78a BetrVG Rn. 13; *Nicolai*/HWGNRH § 78a Rn. 5; *Richardi*/*Thüsing* § 78a Rn. 8). Nach Ansicht des *BAG* stellt sich insoweit nicht die Frage, ob Redaktionsvolontäre Tendenzträger sind, sondern vielmehr, ob der Auszubildende eine **Beschäftigung als Tendenzträger** begehrt. Daher kann die Rechtswirkung des § 78a aus Gründen des **Tendenzschutzes** entfallen, wenn tendenzbedingte Gründe die Weiterbeschäftigung des Arbeitnehmers als für den Arbeitgeber unzumutbar ausschließen (*BAG* 23.06.1983 EzA § 78a BetrVG 1972 Nr. 11 = AP Nr. 10 zu § 78a BetrVG 1972, 3. Leitsatz [*Natzel*]; zust. *Berkowsky*/MünchArbR § 137 Rn. 29; *Künzl*/APS § 78a BetrVG Rn. 13; *Nicolai*/HWGNRH § 78a Rn. 5; *Richardi*/*Thüsing* § 78 Rn. 8). 22

bb) Umschüler und Fortzubildende

In § 1 Abs. 1 BBiG wird zwischen Berufsausbildung, beruflicher Fortbildung (§§ 1 Abs. 4, 53 BBiG) und beruflicher Umschulung (§§ 1 Abs. 5, 58 BBiG) unterschieden. Die Begriffe Ausbilder und Auszubildender werden nur in Beziehung auf das Berufsausbildungsverhältnis verwendet, nicht auch für die Fortbildungs- und Umschulungsverhältnisse (§§ 53, 58 BBiG). Davon ist auch bei der Anwendung des § 78a auszugehen (*Preis*/WPK § 78a Rn. 2; *Thiele* Drittbearbeitung, § 78a Rn. 10; *Wiencke* Der Schutz Auszubildender, S. 32). Die Berufsfortbildung und -umschulung ist regelmäßig nicht Gegenstand isolierter Rechtsverhältnisse, sie wird vielmehr zumeist im Rahmen bestehender Arbeitsverhältnisse durchgeführt (hierzu auch die §§ 96 bis 98, insbesondere § 98 Abs. 3). In diesen Fällen leisten § 15 KSchG und § 103 dem besonderen Schutzbedürfnis der in Fortbildung und Umschulung befindlichen Mitglieder von Betriebsverfassungsorganen vollauf Genüge (*Thiele* Drittbearbeitung, § 78a Rn. 10; ebenso *Pielsticker* Der Schutz in Ausbildung, S. 13; *Wiencke* Der Schutz Auszubildender, S. 33; **a. M.** *Künzl*/APS § 78a BetrVG Rn. 19). 23

Erfolgt eine **Umschulung** im Rahmen eines eigenständigen Umschulungsverhältnisses, kann im Einzelfall die Anwendung von § 78a begründet sein. Das ist insbesondere der Fall, wenn eine Umschulung für einen anerkannten Ausbildungsberuf erfolgt (s. dazu auch § 60 BBiG). Dann ist das Umschulungsverhältnis zugleich ein Ausbildungsverhältnis, der Umschüler zugleich Auszubildender (*Thiele* Drittbearbeitung, § 78a Rn. 11; *Bachner*/DKKW § 78a Rn. 4; *Fitting* § 78a Rn. 5; *Künzl*/APS § 78a BetrVG Rn. 16; *Possienke* Weiterbeschäftigungsanspruch, S. 65; *Preis*/WPK § 78a Rn. 2; *Reinecke* DB 1981, 889; *Richardi*/*Thüsing* § 78a Rn. 6; *Waskow*/NK-GA § 78a BetrVG Rn. 2; *Weigand*/KR § 78a BetrVG Rn. 9; *Wiencke* Der Schutz Auszubildender, S. 32; *Witt* AR-Blattei SD 530.13.1, Rn. 4). Im Hinblick auf den Schutzbereich des § 78a ist die Gegenansicht zu eng, nach der zwischen dem Betrieb, 24 in dem die Umschulung durchgeführt wird, und dem Umschüler wegen der Fremdfinanzierung durch die Bundesagentur für Arbeit »nur eine lockere Bindung besteht, die eine Anwendung des § 78a nicht zu rechtfertigen vermag« (so aber *Pielsticker* Der Schutz in Ausbildung, S. 14; ebenso *Galperin/Löwisch* § 78a Rn. 3; *Kaiser/LK* § 78a Rn. 6; *Kania/*ErfK § 78a BetrVG Rn. 2; *Natzel* Berufsbildungsrecht, S. 555 f.; *Nicolai/HWGNRH* § 78a Rn. 6; *Stege/Weinspach/Schiefer* § 78a Rn. 1).

25 Ebenso ist es unzutr., die Anwendung des § 78a in den Fällen der Umschulung für einen anerkannten Ausbildungsberuf auf **jugendliche Arbeitnehmer** zu beschränken, da die Vorschrift generell Mitgliedern der Betriebsverfassungsorgane eine ungehinderte Ausübung ihres Amtes ermöglichen, nicht jedoch einen besonderen Jugendlichenschutz statuieren will (wie hier *Künzl/APS* § 78a BetrVG Rn. 14; *Waskow/*NK-GA § 78a BetrVG Rn. 2; *Weigand/*KR § 78a BetrVG Rn. 9; **a. M.** *Galperin/Löwisch* § 78a Rn. 3, mit der Annahme, dass diese Vorschrift typischerweise jugendliche Arbeitnehmer erfassen soll).

26 Dagegen kann § 78a selbst bei isolierten **Berufsfortbildungsverhältnissen** nicht mit dem Ergebnis angewendet werden, dass den einem Betriebsverfassungsorgan angehörenden Fortzubildenden der angestrebte berufliche Aufstieg (§ 1 Abs. 4 BBiG a. E.) garantiert wird. Es entspricht jedenfalls nicht mehr der von der Vorschrift bezweckten Wirkung und würde insoweit eine Privilegierung dieser Mitglieder von Betriebsverfassungsorganen bedeuten, wenn ihnen § 78a faktisch einen bestimmten beruflichen Werdegang garantieren würde (im Ergebnis ebenso *Berkowsky/*MünchArbR § 137 Rn. 30; *Galperin/Löwisch* § 78a Rn. 3; *Natzel* Berufsbildungsrecht, S. 555 f.; *Nicolai/HWGNRH* § 78a Rn. 6; *Pielsticker* Der Schutz in Ausbildung, S. 15 f.; *Schiefer* FS *Kreutz*, S. 429 [433]; *Wiencke* Der Schutz Auszubildender, S. 32).

27 Die Gegenansicht (*Künzl/APS* § 78a BetrVG Rn. 18; *Reinecke* DB 1981, 889; *Weigand/*KR § 78a BetrVG Rn. 10; *Witt* AR-Blattei SD 530.13.1, Rn. 4) nimmt demgegenüber an, § 78a solle einen umfassenden Schutz vor beruflichen Nachteilen gewährleisten. Zudem stelle die Nichtanwendbarkeit des § 78a eine sachlich ungerechtfertigte Differenzierung gegenüber denjenigen Fortzubildenden dar, deren berufsfortbildende Maßnahmen im Rahmen eines gewöhnlichen Arbeitsverhältnisses erfolge, da dieser Gruppe der Schutz des § 15 KSchG sowie des § 103 zuteil werde. Diese Differenzierung ist indes schon deshalb sachlich gerechtfertigt, weil sich der Schutz auch in letzterem Fall lediglich auf das Arbeitsverhältnis, nicht jedoch auf den Fortbildungsstatus bezieht.

cc) Auszubildende auf Kauffahrteischiffen

28 Die Berufsausbildung **auf Kauffahrteischiffen**, die nach dem Flaggenrechtsgesetz vom 08.02.1951 (BGBl. I S. 79) die Bundesflagge führen, soweit es sich nicht um Schiffe der kleinen Hochseefischerei oder der Küstenfischerei handelt, ist gemäß § 3 Abs. 2 Nr. 3 BBiG von dem Geltungsbereich des Berufsbildungsgesetzes ausgenommen. In diesem Bereich gelten die aufgrund § 92 SeeArbG (früher: § 142 SeemG) erlassenen Ausbildungs-Verordnungen. Auszubildende i. S. d. § 78a sind danach in diesem Bereich Personen in der Ausbildung zum Matrosen, zum Schiffsmechaniker/zur Schiffsmechanikerin und zum Schiffsoffizier bzw. Kapitän (ebenso *Possienke* Weiterbeschäftigungsanspruch, S. 67 f.).

2. Mitgliedschaft in einem Betriebsverfassungsorgan

a) Mitglieder

29 Der Auszubildende muss zum Zeitpunkt der Beendigung des Ausbildungsverhältnisses **Mitglied** der Jugend- und Auszubildendenvertretung, des Betriebsrats, der Bordvertretung oder des Seebetriebsrats sein (Abs. 1 und 2) oder im Jahr vor diesem Zeitpunkt Mitglied gewesen sein (Abs. 3). Erfasst wird auch die Mitgliedschaft in einer Arbeitnehmervertretung nach § 3 Abs. 1 Nr. 1 bis 3 (§ 3 Abs. 5 und Rdn. 38). Die Länge der noch verbleibenden Ausbildungszeit ist für die Einbeziehung in den Schutz durch § 78a unerheblich; auch die Mitgliedschaft während der letzten drei Monate der Ausbildungszeit begründet den gesetzlichen Schutz (*LAG* Hessen 20.06.2007 NZA-RR 2008, 112 [LS]; *Fitting* § 78a Rn. 9; *Gross/GTAW* § 78a Rn. 5; **a. M.** *Houben* NZA 2006, 769 [769 ff.]; *Possienke* Weiterbeschäftigungsanspruch, S. 77 f.).

Die drei Monate vor Beendigung des Berufsausbildungsverhältnisses einsetzende Mitteilungspflicht 30
des Arbeitgebers (§ 78a Abs. 1), rechtfertigt nicht den Schluss, der Gesetzgeber habe nur solche Ausbildungsverhältnisse erfassen wollen, bei denen die Mitgliedschaft in dem Betriebsverfassungsorgan bereits vor dem Einsetzen der Mitteilungspflicht begründet gewesen ist (**a. M.** *Possienke* Weiterbeschäftigungsanspruch, S. 78). Dies folgt aus dem Zweck der Mitteilungspflicht, die dem Auszubildenden Klarheit darüber verschaffen soll, ob er sein Gestaltungsrecht nach Abs. 2 ausübt (s. Rdn. 55). Diese Rechtsposition wird indes nicht dadurch berührt, dass der Arbeitgeber die beabsichtigte Nichtübernahme verspätet oder überhaupt nicht mitteilt. Eine weitergehende Funktion hat die Drei-Monats-Frist nicht, insbesondere soll diese nicht den Kreis der von § 78a geschützten Auszubildenden eingrenzen.

Anders als in § 15 Abs. 3 KSchG und § 103 Abs. 1 sind die Mitglieder eines **Wahlvorstandes** und die 31
Wahlbewerber nicht besonders genannt. Sie genießen den Schutz des § 78a **nicht**. Aufgrund des eindeutigen Wortlauts der Norm und der unterschiedlichen Rechts- und Interessenlage des Auszubildenden gegenüber anderen in einem unbefristeten Arbeitsverhältnis stehenden Arbeitnehmern scheidet eine extensive Interpretation des § 78a ebenso aus wie eine Gleichstellung analog § 15 Abs. 3 KSchG oder § 103 Abs. 1 (*ArbG Bamberg/Coburg* 05.10.1976 ARSt. 1977, 85; *ArbG Kiel* 10.09.1976 DB 1976, 2022; *Bachner*/DKKW § 78a Rn. 5; *Berkowsky*/MünchArbR § 137 Rn. 28; *Fitting* § 78a Rn. 7; *Hanau* Anm. zu BAG 22.09.1983 AR-Blattei Betriebsverfassung XIII, Entsch. 15; *Küchenhoff* § 78a Vorbem. a. E.; *Künzl*/APS § 78a BetrVG Rn. 36; *Nicolai*/HWGNRH § 78a Rn. 12; *Possienke* Weiterbeschäftigungsanspruch, S. 72 f.; *Schiefer* FS Kreutz, S. 429 [435]; *Stege/Weinspach/Schiefer* § 78a Rn. 1; *Waskow*/NK-GA § 78a BetrVG Rn. 7; *Weigand*/KR § 78a BetrVG Rn. 16; *Witt* AR-Blattei SD 530.13.1, Rn. 6). Gleiches gilt für die nach § 15 Abs. 3a KSchG Geschützten.

Ausreichend und erforderlich für den Beginn des Schutzes des § 78a ist gemäß § 21 Satz 2, 1. Halbs., 32
§ 64 Abs. 2 Satz 2, 1. Halbs., die **Bekanntgabe des Wahlergebnisses**, sofern noch keine Arbeitnehmervertretung im Betrieb besteht, lediglich ein geschäftsführendes Organ vorhanden ist oder im Zeitpunkt der Neuwahl (wegen Rücktritts) kein Gremium mehr existiert (*Hanau* Anm. zu BAG 22.09.1983 AR-Blattei Betriebsverfassung XIII, Entsch. 15; *Löwisch* Anm. zu BAG 22.09.1983 AP Nr. 11 zu § 78a BetrVG 1972 Bl. 4; *Pielsticker* Der Schutz in Ausbildung, S. 32).

Besteht demgegenüber im Zeitpunkt der Bekanntgabe des Wahlergebnisses noch ein Vertretungs- 33
organ, beginnt die Amtszeit des neu gewählten Vertretungsorgans nach Maßgabe der §§ 21 Satz 2, 2. Halbs., 64 Abs. 2 Satz 2, 2. Halbs. erst mit **Ablauf der Amtszeit** der bisherigen Vertretung. Diese gesetzlichen Regelungen sind allerdings für diejenigen Fälle nicht ausreichend, in denen der bereits gewählte Auszubildende vor Bekanntgabe des Wahlergebnisses oder vor dem Ablauf der Amtszeit des bisherigen Vertretungsorgans seine Abschlussprüfung besteht und somit dessen Berufsausbildungsverhältnis endet (§ 21 Abs. 2 BBiG). Der Gewählte könnte zu diesem Zeitpunkt nicht mehr die Weiterbeschäftigung gemäß § 78a verlangen, während der Arbeitgeber in dieser besonderen Fallkonstellation einen ihm nicht genehmen Gewählten durch Nichtübernahme in ein unbefristetes Arbeitsverhältnis von der Mitgliedschaft in einem Betriebsverfassungsorgan ausschließen könnte. Um dieses am Schutzzweck gemessen unbefriedigende Ergebnis zu vermeiden, ist für den Beginn des Schutzes des § 78a nicht auf die Bekanntgabe des Wahlergebnisses (§ 18 Satz 1 WO und § 39 Abs. 2 WO) oder das Ende der Amtszeit des bisherigen Vertretungsorgans abzustellen.

Es kommt vielmehr entsprechend dem Ende der Mitgliedschaft (dazu Rdn. 35) auf den Beginn der 34
persönlichen Mitgliedschaft in der Arbeitnehmervertretung an. Diese beginnt nicht erst mit Bekanntgabe des Wahlergebnisses, sondern sobald der **Wahlvorstand die Stimmen öffentlich ausgezählt** und das **Ergebnis festgestellt** hat, da bereits zu diesem Zeitpunkt Klarheit darüber besteht, ob der Wahlbewerber in das Amt des Betriebsverfassungsorgans gewählt worden ist (ebenso *BAG* 22.09.1983 EzA § 78a BetrVG 1972 Nr. 12 S. 83 = AP Nr. 11 zu § 78a BetrVG 1972 Bl. 3 mit insoweit abl. Anm. von *Löwisch*, der zu bedenken gibt, dass im Betrieb jeweils nur ein Vertretungsorgan existieren kann und daher eine Unterscheidung zwischen der Amtszeit der Vertretung und der Mitgliedschaft unzulässig ist = AR-Blattei Betriebsverfassung XIII, Entsch. 15 mit insoweit krit. Anm. von *Hanau* = AiB 1984, 80 mit zust. Anm. *Blanke* [S. 80] und *Schneider* [S. 96]; zust. ferner *Bachner/ DKKW* § 78a Rn. 6; *Berkowsky*/MünchArbR § 137 Rn. 33; *Fitting* § 78a Rn. 8; *Kania*/ErfK § 78a BetrVG Rn. 2; *Künzl*/APS § 78a BetrVG Rn. 24; *Lorenz*/HaKo § 78a Rn. 3; *Pielsticker* Der Schutz

§ 78a *IV. 1. Allgemeines*

in Ausbildung, S. 32 ff.; *Preis/WPK* § 78a Rn. 3; *Sittard/HWK* § 78a BetrVG Rn. 1; *Waskow/NK-GA* § 78a BetrVG Rn. 9; *Weigand/KR* § 78a BetrVG Rn. 13; *Witt* AR-Blattei 530.13.1, Rn. 7; a. M. *LAG Hamm* 13.05.1981 ARSt. 1982, 143 Nr. 1178 [LS]; *Nicolai/HWGNRH* § 78a Rn. 12).

35 Der **nachwirkende Schutz nach Abs. 3** gilt auch, wenn das Mitglied **vorzeitig aus dem Amt ausgeschieden** ist, ohne dass zugleich die Amtszeit des Vertretungsorgans **geendet hat**, wenn nur die Beendigung der **persönlichen Mitgliedschaft** innerhalb Jahresfrist vor Beendigung des Berufsausbildungsverhältnisses liegt. Dieses Ergebnis wird allerdings erst im Wege einer »teleologischen Gesetzeskorrektur« (*Richardi/Thüsing* § 78a Rn. 12) erreicht. Denn sowohl im Wortlaut von § 78a Abs. 3 als auch in § 9 Abs. 3 BPersVG ist nur von der Beendigung der Amtszeit des betriebsverfassungs- bzw. personalvertretungsrechtlichen Organs die Rede. Da aber die Einräumung des Übernahmerechts die Vorbeugung vor Nachteilen durch die Mandatswahrnehmung und damit die Sicherung der Unabhängigkeit der Amtsführung bezweckt (auch Rdn. 1, 7), kommt es für die Anwendbarkeit des § 78a nicht entscheidend auf die Beendigung der Amtszeit des Vertretungsorgans, sondern auf die Beendigung der **persönlichen Mitgliedschaft** an, sofern nicht die Voraussetzungen nach § 24 Nr. 5 und 6 vorliegen (*BAG* 21.08.1979 EzA § 78a BetrVG 1972 Nr. 6 S. 29 f. = AP Nr. 6 zu § 78a BetrVG 1972 Bl. 2 f. *[insoweit krit. Kraft]*; 15.01.1980 EzA § 78a BetrVG 1972 Nr. 9 S. 48 *[Grunsky]* = AP Nr. 8 zu § 78a BetrVG 1972 Bl. 2 R; *Bachner/DKKW* § 78a Rn. 6; *Fitting* § 78a Rn. 10; *Galperin/Löwisch* § 78a Rn. 4; *Kaiser/LK* § 78a Rn. 3; *Künzl/APS* § 78a BetrVG Rn. 27; ausführlich *Pielsticker* Der Schutz in Ausbildung, S. 36 ff., der § 78a analog anwenden will; *Reinecke* DB 1981, 889; *Richardi/Thüsing* § 78a Rn. 12; *Sittard/HWK* § 78a BetrVG Rn. 1; *Thiele* Drittbearbeitung, § 78a Rn. 14; *Waskow*/NK-GA § 78a BetrVG Rn. 10; *Weigand*/KR § 78a BetrVG Rn. 13, 17; *Wiencke* Der Schutz Auszubildender, S. 26 f.; *Witt* AR-Blattei SD 530.13.1, Rn. 8; vgl. aber auch mit noch abweichender Ansicht *Dietz/Richardi* BPersVG, § 9 Rn. 7 [anders nunmehr aber *Treber/RDW* § 9 Rn. 18]).

36 Bei Jugend- und Auszubildendenvertretern ist zu beachten, dass in Fällen, in denen die Wählbarkeitsvoraussetzung gemäß § 61 Abs. 2 entfällt, zugleich das Amt gemäß § 65 Abs. 1 i. V. m. § 24 Nr. 4 erlischt; das gilt auch, wenn ein Jugend- und Auszubildendenvertreter als Ersatzmitglied in den Betriebsrat nachrückt (*Künzl/APS* § 78a BetrVG Rn. 28; *Pielsticker* Der Schutz in Ausbildung, S. 34 f.; *Weigand*/KR § 78a BetrVG Rn. 13). Weiterhin endet das Amt des Jugend- und Auszubildendenvertreters, wenn die Zahl der in § 60 Abs. 1 Genannten »in der Regel« unter fünf sinkt (*LAG Berlin* 25.11.1975 BB 1976, 363; *Künzl/APS* § 78a BetrVG Rn. 27; *Pielsticker* Der Schutz in Ausbildung, S. 36; *Weigand*/KR § 78a BetrVG Rn. 13 sowie hier § 60 Rdn. 42).

37 In Fällen einer **angefochtenen Wahl** des Vertretungsorgans verliert der Mandatsträger sein Amt erst mit Rechtskraft der Entscheidung, die der Anfechtung statt gibt (s. *Kreutz* § 19 Rdn. 136). Entsprechend der bei § 15 Abs. 1 KSchG und § 103 geltenden Rechtslage (für die h. M. z. B. *Etzel/Rinck*/KR § 103 BetrVG Rn. 26 m. w. N.) kann der Auszubildende wirksam die Weiterbeschäftigung verlangen, bis das Arbeitsgericht rechtskräftig über die Wahlanfechtung entschieden hat (*Künzl/APS* § 78a BetrVG Rn. 29; *Pielsticker* Der Schutz in Ausbildung, S. 35); danach greift noch der nachwirkende Schutz nach Abs. 3 ein.

38 § 78a findet Anwendung auf Auszubildende, die Mitglieder einer aufgrund eines **Tarifvertrages** oder einer **Betriebsvereinbarung** gemäß § 3 Abs. 1 Nr. 1 bis 3, Abs. 2 gebildeten **Arbeitnehmervertretung** sind. Da diese Vertretungen **an die Stelle** des Betriebsrats treten, finden die Vorschriften über die Rechtsstellung der Betriebsratsmitglieder Anwendung (§ 3 Abs. 5); dazu gehört auch § 78a (*BAG* 15.11.2006 EzA § 78a BetrVG 2001 Nr. 3 Rn. 14 *[Adam]* = AP Nr. 38 zu § 78a BetrVG 1972 [für eine durch Tarifvertrag gebildete Konzern-Jugend- und Auszubildendenvertretung; ebenso auch die Vorinstanz *LAG München* 06.09.2006 LAGE § 78a BetrVG 2001 Nr. 3 S. 6]; *Bachner/DKKW* § 78a Rn. 9; *Fitting* § 78a Rn. 7; *Künzl/APS* § 78a BetrVG Rn. 25; *Nicolai/HWGNRH* § 78a Rn. 9; *Opolony* BB 2003, 1329 [1331]; *Possienke* Weiterbeschäftigungsanspruch, S. 71 f.; *Waskow*/NK-GA § 78a BetrVG Rn. 6; *Weigand*/KR § 78a BetrVG Rn. 14).

39 Auszubildende Mitglieder **zusätzlicher** betriebsverfassungsrechtlicher **Vertretungen** (Gremien), die aufgrund Tarifvertrages oder Betriebsvereinbarung nach Maßgabe des § 3 Abs. 1 Nr. 4 und 5 gebildet worden sind, gehören nicht dem Betriebsrat an und werden demgemäß ebenso wenig vom Schutzbereich des § 78a erfasst (*Fitting* § 78a Rn. 7; *Künzl/APS* § 78a BetrVG Rn. 25; *Nicolai/HWGNRH*

§ 78a Rn. 9; *Opolony* BB 2003, 1329 [1331]; *Possienke* Weiterbeschäftigungsanspruch, S. 72; *Waskow*/ NK-GA § 78a BetrVG Rn. 7; *Weigand*/KR § 78a BetrVG Rn. 14; der Sache nach ebenso *BAG* 13.08.2008 AP Nr. 51 zu § 78a BetrVG 1972, für aufgrund Tarifvertrag geschaffene zusätzliche Ausbildungsvertretungen in unterhalb der Betriebe angesiedelten Berufsbildungsstellen) wie sie auch nicht den besonderen Kündigungsschutz der §§ 15 KSchG, 103 genießen (s. *Franzen* § 3 Rdn. 69 m. w. N.); sie sind lediglich durch § 78 geschützt (*Pielsticker* Der Schutz in Ausbildung, S. 25; *Possienke* Weiterbeschäftigungsanspruch, S. 72).

Auch für Auszubildende, die einer **Arbeitsgruppe i. S. d. § 28a** angehören, gilt weder der besondere **40** Schutz durch § 78a noch der besondere Kündigungsschutz nach den §§ 103 BetrVG, 15 KSchG (*Fitting* § 78a Rn. 7; *Künzl*/APS § 78a BetrVG Rn. 25; *S. Müller* Die Übertragung von Betriebsratsaufgaben auf Arbeitsgruppen [§ 28a BetrVG] [Diss. Jena], 2003, S. 151 f.; *Opolony* BB 2003, 1329; *Weigand*/KR § 78a BetrVG Rn. 14).

Für das **fliegende Personal** findet § 78a Anwendung, wenn ein Tarifvertrag gemäß § 117 Abs. 2 die **41** Schaffung eines Vertretungsorgans und die Anwendung des § 78a vorsieht (*Künzl*/APS § 78a BetrVG Rn. 22; *Pielsticker* Der Schutz in Ausbildung, S. 26 f.; *Possienke* Weiterbeschäftigungsanspruch, S. 68).

Die Anwendung des § 78a auf auszubildende **Tendenzträger**, die Mitglied eines einschlägigen Vertretungsorgans sind, ist nicht grundsätzlich durch § 118 Abs. 1 ausgeschlossen. Jedoch findet die verfassungsrechtlich geschützte Tendenz des Arbeitgebers bei der Prüfung der Unzumutbarkeit der Weiterbeschäftigung (§ 78a Abs. 4) Beachtung (dazu auch Rdn. 22). **42**

§ 78a gilt **nicht** für Ausbildungsverhältnisse im **kirchlichen Bereich**, da das BetrVG dort gemäß **43** § 118 Abs. 2 keine Anwendung findet (*ArbG Darmstadt* 08.01.1981 ARSt. 1981, 103). Für Mitarbeiter der **katholischen Kirche** gilt die Rahmenverordnung für eine Mitarbeitervertretungsordnung (MAVO), die in § 18 Abs. 4 MAVO eine § 78a vergleichbare Regelung enthält, das Übernahmerecht jedoch an engere Voraussetzungen knüpft (hierzu *Pielsticker* Der Schutz in Ausbildung, S. 29 m. w. N.). Für Auszubildende der **evangelischen Kirche**, die Mitglieder eines aufgrund des Kirchengesetzes über die Mitarbeitervertretungen bei den Dienststellen der evangelischen Kirche in Deutschland (Mitarbeitervertretungsgesetz – MVG) errichteten Vertretungsorgans sind, trifft § 49 Abs. 3 MVG eine § 78a entsprechende Bestimmung (hierzu *Possienke* Weiterbeschäftigungsanspruch, S. 70 f.).

b) Ersatzmitglieder

Da der Gesetzgeber die Anwendbarkeit des § 78a auf Ersatzmitglieder nicht besonders geregelt hat, **44** gelten insoweit grundsätzlich die zu § 25 (s. § 25 Rdn. 66 ff.) im Hinblick auf § 15 KSchG entwickelten Grundsätze entsprechend. Danach gilt: § 78a ist auf Ersatzmitglieder nicht anzuwenden, wenn sie keine Funktion im Betriebsverfassungsorgan wahrnehmen oder wahrgenommen haben. Das **nicht nachgerückte Ersatzmitglied** hat lediglich eine Anwartschaft auf einen Sitz im Betriebsrat (s. § 25 Rdn. 66 m. w. N.; *Fitting* § 25 Rn. 5; *Nicolai*/HWGNRH § 78a Rn. 10; *Pielsticker* Der Schutz in Ausbildung, S. 41; *Richardi*/*Thüsing* § 25 Rn. 29; *Wiencke* Der Schutz Auszubildender, S. 28; einschränkend *Galperin*/*Löwisch* § 78a Rn. 4a, die den Schutz des § 78a unabhängig von der tatsächlichen Ausübung einer Vertretungsmöglichkeit pauschal auf das jeweils erste Mitglied einer Liste erstrecken und zugleich beschränken wollen); es ist nach dem Zweck der Vorschrift (dazu Rdn. 1) auch noch nicht schutzbedürftig.

In Fällen des **endgültigen Einrückens** eines Ersatzmitglieds an die Stelle eines (z. B. nach Niederlegung seines Amtes) ausgeschiedenen Mandatsträgers kommen Abs. 1 und Abs. 2 uneingeschränkt zur Anwendung. Das Ersatzmitglied gehört dann als vollwertiges Mitglied der Betriebs- oder Jugend- und Auszubildendenvertretung an und ist daher mit allen sich aus dieser Stellung ergebenden Rechten und Pflichten ausgestattet (s. § 25 Rdn. 69; *Bachner*/DKKW § 78a Rn. 7; *Fitting* § 78a Rn. 11; *Galperin*/*Löwisch* § 78a Rn. 4; *Künzl*/APS § 78a BetrVG Rn. 32; *Nicolai*/HWGNRH § 78a Rn. 10; *Possienke* Weiterbeschäftigungsanspruch, S. 75 f.; *Richardi*/*Thüsing* § 78a Rn. 13; *Waskow*/NK-GA § 78a BetrVG Rn. 8). **45**

Abs. 1 und Abs. 2 greifen auch dann uneingeschränkt ein, wenn ein Ersatzmitglied im letzten Vierteljahr vor Beendigung seiner Berufsausbildung das Amt in **Vertretung** eines (z. B. infolge Krankheit, **46**

§ 78a

Urlaubs) **lediglich verhinderten Mitglieds** (dazu § 25 Rdn. 17) versieht und in dieser Vertretungszeit die Übernahme in ein unbefristetes Arbeitsverhältnis verlangt. Ein anderes Ergebnis wäre nicht sachgerecht, da das Ersatzmitglied den verhinderten Mandatsträger auch in Vertretungsfällen nicht nur bei einzelnen Amtsgeschäften vertritt, sondern nach Maßgabe von § 65 Abs. 1 i. V. m. § 25 Abs. 1 Satz 2 für die Dauer der Stellvertretung in den Betriebsrat bzw. die Jugend- und Auszubildendenvertretung nachrückt und daher für den Vertretungszeitraum die Rechts- und Pflichtenstellung eines ordentlichen Mitglieds innehat (s. § 25 Rdn. 66 ff.; *BAG* 15.01.1980 EzA § 78a BetrVG 1972 Nr. 9 S. 47 *[Grunsky]* = AP Nr. 8 zu § 78a BetrVG 1972 Bl. 1 R; *LAG Hamm* 28.03.2007 EzB § 78a BetrVG Nr. 8a; *Bachner/DKKW* § 78a Rn. 7; *Fitting* § 78a Rn. 11; *Künzl/APS* § 78a BetrVG Rn. 33 f.; *Lorenz/*HaKo § 78a Rn. 5; *Pielsticker* Der Schutz in Ausbildung, S. 44 f.; *Sittard/HWK* § 78a BetrVG Rn. 1; *Thiele* Drittbearbeitung, § 78a Rn. 16; *Waskow/*NK-GA § 78a BetrVG Rn. 8; *Weigand/*KR § 78a BetrVG Rn. 15; *Weiss/Weyand* § 78a Rn. 4; *Wiencke* Der Schutz Auszubildender, S. 28 f.; *Witt* AR-Blattei SD 530.13.1, Rn. 9; einschränkend *Galperin/Löwisch* § 78a Rn. 4a, die den Schutz auf das erste Ersatzmitglied beschränken wollen; einschränkend bei Stellvertretung von unbedeutender Dauer *Hess/Schlochauer/Glaubitz* § 78a Rn. 8; *Richardi/Thüsing* § 78a Rn. 13; *Schiefer* FS *Kreutz*, S. 429 [435 f.]).

47 Auf die Dauer der Vertretung und deren Vorhersehbarkeit (dazu § 25 Rdn. 22 m. w. N.) kommt es ebenso wenig an wie auf die Frage, in welchem Umfang während der Vertretungszeit Aufgaben bisher tatsächlich angefallen sind. Andernfalls könnte das Ersatzmitglied am Anfang seiner Vertretung nicht übersehen, ob es den Schutz des § 78a genießt und sein Amt ohne Furcht vor beruflichen Nachteilen antreten kann. Maßgebend ist insoweit für Abs. 2 allein, dass das Weiterbeschäftigungsverlangen **während des Vertretungsfalles** gestellt wird. Dem vorübergehend nachgerückten Ersatzmitglied ist der Schutz des § 78a auch dann nicht zu versagen, wenn es während der Vertretungszeit noch überhaupt nicht tätig geworden ist (ebenso *BAG* 06.09.1979 EzA § 15 KSchG 1969 Nr. 23 S. 14 f. = AP Nr. 7 zu § 15 KSchG 1969 Bl. 4 R *[Kraft]*; 15.01.1980 EzA § 78a BetrVG 1972 Nr. 9 S. 48 *insoweit zust. Grunsky]* = AP Nr. 8 zu § 78a BetrVG 1972 Bl. 2 R; *Bachner/DKKW* § 78a Rn. 7; *Waskow/*NK-GA § 78a BetrVG Rn. 8; mit Einschränkung auf das erste Ersatzmitglied *Galperin/Löwisch* § 78a Rn. 4; *Pielsticker* Der Schutz in Ausbildung, S. 44 f.). S. aber zu den Anforderungen nach Abs. 3 hier Rdn. 51.

48 Vor dem BetrVerf-ReformG konnte ein Auszubildender, der bei der Wahl zum Ersatzmann des einzigen Jugend- und Auszubildendenvertreters **nicht** mit der höchsten Stimmenzahl **gewählt** wurde, im Falle eines späteren Ausscheidens des Jugend- und Auszubildendenvertreters und seines Stellvertreters nicht im Wege des sog. Nachrückverfahrens Jugend- und Auszubildendenvertreter werden (§ 63 Abs. 2 Satz 2, § 14 Abs. 4). Dieser Auszubildende hatte jedoch dann einen Übernahmeanspruch gemäß § 78a Abs. 2, wenn er in der Annahme, er sei rechtswirksam nachgerückt, über einen längeren Zeitraum faktisch Aufgaben wahrgenommen hat, ohne dass der Arbeitgeber hiergegen Bedenken erhoben hat (*Fitting* § 78a Rn. 12; *Künzl/APS* § 78a BetrVG Rn. 41). Mit Inkrafttreten des BetrVerf-ReformG ist diese Problematik entfallen, weil das Ersatzmitglied nicht mehr in einem getrennten Wahlgang zu wählen ist (s. *Jacobs* § 14 Rdn. 4).

c) Nachwirkung des Schutzes (Abs. 3)

49 Abs. 3 bestimmt, dass der Schutz nach Abs. 1 und 2 für die Dauer eines Jahres nach Beendigung der Amtszeit des betriebsverfassungsrechtlichen Organs **nachwirkt**. Obwohl der Wortlaut des Abs. 3 an die Amtszeit des Betriebsverfassungsorgans anknüpft, kommt nach seinem Schutzzweck auch dem **vorzeitig ausscheidenden Mitglied** der nachwirkende Schutz zugute (s. Rdn. 35; *BAG* 21.08.1979 EzA § 78a BetrVG 1972 Nr. 6 S. 28 f. = AP Nr. 6 zu § 78a BetrVG 1972 Bl. 2 f. *[Kraft]*; 22.09.1983 EzA § 78a BetrVG 1972 Nr. 12 S. 83 = AP Nr. 11 zu § 78a BetrVG 1972 Bl. 3 *[Löwisch]*; *Kaiser/*LK § 78a Rn. 3; *Sittard/HWK* § 78a BetrVG Rn. 1; *Weigand/*KR § 78a BetrVG Rn. 17).

50 Entsprechend § 15 Abs. 1 Satz 1 KSchG (s. § 25 Rdn. 69) greift Abs. 3 unstr. auch dann ein, wenn ein **Ersatzmitglied** anstelle eines ausgeschiedenen Mitglieds **endgültig** in ein Betriebsverfassungsorgan eingerückt ist. Das gilt nicht nur dann, wenn es bis zur Beendigung der Amtszeit des ganzen Organs dessen Mitglied geblieben ist, sondern auch, wenn seine persönliche Mitgliedschaft vorzeitig geendet hat. Für das vom Ersatzmitglied ersetzte ausgeschiedene Mitglied gilt ebenfalls Abs. 3 (s. Rdn. 49).

Der nachwirkende Schutz des § 78a Abs. 3 (Parallelnorm: § 15 Abs. 1 Satz 2 KSchG; dazu § 25 **51**
Rdn. 80 ff.) greift auch ein, wenn ein **Ersatzmitglied als Stellvertreter** für ein **verhindertes Mitglied nur vorübergehend** dessen Funktion wahrgenommen hat, sofern der vorübergehende Vertretungsfall vor Ablauf eines Jahres vor der Beendigung des Ausbildungsverhältnisses geschehen ist und der Auszubildende innerhalb von drei Monaten vor der Beendigung seines Ausbildungsverhältnisses seine Weiterbeschäftigung schriftlich verlangt hat (ebenso *BAG* 13.03.1986 EzA § 78a BetrVG 1972 Nr. 16 S. 110 f. = AP Nr. 2 zu § 9 BPersVG Bl. 2; 13.03.1986 EzA § 78a BetrVG 1972 Nr. 17 S. 119 = AP Nr. 3 zu § 9 BPersVG Bl. 3; *Berkowsky*/MünchArbR § 137 Rn. 27; *Fitting* § 78a Rn. 11; *Grunsky* Anm. zu *BAG* 15.01.1980 EzA § 78a BetrVG 1972 Nr. 9; *Kaiser/LK* § 78a Rn. 5; *Künzl/APS* § 78a BetrVG Rn. 39; *Reinecke* DB 1981, 889; *Richardi/Thüsing* § 78a Rn. 13; *Sittard/HWK* § 78a BetrVG Rn. 1; *Waskow*/NK-GA § 78a BetrVG Rn. 8; *Weigand*/KR § 78a BetrVG Rn. 18 ff.; *Weiss/Weyand* § 78a Rn. 4; *Wiencke* Der Schutz Auszubildender, S. 29 f.; *Witt* AR-Blattei 530.13.1, Rn. 10; ebenso im Ergebnis *Kraft* Anm. zu *BAG* 21.08.1979 AP Nr. 6 zu § 78a BetrVG 1972, *Pielsticker* Der Schutz in Ausbildung, S. 46, die zumindest eine analoge Anwendung von Abs. 3 für sachgerecht erachten; **a. M.** *BVerwG* 25.06.1986 NZA 1986, 839; *Hanau* AR-Blattei Betriebsverfassung IX, A VI; einschränkend *Galperin/Löwisch* § 78a Rn. 4a, die den Schutz auf das erste Ersatzmitglied beschränken wollen).

Die am Schutzzweck der Norm orientierte Auslegung des Gesetzes gestattet die Anwendung des **52**
§ 78a, da bereits ganz allgemein das vorzeitig ausgeschiedene Mitglied die Rechte nach Abs. 3 hat (s. Rdn. 35). Der Schutzgedanke der Norm, den Mitgliedern der Betriebsverfassungsorgane die Ausübung ihres Amtes ohne Furcht vor Nachteilen für ihre zukünftige berufliche Entwicklung zu ermöglichen (BT-Drucks. 7/1170, S. 1), gilt auch für das zeitweilig nachgerückte Ersatzmitglied, das ebenso wie das ordentliche oder endgültig nachgerückte (Ersatz-)Mitglied in die Situation kommen kann, seinen Pflichten als Organ der Betriebsverfassung nur deshalb nicht nachzukommen, weil es sich sonst gegen seinen Arbeitgeber stellen müsste und infolgedessen am Ende seiner Ausbildung möglicherweise nicht übernommen würde. Daher muss gemäß Abs. 3 das als Vertreter eines zeitweilig verhinderten Mitglieds tätig gewordene Ersatzmitglied von der Beendigung seiner Vertretung ab ein Jahr lang die Rechte aus Abs. 2 haben. Etwas anderes gilt nur, wenn im Vertretungsfall praktisch keine konkreten Vertretungsaufgaben angefallen sind; denn wenn das Ersatzmitglied nicht tätig geworden ist, bedarf es nicht des Schutzes der »Abkühlungsphase« (ebenso *BAG* 06.09.1979 EzA § 15 KSchG 1969 Nr. 23 S. 14 f. = AP Nr. 7 zu § 15 KSchG 1969 Bl. 4 R *[Kraft]*; *LAG Hamm* 04.04.2014 NZA-RR 2014, 342 [343]; zust. *Künzl/APS* § 78a BetrVG Rn. 40, 42). Liegt eine Amtstätigkeit vor, so kommt es auf eine Gewichtung des sachlichen und zeitlichen Umfangs nicht an (ebenso *ArbG Berlin* 28.07.2010 LAGE § 9 BPersVG Nr. 2; *Künzl/APS* § 78a BetrVG Rn. 42).

III. Mitteilungspflicht des Arbeitgebers (Abs. 1)

Der Arbeitgeber ist (bei entsprechender Absicht) verpflichtet, einem auszubildenden Mitglied der Jugend- und Auszubildendenvertretung, des Betriebsrats (bzw. einer Arbeitnehmervertretung nach § 3 Abs. 1 Nr. 1 bis 3, Abs. 2; s. Rdn. 38), der Bordvertretung oder des Seebetriebsrats (spätestens) **drei Monate vor Beendigung** des Berufsausbildungsverhältnisses **schriftlich mitzuteilen**, dass er den Auszubildenden nach Beendigung des Ausbildungsverhältnisses **nicht in ein (Vollzeit-)Arbeitsverhältnis** auf unbestimmte Zeit **übernehmen will**. Eine Begründung für seinen Entschluss muss der Arbeitgeber nicht geben; sie ist aber insbesondere dann sinnvoll, wenn im Ausbildungsbetrieb kein Vollzeitarbeitsplatz auf unbestimmte Zeit zur Verfügung steht oder dem Auszubildenden nur ein befristetes oder ein Teilzeitarbeitsverhältnis angeboten werden kann (s. dazu Rdn. 176). **53**

Abs. 1 hat lediglich die Bedeutung einer **Ordnungsvorschrift**, im Übrigen aber keine unmittelbare **54**
rechtliche Bedeutung. Dies wird durch Abs. 5 klargestellt (s. Rdn. 65 f.). Entgegen dem ursprünglichen Gesetzesentwurf der *SPD/FDP*-Fraktionen (s. BT-Drucks. 7/1170, S. 2) hat die Nichtbeachtung dieser Bestimmung nicht zur Folge, dass dann ebenfalls (wie nach Abs. 2) ein Arbeitsverhältnis auf unbestimmte Zeit als begründet gilt (für die allg. Ansicht z. B. *Künzl/APS* § 78a BetrVG Rn. 44; *Possienke* Weiterbeschäftigungsanspruch, S. 84 f.). Der Auszubildende kann auch nicht darauf vertrauen, übernommen zu werden, wenn der Arbeitgeber die ihm nach Abs. 1 obliegende Mitteilung ver-

säumt (*BAG* 31.10.1985 EzA § 78a BetrVG 1972 Nr. 15 S. 105 = AP Nr. 15 zu § 78a BetrVG 1972 Bl. 3 = AR-Blattei Betriebsverfassung XIII, Entsch. 18 *[Löwisch]*).

55 Auch sonst sind **keine besonderen Sanktionen** gegen einen Verstoß vorgesehen (s. aber Rdn. 65 f.). Selbst für eine Anwendung von § 23 Abs. 3 ist praktisch nur wenig Raum (zust. *Künzl/APS* § 78a BetrVG Rn. 44). Gleichwohl hat die Mitteilungspflicht eine wichtige **Hinweisfunktion**. Der Entschluss des Arbeitgebers zur Weiterbeschäftigung des Auszubildenden hängt naturgemäß in hohem Maße von dem Ergebnis der Abschlussprüfung ab, das im Voraus nicht bestimmbar ist. Während der Ausbildung wird sich der Arbeitgeber jedoch schon ein Bild von den Leistungen des Auszubildenden gemacht haben. Bei zu erwartenden schlechtem Ergebnis wird er seine Absicht, den Auszubildenden nicht in ein Arbeitsverhältnis zu übernehmen, diesem mitteilen, obwohl weder die Absicht noch die Mitteilung Einfluss auf die gesetzliche Überleitung in ein Arbeitsverhältnis unter den Voraussetzungen des Abs. 2 hat. Eine schlechte Abschlussnote allein ist auch kein hinreichender Grund für einen Erfolg versprechenden Antrag gemäß Abs. 4 (s. dazu Rdn. 134 ff.). Die Mitteilung wird aber den Auszubildenden veranlassen, sich sorgsam zu überlegen, ob er den Antrag auf Weiterbeschäftigung stellen oder sich frühzeitig nach einem anderen Arbeitsplatz umsehen will. Das ist auch der **Zweck des Abs. 1** (s. BT-Drucks. 7/1170, S. 3; ebenso *Possienke* Weiterbeschäftigungsanspruch, S. 81 f.). Schließlich wird es dem Arbeitgeber bei vorzeitiger Ablegung der Abschlussprüfung (§ 21 Abs. 2 BBiG) häufig gar nicht möglich sein, die Frist des Abs. 1 einzuhalten. In diesem Fall muss jedenfalls die Verpflichtung zur rechtzeitigen Mitteilung entfallen; die Mitteilung ist aber zu machen, sobald der Arbeitgeber von der bevorstehenden Prüfung Kenntnis erhalten hat.

56 Die Mitteilung des Arbeitgebers muss **schriftlich** erfolgen. Bei einem Rückgriff auf § 126 BGB erfordert dies eigenhändige Namensunterschrift des Arbeitgebers oder seines Vertreters (§ 126 Abs. 1 BGB), ohne jedoch die **elektronische Form** (§ 126 Abs. 3 BGB) auszuschließen (ebenso *Künzl/APS* § 78a BetrVG Rn. 46; *Opolony* BB 2003, 1329 [1332]; *Waskow*/NK-GA § 78a BetrVG Rn. 14; **a. M.** *Possienke* Weiterbeschäftigungsanspruch, S. 81; *Schiefer* FS *Kreutz*, S. 429 [436]). Die **Textform** wird hingegen wegen der ausdrücklichen Forderung nach der »Schriftlichkeit« verbreitet nicht als ausreichend angesehen (so *Bachner/DKKW* § 78a Rn. 11; *Künzl/APS* § 78a BetrVG Rn. 46; *Oberthür* ArbRB 2006, 157 [158]; *Possienke* Weiterbeschäftigungsanspruch, S. 81; *Schiefer* FS *Kreutz*, S. 429 [436]; hierzu neigend auch noch die 8. Aufl. Rn. 41).

57 Für die zunehmend anzutreffende Gegenposition, die die Wahrung der Textform ausreichen lässt (*Raab* FS *Konzen*, 2006, S. 719 [743]; *Richardi/Thüsing* § 78a Rn. 17; *Waskow*/NK-GA § 78a BetrVG Rn. 14; *Weigand*/KR § 78a BetrVG Rn. 24; *Wiesner* Die Schriftform im Betriebsverfassungsgesetz [Diss. Kiel], 2008, S. 162 ff.), streiten die besseren Gründe. Die Formulierung des Gesetzes (»schriftlich«) legt die Heranziehung des § 126 BGB zwar nahe, ohne diese aber im Sinne einer Ausschließlichkeit zu erzwingen. Vielmehr ist der Wortlaut für ein von Normzweck geprägtes Verständnis offen, das den Zweck der »Schriftlichkeit« in das Zentrum rückt. Gerade der Hinweisfunktion der dem Arbeitgeber nach Abs. 1 obliegenden Mitteilung (s. Rdn. 55) wird nicht nur durch Wahrung der Schriftform i. S. d. § 126 Abs. 1 BGB entsprochen, sondern in gleicher Weise durch die Textform (§ 126b BGB), die der Gesetzgeber auch bei anderen Informationspflichten des Arbeitgebers als ausreichend ansieht (z. B. § 613 Abs. 5 BGB). Es fehlen zwar die methodischen Voraussetzungen, um das z. B. in § 613a Abs. 5 BGB niedergelegte Textformerfordernis im Wege des Analogieschlusses auf § 78a Abs. 1 zu übertragen, der Normzweck der letztgenannten Vorschrift gebietet aber eine Auslegung der »Schriftlichkeit«, die auch eine der Textform genügende Mitteilung des Arbeitgebers als »schriftliche« Mitteilung i. S. d. § 78a Abs. 1 bewertet (wie hier überzeugend bereits *Wiesner* Die Schriftform im Betriebsverfassungsgesetz [Diss. Kiel], 2008, S. 165 f.).

58 Die Mitteilung muss dem Auszubildenden drei Monate vor Beendigung des Berufsausbildungsverhältnisses **zugegangen** sein. Für die Wahrung und Berechnung der Frist ist gemäß § 130 BGB maßgebend, dass die Erklärung dem Auszubildenden bei Beginn der Dreimonatsfrist zugegangen ist (*Pielsticker* Der Schutz in Ausbildung, S. 56 f.; *Preis/WPK* § 78a Rn. 46; *Richardi/Thüsing* § 78a Rn. 15). Die einem **minderjährigen Auszubildenden** gegenüber abgegebene Mitteilung wird aber erst rechtswirksam, wenn sie dem gesetzlichen Vertreter zugegangen ist (zust. *Künzl/APS* § 78a BetrVG Rn. 46; *Possienke* Weiterbeschäftigungsanspruch, S. 83 f.; *Preis/WPK* § 78a Rn. 7; *Waskow*/NK-GA § 78a BetrVG Rn. 13), da sie dem Auszubildenden nicht lediglich einen rechtlichen Vorteil bringt.

Die Mitteilung ist zwar keine Willenserklärung, aber eine rechtsgeschäftsähnliche Handlung, auf die § 131 Abs. 2 BGB analog anzuwenden ist, weil das Berufsausbildungsverhältnis nicht unter § 113 BGB fällt (ebenso *Waskow*/NK-GA § 78a BetrVG Rn. 13).

Da die Frist eine **Mindestfrist** ist, kann der Arbeitgeber dem Auszubildenden die beabsichtigte Nichtübernahme unstr. auch schon **früher anzeigen**; er muss es aber nicht (*Künzl*/APS § 78a BetrVG Rn. 47; *Possienke* Weiterbeschäftigungsanspruch, S. 82 f.; *Waskow*/NK-GA § 78a BetrVG Rn. 15). Die **Berechnung** der Drei-Monate-Frist (nach §§ 187 Abs. 1, 188 Abs. 2 BGB) erfolgt am einfachsten dadurch, dass zunächst der Tag der Beendigung des Berufsausbildungsverhältnisses bestimmt wird (s. Rdn. 60) und dann von diesem Tag drei Monate zurückgerechnet wird (zu vergleichbaren Problemen der Rückrechnung s. vor § 106 Rdn. 32 sowie allgemein *Repgen* ZGR 2006, 121 ff.). Dabei ist zu berücksichtigen, dass gemäß § 187 Abs. 1 BGB der Tag des Zugangs der Mitteilung nicht mitgerechnet wird. Der Tag, an dem der Zugang spätestens zu erfolgen hat, entspricht deshalb dem Tag, der durch seine Zahl dem Tag entspricht (z. B. 3. März), an dem drei Monate später (3. Juni) das Berufsausbildungsverhältnis endet. Ist dieser Tag ein Sonnabend, Sonntag oder gesetzlicher allgemeiner Feiertag, so tritt an dessen Stelle der letzte davor liegende Werktag; § 193 BGB findet insoweit keine Anwendung, weil die Mindestfrist sonst nicht eingehalten würde. 59

Zweifelhaft ist, wann das Berufsausbildungsverhältnis i. S. d. § 78a endet. Die denkbaren **Zeitpunkte der Beendigung des Ausbildungsverhältnisses** ergeben sich aus § 21 BBiG: Danach endet es entweder mit dem **Ablauf der Ausbildungszeit** (§ 21 Abs. 1 BBiG) oder vorher mit dem Bestehen der Abschlussprüfung (§ 21 Abs. 2 BBiG). Während für die Berechnung der Dreimonatsfrist des § 78a im Schrifttum teilweise allein das vertraglich vereinbarte Ende der Ausbildungszeit maßgebend sein soll (*Galperin/Löwisch* § 78a Rn. 7; *Natzel* Berufsbildungsrecht, S. 556; *Reinecke* DB 1981, 889 [890]), stellt die Gegenmeinung zu Recht auf den Zeitpunkt des (vorherigen) Bestehens der **Abschlussprüfung** ab (*BAG* 31.10.1985 EzA § 78a BetrVG 1972 Nr. 15 S. 102 = AP Nr. 15 zu § 78a BetrVG 1972 Bl. 2 = AR-Blattei Betriebsverfassung XIII, Entsch. 18 [*Löwisch*]; 13.11.1987 EzA § 78a BetrVG 1972 Nr. 19 S. 3 = AP Nr. 18 zu § 78a BetrVG 1972 Bl. 2 R = SAE 1989, 144 [*Natzel*]; ebenso *Bachner/DKKW* § 78a Rn. 12; *Fitting* § 78a Rn. 14; *Gamillscheg* II, § 45, 2c; *Küchenhoff* § 78a Rn. 6 und 8; *Künzl*/APS § 78a BetrVG Rn. 48; *Nicolai*/HWGNRH § 78a Rn. 13; *Pielsticker* Der Schutz in Ausbildung, S. 54 ff.; *Richardi/Thüsing* § 78a Rn. 14; *Sittard*/HWK § 78a BetrVG Rn. 3; *Stege/Weinspach/Schiefer* § 78a Rn. 2; *Waskow*/NK-GA § 78a BetrVG Rn. 15; *Weigand*/KR § 78a BetrVG Rn. 26; *Witt* AR-Blattei SD 530.13.1, Rn. 13. Dieser Zeitpunkt gilt auch für die Frage, ob das Weiterbeschäftigungsverlangen nach Abs. 2 innerhalb der Dreimonatsfrist gestellt worden ist (s. Rdn. 87). 60

Zwar sprechen Gründe der Rechtssicherheit dafür, auf das vertragliche Ende der Berufsausbildung abzustellen, da dieser Zeitpunkt bereits zu Beginn der Ausbildung feststeht (s. ausführlich *Pielsticker* Der Schutz in Ausbildung, S. 55). Andererseits trifft § 78a keine von § 21 BBiG abweichende Regelung. Dies spricht dafür, dass als Beendigungszeitpunkt nicht nur der Ablauf der vereinbarten Ausbildungszeit entscheidend ist; denn das Gesetz (Abs. 1) knüpft allgemein an das Ende des Berufsausbildungsverhältnisses an. 61

Besteht der Auszubildende vor Ablauf der Ausbildungszeit die Abschlussprüfung, so ist bereits dieser Zeitpunkt für die Berechnung der Dreimonatsfrist ausschlaggebend. Grundsätzlich ist die Abschlussprüfung bestanden, wenn das Prüfungsverfahren abgeschlossen und das Ergebnis der Prüfung mitgeteilt ist (*BAG* 17.10.1971 EzA § 14 BBiG Nr. 2 S. 4 = AP Nr. 1 zu § 14 BBiG Bl. 2 [*Söllner*]; 16.02.1994 EzA § 14 BBiG Nr. 6 S. 7 = AP Nr. 8 zu § 14 BBiG Bl. 3 R [*Weber*] unter Hinweis darauf, dass nach § 41 BBiG a. F. (= § 47 BBiG) die Prüfungsordnung einen anderen Zeitpunkt festlegen kann, der aber nicht vor der Festlegung des Gesamtergebnisses der Prüfung liegen darf). 62

Hat der Prüfling die Abschlussprüfung nicht bestanden, so endet das Ausbildungsverhältnis; es endet jedoch erst mit der Ablegung der nächstmöglichen Wiederholungsprüfung, wenn der Auszubildende die Verlängerung des Ausbildungsverhältnisses verlangt. Das Ausbildungsverhältnis verlängert sich in diesem Fall um höchstens ein Jahr (§ 21 Abs. 3 BBiG), von der Mitteilung des ersten Prüfungsergebnisses an gerechnet (*Thiele* Drittbearbeitung, § 78a Rn. 30; ebenso *Künzl*/APS § 78a BetrVG Rn. 49). 63

Der Arbeitgeber muss den Betriebsrat (oder das Organ, dem der Auszubildende angehört) vor der Mitteilung nicht beteiligen, insbesondere nicht nach § 102 Abs. 1, weil die Mitteilung – im Gegensatz zur 64

§ 78a

Kündigung – keine rechtsgestaltende Wirkungen entfaltet (*Etzel/Rinck*/KR § 102 BetrVG Rn. 46; *Fitting* § 102 Rn. 15; *Hess/Schlochauer/Glaubitz* § 102 Rn. 15; *Possienke* Weiterbeschäftigungsanspruch, S. 82; *Richardi/Thüsing* § 78a Rn. 18; s. zur Rechtslage, wenn der Auszubildende die Weiterbeschäftigung beantragt hat, Rdn. 97).

65 Die **Unterlassung der Mitteilung** nach Abs. 1 berührt gemäß Abs. 5 die Regelungen der Absätze 2 bis 4 nicht. Sie beseitigt daher weder die Fiktionswirkungen der Absätze 2 und 3 noch die Möglichkeiten des Arbeitgebers nach Abs. 4 (*BAG* 15.01.1980 EzA § 78a BetrVG 1972 Nr. 8 S. 40 *[Grunsky]* = AP Nr. 7 zu § 78a BetrVG 1972 Bl. 1 f.; *Künzl/APS* § 78a BetrVG Rn. 51; *Preis/WPK* § 78a Rn. 8; *Sittard/HWK* § 78a BetrVG Rn. 2; ebenso zu § 9 BPersVG *BVerwG* 31.05.2005 NZA-RR 2005, 613 [614]); allein durch die Verletzung der Mitteilungspflicht riskiert der Arbeitgeber in einem späteren Verfahren nach Abs. 4 keine Nachteile. Ebenso führt die unterbliebene Mitteilung nicht dazu, dass entsprechend dem Rechtsgedanken des § 162 Abs. 1 BGB ein Weiterbeschäftigungsverlangen des Auszubildenden als gestellt gilt (*Künzl/APS* § 78a BetrVG Rn. 51; *Possienke* Weiterbeschäftigungsanspruch, S. 84 f.; **a. M.** zu § 9 BPersVG *OVG Lüneburg* 14.05.1986 PersR 1988, 56 [LS]).

66 Allerdings kann die unterlassene oder nicht rechtzeitige Mitteilung gerade im Hinblick auf die besondere Ausgestaltung der Interessenwahrungspflichten gegenüber Auszubildenden im Ausbildungsverhältnis **Schadensersatzansprüche** nach § 280 Abs. 1 BGB auslösen, insbesondere, wenn der Auszubildende infolge der verspäteten Mitteilung das Angebot zur Eingehung eines anderen Arbeitsverhältnisses ausgeschlagen hat, dann aber keinen Arbeitgeber findet (ebenso im Ergebnis *BAG* 15.01.1980 EzA § 78a BetrVG 1972 Nr. 8 S. 40 *[Grunsky]* = AP Nr. 7 zu § 78a BetrVG 1972 Bl. 1 f.; *Bachner/DKKW* § 78a Rn. 14; *Berkowsky/*MünchArbR § 137 Rn. 31; *Fitting* § 78a Rn. 16; *Galperin/Löwisch* § 78a Rn. 6; *Gamillscheg* II, § 45, 2c; *Kaiser/LK* § 78a Rn. 7; *Künzl/APS* § 78a BetrVG Rn. 52; *Nicolai/HWGNRH* § 78a Rn. 15; *Opolony* BB 2003, 1329 [1332]; *Pielsticker* Der Schutz in Ausbildung, S. 58; *Possienke* Weiterbeschäftigungsanspruch, S. 85 ff.; *Preis/WPK* § 78a Rn. 8; *Richardi/Thüsing* § 78a Rn. 20; *Rieble/AR* § 78a BetrVG Rn. 3; *Sittard/HWK* § 78a BetrVG Rn. 2; *Stege/Weinspach/Schiefer* § 78a Rn. 3; *Waskow/*NK-GA § 78a BetrVG Rn. 12; *Weigand/KR* § 78a BetrVG Rn. 27; *Wiencke* Der Schutz Auszubildender, S. 35; *Witt* AR-Blattei SD 530.13.1, Rn. 14a; **a. M.** *Oberthür* ArbRB 2006, 157 [158 Fn. 2]). Daneben kommt § 823 Abs. 2 BGB i. V. m. § 78a Abs. 1 (als Schutzgesetz) als Anspruchsgrundlage in Betracht (str.; vgl. *Pielsticker* Der Schutz in Ausbildung, S. 58 m. w. N.). Eine Schadensersatzpflicht scheidet mangels Pflichtwidrigkeit jedoch aus, wenn der Arbeitgeber die Mitteilung nicht fristgemäß machen konnte, weil der Auszubildende die Abschlussprüfung vor dem vertraglichen Ende des Berufsausbildungsverhältnisses beendet hat (s. Rdn. 55 a. E. sowie *Künzl/APS* § 78a BetrVG Rn. 52; *Pielsticker* Der Schutz in Ausbildung, S. 58).

67 Hat der Arbeitgeber gemäß Abs. 1 rechtzeitig angekündigt, er werde den Auszubildenden nicht übernehmen, so steht das der nachfolgenden (Wieder-)Wahl des Auszubildenden in den Betriebsrat oder die Jugend- und Auszubildendenvertretung usw. nicht im Wege. Die **Wählbarkeit wird** dadurch **nicht beeinträchtigt** (*LAG Baden-Württemberg* 13.10.1977 AP Nr. 4 zu § 78a BetrVG 1972 Bl. 2; zust. *Fitting* § 78a Rn. 18; *Künzl/APS* § 78a BetrVG Rn. 53), ebenso wenig das Recht des gewählten Auszubildenden, nach Abs. 2 Weiterbeschäftigung zu verlangen.

IV. Begründung eines Arbeitsverhältnisses (Abs. 2)

1. Weiterbeschäftigungsverlangen

a) Allgemeines

68 Ein Arbeitsverhältnis auf unbestimmte Zeit zwischen Arbeitgeber und (geschütztem) Auszubildendem (i. S. v. Abs. 1 und 3) gilt (im unmittelbaren Anschluss an das Berufsausbildungsverhältnis) als begründet, wenn der Auszubildende **innerhalb der letzten drei Monate** vor Beendigung des Berufsausbildungsverhältnisses vom Arbeitgeber **schriftlich die Weiterbeschäftigung verlangt** (Abs. 2 Satz 1). Weitere Voraussetzungen bestehen nicht; insbesondere ist es kein weiteres ungeschriebenes negatives Tatbestandsmerkmal für das Zustandekommen des Arbeitsverhältnisses, dass dem Arbeitgeber die Weiterbeschäftigung (in einem unbefristeten Vollzeitarbeitsverhältnis im Ausbildungsbetrieb)

nicht unzumutbar ist oder er vor Beendigung des Berufsausbildungsverhältnisses keinen im Ergebnis erfolgreichen Feststellungsantrag nach Abs. 4 Satz 1 Nr. 1 stellt (s. dazu Rdn. 193).

Im Unterschied zu § 9 Abs. 1 BPersVG steht die Weiterbeschäftigung auch nicht unter der Voraussetzung einer »erfolgreichen Beendigung des Berufsausbildungsverhältnisses«. Deshalb steht die in § 78a Abs. 2 begründete Rechtsposition auch demjenigen Auszubildenden zu, der die Abschlussprüfung nicht besteht (*Berkowsky*/MünchArbR § 137 Rn. 36; krit. dazu mit Recht *Gamillscheg* II, § 45, 2b [1] [S. 682]). Dieser Umstand kann den Arbeitgeber allerdings dazu berechtigen, sich im Rahmen von § 78a Abs. 4 auf die Unzumutbarkeit der Weiterbeschäftigung zu berufen (s. Rdn. 137). 69

Die Weiterbeschäftigung verlangen zu können, ist eine Rechtsposition, die Abs. 2 Satz 1 dem geschützten Auszubildenden einräumt. Sie ist jedoch kein Anspruch (so aber z. B. *Heigl* PersR 1997, 297 »Übernahmeanspruch«; *Berkowsky*/MünchArbR § 137 Rn. 23), sondern hat rechtsdogmatisch den Charakter eines **Gestaltungsrechts** (*BAG* 15.12.2011 EzA § 78a BetrVG 2001 Nr. 7 Rn. 32 = AP Nr. 55 zu § 78a BetrVG 1972 = NZA-RR 2012, 413; *Bachner*/DKKW § 78a Rn. 18; *Fitting* § 78a Rn. 29; *Kaiser*/LK § 78a Rn. 8; *Künzl*/APS § 78a BetrVG Rn. 54; *Richardi*/*Thüsing* § 78a Rn. 21; *Waskow*/NK-GA § 78a BetrVG Rn. 19), weil der Auszubildende durch dessen Ausübung allein und ohne Mitwirkung (Tun oder Unterlassen) des Arbeitgebers bzw. auch gegen dessen Willen die gesetzliche Fiktionswirkung (s. Rdn. 99) herbeiführt. 70

Wegen der vorstehenden rechtsdogmatischen Einordnung ist das nach § 78a Abs. 2 gestellte Weiterbeschäftigungsverlangen keine rechtsgeschäftsähnliche Handlung, sondern zielt auf die Herbeiführung einer Rechtsfolge ab und ist damit eine **Willenserklärung** (treffend herausgearbeitet in *BAG* 15.12.2011 EzA § 78a BetrVG 2001 Nr. 7 Rn. 34 ff. = AP Nr. 55 zu § 78a BetrVG 1972 = NZA-RR 2012, 413; ebenso zu § 9 Abs. 2 BPersVG *BVerwG* 18.08.2010 BVerwGE 137, 346 Rn. 26 = NZA-RR 2011, 51). Übt der Auszubildende das Gestaltungsrecht nicht (form- und fristgerecht; s. Rdn. 72, 87) aus, scheidet er mit Beendigung des Berufsausbildungsverhältnisses aus dem Betrieb aus, sofern nicht aufgrund eines mit dem Arbeitgeber abgeschlossenen Arbeitsvertrages eine Weiterbeschäftigung erfolgt oder gemäß § 24 BBiG ein Arbeitsverhältnis auf unbestimmte Zeit als begründet gilt, weil der Auszubildende im Anschluss an das Berufsausbildungsverhältnis tatsächlich weiterbeschäftigt wird. 71

b) Schriftform

Der Auszubildende muss die Weiterbeschäftigung vom Arbeitgeber **schriftlich** verlangen. Die Schriftform ist aus Gründen der Rechtssicherheit und wohl auch des Schutzes des Auszubildenden vor übereilter und undurchdachter Bindung **zwingend**. Eine mündliche Erklärung führt die Wirkung des Abs. 2 Satz 1 nicht herbei (*Bachner*/DKKW § 78a Rn. 20; *Fitting* § 78a Rn. 21; *Künzl*/APS § 78a BetrVG Rn. 55; *Nicolai*/HWGNRH § 78a Rn. 20; *Preis*/WPK § 78a Rn. 9; *Sahmer* § 78a Rn. 5; *Schiefer* FS Kreutz, S. 429 [438]; *Weigand*/KR § 78a BetrVG Rn. 32; *Wiencke* Der Schutz Auszubildender, S. 39 f.; *Witt* AR-Blattei SD 530.13.1, Rn. 15; im Ergebnis auch *Galperin*/*Löwisch* § 78a Rn. 7; *Kaiser*/LK § 78a Rn. 8; *Stege*/*Weinspach*/*Schiefer* § 78a Rn. 4 f.; *Weiss*/*Weyand* § 78a Rn. 6; **a. M.** – Schriftformerfordernis ist lediglich Ordnungsvorschrift – *Pielsticker* Der Schutz in Ausbildung, S. 59 f.; *Richardi*/*Thüsing* § 78a Rn. 27); sie ist nach § 125 Satz 1 BGB nichtig. 72

Die Anforderungen an die »Schriftlichkeit« der Erklärung konkretisiert Abs. 2 Satz 1 – wie § 78a Abs. 1 – nicht. Verbreitet wird deshalb auf **§ 126 BGB** zurückgegriffen (so z. B. *Künzl*/APS § 78a Rn. 55; *Nicolai*/HWGNRH § 78a Rn. 20; *Richardi*/*Thüsing* § 78a Rn. 27; *Weigand*/KR § 78a BetrVG Rn. 32). Danach muss der Auszubildende das Schreiben eigenhändig durch Namensunterschrift unterzeichnen (treffend nunmehr auch *BAG* 15.12.2011 EzA § 78a BetrVG 2001 Nr. 7 Rn. 37 = AP Nr. 55 zu § 78a BetrVG 1972 = NZA-RR 2012, 413; zu § 9 Abs. 2 BPersVG s. a. *BVerwG* 18.08.2010 BVerwGE 137, 346 Rn. 24 ff. = NZA-RR 2011, 51). 73

Auch im Hinblick auf den Zweck des Schriftlichkeitserfordernisses wird diesem durch die **elektronische Form** (§ 126 Abs. 3 BGB i. V. m. § 126a BGB) ausreichend Rechnung getragen (ebenso *Künzl*/APS § 78a BetrVG Rn. 55; *Opolony* BB 2003, 1329 [1333]; *Raab* FS Konzen, 2006, S. 719 [744]; *Waskow*/NK-GA § 78a BetrVG Rn. 19; *Wiesner* Die Schriftform im Betriebsverfassungsgesetz [Diss. Kiel], 2008, S. 166; **a. M.** noch in der 8. Aufl., Rn. 51). Die elektronische Signatur gewährleis- 74 tet genügend, dass der Arbeitgeber die Echtheit der Urkunde sowie die Identität des Ausstellers überprüfen kann (treffend *Wiesner* Die Schriftform im Betriebsverfassungsgesetz [Diss. Kiel], 2008, S. 166).

75 Dies ist bei der **Textform** nicht in vergleichbarer Weise möglich, im Hinblick auf die rechtsgestaltenden Rechtswirkungen der Erklärung jedoch erforderlich. Anders als bei der Mitteilung des Arbeitgebers nach Abs. 1 (s. Rdn. 56), ist die Abgabe einer Erklärung unter Wahrung der Textform i. S. d. § 126b BGB keine »schriftliche« Erklärung des Auszubildenden (näher *Wiesner* Die Schriftform im Betriebsverfassungsgesetz [Diss. Kiel], 2008, S. 166 f.; ebenso *Waskow*/NK-GA § 78a BetrVG Rn. 19; *Weigand*/KR § 78a BetrVG Rn. 22 sowie überzeugend für eine Übermittlung per **E-Mail** auch *BAG* 15.12.2011 EzA § 78a BetrVG 2001 Nr. 7 Rn. 32, 37 = AP Nr. 55 zu § 78a BetrVG 1972 = NZA-RR 2012, 413; ebenso zu § 9 BPersVG *OVG Hamburg* 15.01.2010 PersV 2010, 231 [232 f.]; s. a. *BVerwG* 18.08.2010 BVerwGE 137, 346 Rn. 27 f. = NZA-RR 2011, 51; *Schiefer* FS *Kreutz*, S. 429 [438]; **a. M.** noch *LAG Düsseldorf* 19.05.2010 EzB § 78a BetrVG Nr. 14b [Vorinstanz zu BAG vom 15.12.2011]). Der Inhalt des Schreibens muss dagegen nicht eigenhändig abgefasst sein.

76 Ausnahmsweise ist ein Weiterbeschäftigungsverlangen trotz Formmangels als gültig i. S. v. Abs. 2 anzusehen, wenn das eigene Verhalten des Arbeitgebers gerade bezüglich des Formmangels nach Treu und Glauben schlechthin untragbar ist (*BAG* 15.12.2011 EzA § 78a BetrVG 2001 Nr. 7 Rn. 39 = AP Nr. 55 zu § 78a BetrVG 1972 = NZA-RR 2012, 413), z. B. er die Wahrung der Form vorsätzlich verhindert hat, um sich später auf den Formverstoß berufen zu können, nicht aber schon, wenn er den Auszubildenden nicht über das Formerfordernis aufgeklärt hat (weniger streng, aber *Bachner*/DKKW § 78a Rn. 20; *Berkowsky*/MünchArbR § 137 Rn. 34a; *Fitting* § 78a Rn. 21; *Gamillscheg* II, § 45, 2d [2]; *Künzl*/APS § 78a BetrVG Rn. 56; *Waskow*/NK-GA § 78a BetrVG Rn. 22; in der Tendenz wie hier die Rechtsprechung des BVerwG zu § 9 BPersVG, s. *BVerwG* 21.03.2005 NZA-RR 2005, 613 [614], der sich in der Tendenz auch das *BAG* angeschlossen hat; siehe *BAG* 15.12.2011 EzA § 78a BetrVG 2001 Nr. 7 Rn. 40 = AP Nr. 55 zu § 78a BetrVG 1972 = NZA-RR 2012, 413; das im entschiedenen Fall einen Verstoß des Arbeitgebers gegen § 242 BGB jedoch bejaht hat).

77 Auch eine mit Zustimmung des Arbeitgebers nur mündlich abgegebene Erklärung ist unwirksam. Das schließt nicht aus, dass Arbeitgeber und Auszubildender innerhalb der Dreimonatsfrist formlos einen (Übernahme-)Arbeitsvertrag abschließen. § 12 Abs. 1 Satz 2 BBiG lässt das zu. Im Einzelfall kann daher auch eine solche Zustimmung des Arbeitgebers als Annahme eines Angebots auf Abschluss eines Arbeitsvertrages **außerhalb** des Regelungsbereichs von § 78a ausgelegt werden (ebenso *Künzl*/APS § 78a BetrVG Rn. 55). Eine derartige Vereinbarung hindert den Auszubildenden dann aber, noch ein Weiterbeschäftigungsverlangen nach Abs. 2 geltend zu machen.

c) Geschäftsfähigkeit

78 Ist der Auszubildende **minderjährig**, bedarf seine Erklärung der **Zustimmung des gesetzlichen Vertreters**. Die Zustimmung ist formfrei (§ 182 Abs. 2 BGB). Der gesetzliche Vertreter kann die Erklärung (formgerecht) auch selbst abgeben. Seine Mitwirkung bei Abschluss des Ausbildungsvertrages (§ 10 Abs. 2 BBiG) deckt das Weiterbeschäftigungsverlangen noch nicht; auch § 113 BGB ist insoweit nicht anwendbar (*Galperin*/*Löwisch* § 78a Rn. 8; *Kaiser*/LK § 78a Rn. 8; *Künzl*/APS § 78a BetrVG Rn. 64; *Opolony* BB 2003, 1329 [1333]; *Pielsticker* Der Schutz in Ausbildung, S. 66 f.; *Possienke* Weiterbeschäftigungsanspruch, S. 90 f.; *Richardi*/*Thüsing* § 78a Rn. 28; *Thiele* Drittbearbeitung, § 78a Rn. 21; *Witt* AR-Blattei SD 530.13.1, Rn. 15a).

79 Nach der Gegenansicht (*Bachner*/DKKW § 78a Rn. 18; *Fitting* § 78a Rn. 26; *Moritz* DB 1974, 1016 [1017]; *Preis*/WPK § 78a Rn. 11; *Waskow*/NK-GA § 78a BetrVG Rn. 23; *Weigand*/KR § 78a BetrVG Rn. 33) bedarf es keiner unmittelbaren Anwendung der §§ 106 ff. BGB, da § 78a der Regelung primär betriebsverfassungsrechtlicher Angelegenheiten diene. Selbst wenn die zivilrechtlichen Vorschriften über die Geschäftsfähigkeit aber Anwendung fänden, sei davon auszugehen, dass die Einwilligung des gesetzlichen Vertreters zur Eingehung eines Berufsausbildungsverhältnisses gemäß § 113 BGB auch das Weiterbeschäftigungsverlangen umfasse (so z. B. *Bachner*/DKKW § 78a Rn. 18; *Waskow*/NK-GA § 78a BetrVG Rn. 23; *Weigand*/KR § 78a BetrVG Rn. 33). Gegen diese (rechtsschöpferische) Begründung spricht vor allem, dass das Weiterbeschäftigungsverlangen mit Eintritt der gesetzlichen Fiktion ein Rechtsgeschäft begründet (s. Rdn. 99), durch das der Minderjährige we-

gen der aus dem Arbeitsverhältnis resultierenden Pflichten nicht lediglich einen rechtlichen Vorteil erlangt (§ 107 BGB). Der Rückgriff auf § 113 BGB ist zivilrechtsdogmatisch verfehlt, weil eine entsprechende Zustimmung der gesetzlichen Vertreter überhaupt nicht vorliegen kann; § 113 BGB ist nur auf Dienst- und Arbeitsverhältnisse, nicht hingegen auf Berufsausbildungsverhältnisse anwendbar (ausführlich *Oetker* JuS 1990, 739 [740 f.], m. w. N.).

Auch eine Auslegung der zur Eingehung des Berufsausbildungsverhältnisses bei Minderjährigen zwingend notwendigen Zustimmung der gesetzlichen Vertreter i. S. eines Einverständnisses mit einem späteren ausbildungsgerechten Arbeitsverhältnis (in diesem Sinne *Berkowsky*/MünchArbR § 137 Rn. 38) scheidet wegen der unterschiedlichen Pflichtenstruktur von Berufsausbildungsverhältnis einerseits und Arbeitsverhältnis andererseits aus. Das gilt nicht nur, wenn der Auszubildende sein Weiterbeschäftigungsbegehren mit der Bereitschaft zu einem Arbeitsverhältnis mit geänderten Arbeitsbedingungen verbinden will (s. dazu Rdn. 83 f.), sondern auch im Allgemeinen, da die Pflichten eines Arbeitnehmers von denen eines Auszubildenden gänzlich verschieden sind. Während bei dem erstgenannten die Leistung weisungsabhängiger Tätigkeit geschuldet ist, verpflichtet das Berufsausbildungsverhältnis zum Erwerb der beruflichen Handlungsfähigkeit (näher § 13 BBiG). 80

Verlangt der Minderjährige Weiterbeschäftigung ohne die Einwilligung seines gesetzlichen Vertreters, so ist er so zu stellen, als hätte er einen schwebend unwirksamen Arbeitsvertrag geschlossen. Demgemäß kann der gesetzliche Vertreter das Weiterbeschäftigungsverlangen nach Maßgabe des § 108 BGB – ohne Beachtung der Form (§ 182 Abs. 2 BGB) – genehmigen (*Künzl*/APS § 78a BetrVG Rn. 65; *Pielsticker* Der Schutz in Ausbildung, S. 66 f.; *Possienke* Weiterbeschäftigungsanspruch, S. 90 f.; *Richardi*/*Thüsing* § 78a Rn. 28). 81

d) Inhalt des Weiterbeschäftigungsverlangens
Für den **Inhalt des schriftlichen Verlangens** gelten die allgemeinen Auslegungsgrundsätze (§ 133 BGB). Es genügt, wenn das Schreiben in irgendeiner Form den Willen des Auszubildenden zur Weiterbeschäftigung erkennen lässt. Das Verlangen erfordert keine Begründung (*Bachner*/DKKW § 78a Rn. 17; *Fitting* § 78a Rn. 21; *Künzl*/APS § 78a BetrVG Rn. 57; *Preis*/WPK § 78a Rn. 9; *Waskow*/NK-GA § 78a BetrVG Rn. 18); einen Benachteiligungstatbestand muss der Auszubildende nicht vortragen. Nicht erforderlich ist, dass ausdrücklich eine Weiterbeschäftigung auf unbestimmte Zeit und in einem Vollzeitarbeitsverhältnis im Ausbildungsbetrieb verlangt wird; das ist Rechtsfolge des Weiterbeschäftigungsverlangens nach Abs. 2 (s. Rdn. 109 f.). 82

Will der Auszubildende allerdings nur zu **anderen** als sich aus Abs. 2 ergebenden **Arbeitsbedingungen** (z. B. Teilzeit, anderer Betrieb des Unternehmens) weiterbeschäftigt werden, muss er sich um eine entsprechende Vereinbarung mit dem Arbeitgeber bemühen (Konsensprinzip; BAG 16.07.2008 EzA § 78a BetrVG 2001 Nr. 4 Rn. 30 = AP Nr. 50 zu § 78a BetrVG 1972 = SAE 2009, 189 *[Werhahn]*). Durch ein modifiziertes Weiterbeschäftigungsverlangen nach Abs. 2 lässt sich dieses Ziel nicht erreichen. Eine einseitige Gestaltungsbefugnis ist ihm insoweit dort nicht eingeräumt und auch nicht daraus herzuleiten, dass er »weniger« fordert als er nach Abs. 2 kraft Gesetzes erhalten würde (ebenso im Ergebnis BAG 13.11.1987 EzA § 78a BetrVG 1972 Nr. 19 S. 7 = AP Nr. 18 zu § 78a BetrVG 1972 Bl. 4 = SAE 1989, 144 *[Natzel]*; 24.07.1991 EzA § 78a BetrVG 1972 Nr. 21 S. 9 = AP Nr. 23 zu § 78a BetrVG 1972 Bl. 4; 06.11.1996 EzA § 78a BetrVG 1972, Nr. 24 S. 5 *[Franzen]* = AP Nr. 26 zu § 78a BetrVG 1972 Bl. 2 R; 15.11.2006 EzA § 78a BetrVG 2001 Nr. 3 Rn. 42 *[Adam]* = AP Nr. 38 zu § 78a BetrVG 1972). 83

Um eine Vereinbarung mit dem Arbeitgeber muss sich der Auszubildende auch bemühen, wenn er befürchtet, dass dem Arbeitgeber eine Weiterbeschäftigung nach Abs. 2 nicht zumutbar ist, er aber **hilfsweise** bereit ist, zu anderen Arbeitsbedingungen weiterbeschäftigt zu werden. Dann muss er dies dem Arbeitgeber möglichst frühzeitig mit konkreter Beschreibung der für möglich erachteten Beschäftigung (s. BAG 16.07.2008 EzA § 78a BetrVG 2001 Nr. 4 Rn. 29 = AP Nr. 50 zu § 78a BetrVG 1972 = SAE 2009, 189 *[Werhahn]*; 17.02.2010 EzA § 78a BetrVG 2001 Nr. 5 Rn. 32 = AP Nr. 53 zu § 78a BetrVG 1972; 08.09.2010 EzA § 78a BetrVG 2001 Nr. 6 Rn. 28 = AP Nr. 54 zu § 78a BetrVG 1972 = NZA 2011, 221) erklären, wenn der Arbeitgeber nicht zuvor (z. B. in der Mitteilung nach Abs. 1) ein entsprechend eingeschränktes Weiterbeschäftigungsangebot unterbreitet hat, das der Aus- 84

§ 78a

zubildende seinerseits nur annehmen muss. Diese Erklärung des Auszubildenden ist als bedingtes Änderungsangebot dahin auszulegen, dass der Eintritt der Bedingung von der Entscheidung des Arbeitgebers abhängt, dass ihm die uneingeschränkte Weiterbeschäftigung unzumutbar ist.

85 Nach der billigenswerten Rechtsprechung des *BAG* (06.11.1996 EzA § 78a BetrVG 1972 Nr. 24 S. 5 [zu den Konsequenzen *Franzen* S. 14 ff.] = AP Nr. 26 zu § 78a BetrVG 1972 Bl. 2 R; bestätigt durch *BAG* 15.11.2006 EzA § 78a BetrVG 2001 Nr. 3 Rn. 42 *[Adam]* = AP Nr. 38 zu § 78a BetrVG 1972; 16.07.2008 EzA § 78a BetrVG 2001 Nr. 4 Rn. 30 = AP Nr. 50 zu § 78a BetrVG 1972 = SAE 2009, 189 *[Werhahn]*; 17.02.2010 EzA § 78a BetrVG 2001 Nr. 5 Rn. 32 = AP Nr. 53 zu § 78a BetrVG 1972; 08.09.2010 EzA § 78a BetrVG 2001 Nr. 6 Rn. 28 = AP Nr. 54 zu § 78a BetrVG 1972 = NZA 2011, 221) genügt es nicht, eine derartige Einverständniserklärung erst im Verfahren nach Abs. 4 vorzubringen. Denn schon aus Gründen der Rechtssicherheit darf der Antrag des Arbeitgebers nach Abs. 4 nicht mit der Begründung abgewiesen werden, dem Arbeitgeber wäre die Begründung eines anderen als des nach Abs. 2 entstandenen Arbeitsverhältnisses zumutbar gewesen, wenn nach Abs. 4 die Auflösung des nach Abs. 2 entstehenden Arbeitsverhältnisses beantragt ist.

86 Entgegen dieser Rechtsprechung muss die Einverständniserklärung jedoch nicht »spätestens« mit dem eigenen Weiterbeschäftigungsverlangen vorliegen. Es genügt, wenn sie dem Arbeitgeber noch innerhalb der Dreimonatsfrist nach Abs. 2 Satz 1 zugeht. Dann kann dieser noch innerhalb der Antragsfrist nach Abs. 4 prüfen, ob er das Abänderungsangebot annehmen kann oder sogar im Hinblick auf den Schutzzweck des § 78a und das Benachteiligungsverbot nach § 78 im Vergleich zu anderen Auszubildenden annehmen muss und damit eine Antragstellung nach Abs. 4 vermeidbar ist. Verneint der Arbeitgeber zu Unrecht die Möglichkeit und Zumutbarkeit einer vom Auszubildenden angebotenen anderweitigen Beschäftigung, riskiert er, dass das nach Abs. 2 entstandene Arbeitsverhältnis im Verfahren nach Abs. 4 deshalb nicht aufgelöst wird, weil das Gericht dann nach Prüfung von einer Zumutbarkeit der Weiterbeschäftigung nach Abs. 2 ausgeht.

e) Dreimonatsfrist

87 Das Weiterbeschäftigungsverlangen nach Abs. 2 Satz 1 muss dem Arbeitgeber fristgerecht innerhalb von drei Monaten **vor Beendigung** des Berufsausbildungsverhältnisses zugehen. Die **Einhaltung der Frist** ist als Voraussetzung der gesetzlichen Rechtsgestaltung nach Abs. 2 Satz 1 **zwingend**. Soweit die Erklärung **vor Beendigung der Berufsausbildung** zugegangen sein muss, ist die Regelung schon wegen des berechtigten Interesses des Arbeitgebers an einer klaren Rechtslage zwingend. Ebenso wie bei der Mitteilung des Arbeitgebers nach Abs. 1 erfolgt auch die **Berechnung der Dreimonatsfrist** des Abs. 2 nach Maßgabe des § 21 BBiG (dazu ausführlich Rdn. 60).

88 Demnach endet das Berufsausbildungsverhältnis nicht nur mit dem Ablauf der **vertraglich vereinbarten Ausbildungszeit** (§ 21 Abs. 1 BBiG), sondern ebenfalls, wenn der Auszubildende vor Ablauf der Ausbildungszeit die **Abschlussprüfung** besteht (§ 21 Abs. 2 BBiG) (wie hier *BAG* 31.10.1985 EzA § 78a BetrVG 1972 Nr. 15 S. 101 = AP Nr. 15 zu § 78a BetrVG 1972 Bl. 1 R = AR-Blattei Betriebsverfassung XIII, Entsch. 18 *[Löwisch]*; 13.11.1987 EzA § 78a BetrVG 1972 Nr. 19 S. 3 = AP Nr. 18 zu § 78a BetrVG 1972 Bl. 2 R = SAE 1989, 144 *[Natzel]*; 15.12.2011 EzA § 78a BetrVG 2001 Nr. 7 Rn. 21 = AP Nr. 55 zu § 78a BetrVG 1972 = NZA-RR 2012, 413; *Berkowsky*/Münch-ArbR § 137 Rn. 34; *Fitting* § 78a Rn. 19, 14; *Gamillscheg* II, § 45, 2d [2]; *Künzl/APS* § 78a BetrVG Rn. 58; *Pielsticker* Der Schutz in Ausbildung, S. 62 ff.; *Richardi/Thüsing* § 78a Rn. 24; *Witt* AR-Blattei SD 530.13.1 Rn. 16; **a. M.** *Galperin/Löwisch* § 78a Rn. 7; *Lorenz*/HaKo § 78a Rn. 7; *Natzel* Berufsbildungsrecht, S. 558; *Reinecke* DB 1981, 889 [890]; vermittelnd *Wiencke* Der Schutz Auszubildender, S. 43 f.); in diesem Fall muss das Weiterbeschäftigungsverlangen dem Arbeitgeber spätestens noch am Prüfungstag zugehen (s. a. *BAG* 31.10.1985 EzA § 78a BetrVG 1972 Nr. 15 S. 102 = AP Nr. 15 zu § 78a BetrVG 1972 Bl. 1 R = AR-Blattei Betriebsverfassung XIII, Entsch. 18 *[Löwisch]*).

89 Ein erst **nach Beendigung** des Ausbildungsverhältnisses zugegangenes Weiterbeschäftigungsverlangen löst die Fiktionswirkung des Abs. 2 Satz 1 nicht aus (ebenso *Künzl/APS* § 78a BetrVG Rn. 59; *Possienke* Weiterbeschäftigungsanspruch, S. 93 f.; *Schiefer* FS Kreutz, S. 429 [438]). In diesem Fall bedarf die Begründung eines Arbeitsverhältnisses eines Vertrages. Ein Kontrahierungszwang für den Arbeitgeber besteht grundsätzlich nicht (s. aber *Kreutz* § 78 Rdn. 74 sowie hier Rdn. 94).

Auch ein **früher als drei Monate** vor Beendigung des Berufsausbildungsverhältnisses zugehendes **90**
Weiterbeschäftigungsverlangen ist unwirksam, weil eine derartige Erklärung mangels Tatbestandserfüllung (»innerhalb der letzten drei Monate«) die Rechtsfolge des Abs. 2 nicht herbeiführen kann (ebenso *BAG* 15.01.1980 EzA § 78a BetrVG 1972 Nr. 8 S. 43 *[Grunsky]* = AP Nr. 7 zu § 78a BetrVG 1972 Bl. 2 f.; 31.10.1985 EzA § 78a BetrVG 1972 Nr. 15 S. 104 = AP Nr. 15 zu § 78a BetrVG 1972 Bl. 2 R = AR-Blattei Betriebsverfassung XIII, Entsch. 18 *[Löwisch]*; 12.11.1997 EzA § 78a BetrVG 1972 Nr. 26 S. 5 *[Vollstädt]* = AP Nr. 31 zu § 78a BetrVG 1972 Bl. 3; 15.12.2011 EzA § 78a BetrVG 2001 Nr. 7 Rn. 24 ff. = AP Nr. 55 zu § 78a BetrVG 1972 = NZA-RR 2012, 413; ferner auch *BVerwG* 09.10.1996 NZA-RR 1997, 239; *VGH München* 19.11.2012 NZA-RR 2013, 222 [222]). Ohne Bedeutung ist insoweit, dass durch die Änderung von § 5 Abs. 1 Satz 2 BBiG a. F. ein anderer, bisher als entscheidend angesehener Begründungsgesichtspunkt entfallen ist. Danach wurde die Unwirksamkeit einer zu frühen Erklärung auf eine Parallelbetrachtung zu Zweck und Rechtswirkung der Nichteinhaltung einer entsprechenden Dreimonatsfrist in § 5 Abs. 1 Satz 2 BBiG a. F. gestützt, wonach der Auszubildende sich zu seinem Schutze nicht früher als drei Monate vor Ablauf des Berufsausbildungsverhältnisses rechtlich binden konnte, nach dessen Beendigung mit dem Ausbildenden ein Arbeitsverhältnis auf unbestimmte Zeit einzugehen (5. Aufl., § 78a Rn. 50 m. w. N.).

Seit dem BeschFG 1996 ermöglicht **§ 12 Abs. 1 Satz 2 BBiG** dies bereits innerhalb der letzten **sechs** **91**
Monate. Da jedoch in § 78a Abs. 2 keine Anpassung erfolgte und diese auch im Rahmen des BetrVerf-ReformG unterblieben ist, bleibt es im Rahmen von § 78a Abs. 2 bei der Unwirksamkeit einer vor der Drei-Monats-Grenze abgegebenen Erklärung (treffend auch *BAG* 15.12.2011 EzA § 78a BetrVG 2001 Nr. 7 Rn. 26 ff. = AP Nr. 55 zu § 78a BetrVG 1972 = NZA-RR 2012, 413; *LAG Hamm* 01.04.2011 EzB § 78a BetrVG Nr. 18; ebenso zu § 9 BPersVG *VGH München* 19.11.2012 NJW-RR 2013, 222 [223]; *VG Meiningen* 09.02.2011 ThürVBl. 2011, 182 sowie im Schrifttum *Berkowsky*/MünchArbR § 137 Rn. 34; *Kaiser*/LK § 78a Rn. 8; *Possienke* Weiterbeschäftigungsanspruch, S. 91 f.; *Schiefer* FS *Kreutz*, S. 429 [438]; *Waskow*/NK-GA § 78a Rn. 21; *Weigand*/KR § 78a Rn. 31; **a. M.** *LAG Düsseldorf* 19.05.2010 EzB § 78a BetrVG Nr. 14b [Vorinstanz zu *BAG* vom 15.12.2011]; *Fitting* § 78a Rn. 19; *Jäger/Künzl* ZTR 2000, 300 [301 f.]; *Künzl/APS* § 78a BetrVG Rn. 61; *Opolony* BB 2003, 1329 [1332 f.], die aus der Änderung von § 5 Abs. 1 Satz 2 BBiG a. F. eine Verlängerung der Erklärungsfrist in § 78a Abs. 2 auf **sechs Monate** ableiten; in diesem Sinne auch *Gamillscheg* II, § 45, 2d [1] [S. 683]). Eine teleologische Reduktion ist insoweit nicht gerechtfertigt, weil die Einführung der Frist vor allem der Rechtsklarheit dienen sollte (Ausschussbericht, BT-Drucks. 7/1334 S. 3; ebenso *BAG* 15.12.2011 EzA § 78a BetrVG 2001 Nr. 7 Rn. 27 = AP Nr. 55 zu § 78a BetrVG 1972 = NZA-RR 2012, 413); auch für eine entsprechende Anwendung der Frist in § 12 Abs. 1 Satz 2 BBiG fehlen aus den obigen Gründen die methodischen Voraussetzungen (überzeugend nunmehr auch *BAG* 15.12.2011 EzA § 78a BetrVG 2001 Nr. 7 Rn. 26 ff. = AP Nr. 55 zu § 78a BetrVG 1972 = NZA-RR 2012, 413; ähnlich zu § 9 BPersVG *VGH München* 19.11.2012 NZA-RR 2013, 222 [222], der jedoch auf das Fehlen einer planwidrigen Lücke abstellt).

Die zu frühe Erklärung ist selbst dann unwirksam, wenn der Arbeitgeber die Nichtfristwahrung vor **92**
dem Ausbildungsende erkennt (*LAG Hamm* 01.08.1984 NZA 1984, 363); jedenfalls ist er nicht verpflichtet, zugunsten des Auszubildenden die Einhaltung der Frist zu kontrollieren (*BAG* 31.10.1985 EzA § 78a BetrVG 1972 Nr. 15 S. 104 = AP Nr. 15 zu § 78a BetrVG 1972 Bl. 2 R = AR-Blattei Betriebsverfassung XIII, Entsch. 18 *[Löwisch]*). Das Weiterbeschäftigungsverlangen muss deshalb innerhalb der letzten drei Monate **schriftlich wiederholt bzw. bestätigt werden** (*BAG* 12.11.1997 EzA § 78a BetrVG 1972 Nr. 26 S. 5 = AP Nr. 31 zu § 78a BetrVG 1972 Bl. 3; *BVerwG* 09.10.1996 NZA-RR 1997, 239; *VGH München* 19.11.2012 NZA-RR 2013, 222 [223]; ebenso *Bachner/DKKW* § 78a Rn. 19; *Dietz/Richardi* § 78a Rn. 18; *Fitting/Kaiser/Heither/Engels* 18. Aufl., § 78a Rn. 15; *Galperin/Löwisch* § 78a Rn. 7; *Gamillscheg* II, § 45, 2d [2]; *Kania*/ErfK § 78a BetrVG Rn. 4; *Künzl/APS* § 78a BetrVG Rn. 62; *Lorenz*/HaKo § 78a Rn. 12; *Nicolai/HWGNRH* § 78a Rn. 15; *Possienke* Weiterbeschäftigungsanspruch, S. 93; *Preis/WPK* § 78a Rn. 10; *Richardi/Thüsing* § 78a Rn. 23; *Stege/Weinspach/Schiefer* § 78a Rn. 4; *Waskow*/NK-GA § 78a Rn. 21; *Weigand*/KR § 78a BetrVG Rn. 30; *Witt* AR-Blattei SD 530.13.1, Rn. 17; insoweit krit. *Grunsky* Anm. zu *BAG* 15.01.1980 EzA § 78a BetrVG 1972 Nr. 9 S. 54 ff.; *Wiencke* Der Schutz Auszubildender, S. 42).

93 Das Weiterbeschäftigungsverlangen muss auch »bestätigt« werden, wenn es zunächst innerhalb der Dreimonatsfrist erfolgte, der Auszubildende die Prüfung aber nicht bestanden hat, sich auf sein Verlangen das Ausbildungsverhältnis gemäß § 21 Abs. 3 BBiG verlängert hat und der Tag der Mitteilung des Ergebnisses der Wiederholungsprüfung mehr als drei Monate später liegt.

94 Ein nach den vorstehenden Ergebnissen **unwirksames Weiterbeschäftigungsverlangen** löst zwar nicht die Rechtswirkungen des Abs. 2 aus und zwingt den Arbeitgeber insbesondere nicht, die Unzumutbarkeit der Weiterbeschäftigung nach § 78a Abs. 4 gerichtlich geltend zu machen, es stellt aber den allgemeinen **Benachteiligungsschutz durch § 78 Satz 2** nicht in Frage (treffend *Gamillscheg* II, § 45, 2d [2]; dazu auch *Kreutz* § 78 Rdn. 74, 96; *BAG* 12.02.1975 EzA § 78 BetrVG 1972 Nr. 4 S. 8 f. = AP Nr. 1 zu § 78 BetrVG 1972 Bl. 3 R f.). Dieser ist jedoch bereits wegen der von § 78a abweichenden prozeduralen Ausgestaltung deutlich schwächer und vermittelt in der Regel nur dann einen wirksamen Schutz, wenn der Arbeitgeber andere Auszubildende übernimmt (s. a. *Gamillscheg* II, § 45, 2d [d]).

95 Die Erklärung nach Abs. 2 Satz 1 muss dem Arbeitgeber gemäß § 130 Abs. 1 Satz 1 BGB innerhalb der Dreimonatsfrist, spätestens am letzten Tag des Ausbildungsverhältnisses, **zugegangen** sein, d. h. derart in seinen Machtbereich gelangt sein, dass nach dem normalen Verlauf der Dinge und nach der Verkehrsauffassung eine Kenntnisnahme möglich ist. Hierfür genügt in jedem Fall der **Eingang der Erklärung im Büro** des Arbeitgebers während der Dienstzeit. Auf die tatsächliche Kenntnisnahme kommt es nicht an (*Thiele* Drittbearbeitung, § 78a Rn. 25; ebenso *BAG* 31.10.1985 EzA § 78a BetrVG 1972 Nr. 15 S. 103 = AP Nr. 15 zu § 78a BetrVG 1972 Bl. 2 f. = AR-Blattei Betriebsverfassung XIII, Entsch. 18 *[Löwisch]*; *Künzl/APS* § 78a BetrVG Rn. 59; *Pielsticker* Der Schutz in Ausbildung, S. 64 f.; *Weigand/KR* § 78a BetrVG Rn. 29). Die Dreimonatsfrist errechnet sich rückwirkend vom Ende des Tages der Beendigung des Berufsausbildungsverhältnisses entsprechend §§ 187 Abs. 2, 188 Abs. 2 BGB. Der Tag, an dem das Weiterbeschäftigungsverlangen dem Arbeitgeber frühestens wirksam zugehen kann, ist dann z. B. der 4. März, wenn das Berufsausbildungsverhältnis am 3. Juni endet, der zugleich der letzte Zugangstag ist (s. a. Rdn. 59).

96 Keine Voraussetzung für die Begründung des Arbeitsverhältnisses nach Abs. 2 Satz 1 ist, dass der Arbeitgeber dem Auszubildenden gemäß Abs. 1 die Absicht mitgeteilt hat, ihn nicht weiterbeschäftigen zu wollen (Abs. 5). Andererseits wird das **fristgemäße** Weiterbeschäftigungsverlangen als Tatbestandsmerkmal des Abs. 2 auch infolge der Verletzung der Mitteilungspflicht nach Abs. 1 durch den Arbeitgeber **nicht entbehrlich** (wie hier *Bachner/DKKW* § 78a Rn. 14; *Berkowsky/*MünchArbR § 137 Rn. 31; *Fitting* § 78a Rn. 23; *Galperin/Löwisch* § 78a Rn. 6; *Künzl/APS* § 78a BetrVG Rn. 59; *Weigand/KR* § 78a BetrVG Rn. 27; *Witt* AR-Blattei SD 530.13.1, Rn. 18; vgl. auch *BAG* 31.10.1985 EzA § 78a BetrVG 1972 Nr. 15 S. 105 = AP Nr. 15 zu § 78a BetrVG 1972 Bl. 2 R = AR-Blattei Betriebsverfassung XIII, Entsch. 18 *[Löwisch]*; *LAG Hamm* 01.08.1984 NZA 1984, 363; **a. M.** *Richardi/Thüsing* § 78a Rn. 24: bei fehlender Mitteilung könne das Verlangen nach Weiterbeschäftigung auch noch nach Beendigung des Ausbildungsverhältnisses gestellt werden).

f) Beteiligung des Betriebsrats

97 Eine Mitwirkung des Betriebsrats nach § 99 sieht § 78a nicht vor. Sie ist für den Eintritt der Rechtswirkung des Abs. 2 Satz 1 nicht erforderlich (ebenso schon *Thiele* Drittbearbeitung, § 78a Rn. 27; ferner *Raab* § 99 Rdn. 38; *Bachner/DKKW* § 78a Rn. 29; *Fitting* § 78a Rn. 29; *Galperin/Löwisch* § 99 Rn. 14b; *Hess/Schlochauer/Glaubitz* § 99 Rn. 23; *Künzl/APS* § 78a BetrVG Rn. 66; *Possienke* Weiterbeschäftigungsanspruch, S. 112 f.; *Richardi/Thüsing* § 99 Rn. 46; *Waskow/*NK-GA § 78a BetrVG Rn. 24; *Weigand/KR* § 78a BetrVG Rn. 34; s. a. *BAG* 31.10.1985 EzA § 78a BetrVG 1972 Nr. 15 S. 104 f. = AP Nr. 15 zu § 78a BetrVG 1972 Bl. 3 = AR-Blattei Betriebsverfassung XIII, Entsch. 18 *[Löwisch]*). Es fehlt an den tatbestandlichen Voraussetzungen des § 99, da nach § 99 zur »Einstellung« zu beteiligen ist und sich diese nach dem Verständnis der Rechtsprechung des *BAG* auf die Zuweisung des konkreten Arbeitsplatzes bezieht (s. *Raab* § 99 Rdn. 28). Die Fiktionswirkung des § 78a Abs. 2 Satz 1 beschränkt sich demgegenüber auf das Zustandekommen eines Arbeitsvertrages (s. Rdn. 99).

98 Von der Begründung des Arbeitsverhältnisses zu trennen ist die Frage, ob die Übertragung der Arbeitsaufgabe im Rahmen des kraft Fiktion begründeten Arbeitsverhältnisses eine Beteiligung des Betriebsrats nach § 99 erfordert. Dies ist sowohl im Hinblick auf die »Einstellung« als auch für die »Eingruppierung« zu bejahen. Der Arbeitgeber hat daher gemäß § 99 dem Betriebsrat den in Aussicht genommenen Arbeitsplatz und die vorgesehene **Eingruppierung** mitzuteilen und dessen Zustimmung zur Eingruppierung einzuholen (*Thiele* Drittbearbeitung, § 78a Rn. 27; *Bachner/DKKW* § 78a Rn. 29; *Fitting* § 78a Rn. 29; *Künzl/APS* § 78a BetrVG Rn. 69; *Weigand/KR* § 78a BetrVG Rn. 34; zust. *Pielsticker* Der Schutz in Ausbildung, S. 71). Die **Zuweisung des Arbeitsplatzes** bedarf als »Einstellung« ebenfalls der Zustimmung durch den Betriebsrat, da nicht die Begründung des Arbeitsverhältnisses, sondern die Zuweisung des konkreten Arbeitsbereiches das Beteiligungsrecht des Betriebsrats auslöst (s. *Raab* § 99 Rdn. 29 ff.; **a. M.** *Oberthür* ArbRB 2006, 157 [158], die pauschal eine Beteiligung im Hinblick auf die »Einstellung« verneint; i. E. ebenso *Possienke* Weiterbeschäftigungsanspruch, S. 113 sowie *BVerwG* 26.05.2015 NZA-RR 2015, 499 Rn. 12 ff., zu der mit § 99 vergleichbaren Mitbestimmung des Personalrats nach § 75 Abs. 1 Nr. 1 BPersVG und der Weiterbeschäftigung eines Jugend- und Auszubildendenvertreters).

2. Rechtswirkungen

a) Fiktion eines Arbeitsvertrages

Nach Abs. 2 Satz 1 **gilt** mit dem (rechtzeitig und schriftlich) erklärten Weiterbeschäftigungsverlangen **99** des geschützten Auszubildenden im (unmittelbaren) Anschluss an das Berufsausbildungsverhältnis ein (Vollzeit-)Arbeitsverhältnis auf unbestimmte Zeit **als begründet**. **Rechtsdogmatisch** handelt es sich hierbei um die **Fiktion eines Arbeitsvertrages** (als Begründungstatbestand des Arbeitsverhältnisses), die durch die Ausübung eines **Gestaltungsrechts** (s. Rdn. 70) seitens des Auszubildenden ausgelöst wird (ausführlich *Wiencke* Der Schutz Auszubildender, S. 47 ff.; wie hier *Pielsticker* Der Schutz in Ausbildung, S. 67 ff., insbesondere S. 69; *Richardi/Thüsing* § 78a Rn. 21; *Wiencke* Der Schutz Auszubildender, S. 68; *Witt* AR-Blattei SD 530.13.1, Rn. 20; für gesetzliche Fiktion eines **Arbeitsverhältnisses** *BAG* 15.12.2011 EzA § 78a BetrVG 2001 Nr. 7 Rn. 36 = AP Nr. 55 zu § 78a BetrVG 1972 = NZA-RR 2012, 413; *Fitting* § 78a Rn. 29; *Gamillscheg* II, § 45, 2d [vor 1] [S. 683]; *Künzl/APS* § 78a BetrVG Rn. 77; *Moritz* DB 1974, 1016; *Preis/WPK* § 78a Rn. 12; *Sahmer* § 78a Rn. 12; *Stege/Weinspach/Schiefer* § 78a Rn. 5; *Waskow/NK-GA* § 78a BetrVG Rn. 24; *Weigand/KR* § 78a BetrVG Rn. 34; ohne Stellungnahme *BAG* 24.07.1991 EzA § 78a BetrVG 1972 Nr. 21 S. 4 f. = AP Nr. 23 zu § 78a BetrVG 1972 Bl. 2 R f.; **a. M.** – Kontrahierungszwang – *Galperin/Löwisch* § 78a Rn. 1; *Küchenhoff* § 78a Rn. 11; *Wollenschläger* NJW 1974, 935 [936]; vgl. auch *Berkowsky/MünchArbR* § 137 Rn. 40; *Possienke* Weiterbeschäftigungsanspruch, S. 106 [kraft Gesetzes begründetes Arbeitsverhältnis]; diese Ansicht beachtet jedoch nicht, dass der Arbeitgeber nicht zur Mitwirkung beim Vertragsschluss gezwungen wird; richtig ist aber, dass nach Abs. 2 ein Arbeitsverhältnis entsteht und nicht nur fingiert wird). Dieser bildet zugleich die Grundlage für einen Anspruch des von § 78a Geschützten auf tatsächliche Beschäftigung. Näher zum Inhalt des Arbeitsverhältnisses Rdn. 109 ff.

b) Widerruf des Weiterbeschäftigungsverlangens

Die **Fiktionswirkungen** des Abs. 2 Satz 1 **treten erst mit Beendigung des Ausbildungsverhält-** **100** **nisses ein**. Das ergibt sich schon aus dem Wortlaut des Abs. 2 Satz 1, wonach ein Arbeitsverhältnis auf unbestimmte Zeit **im Anschluss** an das Berufsausbildungsverhältnis als begründet gilt. Man kann daher dem Auszubildenden ohne dogmatische Bedenken ein **Widerrufsrecht** bezüglich seines Verlangens einräumen (wie hier *Bachner/DKKW* § 78a Rn. 23; *Berkowsky/MünchArbR* § 137 Rn. 37; *Fitting* § 78a Rn. 27; *Künzl/APS* § 78a BetrVG Rn. 75; *Preis/WPK* § 78a Rn. 16; *Weigand/KR* § 78a BetrVG Rn. 44; *Witt* AR-Blattei SD 530.13.1, Rn. 19; **a. M.** *Pielsticker* Der Schutz in Ausbildung, S. 78; ebenso *Opolony* BB 2003, 1329 [1333]; *Possienke* Weiterbeschäftigungsanspruch, S. 95 f.; *Richardi/Thüsing* § 78a Rn. 25; *Waskow/NK-GA* § 78a BetrVG Rn. 29). Voraussetzung dafür ist aber zwingend, dass der Widerruf innerhalb der Frist des Abs. 2 Satz 1 erklärt wird, d. h. spätestens bis zur Beendigung des Ausbildungsverhältnisses, da im unmittelbaren Anschluss die Rechtswirkungen des ausgeübten Gestaltungsrechts eintreten. Der **Widerruf** bedarf **nicht** der **Schriftform** (a. M. *Witt* AR-Blattei SD 530.13.1, Rn. 19: actus contrarius zum schriftlichen Weiterbeschäftigungsverlangen).

§ 78a

IV. 1. Allgemeines

c) **Verzicht auf das Weiterbeschäftigungsverlangen**

101 Die Fiktionswirkungen nach Abs. 2 treten nicht ein, wenn der Auszubildende zuvor wirksam auf sein Gestaltungsrecht verzichtet hat. Ein Verzicht des Auszubildenden (ggf. des gesetzlichen Vertreters; s. Rdn. 78) auf das Recht, die Weiterbeschäftigung zu verlangen, kann wirksam erst in den letzten drei Monaten des Ausbildungsverhältnisses, in denen es ausgeübt werden kann, vereinbart werden, da es vorher nicht entstanden ist (*LAG Frankfurt a. M.* 09.08.1974 BB 1975, 1205; ebenso *Berkowsky*/MünchArbR § 137 Rn. 37; *Etzel* Rn. 1254; *Fitting* § 78a Rn. 27; *Künzl/APS* § 78a BetrVG Rn. 73 f.; *Nicolai/HWGNRH* § 78a Rn. 22; *Pielsticker* Der Schutz in Ausbildung, S. 79 f.; *Possienke* Weiterbeschäftigungsanspruch, S. 94 f.; *Preis/WPK* § 78a Rn. 15; *Richardi/Thüsing* § 78a Rn. 29; *Waskow*/NK-GA § 78a BetrVG Rn. 27; *Weigand*/KR § 78a BetrVG Rn. 28; wohl auch *Bachner*/DKKW § 78a Rn. 19; wie hier ebenfalls zu § 9 BPersVG *BVerwG* 31.05.2005 NZA-RR 2005, 613 [613]; **a. M.** – Verzicht im Hinblick auf die Regelungen in den §§ 5 Abs. 1, 18 BBiG a. F. ausgeschlossen – *Wiencke* Der Schutz Auszubildender, S. 46 f.; *Witt* AR-Blattei SD 530.13.1, Rn. 19 – im Hinblick auf den Schutzzweck der Vorschrift.

102 Einem derartigen Verzicht steht es gleich, wenn zwischen Arbeitgeber und Auszubildendem noch vor Beendigung des Ausbildungsverhältnisses eine Vereinbarung über eine Weiterbeschäftigung zu anderen als sich aus Abs. 2 ergebenden Arbeitsbedingungen zustande kommt; ein gleichwohl noch vorgebrachtes Weiterbeschäftigungsverlangen geht ins Leere.

103 Soweit nach dem Vorstehenden vor Beendigung des Berufsausbildungsverhältnisses ein Verzicht auf die Weiterbeschäftigung erklärt werden kann, hat diese Erklärung Rechtswirkungen, die mit einer Kündigung und einem Auflösungsvertrag vergleichbar sind. Deshalb spricht der Zweck des Schriftformerfordernisses in § 623 BGB dafür, die vorgenannte Bestimmung analog anzuwenden, so dass der Verzicht des Auszubildenden nur bei Wahrung der **Schriftform** rechtswirksam ist (ebenso im Ergebnis *Weigand*/KR § 78a BetrVG Rn. 44; offen *Rieble*/AR § 78a BetrVG Rn. 4).

d) **Anfechtung des Weiterbeschäftigungsverlangens**

104 Da das Weiterbeschäftigungsverlangen des Auszubildenden rechtlich als **Willenserklärung** zu qualifizieren ist (s. Rdn. 71), ist dessen **Anfechtung** nach allgemeinen Regeln (§§ 119 ff. BGB) zulässig; es ist dann mit ex tunc-Wirkung nichtig (§ 142 Abs. 1 BGB). Hat der Ausgebildete allerdings nach Beendigung des Berufsausbildungsverhältnisses bereits Arbeitsleistungen erbracht, entfaltet die Anfechtung nur Wirkung für die Zukunft (so auch *Pielsticker* Der Schutz in Ausbildung, S. 78 f.; *Possienke* Weiterbeschäftigungsanspruch, S. 96; *Waskow*/NK-GA § 78a BetrVG Rn. 28; *Wiencke* Der Schutz Auszubildender, S. 45 f.).

e) **Rechtsmissbräuchliches Weiterbeschäftigungsverlangen**

105 Das Weiterbeschäftigungsverlangen ist nicht arglistig und unwirksam, wenn der Arbeitgeber den Auszubildenden schon vor der Wahl, die möglicherweise erst kurz vor Beendigung seines Berufsausbildungsverhältnisses stattgefunden hat, davon unterrichtet hat, dass er ihn nicht in ein Arbeitsverhältnis übernehmen werde (*LAG Baden-Württemberg* 13.10.1977 AP Nr. 4 zu § 78a BetrVG 1972 Bl. 2). Rechtsmissbräuchlich handeln Auszubildende auch dann nicht, wenn sie sich ausschließlich deshalb in ein betriebsverfassungsrechtliches Organ wählen lassen, um in den Schutzbereich des § 78a zu gelangen (**a. M.** *Possienke* Weiterbeschäftigungsanspruch, S. 98 f.; *Reinecke* DB 1981, 889). Etwas anderes gilt aber, wenn Auszubildende einen Vertretungsfall (z. B. durch einen »richtig« terminierten Urlaubstag) in der Absicht herbeiführen, dem Ersatzmitglied einen unbefristeten Arbeitsvertrag zu verschaffen (*Grunsky* Anm. zu *BAG* 15.01.1980 EzA § 78a BetrVG 1972 Nr. 9; *Künzl/APS* § 78a BetrVG Rn. 71; *Possienke* Weiterbeschäftigungsanspruch, S. 99; *Pielsticker* Der Schutz in Ausbildung, S. 45, 80). Die Beweislast für Rechtsmissbrauch obliegt dem Arbeitgeber (*Künzl/APS* § 78a BetrVG Rn. 71; *Reinecke* DB 1981, 889).

f) **Nichtbestehen der Abschlussprüfung**

106 Das Gesetz stellt nur auf die Beendigung des Berufsausbildungsverhältnisses ab, **nicht** auch auf das **Bestehen der Abschlussprüfung** (anders § 9 Abs. 1 und 2 BPersVG). Auch wenn die Prüfung nicht

abgelegt oder nicht bestanden worden ist, wird das Ausbildungsverhältnis auf das Verlangen des Auszubildenden mit Ablauf der Ausbildungszeit (§ 21 Abs. 1 BBiG) kraft Gesetzes in ein Arbeitsverhältnis übergeleitet. Das entspricht dem Schutzzweck des Gesetzes (ebenso *LAG Baden-Württemberg* 13.10.1977 AP Nr. 4 zu § 78a BetrVG 1972 Bl. 2; *Berkowsky*/MünchArbR § 137 Rn. 36; *Fitting* § 78a Rn. 24; *Galperin/Löwisch* § 78a Rn. 7; *Künzl/APS* § 78a BetrVG Rn. 76; *Nicolai/HWGNRH* § 78a Rn. 23; *Opolony* BB 2003, 1329 [1334]; *Richardi/Thüsing* § 78a Rn. 10; *Waskow*/NK-GA § 78a BetrVG Rn. 15; *Witt* AR-Blattei SD 530.13.1, Rn. 21; **a. M.** *Gamillscheg* FS *Wiedemann*, S. 269 [277 f.]). Das Fehlen einer erfolgreichen Abschlussprüfung kann aber im Einzelfall die Weiterbeschäftigung als unzumutbar erscheinen lassen (dazu Abs. 4 und Rdn. 134 ff.).

g) Kündigung und Aufhebungsvertrag

Endet das Berufsausbildungsverhältnis durch eine Kündigung gemäß § 22 Abs. 1 oder Abs. 2 Nr. 1 BBiG, ist § 78a **nicht** anzuwenden (im Ergebnis ebenso *Berkowsky*/MünchArbR § 137 Rn. 36; *Künzl/APS* § 78a BetrVG Rn. 86; *Opolony* BB 2003, 1329 [1334]; *Richardi/Thüsing* § 78a Rn. 10; *Weigand*/KR § 78a BetrVG Rn. 45; *Witt* AR-Blattei SD 530.13.1, Rn. 22). Die Regelung des Gesetzes ist auf die Tatsache der Befristung des Ausbildungsverhältnisses zugeschnitten, weil nur dann die Schutzvorschriften des § 15 KSchG mangels Kündigung nicht eingreifen (*Thiele* Drittbearbeitung, § 78a Rn. 32 sowie hier Rdn. 5). Überdies würde § 15 KSchG weder die fristlose Kündigung des Arbeitgebers aus wichtigem Grund (§ 22 Abs. 2 Nr. 1 BBiG) noch eine Kündigung durch den Auszubildenden selbst gemäß § 22 Abs. 1 oder Abs. 2 Nr. 2 BBiG erfassen. Entsprechendes ist für § 78a anzunehmen. Kündigt dagegen der Arbeitgeber während der Probezeit (§ 22 Abs. 1 BBiG), bedarf es des Schutzes nach § 78a nicht, da insoweit § 15 Abs. 1 KSchG seine Wirkungen entfaltet (*Weigand*/KR § 78a BetrVG Rn. 45). 107

Ebenso ist § 78a in den Fällen der **vertraglichen Aufhebung** des Berufsausbildungsverhältnisses **nicht** anzuwenden (zust. *Berkowsky*/MünchArbR § 137 Rn. 36; *Künzl/APS* § 78a BetrVG Rn. 87; *Possienke* Weiterbeschäftigungsanspruch, S. 102; *Witt* AR-Blattei SD 530.13.1, Rn. 22); nach **a. M.** soll dies nur gelten, wenn der Aufhebungsvertrag in den letzten drei Monaten des Ausbildungsverhältnisses geschlossen wird, weil früher abgeschlossene Verträge gemäß § 12 BBiG nichtig sein sollen (*LAG Frankfurt a. M.* 09.08.1974 BB 1975, 1205; *Reinecke* DB 1981, 889 [890]; *Weigand*/KR § 78a BetrVG Rn. 45). 108

h) Inhalt des Arbeitsverhältnisses

Ausdrücklich bestimmt Abs. 2 Satz 1 nur, dass das Arbeitsverhältnis auf **unbestimmte** Zeit zustande kommt, also nicht befristet ist (unstr.), wie es das Berufsausbildungsverhältnis war. 109

Dass es sich um ein **Vollzeitarbeitsverhältnis** handelt (ebenso, grundlegend *BAG* 13.11.1987 EzA § 78a BetrVG 1972 Nr. 19 S. 4 f. = AP Nr. 18 zu § 78a BetrVG 1972 Bl. 3 f. = SAE 1989, 144 *[Natzel]*; zuletzt *BAG* 15.11.2006 EzA § 78a BetrVG 2001 Nr. 3 Rn. 42 *[Adam]* = AP Nr. 38 zu § 78a BetrVG 1972; 17.02.2010 EzA § 78a BetrVG 2001 Nr. 5 Rn. 16, 31 = AP Nr. 53 zu § 78a BetrVG 1972; 08.09.2010 EzA § 78a BetrVG 2001 Nr. 6 Rn. 18 = AP Nr. 54 zu § 78a BetrVG 1972 = NZA 2011, 221; 15.12.2011 EzA § 78a BetrVG 2001 Nr. 7 Rn. 13 = AP Nr. 55 zu § 78a BetrVG 1972 = NZA-RR 2012, 413 sowie im Schrifttum *Berkowsky*/MünchArbR § 137 Rn. 42; *Etzel* Rn. 1250; *Gamillscheg* II, § 45, 2d [3c]; *Künzl/APS* § 78a BetrVG Rn. 78 ff.; *Opolony* BB 2003, 1329 [1334]; *Preis/WPK* § 78a Rn. 12; *Richardi/Thüsing* § 78a Rn. 32; *Schiefer* FS *Kreutz*, S. 429 [439]; *Waskow*/ NK-GA § 78a BetrVG Rn. 25; *Witt* AR-Blattei SD 530.13.1, Rn. 23; »grundsätzlich« auch *Bachner*/ *DKKW* § 78a Rn. 28; *Fitting* § 78a Rn. 30; die aber zu Einschränkungen kommen, wenn dem Arbeitgeber die Weiterbeschäftigung in einem Vollzeitarbeitsverhältnis unzumutbar ist [s. Rdn. 172]; in dieser Richtung auch *Weigand*/KR § 78a BetrVG Rn. 41 f.) und nicht um ein irgendwie gestaltetes Teilzeitarbeitsverhältnis, folgt aus dem Fehlen einer dahingehenden Einschränkung im Gesetz, unter systematischem Aspekt aber auch daraus, dass bereits das Berufsausbildungsverhältnis, aus dem heraus der geschützte Auszubildende »Weiter«-beschäftigung verlangt, ungeachtet der Vereinbarung über die Dauer der regelmäßigen täglichen Arbeitszeit (§ 11 Abs. 1 Satz 2 Nr. 4 BBiG) als Vollzeitrechtsverhältnis ausgestaltet ist, das eine Teilzeitbeschäftigung i. S. d. § 2 Abs. 1 TzBfG nicht zulässt; dafür spricht ferner der Zweck der Norm, den Mandatsträger durch Gewährleistung einer wirtschaftlichen Exis- 110 tenzgrundlage individuell zu schützen (*BAG* 13.11.1987 EzA § 78a BetrVG 1972 Nr. 19 S. 4 f. = AP Nr. 18 zu § 78a BetrVG 1972 Bl. 3 f. = SAE 1989, 144 *[Natzel]*). Ist dem Arbeitgeber die Beschäftigung in einem **unbefristeten Vollzeitarbeitsverhältnis nicht zumutbar**, muss er dies in einem Beschlussverfahren nach Abs. 4 geltend machen. Auf das Zustandekommen des Arbeitsverhältnisses, das sich allein nach Abs. 2 Satz 1 richtet, ist das ohne Einfluss (s. a. Rdn. 178).

111 Das Arbeitsverhältnis begründet einen Anspruch auf **ausbildungsgerechte** Beschäftigung und Vergütung **im Ausbildungsbetrieb** (ebenso *BAG* 16.08.1995 EzA § 78a BetrVG 1972 Nr. 23 S. 5 = AP Nr. 25 zu § 78a BetrVG 1972 Bl. 2 R; 06.11.1996 EzA § 78a BetrVG 1972 Nr. 24 S. 5 *[Franzen]* = AP Nr. 26 zu § 78a BetrVG 1972 Bl. 2 f.; 15.11.2006 EzA § 78a BetrVG 2001 Nr. 3 Rn. 42 *[Adam]* = AP Nr. 38 zu § 78a BetrVG 1972; 17.02.2010 EzA § 78a BetrVG 2001 Nr. 7 Rn. 19, 31 = AP Nr. 53 zu § 78a BetrVG 1972; 08.09.2010 EzA § 78a BetrVG 2001 Nr. 6 Rn. 23, 28 = AP Nr. 54 zu § 78a BetrVG 1972 = NZA 2011, 221; 15.12.2011 EzA § 78a BetrVG 2001 Nr. 7 Rn. 43 = AP Nr. 55 zu § 78a BetrVG 1972 = NZA-RR 2012, 413; *LAG Hamm* 11.01.2013 – 5 TaBV 5/12 – juris). Grundsätzlich erfordert bereits der Zweck der Vorschrift, auch die Amtskontinuität sicherzustellen (s. Rdn. 2), dass das Arbeitsverhältnis in dem Betrieb zu vollziehen ist, in dem der Auszubildende als Mandatsträger gewählt worden ist. Andernfalls würde der Arbeitnehmer mangels Betriebszugehörigkeit seine Wählbarkeit und damit gemäß § 24 Nr. 4, § 65 Abs. 1 seine Mitgliedschaft im jeweiligen Betriebsverfassungsorgan verlieren (auch *BAG* 15.11.2006 EzA § 78a BetrVG 2001 Nr. 3 Rn. 24 *[Adam]* = AP Nr. 38 zu § 78a BetrVG 1972; *LAG Berlin* 16.12.1974 BB 1975, 837; *LAG Hamm* 26.06.1996 LAGE § 78a BetrVG 1972 Nr. 10 S. 3; *LAG Köln* 28.08.1996 LAGE § 78a BetrVG 1972 Nr. 14 S. 4; 04.09.1996 LAGE § 78a BetrVG 1972 Nr. 13 S. 6; *Bachner/DKKW* § 78a Rn. 24; *Etzel* Rn. 1250; *Fitting* § 78a Rn. 31; *Gamillscheg* II, § 45 2d [3a]; *Künzl/APS* § 78a BetrVG Rn. 81; *Lorenz/HaKo* § 78a Rn. 20; *Weigand/KR* § 78a BetrVG Rn. 43).

112 Ist dem Arbeitgeber die (ausbildungsgerechte) Beschäftigung gerade **im Ausbildungsbetrieb** unzumutbar, muss er dies im Verfahren nach Abs. 4 geltend machen. Will der Auszubildende einem Erfolg des Arbeitgebers in diesem Verfahren vorbeugen, muss er ihm rechtzeitig erklären, hilfsweise auch in einem anderen Betrieb des Unternehmens weiterbeschäftigt werden zu wollen (s. entsprechend Rdn. 84). Die obige Normzweckbetrachtung greift nicht in den Fällen nachwirkenden Schutzes nach Abs. 3. Gleichwohl gilt auch insoweit nichts anderes; die Betriebsbezogenheit der »Weiter«-beschäftigung ist auch aus § 78a Abs. 4 Satz 2 und der entsprechenden Anwendung von § 37 Abs. 4 und 5 (§ 78a Abs. 2 Satz 2) herzuleiten.

113 Gemäß Abs. 2 **Satz 2** sind auf das begründete Arbeitsverhältnis insbesondere die Vorschriften des **§ 37 Abs. 4 und 5 entsprechend** anzuwenden (dazu näher *Weber* § 37 Rdn. 129 ff.). Die entsprechende Anwendung dieser Vorschriften soll sicherstellen, dass die Auszubildenden nach Übernahme in das Arbeitsverhältnis die gleiche finanzielle und berufliche Entwicklung nehmen wie vergleichbare Arbeitnehmer des Betriebs (s. die Begründung zum Gesetzentwurf der *SPD/FDP*-Fraktionen in BT-Drucks. 7/1170, S. 3).

114 Das **Arbeitsentgelt** darf – einschließlich eines Zeitraums von einem Jahr nach Beendigung der Amtszeit im Betriebsverfassungsorgan (nicht etwa nach Beginn des Arbeitsverhältnisses, wie *Berkowsky/MünchArbR* § 137 Rn. 43 meint) – nicht geringer bemessen werden als das Arbeitsentgelt vergleichbarer Arbeitnehmer mit betriebsüblicher beruflicher Entwicklung (§ 37 Abs. 4 Satz 1; exemplarisch *BAG* 19.08.2015 EzA § 4 TVG Ausschlussfristen Nr. 211 Rn. 28 = AP Nr. 141 zu § 615 BGB = NZA 2015, 1465; 24.08.2016 – 5 AZR 853/15 EzA § 4 TVG Ausschlussfristen Nr. 215 Rn. 33 = AP Nr. 149 zu § 615 BGB = NZA-RR 2017, 76; *LAG Hamm* 08.11.2005 AuR 2006, 214; zum Entgeltschutz näher *Weber* § 37 Rdn. 130 ff.). Entsprechendes gilt für allgemeine Zuwendungen des Arbeitgebers (§ 37 Abs. 4 Satz 2). Im Falle des § 78a Abs. 3 läuft die Jahresfrist von der Beendigung der Amtszeit an und nicht erst vom Zeitpunkt der Übernahme in das Arbeitsverhältnis auf unbestimmte Zeit. Hat der Auszubildende die Abschlussprüfung bestanden, ist er wie entsprechend ausgebildete Arbeitnehmer des Betriebes unter Berücksichtigung betriebsüblicher beruflicher Entwicklung zu vergüten. Ist das Ausbildungsverhältnis beendet, hat aber der Auszubildende die Abschlussprüfung endgültig nicht bestanden, so sind »vergleichbare Arbeitnehmer« solche, die die Prüfung bestanden haben nur, wenn ausnahmsweise das Scheitern des Amtsträgers in der Prüfung auf seiner Amtstätigkeit beruht und der Auszubildende das beweisen kann (s. a. *Weber* § 37 Rdn. 138 sowie

auch *Galperin/Löwisch* § 78a Rn. 10, die für die Einstufung durchgefallener Auszubildender allein darauf abstellen, welche Entwicklung Arbeitnehmer im Betrieb nehmen, die die Prüfung nicht bestanden haben; zust. *Fitting* § 78a Rn. 32; *Künzl/APS* § 78a BetrVG Rn. 83). Insoweit ersetzt das Gesetz – befristet – die entsprechenden tariflichen oder sonstigen Eingruppierungsmerkmale.

Im Rahmen des Arbeitsverhältnisses dürfen nur **Tätigkeiten** verlangt werden, die denen **vergleich- 115 barer Arbeitnehmer** mit **betriebsüblicher beruflicher Entwicklung gleichwertig** sind, soweit nicht zwingende betriebliche Notwendigkeiten entgegenstehen (zum Tätigkeitsschutz näher *Weber* § 37 Rdn. 150 ff. sowie zur Teilzeitarbeit Rdn. 172). Auch dieses Gebot gilt für einen Zeitraum von einem Jahr nach Beendigung der Amtszeit im Betriebsverfassungsorgan (§ 37 Abs. 5). In diesem hat der Ausgebildete insbesondere grundsätzlich Anspruch auf ausbildungsgerechte Beschäftigung (*BAG* 06.11.1996 EzA § 78a BetrVG 1972 Nr. 24 S. 5 *[Franzen]* = AP Nr. 26 zu § 78a BetrVG 1972 Bl. 2 f.; ferner *BAG* 19.08.2015 EzA § 4 TVG Ausschlussfristen Nr. 211 Rn. 28 = AP Nr. 141 zu § 615 BGB = NZA 2015, 1465). Hat er die Ausbildung ohne Erfolg beendet, kann er nicht verlangen, mit Arbeitnehmern gleichgestellt zu werden, die die Prüfung bestanden haben, wenn es ihm an der erforderlichen fachlichen Qualifikation fehlt (s. hierzu Rdn. 134 ff.). Das Fehlen des formellen Abschlusses steht allein jedoch gleichwertiger Beschäftigung nicht entgegen, wenn es auf der Amtstätigkeit beruht, der Amtsträger zur Verrichtung der höherwertigen Arbeit imstande ist und die entsprechende Tätigkeit auch ohne bestandene Abschlussprüfung rechtlich zulässig ist.

3. Streitigkeiten über Entstehung und Inhalt des Arbeitsverhältnisses

Entsprechend den zu § 37 geltenden Regeln sind Streitigkeiten über den Inhalt des (nach § 78a Abs. 2 **116** oder 3) neu begründeten Arbeitsverhältnisses durch Klage im **Urteilsverfahren** auszutragen, da es entscheidend auf die Frage ankommt, ob ein Arbeitsverhältnis i. S. d. §§ 611 ff. BGB bzw. der §§ 105 ff. GewO zustande gekommen ist. Damit handelt es sich um eine bürgerliche Rechtsstreitigkeit zwischen Arbeitnehmer und Arbeitgeber über Bestand oder Inhalt eines Arbeitsverhältnisses, für die gemäß § 2 Abs. 1 Nr. 3b, Abs. 5, §§ 46 ff. ArbGG das Urteilsverfahren gegeben ist (jetzt unstr.; so seit *BAG* 09.12.1975 EzA § 78a BetrVG 1972 Nr. 2 S. 5 = AP Nr. 1 zu § 78a BetrVG 1972 Bl. 2 *[G. Hueck]* sowie nachfolgend z. B. *BAG* 13.11.1987 AP Nr. 18 zu § 78a BetrVG 1972 Bl. 2; 29.11.1989 EzA § 78a BetrVG 1972 Nr. 20 S. 20 *[Kraft/Raab]* = AP Nr. 20 zu § 78a BetrVG 1972 Bl. 5 f. *[Berger-Delhey]* = SAE 1991, 373 *[Eich]*; für das Schrifttum z. B. *Bachner/DKKW* § 78a Rn. 49; *Künzl/APS* § 78a BetrVG Rn. 146; *Nicolai/HWGNRH* § 78a Rn. 38; *Otto* ZfA 1976, 369 [394]; *Pielsticker* Der Schutz in Ausbildung, S. 150; *Richardi/Thüsing* § 78a Rn. 55; *Stege/Weinspach/Schiefer* § 78a Rn. 8; *Waskow*/NK-GA § 78a BetrVG Rn. 47; *Weigand*/KR § 78a BetrVG Rn. 80; *Wiencke* Der Schutz Auszubildender, S. 184; *Witt* AR-Blattei SD 530.13.1, Rn. 46).

Soweit der Streit **allein** darum geht, ob die Voraussetzungen des § 78a Abs. 2 oder 3 erfüllt sind und **117** demgemäß ein Arbeitsverhältnis begründet worden ist, gilt dies **gleichermaßen**, unabhängig davon, ob der Auszubildende mit einem positiven Feststellungsantrag oder der Arbeitgeber mit einem negativen Feststellungsantrag das Verfahren betreibt (so auch *BAG* 29.11.1989 EzA § 78a BetrVG 1972 Nr. 20 S. 14 *[Kraft/Raab]* = AP Nr. 20 zu § 78a BetrVG 1972 Bl. 6 *[Berger-Delhey]* = SAE 1991, 373 *[Eich]* unter Aufgabe der unveröffentlichten Rspr. des Gerichts, die den Arbeitgeber mit einem solchen negativen Feststellungsantrag in das arbeitsgerichtliche Beschlussverfahren verwies). Im Rahmen eines Urteilsverfahrens kann der Arbeitgeber deshalb insbesondere geltend machen, dass der Auszubildende kein rechtswirksames Übernahmeverlangen gestellt hat (*Gamillscheg* II, § 45, 2g; *Rieble*/AR § 78a BetrVG Rn. 11).

Der *Siebte Senat* des *BAG*, der im Beschluss vom 29.11.1989 (EzA § 78a BetrVG 1972 Nr. 20 S. 4 ff. **118** *[Kraft/Raab]* = AP Nr. 20 zu § 78a BetrVG 1972 Bl. 2 R ff. *[Berger-Delhey]* = SAE 1991, 373 *[Eich]*) nicht nur das Verhältnis von Feststellungs- und Auflösungsantrag nach § 78a Abs. 4, sondern zugleich auch deren verfahrensmäßiges Verhältnis zur allgemeinen Feststellungsklage nach § 256 Abs. 1 ZPO neu bestimmt hat, verweist den **Arbeitgeber, der geltend machen will**, dass ein Arbeitsverhältnis schon mangels Vorliegens der Voraussetzungen nach Abs. 2 oder 3 nicht begründet ist, auch dann auf die negative Feststellungsklage im Urteilsverfahren, wenn er zusätzlich die Unzumutbarkeit der Wei-

119 Diese Verfahrenstrennung, auf die sich die Praxis einzustellen hat und die den Arbeitgeber zwingt, zwei verschiedene Verfahren zu betreiben, überzeugt indes nicht; richtige Verfahrensart ist dann vielmehr das Beschlussverfahren (s. dazu Rdn. 196, 203). Im Urteil vom 11.01.1995 (EzA § 78a BetrVG 1972 Nr. 22 S. 4 *[Schiefer]* = AP Nr. 24 zu § 78a BetrVG 1972 Bl. 2 = AR-Blattei ES 400 Nr. 85 *[Krause]*) hat der *Siebte Senat* des *BAG obiter dictum* angedeutet, eine Änderung seiner Rechtsprechung zu erwägen, die aber bisher noch nicht vollzogen wurde; danach »neigt« der Senat in Anlehnung an *Kraft/Raab* (Anm. zu BAG 29.11.1989 EzA § 78a BetrVG 1972 Nr. 20 S. 23 ff.) dazu, dem Arbeitgeber zu ermöglichen, in einem einheitlichen Beschlussverfahren (ggf. auch durch Kombination von Haupt- und Hilfsantrag) sowohl die Feststellung der Nichtbegründung des Arbeitsverhältnisses wegen Fehlens der Voraussetzungen des § 78a Abs. 2 und 3 als auch die Auflösung eines solchen Arbeitsverhältnisses nach Abs. 4 zu verfolgen (s. a. Rdn. 181).

120 Die Rspr. bejahte zu Recht stets ein Feststellungsinteresse i. S. v. § 256 Abs. 1 ZPO, wenn der **Auszubildende** auf **Feststellung** des Bestehens eines Arbeitsverhältnisses nach § 78a Abs. 2 **klagt**, weil der Arbeitgeber die Begründung eines Arbeitsverhältnisses leugnet, die nach § 78a Abs. 4 vorgesehenen Anträge aber nicht stellt (BAG 23.06.1983 AP Nr. 10 zu § 78a BetrVG 1972 Bl. 2 *[Natzel]*; 22.09.1983 AP Nr. 11 zu § 78a BetrVG 1972 Bl. 2 R *[Löwisch]*; 05.04.1984 EzA Nr. 14 zu § 78a BetrVG 1972 S. 96 = AP Nr. 13 zu § 78a BetrVG 1972 Bl. 2; 13.11.1987 AP Nr. 18 zu § 78a BetrVG 1972 Bl. 2 = SAE 1989, 144 *[Natzel]*). Daran ist festzuhalten, obwohl nach der neuen Konzeption des 7. Senats (s. Rdn. 118) die letztere Einschränkung überholt ist, weil Streitgegenstand im Beschlussverfahren über einen Arbeitgeberantrag nach Abs. 4 nur die Frage sein soll, ob dem Arbeitgeber die Weiterbeschäftigung in einem unbefristeten Arbeitsverhältnis nicht zugemutet werden kann und deshalb durch rechtsgestaltende gerichtliche Entscheidung Abhilfe zu schaffen ist.

121 Der Auszubildende kann auch dann einen **Anspruch auf (tatsächliche) Beschäftigung** haben und im Urteilsverfahren einklagen, wenn der Arbeitgeber nach § 78a Abs. 4 rechtzeitig ein Beschlussverfahren eingeleitet hat, weil mit der Beendigung des Berufsausbildungsverhältnisses die Fiktionswirkung nach Abs. 2 eintritt und die Entscheidung im Beschlussverfahren über den Arbeitgeberantrag nach Abs. 4 nur für die Zukunft wirkt (s. a. Rdn. 196). Hierdurch unterscheidet sich die Rechtslage grundlegend von der Situation in einem Kündigungsschutzprozess, da die Kündigungserklärung zur Beendigung des Arbeitsverhältnisses führt, sofern das Gericht nicht später rechtskräftig die Unwirksamkeit der Kündigung feststellt. Aus diesem Grund können die zum allgemeinen Weiterbeschäftigungsanspruch entwickelten Grundsätze nicht auf die Weiterbeschäftigung nach § 78a Abs. 2 übertragen werden (**a. M.** *Houben* NZA 2006, 769 [771 f.]). Vielmehr obliegt es dem Arbeitgeber, mit Hilfe des einstweiligen Rechtsschutzes eine Entbindung von der tatsächlichen Beschäftigung zu erreichen (s. Rdn. 216).

122 Der nach § 78a Geschützte kann seine Rechte aus dem Arbeitsverhältnis im Wege des **einstweiligen Rechtsschutzes** geltend machen, wenn der Arbeitgeber die Begründung eines Arbeitsverhältnisses leugnet (*LAG Berlin* 16.12.1974 BB 1975, 837; *LAG Frankfurt a. M.* 14.08.1987 BB 1987, 2160; *Bachner/DKKW* § 78a Rn. 52; *Becker-Schaffner* DB 1987, 2647 [2652]; *Fitting* § 78a Rn. 64; *Galperin/Löwisch* § 78a Rn. 19; *Künzl/APS* § 78a BetrVG Rn. 158; *Nicolai/HWGNRH* § 78a Rn. 37; *Pielsticker* Der Schutz in Ausbildung, S. 151 f.; *Preis/WPK* § 78a Rn. 29; *Reinecke* DB 1981, 889 [890 f.]; *Waskow*/NK-GA § 78a BetrVG Rn. 48; *Weigand*/KR § 78a BetrVG Rn. 80; *Wiencke* Der Schutz Auszubildender, S. 192 f.; einschränkend *LAG Schleswig-Holstein* 25.03.1985 BB 1985, 1797, das grundsätzlich einen Verfügungsgrund verneint).

V. Unzumutbarkeit der Weiterbeschäftigung (Abs. 4)

123 Ist dem Arbeitgeber die Weiterbeschäftigung (i. S. d. Begründung eines unbefristeten Vollzeitarbeitsverhältnisses, das in ausbildungsgerechter Beschäftigung im Ausbildungsbetrieb durchzuführen ist) des Auszubildenden nicht zumutbar, kann er vor der Beendigung des Ausbildungsverhältnisses beim Arbeitsgericht die Feststellung beantragen, dass ein Arbeitsverhältnis nach Abs. 2 oder 3 nicht begründet

wird (Abs. 4 Satz 1 Nr. 1). Ist das Arbeitsverhältnis mit Beendigung des Berufsausbildungsverhältnisses bereits begründet, kann der Arbeitgeber binnen zwei Wochen beantragen, es durch Richterspruch aufzulösen (Abs. 4 Satz 1 Nr. 2). Nach dem Gesetzeswortlaut und der Gesetzessystematik bezieht sich der »wenn«-Satz in Abs. 4 Satz 1 eindeutig auf beide Antragsalternativen (**a. M.** lediglich *Matthes* NZA 1989, 516 [518]: nur auf den Auflösungsantrag).

1. Unzumutbarkeit

a) Allgemeines

Ein Antrag gemäß Abs. 4 ist begründet, wenn Tatsachen vorliegen, aufgrund derer dem Arbeitgeber unter Berücksichtigung aller Umstände die Weiterbeschäftigung **nicht zugemutet** werden kann; »Weiterbeschäftigung« bezieht sich dabei nicht auf die tatsächliche Beschäftigung, sondern auf die Begründung eines (Vollzeit-)Arbeitsverhältnisses auf unbestimmte Zeit im Ausbildungsbetrieb. 124

§ 78a Abs. 4 ist, wie der Wortlaut zeigt, § 626 Abs. 1 BGB nachgebildet. Weil die Voraussetzungen des Abs. 4 der Definition des wichtigen Grundes bei der außerordentlichen Kündigung weitgehend, aber eben nicht in vollem Umfang entsprechen, rechtfertigt sich eine **an § 626 Abs. 1 BGB orientierte Auslegung** des unbestimmten Rechtsbegriffs »Unzumutbarkeit« (sehr str.; dieser Streit wirkt sich insbesondere auf die Frage aus, inwieweit betriebsbedingte Gründe für die Beurteilung der Unzumutbarkeit relevant sind; dazu Rdn. 140 ff.; im Ergebnis wie hier die wohl h. M.; s. *BAG* 16.01.1979 EzA § 78a BetrVG 1972 Nr. 5 S. 22 = AP Nr. 5 zu § 78a BetrVG 1972 Bl. 2 [*Schwedes*] = SAE 1979, 281 [*Reuter*]; 15.12.1983 EzA § 78a BetrVG 1972 Nr. 13 S. 87 = AP Nr. 12 zu § 78a BetrVG 1972 Bl. 2 R [*Löwisch*]; s. a. *BAG* 06.11.1996 EzA § 78a BetrVG 1972 Nr. 24 S. 3 [*Franzen*] = AP Nr. 26 zu § 78a BetrVG 1972 Bl. 1 R; 17.02.2010 EzA § 78a BetrVG 2001 Nr. 5 Rn. 17 = AP Nr. 53 zu § 78a BetrVG 1972; 08.09.2010 EzA § 78a BetrVG 2001 Nr. 6 Rn. 21 f. = AP Nr. 54 zu § 78a BetrVG 1972 = NZA 2011, 221; 15.12.2011 EzA § 78a BetrVG 2001 Nr. 7 Rn. 41 = AP Nr. 55 zu § 78a BetrVG 1972 = NZA-RR 2012, 413, wo das Gericht klarstellt, dass die Rechtsprechung nicht dahin verstanden werden darf, dass die Zumutbarkeitsbegriffe in § 626 Abs. 1 BGB und § 78a Abs. 4 inhaltlich identisch sind; *LAG Bremen* 01.02.2006 – 2 TaBV 15/05 – BeckRS 2010, 76016; *LAG Hamm* 22.02.1978 BB 1978, 912 f.; *ArbG Emden* 17.09.1979 ARSt. 1980, 119 [Nr. 109]; *Fitting* § 78a Rn. 46; *Künzl/APS* § 78a BetrVG Rn. 93 ff.; *Moritz* DB 1974, 1016 [1017]; *Natzel* Berufsbildungsrecht, S. 661 f.; *Reinecke* DB 1981, 889 [894]; *Schulin* ZfA 1981, 557 [623]; *Schwedes* BArbBl. 1974, 9 [11]; *ders.* Anm. zu *BAG* 16.01.1979 AP Nr. 5 zu § 78a BetrVG 1972 Bl. 3; *Sittard/HWK* § 78a BetrVG Rn. 4; *Witt* AR-Blattei SD 530.13.1, Rn. 32; wohl auch *Waskow*/NK-GA § 78a BetrVG Rn. 31; *Weigand*/KR § 78a BetrVG Rn. 49; ähnlich, allerdings für eine stärkere Berücksichtigung betrieblicher Gründe, *Dietz/Richardi* § 78a Rn. 29; *Galperin/Löwisch* § 78a Rn. 12 f.; **a. M., für strikte Anlehnung** an § 626 Abs. 1 BGB, *LAG Düsseldorf* 12.06.1975 DB 1975, 1995 f.; *LAG Hamm* 06.10.1978 EzA § 78a BetrVG 1972 Nr. 4 S. 2; *ArbG Stuttgart* 14.04.1976 BB 1976, 1662; *Barwasser* DB 1976, 2114 ff.; *Brecht* NWB 1974 = Fach 26, S. 1210; *Hanau* AR-Blattei Betriebsverfassung IX, A VI; *Jäger/Künzl* BB 2000, 300 [302 f.]; *Küchenhoff* § 78a Rn. 19; *Künzl* BB 1986, 2404 [2405]; *Schäfer* AuR 1978, 202 [208]; *Weiss/Weyand* § 78a Rn. 10; *Wollenschläger* NJW 1974, 935 [936]; wohl auch *Bachner*/DKKW § 78a Rn. 36; für Gründe im Verhalten des Auszubildenden *Gamillscheg* II, § 45, 2e [1]; **a. M., gegen eine Anlehnung** an § 626 Abs. 1 BGB und zugunsten einer stärkeren Betonung der Eigenständigkeit der Regelung, *LAG Hamm* 11.01.2013 – 10 TaBV 5/12 – juris; *LAG Schleswig-Holstein* 26.11.1976 DB 1977, 777 f.; *ArbG Kiel* 06.08.1975 DB 1975, 2041; *Löwisch* DB 1975, 1893; *Nicolai*/HWGNRH § 78a Rn. 29; *Oberthür* ArbRB 2006, 157 [159]; *Opolony* BB 2003, 1329 [1334]; *Pielsticker* Der Schutz in Ausbildung, S. 96 ff.; *Possienke* Weiterbeschäftigungsanspruch, S. 117 f.; *Schiefer* FS *Kreutz*, S. 429 [440 f.]; *Preis/WPK* § 78a Rn. 20; *Reuter* SAE 1979, 283 [283 f.]; *Richardi/Thüsing* § 78a Rn. 40; *Stege/Weinspach/Schiefer* § 78a Rn. 12; *Weng* DB 1976, 1013 [1013 f.]; *Wiencke* Der Schutz Auszubildender, S. 102 ff., insbesondere S. 106 m. w. N., der allein betriebsbedingte Gründe für die Zumutbarkeitsprüfung berücksichtigen will). 125

Dies schließt eine **eigenständige Interpretation** der Vorschrift aufgrund der unterschiedlichen Interessenlagen und der unterschiedlichen Funktionen der Zumutbarkeitsbegriffe, die sich von in Rspr. und Schrifttum zu § 626 Abs. 1 BGB entwickelten allgemeinen Regeln löst, jedoch nicht aus, wenn 126 dies geboten ist. Es macht nämlich nicht nur einen graduellen Unterschied, ob ein Arbeitnehmer, der bereits in einem Arbeitsverhältnis steht (noch vor Ablauf der Kündigungsfrist oder der vereinbarten Beendigung), entlassen werden soll, oder ob ein Auszubildender nach Beendigung seiner Ausbildung in ein Arbeitsverhältnis übernommen werden muss (so ausdrücklich auch *BAG* 06.11.1996 EzA § 78a BetrVG 1972 Nr. 24 S. 3 *[Franzen]* = AP Nr. 26 zu § 78a BetrVG 1972 Bl. 1 R, wo zutr. hervorgehoben wird, dass dem Arbeitgeber die Weiterbeschäftigung nicht erst dann unzumutbar ist, wenn der Tatbestand des § 626 Abs. 1 BGB erfüllt ist; ebenso z. B. *Waskow*/NK-GA § 78a BetrVG Rn. 31; *Weigand*/KR § 78a BetrVG Rn. 49).

127 Ohne Grund zu weit gehen jedoch zwei Beschlüsse des *BAG* vom 12.11.1997 (EzA § 78a BetrVG 1972 Nr. 25 S. 2 f. *[Schwarze]* = AP Nr. 30 zu § 78a BetrVG 1972 Bl. 1 R = SAE 1999, 1 *[Coester]* sowie EzA § 78a BetrVG 1972 Nr. 26 S. 3 *[Vollstädt]* = AP Nr. 31 zu § 78a BetrVG 1972 Bl. 1 R = SAE 1999, 6 *[Natzel]*), die die Unzumutbarkeit i. S. d. § 78a Abs. 4 »unabhängig von den zu § 626 Abs. 1 BGB entwickelten Grundsätzen« bestimmen wollen (mit dieser Tendenz auch *BAG* 16.07.2008 EzA § 78a BetrVG 2001 Nr. 4 Rn. 20 = AP Nr. 50 zu § 78a BetrVG 1972 = SAE 2009, 189 *[Werhahn]*; 25.02.2009 EzB § 78a BetrVG Nr. 12 Rn. 16; 17.02.2010 EzA § 78a BetrVG 2001 Nr. 5 Rn. 17 = AP Nr. 53 zu § 78a BetrVG 1972; 08.09.2010 EzA § 78a BetrVG 2001 Nr. 6 Rn. 21 f. = AP Nr. 54 zu § 78a BetrVG 1972 = NZA 2011, 221; 15.12.2011 EzA § 78a BetrVG 2001 Nr. 7 Rn. 41 = AP Nr. 55 zu § 78a BetrVG 1972 = NZA-RR 2012, 413).

b) Persönliche Gründe

128 Gründe in der **Person** oder im **Verhalten** des Auszubildenden begründen die Unzumutbarkeit **jedenfalls** unter den Voraussetzungen eines **wichtigen Grundes** i. S. d. § 626 Abs. 1 BGB (*BAG* 16.01.1979 EzA § 78a BetrVG 1972 Nr. 5 S. 22 = AP Nr. 5 zu § 78a BetrVG 1972 Bl. 2 R *[Schwedes]* = SAE 1979, 281 *[Reuter]*; *LAG Düsseldorf* 12.06.1975 DB 1975, 1995; *LAG Niedersachsen* 08.04.1975 DB 1975, 1224; *Bachner*/DKKW § 78a Rn. 40; *Barwasser* DB 1976, 2114; *Dietz/Richardi* § 78a Rn. 31; *Fitting* § 78a Rn. 47; *Galperin/Löwisch* § 78a Rn. 12; *Gamillscheg* II, § 45, 2e [1]; *Kaiser*/LK § 78a Rn. 17 f.; *Küchenhoff* § 78a Rn. 19; *Künzl*/APS § 78a BetrVG Rn. 122; *Nicolai*/HWGNRH § 78a Rn. 30; *Pielsticker* Der Schutz in Ausbildung, S. 99; *Possienke* Weiterbeschäftigungsanspruch, S. 121; *Rieble*/AR § 78a BetrVG Rn. 8; *Schiefer* FS *Kreutz*, S. 429 [440, 446]; *Waskow*/NK-GA § 78a BetrVG Rn. 32; *Weigand*/KR § 78a BetrVG Rn. 50 ff.; *Witt* AR-Blattei SD 530.13.1, Rn. 34). Indes ist die dortige Schwelle der »Unzumutbarkeit« nicht mit derjenigen in § 78 Abs. 4 kongruent, sondern kann wegen des anderen Beurteilungsmaßstabes auch darunter liegen; stets ist er jedoch strenger als für die Rechtfertigung einer ordentlichen Kündigung nach § 1 Abs. 2 KSchG (*LAG Köln* 14.06.2006 – 7 TaBV 3/06 – BeckRS 2007, 41547).

129 Nach einer Minderansicht (*Wiencke* Der Schutz Auszubildender, S. 106; im Ergebnis auch *Richardi/Thüsing* § 78a Rn. 48) sind personen- bzw. verhaltensbedingte Kündigungsgründe im Rahmen der Zumutbarkeitsprüfung des Abs. 4 unbeachtlich, weil dem Arbeitgeber insoweit das Instrumentarium der §§ 22 BBiG, 626 BGB, 15 KSchG, 103 BetrVG zur Verfügung stehe. Die Regelung in Abs. 4 solle ausschließlich den Schwierigkeiten Rechnung tragen, die sich für den Arbeitgeber daraus ergeben, dass kein Arbeitsplatz vorhanden ist (zur Frage, inwieweit betriebliche Gründe die Unzumutbarkeit der Weiterbeschäftigung herbeiführen können, s. Rdn. 140 ff.).

130 Dieser Ansicht ist zuzugeben, dass die personen- oder verhaltensbedingten wichtigen Gründe (weithin) noch vor der Beendigung des Ausbildungsverhältnisses entstanden sind. Der Arbeitgeber hätte sie daher nach § 22 Abs. 2 Nr. 1, Abs. 4 BBiG innerhalb von zwei Wochen nach Bekanntwerden der zugrunde liegenden Tatsachen durch fristlose Kündigung des Ausbildungsverhältnisses geltend machen können. Bei der Prüfung des wichtigen Grundes ist jedoch außer dem Ausbildungszweck auch die Dauer der bereits zurückgelegten Ausbildungszeit im Verhältnis zur Gesamtdauer der Ausbildung besonders zu berücksichtigen (*BAG* 10.05.1973 AP Nr. 3 zu § 15 BBiG Bl. 1 R *[Söllner]*). Ist danach ein wichtiger Grund zu verneinen, so schließt das gleichwohl die Unzumutbarkeit der Weiterbeschäftigung nach Beendigung der Ausbildung nicht aus. Entsprechendes gilt, wenn der Arbeitgeber im Hinblick auf die bevorstehende Beendigung des Ausbildungsverhältnisses zugunsten des Auszubildenden von einer an sich begründeten Kündigung Abstand genommen hat. In beiden Fällen sind die Unzumutbarkeitsgründe hinsichtlich der Weiterbeschäftigung selbständig und neu zu prüfen.

Deshalb ist auch weder die **Zweiwochenfrist** des § 22 Abs. 4 BBiG noch die des § 626 Abs. 2 BGB **131** bei der Entscheidung nach Abs. 4 (entsprechend) zu beachten (ebenso ausführlich *BAG* 15.12.1983 EzA § 78a BetrVG 1972 Nr. 13 S. 86 = AP Nr. 12 zu § 78a BetrVG 1972 Bl. 2 *[zust. Löwisch]* sowie *Bachner/DKKW* § 78a Rn. 40; *Berkowsky/*MünchArbR § 137 Rn. 48; *Fitting* § 78a Rn. 47; *Galperin/Löwisch* § 78a Rn. 12; *Gamillscheg* FS Wiedemann, S. 269 [276]; *Hanau* AR-Blattei Betriebsverfassung IX, A VI; *Jäger/Künzl* ZTR 2000, 300 [303]; *Kaiser/LK* § 78a Rn. 17; *Künzl/APS* § 78a BetrVG Rn. 98; *Nicolai/HWGNRH* § 78a Rn. 26; *Pielsticker* Der Schutz in Ausbildung, S. 100; *Possienke* Weiterbeschäftigungsanspruch, S. 120 f.; *Preis/WPK* § 78a Rn. 20; *Reinecke* DB 1981, 889 [890]; *Schäfer* AuR 1978, 202 [206]; *ders.* NZA 1985, 418 [419]; *Stege/Weinspach/Schiefer* § 78a Rn. 12; *Waskow/* NK-GA § 78a BetrVG Rn. 31; *Witt* AR-Blattei SD 530.13.1, Rn. 33).

Die Gegenansicht (*Barwasser* DB 1976, 2114 [2115]; *Hayen* AiB 1982, 76; *Küchenhoff* § 78a Rn. 19) **132** berücksichtigt nicht die Folgen, die eintreten würden, wenn der Arbeitgeber nur innerhalb der zweiwöchigen Ausschlussfrist der §§ 22 Abs. 4 BBiG, 626 Abs. 2 BGB kündigen könnte. Der Arbeitgeber wäre nämlich gezwungen, das Ausbildungsverhältnis zu kündigen, da er frühere Verfehlungen des auszubildenden Mandatsträgers im Rahmen des § 78a Abs. 4 nicht mehr vorbringen könnte. Konsequenz wäre, dass der Auszubildende seine Berufsausbildung nicht beenden könnte und sich der Schutz des § 78a somit in sein Gegenteil verkehren würde (*BAG* 15.12.1983 EzA § 78a BetrVG 1972 Nr. 13 S. 87 = AP Nr. 12 zu § 78a BetrVG 1972 Bl. 2 R *[Löwisch]*; *Pielsticker* Der Schutz in Ausbildung, S. 94; treffend in dieser Richtung auch *Gamillscheg* II, § 45, 2e [1]). Liegen die personen- oder verhaltensbedingten Umstände jedoch längere Zeit zurück, können sie im Einzelfall für die Entscheidung nach Abs. 4 irrelevant geworden sein, insbesondere bei danach beanstandungsfreiem Verhalten des Auszubildenden bis zur Beendigung des Ausbildungsverhältnisses (s. a. *Bachner/DKKW* § 78a Rn. 40; *Pielsticker* Der Schutz in Ausbildung, S. 101).

Zu den **verhaltensbedingten** Gründen gehören insbesondere mangelhafte Leistungen, Arbeitsver- **133** weigerungen, unbefugte Arbeitsversäumnisse, Verstöße gegen die betriebliche Ordnung, Straftaten usw. (s. *Waskow/*NK-GA § 78a BetrVG Rn. 33); sie führen aber nur dann zur Unzumutbarkeit der Weiterbeschäftigung, wenn sie im Einzelfall das Gewicht eines wichtigen Grundes i. S. d. § 626 Abs. 1 BGB haben. Die Übernahme in das Arbeitsverhältnis ist insbesondere auch dann unzumutbar, wenn die Voraussetzungen des § 104 vorliegen, unter denen der Betriebsrat die Entfernung betriebsstörender Arbeitnehmer verlangen könnte. Allerdings gilt auch im Rahmen von § 78a Abs. 4 die zu § 23 Abs. 1 anerkannte Maxime, dass der alleinige Verstoß gegen Amtspflichten nicht zur Unzumutbarkeit führt (s. § 23 Rdn. 30, 35); erforderlich ist stets, dass zumindest auch ein Verstoß gegen die Pflichten aus dem Ausbildungsverhältnis vorliegt (*Waskow/*NK-GA § 78a BetrVG Rn. 33; ferner hier Rdn. 139).

Zweifelhaft ist unter dem Gesichtspunkt **personenbedingter** Gründe, inwieweit sich die **Qualifika- 134 tion** des ausgebildeten Mandatsträgers auf die Zumutbarkeit der weiteren Beschäftigung auswirkt. Ist für den Arbeitsplatz eine **Spezialausbildung** erforderlich, ist deren Fehlen im Rahmen des Abs. 4 zu berücksichtigen (*Possienke* Weiterbeschäftigungsanspruch, S. 124 f.). Dagegen lässt sich die Unzumutbarkeit der Weiterbeschäftigung eines Auszubildenden nicht allein damit begründen, dass andere, nicht dem besonderen Schutz des § 78a unterliegende Auszubildende bessere **Prüfungsnoten**, ggf. sogar in verkürzter Ausbildungszeit (abl. zu diesem Qualitätsmerkmal *LAG Berlin* 18.07.1995 LAGE § 78a BetrVG 1972 Nr. 8; *Thür. LAG* 27.03.1996 LAGE § 78a BetrVG 1972 Nr. 11; *VG Frankfurt a. M.* 10.09.2001 NZA-RR 2002, 222 [223 f.]; *Waskow/*NK-GA § 78a BetrVG Rn. 34), erzielt haben. Die Note der Abschlussprüfung kann nur im Zusammenhang mit etwa vor der Prüfung gezeigten mangelhaften Leistungen desjenigen, der nach § 78a seine Weiterbeschäftigung verlangt, berücksichtigt werden (bereits *Thiele* Drittbearbeitung, § 78a Rn. 49; zust. *Bachner/DKKW* § 78a Rn. 41; *Weigand/*KR § 78a BetrVG Rn. 38a). § 78a Abs. 4 ermöglicht dagegen **keinen allgemeinen Qualifikationsvergleich** (nach vom Arbeitgeber vorgegebenen Qualitätsanforderungen) zwischen dem geschützten ausgebildeten Amtsträger und anderen Bewerbern um den Arbeitsplatz (ebenso *Bachner/ DKKW* § 78a Rn. 41; *Fitting* § 78a Rn. 49; *Hanau* AR-Blattei Betriebsverfassung IX, A VI; *Horcher* RdA 2014, 93 [96]; *Künzl/APS* § 78a BetrVG Rn. 126; *Moritz* NJW 1974, 1494; *Opolony* BB 2003, 1329 [1335]; *Preis/WPK* § 78a Rn. 23; *Reuter* SAE 1979, 283 [284]; *Richardi/Thüsing* § 78a Rn. 46; *Schäfer* AuR 1978, 202 [207]; *Schwedes* BArbBl. 1974, 9 [11]; *Thiele* SAE 1977, 111 [112]; *Waskow/*

NK-GA § 78a BetrVG Rn. 34; *Weigand/*KR § 78a BetrVG Rn. 51; *Witt* AR-Blattei SD 530.13.1, Rn. 35; zust. *LAG Berlin* 18.07.1995 LAGE § 78a BetrVG 1972 Nr. 8 S. 5; *LAG Hamm* 21.10.1992 LAGE § 78a BetrVG 1972 Nr. 6; *Thür. LAG* 27.03.1996 LAGE § 78a BetrVG 1972 Nr. 11 S. 4; *ArbG Freiburg* 26.10.2004 AuR 2005, 118 f.; wohl auch *LAG Hamm* 22.02.1978 BB 1978, 912).

135 Nach der Gegenansicht wird die Weiterbeschäftigung eines ausgebildeten Mandatsträgers auch dann als unzumutbar angesehen, wenn dieser im Vergleich zu anderen Auszubildenden schlechtere Abschlussnoten aufzuweisen hat. Andernfalls läge ein Widerspruch zu dem Begünstigungsverbot des § 78 Satz 2 vor; praktisch hätte dies die Gefahr zur Folge, dass Auszubildende besonders in Zeiten knapper Ausbildungsplätze nicht mehr nur das Erreichen einer besonders guten Qualifikation, sondern zudem ein Amt in der Betriebsverfassung anstreben, um damit die Übernahme in ein unbefristetes Arbeitsverhältnis nach Ausbildungsende sicherzustellen (*Blaha/Mehlich* NZA 2005, 667 [672]; *Dietz/Richardi* § 78a Rn. 33; *Galperin/Löwisch* § 78a Rn. 15; *Kaiser/LK* § 78a Rn. 18; *Nicolai/HWGNRH* § 78a Rn. 30; *Possienke* Weiterbeschäftigungsanspruch, S. 128 f.; *Schiefer* FS *Kreutz*, S. 429 [448]; *Wöllenschläger* NJW 1974, 935 [936]; vermittelnd – Unzumutbarkeit nur bei erheblich schlechteren Leistungen [mindestens zwei Noten in der Abschlussprüfung] – *Pielsticker* Der Schutz in Ausbildung, S. 107 f.; ähnlich *Gamillscheg* Arbeitsrecht II, S. 338; vgl. aber auch *dens.* ohne diese Einschränkung in ZfA 1977, 239 [287]; *Weigand/*KR § 78a BetrVG Rn. 51,69; *Weng* DB 1976, 1013 [1015]).

136 Dem ist entgegenzuhalten, dass die vorrangige Übernahme jedenfalls keine ungerechtfertigte Besserstellung des auszubildenden Mandatsträgers bedeutet, sondern eine notwendige Folge der konfliktträchtigen Position ist, in der sich dieser Personenkreis befindet (ebenfalls ablehnend *Horcher* RdA 2014, 93 [96]). Der vom Gesetzgeber gewollte Schutz des § 78a würde teilweise entwertet, wenn die Zumutbarkeit der Übernahme des Mandatsträgers von der Abschlusszensur abhinge, die dieser im Vergleich zu den Ergebnissen aller anderen Ausgebildeten erreicht. Denn da möglicherweise immer einige andere Auszubildende bei der Prüfung besser abschneiden als der Mandatsträger, könnte der Arbeitgeber dessen Übernahme mit der (u. U. nur vorgeschobenen) Begründung ablehnen, dass er für das vorhandene Kontingent an Arbeitsplätzen nur die aufgrund von Abschlussnoten besser Qualifizierten einstellt. Unterschiedliche Abschlussnoten sind nur dann zu berücksichtigen, wenn für einen Arbeitsplatz **mehrere** nach § 78a **geschützte Auszubildende** zur Auswahl stehen.

137 Die Unzumutbarkeit einer Übernahme ist aus personenbedingten Gründen immer auch dann gegeben, wenn der ausgebildete Amtsinhaber **nicht qualifiziert** ist, was der Fall ist, wenn er die **Abschlussprüfung (wiederholt) nicht bestanden** hat (§§ 21 Abs. 3, 37 BBiG), da aufgrund der Abschlussprüfung festgestellt werden kann, ob der Auszubildende die für den Beruf erforderlichen Fertigkeiten und Kenntnisse erworben hat (§ 38 BBiG). Der durchgefallene Auszubildende kann daher nicht verlangen, so gestellt zu werden, als hätte er die Abschlussprüfung bestanden. Demgegenüber ist der Mandatsträger trotz der erfolglosen Ausbildung aber dann zumutbar weiterzubeschäftigen, wenn dem Arbeitgeber nicht nur Arbeitsplätze für ausgebildete, sondern auch für ungelernte Arbeitskräfte zur Verfügung stehen (*LAG Baden-Württemberg* 13.10.1977 AP Nr. 4 zu § 78a BetrVG 1972; *LAG Niedersachsen* 08.04.1975 DB 1975, 1224; *Bachner/*DKKW § 78a Rn. 41; *Berkowsky/*MünchArbR § 137 Rn. 52; *Fitting* § 78a Rn. 50; *Galperin/Löwisch* § 78a Rn. 14; *Künzl/*APS § 78a BetrVG Rn. 124; *Nicolai/HWGNRH* § 78a Rn. 30; *Preis/*WPK § 78a Rn. 23; *Richardi/Thüsing* § 78a Rn. 46; *Schiefer* FS *Kreutz*, S. 429 [446 f.]; *Stege/Weinspach/Schiefer* § 78a Rn. 11; *Waskow/*NK-GA § 78a BetrVG Rn. 34; *Witt* AR-Blattei SD 530.13.1, Rn. 34).

138 Vom Arbeitgeber zusammen mit dem Betriebsrat gemäß § 95 beschlossene **Einstellungs- und Auswahlrichtlinien** sind für die Anwendung des § 78a Abs. 4 nicht verbindlich. Die Vorschrift enthält **zwingendes Recht**, das im Einzelfall die Zumutbarkeitsprüfung durch das Arbeitsgericht verlangt. Gleichwohl können bestehende Richtlinien bei der Beurteilung durch das Gericht mit herangezogen werden, insbesondere im Hinblick darauf, ob der die Weiterbeschäftigung verlangende Auszubildende den Anforderungen des Arbeitsplatzes gewachsen ist.

139 Wird die Unzumutbarkeit der Weiterbeschäftigung mit in der Person des Auszubildenden liegenden Tatsachen begründet, die die **Art und Weise der Ausübung des betriebsverfassungsrechtlichen Amtes** betreffen, ist die Abgrenzung von Amtspflichtverletzungen mit den ausschließlichen Folgen aus § 23 Abs. 1, § 65 Abs. 1 und Vertragsverletzungen zu beachten (dazu § 23 Rdn. 26 ff.); ist die

Amtspflichtverletzung zugleich Vertragsverletzung (Simultantheorie), muss an die Unzumutbarkeit ein besonders strenger Maßstab angelegt werden (m. w. N. § 23 Rdn. 30, 35; ebenso *Bachner*/DKKW § 78a Rn. 40; *Fitting* § 78a Rn. 48; *Künzl*/APS § 78a BetrVG Rn. 122; *Schiefer* FS *Kreutz*, S. 429 [446]; *Waskow*/NK-GA § 78a BetrVG Rn. 33; *Weigand*/KR § 78a BetrVG Rn. 50).

c) Betriebliche Gründe

Zweifelhaft ist, inwieweit **betriebliche Gründe** bei der Beurteilung der Unzumutbarkeit nach Abs. 4 berücksichtigt werden dürfen. Darin, dass der Arbeitgeber einen Ausbildungs-, aber keinen (geeigneten) Anschlussarbeitsplatz zur Verfügung stellen kann, liegt das eigentliche und praktisch bedeutsame Problem bei der Auslegung des Unzumutbarkeitsbegriffs in Abs. 4 (*Dietz/Richardi* § 78a Rn. 30; *Galperin/Löwisch* § 78a Rn. 13). **140**

aa) Allgemeines

Nach einer Ansicht (insbesondere *LAG Hamm* 06.10.1978 EzA § 78a BetrVG 1972 Nr. 4; *Barwasser* DB 1976, 2114; *Hayen* AiB 1982, 76 [77]; *Schäfer* AuR 1978, 202 [206 f.]; ähnlich *Jäger/Künzl* ZTR 2000, 300 [304]; *Künzl*/APS § 78a BetrVG Rn. 101; vgl. auch *LAG Rheinland-Pfalz* 05.07.1996 LAGE § 78a BetrVG 1972 Nr. 12 S. 4) kann der Arbeitgeber die Übernahme nur ablehnen, wenn er aufgrund der betrieblichen Umstände auch gegenüber einem Betriebsratsmitglied kündigen könnte, also entweder in Fällen der Betriebsstilllegung ordentlich gemäß § 15 Abs. 4 und 5 KSchG oder außerordentlich nach Maßgabe der §§ 15 Abs. 1 KSchG, 626 Abs. 1 BGB. Allerdings kann der Arbeitgeber eine fristlose Kündigung nur in ganz engem Umfang und ausnahmsweise auf betriebliche Gründe stützen (s. z. B. *Fischermeier*/KR § 626 BGB Rn. 162 ff. m. w. N.), da er andernfalls sein Betriebsrisiko unmittelbar auf die Arbeitnehmer abwälzen würde. **141**

Diese Ansicht verkennt, dass die **Ausgangsposition bei der Übernahme** von Auszubildenden in ein Arbeitsverhältnis **eine andere ist als bei einer Kündigung** (ebenso *Reinecke* DB 1981, 889 [894]; zust. *Witt* AR-Blattei SD 530.13.1, Rn. 36; ganz eindeutig auch *BAG* 06.11.1996 EzA § 78a BetrVG 1972 Nr. 24 S. 3 f. *[Franzen]* = AP Nr. 26 zu § 78a BetrVG Bl. 2 sowie nachfolgend *BAG* 12.11.1997 EzA § 78a BetrVG 1972 Nr. 25 S. 3 *[Schwarze]* = AP Nr. 30 zu § 78a BetrVG 1972 Bl. 2 = SAE 1999, 1 *[Coester]*; 12.11.1997 EzA § 78a BetrVG 1972 Nr. 26 S. 3 *[Vollstädt]* = AP Nr. 31 zu § 78a BetrVG 1972 Bl. 1 R = SAE 1999, 6 *[Natzel]*; *LAG Hamm* 22.02.2006 EzB § 78a BetrVG Nr. 10a). Der Arbeitnehmer hat seinen Arbeitsplatz. Fällt dieser infolge einer Betriebsstörung oder aufgrund von Rationalisierungsmaßnahmen weg, sind das Beendigungsinteresse des Arbeitgebers und das Bestandsinteresse des Arbeitnehmers gegeneinander abzuwägen. Im Falle der Betriebsstörung verbietet es die anerkannte und in § 615 Satz 3 BGB bestätigte Lehre vom Betriebsrisiko, den Arbeitnehmer sofort zu entlassen. Bei Rationalisierungen können und müssen schon von vornherein auch deren Auswirkungen auf die Arbeitnehmer bedacht werden; die §§ 111 bis 113 tragen dem Rechnung. Bei der Übernahme von Auszubildenden in ein Arbeitsverhältnis geht es dagegen **um die Wiederbesetzung freier oder die Schaffung und Besetzung neuer Arbeitsplätze**. Angesichts der besonderen Bedeutung, die das Gesetz einer ordnungsgemäßen Personalplanung unter Beteiligung des Betriebsrats beimisst (§§ 92 bis 95), kann nicht davon ausgegangen werden, dass es den Arbeitgeber ohne jede Rücksicht auf diese Planung und die Bedarfslage durch § 78a verpflichten wollte, neue Arbeitsplätze zu schaffen (so auch *BAG* 16.01.1979 EzA § 78a BetrVG 1972 Nr. 5 S. 23 = AP Nr. 5 zu § 78a BetrVG 1972 Bl. 2 R *[Schwedes]* = SAE 1979, 281 *[Reuter]*). **142**

Sowohl aus § 92 als auch aus den §§ 111 ff. lässt sich schließen, dass auch insoweit die **unternehmerische Entscheidung** grundsätzlich **frei bleiben soll**. Ganz in diesem Sinne formuliert der Siebte Senat (06.11.1996 EzA § 78a BetrVG 1972 Nr. 24 S. 3 f. *[Franzen]* = AP Nr. 26 zu § 78a BetrVG 1972 Bl. 2): »Welche Arbeiten im Betrieb verrichtet werden sollen und wie viele Arbeitnehmer damit beschäftigt werden, bestimmt der Arbeitgeber durch seine arbeitstechnischen Vorgaben und seine Personalplanung« (ebenso *BAG* 16.07.2008 EzA § 78a BetrVG 2001 Nr. 4 Rn. 22 = AP Nr. 50 zu § 78a BetrVG 1972 = SAE 2009, 189 *[Werhahn]*; 25.02.2009 EzB § 78a BetrVG Nr. 12 Rn. 18; 15.12.2011 EzA § 78a BetrVG 2001 Nr. 7 Rn. 44 = AP Nr. 55 zu § 78a BetrVG 1972 = NZA-RR 2012, 413). **143**

144 Dabei ist das Vorliegen einer Unternehmensentscheidung – nicht anders als im Kündigungsschutzprozess – vom Arbeitgeber substantiiert darzulegen (s. *LAG Schleswig-Holstein* 21.03.2006 NZA-RR 2006, 469 [470]; s. a. Rdn. 156). Zum Schutze der Mitglieder von Betriebsverfassungsorganen und im Interesse der Belegschaft an der Erhaltung ihrer gewählten Vertretungen wird man zwar besondere Anstrengungen des Arbeitgebers verlangen müssen. Aber wo die Schaffung neuer Arbeitsplätze und deren Besetzung mit gerade eben Ausgebildeten oder wo die Wiederbesetzung freier Arbeitsplätze mit ihnen sachlich nicht vertretbar ist, muss das Unzumutbarkeitsprinzip Anwendung finden. Es ist nicht der Sinn des § 78a, jedem in Berufsausbildung befindlichen Mitglied eines Betriebsverfassungsorgans einen Arbeitsplatz zu garantieren (*Thiele* Drittbearbeitung, § 78a Rn. 45). Es entspricht nicht dem Zweck des Gesetzes, wenn die Organmitglieder eingestellt (weiterbeschäftigt) werden müssten, während gleichzeitig oder infolgedessen andere Arbeitnehmer ihren Arbeitsplatz verlieren (hierzu Rdn. 164). Daher müssen im Rahmen der Zumutbarkeitsprüfung nach § 78a Abs. 4 auch betriebliche Notwendigkeiten und Möglichkeiten berücksichtigt werden.

145 **Es trifft dagegen nicht zu**, dass gerade und **in erster Linie** auf betriebliche Gründe abzustellen sei (so aber *Löwisch* DB 1975, 1893; *Richardi/Thüsing* § 78a Rn. 40; *Weng* DB 1976, 1013 [1013 f.]; am weitestgehenden *Wiencke* Der Schutz Auszubildender, insbesondere S. 102 ff., der ausschließlich betriebliche Gründe für die Unzumutbarkeit anerkennt). Der Behauptung, die Regelung des § 78a Abs. 4 Satz 1 sei für personen- bzw. verhaltensbedingte Gründe überflüssig, weil der Arbeitgeber sowohl das Berufsausbildungsverhältnis als auch ein aufgrund Fiktionswirkung entstandenes Arbeitsverhältnis jederzeit aus wichtigem Grund kündigen könne, widerspricht der selbständige Anwendungsbereich der Norm. Dieser folgt aus § 22 Abs. 4 Satz 1 BBiG, der bestimmt, dass eine Kündigung aus wichtigem Grund nur innerhalb von zwei Wochen nach dem Bekanntwerden der zugrunde liegenden Tatsachen erfolgen darf. § 78a Abs. 4 Satz 1 soll es dem Arbeitgeber im Einzelfall ermöglichen, die Unzumutbarkeit der Übernahme in ein unbefristetes Arbeitsverhältnis mit einem Fehlverhalten des Auszubildenden zu begründen, das für eine Kündigung nach § 22 BBiG nicht ausreicht. Eine derartige Fallkonstellation besteht, wenn ein in der persönlichen Sphäre des Auszubildenden liegender Grund eine Kündigung des Ausbildungsverhältnisses nicht herbeizuführen vermag, weil der verbleibende Teil der Ausbildungszeit nur noch kurz und eine Fortsetzung des Vertragsverhältnisses dem Arbeitgeber daher zumutbar ist. Andererseits muss ihm in dieser Situation aber die Möglichkeit eingeräumt werden, die persönlichen Gründe im Rahmen der Zumutbarkeitsprüfung des Abs. 4 Satz 1 geltend zu machen (ausführlich, insbesondere auch zur Nichtanwendbarkeit der zweiwöchigen Frist im Rahmen des § 78a Abs. 4 Satz 1 s. Rdn. 128 ff.; wie hier z. B. *BAG* 15.12.1983 EzA § 78a BetrVG 1972 Nr. 13 S. 89 = AP Nr. 12 zu § 78a BetrVG 1972 Bl. 3 R *[Löwisch]*).

146 Die betrieblichen Gründe müssen mithin von solchem Gewicht sein, dass es dem Arbeitgeber **schlechterdings nicht zumutbar** ist, den Auszubildenden in ein Arbeitsverhältnis zu übernehmen. Insbesondere sind an das Vorliegen betrieblicher Gründe strengere Anforderungen zu stellen als bei einer Prüfung nach § 1 Abs. 2 Satz 1 KSchG (wie hier im Ergebnis auch die h. M., für diese *BAG* 16.01.1979 EzA § 78a BetrVG 1972 Nr. 5 S. 23 = AP Nr. 5 zu § 78a BetrVG 1972 Bl. 2 R *[Schwedes]* = SAE 1979, 281 *[Reuter]*; *LAG Hamm* 22.02.1978 BB 1978, 912 f.; *LAG Niedersachsen* 11.03.1994 LAGE § 78a BetrVG 1972 Nr. 7; *LAG Schleswig-Holstein* 26.11.1976 BB 1977, 777; 21.03.2006 NZA-RR 2006, 469 [470]; *Becker-Schaffner* DB 1987, 2647 [2650]; *Fitting* § 78a Rn. 53; *Galperin/Löwisch* § 78a Rn. 12 f.; *Gamillscheg* ZfA 1977, 239 [287]; *Künzl/APS* § 78a BetrVG Rn.; *Lorenz/HaKo* § 78a Rn. 34; *Misera* SAE 1980, 260; *Moritz* DB 1974, 1016 [1017]; *ders.* NJW 1974, 1494; *Opolony* BB 2003, 1329 [1335]; *Pielsticker* Der Schutz in Ausbildung, S. 96 ff.; *Preis/WPK* § 78a Rn. 24; *Reinecke* DB 1981, 889 [894]; *Schulin* ZfA 1981, 557 [623]; *Schwedes* BArbBl. 1974, 9 [11]; *ders.* Anm. *BAG* 16.01.1979 AP Nr. 5 zu § 78a BetrVG 1972 Bl. 3; *Thiele* Drittbearbeitung, § 78a Rn. 46; *Stege/Weinspach/Schiefer* § 78a Rn. 11 f.; *Waskow*/NK-GA § 78a BetrVG Rn. 35; *Witt* AR-Blattei SD 530.13.1, Rn. 36; strenger wohl noch *LAG Baden-Württemberg* 23.09.1976 BB 1977, 1601: Unzumutbarkeit, wenn eine weitere Beschäftigung in vernünftiger Weise nicht mehr angenommen werden kann; ebenso *LAG Niedersachsen* 26.04.1996 LAGE § 78a BetrVG 1972 Nr. 9 S. 4; dem zust. *Bachner/DKKW* § 78a Rn. 42; *Weigand/KR* § 78a Rn. 55).

147 Verfehlt ist es allerdings, aus dem Gewichtungsvergleich mit § 1 Abs. 2 KSchG herzuleiten, die Unzumutbarkeit in Abs. 4 **unternehmensbezogen** zu beurteilen, weil auch bei der Prüfung einer betriebsbedingten Kündigung darauf abzustellen ist, ob das Arbeitsverhältnis in demselben oder einem anderen Betrieb des Unternehmens fortgesetzt werden kann (so aber *LAG Bremen* 01.02.2006 – 2 TaBV 15/05 – juris; 23.05.2006 EzA § 78a BetrVG Nr. 6; 12.10.2006 – 3 TaBV 7/06 – juris; *LAG Niedersachsen* 26.04.1996 LAGE § 78a BetrVG 1972 Nr. 9; 10.04.1997 LAGE § 78a BetrVG 1972 Nr. 15; *LAG München* 06.09.2006 LAGE § 78a BetrVG 2001 Nr. 3 S. 8 f. [Vorinstanz zu *BAG* 15.11.2006 EzA § 78a BetrVG 2001 Nr. 3 = AP Nr. 38 zu § 78a BetrVG 1972]; *LAG Rheinland-Pfalz* 05.07.1996 LAGE § 78a BetrVG 1972 Nr. 12; zust. *Bachner/DKKW* § 78a Rn. 38; *Fitting* § 78a Rn. 54; *Gross/GTAW* § 78a Rn. 19; *Heigl* PersR 1997, 297; *Oberthür* ArbRB 2007, 157 [159]; *Richardi/Thüsing* § 78a Rn. 43).

Diese Ansicht missachtet die **Betriebsbezogenheit** des nach Abs. 2 entstehenden Arbeitsverhältnisses (wie hier *BAG* 12.11.1997 EzA § 78a BetrVG 1972 Nr. 25 S. 2 [*Schwarze*] = AP Nr. 30 zu § 78a BetrVG 1972 Bl. 2 = SAE 1999, 1 [*Coester*]; 12.11.1997 EzA § 78a BetrVG 1972 Nr. 26 S. 3 [insoweit zust. *Vollstädt*] = AP Nr. 31 zu § 78a BetrVG 1972 Bl. 2 = SAE 1999, 6 [*Natzel*]; 15.11.2006 EzA § 78a BetrVG 2001 Nr. 3 Rn. 4 ff. [abl. *Adam*] = AP Nr. 38 zu § 78a BetrVG 1972 [zur Vorinstanz s. Rdn. 147]; 17.02.2010 EzA § 78a BetrVG 2001 Nr. 5 Rn. 19 = AP Nr. 53 zu § 78a BetrVG 1972; 08.09.2010 EzA § 78a BetrVG 2001 Nr. 6 Rn. 23 = AP Nr. 54 zu § 78a BetrVG 1972 = NZA 2011, 221; 15.12.2011 EzA § 78a BetrVG 2001 Nr. 7 Rn. 43 = AP Nr. 55 zu § 78a BetrVG 1972 = NZA-RR 2012, 413; *LAG Hamm* 26.06.1996 LAGE § 78a BetrVG 1972 Nr. 10 S. 3; *LAG Köln* 28.08.1996 LAGE § 78a BetrVG 1972 Nr. 14; 04.09.1996 LAGE § 78a BetrVG 1972 Nr. 13; 18.03.2004 DB 2004, 1374 [1374 f.]; *Possienke* Weiterbeschäftigungsanspruch, S. 134 f.; *Schiefer* FS *Kreutz*, S. 429 [442]) und stützt sich auf die höchst zweifelhafte Gewichtung der Schutzzwecke des § 78a, derzufolge vorrangig Individualschutz zu gewährleisten sei, während dem Schutzzweck der Amtskontinuität nur untergeordnete Bedeutung zukomme (ausführlich *Heigl* PersR 1997, 297; treffend auch *Gamillscheg* II, § 45, 2d [3a]); ihr ist nicht zu folgen (s. ferner Rdn. 111 sowie Rdn. 174). **148**

Wegen des Funktionsunterschieds zum Kündigungsschutz kann Unzumutbarkeit in Fällen gegeben sein, in denen ein unbefristetes Arbeitsverhältnis betriebsbedingt nicht wirksam gekündigt werden könnte. Eher nur irritierend ist der verbreitete Hinweis, betriebliche Gründe könnten nur »ausnahmsweise« zur Unzumutbarkeit der Weiterbeschäftigung führen (so noch *BAG* 16.08.1995 EzA § 78a BetrVG 1972 Nr. 23 S. 4 = AP Nr. 25 zu § 78a BetrVG 1972 Bl. 2; *Weigand*/KR § 78a BetrVG Rn. 41); die Fallgruppenbetrachtung ergibt ein anderes Bild. **149**

bb) Fallgruppen
Die Unzumutbarkeit aus betrieblichen Gründen kommt insbesondere in Betracht, wenn der Arbeitgeber zur Zeit der Beendigung des Ausbildungsverhältnisses **keinen geeigneten freien Arbeitsplatz** zur Verfügung hat und die Personalplanung die Schaffung neuer Arbeitsplätze nicht rechtfertigt. Aus § 78a ergibt sich im Grundsatz **keine Verpflichtung** für den Arbeitgeber, ohne Rücksicht auf Planung und Bedarf **neue Arbeitsplätze zu schaffen**, da die Entscheidung darüber, ob neue Arbeitsplätze eingerichtet werden sollen, allein im Ermessen des Arbeitgebers (Unternehmers) liegt (s. Rdn. 142). **150**

Dies entspricht der Rechtsprechung des **BAG** (16.01.1979 EzA § 78a BetrVG 1972 Nr. 5 S. 23 = AP Nr. 5 zu § 78a BetrVG 1972 Bl. 2 R [zust. *Schwedes*] = SAE 1979, 281 [*Reuter*] sowie aus neuerer Zeit *BAG* 06.11.1996 EzA § 78a BetrVG 1972 Nr. 24 S. 4 [*Franzen*] = AP Nr. 26 zu § 78a BetrVG 1972 Bl. 2; 12.11.1997 EzA § 78a BetrVG 1972 Nr. 25 S. 2 [*Schwarze*] = AP Nr. 30 zu § 78a BetrVG 1972 Bl. 1 R = SAE 1999, 1 [*Coester*]; 12.11.1997 EzA § 78a BetrVG 1972 Nr. 26 S. 3 [*Vollstädt*] = AP Nr. 31 zu § 78a BetrVG 1972 Bl. 1 R f. = SAE 1999, 6 [*Natzel*]; 16.07.2008 EzA § 78a BetrVG 2001 Nr. 4 Rn. 22 = AP Nr. 50 zu § 78a BetrVG 1972 = SAE 2009, 189 [*Werhahn*]; 25.02.2009 EzB § 78a BetrVG Nr. 12 Rn. 18 = BeckRS 2009, 62103; 17.02.2010 EzA § 78a BetrVG 2001 Nr. 5 Rn. 20 = AP Nr. 53 zu § 78a BetrVG 1972; 08.09.2010 EzA § 78a BetrVG 2001 Nr. 6 Rn. 24 = AP Nr. 54 zu § 78a BetrVG 1972 = NZA 2011, 221; 15.12.2011 EzA § 78a BetrVG 2001 Nr. 7 Rn. 43 f. = AP Nr. 55 zu § 78a BetrVG 1972 = NZA-RR 2012, 413), dem die **Instanzgerichte** folgen (s. *LAG Hamm* 13.05.1977 DB 1978, 260; 26.06.1996 LAGE § 78a BetrVG 1972 Nr. 10; 03.11.2006 EzAÜG BetrVG Nr. 95; 11.01.2013 – 10 TaBV 5/12 – juris; *LAG Niedersachsen* 11.03.1994 LAGE § 78a BetrVG 1972 Nr. 7; 26.04.1996 LAGE § 78a BetrVG 1972 Nr. 9; 10.04.1997 LAGE § 78a **151**

BetrVG 1972 Nr. 15; *LAG Köln* 04.09.1996 LAGE § 78a BetrVG 1972 Nr. 13; *LAG Rheinland-Pfalz* 05.07.1996 LAGE § 78a BetrVG 1972 Nr. 12; *ArbG Berlin* 24.09.1979 EzB § 78a BetrVG 1972 Nr. 25; *ArbG Braunschweig* 31.07.1980 EzB § 78a BetrVG 1972 Nr. 31; *ArbG Karlsruhe* 02.09.1976 BB 1976, 1367; *ArbG Kassel* 12.06.1975 BB 1975, 1018; *ArbG Kiel* 16.06.1976 BB 1976, 1225; *ArbG Pforzheim* 16.03.1976 AuR 1976, 283; *ArbG Wilhelmshaven* 25.04.1979 ARSt. 1980, 30 Nr. 1041 [LS]) und die auch im **Schrifttum** auf verbreitete Zustimmung gestoßen ist (s. *Becker-Schaffner* DB 1987, 2647 [2650]; *Berkowsky*/MünchArbR § 37 Rn. 49; *Blomeyer* ZfA 1975, 243 [281]; *Etzel* Rn. 1257; *Fitting* § 78a Rn. 54, 55; *Galperin/Löwisch* § 78a Rn. 13; *Grunsky* Anm. zu *BAG* 15.01.1980 EzA § 78a BetrVG 1972 Nr. 7, 8 und 9; *Hanau* AR-Blattei Betriebsverfassung IX, A VI; *Kaiser/LK* § 78a Rn. 19; *Kamanabrou* Arbeitsrecht, Rn. 2469; *Kania*/ErfK § 78a BetrVG Rn. 9; *Künzl* BB 1986, 2404 [2405]; *ders./APS* § 78a BetrVG Rn. 103; *Misera* SAE 1980, 260; *Nicolai/HWGNRH* § 78a Rn. 32; *Opolony* BB 2003, 1329 [1335]; *Pielsticker* Der Schutz in Ausbildung, S. 109 ff.; *Reuter* SAE 1979, 283 [284]; *Richardi/Thüsing* § 78a Rn. 41; *Rieble*/AR § 78a BetrVG Rn. 6; *Schaub/Koch* Arbeitsrechts-Handbuch, § 227 Rn. 21a; *Schulin* ZfA 1981, 577 [623]; *Sittard/HWK* § 78a BetrVG Rn. 4; *Stege/Weinspach/Schiefer* § 78a Rn. 13; *Thiele* Drittbearbeitung, § 78a Rn. 47; *Waskow*/NK-GA § 78a BetrVG Rn. 36; *Weigand*/KR § 78a BetrVG Rn. 62 f.; *Weiss/Weyand* § 78a Rn. 11; *Weng* DB 1976, 1013 [1014 f.]; *Wiencke* Der Schutz Auszubildender, S. 12; *Witt* AR-Blattei SD 530.13.1, Rn. 37).

152 Allerdings muss der Arbeitgeber **besondere Anstrengungen** unternehmen, um den Mandatsträger möglichst doch noch weiterbeschäftigen zu können (so bereits *Thiele* BlStSozArbR 1974, 177 [180]). Zu den dem Arbeitgeber zumutbaren Weiterbeschäftigungsmöglichkeiten zählen jedenfalls alle **organisatorischen Maßnahmen**, die (wie z. B. eine Änderung der Pausenregelungen) **keine Kosten verursachen, ohne Weiteres durchgeführt werden können** und nur **geringe Auswirkungen auf die übrigen Arbeitnehmer** haben (*Berkowsky*/MünchArbR § 137 Rn. 49; *Misera* SAE 1980, 260 [261]; *Weigand*/KR § 78a BetrVG Rn. 64; zust. *Künzl/APS* § 78a BetrVG Rn. 105; *Opolony* BB 2003, 1329 [1335]; *Witt* AR-Blattei SD 530.13.1, Rn. 41a; strengere Anforderungen stellt *LAG Niedersachsen* 17.11.1983 AuR 1984, 287, auf, wenn es dem Arbeitgeber grundsätzlich organisatorische Maßnahmen zumutet, weil § 78a bewusst in die Dispositionsfreiheit des Unternehmers eingreife [zust. *Bachner/DKKW* § 78a Rn. 44]; ähnlich *LAG Baden-Württemberg* 23.09.1976 BB 1977, 1601, das die Einrichtung zusätzlicher Arbeitsplätze nur dann für unzumutbar hält, wenn »Facharbeiter des betreffenden Berufsbildes in dem Betrieb überhaupt nicht mehr benötigt werden«; einschränkend auch *Reinecke* DB 1981, 889 [894], der die Schaffung eines Arbeitsplatzes für eine gewisse Zeit als zumutbar erachtet).

153 Deshalb kann der Arbeitgeber die Weiterbeschäftigungsmöglichkeit nicht dadurch beseitigen, dass er einen fortbestehenden Beschäftigungsbedarf zukünftig nicht durch Beschäftigung eigener Arbeitnehmer, sondern durch **Leiharbeitnehmer** abdecken will (*BAG* 16.07.2008 EzA § 78a BetrVG 2001 Nr. 4 Rn. 23 = AP Nr. 50 zu § 78a BetrVG 1972 = SAE 2009, 189 *[Werhahn]*; 25.02.2009 EzB § 78a BetrVG Nr. 12 Rn. 19 = BeckRS 2009, 62103 [ebenso als Vorinstanz *LAG Nürnberg* 21.12.2006 DB 2007, 980]; bestätigt in *BAG* 17.02.2010 EzA § 78a BetrVG 2001 Nr. 5 Rn. 21 = AP Nr. 53 zu § 78a BetrVG 1972; 08.09.2010 EzA § 78a BetrVG 2001 Nr. 6 Rn. 25 = AP Nr. 54 zu § 78a BetrVG 1972 = NZA 2011, 221). Das gilt entsprechend, wenn der Arbeitgeber auf ausbildungsadäquaten Arbeitsplätzen bereits Leiharbeitnehmer beschäftigt (*BAG* 17.02.2010 EzA § 78a BetrVG 2001 Nr. 5 Rn. 22 = AP Nr. 53 zu § 78a BetrVG 1972).

154 Der Arbeitgeber ist demgegenüber **nicht verpflichtet, durch organisatorische Maßnahmen einen Arbeitsplatz neu zu schaffen**, um die Weiterbeschäftigung nach § 78a zu gewährleisten (*BAG* 15.01.1980 EzA § 78a BetrVG 1972 Nr. 7 S. 36 *[Grunsky]* = AP Nr. 9 zu § 78a BetrVG 1972 Bl. 2 R = SAE 1980, 257 *[Misera]*; ebenso *BAG* 29.11.1989 EzA § 78a BetrVG 1972 Nr. 20 S. 19 *[Kraft/Raab]* = AP Nr. 20 zu § 78a BetrVG 1972 Bl. 8 *[Berger-Delhey]* = SAE 1991, 373 *[Eich]*; 21.07.1991 EzA § 78a BetrVG 1972 Nr. 21 S. 7 = AP Nr. 23 zu § 78a BetrVG 1972 Bl. 3; 12.11.1997 EzA § 78a BetrVG 1972 Nr. 26 S. 3 *[Vollstädt]* = AP Nr. 31 zu § 78a BetrVG 1972 Bl. 1 R f. = SAE 1999, 6 *[Natzel]*; 16.07.2008 EzA § 78a BetrVG 2001 Nr. 4 Rn. 22 = AP Nr. 50 zu § 78a BetrVG 1972 = SAE 2009, 189 *[Werhahn]*; 25.02.2009 EzB § 78a BetrVG Nr. 12 Rn. 18 = BeckRS 2009, 62103; 17.02.2010 EzA § 78a BetrVG 2001 Nr. 5 Rn. 20 = AP Nr. 53 zu § 78a BetrVG 1972;

08.09.2010 EzA § 78a BetrVG 2001 Nr. 6 Rn. 24 = AP Nr. 54 zu § 78a BetrVG 1972 = NZA 2011, 221; 15.12.2011 EzA § 78a BetrVG 2001 Nr. 7 Rn. 44 = AP Nr. 55 zu § 78a BetrVG 1972 = NZA-RR 2012, 413; *LAG Hamm* 11.01.2013 – 10 TaBV 5/12 – juris; *LAG Brandenburg* 18.03.1998 LAGE § 78a BetrVG 1972 Nr. 16; *Fitting* § 78a Rn. 55; *Galperin/Löwisch* § 78a Rn. 13; *Kaiser/LK* § 78a Rn. 21; *Nicolai/HWGNRH* § 78a Rn. 33; *Pielsticker* Der Schutz in Ausbildung, S. 123 f.; *Richardi/Thüsing* § 78a Rn. 41; *Stege/Weinspach/Schiefer* § 78a Rn. 13; *Waskow*/NK-GA § 78a BetrVG Rn. 36; *Witt* AR-Blattei SD 530.13.1, Rn. 41).

Erst recht ist dem Arbeitgeber die **Einführung von Kurzarbeit** zur Schaffung eines Arbeitsplatzes unzumutbar (zust. *Witt* AR-Blattei SD 530.13.1, Rn. 41; vgl. aber zur Frage der »Kurzarbeit vor Kündigung« bei der [in ihrer Anforderung geringeren] betriebsbedingten Kündigung i. S. d. § 1 Abs. 2 KSchG *Griebeling/Rachor*/KR § 1 KSchG Rn. 531 m. w. N.). Wenn im Betrieb bereits kurzgearbeitet wird, genügt der Vortrag des Arbeitgebers, dass ein freiwerdender Arbeitsplatz nicht wieder besetzt werden soll (jedoch **a. M.** *ArbG Hameln* 18.04.1984 AiB 1984, 127; diesem zust. *Bachner/DKKW* § 78a Rn. 43). Denn von Missbrauchsfällen abgesehen ist der Arbeitgeber auch sonst nicht gehindert, durch eine Veränderung der Arbeitsorganisation Arbeitsplätze wegfallen zu lassen (*BAG* 06.11.1996 EzA § 78a BetrVG 1972 Nr. 24 S. 4 *[Franzen]* = AP Nr. 26 zu § 78a BetrVG 1972 Bl. 2; bestätigt durch *BAG* 11.12.1997 EzA § 78a BetrVG 1972 Nr. 25 S. 3 *[Schwarze]* = AP Nr. 30 zu § 78a BetrVG 1972 Bl. 2 = SAE 1999, 1 *[Coester]*; 12.11.1997 EzA § 78a BetrVG 1972 Nr. 26 S. 3 *[Vollstädt]* = AP Nr. 31 zu § 78a BetrVG 1972 Bl. 2 = SAE 1999, 6 *[Natzel]*, 16.07.2008 EzA § 78a BetrVG 2001 Nr. 4 Rn. 22 = AP Nr. 50 zu § 78a BetrVG 1972 = SAE 2009, 189 *[Werhahn]*; 25.02.2009 EzB § 78a BetrVG Nr. 12 Rn. 18 = BeckRS 2009, 62103).

155

Daher muss der Arbeitgeber lediglich **prüfen**, inwieweit er **Aufgaben** im Rahmen seines Direktionsrechts (etwa durch den Abbau von Überstunden oder von Urlaubsüberhängen) **umverteilen** (*Pielsticker* Der Schutz in Ausbildung, S. 111; ähnlich *Reinecke* DB 1981, 889 [893]) kann, um dadurch dem nach § 78a Geschützten einen Arbeitsplatz zu schaffen. Ein Antrag des Arbeitgebers nach Abs. 4 Satz 1 ist demnach jedenfalls erfolgreich, wenn er darlegt, dass ein durch Überstunden abgedeckter zusätzlicher Bedarf an Arbeitskräften in Zukunft nicht mehr besteht. Das Vorbringen, keine zusätzliche Stelle einrichten zu können, fällt zudem in den Bereich der unternehmerischen Freiheit (s. Rdn. 142) und unterliegt (wie bei der betriebsbedingten Kündigung nach § 1 Abs. 2 Satz 1 KSchG) nur einer Missbrauchskontrolle durch die Arbeitsgerichte (dabei noch stärker die unternehmerische Entscheidungsfreiheit betonend *BAG* 06.11.1996 EzA § 78a BetrVG 1972 Nr. 24 S. 4 *[Franzen]* = AP Nr. 26 zu § 78a BetrVG 1972 Bl. 2; bestätigt durch *BAG* 12.11.1997 EzA § 78a BetrVG 1972 Nr. 25 S. 3 *[Schwarze]* = AP Nr. 30 zu § 78a BetrVG 1972 Bl. 2 = SAE 1999, 1 *[Coester]*; 12.11.1997 EzA § 78a BetrVG 1972 Nr. 26 S. 3 *[Vollstädt]* = AP Nr. 31 zu § 78a BetrVG 1972 Bl. 2 = SAE 1999, 6 *[Natzel]*; s. a. *BAG* 16.07.2008 EzA § 78a BetrVG 2001 Nr. 4 Rn. 22 = AP Nr. 50 zu § 78a BetrVG 1972 = SAE 2009, 189 *[Werhahn]*; 17.02.2010 EzA § 78a BetrVG 2001 Nr. 5 Rn. 27 = AP Nr. 53 zu § 78a BetrVG 1972; 08.09.2010 EzA § 78a BetrVG 2001 Nr. 6 Rn. 35 = AP Nr. 54 zu § 78a BetrVG 1972 = NZA 2011, 221; es steht in der unternehmerischen Entscheidungsfreiheit des Arbeitgebers, wie viele Arbeitnehmer die anfallenden Arbeiten verrichten sollen; *LAG Brandenburg* 18.03.1998 LAGE § 78a BetrVG 1972 Nr. 16; *LAG Köln* 28.08.1996 LAGE § 78a BetrVG 1972 Nr. 14; 04.09.1986 LAGE § 78a BetrVG 1972 Nr. 13). Hinsichtlich der Darlegung der unternehmerischen Entscheidung sind die zu § 1 Abs. 2 Satz 1 KSchG anerkannten Grundsätze heranzuziehen (*LAG Schleswig-Holstein* 21.03.2006 NZA-RR 2006, 469 [470]); näher zu § 1 Abs. 2 Satz 1 z. B. *Griebeling/Rachor*/KR § 1 KSchG Rn. 556 m. w. N.).

156

Die unternehmerische Entscheidungsfreiheit erstreckt sich auch auf das Arbeitszeitvolumen des freien Arbeitsplatzes. Der Arbeitgeber ist deshalb nicht zur Schaffung eines Vollzeitarbeitsplatzes verpflichtet, wenn er aufgrund des Beschäftigungsbedarfs nur einen **Teilzeitarbeitsplatz** zur Verfügung stellt. Da das Gestaltungsrecht jedoch auf ein Vollzeitarbeitsverhältnis gerichtet ist (s. Rdn. 110), muss der Arbeitgeber in einem derartigen Fall den in § 78a Abs. 4 vorgezeichneten Weg beschreiten (s. Rdn. 172). Schwieriger sind Sachverhalte, in denen der Arbeitgeber die Entscheidung trifft, nicht nur einzelne, sondern **alle Auszubildenden** durch **Angebot eines Teilzeitarbeitsplatzes** (z. B. 75 % der Normalarbeitszeit; vgl. *ArbG Kassel* 03.09.1987 DB 1987, 2418; nicht vergleichbar mit *BAG* 13.11.1987 EzA § 78a BetrVG 1972 Nr. 19 = AP Nr. 18 zu § 78a BetrVG 1972, da dort die anderen (übernom-

157

§ 78a **IV. 1. Allgemeines**

menen) Auszubildenden unterschiedliche Angebote erhielten) zu übernehmen. Sofern nicht zwingende organisatorische Gründe dem entgegenstehen, ist es dem Arbeitgeber auch in einer derartigen Konstellation objektiv möglich, dem geschützten Arbeitnehmer einen Vollzeitarbeitsplatz zu Lasten eines anderen Auszubildenden zur Verfügung zu stellen, dessen Übernahme er beabsichtigt. Dies würde den durch § 78a Geschützten indes im Verhältnis zu den anderen übernommenen Arbeitnehmern privilegieren, ohne dass hierfür ein durch den Zweck des § 78a getragener sachlicher Grund erkennbar ist. Vielmehr würde eine weder durch den Amtsschutz noch durch die mit § 78a bezweckte Amtskontinuität gerechtfertigte Begünstigung des geschützten Auszubildenden eintreten, mit der der Arbeitgeber gegen die Wertungen des Begünstigungsverbots in § 78 verstoßen würde (so auch *Gamillscheg* II, § 45, 2d [3d]). Eine dem Zweck der Norm Rechnung tragende Auslegung erfordert in derartigen Fallgestaltungen, von dem Dogma des Vollzeitarbeitsplatzes abzuweichen und das nach Abs. 2 entstehende »Arbeitsverhältnis« auf ein Teilzeitarbeitsverhältnis zu beschränken. Jedenfalls ist es für den Arbeitgeber i. S. d. Abs. 4 unzumutbar, dem geschützten Auszubildenden unter Verstoß gegen das Begünstigungsverbot einen Vollzeitarbeitsplatz zur Verfügung zu stellen (in dieser Richtung wohl *Berkowsky*/MünchArbR § 137 Rn. 42; s. a. Rdn. 173; **a. M.** *LAG Köln* 15.12.2008 EzAÜG BetrVG Nr. 111, das eine vollzeitige Beschäftigung stets dann als zumutbar ansieht, wenn ein Aufstockungsverlangen nach den Maßstäben des § 9 TzBfG gerechtfertigt wäre).

158 Lediglich in engen Grenzen, wenn der **Nichtabbau von Überstunden** offenbar unsachlich, unvernünftig oder willkürlich ist, kann der Arbeitgeber zu der Errichtung eines neuen Arbeitsplatzes (*ArbG Rostock* 25.04.1996 AuA 1997, 277; weitergehend *Jäger/Künzl* ZTR 2000, 346 [349 f.]; *Künzl/APS* § 78a BetrVG Rn. 105) oder zur Kündigung eines anderen Arbeitnehmers verpflichtet sein (s. Rdn. 164 a. E.; zum Prüfungsmaßstab bei der betriebsbedingten Kündigung *Griebeling/Rachor*/KR § 1 KSchG Rn. 521 ff. m. w. N.). Entsprechendes gilt für die Vergabe von Arbeiten an Fremdfirmen (*LAG Köln* 28.08.1996 LAGE § 78a BetrVG 1972 Nr. 14).

159 Fraglich ist, ob und gegebenenfalls unter welchen Voraussetzungen es dem Arbeitgeber zuzumuten ist, einem durch § 78a geschützten Auszubildenden **einen Arbeitsplatz freizuhalten** mit der Folge, dass die Unzumutbarkeit einer Weiterbeschäftigung nach Abs. 4 zu verneinen ist, wenn der Arbeitgeber diese Freihaltung versäumt. Ähnlich wie bei der Beurteilung der Sozialwidrigkeit einer ordentlichen Kündigung aus betrieblichen Gründen gemäß § 1 KSchG stellt das *BAG* in st. Rspr. auch bei der Zumutbarkeitsprüfung des Abs. 4 auf den Zeitpunkt der Beendigung des Berufsausbildungsverhältnisses ab. Das hatte bis zu den Entscheidungen des *Siebten Senats* vom 12.11.1997 (s. Rdn. 161) zur Folge, dass nach der Rspr. des *BAG* bei der Beurteilung der Unzumutbarkeit einer Weiterbeschäftigung alle Arbeitsplätze außer Betracht blieben, die vor dem Ausbildungsende frei waren (*BAG* 16.01.1979 EzA § 78a BetrVG 1972 Nr. 5 S. 24 = AP Nr. 5 zu § 78a BetrVG 1972 Bl. 2 R f. [*Schwedes*] = SAE 1979, 281 [*Reuter*]; 15.01.1980 EzA § 78a BetrVG 1972 Nr. 7 S. 36 = AP Nr. 9 zu § 78a BetrVG 1972 Bl. 2 R = AR-Blattei Betriebsverfassung IX, Entsch. 48 [*Hanau*] = SAE 1980, 257 [*Misera*]; 29.11.1989 EzA § 78a BetrVG 1972 Nr. 20 S. 19 [*Kraft/Raab*] = AP Nr. 20 zu § 78a BetrVG 1972 Bl. 8 [*Berger-Delhey*] = SAE 1991, 373 [*Eich*]; 24.07.1991 EzA § 78a BetrVG 1972 Nr. 21 S. 8 = AP Nr. 23 zu § 78a BetrVG 1972 Bl. 3 R; 16.08.1995 EzA § 78a BetrVG 1972 Nr. 23 S. 4 = AP Nr. 25 zu § 78a BetrVG 1972 Bl. 2; 06.11.1996 EzA § 78a BetrVG 1972 Nr. 24 S. 3 [*Franzen*] = AP Nr. 26 zu § 78a BetrVG 1972 Bl. 1 R; zum Beurteilungszeitpunkt auch Rdn. 211).

160 Dem war indes nur insoweit zuzustimmen, als es dem Arbeitgeber nicht zugemutet werden kann, das Fehlen einer Arbeitskraft für eine erhebliche Zeitspanne zu überbrücken. Dagegen haben es Teile der Literatur und der Instanzgerichte nicht hingenommen, wenn sich der Arbeitgeber (bewusst) die Möglichkeit verbaut, den geschützten Auszubildenden auf unbestimmte Zeit zu übernehmen, indem er einen freien Arbeitsplatz zuvor besetzt; zum Teil wurde von ihm die Schaffung eines zusätzlichen Arbeitsplatzes jedenfalls dann verlangt, wenn er diese Einstellung in Kenntnis eines »Anspruchs« aus § 78a vorgenommen hat. Unklar blieb, für welchen Zeitraum der Arbeitgeber einen geeigneten Arbeitsplatz freihalten muss, da der Auszubildende das Weiterbeschäftigungsverlangen innerhalb der Dreimonatsfrist jederzeit (u. U. auch erst unmittelbar vor Beendigung des Berufsausbildungsverhältnisses) stellen kann. In der 6. Aufl. (§ 78a Rn. 87 m. w. N.) wurde die Ansicht vertreten, dass die Zumutbarkeit des Freihaltens durch Abwägung aller Umstände des Einzelfalles zu beurteilen ist, man aber grundsätzlich davon ausgehen kann, dass innerhalb der letzten drei Monate vor dem voraussichtlichen Ende des Be-

rufsausbildungsverhältnisses ein Freihalten des Arbeitsplatzes – etwa durch zeitweilige Überstunden anderer Arbeitnehmer – zumutbar ist.

Das *BAG* hat in den Beschlüssen vom 12.11.1997 (EzA § 78a BetrVG 1972 Nr. 25, S. 3 f. *[im Grundsatz zust. Schwarze]* = AP Nr. 30 zu § 78a BetrVG 1972 Bl. 2 = SAE 1999, 1 *[Coester]* und EzA § 78a BetrVG 1972 Nr. 26 S. 5 *[abl. Vollstädt]* = AP Nr. 31 zu § 78a BetrVG 1972 Bl. 2 R = SAE 1999, 6 *[Natzel]*) einen etwas anderen Weg eingeschlagen. Der *Siebte Senat* erkennt im Ausgangspunkt zutr. an, dass dem Arbeitgeber die Weiterbeschäftigung i. S. d. Abs. 4 auch dann zuzumuten sein kann, weil er einen kurz vor der Beendigung der Berufsausbildung frei gewordenen Arbeitsplatz wieder besetzt hat, statt diesen für den geschützten Auszubildenden freizuhalten. Das gilt nach Ansicht des Gerichts **regelmäßig bei einer Besetzung**, die **innerhalb von drei Monaten vor** dem vereinbarten Ende des Ausbildungsverhältnisses vorgenommen wird (*BAG* 12.11.1997 EzA § 78a BetrVG 1972 Nr. 25 S. 3 f. *[Schwarze]* = AP Nr. 30 zu § 78a BetrVG 1972 Bl. 2 = SAE 1999, 1 *[Coester]*; 12.11.1997 EzA § 78a BetrVG 1972 Nr. 26 S. 5 *[Vollstädt]* = AP Nr. 31 zu § 78a BetrVG 1972 Bl. 2 R = SAE 1999, 6 *[Natzel]*; 16.07.2008 EzA § 78a BetrVG 2001 Nr. 4 Rn. 24 = AP Nr. 50 zu § 78a BetrVG 1972 = SAE 2009, 189 *[Werhahn]*; 17.02.2010 EzA § 78a BetrVG 2001 Nr. 5 Rn. 23 = AP Nr. 53 zu § 78a BetrVG 1972; 08.09.2010 EzA § 78a BetrVG 2001 Nr. 6 Rn. 26 = AP Nr. 54 zu § 78a BetrVG 1972 = NZA 2011, 221). Wenn der Arbeitgeber dementsprechend einen innerhalb des Dreimonatszeitraums zu besetzenden (nicht notwendig erst in diesem Zeitraum frei werdenden) geeigneten Arbeitsplatz dem Auszubildenden regelmäßig freihalten muss, so wird dadurch im Ausgangspunkt die Zumutbarkeit des Freihaltens typisierend konkretisiert (*Schwarze* Anm. zu *BAG* 12.11.1997 EzA § 78a BetrVG 1972 Nr. 25 S. 9); das verdient Zustimmung.

161

Umstände des Einzelfalles können insoweit außer Betracht bleiben, etwa ob der Arbeitgeber seine Mitteilungspflicht nach Abs. 1 versäumt hat (darauf abstellend *LAG Hamm* 26.06.1996 LAGE § 78a BetrVG 1972 Nr. 10 S. 4 als Vorinstanz zu *BAG* 12.11.1997 EzA § 78a BetrVG 1972 Nr. 25 = AP Nr. 30 zu § 78a BetrVG 1972) oder ob er den Arbeitsplatz nach Zugang des Weiterbeschäftigungsverlangens nach Abs. 2 (oder vor diesem) besetzt hat. Die Einzelabwägung beschränkt sich dann maßgeblich auf die Frage, ob die Freihaltung unter Würdigung aller Umstände deshalb unzumutbar ist, weil **die sofortige Neubesetzung** durch **dringende betriebliche Erfordernisse** geboten ist (*BAG* 12.11.1997 EzA § 78a BetrVG 1972 Nr. 25 S. 1 [LS] und S. 4 = AP Nr. 30 zu § 78a BetrVG 1972 Bl. 1 [LS] und Bl. 2 R sowie jüngst *BAG* 17.02.2010 EzA § 78a BetrVG 2001 Nr. 5 Rn. 23 = AP Nr. 53 zu § 78a BetrVG 1972; 08.09.2010 EzA § 78a BetrVG 2001 Nr. 6 Rn. 26 = AP Nr. 54 zu § 78a BetrVG 1972 = NZA 2011, 221). Dabei sind die Dauer des Freihaltens und die Dringlichkeit sofortiger Besetzung zu berücksichtigen. Daneben kann auch ein Verhalten des geschützten Auszubildenden dazu führen, dass dem Arbeitgeber das Freihalten unzumutbar ist, z. B. wenn der Auszubildende (ungeachtet seines Rechts, das Weiterbeschäftigungsverlangen noch bis zum letzten Tag des Berufsausbildungsverhältnisses zu stellen) auf Befragen einen Wunsch nach Weiterbeschäftigung zunächst verneint oder überhaupt keine Stellungnahme abgibt (dazu *BAG* 12.11.1997 EzA § 78a BetrVG 1972 Nr. 25 S. 4 *[Schwarze]* = AP Nr. 30 zu § 78a BetrVG 1972 Bl. 2 f. = SAE 1999, 1 *[Coester]*; krit. im Hinblick auf die praktische Umsetzung dieses Gedankens *Coester* SAE 1999, 4; *Natzel* SAE 1999, 10; *ders.* DB 1998, 1721; *Schwarze* Anm. zu *BAG* 12.11.1997 EzA § 78a BetrVG 1972 Nr. 25 S. 9 f.).

162

Vor Beginn der Dreimonatsfrist des Abs. 2 ist der Arbeitgeber grundsätzlich nicht verpflichtet, geeignete Arbeitsplätze für geschützte Auszubildende freizuhalten (*BAG* 12.11.1997 EzA § 78a BetrVG 1972 Nr. 26 S. 5 *[Vollstädt]* = AP Nr. 31 zu § 78a BetrVG 1972 Bl. 2 R f. = SAE 1999, 1 *[Schwarze]* für den Fall, dass fünf Monate vor Beendigung des Ausbildungsverhältnisses freie Arbeitsplätze mit Arbeitnehmern besetzt werden, die ihre Ausbildung vorzeitig beendet hatten; die Entscheidung des *Thür. LAG* 27.03.1996 LAGE § 78a BetrVG 1972 Nr. 11, die sogar einen Zeitraum von sechs Monaten für maßgeblich erachtete, ist damit überholt). Da der *Siebte Senat* (*BAG* 12.11.1997 EzA § 78a BetrVG 1972 Nr. 25 S. 4 *[Schwarze]* = AP Nr. 30 zu § 78a BetrVG 1972 Bl. 2 R = SAE 1999, 1 *[Schwarze]*) die Maßgeblichkeit des Dreimonatszeitraums aus dem Schutzzweck der Fristenregelungen in § 78a Abs. 1 und 2 herleitet, ist das konsequent und aus Gründen der Rechtssicherheit zu begrüßen (weitergehend jedoch *Künzl/APS* § 78a BetrVG Rn. 108).

163

Im Grundsatz kann der mit § 78a bezweckte Schutz nicht zu Lasten anderer Arbeitnehmer verwirklicht werden. Der Arbeitgeber muss also **nicht** notfalls einen Arbeitsplatz **durch Entlassung** eines

164

anderen Arbeitnehmers **freimachen** (ebenso die h. M. *BAG* 16.01.1979 EzA § 78a BetrVG 1972 Nr. 5 S. 23 = AP Nr. 5 zu § 78a BetrVG 1972 Bl. 2 R *[Schwedes]* = SAE 1979, 281 *[Reuter]*; 16.08.1995 EzA § 78a BetrVG 1972 Nr. 23 S. 4 = AP Nr. 25 zu § 78a BetrVG 1972 Bl. 2 [Vorinstanz *LAG Niedersachsen* 11.03.1994 LAGE § 78a BetrVG 1972 Nr. 7]; 12.11.1997 EzA § 78a BetrVG 1972 Nr. 26 S. 4 *[Vollstädt]* = AP Nr. 31 zu § 78a BetrVG 1972 Bl. 2 R = SAE 1999, 6 *[Natzel]*; *LAG Köln* 04.09.1996 LAGE § 78a BetrVG 1972 Nr. 13 S. 4; *LAG Rheinland-Pfalz* 05.07.1996 LAGE § 78a BetrVG 1972 Nr. 12 S. 5; *LAG Schleswig-Holstein* 26.11.1976 DB 1977, 777 [778]; *ArbG Karlsruhe* 02.09.1976 BB 1976, 1367; *ArbG Kiel* 16.06.1976 DB 1976, 1917; *ArbG Rostock* 25.04.1996 AuA 1997, 277; *Bachner/DKKW* § 78a Rn. 43; *Berkowsky*/MünchArbR § 137 Rn. 49; *Fitting* § 78a Rn. 55; *Galperin/Löwisch* § 78a Rn. 13; *Gamillscheg* ZfA 1977, 239 [287]; *Kaiser/LK* § 78a Rn. 21; *N. Kramer* Amtsschutz S. 129 ff.; *Nicolai/HWGNRH* § 78a Rn. 34; *Reuter* SAE 1979, 283 [284]; *Richardi/Thüsing* § 78a Rn. 42; *Stege/Weinspach/Schiefer* § 78a Rn. 13; *Thiele* Drittbearbeitung, § 78a Rn. 48; *Waskow*/NK-GA § 78a BetrVG Rn. 36; *Weigand/KR* § 78a BetrVG Rn. 62; *Weng* DB 1976, 1013 [1015]; *Witt* AR-Blattei SD 530.13.1, Rn. 43).

165 Die Gegenauffassung (*LAG Hamm* 06.10.1978 EzA § 78a BetrVG 1972 Nr. 4; *ArbG Berlin* 24.09.1979 AuR 1980, 18 f. [LS]; *ArbG Bochum* 28.02.1994 DB 1994, 1192; *Barwasser* DB 1976, 2114; *Jäger/Künzl* ZTR 2000, 346 [348 f.]; *Künzl/APS* § 78a BetrVG Rn. 106 f.; *Reinecke* DB 1981, 889 [894 f.]; *Wiencke* Der Schutz Auszubildender, S. 125 ff.) beruft sich auf § 15 Abs. 5 KSchG. Danach ist die ordentliche Kündigung eines Mandatsträgers bei der Stilllegung einer Betriebsabteilung nur zulässig, wenn dieser aus betrieblichen Gründen nicht in eine andere Betriebsabteilung übernommen werden kann; nach überwiegender Ansicht soll es dem Arbeitgeber auch zuzumuten sein, einem anderen (auch sozial schwächeren) Arbeitnehmer, der keinen besonderen Kündigungsschutz genießt, zu kündigen (s. *Etzel/Kreft//KR* § 15 KSchG Rn. 154 m. w. N.).

166 Diese Wertung bedingt jedoch keine Gleichstellung mit den nach § 78a Geschützten, weil diese noch nicht in einem unbefristeten Arbeitsverhältnis stehen, sondern erst übernommen werden müssen (s. Rdn. 142); dass es nach Abs. 4 verfahrensmäßig um die Auflösung des nach Abs. 2 entstandenen Arbeitsverhältnisses geht, ändert nichts daran, dass der Streit um die Zumutbarkeit der Begründung eines Arbeitsverhältnisses geführt wird (**a. M.**, ganz formal, *ArbG Bochum* 28.02.1994 DB 1994, 1192). Zudem hätte die Gegenansicht möglicherweise zur Folge, dass in der Praxis weniger Ausbildungsplätze zur Verfügung gestellt würden. Denn mancher Arbeitgeber wird sich einmal mehr überlegen, ob er einen Auszubildenden einstellen soll, wenn er damit zugleich das Risiko eingeht, nach Ausbildungsende bewährten Arbeitskräften kündigen zu müssen (*BAG* 16.01.1979 EzA § 78a BetrVG 1972 Nr. 5 S. 23 = AP Nr. 5 zu § 78a BetrVG 1972 Bl. 2 R *[Schwedes]* = SAE 1979, 281 *[Reuter]*; ausführlich *Pielsticker* Der Schutz in Ausbildung, S. 116 f.). Das Bestandsschutzinteresse solcher Arbeitnehmer tritt selbst dann nicht hinter den Schutz des Auszubildenden nach § 78a zurück, wenn für sie das KSchG noch nicht gilt (wie hier ausführlich *Pielsticker* Der Schutz in Ausbildung, S. 118; ebenso *Fitting* § 78a Rn. 55; **a. M.** *ArbG Berlin* 24.09.1979 DB 1980, 1176 [LS]; ähnlich *Dietz/Richardi* § 78a Rn. 32).

167 Etwas anderes gilt nur **ausnahmsweise** für den Fall, dass der Arbeitgeber einen Arbeitnehmer eingestellt hat, obwohl ihm das Freihalten der Stelle für den Auszubildenden zugemutet werden konnte (s. Rdn. 159, 161). Hier entscheidet letztlich der Unternehmer, welche Maßnahme aus wirtschaftlicher Sicht am sinnvollsten ist. Er kann entweder einen neuen Arbeitsplatz einrichten oder einem anderen (z. B. dem zwischenzeitlich eingestellten) Arbeitnehmer kündigen, wenn eine Auslastung des Personals seiner Einschätzung nach zukünftig nicht zu erwarten ist.

168 Eine Weiterbeschäftigung ist aus betrieblichen Gründen weiterhin unzumutbar, wenn ein **freier Arbeitsplatz vorhanden** ist, dieser **nicht für den Geschützten eignet**. Das ist der Fall, wenn der Arbeitsplatz ein **höheres Anforderungsprofil** hat, dem der (ehemalige) Auszubildende nicht genügt (zust. *Berkowsky*/MünchArbR § 137 Rn. 51; *Witt* AR-Blattei SD 530.13.1, Rn. 40); insoweit kann vom Arbeitgeber nicht verlangt werden, dass er Gelegenheit zum Erwerb erforderlicher Spezial- oder Zusatzkenntnisse gibt, da dies regelmäßig einen längeren Zeitraum erfordert und zudem ein Schulungserfolg nicht gewährleistet ist (auch *Galperin/Löwisch* § 78a Rn. 14; *Künzl/APS* § 78a BetrVG Rn. 110; *Moritz* NJW 1974, 1494; *Pielsticker* Der Schutz in Ausbildung, S. 123 m. w. N.; ähnlich *Sittard/HWK* § 78a BetrVG Rn. 4; weitergehend *Bachner/DKKW* § 78a Rn. 41, der Qualifizierungsmaßnahmen nach dem Maßstab des § 102 Abs. 3 Nr. 4 als Untergrenze für zumutbar hält; ähnlich *Fitting* § 78a Rn. 51). Anders ist die Rechtslage jedoch, wenn die für den konkreten Arbeitsplatz erforderlichen Zusatzqualifikationen im Rahmen einer auch bei Neueinstellungen notwendigen **Einarbeitungszeit** erworben werden können (*LAG Hamm* 11.01.2013 – 10 TaBV 5/12 – juris; *ArbG Freiburg* 26.10.2004 AuR 2005, 118 f.)

Unzumutbarkeit ist aber auch gegeben, wenn nur ein Arbeitsplatz mit (deutlich) **geringerem Anforderungsprofil** vorhanden ist. Da der Inhalt eines nach § 78a Abs. 2 fingierten Arbeitsvertrages allein von der Ausbildung abhängt (s. Rdn. 111), ist dem Arbeitgeber die »Weiterbeschäftigung« **nicht zumutbar**, weil er seine Verpflichtung von vornherein nicht erfüllen kann, den Ausgebildeten entsprechend seiner durch die Ausbildung erworbenen Qualifikation zu beschäftigen (so im Ergebnis auch *BAG* 16.08.1995 EzA § 78a BetrVG 1972 Nr. 23 S. 4 = AP Nr. 25 zu § 78a BetrVG 1972 Bl. 2; 06.11.1996 EzA § 78a BetrVG 1972 Nr. 24 S. 3 *[Franzen]* = AP Nr. 26 zu § 78a BetrVG 1972 Bl. 1 R = SAE 1999, 1 *[Coester]*; 12.11.1997 EzA § 78a BetrVG 1972 Nr. 25 S. 2 *[Schwarze]* = AP Nr. 30 zu § 78a BetrVG 1972 Bl. 1 R; 12.11.1997 EzA § 78a BetrVG 1972 Nr. 26 S. 3 *[Vollstädt]* = AP Nr. 31 zu § 78a BetrVG 1972 Bl. 1 R = SAE 1999, 6 *[Natzel]*; *LAG Köln* 04.09.1996 LAGE § 78a BetrVG 1972 Nr. 13; *LAG Rheinland-Pfalz* 05.07.1996 LAGE § 78a BetrVG 1972 Nr. 12; *Berkowsky/MünchArbR* § 137 Rn. 51; *Künzl/APS* § 78a BetrVG Rn. 110; *Witt* AR-Blattei SD 530.13.1, Rn. 40; anders, wenn der Auszubildende mit seiner geringerwertigen Beschäftigung einverstanden ist, *LAG Köln* 28.08.1996 LAGE § 78a BetrVG 1972 Nr. 14). In diesem Fall kommt nur in Betracht, dass sich Arbeitgeber und Auszubildender über eine geringerwertige Beschäftigung außerhalb des Anwendungsbereichs von § 78a einigen. s. aber noch Rdn. 176. 169

Ähnliches gilt, wenn ein freier **Arbeitsplatz nur befristet zur Verfügung steht**. Auch in diesem Fall kann der Arbeitgeber seiner Verpflichtung aus dem fingierten Arbeitsvertrag nicht nachkommen, weil durch das Weiterbeschäftigungsverlangen, wie § 78a Abs. 2 Satz 1 ausdrücklich bestimmt, zwingend ein Arbeitsverhältnis auf unbestimmte Zeit begründet wird (dazu ausführlich *Pielsticker* Der Schutz in Ausbildung, S. 119 ff.). Deshalb ist dem Arbeitgeber die Weiterbeschäftigung **unzumutbar**, wenn ihm kein auf Dauer angelegter Arbeitsplatz zur Verfügung steht (ebenso *BAG* 24.07.1991 EzA § 78 BetrVG 1972 Nr. 21 S. 8 = AP Nr. 23 zu § 78a BetrVG 1972 Bl. 3 R für nur befristet zur Verfügung stehende drittmittelfinanzierte Arbeitsplätze; bestätigt durch *BAG* 16.08.1995 EzA § 78a BetrVG 1972 Nr. 23 S. 4 = AP Nr. 25 zu § 78a BetrVG 1972 Bl. 2; vgl. auch zu § 9 BPersVG *BVerwG* 13.03.1989 AP Nr. 5 zu § 9 BPersVG; 31.05.1990 AP Nr. 7 zu § 9 BPersVG; *OVG Koblenz* 03.05.2016 NZA-RR 2016, 558 [560]; *Berkowsky/MünchArbR* § 137 Rn. 49; *Kaiser/LK* § 78a Rn. 23; *Nicolai/HWGNRH* § 78a Rn. 36; *Richardi/Thüsing* § 78a Rn. 47; *Witt* AR-Blattei SD 530.13.1, Rn. 38; **a. M.** *Bachner/DKKW* § 78a Rn. 45; *Fitting* § 78a Rn. 57; *Jäger/Künzl* ZTR 2000, 346 [350 f.]; *Künzl/APS* § 78a BetrVG Rn. 115, die aus dem Schutzzweck der Vorschrift ableiten, dass bei entsprechender Bereitschaft des Auszubildenden, die notfalls durch Befragung im Prozess festgestellt werden soll [*Bachner/DKKW* § 78a Rn. 45], ein befristetes oder Teilzeitarbeitsverhältnis kraft Gesetzes begründet wird; nach *Graf* DB 1992, 1290 [1292], soll aus einer analogen Anwendung des § 78a Abs. 4 Satz 1 folgen, dass das entstandene unbefristete Arbeitsverhältnis auf ein mögliches befristetes Arbeitsverhältnis beschränkt wird; krit. auch *Gamillscheg* II, § 45, 2d [3c]). 170

Auch die Begründung eines befristeten Arbeitsverhältnisses lässt sich mithin nicht nach Abs. 2 durchsetzen, sondern bedarf der Vereinbarung, die aber, wenn sie nicht rechtzeitig zustande kommt (wie in anderen Fällen der Unzumutbarkeit), die Geltendmachung der Unzumutbarkeit im Verfahren nach Abs. 4 nicht entbehrlich macht, weil sonst die Rechtsfolge aus Abs. 2 (Arbeitsverhältnis auf unbestimmte Zeit) gilt (s. a. Rdn. 189). Zu Recht betont das *BAG* (06.11.1996 EzA § 78a BetrVG 1972 Nr. 24 S. 5 *[Franzen]* = AP Nr. 26 zu § 78a BetrVG 1972 Bl. 2 R), dass der Auflösungsantrag nach Abs. 4 nicht mit der Begründung abgewiesen werden darf, dem Arbeitgeber wäre die Begründung eines anderen als des nach Abs. 2 entstehenden Arbeitsverhältnisses zumutbar gewesen. S. aber noch Rdn. 176. Vergibt der Arbeitgeber nach § 14 Abs. 1 Nr. 2 TzBfG befristete Arbeitsverträge an ehemalige Auszubildende, so kann der nach § 78a Geschützte keine bevorzugte Berücksichtigung verlangen (**a. M.** zum BeschFG 1985 *Schwerdtner* NZA 1985, 577 [579]); er darf aber auch nicht benachteiligt werden (§ 78 Satz 2). 171

Auch wenn der Arbeitgeber wirklich **nur Teilzeitarbeitsplätze** zur Verfügung stellen kann, ist ihm die Weiterbeschäftigung in einem Vollzeitarbeitsverhältnis, das nach Abs. 2 entsteht, **unzumutbar** (s. 172

§ 78a

IV. 1. Allgemeines

aber noch Rdn. 176). Zwar enthält das Gesetz zum Umfang der Arbeitszeit keine ausdrückliche Regelung; aus dem Schutzzweck des Abs. 2 (Schutz der Amtskontinuität und Schutz der Unabhängigkeit durch eine dem Berufsbild entsprechende wirtschaftliche Absicherung) hat das *BAG* jedoch zutr. hergeleitet, dass unter den dort normierten Voraussetzungen ein Vollzeitarbeitsverhältnis entsteht (*BAG* 13.11.1987 EzA § 78a BetrVG 1972 Nr. 19 S. 2 = AP Nr. 18 zu § 78a BetrVG 1972 Bl. 2 R = SAE 1989, 144 *[Natzel]*; bestätigt durch *BAG* 25.05.1988 AiB 1989, 81 und 24.07.1991 EzA § 78a BetrVG 1972 Nr. 21 S. 9 = AP Nr. 23 zu § 78a BetrVG 1972 Bl. 3 R; s. a. die Vorinstanzen zum Urteil vom 13.11.1987: *LAG Frankfurt a. M.* 06.01.1987 NZA 1987, 532, das unter einem Arbeitsverhältnis gemäß § 78a Abs. 2 sowohl ein Vollzeit- als auch ein Teilzeitarbeitsverhältnis verstehen wollte und die nähere Bestimmung im Einzelfall mit Hilfe der in § 78a Abs. 2 Satz 2 getroffenen Verweisung auf § 37 Abs. 4 und 5 vornehmen wollte; *ArbG Limburg* 09.07.1986 NZA 1986, 722: der arbeitgeber muss nach Abs. 4 einen Teilauflösungsantrag stellen; dazu auch *Jäger/Künzl* ZTR 2000, 346 [352]; *Künzl* BB 1986, 2404; abl. zur Rspr. des *BAG Bachner/DKKW* § 78a Rn. 57 f.; *Fitting* § 78a Rn. 47; *Jäger/Künzl* ZTR 2000, 346 [351]; zust. demgegenüber *Berkowsky/*MünchArbR § 137 Rn. 49; *Etzel* Rn. 1258; *Nicolai/HWGNRH* § 78a Rn. 36; *Richardi/Thüsing* § 78a Rn. 47; *Witt* AR-Blattei SD 530.13.1, Rn. 38). Jedenfalls muss ein Arbeitgeber, der sowohl einen Teilzeitarbeitsplatz als auch einen Vollzeitarbeitsplatz zur Verfügung hat, dem geschützten Auszubildenden grundsätzlich die Weiterbeschäftigung auf dem Vollzeitarbeitsplatz ermöglichen (*LAG Düsseldorf* 29.08.1986 NZA 1987, 34).

173 Hingegen muss der Arbeitgeber einen nach § 78a Geschützten auch auf freien Arbeitsplätzen nicht berücksichtigen, wenn **gesetzliche oder tarifliche Vorschriften dies nicht gestatten** (ebenso *BAG* 15.01.1980 EzA § 78a BetrVG 1972 Nr. 7 S. 35 *[Grunsky]* = AP Nr. 9 zu § 78a BetrVG 1972 Bl. 2 R = AR-Blattei Betriebsverfassung IX, Entsch. 48 *[Hanau]* = SAE 1980, 257 *[Misera]*; *BVerwG* 15.10.1985 DVBl. 1986, 358 [360]; *Dietz/Richardi* § 78a Rn. 32; *Etzel* Rn. 1259; *Grunsky* Anm. zu *BAG* 15.01.1980 EzA § 78a BetrVG 1972 Nr. 7, 8 und 9; *Künzl/APS* § 78a BetrVG Rn. 121; *Misera* SAE 1980, 260 [261]; *Pielsticker* Der Schutz in Ausbildung, S. 123 f.; *Weigand/KR* § 78a BetrVG Rn. 64). Unzumutbarkeit war (vor Inkrafttreten des ArbZG) z. B. gegeben, wenn der Arbeitgeber nur über einen Wechselschicht-Arbeitsplatz verfügen kann, auf dem Arbeitnehmerinnen wegen §§ 17 Abs. 2, 18 AZO nicht beschäftigt werden durften (*BAG* 15.01.1980 EzA § 78a BetrVG 1972 Nr. 7 S. 35 = AP Nr. 9 zu § 78a BetrVG 1972 Bl. 2 R = AR-Blattei Betriebsverfassung IX, Entsch. 48 *[Hanau]* = SAE 1980, 257 *[Misera]*). Unzumutbarkeit in diesem Sinne liegt auch dann vor, wenn der Arbeitgeber durch die konkreten Arbeitsbedingungen des »Arbeitsverhältnisses« gegen das Begünstigungsverbot (§ 78) verstoßen würde. Dies wäre der Fall, wenn der Arbeitgeber alle Auszubildenden in Teilzeitarbeitsverhältnisse übernimmt und lediglich der von § 78a Geschützte über die in Abs. 2 begründete Rechtsposition einen Vollzeitarbeitsplatz erhalten würde. Überzeugender ist in einem derartigen Fall jedoch eine dem Normzweck zum Durchbruch verhelfende Auslegung des Abs. 2 (s. Rdn. 157).

174 Da das nach Abs. 2 entstehende Arbeitsverhältnis einen Anspruch auf Beschäftigung im Ausbildungs**betrieb** begründet (s. Rdn. 111), ist dem Arbeitgeber die Weiterbeschäftigung mangels Erfüllbarkeit dieser Verpflichtung auch dann **unzumutbar**, wenn ein geeigneter freier Arbeitsplatz zwar in einem **anderen Betrieb des Unternehmens** zur Verfügung steht, nicht aber im Ausbildungsbetrieb (so auch *BAG* 15.11.2006 EzA § 78a BetrVG 2001 Nr. 3 Rn. 21 ff. *[Adam]* = AP Nr. 38 zu § 78a BetrVG 1972; *LAG Köln* 28.08.1996 LAGE § 78a BetrVG 1972 Nr. 14 S. 4; 04.09.1996 LAGE § 78a BetrVG 1972 Nr. 13 S. 6; ebenso *Gamillscheg* FS *Wiedemann*, S. 269 [278]; *Jäger/Künzl* ZTR 2000, 346 [304]; *Künzl/APS* § 78a BetrVG Rn. 104; *Opolony* BB 2003, 1329 [1335]; *Rieble/*AR § 78a BetrVG Rn. 6; *Waskow/*NK-GA § 78a BetrVG Rn. 35; *Weigand/*KR § 78a BetrVG Rn. 56; s. aber auch Rdn. 176).

175 Eine Gegenmeinung will den Bezug zwischen dem nach Abs. 2 entstehenden Arbeitsverhältnis und **seiner** Auflösung nach Abs. 4, den auch das *BAG* in st. Rspr. betont (zuletzt *BAG* 06.11.1996 EzA § 78a BetrVG 1972 Nr. 24 S. 4 f. *[Franzen]* = AP Nr. 26 zu § 78a BetrVG 1972 Bl. 2), nicht gelten lassen und für die Zumutbarkeitsprüfung nach Abs. 4 auch darauf abstellen, ob ein freier Arbeitsplatz in anderen Betrieben desselben Unternehmens vorhanden ist (*LAG Niedersachsen* 26.04.1996 LAGE § 78a BetrVG 1972 Nr. 9 S. 5 ff.; 10.04.1997 LAGE § 78a BetrVG 1972 Nr. 15 S. 4 ff.; *LAG Rheinland-Pfalz* 05.07.1996 LAGE § 78a BetrVG 1972 Nr. 15 S. 5 f.; *Fitting* § 78a Rn. 54; *Heigl* PersR 1997, 297; *Lorenz/*HaKo § 78a Rn. 34; *Richardi/Thüsing* § 78a Rn. 43); diese unternehmensbezogene Prü-

fung soll im Interesse des Individualschutzes (und unter Vernachlässigung des angeblich nachrangigen Schutzes der Amtskontinuität) schon dann greifen, wenn der Ausgebildete eine Weiterbeschäftigung außerhalb des Ausbildungsbetriebs »nicht abgelehnt« hat (*LAG Niedersachsen* 10.04.1997 LAGE § 78a BetrVG 1972 Nr. 15 S. 4).

Nach billigenswerter Rspr. des *BAG* (06.11.1996 EzA § 78a BetrVG 1972 Nr. 24 S. 5 *[Franzen]* = AP Nr. 26 zu § 78a BetrVG 1972 Bl. 2 R; bestätigt durch *BAG* 15.11.2006 EzA § 78a BetrVG 2001 Nr. 3 Rn. 42 *[Adam]* = AP Nr. 38 zu § 78a BetrVG 1972; 16.07.2008 EzA § 78a BetrVG 2001 Nr. 4 Rn. 29 = AP Nr. 50 zu § 78a BetrVG 1972 = SAE 2009, 189 *[Werhahn]*) ist dem Arbeitgeber die **Weiterbeschäftigung in den oben** (Rdn. 123 bis 169) **behandelten Fallgruppen ausnahmsweise nicht unzumutbar**, wenn der Auszubildende noch vor Beendigung des Berufsausbildungsverhältnisses angeboten hat, notfalls auch zu anderen als den sich aus Abs. 2 ergebenden Arbeitsbedingungen weiterbeschäftigt werden zu wollen (s. Rdn. 83 f.), der Arbeitgeber aber zu Unrecht die Möglichkeit und Zumutbarkeit einer solchen Beschäftigung verneint hat. Mit dieser Konzeption wird beachtet, dass nach Abs. 4 nur über die Auflösung des nach Abs. 2 entstandenen Arbeitsverhältnisses zu entscheiden ist; gleichzeitig wird die Zumutbarkeit anderweitiger Beschäftigung teleologisch berücksichtigt, ohne insoweit das Konsensprinzip zu vernachlässigen. Der Auszubildende kann sich mit geringwertiger, befristeter oder Teilzeitbeschäftigung ebenso einverstanden erklären wie mit einer Beschäftigung in einem anderen Betrieb des Unternehmens; ein möglicher Amtsverlust (s. Rdn. 111) steht in Übereinstimmung mit der Wertung in Abs. 3.

176

Der Arbeitgeber muss in den vorgenannten Fällen ernsthaft prüfen, ob ihm die anderweitige Beschäftigung möglich und zumutbar ist; das fordert der Schutzzweck des § 78a, den er nicht vereiteln darf. Besteht eine anderweitige Beschäftigungsmöglichkeit, muss der Arbeitgeber insbesondere berücksichtigen, dass er nach dem Schutzzweck des § 78a den geschützten Auszubildenden **bevorzugt** (s. Rdn. 8) weiterzubeschäftigen hat (so auch *BAG* 06.11.1996 EzA § 78a BetrVG 1972 Nr. 24 S. 5 *[Franzen]* = AP Nr. 26 zu § 78a BetrVG 1972 Bl. 2 R sowie *BAG* 15.11.2006 EzA § 78a BetrVG 2001 Nr. 3 Rn. 42 *[Adam]* = AP Nr. 38 zu § 78a BetrVG 1972; 16.07.2008 EzA § 78a BetrVG 2001 Nr. 4 Rn. 24 = AP Nr. 50 zu § 78a BetrVG 1972 = SAE 2009, 189 *[Werhahn]*; 17.02.2010 EzA § 78a BetrVG 2001 Nr. 5 Rn. 31 = AP Nr. 53 zu § 78a BetrVG 1972), wenn er andere im Betrieb Ausgebildete desselben Prüfungsjahrgangs zu entsprechenden Bedingungen in ein Arbeitsverhältnis übernimmt. Das Gericht hat zu prüfen, ob dem Arbeitgeber Abwägungsfehler unterlaufen sind, wenn er das Abänderungsangebot nicht angenommen hat; ggf. darf das nach Abs. 2 entstandene (uneingeschränkte) Arbeitsverhältnis nicht aufgelöst werden. Wenn in dem Ausbildungsbetrieb eine ausbildungsgerechte Beschäftigung nicht möglich ist, obliegt es dem Arbeitgeber, die notwendige Änderung der Arbeitsbedingungen auf individualrechtlichem Wege durchzusetzen (*BAG* 15.11.2006 EzA § 78a BetrVG 2001 Nr. 3 Rn. 42 *[Adam]* = AP Nr. 38 zu § 78a BetrVG 1972; 16.07.2008 – 7 ABR 13/07 – juris).

177

2. Geltendmachung der Unzumutbarkeit

a) Allgemeines

Der Arbeitgeber kann die **Unzumutbarkeit der Weiterbeschäftigung nur im Verfahren nach Abs. 4 Satz 1 geltend machen** (s. a. *BAG* 13.11.1987 EzA § 78a BetrVG 1972 Nr. 19 S. 6 = AP Nr. 18 zu § 78a BetrVG 1972 Bl. 4 = SAE 1989, 144 *[Natzel]*; 25.05.1988 AiB 1989, 81), das fristgebunden (s. Rdn. 184 ff.) einzuleiten ist und unter den besonderen Verfahrensgarantien des **Beschlussverfahrens** (s. Rdn. 207 f.) unter Beteiligung insbesondere des Betriebsrats durchgeführt wird (Abs. 4 Satz 2). Einer vorherigen Beteiligung des Betriebsrats nach § 102 bedarf es nicht, weil das Arbeitsgericht die Entscheidung trifft und hierbei nach § 78a Abs. 4 Satz 2 auch der Betriebsrat zu beteiligen ist (*Künzl/APS* § 78a BetrVG Rn. 70).

178

Das Gesetz sieht das Verfahren nach Abs. 4 nur für den Fall vor, dass der Arbeitgeber geltend machen will, dass ihm die Weiterbeschäftigung nicht zugemutet werden kann. Dieser Einwand wird »gleichsam auf den Prüfstand eines Verfahrens nach Abs. 4 gestellt« (*BAG* 13.11.1987 EzA § 78a BetrVG 1972 Nr. 19 S. 6 = AP Nr. 18 zu § 78a BetrVG 1972 Bl. 4 = SAE 1989, 144 *[Natzel]*). Das Verfahren nach

179

Abs. 4 stellt insofern eine **prozessual eingekleidete »Härteklausel«** gegenüber der Rechtsfolgenanordnung in Abs. 2 dar, die die Umstände des Einzelfalles unberücksichtigt lässt.

180 Ist dagegen zwischen Arbeitgeber und (ehemaligen) Auszubildenden streitig, ob die Voraussetzungen für die Begründung eines Arbeitsverhältnisses nach Abs. 2 oder 3 vorliegen, dann kann dies durch Feststellungsklage (ggf. Leistungsklage) des Auszubildenden oder des Arbeitgebers im **Urteilsverfahren** geklärt werden, die nicht fristgebunden ist (s. Rdn. 116; ebenso *Auffarth* FS *Herschel*, S. 13 [17]; *Galperin/Löwisch* § 78a Rn. 17b; *Misera* SAE 1980, 260 [262]; *Pielsticker* Der Schutz in Ausbildung, S. 139). In diesem Verfahren kann der Arbeitgeber aber nicht mit dem Einwand gehört werden, ihm sei die Weiterbeschäftigung unzumutbar (ebenso im Ergebnis BAG 13.11.1987 EzA § 78a BetrVG 1972 Nr. 19 S. 1 [LS] = AP Nr. 18 zu § 78a BetrVG 1972 Bl. 1 [LS] = SAE 1989, 144 *[Natzel]*; 25.05.1988 AiB 1989, 81 (LS 2); 29.11.1989 EzA § 78a BetrVG 1972 Nr. 20 S. 15 *[Kraft/Raab]* = AP Nr. 20 zu § 78a BetrVG 1972 Bl. 6 R *[Berger-Delhey]* = SAE 1991, 373 *[Eich]*).

181 Umgekehrt muss der Arbeitgeber **im Verfahren nach Abs. 4 Satz 1** aber auch geltend machen können, dass die materiell-rechtlichen Voraussetzungen nach Abs. 2 oder 3 für das Entstehen eines Arbeitsverhältnisses nicht erfüllt sind. Denn das Bestehen eines Arbeitsverhältnisses ist für die Entscheidung im Verfahren nach Abs. 4 eine vorgreifliche Rechtsfrage. Das ergibt sich für die dem Arbeitgeberantrag stattgebende gerichtliche Gestaltungsentscheidung (s. dazu Rdn. 195 f., 202 f.) daraus, dass es ohne Arbeitsverhältnis nichts zu gestalten gibt. Wird der Arbeitgeberantrag dagegen rechtskräftig zurückgewiesen, so steht fest, dass die Weiterbeschäftigung zumutbar ist; dies klärt die Rechtsbeziehungen der Beteiligten für die Zukunft jedoch nur, wenn der Arbeitgeber zur Weiterbeschäftigung verpflichtet ist.

182 Demgegenüber überzeugt es nicht, wenn der *Siebte Senat* des *BAG* unter Aufgabe der früheren Rspr. des *Sechsten Senats* das Verfahren nach Abs. 4 strikt auf die als eilbedürftig erkannte Klärung der Zumutbarkeitsfrage beschränkt (*BAG* 29.11.1989 EzA § 78a BetrVG 1972 Nr. 20 S. 15 *[abl. insoweit Kraft/Raab]* = AP Nr. 20 zu § 78a BetrVG 1972 Bl. 6 R *[abl. Berger-Delhey]* = SAE 1991, 373 *[abl. Eich]* = PersR 1991, 104 *[zust. Dannenberg]*; abl. *Bengelsdorf* NZA 1991, 537; *Stege/Weinspach/Schiefer* § 78a Rn. 10d). Dadurch wird zudem der Arbeitgeber im Widerspruch zu den Gesichtspunkten der Verfahrenskonzentration und Prozessökonomie gezwungen, zwei verschiedene Verfahrenswege zu beschreiten, wenn er außer der Unzumutbarkeit der Weiterbeschäftigung auch geltend machen will, dass die Voraussetzungen für die Begründung eines Arbeitsverhältnisses nach Abs. 2 oder 3 nicht gegeben sind; denn mit diesem Vorbringen wird er nun auf das Urteilsverfahren verwiesen. Schließlich setzt sich der *Siebte Senat* des *BAG* insoweit in Widerspruch zur Rspr. des *6. Senats* des *BVerwG*, der im Verfahren nach § 9 Abs. 4 BPersVG (entspricht § 78a Abs. 4) nach wie vor die Voraussetzungen nach § 9 Abs. 2 und 3 BPersVG (entspricht § 78a Abs. 2 und 3) prüft (*BVerwG* 31.05.1990 AP Nr. 7 zu § 9 BPersVG Bl. 2 R; *BVerwG* 09.10.1996 AP Nr. 10 zu § 9 BPersVG Bl. 2 R), obwohl ansonsten die neue Rspr.-Konzeption des *Siebten Senats* zu § 78a derjenigen des *6. Senats* des *BVerwG* zu § 9 BPersVG folgt.

183 In Anlehnung an *Kraft/Raab* (BAG 29.11.1989 EzA § 78a BetrVG 1972 Nr. 20 S. 15) »erwägt« der *Siebte Senat* des *BAG* aber wieder (11.01.1995 EzA § 78a BetrVG 1972 Nr. 22 S. 4 *[insoweit zust. Schiefer]* = AP Nr. 24 zu § 78a BetrVG 1972 Bl. 2 = AR-Blattei ES 400 Nr. 85 *[Krause]*) eine Rechtsprechungsänderung in dem hier vertretenen Sinne (s. Rdn. 118 a. E.); im Beschluss vom 16.08.1995 (EzA § 78a BetrVG 1972 Nr. 23 S. 3 = AP Nr. 25 zu § 78a BetrVG 1972 Bl. 1 R) ist die Frage zwar nochmals offen geblieben, der *Siebte Senat* erkennt dort aber bereits an, dass die Auflösung eines Arbeitsverhältnisses vorgreiflich dessen Bestehen noch im Zeitpunkt der letzten mündlichen Verhandlung voraussetzt.

b) Antragsfrist

184 Das Gesetz räumt dem Arbeitgeber in Abs. 4 Satz 1 **alternierende Antragsrechte** auf Feststellung (dass ein Arbeitsverhältnis nicht begründet wird, Abs. 4 Satz 1 Nr. 1) und Auflösung (eines bereits nach Abs. 2 und 3 begründeten Arbeitsverhältnisses, Abs. 4 Satz 1 Nr. 2) ein und bestätigt damit, dass der Arbeitgeber die Unzumutbarkeit der Weiterbeschäftigung bereits vor Beendigung des Berufsausbildungsverhältnisses geltend machen kann, aber auch noch danach, wenn nach Abs. 2 bereits ein Arbeitsverhältnis auf unbestimmte Zeit als begründet gilt. In diesem Fall muss der Arbeitgeber aber

spätestens bis zum Ablauf von zwei Wochen nach Beendigung des Berufsausbildungsverhältnisses beim Arbeitsgericht die Auflösung beantragen. Die Antragsfrist hat für den Feststellungsantrag nach Abs. 4 Satz 1 Nr. 1 keine Bedeutung, weil dieser Antrag nach Beendigung des Berufsausbildungsverhältnisses nicht mehr gestellt werden kann (s. Rdn. 192).

Der Auflösungsantrag muss binnen zwei Wochen gestellt werden. Die **Fristberechnung** richtet sich nach den §§ 187 ff. BGB (§§ 80 Abs. 2, 46 Abs. 2 ArbGG, § 222 ZPO). Die Frist beginnt mit der Beendigung des Berufsausbildungsverhältnisses (s. dazu näher Rdn. 60, 87), wobei der Tag, an dem der Auszubildende die Abschlussprüfung bestanden hat oder die Ausbildungszeit abgelaufen ist, nicht mitzurechnen ist (§ 187 Abs. 1 BGB). Danach endet die Frist mit Ablauf des Tages der zweiten Woche, der dem Wochentag entspricht, an dem das Ausbildungsverhältnis endete (§ 188 Abs. 2 BGB). Sollte dieser Tag ein Sonnabend, ein Sonntag oder ein staatlich anerkannter Feiertag sein, so tritt an seine Stelle der nächste Werktag (§ 193 BGB). 185

Maßgebend für die Wahrung der Frist ist der **Eingang** des Antrags **beim Arbeitsgericht** (*Fitting* § 78a Rn. 37 a.E). Dieser ist dem Arbeitnehmer zwar zuzustellen (§ 80 Abs. 2 ArbGG i. V. m. § 46 Abs. 2 ArbGG i. V. m. § 271 Abs. 1 ZPO); für die Fristwahrung ist der Zeitpunkt der Zustellung aber bedeutungslos, da § 78a Abs. 4 Satz 1 die Ausschlussfrist ausdrücklich mit einem an das Arbeitsgericht gerichteten Antrag verknüpft. Die Rückwirkungsfiktion des § 167 ZPO ist deshalb für die Fristwahrung nicht einschlägig (**a. M.** *Richardi/Thüsing* § 78a Rn. 39 [allerdings noch mit seit langem überholten Verweis auf § 270 Abs. 3 ZPO a. F.]; *Waskow*/NK-GA § 78a BetrVG Rn. 43 sowie auch noch hier in der 9. Aufl. Rn. 163), da diese nur eingreift, wenn eine Frist durch die Zustellung gewahrt werden soll, auf die es jedoch im Rahmen von § 78a Abs. 4 Satz 1 nicht ankommt. 186

Während dem Arbeitgeber das Ende der Ausbildungszeit, die sich aus den staatlichen Ausbildungsordnungen ergibt (s. § 5 Abs. 1 Nr. 2 BBiG), bekannt ist, bereitet die Fristberechnung Schwierigkeiten, wenn die **bestandene Abschlussprüfung** maßgeblich ist, da § 21 Abs. 2 BBiG für das Ende des Berufsausbildungsverhältnisses auf die Bekanntgabe des Ergebnisses durch den Prüfungsausschuss abstellt. Hierfür genügt es, wenn das Ergebnis dem Auszubildenden (Prüfungsteilnehmer) von dem Prüfungsausschuss mitgeteilt wird (dazu *Leinemann/Taubert* BBiG, § 21 Rn. 17); die Kenntnis des Ausbildenden ist für die vorzeitige Beendigung des Berufsausbildungsverhältnisses nicht erforderlich (*Biebl/APS* § 21 BBiG Rn. 13). Dies kann zu dem auch bei § 24 BBiG bekannten Problem führen, ob die Frist des § 78a stets am Tag nach der bestandenen Abschlussprüfung zu laufen beginnt oder hierfür die Kenntnis des Arbeitgebers hinzukommen muss. Dies ist zu bejahen (ebenso zu § 24 BBiG *Biebl/APS* § 24 BBiG Rn. 3; *Leinemann/Taubert* BBiG, § 24 Rn. 12 f.; *Weigand/*KR §§ 21–23 BBiG Rn. 24; hierzu neigend auch *BAG* 05.04.1984 EzB § 14 Abs. 2 BBiG 1969 Nr. 18). Allerdings kann sich der Arbeitgeber nicht darauf berufen, er habe erst zu einem späteren Zeitpunkt Kenntnis von der bestandenen Abschlussprüfung erlangt. Der Termin der Abschlussprüfung ist dem Arbeitgeber bekannt und § 37 Abs. 2 Satz 1 BBiG eröffnet ihm die Möglichkeit, das Ergebnis der Prüfung noch am Tage der Abschlussprüfung (inoffiziell) in Erfahrung zu bringen (s. *Leinemann/Taubert* BBiG, § 24 Rn. 14). Unterlässt er dies, so ist er nach § 162 Abs. 1 BGB so zu behandeln, als ob ihm das Ergebnis der Prüfung bekannt war (so mit Recht auch zu § 24 BBiG *BAG* 05.04.1984 EzB § 14 Abs. 2 BBiG 1969 Nr. 18; *Schlachter*/ErfK § 24 BBiG Rn. 3). Aufgrund dessen beginnt die Zwei-Wochen-Frist des § 78a Abs. 4 im Ergebnis stets nach § 187 Abs. 1 BGB am Tag nach der bestandenen Abschlussprüfung (zum Fristablauf s. Rdn. 185). Deshalb kann sich der Arbeitgeber für einen späteren Beginn der Frist nicht darauf berufen, er habe erst später von dem Prüfungsausschuss (inoffiziell) das Bestehen der Abschlussprüfung erfahren. 187

Nach verbreiteter Auffassung ist die Antragsfrist eine **materiell-rechtliche Ausschlussfrist**, weil der Arbeitgeber mit deren Ablauf sein (Gestaltungs-)Antragsrecht ohne Rücksicht auf ein Verschulden verliert (*Berkowsky*/MünchArbR § 137 Rn. 45; *Fitting* § 78a Rn. 38; *Galperin/Löwisch* § 78a Rn. 16; *Künzl/APS* § 78a BetrVG Rn. 139; *Matthes* NZA 1989, 916 [917]; *Preis/WPK* § 78a Rn. 18; *Richardi/Thüsing* § 78a Rn. 39; *Schäfer* AuR 1978, 202 [206]; *Thiele* Drittbearbeitung, § 78a Rn. 53; *Waskow*/NK-GA § 78a BetrVG Rn. 43; *Weigand/*KR § 78a BetrVG Rn. 47, 73). Gerade weil der Verlust des Antragsrechts die Folge der Fristversäumung ist, erscheint es demgegenüber richtig, in ihr eine **prozessuale Antragstellungsfrist** zu sehen (ebenso *Barwasser* DB 1976, 2114 [2115]; zust. *Nicolai/HWGNRH* § 78a Rn. 26; ebenso zu § 4 Satz 1 KSchG *BAG* 26.06.1986 EzA § 4 KSchG n. F. Nr. 25 188

= AP Nr. 14 zu § 4 KSchG 1969 im Anschluss an *Vollkommer* AcP Bd. 161 [1962], 332 ff.). § 78a Abs. 4 Satz 1 gibt dem Arbeitgeber nur befristet die Möglichkeit, durch Antragstellung beim Arbeitsgericht Rechtsschutz wegen der offenen materiellen Rechtslage zu begehren, ob ihm die Weiterbeschäftigung unzumutbar ist. Die Versäumung der Frist hat unmittelbar den Verlust des Antragsrechts zur Folge; zur materiellrechtlichen Frage, ob die Weiterbeschäftigung wirklich unzumutbar ist, äußert sich das Gesetz (anders als in § 7 KSchG) nicht. Ebenso wenig hat die Versäumung der Frist materiellrechtliche Auswirkungen auf das bereits kraft Ausübung des Gestaltungsrechts entstandene Arbeitsverhältnis. Anders als beim Streit um die Rechtsnatur der Dreiwochenfrist des § 4 Satz 1 KSchG ist es hier auch praktisch bedeutungslos, wenn der verspätete Antrag als unzulässig zurückgewiesen wird.

189 Ist die **Antragsfrist versäumt**, so ist das Arbeitsverhältnis des (ehemaligen) Auszubildenden endgültig wirksam, wenn die Voraussetzungen gemäß Abs. 2 und 3 vorliegen (darüber kann freilich, fristungebunden, im Urteilsverfahren [s. Rdn. 116] noch gestritten werden, z. B. indem der Arbeitgeber im Rahmen einer Feststellungsklage geltend macht, dass der Auszubildende nicht zum geschützten Personenkreis gehört oder das Weiterbeschäftigungsverlangen verspätet oder nicht schriftlich gestellt hat). Die Wirksamkeit des Arbeitsverhältnisses hat zur Folge, dass dieses nunmehr nur nach allgemeinen Grundsätzen beendet werden kann. Dabei ist der besondere Kündigungsschutz für betriebsverfassungsrechtliche Funktionsträger nach § 15 Abs. 1 KSchG, § 103 zu beachten, wenn der Ausgebildete, wie es dem Zweck des § 78a Abs. 2 entspricht, Mitglied des Betriebsverfassungsorgans bleibt, in das er gewählt worden ist. Ist das Arbeitsverhältnis allerdings kraft nachwirkenden Schutzes nach Abs. 3 begründet worden, so genießt das ehemalige Mitglied nachwirkenden Kündigungsschutz nach § 15 Abs. 1 Satz 2 KSchG nur bis zum Ablauf eines Jahres (bzw. wenn es Mitglied der Bordvertretung war, bis zum Ablauf von sechs Monaten) nach Beendigung seiner Amtszeit.

c) Feststellungs- und Auflösungsantrag

190 Der **Feststellungsantrag** nach Abs. 4 Satz 1 Nr. 1 kann **nur vor Beendigung** des Berufsausbildungsverhältnisses, **nicht** aber **nach** Eintritt der Fiktionswirkungen nach Abs. 2 gestellt werden (*BAG* 29.11.1989 EzA § 78a BetrVG 1972 Nr. 20 S. 6 *[Kraft/Raab]* = AP Nr. 20 zu § 78a BetrVG 1972 Bl. 3 *[Berger-Delhey]* = SAE 1991, 373 *[Eich]*; 24.07.1991 EzA § 78a BetrVG 1972 Nr. 22 S. 3 *[Schiefer]* = AP Nr. 24 zu § 78a BetrVG 1972 Bl. 2; *Thiele* Drittbearbeitung, § 78a Rn. 54; *Bachner/ DKKW* § 78a Rn. 35; *Fitting* § 78a Rn. 35; *Künzl/APS* § 78a BetrVG Rn. 138; *Richardi/Thüsing* § 78a Rn. 37; **a. M.** *Matthes* NZA 1989, 916 [917], der den Unterschied für die Behandlung beider Anträge nach Abs. 4 nicht im Zeitpunkt der Antragstellung sieht, sondern in unterschiedlichen Einwendungen des Arbeitgebers). Der Antrag auf Feststellung, dass ein Arbeitsverhältnis »nicht begründet wird«, wäre zu diesem Zeitpunkt durch die tatsächliche Rechtsentwicklung überholt und sinnlos; der Wortlaut, dem entnommen werden könnte, dass der Antrag noch »bis zum Ablauf von zwei Wochen nach Beendigung des Berufsausbildungsverhältnisses« gestellt werden kann, ist insoweit missglückt.

191 Der Feststellungsantrag kann auch gestellt werden, **bevor** der Auszubildende die Übernahme in ein Arbeitsverhältnis verlangt hat (ebenso *Galperin/Löwisch* § 78a Rn. 17a; *Künzl/APS* § 78a BetrVG Rn. 134; *Moritz* DB 1974, 1016 [1017]; *Natzel* Berufsbildungsrecht, S. 560; *Thiele* Drittbearbeitung, § 78a Rn. 54; *Weigand/KR* § 78a BetrVG Rn. 47; *Richardi/Thüsing* § 78a Rn. 37; einschränkend *Dietz/Richardi* § 78a Rn. 26, die das Rechtsschutzinteresse verneinen, wenn der Antrag nicht innerhalb der drei letzten Monate vor Beendigung des Ausbildungsverhältnisses gestellt wird; ebenso *Kaiser/LK* § 78a Rn. 16; **a. M.**, unzulässig wegen Fehlens des Rechtsschutzinteresses, *Bachner/DKKW* § 78a Rn. 33; *Fitting* § 78a Rn. 35; *Hayen* AiB 1982, 76 [77]; *Pielsticker* Der Schutz in Ausbildung, S. 140, außer, wenn der Auszubildende die Weiterbeschäftigung voraussichtlich verlangen wird; *Reinecke* DB 1981, 889 [890]; *Weiss/Weyand* § 78a Rn. 9; *Wiencke* Der Schutz Auszubildender, S. 138 f.; *Witt* AR-Blattei SD 530.13.1, Rn. 31; wohl auch *Matthes* NZA 1989, 916 [917]). Es muss dem Arbeitgeber möglich sein, von sich aus klare Verhältnisse zu schaffen, wenn er die Unzumutbarkeit der Weiterbeschäftigung schon zu einem entsprechend frühen Zeitpunkt darlegen kann; er hat ein schutzwertes Interesse an frühzeitiger Klärung, um vorausschauend über Arbeitsplätze disponieren zu können, aber auch, um zu vermeiden, dass überhaupt ein Arbeitsverhältnis zustande kommt, das dann nur durch gerichtliche Gestaltungsentscheidung mit Wirkung für die Zukunft wieder aufgelöst werden

kann (s. Rdn. 202 f.). Ansonsten könnte sich der Arbeitgeber u. U. veranlasst sehen, das Ausbildungsverhältnis nach § 22 Abs. 2 BBiG fristlos zu kündigen.

Wird **nach** Beendigung der Berufsausbildung ein Feststellungsantrag (nach Abs. 4 Satz 1 Nr. 1) gestellt, so ist dieser unzulässig. Er kann aber als Auflösungsantrag aufrechterhalten werden, wenn die Begründung diese Auslegung zulässt; ansonsten hat das Gericht nach § 139 ZPO auf eine Antragsänderung hinzuwirken. **192**

Beschließt das Gericht die beantragte Feststellung und wird der Beschluss **vor** Beendigung des Berufsausbildungsverhältnisses **rechtskräftig** (was aus Zeitgründen eher selten der Fall sein wird), so tritt die Fiktionswirkung nach Abs. 2 nicht ein, so dass ein Arbeitsverhältnis nicht begründet wird und der Auszubildende mit Beendigung des Berufsausbildungsverhältnisses aus dem Betrieb und der Arbeitnehmervertretung ausscheidet. Diese dem Feststellungsantrag nach Abs. 4 Satz 1 Nr. 1 stattgebende gerichtliche Entscheidung hat eine die bestehende Rechtslage lediglich feststellende, deklaratorische Bedeutung (so wohl auch Siebte Senat des *BAG* 29.11.1989 EzA § 78a BetrVG 1972 Nr. 20 S. 11 [*Kraft/Raab*] = AP Nr. 20 zu § 78a BetrVG 1972 Bl. 5 [*Berger-Delhey*] = SAE 1991, 373 [*Eich*]). Wird jedoch über den Feststellungsantrag bis zur Beendigung des Berufsausbildungsverhältnisses **nicht rechtskräftig** entschieden, so gilt beim Vorliegen der Voraussetzungen des § 78a Abs. 2 oder 3 ein Arbeitsverhältnis als begründet, das nur durch eine rechtskräftige gerichtliche Auflösungsentscheidung mit Wirkung für die Zukunft wieder beseitigt werden kann (s. näher Rdn. 202 f.). **193**

Hat der Arbeitgeber die falsche Verfahrensart gewählt und Feststellungs**klage** erhoben, obwohl er nur die Unzumutbarkeit der Weiterbeschäftigung geltend macht, so ist der Rechtsstreit (gem. § 48 Abs. 1 ArbGG, § 17a Abs. 2 Satz 1 GVG analog) nach Anhörung der Parteien **von Amts wegen** in die richtige Verfahrensart (Beschlussverfahren) zu verweisen (*Greiner/GWBG* ArbGG, § 81 Rn. 1; *Matthes/Schlewing/GMP* ArbGG, § 2a Rn. 96). **194**

Nur der Auflösungsantrag kommt in Betracht, wenn der Arbeitgeber **nach Beendigung** des Berufsausbildungsverhältnisses geltend machen will, dass ihm die Weiterbeschäftigung unzumutbar ist (ebenso *BAG* 29.11.1989 EzA § 78a BetrVG 1972 Nr. 20 S. 6 [*Kraft/Raab*] = AP Nr. 20 zu § 78a BetrVG 1972 Bl. 3 [*Berger-Delhey*] = SAE 1991, 373 [*Eich*]). Der Auflösungsantrag ist ein fristgebundener (s. Rdn. 184) **Gestaltungsantrag**; er zielt darauf, das durch Fiktion nach Abs. 2 und 3 (bei Vorliegen der dort genannten materiell-rechtlichen Voraussetzungen) begründete Arbeitsverhältnis durch gerichtliche Gestaltung zu beenden. Der Auflösungsantrag kann nicht vor Beendigung des Berufsausbildungsverhältnisses gestellt werden, auch dann nicht, wenn der Auszubildende innerhalb der letzten drei Monate vor dessen Beendigung bereits seine Weiterbeschäftigung verlangt hat (zust. *Künzl/APS* § 78a BetrVG Rn. 136; **a. M.** *Matthes* NZA 1989, 916 [918]); insoweit kommt nur der Feststellungsantrag in Betracht. **195**

Spricht das Gericht die Auflösung aus, so **endet** das Arbeitsverhältnis **mit Rechtskraft des Beschlusses**; die Entscheidung entfaltet keine rückwirkende Kraft (BT-Drucks. 7/1334, S. 3; ebenso *BAG* 15.01.1980 EzA § 78a BetrVG 1972 Nr. 7 S. 38 [*Grunsky*] = AP Nr. 9 zu § 78a BetrVG 1972 Bl. 3 R = AR-Blattei Betriebsverfassung IX, Entsch. 48 [*Hanau*] = SAE 1980, 257 [*Misera*]; vgl. auch *Siebte Senat* 29.11.1989 EzA § 78a BetrVG 1972 Nr. 20 S. 7 f. [*Kraft/Raab*] = AP Nr. 20 zu § 78a BetrVG 1972 Bl. 3 R [*Berger-Delhey*] = SAE 1991, 373 [*Eich*], der insoweit die frühere Rspr. des *Sechsten Senats* bestätigt; ebenso *BAG* 11.01.1995 EzA § 78a BetrVG 1972 Nr. 22 S. 3 [*Schiefer*] = AP Nr. 24 zu § 78a BetrVG 1972 Bl. 2; 16.08.1995 EzA § 78a BetrVG 1972 Nr. 23 S. 3 [*Schiefer*] = AP Nr. 25 zu § 78a BetrVG 1972 Bl. 1 R sowie zuletzt *BAG* 24.08.2016 EzA § 4 TVG Ausschlussfristen Nr. 215 Rn. 15, 49 = AP Nr. 149 zu § 615 BGB = NZA-RR 2017, 76; ebenso im Schrifttum *Auffarth* FS *Herschel*, S. 13 [20] m. w. N.; *Etzel* Rn. 1263; *Fitting* § 78a Rn. 39; *Gamillscheg* II, § 45, 2f [2]; *Rieble/AR* § 78a BetrVG Rn. 10; *Sittard/HWK* § 78a BetrVG Rn. 4; *Waskow*/NK-GA § 78a BetrVG Rn. 40; *Weigand/KR* § 78a BetrVG Rn. 40; *Witt* AR-Blattei SD 530.13.1, Rn. 29). Bis dahin besteht ein **Entgelt- und Beschäftigungsanspruch** (ebenso *BAG* 14.05.1987 EzA § 78a BetrVG 1972 Nr. 18 S. 134 = AP Nr. 4 zu § 9 BPersVG [*Grunsky*]; 11.01.1995 EzA § 78a BetrVG 1972 Nr. 22 S. 2 [*Schiefer*] = AP Nr. 24 zu § 78a BetrVG 1972 = AR-Blattei ES 400 Nr. 85 [*Krause*]; *Dietz/Richardi* § 78a Rn. 38; *Galperin/Löwisch* § 78a Rn. 16; *Pielsticker* Der Schutz in Ausbildung, S. 132), so dass sich der Arbeitgeber im **Annahmeverzug** befindet, wenn er die ihm angebotene Arbeitsleistung während **196** des Beschlussverfahrens nicht annimmt (s. *BAG* 24.08.2016 EzA § 4 TVG Ausschlussfristen Nr. 215 Rn. 49 = AP Nr. 149 zu § 615 BGB = NZA-RR 2017, 76 sowie zum Angebot des Arbeitnehmers Rn. 20 ff.; ferner hier Rdn. 205 f.). Ob in dieser Konstellation die Voraussetzungen eines allgemeinen Weiterbeschäftigtenanspruches in einem vom Arbeitgeber geführten Kündigungsschutz vorliegen, ist wegen der *ex-nunc*-Wirkung der rechtskräftigen arbeitsgerichtlichen Entscheidung ohne Bedeutung (**a. M.** *Sittard/HWK* § 78a BetrVG Rn. 4 a. E.). Wegen der *ex-nunc*-Wirkung einer gerichtlichen Auflösung des Arbeitsverhältnisses können bis zum Eintritt der Rechtskraft auch alle etwaigen **Mitgliedschaftsrechte** in Betriebsverfassungsorganen uneingeschränkt wahrgenommen werden.

197 Dem Auflösungsantrag darf jedoch nur dann stattgegeben werden, wenn das Gericht die vorgreifliche Rechtsfrage nach dem Vorliegen der Voraussetzungen für das Zustandekommen eines Arbeitsverhältnisses nach Abs. 2 oder 3 bejaht. Ist das nicht der Fall, dann ist nichts aufzulösen (s. Rdn. 181), selbst wenn die Unzumutbarkeit der Weiterbeschäftigung zur Überzeugung des Gerichts feststeht. Vielmehr ist festzustellen, dass ein Arbeitsverhältnis zwischen den Beteiligten nicht zustande gekommen ist, **wenn** der Arbeitgeber dies hilfsweise zu dem fristgebundenen Auflösungsvertrag beantragt hat; ein solcher Hilfsantrag ist im Beschlussverfahren als zulässig anzusehen (*BVerwG* 09.10.1996 AP Nr. 11 zu § 9 BPersVG Bl. 3; die gegenteilige, noch nicht aufgegebene Ansicht des Siebten Senats des *BAG* überzeugt nicht; s. Rdn. 181, 118 a. E.). Andernfalls ist nur der Auflösungsantrag mit der Begründung zurückzuweisen, dass ein Arbeitsverhältnis, das aufgelöst werden könnte, nicht begründet worden ist (so auch *BVerwG* 22.04.1987 PersR 1987, 189 [190]). Der Arbeitgeber verliert dann das Verfahren, weil er nicht den richtigen Hilfsantrag gestellt hat. Denn der Auflösungsantrag kann selbst dann, wenn der Arbeitgeber auch das Nichtzustandekommen eines Arbeitsverhältnisses geltend macht, nicht dahin ausgelegt werden, dass er hilfsweise den Feststellungsantrag umfasst. Da die Rechtskraftwirkung die Gründe nicht erfasst, kann dann rechtskräftig erst auf Klage im Urteilsverfahren festgestellt werden, ob ein Arbeitsverhältnis nach Abs. 2 oder 3 begründet worden ist oder nicht (s. Rdn. 89).

198 Wird der **Auflösungsantrag abgewiesen**, weil dem Arbeitgeber die Weiterbeschäftigung zumutbar ist, so bleibt das gemäß Abs. 2 oder 3 begründete Arbeitsverhältnis bestehen. Rechtskräftig kann dies im Verfahren nach Abs. 4 jedoch nur dann festgestellt werden, wenn der Arbeitgeber hilfsweise zum Auflösungsantrag den negativen Feststellungsantrag gestellt hat und dieser ebenfalls abgewiesen wird.

199 Streitig ist, welche Rechtsfolge eintritt, wenn der Arbeitgeber vor Beendigung des Berufsausbildungsverhältnisses einen Feststellungsantrag nach Abs. 4 Satz 1 Nr. 1 gestellt hat, dann aber das Berufsausbildungsverhältnis endet, **ohne dass über den Feststellungsantrag bereits rechtskräftig entschieden ist**. Damit ist zugleich das Verhältnis von Feststellungs- und Auflösungsantrag nach Abs. 4 Satz 1 Nr. 1 und 2 im Streit.

200 Nach der vom **zunächst zuständigen** *Sechste Senat* des *BAG* entwickelten Auffassung sollten beide Antragsalternativen unterschiedliche Streitgegenstände betreffen, von unterschiedlicher Bedeutung und Tragweite sein (*BAG* 16.01.1979 EzA § 78a BetrVG 1972 Nr. 5 S. 21 = AP Nr. 5 zu § 78a BetrVG 1972 Bl. 1 R [*Schwedes*] = SAE 1979, 281 [*Reuter*]; 15.01.1980 EzA § 78a BetrVG 1972 Nr. 7 S. 33 [*Grunsky*] = AP Nr. 9 zu § 78a BetrVG 1972 Bl. 1 R = AR-Blattei Betriebsverfassung IX, Entsch. 48 [*Hanau*] = SAE 1980, 257 [*Misera*] und ausführlich *BAG* 14.05.1987 EzA § 78a BetrVG 1972 Nr. 18 S. 131 = AP Nr. 5 zu § 9 BPersVG Bl. 2). Danach wird nach Nr. 1 über das Entstehen eines Arbeitsverhältnisses gestritten; bei Nr. 2 geht es um die Auflösung des schon begründeten Arbeitsverhältnisses. Mit dem Feststellungsantrag macht der Arbeitgeber geltend, dass ein Arbeitsverhältnis nach Abs. 2 oder 3 zum Zeitpunkt der Beendigung des Berufsausbildungsverhältnisses als maßgeblichem Beurteilungszeitpunkt »nicht begründet wird«, weil ihm die Weiterbeschäftigung nicht zugemutet werden kann. Damit wird gleichsam die Unzumutbarkeit der Weiterbeschäftigung zu einem zusätzlichen, negativen Tatbestandsmerkmal von Abs. 2 und 3: Die Fiktionswirkung der Begründung eines Arbeitsverhältnisses kann nur eintreten, wenn dem Arbeitgeber die Weiterbeschäftigung nicht unzumutbar ist. Das Rechtsschutzbegehren ist darauf gerichtet, festzustellen, dass dies nicht der Fall ist. Nach dieser Konzeption **musste der Arbeitgeber nicht zum Auflösungsantrag** übergehen, wenn das Berufsausbildungsverhältnis endet, ja er konnte es nicht einmal, weil er sich sonst mit seinem Vorbringen zum Feststellungsantrag in Widerspruch gesetzt hätte. Der vor Beendigung des Berufsausbildungsverhältnisses gestellte Feststellungsantrag verhinderte mithin – jedenfalls bis zur rechtskräf-

tigen Abweisung des Feststellungsantrags – den Eintritt der Fiktionswirkung nach Abs. 2; hatte der Feststellungsantrag Erfolg, so stand fest, dass nach Abschluss der Ausbildung zu keiner Zeit ein Arbeitsverhältnis bestanden hat.

Im Schrifttum hat diese Rspr. z. T. **Zustimmung** (4. Aufl. § 78a Rn. 92; *Auffarth FS Herschel*, S. 13 [18 f.]; *Dietz/Richardi* § 78a Rn. 26; *Fitting/Auffarth/Kaiser/Heither* 15. Aufl., § 78a Rn. 8a; *Gnade/Kehrmann/Schneider/Blanke* 2. Aufl., § 78a Rn. 16; *Natzel* Berufsbildungsrecht, S. 561; *Schwedes* Anm. zu BAG 16.01.1979 AP Nr. 5 zu § 78a BetrVG 1972; *Thiele* Drittbearbeitung, § 78a Rn. 54; *Stege/Weinspach* 6. Aufl., § 78a Rn. 10), aber auch **Ablehnung** erfahren (*Galperin/Löwisch* § 78a Rn. 17a; *Grunsky* Anm. zu BAG 16.01.1979 EzA § 78a BetrVG 1972 Nr. 5 sowie Nr. 9; *Hayen* AiB 1982, 76 [77]; *Misera* SAE 1980, 260 [261]; ausführlich *Pielsticker* Der Schutz in Ausbildung, S. 132 ff.; *Reinecke* DB 1981, 889; *Strieder* BB 1983, 579 [581]; *Weigand/KR* 2. Aufl., § 78a Rn. 49; *Wiencke* Der Schutz Auszubildender, S. 133 ff.). Zu Folgeproblemen dieser Konzeption s. 4. Aufl. § 78a Rn. 93. **201**

Der nach der Geschäftsverteilung des *BAG* **nunmehr zuständige *Siebte Senat*** hat im Beschluss vom 29.11.1989 die Rechtsprechung des *Sechsten Senats* aufgegeben und entschieden, dass beim Vorliegen der Voraussetzungen nach Abs. 2 und 3 im Anschluss an das Berufsausbildungsverhältnis auch dann ein Arbeitsverhältnis zwischen dem ehemaligen Auszubildenden und dem Arbeitgeber begründet wird, wenn zum Zeitpunkt der Beendigung des Berufsausbildungsverhältnisses über einen Feststellungsantrag des Arbeitgebers nach Abs. 4 Satz 1 Nr. 1 noch nicht rechtskräftig entschieden ist. Der Feststellungsantrag soll sich dann **in einen Auflösungsantrag** nach Abs. 4 Satz 1 Nr. 2 **umwandeln**, ohne dass es einer förmlichen Antragsänderung bedarf (*BAG* 29.11.1989 EzA § 78a BetrVG 1972 Nr. 20, S. 6 ff. *[insoweit zust. Kraft/Raab]* = AP Nr. 20 zu § 78a BetrVG 1972 Bl. 3 ff. *[abl. Berger-Delhey]* = SAE 1991, 373 *[abl. Eich]* = PersR 1991, 104 *[zust. Dannenberg]*; LAG Hamm 11.01.2013 – 10 TaBV 5/12 – juris; **abl.** *Bengelsdorf* NZA 1991, 537; *Gamillscheg* FS Wiedemann, S. 269 [280 ff.]; *ders.* II, § 45, 2f [4]; *Stege/Weinspach/Schiefer* § 78a Rn. 10d; **zust.** *Bachner/DKKW* § 78a Rn. 34; *Berkowsky/MünchArbR* § 137 Rn. 46; *Fitting* § 78a Rn. 41; *Kaiser/LK* § 78a Rn. 15; *Künzl/APS* § 78a BetrVG Rn. 144; *Richardi/Thüsing* § 78a Rn. 37; *Waskow/NK-GA* § 78a BetrVG Rn. 40; *Weigand/KR* § 78a BetrVG Rn. 48; *Witt* AR-Blattei SD 530.13.1, Rn. 30; der *Siebte Senat* hat seine Rspr. bestätigt; vgl. *BAG* 24.07.1991 EzA § 78a BetrVG 1972 Nr. 21 S. 5 = AP Nr. 23 zu § 78a BetrVG 1972 Bl. 2 f.; 11.01.1995 EzA § 78a BetrVG 1972 Nr. 22 S. 3 *[krit. Schiefer]* = AP Nr. 24 zu § 78a BetrVG 1972 Bl. 1 R f. = AR-Blattei ES 400 Nr. 85 *[Krause]*). **202**

Dieser Ansicht ist im Wesentlichen zuzustimmen; ihre Eckpunkte sind stimmig: Zum einen entsteht nach der Schutzkonzeption des Gesetzes kraft Fiktion ein Arbeitsverhältnis schon dann, wenn die in Abs. 2 oder 3 genannten Voraussetzungen erfüllt sind, zeitlich gesehen also spätestens mit Beendigung des Berufsausbildungsverhältnisses. Bezogen auf diesen Zeitpunkt ist die Unterscheidung der beiden Antragsalternativen in Abs. 4 zunächst sinnvoll (s. Rdn. 190, 195) und bezogen auf den Zeitpunkt der Entscheidung des Gerichts durch entsprechende Tenorierung auch konsequent durchführbar. Mit der Beendigung des Berufsausbildungsverhältnisses fällt dieser Unterschied jedoch weg. Nunmehr zielen beide Anträge, mit denen der Arbeitgeber die Unzumutbarkeit der Weiterbeschäftigung geltend macht, gegenständlich übereinstimmend auf Abänderung der bestehenden Rechtslage. Dies kann nur durch gerichtliche Gestaltungsentscheidung erfolgen, die ihre Wirkung erst mit Rechtskraft für die Zukunft entfaltet. Für den Feststellungsantrag nach Abs. 4 Satz 1 Nr. 1 bedarf es in diesem Fall keiner förmlichen Antragsänderung; es bedarf entgegen der Ansicht des Siebten Senats aber auch nicht der Hilfsvorstellung, dass sich der Feststellungsantrag nach Nr. 1 in einen Auflösungsantrag nach Nr. 2 umwandelt. **203**

Es genügt, dass der Feststellungsbeschluss, der dem Feststellungsantrag stattgibt, im Tenor feststellt, dass das Arbeitsverhältnis mit Rechtskraft der Entscheidung endet. Hält das Gericht die Weiterbeschäftigung für zumutbar, so ist der Feststellungsantrag zurückzuweisen, wenn das Gericht die vorgreifliche Rechtsfrage nach dem Zustandekommen eines Arbeitsverhältnisses nach Abs. 2 oder 3 (s. Rdn. 181) bejaht. Ist das nicht der Fall, dann ist festzustellen, dass ein Arbeitsverhältnis zwischen den Beteiligten nicht begründet worden ist. Das ist mit § 308 ZPO vereinbar, weil der Feststellungsantrag (anders als der bloße Auflösungsantrag; s. Rdn. 196) auch dieses Begehren umfasst. Hat das Gericht bereits vor Beendigung des Berufsausbildungsverhältnisses dem Feststellungsantrag nach Abs. 4 Satz 1 Nr. 1 statt- **204** gegeben, wird diese Entscheidung aber erst nach dessen Beendigung rechtskräftig (andernfalls s. Rdn. 193), so führt diese Entscheidung erst mit dem Eintritt der Rechtskraft die Beendigung des Arbeitsverhältnisses herbei (so *BAG* 29.11.1989 EzA § 78a BetrVG 1972 Nr. 20 S. 11 *[Kraft/Raab]* = AP Nr. 20 zu § 78a BetrVG 1972 Bl. 7 *[Berger-Delhey]* = SAE 1991, 373 *[Eich]*).

205 Aus der ex nunc-Wirkung der rechtskräftigen Auflösung des Arbeitsverhältnisses (s. Rdn. 196) wird im Schrifttum z. T. ein bis zu diesem Zeitpunkt bestehender Annahmeverzug des Arbeitgebers (§ 615 BGB) angenommen und im Hinblick auf die Verpflichtung des Arbeitgebers zum Vollzug eines (wie später feststeht) unzumutbaren Arbeitsverhältnisses heftige Kritik geäußert (so wiederum *Gamillscheg* II, § 45, 2f [4]). Das *BAG* hat sich dieser Position nunmehr gleichwohl angeschlossen und bejaht einen Ausnahmeverzug des Arbeitgebers, wenn er während des Beschlussverfahrens die ihm angebotene Arbeitsleistung nicht annimmt (*BAG* 24.08.2016 EzA § 4 TVG Ausschlussfristen Nr. 215 Rn. 49 = AP Nr. 149 zu § 615 BGB = NZA-RR 2017, 76 sowie hier Rdn. 196).

206 Bereits die von der Kritik zugrunde gelegte Prämisse ist nicht zweifelsfrei, da aus der *ex nunc*-Wirkung der Entscheidung nicht zwingend folgt, dass der Arbeitgeber stets bis zur Rechtskraft der Entscheidung verpflichtet war, die angebotene Arbeitsleistung anzunehmen. Wenn die Weiterbeschäftigung tatsächlich (wie später festgestellt) für den Arbeitgeber unzumutbar, sprechen gute Gründe dafür, eine Pflicht zur Annahme der Arbeitsleistung nach § 242 BGB zu verneinen, da von ihm andernfalls eine unzumutbare Leistung verlangt würde. Allerdings wird ein derartiger Sonderfall nur dann in Betracht kommen, wenn eine Unzumutbarkeit i. S. d. § 626 Abs. 1 BGB vorliegt. Dies ist insbesondere in den Fällen anzunehmen, in denen der Arbeitgeber die Unzumutbarkeit i. S. des § 78a Abs. 4 auf betriebliche Gründe stützt. Führen diese nicht zugleich zur Unzumutbarkeit i. S. d. § 626 Abs. 1 BGB, gerät der Arbeitgeber zwar bei einer Ablehnung der Arbeitsleistung in Annahmeverzug (*LAG Köln* 31.03.2005 LAGE § 78a BetrVG 2001 Nr. 2 S. 4), der Arbeitgeber kann die wirtschaftlichen Folgen indes durch das Angebot einer anderweitigen Tätigkeit (§ 615 Satz 2 BGB) abmildern. Unabhängig davon verbleibt für den Arbeitgeber die Möglichkeit, mittels des einstweiligen Rechtsschutzes eine Entbindung von der tatsächlichen Weiterbeschäftigung zu erlangen (s. Rdn. 216). Der alleinige Hinweis auf die durch einen Annahmeverzug entstehenden wirtschaftlichen Belastungen reicht für deren Erlass jedoch nicht aus (*LAG Köln* 31.03.2005 LAGE § 78a BetrVG 2001 Nr. 2 S. 3 f.).

3. Verfahren

a) Verfahrensart

207 Über die Anträge des Arbeitgebers nach § 78a Abs. 4 Satz 1 ist **im arbeitsgerichtlichen Beschlussverfahren** zu entscheiden (§ 2a Abs. 1 Nr. 1, Abs. 2, §§ 80 ff. ArbGG). Die Frage war früher sehr umstritten, ist aber inzwischen im hier vertretenen Sinne entschieden, seit das *BAG* mit Urteil vom 05.04.1984 seine frühere Rechtsprechung, wonach im Urteilsverfahren zu entscheiden war, ausdrücklich aufgegeben hat (*BAG* 05.04.1984 EzA § 78a BetrVG 1972 Nr. 14 S. 94 = AP Nr. 13 zu § 78a BetrVG 1972 Bl. 1 f. mit ausführlichen Hinweisen zum früheren Streitstand; seither ständige Rechtsprechung, vgl. *BAG* 29.11.1989 EzA § 78a BetrVG 1972 Nr. 20 S. 5 *[Kraft/Raab]* = AP Nr. 20 zu § 78a BetrVG 1972 Bl. 2 R *[Berger-Delhey]* = SAE 1991, 373 *[Eich]*; 24.07.1991 EzA § 78a BetrVG 1972 Nr. 21 S. 5 = AP Nr. 23 zu § 78a BetrVG 1972 Bl. 2 f.; 16.08.1995 EzA § 78a BetrVG 1972 Nr. 23 S. 2 f. = AP Nr. 25 zu § 78a BetrVG 1972 Bl. 1 R; 06.11.1996 EzA § 78a BetrVG 1972 Nr. 24 S. 2 *[Franzen]* = AP Nr. 26 zu § 78a BetrVG 1972 Bl. 1 R; ebenso nach der »Wende« in der Rspr. *Bachner/DKKW* § 78a Rn. 48; *Berkowsky*/MünchArbR § 137 Rn. 53; *Etzel* Rn. 1206; *Fitting* § 78a Rn. 42; *Kaiser/LK* § 78a Rn. 15; *Kania*/ErfK § 78a BetrVG Rn. 11; *Pielsticker* Der Schutz in Ausbildung, S. 125 ff.; *Richardi/Thüsing* § 78a Rn. 49; *Schäfer* NZA 1985, 418 [419]; *Stege/Weinspach/Schiefer* § 78a Rn. 9; *Weigand/KR* § 78a BetrVG Rn. 76; *Witt* AR-Blattei SD 530.13.1, Rn. 47; früher insbesondere *LAG Niedersachsen* 30.04.1980 EzA § 78a BetrVG 1972 Nr. 10; *Dietz/Richardi* § 78a Rn. 34; *Herschel* DB 1976, 1285; *Moritz* DB 1974, 1016 [1018]; noch **a. M.** früher insbesondere *BAG* 03.02.1976 EzA § 78a BetrVG 1972 Nr. 3 = AP Nr. 2 zu § 78a BetrVG 1972; *Bulla* RdA 1978, 209 [213]; *Galperin/Löwisch* § 78a Rn. 18; *Grunsky* AuR 1976, 254 [256]).

Durchgesetzt hat sich damit eine am **Wortlaut** des Abs. 4 orientierte Auslegung. Dieser räumt dem 208
Arbeitgeber Antragsrechte, aber kein Klagerecht ein. Außerdem sind die in Abs. 4 Satz 2 genannten
betriebsverfassungsrechtlichen Organe in dem Verfahren »Beteiligte«; Beteiligte gibt es aber nur im
Beschlussverfahren. Im Urteilsverfahren lässt sich die gebotene Beteiligung rechtlich nicht verwirklichen. Insbesondere ist die Gleichsetzung mit Nebenintervenienten (so früher *BAG* 03.02.1976
EzA § 78a BetrVG 1972 Nr. 3 S. 11 = AP Nr. 2 zu § 78a BetrVG 1972 Bl. 2 R; *Thiele* Drittbearbeitung, § 78a Rn. 57) nicht möglich, weil die in §§ 66 ff. ZPO genannten Nebenintervenienten in keinem Merkmal mit den in
§§ 66 ff. ZPO genannten Nebenintervenienten übereinstimmen (so schon *Herschel* DB 1976, 1285
[1287]; *BAG* 05.04.1984 EzA § 78a BetrVG 1972 Nr. 14 S. 97 f. = AP Nr. 13 zu § 78a BetrVG
1972 Bl. 2 R). Aus der **Entstehungsgeschichte** spricht eindeutig für das Beschlussverfahren, dass
auch der Bericht des zuständigen Bundestags-Ausschusses (BT-Drucks. 7/1334, S. 3) vom »arbeitsgerichtlichen Beschlussverfahren« ausgeht. Auch die Streitgegenstände der Anträge nach Abs. 4 erfordern keine Korrektur am Wortlaut des Gesetzes aus **systematischen** Gründen. Der Streit um das Entstehen und Fortbestehen eines Arbeitsverhältnisses mit dem Auszubildenden steht in unmittelbarem
Zusammenhang mit dem Schutz des betriebsverfassungsrechtlichen Amtes; denn dessen Fortführung
ist mit dem Arbeitsverhältnis untrennbar verknüpft (§ 24 Nr. 3). Gerade auch die Sicherung der Amtskontinuität ist aber **Zweck** des § 78a; dies wird systematisch durch die Regelung im Anschluss an § 78
und die Tatsache unterstrichen, dass die Vorschrift nicht in das KSchG aufgenommen wurde (*BAG*
05.04.1984 EzA § 78a BetrVG 1972 Nr. 14 S. 95 f. = AP Nr. 13 zu § 78a BetrVG 1972 Bl. 1 R f.; *Auffarth* FS *Herschel*, S. 13 [14 f.]; *Herschel* DB 1976, 1285). Es handelt sich mithin um »Angelegenheiten
aus dem Betriebsverfassungsgesetz« (§ 2a Abs. 1 Nr. 1 ArbGG), für die das Beschlussverfahren gegeben
ist (§ 2a Abs. 2 ArbGG). Dem steht nicht entgegen, dass nach der zutreffenden Rechtsprechung des
BAG (05.04.2000 AP Nr. 33 zu § 78a BetrVG 1972 Bl. 2) der Arbeitgeber nicht die Anwaltskosten
zu tragen hat, die dem geschützten Auszubildenden im Verfahren nach Abs. 4 entstanden sind;
denn wie Abs. 4 Satz 2 zeigt, dient seine Beteiligung allein seinem individualrechtlichen Interesse.

In dem Verfahren ist **immer der Betriebsrat beteiligt** (bzw. die Bordvertretung oder der See- 209
betriebsrat); ist ein Mitglied der Jugend- und Auszubildendenvertretung betroffen, so ist **auch diese**
Beteiligte (Abs. 4 Satz 2; *BAG* 07.02.2010 EzA § 40 BetrVG 2001 Nr. 22 Rn. 16 = NZA 2012, 683).
Die Beteiligten sind zu hören (§ 83 Abs. 3 ArbGG); sie sollen das kollektive Interesse an der Kontinuität der Amtsführung in das Verfahren einbringen.

Der **Gegenstandswert** wird verbreitet in Anlehnung an die Wertung in § 42 Abs. 1 und 2 GKG nach 210
der zu Beginn des Arbeitsverhältnisses erzielbaren Vierteljahresvergütung bestimmt. Dieser Wert ist in
Abweichung von dem Regelwert (5.000 Euro) auch für die Wertfestsetzung nach § 23 Abs. 3 Satz 2
RVG maßgebend (*LAG Baden-Württemberg* 04.08.2011 – 5 Ta 90/11 – BeckRS 2011, 75098; *LAG
Hamburg* 26.10.2006 NZA-RR 2007, 154; *Thür. LAG* 20.03.2007 – 8 Ta 26/07 – BeckRS 2011,
66109).

b) Beurteilungszeitpunkt
Maßgebend für die Beurteilung der Zumutbarkeit der Weiterbeschäftigung ist sowohl beim Fest- 211
stellungs- als auch beim Auflösungsantrag **allein der Zeitpunkt, zu dem das Arbeitsverhältnis begründet werden soll**, also der Zeitpunkt der Beendigung des Berufsausbildungsverhältnisses. Dies
entspricht der ständigen Rechtsprechung des *BAG* (so seit *BAG* 16.01.1979 EzA § 78a BetrVG
1972 Nr. 5 S. 24 = AP Nr. 5 zu § 78a BetrVG 1972 Bl. 2 R *[Schwedes]* = SAE 1979, 281 *[Reuter]* sowie
nachfolgend z. B. *BAG* 06.11.1996 EzA § 78a BetrVG 1972 Nr. 24 S. 3 *[Franzen]* = AP Nr. 26 zu
§ 78a BetrVG 1972 Bl. 1 R; 12.11.1997 EzA § 78a BetrVG 1972 Nr. 25 S. 2 *[Schwarze]* = AP Nr. 30
zu § 78a BetrVG 1972 Bl. 1 R = SAE 1999, 1 *[Coester]*; 12.11.1997 EzA § 78a BetrVG 1972 Nr. 26
S. 2 *[Vollstädt]* = AP Nr. 31 zu § 78a BetrVG 1972 Bl. 1 R = SAE 1999, 6 *[Natzel]*; 17.02.2010 EzA
§ 78a BetrVG 2001 Nr. 5 Rn. 23 = AP Nr. 53 zu § 78a BetrVG 1972; 08.09.2010 EzA § 78a
BetrVG 2001 Nr. 6 Rn. 25 = AP Nr. 54 zu § 78a BetrVG 1972 = NZA 2011, 221; 15.12.2011 EzA § 78a
BetrVG 2001 Nr. 7 Rn. 44 = AP Nr. 55 zu § 78a BetrVG 1972 = NZA-RR 2012, 413 zu § 9 Abs. 4
BPersVG auch *BVerwG* 30.10.1987 BVerwGE 78, 223 [225]; 29.03.2006 NZA-RR 2006, 501 f.), der
die **Instanzgerichte** (*LAG Brandenburg* 18.03.1998 LAGE § 78a BetrVG 1972 Nr. 16; *LAG Hamm*
26.06.1996 LAGE § 78a BetrVG 1972 Nr. 10; *LAG Köln* 04.09.1996 LAGE § 78a BetrVG 1972

Nr. 13; *LAG Niedersachsen* 26.04.1996 LAGE § 78a BetrVG 1972 Nr. 9; 10.04.1997 LAGE § 78a BetrVG 1972 Nr. 15; *LAG Rheinland-Pfalz* 05.07.1996 LAGE § 78a BetrVG 1972 Nr. 12; *Thür. LAG* 27.03.1996 LAGE § 78a BetrVG 1972 Nr. 11) und das **Schrifttum** (*Etzel* Rn. 1260; *Gamillscheg* II, § 45, 2e [4]; *Künzl/APS* § 78a BetrVG Rn. 130; *Rieble*/AR § 78a BetrVG Rn. 5; *Stege/Weinspach/Schiefer* § 78a Rn. 14; *Waskow*/NK-GA § 78a BetrVG Rn. 44; *Weigand*/KR § 78a BetrVG Rn. 71) folgen. **Nicht maßgebend** ist deshalb der Zeitpunkt der **letzten mündlichen Verhandlung** in der Tatsacheninstanz (so für den Auflösungsantrag aber noch 4. Aufl., § 78a Rn. 96; *LAG Hamm* 30.03.1988 LAGE § 78a BetrVG 1972 Nr. 5; noch immer *Bachner/DKKW* § 78a Rn. 46; *Fitting* § 78a Rn. 44; *Pielsticker* Der Schutz in Ausbildung, S. 141; *Strieder* BB 1983, 579 [580]; *Witt* AR-Blattei SD 530.13.1, Rn. 44a).

212 Die pauschale Fixierung des Beurteilungszeitpunkts ist richtig, obwohl bei gerichtlichen Gestaltungsentscheidungen (zum Charakter als Gestaltungsbeschluss s. Rdn. 196, 203) grundsätzlich die Tatsachenlage im Zeitpunkt der letzten mündlichen Verhandlung zugrunde zu legen ist (*LAG Hamm* 30.03.1988 LAGE § 78a BetrVG 1972 Nr. 5). Die Ausnahme ergibt sich hier aber zwingend daraus, dass beide Antragsalternativen nach § 78a Abs. 4 darauf abzielen, den Arbeitgeber **im Anschluss an** das Berufsausbildungsverhältnis von einer Weiterbeschäftigung freizustellen, die ihm nicht zumutbar ist. Deshalb kann der maßgebliche Zeitpunkt für die Beurteilung der Zumutbarkeitsfrage nur der Zeitpunkt sein, zu dem das Berufsausbildungsverhältnis in ein Arbeitsverhältnis übergehen soll. Allerdings müssen ggf. auch bestimmte vor Ausbildungsende liegende Umstände berücksichtigt werden. So kann von dem Arbeitgeber unter den Rdn. 159 ff. dargelegten Voraussetzungen verlangt werden, eine freie Stelle für den Mandatsträger freizuhalten; vgl. auch zu den Fallgruppen der Rdn. 123 bis 169 die in Rdn. 176 aufgezeigten Konsequenzen, wenn der Auszubildende noch vor Beendigung des Berufsausbildungsverhältnisses dem Arbeitgeber angeboten hat, notfalls auch zu anderen als den sich aus Abs. 2 ergebenden Bedingungen weiterbeschäftigt werden zu wollen. Dagegen müssen geplante Einsparungsmaßnahmen, die erst künftig, wenn auch konkret absehbar, einen Wegfall von Arbeitsplätzen zur Folge haben werden, unberücksichtigt bleiben (*BAG* 16.08.1995 EzA § 78a BetrVG 1972 Nr. 23 S. 4 f. = AP Nr. 25 zu § 78a BetrVG 1972 Bl. 2).

c) Darlegungs- und Beweislast

213 Das Verfahren unterliegt der **Offizialmaxime**; das Gericht hat den Sachverhalt im Rahmen der gestellten Anträge **von Amts wegen zu erforschen** (§ 83 Abs. 1 Satz 1 ArbGG). Der Arbeitgeber muss aber gemäß § 83 Abs. 1 Satz 2 ArbGG an der Aufklärung des Sachverhalts mitwirken, indem er die Tatsachen **darlegt**, die sein Begehren begründen (*Greiner/GWBG* ArbGG, § 83 Rn. 4 m. w. N.).

214 Für die **Beweislast** gilt Entsprechendes. Hier hat der Arbeitgeber dem Gericht Anhaltspunkte zu geben, welcher Beweis zweckmäßigerweise erhoben werden soll (*Greiner/GWBG* ArbGG, § 83 Rn. 12). Ansonsten trägt der Arbeitgeber die Beweislast für die tatsächlichen Voraussetzungen der für ihn günstigen Rechtsnorm des Abs. 4 Satz 1. Demgemäß ist sein Antrag abzuweisen, wenn sich Tatsachen, die die Unzumutbarkeit der Weiterbeschäftigung begründen, nicht zur Überzeugung des Gerichts feststellen lassen.

d) Einstweiliger Rechtsschutz

215 Der Arbeitgeber kann **nicht** im Wege der **einstweiligen Verfügung** (§ 85 Abs. 2 ArbGG) feststellen lassen, dass ein Arbeitsverhältnis nicht begründet wird; ebenso kann er ein durch gesetzliche Fiktion begründetes Arbeitsverhältnis nicht durch einstweiligen Gerichtsentscheid auflösen lassen (ebenso *ArbG Wiesbaden* 11.01.1978 DB 1978, 797; *Bachner/DKKW* § 78a Rn. 53; *Fitting* § 78a Rn. 45; *Pielsticker* Der Schutz in Ausbildung, S. 146; *Preis/WPK* § 78a Rn. 29; *Reinecke* DB 1981, 889 [890]; *Schrader/HWK* § 78a BetrVG Rn. 55; *Waskow*/NK-GA § 78a BetrVG Rn. 49; *Weigand*/KR § 78a BetrVG Rn. 80; *Wiencke* Der Schutz Auszubildender, S. 185 f.). Dies ergibt sich für die Regelungsverfügung daraus, dass kein endgültiger Rechtszustand hergestellt werden darf, die Fiktionswirkung des § 78a Abs. 2 nach Beendigung des Berufsausbildungsverhältnisses aber nicht mehr eintreten könnte, wenn die einstweilige Verfügung aufgehoben wird.

Eine Leistungsverfügung kommt mangels Verfügungsgrunds nicht in Betracht, weil der Arbeitgeber 216
notfalls bereits mit einer **einstweiligen Verfügung die Entbindung von der Pflicht zur (tatsächlichen) Weiterbeschäftigung** des ehemaligen Mandatsträgers nach Beendigung des Berufsausbildungsverhältnisses bewirken kann (ebenso *LAG Köln* 31.03.2005 LAGE § 78a BetrVG 2001 Nr. 2 S. 2; *Fitting* § 78a Rn. 45; *Galperin/Löwisch* § 78a Rn. 19; *Houben* NZA 2006, 769 [772 f.]; *Pielsticker* Der Schutz in Ausbildung, S. 147 ff.; *Preis/WPK* § 78a Rn. 29; *Reinecke* DB 1981, 889 [890 f.]; *Weigand/KR* § 78a BetrVG Rn. 80; einschränkend *Bachner/DKKW* § 78a Rn. 53; **a. M.** ArbG Wiesbaden 11.01.1978 DB 1978, 797; *Becker-Schaffner* DB 1987, 2647 [2653]; *Moritz* DB 1974, 1016 [1018], weil der Gesetzgeber bewusst keine § 102 Abs. 5 Satz 2 entsprechende Regelung geschaffen habe). Allein der Umstand, dass der Arbeitgeber den von § 78a Geschützten nicht beschäftigen kann und deshalb in Annahmeverzug gerät, wird für den Erlass einer einstweiligen Verfügung in der Regel nicht ausreichen (s. *LAG Köln* 31.03.2005 LAGE § 78a BetrVG 2001 Nr. 2 S. 3 f.; *Houben* NZA 2006, 769 [773]).

Vielmehr sind die konkreten Aufwendungen wegen des Annahmeverzugs einschließlich einer etwaigen Anrechnung (§ 615 Satz 2 BGB) in ihrer Bedeutung zur wirtschaftlichen Gesamtsituation des Arbeitgebers sowie die Erfolgsaussichten des vom Arbeitgeber gestellten Antrages abzuwägen. Angesichts dessen wird eine Entbindung von der Pflicht zur Weiterbeschäftigung ohnehin nur bei einer offensichtlichen Begründetheit des Antrages oder bei einer unzumutbaren wirtschaftlichen Belastung in Betracht kommen. Bei einem Vergleich mit der Regelung in § 102 Abs. 5 Satz 2 ist dieser Maßstab sachgerecht, da das Interesse des durch § 78a Geschützten an der tatsächlichen Beschäftigung nicht geringer als im Rahmen von § 102 Abs. 5 gewichtet werden kann. Voraussetzung für den Erlass einer einstweiligen Verfügung ist allerdings stets, dass der von § 78a Geschützte seinen Anspruch auf tatsächliche Beschäftigung (s. Rdn. 99, 120) gegenüber dem Arbeitgeber geltend macht, andernfalls fehlt es an einem Verfügungsgrund für den einstweiligen Rechtsschutz (so mit Recht *LAG Köln* 31.03.2005 LAGE § 78a BetrVG 2001 Nr. 2 S. 4; zust. *Houben* NZA 2006, 769 [773]). 217

Wird der Arbeitgeber von der Weiterbeschäftigungspflicht aufgrund einstweiliger Verfügung entbunden, wirkt sich dies auf das Recht des Arbeitnehmers zur Wahrnehmung des Mandats nicht ohne Weiteres aus. Abgesehen von Fällen des Rechtsmissbrauchs darf der Arbeitnehmer den Betrieb zur Ausübung seines Amtes betreten (ebenso *Pielsticker* Der Schutz in Ausbildung, S. 149 m. w. N.; zust. *Fitting* § 78a Rn. 45). 218

§ 79
Geheimhaltungspflicht

(1) Die Mitglieder und Ersatzmitglieder des Betriebsrats sind verpflichtet, Betriebs- oder Geschäftsgeheimnisse, die ihnen wegen ihrer Zugehörigkeit zum Betriebsrat bekanntgeworden und vom Arbeitgeber ausdrücklich als geheimhaltungsbedürftig bezeichnet worden sind, nicht zu offenbaren und nicht zu verwerten. Dies gilt auch nach dem Ausscheiden aus dem Betriebsrat. Die Verpflichtung gilt nicht gegenüber Mitgliedern des Betriebsrats. Sie gilt ferner nicht gegenüber dem Gesamtbetriebsrat, dem Konzernbetriebsrat, der Bordvertretung, dem Seebetriebsrat und den Arbeitnehmervertretern im Aufsichtsrat sowie im Verfahren vor der Einigungsstelle, der tariflichen Schlichtungsstelle (§ 76 Abs. 8) oder einer betrieblichen Beschwerdestelle (§ 86).

(2) Absatz 1 gilt sinngemäß für die Mitglieder und Ersatzmitglieder des Gesamtbetriebsrats, des Konzernbetriebsrats, der Jugend- und Auszubildendenvertretung, der Gesamt-Jugend- und Auszubildendenvertretung, der Konzern-Jugend- und Auszubildendenvertretung, des Wirtschaftsausschusses, der Bordvertretung, des Seebetriebsrats, der gemäß § 3 Abs. 1 gebildeten Vertretungen der Arbeitnehmer, der Einigungsstelle, der tariflichen Schlichtungsstelle (§ 76 Abs. 8) und einer betrieblichen Beschwerdestelle (§ 86) sowie für die Vertreter von Gewerkschaften oder von Arbeitgebervereinigungen.

Literatur
I. Betriebsverfassungsrechtliche Geheimhaltungspflicht
Anders Die Informationsrechte des Wirtschaftsausschusses in einer Aktiengesellschaft, Diss. Köln 1979; *Auffarth* Allgemeine Vorschriften über die Zusammenarbeit von Betriebsrat und Arbeitgeber, AR-Blattei, Betriebsverfassung XIV A; *Bitzer* Organe und Geschäftsführung des Betriebsrats, BuV 1972, 125; *Blanke* Lohn- und Gehaltsdaten – Geheimhaltungspflicht des Betriebsrats?, AiB 1982, 6; *Bösche / Grimberg* Vorlage des Wirtschaftsprüferberichts im Wirtschaftsausschuß, AuR 1987, 133; *Brill* Die Einigungsstelle nach dem neuen Betriebsverfassungsgesetz, BB 1972, 178; *Bruder* Die Weitergabe von Insiderinformationen durch Arbeitnehmervertreter (Diss. München), 2007 (zit.: Insiderinformationen); *Buschmann* Entlassungspläne als Geschäftsgeheimnis iSd. § 79 BetrVG?, AuR 2015, 355; *Dütz* Betriebsverfassungsrechtliche Auskunftspflichten im Unternehmen, FS *Westermann*, 1974, S. 37; *Eich* Die Kommunikation des Betriebsrats mit der Belegschaft, DB 1978, 395; *Fangmann* Rechtsprobleme der Kommunikation in mitbestimmten Unternehmen, AuR 1980, 129; *Gaul* Inhalt und Umfang der Schweigepflicht des Betriebsrats, DB 1960, 1099; *Gronimus* Im Zielkonflikt zwischen Meinungsstreit und Loyalität – zur Schweigepflicht der Personalratsmitglieder, PersV 2016, 50; *Hartung* Muss der Wirtschaftsausschuß über die eingeplante Tariferhöhung unterrichtet werden?, DB 1975, 885; *Hitzfeld* Geheimnisschutz im Betriebsverfassungsrecht (Diss. Mannheim), 1990 (zit.: Geheimnisschutz); *von Hoyningen-Huene* Die Information der Belegschaft durch Aufsichtsrats- und Betriebsratsmitglieder, DB 1979, 2422; *Isele* Die Verschwiegenheitspflichten der Arbeitnehmervertreter in den Mitbestimmungsorganen der Unternehmen, FS *Kronstein*, 1967, S. 107; *Kraft* Der Informationsanspruch des Betriebsrats – Grundlagen, Grenzen und Übertragbarkeit, ZfA 1983, 171; *Lange / Schlegel* § 79 BetrVG – zwischen Pflichterfüllung und Geheimhaltung, ArbR 2015, 595; *Leube* Übermittlung der Niederschriften über Unfallschutzmaßnahmen an den Betriebsrat (§ 89 Abs. 4 BetrVG), DB 1973, 236; *Müller* Die Geheimhaltungspflicht des Betriebsrats und seiner (Ersatz-)Mitglieder nach § 79 Abs. 1 BetrVG, BB 2013, 2293; *Nagel* Die Verlagerung der Konflikte um die Unternehmensmitbestimmung auf das Informationsproblem, BB 1979, 1799; *Neumann-Duesberg* Die Schweigepflicht des Betriebsrates und des Personalrates, BB 1957, 715; *Oetker* Verschwiegenheitspflichten des Unternehmers als Schranke für die Unterrichtungspflichten gegenüber Wirtschaftsausschuss und Betriebsrat in wirtschaftlichen Angelegenheiten, FS *Wißmann*, 2005, S. 396; *Rengier* Zum strafprozessualen Zeugnisverweigerungsrecht des Betriebs- und Personalrats, BB 1980, 321; *Säcker* Informationsrechte der Betriebs- und Aufsichtsratsmitglieder, 1979 (zit.: Informationsrechte); *Schmidt* Keine Angst vor der Verschwiegenheitspflicht, AiB 1980, Heft 4, S. 2; *Schwipper* Öffentliche Meinungsäußerungen des Betriebsrats und seiner Mitglieder – Zulässigkeit und Grenzen (Diss. Osnabrück), 2012 (zit.: Öffentliche Meinungsäußerungen); *Simitis / Kreuder* Betriebsrat und Öffentlichkeit, NZA 1992, 1009; *Simon* Das Betriebsgeheimnis unter besonderer Berücksichtigung des Betriebsverfassungsgesetzes und des Gesetzes gegen den unlauteren Wettbewerb, Diss. Würzburg 1971 (zit.: Betriebsgeheimnis); *Stege* Die Geheimhaltungspflicht für Arbeitnehmer, Betriebsräte und Arbeitnehmervertreter in Aufsichtsräten, DB 1977, Beilage Nr. 8, S. 1; *Taeger* Die Offenbarung von Betriebs- und Geschäftsgeheimnissen (Diss. Hannover), 1988; *Vogt* Zur Vorlagepflicht von Unterlagen bei der Erteilung wirtschaftlicher Informationen an Wirtschaftsausschuß und Betriebsrat, BB 1978, 1125; *Weber* Die Schweigepflicht des Betriebsrats (Diss. Münster 1999), 2000 (zit.: Schweigepflicht); *Wienke* Aufsichtsrat – Verschwiegenheitspflicht, ArbGeb. 1977, 12; *Wiese* Zur Zusammenarbeit zwischen Betriebsrat und Arbeitnehmervertretern im Aufsichtsrat, FS *Ernst Wolf*, 1985, S. 685; *ders.* Sitzungen des Wirtschaftsausschusses und die Behandlung geheimhaltungsbedürftiger, vertraulicher sowie sonstiger Tatsachen, FS *Karl Molitor*, 1988, S. 365; *Winstel* Unterrichtung der Belegschaftsvertretung der Tochtergesellschaft im (grenzüberschreitenden) Aktienkonzern (Diss. Mannheim 2010), 2011 (zit.: Unterrichtung); *Wochner* Die Geheimhaltungspflicht nach § 79 BetrVG und ihr Verhältnis zum Privatrecht, insbesondere Arbeitsvertragsrecht, BB 1975, 1541; *Wolff* Die Schweigepflicht der Arbeitnehmervertreter, BB 1952, 118; *Zachert* Der Konflikt um Information im Betrieb: Das Grundrecht auf Information – ein Kündigungsgrund?, AiB 1983, 55; *Zeitlmann* Die Geheimhaltungspflicht der Betriebsräte, ArbuSozR 1972, 86; *Zetsche* Normaler Geschäftsgang und Verschwiegenheit als Kriterien für die Weitergabe transaktionsbezogener Insiderinformationen an Arbeitnehmer, NZG 2015, 817.

II. Allgemeiner Geheimnisschutz
Baranowski / Glaßl Anforderungen an den Geheimnisschutz nach der neuen EU-Richtlinie, BB 2016, 2563; *Bartenbach* Der Schutz von Betriebs- und Geschäftsgeheimnissen im Arbeitsleben, FS *Küttner*, 2006, S. 113; *Beyerbach* Die geheime Unternehmensinformation, 2012; *Bischoff* Schweigepflicht und Zeugnisverweigerungsrecht der Personalratsmitglieder, AuR 1963, 200; *Bissels / Schroeders / Ziegelmayer* Arbeitsrechtliche Auswirkungen der Geheimnisschutzrichtlinie, DB 2016, 2295; *Brammsen* »Durchlöcherter« Bestandsschutz – Wirtschaftsgeheimnisse im 21. Jahrhundert, ZIP 2016, 2193; *Bremer* Organisatorische Maßnahmen zur Wahrung von Geschäftsgeheimnissen, DB 1952, 798; *Buck-Heeb* Wissenszurechnung und Verschwiegenheitspflicht von Aufsichtsratsmitgliedern, WM 2016, 1469; *Dannecker* Der Schutz von Geschäfts- und Betriebsgeheimnissen, DB 1987, 1614; *Depenheuer* Zulässigkeit

und Grenzen der Verwertung von Unternehmensgeheimnissen durch den Arbeitnehmer, Diss. Köln 1995; *Dietz* Die Pflicht des ehemaligen Beschäftigten zur Verschwiegenheit über Betriebsgeheimnisse, FS *Hedemann*, 1938, S. 330; *Druey* Geheimsphäre des Unternehmens, 1977; *Ehmann* Informationsschutz und Informationsverkehr im Zivilrecht, AcP Bd. 188 (1988), 230; *ders.* Betriebsstillegung und Mitbestimmung – Informationszeitpunkt, Verfahrensdauer, Sanktionen, 1978; *Engländer/Zimmermann* Whistleblowing als strafbarer Verrat von Betriebs- und Geschäftsgeheimnissen?, NZWiSt. 2012, 328; *Eufinger* Arbeits- und strafrechtlicher Schutz von Whistleblowern im Kapitalmarktrecht, WM 2016, 2336; *ders.* EU-Geheimnisschutz-Richtlinie und Schutz von Whistleblowern, ZRP 2016, 229; *Fahlbusch* Informationsansprüche und Verschwiegenheitspflichten von Aufsichtsratsmitgliedern, GewUmschau 1988, Heft 6/7, S. 3; *Flore* Verschwiegenheitspflicht der Aufsichtsratsmitglieder, BB 1993, 133; *Gaul* Die nachvertragliche Geheimhaltungspflicht eines ausgeschiedenen Arbeitnehmers, NZA 1988, 225; *Gödde* Die nachvertragliche Verschwiegenheitspflicht des Arbeitnehmers, Diss. Bonn 1999; *Götz* Der Schutz von Betriebs- und Geschäftsgeheimnissen im Zivilverfahren (Diss. Regensburg), 2014; *Greßlein/Römermann* Arbeitsrechtliche Gestaltungsmöglichkeiten zum Schutz von betrieblichem Know-how, BB 2016, 1461; *Grimm* Die Verschwiegenheitspflicht, AR-Blattei SD 770, Geheimnisschutz im Arbeitsrecht; *ders.* Der erfolgreiche Schutz von Betriebs- und Geschäftsgeheimnissen, 1994; *Habersack* Verschwiegenheitspflicht und Wissenszurechnung, DB 2016, 1551; *Hengeler* Zum Beratungsgeheimnis im Aufsichtsrat einer Aktiengesellschaft, FS *Schilling*, 1973, S. 175; *Hensche* Rechte und Pflichten des Aufsichtsrats und seiner Mitglieder, MitbestGespr. 1971, 111; *Hueck, G.* Zur Verschwiegenheitspflicht der Arbeitnehmervertreter im Aufsichtsrat, RdA 1975, 35; *Kalbfus* Die neuere Rechtsprechung des BGH zum Schutz von Betriebs- und Geschäftsgeheimnissen, WRP 2013, 584; *ders.* Die EU-Geschäftsgeheimnis-Richtlinie, GRUR 2016, 1009; *Kittner* Unternehmensverfassung und Information – Die Schweigepflicht von Aufsichtsratsmitgliedern, ZHR Bd. 136 (1972), 208; *Klinkhammer/Rancke* Verschwiegenheitspflicht der Aufsichtsratsmitglieder, 1978; *Köstler/Schmidt* Interessenvertretung und Information, BB 1981, 88; *Kraßer* Grundlagen des zivilrechtlichen Schutzes von Geschäfts- und Betriebsgeheimnissen sowie von Know-how, GRUR 1977, 177; *Kreilich/Brummer* Reden ist Silber, Schweigen ist Gold – Geheimhaltungspflichten auch für die Arbeitnehmervertreter im Aufsichtsrat, BB 2012, 897; *Kunz* Betriebs- und Geschäftsgeheimnisse und Wettbewerbsverbot während der Dauer und bei Beendigung des Anstellungsverhältnisses, DB 1993, 2482; *Lutter* Information und Vertraulichkeit im Aufsichtsrat, 2. Aufl. 1984; *Maass* Information und Geheimnis im Zivilrecht (Diss. München), 1970; *Mertens* Zur Verschwiegenheitspflicht der Aufsichtsratsmitglieder, Die AG 1975, 235; *Meyer-Landrut* Verschwiegenheitspflicht der Aufsichtsratsmitglieder, ZGR 1976, 510; *Möhring* Betriebs- und Geschäftsgeheimnisse in wettbewerbs- und kartellrechtlicher Sicht, FS *Nipperdey* zum 70. Geburtstag, Bd. II, 1965, S. 415; *Monjau* Die Schweigepflicht des Arbeitnehmers, DB 1956, 232; *Mülbert/Sajnovits* Verschwiegenheitspflichten von Aufsichtsratsmitgliedern als Schranken der Wissenszurechnung, NJW 2016, 2540; *Nagel* Die Verlagerung der Konflikte um die Unternehmensmitbestimmung auf das Informationsproblem, BB 1979, 1799; *Nastelski* Der Schutz des Betriebsgeheimnisses, GRUR 1957, 1; *Oetker* Verschwiegenheitspflicht der Aufsichtsratsmitglieder und Kommikation im Aufsichtsrat, FS *Hopt*, Bd. I, 2010, S. 1091; *ders.* Neujustierung des arbeitsrechtlichen Schutzes von Geschäftsgeheimnissen vor Offenbarung durch das Unionsrecht, ZESAR 2017, 257; *Otto, H.* Verrat von Betriebs- und Geschäftsgeheimnissen, wistra 1988, 125; *Pfarr* Die Verschwiegenheitspflicht der Aufsichtsratsmitglieder, MitbestGespr. 1976, 51; *Pfister* Das technische Geheimnis »Know how« als Vermögensrecht, 1974; *Preis/Reinfeld* Schweigepflicht und Anzeigerecht im Arbeitsverhältnis, AuR 1989, 361; *Rauer/Eckert* Richtlinie zur Harmonisierung des Know-how-Schutzes in der EU, DB 2016, 1239; *Reinfeld* Verschwiegenheitspflicht und Geheimnisschutz im Arbeitsrecht, 1989 (zit.: Verschwiegenheitspflicht); *Richters/Wodtke* Schutz von Betriebsgeheimnissen aus Unternehmenssicht, NZA-RR 2003, 281; *Reufels/Pier* Vertraulichkeit im Arbeitsverhältnis, ArbR 2016, 57; *Rittner* Die Verschwiegenheitspflicht der Aufsichtsratsmitglieder nach BGHZ 64, 325, FS *Hefermehl*, 1976, S. 365; *Rützel* Illegale Unternehmensgeheimnisse?, GRUR 1995, 557; *Säcker* Vorkehrungen zum Schutz der gesetzlichen Verschwiegenheitspflicht und der gesellschaftsrechtlichen Treuepflicht, FS *Fischer*, 1979, S. 635; *Säcker/Oetker* Aktuelle Probleme der Verschwiegenheitspflicht der Aufsichtsratsmitglieder, NJW 1986, 803; *Schnabel* Rechtswidrige Praktiken als Betriebs- und Geschäftsgeheimnisse, CR 2016, 342; *Schuelper* Das Streikrecht und die Verschwiegenheitspflicht der Arbeitnehmervertreter im Aufsichtsrat einer Aktiengesellschaft nach dem Mitbestimmungsgesetz 1976, Diss. Hamburg 1981; *Spieker* Die Verschwiegenheitspflicht der Aufsichtsratsmitglieder, NJW 1965, 1937; *von Stebut* Geheimnisschutz und Verschwiegenheitspflicht im Aktienrecht (Diss. Hamburg), 1972; *Stadler* Geheimnisschutz im Zivilprozess aus deutscher Sicht, ZZP Bd. 123 (2010), 261; *Strobel* Verschwiegenheits- und Auskunftspflicht kommunaler Vertreter im Aufsichtsrat öffentlicher Unternehmen (Diss. Frankfurt a. M.), 2002; *Taeger* Die Offenbarung von Betriebs- und Geschäftsgeheimnissen, 1988; *Theisen* Die Verschwiegenheitspflicht der Aufsichtsratsmitglieder der mitbestimmten GmbH nach den Vorschriften im Gesellschaftsvertrag und Aufsichtsratsgeschäftsordnung, GmbHR 1979, 134; *Veith* Die Verschwiegenheitspflicht der Aufsichtsratsmitglieder, NJW 1966, 526; *Volhard* »Presseerklärungen« von Mitgliedern des Aufsichtsrats einer AG, GRUR 1980, 496; *Wawrzinek* Verrat von Geschäfts- und Betriebsgeheimnissen (Diss. Heidelberg 2009), 2010; *Weninger* Mitbestimmungsspezifische Interessenkonflikte von Arbeitnehmervertretern im Aufsichtsrat (Diss. Dresden 2010), 2011 (zit.: Interessenkonflikte); *Wessing/Hölters* Die Verschwiegenheitspflicht von Aufsichtsratsmitgliedern nach dem Inkrafttreten des Mitbestimmungsgesetzes, DB 1976, 1671.

Zum **Datenschutz** vgl. die Literatur zu § 83 unter II und III.

Inhaltsübersicht   Rdn.

I. Vorbemerkung   1–7
II. Zweck der Vorschrift   8–10
III. Voraussetzungen der Geheimhaltungspflicht   11–43
   1. Betriebs- und Geschäftsgeheimnisse   11–26
   2. Ausdrückliche Geheimhaltungserklärung   27–38
   3. Kenntniserlangung aufgrund der betriebsverfassungsrechtlichen Stellung   39–43
IV. Adressatenkreis   44–53
V. Inhalt und Umfang der Geheimhaltungspflicht   54, 55
VI. Dauer der Geheimhaltungspflicht   56, 57
VII. Ausnahmen von der Geheimhaltungspflicht   58–71
VIII. Rechtsfolgen bei Verletzung der Geheimhaltungspflicht   72–81
   1. Antrag nach § 23 Abs. 1   72, 73
   2. Schadenersatz   74, 75
   3. Unterlassung   76–78
   4. Außerordentliche Kündigung   79, 80
   5. Strafbarkeit nach § 120   81
IX. Sonstige betriebsverfassungsrechtliche Geheimhaltungspflichten   82–87
   1. Persönliche Verhältnisse und Angelegenheiten von Arbeitnehmern   82–84
   2. Geheimnisse des Betriebsrats   85–87
X. Allgemeiner Geheimnisschutz   88–98
   1. Arbeitsvertragliche Schweigepflicht   88–91
   2. Eingerichteter und ausgeübter Gewerbebetrieb   92
   3. Geheimnisschutz nach dem UWG   93
   4. Schutz von Insiderinformationen   94–96
   5. Schutz von Persönlichkeitsrechten   97
   6. Datengeheimnis   98
XI. Streitigkeiten   99–102

I. Vorbemerkung

1 Die Vorschrift knüpft an § 55 BetrVG 1952 an, der seinerseits die durch die §§ 71 Abs. 3, 100 BRG eingeleitete Entwicklung fortführte und den Geheimnisschutz auf eine im Vergleich zu § 71 Abs. 3 BRG breitere Grundlage stellte. § 79 erweitert jedoch die Schweigepflicht über den in § 55 und § 67 Abs. 2 Satz 2 BetrVG 1952 genannten Personenkreis hinaus auf die **Mitglieder** und **Ersatzmitglieder aller** betriebsverfassungsrechtlichen **Arbeitnehmervertretungen** und erfasst damit alle betriebsverfassungsrechtlichen Funktionsträger sowie die Vertreter von Gewerkschaften und Arbeitgebervereinigungen (§ 79 Abs. 2; s. aber auch Rdn. 44). Das BetrVerf-ReformG (Art. 1 Nr. 53) erweiterte den Kreis der zur Geheimhaltung verpflichteten Organe in Abs. 2 um die Konzern-Jugend- und Auszubildendenvertretung sowie durch Streichung der zuvor geltenden Einschränkung auf die in § 3 Abs. 1 Nr. 1 und 2 a. F. genannten Vertretungen auf alle gemäß § 3 Abs. 1 gebildeten Vertretungen der Arbeitnehmer (s. Rdn. 49).

2 Die Geheimhaltungspflicht beschränkt § 79 ausdrücklich auf »Betriebs- und Geschäftsgeheimnisse«. Die noch in § 55 Abs. 1 Satz 1 BetrVG 1952 und zuvor in § 71 Abs. 3 BRG einbezogenen »**vertraulichen Angaben**« werden – anders als in § 93 Abs. 1 Satz 3 AktG (s. Rdn. 53) – nicht mehr erfasst (*Reg. Begr.* BT-Drucks. VI/1786, S. 47 sowie Rdn. 34). Sie bleibt hierdurch deutlich hinter der Parallelbestimmung im BPersVG zurück, die die Verschwiegenheitspflicht auf alle bekanntgewordenen Angelegenheiten und Tatsachen ausdehnt (s. § 10 Abs. 1 Satz 1 BPersVG; *Treber/RDW* § 10 Rn. 17 f.).

Neu ist die klarstellende Regelung des § 79 Abs. 1 Satz 4. Die Verschwiegenheitspflicht gilt danach 3 grundsätzlich nicht zwischen den verschiedenen betriebsverfassungsrechtlichen Institutionen und deren Mitgliedern (zur fehlenden Schweigepflicht zwischen Mitgliedern des Wirtschaftsausschusses und dem entsendenden Betriebsrat bzw. Gesamtbetriebsrat nach dem BetrVG 1952 s. *BAG* 09.11.1971 AP Nr. 1 zu § 67 BetrVG *[Fabricius]*). Zu den Einzelheiten s. Rdn. 60 ff. Zur Parallelproblematik bei der Kommunikation innerhalb des Aufsichtsrats *Oetker* FS *Hopt*, Bd. I, S. 1091 ff.

Die Vorschrift des § 79 wird durch **§ 35 Abs. 3 Nr. 4 EBRG** ergänzt, der die in § 35 Abs. 2 EBRG für 4 Mitglieder und Ersatzmitglieder des Europäischen Betriebsrats normierte und § 79 nachgebildete Geheimhaltungspflicht im Hinblick auf die »**örtlichen Arbeitnehmervertreter**« für entsprechend anwendbar erklärt (näher § 35 EBRG Rdn. 9 ff.). Erlangt der Betriebsrat bzw. eines seiner Mitglieder aufgrund der Berichterstattung des **Europäischen Betriebsrats** nach § 36 Abs. 1 EBRG Kenntnis über Betriebs- oder Geschäftsgeheimnisse, dann folgt die Geheimhaltungspflicht für die Mitglieder des Betriebsrats nicht aus § 79, sondern ausschließlich aus § 35 Abs. 3 Nr. 4 EBRG i. V. m. § 35 Abs. 2 EBRG (*Fitting* § 79 Rn. 9; *Richardi/Thüsing* § 79 Rn. 9). Eine Verletzung der hiernach bestehenden Geheimhaltungspflicht ist gemäß den §§ 43, 44 EBRG strafbewehrt. Entsprechendes gilt nach **§ 41 Abs. 4 Nr. 2 SEBG** für die **Arbeitnehmervertreter der SE**, ihrer Tochtergesellschaften und Betriebe, wenn der SE-Betriebsrat diese nach § 30 SEBG über Inhalt und Ergebnisse des Unterrichtungs- und Anhörungsverfahrens informiert. Auch in diesem Fall ergibt sich die Verschwiegenheitspflicht für den vom SE-Betriebsrat unterrichteten Betriebsrat nicht aus § 79, sondern ausschließlich aus § 41 Abs. 4 Nr. 2 SEBG i. V. m. § 41 Abs. 2 SEBG. Deren Verletzung stellt § 45 SEBG unter Strafe.

Zur Geheimhaltungspflicht der **Schwerbehindertenvertretung** s. § 179 Abs. 7 SGB IX (= § 96 5 Abs. 7 SGB IX a. F.; dazu *Raab* § 32 Rdn. 17).

Zum **Personalvertretungsrecht** § 10 BPersVG, für Mitglieder und Ersatzmitglieder des **Sprecher-** 6 **ausschusses** § 29 SprAuG.

Die Vorschrift des § 79 kreiert gemeinsam mit den in Rdn. 4 bis 6 aufgezählten Bestimmungen, die 7 durch zahlreiche weitere Regelungen ergänzt werden (z. B. §§ 93 Abs. 1 Satz 3, 116 Satz 1 AktG; ferner Rdn. 88 ff.), ein dichtes normatives Geflecht zum Schutz der Betriebs- und Geschäftsgeheimnisse vor Offenbarung und trägt hierdurch der Vorgabe in Art. 6 Abs. 1 der bis zum 09.06.2018 umzusetzenden **Richtlinie (EU) 2016/943** über den Schutz vertraulichen Know-hows und vertraulicher Geschäftsinformationen (Geschäftsgeheimnisse) vor rechtswidrigem Erwerb sowie rechtswidriger Nutzung und Offenlegung vom 08.06.2016 (**Geschäftsgeheimnis-Richtlinie**; ABl.EU Nr. L 157 v. 15.06.2016, S. 1) Rechnung, einen zivilrechtlichen Schutz vor rechtswidriger Offenlegung von Geschäftsgeheimnissen zu gewährleisten (allgemein dazu *Baranowski/Glaßl* BB 2016, 2563 ff.; *Bissels/Schroeders/Ziegelmayer* DB 2016, 2295 ff.; *Eufinger* ZRP 2016, 229 ff.; *Rauer/Eckert* DB 2016, 1239 ff.). Die Vorgaben der Richtlinie beeinflussen auch die inhaltliche Reichweite die durch § 79 zu gewährleistenden Schutzes der Betriebs- und Geschäftsgeheimnisse und zwingen jedenfalls mit Ablauf der Umsetzungsfrist zu Korrekturen bei der Auslegung des § 79 über das Vehikel einer unionsrechtskonformen Auslegung, da der durch § 79 zu gewährleistende Schutz nicht hinter den Vorgaben der Geschäftsgeheimnis-Richtlinie zurückbleiben darf. Unabhängig davon steht jedoch fest, dass der nach der Geschäftsgeheimnis-Richtlinie zu gewährleistende Schutz nicht die Beteiligungsrechte des Betriebsrats einschränkt, da die in diesem Rahmen erfolgte Offenbarung von Geschäftsgeheimnissen als ein »rechtmäßiger Erwerb« der Informationen zu bewerten ist (Art. 3 Abs. 1 lit. c RL [EU] 2016/943; ebenso im Ergebnis *Bissels/Schroeders/Ziegelmayer* DB 2016, 2295 [2297]).

II. Zweck der Vorschrift

Eine betriebsverfassungsrechtliche Pflicht zur Geheimhaltung von Betriebs- und Geschäftsgeheimnis- 8 sen ist notwendig, da die Funktionsträger aufgrund ihrer Amtsausübung, der ihnen zustehenden Informationsrechte und wegen des Grundsatzes der vertrauensvollen Zusammenarbeit (§ 2 Abs. 1) wesentlich besser über geheimhaltungsbedürftige Umstände unterrichtet sind, als sie es ohne ihre Tätigkeit wären (*Buschmann/DKKW* § 79 Rn. 1; *Fitting* § 79 Rn. 1; *Galperin/Löwisch* § 79 Rn. 1; *Gaul* DB 1960, 1099; *Hitzfeld* Geheimnisschutz, S. 59; *Isele* FS *Kronstein*, S. 107 [109]; *Joost/* MünchArbR § 220

Rn. 155; *Kania/* ErfK § 79 BetrVG Rn. 1; *Richardi/Thüsing* § 79 Rn. 1; *Sittard/HWK* § 79 BetrVG Rn. 1; *Stege* DB 1977, Beilage Nr. 8, S. 1 [3 f.]; *Schwipper* Öffentliche Meinungsäußerungen, S. 106 f.; *Waskow/* NK-GA § 79 BetrVG Rn. 1; *Weber* Schweigepflicht, S. 6 f.; *Wochner* BB 1975, 1541 [1543]).

9 Zweck der Geheimhaltung ist es daher, die aufgrund der Betriebs- und Geschäftsgeheimnisse bestehende **Wettbewerbslage gegenüber den anderen Mitbewerbern** zu sichern (*Buschmann/DKKW* § 79 Rn. 2; *Galperin/Löwisch* § 79 Rn. 1; *Joost/* MünchArbR § 220 Rn. 155; *Kania/* ErfK § 79 Rn. 1; *Lukes* Der betriebsverfassungsrechtliche Unterlassungsanspruch des Arbeitgebers gegen den Betriebsrat [Diss. Köln], 2016, S. 288 f.; *Monjau* DB 1956, 232; *Nicolai/HWGNRH* § 79 Rn. 1; *Preis/WPK* § 79 Rn. 1; *Richardi/Thüsing* § 79 Rn. 1; *Säcker* Informationsrechte, S. 14; *Stege* DB 1977, Beil. Nr. 8, S. 1 [2]; *Stege/Weinspach/Schiefer* § 79 Rn. 1a; *Waskow/* NK-GA § 79 BetrVG Rn. 1; *Weber* Schweigepflicht, S. 11 f.; *Wiese* FS *Karl Molitor*, S. 365 [379 f.]), damit zugleich der **Erhaltung von Arbeitsplätzen** zu dienen (*Hitzfeld* Geheimnisschutz, S. 34; *Monjau* DB 1956, 232; *Preis/WPK* § 79 Rn. 1; *Waskow/* NK-GA § 79 BetrVG Rn. 1; *Weber* Schweigepflicht, S. 13), aber auch das **Funktionieren der Tarifautonomie** zu gewährleisten (*Hitzfeld* Geheimnisschutz, S. 34; *Lukes* Der betriebsverfassungsrechtliche Unterlassungsanspruch des Arbeitgebers gegen den Betriebsrat [Diss. Köln], 2016, S. 290 f.; *Weber* Schweigepflicht, S. 13 f.). Allerdings wird in der Pflicht zur Geheimhaltung vereinzelt auch die Gefahr einer Behinderung wirksamer Interessenvertretung gesehen (*Buschmann/DKKW* § 79 Rn. 2, der deshalb eine restriktive Auslegung der Vorschrift fordert; i. d. S. auch *LAG Schleswig-Holstein* 20.05.2015 LAGE § 79 BetrVG 2001 Nr. 2 S. 14 ff. = NZA-RR 2016, 77; kritisch ebenfalls *Weiss/Weyand* § 79 Rn. 2: elitäres Mitbestimmungskonzept, das die Transparenz der Betriebsratsarbeit verhindert).

10 Einen darüber hinausgehenden **Schutz** der in § 79 aufgezählten **betriebsverfassungsrechtlichen Organe** bezweckt die Vorschrift nicht (*BAG* 17.10.1990 EzA § 40 BetrVG 1972 Nr. 65 S. 6 = AP Nr. 8 zu § 108 BetrVG 1972 Bl. 3). **Indirekt** dient sie jedoch auch dem **Interesse des Betriebsrats**. Wegen der Geheimhaltungspflicht ist es dem Arbeitgeber außerhalb des § 106 Abs. 2 verwehrt, die nach dem Gesetz geschuldete Unterrichtung des Betriebsrats unter Berufung auf ein Geheimhaltungsinteresse zu verweigern (*BAG* 30.01.1989 EzA § 80 BetrVG 1972 Nr. 34 S. 5 = AP Nr. 33 zu § 80 BetrVG 1972 Bl. 2 R; *Buschmann/DKKW* § 79 Rn. 1; *Joost/* MünchArbR § 220 Rn. 155; *Lukes* Der betriebsverfassungsrechtliche Unterlassungsanspruch des Arbeitgebers gegen den Betriebsrat [Diss. Köln], 2016, S. 289 f.; *Preis/WPK* § 79 Rn. 1; *Sittard/HWK* § 79 BetrVG Rn. 1; *Waskow/* NK-GA § 79 BetrVG Rn. 1; s. a. *BAG* 20.12.1988 EzA § 80 BetrVG 1972 Nr. 33 S. 9 = AP Nr. 5 zu § 92 ArbGG 1979 Bl. 4). Das gilt selbst dann, wenn der Arbeitgeber bzw. seine gesetzlichen Vertreter kraft Gesetzes oder Vertrages gegenüber Dritten zur Verschwiegenheit verpflichtet sind (näher *Oetker* FS *Wißmann*, S. 396 ff.). Wird der Arbeitgeber in diesen Fällen mit Ausnahme von § 106 Abs. 2 durch das BetrVG gleichwohl zur umfassenden Information gegenüber dem Betriebsrat verpflichtet, dann ist das nur vertretbar, wenn den Betriebsrat und seine Mitglieder ihrerseits eine Pflicht zur Geheimhaltung trifft (s. a. *Preis/WPK* § 79 Rn. 1; *Rieble/* AR § 79 BetrVG Rn. 1; wie hier für die Verschwiegenheitspflicht der Aufsichtsratsmitglieder *BGH* 26.04.2016 NJW 2016, 2569 Rn. 32).

III. Voraussetzungen der Geheimhaltungspflicht

1. Betriebs- und Geschäftsgeheimnisse

11 Betriebs- und Geschäftsgeheimnisse sind Tatsachen, Erkenntnisse und Unterlagen, die mit dem technischen Betrieb und seinen Abläufen oder mit der wirtschaftlichen Betätigung des Unternehmens im Zusammenhang stehen, nur einem begrenzten Personenkreis zugänglich und bekannt, also **nicht offenkundig** sind, nach dem bekundeten Willen des Arbeitgebers (Unternehmers) geheim gehalten werden sollen und an denen nach dem tradierten Begriffsverständnis ein **berechtigtes Geheimhaltungsinteresse** besteht.

12 Dieser **objektive (materielle) Geheimnisbegriff** deckt sich mit dem des § 17 UWG. Zum Begriff s. *RGZ* 149, 329 (332 f.); *BGH* 15.05.1955 AP Nr. 1 zu § 17 UnlWG Bl. 1 R; 01.07.1960 AP Nr. 6 zu § 17 UnlWG Bl. 4 R; 20.01.1981 AP Nr. 4 zu § 611 BGB Schweigepflicht Bl. 2; 07.11.2002 NJW-RR 2003, 618 [620] – Präzisionsmessgeräte; 27.04.2006 GRUR 2006, 1044 [1046] – Kunden-

Geheimhaltungspflicht § 79

datenprogramm; 13.12.2007 NZA-RR 2008, 421 [422]; 04.09.2013 NStZ 2014, 325 Rn. 21; *BAG* 13.02.1969 AP Nr. 3 zu § 611 BGB Schweigepflicht Bl. 4; 26.01.1987 EzA § 79 BetrVG 1972 Nr. 1 S. 4 = AP Nr. 2 zu § 79 BetrVG 1972 Bl. 3; 16.03.1982 AP Nr. 1 zu § 611 BGB Betriebsgeheimnis Bl. 4; 15.12.1987 AP Nr. 5 zu § 611 BGB Betriebsgeheimnis Bl. 4; *LAG Düsseldorf* 23.01.2015 LAGE § 79 BetrVG 2001 Nr. 1 S. 9f. = NZA-RR 2015, 299; *LAG Frankfurt a. M.* 01.06.1967 AP Nr. 2 zu § 611 BGB Schweigepflicht Bl. 1; *LAG Hamburg* 24.05.1988 DB 1989, 1295; *LAG Köln* 18.12.1987 LAGE § 611 BGB Betriebsgeheimnis Nr. 1 S. 3 ff.; *LAG Rheinland-Pfalz* 01.09.2016 – 5 Sa 139/16 – BeckRS 2016, 74588; *LAG Schleswig-Holstein* 04.03.2015 – 3 Sa 400/14 – BeckRS 2015, 68142; 20.05.2015 LAGE § 79 BetrVG 2001 Nr. 2 S. 9 f. = NZA-RR 2016, 77; *Buschmann/DKKW* § 79 Rn. 7; *Fitting* § 79 Rn. 3; *Gamillscheg* II, § 46, 7b (1); *Gaul* NZA 1988, 225 (227); *Grimm* AR-Blattei SD 770, Rn. 3 ff.; *Hensche* MitbestGespr. 1971, 111 (114 f.); *von Hoyningen-Huene* DB 1979, 2422 (2423); *G. Hueck* RdA 1975, 35 (38); *Isele* FS Kronstein, S. 107 (112); *Joost/MünchArbR* § 220 Rn. 156; *Kittner* ZHR Bd. 136 (1972), 208 (224 f.); *Kraßer* GRUR 1977, 177 (178 f.); *Nastelski* GRUR 1957, 1 (2); *Nicolai/HWGNRH* § 79 Rn. 3; *Nikisch* I, S. 454; *Preis/WPK* § 79 Rn. 2; *Richardi/Thüsing* § 79 Rn. 5; *Rieble/AR* § 79 BetrVG Rn. 2; *Säcker* Informationsrechte, S. 28; *Schnabel* CR 2016, 342 [343 f.]; *Stege* DB 1977, Beil. Nr. 8, S. 1 f.; *Waskow/NK-GA* § 79 BetrVG Rn. 4 f.; *Weber* Schweigepflicht, S. 27 ff.; *Wiese* FS Karl Molitor, S. 365 (380 f.); *Zachert* AiB 1983, 55 (56).

Betriebsgeheimnisse können z. B. sein: technische Geräte und Maschinen, Erfindungen, Herstellungsverfahren, Konstruktionszeichnungen, Schaltpläne; Versuchsprotokolle, Modelle, Schablonen, Schnitte, Rezepturen usw., auch die Tatsache, dass ein bekanntes Verfahren im Betrieb angewendet wird (*BGH* 15.05.1955 AP Nr. 1 zu § 17 UnlWG Bl. 1 R; 01.07.1960 AP Nr. 6 zu § 17 UnlWG Bl. 4 R; 07.11.2002 NJW-RR 2003, 618 [620] – Präzisionsmessgeräte; 13.12.2007 NZA-RR 2008, 421 [422]; *LAG Köln* 18.12.1987 LAGE § 611 BGB Betriebsgeheimnis Nr. 1 S. 6 ff.; *LAG Schleswig-Holstein* 04.03.2015 – 3 Sa 400/14 – BeckRS 2015, 68142; 20.05.2015 LAGE § 79 BetrVG 2001 Nr. 2 S. 10 = NZA-RR 2016, 77 sowie *Köhler* in: Köhler/Bornkamm UWG, § 17 UWG Rn. 12a; *Waskow/NK-GA* § 79 BetrVG Rn. 5). 13

Geschäftsgeheimnisse betreffen demgegenüber Tatsachen und Erkenntnisse von wirtschaftlicher, kaufmännischer Bedeutung, z. B. Kalkulationsunterlagen, Kundenlisten und -dateien (*BGH* 27.04.2006 GRUR 2006, 1044 [1046] – Kundendatenprogramm; ferner *BGH* 04.09.2013 NStZ 2014, 325 Rn. 22; *LAG Rheinland-Pfalz* 01.09.2016 – 5 Sa 139/16 – BeckRS 2016, 74588), Bezugsquellen, Planungen, beabsichtigte, eingeleitete oder abgeschlossene Verhandlungen, Inhalt von Geschäftsbeziehungen, Geschäftsbriefe, Rechnungen von Zulieferern, Liquidität des Unternehmens, Auftragslage, Höhe des Umsatzes usw. (*LAG Schleswig-Holstein* 20.05.2015 LAGE § 79 BetrVG 2001 Nr. 2 S. 10 = NZA-RR 2016, 77 sowie allgemein m. w. N. *Köhler* in: Köhler/Bornkamm UWG, § 17 UWG Rn. 12). Ein berechtigtes Interesse an der Geheimhaltung ist bei Geschäftsgeheimnissen insbesondere dann anzuerkennen, wenn es sich bei diesen um **Insiderinformationen** handelt (*Hess. LAG* 12.03.2015 – 9 TaBV 188/14 – BeckRS 2016, 66338). Zu den Geschäftsgeheimnissen zählt u. a. auch ein geplanter Verkauf von Geschäftsanteilen (*LAG Düsseldorf* 23.01.2015 LAGE § 79 BetrVG 2001 Nr. 1 S. 10 = NZA-RR 2015, 299). 14

Lohn- und Gehaltsdaten können als Teil der betriebswirtschaftlichen Kalkulation über Umsätze und Gewinnmöglichkeiten im Einzelfall Geschäftsgeheimnisse sein (*BAG* 26.02.1987 EzA § 79 BetrVG 1972 Nr. 1 S. 5 ff. *[zust. von Hoyningen-Huene]* = AP Nr. 2 zu § 79 BetrVG 1972 Bl. 3 ff. *[zust. Teplitzky]* = SAE 1988, 58 *[zust. Kort]*; 14.05.1987 DB 1988, 2569 [2570]; 18.08.1987 AuR 1988, 59; s. a. *LAG Berlin* 26.06.1986 LAGE § 99 BetrVG 1972 Nr. 19 S. 3 ff.; *LAG Bremen* 01.09.1978 DB 1978, 2488; *Hess. LAG* 16.12.2010 – 9 TaBV 55/10 – BeckRS 2011, 72396; *Fitting* § 79 Rn. 4; *Kania/ErfK* § 79 BetrVG Rn. 5; *Nicolai/HWGNRH* § 79 Rn. 5; *Preis/WPK* § 79 Rn. 3; *Waskow/NK-GA* § 79 BetrVG Rn. 5; *Weber* Schweigepflicht, S. 57 ff.; **a. M.** *Buschmann/DKKW* § 79 Rn. 13; im Grundsatz auch *LAG Hamm* 21.09.2001 – 10 TaBV 52/01 – juris, sofern die Gehaltskosten nicht mit den Produktionskosten weitgehend identisch sind; für diesen Fall auch *Richardi/Thüsing* § 79 Rn. 5; *Sittard/HWK* § 79 BetrVG Rn. 7) wie die spezifische innerbetriebliche Lohngestaltung (*LAG Frankfurt a. M.* 03.07.1979 – 4 TaBV 25/79 – juris). Allerdings ist stets erforderlich, dass die Angaben für die Wettbewerbsfähigkeit des Unternehmens von Bedeutung sind (zurückhaltend mit Recht auch *Preis/WPK* § 79 Rn. 3; *Waskow/NK-GA* § 79 BetrVG Rn. 5). Dies kommt bei Informationen 15

§ 79   *IV. 1. Allgemeines*

über Gehaltsgruppen und Gehaltsbänder in Zielvereinbarungssystemen nur in Ausnahmefällen in Betracht und ist vom Arbeitgeber substantiiert darzulegen (im konkreten Fall verneinend *ArbG Mannheim* 06.02.2007 AiB 2007, 542 [543]).

16 Beabsichtigte **personelle Vorgänge** wie Entlassungen, Einstellungen, Versetzungen sind bis zu ihrer Durchführung jedenfalls dann Geschäftsgeheimnisse, wenn wettbewerbsrelevante Arbeitsplätze betroffen sind (s. wohl weitergehend He*ss. LAG* 12.03.2015 – 9 TaBV 188/14 – BeckRS 2016, 66338; *ArbG Hamburg* 13.09.1989 AiB 1992, 44 [44]; *Richardi/Thüsing* § 79 Rn. 5). Anschließend dürfte der Geheimnischarakter wegen ihrer Offenkundigkeit oder eines fehlenden berechtigten Interesses an der Geheimhaltung regelmäßig entfallen. Das gilt nicht nur für personelle Einzelmaßnahmen, sondern auch für einen geplanten Personalabbau, der als **Betriebsänderung** i. S. d. § 111 Satz 3 Nr. 1 zu qualifizieren ist (ebenso *Hess. LAG* 12.03.2015 – 9 TaBV 188/14 – BeckRS 2016, 66338; **a. M.** *LAG Schleswig-Holstein* 20.05.2015 LAGE § 79 BetrVG 2001 Nr. 2 S. 14 ff. = NZA-RR 2016, 77 sowie nachfolgend *Hess. LAG* 20.03.2017 – 16 TaBV 12/17 – BeckRS 2017, 109528; *Buschmann* AuR 2015, 355 f.; wohl auch *Sittard/HWK* § 79 BetrVG Rn. 7). Derartige Maßnahmen erfolgen regelmäßig, um die Wettbewerbsfähigkeit des Unternehmens zu sichern oder zu verbessern, so dass ein legitimes Interesse besteht, dass entsprechende Planungen Mitbewerbern nicht bekannt werden. Das gilt insbesondere, wenn ein geplanter Personalabbau wegen seiner Kursrelevanz eine Insiderinformation i. S. d. Art. 7 Abs. 1 lit. a MAR (s. Rdn. 26) ist und dem Schutz bzw. Offenbarungsmechanismus der Marktmissbrauchsverordnung unterliegt (*Brammsen/Schmitt* NZA-RR 2016, 81 [82 f.]; *Klöhn* in: Kölner-Komm. WpHG, § 13 Rn. 371 f.; ferner Rdn. 14, 88 ff.).

17 Die Verschwiegenheitspflicht entfällt mangels Geheimnischarakter wegen **Offenkundigkeit** (ebenso ausdrücklich § 10 Abs. 2 BPersVG sowie Art. 3 Abs. 1 lit. a RL [EU] 2016/943 [s. Rdn. 7]), wenn die Tatsache jedermann bekannt oder doch ohne Weiteres (z. B. wegen Presseveröffentlichungen) zugänglich ist. Hierfür genügt es indes nicht, wenn die Tatsache nur einem im Wesentlichen geschlossenen Personenkreis bekannt ist. Entscheidend ist vielmehr stets, ob den Umständen nach mit einer Geheimhaltung durch diese Personen oder mit einer Weitergabe an beliebige Dritte zu rechnen ist. Dabei ist es bedeutungslos, ob und inwieweit die Mitwisser gesetzlich oder vertraglich zur Geheimhaltung verpflichtet sind (zum Vorstehenden *Brammsen*/MK-Lauterkeitsrecht, § 17 UWG Rn. 18; *Köhler* in: *Köhler/Bornkamm* UWG, § 17 UWG Rn. 7; *Janssen/Maluga*/MK-StGB, § 17 UWG Rn. 22 f.; *Rengier/FBO* UWG, § 17 Rn. 14 f.; *Wolters* Großkommentar UWG, 2. Aufl. 2015, § 17 UWG Rn. 22 f., jeweils m. w. N.). Ist dies der Fall, dann behält die Tatsache trotz der Weitergabe an die zur Geheimhaltung verpflichtete Person ihren Geheimnischarakter.

18 Ein **berechtigtes Interesse** an der Geheimhaltung besteht nach vorherrschendem Verständnis immer dann, wenn die Tatsache für die Wettbewerbsfähigkeit des Unternehmens von Bedeutung ist (*Köhler* in: *Köhler/Bornkamm* UWG, § 17 UWG Rn. 9; *Wolters* Großkommentar UWG, 2. Aufl. 2015, § 17 UWG Rn. 27). Zweifelhaft ist allerdings im Lichte der Richtlinie (EU) 2016/943 zum Schutz von Geschäftsgeheimnissen, ob an diesem tradierten Erfordernis eines »berechtigten« Interesses noch festgehalten werden kann. Die in Art. 2 Nr. 1 der Richtlinie enthaltene Legaldefinition des Geschäftsgeheimnisses, die auch für den von den Mitgliedstaaten zu treffenden zivilrechtlichen Schutz (s. Art. 6 Abs. 1 der Richtlinie sowie hier Rdn. 7) maßgebend ist, kennt dieses Erfordernis nicht, sondern lässt es ausreichen, dass die Information von kommerziellem Wert ist, weil sie geheim ist und angemessene Geheimhaltungsmaßnahmen getroffen wurden. Dies spricht dagegen, einer Information allein deshalb den Geheimhaltungsschutz vorzuenthalten, weil bezüglich dieser kein objektiv zu beurteilendes »berechtigtes« Geheimhaltungsinteresse besteht (s. näher *Oetker* ZESAR 2017, 257 [259]). Einen vergleichbaren wertungsoffenen Vorbehalt kennt der unionsrechtliche Begriff des Geschäftsgeheimnisses nicht (s. auch *Baranowski/Glaßl* BB 2016, 2563 [2564 f.]; *Kalbfus* GRUR 2016, 1009 [1010 f.]; *McGuire* GRUR 2016, 1000 [1006]).

19 Die in Rdn. 18 aufgezeigte Diskrepanz zeigt sich insbesondere bei solchen Tatsachen oder Umständen, die den **Tatbestand eines Strafgesetzes** oder einer zivil- oder öffentlich-rechtlichen **Verbotsnorm** verwirklichen. Im Lauterkeitsrecht wird deren Einbeziehung in den Geheimnisschutz überwiegend bejaht (zu § 17 UWG bejahend *Brammsen*/MK-Lauterkeitsrecht, § 17 UWG Rn. 24; *Eufinger* WM 2016, 2336 [2338]; *Janssen/Maluga*/MK-StGB, § 17 UWG Rn. 35 ff.; *Köhler* in: *Köhler/Bornkamm* UWG, § 17 UWG Rn. 9; *Mayer* GRUR 2011, 884 [887]; *Reinbacher* in: *Leitner/Rosenau* [Hrsg.],

Wirtschafts- und Steuerstrafrecht, 2017, § 17 UWG Rn. 23; *Rengier/FBO* UWG, § 17 Rn. 21; *Többens* NStZ 2000, 505 (506); *Wolters* Großkommentar UWG, 2. Aufl. 2015, § 17 UWG Rn. 28; zum österreichischen Recht OGH 14.06.2000 WBl. 2000, 572 [572]; **a. M.** RAG 27.08.1930 JW 1931, 490 (491); *Baumbach/Hefermehl* Wettbewerbsrecht, 22. Aufl. 2001, § 17 UWG Rn. 6; *Engländer/Zimmermann* NZWiSt. 2012, 328 (331 ff.); *Richters/Wodtke* NZA-RR 2003, 281 [282]; *Schnabel* CR 2016, 342 [345 ff.]), wobei die Diskussion allerdings untrennbar mit der Reichweite des strafrechtlichen Vermögensschutzes verknüpft ist. Nicht zuletzt deshalb ist bezüglich der arbeitsrechtlichen Verschwiegenheitspflichten ein abweichender Diskussionsstand zu konzidieren, der sich für eine vom Lauterkeitsrecht distanzierende Sichtweise auf ein abweichendes Wertungsfundament stützen kann.

Dementsprechend verneint das betriebsverfassungsrechtliche Schrifttum in diesem Fall ein »berechtigtes« Geheimhaltungsinteresse (*Buschmann/DKKW* § 79 Rn. 9: gesetz- oder tarifwidrige Tatsachen; *Joost*/MünchArbR § 220 Rn. 157; *Kania*/ErfK § 79 BetrVG Rn. 6; *Lorenz*/HaKo § 79 Rn. 12; *Preis/WPK* § 79 Rn. 4; *Weber* Schweigepflicht, S. 51 ff.; im Grundsatz auch *Schwipper* Öffentliche Meinungsäußerungen, S. 114 ff.; *Waskow*/NK-GA § 79 BetrVG Rn. 6: »in der Regel«; enger *Sittard/HWK* § 79 BetrVG Rn. 8: nur aufgrund einzelfallbezogener Interessenabwägung; eine darüber hinausgehende Ausdehnung auf »unlautere Vorgänge« *Fitting* § 79 Rn. 3; ebenso für die allgemeine arbeitsvertragliche Verschwiegenheitspflicht *Kamanabrou*/AR § 611 BGB Rn. 374; *Preis*/ErfK § 611 BGB Rn. 713; enger jedoch *Thüsing/HWK* § 611 BGB Rn. 350; offen *Reichold*/MünchArbR § 48 Rn. 36). Hierfür spricht vor allem die bei der Auslegung zu beachtende Einheit der Rechtsordnung, die es grundsätzlich verbietet, ein Verhalten durch Verschwiegenheitspflichten zu schützen, das diese in anderen Gesetzen untersagt bzw. unter Strafe stellt. Wenn der Gesetzgeber wegen eines überwiegenden Allgemeininteresses die Weitergabe »illegaler Unternehmensgeheimnisse« verhindern will, dann muss er das – wie teilweise geschehen (z. B. § 93 Abs. 2 StGB, § 46 Abs. 9 GWB a. F.) – ausdrücklich anordnen (näher *Rützel* GRUR 1995, 557 ff.; *Schnabel* CR 2016, 342 [345 ff.]). Allenfalls über den Normzweck ließe sich noch ein weitergehender Schutz »illegaler« Geschäftsgeheimnisse methodengerecht rechtfertigen.

Im Lichte der Geschäftsgeheimnis-Richtlinie (s. Rdn. 7) kann an der auch hier in der Vorauflage vertretenen Position (s. 10. Aufl. § 79 Rn. 13) nicht mehr festgehalten werden (s. näher *Oetker* ZESAE 2017, 257 [261 f.]). Die Richtlinie benennt in Art. 5 lit. b ausdrücklich ein »berufliches oder sonstiges Fehlverhalten« sowie eine »illegale Tätigkeit«, ohne diese jedoch aus der Legaldefinition des Geschäftsgeheimnisses in Art. 2 Nr. 1 der Richtlinie auszuklammern. Vielmehr untersagt die Richtlinie Maßnahmen, wenn die genannten Informationen in der Absicht offengelegt werden, das allgemeine öffentliche Interesse zu schützen, was zugleich impliziert, dass eine Offenlegung zwecks Verfolgung anderer Interessen nicht von dem auf das sog. *Whistleblowing* zugeschnittenen Ausnahmetatbestand erfasst werden, so dass sie unverändert in den Schutz der Richtlinie einbezogen sind (im Ergebnis auch *Schnabel* CR 2016, 342 [348]). Diesem Verständnis steht es entgegen, einer Information auch im Rahmen von § 79 Abs. 1 den Geheimhaltungsschutz über ein fehlendes »berechtigtes« Geheimhaltungsinteresse bereits auf der Tatbestandsebene vorzuenthalten, weil der entsprechende Lebenssachverhalt den Verstoß gegen ein Strafgesetz oder eine Verbotsnorm zum Gegenstand hat, da der Geheimnisschutz hierdurch hinter den Vorgaben der Richtlinie zurückbliebe (s. Rdn. 18). Zumindest der Konzeption der Richtlinie entspricht es, dem Interesse an einer Offenlegung derartiger Informationen erst auf der Rechtsfolgenebene Rechnung zu tragen, sofern nicht für derartige Sachverhalte *praeter legem* ein Rechtfertigungstatbestand anerkannt oder vom Gesetzgeber geschaffen wird.

Auch vom Standpunkt der tradierten Auffassung kann ein »berechtigtes Geheimhaltungsinteresse« des Arbeitgebers nicht allein deshalb verneint werden, weil ein berechtigtes **Informationsinteresse der Arbeitnehmer** besteht (*Rieble*/AR § 79 BetrVG Rn. 4; *Weber* Schweigepflicht, S. 40; **a. M.** *LAG Schleswig-Holstein* 20.05.2015 LAGE § 79 BetrVG 2001 Nr. 2 S. 14 f. = NZA-RR 2016, 77; *Buschmann/DKKW* § 79 Rn. 8). Allein der Hinweis auf die sachgerechte Wahrnehmung der Mitbestimmungs- und Mitwirkungsrechte und einen hierfür als notwendig erachteten Informations- und Meinungsaustausch zwischen Betriebsrat und Belegschaft (so *LAG Schleswig-Holstein* 20.05.2015 LAGE § 79 BetrVG 2001 Nr. 2 S. 15 = NZA-RR 2016, 77 sowie nachfolgend *Hess. LAG* 20.03.2017 – 16 TaBV 12/17 – BeckRS 2017, 109528; zust. *Buschmann* AuR 2015, 355 [356]; im Ergebnis auch *Brammsen/Schmitt* NZA-RR 2016, 81 [82]) ist nicht in der Lage, das »berechtigte« Interesse des Unternehmens an einer Geheimhaltung zu beseitigen, da hierdurch der Schutzzweck der Vorschrift weitgehend verfehlt würde (treffend *Brammsen / Schmitt* NZA-RR 2016, 81 [82]). Bestätigt wird dies durch die Gesetzessystematik, da § 79 Abs. 1 Satz 3 und 4, der durch die Wahrnehmung betriebsverfassungsrechtlicher Aufgaben und Funktionen legitimiert ist, die Ausnahmen von der Verschwiegenheitspflicht ausdrücklich auf die dort abschließend aufgezählten betriebsverfassungsrechtlichen Funktionsträger beschränkt und diese Wahrnehmung betriebsverfassungsrechtlicher Aufgaben und Funktionen legitimiert sind (s. Rdn. 60). Diese Schranke für eine Offenbarung zur Wahrnehmung der betriebsverfassungsrechtlichen Aufgaben wird konterkariert, wenn unter Verneinung eines »berechtigten« Geheimhaltungsinteresses ein genereller Informationsaustausch zwischen Betriebsrat und Belegschaft legitimiert würde. Nur in Ausnahmefällen kann es im Interesse des Unternehmens notwendig werden, für geheimhaltungsbedürftig erklärte Betriebs- und Geschäftsgeheimnisse öffentlich zu erörtern (*BGH* 05.06.1975 BGHZ 64, 325 [331]; s. auch *BGH* 26.04.2016 NJW 2016, 2569 Rn. 33), so dass es an einem »berechtigten« Geheimhaltungsinteresse und damit am Geheimnischarakter fehlt. Gestützt wird die hier befürwortete Auffassung zusätzlich durch die Richtlinie (EU) 2016/943 zum Schutz von Geschäftsgeheimnissen (s. Rdn. 7), die den Geheimhaltungsschutz nicht unter einen allgemeinen Vorbehalt stellt, dass ein Geheimnisschutz entfällt, wenn die Offenlegung der Information zur »normalen« Erfüllung von Aufgaben gehört. Wird entsprechend der in Rdn. 18 und Rdn. 21 befürworteten Auffassung für den Begriff des Geschäftsgeheimnisses auf das begriffskonstitutive Element eines »berechtigten« Geheimhaltungsinteresses verzichtet, dann entfällt für das seitens des *LAG Schleswig-Holstein* befürwortete Verständnis ohnehin ein tragfähiger methodischer Anknüpfungspunkt (s. näher *Oetker* ZESAR 2017, 257 [259]).

23 Entsprechendes kommt darüber hinaus hinsichtlich solcher Tatsachen in Betracht, die aufgrund anderer **Rechtsvorschriften zu offenbaren** sind. Das gilt nicht nur für Informationen aus einem Vergabeverfahren, die einem unterlegenen Mitbewerber nach § 101a Abs. 1 GWB mitzuteilen sind (*LAG Köln* 11.04.2011 – 5 Sa 1388/10 – BeckRS 2011, 72414), sondern auch für solche Angaben, die nach den verschiedenen **Informationsfreiheitsgesetzen** auf Anfrage zu offenbaren sind, sofern diese nicht ihrerseits zur Wahrung von Betriebs- und Geschäftsgeheimnissen Einschränkungen normieren (s. insoweit *Ekardt / Exner / Beckmann* VerwRdsch. 2007, 404 ff.; *Kiethe / Groeschke* WRP 2006, 303 ff.; *Oetker* FS Reuter, 2011, S. 1091 [1099 ff.]; *Sieberg / Ploeckl* DB 2009, 2062 ff.). Eine ausschließlich an das Unternehmen adressierte Offenbarungspflicht reicht indes nicht aus, damit sich ein Betriebsratsmitglied über eine ihn *ad personam* treffende Verschwiegenheitspflicht hinwegsetzen darf (s. für Mitglieder des Aufsichtsrats *BGH* 26.04.2016 NJW 2016, 2569 Rn. 35).

24 Die von der Legaldefinition in Art. 2 Nr. 1 der Richtlinie (EU) 2016/943 für das Vorliegen eines Geschäftsgeheimnisses geforderten »**angemessenen Geheimhaltungsmaßnahmen**« (Art. 2 Nr. 1 lit. c) erzwingen keine Korrektur des tradierten Begriffsverständnisses, da die Richtlinie den Mitgliedstaaten nicht untersagt, für solche Informationen einen Geheimnisschutz zu etablieren, bei denen diese Voraussetzung fehlt, und hierdurch einen im Vergleich zur Richtlinie weiter reichenden Schutz zu etablieren (*Oetker* ZEASR 2017, 257 [259]). Deshalb kann hier auch dahingestellt bleiben, ob die von § 79 Abs. 1 für den Geheimnisschutz zusätzlich geforderte ausdrückliche Geheimhaltungserklärung bereits als eine ausreichende Geheimhaltungsmaßnahme zu bewerten ist, damit eine Information in den Schutz der Geschäftsgeheimnis-Richtlinie einbezogen ist (i. d. S. *Bissels / Schroeders / Ziegelmayer* DB 2016, 2295 [2297]; ferner *Kalbfus* GRUR 2016, 1009 [1011]).

25 **Fehlt es an den objektiven Merkmalen** eines Betriebs- oder Geschäftsgeheimnisses, greift die besondere Schweigepflicht aus § 79 nicht ein. Sie kann in diesem Falle auch nicht dadurch begründet werden, dass der Arbeitgeber einen Umstand für geheimhaltungsbedürftig erklärt (s. Rdn. 27). Zum Geheimnisschutz nach § 2 Abs. 1 bei derartigen Sachverhalten s. *Hitzfeld* Geheimnisschutz, S. 74.; *Schwipper* Öffentliche Meinungsäußerungen, S. 124 ff.

26 Die aus den **arbeitsvertraglichen Nebenpflichten** folgende **Verschwiegenheitspflicht** des Arbeitnehmers (s. Rdn. 88 f.) bleibt von § 79 unberührt; Gleiches gilt für die Vorschrift des **§ 17 UWG** über den Verrat von Geschäftsgeheimnissen zu Zwecken des Wettbewerbs (s. Rdn. 93) sowie das Verbot der Weitergabe von **Insiderinformationen** in Art. 14 lit. c MAR (Marktmissbrauchsverordnung; VO [EU] Nr. 596/2014 vom 16.4.2014, ABl.EU Nr. L 173 vom 12.6.2014, S. 1; s. a. Rdn. 94 ff.). Die letztgenannte Vorschrift ist vor allem deshalb für einen parallelen Geheimnisschutz

von Bedeutung, weil es sich bei Insiderinformationen regelmäßig zugleich um Betriebs- und Geschäftsgeheimnisse handelt (*Bruder* Insiderinformationen, S. 13 f.).

2. Ausdrückliche Geheimhaltungserklärung

Die Mitglieder und Ersatzmitglieder des Betriebsrats sowie die in Abs. 2 aufgezählten Personen unterliegen nur dann der besonderen betriebsverfassungsrechtlichen Verschwiegenheitspflicht, wenn und soweit der Arbeitgeber ein Betriebs- oder Geschäftsgeheimnis **ausdrücklich als geheimhaltungsbedürftig bezeichnet** hat (sog. formelles Geheimnis; anders § 10 Abs. 1 BPersVG, der hierauf verzichtet). Erst dadurch entsteht die Verpflichtung. Dies dient vor allem dem Schutz der durch § 79 verpflichteten Personen, die aufgrund der Erklärung des Arbeitgebers zuverlässig feststellen können, ob die Offenbarung einer Information mit der Gefahr einer Pflichtverletzung verbunden ist (s. Rdn. 31; ebenso *Waskow*/NK-GA § 79 BetrVG Rn. 7). 27

Liegt die Geheimhaltungserklärung vor, dann erübrigt sich die gesonderte Prüfung eines nach tradiertem Verständnis erforderlichen Geheimhaltungswillens (zu diesem Erfordernis *BGH* 27.04.2006 GRUR 2006, 1044 [1046] – Kundendatenprogramm; *Janssen/Maluga*/MK-StGB, § 17 UWG Rn. 31; *Köhler* in: *Köhler/Bornkamm* UWG, § 17 UWG Rn. 10; *Rengier*/FBO UWG, § 17 UWG Rn. 18; **a. M.** im Hinblick auf einen gesondert erforderlichen Geheimhaltungswillen *Brammsen*/MK-Lauterkeitsrecht, § 17 UWG Rn. 26 f. ähnlich *Wolters* Großkommentar UWG, 2. Aufl. 2015, § 17 UWG Rn. 30, der aus dem objektiven Geheimhaltungsinteresse auf einen damit korrespondierenden Geheimhaltungswillen schließt). Dieser kommt in der Geheimhaltungserklärung zum Ausdruck. 28

Umgekehrt entbindet die Erklärung der Geheimhaltungsbedürftigkeit nicht von der Voraussetzung, dass ein materielles Geheimnis vorliegen muss. Deshalb führt nicht bereits die Erklärung des Arbeitgebers dazu, dass eine Tatsache geheimhaltungsbedürftig wird, die es objektiv nicht ist (*BGH* 05.06.1975 BGHZ 64, 325 [329]; ebenso *LAG Schleswig-Holstein* 20.05.2015 LAGE § 79 BetrVG 2001 Nr. 2 S. 10 f. = NZA-RR 2016, 17; *Buschmann*/DKKW § 79 Rn. 7; *Fitting* § 79 Rn. 10; *Lorenz*/HaKo § 79 Rn. 4; *Nicolai*/HWGNRH § 79 Rn. 3; *Reich* § 79 Rn. 1; *Stege/Weinspach/Schiefer* § 79 Rn. 2; *Waskow*/NK-GA § 79 BetrVG Rn. 7). Die Geheimhaltungserklärung gibt allenfalls einen »wichtigen Hinweis« (*BGH* 05.06.1975 BGHZ 64, 325 [329]) für die Notwendigkeit einer vertraulichen Behandlung (*Waskow*/NK-GA § 79 BetrVG Rn. 7), entbindet jedoch nicht von der Prüfung, ob objektiv ein von § 79 geschütztes Geheimnis vorliegt. 29

Fehlt die Geheimhaltungserklärung des Arbeitgebers, so folgt hieraus nicht, dass die Tatsache gegenüber beliebigen Personen offenbart werden darf (*Waskow*/NK-GA § 79 BetrVG Rn. 7); die allgemeinen Geheimhaltungspflichten aus dem Arbeitsvertrag (s. Rdn. 88 ff.) bzw. § 17 UWG (s. Rdn. 93), die von der Notwendigkeit einer formellen Geheimhaltungserklärung absehen, bleiben unberührt (s. Rdn. 26). Lediglich die spezielle betriebsverfassungsrechtliche Geheimhaltungspflicht, die § 79 begründet, greift nicht ein. Bedeutsam ist dies u. a., wenn der Betriebsrat im Rahmen eines Beteiligungsverfahrens **Insiderinformationen** i. S. d. Art. 7 Abs. 1 lit. c MAR (s. Rdn. 94 ff.) erhält, da die Publikationspflicht des Unternehmens nach Art. 17 Abs. 8 Satz 1 MAR unabhängig von der Rechtsgrundlage der Verschwiegenheitspflicht entfällt (s. Art. 17 Abs. 8 S. 2 MAR). 30

Da § 79 Abs. 1 eine »**ausdrückliche« Erklärung** verlangt, genügt es nicht, dass sich die Geheimhaltungsbedürftigkeit aus den Umständen ergibt (*Buschmann*/DKKW § 79 Rn. 14; *Galperin/Löwisch* § 79 Rn. 8; *Joost*/MünchArbR § 220 Rn. 159; *Kania*/ErfK § 79 BetrVG Rn. 7; *Müller* BB 2013, 2293 [2294]; *Preis*/WPK § 79 Rn. 6; *Richardi/Thüsing* § 79 Rn. 7; *Waskow*/NK-GA § 79 BetrVG Rn. 7; *Weber* Schweigepflicht, S. 60; *Wiese* FS Karl Molitor, S. 365 [382]; **a. M.** *Loritz/ZLH* Arbeitsrecht, § 49 Rn. 54). Mit dem Erfordernis einer »ausdrücklichen« Erklärung will das Gesetz im Interesse der durch § 79 Verpflichteten (s. Rdn. 27) bewusst diejenigen Schwierigkeiten vermeiden, die bei anderen Vorschriften (z. B. § 17 UWG) daraus resultieren, dass es genügt, wenn der Geheimhaltungswille nach außen erkennbar ist und sich bereits aus der Natur der geheim zu haltenden Tatsache ergeben kann (insoweit *BGH* 27.04.2006 GRUR 2006, 1044 [1046] – Kundendatenprogramm; *Janssen/Maluga*/MK-StGB, § 17 UWG Rn. 32; *Köhler* in: *Köhler/Bornkamm* UWG, § 17 UWG Rn. 10; *Reinbacher* in: *Leitner/Rosenau* [Hrsg.], Wirtschafts- und Steuerstrafrecht, 2017, § 17 UWG Rn. 18 f.; *Rengier*/FBO UWG, § 17 Rn. 18; *Wolters* Großkommentar UWG, 2. Aufl. 2015, § 17 31

UWG Rn. 29 sowie *Weber* Schweigepflicht, S. 60 f.). Die strenge Voraussetzung der Geheimhaltungspflicht nach § 79 ist gerechtfertigt, weil diese über die allgemeine Verschwiegenheitspflicht von Arbeitnehmern (s. Rdn. 26 sowie Rdn. 88 f.) hinausgeht. Sie gilt insbesondere auch für eine Unterrichtung der im Betrieb beschäftigten Arbeitnehmer durch den Betriebsrat bei der Berichterstattung in einer Betriebsversammlung (§ 43 Abs. 1 Satz 1). Angesichts der umfassenden Interessenwahrungspflicht des Betriebsrats bedarf die Geheimhaltungspflicht daher einer klaren Grundlage. Es ist Sache des Arbeitgebers, diese zu schaffen.

32 Das Gesetz verlangt von dem Arbeitgeber nicht nur die Bekundung, dass eine bestimmte Angelegenheit geheim gehalten werden soll, sondern eine **ausdrückliche** Erklärung. »Ausdrücklich« ist entgegen einer verbreiteten Ansicht nicht gleichzusetzen mit »eindeutig« oder »zweifelsfrei« (so aber *Buschmann/DKKW* § 79 Rn. 14; *Fitting* § 79 Rn. 5; *Joost*/MünchArbR § 220 Rn. 159; *Kania*/ErfK § 79 BetrVG Rn. 7; *Nicolai/HWGNRH* § 79 Rn. 6; *Preis/WPK* § 79 Rn. 6; *Stege/Weinspach/Schiefer* § 79 Rn. 2; wohl auch *Simitis/Kreuder* NZA 1992, 1009 [1012]), wenn auch der Zweck des Gesetzes auf eine Klarstellung der Sach- und Rechtslage abstellt. Das Erfordernis der ausdrücklichen Erklärung soll verhindern, dass eine Geheimhaltungspflicht aus anderen Umständen als der Erklärung des Arbeitgebers selbst im Wege der Auslegung ermittelt werden muss. Deshalb genügt allein der Umstand, dass ein **Dritter** (z. B. Wirtschaftsprüfungsgesellschaft) auf einem Schreiben den Vermerk »persönlich/vertraulich« angebracht hat, nicht für eine Geheimhaltungserklärung, da hieraus nicht erkennbar ist, ob auch der Arbeitgeber das Schreiben als der Geheimhaltung bedürftig ansieht bzw. sich die Erklärung des Dritten zu eigen gemacht hat (s. *LAG Hamm* 22.07.2011 – 10 Sa 381/11 – BeckRS 2011, 77605).

33 Die **Erklärung** des Arbeitgebers (oder seines bevollmächtigten Vertreters) **bedarf keiner Form** (*ArbG Düsseldorf* 08.06.1953 BB 1953, 915; *Buschmann/DKKW* § 79 Rn. 14; *Fitting* § 79 Rn. 5; *Galperin/Löwisch* § 79 Rn. 8; *Joost*/MünchArbR § 220 Rn. 159; *Kania*/ErfK § 79 BetrVG Rn. 7; *Müller* BB 2013, 2293 [2294]; *Nicolai/HWGNRH* § 79 Rn. 6; *Preis/WPK* § 79 Rn. 6; *Richardi/Thüsing* § 79 Rn. 8; *Sittard/HWK* § 79 BetrVG Rn. 5; *Stege/Weinspach/Schiefer* § 79 Rn. 2; *Waskow*/NK-GA § 79 BetrVG Rn. 7). Sie kann deshalb auch **mündlich** erfolgen (*Müller* BB 2013, 2293 [2294]; *Richardi/Thüsing* § 79 Rn. 8); zur Klarstellung vor allem in wichtigen Angelegenheiten ist die **Schriftform** aber **zweckmäßig** (*Buschmann/DKKW* § 79 Rn. 11; *Nicolai/HWGNRH* § 79 Rn. 6), insbesondere, um gegebenenfalls einen sicheren Nachweis über das Vorliegen einer entsprechenden Erklärung erbringen zu können (*Stege/Weinspach/Schiefer* § 79 Rn. 2; *Waskow*/NK-GA § 79 BetrVG Rn. 7).

34 **Inhaltlich** ist nur erforderlich, dass der **Gegenstand der Geheimhaltung** in der Erklärung hinreichend umschrieben und als geheimhaltungsbedürftig bezeichnet wird. Bestimmte Worte sind nicht vorgeschrieben. Es genügt die **Bitte um »vertrauliche Behandlung«** von Umständen, deren Zugehörigkeit zu den Betriebs- oder Geschäftsgeheimnissen dem Betriebsratsmitglied bzw. den sonstigen Verpflichteten bekannt ist oder gleichzeitig bekanntgegeben wird (zust. *Joost*/MünchArbR § 220 Rn. 159; *Kania*/ErfK § 79 BetrVG Rn. 7; *Müller* BB 2013, 2293 [2295]; *Nicolai/HWGNRH* § 79 Rn. 6; *Richardi/Thüsing* § 79 Rn. 8; *Rieble*/AR § 79 BetrVG Rn. 4; *Sittard/HWK* § 79 BetrVG Rn. 5; *Waskow*/NK-GA § 79 BetrVG Rn. 7; *Weber* Schweigepflicht, S. 61 f.; **a. M.** *Fitting* § 79 Rn. 5; *Preis/WPK* § 79 Rn. 6). Die vom Geheimnisbegriff nicht umfassten sonstigen **»vertraulichen Angaben«** unterliegen dagegen nicht der Geheimhaltungspflicht nach § 79 (s. a. Rdn. 2 sowie zu deren Geheimhaltung Rdn. 88 f.; *Hitzfeld* Geheimnisschutz, S. 71 ff.; *Nicolai/HWGNRH* § 79 Rn. 8; *Richardi/Thüsing* § 79 Rn. 6, 9; *Schwipper* Öffentliche Meinungsäußerungen, S. 112 f.; *Stege/Weinspach/Schiefer* § 79 Rn. 5; *Wiese* FS Karl Molitor, S. 365 [385 f.]).

35 In der Regel werden die **Mitteilung eines Geheimnisses** und seine **ausdrückliche Bezeichnung** als geheimhaltungsbedürftig von derselben Stelle, vom Arbeitgeber oder von seinem Vertreter, ausgehen. Erforderlich ist das aber nicht (*Buschmann/DKKW* § 79 Rn. 14; *Fitting* § 79 Rn. 7; *Galperin/Löwisch* § 79 Rn. 10; *Kania*/ErfK § 79 BetrVG Rn. 8; *Müller* BB 2013, 2293 [2295]; *Richardi/Thüsing* § 79 Rn. 8; *Stege/Weinspach/Schiefer* § 79 Rn. 3; *Waskow*/NK-GA § 79 BetrVG Rn. 7). Die Vorschrift des § 79 greift auch ein, wenn dem Betriebsrat bzw. seinen Mitgliedern oder den sonstigen Verpflichteten (§ 79 Abs. 2) im Rahmen ihrer Amtstätigkeit das Geheimnis als solches aus anderer Quelle bereits bekanntgeworden war und der Arbeitgeber erst nachträglich die Geheimhaltung ausdrücklich verlangt (*Buschmann/DKKW* § 79 Rn. 15; *Galperin/Löwisch* § 79 Rn. 10; *Kania*/ErfK § 79 BetrVG

Rn. 8; *Müller* BB 2013, 2293 [2295]; *Preis/WPK* § 79 Rn. 6; *Richardi/Thüsing* § 79 Rn. 8; *Waskow/* NK-GA § 79 BetrVG Rn. 7).

Darüber hinaus ist § 79 anwendbar, wenn eine der zur Geheimhaltung verpflichteten Personen die **Kenntnis** von dem Geheimnis und von der vom Arbeitgeber ausgehenden Charakterisierung als geheimhaltungsbedürftig **durch Dritte** erhält (*Fitting* § 79 Rn. 7; *Kaiser/LK* § 79 Rn. 3; *Kania/* ErfK § 79 BetrVG Rn. 8; *Nicolai/HWGNRH* § 79 Rn. 7; *Preis/WPK* § 79 Rn. 6; *Richardi/Thüsing* § 79 Rn. 8; *Weber* Schweigepflicht, S. 67; *Weiss/Weyand* § 79 Rn. 7). Das Gesetz enthält keine Anhaltspunkte dafür, dass die Geheimhaltungserklärung unmittelbar gegenüber dem nach § 79 zur Verschwiegenheit Verpflichteten bekundet werden muss. Das gilt insbesondere, wenn der Dritte selbst Mitglied des Betriebsrats, Gesamt- oder Konzernbetriebsrats usw. (Abs. 1 Satz 3 und 4) ist. Die von dem Betriebsrat oder den in Abs. 2 genannten Personen nach Abs. 1 Satz 3 und 4 zulässigerweise unterrichteten Personen sind wiederum eindeutig zur Geheimhaltung verpflichtet. Deshalb muss ein der Geheimhaltung unterliegender Umstand, der nach den Ausnahmevorschriften in § 79 Abs. 1 Satz 3 und 4 mitgeteilt werden darf, den dort Genannten unter Hinweis auf die Eigenschaft als Betriebs- oder Geschäftsgeheimnis und die vom Arbeitgeber bestimmte Geheimhaltungsbedürftigkeit offenbart werden (s. a. Rdn. 70). Bei Kenntniserlangung von anderen, insbesondere von außenstehenden Dritten, fehlt es allerdings häufig schon an den Voraussetzungen des Geheimnisbegriffs (s. Rdn. 11 ff.), jedenfalls aber daran, dass die Kenntnis amtsbedingt erlangt wurde (s. Rdn. 39 ff.). Zum Zugang der Erklärung gegenüber dem Betriebsrat *Raab* § 26 Rdn. 53 ff. Wird in einer Betriebsratssitzung die Geheimhaltungsbedürftigkeit bekanntgegeben, so ist der Vorsitzende des Betriebsrats dafür verantwortlich, dass nicht anwesende Betriebsratsmitglieder darüber informiert werden.

Erfolgt die Kenntniserlangung in **Wahrnehmung eines Übergangsmandats** i. S. d. § 21a, dann genügt es, wenn der neue Rechtsträger des Betriebs die Geheimhaltungserklärung abgibt. Bei zweckgerechtem Verständnis der Geheimhaltungspflicht ist er während des Interimsstadiums Arbeitgeber i. S. d. § 79 Abs. 1 (ebenso *Weber* Schweigepflicht, S. 61).

Liegt objektiv ein Betriebs- oder Geschäftsgeheimnis vor, dann bedarf die Erklärung des Arbeitgebers, dieses sei geheimhaltungsbedürftig, **keiner Begründung** (*Müller* BB 2013, 2293 [2295]; *Preis/WPK* § 79 Rn. 6; *Stege/Weinspach/Schiefer* § 79 Rn. 2; *Waskow*/NK-GA § 79 BetrVG Rn. 7). Ein berechtigtes Interesse an der Geheimhaltung gehört nach dem hier befürworteten und unionsrechtlich geprägten Verständnis (s. Rdn. 18) bereits nicht zu den Merkmalen des Geheimnisbegriffs. Das gilt auch vom Standpunkt der gegenteiligen Sichtweise, da dann bereits ein »berechtigtes« Interesse an der Geheimhaltung notwendig ist (s. Rdn. 11). Die Erklärung des Arbeitgebers kann deshalb nicht isoliert auf ihre Berechtigung überprüft werden (ebenso *Weber* Schweigepflicht, S. 61).

3. Kenntniserlangung aufgrund der betriebsverfassungsrechtlichen Stellung

In die Verschwiegenheitspflicht sind nur solche Betriebs- und Geschäftsgeheimnisse einbezogen, die den zur Geheimhaltung verpflichteten Personen **wegen** ihrer **Zugehörigkeit** zum Betriebsrat bzw. zu dem in Abs. 2 genannten Personenkreis bekanntgeworden sind. Darin kommt zum Ausdruck, dass die Pflicht zur **Geheimhaltung** nach § 79 eine spezielle **Amtspflicht** ist.

Die Vertreter der im Betrieb vertretenen Gewerkschaften und der Arbeitgeberverbände sind allerdings keine Amtsträger. Sie haben jedoch unter bestimmten Voraussetzungen das Recht, an den Sitzungen des Betriebsrats (§ 29 Abs. 4, § 31) und an den Betriebs- oder Abteilungsversammlungen (§ 46) teilzunehmen. Gewerkschaftsvertretern ist nach Maßgabe des § 2 Abs. 2 auch Zugang zum Betrieb zu gewähren. Die Vertreter und Beauftragten der Koalitionen können auf diese Weise und in Ausübung der ihnen vom Gesetz zugebilligten Befugnisse ebenfalls Kenntnis von Betriebs- oder Geschäftsgeheimnissen erhalten. Auch für sie ist die Verschwiegenheitspflicht daher als eine **funktionsbedingte** besondere **betriebsverfassungsrechtliche Pflicht** ausgestaltet (*BAG* 01.02.1989 EzA § 108 BetrVG 1972 Nr. 4 = AP Nr. 2 zu § 108 BetrVG 1972 Bl. 4 R; 25.06.1987 AP Nr. 6 zu § 108 BetrVG 1972 Bl. 3 f.; *Fitting* § 79 Rn. 7; s. a. *LAG Hamburg* 28.11.1986 DB 1987, 1595).

Das Geheimnis muss dem zur Verschwiegenheit Verpflichteten in seiner Eigenschaft als Amtsträger oder aufgrund seiner betriebsverfassungsrechtlichen Funktion bekanntgeworden sein. Hierfür reicht es aus, wenn zwischen der Kenntniserlangung und dem Amt ein **ursächlicher Zusammenhang** besteht. Dieser ist vor allem zu bejahen, wenn der Arbeitgeber das Geheimnis zwecks Erfüllung seiner betriebsverfassungsrechtlichen Pflichten mitteilt. Dabei ist die Rechtsgrundlage gleichgültig. Nicht nur gesetzliche Mitteilungspflichten, sondern auch solche aus Tarifverträgen und Betriebsvereinbarungen können dazu führen, dass das Geheimnis in amtlicher Eigenschaft bekannt wird (*Fitting* § 79 Rn. 8; *Weber* Schweigepflicht, S. 64 f.; **a. M.** *Reich* § 79 Rn. 1).

42 Auf welche Weise die in § 79 Genannten die Kenntnis im Übrigen erlangen, ist ohne Bedeutung. Auch rechtswidrig erlangte Kenntnisse dürfen nicht weitergegeben oder verwertet werden (*Waskow*/NK-GA § 79 BetrVG Rn. 8). Deshalb entfällt die als solche entstandene Geheimhaltungspflicht nicht schon dadurch, dass der Amtsträger dieselbe Information nachträglich auch von dritter Seite erhält (**a. M.** *Buschmann*/DKKW § 79 Rn. 16). Denkbar ist jedoch, dass es sich in diesem Fall nicht mehr um ein Betriebs- oder Geschäftsgeheimnis handelt (s. Rdn. 17).

43 Kenntnisse, die **ohne Zusammenhang mit** der **Amtstätigkeit** erlangt worden sind, unterliegen nicht dem Geheimhaltungsgebot des § 79 (*Joost*/MünchArbR § 220 Rn. 158; *Nicolai*/HWGNRH § 79 Rn. 7; *Waskow*/NK-GA § 79 BetrVG Rn. 8). Deren Weitergabe oder Verwertung kann jedoch gegen die Kooperationsmaxime des § 2 Abs. 1 verstoßen (*Hitzfeld* Geheimnisschutz, S. 71 ff.; *Kania*/ErfK § 79 BetrVG Rn. 9; *Preis*/WPK § 79 Rn. 7; *Waskow*/NK-GA § 79 BetrVG Rn. 8); im Übrigen gelten die allgemeinen Vorschriften und Rechtsgrundsätze (s. Rdn. 26 sowie Rdn. 88 ff.).

IV. Adressatenkreis

44 Das Gesetz zählt die zur Geheimhaltung verpflichteten Personen im Einzelnen auf. Dabei handelt es sich vor allem um die Mitglieder und Ersatzmitglieder des Betriebsrats (s. Rdn. 47) sowie die in Abs. 2 Genannten. Der Kreis der nach § 79 zur Verschwiegenheit Verpflichteten ist damit allerdings nicht abschließend umschrieben. Auf § 79 verweist ferner § 80 Abs. 4 für **Sachverständige** und **Arbeitnehmer**, die der Arbeitgeber als **Auskunftsperson** zur Verfügung stellt. Entsprechendes gilt für zu einem **Ausschuss i. S. d. § 107 Abs. 3** kooptierte Arbeitnehmer (§ 107 Abs. 3 Satz 4), die vom Wirtschaftsausschuss oder der Einigungsstelle hinzugezogenen **Sachverständigen** (§ 108 Abs. 2 Satz 3, § 109 Satz 3) sowie den **Berater des Betriebsrats** im Rahmen einer Betriebsänderung (§ 111 Satz 2).

45 Vom Unternehmer nach **§ 108 Abs. 2 Satz 2** hinzugezogene **sachkundige Arbeitnehmer** werden von § 79 nicht erfasst (*Müller* BB 2013, 2293 [2296]; *Nicolai*/HWGNRH § 79 Rn. 13; **a. M.** *Fitting* § 79 Rn. 12; *Sittard*/HWK § 79 BetrVG Rn. 2; *Waskow*/NK-GA § 79 BetrVG Rn. 3), für sie gilt aber die allgemeine arbeitsvertragliche Verschwiegenheitspflicht (s. § 108 Rdn. 31; enger *Fitting* § 79 Rn. 12, die § 79 eine privilegierende Wirkung beimessen). Das gilt entsprechend für die vom Betriebsrat zur Erfüllung seiner gesetzlichen Aufgaben hinzugezogenen **Hilfspersonen** wie z. B. Schreibkräfte (*BAG* 17.10.1990 EzA § 40 BetrVG 1972 Nr. 65 S. 6 = AP Nr. 8 zu § 108 BetrVG 1972 Bl. 3).

46 Der **Vermittler nach § 18a** ist ebenfalls nicht in den personellen Anwendungsbereich des § 79 einbezogen (*Kaiser*/LK § 79 Rn. 5), die Vorschrift des § 79 Abs. 2 ist aber entsprechend anzuwenden (s. *Kreutz* § 18a Rdn. 76 m. w. N.). Das gilt ebenso für die Mitglieder von **Arbeitsgruppen i. S. d. § 28a** (*Fitting* § 28a Rn. 39, § 79 Rn. 1; *Kaiser*/LK § 79 Rn. 5; *S. Müller* Die Übertragung von Betriebsratsaufgaben auf Arbeitsgruppen [§ 28a BetrVG] [Diss. Jena], 2003, S. 158 f.; *ders.* BB 2013, 2293 [2296]; *Nicolai*/HWGNRH § 79 Rn. 13; *Pfister* Die Übertragung von Aufgaben auf Arbeitsgruppen gemäß § 28a BetrVG [Diss. Kiel], 2007, S. 44; *Richardi*/*Thüsing* § 28a Rn. 32a; *Tüttenberg* Die Arbeitsgruppe nach § 28a BetrVG [Diss. Mainz], 2006, S. 152 f.; **a. M.** *Buschmann*/DKKW § 79 Rn. 21; *Wedde*/DKKW § 28a Rn. 83; im Ergebnis auch *Linde* Übertragung von Aufgaben des Betriebsrats auf Arbeitsgruppen gemäß § 28a BetrVG [Diss. Köln], 2006, S. 144 f.) sowie für **Vertreter der Bundesagentur für Arbeit**, die im Rahmen der Verhandlungen über einen Interessenausgleich bzw. Sozialplan (§ 112 Abs. 2 Satz 1 und 3) oder nach § 92a Abs. 2 Satz 3 bei den Beratungen über Vorschläge des Betriebsrats zur Beschäftigungsförderung oder -sicherung tätig werden. Bei den Letztgenannten tritt § 79 damit ergänzend neben die aus dem Rechtsverhältnis mit der Bundesagentur folgende Pflicht zur Verschwiegenheit (§ 37 BeamtStG, § 3 TVöD sowie für Vorstandsmitglieder § 382 Abs. 4 SGB III).

Der Geheimhaltungspflicht unterliegen nach § 79 Abs. 1 Satz 1 die **Mitglieder** und **Ersatzmitglieder** des **Betriebsrats**. Für die nach § 25 Abs. 1 Satz 1 an Stelle eines ausgeschiedenen Betriebsratsmitglieds (§ 24) nachgerückten Ersatzmitglieder versteht sich das von selbst, da sie vom Zeitpunkt ihres Nachrückens an Mitglieder des Betriebsrats sind (s. § 25 Rdn. 69). Die Nennung der Ersatzmitglieder in § 79 Abs. 1 bezieht sich daher allein auf die Stellvertreter eines nur zeitweilig verhinderten Betriebsratsmitglieds (§ 25 Abs. 1 Satz 2). Sie sind nur während der Dauer der Verhinderung des Mitglieds Amtsträger (s. § 25 Rdn. 71) und daher zur Geheimhaltung derjenigen Betriebs- oder Geschäftsgeheimnisse verpflichtet, die ihnen während ihrer stellvertretenden Zugehörigkeit zum Betriebsrat bekannt werden (*Müller* BB 2013, 2293 [2295]). Das zeitweilig verhinderte Mitglied bleibt Vollmitglied (s. § 25 Rdn. 71) und ist daher ebenfalls zur Geheimhaltung verpflichtet. 47

Neben den einzelnen Mitgliedern und Ersatzmitgliedern des Betriebsrats ist auch der **Betriebsrat** selbst **als Organ** der Betriebsverfassung zur Verschwiegenheit verpflichtet (*BAG* 26.02.1987 EzA § 79 BetrVG 1972 Nr. 1 S. 3 f. *[zust. von Hoyningen-Huene]* = AP Nr. 2 zu § 79 BetrVG 1972 Bl. 2 R f. *[zust. Teplitzky]* = SAE 1988, 58 *[zust. Kort]*; 14.05.1987 DB 1988, 2569 [2570]; *Fitting* § 79 Rn. 10; *Joost*/MünchArbR § 220 Rn. 160; *Lukes* Der betriebsverfassungsrechtliche Unterlassungsanspruch des Arbeitgebers gegen den Betriebsrat [Diss. Köln], 2016, S. 285; *Kania*/ErfK § 79 BetrVG Rn. 10; *Müller* BB 2013, 2293 [2296]; *Preis*/WPK § 79 Rn. 8; *Richardi*/*Thüsing* § 79 Rn. 36; *Schwipper* Öffentliche Meinungsäußerungen, S. 108 ff.; *Waskow*/NK-GA § 79 BetrVG Rn. 2; *Weber* Schweigepflicht, S. 70 ff.). Dies folgt sowohl aus der Entstehungsgeschichte als auch aus dem Schutzzweck des Gesetzes (*BAG* 26.02.1987 EzA § 79 BetrVG 1972 Nr. 1 S. 3 f. = AP Nr. 2 zu § 79 BetrVG 1972 Bl. 2 R f.; näher *Lukes* Der betriebsverfassungsrechtliche Unterlassungsanspruch des Arbeitgebers gegen den Betriebsrat [Diss. Köln], 2016, S. 285). 48

Zur Verschwiegenheit sind nach **Abs. 2** ferner verpflichtet: die Mitglieder und Ersatzmitglieder des **Gesamtbetriebsrats**, des **Konzernbetriebsrats**, der **Jugend- und Auszubildendenvertretung**, der **Gesamt-Jugend- und Auszubildendenvertretung**, der **Konzern-Jugend- und Auszubildendenvertretung**, des **Wirtschaftsausschusses** (s. a. *BAG* 20.11.1984 AP Nr. 3 zu § 106 BetrVG 1972 Bl. 3 R sowie § 107 Rdn. 44), der **Bordvertretung** und des **Seebetriebsrats**. 49

Ausdrücklich aufgeführt werden auch die Mitglieder und Ersatzmitglieder der gemäß **§ 3 Abs. 1** aufgrund eines Tarifvertrags bzw. einer Betriebsvereinbarung gebildeten **zusätzlichen betriebsverfassungsrechtlichen Vertretungen** der Arbeitnehmer. Da § 79 Abs. 2 den Abs. 1 des § 3 insgesamt in Bezug nimmt, gilt dies nicht nur für die nach § 3 Abs. 1 Nr. 1 bis 3 errichteten Arbeitnehmervertretungen, sondern auch für die Mitglieder von Arbeitsgemeinschaften (§ 3 Abs. 1 Nr. 4) sowie zusätzliche betriebsverfassungsrechtliche Vertretungen (§ 3 Abs. 1 Nr. 5; ebenfalls für ein weites Verständnis *Fitting* § 79 Rn. 10; *Kaiser*/LK § 79 Rn. 4; *Nicolai*/HWGNRH § 79 Rn. 13). 50

Der Verschwiegenheitspflicht unterliegen ferner die Mitglieder und Ersatzmitglieder der **Einigungsstelle**, einer **tariflichen Schlichtungsstelle** (§ 76 Abs. 8) und einer tarifvertraglich mit den Zuständigkeiten der Einigungsstelle nach § 85 Abs. 2 betrauten **betrieblichen Beschwerdestelle** (§ 86 Satz 2). 51

Besonders genannt werden in § 79 Abs. 1 schließlich die Vertreter von **Gewerkschaften** und **Arbeitgebervereinigungen**, die in Ausübung betriebsverfassungsrechtlicher Funktionen (s. Rdn. 44) von Betriebs- oder Geschäftsgeheimnissen Kenntnis erlangen. Betroffen sind nur die Vertreter der im Betrieb vertretenen Gewerkschaften und des Arbeitgeberverbandes, dem der Arbeitgeber angehört. Zu den Personen, die wegen ausdrücklicher gesetzlicher Verweisung oder aufgrund entsprechender Gesetzesanwendung von § 79 Abs. 1 erfasst werden, s. Rdn. 44 und Rdn. 46. 52

Die Verschwiegenheitspflicht der **Arbeitnehmervertreter im Aufsichtsrat** richtet sich nach dem Gesellschaftsrecht (§ 116 Satz 1 und 2, § 93 Abs. 1 Satz 3 AktG, auf die auch für die mitbestimmte GmbH verwiesen wird, § 1 Abs. 1 Nr. 3 DrittelbG, § 25 Abs. 1 Satz 1 Nr. 2 MitbestG). Näher dazu *BGH* 05.06.1975 BGHZ 64, 325 ff.; 26.04.2016 NJW 2016, 2569 Rn. 31 ff.; *BAG* 23.10.2008 EzA § 626 BGB 2002 Nr. 25 = AP Nr. 58 zu § 103 BetrVG 1972 = NZA 2009, 855 [857]; *G. Hueck* RdA 1975, 35 ff.; *Kittner* ZHR 136 (1972), 208 ff.; *Mertens* Die AG 1975, 235 ff.; *Rittner* FS *Hefermehl*, S. 365 ff.; *Säcker* Informationsrechte, S. 45 ff.; *Säcker*/*Oetker* NJW 1986, 803 ff.; *Weninger* Interessenkonflikte, S. 275 ff.; *Wiese* FS *Ernst Wolf*, S. 685 ff. jeweils m. w. N. 53

V. Inhalt und Umfang der Geheimhaltungspflicht

54 Anders als § 55 BetrVG 1952, der nur dazu verpflichtete, »Stillschweigen zu wahren«, verbietet § 79 Abs. 1 Satz 1, materielle Betriebs- oder Geschäftsgeheimnisse zu **offenbaren** und zu **verwerten**. Offenbaren ist die Weitergabe des Geheimnisses an andere. Das Offenbarungsverbot entspricht dem früheren Gebot, Stillschweigen zu wahren.

55 **Verwerten** ist das wirtschaftliche Ausnutzen des Geheimnisses zum Zweck der Gewinnerzielung. Es ist von dem in § 120 Abs. 3 Satz 1 unter erhöhte Strafandrohung gestellte Offenbaren des Geheimnisses gegen Entgelt oder in Bereicherungs- bzw. Schädigungsabsicht zu unterscheiden. Das Verwerten ist ein **Ausnutzen ohne Offenbarung** (näher § 120 Rdn. 51 ff.) und erfasst die eigene wirtschaftliche Ausnutzung von Kenntnissen über Anlagen, Produktionsmethoden usw. und über geschäftliche Unterlagen (z.B. Kundenkarteien, Bezugsquellen) und Vorhaben (*Buschmann/DKKW* § 79 Rn. 22; *Fitting* § 79 Rn. 3, 16; *Waskow*/NK-GA § 79 BetrVG Rn. 9; *Weber* Schweigepflicht, S. 74). Derartige Verwertungen sind in vielfältiger Weise möglich. Aufgrund des Art. 238 Nr. 7 Buchst. a des Einführungsgesetzes zum Strafgesetzbuch (EGStGB) vom 02.03.1974 (BGBl. I S. 469, 607) ist seit dem 01.01.1975 (Art. 326) auch das Verwerten unter Strafe gestellt (§ 120 Abs. 3 Satz 2; näher dazu § 120 Rdn. 51 ff.).

VI. Dauer der Geheimhaltungspflicht

56 Das Verbot **beginnt** mit der Übernahme der betriebsverfassungsrechtlichen Ämter und Funktionen (allg. Ansicht; s. z. B. *Buschmann/DKKW* § 79 Rn. 19; *Fitting* § 79 Rn. 17; *Kania*/ErfK § 79 BetrVG Rn. 12; *Nicolai/HWGNRH* § 79 Rn. 18; *Sittard/HWK* § 79 BetrVG Rn. 10; *Waskow*/NK-GA § 79 BetrVG Rn. 10; *Weber* Schweigepflicht, S. 75). Es wird wirksam, wenn dem Verpflichteten das Geheimnis und die Bezeichnung als geheimhaltungsbedürftig bekanntgeworden sind. Ein Irrtum über das Vorliegen eines (materiellen) Betriebs- oder Geschäftsgeheimnisses befreit nicht von der Geheimhaltungspflicht (ebenso *Waskow*/NK-GA § 79 BetrVG Rn. 10). Dem Verpflichteten muss jedoch bekannt sein, dass der Arbeitgeber die betreffende Tatsache als geheimhaltungsbedürftig bezeichnet hat (*Waskow*/NK-GA § 79 BetrVG Rn. 10). Die Erklärung des Arbeitgebers ist nicht nur eine »objektive Bedingung« der Geheimhaltungspflicht und der Strafbarkeit.

57 Die Geheimhaltungspflicht besteht während der ganzen Zeit der Amtstätigkeit und **endet** nach der ausdrücklichen Regelung des Abs. 1 Satz 2 auch **nicht mit** dem **Ausscheiden aus** dem **Amt** und ebenso wenig mit der Beendigung des Arbeitsverhältnisses (*BAG* 16.03.1982 AP Nr. 1 zu § 611 BGB Betriebsgeheimnis Bl. 5; *Buschmann/DKKW* § 79 Rn. 19; *Fitting* § 79 Rn. 17; *Galperin/Löwisch* § 79 Rn. 15; *Isele* FS *Kronstein*, S. 107 [118]; *Kania*/ErfK § 79 BetrVG Rn. 12; *Nicolai/HWGNRH* § 79 Rn. 18; *Richardi/Thüsing* § 79 Rn. 17; *Sittard/HWK* § 79 BetrVG Rn. 10; *Stege/Weinspach/Schiefer* § 79 Rn. 3; *Waskow*/NK-GA § 79 BetrVG Rn. 10; *Weber* Schweigepflicht, S. 76 f.). Sie bleibt für alle Verpflichteten wirksam, bis das Geheimnis allgemein bekannt ist oder der Arbeitgeber es als nicht mehr geheimhaltungsbedürftig bezeichnet. Entsprechendes gilt für das Verwertungsverbot. Wegen der in § 79 Abs. 2 angeordneten sinngemäßen Anwendung von Abs. 1 besteht die Geheimhaltungspflicht für die Vertreter der Gewerkschaften und der Arbeitgeberverbände auch, wenn sie nicht mehr ihrer bisherigen Organisation angehören (*Buschmann/DKKW* § 79 Rn. 19; *Fitting* § 79 Rn. 17).

VII. Ausnahmen von der Geheimhaltungspflicht

58 Das Verbot, Betriebs- oder Geschäftsgeheimnisse zu offenbaren oder zu verwerten, besteht **grundsätzlich gegenüber jedermann**, d. h. sowohl gegenüber **Betriebsangehörigen** als auch **Außenstehenden** (s. aber *Gutzeit* § 89 Rdn. 60). Die nach § 79 zur Verschwiegenheit Verpflichteten haben jedoch **kein** berufsbezogenes **Auskunfts- oder Zeugnisverweigerungsrecht** gegenüber Behörden und Gerichten, soweit eine gesetzliche Offenbarungspflicht besteht. Das gilt insbesondere für **Strafverfahren**; § 53 Abs. 1 StPO ist insoweit mit dem Grundgesetz vereinbar (*BVerfG* 19.01.1979 NJW 1979, 1286; *Fitting* § 79 Rn. 30; *Joost*/MünchArbR § 220 Rn. 162; *Preis/WPK* § 79 Rn. 19; *Richar-*

di/Thüsing § 79 Rn. 16; *Stege/Weinspach/Schiefer* § 79 Rn. 10; *Waskow*/NK-GA § 79 BetrVG Rn. 14 sowie näher § 120 Rdn. 22 f.). Ebenso tritt der durch § 79 begründete Geheimnisschutz zurück, wenn den Betriebsrat eine gesetzliche **Auskunftspflicht** trifft, so z. B. bei Auskünften gegenüber den für den Arbeitsschutz zuständigen Behörden gemäß § 89 Abs. 1 Satz 2 (*BAG* 16.03.1982 AP Nr. 1 zu § 89 BetrVG 1972 Bl. 4 sowie *Fitting* § 79 Rn. 30; *Gamillscheg* II, § 46, 7a [1]; *Joost*/MünchArbR § 220 Rn. 162; *Richardi/Thüsing* § 79 Rn. 15; *Waskow*/NK-GA § 79 BetrVG Rn. 14; ferner *Gutzeit* § 89 Rdn. 60, m. w. N.).

Nicht als Ausnahme von der Verschwiegenheitspflicht ist es zu bewerten, wenn Rechtsvorschriften dem Arbeitgeber i. S. eines **Benachteiligungsschutzes** untersagen, Maßnahmen gegen den Offenbarenden zu ergreifen. Derzeit liegen derartige Vorschriften zum Schutz sog. **Whistleblower** erst im Bereich der **Finanzdienstleistungsaufsicht** vor (§ 4d Abs. 6 FinDAG; hierzu *Eufinger* WM 2016, 2336 [2339 f.]). Ein ähnlicher Benachteiligungsschutz ist in allgemeiner Form durch Art. 5 der **Geschäftsgeheimnis-Richtlinie** (s. Rdn. 7) gefordert, wenn die Offenlegung ein »berufliches oder sonstiges Fehlverhalten« oder eine »illegale Tätigkeit« betrifft und dies in der Absicht erfolgt, das allgemeine öffentliche Interesse zu schützen (*Oetker* ZESAR 2017, 257 [263]). Partikularinteressen (z. B. der im Betrieb beschäftigten Arbeitnehmer) werden hiervon jedoch nicht erfasst. Sollte bis zum Ablauf der Umsetzungsfrist (09.06.2018) kein derartiger spezialgesetzlicher Schutz existieren, ist dem Zweck der Richtlinie durch eine unionsrechtskonforme Anwendung der einschlägigen Vorschriften auf der Rechtsfolgenebene Rechnung zu tragen, da eine tatbestandliche Reduktion des Geheimnisschutzes durch § 79 Abs. 1 im Widerspruch zu der Geschäftsgeheimnis-Richtlinie stünde (s. Rdn. 21). 59

Um die Wahrnehmung der betriebsverfassungsrechtlichen Aufgaben nicht zu erschweren oder unmöglich zu machen, gilt das **Offenbarungsverbot** (anders als das Verwertungsverbot) **nicht gegenüber** den in § 79 Abs. 1 Satz 3 und 4 **genannten Funktionsträgern**. Diese Ausnahmeregelung ist nicht im Wege der Analogie auf die Mitglieder kollektivvertraglich errichteter Interessenvertretungen transnationaler Unternehmen oder Konzerne anwendbar (**a. M.** *Buschmann*/DKKW § 79 Rn. 33; *Weber* Schweigepflicht, S. 96 ff.); diese Frage bedarf der Entscheidung durch den Gesetzgeber (s. a. Rdn. 62). 60

Mitglieder und Ersatzmitglieder einer betriebsverfassungsrechtlichen Vertretung dürfen danach den anderen **Mitgliedern desselben Organs** Betriebs- oder Geschäftsgeheimnisse unbeschränkt offenbaren (Abs. 1 Satz 3; Abs. 2 i. V. m. Abs. 1 Satz 3; *LAG Hamm* 22.07.2011 – 10 Sa 381/11 – BeckRS 2011, 77605; *Waskow*/NK-GA § 79 BetrVG Rn. 12). Entsprechendes gilt auch für die Weitergabe von Geheimnissen unter den Mitgliedern des Aufsichtsrats, ohne dass hierfür auf eine Analogie zu § 79 Abs. 1 Satz 3 zurückgegriffen werden muss (*BGH* 26.04.2016 NJW 2016, 2569 Rn. 32; s. dazu näher *Oetker* FS Hopt, Bd. I, S. 1091 ff.). Dagegen dürfen die zur Verschwiegenheit verpflichteten Vertreter der im Betrieb vertretenen Koalitionen diesen gegenüber keine Geheimnisse offenbaren (s. *Raab* § 31 Rdn. 26 m. w. N.). Da § 79 Abs. 1 Satz 3 auf die Mitgliedschaft im Organ abstellt, bleibt die Geheimhaltungspflicht gegenüber **Ersatzmitgliedern** bestehen, bis sie für ein Organmitglied nachrücken oder ein solches vorübergehend vertreten (*Kaiser*/LK § 79 Rn. 10; *Reich* § 79 Rn. 3). 61

Mitglieder und **Ersatzmitglieder** des **Betriebsrats** sowie der in **Abs. 2 genannten Gremien** sind nicht nur dem eigenen Organ, sondern **allen** in Abs. 1 Satz 4 aufgezählten Vertretungen und Stellen, die Mitglieder und Ersatzmitglieder der in Abs. 2 genannten Gremien auch dem Betriebsrat gegenüber von der Verschwiegenheitspflicht entbunden (*Fitting* § 79 Rn. 21; *Kania*/ErfK § 79 BetrVG Rn. 13; *Richardi/Thüsing* § 79 Rn. 13, 27; *Weber* Schweigepflicht, S. 80). 62

Die h. M. versteht die Aufzählung in § 79 Abs. 1 Satz 4 als abschließend, so dass die Verschwiegenheitspflicht gegenüber den in Abs. 2 genannten, aber in § 79 Abs. 1 Satz 4 nicht aufgezählten Gremien bzw. Personen uneingeschränkt zu beachten ist (s. a. Rdn. 66). Das gilt auch bezüglich anderer Arbeitnehmervertretungen, so nach h. M. gegenüber **Mitgliedern des Sprecherausschusses** (*Fitting* § 79 Rn. 21; *Kaiser/LK* § 79 Rn. 10; *Richardi/Thüsing* § 79 Rn. 14; *Waskow*/NK-GA § 79 BetrVG Rn. 13; **a. M.** *Oetker* ZfA 1990, 43 [53 f.]; ebenso ohne Begründung *Gamillscheg* II, § 46, 7a [1]). Vom Standpunkt der h. M., die § 79 Abs. 1 Satz 4 als nicht analogiefähige Ausnahmebestimmung bewertet, besteht die Verschwiegenheitspflicht ferner gegenüber einem **Europäischen Betriebsrat** und seinen Mitgliedern (*Winstel* Unterrichtung, S. 143 f.; **a. M.** *Buschmann*/DKKW § 79 Rn. 32) so- 63 wie dem **SE-Betriebsrat** und seinen Mitgliedern (s. a. Rdn. 4). Entsprechendes gilt für den auf Anforderung des Betriebsrats vom Arbeitgeber nach § 80 Abs. 2 Satz 3 BetrVG als **Auskunftsperson** zur Verfügung gestellten **sachkundigen Arbeitnehmer (a. M.** *Buschmann/DKKW* § 79 Rn. 30) sowie die Mitglieder einer **Arbeitsgruppe i. S. d.** § **28a** (*Fitting* § 79 Rn. 21; *Richardi/Thüsing* § 79 Rn. 14; *Waskow*/NK-GA § 79 BetrVG Rn. 13).

64 Obwohl von dem Wortlaut des § 79 Abs. 1 Satz 4 nicht unmittelbar erfasst, greift die Ausnahme von der Geheimhaltungspflicht jedoch bei der gegenseitigen **Unterrichtung verschiedener Betriebsräte desselben Unternehmens** ein. Da das Gesetz eine indirekte Kommunikation über den Gesamtbetriebsrat ermöglicht, wäre es sinnwidrig, wenn die Geheimhaltungspflicht einer unmittelbaren (horizontalen) Unterrichtung entgegenstünde (*Fitting* § 79 Rn. 21). Das gilt entsprechend für die Weitergabe von Geheimnissen zwischen **verschiedenen Gesamtbetriebsräten innerhalb eines Konzerns**, sofern diese einen Konzernbetriebsrat gebildet haben (ebenso *Winstel* Unterrichtung, S. 139; i. E. auch *Windbichler* Arbeitsrecht im Konzern, 1989, S. 330; ohne diese Einschränkung *LAG Schleswig-Holstein* 04.03.2015 – 3 Sa 400/14 – BeckRS 2015, 68142). Wegen der durch § 79 Abs. 1 Satz 4 gezogenen Beschränkung ist die Zulässigkeit einer horizontalen Information akzessorisch zu der Möglichkeit eines vertikalen Informationsflusses. Scheidet dieser wegen der unterbliebenen Bildung eines Konzernbetriebsrats aus, dann entfällt auch für eine horizontale Informationsweitergabe die Berechtigung (treffend *Winstel* Unterrichtung, S. 139 ff.; **a. M.** *Windbichler* Arbeitsrecht im Konzern, 1989, S. 330, die auch in dieser Konstellation § 79 Abs. 1 als nicht anwendbar erachtet; i. d. S. wohl auch *LAG Schleswig-Holstein* 04.03.2015 – 3 Sa 400/14 – BeckRS 2015, 68142).

65 Gegenüber den **Mitgliedern der Einigungs-, Schlichtungs- und Beschwerdestelle** gilt die Aufhebung der Schweigepflicht nur im Hinblick auf die dort verhandelten Angelegenheiten, im Übrigen jedoch generell.

66 Die in Abs. 2, aber nicht in Abs. 1 Satz 4 genannten **Mitglieder** und **Ersatzmitglieder** der **Jugend- und Auszubildendenvertretung**, der **Gesamt-Jugend- und Auszubildendenvertretung**, der **Konzern-Jugend- und Auszubildendenvertretung**, des **Wirtschaftsausschusses** und die **Vertreter** der **im Betrieb vertretenen Gewerkschaften** und des **Arbeitgeberverbandes**, dem der Arbeitgeber angehört, dürfen zwar Betriebs- und Geschäftsgeheimnisse an die Mitglieder der in Abs. 1 Satz 3 und 4 genannten Gremien weiterleiten (s. Rdn. 62), **nicht aber umgekehrt** (*Galperin/Löwisch* § 79 Rn. 17; *Kania*/ErfK § 79 BetrVG Rn. 13; *Nicolai*/HWGNRH § 79 Rn. 15; *Preis*/WPK § 79 Rn. 18; *Richardi/Thüsing* § 79 Rn. 13; *Stege* DB 1977, Beil. Nr. 8, S. 1 [4]; *Waskow*/NK-GA § 79 BetrVG Rn. 13; *Weber* Schweigepflicht, S. 83 ff.; *Wochner* BB 1975, 1541 f.; offen *Sittard*/HWK § 79 BetrVG Rn. 12; **a. M.** bzw. mit deutlicher Kritik *Buschmann/DKKW* § 79 Rn. 26; *Fitting* § 79 Rn. 25; *Lorenz*/HaKo § 79 Rn. 18). Das gilt auch gegenüber Mitgliedern der Jugend- und Auszubildendenvertretung, der Gesamt-Jugend- und Auszubildendenvertretung sowie der Konzern-Jugend- und Auszubildendenvertretung, selbst wenn sie nach § 67, § 73 Abs. 2 zur Teilnahme an Sitzungen des Betriebsrats bzw. Gesamt- oder Konzernbetriebsrats berechtigt sind (*Weber* Schweigepflicht, S. 89 ff.; **a. M.** *Buschmann/DKKW* § 79 Rn. 26). Entsprechendes gilt gegenüber Gewerkschaftsvertretern, die nach § 31 an Betriebsratssitzungen teilnehmen dürfen (*Raab* § 31 Rdn. 26; **a. M.** *Buschmann/DKKW* § 79 Rn. 28; *Lorenz*/HaKo § 79 Rn. 18; *Weber* Schweigepflicht, S. 92 f.).

67 Die Mitglieder einer gemäß § **3 Abs. 1 Nr. 1 bis 3** gebildeten **anderen Vertretung** der **Arbeitnehmer** sind den Betriebsratsmitgliedern gleichzusetzen. Sie dürfen daher von den in Abs. 2 genannten Personen über Geheimnisse unterrichtet werden (§ 79 Abs. 2 i. V. m. Abs. 1 Satz 3) und selbst die Mitglieder der in Abs. 1 Satz 4, aber nicht diejenigen der zusätzlich in Abs. 2 aufgezählten Gremien informieren (*Fitting* § 79 Rn. 28; *Galperin/Löwisch* § 79 Rn. 17; *Kania*/ErfK § 79 BetrVG Rn. 13; *Nicolai*/HWGNRH § 79 Rn. 14; *Schuster*/JRH Kap. 4 Rn. 100; *Waskow*/NK-GA § 79 BetrVG Rn. 13; *Weber* Schweigepflicht, S. 82).

68 Dagegen dürfen die Mitglieder einer gemäß § **3 Abs. 1 Nr. 4 oder 5** gebildeten **zusätzlichen Vertretung** zwar die ihnen bekanntgewordenen Geheimnisse den in § 79 Abs. 1 Satz 3 und 4 genannten Personen und Gremien offenbaren, diese aber nicht umgekehrt ihnen gegenüber (*Richardi/Thüsing* § 79 Rn. 14; *Waskow*/NK-GA § 79 BetrVG Rn. 13).

Geheimhaltungspflicht § 79

Den **Arbeitnehmervertretern im Aufsichtsrat** dürfen generell die Betriebs- und Geschäfts- 69
geheimnisse offenbart werden (§ 79 Abs. 1 Satz 4). Sie selbst unterliegen dagegen nicht der Geheimhaltungspflicht gemäß § 79, sondern allein den gesellschaftsrechtlichen Bindungen (s. Rdn. 53).

Soweit die Offenbarung von Betriebs- und Geschäftsgeheimnissen zulässig ist, muss die Weitergabe 70
unter **Hinweis** darauf erfolgen, dass es sich um ein vom Arbeitgeber als solches bezeichnetes Geheimnis handelt (s. Rdn. 35; *Buschmann/DKKW* § 79 Rn. 35; *Fitting* § 79 Rn. 31; *Galperin/Löwisch* § 79 Rn. 18; *Joost*/MünchArbR § 220 Rn. 163; *Richardi/Thüsing* § 79 Rn. 15; *Stege* DB 1977, Beil. Nr. 8, S. 1 [4]; *Stege/Weinspach/Schiefer* § 79 Rn. 9; *Weber* Schweigepflicht, S. 95; *Wiese* FS *Karl Molitor*, S. 365 [382]).

Im Gesetz nicht geregelt ist die Frage, ob, soweit die **Weitergabe** von **Geheimnissen** zulässig ist, dazu 71
eine **Verpflichtung** besteht. Der Arbeitgeber selbst ist nur unter bestimmten Voraussetzungen nicht zur Offenbarung von Betriebs- und Geschäftsgeheimnissen verpflichtet (§ 43 Abs. 2 Satz 3, § 53 Abs. 2 Nr. 2 und § 106 Abs. 2). Die betriebsverfassungsrechtlichen Organe und sonstigen Funktionsträger entscheiden über die (zulässige) Weitergabe von Geheimnissen nach **pflichtgemäßem Ermessen** (*LAG Hamm* 21.09.2001 – 10 TaBV 52/01 – BeckRS 2004, 42651; *Fitting* § 79 Rn. 21; *Müller* BB 2013, 2293 [2296]; *Weber* Schweigepflicht, S. 96). Eine aus dem Amt folgende Rechtspflicht zur Offenbarung ist für sie nur dann anzuerkennen, wenn die Kenntnis für eine sachgerechte Entschließung und die ordnungsgemäße Durchführung von Maßnahmen des betreffenden Gremiums unerlässlich ist (*Müller* BB 2013, 2293 [2296]; *Weber* Schweigepflicht, S. 96; **a. M.** *LAG Hamm* 22.07.2011 – 10 Sa 381/11 – BeckRS 2011, 77605; *Buschmann/DKKW* § 79 Rn. 24, die innerhalb desselben Gremiums einschränkungslos eine Verpflichtung zur Mitteilung bejahen; hiergegen *Richardi/Thüsing* § 79 Rn. 15, der es jedoch ausreichen lässt, dass die Mitteilung in der betreffenden Angelegenheit von Einfluss sein kann). Ist die Offenbarung zulässig und erforderlich, dann kann ihre Verweigerung eine Behinderung i. S. d. § 78 und eine Pflichtverletzung i. S. d. § 23 Abs. 1 sein.

VIII. Rechtsfolgen bei Verletzung der Geheimhaltungspflicht

1. Antrag nach § 23 Abs. 1

Der Verstoß gegen die Geheimhaltungspflicht kann eine grobe Verletzung der gesetzlichen **Amts-** 72
pflichten eines Betriebsratsmitglieds sein und gemäß § 23 Abs. 1 einen Antrag auf **Ausschluss aus dem Betriebsrat** bzw. **Auflösung** des **Betriebsrats** rechtfertigen (*Buschmann/DKKW* § 79 Rn. 54; *Fitting* § 79 Rn. 41; *Galperin/Löwisch* § 79 Rn. 21; *Gamillscheg* II, § 46, 7c; *von Hoyningen-Huene* Anm. zu BAG 26.01.1987 EzA § 79 BetrVG 1972 Nr. 1 S. 9 ff.; *Joost*/MünchArbR § 220 Rn. 164; *Kania*/ErfK § 79 BetrVG Rn. 19; *Müller* BB 2013, 2293 [2296 f.]; *Nicolai*/HWGNRH § 79 Rn. 22 f.; *Richardi/Thüsing* § 79 Rn. 38; *Schwipper* Öffentliche Meinungsäußerungen, S. 238 ff.; *Sittard*/HWK § 79 BetrVG Rn. 13; *Stege/Weinspach/Schiefer* § 79 Rn. 10; *Waskow*/NK-GA § 79 BetrVG Rn. 16; *Weber* Schweigepflicht, S. 147 ff.; *Wochner* BB 1975, 1541 [1542]; s. a. BAG 26.01.1987 EzA § 79 BetrVG 1972 Nr. 1 S. 3 f. = AP Nr. 2 zu § 79 BetrVG 1972 Bl. 2 R f.; *LAG Düsseldorf* 23.01.2015 LAGE § 79 BetrVG 2001 Nr. 1 S. 8 ff. = NZA-RR 2015, 299; **a. M.** *Brecht* § 79 Rn. 8). Letzteres ist möglich, wenn der Betriebsrat als solcher ein Geheimnis offenbart, z. B. in einem Beschluss, der den Arbeitnehmern oder Dritten bekanntgemacht wird (BAG 26.02.1987 EzA § 79 BetrVG 1972 Nr. 1 = AP Nr. 2 zu § 79 BetrVG 1972). Zur Anwendbarkeit des § 23 Abs. 1 auf andere betriebsverfassungsrechtliche Gremien s. § 23 Rdn. 4 ff. Die Sanktion des § 23 Abs. 1 kommt allerdings nicht in Betracht, wenn die Rechtsordnung einen Schutz vor Benachteiligung wegen der Offenbarung eines Betriebs- oder Geschäftsgeheimnisses vorsieht (s. Rdn. 59).

Die **Antragsbefugnis** richtet sich nach den allgemeinen Grundsätzen zu § 23 (s. § 23 Rdn. 79 ff.). 73
Das gilt auch für das **Antragsrecht des Betriebsrats**, wenn ein einzelnes Betriebsratsmitglied gegen seine Pflicht zur Geheimhaltung verstößt (**a. M.** *Gamillscheg* II, § 46, 7c). Es ist zwar nicht die Aufgabe des Betriebsrats, das Interesse des Arbeitgebers an der Geheimhaltung der Betriebs- und Geschäftsgeheimnisse zu wahren, die Einhaltung der Geheimhaltungspflicht durch die einzelnen Mitglieder des Betriebsrats liegt aber wegen dessen essentieller Bedeutung für eine vertrauensvolle Zusammen-

arbeit und eine funktionsfähige Betriebsverfassung auch im wohlverstandenen Eigeninteresse des Betriebsrats (s. Rdn. 10).

2. Schadenersatz

74 Die Vorschrift des § 79 ist ein **Schutzgesetz** i. S. d. § 823 Abs. 2 BGB **zugunsten des Arbeitgebers** (*Buschmann/DKKW* § 79 Rn. 56; *Fitting* § 79 Rn. 43; *Gamillscheg* II, § 46, 7c; *Hitzfeld* Geheimnisschutz, S. 83 f.; *Joost*/MünchArbR § 220 Rn. 164; *Kania*/ErfK § 79 BetrVG Rn. 21; *Müller* BB 2013, 2293 [2297]; *Nicolai/HWGNRH* § 79 Rn. 26; *Richardi/Thüsing* § 79 Rn. 40; *Stege/Weinspach/Schiefer* § 79 Rn. 10; *Waskow*/NK-GA § 79 BetrVG Rn. 17; *Weber* Schweigepflicht, S. 133 f.), da die Vorschrift vor allem seiner Stellung im Wettbewerb (s. Rdn. 9) und damit seinen Vermögensinteressen dient. Schutzgesetze **zugunsten der Arbeitnehmer** sind § 99 Abs. 1 Satz 3 und § 102 Abs. 2 Satz 5 (*Kania*/ErfK § 79 BetrVG Rn. 21; *Richardi/Thüsing* § 79 Rn. 39; *Waskow*/NK-GA § 79 BetrVG Rn. 17). Der allgemeine Geheimnisschutz im Rahmen der arbeitsvertraglichen Nebenpflichten (§ 241 Abs. 2 BGB i. V. m. § 280 Abs. 1 BGB) und durch die §§ 823, 826 BGB bleibt unberührt, soweit die besonderen Voraussetzungen des § 79 Abs. 1 Satz 1 nicht vorliegen (dazu Rdn. 88 ff.).

75 Die schuldhafte unbefugte Offenbarung oder Verwertung eines Betriebs- oder Geschäftsgeheimnisses verpflichtet zum **Schadenersatz** (zur Problematik einer Haftungsbegrenzung s. *Hitzfeld* Geheimnisschutz, S. 84 ff., 91 f.; *Schwipper* Öffentliche Meinungsäußerungen, S. 259 ff.; *Weber* Schweigepflicht, S. 144 ff.). Das Verbot kann auch durch **Unterlassen** verletzt werden, z. B. durch Liegenlassen geheimer Unterlagen an Stellen, die auch für andere als die in Abs. 1 Satz 3 und 4 genannten Personen zugänglich sind. Für die Verletzungshandlung genügt **Fahrlässigkeit**. Der zur Geheimhaltung Verpflichtete muss nicht wissen, dass es sich um ein Betriebs- oder Geschäftsgeheimnis handelt. Seine Unkenntnis muss nur ebenfalls auf Fahrlässigkeit beruhen. Ein Irrtum über das Vorliegen eines Geheimnisses, insbesondere ein **Irrtum** über das erforderliche berechtigte Interesse des Arbeitgebers an einer Geheimhaltung, schließt die Ersatzpflicht nicht aus, sofern er seinerseits auf Fahrlässigkeit beruht. Dagegen muss der Täter wissen, dass der Arbeitgeber den in Frage stehenden Umstand ausdrücklich als geheimhaltungsbedürftig bezeichnet hat. Dies erfordert jedenfalls praktisch in der Regel Vorsatz.

3. Unterlassung

76 Nach § 79 Abs. 1 Satz 1 hat der Arbeitgeber einen Anspruch darauf, dass die Betriebsratsmitglieder und der Betriebsrat als Organ es unterlassen, Betriebs- und Geschäftsgeheimnisse zu offenbaren oder zu verwerten. Zwar enthält die Vorschrift nicht ausdrücklich einen **Unterlassungsanspruch**; dieser ergibt sich aber aus dem Zweck der Verpflichtung zur Verschwiegenheit (*BAG* 26.02.1987 EzA § 79 BetrVG 1972 Nr. 1 S. 3 f. [zust. *von Hoyningen-Huene*] = AP Nr. 2 zu § 79 BetrVG 1972 Bl. 2 R f. [zust. *Teplitzky*] = SAE 1988, 60 [zust. *Kort*]; 14.05.1987 DB 1988, 2569 [2570]; *Fitting* § 79 Rn. 42; *Gamillscheg* II, § 46, 7c; *Joost*/MünchArbR § 220 Rn. 164; *Kaiser/LK* § 79 Rn. 19; *Kamanabrou* Arbeitsrecht, Rn. 2248; *Kania*/ErfK § 79 BetrVG Rn. 22; *v. Koppenfels-Spieß* FS Blaurock, 2013, S. 213 [222]; *Lukes* Der betriebsverfassungsrechtliche Unterlassungsanspruch des Arbeitgebers gegen den Betriebsrat [Diss. Köln], 2016, S. 284 ff.; *Nicolai/HWGNRH* § 79 Rn. 24; *Preis/WPK* § 79 Rn. 24; *Richardi/Thüsing* § 79 Rn. 36; *Schwipper* Öffentliche Meinungsäußerungen, S. 271 ff.; *Sittard*/HWK § 79 BetrVG Rn. 13; *Stege/Weinspach/Schiefer* § 79 Rn. 10; *Weber* Schweigepflicht, S. 129 f.; **a. M.** *Buschmann/DKKW* § 79 Rn. 59). Insofern gelten für § 79 Abs. 1 Satz 1 keine anderen Grundsätze als bei einer Verletzung der arbeitsvertraglichen Verschwiegenheitspflicht (s. Rn. 1 ff.), bezüglich der ein Unterlassungsanspruch des Arbeitgebers ebenfalls allgemein anerkannt ist (s. *Preis*/ErfK § 611 BGB Rn. 719; *Reichold*/MünchArbR § 48 Rn. 46; *Reinfeld* Verschwiegenheitspflicht, S. 46 f.). Der Arbeitgeber kann den Unterlassungsanspruch auch mittels einer **einstweiligen Verfügung** durchsetzen (*Kania*/ErfK § 79 BetrVG Rn. 22; *Nicolai/HWGNRH* § 79 Rn. 24). Zur zulässigen Verweigerung des Einsichtsrechts des Betriebsrats durch den Arbeitgeber, bis jener eine die Wiederholung einer pflichtverletzenden Veröffentlichung ausschließende Erklärung abgibt, s. *BAG* 14.05.1987 DB 1988, 2569 (2570).

77 Im Lichte der neueren Rechtsprechung des *Siebten Senats* zu § 74 Abs. 2 Satz 3 BetrVG ist die Anerkennung des Unterlassungsanspruchs zugunsten des Arbeitgebers in Rdn. 76 zweifelhaft geworden.

Die Argumentation des *BAG* in dem Beschluss vom 17.03.2010 (EzA § 74 BetrVG 2001 Nr. 1 Rn. 26 ff. = AP Nr. 12 zu § 74 BetrVG 1972 = NZA 2010, 1133 sowie *Kreutz/Jacobs* § 74 Rdn. 127 f.) trifft in vergleichbarer Weise auf die in § 79 normierte Pflicht zu: weder lässt sich ein Unterlassungsanspruch dem Gesetzeswortlaut entnehmen noch folgen aus diesem Argumente, die die vom *BAG* auf § 23 Abs. 3 gestützte systematische Erwägung entkräften. Da der *Siebte Senat* seine im Beschluss vom 17.03.2010 eingeleitete Rechtsprechung trotz der hiergegen geäußerten Kritik fortgesetzt hat (so *BAG* 28.05.2014 EzA § 76 BetrVG 2001 Nr. 8 Rn. 18 = AP Nr. 66 zu § 76 BetrVG 1972 = NZA 2014, 1213 sowie auch für die Judikatur des *Ersten Senats BAG* 15.10.2013 EzA Art. 9 GG Arbeitskampf Nr. 151 = AP Nr. 181 zu Art. 9 GG Arbeitskampf = NZA 2014, 319 [zu § 74 Abs. 2 Satz 1]), liegt die Korrektur der höchstrichterlichen Judikatur zu § 79 nahe (ebenso zu § 79 *Burger/Reim* NJW 2010, 3613 [3618]; *Buschmann*/DKKW § 79 Rn. 59; *Kania*/ErfK § 79 BetrVG Rn. 22; i. d. S. auch *Berg*/DKKW § 74 Rn. 90). Dieser ist jedoch bereits im Grundansatz nicht zu folgen (s. *Kreutz/Jacobs* § 74 Rn. 127 f.; ebenso *v. Koppenfels-Spieß* FS Blaurock, 2013, S. 213 [216 f.]; *Lukes* Der betriebsverfassungsrechtliche Unterlassungsanspruch des Arbeitgebers gegen den Betriebsrat [Diss. Köln], 2016, S. 24 ff.; *Schwipper* Öffentliche Meinungsäußerungen, S. 271 ff.; abl. auch *Bauer/Willemsen* NZA 2010, 1089 [1091]; *Belling* JZ 2014, 905 ff.; *Burger/Reim* NJW 2010, 3613 [3614 ff.]; *Husemann* Anm. zu *BAG* 17.03.2010 AP Nr. 12 zu § 74 BetrVG 1972 Bl. 8 R f.; *Kania*/ErfK § 74 BetrVG Rn. 37; *Pfrogner* RdA 2016, 161 [162 ff.]; *Rieble*/AR § 74 BetrVG Rn. 15; *Wiebauer* BB 2010, 3091 [3094]; *Wortmann* ArbRB 2011, 212 [214 f.]; *Worzalla*/HWGNRH § 74 Rn. 61; wohl auch *Richardi/Maschmann* § 74 Rn. 72; zust. hingegen *Berg*/DKKW § 74 Rn. 89; *Lobinger* RdA 2011, 76 [80 Fn. 26]; *Schöne* SAE 2011, 184 [186]; im Ergebnis auch *Fitting* § 74 Rn. 74a).

Insbesondere rechtfertigt der Zweck des § 23 Abs. 3 nicht die Annahme, die Vorschrift schließe aus, aus dem Zweck spezieller betriebsverfassungsrechtlicher Verbotsnormen Unterlassungsansprüche abzuleiten (ebenso *Reichold* RdA 2011, 58 [61] sowie hier § 23 Rdn. 162). Ferner legitimiert die Entstehungsgeschichte des § 23 (s. § 23 Rdn. 3, 149) nicht die These, der Gesetzgeber habe hierdurch gegen den Betriebsrat gerichtete Unterlassungsansprüche des Arbeitgebers ausschließen wollen. Auch aus § 23 Abs. 1 lässt sich dies entgegen der Auffassung des *Siebten Senats* nicht ableiten. Die Vorschrift regelt ausschließlich die Voraussetzungen eines vorzeitigen Verlustes der Amtsstellung infolge pflichtwidrigen Verhaltens und verlangt für diese Rechtsfolge (zu Recht) einen schwerwiegenden Pflichtenverstoß. Keinesfalls folgt hieraus im Umkehrschluss, dass dem Arbeitgeber bei weniger schwerwiegenden Pflichtverletzungen des Betriebsrats bzw. seiner Mitglieder der Rechtsschutz entzogen sein soll (treffend *Burger/Reim* NJW 2010, 3613 [3615]; *Wiebauer* BB 2010, 3091 [3094]). Ungeachtet der grundsätzlichen Einwände gegenüber der Rechtsprechung des *Siebten Senats* trifft der Beschluss vom 17.03.2010 nur eine Aussage zu Unterlassungsansprüchen gegenüber dem Betriebsrat; im Hinblick auf dessen Mitglieder als Adressaten eines Unterlassungsanspruchs ist dem Beschluss zumindest unmittelbar keine Aussage zu entnehmen. Selbst wenn die aus dem Vollstreckungsrecht abgeleiteten Einwände im Hinblick auf den Betriebsrat als Organ überzeugend sein sollten (abl. *Burger/Reim* NJW 2010, 3613 [3615]; *Lukes* Der betriebsverfassungsrechtliche Unterlassungsanspruch des Arbeitgebers gegen den Betriebsrat [Diss. Köln], 2016, S. 221 ff.), treffen diese nicht bei einem gegen das einzelne Betriebsratsmitglied gerichteten Unterlassungsanspruch zu (treffend *Pfrogner* RdA 2016, 161 [163]). Bezüglich dieser behält jedoch die auf § 23 gestützte Argumentation ihre Bedeutung.

4. Außerordentliche Kündigung

Die unbefugte Offenbarung oder Verwertung eines Betriebs- oder Geschäftsgeheimnisses ist zugleich eine Verletzung von **Pflichten aus dem Arbeitsverhältnis** (s. Rdn. 88 f.). Sie kann daher auch eine Kündigung aus wichtigem Grund gemäß § 15 KSchG, § 626 BGB rechtfertigen (*BAG* 23.10.2008 EzA § 626 BGB 2002 Nr. 25 = AP Nr. 58 zu § 103 BetrVG 1972 = NZA 2009, 855 [858]; *LAG Hamm* 22.07.2011 – 10 Sa 381/11 – BeckRS 2011, 77605; *LAG Rheinland-Pfalz* 14.03.2013 – 10 Sa 351/12 – juris; *Fitting* § 79 Rn. 41; *Galperin/Löwisch* § 79 Rn. 22; *Gamillscheg* II, § 46, 7c; *Hueck/Nipperdey* II/2, S. 1172; *Joost*/MünchArbR § 220 Rn. 164; *Kania*/ErfK § 79 BetrVG Rn. 20; *Müller* BB 2013, 2293 [2297]; *Nicolai*/HWGNRH § 79 Rn. 25; *Nikisch* III, S. 171; *Richardi/Thüsing* § 79 Rn. 37; *Sittard*/HWK § 79 BetrVG Rn. 13; *Stege/Weinspach/Schiefer* § 79 Rn. 10; *Waskow*/NK-GA

§ 79 BetrVG Rn. 17; *Weber* Schweigepflicht, S. 153 ff.; *Wochner* BB 1975, 1541 [1542]; im Ergebnis auch *Buschmann/DKKW* § 79 Rn. 55).

80 Die Tatsache, dass ein Betriebsratsmitglied oder sonstiger Verpflichteter den geheim zu haltenden Umstand im Rahmen seiner Amtstätigkeit erfahren haben muss, verlangt jedoch Zurückhaltung bei der Bejahung eines wichtigen Grundes (s. näher § 23 Rdn. 26 ff. sowie hier Rdn. 91). Dieser liegt jedoch insbesondere vor, wenn das Betriebsratsmitglied ein Geheimnis eigennützig verwertet oder es unter den besonderen Voraussetzungen des § 120 Abs. 3 offenbart hat. In anderen Fällen kommt es darauf an, ob es das Geheimnis in der Überzeugung der Recht- und Pflichtmäßigkeit seines (amtlichen) Tuns weitergegeben hat und ob diese Überzeugung auf einem groben Verschulden beruht.

5. Strafbarkeit nach § 120

81 Die vorsätzliche Verletzung der Geheimhaltungspflicht gemäß § 79 ist nach § 120 Abs. 1, 3, 4 **strafbar** (s. näher § 120 Rdn. 11 ff.). Die Tat wird nur auf Antrag des Arbeitgebers verfolgt (§ 120 Abs. 5); zur Zurücknahme des Antrags § 77d StGB.

IX. Sonstige betriebsverfassungsrechtliche Geheimhaltungspflichten

1. Persönliche Verhältnisse und Angelegenheiten von Arbeitnehmern

82 Die Verschwiegenheitspflicht nach § 79 Abs. 1 erstreckt sich nur auf **Betriebs- und Geschäftsgeheimnisse, nicht** aber auf die **persönlichen Verhältnisse** und **Angelegenheiten**, die den Mitgliedern des Betriebsrats bei der Erfüllung der allgemeinen (§ 80) und der besonderen Aufgaben im Bereich der personellen Angelegenheiten (§§ 99, 102) bekanntgeworden sind. In **§ 99 Abs. 1 Satz 3** und **§ 102 Abs. 2 Satz 5** werden die Betriebsratsmitglieder jedoch auch hinsichtlich der ihnen im Rahmen personeller Einzelmaßnahmen bekanntgewordenen persönlichen Verhältnisse und Angelegenheiten der Arbeitnehmer, die ihrer Bedeutung oder ihrem Inhalt nach einer vertraulichen Behandlung bedürfen, zum Stillschweigen verpflichtet (*LAG Berlin* 26.06.1986 LAGE § 99 BetrVG 1972 Nr. 19 S. 3 ff.; ferner *ArbG Bamberg* 12.06.1973 MitbestGespr. 1974, 10 sowie *Raab* § 99 Rdn. 157 ff., § 102 Rdn. 128 a. E.). Das gilt nicht für die Veröffentlichung von Personaldaten in einem Informationsblatt für Beschäftigte, sofern die Betroffenen zugestimmt haben (*ArbG Hamburg* 13.09.1989 AiB 1992, 44 f.), wohl aber für mitgeteilte Schwangerschaften, falls die Arbeitnehmerin auch gegenüber dem Betriebsrat um vertrauliche Behandlung gebeten hat (*Hitzfeld* Geheimnisschutz, S. 118 ff.; *Richardi/Thüsing* § 79 Rn. 34; *Wiese* ZfA 1971, 273 [306]). Die Vorschrift des § 79 Abs. 1 Satz 2 bis 4 gilt in diesem Fall jedoch entsprechend (*Nicolai/HWGNRH* § 79 Rn. 19). Die Verschwiegenheitspflicht gemäß § 99 Abs. 1 Satz 3 und § 102 Abs. 2 Satz 5 ist ebenfalls strafbewehrt (§ 120 Abs. 2, s. Rdn. 83).

83 Die **Strafvorschrift des § 120 Abs. 2** erfasst jedoch nicht die unbefugte Offenbarung von Geheimnissen, die zum persönlichen Lebensbereich eines Arbeitnehmers zählen, wenn sie den betriebsverfassungsrechtlichen Amtsträgern außerhalb ihrer Zuständigkeit nach den §§ 99, 102 bekanntgeworden sind und über die nach den Vorschriften des Gesetzes Stillschweigen zu bewahren ist (*Fitting* § 79 Rn. 34; *Richardi/Thüsing* § 79 Rn. 34). Das betrifft insbesondere die Offenbarung von Geheimnissen, von denen Betriebsratsmitglieder in Ausführung der allgemeinen Aufgaben gemäß § 75 Abs. 1, § 80 Kenntnis erhalten haben. In diesen Fällen kann sich eine Geheimhaltungspflicht aus § 75 Abs. 2 ergeben (*Hitzfeld* Geheimnisschutz, S. 137 ff. sowie hier § 120 Rdn. 42; im Ergebnis auch *Fitting* § 79 Rn. 34; *Richardi/Thüsing* § 79 Rn. 34, die für eine Rechtsanalogie der §§ 82 Abs. 2 Satz 2, 83 Abs. 1 Satz 3, 99 Abs. 1 Satz 3 und 102 Abs. 2 Satz 5 plädieren; ohne Angabe einer Rechtsgrundlage *Nicolai/HWGNRH* § 79 Rn. 19; für einen Rückgriff auf Art. 2 Abs. 1 GG *Reich* § 79 Rn. 1; im Ergebnis auch *Stege/Weinspach/Schiefer* § 79 Rn. 6, die auf den Grundsatz der vertrauensvollen Zusammenarbeit abstellen); im Übrigen bleibt es bei der Anwendung der allgemeinen Vorschriften und Rechtsgrundsätze (dazu Rdn. 88 ff.).

84 Einen ähnlichen Schutzbereich wie § 99 Abs. 1 Satz 3 und § 102 Abs. 2 Satz 5 (s. Rdn. 82) haben **§ 82 Abs. 2 Satz 3** und **§ 83 Abs. 1 Satz 3**. Auch bei den dort genannten Sachverhalten geht es um per-

sönliche Verhältnisse des Arbeitnehmers, der ein Betriebsratsmitglied entweder gemäß § 82 Abs. 2 Satz 2 hinzuieht, wenn der Arbeitgeber ihm die Berechnung und Zusammensetzung seines Arbeitsentgelts erläutert oder die Beurteilung seiner Leistungen sowie die Möglichkeiten seiner beruflichen Entwicklung im Betrieb erörtert (§ 82 Abs. 2 Satz 1) oder wenn er sich durch ein Betriebsratsmitglied bei der Einsicht seiner Personalakte (§ 83 Abs. 1 Satz 1) gemäß § 83 Abs. 1 Satz 2 unterstützen lässt. Im Fall des § 82 Abs. 2 besteht die Verschwiegenheitspflicht des Betriebsratsmitglieds ausnahmsweise allgemein für den gesamten Inhalt der Verhandlungen (*Fitting* § 79 Rn. 33; *Franzen* § 82 Rdn. 22; *Richardi/Thüsing* § 82 Rn. 18; s. a. *Rose/HWGNRH* § 82 Rn. 37; *Stege/Weinspach/Schiefer* § 82 Rn. 5). Diese gilt nach § 82 Abs. 2 Satz 3 und § 83 Abs. 1 Satz 3 auch gegenüber dem Betriebsrat und den anderen Betriebsratsmitgliedern, da nicht der Betriebsrat als solcher, sondern ein bestimmtes Betriebsratsmitglied persönlich hinzugezogen wird (*Franzen* § 82 Rdn. 23, § 83 Rdn. 46; ferner *Buschmann/DKKW* § 82 Rn. 13; *Fitting* § 79 Rn. 33; *Richardi/Thüsing* § 83 Rn. 34). Dementsprechend gilt auch der Ausnahmetatbestand des § 79 Abs. 1 Satz 4 BetrVG nicht.

2. Geheimnisse des Betriebsrats

Um seine Aufgaben nach dem Betriebsverfassungsgesetz ungestört erfüllen zu können, muss der **Betriebsrat gegenüber** dem **Arbeitgeber** und der **Belegschaft** bestimmte **Informationen zurückhalten** dürfen. 85

Eine Verpflichtung, über den **Inhalt** von **Betriebsratssitzungen** Stillschweigen zu wahren, besteht für deren Teilnehmer jedoch nicht (*Raab* § 30 Rdn. 27 m. w. N.; *BAG* 05.09.1967 AP Nr. 8 zu § 23 BetrVG Bl. 6 ff.; 21.02.1978 EzA § 74 BetrVG 1972 Nr. 4 = AP Nr. 1 zu § 74 BetrVG 1972 Bl. 8 R; *Hess. LAG* 16.12.2010 – 9 TaBV 55/10 – BeckRS 2011, 72396; *Gamillscheg* II, § 46, 7a [1]; *Joost*/MünchArbR § 220 Rn. 168; *Nicolai/HWGNRH* § 79 Rn. 9; *Stege/Weinspach/Schiefer* § 79 Rn. 11). 86

Eine **Ausnahme** kommt nur in Betracht, wenn die **Funktionsfähigkeit des Betriebsrats** durch die Weitergabe von Informationen ernstlich gefährdet oder dieser sogar lahmgelegt würde (*BAG* 05.09.1967 AP Nr. 8 zu § 23 BetrVG Bl. 6 ff.; 21.02.1978 EzA § 74 BetrVG 1972 Nr. 4 = AP Nr. 1 zu § 74 BetrVG Bl. 8 R.; *Buschmann/DKKW* § 79 Rn. 43; *Fitting* § 30 Rn. 21, § 79 Rn. 40; *Galperin/Löwisch* § 30 Rn. 15; *Joost*/MünchArbR § 220 Rn. 168; *Kania*/ErfK § 79 BetrVG Rn. 15; *Richardi/Thüsing* § 30 Rn. 17, § 79 Rn. 10; *Weber* Schweigepflicht, S. 231 ff.; ähnlich *Hess. LAG* 16.12.2010 – 9 TaBV 55/10 – BeckRS 2011, 72396 sowie *Stege/Weinspach/Schiefer* § 79 Rn. 11: Vorliegen besonderer Umstände). Ein Rückgriff auf § 2 Abs. 1 scheidet hierfür jedoch aus (**a. M.** *Raab* § 30 Rdn. 28), da die Vorschrift nicht das Verhältnis der Betriebsratsmitglieder untereinander betrifft (s. *Franzen* § 2 Rdn. 8 sowie auch *Hitzfeld* Geheimnisschutz, S. 75; *Schwipper* Öffentliche Meinungsäußerungen, S. 126 f.). Aus der Amtsstellung des Betriebsratsmitgliedes lässt sich indes die Pflicht ableiten, die Funktionsfähigkeit des Organs, dessen Mitglied er ist, nicht zu beeinträchtigen. Damit bleibt § 79 hinter der Parallelnorm in § 10 Abs. 1 BPersVG zurück, die aufgrund des weiter gefassten Tatbestands (s. Rdn. 2) auch das Abstimmungsverhalten im Personalrat in die Verschwiegenheitspflicht einbezieht (*OVG Koblenz* 05.08.2005 NZA-RR 2006, 333 [334]; *Treber/RDW* § 10 Rn. 2; s. aber demgegenüber *Raab* § 35 Rdn. 31). 87

X. Allgemeiner Geheimnisschutz

1. Arbeitsvertragliche Schweigepflicht

Die unbefugte Offenbarung von Geheimnissen i. S. d. § 79 ist in der Regel zugleich eine Verletzung der aus § 241 Abs. 2 BGB abzuleitenden arbeitsvertraglichen Interessenwahrungspflicht (*BGH* 21.12.1962 AP Nr. 7 zu § 17 UnlWG Bl. 4 ff.; 20.01.1981 AP Nr. 4 zu § 611 BGB Schweigepflicht Bl. 2 m. w. N.; *BAG* 25.08.1966 AP Nr. 1 zu § 611 BGB Schweigepflicht Bl. 4; 13.02.1969 AP Nr. 3 zu § 611 BGB Schweigepflicht Bl. 4; 16.03.1982 AP Nr. 1 zu § 611 BGB Betriebsgeheimnis Bl. 4 R f.; 15.12.1987 AP Nr. 5 zu § 611 BGB Betriebsgeheimnis Bl. 4; 03.07.2003 EzA § 1 KSchG Verhaltensbedingte Kündigung Nr. 61 S. = AP Nr. 45 zu § 1 KSchG 1969 Verhaltensbedingte Kündigung 88

Bl. 3 R; 23.10.2008 EzA § 626 BGB 2002 Nr. 25 = AP Nr. 58 zu § 103 BetrVG 1972 = NZA 2009, 855 [858]; *LAG Bremen* 06.07.1955 AP Nr. 10 zu § 626 BGB Bl. 1 R; *LAG Frankfurt a. M.* 01.06.1967 AP Nr. 2 zu § 611 BGB Schweigepflicht Bl. 1; *LAG Hamm* 22.07.2011 – 10 Sa 381/11 – BeckRS 2011, 77605; *LAG Köln* 18.12.1987 LAGE § 611 BGB Betriebsgeheimnis Nr. 1 S. 3 ff.; *Joost*/Münch-ArbR § 220 Rn. 164; *Nicolai*/*HWGNRH* § 79 Rn. 2; *Waskow*/NK-GA § 79 BetrVG Rn. 17 sowie allgemein *Reichold*/MünchArbR § 48 Rn. 32; *Reinfeld* Verschwiegenheitspflicht, S. 3 ff.; **a. M.** *Buschmann*/*DKKW* § 79 Rn. 55).

89 Die arbeitsvertragliche Verschwiegenheitspflicht hat jedoch einen weiteren Anwendungsbereich. Unstreitig besteht sie gegenüber jedermann und bezieht sich inhaltlich auf alle Geheimnisse und vertraulichen Angelegenheiten. Es muss sich also nicht um Betriebs- und Geschäftsgeheimnisse handeln, auch sonstige schützenswerte betriebliche und persönliche Angelegenheiten sind einbezogen (*Fitting* § 79 Rn. 39; *Galperin*/*Löwisch* § 79 Rn. 2; *Isele* FS *Kronstein*, S. 107 [108]; *Kania*/ErfK § 79 BetrVG Rn. 16; *Monjau* DB 1956, 232; *Reichold*/MünchArbR § 48 Rn. 38; *Reinfeld* Verschwiegenheitspflicht, S. 6 ff.; *Richters*/*Wodtke* NZA-RR 2003, 281 [283]; *Simon* Betriebsgeheimnis, S. 96 f.; *Stege* DB 1977, Beil. Nr. 8, S. 1; *Stege*/*Weinspach*/*Schiefer* § 79 Rn. 4; *Weber* Schweigpflicht, S. 128 f.; *Wochner* BB 1975, 1541 [1542]). Zur Mitteilung von Verstößen gegen Arbeitsschutzvorschriften an außerbetriebliche Stellen *Franzen* § 84 Rdn. 9; *Gutzeit* § 89 Rdn. 44.

90 Außerdem ist es im Rahmen der arbeitsvertraglichen Verschwiegenheitspflicht unerheblich, auf welche Weise der Geheimnisträger Kenntnis von den Geheimnissen, vertraulichen Vorgängen oder sonstigen Angelegenheiten erlangt hat. Selbst wenn sie ihm zufällig oder durch Indiskretion anderer bekannt wurden, muss er Stillschweigen bewahren, sofern er erkannt hat oder erkennen musste, dass es sich dabei um Geheimnisse handelt. Eine ausdrückliche Anordnung vertraulicher Behandlung ist nicht erforderlich. Deshalb kann die arbeitsvertragliche Verschwiegenheitspflicht ergänzend eingreifen, wenn es der Arbeitgeber unterlassen hat, eine Angelegenheit ausdrücklich als geheimhaltungsbedürftig zu bezeichnen, so dass § 79 nicht eingreift (s. aber auch Rdn. 91). Die Verpflichtung zur Verschwiegenheit kann sich ebenso aus konkludenten Handlungen des Berechtigten oder der Natur der Sache ergeben (*Isele* FS *Kronstein*, S. 107 [108]; *Monjau* DB 1956, 232; *Simon* Betriebsgeheimnis, S. 97; *Stege* DB 1977, Beil. Nr. 8, S. 1 [2]; *Wochner* BB 1975, 1541 [1542]). Liegen diese Voraussetzungen vor, dürfen die Geheimnisse während der Dauer des Arbeitsverhältnisses weder unbefugt weitergegeben noch für eigene Zwecke verwertet werden.

91 Auf die Verletzung der arbeitsvertraglichen Verschwiegenheitspflicht kann der Arbeitgeber auch gegenüber Betriebsratsmitgliedern mit den allgemeinen arbeitsrechtlichen Instrumentarien reagieren. Bezüglich einer außerordentlichen Kündigung darf jedoch die indirekt aus § 79 folgende Privilegierung nicht unterlaufen werden. Zum Amtsverlust soll die Offenbarung von Betriebs- und Geschäftsgeheimnissen nur unter den in § 79 genannten Voraussetzungen führen. Die hierdurch auch zugunsten des Betriebsratsmitgliedes (s. Rdn. 27) errichteten Schranken dürfen nicht dadurch abgesenkt werden, dass der Arbeitgeber den Amtsverlust indirekt durch eine auf die Verletzung der arbeitsvertraglichen Interessenwahrungspflicht gestützte außerordentliche Kündigung herbeiführt (s. a. § 23 Rdn. 34). Zum Schutz des sog. Whistleblowers s. Rdn. 59.

2. Eingerichteter und ausgeübter Gewerbebetrieb

92 Betriebs- und Geschäftsgeheimnisse werden auch im Rahmen des Schutzes eines eingerichteten und ausgeübten Gewerbebetriebs gemäß § 823 Abs. 1 BGB gegen schuldhafte unbefugte Verletzung geschützt (*BGH* 25.01.1955 AP Nr. 4 zu § 17 UnlWG Bl. 1 R; 21.12.1962 AP Nr. 7 zu § 17 UnlWG Bl. 4 R f.; 18.03.1955 BGHZ 17, 41 [51]; 20.01.1981 BGHZ 80, 25 [32]; *Beater* in: Soergel, BGB, § 823 Anh. V Rn. 43 ff.; *Kraßer* GRUR 1977, 177 [178, 188 f.]; *Maass* Information und Geheimnis im Zivilrecht, S. 143; *Möhring* FS *Nipperdey*, Bd. II, S. 415 [418]; *Nastelski* GRUR 1957, 1 [4]; *Pfister* Das technische Geheimnis »Know how« als Vermögensrecht, S. 85 ff.; *Staudinger*/*Hager* BGB, 2016, § 823 Rn. D 9). Auch hier ist es gleichgültig, auf welche Weise die Kenntnis vom Geheimnis erlangt worden ist.

3. Geheimnisschutz nach dem UWG

93 Betriebs- und Geschäftsgeheimnisse unterliegen dem besonderen strafrechtlichen Schutz nach § 17 UWG, den § 823 Abs. 2 BGB durch eine Schadenersatzpflicht ergänzt (*Brammsen*/MK-Lauterkeitsrecht, § 17 UWG Rn. 7; *Janssen/Maluga*/MK-StGB, § 17 UWG Rn. 11; *Köhler* in: *Köhler/Bornkamm* UWG, § 17 UWG Rn. 53; *Rengier/FBO* UWG, § 17 Rn. 6; ebenso noch früher § 19 UWG a. F.). Das Verbot des Verrats von Geschäftsgeheimnissen zu Wettbewerbszwecken richtet sich an alle Arbeitnehmer und Auszubildenden eines Geschäftsbetriebs, denen ein Geheimnis aufgrund des Arbeitsverhältnisses anvertraut worden oder zugänglich ist. Eine Konkurrenz mit § 79 ist aber nur ausnahmsweise möglich, da das Betriebs- oder Geschäftsgeheimnis im Fall des § 79 nicht »vermöge des Dienstverhältnisses« mitgeteilt wurde (s. Rdn. 39 ff.).

4. Schutz von Insiderinformationen

94 Einen spezialgesetzlichen Schutz etabliert das **Kapitalmarktrecht** für solche Geschäftsgeheimnisse, die als Insiderinformationen i. S. d. Art. 7 Abs. 1 lit. c MAR (**Marktmissbrauchsverordnung**; VO [EU] 596/2014 vom 16.04.2014, ABl.EU Nr. L 173 v. 12.06.2014, S. 1; früher § 13 Abs. 1 Satz 1 WpHG) zu qualifizieren sind, weil diese im Falle ihres öffentlichen Bekanntwerdens geeignet wären, den Kurs eines Insiderpapiers erheblich zu beeinflussen. Das Verbot zur Offenlegung von Insiderinformationen (Art. 14 lit. c MAR), das früher in § 14 Abs. 1 Nr. 2 WpHG geregelt war, ist auch an **Mitglieder des Betriebsrates adressiert**, wenn sie aufgrund ihrer Amtsausübung im Zusammenhang mit der Wahrnehmung der Beteiligungsrechte von einer Insiderinformation Kenntnis erlangen (s. noch zu § 14 Abs. 1 Nr. 2 WpHG 10. Aufl., § 79 Rn. 85 ff.; ferner *Bruder* Insiderinformationen, S. 40 ff.; *Däubler/DKKW* § 106 Rn. 59; *Fischer* DB 1998, 2606 [2607]; *Klöhn* in: KölnerKomm. WpHG, § 14 Rn. 366; *Richardi/Annuß* § 106 Rn. 32; *Schleifer/Kliemt* DB 1995, 2214 [2214]; *Schwipper* Öffentliche Meinungsäußerungen, S. 206 ff. sowie § 106 Rdn. 96). Eine Publikationspflicht des Unternehmens nach Art. 17 Abs. 8 Satz 1 MAR löst die Unterrichtung des Betriebsrats wegen der durch § 79 Abs. 1 Satz 1 BetrVG begründeten Verschwiegenheitspflicht nicht aus (Art. 17 Abs. 8 Satz 2 MAR; *Zetsche* NZG 2015, 817 [823 f.]). Ob allein die Weitergabe einer Insiderinformation im Rahmen eines Beteiligungsverfahrens an den Betriebsrat ausreicht, damit dessen Mitglieder in die nach Art. 18 Abs. 1 MAR zu erstellende **Insiderliste** aufgenommen werden müssen, ist zweifelhaft, da die Unterrichtung des Betriebsrats nicht ohne Weiteres bedeutet, dass er generell und aufgrund eigener Willensentschließung »Zugang zu Insiderinformationen« i. S. d. Art. 18 Abs. 1 lit. a MAR hat. Vielmehr erhält er diesen erst einzelfallbezogen und punktuell durch den Arbeitgeber und ist von einer Offenbarung der Insiderinformation durch den Arbeitgeber abhängig.

95 Das Offenlegungsverbot beschränkt Art. 14 lit. c MAR allerdings auf **unrechtmäßige Handlungen** (anders zuvor § 14 Abs. 1 Nr. 2 WpHG: unbefugt), die nach Art. 10 Abs. 1 MAR ausgeschlossen sind, wenn die Offenlegung im Zuge der normalen Erfüllung von Aufgaben geschieht. Nach der Rechtsprechung des *EuGH* zu der früheren Insider-Richtlinie (89/596/EWG) erforderte dies, dass die Weitergabe der Insiderinformation für die Erfüllung der Aufgabe unter Beachtung des Verhältnismäßigkeitsgrundsatzes »unerlässlich« war (s. *EuGH* 22.11.2005 NJW 2006, 133 Rn. 22 ff.; s. näher dazu *Bruder* Insiderinformationen, S. 44 ff.; *Klöhn* in: KölnerKomm. WpHG, § 14 Rn. 322 ff.; *Schwipper* Öffentliche Meinungsäußerungen, S. 221 ff.). Nur unter dieser Voraussetzung war auch die Weitergabe von Insiderinformationen an die in § 79 Abs. 1 Satz 4 aufgezählten Personen von § 14 Abs. 1 Nr. 2 WpHG nicht untersagt (s. *EuGH* 22.11.2005 NJW 2006, 133 Rn. 52, 54). Angesichts der legislativen Neuregelung, die insoweit von einer Übernahme des in der Rechtssache *Grøngaard* entwickelten Kriteriums der Unerlässlichkeit abgesehen hat, ist derzeit nicht abschließend geklärt, ob diese Restriktion auch im Rahmen von Art. 10 Abs. 1 MAR noch zur Anwendung gelangt (s. statt aller *Zetsche* NZG 2015, 817 [819 ff.], m. w. N.).

96 Den Verstoß gegen das Verbot in Art. 14 lit. c MAR stellt § 38 Abs. 3 Nr. 3 WpHG unter Strafe (s. zur früheren Rechtslage [§ 38 Abs. 1 Nr. 2 WpHG a. F.] noch *Schwipper* Öffentliche Meinungsäußerungen, S. 294 ff.). Im Zusammenhang mit dem Geheimnisschutz durch § 79 Abs. 1 ist das Verbot in Art. 14 lit. c MAR vor allem deshalb von erheblicher Bedeutung, weil Insiderinformationen in der Regel die Anforderungen an ein Betriebs- oder Geschäftsgeheimnis erfüllen (*Bruder* Insiderinformationen, S. 13 f.; *Zetsche* NZG 2015, 817 [823]; s. auch *Hess. LAG* 12.03.2015 – TaBV 188/14 – BeckRS 2016, 66338) und der Verbotstatbestand in Art. 14 lit. c MAR unabhängig von einer formellen Geheimhaltungserklärung eingreift sowie keine mit § 79 Abs. 1 Satz 4 vergleichbaren Ausnahmetatbestände (s. Rdn. 60 ff.) kennt (s. aber auch Rdn. 95).

5. Schutz von Persönlichkeitsrechten

97 Den Schutz des Persönlichkeitsrechts des Arbeitnehmers, insbesondere seiner Eigen- und Geheimsphäre, behandelt das Betriebsverfassungsrecht nur allgemein in § 75 Abs. 1 und 2 sowie in § 80 Abs. 1 Nr. 1. Spezielle Bestimmungen zum Schutz des Arbeitnehmer gegenüber Betriebsratsmitgliedern und den in § 79 Abs. 2 aufgezählten Stellen finden sich in § 82 Abs. 2 Satz 3, § 83 Abs. 1 Satz 3 (*Franzen* § 82 Rdn. 22 f., § 83 Rdn. 46), § 99 Abs. 1 Satz 3, § 102 Abs. 2 Satz 5 (*Raab* § 99 Rdn. 157 ff., § 102 Rdn. 118) und § 120 Abs. 2 (s. § 120 Rdn. 40 ff.). S. ferner Rdn. 82 ff. Im Übrigen gelten die allgemeinen Grundsätze des Schutzes von Persönlichkeitsrechten (dazu *Kreutz/Jacobs* § 75 Rdn. 88 ff.; *Wiese* ZfA 1971, 273 ff., wegen des Rechts auf Achtung der Eigensphäre S. 299 ff. m. w. N.; das dort zu den Pflichten des Arbeitgebers Ausgeführte gilt auch für betriebsverfassungsrechtliche Funktionsträger).

6. Datengeheimnis

98 Sind im Betrieb **personenbezogene Daten in einer Datei gespeichert**, so gilt für die Verschwiegenheitspflicht des Betriebsratsmitglieds, das zur Einsicht gemäß § 83 Abs. 1 Satz 2 beigezogen wurde, § 83 Abs. 1 Satz 3. Die Vorschrift geht gemäß § 1 Abs. 3 BDSG (= § 1 Abs. 2 BDSG 2017) in ihrem Anwendungsbereich § 5 BDSG (=§ 53 BDSG 2017) vor (s. *Franzen* § 83 Rdn. 47 m. w. N.). Im Übrigen ist der Betriebsrat als solcher Teil der speichernden Stelle Betrieb oder Unternehmen; daher gilt für ihn auch § 5 BDSG (= § 53 BDSG 2017) (s. *Franzen* § 83 Rdn. 22). Zum Datenschutz s. allgemein *Weber* § 80 Rdn. 87 f.; *Franzen* § 83 Rdn. 4 ff.; *Wiese/Gutzeit* § 87 Rdn. 517, zur Strafbarkeit der Verletzung von Vorschriften des BDSG dessen § 43 (zum Vorrang des § 120 Abs. 2 s. § 120 Rdn. 75).

XI. Streitigkeiten

99 Streitigkeiten über Bestehen und Umfang der Geheimhaltungspflicht entscheiden die Arbeitsgerichte im **Beschlussverfahren** (§ 2a Abs. 1 Nr. 1, Abs. 2, §§ 80 ff. ArbGG). In diesem ist auch zu klären, ob ein Recht zur Offenbarung gemäß § 79 Abs. 1 Satz 3 und 4 besteht.

100 Das Bestehen und die Verletzung der Geheimhaltungspflicht sind als **Vorfragen** im arbeitsgerichtlichen Beschlussverfahren über einen Antrag auf Ausschluss eines Mitglieds aus dem Betriebsrat zu klären.

101 Im **Urteilsverfahren** sind das Bestehen und die Verletzung der Pflichten aus § 79 als Vorfragen zu klären, wenn ihretwegen gekündigt worden ist oder Schadenersatz verlangt wird (§ 2 Abs. 1 Nr. 3, Abs. 5, §§ 46 ff. ArbGG).

102 Über die **Bestrafung nach § 120** entscheiden auf Antrag die Strafgerichte.

§ 80
Allgemeine Aufgaben

(1) Der Betriebsrat hat folgende allgemeine Aufgaben:
1. darüber zu wachen, dass die zugunsten der Arbeitnehmer geltenden Gesetze, Verordnungen, Unfallverhütungsvorschriften, Tarifverträge und Betriebsvereinbarungen durchgeführt werden;
2. Maßnahmen, die dem Betrieb und der Belegschaft dienen, beim Arbeitgeber zu beantragen;

Allgemeine Aufgaben § 80

2a. die Durchsetzung der tatsächlichen Gleichstellung von Frauen und Männern, insbesondere bei der Einstellung, Beschäftigung, Aus-, Fort- und Weiterbildung und dem beruflichen Aufstieg, zu fördern;
2b. die Vereinbarkeit von Familie und Erwerbstätigkeit zu fördern;
3. Anregungen von Arbeitnehmern und der Jugend- und Auszubildendenvertretung entgegenzunehmen und, falls sie berechtigt erscheinen, durch Verhandlungen mit dem Arbeitgeber auf eine Erledigung hinzuwirken; er hat die betreffenden Arbeitnehmer über den Stand und das Ergebnis der Verhandlungen zu unterrichten;
4. die Eingliederung schwerbehinderter Menschen einschließlich der Förderung des Abschlusses von Inklusionsvereinbarungen nach § 166 *[bis 31.12.2017: § 83]* des Neunten Buches Sozialgesetzbuch und sonstiger besonders schutzbedürftiger Personen zu fördern;
5. die Wahl einer Jugend- und Auszubildendenvertretung vorzubereiten und durchzuführen und mit dieser zur Förderung der Belange der in § 60 Abs. 1 genannten Arbeitnehmer eng zusammenzuarbeiten; er kann von der Jugend- und Auszubildendenvertretung Vorschläge und Stellungnahmen anfordern;
6. die Beschäftigung älterer Arbeitnehmer im Betrieb zu fördern;
7. die Integration ausländischer Arbeitnehmer im Betrieb und das Verständnis zwischen ihnen und den deutschen Arbeitnehmern zu fördern, sowie Maßnahmen zur Bekämpfung von Rassismus und Fremdenfeindlichkeit im Betrieb zu beantragen;
8. die Beschäftigung im Betrieb zu fördern und zu sichern;
9. Maßnahmen des Arbeitsschutzes und des betrieblichen Umweltschutzes zu fördern.

(2) Zur Durchführung seiner Aufgaben nach diesem Gesetz ist der Betriebsrat rechtzeitig und umfassend vom Arbeitgeber zu unterrichten; die Unterrichtung erstreckt sich auch auf die Beschäftigung von Personen, die nicht in einem Arbeitsverhältnis zum Arbeitgeber stehen, und umfasst insbesondere den zeitlichen Umfang des Einsatzes, den Einsatzort und die Arbeitsaufgaben dieser Personen. Dem Betriebsrat sind auf Verlangen jederzeit die zur Durchführung seiner Aufgaben erforderlichen Unterlagen zur Verfügung zu stellen; in diesem Rahmen ist der Betriebsausschuss oder ein nach § 28 gebildeter Ausschuss berechtigt, in die Listen über die Bruttolöhne und -gehälter Einblick zu nehmen. Zu den erforderlichen Unterlagen gehören auch die Verträge, die der Beschäftigung der in Satz 1 genannten Personen zugrunde liegen. Soweit es zur ordnungsgemäßen Erfüllung der Aufgaben des Betriebsrats erforderlich ist, hat der Arbeitgeber ihm sachkundige Arbeitnehmer als Auskunftspersonen zur Verfügung zu stellen; er hat hierbei die Vorschläge des Betriebsrats zu berücksichtigen, soweit betriebliche Notwendigkeiten nicht entgegenstehen.

(3) Der Betriebsrat kann bei der Durchführung seiner Aufgaben nach näherer Vereinbarung mit dem Arbeitgeber Sachverständige hinzuziehen, soweit dies zur ordnungsgemäßen Erfüllung seiner Aufgaben erforderlich ist.

(4) Für die Geheimhaltungspflicht der Auskunftspersonen und der Sachverständigen gilt § 79 entsprechend.

Literatur
Zu älterer Literatur vgl. auch Vorauflagen.

I. Zu Abs. 1
Däubler AGG: Neue Aufgaben für Betriebsräte, Keine Benachteiligung bei der Einstellung, AiB 2006, 614; *Geyer* Das Zugangsrecht des Betriebsrats nach §§ 80 und 89 BetrVG, FA 2004, 296; *Hase* Employability, AiB 2007, 636; *Nebendahl* Die Überwachungspflicht des Betriebsrats aus § 80 Abs. 1 Nr. 1 BetrVG (Diss. Kiel), 1989 (zit.: Überwachungspflicht); *Zimmermann* Zum Stellenwert der allgemeinen Aufgaben des Betriebsrats gemäß § 80 Abs. 1 BetrVG und seinen sich daraus ergebenden Handlungspflichten, AuR 2017, 192.

II. Zu Abs. 2
Baeck/Winzer/Kramer Mitbestimmungsrechte des Betriebsrats sowie Informationsrechte bei Drittpersonaleinsatz, NZG 2013, 1055; *Balthasar* Der allgemeine Informationsanspruch des Betriebsrats, 1986; *Becker/Kunz/Schneider* Die betriebliche Auskunftsperson nach § 80 Abs. 2 Satz 3 BetrVG, AiB 2002, 537; *Bitsch* Die konzerndimensionale

Durchsetzbarkeit betriebsverfassungsrechtlicher Auskunftsansprüche (Diss. Würzburg), 2011; *ders.* Betriebsverfassungsrechtliche Auskunftsansprüche im Konzern, NZA-RR 2015, 617; *Bommer* Chancen im Arbeitnehmerdatenschutz erkennen und nutzen, ZD 2015, 123; *Buchner* Vom »gläsernen Menschen« zum »gläsernen Unternehmen«, ZfA 1988, 449; *Diller* Informationsrechte des Betriebsrats im (internationalen) Konzern, DB 2001, 1034; *Düwell* Wächter für den Mindestlohn, AiB 2015, 37; *Ehmann* Datenschutz und Mitbestimmungsrechte bei der Arbeitnehmer-Datenverarbeitung, NZA 1993, 241; *Fischer* Der ahnungslose Arbeitgeber oder die Betriebsverfassung im (internationalen) konzernrechtlichen Niemandsland?, AuR 2002, 7; *von Friesen* Das Einblicksrecht des Betriebsrats nach § 80 Abs. 2 Satz 2 zweiter Halbsatz BetrVG, AuR 1982, 245; *Gertler* Betriebsverfassungsrechtliche Auskunftsansprüche im Konzern (Diss. München), 2010; *Groeger* Besteht eine Aufzeichnungspflicht für Mehrarbeit im Ausland?, ArbR 2013, 281; *Holler* § 14 I 1 EntgTranspG – Ein durchsetzbarer Arbeitnehmeranspruch gegen den Betriebsrat?, NZA 2017, 822; *Hoff* Die Konkurrenzbeziehungen der Drittkonsultationsrechte betrieblicher Arbeitnehmervertretungsgremien (Diss. Frankfurt), 2012 (zit.: Drittkonsultationsrechte); *von Hoyningen-Huene* Datenüberwachung durch Betriebsrat und Datenschutzbeauftragten, NZA 1985, Beil. Nr. 1; *Kania* Betriebsratsbeteiligung bei der Durchsetzung von Entgelttransparenz, NZA 2017, 819; *Kasper* Unterrichtungs- und Erörterungsrechte, AiB 2012, 670; *Kleinebrink* Kontrolle der Zahlung des gesetzlichen Mindestlohns durch den Betriebsrat?, DB 2015, 375; *Kohte* Auf dem Weg zur betrieblichen Informationsverfassung, FS 50 Jahre Bundesarbeitsgericht, 2004, S. 1219; *Kort* Informationsrechte von Betriebsräten bei Arbeitnehmerüberlassung, DB 2010, 1291; *ders.* Anspruch des Betriebsrats auf Online-Zugriff auf Datenverarbeitungsverfahren des Arbeitgebers, NZA 2010, 1038; *ders.* Schranken des Anspruchs des Betriebsrats auf Information gem. § 80 BetrVG über Personaldaten der Arbeitnehmer, NZA 2010, 1267; *ders.* Datenschutz mit dem Betriebsrat und gegen den Betriebsrat, in: *Maschmann* (Hrsg.), Beschäftigtendatenschutz in der Reform, 2012, S. 109; *ders.* Online-Datenzugriff im Betrieb, ZD 2012, 247; *ders.* Überwachungsrecht des Betriebsrats bei Maßnahmen des betrieblichen Eingliederungsmanagements, DB 2012, 688; *ders.* Die Stellung des Betriebsrats im System des Beschäftigtendatenschutzes, RDV 2012, 28; *ders.* Matrix-Strukturen und Betriebsverfassungsrecht, NZA 2013, 1318; *ders.* Rechte des Betriebsrats auf Daten der elektronischen Personalakte, ZD 2015, 3; *ders.* Informationsrechte des Betriebsrats nach § 80 Abs. 2 BetrVG bei Mitarbeitergesprächen, Zielvereinbarungen und Talent Management, NZA 2015, 520; *ders.* Was ändert sich für Datenschutzbeauftragte, Aufsichtsbehörden und Betriebsrat mit der DS-GVO?, ZD 2017, 3; *Kraft* Der Informationsanspruch des Betriebsrats – Grundlagen, Grenzen und Übertragbarkeit, ZfA 1983, 171; *Kraft/Kreutz* Zur Vorlage von Lohn- und Gehaltslisten an den Betriebsrat – zugleich ein Beitrag zum Begriff »Umgruppierung« i. S. d. § 60 Abs. 2 BetrVG, ZfA 1971, 47; *Leßmann* Einsichtsrecht in Gehaltslisten nach § 80 II 2. HS BetrVG und Anwesenheitsrecht des Arbeitgebers, NZA 1992, 832; *Linnenkohl* Datenschutz und Tätigkeit des Betriebsrats, NJW 1981, 202; *Löwisch* Zielgrößen für den Frauenanteil auf Führungsebenen: Beteiligung von Betriebsrat und Sprecherausschuss, BB 2015, 1909; *Natzel* Hinzuziehung interner wie externer Sachverstands nach dem neuen Betriebsverfassungsgesetz, NZA 2001, 872; *Neufeld/Elking* Das Recht des Betriebsrats auf Arbeitnehmerbefragung, NZA 2013, 1169; *Oetker* Der sachkundige Arbeitnehmer als Auskunftsperson des Betriebsrats, NZA 2003, 1233; *Raab* Negatorischer Rechtsschutz des Betriebsrats gegen mitbestimmungswidrige Maßnahmen des Arbeitgebers – Ein Beitrag zur Systematik des betriebsverfassungsrechtlichen Rechts- und Pflichtenverhältnisses und zum Organstreit (Diss. Mainz), 1992 (zit.: Negatorischer Rechtsschutz); *Reichold* Der Betriebsrat – ein »Trojanisches Pferd« im Arbeitskampf?, NZA 2004, 247; *Rohs* Rechtzeitig und umfassend, AiB 2015 Nr. 5, 36; *Säcker* Informationsrechte der Betriebs- und Aufsichtsratsmitglieder und Geheimsphäre des Unternehmens, 1979 (zit.: Informationsrechte); *Salamon/Hoppe* Informationsansprüche im BetrVG, AuA 2011, 708; *Schierbaum* Sachkunde im Betrieb, AiB 2015 Nr. 9, 25; *Weckbach* Informationsrechte des Betriebsrats bei Einsatz von EDV in der Personalverwaltung, NZA 1988, 305; *Wedde* Der Betriebsrat als Datenschützer, AiB 2014, 15; *Weinbrenner* Der Auskunftsanspruch von Betriebs- und Personalräten im Hinblick auf die Arbeitszeit der Beschäftigten, öAT 2014, 197; *Wiedemann* Höhere Angestellte im Betriebsverfassungsrecht, Gedächtnisschrift für *Otto Kahn-Freund*, 1980, S. 343; *Wiese* Zur rechtzeitigen Unterrichtung der Betriebsräte und der Wirtschaftsausschüsse von Konzernunternehmen über Investitionsrahmenpläne eines Unterordnungskonzerns, FS *Wiedemann*, 2002, S. 617; *Wilke/Kiesche* Personaldatenverarbeitung einmal anders, AiB 2013, 368; *Ziegenhagen/Bergmann* Der allgemeine Unterrichtungsanspruch des Betriebsrats nach § 80 BetrVG, ZBVR online, 2013, Nr. 2, 31; *Zimmer* Betriebsräte als Akteure der Geschlechtergerechtigkeit, AuR 2014, 88.

III. Zu Abs. 3 und 4

Bohr Betriebsexterne Wirkung betriebsinterner Mitwirkung, ZfA 1995, 433; *Hinrichs/Plitt* Der Anspruch des Betriebsrats auf die Freistellung von Beratungskosten, NZA 2011, 1006; *Hunold* Rechtsanwalt als Sachverständiger des Betriebsrats für die Überprüfung von Arbeitsverträgen, NZA 2006, 583; *Klapper* Unterstützung des Betriebsrats durch in- und externen Sachverstand (Diss. Saarbrücken), 2007; *Lüders/Weller* Die Kosten des Betriebsratsanwalts – Wann und in welcher Höhe muss der Arbeitgeber die Anwaltskosten des Betriebsrats tragen?, DB 2015, 2149;

Allgemeine Aufgaben **§ 80**

Natzel Hinzuziehung internen wie externen Sachverstands nach dem neuen Betriebsverfassungsgesetz, NZA 2001, 872; *Pflüger* Die Hinzuziehung eines Sachverständigen gem. § 80 III BetrVG, NZA 1988, 45; *Radtke* Externer Sachverstand im Betriebsverfassungsrecht (Diss. Hannover), 2014 (zit: Externer Sachverstand); *dies.* Beauftragung eines Rechtsanwalts durch den Betriebsrat: Welche Tätigkeit ist erforderlich?, ArbR 2015, 97; *Runkel* Der Rechtsanwalt als Sachverständiger für den Betriebsrat, FA 2015, 135; *Schulze* Hinzuziehen von Sachverstand – Voraussetzungen und Risiken bei der Beauftragung von Anwälten, AiB 2013, 7; *Venema* Der Anspruch des Betriebsrats auf Hinzuziehung eines Sachverständigen gem. § 80 III BetrVG beim Einsatz von EDV-Anlagen, NZA 1993, 252.

Inhaltsübersicht Rdn.

I. Vorbemerkung	1–6
II. Allgemeine Aufgaben (Abs. 1)	7–55
1. Allgemeines	7–10
2. Überwachung der Durchführung von Arbeitnehmerschutzregelungen (Abs. 1 Nr. 1)	11–33
a) Gegenstände der Überwachung	11–24
b) Inhalt der Überwachung	25–33
3. Stellen von Anträgen im Interesse von Betrieb und Belegschaft (Abs. 1 Nr. 2)	34–36
4. Förderung der Durchsetzung der Gleichstellung von Frauen und Männern (Abs. 1 Nr. 2a)	37, 38
5. Förderung der Vereinbarkeit von Familie und Erwerbstätigkeit (Abs. 1 Nr. 2b)	39
6. Behandlung von Anregungen (Abs. 1 Nr. 3)	40–42
7. Förderung der Eingliederung besonders schutzbedürftiger Personen (Abs. 1 Nr. 4)	43–47
8. Zusammenarbeit mit der Jugend- und Auszubildendenvertretung (Abs. 1 Nr. 5)	48–51
9. Förderung der Beschäftigung älterer Arbeitnehmer (Abs. 1 Nr. 6)	52
10. Förderung der Integration ausländischer Arbeitnehmer (Abs. 1 Nr. 7)	53
11. Förderung und Sicherung der Beschäftigung (Abs. 1 Nr. 8)	54
12. Förderung von Maßnahmen des Arbeitsschutzes und des betrieblichen Umweltschutzes (Abs. 1 Nr. 9)	55
III. Unterrichtungsanspruch des Betriebsrats gegenüber dem Arbeitgeber (Abs. 2)	56–148
1. Information durch den Arbeitgeber (Abs. 2 Satz 1)	56–94
a) Allgemeines	56–58
b) Informationsverpflichtung und Informationsberechtigung	59–67
c) Aufgabenbezug der Informationspflicht	68–78
d) Modalitäten der Erfüllung der Informationspflicht	79–86
e) Grenzen der Informationspflicht	87–94
2. Zurverfügungstellen von Unterlagen (Abs. 2 Satz 2 1. Halbs.)	95–106
a) Voraussetzungen	95–99
b) Unterlagen i. S. d. Vorschrift	100–105
c) Inhalt der Pflicht des Arbeitgebers	106
3. Einblick in Lohn- und Gehaltslisten (Abs. 2 Satz 2 2. Halbs.)	107–130
a) Anspruchsvoraussetzungen	107, 108
b) Grenzen des Einblicksrechts	109–113
c) Einblicksberechtigte	114–117
d) Gegenstand des Einblicksrechts	118–121
e) Vollzug des Einblicksrechts	122, 123
f) Pflicht zur Geheimhaltung	124
g) Einblicksrecht nach dem Entgelttransparenzgesetz	125–130
4. Anforderung sachkundiger Arbeitnehmer als Auskunftspersonen (Abs. 2 Satz 3)	131–148
a) Allgemeines	131–133
b) Voraussetzungen	134–139
c) Zurverfügungstellen der Auskunftsperson	140–143
d) Rechtsstellung der Auskunftsperson	144–148
IV. Hinzuziehung von Sachverständigen (Abs. 3)	149–160
1. Voraussetzungen	149–157
2. Sachverständige	158–160
V. Verschwiegenheitspflicht (Abs. 4)	161
VI. Streitigkeiten	162

§ 80

I. Vorbemerkung

1 Das Gesetz regelt Aufgaben und Befugnisse des Betriebsrats in einer Vielzahl von Einzelbestimmungen. Neben den Vorschriften über die Mitwirkung und Mitbestimmung des Betriebsrats in sozialen, personellen und wirtschaftlichen Angelegenheiten und den Regeln über die Rechte im Zusammenhang mit der Gestaltung von Arbeitsplätzen und der Arbeitsumgebung finden sich einzelne Funktionen etwa bei der Vorbereitung der Betriebsratswahlen (§§ 16 Abs. 1, 17a Nr. 1), der Einberufung und Durchführung von Betriebs- und Abteilungsversammlungen (§§ 42, 43), der Bildung von Gesamt- und Konzernbetriebsräten (§ 47 Abs. 2, 3, § 54 Abs. 2) und bei der Bildung der Jugend- und Auszubildendenvertretung (§ 63 Abs. 2). Wichtige allgemeine Vorschriften über Rechte, Pflichten und Zuständigkeiten des Betriebsrats enthalten ferner die §§ 74 bis 77 sowie § 79. Der sozialen Schutzfunktion des Betriebsrats gegenüber den Arbeitnehmern des Betriebs, für die in § 2 Abs. 1 nur ein Rahmen abgesteckt ist, trägt **§ 80 Abs. 1** in besonderem Maße Rechnung. Das Gesetz sichert hier den **allgemeinen Schutzauftrag** des Betriebsrats durch die Aufzählung konkreter Aufgaben und Rechte ab. Es legt damit den Grund für eine über die besonderen Mitwirkungs- und Mitbestimmungsbefugnisse in Einzelbereichen hinausgehende effektive allgemeine Interessenwahrnehmung (vgl. auch *Zimmermann* AuR 2017, 192). Für Gesamt- und Konzernbetriebsrat gilt § 80 über § 51 Abs. 5 bzw. § 59 Abs. 1 i. V. m. § 51 Abs. 5 im Rahmen der jeweiligen Zuständigkeiten. Eine entsprechende Vorschrift über allgemeine Aufgaben findet sich in § 70 für die Jugend- und Auszubildendenvertretung, in § 178 SGB IX (bis 31.12.2017: § 95 SGB IX) für die Schwerbehindertenvertretung, in § 68 BPersVG für den Personalrat sowie in § 25 SprAuG für den Sprecherausschuss.

2 Die Vorschrift des § 80 Abs. 1 hat ihren **Vorläufer in § 54 Abs. 1 BetrVG 1952**, ist aber im Laufe der Zeit erheblich **erweitert** worden. **1972** wurde der Aufgabenkatalog um die Betreuung der Jugend- und Auszubildendenvertretung (Abs. 1 Nr. 5), der älteren Arbeitnehmer (Abs. 1 Nr. 6) und der ausländischen Arbeitnehmer (Abs. 1 Nr. 7) ergänzt. Die Behandlung von Beschwerden der Arbeitnehmer wurde in den speziellen Vorschriften der §§ 84–86 neu geregelt, zugleich wurde die Entgegennahme und Verfolgung von Anregungen der Arbeitnehmer und der Jugend- und Auszubildendenvertretung in Abs. 1 Nr. 3 aufgenommen. **1994** kam als weitere Aufgabe die Förderung der Durchsetzung der tatsächlichen Gleichberechtigung von Frauen und Männern hinzu (Abs. 1 Nr. 2a; vgl. Art. 5 Nr. 4 2. GleiBG vom 24.06.1994 [BGBl. I, S. 1406]). Das **BetrVerf-Reformgesetz vom 23.07.2001** (BGBl. I, S. 1852) ersetzte in Nr. 2a das Wort »Gleichberechtigung« durch das Wort »Gleichstellung« und erweiterte den Aufgabenkatalog nochmals um die Förderung der Vereinbarkeit von Familie und Erwerbstätigkeit (Abs. 1 Nr. 2b), der Beschäftigung im Betrieb (Abs. 1 Nr. 8) sowie von Maßnahmen des Arbeitsschutzes und des betrieblichen Umweltschutzes (Abs. 1 Nr. 9). Schließlich wurde Abs. 1 Nr. 7 um die Aufgabe ergänzt, Maßnahmen zur Bekämpfung von Rassismus und Fremdenfeindlichkeit im Betrieb zu beantragen. Im Zuge der Verabschiedung des **Bundesteilhabegesetzes vom 23.12.2016** (BGBl. I, S. 3234) wurden Abs. 1 Nr. 4 redaktionell angepasst (»schwerbehinderte Menschen« statt »Schwerbehinderte«) sowie die Förderung des Abschlusses von Inklusionsvereinbarungen in den Aufgabenbereich des Betriebsrats aufgenommen. Zu den Auswirkungen des am 30.03.2017 verabschiedeten **Entgelttransparenzgesetzes** vgl. Rdn. 13, 38, 57, 125 ff.

3 Um dem Betriebsrat die Durchführung seiner Aufgaben zu ermöglichen, sieht das Gesetz in **§ 80 Abs. 2** eine weitgehende **Informationspflicht** des Arbeitgebers vor (vgl. zur Vorläuferregelung des § 54 Abs. 2 BetrVG 1952 *Kraft* 7. Aufl., § 80 Rn. 2). Dem Betriebsrat sind auf Verlangen jederzeit die zur Durchführung seiner Aufgaben erforderlichen Unterlagen zur Verfügung zu stellen (Abs. 2 Satz 2 Halbs. 1). Ausdrücklich geregelt ist auch das Recht auf Einsichtnahme in die Listen über Bruttolöhne und -gehälter (Abs. 2 Satz 2 Halbs. 2). Hinzugekommen ist – wiederum durch das BetrVerf-Reformgesetz 2001 – die Verpflichtung des Arbeitgebers, dem Betriebsrat sachkundige Arbeitnehmer als Auskunftspersonen zur Verfügung zu stellen (Abs. 2 Satz 3). **§ 80 Abs. 3** regelt das Recht des Betriebsrats, unter bestimmten Voraussetzungen einen **Sachverständigen** beizuziehen, **§ 80 Abs. 4** schließlich die **Geheimhaltungspflicht** von Auskunftspersonen und Sachverständigen.

4 Die allgemeinen Aufgaben des Betriebsrats und die ihm zu ihrer Erfüllung gewährten Rechte beziehen sich grundsätzlich auf Angelegenheiten der **Arbeitnehmer des Betriebs** (vgl. § 5 sowie *Raab* § 5 Rdn. 7 ff.). Ebenso wie sonst auch im BetrVG ergeben sich zum Teil allerdings auch Aufgaben des

Allgemeine Aufgaben § 80

Betriebsrats, bei denen es nicht auf die Arbeitnehmereigenschaft nach § 5 ankommt, sondern auf die tatsächliche Eingliederung in den Betrieb, oder bei denen maßgeblich ist, dass bei Beschäftigung von Personen ohne Arbeitsverhältnis mit dem Beschäftigungsbetrieb auch die Interessen der Stammbelegschaft berührt sein können. Insoweit sind auch die Aufgaben des § 80 nicht stets strikt auf die Arbeitnehmereigenschaft bezogen, was u. a. bei Abs. 1 Nr. 1, Nr. 4 oder Nr. 8 deutlich wird. Durch das BetrVerf-Reformgesetz 2001 wurde – in Klarstellung der entsprechenden Rechtsprechung des *BAG* – auch die **Unterrichtungspflicht** auf die **Beschäftigung von Personen erstreckt, die nicht in einem Arbeitsverhältnis zum Arbeitgeber stehen** (vgl. näher Rdn. 71 f.). Keine Anwendung findet § 80 auf die leitenden Angestellten nach § 5 Abs. 3 und 4 (vgl. auch *BAG* 23.02.1973 EzA § 80 BetrVG 1972 Nr. 3 S. 23 = AP Nr. 2 zu § 80 BetrVG 1972; 10.06.1974 EzA § 5 BetrVG 1972 Nr. 8 S. 78 = AP Nr. 8 zu § 80 BetrVG 1972). Im Zuge der am 01.04.2017 in Kraft getretenen **Reform des Arbeitnehmerüberlassungsgesetzes** (G. v. 21.02.2017, BGBl. I, S. 258) sind die Informationsrechte des Betriebsrats über den Einsatz von Personen, die nicht in einem Arbeitsverhältnis zum Inhaber des Betriebs stehen, präzisiert worden. Das Informationsrecht umfasst ausdrücklich auch bestimmte **Beschäftigungsbedingungen**, nämlich den zeitlichen Umfang des Einsatzes, den Einsatzort und die Arbeitsaufgaben der Fremdfirmenbeschäftigten (Abs. 2 Satz 1 Halbs. 2; vgl. dazu Rdn. 71). Die Pflicht des Arbeitgebers zur Bereitstellung von Unterlagen bezieht sich nach Abs. 2 Satz 3 nunmehr explizit auch auf die **Verträge**, die Grundlage einer derartigen Beschäftigung sind (vgl. dazu Rdn. 104). Weitergehende Pläne für ein echtes Mitbestimmungsrecht des Betriebsrats bei der Einstellung von Fremdpersonal sind nicht verwirklicht worden (vgl. dazu *Deinert* RdA 2017, 65 [81]; *Henssler* RdA 2017, 83 [99 f.]; *Wank* RdA 2017, 100 [115] m. w. N.).

Auf **europäischer Ebene** ist die Bedeutung von Informations- und Konsultationsrechten durch Art. 27 der **Charta der Grundrechte der Europäischen Union** (ABlEG Nr. C 364/15 v. 18.12.2000) anerkannt, auf die Art. 6 des Vertrags über die Europäische Union nach Maßgabe der Änderungen durch Art. 1 Nr. 8 des Vertrags von Lissabon verweist (ABlEU Nr. C 306/13 v. 17.12.2007). Allerdings ist die Wirkung dieser Garantie begrenzt, da sie nur auf den nach dem Unionsrecht und den einzelstaatlichen Rechtsvorschriften und Gepflogenheiten bereits erreichten Stand verweist (vgl. *Däubler* AuR 2001, 380 [384]; *Ch. Weber* FS 600 Jahre Würzburger Juristenfakultät, S. 190 [195]). Der *EuGH* hat Art. 27 GRC keine unmittelbare Wirkung in einem Rechtsstreit zwischen Privaten zugesprochen, da er seine volle Wirksamkeit nur entfalten könne, wenn er durch Bestimmungen des Unionsrechts oder des nationalen Rechts konkretisiert werde (*EuGH* 15.01.2014 EzA RL 2002/14/EG-Vertrag 1999 Nr. 1; ebenso *EuG* 13.12.2016 BeckRS 2016, 111861 Rn. 83 ff.). Die Gemeinschaftscharta der sozialen Grundrechte der Arbeitnehmer von 1989, die in Nr. 17 und 18 ebenfalls Regelungen zur Mitbestimmung enthält, entfaltet lediglich politische Wirkungen (vgl. stellvertretend *Ricken*/MünchArbR § 197 Rn. 2). In mehreren Europäischen **Richtlinien** sind Informations- und Konsultationsrechte für Arbeitnehmervertretungen vorgesehen. Dazu gehören neben der im vorliegenden Zusammenhang nicht relevanten Richtlinie über den Europäischen Betriebsrat (RL 2009/38/EG v. 06.05.2009 [ABlEG Nr. L 122 v. 16.05.2009, S. 6]), zunächst **mitbestimmungsrechtliche Annexregelungen** in der **Massenentlassungsrichtlinie** (Art. 2 RL 98/59/EG v. 20.07.1998 [ABlEG Nr. L 225 v. 12.08.1998, S. 16]), der **Betriebsübergangsrichtlinie** (Art. 7 RL 2001/23/EG v. 12.03.2001 [ABlEG Nr. L 82 v. 22.03.2001, S. 16]), der **Arbeitsschutz-Rahmenrichtlinie** (Art. 10, 11 RL 89/391/EWG v. 12.06.1989 [ABlEG Nr. L 183 v. 29.06.1989, S. 1]) sowie – mit bloßer Appellfunktion – Bestimmungen der Teilzeitarbeitsrichtlinie (RL 97/81/EWG i. V. m. Paragraph 5 Nr. 3 Buchst. e Rahmenvereinbarung [ABlEG Nr. L 14 v. 20.01.1998, S. 9; ber. ABlEG Nr. L 128 v. 30.04.1998, S. 71]) und der Richtlinie über befristete Arbeitsverhältnisse (RL 1999/70/EG i. V. m. § 7 Nr. 3 Rahmenvereinbarung [ABlEG Nr. L 175 v. 10.07.1999, S. 43]). In den verschiedenen **Antidiskriminierungsrichtlinien** gibt es ebenfalls Ansätze für eine Einbeziehung der Arbeitnehmervertretungen in den jeweiligen Schutz- und Förderauftrag (vgl. Art. 11 RL 2000/43/EG v. 29.06.2000 [ABlEG Nr. L 180 S. 22]; Art. 13 RL 2000/78/EG v. 27.11.2000 [ABlEG Nr. L 303 S. 21]; Art. 21 RL 2006/54/EG v. 05.06.2006 [ABlEG Nr. L 204 S. 23]). Hinzu kommt als eigentliche **mitbestimmungsrechtliche Richtlinie** die **Rahmenrichtlinie zur Information und Anhörung der Arbeitnehmer** (RL 2002/14/EG v. 18.02.2002 [ABlEG Nr. L 80 v. 23.03.2002, S. 29]). Im Wesentlichen ergeben sich Fragen zur Umsetzung der Vorgaben dieser Richtlinien in das deutsche Recht im jeweiligen Sachzusammenhang. Neben § 17 Abs. 2 KSchG sind im Bereich des BetrVG namentlich die §§ 43 ff., 90 ff., 106 ff., 111 ff. betroffen.

6 **Auswirkungen auf § 80** könnten sich vor allem insofern ergeben, als das BetrVG den Anforderungen der Rahmenrichtlinie zur Information und Anhörung der Arbeitnehmer nicht gerecht wird (vgl. dazu *Franzen* FS *Birk*, S. 97; *Ch. Weber* FS *Konzen*, S. 921 [930 ff.]): Art. 3 Abs. 1 i. V. m. Art. 4 Abs. 2 Buchst. a der RL 2002/14/EG verlangen ein allgemeines **Unterrichtungsrecht einer Arbeitnehmervertretung in wirtschaftlichen Angelegenheiten** für Unternehmen mit mindestens 50 Arbeitnehmern oder Betriebe mit mindestens 20 Arbeitnehmern. Das BetrVG sieht ein solches Unterrichtungsrecht für den Wirtschaftsausschuss vor (§ 106 Abs. 2). Ein Wirtschaftsausschuss ist aber nach § 106 Abs. 1 Satz 1 erst in Unternehmen mit in der Regel mehr als 100 Arbeitnehmern zu bilden. Auch die Regelungen zur Betriebsversammlung nach §§ 43 ff. können die dadurch entstandene Lücke nicht schließen. Der Gesetzgeber müsste deshalb, wenn nicht § 106 generell für kleinere Unternehmen geöffnet wird, § 80 Abs. 2 i. S. d. Richtlinie ergänzen und ähnlich wie bei § 109a eine Zuständigkeit des Betriebsrats schaffen (EuArbR/ *Weber* Art. 4 RL 2002/14/EG Rn. 24 f.; vgl. auch *Bonin* AuR 2004, 321 [324]; *Deinert* NZA 1999, 800 [801 f.]; *Fischer* NZA 2003, Beil. Nr. 16, S. 57 [62]; *Franzen* FS *Birk*, S. 97, 102 ff.; *Giesen* RdA 2000, 298 [301]; Schlachter/Heinig/ *Greiner* § 21 Rn. 25; *Reichold* NZA 2003, 289 [299]; *Ch. Weber* FS *Konzen*, S. 921 [930 ff.]; anders *Gerdom* Gemeinschaftsrechtliche Unterrichtungs- und Anhörungspflichten und ihre Auswirkungen auf das Betriebsverfassungs-, Personalvertretungs- und Mitarbeitervertretungsrecht [Diss. Bonn], 2009, S. 182 f., 185 ff., der für Unternehmen ohne Wirtschaftsausschuss und mit mehr als 50 Arbeitnehmern eine richtlinienkonforme Auslegung des § 80 Abs. 2 unter Aufgabe des Erfordernisses des Aufgabenbezugs für möglich und geboten hält). Die Umsetzungsfrist für entsprechende Maßnahmen endete am 23.03.2005 (Art. 11 RL 2002/14/EG). Der in Art. 6 der RL verlangte **Schutz vertraulicher Informationen des Arbeitgebers** ist in § 80 Abs. 4 bereits umgesetzt (vgl. ferner §§ 79, 120). Zur Frage, ob die in Art. 4 Abs. 3 der RL enthaltene Konkretisierung der Unterrichtungsmodalitäten das Hinzuziehen unternehmensinterner oder gar externer Sachverstands erfordert vgl. *Reichold* NZA 2003, 289 (295 f.) einerseits, *Wendeling-Schröder/Welkoborsky* NZA 2002, 1370 (1372 Fn. 20) andererseits.

II. Allgemeine Aufgaben (Abs. 1)

1. Allgemeines

7 § 80 Abs. 1 nennt eine Reihe »allgemeiner Aufgaben« des Betriebsrats, die **unabhängig von** den sonst im BetrVG genannten konkreten **Mitwirkungs- und Mitbestimmungsrechten** bestehen und sowohl den sozialen als auch den personellen und den wirtschaftlichen Bereich berühren. Die Aufzählung allgemeiner Aufgaben ist **nicht erschöpfend** (vgl. u. a. *Fitting* § 80 Rn. 4; *Nicolai/ HWGNRH* § 80 Rn. 8). Das Gesetz nennt weitere derartige Aufgaben in § 75. Hinzu kommen Aufgabenzuweisungen außerhalb des BetrVG (*Pulte* NZA 2000, 234 ff.).

8 Die in Abs. 1 umschriebenen Aufgaben des Betriebsrats sind Bezugspunkt der in Abs. 2 genannten **Informationspflichten** des Arbeitgebers. Sie können auch die Basis für einen **Freistellungsanspruch** nach § 37 Abs. 2 bilden sowie als Maßstab für die Erforderlichkeit von **Schulungen** nach § 37 Abs. 6 dienen (*Nicolai/HWGNRH* § 80 Rn. 9); dies gilt insbesondere für die Überwachungsaufgabe nach Abs. 1 Nr. 1 (vgl. § 37 Rdn. 31 a. E.).

9 § 80 Abs. 1 räumt dem Betriebsrat **kein Mitbestimmungsrecht** ein (*BAG* 25.05.1982 EzA § 87 BetrVG 1972 Leistungslohn Nr. 7 S. 96 *[Gaul]* = AP Nr. 2 zu § 87 BetrVG 1972 Prämie *[Gaul]*; *Fitting* § 80 Rn. 14; *Kania*/ErfK § 80 BetrVG Rn. 1; *Nicolai/HWGNRH* § 80 Rn. 9). Die Einigungsstelle kann deshalb nur nach § 76 Abs. 6, d. h. mit Einverständnis beider Betriebspartner, tätig werden und entscheiden (*Nicolai/HWGNRH* § 80 Rn. 11). Weiterhin gibt § 80 Abs. 1 dem Betriebsrat auch **keinen gerichtlichen Anspruch gegen den Arbeitgeber auf bestimmte Handlungen** (vgl. dazu Rdn. 32 f.) oder ein Recht, selbst in die Leitung des Betriebs einzugreifen (§ 77 Abs. 1). Der Betriebsrat ist kein dem Arbeitgeber übergeordnetes Kontrollorgan (*Fitting* § 80 Rn. 13; *Kania*/ ErfK § 80 BetrVG Rn. 3). Der Arbeitgeber ist aber aufgrund des **Gebots zur vertrauensvollen Zusammenarbeit** (§ 2 Abs. 1) verpflichtet, sich ernsthaft mit den Problemen und Anregungen, die der

Allgemeine Aufgaben § 80

Betriebsrat im Rahmen seiner Zuständigkeit an ihn heranträgt, zu befassen und mit dem Betriebsrat »mit dem ernsten Willen zur Einigung« (§ 74 Abs. 1 Satz 2) zu verhandeln.

Ein **Tarifvertrag** kann die gesetzlichen Aufgaben des Betriebsrats aus § 80 Abs. 1 **nicht aufheben oder einschränken** (vgl. für das Überwachungsrecht nach § 80 Abs. 1 Nr. 1 *BAG* 21.10.2003 EzA § 80 BetrVG 2001 Nr. 3 S. 12 = AP Nr. 62 zu § 80 BetrVG 1972 Bl. 5 *[zust. Wiese]*; *Fitting* § 80 Rn. 5; vgl. auch *Franzen* § 1 Rdn. 71; *Wiese* Einl. Rdn. 107). Ebenso wenig kann der Betriebsrat in einer **Betriebsvereinbarung** auf die ihm gesetzlich übertragenen Überwachungsbefugnisse verzichten (*BAG* 19.02.2008 EzA § 80 BetrVG 2001 Nr. 8 Rn. 19 = AP Nr. 69 zu § 80 BetrVG 1972). 10

2. Überwachung der Durchführung von Arbeitnehmerschutzregelungen (Abs. 1 Nr. 1)

a) Gegenstände der Überwachung

Der Betriebsrat hat darüber zu wachen, dass die zugunsten der Arbeitnehmer im Betrieb geltenden **Gesetze, Verordnungen und Unfallverhütungsvorschriften, Tarifverträge und Betriebsvereinbarungen** durchgeführt werden. Dabei ist die Überwachungsaufgabe vorrangig **gegenwarts- und zukunftsbezogen**. Der Betriebsrat kann aber auch Auskunft über in der **Vergangenheit** liegende Vorgänge verlangen, solange daraus auch Rückschlüsse auf das derzeitige und künftige Verhalten des Arbeitgebers gezogen werden können. Die rückwärtige zeitliche Grenze liegt dort, wo der Betriebsrat aus den gewünschten Informationen für sein Handeln keine sachgerechten Folgerungen mehr ziehen könnte (*BAG* 21.10.2003 EzA § 80 BetrVG 2001 Nr. 3 S. 14 f. = AP Nr. 62 zu § 80 BetrVG 1972 *[zust. Wiese]*; 19.02.2008 EzA § 80 BetrVG 2001 Nr. 8 Rn. 21 = AP Nr. 69 zu § 80 BetrVG 1972). Unter den zugunsten der Arbeitnehmer geltenden Normen sind zunächst die speziellen **Gesetze und Verordnungen** über den **Arbeitsschutz** zu verstehen, wie z. B. das Arbeitsschutzgesetz, das Arbeitszeitgesetz (dazu *LAG Köln* 28.06.2011 – 12 TaBV 1/11 – juris), das Arbeitssicherheitsgesetz, die Arbeitsstättenverordnung, das Geräte- und Produktsicherheitsgesetz, das Jugendarbeitsschutzgesetz, das Mutterschutzgesetz und der 3. Teil des SGB IX (bis 31.12.2017: 2. Teil) einschließlich der Regelungen zum betrieblichen Eingliederungsmanagement (zur Einsichtnahme in Zielvereinbarungen mit dem Ziel der Überprüfung der Einhaltung von Gesundheitsschutzvorschriften vgl. *LAG Hamm* 09.03.2012 – 13 TaBV 100/10 – juris, Rn. 35 ff.; zum Nichtraucherschutz vgl. *Thelen* Nichtraucherschutz am Arbeitsplatz [Diss. Halle-Wittenberg], 2016, S. 143 ff.; zum Schutz vor Überlastung vgl. *Helmer* Stress am Arbeitsplatz als Herausforderung für das Arbeitsrecht [Diss. Mannheim], 2014, S. 123 ff., 205 ff.). Ausdrücklich einbezogen in die Überwachungsaufgabe sind die **Unfallverhütungsvorschriften**, die nach § 15 SGB VII von den Trägern der Unfallversicherung erlassen werden (*Fitting* § 80 Rn. 9). 11

In Fällen der **Arbeitnehmerüberlassung** sieht § **11 Abs. 6 Satz 1 AÜG** für die Einhaltung des Arbeitsschutzes eine **doppelte Verantwortlichkeit von Entleiher und Verleiher** vor, die auch Folgen für das Überwachungsrecht des Betriebsrats hat. Die Verantwortlichkeit des Entleihers folgt daraus, dass die Leiharbeitnehmer in seinem Betrieb eingegliedert und nach seinen Weisungen tätig sind. Der Verleiher ist als Vertragsarbeitgeber schon nach § 618 BGB in der Pflicht. Allerdings hat er keine Möglichkeiten, unmittelbar für die Einhaltung öffentlich-rechtlicher Arbeitsschutzpflichten im Entleiherbetrieb zu sorgen. Deshalb beschränkt sich seine Verpflichtung darauf, den Verleiher zu überwachen und gegebenenfalls auf ihn einzuwirken (*BAG* 07.06.2016 EzA § 87 BetrVG 2001 Gesundheitsschutz Nr. 15 Rn. 16 = AP Nr. 23 zu § 87 BetrVG 1972 Gesundheitsschutz *[Ulber]*; *Boemke* Anm. BAG AP Nr. 79 zu § 80 BetrVG 1972; *Boemke*/Boemke/Lemke AÜG § 11 Rn. 156; *Schüren* AÜG § 11 Rn. 134; *Ulber* AÜG § 11 Rn. 150; ErfK/*Wank* § 11 AÜG Rn. 21). Mit dieser Aufgabenteilung korrespondieren auch die Überwachungs- (und Informations)rechte der beteiligten Betriebsräte. Der **Entleiherbetriebsrat** ist für die Einhaltung der Bestimmungen des Arbeitsschutzes auch bezüglich der Leiharbeitnehmer zuständig (*BAG* 15.10.2014 EzA § 80 BetrVG 2001 Nr. 20 Rn. 26 ff. = AP Nr. 79 zu § 80 BetrVG 1972 *[Boemke]*). Der **Verleiherbetriebsrat** wiederum hat (nur) die Aufgabe, die Wahrnehmung der aus § 11 Abs. 6 Satz 1 Halbs. 2 AÜG resultierenden Kontrollverantwortung des Verleihers zu überwachen (*Boemke* Anm. BAG AP Nr. 79 zu § 80 BetrVG 1972; vgl. aber *Hamann* jurisPR-ArbR 16/2015, S. 3; *Hamann/Klengel* AuR 2016, 99 [100 f.]). Er hat kein eigenständiges Recht zur Überwachung des Entleihers. Die Rechte des Betriebsrats sind auf den Betrieb des Arbeit- 12 gebers bezogen, das BetrVG begründet keine Rechte des Betriebsrats gegenüber Dritten (vgl. *BAG* 13.06.1989 EzA § 80 BetrVG 1972 Nr. 36 S. 8 = AP Nr. 36 zu § 80 BetrVG 1972; 15.10.2014 EzA § 80 BetrVG 2001 Nr. 20 Rn. 26 = AP Nr. 79 zu § 80 BetrVG 1972 *[Boemke]*). Zum Zugangsrecht des Verleiherbetriebsrats in den Entleiherbetrieb vgl. Rdn. 29.

13 Von § 80 Abs. 1 Nr. 1 erfasst werden weiterhin alle sonstigen **arbeitsrechtlichen Schutzgesetze**, soweit sie zwingende Vorschriften zugunsten der Arbeitnehmer enthalten, gleichgültig, ob es sich um arbeitsrechtliche Spezialgesetze oder um Regelungen im BGB (u. a. die Regelungen zu **Allgemeinen Geschäftsbedingungen**; krit. insoweit *Hunold* NZA 2006, 583 [584 f.]; *Rieble/AR* § 80 BetrVG Rn. 1; *Sittard/HWK* § 80 BetrVG Rn. 9) oder im HGB handelt (*Fitting* § 80 Rn. 6; *Richardi/Thüsing* § 80 Rn. 9). Bei der Überwachung von Formulararbeitsverträgen auf ihre Vereinbarkeit mit Regelungen der §§ 305c–310 BGB ist der Betriebsrat allerdings auf eine **Rechtskontrolle** des Vertragsinhalts beschränkt (*BAG* 16.11.2005 EzA § 80 BetrVG 2001 Nr. 4 S. 9 = AP Nr. 64 zu § 80 BetrVG 1972 = RdA 2007, 44 *[Lunk]*). Besondere Überwachungspflichten ergeben sich für den Betriebsrat auch im Hinblick auf die Benachteiligungsverbote des **Allgemeinen Gleichbehandlungsgesetzes** (vgl. auch *Buschmann/DKKW* § 80 Rn. 8; *Schwering* Das Allgemeine Gleichbehandlungsgesetz als Aufgabe und Instrument des Betriebsrates [Diss. Bonn], 2010, S. 251 ff.). Dabei bezieht § 17 Abs. 1 AGG den Betriebsrat ausdrücklich in die Verantwortung zur Verwirklichung der Ziele des Gesetzes ein. § 17 Abs. 2 AGG eröffnet darüber hinaus den Weg zur Sanktion des § 23 Abs. 3 BetrVG. Die Position des Betriebsrats im Bereich des Antidiskriminierungsrechts ist damit stärker ausgebildet als bei den sonstigen Überwachungsaufgaben, wo es weder einen Durchsetzungs- noch einen Unterlassungsanspruch gibt (vgl. Rdn. 32). Ein Überwachungsrecht des Betriebsrats besteht – jedenfalls sofern es nicht um leitende Angestellte geht – auch bezüglich der Einhaltung der Verpflichtung zur Festlegung von Zielgrößen für den Frauenanteil an Führungspositionen in börsennotierten oder mitbestimmten Unternehmen nach Maßgabe des **TeilhabeG** vom 24.04.2015 (BGBl. I, S. 642; vgl. *Fitting* § 80 Rn. 6; *Löwisch* BB 2015, 1909). Sofern der Arbeitgeber in einem Unternehmen mit in der Regel mehr als 500 Beschäftigten ein (freiwilliges) betriebliches Prüfverfahren zur Einhaltung des Entgeltgleichheitsgebots nach § 17 **EntgTranspG** (Gesetz zur Förderung der Transparenz von Entgeltstrukturen v. 30.06.2017, BGBl. I, S. 2152) durchführt, besteht auch ein Überwachungsrecht des Betriebsrats (*Gaul* ArbRB 2017, 47 [50]; *Kuhn/Schwindling* DB 2017, 785 [789]). Denkbar ist etwa, dass sich aus dem Prüfverfahren Benachteiligungen wegen des Geschlechts in Bezug auf das Entgelt ergeben und der Arbeitgeber nach § 19 EntgTranspG Maßnahmen zu deren Beseitigung ergreifen soll. Für ein solches Überwachungsrecht gelten die dafür generell bestehenden Grenzen (vgl. Rdn. 31 ff.; zur Beteiligung des Betriebsrats bei der Durchführung des Prüfverfahrens nach § 17 Abs. 2 EntgTranspG vgl. Rdn. 38; zum Unterrichtungsanspruch nach § 20 Abs. 1 EntgTranspG vgl. Rdn. 57; zur Beteiligung des Betriebsrats bei der Verwirklichung des individuellen Auskunftsanspruchs nach §§ 10 ff. EntgTranspG vgl. Rdn. 125 ff.). Zu den von Abs. 1 Nr. 1 erfassten arbeitsrechtlichen Schutzgesetzen gehört weiterhin das **Kündigungsschutzgesetz**. Die Mitwirkungsbefugnisse des Betriebsrats gemäß § 102 schließen sein allgemeines Überwachungsrecht nach § 80 Abs. 1 Nr. 1 nicht aus. Zum **Mindestlohngesetz**, bei dem die Überwachung etwa die Vorlage der dort vorgeschriebenen Dokumentation betreffen kann, vgl. *Buschmann/DKKW* § 80 Rn. 10; *Fitting* § 80 Rn. 63; *Düwell* AiB 2015, 37; *Kleinebrink* DB 2015, 375; vgl. auch Rdn. 107. In Bezug genommen sind auch die Vorschriften des **Betriebsverfassungsgesetzes**, soweit sie dem Schutz des einzelnen Arbeitnehmer dienen (vgl. §§ 81 bis 85; zum Unterrichtungsanspruch bezüglich des Stands der Entwicklung eines **Konzepts für Arbeitnehmerbelange i. S. d. § 289c Abs. 3 Nr. 2 HGB** i. d. F. des CSR-Richtlinie-Umsetzungsgesetzes vom 11.04.2017 [BGBl. I, S. 802] vgl. *Sommer* RdA 2016, 291 [294]). Zum **Mitbestimmungsgesetz** als Gesetz zugunsten der Arbeitnehmer vgl. *Wiese* FS *E. Wolf*, S. 685, 693 ff.

14 Von besonderer Bedeutung ist die Überwachungsaufgabe des Betriebsrats auch für die Gewährleistung der Durchführung der Gesetze aus dem **Bereich der sozialen Sicherheit**. Dem Betriebsrat obliegt es, die Befolgung der vom Arbeitgeber gegenüber seinen Arbeitnehmern zu erfüllenden Pflichten aus den Sozialversicherungsgesetzen zu überwachen. Auch um die richtige Anwendung und Ausnutzung der Möglichkeiten des SGB III durch den Arbeitgeber hat sich der Betriebsrat zu kümmern. Dabei geht es nicht nur um die ordnungsgemäße Abführung der Beiträge zur Arbeitslosenversicherung, sondern um die Beachtung aller zugunsten der Arbeitnehmer bestehenden Vorschriften z. B. über das Kurzarbeitergeld.

Der Überwachung des Betriebsrats unterliegt weiter die Einhaltung des Gesetzes über **Teilzeitarbeit** 15
und **befristete Arbeitsverträge** (TzBfG), das Arbeitnehmerschutzvorschriften enthält. Bei befristeten Arbeitsverträgen ist allerdings zu beachten, dass der Betriebsrat keine Überwachungsfunktion hinsichtlich der Einhaltung der materiellen Anforderungen an eine zulässige Befristung nach § 14 TzBfG oder etwa §§ 1, 2 WissZeitVG hat. Denn der Verstoß gegen diese Regelungen macht nicht die Beschäftigung als solche unzulässig, sondern führt nach §§ 16 TzBfG, 1 Abs. 1 Satz 5 WissZeitVG zu einem unbefristeten Arbeitsverhältnis. Die Überwachungsfunktion des Betriebsrats bezieht sich auf die Durchführung von Gesetzen, also auf gesetzliche Verbote oder Gebote und bedeutet gerade keine umfassende Rechtskontrolle (BAG 27.10.2010 EzA § 99 BetrVG 2001 Einstellung Nr. 15 Rn. 32 = AP Nr. 33 zu § 99 BetrVG 1972 *[v. Hoyningen-Huene]*; **a. M.** *Buschmann/DKKW* § 80 Rn. 7). Dementsprechend besteht auch kein darauf bezogener Auskunftsanspruch nach Abs. 2 Satz 1, 2 (vgl. zum Aufgabenbezug des Auskunftsanspruchs Rdn. 68 ff.).

Auch das **Bundesdatenschutzgesetz** ist ein zugunsten der Arbeitnehmer geltendes Gesetz, soweit es 16
auf die Arbeitnehmer des Betriebs anwendbar ist (BAG 17.03.1987 EzA § 80 BetrVG 1972 Nr. 30 S. 169 = AP Nr. 29 zu § 80 BetrVG 1972; 11.11.1997 EzA §§ 36–37 BDSG Nr. 1 S. 18 f. = AP Nr. 1 zu § 36 BDSG; *Buschmann/DKKW* § 80 Rn. 14; *Fitting* § 80 Rn. 7; *Gola* BB 2017, 1462 [1470 ff.]; *Nicolai/HWGNRH* § 80 Rn. 3, 13; *Richardi/Thüsing* § 80 Rn. 10; *Wedde* AiB 2014, 15). Das Gleiche gilt für die am 25.05.2016 in Kraft getretene, aber erst ab dem 25.05.2018 geltende **Datenschutzgrundverordnung** – DSGVO (*Kort* ZD 2017, 3 [5]; *Wybitul/Draf* BB 2016, 2101 [2104]). Die Überwachungsaufgabe des Betriebsrats wird durch die Überwachungsaufgabe des **Datenschutzbeauftragten** nach § 4f und g BDSG (ab 25.05.2018: Art. 37 Abs. 4 DSGVO i. V. m. § 38 BDSG n. F. [Datenschutz-Anpassungs- und –Umsetzungsgesetz – DSAnpUG-EU v. 20.06.2017, BGBl. I, S. 2097] sowie Art. 39 DSGVO) nicht eingeschränkt oder ausgeschlossen (*Buschmann/DKKW* § 80 Rn. 15; *Fitting* § 80 Rn. 7; *Richardi/Thüsing* § 80 Rn. 10; *Wedde* AiB 2014, 15 [16]). Der Betriebsrat hat auch darüber zu wachen, dass der Datenschutzbeauftragte die nach dem BDSG und der DSGVO erforderliche Qualifikation aufweist (BAG 13.08.1993 EzA § 99 BetrVG 1972 Nr. 121 S. 2 ff. = AP Nr. 4 zu § 99 BetrVG 1972 *[Wohlgemuth]* = SAE 1995, 155 *[v. Hoyningen-Huene]*; zur Frage, ob dem Betriebsrat bei Zweifeln an Fachkunde und/oder Zuverlässigkeit des Datenschutzbeauftragten ein Zustimmungsverweigerungsrecht nach § 99 Abs. 2 Nr. 1 zusteht, vgl. *Raab* § 99 Rdn. 168). § 80 Abs. 1 Nr. 1 eröffnet dem Betriebsrat aber keine Befugnis zur Überwachung der Tätigkeit des Datenschutzbeauftragten (*Kort* ZD 2017, 3 [6]). Zum Verhältnis des Informationsanspruchs des Betriebsrats nach Abs. 2 zum Bundesdatenschutzgesetz und zur datenschutzrechtlichen Verantwortung des Betriebsrats vgl. Rdn. 90 ff., 113.

Zu den gesetzlichen Vorschriften i. S. v. Nr. 1 gehören ferner die von der **Rechtsprechung** aus dem 17
Arbeitsvertragsrecht **entwickelten Rechtspflichten** des Arbeitgebers, wie die sog. Fürsorgepflicht, die Pflicht zur Gleichbehandlung und die Pflicht, alle Arbeitnehmer nach den Grundsätzen von Recht und Billigkeit zu behandeln (vgl. § 75 Abs. 1; st. Rspr. seit BAG 11.07.1972 EzA § 80 BetrVG 1972 Nr. 1 S. 5 f. = AP Nr. 1 zu § 80 BetrVG 1972; BAG 13.02.2007 EzA § 118 BetrVG 2001 Nr. 7 Rn. 23 = AP Nr. 81 zu § 118 BetrVG 1972 *[Wedde]* = ArbRB 2007, 293 *[Lunk]*); *Buschmann/DKKW* § 80 Rn. 7; *Fitting* § 80 Rn. 6; *Kania*/ErfK § 80 Rn. 3; *Nicolai/HWGNRH* § 80 Rn. 18; *Richardi/Thüsing* § 80 Rn. 9).

Dem Arbeitgeber obliegt die **Nebenpflicht**, die vom Arbeitslohn abzuführenden **Steuern** richtig zu 18
berechnen und tatsächlich abzuführen (BAG 17.03.1960 EzA § 670 BGB Nr. 1 S. 3 = AP Nr. 8 zu § 670 BGB). Darüber zu wachen, ob der Arbeitgeber diese Pflichten erfüllt, gehört zu den Aufgaben des Betriebsrats nach Nr. 1 (*Fitting* § 80 Rn. 10; *Nicolai/HWGNRH* § 80 Rn. 14; *Richardi/Thüsing* § 80 Rn. 11). Abgesehen davon stellen die Vorschriften des Lohnsteuerrechts keine Arbeitnehmerschutzgesetze i. S. d. Nr. 1 dar (BAG 11.12.1973 EzA § 37 BetrVG 1972 Nr. 19 S. 68 ff. = AP Nr. 5 zu § 80 BetrVG 1972; krit. *Buschmann/DKKW* § 80 Rn. 12).

Aus dem **Gleichbehandlungsgrundsatz** bzw. § 75 Abs. 1 Satz 1 und der entsprechenden Über- 19
wachungsaufgabe des Betriebsrats folgt, dass dieser auch das Recht hat, die Anwendung arbeitsvertraglicher Einheitsregelungen, auch wenn sie auf betrieblicher Übung beruhen, zu überwachen (vgl. u. a. BAG 18.09.1973 EzA § 80 BetrVG 1972 Nr. 5 S. 33 f.; 30.06.1981 EzA § 80 BetrVG 1972 Nr. 19 S. 108 ff. = AP Nr. 15 zu § 80 BetrVG 1972; 14.01.2014 EzA § 80 BetrVG 2001 Nr. 18 Rn. 26 =

AP Nr. 77 zu § 80 BetrVG 1972; *Buschmann/DKKW* § 80 Rn. 7; *Fitting* § 80 Rn. 6, 12). Gleiches gilt für sog. Zielvereinbarungen, sofern die dabei individuell mit dem Arbeitnehmer vereinbarten Umsatzziele ein tarifliches Leistungslohnsystem umsetzen und deshalb nicht bloße Einzelabsprachen ohne gemeinsamen Bezugspunkt darstellen (*BAG* 21.10.2003 EzA § 80 BetrVG 2001 Nr. 3 S. 11 f., 14 = AP Nr. 62 zu § 80 BetrVG 1972 Bl. 5, 6 *[zust. Wiese]*; *LAG Nürnberg* 17.11.2009 AiB 2010, 482; dazu *Rieble/Gistel* BB 2004, 2462; *Kort* NZA 2015, 520 [522]). Zum Allgemeinen Gleichbehandlungsgesetz vgl. Rdn. 13.

20 Das Gesetz nennt als Überwachungsgegenstand nur **allgemeine Regelungen**, die für alle Arbeitnehmer oder Gruppen von Arbeitnehmern gelten. Der soziale Schutzauftrag des Betriebs im Rahmen der Nr. 1 ist deshalb **nicht** darauf gerichtet, die Einhaltung **einzelarbeitsvertraglicher Regelungen** zu überwachen (*Buschmann/DKKW* § 80 Rn. 19; *Fitting* § 80 Rn. 12; *Kaiser/LK* § 80 Rn. 4; *Richardi/Thüsing* § 80 Rn. 16; *Sittard/HWK* § 80 BetrVG Rn. 12; vgl. auch *BAG* 21.10.2003 EzA § 80 BetrVG 2001 Nr. 3 S. 14 = AP Nr. 62 zu § 80 BetrVG 1972 Bl. 6 *[zust. Wiese]*). Der Betriebsrat ist weder ein übergeordnetes Kontrollorgan des Arbeitgebers noch dazu berufen, als eine Art gesetzlicher Beistand des einzelnen Arbeitnehmers auf die Wahrung seiner Rechte und Ansprüche von Amts wegen zu achten (vgl. dazu Rdn. 27, 31). Dies ergibt sich auch aus dem Zusammenhang mit den Vorschriften der §§ 81–85 über die Individualrechte der Arbeitnehmer. Der Betriebsrat kann in diesem Bereich nur auf Anforderung und mit Einverständnis des einzelnen Arbeitnehmers tätig werden. Dem Betriebsrat obliegt allerdings die Pflicht, darüber zu wachen, dass die **§§ 81–85** vom Arbeitgeber überhaupt angewendet werden (vgl. Rdn. 13). Die Tatsache, dass die Erfüllung der individuellen Arbeitsverträge durch den Arbeitgeber nicht Gegenstand des Überwachungsrechts des Betriebsrats ist, bedeutet aber nicht, dass der Betriebsrat die **Einhaltung genereller Regelungen im Einzelfall** nicht überwachen könnte (*Buschmann/DKKW* § 80 Rn. 19). Dem weiten Schutzzweck der Nr. 1 würde es nicht entsprechen, die Überwachung nur darauf zu beschränken, dass diese Regelungen im Betrieb überhaupt angewendet werden. Nur durch die Prüfung der Anwendung im Einzelfall kann z.B. ein Verstoß gegen den Gleichbehandlungsgrundsatz festgestellt werden (vgl. auch *BAG* 14.01.2014 EzA § 80 BetrVG 2001 Nr. 18 Rn. 25 f. = AP Nr. 77 zu § 80 BetrVG 1972). Deshalb ist ein Überwachungsrecht nur in den Fällen echter individueller Vertragsgestaltung abzulehnen (vgl. auch *Richardi/Thüsing* § 80 Rn. 16 f.). Aber auch das kann nur gelten, wenn die individuelle Vertragsgestaltung nicht gegen zwingende Normen zugunsten des Arbeitnehmers verstößt (vgl. auch *Kohte/Schulze-Doll/HaKo* § 80 Rn. 10).

21 Das Überwachungsrecht bezieht sich auch auf die Durchführung von **Tarifverträgen**. In Bezug auf Tarifverträge besteht das Überwachungsrecht nur, wenn und soweit die tarifliche Regelung kraft Tarifbindung des Arbeitgebers (§ 3 Abs. 2 TVG), kraft Tarifbindung von Arbeitgeber und Arbeitnehmer (§ 3 Abs. 1 und § 4 Abs. 1 Satz 1 TVG; vgl. *BAG* 18.09.1973 EzA § 80 BetrVG 1972 Nr. 5 S. 33 *[Buchner]* = AP Nr. 3 zu § 80 BetrVG 1972 *[Richardi]*; 27.10.2010 EzA § 99 BetrVG 2001 Einstellung Nr. 16 Rn. 42 = AP Nr. 61 zu § 99 BetrVG 1972 Einstellung), kraft Allgemeinverbindlicherklärung (§ 5 Abs. 4 TVG) oder kraft arbeitsvertraglicher Inbezugnahme (*BAG* 06.05.2003 EzA § 80 BetrVG 2001 Nr. 2 S. 10 = AP Nr. 61 zu § 80 BetrVG 1972 Bl. 4 *[Hamm]* = AuR 2004, 72 *[Krabbe-Rachut]* = SAE 2004, 119 *[Schöne]*) gilt (*Buschmann/DKKW* § 80 Rn. 17; *Fitting* § 80 Rn. 11). Einbezogen ist auch der Zeitraum der Nachwirkung (*Kania/ErfK* § 80 BetrVG Rn. 4; *Kohte/Schulze-Doll/HaKo* § 80 Rn. 17; *Oetker* FS *Schaub*, S. 535 [542]). Das Überwachungsrecht bezieht sich auf die Durchführung von Tarifverträgen, nicht auf deren Vereinbarkeit mit höherrangigem Recht (*LAG Schleswig-Holstein* 19.08.2008 NZA-RR 2009, 136; **a. M.** *Fitting* § 80 Rn. 11). Gegenstand der Überwachung sind zunächst die **normativen Bestimmungen** der Kollektivverträge. Nach Auffassung des BAG (11.07.1972 EzA § 80 BetrVG 1972 Nr. 1 S. 4 = AP Nr. 1 zu § 80 BetrVG 1972) sind es darüber hinaus auch die **schuldrechtlichen Bestimmungen**, sofern sie zugunsten der Arbeitnehmer wirken (*Buschmann/DKKW* § 80 Rn. 17; *Fitting* § 80 Rn. 11; *Nicolai/HWGNRH* § 80 Rn. 21; *Richardi* Anm. zu BAG AP Nr. 1 zu § 80 BetrVG 1972; *Richardi/Thüsing* § 80 Rn. 15; *Wiese* SAE 1974, 99; **a. M.** *Mayer-Maly* DB 1979, 987). Dem ist zuzustimmen. Überwachungsrecht und -pflicht des Betriebsrats sind deshalb nicht etwa unmittelbar auf die Durchsetzung der Ansprüche der Tarifpartner bezogen. Ziel der Überwachung ist die Feststellung, ob rechtliche Regelungen mit einem kollektiven Bezug, die im Betrieb gelten, dort respektiert werden (vgl. Rdn. 19). Die Möglichkeiten des Betriebsrats, auf die Durchführung hinzuwirken, sind ohnehin begrenzt. § 80 Abs. 1 gewährt ihm insoweit

keine besonderen Befugnisse. Das kollektive Interesse an der Aufklärung von Durchführungsmängeln rechtfertigt es, in den Kreis der zu überwachenden Regelungen auch solche schuldrechtlichen Tarifbestimmungen einzubeziehen, die zugunsten der Arbeitnehmer getroffen sind, auch wenn sie diesen keine unmittelbaren Ansprüche verschaffen. Durch die Zuerkennung des Überwachungsrechts wird der Betriebsrat auch nicht zum Interessenwahrer oder »Erfüllungsgehilfen« der tarifschließenden Gewerkschaft. Er hat nicht deren Interessen wahrzunehmen, sondern diejenigen der Belegschaft des Betriebes.

Soweit **außertarifliche Angestellte** nicht vom persönlichen Geltungsbereich des Tarifvertrages erfasst werden und auch keine arbeitsvertragliche Inbezugnahme vorliegt (vgl. Rdn. 21 und *BAG* 06.05.2003 EzA § 80 BetrVG 2001 Nr. 2 S. 9 f. = AP Nr. 61 zu § 80 BetrVG 1972 Bl. 4 *[Hamm]* = AuR 2004, 72 *[Krabbe-Rachut]* = SAE 2004, 119 *[Schöne]*), kann Bezugpunkt des Überwachungsrechts nicht der Tarifvertrag sein. In Betracht kommt dann gegebenenfalls die Überwachung der Einhaltung gesetzlicher Regelungen wie etwa des Arbeitszeitgesetzes (*BAG* 06.05.2003 EzA § 80 BetrVG 2001 Nr. 2 S. 9 f. = AP Nr. 61 zu § 80 BetrVG 1972 Bl. 4). Die Überwachungsaufgabe kann sich bei außertariflichen Angestellten aber auch auf die Einhaltung **vertraglich geregelter Arbeitsbedingungen** beziehen (etwa in Bezug auf den Gleichbehandlungsgrundsatz; vgl. dazu *BAG* 10.10.2006 EzA § 80 BetrVG 2001 Nr. 6 Rn. 32 ff. = AP Nr. 68 zu § 80 BetrVG 1972 = RdA 2008, 38 *[Buschmann]* = SAE 2008, 269 *[Reichold/Rein]*), sofern nur ein **kollektiver Bezug** gegeben ist (*Nicolai/HWGNRH* § 80 Rn. 22). Soweit Arbeitsbedingungen außertariflicher Angestellter auf ausschließlich individualrechtlicher Basis mit dem einzelnen Angestellten vereinbart worden sind, fehlt es für die Überwachungsaufgabe des Betriebsrats an der vorausgesetzten generellen Regelung (vgl. Rdn. 20). Anders ist die Situation, wenn im Einzelfall eine vertragliche Einheitsregelung oder eine sonstige kollektiv wirkende Regelung zugrunde liegt (*Richardi/Thüsing* § 80 Rn. 17). Der Betriebsrat kann sich deshalb auf sein Überwachungsrecht berufen, wenn er etwa vorträgt, dass die Gehälter der AT-Angestellten betriebseinheitlich erhöht (*BAG* 17.05.1978 EzA § 242 BGB Gleichbehandlung Nr. 14 S. 59 *[Herschel]* = AP Nr. 42 zu § 242 BGB Gleichbehandlung) oder dass Ruhegehälter oder sonstige Sozialleistungen betriebseinheitlich verbessert worden seien. Der Vortrag, für gleichartige Arbeitsplätze außertariflicher Angestellter würden unterschiedliche Vergütungen gezahlt (vgl. dazu *BAG* 28.05.1974 EzA § 80 BetrVG 1972 Nr. 7 S. 53 = AP Nr. 6 zu § 80 BetrVG 1972 einerseits; *Kraft* 7. Aufl., § 80 Rn. 20 andererseits), reicht hingegen für sich gesehen nicht aus, da es um individuelle Vereinbarungen gehen kann, bei denen der Gleichbehandlungsgrundsatz nicht gilt (*Richardi/Thüsing* § 80 Rn. 16). Allerdings wird ein entsprechender Vortrag des Betriebsrats häufig auch die Behauptung einer generellen Regelung implizieren. Das BAG bezieht im Übrigen in ständiger Rechtsprechung das **Einblicksrecht** nach Abs. 2 Satz 2 auch auf die Frage, **ob überhaupt nach generalisierenden Grundsätzen** verfahren wird (*BAG* 12.02.1980 EzA § 80 BetrVG 1972 Nr. 16 S. 93 = AP Nr. 12 zu § 80 BetrVG 1972; 19.03.1981 EzA § 80 BetrVG 1972 Nr. 18 S. 101 = AP Nr. 14 zu § 80 BetrVG 1972; 14.01.2014 EzA § 80 BetrVG 2001 Nr. 18 Rn. 25 = AP Nr. 77 zu § 80 BetrVG 1972; dazu und generell zum Einblicksrecht in Lohn- und Gehaltslisten vgl. Rdn. 107 ff.).

Die Rechtsprechung erstreckt den Anwendungsbereich von § 80 Abs. 1 Nr. 1 (und Abs. 2 Satz 2, vgl. dazu Rdn. 107 ff.) auch auf die Arbeitsbedingungen der **übertariflich bezahlten Arbeitnehmer** (vgl. u. a. *BAG* 18.09.1973 EzA § 80 BetrVG 1972 Nr. 5 S. 32 ff.; 10.02.1987 EzA § 80 BetrVG 1972 Nr. 28 S. 155 ff. = AP Nr. 3 *[Richardi]*, 7, 12, 27 *[Kraft]* zu § 80 BetrVG 1972; 13.02.2007 EzA § 80 BetrVG 2001 Nr. 7 Rn. 22 ff. = AP Nr. 81 zu § 118 BetrVG 1972 *[Wedde]*; zust. *Buschmann/DKKW* § 80 Rn. 21; *Richardi/Thüsing* § 80 Rn. 92; zur ursprünglichen Begründung des *BAG*, aufgrund einer tatsächlichen Vermutung sei eine kollektive oder kollektivähnliche Regelung anzunehmen [*BAG* 28.04.1974 EzA § 80 BetrVG 1972 Nr. 8 S. 56 = AP Nr. 7 zu § 80 BetrVG 1972 Bl. 2 f.]; krit. *Kraft* 7. Aufl., § 80 Rn. 21; ferner *ders.* ZfA 1983, 171 [186]; *Mayer-Maly* DB 1979, 988 [989]). Die spätere, zu Abs. 2 Satz 2 ergangene Rechtsprechung weist auf das Mitbestimmungsrecht nach § 87 Abs. 1 Nr. 10 hin (*BAG* 30.06.1981 EzA § 80 BetrVG 1972 Nr. 19 S. 110 = AP Nr. 13 zu § 80 BetrVG 1972; 10.02.1987 EzA § 80 BetrVG 1972 = AP Nr. 27 zu § 80 BetrVG 1972; krit. auch hier *Kraft* 7. Aufl., § 80 Rn. 21; *ders.* Anm. zu *BAG* AP Nr. 15 Bl. 5 R, Nr. 27 Bl. 3 R zu § 80 BetrVG 1972) sowie darauf, dass der Betriebsrat erst durch die Wahrnehmung des Einblicksrechts feststellen könne, **ob überhaupt eine generelle Regelung** vorliege (vgl. u. a. *BAG* 10.02.1987 EzA § 80 BetrVG 1972 Nr. 28 S. 156 = AP Nr. 27 zu § 80 BetrVG 1972).

24 Dem Betriebsrat obliegt auch die Überwachung der Einhaltung von **Betriebsvereinbarungen** und **Regelungsabreden** (*Buschmann/DKKW* § 80 Rn. 18; *Fitting* § 80 Rn. 12). Einbezogen sind alle Arbeitnehmer, die keine leitenden Angestellten nach § 5 Abs. 3 BetrVG sind (*BAG* 06.05.2003 EzA § 80 BetrVG 2001 Nr. 2 S. 9 f. = AP Nr. 61 zu § 80 BetrVG 1972 Bl. 4 f. *[Hamm]* = AuR 2004, 72 *[Krabbe-Rachut]* = SAE 2004, 119 *[Schöne]*). Die Überwachung erstreckt sich auch auf den Nachwirkungszeitraum einer Betriebsvereinbarung (*BAG* 06.05.2003 EzA § 80 BetrVG 2001 Nr. 2 S. 10; 19.02.2008 EzA § 80 BetrVG 2001 Nr. 8 Rn. 20 = AP Nr. 69 zu § 80 BetrVG 1972). Bei einer **Gesamtbetriebsvereinbarung** bleibt es originäre Aufgabe des örtlichen Einzelbetriebsrats, die Überwachungsaufgabe für seinen Betrieb wahrzunehmen (*BAG* 20.12.1988 EzA § 80 BetrVG Nr. 33 S. 10 f. = AP Nr. 5 zu § 92 ArbGG 1979; 16.08.2011 EzA § 50 BetrVG 2001 Nr. 9 Rn. 31 = AP Nr. 75 zu § 80 BetrVG 1972; *Hess. LAG* 24.11.2015 – 16 TaBV 106/15 – juris, Rn. 213; vgl. auch *BAG* 18.05.2010 EzA § 77 BetrVG 2001 Nr. 30 Rn. 21 = AP Nr. 51 zu § 77 BetrVG 1972 zur Unterscheidung zwischen der Aufgabe der Überwachung einer Gesamt- oder Konzernbetriebsvereinbarung und dem Anspruch auf deren Durchführung). Die Unwirksamkeit einer von einer anderen Arbeitnehmervertretung abgeschlossenen Betriebsvereinbarung kann vom Betriebsrat aber nicht unabhängig von einem Eingriff in die eigene betriebsverfassungsrechtliche Rechtsposition geltend gemacht werden (*BAG* 05.03.2013 EzA § 81 ArbGG 1989 Rn. 18 = AP Nr. 81 zu § 63 ArbGG 1979; *Fitting* § 80 Rn. 12; *Richardi/Thüsing* § 80 Rn. 20).

b) Inhalt der Überwachung

25 Die Überwachung der zugunsten der Arbeitnehmer geltenden Vorschriften ist **Recht und Pflicht** des Betriebsrats (*Buschmann/DKKW* § 80 Rn. 2). Das Recht besteht dem Arbeitgeber gegenüber, die Pflicht den von der Regelung geschützten Arbeitnehmern gegenüber. Eine Pflichtverletzung durch den Betriebsrat kann aber nur zu Sanktionen nach § 23 führen. Ein Schutzgesetz i. S. d. § 823 Abs. 2 BGB zugunsten des einzelnen Arbeitnehmers ist § 80 Abs. 1 Nr. 1 nicht.

26 Der Arbeitgeber hat alle Maßnahmen des Betriebsrats oder seiner Ausschüsse zu dulden, die der Wahrnehmung der Überwachungsaufgabe dienen (*Kania*/ErfK § 80 BetrVG Rn. 1). Die Befugnisse des Betriebsrats bzw. des Ausschusses finden ihre **Schranken** einmal in dem verallgemeinerungsfähigen Verbot, durch einseitige Handlungen in die Leitung des Betriebes und in die Betriebsabläufe einzugreifen (vgl. § 77 Abs. 1 Satz 2; *Buschmann/DKKW* § 80 Rn. 27; *Fitting* § 80 Rn. 13) und im Gebot der vertrauensvollen Zusammenarbeit (vgl. § 2 Abs. 1; *Fitting* § 80 Rn. 13). Darüber hinaus werden die Befugnisse des Betriebsrats bzw. des Ausschusses nur durch das allgemeine Verbot des Rechtsmissbrauchs beschränkt (vgl. dazu *BAG* 11.07.1972 EzA § 80 BetrVG 1972 Nr. 1 S. 5 = AP Nr. 1 zu § 80 BetrVG 1972; *Buschmann/DKKW* § 80 Rn. 27; *Kania*/ErfK § 80 BetrVG Rn. 1), insbesondere durch das **Übermaßverbot** (*Blomeyer* FS 25 Jahre Bundesarbeitsgericht, S. 17 ff.; *Mayer-Maly* DB 1979, 989 f.; *Wiese* Anm. *BAG* SAE 1974, 100). Zu beachten sind im Übrigen die arbeitsvertraglichen Bindungen der nicht völlig freigestellten Betriebsratsmitglieder, die ihnen jedenfalls während der Arbeitszeit nur die Vornahme der sachlich erforderlichen Maßnahmen gestatten (vgl. § 37 Abs. 2).

27 Der Betriebsrat ist kein dem Arbeitgeber übergeordnetes Kontrollorgan (vgl. Rdn. 20 sowie *Fitting* § 80 Rn. 13; *Richardi/Thüsing* § 80 Rn. 18). Er ist jedoch berechtigt, von sich aus und **ohne tatsächlichen Anhalt** für eine Nichtanwendung oder fehlerhafte Anwendung der Rechtsnormen und generellen Vorschriften von seiner Überwachungsbefugnis Gebrauch zu machen (*Richardi/Thüsing* § 80 Rn. 18; zum Informationsanspruch nach Abs. 2 vgl. noch Rdn. 70). Das gilt insbesondere für die Überwachung der Unfallverhütung, aber auch für alle anderen Bereiche. Ob und wann der Betriebsrat von seiner Befugnis zur Überwachung Gebrauch macht, bestimmt er selbst unter Berücksichtigung der Umstände und danach, was ein ordentlicher und gewissenhafter Betriebsrat vernünftigerweise zu tun hat. Der Betriebsrat muss jedenfalls ihm bekannt gewordenen Hinweisen und Verdachtsmomenten nachgehen, wenn sie die Möglichkeit eines Rechtsverstoßes nahe legen.

28 Wenn es zur Wahrnehmung seiner Überwachungsaufgaben erforderlich ist, kann der Betriebsrat auch ohne Zustimmung des Arbeitgebers die **Arbeitsplätze** der Belegschaftsangehörigen **aufsuchen** (*BAG* 17.01.1989 EzA § 2 BetrVG 1972 Nr. 12 S. 3 = AP Nr. 1 zu § 2 LPVG NRW; 15.10.2014 EzA § 80 BetrVG 2001 Nr. 20 Rn. 25 = AP Nr. 79 zu § 80 BetrVG 1972 *[Boemke]*; *Hess. LAG* 26.09.2011 NZA-RR 2012, 85 Rn. 34; *Buschmann/DKKW* § 80 Rn. 23; *Fitting* § 80 Rn. 17; *Geyer*

FA 2004, 296; *Richardi / Thüsing* § 39 Rn. 30 a. E.; *Schlochauer* FS *G. Müller*, S. 459; vgl. auch Rdn. 86). Auf Ersuchen des Betriebsrats ist in einem solchen Fall dem Beauftragten einer im Betrieb vertretenen Gewerkschaft gem. § 2 Abs. 2 der Zutritt zum Betrieb zu gewähren (*BAG* 17.01.1989 EzA § 2 BetrVG 1972 Nr. 12 S. 2 = AP Nr. 1 zu § 2 LPVG NRW; *Buschmann / DKKW* § 80 Rn. 25; s. a. *Franzen* § 2 Rdn. 63). Das Zugangsrecht besteht grundsätzlich auch in Bezug auf Belegschaftsangehörige, die – etwa im Rahmen eines Werk- oder Dienstvertrags – vorübergehend **in einem fremden Betrieb** eingesetzt werden. Der Arbeitgeber eines Bewachungsunternehmens kann deshalb dem Betriebsrat nicht generell verbieten, das Wachpersonal auf seinen Arbeitsplätzen in bewachten Gebäuden oder auf bewachten Grundstücken zu besuchen (*BAG* 13.06.1989 EzA § 80 BetrVG 1972 Nr. 36 S. 7 f. = AP Nr. 36 zu § 80 BetrVG 1972; *Buschmann / DKKW* § 80 Rn. 26; *Fitting* § 80 Rn. 80; vgl. dazu auch *Schulze-Doll / Paschke* FS *Kohte*, S. 493 [504]). Allerdings begründet das BetrVG **keine Rechte des Betriebsrats gegenüber Kunden des Arbeitgebers**. Der Inhaber des Fremdbetriebs kann sich deshalb auf sein Hausrecht berufen und dem Betriebsrat den Zugang verwehren. Ein derartiges Verbot hat der Betriebsrat zu beachten (*BAG* 13.06.1989 EzA § 80 BetrVG 1972 Nr. 36 S. 7 f. = AP Nr. 36 zu § 80 BetrVG 1972; *Wiese* NZA 2003, 1113 [1118 f.]). Empfehlenswert ist deshalb eine Regelung des Zutrittsrechts im Rahmen des Werk- oder Dienstvertrags (vgl. *Schulze-Doll / Paschke* FS *Kohte*, S. 493 [504]).

In Fällen der **Arbeitnehmerüberlassung** kann der Betriebsrat des Verleiherbetriebs **kein Zugangsrecht im Entleiherbetrieb** geltend machen (*BAG* 15.10.2014 EzA § 80 BetrVG 2001 Nr. 20 Rn. 26 ff. = AP Nr. 79 zu § 80 BetrVG 1972 *[zust. Boemke]*; *Fitting* § 80 Rn. 80; jew. für das anlasslose Zutrittsrecht [zum anlassbezogenen Zutrittsrecht vgl. Rdn. 30]; *Roloff / HWK* § 14 AÜG Rn. 13; *Sittard / HWK* § 80 Rn. 28; **a. M.** zu *Dohna-Jaeger / Ulber* AÜG § 14 Rn. 31; *Hamann* jurisPR-ArbR 16/2015, S. 3; *Hamann / Klengel* AuR 2016, 99 [100 ff.]; *Hamann / Schüren* AÜG § 14 Rn. 362; *Motz / Beck-OK* § 14 AÜG Rn. 8.3; *Thüsing* AÜG § 14 Rn. 25). Das Zugangsrecht ist Ausfluss des Überwachungs- und Informationsrechts des Betriebsrats. Es ist deshalb wie dieses aufgabenbezogen. Zur Überwachung der Einhaltung arbeitsrechtlicher **Schutzpflichten im Entleiherbetrieb** ist auch bezüglich der Leiharbeitnehmer der **dort gebildete Betriebsrat** – und nicht derjenige des Verleihers – zuständig (*BAG* 15.10.2014 EzA § 80 BetrVG 2001 Nr. 20 Rn. 25 ff. = AP Nr. 79 zu § 80 BetrVG 1972 *[Boemke]*). Auch § 11 Abs. 6 Satz 1 Halbs. 2 AÜG führt insoweit zu keinem anderen Ergebnis (*Boemke* Anm. BAG AP Nr. 79 zu § 80 BetrVG 1972; **a. M.** *Hamann* jurisPR-ArbR 16/2015, S. 3; *Hamann / Klengel* AuR 2016, 99 [100 ff.]): Hieraus ergibt sich zwar eine Verpflichtung des Verleihers zur Kontrolle der Einhaltung von Arbeitsschutzregeln durch den Entleiherbetrieb. Die Rechte des Verleiherbetriebsrats sind dementsprechend aber auf genau diese Kontrollfunktion des Verleihers bezogen (vgl. dazu auch *Julius* Arbeitsschutz und Fremdfirmenbeschäftigung [Diss. Halle-Wittenberg], 2004, S. 134 f.). Ihm kommt kein eigenständiges Überwachungs- und Informationsrecht im Entleiherbetrieb zu, sondern lediglich auf die Ausübung der Kontrollverpflichtung durch den Verleiher bezogene Aufgaben (vgl. dazu Rdn. 12 m. N.). Selbst wenn man eine weitergehende Zuständigkeit des Verleiherbetriebsrats aus § 11 Abs. 6 Satz 1 Halbs. 2 folgern wollte, lässt sich ein Zugangsrecht des Verleiherbetriebsrats zum Entleiherbetrieb wegen der **Betriebsbezogenheit der Beteiligungsrechte** (vgl. *BAG* 13.06.1989 EzA § 80 BetrVG 1972 Nr. 36 S. 8 = AP Nr. 36 zu § 80 BetrVG 1972; 15.10.2014 EzA § 80 BetrVG 2001 Nr. 20 Rn. 26 = AP Nr. 79 zu § 80 BetrVG 1972 *[Boemke]*) nicht aus § 80 ableiten (insofern wie hier *Hamann / Klengel* AuR 2016, 99 [102]). Auch aus § 78 Satz 1 ergibt sich kein anderes Ergebnis (so aber *LAG Bremen* 30.05.2012 – 2 TaBV 36/11 – juris, Rn. 56 ff. [Vorinstanz zu *BAG* 15.10.2014]; *Hamann / Klengel* AuR 2016, 99 [102 f.]; i. E. wie hier *BAG* 15.10.2014 EzA § 80 BetrVG 2001 Nr. 20 Rn. 31 ff. = AP Nr. 79 zu § 80 BetrVG 1972 *[Boemke]*; *Sittard / HWK* § 80 Rn. 28). Das Behinderungsverbot gilt zwar nicht nur für den Arbeitgeber, sondern auch für Dritte (*Buschmann / DKKW* § 80 Rn. 26; *Hamann / Klengel* AuR 2016, 99 [102]; vgl. auch *BAG* 15.10.2014 EzA § 80 BetrVG 2001 Nr. 20 Rn. 32 = AP Nr. 79 zu § 80 BetrVG 1972 *[Boemke]*; *Kreutz* § 78 Rdn. 23). Es führt aber nicht zu einer Erweiterung betriebsverfassungsrechtlicher Beteiligungsrechte über die Grenzen des Betriebs hinaus, sondern soll nur Außeneinwirkungen Dritter in den Betrieb hinein verhindern. Der Schutz der Arbeitnehmer eines Betriebs bleibt Aufgabe des für diesen Betrieb gebildeten Betriebsrats.

Das *BAG* hat das Fehlen eines Zugangsrechts des Verleiherbetriebsrats zum Entleiherbetrieb ausdrücklich nur für Fälle **anlassunabhängiger** Geltendmachung von Rechten aus § 80 entschieden (*BAG*

15.10.2014 EzA § 80 BetrVG 2001 Nr. 20 Rn. 30 = AP Nr. 79 zu § 80 BetrVG 1972 *[Boemke]*). Da aber auch bei konkreten Anhaltspunkten für Gesetzesverstöße eine Zuständigkeit des Entleiherbetriebsrats besteht, ändert sich für das fehlende Zugangsrecht des Verleiherbetriebsrats insofern nichts (**a. M.** *Buschmann/DKKW* § 80 Rn. 26). Besteht im Entleiherbetrieb **kein Betriebsrat**, weil entweder keiner gewählt wurde oder die erforderliche Arbeitnehmerzahl nicht erreicht wurde, dann ergibt sich zwar eine Schutzlücke. *De lege lata* lässt sich diese Schutzlücke aber nicht schließen (**a. M.** *Buschmann/DKKW* § 80 Rn. 26; *Rudolph* AiB 2016, S. 63 f.; ebenfalls offen gelassen von *BAG* 15.10.2014 EzA § 80 BetrVG 2001 Nr. 20 Rn. 30 = AP Nr. 79 zu § 80 BetrVG 1972 *[Boemke]*). Das Schutzdefizit ist im BetrVG angelegt, das das Erreichen des Schwellenwerts des § 1 und die Wahl eines Betriebsrats zur Voraussetzung des Schutzes durch Arbeitnehmermitwirkung macht (vgl. hierzu auch *Hamann/Klengel* AuR 2016, 99 [100]). Die Betriebsbezogenheit der Beteiligungsrechte bildet insofern eine Grenze auch für denkbare Rechtsfortbildung.

31 Der Betriebsrat hat **nur Überwachungsbefugnisse**. Stellt er Rechtsverstöße fest, so hat er den Arbeitgeber auf sie hinzuweisen und auf Abhilfe zu drängen (*BAG* 28.05.2002 EzA § 87 BetrVG 1972 Betriebliche Ordnung Nr. 29 *[K. Gamillscheg]* S. 15 = AP Nr. 39 zu § 87 BetrVG 1972 Ordnung des Betriebs Bl. 7 = AR-Blattei ES 530.14.2, Nr. 157 *[Wiese]*; 28.05.2002 EzA § 87 BetrVG 1972 Arbeitszeit Nr. 65 S. 9 = AP Nr. 96 zu § 87 BetrVG Arbeitszeit Bl. 4 R; 21.03.2017 – 7 ABR 17/15 – juris, Rn. 17; *Fitting* § 80 Rn. 15; weitergehend *V. Schmidt* AuR 1988, 26). Bei Verstößen gegen Arbeitsschutz- und insbesondere Unfallverhütungsvorschriften kann er auch die zuständigen Aufsichtsbeamten der Träger der Unfallversicherung unterrichten oder die zuständigen Gewerbeaufsichtsbehörden informieren, wenn eine betriebsinterne Lösung scheitert und der Arbeitgeber keine Abhilfe schafft (vgl. auch § 89 Abs. 1 Satz 2; ferner *Buschmann/DKKW* § 80 Rn. 32; *Fitting* § 80 Rn. 16; zur Begrenzung dieser Auskunftspflicht aus Gründen des Datenschutzes vgl. *BAG* 03.06.2003 EzA § 89 BetrVG 2001 Nr. 1 S. 9 = AP Nr. 1 zu § 89 BetrVG 1972 Bl. 3 R f.; zur Frage der Unterrichtung der Öffentlichkeit vgl. *BAG* 18.09.1991 EzA § 40 BetrVG 1972 Nr. 67 S. 7 *[Berger-Delhey]* = AP Nr. 40 zu § 40 BetrVG 1972; *Hess. LAG* 07.03.2013 – 9 TaBV 197/12 – juris, Rn. 27 einerseits, *Buschmann/DKKW* § 80 Rn. 4 andererseits). Der Arbeitgeber ist verpflichtet, den Betriebsrat anzuhören und mit ihm über die zu treffenden Maßnahmen zu verhandeln. Beeinträchtigt ein Rechtsverstoß die Rechte von Arbeitnehmern, hat der Betriebsrat diese zu informieren und sie auf die Möglichkeit gerichtlicher Schritte hinzuweisen (*Buschmann/DKKW* § 80 Rn. 31). Zu einer umfassenden Rechtsberatung der Arbeitnehmer ist er dagegen weder verpflichtet noch berechtigt (*BAG* 11.12.1973 EzA § 37 BetrVG 1972 Nr. 19 = AP Nr. 5 zu § 80 BetrVG 1972). Es gehört auch nicht zu seinen Amtspflichten, Arbeitnehmer vor dem Arbeitsgericht zu vertreten (*BAG* 19.05.1983 EzA § 37 BetrVG 1972 Nr. 77 S. 376 f. = AP Nr. 44 zu § 37 BetrVG 1972 Bl. 2 *[Weiss]*; 31.08.1994 EzA § 611 BGB Abmahnung Nr. 33 S. 2 f. *[Berger-Delhey]* = AP Nr. 98 zu § 37 BetrVG 1972 Bl. 2; *Buschmann/DKKW* § 80 Rn. 33; *Richardi/Thüsing* § 80 Rn. 14, 20 und *Richardi* Einl. Rn. 116; vgl. auch § 37 Rdn. 35). Zur Beteiligung des Betriebsrats bei der Geltendmachung des **individuellen Auskunftsanspruchs nach § 10 ff. EntgTranspG** vgl. Rdn. 125 ff.

32 Dem Betriebsrat steht **kein gerichtlich durchsetzbarer Anspruch** auf tatsächliche Durchführung bzw. Einhaltung der zugunsten der Arbeitnehmer geltenden Regelungen zu (*BAG* 09.12.2003 AP Nr. 1 zu § 33 BetrVG 1972 Bl. 5; *Hess. LAG* 30.06.2011 – 9 TaBV 199/10 – juris, Rn. 33; *Fitting* § 80 Rn. 14; *Nebendahl* Überwachungspflicht, S. 127; *Richardi/Thüsing* § 80 Rn. 20; vgl. auch vgl. auch *BAG* 21.03.2017 – 7 ABR 17/15 – juris, Rn. 17; **a. M.** wohl *V. Schmidt* AuR 1988, 26 [27 ff.]), **ebenso wenig auf Unterlassung** einer beanstandeten Maßnahme des Arbeitgebers (*BAG* 28.05.2002 EzA § 87 BetrVG 1972 Betriebliche Ordnung Nr. 29 *[K. Gamillscheg]* S. 15 = AP Nr. 39 zu § 87 BetrVG 192 Ordnung des Betriebs Bl. 7 = AR-Blattei ES 530.14.2, Nr. 157 *[Wiese]*; 28.05.2002 EzA § 87 BetrVG 1972 Arbeitszeit Nr. 65 S. 9 = AP Nr. 96 zu § 87 BetrVG Arbeitszeit Bl. 4 R; 17.05.2011 EzA § 23 BetrVG 2001 Nr. 5 Rn. 18 = AP Nr. 73 zu § 80 BetrVG 1972; *LAG Hamm* 04.05.2005 – 10 TaBV 54/05 – juris, Rn. 60; *LAG Berlin-Brandenburg* 14.08.2012 LAGE § 87 BetrVG 2011 Betriebliche Ordnung Nr. 10 Rn. 27; *Fitting* § 80 Rn. 14; *Nicolai/HWGNRH* § 80 Rn. 24; *Waskow/NK-GA* § 80 Rn. 8; **a. M.** *LAG Berlin-Brandenburg* 16.07.2009 – 18 TaBV 446/09 – juris, Rn. 50 ff.). Weitergehend verweist nur § 17 Abs. 2 AGG bei Diskriminierungen im Anwendungsbereich des **Allgemeinen Gleichbehandlungsgesetzes** auf die Sanktion des § 23 Abs. 3 BetrVG. Ansonsten bleibt es aber dabei, dass es Sache des einzelnen Arbeitnehmers ist, die ihm zustehenden Ansprüche gerichtlich geltend zu machen (vgl. u. a. *BAG* 16.07.1985 EzA § 87 BetrVG 1972 Betriebliche Lohngestaltung Nr. 9 S. 87 ff. = AP Nr. 17 zu § 87 BetrVG 1972 Lohngestaltung; 17.10.1998 EzA § 87 BetrVG 1972 Betriebliche Lohngestaltung Nr. 66 S. 4 = AP Nr. 99 zu § 87 BetrVG 1972 Lohngestaltung; vgl. auch *Fitting* § 80 Rn. 14). Das gilt **auch für Betriebsvereinbarungen**. Zwar gesteht die Rechtsprechung dem Betriebsrat zu, vom Arbeitgeber die Einhaltung einer mit ihm getroffenen Betriebsvereinbarung und die Unterlassung betriebsvereinbarungswidriger Maßnahmen zu verlangen. Das betrifft aber nur solche Regelungen der Betriebsvereinbarung, zu denen sich der Arbeitgeber gegenüber dem Betriebsrat verpflichtet hat und nicht die Durchsetzung der durch die Betriebsvereinbarung begründeten normativen Ansprüche der Arbeitnehmer (*BAG* 17.10.1989 EzA § 112 BetrVG 1972 Nr. 54 S. 3 f. = AP Nr. 53 zu § 112 BetrVG 1972; *Fitting* § 80 Rn. 14; *Nicolai/HWGNRH* § 80 Rn. 25).

Der Betriebsrat hat auch **nicht die Möglichkeit**, **im Beschlussverfahren feststellen** zu lassen, der Arbeitgeber sei verpflichtet, eine zugunsten der Arbeitnehmer bestehende allgemeine Regelung in bestimmter Weise durchzuführen (*BAG* 10.06.1986 EzA § 80 BetrVG 1972 Nr. 26 S. 141 f. = AP Nr. 26 zu § 80 BetrVG 1972; 24.02.1987 EzA § 80 BetrVG 1972 Nr. 29 S. 160 ff. = AP Nr. 28 zu § 80 BetrVG 1972; **a. M.** früher *BAG* 29.04.1982 EzA § 2 AZO Nr. 1 S. 2 = AP Nr. 4 zu § 15 BAT; krit. auch *V. Schmidt* AuR 1988, 26 [27 ff.]). Andernfalls würde der den einzelnen Arbeitnehmern zukommende Individualschutz auf das Verhältnis Arbeitgeber und Betriebsrat übertragen, was aber das Betriebsverfassungsgesetz nur bei Ein- und Umgruppierungsstreitigkeiten nach § 99 vorsieht (*Stege/Weinspach/Schiefer* § 80 Rn. 3b).

33

3. Stellen von Anträgen im Interesse von Betrieb und Belegschaft (Abs. 1 Nr. 2)

Nr. 2 regelt **Recht und Pflicht** des Betriebsrats, alle Maßnahmen, die dem Betrieb und der Belegschaft dienen, beim Arbeitgeber zu beantragen. Hinzu kommt seit der Reform des Betriebsverfassungsgesetzes aus dem Jahre 2001 die Aufgabe, Maßnahmen zur Bekämpfung von Rassismus und Fremdenfeindlichkeit im Betrieb zu beantragen (Nr. 7, vgl. dazu Rdn. 53). Ergänzt werden Nr. 2 und Nr. 7 durch die Regelung zur Entgegennahme von Anträgen durch den Betriebsrat in Nr. 3 (vgl. dazu Rdn. 40 ff.). Dem Betriebsrat wird in Nr. 2 **kein formelles Antragsrecht i. S. eines Initiativrechts**, wie es im Rahmen des § 87 weitgehend anerkannt ist, eingeräumt (*Wiese* Initiativrecht, S. 19; vgl. auch *Wiese* § 87 Rdn. 140 ff.). Sinn der Vorschrift ist es vielmehr, einerseits die **aktive Rolle des Betriebsrats im Betrieb** zu betonen (*Richardi/Thüsing* § 80 Rn. 20; vgl. auch *Buschmann/DKKW* § 80 Rn. 34), andererseits den **Arbeitgeber zu verpflichten**, auf Anträge des Betriebsrats **einzugehen** und mit ihm über dessen Anregungen vertrauensvoll mit dem Willen zur Einigung zu **verhandeln** (vgl. auch §§ 2 Abs. 1, 74 Abs. 1 Satz 2). Eine **Entscheidung** über seine Anträge kann der Betriebsrat unter Berufung auf Nr. 2 **nicht erzwingen**. Nur dort, wo nach anderen Vorschriften ein echtes Initiativrecht des Betriebsrats gegeben ist, kann über seinen Antrag eine Entscheidung auch gegen den Willen des Arbeitgebers herbeigeführt werden (*Buschmann/DKKW* § 80 Rn. 36; *Fitting* § 80 Rn. 18; *Richardi/Thüsing* § 80 Rn. 27 f.). Dies sind insbesondere die Fälle, in denen die Einigungsstelle gemäß § 76 Abs. 5 einen verbindlichen Spruch fällen kann (§ 85 Abs. 2, § 87 Abs. 2, § 91, § 95 Abs. 2, § 97 Abs. 2, § 98 Abs. 1, 3 und 4, § 109 und § 112 Abs. 1 Satz 2 und Abs. 4) und die Fälle, in denen auf Antrag eine Entscheidung des Arbeitsgerichts herbeigeführt werden kann (§ 104). Diese eben genannten Vorschriften enthalten gegenüber § 80 Abs. 1 Nr. 2 Spezialregelungen. Freiwillige Betriebsvereinbarungen (§ 88) und die Durchführung eines freiwilligen Einigungsstellenverfahrens nach § 76 Abs. 6 sind hingegen auch im Rahmen der Nr. 2 zulässig.

34

Das Antragsrecht des Betriebsrats erstreckt sich auf **alle Belange des Betriebs und der Belegschaft**. Ein gesetzlich ausdrücklich normiertes Mitwirkungs-, Vorschlags- oder Mitbestimmungsrecht muss nicht bestehen (*BAG* 27.06.1989 EzA § 80 BetrVG 1972 Nr. 37 S. 7 f. = AP Nr. 37 zu § 80 BetrVG 1972; *Buschmann/DKKW* § 80 Rn. 34; *Fitting* § 80 Rn. 18; *Kania/*ErfK § 80 BetrVG Rn. 8; *Richardi/Thüsing* § 80 Rn. 23; *Sittard/HWK* § 80 BetrVG Rn. 2). Das Spektrum der möglichen Gegenstände von Anträgen des Betriebsrats reicht von betrieblichen (technischen, organisatorischen usw.) Änderungs- und Verbesserungsvorschlägen über soziale, personelle und wirtschaftliche Fragen, Fragen der Verhütung von Arbeitsunfällen, der Errichtung von Sozialeinrichtungen und der Maßnahmen zur Förderung der Vermögensbildung bis hin zur Regelung materieller Arbeitsbedingungen

35

(*Buschmann/DKKW* § 80 Rn. 34 f.; *Fitting* § 80 Rn. 19 f.). Auch unternehmerische Fragen können, wie die Einbeziehung der wirtschaftlichen Angelegenheiten in das Betriebsverfassungsgesetz und auch § 74 Abs. 2 Satz 3 Halbs. 2 zeigen, nicht generell aus dem Anwendungsbereich des § 80 Abs. 1 Nr. 2 ausgenommen werden (vgl. auch *Buschmann/DKKW* § 80 Rn. 35; *Fitting* § 80 Rn. 20; **enger** *Kaiser/LK* § 80 Rn. 10; *Nicolai/HWGNRH* § 80 Rn. 26; *Sittard/HWK* § 80 BetrVG Rn. 15). Die Sperre des § 77 Abs. 3 schließt den Antrag des Betriebsrats auf eine übertarifliche Lohnregelung nicht aus.

36 Der Gesetzestext spricht in Nr. 2 von »Belegschaft« und bezieht sich deshalb schon seinem Wortlaut nach **nicht auf rein individuelle Belange** einzelner Arbeitnehmer. Ihnen sind neben Nr. 3 vor allem die Vorschriften der §§ 81–86a gewidmet, die dem jeweils betroffenen Arbeitnehmer die Initiative zuweisen und dem Betriebsrat insoweit nur eine Hilfsfunktion geben (vgl. auch *Preis/WPK* § 80 Rn. 11; *Richardi/Thüsing* § 80 Rn. 25; *Stege/Weinspach/Schiefer* § 80 Rn. 6; *Waskow/NK-GA* § 80 BetrVG Rn. 7; **a. M.** *Buschmann/DKKW* § 80 Rn. 34). Den Interessen des Betriebs wie auch der Belegschaft dienen jedoch auch Anträge und Anregungen bezüglich bestimmter Arbeitsplätze. Für eine enge Auslegung der Nr. 2 besteht im Übrigen kein Anlass. Die Anträge können sich daher **auch auf betriebsbezogene tarifpolitische, sozialpolitische, umweltpolitische und wirtschaftliche Angelegenheiten** erstrecken (vgl. § 74 Abs. 2 Satz 3 Halbs. 2; vgl. *Buschmann/DKKW* § 80 Rn. 34).

4. Förderung der Durchsetzung der Gleichstellung von Frauen und Männern (Abs. 1 Nr. 2a)

37 Nr. 2a wurde zusammen mit Ergänzungen u. a. der §§ 45 Satz 1, 92 Abs. 3, 93 und 96 durch das 2. GleiBG vom 24.06.1994 (BGBl. I, S. 1406) in den Aufgabenkatalog des § 80 eingefügt. Die heutige Fassung (»Gleichstellung« – zuvor: »Gleichberechtigung«) beruht auf dem BetrVerf-Reformgesetz vom 23.07.2001 (BGBl. I, S. 1852) und ist lediglich redaktioneller Art, ohne dass mit ihr eine sachliche Änderung verbunden wäre (*Fitting* § 80 Rn. 34). Die Vorschrift geht über § 75 hinaus, der es Arbeitgeber und Betriebsrat zur gemeinsamen Pflicht macht, Diskriminierungen von Arbeitnehmern wegen des Geschlechts zu verhindern. Auch das **AGG**, das in § 17 Abs. 1 den Betriebsrat zusammen mit dem Arbeitgeber in die soziale Verantwortung zur Verwirklichung seiner Ziele einbezieht, legt den Akzent auf die Verhinderung und Beseitigung von Diskriminierungen und nicht auf die Gleichstellungsförderung. Durch die Formulierung »zu fördern« ist klargestellt, dass der **Betriebsrat** durch den Gesetzgeber **zum Tätigwerden mit dem Ziel der Gleichstellung der Geschlechter im Betrieb aufgefordert** wird. Das Bestehen einer Förderpflicht des Betriebsrats ändert allerdings nichts daran, dass in den meisten Fällen nur der Arbeitgeber in der Lage ist, die Gleichstellung tatsächlich herzustellen. Hauptaufgabe des Betriebsrats ist es daher, auf den Arbeitgeber einzuwirken, Anregungen zu geben und Anträge zu stellen. In Betracht kommen trotz des neutralen, auf die Gleichstellung der Geschlechter gerichteten Wortlauts vornehmlich Maßnahmen zur Beseitigung der immer noch weit verbreiteten beruflichen Benachteiligung von Frauen bei Einstellungen, beim beruflichen Aufstieg, der beruflichen Bildung oder bei den Arbeitsbedingungen. Ein **Mitbestimmungsrecht** des Betriebsrats besteht insoweit **nicht** (*Buschmann/DKKW* § 80 Rn. 39). Er besitzt – anders als bei der Verhinderung von Diskriminierungen im Rahmen des § 17 Abs. 2 AGG (vgl. Rdn. 32) – keine rechtliche Handhabe, den Arbeitgeber zu bestimmten Verhaltensweisen zu zwingen. Allerdings ist der **Arbeitgeber verpflichtet**, sich mit den entsprechenden Anträgen, Anregungen und Vorschlägen des Betriebsrats **zu befassen**. Denkbar sind in der Folge etwa freiwillige Gleichstellungsvereinbarungen (vgl. *Zimmer* AuR 2014, 88 [90]). Außerdem kann der Betriebsrat versuchen, das Gleichstellungsziel im Rahmen der Mitbestimmung bei personellen Einzelmaßnahmen nach §§ 92 ff. einzubringen (*Sittard/HWK* § 80 BetrVG Rn. 16).

38 In Bezug auf die **Lohngleichheit von Männern und Frauen** hat die Förderungspflicht des Betriebsrats durch das **Entgelttransparenzgesetz** vom 30.06.2017 (BGBl. I, S. 2152) eine Konkretisierung erfahren. § 6 EntgTranspG formuliert zunächst in allgemeiner Form eine Aufforderung an Arbeitgeber, Tarifvertragsparteien und betriebliche Interessenvertretungen, an der Verwirklichung des Entgeltgleichheitsgebots mitzuwirken. § 13 Abs. 1 Satz 1 EntgTranspG greift die allgemeine Förderpflicht des § 80 Abs. 1 Nr. 2a auf (vgl. auch *Kania* NZA 2017, 819 [820]) und § 13 Abs. 1 Satz 2 EntgTranspG nimmt den Betriebsrat konkret bei der Verwirklichung des individuellen Auskunftsverlan-

gens nach § 10 ff. EntgTranspG in die Pflicht (vgl. dazu Rdn. 125 ff.). Darüber hinaus ist in Unternehmen mit in der Regel mehr als 500 Beschäftigten bei Durchführung eines **Prüfverfahrens zur Einhaltung des Entgeltgleichheitsgebots die betriebliche Interessenvertretung zu beteiligen** (§ 17 Abs. 2 EntgTranspG). Da § 17 Abs. 1 EntgTranspG den Arbeitgeber nur auffordert, ein Prüfverfahren durchzuführen, es sich also um eine bloße Soll-Vorschrift handelt (vgl. auch Reg. Begr. BT-Drucks. 18/11133, S. 67; *Kania* NZA 2017, 819 [820 f.]) besteht insofern auch **kein Initiativrecht** des Betriebsrats (*Kuhn/Schwindling* DB 2017, 785 [789]; *Langemann/Wilking* BB 2017, 501 [505]). Das Beteiligungsrecht besteht nur, sofern der Arbeitgeber sich zur Einleitung eines derartigen Verfahrens entschließt. Wie – abgesehen von der Frage des nicht gegebenen Initiativrechts – die Beteiligung auszusehen hat, lässt sich zwar dem Wortlaut des § 17 Abs. 2 EntgTranspG allein nicht entnehmen. Systematik und Gesetzesmaterialien zeigen aber, dass der Gesetzgeber bei Planung und Durchführung des betrieblichen Prüfverfahrens vor allem ein **Informationsrecht** für den Betriebsrat im Blick hatte, und ansonsten möglicherweise **weitergehende** *bestehende* **Beteiligungsrechte** Berücksichtigung finden sollten. Das Informationsrecht ist in Konkretisierung des allgemeinen Auskunftsanspruchs nach § 80 Abs. 2 Satz 1 in § 20 Abs. 1 EntgTranspG ausdrücklich geregelt (dazu Rdn. 57). Weiterhin ergibt sich aus §§ 17 Abs. 2, 18 Abs. 2 Satz 2 EntgTranspG, dass die Durchführung des betrieblichen Prüfverfahrens »in eigener Verantwortung der Arbeitgeber mithilfe der Verfahren nach § 18« geschehen, der Arbeitgeber außerdem »frei in der Wahl von Analysemethoden und Arbeitsbewertungsverfahren« sein, dies aber unter »Berücksichtigung betrieblicher Mitwirkungsrechte« erfolgen soll. Gemeint sind Fälle, in denen das betriebliche Prüfverfahren **mit Maßnahmen verbunden ist, die** als solche eine Mitwirkung des Betriebsrats erfordern wie etwa die Aufstellung allgemeiner Beurteilungsgrundsätze nach § 94 Abs. 2 (vgl. auch *Gaul* ArbRB 2017, 47 [50]) oder die Durchführung eines IT-unterstützten Prüfverfahrens, die unter Umständen ein Mitbestimmungsrecht nach § 87 Abs. 1 Nr. 6 auslösen kann (dazu *Kania* NZA 2017, 819 [821]). Die jeweils geltenden Grenzen der betreffenden Beteiligungsrechts (vgl. etwa *Raab* § 94 Rdn. 55 ff.) sind aber zu beachten, zumal das Prüfverfahren lediglich einer Bestandsaufnahme dient (zu denkbaren Fällen einer weitergehenden Ausgestaltung des Prüfverfahrens, die zu einem Mitbestimmungsrecht nach § 87 Abs. 1 Nr. 10 führen könnten, vgl. *Kania* NZA 2017, 819 [821]). Ein eigenständiges Mitbestimmungsrecht für das betriebliche Prüfverfahren besteht nach dem Willen des Gesetzgebers nicht (vgl. Reg. Begr. BT-Drucks. 18/11133, S. 69).

5. Förderung der Vereinbarkeit von Familie und Erwerbstätigkeit (Abs. 1 Nr. 2b)

Nr. 2b wurde im Jahre 2001 durch das BetrVerf-Reformgesetz eingefügt. Das Ziel des Gesetzes ist es, **39 Arbeitnehmern mit Familienpflichten zu erleichtern, eine Berufstätigkeit auszuüben** (vgl. Reg. Begr. BT-Drucks. 14/5741, S. 46 zu Nr. 54 [§ 80] zu Buchstabe a; zum Ziel der Förderung der Vereinbarkeit von Familie und Beruf vgl. auch *Junker* Gutachten B zum 65. DJT 2004, S. B 98 ff.; *Rieble/Klumpp* JZ 2004, 817 [823 ff.]). Gedacht ist dabei z. B. an Vorschläge für eine familienfreundliche Gestaltung der betrieblichen Arbeitszeit für Arbeitnehmer mit Familienpflichten (vgl. Reg. Begr. BT-Drucks. 14/5741, S. 46 zu Nr. 54 [§ 80] zu Buchstabe a), die Einrichtung von Teilzeitarbeitsplätzen und die Errichtung betrieblicher Kindergärten (*Engels/Trebinger/Löhr-Steinhaus* DB 2001, 532 [542]; *Zimmer* AuR 2014, 88 [92]). Auch in Bezug auf Rechte der Arbeitnehmer nach dem PflegezeitG und dem Familienpflegezeitgesetz kann der Betriebsrat Aktivitäten entfalten (*Fitting* § 80 Rn. 40). Ein **Mitbestimmungsrecht** des Betriebsrats besteht ebenso wie bei Nr. 2a **nicht**. Allerdings sind etwa Regelungen zu Lage und Verteilung der Arbeitszeit mitbestimmungspflichtig gem. § 87 Abs. 1 Nr. 2 und können deshalb bei Wahrnehmung des Initiativrechts (*Wiese/Gutzeit* § 87 Rdn. 365) durch den Betriebsrat auch mit dem Ziel familienfreundlicher Arbeitszeiten i. S. d. § 80 Abs. 1 Nr. 2b ins Auge gefasst werden (vgl. auch *BAG* 16.12.2008 EzA § 8 TzBfG Nr. 23 = AP Nr. 27 zu § 8 TzBfG; *Sittard/HWK* § 80 BetrVG Rn. 17).

6. Behandlung von Anregungen (Abs. 1 Nr. 3)

Die in Nr. 3 genannten Aufgaben **ergänzen die Regelung der Nr. 2**. Der **Betriebsrat** soll nicht nur **40** aus eigener Initiative auf die Verbesserung der Lage der Arbeitnehmer am Arbeitsplatz, im Betrieb und in sozialen, personellen und wirtschaftlichen Angelegenheiten hinwirken; er **soll sich** auch selbst **mit den Anregungen** der Arbeitnehmer (mit Ausnahme der Anregungen leitender Angestellter und der

§ 80　　　　　　　　　　　　　　　　　　　　　　　　　　　　　　　　*IV. 1. Allgemeines*

in § 5 Abs. 2 genannten Personen) und der Jugend- und Auszubildendenvertretung sorgsam **befassen**. § 80 Nr. 3 verpflichtet daher in erster Linie den Betriebsrat, sichert aber darüber hinaus sein Recht auf Kommunikation mit den Arbeitnehmern und mit der Jugend- und Auszubildendenvertretung. Dagegen schreibt das Gesetz hier keinen »Dienstweg« vor. Es bleibt den Arbeitnehmern unbenommen, sich unmittelbar an den Arbeitgeber zu wenden (vgl. auch § 84). Die Jugend- und Auszubildendenvertretung muss stets den Weg über den Betriebsrat wählen, § 70 Abs. 1 Nr. 1 und 3 (*Fitting* § 80 Rn. 26; *Nicolai/HWGNRH* § 80 Rn. 34; *Oetker* vor § 60 Rdn. 18 f., § 70 Rn. 6).

41　Eine **Anregung i. S. d. § 80 Abs. 1 Nr. 3** kann ein einfacher Vorschlag oder eine Beschwerde sein. Der Gesetzgeber verwendet den Begriff der Anregung insofern im Sinne eines Oberbegriffs (*Buschmann/DKKW* § 80 Rn. 48; *Fitting* § 80 Rn. 24; *Richardi/Thüsing* § 80 Rn. 34). Soweit es um Beschwerden geht, überschneidet sich § 80 Nr. 3 mit der spezielleren Regelung des Beschwerderechts in § 85. Während dort die Möglichkeit einer verbindlichen Entscheidung der Einigungsstelle vorgesehen ist (§ 85 Abs. 2), eröffnen bloße Anregungen i. S. d. § 80 Abs. 1 Nr. 3 dem Betriebsrat bei Meinungsverschiedenheiten mit dem Arbeitgeber nicht den Weg zur Einigungsstelle gemäß § 76 Abs. 5, sondern nur das »freiwillige« Einigungsstellenverfahren nach § 76 Abs. 6. Die damit notwendige **Abgrenzung von Anregungen i. S. v. § 80 Nr. 3 und Beschwerden i. S. v. § 85** ist schwierig. Auch Verbesserungsvorschläge könnten als Beschwerden aufgefasst werden. Entscheidend dürfte sein, ob ein Arbeitnehmer, der sich an den Betriebsrat wendet, sich in seinen bestehenden Rechten beeinträchtigt fühlt (Beschwerde) oder ob er den gegebenen Zustand zwar für rechtmäßig, aber für änderungsbedürftig hält (bloße Anregung). § 80 Abs. 1 Nr. 3 ermöglicht es auch, dass ein Arbeitnehmer beschwerdefähige Probleme eines anderen Arbeitnehmers dem Betriebsrat vorträgt und dieser auf eine solche Anregung hin Verhandlungen mit dem Arbeitgeber aufnimmt (*Buschmann/DKKW* § 80 Rn. 48; *Richardi/Thüsing* § 80 Rn. 34). Will der Betriebsrat im Rahmen des § 85 tätig werden, so hat er dies dem Arbeitgeber gegenüber klar zum Ausdruck zu bringen. Zur Abgrenzung gegenüber dem **Vorschlagsrecht der Arbeitnehmer nach § 86a** vgl. *Franzen* § 86a Rdn. 7.

42　Der Betriebsrat ist verpflichtet, sich mit den ihm vorgetragenen Anregungen zu **befassen**. Er hat sie, sofern sie nicht offensichtlich abwegig oder undurchführbar sind, in einer der nächsten Sitzungen zu beraten und darüber zu beschließen. Keine Anregung darf unerledigt bleiben. Erachtet der Betriebsrat oder ein zuständiger Ausschuss die Anregung im Interesse des Betriebs, der Belegschaft oder auch einzelner Arbeitnehmer für gerechtfertigt, muss der Betriebsrat in **Verhandlungen mit dem Arbeitgeber** eintreten (*Buschmann/DKKW* § 80 Rn. 49; *Fitting* § 80 Rn. 25). Diese Verpflichtung besteht schon dann, wenn die Mehrheit des Betriebsrats (oder des Ausschusses) die Berechtigung der Anregung für gegeben hält. Die Verhandlungen mit dem Arbeitgeber unterliegen den allgemeinen Grundsätzen von § 2 Abs. 1, § 74 Abs. 1. Die Anrufung der Einigungsstelle gemäß § 76 Abs. 6 ist möglich, es besteht allerdings keine Verpflichtung des Betriebsrats dazu. Der Betriebsrat ist aber verpflichtet, die Arbeitnehmer oder die Jugend- und Auszubildendenvertretung, welche die Anregung gegeben haben, über den Stand und das Ergebnis der Verhandlungen mit dem Arbeitgeber oder darüber, dass er die Anregung nicht für berechtigt hält, von sich aus zu unterrichten (*Buschmann/DKKW* § 80 Rn. 50; *Fitting* § 80 Rn. 25; *Nicolai/HWGNRH* § 80 Rn. 32). Nach angemessener Zeit ist ein Zwischenbescheid zu geben, wenn die Angelegenheit nicht inzwischen erledigt ist, sonst ist das Ergebnis der Verhandlungen mit dem Arbeitgeber alsbald mitzuteilen (*Buschmann/DKKW* § 80 Rn. 50; *Fitting* § 80 Rn. 25; *Richardi/Thüsing* § 80 Rn. 37).

7. Förderung der Eingliederung besonders schutzbedürftiger Personen (Abs. 1 Nr. 4)

43　Es entspricht der sozialen Schutzfunktion des Betriebsrats, die Eingliederung besonders schutzbedürftiger Personen zu fördern. Das Gesetz macht es dem Betriebsrat zur besonderen Aufgabe, sich der schutzbedürftigen Personen, ihrer spezifischen Schwierigkeiten im Arbeitsleben und ihrer Anliegen anzunehmen. Das entspricht im Übrigen auch einem Anliegen des Europäischen Gesetzgebers im Rahmen seiner Antidiskriminierungspolitik (vgl. Art. 13 RL 2000/78/EG v. 27.11.2000 [AblEG Nr. L 303 v. 02.12.2000, S. 21]). Soweit gesetzliche Vorschriften zum Schutz besonders schutzbedürftiger Personen bestehen, hat sich der Betriebsrat in besonderem Maße um deren Umsetzung im Betrieb zu bemühen; hier überschneidet sich die Aufgabe nach Nr. 4 mit der Überwachungsaufgabe nach Nr. 1. Für die Verhinderung und Beseitigung von Diskriminierungen ist **§ 17 AGG** zu beachten.

§ 80 Abs. 1 Nr. 4 formuliert darüber hinaus eine **Förderungspflicht**. Diese betrifft nach der Neufassung der Vorschrift im Zuge der Verabschiedung des Bundesteilhabegesetzes vom 23.12.2016 (BGBl. I S. 3234) auch die Förderung des Abschlusses von **Inklusionsvereinbarungen** mit Arbeitgeber und Schwerbehindertenvertretung nach § 166 SGB IX (das Gesetz nimmt noch die bis zum 31.12.2017 geltende Vorschrift zur Integrationsvereinbarung nach § 83 SGB IX in Bezug). **Besonders schutzbedürftig** sind neben den vom Gesetz ausdrücklich genannten **schwerbehinderten Menschen i. S. d. § 152 SGB IX** (bis 31.12.2017: § 69 SGB IX) auch **sonstige Personen**, die in ähnlicher Weise auf besondere **Hindernisse bei der Integration in das Berufsleben** stoßen können. Das sind insbesondere körperlich, geistig oder seelisch kranke auch ohne die formelle Anerkennung als Schwerbehinderte i. S. d. SGB IX (*Fitting* § 80 Rn. 30). Schutzbedürftig sind weiterhin Arbeitnehmer, die aufgrund besonderer Umstände besondere Schwierigkeiten beim Zugang zum Arbeitsmarkt haben wie etwa **Alleinerziehende**, **Langzeitarbeitslose** (*Fitting* § 80 Rn. 30; zu Ein-Euro-Jobbern vgl. etwa *Engels* NZA 2007, 8 [12]), stufenweise nach Arbeitsunfähigkeit **Wiedereinzugliedernde** (§ 44 SGB IX [bis 31.12.2017: § 28 SGB IX], § 74 SGB V; dazu *Fitting* § 80 Rn. 30; *Nebe* DB 2008, 1801), **Aussiedler**, ehemalige **Strafgefangene** (vgl. auch *Richardi/Thüsing* § 80 Rn. 40; **weitergehend** *Buschmann/DKKW* § 80 Rn. 57, der generell sog. Randgruppen zugleich als schutzbedürftige Personen i. S. d. § 80 Nr. 4 ansieht). **Ähnliche Förderpflichten** finden sich in Nr. 2a (Gleichstellung der Geschlechter), Nr. 5 (Jugendliche [in Zusammenarbeit mit der Jugend- und Auszubildendenvertretung]), Nr. 6 (ältere Arbeitnehmer) und Nr. 7 (ausländische Arbeitnehmer). Flankiert wird die Förderpflicht des § 80 Nr. 4 durch den im Zuge der Reform des Betriebsverfassungsgesetzes aus dem Jahr 2001 noch einmal ausgebauten **Diskriminierungsschutz** in § 75. Dieser ist allerdings weder hinsichtlich des Personenkreises noch hinsichtlich der vom Betriebsrat geforderten Aktivitäten deckungsgleich mit den Förderpflichten nach § 80.

Das Gesetz spricht von der **Eingliederung** der besonders schutzbedürftigen Personen. Damit ist zunächst gemeint, dass sich der **Betriebsrat bei der Vorbereitung und bei der Durchführung personeller Einzelmaßnahmen** der Schutzbedürftigen annimmt, namentlich auf die Erfüllung der Beschäftigungs- und Integrationspflicht des Arbeitgebers nach den §§ 154, 155 sowie 164 ff. SGB IX (bis 31.12.2017: §§ 71, 72 sowie 81 ff. SGB IX) achtet. Der Betriebsrat wird insofern, wie auch die Parallelvorschrift des § 176 SGB IX (bis 31.12.2017: § 93 SGB IX) zeigt, unabhängig davon in die Aufgabe der Förderung schwerbehinderter Menschen einbezogen, dass sich aus den betreffenden Regelungen des SGB IX keine subjektiven Rechte gegenüber dem Arbeitgeber und kein Einstellungsanspruch ergeben. Deshalb hat der Betriebsrat auch einen Informationsanspruch nach Abs. 2 (*LAG München* 28.07.2016 – 3 TaBV 91/15 – juris, Rn. 30 ff. [n.rkr.]; *Kohte* jurisPR-ArbR 7/2017 Anm. 5; **a. M.** *LAG München* 11.10.2016 – 9 TaBV 49/16 Rn. [n. rkr.]). Zum betrieblichen Wiedereingliederungsmanagement vgl. Rdn. 89 sowie *BAG* 07.02.2012 EzA § 84 SGB IX Nr. 9 = AP Nr. 4 zu § 84 SGB IX *[Kort]*. Zu der Frage eines Zustimmungsverweigerungsrechts nach § 99 Abs. 2 Nr. 1 vgl. *Raab* § 99 Rdn. 183, 188 f. Für sonstige schutzbedürftige Personen, die nicht schwerbehindert sind, gibt es keine entsprechende gesetzliche Beschäftigungspflicht des Arbeitgebers. Der Betriebsrat muss sich zwar nicht gezielt um die Berücksichtigung solcher Personen bei der Einstellung bemühen, hat sich aber dafür einzusetzen, dass ihnen keine besonderen Einstellungshindernisse in den Weg gelegt werden (enger *Kraft* 7. Aufl., § 80 Rn. 39; *Galperin/Löwisch* § 80 Rn. 22, die insoweit überhaupt keine Förderpflichten bei der Einstellung anerkennen; weiter *Buschmann/DKKW* § 80 Rn. 52, der den Betriebsrat für verpflichtet hält, sich für die Einstellung besonders schutzbedürftiger Personen einzusetzen). Gewollt ist aber, dass der Betriebsrat besondere Anstrengungen unternimmt, um den Schutzbedürftigen die Arbeitsplätze zukommen zu lassen, die ihnen unter Beachtung ihrer Kenntnisse, Fähigkeiten und Möglichkeiten und unter Beachtung der Ausgestaltung des Arbeitsplatzes angemessen sind. Zu den Schutzaufgaben des Betriebsrats gehört auch die **Mitwirkung bei der Schaffung von Teilzeitarbeitsplätzen für schwerbehinderte Menschen** (vgl. § 164 Abs. 5 SGB IX [bis 31.12.2017: § 81 Abs. 5 SGB IX]) oder bei der **behindertengerechten Ausgestaltung von Arbeitsplätzen** (*BAG* 03.12.2002 EzA § 124 SGB IX Nr. 1 S. 12 = AP Nr. 1 zu § 124 SGB IX Bl. 5 R; *Fitting* § 80 Rn. 29). Der Betriebsrat hat ferner die Pflicht dafür zu sorgen, dass die besonders schutzbedürftigen Personen **im Betrieb** nicht abseits stehen, dass sie in die zwischenmenschlichen Beziehungen voll **einbezogen** werden. Er soll und darf sie nicht begünstigen, aber er muss darauf achten,

44

dass sie über ihre ohnehin bestehenden Nachteile hinaus keine zusätzlichen Belastungen auf sich nehmen müssen. Es geht auch um die Integration solcher Personen (vgl. auch Nr. 7).

45 Die **dem Betriebsrat zu Gebote stehenden Mittel** sind zum einen die Einwirkung auf den **Arbeitgeber**, die Aufnahme von Verhandlungen mit ihm über allgemeine oder auch spezielle Fragen der Eingliederung und Integration von Angehörigen des betroffenen Personenkreises in den Betrieb, das Stellen von Anträgen, die Entwicklung von Anregungen. Zum anderen kann der Betriebsrat auf die **Arbeitnehmer** des Betriebs einwirken. Er kann und muss versuchen, von sich aus aufgetretene Mängel in den Beziehungen der Arbeitnehmer untereinander abzustellen und Verbesserungen herbeizuführen.

46 Im Hinblick auf die im Gesetz besonders genannten **schwerbehinderten Menschen** gilt im Grundsatz nichts anderes. Die umfassenden gesetzlichen Regelungen zu ihrem Schutz geben dem Betriebsrat aber Anlass, gerade auf deren Einhaltung nachdrücklich zu drängen. Hinzu kommt der unentbehrliche Kontakt mit der Schwerbehindertenvertretung (vgl. §§ 176, 178, 182 SGB IX [bis 31.12.2017: §§ 93, 95 und 99 SGB IX]). Nach § 181 SGB IX hat der Arbeitgeber einen besonderen Inklusionsbeauftragten zu bestellen, der zusätzlich zum Betriebsrat darauf zu achten hat, dass der Arbeitgeber die ihm obliegenden gesetzlichen Verpflichtungen erfüllt (bis 31.12.2017: »Beauftragter« nach § 98 SGB IX).

47 Der dem Betriebsrat auferlegten besonderen Förderungspflicht entspricht sein **Recht gegenüber dem Arbeitgeber**, sich um die Belange der schwerbehinderten und anderer schutzbedürftiger Personen zu kümmern. Daraus folgt nicht nur ein Recht, deren Angelegenheiten zum Gegenstand einer Betriebsversammlung zu machen, sondern vor allem auch ein Recht gegenüber dem Arbeitgeber und dessen Pflicht, sich mit den vom Betriebsrat vorgetragenen Angelegenheiten dieser Personen und Personengruppen in besonderem Maße zu befassen. **Ergebnisse** sind auch hier **nicht erzwingbar**. Bei Meinungsverschiedenheiten kann die Einigungsstelle nur unter den Voraussetzungen des § 76 Abs. 6 angerufen werden (*Fitting* § 80 Rn. 28). Bei Nichtbeachtung von Gesetzen zugunsten besonders schutzwürdiger Personen (vgl. Nr. 1) durch den Arbeitgeber kann allerdings die Sanktion des § 23 Abs. 3 eingreifen. Bei diskriminierenden Handlungen des Arbeitgebers ist § 23 Abs. 3 ausdrücklich durch § 17 Abs. 2 AGG in Bezug genommen.

8. Zusammenarbeit mit der Jugend- und Auszubildendenvertretung (Abs. 1 Nr. 5)

48 Für die in Nr. 5 angesprochene **Förderung der jugendlichen Arbeitnehmer** als einer Gruppe schutzbedürftiger Personen gilt zunächst das in Rdn. 43 ff. Ausgeführte. Das Gesetz legt dem Betriebsrat dazu weitere spezifizierte Pflichten auf. Der Betriebsrat ist der Repräsentant aller Arbeitnehmer, auch der Jugendlichen und der Auszubildenden. Das Gesetz gewährt den Jugendlichen und Auszubildenden jedoch wegen ihrer besonderen Lage eine eigene Vertretung (§§ 60 ff.). Da die Jugend- und Auszubildendenvertretung kein selbständiges betriebsverfassungsrechtliches Organ im Verhältnis zum Arbeitgeber ist, sondern nur mit Hilfe des Betriebsrats die Interessen der Jugendlichen und der Auszubildenden wahrnehmen kann (*Oetker* vor § 60 Rdn. 18 f.), bedarf das Verhältnis von **Jugend- und Auszubildendenvertretung zum Betriebsrat** besonderer gesetzlicher Regelungen. Diese Regelungen finden sich z. T. in den §§ 60 ff. § 80 Abs. 1 Nr. 5 ergänzt diese Regelungen durch die Begründung von Amtspflichten des Betriebsrats im Hinblick auf die **Wahl der Jugend- und Auszubildendenvertretung** und auf die **Zusammenarbeit** mit ihr.

49 Schon aus § 63 Abs. 2 ergibt sich die Pflicht des Betriebsrats, die Wahl einer Jugendvertretung durch die Bestellung eines Wahlvorstands vorzubereiten. Nr. 5 ergänzt diese Pflicht zu einer **allgemeinen Verpflichtung**, die **Wahl** auch im Übrigen **vorzubereiten** und durchzuführen. Da die Durchführung der Wahl im engeren Sinn allein dem Wahlvorstand obliegt (§§ 30, 31 WO), bezieht sich § 80 Nr. 5 nur auf die allgemeine Vorbereitung und Durchführung der Wahl, nämlich die Information der Betroffenen, die Vermittlung von Kenntnissen und Erfahrungen, die Bereitstellung der sächlichen Mittel, die sonst der Betriebsratswahl dienen usw. Der Betriebsrat hat – mit anderen Worten – nach Kräften dafür zu sorgen, dass eine Jugend- und Auszubildendenvertretung gewählt wird (*Buschmann/DKKW* § 80 Rn. 58).

Allgemeine Aufgaben § 80

Ist eine Jugend- und Auszubildendenvertretung gewählt, so hat der Betriebsrat mit dieser zur För- 50
derung der Belange der von ihr repräsentierten Arbeitnehmer eng **zusammenzuarbeiten**. Er hat
sie in allen Angelegenheiten jugendlicher Arbeitnehmer und Auszubildender zu beraten und ihr
die zur sachgerechten Wahrnehmung ihrer Aufgaben notwendigen Hilfen zu geben (*BAG* 10.05.1974
EzA § 65 BetrVG 1972 Nr. 4 S. 12 = AP Nr. 2 zu § 65 BetrVG 1972). Jugendliche betreffende Maßnahmen soll der Betriebsrat nicht ohne Einbeziehung der Jugend- und Auszubildendenvertretung
durchführen, sondern stets in Zusammenarbeit mit ihr (*Buschmann/DKKW* § 80 Rn. 59). Die Ju-
gend- und Auszubildendenvertretung ist auf die Zusammenarbeit mit dem Betriebsrat angewiesen,
da sie gegenüber dem Arbeitgeber keine eigenen betriebsverfassungsrechtlichen Rechte hat (*Oetker*
vor § 60 Rdn. 18 f.). Dem Alleinvertretungsrecht des Betriebsrats für die Arbeitnehmer gegenüber
dem Arbeitgeber entspricht es auch, dass er gegenüber der Jugend- und Auszubildendenvertretung
das Recht hat, **Vorschläge** und **Stellungnahmen anzufordern**.

Die enge **Zusammenarbeit** des Betriebsrats mit der Jugend- und Auszubildendenvertretung wird 51
organisatorisch dadurch **abgesichert**, dass ein von der Jugend- und Auszubildendenvertretung entsandter Vertreter an allen Betriebsratssitzungen teilnehmen kann und dass in Angelegenheiten, die besonders die jugendlichen Arbeitnehmer und die Auszubildenden betreffen, die gesamte Jugend- und
Auszubildendenvertretung ein Teilnahmerecht hat (§ 67). Außerdem hat der Betriebsrat die Jugend-
und Auszubildendenvertretung zu seinen Besprechungen mit dem Arbeitgeber gem. § 74 Abs. 1 beizuziehen, wenn Angelegenheiten behandelt werden, die besonders Jugendliche und Auszubildende
i. S. v. § 60 Abs. 1 betreffen (§ 68).

9. Förderung der Beschäftigung älterer Arbeitnehmer (Abs. 1 Nr. 6)

Der Betriebsrat soll die **Beschäftigung älterer Arbeitnehmer im Betrieb** fördern. Der deutsche 52
Gesetzgeber liegt damit auf einer Linie mit dem Europäischen Gesetzgeber, der über den Sozialen Dialog auf betrieblicher Ebene die Verantwortung der Betriebspartner zur Bekämpfung der Altersdiskriminierung stärken möchte (vgl. Art. 13 RL 2000/78/EG v. 27.11.2000 [ABlEG Nr. L 303 v.
02.12.2000, S. 21]). Durch § 80 Abs. 1 Nr. 6 wird § 75 Abs. 1 Satz 2 ergänzt, der es dem Betriebsrat
zur Pflicht macht, darauf zu achten, dass Arbeitnehmer nicht wegen Überschreitung bestimmter Altersstufen benachteiligt werden. Eine weitere spezielle Förderungspflicht wird Arbeitgeber und Betriebsrat im Hinblick auf die Berufsbildung der älteren Arbeitnehmer in § 96 Abs. 2 Satz 2 auferlegt.
Die Förderungspflicht des Betriebsrats betrifft **nicht nur die im Betrieb bereits tätigen Arbeitnehmer**. Der Betriebsrat hat auch darauf hinzuwirken, dass geeignete Arbeitsplätze mit älteren Arbeitnehmern besetzt werden (*Buschmann/DKKW* § 80 Rn. 61; *Fitting* § 80 Rn. 31; *Nicolai/HWGNRH* § 80
Rn. 41). Aus der Aufgabe des Betriebsrats, die Beschäftigung älterer Arbeitnehmer zu fördern, allein
folgt noch **kein Zustimmungsverweigerungsrecht** nach § 99 Abs. 2 Nr. 1, wenn der Arbeitgeber
einen älteren Bewerber bei einer Einstellung nicht berücksichtigt (*Nicolai/HWGNRH* § 80 Rn. 42;
Preis/WPK § 80 Rn. 19; **a. M.** *LAG Frankfurt a. M.* 16.12.1974 DB 1975, 2329; *Buschmann/DKKW*
§ 80 Rn. 62). Zur streitigen Frage, ob ein Verstoß gegen das Diskriminierungsverbot des §§ 1, 7 AGG
(namentlich auch bei Einstellungen) ein Zustimmungsverweigerungsrecht begründet, vgl. *Raab* § 99
Rdn. 190 f. m. w. N. In Betracht kommt jedenfalls ein Zustimmungsverweigerungsrecht nach § 99
Abs. 2 Nr. 2, soweit eine entsprechende Auswahlrichtlinie besteht (*Fitting* § 80 Rn. 31).

10. Förderung der Integration ausländischer Arbeitnehmer (Abs. 1 Nr. 7)

Die ausländischen Arbeitnehmer sind individualarbeitsrechtlich und betriebsverfassungsrechtlich den 53
deutschen Arbeitnehmern gleichgestellt. Sie sind zum Betriebsrat wahlberechtigt und wählbar (s. *Raab*
§ 7 Rdn. 13, § 8 Rdn. 59). Im Zusammenhang mit der Integration ausländischer Arbeitnehmer sind
auch das Diskriminierungsverbot des § 75 Abs. 2 Satz 1 und, soweit es gleichzeitig um »Rasse« oder
ethnische Herkunft geht, auch §§ 1, 7, 17 AGG zu beachten. § 80 Abs. 1 Nr. 7 enthält darüber hinaus
die **Verpflichtung des Betriebsrats zu aktiver Förderung der Integration ausländischer Arbeitnehmer** (vgl. auch Art. 11 RL 2000/43/EG v. 29.06.2000 [ABlEG Nr. L 180 v. 19.07.2000,
S. 22]). Im Hinblick auf die Zunahme der Zahl dieser Beschäftigtengruppe soll sich neben den amtlichen Stellen auch der Betriebsrat um ihre Eingliederung im Betrieb bemühen und das Verständnis

Weber

§ 80   IV. 1. Allgemeines

zwischen ihnen und den deutschen Arbeitnehmern fördern (vgl. Reg. Begr. zum BetrVG 1972 BT-Drucks. VI/1786, S. 64; dazu auch *Blank* AuR 1994, 286 ff.; *Buschmann/DKKW* § 80 Rn. 65). Es geht dabei allerdings nicht um die Förderung der Einstellung, sondern um die **Integration bereits beschäftigter** ausländischer Arbeitnehmer (*Kania/*ErfK § 80 BetrVG Rn. 16; *Richardi/Thüsing* § 80 Rn. 45). Zur Integration ausländischer Arbeitnehmer gehört, wie der Gesetzgeber mit der Ergänzung der Nr. 7 durch das BetrVerf-Reformgesetz im Jahre 2001 klargestellt hat, auch die **Bekämpfung von Rassismus und Fremdenfeindlichkeit** im Betrieb (vgl. weiterhin §§ 43 Abs. 2 Satz 3, 53 Abs. 2 Nr. 2, 45 Satz 1, 70 Abs. 1 Nr. 4, 88 Nr. 4, 99 Abs. 2 Nr. 6, § 104 Satz 1). Das in § 80 Abs. 1 Nr. 7 Halbs. 2 enthaltene diesbezügliche **Antragsrecht** (vgl. zur entsprechenden Erweiterung des Themenkatalogs für Betriebsversammlungen § 45 Rdn. 19) erfordert allerdings einen konkreten **Bezug zu den Gegebenheiten im Betrieb**, der Betriebsrat hat kein allgemeinpolitisches Mandat (*Fitting* § 80 Rn. 23; *Konzen* RdA 2001, 76 [90]; *Richardi/Thüsing* § 80 Rn. 26; *Sittard/HWK* § 80 BetrVG Rn. 23). Ein solcher Bezug ist allerdings nicht erst dann zu bejahen, wenn eine extremistische Betätigung im Betrieb schon vorhanden ist oder sich abzeichnet (vgl. aber *Fitting* § 80 Rn. 23). Die vom Gesetz intendierte Bekämpfung von Fremdenfeindlichkeit kann auch präventive Maßnahmen erfassen (vgl. auch *Buschmann/DKKW* § 80 Rn. 68). Für die Integrationsaufgabe des Betriebsrats gilt im Übrigen das in Rdn. 43 ff., für das Antragsgericht das in Rdn. 34 ff. Ausgeführte sinngemäß.

11. Förderung und Sicherung der Beschäftigung (Abs. 1 Nr. 8)

54 Durch das BetrVerf-Reformgesetz wurde im Jahre 2001 als neue Aufgabe des Betriebsrats in Nr. 8 die **Förderung und Sicherung der Beschäftigung im Betrieb** eingefügt. Nach dem Willen des Gesetzgebers soll hier ein Schwerpunkt der Betriebsratsarbeit liegen (vgl. Reg. Begr. BT-Drucks. 14/5741, S. 46 zu Nr. 54 [§ 80] zu Buchstabe a). Ein allgemeines beschäftigungspolitisches Mandat ist damit allerdings nicht verbunden (*Fitting* § 80 Rn. 44; *Richardi/Thüsing* § 80 Rn. 46; *Sittard/HWK* § 80 BetrVG Rn. 24). Der Betriebsrat soll sich entsprechend seiner sozialen Schutzfunktion im Interesse der Arbeitnehmer darum bemühen, dass Arbeitsplätze nach Möglichkeit erhalten bleiben und Stellenabbau vermieden wird (vgl. Reg. Begr. BT-Drucks. 14/5741, S. 46 zu Nr. 54 [§ 80] zu Buchstabe a). Im möglichen Konfliktfall zwischen Sicherung der Beschäftigung der bereits vorhandenen Belegschaft und Förderung neuer Beschäftigung (z. B. bei Überstundenregelungen, die der Betriebsrat mit dem Hinweis auf sonst eventuell mögliche Neueinstellungen ablehnen möchte), wird der Betriebsrat dem Interesse der Belegschaft den Vorrang einräumen müssen (*Kania/*ErfK § 80 BetrVG Rn. 16a; *Nicolai/*HWGNRH § 80 Rn. 45; *Richardi/Thüsing* § 80 Rn. 46). Die allgemeine Aufgabe des Betriebsrats nach § 80 Nr. 8 wird ergänzt durch das Vorschlags- und Beratungsrecht nach § 92a und durch die Regelungen in den §§ 95 Abs. 1 und 2, 96 Abs. 1 Satz 2, 97 Abs. 2, 99 Abs. 2 Nr. 3 und § 112 Abs. 5 Nr. 2a. Mitbestimmungsrechte sind dem Betriebsrat durch Nr. 8 nicht eingeräumt, die bestehenden nicht erweitert worden (*Buschmann/DKKW* § 80 Rn. 72).

12. Förderung von Maßnahmen des Arbeitsschutzes und des betrieblichen Umweltschutzes (Abs. 1 Nr. 9)

55 Die durch das BetrVerf-Reformgesetz im Jahre 2001 neu eingefügte Nr. 9 unterstreicht den hohen Stellenwert des **Arbeits-** und des **Umweltschutzes** im Betrieb. Der Gesetzgeber hat eine Fülle von Vorschriften erlassen, die den Arbeitgeber verpflichten, entsprechende Maßnahmen zu ergreifen, die Träger der Unfallversicherung haben eine Reihe von Unfallverhütungsvorschriften geschaffen. Die Überwachung der Einhaltung der entsprechenden Regelungen durch den Arbeitgeber gehört bereits zu den allgemeinen Aufgaben des Betriebsrats nach Abs. 1 Nr. 1. Konkretisiert wird diese Überwachungsaufgabe in § 89. Flankierend treten die Berichtspflichten des Arbeitgebers nach § 43 Abs. 2 und § 106 Abs. 3 Nr. 5a sowie die Aufnahme betriebsbezogener umweltpolitischer Fragen in den Themenkatalog einer Betriebsversammlung (§ 45 Satz 1) hinzu. Umweltpolitische Fragen werden auch in § 74 Abs. 2 Satz 3 ausdrücklich erwähnt. § 87 Abs. 1 Nr. 7 räumt darüber hinaus dem Betriebsrat ein Mitbestimmungsrecht in Bezug auf Regelung des Arbeits- und Gesundheitsschutzes ein. §§ 88 Nr. 1a erwähnt den Umweltschutz als Gegenstand einer freiwilligen Betriebsvereinbarung. § 80 Nr. 8 bringt dem Betriebsrat keine gegenüber den genannten gesetzlichen Regelungen erweiterte Zuständigkeit und Kompetenz. Erklärtes Ziel des BetrVerf-Reformgesetzes ist es, den Arbeits-

Allgemeine Aufgaben § 80

und namentlich den Umweltschutz in der Betriebsverfassung stärker zu verankern, **ohne** dem Betriebsrat ein **Mitbestimmungsrecht bei Investitionsentscheidungen** einzuräumen (vgl. Reg. Begr. BT-Drucks. 14/5741, S. 26 II Nr. 9; *Nicolai/HWGNRH* § 80 Rn. 46). Auch ein allgemeines umweltpolitisches Mandat kommt dem Betriebsrat nicht zu (*Fitting* § 80 Rn. 47). Zum Begriff des **betrieblichen Umweltschutzes** vgl. § 89 Abs. 3 sowie *Gutzeit* § 89 Rdn. 23 ff.

III. Unterrichtungsanspruch des Betriebsrats gegenüber dem Arbeitgeber (Abs. 2)

1. Information durch den Arbeitgeber (Abs. 2 Satz 1)

a) Allgemeines

§ 80 Abs. 2 Satz 1 sieht eine **allgemeine Informationspflicht** des Arbeitgebers vor, soweit der Betriebsrat Informationen zur **Durchführung seiner gesetzlichen Aufgaben** benötigt. Der Betriebsrat soll durch das Informationsrecht in die Lage versetzt werden, in eigener Verantwortung zu prüfen, ob sich Aufgaben i. S. d. Betriebsverfassungsgesetzes ergeben (*BAG* 27.10.2010 EzA § 99 BetrVG 2001 Einstellung Nr. 16 Rn. 31 = AP Nr. 61 zu § 99 BetrVG 1972 Einstellung; 20.01.2015 EzA § 80 BetrVG 2001 Nr. 21 Rn. 17 = AP Nr. 80 zu § 80 BetrVG 1972; *Richardi/Thüsing* § 80 Rn. 49). § 80 Abs. 2 Satz 1 bezieht sich nicht nur auf die in Abs. 1 genannten Befugnisse des Betriebsrats, sondern auf **alle** seine **gesetzlichen Aufgaben**. Die Regelung beinhaltet eine Konkretisierung des Gebots der vertrauensvollen Zusammenarbeit. Angesichts der umfassenden Regelung in Abs. 2 Satz 1 lassen sich aus dem Grundsatz der vertrauensvollen Zusammenarbeit keine Informationspflichten herleiten, die nicht von den in § 80 Abs. 2 Satz 1 genannten Voraussetzungen abhängen (*Kraft* ZfA 1983, 171 [176 ff.]; *Richardi/Thüsing* § 80 Rn. 49). Zum Aufgabenbezug näher Rdn. 68 ff. 56

Eine Reihe von **Spezialvorschriften** legt dem Arbeitgeber die Pflicht auf, dem Betriebsrat die Informationen zu geben, die er zur Durchführung seiner in den Vorschriften angesprochenen konkreten Aufgaben sowie zur Wahrnehmung seiner ihm dort zugewiesenen Befugnisse benötigt, vgl. u. a. § 89 Abs. 2 Satz 2, § 90 Abs. 1, § 92 Abs. 1, § 99 Abs. 1, § 102 Abs. 1. Nicht in einem echten Konkurrenzverhältnis zum Unterrichtungsanspruch stehen die Regelungen zur Schulung von Betriebsratsmitgliedern nach §§ 37 Abs. 6 und 7. Ebenso wie bei § 80 Abs. 2 ist allerdings stets eine einzelfallbezogene Erforderlichkeitsprüfung vorzunehmen (vgl. dazu *Hoff* Drittkonsultationsrechte, S. 181 ff.; zum Verhältnis von Schulungsanspruch und Beauftragung eines Sachverständigen nach § 80 Abs. 3 s. Rdn. 149). Eine besondere Ausformung des allgemeinen Auskunftsanspruchs enthält § 20 Abs. 1 EntgTranspG für den Fall der Planung eines betrieblichen Prüfverfahrens zur Einhaltung des Entgeltgleichheitsgebots. Der Arbeitgeber hat den Betriebsrat hier namentlich über die Auswahl der Prüfungsinstrumente und den geplanten Ablauf des Verfahrens rechtzeitig in Kenntnis zu setzen (Reg. Begr. BT-Drucks. 18/11133, S. 71; zur Beteiligung des Betriebsrats im Rahmen des EntgTranspG vgl. auch Rdn. 38, 125 ff.). 57

Soweit das Gesetz in einzelnen Vorschriften Informationspflichten des Arbeitgebers statuiert, handelt es sich um Sonderregeln, die hinsichtlich Voraussetzungen und Umfang der Informationspflicht als **leges speciales** dem Abs. 2 Satz 1 vorgehen und deshalb die Informationspflicht jedenfalls **in Bezug auf die jeweils konkret anstehende Aufgabe** abschließend regeln (*BAG* 26.01.1995 EzA § 102 BetrVG 1972 Nr. 87 S. 8 [*Kittner*] = AP Nr. 69 zu § 102 BetrVG 1972; *Kania*/ErfK § 80 BetrVG Rn. 17; *Nicolai/HWGNRH* § 80 Rn. 49; *Preis/WPK* § 80 Rn. 24; *Wiese* FS Wiedemann, S. 617 [618 f.]; a. M. *Buschmann/DKKW* § 80 Rn. 78, 84; *Fitting* § 80 Rn. 48; *Richardi/Thüsing* § 80 Rn. 52 sowie – bezogen auf das Verhältnis zu § 102 Abs. 1 – auch *BAG* 20.01.2000 ZTR 2001, 89). Dient das Informationsrecht unterschiedlichen Aufgaben, so wird der allgemeine Informationsanspruch nicht verdrängt (*BAG* 05.02.1991 EzA § 613a BGB Nr. 93 S. 4 f. = AP Nr. 89 zu § 613a BGB). Der auf die allgemeine Überwachungsaufgabe nach Abs. 1 bezogene Informationsanspruch des Betriebsrats besteht deshalb unabhängig von konkret anstehenden Einstellungsvorgängen und wird insoweit auch nicht durch § 99 verdrängt (*BAG* 18.10.1988 EzA § 99 BetrVG 1972 Nr. 69 S. 5 = AP Nr. 57 zu § 99 BetrVG 1972; 31.01.1989 EzA § 80 BetrVG 1972 Nr. 34 S. 4 = AP Nr. 33 zu § 80 BetrVG 1972; 27.10.2010 EzA § 99 BetrVG 2001 Einstellung Nr. 16 Rn. 37 = AP Nr. 61 zu § 99 BetrVG 1972 Einstellung). **Keine Spezialregelung** zum allgemeinen Auskunftsanspruch nach Abs. 2 Satz 1 58

Weber 547

enthält das **Einsichtsrecht des Betriebsrats in Lohn- und Gehaltslisten nach Abs. 2 Satz 2 Halbs. 2**. Der Betriebsrat als Ganzer kann deshalb zwar vom Arbeitgeber nicht Auskunft über den gesamten Inhalt der Lohn- und Gehaltslisten verlangen. Er kann aber Auskunft über denjenigen Teil der in den entsprechenden Listen enthaltenen Informationen verlangen, die er zur Wahrnehmung seiner Aufgaben benötigt, etwa über die Begünstigten einer Erhöhung außertariflicher Zulagen (*BAG* 10.10.2006 EzA § 80 BetrVG 2001 Nr. 6 Rn. 22 ff. = AP Nr. 68 zu § 80 BetrVG 1972 = RdA 2008, 38 *[Buschmann]* = SAE 2008, 269 *[zust. Reichold/Rein]*; 30.09.2008 EzA § 80 BetrVG 2001 Nr. 10 Rn. 30 = AP Nr. 71 zu § 80 BetrVG 1972 *[Schrader]*). Wenn allerdings eine an sich erforderliche schriftliche Information inhaltlich einer Lohn- und Gehaltsliste gleichkommt, genügt der Arbeitgeber dem Auskunftsverlangen, wenn er dem zuständigen Ausschuss oder gegebenenfalls dem Betriebsratsvorsitzenden nach Maßgabe des Abs. 2 Satz 2 Halbs. 2 Einblick in die schriftlich gefassten Angaben ermöglicht. Insofern ist die Vorschrift des Abs. 2 Satz 1 teleologisch zu reduzieren, um Wertungswidersprüche zu den in Abs. 2 Satz 2 Halbs. 2 enthaltenen gesetzlichen Einschränkungen zu vermeiden (*BAG* 30.09.2008 EzA § 80 BetrVG 2001 Nr. 10 Rn. 31 = AP Nr. 71 zu § 80 BetrVG 1972 *[Schrader]*). Auch **Spezialregelungen** können schließlich den Informationsanspruch nach § 80 Abs. 2 **nur insoweit verdrängen**, als **Informationsansprüche des Betriebsrats** betroffen sind. § 106 Abs. 2, der den Wirtschaftsausschuss als Berechtigten nennt, schließt deshalb Informationsansprüche des Betriebsrats in Bezug auf wirtschaftliche Angelegenheiten nicht aus, sofern dieser die Informationen zur Erfüllung seiner Aufgaben benötigt (*BAG* 05.02.1991 EzA § 106 BetrVG 1972 Nr. 15 S. 2 f. = AP Nr. 10 zu § 106 BetrVG 1972; 05.02.1991 EzA § 613a BGB Nr. 93 S. 4 f. = AP Nr. 89 zu § 613a BGB; *Buschmann/DKKW* § 80 Rn. 90; *Fitting* § 80 Rn. 52; *Wiese* FS *Wiedemann*, S. 617 [619]; **a. M.** *Richardi/Thüsing* § 80 Rn. 50).

b) Informationsverpflichtung und Informationsberechtigung

59 Nach dem Wortlaut des § 80 Abs. 2 Satz 1 handelt es sich bei der Informationspflicht um eine **Rechtspflicht des Arbeitgebers**, der der inhaltsgleiche **Rechtsanspruch des Betriebsrats** gegenübersteht (*Kraft* ZfA 1983, 171 [176]; *Matthes*/MünchArbR § 237 Rn. 3; *Raab* Negatorischer Rechtsschutz, S. 75, 83; **a. M.** *Heinze* DB 1983, Beil. Nr. 9, S. 16, 17). Dass ein derartiger Anspruch nicht nur besteht, wenn die Nichterfüllung der Informationspflicht durch den Arbeitgeber eine grobe Pflichtverletzung i. S. d. § 23 Abs. 3 darstellt, hat das *BAG* inzwischen ausdrücklich festgestellt (*BAG* 17.05.1983 EzA § 80 BetrVG 1972 Nr. 25 S. 131 = AP Nr. 19 zu § 80 BetrVG 1972; *Buschmann/DKKW* § 80 Rn. 100). Zur **Informationsbeschaffung durch den Betriebsrat** vgl. Rdn. 85 f.

60 Zur Erteilung der Information nach § 80 Abs. 2 Satz 1 ist der **Arbeitgeber verpflichtet**, d. h. der Partner der Arbeitsverträge der im Betrieb beschäftigten Arbeitnehmer, der gleichzeitig Inhaber des Betriebes ist (s. *Franzen* § 1 Rdn. 92). Es ist also nicht etwa ein Arbeitnehmer, der vielleicht über eine Information verfügt, zur Unterrichtung des Betriebsrats verpflichtet. Es ist Sache des Arbeitgebers zu bestimmen, welche Personen Informationen an den Betriebsrat geben dürfen, falls er dies nicht selbst tun will oder kann (*Kania*/ErfK § 80 BetrVG Rn. 21). Die entsprechend ermächtigten Personen sind Erfüllungsgehilfen des Arbeitgebers, der stets der nach Abs. 2 Satz 1 Verpflichtete bleibt (*Kraft* ZfA 1983, 171 [179]; zur Pflicht des Arbeitgebers, dem Betriebsrat sachkundige Arbeitnehmer als Auskunftspersonen zur Verfügung zu stellen vgl. Rdn. 131 ff.).

61 In Fällen der **Arbeitnehmerüberlassung** bleiben die Leiharbeitnehmer zwar betriebsverfassungsrechtlich dem **Verleiherbetrieb des Vertragsarbeitgebers** zugeordnet (§ 14 Abs. 1 AÜG), den damit grundsätzlich auch die entsprechenden Informationspflichten treffen. Allerdings hat die mit der Arbeitnehmerüberlassung einhergehende **Aufspaltung der Arbeitsverhältnisse** auch Konsequenzen für die Beteiligungsrechte sowohl des beim Verleiher als auch des beim Entleiher gebildeten Betriebsrats. Der Entleiherbetriebsrat ist für die Wahrnehmung von Beteiligungsrechten zuständig, bei denen die Eingliederung der Leiharbeitnehmer in den Entleiherbetrieb im Vordergrund steht. Die Aufspaltung der Arbeitsverhältnisse führt also zu einer Aufspaltung von Betriebsratsaufgaben. Dementsprechend kommt es auch zu einer **Aufspaltung von Informationspflichten**: Soweit der Entleiherbetriebsrat zuständig ist, besteht diesem gegenüber auch eine Informationspflicht des **Arbeitgebers im Entleiherbetrieb** (vgl. *BAG* 15.10.2014 EzA § 80 BetrVG 2001 Nr. 20 Rn. 26 ff. = AP Nr. 79

Allgemeine Aufgaben § 80

zu § 80 BetrVG 1972 *[Boemke]*; s. dazu auch *Gertler* Betriebsverfassungsrechtliche Auskunftsansprüche im Konzern [Diss. München], 2010, S. 51 ff.). Umgekehrt hat der Verleiherbetriebsrat bezüglich der Leiharbeitnehmer gegenüber dem Entleiher keinen Informationsanspruch, wenn nicht eigene Mitwirkungsrechte betroffen sind (*BAG* 15.10.2014 EzA § 80 BetrVG 2001 Nr. 20 Rn. 26 = AP Nr. 79 zu § 80 BetrVG 1972 *[Boemke]*; vgl. auch Rdn. 12, 29 f., 66).

Im **Gemeinschaftsbetrieb** mehrerer Unternehmen trifft die Informationspflicht die Vertragsarbeit- 62 geber gemeinsam (*Buschmann/DKKW* § 80 Rn. 101). Praktisch wird die Erfüllung der Auskunftspflicht regelmäßig über die gemeinsame Leitung erfolgen, da diese den Kern der Arbeitgeberfunktionen im sozialen und personellen Bereich ausübt und insofern Ansprechpartner des Betriebsrats ist (vgl. auch *Fitting* § 80 Rn. 57; näher *Gertler* Betriebsverfassungsrechtliche Auskunftsansprüche im Konzern [Diss. München], 2010, S. 68 ff.).

Bei **konzernangehörigen** Unternehmen ist im Falle eines Auskunftsanspruchs eines Betriebsrats der 63 diesem gegenüberstehende Vertragsarbeitgeber zur Information verpflichtet (*Bitsch* Die konzerndimensionale Durchsetzbarkeit betriebsverfassungsrechtlicher Auskunftsansprüche [Diss. Würzburg], 2011, S. 37 ff.; *ders.* NZA-RR 2015, 617 [619]; *Diller/Powietzka* DB 2001, 1034; *Fitting* § 80 Rn. 57). Gegebenenfalls muss er erforderliche Daten über die Muttergesellschaft **beschaffen** (*LAG Nürnberg* 22.01.2002 LAGE § 87 BetrVG 1972 Betriebliche Lohngestaltung Nr. 17; *LAG Baden-Württemberg* 09.04.2014 – 19 TaBV 7/13 – juris, Rn. 42 ff.; 17.01.2017 – 19 TaBV 3/16 – juris, Rn. 50 ff. [n. rkr.]; *Buschmann/DKKW* § 80 Rn. 101; *Fischer* AuR 2002, 7 [9]; vgl. auch *Lerch/Weinbrenner* NZA 2013, 355 [357 ff.]; **a. M.** *Diller/Powietzka* DB 2001, 1034 f.; *Richardi/Thüsing* § 80 Rn. 74; zur generellen Frage der Verpflichtung des Arbeitgebers zur Beschaffung im Betrieb nicht vorhandener Informationen vgl. Rdn. 82). Insofern enthält § 17 Abs. 3a Satz 2 KSchG, wonach es bei den Unterrichtungs- und Anzeigepflichten im Zusammenhang mit Massenentlassungen dem Vertragsarbeitgeber verwehrt ist, sich auf fehlende Informationen durch das herrschende Unternehmen zu berufen, einen allgemeinen Rechtsgedanken (abl. insoweit *Bitsch* Die konzerndimensionale Durchsetzbarkeit betriebsverfassungsrechtlicher Auskunftsansprüche [Diss. Würzburg], 2011, S. 116 ff.; *Gertler* Betriebsverfassungsrechtliche Auskunftsansprüche im Konzern [Diss. München], 2010, S. 87; vgl. auch Art. 2 Abs. 4 RL 98/59/EG [Massenentlassungsrichtlinie]; Art. 7 Abs. 4 RL 2001/23/EG [Betriebsübergangsrichtlinie] sowie zum Problem der Auskunftspflichten zur Bildung eines Europäischen Betriebsrats Art. 4 Abs. 4 RL 2009/38/EG und *EuGH* 29.03.2001 EzA RL 94/45/EG Nr. 2 = AP Nr. 2 zu EWG-Richtlinie 94/45; 13.01.2004 EzA RL 94/45/EG Nr. 3 = AP Nr. 3 zu EWG-Richtlinie 94/45; 15.07.2004 NZA 2004, 1167 *[ADS Anker]*; *BAG* 30.03.2004 EzA § 5 EBRG Nr. 1 = AP Nr. 3 zu § 5 EBRG; 29.06.2004 EzA § 5 EBRG Nr. 2 = AP Nr. 5 zu § 5 EBRG; dazu *Ch. Weber* FS *Konzen*, S. 931 [950 ff.]).

Scheitert die Informationsbeschaffung allerdings, weil die Muttergesellschaft keine Daten preis- 64 geben will und dazu auch nicht nach Maßgabe der konzerninternen gesellschaftsrechtlichen Regelungen gezwungen werden kann, dann ist der Auskunftsanspruch des Betriebsrats gegenüber dem Vertragsarbeitgeber **nicht realisierbar** (insofern zutr. *Diller/Powietzka* DB 2001, 1034 [1035]). Im Rahmen des § 80 verbleibt insoweit ein **Schutzdefizit**, welches **de lege lata** *jedenfalls im Verhältnis zum Vertragsarbeitgeber* auch **nicht zu schließen** ist. Eine unzureichende Information des Betriebsrats kann sich allerdings als **Verletzung anderer Beteiligungsrechte** des Betriebsrats darstellen und führt dann zu den entsprechenden Sanktionen (etwa: Unterlassungsanspruch bei sozialen Angelegenheiten, Zwangsgeldverfahren nach § 101 bei personellen Angelegenheiten, Nachteilsausgleich nach § 113 Abs. 3 bei Betriebsänderungen; vgl. dazu *Diller/Powietzka* DB 2001, 1034 [1037]; *Gertler* Betriebsverfassungsrechtliche Auskunftsansprüche im Konzern [Diss. München], 2010, S. 174 ff.). Weitergehend wäre allenfalls zu erwägen, ob der Betriebsrat nicht **unmittelbar gegen die Muttergesellschaft** vorgehen kann, um von ihr die Erteilung der erforderlichen Auskünfte an den Vertragsarbeitgeber zu verlangen. Die Basis eines solchen Begehrens wird zum Teil in einem quasinegatorischen Unterlassungs- und Beseitigungsanspruch aus §§ 823 Abs. 1, 1004 BGB gesehen (vgl. *Bitsch* Die konzerndimensionale Durchsetzbarkeit betriebsverfassungsrechtlicher Auskunftsansprüche [Diss. Würzburg], 2011, S. 167 ff.; *ders.* NZA-RR 2015, 617 [621]): Der betriebsverfassungsrechtliche Unterlassungsanspruch sei nicht auf das Innenverhältnis zwischen Betriebsrat und Arbeitgeber begrenzt, sondern könne sich aufgrund seines deliktsrechtlichen Charakters auch gegen einen Dritten richten. Auf diese Weise

§ 80 *IV. 1. Allgemeines*

könne der Betriebsrat von der Muttergesellschaft die Unterlassung künftiger bzw. die Beseitigung bestehender Beeinträchtigungen seiner Beteiligungsrechte verlangen, die aus unzureichender oder gänzlich verweigerter Auskunftserteilung an die Konzerntochter resultieren. Über die Realisierung des gegen die Muttergesellschaft gerichteten Anspruchs werde der Vertragsarbeitgeber in die Lage versetzt, die dem Betriebsrat zustehenden Auskünfte zu erteilen. Eine solche mittelbare Lösung muss allerdings einige **Hürden** überwinden: Nicht nur muss der betriebsverfassungsrechtliche Unterlassungsanspruch im Grundsatz anerkannt werden. Vor allem reicht es nicht aus, ihn nur aus dem betriebsverfassungsrechtlichen Innenverhältnis und dem Gebot der vertrauensvollen Zusammenarbeit nach § 2 herzuleiten. Vielmehr muss seine Basis in den Beteiligungsrechten des Betriebsrats gefunden und diese wiederum als absolute Rechte i. S. d. §§ 823 Abs. 1, 1004 BGB begriffen werden (so ausdrücklich *Bitsch* Die konzerndimensionale Durchsetzbarkeit betriebsverfassungsrechtlicher Auskunftsansprüche [Diss. Würzburg], 2011, S. 182 ff.). Jedenfalls besteht ein Unterlassungsanspruch nur bezogen auf bestimmte Beteiligungsrechte (vgl. dazu im Einzelnen den Überblick bei *Oetker* § 23 Rdn. 164 ff.). Bezüglich der allgemeinen Überwachungsaufgaben nach Abs. 1 steht dem Betriebsrat kein Unterlassungsanspruch zu, der für die vorliegende Konzernproblematik instrumentalisiert werden könnte (vgl. Rdn. 32). Zur Frage eines (für den vorliegenden Zusammenhang abzulehnenden) unmittelbaren »**Informationsdurchgriffs**« auf die Konzernspitze bzw. im Falle transnationaler Unternehmen auf die ausländische Unternehmensleitung vgl. *Bitsch* Die konzerndimensionale Durchsetzbarkeit betriebsverfassungsrechtlicher Auskunftsansprüche (Diss. Würzburg), 2011, S. 121 ff.; *Buschmann/DKKW* § 80 Rn. 102; *Däubler* Betriebsverfassung in globalisierter Wirtschaft, 1999, S. 68 ff.; *Diller/Powietzka* DB 2001, 1034 (1035 f.); *Fischer* AuR 2002, 7 ff.; *Gertler* Betriebsverfassungsrechtliche Auskunftsansprüche im Konzern (Diss. München), 2010, S. 101 ff.; *Kort* NZA 2013, 1318 [1325]; *Lerch/Weinbrenner* NZA 2013, 355 [359 ff.]; *Junker* Internationales Arbeitsrecht im Konzern, 1992, S. 403.

65 **Anspruchsberechtigt** sind der **Betriebsrat** bzw. die Arbeitnehmervertretung einer betriebsverfassungsrechtlichen Organisationseinheit nach § 3 Abs. 1 Nr. 1–3 (vgl. § 3 Abs. 5), aufgrund gesetzlicher Verweisung und nur im Rahmen ihrer Zuständigkeit auch der **Gesamt- und der Konzernbetriebsrat** (vgl. § 51 Abs. 5, § 59 Abs. 1 i. V. m. § 51 Abs. 5; zur fehlenden Zuständigkeit des Gesamtbetriebsrats bei Informationen, die auf Aufgaben des örtlichen Betriebsrats bezogen sind, s. *BAG* 16.08.2011 EzA § 50 BetrVG 2001 Nr. 9 Rn. 29 ff. = AP Nr. 75 zu § 80 BetrVG 1972; 16.11.2011 EzA § 17 BetrVG 2991 Nr. 2 Rn. 22 = AP Nr. 9 zu § 17 BetrVG 1972; zum Verhältnis von Auskunftsanspruch des örtlichen Betriebsrats und des Gesamtbetriebsrats vgl. auch *LAG München* 28.07.2016 – 3 TaBV 91/15 – juris, Rn. 22 ff. [n. rkr.]; 11.10.2016 – 9 TaBV 49/16 – juris, Rn. 25 ff. [n. rkr.]; zu Konzernkonstellationen *Bitsch* Die konzerndimensionale Durchsetzbarkeit betriebsverfassungsrechtlicher Auskunftsansprüche [Diss. Würzburg], 2011, S. 69 ff.; *Gertler* Betriebsverfassungsrechtliche Auskunftsansprüche im Konzern [Diss. München], 2010, S. 33 ff.).

66 In Fällen der **Arbeitnehmerüberlassung** ist derjenige Betriebsrat anspruchsberechtigt, dessen Überwachungsaufgaben betroffen sind. Das können infolge der **Aufspaltung der Arbeitsverhältnisse** je nachdem, um welche Mitwirkungsbefugnisse es geht, der **Betriebsrat des Verleiherbetriebs** oder derjenige des **Entleiherbetriebs** sein (vgl. auch schon Rdn. 61). Der Betriebsrat des Verleiherbetriebs hat deshalb keinen Informationsanspruch gegen den Entleiher zur Überwachung der Einhaltung arbeitsrechtlicher Schutzvorschriften hinsichtlich der im Entleiherbetrieb beschäftigten Arbeitnehmer. Insofern besteht eine Zuständigkeit des Entleiherbetriebsrats (*BAG* 15.10.2014 EzA § 80 BetrVG 2001 Nr. 20 Rn. 26 ff. = AP Nr. 79 zu § 80 BetrVG 1972 *[Boemke]*; vgl. auch Rdn. 12). Demzufolge besteht insofern auch kein Anspruch des Verleiherbetriebsrats auf Zugang zu den Arbeitsplätzen der Arbeitnehmer (vgl. dazu näher Rdn. 29).

67 Der Informationsanspruch steht dem **Betriebsrat als Gremium** zu. Zur Entgegennahme der Information ist der Vorsitzende des Betriebsrats (Gesamt-, Konzernbetriebsrats) befugt (vgl. §§ 26 Abs. 2, 51 Abs. 1, 59 Abs. 1; dazu s. *Raab* § 26 Rdn. 53 f.). Ist ein **Ausschuss** mit der selbständigen Wahrnehmung von Aufgaben des Betriebsrats betraut (vgl. §§ 27 Abs. 2 Satz 2 und 3; 28 Abs. 1), so ist dieser auch Gläubiger eines zur Durchführung seiner Aufgaben erforderlichen Informationsanspruchs. Zur Entgegennahme ist in diesem Fall in der Regel der Ausschussvorsitzende befugt (s. im Einzelnen *Raab* § 26 Rdn. 59, § 27 Rdn. 53, § 28 Rdn. 36). Arbeitsgruppen i. S. v. § 28a können nicht Gläubiger eines Informationsanspruchs nach Abs. 2 sein (s. *Raab* § 28a Rdn. 3). Die **Jugend- und Auszubil-**

Allgemeine Aufgaben § 80

dendenvertretung hat einen inhaltlich entsprechenden Informationsanspruch, der sich aber nur **gegen den Betriebsrat** richtet (§ 70 Abs. 2 sowie *Oetker* § 70 Rdn. 58). Die Schwerbehindertenvertretung nimmt nur beratend an den Betriebsratssitzungen teil und hat dementsprechend ebenfalls keinen eigenen Auskunftsanspruch.

c) Aufgabenbezug der Informationspflicht

§ 80 Abs. 2 Satz 1 räumt dem Betriebsrat den Informationsanspruch »zur Durchführung seiner Aufgaben nach diesem Gesetz« ein. Der Informationsanspruch hat **Hilfsfunktion** im Verhältnis zu der gesetzlichen Aufgabe, zu deren Durchführung er gewährt wird. Nur wenn **überhaupt** eine **gesetzliche Aufgabe** besteht, zu deren Durchführung eine Information dienen soll, besteht der Informationsanspruch (st. Rspr., vgl. zuletzt etwa *BAG* 21.10.2003 EzA § 80 BetrVG 2001 Nr. 3 S. 10 = AP Nr. 62 zu § 80 BetrVG 1972 Bl. 4 R *[zust. Wiese]*; 19.02.2008 EzA § 80 BetrVG 2001 Nr. 8 Rn. 16 = AP Nr. 69 zu § 80 BetrVG 1972; 15.10.2014 EzA § 80 BetrVG 2001 Nr. 20 Rn. 24 ff. = AP Nr. 79 zu § 80 BetrVG 1972 *[Boemke]*; *Fitting* § 80 Rn. 51; *Matthes*/MünchArbR § 237 Rn. 8; *Richardi/Thüsing* § 80 Rn. 53). Eine allgemeine gesetzliche Aufgabe des Betriebsrats, Informationen zu sammeln, ist dem Gesetz nicht zu entnehmen (*Kraft* ZfA 1983, 171 [184]; *Kort* CR 1988, 220). Darüber hinaus begrenzt die gesetzliche Aufgabe, die den Informationsanspruch begründet, diesen auch in seiner **Reichweite im konkreten Einzelfall** (*BAG* 21.10.2003 EzA § 80 BetrVG 2001 Nr. 3 S. 10 = AP Nr. 62 zu § 80 BetrVG 1972 Bl. 4 R; *Kraft* ZfA 1983, 171 [184]; *Richardi/Thüsing* § 80 Rn. 53). Da der Anspruch nur zur Durchführung der jeweiligen Aufgabe besteht, ist er nur gegeben, **soweit** er dazu **notwendig oder** zumindest **zweckmäßig** ist. Es handelt sich also um eine **zweistufige Prüfung** daraufhin, ob überhaupt eine Aufgabe des Betriebsrats gegeben und ob im Einzelfall die begehrte Information zur Aufgabenwahrnehmung erforderlich ist (*BAG* 21.10.2003 EzA § 80 BetrVG 2001 Nr. 3 S. 10 = AP Nr. 62 zu § 80 BetrVG 1972 Bl. 4 R; 07.02.2012 EzA § 84 SGB IX Nr. 9 Rn. 7 = AP Nr. 4 zu § 84 SGB IX *[Kort]*; 14.05.2013 EzA § 110 BetrVG 2001 Nr. 1 Rn. 16 = AP Nr. 1 zu § 110 BetrVG 1972).

Häufig wird es dem Betriebsrat allerdings darauf ankommen, an Informationen zu gelangen, um überhaupt prüfen zu können, ob ein Mitbestimmungs- oder Mitwirkungsrecht besteht und ob er von diesem Gebrauch machen will. Deshalb genügt es für den Informationsanspruch, dass der Betriebsrat bei seiner Geltendmachung die jeweilige **gesetzliche Aufgabe schlüssig darlegt**, zu deren Erfüllung er der Informationen durch den Arbeitgeber bedarf. Für den Informationsanspruch genügt dann bereits ein hinreichender Grad an **Wahrscheinlichkeit** für ein Mitbestimmungsrecht des Betriebsrats (st. Rspr., vgl. etwa *BAG* 21.10.2003 EzA § 80 BetrVG 2001 Nr. 3 S. 10 = AP Nr. 62 zu § 80 BetrVG 1972 Bl. 4 R *[zust. Wiese]*; 19.02.2008 EzA § 80 BetrVG 2001 Nr. 8 Rn. 16 = AP Nr. 69 zu § 80 BetrVG 1972; 23.03.2010 EzA § 80 BetrVG 2001 Nr. 12 Rn. 16 = AP Nr. 72 zu § 80 BetrVG 1972; *Buschmann*/DKKW § 80 Rn. 83; *Fitting* § 80 Rn. 51; *Richardi/Thüsing* § 80 Rn. 53; enger *Kort* CR 1988, 220 [221]: »hohe Wahrscheinlichkeit eines Aufgabenbezugs«). Kommt ein Mitbestimmungsrecht **offensichtlich** nicht in Betracht, so entfällt auch der Informationsanspruch des Betriebsrats (*BAG* 21.10.2003 EzA § 80 BetrVG 2001 Nr. 3 S. 10 = AP Nr. 62 zu § 80 BetrVG 1972 Bl. 4 R; zum Anspruch nach Abs. 2 Satz 2 *BAG* 26.01.1988 EzA § 80 BetrVG 1972 Nr. 32 S. 4 = AP Nr. 31 zu § 80 BetrVG 1972; 14.01.2014 EzA § 80 BetrVG 2001 Nr. 18 Rn. 23 = AP Nr. 77 zu § 80 BetrVG 1972).

Davon zu trennen ist die Frage, ob neben der schlüssigen Darlegung der Aufgabe auch noch ein konkreter Anlass für das Informationsbegehren vorliegen muss. Mit dem *BAG* und der ganz überwiegenden Ansicht in der Literatur ist davon auszugehen, dass **die schlüssige Darlegung der Aufgabe ausreicht**, um den korrespondierenden Informationsanspruch auszulösen. Eines **konkreten Anlasses** für den Informationsanspruch nach Abs. 2 Satz 1 **bedarf es nicht** (vgl. schon *BAG* 11.07.1972 EzA § 80 BetrVG 1972 Nr. 1 S. 4 = AP Nr. 1 zu § 80 BetrVG 1972; aus jüngerer Zeit etwa *BAG* 19.02.2008 EzA § 80 BetrVG 2001 Nr. 8 Rn. 25 = AP Nr. 69 zu § 80 BetrVG 1972; 07.02.2012 EzA § 84 SGB IX Nr. 9 Rn. 7 = AP Nr. 4 zu § 84 SGB IX *[Kort]*; Hess. LAG 04.05.2015 – 16 TaBV 175/14 – juris Rn. 22; aus der Literatur statt aller *Buschmann*/DKKW § 80 Rn. 96; *Richardi/Thüsing* § 80 Rn. 63 m. w. N.; **a. M.** *Kraft* SAE 1988, 111 [112 f.]). Für die Pflicht in Abs. 2 Satz 2 zur Vorlage von Unterlagen, die nur eine Konkretisierung des allgemeinen Informationsanspruchs dar-

68

69

70

stellt (so jetzt auch *BAG* 19.02.2008 EzA § 80 BetrVG 2001 Nr. 8 Rn. 25 = AP Nr. 69 zu § 80 BetrVG 1972), ergibt sich dies schon aus dem Gesetzeswortlaut, wonach der Betriebsrat seinen Anspruch »jederzeit« geltend machen kann. Damit ist nicht etwa nur gemeint, dass der Arbeitgeber die Vorlage von Unterlagen nicht mit der Begründung verzögern könne, das Verlangen erfolge »zur Unzeit« (so aber *Kraft* 7. Aufl., § 80 Rn. 72). Es ist nicht anzunehmen, dass der Gesetzgeber für derartige Sondersituationen eine eigene gesetzliche Regelung getroffen hätte, da hier ohnehin der allgemeine Gedanke des Rechtsmissbrauchs zum Tragen kommt (vgl. zum Rechtsmissbrauch auch *Richardi/Thüsing* § 80 Rn. 55). Vielmehr ist § 80 Abs. 2 Satz 2 Ausdruck des – insoweit generell für den Informationsanspruch geltenden – Grundgedankens, dass der Betriebsrat die zur Erfüllung seiner Aufgaben notwendigen Informationen jederzeit zur Verfügung haben muss. Entscheidend ist allein der **Aufgabenbezug**, der Informationsanspruch hat nur Hilfsfunktion. Da namentlich die Überwachungsaufgabe nach § 80 Abs. 1 Nr. 1 grundsätzlich besteht und nicht erst bei Vorliegen konkreter Verdachtsmomente für Verstöße des Arbeitgebers zum Tragen kommt (vgl. Rdn. 27), bedarf es auch für die Geltendmachung des insoweit unentbehrlichen Informationsanspruchs keines konkreten Anlasses.

71 Durch das BetrVerf-Reformgesetz aus dem Jahre 2001 wurde der Informationsanspruch des Betriebsrats nach Abs. 2 Satz 1 auf die Beschäftigung von **Personen** erstreckt, die **nicht in einem Arbeitsverhältnis zum Arbeitgeber** stehen. Auch diese erweiterte Unterrichtungspflicht besteht allerdings nur, wenn der Betriebsrat die Information **zur Durchführung seiner gesetzlichen Aufgaben** benötigt (*LAG Baden-Württemberg* 14.07.2006 – 5 TaBV 6/05 – juris; *Nicolai/HWGNRH* § 80 Rn. 54; vgl. auch *BAG* 15.10.2014 EzA § 80 BetrVG 2001 Nr. 20 Rn. 24 ff. = AP Nr. 79 zu § 80 BetrVG 1972 *[Boemke]*). Das zeigt sich daran, dass die erweiterte Unterrichtungspflicht in Satz 1 des Abs. 2 eingefügt wurde. Allein der Wunsch des Betriebsrats, einen besseren Überblick über die neuen Formen der Beschäftigung im Betrieb zu erhalten (vgl. Reg. Begr. BT-Drucks. 14/5741, S. 27 f., III Nr. 3 a. E.) löst die Informationspflicht nicht aus. Die Reg. Begr. (BT-Drucks. 14/5741, S. 46 zu Nr. 54 [§ 80] zu Buchstabe b Doppelbuchstabe aa) weist darauf hin, dass es sich bei der Ergänzung von Abs. 2 Satz 1 um eine **Klarstellung** handele, welche die Rechtsprechung des *BAG* zu dieser Frage aufnehme (*Fitting* § 80 Rn. 49; vgl. aber auch *LAG Baden-Württemberg* 14.07.2006 – 5 TaBV 6/05 – juris; *Hess. LAG* 05.07.2007 – 9 TaBV 216/06 – juris). Nichts anderes ergibt sich aus der Konkretisierung des Informationsrechts im Hinblick auf den zeitlichen Umfang des Einsatzes, den Einsatzort und die Arbeitsaufgaben von Fremdfirmenbeschäftigten durch den im Zuge der **Reform des Arbeitnehmerüberlassungsrechts** im Jahre 2017 eingefügten Abs. 2 Satz 1 Halbs. 2. Auch dies betrachtet der Gesetzgeber ausdrücklich als bloße **Klarstellung** und bezieht sich dabei erneut auf die Rechtsprechung des *BAG* (Reg. Begr. BT-Drucks. 18/9232, S. 16, 32; vgl. auch *Hamann* jurisPR-ArbR 15/2017 Anm. 3 [unter D]; *Seel* öAT 2016, 27 f.; anders *Giesen* ZRP 2016, 1130 [133]; zur Rechtsprechung des *BAG* vgl. Rdn. 72).

72 Für **Heimarbeiter** greift bereits § 5 Abs. 1 Satz 2. Beschäftigt ein Arbeitgeber **Arbeitnehmer von Fremdfirmen**, so war er nach der Rechtsprechung des *BAG* schon nach dem BetrVG 1972 verpflichtet, dem Betriebsrat die der Beschäftigung zugrunde liegenden Verträge mit den Fremdfirmen zur Einsicht zur Verfügung zu stellen und ihn über die Einsatztage und Einsatzzeiten dieser Personen zu informieren (*BAG* 31.01.1989 EzA § 80 BetrVG 1972 Nr. 34 = AP Nr. 33 zu § 80 BetrVG 1972; *LAG Köln* 04.08.2010 – 6 Ta 225/10 – juris, Rn. 41 ff.; *Franzen* Drittbezogene Betriebsratsrechte im Einsatzbetrieb, in: *Rieble/Junker/Giesen* Freie Industriedienstleistung als Alternative zur regulierten Zeitarbeit, 2012, S. 85 [98, 103]; *Karthaus/Klebe* NZA 2012, 417 [419]; *Maiß/Juli* ArbRAktuell 2012, 162; *Ulber* AiB 2013, 285 ff.; vgl. zu Verträgen mit Bewachungsunternehmen *Hess. LAG* 30.08.2005 – 4/18 TaBV 67/05 – juris). Der Betriebsrat benötigt diese Informationen – einschließlich der aus den Verträgen mit den Fremdfirmen ableitbaren Angaben über den Aufgabenbereich der externen Arbeitnehmer –, um prüfen zu können, ob ihm in Bezug auf diese Personen gesetzliche Aufgaben und Befugnisse zustehen (*BAG* 31.01.1989 EzA § 80 BetrVG 1972 Nr. 34 S. 3 = AP Nr. 33 zu § 80 BetrVG 1972). Vor allem geht es darum, festzustellen, ob dem Betriebsrat das Überwachungsrecht nach § 80 Abs. 1 Nr. 1 oder ein Mitbestimmungsrecht nach § 99 in Bezug auf die Arbeitnehmer der Fremdfirmen zusteht, weiterhin um die Sicherung von Beteiligungsrechten bei der Personalplanung nach § 92 (*BAG* 31.01.1989 EzA § 80 BetrVG 1972 Nr. 34 S. 6 f. = AP Nr. 33 zu § 80 BetrVG 1972; vgl. auch *BAG* 08.11.2016 – 1 ABR 64/14 – juris, Rn. 18 ff.; *Deinert* RdA 2017, 65 [81]; *Henssler* RdA 2017, 83 [100]; *Ulber* AiB 2013, 285 ff.). Insofern ist der erforderliche **Aufgabenbezug gege-**

ben (zust. *Richardi/Thüsing* § 80 Rn. 55 soweit Arbeitnehmer tatsächlich im Betrieb tätig werden). Nach Meinung des *BAG* (15.12.1998 EzA § 80 BetrVG 1972 Nr. 43 = AP Nr. 55 zu § 80 BetrVG 1972 = SAE 1999, 297 [*R. Weber*]) hatte der Betriebsrat außerdem schon bisher einen Anspruch auf Unterrichtung hinsichtlich der Beschäftigung **freier Mitarbeiter**. Die Ergänzung des Abs. 2 Satz 1 durch das BetrVerf-Reformgesetz hat auch dies klargestellt. Der für den Informationsanspruch erforderliche Aufgabenbezug kann sich aus der in § 80 Nr. 8 genannten Aufgabe, die Beschäftigung der Arbeitnehmer im Betrieb zu fördern, oder dem entsprechenden Vorschlagsrecht des § 92a ergeben. Dieses Vorschlagsrecht kann sinnvoll erst ausgeübt werden, wenn der Betriebsrat weiß, welche Aufgaben durch andere Personen als Arbeitnehmer des Betriebs wahrgenommen werden und um welche Zahl es sich dabei handelt. Miterfasst sind durch die Einbeziehung von Personen ohne Beschäftigungsverhältnis auch Beschäftigte im Rahmen des **Bundes- und Jugendfreiwilligendienstes** (*Fitting* § 80 Rn. 49; *Leube* ZTR 2012, 207). Zur Informationspflicht des Arbeitgebers beim Einsatz von Privatdetektiven zur Aufdeckung von Straftaten im Betrieb vgl. *Zerbe* FS *Schwerdtner*, S. 367 (377 ff.). Zum **Crowdworking** vgl. etwa *Däubler/Klebe* NZA 2015, 1032 (1040).

Das Betriebsverfassungsgesetz hat dem Betriebsrat zur Wahrnehmung der Interessen der Arbeitnehmer und des Betriebes bestimmte Aufgaben zugewiesen und damit seine Kompetenz zur Beschränkung der unternehmerischen Handlungs- und Entscheidungsfreiheit abschließend festgelegt (*Kreutz* Betriebsautonomie, S. 19; *Säcker* Informationsrechte, 1979, S. 30). Nur soweit **Aufgaben des Betriebsrats im Gesetz** als solche bezeichnet sind (z. B. §§ 75, 80 Abs. 1, 89) oder soweit sie als Mitwirkungs- oder Mitbestimmungsrechte ausgestaltet sind (insbesondere § 87 Abs. 1), können sie einen Informationsanspruch auslösen, **nicht** aber, wenn das Gesetz lediglich die Möglichkeit vorsieht, dass Arbeitgeber und Betriebsrat **freiwillig** eine Regelung treffen können (z. B. § 88 Nr. 2 und 3). Nur die Auslegung der insoweit einschlägigen Bestimmungen kann daher ergeben, ob ein Informationsanspruch besteht und worauf er sich richtet. 73

Soweit es um die Aufgabe der Überwachung nach **§ 80 Abs. 1 Nr. 1** geht, sind die im Betrieb anwendbaren Schutzvorschriften selbst dem Betriebsrat mitzuteilen und ihm die Informationen über deren Einhaltung zu geben. Besteht die Aufgabe darin, Belange besonders schutzbedürftiger Personen zu wahren (**§ 80 Abs. 1 Nr. 4–7**), sind dem Betriebsrat diese Personen und der Grund ihrer besonderen Schutzbedürftigkeit zu nennen (zum Problem des Datenschutzes in diesem Zusammenhang vgl. Rdn. 90 ff.). 74

Soweit der Arbeitgeber nach **§ 87 Abs. 1** mitbestimmungspflichtige Angelegenheiten regeln will, hat er dem Betriebsrat alle für die geplante Regelung und für die Entscheidung des Betriebsrats notwendigen Informationen zu geben. Auch in diesem Zusammenhang ist allerdings zu beachten, dass der **Umfang der Informationspflicht** von der **Reichweite des Mitbestimmungsrechts** abhängt. So ist der Arbeitgeber etwa, wenn er eine bestimmte betriebliche Lohngestaltung vornehmen will (§ 87 Abs. 1 Nr. 10), nur verpflichtet, den Betriebsrat über die geplanten Grundsätze, nicht aber über die Lohnhöhe im Einzelnen zu unterrichten. Will der Arbeitgeber ein EDV-System zur Erhebung, Speicherung und/oder Verarbeitung von Arbeitnehmerdaten einführen, oder ein vorhandenes System dazu benutzen, so ist er verpflichtet, den Betriebsrat über alle zur Verwendung vorgesehenen Programme und auch über die sich aus der technischen Einrichtung ergebenden Möglichkeiten zu informieren, soweit Leistungs- oder Verhaltensdaten verarbeitet werden können (*BAG* 06.12.1983 EzA § 87 BetrVG 1972 Bildschirmarbeitsplatz Nr. 1 S. 41 [*Ehmann*] = AP Nr. 7 zu § 87 BetrVG 1972 Überwachung; 17.03.1987 EzA § 80 BetrVG 1972 Nr. 30 S. 171 ff. = AP Nr. 29 zu § 80 BetrVG 1972). Dies gilt jedenfalls, wenn man den vom *BAG* zu § 87 Abs. 1 Nr. 6 entwickelten weitgehenden Überwachungsbegriff zugrunde legt (vgl. dazu *Wiese/Gutzeit* § 87 Rdn. 532 ff.). Zum Informationsrecht des Betriebsrats bei Personalumfragen des Arbeitgebers vgl. *Moll/Roebers* DB 2011, 1862, zu unternehmensinternen Untersuchungen zur Aufdeckung von Rechtsverstößen vgl. *Rudkowski* NZA 2011, 612 (615); *Wisskirchen/Glaser* DB 2011, 1447. 75

Gleiches gilt, wenn der Betriebsrat Informationen verlangt, die er benötigt, um prüfen zu können, ob er z. B. von einem ihm nach § 87 Abs. 1 zustehenden **Initiativrecht** Gebrauch machen soll (*BAG* 20.09.1990 EzA § 80 BetrVG 1972 Nr. 39 S. 2 ff.). Der erforderliche Aufgabenbezug (vgl. Rdn. 68 ff.) wird durch die Nennung des Mitbestimmungsrechtes hergestellt, auf welches das Initiativrecht gestützt werden könnte. Wenn das genannte Mitbestimmungsrecht offensichtlich nicht be- 76 steht, etwa infolge der Sperrwirkung des § 87 Abs. 1 Eingangssatz, oder wenn es unwahrscheinlich ist, dass die geforderten Unterlagen eine entsprechende Prüfung überhaupt ermöglichen, besteht kein Mitbestimmungsrecht (*BAG* 20.09.1990 EzA § 80 BetrVG 1972 Nr. 39 S. 5 f.). Das *BAG* hält den Arbeitgeber auch für verpflichtet, dem Betriebsrat Auskunft über die Auswertung einer im Betrieb durchgeführten Umfrage zu geben. Das gelte allerdings nur, »wenn hinreichende Wahrscheinlichkeit besteht, dass die dabei gewonnenen Erkenntnisse Aufgaben des Betriebsrats betreffen« (*BAG* 08.06.1999 EzA § 80 BetrVG 1972 Nr. 44 = AP Nr. 53 zu § 80 BetrVG 1972 = AuR 2000, 267 [*Buschmann*]; vgl. auch *LAG Mecklenburg-Vorpommern* 17.01.2006 – 5 TaBV 3/05 – [*Kohte* jurisPR-ArbR 19/2007 Anm. 2]).

77 Ein Informationsanspruch des Betriebsrats besteht auch, wenn der Arbeitgeber Maßnahmen ergreift oder durchführt, die möglicherweise einem **Mitwirkungsrecht** unterliegen (vgl. z. B. § 92a) und der Betriebsrat die Information benötigt, um prüfen zu können, ob dies der Fall ist (*BAG* 26.01.1988 EzA § 80 BetrVG 1972 Nr. 32 S. 3 = AP Nr. 31 zu § 80 BetrVG 1972: »alle Mitwirkungsrechte«). Es geht dabei nicht darum, aufgrund der Informationen festzustellen, ob sich für den Betriebsrat irgendwelche Aufgaben ergeben, sondern darum, prüfen zu können, ob ihm aufgrund eines vorliegenden Sachverhalts ein **konkretes** Mitwirkungsrecht zusteht. Dieses Mitwirkungsrecht und damit den Aufgabenbezug des Informationsanspruchs (vgl. Rdn. 68 ff.) hat der Betriebsrat zu **bezeichnen**, wenn er die Information verlangt. Nur dann kann festgestellt werden, ob nicht etwa das Mitwirkungsrecht »offensichtlich nicht in Betracht kommt« (vgl. Rdn. 69).

78 In Ermangelung eines gesetzlichen Mitbestimmungsrechts folgt aus § 80 Abs. 2 **keine Verpflichtung** des Arbeitgebers, den Betriebsrat über einen **Gesellschafterwechsel** zu informieren. Dabei handelt es sich zwar um eine »wirtschaftliche Angelegenheit«, aber nicht um eine Betriebsänderung i. S. d. § 111, so dass der für die Informationspflicht erforderliche Aufgabenbezug fehlt (**a. M.** *Buschmann/DKKW* § 80 Rn. 93; *Fitting* § 80 Rn. 53; *Kania*/ErfK § 80 BetrVG Rn. 20). Ein **Betriebsübergang** ist zwar für sich gesehen keine Betriebsänderung. Sofern er aber mit Strukturveränderungen i. S. d. § 111 verbunden ist, kommt ein Mitbestimmungsrecht in Betracht (vgl. dazu *Oetker* § 111 Rdn. 75, 146). Solange das Mitbestimmungsrecht nicht offensichtlich fehlt, besteht deshalb nach Maßgabe der allgemeinen Grundsätze zur Darlegung des Aufgabenbezugs eine Informationspflicht durch den Arbeitgeber (i. E. ebenso *Buschmann/DKKW* § 80 Rn. 93). In Betracht kommt insoweit seit der Reform des Betriebsverfassungsgesetzes aus dem Jahre 2001 auch ein Informationsrecht in Bezug auf die Aufgaben des Betriebsrats zur Sicherung und Förderung der Beschäftigung aus §§ 80 Abs. 1 Nr. 8, 92a (vgl. zu Umstrukturierungsmaßnahmen generell auch *Müller-Knapp* AiB 2003, 416 ff.). Keine Informationspflicht besteht in Bezug auf **Nebentätigkeiten** einzelner Arbeitnehmer (*LAG Köln* 11.01.1995 LAGE § 80 BetrVG 1972 Nr. 15 S. 1; **a. M.** *LAG Baden-Württemberg* 22.11.1991 AiB 1993, 238; *Buschmann/DKKW* § 80 Rn. 93) oder individuelle **Abmahnungen** (zu Abmahnungen mit kollektivem Bezug *Buschmann/DKKW* § 80 Rn. 93; *Schulze/Schreck* AiB 2013, 94 [96]; m. w. N.). Auch besteht kein Beteiligungsrecht des Betriebsrats (vgl. z. B. *BAG* 17.10.1989 EzA § 87 BetrVG 1972 Betriebsbuße Nr. 8 S. 9 = AP Nr. 12 zu § 87 BetrVG 1972 Betriebsbuße; 17.09.2013 EzA § 80 BetrVG 2001 Nr. 17 Rn. 12 ff. = AP Nr. 76 zu § 80 BetrVG 1972; vgl. aber *Buschmann/DKKW* § 80 Rn. 93 Fn. 340, der auf die Bedeutung der Abmahnung als Vorstufe einer Kündigung und das dann gegebene Anhörungsrecht nach § 102 verweist).

d) Modalitäten der Erfüllung der Informationspflicht

79 Der Betriebsrat ist nach Abs. 2 Satz 1 durch den Arbeitgeber rechtzeitig und umfassend zu informieren. In diesem Rahmen ist er in der **Wahl seiner Informationsmittel frei**. Auch eine bestimmte **Form** ist **nicht vorgeschrieben**. Allerdings folgt insbesondere bei umfangreichen und komplexen Angaben aus § 2 Abs. 1 regelmäßig die Verpflichtung des Arbeitgebers, die Auskunft **schriftlich** zu erteilen (*BAG* 10.10.2006 EzA § 80 BetrVG 2001 Nr. 6 Rn. 19 = AP Nr. 68 zu § 80 BetrVG 1972 = RdA 2008, 38 [*Buschmann*] = SAE 2008, 269 [*Reichold/Rein*]; EzA § 80 BetrVG 2001 Nr. 10 Rn. 30 = AP Nr. 71 zu § 80 BetrVG 1972; *Fitting* § 80 Rn. 54, 56). Die Informationspflicht des Arbeitgebers ist nicht von einem Verlangen des Betriebsrats abhängig, die Information ist **unaufgefordert** zu geben (*Fitting* § 80 Rn. 56). Das kann aber nicht bedeuten, dass der Arbeitgeber über jeden Vorgang, der vielleicht die Zuständigkeit des Betriebsrats betreffen könnte, von sich aus unterrichten muss. Der Arbeit-

Allgemeine Aufgaben § 80

geber hat aber die Pflicht, zu prüfen, ob er über eine Information verfügt, die für den Betriebsrat zur Erfüllung seiner gesetzlichen Aufgaben notwendig ist. Im Übrigen ist es Sache des Betriebsrats, Informationen beim Arbeitgeber anzufordern, wenn er glaubt, diese zu benötigen.

Die Information ist **rechtzeitig** zu geben, d. h. so frühzeitig, dass der Betriebsrat die entsprechende 80 gesetzliche Aufgabe ordnungsgemäß erfüllen kann. Der Betriebsrat darf nicht vor vollendete Tatsachen gestellt werden (*Buschmann/DKKW* § 80 Rn. 97 f.; *Fitting* § 80 Rn. 54 ff.; *Rentsch* Die rechtzeitige Unterrichtung betrieblicher Arbeitnehmervertretungen [Diss. Göttingen], 2015, S. 207 ff.; *Wiese* FS *Wiedemann*, S. 617 [619]). Da der allgemeine Informationsanspruch nach Abs. 2 Satz 1 vor allem im Zusammenhang mit Abs. 1 und mit § 87 Abs. 1 eine Rolle spielt, ergeben sich hier keine besonderen Probleme. Relevante Informationen im Zusammenhang mit Aufgaben nach Abs. 1 sind dem Betriebsrat zu geben, sobald sie der Arbeitgeber hat. Will der Betriebsrat aus eigener Initiative tätig werden, besteht der Auskunftsanspruch, sobald ein Mitbestimmungsrecht in Betracht kommt und für dessen Wahrnehmung entsprechende Informationen erforderlich sind (vgl. Rdn. 69). Im Rahmen des § 87 Abs. 1 sind die Informationen zu geben, sobald der Arbeitgeber den Entschluss fasst, eine mitbestimmungspflichtige Angelegenheit zu regeln (*BAG* 27.06.1989 EzA § 80 BetrVG 1972 Nr. 37 S. 4 f. = AP Nr. 37 zu § 80 BetrVG 1972). Da aber die Regelung selbst ohne Zustimmung des Betriebsrats nicht wirksam getroffen werden kann, geht es in der Praxis dabei weniger um die Rechtzeitigkeit der Information, als um deren Vollständigkeit. Zur Rechtzeitigkeit der Unterrichtung über Planungen vgl. § 90 Abs. 2 Satz 1. Der Betriebsrat kann auch Auskunft über in der **Vergangenheit** liegende Vorgänge verlangen, solange daraus auch Rückschlüsse auf das derzeitige und künftige Verhalten des Arbeitgebers gezogen werden können (*BAG* 21.10.2003 EzA § 80 BetrVG 2001 Nr. 3 S. 14 f. = AP Nr. 62 zu § 80 BetrVG 1972 *[zust. Wiese]*; 19.02.2008 EzA § 80 BetrVG 2001 Nr. 8 Rn. 21 = AP Nr. 69 zu § 80 BetrVG 1972).

Die Information muss **umfassend** sein, d. h. alle Angaben enthalten, die der Betriebsrat benötigt, um 81 seine Entscheidung (z. B. ob er eine bestimmte Förderungsmaßnahme vorschlagen oder von seinem Initiativrecht im Rahmen des § 87 Abs. 1 Gebrauch machen soll) ordnungsgemäß treffen zu können. Sie muss, soweit möglich, in einer für den Betriebsrat verständlichen Form und grundsätzlich in **deutscher** Sprache gegeben werden (*Hess. LAG* 19.08.1993 NZA 1995, 285; *Buschmann/DKKW* § 80 Rn. 106; *Nicolai/HWGNRH* § 80 Rn. 59; vgl. dazu auch *Diller* DB 2000, 718). Sollte der Betriebsrat die gegebene Information nicht für ausreichend halten, hat er das Recht, weitere Auskünfte zu verlangen. Zu Streitigkeiten darüber vgl. Rdn. 162.

Soweit die Informationspflicht der Sicherung der Überwachungsaufgabe des Betriebsrats dient, kann 82 der Arbeitgeber verpflichtet sein, **auch Informationen zu beschaffen**, zu denen er **bislang keine Daten** erhoben hat (*BAG* 06.05.2003 EzA § 80 BetrVG 2001 Nr. 2 S. 12 ff. = AP Nr. 61 zu § 80 BetrVG 1972 Bl. 5 R ff. *[Hamm]* = AuR 2004, 72 *[Krabbe-Rachut]* = SAE 2004, 119 *[Schöne]*; *Buschmann/DKKW* § 80 Rn. 92; *Fitting* § 80 Rn. 56, 59; **a. M.** *Richardi/Thüsing* § 80 Rn. 64, 74). Der Arbeitgeber muss bereits unabhängig von der Überwachungsaufgabe des Betriebsrats seinen Betrieb so organisieren, dass er die Übereinstimmung betrieblicher Abläufe mit gesetzlichen oder tariflichen Vorgaben kontrollieren kann (*BAG* 06.05.2003 EzA § 80 BetrVG 2001 Nr. 2 S. 13 f. = AP Nr. 61 zu § 80 BetrVG 1972 Bl. 5 R ff.). Für den Bereich des Arbeitsschutzes etwa, zu dem auch die Arbeitszeitregelungen gehören, ergibt sich dies aus § 3 ArbSchG. Die dabei gewonnenen Informationen muss er dem Betriebsrat weitergeben. In der Wahl der geeigneten Mittel zur Wahrnehmung seiner eigenen Überwachungsaufgabe ist der Arbeitgeber allerdings weitgehend frei (*BAG* 06.05.2003 EzA § 80 BetrVG 2001 Nr. 2 S. 14 = AP Nr. 61 zu § 80 BetrVG 1972 Bl. 5 R ff.). Dementsprechend kann der Betriebsrat auch nur die Beschaffung derjenigen Daten verlangen, die der Arbeitgeber entsprechend seiner Überwachungspflicht erhebt bzw. erheben muss. Überwachungsaufgabe des Betriebsrats nach Abs. 1, Informationsrecht des Betriebsrats und Informationspflicht des Arbeitgebers nach Abs. 2 Satz 1 sowie Organisationspflicht des Arbeitgebers korrespondieren miteinander.

Das *BAG* (06.05.2003 EzA § 80 BetrVG 2001 Nr. 2 S. 12 ff. = AP Nr. 61 zu § 80 BetrVG 1972 Bl. 5 83 R ff.) meint in Bezug auf Arbeitszeitregelungen allerdings, dass der Arbeitgeber verpflichtet sei, dem Betriebsrat Auskunft über die tatsächlich geleistete Arbeitszeit der Arbeitnehmer auch dann zu erteilen, wenn er wegen einer im Betrieb geltenden **Vertrauensarbeitszeitregelung** entsprechende Daten bislang gerade nicht erhebt (zust. *LAG Köln* 06.09.2010 – 5 TaBV 14/10 – juris, Rn. 29 ff.;

Buschmann/DKKW § 80 Rn. 92; *Fitting* § 80 Rn. 59; *Hamm* Anm. zu *BAG* AP Nr. 61 zu § 80 BetrVG 1972; *Krabbe-Rachut* Anm. zu *BAG* AuR 2004, 70 [73]). Dem ist nur insoweit zu folgen, als der Gesetzgeber in § 16 Abs. 2 ArbZG ausdrücklich die Aufzeichnung von Mehrarbeitszeiten verlangt (vgl. auch *Schöne* Anm. zu *BAG* SAE 2004, 114 [122]). Im Übrigen genügt der Arbeitgeber seiner Organisationspflicht nach § 3 ArbSchG, wenn er die betroffenen Arbeitnehmer auf die Arbeitszeitvorschriften hinweist und sich ansonsten mit gelegentlichen Kontrollen begnügt, um erforderlichenfalls korrigierend eingreifen zu können. Nur insoweit ist auch der Betriebsrat zu informieren, andernfalls würde er entgegen der gesetzlichen Konzeption des § 80 doch zum übergeordneten Kontrollorgan des Arbeitgebers (zu möglichen Konsequenzen der Entscheidung des *BAG* für Vertrauensarbeitszeitmodelle vgl. *Hoff* PersF 2004, 58).

84 Von der Frage der Verpflichtung zur Beschaffung von Informationen im Rahmen des § 80 Abs. 2 Satz 1 ist diejenige nach der (abzulehnenden) Verpflichtung zur Herstellung und Zurverfügungstellung nicht vorhandener **Unterlagen im Rahmen des § 80 Abs. 2 Satz 2** zu unterscheiden (*BAG* 06.05.2003 EzA § 80 BetrVG 2001 Nr. 2 S. 12 = AP Nr. 61 zu § 80 BetrVG 1972 Bl. 5 R ff.; dazu s. Rdn. 102). Zu **Konzernsachverhalten**, bei denen die notwendigen Informationen zwar nicht beim Arbeitgeber, aber bei der Muttergesellschaft vorhanden sind vgl. Rdn. 63.

85 Der Anspruch des Betriebsrats nach § 80 Abs. 2 Satz 1 ist darauf gerichtet, **durch den Arbeitgeber informiert** zu werden. Kommt der Arbeitgeber seiner Informationspflicht aus dieser Vorschrift nicht nach, löst dies **kein** entsprechendes **Selbsthilferecht** des Betriebsrats aus (*Richardi/Thüsing* § 80 Rn. 107). Das gebietet das berechtigte Interesse des Arbeitgebers, selbst zu entscheiden, wann welche Daten so aufbereitet sind, dass sie im Rahmen der gesetzlichen Informationspflicht weitergegeben werden können und müssen. Der Betriebsrat muss seinen Auskunftsanspruch notfalls im Beschlussverfahren durchsetzen, gegebenenfalls auch durch einstweilige Verfügung (*Nicolai/HWGNRH* § 80 Rn. 51, 105; *Richardi/Thüsing* § 80 Rn. 107). § 80 Abs. 2 und Abs. 3 BetrVG enthalten allerdings **keine abschließende Regelung** zu den Möglichkeiten der Informationsbeschaffung durch den Betriebsrat (*BAG* 06.05.2003 EzA § 80 BetrVG 2001 Nr. 2 S. 14 = AP Nr. 61 zu § 80 BetrVG 1972 Bl. 6 R [*Hamm*] = AuR 2004, 72 [*Krabbe-Rachut*] = SAE 2004, 119 [*Schöne*]; 29.04.2015 EzA § 3 BetrVG 2001 Nr. 9 Rn. 45 = AP Nr. 14 zu § 3 BetrVG 1972 = RdA 2016, 369 [*Reichhold/Rein*] = SAE 2016, 71 [*Vielmeier*]; *Fitting* § 80 Rn. 79). Aus der **Überwachungsaufgabe** des Betriebsrats nach Abs. 1 Nr. 1 etwa folgt deshalb das Recht, sich eine erforderliche Information auch **selbst** aus anderen ihm ohne Weiteres zugänglichen Quellen **zu beschaffen**, sofern nur mit der Informationsbeschaffung kein Eingriff in die Rechtssphäre des Arbeitgebers verbunden ist (*BAG* 08.02.1977 EzA § 80 BetrVG 1972 Nr. 1 S. 8f = AP Nr. 10 zu § 80 BetrVG 1972; 13.06.1989 EzA § 80 BetrVG 1972 Nr. 36 S. 6 f. = AP Nr. 36 zu § 80 BetrVG 1972; 17.01.1989 EzA § 2 BetrVG 1972 Nr. 12 S. 3 = AP Nr. 1 zu § 2 LPVG NRW; 14.07.2010 EzA § 40 BetrVG 2001 Nr. 21 Rn. 24 = AP Nr. 107 zu § 40 BetrVG 1972; *Buschmann/DKKW* § 80 Rn. 122 f.; *Fitting* § 80 Rn. 79; *Matthes/*MünchArbR § 237 Rn. 6; *Richardi/Thüsing* § 80 Rn. 69; **a. M.** *Kaiser/LK* § 80 Rn. 32; *Leuze* ZTR 2002, 558 [563]; *Nicolai/HWGNRH* § 80 Rn. 60). Umgekehrt besteht **keine Pflicht** des Betriebsrats **zur Selbstbeschaffung**, wenn ein entsprechender Auskunftsanspruch besteht (*BAG* 21.10.2003 EzA § 80 BetrVG 2001 Nr. 3 S. 17 = AP Nr. 62 zu § 80 BetrVG 1972 Bl. 7 R [*zust. Wiese*]; 19.02.2008 EzA § 80 BetrVG 2001 Nr. 8 Rn. 28 = AP Nr. 69 zu § 80 BetrVG 1972; 15.04.2008 EzA § 80 BetrVG 2001 Nr. 9 = AP Nr. 70 zu § 80 BetrVG 1972). Allerdings ist dem Betriebsrat im Hinblick auf § 2 Abs. 1 zuzumuten, sich aus bereits übermittelten Informationen auf rechnerisch einfachem Weg weitere gegebenenfalls benötigte Daten abzuleiten (*BAG* 24.01.2006 EzA § 80 BetrVG 2001 Nr. 5 Rn. 29 = AP Nr. 65 zu § 80 BetrVG 1972).

86 Im Rahmen der Informationsvermittlung nach § 80 Abs. 2 Satz ergibt sich **keine Pflicht** eines vom Arbeitgeber nicht entsprechend beauftragten **Arbeitnehmers**, **Fragen** des Betriebsrats über betriebliche Angelegenheiten **zu beantworten** (vgl. auch *Matthes/*MünchArbR § 237 Rn. 5; zu Arbeitnehmern, die der Arbeitgeber dem Betriebsrat als Auskunftspersonen zur Verfügung gestellt hat, vgl. Rdn. 131 ff.). Es obliegt allein dem Arbeitgeber zu entscheiden, auf welchem Weg und gegebenenfalls durch wen er seiner Informationsverpflichtung nachkommt. Der Betriebsrat ist allerdings im Rahmen seines allgemeinen Rechts zur Informationsbeschaffung (vgl. Rdn. 85), also außerhalb des Regelungsbereichs des § 80 Abs. 2 Satz 2, berechtigt, **Arbeitnehmer an ihrem Arbeitsplatz aufzusuchen**,

wenn die Inaugenscheinnahme des Arbeitsplatzes der Erfüllung von Betriebsratsaufgaben in Bezug auf diesen Arbeitsplatz dient (*BAG* 17.01.1989 EzA § 2 BetrVG 1972 Nr. 12 S. 3 = AP Nr. 1 zu § 2 LPVG NRW; 15.10.2014 EzA § 80 BetrVG 2001 Nr. 20 Rn. 25 = AP Nr. 79 zu § 80 BetrVG 1972 *[Boemke]*; vgl. auch Rdn. 28). Dabei ist es dann auch zulässig, den Arbeitnehmern **Fragen** zu stellen, die deren **Arbeitsplatz** und ihre **Tätigkeit** dort betreffen (*Buschmann/DKKW* § 80 Rn. 122; *Kaiser/LK* § 80 Rn. 33; zu diesem Problemkreis vgl. auch *Kraft* ZfA 1983, 171 [181]; *Schlochauer* FS *G. Müller*, S. 459; zur Zulässigkeit von **Fragebogenaktionen** vgl. *BAG* 08.02.1977 EzA § 80 BetrVG 1972 Nr. 1 = AP Nr. 10 zu § 80 BetrVG 1972; *Kaiser/LK* § 80 Rn. 33; *Kraft* ZfA 1983, 171 [182 ff.]; *Neufeld/Elking* NZA 2013, 1169; *Nicolai/HWGNRH* § 80 Rn. 60 f.).

e) Grenzen der Informationspflicht

Auch soweit grundsätzlich ein Informationsanspruch des Betriebsrats besteht, können sich aus rechtlich geschützten Positionen der Arbeitnehmer oder auch des Arbeitgebers **Grenzen für die Unterrichtungspflicht** des Arbeitgebers ergeben. In Frage kommt aus der Sicht der **Arbeitnehmer** als Grenze deren **allgemeines Persönlichkeitsrecht**, das es grundsätzlich verbietet, Informationen aus dem Persönlichkeitsbereich des Arbeitnehmers oder gar aus seiner Intimsphäre an Dritte weiterzugeben. Abs. 2 Satz 1 **deckt** allerdings die **Weitergabe derartiger Informationen** an den Betriebsrat, soweit es sich um Daten handelt, die der Arbeitgeber **in zulässiger Weise ermittelt** oder erhalten hat. Das Gesetz hat dem Betriebsrat eine Reihe von Aufgaben zugewiesen, zu deren Erfüllung er nicht nur berechtigt, sondern auch verpflichtet ist. Jeder Arbeitnehmer hat diese Aufgaben des Betriebsrats hinzunehmen, auch wenn deren Erfüllung im Einzelfall zu einer Einschränkung seiner persönlichen Handlungs- oder Entscheidungsfreiheit führt. Das Gesetz sieht vor, dass der Arbeitgeber dem Betriebsrat alle zur Durchführung seiner Aufgaben nötigen Informationen umfassend zu geben hat. Darin kommt die gesetzliche Wertung zum Ausdruck, dass eine Verletzung des Persönlichkeitsrechts der Arbeitnehmer nicht vorliegt, wenn der Arbeitgeber sich entsprechend verhält und Daten aus dem Persönlichkeitsbereich der Arbeitnehmer weitergibt (gegen ein Zurücktreten des Individualschutzes *Kort* CR 1988, 220 [222]; vgl. auch *ders.* NZA 2010, 1267 [1270 ff.]). Dies kann allerdings nur gelten, wenn die Informationen zur Erfüllung einer gesetzlichen Aufgabe des Betriebsrats erforderlich sind (*Kraft* ZfA 1983, 171 [190]). 87

Der Arbeitnehmer hat auch nicht das Recht, auf die Wahrnehmung der gesetzlichen Aufgaben durch den Betriebsrat zu verzichten oder diesem seine Tätigkeit vorzuschreiben. Deshalb kann selbst ein ausdrücklich erklärter **Geheimhaltungswille des Arbeitnehmers** das Informationsrecht des Betriebsrats **nicht einschränken**. Auch wenn deshalb eine Arbeitnehmerin, die ihrem Arbeitgeber ihre **Schwangerschaft** mitgeteilt hat, diesen um Vertraulichkeit bittet, muss dieser den Informationsanspruch des Betriebsrats erfüllen (*BAG* 27.02.1968 AP Nr. 1 zu § 58 BetrVG = SAE 1968, 228 *[Meisel]*; *Buschmann/DKKW* § 80 Rn. 94; *Fitting* § 80 Rn. 61; *Kohte/HaKo* § 80 Rn. 24; *Richardi/Thüsing* § 80 Rn. 67; **a. M.** *BVerwG* 29.08.1990 AP Nr. 2 zu § 68 BPersVG Bl. 1 R ff.; *ArbG Berlin* 19.12.2007 NJ 2008, 239; *Kort* in: *Maschmann* [Hrsg.], Beschäftigtendatenschutz in der Reform, 2012, S. 109 [122 f.]; *Nicolai/HWGNRH* § 80 Rn. 56; *Rieble/Gistel* BB 2004, 2462 [2466]). Will die Schwangere gesetzlichen Schutz nicht in Anspruch nehmen oder eine Einmischung des Betriebsrats vermeiden, so kann sie darauf verzichten, dem Arbeitgeber die Schwangerschaft mitzuteilen. Tut sie es aber, dann hat der Arbeitgeber die zu ihren Gunsten bestehenden Schutzvorschriften grundsätzlich zu beachten, soweit die Schwangere nicht im Einzelfall darauf verzichten kann und verzichtet. Die **Einhaltung der Schutzvorschriften** wiederum hat der Betriebsrat nach § 80 Abs. 1 Nr. 1 zu **überwachen**. Von dieser gesetzlichen Aufgabe **kann ihn die Schwangere nicht entbinden**. 88

Da die Mitteilung der Namen der für die **Durchführung des betrieblichen Eingliederungsmanagements** in Betracht kommenden Arbeitnehmer an den Betriebsrat zur Durchführung der Überwachungsaufgabe des Betriebsrats erforderlich ist, muss der Arbeitgeber die betreffenden Namen dem Betriebsrat auch dann mitteilen, wenn diese der Weitergabe nicht zugestimmt haben (*BAG* 07.02.2012 EzA § 84 SGB IX Nr. 9 = AP Nr. 4 zu § 84 SGB IX *[abl. Kort]*; *Buschmann/DKKW* § 80 Rn. 55; *Richardi/Thüsing* § 80 Rn. 58; vgl. auch *BVerwG* 23.06.2010 BVerwGE 137, 148). Zwar hängt die Durchführung eines betrieblichen Eingliederungsmanagements von der Zustimmung des betreffenden Arbeitnehmers ab. In einer ersten Phase muss aber der Arbeitgeber allen in Betracht 89

§ 80   IV. 1. Allgemeines

kommenden Arbeitnehmern die Durchführung des Verfahrens anbieten. Insoweit kommt dem Betriebsrat die Aufgabe der Überwachung der Einhaltung der entsprechenden gesetzlichen Regelungen zu (*BAG* 07.02.2012 EzA § 84 SGB IX Nr. 9 Rn. 8 ff. = AP Nr. 4 zu § 84 SGB IX *[abl. Kort]*). Zu einer Information über Art und Ursache der Erkrankung ist der Arbeitgeber aber ohne Einwilligung des Arbeitnehmers nicht berechtigt (*Richardi/Thüsing* § 80 Rn. 58).

90 Auch das **Bundesdatenschutzgesetz** und die **DSGVO** stehen einer Weitergabe von Informationen an den Betriebsrat nicht entgegen, soweit die **Daten zulässig ermittelt** wurden und soweit deren Kenntnis zur Durchführung einer gesetzlichen **Aufgabe des Betriebsrats erforderlich** ist. Das Bundesdatenschutzgesetz schränkt das Betriebsverfassungsgesetz insoweit nicht ein. Dies lässt sich heute zwar nicht mehr mit einem Vorrang des Betriebsverfassungsrechts begründen (*Wybitul* NZA 2017, 413 [415]; für den allgemeinen Informationsanspruch wie hier *Gola* BB 2017, 1462 [1464 f.] sowie zum früheren Recht demgegenüber *BAG* 17.03.1983 EzA § 80 BetrVG 1972 Nr. 24 S. 122 = AP Nr. 18 zu § 80 BetrVG 1972; zu w. N. siehe Vorauﬂ.). Die DSGVO wirkt unmittelbar und verdrängt nationales Recht (*Wybitul* ZD 2016, 203 [206]). Aus diesem Grund genügt auch der Hinweis in § 26 Abs. 6 BDSG in der ab 25.05.2018 geltenden Fassung (bisher § 32 Abs. 3 BDSG) nicht, wonach die Beteiligungsrechte des Betriebsrats durch das BDSG nicht berührt werden sollten. Auch insoweit ist der Vorrang der DSGVO zu beachten. Jedoch enthält **§ 26 Abs. 1 Satz 1 BDSG** in der ab 25.05.2018 geltenden Fassung die – von der Öffnungsklausel des Art. 88 DSGVO gedeckte und im Übrigen mit der allgemeinen Regel des Art. 6 Abs. 1 lit. c DSGVO übereinstimmende – erforderliche **gesetzliche Erlaubnis**, da die mit der Information des Betriebsrats verbundene Datenweitergabe der Erfüllung gesetzlicher Verpflichtungen dient (*Wybitul* ZD 2016, 203 [206]). Bei der Weitergabe der Daten an den Betriebsrat sind – insbesondere auch in Bezug auf die Frage der Erforderlichkeit – die in Art. 5 DSGVO festgelegten und durch § 26 Abs. 5 BDSG n. F. klarstellend in Bezug genommenen Prinzipien zu beachten (*Wybitul* ZD 2016, 203 [206]; *ders.* NZA 2017, 413 [416]). Zur Zulässigkeit der Weitergabe von Namen der von einer Zielvereinbarung betroffenen Arbeitnehmer vgl. *LAG Düsseldorf* 25.08.2016 – 11 TaBV 36/15 – juris, Rn. 387 ff. (n. rkr.).

91 Das Bundesdatenschutzgesetz und die DSGVO gelten auch für eine **Datenverarbeitung durch den Betriebsrat** (*Buschmann/DKKW* § 80 Rn. 16; *Gola* BB 2017, 1462 [1466 ff.] *Kort* RDV 2012, 8 [10 ff.]; *ders.* ZD 2017, 3 [5]; *Wybitul* NZA 2017, 413 [415]; vgl. auch *LAG Berlin-Brandenburg* NZA-RR 2013, 239). Die **Kontrolle** der von der DSGVO vorgegebenen Grundsätze für die Verarbeitung personenbezogener Daten (vgl. § 26 Abs. 5 BDSG n.F i. V. m. Art. 5 DSGVO) obliegt hier jedenfalls der **Aufsichtsbehörde** (*Kort* ZD 2017, 3 [7]). Nach früherer Rechtsprechung bestand aber keine **Kontrollbefugnis des Datenschutzbeauftragten**, der keine neutrale Stellung zwischen Arbeitgeber und Betriebsrat einnehme, sondern Aufgaben des Arbeitgebers erfülle (*BAG* 11.11.1997 EzA §§ 36–37 BDSG Nr. 1 S. 9 f. *[abl. Blechmann]* = AP Nr. 1 zu § 36 BDSG = SAE 1998, 193 *[abl. Kort]*; *Buschmann/DKKW* § 80 Rn. 16; **a. M.** *Kort* RDV 2012, 8 [9]; *Leuze* ZTR 2002, 558 [564]). In einer späteren Entscheidung hat das *BAG* die Frage offengelassen. Gleichzeitig hat das Gericht keinen Hinderungsgrund gesehen, dass ein Datenschutzbeauftragter zugleich Betriebsratsmitglied sei. Jedenfalls hindere ihn dies nicht an einer Ausübung von Kontrollrechten gegenüber dem Betriebsrat, so wie ihn auch seine Arbeitnehmerstellung nicht an der Ausübung entsprechender Rechte gegenüber dem Arbeitgeber hindere (*BAG* 23.03.2011 EzA § 4f BDSG Nr. 3 Rn. 25 = AP Nr. 3 zu § 4f BDSG *[Franzen]*). Zumindest im Hinblick auf die Geltung der DSGVO, welche dem Betriebsrat keine datenschutzrechtliche Sonderrolle einräumt, ist die ältere Judikatur des *BAG* kritisch zu sehen (vgl. *Gola* BB 2017, 1462 [1470]; *Kort* ZD 2017, 3 [6]).

92 Auch **Datenverarbeitung außerhalb des Betriebs** beseitigt die Informationspflicht des Arbeitgebers nicht (*BAG* 17.03.1987 EzA § 80 BetrVG 1972 Nr. 30 S. 173 ff. = AP Nr. 29 zu § 80 BetrVG 1972; *Buschmann/DKKW* § 80 Rn. 137; *Kort* CR 1988, 220 [222 f.]; *Wiese* NZA 2003, 1113 [1114 f.]).

93 Auf Seiten des **Arbeitgebers** käme als Grenze für den Informationsanspruch ein schutzwürdiges **Geheimhaltungsinteresse** in Frage. Der Arbeitgeber ist aber **nicht berechtigt**, eine Information, auf die der Betriebsrat nach Abs. 2 Anspruch hat, mit der Begründung zu verweigern, sie stelle ein Betriebs- oder Geschäftsgeheimnis dar. Eine diesbezügliche Einschränkung, wie sie §§ 43 Abs. 2 Satz 3 und 106 Abs. 2 vorsehen, enthält § 80 Abs. 2 gerade nicht (vgl. u. a. *BAG* 05.02.1991 EzA § 106

BetrVG 1972 Nr. 15 S. 4 f. = AP Nr. 10 zu § 106 BetrVG 1972; *Buschmann/DKKW* § 80 Rn. 84; *Fitting* § 80 Rn. 60; *Kraft* ZfA 1983, 171 [191 ff.]; *Richardi/Thüsing* § 80 Rn. 66; **a. M.** *Oetker/Lunk* DB 1990, 2320 [2324]). Die Mitglieder des Betriebsrats sind allerdings zur **Geheimhaltung nach Maßgabe des § 79** verpflichtet (vgl. auch *Nicolai/HWGNRH* § 80 Rn. 56). Auch soweit der Arbeitgeber Informationen besitzt, zu deren Geheimhaltung er Dritten gegenüber verpflichtet ist, die aber der Betriebsrat zur Durchführung seiner gesetzlichen Aufgaben benötigt, ist der Arbeitgeber verpflichtet, den Betriebsrat über diese Informationen zu unterrichten, sofern die Weitergabe an den Betriebsrat nicht durch Gesetz ausgeschlossen ist (*Kraft* ZfA 1983, 171 [193]).

Das Informationsrecht des Betriebsrats nach § 80 Abs. 2 Satz 2 besteht grundsätzlich auch im **Arbeitskampf** (BAG 10.12.2002 EzA § 80 BetrVG 2001 Nr. 1 S. 7 ff. *[Krause]* = AP Nr. 59 zu § 80 BetrVG 1972 Bl. 2 R ff. = SAE 2003, 343 *[Hergenröder]*; 13.12.2011 EzA Art. 9 GG Arbeitskampf Nr. 145 Rn. 40 = AP Nr. 176 zu Art. 9 GG Arbeitskampf; *Hess.* LAG 10.03.2011 – 9 TaBV 173/10 – juris; LAG Rheinland-Pfalz 21.03.2013 NZA-RR 2013, 291; *Buschmann/DKKW* § 80 Rn. 110; *Fitting* § 80 Rn. 50; *Richardi/Thüsing* § 80 Rn. 68; *Sittard/HWK* § 80 BetrVG Rn. 26; einschränkend *Preis/WPK* § 80 Rn. 29; **a. M.** *Kissel* Arbeitskampfrecht § 36 Rn. 85; *Krummel* BB 2002, 1418 ff.; *Reichold* NZA 2003, 247). Die Beteiligungsrechte des Betriebsrats müssen zwar aufgrund des Vorrangs der Tarifautonomie zurücktreten, soweit sie die durch Art. 9 Abs. 3 GG geschützte **Arbeitskampffreiheit des Arbeitgebers** beeinträchtigen (BAG 10.12.2002 EzA § 80 BetrVG 2001 Nr. 1 S. 8 f. = AP Nr. 59 zu § 80 BetrVG 1972 Bl. 2 R ff.; 13.12.2011 EzA Art. 9 GG Arbeitskampf Nr. 145 Rn. 26 ff. = AP Nr. 176 zu Art. 9 GG Arbeitskampf; zur Diskussion um andere Begründungsansätze vgl. *Kreutz/Jacobs* § 74 Rdn. 69 ff.). Die Unterrichtungsrechte des Betriebsrats nach § 80 Abs. 2 Satz 2 hindern den Arbeitgeber aber nicht an kampfbezogenen Maßnahmen zur Abwehr eines Streiks, etwa an der Anordnung von Überstunden, Schichtverschiebungen und kurzfristigen Versetzungen gegenüber nicht streikenden Arbeitnehmern (BAG 10.12.2002 EzA § 80 BetrVG 2001 Nr. 1 S. 11 f. = AP Nr. 59 zu § 80 BetrVG 1972 Bl. 2 R ff.). Die Gefahr, dass über das Informationsrecht die Gewerkschaft Erkenntnisse über die Kampftaktik der Arbeitgeberseite gewinnt, lässt sich zwar angesichts des hohen gewerkschaftlichen Organisationsgrades in Betriebsräten nicht von der Hand weisen (vgl. insbesondere *Reichold* NZA 2004, 247 ff.). Das ändert jedoch nichts daran, dass § 80 Abs. 2 den Arbeitgeber nicht etwa zu einer Information des Kampfgegners, sondern des Betriebsrats als betriebsverfassungsrechtliche Interessenvertretung verpflichtet (zutr. *Krause* Anm. zu BAG 10.12.2002 EzA § 80 BetrVG 2001 Nr. 1 S. 27). Insofern gelten aber für den Betriebsrat als Gremium das **Neutralitätsgebot nach § 74 Abs. 2 Satz 1** und für seine Mitglieder zusätzlich das **Verschwiegenheitsgebot nach § 79** (BAG 10.12.2002 EzA § 80 BetrVG 2001 Nr. 1 S. 13). Diese gesetzlichen Maßnahmen zur Vermeidung eines Missbrauchs arbeitskampfrelevanter Informationen gilt es zu respektieren (*Krause* Anm. zu BAG 10.12.2002 EzA § 80 BetrVG 2001 Nr. 1 S. 27; **a. M.** dezidiert *Reichold* NZA 2004, 247 [250]; krit. auch *Hergenröder* Anm. zu BAG SAE 2003, 343 [352]). Im Übrigen ist der Informationsanspruch auch im Arbeitskampf auf die **Wahrnehmung einer betriebsverfassungsrechtlichen Aufgabe** bezogen. In Betracht kommt hier namentlich das Überwachungsrecht nach **§ 80 Abs. 1 Nr. 1** (vgl. dazu auch *Krause* Anm. zu BAG 10.12.2002 EzA § 80 BetrVG 2001 Nr. 1 S. 30 f., der insoweit für die Geltendmachung des Informationsanspruchs im Arbeitskampf in Abweichung von den sonst geltenden allgemeinen Grundsätzen die Darlegung konkreter Anhaltspunkte für einen bevorstehenden Verstoß des Arbeitgebers gegen arbeitnehmerschützende Bestimmungen verlangt). Eine Einschränkung der Informationspflicht auf den Zeitpunkt unmittelbar vor Beginn der beabsichtigten Maßnahme, wie sie das BAG (10.12.2002 EzA § 80 BetrVG 2001 Nr. 1 S. 5) offenbar ins Auge fasst, ist vor dem Hintergrund der auch im Arbeitskampf bestehenden Überwachungsaufgabe des Betriebsrats nicht zulässig. Der Betriebsrat muss auch hier so rechtzeitig informiert werden, dass er seiner Überwachungsaufgabe nachkommen kann (zutr. *Krause* Anm. zu BAG 10.12.2002 EzA § 80 BetrVG 2001 Nr. 1 S. 27 f.; dazu auch *Hergenröder* Anm. zu BAG SAE 2003, 343 [352]).

2. Zurverfügungstellen von Unterlagen (Abs. 2 Satz 2 1. Halbs.)

a) Voraussetzungen

Unterlagen sind dem Betriebsrat nur **auf sein Verlangen** zur Verfügung zu stellen (BAG 09.07.1991 EzA § 99 BetrVG 1972 Nr. 102 S. 11 f. = AP Nr. 94 zu § 99 BetrVG 1972; *Fitting* § 80 Rn. 68).

96 Die Unterlagen sind nur zur Verfügung zu stellen, wenn sie **zur Durchführung der gesetzlichen Aufgaben** des Betriebsrats erforderlich sind. Der Aufgabenbezug, der für den allgemeinen Informationsanspruch erforderlich ist, ist deshalb auch in diesem Kontext zu beachten. Auch hier ist in einer **Zweistufenprüfung** zunächst festzustellen, ob eine Aufgabe des Betriebsrats überhaupt gegeben sein kann und sodann, ob die begehrten Unterlagen dafür auch erforderlich sind (vgl. etwa *BAG* 19.10.1999 EzA § 80 BetrVG 1972 Nr. 45 S. 3 f.= AP Nr. 58 zu § 80 BetrVG 1972 = AuR 2000, 268 *[Buschmann]*; *LAG Niedersachsen* 04.06.2007 – 12 TaBV 56/06 – juris, Rn. 21 ff.: Personalstatistik – ja, rein betriebswirtschaftlich relevante Monats- und Auslastungsberichte – nein; zum Aufgabenbezug allgemein s. Rdn. 68 ff.).

97 Da der Arbeitgeber nur diejenigen Unterlagen herauszugeben hat, die für die Erledigung der Aufgaben des Betriebsrats erforderlich sind, muss der Betriebsrat die Voraussetzungen der Vorlagepflicht im Hinblick auf die gewünschten Unterlagen darlegen. Der Arbeitgeber hat insoweit ein **Vorprüfungsrecht**, das allerdings der arbeitsgerichtlichen Kontrolle unterliegt. Deshalb billigt die Rechtsprechung dem Betriebsrat auch **keinen uneingeschränkten online-Zugriff auf die Datenverarbeitung beim Arbeitgeber** zu. Dieser würde es dem Arbeitgeber nicht möglich machen, die Übermittlung von Unterlagen auf vorlagepflichtige Angaben zu beschränken und gegebenenfalls bestimmte Informationen unkenntlich zu machen (*BAG* 16.08.2011 EzA § 50 BetrVG 2001 Nr. 9 Rn. 33 ff. = AP Nr. 75 zu § 80 BetrVG 1972; *Fitting* § 80 Rn. 64; *Kort* NZA 2010, 1038 ff.; *ders.* ZD 2012, 247 [249 f.]; **a. A.** *Buschmann/DKKW* § 80 Rn. 105; offen gelassen noch von *BAG* 15.03.2011 EzA § 80 BetrVG 2001 Nr. 13 Rn. 27 = AP Nr. 74 zu § 80 BetrVG 1972). Ein online-Zugriff kann aber kollektivvertraglich geregelt werden (dazu *Kort* ZD 2012, 247 [248 f.]; *ders.* ZD 2015, 3; vgl. insofern auch *Buschmann/DKKW* § 80 Rn. 105).

98 Die Unterlagen sind »**jederzeit**« zur Verfügung zu stellen. Das bedeutet wie generell beim Informationsanspruch, dass namentlich die Forderung des Betriebsrats unter Bezug auf Abs. 1 Nr. 1 **nicht erst** dann berechtigt ist, wenn bestimmte **Verdachtsmomente** hinsichtlich eines (drohenden) Verstoßes gegen den Arbeitnehmer schützende Regelungen vorliegen oder vom Betriebsrat schlüssig vorgetragen sind (st. Rspr., vgl. u. a. *BAG* 27.06.1989 EzA § 80 BetrVG 1972 Nr. 37 S. 3 = AP Nr. 37 zu § 80 BetrVG 1972; 20.09.1990 EzA § 80 BetrVG 1972 Nr. 39 S. 2 f.; 14.01.2014 EzA § 80 BetrVG 2001 Nr. 18 Rn. 23 = AP Nr. 77 zu § 80 BetrVG 1972; zust. *Buschmann/DKKW* § 80 Rn. 120; *Fitting* § 80 Rn. 68; *Galperin/Löwisch* § 80 Rn. 50, 69; *Richardi/Thüsing* § 80 Rn. 76 f.; *Sittard/HWK* § 80 BetrVG Rn. 37; **a. M.** *Nicolai/HWGNRH* § 80 Rn. 63). Verfügt allerdings der Betriebsrat schon über Kenntnisse, deren er zur Erfüllung seiner Kontrollaufgabe grundsätzlich bedarf, so setzt der Anspruch auf zusätzliche Informationen oder die Vorlage weiterer Unterlagen konkrete Anhaltspunkte voraus, die der Betriebsrat darzulegen hat (vgl. zur Vorlage ausgefüllter Formulararbeitsverträge, wenn das Formular bereits mit dem Betriebsrat abgestimmt war *BAG* 19.10.1999 EzA § 80 BetrVG 1972 Nr. 45 S. 4 f. = AP Nr. 58 zu § 80 BetrVG 1972 = AuR 2000, 268 *[Buschmann]*). Zum Einsichtsrecht des Betriebsrats in Protokolldateien für Zugriffe auf den Betriebsratsserver, wenn der Betriebsrat bereits gegenüber dem Arbeitgeber in einem vorangegangenen Beschlussverfahren aufgrund eines feststehenden unbefugten Datenzugriffs einen Unterlassungsanspruch erwirkt hatte vgl. *LAG Düsseldorf* 07.03.2012 ZD 2012, 338 *[Tiedemann]*; ferner *Kort* in: *Maschmann* (Hrsg.), Beschäftigtendatenschutz in der Reform, 2012, S. 109 (122).

99 Der Arbeitgeber hat das Recht, die Zurverfügungstellung von Unterlagen im Einzelfall ganz oder teilweise zu verweigern, wenn das Verlangen des Betriebsrats **rechtsmissbräuchlich** ist (vgl. z. B. *BAG* 10.06.1974 EzA § 5 BetrVG 1972 Nr. 8 = AP Nr. 8 zu § 80 BetrVG 1972; *Buschmann/DKKW* § 80 Rn. 120). Zu den **Grenzen des Informationsanspruchs** des Betriebsrats, die auch für die Zurverfügungstellung von Unterlagen gelten, vgl. im Übrigen Rdn. 87 ff.

b) Unterlagen i. S. d. Vorschrift

100 Unterlagen i. S. v. Abs. 2 Satz 2 sind **alle Schriftstücke**, Fotos und elektronische Datenträger bzw. Dateien, über die der Arbeitgeber verfügt und die Angaben enthalten, welche für die Aufgabe des Betriebsrats von Belang sind, zu deren Durchführung ihre Zurverfügungstellung verlangt wird (vgl. auch *BAG* 17.03.1983 EzA § 80 BetrVG 1972 Nr. 24 *[Kroll]* S. 122 = AP Nr. 18 zu § 80 BetrVG 1972; 10.10.2006 EzA § 80 BetrVG 2001 Nr. 8 Rn. 24 = AP Nr. 68 zu § 80 BetrVG 1972 = RdA 2008,

38 [*Buschmann*] = SAE 2008, 269 [*Reichold/Rein*]; 16.08.2011 EzA § 50 BetrVG 2001 Nr. 9 Rn. 36 = AP Nr. 75 zu § 80 BetrVG 1972). Das gilt auch wenn die Unterlagen Betriebs- oder Geschäftsgeheimnisse enthalten (vgl. dazu Rdn. 93). Die einschlägigen Texte von Gesetzen und sonstigen im Betrieb geltenden Regelungen fallen in der Regel nicht darunter; sie sind dem Betriebsrat bereits nach § 40 Abs. 2 auf Dauer zur Verfügung zu stellen (*Richardi/Thüsing* § 80 Rn. 78). Handelt es sich um Texte von Vorschriften, die der Betriebsrat noch nicht besitzt und die er auch nicht auf Dauer braucht, so kann sich allerdings ein Anspruch auf Zurverfügungstellung aus Abs. 2 Satz 2 ergeben. Bei Dateien kann der Arbeitgeber eine Leseberechtigung einräumen (*BAG* 16.08.2011 EzA § 50 BetrVG 2001 Nr. 9 Rn. 36 = AP Nr. 75 zu § 80 BetrVG 1972; *Fitting* § 80 Rn. 63).

Der Arbeitgeber ist zur **Herstellung von schriftlichen Unterlagen** verpflichtet, wenn die erforderlichen Daten zwar nicht in schriftlicher Form vorliegen, aber etwa in einem Datenspeicher vorhanden sind und mit einem vorhandenen Programm jederzeit abgerufen und ausgedruckt werden können (vgl. z. B. *BAG* 17.03.1983 EzA § 80 BetrVG 1972 Nr. 24 S. 122 = AP Nr. 18 zu § 80 BetrVG 1972 für Lohnlisten; *Lunk* DB 1990, 786; *Nicolai/HWGNRH* § 80 Rn. 64). **101**

Zur Verfügung zu stellen sind im Übrigen aber nur die beim Arbeitgeber **vorhandenen Unterlagen** (*BAG* 06.05.2003 EzA § 80 BetrVG 2001 Nr. 2 S. 12 = AP Nr. 61 zu § 80 BetrVG 1972 Bl. 5 R [*Hamm*] = AuR 2004, 72 [*Krabbe-Rachut*] = SAE 2004, 119 [*Schöne*]; 10.10.2006 EzA § 80 BetrVG 2001 Nr. 8 Rn. 24 = AP Nr. 68 zu § 80 BetrVG 1972 = RdA 2008, 38 [*Buschmann*] = SAE 2008, 269 [*Reichold/Rein*]; 14.01.2014 EzA § 80 BetrVG 2001 Nr. 18 Rn. 20 = AP Nr. 77 zu § 80 BetrVG 1972; *LAG Hamm* 26.07.2002 NZA-RR 2003, 367 [368]; *Fitting* § 80 Rn. 65, 68; *Richardi/Thüsing* § 80 Rn. 74; *Sittard/HWK* § 80 BetrVG Rn. 37). Der Betriebsrat kann nicht verlangen, dass der Arbeitgeber Unterlagen beschafft oder herstellt oder ein Programm erwirbt bzw. erarbeitet, mit dessen Hilfe dann (etwa durch Datenverknüpfung) bestimmte Unterlagen erstellt werden können (*Kania/ErfK* § 80 BetrVG Rn. 24; *Stege/Weinspach/Schiefer* § 80 Rn. 11c). Der Betriebsrat kann auch nicht verlangen, dass der Arbeitgeber Anlagen installiert, welche die geforderten Unterlagen erst erstellen sollen (*BAG* 07.08.1986 EzA § 80 BetrVG 1972 Nr. 27 S. 147 ff. = AP Nr. 25 zu § 80 BetrVG 1972; *Nicolai/HWGNRH* § 80 Rn. 65; vgl. auch *Fitting* § 80 Rn. 65, 68; **a. M.** *Buschmann/DKKW* § 80 Rn. 113). **102**

Zu den zur Verfügung zu stellenden Unterlagen gehören **nicht die Personalakten** der Arbeitnehmer, die auch die auf Datenträger gespeicherten persönlichen Daten der Arbeitnehmer umfassen (*Kort* CR 1988, 220 [222], *ders.* NZA 2010, 1038 [1039]). Wie § 83 Abs. 1 zeigt, steht das Einsichtsrecht in seine Personalakte ausschließlich dem Arbeitnehmer zu. Er kann dazu ein Mitglied des Betriebsrats beiziehen. Daraus ergibt sich, dass die Personalakten nicht aufgrund von Abs. 2 Satz 2 dem Betriebsrat zu überlassen sind (*BAG* 20.12.1988 EzA § 80 BetrVG 1972 Nr. 33 S. 9 = AP Nr. 5 zu § 92 ArbGG 1979; *Buschmann/DKKW* § 80 Rn. 116; *Fitting* § 80 Rn. 66; *Kaiser/LK* § 80 Rn. 38; *Nicolai/HWGNRH* § 80 Rn. 67; *Richardi/Thüsing* § 80 Rn. 73; vgl. auch *Franzen* § 83 Rdn. 30; **a. M.** *Pfarr* AuR 1976, 198). Auch der Arbeitnehmer ist nicht befugt, dem Betriebsrat als Gremium gegenüber dem Arbeitgeber ein Recht auf Zurverfügungstellung der Personalakte einzuräumen (**a. M.** *Buschmann/DKKW* § 80 Rn. 116). Das schließt aber nicht aus, dass der Arbeitgeber verpflichtet sein kann, **einzelne Informationen** aus den Personalakten dem Betriebsrat auch schriftlich zur Verfügung zu stellen, wenn dieser sie zur Durchführung einer konkreten gesetzlichen Aufgabe benötigt (*BAG* 20.12.1988 EzA § 80 BetrVG 1972 Nr. 33 S. 9 = AP Nr. 5 zu § 92 ArbGG 1972; *Buschmann/DKKW* § 80 Rn. 116; *Fitting* § 80 Rn. 66; *Galperin/Löwisch* § 80 Rn. 31). **103**

Im Zuge der **Reform des Arbeitnehmerüberlassungsrechts** im Jahre 2017 ist – als bloße **Klarstellung** (Reg. Begr. BT-Drucks. 18/9232, S. 16, 32; *Hamann* jurisPR-ArbR 15/2017 Anm. 3 [unter D]; *Seel* öAT 2016, 27 f.; vgl. aber *Giesen* ZRP 2016, 1130 [133]) – **Satz 3** eingefügt worden, wonach zu den erforderlichen Unterlagen auch die **Verträge** gehören, die der Beschäftigung von Personen zugrunde liegen, die nicht in einem Arbeitsverhältnis zum Arbeitgeber stehen. Gemeint sind nicht etwa die entsprechenden Arbeitsverträge, sondern die **Verträge mit den jeweiligen Fremdfirmen**, auf deren Basis die Entsendung der Beschäftigten erfolgt (vgl. auch *Deinert* RdA 2017, 65 [81]; *Henssler* RdA 2017, 83 [100]; *Talkenberg* NZA 2017, 473 [478]). Der Gesetzgeber greift mit dieser Regelung die Rechtsprechung des *BAG* auf, das genau diese Verpflichtung des Arbeitgebers schon aus einer frü- **104**

§ 80

heren Gesetzesfassung abgeleitet hatte (*BAG* 31.01.1989 EzA § 80 BetrVG 1972 Nr. 34 S. 3 = AP Nr. 33 zu § 80 BetrVG 1972; vgl. auch Rdn. 72).

105 Die Pflicht zur Vorlage von **Lohn- und Gehaltslisten** »in diesem Rahmen« ist in Abs. 2 Satz 2 2. Halbs. gesondert geregelt (vgl. dazu Rdn. 107 ff.).

c) Inhalt der Pflicht des Arbeitgebers

106 Die Unterlagen sind **zur Verfügung zu stellen**. Das bedeutet nicht nur Vorlage an den Betriebsrat zur Einsichtnahme. Die Unterlagen sind dem Betriebsrat vielmehr auszuhändigen und eine angemessene Zeit zu **überlassen**. Dabei muss dem Betriebsrat eine Auswertung ohne Anwesenheit des Arbeitgebers ermöglicht werden (*BAG* 20.11.1984 EzA § 106 BetrVG 1972 Nr. 6 S. 30 = AP Nr. 3 zu § 106 BetrVG 1972). Auszuhändigen sind die Originale oder Kopien (*Buschmann/DKKW* § 80 Rn. 119; *Fitting* § 80 Rn. 69; *Richardi/Thüsing* § 80 Rn. 78). Für welche **Zeitdauer** die Unterlagen zur Verfügung zu stellen sind, richtet sich nach Art und Umfang der Unterlagen, ihrer Bedeutung für den Betrieb und weiteren Umständen des Einzelfalles. Unterlagen über Betriebs- und Geschäftsgeheimnisse brauchen nur für kurze Zeit überlassen werden. Einen Anspruch auf Überlassung von Unterlagen auf Dauer hat der Betriebsrat nur, wenn er sie nachweislich für seine Aufgabenerfüllung auf Dauer benötigt (vgl. dazu auch *BVerwG* 23.01.2002 AP Nr. 7 zu § 68 BPersVG Bl. 6 R). Sind Unterlagen für den Betrieb unentbehrlich oder sehr umfangreich, so muss der Betriebsrat sich im Einzelfall auch mit der Einsichtnahme begnügen; er kann sich dann aber Aufzeichnungen machen und auch Fotokopien anfertigen (*Buschmann/DKKW* § 80 Rn. 119; *Richardi/Thüsing* § 80 Rn. 78). Aber auch solche Fotokopien darf der Betriebsrat auf Dauer nur behalten, wenn der Arbeitgeber damit einverstanden ist oder der Betriebsrat sie auf Dauer zur Wahrnehmung von Aufgaben benötigt (*Galperin/Löwisch* § 80 Rn. 33; *Leuze* ZTR 2002, 558 [562]; *Nicolai/HWGNRH* § 80 Rn. 66; *Sittard/HWK* § 80 BetrVG Rn. 37; **a. M.** *Buschmann/DKKW* § 80 Rn. 119).

3. Einblick in Lohn- und Gehaltslisten (Abs. 2 Satz 2 2. Halbs.)

a) Anspruchsvoraussetzungen

107 Nach dem Wortlaut des Gesetzes besteht das Einsichtsrecht »in diesem Rahmen«, d. h. soweit es zur Durchführung gesetzlicher Aufgaben des Betriebsrats erforderlich ist (vgl. Abs. 2 Satz 2 1. Halbs.). Damit gehört der **Aufgabenbezug** auch für das Einsichtsrecht zu den Anspruchsvoraussetzungen (*Nicolai/HWGNRH* § 80 Rn. 73; *Richardi/Thüsing* § 80 Rn. 80 f.; vgl. zum Aufgabenbezug Rdn. 68 ff.). Nicht gefolgt werden kann der Ansicht, das Einsichtsverlangen stehe jederzeit, sozusagen automatisch, in einem Bezug zu den Aufgaben des Betriebsrats (so *Buschmann/DKKW* § 80 Rn. 130). Allerdings bewirkt die Einführung des **Mindestlohns** und die darauf bezogene Überwachungspflicht des Betriebsrats (vgl. Rdn. 13) insofern eine deutliche Ausweitung des Einblicksrechts, das jedenfalls schon dann in Betracht kommt, wenn der Betriebsrat prüfen möchte, ob im Betrieb Arbeitnehmer auf der Basis des Mindestlohns beschäftigt sind (insoweit zutreffend *Buschmann/DKKW* § 80 Rn. 130).

108 Das Einsichtsrecht des Betriebsrats besteht nach langjähriger Rechtsprechung auch in **individuell vereinbarte außer- und übertarifliche Entgeltbestandteile** (vgl. u. a. *BAG* 12.02.1980 EzA § 80 BetrVG 1972 Nr. 16 S. 90 f. = AP Nr. 12 zu § 80 BetrVG 1972; 10.02.1987 EzA § 80 BetrVG 1972 Nr. 28 S. 155 ff. = AP Nr. 27 zu § 80 BetrVG 1972; 14.01.2014 EzA § 80 BetrVG 2001 Nr. 18 Rn. 21 ff. = AP Nr. 77 zu § 80 BetrVG 1972; zust. *Buschmann/DKKW* § 80 Rn. 127, 129 ff.; *Fitting* § 80 Rn. 73; *Richardi/Thüsing* § 80 Rn. 92; abl. *Kraft* Anm. zu AP Nr. 15 und 27 zu § 80 BetrVG 1972). Dabei ist aber zu beachten, dass auch das Einsichtsrecht in Lohn- und Gehaltslisten **aufgabenbezogen** ist und insoweit ein **kollektiver Bezug** erforderlich ist (vgl. bereits Rdn. 19 f.). Ein Mitbestimmungsrecht nach § 87 Abs. 1 Nr. 10 besteht nur, soweit ein kollektiver Tatbestand gegeben ist (*Wiese* § 87 Rdn. 15 ff.). Wenn die Zulagen nicht nach generellen Grundsätzen gewährt werden, besteht deshalb auch kein Überwachungsrecht nach § 80 Abs. 1 Nr. 1 (vgl. auch *Nicolai/HWGNRH* § 80 Rn. 76). Umgekehrt ist das Einsichtsrecht zu bejahen, wenn auch die Voraussetzungen des § 87 Abs. 1 Nr. 10 einschließlich des kollektiven Tatbestands tatsächlich gegeben sind (vgl. dazu bezogen auf die allgemeine Auskunftspflicht etwa *BAG* 10.10.2006 EzA § 80 BetrVG 2001 Nr. 8 Rn. 27 ff. = AP Nr. 68 zu § 80 BetrVG 1972 = RdA 2008, 38 [*Buschmann*] = SAE 2008, 269 [*Reichold/Rein*]).

Allgemeine Aufgaben § 80

In anderen Fällen hat das *BAG* darauf abgestellt, dass der Betriebsrat feststellen können müsse, **ob die Gewährung der Zulagen nach generellen Grundsätzen** erfolgt, ob also überhaupt eine Überwachungsaufgabe besteht (*BAG* 12.02.1980 EzA § 80 BetrVG 1972 Nr. 16 S. 93 = AP Nr. 12 zu § 80 BetrVG 1972; 10.02.1987 EzA § 80 BetrVG 1972 Nr. 28 S. 156 = AP Nr. 27 zu § 80 BetrVG 1972; 14.01.2014 EzA § 80 BetrVG 2001 Nr. 18 Rn. 25 = AP Nr. 77 zu § 80 BetrVG 1972). Es reicht nicht aus, den Betriebsrat darauf zu verweisen, er könne vom Arbeitgeber Auskunft darüber verlangen, nach welchen Grundsätzen Zulagen gewährt werden. Das Informationsrecht ist nach der gesetzlichen Konzeption mit dem Zurverfügungstellen von Unterlagen verknüpft, die es dem Betriebsrat ermöglichen sollen, sich ein eigenes Urteil zu bilden (a. M. *Kraft* 7. Aufl., Rn. 88). Zur Bedeutung des Aufgabenbezugs der Informationsrechte allgemein vgl. auch Rdn. 68 ff.

b) Grenzen des Einblicksrechts

Das Einsichtsrecht erstreckt sich **nicht** auf die Gehälter der **leitenden Angestellten** i. S. v. § 5 Abs. 3 und 4 (vgl. u. a. *BAG* 18.09.1973 EzA § 80 BetrVG 1972 Nr. 5 S. 34 = AP Nr. 3 zu § 80 BetrVG 1972; vgl. auch *Buschmann/DKKW* § 80 Rn. 132; *Fitting* § 80 Rn. 74; *Richardi/Thüsing* § 80 Rn. 93). Verfassungsrechtliche Bedenken bestehen insofern nicht (vgl. *BAG* 14.01.2014 EzA § 80 BetrVG 2001 Nr. 18 Rn. 34 f. = AP Nr. 77 zu § 80 BetrVG 1972). **109**

In Ermangelung eines Aufgabenbezugs besteht auch kein Einblicksrecht in **individuell ausgehandelte Vergütungen** (vgl. aber Rdn. 107 f.). **110**

Das Einblicksrecht darf **nicht rechtsmissbräuchlich** ausgeübt werden (vgl. z. B. *BAG* 10.06.1974 EzA § 5 BetrVG 1972 Nr. 8 S. 79 f.= AP Nr. 8 zu § 80 BetrVG 1972, wenn der Betriebsrat mit Hilfe der Einigungsstelle nur klären will, ob von ihm benannte Arbeitnehmer leitende Angestellte sind; *LAG Niedersachsen* 17.08.2001 LAGE § 80 BetrVG 1972 Nr. 17, wenn der Betriebsrat die Gewerkschaftszugehörigkeit einzelner Arbeitnehmer erfahren möchte). **111**

Zum Einsichtsrecht in **Tendenzbetrieben** vgl. § 118 Rdn. 188. **112**

Das Recht zur Einsichtnahme wird **durch das Bundesdatenschutzgesetz nicht ausgeschlossen** (*BAG* 17.03.1983 EzA § 80 BetrVG 1972 Nr. 24 S. 122 f. = AP Nr. 18 zu § 80 BetrVG 1972; 14.01.2014 EzA § 80 BetrVG 2001 Nr. 18 Rn. 27 f. = AP Nr. 77 zu § 80 BetrVG 1972; *Buschmann/DKKW* § 80 Rn. 137; *Kort* RDV 2012, 8 [14]; vgl. generell zum Informationsrecht des Betriebsrats unter Berücksichtigung der Neuregelung des Datenschutzes Rdn. 90 f.). Das Einblicksrecht besteht aus betriebsverfassungsrechtlicher Perspektive auch **unabhängig vom**, ja sogar **gegen den Willen der betroffenen Arbeitnehmer** (*BAG* 20.12.1988 EzA § 80 BetrVG 1972 Nr. 33 S. 9 f. = AP Nr. 5 zu § 92 ArbGG 1979; *Buschmann/DKKW* § 80 Rn. 137; *Fitting* § 80 Rn. 77; *Gola* BB 2017, 1462 [1464 f.]; *Kraft* ZfA 1983, 171 [188 f.]), da die Individualrechte insoweit gegenüber dem kollektiven Recht des Betriebsrats zurückzutreten haben (zu den Grenzen der Informationsrechte aus dem Persönlichkeitsrecht der Arbeitnehmer vgl. Rdn. 87). Allerdings unterliegt die Datenweitergabe an den Betriebsrat auch den in Art. 5 DSGVO festgelegten und durch § 26 Abs. 5 BDSG (in der ab 25.05.2018 geltenden Fassung) klarstellend in Bezug genommenen **Grundsätzen für die Verarbeitung personenbezogener Daten,** so dass bei der Prüfung nicht nur ein betriebsverfassungsrechtlicher, sondern auch ein datenschutzrechtlicher Maßstab anzulegen ist (a. M. *Gola* BB 2017, 1462 [1464 f.]: Subsidiarität des § 26 BDSG gegenüber § 80 Abs. 2 Satz 2 2. Halbs. BetrVG; vgl. hierzu auch Rdn. 90 f.). **113**

c) Einblicksberechtigte

Das Einblicksrecht steht nach dem Wortlaut der Vorschrift »dem **Betriebsausschuss oder einem nach § 28 gebildeten Ausschuss**« zu. Insofern stellt Abs. 2 Satz 2 Halbs. 2 gegenüber dem Abs. 2 Satz 2 Halbs. 1 die speziellere Vorschrift dar und verdrängt diese für den Bereich der Löhne und Gehälter (*BAG* 10.10.2006 EzA § 80 BetrVG 2001 Nr. 8 Rn. 21 = AP Nr. 68 zu § 80 BetrVG 1972 = RdA 2008, 38 *[Buschmann]* = SAE 2008, 269 *[Reichold/Rein]*). Nicht verdrängt wird allerdings die allgemeine Auskunftspflicht des Arbeitgebers nach Abs. 2 Satz 1 (*BAG* 10.10.2006 EzA § 80 BetrVG 2001 Nr. 8 Rn. 22 = AP Nr. 68 zu § 80 BetrVG 1972, vgl. dazu Rdn. 58). **114**

§ 80

115 Die daraus resultierende mögliche **Beschränkung des Einblicksrechts** auf größere Betriebe mit mindestens 100 bzw. 200 Arbeitnehmern (vgl. § 27 Abs. 1, § 9 Satz 1, § 28 Abs. 1) hält das *BAG* in ständiger Rechtsprechung zutreffend für **unvereinbar mit dem Gesamtsinn** der Regelung (seit BAG 23.02.1973 EzA § 80 BetrVG 1972 Nr. 3 = AP Nr. 2 zu § 80 BetrVG 1972). Dieser besteht nicht etwa darin, in kleineren Betrieben überhaupt kein Einblicksrecht zu gewähren, sondern es in größeren Betrieben auf einen zahlenmäßig überschaubareren Personenkreis zu beschränken, um auf diese Weise ein höheres Maß an Vertraulichkeit zu gewährleisten und eine effektivere Betriebsratsarbeit zu ermöglichen (*Fitting* § 80 Rn. 71; *Richardi/Thüsing* § 80 Rn. 83). In **kleineren** Betrieben, in denen **kein Betriebsausschuss** nach §§ 27, 28 existiert, steht danach das Einblicksrecht zunächst auch dem Betriebsratsvorsitzenden oder anderen Mitgliedern des Betriebsrats zu, wenn ihnen durch einen Beschluss gem. **§ 27 Abs. 3** die **laufenden Geschäfte** übertragen wurden (vgl. etwa BAG 10.02.1987 EzA § 80 BetrVG 1972 Nr. 28 S. 154 f. = AP Nr. 27 zu § 80 BetrVG 1972).

116 Darüber hinaus ist das Einblicksrecht in solchen Betrieben nicht einmal davon abhängig, dass ein Beschluss i. S. d. § 27 Abs. 3 gefasst worden wäre. Auch dies liefe dem Zweck des Abs. 2 Satz 2 2. Halbs. zuwider. Das Einblicksrecht kann deshalb generell durch den **Betriebsratsvorsitzenden** und bei dessen Verhinderung durch seinen **Stellvertreter** oder ein **anderes beauftragtes Betriebsratsmitglied** wahrgenommen werden (BAG 15.06.1976 EzA § 80 BetrVG 1972 Nr. 14 S. 68 = AP Nr. 9 zu § 80 BetrVG 1972; 16.08.1995 EzA § 80 BetrVG 1972 Nr. 41 S. 2 = AP Nr. 53 zu § 80 BetrVG 1972; 14.01.2014 EzA § 80 BetrVG 2001 Nr. 18 Rn. 19 = AP Nr. 77 zu § 80 BetrVG 1972; *Buschmann/DKKW* § 80 Rn. 126; *Fitting* § 80 Rn. 71; **krit.** *Nicolai/HWGNRH* § 80 Rn. 74). Andererseits ergibt sich aus dem Zweck der Vorschrift umgekehrt auch, dass in kleineren Betriebsräten ohne Betriebsausschuss nicht etwa der ganze Betriebsrat einsichtsberechtigt ist, sondern nur der Betriebsratsvorsitzende oder ein anderes damit (ständig) beauftragtes Mitglied (*Kania*/ErfK § 80 BetrVG Rn. 29; *Richardi/Thüsing* § 80 Rn. 85 f.; *Sittard/HWK* § 80 BetrVG Rn. 38).

117 Besteht der Betriebsrat nur aus **einer Person** (§ 9 Satz 1), so steht dieser auch das Einblicksrecht in die Bruttolohn- und Gehaltslisten zu.

d) Gegenstand des Einblicksrechts

118 Das Einblicksrecht bezieht sich auf die Listen über Löhne und Gehälter aller Arbeitnehmer i. S. d. Betriebsverfassungsgesetzes, d. h. mit Ausnahme der leitenden Angestellten. Dazu gehören die Listen über alle **Löhne und Gehälter**, die **aufgrund eines Tarifvertrages** oder eines **betrieblichen Gehaltsschemas** gezahlt werden. Bereits 1973 hat das *BAG* festgestellt, dass das Einblicksrecht sich auch auf **übertarifliche Zulagen** beziehe (BAG 18.09.1973 EzA § 80 BetrVG 1972 Nr. 5 S. 32 ff. *[Buchner]* = AP Nr. 3 zu § 80 BetrVG 1972; vgl. dazu Rdn. 23, 108). Ebenso entscheidet die ständige Rechtsprechung für die **Gehälter der AT-Angestellten** (vgl. u. a. BAG 19.03.1981 EzA § 80 BetrVG 1972 Nr. 18 = AP Nr. 14 zu § 80 BetrVG 1972; 30.06.1981 EzA § 80 BetrVG 1972 Nr. 19 = AP Nr. 15 zu § 80 BetrVG 1972), und zwar auch, soweit Lohnbestandteile individuell ausgehandelt wurden (BAG 10.02.1987 EzA § 80 BetrVG 1972 Nr. 28 S. 155 = AP Nr. 27 zu § 80 BetrVG 1972; vgl. dazu Rdn. 22, 108).

119 Nach der Rechtsprechung besteht das Einblicksrecht auch in Bezug auf **Prämien** und **Gratifikationen** (BAG 10.02.1987 EzA § 80 BetrVG 1972 Nr. 28 S. 155 = AP Nr. 27 zu § 80 BetrVG 1972; *Buschmann/DKKW* § 80 Rn. 129; *Fitting* § 80 Rn. 73). Zu Poolzahlungen an Krankenhausärzte vgl. LAG Hamm 26.10.2001 LAGE § 80 BetrVG 2001 Nr. 1. Auch die Freiwilligkeit einer Zulage steht dem Einblicksrecht nicht entgegen (BAG 17.03.1983 EzA § 80 BetrVG 1972 Nr. 24 S. 123 *[Kroll]* = AP Nr. 18 zu § 80 BetrVG 1972). Der Betriebsrat kann schließlich auch Auskunft über die Grundsätze für **individuelle Versorgungszusagen an AT-Angestellte** verlangen (BAG 19.03.1981 EzA § 80 BetrVG 1972 Nr. 18 = AP Nr. 14 zu § 80 BetrVG).

120 Einblick ist nur in die Listen der **Brutto-Bezüge** zu gewähren. Einerseits genügt dies, um etwa die Überwachungsaufgabe nach § 80 Abs. 1 Nr. 1 erfüllen zu können; andererseits wird dadurch sichergestellt, dass der Betriebsrat nicht unnötig Einblick in die persönlichen Verhältnisse der einzelnen Arbeitnehmer erhält (BAG 18.09.1973 EzA § 80 BetrVG 1972 Nr. 5 S. 37 *[Buchner]* = AP Nr. 3 zu § 80 BetrVG 1972; *Fitting* § 80 Rn. 70, 72; *Richardi/Thüsing* § 80 Rn. 91). Der Arbeitgeber ist auch nicht

berechtigt, die Nettoentgeltlisten dem Betriebsrat auszuhändigen. Er würde damit seine Fürsorgepflicht gegenüber dem Arbeitnehmer und dessen Persönlichkeitsrecht verletzen.

Listen i. S. d. Vorschrift sind auch die in einer **EDV-Anlage gespeicherten Gehaltsdaten**, die jederzeit ausgedruckt werden können (*BAG* 17.03.1983 EzA § 80 BetrVG 1972 Nr. 24 S. 121 f. = AP Nr. 18 zu § 80 BetrVG 1972; *Buschmann/DKKW* § 80 Rn. 129; *Fitting* § 80 Rn. 70). **121**

e) Vollzug des Einblicksrechts

Das Gesetz gewährt nur das Recht, **Einblick** in die Listen der Bruttolöhne und -gehälter zu nehmen. Der Arbeitgeber ist lediglich verpflichtet, diese Listen **vorzulegen** und den Berechtigten die Einsicht zu ermöglichen. Ein Rechtsanspruch auf Aushändigung der Listen, von Abschriften oder von Kopien besteht nicht (*BAG* 15.06.1976 EzA § 80 BetrVG 1972 Nr. 16 S. 68 f. = AP Nr. 9 zu § 80 BetrVG 1972; 03.12.1981 EzA § 80 BetrVG 1972 Nr. 20 S. 114 f. = AP Nr. 17 zu § 80 BetrVG 1972; 30.09.2008 EzA § 80 BetrVG 2001 Nr. 10 Rn. 31 = AP Nr. 71 zu § 80 BetrVG 1972 [*Schrader*]; vgl. auch *BVerwG* 22.12.1993 AP Nr. 4 zu § 68 BPersVG; *Fitting* § 80 Rn. 76; *Kania*/ErfK § 80 BetrVG Rn. 28; *Nicolai*/HWGNRH § 80 Rn. 75; *Richardi*/*Thüsing* § 80 Rn. 95; **a. M.** *Buschmann/DKKW* § 80 Rn. 133 ff.). Insofern ist das Einblicksrecht schon seinem Wortlaut nach anders ausgestaltet als der Anspruch auf Zurverfügungstellung von Unterlagen gem. § 80 Abs. 2 Satz 2 (*Pramann* DB 1983, 1924). Bei der Einsichtnahme der Berechtigten (vgl. Rdn. 114 ff.) darf der Betriebsrat nicht durch den Arbeitgeber oder von ihm beauftragte Personen überwacht werden (*Buschmann/DKKW* § 80 Rn. 136; *Fitting* § 80 Rn. 76; *Richardi*/*Thüsing* § 80 Rn. 96). Arbeitnehmer, die in dem Raum beschäftigt sind, in dem die Einsichtnahme stattfindet, dürfen allerdings dort bleiben und ihrer üblichen Tätigkeit nachgehen, wenn der Arbeitgeber sicherstellt, dass **keine Überwachung** des oder der Einsichtsberechtigten stattfindet (*BAG* 16.08.1995 EzA § 80 BetrVG 1972 Nr. 41 S. 5 = AP Nr. 53 zu § 80 BetrVG 1972; i. E. auch *Leege* BB 1996, 479 [480]). **122**

Der Einblicksberechtigte ist befugt, sich **Notizen** zu machen. Während das *BAG* zunächst noch von dem Recht sprach, »Abschriften oder Auszüge aus diesen Listen« anzufertigen (*BAG* 15.06.1973 EzA § 80 BetrVG 1972 Nr. 14 S. 69 = AP Nr. 9 zu § 80 BetrVG 1972), hat es später klargestellt, dass auch **kein Recht** besteht, die Listen **abzuschreiben**, da damit faktisch die Listen dem Einblicksberechtigten zur Verfügung gestellt würden (*BAG* 03.12.1981 EzA § 80 BetrVG 1972 Nr. 20 S. 114 f. = AP Nr. 17 zu § 80 BetrVG 1972). Dem ist zuzustimmen (*Fitting* § 80 Rn. 76; *Nicolai*/HWGNRH § 80 Rn. 75; *Richardi*/*Thüsing* § 80 Rn. 95; **a. M.** *Buschmann/DKKW* § 80 Rn. 133, 135). Gleiches gilt folgerichtig auch für die Anfertigung von Fotokopien. **123**

f) Pflicht zur Geheimhaltung

Die Weitergabe der Kenntnisse, die aus der Einblicknahme gewonnen wurden, an Dritte oder die Veröffentlichung der Daten ist unzulässig, wenn es sich bei diesen Listen um **Betriebs- oder Geschäftsgeheimnisse** i. S. v. § 79 handelt (*BAG* 26.02.1987 EzA § 79 BetrVG 1972 Nr. 1 S. 3 f. = AP Nr. 2 zu § 79 BetrVG 1972). Der Weitergabe an Dritte steht aber auch das **persönlichkeitsrechtliche Interesse** des einzelnen Arbeitnehmers entgegen, soweit es sich um die Weitergabe seiner persönlichen Bezüge handelt (*Buschmann/DKKW* § 80 Rn. 138, der aber zu Recht die Bekanntgabe anonymisierter Entgeltdaten für zulässig hält; s. a. *Oetker* § 79 Rdn. 82 ff., 97). **124**

g) Einblicksrecht nach dem Entgelttransparenzgesetz

Einen eigenständig geregelten Fall des Einblicksrechts enthalten **§ 13 Abs. 1–3 EntgTranspG**. Das Entgelttransparenzgesetz vom 30.06.2017 (BGBl. I, S. 2152) enthält neben einem freiwilligen betrieblichen Prüfverfahren zur Einhaltung des Lohngleichheitsgebots für Unternehmen mit in der Regel mehr als 500 Arbeitnehmern (dazu Rdn. 38, 57) und einer Berichtspflicht für Unternehmen mit in der Regel mehr als 500 Arbeitnehmern, die den Regelungen der §§ 264 und 289 HGB unterfallen (§ 21 EntgTranspG), als zentrale Bestimmung für Betriebe mit in der Regel mehr als 200 Beschäftigten einen **individuellen Auskunftsanspruch** von Beschäftigten **zur Überprüfung der Einhaltung des Entgeltgleichheitsgebots** (§§ 10–12 EntgTranspG; Überblick über den Inhalt des Gesetzes insgesamt u. a. bei *Bauer/Romero* NZA 2017, 409; *Fuhlrott/Ritz* ArbR-Aktuell 2017, 211; *Grimm/Freh* **125**

KSzW 2017, 89; *Langemann/Wilking* BB 2017, 501; *Kuhn/Schwindling* DB 2017, 785). Der Auskunftsanspruch erstreckt sich auf Kriterien und Maßstäbe zur Festlegung des Entgelts (§§ 10 Abs. 1 Satz 1, 11 Abs. 1, 2, 13 Abs. 2 EntgTranspG), weiterhin auf das monatliche Bruttodurchschnittseinkommen und bis zu zwei einzelne Entgeltbestandteile einer aus mindestens sechs Beschäftigten bestehenden Vergleichsgruppe des anderen Geschlechts (§§ 10 Abs. 1, 11 Abs. 3, 12 Abs. 2, 3 EntgTranspG). Bei der Verwirklichung dieses Auskunftsanspruchs sind die **Betriebsräte nach Maßgabe der §§ 13–15 EntgTranspG einbezogen**. Zunächst wird die allgemeine Förderpflicht des Betriebsrats bezüglich der Durchsetzung der Gleichstellung von Frauen und Männern nach § 80 Abs. 1 Nr. 2a noch einmal ausdrücklich auch für den Bereich der Entgeltgleichheit konkretisiert (§ 13 Abs. 1 Satz 1 EntgTranspG). Darüber hinaus wird der Betriebsrat aber zum grundsätzlichen **Adressaten des Auskunftsanspruchs** gemacht (§§ 14 Abs. 1 Satz 1, § 15 Abs. 2 EntgTranspG). Diese Aufgabenzuweisung wird flankiert durch eine gegenüber der allgemeinen Regelung des § 80 Abs. 2 Satz 2 Halbs. 2 präzisierte Bestimmung zum **Einblicksrecht in die Lohn- und Gehaltslisten** (§ 13 Abs. 2, 3 EntgTranspG).

126 Der **Auskunftsanspruch** steht **Beschäftigten i. S. d. § 5 Abs. 2 EntgTranspG** zu (§ 12 Abs. 1 EntgTranspG), in privaten Betrieben also auch den Auszubildenden und den in Heimarbeit Beschäftigten sowie ihnen Gleichgestellten (zur Frage der Einbeziehung von Geschäftsführern *Bauer/Günther/Romero*, NZA 2017, 809 [810]), und kann nach einer ersten Übergangsphase nach Inkrafttreten des Gesetzes (§ 25 EntgTranspG) alle zwei Jahre (§ 10 Abs. 2 Satz 2 EntgTranspG) geltend gemacht werden. Er besteht nach § 12 Abs. 1 EntgTranspG in **Betrieben mit in der Regel mehr als 200 Beschäftigten** bei demselben Arbeitgeber. Bezugspunkt für den Schwellenwert ist – anders als etwa beim betrieblichen Prüfverfahren nach § 17 EntgTranspG – ausdrücklich der Betrieb. Jedenfalls bei wortlautgetreuer Auslegung der Passage »bei demselben Arbeitgeber« muss man annehmen, dass Beschäftigte im **Gemeinschaftsbetrieb** mehrerer Unternehmen nicht zusammengerechnet werden sollen (*Kuhn/Schwindling* DB 2017, 785 [786]). Dafür könnte immerhin sprechen, dass Entgeltregelungen vertragsbezogen sind und auch in einem Gemeinschaftsbetrieb in den jeweiligen Unternehmen unterschiedliche Bedingungen herrschen können (*Kania* NZA 2017, 819 [820]). Die Frage der Einbeziehung von **Leiharbeitnehmern** ist nicht ausdrücklich geklärt. In ersten Stellungnahmen wird eine Einbeziehung abgelehnt. Das wird mit dem Fehlen einer Regelung wie in § 14 Abs. 2 Satz 3 AÜG begründet, sowie damit, dass für Leiharbeitnehmer die Frage der Entgeltgleichheit im Entleiherbetrieb irrelevant sei (*Gaul* ArbRB 2017, 47 [48]; *Kuhn/Schwindling* DB 2017, 785 [786]). Demgegenüber ergibt sich aber – unabhängig von einer etwaigen Bedeutung des arbeitnehmerüberlassungsrechtlichen equal-pay-Gebots nach § 8 AÜG für den vorliegenden Zusammenhang – aus den **Gesetzesmaterialien**, dass der Gesetzgeber für den Schwellenwert von 200 Arbeitnehmern ersichtlich keinen schutzzweckorientierten Ansatz verfolgte, sondern **lediglich eine technisch-systematische Konsistenz mit der Verpflichtung zur Bildung eines Betriebsausschusses nach § 27** herstellen wollte (vgl. Reg. Begr. BT-Drucks. 18/11133, S. 61): Genau wie in § 80 Abs. 2 Satz 2 Halbs. 2 wird auch in § 13 Abs. 2, 3 EntgTranspG der Betriebsausschuss mit dem Einblicksrecht in die Lohn- und Gehaltslisten betraut. Da ein Betriebsausschuss in Betrieben mit in der Regel mehr als 200 Arbeitnehmern zu bilden ist (vgl. § 27 Abs. 1 Satz 1 i. V. m. § 9 Satz 1), wurde diese Zahlenschwelle übernommen. § 14 Abs. 2 Satz 3 AÜG wiederum schreibt ausdrücklich eine Einbeziehung der Leiharbeitnehmer für alle Schwellenwerte des BetrVG bis auf denjenigen des § 112a BetrVG vor, so dass ein Betriebsausschuss auch in Betrieben mit einer Stammbelegschaft unterhalb der Schwelle von 200 Arbeitnehmern gebildet wird, sofern diese »in der Regel« (vgl. § 9 BetrVG) zusammen mit den Leiharbeitnehmern überschritten wird. Da der Gesetzgeber offenbar den Auskunftsanspruch gewähren wollte, wenn ein Betriebsausschuss besteht, und ansonsten dem Schwellenwert keine eigene Bedeutung zugemessen hat, sind Leiharbeitnehmer auch beim Schwellenwert des § 12 Abs. 1 EntgTranspG mitzuzählen.

127 **Besteht ein Betriebsrat**, so wenden sich die Beschäftigten für ihr Auskunftsverlangen grundsätzlich an **diesen**. Auch in größeren Betrieben ist dabei stets der örtliche Betriebsrat und nicht etwa der Gesamt- oder gar Konzernbetriebsrat zuständig (*Kania* NZA 2017, 819 [822]). Der Betriebsrat ist sowohl in tarifgebundenen bzw. tarifanwendenden (§ 14 Abs. 1 Satz 1 EntgTranspG) als auch in nicht tarifgebundenen bzw. nicht tarifanwendenden Betrieben (§ 15 Abs. 2 EntgTranspG) jeweils der Adressat des Auskunftsverlangens. In beiden Fällen kann allerdings entweder der Betriebsrat verlangen, dass der

Allgemeine Aufgaben § 80

Arbeitgeber die Auskunftsverpflichtung übernimmt (§ 14 Abs. 1 Satz 4 EntgTranspG, § 15 Abs. 2 i. V. m. § 14 Abs. 1 Satz 4 EntgTranspG), oder der Arbeitgeber kann von sich aus die Übernahme erklären (§ 14 Abs. 2 Satz 1 EntgTranspG, § 15 Abs. 2 i. V. m. § 14 Abs. 2 Satz 1 EntgTranspG; zu beiden Fällen *Fuhlrott/Ritz* ArbR-Aktuell 2017, 211 [213]; *Kuhn/Schwindling* DB 2017, 785 [788]). Letzteres ist auf die Amtszeit des jeweils amtierenden Betriebsrats begrenzt und mit einer Auskunftspflicht gegenüber Betriebsrat und Beschäftigten flankiert (§ 14 Abs. 2 Satz 2–4 EntgTranspG). Für den Auskunftsanspruch leitender Angestellter ist nur der Arbeitgeber zuständig (§ 14 Abs. 4 EntgTranspG). **Besteht kein Betriebsrat**, so ist der Arbeitgeber für die Erledigung des Auskunftsbegehrens zuständig (§ 14 Abs. 3 Satz 1, § 15 Abs. 1 EntgTranspG). Bei tarifgebundenen bzw. tarifanwendenden Arbeitnehmern können allerdings nach Maßgabe von § 14 Abs. 3 Satz 3–5, Abs. 4 EntgTranspG die Tarifvertragsparteien einbezogen werden.

Ist der **Betriebsrat zuständig**, hat er den Arbeitgeber in anonymisierter Form über eingehende Auskunftsverlangen umfassend zu informieren (§ 14 Abs. 1 Satz 3 EntgTranspG). Die konkrete Behandlung eines Auskunftsbegehrens wird dem **Betriebsausschuss** nach § 27 bzw. einem nach § 28 Abs. 1 Satz 3 beauftragten Ausschuss zugewiesen (§ 14 Abs. 1 Satz 2 i. V. m. § 13 Abs. 2 EntgTranspG). Der Ausschuss kann mehrere Auskunftsverlangen bündeln und gemeinsam behandeln (§ 13 Abs. 2 Satz 2 EntgTranspG). Zur Erfüllung seiner Auskunftsverpflichtung hat er die **Listen über Bruttolöhne und -gehälter i. S. d. § 80 Abs. 2 Satz 2** einzusehen und auszuwerten (§ 13 Abs. 2 Satz 1 EntgTranspG), der Arbeitgeber hat den **Einblick** zu gewähren (§ 13 Abs. 3 Satz 1 EntgTranspG). Für das Einblicksrecht enthält § 13 Abs. 3 EntgTranspG Konkretisierungen, die der Gesetzgeber ausdrücklich unter Berufung auf einschlägige Rechtsprechung des *BAG* vorgenommen hat (Reg. Begr. BT-Drucks. 18/11133, S. 63), die aber die von der Rechtsprechung gestellten Anforderungen in Teilen auch weiterentwickeln. Vor allem muss der Arbeitgeber nunmehr entsprechende Listen vorhalten. Er muss sie also gegebenenfalls **herstellen**, was bislang der Betriebsrat nicht verlangen konnte (*Kania* NZA 2017, 819 [820]; vgl. Rdn. 102). Die Entgeltlisten müssen nach Geschlecht **aufgeschlüsselt** und **aufbereitet** sein sowie **alle Lohnbestandteile** erfassen (vgl. *BAG* 15.06.1976 EzA § 80 BetrVG 1972 Nr. 14 = AP Nr. 9 zu § 80 BetrVG 1972; 03.12.1981 EzA § 80 BetrVG 1972 Nr. 20 = AP Nr. 17 zu § 80 BetrVG 1972; 10.02.1987 EzA § 80 BetrVG 1972 Nr. 28 = AP Nr. 27 zu § 80 BetrVG 1972; 30.09.2008 EzA § 80 BetrVG 2001 Nr. 10 = AP Nr. 71 zu § 80 BetrVG 1972 [*Schrader*]; 14.01.2014 EzA § 80 BetrVG 2001 Nr. 18 = AP Nr. 77 zu § 80 BetrVG 1972; dazu Rdn. 108, 118 f., 122 f.). Die Aufbereitung muss in der Form geschehen, dass der Betriebsausschuss die vom Arbeitnehmer verlangte Information über die Entlohnung von Vergleichstätigkeiten auch tatsächlich gewähren kann. Der Betriebsausschuss gibt bei der Auskunftserteilung nicht nur Informationen des Arbeitgebers weiter, sondern **wertet sie selbst aus** und erteilt unter Berücksichtigung der Vorgaben des § 11 EntgTranspG eine **qualifizierte Auskunft** etwa mit Angaben zur Ausübung von Vergleichstätigkeiten nach Maßgabe des **§ 15 Abs. 4 EntgTranspG** (*Kuhn/Schwindling* DB 2017, 785 [788]). Obgleich diese Regelung systematisch nur für die Fälle nicht tarifgebundener bzw. nicht tarifanwendender Arbeitgeber zu gelten scheint, ist sie analog auch **im Anwendungsbereich des § 14 EntgTranspG** heranzuziehen. Das Gleiche gilt für die in § 15 Abs. 3 Satz 3 EntgTranspG festgelegte **Dreimonatsfrist** für die Behandlung eines Auskunftsverlangens sowie die dort vorgeschriebene **Textform** (vgl. auch *Gaul* ArbRB 2017, 47 [49]).

128

Kommt der **Arbeitgeber** seinen **Verpflichtungen** in Bezug auf das Einblicksrecht aus § 13 Abs. 3 EntgTranspG **nicht nach** und kann der Betriebsrat deshalb die Auskunft nicht erteilen, so sanktioniert dies das Gesetz in gleicher Weise, wie wenn der Arbeitgeber selbst auskunftspflichtig ist und diese Pflicht nicht erfüllt: Er trägt dann die **Beweislast** dafür, dass kein Verstoß gegen das Entgeltgleichheitsgebot vorliegt (§ 15 Abs. 5 EntgTranspG; *Langemann/Wilking* BB 2017, 501 [504]). Auch diese Regelung gilt analog für tarifgebundene bzw. tarifanwendende Arbeitgeber i. S. d. § 14 EntgTranspG (vgl. zu § 15 Abs. 3 EntgTranspG Rdn. 128). Für den Fall, dass der **Betriebsrat** aus vom Arbeitgeber nicht zu vertretenden Umständen der ihm obliegenden Auskunftspflicht nicht nachkommt, enthält das Gesetz zu Recht keine entsprechende Regelung zur Beweislastumkehr. In Betracht kommt hier nur die allgemeine Regelung des § 23 Abs. 1 bei Verletzungen gesetzlicher Pflichten des Betriebsrats (für einen gerichtlich durchsetzbaren Auskunftsanspruch gegenüber dem Betriebsrat *Holler* NZA 2017, 822 [823 f.]).

129

130 Die in § 13 Abs. 2 EntgTranspG vorgenommenen **Präzisierungen gegenüber dem Einblicksrecht** nach § 80 Abs. 2 Satz 2 gelten **auch für Fälle, in denen es nicht um konkrete Auskunftsbegehren nach § 10 EntgTranspG geht.** § 13 Abs. 2 Satz 1 EntgTranspG verweist für die Einsichtnahme generell auf die »Erfüllung der Aufgaben nach Abs. 1«, also auch auf die dort aufgenommene allgemeine Förderpflicht des Betriebsrats zur Durchsetzung der Entgeltgleichheit von Frauen und Männern im Betrieb nach § 80 Abs. 1 Nr. 2a. Im Übrigen ging es dem Gesetzgeber ohnehin darum, die einschlägige Rechtsprechung zu § 80 Abs. 2 Satz 2 generell aufzugreifen (vgl. Rdn. 128).

4. Anforderung sachkundiger Arbeitnehmer als Auskunftspersonen (Abs. 2 Satz 3)

a) Allgemeines

131 Nach Abs. 2 Satz 3, der im Jahre 2001 durch das BetrVerf-Reformgesetz eingefügt wurde, ist der Arbeitgeber verpflichtet, dem Betriebsrat **sachkundige Arbeitnehmer als Auskunftspersonen** zur Verfügung zu stellen, soweit es zur ordnungsgemäßen Erfüllung der Aufgaben des Betriebsrats erforderlich ist. Der Gesetzgeber möchte auf diese Weise dazu beitragen, dass der betriebsinterne Sachverstand verstärkt genutzt und die Kommunikation zwischen dem Betriebsrat und den Arbeitnehmern gefördert wird (vgl. Reg. Begr. BT-Drucks. 14/5741, S. 30, 46 f.; **rechtspolitische Kritik** namentlich bei *Kraft* 7. Aufl., § 80 Rn. 105; vgl. auch *Hanau* RdA 2001, 65 [71 f.]; *Nicolai/HWGNRH* § 80 Rn. 82). Zugleich wird die Rechtsprechung des *BAG* aufgegriffen, die schon bisher die Beauftragung von Sachverständigen nach Abs. 3 von der vorherigen Ausschöpfung innerbetrieblicher Informationsmöglichkeiten einschließlich der Einbeziehung betriebsangehöriger sachkundiger Arbeitnehmer abhängig gemacht hatte (*BAG* 04.06.1987 EzA § 80 BetrVG 1972 Nr. 31 S. 4 = AP Nr. 30 zu § 80 BetrVG 1972; 26.02.1992 EzA § 80 BetrVG 1972 Nr. 40 S. 10 [*Kittner*] = AP Nr. 48 zu § 80 BetrVG 1972; vgl. dazu Rdn. 150). Der **Vorrang der Nutzung betriebsinternen Sachverstands** vor der Heranziehung externer Sachverständiger ist damit festgeschrieben (*Natzel* NZA 2001, 872; *Nicolai/HWGNRH* § 80 Rn. 87; *Oetker* NZA 2003, 1233 [1239]; **a. M.** *Buschmann/DKKW* § 80 Rn. 146; *Hoff* Drittkonsultationsrechte, S. 97 f., 189 ff.; *Kohte//Schulze-Doll*/HaKo § 80 Rn. 66).

132 Abs. 2 Satz 3 steht schon aufgrund seiner systematischen Stellung im Gesetz in **engem Zusammenhang mit dem allgemeinen Informationsrecht** des Betriebsrats. Die Vorschrift erweitert das Informationsrecht nicht, sondern **konkretisiert** es für den Bereich der Nutzung innerbetrieblichen Sachverstands (vgl. auch *Fitting* § 80 Rn. 84; *Hanau* RdA 2001, 65 [71 f.]; *Oetker* NZA 2003, 1233 [1235]). Gegenüber dem allgemeinen Informationsrecht weist der Anspruch auf Zurverfügungstellung sachkundiger Arbeitnehmer als Auskunftspersonen die Besonderheit auf, dass der **Arbeitgeber nicht frei in der Wahl seiner Auskunftsmittel** ist (vgl. zum allgemeinen Auskunftsanspruch Rdn. 79) und darüber hinaus **personelle Vorschläge** des Betriebsrats **nur unter Berufung auf betriebliche Notwendigkeiten zurückweisen** kann. Gleichzeitig muss der Arbeitgeber aber eine Auskunftsperson **nur auf Anforderung** durch den Betriebsrat bereitstellen, während er seiner allgemeinen Informationspflicht unaufgefordert nachzukommen hat (vgl. Rdn. 79). Der Bezug des Abs. 2 Satz 3 zum allgemeinen Informationsrecht ist bei der Auslegung der Vorschrift zu beachten (zur Frage, wer Inhaber des Anspruchs ist, vgl. Rdn. 134; zur Frage der Erforderlichkeit vgl. Rdn. 135; zur Frage, ob leitende Angestellte Auskunftspersonen i. S. dieser Vorschrift sein können, vgl. Rdn. 138; zur Frage, ob der Betriebsrat verlangen kann, die Auskunftsperson ohne Beisein des Arbeitgebers zu befragen, vgl. Rdn. 143; zur Frage, ob der vom Arbeitgeber als Auskunftsperson bestimmte Arbeitnehmer zur Erteilung der Auskunft verpflichtet ist, vgl. Rdn. 144 ff.).

133 Nach den Vorstellungen des Gesetzgebers soll der Betriebsrat das Recht haben, **Arbeitskreise** unter Einbeziehung der ihm zur Verfügung gestellten Arbeitnehmer zu bilden, um zu komplexen Themen fundierte Vorschläge zu erarbeiten (vgl. Reg. Begr. BT-Drucks. 14/5741, S. 47). Auch solche Arbeitskreise sind aber keine Beratungsorgane und dürfen auch nicht zu einer mittelbaren Erweiterung des Betriebsrats führen (entsprechende Befürchtungen bei *Franzen* ZfA 2001, 423 [439]; *Hanau* RdA 2001, 65 [71]). Auch hier ist der Bezug zum allgemeinen Informationsanspruch zu beachten, so dass die in solchen Arbeitskreisen eingesetzten Arbeitnehmer tatsächlich nur eine **Auskunfts- und keine Beratungsfunktion** auszuüben haben. Eine Einbeziehung von Beratern hat das Gesetz nur

in § 111 Satz 2 vorgesehen (vgl. auch *Kaiser/LK* § 80 Rn. 46; *Natzel* NZA 2001, 872 [873]; *Nicolai/HWGNRH* § 80 Rn. 82 f.; *Oetker* NZA 2003, 1233 [1236]).

b) Voraussetzungen

Aus dem Zusammenhang des § 80 Abs. 2 Satz 3 mit dem allgemeinen Informationsrecht folgt, dass in beiden Fällen die **Inhaber des Anspruchs** identisch sind. Das Zurverfügungstellen einer Auskunftsperson kann also neben dem Betriebsrat auch von Ausschüssen nach §§ 27, 28 sowie dem Gesamt- und Konzernbetriebsrat verlangt werden, nicht aber von der Jugend- und Auszubildenden- und der Schwerbehindertenvertretung (vgl. Rdn. 65; *Fitting* § 80 Rn. 81). Auch der Wirtschaftsausschuss ist als berechtigt anzusehen, § 106 Abs. 2 BetrVG ist nur hinsichtlich der inhaltlichen Ausgestaltung des Informationsbegehrens eine abschließende Regelung (*Oetker* NZA 2003, 1233 [1234]).

134

Die Hinzuziehung der Auskunftsperson muss zur ordnungsgemäßen Erfüllung der Betriebsratsaufgaben **erforderlich** sein, eine bloße Sachdienlichkeit genügt nicht (*Natzel* NZA 2001, 872). Auch hier erweist sich § 80 Abs. 2 Satz 3 im Ausgangspunkt als besondere Ausprägung des allgemeinen Informationsanspruchs. Wie dort (vgl. Rdn. 68) ist eine **Zweistufenprüfung** daraufhin vorzunehmen, ob überhaupt eine Aufgabe des Betriebsrats gegeben und ob im Einzelfall insoweit die Hinzuziehung einer Auskunftsperson geboten ist (*Oetker* NZA 2003, 1233 [1236]).

135

Allerdings kann der allgemeine Informationsanspruch durch den Betriebsrat auch geltend gemacht werden, um prüfen zu können, ob überhaupt ein Mitbestimmungs- oder Mitwirkungsrecht besteht, so dass bereits ein hinreichender Grad an Wahrscheinlichkeit für das Bestehen einer gesetzlichen Aufgabe genügt (vgl. Rdn. 69) und es auch keines konkreten Anlasses für den Informationsanspruch bedarf (vgl. Rdn. 70). Für den Anspruch auf Zurverfügungstellung einer Auskunftsperson kann dieser weite Maßstab allerdings nicht gelten. Der Gesetzgeber hatte mit der Neuregelung Situationen im Blick, bei denen die Sachkunde des Betriebsrats zur eigenständigen Problemlösung nicht ausreicht (vgl. Reg. Begr. BT-Drucks. 14/5741, S. 47). § 80 Abs. 2 Satz 3 dient also nicht zur Befriedigung des allgemeinen Informationsinteresses des Betriebsrats, sondern verlangt einen **Zusammenhang mit einer konkreten Betriebsratsaufgabe** (*Nicolai/HWGNRH* § 80 Rn. 85; *Oetker* NZA 2003, 1233 [1236]). Die zur Erfüllung des Anspruchs notwendige zeitweise Freistellung der Auskunftsperson und der damit verbundene Kostenaufwand für den Arbeitgeber legen eine **Anlehnung an die Maßstäbe der Erforderlichkeit bei §§ 37 Abs. 2 und 40 Abs. 2** nahe (vgl. auch *Fitting* § 80 Rn. 82; zu den dortigen Maßstäben vgl. § 37 Rdn. 42 ff.; § 40 Rdn. 11 ff.). Der Betriebsrat kann deshalb die Zurverfügungstellung einer Auskunftsperson **nicht jederzeit** verlangen, sondern nur bei Vorliegen eines **konkreten Anlasses** (*Fitting* § 80 Rn. 82; *Löwisch* BB 2001, 1790 [1791]; *Richardi/Thüsing* § 80 Rn. 103). Außerdem darf dem Betriebsrat kein einfacheres kostengünstigeres Mittel zur Erlangung der notwendigen Informationen zur Verfügung stehen (*Natzel* NZA 2001, 872 [873]; *Nicolai/HWGNRH* § 80 Rn. 86). Für die Frage, ob der Betriebsrat ohne die Information der Auskunftsperson zu einer ordnungsgemäßen Erfüllung seiner Aufgaben nicht in der Lage ist, ist wie in den Fällen des § 37 das Urteil eines **vernünftigen Dritten** maßgeblich, wobei dem Betriebsrat ein revisionsrechtlich nur eingeschränkt überprüfbarer **Beurteilungsspielraum** zuzugestehen ist (zum Sachverständigen vgl. Rdn. 151).

136

Als **Auskunftsperson** kommen, soweit es um den Anspruch des Betriebs- und nicht des Gesamt- oder Konzernbetriebsrats geht (vgl. dazu Rdn. 134) nur **betriebsangehörige Arbeitnehmer** in Betracht, die in einem Arbeitsverhältnis zum Betriebsinhaber stehen (*Fitting* § 80 Rn. 85; *Hoff* Drittkonsultationsrechte, S. 100 f.; *Klapper* Unterstützung des Betriebsrats durch in- und externen Sachverstand [Diss. Saarbrücken], 2007, S. 57 ff.; *Oetker* NZA 2003, 1233 [1234 f.]; **a. M.** *Preis/WPK* § 80 Rn. 42; *Richardi/Thüsing* § 80 Rn. 99; *Waskow/NK-GA* § 80 BetrVG Rn. 34). Das gebieten Normzweck und Systematik der Vorschrift. Die hier vorgenommene Begrenzung ergibt sich schon aus dem Umkehrschluss zu § 108 Abs. 2 Satz 2, der es dem Arbeitgeber ausdrücklich erlaubt, bei Sitzungen des Wirtschaftsausschusses auch sachkundige unternehmensangehörige Arbeitnehmer hinzuziehen. Vor allem aber ist der Anspruch aus § 80 Abs. 2 Satz 3 funktional ein Unterfall des allgemeinen Auskunftsanspruchs. Er ist ebenso wie dieser auf die Wahrnehmung von **Aufgaben des Betriebsrats im Betrieb** bezogen und dient ausweislich der Gesetzesbegründung der innerbetrieblichen Kommunikation. Es geht, anders als bei § 80 Abs. 3, nicht um eine generelle Nutzung jedweden, auch externen

137

Sachverstands, sondern gerade um die vorrangige Nutzung vorhandener innerbetrieblicher Wissensressourcen (vgl. auch *Oetker* NZA 2003, 1233 [1234 f.]).

138 **Leitende Angestellte** i. S. d. § 5 Abs. 3 sind **keine Auskunftspersonen** nach § 80 Abs. 2 Satz 3 (*Fitting* § 80 Rn. 85; *Franzen* ZfA 2001, 423 [439]; *Hanau* RdA 2001, 65 [71 f.]; *Hoff* Drittkonsultationsrechte, S. 98 f.; *Klapper* Unterstützung des Betriebsrats durch in- und externen Sachverstand [Diss. Saarbrücken, 2007] S. 66 ff.; *Oetker* NZA 2003, 1233 [1235]; *Preis / WPK* § 80 Rn. 42; *Sittard / HWK* § 80 BetrVG Rn. 39; **a. M.** *Becker/Kunz/Schneider* AiB 2003, 537 [538]; *Buschmann/DKKW* § 80 Rn. 145; *Kaiser/LK* § 80 Rn. 44; *Richardi/Thüsing* § 80 Rn. 99; *Waskow/*NK-GA § 80 BetrVG Rn. 34). Da dieser Personenkreis generell aus dem Anwendungsbereich des Betriebsverfassungsgesetzes ausgenommen ist, hätte es für eine Verpflichtung des Arbeitgebers, auf Anforderung des Betriebsrats diesem auch leitende Angestellte zur Verfügung zu stellen, einer ausdrücklichen gesetzlichen Anordnung bedurft. Wo der Gesetzgeber eine Einbeziehung der leitenden Angestellten für geboten hält, hat er dies sonst stets ausdrücklich gesagt (vgl. neben § 105 vor allem §§ 107 Abs. 1 Satz 2 und 108 Abs. 2 Satz 2). Dem Arbeitgeber bleibt es zwar unbenommen, auch leitende Angestellte zur sachkundigen Information des Betriebsrats zu benennen. Nicht selten wird gerade dies auch in beiderseitigem Interesse aufgrund der besonderen Sachkunde dieses Personenkreises sinnvoll sein (*Richardi/Thüsing* § 80 Rn. 99). Ein Vorschlagsrecht des Betriebsrats, dem sich der Arbeitgeber nur unter Hinweis auf betriebliche Notwendigkeiten entziehen könnte, besteht insoweit aber nicht.

139 **Sachkundig** ist ein Arbeitnehmer, der über das Wissen verfügt, das dem Betriebsrat fehlt, um die jeweilige konkrete Aufgabe ordnungsgemäß zu erfüllen. Der **konkrete Informationsbedarf** des Betriebsrats ist also maßgeblich dafür, welche Anforderungen an die Sachkunde des betreffenden Arbeitnehmers zu stellen sind (*Fitting* § 80 Rn. 83; *Hoff* Drittkonsultationsrechte, S. 101 ff.). Als sachkundige Auskunftspersonen kommen etwa in Betracht: Betriebliche Umweltschutzbeauftragte, Sicherheits- oder Datenschutzbeauftragte, Betriebsärzte oder Fachkräfte für Arbeitssicherheit (*Buschmann/DKKW* § 80 Rn. 142). Je nach Aufgabenstellung können es aber auch andere Arbeitnehmer des Betriebs sein.

c) Zurverfügungstellen der Auskunftsperson

140 Ebenso wie für die Hinzuziehung eines Sachverständigen (vgl. Rdn. 153) setzt auch die Anforderung einer Auskunftsperson einen **Beschluss** des Betriebsrats voraus, in dem dieser den Gegenstand der erwünschten Auskunft sowie, soweit er von seinem Vorschlagsrecht Gebrauch macht, auch die angeforderte Auskunftsperson benennt (*Oetker* NZA 2003, 1233 [1238]).

141 Der Betriebsrat hat hinsichtlich der Auskunftsperson ein **Vorschlagsrecht**, vgl. § 80 Abs. 2 Satz 3 2. Halbs. Es obliegt seinem Ermessen, welche Arbeitnehmer er als Auskunftsperson in Anspruch nehmen will (*Buschmann/DKKW* § 80 Rn. 146 f.). Der Arbeitgeber ist grundsätzlich gehalten, den Vorschlag des Betriebsrats zu berücksichtigen. Er darf den Vorschlag nur ablehnen, wenn er **betriebliche Notwendigkeiten** geltend machen kann, die einer Freistellung des Arbeitnehmers für die Auskunftserteilung entgegenstehen. Hierzu reicht eine plausible Organisationsentscheidung des Arbeitgebers. Zwingende oder dringende Gründe müssen nicht vorliegen (*Oetker* NZA 2003, 1233 [1238]). In Betracht kommt insoweit vor allem, dass der Arbeitnehmer im laufenden Betrieb in dem Zeitraum, für den der Betriebsrat die Zurverfügungstellung beansprucht, unabkömmlich ist, da andernfalls die Organisation, der Arbeitsablauf oder die Sicherheit im Betrieb beeinträchtigt wäre (*Natzel* NZA 2001, 872 [873]; *Nicolai/HWGNRH* § 80 Rn. 89). Auch unverhältnismäßige Kosten können eine Rolle spielen (*Oetker* NZA 2003, 1233 [1238]; *Nicolai/HWGNRH* § 80 Rn. 89). Abgesehen davon kann der Arbeitgeber den Vorschlag nur ablehnen, wenn die angeforderte Auskunftsperson **nicht über die erforderliche Sachkunde** verfügt (*Fitting* § 80 Rn. 83). Es reicht daher nicht, wenn der Arbeitgeber nur geltend macht, ein anderer Arbeitnehmer als der vom Betriebsrat benannte sei besser qualifiziert (*Fitting* § 80 Rn. 83).

142 Der Betriebsrat hat lediglich ein Vorschlags-, **kein Bestimmungsrecht**. Es bedarf einer Freigabeentscheidung durch den Arbeitgeber (*Oetker* NZA 2003, 1233 [1238]). Anders als bei der Hinzuziehung von Sachverständigen ist allerdings eine »nähere Vereinbarung« zwischen Arbeitgeber und Auskunftsperson nicht erforderlich (*Buschmann/DKKW* § 80 Rn. 148; zur Frage des Direktionsrechts des Arbeitgebers gegenüber dem sachkundigen Arbeitnehmer vgl. Rdn. 144 f.). Kommt der Arbeitgeber

Allgemeine Aufgaben § 80

dem Verlangen des Betriebsrats nach Zurverfügungstellung einer bestimmten Auskunftsperson nicht nach, so muss der Betriebsrat gegebenenfalls die Freigabe im **Beschlussverfahren**, notfalls durch einstweilige Verfügung (*LAG Hamm* 02.01.2001 AiB 2002, 114 *[Teuber]*) durchsetzen.

Der Betriebsrat kann verlangen, die ihm zur Verfügung gestellte Auskunftsperson **in Abwesenheit** 143 **des Arbeitgebers** oder von ihm bestimmter Personen zu befragen. Das ergibt sich aus dem systematischen Zusammenhang mit dem Anspruch auf Zurverfügungstellung von Unterlagen nach § 80 Abs. 2 Satz 2 und dem Zweck der Informationsrechte des Betriebsrats, die es diesem ermöglichen sollen, in eigener Verantwortung und unbeeinflusst vom Arbeitgeber zu prüfen, ob Betriebsratsaufgaben ein Tätigwerden notwendig machen (*BAG* 20.01.2015 EzA § 80 BetrVG 2001 Nr. 21 Rn. 11 ff. = AP Nr. 80 zu § 80 BetrVG 1972; *Buschmann/DKKW* § 80 Rn. 144; *Fitting* § 80 Rn. 84).

d) Rechtsstellung der Auskunftsperson

Sofern der Arbeitgeber den vom Betriebsrat angeforderten Arbeitnehmer zur Auskunftserteilung frei- 144 gibt, ist dieser **verpflichtet, die gewünschten Auskünfte zu erteilen** (*Becker/Kunz/Schneider* AiB 2003, 537 [540]; *Fitting* § 80 Rn. 85; *Kania*/ErfK § 80 BetrVG Rn. 30a; *Klapper* Unterstützung des Betriebsrats durch in- und externen Sachverstand [Diss. Saarbrücken], 2007, S. 81 ff.; *Oetker* NZA 2003, 1233 [1236 f.]; **a. M.** *Franzen* ZfA 2001, 423 [439]; *Kohte/Schulze-Doll*/HaKo § 80 Rn. 61; *Nicolai*/HWGNRH § 80 Rn. 91; *Löwisch* BB 2001, 1790 [1791]; *Kaiser/LK* § 80 Rn. 48). Insofern greift das **Direktionsrecht** des Arbeitgebers (*BAG* 20.01.2015 EzA § 80 BetrVG 2001 Nr. 21 Rn. 21 = AP Nr. 80 zu § 80 BetrVG 1972; *Richardi/Thüsing* § 80 Rn. 99). Ein dem Arbeitnehmer unzumutbarer Loyalitätskonflikt besteht nicht. Der Arbeitnehmer wird im Rahmen der Auskunftserteilung nicht, wie teilweise vorgebracht (*Kraft* 7. Aufl., § 80 Rn. 105), gegen seinen Willen in den Dienst des Betriebsrats gestellt. Vielmehr manifestiert sich auch hier der Bezug des § 80 Abs. 2 Satz 3 zum allgemeinen Auskunftsanspruch. Der Arbeitnehmer wird nicht in eigener Funktion und vor allem auch nicht als Berater für den Betriebsrat tätig (vgl. auch Rdn. 133), sondern erteilt die Auskunft als **Erfüllungsgehilfe des Arbeitgebers** im Rahmen dessen betriebsverfassungsrechtlicher Informationspflicht (insofern auch *Kohte/Schulze-Doll*/HaKo § 80 Rn. 61) und erfüllt diesem gegenüber damit zugleich seine eigene Verpflichtung aus dem Arbeitsvertrag (*Oetker* NZA 2003, 1233 [1237]; **a. M.** *Kohte/Schulze-Doll*/HaKo § 80 Rn. 61). Darüber hinaus dient die Tätigkeit als Auskunftsperson auch insofern dem Interesse des Arbeitgebers, als diesem daran gelegen sein wird, eher betriebsinternen als den kostenträchtigeren externen Sachverstand nach § 80 Abs. 3 einzusetzen (vgl. *Sittard*/HWK § 80 BetrVG Rn. 39).

Auch hinsichtlich der **Reichweite der Auskunftserteilung** ist der Arbeitnehmer an die **Weisungen** 145 **des Arbeitgebers** gebunden. Da es auch bei § 80 Abs. 2 Satz 3 um einen gegen den Arbeitgeber gerichteten Auskunftsanspruch geht, ist es nicht Sache der Auskunftsperson, eigenständig Gegenstand und Umfang der Informationen zu bestimmen, die an den Betriebsrat weitergegeben werden sollen. Maßgeblich sind allein die Weisungen des Arbeitgebers (vgl. auch *BAG* 20.01.2015 EzA § 80 BetrVG 2001 Nr. 21 Rn. 21 = AP Nr. 80 zu § 80 BetrVG 1972; *Fitting* § 80 Rn. 84; *Nicolai*/HWGNRH § 80 Rn. 90; *Richardi/Thüsing* § 80 Rn. 99; **krit.** *Buschmann/DKKW* § 80 Rn. 144; **a. M.** *Hoff* Drittkonsultationsrechte, S. 105). Da der Arbeitgeber seinerseits aber zur Auskunft verpflichtet ist, verletzt er seine betriebsverfassungsrechtlichen Pflichten, wenn er dem Arbeitnehmer Weisungen erteilt, die ihn daran hindern, dem Betriebsrat die zur Erfüllung seiner Aufgaben erforderlichen Auskünfte zu erteilen (vgl. auch *Buschmann/DKKW* § 80 Rn. 144). Das gilt auch, wenn der Arbeitgeber sich auf Betriebs- oder Geschäftsgeheimnisse beruft. Ebenso wenig wie beim allgemeinen Auskunftsanspruch begrenzen diese bei § 80 Abs. 2 Satz 3 den Informationsanspruch des Betriebsrats (*Buschmann/DKKW* § 80 Rn. 151; *Oetker* NZA 2003, 1233 [1237]; einschränkend *Franzen* ZfA 2001, 423 [439]; *Kaiser/LK* § 80 Rn. 47). Der Arbeitnehmer darf sich allerdings über eine solche betriebsverfassungswidrige Weisung **nicht eigenmächtig hinwegsetzen**, sondern ist im Innenverhältnis zum Arbeitgeber auch in einem solchen Fall durch den Arbeitsvertrag gebunden. § 80 Abs. 2 Satz 3 enthält kein gesetzliches Verbot i. S. d. § 134 BGB, das eine entsprechende Weisung automatisch nichtig machte (vgl. aber *Oetker* NZA 2003, 1233 [1237]). Ist der Betriebsrat der Ansicht, die Auskunft sei unzureichend, muss er ein entsprechendes Beschlussverfahren einleiten.

146 Mit der Tätigkeit als Auskunftsperson erfüllt der betreffende Arbeitnehmer seine **arbeitsvertraglichen Pflichten** gegenüber dem Arbeitgeber. Er hat deshalb dafür Anspruch auf die entsprechende Vergütung nach Maßgabe der sonst für sein Arbeitsverhältnis geltenden Regelungen, unter Umständen auch auf Mehrarbeitsvergütung (*Fitting* § 80 Rn. 85; *Natzel* NZA 2001, 872 [873]).

147 Gem. § 80 Abs. 4 gilt die **Geheimhaltungspflicht des** § 79 für sachkundige Auskunftspersonen entsprechend.

148 Betriebliche Auskunftspersonen dürfen wegen ihrer Tätigkeit **nicht benachteiligt oder begünstigt** werden, § 78. Der besondere Kündigungsschutz für betriebsverfassungsrechtliche Amtsträger nach §§ 103 BetrVG, 15 KSchG kommt ihnen allerdings in Ermangelung einer entsprechenden Gefährdungslage nicht zu (*Oetker* NZA 2003, 1233 [1238]).

IV. Hinzuziehung von Sachverständigen (Abs. 3)

1. Voraussetzungen

149 **Bei Durchführung seiner Aufgaben** und soweit es dazu **erforderlich** ist, kann der Betriebsrat nach näherer Vereinbarung mit dem Arbeitgeber Sachverständige hinzuziehen. Damit räumt das Gesetz dem Betriebsrat die Möglichkeit ein, sich die nötigen **Kenntnisse** zu beschaffen, die er noch nicht hat. Aufgabe des Sachverständigen ist es aber nicht, außerhalb der Durchführung einer Aufgabe dem Betriebsrat fehlende Fachkenntnisse in bestimmten Angelegenheiten generell und sozusagen auf Vorrat zu vermitteln (*BAG* 25.07.1989 EzA § 80 BetrVG 1972 Nr. 38 S. 4 = AP Nr. 38 zu § 80 BetrVG 1972; 11.11.2009 EzA § 80 BetrVG 2001 Nr. 11 Rn. 19 = AP Nr. 23 zu § 20 BetrVG 1972; *Fitting* § 80 Rn. 86; *Nicolai/HWGNRH* § 80 Rn. 99). Die allgemeine Vermittlung von Kenntnissen, die für die Betriebsratstätigkeit erforderlich sind, erfolgt im Rahmen von Schulungsveranstaltungen nach § 37 Abs. 6 und 7 (*BAG* 17.03.1987 EzA § 80 BetrVG 1972 Nr. 30 S. 178 f. = AP Nr. 29 zu § 80 BetrVG 1972 = SAE 1988, 106 *[Kraft]*; *Fitting* § 80 Rn. 86; 25.06.2014 EzA § 80 BetrVG 2001 Nr. 19 Rn. 23 = AP Nr. 78 zu § 80 BetrVG 1972). Zulässig ist aber die Beiziehung eines Sachverständigen auch im Rahmen eines gesamten, u. U. längerfristigen Projekts, sofern die gesetzlichen Voraussetzungen vorliegen (*Buschmann/DKKW* § 80 Rn. 157; *Fitting* § 80 Rn. 88). Zur Hinzuziehung von Sachverständigen bei **Sprechstunden** vgl. § 39 Rdn. 20; bei Betriebsversammlungen vgl. § 42 Rdn. 51; bei Sitzungen des **Wirtschaftsausschusses** (§ 108 Abs. 2 Satz 3), vgl. *Oetker* § 108 Rdn. 33 ff. sowie *Radtke* Externer Sachverstand, S. 193 ff. Zum Recht des Betriebsrats, in Unternehmen mit mehr als 300 Arbeitnehmern bei Verhandlungen über eine **Betriebsänderung** einen Berater hinzuzuziehen (§ 111 Satz 2), vgl. *Oetker* § 111 Rdn. 207 ff.; zur Abgrenzung auch *Radtke* Externer Sachverstand, S. 44 ff.; de lege ferenda auch *Krause* 71. DJT 2016, Gutachten B S. 96. Zur Hinzuziehung eines Rechtsanwalts durch einen **Wahlvorstand** in analoger Anwendung des § 80 Abs. 3 vgl. *BAG* 11.11.2009 EzA § 80 BetrVG 2001 Nr. 11 Rn. 21 ff. = AP Nr. 23 zu § 20 BetrVG 1972 sowie *Radtke* Externer Sachverstand, S. 227 ff.

150 Die Beiziehung eines Sachverständigen kommt erst in Frage, wenn der Arbeitgeber seine Informationspflichten nach Abs. 2 vollständig erfüllt hat (ausf. *Radtke* Externer Sachverstand, S. 63 ff.). Reicht dem Betriebsrat die Information nicht aus, so gebieten es die Grundsätze der vertrauensvollen Zusammenarbeit und der Verhältnismäßigkeit, dass der Betriebsrat **zunächst** vom Arbeitgeber **ergänzende Informationen**, insbesondere die in Abs. 2 Satz 2 genannten Unterlagen anfordert (*BAG* 04.06.1987 EzA § 80 BetrVG 1972 Nr. 31 S. 2 f. = AP Nr. 30 zu § 80 BetrVG 1972; gegen diese Stufenfolge *Buschmann/DKKW* § 80 Rn. 159 ff.). Der Betriebsrat muss weiterhin nach Möglichkeit **andere (kostengünstigere) Möglichkeiten** ausschöpfen, um sich die erforderlichen Kenntnisse zu verschaffen. Dazu gehören etwa Auskünfte durch die Gewerkschaft oder auch das Studium der Fachliteratur und frei zugänglicher Quellen im Internet (*LAG Rheinland-Pfalz* 15.06.2012 – 9 TaBV 1/12 – juris, Rn. 35 ff.). Vor Hinzuziehung eines Sachverständigen ist auch zu prüfen, ob nicht die Inanspruchnahme innerbetrieblichen Sachverstands durch Zurverfügungstellung **sachkundiger Arbeitnehmer nach Abs. 2 Satz 3** das Informationsbedürfnis befriedigen kann (vgl. Rdn. 131). Der Betriebsrat muss deshalb die vom Arbeitgeber angebotene Unterrichtung durch Fachkräfte des Betriebs oder durch Vertreter des Systemherstellers oder des Systemverkäufers nutzen, ehe die kostenaufwendige

Allgemeine Aufgaben § 80

Beiziehung eines Sachverständigen in Frage kommt (*BAG* 04.06.1987 EzA § 80 BetrVG 1972 Nr. 31 S. 4 = AP Nr. 30 zu § 80 BetrVG 1972; 26.02.1992 EzA § 80 BetrVG 1972 Nr. 40 S. 10 *[Kittner]* = AP Nr. 48 zu § 80 BetrVG 1972; 16.11.2005 EzA § 80 BetrVG 2001 Nr. 4 S. 11 = AP Nr. 64 zu § 80 BetrVG 1972 = RdA 2007, 44 *[zust. Lunk]*; *LAG Köln* 18.10.2006 LAGE § 80 BetrVG 2001 Nr. 4; *Fitting* § 80 Rn. 81, 89; *Hunold* NZA 2006, 583; *Preis/WPK* § 80 Rn. 45; *Radtke* Externer Sachverstand, S. 77 ff.; *Richardi/Thüsing* § 80 Rn. 100; **a. M.** *Buschmann/DKKW* § 80 Rn. 162; *Hoff* Drittkonsultationsrechte, S. 97 f.). Der Betriebsrat ist aber nicht gehalten, vor Beauftragung eines Sachverständigen seine Mitglieder an einer **Schulung** nach § 37 Abs. 6 teilnehmen zu lassen. Dem stehen die unterschiedlichen Funktionen beider Regelungen entgegen (*BAG* 25.06.2014 EzA § 80 BetrVG 2001 Nr. 19 Rn. 23 = AP Nr. 78 zu § 80 BetrVG 1972; *Richardi/Thüsing* § 80 Rn. 100; **a. M.** *Radtke* Externer Sachverstand, S. 86 f.).

Ist der Betriebsrat trotz der Ausschöpfung aller Informationsmöglichkeiten aus seiner Sicht immer noch nicht in der Lage, seine Aufgabe durchzuführen, kommt die Beiziehung eines Sachverständigen in Frage, wenn sie **zur Aufgabenerfüllung erforderlich** ist. Die Erforderlichkeit der Hinzuziehung des Sachverständigen ist keine Ermessens-, sondern eine **Rechtsfrage**, die in vollem Umfang der gerichtlichen Prüfung unterliegt (*Hoff* Drittkonsultationsrechte, S. 116; *Richardi/Thüsing* § 80 Rn. 100). Im Rahmen der Erforderlichkeitsprüfung ist zunächst zu berücksichtigen, ob der Betriebsrat andere ihm zur Verfügung stehende Informationsquellen, d. h. ob die Beiziehung des Sachverständigen **schon erforderlich** ist (*BAG* 04.06.1987 EzA § 80 BetrVG 1972 Nr. 31 S. 4 = AP Nr. 30 zu § 80 BetrVG 1972; 26.02.1992 EzA § 80 BetrVG 1972 Nr. 40 S. 10 *[Kittner]* = AP Nr. 48 zu § 80 BetrVG 1972; zur Erforderlichkeit einer Schulung vgl. jetzt aber *BAG* 25.06.2014 EzA § 80 BetrVG 2001 Nr. 19 Rn. 23 = AP Nr. 78 zu § 80 BetrVG 1972; dazu Rdn. 150). Weiter ist zu prüfen, ob die zu beurteilende Frage so komplex oder kompliziert ist, dass der Betriebsrat sie aus eigener Sachkunde nicht beantworten kann. Dem Betriebsrat kommt ein gewisser **Beurteilungsspielraum** zu (*Fitting* § 80 Rn. 90; *Radtke* Externer Sachverstand, S. 90 f.; *Richardi/Thüsing* § 80 Rn. 100). Maßstab muss der Standpunkt eines vernünftigen **Dritten** sein, der die Interessen des Betriebes, des Betriebsrats und der Arbeitnehmer gegeneinander abwägt (**abw.** *Buschmann/DKKW* § 80 Rn. 156: Maßgebend seien die konkreten Bedürfnisse des jeweiligen »vernünftigen Betriebsrats«; zur Auskunftsperson nach § 80 Abs. 2 Satz 3 vgl. Rdn. 136). Die Zuziehung eines Sachverständigen ist jedenfalls dann geboten, wenn schwierige Fragen zu klären oder zu beurteilen sind, die eine spezielle, gründliche Ausbildung voraussetzen. Beispiele sind rechtliche, technische, versicherungsmathematische, arbeitswissenschaftliche oder betriebswirtschaftliche Fragen oder auch Probleme im Zusammenhang mit der Vorbereitung von Interessenausgleich und Sozialplan (*BAG* 26.02.1992 EzA § 80 BetrVG 1972 Nr. 40 S. 9 ff. *[Kittner]* = AP Nr. 48 zu § 80 BetrVG 1972), allerdings nicht schon in der Phase bloßer Konzepte und Vorüberlegungen seitens des Arbeitgebers (*LAG Hamm* 08.08.2008 – 10 TaBV 21/08 – juris; vgl. zur Erforderlichkeit auch *Matthiessen* CR 1988, 478 [479 ff.]).

Aus der Gesetzesformulierung ergibt sich, dass der Betriebsrat selbst schon der Auffassung sein muss, dass für ihn eine Aufgabe **besteht**, und der Sachverständige nur dazu dient, die Durchführung der Aufgabe zu ermöglichen (*Jobs* RDV 1987, 125 [126]). Der Sachverständige ist also **nicht** dazu da, den Betriebsrat bei der **Klärung der Frage** zu unterstützen, ob er eine gesetzliche Aufgabe hat (**a. M.** *Buschmann/DKKW* § 80 Rn. 157; für Beiziehung eines Sachverständigen u. U. schon im Informationsstadium *Kort* CR 1988, 220 [223 f.]; ähnlich *Matthiessen* CR 1988, 478 [481]).

Die Beauftragung eines Sachverständigen setzt einen ordnungsgemäßen **Beschluss** des Betriebsrats voraus, in dem dieser die Entscheidung trifft, dass er diese Maßnahme für die Erfüllung seiner Aufgaben konkret für erforderlich hält (*LAG Berlin-Brandenburg* 20.01.2015 – 7 TaBV 2158/14 – juris, Rn. 22; ausf. *Radtke* Externer Sachverstand, S. 98 ff.; zur Beauftragung eines Rechtsanwalts, der nur im Rahmen von § 40 und nicht als Sachverständiger tätig ist, vgl. § 40 Rdn. 115). Der Beschluss muss außerdem möglichst genau bezeichnen, für welche Aufgabe und zu welchem Thema ihm fachliche (technische und/oder rechtliche) Kenntnisse fehlen, die der Sachverständige dem Betriebsrat vermitteln kann (*BAG* 04.06.1987 EzA § 80 BetrVG 1972 Nr. 31 S. 3 = AP Nr. 30 zu § 80 BetrVG 1972; zust. *Jobs* RDV 1987, 125 [127]). Die Person des Sachverständigen braucht in dem Beschluss noch nicht genannt zu werden; dies wäre allerdings zweckmäßig, da in der weiter erforderlichen Ver-

§ 80 IV. 1. Allgemeines

einbarung mit dem Arbeitgeber auch eine Einigung über die Person des Sachverständigen erfolgen muss.

154 Mit Rücksicht auf die Kostentragungspflicht des Arbeitgebers (§ 40) schreibt das Gesetz vor, dass über die Beiziehung eines Sachverständigen eine »**nähere Vereinbarung**« **mit dem Arbeitgeber** zu treffen ist (dazu ausf. *Radtke* Externer Sachverstand, S. 104 ff.; vgl. auch § 40 Rdn. 45). In dieser Vereinbarung sind die Person des Sachverständigen, Gegenstand der Sachverständigentätigkeit, Zeitpunkt der Tätigkeit und das Honorar festzulegen (vgl. u. a. BAG 26.02.1992 EzA § 80 BetrVG 1972 Nr. 40 S. 6 *[Kittner]* = AP Nr. 48 zu § 80 BetrVG 1972; *Blomeyer* Anm. zu BAG EzA § 80 BetrVG 1972 Nr. 15; *Fitting* § 80 Rn. 90; *Nicolai/HWGNRH* § 80 Rn. 100). Die Vereinbarung ist keine Betriebsvereinbarung und kann formlos getroffen werden (*Fitting* § 80 Rn. 90). Kommt die Vereinbarung zustande, kann der Betriebsrat nach ihrer Maßgabe den Sachverständigen beauftragen (zu Fragen der **Teilrechtsfähigkeit des Betriebsrats** und zu dessen **Haftung** vgl. § 40 Rdn. 18 ff.). Die **Vergütung** für einen vom Betriebsrat zulässigerweise herangezogenen Sachverständigen gehört zu den vom Arbeitgeber nach **§ 40 Abs. 1** zu tragenden Kosten der Betriebsratstätigkeit (vgl. auch § 40 Rdn. 44 ff.). Inhaltlich ist der Arbeitgeber dem Betriebsrat gegenüber verpflichtet, die vereinbarte Vergütung an den Sachverständigen zu zahlen bzw. den Betriebsrat und seine Mitglieder von der dem Sachverständigen gegenüber begründeten Verbindlichkeit freizustellen (vgl. dazu § 40 Rdn. 21 f.). Der Sachverständige wird nur Gläubiger, wenn der Betriebsrat (d. h. die entsprechenden Betriebsratsmitglieder, vgl. § 40 Rdn. 25 f.) ihm seinen Anspruch gegen den Arbeitgeber abtritt. Erforderlich dazu ist ein wirksamer Beschluss des Betriebsrats (BAG 13.05.1998 EzA § 80 BetrVG 1972 Nr. 42 S. 2 f. = AP Nr. 55 zu § 80 BetrVG 1972).

155 **Ohne vorherige Einigung mit dem Arbeitgeber** über die Modalitäten seines Tätigwerdens ist der Betriebsrat **nicht berechtigt**, einen Sachverständigen beizuziehen (BAG 19.04.1989 EzA § 80 BetrVG 1972 Nr. 35 = AP Nr. 35 zu § 80 BetrVG 1972; 25.07.1989 EzA § 80 BetrVG 1972 Nr. 38 = AP Nr. 38 zu § 80 BetrVG 1972; 11.11.2009 EzA § 80 BetrVG 2001 Nr. 11 Rn. 17 f. = AP Nr. 23 zu § 20 BetrVG 1972; *Fitting* § 80 Rn. 90; *Kruse* Die Rechte des Arbeitgebers gegenüber dem Betriebsrat aus der Betriebsverfassung [Diss. Kiel], 2010, S. 124 ff.; *Matthes/MünchArbR* § 327 Rn. 37; *Richardi/Thüsing* § 80 Rn. 102; vgl. § 40 Rdn. 45; *Sittard/HWK* § 80 BetrVG Rn. 42; **a. M.** *LAG Frankfurt a. M.* 11.11.1986 DB 1987, 1440; *Buschmann/DKKW* § 80 Rn. 155: nachträgliche gerichtliche Ersetzung möglich). Der Gesetzeswortlaut ist insoweit eindeutig. Auch wenn das Wort »nach« nicht zeitlich zu verstehen wäre, sondern i. S. v. »gemäß« oder »entsprechend«, so bedeutete dies dennoch, dass die Vereinbarung vorliegen muss, entsprechend der dann der Sachverständige beigezogen werden kann. Auch in dringenden Fällen darf der Betriebsrat deshalb einen Sachverständigen nicht ohne vorherige Einigung mit dem Arbeitgeber beiziehen, er muss dann notfalls die Zustimmung des Arbeitgebers im einstweiligen Verfügungsverfahren ersetzen lassen (BAG 11.11.2009 EzA § 80 BetrVG 2001 Nr. 11 Rn. 29 = AP Nr. 23 zu § 20 BetrVG 1972; *LAG Köln* 05.03.1986 LAGE § 80 BetrVG 1972 Nr. 5; *Fitting* § 80 Rn. 93; *Nicolai/HWGNRH* § 80 Rn. 100). Ersetzt das Gericht die Zustimmung, hat dies keine Rückwirkung (**a. M.** *Buschmann/DKKW* § 80 Rn. 155).

156 Kommt eine Einigung nicht zustande, so kann der Betriebsrat das **Arbeitsgericht** mit dem Antrag anrufen, die vom Arbeitgeber verweigerte **Zustimmung zu der vorgeschlagenen Vereinbarung zu ersetzen** (BAG 25.04.1978 EzA § 80 BetrVG 1972 Nr. 15 S. 77 *[Blomeyer]* = AP Nr. 11 zu § 80 BetrVG 1972; 11.11.2009 EzA § 80 BetrVG 2001 Nr. 11 Rn. 18 = AP Nr. 23 zu § 20 BetrVG 1972; 25.06.2014 EzA § 80 BetrVG 2001 Nr. 19 Rn. 20 = AP Nr. 78 zu § 80 BetrVG 1972; vgl. dazu *Radtke* Externer Sachverstand, S. 117 ff.). Das Arbeitsgericht entscheidet im Beschlussverfahren (§ 2a Abs. 1 Nr. 1, Abs. 2, §§ 80 ff. ArbGG) über alle strittigen Fragen. Der Streit kann sich auf die Erforderlichkeit der Beiziehung, die Person des Sachverständigen, die Höhe seines Honorars oder auch den Gegenstand der Sachverständigentätigkeit beziehen. Das Gericht kann aber nur die vom Arbeitgeber verweigerte Zustimmung ersetzen oder die Ersetzung ablehnen, nicht einen vom Antrag des Betriebsrats abweichenden Inhalt der »näheren Vereinbarung« beschließen (*Jobs* RDV 1987, 125 [128]; wohl auch *Blomeyer* Anm. zu BAG EzA § 80 BetrVG 1972 Nr. 15 S. 85; **a. M.** *Matthes/MünchArbR* § 327 Rn. 36).

157 Die strittigen Fragen können auch einer **Einigungsstelle** unterbreitet werden, die aber die Einigung nicht ersetzen kann; es gilt § 76 Abs. 6 (*Fitting* § 80 Rn. 90).

2. Sachverständige

Sachverständige sind Personen, die dem Betriebsrat die ihm fehlenden Kenntnisse fachlicher oder rechtlicher Art vermitteln oder aufgrund von Erfahrungssätzen Schlussfolgerungen ziehen oder aufgrund besonderer Sach- und Fachkunde Tatsachen feststellen können (*BAG* 13.05.1998 EzA § 80 BetrVG 1972 Nr. 42 S. 4 = AP Nr. 55 zu § 80 BetrVG 1972; *Blomeyer* Anm. zu *BAG* 25.04.1978 EzA § 80 BetrVG 1972 Nr. 15 m. w. N.; *Buschmann/DKKW* § 80 Rn. 163; *Fitting* § 80 Rn. 87; ausf. *Radtke* Externer Sachverstand, S. 8 ff.). Setzt die Erfüllung betriebsverfassungsrechtlicher Aufgaben spezielle Rechtskenntnisse voraus, so kann Sachverständiger auch ein **Rechtsanwalt** sein (*BAG* 15.04.1978 EzA § 80 BetrVG 1972 Nr. 15 S. 75 = AP Nr. 11 zu § 80 BetrVG 1972; 16.11.2005 EzA § 80 BetrVG 2001 Nr. 4 S. 10 = AP Nr. 64 zu § 80 BetrVG 1972 = RdA 2007, 44 *[Lunk]*; 25.06.2014 EzA § 80 BetrVG 2001 Nr. 19 Rn. 21 = AP Nr. 78 zu § 80 BetrVG 1972), sofern er nicht nur den Betriebsrat in einem gerichtlichen Verfahren oder in einem Verfahren vor einer Einigungsstelle berät oder vertritt. Als Sachverständiger tritt ein Rechtsanwalt beispielsweise auf, wenn er den Betriebsrat bei den Verhandlungen über eine vom Arbeitgeber vorgeschlagene komplexe Betriebsvereinbarung berät (*BAG* 15.04.1978 EzA § 80 BetrVG 1972 Nr. 15 S. 75 = AP Nr. 11 zu § 80 BetrVG 1972; 15.11.2000 EzA § 40 BetrVG 1972 Nr. 92 S. 7 [B II 1 a der Gründe]; 14.12.2016 AP Nr. 114 zu § 40 BetrVG 1972 Rn. 14). In einem solchen Fall bedarf die Hinzuziehung eines Rechtsanwalts wie in anderen Fällen des § 80 Abs. 3 auch einer vorherigen Vereinbarung mit dem Arbeitgeber (vgl. Rdn. 154 f.). Im Gegensatz dazu handelt es sich bei der **Vertretung in einem gerichtlichen Verfahren nicht um die Beiziehung eines Sachverständigen**. Die Kosten unterfallen in diesem Fall unmittelbar § 40 Abs. 1, so dass eine Vereinbarung mit dem Arbeitgeber nach § 80 Abs. 3 nicht erforderlich ist (*BAG* 26.02.1992 EzA § 80 BetrVG 1972 Nr. 40 S. 6 *[Kittner]* = AP Nr. 48 zu § 80 BetrVG 1972; 25.06.2014 EzA § 80 BetrVG 2001 Nr. 19 Rn. 26 ff. = AP Nr. 78 zu § 80 BetrVG 1972 [**abl.** *Weller* BB 2014, 3136]; *Buschmann/DKKW* § 80 Rn. 163; *Fitting* § 80 Rn. 86 f.; vgl. dazu § 40 Rdn. 47 f.). Auch die **außergerichtliche** anwaltliche Beratung des Betriebsrats in einem konkreten Konfliktfall zu Vermeidung einer gerichtlichen Auseinandersetzung fällt unter § 40 (*BAG* 15.11.2000 EzA § 40 BetrVG 1972 Nr. 92 S. 7 [B II 1 b der Gründe]; 14.12.2016 AP Nr. 114 zu § 40 BetrVG 1972 Rn. 14; dazu **abl.** *Thon* AuR 2005, 396). Zu **Honorarvereinbarungen** mit dem Rechtsanwalt vgl. § 40 Rdn. 128. **Gewerkschaftsvertreter** können Sachverständige sein. Ein Neutralitätsgebot besteht nicht (*BAG* 26.02.1992 § 80 BetrVG 1972 Nr. 40 S. 5 *[Kittner]* = AP Nr. 48 zu § 80 BetrVG 1972; *Fitting* § 80 Rn. 87; *Kania*/ErfK § 80 BetrVG Rn. 32; *Nicolai*/HWGNRH § 80 Rn. 97).

158

Keine Sachverständige i. S. d. Abs. 3 sind **Betriebsangehörige** und solche Personen, die dem Betriebsrat sonst **Auskunft** geben sollen und können, wie etwa andere Betriebsräte desselben Unternehmens, Bedienstete der Betriebskrankenkasse, Werksärzte oder Beamte der Gewerbeaufsicht. Werden von solchen Personen Auskünfte eingeholt (zur Zulässigkeit, Informationen von Arbeitnehmern einzuholen vgl. Rdn. 85 f.), bedarf es keiner Vereinbarung mit dem Arbeitgeber, da insoweit auch keine besonderen Kosten anfallen (*Buschmann/DKKW* § 80 Rn. 163; *Fitting* § 80 Rn. 91; krit. *Hoff* Drittkonsultationsrechte, S. 112 f.).

159

Wird ein **sachkundiger Referent** zu einer **Betriebsversammlung** eingeladen, um über ein allgemeines Thema zu sprechen, ohne dass der Referent Ansprüche auf Honorar oder Auslagenersatz hat, oder in den Betrieb und dessen Anlagen oder in Unterlagen Einblick nimmt, so wird er **nicht als Sachverständiger** i. S. v. Abs. 3 tätig; einer Beteiligung des Arbeitgebers bei der Einladung eines derartigen Referenten, wie sie Abs. 3 bei Bestellung eines Sachverständigen vorschreibt, bedarf es daher nicht (*BAG* 13.09.1977 EzA § 45 BetrVG 1972 Nr. 1 S. 10 f. *[Hanau]* = AP Nr. 1 zu § 42 BetrVG 1972; 19.04.1987 EzA § 80 BetrVG 1972 Nr. 35 S. 6 = AP Nr. 35 zu § 80 BetrVG 1972; *Buschmann/DKKW* § 80 Rn. 163; vgl. auch § 42 Rdn. 51). Wird der Referent auf einer Betriebsversammlung hingegen **als Sachverständiger** i. S. v. § 80 Abs. 3 tätig, so gilt diese Bestimmung uneingeschränkt (vgl. dazu Rdn. 149 ff.). Es ist eine vorherige nähere Vereinbarung mit dem Arbeitgeber erforderlich; ohne eine solche Vereinbarung sind die Kosten nicht vom Arbeitgeber zu tragen (*BAG* 19.04.1987 EzA § 80 BetrVG 1972 Nr. 35 S. 5 f. = AP Nr. 35 zu § 80 BetrVG 1972).

160

V. Verschwiegenheitspflicht (Abs. 4)

161 Die Geheimhaltungspflicht ist seit dem BetrVerf-Reformgesetz aus dem Jahre 2001 für **Auskunftspersonen** i. S. v. Abs. 2 Satz 3 und für **Sachverständige** i. S. v. Abs. 3 in einem neuen Abs. 4 zusammengefasst. Für die Auskunftspersonen i. S. v. Abs. 2 Satz 3 ergibt sich ihre Geheimhaltungspflicht allerdings auch aus dem Arbeitsvertrag.

VI. Streitigkeiten

162 Streitigkeiten über das Bestehen der in § 80 geregelten Rechte und Pflichten entscheidet das Arbeitsgericht im **Beschlussverfahren** (§ 2a Abs. 1 Nr. 1, Abs. 2, §§ 80 ff. ArbGG). Gegenstand des Verfahrens kann ein Feststellungsantrag sein. Ein Anspruch auf Durchführung bestimmter Maßnahmen durch den Arbeitgeber besteht nicht (vgl. Rdn. 32 f.). Der Betriebsrat kann aber einen Anspruch auf Erfüllung der dem Arbeitgeber obliegenden Informationspflichten geltend machen (vgl. Rdn. 59). Verletzt der Arbeitgeber grob seine in § 80 geregelten Pflichten, kommt auch ein Verfahren nach § 23 Abs. 3 in Frage. Zu gerichtlichen Entscheidungen im Zusammenhang mit der Zuziehung von Sachverständigen vgl. Rdn. 156. Zur zulässigen Verfahrensart (Beschlussverfahren) für die Geltendmachung des Zahlungsanspruchs eines Sachverständigen vgl. *Hess. LAG* 12.05.1997 NZA 1997, 1360.

Zweiter Abschnitt
Mitwirkungs- und Beschwerderecht des Arbeitnehmers

Einführung

Literatur

Bächle Unterrichtungs- und Belehrungspflichten nach dem Betriebsverfassungsgesetz 1972, DB 1973, 1400; *Boemke* Auskunftspflichten im Arbeitsverhältnis, AR-Blattei SD 320; *Boldt* Die Individualrechte des Arbeitnehmers nach dem Betriebsverfassungsgesetz 1972, NWB 1978, 1927; *Deutsche Gesellschaft für Personalführung e. V.* Die personalpolitischen Konsequenzen des neuen Betriebsverfassungsgesetzes, 1972, S. 48 ff.; *Franzen* Die Freiheit der Arbeitnehmer zur Selbstbestimmung nach dem neuen BetrVG, ZfA 2001, 423; *Halberstadt* Der Arbeitsplatz und die neue Betriebsverfassung, AuL 1972, 120; *Heither* Mitwirkungs- und Beschwerderechte des Arbeitnehmers (§§ 81–86 BetrVG), AR-Blattei SD 530.14.6; *Mertz* Der individuelle Schutz des Arbeitnehmers im Rahmen der Betriebsverfassung, RdA 1971, 203; *Niederalt* Die Individualrechte des Arbeitnehmers nach dem Betriebsverfassungsgesetz 1972 (§§ 75, 81 ff., Diss. München), 1976; *Pouyadou* Die Abhängigkeit des Arbeitnehmers vom Betriebsrat (Diss. Augsburg), 1978; *Sommer* Neue Rechte für den einzelnen, Gewerkschafter 1972, 24; *Wendeling/Schröder* Individuum und Kollektiv in der neuen Betriebsverfassung, NZA 2001, 357; *Wiese* Individualrechte in der Betriebsverfassung, RdA 1973, 1; *ders.* Individuum und Kollektiv im Betriebsverfassungsrecht, NZA 2006, 1; *Zimmermann* Zur Bedeutung des arbeitsplatzbezogenen Unterrichtungs-, Anhörungs- und Erörterungsanspruchs des einzelnen Arbeitnehmers gem. 81 BetrVG, AuR 2014, 262.

Inhaltsübersicht	**Rdn.**
I. Grund der Einführung von Individualrechten	1
II. Rechtslage nach dem BetrVG 1952	2
III. Individualschutz als Zweck des Betriebsverfassungsrechts	3
IV. Überblick über die Rechtslage nach dem BetrVG 1972 und dem BetrVerf-Reformgesetz 2001	4–6
V. Vorschläge der Entwürfe zu Individualrechten des Arbeitnehmers im Rahmen der Betriebsverfassung	7–10
VI. Funktion der in §§ 81 ff. normierten Individualrechte	11–20
1. Individualrechte und Treue-(Fürsorge-)Pflicht des Arbeitgebers	11–18
a) Begründung der Treue-(Fürsorge-)Pflicht des Arbeitgebers	12
b) Ableitung der Individualrechte aus der Treue-(Fürsorge-)Pflicht des Arbeitgebers	13–17
c) Zusammenfassung	18
2. Arbeitsvertragsrechtliche Relevanz der Individualrechte	19, 20
VII. Rechtsfolgen	21–40
1. Persönlicher Geltungsbereich der Individualrechte	21–25
2. Verhältnis der Individualrechte zu den allgemeinen vertraglichen Rücksichtnahmepflichten	26–29
a) Abschließende Regelung der Individualrechte nach §§ 81 ff.	26, 27
b) Kein Ausschluss weiterer Nebenpflichten außerhalb des Betriebsverfassungsgesetzes	28, 29
3. Rechtsbehelfe zur Durchsetzung der Individualrechte	30–40
a) Betriebsverfassungsrecht	31, 32
b) Vertragsrecht	33–38
aa) Zwingende Wirkung	34
bb) Anspruch auf Erfüllung	35
cc) Schadenersatz	36
dd) Zurückbehaltungsrecht	37
ee) Kündigung aus wichtigem Grund	38
c) Unerlaubte Handlungen	39, 40
VIII. Verfahren zur Durchsetzung der Individualrechte	41, 42

I. Grund der Einführung von Individualrechten

Bei der Neugestaltung des Betriebsverfassungsrechts im Jahre 1972 ist die Frage virulent geworden, ob nicht ungeachtet der notwendigen kollektiven Interessenvertretung durch die betrieblichen Repräsentanten der Arbeitnehmer diese selbst als Individuen eigenverantwortlich an der Gestaltung des be-

1

trieblichen Geschehens beteiligt werden könnten. In der amtlichen Begründung des Regierungsentwurfs (BT-Drucks. VI/1786, S. 47 r.; vgl. auch Schriftlicher Bericht 10. Ausschuss, zu BT-Drucks. VI/2729, S. 9l.) findet sich der bemerkenswerte Hinweis, die Erfahrungen der Praxis hätten deutlich gemacht, dass trotz der umfassenden Interessenvertretung der Arbeitnehmerschaft durch den Betriebsrat beim einzelnen Arbeitnehmer insbesondere in größeren Betrieben vielfach das Gefühl einer bloßen Objektstellung weiter bestehe. Hiervon ausgehend seien Forderungen erhoben worden, dem einzelnen Arbeitnehmer, insbesondere in dem Bereich »rund um seinen Arbeitsplatz«, ein unmittelbares Mitsprache- und Mitwirkungsrecht einzuräumen. Diesem Anliegen hat der Gesetzgeber durch Einführung von sog. Individualrechten in §§ 81 ff. zu entsprechen versucht. Damit hat das Betriebsverfassungsrecht Neuland betreten. Durch Art. 1 Nr. 55 BetrVerf-Reformgesetz wurde zusätzlich ein Vorschlagsrecht der Arbeitnehmer gegenüber dem Betriebsrat (§ 86a) eingeführt.

II. Rechtslage nach dem BetrVG 1952

2 Das BetrVG 1952 beruhte ausschließlich auf der Vorstellung, die Interessen der Belegschaft und der einzelnen Arbeitnehmer des Betriebs seien im Rahmen des Betriebsverfassungsrechts allein vom Betriebsrat wahrzunehmen. Soweit dem Arbeitnehmer selbst vom Gesetzgeber Befugnisse zugewiesen wurden, standen sie ihm als Mitglied der Belegschaft, nicht als Partner des Arbeitgebers im Arbeitsverhältnis zu (vgl. *Dietz* § 1 Rn. 4). Sie dienten dem Zweck, die Errichtung von Betriebsräten zu ermöglichen und das Funktionieren der Betriebsverfassung zu gewährleisten. Dementsprechend besaß der einzelne Arbeitnehmer nur das aktive und das passive Wahlrecht zum Betriebsrat (vgl. § 6, § 7 Abs. 1 Satz 1 BetrVG 1952). Daneben hatte er Befugnisse als Mitglied der Belegschaft, vor allem im Zusammenhang mit der Durchführung von Wahlen und Betriebsversammlungen (vgl. § 7 Abs. 1 Satz 2, § 9 Abs. 2, § 16 Satz 1, § 41, § 44, § 69 Abs. 3, § 71, § 76 Abs. 2, 4, 5 BetrVG 1952), ferner als Angehöriger einer Gruppe von Arbeitnehmern bei der Durchführung von Wahlen (vgl. § 12, § 13 Abs. 2, § 20 Abs. 1 Satz 1, Abs. 2 Satz 1 BetrVG 1952) und schließlich gemeinsam mit einer bestimmten Anzahl von Arbeitnehmern, z.B. hinsichtlich gewisser Antragsrechte (vgl. § 9 Abs. 2, § 13 Abs. 5, § 15 Abs. 2, § 16 Satz 2, § 17 Abs. 1 Satz 2, § 18, § 23 Abs. 1, § 42 Abs. 2, § 76 Abs. 3, 5 BetrVG 1952), wobei in § 13 Abs. 4 BetrVG 1952 ferner die Gruppenzugehörigkeit vorausgesetzt wurde. Die Wahrnehmung dieser Befugnisse war durch das Verbot der Behinderung und Lohnminderung abgesichert (vgl. § 19 Abs. 1 Satz 2, Abs. 3 Satz 2, § 43 Abs. 1 Satz 2 BetrVG 1952). Im Übrigen stand die Ausübung der betriebsverfassungsrechtlichen Befugnisse dem Betriebsrat zu, dem auch im Rahmen von § 49 Abs. 1, § 51, § 54 Abs. 1 BetrVG 1952 die Wahrnehmung der individuellen Interessen der einzelnen Arbeitnehmer oblag, vor allem ihr Schutz vor diskriminierenden Maßnahmen des Arbeitgebers. Schließlich kam dem einzelnen Arbeitnehmer als Mitglied der Belegschaft mittelbar der Schutz durch den Betriebsrat bei der Ausübung der kollektiven Mitwirkungs- und Mitbestimmungsbefugnisse zugute. Daraus konnten auch Ansprüche des Arbeitnehmers gegen den Arbeitgeber erwachsen, so der Anspruch auf Zahlung einer Abfindung nach § 74 BetrVG 1952 oder Ansprüche aus einer Betriebsvereinbarung.

III. Individualschutz als Zweck des Betriebsverfassungsrechts

3 Die beschränkte Zuweisung von Rechten an den einzelnen Arbeitnehmer und dessen damit verbundene geringe unmittelbare Mitwirkung an der Gestaltung der Betriebsverfassung besagt allerdings nichts über den Zweck des Betriebsverfassungsrechts. Dieser besteht gerade auch in dem Schutz des einzelnen Arbeitnehmers, d. h. in der Achtung des Arbeitnehmers als Persönlichkeit, seiner Würde und Persönlichkeitsentfaltung im Arbeitsverhältnis (vgl. eingehend *Wiese* Einl. Rdn. 72 ff., zum Schutzzweck insbesondere Rdn. 78). Die den betrieblichen Vertretungen eingeräumten Befugnisse zur kollektiven Interessenwahrnehmung sind daher Mittel zur Erreichung dieses Zweckes (vgl. *Waltermann* Arbeitsrecht, Rn. 807). Zum Verhältnis der vom Betriebsrat wahrgenommenen kollektiven Interessen gegenüber den Individualinteressen der Arbeitnehmer vgl. *Wiese* Einl. Rdn. 86 ff., *Wiese/Gutzeit* § 87 Rdn. 512 ff.

IV. Überblick über die Rechtslage nach dem BetrVG 1972 und dem BetrVerf-Reformgesetz 2001

Die für das BetrVG 1952 aufgezeigte Konzeption ist im BetrVG 1972 und im BetrVerf-Reformgesetz im Prinzip beibehalten worden, insofern dem einzelnen Arbeitnehmer bei der Gestaltung der Betriebsverfassung im Wesentlichen nur eine Hilfsfunktion zugewiesen worden ist. Er hat daher wie bisher das aktive und das passive Wahlrecht zum Betriebsrat (vgl. § 7, § 8 Abs. 1 Satz 1) sowie Befugnisse als Mitglied der Belegschaft (vgl. § 3 Abs. 3 Satz 1, § 14 Abs. 3, § 17 Abs. 2, § 17a Nr. 3 Satz 1, § 39 Abs. 1, § 42 Abs. 1, § 45), einer nach bestimmten Merkmalen abgegrenzten Gruppe von Arbeitnehmern (vgl. § 4 Abs. 1 Satz 2, § 42 Abs. 2, § 61) oder gemeinsam mit einer bestimmten Anzahl von Arbeitnehmern (vgl. § 3 Abs. 3 Satz 2, § 4 Abs. 1 Satz 2, § 14 Abs. 4, § 14a Abs. 2, 3, 4, § 16 Abs. 2 Satz 1, 2, § 17 Abs. 3, 4, § 17a Nr. 3 Satz 2, Nr. 4, § 18 Abs. 1 Satz 2, 3, § 19 Abs. 2 Satz 1, § 23 Abs. 1 Satz 1, Abs. 2, § 43 Abs. 3, § 48, § 56, § 63 Abs. 2). Auch ist die Wahrnehmung dieser Befugnisse individualrechtlich abgesichert (vgl. § 20 Abs. 1 Satz 2, Abs. 3 Satz 2, § 39 Abs. 3, § 44 Abs. 1 Satz 2, 3, Abs. 2 Satz 2, § 69, § 71). Im Übrigen obliegt die Interessenwahrnehmung für die Belegschaft und die einzelnen Arbeitnehmer grundsätzlich allein deren gewählten Repräsentanten, woraus sich individualrechtliche Ansprüche der Arbeitnehmer ergeben können (vgl. z. B. § 113).

Die individuelle Rechtsposition des einzelnen Arbeitnehmers ist jedoch bereits im BetrVG 1972 in doppelter Hinsicht gestärkt worden. Zusätzlich zu den bisher schon dem Betriebsrat insoweit obliegenden allgemeinen Aufgaben (vgl. § 2 Abs. 1, früher § 49 Abs. 1 BetrVG 1952; § 75 Abs. 1, früher § 51 BetrVG 1952; § 80 Abs. 1, früher § 54 Abs. 1 BetrVG 1952; vgl. ferner § 70 Abs. 1) verpflichtet § 75 Abs. 2 Arbeitgeber und Betriebsrat ausdrücklich, die freie Entfaltung der Persönlichkeit der im Betrieb beschäftigten Arbeitnehmer zu schützen und zu fördern (vgl. auch schon § 51 Abs. 2 SPD-Entwurf vom 16.12.1968, BT-Drucks. V/3658 = RdA 1969, 35 [40]). Die Bestimmung setzt nicht nur dem Verhalten von Arbeitgeber und Betriebsrat, sondern auch ihrer Normsetzungsbefugnis im Interesse des Persönlichkeitsschutzes des Arbeitnehmers Schranken (vgl. hierzu sowie zur grundsätzlichen Problematik der Grenzen der Normsetzungsbefugnis der Betriebspartner *Blomeyer* GS R. *Dietz*, 1973, S. 147 [156 ff.]; *Canaris* AuR 1966, 129; *Fitting* § 75 Rn. 136 ff., § 77 Rn. 55 ff., § 87 Rn. 70, 215 f.; *Galperin/Löwisch* § 75 Rn. 24 ff., § 87 Rn. 66; s. *Kreutz* § 77 Rdn. 84 ff., 329 ff.; *ders.* Grenzen der Betriebsautonomie; *Löwisch* AuR 1972, 359; *ders.* AuR 1978, 97 [102]; *Matthes/MünchArbR* § 238 Rn. 47 ff.; *Richardi/Maschmann* § 75 Rn. 1, 47, *Richardi* § 77 Rn. 64 ff., 100 ff.; *Rüthers* in: *Rüthers/Boldt* Zwei arbeitsrechtliche Vorträge, 1970, S. 7 ff.; *Säcker* Gruppenautonomie und Übermachtkontrolle im Arbeitsrecht, 1972, S. 417 ff., 446 ff.; *Thees* Das Arbeitnehmer-Persönlichkeitsrecht als Leitidee des Arbeitsrechts [Diss. Trier], 1995, S. 169 ff.; *Travlos-Tsanetatos* Die Regelungsbefugnis der Betriebspartner und ihre Grenzen zum Einzelarbeitsverhältnis [Diss. FU Berlin], 1974; vgl. auch *Mertz* RdA 1971, 203 [206]; *Wiese* in: *Tinnefeld* Institutionen und Einzelne im Zeitalter der Informationstechnik, 1994, S. 101 [110]; *ders.* NZA 2006, 1 [5 ff.]; s. *Wiese* § 87 Rdn. 218, *Wiese/Gutzeit* § 87 Rdn. 512) und gebietet ihnen zugleich die Förderung der Persönlichkeit des Arbeitnehmers. In Verbindung mit § 2 Abs. 1, der Arbeitgeber und Betriebsrat zur Zusammenarbeit zum Wohl der Arbeitnehmer und des Betriebs verpflichtet, ist damit der Stellenwert der Persönlichkeit des Arbeitnehmers innerhalb der Betriebsverfassung gestärkt worden. Seine persönlichkeitsrechtliche Position wurde auch dadurch verbessert, dass die unbefugte Offenbarung von Geheimnissen des Arbeitnehmers durch Amtsträger unter Strafe gestellt worden ist (§ 120 Abs. 2, 4, 5).

So positiv die Neuregelung des § 75 Abs. 2 auch zu bewerten ist, bleibt sie doch der bisherigen Konzeption der ausschließlich repräsentativen Interessenvertretung durch den Betriebsrat verhaftet (zum Rechtstatsächlichen vgl. *Spilger* Tarifvertragliches Betriebsverfassungsrecht [Diss. FU Berlin], 1988, S. 126 ff.). Die wesentliche Neuerung im System des Betriebsverfassungsrechts war daher die Einfügung eines »Mitwirkungs- und Beschwerderechts« der Arbeitnehmer in das BetrVG 1972 (vgl. ferner im Rahmen der personellen Einzelmaßnahmen Ansprüche gegen den Arbeitgeber nach § 100 Abs. 1 Satz 2, § 102 Abs. 4, 5 und gegen den Betriebsrat nach § 99 Abs. 1 Satz 3, § 102 Abs. 2 Satz 4, 5). Das **BetrVerf-Reformgesetz 2001** hält sich insoweit im Rahmen der bisherigen Konzeption und ergänzt sie nur punktuell. Nach dem neuen § 75 Abs. 2 Satz 2 haben Arbeitgeber und Betriebsrat die Selbständigkeit und Eigeninitiative der Arbeitnehmer und Arbeitsgruppen zu fördern (s. *Kreutz/Jacobs* § 75 Rdn. 142 ff.), und nach dem neu eingefügten § 86a hat der Arbeitnehmer nunmehr gegenüber dem Betriebsrat ein eigenes Vorschlagsrecht (vgl. zu § 86a). Dagegen wurden Anregungen nicht aufgegriffen, die Rechtsposition des Arbeitnehmers im Betrieb unter Berücksichtigung des *CDU/CSU*-Entwurfs zum BetrVG 1972 (vgl. Rdn. 9) und gegenüber dem Betriebsrat zu stärken (vgl. hierzu *Löwisch* DB 1999, 2209 [2215]; *ders.* RdA 1999, 69 [79]; zum Antagonismus von individueller Entscheidungsfreiheit und kollektivem Schutz vgl. *Kittner* AuR 1995, 385 [395], zu weitergehenden Reformvorschlägen *Blanke/Rose* RdA 2001, 92 [95 ff.]; *DAG*-Vorschlag 1999 – s. Rdn. 9; *DGB*-Entwurf 1998, §§ 81 ff. – s. Rdn. 8; *Franzen* ZfA 2001, 423; *Wendeling/Schröder* NZA 2001, 357 ff.; *Wiese* NZA 2006, 1 [8 ff.]).

V. Vorschläge der Entwürfe zu Individualrechten des Arbeitnehmers im Rahmen der Betriebsverfassung

7 Im Gesetzgebungsverfahren zum BetrVG 1972 bestand im Wesentlichen Einigkeit darüber, dass die Stellung des einzelnen Arbeitnehmers im Rahmen der Betriebsverfassung gestärkt werden müsse. Die dabei vertretenen Ausgangspositionen waren jedoch durchaus verschieden.

8 Der **DGB-Entwurf** (Vorschläge des *DGB* zur Änderung des Betriebsverfassungsgesetzes, herausgegeben vom Bundesvorstand des *Deutschen Gewerkschaftsbundes*, 1970, vgl. auch RdA 1970, 237) hielt am stärksten an der bisherigen Konzeption einer Repräsentation der Arbeitnehmerinteressen durch den Betriebsrat fest. Ihm ging es vor allem um die Ausweitung der Mitbestimmungsrechte des Betriebsrats, wenn auch eine Verbesserung der Stellung des einzelnen Arbeitnehmers in der Betriebsverfassung ausdrücklich gefordert wurde (vgl. Vorwort *DGB*-Entwurf). Diese beschränkte sich aber im Wesentlichen auf die Vorschrift des § 51 Abs. 2 *DGB*-Entwurf, die dem Arbeitnehmer das Recht einräumte, zu einer beabsichtigten Beurteilung oder Bewertung Stellung zu nehmen und eine Gegendarstellung abzufassen. Daneben wurden – durchaus im Interesse der Arbeitnehmer – die allgemeinen Aufgaben des Betriebsrats erweitert (§ 54 *DGB*-Entwurf). Aus Gründen des Persönlichkeitsschutzes bedenklich war es jedoch, wenn nur dem Betriebsrat ein Anspruch gegen den Arbeitgeber auf Vorlage der Personalakten eingeräumt und dem Arbeitnehmer lediglich ein Anspruch gegen den Betriebsrat auf Einsicht in die Personalunterlagen (Personalakte) gewährt wurde (§ 54 Abs. 2 *DGB*-Entwurf). Gerade diese Bestimmung verdeutlicht aber die Konzeption des *DGB*, die Interessenwahrnehmung der Arbeitnehmer allein deren Repräsentanten zuzuweisen. Das Schutzinteresse der von Maßnahmen des Betriebsrats betroffenen Arbeitnehmer sollte dadurch gewahrt werden, dass der Betriebsrat vor bestimmten Entscheidungen zur Anhörung dieser Arbeitnehmer verpflichtet wurde (§ 56 Abs. 2, § 60 Abs. 1 *DGB*-Entwurf; vgl. ferner § 54 Abs. 1 Buchst. c *DGB*-Entwurf). In den Novellierungsvorschlägen des *DGB* zum Betriebsverfassungsgesetz 1972, Hrsg. *Deutscher Gewerkschaftsbund* Bundesvorstand, 1998, knüpft der *DGB* dagegen an §§ 81 ff. an, formuliert sie weitgehend um und erweitert bzw. ergänzt sie, insbesondere durch ein Recht zur Freiheit der Meinungsäußerung (§ 82a).

9 Einen völlig neuen Weg beschritt demgegenüber in Übereinstimmung mit Vorschlägen der **DAG** (vgl. *DAG* Thesen zur Mitbestimmung, 1968, S. 7 f.; *DAG* Forderungen zur Novellierung des Betriebsverfassungsgesetzes, 1970, S. 15 f.; *DAG* Änderungsvorlage zur Drucksache VI/1786, 1971, §§ 81 ff.) der **CDU/CSU-Entwurf.** Er stellte in einem Ersten Teil – »Der Arbeitnehmer am Arbeitsplatz und im Betrieb« – dem Gesetz eine Art »Grundrechtskatalog« der einzelnen Arbeitnehmer voran, um damit die Stellung der Einzelpersönlichkeit in der betrieblichen Organisation hervorzuheben, zu verbessern und ihre freie Entfaltungsmöglichkeit zu sichern, ohne deswegen die kollektive Interessenvertretung durch die gewählten Vertreter der Arbeitnehmer einzuschränken (vgl. Begründung, BT-Drucks. VI/1806, S. 30r., 34l.; vgl. auch Änderungsantrag der Fraktion der *CDU/CSU* BT-Prot. Bd. 77, S. 8677, und dazu die Debatte, daselbst S. 8602 ff.). Ausgehend von dem Grundsatz der persönlichen Entfaltungsfreiheit (§ 1) sah der Entwurf daher zahlreiche Individualrechte vor. Ihre Sicherung war dem Betriebsrat als allgemeine Aufgabe ausdrücklich auferlegt (§ 27 Abs. 1a *CDU/CSU*-Entwurf). Außerdem wurden Arbeitgeber und Betriebsrat gemeinsam verpflichtet, auf die freie Entfaltung und den Schutz der Persönlichkeit des einzelnen Arbeitnehmers zu achten (§ 22 Abs. 4 *CDU/CSU*-Entwurf). Es ist heute nicht untergeordnetem Interesse, ob diese betrieblichen »Grundrechte« inhaltlich im Einzelnen befriedigten. Zwar war der Vorwurf nicht unbegründet, manche der Rechte seien zu unbestimmt (vgl. *Schellenberg* BT-Prot. Bd. 75, S. 5841 f.; *Lischke/Eichler/Nölling* BT-Prot. der 46.

Sitzung des 10. Ausschusses, 6. Wahlperiode, S. 100, 101 f., 103; *Farthmann* BT-Prot. Bd. 77, S. 8604). Andererseits enthielt der Katalog Individualrechte, die im Regierungsentwurf nicht enthalten waren und daher auch nicht Gesetz geworden sind (vgl. u. a. §§ 4 bis 8, § 11, § 14 Abs. 3, § 16 *CDU/CSU-Entwurf*). Maßgebend ist jedoch, dass der Entwurf der Opposition, entsprechend den Wertentscheidungen des Grundgesetzes, den Menschen als Bezugspunkt des gesamten Betriebsverfassungsrechts in den Vordergrund stellte und zugleich die Unterstützungsfunktion der unbestreitbar notwendigen kollektiven Interessenvertretung verdeutlichte. Der *DAG-*Vorschlag 1999 zur Novellierung des BetrVG, Hrsg. *Deutsche Angestellten-Gewerkschaft* Bundesvorstand, beschränkt sich auf geringfügige Ergänzungen der §§ 81 ff.

Der **Regierungsentwurf** beschritt gegenüber diesen beiden Positionen einen mittleren Weg und erkannte zwar Individualrechte an, ohne ihnen andererseits eine zentrale Stellung zuzuweisen (ähnlich §§ 81 bis 83 **BDA-Entwurf**; vgl. *Bundesvereinigung der Deutschen Arbeitgeberverbände* Vorschlag für ein Betriebsverfassungsgesetz, 1971). 10

VI. Funktion der in §§ 81 ff. normierten Individualrechte

1. Individualrechte und Treue-(Fürsorge-)Pflicht des Arbeitgebers

Die Aufnahme von Individualrechten des Arbeitnehmers in das BetrVG 1972 erweckt auf den ersten Blick den Anschein, es handle sich dabei um Rechte, die inhaltlich auf das Betriebsverfassungsrecht beschränkt seien. Im Schriftlichen Bericht des 10. Ausschusses (zu BT-Drucks. VI/2729, S. 9l.) wurde ausdrücklich hervorgehoben, nach Ansicht der Mehrheit seien nur solche Individualrechte zu kodifizieren, »die wegen ihres betriebsbezogenen Charakters im Rahmen des Betriebsverfassungsrechts bleiben. Andere Rechte des einzelnen Arbeitnehmers sollten aus rechtssystematischen Gründen und insbesondere im Hinblick auf die von der Bundesregierung eingesetzte Sachverständigenkommission zur Vorbereitung eines Deutschen Arbeitsgesetzbuches dem Arbeitsverhältnisrecht vorbehalten sein«. Die implizit damit ausgesprochene Auffassung einer Abgrenzung der betriebsverfassungsrechtlichen Individualrechte von den Rechten aus dem Arbeitsverhältnis ist jedoch nicht zutreffend. 11

a) Begründung der Treue-(Fürsorge-)Pflicht des Arbeitgebers

Die genannten Individualrechte waren vor Inkrafttreten des BetrVG 1972 nirgendwo ausdrücklich geregelt. Daraus kann nicht geschlossen werden, sie seien unserer Rechtsordnung fremd gewesen. Im Individualarbeitsrecht ergeben sich aus den gegenseitigen Treuepflichten von Arbeitnehmer und Arbeitgeber, deren Rechtsgrundlage in §§ 241 Abs. 2, 242 BGB zu sehen ist, weitreichende Ergänzungen des geschriebenen Rechts. Die Treuepflichten sind zwar umstritten (vgl. hierzu *Annuß* ZfA 2004, 283 [299 ff.]; *Boemke* Schuldvertrag und Arbeitsverhältnis, 1999, S. 383 ff.; *ders.* Nebenpflichten des Arbeitnehmers, AR-Blattei SD 1228; *Cahn* FS *Wiese*, 1998, S. 71 ff.; *Kempff* DB 1979, 790 ff.; *Mayer-Maly* in *Tomandl* Treue- und Fürsorgepflicht im Arbeitsrecht, 1975, S. 71 ff.; *Müller-Glöge*/MK-BGB § 611 Rn. 981 ff.; *Richardi* in *Tomandl* Treue- und Fürsorgepflicht im Arbeitsrecht, 1975, S. 41 ff.; *Schwerdtner* Fürsorgetheorie und Entgelttheorie im Recht der Arbeitsbedingungen, 1970, S. 79 ff.; *ders.* Arbeitsrecht I, S. 108 f.; *Waltermann* Arbeitsrecht, Rn. 189 ff., 201 ff.; *H. Weber* RdA 1980, 289; *Wiese* ZfA 1996, 439 [459 ff. m. w. N.]; *E. Wolf* DB 1971, 1863; *Loritz/ZLH* Arbeitsrecht, § 16 III, § 19; vgl. auch *Blomeyer* ZfA 1972, 85 [95 ff.]; *Ehmann* FS *Wiese*, 1998, S. 99 ff.). Es wäre jedoch verfehlt, sie wieder abzuschaffen. Es kommt lediglich darauf an, ihren Inhalt sachgerecht zu umgrenzen (zum Versuch einer vertragstheoretischen Neubegründung der Nebenpflichten des Arbeitgebers vgl. *Brors* Die Abschaffung der Fürsorgepflicht, 2002). Hier geht es vor allem um die Treue-(Fürsorge-)Pflicht des Arbeitgebers (vgl. zum folgenden *Wiese* ZfA 1971, 273 [278 f.]; *ders.* ZfA 1996, 439 [461 ff.]). Sie ist zu verstehen als Korrelat zur Treuepflicht des Arbeitnehmers. Dieser verpflichtet sich zur Übernahme einer durch den Arbeitsvertrag lediglich allgemein festgelegten Funktion (Aufgabe) innerhalb eines fremden, d. h. nicht seiner Selbstbestimmung, sondern der organisatorischen und arbeitsbezogenen Disposition anderer unterliegenden Arbeits- oder Lebensbereiches (ebenso ohne Nachweis *BAG* 13.02.2003 EzA § 618 BGB 2002 Nr. 1 S. 5 = AP Nr. 1 zu § 21 AVR Caritas-Verband; zust. *Veit* Zuständigkeit des Betriebsrats, S. 305, 356). Der Arbeitnehmer schuldet daher 12 nicht nur isolierte einzelne Arbeitsleistungen, sondern ein Zusammenwirken mit dem Arbeitgeber selbst und in der Regel anderen Arbeitnehmern zur Erreichung eines ihm vorgegebenen Betriebszweckes. In diesem Sinne ist er zu einem Gesamtverhalten verpflichtet, das darauf gerichtet ist, nach Maßgabe der übernommenen Funktion die berechtigten Interessen des Arbeitgebers nicht zu schädigen und im Rahmen des Zumutbaren wahrzunehmen (ebenso *BAG* 13.02.2003 EzA § 618 BGB 2002 Nr. 1 S. 5 = AP Nr. 1 zu § 21 AVR Caritas-Verband). Das folgt aus einer sachgerechten Auslegung des Arbeitsvertrages nach Treu und Glauben unter Berücksichtigung der Verkehrssitte (§ 157 BGB). Die insoweit bestehende Verpflichtung zur Förderung der betrieblichen Interessen ist jeder konkret übernommenen Funktion eines Arbeitnehmers immanent, wird aber zugleich durch diese begrenzt; sie ist daher evident intensiver beim leitenden Angestellten als bei dessen Sekretärin, aber auch bei dieser gegeben. Die übernommene Funktion bedingt ferner u. a. die persönliche »Einordnung« des Arbeitnehmers in den fremden Arbeits- oder Lebensbereich mit vielfältigen Unterlassungs- und Handlungspflichten. Ist aber der Arbeitnehmer zu einem Gesamtverhalten verpflichtet, muss auch der Arbeitgeber nach Treu und Glauben nicht nur auf die Person des Arbeitnehmers bei Erbringung der einzelnen Leistungen Rücksicht nehmen, sondern seinerseits für die vom Arbeitnehmer geschuldete Verpflichtung einen umfassenden Ausgleich gewähren. Das schließt nicht nur die Verpflichtung ein, den Arbeitnehmer vor einer Gefährdung von Leben und Gesundheit zu schützen und Rücksicht auf dessen Vermögensinteressen zu nehmen, sondern auch, die mit dem Arbeitsverhältnis zusammenhängenden berechtigten ideellen Interessen des Arbeitnehmers zu achten, zu fördern und ihn vor vermeidbaren Nachteilen im Rahmen des Zumutbaren zu schützen. Dabei wird nicht verkannt, dass diese Funktionsbereiche der Treuepflicht des Arbeitgebers sich überschneiden und dass auch in den erstgenannten zugleich ideelle Interessen des Arbeitnehmers berührt werden, denn letztlich geht es im gesamten Arbeitsrecht um die Achtung des Arbeitnehmers als Menschen (vgl. *Wiese* ZfA 1971, 273 [274] m. w. N.). Entscheidend ist jedoch die Erkenntnis, dass es heute mehr denn je darauf ankommt, gerade die ideellen Interessen des Arbeitnehmers zu berücksichtigen. Dabei geht es nicht nur um den Persönlichkeitsschutz des Arbeitnehmers, sondern weitergehend ganz allgemein um die menschlich-persönliche Stellung des Arbeitnehmers im Arbeitsverhältnis und die hierauf gerichteten Förderungs- und Unterstützungspflichten des Arbeitgebers, mithin um den personalen Gehalt des Arbeitsverhältnisses (vgl. *Wiese* ZfA 1971, 273 [274]; *ders.* ZfA 1996, 439 ff.). In diesen Zusammenhang sind auch die in §§ 81 ff. normierten Individualrechte des Arbeitnehmers zu stellen (vgl. *Wiese* ZfA 1996, 439 [474 f.]; *ders.* NZA 2006, 1 [2]).

b) Ableitung der Individualrechte aus der Treue-(Fürsorge-)Pflicht des Arbeitgebers

13 Zum gesicherten Bestand der Treue-(Fürsorge-)Pflicht des Arbeitgebers im ersten Funktionsbereich – **Schutz** des **Lebens** und der **Gesundheit** – gehört die in § 81 Abs. 1 Satz 2 (vgl. auch § 81 Abs. 2 Satz 2, Abs. 3) normierte Verpflichtung des Arbeitgebers, den Arbeitnehmer vor Beginn der Beschäftigung über die Unfall- und Gesundheitsgefahren, denen dieser bei der Beschäftigung ausgesetzt ist, sowie über die Maßnahmen und Einrichtungen zur Abwendung dieser Gefahren und die nach § 10 Abs. 2 ArbSchG getroffenen Maßnahmen zu belehren (vgl. § 618 Abs. 1 BGB, § 62 Abs. 1 HGB; *Hueck/Nipperdey* I, S. 395; *Mertz* RdA 1971, 203 [205]; *Nikisch* I, S. 475; *Richardi/Thüsing* § 81 Rn. 1; *Loritz/ZLH* Arbeitsrecht, § 54 I 1).

14 Ausprägung des zweiten Funktionsbereiches der Treue-(Fürsorge-)Pflicht des Arbeitgebers – **Schutz der materiellen (wirtschaftlichen) Interessen** des Arbeitnehmers – ist das dem Arbeitnehmer nach § 82 Abs. 2 Satz 1 Halbs. 1 eingeräumte Recht, dass ihm die Berechnung und Zusammensetzung seines Arbeitsentgelts erläutert wird. Zur Abrechnung des Arbeitsentgelts in Textform vgl. § 108 GewO. Ungeachtet dieser gesetzlichen Regelungen ist anerkannt, dass der Arbeitgeber dem Arbeitnehmer die Bestimmungen über die Lohnberechnung zugänglich zu machen und ihm die Möglichkeit zu gewähren hat, sich über die ihm zustehenden Ansprüche zu unterrichten, ferner vor allem bei Zweifeln über die richtige Berechnung des Lohnes die erforderliche Klarstellung geben muss (vgl. *RAG* ARS 41, 151 [157 f.]; *Fitting* § 82 Rn. 1; *Hueck/Nipperdey* I, S. 412; *Mertz* RdA 1971, 203 [205]; *Richardi/Thüsing* § 82 Rn. 1; vgl. auch die Begründung zu § 15 CDU/CSU-Entwurf, BT-Drucks. VI/1806, S. 35; einschränkend *BAG* AP Nr. 14 zu § 242 BGB Auskunftspflicht Bl. 1 R [*Herschel*] für den öffentlichen Dienst).

Zum dritten Funktionsbereich der Treue-(Fürsorge-)Pflicht des Arbeitgebers – **Schutz** der **ideellen** 15
Interessen des Arbeitnehmers – gehört dessen Recht, Einsicht in die über ihn geführten Personalakten zu nehmen (§ 83 Abs. 1 Satz 1). Schon vor Inkrafttreten des BetrVG 1972 wurde zutreffend die Ansicht vertreten, dieses Recht sei aus der Treuepflicht des Arbeitgebers abzuleiten (vgl. *BAG* 17.03.1970 EzA § 611 BGB Fürsorgepflicht Nr. 9 = AP Nr. 78 zu § 611 BGB Fürsorgepflicht [abl. *E. Wolf*] = SAE 1970, 213 [zust. *Küchenhoff*] für Arbeitnehmer einer Körperschaft des öffentlichen Rechts, die ein privatwirtschaftliches Unternehmen betreibt). Denn geht man davon aus, dass der Arbeitgeber die mit dem Arbeitsverhältnis zusammenhängenden berechtigten ideellen Interessen des Arbeitnehmers zu achten und vermeidbare Nachteile von ihm im Rahmen des Zumutbaren fernzuhalten hat (vgl. oben Rdn. 12), so ist der Anspruch des Arbeitnehmers auf Einsicht in seine Personalunterlagen in angemessenem Umfang grundsätzlich zu bejahen (vgl. auch *Gola/Pötters/Wronka* Arbeitnehmerdatenschutz, Rn. 1461 ff.). Eine vertrauensvolle Zusammenarbeit zwischen Arbeitgeber und Arbeitnehmer ist nur möglich, wenn insoweit keine Geheimniskrämerei herrscht. Die Kenntnis seiner Personalunterlagen nimmt dem Arbeitnehmer das Gefühl, Objekt undurchsichtiger fremder Beurteilung zu sein, und gibt ihm die Möglichkeit, die vom Arbeitgeber als wesentlich angesehenen Beurteilungskriterien in Zukunft zu berücksichtigen oder bei einer seiner Ansicht nach falschen Beurteilung – wie auch bei sonstigen unzutreffenden Angaben – sich dagegen zu wehren. Diesem gleichfalls schon bisher aus der Treuepflicht des Arbeitgebers abzuleitenden Anspruch auf eine Art Gegendarstellung trägt nunmehr § 83 Abs. 2 ausdrücklich Rechnung.

Zum Bereich der ideellen Interessen des Arbeitnehmers gehört ferner sein Beschwerderecht nach 16
§ 84. Geht man davon aus, dass der Arbeitgeber die ideellen Interessen des Arbeitnehmers zu achten und im Rahmen des Zumutbaren wahrzunehmen hat (vgl. Rdn. 12), so muss er wenigstens den Arbeitnehmer anhören, wenn dieser »sich vom Arbeitgeber oder von Arbeitnehmern des Betriebs benachteiligt oder ungerecht behandelt oder in sonstiger Weise beeinträchtigt fühlt«. Das nach § 84 Abs. 1 Satz 1 unter dieser Voraussetzung gegebene Beschwerderecht war daher auch bisher schon anzuerkennen (vgl. *Buschmann/DKKW* § 84 Rn. 1; *Dietz* § 54 Rn. 8; *Fitting/Kraegeloh/Auffarth* § 54 Rn. 12; *Galperin* Leitfaden, S. 99; *Richardi/Thüsing* § 84 Rn. 1; vgl. auch schon §§ 112, 113 des 1957 in Kraft getretenen Seemannsgesetzes (jetzt §§ 127, 128, 139 SeeArbG); vgl. ferner *Lischke* BT-Prot. der 46. Sitzung des 10. Ausschusses, 6. Wahlperiode, S. 100) und fand seine Rechtsgrundlage in der Treue-(Fürsorge-)Pflicht des Arbeitgebers. Diese Auffassung wird gestützt durch § 54 Abs. 1 Buchst. c BetrVG 1952, der dem Betriebsrat die allgemeine Aufgabe zuwies, Beschwerden von Arbeitnehmern entgegenzunehmen und, falls sie berechtigt erschienen, durch Verhandlungen mit dem Arbeitgeber auf ihre Abstellung hinzuwirken. Die Vorschrift regelte zwar nur die Einschaltung des Betriebsrats und hatte deshalb lediglich verfahrensrechtliche Bedeutung, setzte aber andererseits die Existenz eines Beschwerderechts voraus, das daher allein im Arbeitsverhältnis begründet sein konnte und für alle Arbeitnehmer galt (vgl. *Mertz* RdA 1971, 203 f., 205; **a. M.** *Damköhler* MitB 1960, 183 [186]). Nach der hier vertretenen Ansicht ist die Pflicht des Arbeitgebers, der Beschwerde nachzugehen, ihr gegebenenfalls abzuhelfen und den Arbeitnehmer über die Behandlung der Beschwerde zu bescheiden (§ 84 Abs. 2; § 85 Abs. 3 Satz 2), gleichfalls Ausfluss der Treue-(Fürsorge-)Pflicht des Arbeitgebers, weil andernfalls das Beschwerderecht eine Farce wäre (vgl. auch *Richardi/Thüsing* § 84 Rn. 22). Entsprechendes gilt für die Bestimmung des § 84 Abs. 3, die eine Benachteiligung des Arbeitnehmers wegen der Erhebung der Beschwerde verbietet (vgl. auch § 612a BGB).

Zu den ideellen Interessen des Arbeitnehmers gehört es schließlich, dass er über seine Aufgabe und 17
Verantwortung, über die Art seiner Tätigkeit und ihre Einordnung in den Arbeitsablauf des Betriebs sowie über Veränderungen in seinem Arbeitsbereich – auch schon im Planungsstadium – unterrichtet wird und dass Anpassungsfragen mit ihm erörtert werden (§ 81 Abs. 1 Satz 1, Abs. 2 Satz 1, Abs. 4 Satz 1, 2), dass er in den seine Person betreffenden betrieblichen Angelegenheiten von den zuständigen Personen im Betrieb gehört werden muss (§ 82 Abs. 1 Satz 1), zu ihn betreffenden Maßnahmen des Arbeitgebers Stellung nehmen und Vorschläge für die Gestaltung des Arbeitsplatzes und Arbeitsablaufs machen kann (§ 82 Abs. 1 Satz 2) und dass mit ihm die Beurteilung seiner Leistungen sowie die Möglichkeiten seiner beruflichen Entwicklung im Betrieb erörtert werden (§ 82 Abs. 2 Satz 1). Sicher werden in diesen Fällen auch die anderen Funktionsbereiche der Treue-(Fürsorge-)Pflicht des Arbeitgebers angesprochen; aber das Schwergewicht dürfte doch im Bereich der ideellen Interessen liegen.

c) Zusammenfassung

18 Sämtliche in den §§ 81 bis 85 normierten Individualrechte sind als solche bereits aus der Treue-(Fürsorge-)Pflicht des Arbeitgebers abzuleiten (vgl. *Buschmann/DKKW* § 81 Rn. 1, § 82 Rn. 1, § 84 Rn. 1; *Fitting* § 82 Rn. 1, § 83 Rn. 1; *Galperin/Löwisch* vor § 81 Rn. 2; *Mertz* RdA 1971, 203 [205]; *Misera* Anm. SAE 1986, 199 [200]; *Preis/WPK* vor § 81 Rn. 2; *Richardi/Thüsing* vor § 81 Rn. 1 f., 6, § 81 Rn. 1, 6, § 82 Rn. 1, § 84 Rn. 2; *Richardi/Buchner/*MünchArbR § 31 Rn. 13; *Waltermann* Arbeitsrecht Rn. 766; *Wiese* JArbR Bd. 9 [1971], 1972, S. 55 [78 f.]; vgl. auch *G. Müller* DB 1970, 1076 [1078 f.]; für einzelne Vorschriften *Kunze* FS *W. Schilling*, 1973, S. 333 [338]; *Loritz/ZLH* Arbeitsrecht, § 54 I 1, 2). Insofern bedeuten die §§ 81 ff. – zumindest für den Bereich des Betriebsverfassungsrechts – eine Klarstellung hinsichtlich der Geltung und des Inhalts dieser Rechte. Etwas anderes gilt für die in diesen Bestimmungen geregelte Mitwirkung des Betriebsrats und die Verfahrensvorschriften, die nicht aus dem Arbeitsvertragsrecht hergeleitet werden können, sondern ihren Rechtsgrund allein im Betriebsverfassungsrecht haben. Letzteres gilt auch für das durch das **BetrVerf-Reformgesetz 2001** in das Betriebsverfassungsgesetz eingefügte Vorschlagsrecht des Arbeitnehmers (**§ 86a**).

2. Arbeitsvertragsrechtliche Relevanz der Individualrechte

19 Die Feststellung, dass die im Betriebsverfassungsgesetz geregelten Individualrechte als solche dem Arbeitnehmer bereits nach Vertragsrecht zustehen (vgl. *von Hoyningen-Huene/*MünchArbR § 210 Rn. 12; *Waltermann* Arbeitsrecht Rn. 766, der die systematische Einordnung der Regelungen im BetrVG als fehlerhaft kritisiert), besagt nichts über die Funktion der §§ 81 ff. Die Einbeziehung von Individualrechten in das Betriebsverfassungsgesetz zwingt allerdings nicht dazu, ihre Wirkung auf den Bereich des Betriebsverfassungsgesetzes unter Ausschluss des Arbeitsvertragsrechts zu beschränken. Es geht hier um eine ähnliche Problematik wie bei der Einwirkung arbeitsschutzrechtlicher Normen auf das Arbeitsverhältnis, die heute im Ergebnis unbestritten ist (s. *Gutzeit* § 89 Rdn. 12). Die Einwirkung von Normen des Betriebsverfassungsrechts auf das Arbeitsvertragsrecht ist ohnehin weniger problematisch als bei denjenigen des Arbeitsschutzrechts, weil nach der herrschenden Meinung das Betriebsverfassungsrecht Teil des Privatrechts ist (vgl. *von Hoyningen-Huene/*MünchArbR § 210 Rn. 16; *Wiese* Einl. Rdn. 89 ff.). Nicht entscheidend ist, ob und inwieweit die Normen des Betriebsverfassungsrechts, die keine Rechte des einzelnen Arbeitnehmers zum Gegenstand haben – vor allem also die Normen über die Mitbestimmung – arbeitsvertragsrechtliche Relevanz haben, was allerdings grundsätzlich zu bejahen ist (s. hierzu für § 87 *Wiese* § 87 Rdn. 121 ff.; für § 99 *Raab* § 99 Rdn. 174 ff.). Hier genügt die Feststellung, dass jedenfalls bei Rechten des einzelnen Arbeitnehmers eine arbeitsvertragsrechtliche Bedeutung möglich ist. Jedoch wird ebenso wie bei den Arbeitsschutznormen darauf abgestellt werden müssen, ob die betreffende Norm Gegenstand einer arbeitsvertraglichen Vereinbarung sein kann. Deshalb ist danach zu unterscheiden, ob die Vorschrift in erster Linie den Arbeitnehmer begünstigen oder ob sie ihm mit dem Recht lediglich eine Funktion im Rahmen der Betriebsverfassung zuweisen soll. Im zweiten Fall wäre jedenfalls ein vertraglicher Erfüllungsanspruch zu verneinen, wie z. B. hinsichtlich der Ausübung des aktiven Wahlrechts. Das gleiche wäre der Fall, wenn der Gesetzgeber dem Arbeitnehmer in Zukunft eine echte individuelle Mitbestimmung am Arbeitsplatz einräumen würde (vgl. hierzu *Wiese* RdA 1973, 1 [9]). Dabei wäre es unwesentlich, ob solche Rechte ebenso wie die übrigen Mitbestimmungsrechte auf das Arbeitsverhältnis zurückzuführen sind (vgl. zum Ganzen *Hueck/Nipperdey* II/2, S. 1083 ff.), weil ihre Durchsetzung anders, d. h. ausschließlich betriebsverfassungsrechtlich geregelt sein kann. Es bleibt dann nur die Frage, ob bei rein betriebsverfassungsrechtlichen Rechten des Arbeitnehmers ihm u. U. ein Leistungsverweigerungsrecht einzuräumen ist, wenn der Arbeitgeber ihn an der Ausübung seiner Rechte hindert (vgl. hierzu BAG 14.02.1978 AP Nr. 58 zu Art. 9 GG Arbeitskampf *[Konzen]* = EzA Art. 9 GG Arbeitskampf Nr. 22 S. 161 f. *[Herschel]*; *Rüthers* JZ 1970, 625 [630 ff.]; *ders.* Anm. AP Nr. 41 zu Art. 9 GG Arbeitskampf Bl. 4 R f.; *Säcker* JurA 1970, 165 [169]; *Seiter* ZfA 1970, 355 [357]; *ders.* Streikrecht und Aussperrungsrecht, 1975, S. 431 FN 9; *Söllner* ZfA 1973, 1 [19 ff.]).

20 Bei den Individualrechten des Arbeitnehmers, die primär ihn begünstigen, selbst wenn dies mittelbar auch der reibungslosen Zusammenarbeit innerhalb des Betriebs zugutekommt, ist ihre Eignung, Gegenstand arbeitsvertraglicher Vereinbarung zu sein, schon dadurch erwiesen, dass sie auch ohne aus-

Einführung vor § 81

drückliche gesetzliche Regelung als Ausfluss der Treue-(Fürsorge-)Pflicht des Arbeitgebers anzuerkennen sind (vgl. Rdn. 18). Da dem Betriebsverfassungsgesetz eine abweichende Auffassung des Gesetzgebers nicht zu entnehmen ist, normieren die §§ 81 ff. daher sowohl die betriebsverfassungsrechtlichen Wirkungen dieser Individualrechte als auch in noch näher zu bestimmendem Umfang den Inhalt des Arbeitsverhältnisses (zum arbeitsvertragsrechtlichen Charakter dieser Rechte vgl. *Buschmann/DKKW* § 81 Rn. 1, § 82 Rn. 1, § 84 Rn. 1; *Fitting* § 81 Rn. 2, § 82 Rn. 2; *Galperin* BB 1971, 137 [140]; *ders.* Leitfaden, S. 99; *Galperin/Löwisch* vor § 81 Rn. 2, 7; *Hanau* BB 1971, 485 [488]; *Rose/HWGNRH* vor §§ 81–86a Rn. 6, § 82 Rn. 3; *Kunze* FS *W. Schilling*, 1973, S. 333 [338, 355]; *Mertz* RdA 1971, 203 [205]; *Richardi/Thüsing* vor § 81 Rn. 1 f., § 81 Rn. 19; *Söllner* ZfA 1973, 1 [19]). Etwas anderes gilt für das durch das **BetrVerf-Reformgesetz** neu in das Betriebsverfassungsgesetz eingefügte Vorschlagsrecht des Arbeitnehmers (**§ 86a**), das ausschließlich auf die Betriebsverfassung bezogen ist (s. § 86a Rdn. 3).

VII. Rechtsfolgen

1. Persönlicher Geltungsbereich der Individualrechte

Die Vorschriften der §§ 81 ff. gelten für **alle Arbeitnehmer** i. S. d. **Betriebsverfassungsgesetzes** 21 (§ 5), also auch für die Auszubildenden, dagegen **nicht** für die **Arbeitnehmer** des **öffentlichen Dienstes** (§ 130), Beamte und Soldaten, es sei denn, diese sind in Betrieben privatrechtlich organisierter Unternehmen tätig (§ 5 Abs. 1 Satz 3 n. F.), und **nicht** für **Arbeitnehmer in Betrieben**, in denen **kein Betriebsrat zu bilden** ist (vgl. *Galperin/Löwisch* vor § 81 Rn. 5 – anders dagegen § 83 Rn. 3; *Niederalt* Die Individualrechte des Arbeitnehmers nach dem Betriebsverfassungsgesetz 1972 [§§ 75, 81 ff.], S. 173; *Richardi/Thüsing* vor § 81 Rn. 5, vgl. auch § 83 Rdn. 2, § 84 Rdn. 2; *Weiss/Weyand* vor § 81 Rn. 2 f.; wohl auch *BAG* 23.09.1975 BetrR 1976, 172 [174 f.]; **a. M.** *Buschmann/DKKW* § 81 Rn. 1, § 83 Rn. 2, § 84 Rn. 2; *Fitting* § 81 Rn. 2, § 83 Rn. 1), weil insoweit das Gesetz schlechthin keine Anwendung findet (vgl. aber Rdn. 25, 27 und die Sonderregelung des § 81 Abs. 3, § 81 Rdn. 18).

Die §§ 81 ff. gelten auch **nicht** für die in **§ 5 Abs. 2 genannten Personen** und die **leitenden An-** 22 **gestellten** i. S. d. **§ 5 Abs. 3, 4** (vgl. *BAG* 19.02.1975 AP Nr. 9 zu § 5 BetrVG 1972 Bl. 4 R; *Buschmann/DKKW* § 81 Rn. 4; *Galperin/Löwisch* vor § 81 Rn. 5, § 83 Rn. 3, § 84 Rn. 3; *Martens* Das Arbeitsrecht der leitenden Angestellten, 1982, 138; *Richardi/Thüsing* vor § 81 Rn. 4, § 84 Rn. 2; *Stege/Weinspach/Schiefer* § 81 Rn. 3, § 83 Rn. 1, §§ 84–86 Rn. 1a; **a. M.** ArbG Passau ARSt. 1973, 136 [137]; *Gamillscheg* Arbeitsrecht I, S. 391). Der Ausschluss der in § 5 Abs. 3, 4 genannten Personen folgt bereits aus der Entstehungsgeschichte. Der Bundesrat hatte vorgeschlagen, nach § 86 einen § 86a folgenden Inhalts einzufügen: »Die Vorschriften der §§ 82 bis 84 finden auf Angestellte nach § 5 Abs. 2 entsprechende Anwendung.« In der Begründung heißt es, es sei ein Gebot der Gerechtigkeit und Billigkeit, dass auch den leitenden Angestellten zumindest die in den §§ 82 bis 84 festgelegten Individualrechte eingeräumt würden (vgl. BT-Drucks. VI/1786, S. 64 Nr. 17). Die Bundesregierung widersprach in ihrer Gegenäußerung diesem Vorschlag (zu BT-Drucks. VI/1786, S. 2 Nr. 6). Er wurde nicht Gesetz. Die hier vertretene Ansicht wird bestätigt durch § 26 Abs. 2 SprAuG (vgl. unten Rdn. 25).

In **betriebsratsfähigen Betrieben** gelten die §§ 81 ff. auch dann, wenn ein **Betriebsrat nicht er-** 23 **richtet** worden ist (vgl. *Buschmann/DKKW* § 81 Rn. 1, § 82 Rn. 1, § 83 Rn. 2, § 84 Rn. 2; *Fitting* § 81 Rn. 2, § 82 Rn. 1, § 83 Rn. 1; *Galperin/Löwisch* vor § 81 Rn. 4; *Rose/HWGNRH* vor §§ 81–86a Rn. 7, § 83 Rn. 2; *Richardi/Thüsing* vor § 81 Rn. 5, § 82 Rn. 2, § 83 Rn. 2); allerdings können in diesem Falle die Bestimmungen, die einen Betriebsrat voraussetzen, nicht zur Anwendung kommen, so dass vor allem das Verfahren vor der Einigungsstelle nach § 85 ausscheidet.

Für **Leiharbeitnehmer** gelten die §§ 81 ff. wegen deren primärer betriebsverfassungsrechtlichen Zu- 24 gehörigkeit zum Verleiherbetrieb zunächst in diesem; nach § 14 Abs. 2 Satz 3 AÜG gelten die §§ 81, 82 Abs. 1 und §§ 84 bis 86 aber auch im Entleiherbetrieb für die dort tätigen Leiharbeitnehmer (vgl. auch § 11 Abs. 6 AÜG und *von Hoyningen-Huene/*MünchArbR § 212 Rn. 23 sowie i. E. *Erdlenbruch* Die betriebsverfassungsrechtliche Stellung gewerbsmäßig überlassener Arbeitnehmer [Diss. Mannheim], 1992, S. 98 ff., der S. 107 ff. auch die Anwendbarkeit des § 83 auf Leiharbeitnehmer im Entleiherbetrieb bejaht). Die Vorschrift des § 14 Abs. 2 Satz 3 AÜG gilt an sich nur für die gewerbsmäßige (unechte) Arbeitnehmerüberlassung, muss aber entsprechend auch auf die nicht gewerbsmäßige (echte) angewendet werden (vgl. *Galperin/Löwisch* vor § 81 Rn. 6; s. *Raab* § 5 Rdn. 120, 121, 127).

25 Aus der hier vertretenen Auffassung, dass außer § 86a die in den §§ 81 ff. genannten **Individualrechte** bereits **aus** der **Treuepflicht** des Arbeitgebers abgeleitet werden können, folgt, dass **für alle nicht unter** das **Betriebsverfassungsgesetz fallenden Arbeitnehmer inhaltlich entsprechende Ansprüche gegen** den **Arbeitgeber anzuerkennen** sind (vgl. Rdn. 27; *Blomeyer* ZfA 1975, 243 [306]; *Buschmann/DKKW* § 83 Rn. 2; *Däubler* Das Arbeitsrecht II, Rn. 465; *Hallmen* Die Beschwerde des Arbeitnehmers als Instrument innerbetrieblicher Konfliktregelung [Diss. Köln], 1997, S. 175 ff.; *Rose/HWGNRH* vor §§ 81–86a Rn. 8; *Pramann* DB 1983, 1922 [1925]; *Richardi/Thüsing* vor § 81 Rn. 6, § 84 Rn. 2; vgl. auch *BAG* 19.02.1975 AP Nr. 9 zu § 5 BetrVG 1972 Bl. 4 R). Rechtsgrundlage ist insoweit die allgemeine Treuepflicht, nicht die gesetzliche Regelung des Betriebsverfassungsgesetzes (vgl. *Fitting* § 81 Rn. 2, § 82 Rn. 1, § 83 Rn. 1, 39; vgl. auch *Galperin/Löwisch* vor § 81 Rn. 5, § 83 Rn. 3, § 84 Rn. 3). Für Personen, »die mit ihrem Einverständnis faktisch für eine bestimmte Zeit in den Betrieb eingegliedert werden und dort genauso arbeiten wie jeder Arbeitnehmer dieses Betriebes« (vgl. etwa *BAG* 15.04.1986 AP Nr. 35 zu § 99 BetrVG 1972 Bl. 2), können sich die entsprechenden Ansprüche aus § 242 BGB, gegebenenfalls unter dem Gesichtspunkt des Vertrages mit Schutzwirkung für Dritte ergeben. **Leitenden Angestellten steht** ein Einsichtsrecht in die Personalakten nach § 26 Abs. 2 SprAuG zu, der § 83 BetrVG nachgebildet wurde.

2. Verhältnis der Individualrechte zu den allgemeinen vertraglichen Rücksichtnahmepflichten

a) Abschließende Regelung der Individualrechte nach §§ 81 ff.

26 Da die in §§ 81 ff. geregelten Individualrechte als solche ihrem Wesen nach Ausfluss der Treuepflicht des Arbeitgebers sind und die §§ 81 ff. nicht nur betriebsverfassungsrechtliche Bedeutung haben, sondern zugleich den Inhalt des Arbeitsverhältnisses bestimmen, ist die Ausgestaltung dieser Rechte in §§ 81 ff. als **Konkretisierung** der **Treuepflicht** des **Arbeitgebers** zu verstehen. Ihr **Inhalt** ist daher **durch §§ 81 ff.** als **abschließend normiert** anzusehen, so dass für die Arbeitnehmer i. S. d. Betriebsverfassungsgesetzes (vgl. Rdn. 21) auch arbeitsvertragsrechtlich eine Ableitung aus der Treuepflicht des Arbeitgebers nicht mehr erforderlich und eine abweichende Inhaltsbestimmung unzulässig ist. Es ist die gleiche Situation wie bei anderen Ansprüchen des Arbeitnehmers, die früher aus der Treuepflicht des Arbeitgebers abgeleitet werden mussten und inzwischen vom Gesetzgeber anerkannt worden sind, wie etwa beim Anspruch auf Erholungsurlaub. Die allgemeine vertragliche Rücksichtnahmepflicht (§§ 241 Abs. 2, 242 BGB) kann jedoch als Auslegungshilfe herangezogen werden (vgl. auch § 81 Rdn. 7, § 82 Rdn. 8, § 83 Rdn. 22, 24, 25, 34, § 84 Rdn. 18, 25).

27 Eine andere Frage ist, welchen Inhalt die in §§ 81 ff. geregelten Individualrechte für diejenigen **Arbeitnehmer** haben, die **nicht unter** den **Anwendungsbereich** des **Betriebsverfassungsgesetzes** fallen (vgl. Rdn. 21 f.). Geht man davon aus, dass diese Rechte ihrem Wesen nach Konkretisierungen der Treuepflicht des Arbeitgebers sind, deren Geltung und Inhalt durch §§ 81 ff. klargestellt wurde, so ist den entsprechenden Ansprüchen der nicht unter §§ 81 ff. fallenden Arbeitnehmer der arbeitsvertragsrechtlich mögliche **gleiche Inhalt** zuzuweisen wie nach diesen Bestimmungen (vgl. Rdn. 25), d. h., es kommt insoweit nur eine **Heranziehung** des **Betriebsrats** oder die Anwendung der Vorschriften, die einen Betriebsrat voraussetzen, **nicht** in Betracht, weil die Treuepflicht hierfür keine Rechtsgrundlage abgibt. Auch Sanktionen nach dem Betriebsverfassungsgesetz scheiden aus.

b) Kein Ausschluss weiterer Nebenpflichten außerhalb des Betriebsverfassungsgesetzes

28 Hinsichtlich des Verhältnisses der durch §§ 81 ff. normierten zu den nicht geregelten vertraglichen Nebenpflichten ist für den Bereich des Betriebsverfassungsrechts der in §§ 81 ff. enthaltene Katalog als abschließend anzusehen. Zwar ließen sich unter dem Gesichtspunkt des »betriebsbezogenen Charakters« dieser Individualrechte, an dem sich der Gesetzgeber orientiert hat (vgl. Schriftlicher Bericht 10. Ausschuss, zu BT-Drucks. VI/2729, S. 9 l.), noch weitere Treuepflichten des Arbeitgebers und ihnen

Einführung vor § 81

korrespondierende Rechte des Arbeitnehmers nennen, wie etwa der Anspruch des Arbeitnehmers auf Beschäftigung. Die gesetzliche Anerkennung weiterer Treuepflichten des Arbeitgebers wäre sicher nicht weniger gerechtfertigt gewesen. Mit Recht hat *Mertz* (RdA 1971, 203 [206]) darauf hingewiesen, dass die Fürsorgepflicht sich ohnehin in weitem Maße auf den Arbeitsplatz im Betrieb bezieht. Trotzdem muss davon ausgegangen werden, dass der Gesetzgeber die Auswahl bewusst und damit abschließend getroffen hat.

Aus der Fixierung einzelner Treuepflichten im Betriebsverfassungsgesetz darf andererseits nicht geschlossen werden, dass nunmehr für den Bereich des Vertragsrechts die Nebenpflichten auf die im BetrVG 1972 normierten zu beschränken seien (vgl. *Wiese* JArbR Bd. 9 [1971], 1972, S. 55 [78]). Insoweit verbleibt es dabei, dass Art, Inhalt und Umfang sonstiger Nebenpflichten aus der allgemeinen vertraglichen Rücksichtnahmepflicht (§§ 241 Abs. 2, 242 BGB) abzuleiten sind. Auch in dieser Hinsicht ist daher die Situation die gleiche wie bei der bisher schon erfolgten gesetzlichen Normierung einzelner Nebenpflichten, die eine Begründung und Weiterentwicklung anderer Nebenpflichten nicht ausgeschlossen hat. Das gilt auch für Betriebsvereinbarungen und Tarifverträge. 29

3. Rechtsbehelfe zur Durchsetzung der Individualrechte

Die §§ 81 ff. haben nicht nur eine Klarstellung hinsichtlich der Anerkennung der in ihnen geregelten Individualrechte gebracht, sondern zugleich deren Schutz verstärkt. 30

a) Betriebsverfassungsrecht

Der Arbeitnehmer kann zu seiner Unterstützung ein Mitglied des Betriebsrats hinzuziehen (vgl. § 81 Abs. 4 Satz 3, § 82 Abs. 2 Satz 2, § 83 Abs. 1 Satz 2, § 84 Abs. 1 Satz 2; zum Persönlichkeitsschutz des Arbeitnehmers vgl. insoweit § 82 Abs. 2 Satz 3, § 83 Abs. 1 Satz 3, § 120 Abs. 2; *Wiese* ZfA 1971, 273 [307 f. Fn. 154, 156]). Beschwerden können im formalisierten Verfahren nach §§ 84, 85 abgewickelt, und unter den Voraussetzungen des § 85 kann sogar die Einigung zwischen Arbeitgeber und Betriebsrat durch verbindlichen Spruch der Einigungsstelle ersetzt werden. Die §§ 81 ff. gehören auch zu den zugunsten der Arbeitnehmer geltenden Gesetzen i. S. d. § 80 Abs. 1 Nr. 1, über deren Durchführung der Betriebsrat zu wachen hat (s. *Weber* § 80 Rdn. 13). Gemäß **§ 23 Abs. 3** kann der Arbeitgeber bei groben Verstößen gegen seine Pflichten durch Ordnungsgeld bzw. Zwangsgeld zu pflichtgemäßem Handeln gezwungen werden (s. *Oetker* § 23 Rdn. 256). Auch kommt eine Bestrafung nach § 119 Abs. 1 Nr. 2 in Betracht, wenn bei Ausübung dieser Rechte die Tätigkeit des Betriebsrats, der Einigungsstelle oder der in § 86 bezeichneten betrieblichen Beschwerdestelle behindert oder gestört wird (**a. M.** *Bächle* DB 1973, 1400 [1402]). Jedoch gewähren die Individualrechte dem einzelnen Arbeitnehmer entgegen der Überschrift des Zweiten Abschnitts kein Mitwirkungsrecht im eigentlichen Sinne, d. h. räumen ihm keine Gestaltungsbefugnis hinsichtlich der Betriebsverfassung ein. 31

Soweit dem Arbeitnehmer nach §§ 81 ff. gegenüber einzelnen Betriebsratsmitgliedern oder dem Betriebsrat Ansprüche zustehen, kann er diese im **Beschlussverfahren** durchsetzen (vgl. § 81 Rdn. 26, § 82 Rdn. 25, § 83 Rdn. 78, § 84 Rdn. 37, § 85 Rdn. 33; grundsätzlich bejahend auch *Blomeyer* GS R. *Dietz*, 1973, S. 147 [167 ff., insbesondere S. 173]; *Niederalt* Die Individualrechte des Arbeitnehmers nach dem Betriebsverfassungsgesetz 1972 [§§ 75, 81 ff.], S. 261 ff.; *Pouyadou* Die Abhängigkeit des Arbeitnehmers vom Betriebsrat, S. 161 ff., insbesondere S. 216 f.). Zur Vollstreckung gegen den Betriebsrat vgl. *Jahnke* Zwangsvollstreckung in der Betriebsverfassung, 1977. 32

b) Vertragsrecht

Da den §§ 81 ff. zugleich arbeitsvertragsrechtliche Bedeutung zukommt, ergeben sich hieraus folgende Konsequenzen: 33

aa) Zwingende Wirkung

Die Bestimmungen der §§ 81 ff. sind entsprechend dem in ihnen enthaltenen Schutz- und Teilhabegedanken einseitig zwingend (vgl. *Fitting* § 81 Rn. 2; *Galperin/Löwisch* vor § 81 Rn. 5; *von Hoyningen-Huene*/MünchArbR § 210 Rn. 20). Abweichende ungünstigere Vereinbarungen – auch 34 durch Tarifvertrag oder Betriebsvereinbarung (vgl. aber § 86) – sind unwirksam. Das folgt nicht aus § 134 BGB, weil nicht jede zwingende Vorschrift als Verbotsgesetz anzusehen ist, sondern nur diejenige, die eine rechtsgeschäftliche Regelung ihrem Inhalt nach schlechthin missbilligt (vgl. *Armbrüster/ MK-BGB* § 134 Rn. 41 ff.). Diese Rechtsfolge war nach bisherigem Recht nicht gegeben; § 619 BGB ordnet zwar eine zwingende Wirkung für die in §§ 617, 618 BGB geregelten Verpflichtungen an, nicht dagegen für die auf der allgemeinen Treue-(Fürsorge-)Pflicht des Arbeitgebers beruhenden Ansprüche des Arbeitnehmers (vgl. *BAG* 05.03.1959 AP Nr. 26 zu § 611 BGB Fürsorgepflicht Bl. 4 f.). Deshalb beschränkt sich die zwingende Wirkung der §§ 81 ff. auch auf die Personen, die unter deren Anwendungsbereich fallen (vgl. Rdn. 21 ff.; *Galperin/Löwisch* vor § 81 Rn. 5). Im Übrigen verbleibt es bei den allgemeinen Regeln (vgl. auch Rdn. 29).

bb) Anspruch auf Erfüllung

35 Kommt der Arbeitgeber seinen ihm nach §§ 81 ff. dem Arbeitnehmer gegenüber obliegenden Pflichten nicht nach, so kann der Arbeitnehmer auf Erfüllung klagen (vgl. *Kaiser/LK* vor § 81 Rn. 1).

cc) Schadenersatz

36 Verletzt der Arbeitgeber schuldhaft die ihm obliegenden Pflichten, so kann der Arbeitnehmer aus dem Gesichtspunkt der Pflichtverletzung Schadensersatz verlangen (§ 280 BGB; vgl. *Preis/WPK* vor § 81 Rn. 5). Der Arbeitgeber haftet dabei für seine Erfüllungsgehilfen (§ 278 BGB).

dd) Zurückbehaltungsrecht

37 Kommt der Arbeitgeber den ihm nach §§ 81 ff. obliegenden Pflichten gegenüber dem Arbeitnehmer nicht nach, so steht diesem nach § 273 BGB grundsätzlich ein Zurückbehaltungsrecht hinsichtlich seiner Arbeitsleistung zu (vgl. *Bächle* DB 1973, 1400 [1402]; *Buschmann/DKKW* § 81 Rn. 10, 24; *Fitting* § 81 Rn. 28, § 84 Rn. 15, anders § 82 Rn. 14; *Rose/HWGNRH* vor §§ 81–86a Rn. 13; *Kaiser/LK* vor § 81 Rn. 1; *Otto* AR-Blattei SD 1880, Rn. 92 ff.; *Reichold/* MünchArbR § 37 Rn. 13 ff.; *Richardi/ Thüsing* § 81 Rn. 25, anders § 82 Rn. 11; *Söllner* ZfA 1973, 1 [19 f.]; vgl. auch *BAG* 14.02.1978 EzA Art. 9 GG Arbeitskampf Nr. 22 S. 161 f. = AP Nr. 58 zu Art. 9 GG Arbeitskampf Bl. 3 R f.). Dieses wird jedoch durch § 242 BGB modifiziert, so dass geringfügige Pflichtverletzungen des Arbeitgebers außer Betracht bleiben (vgl. *Galperin/Löwisch* vor § 81 Rn. 8, vgl. auch § 81 Rn. 3, 6, § 82 Rn. 15, § 83 Rn. 19; *Rose/HWGNRH* vor §§ 81–86a Rn. 13; *Niederalt* Die Individualrechte des Arbeitnehmers nach dem Betriebsverfassungsgesetz 1972, S. 248; vgl. auch § 84 Rdn. 18, § 85 Rdn. 5). Der Arbeitgeber gerät in Gläubigerverzug, wenn er zwar die Arbeitsleistung anzunehmen bereit ist, nicht aber die ihm obliegende Leistung aber nicht anbietet (§ 298 BGB). Der Arbeitnehmer behält dann nach § 615 BGB bzw. § 326 BGB seinen Anspruch auf Vergütung (vgl. zum Ganzen *Capodistrias* RdA 1954, 53 ff.; *Hueck/Nipperdey* I, S. 222; *Otto* AR-Blattei SD 1880, Rn. 15 f.).

ee) Kündigung aus wichtigem Grund

38 Unter den Voraussetzungen des § 626 BGB kann ein Verstoß des Arbeitgebers gegen §§ 81 ff. den Arbeitnehmer zur Kündigung aus wichtigem Grund berechtigen.

c) Unerlaubte Handlungen

39 Die in §§ 81 ff. geregelten Individualrechte sind ferner für die unter den Anwendungsbereich des Betriebsverfassungsgesetzes fallenden Arbeitnehmer als Schutzgesetze i. S. d. § 823 Abs. 2 BGB anzusehen (zum Begriff vgl. *Erman/Schiemann* BGB, § 823 Rn. 154 ff.; *Palandt/Sprau* § 823 Rn. 56 ff.; *Soergel/Spickhoff* BGB, § 823 Rn. 186 ff.; *Wagner/MK-BGB* § 823 Rn. 479 ff.). Das BetrVG 1972 ist zwar ebenso wenig wie das BRG 1920 und das BetrVG 1952 insgesamt ein Schutzgesetz, weil es zwar mittelbar dem Arbeitnehmer zugutekommt (vgl. Rdn. 3), aber nach seinem Zweck nicht unmittelbar dem Schutz der einzelnen Arbeitnehmer zu dienen bestimmt ist; jedoch können einzelne Bestimmungen diesen Zweck haben (vgl. zum BRG 1920: *RAG* ARS 1, 80 [81 ff.]; 3, 140 [141]; 9, 146 [147]; 11, 233 [236]; zum BetrVG 1952 *Dietz* vor § 6 Rn. 10a, b, 12; *Fitting/Kraegeloh/Auffarth* § 1 Rn. 37; *Galperin/Siebert* vor § 1 Rn. 35; *Hueck/Nipperdey* II/2, S. 1107, 1344; *Isele* RdA 1962, 373

[374]; *Mertz* RdA 1971, 203 [204 f.]; *Nikisch* III, S. 170, 175, 245, 257; zum BetrVG 1972 *BAG* 12.02.1975 EzA § 78 BetrVG 1972 Nr. 4 S. 9 = AP Nr. 1 zu § 78 BetrVG 1972 Bl. 4; *Bächle* DB 1973, 1400 [1402]; *Fitting* § 1 Rn. 266; s. § 1 Rdn. 82; *Richardi/Thüsing* vor § 26 Rn. 15, § 78 Rn. 36; vgl. auch *BAG* 09.06.1982 AP Nr. 1 zu § 107 BPersVG Bl. 1 R). Das ist jedenfalls für die Individualrechte nach §§ 81 ff. zu bejahen, die durch die Einbeziehung in das Betriebsverfassungsrecht eine über das Arbeitsvertragsrecht hinausgehende Bedeutung gewonnen haben (vgl. *Bächle* DB 1973, 1400 [1402]; *Buschmann/DKKW* § 81 Rn. 24; *Fitting* § 84 Rn. 21 hinsichtlich des § 84 Abs. 3; *Rose/HWGNRH* vor §§ 81–86a Rn. 13; **a. M.** *Galperin/Löwisch* vor § 81 Rn. 9 – anders für § 84 Abs. 3; *Niederalt* Die Individualrechte des Arbeitnehmers nach dem Betriebsverfassungsgesetz 1972 [§§ 75, 81 ff.], S. 201 ff. – anders für § 82 Abs. 2 Satz 3, § 83 Abs. 1 Satz 3).

Dagegen handelt es sich bei den Individualrechten aufgrund dieser Bestimmungen nicht um »sonstige Rechte« i. S. d. § 823 Abs. 1 BGB, weil sie nicht als absolute Rechte gegen jedermann, sondern nur gegen den Arbeitgeber wirken (hinsichtlich der Individualrechte des *CDU/CSU*-Entwurfs vgl. *Mertz* RdA 1971, 203 [206]). An der nur relativen Wirkung dieser Rechte hat sich auch dadurch nichts geändert, dass sie nunmehr in das Betriebsverfassungsrecht einbezogen worden sind (zur Ablehnung der absoluten Wirkung der aus der Treue-[Fürsorge-]Pflicht des Arbeitgebers abzuleitenden Rechte des Arbeitnehmers vgl. *Wiese* ZfA 1971, 273 [279 f.]). Im Übrigen haftet der Arbeitgeber für seine Verrichtungsgehilfen nach § 831 BGB. **40**

VIII. Verfahren zur Durchsetzung der Individualrechte

Nach § 2a Abs. 1 Nr. 1 ArbGG sind die Arbeitsgerichte ausschließlich zuständig für Angelegenheiten aus dem Betriebsverfassungsgesetz, soweit nicht für Maßnahmen nach seinen §§ 119 bis 121 die Zuständigkeit eines anderen Gerichts gegeben ist. In den in § 2a Abs. 1 Nr. 1 ArbGG bezeichneten Fällen findet gemäß § 2a Abs. 2, § 80 Abs. 1 ArbGG das Beschlussverfahren Anwendung. Da die Individualrechte nach §§ 81 bis 85 »Angelegenheiten aus dem Betriebsverfassungsgesetz« sind, müssten hiernach Streitigkeiten aus diesen Bestimmungen im Beschlussverfahren entschieden werden. Die Individualrechte nach §§ 81 bis 85 haben jedoch zugleich arbeitsvertragsrechtliche Bedeutung, so dass im Streitfall auch bürgerliche Rechtsstreitigkeiten aus dem Arbeitsverhältnis nach § 2 Abs. 1 Nr. 3 Buchst. a ArbGG vorliegen, für die gemäß § 2 Abs. 5, § 46 Abs. 1 ArbGG das Urteilsverfahren Anwendung findet. Da die Regelung dieser arbeitsvertraglichen Rechte im Betriebsverfassungsgesetz nur wegen ihres »betriebsbezogenen Charakters« (vgl. Rdn. 28) erfolgt ist, das Schwergewicht der sich aus ihnen ergebenden Streitigkeiten aber in der arbeitsvertraglichen Beziehung zwischen Arbeitgeber und Arbeitnehmer liegt, sind sie grundsätzlich im **Urteilsverfahren** zu entscheiden (vgl. *ArbG Aachen* 01.09.1975 BB 1976, 1511; *Bulla* RdA 1978, 209 [213]; *Dütz/Säcker* DB 1972, Beilage Nr. 17, S. 11; *Falkenberg* DB 1972, 774 [776]; *Galperin/Löwisch* vor § 81 Rn. 12; *Rose/HWGNRH* vor §§ 81–86a Rn. 18; *Richardi/Thüsing* § 81 Rn. 26; *Schaub/Koch* Arbeitsrechts-Handbuch, § 234 Rn. 24; vgl. ferner § 81 Rdn. 26, § 82 Rdn. 24, § 83 Rdn. 77, § 84 Rdn. 36, § 85 Rdn. 32). Entsprechendes gilt für die sonstigen individualrechtlichen Ansprüche aus dem Betriebsverfassungsgesetz. **41**

Bei Streitigkeiten aus der Hinzuziehung eines Betriebsratsmitglieds nach § 81 Abs. 4 Satz 3, § 82 Abs. 2 Satz 2, § 83 Abs. 1 Satz 2, § 84 Abs. 1 Satz 2 (vgl. dazu *Konzen* Leistungspflichten, S. 38, 69 f., 71), aus der Anrufung der Einigungsstelle nach § 85 Abs. 2, aus der Anwendung des § 86 oder dem Vorschlagsrecht der Arbeitnehmer nach § 86a handelt es sich um kollektivrechtliche Angelegenheiten aus der Betriebsverfassung, die im **Beschlussverfahren** zu entscheiden sind (vgl. *Galperin/Löwisch* vor § 81 Rn. 12; vgl. ferner § 81 Rdn. 26, § 82 Rdn. 25, § 83 Rdn. 78, § 84 Rdn. 37, § 85 Rdn. 31, 33, § 86 Rdn. 13, § 86a Rdn. 21). Zur Verweisung einer irrtümlich im Urteilsverfahren anhängig gemachten Sache in das Beschlussverfahren vgl. *BAG* 09.11.1971 AP Nr. 2 zu § 8 ArbGG 1953. **42**

§ 81
Unterrichtungs- und Erörterungspflicht des Arbeitgebers

(1) Der Arbeitgeber hat den Arbeitnehmer über dessen Aufgabe und Verantwortung sowie über die Art seiner Tätigkeit und ihre Einordnung in den Arbeitsablauf des Betriebs zu unterrichten. Er hat den Arbeitnehmer vor Beginn der Beschäftigung über die Unfall- und Gesundheitsgefahren, denen dieser bei der Beschäftigung ausgesetzt ist, sowie über die Maßnahmen und Einrichtungen zur Abwendung dieser Gefahren und die nach § 10 Abs. 2 des Arbeitsschutzgesetzes getroffenen Maßnahmen zu belehren.

(2) Über Veränderungen in seinem Arbeitsbereich ist der Arbeitnehmer rechtzeitig zu unterrichten. Absatz 1 gilt entsprechend.

(3) In Betrieben, in denen kein Betriebsrat besteht, hat der Arbeitgeber die Arbeitnehmer zu allen Maßnahmen zu hören, die Auswirkungen auf Sicherheit und Gesundheit der Arbeitnehmer haben können.

(4) Der Arbeitgeber hat den Arbeitnehmer über die aufgrund einer Planung von technischen Anlagen, von Arbeitsverfahren und Arbeitsabläufen oder der Arbeitsplätze vorgesehenen Maßnahmen und ihre Auswirkungen auf seinen Arbeitsplatz, die Arbeitsumgebung sowie auf Inhalt und Art seiner Tätigkeit zu unterrichten. Sobald feststeht, dass sich die Tätigkeit des Arbeitnehmers ändern wird und seine beruflichen Kenntnisse und Fähigkeiten zur Erfüllung seiner Aufgaben nicht ausreichen, hat der Arbeitgeber mit dem Arbeitnehmer zu erörtern, wie dessen berufliche Kenntnisse und Fähigkeiten im Rahmen der betrieblichen Möglichkeiten den künftigen Anforderungen angepasst werden können. Der Arbeitnehmer kann bei der Erörterung ein Mitglied des Betriebsrats hinzuziehen.

Literatur
Vgl. vor § 81.

Inhaltsübersicht

		Rdn.
I.	Vorbemerkung	1–4
II.	Unterrichtung des Arbeitnehmers über seine Funktion	5–11
III.	Belehrung über Unfall- und Gesundheitsgefahren sowie Maßnahmen nach § 10 Abs. 2 ArbSchG	12–17
IV.	Betriebe ohne Betriebsrat	18
V.	Unterrichtung und Erörterung bei der Planung und Einführung neuer Techniken	19–22
VI.	Hinzuziehung eines Betriebsratsmitglieds	23–25
VII.	Streitigkeiten	26

I. Vorbemerkung

1 Die im Betriebsverfassungsrecht neue, inhaltlich jedoch bisher schon aus der Treue-(Fürsorge-)Pflicht des Arbeitgebers abzuleitende Regelung (vgl. vor § 81 Rdn. 13, 17 f.) verpflichtet den Arbeitgeber zunächst zur rechtzeitigen Unterrichtung bzw. Belehrung des Arbeitnehmers über alle Umstände, die für seine Tätigkeit und Stellung im Betrieb bedeutsam sind. Damit sollen, ungeachtet der allgemeinen Bedeutung der Einführung von Individualrechten (vgl. hierzu vor § 81 Rdn. 1), die Einarbeitung des Arbeitnehmers erleichtert, seine Integration gefördert, das betriebliche Geschehen in seinen Zusammenhängen durchsichtiger gemacht und von der Arbeit und dem Betrieb ausgehende Gefahren vorsorglich abgewendet werden. Die Vorschrift des § 81 dient der Verbesserung der Stellung des einzelnen Arbeitnehmers, auch wenn dies mittelbar dem Betrieb zugutekommt. Anspruchsberechtigt ist der einzelne Arbeitnehmer (vgl. auch Rdn. 19). Der Arbeitgeber hat jedoch seinen Pflichten von sich aus zu entsprechen, ohne dass der Arbeitnehmer darum nachsuchen müsste (anders § 82, s. dort Rdn. 1). Die Pflichten sind während der Arbeitszeit – mithin unter Fortzahlung des Arbeitsentgelts

Unterrichtungs- und Erörterungspflicht des Arbeitgebers § 81

– zu erfüllen. Etwaige **Kosten** trägt der Arbeitgeber (Rückzahlungsklauseln hinsichtlich dieser Kosten sind unzulässig; vgl. *BAG* 16.03.1994 EzA § 611 BGB Ausbildungsbeihilfe Nr. 10 S. 11 = AP Nr. 18 zu § 611 BGB Ausbildungshilfe Bl. 6). Der Information des Arbeitnehmers dienen ferner die Betriebsversammlungen (§ 43). Zur Information der Arbeitnehmer in wirtschaftlichen Angelegenheiten vgl. § 110.

Durch die **Novelle 1988** wurde ein neuer Absatz 3 angefügt, der den Arbeitgeber zur Unterrichtung 2 und Erörterung bei der Planung und Einführung neuer Techniken verpflichtet (vgl. Rdn. 19 ff.). Durch Art. 3 des Gesetzes zur Umsetzung der EG-Richtlinie Arbeitsschutz und weiterer Arbeitsschutz-Richtlinien vom 07.08.1996 (BGBl. I, S. 1246) – in Kraft am 21.08.1996 (vgl. Art. 6) – wurden ferner in Absatz 1 die Wörter »und die nach § 10 Abs. 2 des Arbeitsschutzgesetzes getroffenen Maßnahmen« und außerdem nach Absatz 2 ein neuer Absatz 3 eingefügt; der bisherige Absatz 3 wurde Absatz 4.

Die Vorschrift ist **zwingend** (vgl. vor § 81 Rdn. 34). Zum **persönlichen Geltungsbereich** des § 81 3 vgl. vor § 81 Rdn. 21 ff. Zur Regelung für die in **Heimarbeit** Beschäftigten vgl. § 7a HAG, für Beschäftigte des **öffentlichen Dienstes** § 14 Abs. 1 ArbSchG und für **Leiharbeitnehmer** im Entleiherbetrieb § 11 Abs. 6 AÜG, § 12 Abs. 1 Satz 3, Abs. 2 ArbSchG, zum Anspruch gegen den Verleiher § 13 AÜG. Zur weitergehenden Unterweisung von **Jugendlichen** über Unfall- und Gesundheitsgefahren vgl. § 29 JArbSchG. Zur inhaltlichen Modifikation der Unterrichtungs- und Belehrungspflichten bei häuslicher Telearbeit *Wiese* RdA 2009, 344 [345].

Das **Bundespersonalvertretungsgesetz** und das **Sprecherausschussgesetz** enthalten keine entsprechende Vorschrift. 4

II. Unterrichtung des Arbeitnehmers über seine Funktion

Nach § 81 Abs. 1 Satz 1 hat der Arbeitgeber den Arbeitnehmer – mitbestimmungsfrei (vgl. Rdn. 9) – 5 **während** der **Arbeitszeit** über dessen **Aufgabe** und **Verantwortung** sowie über die **Art** seiner **Tätigkeit** und ihre **Einordnung** in den **Arbeitsablauf** des Betriebs zu unterrichten, d. h. über die von ihm aufgrund seines Arbeitsvertrags **übernommene Funktion** an einem konkreten Arbeitsplatz (vgl. *BAG* 28.01.1992 EzA § 98 BetrVG 1972 Nr. 4 S. 7 = AP Nr. 5 zu § 98 BetrVG 1972 Bl. 3 R; 23.04.1991 EzA § 98 BetrVG 1972 Nr. 7 S. 6 = AP Nr. 7 zu § 98 BetrVG 1972 Bl. 4 R; 28.01.1992 EzA § 96 BetrVG 1972 Nr. 1 S. 4 f. = AP Nr. 1 zu § 96 BetrVG 1972 Bl. 2; 04.05.2011 EzA § 99 BetrVG 2001 Versetzung Nr. 9 Rn. 25 = AP Nr. 138 zu § 99 BetrVG 1972 Rn. 25 [*Engels*]). Dem Arbeitnehmer soll somit ein möglichst umfassender Überblick über seinen gesamten Aufgabenbereich auf der Grundlage der für seinen Arbeitsplatz erforderlichen und beim Arbeitnehmer vorhandenen beruflichen Kenntnisse und Erfahrungen gegeben werden. Das schließt die Beschreibung des Arbeitsplatzes (vgl. *Weber* § 90 Rdn. 20 ff.), der Arbeitsumgebung (vgl. *Weber* § 91 Rdn. 5) und seiner Tätigkeit (Gegenstand, Verwendung von Maschinen, Werkzeugen und Arbeitsstoffen, Arbeitsablauf) ein. Dazu kann auch die Unterrichtung über die bei einer bestimmten Tätigkeit zu beachtenden **gesetzlichen Bestimmungen** gehören (ebenso *Buschmann/DKKW* § 81 Rn. 10). Das gilt zunehmend insbesondere für Vorschriften des Umweltschutzes (vgl. zum Ganzen *Froschauer* Arbeitsrecht und Umweltschutz [Diss. Mannheim], 1994; zu den arbeitsvertraglichen Rechten und Pflichten des Arbeitnehmers *Schmitt-Schönenberg* AuR 1994, 281 ff.; vgl. auch *Fitting* § 81 Rn. 6 und *Gutzeit* § 88 Rdn. 19 ff., § 89 Rdn. 23 ff.). Die Unterrichtung hat so konkret und eingehend zu erfolgen, dass der Arbeitnehmer die übernommene Funktion vertragsgemäß wahrnehmen kann. Eine Verpflichtung des Arbeitgebers zur Information über betriebliche **Sozialeinrichtungen** besteht nicht nach § 81 Abs. 1 Satz 1 (**a. M.** *Buschmann/DKKW* § 81 Rn. 9; *Richardi/Thüsing* § 81 Rn. 4; *Stege/Weinspach/Schiefer* § 81 Rn. 5; *Zimmermann*, AuR 2014, 262 [263]), wohl aber aufgrund seiner Treue-(Fürsorge-)Pflicht.

Da die Aufgabe des Arbeitnehmers stets mit einer bestimmten **Verantwortung** für die betrieblichen 6 Belange verbunden ist, aber ebenso gegenüber anderen Arbeitnehmern bestehen kann, hat der Arbeitgeber ihn auch hierüber zu unterrichten; der besonderen Hervorhebung hätte es nicht bedurft. Entsprechendes gilt für die Unterrichtung des Arbeitnehmers über die Einordnung seiner Tätigkeit in den

Arbeitsablauf (s. *Weber* § 90 Rdn. 17) des Betriebs, weil diese ohnehin in das betriebliche Geschehen eingebettet ist und nicht isoliert, sondern in ihrer Verbundenheit mit und Abhängigkeit von der anderer Arbeitnehmer und deren Tätigkeit gesehen werden muss. Der Wert der Vorschrift ist darin zu sehen, dass der Arbeitgeber nachdrücklich darauf hingewiesen wird, auch diesen Gesichtspunkt zu beachten. Es trifft den Arbeitgeber daher insgesamt eine umfassende »Einweisungspflicht«.

7 Die Unterrichtung hat zunächst **vor** oder **bei Beginn** der **erstmaligen Beschäftigung** – mithin vor der eigentlichen Arbeitsaufnahme – zu erfolgen (ebenso *Buschmann/DKKW* § 81 Rn. 6; *Fitting* § 81 Rn. 3, 7; *Rose/HWGNRH* § 81 Rn. 19; *Richardi/Thüsing* § 81 Rn. 13; einschränkend *Kaiser/LK* § 81 Rn. 2; **a. M.** *Galperin/Löwisch* § 81 Rn. 3; *Stege/Weinspach/Schiefer* § 81 Rn. 6), damit der Arbeitnehmer entsprechend dem Zweck der Vorschrift (vgl. Rdn. 1) von vornherein über seinen Aufgabenbereich informiert ist und sich darauf einstellen kann. Die Verpflichtung nach § 81 Abs. 1 Satz 1 wird durch den Grundsatz des § 242 BGB modifiziert, so dass neben einer Grundinformation vor oder bei Beginn der erstmaligen Beschäftigung eine ergänzende Unterrichtung gegebenenfalls später noch zulässig sein kann und unter Umständen erst möglich ist. Ebenso ist der Arbeitnehmer über **Veränderungen** in seinem **Arbeitsbereich rechtzeitig**, d. h. angemessene Zeit vor der Veränderung, zu **unterrichten** (§ 81 Abs. 2 Satz 1), so dass er sich auf diese einstellen und gegebenenfalls nach § 82 initiativ werden kann. Das gilt insbesondere bei Einführung neuer Formen der Betriebs- oder Personalorganisation und Arbeitsgestaltung, wie z. B. bei Lean Production/Lean Management (vgl. hierzu *Oechsler* Personal und Arbeit. Grundlagen des Human Resource Management und der Arbeitgeber-Arbeitnehmer-Beziehungen, 9. Aufl. 2011, S. 307 ff.) oder bei Inanspruchnahme bestimmter IT-Ressourcen über das Internet, sog. Cloud Computing (vgl. *Gaul/Koehler* BB 2011, 2229 [2235 Fn. 54]). Dabei sind jedoch modische Schlagworte und wechselnde Managementmoden auf ihren arbeitsrechtlich relevanten Gehalt zu reduzieren.

8 **Arbeitsbereich** ist der Bereich, in dem sich die Arbeit des Arbeitnehmers vollzieht. Das bestimmt sich nach der jeweils geltenden Organisation des Betriebs (vgl. BAG 26.05.1988 EzA § 95 BetrVG 1972 Nr. 13 S. 4 *[Peterek]* = AP Nr. 13 zu § 95 BetrVG 1972 Bl. 2 R; 23.11.1993 EzA § 95 BetrVG 1972 Nr. 28 S. 2 = AP Nr. 32 zu § 95 BetrVG 1972; 22.04.1997 EzA § 99 BetrVG 1972 Versetzung Nr. 2 S. 3 = AP Nr. 14 zu § 99 BetrVG 1972 Versetzung, daselbst auch zur Abgrenzung der bloßen Veränderung des Arbeitsbereichs gegenüber einer Versetzung). Zum Arbeitsbereich gehören nicht nur der Arbeitsplatz (s. *Weber* § 90 Rdn. 20 ff.) und dessen unmittelbare Arbeitsumgebung (s. *Weber* § 91 Rdn. 5), sondern bei einer nicht an einen festen Arbeitsplatz gebundenen Tätigkeit deren gesamter Wirkungsbereich. Unter **Veränderungen** sind im Hinblick auf die Verweisung in § 81 Abs. 2 Satz 2 alle Änderungen zu verstehen, die Gegenstand der Unterrichtungspflicht nach § 81 Abs. 1 betreffen und sich auf den Arbeitnehmer unmittelbar auswirken. Unerheblich ist, ob der Arbeitsbereich selbst (technisch, organisatorisch: z. B. Einführung von Gruppenarbeit, personell, auch durch Rationalisierungsmaßnahmen) verändert (vgl. auch § 91) oder der Arbeitnehmer versetzt wird (vgl. § 95 Abs. 3 und zu dessen gegenüber § 81 engeren Anwendungsbereich BAG 02.04.1996 EzA § 95 BetrVG 1972 Nr. 29 S. 3 f. = AP Nr. 34 zu § 95 BetrVG 1972) bzw. vorübergehend einen anderen Arbeitnehmer vertreten muss (ebenso *Fitting* § 81 Rn. 17) und dadurch eine Veränderung eintritt. Das dürfte jedoch in der Regel bei der Umsetzung auf einen gleichartigen Arbeitsplatz zu verneinen sein (ebenso *Fitting* § 81 Rn. 17; *Richardi/Thüsing* § 81 Rn. 9 seit 8. Aufl.; **a. M.** *Weiss/Weyand* § 81 Rn. 3). Änderungen, die keine Auswirkungen für den Arbeitnehmer haben, scheiden aus. Dagegen braucht es sich nicht um »wesentliche« Veränderungen zu handeln; das Ausmaß der Veränderungen bestimmt lediglich den Umfang der Unterrichtungspflicht.

9 Eine bestimmte **Form** der **Unterrichtung** ist **nicht vorgeschrieben**. Diese kann daher auch mündlich erfolgen (vgl. *Fitting* § 81 Rn. 8; *Zimmermann* AuR 2014, 262 [263]). Das **Nachweisgesetz** vom 20.07.1995 (BGBl. I, S. 946) ist insoweit nicht einschlägig (vgl. *Fitting* § 81 Rn. 8; *Rose/HWGNRH* § 81 Rn. 22; **a. M.** wohl *Buschmann/DKKW* § 81 Rn. 7); es betrifft die Vertragsbedingungen (nach § 2 Abs. 1 Nr. 5 die Bezeichnung oder allgemeine Beschreibung der vom Arbeitnehmer zu leistenden Tätigkeit; vgl. dazu auch *EuGH* 04.12.1997 EzA § 2 NachwG Nr. 1 = AP Nr. 3 zu EWG-Richtlinie Nr. 91/533), § 81 Abs. 1 Satz 1 dagegen deren konkrete Umsetzung. Die Zulässigkeit einer mündlichen Unterrichtung schließt nicht aus, dass die Aushändigung von Arbeitsplatz- und Stellenbeschreibungen, in denen die Aufgaben und Kompetenzen sowie die organisatorische und funktionale Einord-

nung der Position fixiert sind, zweckmäßig oder sogar erforderlich sein kann. Diese werden in aller Regel jedoch nur Hilfsmittel sein, mit denen die mündliche Unterrichtung ergänzt, aber nicht ersetzt werden kann. Hat der Arbeitgeber dem Arbeitnehmer in Erfüllung seiner Unterrichtungspflicht ausführliche Richtlinien ausgehändigt und diese zusätzlich mündlich durch die Vorgesetzten im Rahmen der Einarbeitung auf dem neuen Arbeitsplatz erläutern lassen, so hat er damit seine Pflicht zunächst erfüllt. Treten im weiteren Verlauf der Arbeit Unklarheiten auf, so muss der Arbeitnehmer von seinem Vorgesetzten eine weitergehende Unterrichtung verlangen, hat aber keinen Anspruch auf Wiederholung der gesamten Unterrichtung nach § 81 (vgl. *LAG Düsseldorf* 16.12.1982 ARSt. 1984, 44 [Nr. 1044]). Obwohl § 81 einen individualrechtlichen Anspruch begründet, braucht die Unterrichtung nicht gegenüber jedem Arbeitnehmer einzeln, sondern kann auch kollektiv z. B. in Form eines **Kurses** erfolgen (vgl. *BAG* 23.04.1991 EzA § 98 BetrVG 1972 Nr. 7 S. 6 = AP Nr. 7 zu § 98 BetrVG 1972 Bl. 4 R). Bei **Gruppenarbeit** (vgl. hierzu § 87 Abs. 1 Nr. 13, *Wiese/Gutzeit* § 87 Rdn. 1075 ff.) ist die gemeinsame Unterrichtung der Gruppenmitglieder nicht nur zulässig, sondern zweckmäßig, ohne dass es sich dabei um ein eigenes Recht der Gruppe handelte (**a. M.** *Fitting* § 81 Rn. 27, § 82 Rn. 8; vgl. ferner *Elert* Gruppenarbeit. Individual- und kollektivarbeitsrechtliche Fragen moderner Arbeitsformen [Diss. Hagen], 2001, S. 201 f.). Mit der Unterrichtung erfüllt der Arbeitgeber eine gesetzliche Verpflichtung; sie ist **mitbestimmungsfrei** (vgl. *BAG* 05.11.1985 EzA § 98 BetrVG 1972 Nr. 2 S. 9 = AP Nr. 2 zu § 98 BetrVG 1972 Bl. 2 R; 10.02.1988 EzA § 98 BetrVG 1972 Nr. 4 S. 7 = AP Nr. 5 zu § 98 BetrVG 1972 Bl. 3 R; 23.04.1991 EzA § 98 BetrVG 1972 Nr. 7 S. 6 = AP Nr. 7 zu § 98 BetrVG 1972 Bl. 4 R; 28.01.1992 EzA § 96 BetrVG 1972 Nr. 5. 4 = AP Nr. 1 zu § 96 BetrVG 1972 Bl. 2, daselbst auch zur Abgrenzung gegenüber Maßnahmen der Berufsbildung; krit. dazu *Alexander* NZA 1992, 1057 ff.; *Däubler* BB 2000, 1190 f.; *Gilberg* Die Mitwirkung des Betriebsrats bei der Berufsbildung [Diss. Köln], 1999, S. 228; *Hamm* AuR 1992, 326 [332 ff.]; de lege ferenda vgl. *Hammer* ZRP 1998, 23 ff.). Zur Unterrichtung der Arbeitnehmer über DIN/ISO-Normen vgl. *Lachemann* RdA 1998, 105 (112); *Schmidt/Dobberahn* NZA 1995, 1017 (1019 f.).

Die **Unterrichtung** muss dem Zweck des § 81 Abs. 1 Satz 1 entsprechend **verständlich** sein. Ausländische Arbeitnehmer sind daher erforderlichenfalls in ihrer Heimatsprache zu unterrichten (vgl. *LAG Baden-Württemberg* 01.12.1989 AiB 1990, 313 f.; *Buschmann/DKKW* § 81 Rn. 7; *Fitting* § 81 Rn. 14; *Galperin/Löwisch* § 81 Rn. 4; *Rose/HWGNRH* § 81 Rn. 23). Dem steht nicht entgegen, dass das *BAG* (28.01.2010 EzA § 1 KSchG Personenbedingte Kündigung Nr. 24 = AP Nr. 4 zu § 3 AGG [*Mohr*]) eine personenbedingte Kündigung für gerechtfertigt gehalten hat, weil der Arbeitnehmer nur über mangelhafte Kenntnisse der deutschen Schriftsprache verfügte und daher schriftliche Arbeitsanweisungen nicht verstehen konnte. In dem konkreten Fall hatte der Arbeitgeber den Arbeitnehmer mehrere Jahre lang angehalten, die deutsche Sprache zu lernen und sogar Sprachkurse während der Arbeitszeit finanziert. Derartige Sprachkenntnisse können nicht schon bei einer Ersteinweisung nach § 81 Abs. 1 erwartet werden, wenn der eingestellte Arbeitnehmer erkennbar der deutschen Sprache wenig mächtig war (vgl. dazu *Wilrich* BG 2011, 30 [32]; allgemein zum Sprachrisiko *Latzel* RdA 2013, 73). 10

Der **Arbeitgeber** ist dafür **verantwortlich**, dass die **Unterrichtung ordnungsgemäß** erfolgt; er braucht sie aber nicht selbst vorzunehmen, sondern kann diese Aufgabe den nach der Organisation des Betriebs zuständigen Vorgesetzten oder eigens dafür bestimmten Personen zuweisen (ebenso *Fitting* § 81 Rn. 7; *Rose/HWGNRH* § 81 Rn. 18; *Richardi/Thüsing* § 81 Rn. 16). Grundsätzlich bleibt es dem Arbeitgeber überlassen, ob er sich die Unterrichtung des Arbeitnehmers nach § 81 schriftlich bestätigen lässt. Für die in Heimarbeit Beschäftigten muss sich der Auftraggeber dagegen nach § 7a Satz 2 HAG schriftlich bestätigen lassen, dass sie entsprechend § 7a Satz 1 HAG unterrichtet worden sind. 11

III. Belehrung über Unfall- und Gesundheitsgefahren sowie Maßnahmen nach § 10 Abs. 2 ArbSchG

Nach § 81 Abs. 1 Satz 2 ist der Arbeitgeber zunächst verpflichtet, ungeachtet der Aufgaben des Betriebsrats nach § 80 Abs. 1 Nr. 1, § 87 Abs. 1 Nr. 7, § 88 Nr. 1, § 89 (vgl. auch § 90, § 91, § 115 Abs. 7 Nr. 7), den Arbeitnehmer vor Beginn der Beschäftigung (vgl. Rdn. 15) über die Unfall- und Gesundheitsgefahren, denen dieser bei der Beschäftigung ausgesetzt ist, sowie über die Maßnahmen und Ein- 12 richtungen zur Abwendung dieser Gefahren zu belehren. Unberührt bleiben § 618 Abs. 1 BGB, § 62 HGB, § 29 JArbSchG, § 7a HAG, § 8 Abs. 1 Satz 2, Abs. 2, § 9 Abs. 2 Satz 1, § 12 ArbSchG sowie sonstige spezielle Arbeitsschutzvorschriften (s. *Gutzeit* § 89 Rdn. 9, 12 ff.) und die Unfallverhütungsvorschriften der Berufsgenossenschaften (s. *Gutzeit* § 89 Rdn. 20 ff.), die den Arbeitgeber zur Aufklärung verpflichten (vgl. z. B. §§ 14 GefStoffV, § 18 Satz 1 Nr. 1 RöV, § 24 Abs. 2 Nr. 5 SprengG, § 38 StrlSchV, § 6 Abs. 1 Nr. 4 StörfallV – hierzu *Kohte* BB 1981, 1277 [1284], § 14 BioStoffV, § 4 BGV A 1 sowie Rdn. 3; vgl. auch § 19 Abs. 3 Nr. 5, 6 ChemG). Dagegen ist der Arbeitgeber nicht nach § 81 Abs. 1 Satz 2 verpflichtet, dem Arbeitnehmer arbeitswissenschaftliche Erkenntnisse über die menschengerechte Gestaltung der Arbeit zu vermitteln; diese sind nach Maßgabe der §§ 90, 91 zu berücksichtigen (vgl. auch *Egger* BB 1992, 629 [630]). Zur **Gruppenarbeit** vgl. Rdn. 9.

13 Nach § 81 Abs. 1 Satz 2, der durch Art. 3 des Gesetzes vom 07.08.1996 ergänzt wurde (vgl. Rdn. 2), hat der Arbeitgeber den Arbeitnehmer ferner über die nach § 10 Abs. 2 ArbSchG getroffenen Maßnahmen zu belehren. Diese betreffen die Wahrnehmung von Aufgaben der Ersten Hilfe, Brandbekämpfung und Evakuierung der Beschäftigten (s. *Gutzeit* § 87 Rdn. 638). Damit wurde Art. 10 Abs. 1 Buchst. b i. V. m. Art. 8 Abs. 2 der Richtlinie 89/391/EWG vom 12.06.1989 (ABlEG Nr. L 183/1) umgesetzt. Die Formulierung des Art. 10 Abs. 1 »die Arbeitnehmer bzw. deren Vertreter« wurde dahingehend interpretiert, dass in Betrieben, in denen ein Betriebsrat besteht, die einzelnen Beschäftigten nur die sie selbst betreffenden notwendigen Informationen über Sicherheit und Gesundheitsschutz erhalten müssten, was durch § 81 Abs. 1 grundsätzlich gewährleistet sei (vgl. amtliche Begründung, BT-Drucks. 13/3540, S. 22r.).

14 Die **Belehrung** umfasst die gewissenhafte, exakte Darstellung der Gefahrenquellen – z. B. von technischen Arbeitsmitteln (§ 2 GerätesicherheitsG) – und die Art der von ihnen für den betreffenden Arbeitnehmer ausgehenden Gefahren sowie die Erläuterung von Sicherheitsvorschriften und geeigneten Maßnahmen zur Gefahrenabwehr. Sie verlangt mehr als eine allgemeine Unterrichtung, so dass die Aushändigung von schriftlichem Material in der Regel nicht ausreicht (vgl. *Bächle* DB 1973, 1400 [1402]; *Fitting* § 81 Rn. 14; *Rose/HWGNRH* § 81 Rn. 4, 21; *Kaiser/LK* § 81 Rn. 11; *Richardi/Thüsing* § 81 Rn. 16; *Stege/Weinspach/Schiefer* § 81 Rn. 12 f.). Soweit der Arbeitnehmer verpflichtet ist, Schutzkleidung und andere Schutzausrüstungen (s. *Gutzeit* § 87 Rdn. 651) zu verwenden (vgl. BAG AP Nr. 17 zu § 618 BGB Bl. 1 R; *Wiese* UFITA Bd. 64, 1972, S. 145 [147 ff.] m. w. N.), ist er über den Gebrauch eingehend zu informieren, gegebenenfalls mit Demonstrationen (z. B. bei Verwendung von Atemschutz). Entsprechendes gilt für den Gebrauch anderer Arbeitsschutzvorrichtungen und Gegenmaßnahmen bei Unfällen (z. B. Benutzung von Brandduschen, sonstiges Verhalten bei Feuer und Unfällen).

15 Die Belehrung hat nach der ausdrücklichen Regelung des § 81 Abs. 1 Satz 2 (ebenso § 7a HAG, § 29 Abs. 1 JArbSchG, § 14 Abs. 1 ArbSchG) **vor Beginn** der – erstmaligen – Beschäftigung zu erfolgen. Bei **Veränderungen** im Arbeitsbereich (vgl. Rdn. 7) des Arbeitnehmers muss die Belehrung über die mit dem Arbeitsschutz zusammenhängenden Fragen **rechtzeitig** (vgl. Rdn. 7) erfolgen (§ 81 Abs. 2 Satz 2). Sie kann, weil in diesem Fall in der Regel mehrere Arbeitnehmer in gleicher Weise betroffen sind, diesen gemeinsam erteilt werden, wenn sichergestellt ist, dass die Belehrung des einzelnen Arbeitnehmers darunter nicht leidet. Für die Belehrung ausländischer Arbeitnehmer gilt Entsprechendes wie bei der Unterrichtung nach § 81 Abs. 1 Satz 1 (vgl. Rdn. 10); das Gleiche gilt für die schriftliche Bestätigung der Belehrung (vgl. Rdn. 11).

16 Zur **Verantwortung** des **Arbeitgebers** für eine ordnungsgemäße Belehrung gilt Entsprechendes wie für die Unterrichtungspflicht nach § 81 Abs. 1 Satz 1 (vgl. Rdn. 11). Insbesondere kommt für die Belehrung über die Unfall- und Gesundheitsgefahren eine Heranziehung der **Betriebsärzte** und **Fachkräfte für Arbeitssicherheit** (s. *Gutzeit* § 87 Rdn. 672) oder der Sicherheitsbeauftragten (s. *Gutzeit* § 89 Rdn. 75 ff.) in Betracht (vgl. § 3 Abs. 1 Nr. 4, § 6 Nr. 4 ASiG).

17 Die Vorschrift des § 81 Abs. 1 Satz 2 begründet nur eine Pflicht des Arbeitgebers zur Belehrung, nicht zur Durchsetzung der Verpflichtung des Arbeitnehmers, Arbeitsschutzvorschriften zu beachten. Eine etwaige Verpflichtung des Arbeitgebers kann sich aber aus § 15 SGB VII (früher § 708 Abs. 1 Nr. 1 RVO) in Verbindung mit den entsprechenden Unfallverhütungsvorschriften ergeben, hat dann jedoch nur sozialversicherungsrechtliche Bedeutung. Ferner verpflichtet § 15 ArbSchG den Arbeitnehmer,

arbeitsschutzrechtliche Vorschriften zu beachten. Zu Anweisungen bei Maßnahmen des Arbeitsschutzes vgl. nunmehr § 4 Nr. 7, § 12 ArbSchG (zu den Anforderungen an entsprechende von der Einigungsstelle beschlossene Unterweisungsregelungen BAG 11.01.2011 EzA § 87 BetrVG 2001 Gesundheitsschutz Nr. 5 = AP Nr. 17 zu § 87 BetrVG 1972 Gesundheitsschutz), zur Mitbestimmung des Betriebsrats nach den Vorschriften des ArbSchG s. *Gutzeit* § 87 Rdn. 627 f., 635 ff.

IV. Betriebe ohne Betriebsrat

Für Betriebe ohne Betriebsrat wurde durch das Gesetz vom 07.08.1996 (vgl. Rdn. 2) ein neuer Absatz 3 eingefügt, der den **Arbeitgeber** verpflichtet, die **Arbeitnehmer** zu **allen Maßnahmen** zu **hören**, die **Auswirkungen** auf **Sicherheit** und **Gesundheit** der Arbeitnehmer haben können. Damit sollte der Formulierung »die Arbeitnehmer bzw. deren Vertreter« des Art. 11 Abs. 1 der Richtlinie 89/391/EWG (vgl. Rdn. 13) Rechnung getragen werden, dass auch in Betrieben ohne Betriebsrat eine angemessene Beteiligung der Beschäftigten zu allen Fragen der Sicherheit und des Gesundheitsschutzes bei der Arbeit stattfindet (vgl. amtliche Begründung, BT-Drucks. 13/3540, S. 22r.). Die Formulierung »Betriebe, in denen kein Betriebsrat besteht« erfasst sowohl betriebsratsfähige Betriebe ohne Betriebsrat als auch nicht betriebsratsfähige Betriebe. Die Vorschrift soll sicherstellen, dass Arbeitnehmer in solchen betriebsratslosen Betrieben über Angelegenheiten des Arbeitsschutzes so informiert werden, dass sie zu vorgesehenen Maßnahmen des Arbeitgebers Stellung nehmen können. Damit kompensiert diese Vorschrift das für Arbeitnehmer in solchen Betrieben fehlende Beteiligungsrecht des Betriebsrats nach § 87 Abs. 1 Nr. 7, § 89 BetrVG. Allerdings setzt Abs. 3 voraus, dass sich die zu treffenden Maßnahmen des Arbeitgebers auf Sicherheit und Gesundheit der Arbeitnehmer auswirken. Daher wird der betriebliche Umweltschutz ohne solche Auswirkungen nicht erfasst (vgl. *Kaiser/LK* § 81 Rn. 14). Das Anhörungsrecht nach Abs. 3 reicht weiter als die Regelungen des § 81 Abs. 1, 2 und 4, weil es unabhängig von den Verhältnissen an einem konkreten Arbeitsplatz besteht (*Kaiser/LK* § 81 Rn. 15). Zu dem über die Verpflichtung nach § 81 Abs. 3 hinausgehenden **Vorschlagsrecht** sämtlicher Beschäftigten zu Fragen der Sicherheit und des Gesundheitsschutzes vgl. § 17 Abs. 1 Satz 1 ArbSchG (vgl. hierzu auch *Gutzeit* § 87 Rdn. 641). 18

V. Unterrichtung und Erörterung bei der Planung und Einführung neuer Techniken

Nach § 81 Abs. 4 (zur Entstehung der Vorschrift s. Rdn. 2) hat der Arbeitgeber den Arbeitnehmer über die aufgrund einer Planung (zum Begriff s. *Weber* § 90 Rdn. 4) von technischen Anlagen (s. *Weber* § 90 Rdn. 12 ff.), von Arbeitsverfahren und Arbeitsabläufen (s. *Weber* § 90 Rdn. 16 ff.) oder der Arbeitsplätze (vgl. *Weber* § 90 Rdn. 20 ff.) vorgesehenen **Maßnahmen** und ihre **Auswirkungen** auf seinen Arbeitsplatz, die Arbeitsumgebung (s. *Weber* § 91 Rdn. 4 f.) sowie auf Inhalt und Art seiner Tätigkeit (vgl. Rdn. 5) zu **unterrichten**. Zur Gruppenarbeit vgl. Rdn. 9. Dadurch sollen in Ergänzung der bereits nach § 90 gegenüber dem Betriebsrat bestehenden Verpflichtungen die Arbeitnehmer selbst in den Informationsprozess bei der Planung und Einführung neuer Techniken mit einbezogen werden (vgl. Bericht 11. Ausschuss, BT-Drucks. 11/3618, S. 28). Im Gegensatz zur Unterrichtungspflicht nach § 81 Abs. 1 und 2 besteht daher die nach dessen Abs. 4 bereits in einem früheren Stadium. Die Auswirkungen sind in einem umfassenden Sinn zu verstehen, soweit sie für Arbeitsplatz, Arbeitsumgebung, Inhalt und Art der Tätigkeit des Arbeitnehmers von Bedeutung sind (zum Einsatz von Personalcomputern und zu Produktinformationen für Außendienstmitarbeiter vgl. BAG 23.04.1991 EzA § 98 BetrVG 1972 Nr. 7 S. 6 ff. = AP Nr. 7 zu § 98 BetrVG 1972 Bl. 5 ff.). Neben § 81 Abs. 4 zu beachten sind die Rechte des Arbeitnehmers zur Stellungnahme hinsichtlich ihn betreffender Maßnahmen und zu Vorschlägen für die Gestaltung der Arbeitsplätze und des Arbeitsablaufs (§ 82 Abs. 1 Satz 2; vgl. § 82 Rdn. 10 f.) sowie sein Anspruch auf Erörterung der Möglichkeiten seiner beruflichen Entwicklung im Betrieb (§ 82 Abs. 2 Satz 1). 19

Die Verpflichtung setzt voraus, dass die **Planung so weit fortgeschritten** ist, dass sich daraus **konkrete**, den Arbeitnehmer in den genannten Bereichen betreffende **Maßnahmen abzeichnen**, setzt also zeitlich später ein als die Unterrichtung des Betriebsrats nach § 90 (vgl. *Engels/Natter* BB 1989, 20

§ 81 IV. 2. Mitwirkungs- und Beschwerderecht des Arbeitnehmers

Beilage Nr. 8, S. 1 [25]; *Fitting* § 81 Rn. 24; *Richardi/Thüsing* § 81 Rn. 21; *Stege/Weinspach/Schiefer* § 81 Rn. 10b; *Wlotzke* DB 1989, 111 [116]). Durch die vorherige Information sollen Ängste vor neuen Techniken abgebaut und die Bereitschaft des Arbeitnehmers erhöht werden, sich auf andere Anforderungen einzustellen (vgl. amtliche Begründung, BT-Drucks. 11/2503, S. 35).

21 Ferner hat der Arbeitgeber mit dem Arbeitnehmer zu **erörtern**, wie dessen berufliche Kenntnisse und Fähigkeiten im Rahmen der betrieblichen Möglichkeiten den künftigen Anforderungen angepasst werden können. Zu denken ist u. a. an Maßnahmen der Berufsbildung (§§ 96 ff.). Jedoch ist die Verpflichtung des Arbeitgebers auf die Erörterung beschränkt, so dass eine weitergehende Verpflichtung zu konkreten Maßnahmen durch § 81 Abs. 4 nicht begründet wird (vgl. amtliche Begründung, BT-Drucks. 11/2503, S. 35; *Richardi/Thüsing* § 81 Rn. 22; *Stege/Weinspach/Schiefer* § 81 Rn. 10c; vgl. auch *Fitting* § 81 Rn. 25). Deshalb ist die vom 11. Ausschuss eingefügte Beschränkung der Erörterungspflicht auf die betrieblichen Möglichkeiten (vgl. BT-Drucks. 11/3604, S. 12, BT-Drucks. 11/3618, S. 9 f.) nicht einleuchtend, zumindest aber missverständlich. Da der Arbeitgeber aufgrund seiner Treue-(Fürsorge-)Pflicht die mit dem Arbeitsverhältnis zusammenhängenden berechtigten ideellen Interessen des Arbeitnehmers zu achten und vermeidbare Nachteile im Rahmen des Zumutbaren von ihm fernzuhalten hat (vgl. vor § 81 Rdn. 12), folgt bereits daraus eine umfassende Erörterungspflicht z. B. auch über außerbetriebliche Bildungsmaßnahmen. Die gesetzliche Einschränkung gibt daher für die Erörterungspflicht keinen Sinn und ist hinsichtlich weiterer Maßnahmen mangels einer entsprechenden Verpflichtung überflüssig. Ein auf die Einführung von Maßnahmen der betrieblichen Berufsbildung bezogenes Mitbestimmungsrecht des Betriebsrats gem. § 97 Abs. 2 kommt nur dann in Betracht, wenn im Betrieb ein nicht lediglich den Einzelfall betreffendes, abstraktes Regelungsbedürfnis existiert, mithin ein kollektiver Tatbestand i. S. d. BAG-Rechtsprechung zu § 87 (vgl. hierzu *Wiese* § 87 Rdn. 15 ff.) gegeben ist (vgl. *Franzen* NZA 2001, 865 [868]; *Rieble* NZA Sonderheft 2001 S. 48 [53]; *Worzalla/HWGNR* § 97 Rn. 14; **a. M.** *Buschmann/DKKW* § 97 Rn. 11; *Fitting* § 97 Rn. 16; s. *Raab* § 97 Rdn. 20). Der individualrechtliche Anspruch des Arbeitnehmers gem. § 81 Abs. 4 bleibt von einem derartigen Mitbestimmungsrecht unberührt (vgl. *Buschmann/DKKW* § 96 Rn. 10).

22 Die **Verpflichtung** des Arbeitgebers zur Erörterung wird begründet, **sobald feststeht**, dass sich die Tätigkeit des Arbeitnehmers derart ändern wird, dass seine beruflichen Kenntnisse und Fähigkeiten zur Erfüllung seiner Aufgaben (vgl. Rdn. 5) nicht mehr ausreichen. Damit soll die Erörterung in dem frühestmöglichen Zeitpunkt erfolgen, um Ängste der betroffenen Arbeitnehmer abzubauen und ihnen die Chance zu Anpassungsmaßnahmen zu geben. Zur kündigungsschutzrechtlichen Relevanz unterlassener Erörterung vgl. *Buschmann/DKKW* § 81 Rn. 24; *Fitting* § 81 Rn. 25; *Löwisch* BB 1988, 1953 (1954); *Paschke* in *Busch/Feldhoff/Nebe* (Hrsg.), Übergänge im Arbeitsleben und (Re)Inklusion in den Arbeitsmarkt, 2012, S. 149 (157 f.).

VI. Hinzuziehung eines Betriebsratsmitglieds

23 Der Arbeitnehmer kann aufgrund von § 81 Abs. 4 bei der nach dessen Satz 2 vorgeschriebenen Erörterung ebenso wie in den Fällen des § 82 Abs. 2 Satz 2, § 83 Abs. 1 Satz 2 und § 84 Abs. 1 Satz 2 ein beliebiges Mitglied des Betriebsrats hinzuziehen (§ 81 Abs. 4 Satz 3). Bei Gruppenarbeit ist zwar eine gemeinsame Unterrichtung der Gruppenmitglieder zulässig (vgl. Rdn. 9), jedoch handelt es sich nach § 81 um Individualrechte des einzelnen Arbeitnehmers und nicht um ein Gruppenrecht, so dass die Gruppe auch kein eigenes Recht auf Hinzuziehung eines Betriebsratsmitgliedes hat (vgl. *Rose/HWGNR* § 81 Rn. 30; **a. M.** *Fitting* § 81 Rn. 27). Der Arbeitgeber muss die Wahl des Arbeitnehmers hinnehmen, das Betriebsratsmitglied dem Verlangen des Arbeitnehmers entsprechen (vgl. auch § 82 Rdn. 20, § 83 Rdn. 28; § 84 Rdn. 22). Der Betriebsrat kann nicht durch die interne Geschäftsverteilung das Wahlrecht des Arbeitnehmers beseitigen. Dieser kann aber den Betriebsrat bitten, ein Betriebsratsmitglied zur Unterstützung zu benennen und damit dem Betriebsrat die Auswahl überlassen. Die Wahlfreiheit des Arbeitnehmers wird dadurch nicht eingeschränkt, so dass er trotzdem ein ihm vom Betriebsrat benanntes Betriebsratsmitglied ablehnen und ein anderes hinzuziehen kann. Gleiches gilt, wenn ein vom Arbeitnehmer selbst ausgewähltes Betriebsratsmitglied ihn nach seiner Ansicht nicht angemessen unterstützt. Für das Tätigwerden des Betriebsratsmitglieds bedarf es keines

gesonderten Beschlusses des Betriebsrats, vielmehr gehört die Unterstützung des Arbeitnehmers zu den originären Aufgaben des einzelnen Betriebsratsmitglieds (*LAG Berlin-Brandenburg* 20.10.2011 – 10 TaBV 567/11 – juris, Rn. 41).

Hinzuziehen bedeutet nicht nur, dass ein Betriebsratsmitglied bei der Erörterung der Angelegenheit anwesend sein, sondern dass es auch daran teilnehmen, d. h. selbst Fragen stellen und Vorschläge machen darf (vgl. auch § 82 Rdn. 21). Dagegen kann es die Erörterung grundsätzlich nicht für den Arbeitnehmer – auch nicht mit dessen Zustimmung – allein wahrnehmen. Eine Ausnahme ist aufgrund der Treue-(Fürsorge-)Pflicht des Arbeitgebers nur anzuerkennen, wenn der Arbeitnehmer aus besonderen Gründen – z. B. bei Verhinderung wegen Krankheit – das Recht nicht selbst wahrnehmen kann und die Erörterung keinen Aufschub duldet. 24

Im Gegensatz zu § 82 Abs. 2 Satz 3, § 83 Abs. 1 Satz 3 ist eine **Schweigepflicht** des Betriebsratsmitglieds nach § 81 Abs. 4 nicht vorgesehen, so dass die Möglichkeit einer Bestrafung nach § 120 Abs. 2 ausscheidet, soweit nicht zugleich die Voraussetzungen des § 82 Abs. 2 Satz 3 oder des § 83 Abs. 1 Satz 3 vorliegen. Das schließt eine Persönlichkeitsrechtsverletzung des Arbeitnehmers durch das Betriebsratsmitglied und entsprechende Ansprüche gegen dieses nicht aus (zust. *Buschmann/DKKW* § 81 Rn. 23; zu den Tatbeständen vgl. *Wiese* ZfA 1971, 273 [305, 310]). 25

VII. Streitigkeiten

Kommt der Arbeitgeber den ihm nach § 81 obliegenden Verpflichtungen nicht nach, so stehen dem Arbeitnehmer die vor § 81 Rdn. 35 ff. genannten Rechte zu (**a. M.** *von Hoyningen-Huene/MünchArbR* 2. Aufl., § 303 Rn. 13, der einen Erfüllungsanspruch ablehnt und nur ein Leistungsverweigerungsrecht bejaht; vgl. aber auch vor § 81 Rdn. 37). Über Streitigkeiten hinsichtlich dieser Rechte wird im **Urteilsverfahren** entschieden (vgl. vor § 81 Rdn. 41; *ArbG Aachen* BB 1976, 1511; *Buschmann/DKKW* § 81 Rn. 24; *Fitting* § 81 Rn. 28; *G. Müller* JArbR Bd. 9 [1971], 1972, S. 23 [29]; *Richardi/Thüsing* § 81 Rn. 26, anders Rn. 27 im Fall des § 81 Abs. 3: Beschlussverfahren). Die Rechte des Arbeitnehmers nach § 81 können nicht vom Betriebsrat gegen den Arbeitgeber geltend gemacht werden (vgl. *ArbG Aachen* BB 1976, 1511). Soweit gegen den Arbeitgeber nach § 23 Abs. 3 vorgegangen wird (vgl. vor § 81 Rdn. 31), entscheiden die Arbeitsgerichte im **Beschlussverfahren** (vgl. § 2a Abs. 1 Nr. 1, Abs. 2, §§ 80 ff. ArbGG). Entsprechendes gilt bei einem Streit über die aufgrund von § 81 Abs. 4 Satz 3 (vgl. Rdn. 2) mögliche Hinzuziehung eines Betriebsratsmitglieds (vgl. i. E. vor § 81 Rdn. 42, § 82 Rdn. 25, § 83 Rdn. 78; § 84 Rdn. 37; **a. M.** *Buschmann/DKKW* § 81 Rn. 25; *Preis/WPK* § 81 Rn. 20). 26

§ 82
Anhörungs- und Erörterungsrecht des Arbeitnehmers

(1) Der Arbeitnehmer hat das Recht, in betrieblichen Angelegenheiten, die seine Person betreffen, von den nach Maßgabe des organisatorischen Aufbaus des Betriebs hierfür zuständigen Personen gehört zu werden. Er ist berechtigt, zu Maßnahmen des Arbeitgebers, die ihn betreffen, Stellung zu nehmen sowie Vorschläge für die Gestaltung des Arbeitsplatzes und des Arbeitsablaufs zu machen.

(2) Der Arbeitnehmer kann verlangen, dass ihm die Berechnung und Zusammensetzung seines Arbeitsentgelts erläutert und dass mit ihm die Beurteilung seiner Leistungen sowie die Möglichkeiten seiner beruflichen Entwicklung im Betrieb erörtert werden. Er kann ein Mitglied des Betriebsrats hinzuziehen. Das Mitglied des Betriebsrats hat über den Inhalt dieser Verhandlungen Stillschweigen zu bewahren, soweit es vom Arbeitnehmer im Einzelfall nicht von dieser Verpflichtung entbunden wird.

Literatur
Vgl. vor § 81.

Inhaltsübersicht

		Rdn.
I.	Vorbemerkung	1–4
II.	Recht auf Anhörung	5–9
III.	Recht zu Stellungnahmen und Vorschlägen	10, 11
IV.	Erläuterung des Arbeitsentgelts	12–14
V.	Erörterung von Leistungsbeurteilungen und Möglichkeiten beruflicher Entwicklung	15–19
VI.	Hinzuziehung eines Betriebsratsmitglieds	20–23
VII.	Streitigkeiten	24, 25

I. Vorbemerkung

1 Die Bestimmung räumt dem **Arbeitnehmer** in Ergänzung der Informationspflicht des Arbeitgebers nach § 81 das Recht ein, seinerseits **initiativ** zu werden, um für ihn wichtige Informationen zu erlangen und durch Stellungnahmen und Vorschläge aktiv an der Meinungsbildung im Betrieb mitzuwirken. Die **Entscheidungen** des **Arbeitgebers** werden dadurch weder aufgehoben, noch kann er – ungeachtet seiner Verpflichtungen nach § 82 Abs. 2 Satz 1 – zu weiteren Maßnahmen gezwungen werden. Der Arbeitnehmer hat daher kein Mitbestimmungsrecht. Gegen etwaige Beeinträchtigungen kann daher der Arbeitnehmer nur mit der Beschwerde (§§ 84, 85) oder der Betriebsrat nach Maßgabe des § 91 vorgehen, falls nicht sonstige vertragliche Ansprüche in Betracht kommen.

2 Zum **persönlichen Geltungsbereich** des § 82 vgl. vor § 81 Rdn. 21 ff. Die Vorschrift ist **zwingend** (vgl. vor § 81 Rdn. 34).

3 Die dem Arbeitnehmer nach § 82 zustehenden Rechte können grundsätzlich, d. h. unter Berücksichtigung der Treuepflicht des Arbeitnehmers, in angemessenem Rahmen **während** der **Arbeitszeit** wahrgenommen werden. In Rechtsanalogie zu § 20 Abs. 3 Satz 2, § 39 Abs. 3, § 44 Abs. 1 Satz 2 ist der **Arbeitgeber nicht** berechtigt, das **Arbeitsentgelt** zu **kürzen** (vgl. auch § 81 Rdn. 1, § 83 Rdn. 22, § 84 Rdn. 20; im Ergebnis ebenso *Buschmann/DKKW* § 82 Rn. 2; *Fitting* § 82 Rn. 2; *Galperin/Löwisch* § 82 Rn. 14; *Rose/HWGNRH* § 82 Rn. 6; *Kania*/ErfK § 82 BetrVG Rn. 2; *Richardi/Thüsing* § 82 Rn. 3). Der Analogie steht nicht entgegen, dass die dem Arbeitnehmer nach § 82 zustehenden Rechte ihrem Wesen nach arbeitsvertragliche Ansprüche sind (**a. M.** *Galperin/Löwisch* § 82 Rn. 14); die Interessenlage ist hier nicht anders als in den gesetzlich geregelten Fällen zu bewerten, und deren Zweck, dem Arbeitnehmer bei der Ausübung durch das Betriebsverfassungsgesetz eingeräumter Rechte das Arbeitsentgelt ungeschmälert zu erhalten, ist sinngemäß auf die Ausübung der Rechte des § 82 übertragbar. Die aus dem Kontext des Betriebsverfassungsgesetzes abgeleitete Analogie ist daher sachnäher als die Ableitung der Verpflichtung zur Lohnfortzahlung aus der Treue-(Fürsorge-)Pflicht des Arbeitgebers, ungeachtet dessen, dass es in § 82 Abs. 1 nicht um die Konkretisierung der Arbeitspflicht des Arbeitnehmers geht (so aber *Galperin/Löwisch* § 82 Rn. 14). Zum Benachteiligungsverbot bei Ausübung der Rechte nach § 82 vgl. § 612a BGB.

4 Das **Bundespersonalvertretungsgesetz** und das **Sprecherausschussgesetz** enthalten keine entsprechende Vorschrift.

II. Recht auf Anhörung

5 Die Vorschrift des § 82 Abs. 1 Satz 1 gibt dem Arbeitnehmer das Recht, in den seine Person betreffenden betrieblichen Angelegenheiten von den nach Maßgabe des organisatorischen Aufbaus des Betriebs hierfür zuständigen Personen **gehört** zu werden. Der Anspruch besteht nur gegenüber dem Arbeitgeber und gibt dem Arbeitnehmer kein Recht auf Anhörung durch den Betriebsrat (vgl. *Pouyadou* Die Abhängigkeit des Arbeitnehmers gegenüber dem Betriebsrat, S. 112). Die Angelegenheiten müssen den Arbeitnehmer unmittelbar berühren (vgl. BT-Drucks. VI/1786, S. 31, 47), dürfen also nicht nur andere Arbeitnehmer betreffen oder lediglich von allgemeinem Interesse für die Belegschaft sein (vgl. *Galperin/Löwisch* § 82 Rn. 2; *Richardi/Thüsing* § 82 Rn. 5). Jedoch sind auf den betroffenen Arbeitnehmer gezielte Maßnahmen nicht erforderlich. Er braucht sich auch nicht beeinträchtigt zu füh-

len. Bei **Gruppenarbeit** gilt Gleiches wie zu § 81 (vgl. dort Rdn. 9; sowie *Elert* Gruppenarbeit. Individual- und kollektivarbeitsrechtliche Fragen moderner Arbeitsformen [Diss. Hagen], 2001, S. 139 f.).

In Betracht kommen **alle Angelegenheiten**, die mit der **Stellung** des **Arbeitnehmers** im **Betrieb** und seiner **Funktion** zusammenhängen, vor allem also die in § 81 genannten. Nach dem Wortlaut der Bestimmung soll es sich dabei nur um »**betriebliche**« Angelegenheiten handeln, was nach deren Zweck nicht räumlich, sondern i. S. v. **dienstlichen im Gegensatz zu privaten Angelegenheiten** zu verstehen ist, die keinen Bezug zum dienstlichen Bereich des Arbeitnehmers haben (vgl. *Buschmann/DKKW* § 82 Rn. 4; *Fitting* § 82 Rn. 4 f.; *Richardi/Thüsing* § 82 Rn. 5). Deshalb können vom Arbeitnehmer auch die Angelegenheiten vorgebracht werden, die sich aus einer Tätigkeit außerhalb des Betriebs ergeben. Entsprechendes gilt für betriebliche **Umweltverstöße**, die auf der dem Arbeitnehmer zugewiesenen Tätigkeit beruhen, sich aber vor allem außerhalb des Betriebs auswirken (vgl. *Froschauer* Arbeitsrecht und Umweltschutz [Diss. Mannheim], 1994, S. 112 ff.; vgl. auch *Schmitt-Schönenberg* AuR 1994, 281 [285]). Das ist ferner dann anzunehmen, wenn der Arbeitnehmer nicht selbst an rechtswidrigen Umweltpraktiken beteiligt ist, sie aber in seinem Arbeitsumfeld wahrnimmt, weil er verpflichtet sein kann, dagegen einzuschreiten oder jedenfalls den Arbeitgeber zu informieren (vgl. *Froschauer* Arbeitsrecht und Umweltschutz [Diss. Mannheim], 1994, S. 113 f., 119 f.). Zum betrieblichen Umweltschutz vgl. i. E. *Gutzeit* § 88 Rdn. 19 ff., § 89 Rdn. 23 ff. 6

Wer nach dem organisatorischen Aufbau des Betriebs im Einzelnen für die **Anhörung** des Arbeitnehmers **zuständig** ist, sollte festgelegt und im Betrieb bekannt gemacht werden; im Zweifel sind es zunächst die jeweiligen unmittelbaren Vorgesetzten (vgl. *Fitting* § 82 Rn. 4; *Galperin/Löwisch* § 82 Rn. 6; *Richardi/Thüsing* § 82 Rn. 8). Gegebenenfalls haben diese den Arbeitnehmer an die zuständigen Personen zu verweisen. 7

Die **Anhörung** muss dem Arbeitnehmer **angemessen** Gelegenheit geben, sein Anliegen vorzutragen; zur Auslegung ist notfalls die allgemeine Treuepflicht (§ 242 BGB) heranzuziehen (vgl. vor § 81 Rdn. 26). Der Arbeitgeber muss deshalb auch auf das Anliegen des Arbeitnehmers im Rahmen des Zumutbaren eingehen (vgl. *Fitting* § 82 Rn. 4; ferner *Buschmann/DKKW* § 82 Rn. 2; *Rose/HWGNRH* § 82 Rn. 11 f.). Das gilt auch für Abmahnungen (vgl. *Krasshöfer-Pidde* AuA 1993, 137 [141]). 8

Soweit der Arbeitnehmer sich durch betriebliche Maßnahmen beeinträchtigt fühlt und Abhilfe wünscht, kann sein Vorbringen gegenüber den nach § 82 Abs. 1 Satz 1 genannten Personen als **Beschwerde** i. S. d. § 84 Abs. 1 anzusehen sein (vgl. *Galperin/Löwisch* § 82 Rn. 5; *Rose/HWGNRH* § 82 Rn. 39; *Richardi/Thüsing* § 82 Rn. 10). Was der Arbeitnehmer gewollt hat, ist durch Auslegung zu ermitteln. Daneben kann sich der Arbeitnehmer mit seinem Anliegen als Anregung (§ 80 Abs. 1 Nr. 3) oder als Beschwerde (§ 85) an den Betriebsrat wenden. Eine Beschwerde nach §§ 84, 85 kommt auch in Betracht, wenn der Arbeitnehmer wegen der Geltendmachung seines Rechts nach § 82 Abs. 1 Satz 1 überhaupt nicht angehört wird oder meint, nicht angemessen angehört worden zu sein. Wird ein Arbeitnehmer in einem betriebsratlosen Betrieb ohne Anhörung abgemahnt oder ihm gekündigt, so liegt darin kein Verstoß gegen § 82 Abs. 1 Satz 2 (vgl. *Richardi/Thüsing* § 82 Rn. 10; noch offen gelassen von *ArbG Gelsenkirchen* 26.06.1998 NZA-RR 1999, 137; inzwischen **a. M.** *ArbG Gelsenkirchen* 17.03.2010 NZA 2010, 1178, 1181 f. = AuR 2010, 439 [440 f.] [zust. *Däubler*] unter Berufung auf § 242 BGB i. V. m. Art. 1, 2 Abs. 1 und 12 Abs. 1 GG und das Verhältnismäßigkeitsprinzip). 9

III. Recht zu Stellungnahmen und Vorschlägen

Der Arbeitnehmer ist ferner berechtigt, zu ihn betreffenden Maßnahmen des Arbeitgebers **Stellung zu nehmen** (§ 82 Abs. 1 Satz 2 Halbs. 1). Auch dieses Recht setzt nicht voraus, dass der Arbeitnehmer sich beeinträchtigt fühlt (vgl. ferner Rdn. 5). Die Vorschrift deckt sich im Wesentlichen mit § 82 Abs. 1 Satz 1 (**a. M.** *Rose/HWGNRH* § 82 Rn. 17) und betrifft daher auch Fragen des betrieblichen Umweltschutzes (vgl. Rdn. 6). Die darüber hinausgehende Bedeutung des ersten Halbsatzes des § 82 Abs. 1 Satz 2 liegt darin, dass der Arbeitnehmer auch zu ihn betreffenden personellen Maßnahmen (vgl. § 99 Abs. 1) und außerdem gegenüber anderen als den nach Maßgabe des organisatorischen Auf- 10 baus des Betriebs zuständigen Personen Stellung nehmen kann (**a. M.** *Preis/WPK* § 82 Rn. 9), ohne dass ihm daraus Nachteile erwachsen (zust. *Richardi/Thüsing* § 82 Rn. 6).

11 Der Klarstellung dient auch das in § 82 Abs. 1 Satz 2 Halbs. 2 ausdrücklich genannte, aber bereits in dem Recht auf Anhörung enthaltene Recht des Arbeitnehmers, **Vorschläge** für die **Gestaltung** von **Arbeitsplatz** und **Arbeitsablauf** zu machen. Damit wird zugleich das betriebliche Vorschlagswesen (vgl. dazu § 87 Abs. 1 Nr. 12) angesprochen. Eine Mitbestimmung des Arbeitnehmers bei der Gestaltung von Arbeitsplatz und Arbeitsablauf wird dadurch nicht eröffnet (vgl. *Richardi/Thüsing* § 82 Rn. 7; *Stege/Weinspach/Schiefer* § 82 Rn. 3). Vom Anhörungs- und Erörterungsrecht nach § 82 Abs. 1 und Beschwerderecht nach § 84 Abs. 1 Satz 1 ist eine Unterschriftenaktion, durch die dem Wunsch nach Wiedereinführung der 35-Stunden-Woche Ausdruck verliehen wird, nicht mehr gedeckt (ebenso *Richardi/Thüsing* § 82 Rn. 9; **a. M.** *LAG Hamm* 03.09.2014 NZA-RR 2015, 131 [133 f.]). Eine solche Unterschriftenaktion stellt keine eigene Beschwerde dar, sondern den Versuch, Beschwerden Dritter zu organisieren (richtig *Richardi/Thüsing* § 82 Rn. 9). Zur Verpflichtung des Arbeitgebers, auf das Vorbringen des Arbeitnehmers einzugehen, vgl. Rdn. 8, zur Unterrichtung des Arbeitnehmers bei der Planung und Einführung neuer Techniken sowie zur Erörterung von Anpassungsmaßnahmen s. § 81 Rdn. 19 ff. Bedeutsamer sind das Recht des Betriebsrats auf Unterrichtung und Beratung bei der Planung von Arbeitsplätzen und Arbeitsabläufen (§ 90 Abs. 1 Nr. 3, 4) und sein »korrigierendes« Mitbestimmungsrecht bei der Änderung der Arbeitsplätze und des Arbeitsablaufs nach Maßgabe des § 91. Der Arbeitnehmer kann insoweit dem Betriebsrat Anregungen zuleiten (§ 80 Abs. 1 Nr. 3). Zum Recht der Beschäftigten, dem Arbeitgeber Vorschläge zu allen Fragen der Sicherheit und des Gesundheitsschutzes bei der Arbeit zu machen, vgl. § 17 Abs. 1 Satz 1 ArbSchG (zur Mitbestimmung nach § 87 Abs. 1 Nr. 7 s. *Gutzeit* § 87 Rdn. 641).

IV. Erläuterung des Arbeitsentgelts

12 Nach § 108 Abs. 1 GewO ist dem Arbeitnehmer bei Zahlung des Arbeitsentgelts eine Abrechnung in Textform zu erteilen, die mindestens Angaben über Abrechnungszeitraum und Zusammensetzung des Arbeitsentgelts enthalten muss. Hinsichtlich der Zusammensetzung sind insbesondere Angaben über Art und Höhe der Zuschläge, Zulagen, sonstige Vergütungen, Art und Höhe der Abzüge, Abschlagszahlungen sowie Vorschüsse erforderlich. Nach § 108 Abs. 2 GewO entfällt die Verpflichtung, wenn sich die Angaben gegenüber der letzten ordnungsgemäßen Abrechnung nicht geändert haben. Durch diese Neuregelung aufgrund des Dritten Gesetzes zur Änderung der Gewerbeordnung und sonstiger gewerberechtlicher Vorschriften vom 24.08.2002 (BGBl. I, S. 3412) ist § 82 Abs. 2 Satz 1 Halbs. 1 nicht aufgehoben, vielmehr teilweise – zwingend – konkretisiert worden. Nach § 82 Abs. 2 Satz 1 Halbs. 1 kann der Arbeitnehmer verlangen, dass ihm die **Berechnung** und **Zusammensetzung** seines **Arbeitsentgelts** erläutert werden. Der Anspruch kann grundsätzlich **jederzeit**, d. h. unabhängig von einem konkreten Anlass geltend gemacht werden. Zur entsprechenden Regelung für die in Heimarbeit Beschäftigten und Gleichgestellten vgl. § 28 Abs. 2 HAG. Arbeitsentgelt ist die Gesamtheit der dem Arbeitnehmer zustehenden Bezüge. Diese sind sowohl ihrem **Gegenstand** (Lohn, Gehalt, Sachbezüge, Zulagen, Auslösungen, Prämien, Provisionen, Tantiemen, Gratifikationen, Gewinn- und Ergebnisbeteiligungen – zur Auskunft über deren Berechnungsgrundlage vgl. aber *Loritz* RdA 1998, 257 [259] –, vermögenswirksame Leistungen) als auch der **Höhe** nach (Bruttolohn und dessen Berechnung – z. B. unter Berücksichtigung der tariflichen Eingruppierung, der vergüteten Arbeitszeit oder der Elemente des Leistungslohns –, Abzüge, Nettolohn) detailliert zu erläutern. Das *BAG* (20.04.2010 EzA § 82 BetrVG 2001 Nr. 2 Rn. 15 ff. = AP Nr. 4 zu § 82 BetrVG 1972 Rn. 15 ff.) hat auch **Tätigkeitsbeschreibungen** einbezogen, wenn diese die Grundlage für die Eingruppierung des Arbeitnehmers in eine Vergütungsordnung bilden und damit der Entgeltfindung dienen. Zu der aus der Treue-(Fürsorge-)Pflicht des Arbeitgebers abzuleitenden Verpflichtung, eine Lohnabrechnung oder Lohnbescheinigung für die Geltendmachung von Rechten gegen Dritte zu erteilen, vgl. *LAG Hamm* 02.01.1976 DB 1976, 923.

13 Die Information kann formularmäßig in Textform auf den Lohn- und Gehaltsabrechnungen erfolgen und bedarf dann nur bei Zweifelsfragen der besonderen Erläuterung. Verschlüsselte Angaben auf Lohn- und Gehaltsstreifen bei Verwendung von Datenverarbeitungsanlagen sind im Hinblick auf

die vorgeschriebene Textform nicht mehr zulässig. Soweit erforderlich, sind dem Arbeitnehmer auch die Rechtsgrundlagen, nach denen das Arbeitsentgelt berechnet wird (Gesetz, Tarifvertrag, Betriebsvereinbarung, Arbeitsvertrag, Freiwilligkeit), zugänglich zu machen bzw. zu erläutern. Das kann vor allem für die Ermittlung von Abzügen – z. B. von Lohnsteuern oder Sozialversicherungsbeiträgen – von Bedeutung sein. Nach § 82 Abs. 2 Satz 1 i. V. m. § 242 BGB ist der Arbeitgeber auch verpflichtet, auf Verlangen des Arbeitnehmers diesem zu erläutern, warum er anderen Arbeitnehmern gewährte Zuwendungen nicht erhalten hat und ob der Gleichbehandlungsgrundsatz beachtet worden ist (im Ergebnis ebenso *Kaiser/LK* § 82 Rn. 3; vgl. auch *BAG* 05.03.1980 EzA § 242 BGB Gleichbehandlung Nr. 21 [*Falkenberg*] = AP Nr. 44 zu § 242 BGB Gleichbehandlung [*Mayer-Maly*] und dazu *van Venrooy* RdA 1983, 329 ff.). Das Gesetz zur Förderung der Entgelttransparenz zwischen Männern und Frauen sieht in seinem § 10 einen individuellen Anspruch des Arbeitnehmers auf Auskunft über das Vergleichsentgelt einer Gruppe von Arbeitnehmern des anderen Geschlechts mit einer vergleichbaren Tätigkeit vor (BT-Drucksache 18/11133; näher *Weber* § 80 Rdn. 125 ff.).

Ungeachtet dieses Individualrechts kann der **Betriebsrat** nach Maßgabe des § 80 Abs. 2 in die **Listen** 14 der **Bruttolöhne und -gehälter Einblick** nehmen. Dem steht § 82 Abs. 2 Satz 1 nicht entgegen (vgl. *BAG* 18.09.1973 EzA § 80 BetrVG 1972 Nr. 5 S. 34 f. = AP Nr. 3 zu § 80 BetrVG 1972 Bl. 4 f.; zur Kritik an dieser Entscheidung vgl. aber *Wiese/Gutzeit* § 87 Rdn. 514). Darüber hinaus ist der Betriebsrat in die Kontrolle der Entgelttransparenz nach Maßgabe des Entgelttransparenzgesetzes eingebunden (*Weber* § 80 Rdn. 125 ff.).

V. Erörterung von Leistungsbeurteilungen und Möglichkeiten beruflicher Entwicklung

Für den Arbeitnehmer ist es wichtig zu wissen, wie seine Leistungen im Betrieb beurteilt werden, um 15 seine Situation realistisch einschätzen, seine beruflichen Entscheidungen daran orientieren, gegebenenfalls Fehlbeurteilungen entgegentreten (vgl. auch §§ 84, 85) oder sich einen anderen Arbeitsplatz suchen zu können (zust. *BAG* 16.11.2004 EzA § 82 BetrVG 2001 Nr. 1 S. 7). Außerdem wird er feststellen wollen, ob im Betrieb bestehende allgemeine Beurteilungsgrundsätze (vgl. § 94 Abs. 2) auf ihn korrekt angewandt worden sind und der Arbeitgeber den Gleichbehandlungsgrundsatz beachtet hat. Diesem Anliegen trägt § 82 Abs. 2 Satz 1 Halbs. 2 Rechnung und gibt dem Arbeitnehmer einen Anspruch auf Erörterung der Beurteilung seiner Leistungen. Zum Recht des Arbeitgebers, die Leistungen des Arbeitnehmers zu beurteilen, vgl. *BAG* 28.03.1979 EzA § 611 BGB Fürsorgepflicht Nr. 24 S. 94 = AP Nr. 3 zu § 75 BPersVG Bl. 2 R f. [*Richardi*]. Vgl. ferner § 83 Rdn. 17. Demgegenüber kann der Arbeitgeber aufgrund § 82 Abs. 2 Satz 1 Halbs. 2 ein Gespräch über die Leistung und berufliche Entwicklung des Arbeitnehmers nicht einseitig anordnen; dies folgt lediglich aus dem Direktionsrecht und bezieht sich dann nicht auf die Gestaltung des Arbeitsvertrags und eines Aufhebungsvertrags (*BAG* 23.06.2009 EzA § 106 GewO Nr. 3 Rn. 29 = AP Nr. 3 zu § 106 GewO Rn. 29 = NJW 2009, 3115 ff. [*Dzida*]). Die Anhörung des Arbeitnehmers zur beabsichtigten Kündigung wegen tatsächlichen Fehlverhaltens ist ebenfalls kein Gesprächsgegenstand i. S. v. § 82 Abs. 2 Satz 1 (*VGH München* 22.04.2013 NZA-RR 2013, 518 [519]).

Eine Erörterung gebietet zunächst, dass dem Arbeitnehmer **Kenntnis** von solchen **Beurteilungen** 16 gegeben wird. Soweit sie schriftlich fixiert sind, kann der Arbeitnehmer sie nach § 83 einsehen und schriftlich dazu Stellung nehmen (vgl. § 83 Rdn. 31 ff.). Im Übrigen ist ihm mündlich mitzuteilen, wie seine Leistungen beurteilt werden. Darüber hinaus sind die Beurteilungen angemessen zu erläutern und Fragen des Arbeitnehmers zu beantworten (vgl. auch – zum öffentlichen Dienst – *BAG* 28.03.1979 EzA § 611 BGB Fürsorgepflicht Nr. 24 S. 96 = AP Nr. 3 zu § 75 BPersVG Bl. 3 R f.). Dagegen hat er keinen Anspruch auf Aushändigung einer schriftlichen Leistungsbeurteilung (vgl. *Buschmann/DKKW* § 82 Rn. 12; *Fitting* § 82 Rn. 10). Es geht also auch nicht um die Erstellung eines Zwischenzeugnisses, für das die allgemeinen Grundsätze gelten (vgl. hierzu *Hueck/Nipperdey* I, S. 461; *Nikisch* I, S. 858; *Schaub/Linck* Arbeitsrechts-Handbuch, § 147 Rn. 9; *Wank/MünchArbR* § 105 Rn. 7).

Die **Zuständigkeit** richtet sich nach der betrieblichen Organisation; im Zweifel sind diejenigen Vor- 17 gesetzten zuständig, die den Arbeitnehmer zu beurteilen haben. Das Verlangen kann grundsätzlich jederzeit, d. h. unabhängig von einem konkreten Anlass geltend gemacht werden. Jedoch hat der Arbeitnehmer aufgrund seiner Treuepflicht auf die betrieblichen Bedürfnisse Rücksicht zu nehmen und kann den Anspruch nicht zur Unzeit oder, sofern nicht besondere Gründe vorliegen, in unangemessenen Zeitabständen geltend machen (vgl. auch *Fitting* § 82 Rn. 10; *Kania*/ErfK § 82 BetrVG Rn. 7). Zu empfehlen ist eine Betriebsvereinbarung (vgl. hierzu *Jedzig* DB 1991, 859 [860]), die insoweit erzwungen werden kann, als es sich um die formalen Einzelheiten (Zeit, Ort, Häufigkeit der Erörterung) und damit die Ordnung des Betriebs (§ 87 Abs. 1 Nr. 1) handelt.

18 Mit der Beurteilung seiner Leistungen hängen die **Möglichkeiten** der **beruflichen Entwicklung** des Arbeitnehmers im Betrieb zusammen, die gleichfalls nach § 82 Abs. 2 Satz 1 Halbs. 2 auf sein Verlangen mit ihm zu **erörtern** sind. Auch dies dient der Information des Arbeitnehmers und hat daher möglichst umfassend unter Berücksichtigung seiner Leistungen, der betrieblichen Berufsbildungsmaßnahmen (§§ 96 ff.) und Personalüberlegungen zu erfolgen (zust. *BAG* 16.11.2004 EzA § 82 BetrVG 2001 Nr. 1 S. 7 *[Streckel]* = AP Nr. 3 zu § 82 BetrVG 1972 Bl. 3 R = RdA 2005, 314 *[Hümmerich]*). Zur Erörterungspflicht des Arbeitgebers nach § 81 Abs. 4 Satz 2 vgl. § 81 Rdn. 21 f.

19 Der Arbeitnehmer hat jedoch **keinen Anspruch** auf bestimmte **Zusagen** für seine berufliche Entwicklung (vgl. *Buschmann*/DKKW § 87 Rn. 12; *Fitting* § 82 Rn. 11; *Rose*/HWGNRH § 82 Rn. 31). Das schließt vertragliche Vereinbarungen nicht aus. Das Inaussichtstellen von Entwicklungsmöglichkeiten, die nicht ernstlich gemeint sind und nur den Zweck haben, den Arbeitnehmer zu einem bestimmten Verhalten zu veranlassen – z. B. nicht die Stellung zu wechseln – kann dagegen nach Lage der Dinge dem Arbeitnehmer einen Anspruch auf Schadenersatz wegen Pflichtverletzung (§ 280 BGB) geben. Entsprechendes gilt, falls dem Arbeitnehmer Entwicklungsmöglichkeiten verschwiegen werden und ihm dadurch ein Schaden entsteht. Zur Zuständigkeit des Betriebsrats bei der Personalplanung vgl. § 92, bei der Förderung der Berufsbildung §§ 96 bis 98.

VI. Hinzuziehung eines Betriebsratsmitglieds

20 Der Arbeitnehmer kann nur bei Ausübung der Rechte nach § 82 Abs. 2 (vgl. *BAG* 24.04.1979 EzA § 82 BetrVG 1972 Nr. 1 S. 5 = AP Nr. 1 zu § 82 BetrVG 1972 Bl. 2; 16.11.2004 EzA § 82 BetrVG 2001 Nr. 1 S. 7 *[Streckel]* = AP Nr. 3 zu § 82 BetrVG 1972 Bl. 3 = RdA 2005, 314 *[Hümmerich]*; *Fitting* § 82 Rn. 12; ebenso jetzt *Rose*/HWGNRH § 82 Rn. 33; **a. M.** *Buschmann*/DKKW § 82 Rn. 13; *Lerch/Weinbrenner* AiB 2009, 279: Neufassung des § 82 Abs. 2 Satz 2 in einem neuen Absatz 3) ebenso wie in den Fällen des § 81 Abs. 4 Satz 3, § 83 Abs. 1 Satz 2 und § 84 Abs. 1 Satz 2 ein beliebiges Mitglied des Betriebsrats hinzuziehen (§ 82 Abs. 2 Satz 2); für das Tätigwerden des Betriebsratsmitglieds bedarf es keines gesonderten Beschlusses des Betriebsrats, vielmehr gehört die Unterstützung des Arbeitnehmers zu den originären Aufgaben der einzelnen Betriebsratsmitglieds (*LAG Berlin-Brandenburg* 20.10.2011 – 10 TaBV 567/11 – juris, Rn. 41). Der Arbeitgeber muss die Wahl des Arbeitnehmers hinnehmen, das Betriebsratsmitglied dem Verlangen des Arbeitnehmers entsprechen (vgl. *Fitting* § 82 Rn. 13; *Galperin/Löwisch* § 82 Rn. 13; *Rose*/HWGNRH § 82 Rn. 36; *Kania*/ErfK § 82 BetrVG Rn. 10; vgl. auch *Belling* Die Haftung des Betriebsrats und seiner Mitglieder für Pflichtverletzungen, 1990, S. 277; **a. M.** *Richardi/Thüsing* § 82 Rn. 17; vgl. auch § 81 Rdn. 23, § 83 Rdn. 28, § 84 Rdn. 22). Der Betriebsrat kann nicht durch die interne Geschäftsverteilung das Wahlrecht des Arbeitnehmers beseitigen (vgl. *Fitting* § 82 Rn. 13; *Galperin/Löwisch* § 82 Rn. 13; *Richardi/Thüsing* § 82 Rn. 15). Dieser kann aber den Betriebsrat bitten, ihm ein Betriebsratsmitglied zur Unterstützung zu benennen und damit dem Betriebsrat die Auswahl überlassen (vgl. *Weiss/Weyand* § 82 Rn. 7). Da seine Wahlfreiheit dadurch nicht eingeschränkt wird, kann er gleichwohl ein ihm vom Betriebsrat benanntes Betriebsratsmitglied ablehnen und ein anderes hinzuziehen. Gleiches gilt, wenn ein vom Arbeitnehmer selbst ausgewähltes Betriebsratsmitglied ihn nach seiner Ansicht nicht angemessen unterstützt. Das Recht auf Hinzuziehung eines Betriebsratsmitglieds ist auch gegeben, wenn ein Arbeitgeber nach von ihm aufgestellten Verfahrensrichtlinien aufgrund eigener Initiative so genannte **Beratungs-** und **Förderungsgespräche** mit den Mitarbeitern seines Betriebs durchführt, soweit die in § 82 Abs. 2 Satz 1 genannten Themen behandelt werden (vgl. *BAG* 24.04.1979 EzA § 82 BetrVG 1972 Nr. 1 S. 3 f. = AP Nr. 1 zu § 82 BetrVG 1972 Bl. 1 R f.; 16.11.2004 EzA § 82 BetrVG 2001 Nr. 1 S. 8 *[Streckel]* = AP Nr. 3 zu § 82 BetrVG 1972 Bl. 3 R f. = RdA 2005, 314 *[Hümmerich]*; krit. dazu

Ehmann ZfA 1980, 683 [735]; vgl. ferner *ArbG Hamm* 10.01.1979 BB 1980, 42 f.; ebenso *LAG Hessen* 11.04.2016, NZA-RR 2016, 533 [535] für Gespräche mit einer paritätisch besetzten Stellenbesetzungskommission). Der Arbeitnehmer hat keinen generellen Anspruch darauf, zu jedem Personalgespräch über den Abschluss eines Aufhebungsvertrages ein Betriebsratsmitglied hinzuzuziehen; erforderlich ist der Bezug zu den in § 82 Abs. 2 Satz 1 genannten Gegenständen, jedoch genügt es, wenn die Gesprächsgegenstände zumindest teilweise damit identisch sind (vgl. *BAG* 16.11.2004 EzA § 82 BetrVG 2001 Nr. 1 S. 6, 8 f. *[Streckel]* = AP Nr. 3 zu § 82 BetrVG 1972 Bl. 2 R, 4 f. = RdA 2005, 314 *[Hümmerich]*; 20.04.2010 EzA § 82 BetrVG 2001 Nr. 1 = AP Nr. 4 zu § 82 BetrVG 1972; *LAG Hessen* 11.04.2016, NZA-RR 2016, 533 [535]). Zum Anspruch des Arbeitnehmers auf Hinzuziehung eines **Rechtsbeistandes** zu einem dienstlichen Gespräch über seinen Gesundheitszustand vgl. *ArbG Münster* 06.07.1988 DB 1988, 1756; zur Vereinbarung in einem Interessenausgleich oder Sozialplan, dass der Betriebsrat zu Gesprächen über einen Aufhebungsvertrag vor dessen Abschluss hinzuzuziehen ist, vgl. *ArbG Darmstadt* 07.12.1993 AuR 1994, 202; zur Unzulässigkeit, ein aufnahmebereites Tonbandgerät heimlich zum Gespräch mit seinem Arbeitgeber mitzuführen, vgl. *LAG Rheinland-Pfalz* 18.09.1996 NZA 1997, 826.

Hinzuziehen bedeutet nicht nur, dass ein Betriebsratsmitglied bei der Erörterung der Angelegenheiten des Arbeitnehmers anwesend sein, sondern dass es auch daran teilnehmen, d. h. selbst Fragen stellen und Vorschläge machen darf (vgl. i. E. § 81 Rdn. 24). Das Betriebsratsmitglied muss seine Teilnahme dem Arbeitgeber nicht vorher anzeigen (*LAG Hessen* 7.12.2015 DB 2016, 1138). 21

Über den Inhalt der Verhandlungen hat das Betriebsratsmitglied **Stillschweigen** zu bewahren, soweit es vom Arbeitnehmer im Einzelfall nicht von dieser Verpflichtung entbunden wird (§ 82 Abs. 2 Satz 3; vgl. hierzu *A. Weber* Die Schweigepflicht des Betriebsrats [Diss. Münster], 2000, S. 176 ff.). Die Verschwiegenheitspflicht war im Regierungsentwurf nicht vorgesehen (vgl. BT-Drucks. VI/1786, S. 17) und wurde erst aufgrund der Stellungnahme des Bundesrats (vgl. BT-Drucks. VI/1786, S. 64 Nr. 16), der die Bundesregierung zustimmte (vgl. zu BT-Drucks. VI/1786, S. 2 Nr. 1), durch die Beschlüsse des 10. Ausschusses (vgl. BT-Drucks. VI/2729, S. 37; zu BT-Drucks. VI/2729, S. 29) in das Gesetz eingefügt. Sie ist notwendig, weil das Betriebsratsmitglied in den Angelegenheiten des § 82 Abs. 2 Kenntnis der persönlichen Verhältnisse des Arbeitnehmers erlangt, an dieser ein schutzwürdiges Geheimhaltungsinteresse hat. Sie bezieht sich deshalb auch nur auf persönlichkeitsbezogene Daten und Umstände des betroffenen Arbeitnehmers; weitergehende Informationen anlässlich eines solchen Gespräches – z. B. zwecks Unterrichtung über eine Angelegenheit i. S. d. § 90 – unterliegen nicht der Verschwiegenheitspflicht nach § 82 Abs. 2 Satz 3 (vgl. *LAG Frankfurt a. M.* 03.11.1992 LAGE § 23 BetrVG 1972 Nr. 32 S. 5). 22

Die Verschwiegenheitspflicht gilt auch dem Betriebsrat und den anderen Betriebsratsmitgliedern gegenüber, weil nicht der Betriebsrat als solcher, sondern das Betriebsratsmitglied persönlich hinzugezogen wird (vgl. *Buschmann*/DKKW § 82 Rn. 16; *Fitting* § 79 Rn. 33). Eine Entbindung des Betriebsratsmitglieds von der Schweigepflicht durch den Arbeitnehmer ist nur zulässig, soweit der Arbeitnehmer nicht selbst zur Verschwiegenheit verpflichtet ist, weil ihm z. B. im Zusammenhang mit der Erörterung seiner beruflichen Entwicklungsmöglichkeiten Betriebs- oder Geschäftsgeheimnisse anvertraut worden sind. Bei einem Verstoß gegen die Verschwiegenheitspflicht macht sich das Mitglied des Betriebsrats nach § 120 Abs. 2 (nach dem Tode des Arbeitnehmers: § 120 Abs. 4) strafbar; die Tat wird jedoch nur auf – zurücknehmbaren – Antrag des verletzten Arbeitnehmers bzw. nach seinem Tode auf Antrag der Angehörigen oder Erben verfolgt (§ 120 Abs. 5 BetrVG, §§ 77b, 77d StGB). Ferner kommt eine Amtsenthebung nach Maßgabe des § 23 Abs. 1 in Betracht. Schließlich kann eine Verletzung des Persönlichkeitsrechts des Arbeitnehmers an dessen Eigen- bzw. Geheimsphäre vorliegen und privatrechtliche Ansprüche des Arbeitnehmers gegen das Betriebsratsmitglied auslösen (vgl. *Wiese* ZfA 1971, 273 [299 ff., 310 ff.]). 23

VII. Streitigkeiten

Bei Verletzung der dem Arbeitnehmer nach § 82 zustehenden Rechte und dem Arbeitgeber obliegenden Verpflichtungen kann der Arbeitnehmer die vor § 81 Rdn. 35 ff. genannten Rechte geltend ma- 24 chen, über die im **Urteilsverfahren** entschieden wird (vgl. vor § 81 Rdn. 41; *ArbG Aachen* 01.09.1975 BB 1976, 1511; *Buschmann/DKKW* § 82 Rn. 18; *Fitting* § 82 Rn. 14; *Rose/HWGNRH* § 82 Rn. 41; *Richardi/Thüsing* § 82 Rn. 20). Die Rechte des Arbeitnehmers nach § 82 können nicht vom Betriebsrat gegen den Arbeitgeber geltend gemacht werden (vgl. *ArbG Aachen* 01.09.1975 BB 1976, 1511). Im Urteilsverfahren ist auch über Schadenersatzansprüche des Arbeitnehmers gegen das hinzugezogene Betriebsratsmitglied bei Verletzung der Verschwiegenheitspflicht zu entscheiden (vgl. § 2 Abs. 1 Nr. 9, Abs. 5, §§ 46 ff. ArbGG; *Richardi/Thüsing* § 82 Rn. 22).

25 Dagegen handelt es sich bei einem Streit über die **Hinzuziehung** eines **Betriebsratsmitglieds** um eine betriebsverfassungsrechtliche Angelegenheit (vgl. *BAG* 16.11.2004 EzA § 82 BetrVG 2001 Nr. 1 S. 4 *[Streckel]* = AP Nr. 3 zu § 82 BetrVG 1972 Bl. 2 = RdA 2005, 314 *[Hümmerich]*; *Konzen* Leistungspflichten, S. 69 f., 71), über die im **Beschlussverfahren** zu entscheiden ist (vgl. § 2a Abs. 1 Nr. 1, Abs. 2, §§ 80 ff. ArbGG). Das gilt sowohl dann, wenn der Arbeitnehmer seinen – wenn auch wenig praktischen – gesetzlichen Anspruch gegenüber dem Betriebsratsmitglied auf Hinzuziehung (vgl. Rdn. 20) durchsetzen will (vgl. auch vor § 81 Rdn. 32; **a. M.** unter Verneinung der Durchsetzbarkeit *Buschmann/DKKW* § 82 Rn. 18; *Fitting* § 82 Rn. 15; *Galperin/Löwisch* § 82 Rn. 15), als auch für den Fall, dass der Arbeitgeber dem Arbeitnehmer die Hinzuziehung verweigert (vgl. auch vor § 81 Rdn. 42, § 81 Rdn. 26, § 83 Rdn. 78, § 84 Rdn. 37; **a. M.** *BAG* 24.04.1979 EzA § 82 BetrVG 1972 Nr. 1 S. 3 = AP Nr. 1 zu § 82 BetrVG 1972 Bl. 1 R; 23.02.1984 EzA § 82 BetrVG 1972 Nr. 2 = AP Nr. 2 zu § 82 BetrVG 1972 *[Schreiber]* = SAE 1985, 27 *[Peterek]*; *Buschmann/DKKW* § 82 BetrVG Rn. 18; *Fitting* § 82 Rn. 15; *Kania*/ErfK § 82 BetrVG Rn. 12; *Preis/WPK* vor § 81 Rn. 8; *Richardi/Thüsing* § 82 Rn. 21; *Rose/HWGNRH* § 82 Rn. 43). Denn wenn es sich auch bei der Geltendmachung der dem Arbeitnehmer nach § 82 zustehenden Rechte ihrem Wesen nach um arbeitsvertragliche Ansprüche handelt, ist doch das Recht auf Hinzuziehung eines Betriebsratsmitglieds nur eine zusätzliche betriebsverfassungsrechtliche und nicht aus dem Arbeitsvertrag ableitbare Befugnis (vgl. vor § 81 Rdn. 18; zust. *BAG* 16.11.2004 EzA § 82 BetrVG 2001 Nr. 1 S. 4 *[Streckel]* = AP Nr. 3 zu § 82 BetrVG 1972 Bl. 4 = RdA 2005, 314 *[Hümmerich]*). Auch ein Streit zwischen einem Betriebsratsmitglied und dem Arbeitgeber über die Berechtigung der Hinzuziehung ist im Beschlussverfahren auszutragen, jedoch hat das Betriebsratsmitglied keinen gegen den Arbeitgeber durchsetzbaren Anspruch (vgl. *BAG* 23.02.1984 EzA § 82 BetrVG 1972 Nr. 2 = AP Nr. 2 zu § 82 BetrVG 1972 *[Schreiber]*; 16.11.2004 EzA § 82 BetrVG 2001 Nr. 1 S. 5 *[Streckel]* = AP Nr. 3 zu § 82 BetrVG 1972 Bl. 3 = RdA 2005, 314 *[Hümmerich]*; *Richardi/Thüsing* § 82 Rn. 21). Gleiches gilt für den Betriebsrat (vgl. *Fitting* § 82 Rn. 15; *Peterek* Anm. SAE 1985, 28; *Schreiber* Anm. *BAG* AP Nr. 2 zu § 82 BetrVG 1972 Bl. 2 R f.); er besitzt aber im Rahmen des § 23 Abs. 3 Satz 1 kraft gesetzlicher Prozessstandschaft die erforderliche Auftragsbefugnis (vgl. *BAG* 20.04.2010 EzA § 82 BetrVG 2001 Nr. 2 Rn. 11 = AP Nr. 4 zu § 82 BetrVG 1972 Rn. 11; 16.11.2004 EzA § 82 BetrVG 2001 Nr. 1 S. 3 ff. *[Streckel]* = AP Nr. 3 zu § 82 BetrVG 1972 Bl. 1 R ff. = RdA 2005, 314 *[Hümmerich]*).

§ 83
Einsicht in die Personalakten

(1) Der Arbeitnehmer hat das Recht, in die über ihn geführten Personalakten Einsicht zu nehmen. Er kann hierzu ein Mitglied des Betriebsrats hinzuziehen. Das Mitglied des Betriebsrats hat über den Inhalt der Personalakte Stillschweigen zu bewahren, soweit es vom Arbeitnehmer im Einzelfall nicht von dieser Verpflichtung entbunden wird.

(2) Erklärungen des Arbeitnehmers zum Inhalt der Personalakte sind dieser auf sein Verlangen beizufügen.

Literatur

I. Personalakten allgemein

Beck Die rechtlichen Vorgaben für die Führung von Personalakten (Diss. Gießen), 1995; *Becker-Schaffner* Die Personalakte – Einsichtsrecht – Berichtigungsanspruch, BlStSozArbR 1980, 177; *ders.* Die Rechtsprechung zum Recht der Arbeitspapiere, DB 1983, 1304; *Besgen* Der Anspruch auf Entfernung einer unberechtigten Abmahnung aus den Personalakten, AiB 1986, 101 = PersR 1986, 73; *Blaeser* Betriebliches Personalaktenrecht: Hinweise für die rechtliche und praktische Handhabung der Personalakte im Betrieb, 2. Aufl. 1999; *Böker* Elektronische Personalakten, Betriebs- und Dienstvereinbarungen – Kurzauswertungen, Hans-Böckler-Stiftung, 2010; *Brachmann/Diepold* Die elektronische Personalakte, AuA 2012, 202; *Brettschneider/Sondermann* Grenzen innerbetrieblicher Information bei Betriebsbußen, AuR 1980, 158; *Brill* Recht des Betriebsrats auf Einsichtnahme in Personalakten?, AuR 1976, 41; *Conze* Zur Tilgung und Wirkungsdauer von berechtigten Abmahnungen, DB 1987, 889; *ders.* Nochmals – die Wirkungsdauer einer Abmahnung, DB 1987, 2358; *ders.* Die aktuelle Rechtsprechung des BAG zur Entfernung von Vorgängen aus Personalakten, DB 1989, 778; *Daniels* Die Ansprüche des Patienten hinsichtlich der Krankenunterlagen des Arztes, NJW 1976, 345; *Diller/Schuster* Rechtsfragen der elektronischen Personalakte, DB 2008, 928; *Dütz* Personalakten und Drittbeziehungen, Festschrift für *Wlotzke*, 1996, S. 27; *Eich* Die Kommunikation des Betriebsrats mit der Belegschaft, DB 1978, 395; *ders.* Anspruch auf Entfernung einer berechtigten Abmahnung aus der Personalakte durch Zeitablauf?, NZA 1988, 759; *Falkenberg* Die Abmahnung, NZA 1988, 489; *Germelmann* Die gerichtliche Überprüfbarkeit von Verwarnungen, RdA 1977, 75; *Geulen* Die Personalakte in Recht und Praxis, 2. Aufl. 1991; *Gola* Besteht ein Einsichtsrecht in Personalunterlagen, die mehrere Arbeitnehmer betreffen?, BlStSozArbR 1976, 356; *Gola/Hümmerich* Die Personalakte des Arbeitnehmers, BB 1974, 1167; *Graz* Personalakte und Zeugnis, 2004; *Guddat* Zur Aufbewahrungspflicht von Personalunterlagen über ausgeschiedene Mitarbeiter, RdA 1970, 298; *Händel* Einsichtnahme in Werksarztakten, BB 1977, 797; *Herfs-Röttgen* Rechtsfragen rund um die Personalakte, NZA 2013, 478; *Hümmerich* Der Schutz des Beschäftigten vor Aufnahme ärztlicher Gutachten in Personalakten und Datenbanken, DB 1975, 1893; *ders.* Nochmals: Einsichtnahme in Werksarztakten, BB 1977, 996; *ders.* Betriebsverfassungsrechtliche Anforderungen an Personalinformationssysteme, DB 1978, 1932; *Hümmerich/Gola* Personaldatenrecht im Arbeitsverhältnis, 1975; *Hunold* Individual- und betriebsverfassungsrechtliche Probleme der Abmahnung, BB 1986, 2050; *ders.* Personalakten richtig führen, AuA 1997, 364; *ders.* Personalakten richtig führen, AuA 2007, 724; *Jobs/Samland* Personalinformationssysteme, 1984; *Kammerer* Abmahnung und Persönlichkeitsschutz im Arbeitsverhältnis, BB 1980, 1587; *ders.* Personalakte und Abmahnung, 3. Aufl. 2001; *ders.* Die Berichtigung der Personalakte bei unzutreffenden Abmahnungen, BB 1991, 1926; *ders.* Personalakte – Aufbewahrung sensibler Gesundheitsdaten im verschlossenen Umschlag, AuR 2007, 189; *Kessler* Personalaktenrecht. Führung von Personalakten im öffentlichen Dienst, 1997; *Kopke* Beweislast bei Klagen auf Entfernung einer Abmahnung aus der Personalakte, NZA 2007, 1211; *Kort* Anspruch des Arbeitnehmers auf Entfernung der Abmahnung aus der Personalakte wegen bloßen Zeitablaufs, FS *v. Hoyningen-Huene*, 2014, S. 201; *ders.* Rechte des Betriebsrats auf Daten der elektronischen Personalakte – Aufgabenerfüllung der Personalvertretung und Arbeitnehmerdatenschutz, ZD 2015, 3; *Kossens* Personalakte, AR-Blattei SD 1250 (Personalakten); *Laber/Klein* Bewerbung und dann?, ArbRB 2002, 171; *Legerlotz* Abmahnungen und Rügen, ArbRB 2002, 218; *Lenkaitis* Krankenunterlagen aus juristischer, insbesondere zivilrechtlicher Sicht [Diss. Bochum], 1979 (zit.: Krankenunterlagen); *Lepper/Rapsch* Auf dem Weg zu einem neuen Personalaktenrecht, ZTR 1987, 225; *Linnenkohl/Töfflinger* Personalakte und Inhaltskontrolle durch den Arbeitnehmer, AuR 1986, 199; *Löw* Die Personalakte, AuR 2009, 192; *Lopacki* Personalaktenrecht der Beamten, Angestellten und Arbeiter des Bundes und der Länder, 1986; *Lücke* Die Verdachtskündigung – Fragen aus der Praxis, BB 1998, 2259; *Lüthge/Springer* Vollständige Digitalisierung von Personalakten, BB 2017, 1397; *Olbertz* Einführung einer elektronischen Personalakte, ArbRB 2009, 86; *R. Mayer* Das Einsichtsrecht des Arbeitnehmers in Beschwerdebriefe von Arbeitskollegen, NZA 1988, Beilage Nr. 4, S. 21; *Nebendahl* Anspruch auf Entfernung eines Vorgangs aus der Personalakte nach einem Verstoß gegen § 13 Abs. 2 BAT, ZTR 1990, 418; *S. Müller* Die Personalakte in der Arbeitsrechtspraxis, DB 2011, 2604; *Pape* Neuregelung des Einsichtsrechts [Diss. Frankfurt a. M.], 1990; *Pauly* Der Anspruch auf Entfernung einer Abmahnung aus der Personalakte, MDR 1996, 121; *Peter* Das Recht auf Einsicht in Krankenunterlagen [Diss. Bonn], 1989; *Pfarr* Zum Recht des Betriebsrats auf Einsichtnahme in Personalakten, AuR 1976, 198; *Pramann* Zum Begriff der Einsichtnahme in betriebsverfassungsrechtlichen Vorschriften (§§ 34, 80, 83, 108 BetrVG), DB 1983, 1922; *Pulte* Arbeitsrechtliche Fragen zur Führung von Personalakten, AuA 1995, 117; *Rapsch* Forderungen an ein novelliertes Personalaktenrecht, ZBR 1986, 197; *Rose* Rechtliche und praktische Probleme der Personalakte, BetrR 1976, 431; *Rothe* Einsicht in die Personalunterlagen des Betriebes, DB 1972, 1919; *Schäfer* Erklärungen des Auszubildenden zum Inhalt der Personalakte, BB 1973, 1498; *Schlessmann* Personalakten und Einsichtsrecht, BB 1972, 579; *K. Schmid* Rechtliche Zulässigkeit von Bewertungskriterien bei Personalbeurteilungen und in Entlohnungssystemen, BB 1970, 351; *ders.* Die Abmahnung und ihre rechtliche Problematik, NZA 1985, 409; *Schnupp* Anspruch von Arbeitnehmern auf Entfernung von unrichtigen/unzutreffenden Vorgängen aus der Personalakte, PersV 1987, 276; *Stengel* Kann der Arbeitnehmer den Inhalt seiner Personalakte bestimmen?, BB 1976, 1083; *Stück* Die Personalakte im Spiegel der Rechtsprechung, MDR 2008, 430; *v. Hoyningen-Huene* Die Abmahnung im Arbeitsrecht, RdA 1990, 193; *Walker* Fehlentwicklungen bei der Abmahnung im Arbeitsrecht, NZA 1995, 601; *Weiss* Zur Haftung des Betriebsrats, RdA 1974, 269; *Wiese* Der Persönlichkeitsschutz des Arbeitnehmers gegenüber dem Arbeitgeber, ZfA 1971, 273

[307 ff.]; *ders.* Personalakten und Persönlichkeitssphäre des Arbeitnehmers, FS *Buchner*, 2009, S. 954; *Zange* Die Personalakte AuA 2012, 206. Vgl. ferner vor § 81.

II. Arbeitsverhältnis und Datenschutz zum BDSG 1977
vgl. Literaturverzeichnis bei *Wiese/Franzen* 8. Aufl. 2005, § 83.

III. Arbeitsverhältnis und Datenschutz zum BDSG 1990
vgl. Literaturverzeichnis bei *Franzen* 10. Aufl. 2014, § 83.

IV. Arbeitsverhältnis und Datenschutz zum BDSG 2001
vgl. Literaturverzeichnis bei *Franzen* 10. Aufl. 2014, § 83.

V. Arbeitsverhältnis und Datenschutz zum BDSG 2009
Abel Die neuen BDSG-Regelungen, RDV 2009, 147; *Aßmus* Kontrolle des Betriebsrats durch den betrieblichen Datenschutzbeauftragen?, ZD 2011, 27; *Bergmann/Möhrle/Herb* Datenschutzrecht, Handkommentar (Loseblattwerk); *Buchner* Die Einwilligung im Datenschutzrecht, DuD 2010, 39; *Deutsch/Diller* Die geplante Neuregelung des Arbeitnehmerdatenschutzes in § 32 BDSG, DB 2009, 1462; *Erfurth* Der »neue« Arbeitnehmerdatenschutz im BDSG, NJOZ 2009, 2914; *ders.* Die Betriebsvereinbarung im Arbeitnehmerdatenschutz, DB 2011, 1275; *Franzen* Arbeitnehmerdatenschutz – rechtspolitische Perspektiven, RdA 2010, 257; *ders.* Datenschutz im Unternehmen – Zwischen Persönlichkeitsschutz der Arbeitnehmer und Compliance-Anforderungen, ZfA 2012, 172; *ders.* Rechtliche Rahmenbedingungen psychologischer Eignungstests, NZA 2013, 1; *Gola/Jaspers* § 32 Abs. 1 BDSG – eine abschließende Regelung?, RDV 2009, 212; *Gola/Klug* Die BDSG-Novellen 2009 – Ein Kurzüberblick, RDV 2009, Sonderbeilage zu Heft 4, S. 1; *dies.* Die Entwicklung des Datenschutzrechts in den Jahren 2008/2009, NJW 2009, 2577; *dies.* Die Entwicklung des Datenschutzrechts in den Jahren 2009/2010, NJW 2010, 2483; *dies.* Die Entwicklung des Datenschutzrechts in den Jahren 2010/2011, NJW 2011, 2484; *dies.* Die Entwicklung des Datenschutzrechts in den Jahren 2011/2012, NJW 2012, 2489; *dies.* Die Entwicklung des Datenschutzrechts im ersten Halbjahr 2012, NJW 2012, 2489; *dies.* Die Entwicklung des Datenschutzrechts im zweiten Halbjahr 2012, NJW 2013, 834; *dies.* Die Entwicklung des Datenschutzrechts im ersten Halbjahr 2013, NJW 2013, 2487; *dies.* Die Entwicklung des Datenschutzrechts im zweiten Halbjahr 2013, NJW 2014, 667; *dies.* Die Entwicklung des Datenschutzrechts im ersten Halbjahr 2014, NJW 2014, 2622; *dies.* Die Entwicklung des Datenschutzrechts im zweiten Halbjahr 2014, NJW 2015, 674; *dies.* Die Entwicklung des Datenschutzrechts im ersten Halbjahr 2015, NJW 2015, 2628; *dies.* Die Entwicklung des Datenschutzrechts im zweiten Halbjahr 2015, NJW 2016, 691; *Gola/Schomerus* Kommentar zum BDSG, 12. Aufl. 2015; *Gola/Wronka* Handbuch zum Arbeitnehmerdatenschutz, 6. Aufl. 2013 (zit.: Arbeitnehmerdatenschutz); *Jacobs* Datenschutz bei der Überwachung von Beschäftigten, ZfA 2012, 215; *Joussen* Die Neufassung des § 32 BDSG – Neues zum Arbeitnehmerdatenschutz?, Jahrbuch des Arbeitsrechts (47) 2010, 68; *ders.* Die Zulässigkeit von vorbeugenden Torkontrollen nach dem neuen BDSG, NZA 2010, 254; *Kilian/Heussen* Computerrechts-Handbuch. Computertechnologie in der Rechts- und Wirtschaftspraxis (Loseblattwerk); *Kleinebrink* Abmahnung und Datenschutz, DB 2012, 1508; *Kort* Die Stellung des Betriebsrats im System des Beschäftigtendatenschutzes, RDV 2012, 8; *Kramer* Neuer § 32 BDSG zum Arbeitnehmerdatenschutz: Checkliste für den Datenschutzbeauftragten, DSB 2009, Heft 7/8, S. 11; *Riesenhuber* Die Einwilligung des Arbeitnehmers im Datenschutzrecht, RdA 2011, 257; *Roßnagel* Die Novellen zum Datenschutzrecht – Scoring und Adresshandel, NJW 2009, 2716; *Schaffland/Wiltfang* Bundesdatenschutzgesetz (Loseblattwerk); *Schmidt* Beschäftigtendatenschutz in § 32 BDSG, DuD 2010, 207; *Simitis* (Hrsg.), Kommentar zum Bundesdatenschutzgesetz, 8. Aufl. 2014 (zit.: *Bearbeiter/Simitis* Bundesdatenschutzgesetz); *Steigert/Neubauer* Die Entwicklung des Datenschutzrechts im Jahr 2011, ZD 2012, 164; *Thüsing* Arbeitnehmerdatenschutz als Aufgabe von Gesetzgebung und Rechtsprechung, RDV 2009, 1; *ders.* Datenschutz im Arbeitsverhältnis, NZA 2009, 865; *ders.* Beschäftigtendatenschutz und Compliance, 2. Aufl. 2014; *Tinnefeld/Buchner/Petri* Einführung in das Datenschutzrecht, 5. Aufl. 2012 (zit.: Datenschutzrecht); *Vogel/Glas* Datenschutzrechtliche Probleme unternehmensinterner Ermittlungen, DB 2009, 1747; *Wellhöner/Byers* Datenschutz im Betrieb – Alltägliche Herausforderung für den Arbeitgeber?, BB 2009, 2310; *Wuermeling* Beschäftigtendatenschutz auf der europäischen Achterbahn, NZA 2012, 368; *Wybitul* Das neue Bundesdatenschutzgesetz: Verschärfte Regeln für Compliance und interne Ermittlungen, BB 2009, 1582; *ders.* Wie viel Arbeitnehmerdatenschutz ist »erforderlich«?, BB 2010, 1085; *ders.* Handbuch Datenschutz im Unternehmen, 2. Aufl. 2014.

VI. Arbeitsverhältnis, Datenschutz-Grundverordnung und BDSG 2018
Düwell/Brink Die EU-Datenschutz-Grundverordnung und der Beschäftigtendatenschutz, NZA 2016, 665; *Gola* Erhebung von Beschäftigtendaten aus Sicht von Arbeitgeber/Dienstherr und Betriebsrat/Personalrat, ZfPR 2016, 46; *Franck* Das System der Betroffenenrechte nach der Datenschutz-Grundverordnung (DS-GVO), RDV 2016, 111; *Gola* Der »neue« Beschäftigtendatenschutz nach § 26 BDSG n. F., BB 2017, 1462; *Gola/Pötters* Die Verarbei-

tung von Beschäftigtendaten im Rahmen betriebsverfassungsrechtlicher Aufgaben in § 26 Abs. 1 S. 1 BDSG-E, RDV 2017, 111; *Gola/Pötters/Thüsing* Art. 82 DSGVO: Öffnungsklausel für nationale Regelungen zum Beschäftigtendatenschutz – Warum der Gesetzgeber jetzt handeln muss, RDV 2016, 57; *Gola/Pötters/Wronka* Handbuch Arbeitnehmerdatenschutz, 7. Aufl. 2016; *Jaspers/Reif* Der Datenschutzbeauftragte nach der Datenschutz-Grundverordnung: Bestellpflicht, Rechtsstellung und Aufgaben, RDV 2016, 61; *Jerchel/Schubert* Neustart im Datenschutz für Beschäftigte, DuD 2016, 782; *Körner* Wirksamer Beschäftigtendatenschutz im Lichte der Europäischen Datenschutz-Grundverordnung, HSI-Schriftenreihe Band 18, 2017; *dies.* Die Datenschutz-Grundverordnung und nationale Regelungsmöglichkeiten für Beschäftigtendatenschutz, NZA 2016, 1383; *Kort* Die Zukunft des deutschen Beschäftigtendatenschutzes, ZD 2016, 555; *ders.* Arbeitnehmerdatenschutz gemäß der EU-Datenschutz-Grundverordnung, DB 2016, 711; *Maschmann* Datenschutzgrundverordnung: Quo vadis Beschäftigtendatenschutz?, DB 2016, 2488; *Spelge* Der Beschäftigtendatenschutz nach Wirksamwerden der Datenschutz-Grundverordnung (DS-GVO), DuD 2016, 775; *Stelljes* Stärkung des Beschäftigtendatenschutzes durch die Datenschutz-Grundverordnung? DuD 2016, 787; *Taeger/Rose* Zum Stand des deutschen und europäischen Beschäftigtendatenschutzes, BB 2016, 819; *Thüsing* Umsetzung der Datenschutz-Grundverordnung im Beschäftigungsverhältnis: Mehr Mut zur Rechtssicherheit, BB 2016, 2165; *Wybitul* Was ändert sich mit dem neuen EU-Datenschutzrecht für Arbeitgeber und Betriebsräte?, ZD 2016, 203; *Wybitul/Sörup/Pötters* Betriebsvereinbarungen und § 32 BDSG: Wie geht es nach der DS-GVO weiter?, ZD 2015, 559.

Allgemein zur Datenschutz-Grundverordnung: *Albrecht* Das neue EU-Datenschutzrecht – von der Richtlinie zur Verordnung, CR 2016, 88; *Albrecht/Jotzo* Das neue Datenschutzrecht der EU, 2017; *Gola* (Hrsg.), Datenschutz-Grundverordnung VO (EU) 2016/679, Kommentar, 2017; *Kühling/Martini* Die Datenschutz-Grundverordnung: Revolution oder Evolution im europäischen und deutschen Datenschutzrecht?, EuZW 2016, 448; *dies.* Die Datenschutz-Grundverordnung und das nationale Recht, 2016; *Paal/Pauly* (Hrsg.), Datenschutz-Grundverordnung, 2017; *Plath* (Hrsg.), Kommentar zum BDSG und zur DSGVO sowie den Datenschutzbestimmungen des TMG und TKG, 2. Aufl. 2016; *Schantz* Die Datenschutz-Grundverordnung – Beginn einer neuen Zeitrechnung im Datenschutzrecht, NJW 2016, 1841; *Spindler* Die neue EU-Datenschutz-Grundverordnung, DB 2016, 937; *von dem Bussche/Zeiter/Brombach* Die Umsetzung der Vorgaben der EU-Datenschutz-Grundverordnung durch Unternehmen, DB 2016, 1359; *Wybitul* EU-Datenschutz-Grundverordnung in der Praxis – Was ändert sich durch das neue Datenschutzrecht?, BB 2016, 1077; *Wybitul/Pötters* Der neue Datenschutz am Arbeitsplatz, RDV 2016, 10.

Zur **Mitbestimmung** des Betriebsrats nach § **87 Abs. 1 Nr. 6** vgl. die Literatur daselbst unter II 2.

Inhaltsübersicht Rdn.

I. Vorbemerkung	1–3
II. Einsicht in die Personalakten	4–30
1. Personalakten	4–21
2. Einsicht durch den Arbeitnehmer	22–27
3. Hinzuziehung eines Betriebsratsmitglieds	28, 29
4. Kein Einsichtsrecht des Betriebsrats	30
III. Erklärungen des Arbeitnehmers zu den Personalakten	31–41
IV. Datenschutzrechtliche Besonderheiten	42–76
1. Das datenschutzrechtliche Regelungsregime	42–45
2. Sachlicher Anwendungsbereich des Datenschutzrechts	46–49
3. Verantwortliche Stelle	50–54
a) Grundsatz	50
b) Unternehmensübergreifende Personaldatenverarbeitung	51
c) Exkurs: Datenverarbeitung durch den Betriebsrat	52–54
4. Zulässigkeit der Datenverarbeitung	55–67
a) Einwilligung	56–59
b) Rechtsvorschriften als Erlaubnistatbestand	60
c) Datenschutzrechtliche Erlaubnistatbestände	61–67
5. § 83 und einzelne Arbeitnehmerrechte nach datenschutzrechtlichen Rechtsvorschriften	68–76
V. Streitigkeiten	77, 78

I. Vorbemerkung

1 Die mit dem BetrVG 1972 im Betriebsverfassungsrecht verankerte Vorschrift gibt dem Arbeitnehmer in Ergänzung seiner Informationsmöglichkeiten nach §§ 81, 82 das Recht, über ihn geführte Personalakten einzusehen. Nach richtiger Ansicht war ein solcher Anspruch auch schon vor Inkrafttreten des BetrVG 1972 zu bejahen (s. vor § 81 Rdn. 15). Der Gesetzgeber hat insoweit die Einführung des neuen Gesetzes zu einer Klarstellung und Verankerung des geltenden Rechtszustandes im Gesetz genutzt. Im öffentlichen Dienst ist das Einsichtsrecht seit langem geregelt (vgl. § 3 Abs. 5 TVöD, § 3 Abs. 6 TV-L, § 13 BAT, § 110 BBG, § 29 Abs. 7 und 8 SoldatenG); auf eine gesetzliche Normierung (vgl. dazu sogleich Rdn. 3) wurde angesichts der Regelungen in den einschlägigen Tarifverträgen bislang verzichtet. Eine wichtige Erweiterung zum individuellen Einsichtsrecht als solchem ist die Möglichkeit des Arbeitnehmers, ein Mitglied des Betriebsrats hinzuzuziehen (vgl. Rdn. 28). Das Recht des Arbeitnehmers, Erklärungen zum Inhalt der Personalakte zu geben (vgl. Rdn. 31 ff.), war dagegen auch schon vor Inkrafttreten des BetrVG 1972 anzuerkennen (s. vor § 81 Rdn. 15).

2 Zum **persönlichen Geltungsbereich** des § 83 s. vor § 81 Rdn. 21 ff. Die Vorschrift ist **zwingend** (vgl. vor § 81 Rdn. 34).

3 Das **Bundespersonalvertretungsgesetz** enthält keine entsprechende Vorschrift (s. aber Rdn. 1). Für **leitende Angestellte** vgl. § 26 Abs. 2 SprAuG.

II. Einsicht in die Personalakten

1. Personalakten

4 Der **Begriff** der Personalakte ist nicht festgelegt und daher nach dem Sinn der gesetzlichen Regelung zu bestimmen. Durch die Kenntnis seiner Personalunterlagen soll dem Arbeitnehmer das Gefühl genommen werden, Objekt undurchsichtiger fremder Beurteilung zu sein, und ihm die Möglichkeit gegeben werden, sich gegen unzutreffende Angaben zu wehren (s. vor § 81 Rdn. 15). Das setzt die Offenlegung aller Vorgänge voraus, die einen bestimmten Arbeitnehmer in Bezug auf sein Arbeitsverhältnis betreffen. Maßgebend ist nicht die Bezeichnung »Personalakte« (**Personalakte im formellen Sinne**), sondern allein der Inhalt der den Arbeitnehmer betreffenden Vorgänge (**Personalakte im materiellen Sinne**; vgl. auch *BVerwGE* 01.07.1983 67, 300 [301 f.]). Unter Personalakten sind daher **alle über einen Arbeitnehmer bestehenden und ihn persönlich betreffenden Unterlagen des Arbeitgebers** zu verstehen (ähnlich *BAG* 07.05.1980 AuR 1981, 124 [*Herschel*]; 13.04.1988 EzA § 611 BGB Fürsorgepflicht Nr. 47 S. 3; *LAG Baden-Württemberg* 02.08.2000 AuR 2001, 192; *LAG Hamm* 01.12.1994 LAGE § 630 BGB Nr. 28 LS 2; *ArbG Berlin* BB 24.09.1987 1988, 70 = CR 1988, 408 [*Kort*]; *ArbG Celle* ARSt. 1981, 7; *Buschmann / DKKW* § 83 Rn. 3; *Fitting* § 83 Rn. 3 ff.; *Deiseroth* AuR 2001, 161 [163]; *Rose / HWGNRH* § 83 Rn. 9; *Hunold* AuA 1997, 364; *Kania*/ErfK § 83 BetrVG Rn. 2; *Küpferle / Wohlgemuth* Personaldatenverarbeitende Systeme, Rn. 280; *Linnenkohl / Töfflinger* AuR 1986, 199 [202]; *Reichold*/MünchArbR § 87 Rn. 1 und 3 ff.; *Richardi / Thüsing* § 83 Rn. 4 und 6; *Stege / Weinspach / Schiefer* § 83 Rn. 3; **a.M.** *Geulen* Die Personalakte in Recht und Praxis, S. 149 f.; vgl. auch die Legaldefinition des Beamtenrechts in § 106 Abs. 1 Satz 4 BBG). Zur Anwendbarkeit des Bundesdatenschutzgesetzes und der EU-Datenschutz-Grundverordnung vgl. Rdn. 42 f.

5 **Zur Personalakte gehören:** Abmahnungen, Arbeitspapiere, Unterlagen zu Arbeitsunfällen, Arbeitsvertrag (vgl. *ArbG Reutlingen* 08.05.1981 BB 1981, 1092) einschließlich ergänzender Vereinbarungen, ärztliche Gutachten (vgl. Rdn. 11), Beurteilungen jeder Art, Bewerbungsunterlagen, Ermittlungsakten aus abgeschlossenen Betriebsbußen- oder Disziplinarverfahren einschließlich Vorermittlungsakten (vgl. *VGH Hessen* 13.12.1989 ESVGH 41, 148 = AuR 1991, 60), Unterlagen über betriebliche Darlehen, Unterlagen über die tarifliche Eingruppierung, Nachweise über Fortbildungen, graphologische Gutachten, Krankmeldungen und sonstige Nachweise über Krankheitszeiten und Kuraufenthalte, Personalfragebogen und sonstige Angaben zur Person (z. B. Personenstand, Berufsbildung, Kenntnisse, Fähigkeiten, Leistungen, Auszeichnungen), Pfändungen und Abtretungen, oder sonstige Unterlagen über Daten des Arbeitnehmers, Schriftwechsel mit dem Arbeitnehmer und mit Dritten und Behörden über den Arbeitnehmer, Angaben zu Straftaten des Arbeitnehmers, Testergebnisse, Ur-

laubsunterlagen, Zeugnisse usw. (vgl. *Buschmann/DKKW* § 83 Rn. 5; *Dachrodt/Engelbert* § 83 Rn. 13; *Fitting*, § 83 Rn. 4; *Franzen* EAS B 5300 Rn. 36; *Gola/Pötters/Wronka* Arbeitnehmerdatenschutz, Rn. 118 f.; *Kania*/ErfK § 83 BetrVG Rn. 2; *Kossens* AR-Blattei SD 1250, Rn. 30 ff.; *Lakies*/HaKo § 83 Rn. 5; *Reichold*/MünchArbR § 87 Rn. 3 f.; *Stege/Weinspach/Schiefer* § 83 Rn. 3 f.; auch *BAG* 07.09.1988 EzA § 611 BGB Abmahnung Nr. 17 = AP Nr. 2 zu § 611 BGB Abmahnung), des weiteren auch **Beschwerdebriefe** von Arbeitskollegen (**a. M.** *R. Mayer* NZA 1988, Beilage Nr. 4, S. 21 ff., der § 83 übersieht; diesem folgend *Reich* § 83 Rn. 1), wie überhaupt den Arbeitnehmer betreffende **Schriftstücke Dritter** (vgl. *Buschmann/DKKW* § 83 Rn. 5; *Dütz* Festschrift für *Wlotzke*, S. 27 ff.; *Kania*/ErfK § 83 BetrVG Rn. 2; *Kaiser*/LK § 83 Rn. 1; **a. M.** *Rose/HWGNRH* § 83 Rn. 20 m. w. N.). Zu Angaben über Straftaten des Arbeitnehmers vgl. § 51 BZRG und Rdn. 16, 19 und 73. Stets muss es sich aber um Unterlagen handeln, die nach objektiven Gesichtspunkten **offiziellen Charakter** haben, so dass persönliche Aufzeichnungen des Arbeitgebers oder einzelner Vorgesetzter (z. B. Zeugnisentwürfe, Gedankenskizzen über den Einsatz eines Arbeitnehmers) nicht hierher gehören (vgl. *Dachrodt/Engelbert* § 83 Rn. 12).

Unerheblich ist es, **wann** die **Unterlagen entstanden** und in die Hand des Arbeitgebers gelangt **6** sind. Deshalb gehören zu den Personalakten nicht nur die während, sondern auch die vor Beginn des Arbeitsverhältnisses gesammelten Schriftstücke (insbesondere Bewerbungsunterlagen mit Lebenslauf, Zeugnissen und sonstigen Nachweisen), Unterlagen über Eignungstests, Auskünfte Dritter usw. (vgl. *Buschmann/DKKW* § 83 Rn. 5; *Dütz* Festschrift für *Wlotzke*, S. 27 [32 ff.]; *Falkenberg* DB 1972, 774 [775]; *Fitting* § 83 Rn. 4; *Galperin/Löwisch* § 83 Rn. 4; *Laber/Klein* ArbRB 2002, 171 [172]; *Linnenkohl/Töfflinger* AuR 1986, 199 [202]; *Reichold*/MünchArbR § 87 Rn. 3; *Richardi/Thüsing* § 83 Rn. 7; **a. M.** in Bezug auf »reine Gedankenskizzen oder unstrukturierte Notizen« *Rose/HWGNRH* § 83 Rn. 13; *Rothe* DB 1972, 1919; *Schlessmann* BB 1972, 579 [582]). Gleiches gilt für etwa noch vorhandene Unterlagen aus einem früheren Arbeitsverhältnis des Arbeitnehmers bei demselben Arbeitgeber. Die abweichende Meinung übersieht, dass zwar das Einsichtsrecht nach § 83 durch das Arbeitsverhältnis zeitlich begrenzt ist, d. h. erst mit Beginn des Arbeitsverhältnisses entsteht und mit dessen Auflösung endet (vgl. Rdn. 27), das bestehende Einsichtsrecht aber seinem Inhalt nach unbeschränkt ist. Dieser Verpflichtung kann sich der Arbeitgeber nicht dadurch entziehen, dass er Unterlagen aus der Zeit vor Beginn des Arbeitsverhältnisses generell gesondert aufbewahrt. Solange derartige Unterlagen dem Arbeitgeber zur Verfügung stehen, muss der Arbeitnehmer nach dem Sinn des § 83 auch von ihnen Kenntnis nehmen können. Das gilt allerdings nur für den später eingestellten Arbeitnehmer (vgl. *Wiese* ZfA 1971, 273 [295] Fn. 98), weil § 83 das Recht zur Einsichtnahme erst mit der Begründung des Arbeitsverhältnisses entstehen lässt (**a. M.** *Fitting* § 83 Rn. 8). Das Gesagte gilt auch für ärztliche Gutachten (vgl. auch Rdn. 11). Im Übrigen ist der Arbeitgeber nicht gezwungen, Unterlagen aus der Zeit vor Beginn des Arbeitsverhältnisses aufzubewahren; nur wenn er es tut, darf der Arbeitnehmer sie einsehen. Wenn der Arbeitgeber – z. B. bei Auskünften – die Verpflichtung eingegangen ist, sie vertraulich zu behandeln und Dritten nicht zugänglich zu machen, bleibt ihm daher nur die Möglichkeit, die Unterlagen zu vernichten.

Gleichgültig ist, **wo** die den Arbeitnehmer betreffenden Angaben **im Betrieb verwahrt** werden, ob **7** sie also an verschiedenen Stellen, in Haupt- oder Nebenakten geführt werden (vgl. *LAG* Bremen 04.03.1977 DB 1977, 1006 [1007]; *ArbG Celle* 29.05.1980 ARSt. 1981, 7; vgl. auch *BAG* 07.05.1980 AuR 1981, 124 [126], das aber für den öffentlichen Dienst annimmt, der Arbeitgeber müsse alle Personalakten im materiellen Sinne zu den formellen Personalakten nehmen [krit. *Herschel* daselbst S. 128]; *Deiseroth* AuR 2001, 161 [163]; *Kossens* AR-Blattei SD 1250, Rn. 4; *Stege/Weinspach/Schiefer* § 83 Rn. 4). Andernfalls läge es im Belieben des Arbeitgebers, durch Auswahl das Einsichtsrecht des Arbeitnehmers zu beschränken. Insbesondere ist es **unzulässig**, dem Arbeitnehmer eine »offizielle« Personalakte vorzulegen und einen Teil der Unterlagen in **geheime** »**Sonderakten**« aufzunehmen (vgl. *Lakies*/HaKo § 83 Rn. 3; *Wedde* AiB 2003, 285 [286] mit datenschutzrechtlicher Argumentation). Der Arbeitgeber kann auch das Einsichtsrecht nicht dadurch einschränken, dass er einzelne Unterlagen als vertraulich bezeichnet (vgl. *Buschmann/DKKW* § 83 Rn. 12; *Linnenkohl/Töfflinger* AuR 1986, 199 [202]; *Richardi/Thüsing* § 83 Rn. 9).

Zu den Personalakten i. S. d. § 83 gehören auch die den Arbeitnehmer betreffenden **Unterlagen des** **8** **Werkschutzes** (vgl. *LAG* Bremen 04.03.1977 DB 1977, 1006 [1007]; *Buschmann/DKKW* § 83 Rn. 3;

§ 83   IV. 2. Mitwirkungs- und Beschwerderecht des Arbeitnehmers

Fitting § 83 Rn. 5; *Rose/HWGNRH* § 83 Rn. 11; *Linnenkohl/Töfflinger* AuR 1986, 199 [202]; *Kania/ ErfK* § 83 BetrVG Rn. 2; *Lakies/*HaKo § 83 Rn. 3; *Richardi/Thüsing* § 83 Rn. 10; *Stege/Weinspach/ Schiefer* § 83 Rn. 4). Im **Verfahren über Betriebsbußen** steht dem Arbeitnehmer bereits vor Abschluss des Verfahrens das Einsichtsrecht in die Akten zu, soweit dies ohne Gefährdung des Ermittlungszwecks möglich ist (vgl. *Galperin/Löwisch* § 83 Rn. 14 im Widerspruch zu § 83 Rn. 4; *Rose/ HWGNRH* § 83 Rn. 48; in entsprechender Anwendung für unternehmensinterne Ermittlungen *Klasen/Schaefer* DB 2012, 1384 [1387]; für ein unbeschränktes Einsichtsrecht *VGH Hessen* 13.12.1989 ESVGH 41, 148 = AuR 1991, 60; *Buschmann/DKKW* § 83 Rn. 12; *Dütz* Festschrift für *Wlotzke*, S. 27 [31]; *Fitting* § 83 Rn. 6; *Richardi/Thüsing* § 83 Rn. 29; gegen ein Einsichtsrecht *LAG Bremen* 04.03.1977 DB 1977, 1006 [1007]). Eine entsprechende Regelung besteht auch für das **Einsichtsrecht des Verteidigers im Strafverfahren** nach § 147 Abs. 1, 2 StPO und für den **Beamten im disziplinarrechtlichen Ermittlungsverfahren** nach § 3 BDG i. V. m. § 29 VwVfG. Das Akteneinsichtsrecht entspricht dem Gebot der Rechtsstaatlichkeit; es muss dem Arbeitnehmer möglich sein, sich gegen die ihm zur Last gelegten Vorwürfe rechtzeitig zu verteidigen. Das Einsichtsrecht wird nicht durch etwaige Sicherheitsbedenken gegen den Arbeitnehmer eingeschränkt. Entsprechendes gilt für die Einsicht in Ermittlungsunterlagen vor Verdachtskündigungen (**a. M.** *Lücke* BB 1998, 2259 [2261 f.]). Dagegen gehören die **Prozessakten** eines Rechtsstreits zwischen Arbeitgeber und Arbeitnehmer als solche nicht zu den Personalakten (vgl. *BAG* 08.04.1992 RDV 1993, 171 [172]; *Buschmann/DKKW* § 83 Rn. 3; *Kania/*ErfK § 83 BetrVG Rn. 3; *Lakies/*HaKo § 83 Rn. 4; *Reichold/*MünchArbR § 87 Rn. 5; *Richardi/Thüsing* § 83 Rn. 28).

9 Zu den Personalakten i. S. d. § 83 gehören ferner nicht die ausschließlich auf den **Betriebsrat** als Organ und die Amtstätigkeit seiner Mitglieder bezogenen Unterlagen des Arbeitgebers (vgl. *BAG* 19.08.1992 AP Nr. 5 zu § 8 BPersVG Bl. 2 ff.; *LAG Bremen* 04.03.1977 DB 1977, 1006 [1007]; *Stege/ Weinspach/Schiefer* § 83 Rn. 5) und ebenso wenig eigene Unterlagen des Betriebsrats über einen Arbeitnehmer (vgl. *Galperin/Löwisch* § 83 Rn. 6). Zur Geltung des Bundesdatenschutzgesetzes bzw. der EU-Datenschutz-Grundverordnung für die Datenverarbeitung durch den Betriebsrat vgl. Rdn. 52 f.

10 Kein Bestandteil der Personalakten sind **betriebliche Unterlagen**, in denen der **Arbeitnehmer nur namentlich aufgeführt** wird, ohne dass dies Rückwirkungen auf seine persönliche Rechtsstellung hätte (z. B. Benennung in Personal-, Lohn- und Gehalts- sowie sonstigen Namenslisten; zust. *Buschmann/DKKW* § 83 Rn. 5; vgl. auch *Fitting* § 83 Rn. 6; *Galperin/Löwisch* § 83 Rn. 5; *Gola* BlStSozArbR 1976, 356; *Linnenkohl/Töfflinger* AuR 1986, 199 [202]; *Richardi/Thüsing* § 83 Rn. 8; **a. M.** *Reichold/*MünchArbR § 87 Rn. 5). Das gleiche gilt für Statistiken (vgl. *Fitting* § 83 Rn. 6; *Kania/*ErfK § 83 BetrVG Rn. 3) und sonstige Auswertungen der Daten mehrerer Arbeitnehmer, aus denen nicht mehr auf einen einzelnen Arbeitnehmer geschlossen werden kann. Die Tatsache allein, dass mehrere Arbeitnehmer genannt werden, schließt den Charakter eines Schriftstücks als Gegenstand der Personalakte jedoch nicht aus; so kann die Bewertung der Leistung oder des Verhaltens einer Arbeitsgruppe zugleich jeden ihr angehörenden einzelnen Arbeitnehmer betreffen (zur Problematik der dadurch möglichen Kenntnisnahme der Personalangelegenheiten anderer Arbeitnehmer vgl. *BVerwGE* 04.08.1975 49, 89 [93 ff.]; *Fitting* § 83 Rn. 37; *Kossens* AR-Blattei SD 1250, Rn. 79; *Gola* BlStSozArbR 1976, 356 [357]). Unergiebig ist der von *Hümmerich/Gola* (Personaldatenrecht im Arbeitsverhältnis, S. 23) propagierte Begriff »qualifizierte Personalakten«, mit dem über gesetzliche Verpflichtungen hinaus bestehende Datensammlungen über einen Arbeitnehmer gemeint sein sollen; die Vorschrift des § 83 bezieht sich auf alle über einen Arbeitnehmer bestehenden Unterlagen (**a. M.** aber *Hümmerich/Gola* Personaldatenrecht im Arbeitsverhältnis, S. 27 f.).

11 Nicht zu den Personalakten gehören die wegen der Schweigepflicht aus § 8 Abs. 1 Satz 3 ASiG auch dem Arbeitgeber nicht zugänglichen **Unterlagen der Betriebsärzte (sog. Befundbögen)**, so dass ein Einsichtsrecht nach § 83 ausscheidet (vgl. *LAG Bremen* 04.03.1977 DB 1977, 1006 [1007]; *Buschmann/DKKW* § 83 Rn. 5; *Fitting* § 83 Rn. 6; *Galperin/Löwisch* § 83 Rn. 6a; *Händel* BB 1977, 797 f.; *Kania/*ErfK § 83 BetrVG Rn. 3; *Kilian* BB 1980, 893 [895]; *Kroll* Datenschutz im Arbeitsverhältnis, S. 208; *Lakies/*HaKo § 83 Rn. 4; *Pape* Neuregelung des Einsichtsrechts, S. 66 f.; *Reichold/*MünchArbR § 87 Rn. 5; *Richardi/Thüsing* § 83 Rn. 8; *Rose/HWGNRH* § 83 Rn. 10; *Stege/Weinspach/Schiefer* § 83 Rn. 4; *Wiese* RdA 1986, 120 [128]; **a. M.** *Hümmerich* BB 1977, 996 f.;

W. Wiese DuD 1980, 17 [19 f.]; wohl auch *Hunold* AuA 1997, 364). Dagegen sind ärztliche Atteste und Gutachten, die sich in der Hand des Arbeitgebers befinden, als Bestandteil der Personalakten anzusehen, so dass der Arbeitnehmer Einsicht nehmen darf (vgl. *Buschmann/DKKW* § 83 Rn. 5; *Fitting* § 83 Rn. 4; *Galperin/Löwisch* § 83 Rn. 6a; *Rose/HWGNRH* § 83 Rn. 10; *Hümmerich* DB 1975, 1893 [1895]; *Kroll* Datenschutz im Arbeitsverhältnis, S. 207; *Linnenkohl/Töfflinger* AuR 1986, 199 [202]).

Nach **§ 3 Abs. 2 ASiG** hat der Arbeitnehmer ferner einen Anspruch gegen den Betriebsarzt, dass ihm unbeschadet des § 8 Abs. 1 Satz 3 ASiG das Ergebnis arbeitsmedizinischer Untersuchungen mitgeteilt wird. Unabhängig davon ist ein Anspruch gegen den Betriebsarzt auf Einsicht gemäß **§ 810 BGB** zu erwägen. Für das regelmäßige Arzt-Patienten-Verhältnis ergibt sich ein Anspruch auf Einsichtnahme in die Patientenakte aus § 630g BGB (dazu *Katzenmeier* NJW 2013, 817 [821]; *Habermalz* NJW 2013, 3403 ff.). Die Vorschrift des § 3 Abs. 2 ASiG enthält keine abschließende Sonderregelung, sondern lediglich eine Präzisierung der in § 8 Abs. 1 Satz 3 ASiG normierten ärztlichen Schweigepflicht: Nur dem Arbeitnehmer, nicht dem Arbeitgeber hat der Betriebsarzt auf Wunsch das Ergebnis der medizinischen Untersuchung mitzuteilen. Dieser Zusammenhang wird durch die Entstehungsgeschichte des § 3 Abs. 2 ASiG bestätigt, der gemeinsam mit § 8 Abs. 1 Satz 2 ASiG (jetzt Satz 3) auf Antrag des Ausschusses für Arbeit und Sozialordnung in das Gesetz eingefügt wurde (vgl. Bericht 11. Ausschuss, BT-Drucks. 7/1085, S. 5 f.). Zum Verhältnis des Einsichtsrechts nach § 83 zum Auskunftsanspruch gem. § 34 Abs. 1 BDSG bzw. Art. 15 DS-GVO vgl. Rdn. 70. Eine vertragliche Nebenpflicht des Betriebsarztes, dem Arbeitnehmer Einblick in seine Aufzeichnungen zu gewähren, besteht nicht, weil zwischen dem Arbeitnehmer und dem Betriebsarzt kein Behandlungsvertrag zustande kommt.

Der **Arbeitgeber** ist nach **§ 83 nicht verpflichtet, Personalakten anzulegen** (vgl. *BAG* 07.05.1980 AuR 1981, 124 [126]; *Blomeyer* ZfA 1975, 243 [306]; *Galperin/Löwisch* § 83 Rn. 16; *Gola/Pötters/Wronka* Arbeitnehmerdatenschutz, Rn. 105 f.; *Rose/HWGNRH* § 83 Rn. 24; *Hunold* AuA 1997, 364; *Kossens* AR-Blattei SD 1250, Rn. 11; *Linnenkohl/Töfflinger* AuR 1986, 199 [202]; *Reichold*/MünchArbR § 87 Rn. 7 und 11; *Richardi/Thüsing* § 83 Rn. 12; *Stege/Weinspach/Schiefer* § 83 Rn. 7). Pflichten des Arbeitgebers zur Aufbewahrung von Unterlagen können sich nur aus anderen gesetzlichen, insbesondere steuer- und sozialversicherungsrechtlichen oder aus tariflichen Bestimmungen ergeben (vgl. *Hunold* AuA 1997, 364). Ebenso wenig muss er die den Arbeitnehmer persönlich betreffenden Unterlagen in einer Personalakte zusammenfassen und dieser einen bestimmten Inhalt geben. Das Gegenteil kann nicht aus der Änderung der im Regierungsentwurf (BT-Drucks. VI/1786, S. 17) enthaltenen Formulierung (»Soweit im Betrieb Personalakten geführt werden«) durch die Beschlüsse des 10. Ausschusses (BT-Drucks. VI/2729, S. 37) geschlossen werden, weil damit nur sichergestellt werden sollte, dass das **Einsichtsrecht** des Arbeitnehmers **nicht auf die im Betrieb geführten Personalakten beschränkt** ist (vgl. zu BT-Drucks. VI/2729, S. 29), also auch außerhalb des Betriebs im selben Unternehmen oder Konzern geführte Personalakten dem Einsichtsrecht unterliegen (vgl. *Buschmann/DKKW* § 83 Rn. 6; *Fitting* § 83 Rn. 10; *Richardi/Thüsing* § 83 Rn. 19). Schließlich ist ein Einsichtsrecht auch zu bejahen, falls der **Arbeitgeber von Dritten Personalakten führen oder Personaldaten verarbeiten lässt**. Hier besteht es im Rahmen der Rechte des Arbeitgebers (vgl. *Galperin/Löwisch* § 83 Rn. 6; *Reichold*/MünchArbR § 87 Rn. 19; *Richardi/Thüsing* § 83 Rn. 20).

Über **Form und System der Personalakten** i. S. d. § 83 entscheidet allein der Arbeitgeber. Die den Arbeitnehmer betreffenden Angaben können daher in herkömmlicher Weise als Schriftstücke abgeheftet, in Karteiform geführt, auf Lochkarten gestanzt, auf Mikrofilm aufgenommen, elektronisch gespeichert (vgl. Rdn. 47) oder in anderer Weise gesammelt werden. Um das Einsichtsrecht praktikabel zu machen, dürfte es sich jedoch im Rahmen der betrieblichen Möglichkeiten empfehlen, alle den Arbeitnehmer betreffenden Unterlagen an einer Stelle zu sammeln. Der **Arbeitgeber ist nicht verpflichtet**, in den Hauptpersonalakten **Hinweise auf etwaige Sonderakten anzubringen** (a. M. *LAG Bremen* 04.03.1977 DB 1977, 1006 [1007]; *Buschmann/DKKW* § 83 Rn. 3; *Fitting* § 83 Rn. 5; *Lakies*/HaKo § 83 Rn. 3; *Reichold*/MünchArbR § 87 Rn. 18 geht von Hinweispflicht des Arbeitgebers zumindest bei Einsichtnahme aus; für einklagbare Pflicht des Arbeitgebers zur Führung einer einheitlichen Personalakte *Stege/Weinspach/Schiefer* § 83 Rn. 6). Ebenso wenig kann der Arbeitnehmer die Paginierung der Personalakte verlangen (*BAG* 16.07.2007 EzA § 241 BGB 2002 Nr. 1 = AP Nr. 3 zu § 241 BGB). Außerhalb des öffentlichen Dienstes gibt es für das Arbeitsverhältnis **keinen**

§ 83

Grundsatz der Vollständigkeit der Personalakten (vgl. *Kossens* AR-Blattei SD 1250, Rn. 12 f.; *Richardi/Thüsing* § 83 Rn. 13; *Stengel* BB 1976, 1083 [1084]; vgl. aber auch *BAG* 07.05.1980 AuR 1981, 124 [126] für den öffentlichen Dienst), sondern lediglich ein unbeschränktes Einsichtsrecht in die vorhandenen Unterlagen ohne Rücksicht darauf, wo sie sich im Betrieb befinden und ob sie Idealvorstellungen einer ordnungsgemäßen Aktenführung entsprechen. Jedoch ist der Arbeitgeber zur **Auskunft** über das Vorhandensein weiterer Unterlagen verpflichtet.

15 Für die **Ermittlung (Erhebung)** der in die Personalakten aufzunehmenden Daten gelten die allgemeinen arbeitsrechtlichen Grundsätze, insbesondere zum Fragerecht des Arbeitgebers und zur Offenbarungspflicht des Arbeitnehmers, nach Maßgabe des BDSG bzw. der EU-Datenschutz-Grundverordnung (näher Rdn. 61; zu § 32 BDSG a. F. vgl. *Erfurth* NJOZ 2009, 2914 ff.; *Franzen* RdA 2010, 257 ff.; *ders.* ZfA 2012, 172 ff.; *Gola/Jaspers* RDV 2009, 212 ff.; *Gola/Pötters/Wronka* Arbeitnehmerdatenschutz, Rn. 578 ff.; *Jacobs* ZfA 2012, 215 ff.; *Loritz/ZLH* Arbeitsrecht, § 14 I 5; *Reichold/*MünchArbR § 88 Rn. 32; *Schmidt* RDV 2009, 193 ff; *ders.* DuD 2010, 207 ff.; *Thüsing* NZA 2009, 865 ff.; *Zikesch/Reimer* DuD 2010, 96 ff.).

16 Der **Arbeitgeber** ist **bei der Auswahl** der in die Personalakten aufzunehmenden, zulässig erhobenen Daten **grundsätzlich frei**, jedoch muss er aufgrund seiner Treue-(Fürsorge-)Pflicht auch die mit dem Arbeitsverhältnis zusammenhängenden berechtigten ideellen Interessen des Arbeitnehmers achten und vermeidbare Nachteile im Rahmen des Zumutbaren von ihm fernhalten (s. vor § 81 Rdn. 12). Deshalb dürfen nur die **für das Arbeitsverhältnis erforderlichen Daten** unter **Abwägung der beiderseitigen Interessen** in die Personalakten aufgenommen werden (vgl. auch *LAG Niedersachsen* 07.10.1980 AP Nr. 85 zu § 611 BGB Fürsorgepflicht Bl. 1 R; *Fitting* § 83 Rn. 4; *Linnenkohl/Töfflinger* AuR 1986, 199 [206]; *Reichold/*MünchArbR § 87 Rn. 8; *Wedde* AiB 2003, 727 [732]; zur Aufnahme eines Strafurteils vgl. *BAG* 09.02.1977 AP Nr. 83 zu § 611 BGB Fürsorgepflicht, zu ärztlichen Gutachten Rdn. 11). Es ist dabei darauf zu achten, dass die Akten ein möglichst vollständiges, wahrheitsgemäßes und sorgfältiges Bild über den Arbeitnehmer im Arbeitsverhältnis und über seinen Werdegang wiedergeben (vgl. *BAG* 07.09.1988 DB 1989, 284). Ebenso muss der Arbeitgeber das Persönlichkeitsrecht des Arbeitnehmers an seiner Eigensphäre beachten (zust. *LAG Bremen* 04.03.1977 DB 1977, 1006; unklar zum Inhalt und zur Reichweite des allgemeinen Persönlichkeitsrechts *Hümmerich/Gola* Personaldatenrecht im Arbeitsverhältnis, S. 26 ff.).

17 **Personalbeurteilungen** sind deshalb nur insoweit keine Persönlichkeitsrechtsverletzung, wie die Beurteilung für die vom Arbeitnehmer übernommene Funktion nach Gegenstand und Umfang notwendig ist und in angemessener Form vorgenommen wird (vgl. *Wiese* ZfA 1971, 273 [307]). Ebenso kann der Arbeitnehmer vertragsrechtlich verlangen, dass der Arbeitgeber bei allen dienstlichen Beurteilungen auf seine berechtigten Interessen Rücksicht nimmt, so dass im Einzelfall die beiderseitigen Interessen gegeneinander abzuwägen sind (vgl. *BAG* 28.03.1979 AP Nr. 3 zu § 75 BPersVG Bl. 2 R). Der Arbeitgeber darf daher zwar Eignung, Befähigung und fachliche Leistung der bei ihm beschäftigten Arbeitnehmer beurteilen und die Beurteilung in den Personalakten festhalten; jedoch muss er diese auf Verlangen des Arbeitnehmers begründen (vgl. *BAG* 28.03.1979 AP Nr. 3 zu § 75 BPersVG Bl. 3 R f.). Die Aufnahme eines Hinweises auf arbeitsrechtliche Konsequenzen gleich bleibender oder steigender Fehlzeiten in die Personalakten ist erst nach Abklärung aller Umstände des Einzelfalles zulässig (vgl. *BAG* 11.03.1986 AP Nr. 14 zu § 87 BetrVG 1972 Überwachung Bl. 8 R).

18 Der Arbeitgeber hat die **Personalakten sorgfältig zu verwahren** und dafür zu sorgen, dass sensible Daten (z. B. über den körperlichen, geistigen und seelischen Gesundheitszustand und über die Persönlichkeit des Arbeitnehmers) verstärkt geschützt und **besonders vertraulich** behandelt werden, etwa durch Führung besonderer Personalakten, die Verwendung verschlossener Umschläge, die Aufbewahrung in besonders gesicherten Schränken oder die Anweisung an die Personalsachbearbeiter, die Einsichtnahme zu vermerken und auf ein Mindestmaß zu reduzieren (vgl. *BAG* 15.07.1987 AP Nr. 14 zu § 611 BGB Persönlichkeitsrecht Bl. 3 ff. = EzA § 611 BGB Persönlichkeitsrecht Nr. 5 [*Wiese* nach Nr. 6]; *Buschmann/DKKW* § 83 Rn. 7; *Hunold* AuA 1997, 364 [365]; *Lakies/*HaKo § 83 Rn. 8; *Wiese* ZfA 1971, 273 [295 und 302]; zu möglichen »Schutzstufen« vgl. *Gola/Pötters/Wronka* Arbeitnehmerdatenschutz, Rn. 152). Ferner hat der Arbeitgeber sicherzustellen, dass **Unbefugte** in die Personalunterlagen des Arbeitnehmers **keinen Einblick** nehmen können oder auch nicht in anderer Weise von deren Inhalt Kenntnis erhalten; andernfalls verstößt er gegen seine Treue-(Fürsorge-)Pflicht

und das Recht des Arbeitnehmers an seiner persönlichen Intimsphäre (vgl. *BAG* 18.12.1984 AP Nr. 8 zu § 611 BGB Persönlichkeitsrecht Bl. 1 R f.; 15.07.1987 AP Nr. 14 zu § 611 BGB Persönlichkeitsrecht Bl. 1 R ff.; 04.04.1990 AP Nr. 21 zu § 611 BGB Persönlichkeitsrecht Bl. 2 R ff.; *LAG* Köln 26.05.1983 DB 1983, 1664; *Stege/Weinspach/Schiefer* § 83 Rn. 12 und 14; *Wiese* ZfA 1971, 273 [295 und 307 f.]; vgl. auch *Brettschneider/Sondermann* AuR 1980, 158 ff.; *Reichold*/MünchArbR § 87 Rn. 13 und 15). Zur Frage der Auskunft aus den Personalakten und deren Überlassung an Dritte vgl. auch *BVerwG* 04.06.1970 AP Nr. 19 zu Art. 2 GG; *BGH* 16.10.1972 NJW 1973, 188.

Bei **sensiblen Daten** i. S. d. Art. 9 Abs. 1 DS-GVO bzw. § 3 Abs. 9 BDSG a. F. (etwa Gesundheitsdaten, vgl. Rdn. 59) müssen diese Grundsätze entsprechend streng gehandhabt werden (vgl. *Gola/Pötters/Wronka* Arbeitnehmerdatenschutz, Rn. 153.; *Laber/Klein* ArbRB 2002, 171 [172]; *Lakies*/HaKo § 83 Rn. 8). Insbesondere hier hat der Arbeitgeber durch Vorkehrungen und Weisungen sicherzustellen und darüber zu wachen, dass diese Daten nur zur Kenntnis eines Sachbearbeiters oder einer anderen Person gelangen, wenn und soweit diese Daten für den konkreten Vorgang von Bedeutung sind. Erst recht darf es nicht möglich sein, dass ein Sachbearbeiter Unterlagen mit diesen sensiblen Daten zur Kenntnis nehmen kann, wenn er andere Unterlagen hervorholt oder abheftet (vgl. *Laber/Klein* ArbRB 2002, 171 [172]; *Stege/Weinspach/Schiefer* § 83 Rn. 13). Dieser Pflicht kann ein Arbeitgeber etwa durch gesonderte Führung bzw. Speicherung der sensiblen Daten mit speziellen Zugriffsvoraussetzungen, durch Aufbewahrung in einem verschlossenen Umschlag (vgl. *BAG* 12.09.2006 EzA § 611 BGB 2002 Persönlichkeitsrecht Nr. 4 = AP Nr. 1 zu § 611 BGB Personalakte [*Wiese*]; *Gola/Pötters/Wronka* Arbeitnehmerdatenschutz, Rn. 153; *Kossens* AR-Blattei SD 1250, Rn. 60; *Laber/Klein* ArbRB 2002, 171 [172]; *Lakies*/HaKo § 83 Rn. 8) oder durch vergleichbare technische Möglichkeiten nachkommen. Auch wenn sie nicht ausdrücklich als sensible Daten definiert sind, gilt das Gleiche auch für **Angaben über Straftaten** des Arbeitnehmers. Dieses Verständnis der Treue-(Fürsorge-)Pflicht des Arbeitgebers ist vor dem Hintergrund von Art. 10 Satz 1 DS-GVO geboten. Zum Schutz des Arbeitnehmers vor der **Sammlung von Personaldaten durch den Betriebsrat** Rdn. 52. 19

Die Vorschrift des § 83 begründet keinen Anspruch des Arbeitnehmers darauf, dass die Personalakten, soweit sie vom Arbeitgeber angelegt sind und es sich nicht um Erklärungen des Arbeitnehmers nach § 83 Abs. 2 handelt, den gleichen Inhalt behalten. Der Arbeitgeber kann **erledigte Unterlagen** unter Berücksichtigung seiner Treue-(Fürsorge-)Pflicht, d. h. soweit berechtigte Interessen des Arbeitnehmers dadurch nicht verletzt werden, den Akten entnehmen und **vernichten** (vgl. *Fitting* § 83 Rn. 7; *Gola/Pötters/Wronka* Arbeitnehmerdatenschutz, Rn. 1380 ff.; *Kossens* AR-Blattei SD 1250, Rn. 163; *Lakies*/HaKo § 83 Rn. 6; *Reichold*/MünchArbR § 87 Rn. 16; **a. M.** *Hümmerich/Gola* Personaldatenrecht im Arbeitsverhältnis, S. 40 f.; vgl. auch Rdn. 21). Das Gesagte gilt auch für nach § 83 Abs. 2 aufgenommene Erklärungen des Arbeitnehmers, soweit sie ausschließlich die entfernten Vorgänge betreffen. Statt der Vernichtung empfiehlt sich hier aber eine Rückgabe an den Arbeitnehmer mit dem Hinweis auf die Vernichtung der in Bezug genommenen Unterlagen (vgl. *Hunold* AuA 1997, 364 [366]). Bei **erfolglosen Bewerbungen** ist der Arbeitgeber zur kostenfreien Rückgabe der überlassenen Unterlagen an den Bewerber verpflichtet (vgl. *Laber/Klein* ArbRB 2002, 171 [172] m. w. N.). Etwas anderes gilt allerdings für Initiativbewerbungen, die ohne Ausschreibung oder sonstige Aufforderung beim Arbeitgeber eingehen. Er kann (und muss) sie, sobald kein Rückgabeverlangen des Bewerbers mehr zu erwarten ist, vernichten, wenn der Bewerbung kein Freiumschlag für die Rücksendung beigefügt war (vgl. *Laber/Klein* ArbRB 2002, 171 [172 f.] m. w. N.). Zur Berichtigung von Personalakten vgl. Rdn. 35 ff. 20

Der **Arbeitgeber** ist **nach § 83 nicht verpflichtet, nach Beendigung** des **Arbeitsverhältnisses Personalunterlagen** des Arbeitnehmers **aufzubewahren** (vgl. auch Rdn. 20; *Fitting* § 83 Rn. 8; *Richardi/Thüsing* § 83 Rn. 31). Eine solche Verpflichtung kann nur aus Sondervorschriften (vgl. z. B. für Lohnkonten § 41 Abs. 1 Satz 9 EStG) und ausnahmsweise nach § 241 Abs. 2, § 242 BGB begründet sein. Unberührt bleibt die Möglichkeit, diese und andere Fragen ohne inhaltliche Beschränkung des Rechts aus § 83 durch Tarifvertrag oder freiwillige Betriebsvereinbarung zu regeln (vgl. Rdn. 22). 21

2. Einsicht durch den Arbeitnehmer

22 Der Arbeitnehmer kann das Einsichtsrecht **jederzeit**, d. h. grundsätzlich **ohne besonderen Anlass** (vgl. *Buschmann/DKKW* § 83 Rn. 15; *Lakies*/HaKo § 83 Rn. 10; *Reichold*/MünchArbR § 87 Rn. 20; *Richardi/Thüsing* § 83 Rn. 21; **a. M.** *Rose/HWGNRH* § 83 Rn. 40 f.; *Stege/Weinspach/Schiefer* § 83 Rn. 15; vgl. auch § 80 Abs. 2 Satz 2 und dazu *BAG* 27.06.1989 AP Nr. 37 Bl. 1 R zu § 80 BetrVG 1972; 22.05.1979 AP Nr. 12 zu § 118 BetrVG 1972 Bl. 3 R; 20.09.1990 EzA § 80 BetrVG 1972 Nr. 39 S. 2; 30.06.1981 AuR 1981, 217) und stets auch **während der Arbeitszeit** (vgl. *Buschmann/DKKW* § 83 Rn. 14; *Fitting* § 83 Rn. 12; *Galperin/Löwisch* § 83 Rn. 8; *Kania*/ErfK § 83 BetrVG Rn. 4; *Lakies*/HaKo § 83 Rn. 12; *Reichold*/MünchArbR § 87 Rn. 20; *Richardi/Thüsing* § 83 Rn. 22; **a. M.** *Rose/HWGNRH* § 83 Rn. 42; *Stege/Weinspach/Schiefer* § 83 Rn. 16) geltend machen. Das Verlangen bedarf keiner Begründung. Der **Arbeitnehmer muss** jedoch aufgrund seiner Treuepflicht (§ 242 BGB) auf die **betrieblichen Verhältnisse Rücksicht nehmen** und darf das Recht nicht zur Unzeit oder in unangemessen kurzen Zeitabständen ausüben; ein gegen diese Grundsätze verstoßendes Verhalten wäre rechtsmissbräuchlich (§ 242 BGB) oder schikanös (§ 226 BGB). Vor allem in Großbetrieben wird eine Betriebsvereinbarung unumgänglich sein, in der Ort, Zeit, Häufigkeit und sonstige Modalitäten der Einsichtnahme (z. B. Voranmeldung, schriftliche Bestätigung der erfolgten Einsichtnahme durch den Arbeitnehmer) geregelt werden. Dabei darf jedoch das Einsichtsrecht als solches nicht angetastet werden (vgl. *Fitting* § 83 Rn. 13; *Lakies*/HaKo § 83 Rn. 14; *Richardi/Thüsing* § 83 Rn. 24), so dass aus besonderen Anlass die Einsicht auch dann zulässig sein muss, wenn für die regelmäßige Einsicht bestimmte Zeitspannen vorgesehen sind. Bei den zu regelnden Fragen geht es um die **Ordnung des Betriebs**, die der Mitbestimmung des Betriebsrats nach § 87 Abs. 1 Nr. 1 unterliegt (s. *Wiese* § 87 Rdn. 236; *LAG Saarland* AuR 1974, 217; *Buschmann/DKKW* § 83 Rn. 15; *Fitting* § 83 Rn. 13; *Galperin/Löwisch* § 83 Rn. 15; *Lakies*/HaKo § 83 Rn. 14; *Richardi/Thüsing* § 83 Rn. 24; *Stege/Weinspach/Schiefer* § 83 Rn. 17; **a. M.** ohne nähere Begründung *Kania*/ErfK § 83 BetrVG Rn. 4). Mitbestimmungsfrei sind dagegen die Modalitäten der Aktenführung (**a. M.** *Buschmann/DKKW* § 83 Rn. 15). Soweit die Einsichtnahme während der Arbeitszeit zulässig ist, darf der Arbeitgeber in Rechtsanalogie zu § 20 Abs. 3 Satz 2, § 39 Abs. 3, § 44 Abs. 1 Satz 2 das **Arbeitsentgelt nicht kürzen** (im Ergebnis ebenso *Buschmann/DKKW* § 83 Rn. 14; *Fitting* § 83 Rn. 12; *Kania*/ErfK § 83 BetrVG Rn. 4; *Richardi/Thüsing* § 83 Rn. 22; vgl. auch § 81 Rdn. 1, § 82 Rdn. 3 und § 84 Rdn. 20; **a. M.** *Stege/Weinspach/Schiefer* § 83 Rn. 16). Etwaige **Kosten der Einsichtnahme** dürfen dem Arbeitnehmer nicht auferlegt werden (vgl. *Lakies*/HaKo § 83 Rn. 12).

23 **Einsicht bedeutet**, dass der Arbeitnehmer vom Inhalt der gesamten Personalakten **selbst Kenntnis nehmen** kann (unrichtig *Zöllner* Daten- und Informationsschutz im Arbeitsverhältnis, S. 70, der bei dezentralisierter Aufbewahrung von nicht gespeicherten Daten dem Arbeitnehmer kein Einsichts-, sondern nur ein Auskunftsrecht geben will). Er darf daher schriftliche Unterlagen lesen; nicht zugängliche Angaben – z. B. auf Lochkarten, elektronischen Datenträgern oder Mikrofilmen – sind lesbar zu machen und, soweit sie verschlüsselt sind, zu erläutern (vgl. *ArbG Berlin* 24.09.1987 BB 1988, 70 = CR 1988, 408 *[Kort]*; *Buschmann/DKKW* § 83 Rn. 14; *Fitting* § 83 Rn. 10 und 36; *Galperin/Löwisch* § 83 Rn. 7; *Richardi/Thüsing* § 83 Rn. 18; *Stege/Weinspach/Schiefer* § 83 Rn. 18; zu weitgehend *Weiss/Weyand* § 83 Rn. 5: »Anspruch auf eingehende Erläuterung, für ihn verständlicher Fassung«). Entsprechendes gilt für Schriftstücke, die nicht in deutscher Sprache verfasst sind (vgl. *Kossens* AR-Blattei SD 1250, Rn. 106), es sei denn, dass der Arbeitnehmer die verwendete Sprache hinreichend beherrscht. Soweit es zum Verständnis gespeicherter Daten erforderlich ist, kann der Arbeitnehmer einen Ausdruck verlangen (vgl. *Buschmann/DKKW* § 83 Rn. 12 und 14; *Fitting* § 83 Rn. 11, 33 und 36; *Galperin/Löwisch* § 83 Rn. 7; *Zöllner* Daten- und Informationsschutz im Arbeitsverhältnis, S. 70; pauschal ablehnend *Brachmann/Diepold* AuA 2012, 202 [205]). Wie der Arbeitgeber die Kenntnisnahme im Einzelnen ermöglicht, ist ihm überlassen. Während der Einsichtnahme kann er die Akten durch ein Mitglied der Personalabteilung **beaufsichtigen** lassen (*Preis*/WPK § 83 Rn. 7; *Reich* § 83 Rn. 1; ähnlich *Schaub/Linck* Arbeitsrechts-Handbuch, § 148 Rn. 11: Beaufsichtigung durch Dienstvorgesetzten; **a. M.** *Buschmann/DKKW* § 83 Rn. 16; *Richardi/Thüsing* § 83 Rn. 23) und braucht sie dem Arbeitnehmer nicht mitzugeben (vgl. *Reich* § 83 Rn. 1; *Richardi/Thüsing* § 83 Rn. 17).

Nicht ausdrücklich ist in § 83 die Frage geregelt, ob der Arbeitnehmer sich bei der Einsichtnahme in **24** seine Personalakten **Notizen** machen darf. Indessen werden das Einsichtsrecht des Arbeitnehmers und die entsprechende Verpflichtung des Arbeitgebers wie jede Rechtsbeziehung durch Treu und Glauben (§ 242 BGB) modifiziert. Dadurch können ergänzende Nebenpflichten entstehen. Eine Konkretisierung des Grundsatzes von Treu und Glauben sind die gegenseitigen Treuepflichten von Arbeitgeber und Arbeitnehmer (vgl. hierzu vor § 81 Rdn. 12). Hieraus ist das Recht des Arbeitnehmers abzuleiten, sich hinsichtlich seiner Personalakten in angemessenem Umfang Notizen, Auszüge und Abschriften anzufertigen (im Ergebnis ebenso *ArbG Celle* 29.05.1980 ARSt. 1981, 7 [8]; *Buschmann/DKKW* § 83 Rn. 12; *Falkenberg* DB 1972, 774 [776]; *Fitting* § 83 Rn. 11; *Galperin/Löwisch* § 83 Rn. 7; *Rose/HWGNRH* § 83 Rn. 36; *Kania*/ErfK § 83 BetrVG Rn. 4; *Richardi/Thüsing* § 83 Rn. 17; *Rothe* DB 1972, 1919 [1921]; *Schlessmann* BB 1972, 579 [581]; *Stege/Weinspach/Schiefer* § 83 Rn. 18; **a. M.** *Arbeitsring Chemie* § 83 Rn. 4). Es handelt sich um einen gesetzlichen Anspruch, der unmittelbar aus § 83 i. V. m. § 241 Abs. 2 BGB abzuleiten ist. Die Angemessenheit ist jedoch nicht mehr gewahrt, wenn der Arbeitnehmer die Personalunterlagen als Ganzes abschreiben will; er kann sich nicht ein Doppel der Personalakten anlegen (zust. *Richardi/Thüsing* § 83 Rn. 17).

Die dargelegten Grundsätze gelten in gleicher Weise für die Anfertigung von **Kopien** durch den Ar- **25** beitnehmer, deren Kosten er mangels besonderer Rechtsgrundlage (Tarifvertrag, freiwillige Betriebsvereinbarung, Individualabrede) selbst zu tragen hat (im Ergebnis ebenso *LAG Niedersachsen* 31.03.1981 DB 1981, 1623 – ohne Stellungnahme zur Kostenfrage; *Buschmann/DKKW* § 83 Rn. 12; *Falkenberg* DB 1972, 774 [776]; *Fitting* § 83 Rn. 11; *Galperin/Löwisch* § 83 Rn. 7 und 9; *Kania*/ErfK § 83 BetrVG Rn. 4; *Richardi/Thüsing* § 83 Rn. 17; *Stege/Weinspach/Schiefer* § 83 Rn. 18; **a. M.** *ArbG Celle* 29.05.1980 ARSt. 1981, 7; *Arbeitsring Chemie* § 83 Rn. 4; *Rose/HWGNRH* § 83 Rn. 37 f.; mit abwegiger Argumentation *Reich* § 83 Rn. 1). Der Arbeitgeber ist jedoch grundsätzlich weder verpflichtet, für den Arbeitnehmer Kopien anzufertigen (**a. M.** *Stege/Weinspach/Schiefer* § 83 Rn. 18) noch ihm die Personalakten für die Anfertigung von Kopien außerhalb des Betriebs auszuhändigen (vgl. *BAG* 16.11.2010 EzA § 241 BGB 2002 Nr. 2 Rn. 53 = AP Nr. 4 zu § 611 BGB Personalakte Rn. 53 [i. Erg. zust. *Ehmann*]; *Fitting*, § 83 Rn. 11; *Pramann* DB 1983, 1922 [1924]; restriktiver wohl *Stege/Weinspach/Schiefer* § 83 Rn. 18 ohne Einschränkung auf den außerbetrieblichen Bereich). Zulässig ist die Anfertigung von Kopien durch ein vom Arbeitnehmer mitgebrachtes Mobiltelefon.

Im Gegensatz zum öffentlichen Dienst, wo die Einsichtnahme auch durch einen schriftlich Bevoll- **26** mächtigten zulässig ist (vgl. § 3 Abs. 5 Satz 2 TVöD, § 3 Abs. 6 Satz 2 TV-L, § 13 Abs. 1 Satz 2 BAT), sieht § 83 nur ein **vom Arbeitnehmer selbst auszuübendes Einsichtsrecht** vor (vgl. *ArbG München* 07.03.1979 DB 1979, 2284; *Gola/Hümmerich* BB 1974, 1167 [1172]; *Hümmerich/Gola* Personaldatenrecht im Arbeitsverhältnis, S. 116; *Pramann* DB 1983, 1922 [1925]; *Rothe* DB 1972, 1919 [1921 mit FN 21]; *Reich* § 83 Rn. 1; *Richardi/Thüsing* § 83 Rn. 27; *Rose/HWGNRH* § 83 Rn. 45; *Stege/Weinspach/Schiefer* § 83 Rn. 19; **a. M.** *Buschmann/DKKW* § 83 Rn. 16; *Falkenberg* DB 1972, 774 [776]; *Fitting* § 83 Rn. 12; *Galperin/Löwisch* § 83 Rn. 13; bis zur 16. Aufl. *Kania*/ErfK § 83 BetrVG Rn. 4; *Lakies*/HaKo § 83 Rn. 12; *Preis*/WPK § 83 Rn. 10: Beschränkung durch § 242 BGB). Das folgt aus der ausdrücklichen Zulassung der Hinzuziehung eines Betriebsratsmitglieds nach § 83 Abs. 1 Satz 2. Diese Vorschrift dient nicht nur dazu, die Verpflichtung des Betriebsratsmitglieds zur Unterstützung des Arbeitnehmers zu begründen (so aber *Galperin/Löwisch* § 83 Rn. 13). Der Arbeitgeber kann daher grundsätzlich die Einsicht durch einen Bevollmächtigten ablehnen (vgl. *LAG Schleswig-Holstein* 17.04.2014 NZA-RR 2014, 465: keine Einsicht in die Personalakte durch bevollmächtigten **Rechtsanwalt**; *BAG* 12.07.2016 NZA 2016, 1344: kein Anspruch eines Arbeitnehmers auf Einsicht in die Personalakte im Beisein eines anwaltlichen Vertreters). Jedoch wird das Einsichtsrecht wie jeder Anspruch durch § 242 BGB, im Arbeitsverhältnis also durch die Treue-(Fürsorge-)Pflicht des Arbeitgebers modifiziert (vgl. auch Rdn. 24), so dass der Arbeitnehmer aus besonderen Gründen – z. B. bei Verhinderung wegen Krankheit oder nach Ausscheiden aus dem Betrieb vor Ablauf der Kündigungsfrist – eine andere Person mit der Wahrnehmung seines Rechts beauftragen kann, soweit die Einsicht in die Personalakten erforderlich ist (vgl. *ArbG München* 07.03.1979 DB 1979, 2284; *Hümmerich/Gola* Personaldatenrecht im Arbeitsverhältnis, S. 116 f.; *Pramann* DB 1983, 1922 [1925]; *Richardi/Thüsing* § 83 Rn. 27; **a. M.** *Arbeitsring Chemie* § 83 Rn. 4). Erhebliche Bedeutung gewinnt eine ausnahmsweise zulässige Bevollmächtigung eines Dritten auch dann, wenn der Arbeitnehmer aufgrund einer geistigen Behinderung oder einer anderen geistigen Schwäche nicht in der Lage ist,

§ 83

sich selbst über den Inhalt der Personalakte zu informieren und diesen Inhalt zu verstehen. Denn hier erfüllt die höchstpersönliche Einsichtnahme allein nicht den Zweck des § 83, den Akteninhalt zur Kenntnis zu nehmen, um über die sinnesmäßige Wahrnehmung hinaus ggf. seine Rechte wahren zu können. Soweit eine Bevollmächtigung zulässig ist, kann der Arbeitnehmer **jede beliebige Person bevollmächtigen**, sofern nicht im Ausnahmefall überwiegende Interessen des Arbeitgebers der Bevollmächtigung einer bestimmten Person entgegenstehen. Von der Bevollmächtigung mit der Einsichtnahme ausgeschlossen ist jedoch in jedem Fall der **Betriebsrat** als Organ (vgl. *Dachrodt/Engelbert* § 83 Rn. 23; *Fitting* § 83 Rn. 12; *Kania*/ErfK § 83 BetrVG Rn. 4; *Lakies*/HaKo § 83 Rn. 12). Denn die zu übertragende Ausübung des individuellen Anspruchs aus § 83 ist gegenüber einer betriebsverfassungsrechtlichen Organkompetenz wesensverschieden; als Organ ist der Betriebsrat nur insoweit rechtsfähig, als das Betriebsverfassungsgesetz ihm Zuständigkeiten zuweist (s. § 1 Rdn. 72 ff.). Eine Bevollmächtigung des »Betriebsrats« ist regelmäßig und je nach den Umständen des Einzelfalles entsprechend § 140 BGB in die Bevollmächtigung jedes einzelnen Mitglieds des Betriebsrats oder der Gesamtheit aller Mitglieder umzudeuten.

27 Das **Recht auf Einsichtnahme** nach § 83 steht dem Arbeitnehmer gegenüber seinem Arbeitgeber zu. Es **entsteht mit dem Beginn** und **endet mit der Auflösung** des Arbeitsverhältnisses (vgl. *BAG* 16.11.2010 EzA § 241 BGB 2002 Nr. 2 Rn. 20; 08.04.1992 RDV 1993, 171 [172]; *Blomeyer* ZfA 1975, 243 [306]; *Dütz* Festschrift für *Wlotzke*, S. 27 [33]; *Lakies*/HaKo § 83 Rn. 7; *Linnenkohl/Töfflinger* AuR 1986, 199 [202]; *Pramann* DB 1983, 1922 [1925]; *Richardi/Thüsing* § 83 Rn. 30 f.; *Stege/Weinspach/Schiefer* § 83 Rn. 21; **a. M.** *Buschmann/DKKW* § 83 Rn. 13; *Dachrodt/Engelbert* § 83 Rn. 21). Deshalb scheidet nach dem Tod des Arbeitnehmers auch eine Einsichtnahme durch seine Erben aus (vgl. *Stege/Weinspach/Schiefer* § 83 Rn. 19). Ein bloßes **Ruhen des Arbeitsverhältnisses** (z. B. während des Mutterschutzes oder der Ableistung von Wehr- oder Zivildienst) ist für das Einsichtsrecht des Arbeitnehmers nach § 83 dagegen ohne Auswirkung (vgl. *Hunold* AuA 1997, 364 [365]; *Kossens* AR-Blattei SD 1250, Rn. 80). Für die Zeit **nach Beendigung** des Arbeitsverhältnisses folgt das Einsichtsrecht aus der allgemeinen nachvertraglichen Rücksichtnahmepflicht gem. § 241 Abs. 2 BGB i. V. m. Art. 2 Abs. 1, Art. 1 Abs. 1 GG unter dem Gesichtspunkt des Grundrechts auf informationelle Selbstbestimmung (*BAG* 16.11.2010 EzA § 241 BGB 2002 Nr. 2 Rn. 34 ff. = AP Nr. 4 zu § 611 BGB Personalakte Rn. 34 ff. [i. Erg. zust. *Ehmann*]; i. Erg. zust. auch *Krause* JA 2012, 147 [149 f.], der eine Ausdehnung von § 83 Abs. 1 Satz 1 bevorzugt hätte; abl. *Husemann* SAE 2011, 155 [156 ff.]; *BAG* 11.04.1994 AuR 1994, 381; *LAG Bremen* 06.12.1996 CR 1997, 746 [747] = RDV 1997, 182 [183]; *Buschmann/DKKW* § 83 Rn. 13; *Falkenberg* DB 1972, 774 [776]; *Gola* DuD 1986, 231 [233]; mit Einschränkungen *LAG München* 18.12.1990 ZTR 1991, 334; *Kossens* AR-Blattei SD 1250, Rn. 85 und 87). Das *BAG* (16.11.2010 EzA § 241 BGB 2002 Nr. 2 Rn. 34 ff.) begründet dies damit, dass ein solches nachvertragliches Einsichtsrecht der Kontrolle des Akteninhalts dient und hierfür auch nach Ablauf des Arbeitsverhältnisses noch ein Bedürfnis besteht. Dies beruht letztlich auf der gesetzgeberischen Grundentscheidung, den Datenschutz im Arbeitsverhältnis auch auf den Zeitraum nach Ablauf des Beschäftigungsverhältnisses auszudehnen (*BAG* 16.11.2010 EzA § 241 BGB 2002 Nr. 2 Rn. 41 ff. = AP Nr. 4 zu § 611 BGB Personalakte Rn. 41 ff. [i. Erg. zust. *Ehmann*]). Das nachvertragliche Einsichtsrecht ist daher nicht nur auf Ausnahmefälle aus besonderem Anlass beschränkt, sondern besteht auch ohne konkretes berechtigtes Interesse des Arbeitnehmers (*Lakies*/HaKo § 83 Rn. 7; *Fitting* § 83 Rn. 8; enger *Galperin/Löwisch* § 83 Rn. 10; *Reichold*/MünchArbR § 87 Rn. 18; *Richardi/Thüsing* § 83 Rn. 31; *Rose/HWGNRH* § 83 Rn. 46; *Zöllner* Daten- und Informationsschutz im Arbeitsverhältnis, S. 70 f., die ein konkretes bzw. berechtigtes Interesse verlangen). Zur Pflicht des früheren Arbeitgebers, dem Arbeitnehmer auf Verlangen vom Inhalt erteilter Auskünfte Kenntnis zu geben und ihm zu gestatten, einen etwaigen Durchschlag des Auskunftsschreibens einzusehen, vgl. *BGH* 10.07.1959 AP Nr. 2 zu § 630 BGB Bl. 3 R; *U. Birk* Auskünfte über Arbeitnehmer, S. 109 ff. Dagegen ist kaum ein Fall denkbar, in dem ein **nicht eingestellter Bewerber** aus der vorvertraglichen Vertrauensbeziehung nach Treu und Glauben (§ 242 BGB) Einsicht in die ihn betreffenden Unterlagen verlangen könnte (zustimmend *Rose/HWGNRH* § 83 Rn. 47; weitergehend bis zur 12. Aufl. *Buschmann/DKKW* § 83 Rn. 8; *Galperin/Löwisch* § 83 Rn. 11; *Lakies*/HaKo § 83 Rn. 7). Anzuerkennen ist ein Einsichtsrecht hier allenfalls dann, wenn der Verdacht einer verbotenen Benachteiligung i. S. d. § 7 AGG im Raum steht (vgl. *Kossens* AR-Blattei SD 1250, Rn. 112; *Rose/HWGNRH* § 83 Rn. 47). Hiervon ist auch trotz der Entscheidung des *BAG* vom 16.11.2010

EzA § 241 BGB 2002 Nr. 2 Rn. 41 ff. = AP Nr. 4 zu § 611 BGB Personalakte Rn. 41 ff. weiterhin auszugehen (a. M. für ein unbeschränktes Einsichtsrecht *Gola/Klug* NJW 2011, 2484 [2488]; *Husemann* SAE 2011, 155 [159]). Im Übrigen besteht bei der gerichtlichen Geltendmachung von Ansprüchen des Arbeitnehmers eine Vorlagepflicht nach prozessualen Grundsätzen (vgl. §§ 421 ff. ZPO). Zum Anspruch eines erfolglos gebliebenen Stellenbewerbers auf Vernichtung eines von ihm ausgefüllten Personalfragebogens vgl. *BAG* 06.06.1984 AP Nr. 7 zu § 611 BGB Persönlichkeitsrecht *(Echterhölter).*

3. Hinzuziehung eines Betriebsratsmitglieds

Ebenso wie nach § 81 Abs. 4 Satz 3, § 82 Abs. 2 Satz 2 und § 84 Abs. 1 Satz 2 kann der Arbeitnehmer 28 bei Einsicht in seine Personalakten ein beliebiges Mitglied des Betriebsrats (vgl. amtliche Begründung, BT-Drucks. VI/1786, S. 48: »Betriebsratsmitglied seiner Wahl«; *BAG* 27.11.2002 EzA § 40 BetrVG 2001 Nr. 2) hinzuziehen (§ 83 Abs. 1 Satz 2). Der Arbeitgeber muss die Wahl des Arbeitnehmers hinnehmen, das Betriebsratsmitglied dem Verlangen des Arbeitnehmers entsprechen (vgl. auch § 81 Rdn. 23, § 82 Rdn. 20 und § 84 Rdn. 22). Das Wahlrecht des Arbeitnehmers kann nicht durch die interne Geschäftsverteilung des Betriebsrats beseitigt werden. »Hinzuziehen« bedeutet, dass das Betriebsratsmitglied bei der Einsichtnahme durch den Arbeitnehmer zugegen sein darf; es kann nicht die Personalakte allein ohne den Arbeitnehmer einsehen (a. M. *Buschmann/DKKW* § 83 Rn. 16 und 18; *Fitting* § 83 Rn. 12). Für das Tätigwerden des Betriebsratsmitglieds bedarf es keines gesonderten Beschlusses des Betriebsrats, vielmehr gehört die Unterstützung des Arbeitnehmers zu den originären Aufgaben des einzelnen Betriebsratsmitglieds (*LAG* Berlin-Brandenburg 20.10.2011 – 10 TaBV 567/11 – juris, Rn. 41). § 83 Abs. 1 begründet kein Recht des Arbeitnehmers, einen Rechtsanwalt statt eines Betriebsratsmitglieds hinzuzuziehen (*BAG* 12.07.2016 NZA 2016, 1344). **Schwerbehinderte Arbeitnehmer** haben nach § 178 Abs. 3 Satz 1 SGB IX das Recht, bei Einsicht in die über sie geführte Personalakte die Schwerbehindertenvertretung hinzuzuziehen.

Das **Mitglied des Betriebsrats** hat über den Inhalt der Personalakte **Stillschweigen** zu bewahren, 29 soweit es vom Arbeitnehmer im Einzelfall nicht von dieser Verpflichtung entbunden wird (§ 83 Abs. 1 Satz 3; vgl. hierzu *A. Weber* Die Schweigepflicht des Betriebsrats [Diss. Münster], 2000, S. 176 ff.). Das gilt auch gegenüber dem Betriebsrat und den anderen Betriebsratsmitgliedern, weil nicht der Betriebsrat als solcher, sondern das Betriebsratsmitglied persönlich hinzugezogen wird (vgl. *Buschmann/ DKKW* § 83 Rn. 19; *Richardi/Thüsing* § 83 Rn. 34). Eine Entbindung des Betriebsratsmitglieds von der Schweigepflicht durch den Arbeitnehmer ist nur zulässig, soweit der Arbeitnehmer nicht selbst zur Verschwiegenheit verpflichtet ist. Das ist er z. B. dann, wenn aus den Personalakten Betriebs- oder Geschäftsgeheimnisse zu entnehmen sind. Das Einsichtsrecht des Arbeitnehmers wird dadurch aber nicht eingeschränkt (*Buschmann/DKKW* § 83 Rn. 19; a. M. *Galperin/Löwisch* § 83 Rn. 14). Bei einem Verstoß gegen die Verschwiegenheitspflicht macht sich das Mitglied des Betriebsrats nach § 120 Abs. 2 und 4 strafbar; die Tat wird jedoch nur auf fristgerechten, bis zum rechtskräftigen Abschluss des Strafverfahrens zurücknehmbaren Antrag des Arbeitnehmers bzw. nach seinem Tode auf Antrag seiner Angehörigen oder Erben verfolgt (§ 120 Abs. 5 BetrVG, §§ 77b, 77d StGB). Zugleich kommt eine Amtsenthebung nach § 23 Abs. 1 in Betracht und kann eine Verletzung des Persönlichkeitsrechts des Arbeitnehmers an dessen Eigen- bzw. Geheimsphäre vorliegen und privatrechtliche Ansprüche des Arbeitnehmers gegen das Betriebsratsmitglied auslösen (vgl. *Wiese* ZfA 1971, 273 [299 ff., 310 f. und 311 ff.]). Außerdem ist § 83 Abs. 1 Satz 3 ein Schutzgesetz i. S. d. § 823 Abs. 2 BGB (vgl. *Weiss* RdA 1974, 269 [274]). Zur Verschwiegenheitspflicht der **Schwerbehindertenvertretung** und zur Strafbarkeit bei deren Verletzung vgl. § 178 Abs. 3 Satz 2, § 179 Abs. 7 i. V. m. § 237a SGB IX.

4. Kein Einsichtsrecht des Betriebsrats

Die Vorschrift beschränkt das Einsichtsrecht auf den Arbeitnehmer und gibt ihm das Recht zur Hin- 30 zuziehung eines Mitglieds des Betriebsrats. Sie begründet kein Recht des Betriebsrats auf Einsicht in die Personalakten als solche (vgl. *BAG* 20.12.1988 AP Nr. 5 zu § 92 ArbGG 1979 Bl. 4; *LAG Frankfurt a. M.* 22.05.1984 NZA 1985, 97; *LAG Hamm* 05.12.1974 DB 1975, 360; *ArbG Reutlingen* 08.05.1981 BB 1981, 1092; *BAG* 04.12.2013 AP BetrVG 1972 § 78 Nr. 13 Rn. 39; *Brill* AuR 1976, 41 [43];

Buschmann/DKKW § 83 Rn. 18; *Fitting* § 80 Rn. 66 und § 83 Rn. 12; *Galperin/Löwisch* § 80 Rn. 31 und § 83 Rn. 12; *Rose/HWGNRH* § 83 Rn. 66; *Kania/*ErfK § 83 BetrVG Rn. 4; *Kossens* AR-Blattei SD 1250, Rn. 100 ff.; *Pfarr* AuR 1976, 198 [199]; *Pramann* DB 1983, 1922 [1925]; *Reichold/*Münch-ArbR § 87 Rn. 14; *Richardi/Thüsing* § 83 Rn. 25 und 34; *Stege/Weinspach/Schiefer* § 83 Rn. 20; zum Einsichtsrecht des Betriebsrats in die elektronische Personalakte vgl. *Kort* ZD 2015, 3 ff.; zum öffentlichen Dienst vgl. § 68 Abs. 2 Satz 3, § 101 Abs. 3 Satz 2 BPersVG). Ebenso wenig kann es aus § 80 Abs. 2 (vgl. *Weber* § 80 Abs. 103 m. w. N.) oder aus § 99 Abs. 1 (s. *Raab* § 99 Rdn. 135 m. w. N.) abgeleitet werden. Das bedeutet zugleich, dass der Betriebsrat nicht verlangen kann, in regelmäßigen Abständen und ohne besonderen Anlass im Einzelfall vom Arbeitgeber über den aktuellen Stand der Personaldaten der Arbeitnehmer informiert zu werden (vgl. *Leuze* ZTR 2002, 558 [563]; vgl. auch OVG Nordrhein-Westfalen 22.01.1986 PersV 1987, 161 f.). Jedoch kann der Arbeitgeber dem Betriebsrat nicht den Einblick in Unterlagen, die die Durchführung von Betriebsvereinbarungen betreffen, dadurch verwehren, dass er sie zu den Personalakten nimmt (vgl. BAG 20.12.1988 AP Nr. 5 zu § 92 ArbGG 1979 Bl. 4). Zur Einblicknahme des Betriebsrats in Personalakten für Zwecke der Wahrnehmung seiner Kontrollaufgaben vgl. *Gola* ZBVR 2003, 206 (208 f.). Zur Unzulässigkeit des Einblicks durch Unbefugte vgl. Rdn. 18.

III. Erklärungen des Arbeitnehmers zu den Personalakten

31 Die Vorschrift des § 83 Abs. 2 gibt dem Arbeitnehmer ungeachtet der nach § 82 Abs. 1 Satz 2 bestehenden Möglichkeit, zu ihn betreffenden Maßnahmen des Arbeitgebers Stellung zu nehmen, das Recht, Erklärungen zum Inhalt der Personalakte abzugeben, die dieser auf sein Verlangen beizufügen sind. Das ist eine erfreuliche Klarstellung (s. vor § 81 Rdn. 15). Der Anspruch auf Abgabe einer Erklärung setzt nicht voraus, dass die Personalakte unrichtig ist (vgl. *Richardi/Thüsing* § 83 Rn. 37; vgl. auch *ArbG Celle* 13.04.1978 ARSt. 1978, 132 [Nr. 128]).

32 Die **Erklärungen** des Arbeitnehmers können sich **auf den gesamten Inhalt der Personalakten beziehen**, werden aber vor allem Beurteilungen betreffen (vgl. auch *Hümmerich/Gola* Personaldatenrecht im Arbeitsverhältnis, S. 102 ff.). Die Erklärungen müssen jedoch auf den sachlichen Inhalt der Personalakte gerichtet sein, können sich also nicht auf die formelle Aktenführung beziehen, so dass der Arbeitnehmer nicht verlangen kann, dass ein von ihm verfasstes Inhaltsverzeichnis seiner Personalakte beigefügt wird (vgl. LAG Frankfurt a. M. 15.12.1976 AuR 1977, 378; 05.08.1982 AuR 1984, 51: anders bei begründeter Befürchtung einer Manipulation der Personalakte zum Nachteil des Arbeitnehmers). Die Beifügung der Erklärungen zu den Personalakten setzt die schriftliche Fixierung voraus. Der Arbeitnehmer wird daher **in der Regel ein Schriftstück überreichen**. Das schließt eine Protokollierung von ihm abgegebener mündlicher Erklärungen nicht aus, zu der der Arbeitgeber grundsätzlich jedoch nicht verpflichtet ist (vgl. *Kossens* AR-Blattei SD 1250, Rn. 131). Aufgrund der Treue-(Fürsorge-)Pflicht (§ 241 Abs. 2, § 242 BGB) kann ausnahmsweise – z. B. bei ausländischen Arbeitnehmern, die der deutschen Sprache nicht mächtig sind – etwas anderes gelten. In welcher Weise die Erklärungen den Personalakten beizufügen sind, richtet sich nach dem jeweils verwendeten System und der dabei gehandhabten Ordnung. Gegebenenfalls muss der Arbeitgeber sie daher in den Computer eingeben. Jedenfalls sind sie stets zum Bestandteil der Akten zu machen, so dass sie bei deren Benutzung genauso zugänglich sind wie der übrige Akteninhalt. Außerdem muss ersichtlich sein, dass zu einem bestimmten Vorgang eine Erklärung des Arbeitnehmers vorliegt, damit sie gegebenenfalls berücksichtigt wird (enger *Legerlotz* ArbRB 2002, 218 [219]: »in unmittelbarem räumlichen Zusammenhang mit der erteilten Abmahnung zu der Personalakte zu nehmen«).

33 Trotz des missverständlichen Wortlauts der Vorschrift ist das **Recht des Arbeitnehmers nicht auf Erklärungen zum Inhalt**, d. h. einen bestimmten Vorgang der Personalakte **beschränkt**, sondern allgemein in dem Sinne zu verstehen, dass der Arbeitnehmer für seine Beurteilung und Rechtsstellung wichtige Unterlagen – Zeugnisse, Befähigungsnachweise, Erklärungen Dritter oder Bescheinigungen über die Änderung persönlicher Daten (Familienstand) usw. – der Personalakte zur Ergänzung beifügen kann (vgl. LAG Bremen 04.03.1977 DB 1977, 1006; *Buschmann/DKKW* § 83 Rn. 20; *Fitting* § 83 Rn. 14; *Galperin/Löwisch* § 83 Rn. 17; *Linnenkohl/Töfflinger* AuR 1986, 199 [204]; *Reichold/*MünchArbR § 87 Rn. 21; *Richardi/Thüsing* § 83 Rn. 38; **a. M.** *Hunold* BB 1986, 2050 [2054]; *Stengel* BB

Einsicht in die Personalakten § 83

1976, 1083 [1084]). Das entspricht dem Sinn des § 83 Abs. 2, dem Arbeitnehmer die Möglichkeit zu geben, seine Personalakte so zu vervollständigen, dass sie ein nach seiner Ansicht möglichst objektives Bild über ihn abgibt (zust. *LAG Bremen* 04.03.1977 DB 1977, 1006). Der Arbeitgeber hat daher nicht die Möglichkeit, Erklärungen des Arbeitnehmers wegen eines seiner Meinung nach unrichtigen Inhalts zurückzuweisen (*Reichold*/MünchArbR § 87 Rn. 21; *Fitting* § 83 Rn. 14; *Kania*/ErfK § 83 BetrVG Rn. 6).

Der **Arbeitgeber** ist jedoch **nicht verpflichtet, Unterlagen anzunehmen, die nicht in eine Personalakte gehören**, weil das Recht des Arbeitnehmers nach § 83 Abs. 2 nur besteht, soweit seine Erklärung möglicher Inhalt von Personalakten sein kann (vgl. *Kaiser*/LK § 83 Rn. 6; *Stege*/*Weinspach*/*Schiefer* § 83 Rn. 23; zust. *LAG Bremen* 04.03.1977 DB 1977, 1006 im Hinblick auf Schriftstücke, die ausschließlich die Betriebsratstätigkeit eines Arbeitnehmers betreffen; **a. M.** *Buschmann*/DKKW § 83 Rn. 20; *Fitting* § 83 Rn. 14; *Lakies*/HaKo § 83 Rn. 15). In dieser Hinsicht steht dem Arbeitgeber daher ein formelles Prüfungsrecht zu (vgl. *Reichold*/MünchArbR § 87 Rn. 22; *Reich* § 83 Rn. 4; *Wlotzke* § 83 Rn. 2; wohl auch *Kufer* AR-Blattei SD 580, Rn. 124; **a. M.** *LAG Bremen* 04.03.1977 DB 1977, 1006 – widersprüchlich; *Buschmann*/DKKW § 83 Rn. 20; *Fitting* § 83 Rn. 14; *Kania*/ErfK § 83 BetrVG Rn. 6; *Lakies*/HaKo § 83 Rn. 15; *Linnenkohl*/*Töfflinger* AuR 1986, 199 [205]). Die abweichende Meinung verkennt, dass dieses Recht des Arbeitgebers nichts weiter ist als die Kehrseite seiner Verpflichtung. Im Übrigen findet das Recht seine Grenze in der aus den gegenseitigen Rücksichtnahmepflichten (§ 241 Abs. 2, § 242 BGB) abzuleitenden Zumutbarkeit. Ein publizierender Arbeitnehmer hat z. B. keinen Anspruch darauf, dass Belegexemplare seiner sämtlichen Publikationen zu den Personalakten genommen werden (zust. *Reichold*/MünchArbR § 87 Rn. 22). Dagegen kann er die Aufnahme und Berichtigung eines Publikationsverzeichnisses verlangen, wenn dies für sein Arbeitsverhältnis von Bedeutung ist. Ist streitig, ob vom Arbeitnehmer eingereichte Unterlagen Gegenstand von Personalakten sein können, ist dieser Rechtsstreit notfalls im Urteilsverfahren (vgl. Rdn. 77) auszutragen. 34

Dagegen kann ein Anspruch des Arbeitnehmers auf **Berichtigung oder Entfernung (Vernichtung) unrichtiger bzw. sonst unzulässiger Personalunterlagen sowie deren Ersetzung** durch zutreffende nicht auf § 83 Abs. 2, gegebenenfalls aber auf die Treue-(Fürsorge-)Pflicht des Arbeitgebers gestützt werden (vgl. *BAG* AP 13.04.1988 Nr. 100 Bl. 1 R f. zu § 611 BGB Fürsorgepflicht; AP 13.10.1988 Nr. 4 zu § 611 BGB Abmahnung Bl. 2; 23.09.1975 BetrR 1976, 172 [174]; 12.06.1986 NZA 1987, 153; *LAG Rheinland-Pfalz* 20.03.1981 EzA § 611 BGB Fürsorgepflicht Nr. 28 S. 133 f.; *Konzen* Anm. AP Nr. 1 zu § 87 BetrVG 1972 Betriebsbuße Bl. 7 R; *Linnenkohl*/*Töfflinger* AuR 1986, 199 [205]; *Misera* Anm. SAE 1986, 199 f.; *Nikisch* I, S. 865; *Reichold*/MünchArbR § 87 Rn. 23 ff.; *Richardi*/*Thüsing* § 83 Rn. 39; *Wiese* ZfA 1971, 273 [309]; *ders.* Anm. EzA § 87 BetrVG 1972 Betriebliche Ordnung Nr. 1 S. 20 ff.; vgl. auch *Geulen* Die Personalakte in Recht und Praxis, S. 101 ff.; *Germelmann* RdA 1977, 75 ff.; *Pauly* MDR 1996, 121 f.; **a. M.** *BGH* 10.07.1959 AP Nr. 2 zu § 630 BGB Bl. 2; *LAG Köln* 02.11.1983 DB 1984, 1630 [1631]; *Bock* AuR 1987, 217 [221]). 35

Entsprechendes gilt bei **Verletzung des Persönlichkeitsrechts des Arbeitnehmers** (vgl. Rdn. 16; *BAG* 15.01.1986 AP Nr. 96 Bl. 2 f. zu § 611 BGB Fürsorgepflicht; 13.10.1988 AP Nr. 4 zu § 611 BGB Abmahnung Bl. 2; *LAG Hamm* 13.06.1991 LAGE § 611 BGB Abmahnung Nr. 30 S. 7; *LAG München* 23.03.1988 LAGE § 611 BGB Abmahnung Nr. 13 S. 6; *ArbG Regensburg* 01.04.1987 BB 1988, 138 f.; vgl. auch *Linnenkohl*/*Töfflinger* AuR 1986, 199 [205 f.]; *Reichold*/MünchArbR § 87 Rn. 24). Bei den Ansprüchen aufgrund der Treue-(Fürsorge-)Pflicht bzw. des Persönlichkeitsrechts handelt es sich um zwei **selbständige**, an unterschiedliche Voraussetzungen geknüpfte **Anspruchsgrundlagen** (vgl. *Conze* DB 1989, 778 FN 12; *Deiseroth* AuR 2001, 161 [163 f.]). Diese Ansprüche können sich auch auf Teile einer Eintragung in den Personalakten beziehen (vgl. *BAG* 15.07.1987 AP Nr. 14 zu § 611 Persönlichkeitsrecht Bl. 2 R ff.). Die Vorschrift des § 83 Abs. 2 steht dem nicht entgegen (vgl. *BAG* 27.11.1985 AP Nr. 93 zu § 611 BGB Fürsorgepflicht Bl. 3). Handelt es sich um eine **Vergeltungsmaßnahme des Arbeitgebers**, so kommt außerdem ein aus § 612a BGB herzuleitender Beseitigungsanspruch des Arbeitnehmers in Betracht (vgl. *Deiseroth* AuR 2001, 161 [164]; *Preis*/ErfK § 612a BGB Rn. 23). 36

Ein Anspruch auf Beseitigung besteht zunächst hinsichtlich **unzulässig erhobener Daten** (vgl. *Zöllner* Daten- und Informationsschutz im Arbeitsverhältnis, S. 46). Dagegen ist der Anspruch zu vernei- 37

§ 83   *IV. 2. Mitwirkungs- und Beschwerderecht des Arbeitnehmers*

nen, wenn der Arbeitgeber nur eine **zulässige Abmahnung** (vgl. hierzu *Wiese* § 87 Rdn. 251 ff.) zu den Personalakten genommen hat (vgl. *BAG* 15.01.1986 AP Nr. 96 zu § 611 BGB Fürsorgepflicht Bl. 2). Diese setzt die vorherige Anhörung des Arbeitnehmers voraus (vgl. *BAG* 16.11.1989 AP Nr. 2 zu § 13 BAT *[Conze]*; *ArbG Frankfurt a. d. O.* 07.04.1999 DB 2000, 146). Der Beseitigungsanspruch ist insbesondere gegeben, falls eine **Abmahnung** nach Form oder Inhalt **unzulässig** – z. B. unrichtig – ist (vgl. *BAG* 22.02.1978 AP Nr. 84 zu § 611 BGB Fürsorgepflicht Bl. 3 f. = EzA § 611 BGB Fürsorgepflicht Nr. 23 [krit. *Buchner*]; 27.11.1985 AP Nr. 93 zu § 611 BGB Fürsorgepflicht Bl. 2 R f. = SAE 1986, 197 *[Misera]*; 15.01.1986 AP Nr. 96 zu § 611 BGB Fürsorgepflicht Bl. 2; *von Hoyningen-Huene* RdA 1990, 193 [209 f.]; *Kammerer* Personalakte und Abmahnung, S. 96 ff.; *Legerlotz* ArbRB 2002, 218 [219]; *Linnenkohl / Töfflinger* AuR 1986, 199 [206]; *Schmid* NZA 1985, 409 [413]; *Stück* MDR 2008, 430 [432 f.]; a. M. *LAG Hamm* 11.12.1973 EzA § 83 BetrVG 1972 Nr. 1 S. 3 ff.; *LAG Hamm* 13.06.1991 LAGE § 611 BGB Abmahnung Nr. 30 S. 5 ff. außer bei Persönlichkeitsrechtsverletzung; *LAG Köln* 17.05.1984 DB 1984, 1630; *ArbG Wetzlar* 27.11.1985 NZA 1986, 234; vgl. auch *LAG Köln* 25.08.1993 LAGE § 611 BGB Abmahnung Nr. 36: nur, wenn Abmahnungsschreiben geeignet ist, die Rechtsstellung des Arbeitnehmers zu beeinträchtigen). Zur vorbeugenden Unterlassungsklage gegen Abmahnungen und zur Geltung tariflicher Ausschlussfristen für den Unterlassungs- oder Entfernungsanspruch vgl. *Legerlotz* ArbRB 2002, 218 (219 f.) m. w. N. Zur Beweislast bei Klagen auf Entfernung einer Abmahnung aus der Personalakte vgl. *Kopke* NZA 2007, 1211 ff.

38 Zum Anspruch auf **Entfernung einer inhaltlich nicht hinreichend bestimmten Abmahnung** vgl. *BAG* 27.11.2008 EzA § 314 BGB 2002 Nr. 4 Rn. 17 = AP Nr. 33 zu § 611 BGB Abmahnung Rn. 17; *ArbG Karlsruhe* 07.05.1987 BB 1987, 2168; zum Entfernungsanspruch bei nur **teilweise unrichtigem Inhalt** *BAG* 13.03.1991 AP Nr. 5 zu § 611 BGB Abmahnung Bl. 1 R f. = SAE 1992, 163 *[Schiefer]*; *LAG Baden-Württemberg* 12.02.1987 AuR 1988, 55; *LAG Baden-Württemberg* 17.10.1990 LAGE § 611 BGB Abmahnung Nr. 25 S. 4 f.; *LAG Düsseldorf* 18.11.1986 LAGE § 611 BGB Abmahnung Nr. 7 S. 24; *LAG Düsseldorf* 23.02.1996 LAGE § 611 BGB Abmahnung Nr. 45 S. 3; *LAG Hamm* 03.11.1987 LAGE § 611 BGB Abmahnung Nr. 9 S. 2 f.; 21.12.1990 LAGE § 611 BGB Abmahnung Nr. 23 S. 1 f.; 17.06.1993 LAGE § 611 BGB Abmahnung Nr. 35 S. 2 ff.; *LAG Köln* 12.03.1986 LAGE § 611 BGB Abmahnung Nr. 3 S. 11; *Kammerer* BB 1991, 1926 ff.; *Stege / Weinspach / Schiefer* § 83 Rn. 29; zum Entfernungsanspruch bei **unberechtigtem ehrenrührigen Inhalt** *LAG Baden-Württemberg* 02.08.2000 AuR 2001, 192; zust. *Deiseroth* AuR 2001, 161 [164]. **Unzulässig** ist es, **unrichtige Tatsachenbehauptungen** in einer zu den Personalakten genommenen Abmahnung mit zu **überkleben** (vgl. *LAG Köln* 04.07.1988 DB 1989, 636). Eine **Ausschlussfrist für die Erteilung einer Abmahnung** gibt es nicht (vgl. *BAG* 15.01.1986 AP Nr. 96 zu § 611 BGB Fürsorgepflicht Bl. 2 R f. = SAE 1986, 200 *[Beitzke]*; 12.01.1988 AP Nr. 90 zu Art. 9 GG Arbeitskampf Bl. 2 R). Auch fallen weder der vertragliche **Beseitigungsanspruch** (vgl. *BAG* 14.12.1994 AP Nr. 15 zu § 611 BGB Abmahnung unter Aufgabe von *BAG* EzBAT § 70 BAT Nr. 28; a. M. *LAG Berlin* 04.07.1994 BB 1994, 2075) noch der Beseitigungsanspruch wegen Verletzung eines Persönlichkeitsrechts (vgl. *BAG* 15.07.1987 AP Nr. 14 zu § 611 BGB Persönlichkeitsrecht Bl. 4; *LAG Düsseldorf* 23.11.1987 DB 1988, 450) unter eine **tarifliche Ausschlussfrist** (vgl. *Stege / Weinspach / Schiefer* § 83 Rn. 26b). Zur **Verwirkung** des Anspruchs auf Entfernung eines Abmahnungsschreibens aus der Personalakte vgl. *BAG* 14.12.1994 AP Nr. 15 zu § 611 BGB Abmahnung Bl. 2 R f.; *LAG Düsseldorf* 23.02.1996 LAGE § 611 BGB Abmahnung Nr. 45 S. 4 f.; *LAG Frankfurt a. M.* 22.12.1983 DB 1984, 1355; *ArbG Berlin* 08.10.1984 DB 1985, 1140; *Reichold /* MünchArbR § 87 Rn. 29. **Nach Beendigung des Arbeitsverhältnisses** kann der Arbeitnehmer wegen § 242 BGB nur dann die Entfernung unzulässiger Abmahnungen oder Vorgänge aus den Personalakten verlangen, wenn diese für ihn – z. B. bei einer vom Arbeitgeber erteilten Auskunft – noch nachteilig sein können (im Ergebnis ebenso *BAG* 14.09.1994 AP Nr. 13 zu § 611 BGB Abmahnung Bl. 2 R f.; *ArbG Münster* 14.12.1989 BB 1990, 492; a. M. *LAG Frankfurt a. M.* 28.08.1987 LAGE § 611 BGB Abmahnung Nr. 15; *ArbG Wetzlar* 16.05.1989 BB 1989, 1979; *Stege / Weinspach / Schiefer* § 83 Rn. 26c; *Walker* NZA 1995, 601 [608]).

39 Auch eine **unzulässige Personalbeurteilung** (vgl. auch Rdn. 17) ist aus den Personalakten zu entfernen (vgl. *BAG* 26.07.1979 AP Nr. 18 zu § 249 BGB Bl. 1 R; 09.02.1977 AP Nr. 83 Bl. 2 ff. zu § 611 BGB Fürsorgepflicht hinsichtlich eines für das Arbeitsverhältnis irrelevanten Strafurteils; 28.03.1979 AP Nr. 3 zu § 75 BPersVG Bl. 2 ff.; *Reichold /* MünchArbR § 87 Rn. 27; vgl. aber *ArbG Berlin* 26.05.1988 AuR 1988, 385). Dies gilt insbesondere dann, wenn der Arbeitgeber das Mitbestim-

mungsrecht des Betriebsrats aus § 94 verletzt hat (vgl. *LAG Frankfurt a. M.* 06.03.1990 DB 1991, 1027; *Stege/Weinspach/Schiefer* § 83 Rn. 30). Das Gleiche gilt für Vermerke über **unzulässige Betriebsbußen** (vgl. *BAG* 05.12.1975 AP Nr. 1 zu § 87 BetrVG 1972 Betriebsbuße Bl. 3 R *[Konzen]* = EzA § 87 BetrVG 1972 Betriebliche Ordnung Nr. 1 *[Wiese]* = SAE 1977, 88 *[Meisel]*; *LAG Niedersachsen* 13.03.1981 DB 1981, 1985; *Schlochauer* DB 1977, 254 [259], sowie zum Ganzen *Wiese* § 87 Rdn. 244 ff.; **a. M.** *ArbG Freiburg* 27.01.1987 DB 1987, 748). Zum gerichtlichen Prüfungsmaßstab von dienstlichen Personalbeurteilungen allgemein *BAG* 18.08.2009 EzA Art. 33 GG Nr. 37 Rn. 33 f. = AP Nr. 3 zu § 611 BGB Personalakte Rn. 33 f. (*Schulz*) und insbesondere zur Differenzierung zwischen bloßen Ordnungsvorschriften und Verfahrensvorschriften, die sich auf das Beurteilungsergebnis auswirken können *BAG* 18.11.2008 EzA Art. 33 GG Nr. 35 = AP Nr. 2 zu § 611 BGB Personalakte A II. 2. (*von Hoyningen-Huene*).

40 Schließlich kann ein Anspruch auf Entfernung der Unterlagen über **an sich zulässige Abmahnungen, Betriebsbußen oder sonstige zulässigerweise in die Personalakten aufgenommene Vorgänge** aufgrund der Treue-(Fürsorge-)Pflicht des Arbeitgebers oder des Persönlichkeitsrechts des Arbeitnehmers an seiner Eigensphäre in Betracht kommen, wenn **nach längerer Zeit** das **Berichtigungsinteresse des Arbeitnehmers überwiegt** (vgl. *BAG* 18.11.1986 AP Nr. 17 zu § 1 KSchG 1969 Verhaltensbedingte Kündigung Bl. 2 R *[Conze]*; 13.04.1988 AP Nr. 100 zu § 611 BGB Fürsorgepflicht Bl. 2 f. *[Conze]*; *LAG Hamm* 14.05.1986 NZA 1987, 26; *Conze* DB 1987, 2358 ff.; *Falkenberg* NZA 1988, 489 [492]; *Schmid* NZA 1985, 409 [413]; **a. M.** mit Einschränkungen *LAG Frankfurt a. M.* 23.10.1987 BB 1988, 1255; *Eich* NZA 1988, 759 ff.; *von Hoyningen-Huene* RdA 1990, 193 [210 f.]; *Reichold/MünchArbR* § 87 Rn. 28; *Walker* NZA 1995, 601 [607 f.]). Hinsichtlich einer **Abmahnung** ist allerdings zwischen deren Warn-, Rüge- und Dokumentationsfunktion zu unterscheiden. Die **Dokumentationsfunktion** der Abmahnung kann im Einzelfall ein berechtigtes Interesse des Arbeitgebers an der fortdauernden Aufbewahrung der Abmahnung begründen. Daher kann nach zutreffender Auffassung des *BAG* (19.07.2012 NZA 2013, 91 Rn. 21) ein Arbeitnehmer die Entfernung einer zu Recht erteilten Abmahnung nur verlangen, wenn das gerügte Verhalten in jeder Hinsicht bedeutungslos geworden ist. Diese Rechtsprechung kann man als Reaktion auf das sog. »Emmely«-Urteil des *BAG* vom 10.06.2010 (EzA § 626 BGB 2002 Nr. 32 = AP Nr. 229 zu § 626 BGB) begreifen. Bei der Interessenabwägung für eine verhaltensbedingte Kündigung hat das *BAG* in diesem Urteil das bislang beanstandungsfrei verlaufene Beschäftigungsverhältnis zugunsten des Arbeitnehmers berücksichtigt. Dann aber müssen zu Recht erfolgte Beanstandungen über längere Zeit dokumentiert bleiben (ebenso *Schrader* NZA 2011, 180 [181 f.]; *Schrader/Dohnke* NZA-RR 2012, 617; *Novara/Knierim* NJW 2011, 1175 [1178 f.]). Der Zeitraum, in dem eine ursprünglich berechtigte Abmahnung gegenstandslos wird, ist aufgrund aller Umstände des Einzelfalles zu beurteilen; bestimmte Fristen lassen sich hierfür nicht aufstellen (vgl. *BAG* 18.11.1986 AP Nr. 17 zu § 1 KSchG 1969 Verhaltensbedingte Kündigung Bl. 2 R; 07.09.1988 AP Nr. 2 zu § 611 BGB Abmahnung Bl. 3; *BAG* 13.04.1988 EzA § 611 BGB Fürsorgepflicht Nr. 47 S. 4; **a. M.** *LAG Hamm* 14.05.1986 NZA 1987, 26; *Brill* NZA 1985, 109 [110]; *Conze* DB 1987, 2358 ff.; *Falkenberg* NZA 1988, 489 [492]; *Hunold* BB 1986, 2050 [2051 f.]; *Schmid* NZA 1985, 409 [413]). Zum Rechtsschutzbedürfnis, falls eine Abmahnung ohnehin nach Ablauf eines Jahres aus den Personalakten entfernt wird, vgl. *ArbG Passau* 14.01.1988 BB 1988, 630 und zur Mitbestimmung des Betriebsrats bei der Tilgung von Betriebsbußen *Wiese* § 87 Rdn. 271. Auch nach der Entfernung einer Abmahnung aus der Personalakte kann der Arbeitnehmer einen Anspruch auf Widerruf der in der Abmahnung abgegebenen Erklärungen gerichtlich geltend machen, wenn er durch die Erklärungen noch anhaltend beeinträchtigt ist (vgl. *BAG* 15.04.1999 AP Nr. 22 zu § 611 BGB Abmahnung = EzA § 611 BGB Abmahnung Nr. 41; *Stege/Weinspach/Schiefer* § 83 Rn. 26a).

41 Soweit nach Vorstehendem ein Beseitigungsanspruch gegeben ist, kann er nach **Vertragsrecht** als Schadensersatzanspruch aus § 280 Abs. 1 i. V. m. § 249 Abs. 1 BGB (Naturalrestitution) geltend gemacht werden. Er kann aber auch als Anspruch auf Erfüllung einer vertraglichen Nebenpflicht auf §§ 611, 241 Abs. 2 BGB gestützt werden, da der Arbeitgeber verpflichtet ist, die berechtigten Interessen des Arbeitnehmers zu achten und vermeidbare Nachteile im Rahmen des Zumutbaren von ihm fernzuhalten (s. vor § 81 Rdn. 12). Der **deliktische Anspruch** auf Schadensersatz wegen Verletzung des Persönlichkeitsrechts ist auf § 823 Abs. 1 i. V. m. § 249 Abs. 1 BGB zu stützen. Ist dem Arbeitnehmer durch die unzulässige Personalakteneintragung ein **weiterer Schaden** entstanden, so kann er bei Verschulden des Arbeitgebers diesen gleichfalls aus § 280 Abs. 1 BGB (vgl. *BAG* 26.07.1979 AP

Nr. 18 zu § 249 BGB Bl. 1 R: positive Forderungsverletzung) oder gegebenenfalls wegen Verletzung seines Persönlichkeitsrechts aus § 823 Abs. 1 BGB i. V. m. Art. 1 Abs. 1, Art. 2 Abs. 1 GG – jeweils i. V. m. den §§ 249 ff. BGB – ersetzt verlangen (vgl. *Biewald* DSB 2003, 13).

IV. Datenschutzrechtliche Besonderheiten

1. Das datenschutzrechtliche Regelungsregime

42 Neben § 83 kommt die Anwendbarkeit von datenschutzrechtlichen Regelungen in Betracht. Die Personalakte enthält personenbezogene Angaben im Sinne des Datenschutzrechts (Rdn. 46). Das datenschutzrechtliche Regelungsregime ist durch die **EU-Datenschutz-Grundverordnung vom 4. Mai 2016** (ABlEU L 119/1 vom 04.05.2016) auf eine neue Grundlage gestellt worden. Die Datenschutz-Grundverordnung ist am 24. Mai 2016 in Kraft getreten und gilt ab dem 25. Mai 2018. Sie löst auf der Ebene der EU die **EG-Datenschutz-Richtlinie 95/46/EG** vom 24.10.1995 (ABlEG Nr. L 281, S. 31) mit Wirkung vom 25. Mai 2018 ab. Im Gegensatz zu einer umsetzungsbedürftigen EU-Richtlinie ist die Datenschutz-Grundverordnung nach Art. 288 Abs. 2 AEUV unmittelbar anwendbar. Ihre Regelungen gelten also ab dem 25. Mai 2018, ohne dass es eines innerstaatlichen Umsetzungsaktes bedürfte. Für den Bereich des **Arbeitnehmerdatenschutzes** enthält die Datenschutz-Grundverordnung allerdings eine weitreichende Öffnungsklausel (Rdn. 44).

43 Die Datenschutz-Grundverordnung kennt die bereits in der EU-Datenschutz-Richtlinie 95/46/EG enthaltenen **Verarbeitungsgrundsätze**: **Verbot mit Erlaubnisvorbehalt** (Art. 6 DS-GVO, Art. 7 RL 95/46/EG); **Zweckbindung, Datensparsamkeit, Transparenz und Integrität** (Art. 5 DS-GVO, Art. 6 RL 95/46/EG). Ferner ist der für die Datenverarbeitung Verantwortliche (Definition in Art. 4 Nr. 7 DS-GVO) **Informationspflichten** (Art. 13 f. DS-GVO, Art. 10 f. RL 95/46/EG) sowie **Auskunfts-, Berichtigungs- und Löschungsansprüchen der betroffenen Personen** (Art. 12 ff. DS-GVO, Art. 15 ff. RL 95/46/EG) ausgesetzt. Über die bisherigen Regelungen hinaus gehen beispielsweise das Recht auf Daten-Portabilität (Art. 20 DS-GVO) und das Recht auf »Vergessenwerden« (Art. 17 DS-GVO) sowie die **allgemeinen Pflichten des für die Datenverarbeitung Verantwortlichen** (Art. 24 ff. DS-GVO), wie etwa die Aufstellung eines Verzeichnisses der Verarbeitungstätigkeiten (Art. 30 DS-GVO) und die Pflicht zur Datenschutz-Folgenabschätzung bei riskanten Datenverarbeitungsvorgängen (Art. 35 DS-GVO). Die Datenschutz-Grundverordnung kennt ferner den **betrieblichen Datenschutzbeauftragten als ein Instrument der Selbstregulierung**. Obligatorisch ist die Einführung eines solchen Instruments nur in größeren Unternehmen, die überwiegend mit Datenverarbeitung betraut sind. Die Mitgliedstaaten können allerdings darüber hinausgehen (Art. 37 ff. DS-GVO). Schließlich regelt die Datenschutz-Grundverordnung ausführlich die **Übermittlung personenbezogener Daten an Drittländer** (Art. 44 ff. DS-GVO), den **Verwaltungsvollzug** (Behördenzuständigkeit etc., Art. 51 ff. DS-GVO) sowie **Sanktionen bei Datenschutzverstößen** (Bußgelder, Schadensersatz, Art. 77 ff. DS-GVO).

44 Für den Bereich des Arbeitnehmer- bzw. Beschäftigtendatenschutzes enthält Art. 88 DS-GVO eine umfängliche Bereichsausnahme, deren Reichweite im Einzelnen noch nicht vollständig geklärt ist (s. dazu etwa *Düwell/Brink* NZA 2016, 665; *Gola/Pötters/Thüsing* RDV 2016, 57; *Körner* NZA 2016, 1383; *Kort* ZD 2016, 555; *ders.* DB 2016, 711; *Maschmann* DB 2016, 2488; *Spelge* DuD 2016, 775; *Stelljes* DuD 2016, 787; *Taeger/Rose* BB 2016, 819; *Wybitul* ZD 2016, 203; *Wybitul/Sörup/Pötters* ZD 2015, 559).

45 Art. 88 Abs. 1 DS-GVO lautet:

»**Die Mitgliedstaaten können durch Rechtsvorschriften oder durch Kollektivvereinbarungen spezifischere Vorschriften zur Gewährleistung des Schutzes der Rechte und Freiheiten hinsichtlich der Verarbeitung personenbezogener Beschäftigtendaten im Beschäftigungskontext, insbesondere für Zwecke der Einstellung, der Erfüllung des Arbeitsvertrags einschließlich der Erfüllung von durch Rechtsvorschriften oder durch Kollektivvereinbarungen festgelegten Pflichten, des Managements, der Planung und der Organisation der Arbeit, der Gleichheit und Diversität am Arbeitsplatz, der Gesundheit und Sicherheit am**

Arbeitsplatz, des Schutzes des Eigentums der Arbeitgeber oder der Kunden sowie für Zwecke der Inanspruchnahme der mit der Beschäftigung zusammenhängenden individuellen oder kollektiven Rechte und Leistungen und für Zwecke der Beendigung des Beschäftigungsverhältnisses vorsehen.«

Aufgrund dieser Öffnungsklausel steht den Mitgliedstaaten ein **großer Regelungsspielraum** zu, innerhalb dessen sie Probleme des Beschäftigtendatenschutzes regeln können. Bundestag und Bundesrat haben den Gesetzentwurf der Bundesregierung eines Gesetzes zur Anpassung des Datenschutzrechts an die Verordnung (EU) 2016/679 und zur Umsetzung der Richtlinie (EU) 2016/680 (Datenschutz-Anpassungs- und -Umsetzungsgesetz EU – DSAnpUG-EU, BT-Drucks. 18/11325, Beschlussempfehlung des Innenausschusses BT-Drucks. 18/12084) beschlossen. Art. 1 dieses Gesetzes bildet das neugefasste BDSG, in dem die den **Beschäftigtendatenschutz betreffende Bestimmung in § 26 BDSG n. F.** enthalten ist. Diese Neuregelungen sollen mit dem Wirksamwerden der Datenschutz-Grundverordnung am 25. Mai 2018 in Kraft treten (Art. 8 Abs. 1 DSAnpUG-EU). § 26 BDSG n. F. schreibt die bisherige Regelung des § 32 BDSG mit gewissen Modifikationen fort. Insbesondere wurde die Regelung ergänzt um Vorgaben zur **Reichweite der Einwilligung** und zu **Kollektivvereinbarungen** (näher *Gola* BB 2017, 1462).

2. Sachlicher Anwendungsbereich des Datenschutzrechts

Personenbezogene Daten werden in Art. 4 Nr. 1 DS-GVO definiert als Informationen, die sich auf eine identifizierte oder identifizierbare natürliche Person (betroffene Person) beziehen. Sachlich weicht diese Umschreibung nicht von der bisherigen Definition in § 3 Abs. 1 BDSG a. F. ab. Personenbezogene Daten von Arbeitnehmern sind auch Gegenstand von Personalakten (vgl. Rdn. 4). In den sachlichen Anwendungsbereich des Datenschutzrechts fallen daher alle zur **Personalakte im materiellen Sinne** (vgl. dazu Rdn. 4) gehörenden Daten (vgl. *Seifert/Simitis* Bundesdatenschutzgesetz, § 32 Rn. 109). Die Datenschutz-Grundverordnung erfasst die Verarbeitung solcher Daten in einem umfassenden Sinne und nennt in Art. 4 Nr. 2 DS-GVO als Beispiele hierfür das **Erheben** (also das Beschaffen von Daten über den Betroffenen), **Erfassen, Ordnen, Speichern**, die **Veränderung**, die **Offenlegung von Daten** durch Übermittlung, Verbreitung sowie die **Einschränkung** das **Löschen** und die **Vernichtung von Daten**. Damit wird grundsätzlich jede Form des Umgangs mit personenbezogenen Daten einbezogen.

46

Die Datenschutz-Grundverordnung gilt allerdings nach Art. 2 Abs. 1 DS-GVO grundsätzlich nur, soweit die Daten ganz oder teilweise automatisiert verarbeitet werden; für den Fall der **nicht automatisierten Datenverarbeitung** müssen die Dateien in einem Dateisystem gespeichert sein oder bestimmungsgemäß gespeichert werden. Den Begriff des Dateisystems definiert Art. 4 Nr. 6 DS-GVO als eine strukturierte Sammlung personenbezogener Daten, die nach bestimmten Kriterien zugänglich sind. Damit sind **Akten oder Aktensammlungen einbezogen, sofern diese nach bestimmten Kriterien strukturiert** sind, die einen leichten Zugriff auf die Daten ermöglichen (näher *Franzen/EUArbR* Art. 4 DS-GVO Rn. 10). Dies entspricht der Rechtslage nach § 1 Abs. 2 Nr. 3 BDSG a. F. für **nicht-öffentliche Stellen**. Ergänzend bestimmt § 27 Abs. 2 BDSG a. F., dass hinsichtlich der Datenverarbeitung nicht-öffentlicher Stellen die Vorschriften des dritten Abschnitts nicht für die Verarbeitung und Nutzung personenbezogener Daten außerhalb von nicht automatisierten Dateien gelten, soweit es sich nicht um personenbezogene Daten handelt, die offensichtlich aus einer automatisierten Verarbeitung entnommen worden sind.

47

Über diesen soeben (Rdn. 47) skizzierten Anwendungsbereich hinaus ist die **derzeit geltende Regelung zum Arbeitnehmerdatenschutz, § 32 Abs. 1 BDSG a. F.** (künftig **§ 26 Abs. 1 BDSG n. F.**), auch dann anwendbar, wenn personenbezogene Daten erhoben, verarbeitet oder genutzt werden, **ohne dass sie automatisiert verarbeitet** oder in oder aus einer **nicht automatisierten Datei** verarbeitet, genutzt oder für die Verarbeitung oder Nutzung in einer solchen Datei erhoben werden (§ **32 Abs. 2 BDSG a. F., künftig § 26 Abs. 7 BDSG n. F.**). Demnach ist § 32 Abs. 1 BDSG a. F. seit dem Inkrafttreten der Vorschrift im Jahre 2009 der Regelungsort bedeutender Teile des Personalaktenrechts (vgl. *Erfurth* NJOZ 2009, 2914 [2924]). Materiellrechtlich hat sich dies allerdings kaum ausgewirkt, weil § 32 Abs. 1 Satz 1 BDSG a. F. eine Abwägung der Interessen des Arbeitgebers

48

mit dem Persönlichkeitsrecht des Arbeitnehmers in gleicher Weise vorsieht, wie sie die Rechtsprechung im Personalaktenrecht seit jeher durchgeführt hat (vgl. Rdn. 15 f., 17, 19, 20; zu § 32 Abs. 1 Satz 1 BDSG vgl. Rdn. 61 ff.; vgl. ferner *Thüsing* NZA 2009, 865 [869 f.]; *Deutsch/Diller* DB 2009, 1462).

49 Nach § 1 Abs. 3 Satz 1 BDSG a. F. gehen **andere Rechtsvorschriften des Bundes**, soweit sie auf personenbezogene Daten einschließlich deren Veröffentlichung anzuwenden sind, den Vorschriften des Bundesdatenschutzgesetzes vor. Entgegen § 37 RegE-BDSG 1977 (BT-Drucks. 7/1027, S. 13 und 32) braucht es sich dabei nicht um »dem Datenschutz dienende besondere Rechtsvorschriften des Bundes« zu handeln; vielmehr geht auch das nicht speziell dem Datenschutz dienende Bundesrecht, das auf in Dateien gespeicherte personenbezogene Daten anzuwenden ist, den Normen des Bundesdatenschutzgesetzes vor (vgl. *Dix/Simitis* Bundesdatenschutzgesetz, § 1 Rn. 162 ff.; *Gola* BlStSozArbR 1978, 209 [211]; *Kriependorf* DuD 1977, 66 [68]; *Sendler* DuD 1979, 81 [82]; **a. M.** *Garstka* ZRP 1978, 237 [239]). Diese Vorschrift entspricht in der Sache § 1 Abs. 2 BDSG n. F. (ebenso *Gola* BB 2017, 1462 [1463]).

3. Verantwortliche Stelle

a) Grundsatz

50 Die Datenschutz-Grundverordnung knüpft die datenschutzrechtlichen Pflichten an den »**Verantwortlichen**« an. Das ist nach Art. 4 Nr. 7 DS-GVO »die natürliche oder juristische Person, Behörde, Einrichtung oder andere Stelle, die allein oder gemeinsam mit anderen über die Zwecke und Mittel der Verarbeitung von personenbezogenen Daten entscheidet«. Es kommt also darauf an, welche Person oder Institution in letzter Instanz die Entscheidungen über die Datenverarbeitung trifft und steuert. In der Sache ändert sich hierdurch nichts gegenüber der bisherigen Rechtslage aufgrund von § 3 Abs. 7 BDSG a. F.; diese Vorschrift hatte den Begriff der »verantwortlichen Stelle« verwendet. Das ist als nicht-öffentliche Stelle das Unternehmen (Arbeitgeber) als natürliche oder juristische Person, Gesellschaft oder sonstige Personenvereinigung des privaten Rechts (vgl. § 2 Abs. 4 BDSG; *Auernhammer/Eßer* Bundesdatenschutzgesetz, § 3 Rn. 72).

b) Unternehmensübergreifende Personaldatenverarbeitung

51 Das Übermitteln von Daten zwischen **Konzernunternehmen** ist Datenübermittlung an Dritte (vgl. hierzu *Buschmann/DKKW* § 83 Rn. 32; *Däubler* Gläserne Belegschaften?, Rn. 450; *Fitting* § 83 Rn. 24; *Gola* RDV 2002, 109 [114 f.]; *Franzen* EAS B 5300 Rn. 59; *Lambrich/Cahlik* RDV 2002, 287 [288 ff.]; *Reichold/*MünchArbR § 88 Rn. 40; *Simitis* Bundesdatenschutzgesetz, § 2 Rn. 142 ff. und § 27 Rn. 5, jeweils m. w. N.; zur Zuständigkeit des Konzernbetriebsrats für den Abschluss einer Konzernbetriebsvereinbarung bei Weitergabe von Mitarbeiterdaten im Konzern vgl. BAG 20.12.1995 AP Nr. 1 zu § 58 BetrVG 1972 Bl. 3 R ff.) und damit Datenverarbeitung i. S. d. Datenschutz-Grundverordnung. Für die Übermittlung von Personaldaten im Konzern bedarf es daher eines datenschutzrechtlichen Erlaubnistatbestands. Dieser kann jedenfalls in **Art. 6 Abs. 1 Unterabs. 1 Buchst. f DS-GVO** gesehen werden, sofern keine spezielleren Regelungen wie etwa Konzernbetriebsvereinbarungen existieren. Dieser Erlaubnistatbestand ermöglicht die Datenverarbeitung, wenn sie »zur Wahrung der berechtigten Interessen des Verantwortlichen erforderlich ist, sofern nicht die Interessen oder Grundrechte oder Grundfreiheiten der betroffenen Person überwiegen.« Als berechtigtes Interesse erkennt Erwägungsgrund 48 DS-GVO das Interesse von Konzernen an, personenbezogene Daten innerhalb des Konzerns zu übermitteln (näher *Franzen/*EUArbR Art. 6 DS-GVO Rn. 11). Bilden mehrere Konzernunternehmen einen gemeinsamen Betrieb i. S. d. Betriebsverfassungsrechts und sind Daten dort beschäftigter Arbeitnehmer betroffen, handelt es sich nicht um Datenübermittlung an Dritte, sofern der gemeinsame Betrieb für die Datenverarbeitung verantwortlich ist (vgl. hierzu *Wiese* FS Gaul, 1992, S. 553 ff. m. w. N.). Dagegen ist die Übermittlung von Arbeitnehmerdaten an den **Konzernbetriebsrat** stets Datenübermittlung an Dritte (**a. M.** *Rose/*HWGNRH § 83 Rn. 33). Zur Datenübermittlung beim **Betriebsübergang** *Göpfert/Meyer* NZA 2011, 486 ff.

c) Exkurs: Datenverarbeitung durch den Betriebsrat

Der **Betriebsrat** (Gesamtbetriebsrat) ist nach heute h. M. **Teil der verantwortlichen Stelle** (vgl. **52** *BAG* 07.02.2012 AP Nr. 4 zu § 84 SGB IX Rn. 43; 11.11.1997 AP Nr. 1 zu § 36 BDSG Bl. 3 R f. m. w. N. = SAE 1998, 193 *[Kort]*; *Kufer* AR-Blattei SD 580, Rn. 223; *Leuze* ZTR 2003, 167). Dabei ist die Datenübermittlung des Arbeitgebers an den Betriebsrat zulässig, soweit dies zur Erfüllung der betriebsverfassungsrechtlichen Aufgaben des Betriebsrats erforderlich ist. Ein datenschutzrechtlicher Erlaubnistatbestand ist insoweit weder einschlägig noch notwendig (vgl. *Buschmann*/DKKW § 79 Rn. 44; *Fitting* § 83 Rn. 23; *Hitzfeld* Geheimnisschutz im Betriebsverfassungsrecht [Diss. Mannheim], 1990, S. 130 ff.; *Reichold*/MünchArbR § 88 Rn. 40). Die **Personaldatenverarbeitung des Betriebsrats** unterliegt ebenso wie diejenige des Arbeitgebers den Bestimmungen des Bundesdatenschutzgesetzes, wenn hinsichtlich der Qualität der Daten und ihrer Verarbeitung dessen Voraussetzungen erfüllt sind *BAG* 11.11.1997 AP Nr. 1 zu § 36 BDSG Bl. 7 R f.; *Fitting* § 83 Rn. 23; *Franzen*/ErfK § 1 BDSG Rn. 5, § 3 BDSG Rn. 2; *ders.* EAS B 5300 Rn. 88 ff.; *Gola*/*Wronka* NZA 1991, 790 ff.; *Gola*/*Pötters*/*Wronka* Arbeitnehmerdatenschutz, Rn. 211 ff.; *Kufer* AR-Blattei SD 580, Rn. 221 ff. und 230; *Wohlgemuth* CR 1993, 218). Der Betriebsrat muss also in Bezug auf die Personaldaten der Arbeitnehmer, die er selbst ermittelt oder ihm vom Arbeitgeber oder einem Dritten übermittelt werden, die er nutzt oder verarbeitet, dieselben Vorgaben beachten wie der Arbeitgeber. § 26 Abs. 1 Satz 1 BDSG n. F. führt nun eine ausdrückliche Rechtsgrundlage für die Datenverarbeitung der Arbeitnehmervertretung ein. Danach soll die Verarbeitung personenbezogener Daten zum Zwecke des Beschäftigungsverhältnisses zulässig sein, wenn dies zur Ausübung oder Erfüllung der sich aus Gesetz oder Kollektivvereinbarung ergebenden Rechte und Pflichten der Interessenvertretung der Beschäftigten erforderlich ist. Damit wird die bereits bislang geltende Rechtslage gesetzlich niedergelegt (näher *Gola*/*Pötters* RDV 2017, 111).

Umstritten ist, ob der betriebliche Datenschutzbeauftragte auch gegenüber dem Betriebsrat die **Kon- 53 trollbefugnis nach den §§ 4f, 4g BDSG** a. F. (entspricht Art. 38, 39 DS-GVO) hat. Zwar ist der Arbeitgeber in der Auswahl des zu bestellenden Beauftragten weitgehend frei. Jedoch fällt zugunsten einer Erstreckung der Kontrollbefugnis des betrieblichen Datenschutzbeauftragten ins Gewicht, dass der Betriebsrat nach der Rechtsprechung bei dessen Bestellung gemäß § 99 mitzubestimmen hat (vgl. *BAG* 22.03.1994 AP Nr. 4 zu § 99 BetrVG Versetzung; 11.11.1997 AP Nr. 1 zu § 36 BDSG Bl. 5; *LAG Frankfurt a. M.* 28.02.1989 AiB 1990, 38 = CR 1990, 342; *Bergmann*/*Möhrle*/*Herb* Datenschutzrecht, § 4f BDSG Rn. 76 ff.; *Franzen*/ErfK § 4f BDSG Rn. 5; *ders.* EAS B 5300 Rn. 67; *Gola* ZBVR 2003, 206 [209]; *Leuze* ZTR 2003, 167 [168]; *Reichold*/MünchArbR § 88 Rn. 77; *Schaffland*/*Wiltfang* Bundesdatenschutzgesetz, § 4f Rn. 65; *Wedde* AiB 2001, 373 [374]; *ders.* AiB 2003, 285 [289]; **a. M.** *Kort* RDV 2012, 8 [13 f.]). Dies erlaubt es dem Betriebsrat, bei fehlender Eignung – wozu die fehlende Unabhängigkeit zu zählen ist – der Einstellung nach § 99 Abs. 2 Nr. 1 zu widersprechen (vgl. dazu auch § 4f Abs. 2 Satz 1 BDSG a. F.). Hinzu kommt, dass § 4f Abs. 3 BDSG a. F. den betrieblichen Datenschutzbeauftragten für seine Amtsführung durchaus mit der nötigen persönlichen Unabhängigkeit vom Arbeitgeber ausstattet: Seine weitreichenden Befugnisse nach § 4g BDSG a. F. übt er weisungsfrei aus und kann nur unter den erschwerten Voraussetzungen des § 4f Abs. 3 Satz 4 BDSG a. F. i. V. m. § 626 BGB abberufen werden; das Arbeitsverhältnis kann nach § 4f Abs. 3 Sätze 5 und 6 BDSG a. F. nur aus wichtigem Grund gekündigt werden. Diese Rechtslage wird durch § 38 Abs. 2 BDSG n. F. i. V. m. § 6 Abs. 4 BDSG n. F. fortgeschrieben.

Bei dieser Rechtslage muss es verwundern, wenn das *BAG* 11.11.1997 AP BDSG § 36 Nr. 1 in der **54** Tätigkeit des betrieblichen Datenschutzbeauftragten lediglich eine »Stabsfunktion im Auftrag des Arbeitgebers« sieht, zumal die Verantwortlichkeit des Arbeitgebers nur logische Folge der mangelnden Rechtsfähigkeit des Betriebsrats ist, und das *BAG* selbst entschieden hat, dass selbst ein Mitglied des Betriebsrats Datenschutzbeauftragter sein kann (*BAG* 23.03.2011 EzA § 4f BDSG Nr. 3 = AP Nr. 3 zu § 4f BDSG [*Franzen*] = BB 2011, 2683 ff. [abl. *Wybitul*]; **a. M.** *Aßmus* ZD 2011, 27 [31]; *Dzida*/*Kröpelin* NZA 2011, 1018 [1019]; *Kort* RDV 2012, 8 [12 f.]; ob hiermit die Entscheidung vom 11.11.1997 aufgegeben wurde, hat das *BAG* ausdrücklich offen gelassen). Die (Arbeitgeber-)Unabhängigkeit der Aufgabenwahrnehmung des Betriebsrats ist nach alledem durch die Kontrollbefugnis des betrieblichen Datenschutzbeauftragten keineswegs gefährdet oder gar beeinträchtigt. Daher unterliegt auch die Personaldatenverarbeitung durch den Betriebsrat der Kontrollbefugnis des betrieblichen Datenschutzbeauftragten (vgl. *LAG Berlin* 19.12.1996 DuD 1997, 543 ff.; ausführlich *Bergmann*/*Möhr-*

le/Herb Datenschutzrecht, § 4f BDSG Rn. 83 ff.; *Kort* RDV 2012, 8 [9, 12]; *Kuring/Werner* DuD 2000, 159 ff.; *Leuze* ZTR 2002, 558 [564]; ders. ZTR 2003, 167 [168]; *Reichold*/MünchArbR § 88 Rn. 82; **a. M.** *Aßmus* ZD 2011, 27 [29]; *Gola* ZBVR 2003, 206 [210]; *Gola/Jaspers* RDV 1998, 47 [48 ff.]; *Kufer* AR-Blattei SD 580, Rn. 229; *Schaffland/Wiltfang* Bundesdatenschutzgesetz, § 4f Rn. 65, § 4g Rn. 29; *Simitis* NJW 1998, 2395 [2396 f.]; *J. Wagner* BB 1993, 1729 [1731]). Im Übrigen sieht das Bundesdatenschutzgesetz, das gleichrangig neben dem BetrVG und seinem »Unabhängigkeitsgrundsatz« steht, gerade keine Ausnahme für die Datenverarbeitung durch den Betriebsrat vor. Schließlich führt die Rechtsprechung des *BAG* zur **Unvereinbarkeit** der deutschen Rechtslage zur Datenverarbeitung des Betriebsrats **mit dem europäischen Unionsrecht** – jedenfalls insoweit, wie Art. 37 Abs. 1 DS-GVO die Bestellung eines betrieblichen Datenschutzbeauftragten verbindlich anordnet und Art. 39 DS-GVO die Datenverarbeitung der Arbeitnehmervertretung nicht von seiner Kontrollbefugnis ausnimmt.

4. Zulässigkeit der Datenverarbeitung

55 Nach **Art. 6 Abs. 1 DS-GVO** bedarf es für die Zulässigkeit der Datenverarbeitung einer Rechtsgrundlage. Dies entspricht der bisherigen Rechtslage nach § 4 Abs. 1 BDSG a. F., wonach für die Erhebung, Verarbeitung und Nutzung personenbezogener Daten ein grundsätzliches **Verbot mit Erlaubnisvorbehalt** gilt. Die Zulässigkeit der Datenverarbeitung kann sich aus datenschutzrechtlichen Rechtsvorschriften (etwa dem Bundesdatenschutzgesetz oder der Datenschutz-Grundverordnung), aus einer anderen Rechtsvorschrift oder der Einwilligung des Betroffenen ergeben. Praktische Bedeutung erlangt infolge dessen die Einwilligung des Betroffenen nur, wenn sich die Rechtfertigung für die Datenverarbeitung nicht schon aus vielfältigen anderen Vorschriften ergibt (vgl. *Gola* RDV 2002, 109 [110]: Einwilligung als »ultima ratio«; *Gola/Pötters/Wronka* Arbeitnehmerdatenschutz, Rn. 383; *Tinnefeld/Buchner/Petri* Datenschutzrecht, S. 343 f.).

a) Einwilligung

56 Die **Einwilligung** wird in Art. 4 Nr. 11 DS-GVO näher umschrieben. Es handelt sich dabei um eine »**freiwillig**«, für den bestimmten Fall in **informierter Weise** und **unmissverständlich abgegebene Willensbekundung** in Form einer Erklärung oder sonst eindeutigen bestätigenden Handlung. Die betroffene Person muss dadurch zu verstehen geben, dass sie mit der Verarbeitung der sie betreffenden personenbezogenen Daten einverstanden ist. Weitere Anforderungen an die Einwilligung formuliert Art. 7 DS-GVO. Nach Art. 7 Abs. 1 DS-GVO trägt der für die Datenverarbeitung Verantwortliche die Beweislast für das Vorliegen einer Einwilligung. Falls die Einwilligung in einer schriftlichen Erklärung enthalten ist, die noch andere Sachverhalte betrifft – also insbesondere in einem vorformulierten Vertragstext –, muss die Einwilligungserklärung nach Art. 7 Abs. 2 DS-GVO von den anderen Sachverhalten klar getrennt werden. Außerdem muss sie verständlich und in klarer, einfacher Sprache formuliert sein. Damit dürften die bisherigen durch §§ 4 Abs. 1, 4a BDSG a. F. aufgestellten Anforderungen kompatibel sein. Nach herrschender Auffassung ist die Einwilligung eine geschäftsähnliche Handlung (vgl. *Franzen* EAS B 5300 Rn. 48; *Schaffland/Wiltfang* Bundesdatenschutzgesetz, § 4a Rn. 21; **a. M.** wohl *Bergmann/Möhrle/Herb* Datenschutzrecht, § 4a BDSG Rn. 8 f.) und muss – entsprechend der für Willenserklärungen geltenden Vorschrift des § 183 Satz 1 BGB (vgl. *Kufer* AR-Blattei SD 580, Rn. 45; *Reichold*/MünchArbR § 88 Rn. 23) – **vor dem jeweiligen Datenverarbeitungsvorgang** erklärt (vgl. *Buschmann*/DKKW § 83 Rn. 35; *Däubler* Gläserne Belegschaften?, Rn. 137; *Fitting* § 83 Rn. 27) werden. Sie kann auch **beschränkt** erteilt werden (vgl. *Bergmann/Möhrle/Herb* Datenschutzrecht, § 4a BDSG Rn. 18 f.; *Buschmann*/DKKW § 83 Rn. 35; *Fitting* § 83 Rn. 27; *Lakies*/HaKo § 83 Rn. 34).

57 Das *BAG* (11.12.2014 NZA 2015, 604 Rn. 32) hat klargestellt, dass eine **Einwilligung des Arbeitnehmers im Arbeitsverhältnis grundsätzlich als Erlaubnistatbestand für die Verarbeitung seiner personenbezogenen Daten** in Betracht kommt und nicht von vornherein mangels »**Freiwilligkeit**« ausscheidet. Der Arbeitnehmer ist dabei auf den vorgesehenen Zweck der Erhebung, Verarbeitung oder Nutzung sowie, soweit nach den Umständen des Einzelfalles erforderlich oder auf Verlangen, auf die Folgen der Verweigerung der Einwilligung hinzuweisen (§ 4a Abs. 1 Satz 2 BDSG a. F.; vgl. dazu *Däubler* Gläserne Belegschaften?, Rn. 139 ff.). Die Datenschutz-Grundverordnung geht

ebenfalls davon aus, dass eine **Einwilligung als Erlaubnistatbestand im Arbeitsverhältnis grundsätzlich in Betracht kommt**. Dies zeigt insbesondere Erwägungsgrund 155 DS-GVO deutlich. Danach können Rechtsvorschriften der Mitgliedstaaten oder Kollektivvereinbarungen nähere Bedingungen festlegen, unter denen eine Einwilligung des Arbeitnehmers in die Verarbeitung ihn betreffender personenbezogener Daten zulässig ist. Diesen Regelungsspielraum hat der Gesetzgeber des BDSG 2018 aufgegriffen und in § 26 Abs. 2 BDSG n. F. nähere Anforderungen an die »**Freiwilligkeit**« der Einwilligungserklärung formuliert. Freiwillig soll eine Einwilligung insbesondere sein, wenn sie mit Vorteilen für den Arbeitnehmer verbunden ist oder Arbeitgeber und Arbeitnehmer gleichgewichtige Interessen verfolgen. Mit diesen Vorgaben dürfte die skizzierte Rechtsprechung des BAG weiterhin Geltung beanspruchen können. Ferner bedarf die Einwilligung der **Schriftform des § 126 Abs. 1 BGB**, soweit nicht wegen besonderer Umstände eine andere Form angemessen ist (§ 26 Abs. 2 Satz 3 BDSG n. F., § 4a Abs. 1 Satz 3 BDSG a. F.). Solche »besonderen Umstände« dürften im Arbeitsverhältnis nur selten gegeben sein (vgl. auch *Däubler* Gläserne Belegschaften?, Rn. 146; **a. M.** *Kufer* AR-Blattei SD 580, Rn. 46: »Geschäftsbeziehung von längerer Dauer«). Die Schriftform kann allgemein auch durch die elektronische Form des § 126a Abs. 1 BGB ersetzt werden (vgl. *Franzen* DB 2001, 1869 [1871]; *Roßnagel/Pfitzmann/Garstka* DuD 2001, 253 [258]; *Simitis* Bundesdatenschutzgesetz, § 4a Rn. 36 ff.; offen *Däubler* Gläserne Belegschaften?, Rn. 144 f.), da dem weder eine ausdrückliche Vorschrift noch Sinn und Zweck des § 4a Abs. 1 Satz 3 BDSG a. F. bzw. § 26 Abs. 2 Satz 3 BDSG n. F. entgegenstehen. Insbesondere kann den Anforderungen des Art. 7 Abs. 2 Satz 2 DS-GVO, § 4a Abs. 1 Satz 4 BDSG a. F. auch durch gestalterische Hervorhebung in einem elektronischen Dokument (z. B. Fettschrift) genügt werden. Dagegen genügt die Übersendung eines Dokuments mit gescannter Unterschrift per Telefax oder E-Mail dem Schriftformerfordernis nicht (**a. M.** *Duhr/Naujok/Peter/Seiffert* DuD 2002, 5 [13] mit falschem Hinweis auf *GemS-OGB* NJW 2000, 2340).

Über die Übermittlung eines Schriftstücks oder einer elektronisch signierten Datei hinaus muss der Betroffene die Einwilligung auch **von der verantwortlichen Stelle nachweisbar** selbst erklärt haben (vgl. *Gola* RDV 2002, 109 [110]; *Klug* RDV 2001, 266 [272]; *Simitis* Bundesdatenschutzgesetz, § 4a Rn. 30 ff., 37 ff.; *Wedde* AiB 2003, 285 [287]). Dies folgt jetzt klar aus Art. 7 Abs. 1 DS-GVO. **Inhaltlich** muss die **Einwilligung hinreichend bestimmt** sein (vgl. *Franzen* EAS B 5300 Rn. 48; *Simitis* Bundesdatenschutzgesetz, § 4a Rn. 77 ff.) und darf nicht gegen **zwingende Vorschriften und Grundsätze** verstoßen, anderenfalls ist sie unwirksam (vgl. *Buschmann/DKKW* § 83 Rn. 35; *Fitting* § 83 Rn. 28; *Däubler* Gläserne Belegschaften?, Rn. 161 ff.; *Gola* RDV 2002, 109 [111]; *Gola/Schomerus* Bundesdatenschutzgesetz, § 4 Rn. 5; *Kania*/ErfK § 83 BetrVG Rn. 12; *Reichold*/MünchArbR § 88 Rn. 23; zur »Blanko-Einwilligung« *Simitis* Bundesdatenschutzgesetz, § 4a Rn. 77 und 84; *Wedde* AiB 2003, 727 [732]; *ders.* DuD 2004, 169 [172]). Die Unwirksamkeit einer **vom Arbeitgeber vorformulierten Einwilligungserklärung** aus der Zeit nach dem 01.01.2002 kann sich wegen der Erstreckung der AGB-Kontrollnormen auf Arbeitsverhältnisse durch das Gesetz zur Modernisierung des Schuldrechts vom 26.11.2001 (BGBl. I, S. 3138; vgl. § 310 Abs. 4 Satz 2 und 3 BGB) im Einzelfall auch aus einer überraschenden oder unangemessen benachteiligenden Klausel zum Nachteil des Betroffenen i. S. d. § 305c Abs. 1 bzw. § 307 BGB ergeben (vgl. dazu *Bergmann/Möhrle/Herb* Datenschutzrecht, § 4a BDSG Rn. 26 ff.; *Gola/Schomerus* Bundesdatenschutzgesetz, § 4a Rn. 23). Als Besonderheit des Arbeitsrechts i. S. d. § 310 Abs. 4 Satz 2 BGB dürfte in diesem Zusammenhang allerdings zu berücksichtigen sein, dass der Arbeitgeber bestimmte Daten erheben muss, um eigenen gesetzlichen Verpflichtungen nachkommen zu können (z. B. Daten für die Sozialauswahl; vgl. *Franzen* EAS B 5300 Rn. 55; *Lambrich/Cahlik* RDV 2002, 287 [290]). Deshalb ist eine auf die Erhebung, Speicherung und Verarbeitung solcher Daten bezogene vorformulierte Einwilligung stets zulässig. Der **Widerruf** einer einmal erteilten Einwilligung kann nach Art. 7 Abs. 3 DS-GVO jederzeit und ohne besonderen Grund durch den Betroffenen mit Wirkung für die Zukunft erklärt werden (vgl. *Däubler* Gläserne Belegschaften?, Rn. 169 ff.; *Gola/Schomerus* Bundesdatenschutzgesetz, § 4a Rn. 38). In der Vergangenheit liegende Datenverarbeitungen werden durch den Widerruf nach Art. 7 Abs. 3 Satz 2 DS-GVO nicht unzulässig. Zur Verurteilung zur Abgabe der Einwilligung vgl. *LAG Berlin* 27.11.1989 DuD 1992, 548 ff.

Weiteren Anforderungen an die Einwilligung unterliegen **besondere Arten personenbezogener Daten i. S. d. Art. 9 DS-GVO bzw. § 3 Abs. 9 BDSG a. F. (sog. sensible Daten)**. Dabei handelt es sich nach Art. 9 Abs. 1 DS-GVO um Angaben über die rassische und ethnische Herkunft, politische

Meinungen, religiöse oder weltanschauliche Überzeugungen, Gewerkschaftszugehörigkeit, Gesundheit und Sexualleben, ferner biometrische und genetische Daten (Definitionen in Art. 4 Nr. 13 und 14 DS-GVO). Der Begriff der »**Gesundheitsdaten**« ist in Art. 4 Nr. 15 DS-GVO umschrieben mit »personenbezogene Daten, die sich auf die körperliche oder geistige Gesundheit einer natürlichen Person beziehen und aus denen Informationen über deren Gesundheitszustand hervorgehen«. Mit dem *EuGH* wird man sowohl die Bezeichnung einer Krankheit selbst, als auch deren äußere Erscheinungsform und Symptome einbeziehen müssen (vgl. *EuGH* 06.11.2003 JZ 2004, 242 [243 f.] = MMR 2004, 95 [96]). Im Falle der Verarbeitung solcher Daten muss sich die Einwilligung nach Art. 9 Abs. 2 Buchst. a DS-GVO ausdrücklich auch auf diese Datenkategorien beziehen (vgl. *Däubler* Gläserne Belegschaften?, Rn. 174 f.; *Franzen* DB 2001, 1869 [1871]; *Schaffland / Wiltfang* Bundesdatenschutzgesetz, § 4a Rn. 53 i. V. m. Rn. 19; *Simitis* Bundesdatenschutzgesetz, § 4a Rn. 86 f.; vgl. auch *Gola* RDV 2002, 109 [112 f.]; *Wedde* AiB 2003, 285 [287]). Das setzt voraus, dass im Wortlaut der Einwilligung zusätzlich auch die Daten, um deren Verarbeitung es geht, wenigstens ihrer Art nach bezeichnet werden müssen (vgl. *Duhr / Naujok / Peter / Seiffert* DuD 2002, 5 [14]; *Simitis* Bundesdatenschutzgesetz, § 4a Rn. 87; enger *Bergmann / Möhrle / Herb* Datenschutzrecht, § 4a BDSG Rn. 97: »genaue und konkrete Benennung der einzelnen sensiblen Daten«; *Franzen*/ErfK § 4a BDSG Rn. 5: Vorstellung des Betroffenen muss konkret den Inhalt der Daten betreffen).

b) Rechtsvorschriften als Erlaubnistatbestand

60 **Andere Rechtsvorschriften i. S. d. § 4 Abs. 1 BDSG a. F. bzw. Art. 88 Abs. 1 DS-GVO** sind z. B. neben den gesetzlichen Auskunfts- und Meldepflichten des Arbeitgebers (vgl. dazu *Gola* RDV 2002, 109; *Kilian / Taeger* BB 1984, Beilage Nr. 12; *Kufer* AR-Blattei SD 580, Rn. 43) auch die normativen Bestimmungen von Tarifverträgen, Betriebsvereinbarungen oder Einigungsstellensprüchen (vgl. *BAG* 27.05.1986 AP Nr. 15 zu § 87 BetrVG 1972 Überwachung Bl. 5 R m. w. N.; 09.07.2013 NZA 2013, 1433 Rn. 31; 25.09.2013 NZA 2014, 41 Rn. 32 *Bergmann / Möhrle / Herb* Datenschutzrecht, § 4 BDSG Rn. 23 f.; *Buschmann /*DKKW § 83 Rn. 34; *Fitting* § 83 Rn. 29 f.; *Franzen*/ErfK § 4 BDSG Rn. 2; *ders.* EAS B 5300 Rn. 49 und 61 f.; *Kania* / ErfK § 83 BetrVG Rn. 11; *Kufer* AR-Blattei SD 580, Rn. 44 und 76 f.; *Reichold* / MünchArbR § 88 Rn. 21; zur Regelung des Datenschutzes durch Betriebsvereinbarung allgemein *Erfurth* DB 2011, 1275 ff.; *Trittin / Fischer* NZA 2009, 343 ff.; zu Einzelheiten einer »EDV-Betriebsvereinbarung« *Lambrich / Cahlik* RDV 2002, 287 [294 ff.]; vgl. auch *Gola* RDV 2002, 109 [115 ff.]). Dies entspricht der Rechtslage nach der EU-Datenschutz-Grundverordnung. Art. 88 Abs. 1 DS-GVO erlaubt ausdrücklich, dass in Kollektivvereinbarungen spezifischere datenschutzrechtliche Regelungen im Kontext der Beschäftigung erlassen oder beibehalten werden. Erwägungsgrund 155 DS-GVO nennt in diesem Zusammenhang in der deutschen Übersetzung ausdrücklich den Terminus »Betriebsvereinbarung«. Dies stellt auch § 26 Abs. 4 BDSG n. F. klar.

c) Datenschutzrechtliche Erlaubnistatbestände

61 Einen **speziellen Erlaubnistatbestand** für den Datenumgang im Rahmen eines Arbeitsverhältnisses enthält die durch Art. 1 Nr. 12 des Gesetzes zur Änderung datenschutzrechtlicher Vorschriften vom 14.08.2009 eingefügte Bestimmung des § 32 Abs. 1 Satz 1 BDSG a. F. (BGBl. I, 2009 S. 2814 [2817]). Diese Vorschrift ist nicht nur auf Arbeitsverträge, sondern weitergehend auf Beschäftigte anwendbar, insbesondere arbeitnehmerähnliche Personen, Beamte, Auszubildende, Stellenbewerber und ehemalige Beschäftigte (vgl. § 3 Abs. 11 BDSG). Diese Vorschrift wird durch § 26 Abs. 1 BDSG n. F. mit Wirkung zum 25. Mai 2018 weitgehend inhaltsgleich abgelöst (s. Rdn. 44). Nach **§ 32 Abs. 1 Satz 1 BDSG** a. F. (entspricht in etwa **§ 26 Abs. 1 Satz 1 BDSG n. F.**) ist das **Erheben, Verarbeiten oder Nutzen personenbezogener Daten** eines Beschäftigten für **Zwecke des Beschäftigungsverhältnisses** zulässig, wenn dies für die Entscheidung über die Begründung eines Beschäftigungsverhältnisses oder nach Begründung des Beschäftigungsverhältnisses für dessen Durchführung oder Beendigung erforderlich ist. § 32 BDSG a. F. entspricht den bisher von der Rechtsprechung entwickelten allgemeinen Grundsätzen zum Datenschutz im Arbeitsverhältnis. Die vom *BAG* herausgearbeiteten Kriterien für die Erforderlichkeit des Datenumgangs (vgl. *BAG* 22.10.1986 AP Nr. 2 zu § 23 BDSG) behalten also ihre Gültigkeit; demnach ist weiterhin das objektive Informationsinteresse des Arbeitgebers mit dem allgemeinen Persönlichkeitsrecht des Arbeitnehmers abzuwägen (vgl. *Gola / Klug* NJW 2009,

2577 [2580]; BT-Drucks. 16/13657, S. 35 f.; kritisch *Thüsing* NZA 2009, 865 [867]). Die zulässigen Zwecke der Datenerhebung, -verarbeitung und -nutzung sind in § 32 Abs. 1 Satz 1 BDSG a. F. abschließend aufgeführt; einer konkreten Festlegung der Zwecke des Datenumgangs (vgl. § 28 Abs. 1 Satz 2 BDSG a. F.) bedarf es also nicht mehr. Erforderlich ist ein unmittelbarer Zusammenhang zwischen dem beabsichtigten Datenumgang und dem jeweiligen Verwendungszweck; die Daten müssen mithin zur Erfüllung des konkreten Vertragszweckes erforderlich sein (vgl. *BAG* 22.10.1986 AP Nr. 2 zu § 23 BDSG Bl. 3 R). Für die Datenerhebung, -nutzung und -verarbeitung zum Zwecke des Beschäftigungsverhältnisses verdrängt § 32 Abs. 1 Satz 1 BDSG a. F. umfassend § 28 Abs. 1 BDSG a. F. (BT-Drucks. 16/13657, S. 35; ebenso *Erfurth* NJOZ 2009, 2914 [2922]; *Franzen/*ErfK § 28 BDSG Rn. 2, § 32 BDSG Rn. 3; *ders.* RdA 2010, 257 [260]; *Seifert/Simitis* Bundesdatenschutzgesetz, § 32 Rn. 17; **a. M.** *Joussen* JbArbR 2010, 69 [85]; *Thüsing* NZA 2009, 865 [869]: nur § 28 Abs. 1 Satz 1 Nr. 1 BDSG wird verdrängt) bzw. Art. 6 Abs. 1 Unterabs. 1 Buchst. b DS-GVO. Die übrigen einschlägigen allgemeinen und bereichsspezifischen Datenschutzvorschriften, die eine Datenverarbeitung erlauben oder anordnen, bleiben unberührt (BT-Drucks. 16/13657, S. 34 f.; vgl. auch *Gola/Klug* NJW 2009, 2577 [2580]). Dies gilt insbesondere für den Erlaubnistatbestand der Einwilligung (s. Rdn. 56 ff.). Für andere außerhalb des Beschäftigungsverhältnisses liegende Zwecke kann auf die Erlaubnistatbestände des Art. 6 Abs. 1 Unterabs. 1 DS-GVO bzw. § 28 Abs. 1 Satz 1 Nr. 2 BDSG a. F. zurückgegriffen werden (vgl. *Gola/Klug* NJW 2009, 2577 [2580]). In Betracht kommt hier insbesondere Art. 6 Abs. 1 Unterabs. 1 lit. f DS-GVO bzw. § 28 Abs. 1 Satz 1 Nr. 2 BDSG a. F. Danach ist die Datenverarbeitung zulässig, soweit es zur Wahrung berechtigter Interessen der verantwortlichen Stelle (vgl. Rdn. 50) erforderlich ist und das schutzwürdige Interesse der betroffenen Person an dem Ausschluss der Verarbeitung nicht überwiegt. Diese Vorschrift kann beispielsweise bei einer Datenübermittlung im Rahmen einer »Due-Diligence« Bedeutung erlangen (vgl. *Deutsch/Diller* DB 2009, 1462 [1465]). Zur **Aufdeckung von Straftaten** dürfen personenbezogene Daten eines Beschäftigten nach **§ 32 Abs. 1 Satz 2 BDSG a. F.** (entspricht § 26 Abs. 1 Satz 2 BDSG n. F.) nur dann verarbeitet werden, wenn zu dokumentierende tatsächliche Anhaltspunkte den Verdacht begründen, dass der Betroffene im Beschäftigungsverhältnis eine Straftat begangen hat, die Erhebung, Verarbeitung oder Nutzung zur Aufdeckung erforderlich ist und das schutzwürdige Interesse des Beschäftigten an dem Ausschluss der Erhebung, Verarbeitung oder Nutzung nicht überwiegt, insbesondere Art und Ausmaß im Hinblick auf den Anlass nicht unverhältnismäßig sind (näher dazu *Deutsch/Diller* DB 2009, 1462 [1463 ff.]; *Erfurth* NJOZ 2009, 2914 [2920]; *Thüsing* NZA 2009, 865 [868 f.]; *Vogel/Glas* DB 2009, 1747 ff.). Maßnahmen zur Verhinderung von Straftaten und Rechtsverstößen im Zusammenhang mit dem Arbeitsverhältnis beurteilen sich allerdings nicht nach dieser Vorschrift, sondern nach § 32 Abs. 1 Satz 1 BDSG a. F. (vgl. BT-Drucks. 16/13657, S. 35).

Die Daten werden grundsätzlich **beim Betroffenen**, also beim Arbeitnehmer selbst **erhoben**. Das kann z. B. durch mündliche Befragung beim Einstellungsgespräch bzw. während des Arbeitsverhältnisses, schriftlich mittels Einstellungs- bzw. Personalfragebogen, durch Untersuchungen, Tests oder mittels technischer Einrichtungen geschehen (vgl. auch *Franzen* EAS B 5300 Rn. 43). Für personenbezogene Daten über rassische und ethnische Herkunft, politische Meinungen, religiöse und philosophische Überzeugungen, Gewerkschaftszugehörigkeit, Gesundheit oder Sexualleben, also besondere Daten i. S. d. Art. 9 Abs. 1 DS-GVO, gilt Folgendes: Soweit der Betroffene nicht nach Maßgabe von Art. 9 Abs. 2 Buchst. a DS-GVO in die Datenverarbeitung eingewilligt hat, kann die Datenerhebung auf Art. 9 Abs. 2 Buchst. b DS-GVO bzw. § 26 Abs. 3 BDSG n. F. gestützt werden. Diese ist danach zulässig, wenn sie zur Ausübung von Rechten oder zur Erfüllung rechtlicher Pflichten aus dem Arbeitsrecht erforderlich ist und die berechtigten Interessen des Betroffenen an dem Ausschluss der Verarbeitung nicht überwiegen(vgl. zur früheren Rechtslage *Franzen* RDV 2003, 1 [2 ff.]). Außerdem kommt der Ausnahmetatbestand des Art. 9 Abs. 2 Buchst. e DS-GVO in Betracht, welcher den Umgang mit sensiblen Daten dann erlaubt, wenn dies zur Geltendmachung, Ausübung oder Verteidigung rechtlicher Ansprüche erforderlich ist (zur Zulässigkeit der Datenerhebung für das BEM i. S. d. § 84 SGB IX *BAG* 07.02.2012 AP Nr. 4 zu § 84 SGB IX; **a. M.** *Gundermann/Oberberg* AuR 2007, 19 [22]; zur Zulässigkeit der Frage nach der Schwerbehinderteneigenschaft bzw. Gleichstellung zur Vorbereitung einer Kündigung bei Vorliegen der Voraussetzungen von § 85 SGB IX *BAG* 16.02.2012 EzA § 3 AGG Nr. 7 = AP Nr. 9 zu § 85 SGB IX = RdA 2013, 47 ff. [zust. *Giesen*] = NJW 2012, 2058 ff. [krit. *Kock*]). Denkbar ist ferner Art. 9 Abs. 2 Buchst. e DS-GVO, wenn die betroffene Person die personenbezogene Daten erkennbar öffentlich gemacht hat, etwa im Internet. In Bezug auf Straftaten des Arbeitnehmers ist zu beachten, dass Daten hierüber nur erhoben werden dürfen, wenn sie von Relevanz für die angestrebte oder ausgeübte Tätigkeit sind und die Tilgungsfrist noch nicht abgelaufen ist (vgl. § 51 BZRG). Zur Datenerhebung bei ehemaligen Arbeitgebern vgl. *Wedde* AiB 2003, 285 [286]; *ders.* AiB 2003, 727 [730 f.].

63 Zur Zulässigkeit der Speicherung von Personaldaten über Geschlecht, Familienstand, Ausbildung, Sprachkenntnisse und beruflichen Werdegang vgl. *BAG* 22.10.1986 AP Nr. 2 zu § 23 BDSG Bl. 4 ff., zu Krankheits- und Fehldaten *BAG* 11.03.1986 AP Nr. 14 zu § 87 BetrVG 1972 Überwachung Bl. 6, zu Telefondaten *BAG* 27.05.1986 AP Nr. 15 zu § 87 BetrVG 1972 Überwachung Bl. 4 R ff.; 13.01.1987 AP Nr. 3 zu § 23 BDSG Bl. 2 R ff. Zulässig ist auch die Erhebung und Speicherung von Daten, die eine Kündigung rechtfertigen bzw. bei der sozialen Auswahl zu berücksichtigen sind (vgl. *Däubler* Gläserne Belegschaften?, Rn. 263 ff. und 400; *Gola/Schomerus* Bundesdatenschutzgesetz, § 32 Rn. 9 m. w. N.). Dagegen ist die Erhebung oder Speicherung von Daten, die aus einer **SCHUFA-Selbstauskunft** des Arbeitnehmers erlangt werden, in aller Regel unzulässig, da die Kreditwürdigkeit des Arbeitnehmers nur einen mittelbaren Bezug zum Arbeitsverhältnis aufweist (vgl. *Däubler* Gläserne Belegschaften?, Rn. 220c). Ein schutzwürdiges Interesse an einer solchen Auskunft hat der Arbeitgeber nur, wenn der Arbeitnehmer im Rahmen seines Arbeitsverhältnisses Vermögensinteressen von erheblicher Bedeutung für den Arbeitgeber zu wahren hat (z. B. als Prokurist oder sonstiger leitender Angestellter mit erheblichen Verfügungsbefugnissen).

64 Personalakten unterliegen der dauernden **Ergänzung**. Für diese gelten zunächst die gleichen Grundsätze wie bei der erstmaligen Auswahl der in die Personalakten aufzunehmenden, zulässig erhobenen Daten (vgl. Rdn. 62). Entsprechendes gilt für das ergänzende Speichern personenbezogener Daten (vgl. Rdn. 61). Die **Veränderung**, d. h. das inhaltliche Umgestalten gespeicherter personenbezogener Daten, ist nach Maßgabe des § 32 Abs. 1 Satz 1 BDSG a. F. bzw. § 26 Abs. 1 Satz 1 BDSG n. F. unter den gleichen Voraussetzungen zulässig wie das Speichern (vgl. Rdn. 61). Hiernach ist die datenmäßige Erfassung ergänzender Personalbeurteilungen unter den oben (Rdn. 17) bezeichneten Voraussetzungen ebenso unbedenklich wie die Berücksichtigung einer Veränderung der Steuerklasse, einer Namensänderung, Gehaltsänderung oder dgl. Die Auswertung von Daten zu einem anderen als dem ursprünglich geplanten Zweck und die Kontextveränderung müssen erforderlich und dürfen nicht unangemessen sein (vgl. *Reichold*/ MünchArbR § 88 Rn. 36 f.). Zur Berichtigung oder zum Löschen von Daten vgl. Rdn. 71 ff.

65 Die Datenschutz-Grundverordnung unterscheidet nicht mehr zwischen den einzelnen Phasen der Datenverarbeitung – wie etwa Erheben, Speichern etc. (vgl. Art. 4 Nr. 2 DS-GVO und Rdn. 46). Daher gelten für das **Übermitteln personenbezogener Daten**, d. h. das Bekanntgeben gespeicherter oder durch Datenverarbeitung gewonnener personenbezogener Daten an einen Dritten in der Weise, dass die Daten an den Dritten weitergegeben werden oder der Dritte zur Einsicht oder zum Abruf bereitgehaltene Daten einsieht oder abruft, sowie das **Nutzen personenbezogener Daten**, d. h. jede Verwendung personenbezogener Daten, im Anwendungsbereich des Bundesdatenschutzgesetzes bzw. der Datenschutz-Grundverordnung die vorstehend entwickelten Grundsätze. Übermitteln und Nutzen sind danach unter den gleichen Voraussetzungen wie das Erheben, Speichern und Verändern zulässig (§ 32 Abs. 1 Satz 1 BDSG a. F., § 26 Abs. 1 Satz 1 BDSG n. F.), aber auch zur Wahrung berechtigter Interessen des Verantwortlichen oder eines Dritten nach Maßgabe von Art. 6 Abs. 1 Unterabs. 1 Buchst. f DS-GVO erforderlich. Bereits aufgrund seiner Treue-(Fürsorge-)Pflicht hat der Arbeitgeber sicherzustellen, dass Unbefugte in die Personalunterlagen des Arbeitnehmers keinen Einblick nehmen können oder in anderer Weise von deren Inhalt Kenntnis erhalten (vgl. Rdn. 18).

66 Die Veröffentlichung der Beförderung oder des Geburtstages von Arbeitnehmern in einer **Werkszeitung** oder in einem **betriebs- oder unternehmensinternen Netzwerk (sog. Intranet)** kann im Grundsatz nicht auf die Zweckbestimmung des Arbeitsverhältnisses i. S. d. § 32 Abs. 1 Satz 1 BDSG a. F. bzw. § 26 Abs. 1 Satz 1 BDSG n. F. gestützt werden (vgl. *Wohlgemuth* Datenschutz, Rn. 311; wegen § 41 BDSG a. F. differenzierend *Gola/Pötters/Wronka* Arbeitnehmerdatenschutz, Rn. 968 ff. [Werkszeitung] und Rn. 985 ff. [Intranet]; vgl. auch *Gola/Schomerus* Bundesdatenschutzgesetz, § 4a Rn. 41, § 32 Rn. 31 f.). Da für eine Ausnahme ein überwiegendes Interesse des Arbeitgebers erforderlich ist (Art. 6 Abs. 1 Unterabs. 1 Buchst. f DS-GVO), kann nicht darauf verwiesen werden, dass ein

schutzwürdiges Interesse des Arbeitnehmers am Unterlassen der Veröffentlichung nicht ersichtlich sei. Ein Interesse des Arbeitgebers an der Veröffentlichung einer Beförderung in der Werkszeitung kann allenfalls dann anzuerkennen sein, wenn der berufliche Aufstieg des betroffenen Arbeitnehmers von Relevanz für die anderen Arbeitnehmer des Betriebs oder Unternehmens als Empfänger der Werkszeitung ist (z. B. Beförderung zum Personalreferenten oder sonstigen leitenden Angestellten). Für die Veröffentlichung des Geburtstages eines Arbeitnehmers dürfte stets dessen vorherige Einwilligung (vgl. Rdn. 56 ff.) erforderlich sein. Das Gleiche gilt für eine Vorstellung des Arbeitnehmers mit Bild (a. M. *Tinnefeld* MMR 2001, 797 [800]). Im **Internet** ist die Veröffentlichung von Mitarbeiterdaten – auch nur des Namens oder der Telefonnummer (vgl. *EuGH* 06.11.2003 JZ 2004, 242 [243] *[Fechner]* = MMR 2004, 95 [96] *[Roßnagel]*; *Dammann* RDV 2004, 19) oder eines Bildes (vgl. *Tinnefeld* MMR 2001, 797 [800]) – ohne ausdrückliche Einwilligung nur zulässig, wenn und soweit gesetzliche Publikationspflichten bestehen oder dies zur Erfüllung der arbeitsvertraglichen Pflichten erforderlich ist (ebenso *Gola/Pötters/Wronka* Arbeitnehmerdatenschutz, Rn. 985). Gegenüber einer Veröffentlichung in Werkszeitung oder Intranet sind hier strengere Anforderungen zu stellen, da die Daten durch jedermann abrufbar sind (vgl. *Gola/Pötters/Wronka* Arbeitnehmerdatenschutz, Rn. 1002). Unbedenklich zulässig ist dagegen das Übermitteln von Sozialdaten an das Arbeitsgericht im Kündigungsschutzverfahren (vgl. *Wohlgemuth* Datenschutz, Rn. 314), dagegen nicht an konzernangehörige Unternehmen (vgl. *Däubler* AiB 1997, 259 [260 f.]; *Wohlgemuth* Datenschutz, Rn. 315 m. w. N.).

Zulässigkeit und Grenzen von Auskünften des Arbeitgebers über Arbeitnehmer richten sich gleichfalls nach den allgemeinen arbeitsrechtlichen Grundsätzen (vgl. hierzu *Hueck/Nipperdey* I, S. 470 ff.; a. M. *Kilian* RdA 1978, 201 [208]). Diese sind im Rahmen der Zweckbestimmung des Arbeitsverhältnisses i. S. d. § 32 Abs. 1 Satz 1 BDSG a. F. bzw. § 26 Abs. 1 Satz 1 BDSG n. F. zu berücksichtigen. Das gilt auch für die Zeit nach Beendigung des Arbeitsverhältnisses, selbst wenn nach der hier vertretenen Ansicht (vgl. Rdn. 27) dann nur noch Rücksichtspflichten i. S. d. § 241 Abs. 2 BGB bestehen. Das ändert jedoch nichts daran, dass Inhalt und Umfang der Auskunft über Arbeitnehmer unter Berücksichtigung spezifisch arbeitsrechtlicher Grundsätze entschieden werden können und zu entscheiden sind. 67

5. § 83 und einzelne Arbeitnehmerrechte nach datenschutzrechtlichen Rechtsvorschriften

Nach **§ 1 Abs. 2 BDSG n. F. gehen andere Rechtsvorschriften des Bundes über den Datenschutz den Vorschriften des BDSG vor**. Dies entspricht der bisherigen Regelung des § 1 Abs. 3 Satz 1 BDSG a. F., der allerdings abweichend formuliert war. Zu den **vorgehenden Vorschriften** i. S. d. § 1 Abs. 3 Satz 1 BDSG a. F. **gehörte ebenso § 83 BetrVG**. Man wird davon ausgehen können, dass der Gesetzgeber des Datenschutz-Anpassungs- und Umsetzungsgesetzes EU aus dem Jahr 2017 diese Rechtslage nicht ändern wollte. Für die Reichweite des Vorrangs des § 83 BetrVG vor den Bestimmungen des BDSG war bislang maßgebend die tatbestandliche Übereinstimmung, ohne dass die Rechtsfolgen gleich zu sein brauchten. Die Begründung des Datenschutz-Anpassungs- und –Umsetzungsgesetzes EU aus dem Jahr 2017 bestätigt dies und spricht insoweit treffend von »Tatbestandskongruenz« (vgl. Begründung des Gesetzentwurfs der Bundesregierung, BR-Drucks. 110/17, S. 77). Jedoch muss die bereichsspezifische Vorschrift das Recht auf informationelle Selbstbestimmung verfassungskonform beschränken (vgl. *Dix/Simitis* Bundesdatenschutzgesetz, § 1 Rn. 171 f.; vgl. auch *Franzen* EAS B 5300 Rn. 28). Eine besondere Rechtsvorschrift des Bundes geht auch nur so weit vor, wie sie eine bestimmte Frage selbst zum Gegenstand hat (vgl. *Franzen* EAS B 5300 Rn. 100). Es ist also für jeden einzelnen Regelungsgegenstand zu untersuchen, wie weit die betriebsverfassungsrechtliche Regelung dem Bundesdatenschutzgesetz vorgeht. Damit geht § 83 nur in seinem persönlichen und sachlichen Anwendungsbereich dem Bundesdatenschutzgesetz vor; im Übrigen gilt dieses, soweit es auf nicht-öffentliche Stellen (vgl. § 2 Abs. 4 BDSG) anwendbar ist. Entsprechendes gilt für die Regelungen des § 26 Abs. 2 SprAuG. Die vorstehend skizzierte Problematik wird nach Inkrafttreten der Datenschutz-Grundverordnung noch überlagert durch die Vorschrift des **Art. 88 Abs. 1 DS-GVO**. Danach können die Mitgliedstaaten **spezifischere Vorschriften zum Beschäftigtendatenschutz einführen oder beibehalten**. Zu solchen Vorschriften gehört auch § 83 BetrVG (vgl. *Franzen*/EUArbR Art. 88 DS-GVO Rn. 31). 68

Das **Einsichtsrecht** nach § 83 Abs. 1 Satz 1 ist eine andere Rechtsvorschrift des Bundes i. S. d. § 1 Abs. 3 Satz 1 BDSG a. F., § 1 Abs. 2 BDSG n. F. sowie eine »spezifischere Vorschrift« i. S. v. Art. 88 69

§ 83

Abs. 1 DS-GVO (vgl. Rdn. 68), **verpflichtet** den Arbeitgeber jedoch **nicht zur Benachrichtigung** des Arbeitnehmers über die erstmalige Speicherung personenbezogener Daten. Deshalb findet § 33 **BDSG a. F.** bzw. **Art. 13 DS-GVO** Anwendung, so dass der Arbeitgeber den Arbeitnehmer von der ohne seine Kenntnis erfolgten erstmaligen Speicherung, der Art der Daten, der Zweckbestimmung der Erhebung, Verarbeitung oder Nutzung und der Identität der verantwortlichen Stelle zu benachrichtigen hat (vgl. *Buschmann/DKKW* § 83 Rn. 36; *Däubler* Gläserne Belegschaften?, Rn. 512 ff.; *Fitting* § 83 Rn. 34; *Kort* RdA 1992, 378 [384]; *Kufer* AR-Blattei SD 580, Rn. 112; *Lakies*/HaKo § 83 Rn. 36; *Kaiser/LK* § 83 Rn. 5; *Reichold*/MünchArbR § 88 Rn. 56; **a. M.** *Stege/Weinspach/Schiefer* § 83 Rn. 9). Hinsichtlich der **Art der Daten** genügt eine summarische Angabe wie »Personaldaten«, so dass nicht bei jeder späteren erstmaligen Speicherung spezieller Daten – z. B. über Krankheiten, sonstige Fehlzeiten, Urlaub usw. – eine neue Benachrichtigung erfolgen muss (vgl. *Dörr/Schmidt* Neues Bundesdatenschutzgesetz, § 33 Rn. 8; *Schaffland/Wiltfang* Bundesdatenschutzgesetz, § 33 Rn. 6; **a. M.** *Gola/Schomerus* Bundesdatenschutzgesetz, § 33 Rn. 21; zur Mitteilung des Verwendungszweckes vgl. *Däubler* CR 1991, 475 [476 f.]). Die Benachrichtigung muss nach Art. 12 Abs. 1 DS-GVO schriftlich und unverzüglich, d. h. ohne schuldhaftes Zögern (§ 121 Abs. 1 BGB) erfolgen (vgl. *Dix/Simitis* Bundesdatenschutzgesetz, § 33 Rn. 41; *Reichold*/MünchArbR § 88 Rn. 54). Die **Pflicht zur Benachrichtigung entfällt allerdings nach Art. 13 Abs. 4 DS-GVO**, wenn die betroffene Person bereits über die Angaben verfügt. Dies wird man annehmen können, wenn der Betroffene auf andere Weise Kenntnis von der Speicherung erlangt hat, etwa, wenn auf Fragebögen, die vom Stellenbewerber oder Arbeitnehmer auszufüllen sind, bereits ein Hinweis auf die vorgesehene Speicherung enthalten ist. Auch kann sich die Kenntniserlangung aus den Umständen ergeben. Dagegen muss ein Stellenbewerber bzw. Arbeitnehmer bei den dem Arbeitgeber zur Verfügung gestellten Daten zwar mit der Aufnahme in die Personalakten, aber nicht stets mit der Speicherung rechnen. Deshalb bedarf es mangels besonderer Anhaltspunkte, aus denen sich die Kenntnis des Stellenbewerbers bzw. Arbeitnehmers ergibt, der Benachrichtigung; sie ist also nicht generell im Arbeitsverhältnis überflüssig (vgl. *Däubler* Gläserne Belegschaften?, Rn. 515; *ders.* CR 1991, 475 [477]; *Schierbaum/Kiesche* PersR 1994, 52 [56]; *Wohlgemuth* BB 1992, 281 [284] – anders bei bestehendem Arbeitsverhältnis; **a. M.** *Gola/Schomerus* Bundesdatenschutzgesetz, § 33 Rn. 30; *Goldenbohm/Weise* CR 1991, 602 [603 f.]; *Wächter* CR 1992, 558 ff.; vgl. auch *Reichold*/MünchArbR § 88 Rn. 51). Zu Benachrichtigungspflichten bei einer Due Diligence *Göpfert/Meyer* NZA 2011, 486 [489 f.]).

70 Da das Einsichtsrecht nach § 83 das Recht zur **Auskunft** über vorhandene Personalunterlagen einschließt (vgl. Rdn. 14), ist **Art. 15 Abs. 1 Satz 1 Hs. 1 DS-GVO** (entspricht in etwa § 34 Abs. 1 Satz 1 Nr. 1 BDSG a. F.) **insoweit nicht anwendbar** (vgl. zur früheren Rechtslage *ArbG Berlin* 24.09.1987 BB 1988, 70 = CR 1988, 408 *[Kort]*; *Buschmann/DKKW* § 83 Rn. 36; *Däubler* CR 1991, 475 [479]; *Dix/Simitis* Bundesdatenschutzgesetz, § 1 Rn. 174; *Fitting* § 83 Rn. 33; *Franzen*/ErfK § 34 BDSG Rn. 2; *Garstka* ZRP 1978, 237 [239]; *Hümmerich* DB 1978, 1932 [1933]; *Hümmerich/Gola* BB 1977, 146 [148 f.]; *Kilian* RdA 1978, 201 [206] – anders *ders.* JZ 1977, 481 [484 f.]; *Kort* RdA 1992, 378 [384]; *Kroll* Datenschutz im Arbeitsverhältnis, S. 197; *Lakies*/HaKo § 83 Rn. 35 f.; *Linnenkohl/Töfflinger* AuR 1986, 199 [204]; *Kaiser/LK* § 83 Rn. 5; *Müller/Wächter* Der Datenschutzbeauftragte, S. 92 f.; *Pape* Neuregelung des Einsichtsrechts, S. 100 ff.; *Reichold*/MünchArbR § 88 Rn. 56; *Stege/Weinspach/Schiefer* § 83 Rn. 9; *Zöllner* Daten- und Informationsschutz im Arbeitsverhältnis, S. 69; **a. M.** *Wedde* AiB 2003, 285). Der Arbeitnehmer kann demnach von seinem Arbeitgeber eine Bestätigung über die vorhandenen Personalunterlagen gemäß Art. 15 Abs. 1 Satz 1 DS-GVO nicht verlangen. Das Einsichtsrecht des § 83 Abs. 1 erschöpft sich jedoch im Wesentlichen in diesem Aspekt. Daher besteht das in Art. 15 Abs. 1 Satz 1 Hs. 2 DS-GVO und dem dort aufgeführten Katalogbestand näher erläuterte Auskunftsrecht unabhängig davon. Der Arbeitnehmer kann daher Auskunft verlangen über die Verarbeitungszwecke, die Kategorien der zu verarbeitenden personenbezogenen Daten, den Empfänger solcher Daten, die Speicherdauer, das Bestehen von Rechten auf Löschung oder Berichtigung sowie auf Beschwerde bei der Aufsichtsbehörde und über die Herkunft der Daten. Allerdings schließt § 83 Abs. 1 die Vorschrift des Art. 15 Abs. 4 DS-GVO aus; der Verantwortliche muss also dem Arbeitnehmer keine Kopie der personenbezogenen Daten, die verarbeitet werden, zur Verfügung stellen, denn insoweit besteht nach § 83 Abs. 1 lediglich ein Einsichtsrecht des Arbeitnehmers. Die Kostenfreiheit des Auskunftsrechts ergibt sich bereits aus § 83, so dass es eines Rückgriffs auf Art. 15 Abs. 4 DS-GVO (entspricht § 34 Abs. 8 Satz 1 BDSG a. F.) nicht bedarf. Die datenschutz-

rechtlichen Vorschriften sind allerdings insoweit **ausgeschlossen**, als § 83 das **Einsichtsrecht** in Personalakten (§ 83 Abs. 1 Satz 1), **die Hinzuziehung eines Betriebsratsmitglieds** und seine **Schweigepflicht** (§ 83 Abs. 1 Satz 2 und 3) sowie **Erklärungen** des Arbeitnehmers zum Inhalt der Personalakten (§ 83 Abs. 2) zum Gegenstand hat (vgl. *Franzen* EAS B 5300 Rn. 100 f.; *Kania*/ErfK § 83 BetrVG Rn. 13).

Nach **Art. 16 DS-GVO** (entspricht in etwa § 35 Abs. 1 BDSG a. F.) hat die betroffene Person das 71 Recht, unrichtige personenbezogene Daten **zu berichtigen**. Das entspricht allgemeinen arbeitsrechtlichen Grundsätzen (vgl. Rdn. 35 ff.). Dieser Anspruch des Arbeitnehmers kann **unabhängig von § 83 Abs. 2** und neben diesem Anspruch geltend gemacht werden, da er einen weitergehenden Inhalt hat (vgl. *Bergmann/Möhrle/Herb* Datenschutzrecht, § 35 BDSG Rn. 42; *Buschmann*/DKKW § 83 Rn. 36; *Däubler* Gläserne Belegschaften?, Rn. 554; *ders.* CR 1991, 475 [480]; *Fitting* § 83 Rn. 34; *Franzen*/ErfK § 35 BDSG Rn. 2; *Kort* RdA 1992, 378 [384]; *Lakies*/HaKo § 83 Rn. 36; *Kaiser*/LK § 83 Rn. 8; *Reichold*/MünchArbR § 88 Rn. 58; **a. M.** *Stege/Weinspach/Schiefer* § 83 Rn. 10).

§ 35 Abs. 2 Satz 1 BDSG a. F. enthält eine ausdrückliche Rechtsgrundlage für die Löschung von Da- 72 ten. Danach können außer in den Fällen des Abs. 3 Nr. 1 und 2, also insbesondere nicht im Falle von gesetzlichen Aufbewahrungspflichten und bei entgegenstehenden Interessen des Arbeitnehmers, personenbezogene Daten jederzeit **gelöscht**, d. h. unkenntlich gemacht werden. Dieser Regelung geht § 83 Abs. 2 als andere Rechtsvorschrift i. S. d. § 1 Abs. 3 Satz 1 BDSG a. F. (entspricht § 1 Abs. 2 BDSG n. F.) vor. Erklärungen des Arbeitnehmers zum Inhalt der Personalakte dürfen daher vom Arbeitgeber nicht ohne Einwilligung des Arbeitnehmers gelöscht werden. Etwas anderes hat zu gelten, wenn die gesamten Inhalte, auf die sich eine Gegenerklärung des Arbeitnehmers bezieht, aus der Akte entfernt werden. Dann werden auch die Erklärungen des Arbeitnehmers gegenstandslos und würden nur einen Rückschluss auf die übrigen gelöschten Inhalte ermöglichen. Alternativ zur »physikalischen Löschung« (vgl. zum Begriff Rdn. 73), die das Gesetz voraussetzt, ist mangels Verpflichtung der verantwortlichen Stelle zur Löschung auch eine **»logische Löschung«** (z. B. Löschung der Directory-Einträge oder von Index-Informationen in Datenbanken) ausreichend, die nicht zum völligen und unumkehrbaren Datenverlust führt (vgl. *Schaar* Datenschutz im Internet, Rn. 211 f.). Allerdings birgt eine solche »logische Löschung« bei späterem Eintreten einer Löschungspflicht (vgl. dazu sogleich Rdn. 73) die Gefahr, dass eine vollständige »physikalische Löschung« unterbleibt, weshalb sie grundsätzlich nicht zu empfehlen ist.

Nach **Art. 17 Abs. 1 DS-GVO** (entspricht § 35 Abs. 2 Satz 2 BDSG a. F.) sind personenbezogene 73 Daten unter den dort näher genannten Voraussetzungen **zu löschen**, so bei unzulässiger Datenverarbeitung (Art. 17 Abs. 1 Buchst. b und d DS-GVO), sobald die Kenntnis der Daten für die Erfüllung des Zweckes der Speicherung nicht mehr erforderlich ist (Art. 17 Abs. 1 Buchst. a DS-GVO) und wenn die Löschung zur Erfüllung einer rechtlichen Verpflichtung erforderlich ist (Art. 17 Abs. 1 Buchst. e DS-GVO). In all diesen Fällen, zu denen insbesondere die erfolglose Bewerbung und die Beendigung des Arbeitsverhältnisses zählen (vgl. *Franzen* EAS B 5300 Rn. 96; *Wedde* AiB 2003, 727 [734]), besteht kein berechtigtes Interesse an der weiteren Datenverarbeitung. Auch das entspricht allgemeinen arbeitsrechtlichen Grundsätzen (zu überholten Abmahnungen oder Betriebsbußen vgl. Rdn. 40). Sofern alle Daten der Löschung unterliegen, auf die sich eine Gegenerklärung des Arbeitnehmers in der Personalakte bezieht, ist diese Erklärung grundsätzlich ebenfalls zu löschen, da sie sonst Rückschlüsse auf die gelöschten Inhalte erlauben würde, die nach dem Sinn und Zweck des Art. 17 DS-GVO bzw. § 35 Abs. 2 Satz 2 BDSG a. F. gerade nicht möglich sein dürfen (vgl. auch Rdn. 20). Eine Löschungspflicht des Arbeitgebers besteht nach Art. 17 Abs. 3 DS-GVO nicht, wenn die weitere Verarbeitung der Daten erforderlich ist, um die Erfüllung einer rechtlichen Verpflichtung (Art. 17 Abs. 3 Buchst. b DS-GVO) oder die Geltendmachung, Ausübung oder Verteidigung von Rechtsansprüchen (Art. 17 Abs. 3 Buchst. e DS-GVO) zu gewährleisten. Ergänzend schließt § 35 Abs. 1 BDSG n. F. eine Löschungspflicht aus, wenn eine Löschung der Daten wegen der besonderen Art ihrer Speicherung nur mit verhältnismäßig hohem Aufwand möglich ist. **Angaben zu Straftaten** des Arbeitnehmers unterliegen zwingend der Löschung nach Art. 17 Abs. 1 Buchst. a bzw. b DS-GVO bzw. § 35 Abs. 2 Satz 2 Nr. 1 oder 3 BDSG a. F., wenn die zentralregisterrechtliche Tilgungsfrist abgelaufen ist (vgl. § 51 Abs. 1 BZRG); etwas anderes gilt nur, wenn der Arbeitgeber Opfer der Straftat war und er noch durchsetzbare, also insbesondere noch nicht erfüllte oder nicht verjährte Ansprüche gegen den

Arbeitnehmer hat (vgl. § 51 Abs. 2 BZRG). Diese Ausnahme kann man auf Art. 17 Abs. 3 Buchst. e DS-GVO stützen. Technisch erforderlich ist im Falle einer Löschungsverpflichtung die sog. »**physikalische Löschung**«, d. h. das vollständige und unwiderrufliche Entfernen der Daten vom Datenträger oder die Vernichtung des Datenträgers selbst. Denn bei bloß »logischer Löschung« könnten die zwingend zu löschenden Daten mittels spezieller Software wieder aufgefunden und verwertbar gemacht werden (vgl. *Schaar* Datenschutz im Internet, Rn. 211 f.).

74 Nach **Art. 18 Abs. 1 DS-GVO** kann die betroffene Person unter bestimmten Voraussetzungen die **Einschränkung der Verarbeitung** verlangen. Diese Regelung ersetzt die früher geltende Bestimmung über das **Sperren** gespeicherter personenbezogener Daten (vgl. § 3 Abs. 4 Nr. 4 BDSG a. F.). In Betracht kommt hier insbesondere Art. 18 Abs. 1 Buchst. a DS-GVO. Danach kann die betroffene Person, welche die Richtigkeit personenbezogener Daten bestreitet, bis zur Klärung des Wahrheitsgehalts die Einschränkung der Datenverarbeitung verlangen. Die Anwendbarkeit dieser Vorschrift bzw. § 35 Abs. 4 BDSG a. F. wird durch **§ 83 Abs. 2 BetrVG ausgeschlossen**, da beide Normen an dieselben tatbestandlichen Anforderungen anknüpfen und zur Folge haben, dass die Nutzungsfähigkeit des Inhalts der Personalakte eingeschränkt ist (vgl. *Fitting* § 83 Rn. 35; *Franzen/ErfK* § 35 BDSG Rn. 9; *ders.* EAS B 5300 Rn. 101; *Reichold/*MünchArbR § 88 Rn. 67; *Stege/Weinspach/Schiefer* § 83 Rn. 10; **a. M.** *Buschmann/DKKW* § 83 Rn. 36; *Däubler* Gläserne Belegschaften?, Rn. 572 f.; *Kufer* AR-Blattei SD 580, Rn. 128 f.; *Preis/WPK* § 83 Rn. 17). Geht man abweichend von der hier vertretenen Auffassung davon aus, dass der Anspruch aus Art. 18 Abs. 1 DS-GVO bzw. aus § 35 Abs. 4 BDSG a. F. zum Gegendarstellungsanspruch aus § 83 Abs. 2 in echter Anspruchskonkurrenz steht, dann ist es konsequent, dass der Arbeitnehmer je nach seiner Interessenlage und Einschätzung im Einzelfall zwischen den Ansprüchen wählen kann (vgl. *Kufer* AR-Blattei SD 580, Rn. 132 ff.).

75 Ein verschuldensunabhängiger **negatorischer Anspruch** auf Beseitigung einer drohenden oder fortwirkenden Beeinträchtigung für den Arbeitnehmer ergibt sich im Anwendungsbereich datenschutzrechtlicher Vorschriften ausschließlich aus den Vorschriften über die Berichtigung, Löschung und Einschränkung der Verarbeitung in den Art. 16 bis 18 DS-GVO bzw. § 35 BDSG a. F., die gegenüber einem Anspruch aus der entsprechenden Anwendung der §§ 12, 862, 1004 BGB i. V. m. Art. 1 Abs. 1, Art. 2 Abs. 1 GG eine positivierte und wesentlich ausdifferenziertere Regelung enthalten (vgl. *Franzen* EAS B 5300 Rn. 105 f.). Dagegen bildet die Rechtsprechung (vgl. *BAG* 27.11.1985 AP Nr. 93 zu § 611 BGB Fürsorgepflicht; 15.01.1986 AP Nr. 96 zu § 611 BGB Fürsorgepflicht; 08.05.2001 EzA § 611 BGB Fürsorgepflicht Nr. 60; vgl. auch *Deiseroth* AuR 2001, 161 [164]) eine Analogie zu den §§ 12, 862, 1004 BGB ohne Rücksicht darauf, dass aufgrund der positiv-rechtlichen Regelung in § 35 BDSG a. F. bzw. nun in Art. 16 bis 18 DS-GVO schon keine Regelungslücke besteht. Insbesondere verbietet es sich, einer »gewohnheitsrechtlichen« entsprechenden Anwendung der §§ 12, 862, 1004 BGB unter Berufung auf § 1 Abs. 3 Satz 1 BDSG a. F. bzw. § 1 Abs. 2 BDSG n. F. den Vorrang einzuräumen.

76 Auf **Arbeitnehmer**, für die **§ 83 BetrVG** oder **§ 26 Abs. 2 SprAuG nicht gelten**, finden die datenschutzrechtlichen Regelungen der DS-GVO bzw. ergänzend des BDSG uneingeschränkt Anwendung. Zu diesen Personen zählen zum einen gem. § 130 BetrVG die im öffentlichen Dienst Beschäftigten, zum anderen nach der hier vertretenen Auffassung Arbeitnehmer in Betrieben, in denen kein Betriebsrat gebildet werden kann (vgl. vor § 81 Rdn. 21). Zwar sind für diese Arbeitnehmer aus der Regelung des § 83 Abs. 1 Satz 1, Abs. 2 entsprechende Ansprüche auf der Grundlage der allgemeinen Rücksichtnahmepflicht (§ 241 Abs. 2 BGB) des Arbeitgebers abzuleiten (vgl. i. E. vor § 81 Rdn. 12). Jedoch kann in dieser allgemeinen Rücksichtnahmepflicht keine bereichsspezifische Regelung i. S. d. § 1 Abs. 3 BDSG a. F. bzw. § 1 Abs. 2 BDSG n. F. (vgl. Rdn. 68) gesehen werden (für § 241 Abs. 2 BGB ausdrücklich offengelassen von *BAG* 16.11.2010 EzA § 241 BGB 2002 Nr. 2 = AP Nr. 4 zu § 611 BGB Personalakte Rn. 22).

V. Streitigkeiten

77 Bei Verletzung der dem Arbeitgeber nach § 83 obliegenden Pflichten stehen dem Arbeitnehmer die vor § 81 Rdn. 33 ff. genannten Rechte zu, über die im **Urteilsverfahren** entschieden wird (vgl.

Beschwerderecht § 84

vor § 81 Rdn. 41; *LAG Frankfurt a. M.* 15.12.1976 AuR 1977, 378; *ArbG Berlin* 06.11.1974 BB 1975, 139; *Buschmann/DKKW* § 83 Rn. 38; *Fitting* § 83 Rn. 42; *Rose/HWGNRH* § 83 Rn. 68 f.; *Lakies/HaKo* § 83 Rn. 37; *Richardi/Thüsing* § 83 Rn. 43; *Stege/Weinspach/Schiefer* § 83 Rn. 25). Gleiches gilt für sonstige Streitigkeiten, die sich aus Verpflichtungen des Arbeitgebers hinsichtlich der Führung von Personalakten oder der Geltendmachung von Ansprüchen aus dem Bundesdatenschutzgesetz ergeben. Zum Streitwert einer Klage auf Entfernung einer Abmahnung aus der Personalakte vgl. *LAG Köln* 19.12.1985 BB 1986, 600; *LAG Rheinland-Pfalz* 02.07.1982 BB 1982, 1799.

Dagegen handelt es sich bei Streitigkeiten über die Hinzuziehung eines Betriebsratsmitglieds um eine **78** betriebsverfassungsrechtliche Angelegenheit (vgl. *Konzen* Leistungspflichten, S. 38, 70 und 71), über die im **Beschlussverfahren** zu entscheiden ist (vgl. § 2a Abs. 1 Nr. 1 und Abs. 2, §§ 80 ff. ArbGG; vgl. auch vor § 81 Rdn. 32, § 81 Rdn. 26, § 82 Rdn. 25 und § 84 Rdn. 37; **a. M.** *Buschmann/DKKW* § 83 Rn. 39; *Fitting* § 83 Rn. 42; *Lakies/HaKo* § 83 Rn. 37; *Richardi/Thüsing* § 83 Rn. 43; *Rose/HWGNRH* § 83 Rn. 70). Dagegen haben weder der Betriebsrat noch das einzelne Betriebsratsmitglied einen gegen den Arbeitgeber durchsetzbaren Anspruch auf Hinzuziehung (vgl. § 82 Rdn. 25; *Fitting* § 83 Rn. 43; *Richardi/Thüsing* § 83 Rn. 43 i. V. m. § 82 Rn. 21). Zur Beiziehung von Personalakten im Prozess vgl. *BAG* 13.02.1974 AP Nr. 4 zu § 70 BAT Bl. 6.

§ 84
Beschwerderecht

(1) Jeder Arbeitnehmer hat das Recht, sich bei den zuständigen Stellen des Betriebs zu beschweren, wenn er sich vom Arbeitgeber oder von Arbeitnehmern des Betriebs benachteiligt oder ungerecht behandelt oder in sonstiger Weise beeinträchtigt fühlt. Er kann ein Mitglied des Betriebsrats zur Unterstützung oder Vermittlung hinzuziehen.

(2) Der Arbeitgeber hat den Arbeitnehmer über die Behandlung der Beschwerde zu bescheiden und, soweit er die Beschwerde für berechtigt erachtet, ihr abzuhelfen.

(3) Wegen der Erhebung einer Beschwerde dürfen dem Arbeitnehmer keine Nachteile entstehen.

Literatur
Bieler/Hage/Heilmann Neue Wege bei der Streitschlichtung im Betrieb – Handlungsmöglichkeiten des Betriebsrats zwischen formeller und informeller Konflikthandhabung, AiB 1998, 677; *Breisig* Innerbetriebliche Konfliktregulierung durch Beschwerden aus der Belegschaft, WSI-Mitteilungen 1996, 576; *Buschmann* Die betriebsverfassungsrechtliche Beschwerde, FS *Däubler*, 1999, S. 311; *Denck* Arbeitsschutz und Anzeigerecht des Arbeitnehmers, DB 1980, 2132 (2134 ff.); *Gach/Julis* Beschwerdestelle und -verfahren nach § 13 AGG, BB 2007, 773; *Hage* Betriebliche Konflikthandhabung – Bedarf, Ausgestaltung und Perspektiven neuer Modelle, in: *Ahrens/Donner/Simon*, Arbeit – Umwelt, 2001, S. 123; *Hallmen* Die Beschwerde des Arbeitnehmers als Instrument innerbetrieblicher Konfliktregelung (Diss. Köln), 1997 (zit.: Beschwerde des Arbeitnehmers); *Hanel* Das gesetzlich geregelte Beschwerderecht des Arbeitnehmers, Personal 1983, 200; *Hinrichs* Das Beschwerde- und Anzeigerecht der Arbeitnehmer, JArbR Bd. 18 (1980), 1981, S. 35 (46 ff.); *Löwisch* Die Beschwerderechte des Arbeitnehmers nach den §§ 84 und 85 BetrVG 72, DB 1972, 2304; *Mache* Kündigungsschutz durch § 84 III BetrVG?, AiB 1985, 60; *Moll/Klunker* Das Beschwerdeverfahren nach dem Betriebsverfassungsgesetz 1972, RdA 1973, 361; *Nebendahl/Lunk* Die Zuständigkeit der Einigungsstelle bei Beschwerden nach § 85 II BetrVG, NZA 1990, 676; *Oetker* Ausgewählte Probleme zum Beschwerderecht des Beschäftigten nach § 13 AGG, NZA 2008, 264; *Ohm* Das Beschwerderecht gemäß §§ 84 ff. BetrVG, AiB 2000, 659; *Pickshaus* Beschwerde im Bereich von Arbeits- und Umweltschutz, AiB 1992, 672; *Rehhahn* Die Behandlung von Sicherheitsbeschwerden nach § 84 BetrVG, AuR 1981, 161; *Simitis* Die verordnete Sprachlosigkeit: Das Arbeitsverhältnis als Kommunikationsbarriere, FS *Helmut Simon*, 1987, S. 329; *Uhl/Polloczek* »Man kann sich ja mal beschweren« – die Beschwerdeverfahren nach den §§ 84, 85 BetrVG, BB 2008, 1730; *Walk/Shipton* Zu den Beteiligungsrechten des Betriebsrats im Rahmen des AGG, BB 2010, 1917. Vgl. ferner vor § 81 und zu § 85.

§ 84

Inhaltsübersicht

	Rdn.
I. Vorbemerkung	1–6
II. Begriff und Gegenstand der Beschwerde	7–15
III. Beschwerdeverfahren	16–32
1. Einlegung und Wirkungen der Beschwerde	16–20
2. Form und Frist	21
3. Hinzuziehung eines Betriebsratsmitglieds	22, 23
4. Abhilfe und Mitteilung an den Arbeitnehmer	24–29
5. Einlegung weiterer Beschwerden in derselben Sache	30
6. Verhältnis der Beschwerdeverfahren nach § 84 und § 85	31
7. Beschwerde und gerichtliche Geltendmachung von Rechtsansprüchen	32
IV. Benachteiligungsverbot	33–35
V. Streitigkeiten	36–38

I. Vorbemerkung

1 Die §§ 84 bis 86 regeln erstmals ausdrücklich das Beschwerderecht des Arbeitnehmers und das dabei zu beachtende Verfahren. Demgegenüber sah § 54 Abs. 1 Buchst. c BetrVG 1952 lediglich als allgemeine Aufgabe des Betriebsrats vor, Beschwerden von Arbeitnehmern entgegenzunehmen und, falls sie berechtigt erschienen, durch Verhandlung mit dem Arbeitgeber auf ihre Abstellung hinzuwirken (vgl. auch schon §§ 76, 78 Nr. 2, 4 BRG 1920; rechtsgeschichtlich und rechtsvergleichend *Buschmann* FS *Däubler*, S. 311 [313 ff.]).

2 Die Neuregelung unterscheidet zwischen der Beschwerde, die der Arbeitnehmer bei den zuständigen Stellen des Betriebs vorbringen kann (§ 84), und der Behandlung von Beschwerden durch den Betriebsrat (§ 85). Da auch nach § 84 Abs. 1 Satz 2 ein Mitglied des Betriebsrats von dem Arbeitnehmer zur Unterstützung oder Vermittlung hinzugezogen werden kann, unterscheiden sich die Bestimmungen durch den Adressaten und dadurch, dass im Verfahren nach § 84 der Betriebsrat nicht als solcher eingeschaltet ist. Zum Verhältnis der Beschwerdeverfahren nach § 84 und § 85 vgl. Rdn. 31. Beide Regelungen können durch Tarifvertrag oder Betriebsvereinbarung nach Maßgabe des § 86 ergänzt bzw. geändert werden. Im Übrigen sind sie **zwingend** (vgl. vor § 81 Rdn. 34). Davon unberührt bleibt der Verzicht auf die Ausübung des Beschwerderechts in einem Einzelfall, etwa wenn sich Arbeitgeber und Arbeitnehmer bei Auseinandersetzungen über einen konkreten Geschehensablauf auf einen bestimmten Sachverhalt einigen und darauf bezogen eine Beschwerde des Arbeitnehmers ausschließen (vgl. dazu *Hoffmann-Remy* Die Korrekturvereinbarung [Diss. Mannheim], 2012, S. 168). Dies setzt allerdings voraus, dass eine solche Vereinbarung den Arbeitnehmer im Übrigen nicht nach § 307 Abs. 1 BGB unangemessen benachteiligt.

3 Zum **persönlichen Geltungsbereich** des § 84 vgl. vor § 81 Rdn. 21 ff.

4 In § 84 wird erstmals ein Beschwerderecht des Arbeitnehmers gegenüber den nach der Betriebsorganisation zuständigen Stellen ausdrücklich gesetzlich anerkannt. Da es aber bisher schon aus der Treue-(Fürsorge-)Pflicht des Arbeitgebers abzuleiten war und auch in § 54 Abs. 1 Buchst. c BetrVG 1952 vorausgesetzt wurde (vgl. vor § 81 Rdn. 16), kommt der Neuregelung hinsichtlich des Beschwerderechts als solchem nur eine klarstellende Bedeutung zu. Das Gleiche gilt für die Schutzbestimmung nach § 84 Abs. 3 (vgl. vor § 81 Rdn. 16; hier Rdn. 33). Die eigentliche Funktion des § 84 besteht daher in der Regelung des Beschwerdeverfahrens (zust. *Richardi/Thüsing* § 84 Rn. 2) einschließlich der Möglichkeit, ein Betriebsratsmitglied zur Unterstützung hinzuzuziehen. Unberührt bleiben die Rechte des Arbeitnehmers nach § 82 Abs. 1.

5 Das **Bundespersonalvertretungsgesetz** und das **Sprecherausschussgesetz** enthalten keine entsprechende Vorschrift; vgl. aber § 68 Abs. 1 Nr. 3 BPersVG. Zu weiteren Beschwerderegelungen vgl. Rdn. 6, §§ 127, 128, 139 SeeArbG, § 17 Abs. 2 ArbSchG.

6 Ein besonderes Beschwerderecht begründet **§ 13 AGG** (vgl. *Oetker*/MünchArbR § 15 Rn. 29 ff.). Nach § 13 Abs. 1 AGG haben die Beschäftigten i. S. d. § 6 AGG das Recht, sich bei den zuständigen

Stellen des Betriebs oder des Unternehmens zu beschweren, wenn sie sich im Zusammenhang mit ihrem Beschäftigungsverhältnis vom Arbeitgeber, vom Vorgesetzten, anderen Beschäftigten oder Dritten wegen eines in § 1 AGG genannten Grundes (Rasse, ethnische Herkunft, Geschlecht, Religion oder Weltanschauung, Alter, sexuelle Identität) benachteiligt fühlen. § 13 AGG umfasst darüber hinaus die Beschwerde wegen sexueller Belästigung und löst insoweit § 3 des bis zum Inkrafttreten des AGG gültigen Beschäftigtenschutzgesetzes ab. Die Beschwerderechte nach § 13 AGG und nach § 84 bestehen nebeneinander (vgl. *Oetker/*MünchArbR § 15 Rn. 30). Die Anwendungsbereiche der beiden Vorschriften überschneiden sich zwar weitgehend, jedoch ist die personelle Reichweite des Beschwerderechts nach § 13 AGG weiter: Beschwerdeberechtigt nach § 13 AGG sind alle Beschäftigten i. S. d. § 6 AGG, also neben den Arbeitnehmern i. S. d. § 5 auch leitende Angestellte, arbeitnehmerähnliche Personen und Heimarbeiter. Unter den Beschäftigtenbegriff des AGG fallen nach § 6 Abs. 1 Satz 2 AGG außerdem auch Bewerber für ein Beschäftigungsverhältnis sowie Personen, deren Beschäftigungsverhältnis beendet ist. Dies hat für § 13 AGG aber keine Bedeutung, da § 13 Abs. 1 AGG für die Beschwerde ausdrücklich einen Zusammenhang mit einem bestehenden Beschäftigungsverhältnis voraussetzt; dieser Kontext mit einem bestehenden Beschäftigungsverhältnis besteht bei den in § 6 Abs. 1 Satz 2 AGG genannten Personen noch nicht bzw. nicht mehr (vgl. *Oetker* NZA 2008, 264 [265]; **a. M.** *Gach/Julis* BB 2007, 773 [774]).

II. Begriff und Gegenstand der Beschwerde

Unter Beschwerde ist **jedes Vorbringen** eines Arbeitnehmers zu verstehen, mit dem er darauf hinweist, dass er sich entweder vom Arbeitgeber, von Vorgesetzten oder anderen Arbeitnehmern des Betriebs **benachteiligt, ungerecht behandelt** oder in **sonstiger Weise beeinträchtigt** fühlt, und mit dem er **Abhilfe** des ihn persönlich belastenden Zustandes begehrt (vgl. *ArbG Mannheim* 20.12.1978 BB 1979, 833; *LAG Rheinland-Pfalz* 11.12.2014 – 3 TaBV 8/14 – juris, Rn. 37). 7

Unerheblich ist, ob das Vorbringen des Arbeitnehmers objektiv begründet ist. Das Gesetz verlangt lediglich, dass der **Arbeitnehmer** sich irgendwie **beeinträchtigt fühlt**, stellt also auf dessen **subjektiven Standpunkt** ab (vgl. *LAG Schleswig-Holstein* 21.12.1989 NZA 1990, 703 f.; *LAG Rheinland-Pfalz* 11.12.2014 – 3 TaBV 8/14 – juris, Rn. 37; *Fitting* § 84 Rn. 4; *Hallmen* Beschwerde des Arbeitnehmers, S. 15 ff.; *Rose/*HWGNRH § 84 Rn. 16; *Moll/Klunker* RdA 1973, 361; *Richardi/Thüsing* § 84 Rn. 5). Gleichgültig ist auch, ob die wirkliche oder vermeintliche **Beeinträchtigung rechtlicher** oder **tatsächlicher Art** ist (vgl. *LAG Frankfurt a. M.* 10.02.1987 BetrR 1987, 223 [227]; *Fitting* § 84 Rn. 7; *Richardi/Thüsing* § 84 Rn. 6, 8). Sie muss nur mit dem Arbeitsverhältnis zusammenhängen, d. h. die Arbeitsbedingungen im weitesten Sinne betreffen (vgl. Rdn. 12). So kann der Arbeitnehmer sich beeinträchtigt fühlen, weil ein seiner Ansicht nach bestehender Rechtsanspruch nicht befriedigt wird, die Grundsätze des § 75 missachtet werden (zum Gleichbehandlungsgrundsatz vgl. *LAG München* 06.03.1997 LAGE § 85 BetrVG 1972 Nr. 4 S. 2 f.), ihm gezielt unangenehme Arbeiten zugewiesen werden oder er schikaniert, herablassend behandelt, verspottet, unsittlich belästigt (vgl. dazu *Bertelsmann* AiB 1987, 123; *Höland* RdA 1993, 286; *Zabel* AiB 1988, 299 und hier Rdn. 6) oder geschnitten wird. Letzteres kann vor allem durch Arbeitskollegen geschehen. Zu Belästigungen und Beleidigungen durch Vorgesetzte vgl. *von Hoyningen-Huene/Compensis* BB 1991, 2215 ff., zu ausländerfeindlichem Verhalten *Klevemann* AiB 1993, 529 (538 f.); *Korinth* AuR 1990, 105 ff., *Krummel/Küttner* NZA 1996, 67 (75). Das Beschwerderecht soll nach Auffassung des *LAG Hamm* auch eine vom Arbeitnehmer initiierte Unterschriftenaktion erfassen, durch die dem Wunsch nach Wiedereinführung der 35-Stunden-Woche Ausdruck verliehen wird (*LAG Hamm* 03.09.2014 NZA-RR 2015, 131 [133 f.]; **a. M.** *Richardi/Thüsing* § 82 Rn. 9). Zum »**Mobbing**« (zum Begriff vgl. *BAG* 15.01.1997 AP Nr. 118 zu § 37 BetrVG 1972 Bl. 1 R; *BSG* 14.02.2001 AP Nr. 1 zu § 611 BGB Mobbing; *BAG* 25.10.2007 AP Nr. 6 zu § 611 BGB Mobbing); *Arentewicz/Fleissner* (Hrsg.) Arbeitsplatzkonflikte, 2003; *Benecke* Mobbing, 2005; *Bieler/Heilmann* AuR 1996, 430; *Brinkmann* Mobbing, Bullying, Bossing – Treibjagd am Arbeitsplatz, 3. Aufl. 2011; *Däubler* BB 1995, 1347 ff., *ders.* Das Arbeitsrecht II, Rn. 467 ff.; *Esser/Wolmerath* (Hrsg.) Werkbuch Mobbing, 2012; *Esser/Wolmerath* Mobbing und psychische Gewalt, 9. Aufl. 2015; *dies.* AiB 1996, 540; *Gamerschlag/Perband* VersR 2002, 287; *Grünwald/Hille* Mobbing im Betrieb, 2003; *Hartmann* AuA 2003, 8 ff.; *Kollmer* Mobbing im Arbeitsverhältnis, AR-Blattei SD 8

1215; *ders.* Mobbing im Arbeitsverhältnis, 4. Aufl. 2007; *Kreuzer* PersF 2000, 60; *Liu* Arbeitsrechtliche Diskriminierung durch Arbeitnehmer (Diss. Trier), 2002; *Lorenz* PersR 2002, 65; *Meschkutat/Stackelbeck/Langenhoff* Der Mobbing-Report. Repräsentativstudie für die Bundesrepublik Deutschland, 4. Aufl. 2003; *Reiserer/Lemke* MDR 2002, 249; *Rieble/Klumpp* ZIP 2002, 369; *dies.* FA 2002, 307; *Ruberg* AuR 2002, 201; *Spamer* Mobbing am Arbeitsplatz. Ansprüche des betroffenen Arbeitnehmers gegenüber Arbeitskollegen und Arbeitgeber (Diss. Darmstadt), 2000; *Wickler* DB 2002, 477; *Wiese* FS *Birk*, 2008, S. 1009; *Wolmerath* Mobbing. Rechtshandbuch für die Praxis, 5. Aufl. 2017; *ders.* AuR 2001, 416 ff.; *ders.* Plädoyer für ein »Zweites Beschäftigtenschutzgesetz«, in: *Ahrens/Donner/Simon* Arbeit – Umwelt, 2001, S. 143; zum **Schmerzensgeldanspruch wegen Mobbing** vgl. *BAG* 16.05.2007 EzA § 611 BGB 2002 Persönlichkeitsrecht Nr. 6 = AP Nr. 5 zu § 611 BGB Mobbing; 25.10.2007 EzA § 611 BGB 2002 Persönlichkeitsrecht Nr. 7 = AP Nr. 6 zu § 611 BGB Mobbing; 14.11.2013 EzA § 611 BGB 2002 Persönlichkeitsrecht Nr. 16 = AP Nr. 8 zu § 611 BGB Mobbing; 11.12.2014 EzA § 242 BGB 2002 Verwirkung Nr. 4 = AP Nr. 9 zu § 611 BGB Mobbing; *Wickler* AuR 2004, 87 ff.; zu einer Betriebs-(Dienst-)Vereinbarung über partnerschaftliches Verhalten am Arbeitsplatz AuR 1996, 443; PersR 1996, 391. Die Zulässigkeit der Beschwerde setzt ferner nicht voraus, dass der Arbeitnehmer einen Anspruch auf Beseitigung der Beeinträchtigung hat; dessen Feststellung ist allenfalls das Ergebnis des Beschwerdeverfahrens (vgl. § 84 Abs. 2). Der Arbeitnehmer kann deshalb wegen eines zu seinen Personalakten genommenen Abmahnungsschreibens auch dann Beschwerde einlegen, wenn er keinen Anspruch auf Beseitigung hat (vgl. *ArbG Darmstadt* 30.01.1973 DB 1973, 1408). Zur ausschließlichen Zuständigkeit des Betriebsrats für das Verfahren der Konfliktlösung beim Mobbing vgl. *LAG Hamburg* 15.07.1998 NZA 1998, 1245, so dass der Betriebsrat diese Aufgabe nicht auf eine andere Institution übertragen darf. Zur Behandlung von Sicherheitsbeschwerden vgl. *Rehhahn* AuR 1981, 161 ff.

9 Soweit in **Angelegenheiten** des **Arbeitsschutzes** eine Beschwerde des Arbeitnehmers geeignet ist, einer Beeinträchtigung abzuhelfen, ohne dass der Arbeitnehmer durch eine Verzögerung zusätzlich gesundheitlich gefährdet wäre und sie ihm auch nicht aufgrund besonderer Umstände unzumutbar ist, gebietet es ihm seine Treuepflicht (vgl. vor § 81 Rdn. 12), zunächst nach § 84 oder § 85 vorzugehen, bevor er sich an **außerbetriebliche Stellen** wendet (vgl. *Denck* DB 1980, 2132 f.; *Fitting* § 84 Rn. 1; *Galperin/Löwisch* § 84 Rn. 3a; *Hallmen* Beschwerde des Arbeitnehmers, S. 167 ff.; *Herbert/Oberrath* NZA 2005, 193 ff.; *Kania/ErfK* § 84 BetrVG Rn. 2; *Müller* NZA 2002, 424 ff.; *Möx* Arbeitnehmerrechte in der Gefahrstoffverordnung [Diss. Köln], 1992, S. 58 f.; *ders.* AiB 1992, 382 [385 ff.]; *Preis/Reinfeld* AuR 1989, 361 [369 ff.]; bedenklich *LAG Baden-Württemberg* 20.10.1976 EzA § 1 KSchG Verhaltensbedingte Kündigung Nr. 8 [abl. *Weiss*] = KJ 1979, 323 [abl. *Janzen*]; vgl. auch *Schaub/Linck* Arbeitsrechts-Handbuch, § 53 Rn. 14 ff.; *Staudinger/Oetker* BGB, § 618 Rn. 384 f.; *Wlotzke* FS *Hilger* und *Stumpf*, 1983, S. 723 [750 ff.]; differenzierend *Preis/WPK* § 84 Rn. 3; zurückhaltender *Wiebauer* NZA 2015, 22 ff., der für eine Interessenabwägung plädiert; **a. M.** *Buschmann/DKKW* § 84 Rn. 4 ff., der in Rn. 6 die Existenz einer »Treuepflicht« nach Aufhebung des § 2 Abs. 2 AOG gänzlich leugnet – s. dazu aber *Wiese* ZfA 1996, 439 [459 ff.]; *Colneric* AiB 1987, 264; *Hinrichs* JArbR Bd. 18 [1980], 1981, S. 35 [45 ff.]: Arbeitnehmer sei nur zu »zumutbaren Selbsthilfemaßnahmen« verpflichtet; *Söllner* FS *Herschel*, 1982, S. 389 [404], der aber auch von dem Arbeitnehmer verlangt, vor der Einschaltung betriebsexterner Stellen grundsätzlich den Versuch der innerbetrieblichen Bereinigung eines Missstandes zu versuchen; differenzierend *Simitis* FS *Simon*, S. 329 ff.; vgl. auch *Wendeling-Schröder* Loyalitätskonflikte, Anzeigerechte und -pflichten von Arbeitnehmern bei Missständen im Betrieb, in: *Ahrens/Donner/Simon* Arbeit – Umwelt, 2001, S. 9; zur gleichen Problematik für den Betriebsrat s. *Gutzeit* § 89 Rdn. 58). Die hier vertretene Auffassung wird nunmehr bestätigt durch **§ 17 Abs. 2 Satz 1 ArbSchG** (vgl. *Kohte*/MünchArbR § 292 Rn. 69 ff.). Danach können sich die Beschäftigten, die aufgrund konkreter Anhaltspunkte der Auffassung sind, dass die vom Arbeitgeber getroffenen Maßnahmen und bereitgestellten Mittel nicht ausreichen, um die Sicherheit und den Gesundheitsschutz bei der Arbeit zu gewährleisten, erst dann an die zuständige Behörde wenden, wenn der Arbeitgeber einschlägigen Beschwerden von Beschäftigten nicht abhilft. Nur unter dieser Voraussetzung dürfen den Beschäftigten aus der Einschaltung der zuständigen Behörden keine Nachteile entstehen (vgl. § 17 Abs. 2 Satz 2 ArbSchG und hierzu *Kollmer* Arbeitsschutzgesetz und -verordnungen, 3. Aufl. 2008, Rn. 238 ff.; *ders./Klindt/Schucht* ArbSchG, 3. Aufl. 2016, Rn. 27 ff.; *Staudinger/Oetker* BGB, § 618 Rn. 387 ff., daselbst Rn. 399 zum Beschwerderecht nach § 22 Satz 1 Nr. 2 ABBergV;

zum Beschwerderecht von Besatzungsmitgliedern vgl. §§ 127, 128, 139 SeeArbG). Zur Strafanzeige gegen den Arbeitgeber oder einen seiner Repräsentanten sowie zur Frage einer vorherigen innerbetrieblichen Meldung und Klärung vgl. *BAG* 03.07.2003 EzA § 1 KSchG Verhaltensbedingte Kündigung Nr. 61 S. 5 ff. = AP Nr. 45 zu § 1 KSchG Verhaltensbedingte Kündigung Bl. 2 R ff.; dazu *Bürkle* DB 2004, 2158 ff.; *Stein* BB 2004, 1961 ff., zur Wahrnehmung staatsbürgerlicher Rechte im Strafverfahren *BVerfG* 02.07.2001 EzA § 626 BGB n. F. Nr. 188 = AP Nr. 170 zu § 626 BGB und dazu *Deiseroth* AuR 2002, 161 ff.; zum Vorrang der innerbetrieblichen Klärung im Zusammenhang mit Whistleblowing *EGMR* 21.07.2011 (Heinisch) EzA § 626 BGB 2002 Anzeige gegen den Arbeitgeber Nr. 1 Rn. 72 ff. = AP Nr. 235 zu § 626 BGB Rn. 72 ff. [krit. *Windel*]; dem EGMR folgend *LAG Baden-Württemberg* 03.08.2011 AuR 2011, 503.

Bei einem **Verstoß** gegen **Umweltvorschriften** ist das Beschwerderecht unproblematisch, wenn der **10** Arbeitnehmer selbst daran mitwirken muss (vgl. *Froschauer* Arbeitsrecht und Umweltschutz [Diss. Mannheim], 1994, S. 116). Bedenklich erscheint es jedoch, die Beschwerdemöglichkeit auch dann zu bejahen, wenn der Arbeitnehmer umweltwidrige Praktiken lediglich wahrnimmt, ohne selbst daran mitwirken zu müssen (so aber *Froschauer* Arbeitsrecht und Umweltschutz [Diss. Mannheim], 1994, S. 116, im Widerspruch zu S. 125; ihm folgend *Buschmann/DKKW* § 84 Rn. 20; *Fitting* § 84 Rn. 6; vgl. auch *Schmitt-Schönenberg* AuR 1994, 281 [285]). In diesem Falle läge eine Popularbeschwerde vor, für deren Behandlung allein der Betriebsrat zuständig ist (vgl. Rdn. 11).

Die Vorschrift des § 84 setzt voraus, dass der Arbeitnehmer sich selbst beeinträchtigt fühlt **(Individual-** **11** **beschwerde)**, begründet also **kein Recht** zur **Popularbeschwerde** (*BAG* 22.11.2005 EzA § 85 BetrVG 2001 Nr. 1 Rn. 30 = AP Nr. 2 zu § 85 BetrVG 1972; *Buschmann/DKKW* § 84 Rn. 19; *Denck* DB 1980, 2132 [2134]; *Fitting* § 84 Rn. 4; *Galperin/Löwisch* § 84 Rn. 4; *Hallmen* Beschwerde des Arbeitnehmers, S. 19 ff.; *Hanau* BB 1971, 485 [489]; *Rose/HWGNRH* § 84 Rn. 16; *Nebendahl/Lunk* NZA 1990, 676 [677 f.]; *Richardi/Thüsing* § 84 Rn. 4; *Stege/Weinspach/Schiefer* §§ 84–86 Rn. 3; *Wiese* FS G. *Müller*, S. 625 [627 f.]). Aus diesem Grund gehören **Hinweisgebersysteme**, auch Whistleblowersysteme genannt, nicht hierher; dort geht es darum, Verfahren zur Meldung von Regelverstößen und allgemeinen Missständen im Unternehmen zu etablieren (näher dazu etwa *Grau* KSzW 2012, 66; umfassend *Schemmel/Ruhmannseder/Witzigmann* Hinweisgebersysteme – Implementierung in Unternehmen, 2012). Der Arbeitnehmer kann sich daher im Beschwerdeverfahren nach § 84 nicht zum Fürsprecher anderer Arbeitnehmer oder der Belegschaft als solcher machen. Insoweit ist der Betriebsrat der allein legitimierte Interessenvertreter, den der Arbeitnehmer anregen kann, in dieser Angelegenheit initiativ zu werden, um durch Verhandlungen mit dem Arbeitgeber auf eine Erledigung hinzuwirken (vgl. § 80 Abs. 1 Nr. 3). Eine individuelle Beeinträchtigung des Arbeitnehmers kann aber auch aus einer generellen, d. h. die Belegschaft oder eine Gruppe von Arbeitnehmern betreffenden Maßnahme des Arbeitgebers oder aus der Durchführung einer gemeinsam mit dem Betriebsrat getroffenen Regelung erwachsen. **Mehrere Arbeitnehmer** können sich daher bei Vorliegen einer dieser Voraussetzungen auch **gleichzeitig beschweren** (vgl. *Nebendahl/Lunk* NZA 1990, 676 [677 f.]; zust. *Buschmann/DKKW* § 84 Rn. 20; *Fitting* § 84 Rn. 4).

Die **Beeinträchtigung** muss sich **aus dem Arbeitsverhältnis** ergeben, so dass außerdienstliche bzw. **12** außerbetriebliche Umstände das Beschwerderecht nur begründen, soweit sie das Arbeitsverhältnis berühren (vgl. auch *LAG Düsseldorf* 21.12.1993 NZA 1994, 767; *ArbG Mannheim* 20.12.1978 BB 1979, 833; *BAG* 22.11.2005 EzA § 85 BetrVG 2001 Nr. 1 Rn. 29 = AP Nr. 2 zu § 85 BetrVG 1972 Rn. 29; zuletzt *LAG Rheinland-Pfalz* 11.12.2014 – 3 TaBV 8/14 – juris, Rn. 37; *Richardi/Thüsing* § 84 Rn. 6; zum Nichtraucherschutz im Betrieb vgl. *Thelen* Nichtraucherschutz am Arbeitsplatz [Diss. Halle-Wittenberg], 2016, S. 195 f.).

Unerheblich ist, von wem die Beeinträchtigung ausgeht. Es muss nach § 84 Abs. 1 Satz 2 nur ein **Be-** **13** **triebsangehöriger** sein, ohne Rücksicht darauf, ob er Arbeitgeberfunktionen wahrnimmt (zu § 13 AGG vgl. aber Rdn. 6). Der Sinn der Regelung ist es, dem Arbeitnehmer nicht nur das Recht zur Reaktion gegenüber dem Arbeitgeber und den von ihm mit der Ausübung seiner Befugnisse betrauten Vorgesetzten des Arbeitnehmers einzuräumen, sondern ihm zugleich die Möglichkeit zu geben, den Schutz der zuständigen Stelle des Betriebs gegenüber den Personen anzurufen, mit denen er zusammenarbeitet (vgl. die Beispiele Rdn. 8). Zulässig ist auch eine Beschwerde über den Datenschutzbeauftragten (vgl. *Brill* BlStSozArbR 1978, 163 [166]).

14 Umstritten ist, ob nach § 84 auch eine **Beschwerde** des Arbeitnehmers bei den zuständigen Stellen des Betriebs **über** den **Betriebsrat** zulässig ist (so *Gamillscheg* II, S. 858; *Niederalt* Die Individualrechte des Arbeitnehmers nach dem Betriebsverfassungsgesetz 1972, S. 60 ff.; *Rose/HWGNRH* § 84 Rn. 22 ff.; *Stege/Weinspach/Schiefer* §§ 84–86 Rn. 4; **a. M.** *Buschmann/DKKW* § 84 Rn. 23; *Fitting* § 84 Rn. 12; *Galperin/Löwisch* § 84 Rn. 3b; *Hallmen* Beschwerde des Arbeitnehmers, S. 23 ff.; *Moll/Klunker* RdA 1973, 361; *Pouyadou* Die Abhängigkeit des Arbeitnehmers vom Betriebsrat, S. 134 ff.; *Richardi/Thüsing* § 84 Rn. 10; *Wiese* FS *G. Müller*, S. 625 [629 ff.]). Gleiches gilt hinsichtlich der Amtstätigkeit einzelner **Betriebsratsmitglieder**. Es ist keineswegs auszuschließen, dass ein Arbeitnehmer sich durch das Verhalten des Betriebsrats oder einzelner Betriebsratsmitglieder beschwert fühlt. Man denke an den Fall, dass der Betriebsrat die Zustimmung zu einer Umgruppierung des Arbeitnehmers verweigert oder dass das bei der Personalakteneinsicht hinzugezogene Betriebsratsmitglied nicht seine nach § 83 Abs. 1 Satz 3 bestehende Verschwiegenheitspflicht beachtet. Gleichwohl ist § 84 in diesen Fällen nicht anwendbar. Für diese Ansicht spricht bereits, dass in § 84 Abs. 1 Satz 1 nur vom »Arbeitgeber oder von Arbeitnehmern des Betriebs« die Rede ist, während im Gesetz sonst vom Betriebsrat oder Betriebsratsmitgliedern gesprochen wird, wenn es um deren Amtstätigkeit geht. Auch kann der Arbeitnehmer nach § 84 Abs. 1 Satz 2 zur Unterstützung oder Vermittlung ein Betriebsratsmitglied heranziehen, was Beschwerden gegen den Betriebsrat selbst ausschließen dürfte. Vor allem würde es der Konzeption des Betriebsverfassungsgesetzes über das Verhältnis der Betriebspartner zueinander widersprechen, dass der Arbeitgeber als Interessenwahrer des Arbeitnehmers gegenüber dessen eigener Vertretung auftritt. Ferner wäre das Beschwerdeverfahren nach § 84 wegen eines Verhaltens des Betriebsrats oder einzelner Betriebsratsmitglieder auch deswegen sinnlos, weil der Arbeitgeber mangels rechtlicher Einwirkungsmöglichkeiten auf die Amtstätigkeit des Betriebsrats gar nicht seiner nach § 84 Abs. 2 bestehenden Verpflichtung zur Abhilfe nachkommen könnte. Aus allen diesen Erwägungen ist es schließlich unerheblich, dass der Arbeitgeber nach § 75 verpflichtet ist, über die Einhaltung der dort genannten Grundsätze zu wachen.

15 In besonderen Fällen wird der **Arbeitgeber** aufgrund seiner **Treue-(Fürsorge-)Pflicht** den **Arbeitnehmer** auch **gegenüber** dem **Betriebsrat in Schutz nehmen** müssen; nur handelt es sich dann nicht um das Verfahren nach § 84. Eine solche Schutzpflicht muss die besondere Rechtsbeziehung zwischen Betriebsrat und Arbeitnehmern berücksichtigen, ist aber keineswegs systemwidrig, weil sie als allgemeine Vertragspflicht des Arbeitgebers schlechthin gilt und daher gegebenenfalls auch gegenüber dem Betriebsrat bestehen kann (vgl. *Blomeyer* Gedächtnisschrift für *R. Dietz*, 1973, S. 147 [169 f.]; **a. M.** *Niederalt* Die Individualrechte des Arbeitnehmers nach dem Betriebsverfassungsgesetz 1972, S. 61). Im Übrigen muss der Arbeitnehmer nach § 23 Abs. 1 gegen den Betriebsrat vorgehen. Die hier vertretene Ansicht bedeutet auch nicht, dass eine Beschwerde gegen Arbeitnehmer, die Betriebsratsmitglieder sind, ausgeschlossen wäre. Nur dürfen sie nicht in ihrer Funktion als Betriebsratsmitglied gehandelt haben.

III. Beschwerdeverfahren

1. Einlegung und Wirkungen der Beschwerde

16 Im Gegensatz zur Regelung des § 85, nach der eine Beschwerde vom Arbeitnehmer beim Betriebsrat eingelegt werden kann, ist die Beschwerde nach § 84 bei den **zuständigen Stellen** des Betriebs einzulegen. Der Arbeitgeber ist, selbst soweit es zweckmäßig sein mag, auch in größeren Betrieben nicht verpflichtet, eine zuständige Stelle besonders einzurichten (**a. M.** *Hallmen* Beschwerde des Arbeitnehmers, S. 65 ff.). Der Arbeitnehmer hat einen Anspruch auf Entgegennahme und Behandlung der Beschwerde. Er kann aber nicht verlangen, dass eine mündlich eingelegte Beschwerde schriftlich fixiert wird (vgl. *Hallmen* Beschwerde des Arbeitnehmers, S. 42 f.). Wer oder welche Stelle zuständig ist, richtet sich nach der jeweiligen Betriebsorganisation, über die der Arbeitgeber entscheidet. In der Regel sind die unmittelbaren Vorgesetzten (Meister, Abteilungsleiter usw.) und bei Beschwerden über diese deren Vorgesetzte zuständig (vgl. auch Rdn. 30). Dagegen ist der Betriebsrat keine zuständige Stelle i. S. d. Gesetzes (zutr. *Moll/Klunker* RdA 1973, 361). Nach der betrieblichen Organisation kann die Zuständigkeit für die Entgegennahme und die Behandlung von Beschwerden unterschiedlich sein. Im Interesse aller Beteiligten sollten nach § 86 nähere Bestimmungen darüber getroffen werden,

wer für die Entgegennahme und wer für die Behandlung von Beschwerden zuständig ist. Das kann z. B. auch die Personalabteilung oder ein besonders bestellter Beschwerdebeauftragter (vgl. § 86 Rdn. 5) sein. Für die Behandlung von **Beschwerden nach § 13 AGG** kann der Arbeitgeber eine Stelle im Betrieb, aber auch im Unternehmen vorsehen; ihm steht es also frei, sich innerhalb eines Unternehmens auf eine zentrale Stelle zu beschränken, an welche die Beschwerden aus allen Betrieben des Unternehmens zu richten sind (vgl. *LAG Berlin-Brandenburg* 28.02.2008 – 5 TaBV 2476/07 – juris, Rn. 32: der Einrichtung vorgeschaltete Organisationsentscheidung; *Oetker* NZA 2008, 264 [266]). Ebenso gut kann der Arbeitgeber aber auch eine nach § 84 für allgemeine Beschwerden vorgesehene Stelle innerhalb eines Betriebs zugleich als zuständige Stelle i. S. d. § 13 AGG bestimmen; das Gesetz schreibt nicht zwingend vor, dass eine ausschließlich für Beschwerden nach § 13 AGG zuständige Stelle einzurichten ist (vgl. *Oetker* NZA 2008, 264 [267]). Dem Betriebsrat steht insoweit ein Mitbestimmungsrecht nach § 87 Abs. 1 Nr. 1 BetrVG einschließlich Initiativrecht zu, das sich auf die Einführung und Ausgestaltung des Beschwerdeverfahrens, nicht aber auf die betriebliche Verortung und personelle Besetzung der Beschwerdestelle erstreckt (*BAG* 21.07.2009 EzA § 87 BetrVG 2001 Betriebliche Ordnung Nr. 5 = AP Nr. 1 zu § 13 AGG). Nach § 12 Abs. 5 AGG sind Informationen über die für die Behandlung von Beschwerden nach § 13 AGG zuständigen Stellen im Betrieb bekannt zu machen.

Die Wirksamkeit der vom Arbeitnehmer vorgebrachten Beschwerde wird nicht dadurch beeinträchtigt, dass sie bei der falschen Stelle eingelegt wird (**a. M.** *Hallmen* Beschwerde des Arbeitnehmers, S. 12, falls die zuständige Stelle durch Aushang bekannt gemacht worden war). Der Arbeitnehmer ist dann entweder an die zuständige Stelle zu verweisen, oder die Beschwerde ist an diese weiterzuleiten (zust. *Buschmann/DKKW* § 84 Rn. 24). 17

Die Einlegung der Beschwerde hat als solche **keine aufschiebende Wirkung** gegenüber Maßnahmen des Arbeitgebers (vgl. *BAG* 14.02.1963 AP Nr. 22 zu § 66 BetrVG Bl. 3 R; *Fitting* § 84 Rn. 15; *Galperin/Löwisch* § 84 Rn. 7; *Rose/HWGNRH* § 84 Rn. 26; *Richardi/Thüsing* § 84 Rn. 17). Der Arbeitnehmer muss daher einer seiner Ansicht nach ungerechtfertigten Anordnung zunächst nachkommen, es sei denn, dass ihm unabhängig von seiner Beschwerde ein **Leistungsverweigerungsrecht** zusteht. Nach § 14 AGG sind die betroffenen Beschäftigten ungeachtet des § 273 BGB berechtigt, ihre Tätigkeit ohne Verlust des Arbeitsentgelts einzustellen, soweit dies zu ihrem Schutz erforderlich ist, wenn der Arbeitgeber zur Unterbindung einer Belästigung oder sexuellen Belästigung am Arbeitsplatz keine oder offensichtlich ungeeignete Maßnahmen ergreift. Andererseits ist der Arbeitgeber verpflichtet, dafür zu sorgen, dass die Beschwerde **unverzüglich geprüft** und **behandelt** wird (§ 242 BGB). Ausdrücklich bestimmt § 13 Abs. 1 Satz 2 AGG, dass die Beschwerde i. S. d. AGG zu prüfen ist. 18

Die Beschwerde **hemmt** grundsätzlich **nicht** den Ablauf von **Fristen**, soweit es nicht bei tariflichen oder vertraglichen Ausschlussfristen lediglich auf die Geltendmachung des Anspruchs ankommt (vgl. *Buschmann/DKKW* § 84 Rn. 3; *Fitting* § 84 Rn. 1; *Galperin/Löwisch* § 84 Rn. 8; *Richardi/Thüsing* § 84 Rn. 17). Die **Zurücknahme** der Beschwerde ist **zulässig**. 19

Soweit die **Einlegung** der Beschwerde **während** der **Arbeitszeit** erforderlich ist, darf der Arbeitgeber in Rechtsanalogie zu § 20 Abs. 3 Satz 2, § 39 Abs. 3, § 44 Abs. 1 Satz 2, Abs. 2 das **Arbeitsentgelt nicht kürzen** (vgl. *Buschmann/DKKW* § 84 Rn. 25; *Richardi/Thüsing* § 84 Rn. 19; vgl. auch § 81 Rdn. 1, § 82 Rdn. 3, § 83 Rdn. 22; im Ergebnis ferner *Buschmann/DKKW* § 84 Rn. 25, 35; *Fitting* § 84 Rn. 20; *Hallmen* Beschwerde des Arbeitnehmers, S. 26 ff., die dies aber fälschlich aus dem Benachteiligungsverbot des § 84 Abs. 3 ableiten). 20

2. Form und Frist

Eine **Form** ist für die Beschwerde nach dem Gesetz nicht vorgeschrieben; sie kann daher mündlich oder schriftlich eingelegt werden. Sie braucht auch nicht als solche bezeichnet zu werden, muss aber erkennen lassen, dass und warum der Arbeitnehmer sich beschwert fühlt. Notfalls muss der Arbeitgeber um Erläuterung bitten. Auch eine **Frist** ist nicht vorgeschrieben, innerhalb der die Beschwerde geltend gemacht werden muss. Allerdings kann sie nach allgemeinen Rechtsgrundsätzen (§ 242 BGB) wegen Verwirkung unzulässig sein, wenn eine so lange Zeit verstrichen ist, dass der Arbeitgeber nach Treu und Glauben mit ihrer Geltendmachung nicht mehr zu rechnen brauchte (vgl. *Hallmen* Be- 21 schwerde des Arbeitnehmers, S. 41 f.). Bei Sicherheitsbeschwerden ist jedoch eine Verwirkung ausgeschlossen (so zutr. *Rehhahn* AuR 1981, 161 [164]). Im Übrigen können Form und Frist der Beschwerde nach Maßgabe des § 86 näher geregelt werden (vgl. § 86 Rdn. 5).

3. Hinzuziehung eines Betriebsratsmitglieds

22 Der Arbeitnehmer kann zu seiner **Unterstützung** oder zur **Vermittlung** bei der Einlegung und Durchführung der Beschwerde (Verhandlungen mit dem Arbeitgeber) ein beliebiges Mitglied des Betriebsrats hinzuziehen (§ 84 Abs. 1 Satz 2). Die Hinzuziehung zur Vermittlung erlaubt daher im Gegensatz zu § 81 Abs. 4 Satz 3 (vgl. § 81 Rdn. 23), § 82 Abs. 2 Satz 2 (vgl. § 82 Rdn. 20 f.) und § 83 Abs. 1 Satz 2 (vgl. § 83 Rdn. 28) auch, dass der Arbeitnehmer das Betriebsratsmitglied ermächtigt, für ihn und nicht nur mit ihm tätig zu werden. Die Auswahl steht dem Arbeitnehmer frei (vgl. *Richardi/Thüsing* § 84 Rn. 14). Der Arbeitgeber muss die Wahl des Arbeitnehmers hinnehmen, das Betriebsratsmitglied dem Verlangen des Arbeitnehmers entsprechen (vgl. *Hallmen* Beschwerde des Arbeitnehmers, S. 62 f.; insoweit **a. M.** *Richardi/Thüsing* § 84 Rn. 14; vgl. auch § 81 Rdn. 23, § 82 Rdn. 20, § 83 Rdn. 28). Für das Tätigwerden des Betriebsratsmitglieds bedarf es keines gesonderten Beschlusses des Betriebsrats, vielmehr gehört die Unterstützung des Arbeitnehmers zu den originären Aufgaben des einzelnen Betriebsratsmitglieds (*LAG Berlin-Brandenburg* 20.10.2011 – 10 TaBV 567/11 – juris, Rn. 41). Das Betriebsratsmitglied kann seine Mitwirkung im Gegensatz zur Regelung des § 85 Abs. 1 nicht davon abhängig machen, dass es die Beschwerde für begründet hält (vgl. *Richardi/Thüsing* § 84 Rn. 14; **a. M.** *Schaub/Koch* Arbeitsrechts-Handbuch, § 234 Rn. 17). Anders als nach § 85 übernimmt der Betriebsrat nach nicht als solcher die Beschwerde des Arbeitnehmers. Das AGG enthält zwar keine § 84 Abs. 1 Satz 2 entsprechende Vorschrift. Jedoch gilt § 84 Abs. 1 Satz 2 allgemein für jede Beschwerde, so dass sie auch auf Beschwerden nach § 13 AGG anzuwenden ist (für lediglich analoge Anwendung des § 84 Abs. 1 Satz 2 *Oetker* NZA 2008, 264 [267]).

23 Im Gegensatz zu § 82 Abs. 2 Satz 3, § 83 Abs. 1 Satz 3 ist eine **Schweigepflicht** des Betriebsratsmitglieds in diesem Falle nicht vorgesehen, so dass die Möglichkeit einer Bestrafung nach § 120 Abs. 2 ausscheidet, soweit nicht zugleich die Voraussetzungen des § 82 Abs. 2 Satz 3 oder des § 83 Abs. 1 Satz 3 vorliegen. Das schließt eine Persönlichkeitsrechtsverletzung des Arbeitnehmers durch das Betriebsratsmitglied und entsprechende Ansprüche gegen dieses nicht aus (zu den Tatbeständen vgl. *Wiese* ZfA 1971, 273 [305, 310]). Der **Arbeitnehmer** hat dagegen **kein Recht** auf **anonyme Behandlung** der **Beschwerde** (vgl. *Fitting* § 84 Rn. 14; *Rose/HWGNRH* § 84 Rn. 49; *Richardi/Thüsing* § 84 Rn. 15); der Arbeitgeber muss den Arbeitnehmer jedoch nach § 84 Abs. 3 davor schützen, dass die Bekanntgabe seines Namens für ihn mit Nachteilen verbunden ist (vgl. *Hallmen* Beschwerde des Arbeitnehmers, S. 45 f., daselbst S. 46 ff. auch zum Persönlichkeitsschutz des Beschuldigten).

4. Abhilfe und Mitteilung an den Arbeitnehmer

24 Der Arbeitgeber hat, soweit er die Beschwerde für berechtigt hält, ihr abzuhelfen (§ 84 Abs. 2). Die für die Behandlung der Beschwerde zuständige Stelle (vgl. Rdn. 16) muss die Beschwerde unverzüglich gewissenhaft prüfen (vgl. Rdn. 18; *Hallmen* Beschwerde des Arbeitnehmers, S. 43 ff.), evtl. weitere Informationen einholen und ihr gegebenenfalls abhelfen (zur Abhilfe bei Belästigung durch Tabakrauch vgl. *LAG München* 27.11.1990 NZA 1991, 521). Zur Behandlung von Beschwerden wegen Verstoßes gegen das AGG vgl. Rdn. 29.

25 Die Verpflichtung zur Abhilfe ist nach § 84 Abs. 2 eine **gesetzliche Verpflichtung** des Arbeitgebers, die dadurch ausgelöst wird, dass der Arbeitgeber die Beschwerde »für berechtigt erachtet« (vgl. auch *Moll/Klunker* RdA 1973, 361 [362]). Einer besonderen »Anerkennungserklärung« des Arbeitgebers bedarf es nicht (**a. M.** *Löwisch/Hetzel* in *Richardi*, Recht der Betriebs- und Unternehmensmitbestimmung, Bd. 2, S. 48 [55]). Jedoch muss der Arbeitgeber jedenfalls konkludent zum Ausdruck bringen, dass er die Beschwerde für berechtigt erachtet (zur Zurechnung bei Anerkennung durch Vorgesetzte oder andere betriebliche Stellen vgl. *Hallmen* Beschwerde des Arbeitnehmers, S. 57 f.). Handelt es sich um einen ohnehin bestehenden fälligen Anspruch, kann eine Selbstmahnung vorliegen, so dass die Folgen des Schuldnerverzugs eintreten. Soweit der Arbeitgeber nicht einen vom Arbeitnehmer geltend gemachten, eindeutig bestimmten Anspruch zu erfüllen hat, entscheidet er nach eigenem Ermes-

sen darüber, wie er der Beschwerde abhilft (vgl. *Hallmen* Beschwerde des Arbeitnehmers, S. 58 f.; *Moll/Klunker* RdA 1973, 361 [362]; *Richardi/Thüsing* § 84 Rn. 22, 25). Seine Verpflichtung reicht nur so weit, wie ihm eine Abhilfe möglich und zumutbar ist (§ 242 BGB; vgl. *Loritz/ZLH* Arbeitsrecht, § 54 I 4). So wird der Arbeitgeber dem Arbeitnehmer bei einer unfreundlichen Behandlung durch Arbeitskollegen nur begrenzt helfen können.

Ungeachtet seiner gesetzlichen Verpflichtung zur Abhilfe kann der Arbeitgeber gegenüber dem Arbeitnehmer die Berechtigung der Beschwerde ausdrücklich anerkennen. In diesem Fall ist durch Auslegung (§§ 133, 157 BGB) zu ermitteln, ob der Arbeitgeber nur deklaratorisch seine gesetzliche Verpflichtung hat bestätigen oder eine **zusätzliche rechtsgeschäftliche Bindung** hat eingehen wollen (krit. *Hallmen* Beschwerde des Arbeitnehmers, S. 55 f.; nach Ansicht von *Buschmann/DKKW* § 84 Rn. 30; *Fitting* § 84 Rn. 18; *Richardi/Thüsing* § 84 Rn. 23 wird durch die Anerkennung der Berechtigung der Beschwerde stets eine »Selbstbindung« begründet). Ist eine rechtsgeschäftliche Verpflichtung gewollt, wird die widerspruchslose Entgegennahme der Erklärung des Arbeitgebers durch den Arbeitnehmer in der Regel als konkludente Annahme des Angebots zu bewerten sein. War Gegenstand der Beschwerde ein Rechtsanspruch, liegt in der zusätzlich eingegangenen Bindung in der Regel ein deklaratorisches und nur ausnahmsweise ein konstitutives Schuldanerkenntnis (vgl. *Galperin/Löwisch* § 84 Rn. 12; *Richardi/Thüsing* § 84 Rn. 24). Bei sonstigen Beschwerdegegenständen ist die zusätzlich eingegangene Verpflichtung als vertragliche Zusage anzusehen, der Beschwerde abzuhelfen. Durch Auslegung ist zu ermitteln, wie weit die Verpflichtung reicht; gegebenenfalls kann die Zusage nach §§ 315 ff. BGB zu konkretisieren sein (vgl. *Galperin/Löwisch* § 84 Rn. 13). **26**

In jedem Fall muss der **Arbeitgeber** den **Arbeitnehmer**, auch wenn die Beschwerde nicht für berechtigt angesehen wird, **innerhalb angemessener Frist** über ihre Behandlung **bescheiden**. Das kann mündlich oder schriftlich geschehen (vgl. *Buschmann/DKKW* § 84 Rn. 29; *Fitting* § 84 Rn. 16; *Kaiser/LK* § 84 Rn. 8; **a. M.** *Weiss/Weyand* § 84 Rn. 5, die bei Ablehnung eine schriftliche Begründung für erforderlich halten). Die Abhilfe einer Beschwerde ersetzt nicht in jedem Fall den Bescheid an den Arbeitnehmer (**a. M.** *Galperin/Löwisch* § 84 Rn. 10), sondern nur dann, wenn die Maßnahme zur Abhilfe dem Arbeitnehmer unmittelbar zur Kenntnis kommt. Hat dieser sich beispielsweise über einen Vorgesetzten beschwert, genügt es nicht, dass der Arbeitgeber auf diesen einwirkt, sondern er muss auch den Arbeitnehmer darüber unterrichten (vgl. auch *Hallmen* Beschwerde des Arbeitnehmers, S. 51 f.). Zum Bescheid gehört auch die Mitteilung der **wesentlichen Gründe** für die Entscheidung (vgl. *Galperin/Löwisch* § 84 Rn. 10; bei Ablehnung der Beschwerde auch *Buschmann/DKKW* § 84 Rn. 29; *Fitting* § 84 Rn. 16: »mindestens bei Ablehnung«; *Hallmen* Beschwerde des Arbeitnehmers, S. 49 f.; *Richardi/Thüsing* § 84 Rn. 21; *Stege/Weinspach/Schiefer* §§ 84–86 Rn. 6). Nimmt die Erledigung der Beschwerde längere Zeit in Anspruch, so ist dem Arbeitnehmer ein mündlicher oder schriftlicher **Zwischenbescheid** zu erteilen (vgl. *Fitting* § 84 Rn. 15; *Rose/HWGNRH* § 84 Rn. 41; *Richardi/Thüsing* § 84 Rn. 21). Der Arbeitnehmer ist mindestens über den Stand des Verfahrens zu informieren. Der Betriebsrat ist nicht zu unterrichten (unzutr. *Hallmen* Beschwerde des Arbeitnehmers, S. 64 f.). **27**

Rechtsmittel gegen einen ablehnenden Bescheid sind nicht vorgesehen und mit Rücksicht auf das Verfahren nach § 85 auch nicht erforderlich. **28**

Nach der Sonderregelung des **§ 13 Abs. 1 Satz 2 AGG** ist das Ergebnis der Prüfung der Beschwerde der oder dem beschwerdeführenden Beschäftigten mitzuteilen. Das ist für den Betroffenen insbesondere wichtig, wenn infolge der Beschwerde keine konkreten Maßnahmen ergriffen werden (vgl. amtliche Begründung zu § 13 Abs. 1 Satz 2 AGG-Entwurf, BT-Drucks. 16/1780, S. 37). Bei einem Verstoß gegen das Benachteiligungsverbot des § 7 Abs. 1 AGG durch Beschäftigte hat der Arbeitgeber nach § 12 Abs. 3 AGG die im Einzelfall geeigneten, erforderlichen und angemessenen Maßnahmen zur Unterbindung der Benachteiligung wie Abmahnung, Umsetzung, Versetzung oder Kündigung zu ergreifen. Verstoßen Dritte gegen das Benachteiligungsverbot des § 7 Abs. 1 AGG, so hat der Arbeitgeber die im Einzelfall geeigneten, erforderlichen und angemessen Maßnahmen zum Schutz der Beschäftigten zu ergreifen (§ 12 Abs. 4 AGG). Die Vorschrift konkretisiert die allgemeine Regelung des § 84 Abs. 2. Zur Entschädigung des Beschäftigten und zur Schadenersatzpflicht des Arbeitgebers bei Verstößen gegen das Benachteiligungsverbot vgl. § 15 AGG. Im Übrigen bleiben Ansprüche gegen den Arbeitgeber, die sich aus anderen Rechtsvorschriften ergeben, unberührt (§ 15 Abs. 5 AGG). **29**

5. Einlegung weiterer Beschwerden in derselben Sache

30 Die Ablehnung einer Beschwerde durch eine untergeordnete betriebliche Stelle hindert den Arbeitnehmer nicht, übergeordnete betriebliche Stellen bis hin zum Arbeitgeber anzurufen, um sein Anliegen erneut vorzutragen (vgl. *Fitting* § 84 Rn. 13; *Hallmen* Beschwerde des Arbeitnehmers, S. 52 ff., außer bei ausdrücklicher Regelung einer zuständigen Stelle; *Preis / WPK* § 84 Rn. 13; **a. M.** *Richardi / Thüsing* § 84 Rn. 28). Allerdings kann die wiederholte Einlegung einer Beschwerde in derselben Sache u. U. wegen Rechtsmissbrauchs (§ 242 BGB) unzulässig sein, so dass der Arbeitnehmer dann auch nicht erneut zu bescheiden ist (zust. *Richardi / Thüsing* § 84 Rn. 29; **a. M.** *Hallmen* Beschwerde des Arbeitnehmers, S. 40 f.). Außerdem kann das Beschwerdeverfahren nach Maßgabe des § 86 die wiederholte Beschwerdemöglichkeit in derselben Sache und den Beschwerdeweg begrenzen. Jedoch muss die zuständige betriebliche Stelle jedenfalls die Entscheidungskompetenz gehabt haben, weil andernfalls das Beschwerderecht praktisch beseitigt würde.

6. Verhältnis der Beschwerdeverfahren nach § 84 und § 85

31 Eine bestimmte Reihenfolge der Beschwerdeverfahren nach § 84 und § 85 ist im Gesetz nicht vorgeschrieben; sie stehen selbständig nebeneinander. Der Arbeitnehmer kann daher seine Beschwerde entweder an die zuständige betriebliche Stelle (§ 84) oder an den Betriebsrat (§ 85) richten und erst den einen oder anderen Weg beschreiten (zum Streitstand nach § 54 Abs. 1 Buchst. c BetrVG 1952 vgl. *BAG* 01.03.1963 AP Nr. 8 zu § 37 BetrVG Bl. 3 f.; *Dietz* § 54 Rn. 8; *Fitting / Kraegeloh / Auffarth* § 54 Rn. 12). Der Arbeitnehmer kann sich daher zunächst nach § 84 bei den zuständigen Stellen des Betriebs beschweren und dann trotzdem noch die Hilfe des Betriebsrats nach § 85 in Anspruch nehmen. Ebenso ist er bei einer Ablehnung der Beschwerde durch den Betriebsrat (§ 85 Abs. 1) nicht gehindert, sich noch an den Arbeitgeber zu wenden. Er kann auch beide Wege gleichzeitig beschreiten (zust. *Fitting* § 84 Rn. 1; **a. M.** *Rose / HWGNRH* § 84 Rn. 4). Da dies im Allgemeinen zu einem unnötigen Aufwand führt, ist eine Regelung nach § 86 zweckmäßig (vgl. dort Rdn. 6).

7. Beschwerde und gerichtliche Geltendmachung von Rechtsansprüchen

32 Die Regelung des § 84 betrifft nur das betriebliche Beschwerdeverfahren. Unabhängig davon kann der Arbeitnehmer etwaige Rechtsansprüche gerichtlich geltend machen (vgl. *Fitting* § 84 Rn. 1; *Galperin / Löwisch* § 84 Rn. 7; *Richardi / Thüsing* § 84 Rn. 16; vgl. auch Rdn. 36 f.). Allerdings kann der Arbeitnehmer aufgrund seiner Treuepflicht unter besonderen Umständen gehalten sein, erst Beschwerde einzulegen, bevor er Klage erhebt (**a. M.** *Hallmen* Beschwerde des Arbeitnehmers, S. 165; *Moll / Klunker* RdA 1973, 361 [368]). Auch die erfolglose Durchführung eines Beschwerdeverfahrens hindert den Arbeitnehmer nicht, Rechtsansprüche gerichtlich geltend zu machen. Andererseits werden durch das betriebliche Beschwerdeverfahren gerichtliche Fristen – z. B. für die Geltendmachung der Kündigungsschutzklage – nicht gehemmt (vgl. auch Rdn. 19).

IV. Benachteiligungsverbot

33 Nach § 84 Abs. 3 dürfen dem Arbeitnehmer **wegen** der **Erhebung** der Beschwerde **keine Nachteile** entstehen (vgl. allgemein auch § 612a BGB, für Teilzeitbeschäftigte § 5 TzBfG). Die Vorschrift besagt insofern etwas Selbstverständliches, als die Ausübung des Beschwerderechts als solche dem Beschwerdeführer nicht angelastet werden darf (vgl. auch den Hinweis in der amtlichen Begründung auf die klarstellende Bedeutung der Vorschrift, BT-Drucks. VI/1786, S. 48). Das ergab sich im Verhältnis zum Arbeitgeber bisher schon aus dessen Treue-(Fürsorge-)Pflicht (vgl. vor § 81 Rdn. 16). Die Vorschrift verbietet jedoch auch die Zufügung von Nachteilen durch andere Personen als den Arbeitgeber (vgl. *Buschmann / DKKW* § 84 Rn. 38; *Kaiser / LK* § 84 Rn. 10). Eine Sonderregelung enthält § 16 AGG. Danach darf der Arbeitgeber Beschäftigte nicht wegen der Inanspruchnahme von Rechten nach Abschnitt 2 des AGG (Schutz der Beschäftigten vor Benachteiligung) oder wegen der Weigerung, eine gegen diesen Abschnitt verstoßende Anweisung auszuführen, benachteiligen. Gleiches gilt für Personen, die den Beschäftigten hierbei unterstützen oder als Zeugen oder Zeuginnen aus-

Beschwerderecht § 84

sagen (Abs. 1). Ebenso wenig darf die Zurückweisung oder Duldung benachteiligender Verhaltensweisen durch betroffene Beschäftigte als Grundlage für eine Entscheidung herangezogen werden, die diese Beschäftigten berührt; Abs. 1 Satz 2 gilt entsprechend (Abs. 2). Gleichfalls gilt § 22 entsprechend (§ 16 Abs. 3 AGG). Die Geltung sonstiger Benachteiligungsverbote wird durch das AGG nicht berührt (§ 2 Abs. 3 AGG). Vgl. deshalb ferner § 9 Abs. 2 Satz 3, Abs. 3 Satz 2, § 17 Abs. 2 Satz 2 ArbSchG; § 8 Abs. 1 Satz 2 ASiG. Ausführlich zum Benachteiligungsverbot *Hallmen* Beschwerde des Arbeitnehmers, S. 28 ff.

Das Benachteiligungsverbot gilt auch, falls die Beschwerde nicht berechtigt gewesen sein sollte. Jedoch **34** kann diese ihres **Inhalts** oder der **Begleitumstände** wegen Sanktionen gegen den Arbeitnehmer – z. B. eine Kündigung – rechtfertigen, wenn etwa völlig haltlos schwere Anschuldigungen gegen den Arbeitgeber bzw. Vorgesetzte oder Arbeitskollegen erhoben werden oder die wiederholte Einlegung grundloser Beschwerden den Arbeitnehmer als Querulanten ausweist (zust. *LAG Köln* 20.01.1999 LAGE § 626 BGB Nr. 128 S. 3; *LAG Hamm* 11.02.2004 AuR 2005, 36). Auch kann der Inhalt der Beschwerde ein Fehlverhalten des Arbeitnehmers aufdecken und Folgen auslösen (vgl. *Buschmann/DKKW* § 84 Rn. 37; *Fitting* § 84 Rn. 21; *Galperin/Löwisch* § 84 Rn. 9; *Richardi/Thüsing* § 84 Rn. 18).

Soweit **rechtsgeschäftliche Maßnahmen** – z. B. eine Kündigung – dem Benachteiligungsverbot **35** widersprechen, sind sie **nichtig** (§ 134 BGB), **andere** sind **rechtswidrig**. Deshalb kann ein Schadenersatzanspruch nach § 823 Abs. 2 BGB i. V. m. § 84 Abs. 3 in Betracht kommen (vgl. vor § 81 Rdn. 39; *Buschmann/DKKW* § 84 Rn. 34; *Fitting* § 84 Rn. 21; *Kaiser/LK* § 84 Rn. 10). Da § 84 Abs. 3 unabhängig vom KSchG gilt, kommt hiernach auch ein Kündigungsschutz für Arbeitnehmer in Betracht, die noch nicht die Wartezeit nach § 1 Abs. 1 KSchG erfüllt haben (vgl. *Mache* AiB 1985, 60 f.).

V. Streitigkeiten

Über die Berechtigung des Arbeitnehmers zur Einlegung der Beschwerde, seinen Anspruch auf Ent- **36** gegennahme und Behandlung der Beschwerde, auf einen Bescheid oder Abhilfe wegen der als berechtigt erachteten Beschwerde und über die Abwehr von Nachteilen wegen Erhebung der Beschwerde entscheiden die Arbeitsgerichte im **Urteilsverfahren** (§ 2 Abs. 1 Nr. 3 Buchst. a, Abs. 5, §§ 46 ff. ArbGG; s. vor § 81 Rdn. 41; *Fitting* § 84 Rn. 22; *Galperin/Löwisch* § 84 Rn. 16; *Hallmen* Beschwerde des Arbeitnehmers, S. 71 f.; *Rose/HWGNRH* § 84 Rn. 51; *Moll/Klunker* RdA 1973, 361 [362 f.]; *Richardi/Thüsing* § 84 Rn. 32 f.; teilweise abweichend *Löwisch* DB 1972, 2304 [2305]). Das gleiche gilt, soweit Gegenstand der Beschwerde ein Rechtsanspruch ist, der nach Abschluss des Beschwerdeverfahrens, insbesondere aufgrund einer besonderen Zusage des Arbeitgebers (vgl. Rdn. 26), oder unabhängig davon gerichtlich geltend gemacht wird (vgl. Rdn. 32); es handelt sich dann um einen Rechtsstreit aus dem Arbeitsverhältnis. Zur Beweislast nach dem AGG vgl. § 22 AGG, zur Unterstützung Benachteiligter durch Antidiskriminierungsverbände § 23 AGG, zur Antidiskriminierungsstelle des Bundes §§ 25 ff. AGG.

Streitigkeiten über die Hinzuziehung eines Betriebsratsmitglieds sind dagegen eine betriebsverfas- **37** sungsrechtliche Angelegenheit (vgl. *Konzen* Leistungspflichten, S. 69 f., 71) und im **Beschlussverfahren** zu entscheiden (§ 2a Abs. 1 Nr. 1, Abs. 2, §§ 80 ff. ArbGG; vgl. auch vor § 81 Rdn. 42, § 81 Rdn. 26, § 82 Rdn. 25, § 83 Rdn. 78; *Galperin/Löwisch* § 84 Rn. 16; *Rose/HWGNRH* § 84 Rn. 52; **a. M.** *Hallmen* Beschwerde des Arbeitnehmers, S. 73 f.; *Richardi/Thüsing* § 84 Rn. 32; *Fitting* § 84 Rn. 22). Das gilt auch dann, wenn der Arbeitnehmer die Hinzuziehung eines bestimmten Betriebsratsmitglieds gegen dessen Willen zur Unterstützung und Vermittlung durchsetzen möchte (vgl. *Rose/HWGNRH* § 84 Rn. 52; **a. M.** *Buschmann/DKKW* § 84 Rn. 39, § 82 Rn. 18; *Fitting* § 84 Rn. 23; *Galperin/Löwisch* § 84 Rn. 16; *Hallmen* Beschwerde des Arbeitnehmers, S. 74; *Richardi/Thüsing* § 84 Rn. 32, die den Arbeitnehmer auf das Verfahren nach § 23 Abs. 1 verweisen). Die Frage ist allerdings kaum von praktischer Bedeutung, da dem Arbeitnehmer mit einem unwilligen Betriebsratsmitglied nicht gedient ist.

38 Nach § 17 Abs. 2 AGG können der Betriebsrat oder eine im Betrieb vertretene Gewerkschaft bei einem Verstoß des Arbeitgebers gegen Vorschriften aus Abschnitt 2 des AGG nach Maßgabe des § 23 Abs. 3 Satz 2 bis 5 gerichtlich vorgehen.

§ 85
Behandlung von Beschwerden durch den Betriebsrat

(1) Der Betriebsrat hat Beschwerden von Arbeitnehmern entgegenzunehmen und, falls er sie für berechtigt erachtet, beim Arbeitgeber auf Abhilfe hinzuwirken.

(2) Bestehen zwischen Betriebsrat und Arbeitgeber Meinungsverschiedenheiten über die Berechtigung der Beschwerde, so kann der Betriebsrat die Einigungsstelle anrufen. Der Spruch der Einigungsstelle ersetzt die Einigung zwischen Arbeitgeber und Betriebsrat. Dies gilt nicht, soweit Gegenstand der Beschwerde ein Rechtsanspruch ist.

(3) Der Arbeitgeber hat den Betriebsrat über die Behandlung der Beschwerde zu unterrichten. § 84 Abs. 2 bleibt unberührt.

Literatur
Dedert Zuständigkeit der Einigungsstelle für Abmahnungen, BB 1986, 320; *Hunold* Zur Fragwürdigkeit des Einigungsstellenverfahrens über eine Mitarbeiterbeschwerde gem. § 85 Abs. 2 BetrVG, DB 1993, 2282; *Möller* Zuständigkeit und Entscheidungsbefugnis der Einigungsstelle im Beschwerdeverfahren nach § 85 BetrVG (Diss. Mainz), 1975; *Steffan* Beschwerderecht und Mitbestimmung, RdA 2015, 270; *Uhl/Polloczek* »Man kann sich ja mal beschweren« – die Beschwerdeverfahren nach den §§ 84, 85 BetrVG, BB 2008, 1730; *Wiese* Zur Zuständigkeit der Einigungsstelle nach § 85 Abs. 2 BetrVG, FS G. Müller, 1981, S. 625; *Zimmermann* Zur Problematik anonymer Arbeitnehmerbeschwerden, AuR 2016, 226. Vgl. ferner vor § 81 und zu § 84.

Inhaltsübersicht

	Rdn.
I. Vorbemerkung	1–3
II. Begriff und Gegenstand der Beschwerde	4
III. Beschwerdeverfahren	5–29
1. Einlegung der Beschwerde, Behandlung durch Betriebsrat	5–8
2. Anrufung der Einigungsstelle	9–26
3. Abhilfe und Unterrichtung	27–29
IV. Benachteiligungsverbot	30
V. Streitigkeiten	31–33

I. Vorbemerkung

1 Die Vorschrift des § 85 regelt die Einlegung von Beschwerden beim Betriebsrat und ergänzt damit § 84 (Näheres dort Rdn. 2). Eine Rangordnung zwischen beiden Vorschriften besteht nicht, so dass der Arbeitnehmer selbst darüber entscheiden kann, welchen Weg er wählt (vgl. § 84 Rdn. 31). Während nach § 84 Abs. 1 Satz 2 die Hinzuziehung eines Betriebsratsmitglieds fakultativ ist und diesem nur eine unterstützende Funktion zukommt, übernimmt nach § 85 der Betriebsrat die Beschwerde und hat sie nach einer Vorprüfung (vgl. Rdn. 6) gegebenenfalls dem Arbeitgeber gegenüber zu vertreten. Damit wird der Beschwerde des Arbeitnehmers mehr Nachdruck verliehen. Von § 54 Abs. 1 Buchst. c BetrVG 1952 unterscheidet sich die Vorschrift des § 85 vor allem durch die Einführung des zwingenden Verfahrens vor der Einigungsstelle (zur Kritik vgl. *Bundesvereinigung der Deutschen Arbeitgeberverbände* Vorschlag für ein Betriebsverfassungsgesetz, 1971, S. 5 f.; *Dütz* DB 1971, 674 [678 ff.]; *Galperin* Leitfaden, S. 101; *Hanau* BB 1971, 485 [488 f.]; *H. Krüger* Der Regierungsentwurf eines Betriebsverfassungsgesetzes vom 29. Januar 1971 und das Grundgesetz, 1971, S. 41, 45 f., 66; dagegen *Richardi/Thüsing* § 85 Rn. 34). Die Bestimmung kann durch Tarifvertrag oder Betriebsvereinbarung nach Maßgabe des § 86 ergänzt bzw. geändert werden. Im Übrigen ist sie **zwingend** (vgl. vor § 81 Rdn. 34 und § 84 Rdn. 2).

Zum **persönlichen Geltungsbereich** vgl. vor § 81 Rdn. 21 ff. 2

Das **Bundespersonalvertretungsgesetz** und das **Sprecherausschussgesetz** enthalten keine entsprechende Vorschrift; vgl. aber § 68 Abs. 1 Nr. 3 BPersVG. Zu § 13 AGG vgl. § 84 Rdn. 6. 3

II. Begriff und Gegenstand der Beschwerde

Der **Begriff** der Beschwerde ist derselbe wie in § 84 (vgl. § 84 Rdn. 7). Entsprechendes gilt für den 4 **Gegenstand** der **Beschwerde** (vgl. § 84 Rdn. 8 ff.; *LAG Düsseldorf* 21.12.1993 NZA 1994, 767; *LAG Frankfurt a. M.* 10.02.1987 BetrR 1987, 223 [227]; *LAG München* 06.03.1997 LAGE § 85 BetrVG 1972 Nr. 4 S. 1 f.; *LAG Schleswig-Holstein* 21.12.1989 NZA 1990, 703 f.; *ArbG Mannheim* 20.12.1978 BB 1979, 833; *ArbG Offenbach* 23.10.2001 AuR 2002, 272 [273]; *LAG Rheinland-Pfalz* 11.12.2014 – 3 TaBV 8/14 – juris, Rn. 37; *Fitting* § 85 Rn. 3; *Galperin/Löwisch* § 85 Rn. 1; *Moll/Klunker* RdA 1973, 361 [363]; *Richardi/Thüsing* § 85 Rn. 4). Maßgebend ist das Begehren des Arbeitnehmers. Es genügt also, dass der Arbeitnehmer sich selbst irgendwie beeinträchtigt fühlt (zu eng und unklar *Reuter/Streckel* Grundfragen der betriebsverfassungsrechtlichen Mitbestimmung, S. 64); § 84 Abs. 1 Satz 1 ist insoweit in § 85 Abs. 1 mitzulesen. Deshalb kann die Beeinträchtigung auch rechtlicher Art sein (*Preis/WPK* § 85 Rn. 5; **a. M.** *LAG Berlin* 05.10.1987 NZA 1988, 442 [443]). Zur Beschwerde bei einem Verstoß gegen Umweltvorschriften vgl. § 84 Rdn. 10 sowie *Froschauer* Arbeitsrecht und Umweltschutz (Diss. Mannheim), 1994, S. 124 f. Die Besonderheit des § 85 besteht in dieser Hinsicht lediglich darin, dass für **Rechtsstreitigkeiten** das Verfahren vor der Einigungsstelle ausscheidet (vgl. Rdn. 10 ff.). Die Einlegung der Beschwerde beim Betriebsrat führt bei Rechtsstreitigkeiten daher nur zum Erfolg, wenn ihre Berechtigung von Arbeitgeber und Betriebsrat übereinstimmend bejaht wird (vgl. auch Rdn. 8). Wird sie übereinstimmend verneint oder kommt es zu keiner Einigung, so ist das Verfahren nach § 85 beendet. Eine Fortsetzung vor der Einigungsstelle kommt mithin nur für **Regelungsstreitigkeiten** in Betracht. Jedoch muss es sich dann ebenso wie bei der Beschwerde nach § 84 um eine **individuelle Beeinträchtigung** handeln (vgl. *Rose/HWGNRH* § 85 Rn. 5; s. § 84 Rdn. 11), so dass auch hier eine Popularbeschwerde ausscheidet und nur die Möglichkeit zu Anregungen nach § 80 Abs. 1 Nr. 3 gegeben ist (vgl. *Richardi/Thüsing* § 85 Rn. 4). Unzutreffend ist es daher, das Verfahren nach § 85 als »kollektives Beschwerdeverfahren« zu kennzeichnen (so aber *Buschmann/DKKW* § 85 Rn. 6; *Fitting* § 85 Rn. 1; *Hallmen* Beschwerde des Arbeitnehmers, S. 81; *Kania/ErfK* § 85 BetrVG Rn. 1; *Richardi/Thüsing* vor § 81 Rn. 3, § 84 Rn. 31, § 85 Rn. 3, 4, 6, 20, 23, 24, 28; wie hier *Preis/WPK* § 85 Rn. 1). Zur Unzulässigkeit einer Beschwerde über den Betriebsrat oder einzelne Betriebsratsmitglieder vgl. § 84 Rdn. 14. Zulässig ist dagegen eine Beschwerde über den Datenschutzbeauftragten (vgl. § 84 Rdn. 13). Zur **Mediation** bei Streitigkeiten zwischen Arbeitgeber und Arbeitnehmern sowie unter Arbeitnehmern vgl. *Lembke* Mediation im Arbeitsrecht, 2001, Rn. 421 ff.

III. Beschwerdeverfahren

1. Einlegung der Beschwerde, Behandlung durch Betriebsrat

Die Beschwerde, für die eine **Form** oder **Frist** nicht vorgeschrieben ist (vgl. auch § 84 Rdn. 21), ist 5 beim Vorsitzenden des Betriebsrats (§ 26 Abs. 2 Satz 2) bzw. dem vom Betriebsrat für die Entgegennahme von Beschwerden bestimmten Mitglied des Betriebsrats – z. B. dem nicht mit dem Betriebsratsvorsitzenden identischen Vorsitzenden eines Beschwerdeausschusses (s. *Raab* § 26 Rdn. 59) – einzulegen. Ihre Einlegung hat **keine aufschiebende Wirkung** (vgl. § 84 Rdn. 18). Zur Wahrung tariflicher Ausschlussfristen, wenn der Betriebsrat aufgrund einer Beschwerde Ansprüche des Arbeitnehmers gegenüber dem Arbeitgeber geltend macht, vgl. *Hallmen* Beschwerde des Arbeitnehmers, S. 84 f. Die Beschwerde kann **jederzeit zurückgenommen** werden (vgl. *BAG* 28.06.1984 EzA § 85 BetrVG 1972 Nr. 1 S. 3 = AP Nr. 1 zu § 85 BetrVG 1972 Bl. 1 R).

6 Der Betriebsrat bzw. der Betriebsausschuss (§ 27 Abs. 2) oder ein für die Behandlung von Beschwerden gemäß § 28 Abs. 1 gebildeter besonderer Ausschuss muss die Beschwerde entgegennehmen und hat eine **Vorprüfung** über deren Berechtigung vorzunehmen, ohne ihre sachliche Richtigkeit im Einzelnen feststellen zu müssen (vgl. auch *Fitting* § 85 Rn. 3; *Hallmen* Beschwerde des Arbeitnehmers, S. 87 f.; *Nikisch* III, S. 248). Der Betriebsrat kann sich vor seiner Entscheidung beim Arbeitgeber, bei sonstigen betrieblichen Stellen oder Arbeitskollegen des Beschwerdeführers über den Sachverhalt informieren. Ob er die Beschwerde für berechtigt hält, entscheidet der Betriebsrat nach pflichtgemäßem Ermessen wie sonst durch Beschluss. Bei Weitergabe der dem Betriebsrat aufgrund der Beschwerde bekannt gewordenen Tatsachen handelt dieser in **Wahrnehmung berechtigter Interessen**; ihm obliegt nicht die Beweislast für die Richtigkeit der Tatsachen (vgl. *ArbG Offenbach* 23.10.2001 AuR 2002, 272). Der Betriebsrat hat, auch wenn das Gesetz schweigt, dem **Arbeitnehmer** von einer **negativen Entscheidung** unter **Angabe** von **Gründen Mitteilung** zu machen (vgl. *Fitting* § 85 Rn. 3; *Galperin/Löwisch* § 85 Rn. 3; *Hallmen* Beschwerde des Arbeitnehmers, S. 96; *Richardi/Thüsing* § 85 Rn. 10). Der Arbeitnehmer ist dann nicht gehindert, nach § 84 Beschwerde bei den zuständigen Stellen des Betriebs einzulegen (vgl. § 84 Rdn. 31). Auch kann er sich in derselben Sache erneut an den Betriebsrat wenden, wenn es ihm aufgrund ergänzender Fakten Erfolg versprechend zu sein scheint. **Versäumnis** von **Arbeitszeit**, die wegen Einlegung der Beschwerde erforderlich ist, **berechtigt** den **Arbeitgeber** nach § 39 Abs. 3 **nicht** zur **Minderung** des **Arbeitsentgelts** (s. *Weber* § 39 Rdn. 34).

7 Hält der **Betriebsrat** die **Beschwerde** für **berechtigt**, so ist er **verpflichtet**, beim Arbeitgeber auf **Abhilfe hinzuwirken** (vgl. auch *Hallmen* Beschwerde des Arbeitnehmers, S. 88 ff.). Er muss daher die Beschwerde an den Arbeitgeber weiterleiten, die Angelegenheit mit ihm oder den von ihm bestimmten Personen erörtern, gegebenenfalls auch für eine Anhörung des Arbeitnehmers und weitere Informationen sorgen. Da es sich um die Beeinträchtigung eines bestimmten Arbeitnehmers handelt, muss dessen Name genannt werden, weil sonst eine Prüfung der Angelegenheit und Entscheidung über die Berechtigung der Beschwerde nicht möglich ist (vgl. *Denck* DB 1980, 2132 [2134]; *Hallmen* Beschwerde des Arbeitnehmers, S. 90 ff.; *Zimmermann* AuR 2016, 226 [227]; zum BetrVG 1952 *Dietz* § 54 Rn. 8; *Nikisch* III, S. 249 FN 15; **a. M.** *Hinrichs* JArbR Bd. 18 [1980], 1981, S. 35 [47]; *Neumann-Duesberg* S. 447). Sind mehrere Arbeitnehmer betroffen und möchte der einzelne Arbeitnehmer anonym bleiben, kann er sich auf eine Anregung i. S. d. § 80 Abs. 1 Nr. 3 beschränken (vgl. *Denck* DB 1980, 2132 [2134]; *Zimmermann* AuR 2016, 226 [227]; vgl. auch § 84 Rdn. 11).

8 Das **Ziel** der **Verhandlung** ist es, die **Berechtigung** der **Beschwerde festzustellen**. Wird sie von Arbeitgeber und Betriebsrat übereinstimmend **bejaht**, so ist das Verfahren nach § 85 abgeschlossen (zur Einigung zwischen Arbeitgeber und Betriebsrat vgl. im Einzelnen *Hallmen* Beschwerde des Arbeitnehmers, S. 92 ff.). Der Arbeitgeber hat dann für Abhilfe zu sorgen (s. Rdn. 27). Der Arbeitnehmer erlangt hierauf einen Anspruch (vgl. auch *Fitting* § 85 Rn. 9; *Moll/Klunker* RdA 1973, 361 [363]). Der Betriebsrat kann Vorschläge zur Beseitigung der Beeinträchtigung machen, die für den Arbeitgeber indessen nicht bindend sind. Das schließt eine freiwillige Vereinbarung über bestimmte Maßnahmen nicht aus (vgl. *Hallmen* Beschwerde des Arbeitnehmers, S. 95; *Moll/Klunker* RdA 1973, 361 [363]). Dadurch können allerdings bestehende Rechtsansprüche des Arbeitnehmers nicht beeinträchtigt werden. Wird die Berechtigung der Beschwerde übereinstimmend **verneint**, ist das Verfahren nach § 85 gleichfalls beendet und der Arbeitnehmer entsprechend zu bescheiden (vgl. Rdn. 29). Bei Rechtsansprüchen bleibt dem Arbeitnehmer der Klageweg offen (vgl. auch § 84 Rdn. 32).

2. Anrufung der Einigungsstelle

9 Kommt es zwischen Betriebsrat und Arbeitgeber zu **keiner Einigung** über die Berechtigung der Beschwerde, so kann der Betriebsrat – nicht der Arbeitgeber oder der Arbeitnehmer – die Einigungsstelle anrufen (§ 85 Abs. 2 Satz 1; zum Verfahren vor der Einigungsstelle vgl. § 76 Abs. 5). Diese stellt ihre Zuständigkeit außerhalb des Maßstabes des § 100 Abs. 1 Satz 2 ArbGG in eigener Kompetenz fest (*LAG Hamm* 03.05.2016 – 7 TaBV 29/16 – juris, Rn. 49). Bis zum Abschluss der Verhandlungen zwischen Arbeitgeber und Betriebsrat bleibt die Einigungsstelle grundsätzlich offensichtlich unzuständig i. S. v. § 100 Abs. 1 Satz 2 und 3 ArbGG, es sei denn, dass der Arbeitgeber sich von vornherein verhandlungsunwillig zeigt und die Verhandlungsbemühungen des Betriebsrats boykottiert (vgl. *LAG Berlin*-

Brandenburg 09.04.2014 NZA-RR 2014, 544). Bei der Anrufung der Einigungsstelle handelt es sich um ein eigenes Recht des Betriebsrats, dessen Ausübung in seinem pflichtgemäßen Ermessen liegt (vgl. auch *Hallmen* Beschwerde des Arbeitnehmers, S. 103 f.; *Hinrichs* JArbR Bd. 18 [1980], 1981, S. 35 [49 f.]) und das von der Zustimmung des Arbeitnehmers unabhängig ist. Einer entsprechenden Empfehlung des Rechtsausschusses, den Regierungsentwurf in diesem Sinne zu ändern, widersprach der 10. Ausschuss im Hinblick darauf, dass dem Arbeitnehmer zwei verschiedenartige Beschwerdeverfahren zur Verfügung stünden und es ihm außerdem unbenommen sei, eine **Beschwerde jederzeit zurückzuziehen** (Schriftlicher Bericht, zu BT-Drucks. VI/2729, S. 29). Dadurch würde der Arbeitnehmer dem Verfahren die Grundlage entziehen (vgl. auch *BAG* 28.06.1984 EzA § 85 BetrVG 1972 Nr. 1 S. 3 = AP Nr. 1 zu § 85 BetrVG 1972 Bl. 1 R f.; *LAG Düsseldorf* 21.12.1993 NZA 1994, 767 [768]). Damit er von dieser Möglichkeit Gebrauch machen kann, ist der Betriebsrat als verpflichtet anzusehen, den Arbeitnehmer über die Anrufung der Einigungsstelle zu informieren. Die Bildung der Einigungsstelle setzt voraus, dass die Tatsachen, auf die die Beschwerde gestützt wird, hinreichend konkret angegeben werden (vgl. *LAG Frankfurt a. M.* 15.09.1992 LAGE § 98 ArbGG 1979 Nr. 26 S. 4). Eine bereits erfolgte Abhilfe der Beschwerde steht der Bildung der Einigungsstelle nur entgegen, wenn der Grund für die Beschwerde offensichtlich vollständig ausgeräumt und dadurch die Beschwerde in der Sache selbst erledigt ist (vgl. *LAG Frankfurt a. M.* 15.09.1992 LAGE § 98 ArbGG 1979 Nr. 26 S. 2).

Die Einigungsstelle ist für die Entscheidung über die Berechtigung der Beschwerde nur zuständig, so- 10 weit Gegenstand der Beschwerde **kein Rechtsanspruch** ist (§ 85 Abs. 2 Satz 3; vgl. auch Rdn. 4). Hierüber entscheiden allein die Gerichte für Arbeitssachen. Nach der amtlichen Begründung (BT-Drucks. VI/1786, S. 48) sind Rechtsansprüche i. S. v. **Rechtsstreitigkeiten** zwischen Arbeitgeber und Arbeitnehmer zu verstehen, weil bei diesen aus rechtsstaatlichen Gründen weder dem Arbeitgeber noch dem Arbeitnehmer der Rechtsweg abgeschnitten werden könne (vgl. *LAG Düsseldorf* 21.12.1993 NZA 1994, 767 [768]; *Dütz* AuR 1973, 353 [367]; *Hallmen* Beschwerde des Arbeitnehmers, S. 109 f.; *Hanau* BB 1971, 485 [489]; einschränkend *Richardi/Thüsing* § 85 Rn. 20 ff.). Für die Abgrenzung einer Rechts- von einer Regelungsstreitigkeit ist der konkrete Inhalt der Beschwerde maßgeblich; allein die Verwendung von Rechtsbegriffen genügt nicht für die Annahme einer Rechtsstreitigkeit (*LAG Hamm* 03.05.2016 – 7 TaBV 29/16 – juris, Rn. 41 *[Löbig]*; zur Abgrenzung vgl. auch *Steffan* RdA 2015, 270 [271]). Die Entscheidungsbefugnis der Einigungsstelle entfällt ferner, wenn Arbeitgeber und Betriebsrat über die Berechtigung einer ausschließlich vergangenheitsbezogenen Beschwerde des Arbeitnehmers streiten; Sinn und Zweck des § 85 Abs. 2 liegen in der Eröffnung eines Weges zur Beilegung eines bestehenden betrieblichen Regelungskonflikts (*BAG* 22.11.2005 EzA § 85 BetrVG 2001 Nr. 1 *[Lunk]* = AP Nr. 2 zu § 85 BetrVG 1972).

Um eine Rechtsstreitigkeit handelt es sich auch bei Verletzung der **Treue-(Fürsorge-)Pflicht** des 11 Arbeitgebers (vgl. *LAG Düsseldorf* 21.12.1993 NZA 1994, 767 [768]; *LAG Schleswig-Holstein* 21.12.1989 NZA 1990, 703 [704]; *Fitting* § 85 Rn. 6; *Galperin/Löwisch* § 85 Rn. 7; *Hunold* DB 1993, 2282 [2285]; *Nebendahl/Lunk* NZA 1990, 676 [678 f.]; *Loritz/ZLH* Arbeitsrecht, § 54 I 5b; im Ergebnis auch *Wiebauer* NZA 2015, 22 [24]; **a. M.** *LAG Frankfurt a. M.* 08.12.1992 LAGE § 98 ArbGG 1979 Nr. 25 S. 4, 15.09.1992 LAGE § 98 ArbGG 1979 Nr. 26 S. 3; 15.09.1992 NZA 1994, 96; *LAG Hessen* 03.03.2009 AuR 2009, 181 [182]; *Denck* DB 1980, 2132 [2135]; *Gamillscheg* II, S. 857; *Richardi/Thüsing* § 85 Rn. 23, 25; krit. insoweit auch *Buschmann/DKKW* § 85 Rn. 18: Ausschluss des Einigungsstellenspruches nur dann, wenn Beschwerdegegenstand ein Rechtsanspruch ist; *Hinrichs* JArbR Bd. 18 [1980], 1981, S. 35 [49]; dagegen stellt *Preis/WPK* § 85 Rn. 13 nicht auf den Regelungsgegenstand, sondern auf den Spielraum für die Abhilfeentscheidung des Arbeitgebers ab, was aber dem Wortlaut des Gesetzes widerspricht). Gleiches gilt bei Verletzung des **Benachteiligungsverbots**, insbesondere des arbeitsrechtlichen **Gleichbehandlungsgrundsatzes**, nach § 75 Abs. 1 Satz 1 und § 78 (vgl. *LAG München* 28.06.1984 LAGE § 85 BetrVG 1972 Nr. 1 S. 4; 06.03.1997 LAGE § 85 BetrVG 1972 Nr. 4 S. 2 f.; *Hallmen* Beschwerde des Arbeitnehmers, S. 115). Hat der Arbeitnehmer bei Benachteiligungen und Ungleichbehandlungen einen Anspruch auf Aufhebung oder Beseitigung einer benachteiligenden Maßnahme und ist daneben nicht justitiable Beschwer gegeben, so ist die Einigungsstelle nicht offensichtlich unzuständig (vgl. § 100 Abs. 1 Satz 2 ArbGG; *Hess. LAG* 12.03.2003 AuR 2003, 437; *LAG Frankfurt a. M.* 10.02.1987 BetrR 1987, 223 [226 f.]; *ArbG Hannover* 29.03.1989 AiB 1989, 313 [zust. *Knauß-Klug*]). Entsprechendes gilt, wenn bei einer vom Arbeitnehmer gerügten Beeinträch-

§ 85

tigung ernsthafte Zweifel daran bestehen, ob der Arbeitnehmer einen Anspruch wegen Verletzung der Treue-(Fürsorge-)Pflicht hat (vgl. *LAG Düsseldorf* 21.12.1993 NZA 1994, 767 [768] = BetrR 1994, 64 *[Kreuder]*; *LAG Frankfurt a. M.* 08.12.1992 LAGE § 98 ArbGG 1979 Nr. 25 S. 5; 15.09.1992 LAGE § 98 ArbGG 1979 Nr. 26 S. 3 f.; *Hessisches LAG* 03.03.2009 AuR 2009, 181 [182]; *Buschmann FS Däubler*, 1999, S. 311 [323]; *ders.*/*DKKW* § 85 Rn. 18; *Kania*/ErfK § 85 BetrVG Rn. 5; *Nebendahl/Lunk* NZA 1990, 676 [680]). Die Einigungsstelle ist auch nicht offensichtlich unzuständig, wenn der Arbeitnehmer sich über seine »totale Arbeitsüberlastung« (vgl. *LAG Düsseldorf* 21.12.1993 NZA 1994, 767 [768] = BetrR 1994, 64 *[Kreuder]*; zum früheren § 98 Abs. 1 Satz 2 ArbGG vgl. auch *LAG Baden-Württemberg* 13.03.2000 AiB 2000, 760; *LAG Hamm* 21.08.2001 NZA-RR 2002, 139; *Hallmen* Beschwerde des Arbeitnehmers, S. 148 ff.) oder über Mobbing (*LAG Hamm* 03.05.2016 – 7 TaBV 29/16 – juris, Rn. 46 m. w. N.) beschwert. Sie ist aber offensichtlich unzuständig, wenn mit der Beschwerde die Entfernung eines Mitarbeiters wegen tätlicher Angriffe gegen den Beschwerdeführer geltend gemacht wird (vgl. *LAG Köln* 02.09.1999 LAGE § 98 ArbGG 1979 Nr. 36). Ferner handelt es sich um einen Rechtsanspruch, wenn eine Betriebsvereinbarung dem Arbeitgeber ein einseitiges Bestimmungsrecht (§ 315 BGB) für eine Leistung einräumt und der Arbeitnehmer eine höhere Leistung verlangt (*LAG Hamm* 06.01.2015 – 7 TaBV 61/14 – juris, Rn. 57, 65).

12 Bei einer Beschwerde wegen **Nichtbeachtung** von **Vorschriften** des **Umweltschutzes** geht es um eine Rechtsstreitigkeit, so dass die Einigungsstelle nicht zuständig ist (vgl. *Froschauer* Arbeitsrecht und Umweltschutz [Diss. Mannheim], 1994, S. 125). Differenzierend bei Maßnahmen zum Nichtraucherschutz vgl. *Thelen* Nichtraucherschutz am Arbeitsplatz [Diss. Halle-Wittenberg] 2016, S. 198 f. Zur Abgrenzung bei Generalklauseln vgl. auch *Hallmen* Beschwerde des Arbeitnehmers, S. 110 ff., zum Rechtsanspruch als »Gegenstand der Beschwerde« daselbst S. 116 ff. mit Beispielen S. 125 ff. Nicht überzeugend ist es, dass nach der von ihr vertretenen Ansicht eine Rechtsstreitigkeit nur bei höchstrichterlich anerkannten Ansprüchen aus Generalklauseln gegeben sei. Die Ungewissheit über das Vorliegen eines Rechtsanspruches i. S. d. § 85 Abs. 2 Satz 3 ist nur insofern von Bedeutung, als damit eine Behandlung vor der Einigungsstelle (vgl. Rdn. 14) nicht ausgeschlossen ist. Bejaht diese einen Rechtsanspruch, hat sie sich für unzuständig zu erklären.

13 Die Geltendmachung eigener Rechtsansprüche vor den Arbeitsgerichten obliegt dem Arbeitnehmer; eine Prozessvertretung durch den Betriebsrat scheidet aus (*BAG* 09.10.1970 EzA § 63 BetrVG Nr. 3 S. 9 = AP Nr. 4 zu § 63 BetrVG Bl. 5; *Fitting* § 80 Rn. 14; *Galperin/Löwisch* § 80 Rn. 13; *von Hoyningen-Huene*/MünchArbR § 212 Rn. 27; *Hueck/Nipperdey* II/2, S. 1352; s. *Weber* § 80 Rdn. 31; *Nikisch* III, S. 248; *Richardi/Thüsing* § 80 Rn. 14, 20).

14 Die **Zuständigkeit** der **Einigungsstelle** nach § 85 Abs. 2 ist bei **Rechtsansprüchen** nicht nur für die Entscheidung über die Berechtigung der Beschwerde, sondern **auch** für deren **Behandlung** zu **verneinen**. Durch die Neufassung des § 85 Abs. 2 Satz 3 aufgrund der Beschlüsse des 10. Ausschusses (vgl. BT-Drucks. VI/2729, S. 38) sollte klargestellt werden, dass in allen Fällen, in denen Gegenstand der Beschwerde ein Rechtsanspruch ist, das in § 76 Abs. 5 geregelte Verfahren vor der Einigungsstelle keine Anwendung findet (Schriftlicher Bericht 10. Ausschuss, zu BT-Drucks. VI/2729, S. 9, 29). Die Vorschrift des § 85 Abs. 2 Satz 3 bezieht sich daher auf beide vorhergehenden Sätze (**a. M.** wohl *Wiebauer* NZA 2015, 22 [24]). Bei Rechtsansprüchen ist mithin die Bildung der Einigungsstelle unzulässig, zumal diese keine Rechtsgutachten zu erstatten hat, und ein gleichwohl erlassener Spruch ist unwirksam (vgl. *BAG* 28.06.1984 EzA § 85 BetrVG 1972 Nr. 1 S. 4 ff. = AP Nr. 1 zu § 85 BetrVG 1972 Bl. 2 ff. *[Misera]* = SAE 1985, 265 *[Herschel]*; *LAG Hamm* 02.04.1979 DB 1979, 1468; *LAG Hessen* 03.04.2007 AuR 2008, 77; *LAG Köln* 16.11.1984 NZA 1985, 191; *LAG München* 06.03.1997 LAGE § 85 BetrVG 1972 Nr. 4 S. 2 f.; *LAG Rheinland-Pfalz* 17.01.1985 NZA 1985, 190; *LAG Schleswig-Holstein* 21.12.1989 NZA 1990, 703; *ArbG Kiel* 20.03.1981 BB 1981, 1894; *ArbG Marburg* 30.10.1998 AuR 1999, 365 *[Buschmann]*; *Galperin/Löwisch* § 85 Rn. 8; *Hallmen* Beschwerde des Arbeitnehmers, S. 106 ff.; *Kania*/ErfK § 85 BetrVG Rn. 4; **a. M.** *Buschmann/DKKW* § 85 Rn. 12; *ders.* FS *Däubler*, 1999, S. 311 [318 ff.]; *Lembke* Mediation im Arbeitsrecht, 2001 Rn. 434 f.; *Rose* Anm. BetrR 1987, 228 [229]; dagegen *BAG* 28.06.1984 EzA § 85 BetrVG 1972 Nr. 1 S. 4 ff. = AP Nr. 1 zu § 85 BetrVG 1972 Bl. 2 R f. *[Misera]*). **Ebenso wenig** ist der **Arbeitgeber** in der Sache **zur Einlassung** vor einer bestehenden Einigungsstelle bzw. betrieblichen Beschwerdestelle (§ 86 Satz 2) **ver-**

pflichtet (vgl. *ArbG Kiel* 20.03.1981 BB 1981, 1894; *Fitting* § 85 Rn. 7; *Galperin/Löwisch* § 85 Rn. 8; *Rose/HWGNRH* § 85 Rn. 30; *Richardi/Thüsing* § 85 Rn. 19).

Bei der vom Arbeitnehmer mit einer Beschwerde begehrten Herausnahme einer **Abmahnung** aus 15 der Personalakte handelt es sich um einen Rechtsanspruch, so dass die Einigungsstelle unzuständig ist (vgl. *LAG Berlin* 19.08.1988 LAGE § 98 ArbGG 1979 Nr. 11 S. 1 ff.; *LAG Hamm* 02.04.1979 DB 1979, 1468; 16.04.1986 BB 1986, 1359 [1360]; *LAG Rheinland-Pfalz* 17.01.1985 NZA 1985, 190; *ArbG Kiel* 20.03.1981 BB 1981, 1894; *Dedert* BB 1986, 320; *Hallmen* Beschwerde des Arbeitnehmers, S. 125; *Rose/HWGNRH* § 85 Rn. 37; zweifelnd *LAG Köln* 16.11.1984 NZA 1985, 191; vgl. auch *LAG Hamburg* 10.07.1985 BB 1985, 1729). Scharf davon zu unterscheiden ist die Beschwerde über einen Sachverhalt, der einer Abmahnung zugrunde liegt, aber unabhängig von dieser als beeinträchtigend geltend gemacht wird. Hierfür ist die Einigungsstelle zuständig (im Ergebnis ebenso *Buschmann/DKKW* § 85 Rn. 13). Der Spruch der Einigungsstelle kann dann jedoch für den Anspruch auf Herausnahme einer Abmahnung aus der Personalakte präjudizierend sein. Gleiches gilt bei dem **Verlangen** eines **Arbeitnehmers** gegen den Arbeitgeber, **beleidigende Äußerungen zurückzunehmen** (a. M. *ArbG Hamburg* 23.06.1983 AiB 1983, 189).

Die **Zuständigkeit** der **Einigungsstelle** kann bei **Rechtsansprüchen** nur aufgrund einer **freiwil-** 16 **ligen Vereinbarung** nach § 76 Abs. 6 begründet werden (vgl. *ArbG Lübeck* 07.01.1974 DB 1974, 636; *Fitting* § 85 Rn. 7; *Galperin/Löwisch* § 85 Rn. 8; *Moll/Klunker* RdA 1973, 361 [367]; *Wenning-Morgenthaler* Die Einigungsstelle, 6. Aufl. 2013, Rn. 33 f., 68 ff., 423 ff.; *Richardi/Thüsing* § 85 Rn. 19). Dadurch wird allerdings der Rechtsweg nicht ausgeschlossen (§ 76 Abs. 7), so dass ein freiwilliges Einigungsverfahren in aller Regel wenig sinnvoll erscheint (vgl. hierzu auch *Moll/Klunker* RdA 1973, 361 [367 ff.]).

Bei **Regelungsstreitigkeiten** darf nach herrschender Meinung die Zuständigkeit der Einigungsstelle 17 nicht dazu führen, dass die Mitbestimmung des Betriebsrats erweitert oder das abgestufte System der Beteiligungsrechte durchbrochen wird (vgl. *LAG Düsseldorf* 21.12.1993 NZA 1994, 767 [768]; *LAG Hamburg* 18.07.2006 AuR 2007, 219 [*Beth*]; *LAG Hamm* 16.04.1986 BB 1986, 1359 [1360]; *LAG Schleswig-Holstein* 21.12.1989 NZA 1990, 703 [704]; *Adomeit* BB 1972, 53 [54]; *Denck* DB 1980, 2132 [2135]; *Dütz* DB 1972, 383 [385]; *ders.* AuR 1973, 353 [367 f.]; vgl. auch schon *ders.* DB 1971, 674 [678 ff.]; *Fitting* § 85 Rn. 12; *Hanau* BB 1977, 350 [354]; vgl. auch schon *ders.* BB 1971, 485 [489]; *ders.* BB 1972, 451; *Rose/HWGNRH* § 85 Rn. 8; *Hunold* DB 1993, 2282 [2285 f.]; *Kaiser/LK* § 85 Rn. 7; *Niederalt* Die Individualrechte nach dem Betriebsverfassungsgesetz 1972, S. 68 ff.; *Steffan* RdA 2015, 270 [271 f.]; *Wenning-Morgenthaler* Die Einigungsstelle, 6. Aufl. 2012, Rn. 617; *Richardi/Thüsing* § 85 Rn. 6, 27 ff.; *Stege/Weinspach/Schiefer* §§ 84–86 Rn. 15; *Loritz/ZLH* Arbeitsrecht, § 54 I 5c; krit. *Buschmann* FS *Däubler*, 1999, S. 311 [321]; *ders./DKKW* § 85 Rn. 3, 14, 15). Daraus kann jedoch nicht geschlossen werden, die praktische Bedeutung des § 85 Abs. 2 sei nicht sehr groß. Die Zuständigkeit der Einigungsstelle ist vielmehr nach Maßgabe folgender Grundsätze gegeben (vgl. hierzu eingehend *Wiese* FS *G. Müller*, S. 625 [632 ff.]):

Soweit die Mitbestimmung des Betriebsrats in **sozialen Angelegenheiten** auf **kollektive (generel-** 18 **le) Tatbestände** beschränkt ist (vgl. hierzu *Wiese* § 87 Rdn. 15 ff.), kann die Einigungsstelle nach § 85 Abs. 2 über die Beschwerde eines einzelnen Arbeitnehmers entscheiden (im Ergebnis ebenso *Buschmann/DKKW* § 85 Rn. 15; *Fitting* § 85 Rn. 12; *Hallmen* Beschwerde des Arbeitnehmers, S. 132 ff.; für den Fall des § 87 Abs. 1 Nr. 7 vgl. auch *Denck* DB 1980, 2132 [2135 f.]). Darin liegt keine Erweiterung der Mitbestimmung des Betriebsrats auf Einzelfälle (vgl. *Richardi/Thüsing* § 85 Rn. 28), weil es im Verfahren nach § 85 Abs. 2 nicht um die Durchsetzung von Rechten des Betriebsrats, sondern um ein Individualrecht des betroffenen Arbeitnehmers geht. Obwohl allein der Betriebsrat zur Anrufung der Einigungsstelle befugt ist (vgl. Rdn. 9), hat er im Verfahren nach § 85 Abs. 2 doch nur eine Unterstützungsfunktion zugunsten des beschwerdeführenden Arbeitnehmers auszuüben, von dessen freier Entscheidung es abhängt, ob durch die Einlegung der Beschwerde beim Betriebsrat das Verfahren eröffnet und gegebenenfalls durch die Rücknahme der Beschwerde diesem die Grundlage wieder entzogen wird (vgl. Rdn. 9). Die Zuständigkeit der Einigungsstelle nach § 85 Abs. 2 bedeutet eine sinnvolle Ergänzung für Angelegenheiten, in denen die Mitbestimmung des Betriebsrats auf kollektive Tatbestände beschränkt ist und entspricht der Konzeption des Gesetzgebers, durch die Einführung von Individualrechten die Rechtsposition des einzelnen Arbeitnehmers zu stärken (vgl.

amtliche Begründung, BT-Drucks. VI/1786, S. 47 f.; Schriftlicher Bericht 10. Ausschuss, zu BT-Drucks. VI/2729, S. 9). Das Beschwerdeverfahren nach § 85 Abs. 2 ist gerade dann zweckmäßig, wenn der Arbeitnehmer sich durch eine kollektive Regelung – etwa über die Lage der Arbeitszeit nach § 87 Abs. 1 Nr. 2 – beschwert fühlt und für sich persönlich eine abweichende Regelung begehrt (zust. *Richardi/Thüsing* § 85 Rn. 28; krit. *Buschmann* FS *Däubler*, 1999, S. 311 [322 f.]; **a. M.** *Hallmen* Beschwerde des Arbeitnehmers, S. 142 ff., die auf S. 144 fälschlich annimmt, Gegenstand der Beschwerde sei dann ein Rechtsanspruch). Die Zuständigkeit der Einigungsstelle ist hier auch unbedenklich, weil der Betriebsrat eine von ihm für nicht angemessen gehaltene Abweichung von der generellen Regelung dadurch verhindern kann, dass er die Einigungsstelle nicht anruft. Aus diesem Grunde vermögen auch die Bedenken von *Söllner* (ZfA 1982, 1 [12 f.]) gegen die hier vertretene Konzeption nicht zu überzeugen. Insbesondere ist es eine sachlich nicht gerechtfertigte Verengung, wenn die Kompetenz der Einigungsstelle nach § 85 Abs. 2 auf die in §§ 81 bis 83 geregelten Individualrechte beschränkt wird, zumal diese nur Rechtsansprüche zum Gegenstand haben und damit § 85 Abs. 2 gegenstandslos wäre (vgl. auch *LAG Frankfurt a. M.* 10.02.1987 BetrR 1987, 223 [227]; zum Gegenstand der Beschwerde vgl. auch Rdn. 4 und § 84 Rdn. 8 ff.). Da das Beschwerdeverfahren nach § 85 Abs. 2 nur der Regelung von Individualinteressen dient, können aufgrund dieser Vorschrift auch nicht mehrere Arbeitnehmer durch gleich lautende Beschwerden kollektive Regelungen durchsetzen. Fühlen sich mehrere Arbeitnehmer gemeinsam beschwert und streben sie eine andere kollektive Regelung an, so ist die Zuständigkeit des Betriebsrats nach § 87 gegenüber dem Verfahren nach § 85 Abs. 2 vorrangig. Das ergibt sich auch daraus, dass der Arbeitgeber zur Abhilfe der Beschwerden (§ 85 Abs. 3 Satz 2 i. V. m. § 84 Abs. 2) gar nicht imstande wäre, weil eine Änderung kollektiver Tatbestände i. S. d. § 87 nur mit Zustimmung des Betriebsrats möglich ist (zur Unzulässigkeit einer Popularbeschwerde vgl. Rdn. 4 und § 84 Rdn. 11).

19 Bei **anwendungsbedürftigen kollektiven Regelungen** – z. B. allgemeinen Urlaubsgrundsätzen (§ 87 Abs. 1 Nr. 5) oder Grundsätzen über das betriebliche Vorschlagswesen (§ 87 Abs. 1 Nr. 12) – kommt eine individuelle Beeinträchtigung erst im Falle der späteren Praktizierung in Betracht. Soweit dadurch ein Regelungsstreit entsteht, weil z. B. der Arbeitgeber eine vom Arbeitnehmer begehrte zulässige Abweichung verweigert, kann die Einigungsstelle hierüber nach § 85 Abs. 2 entscheiden (vgl. auch *Hallmen* Beschwerde des Arbeitnehmers, S. 142, 144).

20 Hat der Betriebsrat in **sozialen Angelegenheiten** ausnahmsweise in **Einzelfällen** mitzubestimmen (s. *Wiese* § 87 Rdn. 19, *Wiese/Gutzeit* § 87 Rdn. 494 ff.), ist das Verfahren nach § 87 Abs. 2 als vorrangig anzusehen und die Zuständigkeit der Einigungsstelle nach § 85 Abs. 2 ausgeschlossen (zust. *Hallmen* Beschwerde des Arbeitnehmers, S. 137 f.; *Preis/WPK* § 85 Rn. 15; *Rose/HWGNRH* § 85 Rn. 8; **a. M.** *Richardi/Thüsing* § 85 Rn. 24; für Vorrang des Verfahrens nach § 85 Abs. 2 gegenüber dem nach § 87 Abs. 2 *Galperin/Löwisch* § 85 Rn. 13). Für das Verfahren nach § 85 Abs. 2 besteht kein Bedürfnis, weil die individuellen Interessen des betroffenen Arbeitnehmers kraft Gesetzes bereits vom Betriebsrat wahrgenommen werden und Gegenstand des Verfahrens nach § 87 Abs. 2 sind. Vor allem entscheidet die Einigungsstelle nach § 87 Abs. 2 in der Sache selbst abschließend (§ 76 Abs. 5), während sie im Verfahren nach § 85 Abs. 2 nur über die Berechtigung der Beschwerde entscheidet (vgl. Rdn. 24). Würde die Einigungsstelle diese bejahen und damit die gesetzliche Verpflichtung des Arbeitgebers zur Abhilfe auslösen, so könnte der Arbeitgeber bei mitbestimmungspflichtigen Einzelfällen dem gar nicht nachkommen, weil er im Hinblick auf die Theorie der notwendigen Mitbestimmung (vgl. hierzu *Wiese* § 87 Rdn. 97 ff.) allein keine Entscheidung über eine bestimmte Abhilfemaßnahme treffen kann.

21 Das Einigungsstellenverfahren nach § 85 Abs. 2 dient schließlich in **sozialen Angelegenheiten nicht** der **Begründung zusätzlicher** oder der **Veränderung** des **Umfangs bestehender Leistungspflichten** des **Arbeitgebers** und des **Arbeitnehmers** (vgl. *Richardi/Thüsing* § 85 Rn. 29 hinsichtlich der Begründung oder Veränderung finanzieller Leistungspflichten des Arbeitgebers; vgl. auch *Adomeit* BB 1972, 53 [54]; *Loritz/ZLH* Arbeitsrecht, § 54 I 5c; teilweise abweichend *Hallmen* Beschwerde des Arbeitnehmers, S. 145 ff.). Soweit nach § 87 Abs. 1 Nr. 3 und 11 die notwendige Mitbestimmung auch den Umfang der Leistungspflichten erfasst (s. *Wiese* § 87 Rdn. 35, *Wiese/Gutzeit* § 87 Rdn. 374, 1027 ff.), handelt es sich um abschließend geregelte Ausnahmen für den kollektiven Bereich. Deshalb ist die Einigungsstelle nach § 85 Abs. 2 weder für die Entscheidung einer Be-

schwerde zuständig, mit der ein Arbeitnehmer eine Verlängerung seines Urlaubs begehrt, noch für eine Beschwerde, mit der eine vorübergehende (auch dauernde) Verlängerung oder Verkürzung der Arbeitszeit angestrebt wird. Denn selbst wenn nach § 87 Abs. 1 Nr. 3 ausnahmsweise die Dauer der Arbeitszeit und damit eine materielle Arbeitsbedingung der Zwangsschlichtung zugänglich ist (s. *Wiese/Gutzeit* § 87 Rdn. 374), gilt das doch nur für den kollektiven Bereich (vgl. *Richardi/Thüsing* § 85 Rn. 28; *Stege/Weinspach/Schiefer* §§ 84–86 Rn. 16).

Im Rahmen der **Mitwirkung** des Betriebsrats (Unterrichtung, Anhörung, Beratung; vgl. §§ 90, 92, 22 92a, 96, 97 Abs. 1, 99 Abs. 1, 106 ff., 111) ist die Zuständigkeit der Einigungsstelle nach § 85 Abs. 2 ausgeschlossen. Fühlt ein Arbeitnehmer sich dadurch beeinträchtigt, dass der Betriebsrat angeblich seine Rechte nicht angemessen wahrgenommen hat, so kann der Arbeitnehmer nicht nach § 85 vorgehen, weil das auf eine unzulässige Beschwerde über den Betriebsrat (vgl. § 84 Rdn. 14) hinausliefe. Würde der Arbeitgeber die Mitwirkungsrechte des Betriebsrats verletzen, so könnte der Arbeitnehmer sich nicht beschweren, weil darin mangels einer individuellen Beeinträchtigung eine unzulässige Popularbeschwerde (vgl. Rdn. 4 und § 84 Rdn. 11) läge und es zudem um eine Rechtsstreitigkeit ginge, für deren Entscheidung die Einigungsstelle nach § 85 Abs. 2 nicht zuständig ist. Im Bereich der Mitwirkungsrechte kommt eine individuelle Beeinträchtigung daher erst aufgrund einer späteren Maßnahme des Arbeitgebers in Betracht (vgl. auch *Hallmen* Beschwerde des Arbeitnehmers, S. 129 f.).

Bei **Mitbestimmungstatbeständen**, die **Rechtsstreitigkeiten** zum Gegenstand haben (vgl. § 93, 23 § 98 Abs. 2, 5, 6, § 104, § 109), ist die Zuständigkeit der Einigungsstelle nach § 85 Abs. 2 schlechthin ausgeschlossen (vgl. auch Rdn. 10 ff. sowie *Galperin/Löwisch* § 85 Rn. 11; *Hallmen* Beschwerde des Arbeitnehmers, S. 130 f.). Im Übrigen können im Bereich der Mitbestimmung außerhalb der sozialen Angelegenheiten die hierzu entwickelten Grundsätze (vgl. Rdn. 18 ff.) sinngemäß herangezogen werden. Soweit aufgrund der Mitbestimmung des Betriebsrats getroffene **Regelungen** (z. B. nach §§ 94, 95, 96 ff.) den **einzelnen Arbeitnehmer nicht unmittelbar betreffen**, wäre das Vorgehen des Arbeitnehmers hiergegen als unzulässige Popularbeschwerde (vgl. Rdn. 4 und § 84 Rdn. 11) zu bewerten. Fühlt sich ein Arbeitnehmer durch die spätere Anwendung einer solchen Regelung beeinträchtigt, ist die Einigungsstelle nach § 85 Abs. 2 für die Entscheidung einer individuellen Regelungsstreitigkeit zuständig (vgl. auch Rdn. 17); das kann z. B. bei der Anwendung allgemeiner Beurteilungsgrundsätze (§ 94 Abs. 2) in Betracht kommen. Soweit bei **kollektiven (generellen) Mitbestimmungstatbeständen** die getroffene Regelung den einzelnen Arbeitnehmer beeinträchtigt – z. B. bei der Entscheidung über die Teilnahme von Arbeitnehmern an Bildungsmaßnahmen nach § 98 Abs. 3, 4, 6 –, kann die Zuständigkeit der Einigungsstelle nach § 85 Abs. 2 in Betracht kommen (vgl. auch Rdn. 18). Die Mitbestimmung des Betriebsrats in **Einzelfällen** (vgl. §§ 99 ff., 102 ff.) ist als abschließend anzusehen (vgl. auch Rdn. 20), so dass die Zuständigkeit der Einigungsstelle nach § 85 Abs. 2 ausgeschlossen ist (im Ergebnis ebenso *U. Erdmann* AuR 1973, 135 [140 Fn. 25]; *Galperin/Löwisch* § 83 Rn. 11; *Gamillscheg* II, S. 857; *Hallmen* Beschwerde des Arbeitnehmers, S. 131; *Hanau* BB 1972, 451; *Niederalt* Die Individualrechte des Arbeitnehmers nach dem Betriebsverfassungsgesetz 1972, S. 69; *Richardi/Thüsing* § 85 Rn. 30; *Loritz/ZLH* Arbeitsrecht, § 54 I 5c). Gleiches gilt für die **Begründung** von **Leistungspflichten** nach § 91 und § 112 (vgl. auch Rdn. 21 sowie im Ergebnis *U. Erdmann* AuR 1973, 135 [140 Fn. 25]; *Galperin/Löwisch* § 85 Rn. 11; *Hanau* BB 1972, 451; *Hofe* Betriebliche Mitbestimmung und Humanisierung der Arbeitswelt, 1978, S. 150; *Richardi/Thüsing* § 85 Rn. 29, 31; *Stege/Weinspach/Schiefer* §§ 84–86 Rn. 16; **a. M.** *Hromadka* NJW 1972, 183 [185]).

Soweit die **Einigungsstelle** nach § 85 Abs. 2 zuständig ist, ist der **Arbeitnehmer** zwar **nicht** selbst 24 am Verfahren **beteiligt**, jedoch hat die Einigungsstelle ihn zu **hören** (vgl. BAG 28.06.1984 EzA § 85 BetrVG 1972 Nr. 1 S. 3 = AP Nr. 1 zu § 85 BetrVG 1972 Bl. 2; *Richardi/Thüsing* § 85 Rn. 33). Ihr Spruch ersetzt nur die fehlende Einigung zwischen Arbeitgeber und Betriebsrat über die Berechtigung der durch den Antrag inhaltlich bestimmten Beschwerde; sie entscheidet nicht über die zu treffenden Maßnahmen (vgl. *Buschmann/DKKW* § 85 Rn. 23; *Fitting* § 85 Rn. 6; *Hallmen* Beschwerde des Arbeitnehmers, S. 152 f.; *Rose/HWGNRH* § 85 Rn. 27; *Moll/Klunker* RdA 1973, 361 [364]; *Nebendahl/Lunk* NZA 1990, 676 [677]; *Wenning-Morgenthaler* Die Einigungsstelle, 6. Aufl. 2012, Rn. 616; *Richardi/Thüsing* § 85 Rn. 32; *Stege/Weinspach/Schiefer* §§ 84–86 Rn. 17; **a. M.** *Kaiser/LK* § 85 Rn. 8). Allerdings muss die Einigungsstelle in ihrem Spruch diejenigen konkreten tatsächlichen Umstände benennen, die sie als zu vermeidende Beeinträchtigung des Arbeitnehmers ansieht (*BAG* 22.11.2005 EzA § 85 BetrVG 2001 Nr. 1 *[Lunk]* = AP Nr. 2 zu § 85 BetrVG 1972). Es ist dann Sache des Arbeitgebers, die Beeinträchtigung des Arbeitnehmers zu beseitigen (vgl. Rdn. 25). Eine Verpflichtung des Arbeitgebers gegenüber dem Betriebsrat zur Abhilfe ist nicht anzuerkennen (**a. M.** *Galperin/Löwisch* § 85 Rn. 16 f.; *Wenning-Morgenthaler* Die Einigungsstelle, 6. Aufl. 2012, Rn. 616), da der Spruch der Einigungsstelle nicht weitergehen kann als eine gütliche Einigung. Diese hat aber nur die Wirkung, dass die gesetzliche Verpflichtung des Arbeitgebers zur Abhilfe gegenüber dem Arbeitnehmer ausgelöst wird (vgl. Rdn. 25; **a. M.** *Hallmen* Beschwerde des Arbeitnehmers, S. 150 f., 155 f.: Regelungsabrede).

25 Dagegen erlangt der **Arbeitnehmer** aufgrund des Spruchs der Einigungsstelle einen **Anspruch** gegen den **Arbeitgeber**, der ebenfalls nur **auf Abhilfe**, nicht jedoch auf eine bestimmte Maßnahme gerichtet ist (vgl. *LAG Düsseldorf* 21.12.1993 NZA 1994, 767; *Buschmann/DKKW* § 85 Rn. 22 ff.; *Fitting* § 85 Rn. 9; *Galperin/Löwisch* § 85 Rn. 17; *Moll/Klunker* RdA 1973, 361 [364 f.]; *Richardi/Thüsing* § 85 Rn. 33; **a. M.** *Dütz* DB 1972, 383 [387 f.]; *ders.* AuR 1973, 353 [368 mit Fn. 135], nach dem der Spruch nur eine obligatorische Wirkung zwischen Arbeitgeber und Betriebsrat entfaltet). Deshalb können durch die Einigungsstelle auch keine individuellen Ansprüche des Arbeitnehmers gegen den Arbeitgeber neu begründet werden (vgl. Rdn. 21, 23). Die Verpflichtung des Arbeitgebers folgt unmittelbar aus dem Gesetz (vgl. Rdn. 27), so dass es nicht der Annahme einer Betriebsvereinbarung bedarf (vgl. *Fitting* § 85 Rn. 9; *Richardi/Thüsing* § 85 Rn. 37; **a. M.** *Galperin/Löwisch* § 85 Rn. 17). Geht das Verfahren vor der Einigungsstelle negativ für den Betriebsrat aus, ist die Beschwerde als nicht berechtigt und damit erledigt anzusehen.

26 Die Mitglieder der Einigungsstelle sind ebenso wie die Betriebsratsmitglieder nach Maßgabe des § 79 zur **Geheimhaltung** von Betriebs- und Geschäftsgeheimnissen verpflichtet und machen sich bei Verletzung dieser Pflicht strafbar (§ 120 Abs. 1 Nr. 1; Antragsdelikt, Abs. 5). Sie sind in ihrer Tätigkeit durch § 78 geschützt. Eine Geheimhaltungspflicht hinsichtlich der Angelegenheiten des Arbeitnehmers sieht § 85 nicht vor, so dass eine Bestrafung nach § 120 Abs. 2 nicht in Betracht kommt. Zum Schutz des Arbeitnehmers durch das allgemeine Persönlichkeitsrecht vgl. § 84 Rdn. 23.

3. Abhilfe und Unterrichtung

27 Haben Betriebsrat und Arbeitgeber Einigkeit über die Berechtigung der Beschwerde erzielt oder wird die Einigung im gleichen Sinne durch den Spruch der Einigungsstelle ersetzt, so ist der Arbeitgeber nach § 85 Abs. 3 Satz 2 i. V. m. § 84 Abs. 2 dem Arbeitnehmer gegenüber zur **Abhilfe** verpflichtet (vgl. auch § 84 Rdn. 24 ff.; *Hallmen* Beschwerde des Arbeitnehmers, S. 98 f.). Dabei handelt es sich um eine **gesetzliche Verpflichtung**, so dass es nicht der Heranziehung der Treue-(Fürsorge-)Pflicht des Arbeitgebers bedarf.

28 Der **Arbeitgeber** hat den **Betriebsrat**, falls dieser nicht bereits informiert ist, über die Behandlung der Beschwerde zu **unterrichten** (§ 85 Abs. 3 Satz 1). Das gilt sowohl für den Fall der Einigung zwischen Arbeitgeber und Betriebsrat als auch dann, wenn durch einen Spruch der Einigungsstelle diese Einigung ersetzt worden ist. Die Unterrichtung kann mündlich oder schriftlich geschehen, muss aber innerhalb angemessener Frist und unter Mitteilung der wesentlichen Gründe für die Entscheidung erfolgen (vgl. auch *Hallmen* Beschwerde des Arbeitnehmers, S. 99 f.).

29 Nach § 85 Abs. 3 Satz 2 i. V. m. § 84 Abs. 2 hat der **Arbeitgeber** schließlich in jedem Fall auch den **Arbeitnehmer** über die Behandlung der Beschwerde zu **bescheiden** (vgl. § 84 Rdn. 27; *Buschmann/DKKW* § 85 Rn. 6; *Fitting* § 85 Rn. 10; *Hallmen* Beschwerde des Arbeitnehmers, S. 97 f., 155; *Moll/Klunker* RdA 1973, 361 [363]; **a. M.** *Galperin/Löwisch* § 85 Rn. 4; *Richardi/Thüsing* § 85 Rn. 36). Der Betriebsrat ist bei der Wahrnehmung der Beschwerde eines Arbeitnehmers durch das Benachteiligungsverbot des § 78 geschützt (vgl. *Buschmann/DKKW* § 85 Rn. 29).

IV. Benachteiligungsverbot

Im Gegensatz zu § 84 Abs. 3 verbietet § 85 nicht ausdrücklich Benachteiligungen des Arbeitnehmers wegen der Erhebung einer Beschwerde. Da § 84 Abs. 3 indessen nur klarstellende Bedeutung hat (vgl. § 84 Rdn. 4, 33) und zudem allgemein von Beschwerden spricht, mithin lediglich seine systematische Stellung als gesetzestechnisch missglückt anzusehen oder auch nur eine Verweisung in § 85 auf § 84 Abs. 3 versehentlich unterblieben ist, gilt das Benachteiligungsverbot auch für die Erhebung einer Beschwerde beim Betriebsrat (vgl. *Buschmann/DKKW* § 85 Rn. 28; *Fitting* § 85 Rn. 11; *Richardi/Thüsing* § 85 Rn. 38; *Stege/Weinspach/Schiefer* §§ 84–86 Rn. 9). Es kann daher auf die Ausführungen zu § 84 Abs. 3 verwiesen werden (vgl. § 84 Rdn. 33 ff.). Das Verbot folgt außerdem aus § 612a BGB. 30

V. Streitigkeiten

Besteht Streit über die Zuständigkeit der Einigungsstelle, weil etwa der Arbeitgeber der Meinung ist, Gegenstand der Beschwerde sei ein Rechtsanspruch, so entscheiden die Arbeitsgerichte im **Beschlussverfahren** (vgl. § 2a Abs. 1 Nr. 1, Abs. 2, §§ 80 ff. ArbGG; *BAG* 28.06.1984 EzA § 85 BetrVG 1972 Nr. 1 S. 3 = AP Nr. 1 zu § 85 BetrVG 1972 Bl. 2; *Fitting* § 85 Rn. 13; *Galperin/Löwisch* § 85 Rn. 9; *Rose/HWGNRH* § 85 Rn. 40; *Richardi/Thüsing* § 85 Rn. 41). Das Gleiche gilt, wenn die Einigungsstelle ihre Zuständigkeit überschreitet und Maßnahmen zur Abhilfe der Beeinträchtigung anordnet (vgl. Rdn. 24). Im Übrigen ist der Spruch der Einigungsstelle wegen Ermessensüberschreitung nach Maßgabe des § 76 Abs. 5 Satz 4 angreifbar (s. *Jacobs* § 76 Rdn. 159 ff.). Dem einzelnen Arbeitnehmer stehen gegen die Entscheidung der Einigungsstelle keine Rechtsbehelfe zu. 31

Haben Betriebsrat und Arbeitgeber Einigkeit über die Berechtigung der Beschwerde erzielt oder ist die Einigung durch den Spruch der Einigungsstelle ersetzt worden, so ist der Anspruch des Arbeitnehmers auf Abhilfe (vgl. Rdn. 8, 25, 27) im **Urteilsverfahren** einklagbar (vgl. § 2 Abs. 1 Nr. 3 Buchst. a, Abs. 5, §§ 46 ff. ArbGG; vor § 81 Rdn. 41; *Buschmann/DKKW* § 85 Rn. 26; *Fitting* § 85 Rn. 9, 14; *Galperin/Löwisch* § 85 Rn. 17; *Hallmen* Beschwerde des Arbeitnehmers, S. 154 f.; *Rose/HWGNRH* § 85 Rn. 41; *Richardi/Thüsing* § 85 Rn. 42). 32

Soweit dem Arbeitnehmer nach § 85 **Ansprüche gegen** den **Betriebsrat** zustehen (vgl. Rdn. 6, 7, 9; *Belling* Die Haftung des Betriebsrats und seiner Mitglieder für Pflichtverletzungen, 1990, S. 277), kann er diese im **Beschlussverfahren** durchsetzen (vgl. auch vor § 81 Rdn. 32; *Buchner* in *Tomandl* Innerbetriebliche Arbeitnehmerkonflikte aus rechtlicher Sicht, 1977, S. 35 [38 f.]; **a. M.** *Hallmen* Beschwerde des Arbeitnehmers, S. 100 f.). Er ist daher nicht darauf beschränkt, nach § 23 Abs. 1 vorzugehen (**a. M.** *Buschmann/DKKW* § 85 Rn. 4; *Denck* DB 1980, 2132 [2134]; *Fitting* § 85 Rn. 14; *Galperin/Löwisch* § 85 Rn. 5; *Hinrichs* JArbR Bd. 18 [1980], 1981, S. 35 [47]; *Kania*/ErfK § 85 BetrVG Rn. 2; *Kaiser/LK* § 85 Rn. 3; *Preis/WPK* § 85 Rn. 8; *Richardi/Thüsing* § 85 Rn. 13, 40). Im Übrigen hat der Arbeitnehmer gegebenenfalls gegen die Betriebsratsmitglieder einen Schadensersatzanspruch nach § 823 Abs. 2 BGB (vgl. vor § 81 Rdn. 39). 33

§ 86
Ergänzende Vereinbarungen

Durch Tarifvertrag oder Betriebsvereinbarung können die Einzelheiten des Beschwerdeverfahrens geregelt werden. Hierbei kann bestimmt werden, dass in den Fällen des § 85 Abs. 2 an die Stelle der Einigungsstelle eine betriebliche Beschwerdestelle tritt.

Literatur
Vgl. vor § 81 und zu §§ 84, 85.

§ 86

Inhaltsübersicht

		Rdn.
I.	Vorbemerkung	1
II.	Zweck	2
III.	Gegenstand der Regelungsbefugnis	3–12
	1. Grundsatz	3, 4
	2. Beschwerdeverfahren	5, 6
	3. Betriebliche Beschwerdestelle	7–12
IV.	Streitigkeiten	13

I. Vorbemerkung

1 § 86 gehört zu den Vorschriften, nach denen durch Tarifvertrag oder Betriebsvereinbarung eine Änderung oder Ergänzung der gesetzlichen Regelungen zulässig ist (vgl. ferner § 3, § 38 Abs. 1 Satz 5, § 47 Abs. 4, 5, 9, § 55 Abs. 4, § 72 Abs. 4, 5, 8, § 76 Abs. 1 Satz 2, Abs. 4, 8, § 115 Abs. 7, § 116 Abs. 3, 6, § 117 Abs. 2). Der **Tarifvertrag** hat nach allgemeinen Grundsätzen gegenüber der Betriebsvereinbarung **Vorrang** (vgl. *Buschmann/DKKW* § 86 Rn. 3; *Fitting* § 86 Rn. 2; *Galperin/Löwisch* § 86 Rn. 6; *Rose/HWGNRH* § 86 Rn. 2; *Richardi/Thüsing* § 86 Rn. 5; **a. M.** *Jahnke* Tarifautonomie und Mitbestimmung, S. 154). Seine Geltung für den Betrieb setzt als betriebsverfassungsrechtliche Regelung lediglich voraus, dass der Arbeitgeber tarifgebunden ist (§ 3 Abs. 2 TVG). Die Tarifüblichkeit hindert nicht den Abschluss einer Betriebsvereinbarung, weil § 86 nicht sonstige Arbeitsbedingungen i. S. d. § 77 Abs. 3 betrifft (vgl. *Fitting* § 86 Rn. 2; *Galperin/Löwisch* § 86 Rn. 6; *Richardi/Thüsing* § 86 Rn. 5; vgl. auch *Kreutz* § 77 Rdn. 106). Eine Betriebsvereinbarung kann daher das Beschwerdeverfahren auch dann näher regeln, wenn ein einschlägiger Tarifvertrag nur noch kraft Nachwirkung gilt (vgl. *Buschmann/DKKW* § 86 Rn. 3; *Fitting* § 86 Rn. 2; *Rose/HWGNRH* § 86 Rn. 2; *Richardi/Thüsing* § 86 Rn. 7). Die **Betriebsvereinbarung** ist **freiwillig**: Die Einigung zwischen Arbeitgeber und Betriebsrat kann also nicht durch den Spruch der Einigungsstelle nach § 76 Abs. 5, sondern nur nach Maßgabe des § 76 Abs. 6 ersetzt werden.

II. Zweck

2 Die Vorschrift eröffnet im Interesse einer den betrieblichen Verhältnissen angepassten Regelung die Möglichkeit, die Einzelheiten des Beschwerdeverfahrens durch Tarifvertrag oder Betriebsvereinbarung näher zu regeln und an die Stelle der Einigungsstelle eine betriebliche Beschwerdestelle zu setzen (BT-Drucks. VI/1786, S. 48). Das kann vor allem in Großbetrieben zweckmäßig sein, um das Beschwerdeverfahren im Interesse des reibungslosen Betriebsablaufs zu formalisieren und damit zugleich eine gleichförmige Behandlung der Beschwerden sicherzustellen.

III. Gegenstand der Regelungsbefugnis

1. Grundsatz

3 Der Disposition der Kollektivpartner unterliegen lediglich die Einzelheiten des Beschwerdeverfahrens der §§ 84, 85 und die Ersetzung der Einigungsstelle durch eine betriebliche Beschwerdestelle. Sie können dagegen nicht das Verhältnis des betrieblichen Beschwerdeverfahrens zum arbeitsgerichtlichen Verfahren regeln und eine Verpflichtung des Arbeitnehmers begründen, vor der gerichtlichen Geltendmachung von Rechten die betrieblichen Beschwerdemöglichkeiten auszuüben (vgl. *Fitting* § 86 Rn. 2; *Moll/Klunker* RdA 1973, 361 [368 f.]; *Preis/WPK* § 86 Rn. 3). Ebenso wenig betrifft § 86 Beschwerden bei außerbetrieblichen Stellen. Die Bestimmung eröffnet auch nicht die Möglichkeit, weitere als die in den §§ 81 ff. ausdrücklich normierten Individualrechte durch Kollektivvereinbarung zu begründen.

Ergänzende Vereinbarungen § 86

Aus der Beschränkung der Dispositionsbefugnis der Kollektivvertragsparteien auf die Einzelheiten des 4
Beschwerdeverfahrens folgt, dass die **Zuständigkeit** der Einigungsstelle oder der nach § 86 Satz 2 an
deren Stelle tretenden betrieblichen Beschwerdestelle **nicht eingeschränkt**, aber auch **nicht erweitert** werden kann (vgl. *Galperin/Löwisch* § 86 Rn. 3; *Preis/WPK* § 86 Rn. 5; *Rose/HWGNRH* § 86
Rn. 5; *Richardi/Thüsing* § 86 Rn. 3). Deshalb ist es entsprechend § 85 Abs. 2 Satz 3 unzulässig, die Zuständigkeit der betrieblichen Beschwerdestelle auf Rechtsstreitigkeiten auszudehnen (vgl. hierzu auch
§ 85 Rdn. 10 ff.).

2. Beschwerdeverfahren

Die Regelungskompetenz erstreckt sich auf das Verfahren nach § 84 und § 85. Die Kollektivverein- 5
barung (Beschwerdeordnung) kann daher u. a. Bestimmungen enthalten über die zuständigen Stellen
des Betriebs nach § 84 Abs. 1, Form (Schriftform) und Frist für die Einlegung und eine Verpflichtung
zur Begründung der Beschwerde, Art und Weise der Hinzuziehung eines Betriebsratsmitglieds nach
§ 84 Abs. 1 Satz 2, Anhörung der Beteiligten, Form und Frist für die Weiterleitung einer Beschwerde
an den Arbeitgeber durch den Betriebsrat bzw. eine Benachrichtigung des Arbeitnehmers durch den
Betriebsrat, falls dieser die Beschwerde nicht für berechtigt hält (§ 85 Abs. 1), Einsetzung eines Beschwerdebeauftragten, der allen Beschwerden nachzugehen und deren Berechtigung vorab zu prüfen
hat, Form und Frist für die Anrufung der Einigungsstelle durch den Betriebsrat (§ 85 Abs. 2), Fristen
für die Behandlung der Beschwerde, eventuell durch mehrere betriebliche Instanzen, bei Kollegialorganen deren Zusammensetzung und Geschäftsordnung und die Modalitäten der Benachrichtigung
des Arbeitnehmers oder der Unterrichtung des Betriebsrats (§ 84 Abs. 2, § 85 Abs. 3).

Auch das **Verhältnis** des **Beschwerdeverfahrens nach § 84** zu dem **nach § 85** kann näher geregelt 6
werden. Um eine überflüssige Belastung des Betriebs zu vermeiden, ließe sich vereinbaren, dass der
Arbeitnehmer nicht beide Beschwerdeverfahren gleichzeitig durchführen darf (**a. M.** *Richardi/Thüsing* § 86 Rn. 3). Dagegen dürfte es unzulässig sein, dem Arbeitnehmer die Wahlmöglichkeit dadurch
zu nehmen, dass er zunächst das Beschwerdeverfahren nach § 84 durchführen muss, bevor er nach § 85
vorgehen darf. Ebenso wäre es unzulässig, den Arbeitnehmer nur auf das Beschwerdeverfahren nach
§ 85 zu verweisen, weil ihm damit das Beschwerdeverfahren nach § 84 entzogen würde, was nicht der
Regelungskompetenz der Kollektivpartner nach § 86 unterliegt (vgl. *Richardi/Thüsing* § 86 Rn. 3).
Dagegen könnte vereinbart werden, dass der Arbeitnehmer trotz Einleitung des Verfahrens nach
§ 84 zum Verfahren nach § 85 übergehen darf, falls der Arbeitgeber nicht binnen einer bestimmten
Frist den Arbeitnehmer bescheidet. Entsprechendes gilt, wenn der Betriebsrat im Verfahren nach
§ 85 sich nicht äußert (vgl. § 85 Rdn. 6).

3. Betriebliche Beschwerdestelle

Nach § 86 Satz 2 kann nur eine betriebliche Beschwerdestelle, dagegen keine tarifliche Schlichtungs- 7
stelle errichtet werden. Eine andere Frage ist, ob unabhängig davon aufgrund der allgemeinen Regelung des § 76 Abs. 8 eine tarifliche Schlichtungsstelle errichtet werden kann, die dann auch die Aufgaben der Einigungsstelle im Rahmen des § 85 Abs. 2 übernehmen würde (so *Buschmann/DKKW*
§ 86 Rn. 4; *Fitting* § 86 Rn. 5; *Galperin/Löwisch* § 86 Rn. 5; *Kania*/ErfK § 86 BetrVG Rn. 1; *Rose/
HWGNRH* § 86 Rn. 8). Dagegen spricht, dass nach dem Zweck des § 86 Satz 2 die sonst nach § 85
Abs. 2 gegebene Zuständigkeit auf eine betriebliche Beschwerdestelle übertragen werden soll, um eine
den betrieblichen Verhältnissen angepasste Regelung zu ermöglichen (vgl. Rdn. 2). Dem würde die
Errichtung einer tariflichen Schlichtungsstelle widersprechen. Die Sonderregelung des § 86 Satz 2 hat
daher gegenüber § 76 Abs. 8 Vorrang (im Ergebnis ebenso *Richardi/Thüsing* § 86 Rn. 10; **a. M.** *Fitting*
§ 86 Rn. 5; *Preis/WPK* § 86 Rn. 6; *Rose/HWGNRH* § 86 Rn. 8).

Die nach § 86 Satz 2 errichtete betriebliche Beschwerdestelle tritt an die Stelle der Einigungsstelle, 8
deren Anrufung damit ausgeschlossen ist. Sie hat in den Fällen des § 85 Abs. 2 die gleiche Rechtsstellung wie die Einigungsstelle. Das gilt auch hinsichtlich ihrer Zuständigkeit (vgl. hierzu Rdn. 4). Tarifvertrag oder Betriebsvereinbarung können vorsehen, dass die Beschwerdestelle entweder bei Bedarf
zu bilden (vgl. *Richardi/Thüsing* § 86 Rn. 9; **a. M.** *Weiss/Weyand* § 86 Rn. 2) oder als ständige Einrichtung zu errichten ist (vgl. *Richardi/Thüsing* § 86 Rn. 9; *Weiss/Weyand* § 86 Rn. 2).

9 Die **Zusammensetzung** der betrieblichen Beschwerdestelle kann abweichend von § 76 Abs. 2 geregelt werden (vgl. *Fitting* § 86 Rn. 4; *Rose/HWGNRH* § 86 Rn. 7; **a. M.** *Preis/WPK* § 86 Rn. 7; *Richardi/Thüsing* § 86 Rn. 11; *Weiss/Weyand* § 86 Rn. 3; vgl. auch *Galperin/Löwisch* § 86 Rn. 4). Deshalb kann auf den unparteiischen Vorsitzenden verzichtet werden (vgl. *Rose/HWGNRH* § 86 Rn. 7; *Stege/Weinspach/Schiefer* §§ 84–86 Rn. 20; **a. M.** *Richardi/Thüsing* § 86 Rn. 11; *Weiss/Weyand* § 86 Rn. 3). Dagegen ist die paritätische Bestellung der Mitglieder der Beschwerdestelle durch Arbeitgeber und Betriebsrat zum Schutz des Arbeitnehmers als unabdingbar anzusehen (vgl. *Fitting* § 86 Rn. 4; *Richardi/Thüsing* § 86 Rn. 11; *Weiss/Weyand* § 86 Rn. 3). Die Kollektivvereinbarung kann ferner Bestimmungen darüber enthalten, ob nur Betriebsangehörige oder auch Betriebsfremde Mitglieder der Beschwerdestelle sein können.

10 Auch das **Verfahren** der betrieblichen Beschwerdestelle kann unter Beachtung rechtsstaatlicher Grundsätze abweichend von § 76 geregelt werden (vgl. *Buschmann/DKKW* § 86 Rn. 1; *Fitting* § 86 Rn. 4; *Galperin/Löwisch* § 86 Rn. 2, vgl. aber auch Rn. 4; *Rose/HWGNRH* § 86 Rn. 7; **a. M.** *Richardi/Thüsing* § 86 Rn. 4, 12; *Weiss/Weyand* § 86 Rn. 3). Es wäre auch unbefriedigend, wenn jedenfalls zusätzliche Verfahrensregelungen nur nach Maßgabe des § 76 Abs. 4 durch Betriebsvereinbarung, dagegen nicht durch Tarifvertrag zulässig sein sollten (*Richardi/Thüsing* § 86 Rn. 12). Soweit das Verfahren der betrieblichen Beschwerdestelle weder durch Tarifvertrag noch durch Betriebsvereinbarung geregelt ist, gilt § 76 entsprechend. Der Spruch der betrieblichen Beschwerdestelle ersetzt nach § 85 Abs. 2 Satz 2 die Einigung zwischen Arbeitgeber und Betriebsrat.

11 Die Mitglieder der betrieblichen Beschwerdestelle sind nach Maßgabe des § 79 zur **Geheimhaltung** verpflichtet und machen sich bei Verletzung dieser Pflicht nach § 120 Abs. 1 Nr. 1, bei unbefugter Offenbarung der Geheimnisse eines Arbeitnehmers nach § 120 Abs. 2 strafbar; es handelt sich um Antragsdelikte (§ 120 Abs. 5). Die **Mitglieder** der Beschwerdestelle sind ebenso wie Mitglieder der Einigungsstelle in der Ausübung ihrer Tätigkeit durch § 78, § 119 Abs. 1 Nr. 2 und 3 **geschützt**.

12 Muster für eine Betriebsvereinbarung vgl. in *Arbeitgeberverband Metall Hessen* Anhang (S. 223 ff.); *Arbeitsring Chemie* Anhang 4 (S. 288 ff.); *Deutsche Gesellschaft für Personalführung e. V.* Die personalpolitischen Konsequenzen des neuen Betriebsverfassungsgesetzes, 1972, S. 112 ff.; *Pulte/Bigos* Betriebsvereinbarungen in der Praxis, 4. Aufl. 2014, S. 521 ff.; *Hallmen* Beschwerde des Arbeitnehmers, S. 191 ff. mit Kommentierung; *Landesvereinigung der Arbeitgeberverbände Nordrhein-Westfalens e. V.* Muster für eine Arbeitsordnung, 9. Aufl. 1990, § 9.

IV. Streitigkeiten

13 Bei Streitigkeiten aus der Anwendung des § 86, insbesondere über die Zulässigkeit und den Inhalt eines Tarifvertrags oder einer Betriebsvereinbarung, entscheiden die Arbeitsgerichte im Beschlussverfahren (vgl. § 2a Abs. 1 Nr. 1, Abs. 2, §§ 80 ff. ArbGG).

§ 86a
Vorschlagsrecht der Arbeitnehmer

Jeder Arbeitnehmer hat das Recht, dem Betriebsrat Themen zur Beratung vorzuschlagen. Wird ein Vorschlag von mindestens 5 vom Hundert der Arbeitnehmer des Betriebs unterstützt, hat der Betriebsrat diesen innerhalb von zwei Monaten auf die Tagesordnung einer Betriebsratssitzung zu setzen.

Literatur
Wiese Das neue Vorschlagsrecht der Arbeitnehmer nach § 86a BetrVG, BB 2001, 2267. Vgl. auch vor § 81.

Inhaltsübersicht

		Rdn.
I.	Vorbemerkung	1–3
II.	Zweck der Vorschrift	4–6
III.	Verhältnis zu § 80 Abs. 1 Nr. 3	7
IV.	Ausübung und Voraussetzungen des Vorschlagsrechts	8–14
	1. Ausübung	8–11
	2. Form, Frist, Begründung	12
	3. Adressat des Vorschlags	13
	4. Thematik	14
V.	Behandlung des Vorschlags durch den Betriebsrat	15–19
VI.	Anonymität, Benachteiligungsverbot	20
VII.	Streitigkeiten	21

I. Vorbemerkung

Die Vorschrift wurde durch Art. 1 Nr. 55 BetrVerf-Reformgesetz im Jahr 2001 in das Betriebsverfassungsgesetz eingefügt. **1**

Die Vorschrift ist **zwingend** (vgl. vor § 81 Rdn. 34). Zum **persönlichen Geltungsbereich** vgl. vor § 81 Rdn. 21 ff. **2**

Das **Bundespersonalvertretungsgesetz** und das **Sprecherausschussgesetz** enthalten keine entsprechende Vorschrift. Das Vorschlagsrecht gilt nicht gegenüber dem Gesamtbetriebsrat und dem Konzernbetriebsrat (vgl. *Fitting* § 86a Rn. 1; *Kania*/ ErfK § 86a BetrVG Rn. 2; **a. M.** *Richardi / Thüsing* § 86a Rn. 5; *Rose / HWGNRH* § 86a Rn. 7). Zum Antragsrecht der **Jugend- und Auszubildendenvertretung** vgl. § 67 Abs. 3 Satz 1, zum Antragsrecht der **Schwerbehindertenvertretung** § 178 Abs. 4 Satz 1 SGB IX. **3**

II. Zweck der Vorschrift

Nach der amtlichen Begründung (BT-Drucks. 14/5741, S. 47) ist die Stärkung des demokratischen Engagements der Arbeitnehmer in den Betrieben eine wesentliche Voraussetzung für eine moderne Betriebsverfassung (krit. hierzu *Bundesvereinigung der Deutschen Arbeitgeberverbände* BT-Ausschuss für Arbeit und Sozialordnung, Ausschussdrucksache 14/1512, S. 29, 44; *American Chamber of Commerce* daselbst S. 108). Diese reichlich allgemeine Aussage (zur betrieblichen Demokratie vgl. *Wiese* Einl. Rdn. 82) wird dem Zweck der Vorschrift nicht gerecht, zumindest ist sie missverständlich. Die Vorschrift dient nicht der Einführung oder Stärkung basisdemokratischer Grundsätze, sondern wie das Betriebsverfassungsrecht insgesamt dem Schutz und der Teilhabe der Arbeitnehmer (vgl. *Wiese* Einl. Rdn. 78 ff.). Zutreffend ist daher die weitere Aussage in der amtlichen Begründung, in der heutigen Zeit sei es den Arbeitnehmern immer mehr ein Anliegen, selbst stärker Einfluss auf die Betriebspolitik und die Betriebsratsarbeit nehmen zu können. Nur in diesem Sinne geht es um die Stärkung des demokratischen Engagements der Arbeitnehmer. Wie bereits in der Einführung zu den §§ 81 ff. hervorgehoben (vgl. vor § 81 Rdn. 1), war bei der Neugestaltung des Betriebsverfassungsrechts im Jahre 1972 die Frage virulent geworden, ob nicht ungeachtet der notwendigen kollektiven Interessenvertretung durch die betrieblichen Repräsentanten der Arbeitnehmer diese selbst als Individuen an der Gestaltung des betrieblichen Geschehens beteiligt werden könnten; die Erfahrungen der Praxis hätten deutlich gemacht, dass trotz der umfassenden Interessenvertretung der Arbeitnehmerschaft durch den Betriebsrat beim einzelnen Arbeitnehmer insbesondere in größeren Betrieben vielfach das Gefühl einer bloßen Objektstellung weiter bestehe. Dem hat der damalige Gesetzgeber durch die Einführung der in §§ 81 ff. geregelten Individualrechte zu entsprechen versucht. **4**

Das neu eingefügte Vorschlagsrecht geht über die bisherigen Vorschriften hinaus, da es den Arbeitnehmer berechtigt, unmittelbar auf die Amtstätigkeit des Betriebsrats Einfluss zu nehmen, mithin ausschließlich auf die Betriebsverfassung bezogen ist. In diesem Sinne heißt es in der amtlichen Begrün- **5** dung (vgl. BT-Drucks. 14/5741, S. 47), dieses individuelle Vorschlagsrecht solle Anreiz bieten, dass sich die Arbeitnehmer entsprechend ihrem Selbstverständnis in betrieblichen Angelegenheiten verstärkt einschalten und ihre Ideen und Sichtweise gegenüber ihrer Interessenvertretung kundtun; dadurch könne die innerbetriebliche Diskussion belebt und bereichert werden. Die Vorschrift ist zweischneidig: Einerseits können sachkundige Arbeitnehmer den Betriebsrat durch Vorschläge sinnvoll unterstützen; insoweit ist die Vorschrift, sieht man von den Befugnissen im Zusammenhang mit Betriebs- und Abteilungsversammlungen (§ 43 Abs. 3 Satz 1, § 45 Satz 2) und der Befugnis der Jugend- und Auszubildendenvertretung nach § 67 Abs. 3 Satz 1 ab, ein erster Schritt zur unmittelbaren Teilhabe der einzelnen Arbeitnehmer bei der Ausübung betriebsverfassungsrechtlicher Gestaltungsbefugnisse. Andererseits kann das Vorschlagsrecht unter Umständen nicht repräsentativen Minderheiten insbesondere in kleineren Betrieben eine das Arbeitsklima des Betriebsrats und seine Leistungsfähigkeit beeinträchtigende Obstruktionspolitik ermöglichen (so *Richardi/Annuß* DB 2001, 41 [46]; ebenso *Bundesvereinigung der Deutschen Arbeitgeberverbände* BT-Ausschuss für Arbeit und Sozialordnung, Ausschussdrucks. 14/1512, S. 29, 44; *Franzen* ZfA 2001, 423 [440 f.]; *Hanau* RdA 2001, 65 [71]; *Picker* RdA 2001, 259 [269]; *Rieble* BT-Ausschussdrucks. 14/1512, S. 212; **a. M.** *Fitting* § 86a Rn. 2; *Preis/WPK* § 86a Rn. 1).

6 Das Vorschlagsrecht ist im Übrigen nicht mit dem Beschwerderecht des Arbeitnehmers beim Betriebsrat nach § 85 zu verwechseln, das eine persönliche Beschwer des Arbeitnehmers voraussetzt und Popularbeschwerden ausschließt (vgl. § 85 Rdn. 4 i. V. m. § 84 Rdn. 7 ff.). Nach § 86a kann der oder können die Arbeitnehmer dagegen alle in die Zuständigkeit des Betriebsrats fallenden Themen zur Beratung vorschlagen (vgl. Rdn. 14), auch wenn sie selbst nicht unmittelbar davon betroffen sind (ebenso *Richardi/Thüsing* § 86a Rn. 3). Zu beachten ist allerdings, dass der Betriebsrat die kollektiven Interessen der gesamten Belegschaft zu vertreten hat. Deshalb ist er nicht gezwungen, Vorschlägen und Wünschen der Arbeitnehmer zu folgen und zu versuchen, sie gegenüber dem Arbeitgeber durchzusetzen (vgl. Rdn. 15 f.). Insoweit kommt dem Betriebsrat hier wie nach § 85 Abs. 2 eine Filterfunktion zu. Selbstverständlich ist der einzelne Arbeitnehmer auch berechtigt, sich mit Vorschlägen unmittelbar an den Arbeitgeber zu wenden (vgl. § 82 Abs. 1 Satz 2, § 17 Abs. 1 Satz 1 ArbSchG sowie *Weber* § 80 Rdn. 40).

III. Verhältnis zu § 80 Abs. 1 Nr. 3

7 Zweifelhaft ist, ob es der ausdrücklichen Regelung des Vorschlagsrechts nach § 86a überhaupt bedurfte, da sich der Arbeitnehmer bereits nach § 80 Abs. 1 Nr. 3 mit Anregungen an den Betriebsrat wenden darf, dieser zur Befassung mit der Anregung verpflichtet ist und gegebenenfalls durch Verhandlungen mit dem Arbeitgeber auf Erledigung der Angelegenheit hinzuwirken hat (vgl. i. E. *Weber* § 80 Rdn. 40 ff.). Ein inhaltlicher Unterschied beider Regelungen ist nicht zu erkennen, mag auch der Gesetzgeber für § 80 Abs. 1 Nr. 3 vor allem an Anregungen gedacht haben, die gegenüber dem Arbeitgeber geltend zu machen sind, während nach § 86a seiner allgemeinen Fassung wegen auch Vorschläge zur internen Betriebsratsarbeit denkbar sind. Sie sind nach der hier vertretenen Auffassung aber auch nach § 80 Abs. 1 Nr. 3 nicht ausgeschlossen. Die Bedeutung des § 86a ist daher darin zu sehen, dass das in § 80 Abs. 1 Nr. 3 nur mittelbar angesprochene Vorschlagsrecht des Arbeitnehmers in § 86a besonders herausgestellt und systematisch zutreffend den Individualrechten der §§ 81 ff. zugeordnet wird. Die Vorschrift des § 86a ist nur insofern enger, als die Pflicht, den Vorschlag auf die Tagesordnung einer Betriebsratssitzung zu setzen, voraussetzt, dass dieser von mindestens 5 vom Hundert der Arbeitnehmer des Betriebs unterstützt wird. Nach § 80 Abs. 1 Nr. 3 bedarf es dagegen dieser Voraussetzung nicht (vgl. auch *Weber* § 80 Rdn. 42). Deshalb ist davon auszugehen, dass nunmehr § 86a hinsichtlich des Vorschlagsrechts des Arbeitnehmers gegenüber dem Betriebsrat als solches als lex specialis der Vorschrift des § 80 Abs. 1 Nr. 3 vorgeht und diese auf die Rechtsbeziehung zwischen Betriebsrat und Arbeitgeber beschränkt ist (**a. M.** *Preis/WPK* § 86a Rn. 3).

IV. Ausübung und Voraussetzungen des Vorschlagsrechts

1. Ausübung

Jeder Arbeitnehmer (§ 5 Abs. 1) hat das an keine besonderen Voraussetzungen geknüpfte Vorschlagsrecht nach § 86a Satz 1. **Leiharbeitnehmer** im Entleihbetrieb sind ebenfalls einbezogen (*Fitting* § 86a Rn. 4). § 14 Abs. 2 Satz 3 AÜG zählt die betriebsverfassungsrechtlichen Individualrechte der Leiharbeitnehmer im Entleihbetrieb im Einzelnen auf und nennt § 86a zwar nicht. Allerdings versteht die h. M. § 14 Abs. 2 Satz 3 AÜG als nicht abschließend (vgl. *Schüren/Hamann* AÜG § 14 Rn. 72). 8

Der Arbeitnehmer kann das Vorschlagsrecht grundsätzlich **jederzeit**, d. h. auch außerhalb von Betriebsversammlungen und Sprechstunden ausüben (so ausdrücklich die amtliche Begründung, BT-Drucks. 14/5741, S. 47). Das bedeutet jedoch nicht, dass er dabei nach eigenem Belieben vorgehen könnte. Er ist nach wie vor an seine Arbeitspflicht gebunden, soweit sie nicht durch das Betriebsverfassungsgesetz suspendiert ist. Insoweit ist **§ 39 Abs. 3** einschlägig, nach dem der Arbeitgeber nicht berechtigt ist, wegen Versäumnis von Arbeitszeit, das zum Besuch der Sprechstunden oder durch sonstige Inanspruchnahme des Betriebsrats erforderlich ist, das Arbeitsentgelt zu kürzen. 9

Der Arbeitnehmer muss daher, falls nicht ein eigenes dringendes Interesse oder das der ihn unterstützenden Arbeitnehmer Vorrang hat, **auf die betrieblichen Notwendigkeiten** – insbesondere den ungestörten Betriebsablauf – **Rücksicht nehmen** (s. *Weber* § 39 Rdn. 29; ohne Einschränkungen *Buschmann/DKKW* § 86a Rn. 8). Das folgt zwar nicht aus § 2 Abs. 1, der nur für das Rechtsverhältnis zwischen Arbeitgeber und Betriebsrat bzw. sonstigen betriebsverfassungsrechtlichen Institutionen sowie deren Mitgliedern gilt (s. § 2 Rdn. 7), wohl aber aus dem in § 242 BGB enthaltenen, für die gesamte Rechtsordnung geltenden Grundsatz. 10

Der Arbeitnehmer darf das Vorschlagsrecht daher in zeitlicher Hinsicht **nicht willkürlich**, insbesondere **nicht zur Unzeit** wahrnehmen. Deshalb wird in aller Regel die Ausübung des Vorschlagsrechts nicht so eilbedürftig sein, dass der Arbeitnehmer deshalb seine Arbeit unterbrechen und den Betriebsrat aufsuchen müsste. Er kann es daher auch außerhalb der Arbeitszeit – z. B. während einer Pause – wahrnehmen. Erscheint der Betriebsrat ohnehin in Ausübung seiner Amtstätigkeit am Arbeitsplatz des Arbeitnehmers, kann dieser sein Vorschlagsrecht ausüben, muss aber auch dabei die betrieblichen Interessen berücksichtigen und seiner Arbeitspflicht weiter nachgehen, soweit eine Unterbrechung der Arbeit nicht unabdingbar geboten ist. Um das nach § 86a für die Unterstützung eines Vorschlags durch andere Arbeitnehmer erforderliche Quorum zu erreichen, wird allerdings ein gewisser Zeitaufwand kaum vermeidbar sein. 11

2. Form, Frist, Begründung

Eine bestimmte **Form** ist für das Vorschlagsrecht im Gesetz ebenso wenig vorgesehen wie eine **Frist**, innerhalb derer das Anliegen vorgetragen werden müsste. Der Arbeitnehmer kann das Vorschlagsrecht daher mündlich, schriftlich oder auf elektronischem Wege ausüben. In letzterem Fall ist besonders darauf zu achten, dass der Arbeitsablauf nicht behindert wird. Zweckmäßig wäre deshalb eine Betriebsvereinbarung nach § 87 Abs. 1 Nr. 1. Eine **Begründung** des Vorschlags ist nicht erforderlich. Für den **Nachweis des nach § 86a Satz 2 vorgeschriebenen Quorums** von mindestens 5 v. H. der Arbeitnehmer des Betriebs wird in der Regel ein schriftlicher Antrag unvermeidbar sein. Eine Unterschriftensammlung während der Arbeitszeit setzt voraus, dass dies nicht auf andere zumutbare Weise möglich ist (vgl. *Richardi/Thüsing* § 86a Rn. 4; ohne Einschränkungen *Annuß* NZA 2001, 367; *Däubler* AuR 2001, 289; *Fitting* § 86a Rn. 5; *Hanau* RdA 2001, 65 [71]). Maßgebend für die Berechnung des Quorums ist der aktuelle Stand der Belegschaft (*Richardi/Thüsing* § 86a Rn. 4; *Fitting* § 86a Rn. 5). Die nach § 7 Satz 2 wahlberechtigten Arbeitnehmer zählen mit, und zwar sowohl beim Quorum als auch der Belegschaftsgröße (vgl. *Fitting* § 86a Rn. 4; **a. M.** *Kaiser/LK* § 86a Rn. 2; *Preis/WPK* § 86a Rn. 4). Dies entspricht der Wertung des zum 01.04.2017 neu eingeführten § 14 Abs. 2 Satz 4 AÜG, wonach Leiharbeitnehmer im Entleihbetrieb zu berücksichtigen sind, wenn Vorschriften des BetrVG einen bestimmten Anteil von Arbeitnehmern voraussetzen (s. dazu ausführlich *Raab* § 7 Rdn. 107 ff.). 12

3. Adressat des Vorschlags

13 Das Vorschlagsrecht besteht **gegenüber** dem **Betriebsrat**. Nach § 26 Abs. 2 Satz 2 ist zur Entgegennahme von Erklärungen, die dem Betriebsrat gegenüber abzugeben sind, der Vorsitzende des Betriebsrats oder im Fall seiner Verhinderung sein Stellvertreter zuständig (vgl. i. E. *Raab* § 26 Rdn. 53 ff.). Der Vorschlag kann aber auch einem einzelnen Betriebsratsmitglied gegenüber abgegeben werden und ist dem Betriebsrat dann erst in dem Zeitpunkt zugegangen, in dem er dem Vorsitzenden von dem betreffenden Betriebsratsmitglied, das als Bote des Erklärenden tätig ist, übermittelt wird oder ihm sonst zur Kenntnis gelangt (vgl. *Raab* § 26 Rdn. 56).

4. Thematik

14 Das Vorschlagsrecht ist seinem Wortlaut nach thematisch nicht begrenzt. Schranken ergeben sich aber aus dessen Zweck, durch den Vorschlag auf die Tätigkeit des Betriebsrats einzuwirken. Deshalb muss das Thema in die Zuständigkeit des Betriebsrats fallen (vgl. amtliche Begründung, BT-Drucks. 14/5741, S. 47). Außerhalb der Zuständigkeit des Betriebsrats liegende Angelegenheiten hat der Vorsitzende des Betriebsrats zurückzuweisen und dürfen vom Betriebsrat nicht behandelt werden. Bei unklaren Vorschlägen hat der Vorsitzende des Betriebsrats auf deren Klarstellung hinzuwirken. Im Übrigen entscheidet der Arbeitnehmer darüber, welches Thema er dem Betriebsrat zur Beratung vorschlägt. Es können persönliche Angelegenheiten dieses oder anderer Arbeitnehmer oder Fragen von genereller Bedeutung der gesamten Belegschaft oder Gruppen von Arbeitnehmern sein. Handelt es sich bei dem Vorschlag des Arbeitnehmers indessen um die Geltendmachung einer persönlichen Beeinträchtigung, so richtet sich das weitere Verfahren nach § 85.

V. Behandlung des Vorschlags durch den Betriebsrat

15 Insoweit ist zwischen dem individuellen Vorschlagsrecht eines einzelnen Arbeitnehmers und dem mehrerer Arbeitnehmer zu unterscheiden: Hat lediglich ein einzelner Arbeitnehmer einen Vorschlag an den Betriebsrat (vgl. Rdn. 13) gerichtet, entscheidet zunächst der Betriebsratsvorsitzende nach pflichtgemäßem Ermessen, ob er den Vorschlag überhaupt dem Betriebsrat zur weiteren Behandlung vorlegt. Nicht in die Zuständigkeit des Betriebsrats fallende (vgl. z. B. § 74 Abs. 2 Satz 3), völlig unsinnige oder eindeutig querulatorische Vorschläge braucht er dem Betriebsrat nicht vorzulegen. Andernfalls wird er den Vorschlag auf die Tagesordnung einer Betriebsratssitzung setzen (vgl. § 29 Abs. 2 Satz 2). Der Betriebsrat entscheidet, da es sich um ein betriebsverfassungsrechtliches Recht des Arbeitnehmers handelt, nach pflichtgemäßem Ermessen darüber, ob er den Vorschlag nur zur Kenntnis nimmt, in der Betriebsratssitzung behandelt und gegebenenfalls nach § 80 Abs. 1 Nr. 2 bzw. Nr. 3 zum Gegenstand von Verhandlungen mit dem Arbeitgeber macht. Nach der amtlichen Begründung unterliegt das »grundsätzlich seiner Entscheidungsfreiheit« (vgl. BT-Drucks. 14/5741, S. 47; krit. dazu *Richardi/Annuß* DB 2001, 41 [46]). Dadurch ist gewährleistet, dass die Funktion des Betriebsrats als einheitliche Interessenvertretung aller Arbeitnehmer nicht beeinträchtigt wird (vgl. amtliche Begründung, BT-Drucks. 14/5741, S. 29). Würde der Betriebsrat willkürlich einen Vorschlag nicht oder generell Vorschläge von Arbeitnehmern nicht zu Kenntnis nehmen, könnte hierin eine grobe Amtspflichtverletzung i. S. d. § 23 Abs. 1 liegen. Gleiches gilt, wenn der Betriebsratsvorsitzende den Vorschlag eines Arbeitnehmers willkürlich nicht auf die Tagesordnung einer Betriebsratssitzung setzt. Im Übrigen ist diese Gefahr nicht sehr groß, weil die Mitglieder des Betriebsrats wiedergewählt werden möchten.

16 Wird ein Vorschlag nicht nur von einem einzelnen Arbeitnehmer gemacht, sondern von mindestens 5 vom Hundert der Arbeitnehmer des Betriebs unterstützt, hat der Betriebsrat diesen innerhalb von zwei Monaten auf die Tagesordnung einer Betriebsratssitzung zu setzen (§ 86a Satz 2). Trotz der unpräzisen Formulierung des Gesetzestextes ist damit der Betriebsratsvorsitzende gemeint (vgl. Rdn. 13). Äußerst unpraktisch ist die Voraussetzung einer prozentualen Mindestunterstützung. Da die Berechnung Anlass zu Streitigkeiten geben kann, wäre eine absolute Mindestzahl der den Antrag unterstützenden Arbeitnehmer zweckmäßiger gewesen.

Vorschlagsrecht der Arbeitnehmer § 86a

Die beteiligten Arbeitnehmer haben einen **Anspruch** darauf, dass der Antrag auf die Tagesordnung 17 einer Betriebsratssitzung gesetzt wird, nach der amtlichen Begründung auch auf Behandlung des Vorschlags durch den Betriebsrat (vgl. BT-Drucks. 14/5741, S. 47). Das ist zwar dem Gesetzestext nicht unmittelbar zu entnehmen, entspricht aber dessen Sinn und Zweck. Jedoch wird dadurch **kein Anspruch auf Teilnahme an der Betriebsratssitzung** begründet; es verbleibt bei der Regelung des § 30 Satz 4. Der Antragsteller kann jedoch als **Auskunftsperson** angehört werden, wenn hierfür ein sachliches Bedürfnis besteht (vgl. *Raab* § 30 Rdn. 21).

Die weitere Behandlung des Vorschlags unterliegt wiederum dem pflichtgemäßen Ermessen des Be- 18 triebsrats. Er entscheidet daher, ob er den Vorschlag nur zur Kenntnis nimmt, zunächst – u. U. auch aus taktischen Erwägungen – zurückstellt oder ihn nach § 80 Abs. 1 Nr. 2 bzw. Nr. 3 zum Gegenstand von Verhandlungen mit dem Arbeitgeber macht. Die Nichtberücksichtigung eines Vorschlags kann unterschiedliche Gründe haben, z. B. weil er dem Betriebsrat unsinnig, eindeutig querulatorisch, aussichtslos oder im Widerspruch zu den Interessen der Belegschaft zu stehen scheint (vgl. auch die amtliche Begründung, BT-Drucks. 14/5741, S. 47).

Die Vorschrift des § 86a besagt nichts darüber, ob der **Betriebsrat** den **Arbeitnehmer** über die Be- 19 handlung seines Vorschlags **unterrichten** muss. Eine entsprechende Verpflichtung besteht jedoch nach § 80 Abs. 1 Nr. 3. Beschränkt man dessen Anwendung auf das Verhältnis zwischen Betriebsrat und Arbeitgeber, steht dessen letzter Halbsatz nunmehr systematisch an falscher Stelle und ist in § 86a mitzulesen, zumindest aber auf diese Vorschrift analog anzuwenden (im Ergebnis ebenso *Fitting* § 86a Rn. 7; *Richardi/Thüsing* § 86a Rn. 11, anders Rn. 3; **a. M.** *Preis/WPK* § 86a Rn. 2, 8). Daher ist auch nach angemessener Zeit dem Arbeitnehmer ein Zwischenbescheid zu geben (s. *Weber* § 80 Rdn. 42). Ein **wiederholter Vorschlag** in derselben Sache ist zulässig, kann aber rechtsmissbräuchlich sein (vgl. *Richardi/Thüsing* § 86a Rn. 8) und ist dann unbeachtlich.

VI. Anonymität, Benachteiligungsverbot

Der Vorschlag kann sich u. U. auf eine Angelegenheit beziehen, die im Verhältnis der Arbeitnehmer 20 zum Arbeitgeber oder auch im Verhältnis der Arbeitnehmer untereinander problematisch ist. Da Inhalt und Umfang des Vorschlagsrechts durch das Gesetz nicht begrenzt sind, dessen Ausübung mithin allein der Entscheidung des Arbeitnehmers unterliegt, muss dieser auch vom Betriebsrat verlangen können, dass dieser bei der etwaigen Verfolgung des Vorschlags gegenüber dem Arbeitgeber oder anderen Arbeitnehmern den Namen des Vorschlagenden nicht nennt. Es gilt Gleiches wie bei Anregungen nach § 80 Abs. 1 Nr. 3 (vgl. § 85 Rdn. 7). Insoweit unterscheidet sich das Verfahren bei der Verfolgung eines Vorschlags nach § 86a von dem Abhilfeverlangen im Beschwerdeverfahren nach § 85, bei dem der Name des Beschwerdeführers genannt werden muss (vgl. § 85 Rdn. 7). In keinem Fall dürfen dem Arbeitnehmer wegen Ausübung des Vorschlagsrechts als solchem Nachteile entstehen. Das ist zwar im Gegensatz zu § 84 Abs. 3 bei Ausübung des Beschwerderechts im Gesetz nicht ausdrücklich gesagt, folgt aber aus der allgemeinen Vorschrift des § 612a BGB (vgl. *Buschmann/DKKW* § 86a Rn. 9; *Fitting* § 86a Rn. 10).

VII. Streitigkeiten

Für Streitigkeiten zwischen dem bzw. den beteiligten Arbeitnehmern und dem Betriebsrat über die 21 Behandlung eines Vorschlags sind die Arbeitsgerichte im Beschlussverfahren zuständig (vgl. § 2a Abs. 1 Nr. 1, Abs. 2, §§ 80 ff. ArbGG; vgl. auch vor § 81 Rdn. 42). Der Anspruch nach § 86a Satz 2 ist **durchsetzbar** (vgl. *Kaiser/LK* § 86a Rn. 2; **a. M.** *Fitting* vgl. § 86a Rn. 11). Jedoch besteht kein durchsetzbarer Anspruch hinsichtlich der Behandlung des Vorschlags. Zu § 23 Abs. 1 vgl. Rdn. 15.

Dritter Abschnitt
Soziale Angelegenheiten

Einführung

Literatur: siehe Einl. sowie zu § 87

1 Die im Dritten Abschnitt geregelte Beteiligung des Betriebsrats in sozialen Angelegenheiten ist immer noch der **Kernbereich** der »**Mitwirkung und Mitbestimmung der Arbeitnehmer**« (Überschrift des Vierten Teils). Sie besteht in allen betriebsratsfähigen Betrieben mit Betriebsrat ohne Rücksicht auf die Zahl der Arbeitnehmer. Durch das **BetrVerf-Reformgesetz** wurden § 87 durch eine neue Nr. 13 (*Wiese/Gutzeit* § 87 Rdn. 1075 ff.), § 88 durch neue Nrn. 1a und 4 (*Gutzeit* § 88 Rdn. 19 ff., 34 f.) und § 89 durch den betrieblichen Umweltschutz (*Gutzeit* § 89 Rdn. 3) ergänzt.

2 Der **Aufbau** des **Dritten Abschnitts** des **Vierten Teils** entspricht dem des Zweiten Abschnitts des Vierten Teils des BetrVG 1952. In § 87 (§ 56 BetrVG 1952) ist die notwendige Mitbestimmung geregelt, in § 88 (§ 57 BetrVG 1952) die Zulässigkeit freiwilliger Betriebsvereinbarungen und in § 89 (§ 58 BetrVG 1952) die Mitwirkung des Betriebsrats in Fragen des Arbeitsschutzes. Die bisher im Abschnitt »Soziale Angelegenheiten« mitgeregelte Frage des Vorrangs der Tarifautonomie (§ 59 BetrVG 1952) wurde in den Ersten Abschnitt des Vierten Teils übernommen (§ 77 Abs. 3).

3 Unter **sozialen Angelegenheiten** sind die **Arbeitsbedingungen im weitesten Sinne** zu verstehen, gleichgültig, ob sie primär den Inhalt des Arbeitsverhältnisses oder die Ordnung des Betriebs betreffen. Es besteht eine **umfassende funktionelle Zuständigkeit** des Betriebsrats zur Mitregelung **sämtlicher sozialen Angelegenheiten** (*BAG* 19.05.1978 EzA § 77 BetrVG 1972 Nr. 6 S. 13 = AP Nr. 1 zu § 88 BetrVG 1972 Bl. 3 R; 27.06.1985 EzA § 77 BetrVG 1972 Nr. 16 S. 68 = AP Nr. 14 zu § 77 BetrVG 1972 Bl. 3 R; 07.11.1989 GS EzA § 77 BetrVG 1972 Nr. 34 S. 5 = AP Nr. 46 zu § 77 BetrVG 1972 Bl. 2 R f.; 01.12.1992 EzA § 87 BetrVG 1972 Betriebliche Ordnung Nr. 20 S. 7 = AP Nr. 20 zu § 87 BetrVG 1972 Ordnung des Betriebes Bl. 3; 11.07.2000 EzA § 87 BetrVG 1972 Sozialeinrichtung Nr. 17 S. 6 = AP Nr. 16 zu § 87 BetrVG 1972 Sozialeinrichtung Bl. 3; 18.07.2006 EzA § 75 BetrVG 2001 Nr. 4 Rn. 30 = AP Nr. 15 zu § 850 ZPO; 12.12.2006 EzA § 88 BetrVG 2001 Nr. 1 Rn. 13 ff. = AP Nr. 94 zu § 77 BetrVG 1972; 12.04.2011 EzA § 88 BetrVG 2001 Nr. 2 Rn. 19 ff. = AP Nr. 57 zu § 75 BetrVG 1972; 05.03.2013 EzA § 77 BetrVG 2001 Nr. 35 Rn. 23 ff. *[Adam]* = AP Nr. 105 zu § 77 BetrVG 1972 *[Polloczek]*; 13.10.2015 EzA § 75 BetrVG 2001 Nr. 12 Rn. 13 = AP Nr. 109 zu § 77 BetrVG 1972; *Berg/DKKW* § 88 Rn. 1; *Fitting* § 1 Rn. 250, § 87 Rn. 6, § 88 Rn. 1; *Kaiser/LK* § 88 Rn. 1; *Matthes*/MünchArbR § 238 Rn. 47 f.; *Richardi* vor § 87 Rn. 9, § 88 Rn. 6 f.; *Säcker* ZfA 1972, Sonderheft S. 41 [45]; *Schulz* Entgeltkürzung im Insolvenzfall durch Betriebsvereinbarung [Diss. Berlin], 2002, S. 127 ff.; *Wiese* 25 Jahre Bundesarbeitsgericht, S. 661 [669]; zum BetrVG 1952 *BAG* GS 16.03.1956 AP Nr. 1 zu § 57 BetrVG Bl. 2; weitere Nachweise 6. Aufl. vor § 87 Rn. 3; **a. M.** bzw. krit. *Käppler* FS *Kissel*, 1994, S. 475 [478 ff.]; *Lieb/Jacobs* Arbeitsrecht, Rn. 804; *Lobinger* RdA 2011, 76 [86]; *Picker* NZA 2002, 761 [769]; *Preis/Ulber* RdA 2013, 213 (214 ff.); *Richardi* Gutachten zum 61. Deutschen Juristentag, 1996, B 46 ff.; *Veit* Die funktionelle Zuständigkeit des Betriebsrats, S. 207 ff., 265 ff., 265 ff., 333, 290; *Waltermann* Rechtsetzung durch Betriebsvereinbarung zwischen Privatautonomie und Tarifautonomie, 1996, passim; *ders.* NZA 1996, 357 [359 ff.]; *ders.* Anm. AP Nr. 19 zu § 77 BetrVG 1972 Tarifvorbehalt Bl. 7 ff.; *ders.* RdA 2007, 257 ff.; *ders.* RdA 2016, 296 [302 f.]; *Wank* NJW 1996, 2273 [2280 f.]). **Maßgebend** ist die **gesetzliche Zuweisung**, so dass auch Sozialeinrichtungen, Werkmietwohnungen, das betriebliche Vorschlagswesen, Grundsätze über die Durchführung von Gruppenarbeit und der Arbeitsschutz dazu gehören. Die Abgrenzung der Mitbestimmung in sozialen Angelegenheiten von der Mitbestimmung bei der Gestaltung von Arbeitsplatz, Arbeitsablauf und Arbeitsumgebung (§§ 90, 91), in personellen (§§ 92 bis 105) und wirtschaftlichen Angelegenheiten (§§ 106 bis 113) ist für die einzelnen Normen im Wege der Auslegung zu ermitteln.

4 Von der **umfassenden funktionellen Zuständigkeit** des Betriebsrats sind die **Grenzen** der **Regelungsbefugnis** der Betriebspartner zu **unterscheiden**. Sie sind zum einen durch Auslegung des jeweiligen Mitbestimmungstatbestandes (zu § 87 Abs. 1 Nr. 3 Rdn. 17 ff.) sowie zum anderen aus den **allgemeinen Schranken** jeder Regelungsbefugnis der Betriebspartner zu ermitteln (*Kreutz* § 77

Rdn. 84 ff., 329 ff. m. w. N.). Die **notwendige Mitbestimmung besteht unabhängig davon**, ob der **Arbeitgeber** eine **Angelegenheit ohne Mitbestimmung einseitig** – vor allem aufgrund seines **Direktionsrechts – regeln könnte** (*BAG* 19.04.1963 AP Nr. 2 zu § 56 BetrVG Entlohnung Bl. 4 R; 28.05.2002 EzA § 87 BetrVG 1972 Betriebliche Ordnung Nr. 29 S. 7 f. = AP Nr. 39 zu § 87 BetrVG 1972 Ordnung des Betriebes Bl. 3 R = AR-Blattei ES 530.14.2 Nr. 157 *[Wiese]*; 12.12.2006 EzA § 88 BetrVG 2001 Nr. 1 Rn. 14 = AP Nr. 94 zu § 77 BetrVG 1972; *Annuß* RdA 2014, 193 [202]; *Gamillscheg* II, S. 859; *Hammer* Die betriebsverfassungsrechtliche Schutzpflicht für die Selbstbestimmungsfreiheit des Arbeitnehmers [Diss. Regensburg], 1998, S. 46 ff.; *Jahnke* Tarifautonomie und Mitbestimmung, S. 94; *Kohte*/HaKo § 87 Rn. 1; *Moll* Die Mitbestimmung des Betriebsrats beim Entgelt, S. 175 f.; *Richardi* RdA 1983, 278 [282]; *Starck* Leistungspflichten und betriebliche Mitbestimmung, S. 115 ff.; *Worzalla*/HWGNRH § 87 Rn. 12; vgl. auch *Neumann-Duesberg*, S. 361, 458; *Säcker* ZfA 1972, Sonderheft S. 41 [56] **a. M.** *Boecken* RdA 2000, 7 [11 f.]; *Brossette* ZfA 1992, 379 [413]; *Franzen* NZA 2006, Beil. 3, S. 107 [110]; *Käppler* FS *Kissel*, 1994, 475 [481]; *Lieb*/*Jacobs* Arbeitsrecht, Rn. 804; *Lobinger* RdA 2011, 76 [85]: *Reichold* Betriebsverfassung als Sozialprivatrecht, S. 542 ff.; *Söllner* Einseitige Leistungsbestimmung im Arbeitsverhältnis, 1966, S. 116; *ders.* Anm. EzA § 1 LohnFG Nr. 71 S. 257; *Veit* Die funktionelle Zuständigkeit des Betriebsrats, S. 185, 275, 333, 374, 423; *Waltermann* NZA 1993, 679 [681]; *ders.* Rechtsetzung durch Betriebsvereinbarung zwischen Privatautonomie und Tarifautonomie, 1996, S. 178 f.; *ders.* Arbeitsrecht Rn. 829; *Weitnauer* FS *Duden*, S. 705 [708]; vgl. auch *Galperin*/*Siebert* vor § 56 Rn. 54; *Wißmann* NZA 2003, 1 [2]). **Ebenso wenig** setzt die **notwendige Mitbestimmung** voraus, dass eine Angelegenheit durch **vertragliche Vereinbarung** geregelt werden könnte (zust. *Schwerdtner* DB 1983, 2763 [2768]; *Denkl* Die Zulässigkeit von Geldbußen im Betrieb, S. 45; *U. Luhmann* Betriebsjustiz und Rechtsstaat, S. 65, 69, 95; *Rumpff* Zulässigkeit von betrieblichen Ordnungsstrafen und Mitbestimmung, MitbestGespr. 1966, 174).

Gegen die **Annahme**, **nur** ein **einseitiges Bestimmungsrecht**, insbesondere das **Direktions-** 5 **recht** des Arbeitgebers, werde durch die Mitbestimmung eingeschränkt, spricht bereits der Wortlaut des § 87, in dem nicht von Anordnungen des Arbeitgebers die Rede ist, die Mitbestimmung des Betriebsrats vielmehr allgemein bei der **Regelung bestimmter Angelegenheiten** begründet wird. Auch der Entstehungsgeschichte ist nichts für die abgelehnte These zu entnehmen. Im Bericht der Mitbestimmungskommission, dessen Ergebnisse bei dem Entwurf des Betriebsverfassungsgesetzes berücksichtigt wurden (BT-Drucks. VI/1786, S. 31), heißt es zwar, das Betriebsverfassungsgesetz diene vor allem der Wahrung der Interessen des Arbeitnehmers in dem Bereich, in dem der Arbeitgeber allein entscheide (BT-Drucks. VI/334, S. 59). Jedoch wird auch betont, der Arbeitnehmer dürfe nicht auf seine Freiheit verwiesen werden, Verträge zu schließen, weil er sich dem Arbeitgeber gegenüber in einer schwächeren Position befinde (BT-Drucks. VI/334, S. 61).

Bei den Angelegenheiten des § 87 handelt es sich zwar **zum Teil** um Bereiche, in denen es im Grund- 6 satz um eine **Beschränkung** des **Direktionsrechts** des Arbeitgebers geht. Das gilt vor allem für § 87 Abs. 1 Nr. 1 und 2 und 5 und 7. Schon in letzterem Fall dient die Mitbestimmung indessen nicht nur der Beschränkung von Arbeitgeberbefugnissen, sondern zugleich der **Konkretisierung** von **Pflichten** des **Arbeitgebers** (*Gutzeit* § 87 Rdn. 621). In anderen Angelegenheiten des § 87 geht es ferner nicht um das Direktionsrecht des Arbeitgebers, sondern um **sonstige einseitige Arbeitgeberbefugnisse**. So könnte der Arbeitgeber ohne die nach § 87 Abs. 1 Nr. 6 bestehende Mitbestimmung unter Beachtung der persönlichkeitsrechtlichen Grenzen (*Wiese/Gutzeit* § 87 Rdn. 509 ff.) allein über die Einführung und Anwendung von Kontrolleinrichtungen entscheiden. Das Direktionsrecht des Arbeitgebers ist hier allenfalls insoweit angesprochen, als der Arbeitgeber anordnen könnte, die geschuldete Arbeitsleistung unter veränderten Bedingungen zu erbringen.

Nicht um die Konkretisierung der Vertragspflicht des Arbeitnehmers und damit um das Direktions- 7 recht des Arbeitgebers, sondern lediglich um die **Einschränkung anderer einseitiger Arbeitgeberbefugnisse** geht es auch bei der Mitbestimmung über Form, Ausgestaltung und Verwaltung von Sozialeinrichtungen (§ 87 Abs. 1 Nr. 8), der Zuweisung und Kündigung von Werkmietwohnungen (§ 87 Abs. 1 Nr. 9), der Aufstellung von Grundsätzen über das betriebliche Vorschlagswesen (§ 87 Abs. 1 Nr. 12) sowie bei Grundsätzen über die Einführung von Gruppenarbeit (§ 87 Abs. 1 Nr. 13). Bei der Aufstellung einer Betriebsbußenordnung oder der Verhängung einer Buße im Einzelfall handelt es sich überhaupt nicht um die Einschränkung einseitiger Arbeitgeberbefugnisse, weil solche dem

Arbeitgeber allein auch ohne Mitbestimmung nicht zustehen (§ 87 Rdn. 247). Ferner könnte der Arbeitgeber nicht einseitig die Arbeitszeit vorübergehend verkürzen (§ 87 Abs. 1 Nr. 3) oder die Modalitäten der Auszahlung des Arbeitsentgelts entgegen vertraglicher oder dispositiver gesetzlicher Vorschriften (§§ 269, 614 BGB) ändern (§ 87 Abs. 1 Nr. 4). Ebenso könnten Fragen des Arbeitsentgelts (§ 87 Abs. 1 Nr. 10 und 11) ohne Mitbestimmung grundsätzlich nicht durch den Arbeitgeber einseitig geregelt werden.

8 Es **widerspräche** ferner dem **Sinn** und **Zweck** des § **87**, nur einseitige Arbeitgeberbefugnisse und **nicht** die **Vereinbarungsbefugnis des Arbeitgebers einzuschränken**. Andernfalls hätte dieser es in der Hand, durch vertragliche Einheitsregelungen die Mitbestimmung des Betriebsrats zu umgehen. Die ganz h. M. hält das mit Recht für unzulässig und entsprechende Vereinbarungen für nichtig (§ 87 Rdn. 100, 121). Zudem schließen schon nach dem Wortlaut des § 87 Abs. 1 nur gesetzliche und tarifliche, nicht dagegen einzelvertragliche Regelungen die Mitbestimmung aus (vgl. auch § 87 Rdn. 54 ff.). Durch die Mitbestimmung für den vertraglichen Bereich wird auch nicht die Privatautonomie unzulässig eingeschränkt (§ 87 Rdn. 115).

9 Außerdem ist dem Gesetz kein Anhalt dafür zu entnehmen, dass die Regelungsbefugnis der Betriebspartner in sozialen Angelegenheiten nur auf den Bereich zu beschränken sei, der entweder durch den Arbeitgeber einseitig oder durch Vertrag geregelt werden kann. **Maßgebend** ist auch dann, dass es sich um eine **soziale Angelegenheit i. S. d. Mitbestimmungskatalogs** handelt. Das ist eindeutig hinsichtlich der Zulässigkeit von Betriebsbußen (§ 87 Abs. 1 Nr. 1), wobei jedoch nicht hinreichend zwischen der funktionellen Zuständigkeit in sozialen Angelegenheiten und der notwendigen Mitbestimmung unterschieden wird (vgl. auch § 87 Rdn. 246). Zudem ist die Frage nach der Zulässigkeit von Betriebsbußen und deren Grenzen nicht damit beantwortet, dass sie als Vertragsstrafen verstanden werden (Rdn. 249). Für die Regelungsgrenzen in sozialen Angelegenheiten ist es schließlich unerheblich, welches der Geltungsgrund der Normsetzungsbefugnis der Betriebspartner ist (hierzu *Kreutz* § 77 Rdn. 244 ff.), weil ihre funktionelle Zuständigkeit allein durch die gesetzliche Zuweisung bestimmt wird.

10 **Entscheidend** ist, dass dem **Zweck** der gesetzlichen Regelung, neben dem **Schutz** der **Arbeitnehmer** und deren durch ihre Repräsentanten wahrzunehmende **Teilhabe** an betrieblichen Regelungen (Einl. Rdn. 78 ff., § 87 Rdn. 97 f.), keine Gründe für die Beschränkung der – nach § 87 notwendigen – Mitbestimmung auf die Angelegenheiten zu entnehmen ist, in denen der Arbeitgeber entweder einseitig oder zweiseitig Regelungen herbeiführen kann. Deshalb ist davon auszugehen, dass den **Betriebspartnern** der **Bereich** der **sozialen Angelegenheiten** zur **eigenverantwortlichen** und **gleichberechtigten Regelung zugewiesen** worden ist (vgl. auch § 87 Rdn. 97). Das gilt selbst dann, wenn über einseitige oder zweiseitige Regelungsbefugnisse der Individualebene hinaus eine originäre Zuständigkeit der Betriebspartner begründet worden ist.

11 Umstritten ist die **Legitimation** der **Mitbestimmungstatbestände** des § 87 Abs. 1 und deren dogmatische Fundierung. Nach der von *Reichold* begründeten Auffassung sei auf die **Vertragsrechtsakzessorietät** abzustellen (*Reichold* Betriebsverfassung als Sozialprivatrecht, insbesondere S. 486 ff., 526 ff., 542 ff.; *ders.* FS *Kreutz*, S. 349 f.; ferner mit unterschiedlicher Deutung *Brocker* Unternehmensmitbestimmung und Corporate Governance (Diss. München), 2006, S. 144 ff.; *Lobinger* RdA 2011, 76 [85 f.]: Bestimmungsrechtsakzessorietät; *Rieble* Arbeitsmarkt und Wettbewerb, 1996, Rn. 1418 ff.; *ders.* in: Zukunft der Unternehmensmitbestimmung, 2004, Rn. 9; *Veit* Die funktionelle Zuständigkeit des Betriebsrats, 1998, S. 309, 317, 322 ff.; *Wiebauer* Sicherung der Mitbestimmung, Rn. 31; krit. *Hänlein* RdA 2003, 26 [30]; zum Ganzen *Kolbe* Mitbestimmung und Demokratieprinzip, S. 2, 114 f., 127, 129 f., 132 f., 134 f., 162, 184 ff., 202 f., 207 f.). Grundlegend ist nach heute h. M. mit Ausnahme der §§ 119 bis 121 die Zuordnung des Betriebsverfassungsgesetzes zum **Privatrecht** (Einl. Rdn. 89 ff.). In dessen **Mittelpunkt** steht nach der hier vertretenen Auffassung der **einzelne Arbeitnehmer**, es geht um dessen **Schutz** und **Teilhabe**, seiner **Würde** und **Entfaltungsfreiheit** im Rahmen der Betriebsverfassung (Einl. Rdn. 72 ff.); der **personale Gehalt** ist mithin **maßgebendes Wesenselement** des **Betriebsverfassungsgesetzes** (Einl. Rdn. 83). Dieser Befund wird dadurch überlagert, dass die betriebsverfassungsrechtlichen Beteiligungsrechte – abgesehen von den Individualrechten nach §§ 81 ff. – nicht von den einzelnen Arbeitnehmern, sondern vom Betriebsrat – als pars pro toto aller Betriebsvertretungen – wahrgenommen werden. Das ist bei den kollektiven Tatbestän-

Einführung vor § 87

den des § 87 Abs. 1 unabdingbar, ändert aber nichts daran, dass es trotzdem um die Interessen der jeweils im Kollektiv vereinten Personen geht (Einl. Rdn. 83). Voraussetzung verbindlicher Wahrnehmung der Mitbestimmung ist der **notwendige Konsens** der Betriebspartner (§ 87 Rdn. 88 ff.). Die hiernach erforderliche Einigung ist ein **privatrechtlicher Vertrag** (*Kreutz* § 77 Rdn. 10, 40), manifestiert durch Betriebsvereinbarung oder Betriebsabsprache. Diese ersetzen bzw. beschränken sowohl die einseitigen wie zweiseitigen Gestaltungsmöglichkeiten des Arbeitgebers als auch die Vertragsfreiheit der betroffenen Arbeitnehmer, ausgeübt in Wahrnehmung gleicher Rechte beider Betriebspartner (§ 87 Rdn. 97). Das kommt auch in der Anerkennung des grundsätzlich beiden Betriebspartnern zustehenden Initiativrechts zum Ausdruck (§ 87 Rdn. 141 ff.). Durch das **Erfordernis** einer **Einigung** wird das **Vertragsprinzip** als **wichtigste Ausprägung** der **Privatautonomie** und die dieser immanente **Selbstbestimmung** auf **kollektiver Ebene** verwirklicht (Einl. Rdn. 81). In diesem Sinne ist es berechtigt, von der **Privatrechtsakzessorietät** der Betriebsverfassung (*Reichold* Betriebsverfassung als Sozialprivatrecht, S. 399 ff.; *Richardi* Einl. Rn. 132; *Rieble* Arbeitsmarkt und Wettbewerb, Rn. 1418) und ebenso von einer »Freiheit auf Gegenseitigkeit« (*Reichold* Betriebsverfassung als Sozialprivatrecht, S. 433 ff.) zu sprechen. Da der Betriebsrat die Beteiligungsrechte für die Belegschaft wahrnimmt (Einl. Rdn. 121) und mit dem Arbeitgeber eine vertragliche Einigung über Mitbestimmungsangelegenheiten aushandelt, lässt er sich – obwohl selbst Vertragspartner – auch als »**Vertragshelfer**« bezeichnen (so *Reichold* Betriebsverfassung als Sozialprivatrecht, S. 486, 499; *Rieble* Arbeitsmarkt und Wettbewerb 1996, Rn. 1419). Das bedarf jedoch der Präzisierung: Für Anhänger der Lehre von der Vertragsrechtsakzessorietät kann es sich nur darum handeln, dass dem Betriebsrat die Aufgabe obliegt, die im Arbeitsvertrag gegründeten Rücksichtspflichten im Rahmen der Mitbestimmungstatbestände des § 87 Abs. 1 zu konkretisieren und normativ zu festigen. Wird dagegen auf die Gestaltungsbefugnis der Betriebspartner abgestellt, bezieht sich die Funktion des Betriebsrats als »Vertragshelfer« unabhängig vom Arbeitsvertrag auf die sinnvolle Umsetzung und Ausgestaltung der im jeweiligen Mitbestimmungstatbestand normierten Teilhabe. Unbestritten ist, dass die **Anwendung** des **Betriebsverfassungsgesetzes** auf das einzelne Arbeitsverhältnis ungeachtet der anerkannten Regeln des fehlerhaften Arbeitsverhältnisses einen **selbstbestimmt vereinbarten Arbeitsvertrag voraussetzt**, dessen Folge die **Einordnung** in den **Betrieb** ist.

Damit steht zwar fest, nach welchen Grundsätzen die Einigung der Betriebspartner zustande kommt und welche Funktion der Betriebsrat dabei wahrnimmt, aber **nicht, ob** sich aus der **Vertragsrechtsakzessorietät Grenzen** der **Gestaltungsbefugnis** der **Betriebspartner** ergeben. Nach der Lehre von der Vertragsrechtsakzessorietät dient die Mitbestimmung lediglich der Konkretisierung vertraglicher Rücksichtspflichten (§ 241 Abs. 2 BGB), ohne darüber hinausgehende Befugnisse der Betriebspartner zu begründen. Wegen der Anknüpfung an den Arbeitsvertrag werde ferner die Legitimation der Mitbestimmung durch die vom Arbeitnehmer selbstbestimmt vereinbarten arbeitsvertraglichen Befugnisse des Arbeitgebers begrenzt (*Lobinger* RdA 2011, 76 [86]; *Reichold* Betriebsverfassung als Sozialprivatrecht, S. 486 ff., insbesondere S. 546; *Rieble* Arbeitsmarkt und Wettbewerb 1996, Rn. 1423; *Wiebauer* Sicherung der Mitbestimmung, Rn. 31). Diese Konzeption ist in sich stimmig und konsequent, vermag aber nicht zu überzeugen. Den Materialien ist kein Hinweis darauf zu entnehmen, der Gesetzgeber habe allein die nach dem Arbeitsvertrag bestehenden individualrechtlichen Befugnisse des Arbeitgebers der Mitbestimmung unterwerfen und beschränken, dagegen keine weitergehenden Regelungen treffen wollen. Dem **Gesetzgeber** stand vielmehr auf dem Gebiet der Arbeitsmarkt-, Sozial-, und Wirtschaftsordnung und damit **bei Gestaltung** der **Betriebsverfassung** ein **besonders weitgehender Einschätzungs-** und **Prognosevorrang** und eine **weite Gestaltungsfreiheit** zu (Rdn. 24 sowie Einl. Rdn. 51, 58). Eine einheitliche dogmatische Konzeption als Maßstab und Grenze der gesetzlichen Regelung lag außerhalb der politischen Diskussion. **12**

Zutreffend ist, dass **mehrere Mitbestimmungstatbestände** des § 87 Abs. 1 grundsätzlich der **prozeduralen Umsetzung** und **Unterstützung vertraglicher Nebenpflichten dienen** (zur Abgrenzung von Haupt- und Nebenpflichten *Reichold* Betriebsverfassung als Sozialprivatrecht, S. 511 ff., 518 f., 524, 526 f., 542) und **in diesem Sinne vertragsrechtsakzessorisch** sind. Das gilt für § 87 Abs. 1 Nr. 1 (außer Betriebsbuße) und Nr. 2 und 3 (eingeschränkt) und Nr. 4 und 5. Bei diesen hat der Betriebsrat als »Vertragshelfer« die Aufgabe, sowohl einen internen Ausgleich unterschiedlicher Interessen der Belegschaftsmitglieder als auch deren Ausgleich mit betrieblichen Interessen anzustreben (Einl. Rdn. 74, 88). Dabei können die allgemeinen arbeitsvertraglichen Rücksichtspflichten (§ 241 **13**

Abs. 2 BGB) hilfreich sein und gegebenenfalls konkretisiert werden. Trotzdem beruht die Mitbestimmung in diesen Fällen auf dem Gesetz, also z. B. auf § 87 Abs. 1 Nr. 2 i. V. m. der normativen Wirkung der Betriebsvereinbarung nach § 77 Abs. 4 Satz 1 und ist nicht aus dem Arbeitsvertrag abzuleiten. Gleiches gilt für die nachteiligen Folgen des internen Interessenausgleichs, weil in aller Regel die getroffene Vereinbarung für einige Mitglieder des jeweiligen Kollektivs günstig, für andere nachteilig sein wird; man denke nur an die Lage der Arbeitszeit. Außerdem ist die **Ausgleichfunktion nicht aus vertraglichen Rücksichtspflichten** des einzelnen Mitarbeiters gegenüber den Arbeitskollegen **abzuleiten** (a. M. *Kolbe* Mitbestimmung und Demokratieprinzip, S. 129 f.), schon gar nicht ist es die vertragsfreiheitsbeschränkende normative Wirkung einer Betriebsvereinbarung. Gleiches gilt für sonstige Nachteile oder Belastungen (dazu etwa *Hänlein* RdA 2003, 26 [30]; *Kolbe* Mitbestimmung und Demokratieprinzip, S. 127 f., 130 ff., 134 f., 184 ff., 193 f., 202 ff., 321 ff.; *Kreutz* § 77 Rdn. 362; *Veit* Die funktionelle Zuständigkeit des Betriebsrats, 1998, S. 274 f., 398 ff.; zur Zulässigkeit der Vereinbarung belastender Regelungen z. B. *BAG* 12.12.2006 EzA § 88 BetrVG 2001 Nr. 1 Rn. 12 ff. = AP Nr. 94 zu § 77 BetrVG 1972).

14 Eindeutig ist die **fehlende Vertragsrechtsakzessorietät** bei einer **Betriebsbußenordnung** sowie der **Verhängung** einzelner **Betriebsbußen** (§ 87 Abs. 1 Nr. 1, § 87 Rdn. 244 ff.). Diese beruhen nicht auf dem Arbeitsvertrag und können vom Arbeitgeber nicht einseitig begründet oder festgesetzt werden. Rechtsgrund ihrer ist von der h. M. bejahten Zulässigkeit ist allein eine auf § 87 Abs. 1 Nr. 1 gestützte Betriebsvereinbarung oder ein Tarifvertrag (§ 87 Rdn. 245) sowie bei der Verhängung einer Buße der Konsens der Betriebspartner (§ 87 Rdn. 272). Ihre Legitimation folgt daher aus dem Gesetz (§ 87 Abs. 1 Nr. 1, § 77 Abs. 4 Satz 1; *BAG* 12.12.2006 EzA § 88 BetrVG 2001 Nr. 1 Rn. 17 = AP Nr. 94 zu § 77 BetrVG 1972; unzutr. *Lobinger* RdA 2011, 76 [86], der eine Betriebsbußenordnung nur bei arbeitsvertraglicher Ermächtigung für zulässig hält). Nicht auf dem Arbeitsvertrag, sondern allein auf dem Gesetz beruhen ferner § 87 Abs. 1 Nr. 6 (Überwachungseinrichtungen), **§ 87 Abs. 1 Nr. 7** (»im Rahmen der gesetzlichen Vorschriften oder der Unfallverhütungsvorschriften«), **Nr. 8** (vom Arbeitgeber zu schaffende Sozialeinrichtungen), **Nr. 9** (an Arbeitnehmer vermietete Wohnräume »mit Rücksicht auf das Bestehen eines Arbeitsverhältnisses« und nicht aufgrund eines Arbeitsverhältnisses), **Nr. 12** (Vorschlagswesen) und **Nr. 13** (Grundsätze über die Durchführung von Gruppenarbeit). In allen diesen Fällen wirkt der Betriebsrat als »Vertragshelfer« bei dem Zustandekommen einer Vereinbarung der Betriebspartner und hat dabei die gegenseitigen Rücksichtspflichten zu beachten. Bei diesen handelt es sich zwar weithin um die Konkretisierung vertraglicher Nebenpflichten, die als Auslegungshilfe dienen können. Das gilt aber z. B. nicht für Form, Ausgestaltung und Verwaltung von Sozialeinrichtungen, die nicht arbeitsvertraglich, sondern kollektivrechtlich begründet sind und deren Wirkungsbereich räumlich beschränkt ist, als vertragliche Nebenpflicht aber für jedes Arbeitsverhältnis gelten müsste. Bei diesen und anderen **Organisationsnormen** lassen sich die Mitbestimmung und deren Grenzen daher nicht vertragsrechtsakzessorisch begründen; sie folgen allein aus dem Gesetz (zum »eigenen Wirkungskreis« der Belegschaft jenseits einer Vertragsrechtsakzessorietät *Kolbe* Mitbestimmung und Demokratieprinzip, S. 132, 134 f., 185, 208).

15 Bei der Lehre von der Vertragsrechtsakzessorietät verschwimmen ferner die **Grenzen** der **Gestaltungsbefugnis** der **Betriebspartner**, wenn die Vertragsrechtsakzessorietät nicht allein auf den Arbeitsvertrag, sondern zugleich auf die betrieblich-organisatorische Abhängigkeit der Arbeitnehmer und damit auf außervertragliche Befugnisse des Arbeitgebers bezogen und daraus gefolgert wird, jene dürfe nicht zu eng auf mögliche Arbeitsvertragsinhalte beschränkt werden; sie betreffe vielmehr das Schutzbedürfnis *aufgrund* (Kursivdruck im Original) arbeitsvertraglicher Eingliederung (*Reichold* Betriebsverfassung als Sozialprivatrecht, S. 512, ähnlich *Lobinger* RdA 1911, 76 [85]). Damit mutiert die Vertragsrechtsakzessorietät zu einer Arbeitsverhältnisakzessorietät (*Reichold* Betriebsverfassung als Sozialprivatrecht, S. 526); die betriebliche Abhängigkeit des Arbeitnehmers kraft Eingliederung führe zum Schutz der Arbeitnehmer-Integrationsinteressen nach Abwägung mit entgegenstehenden berechtigten Arbeitgeberinteressen. Da dem Schutzbedürfnis die Fürsorgepflichten des Arbeitgebers als Nebenpflichten des Arbeitsvertrages entsprechen und diese in den Grenzen sämtlicher Mitbestimmungstatbestände begründet werden können, wird der Vertragsrechtsakzessorietät jedoch die eigenständige Bedeutung genommen, zumal die bei allen Mitbestimmungstatbeständen erforderliche Interessenabwägung ohne Rückgriff auf die Vertragsrechtsakzessorietät möglich und bisher von Rechtsprechung und Lehre geleistet worden ist. Allerdings betont *Reichold* (Betriebsverfassung als

Einführung vor § 87

Sozialprivatrecht, S. 546) auch, die Betriebsparteien könnten rechtlich nicht mehr, als der Arbeitgeber allein aufgrund seines (vertraglichen und betrieblichen) Direktionsrechts dürfe. Ähnlich folgert *Lobinger* (RdA 2011, 76 [85 f.]) aus der von ihm so genannten Bestimmungsrechtsakzessorietät, die Betriebspartner könnten bei belastenden Regelungen nicht mehr, als auch der Arbeitgeber allein aufgrund des Arbeitsvertrages, eines Tarifvertrages oder einer sachgesetzlichen Befugnis könnte und verneint damit § 87 Abs. 1 als Ermächtigungsgrundlage für neue autonome Regelungen der Betriebspartner; diese könnten nur die Ausübung bestehender Rechte modifizieren. Damit wird dem Gesetzgeber entweder unterstellt, er sei von einer einheitlichen dogmatischen Konzeption ausgegangen oder er sei jedenfalls nicht zur eigenständigen Gestaltung der Mitbestimmungstatbestände berechtigt gewesen. Das ist rechtlich nicht überzeugend.

Nach der hier vertretenen Ansicht ist die **Legitimation** der **Betriebsverfassung** nicht mit dem Hinweis auf das Demokratieprinzip beantwortet (Einl. Rdn. 82). Die betriebsverfassungsrechtlichen Beziehungen der Arbeitnehmer zum Arbeitgeber sind mangels Selbstbestimmung auch nicht privatautonom zu erklären (*Kreutz* § 77 Rdn. 241); dementsprechend sind Betriebsvereinbarungen privatheteronome Rechtsgeschäfte (eingehend zum Geltungsgrund von Betriebsvereinbarungen *Kreutz* § 77 Rdn. 244 ff.). Ebenso hat die Lehre von der Vertragsrechtsakzessorietät als allgemeine Legitimationsgrundlage der Mitbestimmung nach § 87 Abs. 1 sich nicht als tragfähig erwiesen. Verdienstvoll ist dagegen deren entschieden privatrechtliche Verortung des Betriebsverfassungsrechts. Außerdem wird das Verständnis für die Funktion einzelner Mitbestimmungstatbestände des § 87 Abs. 1 durch die Vertragsrechtsakzessorietät bereichert (Rdn. 13). Jedoch können dessen Mitbestimmungstatbestände entweder nur z. T. oder gar nicht aus dem Arbeitsvertrag abgeleitet und durch diesen legitimiert werden (im Ergebnis ebenso *Kolbe* S. 127, 132, 134 f.; **a. M.** *Reichold* Betriebsverfassung als Sozialprivatrecht, S. 542 ff.). Vor allem wird durch die Vertragsrechtsakzessorietät zu sehr der Blick auf die Einschränkung der ohne Mitbestimmung bestehenden Rechtsmacht des Arbeitgebers verengt (krit. auch *Hänlein* RdA 2003, 27 [30]). Abgesehen davon, dass es sich dabei nicht nur um einseitige Bestimmungsrechte des Arbeitgebers handelt (Rdn. 3 ff.), ist nach der hier vertretenen Teilhabefunktion die *betriebsverfassungsrechtliche* Selbstbestimmung der Arbeitnehmer – wahrgenommen durch ihre Repräsentanten – der maßgebende Zweck des Betriebsverfassungsrechts (Einl. Rdn. 80). Die Mitbestimmung ist daher vom einzelnen Arbeitnehmer her, also personal zu erklären (Einl. Rdn. 83). Sie ist begründet durch das **demokratisch zustande gekommene** und dadurch **formal** hinreichend **legitimierte Betriebsverfassungsgesetz**, beruht also auf **staatlicher Delegation** (so die überwiegende Ansicht: BAG 12.12.2006 EzA § 88 BetrVG 2001 Nr. 1 Rn. 16 ff. = AP Nr. 94 zu § 77 BetrVG 1972; *Brocker* Unternehmensmitbestimmung und Corporate Governance, S. 148 f.; *Käppler* FS *Kissel*, S. 475 [481]; *Kolbe* Mitbestimmung und Demokratieprinzip, S. 186 f., 192, 203 ff., 393; *Müller-Franken* Die Befugnis zu Eingriffen in die Rechtsstellung des einzelnen durch Betriebsvereinbarungen, 1997, S. 102 ff.; *Picker* NZA 2002, 761 [769]; *Rieble* Arbeitsmarkt und Wettbewerb, 1996, Rn. 1422; *ders.* Zukunft der Unternehmensmitbestimmung, 2004, Rn. 31: »staatlicher Geltungsbefehl« bzw. »kraft staatlichen Auftrags«; *Rieble/Gutzeit* NZA 2003, 233 [234 f.]; *Veit* Zuständigkeit des Betriebsrats, S. 196 ff., 204 f.; *Waltermann* Rechtsetzung durch Betriebsvereinbarung, S. 98, 134, 142 ff., 153, 203 ff.; im Ergebnis auch *Lobinger* RdA 2011, 76 [86]). Dieses hat der Gesetzgeber in Ausübung seines Gestaltungsauftrags (Einl. Rdn. 51) und seiner Verpflichtung, für eine gerechte Sozialordnung zu sorgen (BVerfG 13.01.1982 E 59, 231 [263]; zur Verwirklichung des Sozialstaats als Aufgabe des Gesetzgebers BVerfG 19.12.1951 E 1, 97 [105]) erlassen. Es ist **materiell** einschließlich der Mitbestimmungstatbestände des § 87 Abs. 1 **durch** das **Sozialstaatsprinzip legitimiert** (im Ergebnis ebenso *Hans Hanau* Individualautonomie, S. 130; *Kolbe* Mitbestimmung und Demokratieprinzip, S. 170 ff., 192, 204, 209 ff., 391, 393 f.; *Lohse* Grenzen kollektiver Mitbestimmung, 1995, S. 46, 49 f.; *Richardi* Einl. Rn. 43; *Weitnauer* FS *Duden*, S. 705 [708]; **a. M.** *Ehmann* FS *Zöllner*, S. 715 [728 ff.]: Arbeitsvertrag und privatautonome Entscheidung des Arbeitnehmers zum Eintritt und Verbleib im Betrieb; *Franzen* NZA 2006, Beil. 3, S. 107 [109 f.]: Arbeitsvertrag und Repräsentation der Arbeitnehmer durch den demokratisch gewählten Betriebsrat; *Hänlein* RdA 2003, 26 [30 f.]: Arbeitsvertrag und Betriebsratswahl; *Reichold* Betriebsverfassung als Sozialprivatrecht, S. 486, 488 f., 541, 542: Arbeitsvertrag). Die **notwendige Mitbestimmung** des § 87 Abs. 1 wird **begrenzt** einerseits durch die **enumerativ aufgeführten Tatbestände** des § 87 Abs. 1 und andererseits durch die **mittelbare Grundrechtsbindung** über § 75 (BAG 18.07.2006 EzA § 75 BetrVG 2001 Nr. 4 Rn. 23 ff. = AP Nr. 15 zu § 850

16

ZPO; 12.12.2006 EzA § 88 BetrVG 2001 Nr. 1 Rn. 23 ff. = AP Nr. 94 zu § 77 BetrVG 1972). Aus dem Sozialstaatsprinzip lassen sich dagegen seiner Unbestimmtheit wegen keine konkreten Mitbestimmungsrechte ableiten (ebenso *Kolbe* Mitbestimmung und Demokratieprinzip, S 171), es begrenzt nur den Gestaltungsspielraum des Gesetzgebers (zu den Grenzen der Mitbestimmung im Einzelnen Kommentierung zu § 87 sowie zu den Außenschranken der Betriebsautonomie *Kreutz* § 77 Rdn. 84 ff. und zu den Innenschranken *Kreutz* § 77 Rdn. 329 ff.).

17 Die **gegensätzlichen Auffassungen** über **Voraussetzungen** und **Grenzen** der **Mitbestimmung in sozialen Angelegenheiten** sind **nicht nur** von **theoretischem Interesse**, sondern von **grundsätzlicher Bedeutung** und **praktischer Relevanz**. Das ist offenkundig bei der Auslegung des § 87 Abs. 1 Nr. 3 und 11 und sei paradigmatisch an der Mitbestimmung bei der vorübergehenden Verkürzung oder Verlängerung der betriebsüblichen Arbeitszeit verdeutlicht. Das **BAG** in ständiger Rechtsprechung und die wohl immer noch **überwiegende Meinung** in der **Literatur** verstehen die Norm des § 87 Abs. 1 Nr. 3 als **eigenständige Ermächtigungsgrundlage** zur Einwirkung auf den Inhalt der Arbeitsverträge und damit auf die vereinbarte Dauer der Arbeitszeit (*Wiese/Gutzeit* § 87 Rdn. 383 sowie *BAG* 05.03.1974 EzA § 87 BetrVG 1972 Nr. 3 S. 11 ff. *[zust. Herschel]* mit älteren Nachweisen = AP Nr. 1 zu § 87 BetrVG 1972 Kurzarbeit Bl. 2 ff. *[zust. Wiese]*; 14.02.1991 EzA § 87 BetrVG 1972 Kurzarbeit Nr. 1 S. 4 = AP Nr. 4 zu § 615 BGB Kurzarbeit Bl. 2 R; 29.02.2000 EzA § 87 BetrVG 1972 Arbeitszeit Nr. 61 S. 3 *[Wiese]* = AP Nr. 81 zu § 87 BetrVG 1972 Arbeitszeit Bl. 3 R f.; 13.03.2001 EzA § 87 BetrVG 1972 Arbeitszeit Nr. 62 S. 2 = AP Nr. 87 zu § 87 BetrVG 1972 Arbeitszeit Bl. 1 R; 03.06.2003 EzA § 77 BetrVG 2001 Nr. 5 S. 14 = AP Nr. 19 zu § 77 BetrVG 1972 Tarifvorbehalt Bl. 6 R *[abl. Lobinger]*; 18.11.2015 EzA § 615 BGB 2002 Nr. 47 Rn. 15 = AP Nr. 142 zu § 615 BGB *[Reichold]*; *Bauer/Günther* BB 2009, 662, 663; *Brocker* Unternehmensmitbestimmung und Corporate Governance, S. 162 ff.; *Kleinbrink* DB 2009, 342 [344]; *Otto* NZA 1992, 97 [98,100]; *Richardi* § 87 Rn. 335, 360; *Schaub/Linck* Arbeitsrechtshandbuch § 47 Rn. 6; *Starck* Leistungspflichten und betriebliche Mitbestimmung, S. 85 ff.). Nach der Lehre von der **Vertragsrechtsakzessorietät bedarf** es dagegen für den **Eingriff** in die vertragsrechtlichen Beziehungen von Arbeitgeber und Arbeitnehmer einer **tariflichen** oder **vertraglichen Ermächtigung** (umfassende Nachweise bei *Wiese/Gutzeit* § 87 Rdn. 363 sowie *Käppler* FS Kissel, S. 475 [482]; *Kaiser/LK* § 87 Rn. 103 f.; *Kolbe* Mitbestimmung und Demokratieprinzip, S. 322 f.; *Lobinger* Anm. AP Nr. 19 zu § 77 BetrVG 1972 Tarifvorbehalt Bl. 7 ff.).

18 Für die Bewertung der Streitfrage ist davon auszugehen, dass im Gegensatz zum BetrVG 1952 nach heute h. M. die Mitbestimmung nach § 87 Abs. 1 nicht nur formelle im Gegensatz zu materiellen Arbeitsbedingungen betrifft und daher die **Beschränkung** auf **formelle Arbeitsbedingungen nicht** als **Auslegungsgrundsatz** zu **beachten** ist (zum Ganzen § 87 Rdn. 34 ff., insbesondere § 87 Rdn. 44; einschränkend *Loritz/ZLH* Arbeitsrecht § 51 Rn. 66 ff.; *Zöllner* NZA 1997, 121 [128 f.]; vgl. auch *Picker* NZA 2002, 761 [769]; dagegen *Jahnke* ZfA 1984, 69 [94]; *Jene* Kurzarbeit und betriebliche Mitbestimmung, S. 306 ff.; *Starck* Leistungspflichten und betriebliche Mitbestimmung, S. 86). Da die Auslegung der meisten Mitbestimmungstatbestände des § 87 Abs. 1 ergibt, dass deren Gegenstand nach herkömmlichem Verständnis formelle Arbeitsbedingungen sind, handelt es sich bei **§ 87 Abs. 1 Nr. 3** und **11** um **Ausnahmen**, was aber kein Indiz für deren einzuschränkende Auslegung i. S. d. Lehre von der Vertragsrechtsakzessorietät ist. Durch die Regelung der unterschiedlichen Tatbestände des § 87 Abs. 1 Nr. 2 und 3 hat der Gesetzgeber hinreichend deutlich zum Ausdruck gebracht, dass die Mitbestimmung die Dauer der Arbeitszeit nicht schlechthin, sondern nur unter den engen Voraussetzungen des § 87 Abs. 1 Nr. 3 erfasst, d. h. allein bei *vorübergehender Verkürzung* oder *Verlängerung* der *betriebsüblichen Arbeitszeit*. Der Gesetzgeber hat daher diesen Eingriff in die Verpflichtung des Arbeitnehmers zur Dauer der Arbeitszeit bewusst doppelt eingeschränkt (vgl. auch *BAG* 21.11.1978 EzA § 87 BetrVG 1972 Arbeitszeit Nr. 7 S. 35 f., 37: »Ausnahmezuständigkeit« = AP Nr. 2 zu § 87 BetrVG 1972 Arbeitszeit Bl. 3 f.). Weitere Grenzen der Gestaltungsfreiheit der Betriebspartner ergeben sich aus § 77 Abs. 3, dem Eingangssatz des § 87 Abs. 1 und für den konkreten Fall aus § 75. Auch daraus folgt nicht die Vertragsrechtsakzessorietät des § 87 Abs. 1 Nr. 3. Gänzlich unabhängig davon kann nach Maßgabe des **§ 19 Abs. 1 KSchG** der Arbeitgeber durch die Bundesagentur für Arbeit zur Einführung von Kurzarbeit und damit zur einseitigen Einwirkung auf die Arbeitsverträge ermächtigt werden, mithin durch Hoheitsakt und nicht vertragsrechtsakzessorisch (*Wiese/Gutzeit* § 87 Rdn. 417). Schon deshalb stellt sich die Frage, weshalb § 87 Abs. 1 Nr. 3 nicht auch als Ermächti-

gungsnorm aufgrund gesetzlicher Anordnung zu verstehen sein sollte. Die Vorschrift des § 19 Abs. 1 KSchG steht ferner einer Betriebsvereinbarung nach § 87 Abs. 1 Nr. 3 nicht entgegen; sie ist keine gesetzliche Regelung i. S. d. § 87 Abs. 1 Eingangssatz, und die Ermächtigung des Arbeitgebers wird außer durch die Tatbestandsmerkmale des § 19 KSchG nach dessen Abs. 3 nur durch einschlägige tarifvertragliche Bestimmungen eingeschränkt (*Fahrtmann* RdA 1974, 65 [70]; **a. M.** *Säcker* ZfA 1972 Sonderheft S. 41 [49]). Auch **§ 8 TzBfG** steht der Annahme nicht entgegen, § 87 Abs. 1 Nr. 3 sei eine Ermächtigungsgrundlage; jene Vorschrift begründet einen individualrechtlichen Anspruch des einzelnen Arbeitnehmers gegen den Arbeitgeber, während § 87 Abs. 1 Nr. 3 einen kollektiven Tatbestand, mithin einen anderen Regelungsgegenstand betrifft (krit. *Rieble/DFL* § 87 BetrVG Rn. 25). Zu berücksichtigen ist schließlich, dass bei Kurzarbeit die damit für den Arbeitnehmer verbundene Entgeltminderung durch das nach Maßgabe der **§§ 95 ff. SGB III** zu gewährende Kurzarbeitergeld abgefedert wird. Wie auch immer § 87 Abs. 1 Nr. 3 auszulegen ist, verhindert die Vorschrift, dass der Arbeitgeber einseitig Kurzarbeit oder Überstunden einführt; sie dient daher in jedem Fall dem Schutz des Arbeitnehmers (zum Schutzzweck des § 87 Abs. 1 Nr. 3 *Wiese/Gutzeit* § 87 Rdn. 382 m. w. N., insbesondere *Brosette* ZfA 1992, 379 [428 ff.]). Es kommt hinzu, dass § 87 Abs. 1 Nr. 3 allein die Dauer der Arbeitszeit, dagegen **nicht** die **Entgeltfrage** betrifft (*Wiese/Gutzeit* § 87 Rdn. 376; *Brosette* ZfA 1992, 379 [422 f. m. w. N.]; *Gutzeit* NZA 2008, 255 [259]; *Jahnke* ZfA 1984, 69 [91 ff.]; *Säcker/Oetker* ZfA 1991, 131 [170 ff. m. w. N.]). Bei Kurzarbeit folgt die Minderung des Arbeitsentgelts mangels tariflicher oder vertraglicher Regelung aus dem reduzierten Umfang der Arbeitspflicht, sie ergibt sich mithin aus dem Gesetz. Im Übrigen unterliegen Entgeltfragen der Mitbestimmung nach § 87 Abs. 1 Nr. 10 und 11.

Der **Wortlaut** des **§ 87 Abs. 1 Nr. 3** stützt weder die Lehre von der Vertragsrechtsakzessorietät noch **19** steht er der Annahme einer Ermächtigungsgrundlage entgegen. Mit der von manchen Gegnern abgelehnten Auffassung, §§ 87, 88 enthielten eine umfassende funktionelle Zuständigkeit des Betriebsrats zur Mitregelung sämtlicher sozialen Angelegenheiten (Rdn. 3), hat die Streitfrage nichts zu tun. Die Auslegung des § 87 Abs. 1 Nr. 3 ist unabhängig davon zu klären, und die daraus abgeleitete Ermächtigung folgt, ihre Richtigkeit unterstellt, allein aus dem gesetzlichen Tatbestand. Überhaupt nicht überzeugend ist es, wenn allein schon aus dem Wortlaut des Eingangssatzes des § 87 Abs. 1, der Betriebsrat habe »mitzubestimmen«, gefolgert wird, die Mitbestimmung setze ein einseitiges Bestimmungsrecht des Arbeitgebers voraus (allgemeine Nachweise Rdn. 4; insbesondere zu § 87 Abs. 1 Nr. 3 *Böcken* RdA 2000, 7 [11 f.]; *Lieb/Jacobs* Arbeitsrecht Rn. 804; *Lobinger* RdA 2011, 76 [85 f.]; *Söllner* Anm. § 1 LohnFG Nr. 71 S. 257; *Waltermann* NZA 1993, 679 [681 ff.]; *ders.* Rechtsetzung durch Betriebsvereinbarung zwischen Privatautonomie und Tarifautonomie, 1996, S. 175 ff.). Die Entstehungsgeschichte des § 87 gibt dafür nichts her. In der amtlichen Begründung zu § 87 Abs. 1 Nr. 3 (BT-Drucks. VI/1786 S. 48) findet sich vielmehr der bemerkenswerte Hinweis, die Mitbestimmung des Betriebsrats bei der vorübergehenden Verkürzung oder Verlängerung der betriebsüblichen Arbeitszeit sei an sich inhaltlich bereits von § 56 Abs. 1 Buchst. a BetrVG 1952 erfasst worden, werde jedoch der Klarheit wegen ausdrücklich erwähnt. Die Interpretation des bisherigen Rechts ist zwar unzutreffend (*Wiese/Gutzeit* § 87 Rdn. 373), aber jedenfalls ein Hinweis darauf, dass der Gesetzgeber von der Eingriffsbefugnis der Betriebspartner in den Arbeitsvertrag ausgegangen ist. Bei unbefangener Betrachtung spricht deshalb der Wortlaut des § 87 Abs. 1 Nr. 3 dafür, dass der Gesetzgeber die Formulierung dieser Vorschrift als eindeutig und hinreichend bestimmt für die Eingriffsbefugnis verstanden hat. Den Materialien ist kein Hinweis darauf zu entnehmen, und das schließt die Äußerungen zahlreicher kompetenter Praktiker in der Informationssitzung des Ausschusses für Arbeit und Sozialordnung am 24./25.02.1971 (Protokolle Nr. 45 und 46) ein, dass gegen die Formulierung des § 87 Abs. 1 Nr. 3 formale oder inhaltliche Bedenken geäußert worden wären. Wäre es ihnen als Voraussetzung für den Eingriff zusätzlich um eine ausdrückliche Ermächtigung gegangen, hätte der Gesetzestext unschwer ergänzt werden können. Bezeichnend ist, dass *Wilhelm Herschel* (zu diesem *Hanau* AuR 1980, 276 ff.) der als Ministerialdirektor im Arbeitsministerium und Leiter der Arbeitsrechtsabteilung maßgebend bei der Entstehung des Betriebsverfassungsgesetzes 1952 mitgewirkt hatte, noch 1975 erklären konnte (Anm. EzA § 87 BetrVG 1972 Nr. 3 S. 18):»Über jeden Zweifel erhaben ist es, dass sich ... das in § 87 Abs. 1 Nr. 3 BetrVG geregelte Mitbestimmungsrecht auf die Dauer der Arbeitszeit und damit auf die Einführung von Kurzarbeit bezieht«. In **systematischer Hinsicht** ist die Verkürzung oder Verlängerung der Arbeitszeit zweifellos eine soziale Angelegenheit. Hinsichtlich des **Normzwecks** des § 87

Abs. 1 Nr. 3 ist zu beachten, dass der Schutz des Arbeitnehmers als ein Zweck des Betriebsverfassungsgesetzes nicht den materiellen Inhalt der durch die Mitbestimmung ermöglichten Regelungen, sondern die Einschränkung der ohne Mitbestimmung bestehenden individualrechtlichen Befugnisse des Arbeitgebers betrifft (Einl. Rdn. 78). Der Schutz des Arbeitnehmers wird daher auch bei Deutung des § 87 Abs. 1 Nr. 3 als Ermächtigungsnorm allein schon durch die Mitbestimmung als solche verwirklicht und durch den Abschluss einer Betriebsvereinbarung normativ abgesichert. Die inhaltliche Mitgestaltungsmöglichkeit des Betriebsrats kommt jedoch prägnanter durch den Teilhabezweck der Mitbestimmung (Einl. Rdn. 80 ff.) zum Ausdruck. Durch die Deutung des § 87 Abs. 1 Nr. 3 als Ermächtigungsnorm wird dieser Zweck zweifelsfrei verwirklicht; er ermöglicht die umfassende Ausgestaltung der mit einer vorübergehenden Verkürzung oder Verlängerung der betriebsüblichen Arbeitszeit erforderlichen Regelungen oder in deren Ablehnung, die allenfalls durch die Einigungsstelle ersetzt werden können. Mit der Teilhabe können auch unterschiedliche Interessen der Belegschaftsmitglieder sozialverträglich ausgestaltet werden (Einl. Rdn. 88). Ist etwa die Einführung von Kurzarbeit nicht für den gesamten Betrieb, sondern nur für einen Teil der Belegschaft erforderlich, könnte die verbleibende Arbeit personell ebenso wie deren Dauer auf die Belegschaftsmitglieder gleichmäßig verteilt werden, soweit das technisch und organisatorisch möglich ist.

20 Gegen die Deutung des § 87 Abs. 1 Nr. 3 als Ermächtigungsnorm kann **nicht eingewandt** werden, der **Gesetzgeber** habe seine **Rechtsetzungsmacht überschritten**. Das *BVerfG* (24.05.1977 E 44, 322 [348]; 14.06.1983 E 64, 208 [214]; 25.02.1988 E 78, 32 [36]) hat zwar wiederholt betont, der Staat dürfe seine Normsetzungsbefugnis nicht in beliebigem Umfang außerstaatlichen Stellen überlassen und den Bürger nicht schrankenlos der normsetzenden Gewalt autonomer Gremien ausliefern, die nicht demokratisch bzw. mitgliedschaftlich legitimiert seien. Gegen diesen Grundsatz hat der Gesetzgeber jedoch nicht verstoßen, da das Betriebsverfassungsgesetz formal und materiell demokratisch legitimiert (Rdn. 18) und die Vorschrift des § 87 Abs. 1 Nr. 3 als eingeschränkte Ausnahme konzipiert ist (Rdn. 17). Ihre Auslegung als Ermächtigungsgrundlage ist zudem vom Gesetzestext gedeckt, und § 87 Abs. 1 Nr. 3 setzt die Arbeitnehmer gerade nicht der schrankenlosen Normsetzungsbefugnis der Betriebspartner aus. Mit Recht ist daher die Verfassungswidrigkeit des § 87 Abs. 1 Nr. 3 und ebenso die Nr. 11 zu verneinen (Rdn. 46, *Wiese/Gutzeit* § 87 Rdn. 1031). Das gilt auch im Hinblick auf **Art. 12 Abs. 1 GG**, der für den selbständig wie unselbständig ausgeübten Beruf gilt (*BVerfG* 11.06.1958 E 7, 377 [398 f.]). Für die nach § 87 Abs. 1 Nr. 3 allein in Betracht kommende Berufsausübung der Arbeitnehmer ist die Beschränkung zulässig, soweit vernünftige Erwägungen des Gemeinwohls es zweckmäßig erscheinen lassen; der Grundrechtsschutz beschränkt sich insoweit auf die Abwehr in sich verfassungswidriger, weil etwa übermäßig belastender und nicht zumutbarer gesetzlicher Auflagen (*BVerfG* 11.06.1958 E 7, 377 [405 f.]; 16.03.1971 E 30, 292 [316 f.]). Das ist im Hinblick auf § 87 Abs. 1 Nr. 3 auch dann zu verneinen, wenn diese Vorschrift als Ermächtigungsgrundlage verstanden wird (*Starck* Leistungspflichten und betriebliche Mitbestimmung, S. 116 ff.; **a. M.** *Böcken* RdA 2000, 7 [12]; *Waltermann* NZA 1993, 679 [680]). Sie dient auch vernünftigen Erwägungen des Gemeinwohls (Näheres Rdn. 21 f.). Dem Gesetzgeber oblag eine sinnvolle Ordnung der betrieblichen Rechtsbeziehungen aller Beteiligten. Es ist nicht ersichtlich, dass der Gesetzgeber dabei den Grundsatz der Verhältnismäßigkeit missachtet hätte. Die vorübergehende Verkürzung oder Verlängerung der betriebsüblichen Arbeitszeit ist zur Verwirklichung vernünftiger Erwägungen geeignet und erforderlich, und deren Regelung ist bei Beachtung höherrangiger zwingender Rechtsvorschriften (z. B. des Arbeitszeitrechts oder des § 75) als solche nicht unverhältnismäßig. Das gilt umso mehr, als der Betriebsrat die vom Arbeitgeber angestrebte Regelung ablehnen und ein Beschluss der Einigungsstelle wegen Überschreitung der Grenzen ihres Ermessens nach Maßgabe des § 77 Abs. 5 Satz 4 beim Arbeitsgericht geltend gemacht werden könnte. Außerdem wäre es wirklichkeitsfremd, dem Betriebsrat zu unterstellen, er werde einer einschlägigen, vom Arbeitgeber angestrebten Regelung auch dann zustimmen, wenn dies nicht zugleich im Interesse der Arbeitnehmer geboten wäre. Im Hinblick auf eine **hinreichende Bestimmtheit der Regelung** ist aber erforderlich, dass die Betriebsvereinbarung über die Einführung von **Kurzarbeit** Rechte und Pflichten der Arbeitnehmer für diese deutlich regelt, so über Beginn und Dauer der Kurzarbeit, die Lage und Verteilung der Arbeitszeit, die Auswahl der von der Kurzarbeit betroffenen Arbeitnehmer oder Abteilungen sowie die Tage, an denen die Arbeit ganz ausfallen soll (*BAG* 18.11.2015 EzA § 615 BGB 2002 Nr. 47 Rn. 15 = AP Nr. 142 zu § 615 BGB *[Reichold]*; *LAG* Hessen 14.03.1997 NZA-RR 1997, 479; *LAG* Sachsen NZA-RR 2003, 366 [367]; *Fitting*

§ 87 Rn. 158). Entsprechendes gilt für **Überstunden** (*Salamon/Gatz* NZA 2016, 197 [201 f.]). Unter Berücksichtigung der vom Gesetzgeber in § 87 Abs. 1 Nr. 3 ausdrücklich vorgesehenen Einschränkungen und die hinreichende Bestimmtheit der Regelung ist auch ein **Verstoß** gegen den **Vorbehalt des Gesetzes**, der den Gesetzgeber verpflichtet, in grundlegenden normativen Bereichen alle wesentlichen Entscheidungen selbst zu treffen (»Wesentlichkeitstheorie«, so etwa *BVerfG* 08.08.1978 E 49, 89 [126 f. m. w. N.]), zu **verneinen** (**a. M.** *Waltermann* Rechtsetzung durch Betriebsvereinbarung, S. 148 ff., zu § 87 Abs. 1 Nr. 3 S. 175 ff.).

Ein ernstzunehmender Einwand gegen die Deutung des § 87 Abs. 1 Nr. 3 als Ermächtigungsnorm ist **21** die **Behauptung**, das **synallagmatische Austauschverhältnis** der Arbeitsvertragsparteien (essentialia negotii) sei der **Regelungsbefugnis** der **Betriebspartner entzogen**; andernfalls werde das grundlegende Prinzip der Rechtsordnung, dass die Veränderung vertraglicher Leistungspflichten nur mit Zustimmung des Schuldners oder durch von ihm legitimierte Dritte zulässig sei, aufgegeben (*Franzen* NZA 2006 Beil. 3, S. 107 [110]; *Lobinger* Anm. AP Nr. 19 zu § 77 BetrVG 1972 Tarifvorbehalt Bl. 7 R ff.). Das entspricht der h. M. hinsichtlich der regelmäßigen Dauer der Arbeitszeit (*Wiese/Gutzeit* § 87 Rdn. 284 ff.), der Urlaubsdauer (*Wiese/Gutzeit* § 87 Rdn. 470) oder der Höhe des Arbeitsentgelts (*Wiese/Gutzeit* § 87 Rdn. 837). Indessen kann daraus nicht geschlossen werden, § 87 Abs. 1 Nr. 3 könne gleichfalls nicht auf die – wenn auch nur vorübergehende – Dauer dieses Mitbestimmungstatbestandes bezogen werden. Damit würde dessen Ausnahmecharakter missachtet. Mit Recht hat das *BAG* (03.06.2003 EzA § 77 BetrVG 2001 Nr. 5 S. 14 = AP Nr. 19 zu § 77 BetrVG 1972 Tarifvorbehalt Bl. 6 R *[Lobinger]*) darauf hingewiesen, solange Überstunden nicht unentgeltlich zu erbringen seien, bleibe das Synallagma der vertraglichen Beziehung i. S. d. Gleichwertigkeit von Leistung und Gegenleistung schon deshalb unberührt, und bei nur vorübergehender Verlängerung der Arbeitszeit werde von den Betriebsparteien in das Synallagma auch im Sinne einer zeitlichen Begrenzung der vom Arbeitnehmer übernommenen Arbeitspflicht nicht in unzulässiger Weise eingegriffen. Nicht zu bestreiten ist, dass § 87 Abs. 1 Nr. 3 auch dann ein Anwendungsbereich verbliebe, wenn diese Vorschrift nicht als Ermächtigungsnorm verstanden würde (so *Brosette* ZfA 1992, 379 [413]). Die Gegenmeinung berücksichtigt nicht, dass der hier als zulässig angesehene Eingriff in die Vertragsbeziehung **nicht** isoliert das **individualrechtliche Verhältnis** des **Arbeitnehmers** zum **Arbeitgeber** betrifft. Bei § 87 Abs. 1 Nr. 3 als einem **kollektiven Tatbestand** ist stets die **Einordnung** des **Arbeitnehmers** in das jeweilige **Kollektiv** zu beachten, in das jener durch den Abschluss des Arbeitsvertrages und den **Eintritt** in den **Betrieb selbstbestimmt eingebunden** ist. Das kann für ihn mit Vorteilen wie Sozialleistungen, aber auch mit Belastungen verbunden sein. Das berechtigt zwar nicht zu unbegrenzten Eingriffen in vertragliche Leistungspflichten wie der regelmäßigen Dauer der geschuldeten Arbeitspflicht. Jedoch ist der Gesetzgeber im Rahmen der verfassungsrechtlichen Grenzen nicht an einer eingeschränkten Ausnahmeregelung gehindert, wenn hierfür gewichtige Gründe sprechen. Im Hinblick auf § 87 Abs. 1 Nr. 3 hat das *BAG* (05.03.1974 EzA § 87 BetrVG 1972 Nr. 3 S. 13 = AP Nr. 1 zu § 87 BetrVG 1972 Kurzarbeit Bl. 3 *[Wiese]*) zu Recht betont, Kurzarbeit sei eine ausgeprägt betriebsbezogene, betriebseigene Erscheinungsform. Deren Erfordernis ist aus unterschiedlichen technischen, personellen oder wirtschaftlichen Gründen wie Marktschwankungen mit erhöhtem oder verringertem Produktionsbedarf, größerem oder vermindertem Personalbedarf nicht vorherzusehen und daher sinnvollerweise nur betrieblich regelbar. Das gilt auch für tarifliche Regelungen (*Jene* Kurzarbeit und betriebliche Mitbestimmung, S. 271 ff.; *Starck* Leistungspflichten und betriebliche Mitbestimmung (Diss. Mannheim), 1983, S. 88 f.; vgl. aber auch *Schaub/Linck* Arbeitsrechts-Handbuch § 47 Rn. 3).

Konkret dient die Vorschrift des **§ 87 Abs. 1 Nr. 3** bei **Kurzarbeit** dazu, **vorübergehende betrieb-** **22** **liche Schwierigkeiten zu überwinden** und **Arbeitsplätze** sowohl im Interesse der betroffenen Arbeitnehmer als deren Existenzgrundlage als auch im Interesse des Betriebs an einer eingearbeiteten Belegschaft **zu erhalten** (*BAG* 22.12.1980 EzA § 615 BGB Betriebsrisiko Nr. 7 S. 36 *[Dütz; Ehman/Schnauder*, jeweils nach Nr. 8 = AP Nr. 70 zu Art. 9 GG Arbeitskampf Bl. 3 f. *[Richardi]* nach Nr. 71). Das hat sich gerade in Wirtschaftskrisen bewährt und Kündigungen vermieden. Ad hoc notwendige Maßnahmen lassen sich kaum vorweg angemessen im Arbeitsvertrag regeln. Die von manchen geforderte vertragliche Ermächtigung zur Einführung von Kurzarbeit durch Betriebsvereinbarung würde deshalb in aller Regel nur pauschal möglich, also inhaltlich wenig brauchbar sein und zudem bei Abschluss des Arbeitsvertrages vom Arbeitnehmer kaum abgelehnt werden können (*Jene* Kurzarbeit und betriebliche Mitbestimmung, S. 309). Sie wäre daher nicht sinnvoll, während die Ermächtigung nach § 87 Abs. 1 Nr. 3 bei Bedarf die konkret erforderliche Regelung ermöglichen und vom Betriebsrat die berechtigten Interessen der Belegschaft berücksichtigt werden könnten. Beim Fehlen einer tariflichen oder vertraglichen Ermächtigung wäre es schließlich bei Ablehnung des § 87 Abs. 1 Nr. 3 als Ermächtigungsnorm nahezu unmöglich, in Eilfällen notwendige Entscheidungen zu treffen. Die Einführung einer vorübergehenden **Verlängerung** der **Arbeitszeit** dient wiederum der Behebung betrieblicher Engpässe. Aufgabe des Gesetzgebers war es, eine betriebsverfassungsrechtliche Ordnung unter Berücksichtigung der Interessen aller Beteiligten zu schaffen und auch das Interesse der Allgemeinheit an funktionierenden Betrieben zu berücksichtigen. Insbesondere sollen die Interessen der Arbeitnehmer bei Verlängerung der betriebsüblichen Arbeitszeit hinsichtlich des Ob und einer gerechten Verteilung der mit Überstunden verbundenen Belastungen und Vorteile auf die Arbeitnehmer Berücksichtigung finden (*BAG* 23.07.1996 EzA § 87 BetrVG 1972 Arbeitszeit Nr. 55 S. 6 *[Berger-Delhey]* = AP Nr. 26 zu § 87 BetrVG 1972 Ordnung des Betriebes Bl. 3; 13.03.2001 EzA § 87 BetrVG 1972 Arbeitszeit Nr. 62 S. 2 = AP Nr. 87 zu § 87 BetrVG 1972 Arbeitszeit Bl. 1 R *[Lobinger]*). Dem hat der Gesetzgeber durch den Mitbestimmungstatbestand des § 87 Abs. 1 Nr. 3 entsprochen. Die dadurch ermöglichte sinnvolle Ordnung betrieblicher Probleme ist allerdings nicht vertragsrechtsakzessorisch zu erklären, sondern wird legitimiert durch das Gesetz und das Sozialstaatsprinzip (§ 87 Abs. 1 Nr. 3 i. V. m. § 77 Abs. 4 Satz 1: *BAG* 03.06.2003 EzA § 77 BetrVG 2001 Nr. 5 S. 14 = AP Nr. 19 zu § 77 BetrVG 1972 Tarifvorbehalt Bl. 6 R; vgl. auch Rdn. 16). Deshalb ist *Lobinger* (Anm. AP Nr. 19 zu § 77 BetrVG 1972 Tarifvorbehalt Bl. 7) zu widersprechen, die vorgenannte Entscheidung markiere einen erneuten Rückschlag für die Privatautonomie im deutschen Arbeitsrecht und das BAG entferne sich ein weiteres Mal von den allgemeinen Grundsätzen des geltenden Privatrechts. Eine dogmatisch stringente Konzeption des Betriebsverfassungsrechts wäre zwar wünschenswert, ist aber nicht nur aus Sicht des Gesetzgebers kein alleiniger Maßstab.

23 Zweifelhaft ist, welche Bedeutung das **Günstigkeitsprinzip** im Rahmen des § 87 Abs. 1 Nr. 3 hat. Nach h. M. gilt es grundsätzlich auch im Verhältnis von Betriebsvereinbarungen zu einzelvertraglichen Abreden (*BAG GS* 16.09.1986 EzA § 77 BetrVG 1972 Nr. 17 S. 89 ff. *[Otto]* = AP Nr. 17 zu § 77 BetrVG 1972 Bl. 8 R ff.; *GS* 07.11.1989 EzA § 77 BetrVG 1972 Nr. 34 S. 8 ff. *[Otto]* = AP Nr. 46 zu § 77 BetrVG 1972 Bl. 4 ff.; *Kreutz* § 77 Rdn. 260 ff. mit umfassenden Nachweisen). Fehlt bei Bestehen einer Betriebsvereinbarung nach § 87 Abs. 1 Nr. 3 eine abweichende arbeitsvertragliche Regelung, entfällt der Günstigkeitsvergleich (*Kreutz* § 77 Rdn. 269). Unterstellt, ein Arbeitnehmer sei arbeitsvertraglich nicht zu Kurzarbeit oder Überstunden verpflichtet und dies sei gegenüber einer anderslautenden Betriebsvereinbarung nach § 87 Abs. 1 Nr. 3 günstiger, würde bei strikter Anwendung des individualrechtlichen Günstigkeitsprinzips die arbeitsvertragliche Vereinbarung gelten. Obwohl sich ein Arbeitgeber bei Überstunden kaum auf eine derartige Vereinbarung einlassen wird, wäre das ohnehin nur praktikabel, soweit es lediglich einen isoliert arbeitenden Arbeitnehmer betreffen würde, aber nicht, wenn er in einem aufeinander angewiesenen Team arbeitet. Entsprechendes gilt bei Kurzarbeit, wenn es nicht um einen einzelnen Arbeitnehmer, sondern um eine ganze Betriebsabteilung oder sogar den ganzen Betrieb ginge. Es macht keinen Sinn, wenn bei dem jeweiligen Kollektiv ein einzelner Arbeitnehmer dann nach § 615 BGB Anspruch auf den Lohn hätte, die anderen Arbeitnehmer dagegen nicht. Mit Recht werden deshalb bei Mitbestimmtatbeständen wie § 87 Abs. 1 Nr. 3 Einschränkungen des Günstigkeitsprinzips bejaht (so *Annuß* NZA 2001, 756 [761 ff.]; *Hammer* Die betriebsverfassungsrechtliche Schutzpflicht für die Selbstbestimmungsfreiheit des Arbeitnehmers (Diss. Regensburg), S. 82 f., 140 ff.; *H. Hanau* Individualautonomie und Mitbestimmung in sozialen Angelegenheiten, S. 121 f., 129, 142 f., 144 f., 181, 224 ff.; *Kaiser/LK* § 77 Rn. 63; zum Ganzen *Kolbe* Mitbestimmung und Demokratieprinzip, S. 200; *Otto* NZA 1992, 97 [106]; *Richardi* § 77 Rn. 150; vgl. auch *dens.* ZfA 1992, 307 [314 mit Fn. 25]; *Wiese* ZfA 2000, 117 [135 ff., insb. S. 138 ff.]; vgl. auch § 87 Rdn. 129; **a. M.** *Brosette* ZfA 1992, 379 [413 f.]; *Heinze* RdA 1998, 14 [18 f.]; *Käppler* FS *Kissel*, S. 475 [482 mit Fn. 29]; *Lobinger* Anm. AP Nr. 19 zu § 77 BetrVG 1972 Tarifvorbehalt Bl. 10 f.; vgl. auch *Reichold* Betriebsverfassung als Sozialprivatrecht, S. 527, 535). Das *BAG* (03.06.2003 EzA § 77 BetrVG 2001 Nr. 5 S. 14 = AP Nr. 19 zu § 77 BetrVG 1972 Tarifvorbehalt Bl. 6 R *[abl. Lobinger]*) hat sibyllinisch erklärt, Betriebsvereinbarungen könnten unmittelbar gegenseitige Rechte und Pflichten der Arbeitsvertragsparteien begründen, »soweit auf diese Weise nicht zu Lasten der Arbeitnehmer in hiergegen gesicherte individualrechtliche Positionen und Ansprüche eingegriffen« werde, verneinte dies aber im Ergebnis für den entschiedenen Rechtsstreit, ohne die Frage zu vertiefen. Der vom GS des BAG bei freiwilligen Sozialleistungen mit kollektivem Bezug vertretene kollektive Günstigkeitsvergleich ist im Rahmen des § 87 Abs. 1 Nr. 3 irrelevant. Die Lösung des Problems folgt aus der Unterscheidung von kollektiven Tatbeständen und Individualmaßnahmen. In letzterem Fall geht es ausschließlich um das individualrechtliche Arbeitsverhältnis zwischen Arbeitgeber und Arbeitnehmer, während bei kollektiven Tatbeständen stets der interne Interessenausgleich unter den betroffenen Arbeitnehmern und betrieblichen Belangen zu regeln ist. Das gilt allgemein, also auch im Falle des § 87 Abs. 1 Nr. 3, weil davon immer ein Kollektiv betroffen ist (*Wiese/Gutzeit* § 87 Rdn. 394). Dann würde eine abweichende Individualvereinbarung im Widerspruch zum Normzweck des § 87 Abs. 1 Nr. 3 stehen und die vom Gesetzgeber verbindlich angeordnete kollektive Regelung entwertet werden. Deshalb ist die Wirksamkeit einer derartigen Individualvereinbarung für die Geltungsdauer der Betriebsvereinbarung zu verneinen, und diese verdrängt das Günstigkeitsprinzip (so zutr. *Annuß* NZA 2001, 756 [762]). Das folgt aus der auch insoweit zwingenden Wirkung des § 87 Abs. 1 Nr. 3. Sowohl bei Kurzarbeit als auch bei Überstunden geht es um die Auswahlgerechtigkeit (§ 87 Rdn. 30) als Ausdruck der Ausgleichsfunktion der Mitbestimmung (Einl. Rdn. 88). Um diese handelt es sich allerdings nicht, wenn keine Auswahl zu treffen ist, weil der ganze Betrieb betroffen ist. Auch dann verdrängt aber die kollektive Regelung die Individualvereinbarung, weil sie im Widerspruch zur Betriebsvereinbarung steht. Nur wenn ausschließlich die Besonderheiten des konkreten Arbeitsverhältnisses im Hinblick auf gerade den einzelnen Arbeitnehmer betreffende Umstände ausschlaggebend sind (§ 87 Rdn. 33) und die nach § 87 Abs. 1 Nr. 3 getroffene Betriebsvereinbarung nicht beeinträchtigt wird, wäre die individualrechtliche Vereinbarung maßgebend. Wird zudem in diesem Fall der jeweilige Arbeitnehmer überhaupt nicht von der Betriebsvereinbarung erfasst, handelt es sich auch nicht um eine Frage des Günstigkeitsprinzips. Ob es sich um eine Individualvereinbarung oder einen kollektiven Tatbestand handelt, bedarf im konkreten Fall der Prüfung.

Nach vorstehenden Überlegungen sind die gegen § 87 Abs. 1 Nr. 3 erhobenen **Einwände gegen** dessen Deutung als **Ermächtigungsnorm nicht überzeugend**. Es wird auch nicht hinreichend beachtet, dass der Gesetzgeber auf dem Gebiet der Arbeitsmarkt-, Sozial-, und Wirtschaftsordnung einen besonders weitgehenden Einschätzungs- und Prognosevorrang und eine weite Gestaltungsfreiheit hat (Rdn. 12; s. a. Einl. Rdn. 51, 58). Das wird geleugnet, wenn die Normsetzungsbefugnis der Betriebspartner auf die Konkretisierung und normative Festigung arbeitsvertraglich vereinbarter Regelungen beschränkt wird. Die Grenzen ihrer Regelungsbefugnis folgen aus dem Gesetz und dessen Schranken, nicht aber aus dem Arbeitsvertrag. 24

Zur Anwendung der §§ 87, 88 auf **Leiharbeitnehmer** (zum Begriff i.S.d. RL 2008/104 *EuGH* 17.11.2016 NZA 2017 Rn. 28 ff.) im Verleiher- bzw. Entleiherbetrieb m. w. N. *Boemke* Schuldvertrag und Arbeitsverhältnis, 1999, S. 592 ff.; *Dörner* FS Wissmann, 2005, S. 286 ff.; *Erdlenbruch* Die betriebsverfassungsrechtliche Stellung gewerbsmäßig überlassener Arbeitnehmer (Diss. Mannheim), 1992, S. 122 ff.; *Fitting* § 87 Rn. 11; *Hunold* NZA-RR 2008, 281 (286); *Jüttner* Kollektivrechtliche Auswirkungen der gewerbsmäßigen Arbeitnehmerüberlassung im Betriebsverfassungsrecht (Diss. Jena), 2006; *Kraft* FS Konzen, 2006, S. 439 (448 ff.); *Klebe/DKKW* § 87 Rn. 9; *Linsenmaier/Kiel* RdA 2014, 135 (150 f.); *Schirmer* 50 Jahre Bundesarbeitsgericht, 2004, S. 1063 (1066 ff.); *Schüren/Hamann* AÜG, 4. Aufl. 2009, § 14 Rn. 239 ff., 365 ff.; *Stückmann* DB 2000, 1902; *Witten* Vertragsgestaltung und Gesetzesbindung im Recht der Zeitarbeit (Diss. Göttingen), 2002, S. 196 ff.; *Worzalla/HWGNRH* § 87 Rn. 9 f.; ferner hier § 87 Rdn. 177, *Wiese/Gutzeit* § 87 Rdn. 300, 397, 465, 467, 603, 617, 636, 640, 726, 800, 845, 998, 1065, 1091 und allgemein *Raab* § 5 Rdn. 119 ff.; zur Mitbestimmung bei **Werkverträgen** *Karthaus/Klebe* NZA 2012, 417 ff. 25

Konzerne mit **Matrixstrukturen** können unternehmensübergreifend nach Funktions- und Produktionsbereichen organisiert sein, bei denen zwischen dem Vertragsarbeitgeber und der steuernden Einheit zu unterscheiden ist. Bei dieser werden bestimmte Funktionen der Konzernunternehmen gebündelt und ihr zugleich das hierauf bezogene fachliche Weisungsrecht übertragen (hierzu *LAG Baden-Württemberg* 28.05.2014 BeckRS 2014, 70642; *LAG Hessen* 13.04.2011 BeckRS 2011, 75838; *ArbG Frankfurt a.M.* 21.07.2009 BeckRS 2013, 72862; *Bauer/Herzberg* NZA 2011, 713 ff.; *Fitting* § 5 Rn. 226a ff.; § 7 Rn. 46a f.; *Günther/Bögelmüller* NZA 2015, 1025 [1026 f.]; *Henssler* NZA Beil. 3/2014, 95 [101 ff.]; *Kort* NZA 2013, 1318 ff.; *Maywald* Der Einsatz von Arbeitnehmern in Matrix- 26 strukturen multinationaler Konzerne (Diss. Mannheim), 2010, S. 18 ff., 33 ff., 124 ff.; *C. Meyer* NZA 2013, 1326 [1329 f.]; *Neufeld* AuA 2012, 219 ff.; *Weller* AuA 2013, 344 ff.; *Wisskirchen/Bissels* DB 2007, 340 ff.; *Witschen* RdA 2016, 38 ff.). Das wirkt sich auch auf die Mitbestimmung in sozialen Angelegenheiten aus. Soweit diese den vertraglichen Arbeitgeber betreffen, bleibt dieser allein zuständig, da die steuernde Einheit mangels ihrer arbeitsvertraglichen Arbeitgeberstellung keine entsprechenden Befugnisse hat. Das betrifft die Mitbestimmung nach § 87 Nr. 4, 10 und 11. Nach Maßgabe des der steuernden Einheit übertragenen fachlichen Weisungsrechts ist diese im Rahmen des Territorialitätsprinzips für die Mitbestimmung in sozialen Angelegenheiten zuständig (zur Differenzierung nach Mitbestimmungstatbeständen *Bauer/Herzberg* NZA 2011, 713 [717 f.]; *Henssler* NZA Beil. 3/2014, 95 [103]; *Kort* NZA 2013, 1318 [1325]; *Lambrich/Schwab* NZA-RR 2013, 169 [172 f.]; *Linsenmaier/Kiel* RdA 2014, 135 [150]; *Maywald* Der Einsatz von Arbeitnehmern in Matrixstrukturen multinationaler Konzerne, 2010, S. 154 ff.; *Vogt*, Arbeitsrecht im Konzern, 2014; *Witschen* RdA 2016, 38 [46]). Das kommt für die Angelegenheiten nach § 87 Abs. 1 Nr. 1 und 2 und 3 und 5 und 6 und 7 und 12 und 13 in Betracht. Jedoch bedarf es im Einzelfall der sorgfältigen Ermittlung der jeweiligen Organisationsstruktur des konkreten Konzerns. So kann die Mitbestimmung bei Sozialeinrichtungen nach § 87 Abs. 1 Nr. 8 sowohl die Zuständigkeit des Vertragsarbeitgebers – z. B. bei Pensionskassen – als auch die der steuernden Einheit – z. B. bei Kantinennutzung – begründen. Auch bei der Mitbestimmung nach § 87 Abs. 1 Nr. 9 kann einerseits die Zuständigkeit des Vertragsarbeitgebers – so bei der Zuweisung von Wohnungen – als auch der steuernden Einheit – so bei vorübergehender Zuweisung des Zimmers in einem Wohnheim (*Wiese/Gutzeit* § 87 Rdn. 802) gegeben sein. Auch bei § 87 Abs. 1 Nr. 5 sind verschiedene Zuständigkeiten denkbar, so die des Vertragsarbeitgebers für die Aufstellung allgemeiner Urlaubsgrundsätze als auch die der steuernden Einheit für die Lage des Urlaubs nach Maßgabe des § 87 Abs. 1 Nr. 5; zu personellen Einzelmaßnahmen *Ricken* ZfA 2016, 535 ff.; zur mitbestimmungspflichtigen Einstellung bei unternehmensübergreifenden Matrixstrukturen *LAG Düsseldorf* 10.02.2016 LAGE § 101 BetrVG 2001 Nr. 5 Rn. 34 ff.

27 Zum früheren Eingliederungsvertrag 7. Auflage vor § 87 Rn. 12, § 87 Rn. 290, 376; zum **betrieblichen Eingliederungsmanagement (BEM)** § 87 Rdn. 236. Sog. **Ein-Euro-Jobber** stehen zwar in keinem Arbeitsverhältnis (§ 16d Abs. 7 Satz 2 SGB II a. F., seit 01.01.2009 § 16d Satz 2 Halbs. 2 SGB II; *BAG* 19.03.2008 EzA § 16 SGB II Nr. 3 Rn. 9 = AP Nr. 5 zu § 16 SGB II), sie sind jedoch in den Betrieb eingegliedert und unterliegen dem Direktionsrecht des Arbeitgebers, sodass insoweit die Vorschriften des § 87 entsprechend anzuwenden sind (*Bender/WPK* § 87 Rn. 8; *Engels* NZA 2007, 8 ff.; *Fitting* § 87 Rn. 13; vgl. auch *Däubler* FS *Buchner*, S. 163 [174]; *Klebe/DKKW* § 87 Rn. 13). Das gilt ausdrücklich für die Vorschriften über den Arbeitsschutz und das Bundesurlaubsgesetz mit Ausnahme der Regelungen über das Arbeitsentgelt, dagegen nicht für die auf das Arbeitsentgelt bezogenen Vorschriften des § 87 Abs. 1 Nr. 4 und 10 und 11, da Ein-Euro-Jobber kein Arbeitsentgelt erhalten. Auch wenn in der Eingliederungsvereinbarung zwischen dem Leistungsträger und der erwerbsfähigen leistungsberechtigten Person (§ 15 Abs. 1 SGB II) bereits Regelungen über Art, Umfang, Zeitpunkt und Ort der zu leistenden Arbeit enthalten sind, übt diese nicht der Leistungsträger, sondern der Arbeitgeber im Betrieb aus (*BAG* 02.10.2007 EzA § 99 BetrVG 2001 Einstellung Nr. 7 Rn. 16 = AP Nr. 54 zu § 99 BetrVG 1972 Einstellung).

28 Für die Mitbestimmung im **gemeinsamen Betrieb mehrerer Unternehmen** (§ 1 Abs. 2 Satz 2) kommt es darauf an, von wem die betriebsverfassungsrechtlich relevanten Leitungsfunktionen ausgeübt werden (*Wiese* FS *Gaul*, 1992, S. 553 [564 f.]). Hinsichtlich der Ordnung des Betriebs (§ 87 Abs. 1 Nr. 1) ist Ansprechpartner derjenige, dem die Leitungsmacht für alle beteiligten Betriebe zusteht (vgl. auch *Fitting* § 87 Rn. 9, 437; *Wissmann* NZA 2003, 1 [2]). In Fragen der betrieblichen Lohngestaltung (§ 87 Abs. 1 Nr. 10) dürfte dagegen der jeweilige Vertragsarbeitgeber zuständig sein (*Fitting* § 87 Rn. 9, 437; *Wissmann* NZA 2003, 1 [3]). Zum gemeinsamen Betrieb mehrerer Unternehmen insgesamt *Franzen* § 1 Rdn. 46 ff.

29 **Rechtsvergleichend** Einl. Literatur II sowie zu sozialen Angelegenheiten insbes. Nachweise bei *Gamillscheg* II, S. 859 ff.

§ 87
Mitbestimmungsrechte

(1) Der Betriebsrat hat, soweit eine gesetzliche oder tarifliche Regelung nicht besteht, in folgenden Angelegenheiten mitzubestimmen:
1. Fragen der Ordnung des Betriebs und des Verhaltens der Arbeitnehmer im Betrieb;
2. Beginn und Ende der täglichen Arbeitszeit einschließlich der Pausen sowie Verteilung der Arbeitszeit auf die einzelnen Wochentage;
3. vorübergehende Verkürzung oder Verlängerung der betriebsüblichen Arbeitszeit;
4. Zeit, Ort und Art der Auszahlung der Arbeitsentgelte;
5. Aufstellung allgemeiner Urlaubsgrundsätze und des Urlaubsplans sowie die Festsetzung der zeitlichen Lage des Urlaubs für einzelne Arbeitnehmer, wenn zwischen dem Arbeitgeber und den beteiligten Arbeitnehmern kein Einverständnis erzielt wird;
6. Einführung und Anwendung von technischen Einrichtungen, die dazu bestimmt sind, das Verhalten oder die Leistung der Arbeitnehmer zu überwachen;
7. Regelungen über die Verhütung von Arbeitsunfällen und Berufskrankheiten sowie über den Gesundheitsschutz im Rahmen der gesetzlichen Vorschriften oder der Unfallverhütungsvorschriften;
8. Form, Ausgestaltung und Verwaltung von Sozialeinrichtungen, deren Wirkungsbereich auf den Betrieb, das Unternehmen oder den Konzern beschränkt ist;
9. Zuweisung und Kündigung von Wohnräumen, die den Arbeitnehmern mit Rücksicht auf das Bestehen eines Arbeitsverhältnisses vermietet werden, sowie die allgemeine Festlegung der Nutzungsbedingungen;
10. Fragen der betrieblichen Lohngestaltung, insbesondere die Aufstellung von Entlohnungsgrundsätzen und die Einführung und Anwendung von neuen Entlohnungsmethoden sowie deren Änderung;
11. Festsetzung der Akkord- und Prämiensätze und vergleichbarer leistungsbezogener Entgelte, einschließlich der Geldfaktoren;
12. Grundsätze über das betriebliche Vorschlagswesen;
13. Grundsätze über die Durchführung von Gruppenarbeit; Gruppenarbeit im Sinne dieser Vorschrift liegt vor, wenn im Rahmen des betrieblichen Arbeitsablaufs eine Gruppe von Arbeitnehmern eine ihr übertragene Gesamtaufgabe im Wesentlichen eigenverantwortlich erledigt.

(2) Kommt eine Einigung über eine Angelegenheit nach Absatz 1 nicht zustande, so entscheidet die Einigungsstelle. Der Spruch der Einigungsstelle ersetzt die Einigung zwischen Arbeitgeber und Betriebsrat.

Literatur
Literaturnachweise zum BetrVG 1952 siehe 8. Aufl.

Adomeit Thesen zur betrieblichen Mitbestimmung nach dem neuen Betriebsverfassungsgesetz, BB 1972, 53; *ders.* § 87 BetrVG, der Arbeitskampf und die Zertitätstheorie, DB 1981, 1086; *Auffarth* Die Mitbestimmung in sozialen Angelegenheiten, BUV 1973, 237; *Badura* Die Verfassung als Auftrag, Richtlinie und Grenze der wirtschafts- und arbeitspolitischen Gesetzgebung, WiR 1974, 1; *Bakopoulos* Zuständigkeitsverteilung zwischen tarifvertraglicher und innerbetrieblicher Normsetzung (Diss. FU Berlin), 1991; *Beck/Trümner* Sonderbetriebsverfassung bei Risikotechnologien?, AuR 1989, 77; *Boemke* Ausländische Bestimmungen als Mitbestimmungssperre i. S. von § 87 BetrVG, DB 2010, 843; *Boewer* Das Initiativrecht des Betriebsrats in sozialen Angelegenheiten, BB 1973, 522; *Brauch* Die Erweiterung der Mitbestimmungsrechte des Betriebsrates im Bereich der sozialen und personellen Angelegenheiten durch das Betriebsverfassungsgesetz vom 15.01.1972 und deren Auswirkungen auf die Rechtsstellung der einzelnen Arbeitnehmer, 1975; *Brill* Einseitige Anordnungen des Arbeitgebers in eiligen sozialen Angelegenheiten?, BlStSozArbR 1975, 177; *ders.* Die Rechtsprechung zur sozialen Mitbestimmung des Betriebsrats, DB 1978, Beil. Nr. 9; *Buchner* Reform des Betriebsverfassungsrechts, Die AG 1971, 135, 189; *Burghardt* Die Handlungsmöglichkeiten des Betriebsrats, 1979; *Chen* Die Bedeutung des § 2 Abs. 1 BetrVG für den Umfang und die Schranken der Mitbestimmung nach § 87 BetrVG (Diss. Mainz), 2004; *Düttmann* Die Mitbestimmung bei der Arbeitszeit in: *Hromadka* (Hrsg.) Arbeitszeitrecht im Umbruch, 1988, S. 63; *Dütz* Einstweiliger Rechts- und

Interessenschutz in der Betriebsverfassung, ZfA 1972, 247; *ders.* Zwangsschlichtung im Betrieb. Kompetenz und Funktion der Einigungsstelle nach dem BetrVG 1972, DB 1972, 383; *ders.* Unterlassungs- und Beseitigungsansprüche des Betriebsrats gegen den Arbeitgeber im Anwendungsbereich von § 87 BetrVG, 1983; *ders.* Verfassungsmäßige Gewährleistung eines vorbeugenden Gerichtsschutzes im Betriebsverfassungsrecht, 1984; *Dzikus* Die Mitbestimmung des Betriebsrats im Bereich der sozialen Angelegenheiten nach § 87 BetrVG in Eil- und Notfällen, Diss. Mannheim 1980; *Feudner* Betriebsautonomie versus Tarifautonomie, BB 1993, 2231; *Fischer* Betriebliche Mitbestimmung nach § 87 BetrVG im internationalen Konzern bei einheitlicher Entscheidungsvorgabe, BB 2000, 562; *Föhr* Mitbestimmung des Betriebsrats in sozialen Angelegenheiten unter besonderer Berücksichtigung der außertariflichen Angestellten, AuR 1975, 353; *Friedman* Das Initiativrecht des Betriebsrats (Diss. Mainz), 1995; *von Friesen* Die Rechtsstellung des Betriebsrats gegenüber nichtleitenden AT-Angestellten, DB 1980, Beil. Nr. 1; *Gast* Tarifautonomie und die Normsetzung durch Betriebsvereinbarung, 1981; *Gaude* Annexbedingungen und Koppelungsgeschäfte im Anwendungsbereich des § 87 I BetrVG, (Diss. Kiel), 2011 (zit.: Annexbedingungen und Koppelungsgeschäfte); *Gester/Isenhardt* Das Initiativrecht des Betriebsrats zur Regelung materieller Lohnbedingungen, RdA 1974, 80; *Gragert* Die Rechtsprechung des BAG aus den Jahren 1996 bis 1998 zu den Mitbestimmungsrechten in sozialen Angelegenheiten gem. § 87 I BetrVG, NZA-RR 1999, 449; *Gutzeit* Mitbestimmung des Betriebsrats in sozialen Angelegenheiten, AR-Blattei SD 530.14.2; *ders* . Theorie der notwendigen Mitbestimmung, NZA 2008, 255; *Haberkorn* Mitbestimmungsrechte des Betriebsrats in personellen und sozialen Angelegenheiten, 1978; *Hanau* Praktische Fragen der Mitbestimmung in sozialen Angelegenheiten, BB 1972, 499; *ders.* Allgemeine Grundsätze der betrieblichen Mitbestimmung, RdA 1973, 281; *ders.* Probleme der Ausübung des Mitbestimmungsrechts des Betriebsrats, NZA 1985, Beil. Nr. 2, S. 3; *Hanau/Reitze* Annexregelungen und Koppelungsgeschäfte bei der Mitbestimmung in sozialen Angelegenheiten, FS *Wiese*, 1998, S. 149; *H. Hanau* Individualautonomie und Mitbestimmung in sozialen Angelegenheiten (Diss. Tübingen), 1994 (zit.: Individualautonomie), dazu *Pallasch* ZfA 1994, 723; *Haug* Tarifvorrang und innerbetriebliche Regelungsmechanismen, BB 1986, 1921; *Heinze* Betriebsvereinbarung versus Tarifvertrag?, NZA 1989, 41; *Henkel/Hagemeier* Mitwirkungs- und Mitbestimmungsrechte des Betriebsrats in Angelegenheiten der außertariflichen Angestellten, BB 1976, 1420; *Hess-Grunewald* Regelungssperre durch Gesetz? (Diss. Göttingen), 1993; *Hofe* Betriebliche Mitbestimmung und Humanisierung der Arbeitswelt, 1978; *Hohmeister* Die teilmitbestimmte Betriebsvereinbarung im Spannungsverhältnis zwischen § 77 Abs. 3 BetrVG und § 87 Abs. 1 BetrVG, BB 1999, 418; *von Hoyningen-Huene* Mitbestimmung trotz Tarifvertrages? Tarifvorbehalt und Tarifvorrang in § 77 III BetrVG, NZA 1987, 793; *ders.* Die fehlerhafte Beteiligung des Betriebsrats in sozialen Angelegenheiten – Rechtsfolgen und Handlungsmöglichkeiten des Betriebsrats, DB 1987, 1426; *Hromadka* Betriebsvereinbarungen über mitbestimmungspflichtige soziale Angelegenheiten bei Tarifüblichkeit: Zwei-Schranken-Theorie ade?, DB 1987, 1991; *E. Huber* Die Grenzen der erzwingbaren Mitbestimmung des Betriebsrats bei sog. Annexregelungen in sozialen Angelegenheiten, DB 1980, 1643; *Hurlebaus* Fehlende Mitbestimmung bei § 87 BetrVG (Diss. Tübingen), 1987, dazu *Wiese* ZfA 1989, 645; *Janert* AT-Angestellte und Betriebsrat, DB 1976, 243; *Jüttner* Kollektivrechtliche Auswirkungen der gewerbsmäßigen Arbeitnehmerüberlassung im Betriebsverfassungsrecht (Diss. Jena), 2006 (zit.: Gewerbsmäßige Arbeitnehmerüberlassung); *Käppler* Die Betriebsvereinbarung als Regelungsinstrument in sozialen Angelegenheiten, FS *Kissel*, 1994, S. 475; *Kappes* Mitbestimmung als Waffe?- Zulässigkeit von »Koppelungsgeschäften« im Zusammenhang mit § 87 BetrVG? –, DB 1997, 277; *Kirchner* Die Sperrwirkung von Tarifvertrag und Tarifübung für die Verwirklichung der Mitbestimmung des Betriebsrates nach § 87 BetrVG, BB 1972, 1279; *Klasen* Tarifvorrang und Mitbestimmung in sozialen Angelegenheiten, Diss. Münster 1982; *Konzen* Tarifvertragliche und innerbetriebliche Normsetzung, BB 1977, 1307; *ders* . Der Missbrauch betrieblicher Beteiligungsrechte, FS *Zöllner*, 1998, 799 f.; *Kort* Die Grenzen betrieblicher Mitbestimmung bei tarifvertraglicher Zulassung lediglich »freiwilliger« Betriebsvereinbarungen, NZA 2001, 477; *Lappe* Die Mitbestimmung in sozialen Angelegenheiten, JArbR Bd. 16 (1978), 1979, S. 55; *Lehmpuhl* Die Nichtausübung von Mitbestimmungsrechten, Diss. München 1973; *Lobinger* Zur Dogmatik des allgemeinen betriebsverfassungsrechtlichen Unterlassungsanspruches, ZfA 2004, 101; *ders.* Systemdenken im Betriebsverfassungsrecht, RdA 2011, 76; *Löwisch* Möglichkeiten und Grenzen der Betriebsvereinbarung, AuR 1978, 97; *Meier-Krenz* Die Erweiterung von Mitbestimmungsrechten des Betriebsrats durch Tarifvertrag, DB 1988, 2149; *Mengel* Die betriebliche soziale Mitbestimmung und ihre Grenzen, DB 1982, 43; *Moll* Materielle Arbeitsbedingungen und Grundgesetz – Versuch der abschließenden Würdigung einer Diskussion, BlStSozArbR 1977, 177; *ders.* Der Tarifvorrang im Betriebsverfassungsgesetz. Zur Abstimmung betrieblicher und tarifvertraglicher Regelungsmechanismen, 1980, dazu *Jahnke* RdA 1985, 308; *Piltz* Die Lehre von den formellen und materiellen Arbeitsbedingungen, Diss. Bonn 1975; *Preis* Einseitige tarifliche Bestimmungsrechte des Arbeitgebers und das Mitbestimmungsrecht des Betriebsrats nach § 87 Abs. 1 BetrVG, DB 1973, 474; *Raab* Der kollektive Tatbestand als Voraussetzung der Mitbestimmung des Betriebsrats in sozialen Angelegenheiten, ZfA 2001, 31; *Reichold* Notwendige Mitbestimmung als neue »Anspruchsgrundlage«, FS *Konzen*, 2006, S. 763; *Richardi* Kritische Anmerkungen zur Reform der Mitbestimmung des Betriebsrats in sozialen und personellen Angelegenheiten nach dem Regierungsentwurf, DB 1971, 621; *ders.* Betriebsverfassung und Privatautonomie, 1973, dazu *Reuter* ZfA 1975, 85; *Ritter* Vom Betriebsverfassungsgesetz 1972 abweichende Regelungen durch Tarifvertrag und Betriebsvereinbarung, Diss. Heidelberg 1974; *Röckl* Eine generelle Maßnahme als Voraussetzung für die Mitbestimmung des Betriebsrats in sozialen Angelegenheiten (Diss. Passau), 1995; *Rüthers/Hacker* Das Betriebsverfassungsgesetz auf dem Prüfstand, 1983; *Säcker* Die Regelung sozialer Angelegenheiten im Spannungsfeld zwischen tariflicher und betriebsvereinbarungsrechtlicher Normsetzungsbefugnis, ZfA 1972, Sonderheft S. 41; *ders.* Zehn Jahre Betriebsverfassungsgesetz 1972 im Spiegel höchstrichterlicher Rechtsprechung, 1982; *Säcker/Oetker* Alleinentscheidungsbefugnisse des Arbeitgebers in mitbestimmungspflichtigen Angelegenheiten aufgrund kollektivrechtlicher Dauerregelungen, RdA 1992, 16; *Schirmer* Die betriebsverfassungsrechtliche Stellung des Leiharbeitnehmers im Entleiherbetrieb, FS 50 Jahre Bundesarbeitsgericht, S. 1063; *Schlachter* Auslegungsmethoden im Arbeitsrecht – am Beispiel von § 87 Abs. 1 BetrVG – (Diss. Göttingen), 1987; *Schlüter* Die Rechtsfolgen mangelnder Beteiligung des Betriebsrats in sozialen Angelegenheiten (§ 87 BetrVG n. F.), DB 1972, 92, 139; *W. Schneider* § 87 BetrVG Rechtsgrundsätze und Mitbestimmungspraxis, 2004; *Simitis/Weiss* Zur Mitbestimmung des Betriebsrats bei Kurzarbeit, DB 1973, 1240; *Spitzner* Betriebsverfassungsrechtliche Fragen bei der Einführung neuer Techniken, BlStSozArbR 1981, 257; *Starck* Leistungspflichten und betriebliche Mitbestimmung (Diss. Mannheim), 1983; *Trittin/Fütterer* Die Durchsetzung des Rechtsstaats im Betrieb – Verdachts- und Bagatellkündigungen und die Mitbestimmung des Betriebsrats, AuR 2010, 62; *Vollmer* Aufgaben- und Zuständigkeitsverteilung zwischen mitbestimmungsrechtlicher und tarifvertraglicher Interessenvertretung, DB 1979, 308, 355; *Waltermann* Rechtsetzung durch Betriebsvereinbarung zwischen Privatautonomie und Tarifautonomie, 1996 (zit.: Rechtsetzung durch Betriebsvereinbarung); *Wank* Der kollektive Tatbestand als ungeschriebenes Tatbestandsmerkmal des § 87 Abs. 1 BetrVG, FS *Wiese*, 1998, S. 617; *D. Weiß* Einzelfragen zu Betriebsvereinbarungen in Angelegenheiten der außertariflichen Angestellten, BlStSozArbR 1979, 97; *Weller* Mitbestimmung in sozialen Angelegenheiten, 1991; *Werwach* Die Mitbestimmung des Betriebsrats in sozialen Angelegenheiten, ZBVR 2000, 114, 137; *Wiebauer* Kollektiv- oder individualrechtliche Sicherung der Mitbestimmung (Diss. München), 2010 (zit.: Sicherung der Mitbestimmung), dazu *Greiner* RdA 2011, 384; *ders.* Das vertragsrechtliche Fundament der Wirksamkeitsvoraussetzung, RdA 2013, 364 ff.; *Wiese* Zum Gesetzes- und Tarifvorbehalt nach § 87 Abs. 1 BetrVG, 25 Jahre Bundesarbeitsgericht, 1979, S. 661; *ders.* Notwendige Mitbestimmung und Vertragsfreiheit – Kritische Anmerkungen zur Rechtsprechung des Bundesarbeitsgerichts, FS *Kraft*, 1998, S. 683; *ders.* Zur betrieblichen Vereinbarung finanzieller Leistungspflichten von Arbeitgeber und Arbeitnehmern in sozialen Angelegenheiten, FS *Richardi*, 2007, S. 817; *ders.* Zur notwendigen Mitbestimmung des Betriebsrats in sozialen Angelegenheiten – Brüche in der Rechtsprechung des Bundesarbeitsgerichts, FS *Adomeit*, 2008, S. 839; *ders.* Grenzen und Begrenzbarkeit der Entfaltungsfreiheit im Sinne des § 75 Abs. 2 BetrVG in sozialen Angelegenheiten, FS *Kreutz*, 2010, S. 499; *Wisskirchen/Bissels/Domke* Japanische Produktionsmethoden & Co. im Lichte der betrieblichen Mitbestimmung, BB 2008, 890; *Wittke* Die Beteiligungsrechte des Betriebsrats im sozialen Bereich, 1981; *Wolter* Die Wirksamkeit der Theorie der Wirksamkeitsvoraussetzung, RdA 2006, 137; *Worzalla* Die Mitbestimmung des Betriebsrats nach § 87 BetrVG in Eil- und Notfällen (Diss. Münster 1992); *ders.* Für die Zulässigkeit der einstweiligen Verfügung im Beschlussverfahren bei mitbestimmungspflichtigen Angelegenheiten, BB 2005, 1737; *Wurth* Die Folgen des Irrtums über den Umfang der Mitbestimmung in sozialen Angelegenheiten (Diss. Köln), 1993.

Zu den **einzelnen Mitbestimmungstatbeständen** Literaturangaben jeweils vor Nr. 1 bis 13

Inhaltsübersicht

	Rdn.
I. Vorbemerkung	1–3
II. Gegenstände der notwendigen Mitbestimmung	4–46
1. Erschöpfender Katalog	4
2. Einschränkung und Erweiterung der Mitbestimmung	5–14
3. Kollektive (generelle) Tatbestände und Individualmaßnahmen (Einzelfälle)	15–33
4. Formelle und materielle Arbeitsbedingungen	34–46
III. Grenzen der notwendigen Mitbestimmung	47–84
1. Überblick	47–53
2. Gesetzes- und Tarifvorbehalt	54–84
a) Zweck	54–57
b) Zwingendes Recht	58–64
c) Zulässigkeit freiwilliger Regelungen	65, 66
d) Tarifbindung	67–70
e) Bestehen einer gesetzlichen oder tariflichen Regelung	71–79
f) Kein Ausschluss der notwendigen Mitbestimmung durch Tarifvertrag	80–83

	g) Rechtsfolgen	84
IV.	Ausübung und Form der notwendigen Mitbestimmung	85–96
	1. Ausübung	85–87
	2. Form	88–96
V.	Bedeutung der notwendigen Mitbestimmung	97–170
	1. Zweck, Wirksamkeitsvoraussetzung	97–139
	a) Zweck der Mitbestimmung	97–99
	b) Theorie der notwendigen Mitbestimmung, Wirksamkeitsvoraussetzung	100–104
	c) Theorie der erzwingbaren Mitbestimmung	105–107
	d) Auseinandersetzung mit der Kritik an der Theorie der notwendigen Mitbestimmung und abweichenden Meinungen	108–120
	e) Rechtsfolgen einer Verletzung der notwendigen Mitbestimmung im Einzelnen	121–136
	f) Zur prozessualen Verwertbarkeit rechtswidrig erlangter Beweismittel	137–139
	2. Initiativrecht; unternehmerische Entscheidungsfreiheit	140–158
	a) Grundsatz	140
	b) Initiativrecht des Betriebsrats	141–155
	c) Initiativrecht des Arbeitgebers	156–158
	3. Notfälle	159–170
VI.	Angelegenheiten der notwendigen Mitbestimmung	171–1106
	1. Fragen der Ordnung des Betriebs und des Verhaltens der Arbeitnehmer im Betrieb	171–277
	a) Vergleich mit der bisherigen Rechtslage	171–174
	b) Zweck der Mitbestimmung	175–177
	c) Gegenstand der Mitbestimmung	178–186
	d) Genereller Umfang der Mitbestimmung	187–191
	e) Sachherrschaft	192–201
	f) Mitbestimmungsfreie Anordnungen hinsichtlich der Arbeitspflicht	202–220
	g) Einzelfragen	221–236
	h) Grenzen der Mitbestimmung	237–241
	i) Initiativrecht	242
	j) Durchführung der Mitbestimmung; Wirksamkeitsvoraussetzung	243
	k) Betriebsbußen	244–277
	aa) Zulässigkeit von Betriebsbußen	244–250
	bb) Mitbestimmungsfreie Abmahnungen	251–262
	cc) Einführung und Verhängung von Betriebsbußen	263–277
	2. Beginn und Ende der täglichen Arbeitszeit einschließlich der Pausen sowie Verteilung der Arbeitszeit auf die einzelnen Wochentage	278–372
	a) Vergleich mit der bisherigen Rechtslage	278
	b) Zweck; Gesetzes- und Tarifvorbehalt	279–283
	c) Lage, nicht Dauer der Arbeitszeit	284–295
	d) Kollektiver Tatbestand	296–304
	e) Verteilung der wöchentlichen Arbeitszeit	305–310
	f) Tägliche Arbeitszeit	311–359
	aa) Begriff, Grundsätze	311–319
	bb) Tarifverträge über differenzierte Arbeitszeiten	320–322
	cc) Teilzeitarbeit, allgemeine	323–327
	dd) Job-splitting	328
	ee) Arbeitsplatzteilung (Job-sharing)	329, 330
	ff) Arbeit auf Abruf (Bedarfsarbeit)	331–334
	gg) Schichtarbeit	335–341
	hh) Rollierregelungen und sonstige Freizeitsysteme	342–344
	ii) Dienstpläne; Mitnahme von Arbeit nach Hause	345, 346
	jj) Gleitende Arbeitszeit	347–349
	kk) Arbeitsbereitschaft	350
	ll) Bereitschaftsdienst	351–354
	mm) Rufbereitschaft	355, 356
	nn) Zufallsbereitschaft	357
	oo) Arbeitskampf	358, 359
	g) Pausen	360–364

h) Initiativrecht		365, 366
i) Durchführung der Mitbestimmung; Wirksamkeitsvoraussetzung		367–372
3. Vorübergehende Verkürzung oder Verlängerung der betriebsüblichen Arbeitszeit		373–447
a) Vergleich mit der bisherigen Rechtslage		373
b) Dauer der Arbeitszeit		374–381
c) Bedeutung der Mitbestimmung; Initiativrecht		382–393
d) Kollektiver Tatbestand		394–398
e) Gesetzes- und Tarifvorbehalt		399–401
f) Vorübergehende Änderung der betriebsüblichen Arbeitszeit		402–412
g) Kurzarbeit, Feierschichten		413–419
h) Überstunden		420–429
i) Arbeitskampfbedingte Veränderungen der betriebsüblichen Arbeitszeit		430–442
j) Lage der veränderten Arbeitszeit		443
k) Durchführung der Mitbestimmung; Wirksamkeitsvoraussetzung		444–447
4. Zeit, Ort und Art der Auszahlung der Arbeitsentgelte		448–465
a) Vergleich mit der bisherigen Rechtslage		448
b) Arbeitsentgelte		449, 450
c) Zeit der Entgeltleistung		451, 452
d) Ort der Entgeltleistung		453
e) Art der Entgeltleistung		454–462
f) Kollektiver Tatbestand		463
g) Initiativrecht		464
h) Durchführung der Mitbestimmung; Wirksamkeitsvoraussetzung		465
5. Aufstellung allgemeiner Urlaubsgrundsätze und des Urlaubsplans sowie die Festsetzung der zeitlichen Lage des Urlaubs für einzelne Arbeitnehmer, wenn zwischen dem Arbeitgeber und den beteiligten Arbeitnehmern kein Einverständnis erzielt wird		466–505
a) Vergleich mit der bisherigen Rechtslage		466
b) Zweck der Vorschrift; Anwendungsbereich		467
c) Urlaub, Urlaubsdauer, Urlaubsentgelt, Urlaubsgeld		468–471
d) Gegenstände der Mitbestimmung		472–500
aa) Einführung		472
bb) Allgemeine Urlaubsgrundsätze		473–483
cc) Urlaubsplan		484–493
dd) Streit über Urlaub einzelner Arbeitnehmer		494–500
e) Form der Mitbestimmung; Wirksamkeitsvoraussetzung		501–505
6. Einführung und Anwendung von technischen Einrichtungen, die dazu bestimmt sind, das Verhalten oder die Leistung der Arbeitnehmer zu überwachen		506–606
a) Vergleich mit der bisherigen Rechtslage; Gesetzessystematik		506–508
b) Zweck und Grenzen der Mitbestimmung		509–521
c) Technische Überwachungseinrichtung		522–531
aa) Begriff		522
bb) Technische Überwachung		523–528
cc) Überwachung nichttechnischer Art		529–531
d) Bestimmung zur Überwachung		532–544
e) Überwachungsphasen		545–560
aa) Ermittlung, Übermittlung und Aufzeichnung von Informationen		546–548
bb) Verarbeitung (Auswertung) von Informationen		549–558
cc) Beurteilung (Bewertung) von Verhaltens- oder Leistungsdaten		559
dd) Reaktionen des Arbeitgebers; Folgeregelungen		560
f) Überwachung des Verhaltens oder der Leistung von Arbeitnehmern		561–575
aa) Verhalten und Leistung		561–570
bb) Individualisierbarkeit von Daten; Gruppenarbeit		571–574
cc) Maschinenkontrolle		575
g) Einzelne technische Überwachungseinrichtungen		576–591
aa) Überblick		576, 577
bb) Bildschirmgeräte (Datensichtgeräte)		578, 579
cc) Telefonüberwachung		580–589
dd) § 9 Satz 1 BDSG		590, 591

	h)	Einführung, Anwendung und Abschaffung technischer Einrichtungen		592–596
	i)	Initiativrecht		597–599
	j)	Gesetzes- und Tarifvorbehalt		600–602
	k)	Durchführung der Mitbestimmung; Rechtsfolgen fehlender Mitbestimmung		603–606
7.	Regelungen über die Verhütung von Arbeitsunfällen und Berufskrankheiten sowie über den Gesundheitsschutz im Rahmen der gesetzlichen Vorschriften oder der Unfallverhütungsvorschriften			607–703
	a)	Vergleich mit der bisherigen Rechtslage; Verhältnis zu § 87 Abs. 1 Nr. 1 und §§ 90, 91		607–609
	b)	Zweck und Gegenstand der Mitbestimmung		610–615
	c)	Umfang der Mitbestimmung		616–666
		aa)	Rahmenvorschriften des öffentlich-rechtlichen Arbeitsschutzes; Regelungsspielraum	616–634
		bb)	Arbeitsschutzgesetz	635–641
		cc)	§ 6 Abs. 5 Arbeitszeitgesetz	642
		dd)	Arbeitsstättenverordnung	643, 644
		ee)	Arbeitsschutzverordnungen	645
		ff)	Betriebsbeauftragte; Ersthelfer	646
		gg)	Lärmschutz	647
		hh)	Nichtraucherschutz	648
		ii)	Flucht- und Rettungsplan; Übungen	649
		jj)	Unfallverhütungsvorschriften	650
		kk)	Persönliche Schutzausrüstungen	651
		ll)	Kostentragung	652, 653
		mm)	Bildschirmarbeit	654–665
		nn)	Krankengespräche	666
	d)	Initiativrecht		667
	e)	Durchführung der Mitbestimmung; Wirksamkeitsvoraussetzung		668–670
	f)	Arbeitssicherheitsgesetz		671–703
		aa)	Verpflichtung des Arbeitgebers	671–678
		bb)	Auswahlentscheidung	679–681
		cc)	Bestellung und Abberufung; Verpflichtung und Entpflichtung	682–688
		dd)	Zuweisung, Erweiterung und Einschränkung von Aufgaben	689–692
		ee)	Gebot der Zusammenarbeit	693–696
		ff)	Arbeitsschutzausschuss	697–701
		gg)	Initiativrecht	702, 703
8.	Form, Ausgestaltung und Verwaltung von Sozialeinrichtungen, deren Wirkungsbereich auf den Betrieb, das Unternehmen oder den Konzern beschränkt ist			704–788
	a)	Vergleich mit der bisherigen Rechtslage; Gesetzessystematik		704, 705
	b)	Sozialeinrichtungen		706–725
	c)	Persönlicher und sachlicher Wirkungsbereich		726–733
	d)	Errichtung, Dotierung, Aufhebung		734–744
	e)	Form der Sozialeinrichtung		745–754
	f)	Ausgestaltung		755–762
	g)	Verwaltung		763–788
		aa)	Grundsatz	763–765
		bb)	Wirksamkeit von Verwaltungsmaßnahmen	766–770
		cc)	Verwaltung unselbständiger Sozialeinrichtungen	771–775
		dd)	Durchführung der Mitbestimmung bei der Verwaltung selbständiger Sozialeinrichtungen	776–785
		ee)	Verwaltung von Sozialeinrichtungen mit eigenem Betriebsrat	786–788
9.	Zuweisung und Kündigung von Wohnräumen, die den Arbeitnehmern mit Rücksicht auf das Bestehen eines Arbeitsverhältnisses vermietet werden, sowie die allgemeine Festlegung der Nutzungsbedingungen			789–831
	a)	Vergleich mit der bisherigen Rechtslage		789
	b)	Zweck der Vorschrift		790
	c)	Verhältnis zu § 87 Abs. 1 Nr. 8		791, 792
	d)	Wohnräume		793–804
	e)	Widmung und Entwidmung		805–807

f) Zuweisung	808–812
g) Kündigung	813–819
h) Allgemeine Festlegung der Nutzungsbedingungen	820–830
i) Initiativrecht	831
10. Fragen der betrieblichen Lohngestaltung, insbesondere die Aufstellung von Entlohnungsgrundsätzen und die Einführung und Anwendung von neuen Entlohnungsmethoden sowie deren Änderung	832–996
a) Vergleich mit der bisherigen Rechtslage	832
b) Zweck und Bedeutung der Vorschrift; Gesetzessystematik	833–836
c) Keine Mitbestimmung hinsichtlich der Höhe des Arbeitsentgelts	837–840
d) Betriebliche Lohngestaltung	841–849
e) Lohn als Gegenstand der Mitbestimmung	850–928
aa) Überblick	850–856
bb) Sozialleistungen	857–873
cc) Leistungen der betrieblichen Altersversorgung	874–888
dd) Zusätzliche (freiwillige) Leistungen von Arbeitsentgelt (Zulagen)	889–928
f) Entlohnungsgrundsätze	929–953
aa) Allgemeines	929–936
bb) Prämienvergütung	937–942
cc) Zulagen	943–946
dd) Provisionen	947–950
ee) Sonstige Entgelte	951–953
g) Entlohnungsmethoden	954–964
h) Aufstellung, Einführung, Anwendung und Änderung	965–974
i) Entgeltfindung für AT-Angestellte	975–980
j) Gesetzes- und Tarifvorbehalt	981–984
k) Initiativrecht	985–994
l) Durchführung der Mitbestimmung; Wirksamkeitsvoraussetzung	995, 996
11. Festsetzung der Akkord- und Prämiensätze und vergleichbarer leistungsbezogener Entgelte, einschließlich der Geldfaktoren	997–1045
a) Vergleich mit der bisherigen Rechtslage	997
b) Zweck der Vorschrift	998
c) Akkord- und Prämiensätze sowie vergleichbare leistungsbezogene Entgelte	999–1015
d) Akkordlohn	1016–1020
e) Prämienlohn	1021–1024
f) Festsetzung der Akkord- und Prämiensätze	1025–1040
aa) Grundsatz	1025, 1026
bb) Geldfaktoren	1027–1032
cc) Akkordlohn	1033–1038
dd) Prämienlohn	1039, 1040
g) Tarifvorbehalt	1041
h) Initiativrecht	1042
i) Durchführung der Mitbestimmung; Wirksamkeitsvoraussetzung	1043–1045
12. Grundsätze über das betriebliche Vorschlagswesen	1046–1074
a) Vergleich mit der bisherigen Rechtslage	1046
b) Gegenstand der Mitbestimmung	1047–1052
c) Zweck der Mitbestimmung	1053
d) Kollektiver Tatbestand	1054
e) Umfang der Mitbestimmung; Initiativrecht	1055–1063
f) Einzelne Grundsätze	1064–1072
g) Form der Mitbestimmung; Wirksamkeitsvoraussetzung	1073, 1074
13. Grundsätze über die Durchführung von Gruppenarbeit; Gruppenarbeit im Sinne dieser Vorschrift liegt vor, wenn im Rahmen des betrieblichen Arbeitsablaufs eine Gruppe von Arbeitnehmern eine ihr übertragene Gesamtaufgabe im Wesentlichen eigenverantwortlich erledigt	1075–1106
a) Vergleich mit der bisherigen Rechtslage	1075–1077
b) Allgemeine Bedeutung und Begriff der Gruppenarbeit	1078–1082
c) Zweck der Vorschrift	1083, 1084

d) Einführung und Beendigung von Gruppenarbeit	1085–1091
e) Form der Regelung; Grundsätze über die Durchführung von Gruppenarbeit	1092–1103
f) Übertragung von Aufgaben des Betriebsrats auf Arbeitsgruppen	1104, 1105
g) Verletzung des Mitbestimmungsrechts	1106
VI. Streitigkeiten	1107–1120
1. Einigungsstelle	1107–1109
2. Arbeitsgericht	1110–1120

I. Vorbemerkung

1 Die Vorschrift knüpft an § 56 BetrVG 1952 an, ist aber wesentlich umgestaltet worden. Ihr Aufbau entspricht insgesamt der bisherigen Regelung, jedoch wurde durch Umstellung der Mitbestimmung in Fragen der Ordnung des Betriebs und des Verhaltens der Arbeitnehmer im Betrieb (bisher Buchst. f, jetzt § 87 Abs. 1 Nr. 1) verdeutlicht, dass es bei der Mitbestimmung des Betriebsrats in sozialen Angelegenheiten primär um die Ordnung des Betriebs und nicht um die Regelung der arbeitsvertragsrechtlichen Beziehungen geht. Das entspricht dem historischen Ursprung der Mitbestimmung in sozialen Angelegenheiten (Rdn. 174). Entscheidend ist jedoch die inhaltliche Neugestaltung der Vorschrift. Das gilt nicht nur für eine beträchtliche Erweiterung des Katalogs der mitbestimmungspflichtigen Angelegenheiten (Hinweise zur bisherigen Rechtslage bei den einzelnen Nummern), sondern auch für die Einbeziehung von materiellen Arbeitsbedingungen (Rdn. 34 ff.) und Individualmaßnahmen (Rdn. 15 ff.) in die Mitbestimmung. Die Durchführung der Berufsausbildung (§ 56 Abs. 1 Buchst. d BetrVG 1952) wurde aus dem Katalog der mitbestimmungspflichtigen sozialen Angelegenheiten herausgenommen und in die Vorschriften über die Berufsbildung (§§ 96 ff.) einbezogen. Die Streitfragen zur Auslegung des § 56 BetrVG 1952 sind durch § 87 nur zum Teil geklärt worden. Wegen der Erweiterung des Katalogs der mitbestimmungspflichtigen Angelegenheiten – z. B. im Hinblick auf Individualmaßnahmen und materielle Arbeitsbedingungen – mussten manche Grundsatzfragen neu durchdacht werden. Die zu § 56 BetrVG 1952 in Rechtsprechung und Lehre entwickelten Grundsätze konnten daher nicht einfach übernommen werden (so aber *Erdmann/Jürging/Kammann* § 87 Rn. 2). Durch Art. 1 Nr. 56 **BetrVerf-Reformgesetz** wurde der Katalog der mitbestimmungspflichtigen Angelegenheiten durch eine neue Nr. 13 ergänzt.

2 Die Vorschrift gilt auch für den **Gesamtbetriebsrat** und den **Konzernbetriebsrat** im Rahmen ihrer Zuständigkeit (*Kreutz/Franzen* § 50 Rdn. 22 ff., 51; *Franzen* § 58 Rdn. 17 ff. sowie *Wiese* Rdn. 243, *Wiese/Gutzeit* Rdn. 368, 465, 483, 493, 603, 668, 733, 831, 846, 888, 1048). Zur Mitbestimmung im **internationalen Konzern** bei einheitlicher Entscheidungsvorgabe *Fischer* BB 2000, 562. **Jugend- und Auszubildendenvertretung, Gesamtjugend- und Auszubildendenvertretung** und **Konzernjugend- und Auszubildendenvertretung** haben im Bereich der sozialen Angelegenheiten keine eigene Zuständigkeit (*Oetker* vor § 60 Rdn. 27, § 70 Rdn. 6, § 73 Rdn. 47, § 73b Rdn. 48). Auf die **Bordvertretung** findet § 87 dagegen nach Maßgabe des § 115 Abs. 7 (*Franzen* § 115 Rdn. 45 ff.) und auf den **Seebetriebsrat** nach Maßgabe des § 116 Abs. 6 (*Franzen* § 116 Rdn. 53 ff.) Anwendung. Zur Übertragung von Aufgaben auf Ausschüsse zur selbständigen Erledigung Rdn. 85.

3 Zum **Personalvertretungsrecht** § 75 Abs. 2 bis 4 BPersVG, für **Sprecherausschüsse** § 30 Satz 1 Nr. 1 SprAuG. Zur Anwendung des § 87 auf **Beamte** der **Deutschen Bahn AG** und der **privatisierten Postunternehmen** BAG 05.12.2012 EzA § 5 BetrVG 2001 Nr. 10 Rn. 23 ff. = AP Nr. 81 zu § 5 BetrVG 1972; *Blanke/Sterzel* Privatisierungsrecht für Beamte, 1999, Rn. 284, 290, 292; *Engels/Mauß-Trebinger* RdA 1997, 217 [232, 236]; *Fitting* § 87 Rn. 10; *Kraft* FS *Wiese*, S. 219 [225 f.]; vgl. auch Einl. Rdn. 48 f.

II. Gegenstände der notwendigen Mitbestimmung

1. Erschöpfender Katalog

4 Wenn auch eine umfassende funktionelle Zuständigkeit des Betriebsrats zur Mitregelung sämtlicher sozialen Angelegenheiten besteht (vor § 87 Rdn. 3, *Gutzeit* § 88 Rdn. 7), ist doch die notwendige

Mitbestimmungsrechte § 87

Mitbestimmung des Betriebsrats kraft Gesetzes auf die in § 87 Abs. 1 Nr. 1 bis 13 erschöpfend aufgezählten Angelegenheiten beschränkt (*BAG* 30.10.2001 EzA § 87 BetrVG 1972 Betriebliche Lohngestaltung Nr. 75 S. 5 = AP Nr. 26 zu § 99 BetrVG 1972 Eingruppierung Bl. 2 R f.; zum BetrVG 1952 *BAG* 16.03.1956 AP Nr. 1 zu § 57 BetrVG Bl. 2; 13.07.1962 AP Nr. 3 zu § 57 BetrVG Bl. 2; 07.12.1962 AP Nr. 3 zu § 56 BetrVG Akkord Bl. 2 R; *Fitting* § 87 Rn. 4, 61; *Hueck/Nipperdey* II/2, S. 1361, 1402; *Kaiser/LK* § 87 Rn. 1; *Klebe/DKKW* § 87 Rn. 3; *Richardi* § 87 Rn. 10; *Worzalla/HWGNRH* § 87 Rn. 11, 120). In anderen sozialen Angelegenheiten sind nur freiwillige Betriebsvereinbarungen nach § 88 möglich.

2. Einschränkung und Erweiterung der Mitbestimmung

Die Vorschrift des § 87 ist in dem Sinne zwingend, dass die **notwendige Mitbestimmung** des Betriebsrats in sozialen Angelegenheiten durch Tarifvertrag, Betriebsvereinbarung, Betriebsabsprache oder Arbeitsvertrag **weder aufgehoben noch eingeschränkt** werden kann (*BAG* 26.07.1988 EzA § 87 BetrVG 1972 Leistungslohn Nr. 16 S. 7 = AP Nr. 6 zu § 87 BetrVG 1972 Provision Bl. 3; 03.06.2003 EzA § 77 BetrVG 2001 Nr. 5 S. 13 = AP Nr. 19 zu § 77 BetrVG 1972 Tarifvorbehalt Bl. 6; *Fitting* § 87 Rn. 5; *Galperin/Löwisch* § 87 Rn. 15; *Hueck/Nipperdey* II/2, S. 1402, 1450 Fn. 97c; *Jahnke* Tarifautonomie und Mitbestimmung, S. 192 f.; *Klebe/DKKW* § 87 Rn. 48; *Nikisch* III, S. 351; *Richardi* Einl. Rn. 139, 144, vor § 87 Rn. 12 f., § 88 Rn. 9; *Rose/HWGNRH* Einl. Rn. 283; *Wiedemann/Thüsing* TVG, § 1 Rn. 765; *Worzalla/HWGNRH* § 87 Rn. 50). Für den **Betriebsrat** läge darin ein **unzulässiger Verzicht** auf Befugnisse nach dem Betriebsverfassungsgesetz (*BAG* 14.02.1967 AP Nr. 9 zu § 56 BetrVG Wohlfahrtseinrichtungen Bl. 2; 23.06.1992 EzA § 87 BetrVG 1972 Arbeitszeit Nr. 50 S. 4 = AP Nr. 51 zu § 87 BetrVG 1972 Arbeitszeit Bl. 2; 26.05.1998 EzA § 87 BetrVG 1972 Betriebliche Lohngestaltung Nr. 65 S. 6 = AP Nr. 98 zu § 87 BetrVG 1972 Lohngestaltung Bl. 4 R; 14.12.1999 EzA § 87 BetrVG 1972 Betriebliche Lohngestaltung Nr. 68 S. 4 = AP Nr. 104 zu § 87 BetrVG 1972 Lohngestaltung Bl. 2 R; 14.08.2001 EzA § 613a BGB Nr. 200 S. 11 = AP Nr. 85 zu § 77 BetrVG 1972 Bl. 6 R; 28.08.2007 EzA § 95 BetrVG 2001 Nr. 6 Rn. 14 = AP Nr. 53 zu § 95 BetrVG 1972; 05.05.2015 EzA § 87 BetrVG 2001 Betriebliche Lohngestaltung Nr. 32 Rn. 19 = AP Nr. 147 zu § 87 BetrVG 1972 Lohngestaltung; *ArbG Bielefeld* 24.06.1987 DB 1988, 131; *Blomeyer* Anm. SAE 1987, 279 f.; *Däubler* NZA 1985, 545 [546]; *ders./DKKW* Einl. Rn. 99 f.; *Fitting* § 1 Rn. 245, § 87 Rn. 578; *Gamillscheg* II, S. 155; *von Hoyningen-Huene* DB 1987, 1426 f.; *Klebe/DKKW* § 87 Rn. 49; *Säcker/Oetker* RdA 1992, 23; *Wiese* RdA 1968, 455 ff.; zum Ganzen *Schmidt* Der Verzicht auf betriebsverfassungsrechtliche Befugnisse [Diss. Mannheim], 1995; differenzierend zwischen direktem und indirektem Verzicht *Joussen* RdA 2005, 31 ff.). Die notwendige Mitbestimmung des Betriebsrats kann allerdings durch Tarifvertrag ausgeschlossen sein, soweit dieser eine Angelegenheit i. S. d. § 87 selbst regelt (Rdn. 54 ff.). Trotzdem muss den Betriebspartnern ein Kernbereich betriebsverfassungsrechtlicher Zuständigkeit verbleiben (zutr. *Wiedemann/Thüsing* TVG, § 1 Rn. 766 ff.). **Unzulässig** ist auch die **dynamische Verweisung auf künftige Regelungen** eines **Tarifvertrags** (*BAG* 23.06.1992 EzA § 77 BetrVG 1972 Nr. 49 S. 6 = AP Nr. 55 zu § 77 BetrVG 1972 Bl. 2 R). Zur **unzulässigen Verwirkung** *BAG* 28.08.2007 EzA § 95 BetrVG 2001 Nr. 6 Rn. 14 = AP Nr. 53 zu § 95 BetrVG 1972; *LAG Schleswig-Holstein* 04.03.2008 LAGE § 23 BetrVG 2001 Nr. 5 S. 3 f.; *Adam* AuR 2008, 169 ff. Die **bloße Untätigkeit** des **Betriebsrats** kann eine grobe Pflichtverletzung i. S. d. § 23 Abs. 1 sein und die Auflösung des Betriebsrats rechtfertigen (*Oetker* § 23 Rdn. 24, 70). Der **Arbeitgeber** kann die **Mitbestimmung nicht** dadurch **ausschließen**, dass er **Dritten gegenüber** derart eine **Bindung eingeht**, dass die **Mitbestimmung** des Betriebsrats **faktisch ausgeschlossen** wird; er muss vielmehr durch eine entsprechende **Vertragsgestaltung sicherstellen**, dass die **ordnungsgemäße Wahrnehmung** des **Mitbestimmungsrechts** gewährleistet ist (*BAG* 18.04.2000 EzA § 87 BetrVG 1972 Betriebliche Ordnung Nr. 27 S. 5 = AP Nr. 33 zu § 87 BetrVG 1972 Überwachung Bl. 3; 30.09.2014 EzA § 87 BetrVG 2001 Gesundheitsschutz Nr. 12 Rn. 15 = AP Nr. 22 zu § 87 BetrVG 1972 Gesundheitsschutz; vgl. auch *BAG* 16.06.1998 EzA § 87 BetrVG 1972 Betriebliche Lohngestaltung Nr. 64 S. 8 = AP Nr. 92 zu § 87 BetrVG 1972 Bl. 4 R).

Keine unzulässige Einschränkung der **Mitbestimmung** des Betriebsrats ist es, wenn deren **Inhalt konkretisiert** und unter angemessener Berücksichtigung der Belange des Betriebs und der betroffenen Arbeitnehmer modifiziert wird; es ist Aufgabe der Betriebspartner, gemeinsam eine für die betrieblichen Belange zweckmäßige (Rahmen-) Regelung zu finden. Darin liegt kein unzulässiger Verzicht des Betriebsrats, sondern eine **vorweggenommene Ausübung** seiner **gesetzlichen Befugnisse**, mit der die Mitbestimmung hinsichtlich des Regelungsgegenstandes verbraucht ist. Das ist unbedenklich, weil eine Zustimmung auch im Voraus erteilt werden kann (Rdn. 102). Deshalb kann dem **Arbeitgeber** das **Recht eingeräumt** werden, unter bestimmten Voraussetzungen **einseitig einzelne Maßnahmen zu treffen**; nur darf ihm **nicht** die **Alleinentscheidung** für eine **Angelegenheit** i. S. d. **§ 87 generell übertragen** und damit die **Mitbestimmung** in ihrer **Substanz beeinträchtigt** werden (*Wiese / Gutzeit* Rdn. 370, 408, 480, 774, 1044; *BAG* 07.09.1956 AP Nr. 2 zu § 56 BetrVG Bl. 3; 26.07.1988 EzA § 87 BetrVG 1972 Leistungslohn Nr. 16 S. 7 = AP Nr. 6 zu § 87 BetrVG 1972 Provision Bl. 3; 28.04.1992 EzA § 50 BetrVG 1972 Nr. 10 S. 14 = AP Nr. 11 zu § 50 BetrVG 1972 Bl. 6; 17.11.1998 EzA § 87 BetrVG 1972 Arbeitszeit Nr. 59 S. 6 f. = AP Nr. 79 zu § 87 BetrVG 1972 Arbeitszeit Bl. 3 f. = SAE 2000, 149 *[Worzalla]*; 23.03.1999 EzA § 87 BetrVG1972 Arbeitszeit Nr. 60 S. 4 = AP Nr. 80 zu § 87 BetrVG 1972 Arbeitszeit Bl. 4; 03.06.2003 EzA § 77 BetrVG 2001 Nr. 5 S. 12 f. = AP Nr. 19 zu § 77 BetrVG 1972 Tarifvorbehalt Bl. 5 R f. *[Lobinger]*; 01.07.2003 EzA § 87 BetrVG 2001 Arbeitszeit Nr. 2 S. 9 = AP Nr. 103 zu § 87 BetrVG 1972 Arbeitszeit Bl. 4 f.; 08.06.2004 EzA § 87 BetrVG 2001Gesundheitsschutz Nr. 2 S. 17 f. = AP Nr. 20 zu § 76 BetrVG 1972 Einigungsstelle Bl. 7 R f.; 26.04.2005 EzA § 87 BetrVG 2001 Betriebliche Lohngestaltung Nr. 6 S. 6 f. = AP Nr. 12 zu § 87 BetrVG 1972 Bl. 2 f.; 03.05.2006 EzA § 87 BetrVG 2001 Arbeitszeit Nr. 9 Rn. 30 = AP Nr. 119 zu § 87 BetrVG 1972 Arbeitszeit; 14.11.2006 EzA § 50 BetrVG 2001 Nr. 6 Rn. 38 = AP Nr. 43 zu § 87 BetrVG 1972 Überwachung; *LAG Köln* 03.08.2000 AP Nr. 85 zu § 87 BetrVG 1972 Arbeitszeit Bl. 2 R; 29.09.2004 EzA § 87 BetrVG 2001 Arbeitszeit Nr. 5 S. 5; *Blomeyer* Anm. SAE 1987, 279 f.; *Franzen* NZA 2008, 250 [253]; *Galperin / Löwisch* § 87 Rn. 15; *Gamillscheg* II, S. 860; *Hueck / Nipperdey* II/2, S. 1392; *Klebe/DKKW* § 87 Rn. 48 f.; *Richardi* § 87 Rn. 75; *Säcker/Oetker* RdA 1992, 24 ff.; *Wiese* RdA 1968, 455 [456]; krit. *Weyand* AuR 1993, 1 [9]). Mit Recht hat z. B. das *BAG* (11.03.1986 EzA § 87 BetrVG 1972 Kontrolleinrichtung Nr. 15 S. 137 = AP Nr. 14 zu § 87 BetrVG 1972 Überwachung Bl. 7) zur Mitbestimmung nach § 87 Abs. 1 Nr. 6 darauf hingewiesen, nicht jede technische Überwachung bedürfe im Einzelfall der Zustimmung des Betriebsrats. Den Betriebspartnern sei es überlassen, welchen Inhalt sie der von ihnen zu treffenden Regelung gäben (ebenso *BAG* 28.10.1986 EzA § 87 BetrVG 1972 Arbeitszeit Nr. 20 S 142 = AP Nr. 20 zu § 87 BetrVG 1972 Arbeitszeit Bl. 2 *[Rath-Glawatz]*; 26.07.1988 EzA § 87 BetrVG 1972 Leistungslohn Nr. 16 S. 7 ff. *[Otto]* = AP Nr. 6 zu § 87 BetrVG 1972 Provision Bl. 3 ff. *[Sibben]*; 31.01.1989 EzA § 87 BetrVG 1972 Arbeitszeit Nr. 31 S. 9 = AP Nr. 15 zu § 87 BetrVG 1972 Tarifvorrang Bl. 4; 31.01.1989 EzA § 81 ArbGG 1979 Nr. 14 S. 13 = AP Nr. 12 zu § 81 ArbGG 1979 Bl. 5 R; 18.04.1989 EzA § 76 BetrVG 1972 Nr. 48 S. 14 *[Rotter]* = AP Nr. 34 zu § 87 BetrVG 1972 Arbeitszeit Bl. 6 *[Kraft/Raab]*; 27.06.1989 EzA § 87 BetrVG 1972 Arbeitszeit Nr. 36 S. 7 f. = AP Nr. 35 zu § 87 BetrVG 1972 Arbeitszeit Bl. 3 R *[Misera]*; 03.06.2003 EzA § 77 BetrVG 2001 Nr. 5 S. 13 = AP Nr. 19 zu § 77 BetrVG 1972 Tarifvorbehalt Bl. 6; krit. *Rieble* Anm. AP Nr. 18 zu § 87 BetrVG 1972 Tarifvorrang Bl. 5). Missverständlich ist es, wenn es in der Entscheidung vom 11.03.1986 (EzA § 87 BetrVG 1972 Kontrolleinrichtung Nr. 15 S. 137 *[Wohlgemuth]* = AP Nr. 14 zu § 87 BetrVG 1972 Überwachung Bl. 7 *[Kraft]*) weiter heißt, auch dann werde nicht gegen Mitbestimmungsrechte verstoßen, wenn dem **Arbeitgeber** eine **Freiheit eingeräumt** werde, die einem **mitbestimmungsfreien Zustand nahe komme** (ebenso aber auch *BAG* 28.10.1986 EzA § 87 BetrVG 1972 Arbeitszeit Nr. 20 S. 142 f. = AP Nr. 20 zu § 87 BetrVG 1972 Arbeitszeit Bl. 2; 12.01.1988 EzA § 87 BetrVG 1972 Arbeitszeit Nr. 26 S. 6 = AP Nr. 8 zu § 81 ArbGG 1979 Bl. 3; 17.10.1989 EzA § 76 BetrVG 1972 Nr. 54 S. 12 = AP Nr. 39 zu § 76 BetrVG 1972 Bl. 5). Das gilt nur für **konkrete Maßnahmen**, aber **nicht** für die **generelle Einschränkung** der **Mitbestimmung**. Grundlegend zum Ganzen *Säcker/Oetker* RdA 1992, 16 (20 ff.). Zur Delegation der Regelungsbefugnis auf Arbeitnehmergruppen bei Arbeitszeitfragen durch Betriebsvereinbarung *Trümner* Arbeitsrecht und Arbeitsgerichtsbarkeit, S. 395 ff.

7 Umstritten ist, ob die notwendige **Mitbestimmung** über die in § 87 Abs. 1 genannten Angelegenheiten hinaus **erweitert** werden kann. Die Frage lässt sich aus dem Gesetz selbst nicht unmittelbar beantworten. Die Möglichkeit einer Erweiterung des Katalogs der mitbestimmungspflichtigen sozialen Angelegenheiten folgt nicht aus der nur beispielhaften Aufzählung in § 88 (**a. M.** *BAG* 13.07.1962 AP Nr. 3 zu § 57 BetrVG Bl. 3; *Säcker* ZfA 1972, Sonderheft S. 41 [70]). Sie lässt sich auch nicht aus der Fassung des Eingangssatzes des § 87 Abs. 1 ableiten (**a. M.** *BAG* 24.09.1959 AP Nr. 11 zu § 611 BGB

Akkordlohn Bl. 4 R f.; 08.10.1959 AP Nr. 14 zu § 56 BetrVG Bl. 5 R zum gleichlautenden § 56 Abs. 1 BetrVG 1952; dagegen mit Recht *Dietz* RdA 1962, 390 [391]; *Neumann-Duesberg*, S. 502; *Nikisch* Anm. AP Nr. 11 zu § 611 BGB Akkordlohn). Das Gegenteil ergibt sich ferner nicht aus der angeblich zwingenden und abschließenden Regelung der Vorschrift (**a. M.** *Hueck/Nipperdey* II/2, S. 1402). Verfehlt ist schließlich der Hinweis auf § 3, § 38 Abs. 1 Satz 4 (jetzt 5), § 47 Abs. 4, § 55 Abs. 4, § 76 Abs. 8, aus denen sich die Unzulässigkeit einer Abänderung der Betriebsverfassung in anderen Fällen ergeben soll (*BAG* 10.02.1988 EzA § 1 TVG Nr. 34 S. 9 = AP Nr. 53 zu § 99 BetrVG 1972 Bl. 3 R; **a. M.** *Worzalla/HWGNRH* § 87 Rn. 52 f.; *Veit* Zuständigkeit des Betriebsrats, S. 276 ff.). Diese Vorschriften betreffen ausschließlich die Organisation der Betriebsverfassung, dagegen nicht die Mitbestimmung; die Zulässigkeit ihrer Erweiterung ist ausdrücklich offen gelassen worden (amtliche Begründung, BT-Drucks. VI/1786, S. 36). Deshalb ist auch unerheblich, dass in § 3 Abs. 1 Nr. 3 des Entwurfs des *Bundesministeriums für Arbeit und Sozialordnung* für ein neues Betriebsverfassungsgesetz vom 01.10.1970 (RdA 1970, 357) die Erweiterung der Aufgaben und Befugnisse der Vertretungen der Arbeitnehmer in Angelegenheiten vorgesehen war, die den Inhalt, den Abschluss oder die Beendigung von Arbeitsverhältnissen betreffen, und dass diese Vorschrift aufgrund der Koalitionsabsprache zwischen *SPD* und *FDP* vom 12.11.1970 wieder gestrichen wurde (RdA 1970, 370). Diese Vorgänge liegen zeitlich vor dem Regierungsentwurf vom 18.12.1970 (BT-Drucks. VI/1786).

Unbedenklich ist es, wenn in einem Tarifvertrag oder in einer freiwilligen Betriebsvereinbarung (§ 88) eine **Angelegenheit geregelt** und nur die **Ausübung** eines dem **Arbeitgeber zustehenden Rechts** an die **Zustimmung** oder **sonstige Mitwirkung** des **Betriebsrats** geknüpft wird, **ohne dass ein neuer Regelungstatbestand geschaffen** wird (*von Hoyningen-Huene/Meier-Krenz* ZfA 1988, 293 [296 ff.]; *Nikisch* III, S. 357; *Richardi* NZA 1988, 673 [676 f.]; vgl. auch *Galperin/Siebert* vor § 56 Rn. 50; *Hueck/Nipperdey* II/2, S. 1402; *Richardi* Einl. Rn. 140, 153 ff.). Unerheblich ist, ob bei fehlender Zustimmung die Einigungsstelle entscheiden soll. Dabei handelt es sich nicht um eine Erweiterung der notwendigen Mitbestimmung (Rdn. 97 ff.). Entscheidend ist, ob Kollektivverträge vorsehen können, dass eine nicht in § 87 Abs. 1 aufgeführte soziale Angelegenheit (zum Begriff vor § 87 Rdn. 3) mittels Einigung zwischen Arbeitgeber und Betriebsrat geregelt werden muss und im Streitfall notfalls die Einigungsstelle auf Antrag einer Seite verbindlich entscheidet. Damit darf nicht der Fall verwechselt werden, dass dem Betriebsrat das Alleinentscheidungsrecht unter Ausschluss der Einigungsstelle zugewiesen wird; denn dadurch wird gerade nicht der Katalog des § 87 Abs. 1 erweitert und dem hierfür nach § 87 Abs. 2 vorgesehenen Verfahren unterworfen (zu den Bedenken gegen eine derartige tarifliche Regelung *Galperin/Löwisch* § 87 Rn. 13).

Auszugehen ist von einer **umfassenden funktionellen Zuständigkeit** des Betriebsrats zur Mitregelung sämtlicher sozialen Angelegenheiten (vor § 87 Rdn. 3; *Gutzeit* § 88 Rdn. 7). Der Arbeitgeber kann dabei den Betriebsrat in beliebigem Umfang an der Ausübung seiner Rechte teilhaben lassen. Beide Betriebspartner können außerdem nach § 76 Abs. 6 die **Einigungsstelle** anrufen und sich dem dann **verbindlichen Spruch im Voraus unterwerfen**. Es ist nicht ersichtlich, dass dies im Wege einer freiwilligen Betriebsvereinbarung, die eine gleichberechtigt zu regelnde Angelegenheit lediglich nach abstrakten Merkmalen umschreibt, ausgeschlossen sein sollte (so aber *Galperin/Siebert* vor § 56 Rn. 48 f.; *Löwisch* AuR 1978, 97 [99]; *Thiele* 4. Aufl., Einl. Rn. 120; wie hier *BAG* 13.07.1962 AP Nr. 3 zu § 57 BetrVG Bl. 2 R). Ein solcher Schluss lässt sich weder aus dem Wortlaut noch aus dem Sinnzusammenhang des § 76 Abs. 6 ziehen und folgt auch nicht aus § 87 Abs. 2, weil die Möglichkeit eines verbindlichen Spruchs gerade nicht auf die im Gesetz ausdrücklich genannten Fälle beschränkt ist. Zudem ist im Hinblick auf die Freiwilligkeit der Regelung ein Schutz des Arbeitgebers vor »unüberschaubaren Bindungen« (*Löwisch* AuR 1978, 97 [99]; *Worzalla/HWGNRH* § 87 Rn. 53) ebenso wenig erforderlich, wie durch derartige generelle Regelungen vorrangige Allgemeininteressen beeinträchtigt werden.

Die **Erweiterung** der **Mitbestimmung durch freiwillige Betriebsvereinbarung** ist daher als **zulässig** anzusehen (im Ergebnis ebenso *BAG* 13.07.1962 AP Nr. 3 zu § 57 BetrVG Bl. 2 R f. *[zust. Küchenhoff]*; *Beck* AuR 1981, 367 ff.; *Berg/DKKW* § 88 Rn. 13; *Beuthien* ZfA 1986, 131 [136 ff.]; *Däubler/DKKW* Einl. Rn. 94 ff.; *Fitting* § 1 Rn. 251 ff., § 87 Rn. 6; *Gamillscheg* II, S. 861; *Gast* Arbeitsvertrag und Direktion, 1978, S. 174 ff.; *Hanau* RdA 1973, 281 [293]; *Kaiser/LK* § 88 Rn. 10; *Klebe/DKKW* § 87 Rn. 45 f.; *Lerch/Weinbrenner* NZA 2011, 664 [665 f.]; *Neumann-Duesberg*,

S. 500 ff.; *Otto* NZA 1992, 97 [101 f.]; *Säcker* ZfA 1972, Sonderheft S. 41 [70]; **a. M.** *Galperin/Siebert* vor § 56 Rn. 48 ff.; *Hueck/Nipperdey* II/2, S. 1402; *Nikisch* III, S. 351 ff.; *Richardi* Einl. Rn. 139, vor § 87 Rn. 12, § 87 Rn. 11; *Rose/HWGNRH* Einl. Rn. 288 ff.; *Siebert* BB 1958, 421; *Thiele* 4. Aufl., Einl. Rn. 110 ff.; *Worzalla/HWGNRH* § 87 Rn. 53 f; differenzierend *Reichold* Betriebsverfassung und Sozialprivatrecht, S. 530 ff.; einschränkend *Heise/von Steinau-Steinrück/HLS* § 87 Rn. 6). Gleiches gilt für eine **Regelungsabrede** (*BAG* 14.08.2001 EzA § 88 BetrVG 1972 Nr. 1 S. 10 = AP Nr. 4 zu § 77 BetrVG Regelungsabrede = EwiR § 88 BetrVG 1/02, 553 [*Haußmann*] = ZBVR 2002, 57 [*Ilbertz*]; vgl. auch *Lerch/Weinbrenner* NZA 2011, 664 [666 f.]). Dagegen kann die **Einigungsstelle** im Verfahren nach § 76 Abs. 5 nur im Rahmen ihrer Zuständigkeit tätig werden und **keine neuen Mitbestimmungsrechte begründen** (*BAG* 30.08.1995 EzA § 87 BetrVG 1972 Kontrolleinrichtung Nr. 21 S. 7 = AP Nr. 29 zu § 87 BetrVG 1972 Überwachung Bl. 3 R; 15.05.2001 EzA § 87 BetrVG 1972 Leistungslohn Nr. 18 S. 7 f. [*Jacobs*] = AP Nr. 17 zu § 87 BetrVG 1972 Prämie Bl. 3 R f.; *LAG* Düsseldorf 23.05.2012 LAGE § 76 BetrVG 2001 Nr. 5 Rn. 47 ff.). Mangels Regelungskompetenz der Arbeitsvertragsparteien sind diese auch **nicht** befugt, eine **Erweiterung** der **Mitbestimmungsrechte** des Betriebsrats **arbeitsvertraglich** zu vereinbaren (*BAG* 23.04.2009 EzA § 102 BetrVG 2001 Nr. 24 Rn. 13 = AP Nr. 160 zu § 102 BetrVG 1972 [*Rieble*]).

11 Ist mithin der Katalog des § 87 Abs. 1 prinzipiell der Erweiterung fähig, muss das unter Berücksichtigung der nach § 1 Abs. 1 TVG gegebenen Zuständigkeit der Tarifpartner für die Normierung betriebsverfassungsrechtlicher Fragen auch für eine **Erweiterung durch Tarifvertrag** gelten, soweit es sich um Betriebe handelt, deren Arbeitgeber tarifgebunden sind (§ 3 Abs. 2 TVG; *BAG* 18.08.1987 EzA § 77 BetrVG 1972 Nr. 18 S. 16 ff. = AP Nr. 23 zu § 77 BetrVG 1972 Bl. 7 ff. [abl. *von Hoyningen-Huene*]; 09.05.1995 EzA § 76 BetrVG 1972 Nr. 66 S. 7 f. = AP Nr. 2 zu § 76 BetrVG 1972 Einigungsstelle Bl. 3 R = SAE 1997, 58 [*Schwarze*]; 10.02.1988 EzA § 1 TVG Nr. 34 S. 7 ff. = AP Nr. 53 zu § 99 BetrVG 1972 Bl. 3 ff.; weitere *BAG*-Nachweise 9. Aufl. Rn. 11; *LAG* Hamburg 24.06.1997 LAGE § 1 TVG Nr. 7 S. 11; *LAG* Hamm 21.10.1977 DB 1978, 1452; *LAG* Niedersachsen 04.03.1988 AiB 1988, 311; *ArbG* Duisburg 05.12.1985 NZA 1986, Beil. Nr. 2, S. 19; *Beuthien* ZfA 1986, 131 [139]; *Biedenkopf* Grenzen der Tarifautonomie, S. 295 f.; *Bunge* Tarifinhalt und Arbeitskampf [Diss. FU Berlin], 1980, S. 344 ff.; *Däubler* Das Grundrecht auf Mitbestimmung, 1973, S. 367 ff.; *ders*. Tarifvertragsrecht, Rn. 1068 ff.; *ders./DKKW* Einl. Rn. 87 ff.; *Ehmann/Balthasar* Jura 1985, 436 [439]; *Fitting* § 1 Rn. 257 f., § 87 Rn. 6.; *Gast* Arbeitsvertrag und Direktion, 1978, S. 189 ff.; *Hanau* RdA 1973, 281 [293]; *ders*. NZA 1985, 73 [75]; *von Hoyningen-Huene/Meier-Krenz* ZfA 1988, 293 [306 ff.]; *A. Hueck* BB 1952, 925 [928]; *Kaiser/LK* § 87 Rn. 35; *Klebe/DKKW* § 87 Rn. 45, 47; *Lerch/Weinbrenner* NZA 2011, 664 [665]; *Löwisch* AuR 1978, 97 [98]; *ders*. DB 1984, 2457 mit Einschränkungen; *Matthes/*MünchArbR § 238 Rn. 15, § 242 Rn. 6; *Meier-Krenz* Die Erweiterung von Beteiligungsrechten des Betriebsrats durch Tarifvertrag [Diss. Heidelberg], 1988, S. 139 ff.; *ders*. DB 1988, 2149 ff.; *Neumann-Duesberg*, S. 502 ff.; *Otto* NZA 1992, 97 [101 f.]; *Rieble/DFL* § 87 BetrVG Rn. 5; *Säcker* ZfA 1972, Sonderheft S. 41 [47, 70]; *Säcker/Oetker* Grundlagen und Grenzen der Tarifautonomie, 1992, S. 78 ff., 196 ff.; *Schwarze* Der Betriebsrat im Dienst der Tarifvertragsparteien, 1991, S. 116 ff.; *Schwendy* Abänderbarkeit betriebsverfassungsrechtlicher Rechtssätze, S. 122; *Sophos* Möglichkeiten der Erweiterung der Mitbestimmungsrechte des Betriebsrates durch Tarifvertrag, Diss. München 1977, S. 7 ff., 25 ff.; *Weyand* AuR 1989, 193 [196 ff., 199 ff.]; *ders*. AuR 1993, 1 [10 f.]; *Wiedemann/Thüsing* TVG, § 1 Rn. 766 ff.; differenzierend *Reichold* Betriebsverfassung und Sozialprivatrecht, S. 530 ff.; **a. M.** *ArbG* Solingen 09.10.1985 NZA 1986, 102 [103]; *Bender/WPK* § 87 Rn. 5; *Buchner* Die AG 1971, 135 [139]; *ders*. RdA 1990, 1 [5 ff.]; *Galperin/Siebert* vor § 56 Rn. 51 f.; *Giesen* Tarifvertragliche Rechtsgestaltung für den Betrieb, 2002, S. 364 ff.; *von Hoyningen-Huene* NZA 1985, 9 [11]; *ders*. NZA 1985, 169 f.; *ders./*MünchArbR § 211 Rn. 23 f.; abschwächend *von Hoyningen-Huene/Meier-Krenz* ZfA 1988, 293 [306 ff.]; *Hueck/Nipperdey* II/2, S. 1402 f.; *Kraft* ZfA 1973, 243 [251]; *Nikisch* III, S. 351 ff.; *ders*. RdA 1964, 305 [307 f.]; *Richardi* Einl. Rn. 139, 144 ff., § 87 Rn. 11; *ders*. Kollektivgewalt und Individualwille, S. 251 ff., 256 f.; *ders*. NZA 1984, 387 [388], *ders*. NZA 1985, 172 [173 f.]; *ders*. NZA 1988, 673 [676 f.]; *ders*. Verhandlungen des 61. Deutschen Juristentages Band I, 1996, S. B 75 ff.; *Rose/HWGNRH* Einl. Rn. 291 ff.; *Siebert* BB 1958, 421 [422]; *Stege/Weinspach/Schiefer* § 87 Rn. 6 ff., 84; *Veit* Zuständigkeit des Betriebsrats, S. 262 f.; *Wittke* Die Beteiligungsrechte des Betriebsrats im sozialen Bereich, S. 18; *Worzalla/HWGNRH* § 87 Rn. 51 f.; *Zachert* AuR 1985,

201 [208]). Zur rechtsdogmatischen und rechtstatsächlichen Entwicklung *Spilger* Tarifvertragliches Betriebsverfassungsrecht (Diss. FU Berlin), 1988, S. 35 ff. (89 ff., 129 ff.).

Gegen die hier vertretene Auffassung kann nicht eingewandt werden, damit könnte die gesetzliche **12** Mitbestimmungsordnung weitgehend verändert, nach Branchen differenziert und bei Wechsel der Stärkeverhältnisse zwischen den Tarifvertragsparteien möglicherweise auch wieder zurückgebildet werden (so *Worzalla/HWGNRH* § 87 Rn. 52). Letzteres ist schon deshalb ausgeschlossen, weil die gesetzlichen Mitbestimmungsregelungen nach einhelliger Auffassung weder aufgehoben noch eingeschränkt werden können (Rdn. 5; vgl. auch *Lerch/Weinbrenner* NZA 2011, 664 [667]). Eine Differenzierung nach Branchen und unterschiedlichen Tarifverträgen ist zudem dem Tarifwesen immanent und auch unschädlich. Strenggenommen liegt in dieser Beschränkung der Regelung auf tarifgebundene Arbeitgeber keine Erweiterung der gesetzlichen Betriebsverfassung (zutr. *BAG* 18.08.1987 EzA § 77 BetrVG 1972 Nr. 18 S. 17 = AP Nr. 23 zu § 77 BetrVG 1972 Bl. 7 R).

Allerdings besteht die **Befugnis zur Erweiterung** der notwendigen Mitbestimmung des Betriebsrats **13** in sozialen Angelegenheiten **nicht schrankenlos**. Sie setzt zunächst voraus, dass es sich um Fragen handelt, die wesensmäßig als soziale Angelegenheiten i. S. d. §§ 87 ff. anzusehen sind (ebenso *Kolbe* Mitbestimmung und Demokratieprinzip, S. 200; vgl. auch *BAG* 09.05.1995 EzA § 76 BetrVG 1972 Nr. 66 S. 7 f. = AP Nr. 2 zu § 76 BetrVG 1972 Einigungsstelle Bl. 3 R), sodass nicht auf diesem Weg eine Erweiterung der Mitbestimmung bei der Gestaltung von Arbeitsplatz, Arbeitsablauf und Arbeitsumgebung (§§ 90, 91, vgl. aber *Weber* vor § 90 Rdn. 10), in personellen (§§ 92 ff., *Raab* vor § 92 Rdn. 10 ff.) und wirtschaftlichen Angelegenheiten (§§ 106 ff., *Oetker* vor § 106 Rdn. 12 ff.) erreicht werden kann (*Däubler* Das Grundrecht auf Mitbestimmung, 1973, S. 368; *Wiedemann/Thüsing* TVG, § 1 Rn. 766 ff.; vgl. auch *Lerch/Weinbrenner* NZA 2011, 664 [667 ff.]). Insbesondere ist zu beachten, dass die Mitbestimmung in sozialen Angelegenheiten sich auf die Auswirkungen unternehmerischer Entscheidungen und nicht auf diese selbst bezieht (*Wiedemann/Thüsing* TVG § 1 Rn. 766 ff. m. w. N.). Über eine – erweiterte – Mitbestimmung nach § 87 darf daher keine Mitbestimmung hinsichtlich unternehmerischer Entscheidungen begründet werden, die das Gesetz im Rahmen der auf das Unternehmen bezogenen Beteiligungsrechte nicht gewährt hat (*Wiese* Initiativrecht, S. 37 ff. [39]; ebenso *Beuthien* ZfA 1986, 131 [138 ff.]; *von Hoyningen-Huene/Meier-Krenz* ZfA 1988, 293 [313 ff.] m. w. N.; *Meier-Krenz* DB 1988, 2149 [2152 f.]). Zu den gesellschaftsrechtlichen Grenzen betrieblicher Verstärkung von Mitbestimmungsrechten *Gaul* MDR 1993, 813.

Die **Mitbestimmung** ist ferner **nur gegeben, wenn** die **Partner** des Tarifvertrags bzw. der Betriebs- **14** vereinbarung auch **in der Sache selbst eine Regelung hätten treffen können**. Das bedeutet zunächst, dass die allgemeinen und speziellen Schranken der Mitbestimmung (Rdn. 47 ff.) zu beachten sind, führt aber noch zu einer weiteren Begrenzung. Im Bereich der sozialen Angelegenheiten bezieht sich die notwendige Mitbestimmung des Betriebsrats nur auf **kollektive Regelungen**, wenn man von einigen besonders gelagerten gesetzlichen Ausnahmefällen absieht (Rdn. 15 ff.). Auch die Normen einer Betriebsvereinbarung nach § 88 entfalten notwendig eine generelle Wirkung und lassen günstigere Einzelabreden unberührt (zum Günstigkeitsprinzip vor § 87 Rdn. 23; *Kreutz* § 77 Rdn. 260 ff.). Weder die Betriebspartner noch die Parteien des Tarifvertrags (§ 4 Abs. 3 TVG) können daher eine individuelle Ausgestaltung des Arbeitsvertrags durch Arbeitgeber und einzelne Arbeitnehmer in den vorgegebenen Grenzen verhindern. Eine Erweiterung der Mitbestimmung darf deshalb diese Möglichkeit nicht beseitigen (*von Hoyningen-Huene/Meier-Krenz* ZfA 1988, 293 [311 ff.]; *Otto* NZA 1992, 97 [98]). Damit ist auch dem Einwand von *Thiele* (4. Aufl., Einl. Rn. 120), die hier vertretene Auffassung widerspreche dem Prinzip der Privatautonomie, Rechnung getragen. Durch § 3 Nr. II Entgeltrahmentarifvertrag für Filmtheater vom 12.12.2000 werden die gesetzlichen Mitbestimmungsrechte des Betriebsrats nicht erweitert (*BAG* 29.09.2004 EzA § 87 BetrVG 2001 Arbeitszeit Nr. 6 S. 8 ff. = AP Nr. 112 zu § 87 BetrVG 1972 Arbeitszeit Bl. 4 R f.).

3. Kollektive (generelle) Tatbestände und Individualmaßnahmen (Einzelfälle)

Trotz unterschiedlicher Terminologie, die eine Verständigung erschwerte, hatte sich in der Sache **15** schon zu § 56 BetrVG 1952 die Auffassung durchgesetzt, dass zwischen **mitbestimmungsbedürftigen kollektiven (generellen) Tatbeständen** und **mitbestimmungsfreien Individualmaßnah-**

§ 87   *IV. 3. Soziale Angelegenheiten*

men (Einzelfällen) zu unterscheiden sei. Dabei bestand zuletzt Einigkeit darüber, dass es für die Annahme eines kollektiven Tatbestandes **nicht** auf das **Zeitmoment** ankomme; gleichgültig sei, ob eine Angelegenheit für einen längeren oder kürzeren Zeitraum von bestimmter oder unbestimmter Dauer oder als **einmaliges Ereignis (Sonderfall)** – z. B. Verlegung der Arbeitszeit an einem Tage – geregelt werden müsse (*BAG* 07.09.1956 AP Nr. 2 zu § 56 BetrVG Bl. 2 R f.; 25.10.1957 AP Nr. 6 zu § 56 BetrVG Bl. 2; 18.03.1964 AP Nr. 4 zu § 56 BetrVG Entlohnung Bl. 4; *Dietz* § 56 Rn. 22 f., 113; *Fitting/Kraegeloh/Auffarth* § 56 Rn. 4 f., die jedoch den Begriff des »Sonderfalls« ablehnten; *Galperin/Siebert* vor § 56 Rn. 6, 10 f., 42, § 56 Rn. 5; *G. Hueck* RdA 1962, 376 [378 f.]; *Hueck/Nipperdey* II/2, S. 1388 f.; *Neumann-Duesberg*, S. 353, 463, der gleichfalls Bedenken gegen den Begriff des »Sonderfalls« äußerte; *Nikisch* III, S. 368).

16 Als **entscheidend** wurde vor allem das **personelle Moment** angesehen, d. h. ein kollektiver Tatbestand bejaht, wenn eine Angelegenheit der **gesamten** oder jedenfalls einer durch besondere Merkmale bestimmten **Gruppe der Belegschaft** (Betriebsabteilung, Frauen, Jugendliche, Schwerbehinderte, sämtliche Arbeitnehmer einer Schicht usw.) zu regeln war (*BAG* 19.04.1963 AP Nr. 2 zu § 56 BetrVG Entlohnung Bl. 5; 18.03.1964 AP Nr. 4 zu § 56 BetrVG Entlohnung Bl. 4; 17.12.1968 AP Nr. 27 zu § 56 BetrVG Bl. 2; 31.01.1969 AP Nr. 5 zu § 56 BetrVG Entlohnung Bl. 3; *Dietz* § 56 Rn. 17 ff.; *Fitting/Kraegeloh/Auffarth* § 56 Rn. 4 f.; *Galperin/Siebert* vor § 56 Rn. 3 und 5 und 9; *Hueck/Nipperdey* II/2, S. 1389; *Neumann-Duesberg*, S. 462 f.; *Nikisch* III, S. 368; *Siebert/Hilger* BB 1955, 670). Ein kollektiver Tatbestand wurde auch angenommen, wenn eine Regelung für mehrere Arbeitsplätze oder auch nur einen bestimmten **Arbeitsplatz** nach funktionsbezogenen, d. h. von der Person des jeweiligen Inhabers unabhängigen Merkmalen zu treffen war, weil hiervon potentiell jeder Inhaber des Arbeitsplatzes betroffen sein konnte(*Dietz* § 56 Rn. 20; *Galperin/Siebert* vor § 56 Rn. 7 und 9; *Hueck/Nipperdey* II/2, S. 1389; *Neumann-Duesberg*, S. 463; *Siebert/Hilger* BB 1955, 670).

17 Mitbestimmungsfrei waren danach nur solche Angelegenheiten, in denen es um **Individualmaßnahmen (Einzelfälle)**, d. h. darum ging, die **Arbeitsbedingungen eines oder mehrerer individuell bestimmter Arbeitnehmer im Hinblick auf nur sie betreffende besondere Eigenschaften oder Umstände** – z. B. hinsichtlich der Arbeitszeit – zu regeln (*BAG* 07.09.1956 AP Nr. 2 zu § 56 BetrVG Bl. 3 R; 19.04.1963 AP Nr. 2 zu § 56 BetrVG Entlohnung Bl. 3 R; 18.03.1964 AP Nr. 4 zu § 56 BetrVG Entlohnung Bl. 4; 17.12.1968 AP Nr. 27 zu § 56 BetrVG Bl. 2, 5; 31.01.1969 AP Nr. 5 zu § 56 BetrVG Entlohnung Bl. 2 R f.; *Adomeit* Die Regelungsabrede, S. 41 ff. [59 ff.]; *Dietz* § 56 Rn. 16 ff., 113; *Fitting/Kraegeloh/Auffarth* § 56 Rn. 5; *Galperin/Siebert* vor § 56 Rn. 5 und 6 f. und 9 und 11 ff., § 56 Rn. 6; *Hueck/Nipperdey* II/2, S. 1389; *Neumann-Duesberg*, S. 462 f.; *Nikisch* III, S. 368 f. [374]; *Siebert/Hilger* BB 1955, 670; **a. M.** *Rewolle* DB 1958, 1392 [1393]; *Richardi* Kollektivgewalt und Individualwille, S. 341 ff.; *ders.* Festgabe *von Lübtow*, S. 755 [767 ff.]; *Söllner* RdA 1968, 437 [439]). Zur heutigen Rechtslage Rdn. 33.

18 Die von der h. M. **zu § 56 BetrVG 1952 entwickelte Auffassung** ist grundsätzlich auch der Anwendung des **§ 87 zugrunde zu legen** (*LAG* Niedersachsen 25.02.1980 EzA § 87 BetrVG 1972 Lohn u. Arbeitsentgelt Nr. 12 S. 97 f.; *ArbG* Hamburg 16.06.1976 DB 1977, 590; *Böhm* BB 1974, 372 [373 ff.]; *Fitting* § 87 Rn. 14 ff.; *Galperin/Löwisch* § 87 Rn. 6 ff.; *Hanau* RdA 1973, 281 [287]; *Lieb/Jacobs* Arbeitsrecht, Rn. 770; *Löwisch* AuR 1978, 97 [101]; *Matthes/*MünchArbR § 242 Rn. 24 ff.; *Meisel* Anm. AP Nr. 3 zu § 87 BetrVG 1972 Arbeitszeit Bl. 3 R ff.; *Reuter* Anm. SAE 1981, 242; *Reuter/Streckel* Grundfragen der betriebsverfassungsrechtlichen Mitbestimmung, S. 23 ff.; *Rüthers* Arbeitsrecht und politisches System, 1972, S. 150; *Säcker* ZfA 1972, Sonderheft S. 41 [61 f.]; *Loritz/ZLH* Arbeitsrecht, § 51 Rn. 69 ff.; **a. M.** bzw. krit. *Gamillscheg* II, S. 865 f.; *Hurlebaus* Fehlende Mitbestimmung bei § 87 BetrVG, S. 132 und passim; *Klebe/DKKW* § 87 Rn. 22 f. – widersprüchlich; *Richardi* § 77 Rn. 95, § 87 Rn. 21 ff., 339; *ders.* DB 1971, 621 [626]; *Simitis/Weiss* DB 1973, 1240 [1242]; *Waltermann* Rechtsetzung durch Betriebsvereinbarung zwischen Privatautonomie und Tarifautonomie, 1996, S. 239 ff.; *ders.* Arbeitsrecht, Rn. 821; *Wank* FS *Wiese*, S. 617 [618 ff.]; das *BAG* hatte sich zunächst nicht festgelegt: 18.11.1980 EzA § 87 BetrVG 1972 Arbeitszeit Nr. 8 S. 41 ff. *[Klinkhammer]* = AP Nr. 3 zu § 87 BetrVG 1972 Arbeitszeit Bl. 2 f. *[Meisel]*, folgt aber inzwischen der h. M., im Einzelnen Rdn. 20 und 22 und 30). Im **Bericht des 10. Ausschusses** (zu BT-Drucks. VI/2729, S. 4, vgl. auch S. 29 sowie amtliche Begründung, BT-Drucks. VI/1786, S. 49) heißt es ausdrücklich, in Übereinstimmung mit dem Regierungsentwurf und der Oppositionsvorlage werde daran festgehalten, dass sich die Mitbestimmung des Betriebsrats grundsätzlich nur auf generelle Tatbestände und nicht auf die Regelung von Einzelfällen beziehe. Damit wurde die in § 56 *SPD*-Entwurf (BT-Drucks. V/3658, S. 12 = RdA 1969, 35 [40]) und in § 56 *DGB*-Vorschläge (RdA 1967, 462 [465]; 1970, 237 [244]) vorgesehene Ausdehnung der Mitbestimmung auf soziale Angelegenheiten, auch wenn sie nur einzelne Arbeitnehmer betreffen, abgelehnt.

Die grundsätzliche **Beschränkung** auf **kollektive Tatbestände** ist jedoch in **wenigen Fällen** **19 durchbrochen** worden. Zu den Ausnahmen gehört nicht die dem Betriebsrat nach § 87 Abs. 1 Nr. 9 eingeräumte Mitbestimmung bei der Zuweisung von Wohnräumen. Entgegen einer verbreiteten Meinung hatte das *BAG* (14.02.1967 AP Nr. 9 zu § 56 BetrVG Wohlfahrtseinrichtungen) die Mitbestimmung bei der Belegung von Werkwohnungen auch schon nach § 56 Abs. 1 Buchst. e BetrVG 1952 bejaht. Das war zutreffend, weil mit der Zuweisung der Wohnung an einen bestimmten Arbeitnehmer zugleich die kollektive Frage entschieden wird, wer von mehreren Interessenten die Wohnung erhalten soll (*Wiese* SAE 1968, 137 [139]). Um eine Individualmaßnahme handelt es sich dagegen bei der Kündigung von Wohnräumen, die gleichfalls nach § 87 Abs. 1 Nr. 9 der Mitbestimmung des Betriebsrats unterliegt. Sie steht jedoch in einem so engen sachlichen Zusammenhang mit der späteren Neuzuweisung der Wohnung an einen anderen Arbeitnehmer, dass diese Ausweitung der Mitbestimmung sachgerecht ist. Entsprechendes gilt für die nach § 87 Abs. 1 Nr. 5 dem Betriebsrat eingeräumte Befugnis, bei nicht zustande gekommener Einigung zwischen Arbeitnehmer und Arbeitgeber die zeitliche Lage des Urlaubs für einzelne Arbeitnehmer festzusetzen, weil davon immer mehrere Arbeitnehmer betroffen sein müssen (*Wiese/Gutzeit* Rdn. 496). Die genannten Fälle sind daher als genau bezeichnete, aus besonderen Gründen eingeführte Ausnahmen zu verstehen, die eine Verallgemeinerung nicht zulassen.

Soweit nicht im Wege der **Auslegung** dem Katalog des § 87 Abs. 1 eine Mitbestimmung in Einzel- **20** fällen zu entnehmen ist, sind somit nur **kollektive Tatbestände** mitbestimmungspflichtig. Dass es auf die Auslegung der einzelnen Mitbestimmungstatbestände ankommt, ist entgegen *Richardi* (§ 87 Rn. 18) keine neue Erkenntnis, sondern in diesem Kommentar von Anfang an vertreten worden. (1. Bearbeitung § 87 Rn. 10). **Entscheidend** ist allein der **Gegenstand der Mitbestimmung**, d. h. der **kollektive Bezug** einer **Angelegenheit** (*BAG* st. Rspr. 18.11.1980 EzA § 87 BetrVG 1972 Arbeitszeit Nr. 8 S. 43 *[Klinkhammer]* = AP Nr. 3 zu § 87 BetrVG 1972 Arbeitszeit Bl. 2, 3; 02.03.1982 EzA § 87 BetrVG 1972 Arbeitszeit Nr. 11 S. 74 = AP Nr. 6 zu § 87 BetrVG 1972 Arbeitszeit Bl. 2 R; 22.10.1991 EzA § 87 BetrVG 1972 Arbeitszeit Nr. 49 S. 5 = AP Nr. 48 zu § 87 BetrVG 1972 Arbeitszeit Bl. 2 R; *Jahnke* Anm. SAE 1983, 145 [146]; *Matthes/*MünchArbR § 242 Rn. 25). Weniger präzise ist es, wenn das *BAG* (18.11.1980 EzA § 87 BetrVG 1972 Arbeitszeit Nr. 8 S. 43 *[Klinkhammer]* = AP Nr. 3 zu § 87 BetrVG Arbeitszeit Bl. 2 R *[Meisel]*; 17.11.1998 EzA § 87 BetrVG 1972 Arbeitszeit Nr. 59 S. 6 = AP Nr. 79 zu § 87 BetrVG 1972 Arbeitszeit Bl. 3; weitere *BAG*-Nachweise 9. Aufl. § 87 Rn. 20) zugleich als maßgebend darauf abstellt, ob eine Regelungsfrage **kollektive Interessen** der Arbeitnehmer des Betriebs berührt; das ist dann der Fall, wenn einer mitbestimmungsfreien Individualmaßnahme präjudizielle Bedeutung für andere Arbeitsverhältnisse zukommt (krit. *Wank* FS *Wiese*, S. 617 [622 f.]). Dagegen stellt *Raab* (ZfA 2001, 31 [45 f., 65 f.]) auf den Sinn und Zweck des konkreten Mitbestimmungstatbestandes ab und prüft auf einer ersten Stufe, ob dieser allein der kollektiven Teilhabe an der Gestaltung der betrieblichen Arbeitsbedingungen oder auch dem Individualschutz der betroffenen Arbeitnehmer im Verhältnis zum Arbeitgeber dient. Auf einer zweiten Stufe untersucht er, ob es im konkreten Fall um einen kollektiven Tatbestand geht, weil entweder nur eine einheitliche Regelung getroffen werden kann oder divergierende Arbeitnehmerinteressen zum Ausgleich zu bringen sind. Auf einer dritten Stufe sei zu prüfen, ob mangels kollektiver Interessen der auf der ersten Stufe als Zweck der Norm auch bejahte Individualschutz im konkreten Fall zum Schutz des einzelnen Arbeitnehmers durch die kollektive Interessenvertretung erforderlich ist. Demgegenüber ist daran festzuhalten, dass Individualinteressen nach § 87 nur in Ausnahmefällen vom Gesetz erfasst (Rdn. 19) und im Übrigen nach Maßgabe der § 81 ff. zu berücksichtigen und durchzusetzen sind (Rdn. 24).

Gleichgültig ist, ob die Mitbestimmung, wie z. B. in den Fällen der Nr. 5 (Urlaubsgrundsätze, Ur- **21** laubsplan), Nr. 7 (Regelungen über Unfallverhütung), Nr. 9 (allgemeine Festlegung der Nutzungsbedingungen), Nr. 10 (Fragen der betrieblichen Lohngestaltung), Nr. 12 (Grundsätze über das

§ 87   IV. 3. Soziale Angelegenheiten

betriebliche Vorschlagswesen, Nr. 13 (Grundsätze über die Durchführung von Gruppenarbeit), eine **allgemeine Regelung** oder bei einmaligen Ereignissen (Rdn. 15) eine **konkrete Entscheidung erfordert**. Deshalb ist es auch unerheblich, in welcher Form die Mitbestimmung (förmliche Betriebsvereinbarung, formlose Einigung, Zustimmung, Rdn. 88 ff.) wahrgenommen wird. Der schillernde Ausdruck »Einzelmaßnahme« sollte als Gegensatz zum kollektiven Tatbestand nicht verwendet werden, weil er sich sowohl auf einen einmaligen Vorgang mit kollektivem Bezug (Sonderfall, Rdn. 15) als auch auf eine Individualmaßnahme beziehen kann (*Nikisch* III, S. 369). **Nicht ausreichend** ist ein **Regelungsbedürfnis**, weil dieses sowohl bei Individualmaßnahmen als auch bei kollektiven Tatbeständen gegeben sein kann (*Wiese* RdA 1995, 355 [357]; zust. *Raab* ZfA 2001, 31 [50]; *Wank* FS *Wiese*, S. 617 [625]). Ebenso wenig kommt es auf den subjektiven Willen des Arbeitgebers an; **maßgebend** ist allein der nach **objektiven Kriterien** zu bestimmende konkrete **Regelungsgegenstand**, der einem abstrakten Mitbestimmungtatbestand zugeordnet werden kann.

22 **Nicht überzeugend** ist die Ansicht des *BAG*, im Falle des § 87 Abs. 1 Nr. 3 sei ein **kollektiver Tatbestand** jedenfalls gegeben, wenn ein **zusätzlicher Arbeitskräftebedarf regelmäßig auftrete** und **vorhersehbar** sei (so *BAG* 18.11.1980 EzA § 87 BetrVG 1972 Arbeitszeit Nr. 8 S. 43 *[Klinkhammer]* = AP Nr. 3 zu § 87 BetrVG 1972 Arbeitszeit Bl. 2 R; 02.03.1982 EzA § 87 BetrVG 1972 Arbeitszeit Nr. 11 S. 14 = AP Nr. 6 zu § 87 BetrVG 1972 Arbeitszeit Bl. 2 R; 08.06.1982 EzA § 87 BetrVG 1972 Arbeitszeit Nr. 12 S. 80 f. = AP Nr. 7 zu § 87 BetrVG 1972 Arbeitszeit Bl. 2; 21.12.1982 EzA § 87 BetrVG 1972 Arbeitszeit Nr. 16 S. 108 = AP Nr. 9 zu § 87 BetrVG 1972 Arbeitszeit Bl. 2 R *[Gast]*; 22.02.1983 EzA § 23 BetrVG 1972 Nr. 9 S. 34 *[Rüthers/Henssler]* = AP Nr. 2 zu § 23 BetrVG 1972 Bl. 2 *[von Hoyningen-Huene]*; vgl. auch *Matthes*/MünchArbR § 245 Rn. 16; **a. M.** *Jahnke* Anm. SAE 1983, 145 [146 f.]; *Klinkhammer* Anm. EzA § 87 BetrVG 1972 Arbeitszeit Nr. 8 S. 52; *Marsch-Barner* Anm. DB 1982, 2357 [2358]; *Otto* NZA 1992, 97 [98]; *Raab* ZfA 2001, 31 [50]; *Wank* FS *Wiese*, S. 617 [623]; *Wiese* Anm. SAE 1983, 325 [327]; *ders*. RdA 1995, 355 [357]; *Worzalla/HWGNRH* § 87 Rn. 29 ff.). Die regelmäßige Wiederkehr eines Ereignisses ist schon deshalb kein geeigneter Maßstab zur Abgrenzung kollektiver Tatbestände von Individualmaßnahmen, weil die Mitbestimmung auch bei einem einmaligen Ereignis (Sonderfall) besteht (Rdn. 15). Außerdem kann bei einem einzelnen Arbeitnehmer das gleiche Regelungsbedürfnis – z. B. für Überstunden – regelmäßig auftreten, ohne dass dadurch schon ein kollektiver Tatbestand begründet würde. Ebenso ist die Vorhersehbarkeit eines Ereignisses unerheblich, da z. B. bei der Inanspruchnahme eines Spezialisten auch eine Individualmaßnahme vorhersehbar sein kann. Das *BAG* sollte daher diese Kriterien wieder aufgeben, mit denen letztlich an die überholte Auffassung angeknüpft wird, für die Annahme eines generellen Tatbestandes komme es auf das Zeitmoment an (Rdn. 15).

23 Abzulehnen ist ferner die Auffassung von *Löwisch* (*Galperin/Löwisch* § 87 Rn. 6 ff.; vgl. auch *Lieb/Jacobs* Arbeitsrecht, Rn. 770; *Meisel* Anm. AP Nr. 3 zu § 87 BetrVG 1972 Arbeitszeit Bl. 5 f.; dagegen *Jahnke* Anm. SAE 1983, 145 [146]; *Matthes*/MünchArbR § 242 Rn. 25; *Richardi* § 87 Rn. 28, 339; *Wiese* Anm. SAE 1983, 325 [327]), der zwischen »Regelung« und »Einzelfall« unterscheidet und die Mitbestimmung nach § 87 auf **abstrakte Regelungen** im Gegensatz zur Gestaltung eines oder mehrerer konkreter Arbeitsverhältnisse beschränkt (vgl. auch *Kaiser/LK* § 87 Rn. 2). Abgesehen davon, dass »Einzelfall« und »Regelung« keine Gegensätze sind, weil auch die Neuordnung eines Einzelfalls eine Regelung ist, kommt es **nicht** auf die **Art** der Regelung, **sondern** den **Regelungsgegenstand** an. Die Abstraktheit einer Regelung ist ferner irrelevant, weil eine mehrere Arbeitnehmer betreffende Angelegenheit sowohl durch eine auf abstrakte Merkmale abstellende als auch auf konkrete Arbeitnehmer bezogene Betriebsvereinbarung und schließlich ebenso durch die einzelvertragliche Gestaltung der konkreten Arbeitsverhältnisse geregelt werden kann (vgl. auch *Jahnke* Anm. SAE 1983, 145 [146]; *Raab* ZfA 2001, 31 [42]; *Wank* FS *Wiese*, S. 617 [625]). An dem kollektiven Regelungsgegenstand ändert sich dadurch nichts. Bedenken bestehen auch gegen die Auffassung von *Wank* (FS *Wiese*, S. 617 [626]), der in Anlehnung an die verwaltungsrechtliche Terminologie den kollektiven Tatbestand bei abstrakt-generellen im Gegensatz zu konkret-individuellen Maßnahmen bejaht. Bei der Auswahl eines einzelnen Arbeitnehmers zu Überstunden aus konkretem Anlass aus einer Gruppe von Arbeitnehmern handelt es sich nicht um eine abstrakte Regelung, wohl aber um einen kollektiven Tatbestand (Rdn. 30).

Die Beschränkung auf kollektive Tatbestände entspricht der Konzeption des Gesetzes, nach der die 24
individuellen Interessen einzelner Arbeitnehmer primär nach Maßgabe der §§ 81 ff. Berücksichtigung
finden. Dabei ist dem Betriebsrat lediglich eine Hilfsfunktion zugewiesen worden (§ 81 Abs. 4 Satz 3,
§ 82 Abs. 2 Satz 2, § 83 Abs. 1 Satz 2, § 84 Abs. 1 Satz 2, § 85). Das individuelle Interesse des einzelnen Arbeitnehmers ist insbesondere dadurch gewahrt, dass in den Angelegenheiten, in denen die Mitbestimmung des Betriebsrats auf kollektive Tatbestände beschränkt ist, nach § 85 eine Entscheidung
der Einigungsstelle im Einzelfall erwirkt werden kann (*Franzen* § 85 Rdn. 18 ff.).

Die **Beschränkung** der Mitbestimmung des Betriebsrats auf **kollektive Tatbestände** ist ungeachtet 25
bestimmter Ausnahmen (Rdn. 19) auch **sachgerecht**. Dadurch bleibt die Vertragsfreiheit der Arbeitnehmer in individuellen Angelegenheiten unangetastet (zust. *Jahnke* Tarifautonomie und Mitbestimmung, S. 140; zum Grundsätzlichen *H. Hanau* Individualautonomie und Mitbestimmung in sozialen
Angelegenheiten, 1994; *Heinze* NZA 1997, 1 [5 f.]; *Worzalla/HWGNRH* § 87 Rn. 21; vgl. auch *Löwisch* ZfA 1996, 293 [316 f.]), während bei kollektiven Tatbeständen im Hinblick auf die Theorie der
notwendigen Mitbestimmung (Rdn. 100 ff.) ein umfassender Schutz der betroffenen Arbeitnehmer
durch gleichberechtigte Teilhabe des Betriebsrats gewährleistet ist (zur abweichenden Meinung von
Richardi [§ 87 Rn. 25] Rdn. 115). Bei kollektiven Tatbeständen können im Gegensatz zu Individualvereinbarungen die Interessen der Arbeitnehmer angemessen nur gemeinsam durch den Betriebsrat
wahrgenommen werden, so dass die Unterscheidung sinnvoll ist (*Reuter/Streckel* Grundfragen der betriebsverfassungsrechtlichen Mitbestimmung, S. 24). Schließlich hat sich die schon zu § 56 BetrVG
1952 entwickelte Konzeption insgesamt bewährt und als praktikabel erwiesen. Die Einbeziehung individueller Tatbestände in die Mitbestimmung führt dagegen zur Ablehnung der Theorie der notwendigen Mitbestimmung (Rdn. 115). Im Übrigen ist es zumindest missverständlich, wenn das BAG in
ständiger Rechtsprechung meint, nach der Konzeption des § 87 Abs. 1 Nr. 10 hänge das Mitbestimmungsrecht nicht vom Geltungsgrund der Entgeltleistung, was zutreffend ist, sondern nur vom Vorliegen eines kollektiven Tatbestandes ab (*Wiese/Gutzeit* Rdn. 972 m. N. sowie BAG 14.01.2014 EzA
§ 87 BetrVG 2001 Betriebliche Lohngestaltung Nr. 29 Rn. 15 = AP Nr. 145 zu § 87 BetrVG 1972
Lohngestaltung; 18.03.2014 EzA § 87 BetrVG 2001 Betriebliche Lohngestaltung Nr. 30 Rn. 16 =
AP Nr. 146 zu § 87 BetrVG 1972 Lohngestaltung; 05.05.2015 EzA § 87 BetrVG 2001 Betriebliche
Lohngestaltung Nr. 32 Rn. 15 = AP Nr. 147 zu § 87 BetrVG 1972 Lohngestaltung; 24.01.2017
NZA 2017, 931 Rn. 37. Voraussetzung der Mitbestimmung nach § 87 Abs. 1 Nr. 10 ist zwar das Vorliegen eines kollektiven Tatbestandes, jedoch begründet dieser nicht selbst einen Mitbestimmungstatbestand, sondern setzt diesen voraus (*Wiese/Gutzeit* Rdn. 972).

Schwierigkeiten hat die Frage bereitet, ob ein kollektiver Tatbestand vorliegt, wenn in einer Angelegenheit 26
mehrere Arbeitnehmer betroffen sind, **ohne** dass sie eine **Gruppe** (Rdn. 16) **bilden**. Von
einigen Autoren wurde die Abgrenzung zwischen kollektivem Tatbestand und Einzelfall nur nach abstrakten Unterscheidungsmerkmalen getroffen und ein Mitbestimmungsrecht verneint, wenn mehrere einzelne Arbeitnehmer unabhängig voneinander betroffen sind (*Dietz* § 56 Rn. 18, 21; *G. Hueck*
RdA 1962, 376 [378]; *Kammann/Hess/Schlochauer* § 87 Rn. 10; *Neumann-Duesberg*, S. 353, aber auch
S. 463). Dagegen wurde von der h. M. zu § 56 BetrVG 1952 ein kollektiver Tatbestand selbst dann
angenommen, wenn von der Maßnahme eine größere, d. h. im Verhältnis zur Gesamtzahl nicht unerhebliche Anzahl von Arbeitnehmern erfasst wird (BAG 01.02.1957 AP Nr. 4 zu § 56 BetrVG Bl. 4 R;
31.01.1969 AP Nr. 5 zu § 56 BetrVG Entlohnung Bl. 3 f.; LAG Mainz 16.04.1957 AP Nr. 8 zu § 56
BetrVG Bl. 3; *Galperin/Siebert* vor § 56 Rn. 8 f.; *Küchenhoff* Anm. AP Nr. 2 zu § 56 BetrVG Entlohnung Bl. 7 R unter III 4; *Nikisch* III, S. 369; *Siebert/Hilger* BB 1955, 670; *Strasser* RdA 1956, 448 [449];
vgl. auch *Adomeit* Die Regelungsabrede, S. 62 ff.; *Karakatsanis* Die kollektivrechtliche Gestaltung des
Arbeitsverhältnisses und ihre Grenzen [Diss. München], 1963, S. 34 ff. [40 f.]). Das BAG (31.01.1969
AP Nr. 5 zu § 56 BetrVG Entlohnung Bl. 3 [krit. *Dietz*]) sprach in diesem Fall von einem **quantitativen** im Gegensatz zum qualitativen **Kollektiv** (vgl. auch *Galperin/Siebert* vor § 56 Rn. 8; zust. LAG
Rheinland-Pfalz 11.08.1978 AuR 1979, 315, das ein quantitatives Kollektiv bejaht, wenn mehr als ein
Arbeitnehmer betroffen ist; ferner *Galperin/Löwisch* § 87 Rn. 10; *Löwisch* AuR 1978, 97 [101]).

Das Abstellen auf ein rein **quantitatives Kriterium** ist nach der inzwischen h. M. und nach der hier 27
seit der ersten Bearbeitung (§ 87 Rn. 12) vertretenen Ansicht **abzulehnen** (BAG st. Rspr. 18.11.1980
EzA § 87 BetrVG 1972 Arbeitszeit S. 44 f. [*Klinkhammer*] = AP Nr. 3 zu § 87 BetrVG 1972 Arbeitszeit

Bl. 2 R f. *[Meisel]*; 03.12.1991 GS EzA § 87 BetrVG 1972 Betriebliche Lohngestaltung Nr. 30 S. 29 *[Gaul]* = AP Nr. 51 zu § 87 BetrVG 1972 Lohngestaltung Bl. 11 R; 23.03.1993 EzA § 87 BetrVG 1972 Betriebliche Lohngestaltung Nr. 42 S. 5 = AP Nr. 64 zu § 87 BetrVG 1972 Lohngestaltung Bl. 2; weitere *BAG*-Nachweise 9. Aufl. § 87 Rn. 27; *LAG* Hamburg 16.04.1981 AuR 1982, 229 [230]; *Adomeit* Rechtsquellenfragen im Arbeitsrecht, 1969, S. 12 f.; *Böhm* BB 1974, 372 [373 f.]; *Raab* ZfA 2001, 31 [41]; *Richardi* § 87 Rn. 27, 339; *Rüthers / Germelmann* DB 1969, 2034, 2084 [2085]; *Schlüter* DB 1972, 92 [139, 140]; *Wank* FS *Wiese*, S. 617 [621 f.]).

28 Für die betriebliche Praxis ist es unzumutbar, auf den völlig unbestimmten Maßstab der relativ nicht unerheblichen Anzahl von Arbeitnehmern abzustellen (ebenso *BAG* 03.12.1991 GS EzA § 87 BetrVG 1972 Betriebliche Lohngestaltung Nr. 30 S. 29 *[Gaul]* = AP Nr. 51 zu § 87 BetrVG 1972 Lohngestaltung Bl. 11 R). Vor allem wird das eigentliche Abgrenzungsproblem dadurch eher verdeckt als seine Lösung erleichtert. So ging es in einem vom *LAG* Hannover (14.02.1955, BB 1955, 669) entschiedenen Fall darum, sieben von vierundzwanzig Formerlehrlingen, soweit sie über 18 Jahre alt waren, statt wie bisher in der Frühschicht nunmehr in der Spätschicht einzusetzen. Das *LAG* hatte die Mitbestimmung verneint, weil nur »Einzelmaßnahmen« vorlägen; *Siebert / Hilger* (BB 1955, 670 f.) hatten sie in der Besprechung dieser Entscheidung wegen der im Verhältnis zur gesamten Gruppe nicht unerheblichen Zahl der betroffenen Arbeitnehmer bejaht. Das war im Ergebnis richtig, aber nicht wegen der Anzahl der Arbeitnehmer, sondern weil hinsichtlich sämtlicher in Betracht zu ziehenden Mitglieder der Gruppe darüber entschieden wurde, wer von ihnen in der Spätschicht eingesetzt werden sollte. Auch in dem vom *BAG* (31.01.1969 AP Nr. 5 zu § 56 BetrVG Entlohnung) entschiedenen Fall über die Einführung der bargeldlosen Lohnzahlung ging es um die Regelung eines kollektiven Tatbestandes. Das galt sowohl hinsichtlich der Vorbereitungsmaßnahmen (Bereithalten der Antragsformulare und Werbung) als auch für die Einführung der bargeldlosen Lohnzahlung selbst. Potentiell kamen von vornherein (*Reuter / Streckel* Grundfragen der betriebsverfassungsrechtlichen Mitbestimmung, S. 24 f., gegen *Schlüter* DB 1972, 92 [139, 140]) gleiche Verträge mit sämtlichen Arbeitnehmern des Betriebs in Betracht. Damit bestand ein kollektives Schutzbedürfnis aller Arbeitnehmer durch eine generelle Regelung, nämlich an der Festlegung der Modalitäten für die Lohnüberweisung. Demgegenüber war es gleichgültig, dass den einzelnen Arbeitnehmern die Entscheidung darüber zustand, ob sie eine solche Vereinbarung treffen wollten. Indem der Betriebsrat die Mitbestimmung auf das »Wie« der Lohnüberweisung beschränkte und das »Ob« der freien Vereinbarung überließ, machte er von seinen Befugnissen in geringerem Umfang Gebrauch, als er es an sich gekonnt hätte.

29 Bei dem sogenannten **quantitativen Kollektiv** hat es sich daher um ein **Scheinproblem** gehandelt. Häufig wird, wenn mehrere Arbeitnehmer betroffen sind, ein kollektiver Tatbestand vorliegen; aber es können auch zeitgleich gehäuft auftretende Individualmaßnahmen sein. Deshalb ist es wenig aussagekräftig, wenn das *BAG* meint, die Zahl der betroffenen oder interessierten Arbeitnehmer sei ein Indiz für das Vorliegen eines kollektiven Tatbestandes (st. Rspr. GS 03.12.1991 EzA § 87 BetrVG 1972 Betriebliche Lohngestaltung Nr. 30 S. 29 = AP Nr. 51 zu § 87 BetrVG 1972 Lohngestaltung Bl. 11 R; 22.04.1997 EzA § 87 BetrVG 1972 Betriebliche Lohngestaltung Nr. 60 S. 4 = AP Nr. 88 zu § 87 BetrVG 1972 Lohngestaltung Bl. 2 R; 24.01.2006 EzA § 87 BetrVG 2001 Altersversorgung Nr. 1 Rn. 52 = AP Nr. 15 zu § 3 BetrAVG; weitere *BAG*-Nachweise 9. Aufl. § 87 Rn. 29; krit. auch *Enderlein* ZfA 1997, 313 [372 f.]; *Henssler* Anm. AP Nr. 56 zu § 87 BetrVG 1972 Lohngestaltung Bl. 5 R; *Lieb* Anm. SAE 1993, 114 [116]; *Oetker* Anm. SAE 1993, 360 [362]). Allerdings kann dieser dann vorliegen.

30 Ein kollektiver Tatbestand ist anzunehmen, wenn es um den **internen Interessenausgleich** unter den betroffenen Arbeitnehmern geht. Dies wird besonders deutlich, wenn es um die **Auswahl einzelner Arbeitnehmer aus** einer **Gruppe** geht, weil von der zu treffenden Entscheidung **jedes Mitglied** der Gruppe (positiv oder negativ) **betroffen** ist und die Belange aller Arbeitnehmer dieser Gruppe untereinander und mit den betrieblichen Belangen abzuwägen sind (im Ergebnis wie hier *LAG* Berlin 29.02.1988 LAGE § 95 BetrVG 1972 Nr. 5 S. 2; *Farthmann* RdA 1974, 65 [68]; *Hofe* Betriebliche Mitbestimmung und Humanisierung der Arbeitswelt, S. 132; *Jahnke* Anm. SAE 1983, 145 [146]; a. M. *Meisel* Anm. AP Nr. 3 zu § 87 BetrVG 1972 Arbeitszeit Bl. 5 R; *Wank* FS *Wiese*, S. 617 [623 f.]). Auch insoweit kommt es daher auf das personelle Moment an (Rdn. 16, 18). Hier geht es um die **Auswahlgerechtigkeit**. Unerheblich ist die Zahl der ausgewählten Arbeitnehmer; es kann **auch ein einzelner** sein. Das wird inzwischen auch vom *BAG* (st. Rspr. 03.12.1991 GS EzA § 87 BetrVG

1972 Betriebliche Lohngestaltung Nr. 30 S. 29 *[Gaul]* = AP Nr. 51 zu § 87 BetrVG 1972 Lohngestaltung Bl. 11 R; 22.04.1997 EzA § 87 BetrVG 1972 Betriebliche Lohngestaltung Nr. 60 S. 4 = AP Nr. 88 zu § 87 BetrVG 1972 Lohngestaltung Bl. 2; weitere Nachweise 9. Aufl. § 87 Rn. 30) anerkannt, das in einer früheren Entscheidung (18.11.1980 EzA § 87 BetrVG 1972 Arbeitszeit Nr. 8 S. 42 f. *[Klinkhammer]* = AP Nr. 3 zu § 87 BetrVG 1972 Arbeitszeit Bl. 2 f. *[Meisel]*) gerade diese Konsequenz der von mir vertretenen Auffassung entgegengehalten hatte.

Ein **kollektiver Bezug** ist auch gegeben, wenn darüber zu entscheiden ist, ob und in welchem Umfang ein **zusätzlicher Arbeitsbedarf**, der mit den **vorhandenen Arbeitnehmern nicht bewältigt** werden kann, für die **Zukunft** durch **Überstunden** oder **Neueinstellungen aufgefangen** werden soll und **von wem** gegebenenfalls die **Überstunden** zu **leisten** sind (*BAG* st. Rspr. 11.11.1986 EzA § 87 BetrVG 1972 Arbeitszeit Nr. 21 S. 148 = AP Nr. 21 zu § 87 BetrVG 1972 Arbeitszeit Bl. 2 R; 17.11.1998 EzA § 87 BetrVG 1972 Arbeitszeit Nr. 59 S. 6 = AP Nr. 79 zu § 87 BetrVG 1972 Arbeitszeit Bl. 3; weitere *BAG*-Nachweise 9. Aufl. § 87 Rn. 31). Letztere Regelungsfrage betrifft die Auswahl einzelner Arbeitnehmer aus der jeweiligen Gruppe und schon damit einen kollektiven Tatbestand (Rdn. 30). Aber auch die Grundsatzfrage, ob und in welchem Umfang der zusätzliche Arbeitskräftebedarf durch Überstunden oder Neueinstellungen aufgefangen werden soll, hat einen kollektiven Bezug, weil davon abhängt, ob die für Überstunden in Betracht kommenden Arbeitnehmer dadurch zusätzlich belastet werden oder ob dies durch Neueinstellungen vermieden wird. Diese Entscheidung ist generell und unabhängig von den individuellen Besonderheiten des konkreten Arbeitsverhältnisses zu treffen. Unerheblich ist, ob der zusätzliche Arbeitskräftebedarf regelmäßig auftritt und vorhersehbar ist (Rdn. 22). 31

Besondere Schwierigkeiten hat die Feststellung eines kollektiven Tatbestandes bei der unterschiedlichen **Anrechnung** von **Zulagen** auf eine **Tariflohnerhöhung** mit der Folge einer Änderung bestehender Verteilungsgrundsätze bereitet. Auch dann geht es um einen internen Interessenausgleich der betroffenen Arbeitnehmer, nämlich unter dem Aspekt der **Verteilungsgerechtigkeit** (*Wiese/Gutzeit* Rdn. 927 f.). In allen genannten Fällen ist ein kollektiver Tatbestand immer gegeben, wenn der **Arbeitgeber** entweder ausdrücklich eine **Regel aufstellt** oder nach außen hin bei Einzelvereinbarungen eine den Umständen zu entnehmende **Regel erkennen lässt** (ebenso *BAG* GS 03.12.1991 EzA § 87 BetrVG 1972 Betriebliche Lohngestaltung Nr. 30 S. 30 *[Gaul]* = AP Nr. 51 zu § 87 BetrVG 1972 Lohngestaltung Bl. 12; vgl. auch *Wiese* RdA 1995, 355 [356]). 32

Ein **kollektiver Tatbestand** ist daher nur zu **verneinen**, wenn **ausschließlich die Besonderheiten des konkreten Arbeitsverhältnisses im Hinblick auf gerade den einzelnen Arbeitnehmer betreffende Umstände Maßnahmen erfordern und bei einander ähnlichen Maßnahmen gegenüber mehreren Arbeitnehmern kein innerer Zusammenhang besteht** (vgl. auch Rdn. 17; *BAG* st. Rspr. 24.11.1987 EzA § 87 BetrVG 1972 Betriebliche Lohngestaltung Nr. 17 S. 9 = AP Nr. 31 zu § 87 BetrVG 1972 Lohngestaltung Bl. 4 R; 03.12.1991 GS EzA § 87 BetrVG 1972 Betriebliche Lohngestaltung Nr. 30 S. 28 *[Gaul]* = AP Nr. 51 zu § 87 BetrVG 1972 Lohngestaltung Bl. 11 R; 29.02.2000 EzA § 87 BetrVG 1972 Betriebliche Lohngestaltung Nr. 69 S. 5 = AP Nr. 105 zu § 87 BetrVG 1972 Lohngestaltung Bl. 3; 27.11.1990 EzA § 87 BetrVG 1972 Arbeitszeit Nr. 40 S. 7 = AP Nr. 41 zu § 87 BetrVG 1972 Arbeitszeit Bl. 3 R f.; 24.01.2006 EzA § 87 BetrVG 2001 Altersversorgung Nr. 1 Rn. 52 = AP Nr. 15 zu § 3 BetrAVG; weitere *BAG*-Nachweise 9. Aufl. § 87 Rn. 33; *Fitting* § 87 Rn. 16 f.; *Gamillscheg* II, S. 864; *Kaiser/LK* § 87 Rn. 2). Zur Diskussion de lege ferenda *Bayreuther* ZAAR Schriftenreihe Bd. 5, S. 131 (140 f.); *Wiese* NZA 2006, 1 (9). Wird die Lage der Arbeitszeit einer einzigen im Betrieb tätigen Reinigungskraft im betrieblichen Interesse und nicht wegen persönlicher Bedürfnisse der Arbeitnehmerin geändert, handelt es sich um einen kollektiven Tatbestand, da es insoweit um den Arbeitsplatz geht (Rdn. 16; im Ergebnis ebenso *LAG Hamm* 22.6.2012 juris 2014, Rn. 42 ff.). 33

4. Formelle und materielle Arbeitsbedingungen

Die **h. M. zu § 56 BetrVG 1952 beschränkte** die **notwendige Mitbestimmung** des Betriebsrats auf die **formellen** unter Ausschluss der materiellen **Arbeitsbedingungen** (*BAG* 15.01.1960 AP Nr. 3 zu § 56 Wohlfahrtseinrichtungen Bl. 2; 15.12.1961 AP Nr. 1 zu § 56 BetrVG Arbeitszeit Bl. 2 34

R; 15.12.1961 AP Nr. 2 zu § 56 BetrVG Arbeitszeit Bl. 2 R f.; 07.12.1962 AP Nr. 3 zu § 56 BetrVG Akkord Bl. 4 R f.; 19.04.1963 AP Nr. 2 zu § 56 BetrVG Entlohnung Bl. 4; 22.11.1963 AP Nr. 3 zu § 56 BetrVG Entlohnung Bl. 2 R f.; 18.03.1964 AP Nr. 4 zu § 56 BetrVG Entlohnung Bl. 3 R; 06.12.1963 AP Nr. 6 zu § 56 BetrVG Wohlfahrtseinrichtungen Bl. 2; aus der Literatur *Boewer* DB 1970, 2319 ff.; *Dietz* § 56 Rn. 24 ff.; *Galperin/Siebert* vor § 56 Rn. 18 f.; *Hueck/Nipperdey* II/2, S. 1355 ff. m. w. N.; **a. M.** *Farthmann* RdA 1966, 249 ff.; *Fitting/Kraegeloh/Auffarth* § 56 Rn. 7 f.; *Herschel* AuR 1968, 129 ff.; *ders.* AuR 1969, 65 ff.; zum Ganzen auch *Schmidt-Eriksen* Tarifvertragliche Betriebsnormen [Diss. Hannover], 1992, S. 101 ff.). Über die Terminologie bestand keineswegs Einigkeit. Überwiegend wurde unter formellen Arbeitsbedingungen die betriebliche Ordnung, unter materiellen Arbeitsbedingungen das Verhältnis von arbeitsvertraglicher Leistung und Gegenleistung bzw. alles verstanden, was den Umfang der Leistungspflichten von Arbeitgeber und Arbeitnehmer beeinflusst (*BAG* 15.12.1961 AP Nr. 1 zu § 56 BetrVG Arbeitszeit Bl. 2 R; *Dietz* § 56 Rn. 24, § 59 Rn. 7a; *Galperin/Siebert* vor § 56 Rn. 18, § 57 Rn. 8; hierzu die Bedenken von *Wiese* RdA 1968, 41 [46 f. m. w. N.]). Unter den formellen Arbeitsbedingungen waren die primär auf die generelle Ordnung des Betriebs, unter den materiellen Arbeitsbedingungen die primär auf die Gestaltung des Inhalts der Arbeitsverhältnisse gerichteten Arbeitsbedingungen zu verstehen (*Wiese* RdA 1968, 41 [47]; vgl. auch *Hueck/Nipperdey* II/2, S. 1356 [1357 f., insbesondere S. 1357 Fn. 4]). Letztere sollten der notwendigen Mitbestimmung des Betriebsrats entzogen sein und der Regelung durch Tarifvertrag oder Einzelvertrag bzw. freiwillige Betriebsvereinbarung überlassen bleiben. Zur Begründung wurde u. a. darauf hingewiesen, dass die in § 56 Abs. 1 BetrVG 1952 genannten Angelegenheiten historisch auf die nach § 134a GewO 1891 zu erlassende Arbeitsordnung (Rdn. 174) zurückgingen, deren Gegenstand die Ordnung des Betriebs gewesen sei. Als ausschlaggebend wurde jedoch angesehen, dass eine nach § 56 Abs. 2 i. V. m. § 50 Abs. 4 BetrVG 1952 mögliche Zwangsschlichtung bei materiellen Arbeitsbedingungen mit der in Art. 9 Abs. 3 GG garantierten freiheitlich-sozialen Arbeitsverfassung nicht zu vereinbaren und daher mangels einer entgegenstehenden absolut eindeutigen gesetzgeberischen Wertentscheidung abzulehnen sei (statt aller *Hueck/Nipperdey* II/2, S. 1359).

35 Der Katalog des § 87 Abs. 1 betrifft wie bisher vor allem Angelegenheiten, die sich auf die generelle Ordnung des Betriebs beziehen und formelle Arbeitsbedingungen i. S. d. herkömmlichen Terminologie sind. Einbezogen wurden jedoch auch sog. **materielle Arbeitsbedingungen**. Das gilt zunächst für die **vorübergehende Verkürzung** oder **Verlängerung** der **betriebsüblichen Arbeitszeit** (§ 87 Abs. 1 Nr. 3, vor § 87 Rdn. 17 ff., *Wiese/Gutzeit* Rdn. 374), vor allem aber für die Mitbestimmung hinsichtlich der **Geldfaktoren** bei Festsetzung der **Akkord-** und **Prämiensätze** sowie **vergleichbarer leistungsbezogener Entgelte** (§ 87 Abs. 1 Nr. 11, *Wiese/Gutzeit* Rdn. 1027 ff.).

36 Die Mitbestimmung bei der **Zuweisung** und **Kündigung** von **Wohnräumen** (§ 87 Abs. 1 Nr. 9) gehört nur in einem weiteren Sinne hierher. Sie bezieht sich weder auf die generelle Ordnung des Betriebs noch den Inhalt des Arbeitsverhältnisses. Von § 87 Abs. 1 Nr. 9 werden nur Wohnräume erfasst, die zwar mit Rücksicht auf das Bestehen eines Arbeitsverhältnisses vermietet werden, aber Gegenstand eines besonderen Mietvertrags sind (Werkmietwohnungen), nicht aber Werkdienstwohnungen, die der Arbeitnehmer aufgrund des Arbeitsvertrags überlassen erhält (*Wiese/Gutzeit* Rdn. 793 ff.). Das Arbeitsentgelt kann allerdings durch die Höhe der Miete beeinflusst werden. Die Mitbestimmung nach § 87 Abs. 1 Nr. 9 betrifft einen Bereich, der die Interessen der Arbeitnehmer besonders berührt, aber ebenso wie die Mitbestimmung nach § 87 Abs. 1 Nr. 8 die Zuständigkeit des Betriebsrats über die formellen und materiellen Arbeitsbedingungen im eigentlichen Sinne hinaus erweitert (vgl. auch *Hueck/Nipperdey* II/2, S. 1353 f.). Wenn das *BAG* (13.03.1973 EzA § 87 BetrVG 1972 Werkswohnung Nr. 2 S. 10 f. = AP Nr. 1 zu § 87 BetrVG 1972 Werkmietwohnungen Bl. 3 f. *[Richardi]*; ebenso *LAG Hamm* 21.09.1972 EzA § 87 BetrVG 1972 Werkwohnung Nr. 1 S. 4) das Begriffspaar verwendet, um zu verdeutlichen, dass die Mitbestimmung des Betriebsrats bei der allgemeinen Festlegung der Nutzungsbedingungen nach § 87 Abs. 1 Nr. 9 sich nicht nur auf formelle Fragen, sondern im Rahmen der vorgegebenen finanziellen Dotierung auch auf die Grundsätze für die Mietzinsbildung bezieht, handelt es sich nicht um das gleiche Problem. Insoweit geht es darum, ob die Grundsätze der Mietzinsbildung zur mitbestimmungsfreien Dotierung (*Wiese/Gutzeit* Rdn. 821 ff.), d. h. zu dem Bereich gehören, der die Begründung finanzieller Leistungen des Arbeitgebers außerhalb arbeitsvertraglicher Pflichten betrifft. Nur mittelbar kann davon das einzelne Arbeitsverhältnis berührt werden.

Beide Fragen sind daher zu unterscheiden (vgl. auch schon *BAG* 15.01.1960 AP Nr. 3 zu § 56 BetrVG Wohlfahrtseinrichtungen Bl. 1 R).

Allgemein gilt, dass ungeachtet der Unterscheidung von formellen und materiellen Arbeitsbedingungen die **Mitbestimmung** nach **§ 87 nicht** dazu dient, die **Verpflichtung** des **Arbeitgebers** zu **vermögenswerten (materiellen) Leistungen** zu **begründen** (hierzu und zum Folgenden auch *Starck* Leistungspflichten und betriebliche Mitbestimmung, S. 25 ff.). Daher ist der Arbeitgeber trotz § 87 Abs. 1 Nr. 8 in seiner Entscheidung frei, ob er eine Sozialeinrichtung schaffen und wie er sie dotieren will (*Wiese/Gutzeit* Rdn. 734 ff.). Entsprechendes gilt im Rahmen der Mitbestimmung nach § 87 Abs. 1 Nr. 9 für die Schaffung von Werkwohnungen und die hierfür zur Verfügung zu stellenden finanziellen Mittel (*Wiese/Gutzeit* Rdn. 805). Ebenso wenig kann der Arbeitgeber mangels einer ohnehin bestehenden rechtlichen Verpflichtung gezwungen werden, für ein betriebliches Vorschlagswesen finanzielle Mittel aufzubringen (*Wiese/Gutzeit* Rdn. 1056 ff.). 37

Wie die Interpretation des § 87 ergibt, bezieht sich die Mitbestimmung außer in den Fällen des § 87 Abs. 1 Nr. 3 und 11 (Rdn. 35) **nicht** auf den **Umfang** der **Hauptleistungspflichten** des Arbeitnehmers bzw. Arbeitgebers. So ist nach § 87 Abs. 1 Nr. 2 nicht die Dauer der Arbeitszeit (*Wiese/Gutzeit* Rdn. 284 ff.) und nach § 87 Abs. 1 Nr. 10 nicht die Höhe des Arbeitsentgelts mitbestimmungspflichtig (*Wiese/Gutzeit* Rdn. 837 ff., vgl. auch *Wiese/Gutzeit* Rdn. 295; zu Ansprüchen auf Altersversorgung *Wiese/Gutzeit* Rdn. 874 ff.). Darüber besteht im Wesentlichen Einigkeit. 38

Richtiger Ansicht nach können nach § 87 aber auch **keine zusätzlichen Nebenleistungspflichten** selbständig begründet werden (zum Ganzen *Wiese* FS *Richardi*, 2007, S. 817 ff.; *ders.* FS *Kreutz*, 2010, S. 499 [510 ff.]). Der Betriebsrat hat nur über die in dieser Vorschrift bezeichneten Angelegenheiten mitzubestimmen. Diese sind entweder allgemein oder für einen Sonderfall (Rdn. 15) zu regeln. Eine Mitbestimmung über die dabei anfallenden **Kosten** ist dem Gesetz nicht zu entnehmen. Diese **trägt** daher mangels abweichender gesetzlicher, tariflicher oder arbeitsvertraglicher Regelungen **derjenige, in dessen Sphäre sie anfallen** (zust. *BAG* 01.12.1992 EzA § 87 BetrVG Betriebliche Ordnung Nr. 20 S. 5 *[von Hoyningen-Huene]* = AP Nr. 20 zu § 87 BetrVG 1972 Ordnung des Betriebes Bl. 2 R; 11.07.2000 EzA § 87 BetrVG 1972 Sozialeinrichtung Nr. 17 S. 5 = AP Nr. 16 zu § 87 BetrVG 1972 Sozialeinrichtung Nr. 16 Bl. 2 R; auch Rdn. 145, *Wiese/Gutzeit* Rdn. 652; *Richardi* Anm. AP Nr. 1 zu § 87 BetrVG 1972 Werkmietwohnungen Bl. 6 R f.). Das ist grundsätzlich der Arbeitgeber, der für alle Kosten aufzukommen hat, die durch eine unter Mitbestimmung des Betriebsrats zustande gekommene Änderung der betrieblichen Verhältnisse verursacht werden (zust. *BAG* 01.12.1992 EzA § 87 BetrVG Betriebliche Ordnung Nr. 20 S. 5 *[von Hoyningen Huene]* = AP Nr. 20 zu § 87 BetrVG 1972 Ordnung des Betriebes Bl. 2 R; ferner *BAG* 28.04.1981 AP Nr. 1 zu § 87 BetrVG 1972 Vorschlagswesen Bl. 4 hinsichtlich der durch die Mitbestimmung des Betriebsrats verursachten Verwaltungs- und Organisationskosten; *Galperin/Löwisch* § 87 Rn. 5). Es würde jedoch dem System des § 87 widersprechen, zusätzliche Nebenleistungspflichten des Arbeitgebers der notwendigen Mitbestimmung zu unterwerfen, soweit sie nicht die zwangsläufige Folge der getroffenen Regelung sind. 39

Die gegenteilige Auffassung bedeutet nur scheinbar ein Entgegenkommen zugunsten der Arbeitnehmer. Sollte nach § 87 Abs. 1 überhaupt die Begründung zusätzlicher Nebenleistungspflichten zulässig sein, wäre das prinzipiell zu Lasten beider Seiten möglich. Es müsste dann nach § 76 Abs. 5 Satz 3 eine Abwägung der betrieblichen und der Arbeitnehmerbelange erfolgen. Es könnten also auch die Arbeitnehmer an Kosten beteiligt werden, die sich aus Regelungen im Rahmen des § 87 Abs. 1 ergeben, oder es könnten sogar zusätzliche Leistungspflichten begründet werden, die im Zusammenhang mit derartigen Regelungen stehen. Das wäre eine Fehlentwicklung. Die anfallenden Kosten sind daher nur bei der Interessenabwägung für die in Aussicht genommene Regelung (§ 76 Abs. 5 Satz 3) von Bedeutung (in anderem Zusammenhang *Föhr* AuR 1975, 353 [358 f.]). 40

Die abgelehnte Auffassung lässt sich auch nicht mit dem Schlagwort der »**materiellen Annexbedingungen**« begründen; schon gar nicht ist dem Gesetz eine Vermutung für diese Erweiterung der Mitbestimmung zu entnehmen (so aber *Hanau* RdA 1973, 281 [283]; *Hanau/Reitze* FS *Wiese*, 1998, S. 149 [150 ff.]; zust. *BAG* 08.03.1977 EzA § 87 BetrVG 1972 Lohn u. Arbeitsentgelt Nr. 6 S. 58 *[Klinkhammer]* = AP Nr. 1 zu § 87 BetrVG 1972 Auszahlung Bl. 2 R *[Wiedemann/Moll]*; vgl. auch *LAG* Berlin-Brandenburg 23.06.2008 juris, Rn. 26; *Galperin/Löwisch* § 87 Rn. 5, 64, 123, 159; *Gester/* 41

Isenhardt RdA 1974, 80 [84]; *Kammann/Hess/Schlochauer* § 87 Rn. 21, 49, 93, 130; *Klebe/DKKW* § 87 Rn. 3; *Matthes*/MünchArbR § 242 Rn. 4 f.; *Reuter* RdA 1981, 201 [207]; *W. Schneider* BlStSozArbR 1977, 196 [198]; **dagegen** Bedenken von *Bender/WPK* § 87 Rn. 12; *Binkert* ArbN 1977, 465; *Blomeyer* Anm. EzA § 87 BetrVG 1972 Lohn u. Arbeitsentgelt Nr. 1 S. 13; *ders.* Die Finanzierung der Mitbestimmung durch den Arbeitgeber, in: *Steinmann/Gäfgen/Blomeyer* Die Kosten der Mitbestimmung, 1981, S. 69 [124 ff.] – vgl. aber auch *dens.* ZfA 1975, 243 [293]; *Klinkhammer* Anm. EzA § 87 BetrVG 1972 Lohn u. Arbeitsentgelt Nr. 6 S. 65; *Mengel* DB 1982, 43 [44, 45]; *Peterek* SAE 1978, 142 [143]; *Pohl* Mitbestimmung des Betriebsrats gemäß § 87 Abs. 1 Nr. 1 BetrVG, S. 147 ff.; *Richardi* § 87 Rn. 38 f.; *ders.* Anm. AP Nr. 1 zu § 87 BetrVG 1972 Werkmietwohnungen Bl. 7 f.; *Starck* Leistungspflichten und betriebliche Mitbestimmung, S. 39 ff.; *Wiese* FS *Richardi,* 2007, S. 817 [836 ff.]; *Worzalla/HWGNRH* § 87 Rn. 11; krit. *Kreutz* Grenzen der Betriebsautonomie, S. 215 ff.; grundsätzlich ablehnend, insbesondere gegen eine Übertragung von Prinzipien des Staatsorganisationsrechts *ders.* RdA 2013, 176 [179 f.]). Die sinnvolle Ordnung einer Angelegenheit ist auch durch Auslegung des Mitbestimmungstatbestandes zu erreichen, ohne dass es des diffusen Begriffs der Annexregelungen bedarf; dadurch wird nicht nur der Gegenstand der mitbestimmungspflichtigen Angelegenheit näher bestimmt (so aber *Fitting* § 87 Rn. 61), wie die abzulehnende Rechtsprechung des *BAG* zu den Kontoführungskosten beweist (*Wiese/Gutzeit* Rdn. 456 ff.). Zum Ganzen *Gaude* Annexbedingungen und Koppelungsgeschäfte, S. 50 ff. gegen die Erweiterung der Mitbestimmung auf materielle und formelle Annexbedingungen; *B. K. Posselt* Annexkompetenzen im Betriebsverfassungsrecht (Diss. München), 2006, die zwar den Begriff »materielle Annexregelung« ablehnt (S. 116, 207), aber in Anknüpfung an das öffentliche Recht und das amerikanische Recht im Grundsatz Annexkompetenzen im gesamten Betriebsverfassungsrecht bejaht, allerdings bei den Kostenfragen gerade verneint (S. 117 ff., insbesondere S. 122, 123, 125, 126, 128, 139, 143, 150, 151, 155, 163 ff., 179, 180 f., 182 f., 208) und auf den Abschluss einer freiwilligen Betriebsvereinbarung verweist (S. 122, 164, 166).

42 Entgegen der Annahme von *Hanau* (RdA 1973, 281 [283]; vgl. auch *dens.* Anm. AP Nr. 1 zu § 87 BetrVG 1972 Arbeitssicherheit Bl. 5 R) kann in den Angelegenheiten des § 87 Abs. 1 sehr wohl zwischen deren Regelung einerseits sowie den dabei anfallenden Kosten und der Begründung zusätzlicher Leistungspflichten andererseits unterschieden werden. Zutreffend ist nur, dass die Einigungsstelle bei ihrer Entscheidung alle Umstände, also auch die Kostenseite, berücksichtigen muss (Rdn. 40; *Hanau* RdA 1973, 281 [283]). Jedoch kann daraus nicht auf die Befugnis der Einigungsstelle geschlossen werden, hierüber eine selbstständige Entscheidung zu treffen und unabhängig von der Regelung als solcher zusätzliche Leistungspflichten zu begründen. Ein »enger sachlicher Zusammenhang« der Angelegenheiten des § 87 mit den »materiellen (finanziellen) Folgeregelungen« hat daher für die Mitbestimmung nach § 87 nur in dem Sinne Bedeutung, dass durch die Regelung einer Angelegenheit mittelbar über die Folgekosten zu Lasten desjenigen mitentschieden wird, in dessen Sphäre sie anfallen (Rdn. 39; das hat mit der Sphärentheorie nichts zu tun, irrig *Gaude* Annexbedingungen und Koppelungsgeschäfte, S. 75 f.). Würde man außer in den Fällen des § 87 Abs. 1 Nr. 3 und 11, in denen die Gestaltung des Arbeitsverhältnisses durch Begründung von Leistungspflichten unmittelbar Gegenstand der Mitbestimmung ist, in allen Angelegenheiten des § 87 hinsichtlich der Folgekosten die Mitbestimmung bejahen, würde diese Vorschrift zu einem Einfallstor für die Begründung unübersehbarer zusätzlicher Leistungspflichten für Arbeitgeber und Arbeitnehmer (zust. *Worzalla/HWGNRH* § 87 Rn. 11). Eine so weitreichende Entscheidung kann allein der Gesetzgeber treffen. Für die Annahme, er habe dies tun wollen, ist weder dem Gesetz noch den Materialien ein Anhalt zu entnehmen. Für die Rechtsfortbildung ermangelt es eines unabweisbaren Bedürfnisses.

43 Wie die Interpretation der einzelnen Mitbestimmungstatbestände ergibt, kann z. B. nach § 87 Abs. 1 Nr. 1 kein Anspruch auf die persönliche Nutzung der Betriebsmittel (Rdn. 195) oder eine Kostentragungspflicht des Arbeitgebers im Zusammenhang mit zulässigen Bekleidungsregelungen begründet werden (Rdn. 219). Nach § 87 Abs. 1 Nr. 4 können dem Arbeitgeber nicht die Kontogebühren auferlegt werden (*Wiese/Gutzeit* Rdn. 456 ff.), nach § 87 Abs. 1 Nr. 5 nicht ein Anspruch auf zusätzlichen Urlaub, zusätzliches Urlaubsentgelt oder Urlaubsgeld begründet (*Wiese/Gutzeit* Rdn. 470 f.) oder nach § 87 Abs. 1 Nr. 7 über die Kostentragungspflicht hinsichtlich der Schutzkleidung und anderer Schutzausrüstungen gesondert entschieden werden (*Gutzeit* Rdn. 652 f.). Zur Unzulässigkeit einer Betriebsvereinbarung, nach der als Ausgleich für eine tariflich vereinbarte, im Betrieb nicht durchgeführte wöchentliche Arbeitszeitverkürzung den Arbeitnehmern gewährte bezahlte freie Tage ent-

schädigungslos bei Krankheit der Arbeitnehmer entfallen, *LAG Düsseldorf* 13.12.1989 LAGE § 4 TVG Metallindustrie Nr. 18 S. 9.

Insgesamt zeigt § 87 ein differenziertes Bild. Richtig ist aber, dass **Gegenstand** der **notwendigen Mit-** 44 **bestimmung nicht nur formelle Arbeitsbedingungen** sind. Es bedarf vielmehr für jede der in § 87 Abs. 1 Nr. 1 bis 13 aufgeführten Angelegenheiten der Ermittlung ihres Anwendungsbereichs, ohne dass dabei die Beschränkung auf formelle Arbeitsbedingungen als Auslegungsgrundsatz Anwendung fände (*BAG* 13.03.1973 EzA § 87 BetrVG 1972 Werkswohnung Nr. 2 S. 11 = AP Nr. 1 zu § 87 BetrVG 1972 Werkmietwohnungen Bl. 3 f. *[Richardi]* = SAE 1973, 229 *[Bötticher]*; 05.03.1974 EzA § 87 BetrVG 1972 Nr. 3 S. 12 *[Herschel]* = AP Nr. 1 zu § 87 BetrVG 1972 Kurzarbeit Bl. 2 R *[Wiese]* = SAE 1974, 201 *[Bötticher]*; 12.06.1975 EzA § 87 BetrVG 1972 Lohn u. Arbeitsentgelt Nr. 4 S. 28 *[Birk]* = AP Nr. 1 zu § 87 BetrVG 1972 Altersversorgung Bl. 3 *[Richardi]* = SAE 1976, 37 *[Kraft]*; 08.03.1977 EzA § 87 BetrVG 1972 Lohn u. Arbeitsentgelt Nr. 6 S. 59 f. *[Klinkhammer]* = AP Nr. 1 zu § 87 BetrVG 1972 Auszahlung Bl. 3 *[Wiedemann/Moll]* = SAE 1978, 139 *[Peterek]*; *LAG Düsseldorf* 13.12.1973 EzA § 76 BetrVG 1972 Nr. 3 S. 24; *Farthmann* RdA 1974, 65 [66 f.]; *Fitting* § 87 Rn. 20; *Galperin/Löwisch* § 87 Rn. 2 ff.; *Gester/Isenhardt* RdA 1974, 80 [83]; *Hanau* RdA 1973, 281 [282]; *Klebe/DKKW* § 87 Rn. 24; *Kreutz* Grenzen der Betriebsautonomie, S. 216; *Lieb* ZfA 1978, 179 [184 f.]; *Richardi* § 87 Rn. 34 ff.; *Schmidt-Eriksen* Tarifvertragliche Betriebsnormen [Diss. Hannover], 1992, S. 219 ff.; *Stege/Weinspach/Schiefer* § 87 Rn. 14 ff.; *Wiese* Initiativrecht, S. 35 f.; *Worzalla/HWGNRH* § 87 Rn. 14; einschränkend *Loritz/ZLH* Arbeitsrecht, § 51 Rn. 66; ferner Angaben zu § 87 Abs. 1 Nr. 3 und 11). Allerdings handelt es sich, wie die Interpretation des § 87 Abs. 1 Nr. 1 bis 13 ergibt, in den Angelegenheiten der Nr. 3 und 11 um Ausnahmen. Die Mitbestimmung bei der vorübergehenden Verkürzung oder Verlängerung der betriebsüblichen Arbeitszeit ist gerechtfertigt, weil die in der Regel kurzfristig notwendigen Entscheidungen darüber zweckmäßigerweise betriebsnah durch Arbeitgeber und Betriebsrat anstatt durch die Tarifpartner getroffen werden (vor § 87 Rdn. 21 f., *Wiese/Gutzeit* § 87 Rdn. 375). Im Falle des § 87 Abs. 1 Nr. 11 lässt sich die Mitbestimmung wegen der engen sachlichen Verzahnung formeller und materieller Arbeitsbedingungen rechtfertigen (*Wiese/Gutzeit* Rdn. 1027 ff.).

Durch die Aufnahme materieller Arbeitsbedingungen in den Katalog des § 87 Abs. 1 wird die **frei-** 45 **heitlich-soziale Arbeitsverfassung nicht angetastet**. Die durch Art. 9 Abs. 3 GG geschützten koalitionsspezifischen Verhaltensweisen (*BVerfG* 14.11.1995 E 93, 352 [358 ff.] = EzA Art. 9 GG Nr. 60 S. 5 ff. *[Thüsing]* = AP Nr. 80 zu Art. 9 GG Bl. 2 R f.) werden wegen des Vorrangs des Tarifvertrags nach § 77 Abs. 3 und des Tarifvorbehalts nach § 87 Abs. 1 nicht beeinträchtigt. Die Eigentumsgarantie wird nicht verletzt, weil Inhalt und Schranken des Eigentums durch die Gesetze bestimmt werden (Art. 14 Abs. 1 Satz 2 GG). Außerdem unterliegt das Eigentum der Sozialbindung nach Art. 14 Abs. 2 GG. Selbst die Auferlegung von Geldleistungspflichten ist mit dem Grundgesetz vereinbar, sofern sie nicht den Pflichtigen übermäßig belasten und seine Vermögensverhältnisse so grundlegend beeinträchtigen, dass sie eine erdrosselnde Wirkung haben (*BVerfG* st. Rspr., so etwa 24.07.1962 E 14, 212 [241]; 08.04.1997 E 95, 267 [300]; vgl. auch Einl. Rdn. 57). Davon kann aber in den genannten Fällen keine Rede sein. Auch die Beschränkung der unternehmerischen Freiheit (Art. 2 Abs. 1, Art. 12 Abs. 1 GG) ist zulässig, weil der Staat aufgrund seines Sozialgestaltungsauftrags (Art. 20 Abs. 1, Art. 28 Abs. 1 GG) die notwendigen Schutzmaßnahmen zugunsten des sozial Schwächeren ergreifen darf (*Nipperdey/Wiese* Freie Entfaltung der Persönlichkeit, Handbuch der Grundrechte IV/2, 1962, S. 741 [805 ff.]; zur Legitimation Einl. Rdn. 50 f., vor § 87 Rdn. 16). Es ist nicht ersichtlich, dass der Gesetzgeber in den hier in Frage stehenden Angelegenheiten den Grundsatz der Verhältnismäßigkeit oder Art. 19 Abs. 2 GG missachtet hätte. In allen diesen Fällen sprechen gewichtige Gründe für die Mitbestimmung des Betriebsrats. Deshalb ist auch die notfalls zwangsweise Ersetzung der Einigung von Arbeitgeber und Betriebsrat durch den Spruch der Einigungsstelle im Hinblick auf das innerbetriebliche Arbeitskampfverbot (§ 74 Abs. 2 Satz 1) unbedenklich (*Dütz* DB 1972, 383 [391]).

Insgesamt sind die in § 87 Abs. 1 Nr. 3 und 11 normierten Angelegenheiten, soweit sie materielle Ar- 46 beitsbedingungen zum Gegenstand haben, **nicht verfassungswidrig** (vor § 87 Rdn. 20; *BAG* 05.03.1974 EzA § 87 BetrVG 1972 Nr. 3 S. 12 f. *[Herschel]* = AP Nr. 1 zu § 87 BetrVG 1972 Kurzarbeit Bl. 2 R f. *[Wiese]* = SAE 1974, 201 *[Bötticher]*; 29.03.1977 EzA § 87 BetrVG 1972 Leistungslohn Nr. 2 S. 27 f. *[Löwisch]* = AP Nr. 1 zu § 87 BetrVG 1972 Provision Bl. 4 R f. *[Schulze-Osterloh]*; 16.12.1986 EzA § 87 BetrVG 1972 Leistungslohn Nr. 14 S. 163 f. *[Gaul]* = AP Nr. 8 zu § 87 BetrVG

1972 Prämie Bl. 3 R *[Linnenkohl/Rauschenberg/Schütz]*; *LAG Düsseldorf/Köln* 17.07.1973 EzA § 87 BetrVG 1972 Initiativrecht Nr. 1 S. 12 f. *[Rüthers]*; *Badura* WiR 1974, 1 [24 f.]; *Dütz* DB 1972, 383 [390 f.]; *Fitting* § 87 Rn. 21; *Gamillscheg* II, S. 863; *Jene* Kurzarbeit und betriebliche Mitbestimmung, S. 80 ff.; *Moll* Die Mitbestimmung des Betriebsrats beim Entgelt [Diss. Köln], 1977, S. 46; *ders.* BlStSozArbR 1977, 177 ff.; *Reuter/Streckel* Grundfragen der betriebsverfassungsrechtlichen Mitbestimmung, S. 66 ff.; *Richardi* § 87 Rn. 40, 877; *Simitis/Weiss* DB 1973, 1240 [1245 f.]; *Worzalla/HWGNRH* § 87 Rn. 17, aber auch Rn. 86; **a. M.** *Erdmann/Jürging/Kammann* § 87 Rn. 7 f., 47, 120, 125, 131 m. w. N. aus der Diskussion während des Gesetzgebungsverfahrens; *Kammann/Hess/Schlochauer* § 77 Rn. 73, § 87 Rn. 218; vgl. auch *Säcker* ZfA 1972, Sonderheft S. 41 [49 ff.]). Entsprechendes gilt aus den gleichen Erwägungen hinsichtlich der allgemeinen Festsetzung der Grundsätze für die Mietzinsbildung im Rahmen der vorgegebenen finanziellen Dotierung (*BAG* 13.03.1973 EzA § 87 BetrVG 1972 Werkswohnung Nr. 2 S. 12 ff. = AP Nr. 1 zu § 87 BetrVG 1972 Werkmietwohnungen Bl. 3 R ff. *[Richardi]*; *Hiersemann* BB 1973, 850 [851]; **a. M.** *Erdmann/Jürging/Kammann* § 87 Rn. 111; *Giese* BB 1973, 198 [200]). Im Übrigen ist darauf hinzuweisen, dass die Unterscheidung von formellen und materiellen Arbeitsbedingungen ungeachtet der verfehlten Terminologie nach wie vor für die Reichweite des § 77 Abs. 3 von Bedeutung ist (zum Streitstand, aber **a. M.** *Kreutz* § 77 Rdn. 93 ff.).

III. Grenzen der notwendigen Mitbestimmung

1. Überblick

47 Die nach § 87 Abs. 1 Nr. 1 bis 13 bestehende notwendige Mitbestimmung unterliegt den **allgemeinen**, insbesondere nach § 75 und den Grundwertungen der Gesamtrechtsordnung bestehenden **Schranken** jeder Regelungsmacht der Betriebspartner (*Kreutz* § 77 Rdn. 329 ff.). Zur Zulässigkeit **ablösender Betriebsvereinbarungen** *Kreutz* § 77 Rdn. 282 ff. Außerdem sind **spezielle Schranken** zu berücksichtigen. Nach dem **Eingangssatz** des **§ 87 Abs. 1** hat der Betriebsrat nur mitzubestimmen, soweit keine gesetzliche oder tarifliche Regelung besteht (Rdn. 54 ff.). Ferner können nach **§ 77 Abs. 3** Arbeitsentgelte und sonstige Arbeitsbedingungen, die durch Tarifvertrag geregelt sind oder üblicherweise geregelt werden, nicht Gegenstand einer Betriebsvereinbarung sein, wenn nicht ein Tarifvertrag den Abschluss ergänzender Betriebsvereinbarungen ausdrücklich zulässt (*Kreutz* § 77 Rdn. 107 ff.). Der Zweck dieser Vorschrift besteht darin, durch die Einräumung der Kompetenz zur Schaffung eines Normsetzungsmonopols die Funktionsfähigkeit der Koalitionen zu gewährleisten (*Wiese* RdA 1968, 41 [43] m. w. N.; ähnlich *BAG* 24.02.1987 EzA § 87 BetrVG 1972 Nr. 10 S. 77 *[Gaul]* = AP Nr. 21 zu § 77 BetrVG 1972 Bl. 4 R *[Richardi]*; 09.04.1991 EzA § 77 BetrVG 1972 Nr. 39 S. 4 f. *[Schulin]* = AP Nr. 1 zu § 77 BetrVG 1972 Tarifvorbehalt Bl. 2 R f.; 03.12.1991 GS EzA § 87 BetrVG 1972 Betriebliche Lohngestaltung Nr. 30 S. 12 f. *[Gaul]* = AP Nr. 51 zu § 87 BetrVG 1972 Lohngestaltung Bl. 5 m. w. N.), während der Gesetzes- und Tarifvorbehalt des § 87 Abs. 1 einen Mindestschutz für die Arbeitnehmer gewährleisten soll (Rdn. 56). Zum Ganzen eingehend *Fischer* Die tarifwidrigen Betriebsvereinbarungen (Diss. Konstanz), 1998, insbesondere S. 159 ff.

48 Wegen dieser unterschiedlichen Funktion beider Vorschriften ist aufgrund der systematischen Stellung des § 77 Abs. 3 in den allgemeinen Vorschriften des Vierten Teils des Gesetzes und mangels einer seinem Wortlaut oder der Entstehungsgeschichte zu entnehmenden Einschränkung davon auszugehen, dass **§ 77 Abs. 3 auch im Anwendungsbereich des § 87 Abs. 1 gilt** – sog. **Zweischrankentheorie** – (so die früher h. M.; *BAG* 14.11.1972 AP Nr. 1 zu § 87 BetrVG 1972 Bl. 2 R *[Richardi]*; 27.07.1977 AfP 1977, 388 [389]; offen gelassen 05.03.1974 EzA § 87 BetrVG 1972 Nr. 3 S. 16 f. *[Herschel]* = AP Nr. 1 zu § 87 BetrVG 1972 Kurzarbeit Bl. 4 R *[Wiese]*; 13.07.1977 EzA § 87 BetrVG 1972 Arbeitszeit Nr. 3 S. 6 = AP Nr. 2 zu § 87 BetrVG 1972 Kurzarbeit Bl. 4 R *[Löwisch]*; 13.09.1983 EzA § 87 BetrVG 1972 Leistungslohn Nr. 8 S. 177 *[Löwisch/Reimann]* = AP Nr. 3 zu § 87 BetrVG 1972 Prämie Bl. 5 R *[Hanau]*; 29.03.1977 EzA § 87 BetrVG 1972 Leistungslohn Nr. 2 S. 24 *[Löwisch]* = AP Nr. 1 zu § 87 BetrVG 1972 Provision Bl. 3 R *[Schulze-Osterloh]*; 22.01.1980 EzA § 87 BetrVG 1972 Lohn u. Arbeitsentgelt Nr. 11 S. 86 = AP Nr. 3 zu § 87 BetrVG 1972 Lohngestaltung Bl. 5 R; 31.01.1984 EzA § 87 BetrVG 1972 Betriebliche Lohngestaltung Nr. 7 S. 66 = AP Nr. 3 zu § 87 BetrVG 1972 Tarifvorrang Bl. 4 *[Wiedemann]*; 17.12.1985 EzA § 87 BetrVG 1972 Betriebliche Lohngestaltung Nr. 11 S. 103 = AP Nr. 5 zu § 87 BetrVG 1972 Tarifvorrang Bl. 2 R *[Kraft]*; 27.01.1987

EzA § 99 BetrVG 1972 Nr. 55 S. 308 = AP Nr. 42 zu § 99 BetrVG 1972 Bl. 7 *[Zängl]*; *LAG Baden-Württemberg/Freiburg* 29.06.1973 DB 1973, 1952; *LAG Berlin* 15.06.1977 EzA § 87 BetrVG 1972 Nr. 6 S. 33 ff.; *LAG Hamm* 25.07.1986 LAGE § 242 BGB Betriebliche Übung Nr. 2 S. 12; *LAG Rheinland-Pfalz* 08.08.1975 DB 1975, 1996; *BVerwG* 23.12.1982 DB 1983, 1877; *Boewer* DB 1973, 522 [526]; *Conze* DB 1978, 490 [492]; *Dietz/Richardi* 5. Aufl. 1982, § 77 Rn. 178 ff., § 87 Rn. 132; *Fitting/Auffarth/Kaiser/Heither* 15. Aufl. 1987, § 77 Rn. 50, 52, 61, § 87 Rn. 7; *Galperin/Löwisch* § 77 Rn. 76, § 87 Rn. 57; *Hanau* BB 1972, 499; *ders.* RdA 1973, 281 [283 f.]; *ders.* BB 1977, 350; *Haug* BB 1986, 1921 [1923 ff.]; *Hess/Schlochauer/Glaubitz* 3. Aufl. 1986, § 77 Rn. 74, § 87 Rn. 61; *Jahnke* Tarifautonomie und Mitbestimmung, S. 167 ff.; *Kirchner* BB 1972, 1279 [1281]; *Konzen* BB 1977, 1307 [1312]; *Kreutz* Grenzen der Betriebsautonomie, S. 220 f.; *Löwisch* AuR 1978, 97 [106]; *Moll* Der Tarifvorrang im Betriebsverfassungsgesetz, S. 34 ff.; *Richardi* ZfA 1976, 1 [2 ff.]; *Rüthers* ZfA 1973, 399 [417]; *von Stebut* RdA 1974, 332 [339 f.]; *Wiedemann/Stumpf* TVG, 5. Aufl. 1977, § 4 Rn. 277 ff.; *Wiese* 25 Jahre Bundesarbeitsgericht, S. 661 [664 f.]; *Zöllner* Arbeitsrecht, 3. Aufl. 1983, § 47 IV 5e; zum BetrVG 1952 Angaben bei *Wiese* RdA 1968, 41 [42 Fn. 11]; **a. M.** – sog. **Vorrangtheorie** – *Birk* Anm. EzA § 87 BetrVG 1972 Initiativrecht Nr. 2 S. 23 [32]; *Fabricius* RdA 1973, 125 [126]; *Farthmann* RdA 1974, 65 [71 f.]; *von Friesen* DB 1983, 1871 [1873]; *Gast* Tarifautonomie und die Normsetzung durch Betriebsvereinbarung, S. 32 [39]; *Jene* Kurzarbeit und betriebliche Mitbestimmung, S. 207 ff. [304 f.]; *Klasen* Tarifvorrang und Mitbestimmung in sozialen Angelegenheiten, S. 150 ff. und passim, der tatbestandliche Exklusivität annimmt; *Oetker* Die Mitbestimmung der Betriebs- und Personalräte bei der Durchführung von Berufsbildungsmaßnahmen [Diss. Kiel, 1986, S. 245 ff.; *Reuter* SAE 1976, 15 [17 f.]; *Reuter/Streckel* Grundfragen der betriebsverfassungsrechtlichen Mitbestimmung, S. 33 ff.; *Säcker* ZfA 1972, Sonderheft S. 41 [65 f.]; *Simitis/Weiss* DB 1973, 1240 [1247]; *Vollmer* DB 1979, 308 [355, 357]).

Seit der **Entscheidung** vom **24.02.1987** hat sich das **BAG** der **Vorrangtheorie angeschlossen** 49 (*BAG* st. Rspr 24.02.1987 EzA § 87 BetrVG 1972 Nr. 10 S. 77 ff. *[zust. Gaul]* = AP Nr. 21 zu § 77 BetrVG 1972 Bl. 4 R ff. *[krit. Richardi]* = SAE 1989, 1 *[abl. Wiese]* = AR-Blattei, Betriebsverfassung XIV B, Entsch. 102 *[im Ergebnis zust. Löwisch/Rieble]* = BB 1987, 1246 *[zust. Gast]*; 30.01.1990 EzA § 118 BetrVG 1972 Nr. 5 *[Gaul]* = AP Nr. 44 zu § 118 BetrVG 1972 Bl. 2 R f.; 03.12.1991 GS EzA § 87 BetrVG 1972 Betriebliche Lohngestaltung Nr. 30 S. 12 ff. *[Gaul]* = AP Nr. 51 zu § 87 BetrVG 1972 Lohngestaltung Bl. 5 ff.; 29.04.2004 EzA § 77 BetrVG 2001 Nr. 8 S. 18 = AP Nr. 3 zu § 77 BetrVG 1972 Durchführung Bl. 8; 26.04.2005 EzA § 87 BetrVG 2001 Gesundheitsschutz Nr. 3 S. 9 = AP Nr. 118 zu § 87 BetrVG 1972 Arbeitszeit Bl. 3 f.; 24.08.2004 EzA § 2 KSchG Nr. 51 S. 7 = AP Nr. 77 zu § 2 KSchG 1969 Bl. 3 f.; 22.03.2005 EzA § 77 BetrVG 2001 Nr. 10 S. 16 = AP Nr. 26 zu § 4 TVG Geltungsbereich Bl. 8 *[Wiese]*; weitere *BAG*-Nachweise 9. Aufl. § 87 Rn. 49).

Der **Auffassung** des *BAG* haben sich **im Ergebnis angeschlossen** (vgl. auch Autoren der Anmer- 50 kungen Rdn. 49); *LAG Baden-Württemberg* 10.11.1987 NZA 1988, 325 (327); 16.01.1997 AuR 1997, 219 (220); *LAG Bremen* 15.07.1987 LAGE § 87 BetrVG 1972 Arbeitszeit Nr. 8 S. 10; *Hess. LAG* 15.12.1994 LAGE § 87 BetrVG 1972 Betriebliche Lohngestaltung Nr. 12 S. 1 f.; *LAG Niedersachsen* 17.05.2002 LAGE § 7 ArbZG Nr. 2 S. 4 f.; *ArbG Berlin* 11.07.1988 LAGE § 87 BetrVG 1972 Leistungslohn Nr. 4 S. 1 f.; *Bakopoulos* Zuständigkeitsverteilung zwischen tarifvertraglicher und innerbetrieblicher Normsetzung, S. 125 ff., 187 ff.; *Berg/DKKW* § 77 Rn. 132; *Däubler* Tarifvertragsrecht, Rn. 227; *Ehmann/Schmidt* NZA 1995, 193 (196 f.); *Emmert* Betriebsvereinbarungen über den Zeitlohn (Diss. Trier), 2001, S. 87 ff.; *Feudner* DB 1993, 2231 (2232 f.); *Fitting* § 77 Rn. 111 ff., § 87 Rn. 59 f.; *Kempen/Zachert* TVG, Grundlagen, Rn. 347; *Heinze* NZA 1989, 41 ff.; *Hoß/Liebscher* DB 1995, 2525 (2529 f.); *von Hoyningen-Huene* DB 1994, 2026 (2029); *von Hoyningen-Huene/Meier-Krenz* NZA 1987, 793 (797 ff.); *Kempen* RdA 1994, 140 (151); *Kaiser/LK* § 77 Rn. 129 ff.; *Klebe/DKKW* § 87 Rn. 41; *Kohte/HaKo* § 87 Rn. 15; *Lambrich* Tarif- und Betriebsautonomie (Diss. Trier), 1999, S. 298 ff.; *Matthes/MünchArbR* § 238 Rn. 66 f.; *Reuter* RdA 1994, 152 (166); *Richardi* § 87 Rn. 166 ff.; *Trittin* AuR 1991, 329 (331 f.); *Weyand* AuR 1989, 193 (195); *ders.* AuR 1993, 1 (5 f.); *Zachert* NZA 1988, 185 (188); *ders.* RdA 1996, 140 (144).

Überwiegend wird sie jedoch **de lege lata abgelehnt**; außer den Rdn. 49 genannten Autoren von 51 Anmerkungen *LAG Hamm* 07.01.1988 LAGE § 77 BetrVG 1972 Nr. 3 S. 2 ff.; *LAG Schleswig-Holstein* 20.08.1987 BB 1987, 2298; *Fischer* Die tarifwidrigen Betriebsvereinbarungen (Diss. Konstanz), 1998,

§ 87　　　　　　　　　　　　　　　　　　　　　　　　　　　IV. 3. Soziale Angelegenheiten

S. 248 ff.; *Gutzeit* BB 1996, 106 (108); *Heinze* NZA 1995, 5 (6); *Heise / von Steinau-Steinrück / HLS* § 87 Rn. 40; *Heisig* Arbeitsentgelt- und Arbeitszeitregelungen im Spannungsfeld zwischen tariflicher und betriebsvereinbarungsrechtlicher Normsetzungsbefugnis (Diss. Köln), 1991, S. 202 ff.; *Heither* FS Dieterich, 1999, S. 231 (239 ff.); *Hromadka* DB 1987, 1991 ff.; *Joost* ZfA 1993, 257 (266 ff.); *Kraft* FS Karl Molitor, S. 207 (214 ff.); *Kreutz* § 77 Rdn. 159 ff.; *Lieb* NZA 1994, 337 (341 f.); *Lieb / Jacobs* Arbeitsrecht, Rn. 781 ff.; *Loritz / ZLH* Arbeitsrecht, § 51 Rn. 89; *Otto* NZA 1992, 97 (103); *Peterek* FS Gaul, 1992, S. 471 (476 ff.); *Stege / Rinke* DB 1991, 2386 (2387 f.); *Stege / Weinspach / Schiefer* § 87 Rn. 35 ff., 195; *Veit* Zuständigkeit des Betriebsrats, S. 252 f.; *Walker* ZfA 1996, 353 (357 f.); *Waltermann* Rechtsetzung durch Betriebsvereinbarung zwischen Privatautonomie und Tarifautonomie, 1996, S. 285 ff.; *ders.* RdA 1996, 129 (138 f.); *Wank* RdA 1991, 129 ff.; *Wiedemann / Wank* TVG, § 4 Rn. 611 ff.; *Worzalla / HWGNRH* § 77 Rn. 157 f., § 87 Rn. 78. Zu teilmitbestimmten Betriebsvereinbarungen *H. Hanau* RdA 1998, 345 (351 ff.); *Hromadka* FS Schaub, 1998, S. 337 ff.

52 Die neuere Rechtsprechung des *BAG* vermag nicht zu überzeugen. Zur Begründung der eigenen Auffassung wird auf die Ausführungen in SAE 1989, 1 [6 ff.] verwiesen. Die dort vorgetragenen Argumente sind durch den Beschluss des Großen Senats des *BAG* vom 03.12.1991 (EzA § 87 BetrVG 1972 Betriebliche Lohngestaltung Nr. 30 S. 12 ff. *[Gaul]* = AP Nr. 51 zu § 87 BetrVG 1972 Lohngestaltung Bl. 5 ff.)nicht widerlegt worden. Kern der Überlegungen des *BAG* ist die These, Mitbestimmung und Regelungsmöglichkeit durch Betriebsvereinbarung ließen sich nicht trennen; letztere sei das vom Gesetzgeber bereitgestellte geeignete Instrument, eine mitbestimmungspflichtige Angelegenheit zu regeln, da sie im Gegensatz zur formlosen Regelungsabrede unmittelbar und zwingend auf die Arbeitsverhältnisse einwirke (EzA § 87 BetrVG 1972 Betriebliche Lohngestaltung Nr. 30 S. 14 = AP Nr. 51 zu § 87 BetrVG 1972 Lohngestaltung Bl. 5 R). Damit wird unzulässigerweise aus der Eignung auf die Notwendigkeit einer Betriebsvereinbarung geschlossen, die angeblich ihrer unabdingbaren Wirkung wegen allein geeignet sei, den mit § 87 Abs. 1 beabsichtigten Schutz der Arbeitnehmer herzustellen (EzA § 87 BetrVG 1972 Betriebliche Lohngestaltung Nr. 30 S. 14 = AP Nr. 51 zu § 87 BetrVG 1972 Lohngestaltung Bl. 6). Dieser ist jedoch bereits durch die notwendige Mitbestimmung des Betriebsrats gewährleistet, ohne die der Arbeitgeber gegenüber den Arbeitnehmern nicht wirksam handeln kann (*Wiese* Anm. SAE 1989, 1, 6 [8 f.]; vgl. auch *Fischer* Die tarifwidrigen Betriebsvereinbarungen [Diss. Konstanz], 1998, S. 233). Deshalb hat sich auch vom *BAG* die Regelungsabrede für die Ausübung der Mitbestimmung nach § 87 als ausreichend angesehen (Rdn. 88). Nur die Umsetzung der mitbestimmten Entscheidung wird dann dem Arbeitgeber erschwert, weshalb der Große Senat (EzA § 87 BetrVG 1972 Betriebliche Lohngestaltung Nr. 30 S. 19 = AP Nr. 51 zu § 87 BetrVG 1972 Lohngestaltung Bl. 7 R) durchaus zutreffend die Wirkungen der Betriebsvereinbarung als großen Vorteil für Arbeitgeber und Betriebsrat bezeichnet. Gerade das am Ende seiner Überlegungen (EzA § 87 BetrVG 1972 Betriebliche Lohngestaltung Nr. 30 S. 19 = AP Nr. 51 zu § 87 BetrVG 1972 Lohngestaltung Bl. 8) gebrachte Beispiel der Umsetzung bei Einführung mitbestimmter Kurzarbeit zeigt, dass die Betriebsvereinbarung dann vor allem dem Interesse des Arbeitgebers dient. Im weiteren Beispiel der Gewährung einer Zulage ist schließlich nicht ersichtlich, weshalb der angestrebte Zweck bei Anwendbarkeit des § 77 Abs. 3 nicht statt durch Betriebsvereinbarung ebenso durch Gesamtzusage oder vertragliche Einheitsregelung erreicht werden könnte. Selbst wenn die Betriebsvereinbarung im Regelfall als Ausübungsform der Mitbestimmung zur Verfügung steht, schließt das nicht aus, sie aufgrund einer vorrangigen Regelung einzuschränken. Das ist durch § 77 Abs. 3 geschehen, der die Funktionsfähigkeit der Tarifpartner durch die Schaffung ihres Normsetzungsmonopols sichern und damit nur die Konkurrenz der tariflichen und betrieblichen **Normsetzung** durch Beschränkung der Zulässigkeit von Betriebsvereinbarungen, dagegen nicht die Mitbestimmung verhindern soll (*Wiese* SAE 1989, 1, 6 [8]). Während bei effektiver zwingender tariflicher Regelung der Tarifvorbehalt des § 87 Abs. 1 eingreift, ist die Anwendbarkeit des § 77 Abs. 3 bei Nachwirkung eines Tarifvertrags (§ 4 Abs. 5 TVG) sinnvoll, um im Interesse des Normsetzungsmonopols der Tarifpartner bis zum Abschluss eines neuen Tarifvertrags diesen präjudizierende Betriebsvereinbarungen auszuschließen. Die Ansicht des *BAG* führt zu einer Schwächung der Tarifautonomie. Außenseiter sind zudem hinreichend durch die Mitbestimmung als solche geschützt. Hier wird deshalb an der bisherigen Konzeption festgehalten (vgl. auch *Wiese* Anm. AP Nr. 26 zu § 4 TVG Geltungsbereich Bl. 13). Das *BAG* (29.04.2004 EzA § 77 BetrVG 2001 Nr. 8 S. 18 = AP Nr. 3 zu § 77 BetrVG 1972 Durchführung Bl. 8; 26.04.2005 EzA § 87 BetrVG 2001 Gesundheitsschutz Nr. 3 S. 9 = AP

Nr. 118 zu § 87 BetrVG 1972 Arbeitszeit Bl. 4 R) wendet allerdings im Anwendungsbereich des § 87 Abs. 1 § 77 Abs. 3 an, wenn einer betrieblichen Regelung eine zwingende tarifliche Regelung entgegensteht. Dann ist durch § 77 Abs. 3 eine freiwillige Betriebsvereinbarung ausgeschlossen (Rdn. 66; *Kreutz* § 77 Rdn. 162; *Matthes*/MünchArbR § 238 Rn. 68).

Da die Vorschrift des **§ 77 Abs. 3 nur Betriebsvereinbarungen betrifft** (so zutr. auch *BAG* 21.01.2003 EzA § 77 BetrVG 2001 Nr. 3 S. 9 = AP Nr. 1 zu § 21a BetrVG 1972 Bl. 4 R; 20.04.1999 EzA Art. 9 GG Nr. 65 S. 12 f. *[Chr. Fischer]* = AP Nr. 89 zu Art. 9 GG Bl. 5 R; vgl. auch *BAG* GS 03.12.1991 EzA § 87 BetrVG 1972 Betriebliche Lohngestaltung Nr. 30 S. 17 *[Gaul]* = AP Nr. 51 zu § 87 BetrVG Lohngestaltung Bl. 7), **ist die Mitbestimmung** des Betriebsrats **in vollem Umfang gegeben** und kann **durch Betriebsabsprache** (Einigung, Zustimmung, Rdn. 88 ff.) **ausgeübt** werden, soweit keine gesetzliche oder tarifliche Regelung i. S. d. § 87 Abs. 1 entgegensteht (*Adomeit* BB 1972, 53; *Jahnke* Tarifautonomie und Mitbestimmung, S. 150; *Kirchner* BB 1972, 1279 [1282]; *Kreutz* Grenzen der Betriebsautonomie, S. 220 f.; *ders.* § 77 Rdn. 105, 152, 154; *Loritz/ZLH* Arbeitsrecht, § 51 Rn. 88; *Moll* Der Tarifvorrang im Betriebsverfassungsgesetz, S. 53 ff.; *Wiese* Initiativrecht, S. 33; *ders.* 25 Jahre Bundesarbeitsgericht, S. 661 [664 f.]; vgl. auch *Hueck/Nipperdey* II/2, S. 1401 mit Fn. 54a; *Säcker* Gruppenautonomie und Übermachtkontrolle im Arbeitsrecht, 1972, S. 298 Fn. 169; **a. M.** *Galperin/Löwisch* § 77 Rn. 91; *Hanau* RdA 1973, 281 [285]; *ders.* BB 1977, 350; *Klasen* Tarifvorrang und Mitbestimmung in sozialen Angelegenheiten, S. 35 f.). Das ist beim Vorliegen der Voraussetzungen des § 77 Abs. 3, ohne dass zugleich eine tarifliche Regelung i. S. des Eingangssatzes des § 87 Abs. 1 vorliegt, im Interesse eines umfassenden Schutzes der Arbeitnehmer auch notwendig, weil § 77 Abs. 3 ohne Rücksicht auf eine etwaige Tarifbindung des Arbeitgebers bereits bei Tarifüblichkeit alle Betriebe im Geltungsbereich einschlägiger Tarifverträge erfasst (*Säcker* ZfA 1972, Sonderheft S. 41 [65]; **a. M.** *Kreutz* § 77 Rdn. 115 f., 135). Einem Spruch der Einigungsstelle nach § 87 Abs. 2, § 76 Abs. 5 kommt dementsprechend nicht die Wirkung einer Betriebsvereinbarung, sondern lediglich einer Betriebsabsprache zu (§ 77 Abs. 1 und 2; *Moll* Der Tarifvorrang im Betriebsverfassungsgesetz, S. 56). Mit der Beschränkung des Anwendungsbereiches des § 77 Abs. 3 auf Betriebsvereinbarungen selbst durch das BAG entfällt auch die materielle Rechtfertigung der von ihm vertretenen Vorrangtheorie.

2. Gesetzes- und Tarifvorbehalt

a) Zweck

Nach dem unverändert aus § 56 Abs. 1 BetrVG 1952 übernommenen Eingangssatz des § 87 Abs. 1 hat der **Betriebsrat** in den näher bezeichneten Angelegenheiten **mitzubestimmen, soweit keine gesetzliche oder tarifliche Regelung besteht**. Im Geltungsbereich einer solchen Regelung ist die **notwendige Mitbestimmung ausgeschlossen**. Dagegen sind freiwillige Regelungen der Betriebspartner grundsätzlich zulässig (Rdn. 65).

Der Sinn des Eingangssatzes erschöpft sich nicht darin, die Bindung nachrangiger Regelungsbefugnisse der Betriebspartner an höherrangige zwingende Normen zu wiederholen (*BAG* 31.01.1984 EzA § 87 BetrVG 1972 Betriebliche Lohngestaltung Nr. 7 S. 65 f. = AP Nr. 3 zu § 87 BetrVG 1972 Tarifvorrang Bl. 3 R f. *[Wiedemann]*; *Wiese* 25 Jahre Bundesarbeitsgericht, S. 661). Er besteht ebenso wenig darin, in Ergänzung des § 77 Abs. 3 die Vorrangstellung des Tarifvertrags auch im Anwendungsbereich des § 87 zu sichern (*Wiese* 25 Jahre Bundesarbeitsgericht, S. 661 [664]; ebenso *BAG* 31.01.1984 EzA § 87 BetrVG 1972 Betriebliche Lohngestaltung Nr. 7 S. 65 f. = AP Nr. 3 zu § 87 BetrVG 1972 Tarifvorrang Bl. 3 R f. *[Wiedemann]*; 18.04.1989 EzA § 87 BetrVG 1972 Nr. 13 S. 7 *[Wiese]* = AP Nr. 18 zu § 87 BetrVG 1972 Tarifvorrang Bl. 3 R *[Rieble]*; *Gamillscheg* II, S. 870; **a. M.** *Lieb* ZfA 1978, 179 [204 ff.]; *Moll* Der Tarifvorrang im Betriebsverfassungsgesetz, S. 18 ff.; *Reuter* Vergütung von AT-Angestellten und betriebsverfassungsrechtliche Mitbestimmung, 1979, S. 27 f.; *Richardi* § 87 Rn. 143; *Säcker* ZfA 1972, Sonderheft S. 41 [64, 69, 70]; *Veit* Zuständigkeit des Betriebsrats, S. 232, 236; *Wiedemann/Wank* TVG, § 4 Rn. 551 ff.; *Worzalla/HWGNRH* § 87 Rn. 60; vgl. auch *BAG* 22.12.1981 EzA § 87 BetrVG 1972 Betriebliche Lohngestaltung Nr. 3 S. 34 f. = AP Nr. 7 zu § 87 BetrVG 1972 Lohngestaltung Bl. 4; 27.01.2010 EzA § 4 TVG Tarifkonkurrenz Nr. 23 Rn. 98 = AP Nr. 46 zu § 3 TVG *[Richardi]*; *LAG* Berlin 18.03.1986 LAGE § 87 BetrVG 1972 Nr. 4 S. 4). Diese Deutung würde den **Gesetzesvor-**

§ 87 IV. 3. Soziale Angelegenheiten

behalt (zu dessen Vor- und Entstehungsgeschichte *Hess-Grunewald* Regelungssperre durch Gesetz?, S. 33 ff.; zum Ganzen *Buschmann* FS *Wissmann*, 2005, S. 251 ff.) nicht erklären. Allerdings wird der **Vorrang zwingender gesetzlicher** und **tariflicher Vorschriften** durch den **Eingangssatz vorausgesetzt** und **bestätigt**; nur erklärt das nicht dessen Sinn und Zweck (*Wiese* 25 Jahre Bundesarbeitsgericht, S. 661 [662]), verleitet aber dazu, den Zweck des Eingangssatzes in dem Schutz der Tarifautonomie zu sehen (erneut *BAG* 07.07.2010 EzA § 4 TVG Tarifkonkurrenz Nr. 25 Rn. 75 – unvollständig – *[Brecht-Heitzmann]* = AP Nr. 140 zu Art. 9 GG *[Schmidt]*).

56 Dieser ist vielmehr nur aus dem **Normzweck** des § 87 zu erschließen (*BAG* 18.04.1989 EzA § 87 BetrVG 1972 Nr. 13 S. 7 *[Wiese]* = AP Nr. 18 zu § 87 BetrVG 1972 Tarifvorrang Bl. 3 R *[Rieble]*). Durch die notwendige Mitbestimmung des Betriebsrats sollen in den Angelegenheiten des § 87 Abs. 1 Nr. 1 bis 13 zum Schutz der Arbeitnehmer und zur Teilhabe der Belegschaft (Einl. Rdn. 78 ff.; § 87 Rdn. 97) die **individualrechtlichen Gestaltungsmöglichkeiten** des **Arbeitgebers**, insbesondere sein Direktionsrecht und die Zulässigkeit von einheitlichen Einzelverträgen, **zurückgedrängt** und **durch kollektive betriebliche Regelungen ersetzt** werden. Die **notwendige Mitbestimmung** ist jedoch **nicht erforderlich, soweit** eine **gesetzliche** oder **tarifliche Regelung besteht**, die einen ausreichenden **Schutz vor** einem **individualrechtlichen Vorgehen** des **Arbeitgebers gewährleistet** (eingehend *Wiese* 25 Jahre Bundesarbeitsgericht, S. 661 [662 ff.). Dieser Auffassung hat sich das *BAG* in st. Rspr. angeschlossen (31.01.1984 EzA § 87 BetrVG 1972 Betriebliche Lohngestaltung Nr. 7 S. 63 f. = AP Nr. 3 zu § 87 BetrVG 1972 Tarifvorrang Bl. 3 f. *[Wiedemann]*; 17.12.1985 EzA § 87 BetrVG 1972 Betriebliche Lohngestaltung Nr. 11 S. 103 = AP Nr. 5 zu § 87 BetrVG 1972 Tarifvorrang Bl. 2 *[Kraft]*; 18.04.1989 EzA § 87 BetrVG 1972 Nr. 13 S. 6 f. *[Wiese]* = AP Nr. 18 zu § 87 BetrVG 1972 Tarifvorrang Bl. 3 f. *[Rieble]*; 03.12.1991 GS EzA § 87 BetrVG 1972 Betriebliche Lohngestaltung Nr. 30 S. 13, 18 *[Gaul]* = AP Nr. 51 zu § 87 BetrVG 1972 Lohngestaltung Bl. 5 R, 7 R; 10.03.2009 EzA § 87 BetrVG 2001 Betriebliche Ordnung Nr. 4 Rn. 19 = AP Nr. 16 zu § 87 BetrVG 1972; 18.10.2011 EzA § 87 BetrVG 2001 Betriebliche Lohngestaltung Nr. 26 Rn. 19, 21, 23 = AP Nr. 141 zu § 87 BetrVG 1972 Lohngestaltung = RdA 2013, 108 *[Reichold]*; 07.02.2012 EzA § 87 BetrVG 2001 Betriebliche Ordnung Nr. 6 Rn. 22 = AP Nr. 42 zu § 87 BetrVG 1972 Ordnung des Betriebes; 12.11.2013 EzA § 87 BetrVG 2001 Arbeitszeit Nr. 18 Rn. 38 = AP Nr. 131 zu § 87 BetrVG 1972 Arbeitszeit; 22.07.2014 EzA § 87 BetrVG 2001 Auszahlung der Arbeitsentgelte Nr. 1 Rn. 14 ff. = AP Nr. 19 zu § 87 BetrVG 1972; 17.11.2015 EzA § 87 BetrVG 2001 Arbeitszeit Nr. 23 Rn. 37 = AP Nr. 138 zu § 87 BetrVG 1972 Arbeitszeit; weitere *BAG*-Nachweise 9. Aufl. § 87 Rn. 56; ferner *Bakopoulos* Zuständigkeitsverteilung zwischen tarifvertraglicher und innerbetrieblicher Normsetzung, S. 113 f. [123, 159, 187]; *Ehmann* FS *Zöllner*, 1998, S. 715 [724]; *Fitting* § 87 Rn. 41; *von Hoyningen-Huene* NZA 1987, 793 [796]; *Jahnke* Tarifautonomie und Mitbestimmung, S. 160, 162; *Kaiser*/LK § 87 Rn. 4; *Klasen* Tarifvorrang und Mitbestimmung in sozialen Angelegenheiten, S. 15 ff.; *Klebe*/DKKW § 87 Rn. 32; *Koller* ZfA 1980, 521 [553 f.]; *Kreutz* Grenzen der Betriebsautonomie, S. 222; *Lambrich* Tarif- und Betriebsautonomie [Diss. Trier], 1999, S. 374 ff.; *Löwisch* AuR 1978, 97 [103]; *Matthes*/MünchArbR § 242 Rn. 9, 11; *Oetker* FS *Schaub*, 1998, S. 535 [544 f.]; *Simitis*/*Weiss* DB 1973, 1240 [1246 ff.]; auch *Worzalla*/HWGNRH § 87 Rn. 60, der daneben aber zugleich die Sicherung des Vorrangs des Tarifvertrags als Zweck des Eingangssatzes ansieht – dazu Rdn. 55; **a. M.** *Reuter* Vergütung von AT-Angestellten und betriebsverfassungsrechtliche Mitbestimmung, 1979, S. 27 f.; weitere Nachweise pro und contra 6. Aufl. § 87 Rn. 56). Die dagegen von *Fischer* (Die tarifwidrigen Betriebsvereinbarungen [Diss. Konstanz], 1998, S. 223 ff.) vorgetragenen Einwände vermögen nicht zu überzeugen. Der Zweck des Tarifvorbehalts (*Fischer* spricht vom Tarifvorrang) wird auf den Kopf gestellt, wenn *Fischer* neben dem Schutz der Tarifautonomie den »Schutz des Arbeitgebers vor über die Einigungsstelle erzwungenen weitergehenden betrieblichen Leistungen« für maßgebend hält. Abgesehen davon, dass die Mitbestimmung nach § 87 nicht dazu dient, betriebliche Leistungen zu erzwingen, hat der Gesetzgeber bei Abfassung des Betriebsverfassungsgesetzes die Methode der begrenzten Mitbestimmungsermächtigung angewandt. Die Grenzen der Mitbestimmung nach § 87 ergeben sich zum einen aus dem Mitbestimmungskatalog, zum anderen aus dem Gesetzes- und Tarifvorbehalt. Nur in diesem Rahmen hat der Gesetzgeber die Mitbestimmung zum Schutz (und zur Teilhabe) der Arbeitnehmer gewährt. Der hier vertretenen Meinung steht auch nicht entgegen, dass das Gesetz insgesamt diesem Zweck dient. Die Grenzen der Mitbestimmungstatbestände schützen mittelbar allerdings den Arbeitgeber vor weitergehenden Mitbestimmungsforderungen der Arbeitnehmer, jedoch ist das weder der Zweck des Betriebsverfassungsgesetzes insgesamt noch einzelner seiner Vorschriften, diese werden mithin nicht zu Regelungen des Arbeitgeberschutzes. Das Entfallen der Arbeitnehmerschutzinteressen aufgrund des Eingangssatzes des § 87 erklärt sich daher zwanglos daraus, dass der Gesetzgeber den durch die Mitbestimmungstatbestände des § 87 intendierten – begrenzten – Schutz dann für überflüssig gehalten hat, wenn dieser bereits durch Gesetz oder Tarifvertrag verwirklicht ist. Beide dienen daher dem gleichen Zweck, selbst wenn methodisch unterschiedliche Zwecke nicht ausgeschlossen wären.

Nach dem Zweck des Eingangssatzes braucht es sich jedoch **nicht um Schutznormen zugunsten** 57 der **Arbeitnehmer** zu handeln; es **genügt** die Einschränkung der ohne Mitbestimmung bestehenden Rechtsposition des Arbeitgebers, so dass **kein Regelungsspielraum verbleibt** (*Wiese* 25 Jahre Bundesarbeitsgericht, S. 661 [663]; zust. *BAG* 18.04.1989 EzA § 87 BetrVG 1972 Nr. 13 *[Wiese]* = AP Nr. 18 zu § 87 BetrVG 1972 Tarifvorrang Bl. 3 *[Rieble]* = SAE 1990, 18 *[Hromadka]*; 04.07.1989 EzA § 87 BetrVG 1972 Betriebliche Lohngestaltung Nr. 24 S. 7 = AP Nr. 20 zu § 87 BetrVG 1972 Tarifvorrang Bl. 3 f.). **Soweit** jedoch ein **Regelungsspielraum verblieben** ist, **hat der Betriebsrat mitzubestimmen** (Rdn. 71). Ein Schutz vor individualrechtlichen Gestaltungsmöglichkeiten des Arbeitgebers ist allerdings nur gegeben, wenn dieser in seiner Substanz nicht hinter dem zurückbleibt, der durch die Mitbestimmung des Betriebsrats erreicht werden soll. Deshalb muss die gesetzliche oder tarifliche Regelung sowohl einen zwingenden Mindestschutz gewähren als auch inhaltlich eine ausreichende Regelung enthalten (Rdn. 71 ff.). Der Tarifvorbehalt ist daher durchaus sinnvoll und keineswegs überflüssig (so aber *Säcker* ZfA 1972, Sonderheft S. 41 [66]). Die hier vertretene Auffassung schränkt auch nicht die Kompetenz der Tarifpartner ein, weil es ihnen unbenommen ist, jederzeit eine der Mitbestimmung des Betriebsrats unterliegende Angelegenheit zwingend zu regeln, und bei materiellen Angelegenheiten nach der hier vertretenen Ansicht außerdem § 77 Abs. 3 zur Anwendung kommt (Rdn. 48). Ist der Zweck des Eingangssatzes nicht mit dem Vorrang der Tarifautonomie zu begründen, sondern begrenzt die nach § 87 gegebene notwendige Mitbestimmung, so handelt es sich im Gegensatz zu § 77 Abs. 3 **nicht** um einen **Tarifvorrang**, sondern um einen **Tarifvorbehalt** (*Wiese* Anm. AP Nr. 26 zu § 4 TVG Geltungsbereich Bl. 10 R f.; ebenso *BAG* 22.12.1981 EzA § 87 BetrVG 1972 Betriebliche Lohngestaltung Nr. 3 S. 35 = AP Nr. 7 zu § 87 BetrVG 1972 Lohngestaltung Bl. 4; vgl. auch *BAG* 18.08.2009 EzA § 8 TzBfG Nr. 24 Rn. 44 = AP Nr. 28 zu § 8 TzBfG: Gesetzesvorbehalt; 18.10.2011 EzA § 87 BetrVG 2001 Betriebliche Lohngestaltung Nr. 26 Rn. 21, 23 = AP Nr. 141 zu § 87 BetrVG 1972 Lohngestaltung = RdA 2013, 108 *[Reichold]*; *Fitting* § 87 Rn. 60; a. M. *Fischer* Die tarifwidrigen Betriebsvereinbarungen [Diss. Konstanz], 1998, S. 26 ff.). Die **Sperrwirkung** des § 87 Abs. 1 Eingangssatz betrifft nur **Gesetz** oder **Tarifvertrag**, **nicht** dagegen **arbeitsvertraglich eingegangene Bindungen** (*BAG* 26.08.2008 EzA § 87 BetrVG 2001 Betriebliche Lohngestaltung Nr. 16 Rn. 21 = AP Nr. 15 zu § 87 BetrVG 1972).

b) Zwingendes Recht
Da dispositive Regelungen durch abweichende einzelvertragliche Vereinbarungen ersetzt werden 58 können und bei deren Zulässigkeit die soziale Überlegenheit des Arbeitgebers gegenüber dem Arbeitnehmer wieder wirksam würde, wird die notwendige Mitbestimmung des Betriebsrats nur durch **zwingende gesetzliche Vorschriften im materiellen Sinne** und **unabdingbare Tarifnormen** ausgeschlossen (*BAG* st. Rspr. 13.03.1973 EzA § 87 BetrVG 1972 Werkswohnung Nr. 2 S. 8 = AP Nr. 1 zu § 87 BetrVG 1972 Werkmietwohnungen Bl. 2 *[Richardi]*; 29.03.1977 EzA § 87 BetrVG 1972 Leistungslohn Nr. 2 S. 23 *[Löwisch]* = AP Nr. 1 zu § 87 BetrVG 1972 Provision Bl. 3 *[Schulze-Osterloh]*; 03.12.1991 GS EzA § 87 BetrVG 1972 Betriebliche Lohngestaltung Nr. 30 S. 20, 23 *[Gaul]* = AP Nr. 51 zu § 87 BetrVG 1972 Lohngestaltung Bl. 8, 9 R; 30.10.2001 EzA § 87 BetrVG 1972 Betriebliche Lohngestaltung Nr. 75 S. 7 = AP Nr. 26 zu § 99 BetrVG 1972 Eingruppierung Bl. 3 R *[Walker]*; 28.05.2002 EzA § 87 BetrVG 1972 Bildungsurlaub Nr. 1 S. 13 = AP Nr. 10 zu § 87 BetrVG 1972 Urlaub Bl. 6; 18.10.2011 EzA § 87 BetrVG 2001 Betriebliche Lohngestaltung Nr. 26 Rn. 20 = AP Nr. 141 zu § 87 BetrVG 1972 Lohngestaltung; weitere *BAG*-Nachweise 9. Aufl. § 87 Rn. 58; *LAG Berlin-Brandenburg* 09.10.2009 NZA-RR 2010, 244 [245]; *LAG Kiel* 10.12.1959 AP Nr. 8 zu § 615 BGB Betriebsrisiko Bl. 3; *Fitting* § 87 Rn. 43, 48; *Hanau* BB 1976, 91 [95]; *Hueck/Nipperdey* II/2, S. 1394 Fn. 45a; *Kaiser/LK* § 87 Rn. 5; *Klebe/DKKW* § 87 Rn. 32, 36; *Jahnke* Tarifautonomie und Mitbestimmung, S. 162; *Moll* Der Tarifvorrang im Betriebsverfassungsgesetz, S. 13 ff. [22]; *Oetker*

FS *Schaub*, 1998, S. 535 [544 ff.]; *Richardi* § 87 Rn. 146 f., 151; *Säcker* ZfA 1972, Sonderheft S. 41 [61]; *Schaub/Koch* Arbeitsrechts-Handbuch, § 235 Rn. 4; *Wiese* 25 Jahre Bundesarbeitsgericht, S. 661 [666 f.]; *Worzalla/HWGNRH* § 87 Rn. 62, 67; **a. M.** *Boewer* DB 1973, 522 [524]; *Dietz* § 56 Rn. 64; *Erdmann/Jürging/Kammann* § 77 Rn. 21, § 87 Rn. 25, 52, 54; *Nikisch* III, S. 379; *Rumpff* AuR 1972, 65 [78]). Eine **zwingende Regelung** liegt auch vor, **wenn** von einer **bestehenden gesetzlichen Regelung nur nicht zu Ungunsten der Arbeitnehmer abgewichen werden kann** (*BAG* 30.10.2001 EzA § 87 BetrVG 1972 Bildungsurlaub Nr. 1 S. 13 = AP Nr. 10 zu § 87 BetrVG 1972 Urlaub Bl. 6; 22.07.2014 EzA § 87 BetrVG 2001 Auszahlung der Arbeitsentgelte Rn. 15 = AP Nr. 19 zu § 87 BetrVG 1972). **Ausländische Vorschriften** sind nur dann gesetzliche Regelungen i. S. d. Eingangssatzes, wenn sie völkerrechtlich wirksam in das deutsche Arbeitsrecht transformiert worden sind (*BAG* 22.07.2008 EzA § 87 BetrVG 2001 Betriebliche Ordnung Nr. 3 Rn. 60 = AP Nr. 14 zu § 87 BetrVG 1972; *Worzalla/HWGNRH* § 87 Rn. 61; **a. M.** *Boemke* DB 2010, 843 ff.). Zum **Europarecht** *Buschmann* FS *Wissmann*, 2005, S. 251 (256 f.), zum **Luftfrachtvertrag** *Becker/Barlage/Melcher* BB 2012, 2075 ff. Zur zwingenden gesetzlichen Regelung gehört auch das **gesetzesvertretende Richterrecht**, soweit es zwingendem Recht gleichkommt (*Clemenz/HWK* § 87 Rn. 8; *Gamillscheg* II, S. 870; *Kaiser/LK* § 87 Rn. 5; *Matthes*/MünchArbR § 242 Rn. 13; *Richardi* § 87 Rn. 145; *Worzalla/HWGNRH* § 87 Rn. 61; *Ziegler* NZA 1987, 224 [226]; **a. M.** *Bender/WPK* § 87 Rn. 20; *Buschmann* FS *Wissmann*, 2005, S. 251 [255]; *Fitting* § 87 Rn. 33; *Kania*/ErfK § 87 BetrVG Rn. 11; *Klebe/DKKW* § 87 Rn. 33; *Schaub/Koch* Arbeitsrechts-Handbuch, § 235 Rn. 5; *Wolter* AuR 1979, 333 [336]).

59 Den Tarifpartnern steht es frei, die nähere Ausgestaltung einer tariflichen Regelung den Betriebspartnern zuzuweisen und ihrer Regelung lediglich eine **subsidiäre (dispositive) Wirkung** zu geben, die nur in betriebsratslosen Betrieben oder in Betrieben mit Betriebsrat zur Anwendung kommt, wenn von dem Mitbestimmungsrecht kein Gebrauch gemacht wird (*BAG* 22.12.1981 EzA § 87 BetrVG 1972 Betriebliche Lohngestaltung Nr. 3 S. 34 f. = AP Nr. 7 zu § 87 BetrVG 1972 Lohngestaltung Bl. 3 R f. *[Heckelmann]*; 24.11.1987 EzA § 87 BetrVG 1972 Leistungslohn Nr. 15 S. 6 f. = AP Nr. 6 zu § 87 BetrVG 1972 Akkord Bl. 3 R *[Gaul]*; *LAG Hamm* 25.04.1988 LAGE § 611 BGB Akkord Nr. 1 S. 4). Die **Tarifpartner** können sich **darauf beschränken, eine abweichende betriebliche Regelung nur durch freiwillige Betriebsvereinbarung** zuzulassen, sodass bei fehlender Einigung nicht die Einigungsstelle entscheidet, sondern die tarifliche Regelung maßgebend ist (*BAG* 28.02.1984 EzA § 87 BetrVG 1972 Leistungslohn Nr. 9 S. 127 f. = AP Nr. 4 zu § 87 BetrVG 1972 Tarifvorrang Bl. 5 f. = SAE 1985, 293 *[von Hoyningen-Huene]*; 25.04.1989 EzA § 98 ArbGG 1979 Nr. 6 S. 10 = AP Nr. 3 zu § 98 ArbGG 1979 Bl. 4 R; *LAG Stuttgart* 10.11.1987 NZA 1988, 325 [326]). Darin liegt kein unzulässiger Ausschluss der Mitbestimmung des Betriebsrats (Rdn. 80), vielmehr ist die tarifliche Regelung nur begrenzt dispositiv.

60 Da **tarifdispositive gesetzliche Vorschriften** für die Betriebspartner zwingend sind, wird durch sie die notwendige Mitbestimmung ausgeschlossen (*Fitting* § 87 Rn. 38; *Kaiser/LK* § 87 Rn. 5; *Richardi* § 87 Rn. 147, 171; *Worzalla/HWGNRH* § 87 Rn. 62). Entsprechendes gilt für das **tarifdispositive Richterrecht** (*Richardi* § 87 Rn. 147). Zwingende Bestimmungen sind auch die von den zuständigen Körperschaften des öffentlichen Rechts als autonomes Recht erlassenen **Unfallverhütungsvorschriften** (*Gutzeit* § 89 Rdn. 20 f.) sowie die **bindenden Festsetzungen nach § 19 HAG** (*BAG* 13.09.1983 AP Nr. 11 zu § 19 HAG Bl. 3; *Fitting* § 87 Rn. 39; *Galperin/Löwisch* § 87 Rn. 42; *Klebe/DKKW* § 87 Rn. 36; *Moll* Der Tarifvorrang im Betriebsverfassungsgesetz, S. 16 f.; *Richardi* § 87 Rn. 150; *Worzalla/HWGNRH* § 87 Rn. 66; zur Verfassungsmäßigkeit dieser Norm BVerfG 27.02.1973 E 34, 307 = EzA § 19 HAG Nr. 1 = AP Nr. 7 zu § 19 HAG). Zur entsprechenden Regelung des § 75 Abs. 3 BPersVG *BAG* 25.05.1982 AP Nr. 53 zu § 611 BGB Dienstordnungs-Angestellte Bl. 3 R *(Stutzky)*; einschränkend zum **autonomen Satzungsrecht öffentlich-rechtlicher Körperschaften** *Klebe/DKKW* § 87 Rn. 34. Zur tariflichen Zulassung lediglich freiwilliger Betriebsvereinbarungen *Kort* NZA 2001, 477 ff.

61 Ein **Verwaltungsakt** ist zwar als solcher **keine gesetzliche Regelung**, jedoch **schließt ein in Vollzug gesetzlicher Vorschriften erlassener rechtmäßiger Verwaltungsakt** die **Mitbestimmung aus, soweit** der Arbeitgeber **keinen Regelungsspielraum** hat (*BAG* 26.05.1988 EzA § 87 BetrVG 1972 Nr. 11 *[Löwisch/Rieble]* =AP Nr. 14 zu § 87 BetrVG 1972 Ordnung des Betriebes Bl. 2 R ff. =

AiB 1989, 16 *[Däubler]* = SAE 1989, 138 *[Fabricius]* = AuR 1989, 95 *[Beck/Trümner]*; 09.07.1991 EzA § 87 BetrVG 1972 Betriebliche Ordnung Nr. 18 S. 6 = AP Nr. 19 zu § 87 BetrVG 1972 Ordnung des Betriebes Bl. 3 R; 11.12.2012 EzA § 87 BetrVG 2001 Überwachung Nr. 3 Rn. 20 ff. = AP Nr. 44 zu § 87 BetrVG 1972 Ordnung des Betriebes *[Schiefer]*; 30.09.2014 EzA § 87 BetrVG 2001 Gesundheitsschutz Nr. 12 Rn. 18 = AP Nr. 22 zu § 87 BetrVG 1972 Gesundheitsschutz; *LAG Baden-Württemberg/Mannheim* 24.11.1986 NZA 1987, 251 [252]; *ArbG Karlsruhe* 15.10.1985 NZA 1986, 538 [539]; *BVerwG* 09.07.1992 E 90, 304 [305 f., 308]; *Ehmann* Arbeitsschutz und Mitbestimmung bei neuen Technologien, 1981, S. 76 f.; *Fitting* § 87 Rn. 34 ff.; *Kaiser/LK* § 87 Rn. 39; *Matthes/MünchArbR* § 242 Rn. 14; *Richardi* § 87 Rn. 149, 208; *Wiese* 25 Jahre Bundesarbeitsgericht, S. 661 [679]; *Worzalla/HWGNRH* § 87 Rn. 63; *Ziegler* NZA 1987, 224 [226]; *ders.* NZA 1989, 498; **a. M.** *Beck/Wendeling-Schröder* WSI-Mitt. 1985, 754 [762]; *Beck/Trümner* AuR 1989, 77 ff.; *Däubler* AiB 1986, 173 f.; *Herkommer-Wollenschläger* Umwelt- und Planungsrecht, 1982, S. 319 f.; *Klebe/DKKW* § 87 Rn. 35, 42 f., dagegen zutr. *Dörner/Wildschütz* AiB 1995, 257 [265 ff.,]; krit. auch *Kohte/HaKo* § 87 Rn. 11; offen gelassen *BAG* 27.01.1987 EzA § 99 BetrVG 1972 Nr. 55 S. 307 = AP Nr. 42 zu § 99 BetrVG 1972 Bl. 6 R). Die **Verfassungsbeschwerden** gegen die Entscheidungen des *BAG* und des *BVerwG* wurden vom ***BVerfG*** (22.08.1994 AP Nr. 2 zu § 87 BetrVG 1972 Gesetzesvorbehalt) mit Recht **nicht angenommen**. Die Mitbestimmung ist dagegen nicht ausgeschlossen bei einer nur **faktischen Zwangslage** (*BAG* 08.08.1989 EzA § 87 BetrVG 1972 Initiativrecht Nr. 5 S. 4 f. = AP Nr. 3 zu § 87 BetrVG 1972 Initiativrecht Bl. 2 f. *[Wiese]*; *Otto* ZfA 2011, 673 [681 f., 693 ff., 695, 697]).

Entsprechendes wie für Verwaltungsakte gilt für **polizeiliche Anordnungen** (*BAG* 17.08.1982 EzA § 87 BetrVG 1972 Betriebliche Ordnung Nr. 9 S. 65 ff. = AP Nr. 5 zu § 87 BetrVG 1972 Ordnung des Betriebes Bl. 2 R f.) und **Gerichtsurteile**. Zur **Dienstordnung** als autonomes Satzungsrecht einer öffentlich-rechtlichen Körperschaft *BAG* 25.05.1982 AP Nr. 53 zu § 611 BGB Dienstordnungs-Angestellte Bl. 3 R *(Stuzky)*, zu **Verwaltungsvorschriften** *Wiese* Anm. *BAG* 17.05.1983 AP Nr. 11 zu § 75 BPersVG Bl. 5 R f. **62**

Die hier vertretene Auffassung wird für den Gesetzesvorbehalt durch § 87 Abs. 1 Nr. 4 bestätigt. Die notwendige Mitbestimmung des Betriebsrats bei Zeit und Ort der Auszahlung der Arbeitsentgelte wäre im Hinblick auf die dispositiven Vorschriften der §§ 269, 614 BGB gegenstandslos, würde die Sperrwirkung nicht auf zwingende Vorschriften beschränkt werden (zust. *Richardi* § 87 Rn. 146). Von ihrem abweichenden Standpunkt aus durchaus folgerichtig halten daher *Erdmann/Jürging/Kammann* (§ 87 Rn. 52, 54; so auch trotz anderer Grundposition *Kammann/Hess/Schlochauer* § 87 Rn. 90) in diesen Fällen nur freiwillige Betriebsvereinbarungen für möglich, was nicht der Sinn der gesetzlichen Regelung sein kann (dazu auch *Wiese* 25 Jahre Bundesarbeitsgericht, S. 661 [667]). **63**

Ein nur noch **kraft Nachwirkung geltender Tarifvertrag** ist abdingbar (§ 4 Abs. 5 TVG), so dass die notwendige Mitbestimmung durch den Tarifvorbehalt i. S. d. Eingangssatzes (anders nach § 77 Abs. 3) nicht ausgeschlossen wird (*BAG* st. Rspr. 13.07.1977 EzA § 87 BetrVG 1972 Arbeitszeit Nr. 3 S. 5 = AP Nr. 2 zu § 87 BetrVG 1972 Kurzarbeit Bl. 3 R *[Löwisch]*; 27.11.2002 EzA § 77 BetrVG 2001 Nr. 2 S. 10 = AP Nr. 34 zu § 87 BetrVG 1972 Tarifvorrang Bl. 4 R f.; weitere *BAG*-Nachweise 9. Aufl. § 87 Rn. 64; *LAG Berlin* 15.06.1977 EzA § 87 BetrVG 1972 Nr. 6 S. 33; *Boewer* DB 1973, 522 [524]; *Fitting* § 87 Rn. 46; *von Hoyningen-Huene* NZA 1987, 793 [796]; *Hueck/Nipperdey* II/2, S. 1394 Fn. 45a; *Kaiser/LK* § 87 Rn. 7; *Klebe/DKKW* § 87 Rn. 40; *Konzen* BB 1977, 1307 [1309 f.]; *Löwisch* AuR 1978, 97 [104]; *Loritz/ZLH* Arbeitsrecht, § 51 Rn. 85; *Meinert* BB 1976, 1615; *Moll* Der Tarifvorrang im Betriebsverfassungsgesetz, S. 23; *Reuter* SAE 1976, 15 [18]; *Richardi* § 87 Rn. 152; *Säcker* ZfA 1972, Sonderheft S. 41 [66]; *Simitis/Weiss* DB 1973, 1240 [1250]; *Wiedemann/Wank* TVG, § 4 Rn. 605; *Worzalla/HWGNRH* § 87 Rn. 67; einschränkend für den Zeitraum zwischen zwei aufeinanderfolgenden Tarifverträgen *Farthmann* RdA 1974, 65 [71]; *Neumann-Duesberg*, S. 468; *Nikisch* III, S. 379; *Oetker* FS *Schaub*, 1998, S. 535 [545 ff.]: Abschluss von Betriebsvereinbarungen unter Hinweis auf Art. 9 Abs. 3 GG; dagegen eingehend *Wiese* 25 Jahre Bundesarbeitsgericht, S. 661 [667 f.]). Eine während der Nachwirkung eines Tarifvertrags abgeschlossene Betriebsvereinbarung wird jedoch durch einen späteren abweichenden Tarifvertrag wieder außer Kraft gesetzt (Rdn. 84). Keine tarifliche Regelung ist die ausschließlich arbeitsvertragliche Bezugnahme auf einen Tarifvertrag. **64**

c) Zulässigkeit freiwilliger Regelungen

65 Da nach dem Zweck des § 87 in den bezeichneten Angelegenheiten nur ein lückenloser gesetzlicher, tariflicher oder betrieblicher Mindestschutz vor individualrechtlichen Gestaltungsmöglichkeiten des Arbeitgebers gewährleistet werden soll, steht der Eingangssatz freiwilligen Regelungen der Betriebspartner, die einen weitergehenden Schutz gewähren, nicht entgegen (*BAG* 16.09.1960 AP Nr. 1 zu § 2 ArbGG 1953 Betriebsvereinbarung Bl. 2 R; 31.01.1969 AP Nr. 26 zu § 1 FeiertagslohnzahlungsG Bl. 2f.; *Boewer* DB 1973, 522 [525]; *Conze* DB 1978, 490 [492]; *Ehmann/Schmidt* NZA 1995, 193 [198]; *Fitting* § 87 Rn. 42; *Hilger* in: *Dietz/Gaul/Hilger* Akkord und Prämie, S. 160; *Jahnke* Tarifautonomie und Mitbestimmung, S. 160f.; *Kaiser/LK* § 87 Rn. 4; *Konzen* BB 1977, 1307 [1310]; *Kraft* FS Karl Molitor, S. 207 [209]; *Kreutz* Grenzen der Betriebsautonomie, S. 221; *Matthes/MünchArbR* § 242 Rn. 21 ff.; *Loritz/ZLH* Arbeitsrecht § 51 Rn. 88; *Moll* Der Tarifvorrang im Betriebsverfassungsgesetz, S. 32f.; *G. Müller* AuR 1992, 257 [261]; *Neumann-Duesberg*, S. 466; *Nikisch* III, S. 378 [385]; *Richardi* § 87 Rn. 169f.; *ders.* Kollektivgewalt und Individualwille, S. 271f.; *Schaub/Koch* Arbeitsrechts-Handbuch, § 235 Rn. 10; *Strasser* Die Betriebsvereinbarung, S. 58; *Wiedemann/Wank* TVG, § 4 Rn. 607 ff.; *Wiese* 25 Jahre Bundesarbeitsgericht, S. 661 [668 ff.]; *Worzalla/HWGNRH* § 87 Rn. 76; **a. M.** *BAG* 06.07.1962 AP Nr. 7 zu § 37 BetrVG Bl. 2 R; 15.05.1964 AP Nr. 5 zu § 56 BetrVG Akkord Bl. 2 R; 13.11.1964 AP Nr. 25 zu § 56 BetrVG Bl. 2; *Däubler* Gewerkschaftsrechte im Betrieb, Rn. 180; *ders.* Tarifvertragsrecht, Rn. 239; *Hueck/Nipperdey* II/2, S. 1394 m. w. N., anders S. 1397; *Klebe/DKKW* § 87 Rn. 39; *Säcker* ZfA 1972, Sonderheft S. 41 [66f.]; *ders.* BB 1979, 1201 [1202]; *Schliemann* ArbZG, § 87 BetrVG Rn. 53).

66 Die hier vertretene Ansicht folgt auch aus dem Wortlaut des § 87 Abs. 1, der in eindeutigem Gegensatz zur Formulierung des § 77 Abs. 3 steht, sowie der systematischen Stellung des Eingangssatzes als Bestandteil der Regelung über die notwendige Mitbestimmung; nur für diese gilt der Tarifvorbehalt und gerade nicht für weitergehende Regelungen (*Neumann-Duesberg*, S. 466; *Wiedemann/Wank* TVG, § 4 Rn. 609). Ferner besteht eine umfassende funktionelle Zuständigkeit des Betriebsrats zur Mitwirkung in sämtlichen sozialen Angelegenheiten (vor § 87 Rdn. 3; *Gutzeit* § 88 Rdn. 7). Bei Tarifnormen entspricht es deren Wesen, dass sie nur einen Mindestschutz gewährleisten sollen, günstigere Abmachungen – auch in Betriebsvereinbarungen – aber nicht ausschließen (§ 4 Abs. 3 TVG; *Fitting* § 87 Rn. 42; *Kaiser/LK* § 87 Rn. 4; *Kreutz* § 77 Rn. 86; *Wiedemann/Wank* TVG, § 4 Rn. 549; *Wlotzke* Das Günstigkeitsprinzip, 1957, S. 122; **a. M.** *Farthmann* RdA 1974, 65 [70]; *Höcker* RdA 1956, 17f.). Handelt es sich um eine **günstigkeitsneutrale tarifliche Regelung** (dazu *Richardi* Kollektivgewalt und Individualwille, S. 272 [385]; *Säcker* ZfA 1972, Sonderheft S. 41 [55]; *Wiese* 25 Jahre Bundesarbeitsgericht, S. 661 [670]), ist entscheidend, ob sie als abschließend anzusehen ist (Rdn. 72 ff.). **Ungünstigere Betriebsvereinbarungen** sind nur zulässig, wenn sie durch den Tarifvertrag gestattet sind (§ 4 Abs. 3 TVG; *BAG* 17.10.1962 EzA § 4 TVG Nr. 1 S. 3f. = AP Nr. 16 zu § 611 BGB Akkordlohn Bl. 2 [*Gaul*]). Auch **für freiwillige Betriebsvereinbarungen** ist aber **§ 77 Abs. 3 zu beachten** (*Gutzeit* § 88 Rdn. 8; vgl. auch *Lerch/Weinbrenner* NZA 2011, 664 [666] zur Erweiterung der Mitbestimmung durch Betriebsvereinbarung). Erstreckt man dessen Anwendungsbereich allerdings auch auf formelle Arbeitsbedingungen (*Kreutz* § 77 Rdn. 93 m. w. N.), bleibt kaum Raum für freiwillige Betriebsvereinbarungen (insoweit zutr. *Klebe/DKKW* § 87 Rn. 39).

d) Tarifbindung

67 Eine **tarifliche Regelung** i. S. d. Eingangssatzes ist **nur** gegeben, soweit der **Betrieb** in den **räumlichen, fachlichen** und **persönlichen Geltungsbereich** des **Tarifvertrags fällt und** eine **Tarifbindung besteht**, also nicht bei OT-Mitgliedschaft. Ein noch nicht in Kraft getretener Tarifvertrag schließt daher die notwendige Mitbestimmung nicht aus (*LAG Düsseldorf/Köln* 16.09.1975 EzA § 87 BetrVG 1972 Initiativrecht Nr. 3 S. 36). Umstritten ist, ob die **Tarifbindung** des **Arbeitgebers genügt** (so *BAG* st. Rspr. 24.02.1987 EzA § 87 BetrVG 1972 Nr. 10 [*Gaul*] = AP Nr. 21 zu § 77 BetrVG 1972 Bl. 7 R [*Richardi*] = SAE 1989, 1 [*Wiese*] = AR-Blattei, Betriebsverfassung XIV B, Entsch. 102 [*Löwisch/Rieble*] = BB 1987, 1246 [*Gast*]; 24.11.1987 EzA § 87 BetrVG 1972 Lohn u. Arbeitsentgelt Nr. 14 S. 16 = AP Nr. 6 zu § 87 BetrVG 1972 Auszahlung Bl. 3f. [*Pleyer*]; 20.12.1988 EzA § 87 BetrVG 1972 Nr. 12 S. 5 = AP Nr. 9 zu § 87 BetrVG 1972 Auszahlung Bl. 2 R; 23.06.1992 EzA § 77 BetrVG 1972 Nr. 49 S. 8 = AP Nr. 55 zu § 77 BetrVG 1972 Bl. 3 R [*Wiedemann/Arnold*]; 10.08.1993 EzA § 87 BetrVG 1972 Lohn u. Arbeitsentgeld Nr. 16 S. 4 [*Vogg*] = AP Nr. 12 zu § 87

BetrVG 1972 Auszahlung Bl. 3;18.10.2011 EzA § 87 BetrVG 2001 Betriebliche Lohngestaltung Nr. 26 Rn. 21 = AP Nr. 141 zu § 87 BetrVG 1972 Lohngestaltung = RdA 2013, 108 *[Reichold]*; 28.03.2017 NZA 2017, 1137 Rn. 25; *Bakopoulos* Zuständigkeitsverteilung zwischen tarifvertraglicher und innerbetrieblicher Normsetzung, S. 158 ff., 188; *Däubler* Tarifvertragsrecht, Rn. 237; *Fischer* Die tarifwidrigen Betriebsvereinbarungen [Diss. Konstanz], 1998, S. 226; *Fitting* § 87 Rn. 44, 410; *Giesen* Tarifvertragliche Rechtsgestaltung im Betrieb, 2002, S. 434 f.; *Kempen/Zachert* TVG, Grundlagen Rn. 348; *Haug* BB 1986, 1921 [1924, 1926]; *Heinze* NZA 1989, 41 [46]; *von Hoyningen-Huene* NZA 1987, 793, [796]; *Klasen* Tarifvorrang und Mitbestimmung in sozialen Angelegenheiten, S. 19 f.; *Klebe/DKKW* § 87 Rn. 37; *Matthes/MünchArbR* § 242 Rn. 16; *Moll* Der Tarifvorrang im Betriebsverfassungsgesetz, S. 21 f.; *Preis* Arbeitsrecht II, § 153 I 4; *Reuter* RdA 1994, 152 [166]; *Säcker* ZfA 1972, Sonderheft S. 41 [67 f.]; *Simitis/Weiss* DB 1973, 1240 [1250]; *Veit* Zuständigkeit des Betriebsrats, S. 244; *Wiedemann/Wank* TVG, § 4 Rn. 606; *Worzalla/HWGNRH* § 87 Rn. 69) oder ob **außerdem mindestens ein Arbeitnehmer tarifgebunden** sein muss (so *Galperin/Löwisch* § 87 Rn. 56; *Rumpff* AuR 1972, 65 [78]). Weitergehend verlangte *Nipperdey* (*Hueck/Nipperdey* II/2, S. 1360 [1395]), die **tarifliche Regelung** müsse für den **ganzen Betrieb** gelten. Das sei aber außer bei betrieblichen und betriebsverfassungsrechtlichen Normen (§ 3 Abs. 2 TVG) nur der Fall, wenn der Arbeitgeber und sämtliche Arbeitnehmer tarifgebunden seien oder die tarifliche Regelung für allgemeinverbindlich erklärt worden sei (vgl. auch *Wiedemann/Stumpf* TVG, 5. Aufl. 1977, § 4 Rn. 284, die verlangten, dass im Wesentlichen alle in Betracht kommenden Arbeitnehmer tarifgemäß behandelt würden [aufgegeben von *Wiedemann/Wank* TVG § 4 Rn. 606]; vgl. auch *Gamillscheg* II, S. 871; *Richardi* § 87 Rn. 156). Weitere Nachweise 6. Aufl. § 87 Rn. 67.

Der Auffassung von Nipperdey ist zuzustimmen, weil sie allein dem Schutzzweck des § 87 Abs. 1 **normativ** und **nicht nur faktisch** gerecht wird und dessen notwendige Konsequenz ist (eingehend *Wiese* 25 Jahre Bundesarbeitsgericht, S. 661 [670 ff.]; *ders.* Anm. SAE 1989, 1 [6, 10 f.]; ebenso *Gast* Tarifautonomie und Normsetzung durch Betriebsvereinbarung, S. 28 f.; *Gutzeit* AR-Blattei SD 530.14.2 Rn. 31 ff.; *von Hoyningen-Huene* DB 1994, 2026 [2030]; *Jahnke* Tarifautonomie und Mitbestimmung, S. 163 f.; *Kaiser/LK* § 87 Rn. 6; *Rieble* FS *Konzen*, 2006, S. 809 [823]; *Schulz* Entgeltkürzung im Insolvenzfall durch Betriebsvereinbarung [Diss. Berlin] 2002, S. 135; krit. gegenüber Rechtsprechung des BAG *Kreft*, FS *Kreutz*, 2010, S. 263 [270 f., 272 f.]; *Löwisch/Rieble* TVG § 1 Rn. 154; *Salamon* NZA 2012, 899 [900 ff.]). Das *BAG* (18.10.2011 EzA § 87 BetrVG 1972 Lohngestaltung Nr. 22 = AP Nr. 141 zu § 87 BetrVG 1972 Lohngestaltung) hat inzwischen im Anschluss an *Kreft* (FS *Kreutz*, S. 263 [270]) eingeräumt, dass der Ausschluss der Mitbestimmung durch das Abstellen auf die Tarifbindung des Arbeitgebers bei Inhaltsnormen zu einer Schutzlücke zu Lasten nicht tarifgebundener Arbeitnehmer führe. Es löst dieses Problem bei der betrieblichen Lohngestaltung mit der nicht überzeugenden Begründung, der Arbeitgeber sei auch gegenüber nicht tarifgebundenen Arbeitnehmern an das tarifliche Entlohnungssystem gebunden, soweit dieses der erzwingbaren Mitbestimmung nach § 87 Abs. 1 Nr. 10 unterliege (*BAG* 18.10.2011 EzA § 87 BetrVG 2001 Betriebliche Lohngestaltung Nr. 26 Rn. 22 ff. = AP Nr. 141 zu § 87 BetrVG 1972 Lohngestaltung; 23.08.2016 EzA § 87 BetrVG 2001 Betriebliche Lohngestaltung Nr. 35 Rn. 18 = AP Nr. 148 zu § 99 BetrVG 1972; zur Kritik *Wiese/Gutzeit* Rdn. 940 f.; vgl. auch *Klebe/DKKW* § 87 Rn. 37). Damit wird aus der abstrakten Mitbestimmungspflicht nach § 87 Abs. 1 Nr. 10 auf das angebliche Bestehen einer tariflichen Regelung i.S.d. Eingangssatzes geschlossen, obwohl diese für die nicht tarifgebundenen Arbeitnehmer gerade nicht besteht. So wird die Einschränkung der Mitbestimmung zugunsten einer Tarifvertragspartei ebenso wie beim Abstellen auf die Tarifbindung allein des Arbeitgebers bewirkt und ist nur rechtspolitisch verständlich. Die Frage war allerdings bisher insoweit von geringer praktischer Bedeutung, als die Angelegenheiten des § 87 weithin Gegenstand betrieblicher Normen i.S.d. § 3 Abs. 2 TVG sind und für diese die Tarifbindung des Arbeitgebers genügt (*Schmidt-Eriksen* Tarifvertragliche Betriebsnormen [Diss. Hannover], 1992, S. 221 ff.; zu Kurzarbeitsklauseln *Simitis/Weiss* DB 1973, 1240 [1249 f.]; zur Verfassungsmäßigkeit tarifvertraglicher Betriebsnormen *H. Hanau* RdA 1996, 158 ff.). Nach der hier im Anschluss an *Nipperdey* vertretenen Meinung ist jedoch bei **Inhaltsnormen** zwar für die tarifgebundenen Arbeitnehmer die Mitbestimmung durch eine den Anforderungen des Eingangssatzes genügende tarifliche Regelung ausgeschlossen, **aber nicht für die nicht tarifgebundenen Arbeitnehmer**; die notwendige Mitbestimmung hat daher insoweit eine **Ergänzungsfunktion** (zust. *von Hoyningen-Huene* DB 1994, 2206 [2230]), dabei ist § 75 Abs. 1 zu beachten (*Wiese* SAE 1989, 1 [6, 11]). Auch sind

§ 87

bei Anwendung des § 77 Abs. 3 Betriebsvereinbarungen unzulässig, während die notwendige Mitbestimmung im Übrigen bestehen bleibt (Rdn. 48 ff.). Dass ein und dieselbe Arbeitsbedingung im räumlichen und betrieblichen Geltungsbereich eines Tarifvertrags sowohl durch Tarifvertrag als auch durch Betriebsvereinbarung in zulässiger Weise geregelt werden kann, hat das BAG mit Recht ausdrücklich anerkannt (20.08.1991 EzA § 77 BetrVG 1972 Nr. 41 S. 13 = AP Nr. 2 zu § 77 BetrVG 1972 Tarifvorbehalt Bl. 5; 22.06.1993 EzA § 23 BetrVG 1972 Nr. 35 S. 7 f. *[Kittner]* = AP Nr. 22 zu § 23 BetrVG 1972 Bl. 4; vgl. aber auch ältere Entscheidungen wie BAG 24.02.1987 EzA § 87 BetrVG 1972 Nr. 10 S. 84 *[Gaul]* = AP Nr. 21 zu § 77 BetrVG 1972 Bl. 7 R; 30.01.1990 EzA § 99 BetrVG 1972 Nr. 86 S. 4 f. = AP Nr. 78 zu § 99 BetrVG 1972 Bl. 3 R f. *[Schüren / Kirsten]*).

69 Nach Aufgabe des Grundsatzes der Tarifeinheit durch den Vierten Senat (*BAG* 07.07.2010 EzA § 4 TVG Tarifkonkurrenz Nr. 25 *[Brecht / Heitzmann]* = AP Nr. 140 zu Art. 9 GG Rn. 12 ff. *[B. Schmidt]*) ist bei **Tarifpluralität** zu unterscheiden: Erfüllen mehrere einschlägige Tarifverträge, an die der Arbeitgeber gebunden ist, nicht die Voraussetzungen des »Bestehens einer tariflichen Regelung«, ist die Mitbestimmung nicht eingeschränkt. Erfüllt nur ein Tarifvertrag diese Voraussetzung, ist nach der bisherigen Rechtsprechung des BAG die Mitbestimmung ausgeschlossen. Ist das dagegen bei mehreren Tarifverträgen der Fall, ist zwischen Betriebsnormen und Inhaltsnormen zu unterscheiden. Bei Betriebsnormen ist der repräsentativere Tarifvertrag als maßgebend anzusehen (*Franzen* RdA 2008, 193 [200]; *Willemsen / Mehrens* NZA 2010, 1313 [1318]; differenzierend *Klebe / DKKW* § 87 Rn. 38). Bei Inhaltsnormen ist nach der bisher herrschenden Meinung die Mitbestimmung sowohl für die jeweils tarifgebundenen als auch für die nicht tarifgebundenen Arbeitnehmer ausgeschlossen. Nach der hier vertretenen Auffassung ist die Mitbestimmung dagegen für die nicht tarifgebundenen Arbeitnehmer gegeben, sodass bis zum Inkrafttreten des § 4a TVG unterschiedliche normative Regelungen durch Tarifvertrag und Betriebsvereinbarung galten (*Franzen* RdA 2008, 193 [200]; *Willemsen / Mehrens* NZA 2010, 1313 [1315]; *Thüsing / von Medem* ZIP 2007, 510 [513]; differenzierend *Reichold* RdA 2007, 321 [327]; *Worzalla / HWGNRH* § 87 Rn. 68; **a. M.** *Bepler* FS ARGE, ArbR 2006, 791 [800]; *Meyer* NZA 2006, 1387 [1391]; für Wahlrecht des Arbeitgebers *Kreft* FS *Kreutz*, S. 263 [273]; vgl. ferner *Schmidt* NZA 2012, Beil. 4 S. 123 [128]). Enthielten Tarifverträge keine abschließende Regelung i. S. d. Eingangssatzes, galten dennoch deren normative Regelungen für die jeweils tarifgebundenen Arbeitnehmer, während für die ungeregelten Materien ergänzende Betriebsvereinbarungen mit unterschiedlichem persönlichem Anwendungsbereich zulässig und erforderlich waren. Zur Problematik des Eingangssatzes im Rahmen des § 87 Abs. 1 Nr. 10 *Wiese / Gutzeit* Rdn. 969 f.; zu § 4a TVG Rdn. 70.

70 Nach Inkrafttreten des **Tarifeinheitsgesetzes** vom 03.07.2015 (BGBl. I, S. 1130 – in Kraft am 10.07.2015 –; zur Verfassungsmäßigkeit des Gesetzes außer § 4a Abs. 2 Satz 2 TVG *BVerfG* 11.07.2017 NZA 2017, 915 Rn. 124 ff. mit abweichender Meinung des Richters Paulus und der Richterin Baer; zur Ablehnung einer einstweiligen Anordnung gegen das Tarifeinheitsgesetz *BVerfG* 06.10.2015 E 140, 211 ff. Rn. 15 ff. = EzA Art. 9 GG Nr. 111; zur Unzulässigkeit weiterer Verfassungsbeschwerden gegen § 4a TVG *BVerfG* 16.06.2016 EzA Art. 9 GG Nr. 112 und 113) gilt Folgendes: (zum Ganzen grundlegend *Löwisch / Rieble* TVG § 4a). Durch den in das Tarifvertragsgesetz eingefügten § 4a sollen Tarifkollisionen im Betrieb vermieden werden (Abs. 1). Soweit der Arbeitgeber nach § 3 TVG an mehrere nicht inhaltsgleiche Tarifverträge unterschiedlicher Gewerkschaften gebunden ist, deren Geltungsbereiche sich überschneiden **(kollidierende Tarifverträge),** sind im Betrieb nur die Rechtsnormen des Tarifvertrages derjenigen Gewerkschaft anwendbar, die zum Zeitpunkt des Abschlusses des zuletzt abgeschlossenen kollidierenden Tarifvertrages im Betrieb die meisten in einem Arbeitsverhältnis stehenden Mitglieder hat; bei einer Kollision erst zu einem späteren Zeitpunkt ist dieser für die Mehrheitsfeststellung maßgeblich (§ 4a Abs. 2 Satz 1 und 2 und 3 sowie zum Begriff des Betriebes Satz 4 und 5 TVG). Bei nicht eindeutigen Mehrheitsverhältnissen können die Mehrheitsfeststellung und damit die Ungewissheit über den anzuwendenden Tarifvertrag Schwierigkeiten bereiten. Sie können beseitigt werden, indem eine Gewerkschaft vom Arbeitgeber oder der Vereinigung der Arbeitgeber die Nachzeichnung der Rechtsnormen eines mit ihrem Tarifvertrag kollidierenden Tarifvertrags verlangt (§ 4a Abs. 4 Satz 1 TVG). Da dies bei Überschneiden der Geltungsbereiche und Rechtsnormen der Tarifverträge durch Abschluss eines die Rechtsnormen des kollidierenden Tarifvertrags enthaltenden Tarifvertrags erfolgt, ist die Kollision zum Zeitpunkt des Inkrafttretens des nachzeichnenden Tarifvertrags beendet, und es gelten allein die Rechtsnormen des nachgezeichneten Tarifvertrages unmittelbar und zwingend (§ 4a Abs. 4 Satz 2 und 3 TVG). War eine Nachzeichnung nicht erfolgt und

auch eine autonome Einigung der beteiligten Gewerkschaften – die Verdrängungsregelung ist dispositiv – nicht zu erwarten, bedarf es der gerichtlichen Entscheidung über den nach § 4 Abs. 2 Satz 2 TVG im Betrieb anwendbaren Tarifvertrag (dazu *Fitting* § 87 Rn. 44a). Maßgebender Zeitpunkt wäre dann die Rechtskraft des Beschlusses im Beschlussverfahren nach § 99 i. V. m. § 2a Abs. 1 Nr. 6, Abs. 2 ArbGG (zur Rechtskraft von Beschlüssen im arbeitsgerichtlichen Beschlussverfahren *BAG* 06.06.2000 EzA § 322 ZPO Nr. 12 S. 6 ff. = AP Nr. 9 zu § 97 ArbGG 1979 Bl. 3 ff. *[Oetker]*; 23.02.2016 EzA § 87 BetrVG 2001 Betriebliche Lohngestaltung Nr. 33 Rn. 19 = AP Nr. 148 zu § 87 BetrVG 1972 Lohngestaltung sowie *BVerfG* 06.10.2015 NZA 2015, 1271 Rn. 15 ff., dazu *Löwisch* NZA 2015, 1369; *ders.* NZA 2016, 997 ff.). Bis dahin wären bei Tarifkollision mehrere Tarifverträge anzuwenden, wobei die Ungewissheit über den anzuwendenden Tarifvertrag dadurch verstärkt würde, dass sich in der Zwischenzeit die Mehrheitsverhältnisse ändern können. Für die Anwendbarkeit des § 87 Abs. 1 Eingangssatz bleibt es bis zur Auflösung der Tarifkollision nach wie vor bei den vorstehend (Rdn. 69) dargelegten Grundsätzen. Ist die Tarifkollision behoben, ist zwar geklärt, welcher Tarifvertrag nunmehr im Betrieb allein gilt. Das betrifft aber nur das Verhältnis der kollidierenden Tarifverträge zueinander, jedoch noch nicht den Ausschluss der Mitbestimmung durch den Mehrheitstarifvertrag. Nur wenn dieser die Voraussetzungen des Eingangssatzes erfüllt, also eine tarifliche Regelung »besteht«, kommt es nach wie vor darauf an, ob nach der Rechtsprechung des BAG die Tarifgebundenheit des Arbeitgebers an den Mehrheitstarifvertrag für den Ausschluss der Mitbestimmung auch für die nicht tarifgebundenen Arbeitnehmer genügt. Da hierfür keine überzeugenden Argumente bestehen, bleibt es dabei, dass nach der hier vertretenen Auffassung für die nicht tarifgebundenen Arbeitnehmer die Mitbestimmung vom Betriebsrat auszuüben ist (im Ergebnis ebenso wohl *Löwisch / Rieble* § 4a TVG Rn. 193 S. 1245).

e) Bestehen einer gesetzlichen oder tariflichen Regelung
Die **notwendige Mitbestimmung** des Betriebsrats ist **nur ausgeschlossen, soweit** eine **gesetz-** 71 **liche** oder **tarifliche Regelung besteht** (zu § 77 Abs. 3 Rdn. 84). Der Gesetzgeber bzw. die Tarifpartner müssen selbst eine **inhaltlich ausreichende Regelung** treffen (*BAG* 04.07.1989 EzA § 87 BetrVG 1972 Betriebliche Lohngestaltung Nr. 24 S. 7 *[Gaul]* = AP Nr. 20 zu § 87 BetrVG 1972 Tarifvorrang Bl. 3 R *[Dütz-Rotter]*; *LAG Berlin* 15.06.1977 EzA § 87 BetrVG 1972 Nr. 6 S. 33; 07.11.1988 LAGE § 87 BetrVG 1972 Leistungslohn Nr. 5 S. 3 ff.; eingehend *Wiese* 25 Jahre Bundesarbeitsgericht, S. 661 [672 ff.] sowie die folgenden Erläuterungen). Die Reichweite einer gesetzlichen oder tariflichen Regelung ist durch Auslegung zu ermitteln. Ergibt diese, dass ein **Regelungsspielraum** verbleibt – das *BAG* spricht von Gestaltungsspielraum – ist insoweit die Mitbestimmung gegeben (*BAG* 22.07.2008 EzA § 87 BetrVG 2001 Betriebliche Ordnung Nr. 3 Rn. 72 *[Brecht / Heitzmann]* = AP Nr. 14 zu § 87 BetrVG 1972; 07.02.2012 EzA § 87 BetrVG 2001 Betriebliche Ordnung Nr. 6 Rn. 22 = AP § 87 BetrVG 1972 Ordnung des Betriebes Nr. 42; 11.12.2012 EzA § 87 BetrVG 2001 Überwachung Nr. 3 Rn. 19 = AP § 87 BetrVG 1972 Ordnung des Betriebes Nr. 44 *[Schiefer]*; 22.07.2014 EzA § 87 BetrVG 2011 Auszahlung der Arbeitsentgelte Nr. 1 Rn. 14 = AP Nr. 19 zu § 87 BetrVG 1972; Nachweise zu älteren *BAG*-Entscheidungen 10. Aufl. § 87 Rn. 69) Das gilt auch für **gesetzlich angeordnete betriebliche Regelungen**, die der **behördlichen Genehmigung unterliegen** (z. B. § 12 Abs. 2 KraftfahrsachverständigenG vom 22.12.1971 [BGBl. I, S. 2086]; *Wiese* 25 Jahre Bundesarbeitsgericht, S. 661 [676 ff.]; zust. *Galperin / Löwisch* § 87 Rn. 47). Die Tarifvertragsparteien können den Betriebsparteien unter bestimmten Voraussetzungen auch den Abschluss ergänzender Betriebsvereinbarungen durch freiwillige Betriebsvereinbarung gestatten (*BAG* 09.12.2003 EzA § 50 BetrVG 2001 Nr. 3 S. 9 = AP Nr. 27 zu § 50 BetrVG 1972 Bl. 4 R).

Insbesondere bei **Tarifverträgen** bedarf es der oft schwierigen **Auslegung** des Gewollten, vor allem 72 hinsichtlich der Frage, ob die Tarifpartner eine von ihnen getroffene Regelung als abschließend verstanden haben. Das gilt auch in dem Sinne, dass eine bestimmte Frage nicht geregelt werden sollte, weil die im Übrigen erlassenen Vorschriften als abschließend gedacht waren. Eine tatsächliche Vermutung für eine abschließende Regelung der Tarifpartner besteht nicht (*Galperin / Löwisch* § 87 Rn. 48; *Nikisch* III, S. 380 Fn. 75; *Richardi* § 87 Rn. 161 f.; **a. M.** *Dietz* § 56 Rn. 63). Deshalb ist es unerheblich, ob eine tarifliche Regelung »nicht ohne weiteres als nur unvollständig gemeint erkennbar ist« (so das *BAG* 05.03.1974 EzA § 87 BetrVG 1972 Nr. 3 S. 14 *[Herschel]* = AP Nr. 1 zu § 87 BetrVG 1972 Kurzarbeit Bl. 3 R *[krit. Wiese]*; 04.08.1981 EzA § 87 BetrVG 1972 Nr. 8 S. 54 f. = AP Nr. 1 zu § 87 BetrVG 1972 Tarifvorrang Bl. 3 R *[Mayer-Maly]*; 31.08.1982 EzA § 87 BetrVG 1972 Nr. 9 S. 65 = AP Nr. 2

§ 87   IV. 3. Soziale Angelegenheiten

zu § 87 BetrVG 1972 Auszahlung Bl. 2 R; 20.12.1988 EzA § 87 BetrVG 1972 Nr. 12 S. 4 = AP Nr. 9 zu § 87 BetrVG 1972 Auszahlung Bl. 2). In keinem Fall reicht die Wirkung der tariflichen Regelung aber weiter, als es die Tarifpartner selbst gewollt haben. Da z. B. ein Tarifvertrag die sog. AT-Angestellten nicht berücksichtigt, bleibt die notwendige Mitbestimmung des Betriebsrats insoweit erhalten (Rdn. 78).

73 Ob der durch Auslegung ermittelte Inhalt einer tariflichen Regelung die notwendige Mitbestimmung des Betriebsrats ausschließt, ist nach **objektiven Kriterien**, d. h. **unter Berücksichtigung** des **Inhalts** und **Schutzzwecks** des § 87 zu bestimmen (hierzu und zu Folgendem *Wiese* 25 Jahre Bundesarbeitsgericht, S. 661 [673 ff.]). Die mit der in Aussicht genommenen betrieblichen Regelung zu vergleichenden tariflichen Vorschriften müssen eine Angelegenheit inhaltlich derart regeln, dass der durch die notwendige Mitbestimmung vom Gesetzgeber angestrebte **Schutz substantiell** bereits **verwirklicht** worden ist und **zusätzliche betriebliche Regelungen nicht erforderlich macht** (*BAG* 09.11.2010 EzA § 87 BetrVG 2001 Arbeitszeit Nr. 15 Rn. 17 = AP Nr. 126 zu § 87 BetrVG 1972 Arbeitszeit; vgl. auch 18.03.1976 EzA § 87 BetrVG 1972 Lohn und Arbeitsentgelt Nr. 5 S. 51 *[Weiss]* = AP Nr. 4 zu § 87 BetrVG 1972 Altersversorgung Bl. 3 f. *[Hanau]*; 04.08.1981 EzA § 87 BetrVG 1972 Nr. 8 S. 55 = AP Nr. 1 zu § 87 BetrVG 1972 Tarifvorrang Bl. 4 *[Mayer-Maly]*). Dem entspricht die Formulierung des *BAG*, **durch Tarifvertrag materiell geregelt** sei nur ein Tatbestand, bei dem der **Arbeitgeber lediglich** eine **tarifliche Norm zu vollziehen**, also **nichts zu bestimmen** habe (*BAG* 05.03.1974 EzA § 87 BetrVG 1972 Nr. 3 S. 15 *[Herschel]* = AP Nr. 1 zu § 87 BetrVG 1972 Kurzarbeit Bl. 4 *[Wiese]*; vgl. auch *ArbG* Berlin 25.01.1973 BB 1973, 289 [291]; *Worzalla/HWGNRH* § 87 Rn. 72; krit. *Rieble* FS *Konzen*, 2006, S. 809 [821 f.]; *Wiedemann/Wank* TVG, § 4 Rn. 603). Das gilt gerade auch dann, wenn es lediglich um die Auslegung des Tarifvertrags, also um eine Rechts- und nicht um eine Regelungsfrage geht (*BAG* 04.08.1981 EzA § 87 BetrVG 1972 Nr. 8 S. 55 = AP Nr. 1 zu § 87 BetrVG 1972 Tarifvorrang Bl. 4 *[Mayer-Maly]*).

74 Da aber eine tarifliche Regelung selten schlechthin vollständig sein wird, muss es unter den bezeichneten Voraussetzungen **genügen**, dass sie den **wesentlichen Gehalt** der **beiderseitigen Pflichten** und **Rechte kennzeichnet** (*BAG* 13.11.1964 AP Nr. 25 zu § 56 BetrVG Bl. 2; anders dagegen *BAG* 18.03.1976 EzA § 87 BetrVG 1972 Lohn u. Arbeitsentgelt Nr. 5 S. 51 *[Weiss]* = AP Nr. 4 zu § 87 BetrVG 1972 Altersversorgung Bl. 3 f.; 22.01.1980 EzA § 87 BetrVG 1972 Lohn u. Arbeitsentgelt Nr. 11 S. 86 = AP Nr. 3 zu § 87 BetrVG 1972 Lohngestaltung Bl. 5 *[Moll]*; 04.08.1981 EzA § 87 BetrVG 1972 Nr. 8 S. 54 = AP Nr. 1 zu § 87 BetrVG 1972 Tarifvorrang Bl. 3 R *[Mayer-Maly]*; 03.08.1982 EzA § 87 BetrVG 1972 Betriebliche Lohngestaltung Nr. 5 S. 50 *[Weiss]* = AP Nr. 12 zu § 87 BetrVG 1972 Lohngestaltung Bl. 3 R *[Misera]*;31.08.1982 EzA § 87 BetrVG 1972 Nr. 9 S. 65 = AP Nr. 2 zu § 87 BetrVG 1972 Auszahlung Bl. 2 R; 25.07.1996 EzA § 87 BetrVG 1972 Betriebliche Lohngestaltung Nr. 57 S. 2 = AP Nr. 8 zu § 27 BAT Bl. 3 R f.: »**vollständige**« Regelung; unscharf *BAG* 03.04.1979 EzA § 87 BetrVG 1972 Nr. 7 S. 45 = AP Nr. 2 zu § 87 BetrVG 1972 Bl. 3: »**abschließende**« Regelung; ebenso *BAG* st. Rspr. 20.12.1988 EzA § 87 BetrVG 1972 Nr. 12 S. 4 = AP Nr. 9 zu § 87 BetrVG 1972 Auszahlung Bl. 2; 03.12.1991 GS EzA § 87 BetrVG 1972 Betriebliche Lohngestaltung Nr. 30 S. 20, 23 *[Gaul]* = AP Nr. 51 zu § 87 BetrVG 1972 Lohngestaltung Bl. 8, 9 R; 18.02.2003 EzA § 8 TzBfG Nr. 3 S. 16 *[Ahrens]* = AP Nr. 2 zu § 8 TzBfG Bl. 7 *[Heyn]*; 30.05.2006 EzA § 4 TVG Chemische Industrie Nr. 9 Rn. 23; 09.11.2010 EzA § 87 BetrVG 2001 Arbeitszeit Nr. 15 Rn. 17 = AP Nr. 126 zu § 87 BetrVG 1972 Arbeitszeit; 18.10.2011 EzA § 87 BetrVG 2001 Betriebliche Lohngestaltung Nr. 26 Rn. 20 = AP Nr. 141 zu § 87 BetrVG 1972 Lohngestaltung; weitere *BAG*-Nachweise 9. Aufl. § 87 Rn. 72; *LAG Düsseldorf* 28.10.1980 DB 1981, 749; *Fitting* § 87 Rn. 48; *Richardi* § 87 Rn. 144, 161; *Worzalla/HWGNRH* § 87 Rn. 72). Es muss aber eine die **sachliche Substanz selbst regelnde Norm** vorliegen; eine hierdurch gewährte **nur rechtliche Gestaltungsmöglichkeit reicht nicht aus** (*BAG* 13.03.1973 EzA § 87 BetrVG 1972 Werkswohnung Nr. 2 S. 8 = AP Nr. 1 zu § 87 BetrVG 1972 Werkmietwohnungen Bl. 2; 05.03.1974 EzA § 87 BetrVG 1972 Nr. 3 S. 15 *[Herschel]* = AP Nr. 1 zu § 87 BetrVG 1972 Kurzarbeit Bl. 4; 14.12.1993 EzA § 87 BetrVG 1972 Betriebliche Lohngestaltung Nr. 43 S. 7 = AP Nr. 65 zu § 87 BetrVG 1972 Lohngestaltung Bl. 3; 18.04.1989 EzA § 87 BetrVG 1972 Nr. 13 S. 6 *[Wiese]* = AP Nr. 18 zu § 87 BetrVG 1972 Tarifvorrang Bl. 3; 03.05.2006 EzA § 87 BetrVG 2001 Arbeitszeit Nr. 9 Rn. 30 = AP Nr. 119 zu § 87 BetrVG 1972 Arbeitszeit; **a. M.** *Giese* BB 1973, 198 [200]; *Hiersemann* BB 1973, 850 [851]).

Im Hinblick auf den Schutzzweck des § 87 Abs. 1 **abzulehnen** ist die weitergehende Formulierung **75** des *BAG*, **jede auch nur einigermaßen vollständige, ohne weitere Ergänzung aus sich heraus praktisch zu handhabende Regelung eines Tarifvertrages schließe die Mitbestimmung aus** (so *BAG* in st. Repr. 06.07.1962 AP Nr. 7 zu § 37 BetrVG Bl. 2 f.; 05.03.1974 EzA § 87 BetrVG 1972 Nr. 3 S. 14 *[Herschel]* = AP Nr. 1 zu § 87 BetrVG 1972 Kurzarbeit Bl. 3 R *[Wiese]*; 04.08.1981 EzA § 87 BetrVG 1972 Nr. 8 S. 55 = AP Nr. 1 zu § 87 BetrVG 1972 Tarifvorrang Bl. 3 R *[Mayer-Maly]*; 13.02.1990 EzA § 118 BetrVG 1972 Nr. 51 S. 5 = AP Nr. 45 zu § 118 BetrVG 1972 Bl. 4; zust. *LAG Hamm* 14.08.1980 DB 1974, 2161 [2162]; *LAG Berlin* 18.03.1986 LAGE § 87 BetrVG 1972 Nr. 4 S. 4; *Gamillscheg* II, S. 873; *Hanau* BB 1977, 350 [351]; *Lieb* ZfA 1978, 179 [206]; *Wiedemann/Wank* TVG, § 4 Rn. 603; wie hier dagegen *Worzalla/HWGNRH* § 87 Rn. 72; *Richardi* § 87 Rn. 162; weitere Rspr.-Nachweise 10. Aufl. § 87 Rdn. 75). Nicht überzeugend ist der Einwand von *Koller* (ZfA 1980, 521 [554]) gegen die hier vertretene Auffassung. Gleichgültig ist, ob die tarifliche Regelung zweckmäßig ist.

Richtlinien oder ergänzungsbedürftige **Rahmenvorschriften** sind **nicht ausreichend** (*BAG* **76** 03.04.1979 EzA § 87 BetrVG 1972 Nr. 7 S. 45 f. = AP Nr. 2 zu § 87 BetrVG 1972 Bl. 3; 04.08.1981 EzA § 87 BetrVG 1972 Nr. 8 S. 54 = AP Nr. 1 zu § 87 BetrVG 1972 Tarifvorrang Bl. 3 R *[Mayer-Maly]*; 20.12.1988 EzA § 87 BetrVG 1972 Nr. 12 S. 4 = AP Nr. 9 zu § 87 BetrVG 1972 Auszahlung Bl. 2; *Galperin/Löwisch* § 87 Rn. 49; *Galperin/Siebert* § 56 Rn. 19; *Nikisch* III, S. 380; *Simitis/Weiss* DB 1973, 1240 [1251]; *Wiedemann/Wank* TVG, § 4 Rn. 603; *Worzalla/HWGNRH* § 87 Rn. 72).

Die **Tarifpartner** können sich darauf **beschränken**, statt der sachlichen Regelung einer in § 87 **77** Abs. 1 genannten Angelegenheit nur das **Verfahren vorzuschreiben** und dabei auch die Zuständigkeit der Einigungsstelle nach § 87 Abs. 2, § 76 Abs. 5 durch eine tarifliche Schlichtung zu ersetzen (*BAG* 23.03.1962 AP Nr. 1 zu § 56 BetrVG Akkord Bl. 3 f. = AuR 1962, 252 *[abl. Herschel]*; 17.11.1998 EzA § 87 BetrVG 1972 Arbeitszeit Nr. 59 S. 6 = AP Nr. 79 zu § 87 BetrVG 1972 Arbeitszeit Bl. 4; *Farthmann* RdA 1974, 65 [69]; *Fitting* § 87 Rn. 48; *Nikisch* III, S. 380 f.; *Richardi* § 87 Rn. 163; *Wiedemann/Wank* TVG, § 4 Rn. 604). Verfahrensvorschriften können auch die Durchführung der Mitbestimmung betreffen, z. B. die Einsetzung tariflicher oder betrieblicher Akkordkommissionen. Dagegen handelt es sich nicht nur um eine Verfahrensregelung, wenn es um den materiellen Inhalt der Mitbestimmung des Betriebsrats geht, also z. B. ein Tarifvertrag vorsieht, dass ein Akkord zunächst vom Arbeitgeber festzusetzen ist und der Betriebsrat dagegen Widerspruch erheben kann (**a. M.** *Richardi* § 87 Rn. 163) oder im Tarifvertrag sonst die Mitbestimmung abgeschwächt wird. Das ist unzulässig (Rdn. 82).

Die Rechtsverhältnisse der sog. **AT-Angestellten** (*BAG* 30.04.1981 EzA § 80 BetrVG 1972 Nr. 17 **78** S. 97 = AP Nr. 13 zu § 80 BetrVG 1972 Bl. 1 R: Angestellte, »die kraft ihrer Tätigkeit nicht mehr unter den persönlichen Geltungsbereich des einschlägigen Tarifvertrages fallen, andererseits aber noch nicht zum Personenkreis des § 5 Abs. 3 BetrVG 1972 gehören«; vgl. auch *von Friesen* DB 1980, Beil. Nr. 1, S. 2 ff.; *Gaul* BB 1978, 764 [765 f.]) **unterliegen** der **notwendigen Mitbestimmung** des Betriebsrats, da der jeweilige Tarifvertrag für sie nicht gilt, eine tarifliche Regelung i. S. d. Eingangssatzes daher nicht besteht (*BAG* 22.01.1980 EzA § 87 BetrVG 1972 Lohn u. Arbeitsentgelt Nr. 11 S. 85 = AP Nr. 3 zu § 87 BetrVG 1972 Lohngestaltung Bl. 5 *[Moll]*; 27.11.1990 EzA § 87 BetrVG 1972 Arbeitszeit Nr. 40 S. 7 *[Kraft]* = AP Nr. 41 zu § 87 BetrVG 1972 Arbeitszeit Bl. 4; 18.05.2010 EzA § 50 BetrVG 2001 Nr. 8 Rn. 12 = AP Nr. 34 zu § 50 BetrVG 1972; *LAG Düsseldorf/Köln* 16.09.1975 EzA § 87 BetrVG 1972 Initiativrecht Nr. 3 S. 36; *Fitting* § 87 Rn. 46; *Föhr* AuR 1975, 353 f.; *Galperin/Löwisch* § 87 Rn. 54a; *Henkel/Hagemeier* BB 1976, 1420 [1422]; *Klebe/DKKW* § 87 Rn. 51; *Moll* Der Tarifvorrang im Betriebsverfassungsgesetz, S. 73 ff., 80 ff.; *Reuter* Vergütung von AT-Angestellten und betriebsverfassungsrechtliche Mitbestimmung, 1979, S. 29 ff.; *Richardi* § 87 Rn. 160; *ders.* ZfA 1976, 1 [5, 21]; *Wiedemann* In memoriam *Sir Otto Kahn-Freund*, 1980, S. 343 [349 f.]; *Worzalla/HWGNRH* § 87 Rn. 71; **a. M.** *Janert* DB 1976, 243). Betriebsvereinbarungen über Vergütungsregelungen für **Gewerkschaftsbeschäftigte** sind zulässig, da eine Gewerkschaft in ihrer Doppelstellung als Arbeitgeber und Gewerkschaft keine Tarifverträge schließen kann und deshalb weder gegen § 77 Abs. 3 noch den Eingangssatz des § 87 Abs. 1 verstoßen wird.

Unerheblich ist, ob die Tarifpartner lediglich eine Regelung unterlassen haben oder ausdrücklich eine **79** solche Regelung haben ausschließen wollen, weil sie im Hinblick auf den Normzweck des § 87

§ 87 IV. 3. Soziale Angelegenheiten

(Rdn. 56) selbst eine inhaltlich ausreichende Regelung treffen müssen (Rdn. 71 ff.) und nicht die notwendige Mitbestimmung des Betriebsrats ausschließen können (Rdn. 80; *Wiedemann* In memoriam *Sir Otto Kahn-Freund*, 1980, S. 343 [350 f.]); eine bloße »**Negativregelung**« ist unzulässig (*BAG* 22.01.1980 EzA § 87 BetrVG 1972 Lohn u. Arbeitsentgelt Nr. 11 S. 85 f. = AP Nr. 3 zu § 87 BetrVG 1972 Lohngestaltung Bl. 5). Zu Entgeltregelungen für AT-Angestellte *Wiese / Gutzeit* Rdn. 975 ff.

f) Kein Ausschluss der notwendigen Mitbestimmung durch Tarifvertrag

80 Da die Tarifpartner eine inhaltlich ausreichende Regelung treffen müssen, können sie sich **nicht** darauf beschränken, die **notwendige Mitbestimmung** des Betriebsrats **auszuschließen** (Rdn. 81; *Hanau* BB 1972, 499 [500]; *Moll* Der Tarifvorrang im Betriebsverfassungsgesetz, S. 29 ff.; *Preis* DB 1973, 474 [477]; *Simitis / Weiss* DB 1973, 1240 [1247 f.]; *Wiese* 25 Jahre Bundesarbeitsgericht, S. 661 [675]). Ebenso wenig können die Tarifpartner die Kompetenz der Betriebspartner abstrakt beschneiden, ohne eine eigene Regelung zu treffen, indem sie den Betriebspartnern vorschreiben, welchen Inhalt deren Regelung zu haben hat (*ArbG Nürnberg* 16.10.1989 EzA § 87 BetrVG 1972 Arbeitszeit Nr. 39 S. 4). Nach *G. Müller* (AuR 1992, 257 [260]) dürfen andererseits die Tarifpartner nicht sämtliche Mitbestimmungstatbestände insgesamt erschöpfend regeln, sondern müssen den Betriebspartnern einen Spielraum für die Beteiligung lassen.

81 Durch Tarifvertrag darf daher auch der **Arbeitgeber nicht** zu **einseitigen**, die notwendige **Mitbestimmung** des Betriebsrats **ausschließenden** oder **einschränkenden Regelungen ermächtigt** werden, weil dadurch gegen den Schutzzweck des § 87 Abs. 1 verstoßen wird (*BAG* st. Rspr. 18.04.1989 EzA § 87 BetrVG 1972 Nr. 13 S. 7 [zust. *Wiese*] = AP Nr. 18 zu § 87 BetrVG 1972 Tarifvorrang Bl. 3 R [krit. *Rieble*] = SAE 1990, 18 [krit. *Hromadka*]; 17.11.1998 EzA § 87 BetrVG 1972 Arbeitszeit Nr. 59 S. 8 = AP Nr. 79 zu § 87 BetrVG 1972 Arbeitszeit Bl. 3 R, 4 = RdA 1999, 342 [*Veit*] = SAE 2000, 149 [*Worzalla*]; 09.11.2010 EzA § 87 BetrVG 2001 Arbeitszeit Nr. 15 Rn. 17 = AP Nr. 126 zu § 87 BetrVG 1972 Arbeitszeit; 11.01.2011 EzA § 87 BetrVG 2001 Betriebliche Lohngestaltung Nr. 24 Rn. 26 = AP Nr. 137 zu § 87 BetrVG 1972 Lohngestaltung; 18.10.2011 EzA § 87 BetrVG 2001 Betriebliche Lohngestaltung Nr. 26 Rn. 20 = AP Nr. 141 zu § 87 BetrVG 1972 Lohngestaltung; 12.11.2013 EzA § 87 BetrVG 2001 Arbeitszeit Nr. 18 Rn. 39 = AP Nr. 31 zu § 87 BetrVG 1972 Arbeitszeit; weitere *BAG*-Nachweise 9. Aufl. § 87 Rn. 79; *LAG Berlin* 15.06.1977 EzA § 87 BetrVG 1972 Nr. 6 S. 37; *LAG Berlin-Brandenburg* 09.10.2009 NZA-RR 2010, 244 [245]; *LAG Hamm* 04.08.1998 LAGE § 87 BetrVG 1972 Nr. 8 S. 4 f.; *ArbG Berlin* 25.01.1973 BB 1973, 289 [291]; *ArbG Hamburg* 10.08.1987 AuR 1988, 221; *ArbG Herford* 24.04.1975 DB 1975, 1323; *Farthmann* RdA 1974, 65 [70]; *Fitting* § 87 Rn. 56; *Haug* DB 1986, 1921 [1926]; *Konzen* BB 1977, 1307 [1309]; *Kaiser / LK* § 87 Rn. 8; *Klebe / DKKW* § 87 Rn. 36; *Kraft* FS Karl Molitor, S. 207 [209]; *Richardi* § 87 Rn. 164; *von Stebut* RdA 1974, 332 [338 f.]; *Wiedemann / Wank* TVG, § 4 Rn. 603; *Worzalla / HWGNR* § 87 Rn. 74; a. M. *LAG Hamm* 03.10.1974 DB 1974, 2161 f.; *Galperin / Löwisch* § 87 Rn. 50 ff., 233; *Kammann / Hess / Schlochauer* § 87 Rn. 39, vgl. aber auch Rn. 84; *Lieb* ZfA 1978, 179 [210]; *Säcker* ZfA 1972, Sonderheft S. 41 [49]; *Säcker / Oetker* RdA 1992, 16 [17 ff.]; *Stege / Weinspach / Schiefer* § 87 Rn. 31, 86; vgl. auch *BAG* 08.02.1963 AP Nr. 4 zu § 56 BetrVG Akkord Bl. 3 R; offen gelassen *BAG* 23.03.1962 AP Nr. 1 zu § 56 BetrVG Akkord Bl. 2 R; 05.03.1974 EzA § 87 BetrVG 1972 Nr. 3 S. 15 [*Herschel*] = AP Nr. 1 zu § 87 BetrVG 1972 Kurzarbeit Bl. 4 [*Wiese*]; 13.07.1977 EzA § 87 BetrVG 1972 Arbeitszeit Nr. 3 S. 6 = AP Nr. 2 zu § 87 BetrVG 1972 Kurzarbeit Bl. 4 [*Löwisch*]; 02.03.1982 EzA § 87 BetrVG 1972 Arbeitszeit Nr. 11 S. 78 = AP Nr. 6 zu § 87 BetrVG 1972 Arbeitszeit Bl. 4; 03.08.1982 EzA § 87 BetrVG 1972 Betriebliche Lohngestaltung Nr. 5 S. 49 = AP Nr. 12 zu § 87 BetrVG 1972 Lohngestaltung Bl. 3 [*Misera*]. Auch »sachlich-vernünftige Gründe« reichen nicht aus, um die Mitbestimmung einzuschränken (so aber *Galperin / Löwisch* § 87 Rn. 51 ff., 233; *Löwisch* AuR 1978, 97 [105]; dagegen *Wiese* 25 Jahre Bundesarbeitsgericht, S. 661 [676]; zust. *BAG* 18.04.1989 EzA § 87 BetrVG 1972 Nr. 13 S. 7 [*Wiese*] = AP Nr. 18 zu § 87 BetrVG 1972 Tarifvorrang Bl. 3 R [*Rieble*]; *LAG Nürnberg* 04.02.1998 LAGE § 87 BetrVG 1972 Nr. 10 S. 8; *Schwerdtner* DB 1983, 2763 [2769 f.]).

82 Abzulehnen ist es, wenn davon gesprochen wird, eine **tarifliche Verfahrensregel** könne die notwendige Mitbestimmung des Betriebsrats »abschwächen« (so *Farthmann* RdA 1974, 65 [69, 70]; *Wiedemann / Wank* TVG, § 4 Rn. 604; im Ergebnis auch *Richardi* § 87 Rn. 163; dagegen *Simitis / Weiss* DB

1973, 1240 [1247]). Zum einen handelt es sich dann nicht um eine Verfahrensregel (Rdn. 77), zum anderen muss die tarifliche Regelung substantiell den gleichen Schutz wie die notwendige Mitbestimmung gewähren. Dann darf diese auch nicht »abgeschwächt« werden.

Das gilt auch für den **Eilfall** (Rdn. 162 f.) sowie für **Tarifverträge aus der Zeit vor Inkrafttreten** 83 des **Betriebsverfassungsgesetzes**, die daher insoweit gemäß §§ 134, 139 BGB nichtig waren (*BAG* 05.03.1974 EzA § 87 BetrVG 1972 Nr. 3 S. 16 *[Herschel]* = AP Nr. 1 zu § 87 BetrVG 1972 Kurzarbeit Bl. 4 *[Wiese]*; 13.07.1977 AP Nr. 2 zu § 87 BetrVG 1972 Kurzarbeit Bl. 3 *[Löwisch]* sowie die Nachweise 6. Aufl. § 87 Rn. 81; **a. M.** *LAG Düsseldorf/Köln* 12.04.1973 EzA § 87 BetrVG 1972 Nr. 1; *Säcker* ZfA 1972, Sonderheft S. 41 [49]). Dagegen sind **vorsorgliche vorläufige Regelungen** für **Eilfälle durch Tarifvertrag** mit **einseitiger Regelungsbefugnis** des **Arbeitgebers** ebenso **zulässig** wie eine Regelung durch Betriebsvereinbarung (*BAG* 17.11.1998 EzA § 87 BetrVG 1972 Arbeitszeit Nr. 59 S. 8 = AP Nr. 79 zu § 87 BetrVG 1972 Arbeitszeit Bl. 4 ff. = RdA 1999, 342 *[Veit]* = SAE 2000, 149 *[Worzalla]*; Rdn. 6, 163 f., *Wiese/Gutzeit* Rdn. 400).

g) Rechtsfolgen

Soweit keine gesetzliche oder tarifliche Regelung im dargelegten Sinne besteht, bleibt es bei der not- 84 wendigen Mitbestimmung des Betriebsrats. Das folgt unmittelbar aus dem Gesetz und bedarf anders als im Anwendungsbereich des § 77 Abs. 3 Satz 2 keiner ausdrücklichen Zulassung. Im Gegensatz zu § 77 Abs. 3 Satz 1 ist nach § 87 Abs. 1 auch eine betriebliche Regelung zulässig, die einen Tarifvertrag inhaltlich übernimmt (*BAG* 15.05.1964 AP Nr. 5 zu § 56 BetrVG Akkord Bl. 2 R; *Galperin/Löwisch* § 87 Rn. 55; *Hueck/Nipperdey* II/2, S. 1398 f.). Etwas anderes gilt nur, wenn nach der hier vertretenen Auffassung zugleich § 77 Abs. 3 eingreift. **Soweit** die **Sperrwirkung** zwingender gesetzlicher oder tariflicher Regelungen i. S. d. Eingangssatzes **reicht**, ist die **notwendige Mitbestimmung ausgeschlossen** und sind trotzdem erlassene, ihnen **widersprechende betriebliche Regelungen** nach § 77 Abs. 3 **nichtig** (*Fischer* Die tarifwidrigen Betriebsvereinbarungen [Diss. Konstanz], 1998, S. 249 ff.; anders *BAG* 22.06.1993 EzA § 23 BetrVG 1972 Nr. 35 S. 8 *[Kittner]* = AP Nr. 22 zu § 23 BetrVG 1972 Bl. 4, das zwar auch die Unwirksamkeit der Betriebsvereinbarung bejaht, aber einen Verstoß gegen § 77 Abs. 3 verneint; zu Befugnissen der Gewerkschaften bei einer unwirksamen Betriebsvereinbarung *Kreutz* §§ 77 Rdn. 481 ff.). Die Mitbestimmung lebt nicht dadurch wieder auf, dass sich der Arbeitgeber tarifwidrig verhält (*BAG* 05.05.1992 EzA § 87 BetrVG 1972 Betriebliche Ordnung Nr. 19 S. 4). Später erlassene zwingende gesetzliche oder tarifliche Regelungen setzen ihnen widersprechende betriebliche Regelungen außer Kraft (*LAG Hamm* 03.10.1974 DB 1974, 2161; *Fitting* § 87 Rn. 58; *Galperin/Löwisch* § 87 Rn. 55; *Wiedemann/Wank* TVG, § 4 Rn. 610; ferner *Kreutz* § 77 Rdn. 151; im Ergebnis auch *Säcker* ZfA 1972, Sonderheft S. 41 [68 f.]). Jedoch kann ein Tarifvertrag vorsehen, dass betriebliche Regelungen aufrechterhalten bleiben (*BAG* 20.12.1988 EzA § 87 BetrVG 1972 Nr. 12 S. 6 = AP Nr. 9 zu § 87 BetrVG 1972 Auszahlung Bl. 3). Die Tarifvertragsparteien können auch durch eine rückwirkende Öffnungsklausel nachträglich Betriebsvereinbarungen genehmigen, die zunächst wegen Verstoßes gegen die Regelungssperre des § 77 Abs. 3 Satz 1 schwebend unwirksam waren (*BAG* 29.10.2002 EzA § 77 BetrVG 1972 Nr. 72 S. 5 f. = AP Nr. 18 zu § 77 BetrVG 1972 Tarifvorbehalt Bl. 18 R).

IV. Ausübung und Form der notwendigen Mitbestimmung

1. Ausübung

Die Mitbestimmung in sozialen Angelegenheiten steht dem **Betriebsrat** (vgl. aber Rdn. 87) **als sol-** 85 **chem** zu (zur Zuständigkeit des Gesamtbetriebsrats bzw. Konzernbetriebsrats *Kreutz/Franzen* und *Franzen* Erl. zu §§ 50, 58). Er hat sie daher grundsätzlich in seiner Gesamtheit auszuüben. Zur Willensbildung bedarf es eines ordnungsgemäßen Beschlusses (*Raab* § 33 Rdn. 7, unten Rdn. 93). Der Betriebsrat kann jedoch mit Ausnahme des Abschlusses von Betriebsvereinbarungen einzelne Aufgaben dem **Betriebsausschuss** (*Raab* § 27 Rdn. 70 ff.) oder einem **weiteren Ausschuss** (*Raab* § 28 Rdn. 11 ff.) zur selbständigen Erledigung übertragen. Ebenso können auf die Mitglieder des Betriebsrats in **gemeinsamen**, vom **Arbeitgeber** und **Betriebsrat zu besetzenden Ausschüssen** Auf-

§ 87   *IV. 3. Soziale Angelegenheiten*

gaben zur selbständigen Entscheidung übertragen werden (*Raab* § 28 Rdn. 37 ff.). Dagegen gehört die Wahrnehmung der Mitbestimmung auch in Einzelfällen nicht zu den laufenden Geschäften i. S. d. § 27 Abs. 2 Satz 1 (*Raab* § 27 Rdn. 66; *LAG Berlin* 07.11.1988 LAGE § 87 BetrVG 1972 Leistungslohn Nr. 5 S. 5; **a. M.** *Richardi/Thüsing* § 27 Rn. 54, vgl. aber auch *Richardi* § 87 Rn. 89). Zur Vertretungsmacht des Betriebsratsvorsitzenden *Raab* § 26 Rdn. 31 ff.

86 Der Betriebsrat hat das Mitbestimmungsrecht, dessen Ausübung an keine Frist gebunden ist, nach **pflichtgemäßem Ermessen** wahrzunehmen; ein **Verzicht ist nicht möglich** (Rdn. 5). Das **Mitbestimmungsrecht ist gegenstandslos,** wenn dessen **tatsächliche Voraussetzungen fehlen**, z. B. keine Sozialeinrichtung (§ 87 Abs. 1 Nr. 8) besteht. Die Durchführung der Vereinbarungen zwischen Betriebsrat und Arbeitgeber obliegt diesem nach Maßgabe des § 77 Abs. 1.

87 Besteht in einem betriebsratspflichtigen Betrieb **kein Betriebsrat**, weil entweder keiner gewählt oder die Wahl nichtig ist, kann der Arbeitgeber in den Angelegenheiten, die der Mitbestimmung nach § 87 Abs. 1 Nr. 1 bis 13 unterliegen, durch Vertrag mit den einzelnen Arbeitnehmern oder im Rahmen seines Direktionsrechts einseitig wirksame Maßnahmen treffen (*BAG* 25.11.1981 AP Nr. 3 zu § 9 TVAL II Bl. 3 f. *[Beitzke]*; 12.10.1961 AP Nr. 84 zu § 611 BGB Urlaubsrecht Bl. 2; *LAG Baden-Württemberg/Freiburg* 29.06.1973 DB 1973, 1952 [1953]; *Kaiser/LK* § 87 Rn. 12; *Klebe/DKKW* § 87 Rn. 15; *Löwisch* BB 1961, 1200 f.; *Nikisch* III, S. 365; *Richardi* § 87 Rn. 87; *Stege/Weinspach/Schiefer* § 87 Rn. 4). Mit der **Wahl** eines **Betriebsrats** treten die getroffenen Maßnahmen nicht von selbst außer Kraft (*BAG* 25.11.1981 AP Nr. 3 zu § 9 TVAL II Bl. 3 R *[Beitzke]*); vielmehr kann der Betriebsrat aufgrund seines **Initiativrechts** (Rdn. 140 ff.) ihre Änderung verlangen und nach § 87 Abs. 2, § 76 Abs. 5 durchsetzen (*BAG* 25.11.1981 AP Nr. 3 zu § 9 TVAL II Bl. 3 R *[Beitzke]*; *LAG Berlin* 09.01.1984 DB 1984, 2098; *LAG Sachsen-Anhalt* 17.06.2008 NZA-RR 2009, 536 f.; *ArbG Berlin* 09.08.1983 DB 1983, 2476; *Clemenz/HWK* § 87 Rn. 40; *Galperin/Löwisch* § 87 Rn. 18b; *Nikisch* III, S. 365 Fn. 7; *Schönherr* BB 1965, 993 f.; *Wiese* Initiativrecht, S. 11; **a. M.** *Klebe/DKKW* § 87 Rn. 15: Arbeitgeber muss die Initiative ergreifen).

2. Form

88 Nach § 87 Abs. 1 hat der Betriebsrat in den aufgeführten Angelegenheiten mitzubestimmen; eine Form ist hierfür weder ausdrücklich vorgeschrieben noch dem Zweck der Vorschrift zu entnehmen. Es kommt allein darauf an, **dass die Mitbestimmung** des Betriebsrats **verwirklicht**, d. h. ein **Konsens der Betriebspartner erzielt,** mithin eine **Angelegenheit nicht ohne vorheriges, an keine Ausschlussfrist gebundenes Einverständnis** des Betriebsrats geregelt wird (Rdn. 100 f.). Deshalb widerspricht auch die Anwendung des § 77 Abs. 3 in den Angelegenheiten des § 87 Abs. 1 nicht dessen Normzweck (Rdn. 52). Mithin bedarf es nicht des Abschlusses einer förmlichen Betriebsvereinbarung nach § 77 Abs. 2 (*Kreutz* § 77 Rdn. 35 ff.). Vielmehr **genügt** eine **formlose Betriebsabsprache** (Betriebsabrede, Regelungsabrede, formlose betriebliche Einigung; *Kreutz* § 77 Rdn. 8 ff.). Sie ist nach heute h. M. eine zulässige Form der Ausübung des Mitbestimmungsrechts in sozialen Angelegenheiten (*Kreutz* § 77 Rdn. 19; *BAG* st. Rspr. 16.09.1986 GS EzA § 77 BetrVG 1972 Nr. 17 S. 92, 103 *[Otto]* = AP Nr. 17 zu § 77 BetrVG 1972 Bl. 9 R, 14; 03.12.1991 GS EzA § 87 BetrVG 1972 Betriebliche Lohngestaltung Nr. 30 S. 19 *[Gaul]* = AP Nr. 51 zu § 87 BetrVG 1972 Lohngestaltung Bl. 7 R f.; 24.04.2001 EzA § 87 BetrVG 1972 Betriebliche Lohngestaltung Nr. 71 S. 5; 14.08.2001 EzA § 88 BetrVG 1972 Nr. 1 S. 10 = AP Nr. 4 zu § 77 BetrVG 1972 Regelungsabrede Bl. 4 R; 25.09.2002 EzA § 4 TVG Tariflohnerhöhung Nr. 40 S. 6 f. = AP Nr. 241 zu § 611 BGB Gratifikation Bl. 3 f.; 11.12.2007 EzA § 77 BetrVG 2001 Nr. 22 Rn. 24 = AP Nr. 37 zu § 77 BetrVG 1972 Betriebsvereinbarung; 29.01.2008 EzA § 87 BetrVG 2001 Betriebliche Lohngestaltung Nr. 14 Rn. 35 = AP Nr. 13 zu § 87 BetrVG 1972; 16.12.2008 EzA § 8 TzBfG Nr. 23 Rn. 63 = AP Nr. 27 zu § 8 TzBfG; 18.08.2009 EzA § 8 TzBfG Nr. 24 Rn. 51 = AP Nr. 28 zu § 8 TzBfG; weitere *BAG*-Nachweise 9. Aufl. § 87 Rn. 86; *LAG Frankfurt a. M.* 27.11.1986 LAGE § 87 BetrVG 1972 Nr. 5 S. 9; *LAG Köln* 18.10.1995 LAGE § 87 BetrVG 1972 Betriebliche Lohngestaltung Nr. 14 S. 7; *Adomeit* Die Regelungsabrede, S. 66 f.; *ders.* BB 1967, 1003 ff.; *ders.* Rechtsquellenfragen im Arbeitsrecht, 1969, S. 143 [150 ff.]; *Fitting* § 77 Rn. 216 ff., § 87 Rn. 579 ff.; *Hueck/Nipperdey* II/2, S. 1303 ff., 1392 f.; *Kaiser/LK* § 87 Rn. 14; *Klebe/DKKW* § 87 Rn. 16; *Loritz/ZLH* Arbeitsrecht, § 50 Rn. 19; *Molodovski* DB 1961, 338 ff.; *Neumann-Duesberg*, S. 412 ff. [457 ff.]; *Nikisch* III, S. 306 ff.

[370]; *Säcker* ZfA 1972, Sonderheft S. 41 [58 f.]; *Worzalla / HWGNRH* § 87 Rn. 97; **a. M.** *Blomeyer* BB 1969, 101 ff., der darüber hinaus aber auch vom Standpunkt der h. M. die Zulässigkeit einschränken will; *Dietz* § 56 Rn. 31; *ders.* Probleme des Mitbestimmungsrechts, S. 7 ff.; *Ramm* JZ 1964, 546 [551 f.]; *Richardi* Kollektivgewalt und Individualwille, S. 279 ff.; *ders.* Festgabe *von Lübtow*, S. 755 [771 ff.]; *ders.* DB 1971, 621 [627 f.]; anders *Richardi* § 87 Rn. 76 seit 7. Aufl.). Unter **Betriebsabsprache** ist sowohl die **Einigung** der Betriebspartner (Vertrag) als auch die **Zustimmung** des Betriebsrats zu verstehen (*Kreutz* § 77 Rdn. 10; zur Notwendigkeit der vorherigen Zustimmung Rdn. 102).

Welche **Form** zur Verwirklichung der Mitbestimmung gewählt wird, ist allein **abhängig** von deren **89 Gegenstand** und dem mit der **Regelung angestrebten Zweck**. Insbesondere ist bei allen **Dauerregelungen** im Interesse der Rechtssicherheit der Abschluss einer **Betriebsvereinbarung** angemessen. Das gilt z. B. für die Aufstellung allgemeiner Urlaubsgrundsätze (§ 87 Abs. 1 Nr. 5), allgemeiner Regelungen über die Verhütung von Arbeitsunfällen und Berufskrankheiten (§ 87 Abs. 1 Nr. 7), von Grundsätzen für die Verwaltung von Sozialeinrichtungen (§ 87 Abs. 1 Nr. 8), für die allgemeine Festlegung der Nutzungsbedingungen für Wohnräume (§ 87 Abs. 1 Nr. 9), die Aufstellung von Grundsätzen über das betriebliche Vorschlagswesen (§ 87 Abs. 1 Nr. 12) oder die Aufstellung von Grundsätzen über die Durchführung von Gruppenarbeit (§ 87 Abs. 1 Nr. 13). In allen Fällen, in denen ohne schriftliche Fixierung nicht auszukommen ist, bedarf es der Formvorschrift des § 77 Abs. 2 Satz 2 hinsichtlich der schriftlichen Abfassung (§§ 126 ff. BGB; dazu *Kreutz* § 77 Rn. 47 ff.; *Wedde / DKKW* Einleitung Rn. 184 ff.) und der Unterzeichnung.

Notwendig ist eine Betriebsvereinbarung, wenn eine **normative Einwirkung** auf die **Arbeitsver- 90 hältnisse angestrebt** wird. Andernfalls müsste der Arbeitgeber gegenüber jedem einzelnen Arbeitnehmer eine mit dem Betriebsrat formlos vereinbarte Abrede durchsetzen. Das hätte jedoch nur Aussicht auf Erfolg, wenn die Angelegenheit – wie in der Regel bei Fragen der betrieblichen Ordnung (§ 87 Abs. 1 Nr. 1) – seinem Direktionsrecht unterläge. In anderen Fällen – z. B. bei Einführung der bargeldlosen Lohnzahlung (§ 87 Abs. 1 Nr. 4) oder der Änderung von Akkord- und Prämiensätzen (§ 87 Abs. 1 Nr. 11) – müsste er, soweit er nicht ausnahmsweise nach dem Arbeitsvertrag auch einseitig dazu berechtigt ist, entweder mit allen Arbeitnehmern gleichlautende Vereinbarungen treffen oder Massenänderungskündigungen aussprechen. Das wäre nicht nur äußerst aufwendig und unpraktisch, sondern im Hinblick auf die Entscheidungsfreiheit der Arbeitnehmer auch wenig sinnvoll. Die angestrebte einheitliche betriebliche Ordnung wäre so kaum zu verwirklichen. Der Abschluss einer Betriebsvereinbarung ist deshalb gerade für den Arbeitgeber von größtem Interesse. Durch § 87 Abs. 2 i. V. m. § 76 Abs. 5 wird ihm zugleich die rechtliche Möglichkeit eingeräumt, in stärkerem Maße als nach Arbeitsvertragsrecht auf den Inhalt der Arbeitsverhältnisse Einfluss zu nehmen (*Wiese* Initiativrecht, S. 74 ff., und Rdn. 156).

Der **Betriebsrat** wird andererseits häufig ein **Interesse** daran haben, durch den **Abschluss** einer **Be- 91 triebsvereinbarung** die Unabdingbarkeit der Regelung zu gewährleisten (§ 77 Abs. 4 Satz 1), Klarheit hinsichtlich der Kündigungsmöglichkeit zu schaffen (§ 77 Abs. 5, dazu *Kreutz* § 77 Rdn. 403 ff.) und die Nachwirkung einer Betriebsvereinbarung zu erreichen (§ 77 Abs. 6, dazu *Kreutz* § 77 Rdn. 443 ff.). Während der Nachwirkung sind im Hinblick auf die notwendige Mitbestimmung abweichende einzelvertragliche Einheitsregelungen ausgeschlossen (Rdn. 119).

Eine **Betriebsabsprache** kommt deshalb vor allem aus Gründen der **beschleunigten formlosen Er- 92 ledigung** einer Angelegenheit, für die **Regelung** von **Sonderfällen** (Rdn. 15) sowie für ausnahmsweise **mitbestimmungspflichtige Einzelfälle** nach § 87 Abs. 1 Nr. 5 und 9 (*Wiese / Gutzeit* Rdn. 494 ff., 813 ff.) in Betracht (zum Ganzen auch *Hueck / Nipperdey* II/2, S. 1303 ff., 1393; *Kreutz* § 77 Rdn. 8 ff.; *Nikisch* III, S. 308 ff. [370]). Ihre Wirkung erschöpft sich in der Aufhebung der betriebsverfassungsrechtlichen Beschränkung der Rechte des Arbeitgebers, ohne im Verhältnis zu den Arbeitnehmern neue zu begründen. Sie ist andererseits für den Betriebsrat verbindlich, insofern er seine auf eine einzelne Maßnahme bezogene Zustimmung nicht einseitig aufheben kann (*Kreutz* § 77 Rdn. 21). Zur Kündigung einer Betriebsabsprache über eine auf Dauer angelegte Regelung *Kreutz* § 77 Rdn. 21, zur fehlenden Einigung der Betriebspartner über die Form der Mitbestimmung Rdn. 96.

Die **Zulässigkeit** einer **Betriebsabsprache** bedeutet nur eine **Erleichterung** für die **Ausübung** der **93 Mitbestimmung** im Verhältnis zum Arbeitgeber. Die **Willensbildung** des mehrköpfigen **Betriebs-**

rats selbst bedarf eines **ordnungsgemäßen Beschlusses** und kann **nicht »stillschweigend«** durch Untätigkeit erfolgen (*Raab* § 33 Rdn. 39). Da verbindliche Erklärungen des Betriebsrats gegenüber Dritten einen wirksamen Beschluss voraussetzen und die Vertretungsmacht des Betriebsratsvorsitzenden nur im Rahmen der vom Betriebsrat gefassten Beschlüsse besteht (§ 26 Abs. 3 Satz 1), kann mangels eines solchen Beschlusses auch das formlose Einverständnis des Betriebsrats nicht »stillschweigend« erklärt werden (*BAG* 10.11.1992 EzA § 87 BetrVG 1972 Betriebliche Lohngestaltung Nr. 39 S. 9 *[Ahrens]* = AP Nr. 58 zu § 87 BetrVG 1972 Lohngestaltung Bl. 3 R; *LAG Düsseldorf* 26.02.1992 LAGE § 87 BetrVG 1972 Nr. 7 S. 5; *Adomeit* RdA 1963, 263 [265 f.]; *ders.* BB 1967, 1003 [1007]; *Fitting* § 87 Rn. 582; *Hueck/Nipperdey* II/2, S. 1393; *Klebe/DKKW* § 87 Rn. 19; *Kreutz* § 77 Rdn. 11; *Nikisch* III, S. 372 [anders S. 316]; *ders.* FS *Nipperdey*, Band II, S. 453 [460 f.]; *Richardi* Kollektivgewalt und Individualwille, S. 285; *ders.* § 87 Rn. 80; *Säcker* ZfA 1972, Sonderheft S. 41 [58 f.]; *Worzalla/HWGNRH* § 87 Rn. 97; **a. M.** *BAG* 15.12.1961 AP Nr. 1 zu § 56 BetrVG Arbeitszeit Bl. 3 R; 08.02.1963 AP Nr. 4 zu § 56 BetrVG Akkord Bl. 3 R; *Dietz* § 56 Rn. 54, aber auch § 32 Rn. 11a; *Galperin/Siebert* vor § 56 Rn. 42a; *Stege/Weinspach/Schiefer* § 87 Rn. 22). Insbesondere ist die bloße **Hinnahme mitbestimmungswidrigen Verhaltens** des **Arbeitgebers durch** den **Betriebsrat keine wirksame Zustimmung** (*BAG* 18.03.2014 EzA § 87 BetrVG 2001 Betriebliche Lohngestaltung Nr. 30 Rn. 33 = AP Nr. 146 zu § 87 BetrVG 1972 Lohngestaltung; 05.05.2015 EzA § 87 BetrVG 2001 Betriebliche Lohngestaltung Nr. 32 Rn. 31 = AP Nr. 147 zu § 87 BetrVG 1972 Lohngestaltung). Ebenso wenig ist es ausreichend, wenn der Betriebsrat zu erkennen gibt, er sehe hinsichtlich einer Angelegenheit kein Mitbestimmungsrecht (*BAG* 29.01.2008 EzA § 87 BetrVG 2001 Betriebliche Lohngestaltung Nr. 14 Rn. 35 = AP Nr. 13 zu § 87 BetrVG 1972).

94 Damit ist nicht der Fall zu verwechseln, dass ein **Beschluss** des Betriebsrats in einer ordnungsgemäßen Sitzung durch **schlüssiges Verhalten** zustande kommt, wogegen keine Bedenken bestehen, weil eine bestimmte Form seiner Beschlussfassung nicht vorgeschrieben ist (*Raab* § 33 Rdn. 40). Ebenso kann die formlose Zustimmung gegenüber dem Arbeitgeber aufgrund eines wirksamen Beschlusses durch schlüssiges Verhalten des Betriebsratsvorsitzenden bzw. sämtlicher Mitglieder des Betriebsrats erklärt werden. Besteht der Betriebsrat nur aus einer Person (§ 9), so dass eine Beschlussfassung ausscheidet, ist die Erklärung des Einverständnisses stets durch schlüssiges Verhalten möglich.

95 Ist hiernach eine Einverständniserklärung des Betriebsrats durch schlüssiges Verhalten nur beim Vorliegen eines wirksamen Beschlusses bzw. durch das einzige Betriebsratsmitglied möglich, so kann andererseits doch beim mehrköpfigen Betriebsrat trotz Fehlens eines wirksamen Beschlusses dem Betriebsrat seine **Untätigkeit** außer in den gesetzlich geregelten (§ 99 Abs. 3 Satz 2, § 102 Abs. 2 Satz 2) auch in anderen Fällen **als Einverständnis zugerechnet** werden. Das richtet sich nach den Grundsätzen des Vertrauensschutzes (hierzu *Raab* § 26 Rdn. 45 ff.; zust. *Richardi* § 87 Rn. 80).

96 Können sich die **Betriebspartner nicht** darüber **einigen**, in welcher Weise die **Mitbestimmung** im konkreten Fall **durchzuführen** ist – z. B. durch Abschluss einer Betriebsvereinbarung, Schaffung einer Vollzugsordnung, Bildung einer Kommission –, so entscheidet die **Einigungsstelle** nach § 87 Abs. 2 i. V. m. § 76 Abs. 5 Satz 3 (*BAG* 03.06.1960 AP Nr. 21 zu § 56 BetrVG Bl. 2; 23.03.1962 AP Nr. 2 zu § 56 BetrVG Akkord Bl. 1 R, 2). **Weder** der **Arbeitgeber noch** der **Betriebsrat** haben aber einen **Anspruch** auf **Abschluss** einer **Betriebsvereinbarung** (ebenso *Matthes*/MünchArbR § 242 Rn. 34; **a. M.** *BAG* 08.08.1989 EzA § 87 BetrVG 1972 Initiativrecht Nr. 5 S. 7 = AP Nr. 3 zu § 87 BetrVG 1972 Initiativrecht Bl. 3 R *[abl. Wiese]*; *Fitting* § 87 Rn. 580; *Hanau* NZA 1985, Beil. Nr. 2, S. 3 [4]; *Richardi* § 87 Rn. 79; *Worzalla/HWGNRH* § 87 Rn. 99, anders Rn. 58), sie müssen vielmehr die Einigungsstelle davon überzeugen, dass das Verlangen unter angemessener Berücksichtigung der Belange des Betriebs und der betroffenen Arbeitnehmer(§ 76 Abs. 5 Satz 3) berechtigt ist. Zur rechtlichen Bedeutung des Spruchs der Einigungsstelle *Kreutz* § 76 Rdn. 139 ff. Die **Durchführung** der zwischen Arbeitgeber und Betriebsrat zustande gekommenen **Vereinbarungen** obliegt in jedem Fall dem Arbeitgeber, soweit nichts anderes vereinbart ist (§ 77 Abs. 1 Satz 1; *Kreutz* § 77 Rdn. 23 ff.).

V. Bedeutung der notwendigen Mitbestimmung

1. Zweck, Wirksamkeitsvoraussetzung

a) Zweck der Mitbestimmung

Das **Betriebsverfassungsrecht** dient dem **Schutz** der Arbeitnehmer, soll ihnen aber zugleich eine **Teilhabe** an den für sie bedeutsamen betrieblichen Entscheidungen gewähren (Einl. Rdn. 80 ff.). Zu diesem Zweck sind der Belegschaft (Einl. Rdn. 122) von ihren Repräsentanten wahrzunehmende unterschiedliche Befugnisse eingeräumt worden. Die stärkste Form der Beteiligung ist die Mitbestimmung, wie sie für die in § 87 Abs. 1 erschöpfend aufgezählten sozialen Angelegenheiten besteht. Sie begründet eine **gleichberechtigte Teilhabe** der durch den Betriebsrat als pars pro toto repräsentierten Arbeitnehmer (Einl. Rdn. 80 m. w. N.). Mit Recht spricht das *BAG* davon, **Mitbestimmung** bedeute **gleiche Rechte für beide Betriebspartner** (14.11.1974 EzA § 87 BetrVG 1972 Initiativrecht Nr. 2 S. 20 *[Birk]* = AP Nr. 1 zu § 87 BetrVG 1972 Bl. 2; 08.08.1989 EzA § 87 BetrVG 1972 Initiativrecht Nr. 5 S. 6 = AP Nr. 3 zu § 87 BetrVG 1972 Initiativrecht Bl. 3 *[Wiese]*; 20.09.1990 EzA § 80 BetrVG 1972 Nr. 39 S. 4; 03.12.1991 GS EzA § 87 BetrVG 1972 Betriebliche Lohngestaltung Nr. 30 S. 20 *[Gaul]* = AP Nr. 51 zu § 87 BetrVG 1972 Lohngestaltung Bl. 8; 18.10.2011 EzA § 87 BetrVG 2001 Betriebliche Lohngestaltung Nr. 26 Rn. 19). Damit werden das **Vertragsprinzip** als wichtigste Ausprägung der Privatautonomie (*Richardi* Betriebsverfassung und Privatautonomie, 1973; ferner *Gast* Arbeitsvertrag und Direktion, 1978, S. 357 ff.; *ders.* BB 1990, 1637 ff.; *ders.* BB 1992, 1634 [1636 ff.]) und die dieser immanente Selbstbestimmung der Beteiligten im Betriebsverfassungsrecht auf **kollektiver Ebene verwirklicht** (Einl. Rdn. 81). Soweit die Mitbestimmung in den Angelegenheiten des § 87 reicht, ist daher den **Betriebspartnern** ein **bestimmter Zuständigkeitsbereich** zur **eigenverantwortlichen** und **gleichberechtigten Regelung zugewiesen** und eine **eigenständige Zuständigkeitsordnung** geschaffen worden (*Wiese* FS *Adomeit* 2008, S. 839 [843]; krit. *Müller-Franken* Die Befugnis zu Eingriffen in die Rechtsstellung des einzelnen durch Betriebsvereinbarung [Diss. Mainz] 1997, S. 242 ff.). Dazu war der Gesetzgeber berechtigt, da ihm auf dem Gebiet der Arbeitsmarkt-, Sozial- und Wirtschaftsordnung ein besonders weitgehender Einschätzungs- und Prognosevorrang und eine weite Gestaltungsfreiheit zustehen (Einl. Rdn. 51, 58, Einführung vor § 87 Rdn. 12, 24). Das gilt auch für die Gestaltung privatrechtlicher Rechtsverhältnisse des Betriebsverfassungsgesetzes. Nach h. M. bestehen dagegen keine verfassungsrechtlichen Bedenken (Einl. Rdn. 50 ff.).

Voraussetzung der **Mitbestimmung** ist, dass ein **Betriebsrat – wirksam – errichtet** worden ist (Rdn. 87, 109). Unerheblich ist, ob eine Angelegenheit i. S. d. § 87 ohne Mitbestimmung durch den Arbeitgeber einseitig – vor allem aufgrund seines Direktionsrechts – oder einzelvertraglich zwischen ihm und Belegschaftsmitgliedern geregelt werden könnte (vor § 87 Rdn. 4 ff.). Die Einschränkung dieser Möglichkeiten ist zwar im Hinblick auf das Schutzbedürfnis der Arbeitnehmer der Anlass für die Einführung der Mitbestimmung in sozialen Angelegenheiten gewesen. Jedoch ist die Teilhabe ein Ordnungsprinzip des Betriebsverfassungsrechts, das über den Schutz der Arbeitnehmer hinausgeht. Diese Auffassung wird bestätigt durch die heute im Grundsatz unbestrittene Anerkennung eines Initiativrechts beider Seiten (Rdn. 140 ff.). Ginge es nur um den Schutz der Arbeitnehmer vor Maßnahmen des Arbeitgebers, wäre ein umfassendes Initiativrecht des Betriebsrats unverständlich (krit. *Müller-Franken* Die Befugnis zu Eingriffen in die Rechtsstellung des Einzelnen durch Betriebsvereinbarung [Diss. Mainz], 1997, S. 261 ff.). **Durch** die **Teilhabe** wird im Anwendungsbereich des jeweiligen Mitbestimmungstatbestandes zugleich der **Schutz verwirklicht** (Einl. Rdn. 86; *Wiese* FS *Adomeit*, 2008, S. 839 [841]). Das bedeutet nach h. M. in der Regel eine Beschränkung auf kollektive Tatbestände (Rdn. 15 ff.). Bei ihnen hat der **Betriebsrat** allerdings nicht nur die **Belange der Arbeitnehmer gegenüber dem Arbeitgeber zu vertreten**, sondern außerdem für einen **Interessenausgleich der durch die Regelung betroffenen Arbeitnehmer** zu sorgen (**Ausgleichsfunktion, Einl. Rdn. 88).** Insoweit werden die Individualinteressen im Rahmen des persönlichkeitsrechtlich Zulässigen durch das vom Betriebsrat definierte Kollektivinteresse verdrängt (zust. *Gutzeit* NZA 2008, 255 [257 f.]). Deshalb ist es nicht gerechtfertigt, den Schutz- und Teilhabezweck nebeneinander anzuwenden (so aber *H. Hanau* Individualautonomie und Mitbestimmung in sozialen Angelegenheiten [Diss. Tübingen], 1994, S. 132 ff.; *Hurlebaus* Fehlende Mitbestimmung bei § 87 BetrVG, S. 26 ff.,

37 ff., 43, 73 ff., 81 f.; dagegen *Wiese* ZfA 1989, 645 ff.; *ders.* ZfA 2000, 117 [128 ff.]; *ders.* FS *Adomeit*, 2008, S. 839 [840 ff.]; *ders.* Einl. Rdn. 87).

99 Aus der § 87 zugrundeliegenden Konzeption folgt, dass die vom Gesetzgeber aufgeführten Angelegenheiten von **Arbeitgeber** und **Betriebsrat nur gemeinsam geregelt** werden können. Die **Mitbestimmung** des Betriebsrats ist in diesem Sinne **notwendig**. Ohne Beteiligung beider Seiten und ohne Konsens kommt es zu keiner gegenüber dem Istzustand neuen Regelung, es sei denn, dass die Einigungsstelle die fehlende Einigung ersetzt; sie muss in der Sache vollständig entscheiden und darf sich nicht darauf beschränken, den Antrag einer Seite zurückzuweisen (*BAG* 30.01.1990 EzA § 87 BetrVG 1972 Betriebliche Lohngestaltung Nr. 27 S. 11 ff. = AP Nr. 41 zu § 87 BetrVG 1972 Lohngestaltung Bl. 5 R f.). Man sollte jedoch nicht davon sprechen, eine Regelung sei erzwingbar, vielmehr ermöglicht die Einigungsstelle eine **institutionelle Konfliktlösung** (*Thiele* 4. Aufl., Einl. Rn. 101). Das ist auch in den Angelegenheiten des § 87 Abs. 1 Nr. 1 bis 13 der Fall, wie sich aus dessen Abs. 2 ergibt. Selbstverständlich gilt die notwendige Mitbestimmung nur nach Maßgabe des durch Auslegung zu ermittelnden Inhalts der einzelnen Angelegenheiten des § 87.

b) Theorie der notwendigen Mitbestimmung, Wirksamkeitsvoraussetzung

100 Die Theorie der **notwendigen Mitbestimmung** kommt zwar im **Wortlaut** des § **87 Abs. 1** nicht zwingend, aber doch **hinreichend zum Ausdruck** und steht auch nicht im Widerspruch zu den Gesetzesmaterialien und der Gesetzessystematik (*Wiebauer* Sicherung der Mitbestimmung, Rn. 269 ff., 278 ff., 284 ff., aber auch Rn. 315 ff., 527 zur negativen normativen Wirkung der notwendigen Mitbestimmung). Dem **Zweck** der notwendigen Mitbestimmung (Rdn. 97 f.) **entspricht die Eignung und Erforderlichkeit der Rechtswidrigkeit einseitiger Maßnahmen** des Arbeitgebers und bei **Rechtsgeschäften die Unwirksamkeit betriebsverfassungswidriger Vereinbarungen**. Das gilt auch für den Teilhabezweck der Mitbestimmung. Wenn *Wiebauer* (Sicherung der Mitbestimmung, Rn. 350 ff.) dem entgegenhält, das Betriebsverfassungsgesetz mache den Arbeitnehmer nicht zum Akteur seines eigenen Schutzes, und die Zwangsrepräsentation durch den Betriebsrat sei nicht geeignet, den Arbeitnehmer zum selbst handelnden Subjekt zu machen (Rn. 351), so wird verkannt, dass nach der hier vertretenen Meinung nicht der einzelne Arbeitnehmer, sondern die Belegschaft durch ihre Repräsentanten (Einl. Rdn. 122) zum mitgestaltenden Subjekt der Betriebsverfassung wird (Einl. Rdn. 81). Dem entspricht die Wahrnehmung kollektiver Interessen. Es ist auch von mir nicht behauptet worden, das Betriebsverfassungsgesetz stehe für eine umfassende Beteiligung der Arbeitnehmer an unternehmerischen Entscheidungen (so *Wiebauer* Sicherung der Mitbestimmung, Rn. 352). Die Teilhabe ist beschränkt auf die gesetzlich fixierten Mitbestimmungstatbestände. Ihre Anerkennung als eigenständiger Zweck der Betriebsverfassung entspricht der verfassungsrechtlichen Wertentscheidung (Einl. Rdn. 80). Die Eignung der Theorie der notwendigen Mitbestimmung wird auch nicht dadurch beseitigt, dass daneben ein Unterlassungsanspruch des Betriebsrats bejaht wird (*Wiebauer* Sicherung der Mitbestimmung, Rn. 357 ff.; vgl. auch *BAG* 03.05.1994 EzA § 23 BetrVG 1972 Nr. 36 S. 10 f. = AP Nr. 23 zu § 23 BetrVG 1972 Bl. 4 R f.). Durch den Unterlassungsanspruch ist deshalb die Rechtfertigung der Theorie der notwendigen Mitbestimmung nicht entfallen (*Gutzeit* NZA 2008, 255 [256]; a. M. *Wiebauer* Sicherung der Mitbestimmung, Rn. 366 ff., insbesondere Rn. 368, 480, 528). Beide haben eine unterschiedliche Funktion: Der Betriebsrat hat vor allem die kollektiven Interessen wahrzunehmen, den Arbeitnehmern dient dagegen die notwendige Mitbestimmung zur Selbsthilfe (vgl. auch *Annuß* RdA 2014, 193 [203]). Die notwendige Mitbestimmung wirkt prohibitiv, der Unterlassungsanspruch reaktiv (*Wiese* FS *Adomeit*, S. 839, [840]). Auch verhindert letzterer nicht den Abschluss mitbestimmungswidriger vertraglicher Vereinbarungen, deren Beseitigung daher Schwierigkeiten bereitet (das sehen auch *Lobinger* RdA 2011, 76 [90] und *Wiebauer* Sicherung der Mitbestimmung, Rn. 434 ff.). Wenn im Übrigen *Wiebauer* (Sicherung der Mitbestimmung, Rn. 357 ff.) der hier vertretenen Auffassung zwar dogmatische Klarheit und Konsistenz bescheinigt, aber die **gesetzliche Grundlage** vermisst, so ist daran festzuhalten, dass diese in den **normativ geregelten Mitbestimmungstatbeständen** zu sehen ist, die eine **gleichberechtigte Zuständigkeit** begründen (Rdn. 97; zur Legitimation vor § 87 Rdn. 16). Nach wie vor bleibt die schlichte Aussage des *BAG* (12.10.1955 AP Nr. 1 zu § 56 BetrVG Bl. 3 R) richtig: »Wenn jemand nur in Verbindung mit einem anderen etwas tun darf, dann darf er es alleine ohne den anderen nicht tun«; »der andere muss, damit die vorgesehene Rechtsfolge eintreten kann, gleichberechtigt mitwirken.« Durch dieses nach Maßgabe des Gesetzes bestehende Erfordernis vertraglicher Regelung der Rechtsbeziehungen zwischen Arbeitgeber und Betriebsrat ist zugleich die privatrechtliche Anknüpfung und dogmatische Fundierung gegeben, die von Gegnern der h. M. vermisst wird (so *Lobinger* RdA 2011, 76 [92]; *Wiebauer* RdA 2013, 364 ff.). Daraus folgt nicht, dass auf diese Rechtsbeziehungen uneingeschränkt die allgemeinen vertraglichen Grundsätze anwendbar sein müssten (vgl. auch *Kolbe* Mitbestimmung und Demokratieprinzip, S. 285). Der Gesetzgeber konnte vielmehr aufgrund seiner Gestaltungsfreiheit die Mitbestimmung vertragsrechtlich eigenständig regeln. Dem entspricht es, dass die h. M. die vertragliche Einigung der Beteiligten als notwendige Voraussetzung einer Regelung versteht. Deshalb bedarf es keiner Anknüpfung an das Tatbestandsmerkmal des billigen Ermessens nach § 106 Satz 1 GewO als gesetzlicher Grundlage für die Theorie der Wirksamkeitsvoraussetzung (so *Wiebauer* RdA 2013, 364 [366 f.]). Gleiches gilt für die Annahme, durch die Missachtung der Mitbestimmung verletze der Arbeitgeber eine vertragliche Nebenpflicht (hierzu *Richardi* § 87 Rn. 137; *Wiebauer* RdA 2013, 364 [369]). Die unabweisbare Konsequenz der hier vertretenen Auffassung ist, dass eine Maßnahme des Arbeitgebers, die der notwendigen Mitbestimmung entbehrt, **rechtswidrig** und – außer bei tatsächlichen Handlungen – **unwirksam** ist (Rdn. 121 ff.). Die **notwendige Mitbestimmung** ist mithin **Wirksamkeitsvoraussetzung** für mitbestimmungspflichtige Maßnahmen (gegen diese Ableitung aus dem Teilhabegedanken *Hurlebaus* Fehlende Mitbestimmung bei § 87 BetrVG, S. 37 ff. [46 f.]; *Lobinger* RdA 2011, 76 [90], der dem Teilhabegedanken lediglich eine rechtspolitische Bedeutung bei der Konstituierung der Mitbestimmungsrechte zuweist, Konsequenzen bei deren Verletzung für die Arbeitnehmer jedoch verneint, wofür Schutzansprüche des Betriebsrats ausreichend seien). Sie muss **tatsächlich durchgeführt** worden sein (BAG st. Rspr. 26.04.1988 EzA § 87 BetrVG 1972 Altersversorgung Nr. 2 S. 9 = AP Nr. 16 zu § 87 BetrVG 1972 Altersversorgung Bl. 4 R; 20.08.1991 EzA § 87 BetrVG 1972 Betriebliche Lohngestaltung Nr. 29 S. 7 *[Kohte]* = AP Nr. 50 zu § 87 BetrVG 1972 Lohngestaltung Bl. 3 R; 11.06.2002 EzA § 87 BetrVG 1972 Betriebliche Lohngestaltung Nr. 76 S. 9 = AP Nr. 113 zu § 87 BetrVG Lohngestaltung Bl. 4 R *[Wiese]*; 20.02.2002 EzA § 620 BGB Nr. 188 S. 4 = AP Nr. 23 zu § 72 LPVG NW Bl. 2 R; 02.03.2004 EzA § 87 BetrVG 2001 Betriebliche Lohngestaltung Nr. 4 S. 10 = AP Nr. 31 zu § 3 TVG Bl. 5 *[Reichold]*); eine **widerspruchslose Hinnahme** der vom Arbeitgeber einseitig angeordneten kollektiven Maßnahmen **genügt nicht** (Rdn. 93; **a. M.** *LAG Düsseldorf* 26.02.1992 LAGE § 87 BetrVG 1972 Nr. 7 S. 6 ff.; BB 1995, 465).

101 Diese Einsicht hatte sich bereits zu § 56 BetrVG 1952 durchgesetzt und wird auch heute vom *BAG* in st. Rspr. und ganz überwiegend in der Literatur vertreten (*BAG* 12.10.1955 AP Nr. 1 zu § 56 BetrVG Bl. 3 f.; 15.12.1961 AP Nr. 1 zu § 56 BetrVG Arbeitszeit Bl. 3 R; 18.03.1964 AP Nr. 4 zu § 56 BetrVG Entlohnung Bl. 4 R; 17.12.1968 AP Nr. 27 zu § 56 BetrVG Bl. 3; 22.12.1980 EzA § 615 BGB Betriebsrisiko Nr. 8 S. 61 f. *[Dütz]* = AP Nr. 71 zu Art. 9 GG Arbeitskampf Bl. 4 R *[Richardi]*; 04.05.1982 EzA § 87 BetrVG 1972 Lohn u. Arbeitsentgelt Nr. 13 S. 104 = AP Nr. 6 zu § 87 BetrVG 1972 Altersversorgung Bl. 2 R f. *[Moll]*; 22.02.1983 EzA § 23 BetrVG 1972 Nr. 9 S. 41 *[Rüthers/Henssler]* = AP Nr. 2 zu § 23 BetrVG 1972 Bl. 5 *[von Hoyningen-Huene]*; 16.09.1986 GS EzA § 77 BetrVG 1972 Nr. 17 S. 102 *[Otto]* = AP Nr. 17 zu § 77 BetrVG 1972 Bl. 13 R; 03.12.1991 GS EzA § 87 BetrVG 1972 Betriebliche Lohngestaltung Nr. 30 S. 37 *[Gaul]* = AP Nr. 51 zu § 87 BetrVG 1972 Lohngestaltung Bl. 14 R f.; 11.06.2002 EzA § 87 BetrVG 1972 Betriebliche Lohngestaltung Nr. 76 S. 9 = AP Nr. 113 zu § 87 BetrVG 1972 Lohngestaltung Bl. 4 R *[Wiese]*; 18.09.2002 EzA § 87 BetrVG 2001 Arbeitszeit Nr. 1 S. 5 *[Wiedemann/Moll]* = AP Nr. 99 zu § 615 BGB Bl. 3; 21.01.2003 EzA § 3 BetrAVG Nr. 9 S. 8 = AP Nr. 13 zu § 3 BetrAVG Bl. 4; 02.03.2004 EzA § 87 BetrVG 2001 Betriebliche Lohngestaltung Nr. 4 S. 10 f. = AP Nr. 31 zu § 3 TVG Bl. 5 *[Reichold]* = SAE 2005, 162 *[Stein]*; 24.01.2006 EzA § 87 BetrVG 2001 Altersversorgung Nr. 1 Rn. 55 = AP Nr. 15 zu § 3 BetrAVG; 29.01.2008 EzA § 87 BetrVG 2001 Betriebliche Lohngestaltung Nr. 14 Rn. 23 = AP Nr. 13 zu § 87 BetrVG 1972; 15.04.2008 EzA § 87 BetrVG 2001 Betriebliche Lohngestaltung Nr. 15 Rn. 37 = AP Nr. 133 zu § 87 BetrVG 1972 Lohngestaltung; 10.03.2009 EzA § 87 BetrVG 2001 Betriebliche Lohngestaltung Nr. 18 Rn. 16 = AP Nr. 134 zu § 87 BetrVG Lohngestaltung *[Richardi]*; 22.06.2010 EzA § 87 BetrVG 2001 Betriebliche Lohngestaltung Nr. 22 Rn. 41 ff. *[Jacobs]* = AP Nr. 136 zu § 87 BetrVG 1972 Lohngestaltung; 05.05.2015 EzA § 87 BetrVG 2001 Betriebliche Lohngestaltung Nr. 32 Rn. 12 f., 31 f.= AP Nr. 147 zu § 87 BetrVG 1972 Lohngestaltung; 23.02.2016 EzA § 87 BetrVG 2001 Betriebliche Lohngestaltung Nr. 33 Rn. 16 = AP Nr. 148 zu § 87 BetrVG 1972 Lohngestaltung; 24.01.2017 NZA 2017, 931 (934) Rn. 34 ff.; weitere *BAG*-Nachweise 9. Aufl.

§ 87 Rn. 99; *LAG Berlin* 11.07.1988 LAGE § 87 BetrVG 1972 Leistungslohn Nr. 4 S. 1 ff., Nr. 5 S. 6; *LAG Düsseldorf* 11.09.1974 DB 1975, 747; 04.06.1980 LAGE § 4 TVG Tariflohnerhöhung Nr. 5 S. 5; *LAG Frankfurt a. M.* 27.11.1986 LAGE § 87 BetrVG 1972 Nr. 5 S. 7 f.; *LAG Hamm* 27.11.1975 DB 1976, 201 [202]; 16.06.1978 EzA § 87 BetrVG 1972 Arbeitssicherheit Nr. 1 S. 1; 03.11.1978 EzA § 87 BetrVG 1972 Arbeitszeit Nr. 6 S. 28; 17.12.1980 DB 1981, 1336 [1338]; *LAG Köln* LAGE 17.10.1988 § 4 TVG Tariflohnerhöhung Nr. 6 S. 4; *Adomeit* Die Regelungsabrede, S. 56 f.; *ders.* Rechtsquellenfragen im Arbeitsrecht, 1969, S. 143 [153]; *Boemke* Schuldvertrag und Arbeitsverhältnis, 1999, S. 452 ff.; *Boewer* DB 1973, 522; *Däubler* Das Arbeitsrecht I, Rn. 901; *Edenfeld* Arbeitnehmerbeteiligung, 2000, S. 402; *Fitting* § 87 Rn. 599 ff.; *Galperin/Siebert* vor § 56 Rn. 53 ff.; *Gamillscheg* II, S. 362 f.; *ders.* II, S. 747 ff.; *Gutzeit* NZA 2008, 255 ff.; *Hanau* RdA 1973, 281 [289 ff.]; *von Hoyningen-Huene* Betriebsverfassungsrecht, § 12 Rn. 29 ff.; *ders.* DB 1987, 1426 [1428 ff.]; *ders.* RdA 1992, 355 [359]; *G. Hueck* RdA 1962, 376 [379]; *Hueck/Nipperdey* II/2, S. 1313 [1389 ff. m. w. N.]; *Jahnke* SAE 1983, 145 [147]; *Kammann/Hess/Schlochauer* § 87 Rn. 2 ff.; *Kaiser/LK* § 87 Rn. 29 ff. mit Einschränkungen; *Klebe/DKKW* § 87 Rn. 5, 20; *Konzen* Leistungspflichten, S. 83 ff.; *ders.* NZA 1995, 865 [868 f.]; *Lieb/Jacobs* Arbeitsrecht, Rn. 767; *Miersch* Die Rechtsfolgen mitbestimmungswidriger Maßnahmen für das Arbeitsverhältnis (Diss. Göttingen), 1998, S. 97 ff.; *Neumann-Duesberg*, S. 454 f. [456 f.]; *Nikisch* III, S. 364; *Reuter/Streckel* Grundfragen der betriebsverfassungsrechtlichen Mitbestimmung, S. 21 ff.; *Rieble* Arbeitsmarkt und Wettbewerb, Rn. 1422; *Rost/Kreft/KR* § 2 KSchG Rn. 143; *Rüthers* in: *Rüthers/Boldt* Zwei arbeitsrechtliche Vorträge, S. 7 [14 ff.]; *ders.* Arbeitsrecht und politisches System, 1973, S. 150; *Säcker* ZfA 1972, Sonderheft S. 41 [56 f.]; *Schaub/Koch* Arbeitsrechts-Handbuch, § 235 Rn. 12; *Schlünder* Die Rechtsfolgen der Missachtung der Betriebsverfassung durch den Arbeitgeber [Diss. Freiburg i. Brsg.], 1991, S. 7 ff.; *Siebert* RdA 1958, 161 [162 f.]; *Simitis/Weiss* DB 1973, 1240 ff.; *Söllner* ZfA 1973, 1 [20]; *von Stebut* RdA 1974, 332 [337]; *Stege/Weinspach/Schiefer* § 87 Rn. 3; *Thiele* 4. Aufl., Einl. N 97 ff.; *Weitnauer* FS Friedrich Weber, 1975, S. 429 [439]; *Wiese* FS Kraft, S. 683 ff.). Zu **abweichenden Meinungen** Rdn. 105 ff.; *Bommermann* Die Theorie der Wirksamkeitsvoraussetzung (Diss. Passau), 1992; *Emmert* Betriebsvereinbarungen über den Zeitlohn. Reichweite und Schranken der Betriebsautonomie (Diss. Trier), S. 128 ff.; *Gimpel* Individualrechtliche Konsequenzen betriebsverfassungsrechtlicher Fehler (Diss. Bochum), 2006, S. 72 ff.; *Heise/von Steinau-Steinrück/HLS* § 87 Rn. 16 ff.; *Lobinger* RdA 2011, 76 ff., dessen Polemik sich aber vor allem gegen das BAG richtet; *Thalhofer* Betriebsverfassungsrechtlicher Beseitigungsanspruch (Diss. Regensburg), 1999, S. 125 ff.; *Wiebauer* Sicherung der Mitbestimmung, passim; differenzierend nach Schutzfunktion und Ausgleichsfunktion und bei letzterer zwischen formellen (unwirksamen) und materiellen (relativ unwirksamen) Arbeitsbedingungen *H. Hanau* Individualautonomie, S. 185 ff; ähnlich *Konzen* FS *von Maydell*, 2002, S. 341 (352 ff.); dazu *Wiese* FS *Adomeit*, 2008, S. 839 [842 Fn. 20]; zur Kritik der Rechtsprechung des BAG *Wölter* RdA 2006, 137 ff. Zu Einzelfragen Rdn. 121 ff., 165, 243, 272, *Wiese/Gutzeit* Rdn. 369, 445, 465, 486, 502, 604, 669, 685, 766 ff., 810, 816, 996, 1045, 1074, zur eigenen Auffassung zusammenfassend *Wiese* FS *Adomeit*, 2008, S. 839 ff.

102 Aus der **gemeinsamen** und **gleichgeordneten** Regelungszuständigkeit der Betriebspartner folgt, dass die **Zustimmung** des Betriebsrats **vor Durchführung** einer **geplanten Maßnahme erteilt** und **vom Arbeitgeber von sich aus eingeholt werden** muss (zust. *BAG* 02.03.2004 EzA § 87 BetrVG 2001 Betriebliche Lohngestaltung Nr. 4 S. 9 = AP Nr. 31 zu § 3 TVG Bl. 4 R *[Reichold]*; 29.01.2008 EzA § 87 BetrVG 2001 Betriebliche Lohngestaltung Nr. 14 Rn. 34 = AP Nr. 13 zu § 87 BetrVG 1972; 14.04.2010 EzA § 99 BetrVG 2001 Eingruppierung Nr. 5 Rn. 16 = AP Nr. 44 zu § 99 BetrVG 1972 Eingruppierung; 22.06.2010 EzA § 87 BetrVG 2001 Betriebliche Lohngestaltung Nr. 22 Rn. 34 = AP Nr. 136 zu § 87 BetrVG 1972 Lohngestaltung). Die Unwirksamkeit einer Maßnahme kann daher **nicht** durch **nachträgliche Zustimmung** des Betriebsrats **geheilt** werden (*BAG* 11.06.2002 EzA § 87 BetrVG 1972 Betriebliche Lohngestaltung Nr. 76 S. 8 = AP Nr. 113 zu § 87 BetrVG 1972 Lohngestaltung Bl. 4 *[Wiese]*; 20.01.1998 EzA § 87 BetrVG 1972 Betriebliche Lohngestaltung Nr. 63 S. 7 = AP Nr. 73 zu § 77 BetrVG 1972 Bl. 3 R; 20.02.2002 EzA § 620 BGB Nr. 188 S. 6 = AP Nr. 23 zu § 72 LPVG NW Bl. 3 R; vgl. auch *BAG* 16.12.2008 EzA § 8 TzBfG Nr. 23 Rn. 53 = AP Nr. 27 zu § 8 TzBfG; *LAG Frankfurt a. M.* 27.11.1986 LAGE § 87 BetrVG 1972 Nr. 5 S. 8; *Adomeit* Die Regelungsabrede, S. 93 [103]; *ders.* RdA 1963, 263 [265]; *ders.* BB 1967, 1003 [1004]; *Clemenz/HWK* § 87 Rn. 39; *Fitting* § 87 Rn. 603; *von Hoyningen-Huene* DB 1987, 1426 [1432]; *Klebe/DKKW* § 87 Rn. 20; *Gutzeit* NZA 2008, 255; *Neumann-Duesberg*, S. 460;

Raab ZfA 1997, 183 [212 f.]; *Säcker* ZfA 1972, Sonderheft S. 41 [59]; *Simitis/Weiss* DB 1973, 1240 [1243]; unentschieden *BAG* 19.09.1995 EzA § 76 BetrVG 1972 Nr. 67 S. 4 f. = AP Nr. 61 zu § 77 BetrVG 1972 Bl. 2 R; **a. M.** *Loritz/ZLH* Arbeitsrecht, § 51 Rn. 104). Die **Mitbestimmung** ist nicht wie etwa die Zustimmung des gesetzlichen Vertreters bei Rechtsgeschäften Minderjähriger eine außerhalb des eigentlichen Geschäftsakts liegende zusätzliche Wirksamkeitsvoraussetzung eines schwebend unwirksamen Rechtsgeschäfts, sondern **rechtsnotwendiger Bestandteil der Maßnahme** selbst (zust. *Clemenz/HWK* § 87 Rn. 38; *von Hoyningen-Huene* DB 1987, 1426 [1432]; *Miersch* Die Rechtsfolgen mitbestimmungswidriger Maßnahmen für das Arbeitsverhältnis [Diss. Göttingen], 1998, S. 104). Deshalb ist es **nicht sachgerecht**, die **Unwirksamkeit** mitbestimmungswidriger Maßnahmen des Arbeitgebers als »**Sanktion**« zu verstehen (Näheres Rdn. 133; *Wiese* FS *Kraft*, S. 683 [686 ff.]; krit. auch *Lobinger* RdA 2011, 76 [87 f.]); es **fehlt** vielmehr an einem **notwendigen Element zweiseitiger (vertraglicher) Regelung** (vgl. auch vor § 87 Rdn. 11). Die Mitbestimmungsrechte sind daher **keine Verbotsgesetze** i. S. d. § 134 BGB (zutr. *Wiebauer* RdA 2013, 364 [365 f.]). Für Maßnahmen des Arbeitgebers mit Dauerwirkung kommt bei Verletzung des Mitbestimmungsrechts nur deren Neuvornahme unter ordnungsgemäßer Beteiligung des Betriebsrats in Betracht (vgl. auch Rdn. 126). In der »nachträglichen Zustimmung« kann ein Angebot zum Abschluss einer Betriebsabsprache liegen, die dann allerdings nur für die Zukunft wirkt. Nicht erforderlich ist, dass die Mitbestimmung des Betriebsrats bei jeder einzelnen mitbestimmungspflichtigen Maßnahme erfolgt; für immer wieder auftretende gleichliegende entscheidungsbedürftige Angelegenheiten kann die **Zustimmung** des Betriebsrats auch **im Voraus** erteilt werden (*BAG* 02.03.1982 EzA § 87 BetrVG 1972 Arbeitszeit Nr. 11 S. 77 = AP Nr. 6 zu § 87 BetrVG 1972 Arbeitszeit Bl. 3 R; *LAG Köln* 30.07.1999 AP Nr. 1 zu § 87 BetrVG 1972 Unterlassungsanspruch Bl. 2; *Kaiser/LK* § 87 Rn. 19; vgl. auch Rdn. 6, 163). **Missverständlich** ist es, wenn das *BAG* (05.05.2015 EzA § 87 BetrVG 2001 Betriebliche Lohngestaltung Nr. 32 Rn. 13, Leitsatz 1= AP Nr. 147 zu § 87 BetrVG 1972 Lohngestaltung; 24.01.2017 NZA 2017, 931 Rn. 34) bei mitbestimmungswidrig geänderten Entlohnungsgrundsätzen die Weitergeltung der zuletzt mitbestimmten Entlohnungsgrundsätze als »**Fortführung der Theorie der Wirksamkeitsvoraussetzung**« bezeichnet. Waren die mitbestimmungswidrig vom Arbeitgeber einseitig geänderten Entlohnungsgrundsätze nach der Theorie der Wirksamkeitsvoraussetzung unwirksam und die bisherigen nach wie vor in Geltung, sind diese verbindlich, ohne dass darin eine »Fortführung« der Theorie der Wirksamkeitsvoraussetzung läge; es handelt sich schlicht um deren Anwendung (*Wiese* RdA 2012, 332 [339]).

Eine **Einschränkung** der dargelegten Auffassung kommt nur **nach allgemeinen Grundsätzen** in Betracht, so bei **Unzumutbarkeit** und vor allem bei **Rechtsmissbrauch**. Das ist schon früher für Notfälle dargelegt worden (Rdn. 165), gilt aber allgemein für jede Rechtsausübung und deshalb auch für die Mitbestimmung des Betriebsrats, so dass kein Widerspruch zur Theorie der notwendigen Mitbestimmung besteht. Der hier vertretenen Auffassung ist offenbar auch das *BAG* (22.12.1980 EzA § 615 BGB Betriebsrisiko Nr. 7 S. 50 *[Dütz; Ehmann/Schnauder* nach Nr. 8*]* = AP Nr. 70 zu Art. 9 GG Arbeitskampf Bl. 9 *[Richardi* nach Nr. 71*]*), wenn es bei Missbrauch des Mitbestimmungsrechts des Betriebsrats dessen Veto oder eine sachfremde Verzögerung als rechtswidrig bezeichnet. Jedoch ist bei Annahme eines Rechtsmissbrauchs ein strenger Maßstab anzulegen. 103

Darüber hinaus hat das *BAG* (22.12.1980 EzA § 615 BGB Betriebsrisiko Nr. 7 S. 50 *[Dütz; Ehmann/Schnauder* nach Nr. 8*]* = AP Nr. 70 zu Art. 9 GG Arbeitskampf Bl. 10 *[Richardi* nach Nr. 71*]*; vgl. auch *BAG* 22.12.1980 EzA § 615 BGB Betriebsrisiko Nr. 8 S. 61 f. = AP Nr. 71 zu Art. 9 GG Arbeitskampf Bl. 4 R) die Mitbestimmung des Betriebsrats als Wirksamkeitsvoraussetzung im Hinblick auf die Einführung von Kurzarbeit mit der Begründung verneint, die betriebsverfassungsrechtliche Lage während der Arbeitskämpfe des Jahres 1978 sei in Rechtsprechung und Literatur ungeklärt gewesen, der Arbeitgeber habe sich deshalb in einer Zwangslage befunden und eine Entscheidung einseitig treffen müssen (krit. *Adomeit* DB 1981, 1086 f.; *Konzen* SAE 1981, 209 [211]; *Richardi* § 87 Rn. 105 f., 404; *ders.* Anm. AP Nr. 71 zu Art. 9 GG Arbeitskampf Bl. 11; *Worzalla/HWGNRH* § 87 Rn. 113). Die dogmatische Begründung ist das *BAG* schuldig geblieben. Da es zuvor vom »Notfall« gesprochen hat, ist es nicht verständlich, dass es davon abgesehen hat, das Vorliegen von dessen Voraussetzungen zu prüfen. Es spricht nur kurz den Gedanken der Zumutbarkeit an. Es erscheint jedoch bedenklich, bereits die Ungewissheit über die Rechtslage als ausreichend für den Ausschluss der Mitbestimmung wegen Unzumutbarkeit (§ 242 BGB) anzusehen. Wenn der Arbeitgeber in einem solchen Fall allein ent- 104 scheidet, ohne bei Widerstand des Betriebsrats ein Einigungsstellenverfahren durchzuführen, trägt er das Risiko einer Fehleinschätzung der Rechtslage.

c) Theorie der erzwingbaren Mitbestimmung

105 **Alle abweichenden Meinungen** sind vom Ansatz her **abzulehnen**. Das gilt vor allem für die von *Dietz* begründete Auffassung, der Betriebsrat habe nur einen **Anspruch auf gemeinsame Regelung** der **mitbestimmungspflichtigen Angelegenheiten** (so *Dietz* § 56 Rn. 7 bis 56, 86, 91, 105, 139, 160 m. w. N.; *ders.* FS *Nipperdey*, 1955, S. 147 ff.; *ders.* Probleme des Mitbestimmungsrechts, S. 7 ff.; ihm folgend mit Modifikationen *Richardi* Kollektivgewalt und Individualwille, S. 291 ff.; *ders.* Festgabe für *von Lübtow*, S. 755 [759 ff.]; *ders.* DB 1971, 621 [626 ff.]; *ders.* § 87 Rn. 101, 104 ff.; *ders.* Betriebsverfassung und Privatautonomie, S. 18 ff.; *ders.* ZfA 1976, 1 [35 ff.]; *ders.* RdA 1983, 278 [282 ff.]; *ders.* 50 Jahre Bundesarbeitsgericht, S. 1041 [1058 ff.]; ferner *Hromadka* DB 1991, 2133 [2134 f.]; *Leinemann* BB 1989, 1905 [1907 f.]; *Schlochauer* in *Hromadka* [Hrsg.] Änderung von Arbeitsbedingungen, 1989, S. 221 [236 ff.]; *Schulz* Entgeltkürzung im Insolvenzfall durch Betriebsvereinbarung [Diss. Berlin], 2002, S. 153 ff.; *Worzalla/HWGNRH* § 87 Rn. 103 ff., insbesondere Rn. 114; krit. *Hurlebaus* Fehlende Mitbestimmung bei § 87 BetrVG, S. 49 ff.). Dieser Anspruch könne durch Abschluss einer Betriebsvereinbarung oder verbindlichen Spruch der Einigungsstelle erzwungen werden (*Dietz*, insbesondere § 56 Rn. 31, 34). Bis dahin sei der Arbeitgeber berechtigt, eine Angelegenheit durch Einzelvertrag oder in Ausübung seines Weisungsrechts allein zu regeln (*Dietz*, insbesondere § 56 Rn. 41). Dem Betriebsrat bleibe es überlassen, ob er eine Regelung verlangen wolle (*Dietz*, insbesondere § 56 Rn. 34).

106 Diese **Ansicht widerspricht** nicht nur dem **Wortlaut** des **Gesetzes** (a. M. *Worzalla/HWGNRH* § 87 Rn. 107), sondern vor allem seinem **Zweck** (Rdn. 97; vgl. auch *Nikisch* III, S. 366, gegen die Annahme von Ansprüchen der Beteiligten; ferner *Schlüter* DB 1972, 92 [94], der aber die Unwirksamkeit der getroffenen Maßnahmen verneint [S. 95 f., 139 ff.]). Die Materialien geben zur Streitfrage nichts her (*Konzen* Leistungspflichten, S. 84). Ebenso wenig kann aus der Systematik des Gesetzes etwas für die eine oder andere Ansicht abgeleitet werden; aus der Anordnung der Nichtigkeitsfolge nach § 102 Abs. 1 Satz 3 für eine ohne Anhörung des Betriebsrats ausgesprochene Kündigung kann nicht geschlossen werden, der Gesetzgeber habe diese Folge bei einem Verstoß gegen die Mitbestimmung in sozialen Angelegenheiten nicht gewollt (so aber *Worzalla/HWGNRH* § 87 Rn. 108 f.; *ders.* SAE 2016, 95 [97]).

107 Die **abgelehnte Auffassung** kann auch **nicht** die **größere Praktikabilität** für sich in Anspruch nehmen. Es mag zwar einfacher sein und der Rechtsklarheit dienen, wenn die Form der Mitbestimmung auf den Abschluss einer Betriebsvereinbarung beschränkt wird. Den Bedürfnissen der Praxis trägt die h. M. jedoch durch Anerkennung der Zulässigkeit von Betriebsabsprachen Rechnung (Rdn. 88 ff.). Darin liegt keine Aufweichung der Mitbestimmung, und ebenso wenig hat dies Rechtsunsicherheit zur Folge. Andernfalls wäre unsere gesamte Privatrechtsordnung, die nur ausnahmsweise Formvorschriften kennt, durch Rechtsunsicherheit gekennzeichnet. Entscheidend ist, *dass* die Mitbestimmung und *nicht wie* sie *verwirklicht* wird. Auch der Betriebsablauf wird durch die notwendige Mitbestimmung als solche nicht erschwert. In vielen Angelegenheiten des § 87 Abs. 1 Nr. 1 bis 13 müssen Dauerregelungen getroffen werden, ohne dass die Verlängerung des Entscheidungsprozesses durch Einschaltung des Betriebsrats schadet. Für Eilfälle können die Betriebspartner Vorsorge treffen (Rdn. 163). Nur in wirklichen Notfällen darf der Arbeitgeber im Interesse aller Beteiligten die erforderlichen Maßnahmen allein ergreifen, was allerdings nur aus allgemeinen Rechtsgrundsätzen abgeleitet werden kann und das Mitbestimmungsrecht des Betriebsrats unberührt lässt (vgl. auch Rdn. 112 und zum Ganzen Rdn. 159 ff.). Im Übrigen führt die notwendige Mitbestimmung nicht nur zur Einschränkung, sondern zugleich zur Erweiterung der rechtlichen Möglichkeiten des Arbeitgebers (Rdn. 90).

d) Auseinandersetzung mit der Kritik an der Theorie der notwendigen Mitbestimmung und abweichenden Meinungen

108 Die gegen die h. M. vorgetragenen **Einwände** sind **nicht berechtigt**. Das gilt vor allem für die – z. T. sogar von ihren eigenen Anhängern aufgegriffene – Behauptung, die Theorie der notwendigen Mitbestimmung bedürfe zahlreicher Einschränkungen, um überhaupt angewendet werden zu können (*Hurlebaus* Fehlende Mitbestimmung bei § 87 BetrVG, S. 5 f.; *Lieb/Jacobs* Arbeitsrecht, Rn. 767;

Loritz/ZLH Arbeitsrecht, § 51 Rn. 96 ff.; *Richardi* § 87 Rn. 115 f.; *Wiebauer* Sicherung der Mitbestimmung, Rn. 108 ff. m. w. N.). Dadurch wird der Eindruck erweckt, diese Theorie sei in sich nicht stimmig und nur bedingt brauchbar. Es ist aufschlussreich, dass von *Richardi* die noch in der 6. Aufl. (*Dietz/Richardi* § 87 Rn. 84 ff., insbesondere Rn. 90, 93) aus den von ihm so verstandenen Ausnahmen abgeleitete Auffassung, die Konzeption der h. M. sei mit dem Gebot der Rechtssicherheit nicht vereinbar, in der 7. Aufl. ebenso wie etliche Einwände gegen die h. M. nicht mehr vorgetragen werden. Im Übrigen richten sich die im Einzelnen erhobenen Einwände weniger gegen die Theorie der notwendigen Mitbestimmung als gegen die Behandlung von Grundproblemen der Mitbestimmung in sozialen Angelegenheiten (Rdn. 109 ff.). Diese lassen sich jedoch durchaus systemkonform befriedigend lösen, mögen auch noch Einzelfragen offen sein. Die Theorie der notwendigen Mitbestimmung, die nur in dem durch Vorentscheidungen abgesteckten Rahmen zur Anwendung kommen kann, ist daher nicht der richtige Ansatzpunkt der Kritik. Das Bemühen der wissenschaftlichen Diskussion sollte deshalb darauf gerichtet sein, offene Einzelfragen zu klären und systematische Zusammenhänge aufzudecken. Das gilt umso mehr, als für die Gegenposition keine stringente Begründung vorliegt.

Keine Ausnahme von der Theorie der notwendigen Mitbestimmung ist es, dass in **Betrieben ohne** **109** **Betriebsrat** der Arbeitgeber im Rahmen seines Direktionsrechts einseitig oder durch Vertrag mit den einzelnen Arbeitnehmern eine Angelegenheit i. S. d. § 87 wirksam regeln kann (Rdn. 87, 98; so aber *Dietz/Richardi* 5. Aufl. 1973, § 87 Rn. 45, seit der 6. Aufl. wird dieses Argument nicht mehr vorgetragen; wie hier *Kaiser/LK* § 87 Rn. 12). Das Betriebsverfassungsgesetz zwingt die Belegschaft nicht zur Wahl eines Betriebsrats, sondern überlässt dies ihrer freien Entscheidung (Einl. Rdn. 97). Die Mitbestimmung setzt daher voraus, dass eine Betriebsvertretung wirksam errichtet worden ist. Dadurch entsteht allerdings nach Maßgabe des Betriebsverfassungsgesetzes ein Zwangsverband (Einl. Rdn. 97, 111); das ist aber kein Argument gegen die Theorie der notwendigen Mitbestimmung.

Ebenso wenig ergeben sich aus der **Beschränkung** der Mitbestimmung **auf kollektive Tatbestände** **110** (Rdn. 15 ff.) Einwände gegen die h. M. (anders *Richardi* § 87 Rn. 25, 116; vgl. auch *Loritz/ZLH* Arbeitsrecht, § 51 Rn. 98 ff.). Die Theorie der notwendigen Mitbestimmung gilt nur in dem durch die Mitbestimmung gezogenen Rahmen. Deshalb mag zwar die Abgrenzung von kollektiven Tatbeständen und Individualmaßnahmen Probleme aufwerfen, jedoch ist die dadurch festgelegte Reichweite der Mitbestimmung präjudiziell für die Anwendung der Theorie der Wirksamkeitsvoraussetzung, der Ausschluss der Mitbestimmung bei Individualmaßnahmen mithin keine Ausnahme von dieser Theorie. Erst recht widerspricht die Beschränkung der notwendigen Mitbestimmung auf kollektive Tatbestände nicht dem Zweck der Mitbestimmung (so aber wohl *Richardi* § 87 Rn. 25; eindeutig *Dietz/Richardi* 6. Aufl. 1982, § 87 Rn. 97). Die grundsätzliche Mitbestimmungsfreiheit von Individualmaßnahmen ist sachgerecht, da sie für diese die Vertragsfreiheit der Arbeitnehmer nicht einschränkt (Rdn. 25) und entspricht der Konzeption des Gesetzes, die individuellen Interessen einzelner Arbeitnehmer primär nach Maßgabe der §§ 81 ff. zu berücksichtigen (Rdn. 24). Im Übrigen ist es nicht widersprüchlich, einerseits das Zustimmungserfordernis des Betriebsrats mit dem Schutzbedürfnis des Arbeitnehmers zu begründen, andererseits aber dem Betriebsrat die Mitbestimmung bei der Gestaltung des Einzelfalles zu versagen (**a. M.** *Richardi* § 87 Rn. 23). Auch die Teilhabefunktion der Mitbestimmung führt nicht zu deren »Substanzverlust« (so aber *Richardi* § 87 Rn. 23).

Es trifft auch nicht zu, dass die Theorie der notwendigen Mitbestimmung von der Vorstellung ausginge, dem Arbeitgeber stehe im Verhältnis zu den einzelnen Arbeitnehmern nicht nur tatsächlich, sondern auch rechtlich ein **einseitiges Bestimmungsrecht** für die in § 87 genannten Arbeitsbedingungen zu (so aber *Dietz/Richardi* 6. Aufl. 1982, § 87 Rn. 98; vgl. auch *Richardi* § 87 Rn. 25). Schon in der zweiten Bearbeitung (1979, vor § 87 Rn. 4 ff.) ist eingehend dargelegt worden, dass die Mitbestimmung unabhängig davon besteht, ob der Arbeitgeber eine Angelegenheit ohne Mitbestimmung einseitig oder vertraglich regeln könnte (jetzt vor § 87 Rdn. 4 ff.). **111**

Auch aus der Behandlung des **Notfalls** kann nichts gegen die notwendige Mitbestimmung hergeleitet werden (anders *Dietz/Richardi* 6. Aufl. 1982, § 87 Rn. 87, 93), weil diese jedenfalls nach der hier vertretenen Auffassung auch im Notfall gegeben ist (Rdn. 107 sowie zum Ganzen Rdn. 159 ff.). **112**

113 Gegen die h. M. spricht auch nicht, dass dem **Betriebsrat** trotz fehlender Zustimmung sein **Verhalten** unter bestimmten Voraussetzungen **als Einverständnis zugerechnet** werden kann (Rdn. 95; so aber *Dietz/Richardi* 6. Aufl. 1982, § 87 Rn. 89, 90). Dabei handelt es sich um ein allgemeines Rechtsproblem und nicht um eine spezielle Ausnahme von der Theorie der notwendigen Mitbestimmung. Das Bedenken von *Richardi* (*Dietz/Richardi* 6. Aufl. 1982, § 87 Rn. 89) gegen die Heranziehung des Grundsatzes von Treu und Glauben richtet sich daher unbegründet mehr gegen dessen Anwendung überhaupt im Betriebsverfassungsrecht als gegen die Theorie der notwendigen Mitbestimmung.

114 Auf einem grundlegenden Missverständnis beruht es, wenn der Theorie der notwendigen Mitbestimmung entgegengehalten wird, sie führe vor allem bei **Rechtsgeschäften mit Dritten** zur Beeinträchtigung der Belange des Rechtsverkehrs (so *Richardi* § 87 Rn. 112; *Schlüter* DB 1972, 92 [139]). Dabei wird verkannt, dass überhaupt nur solche Rechtsgeschäfte unwirksam sein können, die mitbestimmungspflichtig sind. Durch die notwendige Mitbestimmung wird jedoch nach deren Zweck die rechtsgeschäftliche Kompetenz des Arbeitgebers nur im Verhältnis zum Betriebsrat und gegenüber den Arbeitnehmern eingeschränkt, da die Regelungsmacht der Betriebspartner sich nur auf das Verhältnis des Arbeitgebers zur Belegschaft bezieht (insoweit auch *Richardi* § 87 Rn. 129, aber im Widerspruch zur Polemik Rn. 111 f. gegen die hier vertretene Auffassung). Deshalb sind **Rechtsgeschäfte mit Dritten ohne Zustimmung des Betriebsrats wirksam** (*BAG* 22.10.1985 EzA § 87 BetrVG 1972 Werkwohnung Nr. 7 S. 38 = AP Nr. 5 zu § 87 BetrVG 1972 Werkmietwohnungen Bl. 2; *LAG Hamm* 16.06.1978 EzA § 87 BetrVG 1972 Arbeitssicherheit Nr. 1 S. 1; *Galperin/Löwisch* § 87 Rn. 192; *Gumpert* BB 1978, 968 [971]; *von Hoyningen-Huene* DB 1987, 1426 [1430 f.]; *Loritz/ZLH* Arbeitsrecht, § 51 Rn. 97; *Richardi* § 87 Rn. 111 f., 129; *Schlüter* DB 1972, 92, 139; *Wiebauer* Sicherung der Mitbestimmung, Rn. 214 ff.; *Wiese* ZfA 1989, 645 [646 f.]; *ders.* NZA 2003, 1114 [1116]; *Worzalla/HWGNRH* § 87 Rn. 118). Davon streng zu **unterscheiden** ist die Frage, **ob** der **Arbeitgeber** den mit dem – wirksamen – Rechtsgeschäft **verfolgten Zweck erreichen kann**. So ist es ihm unbenommen, beliebige Gegenstände für eine Sozialeinrichtung zu erwerben. Jedoch bedarf es für die Zuordnung eines dieser Gegenstände zur Sozialeinrichtung der Zustimmung des Betriebsrats (*Wiese/Gutzeit* Rdn. 765). Fehlt diese, wäre die Zuordnung des Gegenstandes als mitbestimmungspflichtige Verwaltungsmaßnahme unwirksam (*Wiese/Gutzeit* Rdn. 766, aber auch *Wiese/Gutzeit* Rdn. 767). Das ändert jedoch nichts an der Wirksamkeit des Verpflichtungs- und Verfügungsgeschäfts gegenüber dem Dritten. Nicht überzeugend ist daher die Argumentation von *Richardi* (§ 87 Rn. 112) gegen die hier vertretene Ansicht zu Rechtsgeschäften mit Dritten: »Wenn ein mitbestimmungspflichtiges Rechtsgeschäft ohne Zustimmung des Betriebsrats wirksam ist, wird insoweit aufgegeben, dass die Beteiligung des Betriebsrats eine Wirksamkeitsvoraussetzung ist.« Damit werden jedoch das **mitbestimmungsfreie Rechtsgeschäft mit** dem **Dritten** und die **mitbestimmungspflichtige Verwaltungsmaßnahme verwechselt**. Eine andere Frage ist, ob der Arbeitgeber wegen **subjektiver Unmöglichkeit** dem **Dritten** nach § 280 Abs. 1 BGB **schadenersatzpflichtig** sein kann (zust. *von Hoyningen-Huene* DB 1987, 1426 [1427]). Beim Kauf von Gegenständen kommt das nicht in Betracht. Bekanntlich ist es für den Kauf von Verlobungsringen völlig gleichgültig, ob die Verlobung unterbleibt; der Käufer muss dann für die erworbenen Gegenstände eine andere Verwendung finden. Der Arbeitgeber ist auch nicht verpflichtet, das Rechtsgeschäft so abzuschließen, wie es im Mitbestimmungsverfahren »festgelegt« wird (so aber *Richardi* § 87 Rn. 129). Einer solchen vorherigen Festlegung bedarf es überhaupt nicht; der Arbeitgeber handelt lediglich auf eigenes Risiko, wenn er mit Dritten Geschäfte abschließt und durch die Mitbestimmung gehindert ist, das eingegangene Rechtsgeschäft zu erfüllen. Eine subjektive Unmöglichkeit ist z. B. denkbar, wenn der Arbeitgeber für die Sozialeinrichtung Personal einstellen wollte und entsprechende Arbeitsverträge abgeschlossen hat. Diese sind zwar wirksam, jedoch wäre die Einstellung ohne Zustimmung des Betriebsrats als mitbestimmungspflichtige Verwaltungsmaßnahme unwirksam, so dass dann ein Schadenersatzanspruch wegen subjektiver Unmöglichkeit gegeben sein kann (*Wiese/Gutzeit* Rdn. 768). Dass dadurch – mittelbar – die Rechtsmacht des Arbeitgebers auch im Verhältnis zu Dritten durch die Mitbestimmung des Betriebsrats begrenzt wird (so *Richardi* § 87 Rn. 112), ist nicht zu bestreiten und die hinzunehmende Konsequenz der Unwirksamkeit einer mitbestimmungspflichtigen Maßnahme. *Richardi* (§ 87 Rn. 112) meint, durch diese Schadenersatzpflicht würden den Belange des Rechtsverkehrs ebenso beeinträchtigt, wie wenn das Rechtsgeschäft mit einem Dritten rechtsunwirksam wäre. Gleiches gilt aber auch bei der fehlenden Zustimmung des Betriebsrats zur Bestellung der als Arbeitnehmer einzustellenden Betriebsärzte und Fachkräfte für Arbeitssicherheit

(*Wiese/Gutzeit* Rdn. 682 ff.), dem Abschluss eines Mietvertrages über eine Werkmietwohnung (Rdn. 117, *Wiese/Gutzeit* Rdn. 808, 820) sowie der fehlenden Zustimmung zur Einstellung eines Arbeitnehmers nach § 99 BetrVG (*Raab* § 99 Rdn. 176, 250). Diese Folgen sind gesetzeskonform und jedenfalls kein Einwand gegen die Theorie der notwendigen Mitbestimmung (**a. M.** *Richardi* § 87 Rn. 114). Wenn im Übrigen *Richardi* (§ 87 Rn. 111) Rechtsgeschäfte einer rechtlich selbständigen Sozialeinrichtung trotz fehlender Mitbestimmung für wirksam hält, geht er von der inzwischen aufgegebenen Rechtsprechung des *BAG* aus (*Wiese/Gutzeit* Rdn. 779). Zur Wirksamkeit eines Pacht- oder Veräußerungsvertrages über eine bisher in Eigenregie geführten Sozialeinrichtung *Wiese/Gutzeit* Rdn. 752.

115 Gegen die h. M. **kann** auch **nicht eingewandt** werden, sie führe zu einer **partiellen Entmündigung** der **Arbeitnehmer**, zur Fremdbestimmung, weil ihre Vertragsfreiheit eingeschränkt werde (so aber *Richardi* Festgabe *von Lübtow*, S. 755 ff. [insbesondere S. 779 ff.]; *ders.* Kollektivgewalt und Individualwille, S. 291 ff.; *ders.* DB 1971, 621 [626 ff.]; *ders.* Betriebsverfassung und Privatautonomie, S. 24 ff.; *ders.* § 87 Rn. 108, 113; ihm folgend *Lobinger* RdA 2011, 76 [90]; *Fenn* ZfA 1971, 347 [384]; *Schlüter* DB 1972, 92 [139, 140 f.]; **a. M.** wie hier *von Hoyningen-Huene* DB 1987, 1426 [1428 f.]; *Jahnke* Tarifautonomie und Mitbestimmung, S. 116 ff.). Nach Ansicht von *Richardi* (Festgabe *von Lübtow*, S. 780 [782]) kommt der Mitbestimmung des Betriebsrats nur eine Hilfsfunktion zu, um zu einem Interessenausgleich zwischen Arbeitgeber und Arbeitnehmern beizutragen, wo dem Arbeitgeber im betrieblichen Bereich das Alleinbestimmungsrecht zusteht. Abgesehen davon, dass die Mitbestimmung nach § 87 Abs. 1 nicht nur das Alleinbestimmungsrecht des Arbeitgebers einschränkt (vor § 87 Rdn. 4 ff.), steht seine Auffassung im auffälligen Gegensatz zu dem von *Richardi* (Festgabe *von Lübtow*, S. 755 [760 ff.]) bejahten Integrationsgedanken. Seine pointierten Thesen sind die Folge der von ihm vertretenen, jedoch abzulehnenden Ansicht, die Mitbestimmung des Betriebsrats beschränke sich nicht auf generelle Tatbestände, sondern erfasse auch Einzelfälle (u. a. Festgabe *von Lübtow*, S. 767 ff.). Der h. M. wirft er (§ 87 Rn. 25, 116) dagegen vor, sie sei wegen der Theorie der notwendigen Mitbestimmung zur Einschränkung der Mitbestimmung auf kollektive Tatbestände gezwungen. Diese Einschränkung entspricht indessen der Konzeption des Gesetzes, ist sachgerecht (Rdn. 24 f.) und nicht wegen der Theorie der notwendigen Mitbestimmung entwickelt worden. Im Übrigen werden durch die Einbeziehung von Einzelfällen in die Mitbestimmung der Zugriff auf die individuelle Rechtsposition des Arbeitnehmers und seine Vertragsfreiheit eher als durch die h. M. eröffnet. Nach dieser bleibt ein weiter Spielraum für individuelle Abreden. Bei kollektiven Tatbeständen hat sich der Gesetzgeber jedoch im Hinblick auf das von ihm generell bejahte Schutzbedürfnis und zwecks Verwirklichung der Teilhabe der Arbeitnehmer am Betriebsgeschehen für deren Interessenwahrung durch den die Belegschaft repräsentierenden Betriebsrat entschieden (vgl. auch *Säcker* ZfA 1972, Sonderheft S. 41 [56 f.]; *Simitis/Weiss* DB 1973, 1240 [1241 Fn. 8]). Entgegen *Lobinger* (RdA 2011, 76 [90]) dient die notwendige Mitbestimmung durchaus auch dem Schutz der Arbeitnehmer gegenüber den individualrechtlichen Gestaltungsmöglichkeiten des Arbeitgebers und nicht nur der Durchsetzung von Kollektivinteressen. Die Teilhabe an der Gestaltung genereller Tatbestände kann allerdings zur Unterordnung abweichender Individualinteressen einzelner Arbeitnehmer unter die vom Betriebsrat wahrgenommenen kollektiven Interessen führen. Das ist der Preis der Mitbestimmung und verlangt Überlegungen über die keineswegs abschließend geklärten Grenzen der Regelungsmacht der Betriebspartner (dazu *Kreutz* § 77 Rdn. 329 ff.). Nur kann nicht davon ausgegangen werden, der Betriebsrat werde typischerweise die Interessen einzelner Arbeitnehmer missachten.

116 **Abzulehnen** ist daher auch die frühere Auffassung von *Lieb* (Arbeitsrecht, 3. Aufl. 1984, S. 179, der im Anschluss an *Hanau* (RdA 1973, 281 [287 f.]) nur auf das **konkrete Schutzbedürfnis** abstellte und die notwendige Mitbestimmung entfallen ließ, wenn die von einer Maßnahme des Arbeitgebers betroffenen Arbeitnehmer sich mit dieser freiwillig und ohne Druck einverstanden erklären (ähnlich *Hurlebaus* Fehlende Mitbestimmung bei § 87 BetrVG, S. 68 ff. [131]). Der Arbeitnehmerschutz dürfe nicht in eine belastende Bevormundung umschlagen. Vorausgesetzt, dass es sich um die Regelung eines kollektiven Tatbestands handelt, würde die Auffassung zu einer erheblichen Einschränkung der Mitbestimmung und zur Rechtsunsicherheit führen (zust. *von Hoyningen-Huene* DB 1987, 1426 [1429]). Das konkrete Schutzbedürfnis kann zweifelhaft und selbst dann gegeben sein, wenn Arbeitnehmer sich ausdrücklich scheinbar freiwillig mit einer Maßnahme des Arbeitgebers einverstanden erklären. Geht man dagegen wie hier von einem generell zu bejahenden Schutzbedürfnis und vom Teilhabezweck aus, hat der Betriebsrat bei kollektiven Tatbeständen darüber zu entscheiden, wie die von

§ 87

ihm wahrzunehmenden Interessen der jeweils betroffenen Arbeitnehmer am zweckmäßigsten zu berücksichtigen sind. Das gilt gerade auch dann, wenn von einer derartigen Maßnahme potentiell mehrere Arbeitnehmer betroffen sind, im Ergebnis aber – wie z. B. bei der Auswahl von Arbeitnehmern für Überarbeit – nur ein Teil von ihnen erfasst wird. In dieser kollektiven Interessenvertretung kann keine Bevormundung gesehen werden (vgl. auch *Gast* Arbeitsvertrag und Direktion, 1978, S. 361 f.).

117 Im Hinblick auf die Funktion der notwendigen Mitbestimmung kann auch *Loritz / ZLH* (Arbeitsrecht, § 51 Rn. 98) nicht zugestimmt werden, wenn dieser die Rechtsfolge der Unwirksamkeit vertraglicher Vereinbarungen zwischen Arbeitgeber und Arbeitnehmern für »nicht generell sinnvoll« hält. Dass der von ihm als Beispiel genannte Abschluss eines Mietvertrages über eine Werkmietwohnung gültig ist, ergibt sich schon daraus, dass es sich dabei nicht um einen Mitbestimmungstatbestand handelt (*Wiese / Gutzeit* Rdn. 808, 810). Bei sonstigen vertraglichen Vereinbarungen entsteht leicht der Eindruck, die h. M. berücksichtige nicht hinreichend die Interessen der einzelnen Arbeitnehmer. Für Individualmaßnahmen (Rdn. 15) trifft dies schon deshalb nicht zu, weil diese nicht mitbestimmungspflichtig sind, während bei kollektiven Tatbeständen die Belange aller betroffenen Arbeitnehmer in den Individualverträgen überhaupt nicht berücksichtigt werden können und deshalb deren Zurückdrängung durch die notwendige Mitbestimmung des Betriebsrats gerechtfertigt ist (Rdn. 129). Gerade das von *Loritz / ZLH*, Arbeitsrecht, § 51 Rn. 99 gebrachte Beispiel der Gewährung einer Provision oder Tantieme an eine neu eintretende Gruppe von Arbeitnehmern macht dies deutlich.

118 Auch gegen die von *Loritz / ZLH* (Arbeitsrecht, § 51 Rn. 101) vorgeschlagene Einschränkung der notwendigen Mitbestimmung bei einseitigen Rechtsgeschäften des Arbeitgebers gegenüber den Arbeitnehmern bestehen Bedenken. Anknüpfungspunkt für die Mitbestimmung ist nicht eine bestimmte Art des Vorgehens des Arbeitgebers, sondern grundsätzlich das Vorliegen eines kollektiven Tatbestandes (Rdn. 20). Hat ein Arbeitnehmer im Vertrauen auf die Wirksamkeit eines einseitigen Rechtsgeschäfts des Arbeitgebers Dispositionen getroffen und kann der Arbeitgeber die Zusage nicht einhalten, sind die Interessen des Arbeitnehmers durch die Zuerkennung eines Schadenersatzanspruchs hinreichend gewahrt. Bei Änderungskündigungen (vgl. auch Rdn. 129) würde die von *Loritz / ZLH* (Arbeitsrecht, § 51 Rn. 101) vorgeschlagene Berücksichtigung der Arbeitnehmerinteressen im Kündigungsschutzverfahren auf eine Verlagerung der Problematik vom Bereich der sozialen in den der personellen Angelegenheiten hinauslaufen.

119 Eine **Einschränkung** der notwendigen Mitbestimmung ist auch **nicht berechtigt**, soweit zwischen Arbeitgeber und Arbeitnehmern getroffene **Vereinbarungen** für diese **günstiger** sind. Nach den vor § 87 (Rdn. 23) dargelegten Grundsätzen sind günstigere Vereinbarungen bei Individualmaßnahmen (Rdn. 15) zulässig. Indessen setzt der Günstigkeitsvergleich zwischen Einzelvertrag und kollektiver betrieblicher Regelung voraus, dass die Betriebspartner eine Regelung getroffen haben (*Säcker* ZfA 1972, Sonderheft S. 41 [56]). Selbst wenn das geschehen ist und nicht nur eine, in den Angelegenheiten des § 87 häufige, günstigkeitsneutrale Regelung besteht, wird die notwendige Mitbestimmung nicht dadurch beseitigt, dass der Arbeitgeber generell mit den Arbeitnehmern gegenüber einer bestehenden kollektiven Regelung günstigere individualrechtliche Vereinbarungen trifft. Das gilt auch im Stadium der Nachwirkung einer Betriebsvereinbarung (zweifelnd *Hanau* BB 1972, 499 [501 Fn. 16]). Aufgabe des Betriebsrats ist es, die Interessen aller betroffenen Arbeitnehmer wahrzunehmen. Seine Regelungskompetenz für kollektive Tatbestände kann daher nicht durch das Günstigkeitsprinzip ausgehöhlt werden (vor § 87 Rdn. 23). Darin liegt kein Übermaß der Rechtsfolgenbestimmung (so aber *Dietz / Richardi* 6. Aufl. 1982, § 87 Rn. 95) und auch kein Widerspruch zum Zweck der notwendigen Beteiligung des Betriebsrats (so aber *Richardi* § 87 Rn. 109 m. w.N). Wenn im Übrigen das *BAG* (25.10.1957 AP Nr. 6 zu § 56 BetrVG Bl. 2; 13.07.1977 EzA § 87 BetrVG 1972 Arbeitszeit Nr. 3 S. 8 = AP Nr. 2 zu § 87 BetrVG 1972 Kurzarbeit Bl. 5) ausführt, die Verletzung der notwendigen Mitbestimmung wirke sich dahin aus, dass die einseitig vom Arbeitgeber getroffenen Maßnahmen unwirksam seien, soweit dadurch Einzelansprüche der Arbeitnehmer vereitelt oder geschmälert würden, so handelt es sich dabei um ein obiter dictum, dem nicht zu entnehmen ist, das *BAG* habe das Günstigkeitsprinzip im Rahmen der notwendigen Mitbestimmung uneingeschränkt anerkennen wollen (anders wohl *Richardi* § 87 Rn. 109, der aber mit Recht darauf hinweist, dass durch diese Rechtsprechung die Frage der Wirksamkeitsvoraussetzung mit dem Günstigkeitsprinzip verquickt werde, obwohl beide nichts miteinander zu tun hätten; krit. auch *Wiebauer* Sicherung der Mitbestimmung,

Rn. 184). Das stünde im Widerspruch zu seinem Bemühen, die Umgehung der notwendigen Mitbestimmung zu verhindern (Rdn. 121).

Abzulehnen ist schließlich die früher von *Adomeit* (BB 1972, 53 f.; dazu auch *Adomeit* DB 1981, 1086) **120** vertretene **modifizierte Unwirksamkeitstheorie**, nach der einseitige, der Mitbestimmung unterliegende Maßnahmen des Arbeitgebers nur unwirksam sein sollen, wenn sie das Interesse der Arbeitnehmer ohne sachlichen Grund verletzen, d. h. sozial ungerechtfertigt sind. Die Unwirksamkeit könne von den betroffenen Arbeitnehmern im Urteilsverfahren, vom Betriebsrat – notfalls durch einstweilige Verfügung – im Beschlussverfahren geltend gemacht werden. Diese Ansicht findet im Gesetz keine Stütze, widerspricht dem Teilhabegedanken und höhlt die Zuständigkeit der Einigungsstelle aus (*Galperin/Löwisch* § 87 Rn. 18; *Richardi* § 87 Rn. 107; *Säcker* ZfA 1972, Sonderheft S. 41 [57 f. Fn. 66]; *Wiebauer* Sicherung der Mitbestimmung, Rn. 107; vgl. auch *Hurlebaus* Fehlende Mitbestimmung bei § 87 BetrVG, S. 48 f.).

e) Rechtsfolgen einer Verletzung der notwendigen Mitbestimmung im Einzelnen
Mangels notwendiger Mitbestimmung sind sowohl **einseitige rechtsgeschäftliche Maßnahmen** **121** des Arbeitgebers wie z. B. die Ausübung seines Direktionsrechts (zum Widerruf von Zulagen Rdn. 131 f., aber auch *Wiese/Gutzeit* Rdn. 893 ff.; zur einseitigen Urlaubserteilung *Wiese/Gutzeit* Rdn. 503 f.) als auch **einzelvertragliche Vereinbarungen unwirksam** (zum Grundsatz Rdn. 100, zur Rechtswidrigkeit tatsächlicher Maßnahmen Rdn. 125). Darin liegen keine systemwidrigen Sanktionen von betriebsverfassungswidrigen Maßnahmen des Arbeitgebers auf individualrechtlicher Ebene. Durch gleichlautende – u. U. unter dem Druck von Änderungskündigungen abgeschlossene – Einzelverträge könnte sonst die notwendige Mitbestimmung umgangen werden, was dem Zweck des § 87 Abs. 1 zuwiderlaufen würde (*BAG* st. Rspr. 17.12.1968 AP Nr. 27 zu § 56 BetrVG Bl. 3; 31.01.1969 AP Nr. 5 zu § 56 BetrVG Entlohnung Bl. 3; 04.05.1982 EzA § 87 BetrVG 1972 Lohn u. Arbeitsentgelt Nr. 13 S. 104 = AP Nr. 6 zu § 87 BetrVG 1972 Altersversorgung Bl. 3; 16.09.1986 GS EzA § 77 BetrVG 1972 Nr. 17 S. 101 *[Otto]* = AP Nr. 17 zu § 77 BetrVG 1972 Bl. 13 R; 03.12.1991 GS EzA § 87 BetrVG 1972 Betriebliche Lohngestaltung Nr. 30 S. 37 *[Gaul]* = AP Nr. 51 zu § 87 BetrVG 1972 Lohngestaltung Bl. 15; 11.06.2002 EzA § 87 BetrVG 1972 Betriebliche Lohngestaltung Nr. 76 S. 9 = AP Nr. 113 zu § 87 BetrVG Lohngestaltung Bl. 4 R *[Wiese]*; 18.09.2002 EzA § 87 BetrVG 2001 Arbeitszeit Nr. 1 S. 5 = AP Nr. 99 zu § 615 BGB Bl. 2 R f.; weitere *BAG*-Nachweise 9. Aufl. § 87 Rn. 119; *Galperin/Löwisch* § 87 Rn. 19, 240; *Klebe/DKKW* § 87 Rn. 7; *Otto* NZA 1992, 97 [112]; *Stege/Weinspach/Schiefer* § 87 Rn. 18, 186; **a. M.** *Däubler* AuR 1984, 1 [12 f.]; *Gimpel* Individualrechtliche Konsequenzen betriebsverfassungsrechtlicher Fehler (Diss. Bochum), 2006, S. 55 ff.; *Heinze* ZfA 1988, 53 [79]; *Richardi* § 87 Rn. 122 ff. mit Einschränkungen § 87 Rn. 127; *ders.* Kollektivgewalt und Individualwille, S. 295 ff.; *ders.* Festgabe *von Lübtow*, S. 755 [785 f.]; *ders.* DB 1971, 621 [629]; *Schlüter* DB 1972, 92 [139 ff.]; *Worzalla/HWGNRH* § 87 Rn. 115). Zur **Unwirksamkeit** einer **Vertragsstrafenabrede** zwischen **Arbeitgeber** und **Betriebsrat** bei **Verletzung** von **Mitbestimmungsrechten** *BAG* 29.09.2004 EzA § 40 BetrVG 2001 Nr. 7 S. 3 f. = AP Nr. 81 zu § 40 BetrVG 1972 Bl. 1 R f. *[Reichold]*; 19.01.2010 EzA § 23 BetrVG 2001 Nr. 3 Rn. 9 ff. = AP Nr. 49 zu § 99 BetrVG 1972 Versetzung; dazu *Hexel/Lüders* NZA 2010, 613 ff. m. w. N.; *Wiebauer* AuR 2012, 150 ff.

Der **Arbeitgeber** kann die **Mitbestimmung nicht** dadurch **ausschließen**, dass er eine **Vielzahl** **122** »**individueller**« **Vereinbarungen** über eine mitbestimmungspflichtige Angelegenheit trifft und sich dabei nicht selbst binden und keine allgemeine Regel aufstellen will (*BAG* st. Rspr. 19.04.1963 AP Nr. 2 zu § 56 BetrVG Entlohnung Bl. 4 R; 17.12.1985 EzA § 87 BetrVG 1972 Betriebliche Lohngestaltung Nr. 11 S. 104 = AP Nr. 5 zu § 87 BetrVG 1972 Tarifvorrang Bl. 2 R f. *[Kraft]*; 03.12.1991 GS EzA § 87 BetrVG 1972 Betriebliche Lohngestaltung Nr. 30 S. 30 = AP Nr. 51 zu § 87 BetrVG 1972 Lohngestaltung Bl. 12; 29.02.2000 EzA § 87 BetrVG 1972 Betriebliche Lohngestaltung Nr. 69 S. 5 = AP Nr. 105 zu § 87 BetrVG 1972 Lohngestaltung Nr. 69; 24.01.2006 EzA § 87 BetrVG 2001 Altersversorgung Nr. 1 S. 16 = AP Nr. 15 zu § 3 BetrAVG Bl. 7 R; 10.10.2006 EzA § 80 BetrVG 2001 Nr. 6 S. 8 = AP Nr. 68 zu § 80 BetrVG 1972 Bl. 3 R; weitere *BAG*-Nachweise 9. Aufl. § 87 Rn. 120). Für kollektive Tatbestände ist, soweit die Mitbestimmung reicht, die individualrechtliche Vertragsfreiheit eingeschränkt. Sie ist daher nur bei Individualmaßnahmen gegeben (allgemein Rdn. 15 ff.).

123 Die Unwirksamkeit erfasst nach **h. M.** auch die **Änderungskündigungen** als solche (*BAG* 01.02.1957 AP Nr. 4 zu § 56 BetrVG Bl. 5; 16.12.1960 AP Nr. 22 zu § 56 BetrVG Bl. 2 f.; 17.12.1968 AP Nr. 27 zu § 56 BetrVG Bl. 3; 31.01.1984 EzA § 87 BetrVG 1972 Betriebliche Lohngestaltung Nr. 8 S. 76 f. = AP Nr. 15 zu § 87 BetrVG 1972 Lohngestaltung Bl. 5; 21.09.1989 EzA § 77 BetrVG 1972 Nr. 33 S. 21 [*Otto*] = AP Nr. 43 zu § 77 BetrVG 1972 Bl. 8 [*Löwisch*]; *LAG Düsseldorf* 11.09.1974 DB 1975, 747 f.; 23.08.1983 BB 1983, 2052; *LAG Frankfurt a. M.* 27.11.1986 LAGE § 87 BetrVG 1972 Nr. 5 S. 7 f.; *ArbG Solingen* 22.06.1976 DB 1977, 547; *Buchner* Die AG 1971, 135 [189, 192 f.]; *Hanau* BB 1972, 499 [500]; *Hueck/Nipperdey* II/2, S. 1390 Fn. 39; *Isele* RdA 1962, 373 [374 f.]; *Klebe/DKKW* § 87 Rn. 7; *Neumann-Duesberg,* S. 456 f.; *Nikisch* III, S. 373 f.; *ders.* FS *Nipperdey,* Band II, S. 453 [463 f.]; *Säcker* ZfA 1972, Sonderheft S. 41 [57]; **a. M.** *Dietz* § 56 Rn. 43; *ders.* RdA 1962, 390 [395]; *Gaul* RdA 1962, 256 [257 f.]; *Loritz/ZLH* Arbeitsrecht, § 51 Rn. 101 ff.; *Richardi* § 87 Rn. 128; *Schlüter* DB 1972, 92 [139, 141 f.]; zum Ganzen *Wiebauer* Sicherung der Mitbestimmung, Rn. 144 ff.). Da bereits eine objektive Umgehung dem Zweck der Mitbestimmung nach § 87 Abs. 1 widersprechen würde, sind **subjektive Momente unerheblich**, so dass es nicht darauf ankommt, ob der Arbeitgeber in Umgehungsabsicht gehandelt hat. Die von der h. M. vertretene Auffassung bedarf jedoch der Präzisierung. Die **Änderungskündigung** kann nur **unwirksam** sein, **wenn** sie einen **mitbestimmungspflichtigen Tatbestand betrifft**. In diesem Sinne hat der Zweite Senat des *BAG* im Urteil vom 17.06.1998 (EzA § 2 KSchG Nr. 30 S. 9 ff. = AP Nr. 49 zu § 2 KSchG 1969 Bl. 4 R ff. [*H. Hanau*] = SAE 2000, 238 = Jus 1999, 306 [*Boemke*] = EWiR 1998, 989 [*Oetker*], bestätigt durch *BAG* 01.07.1999 EzA § 2 KSchG Nr. 35 S. 10 = AP Nr. 53 zu § 2 KSchG 1969 Bl. 5; zust. *Rost/Kreft/KR* § 2 KSchG Rn. 145; krit. *Fitting* § 87 Rn. 599; *Klebe/DKKW* § 87 Rn. 8) entschieden, die allgemeine Abänderung der auf einer vertraglichen Einheitsregelung beruhenden Auslösung bedürfe kollektivrechtlich nach § 87 Abs. 1 Nr. 10 BetrVG der Mitbestimmung des Betriebsrats sowie individualrechtlich Änderungsvereinbarungen oder Änderungskündigungen. Weder das kollektivrechtliche noch das individualrechtliche Erfordernis sei vorrangig. Die Herabsetzung des »Dotierungsrahmens« ist hiernach mitbestimmungsfrei, soweit der Arbeitgeber sich nicht dem Betriebsrat gegenüber gebunden hatte. Außerdem bedarf die Herabsetzung der vertraglichen Ansprüche der mitbestimmungsfreien Änderung mittels individualrechtlicher Gestaltung durch Vereinbarung oder Änderungskündigung. Mitbestimmungspflichtig ist daher allein die Aufstellung geänderter Verteilungsgrundsätze hinsichtlich des neuen »Dotierungsrahmens«, d. h. im entschiedenen Rechtsstreit der Summe der herabgesetzten Einzelansprüche auf die Auslösungen (*Wiese/Gutzeit* Rdn. 870, 873, 879 f., 902, 905, 908). Mit Recht verneint das *BAG* im Urteil vom 17.06.1998 die Mitbestimmung bei Herabsetzung des Dotierungsrahmens und stellt zutreffend fest, dass kein Mitbestimmungsrecht bestehe, solange der Dotierungsrahmen noch nicht festgelegt sei (EzA § 2 KSchG Nr. 30 S. 18 = AP Nr. 49 zu § 2 KSchG 1969 Bl. 8 R); die Wirksamkeit der Änderungskündigung könne nicht von der vorherigen Mitbestimmung abhängig gemacht werden (EzA § 2 KSchG Nr. 30 S. 12 = AP Nr. 49 zu § 2 KSchG 1969 Bl. 5 R). Damit trifft der Zweite Senat des *BAG* die korrekte Unterscheidung zwischen mitbestimmungsfreiem und mitbestimmtem Bereich, den der Große Senat und die Folgerechtsprechung bei dem – mitbestimmungsfreien – Widerruf von Zulagen bzw. der Änderung von Zulagen auf eine Tariflohnerhöhung und der –mitbestimmungspflichtigen – Neuregelung der Verteilungsgrundsätze nicht vorgenommen haben (Rdn. 131 ff.). Das sollte Anlass sein, die insoweit verfehlte Rechtsprechung des Großen Senats zu überprüfen. Abzulehnen ist jedoch die Auffassung des Zweiten Senats, eine nicht mitbestimmte, aber sozial gerechtfertigte Änderung der Vertragsbedingungen könne der Arbeitgeber nicht durchsetzen, solange die Mitbestimmung nicht durchgeführt sei. Damit bleibt der Zweite Senat auf halbem Wege stehen und bewertet widersprüchlich das kollektivrechtliche Erfordernis als vorrangig. Ist die Herabsetzung der Auslösungen aufgrund der Änderungskündigungen wirksam erfolgt, geht es allein um die – mitbestimmungspflichtige – Frage, ob für die einzelnen Arbeitnehmer aufgrund neuer Verteilungsgrundsätze die Auslösungen verringert oder erhöht werden. Bis dahin ermangelt es einer wirksamen Neuregelung. Sollten einzelne Arbeitnehmer bis zur Aufstellung der neuen Verteilungsgrundsätze höhere Auslösungen erhalten haben, als ihnen nach den neuen Verteilungsgrundsätzen zustehen, ist es eine Frage des Vertrauensschutzes, ob der Arbeitgeber die zuviel gezahlten Beträge einbehalten bzw. verrechnen darf (Rdn. 136, vgl. auch *Wiese* FS *Adomeit,* 2008, S. 839 [850]).

124 War der **Betriebsrat** in einer **mitbestimmungspflichtigen Angelegenheit nicht beteiligt**, braucht der **Arbeitnehmer** eine hierauf bezogene **Anweisung nicht zu befolgen** (*Fitting* § 87

Rn. 605; *Kaiser / LK* § 87 Rn. 30; *Klebe / DKKW* § 87 Rn. 5; trotz Ablehnung der Theorie der notwendigen Mitbestimmung auch *Richardi* § 87 Rn. 122, der aber wohl die Unwirksamkeit der Anordnung verneint; *Loritz / ZLH* Arbeitsrecht, § 51 Rn. 105; **a. M.** *Worzalla / HWGNRH* § 87 Rn. 117, wo die Anordnung des Arbeitgebers aber als zunächst verbindlich angesehen wird). Lässt sich der Arbeitspflicht nicht ohne Ausführung der Anweisung erfüllen – z. B. bei Einführung eines antreiberischen Überwachungssystems –, kann der Arbeitnehmer nach Arbeitsvertragsrecht seine **Arbeitsleistung verweigern** (*LAG Berlin* 30.06.1982 BetrR 1982, 418 [419 f.]; *Söllner* ZfA 1973, 1 [21]). Zum Anspruch des Betriebsrats auf Vernichtung einer mitbestimmungswidrig vom Arbeitgeber erlangten Unterschriftenliste, in der die Arbeitnehmer sich verpflichten, eine Geheimhaltungspflicht sorgsam zu beachten, *LAG Hamm* (17.12.1980 DB 1981, 1336 [1337 f.]; grundsätzlich **a. M.** *ArbG Frankfurt a. M.* 04.07.1979 BB 1979, 1768). Ist die **Mitbestimmung** aufgrund einer **Betriebsvereinbarung erweitert** worden (Rdn. 7 ff.), gilt Gleiches wie bei einem Verstoß gegen einen gesetzlichen Mitbestimmungstatbestand. Beruhte die Erweiterung der Mitbestimmung dagegen auf einer **Regelungsabrede**, so wirkt diese nur obligatorisch zwischen Arbeitgeber und Betriebsrat, führt also bei einem Verstoß des Arbeitgebers nicht zur Unwirksamkeit der Maßnahme; der Betriebsrat kann dann aber einen Unterlassungsanspruch geltend machen (*BAG* 14.08.2001 EzA § 88 BetrVG 1972 Nr. 1 S. 11 f. = AP Nr. 4 zu § 77 BetrVG 1972 Regelungsabrede Bl. 5).

Tatsächliche Maßnahmen des Arbeitgebers, die er **ohne** die **notwendige Mitbestimmung** des Betriebsrats vorgenommen hat, sind **rechtswidrig** (zum Ganzen *Wiebauer* Sicherung der Mitbestimmung, Rn. 229 ff., zum Leistungsverweigerungsrecht Rn. 243 ff.). Der Betriebsrat kann z. B. die Beseitigung von Kontrollgeräten verlangen, die ohne seine nach § 87 Abs. 1 Nr. 6 erforderliche Zustimmung installiert worden sind (*Wiese / Gutzeit* Rdn. 604; *Oetker* § 23 Rdn. 185). Zur Unzulässigkeit der Verwendung von Verhaltens- oder Leistungsdaten, die der Arbeitgeber unter Verstoß gegen die Mitbestimmung des Betriebsrats aus der Anwendung einer technischen Kontrolleinrichtung erlangt hat, *BAG* 12.01.1988 (AP Nr. 23 zu § 75 BPersVG Bl. 2 ff.). In gravierenden Fällen kann gegen den Arbeitgeber nach § 23 Abs. 3 vorgegangen werden (zum Verhältnis des § 23 Abs. 3 zur allgemeinen Zwangsvollstreckung *Oetker* § 23 Rdn. 213). Eine Bestrafung kommt nur nach Maßgabe des § 119 Abs. 1 Nr. 2, Abs. 2 bei Behinderung oder Störung der Tätigkeit des Betriebsrats in Betracht. **125**

Eine Einschränkung der dargelegten Grundsätze ist auch für **abgeschlossene Vorgänge** nicht erforderlich. Dagegen meinte *Nikisch* (III, S. 364), die Unwirksamkeit könne für die Vergangenheit nicht geltend gemacht werden, weil sie mit der betrieblichen Ordnung nicht vereinbar und oft auch gar nicht durchführbar sei. Das ist allenfalls in tatsächlicher Hinsicht richtig. Hat der Arbeitgeber (Beispiel von *Nikisch* III, S. 364 Fn. 6) die Arbeitszeit einseitig verlegt und die Belegschaft seine Anordnung befolgt, ist das zwar für die Vergangenheit nicht rückgängig zu machen. Trotzdem war die Anordnung unwirksam (*Hueck / Nipperdey* II/2, S. 1391 Fn. 39a). Für die Zukunft bedarf es daher keiner anderen Regelung, wie *Nikisch* annahm (ebenso aber *Richardi* ZfA 1976, 1 [37]; wie hier *Hueck / Nipperdey* II/2, S. 1391 Fn. 39a). Das steht auch im Widerspruch zur eigenen Ansicht von *Nikisch* (III, S. 364 f. Fn. 6), die Arbeitnehmer könnten sich jederzeit auf die Unwirksamkeit berufen. Einer Neuregelung bedarf es daher nur, wenn die wegen Unwirksamkeit der einseitigen Maßnahme des Arbeitgebers fortgeltende vorherige Regelung durch eine andere ersetzt werden soll. **126**

Die Annahme der Wirksamkeit für die Vergangenheit ist schließlich nicht erforderlich, um Ansprüche der Arbeitnehmer auf die bereits gewährte oder noch zu gewährende Gegenleistung für von ihnen erbrachte Leistungen zu erhalten; das folgt bereits aus dem Grundsatz, dass der **Arbeitgeber** sich **nicht auf sein eigenes rechtswidriges Verhalten berufen** darf (§ 242 BGB; *Wiese* FS Kraft, S. 683 [688 f.], *ders.* FS Adomeit, 2008, S. 839 [847]; *ders.* Rdn. 165; *Wiese / Gutzeit* § 87 Rdn. 369, 445, 996; im Ergebnis ebenso *BAG* 22.11.1963 AP Nr. 3 zu § 56 BetrVG Entlohnung Bl. 3 R; 18.03.1964 AP Nr. 4 zu § 56 BetrVG Entlohnung Bl. 5; 14.06.1972 AP Nr. 54 zu §§ 22, 23 BAT Bl. 4 R ff. *[Wiedemann]*, das die Grundsätze über faktische Arbeitsverhältnisse anwendet; *Fitting* § 87 Rn. 604; *Hanau* RdA 1973, 281 [291]; *Hilger* in: *Dietz / Gaul / Hilger* Akkord und Prämie, S. 243; *von Hoynigen-Huene* DB 1987, 1426 [1430]; *Hueck / Nipperdey* II/2, S. 1391 Fn. 39a; *Kaiser / LK* § 87 Rn. 32; *Klebe / DKKW* § 87 Rn. 5; *Otto* NZA 1992, 97 [112]; *Richardi* § 87 Rn. 110, 118; *ders.* ZfA 1976, 1 [36 f.]; *Wiebauer* Sicherung der Mitbestimmung, Rn. 192). Wer hierin einen Widerspruch zur Theorie der notwendigen Mitbestimmung sieht und diese Theorie für fehlerhaft konzipiert hält (so *Richardi* § 87 Rn. 104 f., **127**

109), müsste dazu Stellung nehmen, weshalb die Anwendung des zu § 242 BGB entwickelten Grundsatzes, der für die gesamte Rechtsordnung gilt, hier nicht gerechtfertigt sei. *Richardi* (§ 87 Rn. 124; *ders.* GS *Blomeyer*, 2003, S. 299 [306 ff.]) bestreitet allerdings das Vorliegen eines Vertrauenstatbestandes und sieht den Grund für die Verpflichtung des Arbeitgebers in dem – wirksamen – Leistungsversprechen des Arbeitgebers. Zweifelhaft ist bereits, ob überhaupt ein Leistungsversprechen vorlag. Bei der Anordnung von Überstunden dürfte das kaum der Fall sein. Dann würden tarifliche Überstundenregelungen oder diejenigen einer Betriebsvereinbarung anzuwenden sein, die unabhängig davon gelten, ob die Anordnung von Überstunden mitbestimmungswidrig erfolgte. Insoweit ist *Gutzeit* (NZA 2008, 255 [259]) zuzustimmen, der zwischen der mitbestimmungswidrigen Anordnung von Überstunden und der mitbestimmungsfreien »Entgeltvereinbarung« unterscheidet, die wirksam sei. Handelte es sich indessen bei kollektiven Tatbeständen um vertragliche Einheitsregelungen, wären diese wegen Verstoßes gegen § 87 Abs. 1 Nr. 10 unwirksam (Rdn. 121, 128). Dann bedürfte es für einen Anspruch auf die Vergütung erbrachter Leistungen doch des Rückgriffs auf den Vertrauensschutz. Das gilt auch, wenn der Arbeitgeber im Eilfall unter Missachtung der Mitbestimmung einseitig Anordnungen getroffen hat, die von den Arbeitnehmern befolgt worden sind (Rdn. 165).

128 Nach der hier vertretenen Konzeption kommt ein **Vertrauensschutz nur für abgeschlossene Vorgänge** in Betracht, dagegen **nicht für** die **Zukunft** (*BAG* 04.05.1982 EzA § 87 BetrVG 1972 Lohn u. Arbeitsentgelt Nr. 13 S. 104 f. = AP Nr. 6 zu § 87 BetrVG 1972 Altersversorgung Bl. 3 [*Moll*]; *Boemke* Schuldvertrag und Arbeitsverhältnis, 1999, S. 455 ff.; *Gutzeit* NZA 2008, 255 [257 f.]; *Matthes* / MünchArbR § 241 Rn. 7 seit 3. Aufl.; *Wiese* FS *Kraft*, S. 683 [690 ff.]; *ders.* FS *Adomeit*, 2008, S. 839 [850 f., 853]; **a. M.** *von Hoyningen-Huene* DB 1987, 1426 [1430]; *Richardi* § 87 Rn. 125; *ders.* 50 Jahre Bundesarbeitsgericht, 2004, S. 1041 [1060]). Deshalb können bei kollektiven Tatbeständen durch Einheitsregelung keine vertraglichen Ansprüche der Arbeitnehmer auf zusätzliche Leistungen begründet werden, wenn man mit der m. E. zutreffenden Ansicht des *BAG* die Mitbestimmung des Betriebsrats auch hinsichtlich des »Ob« dieser Leistungen bejaht (*Wiese* / *Gutzeit* Rdn. 867, 895). Diese Konsequenz scheint gegen die Theorie der notwendigen Mitbestimmung zu sprechen, da sie vordergründig zu Lasten der Arbeitnehmer ausschlägt. Der Große Senat des *BAG* (03.12.1991 EzA § 87 BetrVG 1972 Betriebliche Lohngestaltung Nr. 30 S. 37 [*Gaul*] = AP Nr. 51 zu § 87 BetrVG 1972 Lohngestaltung Bl. 15) hat die Frage offen gelassen, wenn er davon spricht, dass die Verletzung von Mitbestimmungsrechten »jedenfalls« zur Unwirksamkeit von **Maßnahmen** oder **Rechtsgeschäften** führt, die den **Arbeitnehmer belasten** (vgl. auch *BAG* GS 16.09.1986 EzA § 77 BetrVG 1972 Nr. 17 S. 102 [*Otto*] = AP Nr. 17 zu § 77 BetrVG 1972 Bl. 13 R; ferner *BAG* 17.12.1980 EzA § 87 BetrVG 1972 Betriebliche Lohngestaltung Nr. 2 S. 14 [*Weiss*] = AP Nr. 4 zu § 87 BetrVG 1972 Lohngestaltung Bl. 3 [*Löwisch/Röder*]; 13.02.1990 EzA § 87 BetrVG 1972 Betriebliche Lohngestaltung Nr. 25 [nur Leitsätze] = AP Nr. 43 zu § 87 BetrVG 1972 Lohngestaltung Bl. 4; 13.02.1990 EzA § 87 BetrVG 1972 Betriebliche Lohngestaltung Nr. 26 S. 10 [*Reuter*] = AP Nr. 44 zu § 87 BetrVG 1972 Betriebliche Lohngestaltung Bl. 5; 20.08.1991 EzA § 87 BetrVG 1972 Betriebliche Lohngestaltung Nr. 29 S. 7 [*Kohte*] = AP Nr. 50 zu § 87 BetrVG 1972 Lohngestaltung Bl. 3 R; 28.09.1994 EzA § 87 BetrVG 1972 Betriebliche Lohngestaltung Nr. 44 S. 6 f. [*Rolfs*] = AP Nr. 68 zu § 87 BetrVG 1972 Lohngestaltung Bl 3. R [*Reichold*]; 10.03.1998 EzA § 84 ArbGG 1979 Nr. 2 S. 6 = AP Nr. 5 zu § 84 ArbGG 1979 Bl. 3; 22.06.2010 EzA § 87 BetrVG 2001 Betriebliche Lohngestaltung Nr. 22 Rn. 42 = AP Nr. 136 zu § 87 BetrVG 1972 Lohngestaltung; 23.02.2016 EzA § 87 BetrVG 2001 Betriebliche Lohngestaltung Nr. 33 Rn. 16 = AP Nr. 148 zu § 87 BetrVG 1972 Lohngestaltung; *Kamanabrou* Arbeitsrecht Rn. 2661; *Kreutz* § 77 Rdn. 268). Nach *Richardi* (§ 87 Rn. 118, 125; *ders.* ZfA 1976, 1 [36 f.]; *ders.* RdA 1983, 278 [282 ff.]; *ders.* NZA 1987, 185 [189]) muss daher ein »bewegliches System« von Sanktionen dazu führen, dass eine betriebsverfassungsrechtliche Pflichtwidrigkeit dem Arbeitgeber keinen Rechtsvorteil im Rahmen des Einzelarbeitsverhältnisses geben kann, die Leistungszusagen mithin für ihn auch für die Zukunft bindend sind (im Ergebnis ebenso *Lieb/Jacobs* Arbeitsrecht, Rn. 767; *Ramrath* DB 1990, 2593 [2600]; *Reuter* Anm. EzA § 4 TVG Metallindustrie Nr. 31 S. 167; insoweit zust. *von Hoyningen-Huene* DB 1987, 1426 [1430]; vgl. auch *BAG* GS 16.09.1986 EzA § 77 BetrVG 1972 Nr. 17 S. 102 [*Otto*] = AP Nr. 17 zu § 77 BetrVG 1972 Bl. 13 R, das mich fälschlich als Anhänger der Ansicht von *Richardi* zitiert). In weiteren Entscheidungen hat das *BAG* erneut erklärt, die tatsächlich durchgeführte Mitbestimmung sei nach ständiger Rechtsprechung des *BAG* **Wirksamkeitsvoraussetzung** für **Maßnahmen zum Nachteil** des Arbeitnehmers;

das seien allerdings nur solche, die bereits bestehende Rechtspositionen der Arbeitnehmer schmälerten (*BAG* 11.06.2002 EzA § 87 BetrVG 1972 Betriebliche Lohngestaltung Nr. 76 S. 9 = AP Nr. 113 zu § 87 BetrVG 1972 Lohngestaltung Bl. 4 R *[Wiese]*; 18.09.2002 EzA § 87 BetrVG 2001 Arbeitszeit Nr. 1 S. 5; 20.02.2002 EzA § 620 BGB Nr. 188 S. 4 = AP Nr. 23 zu § 72 LPVG NW; 27.03.2003 EzA § 611 BGB 2002 Persönlichkeitsrecht Nr. 1 S. 9 f. = AP Nr. 36 zu § 87 BetrVG 1972 Überwachung Bl. 5; 02.03.2004 EzA § 87 BetrVG 2001 Betriebliche Lohngestaltung Nr. 4 S. 11 = AP Nr. 31 zu § 3 TVG Bl. 5 (*Reichold*) = SAE 2005, 162 (*Stein*); 19.07.2005 EzA § 1 BetrAVG Betriebliche Übung Nr. 7 S. 10 = AP Nr. 42 zu § 1 BetrAVG Bl. 4 R f.; 15.04.2008 EzA § 87 BetrVG 2001 Betriebliche Lohngestaltung Nr. 15 Rn. 37 = AP Nr. 133 zu § 87 BetrVG 1972 Lohngestaltung; 22.06.2010 EzA § 87 BetrVG 2001 Betriebliche Lohngestaltung Nr. 22 Rn. 42 = AP Nr. 136 zu § 87 BetrVG Lohngestaltung; 11.01.2011 EzA § 87 BetrVG 2001 Betriebliche Lohngestaltung Nr. 24 Rn. 33 = AP Nr. 137 zu § 87 BetrVG 1972 Lohngestaltung; 03.09.2014 EzA § 87 BetrVG 2001 Betriebliche Lohngestaltung Nr. 31 Rn. 17 = AP Nr. 219 zu § 242 BGB Gleichbehandlung).

Die **Beschränkung** der **Theorie** der **Wirksamkeitsvoraussetzung** auf **Maßnahmen zum Nachteil des Arbeitnehmers** ist **nicht überzeugend** (eingehend *Wiese* Anm. AP Nr. 113 zu § 87 BetrVG 1972 Lohngestaltung; *ders.* FS *Adomeit*, 2008, S. 839 [844 ff.]; krit. auch *Richardi* § 87 Rn. 109; *Wiebauer* Sicherung der Mitbestimmung, Rn. 181 ff., 328, 532). Sie steht im Widerspruch zur eigenen Ansicht des *BAG*, aus der Verletzung eines Mitbestimmungsrechts, die bei Einführung einer Zulage ohne Mitbestimmung des Betriebsrats zweifellos vorliegen würde, könne kein individualrechtlicher Anspruch entstehen, der vorher nicht bestanden habe (Rdn. 130). Die dogmatisch nicht abgesicherte These der abgelehnten Meinung schreckt vor den Konsequenzen des Teilhabezwecks als Ausdruck paritätischer Mitbestimmung zurück und bleibt allein dem Schutzzweck verhaftet (zum Verhältnis beider Einl. Rdn. 87 f.; krit. *Thalhofer* Betriebsverfassungsrechtlicher Beseitigungsanspruch [Diss. Regensburg], 1999, S. 149). Wird aber die paritätische Teilhabe bejaht und soll die Belegschaft als gleichberechtigter Partner durch den Betriebsrat über die Tatbestände des § 87 Abs. 1 vor Durchführung einer geplanten Maßnahme mitentscheiden, ist es systemwidrig, dass bei kollektiven Tatbeständen dies nicht zu einer Zurückdrängung individueller Regelungen soll führen können, mag das für Arbeitnehmer günstig oder ungünstig sein. Das ist materiell gerechtfertigt, weil es dann immer um den **internen Interessenausgleich** nicht nur zwischen Arbeitgeber und den betroffenen Arbeitnehmern, sondern auch **zwischen** den **Arbeitnehmern** selbst geht. Würden bei kollektiven Tatbeständen Leistungszusagen ohne Mitbestimmung des Betriebsrats wirksam sein, würde die Mitbestimmung über das »Ob« zusätzlicher Leistungen praktisch beseitigt, die Interessen der übrigen Arbeitnehmer missachtet und der Arbeitgeber ungeachtet des § 23 Abs. 3 trotz der Mitbestimmung über den Entlohnungsgrundsatz (*Wiese/Gutzeit* Rdn. 867) diesen einseitig ergänzen können. Anschließend könnte der Betriebsrat über die Einigungsstelle weder andere, von ihm für wichtiger gehaltene Leistungen zusätzlich noch eine Umwandlung der individualrechtlich zugesagten Leistungen für einen anderen Zweck erwirken (*Wiese/Gutzeit* Rdn. 868, 896; von *H. Hanau* Individualautonomie und Mitbestimmung in sozialen Angelegenheiten, S. 217, S. 219 Fn. 47 und *Wittgruber* Die Abkehr des Arbeitsrechts von der Vertragsfreiheit [Diss. Bonn], 1999, S. 160 wird meine Meinung unrichtig wiedergegeben, die aus einem »weder-noch« ein »sowohl-als-auch« machen). Damit bliebe es – von der Aufstellung anderer Verteilungsgrundsätze abgesehen – letztlich bei den individualrechtlichen Zusagen, ohne dass die vom Betriebsrat als Repräsentanten der gesamten Belegschaft vertretenen kollektiven Interessen berücksichtigt worden wären. Gegen dieses kollektive Schutzinteresse können daher das individuelle Schutzinteresse und das Günstigkeitsprinzip nicht ausgespielt werden (vgl. auch vor § 87 Rdn. 23; § 87 Rdn. 119). Ein Vorrang individueller Interessen ist hier anders als bei Individualmaßnahmen nicht anzuerkennen (für Unwirksamkeit der individualrechtlichen Zusagen auch *Boemke* Schuldvertrag und Arbeitsverhältnis, 1999, S. 455 ff.; *Buchner* DB 1983, 877 [882]; *Gutzeit* AR-Blattei SD 530.14.2 Rn. 85 f., 93; *ders.* NZA 2008, 255 [257 f.]; *Hanau* JuS 1985, 360 [361]; *Joost* RdA 1998, 7 [18 f.]; *Matthes*/MünchArbR § 241 Rn. 7 seit 3. Aufl.; *Otto* Anm. EzA § 77 BetrVG 1972 Nr. 17 S. 135 f.; *Preis* Arbeitsrecht II, § 153 II 6; differenzierend *Annuß* RdA 2014, 193 [203 f.]; krit. zur Auffassung von *Richardi* ferner *Pfarr* BB 1983, 2001 [2009] und ihr folgend *Dieterich* NZA 1984, 273 [277], die aber die Mitbestimmungspflicht hinsichtlich des »Ob« der Leistung verneinen und deshalb die individualrechtliche Vereinbarung für wirksam halten; ebenso im Ergebnis *Däubler* AuR 1984, 1 [12 f.]; **a. M.** *Gamillscheg* JArbR Bd. 25 (1987), 1988, S. 49 [66]; *Joost* ZfA 1993, 257 [274 f.]; *Kania*/ErfK § 87

BetrVG Rn. 136; *Konzen* FS *von Maydell*, 2002, S. 341 [358]; *Loritz / ZLH* Arbeitsrecht, § 51 Rn. 98 f.; *Ramrath* DB 1990, 2593 [2600]; *Reichold* Anm. AP Nr. 68 zu § 87 BetrVG 1972 Lohngestaltung; *Reuter* Anm. EzA § 4 TVG Metallindustrie Nr. 31 S. 169; *Richardi* § 87 Rn. 125; zum Ganzen auch *H. Hanau* Individualautonomie und Mitbestimmung in sozialen Angelegenheiten, S. 185 ff., der sich für eine relative Unwirksamkeit ausspricht). Bei Verschulden des Arbeitgebers ist jedoch ein **Schadensersatzanspruch** denkbar (*BAG* 14.06.1972 AP Nr. 54 zu § 22, 23 BAT Bl. 5 R).

130 Aus der **Verletzung** eines **Mitbestimmungsrechts kann** schließlich **kein individualrechtlicher Anspruch entstehen, der vorher noch nicht bestanden** hat (*BAG* st. Rspr. 20.08.1991 EzA § 87 BetrVG 1972 Betriebliche Lohngestaltung Nr. 29 *[Kohte]* = AP Nr. 50 zu § 87 BetrVG 1972 Lohngestaltung Bl. 3 R f. = SAE 1993, 337 *[Käppler]*; 28.09.1994 EzA § 87 BetrVG 1972 Betriebliche Lohngestaltung Nr. 44 *[Rolfs]* = AP Nr. 68 zu § 87 BetrVG 1972 Lohngestaltung Bl. 3 R f. *[Reichold]*; 11.06.2002 EzA § 87 BetrVG 1972 Betriebliche Lohngestaltung Nr. 76 S. 9 = AP Nr. 113 zu § 87 BetrVG 1972 Lohngestaltung Bl. 4 R *[Wiese]*; 15.04.2008 EzA § 87 BetrVG 2001 Betriebliche Lohngestaltung Nr. 15 Rn. 37 = AP Nr. 133 zu § 87 BetrVG 1972 Lohngestaltung; 22.06.2010 EzA § 87 BetrVG 2011 Betriebliche Lohngestaltung Nr. 22 Rn. 42 = AP Nr. 136 zu § 87 BetrVG 1972 Lohngestaltung; 11.01.2011 EzA § 87 BetrVG 2001 Betriebliche Lohngestaltung Nr. 24 Rn. 33 = AP Nr. 137 zu § 87 BetrVG 1972 Lohngestaltung; 03.09.2014 EzA § 87 BetrVG 2001 Betriebliche Lohngestaltung Nr. 31 Rn. 17 = AP Nr. 219 zu § 242 BGB Gleichbehandlung; weitere *BAG*-Nachweise 9. Aufl. § 87 Rn. 128; *LAG Düsseldorf* 15.03.1989 LAGE § 4 TVG Tariflohnerhöhung Nr. 7 S. 4; *Fitting* § 87 Rn. 604; offen gelassen *BAG* 09.07.1985 AP Nr. 16 zu § 75 BPersVG Bl. 4 *[Hromadka]*). Beabsichtigt der Arbeitgeber, eine freiwillige Zulage unter Verstoß gegen den Gleichbehandlungsgrundsatz zu gewähren, weil er diese nur an eine bestimmte Gruppe von Arbeitnehmern – z. B. die außertariflichen Angestellten – leisten will, so kann er nicht nach § 87 Abs. 1 Nr. 10 gezwungen werden, die Zulagen allen Arbeitnehmern zu gewähren. Der Betriebsrat kann dem Verstoß gegen den Gleichbehandlungsgrundsatz nur dadurch begegnen, dass er der Einführung der Zulage widerspricht (*LAG Frankfurt a. M.* 12.09.1991 LAGE § 87 BetrVG 1972 Betriebliche Lohngestaltung Nr. 10). Sollte die Zulage allerdings mit Zustimmung des Betriebsrats eingeführt worden sein, wären die benachteiligten Arbeitnehmer nicht gehindert, individualrechtliche Ansprüche wegen Verstoßes gegen den Gleichbehandlungsgrundsatz geltend zu machen (*BAG* 20.08.1991 EzA § 87 BetrVG 1972 Betriebliche Lohngestaltung Nr. 29 S. 8 f. *[Kohte]* = AP Nr. 50 zu § 87 BetrVG 1972 Lohngestaltung Bl. 4). Der Arbeitgeber könnte sich dann der Leistung nur entziehen, wenn er sich den Widerruf der Zulagen vorbehalten hätte und diesen gegenüber sämtlichen Arbeitnehmern erklären würde. Eine nach der Theorie der Wirksamkeitsvoraussetzung **unwirksame einseitige Maßnahme** des **Arbeitgebers** ist auch **keine Anspruchsgrundlage zur Durchsetzung mitbestimmungswidrigen Verhaltens,** wie z. B. mitbestimmungswidrig geänderter Entlohnungsgrundsätze (*BAG* 18.03.2014 EzA § 87 BetrVG 2001 Betriebliche Lohngestaltung Nr. 30 Rn. 30 = AP Nr. 146 zu § 87 BetrVG 1972 Lohngestaltung; 05.05.2015 EzA § 87 BetrVG 2001 Betriebliche Lohngestaltung Nr. 32 Rn. 32 = AP Nr. 147 zu § 87 BetrVG 1972 Lohngestaltung). Ist dagegen ein Mitbestimmungsrecht des Betriebsrats bei der Anrechnung einer Tariflohnerhöhung auf eine freiwillige übertarifliche Zulage rechtskräftig verneint worden, kann der Arbeitnehmer den Anspruch auf Zahlung einer ungekürzten Zulage nicht auf die Theorie der Wirksamkeitsvoraussetzung stützen (*BAG* 23.02.2016 EzA § 87 BetrVG 2001 Betriebliche Lohngestaltung Nr. 33 Rn. 23 = AP Nr. 148 zu § 87 BetrVG 1972 Lohngestaltung)

131 **Abzulehnen** ist die **Rechtsprechung** des *BAG* zur **Unwirksamkeit** des **Widerrufs** von **Zulagen** bzw. der **Anrechnung** von Zulagen auf eine **Tariflohnerhöhung** (*BAG* GS 03.12.1991 EzA § 87 BetrVG 1972 Lohngestaltung Nr. 30 S. 37 *[Gaul]* = AP Nr. 51 zu § 87 BetrVG 1972 Lohngestaltung Bl. 14 R; ferner *BAG* st. Rspr. 11.08.1992 EzA § 87 BetrVG 1972 Nr. 32 S. 7 f. = AP Nr. 53 zu § 87 BetrVG 1972 Lohngestaltung Bl. 3 f.; 21.01.2003 EzA § 4 TVG Tariflohn Nr. 41 S. 9 = AP Nr. 118 zu § 87 BetrVG 1972 Lohngestaltung Bl. 4 R; 07.02.1996 EzA § 87 BetrVG 1972 Betriebliche Lohngestaltung Nr. 55 S. 7 *[abl. Kraft]* = AP Nr. 85 zu § 87 BetrVG 1972 Lohngestaltung Bl. 3; 23.03.1993 EzA § 4 TVG Tariflohnerhöhung Nr. 24 S. 8 f. = AP Nr. 26 zu § 87 BetrVG 1972 Tarifvorrang Bl. 3 R f. *[abl. Loritz]*; 21.01.2003 EzA § 4 TVG Tariflohnerhöhung Nr. 41 S. 9 = AP Nr. 118 zu § 87 BetrVG 1972 Lohngestaltung Bl. 4 R; 09.11.2005 EzA § 4 TVG Tariflohnerhöhung Nr. 45 S. 9; weitere *BAG*-Nachweise 9. Aufl. § 87 Rn. 129; *LAG Düsseldorf* 13.10.1994 LAGE § 87 BetrVG 1972 Nr. 9 S. 4 f.;

LAG Köln 28.10.1994 LAGE § 87 BetrVG 1972 Betriebliche Lohngestaltung Nr. 11 S. 4 ff.; *Fitting* § 87 Rn. 600; *Kaiser/LK* § 87 Rn. 233 ff.; *Klebe/DKKW* § 87 Rn. 315; *Schwab* BB 1993, 495 [497]; *Stege/Schneider* DB 1992, 2342 [2345]; *Stege/Weinspach/Schiefer* § 87 Rn. 174j; *Trittin* AuR 1991, 329 [333]; **a. M.** wie hier *ArbG Düsseldorf* 03.11.1989 DB 1989, 1295; *H. Hanau* Individualautonomie, S. 212 ff.; *ders.* RdA 1998, 345 [346 ff.]; *Hromadka* Anm. AP Nr. 64 zu § 87 BetrVG 1972 Lohngestaltung Bl. 6; vgl. auch *dens.* DB 1992, 1573 [1576]; *Lieb/Jacobs* Arbeitsrecht Rn. 820; *Lobinger* RdA 2011, 76 [90 f.]; *Loritz/ZLH* Arbeitsrecht, § 51 Rn. 46 ff.; *Matthes/* MünchArbR § 251 Rn. 44; *Meisel* BB 1991, 406 [411 f.]; *Reichold* Anm. AP Nr. 68 zu § 87 BetrVG 1972 Lohngestaltung Bl. 9 R; *ders.* SAE 1999, 121 [124 f.]; *Wiese* FS *Kraft*, S. 683 [693 ff.]; *ders.* FS *Adomeit*, 2008, S. 839 [851 ff.]; *Wiebauer* Sicherung der Mitbestimmung, Rn. 195 ff.; *Wittgruber* Die Abkehr des Arbeitsrechts von der Vertragsfreiheit [Diss. Bonn], 1999, S. 165 ff.; *Worzalla/HWGNRH* § 87 Rn. 586 f., 630). Sie wird weder dem Zweck der notwendigen Mitbestimmung gerecht noch besteht für diese Rechtsfortbildung ein unabweisbares Bedürfnis.

Das *BAG* unterscheidet nicht hinreichend zwischen dem auch seiner Meinung nach als solchem mitbestimmungsfreien Widerruf bzw. der Anrechnung von Zulagen und der – soweit erforderlich – mitbestimmungspflichtigen Neuregelung der Verteilungsgrundsätze. Es behauptet, Widerruf bzw. Anrechnung seien nur wirksam, wenn bei einer Veränderung der Verteilungsgrundsätze zuvor eine mitbestimmte Regelung erzielt worden sei. Unwirksam können aber nach dem Sinn und Zweck der Mitbestimmung nur mitbestimmungspflichtige Maßnahmen sein. Wenn das *BAG* aus der unterlassenen Mitbestimmung bei der Neuregelung von Verteilungsgrundsätzen auf die Unwirksamkeit des Widerrufs schließt, liegt diese Folgerung außerhalb der Konzeption der Theorie der notwendigen Mitbestimmung. Sie führt dazu, dass der Arbeitgeber zur Weitergewährung der Zulagen in bisheriger Höhe verpflichtet ist, obwohl er eine entsprechende Bindung nicht eingegangen ist, diese vielmehr durch den Widerruf bzw. die Anrechnung gerade beendet hat. Die vom *BAG* verlangte Fortzahlung der Zulagen in bisheriger Höhe begründet eine zusätzliche Leistungspflicht und bedeutet daher einen gravierenden Eingriff in die Privatautonomie. Dessen Legitimation hätte der eingehenden Begründung bedurft. Mit Recht hat *Hanau* (FS *Zeuner*, 1994, S. 53 [63 f.]) auf den Widerspruch hingewiesen, dass vom *BAG* ein Anspruch ohne Anspruchsgrundlage bejaht werde. **132**

Wie zuvor schon in der Entscheidung des *Großen Senats* vom 16.09.1986 (EzA § 77 BetrVG 1972 Nr. 17 S. 102 *[Otto]* = AP Nr. 17 zu § 77 BetrVG 1972 Bl. 13 R) wird aber auch in dessen Entscheidungen vom 03.12.1991 (vgl. nur EzA § 87 BetrVG 1972 Betriebliche Lohngestaltung Nr. 30 S. 37 *[Gaul]* = AP Nr. 51 zu § 87 BetrVG 1972 Lohngestaltung Bl. 15) **unzutreffend** darauf abgestellt, dass die **Unwirksamkeitsfolge** eine »**Sanktion**« **für** das **betriebsverfassungswidrige Verhalten des Arbeitgebers** sein solle (ebenso *BAG* st. Rspr. 09.07.1996 AP Nr. 86 zu § 87 BetrVG 1972 Lohngestaltung Bl. 4; 14.08.2001 EzA § 88 BetrVG 1972 Nr. 11 S. 11 = AP Nr. 4 zu § 77 BetrVG 1972 Regelungsabrede Bl. 5; 20.02.2002 EzA § 620 BGB Nr. 188 S. 4 = AP Nr. 23 zu § 72 LPVG NW Bl. 2 R; weitere BAG-Nachweise 9. Aufl. § 87 Rn. 131; **a. M.** bzw. krit. *Lobinger* RdA 2011, 76 [88 f.]; *Ramrath* DB 1990, 2593 [2600]; *Wiese* FS *Kraft*, S. 683 [686 ff.]; *ders.* FS *Adomeit*, 2008, S. 839 [846]; *ders.* Rdn. 102; *Wiebauer* Sicherung der Mitbestimmung, Rn. 262 ff.). Das verleitet zu einer über Sinn und Zweck der notwendigen Mitbestimmung hinausgehenden Rechtsfortbildung. Eine Sanktion, die zur Unwirksamkeit mitbestimmungsfreier Maßnahmen führen und eine zusätzliche Leistungspflicht begründen soll, bedürfte der gesetzlichen Grundlage, für die dem Betriebsverfassungsgesetz nicht der geringste Anhalt zu entnehmen ist (*LAG Frankfurt a. M.* 15.03.1989 LAGE § 87 BetrVG 1972 Betriebliche Lohngestaltung Nr. 7 S. 5). Das *BAG* will damit offenbar aus rechtspolitischen Erwägungen die vorherige Einigung über die neu zu regelnden Verteilungsgrundsätze erzwingen (dagegen *Wiese* FS *Adomeit*, 2008, S. 839 [852 f.]). **133**

Die Ansicht des *BAG* ließe sich daher nur halten, wenn der mitbestimmungsfreie Widerruf und die mitbestimmungspflichtige Neuregelung der Verteilungsgrundsätze eine untrennbare Einheit bilden würden, so dass die Unwirksamkeit der einseitig vom Arbeitgeber vorgenommenen Neuregelung der Verteilungsgrundsätze unvermeidbar die Unwirksamkeit auch des Widerrufs bzw. der Anrechnung zur Folge haben müsste. Nur dann könnte von einer Umgehung oder jedenfalls Beeinträchtigung der Mitbestimmung des Betriebsrats durch ein Ausweichen des Arbeitgebers auf arbeitsvertragliche Gestaltungsmittel gesprochen werden. Auf dieses Problem ist das *BAG* jedoch nicht eingegangen. **134**

135 Eine Abgrenzung der mitbestimmungsfreien und mitbestimmten Entscheidungen ist dadurch möglich, dass der Arbeitgeber die herabgesetzten Zulagen **vorbehaltlich einer mitbestimmten Neuregelung** zahlt (eingehend *Wiese* NZA 1990, 792 [801 ff.]; *ders.* FS *Adomeit*, 2008, S. 839 [853]; ebenso *Bommermann* DB 1991, 2185 [2189]; *Hanau* RdA 1989, 207 [209 f.]; *Meisel* BB 1991, 406 [411]; *Wiebauer* Sicherung der Mitbestimmung, Rn. 199; diese Möglichkeit übersieht das *ArbG Frankfurt a. M.* 14.07.1989 DB 1989, 2131; krit. *Lieb* SAE 1990, 226 [231]). Sind aber die Verteilungsgrundsätze mangels Mitbestimmung des Betriebsrats unwirksam, ist dem Gesetz Genüge getan und die Rechtsfolge eingetreten, die der Theorie der notwendigen Mitbestimmung entspricht (vgl. auch *LAG Düsseldorf* 05.05.1993 DB 1993, 2602 [2603], das deshalb bei unterlassener Mitbestimmung einen Anspruch auf die »alte Zulage«, vermindert um den Prozentsatz der Zulagenkürzung, gewährt). Ungeachtet des § 23 Abs. 3 ist es daher nicht zutreffend, dass es der Unwirksamkeit der Anrechnung bzw. des Widerrufs als Sanktion bedürfe, weil der Arbeitgeber auf andere Weise nicht zur Beachtung des Mitbestimmungsrechts anzuhalten sei (so aber *BAG GS* 03.12.1991 EzA § 87 BetrVG 1972 Betriebliche Lohngestaltung Nr. 30 S. 37 *[Gaul]* = AP Nr. 51 zu § 87 BetrVG Lohngestaltung Bl. 15). Darin liegt entgegen der Auffassung des *BAG* durchaus eine – unzulässige – »überschießende Wirkung des Mitbestimmungsrechts« (so zutr. *Hanau* RdA 1989, 207 [209 f.]). Unerheblich ist, dass der Arbeitgeber die Möglichkeit hat, die Tariflohnerhöhung ohne Änderung der Verteilungsgrundsätze anzurechnen. Aus der Änderung der Verteilungsgrundsätze ergibt sich nur deren Mitbestimmungspflicht, aber nicht die des Widerrufs oder der Anrechnung. Die Ansicht des Großen Senats hat dagegen die nicht überzeugende Konsequenz, dass durch die mitbestimmungspflichtige Sekundärentscheidung der wirksam begründete Anrechnungsvorbehalt nachträglich eingeschränkt und die Bindungswirkung der mitbestimmungsfreien Primärentscheidung erweitert würde.

136 Problematisch ist allenfalls die **Reichweite** des **Vertrauensschutzes** zugunsten derjenigen Arbeitnehmer, denen nach den mitbestimmungswidrig vom Arbeitgeber angewandten Verteilungsgrundsätzen zuviel gezahlt worden ist. Jedoch lassen sich die damit zusammenhängenden Schwierigkeiten unschwer vermeiden, wenn die **Zahlungen** unter dem **Vorbehalt** einer **Neuregelung** der **Verteilungsgrundsätze erfolgen** (*Hanau* RdA 1989, 207 [209 f.]; *Matthes*/MünchArbR § 251 Rn. 44; *Wiese* NZA 1990, 792 [803]; *ders.* FS *Adomeit*, 2008, S. 839 [853]; vgl. auch *H. Hanau* RdA 1998, 345 [349 f.], der aber auf die Kenntnis der Arbeitnehmer vom Mitbestimmungsbegehren des Betriebsrats abstellt; krit. *Oetker* RdA 1991, 16 [30]); diese Möglichkeit hat auch der Große Senat gesehen (03.12.1991 EzA § 87 BetrVG 1972 Betriebliche Lohngestaltung Nr. 30 S. 9 *[Gaul]* = AP Nr. 51 zu § 87 BetrVG 1972 Lohngestaltung Bl. 3 R), aber nicht diskutiert. Zur grundsätzlich zulässigen belastenden Rückwirkung einer Betriebsvereinbarung hinsichtlich einer zunächst – allerdings mitbestimmungsfrei – erfolgten Anrechnung *BAG* 19.09.1995 EzA § 76 BetrVG 1972 Nr. 67 S. 5 f. = AP Nr. 61 zu § 77 BetrVG 1972 Bl. 2 R f.

f) Zur prozessualen Verwertbarkeit rechtswidrig erlangter Beweismittel

137 Noch nicht abschließend geklärt ist die **Zulässigkeit** der **prozessualen Verwertung rechtswidrig erlangter Beweismittel**. Bei einem Verstoß gegen die notwendige Mitbestimmung geht es darum, ob das rechtswidrige Verhalten des Arbeitgebers (Rdn. 100) neben den in Rdn. 121 ff. benannten Rechtsfolgen auch zu einem prozessualen Verwertungsverbot der dadurch erlangten Beweismittel führt. Rechtswidrig können aber auch Maßnahmen sein, die nur oder zugleich neben der Mitbestimmungswidrigkeit aus anderen Gründen – z. B. wegen Verletzung von Persönlichkeitsrechten – gegen die Rechtsordnung verstoßen. Bei **ausschließlich** wegen **Nichtbeachtung** der **Mitbestimmung** nach § 87 Abs. 1 erlangten **Beweismitteln** bestehen **gegen** deren **prozessuale Verwertung keine Bedenken.** Die erforderlichen Sanktionen ergeben sich allein aus dem Betriebsverfassungsgesetz, insbesondere aus § 23 Abs. 3 und §§ 119 ff. sowie den von Rechtsprechung und Literatur entwickelten Rechtsfolgen. Das gilt für die aus der Theorie der notwendigen Mitbestimmung bzw. Wirksamkeitsvoraussetzung abzuleitende Unwirksamkeit ebenso. Rechtswidrigkeit mitbestimmungswidriger Maßnahmen sowie für Leistungsverweigerungsrechte und Ansprüche auf Beseitigung oder Unterlassung solcher Maßnahmen, gegebenenfalls auch auf Schadenersatz (Rdn. 114). Weder bedarf es dann zusätzlicher prozessualer Sanktionen noch sind sie aus der Schutz- und Teilhabefunktion der Mitbestimmung, den einzelnen Mitbestimmungstatbeständen, den Rechtsfolgen bei deren Nichtbeachtung oder prozessualen Vorschriften abzuleiten; die Theorie der notwendigen Mitbestimmung wurde

zur Sicherung der Mitbestimmung, aber nicht für das arbeitsgerichtliche Verfahren entwickelt. Als Verfahrenshindernis hätte es deshalb einer ausdrücklichen gesetzlichen Regelung bedurft. Ohnehin ist ein Verwertungsverbot nicht erforderlich, wenn der Betriebsrat in Kenntnis des mitbestimmungswidrig und damit rechtswidrig erlangten Beweismittels dessen Verwertung zugestimmt hat (*BAG* 27.03.2003 EzA § 611 BGB 2002 Persönlichkeitsrecht Nr. 1 S. 10 f. = AP Nr. 36 zu § 87 BetrVG 1972 Überwachung Bl. 5 R *[zust. Otto]*). Mangels einschlägiger Normen oder entgegenstehender Grundsätze ist daher ein **Beweisverwertungsverbot für nur mitbestimmungswidrig erlangte Beweismittel** – insbesondere bei unstreitigen und damit nicht beweisbedürftigen Tatsachen – **zu verneinen** (zutr. und grundlegend *BAG* 13.12.2007 EzA § 626 BGB 2002 Nr. 20 Rn. 15, 18, 23 ff. m. w. N. = AP Nr. 210 zu § 626 BGB = NJW 2008, 2732 *[Grobys]*; 27.03.2003 EzA § 611 BGB 2002 Persönlichkeitsrecht Nr. 1 S. 9 ff. = AP Nr. 36 zu § 87 BetrVG 1972 Überwachung Bl. 5 f. *[Otto]*; 22.09.2016 NZA 2017, 112 Rn. 44 = AP Nr. 259 zu § 626 BGB = NJW 2017, 843 *[Wybitul]*; *Dzida/Grau* NZA 2010, 1201 [1204 f.]; *Fitting* § 87 Rn. 607; *Lunk* NZA 2009, 457 [462 ff.]; *Rhotert* BB 1999, 1378 f.; *Schlewing* NZA 2004, 1071 [1072 ff.]; *Wiese* FS *Lorenz*, 2004, S. 915 [936 ff.]; **a. M.** *Bayreuther* NZA 2005, 1038 [1042 f.]; *Klebe/DKKW* § 87 Rn. 6; *Maschmann* FS *Hromadka*, 2008, S. 233 [446 f.]; differenzierend *ders.* NZA 2002, 13 [21]; *Fischer* BB 1999, 154 [155]).

Ist im konkreten Rechtsstreit zweifelhaft, ob **Beweismittel** nur oder zugleich **aus anderen Gründen** 138 als mitbestimmungswidrige Maßnahmen rechtswidrig sind, bedarf es der Prüfung, ob gegebenenfalls deren **rechtswidrige Erlangung** wie bei Verstößen gegen Persönlichkeitsrechte deren prozessuale Verwertung ausschließt. Ist der Tatsachenvortrag unbestritten, mithin nicht beweisbedürftig, ist dieser jedenfalls zu berücksichtigen und kein Beweis zu erheben (*BAG* 13.12.2007 EzA § 626 BGB 2002 Nr. 20 Rn. 24 = AP Nr. 210 zu § 626 BGB: kein Sachvortragsverwertungsverbot; 16.12.2010 EzA § 626 BGB 2002 Nr. 33 Rn. 30 = AP Nr. 232 zu § 626 BGB). Dann fragt es sich aber, ob der Eingriff in verfassungsrechtlich geschütze Positionen einer Prozesspartei z.B. in ein Persönlichkeitsrecht rechtswidrig war. Das ist nicht der Fall, wenn jener durch allgemeine Rechtfertigungsgründe wie Notwehr, Notstand, eine notwehrähnliche Lage oder durch überwiegende schutzwürdige Interessen des Arbeitgebers – so etwa zur Aufklärung des begründeten Verdachts strafbarer Handlungen des Arbeitnehmers – gerechtfertigt war. Das verlangt eine Güter- und Interessenabwägung im Einzelfall unter Beachtung der Grundsätze der Eignung, Erforderlichkeit und Verhältnismäßigkeit (vgl. etwa *BAG* 13.12.2007 EzA § 626 BGB 2002 Nr. 20 Rn. 36 m. w. N. = AP Nr. 210 zu § 626 BGB; 27.03.2003 EzA § 611 BGB 2002 Persönlichkeitsrecht Nr. 1 S. 6 = AP Nr. 36 zu § 87 BetrVG 1972 Überwachung Bl. 3 f. *[Otto]*; 26.08.2008 EzA § 87 BetrVG 2001 Überwachung Nr. 2 Rn. 15 ff. = AP Nr. 54 zu § 75 BetrVG 1972 *[Wiese]*; 21.06.2012 EzA § 611 BGB 2002 Persönlichkeitsrecht Nr. 13 Rn. 30 m. w. N., zu § 6b BDSG Rn. 35 ff. *[Thüsing/Pötters]* = AP Nr. 66 zu § 1 KSchG Verhaltensbedingte Kündigung *[Lunk]*). War der **Eingriff rechtmäßig**, ist die **Verwertung** des **Beweismittels zulässig**; mangels entgegenstehender Vorschriften oder Grundsätze wird durch die prozessuale Verwertung des rechtmäßig erlangten Beweismittels dieses nicht rechtswidrig.

War dagegen die **Verletzung** eines **Persönlichkeitsrechts** oder **aus anderen Gründen rechtswid-** 139 **rig** oder klärungsbedürftig, kommt es für ein **Beweisverwertungsverbot** unter Berücksichtigung der Gemeinwohlbelange an einer funktionstüchtigen Rechtspflege und einer materiell richtigen Entscheidung (*BVerfG* 09.10.2002 E 106, 28 [49] = EzA § 611 BGB Persönlichkeitsrecht Nr. 15 S. 13 = AP Nr. 34 zu § 611 BGB Persönlichkeitsrecht Bl. 8 f.; 13.02.2007 E 117, 202 [240]; *BAG* 27.03.2003 EzA § 611 BGB 2002 Persönlichkeitsrecht Nr. 1 S. 6 f. = AP Nr. 36 zu § 87 BetrVG 1972 Überwachung Bl. 3 ff. *[Otto]*; 13.12.2007 EzA § 626 BGB 2002 Nr. 20 Rn. 36 = AP Nr. 210 zu § 626 BGB; 16.12.2010 EzA § 626 BGB 2002 Nr. 33 Rn. 37 ff. = AP Nr. 232 zu 626 BGB; 21.06.2012 EzA § 611 BGB 2002 Persönlichkeitsrecht Nr. 13 Rn. 29 *[Thüsing/Pötters]* = AP Nr. 66 zu § 1 KSchG Verhaltensbedingte Kündigung *[Lunk]*) auf die **Abwägung** einerseits des **Verwertungsinteresses** des **Arbeitgebers** und andererseits des **Gewichts** der **Verletzung** einer **Rechtsposition** des **Arbeitnehmers** wie insbesondere seiner Persönlichkeitsrechte an. Das bloße Interesse an der Beweisverwertung rechtfertigt nicht die Verwertung; hinzukommen müssen zusätzliche gewichtige Umstände, die für die Verwertung und gegen ein Verwertungsverbot sprechen (*BVerfG* 09.10.2002 E 106, 28 [49 f.] = EzA § 611 BGB Persönlichkeitsrecht Nr. 15 S. 13 = AP Nr. 34 zu § 611 BGB Persönlichkeitsrecht Bl. 8 R). Ein Beweisverwertungsverbot ist gerechtfertigt, wenn die **Verwertung** des **Beweismittels gegen vorrangige Rechte** des **Arbeitnehmers verstößt** und deren **Schutzzweck** die **prozessuale Sanktion zwingend gebietet** (*BAG* 13.12.2007 EzA § 626 BGB 2002 Nr. 20 Rn. 28 = AP Nr. 210 zu § 626 BGB; 16.12.2010 EzA § 626 BGB 2002 Nr. 33 Rn. 31 = AP Nr. 232 zu 626 BGB). Das gilt vor allem bei verfassungsrechtlich geschützten Rechtsgütern wie Grundrechten (*BVerfG* 09.10.2002 E 106, 28 [48 f.] = EzA § 611 BGB Persönlichkeitsrecht Nr. 15 S. 12 f. = AP Nr. 34 zu § 611 BGB Persönlichkeitsrecht Bl. 7 R f.; *BAG* 29.10.1997 EzA § 611 BGB Persönlichkeitsrecht Nr. 12 S. 7 f. = AP Nr. 27 zu § 611 BGB Persönlichkeitsrecht Bl. 3 R f. *[Otto];* 21.06.2012 EzA § 611 BGB 2002 Persönlichkeitsrecht Nr. 13 Rn. 28 *[Thüsing/Pötters]* = AP Nr. 66 zu § 1 KSchG Verhaltensbedingte Kündigung *[Lunk];* 20.06.2013 EzA § 611 BGB 2002 Persönlichkeitsrecht Nr. 14 Rn. 21 = AP Nr. 244 zu § 626 BGB; 22.09.2016 AP Nr. 259 zu § 626 BGB Rn. 23 = NJW 2017, 843 *[Wybitul]*). Das folgt aus der **Bindung** der **Rechtsprechung** auch an die **Grundrechte** (Art. 1 Abs. 3 GG), die **Verpflichtung** zu einer **rechtsstaatlichen Verfahrensgestaltung** sowie den Anspruch auf rechtliches Gehör (**Art. 103 Abs. 1 GG i.V.m. § 286 ZPO**; *BVerfG* 03.10.1979 E 52, 203 [207]; 09.10.2002 E 106, 28 [48]= EzA § 611 BGB Persönlichkeitsrecht Nr. 15 S. 12 = AP Nr. 34 zu § 611 BGB Persönlichkeitsrecht Bl. 7 R f.; 13.02.2007 E 117, 202 [240 f.]; *BAG* 27.03.2003 EzA § 611 BGB 2002 Persönlichkeitsrecht Nr. 1 S. 6 f. = AP Nr. 36 zu § 87 BetrVG 1972 Überwachung Bl. 3 ff. *[Otto];* 13.02.2007 EzA § 626 BGB 2002 Nr. 20 Rn. 29 = AP Nr. 210 zu § 626 BGB; 23.04.2009 EzA § 611 BGB 2002 Persönlichkeitsrecht Nr. 9 Rn. 26 = AP Nr. 40 zu § 611 BGB Persönlichkeitsrecht *[Ehmann];* 21.06.2012 EzA § 611 BGB 2002 Persönlichkeitsrecht Nr. 13 Rn. 28 = AP Nr. 66 zu § 1 KSchG Verhaltensbedingte Kündigung *[Lunk];* 20.06.2013 EzA § 611 BGB 2002 Persönlichkeitsrecht Nr. 14 Rn. 21 = AP Nr. 244 zu § 626 BGB). Das gilt auch bei unstreitigem Sachvortrag (*BAG* 22.09.2016 AP Nr. 259 zu § 626 BGB Rn. 23, 25 m.w.N. = NJW 2017, 843 *[Wybitul]*. Ein Verwertungsverbot kommt vor allem in Betracht, wenn durch die prozessuale Verwertung eines rechtswidrig erlangten Beweismittels mangels vorrangiger Interessen des Arbeitgebers erneut in das verletzte Persönlichkeitsrecht eingegriffen, der Eingriff mithin verstärkt sowie dessen Unrechtsgehalt vertieft wird (*BVerfG* 09.10.2002 E 106, 28 [47 f.] = EzA § 611 BGB Nr. 15 S. 11 ff. = AP Nr. 34 zu § 611 BGB Persönlichkeitsrecht Bl. 7 R ff.; *BAG* 29.10.1997 EzA § 611 BGB Persönlichkeitsrecht Nr. 12 S. 7 ff. = AP Nr. 27 zu § 611 BGB Persönlichkeitsrecht Bl. 3 R ff.; 13.12.2007 EzA § 626 BGB 2002 Nr. 20 Rn. 30 = AP Nr. 210 zu § 626 BGB; 23.04.2009 EzA § 611 BGB 2002 Persönlichkeitsrecht Nr. 9 Rn. 26 = AP Nr. 40 zu § 611 BGB Persönlichkeitsrecht *[Ehmann]*; 16.12.2010 EzA § 626 BGB 2002 Nr. 33 Rn. 31 f.= AP Nr. 232 zu 626 BGB; 20.06.2013 EzA § 611 BGB 2002 Persönlichkeitsrecht Nr. 14 Rn. 19 ff. = AP Nr. 244 zu § 626 BGB; 22.09.2016 AP Nr. 259 zu § 626 BGB Rn. 20 ff. = NJW 2017, 843 *[Wybitul]*). Zum Ganzen m.w.N.: *Byers/Pracka* BB 2013, 760 ff.; *Bayreuther* NZA 2005, 1038 (1041 ff.); *Bergwitz* NZA 2012, 353 ff.; *Dzida/Grau* NZA 2010, 1201 ff.; *Eufinger* DB 2017, 1266 ff.; *Eylert* NZA Beil. 3/2015, 100 [105 ff.]; *Grimm/Schiefer* RdA 2009, 329 (339 ff.); *Grosjean* DB 2003, 2650 ff.; *Lunk* NZA 2009, 457 ff.; *Maschmann* FS *Hromadka* 2008, 239 (241); *Morgenroth* NZA 2014, 408 ff.; *Reitz* NZA 2017, 273 ff.; *Röckl/Fahl* NZA 1998, 1035 [1038 ff.]; *Schlewing* NZA 2004, 1071 ff.; zur Verwertung der auf einem Arbeitsplatzrechner abgespeicherten Chatprotokolle eines Arbeitnehmers *LAG Hamm* RDV 2012, 254; zur zulässigen Speicherung und Auswertung der Verlaufsdaten in der Chronik eines Internetbrowsers zu Zwecken der Missbrauchskontrolle *LAG Berlin-Brandenburg* 14.01.2016 LAGE § 626 BGB 2002 Nr. 64 Rn. 98 ff.; zum **BDSG** insbesondere *BAG* 21.11.2013 EzA § 1 KSchG Verdachtskündigung Nr. 5 Rn. 42 ff. = AP Nr. 53 zu § 626 BGB Verdacht strafbarer Handlung (*Bayreuther*); 22.09.2016 AP Nr. 259 zu § 626 BGB Rn. 22 ff., 32 ff. = NJW 2017, 843 (*Wybitul*); 20.10.2016 NZA 2017, 443 Rn. 13 ff.; *Fuhlrott/Schröder* NZA 2017, 278 ff.

2. Initiativrecht; unternehmerische Entscheidungsfreiheit

a) Grundsatz

140 Das Initiativrecht in sozialen Angelegenheiten ist im Prinzip allgemein anerkannt. Es ist zu verstehen als das Recht des Arbeitgebers oder des Betriebsrats, in einer regelungsbedürftigen Angelegenheit – notfalls einseitig über die Einigungsstelle – eine verbindliche Entscheidung zu erwirken (*Wiese* Initiativrecht, S. 20, 82). Zu allgemeinen Grundsätzen für die Ausübung des Initiativrechts *Wiese* Initiativrecht, S. 78 ff.

b) Initiativrecht des Betriebsrats

141 Im Anwendungsbereich des § 56 BetrVG 1952 war das Initiativrecht des Betriebsrats kaum umstritten (Nachweise bei *Wiese* Initiativrecht, S. 25 Fn. 82). Auch nach geltendem Recht ist lediglich der Umfang des Initiativrechts des Betriebsrats zweifelhaft. Zum Teil wird angenommen, die Reichweite seines Initiativrechts sei mit der des einzelnen Mitbestimmungstatbestandes identisch (so *BAG* 31.08.1982 EzA § 87 BetrVG 1972 Arbeitszeit Nr. 13 S. 96 *[Richardi]* = AP Nr. 8 zu § 87 BetrVG 1972 Arbeitszeit Bl. 6; 04.03.1986 EzA § 87 BetrVG 1972 Arbeitszeit Nr. 17 S. 121 = AP Nr. 3 zu § 87 BetrVG 1972 Kurzarbeit Bl. 3 *[Wiese]*; 25.04.1989 EzA § 98 ArbGG 1979 Nr. 6 S. 10 = AP Nr. 3 zu § 98 ArbGG 1979 Bl. 5; 08.08.1989 EzA § 87 BetrVG 1972 Initiativrecht Nr. 5 S. 6 = AP Nr. 3 zu § 87 BetrVG 1972 Initiativrecht Bl. 3 *[Wiese]*; 28.11.1989 EzA § 87 BetrVG 1972 Kontrolleinrichtungen Nr. 18 S. 5 *[Streckel]* = AP Nr. 4 zu § 87 BetrVG 1972 Initiativrecht Bl. 2 R; *Birk* Anm. EzA § 87 BetrVG 1972 Initiativrecht Nr. 2 S. 23 [26 f.]; *Burghardt* Die Handlungsmöglichkeiten des Betriebsrats, S. 310 ff.; *Byers* RdA 2014, 37 [38 ff.]; *Farthmann* RdA 1974, 65 [68 f.]; *Fitting* § 87 Rn. 583 ff.; *Gester/Isenhardt* RdA 1974, 80 [86]; *Kaiser/LK* § 87 Rn. 10 f.; *Klebe/DKKW* § 87 Rn. 25 ff.; *Löwisch* DB 1973, 1746 [1750]; *Loritz/ZLH* Arbeitsrecht, § 51 Rn. 62; *Pohl* Mitbestimmung des Betriebsrats gemäß § 87 Abs. 1 Nr. 1 BetrVG, S. 78 ff., 216; *Reuter* ZfA 1981, 165 [174 ff.]; *Richardi* § 87 Rn. 70; *ders.* ZfA 1976, 1 [38 ff.] unter Aufgabe seiner früheren Auffassung; *Säcker* ZfA 1972, Sonderheft S. 41 [63]; *Schlüter* DB 1972, 92, 139 [143]; *Schwerdtner* Anm. EzA § 87 BetrVG 1972 Initiativrecht Nr. 4 S. 58; *Worzalla/HWGNRH* § 87 Rn. 56); weitere Nachweise 6. Aufl. § 87 Rn. 136.

142 Einen gewissen Anhalt für diese Auffassung bietet die **Entstehungsgeschichte** des § 87, insofern die in §§ 28 ff. CDU/CSU-Entwurf (BT-Drucks. VI/1806) vorgesehene Unterscheidung zwischen sozialen Angelegenheiten, in denen dem Betriebsrat ein echtes Mitbestimmungsrecht einschließlich eines Initiativrechts zusteht und solchen, die ausschließlich von der Initiative des Arbeitgebers abhängen, aber nur mit vorheriger Zustimmung des Betriebsrats durchgeführt werden können, im Gesetzgebungsverfahren ausdrücklich verworfen wurde (*Wiese* Initiativrecht, S. 28 ff.). Jedoch ist das Initiativrecht anders als die Mitbestimmung in § 87 weder ausdrücklich geregelt noch aus dessen **Wortsinn** zwingend zu erschließen (*Wiese* Initiativrecht, S. 26 f.; ebenso *Richardi* § 87 Rn. 65). Ebenso wenig ist dem **Bedeutungszusammenhang** des Gesetzes zu entnehmen, welcher Sinn der mehrdeutigen Formulierung des § 87 Abs. 1, der Betriebsrats habe in den einzelnen bezeichneten Angelegenheiten mitzubestimmen, zukommt (*Wiese* Initiativrecht, S. 27 f.). Deshalb ist ein gegenüber der Mitbestimmung engerer Anwendungsbereich des Initiativrechts, das von Rechtsprechung und Literatur aus dem Wesen der Mitbestimmung entwickelt worden ist, nicht von vornherein ausgeschlossen (auch das *BAG* 31.08.1982 EzA § 87 BetrVG 1972 Arbeitszeit Nr. 13 S. 96 *[Richardi]* = AP Nr. 8 zu § 87 BetrVG 1972 Arbeitszeit Bl. 6 f. *[Rath-Glawatz]* hält Restriktionen des Initiativrechts jedenfalls für möglich). Maßgebend sind dafür **teleologische Auslegungskriterien**, die in bestimmtem Umfang eine **Einschränkung** des Initiativrechts des Betriebsrats (nach Ansicht mancher: der Mitbestimmung) **gebieten** (*LAG Baden-Württemberg* 28.02.1980 EzA § 87 BetrVG 1972 Initiativrecht Nr. 4 S. 43; *LAG Düsseldorf* 17.07.1973 EzA § 87 BetrVG 1972 Initiativrecht Nr. 1 S. 6 ff. *[Rüthers]*; 16.09.1975 EzA § 87 BetrVG 1972 Initiativrecht Nr. 3 S. 35 ff.; 13.12.1973 EzA § 76 BetrVG 1972 Nr. 3 S. 23 f.; *LAG Rheinland-Pfalz* 08.08.1975 DB 1975, 1996; *Blomeyer* in: *Richardi* Recht der Betriebs- und Unternehmensmitbestimmung, Bd. 2, S. 45 ff.; *Dütz* AuR 1973, 353 [364]; *Friedman* Das Initiativrecht des Betriebsrats, S. 67 f.; *Hanau* RdA 1973, 281 [286]; *Hromadka* NJW 1972, 183 [185]; *Rüthers* ZfA 1973, 399 [417 ff.]; *Stege/Weinspach/Schiefer* § 87 Rn. 20 f.; *Wiese* Initiativrecht, S. 25 ff.; *Wiese/Gutzeit* Rdn. 388, 597; gänzlich abl. *Reuter* in: *Reuter/Streckel* Grundfragen der betriebsverfassungsrechtlichen Mitbestimmung, S. 30 ff., der das Initiativrecht als überflüssig und im Bereich der materiellen Arbeitsbedingungen als schädlich bezeichnet). Jedenfalls kann das Initiativrecht **nicht** aus § **76 Abs. 5 Satz 1,** § **87 Abs. 2** abgeleitet werden. Hiernach wird die Einigungsstelle zwar bereits auf Antrag einer Seite tätig, jedoch besagt diese Vorschrift nichts über ein Initiativrecht, sondern setzt es voraus (*Wiese* Initiativrecht, S. 27 m. w. N.; ebenso *Richardi* § 87 Rn. 65); weitere Nachweise 6. Aufl. § 87 Rn. 137.

143 **Grenzen** des Initiativrechts ergeben sich zunächst aus der durch Auslegung zu ermittelnden **Reichweite** der einzelnen **Mitbestimmungstatbestände** des § 87 Abs. 1 Nr. 1 bis 13; da es sich auf die jeweilige mitbestimmungspflichtige Angelegenheit bezieht, kann es nicht weitergehen als das Mitbestimmungsrecht, dessen Bestandteil es ist (*Wiese* Initiativrecht, S. 30; ebenso *BAG* 08.12.1981 EzA § 87 BetrVG 1972 Leistungslohn Nr. 6 S. 82 *[Hanau]* = AP Nr. 1 zu § 87 BetrVG 1972 Prämie

§ 87   IV. 3. Soziale Angelegenheiten

Bl. 2 *[Hilger]*; 31.08.1982 EzA § 87 BetrVG 1972 Arbeitszeit Nr. 13 S. 90, 96 *[Richardi]* = AP Nr. 8 zu § 87 BetrVG 1972 Arbeitszeit Bl. 3 R, 6 *[Rath-Glawatz]*; 04.03.1986 EzA § 87 BetrVG 1972 Arbeitszeit Nr. 17 S. 122 f. = AP Nr. 3 zu § 87 BetrVG 1972 Kurzarbeit Bl. 4 *[Wiese]*; Hanau BB 1977, 350 [356]; *Kaiser/LK* § 87 Rn. 10; *Richardi* § 87 Rn. 70 ff.; *ders.* ZfA 1976, 1 [43]; *Stege/Weinspach/Schiefer* § 87 Rn. 20; *Worzalla/HWGNRH* § 87 Rn. 58; vgl. auch *BAG* 12.06.1975 EzA § 87 BetrVG 1972 Lohn u. Arbeitsentgelt Nr. 4 S. 33 *[Birk]* = AP Nr. 1 zu § 87 BetrVG 1972 Altersversorgung Bl. 5 R f. *[Richardi]*; 12.06.1975 AP Nr. 2 zu § 87 BetrVG 1972 Altersversorgung Bl. 5 *[Steindorff]*; 12.06.1975 AP Nr. 3 zu § 87 BetrVG 1972 Altersversorgung Bl. 5 R *[Blomeyer]* hinsichtlich der durch den Dotierungsrahmen gezogenen Grenzen des Initiativrechts).

144   Ferner ist das Initiativrecht begrenzt durch die **allgemeinen Schranken** jeder Regelungsmacht der Betriebspartner – z. B. im Hinblick auf den Persönlichkeitsschutz der Arbeitnehmer – (Rdn. 47; *Wiese* Initiativrecht, S. 30 ff.) sowie durch die der notwendigen Mitbestimmung in sozialen Angelegenheiten nach § **87 Abs. 1** und § **77 Abs. 3** gezogenen Schranken (Rdn. 47 ff.; *Wiese* Initiativrecht, S. 32 f.; *LAG* Baden-Württemberg 28.02.1980 EzA § 87 BetrVG 1972 Initiativrecht Nr. 4 S. 42 *[Schwerdtner]*). Eine Einschränkung des Initiativrechts ergibt sich schließlich aus dem Zweck der Mitbestimmung im Falle des § 87 Abs. 1 Nr. 6 (*Wiese/Gutzeit* Rdn. 597) und im Falle des § 87 Abs. 1 Nr. 3 (Rdn. 152 f., *Wiese/Gutzeit* Rdn. 388 f.; zu Einschränkungen der Mitbestimmung und des Initiativrechts nach § 87 Abs. 1 Nr. 2 und 5 Rdn. 152 f., *Wiese/Gutzeit* Rdn. 314, 336, 365, 481).

145   Dagegen ist es **nicht gerechtfertigt**, das Initiativrecht auf Fälle eines **rechtlich schutzwürdigen Bedürfnisses einzuschränken** (*Wiese* Initiativrecht, S. 34 f.) und auch **unerheblich**, ob es sich um **formelle** oder **materielle Arbeitsbedingungen** handelt (*Wiese* Initiativrecht, S. 35 f.; ferner *Fitting* § 87 Rn. 585; *Lieb* ZfA 1978, 179 [184 f.]; *Richardi* § 87 Rn. 69) oder ob durch die Ausübung des Initiativrechts **Kosten** verursacht werden (*Wiese* Initiativrecht, S. 36 f.; ebenso *BAG* 31.08.1982 EzA § 87 BetrVG 1972 Arbeitszeit Nr. 13 S. 91 *[Richardi]* = AP Nr. 8 zu § 87 BetrVG 1972 Arbeitszeit Bl. 4 *[Rath-Glawatz]*). Der Betriebsrat kann z. B. nach § 87 Abs. 1 Nr. 4 eine Regelung darüber anstreben, dass bei auswärtigen Arbeiten das Arbeitsentgelt nicht im Betrieb, sondern an den jeweiligen Baustellen ausgezahlt wird. Dadurch können höhere Kosten als bisher entstehen. Diese schließen als unvermeidbare Begleitkosten einer zu regelnden Angelegenheit das Initiativrecht des Betriebsrats nicht aus.

146   Umstritten ist, ob die **unternehmerische Entscheidungsfreiheit** eine Grenze der Mitbestimmung oder des Initiativrechts ist (zur Sonderregelung des § 14 SpTrUG *Kissel* NZA 1992, 1 [7]). Durch die Erweiterung der Mitbestimmung sollte nicht in die eigentlichen unternehmerischen Entscheidungen, insbesondere auf wirtschaftlichem Gebiet (§ 106 Abs. 3), eingegriffen werden (*Wiese* Initiativrecht, S. 37 ff. m. w. N.; *ders.* Anm. AP Nr. 3 zu § 87 BetrVG 1972 Kurzarbeit; grundsätzlich ebenso *Bayreuther* ZAAR Schriftenreihe Bd. 5, S. 131 (147 ff.); *Beuthien* ZfA 1988, 1 ff.; *Friedman* Das Initiativrecht des Betriebsrats, S. 69 ff.; *Heinze* NZA 1986, 1 [10]; *Kaiser/LK* § 87 Rn. 3; *Lieb* ZfA 1978, 179 [191 ff.]; *Lieb/Jacobs* Arbeitsrecht, Rn. 768, 772; *Loritz* ZfA 1996, 419 [433 f.]; *Ch. J. Müller* Die Berufsfreiheit des Arbeitgebers [Diss. Köln], 1996, S. 175 ff. [210 ff.]; *Reuter* ZfA 1981, 165 [166 ff.]; *ders.* ORDO Bd. 36, 1985, S. 51 [72 f.]; *Richardi* § 87 Rn. 41 ff., 71; *Rüthers* ZfA 1973, 399 [417 ff.]; *ders.* Beschäftigungskrise und Arbeitsrecht. Zur Arbeitsmarktpolitik der Arbeitsgerichtsbarkeit, 1996, S. 95 ff.; *Scholz* NJW 1986, 1587; *Schulz* Entgeltkürzung im Insolvenzfall durch Betriebsvereinbarung [Diss. Berlin], 2002, S. 378 ff.; *Stege/Weinspach/Schiefer* § 87 Rn. 20 ff.; *Weingart* Betriebliche Mitbestimmung und unternehmerische Entscheidungsfreiheit [Diss. Frankfurt a. M.], 1992; *Worzalla/HWGNRH* § 87 Rn. 58, 81 ff.; **a. M.** *Bender/WPK* § 87 Rn. 17; *Fitting* § 87 Rn. 586; *Klebe/DKKW* § 87 Rn. 27; zum Grundsätzlichen auch *Otto Brenner Stiftung/Blank* (Hrsg.) Reform der Betriebsverfassung und Unternehmerfreiheit mit Vorträgen von *Däubler* und *Henssler* sowie Diskussion, 2001; *Erdmann* FS Karl Molitor, 1988, S. 81 [90]; *Joost* Betrieb und Unternehmen als Grundbegriffe im Arbeitsrecht, 1988, S. 193 ff.; *Kraft* FS Rittner, 1991, S. 285 ff.; *Lohse* Grenzen gesetzlicher Mitbestimmung [Diss. Gießen], 1995, S. 91 ff.; *Loritz* ZfA 1991, 1 [14 ff., 19 ff.]; *Martens* RdA 1989, 164 ff.; *Matthes*/MünchArbR § 238 Rn. 41 ff.; *Moll* RdA 1989, 173 f.; *Papier* RdA 1989, 137 [142 f.]; *Scholz* NJW 1986, 1587 f.; *Söllner* RdA 1989, 144 [149 f.]; *Umnuß* Organisation der Betriebsverfassung und Unternehmensautonomie [Diss. Freiburg], 1993, S. 220 ff.; *Walker* ZfA 2004, 501 ff.; *Windbichler* ZfA 1991, 35 ff.; *Zöllner* ZfA 1994, 423 ff.; vgl. auch *Schwier* Der Schutz der »unternehmerischen Freiheit« nach Artikel 16 der Charta der Grundrechte der Europäischen Union [Diss. Köln], 2008); weitere Nachweise 6. Aufl. § 87 Rn. 141.

Diese Grundsatzentscheidung ist im Gesetz selbst deutlich zum Ausdruck gekommen. So ist die Beteiligung des Betriebsrats bei der Gestaltung von Arbeitsablauf und Arbeitsumgebung auf Unterrichtungs- und Beratungsrechte (§ 90) und auf Maßnahmen zur Abwendung, Milderung oder zum Ausgleich der Belastung (§ 91) beschränkt worden, ohne die unternehmerische Entscheidungsfreiheit anzutasten (*Weber* § 90 Rdn. 32, differenzierend § 91 Rdn. 28). Im Bereich der wirtschaftlichen Angelegenheiten (§§ 106 ff.) hat der Wirtschaftsausschuss nur ein Beratungs- und Unterrichtungsrecht (§ 106 Abs. 1). Entsprechendes gilt für den Betriebsrat bei geplanten Betriebsänderungen (§ 111); ein anzustrebender Interessenausgleich ist nicht erzwingbar und belässt daher die unternehmerische Entscheidungsfreiheit dem Arbeitgeber. Erzwingbar ist nur die Aufstellung eines Sozialplans im Hinblick auf die Milderung oder den Ausgleich von Nachteilen infolge von Betriebsänderungen für die hiervon betroffenen Arbeitnehmer (§§ 112, 112a). Diese Wertung ist auch für die Auslegung des § 87 von Bedeutung (vgl. auch *Kolbe* Mitbestimmung und Demokratieprinzip, S. 184, 277, 327 f.; *Worzalla*/*HWGNRH* § 87 Rn. 84). Dabei ist jedoch zu beachten, dass dessen Mitbestimmungstatbestände positivrechtliche Regelungen sind, die unternehmerische Entscheidungsfreiheit dagegen nur ein den Materialien und dem Sinnzusammenhang des Gesetzes zu entnehmendes Grundprinzip der Betriebsverfassung ist. Ebenso wenig ist aber das Initiativrecht ausdrücklich in § 87 geregelt, sondern gleichfalls nur im Gesetzgebungsverfahren grundsätzlich anerkannt worden und im Übrigen aus dem Wesen der Mitbestimmung als gleichberechtigter Teilhabe (Einl. Rdn. 80, § 87 Rdn. 97) zu erschließen. Damit ist aber das Verhältnis von unternehmerischer Entscheidungsfreiheit und Initiativrecht im Rahmen des § 87 durchaus offen (zust. *Friedman* Das Initiativrecht des Betriebsrats, S. 67) und die Ableitung des Initiativrechts aus der Mitbestimmung macht nicht einfach eine Frage begriffsnotwendiger Kongruenz (so aber *BAG* 14.11.1974 EzA § 87 BetrVG 1972 Initiativrecht Nr. 2 Leitsatz 1 *[Birk]* = AP Nr. 1 zu § 87 BetrVG 1972 *[Richardi]*; *Klebe*/*DKKW* § 87 Rn. 25; wie hier *Beuthien* Anm. SAE 1984, 194). Auch das *BAG* (04.03.1986 EzA § 87 BetrVG 1972 Arbeitszeit Nr. 17 S. 123 = AP Nr. 3 zu § 87 BetrVG 1972 Kurzarbeit Bl. 4 *[Wiese]*) erkennt an, dass Grenzen des Initiativrechts sich aus dem Sinnzusammenhang des Gesetzes ergeben können. **147**

Die **Auslegung** des § 87 muss daher darauf gerichtet sein, die **unternehmerische Entscheidungsfreiheit** und das **Initiativrecht** als ungeregelte Prinzipien der Mitbestimmung in sozialen Angelegenheiten so **miteinander in Einklang zu bringen**, dass einerseits die positivrechtliche Gesetzeslage beachtet, andererseits aber den Grundsatzentscheidungen des Gesetzgebers Rechnung getragen wird. Dabei ist von der Unterscheidung zwischen mittelbaren und unmittelbaren Eingriffen in die unternehmerische Entscheidungsfreiheit auszugehen (*Wiese* Initiativrecht, S. 39, wo aber zu sehr auf die Auswirkungen des Eingriffs abgestellt wird; vgl. auch *LAG Baden-Württemberg* 28.02.1980 EzA § 87 BetrVG 1972 Initiativrecht Nr. 4 S. 43; *Vogt* RdA 1984, 140 [144]; *Wittke* Die Beteiligungsrechte des Betriebsrats im sozialen Bereich, S. 30; dagegen *BAG* 31.08.1982 EzA § 87 BetrVG 1972 Arbeitszeit Nr. 13 S. 92 *[Richardi]* = AP Nr. 8 zu § 87 BetrVG 1972 Arbeitszeit Bl. 4 R *[Rath-Glawatz]*; *Lieb* DB 1981, Beil. Nr. 17, S. 5; *Richardi* § 87 Rn. 41; vgl. auch die Beispiele von *Kolbe* Mitbestimmung und Demokratieprinzip, S. 102 f, 178, 184). **148**

Maßgebender **Anknüpfungspunkt** ist der **Regelungsgegenstand**. Handelt es sich um eine Angelegenheit des § 87 Abs. 1, so spricht eine gesetzliche Vermutung dafür, dass jedenfalls die Mitbestimmung, grundsätzlich aber auch das Initiativrecht nicht dadurch eingeschränkt werden, dass ihre Geltendmachung zugleich **mittelbar Folgen für** den **unternehmerischen Bereich** hat (vgl. auch *BAG* 31.08.1982 EzA § 87 BetrVG 1972 Arbeitszeit Nr. 13 S. 87 *[Richardi]* = AP Nr. 8 zu § 87 BetrVG 1972 Arbeitszeit Bl. 2 R f. *[Rath-Glawatz]*; 22.10.1991 EzA § 87 BetrVG 1972 Arbeitszeit Nr. 49 S. 9 = AP Nr. 48 zu § 87 BetrVG 1972 Arbeitszeit Bl. 4; 26.10.2004 EzA § 87 BetrVG 2001 Arbeitszeit Nr. 7 S. 11 = AP Nr. 113 zu § 87 BetrVG 1972 Arbeitszeit Bl. 5 R *[Joussen]*; *LAG Baden-Württemberg* 28.02.1980 EzA § 87 BetrVG 1972 Initiativrecht Nr. 4 S. 43 ff.; *Kolbe* Mitbestimmung und Demokratieprinzip, S. 178, 183 f., **a. M.** *Richardi* § 87 Rn. 41). Denn das gilt praktisch für jede mitbestimmte Entscheidung im Rahmen des § 87, und der Gesetzgeber hat selbst die Erweiterung der Mitbestimmung in sozialen Angelegenheiten gerade nicht als Eingriff in die unternehmerische Entscheidungsfreiheit verstanden. In diesem Sinne ist dem **BAG zuzustimmen**, dass **Mitbestimmungsrechte** des Betriebsrats **nicht unter** dem **allgemeinen Vorbehalt** stünden, dass **durch sie** nicht in die **unternehmerische Entscheidungsfreiheit eingegriffen** werden dürfe (so *BAG* 31.08.1982 EzA § 87 BetrVG 1972 Arbeitszeit Nr. 13 S. 89 f. *[Richardi]* = AP Nr. 8 zu § 87 BetrVG **149**

1972 Arbeitszeit Bl. 3 f. *[Rath-Glawatz]*; 04.03.1986 EzA § 87 BetrVG 1972 Arbeitszeit Nr. 17 S. 122 f. = AP Nr. 3 zu § 87 BetrVG 1972 Kurzarbeit Bl. 4 *[Wiese]*; 13.03.1984 EzA § 87 BetrVG 1972 Leistungslohn Nr. 10 S. 142 = AP Nr. 4 zu § 87 BetrVG 1972 Provision Bl. 6 *[Hanau]*; 16.07.1991 EzA § 87 BetrVG 1972 Betriebliche Lohngestaltung Nr. 28 S. 4 = AP Nr. 49 zu § 87 BetrVG 1972 Lohngestaltung Bl. 2; 24.11.1987 EzA § 87 BetrVG 1972 Leistungslohn Nr. 15 S. 6 = AP Nr. 6 zu § 87 BetrVG 1972 Akkord Bl. 3 R *[Gaul]*; zust. LAG Berlin 04.09.1984 NZA 1985, 331; *LAG Niedersachsen* 30.11.1995 LAGE § 87 BetrVG 1972 Initiativrecht Nr. 4 S. 5 *[Rüthers/Ruoff]*; *Beuthien* ZfA 1988, 1 [10]; *Joost* Betrieb und Unternehmen als Grundbegriffe im Arbeitsrecht, 1988, S. 193 ff. [203 f.]).

150 Deshalb ist die **Meinung abzulehnen**, der **Betriebsrat** sei an die **vorgegebene unternehmerische Entscheidung** als Schranke des Mitbestimmungsrechts **gebunden** und dieses beziehe sich lediglich auf die arbeitstechnische Verwirklichung unternehmerischer Entscheidungen (so aber *Joost* DB 1983, 1818 [1820]; *ders.* Betrieb und Unternehmen als Grundbegriffe im Arbeitsrecht, 1988, S. 192 f.; *Loritz/ZLH* Arbeitsrecht, § 51 Rn. 62 ff.; *Reuter* ZfA 1981, 165 [178 ff.]; wie hier *Worzalla/HWGNRH* § 87 Rn. 83). Ebenso wenig ist die **Einigungsstelle** an die unternehmerische Entscheidung als vorgegebenes Datum gebunden (so aber *Badura* WiR 1974, 1 [23 f.]; *Kaiser/LK* § 87 Rn. 3; *Lieb* DB 1981, Beil. Nr. 17, S. 6 f.; dagegen *Worzalla/HWGNRH* § 87 Rn. 83; vgl. auch *Wiese/Gutzeit* Rdn. 316). Da die Einigungsstelle im Verfahren nach § 76 Abs. 5 nur in den Grenzen des jeweiligen Mitbestimmungstatbestandes eine Regelungsbefugnis hat, liefe die abgelehnte Meinung wiederum auf eine vom Gesetzgeber grundsätzlich nicht gewollte Einschränkung der Mitbestimmung und einen einseitigen Vorrang der unternehmerischen Entscheidungsfreiheit hinaus.

151 Grundsätzlich anders sind dagegen Sachverhalte zu bewerten, bei denen die **unternehmerische Entscheidung unmittelbar**, d.h. **als solche Regelungsgegenstand** ist (vgl. auch *Beuthien* ZfA 1988, 1 [11 f.]; *Clemenz/HWK* § 87 Rn. 34; *Friedman* Das Initiativrecht des Betriebsrats, S. 103 ff., stellt auf unmittelbar marktbezogene Auswirkungen einer unternehmerischen Entscheidung ab). Dann ergibt sich die fehlende Mitbestimmung häufig schon aus der unbestrittenen Gesetzesauslegung. So hat der Betriebsrat eindeutig nicht über den Zweck eines Unternehmens (*Wiese/Gutzeit* Rdn. 316), die Ladenöffnungs- oder Betriebsnutzungszeit (*Wiese/Gutzeit* Rdn. 314), den Umfang der Produktion (*Wiese/Gutzeit* Rdn. 390) oder die Schließung des Betriebes (*Wiese/Gutzeit* Rdn. 481) mitzubestimmen. Dieser Befund darf nicht über § 87 beseitigt werden. Deshalb kann es nicht der Formulierungskunst des Betriebsrats überlassen bleiben, ob er in diesen Angelegenheiten die Mitbestimmungsfreiheit dadurch umgeht, dass er sein Begehren in das Gewand einer sozialen Angelegenheit kleidet; auch wenn es keinen Grundsatz gibt, dass durch die Mitbestimmung nicht in die unternehmerische Entscheidungsfreiheit eingegriffen werden dürfe (Rdn. 149), können eindeutig mitbestimmungsfreie unternehmerische Entscheidungen nicht durch die Etikettierung als soziale Angelegenheiten in die Mitbestimmung einbezogen werden, so dass die Entscheidungsfreiheit des Unternehmers dadurch beseitigt wird. Das würde der in den Materialien niedergelegten und dem Gesetz selbst zu entnehmenden gesetzgeberischen Grundsatzentscheidung widersprechen.

152 Deshalb darf nicht über die Mitbestimmung nach § 87 Abs. 1 Nr. 2 die **Lage** der **Arbeitszeit** von Arbeitnehmern eines Nachtlokals so beeinflusst werden, dass dieses nur noch als Tagesrestaurant betrieben werden könnte (Beispiel von *Richardi* § 87 Rn. 43, 71; vgl. auch *Wiese/Gutzeit* Rdn. 316; *Friedman* Das Initiativrecht des Betriebsrats, S. 110), zumal die Öffnungszeit eines Betriebes mitbestimmungsfrei ist (*Wiese/Gutzeit* Rdn. 314). Ebenso wenig kann nach § 87 Abs. 1 Nr. 2 die **Streichung** einer **Schicht** bewirkt werden, wenn eine durchlaufende Produktion technisch unabdingbar ist, andernfalls der Betrieb geschlossen werden müsste. Unerheblich ist, ob ein Betriebsrat derart agieren würde, wenn damit Arbeitsplätze beseitigt oder zumindest gefährdet würden. Entscheidend ist, dass er in diesen Angelegenheiten weder aufgrund der Mitbestimmung nach § 87 Abs. 1 Nr. 2 einer vom Arbeitgeber begehrten Regelung über die Arbeitszeit widersprechen dürfte, die unabdingbare Voraussetzung für die Verwirklichung des Betriebszweckes ist, noch stünde ihm insoweit ein Initiativrecht zu. Schließlich könnte er nicht über § 87 Abs. 1 Nr. 3 eine **Verkürzung** oder **Verlängerung** der **betriebsüblichen Arbeitszeit** zwecks Änderung des Produktionsumfangs bzw. der sonstigen betrieblichen Tätigkeit (*Wiese/Gutzeit* Rdn. 390; zum »Was« der Produktion auch *Kolbe* Mitbestimmung und Demokratieprinzip, S. 184) und ebenso wenig über § 87 Abs. 1 Nr. 5 die Einführung von **Be-**

triebsferien und damit die Schließung des Betriebs erwirken (*Wiese/Gutzeit* Rdn. 481). In diesen Fällen ist nur das Initiativrecht eingeschränkt, die Mitbestimmung jedoch gegeben. Letztere bedeutet keinen unzulässigen Eingriff in die unternehmerische Entscheidungsfreiheit, weil der Arbeitgeber dann die Veränderung des Produktionsumfangs bzw. die Schließung des Betriebs selbst anstrebt, die unternehmerische Entscheidung also allein trifft und nur deren sozialverträgliche Umsetzung mitbestimmungspflichtig ist; die damit verbundene mittelbare Beschränkung der unternehmerischen Entscheidungsfreiheit ist vom Gesetzgeber grundsätzlich hingenommen worden.

Die **Differenzierung zwischen Mitbestimmung** und **Initiativrecht** ist daher **sachgerecht** und keineswegs widersprüchlich (**a. M.** *Reuter* ZfA 1981, 165 [175 f.]; *Schwerdtner* Anm. EzA § 87 BetrVG 1972 Initiativrecht Nr. 4 S. 58). Das Dogma von der angeblichen Identität von Mitbestimmung und Initiativrecht wird selbst vom *BAG* nicht durchgehalten, wenn es zwar die Mitbestimmung bei Einführung freiwilliger Zulagen bejaht, aber auf die Zustimmung unter Ausschluss eines Initiativrechts beschränkt (*Wiese/Gutzeit* Rdn. 892 ff.). Das ist der Sache nach zutreffend, weil nach § 87 Abs. 1 Nr. 10 keine zusätzlichen Leistungspflichten des Arbeitgebers begründet werden können. Nicht anders verhält es sich in den oben genannten Fällen, in denen an sich mitbestimmungsfreie unternehmerische Entscheidungen hinsichtlich ihrer sozialen Auswirkungen der Mitbestimmung unterworfen werden, aber vom Betriebsrat nicht selbst erzwungen werden können (inkonsequent *BAG* 24.03.1981 EzA § 87 BetrVG 1972 Betriebliche Ordnung Nr. 6 S. 43 = AP Nr. 2 zu § 87 BetrVG 1972 Arbeitssicherheit Bl. 4 [*Wiese/Starck*]; *Gutzeit* § 88 Rdn. 15). Damit hält sich die hier getroffene Auslegung streng an den Gesetzestext und berücksichtigt zugleich die vom Gesetzgeber getroffenen Grundsatzentscheidungen.

153

Unternehmerische Entscheidungen sind allerdings, wie die angeführten Beispiele zeigen, nur ausnahmsweise als solche unmittelbarer Regelungsgegenstand einer Angelegenheit, für die der Betriebsrat seine Zuständigkeit geltend macht. In der Regel werden die **Bereiche mitbestimmter sozialer Angelegenheiten** und **unternehmerischer Entscheidungen** wie zwei sich überschneidende Kreise mehr oder weniger **ineinander übergehen**. Dann sind die sozialen und unternehmerischen Belange von der Einigungsstelle nach Maßgabe des § 76 Abs. 5 Satz 3 zu gewichten und abzuwägen. Als Grundsatz muss gelten, dass je mehr die unternehmerische Entscheidungsfreiheit eingeschränkt wird, umso größer das Gewicht der sozialen Belange sein muss, wenn die vom Betriebsrat angestrebte Regelung durchgesetzt werden soll. Die Herausarbeitung eines bei Abwägung aller Umstände vorrangigen Kernbereichs unternehmerischer Entscheidungsfreiheit (*Wiese* Initiativrecht, S. 39) mag problematisch sein (krit. *BAG* 31.08.1982 EzA § 87 BetrVG 1972 Arbeitszeit Nr. 13 S. 92 [*Richardi*] = AP Nr. 8 zu § 87 BetrVG 1972 Arbeitszeit Bl. 4 R [*Rath-Glawatz*]; *Schwerdtner* Anm. EzA § 87 BetrVG 1972 Initiativrecht Nr. 4 S. 59 f.; anders *Beuthien* ZfA 1988, 1 [3]). Umso mehr erscheint es geboten, für die Relevanz unternehmerischer und sozialer Belange im Rahmen der einzelnen Mitbestimmungstatbestände Kriterien zu entwickeln, die für die Praxis jedenfalls halbwegs berechenbare Entscheidungen der Arbeitsgerichte und Einigungsstellen gewährleisten. Das *BAG* (31.08.1982 EzA § 87 BetrVG 1972 Arbeitszeit Nr. 13 S. 92 [*Richardi*] = AP Nr. 8 zu § 87 BetrVG 1972 Arbeitszeit Bl. 4 R [*Rath-Glawatz*]) hält die Problematik offenbar nicht für klärungsfähig und entzieht sich damit der Entscheidung einer für die Praxis eminent wichtigen Frage, die nicht der Einigungsstelle überlassen bleiben sollte (*Zöllner* Daten- und Informationsschutz im Arbeitsverhältnis, 2. Aufl. 1983, S. 80, spricht von einem »Grundproblem der Mitbestimmung«).

154

Das Initiativrecht des Betriebsrats erlangt Bedeutung, wenn bisher in einem Betrieb überhaupt kein oder – z. B. wegen Nichtigkeit der Wahl – eine Zeitlang kein Betriebsrat bestand und der Arbeitgeber während dieser Zeit eine mitbestimmungspflichtige Angelegenheit allein geregelt hat, wozu er berechtigt ist (Rdn. 87). Wird später ein Betriebsrat gewählt, bleibt die vom Arbeitgeber getroffene Regelung zunächst wirksam, jedoch kann der Betriebsrat aufgrund seines Initiativrechts ihre Änderung verlangen und notfalls nach § 87 Abs. 2, § 76 Abs. 5 über die Einigungsstelle durchsetzen (Rdn. 87). Aber auch in anderen Fällen kann der Betriebsrat ein Interesse daran haben, in Wahrnehmung der Arbeitnehmerbelange Änderungen bestehender betrieblicher Regelungen, die der Mitbestimmung nach § 87 unterliegen, durchzusetzen oder bisher ungeregelte Fragen in bestimmter Weise zu ordnen. Ebenso kann er mittels seines Initiativrechts anstreben, die bisherige betriebliche Praxis zum Inhalt einer Betriebsvereinbarung zu machen (*BAG* 08.08.1989 EzA § 87 BetrVG 1972 Initiativrecht Nr. 5

155

§ 87   *IV. 3. Soziale Angelegenheiten*

S. 6 = AP Nr. 3 zu § 87 BetrVG 1972 Initiativrecht Bl. 3 ff. *[Wiese]* = SAE 1991, 285 *[Käppler]* = AR-Blattei, Betriebsverfassung XIV B, Entsch. 122 *[Löwisch]*).

c) Initiativrecht des Arbeitgebers

156 In den Angelegenheiten des § 87 Abs. 1 besteht auch ein Initiativrecht des Arbeitgebers (eingehend *Wiese* Initiativrecht, S. 74 ff.; ebenso *BAG* 14.11.1974 1989 EzA § 87 BetrVG 1972 Initiativrecht Nr. 2 S. 20 *[Birk]* = AP Nr. 1 zu § 87 BetrVG 1972 Bl. 2 *[Richardi]* = SAE 1976, 14 *[Reuter]*; 08.08.1989 EzA § 87 BetrVG 1972 Initiativrecht Nr. 5 S. 7 = AP Nr. 3 zu § 87 BetrVG 1972 Initiativrecht Bl. 3 R *[Wiese]*; 28.11.1989 EzA § 87 BetrVG 1972 Kontrolleinrichtung Nr. 18 S. 5 *[Streckel]* = AP Nr. 4 zu § 87 BetrVG 1972 Initiativrecht Bl. 2 R; 19.04.1963 AP Nr. 2 zu § 56 BetrVG Entlohnung Bl. 5 f.; 12.09.1967 AP Nr. 1 zu § 56 BetrVG Betriebsbuße Bl. 2; *LAG Rheinland-Pfalz* 08.08.1975 DB 1975, 1996; *Dütz* DB 1972, 383 [388]; *Galperin / Löwisch* § 87 Rn. 27, 111; *Raatz* DB 1972, Beil. Nr. 1, S. 1 [5]; *Richardi* § 87 Rn. 65; *Stege / Weinspach / Schiefer* § 87 Rn. 19; *Worzalla / HWGNRH* § 87 Rn. 56). Die unabweisbare Konsequenz dieser Prämisse ist, dass durch die gesetzliche Ausformung der Mitbestimmung in sozialen Angelegenheiten nicht nur neue Rechte zugunsten der Arbeitnehmer geschaffen, sondern zugleich die rechtlichen Möglichkeiten des Arbeitgebers zur Einwirkung auf die arbeitsvertragliche Stellung der Arbeitnehmer erweitert worden sind (Rdn. 90, 191, *Wiese/Gutzeit* Rdn. 383 f.). Ohne Mitbestimmung könnte der Arbeitgeber zwar im Rahmen seines durch Gesetz, Kollektiv- und Arbeitsvertrag bzw. die Treuepflicht beschränkten Direktionsrechts einseitig Anordnungen treffen, soweit damit die vom Arbeitnehmer geschuldete und nur allgemein festgelegte Verpflichtung konkretisiert wird. Für diesen Bereich bedeutet die Mitbestimmung des Betriebsrats nach § 87 Abs. 1 daher eine Einschränkung der Befugnisse des Arbeitgebers. Im Übrigen wäre der Arbeitgeber auf den Abschluss zahlreicher Einzelvereinbarungen oder Änderungskündigungen angewiesen, wenn er die beiderseitigen Rechte und Pflichten kollektiv verändern wollte. Im Rahmen der Mitbestimmung nach § 87 Abs. 1 kann der Arbeitgeber jedoch, falls es nicht zu einer auf den Inhalt der Arbeitsverträge normativ einwirkenden Betriebsvereinbarung kommt, nach § 87 Abs. 2 i. V. m. § 76 Abs. 5 durch einseitigen Antrag einen verbindlichen Spruch der Einigungsstelle erwirken und auf diese Weise die gleiche Wirkung wie durch eine Betriebsvereinbarung erzielen (§ 77 Abs. 1 und 2 und 4; vgl. auch *BAG* 12.06.1975 1989 EzA § 87 BetrVG 1972 Lohn u. Arbeitsentgelt Nr. 4 S. 33 f. *[Birk]* = AP Nr. 1 zu § 87 BetrVG 1972 Altersversorgung Bl. 6 *[Richardi]*; 18.08.1987 EzA § 77 BetrVG 1972 Nr. 18 S. 17 = AP Nr. 23 zu § 77 BetrVG 1972 Bl. 7 R *[von Hoyningen-Huene]*; 19.04.1963 AP Nr. 2 zu § 56 BetrVG Entlohnung Bl. 5 f.).

157 Damit ist nicht gesagt, dass sein Begehren stets Erfolg haben müsse, weil die Einigungsstelle unter angemessener Berücksichtigung der Belange des Betriebs und der betroffenen Arbeitnehmer nach billigem Ermessen zu entscheiden hat (§ 76 Abs. 5 Satz 3; das übersieht *von Stebut* RdA 1974, 332 [343]). Wenn diese jedoch das Begehren des Arbeitgebers für berechtigt hält und ihm stattgibt, erzielt der Arbeitgeber eine Einwirkung auf die Arbeitsverhältnisse, wie sie ihm ohne Mitbestimmung verschlossen wäre. Das gilt auch insofern, als § 87 Abs. 1 nicht nur der Einschränkung einseitiger Arbeitgeberbefugnisse dient, sondern den Betriebspartnern eine über den Anwendungsbereich des Direktionsrechts hinausgehende Regelungskompetenz zuweist (vgl. auch vor § 87 Rdn. 4 ff.; *BAG* 19.04.1963 AP Nr. 2 zu § 56 BetrVG Entlohnung Bl. 4 R). So könnte der Arbeitgeber aufgrund seines Direktionsrechts weder eine Betriebsbußenordnung erlassen noch im Einzelfall eine Betriebsbuße verhängen (Rdn. 247 f.).

158 Im Übrigen unterliegt das Initiativrecht des Arbeitgebers ebenso wie das Initiativrecht des Betriebsrats den allgemeinen Schranken, die der Mitbestimmung nach § 87 gesetzt sind (Rdn. 144). Er kann daher nur im Rahmen der notwendigen Mitbestimmung eine verbindliche Entscheidung der Einigungsstelle erwirken (vgl. auch *Kraft* Anm. SAE 1976, 42 [43]; *Richardi* Anm. AP Nr. 1 zu § 87 BetrVG 1972 Altersversorgung Bl. 10).

3. Notfälle

159 Die h. M. vertrat zu § 56 BetrVG 1952 die Auffassung, der Arbeitgeber könne in Eilfällen einseitig vorläufige Anordnungen treffen, müsse jedoch unverzüglich den Betriebsrat unterrichten und eine nachträgliche Einigung anstreben (*LAG Hannover* 29.04.1960 BB 1960, 985; *Galperin / Siebert* vor § 56 Rn. 17, 55; *Hueck / Nipperdey* II / 2, S. 1393 m. w. N.; *Neumann-Duesberg*, S. 455 f.; *Nikisch* III, S. 371 f.; grundsätzlich auch *BAG* 15.12.1961 AP Nr. 1 zu § 56 BetrVG Arbeitszeit Bl. 3 R f., das eine vorläufige Regelung von Beginn und Ende der täglichen Arbeitszeit bei der Einführung von Kurzarbeit zuließ, wenn unmittelbar nach gescheitertem Einigungsversuch die Einigungsstelle angerufen wurde; **a. M.** *Fitting / Kraegeloh / Auffarth* § 56 Rn. 6a). Weitergehend wurden einseitige vorläufige Anordnungen des Arbeitgebers auch in anderen als Eilfällen von denjenigen bejaht, die sich gegen die Theorie der notwendigen Mitbestimmung aussprachen (Rdn. 105 ff.; *Diekhoff* DB 1965, 555 f.; *Dietz* § 56 Rn. 51 f.; *ders.* Probleme des Mitbestimmungsrechts, S. 6 ff.).

Auch die neuere Literatur hat sich z. T. der früher h. M. angeschlossen (*Adomeit* BB 1972, 53 [55]; **160** *Dietz / Richardi* 5. Aufl. 1973, § 87 Rn. 13 ff.; *Hanau* RdA 1973, 281 [292]). Die inzwischen **h. M. bejaht** dagegen mit Recht die **Mitbestimmung auch im Eilfall** (*BAG* st. Rspr. 05.03.1974 EzA § 87 BetrVG 1972 Nr. 3 S. 17 *[Herschel]* = AP Nr. 1 zu § 87 BetrVG 1972 Kurzarbeit Bl. 4 R *[Wiese]*; 13.07.1977 EzA § 87 BetrVG 1972 Arbeitszeit Nr. 3 S. 7 = AP Nr. 2 zu § 87 BetrVG 1972 Kurzarbeit Bl. 4 R *[Löwisch]* = SAE 1979, 145 *[Otto]* = AR-Blattei, Bergarbeitsrecht, Entsch. 14 *[Boldt]*; 17.11.1998 EzA § 87 BetrVG 1972 Arbeitszeit Nr. 59 S. 6 = AP Nr. 79 zu § 87 BetrVG 1972 Arbeitszeit Bl. 3; 09.07.2013 EzA § 87 BetrVG 2001 Arbeitszeit Nr. 17 Rn. 19, 27 ff. = AP Nr. 130 zu § 87 BetrVG 1972 Arbeitszeit; weitere *BAG*-Nachweise 9. Aufl. § 87 Rn. 155; *Burghardt* Die Handlungsmöglichkeiten des Betriebsrats, S. 306 ff.; *Dütz* ZfA 1972, 247 [264]; *Farthmann* RdA 1974, 65 [68]; *Fitting* § 87 Rn. 23 f.; *Gamillscheg* II, S. 287; *Henssler* FS Hanau, 1999, S. 413 ff.; *von Hoyningen-Huene* DB 1987, 1426 [1431]; *Kaiser / LK* § 87 Rn. 19; *Klebe / DKKW* § 87 Rn. 28 f.; *Kolbe* Mitbestimmung und Demokratieprinzip, S. 285 f.; *Konzen* ZfA 1978, 451 [480]; *Matthes /* MünchArbR § 242 Rn. 27 ff.; *Richardi* § 87 Rn. 55; *Säcker* ZfA 1972, Sonderheft. 41 [60 f.]; *Simitis / Weiss* DB 1973, 1240 [1243 f.]; *von Stebut* RdA 1974, 332 [337]; **a. M.** *Loritz / ZLH* Arbeitsrecht, § 51 Rn. 81; *Worzalla / HWGNRH* § 87 Rn. 39 ff.: einseitiges Anordnungsrecht des Arbeitgebers nach § 2 Abs. 1, dagegen *Fitting* § 87 Rn. 25a); weitere Nachweise 6. Aufl. § 87 Rn. 155. Zu Vorschlägen **de lege ferenda** *Löwisch* RdA 1996, 352 (353).

Die Problematik vorläufiger einseitiger Anordnungen liegt vor allem darin, dass die Voraussetzungen **161** eines Eilfalles schwer zu bestimmen sind und damit die Gefahr einer Aushöhlung der Rechte des Betriebsrats besteht. Das gilt insbesondere, wenn kein objektiver Maßstab (hierzu *Hueck / Nipperdey* II / 2, S. 1393) angelegt, sondern auf subjektive Momente abgestellt wird (so *Dietz* § 56 Rn. 51; *Neumann-Duesberg*, S. 455; *Stege / Weinspach / Schiefer* § 87 Rn. 12). Die Theorie der Wirksamkeitsvoraussetzung wird allerdings auch von der hier abgelehnten Meinung nicht aufgegeben, weil sie im Prinzip an dem Mitbestimmungsrecht des Betriebsrats festhält, wenn sie auf die Vorläufigkeit der einseitigen Maßnahme in Eilfällen abstellt. Außerdem darf diese Theorie nicht dazu führen, dass betriebliche Belange ohne Rücksicht auf eventuelle Schäden schlechthin unberücksichtigt bleiben. Es kommt vielmehr darauf an, in außergewöhnlichen Fällen eine für beide Betriebspartner sachgerechte Lösung zu finden.

Auszugehen ist davon, dass auch in **Eilfällen** das **Mitbestimmungsrecht** des Betriebsrats **besteht**. **162** Obwohl dem Gesetzgeber die bisherige Diskussion bekannt war, hat er im Gegensatz zur Regelung in § 61 Abs. 6, § 62 Abs. 6 PersVG 1955 (jetzt § 69 Abs. 5, § 72 Abs. 6 BPersVG 1974) offenbar keine Veranlassung gesehen, für Eilfälle eine Ausnahme vom Mitbestimmungsrecht des Betriebsrats in sozialen Angelegenheiten zuzulassen. Das gilt umso mehr, als er in § 100 die Zulässigkeit vorläufiger personeller Maßnahmen durch den Arbeitgeber und in § 115 Abs. 7 Nr. 4 (*Franzen* § 115 Rdn. 55 ff.) die Möglichkeit vorläufiger Regelungen durch den Kapitän ausdrücklich vorgesehen hat. Beide Vorschriften regeln nicht nur die Voraussetzungen der Zulässigkeit vorläufiger Maßnahmen, sondern zugleich das weitere Verfahren und sind ganz auf die besonderen Bedürfnisse des jeweiligen Regelungsbereichs zugeschnitten. Ihre entsprechende Anwendung auf die Mitbestimmung in sozialen Angelegenheiten ist daher abzulehnen (*Dzikus* Die Mitbestimmung des Betriebsrats im Bereich der sozialen Angelegenheiten nach § 87 BetrVG in Eil- und Notfällen, S. 60 ff.; *Henssler* FS Hanau, 1999, S. 413 [417 ff.]; *von Hoyningen-Huene* DB 1987, 1426 [1431]; *Richardi* § 87 Rn. 56; *Säcker* ZfA 1972, Sonderheft S. 41 [60]; **a. M.** *Hanau* BB 1971, 485 [490]; *ders.* BB 1972, 499 [501]; *ders.* RdA 1973, 281 [292]). Im Übrigen folgt aus § 87 Abs. 1 Nr. 3, dass der Gesetzgeber jedenfalls bei vorübergehender Verkürzung oder Verlängerung der betriebsüblichen Arbeitszeit, die in der Regel kurzfristig angeordnet werden muss, die Mitbestimmung des Betriebsrats nicht nur für möglich gehalten, sondern auch gewollt hat (*BAG* 13.07.1977 EzA § 87 BetrVG 1972 Arbeitszeit Nr. 3 S. 7 = AP Nr. 2 zu § 87 BetrVG 1972 Kurzarbeit Bl. 4 R; dazu auch vor § 87 Rdn. 17 ff.). Die generelle Zulassung einer einseitigen Anordnungsbefugnis des Arbeitgebers in Eilfällen würde daher die Mitbestimmung des Betriebsrats gerade in diesem Fall unzulässig einschränken.

163 In aller **Regel** ist auch ein **Bedürfnis** für die **Einschränkung** des **Mitbestimmungsrechts** in **Eilfällen** zu **verneinen**. Die Betriebspartner sind nach § 2 Abs. 1 als verpflichtet anzusehen, für Eilfälle **Vorsorge** zu treffen (zust. *BAG* st. Rspr. 13.07.1977 EzA § 87 BetrVG 1972 Arbeitszeit Nr. 3 S. 7 = AP Nr. 2 zu § 87 BetrVG 1972 Kurzarbeit Bl. 4 R; 29.02.2000 EzA § 87 BetrVG 1972 Arbeitszeit Nr. 61 S. 3 [*Wiese*] = AP Nr. 81 zu § 87 BetrVG 1972 Arbeitszeit Bl. 3 R; weitere *BAG*-Nachweise 9. Aufl. § 87 Rn. 158; *LAG* Hamburg 16.04.1981 AuR 1982, 229 [230]; *LAG* Schleswig-Holstein 14.11.1986 BB 1987, 901 [902]; *von Hoyningen-Huene* DB 1987, 1426 [1431]; *Kaiser/LK* § 87 Rn. 20; *Klebe/DKKW* § 87 Rn. 29; *Loritz/ZLH* Arbeitsrecht, § 51 Rn. 83; *Matthes/*MünchArbR § 242 Rn. 29; *Worzalla/HWGNRH* § 87 Rn. 32 ff.; weitergehend *Heise/von Steinau-Steinrück/*HLS § 87 Rn. 15: Duldungsanspruch des Arbeitgebers gegenüber Betriebsrat). Auch kann die Einrichtung einer **ständigen Einigungsstelle** hilfreich sein und wird durch die unbestrittene Zulassung formloser Regelungsabreden erleichtert, so dass es einer Betriebsvereinbarung nur bedarf, wenn eine normative Einwirkung auf den Arbeitsvertrag erforderlich ist. Vorsorge kann auch in Betrieben, in denen ein Betriebsausschuss besteht, durch Bildung eines besonderen **gemeinsamen Ausschusses** getroffen werden, sofern den ihm angehörenden Betriebsratsmitgliedern das Recht zur selbständigen Entscheidung übertragen wird (§ 28 Abs. 2). Vgl. ferner Rdn. 83, *Wiese/Gutzeit* Rdn. 400, 428.

164 Unabhängig davon können in allen Betrieben Arbeitgeber und Betriebsrat in einer Betriebsvereinbarung das **Verfahren in Eilfällen** regeln, das zur Anwendung kommen soll, wenn z. B. der Betriebsrat nicht erreichbar ist oder aus anderen Gründen (z. B. mangels ordnungsgemäßer Ladung oder wegen Beschlussunfähigkeit) kurzfristig keinen wirksamen Beschluss fassen kann (zust. *BAG* 02.03.1982 EzA § 87 BetrVG 1972 Arbeitszeit Nr. 11 S. 76 = AP Nr. 6 zu § 87 BetrVG 1972 Arbeitszeit Bl. 3 f.; 03.06.2003 EzA § 77 BetrVG 2001 Nr. 5 S. 13 = AP Nr. 19 zu § 77 BetrVG 1972 Tarifvorbehalt Bl. 6; 09.07.2013 EzA § 87 BetrVG 2001 Arbeitszeit Nr. 17 Rn. 34 ff. = AP Nr. 130 zu § 87 BetrVG 1972 Arbeitszeit; vgl. auch Rdn. 6 zur vorweggenommenen Ausübung der Mitbestimmung; *Henssler* FS Hanau, 1999, S. 413 [432 ff.], daselbst S. 435 ff. zu den Grenzen der Ermessensentscheidung der Einigungsstelle; zum Beispiel einer Betriebsvereinbarung *BAG* 21.01.2003 EzA § 77 BetrVG 2001 Nr. 3 S. 2 ff. = AP Nr. 1 zu § 21a BetrVG 1972 Bl. 1 R f.). In einer solchen Betriebsvereinbarung kann der Betriebsrat für gleichliegende, immer wieder auftretende Eilfälle seine **Zustimmung im Voraus erteilen** (*BAG* 02.03.1982 EzA § 87 BetrVG 1972 Arbeitszeit Nr. 11 S. 77 = AP Nr. 6 zu § 87 BetrVG 1972 Arbeitszeit Bl. 3 R). Das wird vor allem in Großbetrieben notwendig sein. Dabei kann die Vorschrift des § 115 Abs. 7 Nr. 4 Satz 2 und 3 – Erforderlichkeit einer endgültigen Regelung mit eventuellem Ausgleichsanspruch der betroffenen Arbeitnehmer – Vorbild sein. Gleiches ist auch durch Tarifvertrag möglich (Rdn. 80 ff.; ferner *Otto* Anm. SAE 1979, 149). Zur Unwirksamkeit einer Vorsorgeregelung durch Betriebsvereinbarung wegen Verstoßes gegen § 77 Abs. 3 *LAG* Niedersachsen 11.12.2001 LAGE § 77 BetrVG 1972 Nr. 28.

165 Haben die Betriebspartner keine Vorsorge für den Eilfall getroffen, ist der **Betriebsrat** jedenfalls nach § 2 Abs. 1 **verpflichtet**, eine **dringende Eilentscheidung zu ermöglichen**, selbst wenn diese nur zu einer vorläufigen Regelung führt (zust. *BAG* 02.03.1982 EzA § 87 BetrVG 1972 Arbeitszeit Nr. 11 S. 76 = AP Nr. 6 zu § 87 BetrVG 1972 Arbeitszeit Bl. 3 f.; *ArbG* Hannover 19.02.2004 DB 2004, 2223). Verhindert er sie willkürlich, handelt er pflichtwidrig und kann nach Maßgabe des § 23 Abs. 1 seines Amtes enthoben werden. Auch sind unter dem Aspekt des Eingriffs in den Gewerbebetrieb (§ 823 Abs. 1 BGB; dazu *Franzen* § 1 Rdn. 81) eine Schadenersatzpflicht der verantwortlichen Betriebsratsmitglieder (*Worzalla/HWGNRH* § 87 Rn. 49) und bei einem durch den Betriebsrat zu vertretenden Arbeitsausfall ein Fortfall der Ansprüche auf das Arbeitsentgelt nach den Grundgedanken der Betriebsrisikolehre in Betracht zu ziehen (*Kaiser/LK* § 87 Rn. 20; **a. M.** im Hinblick auf die Ansprüche auf das Arbeitsentgelt *Dzikus* Die Mitbestimmung des Betriebsrats im Bereich der sozialen Angelegenheiten nach § 87 BetrVG in Eil- und Notfällen, S. 103 f.). Damit ist den Interessen des Arbeitgebers Rechnung getragen. Auch im Eilfall (anders beim Notfall, Rdn. 167 f.) führt daher die Nichtbeachtung

der notwendigen Mitbestimmung zur Rechtswidrigkeit und Unwirksamkeit einseitiger Maßnahmen (zum Grundsätzlichen Rdn. 100 ff.). Eine Ausnahme ist auch nicht in entsprechender Anwendung des Günstigkeitsprinzips anzunehmen, wenn die einseitige Regelung für die Arbeitnehmer günstiger ist (Rdn. 119). Ansprüche der Arbeitnehmer ergeben sich trotz Unwirksamkeit der einseitigen Maßnahme des Arbeitgebers daraus, dass er sich nicht auf sein eigenes rechtswidriges Verhalten berufen darf (Rdn. 127).

Die Mitbestimmung des Betriebsrats kann auch nicht dadurch beseitigt werden, dass der Arbeitgeber **166** in einer regelungsbedürftigen Angelegenheit beim Arbeitsgericht eine **einstweilige Verfügung** erwirkt (§ 85 Abs. 2 ArbGG) oder zunächst einseitig eine **vorläufige Regelung trifft** und alsdann eine einstweilige Verfügung beantragt (*ArbG Hamburg* 09.04.1985 NZA 1985, 404; *Fitting* § 87 Rn. 24; *Galperin/Löwisch* § 87 Rn. 23; *Germelmann/Matthes/Prütting* ArbGG, § 85 Rn. 40; *Kaiser/LK* § 87 Rn. 20; *Klebe/DKKW* § 87 Rn. 29; **a. M.** *LAG Frankfurt a. M.* 03.04.1978 NJW 1979, 783; *Baur* ZfA 1997, 445 [493]; *Dommermuth-Alhäuser* Arbeitsrechtsmissbrauch (Diss. München), 2015, S. 289 f.; *Dütz* ZfA 1972, 247 [259 ff.]; *Gamillscheg* II, S. 867; *Hanau* BB 1972, 499 [501]; *ders.* NZA 1993, 817 [819]; *Henssler* FS *Hanau*, 1999, S. 413 [429 ff.]; *Konzen* FS *Zöllner*, 1998, S. 828 [829]; *Löwisch* NZA 1996, 1009 [1016]; *Otto* Anm. SAE 1979, 149 f.; *Richardi* § 87 Rn. 61; *Säcker* ZfA 1972, Sonderheft S. 41 [60 f.]; *Stege/Weinspach/Schiefer* § 87 Rn. 10; *Worzalla* Die Mitbestimmung des Betriebsrats nach § 87 BetrVG in Eil- und Notfällen, S. 69 ff.; *ders.* BB 2005, 1737 ff.). Zuständig für die Entscheidung der Regelungsstreitigkeit ist vielmehr die Einigungsstelle. Abzulehnen ist jedoch die Auffassung, der Vorsitzende der Einigungsstelle könne eine einstweilige Anordnung erlassen (*Worzalla/HWGNRH* § 87 Rn. 36; *Kreutz* § 76 Rdn. 119). Führt der Arbeitgeber unzulässigerweise einseitig eine Maßnahme durch, kann sie ihm andererseits auf Antrag des Betriebsrats durch einstweilige Verfügung untersagt werden (zu § 87 Abs. 1 Nr. 2 und 3 *LAG Bremen* 15.06.1984 DB 1984, 1935; *LAG Hamm* 19.04.1973 DB 1973, 1024; *LAG Köln* 22.04.1985 BB 1985, 1332; *ArbG Bielefeld* 12.01.1973 DB 1973, 384, und allgemein *Oetker* § 23 Rdn. 186; *Gutzeit* Rdn. 1111; zum Unterlassungsanspruch *Oetker* § 23 Rdn. 154 ff.); weitere Nachweise 6. Aufl. § 87 Rn. 161.

Ein Bedürfnis für einseitige Anordnungen des Arbeitgebers ist daher nur in **Notfällen** anzuerkennen, **167** in denen sofort gehandelt werden muss, um von dem Betrieb oder den Arbeitnehmern Schaden abzuwenden und in denen entweder der Betriebsrat nicht erreichbar ist, keinen ordnungsgemäßen Zustimmungsbeschluss fassen kann (vgl. aber *Kreutz* § 22 Rdn. 13) oder in denen er willkürlich – z. B. auch durch überzogenen Koppelungsdruck – seine Zustimmung verweigert (*BAG* 19.02.1991 EzA § 87 BetrVG 1972 Arbeitszeit Nr. 46 S. 7 = AP Nr. 42 zu § 87 BetrVG 1972 Arbeitszeit Bl. 3 R = SAE 1992, 320 *[Worzalla]* unter Übernahme der vorstehenden Formulierung; 17.11.1998 EzA § 87 BetrVG 1972 Arbeitszeit Nr. 59 S. 7 = AP Nr. 79 zu § 87 BetrVG 1972 Arbeitszeit Bl. 3 R ohne abschließende Stellungnahme = SAE 2000, 149 *[Worzalla]* = RdA 1999, 342 *[Veit]*; *Fitting* § 87 Rn. 25, für plötzlich auftretende, nicht vorhersehbare und schwerwiegende Situationen; *Farthmann* RdA 1974, 65 [68]; *Henssler* FS *Hanau*, 1999, S. 413 [422 ff.]; *von Hoyningen-Huene* DB 1987, 1426 [1431 f.]; *Kaiser/LK* § 87 Rn. 21; *Konzen* FS *Zöllner*, 1998, S. 799 [827, 829]; *Küttner* DB 1988, 704; *Matthes/MünchArbR* § 242 Rn. 30; *Otto* Anm. SAE 1979, 149 [150]; *Richardi* § 87 Rn. 62 f.; *Rieble/DFL* § 87 BetrVG Rn. 9; *Säcker* ZfA 1972, Sonderheft S. 41 [60]; *Stege/Weinspach/Schiefer* § 87 Rn. 13, 77; *Witt* Die betriebsverfassungsrechtliche Kooperationsmaxime und der Grundsatz von Treu und Glauben [Diss. Mannheim], 1987, S. 168 ff.; im Ergebnis auch *Worzalla/HWGNRH* § 87 Rn. 38 ff.; zu rechtspolitischen Aspekten *Kolbe* Mitbestimmung und Demokratieprinzip, S. 363 ff., insoweit auch für Alleinentscheidung des Arbeitgebers S. 365; **a. M.** *ArbG Siegburg* 03.03.1975 DB 1975, 555; *Klebe/DKKW* § 87 Rn. 30, aber widersprüchlich; gegen die Unterscheidung von Eil- und Notfall *Loritz/ZLH* Arbeitsrecht, § 51 Rn. 82; für ein vorläufiges einseitiges Anordnungsrecht auch in Eilfällen *ders.* § 51 Rn. 81, 83; *Rieble/Klumpp/Gistel* Rechtsmissbrauch in der Betriebsverfassung, 2006, S. 49). Grundsätzlich werden nur Sonderfälle in Betracht kommen, dagegen keine Dauerregelungen, weil das Bedürfnis hierfür in aller Regel voraussehbar ist und daher ein Einigungsverfahren rechtzeitig durchgeführt werden kann. Ein Notfall ist z. B. gegeben, wenn unvorhergesehen kurz vor Dienstschluss verderbliche Ware angeliefert wird, die sofort eingelagert werden muss, oder wenn ein Brand ausbricht, sonstige Katastrophen eintreten oder unmittelbar bevorstehen. Dann muss der Arbeitgeber unter den bezeichneten Voraussetzungen einseitig die Verlängerung der Arbeitszeit kollektiv anordnen können, wozu er allerdings im Verhältnis zu den einzelnen Arbeitnehmern nur berechtigt ist, wenn sie

§ 87

nach ihrem Arbeitsvertrag oder aufgrund der Treuepflicht Überstunden leisten müssen. Weitere Nachweise 6. Aufl. § 87 Rn. 162.

168 Die **Zulässigkeit einseitiger Anordnungen** des Arbeitgebers in Notfällen folgt nicht aus dem Wesen des Mitbestimmungsrechts, sondern lässt sich nur aus **allgemeinen Grundsätzen** ableiten (*Dzikus* Die Mitbestimmung des Betriebsrats im Bereich der sozialen Angelegenheiten nach § 87 BetrVG in Eil- und Notfällen, S. 110 ff.; *Wiebauer* Sicherung der Mitbestimmung, Rn. 116; *Worzalla* Anm. SAE 1992, 323 [325 f.]). Nach § 2 Abs. 1 als Konkretisierung des § 242 BGB ist das Wohl des Betriebs neben dem der Arbeitnehmer Richtmaß für die Zusammenarbeit der Betriebspartner (so auch *BAG* 19.02.1991 EzA § 87 BetrVG 1972 Arbeitszeit Nr. 46 S. 7 = AP Nr. 42 zu § 87 BetrVG 1972 Arbeitszeit Bl. 3 R). Gemäß § 76 Abs. 5 Satz 3 hat die Einigungsstelle eine Abwägung zwischen den Belangen des Betriebs und denen der betroffenen Arbeitnehmer vorzunehmen, d. h. bei überwiegendem betrieblichen Interesse diesem den Vorrang zu geben. Diesen Wertungen widerspräche es, würde der Betriebsrat in Notfällen seine Zustimmung willkürlich, d. h. **rechtsmissbräuchlich** (§ 2 Abs. 1 BetrVG, § 242 BGB) verweigern; er muss sich dann so behandeln lassen, als ob er sein Einverständnis erklärt hätte (zust. *Witt* Die betriebsverfassungsrechtliche Kooperationsmaxime und der Grundsatz von Treu und Glauben [Diss. Mannheim], 1987, S. 170; vgl. auch *Baur* ZfA 1997, 445 [473]; *Belling* Die Haftung des Betriebsrats und seiner Mitglieder für Pflichtverletzungen, 1990, S. 333 f. [382]; *Worzalla* Die Mitbestimmung des Betriebsrats nach § 87 BetrVG in Eil- und Notfällen, S. 45 ff.). Ist der Betriebsrat nicht erreichbar oder kann ein ordnungsgemäßer Zustimmungsbeschluss nicht kurzfristig gefasst werden, entfällt die Verpflichtung des Arbeitgebers, bis zu einer Einigung mit dem Betriebsrat Maßnahmen zurückzustellen, wegen **Unzumutbarkeit** (§ 2 Abs. 1 BetrVG, § 242 BGB; *Säcker* ZfA 1972, Sonderheft S. 41 [60]; *Witt* Die betriebsverfassungsrechtliche Kooperationsmaxime und der Grundsatz von Treu und Glauben [Diss. Mannheim], 1987, S. 171, der von wirtschaftlicher Unzumutbarkeit spricht; *Worzalla* Die Mitbestimmung des Betriebsrats nach § 87 BetrVG in Eil- und Notfällen, S. 133 ff.). Der **Arbeitgeber** hat jedoch den **Betriebsrat unverzüglich** (§ 121 Abs. 1 BGB) zu **unterrichten**, falls dieser nicht bereits informiert war.

169 Da der Arbeitgeber in den genannten Fällen rechtens einseitige Anordnungen trifft, **bedarf es keiner einstweiligen Verfügung** (*Richardi* § 87 Rn. 63; *Worzalla/HWGNRH* § 87 Rn. 48; **a. M.** *Dütz* ZfA 1972, 247 [263 ff.]; *ders.* AuR 1973, 353 [372]; *Hanau* RdA 1973, 281 [292], der – gleichfalls allgemein für den Eilfall – eine einstweilige Verfügung für erforderlich hält, die den Arbeitgeber vorbehaltlich der endgültigen Entscheidung der Einigungsstelle zu vorläufigen Maßnahmen ermächtigen könne und dabei auch deren Dauer festzulegen habe; vgl. auch die Angaben Rdn. 166).

170 Soweit die **Angelegenheit** noch für die **Zukunft** der **Regelung bedarf,** ist eine Einigung mit dem Betriebsrat erforderlich bzw. ein Einigungsverfahren durchzuführen (zust. *Richardi* § 87 Rn. 64; vgl. auch *BAG* 17.11.1998 EzA § 87 BetrVG 1972 Arbeitszeit Nr. 59 S. 9 f. = AP Nr. 79 zu § 87 BetrVG 1972 Arbeitszeit Bl. 4 R). Bis dahin ist die vorläufige Regelung verbindlich. Bei Sonderfällen, die abgeschlossen sind, ist die Durchführung eines Einigungsverfahrens dagegen nicht sinnvoll (*von Hoyningen-Huene* DB 1987, 1426 [1433]; *Hueck/Nipperdey* II/2, S. 1393; *Neumann-Duesberg,* S. 456; *Nikisch* III, S. 371 f.; *Worzalla/HWGNRH* § 87 Rn. 47; **a. M.** *BAG* 15.12.1961 AP Nr. 1 zu § 56 BetrVG Arbeitszeit Bl. 3 R). Ebenso ist es überflüssig, dass der Arbeitgeber in diesem Fall noch das nachträgliche Einverständnis des Betriebsrats einholt (*Worzalla* Anm. SAE 1992, 323 [326]), weil dem – ungeachtet der Information des Betriebsrats – keinerlei rechtliche Bedeutung mehr zukommt (zu allgemein *BAG* 19.02.1991 EzA § 87 BetrVG 1972 Arbeitszeit Nr. 46 S. 7 = AP Nr. 42 zu § 87 BetrVG 1972 Arbeitszeit Bl. 3 R, das verlangt, die Beteiligung des Betriebsrats müsse unverzüglich nachgeholt werden). Deshalb kann der Betriebsrat, wenn der Arbeitgeber in Sonderfällen rechtens gehandelt hat, sein Einverständnis auch nicht nachträglich verweigern. Besteht Streit über die Berechtigung einseitiger Maßnahmen des Arbeitgebers, können beide Betriebspartner diese Rechtsfrage vom Arbeitsgericht im Beschlussverfahren (§ 2a Abs. 1 Nr. 1, Abs. 2, §§ 80 ff. ArbGG) klären lassen (*Hueck/Nipperdey* II/2, S. 1393). Voraussetzung ist allerdings das Bestehen eines Rechtsschutzbedürfnisses.

VI. Angelegenheiten der notwendigen Mitbestimmung

1. Fragen der Ordnung des Betriebs und des Verhaltens der Arbeitnehmer im Betrieb

Literatur
Literaturnachweise zum BetrVG 1952 siehe 8. Aufl.

I. BetrVG 1972
Beck/Trümner Sonderbetriebsverfassung bei Risikotechnologien?, AuR 1989, 77; *Bengelsdorf* Das Alkohol- und Drogenverbot der Betriebsparteien, FS Buchner, 2009, S. 108; *Besgen* Karneval und Arbeitsrecht, BB 2008, 274; *Bieding* § 87 BetrVG und die vergessenen Führungsmethoden, AiB 1983, 12; *Bopp/Molkenbur* Mitbestimmung bei Leistungskontrollen der Angestellten im Außendienst, BB 1995, 514; *Bongers* Das Mitbestimmungsrecht des Betriebsrats bei der Anwendung untechnischer Ermittlungsmethoden durch einen verdeckten Ermittler (Diss. Münster), 2000; *Bergmann* Das Weisungsrecht zur betrieblichen Ordnung nach § 106 S. 2 GewO, NZA 2004, 241; *Brose/Greiner/Preis* Kleidung im Arbeitsverhältnis, NZA 2011, 369; *Däubler* Arbeitsrecht konkret, AiB 2009, 350; *Dietrich* Nichtraucherschutz am Arbeitsplatz (Diss. Göttingen), 2008; *Ehler* Mitbestimmung des Betriebsrats bei sogenannten Krankengesprächen, BB 1992, 1926; *Fenge* Arztbesuch-Kontrolle mitbestimmungspflichtig?, BB 1981, 1577; *Fuchs* Das betriebliche Rauchverbot, BB 1977, 299; *Fleck* Suchtkontrolle am Arbeitsplatz, BB 1987, 2029; *Glaubitz* Alkohol im Betrieb, BB 1979, 579; *Harmsen* Die Mitbestimmung des Betriebsrates nach § 87 Abs. 1 Nr. 1 BetrVG bei Stellenbeschreibungen, BB 1980, 1219; *Herbst* Kann der Betriebsrat über Zugangskontrollen für Fremdfirmenmitarbeiter mitbestimmen?, AiB 1987, 275; *Hromadka* Arbeitsordnung und Arbeitsverfassung, ZfA 1979, 203; *ders.* Kanari im Betrieb, DB 1986, 1573; *Hunold* Mitarbeiterkontrolle, Erfassung betrieblicher Leistungsdaten und die Mitbestimmung des Betriebsrats, DB 1982, Beil. Nr. 18; *ders.* Mitbestimmung des Betriebsrats bei Führung von Krankengesprächen, BB 1995, 1189; *ders.* Fotohandy im Betrieb und die Reichweite von § 87 Abs. I BetrVG, NZA 2004, 1206; *Kaiser* »Korrekt in weißen Socken« – § 87 Abs. 1 Nr. 1 BetrVG, FS Kreutz, 2010, S. 183; *Kraushaar* Krankenrückkehrgespräche und Betriebsrat, NZA 2005, 913; *Kreßel* Parkplätze für Betriebsangehörige, RdA 1992, 169; *Kreuder* Mitbestimmung bei »Krankengesprächen«, AiB 1995, 654; *Küssner* Mitbestimmung des Personalrats bei Alkohol- und Rauchverboten, PersR 1989, 68; *Leßmann* Rauchverbote am Arbeitsplatz. Rechtliche Grundlagen. Betriebliche Gestaltungsmöglichkeiten. Maßnahmen des Nichtraucherschutzes, 1991; *Leuze* Unterliegt das an die Bediensteten einer Behörde gerichtete Verbot, während der Dienstzeit Rundfunksendungen zu hören, der Mitbestimmung des Personalrats?, RiA 1988, 177; *Liebers* Radiohören im Betrieb, DB 1987, 2256; *Löwisch* Der Erlaß von Rauchverboten zum Schutz vor Passivrauchen am Arbeitsplatz, DB 1979, Beil. Nr. 1; *Mengel* Arbeitsrechtliche Aspekte unternehmensinterner Investigations, NZA 2006, 240; *Michaelis/Oberhofer/Rose* Sanktionierende und präventive Ordnungsmaßnahmen im Betrieb, JArbR Bd. 19 (1981), 1982, S. 19; *Müller/Deeg* Unternehmenseinheitliche Sprachregelungen zur Frage der betrieblichen Ordnung im Sinne des § 87 I Nr. 1 BetrVG?, ArbR 2009, 9; *Mummenhoff* Rauchen am Arbeitsplatz, RdA 1976, 364; *Pohl* Mitbestimmung des Betriebsrats bei Fragen der Ordnung des Betriebs und des Verhaltens der Arbeitnehmer im Betrieb gemäß § 87 Abs. 1 Nr. 1 BetrVG (Diss. Kiel), 2006 (zit.: Mitbestimmung gemäß § 87 Abs. 1 Nr. 1 BetrVG); *Raab* Mitbestimmung des Betriebsrats bei der Einführung und Ausgestaltung von Krankengesprächen, NZA 1993, 193; *Richter* Firmenparkplätze. Individualarbeitsrechtliche und betriebsverfassungsrechtliche Aspekte, AiB 1994, 736; *Rose* Arbeitsordnung – Notwendige Regelung oder Freiheitsbeschränkung?, BetrR 1976, 147; *Rosendahl* Arbeitsordnung – nicht notwendig ein Mittel zur Einschränkung von Arbeitnehmerrechten, BetrR 1993, 1; *Sbresny-Uebach* Rauchverbot, AR-Blattei SD 1310; *Schwanck* Mitbestimmungsrecht bei Krankengesprächen, AiB 1990, 33; *ders.* Krankengespräche sind mitbestimmungspflichtig!, AiB 1992, 71; *Willemsen/Brune* Alkohol und Arbeitsrecht, DB 1988, 2304; *Wölber* Betriebliche Maßnahmen gegen den Genuß von Alkohol am Arbeitsplatz, BlStSozArbR 1977, 134; *Ziegler* Die betriebliche Mitbestimmung und das Atomrecht, NZA 1987, 224; *ders.* Verneinung der Mitbestimmung bei behördlicher Anordnung, NZA 1989, 498.

II. Betriebsbußen: vor Rdn. 244

a) Vergleich mit der bisherigen Rechtslage
Die Vorschrift entspricht wörtlich § 56 Abs. 1 Buchst. f BetrVG 1952, ist aber ihrer **grundlegenden Bedeutung** wegen als Nr. 1 an den Anfang des Katalogs der mitbestimmungspflichtigen sozialen Angelegenheiten gestellt worden (amtliche Begründung, BT-Drucks. VI/1786, S. 48). Ihr Anwendungsbereich ist enger als nach bisherigem Recht, da einzelne von § 56 Abs. 1 Buchst. f BetrVG 1952 erfasste Angelegenheiten nunmehr besonders geregelt sind. Zur Vorgeschichte Rdn. 174.

171

172 Das gilt vor allem für die **Kontrolle** des **Verhaltens** der **Arbeitnehmer** durch **technische Einrichtungen** (§ 87 Abs. 1 Nr. 6). Mit Recht wurde die Mitbestimmung des Betriebsrats bei der Einführung eines Produktographen nach § 56 Abs. 1 Buchst. f BetrVG 1952 geprüft (*Wiese/Gutzeit* Rdn. 506) und bei der Einführung von Stechuhren aufgrund dieser Vorschrift bejaht (*Dietz* § 56 Rn. 158; *Fitting/Kraegeloh/Auffarth* § 56 Rn. 37). Diese Angelegenheiten sind jetzt durch § 87 Abs. 1 Nr. 6 erfasst, so dass § 87 Abs. 1 Nr. 1 nicht mehr anzuwenden ist (*Wiese/Gutzeit* Rdn. 508; zust. *Fitting* § 87 Rn. 214, 244; **a. M.** hinsichtlich der Einführung von Stechuhren *ArbG Hamm* 14.07.1982 DB 1982, 2632; *Kania/ErfK* § 87 BetrVG Rn. 20; *Klebe/DKKW* § 87 Rn. 67; *Richardi* § 87 Rn. 184; *Schaub/Koch* Arbeitsrechts-Handbuch, § 235 Rn. 31).

173 Entsprechendes gilt für Fragen des **Arbeitsschutzes** (*Gutzeit* Rdn. 608 m. w. N.), soweit sie bisher unter dem Gesichtspunkt der Ordnung des Betriebs behandelt wurden (*Dietz* § 56 Rn. 158; *Galperin/Siebert* § 56 Rn. 70), nunmehr aber § 87 Abs. 1 Nr. 7 zugewiesen sind. Jedoch können von dieser Vorschrift nicht erfasste Maßnahmen des Arbeitsschutzes nach § 87 Abs. 1 Nr. 1 mitbestimmungspflichtig sein. Das gilt z. B. für einen **Sicherheitswettbewerb** (*BAG* 24.03.1981 EzA § 87 BetrVG 1972 Betriebliche Ordnung Nr. 6 S. 43 f. = AP Nr. 2 zu § 87 BetrVG 1972 Arbeitssicherheit Bl. 4 [zust. *Wiese/Starck*] = SAE 1982, 203 [zust. *Schlüter/Belling*]; zust. auch *Galperin/Löwisch* § 87 Rn. 59b, 154; *Klebe/DKKW* § 87 Rn. 67; *Richardi* § 87 Rn. 191; *Worzalla/HWGNRH* § 87 Rn. 127; **a. M.** *Stege/Weinspach/Schiefer* § 87 Rn. 44).

174 Die Vorschrift hat eine **lange Tradition**. Durch § 134a des sog. Arbeiterschutzgesetzes vom 01.06.1891 (RGBl. S. 261) wurde der Arbeitgeber verpflichtet, für gewerbliche Betriebe mit in der Regel mindestens zwanzig Arbeitern eine Arbeitsordnung zu erlassen. Nach § 134b Abs. 3 dieses Gesetzes konnte der Betriebsinhaber neben den gesetzlich vorgeschriebenen Bestimmungen noch weitere die Ordnung des Betriebs und das Verhalten der Arbeitnehmer im Betrieb betreffende Vorschriften in die Arbeitsordnung aufnehmen; dabei war nach § 134d Abs. 2 in Betrieben, für welche ein ständiger Arbeiterausschuss bestand, dieser vorher zu hören. Dagegen bedurfte es nach § 78 Nr. 3, § 80 BRG 1920 hierfür der Vereinbarung zwischen Arbeitgeber und Gruppen- bzw. Betriebsrat. Nach § 27 Abs. 3 AOG gehörten Bestimmungen über die Ordnung des Betriebs und das Verhalten der Beschäftigten im Betrieb zum fakultativen Inhalt der Betriebsordnung, die vom »Führer des Betriebes« zu erlassen war (§ 26 AOG). Durch § 56 Abs. 1 Buchst. f BetrVG 1952 wurden diese Fragen der notwendigen Mitbestimmung des Betriebsrats zugewiesen, ohne dass von der Arbeits- oder Betriebsordnung gesprochen wurde (zum Ganzen *Hromadka* ZfA 1979, 203 ff.; *ders.* Die Arbeitsordnung im Wandel der Zeit am Beispiel der Hoechst AG, 1979; *Kreutz* Grenzen der Betriebsautonomie, 1979, S. 203 ff.; ferner *Nikisch* III, S. 366 f.).

b) Zweck der Mitbestimmung

175 Die Vorschrift des § 87 Abs. 1 Nr. 1 trägt der Tatsache Rechnung, dass der Arbeitnehmer nicht nur wie ein selbständiger Dienstvertragspartner eine bestimmte Arbeit verrichten muss, sondern verpflichtet ist, eine Funktion innerhalb eines fremden, d. h. nicht seiner Selbstbestimmung, sondern der organisatorischen und arbeitsbezogenen Disposition des Arbeitgebers unterliegenden Arbeitsbereiches wahrzunehmen (*Wiese* ZfA 1996, 439 [441]; ebenso *Franzen* vor § 81 Rdn. 12). Die Ordnung und das Verhalten der Arbeitnehmer im Betrieb unterliegen grundsätzlich dem Direktionsrecht des Arbeitgebers (§ 106 Satz 2 GewO; *Borgmann* NZA 2004, 241 ff.; *Hueck/Nipperdey* I, S. 159; *Lakies* BB 2003, 364 [367]; *Nikisch* I, S. 256, III, S. 412). Um sicherzustellen, dass dabei auch die Interessen der Arbeitnehmer berücksichtigt werden, wird durch § 87 Abs. 1 Nr. 1 das Direktionsrecht des Arbeitgebers eingeschränkt und seine Vormachtstellung durch die **gleichberechtigte Teilhabe** der Arbeitnehmer durch ihre Repräsentanten an der Gestaltung der betrieblichen Ordnung ersetzt (*BAG* st. Rspr. 24.03.1981 EzA § 87 BetrVG 1972 Betriebliche Ordnung Nr. 6 S. 41 = AP Nr. 2 zu § 87 BetrVG 1972 Arbeitssicherheit Bl. 3; 23.10.1984 AP Nr. 8 zu § 87 BetrVG Ordnung des Betriebes Bl. 4 [von Hoyningen-Huene]; 27.01.2004 AP Nr. 40 zu § 87 BetrVG 1972 Überwachung Bl. 2 R [*Wiese*]; 21.07.2009 EzA § 87 BetrVG 2001 Betriebliche Ordnung Nr. 5 Rn. 23 = AP Nr. 1 zu § 13 AGG; weitere *BAG*-Nachweise 9. Aufl. § 87 Rn. 170; vgl. auch Rdn. 97, Einl. Rdn. 80; zur Mitbestimmung als Wirksamkeitsvoraussetzung Rdn. 243). Allerdings muss ein Regelungsspielraum bestehen, so dass fest umrissene, bereits bestehende Ansprüche nicht der Mitbestimmung unterliegen.

Die Mitbestimmung nach § 87 Abs. 1 Nr. 1 erfasst **nicht** das **außerbetriebliche Verhalten** in Bezug **176**
auf die **private Lebensführung** der Arbeitnehmer (*BAG* 19.01.1999 EzA § 87 BetrVG 1972 Betriebliche Ordnung Nr. 24 S. 8 = AP Nr. 28 zu § 87 BetrVG 1972 Ordnung des Betriebes Bl. 4 R; 28.05.2002 EzA § 87 BetrVG 1972 Betriebliche Ordnung Nr. 29 S. 8 *[K. Gamillscheg]* = AP Nr. 39 zu § 87 BetrVG 1972 Ordnung des Betriebes = AR-Blattei ES 530. 14.2 Nr. 157 *[Wiese]*; 27.01.2004 EzA § 87 BetrVG 2001 Kontrolleinrichtung Nr. 1 S. 5 = AP Nr. 40 zu § 87 BetrVG 1972 Überwachung Bl. 3 *[Wiese]*; 18.07.2006 EzA § 75 BetrVG 2001 Nr. 4 Rn. 22 ff. = AP Nr. 15 zu § 850 ZPO Bl. 3: Festlegung einer **Gebühr** für die **Bearbeitung** von **Gehaltspfändungen**; 18.07.2006 EzA § 75 BetrVG 2001 Nr. 4 Rn. 22 ff. = AP Nr. 15 zu § 850 ZPO; 12.12.2006 EzA § 88 BetrVG 2001 Nr. 1 Rn. 21 = AP Nr. 94 zu § 77 BetrVG 1972; 22.07.2008 EzA § 87 BetrVG 2001 Betriebliche Ordnung Nr. 3 Rn. 58 *[Brecht-Heitzmann]* = AP Nr. 14 zu § 87 BetrVG 1972). **Private Beziehungen im Betrieb** können unter Beachtung des allgemeinen Persönlichkeitsrechts mitbestimmungspflichtig sein, soweit sie das Ordnungsverhalten betreffen (*BAG* 22.07.2008 EzA § 87 BetrVG 2001 Betriebliche Ordnung Nr. 3 Rn. 63 = AP Nr. 14 zu § 87 BetrVG 1972); entgegen der missverständlichen Formulierung des *BAG* ist jedoch ein rechtswidriger Eingriff in das allgemeine Persönlichkeitsrecht nicht mitbestimmungspflichtig, weil nichts zu regeln ist. Jedoch können die Begleitumstände eines Regelungskomplexes regelungsbedürftig und mitbestimmungspflichtig sein.

Der **Begriff** des **Betriebes** ist allerdings nicht räumlich, sondern **funktional zu verstehen** und des- **177**
halb **nicht auf** die **Betriebsstätte beschränkt** (*BAG* 27.01.2004 EzA § 87 BetrVG 2001 Kontrolleinrichtung Nr. 1 S. 5 = AP Nr. 40 zu § 87 BetrVG 1972 Überwachung Bl. 3 *[Wiese]*; 22.07.2008 EzA § 87 BetrVG 2001 Betriebliche Ordnung Nr. 3 Rn. 58 = AP Nr. 14 zu § 87 BetrVG 1972). Dem betrieblichen Geschehen zuzuordnen sind jedoch **Ethikregeln** für Redakteure einer Wirtschaftszeitung über den Besitz von Wertpapieren und die Ausübung von Nebentätigkeiten mit dem Ziel, die Unabhängigkeit der Berichterstattung zu gewährleisten (*BAG* 28.05.2002 EzA § 87 BetrVG 1972 Betriebliche Ordnung Nr. 29 S. 8 = AP Nr. 39 zu § 87 BetrVG 1972 Ordnung des Betriebs Bl. 3 R f.; vgl. auch Rdn. 236, 237). **Leiharbeitnehmer** unterliegen im Entleiherbetrieb der Mitbestimmung des Betriebsrats (*Erdlenbruch* Die betriebsverfassungsrechtliche Stellung gewerbsmäßig überlassener Arbeitnehmer [Diss. Mannheim], 1992, S. 126 ff.; *Jüttner* Gewerbsmäßige Arbeitnehmerüberlassung, S. 176 ff.; *Kraft* FS *Konzen*, 2006, S. 439 [449]; *Schirmer* 50 Jahre Bundesarbeitsgericht, S. 1063 [1068 f.]), jedoch ist wegen der aufgespaltenen Arbeitgeberstellung als Gegenstand des geltend gemachten Mitbestimmungsrechts die hierauf bezogene Entscheidungsmacht des Verleihers oder des Entleihers maßgebend (*BAG* 24.08.2016 EzA § 14 AÜG Nr. 7 Rn. 19 ff. = AP Nr. 84 zu § 5 BetrVG 1972), zu **Werkvertragsarbeitnehmern** in einem **Fremdbetrieb** *BAG* 27.01.2014 EzA § 87 BetrVG 2001 Kontrolleinrichtung Nr. 1 S. 6 ff. = AP Nr. 40 zu § 87 BetrVG 1972 Überwachung Bl. 3 R f. (*Wiese*); zu Onsite-Werkverträgen *Hamann/Rudnik* NZA 2016, 1368 ff., zu § 87 insb. S. 1370 ff.

c) Gegenstand der Mitbestimmung
Entsprechend dem Zweck der Vorschrift (Rdn. 175) ist die Formulierung des § 87 Abs. 1 Nr. 1 **nicht** **178**
in dem Sinne zu verstehen, dass Fragen der Ordnung des Betriebs und des Verhaltens der Arbeitnehmer im Betrieb **zwei verschiedene Regelungsbereiche** beträfen (*LAG Hamm* 13.08.1980 BB 1980, 1582; *LAG Schleswig-Holstein* 04.07.1985 LAGE § 87 BetrVG 1972 Kontrolleinrichtung Nr. 7 S. 13; *Neumann-Duesberg*, NZA S. 486; *Nikisch* III, S. 412; *Raab* NZA 1993, 193 [198 ff.]; *ders.* ZfA 2001, 31 [48]; *Stege/Weinspach/Schiefer* § 87 Rn. 43; *Thalhofer* Betriebsverfassungsrechtlicher Beseitigungsanspruch [Diss. Regensburg], 1999, S. 154 ff.; *Worzalla/HWGNRH* § 87 Rn. 123; missverständlich *BAG* 24.03.1981 EzA § 87 BetrVG 1972 Betriebliche Ordnung Nr. 6 S. 41 ff. = AP Nr. 2 zu § 87 BetrVG 1972 Arbeitssicherheit Bl. 2 ff. *[insoweit abl. Wiese/Starck]*; 08.08.1989 EzA § 87 BetrVG 1972 Betriebliche Ordnung Nr. 13 S. 5 f. *[insoweit abl. Wiese]* = AP Nr. 15 zu § 87 BetrVG 1972 Ordnung des Betriebes Bl. 2 R = SAE 1990, 340 *[zust. Hensslers]*; **a. M.** *ArbG Köln* 13.07.1989 EzA § 87 BetrVG 1972 Betriebliche Ordnung Nr. 14 S. 1; *Bieding* AiB 1983, 13; *Klebe/DKKW* § 87 Rn. 55 ff.; *Lappe* JArbR Bd. 16 [1978], 1979, S. 55 [57]; *Pfarr* Anm. AP Nr. 2 zu § 87 BetrVG 1972 Ordnung des Betriebes Bl. 4 f.; *Pohl* Mitbestimmung gemäß § 87 Abs. 1 Nr. 1 BetrVG, S. 90 ff., 215; *Trittin/Fischer* AuR 2006, S. 261 [262]; *Weiss* Anm. EzA § 87 BetrVG 1972 Betriebliche Ordnung Nr. 7).

179 Wäre die Ordnung des Betriebs neben dem Verhalten der Arbeitnehmer im Betrieb ein selbständiger Mitbestimmungstatbestand, liefe das auf eine unbegrenzte Generalklausel hinaus, die im Widerspruch zum Betriebsverfassungsgesetz stünde. So ist die **betriebsverfassungsrechtliche Ordnung** des Betriebs durch das Gesetz selbst abschließend geregelt und kann nicht zusätzlich Gegenstand der Mitbestimmung nach § 87 Abs. 1 Nr. 1 sein. Auch zwingt der Wortlaut dieser Vorschrift nicht zur Annahme zweier Regelungstatbestände. Die komplexe Nominalgruppe der Nr. 1 ist zwar durch die Konjunktion »und« verbunden. Durch »und« verbundene Wörter und Wortgruppen zu Konjunkten lassen linguistisch mehrere Deutungen zu. Sie können sich sowohl auf unterschiedliche Sachverhalte als auch auf andere Komponenten desselben Sachverhalts beziehen (*E. Lang* Semantik der koordinativen Verknüpfung, 1977). Der Wortsinn der Konjunkte der Nr. 1 ist daher für die rechtliche Interpretation offen (unzutr. *Klebe/DKKW* § 87 Rn. 56).

180 Ebenso wenig erfasst die Vorschrift des § 87 Abs. 1 Nr. 1 die der unternehmerischen Entscheidung unterliegende **arbeitstechnische Einrichtung** und **Organisation** des **Betriebs** und des **Arbeitsablaufs** (*BAG* 21.07.2009 EzA § 87 BetrVG 2001 Betriebliche Ordnung Nr. 5 Rn. 23 = AP Nr. 1 zu § 13 AGG; 27.05.1960 AP Nr. 1 zu § 56 BetrVG Ordnung des Betriebes Bl. 1 R; *LAG Hamm* 13.08.1980 BB 1980, 1582; *Hueck/Nipperdey* II/2, S. 1373 [1374]; *Neumann-Duesberg* S. 485; *Richardi* § 87 Rn. 176; *Rüthers* ZfA 1973, 399 [409]; *Stege/Weinspach/Schiefer* § 87 Rn. 43, 47; *Worzalla/HWGNRH* § 87 Rn. 132). Auch die hierauf bezogenen Maßnahmen betreffen im weiteren Sinne die »Ordnung des Betriebs«. Jene sind aber schon deshalb nicht § 87 Abs. 1 Nr. 1 zugeordnet, weil der Gesetzgeber sie nur nach Maßgabe des § 90, d. h. nur in bestimmter Hinsicht und zudem allein der Mitwirkung des Betriebsrats unterworfen und diesem lediglich hinsichtlich der Auswirkungen solcher Maßnahmen nach § 91 ein korrigierendes Mitbestimmungsrecht eingeräumt hat (*Weber* § 91 Rdn. 22). Ferner besteht hinsichtlich der Fabrikations- und Arbeitsmethoden nur ein Anspruch des Wirtschaftsausschusses auf Unterrichtung und Beratung (§ 106 Abs. 3 Nr. 5) und bei grundlegenden Änderungen der Betriebsorganisation sowie der Einführung neuer Arbeitsmethoden und Fertigungsverfahren die Zuständigkeit des Betriebsrats nach Maßgabe des § 111, ohne dass dieser über die unternehmerische Entscheidung mitzubestimmen hätte (§ 112). Nach § 87 Abs. 1 Nr. 1 mitbestimmungsfrei ist daher auch die **Einführung** von **Bildschirmgeräten** (*LAG Niedersachsen* 25.03.1982 DB 1982, 2039; *ArbG Hamburg* 09.01.1981 DB 1981, 850 [851]; 29.05.1981 BB 1981, 1213; *Marsch-Barner* AR-Blattei, Betriebsverfassung XIV B 1, B II 1a; *Stege/Weinspach/Schiefer* § 87 Rn. 47a; zur Mitbestimmung nach § 87 Abs. 1 Nr. 6 *Wiese/Gutzeit* Rdn. 578). Entsprechendes gilt für die **Umwidmung** eines von neun nutzbaren **Aufzügen** eines **Bankgebäudes** in einen **Aufzug nur für Besucher** (*LAG Frankfurt a. M.* 28.07.1988 NZA 1989, 441 f.).

181 Zur arbeitstechnischen Einrichtung und Organisation des Betriebs und Arbeitsablaufs gehören auch **Maßnahmen**, die den **Zutritt zum Betrieb** ermöglichen, den der Arbeitgeber wegen seiner Beschäftigungspflicht gewähren muss. Er entscheidet daher mitbestimmungsfrei, durch welches Tor (Eingang) der Betrieb zu betreten und zu verlassen ist und wie der Zutritt ermöglicht wird. Er kann einen Pförtner einsetzen, der das Tor öffnet und/oder bewacht, er kann den freien Zutritt gewähren oder zur Ermöglichung des Zutritts dem Arbeitnehmer einen Schlüssel bzw. eine codierte Ausweiskarte aushändigen (*BAG* 10.04.1984 EzA § 87 BetrVG 1972 Betriebliche Ordnung Nr. 10 S. 71 f. = AP Nr. 7 zu § 87 BetrVG 1972 Ordnung des Betriebes Bl. 1 R f. = SAE 1986, 20 *[abl. Kreutz,* der verkennt, dass es weder um das Arbeits- noch das Ordnungsverhalten geht*]* = AiB 1984, 142 *[abl. Schneider]*; *Schmidt-Dorrenbach/Goos* DB 1983, Beil. Nr. 11, S. 4; *Worzalla/HWGNRH* § 87 Rn. 141; **a. M.** *Däubler* Das Arbeitsrecht I, Rn. 960a; *Kaiser/LK* § 87 Rn. 43; *Klebe/DKKW* § 87 Rn. 67). Die **Mitbestimmung** des Betriebsrats würde erst dann eingreifen, wenn vom Arbeitgeber darüber hinaus **weitere Verhaltensregeln** aufgestellt würden (zur Hinterlegung von Fingerabdrücken Rdn. 236 zum Stichwort Biometrische Zugangskontrolle). Diese sind nicht schon darin zu sehen, dass der Arbeitnehmer aufgefordert wird, den Schlüssel bzw. die Codekarte sorgfältig aufzubewahren, andernfalls ein Schadenersatzanspruch in Betracht komme; denn damit wird lediglich auf etwaige bestehende Ansprüche hingewiesen. Ebenso wenig ist es mitbestimmungspflichtig, wenn der Arbeitgeber zu anderen Zwecken Arbeitnehmern Schlüssel aushändigt, z. B. zum Öffnen einer Baubude, sonstiger gesicherter Räume oder Behältnisse, zur Benutzung eines Pkw oder eines Fahrstuhls. Jedoch kann es sich in diesen Fällen bereits um eine Regelung des Arbeitsverhaltens handeln, wie bei der Aushändigung von Schlüsseln an

einen Kassierer zur Öffnung des Tresors. Diese Maßnahmen sind indessen gleichfalls mitbestimmungsfrei (Rdn. 202 ff.).

Verfehlt wäre es, die Ordnung des Betriebs immer schon dann der Mitbestimmung nach § 87 Abs. 1 **182** Nr. 1 zu unterwerfen, soweit hierauf bezogene **Maßnahmen** des **Arbeitgebers** überhaupt **Rückwirkungen auf** die **Arbeitnehmer** haben. Deshalb ist das Abspielen von zentral gesteuerter Musik durch den Arbeitgeber nicht eine Frage der Ordnung des Betriebs (so aber *Lappe* JArbR Bd. 16 [1978], 1979, S. 55 [57]), sondern in der Regel wegen nicht gerechtfertigten Eingriffs in die Eigensphäre der Arbeitnehmer unzulässig (*Wiese* ZfA 1971, 273 [304]). Außerdem ergäben bloße Rückwirkungen von Maßnahmen sich auch schon aus der betriebsverfassungsrechtlichen und arbeitstechnischen »Ordnung des Betriebs«, wie überhaupt aus allen Maßnahmen des Arbeitgebers – z. B. über die Lage der Arbeitszeit –, die irgendwie die Belegschaft berühren. Damit verlöre § 87 Abs. 1 Nr. 1 jegliche Konturen als eigenständiger Tatbestand. Deshalb ist an der bisherigen Auffassung festzuhalten, dass die Ordnung des Betriebs und das Verhalten der Arbeitnehmer im Betrieb nicht zwei unabhängige Tatbestände, sondern aufeinander bezogen sind. Sie betreffen Regelungen über das **Verhalten der Arbeitnehmer**, soweit die **Ordnung des Betriebs** davon **berührt** wird, d. h. **in Bezug** auf die **Ordnung des Betriebs** (so *BAG* 24.03.1981 EzA § 87 BetrVG 1972 Betriebliche Ordnung Nr. 6 S. 40 = AP Nr. 2 zu § 87 BetrVG 1972 Arbeitssicherheit Bl. 3 *[Wiese/Starck]*; 08.08.1989 EzA § 87 BetrVG 1972 Betriebliche Ordnung Nr. 13 S. 6 *[Wiese]* = AP Nr. 15 zu § 87 BetrVG 1972 Ordnung des Betriebes Bl. 2 R; 07.02.2012 EzA § 87 BetrVG 2001 Betriebliche Ordnung Nr. 6 Rn. 17 = AP Nr. 42 zu § 87 BetrVG 1972 Ordnung des Betriebes; weitere *BAG*-Nachweise 9. Aufl. § 87 Rn. 175; *LAG Hamm* 13.08.1980 BB 1980, 1582; 28.05.1986 LAGE § 87 BetrVG 1972 Betriebliche Ordnung Nr. 3 S. 5; *LAG Köln* 15.05.1996 LAGE § 87 BetrVG 1972 Betriebliche Ordnung Nr. 10 S. 3; *LAG München* 29.10.1985 LAGE § 87 BetrVG 1972 Betriebliche Ordnung Nr. 2 S. 3; *LAG Schleswig-Holstein* 04.07.1985 LAGE § 87 BetrVG 1972 Kontrolleinrichtung Nr. 7 S. 13; *Nikisch* III, S. 412; *Richardi* § 87 Rn. 174; *Worzalla/HWGNRH* § 87 Rn. 123).

Das *BAG* versucht daneben eine weitergehende Definition und meint, es handle sich um **Verhaltens- 183 regeln** zur **Sicherung des ungestörten Arbeitsablaufs** (*BAG* 09.12.1980 EzA § 87 BetrVG 1972 Betriebliche Ordnung Nr. 5 S. 32 = AP Nr. 2 zu § 87 BetrVG 1972 Ordnung des Betriebes Bl. 2 R *[Pfarr]*; 24.11.1980 EzA § 87 BetrVG 1972 Betriebliche Ordnung Nr. 7 S. 48 *[Weiss]* = AP Nr. 3 zu § 87 BetrVG 1972 Ordnung des Betriebes Bl. 2 *[Herschel]*) und zur **Gestaltung** des **Zusammenlebens** und **Zusammenwirkens** der **Arbeitnehmer** im **Betrieb** (*BAG* st. Rspr. 24.03.1981 EzA § 87 BetrVG 1972 Betriebliche Ordnung Nr. 6 S. 40 = AP Nr. 2 zu § 87 BetrVG 1972 Arbeitssicherheit Bl. 3 *[Wiese/Starck]*; 08.08.1989 EzA § 87 BetrVG 1972 Betriebliche Ordnung Nr. 13 S. 6 *[krit. Wiese]* = AP Nr. 15 zu § 87 BetrVG 1972 Ordnung des Betriebes Bl. 2 R = SAE 1990, 340 *[Henssler]*; 27.01.2004 EzA § 87 BetrVG 2001 Kontrolleinrichtung Nr. 1 S. 4 = AP Nr. 40 zu § 87 BetrVG 1972 Überwachung Bl. 2 R *[Wiese]*; 18.07.2006 EzA § 75 BetrVG 2001 Nr. 4 Rn. 24 = AP Nr. 15 zu § 850 ZPO; weitere *BAG*-Nachweise 9. Aufl. § 87 Rn. 176; vgl. auch *Fitting* § 87 Rn. 63; *Galperin/Löwisch* § 87 Rn. 58 f.; *Klebe/DKKW* § 87 Rn. 53; *Richardi* § 87 Rn. 175, 176, 177; *Stege/Weinspach/Schiefer* § 87 Rn. 43; *Worzalla/HWGNRH* § 87 Rn. 123). Wenn damit das hierauf bezogene Ordnungsverhalten von dem »Verhalten bei der Erbringung der Arbeitsleistung, dem Arbeits- oder Leistungsverhalten« abgegrenzt wird, ist dem im Ergebnis zuzustimmen (Rdn. 202 ff.). Jedoch ist die Definition insofern unbefriedigend, als das *BAG* zu sehr die Gestaltung der Beziehungen der Arbeitnehmer zueinander betont, während Bezugspunkt der Betrieb und die hierauf gerichtete Regelung des Verhaltens der Arbeitnehmer ist und nur insoweit auch die Beziehungen der Arbeitnehmer zueinander von Bedeutung sind.

Wenig aussagekräftig ist es, wenn manche von der »äußeren« Ordnung sprechen (so *LAG Düsseldorf* **184** 17.01.1975 DB 1975, 556; *LAG Hamm* 29.10.1985 EzA § 87 BetrVG 1972 Betriebliche Ordnung Nr. 2 S. 23; *ArbG Berlin* 03.04.1974 DB 1974, 1167; *Hueck/Nipperdey* II/2, S. 1373; *Nikisch* III, S. 412), andere dagegen von der »inneren, sozialen« oder nur von der »sozialen« Ordnung (so *Kaiser/LK* § 87 Rn. 37; *Neumann-Duesberg*, S. 486; *Richardi* § 87 Rn. 176; *Worzalla/HWGNRH* § 87 Rn. 132) oder von der »allgemeine(n) Ordnung des Betriebes« (so *Fitting* § 87 Rn. 62); alle diese Kennzeichnungen sind inhaltsleer und austauschbar.

185 Mitbestimmungspflichtig sind nicht nur **verbindliche Verhaltensregeln**, sondern auch **alle sonstigen auf das Ordnungsverhalten bezogenen Maßnahmen ohne verpflichtenden Charakter** (*BAG* st. Rspr. 24.03.1981 EzA § 87 BetrVG 1972 Betriebliche Ordnung Nr. 6 S. 39 ff. = AP Nr. 2 zu § 87 BetrVG 1972 Arbeitssicherheit Bl. 2 ff. *[zust. Wiese/Starck]*; 18.04.2000 EzA § 87 BetrVG 1972 Betriebliche Ordnung Nr. 27 S. 4 f. = AP Nr. 33 zu § 87 BetrVG 1972 Überwachung Bl. 2 R; 22.07.2008 EzA § 87 BetrVG 2001 Betriebliche Ordnung Nr. 3 Rn. 59 *[Brecht-Heitzmann]* = AP Nr. 14 zu § 87 BetrVG 1972; 07.02.2012 EzA § 87 BetrVG 2001 Betriebliche Ordnung Nr. 6 Rn. 17 = AP Nr. 42 zu § 87 BetrVG 1972 Ordnung des Betriebes; 23.02.2016 EzA § 253 ZPO Nr. 6 Rn. 20 = AP Nr. 47 zu § 87 BetrVG 1972 Ordnung des Betriebes; weitere *BAG*-Nachweise 9. Aufl. § 87 Rn. 178; *LAG Hamm* 28.05.1986 LAGE § 87 BetrVG 1972 Betriebliche Ordnung Nr. 3 S. 5; *LAG Niedersachsen* 04.02.1982 DB 1982, 1992; *Galperin/Löwisch* § 87 Rn. 59b; *Matthes*/MünchArbR § 243 Rn. 3; *Richardi* § 87 Rn. 177; *Worzalla/HWGNRH* § 87 Rn. 124; **a. M.** vor allem die ältere Rechtsprechung und Literatur: *BAG* 27.05.1960 AP Nr. 1 zu § 56 BetrVG Ordnung des Betriebes Bl. 2; 09.12.1980 EzA § 87 BetrVG 1972 Betriebliche Ordnung Nr. 5 S. 32 = AP Nr. 2 zu § 87 BetrVG 1972 Ordnung des Betriebes Bl. 2 R *[abl. Pfarr]* = AfP 1981, 368 *[krit. Eckhardt]* = AuR 1982, 38 *[abl. Wohlgemuth]*; 24.11.1981 EzA § 87 BetrVG 1972 Betriebliche Ordnung Nr. 7 S. 47 f. *[Weiss]* = AP Nr. 3 zu § 87 BetrVG 1972 Ordnung des Betriebes Bl. 2 *[abl. Herschel]*; vgl. auch *BAG* 04.08.1981 EzA § 87 BetrVG 1972 Nr. 8 S. 58 = AP Nr. 1 zu § 87 BetrVG 1972 Tarifvorrang Bl. 5 *[Mayer-Maly]* = SAE 1982, 293 *[Buchner]*; *LAG Düsseldorf* 13.07.1976 zit. bei *Brill* DB 1978, Beil. Nr. 9, S. 3 Fn. 34; *LAG Hamm* 13.08.1980 BB 1980, 1582; *LAG Schleswig-Holstein* 04.07.1985 LAGE § 87 BetrVG 1972 Kontrolleinrichtung Nr. 7 S. 13; *Harmsen* BB 1980, 1219 [1220]; *Stege/Weinspach/Schiefer* § 87 Rn. 43, 44).

186 Dass die Mitbestimmung nach § 87 sich nicht nur auf verbindliche Verhaltensregeln bezieht, zeigen § 87 Abs. 1 Nr. 7, der an die faktische Umgestaltung der Arbeitsbedingungen anknüpft, und § 87 Abs. 1 Nr. 12, der nicht die Verpflichtung zu Verbesserungsvorschlägen zum Gegenstand hat, sondern deren Behandlung durch den Arbeitgeber, falls sie gemacht werden. Ebenso wie in diesen Fällen kann auch durch faktische Veränderungen oder andere Maßnahmen das Verhalten der Arbeitnehmer in Bezug auf die betriebliche Ordnung beeinflusst werden. Deshalb hat das *BAG* (24.03.1981 AP Nr. 2 zu § 87 BetrVG 1972 Arbeitssicherheit Bl. 2 ff. *[zust. Wiese/Starck]* = SAE 1982, 203 *[zust. Schlüter/Belling]*) mit Recht die Einführung eines Sicherheitswettbewerbs als mitbestimmungspflichtig angesehen (vgl. auch Rdn. 173). Gleichgültig ist, ob eine Regelung der Ordnung des Betriebs dienen soll; maßgebend ist allein, dass sie objektiv diese Wirkung hat.

d) Genereller Umfang der Mitbestimmung

187 Nach den für die Mitbestimmung des Betriebsrats in sozialen Angelegenheiten entwickelten Grundsätzen (Rdn. 15 ff.) hat der Betriebsrat grundsätzlich nur bei **kollektiven Tatbeständen** einschließlich von Sonderfällen mitzubestimmen (*BAG* st. Rspr. 09.12.1980 EzA § 87 BetrVG 1972 Betriebliche Ordnung Nr. 5 S. 32 = AP Nr. 2 zu § 87 BetrVG 1972 Ordnung des Betriebes Bl. 2 R *[Pfarr]*; 14.01.1986 EzA § 87 BetrVG 1972 Betriebliche Ordnung Nr. 11 S. 77 = AP Nr. 10 zu § 87 BetrVG 1972 Ordnung des Betriebes Bl. 1 R *[von Hoyningen-Huene]*; weitere *BAG*-Nachweise 9. Aufl. § 87 Rn. 180; *LAG Berlin* 19.01.1976 BB 1976, 602; *LAG Düsseldorf* 27.04.1981 DB 1981, 1677; *LAG Hamm* 13.08.1980 BB 1980, 1582; 17.12.1980 DB 1981, 1336 [1337]; *Galperin/Löwisch* § 87 Rn. 67; *Pohl* Mitbestimmung gemäß § 87 Abs. 1 Nr. 1 BetrVG, S. 73 ff.; *Raab* ZfA 2001, 31 [47 ff.]; *Stege/Weinspach/Schiefer* § 87 Rn. 45; *Worzalla/HWGNRH* § 87 Rn. 128). Der Arbeitgeber kann daher einzelnen Arbeitnehmern aufgrund seines Direktionsrechts Anweisungen erteilen, die sich auf ihr Verhalten hinsichtlich der betrieblichen Ordnung beziehen (*BAG* 27.05.1960 AP Nr. 1 zu § 56 BetrVG 1972 Ordnung des Betriebes Bl. 2; *Nikisch* III, S. 412). Jedoch ist der Arbeitgeber dabei an die mit dem Betriebsrat vereinbarte allgemeine Regelung gebunden. Zur Zuständigkeit der Einigungsstelle nach § 85 Abs. 2 für eine individuelle abweichende Regelung aufgrund der Beschwerde eines Arbeitnehmers *Franzen* § 85 Rdn. 18. Da § 87 Abs. 1 Nr. 1 sämtliche Arbeitnehmer i. S. d. § 5 erfasst, gilt diese Vorschrift auch für **Teilzeitarbeitnehmer** mit flexibler Arbeitszeitlage (vgl. auch *Dräger* Beteiligung des Betriebsrats bei der Einführung flexibler Arbeitszeitsysteme, 1986, S. 100 ff.). Zur Anwendung des **§ 118** im Rahmen des § 87 Abs. 1 Nr. 1 *Poeche* Mitbestimmung in wissenschaftlichen Tendenzbetrieben (Diss. Köln), 1999.

Die Mitbestimmung erfasst nur das Verhalten der Arbeitnehmer als solcher und das hierauf bezogene **188** Direktionsrecht des Arbeitgebers, dagegen **nicht** das **Verhalten** der **Betriebsratsmitglieder**, das sich auf ihre **Amtstätigkeit** bezieht. Deshalb ist das Verfahren bei der **Ab-** und **Rückmeldung** von Betriebsratsmitgliedern zwecks Wahrnehmung von Betriebsratsaufgaben während der Arbeitszeit nicht Gegenstand der Mitbestimmung nach § 87 Abs. 1 Nr. 1 (*BAG* 23.06.1989 EzA § 37 BetrVG 1972 Nr. 78 S. 383 f. = AP Nr. 45 zu § 37 BetrVG 1972 Bl. 2 R f. [abl. *Löwisch/Reimann*] = SAE 1984, 196 [im Ergebnis zust. *Meisel*]; offen gelassen *BAG* 13.05.1997 EzA § 37 BetrVG 1972 Nr. 135 S. 7 = AP Nr. 119 zu § 37 BetrVG 1972 Bl. 3 R; *LAG Berlin* 10.10.1980 DB 1981, 1416; *Fitting* § 37 Rn. 53; *von Friesen* DB 1981, 1618 [1619 f.]; *Richardi/Thüsing* § 37 Rn. 31; *Stege/Weinspach/Schiefer* § 87 Rn. 45b; *Wedde/DKKW* § 37 Rn. 48; *Worzalla/HWGNRH* § 87 Rn. 140; **a. M.** *LAG Baden-Württemberg/Mannheim* 01.06.1976 AP Nr. 1 zu § 87 BetrVG 1972 Ordnung des Betriebes Bl. 2 R; *LAG Düsseldorf* 09.08.1985 DB 1985, 2463 [2464]; *ArbG Siegen* 18.08.1981 DB 1982, 439 f. – aufgehoben durch *LAG Hamm* 28.10.1981 DB 1982, 1173; *Beck* AiB 1985, 56 [57]; *Dütz* DB 1976, 1428 [1431]; *Galperin/Löwisch* § 37 Rn. 33, § 87 Rn. 59a, *Hanau* Anm. AR-Blattei, Betriebsverfassung VIII, Entsch. 7).

Nach § 37 Abs. 2 haben Betriebsratsmitglieder Anspruch auf Arbeitsbefreiung zur Wahrnehmung von **189** Aufgaben des Betriebsrats und sind nach h. M. grundsätzlich nur zur Ab- und Rückmeldung bei Verlassen des Arbeitsplatzes bzw. nach Beendigung der Betriebsratstätigkeit verpflichtet (*Weber* § 37 Rdn. 56 ff.). Das gilt auch für freigestellte Betriebsratsmitglieder, die sich bei einer außerhalb des Betriebs erforderlichen Betriebsratstätigkeit beim Arbeitgeber unter Angabe der voraussichtlichen Dauer der Betriebsratstätigkeit – nicht des Ortes dieser Tätigkeit beim Arbeitgeber abzumelden und nach der Rückkehr in den Betrieb bei den zuständigen Stellen zurückzumelden haben (*BAG* 24.02.2016 EzA Nr. 7 zu § 38 BetrVG 2001 Rn. 7, 11 ff. = AP Nr. 34 zu § 38 BetrVG 1972). Dieser Anspruch ist eindeutig bestimmt und als solcher keiner Regelung zugänglich. Entsprechendes gilt für die Modalitäten der Ausübung des Anspruchs. Wenn das Betriebsratsmitglied seine Verpflichtung erfüllt hat, Angaben über den Ort und die voraussichtliche Dauer der Betriebsratstätigkeit zu machen (*Weber* § 37 Rdn. 60), hat der Arbeitgeber keine darüber hinausgehende Regelungsbefugnis, so dass schon deswegen ein hierauf bezogenes Mitbestimmungsrecht des Betriebsrats ausscheidet (*Weber* § 37 Rdn. 63). Es ist aber auch zu verneinen, weil der Anspruch auf Arbeitsbefreiung allein wegen der Amtstätigkeit besteht und auf diese bezogen ist. Dem steht es nicht entgegen, dass Ab- und Rückmeldung zugleich Vertragspflichten des Arbeitnehmers sind und ihre Nichtbeachtung eine Vertragsverletzung ist (*Weber* § 37 Rdn. 62 f.). Würde schon deswegen die Mitbestimmung hinsichtlich der Modalitäten des Anspruchs auf Arbeitsbefreiung nach § 87 Abs. 1 Nr. 1 bejaht (insbesondere *Löwisch/Reimann* Anm. AP Nr. 45 zu § 37 BetrVG 1972 Bl. 4), so bedeutete das eine Mitregelungsbefugnis des Arbeitgebers über die Aufnahme der Amtstätigkeit eines Betriebsratsmitglieds, die im Widerspruch zu der von den Befürwortern der Mitbestimmung selbst vertretenen Interpretation des § 37 Abs. 2 stünde. Deshalb ist es ein überflüssiger Umweg, wenn die Mitbestimmung verneint wird, weil Ab- und Rückmeldungen das mitbestimmungsfreie Arbeitsverhalten beträfen (so vor allem *Meisel* Anm. SAE 1984, 198 [200]). Zur Vermeidung von Streitigkeiten kommt daher allenfalls eine **freiwillige Betriebsvereinbarung** in Betracht.

Mitbestimmungsfrei sind aus den dargelegten Gründen nicht nur **Regelungen über** das **Verlassen** **190** des **Betriebs durch Betriebsratsmitglieder** (**a. M.** *LAG Baden-Württemberg/Mannheim* 01.06.1976 AP Nr. 1 zu § 87 BetrVG 1972 Ordnung des Betriebes Bl. 2 R f.), sondern auch das **Aufsuchen** von **Arbeitnehmern am Arbeitsplatz** durch Betriebsratsmitglieder (**a. M.** *ArbG Berlin* 16.06.1980 AuR 1981, 92). Gleiches gilt für die **Bestimmung** der **Person** durch den Arbeitgeber, die für ihn die **Ab-** und **Rückmeldung** der nicht freigestellten Betriebsratsmitglieder bei der Wahrnehmung von Betriebsratsaufgaben **entgegennimmt**; er kann aufgrund seines Organisationsrechts bestimmen, wer für ihn seine Rechte und Pflichten ausübt (zust. *BAG* 13.05.1997 EzA § 37 BetrVG 1972 Nr. 135 S. 4 = AP Nr. 119 zu § 37 BetrVG 1972 Bl. 2 R; *LAG Hamm* 28.10.1981 DB 1982, 1173; *Fitting* § 37 Rn. 53 mit Einschränkungen; *Worzalla/HWGNRH* § 87 Rn. 140; **a. M.** *ArbG Siegen* 18.08.1981 DB 1982, 439 [440]; *Beck* AiB 1985, 56 [57]).

Eine **Verpflichtung** zum **Erlass** einer **generellen Regelung** besteht nicht (*Nikisch* III, S. 412). Es **191** ist daher eine Frage der Zweckmäßigkeit, ob und in welchem Umfang die Betriebspartner von ihrer

Regelungsmöglichkeit Gebrauch machen und etwa in einer **Arbeitsordnung** allgemeine Verhaltensregeln vereinbaren (Muster einer Arbeitsordnung s. *Dröll* in: *Liebers* Formularbuch des Fachanwalts Arbeitsrecht, 4. Aufl. 2016, S. 838 ff. mit Erläuterungen). Der Arbeitgeber wird an dem Abschluss einer Betriebsvereinbarung ein Interesse haben, um den Inhalt seines Direktionsrechts mit normativer Wirkung generell zu klären oder um Sanktionsmöglichkeiten bei Verstößen gegen die betriebliche Ordnung zu schaffen, die ihm aufgrund seines Direktionsrechts nicht zustünden (zu Betriebsbußen Rdn. 244 ff.). Aber auch der Betriebsrat kann zum Schutz der Arbeitnehmer an einer generellen Regelung interessiert sein, wie überhaupt § 87 Abs. 1 Nr. 1 ihm ein weites Betätigungsfeld eröffnet, unter Berücksichtigung des § 75 Abs. 2 die auf die Ordnung des Betriebs bezogenen Arbeitsbedingungen zu humanisieren.

e) Sachherrschaft

192 Die **Mitbestimmung** des Betriebsrats **scheidet aus**, soweit der **Arbeitgeber** lediglich **Ansprüche aus** seiner **Sachherrschaft an** den **Betriebsmitteln geltend macht** (*Neumann-Duesberg*, S. 484; *Nikisch* III, S. 412 f.; *Stege/Weinspach/Schiefer* § 87 Rn. 49; *Worzalla/HWGNRH* § 87 Rn. 130; **a. M.** *Galperin/Löwisch* § 87 Rn. 65a; *Klebe/DKKW* § 87 Rn. 59). Diese sind weder durch das Betriebsverfassungsgesetz aufgehoben worden noch können sie vom Betriebsrat beseitigt werden. Jedoch ist die Mitbestimmung gegeben, falls bei Ansprüchen aus der Sachherrschaft ein Regelungsspielraum verbleibt, der durch zusätzliche Verhaltensregeln ausgefüllt werden soll (vgl. auch *Richardi* § 87 Rn. 202).

193 Der **Arbeitgeber** kann daher **mitbestimmungsfrei verlangen**, dass sein **Eigentum weder beschädigt, zerstört, gefährdet** noch **unbefugt in Anspruch genommen wird** (zust. *LAG Nürnberg* 29.01.1987 LAGE § 87 BetrVG 1972 Kontrolleinrichtung Nr. 9 S. 2). Der Arbeitnehmer ist ungeachtet der allgemeinen Rechtspflicht, fremdes Eigentum nicht zu verletzen (§ 823 Abs. 1 BGB), auch vertraglich verpflichtet, die berechtigten Interessen des Arbeitgebers nicht zu schädigen (*Wiese* ZfA 1991, 273 [278]; ebenso *Franzen* vor § 81 Rdn. 12; *BAG* 13.02.2003 EzA § 618 BGB 2002 Nr. 1 S. 5 = AP Nr. 1 zu § 21 AVR Caritas-Verband Bl. 2 R). Der Arbeitgeber kann daher, auch wenn keine feuerpolizeilichen Vorschriften bestehen, vom Arbeitnehmer verlangen, alles zu unterlassen, was zu einem Brand führen könnte. Er kann z. B. verbieten, dort zu rauchen, wo besondere Brandgefahr besteht, oder verlangen, dass Raucher auch dort, wo keine besondere Brandgefahr besteht, sich so verhalten, dass kein Brand verursacht wird, mithin z. B. brennende Streichhölzer oder glühende Zigarettenreste nicht einfach wegwerfen. Es gibt keinen Sinn, hierzu die Mitbestimmung des Betriebsrats zu verlangen. Entsprechendes gilt für das Verbot an die Arbeitnehmer, Sachen zu tragen, die – wie z. B. Schuhe mit Pfennigabsätzen – das Eigentum des Arbeitgebers beschädigen (*Nikisch* III, S. 413; *Stege/Weinspach/Schiefer* § 87 Rn. 49; *Worzalla/HWGNRH* § 87 Rn. 141; vgl. auch *Wiese* UFITA Bd. 64, 1972, S. 145 [159 f.]; **a. M.** *Gumpert* BB 1961, 1380).

194 Solange der **Arbeitgeber nur** den entsprechenden **Unterlassungsanspruch geltend macht** und den Arbeitnehmern es überlässt, wie sie der ihnen obliegenden Verpflichtung nachkommen, handelt er im Rahmen seiner bestehenden Rechte und trifft keine mitbestimmungspflichtige Regelung. Spricht er jedoch im Interesse der Ordnung des Betriebs **weitergehende Verbote** aus (zum Rauchen Rdn. 223) oder ordnet er über den Unterlassungsanspruch hinaus **zusätzliche Verhaltensregelungen** an, so hat der Betriebsrat mitzubestimmen, z. B. dann, wenn er Vorschriften über den Ort des Schuhwechsels und die Aufbewahrung der Schuhe erlassen möchte. Mitbestimmungsfrei ist dagegen das Verbot des Arbeitgebers, Betriebsmittel (hier Schutzhelme) für eine gewerkschaftliche Werbung in Anspruch zu nehmen (vgl. auch *BAG* 23.02.1979 EzA Art. 9 GG Nr. 29 S. 214 *[Zöllner]* = AP Nr. 30 zu Art. 9 GG Bl. 6 R f. *[Mayer-Maly]*).

195 Der **Arbeitnehmer** hat ferner mangels besonderer Rechtsgrundlage **keinen Anspruch** darauf, **Diensttelefone** für **Privatgespräche zu benutzen** (zust. *LAG Nürnberg* 29.01.1987 LAGE § 87 BetrVG 1972 Kontrolleinrichtung Nr. 9 S. 2 f.; ebenso *Hilger* DB 1986, 911 [913]; *Matthes* CR 1987, 108 [112]; *Schulin/Babl* NZA 1986, 46 [47, 50]; *Versteyl* NZA 1987, 7 [9]), **elektrische Geräte** ohne Erlaubnis an das betriebliche Stromnetz anzuschließen, den **Dienstwagen** für Privatzwecke oder die vom Telearbeitgeber zur Verfügung gestellten Arbeitsmittel (*Boemke* BB 2000, 147 [153 f.]) zu benutzen. Gleiches gilt für die Nutzung des betrieblichen **Internet-Zugangs** oder der **E-Mail-Systeme** (*Ernst* NZA 2002, 585 [586]; zur privaten Internet-Nutzung *BAG* 07.07.2005 EzA § 626 BGB 2002

Nr. 10 S. 6 ff. = AP Nr. 192 zu § 626 BGB Bl. 3 ff. = AuR 2006, 206 *[Fischer]*; 12.01.2006 EzA § 1 KSchG Verhaltensbedingte Kündigung Nr. 68 S. 7 ff. = AP Nr. 54 zu § 1 KSchG 1969 Verhaltensbedingte Kündigung Bl. 3 ff.; 27.04.2006 EzA § 626 BGB 2002 Unkündbarkeit Nr. 11 Rn. 15 ff. = AP Nr. 202 zu § 626 BGB; 31.05.2007 EzA § 1 KSchG Verhaltensbedingte Kündigung Nr. 71 Rn. 21 = AP Nr. 57 zu § 1 KSchG 1969 Verhaltensbedingte Kündigung, dazu *Lansnicker* BB 2007, 2184 ff.; *LAG Niedersachsen* 31.05.2010 NZA-RR 2010, 406 ff.; *LAG Hamm* 07.04.2006 NZA-RR 2007, 20; *LAG Köln* 11.02.2005 BB 2006, 1691; *LAG Rheinland-Pfalz* 12.07.2004 NZA-RR 2005, 303; 09.05.2005 NZA-RR 2005, 634; *Hess. LAG* 13.12.2001 AuR 2002, 236; *ArbG Hannover* 01.12.2000 NJW 2001, 3500 ff.; 28.04.2005 NZA-RR 2005, 420; *Barton* NZA 2006, 460 ff.; *Beckschulze* DB 2003, 2777 ff.; *ders.* DB 2007, 1526 f.; *Block* Regelung privater E-Mail- und Internetnutzung am Arbeitsplatz durch Betriebsvereinbarung [Diss. Jena], 2012; *Bloesinger* BB 2007, 2177 f.; *Burkard* NJW-Spezial 2011, 370 f.; *Dann/Gastell* NJW 2008, 2945 [2947]; *Fischer* AuR 2005, 91 f.; *Geyer* FA 2003, 102 ff.; *Hanau/Hoeren* Private Internetnutzung durch Arbeitnehmer. Die arbeits- und betriebsverfassungsrechtlichen Probleme, 2003; *Hartmann/Pröpper* BB 2009, 1300 ff.; *von Hoyningen-Huene* JuS 2008, 894 ff.; *Kamanabrou* FS Otto, 2008, S. 209 [211 ff.]; *Koch* NZA 2008, 911 ff., dazu *Fleischmann* NZA 2008, 1397; *Kömpf/Kunz* NZA 2007, 1341 [1344 f.]; *Kort* FS Wank, S. 259 ff. zur Ablehnung betrieblicher Übung bei privater Nutzung von E-Mail und Internet des Betriebes durch den Arbeitnehmer; *Kramer* NZA 2004, 457; *ders.* NZA 2006, 194 ff.; *Kratz/Gubbels* NZA 2009, 652 f., zum Beweisverwertungsverbot 655 f.; *Lelley* Internet am Arbeitsplatz, 2006; *Maschmann* FS Hromadka, 2008, S. 233 [247 ff.]; *Notz* FS zum 25jährigen Bestehen der Arbeitsgemeinschaft Arbeitsrecht des deutschen Anwaltvereins, 2006, S. 1263 ff.; *Sassenberg/Mantz* BB 2013, 889 ff.; *Walker* NZA 2007, 529 ff.; *Wellhöner/Byers* BB 2009, 2310 [2310 f.]; *Wessel* FA 2006, 108 f.; *Wiese* FS Konzen 2006, S. 977 [996 f. m. w. N.]; krit. *Fischer* AuR 2007, 109 f.; zur **E-Mail-Kontrolle** *Wybitul* NJW 2014, 3605 ff.; Näheres *Wiese/Gutzeit* Rdn. 576; zu **Smartphones** *Frings/Wahlers* BB 2011, 3126 ff.; zur Nutzung einer **Domain-Adresse** des Arbeitgebers mit unterscheidbarem Zweck *BAG* 09.09.2015 EzA § 241 BGB 2002 Nr. 4 Rn. 10 ff. = AP Nr. 26 zu § 611 BGB). Der Arbeitgeber kann daher ein vertragsgemäßes Verhalten verlangen und die Benutzung untersagen. Es handelt sich dabei um die **Zulässigkeit** der **Verwendung** der **Betriebsmittel**, nicht um die Ordnung des Betriebs (*LAG Nürnberg* 29.01.1987 LAGE § 87 BetrVG 1972 Kontrolleinrichtung Nr. 9 S. 2 f.; *ArbG Wuppertal* 07.01.1975 BB 1975, 561; *Bloesinger* BB 2007, 2177 f.; *Galperin/Siebert* § 56 Rn. 70; *Natzel* Anm. SAE 1987, 42; *Neumann-Duesberg*, S. 484; *Nikisch* III, S. 413; *Richardi* § 87 Rn. 186, 202; *Stege/Weinspach/Schiefer* § 87 Rn. 49; *Worzalla/HWGNRH* § 87 Rn. 141; a. M. *Kaiser/LK* § 87 Rn. 41). Zum generellen **Verbot** der **Nutzung** – auch eigener – **TV-**, **Video-** und **DVD-Geräte** in allen Räumen eines Betriebs *LAG Köln* 12.04.2006 NZA-RR 2007, 80; zum TKG *Wedde* CuA 3/2007, 9 ff.; zur außerordentlichen Kündigung wegen **unerlaubter Nutzung dienstlicher Computer** unter **Umgehung** des **Kopierschutzes**, **Vervielfältigungen** privat verschaffter Musik- oder Film- CDs/DVDs **herzustellen** *BAG* 16.07.2015 EzA § 626 BGB 2002 Nr. 52 Rn. 32 = AP Nr. 255 zu § 626 BGB; *Kramer* NZA 2016, 341 ff.; zur außerordentlichen Kündigung wegen exzessiver privater Internetnutzung *LAG Brandenburg* 14.01.2016 LAGE § 626 BGB 2002 Nr. 64 Rn. 74 ff.

Entsprechendes gilt für den **Umfang** und die **Voraussetzungen** einer etwaigen **Gestattung**, also z. B., ob Privatgespräche außer in Notfällen nur außerhalb der Arbeitszeit geführt werden dürfen und ob die Gestattung auf Ortsgespräche beschränkt wird (*Richardi* § 87 Rn. 202; *Worzalla/HWGNRH* § 87 Rn. 141). Mangels einer Rechtspflicht zur Überlassung, die nur in Notfällen auf die Treuepflicht des Arbeitgebers gestützt werden könnte, bedeutet die Benutzung eine zusätzliche Leistung des Arbeitgebers, über deren Gewährung er allein entscheiden kann (vgl. auch Rdn. 39 f., *Wiese/Gutzeit* Rdn. 838, 862 ff., 878 ff., 889 ff.). Deshalb ist die Regelung des bei Gestattung vom Arbeitnehmer zu entrichtenden Entgelts für die Benutzung des Diensttelefons nicht mitbestimmungspflichtig, sondern nur durch freiwillige Betriebsvereinbarung regelbar (*Galperin/Löwisch* § 87 Rn. 64; *Richardi* § 87 Rn. 204; *Wiese* FS Richardi 2007, S. 817 [824 f., 825 ff.]; **a. M.** *Hanau* RdA 1973, 281 [283]). Entsprechendes gilt für die **Internet-** und **E-Mail-Nutzung**. Durch eine freiwillige Betriebsvereinbarung wird dem Arbeitnehmer eine Nutzungsmöglichkeit eingeräumt, von der er Gebrauch machen kann, aber nicht muss. Wenn er die Leistung jedoch in Anspruch nimmt, kann er es nur nach den in der Betriebsvereinbarung festgelegten Bedingungen; es handelt sich um einen **Vertrag zugunsten Dritter** (eingehend *Wiese* FS Richardi, 2007, S. 817 [824 f., 825 ff.]).

197 Möchte der Arbeitgeber dagegen **im Falle** der **Gestattung Ordnungsvorschriften** erlassen – z. B. hinsichtlich der Anmeldung und Abrechnungsmodalitäten von Privatgesprächen –, so sind diese mitbestimmungspflichtig, weil dann ein Regelungsspielraum besteht (*LAG Nürnberg* 29.01.1987 LAGE § 87 BetrVG 1972 Kontrolleinrichtung Nr. 9 S. 4; *Beckschulze/Henkel* DB 2001, 1491 [1500]; *Bloesinger* BB 2007, 2177 [2178]; *Fitting* § 87 Rn. 71; *Matthes* CR 1987, 108 [112]; *Richardi* § 87 Rn. 186, 202, 204; *Schulin/Babl* NZA 1986, 46 [50]; *Wellhöner/Byers* BB 2009, 2310 [2312]; *Worzalla/HWGNRH* § 87 Rn. 141). Entsprechendes gilt für Regelungen hinsichtlich der privaten Nutzung von Dienstwagen (vgl. auch *ArbG Hamburg* 07.07.1994 AiB 1994, 760). Eine Kontrolle mittels technischer Einrichtungen ist nach § 87 Abs. 1 Nr. 6 mitbestimmungspflichtig (*Wiese/Gutzeit* Rdn. 506 ff.).

198 Dem Schutz des Betriebs und der Betriebsmittel vor Beschädigung, Zerstörung, Diebstahl, Zutritt Unbefugter, Spionage dient auch der **Werkschutz** (hierzu *Baak* Werkschutzhandbuch, 1975; *Franzheim* Werkschutzrecht, 1966; *Maas* DB 1965, 144). Die **Einrichtung** sowie die Entscheidung über dessen **Aufgabenbereich** und **Befugnisse** obliegen als organisatorische Maßnahmen allein dem Arbeitgeber (*Stege/Weinspach/Schiefer* § 87 Rn. 50; *Worzalla/HWGNRH* § 87 Rn. 141; **a. M.** *Klebe/DKKW* § 87 Rn. 68). Ebenso wenig mitbestimmungspflichtig ist die Betrauung eines Arbeitnehmers mit Aufgaben des Werkschutzes. Hinsichtlich des **Personals** sind die Vorschriften über die Mitbestimmung des Betriebsrats bei personellen Einzelmaßnahmen zu beachten (§§ 99 ff.).

199 Die **Tätigkeit** des **Werkschutzes** ist **mitbestimmungsfrei**, soweit davon **ausschließlich Betriebsfremde betroffen** sind (*Kaiser/LK* § 87 Rn. 38). In der Regel werden aber von Maßnahmen des Werkschutzes zumindest potentiell auch Arbeitnehmer betroffen sein und wird daher die Mitbestimmung nach § 87 Abs. 1 Nr. 1 in Betracht kommen können. Nach den vorstehend (Rdn. 192 f.) dargelegten Grundsätzen hat aber der Betriebsrat über die Tätigkeit des Werkschutzes nicht mitzubestimmen, wenn es allein um die Durchsetzung bestehender Ansprüche geht. Wird dagegen von Arbeitnehmern – außer in Einzelfällen aufgrund gesetzlicher Rechtfertigungsgründe (Notwehr – § 227 BGB, § 32 StGB; Notstand – §§ 228, 904 BGB, § 34 StGB; Selbsthilfe – § 229 BGB, § 127 StPO; Besitzwehr und Besitzkehr – § 859 BGB) – ein Dulden (z. B. bei Kontrollmaßnahmen, dazu Rdn. 222, und bei technischen Kontrolleinrichtungen, *Wiese/Gutzeit* Rdn. 506 ff.) oder ein Mitwirken verlangt (z. B. Vorzeigen bestimmter Ausweise), so handelt es sich um Fragen der Ordnung des Betriebs, bei deren Regelung der Betriebsrat mitzubestimmen hat (*Worzalla/HWGNRH* § 87 Rn. 141 sowie hinsichtlich der Nachforschungs- und Aufklärungstätigkeit eines sog. Ermittlungsdienstes *LAG Frankfurt a. M.* 21.06.1977 – 5 TaBV 81/76).

200 Maßnahmen des Arbeitgebers zur Einleitung oder Unterstützung **polizeilicher Ermittlungen** wegen einer im Betrieb begangenen Straftat (Information der Polizei, Veranlassung der Untersuchung durch diese, Zurverfügungstellen von Räumen für diesen Zweck) sind mitbestimmungsfrei. Gleiches gilt für Anordnungen des Arbeitgebers an Arbeitnehmer, die lediglich als Weitergabe der polizeilichen Anordnungen bei ihrer Ermittlungsarbeit zu verstehen sind und daher keine eigenständige arbeitsrechtliche Bedeutung haben, wie z. B. die Aufforderung, sich im Betrieb einer polizeilichen Kontrolluntersuchung zur Aufdeckung eines Gelddiebstahls zu unterziehen (*BAG* 17.08.1982 EzA § 87 BetrVG 1972 Betriebliche Ordnung Nr. 9 S. 65 ff. = AP Nr. 5 zu § 87 BetrVG 1972 Ordnung des Betriebes Bl. 2 R f.; *LAG Hamm* 13.08.1980 BB 1980, 1582 f. – Vorinstanz; zu einer Sicherheitsüberprüfung *Bösche/Grimberg* AiB 1988, 214). Anders wäre es, wenn der Arbeitgeber ungeachtet bestehender gesetzlicher Bestimmungen über die Befugnisse der Polizei eine generelle Regelung für das Verhalten von Arbeitnehmern während polizeilicher Ermittlungen aufstellen wollte, wie z. B. über das Verbleiben am Arbeitsplatz (*LAG Hamm* 13.08.1980 BB 1980, 1582 f.; vgl. auch *BAG* 27.09.2005 AP Nr. 25 zu Art. 56 ZA-NATO-Truppenstatut zur Mitbestimmung der Betriebsvertretung nach § 75 Abs. 3 Nr. 15 BPersVG). Zu Beteiligungsrechten des Betriebsrats bei **unternehmensinternen Ermittlungen** *Wybitul/Böhm* RdA 2011, 362 ff.; *Zimmermann/Heymann* BB 2010, 1853 ff.

201 Die **Observation** des **Verhaltens** der **Arbeitnehmer durch Privatdetektive** ist ungeachtet der dabei zu beachtenden persönlichkeitsrechtlichen Grenzen (vgl. etwa *BAG* 19.02.2015 EzA § 611 BGB 2002 Persönlichkeitsrecht Nr. 18 Rn. 13 ff. = AP Nr. 44 zu § 611 BGB Persönlichkeitsrecht, dazu *Joussen* SAE 2015, 92 ff.) nicht nach § 87 Abs. 1 Nr. 1 mitbestimmungspflichtig, weil dadurch nicht das Verhalten der Arbeitnehmer in Bezug auf die betriebliche Ordnung geregelt wird (*BAG*

26.03.1991 EzA § 87 BetrVG 1972 Überwachung Nr. 1 S. 4 f. = AP Nr. 21 zu § 87 BetrVG 1972 Überwachung Bl. 2 R f.; *LAG Hamm* 28.05.1986 LAGE § 87 BetrVG 1972 Betriebliche Ordnung Nr. 3 S. 5; *Becker* Detektive zur Überwachung von Arbeitnehmern?, 1981, S. 74 f.; *Bongers* Das Mitbestimmungsrecht des Betriebsrats bei der Anwendung untechnischer Ermittlungsmethoden durch einen verdeckten Ermittler, S. 97 ff.; *Lingemann/Göpfert* DB 1997, 374 f.; *Worzalla/HWGNRH* § 87 Rn. 140; vgl. aber auch Rdn. 225; *ArbG Frankfurt a. M.* 03.02.1986 AiB 1986, 212; *Zerbe* FS *Schwerdtner*, 2003, S. 367 [371]; **a. M.** *Klebe/DKKW* § 87 Rn. 64; *Schuster* BetrR 1992, 57 f.). Deshalb ist es unerheblich, ob es sich um das Arbeits- oder Ordnungsverhalten handelt. Soweit Privatdetektive im Betrieb als Arbeitnehmer beschäftigt werden sollen, ist aber § 99 zu beachten (*BAG* 26.03.1991 EzA § 87 BetrVG 1972 Überwachung Nr. 1 S. 4 = AP Nr. 21 zu § 87 BetrVG 1972 Überwachung Bl. 2 R). Der Betriebsrat hat auch nicht mitzubestimmen bei der **Auslobung** von **Prämien** für die Meldung von Personen, die mutwillig Einrichtungen des Betriebs zerstören oder Gegenstände stehlen (*LAG Niedersachsen* 04.02.1982 DB 1982, 1992). Gleiches gilt für **Bankschaltertests** durch **Drittunternehmen** (*BAG* 18.04.2000 EzA § 87 BetrVG 1972 Betriebliche Ordnung Nr. 27 S. 5 f. = AP Nr. 33 zu § 87 BetrVG 1972 Überwachung Bl. 2 R f.) oder die Verhaltensbeobachtung von Arbeitnehmern durch **Testkäufer** einer Fremdfirma (*BAG* 13.03.2001 EzA § 99 BetrVG 1972 Einstellung Nr. 8 = AP Nr. 34 zu § 99 BetrVG 1972 Einstellung – nicht entschieden; vgl. aber *LAG Nürnberg* 10.10.2006 LAGE § 87 BetrVG 2001 Betriebliche Ordnung Nr. 5 S. 12 f.; *R. Deckers/S. Deckers* NZA 2004, 139 [140 f.]).

f) Mitbestimmungsfreie Anordnungen hinsichtlich der Arbeitspflicht

Besondere Schwierigkeiten hat es bereitet, mitbestimmungsfreie Anordnungen des Arbeitgebers, die sich auf die Arbeitspflicht und die Ausführung der Arbeit beziehen, von den mitbestimmungspflichtigen Angelegenheiten der Ordnung des Betriebs abzugrenzen. Das *BAG* stellte zum BetrVG 1952 darauf ab, ob eine arbeitstechnische Maßnahme von solcher Wichtigkeit sei, dass der einzelne Arbeitnehmer seine Arbeitspflicht ohne die Beachtung der Anordnung nicht ordnungsgemäß erbringen könne (»**arbeitsnotwendige Maßnahme**«). Dann sei der Arbeitgeber mangels besonderer arbeitsvertraglicher Regelung kraft seines Weisungsrechts befugt, durch die erforderliche Anordnung die Arbeitspflicht zu konkretisieren. Könne dagegen die geschuldete Leistung auch ohne eine bestimmte Regelung – z. B. ohne Rauchverbot oder Bekleidungsvorschriften für einen Bürobetrieb ohne Publikumsverkehr – erbracht werden, unterlägen Anordnungen über die Ordnung des Betriebs der Mitbestimmung des Betriebsrats (*BAG* 15.12.1961 AP Nr. 3 zu § 56 BetrVG Ordnung des Betriebes Bl. 2 [zust. *Küchenhoff*] = AR-Blattei, Betriebsverfassung XIV B, Entsch. 5 [krit. *Sommer*] = SAE 1962, 127 [zust. *Gaul*] = AuR 1962, 188 [krit. *Herschel*]; vgl. auch *BAG* 27.05.1960 AP Nr. 1 zu § 56 BetrVG Ordnung des Betriebes Bl. 1 R f.; 12.09.1967 AP Nr. 1 zu § 56 BetrVG Betriebsbuße Bl. 2). 202

Diese Auffassung des *BAG* hatte zunächst weitgehend Zustimmung gefunden (*Dietz* § 56 Rn. 162; *Galperin/Siebert* § 56 Rn. 70b mit Einschränkungen; *Kammann/Hess/Schlochauer* § 87 Rn. 48; *Neumann-Duesberg*, DB 1966, 74; *Nikisch* III, S. 413 ff.; grundsätzlich zust. auch *Hueck/Nipperdey* II/2, S. 1374, wo jedoch zwischen »arbeitsbezogenen«, d. h. den technischen oder organisatorischen Arbeitsablauf bzw. das Arbeitsverfahren betreffenden, und »verhaltensbezogenen«, d. h. einem disziplinarischen oder allgemein ordnenden Zweck dienenden Maßnahmen unterschieden wurde; **a. M.** *Föhr* AuR 1975, 353 [358]; *Galperin/Löwisch* § 87 Rn. 61; *Richardi* § 87 Rn. 179; *Schlüter* DB 1972, 139 [142]; vgl. auch § 56 Abs. 1 Buchst. g *DGB*-Entwurf). 203

Zu § 87 Abs. 1 Nr. 1 hat das *BAG* seine früher verwendete Formel nicht wieder aufgegriffen und sich inzwischen ausdrücklich davon distanziert (*BAG* 08.08.1989 EzA § 87 BetrVG 1972 Betriebliche Ordnung Nr. 13 S. 5 f. *[Wiese]* = AP Nr. 15 zu § 87 BetrVG 1972 Ordnung des Betriebes Bl. 2 R = SAE 1990, 340 *[Henssler]*). Es unterscheidet vielmehr in Anknüpfung an eine andere ältere Entscheidung (*BAG* 27.05.1960 AP Nr. 1 zu § 56 BetrVG Ordnung des Betriebes Bl. 1 R f.) in st. Rspr. zwischen mitbestimmungspflichtigen Maßnahmen, die sich auf das **Ordnungsverhalten** der Arbeitnehmer, d. h. die Sicherung des ungestörten Arbeitsablaufs und die Gestaltung des Zusammenlebens und Zusammenwirkens der Arbeitnehmer im Betrieb, beziehen, und mitbestimmungsfreien Maßnahmen, die das Verhalten des Arbeitnehmers ohne Bezug zur betrieblichen Ordnung betreffen, weil es sich entweder auf die Arbeitsleistung, d. h. das **Arbeits-** und **Leistungsverhalten** des Arbeitnehmers be- 204

§ 87 IV. 3. Soziale Angelegenheiten

zieht oder in **sonstiger Weise lediglich** das **Verhältnis Arbeitnehmer/Arbeitgeber** betrifft (*BAG* 24.03.1981 EzA § 87 BetrVG 1972 Betriebliche Ordnung Nr. 6 S. 40 f. = AP Nr. 2 zu § 87 BetrVG 1972 Arbeitssicherheit Bl. 3 /im Ergebnis zust. *Wiese/Starck*]; 24.11.1981 EzA § 87 BetrVG 1972 Betriebliche Ordnung Nr. 7 S. 48 [abl. *Weiss*] =AP Nr. 3 zu § 87 BetrVG 1972 Ordnung des Betriebes Bl. 2 [zust. *Herschel*] = SAE 1984, 102 [zust. *Ehmann*] = BB 1982, 1421 [*Schirdewahn*]; 08.12.1981 EzA § 87 BetrVG 1972 Betriebliche Ordnung Nr. 8 S. 59 = AP Nr. 6 zu § 87 BetrVG 1972 Lohngestaltung Bl. 1 R /zust. *Kraft*] = SAE 1983, 74 [zust. *Hanau*]; 10.04.1984 EzA § 87 BetrVG 1972 Betriebliche Ordnung Nr. 10 S. 70 f. = AP Nr. 7 zu § 87 BetrVG 1972 Ordnung des Betriebes Bl. 1 R = SAE 1986, 20 [insoweit zust. *Kreutz*]; 23.10.1984 EzA § 94 BetrVG 1972 Nr. 1 S. 4 = AP Nr. 8 zu § 87 BetrVG 1972 Ordnung des Betriebes Bl. 4 /zust. *von Hoyningen-Huene*]; 14.01.1986 EzA § 87 BetrVG 1972 Betriebliche Ordnung Nr. 11 S. 77 = AP Nr. 10 zu § 87 BetrVG 1972 Ordnung des Betriebes Bl. 1 R f. [zust. *von Hoyningen-Huene*] = SAE 1987, 43 /krit. *Natzel*]; 08.08.1989 EzA § 87 BetrVG 1972 Betriebliche Ordnung Nr. 13 S. 6 [krit. *Wiese*] = AP Nr. 15 zu § 87 BetrVG 1972 Ordnung des Betriebes Bl. 2 R f. = SAE 1990, 340 [*Henssler*]; 27.01.2004 EzA § 87 BetrVG 2001 Kontrolleinrichtung Nr. 1 S. 5 = AP Nr. 40 zu § 87 BetrVG 1972 Überwachung Bl. 2 R [*Wiese*]; 22.07.2008 EzA § 87 BetrVG 2001 Betriebliche Ordnung Nr. 3 Rn. 58 = AP Nr. 14 zu § 87 BetrVG 1972; 10.03.2009 EzA § 87 BetrVG 2001 Betriebliche Ordnung Nr. 4 Rn. 17 = AP Nr. 16 zu § 87 BetrVG 1972; 17.03.2015 EzA § 94 BetrVG 2001 Nr. 2 Rn. 22 = AP Nr. 11 zu § 94 BetrVG 1972; 23.02.2016 EzA § 253 ZPO Nr. 6 Rn. 20 = AP Nr. 47 zu § 87 BetrVG 1972 Ordnung des Betriebes; weitere *BAG*-Nachweise 9. Aufl. § 87 Rn. 197; *LAG Baden-Württemberg* 09.06.1989 LAGE § 87 BetrVG 1972 Betriebliche Ordnung Nr. 6 S. 1 f.; *LAG Schleswig-Holstein* 24.08.1988 LAGE § 87 BetrVG 1972 Betriebliche Ordnung Nr. 4 S. 1 f.; *Fitting* § 87 Rn. 65 ff.; *Gamillscheg* II, S. 875; *Richardi* § 87 Rn. 174, 178, 194; *Stege/Weinspach/Schiefer* § 87 Rn. 47; *Worzalla/HWGNRH* § 87 Rn. 131 ff.; **a. M.** *Däubler* Das Arbeitsrecht I, Rn. 957 ff.; *Klebe/DKKW* § 87 Rn. 53 ff.; *Pohl* Mitbestimmung gemäß § 87 Abs. 1 Nr. 1 BetrVG, S. 215). Weitere Nachweise 6. Aufl. § 87 Rn. 197.

205 Für die Beurteilung der Abgrenzungsfrage ist davon auszugehen, dass es sich bei den auf die Ausführung der Arbeit bezogenen Anordnungen des Arbeitgebers grundsätzlich um **Einzelanweisungen** handelt, die schon deshalb nicht der Mitbestimmung unterliegen, weil diese sich nur auf kollektive Tatbestände bezieht (Rdn. 187; *Fitting* § 87 Rn. 67; *Klebe/DKKW* § 87 Rn. 59; *Worzalla/HWGNRH* § 87 Rn. 132).

206 Für **kollektive Tatbestände** ist dagegen entscheidend, ob eine hierauf bezogene Maßnahme sich **unmittelbar** und **ausschließlich** auf die **Arbeitspflicht** und die **Ausführung** der **Arbeit** bezieht; dann ist die Mitbestimmung ausgeschlossen (zust. *LAG Düsseldorf* 27.04.1981 DB 1981, 1677; im Ergebnis auch die Rdn. 204 aufgeführten Entscheidungen des *BAG*, insbesondere 24.11.1981 EzA § 87 BetrVG 1972 Betriebliche Ordnung Nr. 7 S. 48 [*Weiss*] = AP Nr. 3 zu § 87 BetrVG 1972 Ordnung des Betriebes Bl. 2; 28.05.2002 EzA § 87 BetrVG 1972 Ordnung des Betriebes Nr. 29 S. 9 [*K. Gamillscheg*] = AP Nr. 39 zu § 87 BetrVG 1972 Ordnung des Betriebes Bl. 4; ferner *LAG Düsseldorf* 17.01.1975 DB 1975, 556; *LAG Hamm* 29.10.1985 EzA § 87 BetrVG 1972 Betriebliche Ordnung Nr. 2 S. 23; 28.05.1986 LAGE § 87 BetrVG 1972 Betriebliche Ordnung Nr. 3 S. 6; 28.05.1986 BB 1986, 1575; *LAG München* 29.10.1985 LAGE § 87 BetrVG 1972 Betriebliche Ordnung Nr. 2 S. 3 f.; *LAG Schleswig-Holstein* 04.07.1985 LAGE § 87 BetrVG 1972 Kontrolleinrichtung Nr. 7 S. 13 f.; *Fitting* § 87 Rn. 65 f.; *Kaiser/LK* § 87 Rn. 44; *Nikisch* III, S. 413; *Stege/Weinspach/Schiefer* § 87 Rn. 47; *Worzalla/HWGNRH* § 87 Rn. 132). Dem kann nicht entgegengehalten werden, § 87 erfasse die Arbeitsbedingungen im weitesten Sinne, gleichgültig, ob sie primär den Inhalt des Arbeitsverhältnisses oder die Ordnung des Betriebs betreffen (so *Pfarr* Anm. AP Nr. 2 zu § 87 BetrVG 1972 Ordnung des Betriebes Bl. 4 R unter Berufung auf *Wiese* vor § 87 Rdn. 3; an der von *Pfarr* zitierten Stelle werden nur die sozialen Angelegenheiten definiert, dagegen nicht der Umfang der Mitbestimmung nach § 87). Maßgebend dafür, ob es sich um das mitbestimmungsfreie Arbeitsverhalten handelt, ist der jeweilige **objektive Regelungszweck**, dagegen sind es **nicht** die **subjektiven Vorstellungen** des **Arbeitgebers**. Jener bestimmt sich nach dem Inhalt der Maßnahme sowie nach der Art des zu beeinflussenden betrieblichen Geschehens. Wirkt sich eine Maßnahme zugleich auf das Ordnungs- und das Arbeitsverhalten aus, kommt es auf den **überwiegenden Regelungszweck** an (*BAG* 11.06.2002 EzA § 87 BetrVG 1972 Betriebliche Ordnung Nr. 28 S. 3 = AP Nr. 38 zu § 87 BetrVG 1972 Ordnung

des Betriebes Bl. 1 R f.; 23.02.2016 EzA § 253 ZPO Nr. 6 Rn. 20 = AP Nr. 47 zu § 87 BetrVG 1972 Ordnung des Betriebes; krit. *Klebe/DKKW* § 87 Rn. 55).

Mitbestimmungsfrei sind zunächst rein **arbeitstechnische Anordnungen** und die **Konkretisierung** der **Arbeitspflicht** hinsichtlich Gegenstand, Ort, Zeit, Reihenfolge sowie Art und Weise der Arbeit (*BAG* st. Rspr. 23.10.1984 EzA § 94 BetrVG 1972 Nr. 1 S. 7 f. = AP Nr. 8 zu § 87 BetrVG Ordnung des Betriebes Bl. 5 f. *[von Hoyningen-Huene]*; 11.06.2002 EzA § 87 BetrVG 1972 Betriebliche Ordnung Nr. 28 S. 3 = AP Nr. 38 zu § 87 BetrVG 1972 Ordnung des Betriebes Bl. 1 R; 18.04.2000 EzA § 87 BetrVG 1972 Betriebliche Ordnung Nr. 27 S. 5 = AP Nr. 33 zu § 87 BetrVG 1972 Überwachung Bl. 2 R f.; 27.01.2004 EzA § 87 BetrVG 2001 Kontrolleinrichtung Nr. 1 S. 5 = AP Nr. 40 zu § 87 BetrVG 1972 Überwachung Bl. 2 R *[Wiese]*; weitere *BAG*-Nachweise 9. Aufl. § 87 Rn. 200). Diese Ansicht wird bestätigt durch § 90, der die Beteiligung des Betriebsrats bei Arbeitsverfahren und Arbeitsabläufen auf die Planung und zudem auf die Unterrichtung und Beratung beschränkt, sowie durch § 91, der ein korrigierendes Mitbestimmungsrecht nur hinsichtlich der Auswirkungen von Maßnahmen des Arbeitgebers gewährt, die sich auf den Arbeitsablauf beziehen (*Weber* § 91 Rdn. 22; vgl. auch *Hofe* Betriebliche Mitbestimmung und Humanisierung der Arbeitswelt, S. 126 ff.). Zur Unterrichtung und Anhörung des Arbeitnehmers §§ 81, 82.

207

Zu der auf die Arbeitspflicht bezogenen Organisations- und Leitungsmacht des Arbeitgebers gehören auch **Führungsrichtlinien** darüber, in welcher Weise Mitarbeiter allgemein ihre Arbeitsaufgaben und Führungskräfte ihre Führungsaufgaben zu erledigen haben (*BAG* 23.10.1984 EzA § 94 BetrVG 1972 Nr. 1 S. 7 ff. = AP Nr. 8 zu § 87 BetrVG Ordnung des Betriebes Bl. 5 ff. *[zust. von Hoyningen-Huene]*; vgl. auch *LAG Hamm* 20.06.1984 ARSt. 1986, 45 Nr. 1046; *Richardi* § 87 Rn. 195; *Worzalla/HWGNRH* § 87 Rn. 140; **a. M.** *Bieding* AiB 1983, 12 ff.; *Klebe/DKKW* § 87 Rn. 64). Gleiches gilt für die **Organisation** von **Arbeitsgruppen** (*Hofe* Betriebliche Mitbestimmung und Humanisierung der Arbeitswelt, S. 127 f.; zur Lean Production *Hunold* NZA 1993, 723 [725]) sowie Anordnungen über die gegenseitige **Vertretung** bei Verhinderung im Rahmen der vertraglichen Verpflichtung des Betroffenen (*Hunold* DB 1982, Beil. Nr. 18, S. 8; *Matthes*/MünchArbR § 243 Rn. 13; zu Regelungen über die Urlaubsvertretung *Wiese/Gutzeit* Rdn. 485). Mitbestimmungsfrei ist auch die Vereinbarung einer **Wohnsitzklausel** für hauptberufliche Feuerwehrleute sowie einer sog. »**Zufallsbereitschaft**« (*LAG München* 09.01.1991 LAGE § 1 KSchG Verhaltensbedingte Kündigung Nr. 32 S. 1 f.; zum Begriff *Wiese/Gutzeit* Rdn. 357). Gleiches gilt für **Arbeitsablaufstudien** (*BAG* 08.11.1994 EzA § 87 BetrVG 1972 Kontrolleinrichtung Nr. 20 S. 1 f. = AP Nr. 27 zu § 87 BetrVG 1972 Überwachung Bl. 1 R f.), **Laufzettel** (*BAG* 25.09.2012 EzA § 87 BetrVG 2001 Betriebliche Ordnung Nr. 8 Rn. 12 ff. = AP Nr. 43 zu § 87 BetrVG 1972 Ordnung des Betriebes; **a. M.** *Klebe/DKKW* § 87 Rn. 62) und **Verfahrensanweisungen** nach **DIN ISO** 9000 ff. als Durchführungsbestimmungen für Ablaufpläne und Verantwortlichkeiten (*Schmidt/Dobberahn* NZA 1995, 1017 [1018 f.]). Mitbestimmungsfrei ist ferner die Anweisung an Sachbearbeiter, in **Geschäftsbriefen** auch ihren **Vornamen** anzugeben (*BAG* 08.06.1999 EzA § 87 BetrVG 1972 Betriebliche Ordnung Nr. 25 S. 3 f. = AP Nr. 31 zu § 87 BetrVG 1972 Ordnung des Betriebes Bl. 2 f.). Gleiches gilt für **Mitarbeitergespräche** mit **Zielvereinbarung** zwischen Arbeitgeber und Arbeitnehmern, soweit sie sich nur auf die Arbeitsleistung beziehen (*Geffken* NZA 2000, 1033 [1037]; *Kort* NZA 2015, 520 f.; **a. M.** *Töndorf* AiB 1998, 322 [325]; vgl. auch *Lindemann/Simon* BB 2002, 1807 [1813]; *Pfisterer* AiB 1999, 375 ff. mit Vorschlag für eine Betriebsvereinbarung) sowie die dienstliche Nutzung von **Bonuspunkten** (*Kock* BB 2007, 462 [463]).

208

Das **Aufräumen** des **Arbeitsplatzes** und die sorgsame **Behandlung** des vom Arbeitgeber gestellten **Werkzeugs**, sonstiger **Arbeitsmittel** und **Arbeitskleidung** gehören zu den arbeitsvertraglichen Pflichten des Arbeitnehmers, so dass die Geltendmachung der hierauf gerichteten Ansprüche durch den Arbeitgeber als solche nicht mitbestimmungspflichtig ist (*Hunold* DB 1982, Beil. Nr. 18, S. 8; **a. M.** *Fitting* § 87 Rn. 71; *Klebe/DKKW* § 87 Rn. 62). Jedoch sind zusätzliche mitbestimmungspflichtige Regelungen über die tägliche Aus- und Abgabe denkbar (Rdn. 236, Stichwort Arbeitskleidung; **a. M.** *Worzalla/HWGNRH* § 87 Rn. 140).

209

Ausschließlich auf die Arbeitsleistung bezogen sind auch **Maßnahmen** zur **Kontrolle** der **ordnungsgemäßen Erfüllung** der **Arbeitsleistung** sowie **Anordnungen**, die sich aus anderen Gründen – z. B. zu Kalkulationszwecken – auf die Arbeitsleistung beziehen, **mittelbar** aber auch eine **Kontrolle**

210

§ 87

ermöglichen. Das folgt aus § 87 Abs. 1 Nr. 6, der nur die Überwachung des Verhaltens oder der Leistung der Arbeitnehmer mittels technischer Einrichtungen der Mitbestimmung unterwirft und überflüssig wäre, wenn Kontrollmaßnahmen jeglicher Art bereits nach § 87 Abs. 1 Nr. 1 mitbestimmungspflichtig wären (Rdn. 172; *BAG* 09.12.1980 EzA § 87 BetrVG 1972 Betriebliche Ordnung Nr. 5 S. 33 = AP Nr. 2 zu § 87 BetrVG 1972 Ordnung des Betriebes Bl. 3 *[abl. Pfarr]* = AuR 1982, 38 *[abl. Wohlgemuth]*; 24.11.1981 EzA § 87 BetrVG 1972 Betriebliche Ordnung Nr. 7 *[abl. Weiss]* = AP Nr. 3 zu § 87 BetrVG 1972 Ordnung des Betriebes Bl. 2 R *[zust. Herschel]* = SAE 1984, 102 *[zust. Ehmann]*; 23.10.1984 EzA § 94 BetrVG 1972 Nr. 1 S. 4 ff. = AP Nr. 8 zu § 87 BetrVG 1972 Ordnung des Betriebes Bl. 3 R ff. *[zust. von Hoyningen-Huene]*; *BAG* 26.03.1991 EzA § 87 BetrVG 1972 Überwachung Nr. 1 S. 4 f. = AP Nr. 21 zu § 87 BetrVG 1972 Überwachung Bl. 2 R f.; *LAG Hamm* 16.10.1990 LAGE § 87 BetrVG 1972 Betriebliche Ordnung Nr. 7 S. 2 f.; *Richardi* § 87 Rn. 181; *Stege/Weinspach/Schiefer* § 87 Rn. 47, 48; *Worzalla/HWGNRH* § 87 Rn. 136; unklar *Fitting* § 87 Rn. 69).

211 Der Arbeitgeber kann daher mitbestimmungsfrei **Qualitätskontrollen** hinsichtlich der Arbeitsprodukte durchführen, die **Überwachung** der Arbeit und Arbeitnehmer bei der Arbeit **durch Vorgesetzte oder Mitarbeiter** anordnen (zur Überwachung durch Privatdetektive Rdn. 201) oder durch Beobachtung des Arbeitnehmerverhaltens bei der Arbeit, des Arbeitsflusses sowie der Art und des Umfangs der einzelnen Arbeiten ohne Einsatz technischer Einrichtungen sich ein Bild über die Arbeitsabläufe machen (*LAG Schleswig-Holstein* 04.07.1985 LAGE § 87 BetrVG 1972 Kontrolleinrichtung Nr. 7 S. 14; zum sog. Side-by-Side-Listening *Jordan/Bissels/Moritz* BB 2014, 122 [123 f.]). Nach § 87 Abs. 1 Nr. 1 ist daher auch die Einführung und Anwendung eines **Personalinformationssystems**, das eine Fehlzeitenauswertung erlaubt, mitbestimmungsfrei (*Ehmann* SAE 1984, 104 [106]; *Stege/Weinspach/Schiefer* § 87 Rn. 47a; *Worzalla/HWGNRH* § 87 Rn. 141). Gleiches gilt für sog. **Ehrlichkeitskontrollen** – z. B. einer Kassiererin (*BAG* 18.11.1999 EzA § 626 BGB Verdacht strafbarer Handlung Nr. 9 S. 9 f. = AP Nr. 32 zu § 626 BGB Verdacht strafbarer Handlung Bl. 4 R f.; aus dem Ganzen *Maschmann* NZA 2002, 13 ff.). Zur Mitbestimmung nach § 87 Abs. 1 Nr. 6 *Wiese/Gutzeit* Rdn. 529 ff., zu **Bankschaltertests** Rdn. 201, zur **beschäftigungsbezogenen Überprüfung** von **Personen** mit **physischem Zugang** zu **identifizierbarer Luftfracht** *Becker/Barlage-Melber* BB 2012, 3075 (3078).

212 Ebenso kann der Arbeitgeber mitbestimmungsfrei anordnen, dass die Arbeitnehmer die ordnungsgemäße Ausführung der Arbeit durch **arbeitsbegleitende Papiere** belegen. In diesem Sinne sind die Entscheidungen zu verstehen, in denen die Mitbestimmung verneint wurde, wenn der Arbeitgeber Arbeitnehmer verpflichtete, **auf** ihre individuelle **Arbeitsleistung bezogene Daten selbst aufzuzeichnen** (*Fitting* § 87 Rn. 72; *Galperin/Löwisch* § 87 Rn. 62; *Richardi* § 87 Rn. 195; *Stege/Weinspach/Schiefer* § 87 Rn. 48; *Worzalla/HWGNRH* § 87 Rn. 140; **a. M.** *Klebe/DKKW* § 87 Rn. 62). Das gilt z. B. für die Führung von **Arbeitszeitbelegen** (*BAG* 23.01.1979 DB 1981, 1144; *LAG München* 26.02.1982 ARSt. 1982, 173 [Nr. 1220]; *ArbG Düsseldorf* 01.06.1983 BB 1984, 210; *ArbG Solingen* 28.05.1984 AuR 1985, 292; **a. M.** *LAG Düsseldorf* 21.08.1980 AuR 1981, 322), **Erfassungsbögen**, in die **zu Kalkulationszwecken** die für jedes laufende Arbeitsprojekt **aufgewendeten Arbeitsstunden einzutragen** sind (*BAG* 24.11.1981 EzA § 87 BetrVG 1972 Betriebliche Ordnung Nr. 7 S. 48 f. *[abl. Weiss]* = AP Nr. 3 zu § 87 BetrVG 1972 Ordnung des Betriebes Bl. 2 f. *[zust. Herschel]* = BB 1982, 1421 *[zust. Schirdewahn]*; *Kaiser/LK* § 87 Rn. 52), die Ausfüllung sog. **Zeitlohnkarten** (*LAG Düsseldorf* 28.01.1981 DB 1981, 849 [850]) oder die Einführung von **Formularen für Redakteure** eines Zeitungsverlages zur **täglichen Erfassung** der jeweils **verrichteten Tätigkeiten** und der dafür **benötigten Zeit** zur Erleichterung des Nachweises von Überstunden (*BAG* 09.12.1980 EzA § 87 BetrVG 1972 Betriebliche Ordnung Nr. 5 S. 31 ff. = AP Nr. 2 zu § 87 BetrVG 1972 Ordnung des Betriebes Bl. 2 ff. *[abl. Pfarr]* = AuR 1982, 38 *[abl. Wohlgemuth]* = AfP 1981, 368 *[krit. Eckhardt]*, wo allerdings nicht auf die Unverbindlichkeit der Anordnung abgestellt wird), die Anordnung, **schriftliche Tätigkeitsberichte** abzufassen, **Tagebücher** zu führen (*LAG Düsseldorf* 17.01.1975 DB 1975, 556; *LAG Hamm* 12.11.1976 EzA § 87 BetrVG 1972 Betriebliche Ordnung Nr. 2 S. 24; 23.09.1981 DB 1982, 385; **a. M.** *ArbG Frankfurt a. M.* 04.07.1979 BB 1979, 176) oder das **Arbeitsergebnis** mit einer **Erkennungsnummer** zu versehen (*LAG Hamm* 16.10.1990 LAGE § 87 BetrVG 1972 Betriebliche Ordnung Nr. 7 S. 3). Das ist auch bei **sonstigen mündlichen** oder **schriftlichen Berichten** über die geschuldete Arbeit anzunehmen (so für das Ausfüllen von Vor-

drucken über Stückzahl und Produktionszeiten *LAG Köln* 17.02.1993 ARSt. 1993, 170 Nr. 2105). Entsprechendes gilt für die Einführung sog. **erweiterter Stempelkarten** (*ArbG Duisburg* 11.10.1978 DB 1979, 460).

Die **Anordnung** einer **Dienstreise** außerhalb der regulären Arbeitszeit betrifft das mitbestimmungs- **213** freie Arbeitsverhalten und nicht das Verhalten der Arbeitnehmer in Bezug auf die Ordnung des Betriebes (*BAG* 23.07.1996 EzA § 87 BetrVG 1972 Arbeitszeit Nr. 55 S. 4 ff. *[Berger-Delhey]* = AP Nr. 26 zu § 87 BetrVG 1972 Ordnung des Betriebes Bl. 2 ff.). Auch der Erlass einer **Dienstreiseordnung**, in der die Erstattung von Dienstreisekosten und das Verfahren bei der Genehmigung und Abrechnung der Dienstreise geregelt werden, ist mitbestimmungsfrei (*BAG* 08.12.1981 EzA § 87 BetrVG 1972 Betriebliche Ordnung Nr. 8 S. 58 ff. = AP Nr. 6 zu § 87 BetrVG 1972 Lohngestaltung Bl. 1 ff. *[zust. Kraft]* = SAE 1983, 73 *[zust. Hanau]*; 27.10.1998 EzA § 87 BetrVG 1972 Betriebliche Lohngestaltung Nr. 66 S. 7 = AP Nr. 99 zu § 87 BetrVG 1972 Lohngestaltung Bl. 3 R; *Fitting* § 87 Rn. 72; *Kaiser/LK* § 87 Rn. 45; *Richardi* § 87 Rn. 195; *Stege/Weinspach/Schiefer* § 87 Rn. 47a; *Worzalla/HWGNRH* § 87 Rn. 140; **a. M.** *Klebe/DKKW* § 87 Rn. 64). Durch die gleichmäßige Handhabung wird zwar hier wie in den Fällen der Rdn. 211 auch für das Verhalten der Arbeitnehmer eine bestimmte Ordnung geschaffen, die aber nicht auf den Betrieb, sondern die jeweils geschuldete Arbeitsleistung bezogen ist. Zu Dienstreisen des Arbeitnehmers ferner *Hunold* AR-Blattei SD 590; *Loritz* NZA 1997, 1188 ff.; *Wiese/Gutzeit* Rdn. 311, 422.

Mitbestimmungsfrei sind schließlich Maßnahmen, mit denen sonstige **Auskünfte über** die **Erfül-** **214** **lung** der **Arbeitspflicht** verlangt oder auf damit im Zusammenhang stehende **Pflichten hingewiesen** wird. Das gilt z. B. für die Versendung eines Schreibens an Arbeitnehmer, mit dem Auskunft über deren häufige Fehlzeiten erbeten wird (*ArbG Berlin* 03.04.1974 DB 1974, 1167; *Stege/Weinspach/Schiefer* § 87 Rn. 47a; *Worzalla/HWGNRH* § 87 Rn. 140) oder eine Betriebsmitteilung mit dem Hinweis auf eine bereits bestehende Geheimhaltungspflicht des Personals der EDV-Abteilung (*ArbG Solingen* 31.08.1973 DB 1973, 2454; **a. M.** *von Friesen* DB 1980, Beil. Nr. 1, S. 6 Fn. 44); anders bei einer Unterschriftenaktion, mit der die Arbeitnehmer zusätzlich verpflichtet werden sollen, eine durch Arbeitsordnung begründete Geheimhaltungspflicht schriftlich zu bestätigen (*LAG Hamm* 17.12.1980 DB 1981, 1336 f.; *Stege/Weinspach/Schiefer* § 87 Rn. 44b; *Worzalla/HWGNRH* § 87 Rn. 139).

Betreffen dagegen **Anordnungen**, die **sich auf die Arbeitspflicht beziehen, zugleich** das **Verhal-** **215** **ten** der **Arbeitnehmer** im Betrieb, ist die Mitbestimmung des Betriebsrats nur ausgeschlossen, soweit bereits eine **Pflicht** des **Arbeitnehmers** zu einem **bestimmten Verhalten** besteht, der Arbeitgeber also nur einen eindeutigen Anspruch geltend macht (zust. *Hanau* Anm. SAE 1983, 74 [76]; vgl. auch Rdn. 192 f.; *BAG* 15.12.1961 AP Nr. 3 zu § 56 BetrVG Ordnung des Betriebes Bl. 2; *LAG Hamm* 22.04.1977 ARSt. 1978, 142 Nr. 1210; *ArbG Solingen* 31.08.1973 DB 1973, 2454; *Richardi* § 87 Rn. 180). **Stellenbeschreibungen** beziehen sich als solche nur auf die Arbeitspflicht und sind dann mitbestimmungsfrei (*Galperin/Löwisch* § 87 Rn. 62; *Harmsen* BB 1980, 1219 ff.; *Worzalla/HWGNRH* § 87 Rn. 140); sie können aber auch über die Arbeitspflicht hinausgehende verhaltensbedingte Regelungen enthalten und insoweit mitbestimmungspflichtig sein (**a. M.** wohl *Harmsen* BB 1980, 1219 [1220]; zu sog. Zeitlohnkarten *LAG Düsseldorf/Köln* 28.01.1981 DB 1981, 849 [850]; zu arbeitsbegleitenden Papieren, deren Zweck über die individuelle Kontrolle der Leistung hinausgeht, *LAG Düsseldorf/Köln* 21.11.1978 Gewerkschafter 1981, Heft 2, S. 31).

Die Mitbestimmung ist deshalb nicht schon zu verneinen, wenn der Arbeitnehmer aufgrund des Ar- **216** beitsvertrags überhaupt zu einem auf die Ordnung des Betriebs bezogenen Verhalten verpflichtet ist, weil sonst die Mitbestimmung des Betriebsrats so gut wie nie gegeben wäre. Denn es gehört zu den **vertraglichen Verpflichtungen** des **Arbeitnehmers, rechtmäßig erlassene Vorschriften** über die **betriebliche Ordnung nicht zu verletzen** (*BAG* 17.10.1989 AP Nr. 12 zu § 87 BetrVG 1972 Betriebsbuße Bl. 4; *LAG Düsseldorf* 12.05.1977 EzA § 611 BGB Arbeitnehmerhaftung Nr. 33 S. 112; *Hueck/Nipperdey* I, S. 261; *U. Luhmann* Betriebsjustiz und Rechtsstaat, S. 110 f.; *Nikisch* I, S. 256 f.; *Worzalla/HWGNRH* § 87 Rn. 152; *Zöllner* ZZP 1970, 365 [387]). Entscheidend ist, ob ein Regelungsspielraum besteht. Das ist zu verneinen, wenn der Betriebsrat keine inhaltlich abweichende Regelung verlangen kann. Dem Betriebsrat ist daher die aufgrund der Treuepflicht bestehende Verpflichtung des Arbeitnehmers, nicht gegen die betriebliche Ordnung zu verstoßen, vorgegeben. Er kann nur den verbleibenden Regelungsspielraum mitgestalten (vgl. auch *Richardi* § 87 Rn. 180).

217 Hinsichtlich **Bekleidungsregelungen** konnte in einem vom BAG (15.12.1961 AP Nr. 3 zu § 56 BetrVG Ordnung des Betriebes) entschiedenen Fall davon ausgegangen werden, dass die mit dem Verpacken der Margarine beschäftigten Arbeitnehmer entsprechend der von ihnen übernommenen Funktion verpflichtet waren, hygienische Kleidung einschließlich einer Mütze zu tragen. Verlangt der Arbeitgeber nur die Erfüllung dieser Verpflichtung, hat der Betriebsrat nicht mitzubestimmen; ein regelungsbedürftiger Tatbestand liegt nicht vor (vgl. auch BAG 18.04.2000 EzA § 87 BetrVG 1972 Betriebliche Ordnung Nr. 27 S. 6 = AP Nr. 33 zu § 87 BetrVG 1972 Überwachung Bl. 3 R; 11.06.2002 EzA § 87 BetrVG 1972 Betriebliche Ordnung Nr. 28 S. 3 = AP Nr. 38 zu § 87 BetrVG 1972 Ordnung des Betriebes Bl. 1 R: äußeres Erscheinungsbild; 17.01.2012 EzA § 87 BetrVG 2001 Betriebliche Ordnung Nr. 7 Rn. 21 = AP Nr. 41 zu § 87 BetrVG 1972 Ordnung des Betriebes). Das gilt ebenso hinsichtlich des »Ob« für alle **gesetzlich** oder **berufsgenossenschaftlich vorgeschriebenen** bzw. **funktionsnotwendigen Bekleidungsvorschriften** (Kaiser FS Kreutz, 2010, S. 183 [186 f.]). Dient die Anordnung des Tragens einer einheitlichen Arbeits-, Berufs-, Firmen- bzw. Dienstkleidung (dazu ausführlich Fischer NZA-RR 2015, 169 ff.) dagegen dazu, das **äußere Erscheinungsbild** eines **Unternehmens** zu **fördern**, so besteht bei den Modalitäten der Erfüllung dieser Verpflichtung ein weiter Regelungsspielraum. Das gilt auch für die Frage, wer die Kleidung zu beschaffen hat. Soweit der Arbeitnehmer nicht selbst die Kleidung stellen muss und ihm die Auswahl überlassen bleibt, sondern Einzelheiten – z. B. Schnitt und Farbe – der vom Arbeitgeber zur Verfügung zu stellenden **Arbeitskleidung** kollektiv festzulegen sind, handelt es sich um eine Frage der Ordnung des Betriebs, die der Mitbestimmung des Betriebsrats unterliegt; Gleiches gilt für die vom Arbeitnehmer zu stellende Arbeitskleidung bei Bekleidungsvorschriften (BAG 08.08.1989 EzA § 87 BetrVG 1972 Betriebliche Ordnung Nr. 13 S. 7 f. [Wiese] = AP Nr. 15 zu § 87 BetrVG 1972 Ordnung des Betriebes Bl. 3 f. = SAE 1990, 340 [Henssler]; 01.12.1992 EzA § 87 BetrVG 1972 Betriebliche Ordnung Nr. 20 S. 3 f. [von Hoyningen-Huene] = AP Nr. 20 zu § 87 BetrVG 1972 Ordnung des Betriebes Bl. 1 R f.; 13.02.2007 EzA § 87 BetrVG 2001 Betriebliche Ordnung Nr. 2 S. 5 ff. = AP Nr. 40 zu § 87 BetrVG 1972 Ordnung des Betriebes Bl. 2 ff. [Edenfeld]; 17.01.2012 EzA § 87 BetrVG 2001 Betriebliche Ordnung Nr. 7 Rn. 22 f. = AP Nr. 41 zu § 87 BetrVG 1972 Ordnung des Betriebes: Unwirksamkeit eines Einigungsstellenspruches, der dem Arbeitgeber die Bestimmung des persönlichen Geltungsbereiches belässt [Rn. 24 ff.] und Umkleidemöglichkeiten des dienstkleidungspflichtigen Personals nicht regelt [Rn. 27 ff.]; LAG Baden-Württemberg 21.10.2015 LAGE § 50 BetrVG 2001 Nr. 2 Rn. 81 ff.; LAG Berlin 20.09.2005 LAGE § 87 BetrVG 2001 Betriebliche Ordnung Nr. 3 S. 3 ff.; LAG Frankfurt a. M. 23.08.1977 AuR 1978, 282; LAG Köln 08.06.1988 LAGE § 87 BetrVG 1972 Betriebliche Ordnung Nr. 5 S. 3 ff.; 18.08.2010 NZA-RR 2011, 85 [87 f.]; LAG Nürnberg 10.09.2002 AuR 2003, 124 f.; ArbG Frankfurt a. M. 07.03.1977 ARSt. 1978, 47 [Nr. 1093]; 08.08.1988 AiB 1989, 17; Brose/Greiner/Preis NZA 2011, 369 [371 ff.]; Däubler Das Arbeitsrecht II, Rn. 458; Fitting § 87 Rn. 70; Galperin/Löwisch § 87 Rn. 59a, 61, 63; Hueck/Nipperdey II/2, S. 1374 Fn. 24d; Klebe/DKWK § 87 Rn. 62; Neumann-Duesberg, S. 490 Fn. 104; ders. JuS 1966, 112 ff.; Nikisch III, S. 413 f.; Richardi § 87 Rn. 180, 188, 198; Worzalla/HWGNRH § 87 Rn. 134; vgl. auch LAG Frankfurt a. M. 22.08.1966 DB 1967, 251; **a. M.** Kaiser FS Kreutz, 2010, S. 183 [192 ff.], bei serviceorientierter Einheitskleidung und bei Geschmacksfragen; Kaiser/LK § 87 Rn. 46 ff. mit Einschränkungen). Die Einführung von **Namensschildern** an der Dienstkleidung von Mitarbeitern im Fahrdienst eines öffentlichen Verkehrsbetriebes konkretisiert nicht unmittelbar und ausschließlich die Arbeitspflicht und ist daher mitbestimmungspflichtig (BAG 11.06.2002 EzA § 87 BetrVG Betriebliche Ordnung Nr. 28 S. 3 f. = AP Nr. 38 zu § 87 BetrVG 1972 Ordnung des Betriebes Bl. 2 = AuR 2003, 233 [Heese]; LAG Nürnberg 21.08.2001 LAGE § 87 BetrVG 1972 Betriebliche Ordnung Nr. 12; **a. M.** wohl BAG 18.04.2000 EzA § 87 BetrVG Betriebliche Ordnung Nr. 27 S. 6 = AP Nr. 33 zu § 87 BetrVG 1972 Überwachung Bl. 3 R für Schalterbeamte einer Bank; Kaiser/LK § 87 Rn. 45). Die Mitbestimmung des Betriebsrats ist auch in einem **Betrieb** eines **Franchisenehmers** gegeben, selbst wenn der Franchisevertrag eine bestimmte Dienstkleidung vorschreibt (ebenso Selzner Betriebsverfassungsrechtliche Mitbestimmung in Franchise-Systemen [Diss. Bonn], 1994, S. 53 ff.). Zur **Zuständigkeit** des **Gesamtbetriebsrats** bei Regelung einer einheitlichen Dienstkleidung im Unternehmen BAG 17.01.2012 EzA § 87 BetrVG 2001 Betriebliche Ordnung Nr. 7 Rn. 19, 23 = AP Nr. 41 zu § 87 BetrVG 1972 Ordnung des Betriebes; LAG Baden-Württemberg LAGE § 50 BetrVG 2001 Nr. 2 Rn. 83 ff.

Hat der Betriebsrat mitzubestimmen, ist jedoch die **kollektive Regelung nur zulässig**, wenn die mit   218
ihr **verfolgten Interessen gegenüber** dem **Persönlichkeitsinteresse** der **Arbeitnehme**r, nicht in
ihrer Entfaltungsfreiheit beeinträchtigt zu werden, als **vorrangig anzusehen** sind (*Wiese* UFITA
Bd. 64, 1972, S. 145 [155 ff.] = FS *Roeber*, 1973, S. 671; *BAG* 13.02.2007 EzA § 87 BetrVG 2001 Betriebliche Ordnung Nr. 2 S. 9 ff. = AP Nr. 40 zu § 87 BetrVG 1972 Ordnung des Betriebes Bl. 4 ff.
[Edenfeld]; *LAG Hamm* 22.10.1991 LAGE § 611 BGB Direktionsrecht Nr. 11; *LAG Köln* 18.08.2010
NZA-RR 2011, 85 [87 f.]; *ArbG Mannheim* 16.02.1989 BB 1989, 1201; *Brose / Greiner / Preis* NZA
2011, 369 [374 ff.]; *Däubler* AiB 2009, 350 ff.; *Duchstein* BB 2011, 1717 ff.; *Fitting* § 75 Rn. 160,
§ 87 Rn. 70; *Kaiser / LK* § 87 Rn. 40; *Klebe / DKKW* § 87 Rn. 61). Deshalb wäre es unzulässig, für
sämtliche Arbeitnehmer während des Dienstes eine einheitliche »**Karrierekleidung**« vorzuschreiben
(*Wiese* UFITA Bd. 64, 1972, S. 145 [157]). Die Verpflichtung männlicher Piloten zum Tragen einer
Cockpit-Mütze verstößt gegen das Gleichbehandlungsgebot, wenn es Pilotinnen freigestellt ist, ob
sie die Cockpit-Mütze tragen (*BAG* 30.09.2014 EzA § 87 BetrVG 2001 Betriebliche Ordnung Nr. 11
Rn. 13 ff. = AP Nr. 46 zu § 87 BetrVG 1972 Ordnung des Betriebes *[Otto]*; dazu *Fischer* NJW 2015,
744 ff.; **a. M.** *LAG Köln* 29.10.2012 LAGE § 7 AGG Nr. 4 Rn. 81 ff.).

Die Mitbestimmung bezieht sich zwar darauf, wer die Arbeitskleidung zu beschaffen hat, jedoch sind   219
Kostenfragen nicht nach § 87 Abs. 1 Nr. 1 mitbestimmungspflichtig (Rdn. 39 ff.; *BAG* 01.12.1992
EzA § 87 BetrVG 1972 Betriebliche Ordnung Nr. 20 S. 7 *[von Hoyningen-Huene]* = AP Nr. 20 zu § 87
BetrVG 1972 Ordnung des Betriebes Bl. 2 ff. = SAE 1994, 316 *[Ch. Weber]*; 11.07.2000 EzA § 87
BetrVG 1972 Sozialeinrichtung Nr. 17 S. 5 = AP Nr. 16 zu § 87 BetrVG 1972 Sozialeinrichtung Bl. 2
R *[von Hoyningen-Huene]*; 13.02.2007 EzA § 87 BetrVG 2001 Betriebliche Ordnung Nr. 2 S. 7 ff. =
AP Nr. 40 zu § 87 BetrVG 1972 Ordnung des Betriebs Bl. 3 ff. *[Edenfeld]*; *LAG Berlin* 20.09.2005
LAGE § 87 BetrVG 2001 Betriebliche Ordnung Nr. 3 S. 3 ff.; zu **Reinigungskosten** für Hygienekleidung *BAG* 14.06.2016 AuR 2016, 304; *Fitting* § 87 Rn. 70; *Wiese* FS *Richardi*, 2007, S. 817 [820 f.,
825 ff.]: Vertrag zugunsten Dritter; *Worzalla / HWGNRH* § 87 Rn. 134; **a. M.** *Galperin / Löwisch* § 87
Rn. 64 – richtig *Kaiser / LK* § 87 Rn. 49; *Hanau* RdA 1973, 281 [283]; *Kammann / Hess / Schlochauer*
§ 87 Rn. 49) und können grundsätzlich (außer bei privater Nutzung) auch **nicht Gegenstand** einer
freiwilligen Betriebsvereinbarung (§ 88) sein (*BAG* 01.12.1992 EzA § 87 BetrVG 1972 Betriebliche Lohngestaltung Nr. 20 S. 7 *[von Hoyningen-Huene]* = AP Nr. 20 zu § 87 BetrVG 1972 Ordnung
des Betriebes Bl. 3 f.; vgl. aber auch 13.02.2007 EzA § 87 BetrVG 2001 Betriebliche Ordnung Nr. 2
S. 9 = AP Nr. 40 zu § 87 BetrVG 1972 Ordnung des Betriebs Bl. 4 *[Edenfeld]*; **a. M.** *Kaiser / LK* § 87
Rn. 49; zur Kostentragung für Schutz- sowie Arbeitskleidung Rdn. 652). Maßgebend sind einzelvertragliche, tarifliche oder gesetzliche Vorschriften. Zur Vergütungspflicht des Zeitaufwandes beim Abholen von Dienstkleidung *BAG* 19.03.2014 (EzA § 611 BGB 2002 Nr. 5 Rn. 14 ff. = AP Nr. 45 zu
§ 611 BGB Arbeitszeit; zu Umkleidezeiten *Wiese / Gutzeit* Rdn. 312).

Zum **Kopftuchverbot** *BVerfG* 24.09.2003 E 108, 282 (294 ff.); 27.01.2015 E 138, 296 Rn. 77 ff. =   220
EzA Art. 4 GG Nr. 3 zu § 57 Abs. 4 SchulG NW: erforderlich eine hinreichend konkrete Gefährdung
oder Störung des Schulfriedens oder der statlichen Neutralität in einer beachtlichen Zahl von Fällen,
zur abweichenden Meinung des Richters Schluckebier und der Richterin Hermanns E 138, 296
(359 ff.) = EzA Art. 4 GG Nr. 3 S. 51 ff.; *BAG* 10.10.2002 EzA § 1 KSchG Verhaltensbedingte Kündigung Nr. 58 S. 7 ff. *[Rüthers]* = AP Nr. 44 zu § 1 KSchG 1969 Verhaltensbedingte Kündigung
Bl. 4 ff. *[Adam]*; die dagegen eingelegte Verfassungsbeschwerde wurde vom *BVerfG* 30.07.2003 AP
Nr. 134 zu Art. 12 GG nicht zur Entscheidung angenommen; *BAG* 20.08.2009 EzA § 611 BGB
2002 Abmahnung Nr. 4 Rn. 10 ff. = AP Nr. 6 zu Art. 4 GG *[Stein]* – aufgehoben und zurückverwiesen durch *BVerfG* 27.01.2015 E 138, 296 Rn. 157; *BAG* 10.12.2009 AP Nr. 7 zu Art. 4 GG Rn. 14 ff.
– aufgehoben und zurückverwiesen durch *BVerfGE* 138, 296 Rn. 57; *BAG* 12.08.2010 AP Nr. 8 zu
Art. 4 GG Rn. 12 ff. zu § 7 Abs. 6 Satz 1 a. F. (jetzt: § 7 Abs. 8 Satz 1) KiTaG BW; der dagegen eingelegten Verfassungsbeschwerde wurde stattgegeben: *BVerfG* – 2. Kammer des Ersten Senats vom
18.10.2016 NZA 2016, 1522 ff.; 24.09.2014 EzA § 611 BGB 2002 Kirchliche Arbeitnehmer Nr. 33
Rn. 34 ff. = AP Nr. 135 zu § 615 BGB; *LAG Düsseldorf* 10.04.2008 LAGE Art. 4 GG Nr. 6; *ArbG
Berlin* 14.04.2016 AuR 2016, 218; *Kokott (EuGH – Schlussantrag)* AuR 2016, 302; *Sharpston (EuGH
– Schlussantrag)* DB 2016, 2002; zu beiden Schlussanträgen AuR 2016, 467 ff.; *Thüsing* ZfA 2016,
409 ff.; zum Entschädigungsanspruch einer abgelehnten Bewerberin wegen ihres Kopftuchs *LAG Berlin / Brandenburg* 09.02.2017 – 14 Sa 1038/16. Der **EuGH** (14.03.2017 NZA 2017, 373 ff.) hat in der

internen Regel eines privaten Unternehmens, die das sichtbare Tragen jedes politischen, philosophischen oder religiösen Zeichens (hier islamisches Kopftuch) am Arbeitsplatz verbietet, keine unmittelbare Diskriminierung wegen der Religion oder der Weltanschauung i.S.d. Richtlinie 2000/78/EG gesehen (Rn. 22 ff.) und eine mittelbare Diskriminierung im entschiedenen Rechtsstreit verneint, wenn das Kopftuchverbot durch ein rechtmäßiges Ziel sachlich gerechtfertigt und zur Erreichung dieses Ziels angemessen und erforderlich ist, was vom vorlegenden Gericht abzuwägen und zu entscheiden sei (Rn. 35 ff., hier Neutralität der Beschäftigten mit Kundenkontakt). Dagegen hat der EuGH (14.03.2017 NZA 2017, 375 ff.) subjektive Erwägungen wie den Willen des Arbeitgebers, Kundenwünschen zu entsprechen, Leistungen des Arbeitgebers nicht von einer Arbeitnehmerin mit islamischem Kopftuch ausführen zu lassen, nicht als eine wesentliche und entscheidende Anforderung i.S.d. Art. 4 Abs. 1 der Richtlinie 2000/78/EG anerkannt (Rn. 25 ff.; zu beiden Entscheidungen *Stein* NZA 2017, 828 ff.). Zum Verbot des Tragens eines muslimischen Kopftuches für Referendarinnen in Hessen *BVerfG* 1. Kammer 27.06.2017 – 2 BvR 1333/17 – Rn. 29 ff.; *Hess VGH* 23.05.2017 AuR 2017, 317; **a.M.** Vorinstanz *VG Frankfurt* 13.04.2017 AuR 2017, 273; zum Ganzen *Schubert* NJW 2017, 2582 ff. Zur Zuständigkeit für die Regelung einer **Krawattenpflicht** *LAG Baden-Württemberg* 21.10.2015 AuR 2015, 464; zum Gesamtkomplex der mit **Kleidung, Haar- und Barttracht, Kosmetik und Schmuck** im Arbeitsverhältnis zusammenhängenden Fragen *Wiese* UFITA Bd. 64, 1972, S. 145 ff. Für letztere Angelegenheiten gelten die zu Bekleidungsregelungen dargelegten Grundsätze entsprechend (zust. *Worzalla/HWGNRH* § 87 Rn. 135; vgl. auch BVerwG 02.03.2006 AuR 2006, 327 *[Walter]*); zu **Fingernägeln, Haarfärbungen, Makeup** *LAG Köln* 18.08.2010 NZA-RR 2011, 85 (87); zur Schweiz *Schwaab* AuR 2011, 100 f.

g) Einzelfragen

221 Nach Maßgabe der vorstehend entwickelten Grundsätze können u. a. folgende Angelegenheiten mitbestimmungspflichtig sein (vgl. auch *Fitting* § 87 Rn. 71; *Hueck/Nipperdey* II/2, S. 1373 f.; *Kaiser/LK* § 87 Rn. 41 ff.; *Klebe/DKKW* § 87 Rn. 62 ff.; *Neumann-Duesberg*, S. 484 ff.; *Nikisch* III, S. 412; *Richardi* § 87 Rn. 184 ff.; *Thalhofer* Betriebsverfassungsrechtlicher Beseitigungsanspruch [Diss. Regensburg], 1999, S. 153 ff.; *Stege/Weinspach/Schiefer* § 87 Rn. 44b; *Worzalla/HWGNRH* § 87 Rn. 139):

222 Bei **Maßnahmen** zur **Kontrolle** der **Arbeitnehmer** einschließlich Meldepflichten ist scharf zwischen der Überwachung der Arbeitsleistung, die nur nach Maßgabe des § 87 Abs. 1 Nr. 6 mitbestimmungspflichtig ist (Rdn. 210 f., *Wiese/Gutzeit* Rdn. 506 ff.), und der Überwachung des Verhaltens der Arbeitnehmer in Bezug auf die Ordnung des Betriebs zu unterscheiden, die außer bei technischen Überwachungseinrichtungen (*Wiese/Gutzeit* Rdn. 506 ff.) nach § 87 Abs. 1 Nr. 1 der Mitbestimmung unterliegt. Dazu gehören, soweit die Kontrollen als solche rechtlich zulässig sind (dazu *Michaelis/Oberhofer/Rose* JArbR Bd. 19 [1981], 1982, S. 26 [29 ff.]; *Ossberger* Betriebliche Kontrollen – ihre Voraussetzungen und Grenzen [Diss. Erlangen/Nürnberg], 1981, S. 131 ff.; zum Ganzen auch *Pohl* Mitbestimmung gemäß § 87 Abs. 1 Nr. 1 BetrVG, S. 159 ff.), Regelungen über
– **Abmeldung** beim Verlassen des Arbeitsplatzes und **Rückmeldung**; zur Krankmeldung Rdn. 235; zu Betriebsratsmitgliedern Rdn. 188 ff.;
– **Anwesenheitskontrollen:** *BAG* 25.05.1982 AP Nr. 53 zu § 611 BGB Dienstordnungs-Angestellte Bl. 2 R; **a. M.** *Kaiser/LK* § 87 Rn. 52;
– **Biometrische Zugangskontrolle**: Rdn. 236;
– **Pünktlichkeitskontrollen**, wenn mit der Führung von Anwesenheitslisten die Anordnung an zu spät kommende Arbeitnehmer verbunden ist, sich zur Eintragung in die Liste beim Listenführer zu melden: *BAG* 09.12.1980 EzA § 87 BetrVG 1972 Betriebliche Ordnung Nr. 5 S. 32 = AP Nr. 2 zu § 87 BetrVG 1972 Ordnung des Betriebes Bl. 2 R *[Pfarr]* unter Bezugnahme auf einen Beschluss vom 18.07.1978 – 1 ABR 80/75, dessen verkürzte Wiedergabe in AuR 1978, 278 unklar ist; **a. M.** *Kaiser/LK* § 87 Rn. 52;
– **Taschenkontrollen:** *BAG* 26.05.1988 EzA § 87 BetrVG 1972 Nr. 11 S. 4 = AP Nr. 14 zu § 87 BetrVG 1972 Ordnung des Betriebes Bl. 2; 12.08.1999 EzA § 626 BGB Verdacht strafbarer Handlung Nr. 8 S. 12 f. *[Walker]* =AP Nr. 28 zu § 626 BGB Verdacht strafbarer Handlung Bl. 6 f.; 13.12.2007 EzA § 626 BGB 2002 Rn. 21 m. w. N. = AP Nr. 210 zu § 626 BGB; die dafür aufgewendete Zeit ist keine Arbeitszeit i. S. d. § 87 Abs. 1 Nr. 2 und Nr. 3: *LAG Nürnberg* 10.10.2006, BB 2007, 448; zum Persönlichkeitsschutz *BAG* 09.07.2013 (EzA § 29 BetrVG 2001 Nr. 2 Rn. 18,

21 ff. = AP Nr. 7 zu § 29 BetrVG 1972) sowie 15.04.2014 (EzA § 29 BetrVG 2001 Nr. 4 Rn. 18, 39 ff. = AP Nr. 9 zu § 29 BetrVG 1972);
- **Torkontrollen** mit oder ohne Leibesvisitationen: *BAG* 26.05.1988 EzA § 87 BetrVG 1972 Nr. 11 S. 4 *(Löwisch/Rieble)* = AP Nr. 14 zu § 87 BetrVG 1972 Ordnung des Betriebes Bl. 2 = AiB 1989, 16 *(Däubler)* = SAE 1989, 138 *(Fabricius)* = AuR 1989, 95 *(Beck/Trümner)*; *LAG Düsseldorf* 21.11.1967 DB 1967, 2230; 14.12.1979 EzA § 50 BetrVG 1972 Nr. 5 S. 35; zur Zulässigkeit *Hueck/Nipperdey* I, S. 240; *Nikisch* I, S. 257; *Seefried* AiB 1999, 428 ff.; *Wiese* ZfA 1971, 273 [305 m. w. N.]; nicht bei Videokamera-Attrappen: *Lang/Lachenmann* NZA 2015, 291 f.; zum Übermaßverbot *Blomeyer* 25 Jahre Bundesarbeitsgericht, 1979, S. 17 [27 f.]; zur Zulässigkeit vorbeugender Torkontrollen nach § 32 BDSG *Joussen* NZA 2010, 254 ff.;
- **Verhaltenskontrollen**, soweit sie nicht nur auf die Arbeitsleistung bezogen sind: *LAG Düsseldorf/Köln* 28.01.1981 DB 1981, 849 [850];
- Einführung, Ausgestaltung und Nutzung von **Werksausweisen** oder **Passierscheinen**, nicht aber deren besondere Kennzeichnung für nicht ausgesperrte Arbeitnehmer bei zulässiger Teilaussperrung als Maßnahme des Arbeitskampfes: *BAG* 16.12.1986 AP Nr. 13 zu § 87 BetrVG 1972 Ordnung des Betriebes Bl. 3 R ff. (krit. *Rüthers/Henssler*) = AR-Blattei, Arbeitskampf I, Entsch. 26 (zust. *Löwisch*); *Richardi* § 87 Rn. 205; bei Erhaltungsarbeiten während eines Arbeitskampfes *Gaumann* NZA 2001, 245 ff.

Rauchverbote sind mitbestimmungsfrei, soweit Rechtsvorschriften eine abschließende zwingende **223** Regelung enthalten (Rdn. 237, *Wiese/Gutzeit* Rdn. 648; BNichtrSchG vom 20.07.2007 [BGBl. I, S. 1595] und landesrechtliche Vorschriften; *Leßmann* Rauchverbote am Arbeitsplatz, S. 107 f.; zum Ganzen *Dietrich* Nichtraucherschutz am Arbeitsplatz, 2008; *Grimm/Windeln* ArbRB 2008, 273 ff.; *Kohte*/MünchArbR § 293 Rn. 20 ff.). Das gilt auch im Rahmen der §§ 5, 6 Abs. 1 ArbStättV. Nach § 5 ArbStättV i. d. F. der VO vom 30.11.2016 (BGBl. I, S. 2681,) hat der Arbeitgeber die erforderlichen Maßnahmen zu treffen, damit die nicht rauchenden Beschäftigten in Arbeitsstätten wirksam vor den Gesundheitsgefahren durch Tabakrauch geschützt sind (Abs. 1 Satz 1). Nach dem durch Art. 2 BNichtrSchG angefügten Satz 2 hat der Arbeitgeber, soweit erforderlich, ein allgemeines oder auf einzelne Bereiche der Arbeitsstätte beschränktes Rauchverbot zu erlassen. Diese Verpflichtung ist mitbestimmungsfrei (*Uhl/Polloczek* BB 2008, 1114 ff.). In Arbeitsstätten mit Publikumsverkehr hat der Arbeitgeber beim Einrichten und Betreiben von Arbeitsräumen der Natur des Betriebes entsprechende und der Art der Beschäftigung angepasste technische oder organisatorische Maßnahmen nach Abs. 1 zum Schutz der nicht rauchenden Beschäftigten zu treffen (zu Abs. 2 a. F. *Schulze-Osterloh* FS *Kreutz*, 2010, S. 463 [468 ff.]).Nach näherer Maßgabe des § 6 Abs. 1 ArbStättV hat der Arbeitgeber den Beschäftigten ausreichende und angemessene Informationen anhand der Gefährdungsbeurteilung und in einer für die Beschäftigten verständlichen Form und Sprache zur Verfügung zu stellen(zu § 5 ArbStättV a. F. *B. Buchner* BB 2002, 2382; *Düwell* AiB 2002, 400; *Lorenz* DB 2003, 721; *Wellenhofer-Klein* RdA 2003, 155). Den hiernach bestehenden Pflichten des Arbeitgebers kann sich der Betriebsrat nicht widersetzen, jedoch hat er in vollem Umfang über die zu treffenden geeigneten Maßnahmen mitzubestimmen; allerdings handelt es sich dabei in der Regel um einen Anwendungsfall des **§ 87 Abs. 1 Nr. 7** (*Gutzeit* Rdn. 648 m. w. N.; *Leßmann* Rauchverbote am Arbeitsplatz, S. 279 ff.). Entsprechendes gilt, wenn der Arbeitgeber zum unbedingt notwendigen Schutz der Betriebsmittel das Rauchen verbietet (Rdn. 193; *Leßmann* Rauchverbote am Arbeitsplatz, S. 125 ff.). Auch soweit er verlangt, das Rauchen zu unterlassen, weil der Arbeitnehmer damit gegen die Vertragspflicht verstoßen würde, seine Arbeitsleistung ordnungsgemäß zu erbringen (vgl. auch *BAG* 19.01.1999 EzA § 87 BetrVG 1972 Betriebliche Ordnung Nr. 24 S. 6 = AP Nr. 28 zu § 87 BetrVG 1972 Ordnung des Betriebes Bl. 3 R *[von Hoyningen-Huene]*; 23.09.1986 EzA § 87 BetrVG 1972 Betriebliche Ordnung Nr. 12 S. 85 = AP Nr. 20 zu § 75 BPersVG Bl. 2 R), hat der Betriebsrat nicht mitzubestimmen (*Leßmann* Rauchverbote am Arbeitsplatz, S. 121 ff.). Das wäre der Fall, wenn die ordnungsgemäße Erledigung der Arbeit – z. B. bei der Bedienung von Kunden (vgl. auch *LAG Frankfurt a. M.* 06.07.1989 LAGE § 611 BGB Direktionsrecht Nr. 5 S. 3 ff.) oder in der Krankenpflege – darunter leiden würde. Deshalb besteht kein Mitbestimmungsrecht bei einem Rauchverbot für Stations- und Funktionsräume einer Klinik, während es für Stationsdienstzimmer zu bejahen ist, weil diese nicht für Patienten bestimmt sind (*LAG München* 29.10.1985 LAGE § 87 BetrVG 1972 Betriebliche Ordnung Nr. 2 S. 4). Zum **Anspruch** des Arbeitnehmers auf einen **tabakrauchfreien Arbeitsplatz** *BAG* 17.02.1998 EzA

§ 618 BGB Nr. 14 S. 3 ff. (*Streckel*) = AP Nr. 26 zu § 618 BGB Bl. 1 R ff. (*Börgmann*); 19.05.2009 EzA § 618 BGB 2002 Nr. 4 Rn. 22 ff. = AP Nr. 30 zu § 618 BGB *[B. Buchner]*; 10.05.2016 EzA § 618 BGB 2002 Nr. 5 Rn. 10 ff. (*Adam*) einschränkend zu § 5 Abs. 2 ArbStättVa. F. = AP Nr. 32 zu § 618 BGB; *Kock* NJW 2017, 198 ff.; *Wank/ErfK* § 618 Rn. 16 ff. m. w. N.

224 In allen anderen Fällen, in denen ein **Rauchverbot nur** der **betrieblichen Ordnung dient** oder ein Regelungsspielraum besteht, hat der Betriebsrat unter Beachtung des § 75 Abs. 2 mitzubestimmen (*BAG* 19.01.1999 EzA § 87 BetrVG 1972 Betriebliche Ordnung Nr. 24 S. 6 = AP Nr. 28 zu § 87 BetrVG 1972 Ordnung des Betriebes Bl. 3 ff. *[von Hoyningen-Huene]* = RdA 1999, 397 *[Börgmann]* = EwiR 1999, 489 *[Wank]*, insbesondere zu den Grenzen der Regelungsbefugnis der Betriebspartner; *LAG München* 27.11.1990 NZA 1991, 521; *Ahrens* AR-Blattei SD 1310, Rn. 151 ff.; *Börgmann* RdA 1993, 275 [281 f.]; *Fitting* § 87 Rn. 71; *Kaiser/LK* § 87 Rn. 41; *Klebe/DKKW* § 87 Rn. 62; *Künzl* BB 1999, 2187; *Leßmann* Rauchverbote am Arbeitsplatz, S. 107 ff., 277 ff.; *ders.* AuR 1995, 241 [245]; *Löwisch* DB 1979, Beil. Nr. 1, insbesondere S. 11 f.; *ders.* ZfA 1996, 293 [316]; *Pohl* Mitbestimmung gemäß § 87 Abs. 1 Nr. 1 BetrVG, S. 179 ff.; *Richardi* § 87 Rn. 190; *Richardi/Vogel* PersV 1998, 81; *Staudinger/Oetker* BGB, § 618 Rn. 181 f.; *Worzalla/HWGNRH* § 87 Rn. 139; *Zapka* Passivrauchen und Recht. Eine kritische Bestandsaufnahme der Rechtsprechung, 1993; *Zöllner* DB 1957, 117; allgemein zur **Gesundheitsgefährdung** durch Rauchen am Arbeitsplatz und zur **Treue-[Fürsorge-]Pflicht** des **Arbeitgebers** *LAG Baden-Württemberg* 09.12.1977 DB 1978, 213 – zur vergleichsweisen Erledigung dieses Rechtsstreits *BAG* 08.01.1980 DB 1980, 264; *Hess. LAG* 11.08.2000 AR-Blattei, ES 1310 Nr. 6; *LAG München* 02.03.1990 BB 1990, 1910; 27.11.1990 NZA 1991, 521; *BayVG München* 28.04.1992 BB 1992, 1854; *BVerwG* 26.11.1987 NJW 1988, 783; *Binz/Sorg* BB 1994, 1709; *Cosack* DB 1999, 1450; *Däubler* Arbeitsrecht II, Rn. 376 ff.; *Heilmann* BB 1994, 715; *ders.* AuR 1997, 145; *Möllers* JZ 1996, 1050; *Schillo/Behling* DB 1997, 2022; *Schmidt* BB 1994, 1213; *Scholz* DB 1979, Beil. Nr. 10; *Staudinger/Oetker* BGB, § 618 Rn. 176 ff.; *Zapka* BB 1992, 1847; *ders.* Passivrauchen und Recht, 1993, sowie zu einem Schadensersatzanspruch des Arbeitnehmers gegen den Arbeitgeber bei Verletzung der Fürsorgepflicht gegenüber Nichtrauchern *ArbG Hamburg* 14.04.1989 BB 1989, 1199). Zum **Nichtraucherschutz** durch den **Gesetzgeber** *BVerfG* 09.02.1998 NJW 1998, 2961; 30.07.2008 BVerfGE 121, 317; 06.08.2008 NJW 2008, 2701, zum **Gegenstandswert** eines betrieblichen Rauchverbots *LAG Hamm* 09.11.2005 NZA-RR 2006, 96; zu »Nichtraucherprämien« *von Steinau-Steinrück/von Vogel* NJW-Spezial 2006, 177. Weitere Nachweise 6. Aufl. § 87 Rn. 215.

225 Die gleichen Grundsätze gelten für **Alkoholverbote** und Maßnahmen zu deren Überwachung (*LAG München* 23.09.1975 BB 1976, 465; *ArbG Bamberg* 12.02.1979 ARSt. 1979, 158 [Nr. 1148]; *Felderhoff* Alkohol und Arbeitsrecht [Diss. Bochum], 1997, S. 98 ff.; *Fitting* § 87 Rn. 71; *Glaubitz* BB 1979, 579; *Hexel/Löffert* BetrR 1983, 5 [13, 46, 102 f.]; *Künzl* BB 1993, 1581 [1586]; *Richardi* § 87 Rn. 190; *Schäfer* Alkoholmissbrauch im Betrieb, 1984, S. 52; *Willemsen/Brune* DB 1988, 2304 [2306]; *Wolber* BlStSozArbR 1977, 134 [135]; *Worzalla/HWGNRH* § 87 Rn. 139). Mitbestimmungspflichtig ist daher unter Beachtung der Unfallverhütungsvorschriften der Berufsgenossenschaften (vgl. etwa § 5 BGV C 7 i. d. F. vom 01.01.1997) ein **absolutes Alkoholverbot** (*BAG* 23.09.1986 AP Nr. 20 zu § 75 BPersVG Bl. 3 f.; *Hess. LAG* 28.08.1997 AiB 1998, 709 f.; vgl. auch *BVerwG* 05.10.1989 EzA § 87 BetrVG 1972 Betriebliche Ordnung Nr. 15). Mitbestimmungsfrei ist die verbindliche Anweisung des Arbeitgebers an Mitarbeiter mit Vorgesetztenfunktion für deren Verhalten gegenüber ihnen unterstellten Arbeitnehmern bei Verdacht auf Alkoholgenuss (*LAG Hamm* 13.07.1988 ARSt. 1989, 175 [Nr. 1197]). Zulässig sind verdachtsunabhängige Suchtmittelkontrollen zur Überprüfung der Arbeitsfähigkeit (*ArbG Hamburg* 01.09.2006 LAGE § 75 BetrVG 2001 Nr. 4 S. 4 ff. *[Bengelsdorf]*). Werden Detektive lediglich zur Beobachtung, ob Arbeitnehmer gegen ein bestehendes Alkoholverbot verstoßen, im Betrieb eingesetzt, so hat der Betriebsrat nicht mitzubestimmen (*LAG Hamm* 28.05.1986 LAGE § 87 BetrVG 1972 Betriebliche Ordnung Nr. 3 S. 5 f.; Rdn. 201). Jedoch ist die Überwachung eines Alkoholverbots durch Detektive bei abschließender Regelung der Überwachung in einer Betriebsvereinbarung unzulässig (*BAG* 10.11.1987 AP Nr. 24 zu § 77 BetrVG 1972 Bl. 2 R ff. *[Schmitt]* = AR-Blattei, BV Entsch. 42 *[Kort]*); die dagegen erhobene Verfassungsbeschwerde wurde vom *BVerfG* nicht zur Entscheidung angenommen: *BVerfG* 27.11.1989 AP Nr. 24a zu § 77 BetrVG 1972). Zur Mitbestimmung des Betriebsrats hinsichtlich in einer Betriebsvereinbarung über ein Alkoholverbot nicht vorgesehener Regelungen zur Überwachung des Verbots *BAG* 13.02.1990 AiB 1991, 272. Zu einer Betriebsvereinbarung über die Bekämpfung des Suchtmissbrauchs zwischen der IG Metall und dem Gesamtbetriebsrat der IG Metall RdA 1989, 182, zur Problematik insgesamt *Bengelsdorf* Alkohol im Betrieb, 2. Aufl. 2003; *ders.* NZA 1999, 1304; *ders.* FA 2008, 162; *ders.* FS *Buchner*, S. 108 ff.; *ders.* SAE 2015, 26 ff.; *Brose* RdA 2015, 198; *Burdich* AiB 1996, 152 mit Entwurf einer Betriebsvereinbarung; *Felderhoff* Alkohol und Arbeitsrecht [Diss. Bochum], 1997, passim; *Feser* Umgang mit suchtgefährdeten Mitarbeitern, 1997; *Fleck* BB 1987, 2029; *Hoch / Ohm* Alkohol und andere Suchtprobleme im Betrieb. Betriebsvereinbarungen – ein wirksames Mittel in der betrieblichen Suchtprävention?, AiB 1998, 437; *Lenfers* Alkohol am Arbeitsplatz. Entscheidungshilfen für Führungskräfte, 2. Aufl. 1993. Kein Verstoß gegen § 75 Abs. 2 ist ein Alkoholverbot während des Dienstes und vor Dienstantritt (*LAG Schleswig-Holstein* 20.11.2007 LAGE § 87 BetrVG 2001 Betriebliche Ordnung Nr. 6 S. 3 ff. [*Bengelsdorf*]).

Bei **Singverboten** ist zu beachten, dass Singen im Betrieb gegen die Vertragspflicht verstoßen kann, selbst ordnungsgemäß zu arbeiten und die Mitarbeiter nicht zu stören, so dass ein insoweit ausdrücklich ausgesprochenes Verbot nur die Geltendmachung einer Vertragspflicht bedeutet und daher mitbestimmungsfrei ist (*Neumann-Duesberg*, S. 489 f.; *ders.* DB 1966, 74 ff.; *Nikisch* III, S. 415; *Richardi* § 87 Rn. 190; **a. M.** *Däubler* Das Arbeitsrecht I, Rn. 960a). Darüber hinausgehende Regelungen sind dagegen mitbestimmungspflichtig (*Neumann-Duesberg*, S. 489 f.). **226**

Entsprechendes gilt für das **Radiohören** (*BAG* 14.01.1986 EzA § 87 BetrVG 1972 Betriebliche Ordnung Nr. 11 S. 77 ff. = AP Nr. 10 zu § 87 BetrVG 1972 Ordnung des Betriebes Bl. 1 R *[von Hoyningen-Huene]* = SAE 1987, 40 *[Natzel]*; *LAG Schleswig-Holstein* 24.08.1988 LAGE § 87 BetrVG 1972 Betriebliche Ordnung Nr. 4 S. 1 ff.; *BVerwG* 30.12.1987 PersonalV 1989, 71 [72 f.]; vgl. auch *Liebers* DB 1987, 2256) oder sonstiges Musikhören (zum Tragen eines **Walkman** bei der Arbeit *ArbG Berlin* 19.11.1990 EzA § 87 BetrVG 1972 Betriebliche Ordnung Nr. 17 – bedenklich). Jedoch ist zu beachten, dass ein absolutes Verbot in das Persönlichkeitsrecht des Arbeitnehmers an seiner Eigensphäre (dazu *Wiese* ZfA 1971, 273 [299 ff.]) eingreift, so dass die Vereinbarung der Betriebspartner nur wirksam ist, wenn überwiegende betriebliche Interessen das Verbot rechtfertigen (vgl. auch *Löwisch* ZfA 1996, 293 [316]). Allerdings muss der Arbeitnehmer bereits aufgrund seiner Vertragspflicht das Radiohören unterlassen, falls seine ordnungsgemäße Arbeit oder die der Arbeitskollegen (anders insoweit wohl *BAG* 14.01.1986 EzA § 87 BetrVG 1972 Betriebliche Ordnung Nr. 11 S. 79 ff. = AP Nr. 10 zu § 87 BetrVG 1972 Ordnung des Betriebes Bl. 2 R *[von Hoyningen-Huene]*) dadurch beeinträchtigt wird (*LAG Schleswig-Holstein* 24.08.1988 LAGE § 87 BetrVG 1972 Betriebliche Ordnung Nr. 4 S. 1 ff.: Verbot des Radiohörens während des Wachdienstes auf der Brücke eines Fährschiffes). Darüber hinaus kommt ein – mitbestimmungspflichtiges – Verbot nur insoweit in Betracht, wie sich andere Arbeitnehmer durch das Radiohören belästigt fühlen könnten, weil es dann um die Abwägung mit ihren Persönlichkeitsinteressen geht, die Betriebsrat und Arbeitgeber nach § 75 Abs. 2 zu schützen haben (*Kreutz / Jacobs* § 75 Rdn. 101 ff.; *Hallenberger* Die Pflicht des Arbeitgebers zur Förderung der freien Persönlichkeitsentfaltung nach § 75 Abs. 2 BetrVG [Diss. Mannheim], 1988, S. 77 ff. [180]). Abzulehnen ist die von *Hromadka* (DB 1986, 1573 [1574]) vorgeschlagene entsprechende Anwendung des § 87 Abs. 1 Nr. 8 und 10. Unzutreffend ist auch die von *von Hoyningen-Huene* (Anm. AP Nr. 10 zu § 87 BetrVG 1972 Ordnung des Betriebes Bl. 4) vertretene Ansicht, Tätigkeiten, die nicht der Erbringung der Arbeitsleistung dienten, seien während der Arbeitszeit grundsätzlich nicht zulässig und daher mitbestimmungsfrei. Durch den Arbeitsvertrag verpflichtet sich der Arbeitnehmer nur zur ordnungsgemäßen Wahrnehmung einer bestimmten Funktion innerhalb eines fremden Arbeitsbereichs. Alles, was diese Verpflichtung einschließlich der Zusammenarbeit mit den Arbeitskollegen nicht beeinträchtigt, ist grundsätzlich erlaubt. Das entspricht der Wertung des § 75 Abs. 2. **227**

Mitbestimmungspflichtig sind **Benutzungsregelungen** für **Wasch-** und **Umkleideräume, Fahrradstellplätze** usw. und insbesondere für **Parkplätze** (*BAG* 07.02.2012 EzA § 87 BetrVG 2001 Betriebliche Ordnung Nr. 6 Rn. 19 ff. = AP Nr. 42 zu § 87 BetrVG 1972 Ordnung des Betriebes). Diese können als verselbständigte Vermögensgegenstände ebenso wie Sportplätze Sozialeinrichtungen sein (*Wiese / Gutzeit* Rdn. 708, 721), jedoch braucht das nicht der Fall zu sein, wenn z. B. im gesamten Betriebsgelände Parken zulässig ist. Indessen gelten für beide Fälle im Wesentlichen gleiche Grundsätze. Der Arbeitgeber kann mangels besonderer Rechtsgrundlage nicht nach § 87 Abs. 1 Nr. 1 gezwungen werden, Parkraum zur Verfügung zu stellen (*ArbG Wuppertal* 07.01.1975 BB 1975, 561; vgl. auch *LAG Baden-Württemberg* 04.11.1986 NZA 1987, 428; *Fitting* § 87 Rn. 71; *Galperin / Löwisch* **228**

§ 87 Rn. 64; *Klebe/DKKW* § 87 Rn. 67; *Kreßel* RdA 1992, 169 [176]; *Richardi* § 87 Rn. 201, 204; *Stege/Weinspach/Schiefer* § 87 Rn. 44b; zu § 87 Abs. 1 Nr. 8 *Wiese/Gutzeit* Rdn. 734).

229 **Mitbestimmungsfrei** sind die **Lage** und der **Umfang** der Parkplätze, die **Nutzungsdauer** (z. B. nur während der Öffnung des Betriebes) sowie die generelle **Festlegung** des **Kreises** der **Parkberechtigten** (*Wiese/Gutzeit* Rdn. 737), so dass der Arbeitgeber von vornherein bestimmte Parkplätze für leitende Angestellte reservieren kann (*LAG Düsseldorf* 20.06.1978 DB 1979, 115; *Galperin/Löwisch* § 87 Rn. 64; *Kreßel* RdA 1992, 169 [177]; *Richardi* § 87 Rn. 201; *Worzalla/HWGNRH* § 87 Rn. 139; dazu auch *Martens* Das Arbeitsrecht der leitenden Angestellten, 1982, S. 315). Ebenso kann er bestimmten Arbeitnehmern (Abteilungsleitern), die keine leitenden Angestellten sind, die Parkberechtigung auf Parkplätzen, die bisher nur für die Mitglieder der Geschäftsführung, den Betriebsrat und den Leiter der Hausverwaltung vorgesehen waren, mitbestimmungsfrei einräumen (**a. M.** *LAG Hamm* 11.06.1986 NZA 1987, 35, das hierin fälschlich eine Frage der Ordnung des Betriebs sieht).

230 Ist jedoch die Widmung bestimmter Flächen oder Räume für Parkzwecke erfolgt und der Kreis der Parkberechtigten bestimmt, so sind alle auf die Nutzung bezogenen **Ordnungsvorschriften** entweder nach § 87 Abs. 1 Nr. 8 als Verwaltungsmaßnahmen (*Wiese/Gutzeit* Rdn. 765) oder nach § 87 Abs. 1 Nr. 1 als auf die betriebliche Ordnung bezogene Verhaltensregelungen (zum Muster einer Parkplatzordnung *Dröll* in: *Liebers* Formularbuch des Fachanwalts Arbeitsrecht, 4. Aufl. 2016, S. 847 f.; *Kreßel* RdA 1992, 169 [179]) mitbestimmungspflichtig (*BAG* 05.03.1959 AP Nr. 26 zu § 611 BGB Fürsorgepflicht Bl. 5; *LAG Düsseldorf* 20.06.1978 DB 1979, 115 [116]; vgl. auch *OLG Köln* 11.06.1992 AP Nr. 6 zu § 611 BGB Parkplatz; *Hess. VGH* 05.11.1992 AP Nr. 1 zu § 74 LPVG Hessen; *Kreßel* RdA 1992, 169 [177]; *Richter* AiB 1994, 736 [745 ff.]).

231 Eine **Gebührenpflicht** kann nach Nr. 1 nicht vereinbart werden, da nach dieser Vorschrift keine Nebenleistungspflichten begründet werden können (Rdn. 39; *Worzalla/HWGNRH* § 87 Rn. 139; unklar *Richardi* § 87 Rn. 204; **a. M.** *Hanau* RdA 1973, 281 [283]; *Kreßel* RdA 1992, 169 [178]). Das gilt jedenfalls für das beliebige Parken im Betriebsgelände. Handelt es sich dagegen bei Parkraum um eine Sozialeinrichtung, so wäre nach Maßgabe der Nr. 8 ein Nutzungsentgelt denkbar (*Wiese/Gutzeit* Rdn. 717, 740; *Wiese* FS *Richardi*, 2007, S. 817 [831 f.]). Stellt der Arbeitgeber jedoch überhaupt Parkraum zur Verfügung, wozu er unter bestimmten Voraussetzungen aufgrund seiner Treuepflicht gehalten sein kann (*BAG* 05.03.1959 AP Nr. 26 zu § 611 BGB Fürsorgepflicht Bl. 3 ff., daselbst auch zum Haftungsausschluss durch Betriebsvereinbarung; 04.02.1960 EzA § 611 BGB Fürsorgepflicht Nr. 1 S. 1 f. = AP Nr. 7 zu § 618 BGB Bl. 1 R *[A. Hueck]*; 16.03.1966 EzA § 611 BGB Fürsorgepflicht Nr. 6 S. 17 = AP Nr. 1 zu § 611 BGB Parkplatz Bl. 1 R *[A. Hueck]*; 25.06.1975 EzA § 611 BGB Fürsorgepflicht Nr. 17 S. 51 = AP Nr. 4 zu § 611 BGB Parkplatz Bl. 2 *[Weitnauer/Holtkamp]*; *Kreßel* RdA 1992, 169 [171 f.]; *Richter* AiB 1994, 736 [739 ff.]), so muss die Nutzung grundsätzlich kostenlos geschehen (vgl. auch *BAG* 22.02.1960 EzA § 11 BGB Fürsorgepflicht Nr. 2 S. 7 = AP Nr. 36 zu § 611 BGB Fürsorgepflicht Bl. 2).

232 In einer Parkplatzordnung könnte auch geregelt werden, unter welchen Voraussetzungen vorschriftswidrig parkende **Fahrzeuge abgeschleppt** werden können. Zu Abschleppkosten *LAG Düsseldorf* 12.05.1977 EzA § 611 BGB Arbeitnehmerhaftung Nr. 33 S. 111 ff.; DB 1989, 1878; *LAG Frankfurt a. M.* 15.01.1979 EzA § 249 BGB Nr. 12 S. 45 ff.; *Kreßel* RdA 1992, 169 (178); *Moritz* BB 1980, 373 ff.; *Wiese* FS *Richardi*, 2007, S. 817 (832 ff.: **Vertrag zugunsten Dritter**, Rdn. 196); vgl. auch *Richardi* § 87 Rn. 204.

233 Durch eine Regelung nach Nr. 1 kann nicht die Verpflichtung der Arbeitnehmer zu **ärztlichen Eignungsuntersuchungen** begründet werden (**a. M.** wohl *ArbG München* 03.12.1980 AuR 1981, 284; *Diller/Powietzka* NZA 2001, 1227 [1232] hinsichtlich der Teilnahme an Drogenscreenings; zu normativen Regelungen über ärztliche Untersuchungen *Wiese* Genetische Analysen und Rechtsordnung, 1994, S. 51 Fn. 29; zu **genetischen Untersuchungen** und **Analysen** §§ 19 ff. GenDG, dazu *Wiese* BB 2009, 2198 ff.; *ders.* BB 2011, 313 ff.). Der Betriebsrat hat auch nicht bei der Durchführung tarifvertraglich vorgesehener Tauglichkeitsuntersuchungen mitzubestimmen (*Sächs. LAG* 29.08.2003 ZTR 2004, 272). Die Berechtigung zum **Aufsuchen** eines **Arztes** während der Arbeitszeit richtet sich nach tariflichen oder vertraglichen Vorschriften und ist gleichfalls nicht Regelungsgegenstand der Nr. 1; der Arbeitnehmer hat auch die Anspruchsvoraussetzungen mitbestimmungsfrei darzulegen

Mitbestimmungsrechte § 87

(*LAG Düsseldorf* 27.04.1981 DB 1981, 1677). Weitergehende Regelungen über das **Verfahren** bei **Arztbesuchen** oder Regelungen, mit denen auf das Verhalten der Arbeitnehmer bei Arztbesuchen Einfluss genommen werden soll, so z. B. bei Einführung von Formularen zwecks Bescheinigung u. a. der Notwendigkeit des Arztbesuches, sind dagegen mitbestimmungspflichtig (*BAG* 21.01.1997 EzA § 87 BetrVG 1972 Betriebliche Ordnung Nr. 23 *[zust. Kittner]* = AP Nr. 27 zu § 87 BetrVG 1972 Ordnung des Betriebes Bl. 1 R ff.; *LAG Düsseldorf* 27.04.1981 DB 1981, 1677; *Hess. LAG* 06.09.2001 DB 2002, 1224; *ArbG Offenbach* 20.06.1990 DB 1991, 554; *Fitting* § 87 Rn. 71; *Klebe/DKKW* § 87 Rn. 67; **a. M.** *LAG Köln* 15.05.1996 LAGE § 87 BetrVG 1972 Betriebliche Ordnung Nr. 10 S. 4 f.; *Fenge* BB 1981, 1577; *Stege/Weinspach/Schiefer* § 87 Rn. 47a; *Worzalla/HWGNRH* § 87 Rn. 140).

Mitbestimmungsfrei ist die Führung von **Gesprächen** mit Arbeitnehmern über **krankheits-** 234 **bedingte Fehlzeiten** (*LAG Baden-Württemberg* 05.03.1991 LAGE § 87 BetrVG 1972 Betriebliche Ordnung Nr. 9 S. 3 ff.; *LAG Frankfurt a. M.* 24.03.1992 NZA 1993, 237 = BetrR 1993, 74 *[abl. Kreuder]*; *LAG Hamm* 16.04.1986 BB 1986, 1359 f.; *Ehler* BB 1992, 1926; *Raab* NZA 1993, 193 [198 ff.]; *Worzalla/HWGNRH* § 87 Rn. 140; **a. M.** *LAG Hamburg* 10.07.1991 LAGE § 87 BetrVG 1972 Betriebliche Ordnung Nr. 8 S. 4 ff., es sei denn, Krankengespräche dienten der Vorbereitung konkreter Personalmaßnahmen wie einer Kündigung; *LAG Hamburg* 04.08.1989 BetrR 1990, 12; *ArbG Hamburg* 17.12.1990 AiB 1991, 92 [93 f.] – Vorinstanz; *Klebe/DKKW* § 87 Rn. 67; *Kraushaar* NZA 2005, 913 ff. mit Einschränkungen; *Schwanck* AiB 1990, 33 ff.; *ders.* AiB 1992, 71 ff.). Anders verhält es sich, wenn zusätzliche Verhaltensanforderungen gestellt werden. Das ist jedoch nicht schon dann zu bejahen, wenn in formalisierter Weise **Krankenberichte** mit Erklärungen über die **Entbindung** von der **ärztlichen Schweigepflicht** eingeholt werden (*Kaiser/LK* § 87 Rn. 53; *Richardi* § 87 Rn. 192; **a. M.** *BAG* 08.11.1994 EzA § 87 BetrVG 1972 Betriebliche Ordnung Nr. 21 S. 3 ff. = AP Nr. 24 zu § 87 BetrVG 1972 Ordnung des Betriebes Bl. 2 ff. *[abl. Raab]* = BB 1995, 1188 *[abl. Hunold]*; *LAG Frankfurt a. M.* 07.12.1993 BB 1994, 1711; ARSt. 1994, 142 ff.; *LAG München* 13.02.2014 LAGE § 87 BetrVG 2001 Betriebliche Ordnung Nr. 12 Rn. 30 ff.; *Bender/WPK* § 87 Rn. 42; *Fitting* § 87 Rn. 71; *Klebe/DKKW* § 87 Rn. 67). Mitbestimmungsfrei sind auch **Krankenkontrollbesuche** (*LAG Rheinland-Pfalz* 29.06.2006 NZA-RR 2007, 417). Zur **Veröffentlichung** einer **Fehlzeitenliste** *ArbG Würzburg* 14.11.1995 AiB 1996, 560, zu – mitbestimmungsfreien – Outplacement-Gesprächen *Hermann* Outplacement (Diss. Frankfurt am Main), 2001, S. 145 ff.; zum Ganzen auch *Pohl* Mitbestimmung gemäß § 87 Abs. 1 Nr. 1 BetrVG, S. 198 ff.

Anzeige- und **Nachweispflichten** nach § 5 EFZG sind gesetzliche Regelungen i. S. d. Eingangssat- 235 zes und mitbestimmungsfrei. Das galt nach bisher h. M. auch für § 5 Abs. 1 Satz 3 EFZG hinsichtlich des Verlangens des Arbeitgebers auf **vorzeitige Vorlage der ärztlichen Bescheinigung** (*Diller* NJW 1994, 1690 [1692]; *Gola* BB 1995, 2318 [2325]; *Kramer* BB 1996, 1662 [1666 f.]; *Schmitt* Entgeltfortzahlungsgesetz, 4. Aufl. 1999, § 5 EFZG Rn. 54; *Stege/Weinspach/Schiefer* § 87 Rn. 47a; *Worzalla* NZA 1996, 61 [65 f.]; *ders./HWGNRH* § 87 Rn. 65, 140; vgl. auch *BAG* 27.06.1990 EzA § 3 LFG Nr. 12 S. 6 = AP Nr. 107 zu § 1 LohnFG Bl. 3; 05.05.1992 EzA § 87 BetrVG 1972 Betriebliche Ordnung, Nr. 19 S. 3 f.; **a. M.** *LAG Hamm* 19.09.1995 LAGE § 98 ArbGG 1979 Nr. 28 S. 2; *Feichtinger* AR-Blattei SD 1000.2, Rn. 55 f.; *Klebe/DKKW* § 87 Rn. 32, 67; *Schaub* BB 1994, 1629 [1630]). Dagegen hat das *BAG* (25.01.2000 EzA § 87 BetrVG 1972 Betriebliche Ordnung Nr. 26 S. 3 ff. *[Jacobs]* = AP Nr. 34 zu § 87 BetrVG 1972 Ordnung des Betriebes Bl. 2 ff. *[abl. Worzalla]* = SAE 2002, 134 *[abl. Rebhahn]*; *LAG Berlin-Brandenburg* 19.06.2012 RDV 2012, 254 [255 ff.]; zust. *Mauer/Schüßler* FA 2000, 211 ff.; **a. M.** *Kaiser/LK* § 87 Rn. 53) die Mitbestimmung wegen des dem Arbeitgeber eröffneten Regelungsspielraums hinsichtlich des »Ob« und »Wie« der Nachweispflicht bejaht. Dem ist zuzustimmen, soweit es um die Modalitäten der Geltendmachung des als solchen mitbestimmungsfreien Anspruchs nach § 5 Abs. 1 Satz 3 EFZG geht; zur Zuständigkeit des Einzelbetriebsrats *BAG* 23.08.2016 EzA § 50 BetrVG 2001 Nr. 12 Rn. 18 ff. = AP Nr. 48 zu § 87 BetrVG 1972 Ordnung des Betriebes. Zu einer die Mitbestimmung ausschließenden tariflichen Regelung *LAG Berlin-Brandenburg* 14.08.2012 *LAGE* § 87 BetrVG 2001 Betriebliche Ordnung Nr. 10 Rn. 20 ff. Zum Verlangen des Arbeitgebers zur formularmäßigen Vorlage einer ärztlichen Bescheinigung darüber, ob eine Fortsetzungserkrankung i. S. d. § 3 Abs. 1 Satz 2 EFZG vorliegt, *Hess. LAG* 06.09.2001 LAGE § 87 BetrVG 1972 Betriebliche Ordnung Nr. 13. Zum betrieblichen Eingliederungsmanagement Rdn. 236; allgemein zu den Rechten des Arbeitgebers bei Arbeitsunfähigkeit des Arbeitnehmers *Vossen* DB 2017, 187 ff.

236 Nach vorstehend entwickelten Grundsätzen kommt die Mitbestimmung des Betriebsrats z. B. bei Regelung folgender Angelegenheiten unter Berücksichtigung der angeführten Einschränkungen in Betracht:
- **Alkoholverbote**: Rdn. 225;
- Einführung und Veränderung von **Anwesenheitslisten**; die Umstellung bisher manuell geführter Anwesenheitslisten auf elektronische Datenverarbeitung ist als solche mitbestimmungsfrei (*ArbG Kiel* 29.05.1975 DB 1975, 1369; *Galperin / Löwisch* § 87 Rn. 63; **a. M.** *BAG* 18.07.1978 AuR 1978, 278; *Fitting* § 87 Rn. 71), jedoch nicht die damit verbundene Anordnung, dass zu spät kommende Arbeitnehmer sich zur Eintragung in die Liste beim Listenführer melden müssen (Rdn. 222); mitbestimmungspflichtig ist auch die Einführung von Formularen (»Wochenzetteln«), die von den Arbeitnehmern zu Zwecken der Anwesenheitskontrolle auszufüllen sind (*LAG Baden-Württemberg* 09.06.1989 LAGE § 87 BetrVG 1972 Betriebliche Ordnung Nr. 6 S. 3 f.);
- **Arbeitskleidung** und **Arbeitsmittel**, Regelungen über Aus- und Abgabe: Rdn. 209;
- Vorlage einer **Arbeitsunfähigkeitsbescheinigung**: Rdn. 235;
- **Arztbesuche**: Rdn. 233;
- **Äußeres Erscheinungsbild**: Rdn. 217 ff.;
- **Aufenthalt** im **Betrieb außerhalb** der **Arbeitszeit**, soweit zulässig;
- **Bargeld (eigenes)**, Mitnahme an den Arbeitsplatz: *Hess. LAG* 15.01.2004 NZA-RR 2004, 411;
- **Bekleidungsregelungen**: Rdn. 217 ff.;
- Verhalten bei **Betreten** und **Verlassen** des **Betriebs**: *BAG* 21.08.1990 EzA § 87 BetrVG 1972 Betriebliche Ordnung Nr. 16 S. 4 *(Joost)* = AP Nr. 17 zu § 87 BetrVG 1972 Ordnung des Betriebes Bl. 2; vgl. auch Rdn. 181;
- **Beschwerdeverfahren nach AGG** mit von den Arbeitnehmern zu wahrenden Förmlichkeiten (Verhaltensregelungen): *BAG* 22.07.2008 EzA § 87 BetrVG 2001 Betriebliche Ordnung Nr. 3 Rn. 76 *[Brecht-Heitzmann]* = AP Nr. 14 zu § 87 BetrVG 1972 = RdA 2009, 318 *[Henssler / Schneider]*; 21.07.2009 EzA § 87 BetrVG 2001 Betriebliche Ordnung Nr. 5 Rn. 28 ff. = AP Nr. 1 zu § 13 AGG: Mitbestimmung und Initiativrecht bei Einführung und Ausgestaltung eines standardisierten Meldeverfahrens; *LAG Hamburg* 17.04.2007 LAGE § 13 AGG Nr. 1 S. 16 ff. m. w. N. = BB 2007, 2070 *(Mohr)*; *LAG Rheinland-Pfalz* 17.04.2008 LAGE § 13 AGG Nr. 2 S. 7 ff.; vgl. auch *Hess. LAG* 08.05.2007 NZA-RR 2007, 637 f.; *Besgen* BB 2007, 213 (214); *Ehrich / Frieters* DB 2007, 1026 (1027); *Fitting* § 87 Rn. 75; *Gach / Julis* BB 2007, 773 (775); *Wisskirchen* DB 2006, 1491 (1497); **a. M.** *Walk / Skipton* BB 2010, 1917 ff.; *Westhauser / Sediq* NZA 2008, 78 (81 f.); zum Grundsätzlichen *Oetker* NZA 2008, 264 (269 f.); dagegen **nicht** bei der **Einrichtung** (**Ort** und **personelle Besetzung**) einer **Beschwerdestelle** sowie des Adressaten für die Entgegennahme von Beschwerden nach § 13 AGG als Gesetzesvollzug: *BAG* 21.07.2009 EzA § 87 BetrVG 2001 Betriebliche Ordnung Nr. 5 Rn. 18 ff., 25 ff. = AP Nr. 1 zu § 13 AGG; *LAG Nürnberg* 19.02.2008 DB 2009, 71; *LAG Saarland* 06.06.2007 AiB 2007, 660; *ArbG Hamburg* 20.02.2007 BB 2007, 779 f. *(Ueckert)*; *LAG Rheinland-Pfalz* 17.04.2008 LAGE § 13 AGG Nr. 2 S. 7 ff., insbesondere zur Mitteilung der für Beschwerden nach § 13 AGG zuständigen Stelle; *Bauer / Göpfert / Krieger* AGG § 13 Rn. 4 ff.; *Fitting* § 87 Rn. 75; *Gach / Julis* BB 2007, 773 (774 f. m. w. N.); *Grimmer / Rose* FS *Adomeit* 2008, S. 213 (230 ff.); *Grobys* NJW 2006, 2950 (2952); *Kaiser / LK* § 87 Rn. 42; *Walk / Skipton* BB 2010, 1917 ff.; *Westhauser / Sediq* NZA 2008, 78 (79 ff.) m. w. N.; **a. M.** hinsichtlich Besetzung *LAG Hamburg* 17.04.2007 LAGE § 13 AGG Nr. 1 S. 14 ff.; *Einigungsstellenspruch* NZA 2008, 95; *Klebe / DKKW* § 87 Rn. 63; *Ehrich / Frieters* BB 2007, 1026 (1027 m. w. N.); vgl. auch Überblick bei *Schiefer / Ettwig / Worzalla* DB 2007, 1977 ff.; zur Zuständigkeit des Gesamtbetriebsrats *BAG* 21.07.2009 DB 2009, 1993 (1995);
- **Biometrische Zugangskontrolle**, Anweisung des Arbeitgebers an seine Arbeitnehmer, im Kundenbetrieb Fingerabdrücke für ein biometrisches Zugangskontrollsystem zu hinterlegen: *BAG* 27.01.2004 EzA § 87 BetrVG 2001 Kontrolleinrichtung Nr. 1 S. 4 ff. = AP Nr. 40 zu § 87 BetrVG 1972 Überwachung Bl. 2 ff. *[Wiese]* = SAE 2006, 236 *[Besgen / Langner* S. 233 ff.*]*; *Bender / WPK* § 87 Rn. 35; *Hunold* BB 2004, 1392; krit. *Worzalla / HWGNRH* § 87 Rn. 129; vgl. auch *OGH* (Österreich) 20.12.2006 AuR 2007, 398 *(Hornung)*;
- **Blumengießen**, eigener: *ArbG Würzburg* 08.06.2016 AuR 2016, 475;
- **Bring Your Own Device (BYOD)**: grundlegend *Monsch* Bring Your Own Device (Diss. Gießen), 2016, zu § 87 Abs. 1 Nr. 1 S. 100 ff.; *Fitting* § 87 Rn. 71; *Göpfert / Wilke* NZA 2012, 765 ff.; *Klebe / DKKW* § 87 Rn. 67; *Pollert* NZA 2014, Beil. Nr. 4 S. 152;

- **Bullying:** s. Stichwort Mobbing;
- **Cloud Computing:** *Gaul/Koehler* BB 2011, 2229 (2235 f.);
- **Complianceregeln** (Beachtung von Verhaltensregeln): In der betrieblichen Praxis wird gern der diffuse Begriff Compliance verwendet. In der Sache geht es um die Befolgung **verbindlicher** oder auch nur das **Verhalten** von Betriebsangehörigen »**steuernder**« Regelungen (**Verhaltenskodex**). Diese können weit gefasst sein und auch spezielle Anforderungen wie etwa Ethikregeln (s. dieses Stichwort) oder Regeln für Hinweisgeber (s. Stichwort Whistleblowing) enthalten. Ein Beispiel ist der Entscheidung des *BAG* vom 22.07.2008 (EzA § 87 BetrVG 2001 Betriebliche Ordnung Nr. 3 Rn. 1 ff. [*Brecht-Heitzmann*] = AP Nr. 14 zu § 87 BetrVG 1972 = RdA 2009, 318 [*Henssler/Schneider*] mit dem »Code of business conduct« der Firma Honeywell zu entnehmen. Im Hinblick auf dessen umfangreiche Regelungen hat das *BAG* (EzA § 87 BetrVG 2001 Betriebliche Ordnung Nr. 3 Rn. 41 ff. = AP Nr. 14 zu § 87 BetrVG 1972) mit Recht diese nicht insgesamt, sondern jeweils die einzelne Regelung nach Maßgabe der deutschen Rechtsordnung bewertet. Stets sind dabei die Grundsätze des § 75 Abs. 1 und 2 zu beachten. Für die Mitbestimmung nach § 87 Abs. 1 Nr. 1 sind Regelungen auf das **Ordnungsverhalten** unter **Ausschluss** des **Arbeitsverhaltens** (Rdn. 202 ff.) sowie des **außerbetrieblichen Verhaltens** in Bezug auf die **private Lebensführung** des Arbeitnehmers (Rdn. 176) **beschränkt**. Zur Mitbestimmung: *Bay/Hastenrath* Compliance-Management-Systeme, 2. Aufl. 2016; *Dzida* NZA 2008, 1265 [1267 ff.]; *Fitting* § 75 Rn. 158a, § 87 Rn. 71; *Hauschka* Corporate Compliance, 2. Aufl. 2010, S. 327 ff.; *Heldmann* DB 2010, 1235 ff.; *Klebe* § 87 Rn. 62; *Kock* ZIP 2009, 1406 ff.; *Köstner* Compliance-Richtlinien im Unternehmen (Diss. Berlin), 2012, S. 133 ff.; *Lelley* Compliance im Arbeitsrecht, 2010; *Maschmann* (Hrsg.) Corporate Compliance und Arbeitsrecht, 2009; *Mengel/Hagemeister* BB 2006, 2466 ff.; *dies.* BB 2007, 1386 (1392); *Reinhard* NZA 2016, 1233 [1234 ff.]; vgl. auch *Ghassemi-Tabar/Pauthner/Wilsing* (Hrsg.) Corporate Compliance, 2016; *Mengel* Compliance und Arbeitsrecht, 2009; *Giesen/Junker/Rieble* (Hrsg.) Compliance im kollektiven Arbeitsrecht mit Beiträgen von *Barst, Fischer, Reinhard, Sittard, Latzel*, Bd. 35 der ZAAR-Schriftenreihe, 2014; *Moosmayer* Compliance. Praxisleitfaden für Unternehmen, 2010, S. 59 ff.; *Neufeld/Knitter* BB 2013, 821 ff.; *Richardi* § 77 Rn. 88, § 87 Rn. 181, 196; *Schermel/Slowinski* BB 2009, 830; *Schneider* Die arbeitsrechtliche Implementierung von Compliance- und Ethikrichtlinien, 2009, S. 188 ff.; *Sieg* FS Buchner, 2009, S. 859 ff.; *Steffen/Stöhr* RdA 2017, 43 (47 ff.); *Vogt* NZA 2009, 3755 (3756); ferner BB-Special Compliance, 4/2010, S. 1 ff. mit Beiträgen von *Klindt, Bergmoser, Fett, Theusinger, Brückner, Liese*; zu Amnestieprogrammen *Annuß/Pelz* BB-Special Compliance, 4/2010, S. 14 ff.; *Wagner* Ethikrichtlinien: Inhalte – Implementierung – Mitbestimmung, in: *Maschmann* (Hrsg.) Corporate Compliance und Arbeitsrecht, 2009, S. 65; **Allgemein:** *Abraham* ZRP 2012, 11 ff.; *Görling/Inderst/Bannenberg* Compliance, 2010; *Grützner/Jakob* Compliance von A-Z, 2. Aufl. 2015; *Hromadka* [Hrsg.] Arbeitsrecht und ethische Unternehmensführung, NZA Beil. 1/2011, 1 ff. mit Beiträgen von *Suchanek, Schaupensteiner, Göpfert/Landauer, Winter/Michels, Bayreuther, Joussen, Däubler*; *Kort* DB 2011, 651 ff.; *Kremer/Bachmann/Lutter/von Werder* Deutscher Corporate Governance Codex, 6. Aufl. 2016, dazu Beschluss der Regierungskommission Deutscher Corporate Governance Kodex vom 07.02.2017; *Maschmann* Corporate Compliance, Neue Herausforderungen für das Arbeitsrecht, AuA 2009, 72; *ders.* NZA Beil. 2/2012, S. 50 ff.; *Pischel/Kopp* Compliance für Wirtschaftsverbände, 2017; *Schmidt* BB 2009, 1295 ff.; *Schulz* BB 2011, 629 ff.; *Thüsing* Arbeitnehmerdatenschutz und Compliance, 2010, S. 269 ff.; *Umnuß* Corporate Compliance Checklisten, 3. Auflage 2017; *J. Weber* Compliance und Arbeitsrecht, in: *Holzhauser/Sutter* Interdisziplinäre Aspekte von Compliance, 2011, S. 67 ff.; *Thüsing* Arbeitnehmerdatenschutz und Compliance, 2010, S. 269 ff.; *Weißnicht* IT-Risikomanagement und Online-Überwachung von Arbeitnehmern im Konzern, 2008; *Wisskirchen/Glaser* DB 2011, 1392 ff., 1447 ff.; zum **Compliance Beauftragten** *Dann/Mengel* NJW 2010, 3265; *Krieger/Günther* NZA 2010, 367; *Meier* NZA 2011, 779 ff.; *Wolf* BB 2011, 1353 ff.; *Zimmermann* BB 2011, 634 ff.; zu **Complianceorganisation** und **Sanktionen** bei **Verstößen** *Bissels/Lützeler* BB 2012, 189 ff.; *Eufinger* RdA 2017, 223 ff.; *Schaefer/Baumann* NJW 2011, 3601; zum Verhältnis von **Datenschutz** und Compliance *Franzen* ZfA 2012, 172 ff.; *Kort* DB 2011, 651 ff.; *Thüsing* Arbeitnehmerdatenschutz und Compliance, 2010, S. 269 ff.; zur unzulässigen Einwirkung von Herstellerbetrieben (Geschäftsleitung, Betriebsrat) auf Zuliefererbetriebe wegen dortigen angeblich compliancewidrigen Verhaltens *Rieble* BB 2013, 245 ff.;
- **Dienstkleidung:** s. Bekleidungsregelungen;

- **Dienstwagennutzung:** *Moll/Roebers* DB 2010, 2672; *Yakhloufi/Klingenberg* BB 2013, 2102 (2103, 2106);
- Verteilung von **Druckschriften**, Flugblättern und Handzetteln sowie über **Anschläge** und das Aushängen von **Plakaten**, soweit ein Regelungsspielraum besteht (zur Zulässigkeit der Werbung für die Gewerkschaften Einl. Rdn. 68);
- Behandlung **eingebrachter Sachen** der Arbeitnehmer, z. B. Kleiderablage, Abstellen von Fahrzeugen; zu Benutzungsregelungen für Parkplätze Rdn. 228;
- **Eingliederungsmanagement, betriebliches (BEM)**: Das **Erfordernis** eines **BEM** besteht für **alle Arbeitnehmer**, nicht nur für behinderte Menschen (*BAG* 12.07.2007 EzA § 84 SGB IX Nr. 3 Rn. 35 = AP Nr. 28 zu § 1 KSchG 1969 Personenbedingte Kündigung *[Rolfs/de Groot]* = BB 2008, 277 [278 *Müller*]; dazu *Tschöpe* NZA 2008, 398 ff.). Der **Arbeitgeber** hat die **Initiative** zur Durchführung eines gesetzlich gebotenen BEM **zu ergreifen** und dabei die Schwerbehindertenvertretung, den Betriebsrat (§§ 163 f., 176 SGB IX, bis 01.01.2018 § 90 SGB IX), die Bundesagentur für Arbeit) sowie das Integrationsamt einzuschalten (ab 01.01.2018 §§ 163 f., 176 SGB IX). Er hat den Arbeitnehmer auf die Ziele des BEM sowie die Art und den Umfang der hierfür erhobenen und verwendeten Daten hinzuweisen. Unterlässt er es, muss er zur Darlegung der Verhältnismäßigkeit einer auf krankheitsbedingte Fehlzeiten gestützte Kündigung sowohl die objektive Nutzlosigkeit arbeitsplatzbezogener Maßnahmen i. S. d. § 1 Abs. 2 Satz 2 KSchG aufzeigen als auch dartun, dass künftige Fehlzeiten nicht durch gesetzlich vorgesehene Hilfen oder Leistungen der Rehabilitationsträger in relevantem Umfang hätten vermieden werden können (*BAG* 20.11.2014 EzA § 1 KSchG Krankheit Nr. 59 Rn. 31 ff.= AP Nr. 52 zu § 1 KSchG 1969 Krankheit; dazu *B. Schmidt* RdA 2016, 166 ff.; 13.05.2015 EzA § 1 KSchG Krankheit Nr. 61 Rn. 28 = AP Nr. 54 zu § 1 KSchG 1969 Krankheit). Das BEM ist auch dann durchzuführen, wenn keine betriebliche Interessenvertretung i. S. d. § 177 SGB IX – bis 01.01.2018 § 93 SGB IX – gebildet ist (*BAG* 30.09.2010 EzA § 84 SGB IX Nr. 7 Rn. 28 ff. = AP Nr. 49 zu § 1 KSchG 1969 Krankheit). Soweit Rechte und Pflichten im Rahmen des BEM (zu dessen Anforderungen *BAG* 10.12.2009 EzA § 1 KSchG Krankheit Nr. 57 Rn. 17 f. *[Joussen]* = AP Nr. 3 zu § 84 SGB IX) und der Prävention (§ 3 SGB IX, bis 01.01.2018 § 84 SGB IX) gesetzlich verbindlich geregelt sind, hat der Betriebsrat nicht mitzubestimmen. Nicht geregelte Angelegenheiten können dagegen nach Maßgabe des konkreten Mitbestimmungstatbestandes mitbestimmungspflichtig sein. Der Betriebsrat hat kein generelles Mitbestimmungsrecht hinsichtlich des BEM, vielmehr ist für jede einzelne Regelung zu prüfen, ob ein Mitbestimmungsrecht besteht (zu Konkretisierung und Grenzen der Mitbestimmung des Betriebsrats *BAG* 22.03.2016 NZA 2016, 1283 ff., bejaht u. a. für allgemeine Verfahrensfragen und ein Initiativrecht des Betriebsrats). Das gilt vor allem für § 87 Abs. 1 Nr. 1 (zu § 87 Abs. 1 Nr. 6 *Wiese/Gutzeit* Rdn. 566 ff. und zu Nr. 7 *Gutzeit* Rdn. 666; vgl. auch *BAG* 13.03.2012 EzA § 84 SGB IX Nr. 10 Rn. 12 = AP Nr. 18 zu § 87 BetrVG 1972 *[Giesen]*). Zu den Erfordernissen an den Antrag auf Feststellung eines Mitbestimmungsrechts im Rahmen des BEM *BAG* 18.08.2009 AP Nr. 2 zu § 84 SGB IX. Mit Recht wird bei der Aufstellung einer generellen Verfahrensordnung die Mitbestimmung nach § 87 Abs. 1 Nr. 1 bejaht. (*LAG Hamburg* 21.05.2008 LAGE § 87 BetrVG 2001 Gesundheitsschutz Nr. 3 *[Kohte]*; *Deinert* NZA 2010, 969 [972]; *Düwell* FS *Küttner*, 2006, S. 139 [153]; *Gagel* NZA 2004, 1359 [1360, 1361]; *Gundermann/Oberberg* AuR 2007, 19 [24 f.]; *Hoffmann-Remy* NZA 2016, 1261 ff.; *Klebe/DKKW* § 87 Rn. 65; *Leuchten* DB 2007, 2482 [2484]; *St. Müller* AuR 2009, 29; *Namendorf/Natzel* DB 2005, 1794 [1795]; *Schils* Das betriebliche Eingliederungsmanagement i. S. d. § 87 Abs. 2 SGB IX, 2009; vgl. auch *LAG Schleswig-Holstein* 19.12.2006 DB 2007, 924 zu § 98 Abs. 1 Satz 2 ArbGG; *Kiesche* AiB 2008, 380 ff.; *Nebe* DB 2008, 1801 ff.; *Oppolzer* AiB 2007, 37 ff.; *Wullenkord* Arbeitsrechtliche Kernfragen des betrieblichen Eingliederungsmanagements in der betrieblichen Praxis (Diss. Bielefeld), 2014, S. 124; **a. M.** *Balders/Lepping* NZA 2005, 854 [856]; *Bender/WPK* § 87 Rn. 42; *Fitting* § 87 Rn. 72; vgl. auch *Kohte* DB 2008, 582 ff.; *Namendorf/Natzel* SAE 2008, 187 ff.; *Schiefer/Borchard* DB 2011, 2435 ff.; *Wetzling/Habel* NZA 2007, 1129 ff.). Das ist aber nur bei zusätzlichen Verhaltensanforderungen anzunehmen. Nicht ausreichend sind formalisierte Krankenberichte über den Gesundheitszustand (Rdn. 234). Zum Anspruch des Betriebsrats auf **Namensnennung** der vom BEM betroffenen Arbeitnehmer ohne deren Zustimmung *BAG* 07.02.2012 EzA § 84 SGB IX Nr. 9 Rn. 10 ff.= AP Nr. 4 zu § 84 SGB IX; zutr. krit. dagegen *Kort* DB 2012, 688 f.; zum gesetzlich vorgegebenen und den Betriebsparteien entzogenen **Begriff** der **Arbeitsunfähigkeit** *BAG* 13.03.2012 EzA § 84 SGB IX Nr. 10 Rn. 11 ff.

= AP Nr. 18 zu § 87 BetrVG 1972 *[Giesen]*; zum **Personalgespräch während** der **Arbeitsunfähigkeit** *BAG* 02.11.2016 NZA 2017, 183 Rn. 11 ff. = AP Nr. 31 zu § 106 GewO *[Kolbe]* = NJW 2017, 906 *[Ritter]*; *Hoffman-Remy* NZA 2017, 159 ff.; zur Unwirksamkeit eines Einigungsstellenspruches über die Bildung eines »**Integrationsteams**« *BAG* 22.03.2016 AuR 2016, 218; *LAG Hamburg* 20.02.2014 NZA-RR 2014, 295; zum BEM im **Kündigungsschutzprozess** *Rupp* NZA 2017, 361 ff.; zur **außergerichtlichen Mediation** und **betrieblichem Eingliederungsmanagement** *Matheis/Hippeli* DB 2016, 1134 ff.; zum ordnungsgemäßen Angebot eines BEM *Vossen* DB 2016, 1814 ff.; zum Ganzen m. w. N. *Balders/Lepping* NZA 2005, 854 ff.; *Fitting* § 87 Rn. 310a; *Kempter/Steinat* NZA 2015, 840 ff.; *Plocher* DB 2015, 2875 ff.; *Schiefer* RdA 2016, 196 ff.; *vom Stein* ZfA 2016, 549 ff.; zur Erforderlichkeit der Schulung eines Betriebsratsmitglieds zum BEM BAG 28.09.2016 EzA § 37 BetrVG 2001 Nr. 26 Rn. 19 ff. = AP Nr. 164 zu § 37 BetrVG 1972;
- **E-Mail-Nutzung**: Rdn. 195 ff.; zur Erforderlichkeit der Schulung eines Betriebsratsmitglieds zum BEM *BAG* 28.09.2016 EzA § 37 BetrVG 2001 Nr. 26 Rn. 19 ff. = AP Nr. 164 zu § 37 BetrVG 1972;
- **Essen am Arbeitsplatz,** Verbot: *LAG Berlin-Brandenburg* 12.07.2016 AuR 2016, 253;
- **Ethikregeln**: zur Beteiligung des Betriebsrats bei der Einführung von Ethikregeln *BAG* 22.07.2008 EzA § 87 BetrVG 2001 Betriebliche Ordnung Nr. 3 Rn. 41 ff. *(Brecht/Heitzmann)* = AP Nr. 14 zu § 87 BetrVG 1972 = RdA 2009, 318 *[Henssler/Schneider]*, soweit das Ordnungsverhalten betroffen ist (z. B. bei einem standardisierten Meldeverfahren – Rn. 68, oder dem Verbot des »Zeigens oder Verbreitens von Bildern, Karikaturen oder Witzen sexueller Natur« – Rn. 74 oder der Einführung eines Beschwerdeverfahrens zur Meldung von sexuellen Belästigungen – Rn. 76); daher keine Mitbestimmung am Gesamtwerk, das auch mitbestimmungsfreie Regelungen enthält, dazu *Barthel/Unger-Hellmich* AuA 2009, 78 ff.; *Dzida* NZA 2008, 1265; *Klebe/DKKW* § 87 Rn. 62; *Klebe/Wroblewski* GS Zachert, 2010, S. 313 [321 ff.]; *Koch* ZIP 2009, 1406 ff.; *Kort* NJW 2009, 129 ff.; *ders.* FS Buchner, 2009, S. 477 ff.; *Leitner* Ethik-Richtlinien im Arbeitsverhältnis (Diss. Düsseldorf), 2016; *Mückl* EWiR 2009, 101; ferner *LAG Düsseldorf* 14.11.2005 LAGE § 87 BetrVG 2001 Betriebliche Ordnung Nr. 2; *Hess. LAG* 18.01.2007 AuR 2007, 394; *ArbG Wuppertal* 15.06.2005 NZA-RR 2005, 476 = DB 2005, 1800 *(Simon/Kock)*; *Bachner/Lerch* AiB 2005, 229 ff.; *Borgmann* NZA 2003, 352 (355 f.); *Eisenbeis/Nießen* FS Leinemann, 2006, S. 697 ff.; *Fabritius/Fuhlrott* BB 2009, 2030 (2034); *Fahrig* NJOZ 2010, 975 ff.; *Fitting* § 75 Rn. 158a, § 87 Rn. 71; *Franzen* JURA 2005, 715 ff.; *Junker* BB 2005, 602 ff.; *Kohte/HaKo* § 87 Rn. 35 f.; *Kolle/Deinert* AuR 2006, 177 (182 ff.); *Richardi* § 87 Rn. 181, 196, 199; *Schlachter* FS Richardi, 2007, S. 1067 ff.; *Schneider* Die arbeitsrechtliche Implementierung von Compliance- und Ethikrichtlinien, 2009, S. 188 ff.; *Schulz* Ethikrichtlinien und Whistleblowing – Arbeitsrechtliche Aspekte der Einführung eines Compliance-Systems (Diss. Augsburg), 2010; *Schuster/Darsow* NZA 2005, 273 ff.; *Triskatis* Ethikrichtlinien im Arbeitsrecht (Diss. München), 2008; *Wagner* Ethikrichtlinien-Implementierung und Mitbestimmung (Diss. Mannheim), 2008, S. 80 ff.; *Wisskirchen/Jordan/Bissels* DB 2005, 2190 ff.; *Wisskirchen/Körber/Bissels* BB 2006, 1567 ff.; vgl. auch Stichworte Complianceregeln, Whistleblowing, Formblatt und Rdn. 177, 237; zur Bedeutung ausländischer Vorschriften Rdn. 58, zu Verhaltensregelungen allgemein *Schröder/Schreier* BB 2010, 2565 ff.; kein Unterlassungsanspruch des örtlichen Betriebsrats bei Zuständigkeit des Konzernbetriebsrats für Einführung von Ethikrichtlinien: *BAG* 17.05.2011 EzA § 23 BetrVG 2001 Nr. 5 Rn. 16 ff. = AP Nr. 73 zu § 80 BetrVG 1972;
- **Facebook**: vgl. Soziale Netzwerke, Verhaltensregeln;
- **Fahren im Betriebsgelände,** Verkehrsvorschriften;
- **Fahrradstellplätze**: Rdn. 228;
- **Fingerabdrücke** aus Sicherheitsgründen: *LAG Rheinland-Pfalz* 08.03.1991 BB 1991, 1119; vgl. auch Stichwort Biometrische Zugangskontrolle;
- **Flirtverbote** wären wegen Verstoßes gegen das allgemeine Persönlichkeitsrecht unzulässig und deshalb nicht mitbestimmungspflichtig, weil in diesem Fall nichts zu regeln ist (zutr. *Richardi* § 87 Rn. 187; **a. M.** *Fitting* § 87 Rn. 71). Damit ist nicht gesagt, dass private Beziehungen im Betrieb schlechthin mitbestimmungsfrei seien, jedenfalls dann nicht, wenn im Hinblick auf die betriebliche Ordnung ein Regelungsbedürfnis besteht (*BAG* 22.07.2008 EzA § 87 BetrVG 2001 Betriebliche Übung Nr. 3 Rn. 63 = AP Nr. 14 zu § 87 BetrVG 1972). Dabei ist § 75 Abs. 2 zu beachten;

- **Fotografieren** und **Filmen** im Betrieb, soweit bei Erlaubnis hinsichtlich der Modalitäten ein Regelungsspielraum besteht;
- **Fotohandys:** zum Verbot der Mitnahme in den Betrieb *Hunold* NZA 2004, 1206 ff.; vgl. auch Mobiltelefone;
- **Formblatt** über die Mitteilung von Aktienbesitz der Redakteure einer Wirtschaftszeitung: *BAG* 28.05.2002 EzA § 87 BetrVG 1972 Betriebliche Ordnung Nr. 29 S. 15 ff. *[K. Gamillscheg]* = AP Nr. 39 zu § 87 BetrVG 1972 Ordnung des Betriebes Bl. 7R f. = AR-Blattei ES 530.14.2 Nr. 157 *(Wiese)*; *Franzen* JURA 2005, 715 (717 f.);
- **Formular** betr. Verhalten bei Freistellung wegen Kindeserkrankung: *ArbG Berlin* 26.02.2008 AuR 2010, 389 *(Porsche)*;
- **Gebetsräume** für Arbeitnehmer muslimischen Glaubens; die Einrichtung ist als solche mitbestimmungsfrei (**a. M.** *Klebe/DKKW* § 87 Rn. 64); soweit ein Anspruch zu deren Aufsuchen besteht, sind jedoch damit verbundene Verhaltensvorschriften mitbestimmungspflichtig;
- **Geheimhaltungsverpflichtung:** s. Verschwiegenheitsverpflichtung;
- **Gruppenarbeit**, Ordnungsregelungen (vgl. aber auch Rdn. 208);
- **Haustiere**, Mitbringen: *Klebe/DKKW* § 87 Rn. 67; zur Zulässigkeit *Wiese* FS *Konzen*, 2006, S. 977 (986); s. auch Stichwort Blumengießen;
- **Hygieneordnung:** *ArbG Stralsund* 21.10.2003 AuR 2004, 437; *Klebe/DKKW* § 87 Rn. 67;
- **Informationsveranstaltungen** mit Vermittlung von Hintergrundwissen über das Unternehmen sind nicht nach § 77 Abs. 1 Nr. 1 TV-PV (§ 87 Abs. 1 Nr. 1) mitbestimmungspflichtig (*BAG* 15.4.2014 EzA § 87 BetrVG Betriebliche Ordnung Nr. 10 Rn. 26 = AP Nr. 45 zu § 87 BetrVG 1972 Ordnung des Betriebes;
- **Internet-Nutzung:** Rdn. 195 ff.;
- **Kommunikationseinrichtungen**, Mitnahme und Nutzung privater in den Betrieb: *LAG Köln* 18.08.2010 NZA-RR 2011, 85 (87); vgl. auch Stichworte Bring Your Own Device (BYOD), Mobiltelefone;
- **Kommunikationsregelungen** im Betrieb können, soweit sie sich nicht auf das Arbeitsverhalten beziehen (*LAG Köln* 18.08.2010 NZA-RR 2011, 85 [87]) oder bereits bestehende, eindeutig bestimmte Pflichten ohne Regelungsspielraum betreffen, nach § 87 Abs. 1 Nr. 1 mitbestimmungspflichtig sein; zum Ganzen *Plander* PersR 1986, 109;
- **Kontrollmaßnahmen:** Rdn. 222;
- **Krankengespräche:** Rdn. 234;
- **Krankmeldung:** Rdn. 235;
- »**Kronzeugenregelungen**«, betriebliche zur Aufklärung betrieblicher Verfehlungen oder Schadensbegrenzung: Mitbestimmung nur bei Verzicht auf die Einleitung eines Verfahrens nach einer Betriebsbußenordnung. Auf die Ausübung eines Gestaltungsrechts (Kündigung) kann der Arbeitgeber mitbestimmungsfrei verzichten. Ein etwaiger Anspruch auf Schadenersatz bedarf eines mitbestimmungsfreien Erlassvertrages (§ 397 BGB); in der Bekanntmachung einer Kronzeugenregelung ist ein Angebot zu sehen, das nach § 151 BGB als angenommen anzusehen ist, sofern die Voraussetzungen der Bekanntmachung erfüllt sind. Etwaige Strafansprüche bleiben von einer betrieblichen »Kronzeugenregelung« unberührt; *ArbG München* 02.10.2008 NZA-RR 2009, 134, dazu *Kolbe* NZA 2009, 228 ff.;
- **Kundenbefragungen**, die dazu dienen, Aufschlüsse über das Verhalten der Arbeitnehmer zu bekommen, sind mitbestimmungsfrei, da deren Verhalten nicht geregelt wird (**a. M.** *Galperin/Löwisch* § 87 Rn. 59b; *Klebe/DKKW* § 87 Rn. 67). Gleiches gilt für den Einsatz von **Testkäufern**, durch den Aufschluss über das Verhalten des Verkaufspersonals erlangt werden soll (**a. M.** *Klebe/DKKW* § 87 Rn. 67);
- **Kundenwerbung** im Betrieb durch Arbeitnehmer;
- **Mitarbeiterbefragungen**: *LAG Köln* 12.12.2016 DB 2017, 1518 f., verneint zu § 87 Abs. 1 Nr. 1 hinsichtlich des Inhalts der Frage; *Moll/Roebers* DB 2011, 1862 (1863);
- **Mitarbeitergespräche** (formalisierte) mit **Zielvereinbarung**, soweit sie sich auf die Ordnung des Betriebs und das Verhalten der Arbeitnehmer im Betrieb (nicht auf den Inhalt der Gespräche) beziehen: *VGH Mannheim* 09.05.2000 AP Nr. 10 zu § 79 LPVG Baden-Württemberg; *VG Karlsruhe* 07.03.1997 RDV 1998, 31; *Bauer/Diller/Göpfert* BB 2002, 882 (886); *Däubler* NZA 2005, 793 (794); *Geffken* NZA 2000, 1033 (1037); *Kort* NZA 2015, 520 ff.; *Linck/Koch* FS *Bepler*, 2012, S. 357

(359 f.); *Trittin / Fischer* AuR 2006, 261 (262), aber weitergehend; Mitbestimmung nach Nr. 1 verneint bei bloßer Standardisierung des Arbeitsverhaltens: *BAG* 17.03.2015 EzA § 94 BetrVG 2001 Nr. 2 Rn. 21 f., aber bejaht für § 94 Abs. 2 Rn. 24 ff. = AP Nr. 11 zu § 94 BetrVG 1972; zum Auskunftsanspruch des Betriebsrats *BAG* 21.10.2003 EzA § 80 BetrVG 2001 Nr. 3 S. 7 ff. = AP Nr. 62 zu § 80 BetrVG 1972 Bl. 2 R ff. *(Wiese)*; vgl. auch Stichwort Eingliederungsmanagement zum Personalgespräch während der Arbeitszeit sowie Rdn. 208;
— **Mitnahme fremder Personen** in den **Betrieb**, soweit dies zulässig ist;
— **Mitnahme** von **Arbeit nach Hause**; diese betrifft als solche die Arbeitspflicht und richtet sich hinsichtlich der Zulässigkeit bzw. Verpflichtung des Arbeitnehmers nach Vertragsgrundsätzen. Weitergehende Verhaltensregelungen z. B. über die Vorlage und Registrierung der Arbeitsunterlagen bei Verlassen des Betriebs sind aber denkbar und dann mitbestimmungspflichtig (im Ergebnis ebenso *ArbG Hamburg* 24.08.1976 BetrR 1976, 500 = MitbestGespr. 1977, 66; *von Friesen* DB 1980, Beil. Nr. 1, S. 6; *Klebe / DKKW* § 87 Rn. 62; **a. M.** *Stege / Weinspach / Schiefer* § 87 Rn. 47a; *Worzalla / HWGNRH* § 87 Rn. 141); vgl. auch *Wiese / Gutzeit* Rdn. 346;
— **Mobbing, Stalking, Bullying:** Regelungen gegen: *Esser / Wolmerath* AiB 1996, 540; AiB 1997, 23; *Wolmerath / Esser* AiB 1999, 75 (80); *Wolmerath* AuR 2001, 416 (417 f.); zu den Grenzen der Zuständigkeit einer Einigungsstelle *LAG Hamburg* 15.07.1998 NZA 1998, 1245 (krit. *Klebe / DKKW* § 87 Rn. 67); vgl. auch *ArbG Köln* 21.11.2000 AiB 2002, 374; zum Ganzen *Wiese* FS *Birk* 2008, S. 1009 ff.;
— **Mobiltelefone (Handys)**, Regelungen darüber, dass mitgebrachte eigene des Arbeitnehmers während der Arbeitszeit abzuschalten und in bestimmter Weise aufzubewahren sind: *Stege / Weinspach / Schiefer* § 87 Rn. 44b; mitbestimmungsfrei ist dagegen das Verbot der Verwendung während der Arbeit, da auf das Arbeitsverhalten bezogen (*LAG Rheinland-Pfalz* 30.10.2009 RDV 2010, 235; **a. M.** *ArbG München* 18.11.2015 LAGE § 87 BetrVG 2001 Betriebliche Ordnung Nr. 13 Rn. 30 ff.) bei generellem Verbot, private Mobiltelefone zu privaten Zwecken während der Arbeitszeit zu benutzen und der Anweisung, deren Nutzung während der Arbeitszeit im Voraus durch die jeweilige Führungskraft genehmigen zu lassen); Gleiches gilt für eine Anordnung des Arbeitgebers, mit der die Benutzung auch solcher Firmen-Mobiltelefone während der Fahrt mit Firmenfahrzeugen untersagt wird, die über eine Freisprecheinrichtung verfügen; auch nach § 87 Abs. 1 Nr. 7 ist die Mitbestimmung ausgeschlossen (*ArbG Celle* 11.12.2002 LAGE § 87 BetrVG 2001 Nr. 1); vgl. auch *Fischer* FS *Bartenbach*, 2005, S. 543 ff. (554); vgl. ferner Stichworte Bring Your Own Device, Fotohandys;
— **Namensschild**: Rdn. 217;
— **Nutzung** von **TV-**, **Video-** und **DVD-Geräten** im Betrieb: *LAG Köln* 12.04.2006, BB 2007, 560; vgl. auch Stichwort Bring Your Own Device;
— **Parkplatznutzung**: Rdn. 228;
— **Personalakten**, Modalitäten des **Einsichtsrechts**: *Franzen* § 83 Rdn. 22;
— Mitbestimmungsfrei ist der Vorbehalt, den **Personaleinkauf** durch die Geschäftsleitung genehmigen zu lassen: *ArbG Hamm* 14.07.1982 DB 1982, 2632; vgl. auch *LAG Hamm* 22.12.1982 DB 1983, 1985; *Worzalla / HWGNRH* § 87 Rn. 141; ferner *Wiese / Gutzeit* Rdn. 713, 859, da es insoweit um die Vertragsfreiheit des Arbeitgebers beim Abschluss von Kaufverträgen mit Belegschaftsmitgliedern geht; zum Entgelt *Wiese* FS *Richardi* 2007, S. 817 (833 f.);
— **Personalgespräch**, siehe Stichwort Mitarbeitergespräche;
— **Personalverkauf**, Ordnungsregeln; zu Nr. 8 und 10 *Wiese / Gutzeit* Rdn. 713, 852;
— **Plakettentragen** im **Betrieb** dürfte kaum Regelungen zugänglich sein, weil es dabei um dessen Zulässigkeit geht: *BAG* 02.03.1982 EzA Art. 5 GG Nr. 10 S. 62 ff. *[Löwisch / Schönfeld]* = AP Nr. 8 zu Art. 5 Abs. 1 GG Meinungsfreiheit Bl. 2 R ff.; 09.12.1982 EzA § 626 BGB n. F. Nr. 86 S. 351 ff. *[Löwisch / Schönfeld]* = AP Nr. 73 zu § 626 BGB Bl. 3 R ff.; ist es zulässig, kann es auch nicht durch Betriebsvereinbarung verboten werden, weil nichts zu regeln ist (für Mitbestimmung nach § 87 Abs. 1 Nr. 1 dagegen *Galperin / Löwisch* § 74 Rn. 23a, § 87 Rn. 59a; *von Hoyningen-Huene* BB 1984, 1050 [1052, 1055]; *Klebe / DKKW* § 87 Rn. 67; *Worzalla / HWGNRH* § 87 Rn. 139);
— **Polizeiliche Ermittlungen**, generelle Verhaltensregelungen: Rdn. 200; zum mitbestimmungsfreien Terrorlistenscreening von Mitarbeitern sowie zum Datenschutz *Roeder / Buhr* BB 2011, 1333 (1338); BB 2012, 193 ff.;
— **Radiohören**: Rdn. 227.

§ 87   IV. 3. Soziale Angelegenheiten

- Richtlinien über **Räumungsmodalitäten** bei Bomben- und Feueralarm: *Döring* AiB 1984, 137;
- **Rauchverbote**: Rdn. 223 f.;
- **Sexuelle Belästigungen** am Arbeitsplatz, Maßnahmen zur Einschränkung: *ArbG Wesel* 31.03.1993 AiB 1993, 570; die Rechte des Betriebsrats nach § 87 Abs. 1 Nr. 1 bleiben trotz der Verpflichtung des Arbeitgebers, bei sexueller Belästigung die im Einzelfall angemessenen arbeitsrechtlichen Maßnahmen zu ergreifen, unberührt (§ 3 Abs. 4, § 13 Abs. 2 AGG);
- **Sicherheitswettbewerb**: Rdn. 173, 186; vgl. auch zur Sicherheitsüberprüfung Rdn. 200; 239;
- **Singverbote**: Rdn. 226;
- **Smartphones, private:** *Göpfert/Wilke* NZA 2012, 765 (770); *Klebe/DKKW* § 87 Rn. 67; vgl. auch Rn. 188, 551 sowie Stichwort Bring Your Own Device;
- **Soziale Netzwerke, Verhaltensregeln:** *Borsutzky* NZA 2013, 647 (649 f.); *Byers/Mößner* BB 2012, 1665 (1666, 1668); *Fuhlrott/Oltmanns* NZA 2016, 785 ff.; *Hoffmann-Remy/Tödtmann* NZA 2016, 792 ff.; *Melot de Beauregard/Gleich* DB 2012, 2044 (2047 f.); *Schockenhoff* Soziale Netzwerke im Arbeitsrecht (Diss. Bielefeld), 2015, S. 127 ff.; *Wittek* Soziale Netzwerke im Arbeitsrecht (Diss. Bucerius Law School Hamburg), 2014, S. 268 ff.; aber kein Mitbestimmungsrecht allein beim Betrieb einer Facebook-Seite, die als solche den Arbeitnehmern freigestellt ist: *ArbG Düsseldorf* NZA-RR 2013, 470 ff.; *Leist/Koschker* BB 2013, 2229 ff.; vgl. auch allgemein *Determann* BB 2013, 181 ff.; *Eufinger* ArbRAktuell 2015, 340 ff.; *Oberwetter* NJW 2001, 417 (421); zur Kündigung wegen Nutzung von Social Media *Wildhaber/Hänsenberger* Recht im digitalen Zeitalter, Festgabe Schweizerischer Juristentag, 2015, S. 399 ff.; zur Mitbestimmung nach § 87 Abs. 1 Nr. 6, wenn der Arbeitgeber auf seiner Facebook-Seite für andere Facebook-Nutzer die Veröffentlichung von sog. Besucher-Beiträgen (Postings) ermöglicht, die sich inhaltlich auf das Verhalten oder die Leistung einzelner Beschäftigter beziehen, *BAG* 13.12.2016 AP Nr. 47 zu § 87 BetrVG 1972 Überwachung Rn. 20 ff., 31 ff. = AuR 2017, 307 (Klebe); *Wiese/Gutzeit* Rdn. 576 Stichwort Facebookseite; zu Rechenschaftspflichten für soziale Netzwerke und Suchmaschinen *Eifert* NJW 2017, 1450 ff.;
- **Sprache**, betriebsintern zu verwendende Sprache: *LAG Köln* 09.03.2009 LAGE § 98 ArbGG 1979 Nr. 53 S. 4 f.; *ArbG Marburg* 03.06.1991 AiB 1992, 48; *Buschkröger* AiB 1999, 545 (548); *Diller/Powietzka* DB 2000, 718 (721); auch extern: *Müller/Deeg* ArbR 2009, 9 ff.; dagegen nicht, soweit nur auf die Arbeitspflicht bezogen (»Arbeitssprache«); *Vogt/Oltmanns* NZA 2014, 181 [185]);
- **Stalking**, s. Mobbing, Bullying;
- **Talent Management**, nur bei kollektiven Verhaltensregeln zur betrieblichen Ordnung: *Kort* NZA 2015, 520 (524);
- **Telearbeit**, Ordnungsvorschriften, soweit sie nicht das Arbeits- und Leistungsverhalten betreffen: *Boemke/Ankersen* BB 2000, 2254 (2259); *Wiese* RdA 2009, 344 (347 f.);
- **Telefonbenutzung**, Regelungen: Rdn. 195 f.;
- Regelungen über das **Verhalten im Betrieb** oder in besonderen Räumen, soweit nicht § 87 Abs. 1 Nr. 8 eingreift;
- **Trinkgeld**, Verwahrung: *Hess. LAG* 15.01.2004 NZA-RR 2004, 411;
- Allgemeine Anweisung an **Verkäuferinnen**, sich im **Geschäftslokal** nur **stehend aufzuhalten**: *ArbG Köln* 13.07.1989 EzA § 87 BetrVG 1972 Betriebliche Ordnung Nr. 14 S. 1 f.; zu beachten ist jedoch § 75 Abs. 2;
- Verbot über das **Verlassen des Betriebs** während der gesetzlich vorgeschriebenen **Mittagspause** bei Gleitzeit; dieses verstößt nicht gegen § 75 Abs. 2, wenn die Arbeitnehmer berechtigt sind, den Betrieb während einer weiteren Stunde außerhalb der Mittagspause zu verlassen und wegen der Zeiterfassung eine unterschiedliche Gestaltung bei der Arbeitsunterbrechung geboten ist: *BAG* 21.08.1990 AP Nr. 17 zu § 87 BetrVG 1972 Ordnung des Betriebs Bl. 2 ff. = EzA § 87 BetrVG 1972 Betriebliche Ordnung Nr. 16 S. 8 ff. *(Joost)*; *Hammer* Die betriebsverfassungsrechtliche Schutzpflicht für die Selbstbestimmungsfreiheit des Arbeitnehmers (Diss. Regensburg), 1998, S. 144 ff.; *Worzalla/HWGNRH* § 87 Rn. 147;
- **Verschwiegenheitserklärung**: standardisierte Erklärungen nur, wenn sie weder das Arbeitsverhalten betreffen noch gesetzlich geregelt sind: *BAG* 10.03.2009 EzA § 87 BetrVG 2001 Betriebliche Ordnung Nr. 4 Rn. 14 ff. = AP Nr. 16 zu § 87 BetrVG 1972; **a. M.** *Klebe/DKKW* § 87 Rn. 64;
- **Warenverkauf** im Betrieb **durch Arbeitnehmer**, soweit damit nicht bereits gegen die Arbeitspflicht verstoßen wird;

- **Wasch-** und **Umkleideräume**, Benutzungsregelungen: Rdn. 228;
- Herausgabe von **Werbegeschenken** an den Arbeitgeber, die Arbeitnehmer durch Kunden überreicht worden sind; jene kann arbeitsvertraglich vereinbart werden: *LAG Köln* 20.06.1984 DB 1984, 2202. Ist die Annahme gebräuchlicher Werbegeschenke durch Arbeitnehmer dagegen zulässig und eine Abgabepflicht vertraglich nicht vereinbart worden, so kann diese auch nicht durch Betriebsvereinbarung nach § 87 Abs. 1 Nr. 1 begründet werden: Rdn. 39; *Worzalla/HWGNRH* § 87 Rn. 140; **a. M.** *LAG Düsseldorf* 14.11.2005 LAGE § 87 BetrVG 2001 Betriebliche Ordnung Nr. 2 S. 16; *LAG Köln* 20.06.1984 DB 1984, 2202; *Klebe/DKKW* § 87 Rn. 68;
- **Werksausweise**: Rdn. 222;
- **Werkschutz**, Regelungen über Mitwirkung von Arbeitnehmern: Rdn. 198 f.;
- Verhalten hinsichtlich der Aus- und Abgabe sowie Verwahrung der vom Arbeitgeber zur Verfügung gestellten **Werkzeuge**, sonstiger **Arbeitsmittel** und der **Arbeitskleidung**, soweit ein Regelungsspielraum besteht; vgl. aber Rdn. 209;
- **Whistleblowing Verfahren**: Die Rechtmäßigkeit von Hinweisen auf betriebliche Missstände im weitesten Sinne (Whistleblowing) lässt sich nicht mit einer einfachen Formel beantworten. Vielmehr bedarf es der Abwägung einerseits der Meinungsfreiheit des Hinweisgebers (Art. 5 Abs. 1 GG) und andererseits seiner vertraglichen Verpflichtung zur Rücksichtnahme auf berechtigte betriebliche Interessen (§ 241 Abs. 2, § 242 BGB). Ungeachtet gesetzlicher Sonderregelungen (u. a. § 138 StGB, § 17 Abs. 2 Satz 1 ArbSchG) sind bei der Abwägung sämtliche Umstände des konkreten Einzelfalls zu berücksichtigen: *BAG* 03.07.2013 EzA § 1 KSchG Verhaltensbedingte Kündigung Nr. 61 S. 6 ff. = AP Nr. 45 zu § 1 KSchG Verhaltensbedingte Kündigung Bl. 2 R ff. (*Otto*); zur eigenen Auffassung eingehend *Wiese* FS Otto, S. 621 ff. Für eine mitbestimmte Regelung nach § 87 Abs. 1 Nr. 1 kommt eine Verfahrensordnung in Betracht, die im Rahmen der Zumutbarkeit sowohl den Schutz des Hinweisgebers (vgl. auch § 612a BGB) als auch der betrieblichen Interessen zu beachten hat, um ein ordnungsgemäßes, faires Verfahren zu gewährleisten. Nach der Rechtsprechung des *BAG* (03.07.2013 EzA § 1 KSchG Verhaltensbedingte Kündigung Nr. 61 S. 6 ff. = AP Nr. 45 zu § 1 KSchG Verhaltensbedingte Kündigung Bl. 5 f.) gebietet die innerbetriebliche Klärung jedoch nicht generell den Vorrang. Zum Ganzen: *Becker* Whistleblowing. Anzeigerecht und Anzeigepflicht des Arbeitnehmers in der Privatwirtschaft (Diss. Osnabrück), 2012, S. 202 ff., 206 ff.; *Busekist/Fahrig* BB 2013, 119 ff.; *Deiseroth/Derleder* ZRP 2008, 248 ff.; *Döse* AuR 2009, 189 ff.; *Fahrig* NZA 2010, 1223; *Fischer-Lescano* AuR 2016, 4 ff., 48 ff.; *Groß/Platzer* NZA 2017, 1097; *Király* RdA 2012, 236 ff.; *Kort* FS Kreutz, 2010, S. 247 ff.; *Kreis* Whistleblowing als Beitrag zur Rechtsdurchsetzung, 2016; *Leuchten* ZRP 2012, 142 ff.; *Mahnhold* NZA 2008, 737 ff.; *Reinhard* NZA 2016, 1233 (1234 f.); *Scheicht/Loy* DB 2015, 803 (806 f.); *U. Schneider/Nowak* FS Kreutz, 2010, S. 855 ff.; *Simunet* RdA 2013, 236 ff.; *Ulber* NZA 2011, 962 ff.; *Wesch* DB 2013, 994; *Wisskirchen/Körber/Bissels* BB 2016, 1567 ff.; zum Whistleblowing des Arbeitgebers durch Anzeigen wegen gesetzwidrigen Handelns des Arbeitnehmers und Fürsorgepflicht des Arbeitgebers *Eufinger* NZA 2017, 619 ff.; vgl. auch Stichworte Complianceregeln und Ethikregeln, zu Meldepflichten insbesondere *BAG* 22.07.2008 EzA § 87 BetrVG 2001 Betriebliche Ordnung Nr. 3 Rn. 47, 68, 76 (*Brecht-Heitzmann*) = AP Nr. 14 zu § 87 BetrVG 1972 = RdA 2009, 318 (*Henssler/Schneider*); zur Richtlinie der EU 2016/943 über den Schutz vertraulichen Know-hows und vertraulicher Geschäftsinformationen (Geschäftsgeheimnissen) vor rechtswidrigem Erwerb sowie rechtswidriger Nutzung und Offenlegung vom 08.06.2016 (ABl. EU Nr. L 157, 1) vom 15.06.2016 – EAS A 4030 – *Bissels/Schroeder/Ziegelmayer* DB 2016, 2295 ff.;
- **Workflow-Systeme**, nur bei kollektiven Verhaltensregelungen zur betrieblichen Ordnung: *Kort* NZA 2015, 520 (524);
- **Zielvereinbarungen**: vgl. auch Mitarbeitergespräche;
- **Zutritt** für bestimmte Betriebsteile, in denen der Arbeitnehmer nicht beschäftigt ist (vgl. im Übrigen Rdn. 181), soweit nicht bereits verbindliche – z. B. feuerpolizeiliche – Zutrittsverbote bestehen (für den Betriebsrat aber *Gutzeit* § 89 Rdn. 11).

h) Grenzen der Mitbestimmung

Die Mitbestimmung des Betriebsrats entfällt, soweit die betriebliche Ordnung durch zwingende gesetzliche oder tarifliche Vorschriften vorgenormt ist (*BAG* 27.06.1990 EzA § 3 Lohnfortzahlungs- 237 gesetz Nr. 12 S. 6 = AP Nr. 107 zu § 1 LohnFG Bl. 3; 05.05.1992 EzA § 87 BetrVG 1972 Betriebliche Ordnung Nr. 19 S. 3 f.; *LAG Hamm* 13.08.1980 BB 1980, 1582; *Hueck/Nipperdey* II/2, S. 1374 f.; *Neumann-Duesberg*, S. 486; *Nikisch* III, S. 414; *Richardi* § 87 Rn. 207; *Stege/Weinspach/Schiefer* § 87 Rn. 46; *Worzalla/HWGNRH* § 87 Rn. 144). Das gilt auch für die Vorschriften des Arbeitsschutzrechts einschließlich der Unfallverhütungsvorschriften der Berufsgenossenschaften. Soweit nach diesen ein Regelungsspielraum verbleibt, sind sie allerdings im Zusammenhang mit § 87 Abs. 1 Nr. 1 nicht mehr von Bedeutung, sondern nur noch im Rahmen des § 87 Abs. 1 Nr. 7 zu beachten (Rdn. 173, *Wiese/Gutzeit* Rdn. 608; zum BetrVG 1952 *Galperin/Siebert* § 56 Rn. 71; *Nikisch* III, S. 414). Die Einführung von **Ethikregeln** für Redakteure einer Wirtschaftszeitung unterliegt dem Tendenzschutz des § 118 Abs. 1 Satz 1 (*BAG* 28.05.2002 EzA § 87 BetrVG 1972 Betriebliche Ordnung Nr. 29 S. 9 f. *[K. Gamillscheg]* = AP Nr. 39 zu § 98 BetrVG 1972 Ordnung des Betriebes Bl. 4 R = AR-Blattei ES 530.14.2 Nr. 156 *(Wiese)*, daselbst auch zum Unterlassungsanspruch nach § 75 Abs. 2 (näher *Kreutz/Jacobs* § 75 Rdn. 105; vgl. auch *LAG Düsseldorf* 29.05.2001 NZA 2001, 1398 – Vorinstanz sowie Rdn. 236, Stichwort Ethikregeln).

238 Die **Mitbestimmung entfällt** nicht nur, wenn durch **Tarifvertrag** eine umfassende Arbeitsordnung erlassen ist, sondern auch dann, wenn aufgrund einer **Polizeiverordnung** (Gesetz im materiellen Sinne) für feuergefährdete Betriebe oder Betriebsteile ein Rauchverbot besteht (Rdn. 223 f.). Entsprechendes gilt, wenn Polizeiverordnungen aus hygienischen Gründen Bekleidungsvorschriften vorsehen (Angaben bei *Wiese* UFITA Bd. 64, 1972, S. 145 [150 f.]).Unerheblich ist, ob damit zugleich eine arbeitsvertragliche Pflicht des Arbeitnehmers gegenüber dem Arbeitgeber begründet wird, was allerdings grundsätzlich zu bejahen ist (*Wiese* UFITA Bd. 64, 1972, S. 145 [151]). Jedenfalls würde, wenn man das verneint, der Arbeitgeber durch entsprechende Anordnungen gegenüber den Arbeitnehmern nur einer verbindlichen Pflicht genügen.

239 Gleiches gilt, wenn der Arbeitgeber durch **Verwaltungsakt** gebunden ist (Rdn. 61), ihm also z. B. durch behördliche Anordnung aufgegeben wird, eine bestimmte Mindestzahl der Arbeitnehmer einer Kernforschungsanlage stichprobenartig auf Waffen, Sprengmittel und Ähnliches zu überprüfen (*BAG* 26.05.1988 EzA § 87 BetrVG 1972 Nr. 11 S. 4 ff. *[Löwisch/Rieble]* = AP Nr. 14 zu § 87 BetrVG 1972 Ordnung des Betriebes Bl. 2 ff. = AiB 1989, 16 *[Däubler]* = SAE 1989, 138 *[Fabricius]* = AuR 1989, 95 *[Beck/Trümner]*; 09.07.1991 EzA § 87 BetrVG 1972 Betriebliche Ordnung Nr. 18 S. 6 = AP Nr. 19 zu § 87 BetrVG 1972 Ordnung des Betriebs Bl. 3 R [die dagegen eingelegte Verfassungsbeschwerde wurde nicht zur Entscheidung angenommen: *BVerfG* 22.08.1994 EzA § 87 BetrVG 1972 Betriebliche Ordnung Nr. 18a]; *LAG Baden-Württemberg/Mannheim* 24.11.1986 NZA 1987, 251; *ArbG Karlsruhe* 15.10.1985 NZA 1986, 538 [539] – Vorinstanz; *Ziegler* NZA 1989, 498 f.; **a. M.** *Beck/Trümner* AuR 1989, 77 ff.). Jedoch ist hinsichtlich der Art und Weise der Durchführung ein Regelungsspielraum denkbar, der mitbestimmungspflichtig ist (*LAG Baden-Württemberg/Mannheim* 24.11.1986 NZA 1987, 251 [252]; **a. M.** *Ziegler* NZA 1987, 224 [227 f.]). Vgl. zum Ganzen auch *Simitis/Rydzy* Von der Mitbestimmung zur staatlichen Administration: Arbeitsbedingungen bei riskanten Technologien, 1984, S. 41 ff. Über die Frage, ob die Auflage der atomrechtlichen Genehmigungsbehörde, Sicherheitsüberprüfungen durchzuführen, Rechte des Betriebsrats verletzt, haben im Streitfall die Verwaltungsgerichte zu entscheiden (*BAG* 09.07.1991 EzA § 87 BetrVG 1972 Betriebliche Ordnung Nr. 18 S. 7 = AP Nr. 19 zu § 87 BetrVG 1972 Ordnung des Betriebes Bl. 3 R).

240 Nur soweit die Norm ein ganz bestimmtes Verhalten vorschreibt oder verbietet, ist kein Raum für eine Regelung der Betriebspartner. Verpflichten dagegen die gesetzlichen Vorschriften den Arbeitgeber nur, einzelne Vorkehrungen zu treffen oder begründen sie zwar die allgemeine, aber noch zu konkretisierende Verpflichtung, z. B. bei bestimmten Arbeiten hygienische Kleidung zu tragen, so hat im Rahmen des verbleibenden **Regelungsspielraums** der Betriebsrat mitzubestimmen (*Galperin/Löwisch* § 87 Rn. 65; *Hueck/Nipperdey* II/2, S. 1375; *Nikisch* III, S. 414). Der Regelungsspielraum des Arbeitgebers und damit ebenso der Mitbestimmung kann auch durch **gesetzlich angeordnete betriebliche Regelungen mit Genehmigungsvorbehalt** eingeschränkt sein (Rdn. 71).

241 Allgemein gilt, was schon zu Bekleidungsregelungen (Rdn. 218) hervorgehoben wurde, dass Verhaltensvorschriften, die zugleich immer die durch § 75 Abs. 2 geschützte Freiheit der **Persönlichkeitsentfaltung** beschränken, durch erforderliche vorrangige kollektive Interessen gerechtfertigt sein müssen (im Ergebnis ebenso *BAG* 21.08.1990 EzA § 87 BetrVG 1972 Betriebliche Ordnung Nr. 16 S. 8 f.

= AP Nr. 17 zu § 87 BetrVG 1972 Ordnung des Betriebes Bl. 3 R f.; *Fitting* § 75 Rn. 143, § 87 Rn. 70; *Galperin/Löwisch* § 87 Rn. 66; *Worzalla/HWGNRH* § 75 Rn. 32 ff., § 87 Rn. 146). Deshalb ist der Arbeitnehmer z. B. auch bei der **Arbeitsplatzgestaltung** frei, soweit dienstliche Interessen dem nicht entgegenstehen (zum Ganzen *Wiese* FS *Konzen*, 2006, S. 977 ff.). Ein eindeutiger Verstoß gegen das Selbstbestimmungsrecht des Arbeitnehmers über seine Eigensphäre (hierzu *Wiese* ZfA 1971, 273 [299]) ist die vom Arbeitgeber angeordnete und vom Betriebsrat durch formlose Regelungsabrede gebilligte Anweisung an die Mitarbeiter, untereinander den **Vornamen** und die **Anrede »Du«** zu gebrauchen; selbst eine längerfristige Duldung bindet einen Mitarbeiter nicht (**a. M.** – grotesk – *LAG Hamm* 29.07.1998 LAGE § 611 BGB Persönlichkeitsrecht Nr. 10; *Kaiser/LK* § 87 Rn. 50; *Worzalla/HWGNRH* § 87 Rn. 139; zutr. *Roellecke* NJW 1999, 999 ff.). **Kostenfragen** sind nicht selbständiger Gegenstand der Mitbestimmung nach § 87 Abs. 1 Nr. 1 (zur Bearbeitung von Gehaltspfändungen BAG 18.07.2006 EzA § 75 BetrVG 2001 Nr. 4 S. 6 f. = AP Nr. 15 zu § 850 ZPO Bl. 3 f.; vgl auch Rdn. 39 ff. und zu Bekleidungskosten Rdn. 219); zum Ganzen *Kreutz/Jacobs* § 75 Rdn. 101 ff.

i) Initiativrecht

242 Das Initiativrecht des Betriebsrats (Rdn. 140 ff.) ist im Rahmen des § 87 Abs. 1 Nr. 1 mit der Mitbestimmung deckungsgleich und auch dann gegeben, wenn die angestrebte Regelung zu einer Belastung der Arbeitnehmer führt (*Wiese* Initiativrecht, S. 39 ff.; ebenso *Richardi* § 87 Rn. 201; *Worzalla/HWGNRH* § 87 Rn. 142; vgl. auch *Klebe/DKKW* § 87 Rn. 60). Abzulehnen ist die Auffassung des BAG (24.03.1981 EzA § 87 BetrVG 1972 Betriebliche Ordnung Nr. 6 S. 44 = AP Nr. 2 zu § 87 BetrVG 1972 Arbeitssicherheit Bl. 4 *[Wiese/Starck]*), bei zusätzlichen Maßnahmen zur Verhütung von Arbeitsunfällen i. S. d. § 88 Nr. 1 sei das Initiativrecht ausgeschlossen. Diese Vorschrift ist auf § 87 Abs. 1 Nr. 7 bezogen und begründet ausdrücklich die Zuständigkeit der Betriebspartner für Maßnahmen, die über die Ausfüllung bestehender Regelungen i. S. d. § 87 Abs. 1 Nr. 7 hinausgehen. Ein nach anderen Vorschriften bestehendes Mitbestimmungs- und Initiativrecht bleibt davon unberührt. Deshalb kann der Betriebsrat die Durchführung eines Sicherheitswettbewerbs verlangen und eine verbindliche Entscheidung der Einigungsstelle herbeiführen. Die Mitbestimmung und damit auch das Initiativrecht beziehen sich allerdings nicht auf den Prämienetat, weil die Mitbestimmung nach § 87 nicht dazu dient, die Verpflichtung des Arbeitgebers zu materiellen Leistungen zu begründen (Rdn. 37). Würde der Arbeitgeber daher z. B. keine finanziellen Mittel für Unfallverhütungsprämien im Rahmen des Wettbewerbs zur Verfügung stellen, so kann der Betriebsrat nur einen Sicherheitswettbewerb initiieren, der an Stelle von Geldpreisen beispielsweise vorsieht, dass besondere Erfolge in der Werkzeitung genannt oder in anderer Weise herausgestellt werden, so etwa durch schriftliche, zu den Personalakten zu nehmende Anerkennung. Zum Initiativrecht des (Gesamt-) Betriebsrats bei der Einführung von Dienstkleidung *LAG Nürnberg* 10.09.2002 LAGE § 87 BetrVG 2001 Betriebliche Ordnung Nr. 1 S. 5 ff.

j) Durchführung der Mitbestimmung; Wirksamkeitsvoraussetzung

243 Die Mitbestimmung kann durch **Betriebsvereinbarung** oder **Regelungsabrede** ausgeübt werden (Rdn. 88 ff.; *Richardi* § 87 Rn. 209; *Worzalla/HWGNRH* § 87 Rn. 145). Eine Betriebsvereinbarung ist erforderlich, wenn eine normative Regelung angestrebt wird. Die Mitbestimmung ist **Wirksamkeitsvoraussetzung** einschlägiger Maßnahmen (Rdn. 100; *Richardi* § 87 Rn. 212; für Unwirksamkeit einseitiger Maßnahmen auch *Hurlebaus* Fehlende Mitbestimmung bei § 87 BetrVG, S. 108, 133, der aber bei einzelvertraglichen Vereinbarungen, die zu Nachteilen für andere Arbeitnehmer führen, bis zur Entscheidung des Betriebsrats schwebende Unwirksamkeit annimmt, ohne auf das Vorliegen eines kollektiven Tatbestandes einzugehen; differenzierend nach Ausgleichsfunktion – dann grundsätzlich Unwirksamkeit und Schutzfunktion – dann Wirksamkeit bei Abweichung von einer kollektiven Regelung zugunsten eines einzelnen Arbeitnehmers durch Individualabrede *H. Hanau* Individualautonomie, S. 132 ff., 201, jedoch dürfte es sich dann stets um mitbestimmungsfreie Individualmaßnahmen handeln). Ist im Beschlussverfahren rechtskräftig festgestellt worden, dass dem Betriebsrat kein Mitbestimmungsrecht nach § 87 Abs. 1 Nr. 1 bei einer umstrittenen Arbeitgeberweisung zusteht, so können auch die betroffenen Arbeitnehmer nicht mehr mit Erfolg geltend machen, die Weisung sei ihnen gegenüber wegen Verletzung des Mitbestimmungsrechts unwirksam (*BAG* 10.03.1998 EzA § 84 ArbGG 1979 Nr. 2 S. 6 ff. = AP Nr. 5 zu § 84 ArbGG 1979 Bl. 3 ff.). Zum Be-

§ 87 IV. 3. Soziale Angelegenheiten

seitigungs- und **Unterlassungsanspruch** *Oetker* § 23 Rdn. 164 ff., 185 und zu § 87 Abs. 1 Nr. 1 insbesondere *BAG* 21.01.1997 EzA § 87 BetrVG 1972 Betriebliche Ordnung Nr. 23 S. 6 f. *[Kittner]* = AP Nr. 27 zu § 87 BetrVG 1972 Ordnung des Betriebes Bl. 3; *LAG Berlin-Brandenburg* 12.07.2016 LAGE § 87 BetrVG 2001 Betriebliche Ordnung Nr. 14 Rn. 27 ff.; *Matthes* FS *Dieterich*, 1999, S. 355 (359). Zur Zuständigkeit des **Gesamtbetriebsrats** Rdn. 2; *Kort* FS *Buchner*, 2009, S. 477 (484 f.); *Lunk* NZA 2013, 233 (235 f.); *Siebert* Die Zuständigkeit des Gesamtbetriebsrats (Diss. Osnabrück), 1999, S. 119 ff.

k) Betriebsbußen
II. Literatur

Andreas / Hoppe Disziplinarmaßnahmen im Betriebsgeschehen, Personal 1981, 64; *Arndt* Private Betriebs-»Justiz«?, NJW 1965, 26; *Arzt u. a.* Entwurf eines Gesetzes zur Regelung der Betriebsjustiz, 1975; *Baumann* Eine Sonderentwicklung des Arbeitsrechts?, ZZP 1971, 297; *Baur* Betriebsjustiz, JZ 1965, 163; *Beckerle* Die Abmahnung, 1999; *Becker-Schaffner* Zur Frage der gerichtlichen Überprüfbarkeit vom Arbeitgeber gegenüber dem Arbeitnehmer ausgesprochener Verweise, BlStSozArbR 1975, 10; *ders.* Die Abmahnung im Arbeitsrecht in der Rechtsprechung, DB 1985, 650; *Beuthien* Die richterliche Kontrolle von Vereinsstrafen und Vertragsstrafen, BB 1968, Beil. Nr. 12; *Binkert* Arbeitgeber zum Verweis nicht berechtigt, ArbN 1977, 329; *Bötticher* Wesen und Arten der Vertragsstrafe sowie deren Kontrolle, ZfA 1970, 3; *Bovermann* Die »Betriebsjustiz« in der Praxis, Diss. Köln 1969; *Brettschneider / Sondermann* Grenzen innerbetrieblicher Information bei Betriebsbußen, AuR 1980, 158; *Dangers* Sind Betriebsstrafen zulässig?, BlStSozArbR 1969, 124; *Dengler* Betriebsstrafe bei innerbetrieblichen kriminellen Verstößen?, Diss. Münster 1968; *Denkl* Die Zulässigkeit von Geldbußen im Betrieb, Diss. München 1970; *Feest* Betriebsjustiz: Organisation, Anzeigebereitschaft und Sanktionsverhalten der formellen betrieblichen Sanktionsorgane, ZStW Bd. 85 (1973), S. 1125; *Feest / Metzger-Pregizer* Betriebskriminalität und Betriebsjustiz, KrimJ 1972, 83; *Fischer / Klebe* Abmahnung, Ermahnung und Verwarnung im Arbeitsverhältnis, BlStSozArbR 1978, 212; *Flume* Die Vereinsstrafe, FS *Bötticher*, 1969, S. 101; *Franzheim* Die Verfassungsmäßigkeit der sogenannten Betriebsjustiz, JR 1965, 459; *ders.* Werkschutzrecht, 1966; *Friedrich* Die private Strafgewalt – ihre Zulässigkeit und Möglichkeiten ihrer Begründung, Diss. Würzburg 1972; *Gagel* Die Betriebsbuße in der privaten Wirtschaft, Diss. Heidelberg 1963; *Galperin* Betriebsjustiz, ihre Zulässigkeit, ihre Grenzen, BB 1970, 933; *Gaul* »Betriebsjustiz« als zulässige Konkurrenz der Rechtspflege?, DB 1965, 665; *Geiger* Die Rechtsgrundlagen von Betriebsbußen, RiA 1979, 225; *Germelmann* Die gerichtliche Überprüfbarkeit von Verwarnungen, RdA 1977, 75; *Groß* Betriebsjustiz und Grundgesetz, BlStSozArbR 1966, 125; *Halberstadt* Betriebsjustiz – Kriminalität und Arbeitsordnung –, BlStSozArbR 1965, 59; *Harbeck* Probleme der Betriebsgerichtsbarkeit (Diss. Köln), 1969; *ders.* Materielle Grundlagen der betrieblichen Strafbefugnis, AuR 1971, 173; *Haslinger* Probleme bei der Verhängung betrieblicher Disziplinarmaßnahmen, ZAS 1967, 97, 134; *Heinze* Zur Abgrenzung von Betriebsbuße und Abmahnung, NZA 1990, 169; *Heller* Die fristlose Entlassung als äußerste betriebliche Sanktion (ultima ratio) bei Pflichtverstößen im Arbeitsverhältnis und ihre Beschränkung durch Betriebsbußen als mildere Mittel, Diss. München 1974; *Herbst* Die betrieblichen Ordnungsstrafen, BB 1965, 419; *Herschel* Betriebsbußen. Ihre Voraussetzungen und Grenzen, 1967 (zit.: Betriebsbußen); *ders.* Betriebsjustiz und Rechtsstaat, BB 1975, 1209; *Horschitz* Vereinsstrafe – Betriebsstrafe – Vertragsstrafe, Diss. Heidelberg 1971; *ders.* Atypische Vertragsstrafen, NJW 1973, 1958; *Kaiser* Die sogenannte Betriebsjustiz im Lichte der staatlichen Rechtspflege, BB 1966, 1107; *ders.* Bedeutung strafprozessualer Grundsätze für Werkschutz und Betriebsgerichte, BB 1967, 1295; *Kaiser / Metzger-Pregizer* (Hrsg.) Betriebsjustiz. Untersuchungen über die soziale Kontrolle abweichenden Verhaltens in Industriebetrieben, 1976 (zit.: Betriebsjustiz); *Kammann* Zulässigkeit von Betriebsbußen, DB 1969, 2132; *Kammerer* Abmahnung und Persönlichkeitsschutz im Arbeitsverhältnis, BB 1980, 1587; *ders.* Die Abmahnung, AR-Blattei SD 20; *Karstedt* Betriebsjustiz, Der Bürger im Staat, 1977, 209; *Kienapfel* Betriebskriminalität und Betriebsstrafe, JZ 1965, 599; *Klingelhöfer* Betriebliche Bußen, MitB 1957, 146; *Koch* Betriebliche Ordnungsstrafen, BB 1954, 565; *Kraft* Sanktionen im Arbeitsverhältnis, NZA 1989, 777; *Kuhlmann* Betriebsjustiz, JZ 1976, 537; *ders.* Betriebsjustiz und Werkschutz, ZRP 1977, 298; *ders.* Entwurf eines Gesetzes zur Regelung der Betriebsjustiz, DB 1979, 100; *Lauer* Die Vereinbarkeit der Betriebsbußen mit dem Grundgesetz, Diss. Freiburg 1973; *Leinemann* Betriebsbußen – Betriebs- oder Vertragsstrafen?, AuR 1970, 134; *Lemke* Zur Rechtsgrundlage betrieblich vereinbarter Arbeitsstrafen, Diss. Hamburg 1973; *von Lentzke* Betriebsjustiz, Diss. Köln 1972; *Lindacher* Phänomenologie der »Vertragsstrafe«, 1972; *Leßmann* Betriebsbuße statt Kündigung, DB 1989, 1769; *Lisiecki* Reaktionsformen von Betrieben auf innerbetriebliche kriminelle Vorgänge, Diss. Hamburg 1965; *Löwisch / Würtenberger* Vertragsstrafe und Betriebsstrafe im Arbeitsrecht, JuS 1970, 261; *Lohmeyer* Die Abmahnung im Arbeitsverhältnis, Diss. Bielefeld 1988; *Lohse* Grundgesetz und Betriebsgerichtsbarkeit, GS *Friedrich Klein*, 1977, S. 288; *U. Luhmann* Betriebsjustiz und Rechtsstaat, 1975; *Metzger-Pregizer* in: Bericht über das Kolloquium »Betriebsjustiz«, ZStW Bd. 85 (1973), S. 1154; *ders.* Betriebsjustiz und Betriebskriminalität, ZRP 1974,

167; *W. Meyer* Betriebliche Rügen und ihre Folgen, 1986; *Meyer-Cording* Betriebsstrafe und Vereinsstrafe im Rechtsstaat, NJW 1966, 225; *Michaelis/Oberhofer/Rose* Arbeitsordnung, Betriebsjustiz, Torkontrollen, BetrR 1982, 77; *dies.* Sanktionierende und präventive Ordnungsmaßnahmen im Betrieb, JArbR Bd. 19 (1981), 1982, S. 19; *Molitor* Vereinbarung und Verhängung von Arbeitsstrafen, DB 1951, 345; *Monjau* Ist eine Betriebsjustiz zulässig?, Die Information über Steuer und Wirtschaft 1966, 86; *Neumann* Die Rechtsgrundlage von Betriebsordnungen, RdA 1968, 250; *Nikisch* Arbeitsverhältnis und Gerichtsschutz, NJW 1964, 2387; *Oberhofer* Mitbestimmungsrechte des Betriebsrats bei Abmahnungen und Betriebsbußen, BetrR 1980, 512; *Pfarr* Der Entwurf eines Gesetzes zur Regelung der Betriebsjustiz, ZRP 1976, 233; *Pleyer/Lieser* Zur Betriebsjustiz in beiden Teilen Deutschlands, Deutschland-Archiv 1968, 574; *Prüfer* Betriebsjustiz. Die betrieblichen Sanktionen gegenüber den Arbeitnehmern nach deutschem Recht, Diss. St. Gallen 1972; *Reuß* Betriebsjustiz und Demokratisierung der Gesellschaft, FS Hochschule für Verwaltungswissenschaften Speyer, 1972, S. 517; *Rewolle* Die Abmahnung im Arbeitsverhältnis, DB 1976, 774; *Rosellen/Metzger-Pregizer* Betriebsjustiz und Strafjustiz als alternative Formen der Normendurchsetzung, in: *Blankenburg* u. a. (Hrsg.) Alternative Rechtsformen und Alternativen zum Recht, 1980, S. 219; *Roser* Die Betriebsstrafe, Diss. Zürich 1969; *Rumpff* Zulässigkeit von betrieblichen Ordnungsstrafen und Mitbestimmung, MitbestGespr. 1966, 174; *Sandvoss* Die Anprangerung im Arbeitsleben, MitbestGespr. 1977, 70; *Schaper* Die Entlassung als Betriebsbuße. Zulässigkeit und Voraussetzungen, Diss. Köln 1971; *Schaub* Betriebsbußen, AR-Blattei SD 480; *Schimmelpfennig* Wer kann Betriebsbußen verhängen?, Die Arbeitskammer 1965, 78; *Schlochauer* Mitbestimmungsfreie Abmahnung und mitbestimmungspflichtige Betriebsbuße, DB 1977, 254; *K. Schmid* Die Abmahnung und ihre rechtliche Problematik, NZA 1985, 409; *H.-J. Schmidt* Abmahnung und Ermahnung im Arbeitsrecht, Diss. Gießen 1970; *F. Schneider* Betriebsjustiz und Rechtsstaat, Staatszeitung und Staatsanzeiger für Rheinland-Pfalz 1965, Heft 27, S. 7; *Schnorr* Bemerkungen zum Disziplinarrecht des Arbeitgebers, RdA 1968, 452; *Schröder/Schreier* Arbeitsrechtliche Sanktionierung innerbetrieblicher Verhaltensverstöße, BB 2010, 2565; *Schumann* Abschied von der Betriebsjustiz, Gedächtnisschrift für *Dietz*, 1973, S. 323 ff.; *ders.* Betriebsjustiz, Evangelisches Staatslexikon, 3. Aufl. 1987, Sp. 242; *Sieg* Gerichtliche Nachprüfung verhängter Betriebsbußen, RdA 1954, 361; *Spielbüchler* Grundlagen eines betrieblichen Disziplinarstrafrechts, DRdA 1970, 7; *Stadler* Voraussetzungen und Grenzen von Betriebsbußen, BB 1968, 801; *Tegtmeyer* Ist Betriebsjustiz unzulässig?, ArbuSozPol. 1966, 325; *Walker* Zur Zulässigkeit von Betriebsbußen, FS *Kissel*, 1994, S. 1205; *Weiß* Aktuelles aus dem Disziplinarrecht, PersV 1984, 67; *Weisemann/Spieker* Abmahnungen und Betriebsbußen, BlStSozArbR 1983, 337; *Weitnauer* Vereinsstrafe, Vertragsstrafe und Betriebsstrafe, FS *Reinhardt*, 1972, S. 179; *Willibald* Keine Betriebsgerichte, ArbuSozR 1965, 226; *Zeitlmann* Sind Betriebsstrafen zulässig?, ArbuSozR 1968, 5; *Zöllner* Betriebsjustiz, ZZP 1970, 365.

aa) Zulässigkeit von Betriebsbußen

Im Gegensatz zu früheren Rechtsvorschriften (§ 80 Abs. 2 BRG 1920 i. V. m. § 134b Abs. 1 Nr. 4, Abs. 2 GewO a. F., § 27 Abs. 1 Nr. 4, § 28 AOG; vgl. auch RegE zum BetrVG 1952, BT-Drucks. I/1546, S. 18) enthält § 87 Abs. 1 Nr. 1 ebenso wenig wie bisher § 56 Abs. 1 Buchst. f BetrVG 1952 eine ausdrückliche Regelung von **Sanktionen** bei **Verstößen** gegen die **betriebliche Ordnung**. Die dadurch ausgelöste intensive Diskussion ist jedoch weithin überholt, da Betriebsbußen in der betrieblichen Praxis kaum noch von Bedeutung sind.

244

Mit der h. M. ist indessen der **Erlass** einer **Betriebsbußenordnung** außer durch **Tarifvertrag** auch durch **Betriebsvereinbarung** nach § 87 Abs. 1 Nr. 1 als **zulässig** anzusehen (BAG st. Rspr. 05.12.1975 EzA § 87 BetrVG 1972 Betriebliche Ordnung Nr. 1 S. 4 *[Wiese]* = AP Nr. 1 zu § 87 BetrVG 1972 Betriebsbuße Bl. 2 f. *[Konzen]* = SAE 1977, 88 *[Meisel]* = AR-Blattei, Betriebsbußen, Entsch. 8 *[Herschel]*; 17.10.1989 EzA § 87 BetrVG 1972 Betriebsbuße Nr. 8 S. 6 *[Leßmann]* = AP Nr. 12 zu § 87 BetrVG 1972 Betriebsbuße Bl. 2 R *[Brox]* = SAE 1991, 21 *[Danne]*; 22.02.1978 EzA § 611 BGB Fürsorgepflicht Nr. 23 S. 75 *[Buchner]* = AP Nr. 84 zu § 611 BGB Fürsorgepflicht Bl. 3 = AR-Blattei, Betriebsbußen, Entsch. 9 *[Herschel]* = SAE 1978, 269 *[Sieg]*; 18.07.2006 EzA § 75 BetrVG 2001 Nr. 4 Rn. 27 = AP Nr. 15 zu § 850 ZPO; weitere BAG-Nachweise 9. Aufl. § 87 Rdn. 236; LAG Frankfurt a. M. 03.08.1977 DB 1977, 2000; LAG Hamm 11.12.1973 EzA § 87 BetrVG 1972 Nr. 1 S. 6; LAG Rheinland-Pfalz 20.03.1981 EzA § 611 BGB Fürsorgepflicht Nr. 28 S. 131 ff.; *Däubler* Das Arbeitsrecht II, Rn. 704; *Fitting* § 87 Rn. 76 ff.; *Galperin/Löwisch* § 87 Rn. 76 ff.; *Gamillscheg* II, S. 881 ff.; *Herschel* Betriebsbußen, S. 40; *Kania*/ErfK § 87 BetrVG Rn. 22 ff.; *Kraft* NZA 1989, 777 [783]; *Leßmann* DB 1989, 1769 [1771 f.]; *Loritz/ZLH* Arbeitsrecht, § 21 Rn. 91 ff., § 51 Rn. 8; *Matthes*/MünchArbR § 243 Rn. 22 ff.; *Scholz* in: *Kaiser/Metzger-Pregizer* Betriebsjustiz, S. 318 ff.; *Stege/Weinspach/Schiefer* § 87 Rn. 51 f.; im Ergebnis auch *Veit* Zuständigkeit

245

des Betriebsrats, S. 310 ff.; **a. M.** *LAG Niedersachsen* 13.03.1981 DB 1981, 1985 f.; *von Hoyningen-Huene* RdA 1990, 193 [204]; *ders.* BB 1991, 2215 [2217]; *Bender/WPK* § 87 Rn. 45; *Kaiser/LK* § 87 Rn. 55; *Klebe/DKKW* § 87 Rn. 69; *Kohte/HaKo* § 87 Rn. 39; *Lobinger* RdA 2011, 76 [86]; *U. Luhmann* Betriebsjustiz und Rechtsstaat, S. 66 ff., dazu *Herschel* BB 1975, 1209 [1211]; *Michaelis/Oberhofer/Rose* JArbR Bd. 19 [1981], 1982, S. 19 [21 ff.]; *Richardi* § 87 Rn. 215 ff.; *Schumann* GS für *Dietz*, S. 323 [326 ff.]; *Schwerdtner* Arbeitsrecht I, S. 158 ff.; *Walker* FS *Kissel*, S. 1205 ff.; *Worzalla/HWGNRH* § 87 Rn. 160 f.; weitere Nachweise 6. Aufl. § 87 Rn. 236.

246 Die Zulässigkeit von Betriebsbußen lässt sich nicht mit der praktischen Notwendigkeit begründen. Sie folgt aber aus der **Regelungsbefugnis** der **Betriebspartner** in sozialen Angelegenheiten, die **umfassend** ist (vor § 87 Rdn. 3, *Gutzeit* § 88 Rdn. 7; **a. M.** *Richardi* § 87 Rn. 220). Dann geht es um die Frage, ob auch die notwendige Mitbestimmung des Betriebsrats gegeben ist. Insoweit ist es gerechtfertigt, die Vorschrift des § 87 Abs. 1 Nr. 1 nicht darauf zu beschränken, den Arbeitnehmern im Hinblick auf die betriebliche Ordnung ein bestimmtes Verhalten vorzuschreiben, sondern auch darauf zu erstrecken, **Vorkehrungen** (Sanktionen) für den Fall des Verstoßes gegen die erlassenen Vorschriften und damit **zur Durchsetzung** und **Bewahrung** der **betrieblichen Ordnung** zu treffen (*BAG* 17.10.1989 EzA § 87 BetrVG 1972 Betriebsbuße Nr. 8 S. 7 f. *[Leßmann]* = AP Nr. 12 zu § 87 BetrVG 1972 Betriebsbuße Bl. 3 f. *[Brox]*; *Scholz* in: *Kaiser/Metzger-Pregizer* Betriebsjustiz, S. 328 f., spricht von einer akzessorischen Annexkompetenz; dagegen *Konzen* Anm. AP Nr. 1 zu § 87 BetrVG 1972 Betriebsbuße Bl. 5; *Richardi* § 87 Rn. 219; *Worzalla/HWGNRH* § 87 Rn. 160). Dadurch ist gewährleistet, dass die Betriebspartner der ihnen übertragenen Ordnungsfunktion in vollem Umfang gerecht werden können. Die Verhängung der konkreten Betriebsbuße ist zwar auf einen einzelnen Arbeitnehmer bezogen (*Herschel* Anm. AP Nr. 3 zu § 87 BetrVG 1972 Betriebsbuße Bl. 4). Dennoch muss nicht in jedem Einzelfall ein **kollektiver Bezug** geprüft werden (*BAG* st. Rspr. 05.12.1975 EzA § 87 BetrVG 1972 Betriebliche Ordnung Nr. 1 S. 4 *[Wiese]* = AP Nr. 1 zu § 87 BetrVG 1972 Betriebsbuße Bl. 2 *[Konzen]* = SAE 1977, 88 *[Meisel]* = AR-Blattei Betriebsbußen Entsch. 8 *[Herschel]*; 17.10.1989 EzA § 87 BetrVG 1972 Betriebsbuße Nr. 8 S. 8 *[Leßmann]* = AP Nr. 12 zu § 87 BetrVG 1972 Betriebsbuße Bl. 3 R *[Brox]*; weitere Nachweise 9. Aufl. § 87 Rn. 237); dieser liegt vielmehr bereits in dem **Verstoß gegen** die vorher gesetzte **kollektive Ordnung**.

247 Eine Verpflichtung zum Erlass einer Betriebsbußenordnung besteht nicht (*BAG* 12.09.1967 AP Nr. 1 zu § 56 BetrVG Betriebsbuße Bl. 2). Die Verhängung von Betriebsbußen bedarf in jedem Fall einer **Rechtsgrundlage** in Form eines **Tarifvertrags** oder einer **Betriebsvereinbarung**, weil der Arbeitgeber allein nach geltendem Recht nicht zur Verhängung von Betriebsbußen befugt ist (*BAG* 17.10.1989 EzA § 87 BetrVG 1972 Betriebsbuße Nr. 8 S. 8 *[Leßmann]* = AP Nr. 12 zu § 87 BetrVG 1972 Betriebsbuße Bl. 2 R *[Brox]*; 14.12.1966 AP Nr. 27 zu § 59 BetrVG Bl. 3 R). Abzulehnen ist daher die im Wesentlichen auf pragmatische Erwägungen gestützte Ansicht von *Galperin/Löwisch* (§ 87 Rn. 76) und *Löwisch/Würtenberger* (JuS 1970, 261 [264]), die Disziplinargewalt des Arbeitgebers sei aus dem Arbeitsvertrag abzuleiten, durch dessen Abschluss sich der Arbeitnehmer jener unterworfen habe (ähnlich *Söllner* Einseitige Leistungsbestimmung im Arbeitsverhältnis, 1966, S. 108, der in den Disziplinarbefugnissen des Arbeitgebers leistungsbestimmende Gestaltungsrechte sieht, die dem Arbeitgeber kraft der arbeitsvertraglichen Unterwerfung zuständen; vgl. auch *Herschel* Betriebsbußen, S. 32; *Nikisch* SAE 1966, 133 f.; *Schnorr* RdA 1968, 452 [454]; dagegen *U. Luhmann* Betriebsjustiz und Rechtsstaat, S. 107 ff.; *Scholz* in: *Kaiser/Metzger-Pregizer* Betriebsjustiz, S. 331 f.).

248 Nach der hier vertretenen Auffassung wird die Rechtsposition des Arbeitgebers durch § 87 Abs. 1 Nr. 1 erweitert, insofern er ebenso wie der Betriebsrat nach § 87 Abs. 2, § 76 Abs. 5 die Einführung einer Betriebsbußenordnung erwirken kann. Beide Seiten haben also ein **Initiativrecht** (für Initiativrecht des Arbeitgebers *BAG* 12.09.1967 AP Nr. 1 zu § 56 BetrVG Betriebsbuße Bl. 2; *Wiese* Initiativrecht, S. 74 ff.; für Initiativrecht des Betriebsrats *BAG* 12.09.1967 AP Nr. 1 zu § 56 BetrVG Betriebsbuße Bl. 2; *Wiese* Initiativrecht, S. 40 f.; grundsätzlich abl. *Worzalla/HWGNRH* § 87 Rn. 165).

249 Als **Ausfluss** der **autonomen Gewalt** der **Betriebspartner** (*BAG* 12.09.1967 AP Nr. 1 zu § 56 BetrVG Betriebsbuße Bl. 2 R) ist die **Betriebsbuße keine Vertragsstrafe** i. S. d. §§ 339 ff. BGB (*BAG* 05.02.1986 EzA § 339 BGB Nr. 2 S. 4 f. = AP Nr. 12 zu § 339 BGB Bl. 3 *[Löwisch]*; 17.10.1989 EzA § 87 BetrVG 1972 Betriebsbuße Nr. 8 S. 9 f. *[Leßmann]* = AP Nr. 12 zu § 87 BetrVG 1972 Betriebsbuße Bl. 4; *Dietz* § 56 Rn. 168 – aber auch *Dietz* Anm. AP Nr. 1 zu § 56 BetrVG Betriebsbuße

Bl. 5 R; *Fitting* § 87 Rn. 79; *Gamillscheg* II, S. 883; *Geiger* RiA 1979, 225 [227 ff.]; *Herschel* Betriebsbußen, S. 21 ff.; *Hueck/Nipperdey* II/2, S. 1378; *Löwisch/Würtenberger* JuS 1970, 261; *Neumann-Duesberg*, S. 490 f.; *Nikisch* III, S. 417; *Preis/Stoffels* AR-Blattei SD 1710, Rn. 42 ff.; *Schaub/Linck* Arbeitsrechts-Handbuch, § 58 Rn. 3; *Söllner* AuR 1981, 97 Fn. 1; **a. M.** *von Hoyningen-Huene* Die Billigkeit im Arbeitsrecht, 1978, S. 190 f.; *Leinemann* AuR 1970, 134 [140 f.]; *U. Luhmann* Betriebsjustiz und Rechtsstaat, S. 105 ff., dazu *Herschel* BB 1975, 1209 [1211 f.]; *Richardi* § 87 Rn. 183, 232 ff.; *Schwerdtner* Arbeitsrecht I, S. 166 f.; *ders.* FS *Hilger* und *Stumpf*, 1983, S. 631 [655]; *Staudinger/Rieble* BGB, § 339 Rn. 249; *Weitnauer* FS *Reinhardt*, S. 179 [188 ff.]; *Worzalla/HWGNRH* § 87 Rn. 167; *Zöllner* ZZP 1970, 365 [378 ff.]; zum früheren Recht *Richardi* § 87 Rn. 217 m. w. N.). Der Betriebsbuße fehlt gänzlich die Funktion der Vertragsstrafe als Mittel des Schadenersatzes, und sie wird nicht wie diese kraft Gesetzes verwirkt (§ 339 BGB), sondern durch die Betriebspartner nach dem Opportunitätsprinzip verhängt (Rdn. 271). Das schließt die Vereinbarung einer Vertragsstrafe z. B. mit leitenden Angestellten nicht aus, deren Zulässigkeit und Durchführung jedoch allein den Grundsätzen des Vertragsrechts, dagegen nicht der Mitbestimmung des Betriebsrats nach § 87 Abs. 1 Nr. 1 unterliegt (*BAG* 04.03.2004 EzA § 309 BGB 2002 Nr. 1 *[Thüsing/Leder]* = AP Nr. 3 zu § 309 BGB *[Koppenfels/Spies]*; *LAG Rheinland-Pfalz* 03.02.1977 ARSt. 1977, 179 [Nr. 173] – Zahlung eines Geldbetrages bei Nichtrückgabe eines Dienstausweises; *Bender/WPK* § 87 Rn. 46; *Galperin/Löwisch* § 87 Rn. 73; *Hueck/Nipperdey* II/2, S. 1377 f.; *Nikisch* III, S. 417 f.; **a. M.** bei Vertragsstrafen für Verstöße gegen die betriebliche Ordnung *Söllner* AuR 1981, 97 Fn. 1; anders dagegen *Worzalla/HWGNRH* § 87 Rn. 164 ff.). Zu Vertragsstrafenabreden zwischen Arbeitgeber und Betriebsrat Rdn. 121 a. E.

250 Durch den Erlass einer Betriebsbußenordnung und die Verhängung von Betriebsbußen wird nicht gegen Art. 92, Art. 101 Abs. 1, Art. 103 Abs. 3 GG verstoßen, weil die ausschließlich betrieblichen Ordnungszwecken dienenden Betriebsbußen **keine Kriminalstrafen** sind und ihre Verhängung weder mit der staatlichen Strafgerichtsbarkeit gleichzusetzen ist noch in diese eingreift (*BAG* 12.09.1967 AP Nr. 1 zu § 56 BetrVG Betriebsbuße Bl. 2 R f.; *Fitting* § 87 Rn. 80, 86; *Herschel* Betriebsbußen, S. 29 ff.; *Hueck/Nipperdey* II/2, S. 1377 Fn. 27c; *Kienapfel* JZ 1965, 599 [602 ff.]; *Lohse* GS *Friedrich Klein*, S. 288 [299 ff.]; *Nikisch* III, S. 418; *Schaub/Linck* Arbeitsrechts-Handbuch, § 58 Rn. 2; *Scholz* in: *Kaiser/Metzger-Pregizer* Betriebsjustiz, S. 337 ff.; *Zöllner* ZZP 1970, 365 [379 ff.]; dagegen Bedenken von *Arndt* NJW 1965, 26 f.; *Baur* JZ 1965, 163 ff.; dagegen wiederum *Richardi* § 87 Rn. 235 bei Annahme einer Vertragsstrafe). Es ist deshalb nicht sachgerecht, von »Betriebsstrafgewalt« oder »Betriebsstrafen« zu sprechen (so aber z. B. *BAG* 05.12.1975 EzA § 87 BetrVG 1972 Betriebliche Ordnung Nr. 1 S. 4 *[Wiese]* = AP Nr. 1 zu § 87 BetrVG 1972 Betriebsbuße Bl. 2 R *[Konzen]*; 30.01.1979 EzA § 87 BetrVG 1972 Betriebsbuße Nr. 3 S. 6 = AP Nr. 2 zu § 87 BetrVG 1972 Betriebsbuße Bl. 2 *[Pfarr]*; 07.11.1979 EzA § 87 BetrVG 1972 Betriebsbuße Nr. 4 S. 13 = AP Nr. 3 zu § 87 BetrVG 1972 Betriebsbuße Bl. 2 R *[Herschel]*; 17.10.1989 EzA § 87 BetrVG 1972 Betriebsbuße Nr. 8 S. 8 *[Leßmann]* = AP Nr. 12 zu § 87 BetrVG 1972 Betriebsbuße Bl. 3 R *[Brox]*; vgl. auch 05.02.1986 EzA § 339 BGB Nr. 2 S. 4 = AP Nr. 12 zu § 339 BGB Bl. 3 *[Löwisch]*; *Galperin/Löwisch* § 87 Rn. 75, 77 f., 81; *Richardi* § 87 Rn. 214 ff.). Voraussetzung der Verhängung einer Betriebsbuße ist nur, dass die zu ahndende Handlung die betriebliche Ordnung betrifft, so dass ein davon unabhängiges außerbetriebliches Verhalten mit keiner Buße belegt werden kann (weitergehend wohl *[Galperin/]Löwisch* § 87 Rn. 77, der anscheinend jegliche Rückwirkung außerbetrieblichen Verhaltens auf die betriebliche Ordnung verneint). Soweit die betriebliche Ordnung berührt wird, kann eine Betriebsbuße auch dann verhängt werden, wenn der Tatbestand einer strafbaren Handlung (z. B. Diebstahl, vorsätzliche Sachbeschädigung, Körperverletzung) erfüllt ist (**a. M.** *Fitting* § 87 Rn. 85). Das schließt eine Bestrafung durch die staatlichen Gerichte nicht aus. Im Übrigen liegt in der Verhängung einer Betriebsbuße als solcher keine Verletzung des Art. 1 Abs. 1 und des Art. 2 Abs. 1 GG (*BAG* 12.09.1967 AP Nr. 1 zu § 56 BetrVG Betriebsbuße Bl. 3 f.).

bb) Mitbestimmungsfreie Abmahnungen
251 **Von** der **Betriebsbuße** ist die **mitbestimmungsfreie Abmahnung** (§ 314 Abs. 2 BGB) eines Arbeitnehmers durch den Arbeitgeber **zu unterscheiden** (*BAG* st. Rspr. 14.12.1966 AP Nr. 27 zu § 59 BetrVG Bl. 3 R; 05.12.1979 EzA § 87 BetrVG 1972 Betriebliche Ordnung Nr. 1 S. 4 f. *[Wiese]* = AP Nr. 1 zu § 87 BetrVG 1972 Betriebsbuße Bl. 2 R *[Konzen]*; 17.10.1989 EzA § 87 BetrVG 1972 Betriebsbuße Nr. 8 S. 9 f. *[Leßmann]* = AP Nr. 12 zu § 87 BetrVG 1972 Betriebsbuße Bl. 3 R f. *[Brox]*;

17.01.1991 EzA § 1 KSchG Verhaltensbedingte Kündigung Nr. 37 S. 11 *[Rüthers/Franke]* = AP Nr. 25 zu § 1 KSchG 1969 Verhaltensbedingte Kündigung Bl. 5; 17.09.2013 EzA § 80 BetrVG 2001 Nr. 17 Rn. 15 = AP Nr. 76 zu § 80 BetrVG 1972; weitere *BAG*-Nachweise 9. Aufl. § 87 Rn. 242; zur Rechtsprechung der Instanzgerichte 6. Aufl. § 87 Rn. 242; *Heinze* NZA 1990, 169 ff.; *Herschel* Betriebsbußen, S. 56 f.; *von Hoyningen-Huene* RdA 1990, 193 [202]; *Hueck/Nipperdey* II/2, S. 1379 f.; *Kaiser/LK* § 87 Rn. 56; *Klebe/DKKW* § 87 Rn. 79; *Lohmeyer* Die Abmahnung im Arbeitsverhältnis, S. 73 ff.; *U. Luhmann* Betriebsjustiz und Rechtsstaat, S. 107; *Neumann-Duesberg*, S. 491; *Nikisch* III, S. 419; *Rewolle* DB 1976, 774; *Richardi* § 87 Rn. 228, 230; *Rüthers* Anm. AP Nr. 27 zu § 59 BetrVG Bl. 6 R; *Schaub* NZA 1997, 1185 [1188]; *Schlochauer* DB 1977, 254 [255 f.]; *Schmid* NZA 1985, 409 [414]; *Stege/Weinspach/Schiefer* § 87 Rn. 53 ff.; *Wiese* Anm. EzA Nr. 1 zu § 87 BetrVG 1972 Betriebliche Ordnung S. 10 ff.; *Worzalla/HWGNRH* § 87 Rn. 150 ff., 157; *Zöllner* ZZP 1970, 365 [373]; zur älteren Literatur 10. Aufl. Rn. 242; **a. M.** *Weiss/Weyand* § 87 Rn. 25; einschränkend *Däubler* Das Arbeitsrecht II, Rn. 710 ff.; krit. zur Abgrenzung *Gamillscheg* II, S. 886 f.). Zur **Abmahnung** Nachweise 8. Aufl. § 87 Rn. 242; *Wetzling/Habel* BB 2011, 1077 ff. Durch Beschluss einer Einigungsstelle kann nicht gegen den Willen des Arbeitgebers oder Betriebsrats eine Regelung erzwungen werden, nach der Abmahnungen in entsprechender Anwendung des § 99 mitbestimmungspflichtig sein sollen (*BAG* 30.08.1995 EzA § 87 BetrVG 1972 Kontrolleinrichtung Nr. 21 S. 7 f. = AP Nr. 29 zu § 87 BetrVG Überwachung Bl. 3 R).

252 Der Zweck einer **Abmahnung** (§ 314 Abs. 2 BGB) besteht darin, den **Arbeitnehmer** auf ein **pflichtwidriges Verhalten hinzuweisen** und für die Zukunft ein **pflichtgemäßes Verhalten** zu **verlangen** (*BAG* st. Rspr. 30.01.1979 EzA § 87 BetrVG 1972 Betriebsbuße Nr. 3 S. 6 = AP Nr. 2 zu § 87 BetrVG Betriebsbuße Bl. 2 *[Pfarr]*; 27.11.2008 EzA § 314 BGB 2002 Nr. 4 Rn. 14 = AP Nr. 33 zu § 611 BGB Abmahnung; 23.06.2009 EzA § 106 GewO Nr. 3 Rn. 13 = AP Nr. 3 zu § 106 GewO; weitere *BAG*-Nachweise 9. Aufl. § 87 Rn. 243). Soweit es sich um die dem Arbeitnehmer obliegenden arbeitsvertraglichen Pflichten handelt, macht der Arbeitgeber damit nur seinen **Anspruch als Gläubiger** geltend und übt nicht etwa das der Konkretisierung von Schuldnerpflichten dienende Direktionsrecht (§ 106 GewO) aus (vgl. auch *U. Luhmann* Betriebsjustiz und Rechtsstaat, S. 107 ff. m. w. N.). Die Befugnis zur Geltendmachung dieser Gläubigerrechte ist durch das Betriebsverfassungsgesetz nicht eingeschränkt worden (**a. M.** *Pfarr* Anm. AP Nr. 2 zu § 87 BetrVG 1972 Betriebsbuße Bl. 5 ff., die verkennt, dass es dabei nicht um die Gestaltung der betrieblichen Ordnung, sondern um die Ausübung bestehender Ansprüche geht).

253 Im Gegensatz zur Abmahnung dient die **Betriebsbuße** nicht dazu, die Beachtung von Schuldnerpflichten zu verlangen, sondern soll **begangenes Unrecht sanktionieren** (zust. *BAG* 05.02.1986 EzA § 339 BGB Nr. 2 S. 4 = AP Nr. 12 zu § 339 BGB Bl. 3 *[Löwisch]*), mag sie daneben auch dem Zweck dienen, für die Zukunft durch die Einwirkung auf den Arbeitnehmer ein pflichtgemäßes Verhalten zu sichern. Sie ist ein Übel, das dem Arbeitnehmer die Missbilligung seines Fehlverhaltens in besonderer Weise zum Ausdruck bringt. Die Grenze zwischen Abmahnung und Betriebsbuße wird daher überschritten, wenn eine Äußerung des Arbeitgebers eine über die bloße Geltendmachung der Gläubigerposition hinausgehende zusätzliche Sanktion enthält (*BAG* 17.10.1989 EzA § 87 BetrVG 1972 Betriebsbuße Nr. 8 S. 11 *[Leßmann]* = AP Nr. 12 zu § 87 BetrVG 1972 Betriebsbuße Bl. 3 R, 4 R f. *[Brox]*; weitere *BAG*-Nachweise 9. Aufl. § 87 Rn. 244; *Heinze* NZA 1990, 169 [173]; *Hunold* BB 1986, 2050 [2055]; *Schmid* NZA 1985, 409 [414]). Das ist allerdings nicht schon dann der Fall, wenn die Abmahnung zugleich ein **Unwerturteil** über die Person des Arbeitnehmers enthält (so aber *BAG* 07.11.1979 EzA § 87 BetrVG 1972 Betriebsbuße Nr. 4 S. 14 = AP Nr. 3 zu § 87 BetrVG 1972 Betriebsbuße Bl. 2 R *[abl. Herschel]* = SAE 1981, 236 *[abl. Thiele]*; 22.10.1985 EzA § 87 BetrVG 1972 Betriebliche Lohngestaltung Nr. 10 S. 94 = AP Nr. 18 zu § 87 BetrVG 1972 Lohngestaltung Bl. 2 R *[Glaubitz]*; zust. *Schmid* NZA 1985, 409 [414]; *Worzalla/HWGNRH* § 87 Rn. 151); die Abmahnung bedeutet immer zugleich ein Unwerturteil über die Person, wenn der Arbeitnehmer wegen eines moralisch verwerflichen Verhaltens abgemahnt wird. Zur Sanktion einer **beförderungshemmenden Missbilligung** als Betriebsbuße *BAG* 17.10.1989 EzA § 87 BetrVG Betriebsbuße Nr. 8 S. 10 *(Leßmann)* =AP Nr. 12 zu § 87 BetrVG 1972 Betriebsbuße Bl. 4 R f. *(Brox)*; *LAG Frankfurt a. M.* 18.10.1988 DB 1989, 1931 – Vorinstanz.

Der rechtliche Charakter einer **Abmahnung** wird **nicht** dadurch **verändert**, dass mit ihr in aller Regel auf ein **Fehlverhalten** des **Arbeitnehmers hingewiesen** wird. Um seinen Anspruch zu begründen, kann der Arbeitgeber gar nicht umhin, seine Auffassung darzulegen. Eine mit der Abmahnung verbundene Kritik ändert deshalb nichts daran, dass der Arbeitgeber mit dem Verlangen ein Gläubigerrecht wahrnimmt (vgl. auch *BAG* 05.12.1975 EzA § 87 BetrVG 1972 Betriebliche Ordnung Nr. 1 S. 5 ff. *[Wiese]* = AP Nr. 1 zu § 87 BetrVG 1972 Betriebsbuße Bl. 2 R f. *[Konzen]*; 17.10.1989 EzA § 87 BetrVG 1972 Betriebsbuße Nr. 8 S. 10 *[Leßmann]* = AP Nr. 12 zu § 87 BetrVG 1972 Betriebsbuße Bl. 4 *[Brox]*; weitere *BAG*-Nachweise 9. Aufl. § 87 Rn. 245). Um eine Abmahnung handelt es sich auch noch, wenn der Arbeitgeber scharfe Formulierungen verwendet. Selbst wenn die Äußerungen des Arbeitgebers beleidigende Formulierungen enthalten sollte, wird dadurch eine Abmahnung nicht zur Betriebsbuße, weil auch diese keinen beleidigenden Inhalt haben dürfte (Rdn. 269). Beleidigenden Äußerungen des Arbeitgebers, die in einer Abmahnung enthalten sind, kann der Arbeitnehmer daher nicht wegen eines angeblichen Verstoßes gegen die Mitbestimmung des Betriebsrats nach § 87 Abs. 1 Nr. 1, sondern nur nach den allgemeinen Grundsätzen des Vertrags- und Deliktsrechts entgegentreten. **254**

Eine **Abmahnung** wird ferner **nicht** dadurch zur **Betriebsbuße**, dass sie mit **zusätzlichen individualrechtlichen Folgen verbunden** ist oder solche **angedroht** werden (*BAG* 30.01.1979 EzA § 87 BetrVG 1972 Betriebsbuße Nr. 3 S. 6 = AP Nr. 2 zu § 87 BetrVG 1972 Betriebsbuße Bl. 2 *[Pfarr]*; 17.10.1989 EzA § 87 BetrVG 1972 Betriebsbuße Nr. 8 S. 9 *[Leßmann]* = AP Nr. 12 zu § 87 BetrVG 1972 Betriebsbuße Bl. 3 R f.; 30.05.1996 AP Nr. 2 zu § 611 BGB Nebentätigkeit Bl. 2; weitere *BAG*-Nachweise 9. Aufl. § 87 Rn. 246). Wirkt sie als Mahnung und wird der Arbeitnehmer dadurch in Verzug gesetzt (§ 284 BGB), handelt der Arbeitgeber aufgrund seiner Rechtsstellung als Gläubiger. Droht er für den Wiederholungsfall dem Arbeitnehmer an, diesem zu kündigen, so ist dies ebenso wenig eine Betriebsbuße, wie wenn der Arbeitgeber von dem ihm zustehenden Kündigungsrecht Gebrauch macht. Kündigungen sind als solche keine mitbestimmungspflichtigen Betriebsbußen. Sie unterliegen lediglich der Mitbestimmung nach Maßgabe der §§ 102 ff., die insoweit eine abschließende Regelung enthalten. Zur Unzulässigkeit der Entlassung als Betriebsbuße Rdn. 265. **255**

Die **Form** einer **Abmahnung** steht dem **Arbeitgeber** grundsätzlich frei (*Worzalla/HWGNRH* § 87 Rn. 153). Er kann sie mündlich oder schriftlich erteilen. Das *BAG* (Nachweise Rdn. 251) erwähnt nur die schriftliche Abmahnung. Rechtlich **unerheblich** ist die **Bezeichnung** einer Abmahnung, ob also der Arbeitgeber z. B. von Verweis, Verwarnung oder Mahnung spricht (*BAG* 05.12.1975 EzA § 87 BetrVG 1972 Betriebliche Ordnung Nr. 1 S. 5 *[Wiese]* = AP Nr. 1 zu § 87 BetrVG 1972 Betriebsbuße Bl. 2 R *[Konzen]*; 17.10.1989 EzA § 87 BetrVG 1972 Betriebsbuße Nr. 8 S. 9 *[Leßmann]* = AP Nr. 12 zu § 87 BetrVG 1972 Betriebsbuße Bl. 4 *[Brox]*; weitere *BAG*-Nachweise 9. Aufl. § 87 Rn. 247; *LAG Baden-Württemberg/Mannheim* 17.04.1968 DB 1968, 1499; *LAG Frankfurt a. M.* 03.08.1977 DB 1977, 2000 [2001]; *LAG Hamm* 30.10.1973 DB 1974, 439; *Heinze* NZA 1990, 169 [173]; *Herbst* BB 1965, 419 [421]; *Klebe/DKKW* § 87 Rn. 79; *U. Luhmann* Betriebsjustiz und Rechtsstaat, S. 107 m. w. N.; *Richardi* § 87 Rn. 229; *Worzalla/HWGNRH* § 87 Rn. 151; **a. M.** wohl *Löwisch/Würtenberger* JuS 1970, 261 [266] bei einer »formalisierten Verwarnung«). Werden allerdings diese Ausdrücke in einer Betriebsbußenordnung zur Kennzeichnung von Sanktionen verwendet, darf der Arbeitgeber jedenfalls für den sachlichen Geltungsbereich der Betriebsbußenordnung eine Abmahnung nicht in gleicher Weise bezeichnen (*Galperin/Löwisch* § 87 Rn. 74a; *Herbst* BB 1965, 419 [421]; vgl. auch *BAG* 07.11.1979 EzA § 87 BetrVG 1972 Betriebsbuße Nr. 4 S. 14 = AP Nr. 3 zu § 87 BetrVG 1972 Betriebsbuße Bl. 3 *[Herschel]*; 19.07.1983 EzA § 611 BGB Fürsorgepflicht Nr. 34 S. 164 *[Klinkhammer]* = AP Nr. 5 zu § 87 BetrVG 1972 Betriebsbuße Bl. 2 R f. *[Herschel]*). Andernfalls erhielte die »Abmahnung« ein Gewicht, das sie qualitativ veränderte. **256**

Für die Abgrenzung von Abmahnung und Betriebsbuße ist es **unerheblich**, ob eine **schriftliche Äußerung** des Arbeitgebers zu den **Personalakten** genommen wird (vgl. auch *BAG* 19.07.1983 EzA § 611 BGB Fürsorgepflicht Nr. 34 S. 164 *[Klinkhammer]* = AP Nr. 5 zu § 87 BetrVG 1972 Betriebsbuße Bl. 2 R *[Herschel]*; **a. M.** *Gamillscheg* II, S. 887). Ist eine schriftliche Abmahnung als solche zulässig, so wäre es wirklichkeitsfremd, das Abheften in der Personalakte als selbständigen Tatbestand einer Betriebsbuße zu bewerten (vgl. auch *LAG Hamm* 30.10.1973 DB 1974, 439 f.; *Heinze* NZA 1990, 169 [173]). Der Betriebsrat hat auch keinen Anspruch gegen den Arbeitgeber auf Unterrichtung über eine **257**

§ 87 IV. 3. Soziale Angelegenheiten

Abmahnung (*BAG* 17.09.2013 EzA § 80 BetrVG 2001 Nr. 17 Rn. 13 ff. = AP Nr. 76 zu § 80 BetrVG 1972; *LAG Schleswig-Holstein* 27.05.1983 DB 1983, 2145 f.). Eine andere Frage ist, ob der Arbeitnehmer aus besonderen Gründen – z. B. weil ein kritisiertes Verhalten lange zurückliegt und in keiner Weise mehr von Bedeutung ist – aufgrund der Treuepflicht des Arbeitgebers die **Entfernung** einer **Abmahnung aus** der **Personalakte** verlangen kann (*Franzen* § 83 Rdn. 40; zum Anspruch auf Entfernung unzulässiger Abmahnungen *Franzen* § 83 Rdn. 37).

258 Der Anwendungsbereich einer mitbestimmungsfreien **Abmahnung** ist **nicht** auf die **Verletzung arbeitsvertraglicher Pflichten beschränkt**, die »keine Auswirkungen auf die kollektive Ordnung haben« (eingehend *Wiese* Anm. EzA Nr. 1 zu § 87 BetrVG 1972 Betriebliche Ordnung S. 14 ff.; im Ergebnis ebenso *BAG* 30.01.1979 EzA § 87 BetrVG 1972 Betriebsbuße Nr. 3 S. 8 f. = AP Nr. 2 zu § 87 BetrVG 1972 Betriebsbuße Bl. 3 *[Pfarr]* unter Aufgabe seiner gegenteiligen Meinung 05.12.1975 EzA § 87 BetrVG 1972 Betriebliche Ordnung Nr. 1 S. 5 ff. *[Wiese]* = AP Nr. 1 zu § 87 BetrVG 1972 Betriebsbuße Bl. 2 R *[Konzen]*; ferner *BAG* 17.10.1989 EzA § 87 BetrVG 1972 Betriebsbuße Nr. 8 S. 10 *[Leßmann]* = AP Nr. 12 zu § 87 BetrVG 1972 Betriebsbuße Bl. 4 f. *[Brox]*; *LAG Baden-Württemberg / Mannheim* 17.04.1968 DB 1968, 1499; *ArbG Hanau* 20.06.1979 DB 1979, 1144; *ArbG Kiel* 28.09.1977 BB 1978, 152; *Buchner* Anm. EzA § 611 BGB Fürsorgepflicht Nr. 23 S. 82 f.; *Fitting* § 87 Rn. 83; *Herbst* BB 1965, 419 [421]; *Herschel* Betriebsbußen, S. 56; *U. Luhmann* Betriebsjustiz und Rechtsstaat, S. 110 ff.; *Richardi* § 87 Rn. 228; *Schlochauer* DB 1977, 254 [258]; *Stege / Weinspach / Schiefer* § 87 Rn. 57; *Worzalla / HWGNRH* § 87 Rn. 152, 154; **a. M.** *LAG Frankfurt a. M.* 03.08.1977 DB 1977, 2000; vgl. ferner *Kammann* DB 1969, 2132 [2134 f.]). Eine Abmahnung wird sich zwar häufig auf eine Verletzung der Arbeitspflicht beziehen, weil der Arbeitnehmer entweder die geschuldete Arbeitsleistung überhaupt nicht oder schlecht erbracht hat. Jedoch sind auch Verstöße gegen rechtmäßig erlassene Vorschriften über die betriebliche Ordnung Vertragsverletzungen (Rdn. 216). Der Arbeitgeber hat daher auf deren Einhaltung ebenso wie auf die Erfüllung der Arbeitspflicht einen vertraglichen Anspruch. Dem steht nicht entgegen, dass Vorschriften über die betriebliche Ordnung nach § 87 Abs. 1 Nr. 1 von Arbeitgeber und Betriebsrat gemeinsam zu erlassen sind. Entscheidend ist allein, dass diese Ordnung rechtmäßig zustande gekommen ist. Eine Abmahnung verändert auch nicht dadurch ihren rechtlichen Charakter, dass ein auf die betriebliche Ordnung bezogenes Verhalten geschuldet und abgemahnt wird. Ferner kann aus dem kollektiven Bezug einer Pflichtwidrigkeit des Arbeitnehmers und der grundsätzlichen Zulässigkeit betrieblicher Sanktionen gegen Ordnungsverstöße nicht auf die gleichzeitige Unzulässigkeit einer Abmahnung geschlossen werden. Da Betriebsbuße und Abmahnung sich nicht durch die Art des gerügten Verhaltens, d. h. ihren Gegenstand, sondern durch den mit ihnen verfolgten Zweck unterscheiden (zust. *Worzalla / HWGNRH* § 87 Rn. 152), stehen sie selbständig nebeneinander. Es bedarf daher im Zweifel der Auslegung, ob eine Rüge des Arbeitgebers als Buße oder Abmahnung anzusehen ist (vgl. auch *Schmid* NZA 1985, 409 [415]). Dafür ist nicht die Motivation des Arbeitgebers, sondern der Wortlaut der Erklärung unter Berücksichtigung aller Begleitumstände maßgebend (*BAG* 05.12.1975 EzA § 87 BetrVG 1972 Betriebliche Ordnung Nr. 1 S. 5 *[Wiese]* = AP Nr. 1 zu § 87 BetrVG 1972 Betriebsbuße Bl. 2 R *[Konzen]*).

259 Auch ein **Fehlverhalten** von **Betriebsratsmitgliedern kann** mitbestimmungsfrei **abgemahnt** werden. Das ist unproblematisch, wenn ein Betriebsratsmitglied (auch ohne Verschulden) gegen seine **Arbeitspflicht** verstößt (*BAG* st. Rspr. 06.08.1981 EzA § 37 BetrVG 1972 Nr. 73 S. 357 f. = AP Nr. 39 zu § 37 BetrVG 1972 Bl. 2 R; 03.06.2003 EzA § 89 BetrVG 2001 Nr. 1 S. 6 = AP Nr. 1 zu § 89 BetrVG 1972 Bl. 2 R *[Simitis]*; weitere *BAG*-Nachweise 9. Aufl. § 87 Rn. 250; *LAG Bremen* 06.01.1995 LAGE § 611 BGB Abmahnung Nr. 38 S. 4 f.; *LAG Düsseldorf* 15.10.1992 LAGE § 611 BGB Abmahnung Nr. 33 S. 2 – Vorinstanz; *LAG Hamm* 17.04.1985 LAGE § 611 BGB Abmahnung Nr. 1 S. 2, Nr. 9 S. 1; *ArbG Darmstadt* 30.01.1973 DB 1973, 1408; *ArbG Hanau* 20.06.1979 BB 1979, 1144). Gleiches gilt bei einem Verstoß gegen die **betriebliche Ordnung** (*Schlochauer* DB 1977, 254 [259]; *Stege / Weinspach / Schiefer* § 87 Rn. 60; *Worzalla / HWGNRH* § 87 Rn. 155), ohne dass es dies in seiner Eigenschaft als Betriebsratsmitglied getan hat. Selbst wenn ein Betriebsratsmitglied **sowohl gegen vertragliche wie betriebsverfassungsrechtliche Pflichten verstoßen** hat (vgl. auch *Weber* § 37 Rn. 62 f.), ist eine Abmahnung des vertragswidrigen Verhaltens als zulässig anzusehen; die Vertragsverletzung wird durch die gleichzeitige Amtspflichtverletzung nicht aufgehoben (*BAG* 06.08.1981 EzA § 37 BetrVG 1972 Nr. 74 S. 362 = AP Nr. 40 zu § 37 BetrVG 1972 Bl. 2 *[Joachim]*; 15.07.1992 EzA § 611 BGB Abmahnung Nr. 26 S. 5 *[Kittner]* = AP Nr. 9 zu § 611 BGB Abmahnung

Bl. 3; 10.11.1993 EzA § 611 BGB Abmahnung Nr. 29 S. 6 = AP Nr. 4 zu § 78 BetrVG 1972 Bl. 3 R; 31.08.1994 EzA § 611 BGB Abmahnung Nr. 33 S. 4 = AP Nr. 98 zu § 37 BetrVG 1972 Bl. 3; 03.06.2003 EzA § 89 BetrVG 2001 Nr. 1 S. 6 = AP Nr. 1 zu § 89 BetrVG 1972 Bl. 2 R *[Simitis]*; einschränkend *LAG Düsseldorf* 15.10.1992 LAGE § 611 BGB Abmahnung Nr. 33 S. 3 ff. – Vorinstanz: nur bei grober Pflichtverletzung; *LAG Hamm* 17.04.1985 LAGE § 611 BGB Abmahnung Nr. 33 S. 2; *ArbG Kaiserslautern/Pirmasens* 25.03.1981 ARSt. 1981, 183 [184]; *Galperin/Löwisch* § 87 Rn. 60, 74a; *Worzalla/HWGNRH* § 87 Rn. 155; **a. M.** *ArbG Berlin* 27.09.1973 DB 1973, 2532; *Klebe/DKKW* § 87 Rn. 80; differenzierend *Schlochauer* DB 1977, 254 [259]; zum Verhältnis von Amtspflichten und Vertragspflichten eingehend *Oetker* § 23 Rdn. 26 ff.). Der **Betriebsrat hat keinen Anspruch auf Entfernung** einer **Abmahnung** aus der **Personalakte eines seiner Mitglieder**; es handelt sich um ein höchstpersönliches Recht des Betriebsratsmitglieds (*BAG* 09.09.2015 EzA § 78 BetrVG 2001 Nr. 5 Rn. 25, 38 ff. = AP Nr 15 zu § 78 BetrVG 1972).

Zulässig und **mitbestimmungsfrei** ist aber auch die betriebsverfassungsrechtliche »**Abmahnung**« **260** eines **Betriebsratsmitglieds wegen** eines ausschließlich oder mit einer Vertragsverletzung verbundenen **amtswidrigen Verhaltens** (*LAG Düsseldorf* 25.10.1975 DB 1975, 359; *ArbG Hanau* 20.06.1979 BB 1979, 1144 f.; *Galperin/Löwisch* § 87 Rn. 60; *Kania* DB 1996, 374 [375 ff.]; *Oetker* § 23 Rdn. 41; *Schaub/Koch* Arbeitsrechts-Handbuch § 235 Rn. 36; *Trittin/DKKW* § 23 Rn. 148 f.; **a. M.** *BAG* 05.12.1975 EzA § 87 BetrVG 1972 Betriebliche Ordnung Nr. 1 S. 7 *[abl. Wiese]* = AP Nr. 1 zu § 87 BetrVG 1972 Betriebsbuße Bl. 3 R *[abl. Konzen]* = AR-Blattei, Betriebsbußen, Entsch. 8 *[abl. Herschel]* = SAE 1977, 88 *[abl. Meisel]*; *LAG Berlin* 23.02.1988 DB 1988, 863; 06.09.1991 LAGE § 611 BGB Abmahnung Nr. 28 S. 1 ff.; *LAG Bremen* 06.01.1995 LAGE § 611 BGB Abmahnung Nr. 38 S. 5 f., Nr. 40 S. 6; *LAG Düsseldorf* 23.02.1993 LAGE § 23 BetrVG 1972 Nr. 31 S. 3 ff.; *LAG Hamm* 17.04.1985 LAGE § 611 BGB Abmahnung Nr. 1 Satz 2 und Nr. 9 Satz 2; *LAG Köln* 11.04.1995 LAGE § 611 BGB Abmahnung Nr. 40 S. 6; *ArbG Berlin* 27.09.1973 DB 1973, 2532; dem *BAG* zust. *Binkert* ArbN 1977, 329; *Schleusener* NZA 2001, 640 ff.; *Schlochauer* DB 1977, 254 [259]; *Worzalla/HWGNRH* § 87 Rn. 154). Sowohl dem Arbeitgeber (**a. M.** *Fitting* § 87 Rn. 84; *Kania* DB 1996, 374 [377]) als auch dem Betriebsrat muss es möglich sein, ein nach Betriebsverfassungsrecht pflichtwidriges Verhalten der anderen Seite (Betriebsrat bzw. Arbeitgeber) zu kritisieren und ein pflichtgemäßes Verhalten zu verlangen, ohne dass dies die Vorstufe eines Verfahrens nach § 23 Abs. 1 oder 3 sein müsste (so aber *Kania* DB 1996, 374 [376 ff.]; vgl. auch *ArbG Hildesheim* 01.03.1996 AuR 1997, 336). Das folgt allerdings nicht aus dem Arbeitsvertrag, sondern aus dem zwischen Arbeitgeber und Betriebsratsmitgliedern bestehenden gesetzlichen Dauerrechtsverhältnis unter Einschluss von Schuldverhältnissen (Einl. Rdn. 101; *Oetker* § 23 Rdn. 170 und zur Zulässigkeit der Abmahnung eingehend *Wiese* Anm. EzA § 87 BetrVG 1972 Betriebliche Ordnung Nr. 1 S. 17 ff.). Auch insoweit nimmt jede Seite ihr Gläubigerrecht wahr. Bei einem **ausschließlich betriebsverfassungswidrigen Verhalten** hat die Abmahnung allerdings keine vertragsrechtlichen Auswirkungen, so dass vertragsrechtliche Sanktionen ausgeschlossen sind; die Abmahnung ist daher aus den Personalakten des Betriebsratsmitglieds zu entfernen (*BAG* 26.01.1994 AuR 1994, 273; 09.09.2015 EzA § 78 BetrVG 2001 Nr. 5 Rn. 41 ff. m. w. N = AP Nr. 15 zu § 78 BetrVG 1972.; *LAG Berlin* 06.09.1991 LAGE § 611 BGB Abmahnung Nr. 28 S. 1 und 3; *Oetker* § 23 Rdn. 26; *Schleusener* NZA 2001, 640 [643]). Wegen der spezifisch kündigungsrechtlichen Relevanz einer vertragsrechtlichen Abmahnung sollte die betriebsverfassungsrechtliche Geltendmachung von Gläubigerrechten besser anders bezeichnet werden. Zulässig ist auch die **Abmahnung** des **Betriebsrats als Gremium** (zutr. *ArbG Sohlingen* 08.02.2016 DB 2016, 1380).

Dagegen ist die Verhängung einer **Betriebsbuße** gegen **Betriebsratsmitglieder wegen** eines **be- 261 triebsverfassungswidrigen Verhaltens ausgeschlossen**, weil eine Betriebsbußenordnung nach § 87 Abs. 1 Nr. 1 nur im Rahmen des Regelungsbereichs dieser Norm in Betracht kommt. Dazu gehört die Ahndung von Verstößen gegen die betriebliche, aber nicht die betriebsverfassungsrechtliche Ordnung. Insoweit sind nur Sanktionen nach § 23 Abs. 1 und gegebenenfalls nach § 120 zulässig (*Fitting* § 87 Rn. 84; *Kania/ErfK* § 87 Rn. 23; *Klebe/DKKW* § 87 Rn. 80; anders wohl *BAG* 05.12.1975 EzA § 87 BetrVG 1972 Betriebliche Ordnung Nr. 1 S. 7 *[abl. Wiese]* = AP Nr. 1 zu § 87 BetrVG 1972 Betriebsbuße Bl. 3 R *[abl. Konzen]*); vertragsrechtliche Sanktionen sind in diesem Fall daher ausgeschlossen (Rdn. 260). Zur zulässigen **Abmahnung** eines **gewerkschaftlichen Vertrauensmannes** *ArbG Kiel* 28.09.1977 BB 1978, 152 (zust. *Bengelsdorf*).

262 Betriebsbuße und **Abmahnung** können miteinander **verbunden** werden, sofern deren Zulässigkeits- und Wirksamkeitsvoraussetzungen zugleich vorliegen (*Heinze* NZA 1990, 169 [174 f.]). Jedoch muss ein entsprechender Wille hinreichend deutlich werden, damit dem Arbeitnehmer bewusst wird, dass er neben der Betriebsbuße als Sanktion begangenen Unrechts bei einem zukünftigen pflichtwidrigen Verhalten mit einer Kündigung zu rechnen hat.

cc) Einführung und Verhängung von Betriebsbußen

263 Einführung und Verhängung von Betriebsbußen müssen **rechtsstaatlichen Grundsätzen** genügen (*BAG* 12.09.1967 AP Nr. 1 zu § 56 BetrVG Betriebsbuße Bl. 4; 23.09.1976 JZ 1977, 565 [566 – *Haug*]; *Fitting* § 87 Rn. 93; *Galperin/Löwisch* § 87 Rn. 78; *Hueck/Nipperdey* II/2, S. 1378; *Klebe/DKKW* § 87 Rn. 73; *Kraft* NZA 1989, 777 [783]; *Lohse* GS Friedrich Klein, S. 288 [304 ff.]; *Neumann-Duesberg*, S. 495; *Scholz* in: *Kaiser/Metzger-Pregizer* Betriebsjustiz, S. 350 ff.; *Richardi* § 87 Rn. 241 f.; krit. *Zöllner* ZZP 1970, 365 [389 ff.]).

264 Die Betriebsbußenordnung muss in einem **Tarifvertrag** oder einer **Betriebsvereinbarung** geregelt (Rdn. 245) und vor der zu ahndenden Handlung ordnungsgemäß im Betrieb **bekanntgemacht** worden sein (*BAG* 12.09.1967 AP Nr. 1 zu § 56 BetrVG Betriebsbuße Bl. 4; *Fitting* § 87 Rn. 81; *Galperin/Löwisch* § 87 Rn. 78; *Herschel* Betriebsbußen, S. 50; *Hueck/Nipperdey* II/2, S. 1378; *Neumann-Duesberg*, S. 492; *Nikisch* III, S. 418; zu Geldbußen a. M. *Wiese* § 87 Rdn. 268). Sie kann, braucht aber nicht in eine Arbeitsordnung aufgenommen zu werden. Sie muss die **Bußtatbestände** eindeutig festlegen, die **Art** der **Bußen** (Verwarnung, Verweis, Geldbußen) bestimmen sowie nach h. M. die zulässige **Höhe** und **Verwendung** der **Geldbußen** regeln (*BAG* 17.10.1989 EzA § 87 BetrVG 1972 Betriebsbuße Nr. 8 S. 8 *[Leßmann]* = AP Nr. 12 zu § 87 BetrVG 1972 Betriebsbuße Bl. 3 R *[Brox]*; 12.09.1967 AP Nr. 1 zu § 56 BetrVG Betriebsbuße Bl. 4; *BAG* 23.09.1976 JZ 1977, 565 [566]; *Galperin/Löwisch* § 87 Rn. 78; *Neumann-Duesberg*, S. 492, 495; *Nikisch* III, S. 418). Die Verhängung einer Geldbuße setzt kein schadensrechtlich relevantes Interesse des Arbeitgebers voraus (so aber *U. Luhmann* Betriebsjustiz und Rechtsstaat, S. 146 ff.; *Richardi* § 87 Rn. 235; wie hier *Stadler* BB 1968, 801 [802]; *Worzalla/HWGNRH* § 87 Rn. 167). Rechnet man hierzu auch den immateriellen Schaden, ist das Kriterium für eine Abgrenzung ohnehin kaum von Nutzen. Die Beschränkung auf das Interesse des Arbeitgebers ist zudem nicht gerechtfertigt, weil es um die Ordnung des Betriebes, also auch um das gedeihliche Zusammenarbeiten aller Betriebsangehörigen geht, so dass es möglich sein muss, auch Beeinträchtigungen von Arbeitskollegen durch Betriebsbußen zu ahnden.

265 Keine zulässige Betriebsbuße ist die gegenüber einer Kündigung als eigenständig verstandene **Entlassung** (*BAG* 25.02.1966 AP Nr. 8 zu § 66 PersVG Bl. 4 R f.; 28.04.1982 EzA § 87 BetrVG 1972 Betriebsbuße Nr. 5 S. 19 ff. = AP Nr. 4 zu § 87 BetrVG 1972 Betriebsbuße Bl. 1 R ff. *[Herschel]*; offen gelassen 12.09.1967 AP Nr. 1 zu § 56 BetrVG Betriebsbuße Bl. 5; 25.08.1977 EzA § 125 BGB Nr. 3 Leitsatz 2 = AP Nr. 1 zu § 54 BMT-G II Bl. 3 *[Crisolli]*; *Hueck/Nipperdey* II/2, S. 1379 f.; *Kammann* DB 1969, 2132 [2135]; *Klebe/DKKW* § 87 Rn. 70; *Kraft* NZA 1989, 777 [783]; *U. Luhmann* Betriebsjustiz und Rechtsstaat, S. 123 ff.; *Meisel* Anm. SAE 1977, 91 f.; *Richardi* § 87 Rn. 213, 221, 248; *Worzalla/HWGNRH* § 87 Rn. 159; **a. M.** *BVerwG* 11.11.1960 AP Nr. 2 zu § 66 PersVG Bl. 2 R; *Franzheim* Werkschutzrecht, S. 55; *Galperin/Löwisch* § 87 Rn. 74, 75; *Gaul* DB 1965, 665 [668]; *Herschel* Betriebsbußen, S. 64 ff.; *ders.* BB 1975, 1209 [1212]; *ders.* FS *G. Müller*, 1981, S. 203 f.; zum Verhältnis von Kündigung und Betriebsbuße auch *Preis* Prinzipien des Kündigungsrechts bei Arbeitsverhältnissen [Diss. Köln], 1987, S. 459 ff.; *ders.* DB 1990, 685 [686 f.]). Zur Ausnahme für Dienstordnungsangestellte *BAG* 28.04.1982 EzA § 87 BetrVG 1972 Betriebsbuße Nr. 5 S. 19 f. = AP Nr. 4 zu § 87 BetrVG 1972 Betriebsbuße Bl. 2 *(Herschel)*.

266 Die **Beendigung** des **Arbeitsverhältnisses** wegen eines Fehlverhaltens des Arbeitnehmers **bedarf** der **Kündigung**, die als individualrechtliches Gestaltungsrecht den hierfür geltenden gesetzlichen Regelungen, insbesondere den Kündigungsschutzbestimmungen und der Mitbestimmung nach § 102 unterliegt. Das gilt auch für eine Änderungskündigung. Unzulässig ist es, eine Kündigung in die Gestalt einer Disziplinarmaßnahme zu kleiden, weil die hierin liegende zusätzliche Beeinträchtigung des Arbeitnehmers der Rechtsgrundlage entbehrt (*BAG* 28.04.1987 EzA § 87 BetrVG 1972 Betriebsbuße Nr. 5 S. 21 = AP Nr. 4 zu § 87 BetrVG 1972 Betriebsbuße Bl. 2 R *[Herschel]*). Der Arbeitnehmer kann deshalb auf Antrag die Unwirksamkeit dieser Maßnahmen feststellen lassen (*BAG* 28.04.1987 EzA

§ 87 BetrVG 1972 Betriebsbuße Nr. 5 S. 25 f. = AP Nr. 4 zu § 87 BetrVG 1972 Betriebsbuße Bl. 1 R *[Herschel]*), jedoch hat das auf die Wirksamkeit der Kündigung in aller Regel keinen Einfluss (*BAG* 28.04.1987 EzA § 87 BetrVG 1972 Betriebsbuße Nr. 5 f. = AP Nr. 4 zu § 87 BetrVG 1972 Betriebsbuße Bl. 2 R f. *[Herschel]*). Im Übrigen ist die Geltendmachung der in einer Betriebsbußenordnung vorgesehenen Sanktionen nicht neben einer erforderlichen Abmahnung Voraussetzung für die Wirksamkeit einer Kündigung (*BAG* 17.01.1991 EzA § 1 KSchG Verhaltensbedingte Kündigung Nr. 37 S. 11 f. *[Rüthers/Franke]* = AP Nr. 25 zu § 1 KSchG 1969 Verhaltensbedingte Kündigung Bl. 4 R f.).

Auch **Rückgruppierungen** (*Fitting* § 87 Rn. 89; *Klebe/DKKW* § 87 Rn. 70; *Richardi* § 87 Rn. 249; *Worzalla/HWGNRH* § 87 Rn. 159; **a. M.** *Galperin/Löwisch* § 87 Rn. 74) und **Versetzungen** sind nicht als Betriebsbußen, sondern nur nach Maßgabe des Arbeitsvertragsrechts unter Berücksichtigung der Mitbestimmung nach § 99 zulässig. Keine Betriebsbuße ist der gleichfalls nach Vertragsgrundsätzen erfolgende **Entzug** von **Vergünstigungen** wie z. B. verbilligten Flugscheinen (im Ergebnis ebenso *BAG* 22.10.1985 EzA § 87 BetrVG 1972 Betriebliche Lohngestaltung Nr. 10 S. 92 ff. = AP Nr. 18 zu § 87 BetrVG 1972 Lohngestaltung Bl. 2 ff. *[krit. Glaubitz]* = SAE 1986, 157 *[krit. Roemheld]*). Zur Sanktion einer **beförderungshemmenden Missbilligung** als Betriebsbuße Rdn. 253 a. E. **267**

Die Buße muss nach h. M. innerhalb des in der **Bußenordnung** festgelegten **Rahmens** nach **Art** und **Höhe angemessen** sein, darf also nicht außer Verhältnis zu der zu sanktionierenden Handlung und dem Verschulden des Arbeitnehmers stehen (*LAG Niedersachsen* 13.03.1981 DB 1981, 1985; *Blomeyer* 25 Jahre Bundesarbeitsgericht, 1979, S. 17 [29 Fn. 60]; *von Hoyningen-Huene* Die Billigkeit im Arbeitsrecht, 1978, S. 191 f.; *Hueck/Nipperdey* II/2, S. 1378). Als Höchstbetrag einer Geldbuße wird ein halber durchschnittlicher Tagesverdienst, in besonders schweren Fällen ein voller Tagesverdienst als angemessen angesehen (*Fitting* § 87 Rn. 88; *Hueck/Nipperdey* II/2, S. 1378; *Klebe/DKKW* § 87 Rn. 70; *Nikisch* III, S. 418; *Richardi* § 87 Rn. 225, 239). Nach meiner Auffassung ist jedoch die **Verhängung** von **Geldbußen mangels Rechtsgrundlage** als **unzulässig** anzusehen (*Wiese* FS *Richardi* 2007, S. 317 [334 ff.]; meine bisher vertretene Meinung habe ich seit der 9. Aufl. § 87 Rn. 259 aufgegeben). **268**

Die Buße soll nur der Sicherung der betrieblichen Ordnung dienen; eine **Anprangerung** des Arbeitnehmers durch die Art ihrer Verhängung – z. B. durch Namensnennung am Schwarzen Brett – ist **unzulässig** (*Fitting* § 87 Rn. 90; *Galperin/Löwisch* § 87 Rn. 77; *Hueck/Nipperdey* II/2, S. 1379; *Klebe/DKKW* § 87 Rn. 70; *Matthes*/MünchArbR § 243 Rn. 28; *Richardi* § 87 Rn. 253; *Schaub/Linck* Arbeitsrechts-Handbuch, § 58 Rn. 5; *Worzalla/HWGNRH* § 87 Rn. 159; *Zöllner* ZZP 1970, 365 [376 f.]; vgl. auch *BAG* 21.02.1979 EzA § 847 BGB Nr. 3 S. 9 ff. = AP Nr. 13 zu § 847 BGB Bl. 2 f. *[Wiese]*; **a. M.** *LAG Bayern* 20.01.1970 DB 1970, 888). **269**

Geldbußen dürfen nach h. M. **nicht** dem **Arbeitgeber**, sondern nur betrieblichen **Sozialeinrichtungen** oder einem **karitativen Zweck** zugeführt werden (*Fitting* § 87 Rn. 88; *Galperin/Löwisch* § 87 Rn. 78; *Hueck/Nipperdey* II/2, S. 1378 f.; *Klebe/DKKW* § 87 Rn. 70; *Neumann-Duesberg*, S. 494; *Nikisch* III, S. 417; **a. M.** *Leinemann* AuR 1970, 134 [141]; *U. Luhmann* Betriebsjustiz und Rechtsstaat, S. 176; *Richardi* § 87 Rn. 240; *Worzalla/HWGNRH* § 87 Rn. 169). **270**

Wegen derselben Handlung darf der Arbeitnehmer **nur einmal** mit einer Buße belegt werden (*Fitting* § 87 Rn. 93; *Kamann/Hess/Schlochauer* § 87 Rn. 55; *Nikisch* III, S. 419). Im Bußverfahren muss ihm **rechtliches Gehör** gewährt und eine **Vertretung** zugelassen werden (*BAG* 12.09.1967 AP Nr. 1 zu § 56 BetrVG Betriebsbuße Bl. 4 R; *Hueck/Nipperdey* II/2, S. 1378; *Klebe/DKKW* § 87 Rn. 74; *Nikisch* III, S. 419; *Richardi* § 87 Rn. 241 f.). Im Übrigen besteht grundsätzlich keine Verpflichtung der Betriebspartner, einen Verstoß gegen die betriebliche Ordnung zu ahnden; es gilt insoweit das **Opportunitätsprinzip** (*Fitting* § 87 Rn. 93; *Nikisch* III, S. 419). Mitbestimmungspflichtig sind auch Regelungen über die **Tilgung von Betriebsbußen** (*Stege/Weinspach/Schiefer* § 87 Rn. 52; zur Tilgung auch *Franzen* § 83 Rdn. 38 f.; *Fitting* § 87 Rn. 91). **271**

Die **Verhängung** der Betriebsbuße muss durch **Arbeitgeber** und **Betriebsrat gemeinsam** erfolgen, weil es sich dabei um die Durchsetzung der kollektiven betrieblichen Ordnung handelt (*BAG* 05.12.1975 EzA § 87 BetrVG 1972 Betriebliche Ordnung Nr. 1 S. 4 *[Wiese]* = AP Nr. 1 zu § 87 BetrVG 1972 Betriebsbuße Bl. 2 *[Konzen]*; 30.01.1979 EzA § 87 BetrVG 1972 Betriebsbuße Nr. 3 S. 5 = AP Nr. 2 zu § 87 BetrVG 1972 Betriebsbuße Bl. 2 *[Pfarr]*; 07.11.1979 EzA § 87 BetrVG **272**

1972 Betriebsbuße Nr. 4 S. 13 = AP Nr. 3 zu § 87 BetrVG 1972 Betriebsbuße Bl. 2 R *[Herschel]*; 17.10.1989 EzA § 87 BetrVG 1972 Betriebsbuße Nr. 8 S. 6 = AP Nr. 12 zu § 87 BetrVG 1972 Betriebsbuße Bl. 2 R *[Brox]*; 22.02.1978 EzA § 611 BGB Fürsorgepflicht Nr. 23 S. 75 *[Buchner]* = AP Nr. 84 zu § 611 BGB Fürsorgepflicht Bl. 3; *LAG Bayern* 20.01.1970 DB 1970, 888; *LAG Hamm* 11.12.1973 EzA § 83 BetrVG 1972 Nr. 1 S. 7; *Fitting* § 87 Rn. 93; *Galperin/Löwisch* § 87 Rn. 79; *Herschel* Betriebsbußen, S. 34; *Klebe/DKKW* § 87 Rn. 75; *Kraft* NZA 1989, 777 [783]; *Loritz/ZLH* Arbeitsrecht, § 21 Rn. 95; *Matthes*/MünchArbR § 243 Rn. 30; *Richardi* § 87 Rn. 226, 244; *Scholz* in: *Kaiser/Metzger-Pregizer* Betriebsjustiz, S. 354; **a. M.** *BVerwG* 11.11.1960 AP Nr. 2 zu § 66 PersVG Bl. 2 f.; *Worzalla/HWGNRH* § 87 Rn. 172 f.; weitere Nachweise pro und contra 6. Aufl. § 87 Rn. 263). Andernfalls ist die Verhängung der Betriebsbuße unwirksam (*Richardi* § 87 Rn. 245). War diese mit einer als solcher zulässigen Abmahnung verbunden, bleibt deren Wirksamkeit unberührt (*Heinze* NZA 1990, 169 [176]).

273 Die Betriebspartner können jedoch in der Betriebsbußenordnung die Bildung eines besonderen, aus Vertretern des Betriebsrats und des Arbeitgebers **paritätisch** zusammengesetzten **Ausschusses** (Ordnungsausschuss, § 28 Abs. 2) vorsehen, der für die Verhängung der Buße im konkreten Fall zuständig ist (*Fitting* § 87 Rn. 93; *Klebe/DKKW* § 87 Rn. 73; *Nikisch* III, S. 419). Die **Entscheidung** ist **schriftlich zu begründen**, um die gerichtliche Nachprüfung zu ermöglichen (*Fitting* § 87 Rn. 93; *Klebe/DKKW* § 87 Rn. 73; *Worzalla/HWGNRH* § 87 Rn. 171: zweckmäßig, aber nicht notwendig). Besteht kein Ordnungsausschuss und können Arbeitgeber und Betriebsrat sich über die Verhängung der Buße nicht einigen, entscheidet die Einigungsstelle (*Galperin/Siebert* § 56 Rn. 78a; **a. M.** *Worzalla/HWGNRH* § 87 Rn. 174). Dabei handelt es sich um Rechtsanwendung (*Dütz* DB 1971, 674 [677]; *Hueck/Nipperdey* II/2, S. 1379 Fn. 27n). Sind aufgrund der Verhängung der Buße weitere Maßnahmen erforderlich (z. B. Einziehung einer Geldbuße), obliegt ihre Durchführung dem Arbeitgeber.

274 Der Betriebsrat hat ebenso wie der Arbeitgeber bei der Verhängung von Betriebsbußen im Einzelfall ein **Initiativrecht** (*Wiese* Initiativrecht, S. 40 f., 74 f.; *Hurlebaus* Fehlende Mitbestimmung bei § 87 BetrVG, S. 108; einschränkend *Adomeit* BB 1972, 53 [54]; vgl. auch Rdn. 248).

275 Die Verhängung einer Betriebsbuße unterliegt in vollem Umfang der **arbeitsgerichtlichen Kontrolle** (*BAG* 12.09.1967 AP Nr. 1 zu § 56 BetrVG Betriebsbuße Bl. 3, 5 *[Dietz]*; *Bötticher* ZfA 1970, 3 [61]; *Galperin* BB 1970, 933 [938]; *Germelmann* RdA 1977, 75; *Hueck/Nipperdey* II/2, S. 1379; *Klebe/DKKW* § 87 Rn. 76; *Kraft* NZA 1989, 777 [783]; *Kaiser/LK* § 87 Rn. 55; *Lohse* GS Friedrich Klein, S. 288 [308 f.]; *Loritz/ZLH* § 21 Rn. 94; *Richardi* § 87 Rn. 246; *Scholz* in *Kaiser/Metzger-Pregizer* Betriebsjustiz, S. 344 ff.; *Worzalla/HWGNRH* § 87 Rn. 175; *Zöllner* ZZP 1970, 365 [385 f., 389];) eine eingeschränkte Nachprüfbarkeit – vor allem hinsichtlich der Angemessenheit der Buße – bejahen dagegen *Fitting* § 87 Rn. 94; *Galperin/Siebert* § 56 Rn. 78a; *Neumann-Duesberg*, S. 495; *Nikisch* III, S. 420). Die Nachprüfung bezieht sich darauf, ob die Bußenordnung wirksam erlassen worden ist, ob der Arbeitnehmer die ihm zur Last gelegte Handlung begangen hat, ob die Grundsätze eines rechtsstaatlichen, ordnungsgemäßen Verfahrens beachtet worden sind, ob die verhängte Buße nach der Bußenordnung zulässig und ob sie angemessen war (für Anwendung des § 343 BGB *von Hoyningen-Huene* Die Billigkeit im Arbeitsrecht, 1978, S. 191 f.; *Loritz/ZLH* Arbeitsrecht, § 21 Rn. 94; *Richardi* § 87 Rn. 238; *Worzalla/HWGNRH* § 87 Rn. 175; *Zöllner* ZZP 1970, 365 [387 f.]; für Anwendung der §§ 315, 319 BGB *Baur* JZ 1965, 163 [166]; *Galperin/Löwisch* § 87 Rn. 81; *Söllner* Anm. JZ 1966, 803 [804]; *ders.* Einseitige Leistungsbestimmung im Arbeitsverhältnis, 1966, S. 108 ff.; *Würdinger*/MK § 315 Rn. 80).

276 Der Arbeitnehmer kann auf Feststellung der Unwirksamkeit der verhängten Buße, bei einer Geldbuße auf Zahlung des vom Arbeitsentgelt einbehaltenen oder von ihm entrichteten Betrages klagen (*Galperin/Löwisch* § 87 Rn. 81; *Nikisch* III, S. 420; *Schaub/Linck* Arbeitsrechts-Handbuch, § 58 Rn. 25 f.; *Worzalla/HWGNRH* § 87 Rn. 175). Zur Beweislast *BAG* 12.09.1967 AP Nr. 1 zu § 56 BetrVG Betriebsbuße Bl. 5, zur Beachtung der Pfändungsvorschriften bei Abzug einer Geldbuße vom Arbeitsentgelt *Schaub/Linck* Arbeitsrechts-Handbuch, § 58 Rn. 27 m. w. N., zum Anspruch auf Berichtigung der Personalakten *Franzen* § 83 Rdn. 35 ff.

Ungeachtet dessen, ob ein Disziplinarverfahren durchgeführt wird, ist ein **Arbeitnehmer** bei Streitigkeiten innerhalb des Betriebs in jedem Fall **berechtigt, die staatlichen Gerichte anzurufen** (*Fitting* § 87 Rn. 87; *Galperin/Löwisch* § 87 Rn. 77). Innerbetriebliche Vermittlungsversuche dürfen den Arbeitnehmer nicht daran hindern. Eine ganz andere Frage ist, ob die Anrufung der staatlichen Gerichte unter besonderen Umständen Ausdruck querulantenhaften Verhaltens ist und deshalb z. B. eine Kündigung zulässig sein kann. Diese Problematik war Gegenstand der umstrittenen Entscheidung des *BAG* 14.05.1964 AP Nr. 5 zu § 242 BGB Kündigung, deren Würdigung ohne Kenntnis des Tatsachenmaterials nicht möglich ist (vgl. die zurückhaltende Kritik von *Herschel* Anm. *BAG* 14.05.1964 AP Nr. 5 zu § 242 BGB Kündigung; scharf abl. *Nikisch* NJW 1964, 2387; vgl. auch *Arndt* NJW 1965, 26). Jedenfalls betraf die Entscheidung einen exzeptionellen Fall, und es ist ihr nicht zu entnehmen, das *BAG* habe der innerbetrieblichen Beilegung allgemein den Vorrang gegenüber der gerichtlichen Rechtsverfolgung geben wollen.

2. Beginn und Ende der täglichen Arbeitszeit einschließlich der Pausen sowie Verteilung der Arbeitszeit auf die einzelnen Wochentage

Literatur: zu § 87 Abs. 1 Nr. 2 und Nr. 3

Literaturnachweise zum BetrVG 1952 siehe 8. Auflage

I. BetrVG 1972 (zum Teilzeit- und Befristungsgesetz unten II)

Alles Das Arbeitsrecht der Auslandsdienstreise, 2013; *Anzinger/Koberski* Kommentar zum Arbeitszeitgesetz, 4. Aufl. 2014; *Arens* Die Mitbestimmung bei der Lage der Arbeitszeit nach § 87 Abs. 1 Nr. 2 BetrVG, Diss. Köln 1991; *Arnold* Änderungsvorbehalte zur Arbeitszeitdauer, FS *Löwisch*, 2007, S. 1; **Baeck**/*Deutsch* Arbeitszeitgesetz, 3. Aufl. 2014; *Baeck/Lösler* Neue Entwicklungen im Arbeitszeitrecht, NZA 2005, 247; *Bähringer* Die neuen Arbeitszeitregelungen der Metallindustrie in der betrieblichen Praxis dargestellt am Beispiel der Buderus Aktiengesellschaft, NZA 1986, 85; *Bähringer/Spiegelhalter* Kurzarbeit, 12. Aufl. 1993; *Bauer/Günther* Heute lang, morgen kurz – Arbeitszeit nach Maß!, DB 2006, 950; *dies.* Ungelöste Probleme bei Einführung von Kurzarbeit, BB 2009, 662; *Bauer/Rennpferdt* Kurzarbeit bei Führungskräften, BB 1993, 1078; *Baumann* Die Delegation tariflicher Rechtsetzungsbefugnisse (Diss. Köln), 1992; *Bayreuther* Das Verhältnis von §§ 99 und 87 I Nr. 2 BetrVG bei der Einstellung von Arbeitnehmern, NZA 2016, 921; *Becker/Kreikebaum* Zeitarbeit, 2. Aufl. 1982; *Becker-Schaffner* Einzelheiten zum Mitbestimmungsrecht des Betriebsrats bei der Einführung von Kurzarbeit bzw. dem Abbau von Überstunden, BlStSozArbR 1975, 17; *Bellgardt* Gewerkschaftliche Positionen zur Flexibilisierung der Arbeitszeit, BB 1986, 1704; *ders.* Flexible Arbeitszeitsysteme, 1987; *Bender* Arbeitszeitflexibilisierung durch Tarifvertrag und Betriebsvereinbarung auf der Grundlage eines entschärften Tarifvorranges, BB 1987, 1117; *Bepler* Mitbestimmung des Betriebsrats bei der Regelung der Arbeitszeit, NZA 2006, Beil. 1, S. 45; *Berg* Kurzarbeit, AiB 1982, 179; *Berger-Delhey* Mitbestimmung der Betriebsvertretung bei Arbeitszeitregelungen gegenüber Redakteuren?, NZA 1992, 441; *Besgen* Fußball-WM und Arbeitsrecht, FA 2006, 162; *Bichlmeier* Kurzarbeit, AiB 1993, 713; *Bischof* Mitbestimmung bei Einführung und Abbau von Kurzarbeit, NZA 1995, 1021; *Bischoff/Bischoff* Job-Sharing, 1984; *Bieder* Die Entwicklung der betrieblichen Mitbestimmung in sozialen Angelegenheiten (§ 87 I BetrVG), NZA-RR 2017, 225; *Bitzer* Teilzeitarbeit und Betriebsverfassung, BUV 1972, 293; *Bissels/Domke/G. Wisskirchen* BlackBerry & Co.: Was ist heute Arbeitszeit?, DB 2010, 2052; *Bissels/Krings* Dringend gebotene Reform des Arbeitszeitgesetzes – Neues wagen, NJW 2016, 3418; *Bissels/Meyer-Michaelis* Arbeiten 4.0 – Arbeitsrechtliche Aspekte einer zeitlich-örtlichen Entgrenzung der Tätigkeit, DB 2015 2331; *Bissels/Moritz* Arbeitsrecht und die Fußball-WM in Brasilien, BB 2014, 1724; *Blank* Moderne (Arbeits-)zeiten im Spiegel der Rechtsprechung, FS *Wissmann*, 2005, S. 15; *Blanke* Überstunden/Mehrarbeit – Eine Handlungsanleitung für die betriebliche Praxis, AiB 1984, 179; *Bobke* Mitbestimmungsrecht des Betriebsrats bei der Einführung arbeitskampfbedingter Kurzarbeit, BlStSozArbR 1980, 129; *ders.* Die neue *BAG*-Rechtsprechung zur Mitbestimmung des Betriebsrats bei der Einführung arbeitskampfbedingter Kurzarbeit, BlStSozArbR 1981, 273; *ders.* Flexible Arbeitszeiten – Handlungsmöglichkeiten für Betriebsräte, AiB 1983, 123; *Böhm* Massenentlassung und Kurzarbeit, BB 1974, 281, 372; *Böker* Flexible Arbeitszeit – Langzeitkonten, 2007; *Borrmann* Auswirkungen des Arbeitskampfes auf außerhalb des umkämpften Tarifvertrages liegende Betriebe, DB 1978, 1978; *Braunert* Schranken der kollektivrechtlichen Regelung flexibler Arbeitsverträge (Diss. Gießen), 1990; *Brötzmann* Neues Tarifrecht durch flexible Arbeitszeitregelungen, NZA 1986, 593; *Brossette* Überstunden ohne Zustimmung des Betriebsrats?, Jura 1992, 253; *ders.* Der Zweck als Grenze der Mitbestimmungsrechte des Betriebsrats – Ein Beitrag zur Reichweite der Mitbestimmung bei Überstunden und Kurzarbeit –, ZfA 1992, 379; *Brunz* Die neuen tariflichen Arbeitszeitbestimmungen für die Metallindustrie in der Rechtsprechung, NZA 1986, Beil. Nr. 2; *Buchner* Rechtswirksamkeit der tarifvertraglichen Regelung über die Flexibilisierung der Arbeitszeit in der Metallindustrie, DB 1985, 913; *ders.* Arbeitszeitregelungen im Spannungsfeld zwischen Tarifvertrag und Betriebsvereinbarung, NZA 1986, 377; *ders.* Die Umsetzung der Tarifverträge im Betrieb. Bewältigtes und Unbewältigtes aus dem Spannungsverhältnis tariflicher und betrieblicher Regelungsbefugnis, RdA 1990, 1; *ders.* Die Umsetzung tarifvertraglicher Arbeitszeitregelungen im Betrieb, FS *Dieterich*, 1999, S. 29; *Büchner* Die Mitbestimmung des Betriebsrats bei der Anordnung von Streikarbeit, BlStSozArbR 1985, 145; *Bundesminister für Arbeit und Sozialordnung* Teilzeit hilft, 1994; *Bundesvereinigung der Deutschen Arbeitgeberverbände* Flexible Teilzeitarbeit. Chance für verbesserte Wirtschaftlichkeit und mehr Beschäftigung, 1987; *Buschmann* Arbeitszeit und Ladenöffnung, AiB 1981, 171; *ders.* Mitbestimmung des Betriebsrats bei der Festlegung der Arbeitszeit im Einzelhandel, DB 1982, 1059; *ders.* Mitbestimmung bei Teilzeitbeschäftigung, NZA 1986, 177; *ders.* Mitbestimmung bei Teilzeit. Entscheidungen des Bundesarbeitsgerichts vom 13. Oktober, AiB 1987, 253; *ders.* Mitbestimmung bei Teilzeit – warum, wozu, wieweit, wie nicht!, BetrR 1987, 642; *ders.* Die Günstigkeit der Nachtarbeit, NZA 1990, 387; *ders.* Zum Gesetzesvorrang bei der betrieblichen Arbeitszeitgestaltung, FS *Wissmann*, 2005, S. 251; *Buschmann/Ulber* Arbeitszeitgesetz, 8. Aufl. 2015; *Buttler/Oettle/Winterstein* (Hrsg.) Flexible Arbeitszeit gegen starre Sozialsysteme, 1986; *Cohnen* Kurzarbeit als Antwort auf kurzfristig auftretende Konjunkturschwächen, BB 2009, 46; *Compensis* Vertrauensarbeitszeit – arbeitnehmerbestimmte Arbeitszeit (auch) im Arbeitgeberinteresse, NJW 2007, 3089; *Conze* Die Einführung von Kurzarbeit, Diss. Würzburg 1974; *Däubler* Verrechnung der Arbeitszeitverkürzung mit »bezahlten Pausen«?, BB 1985, 1856; *Danne* Das Job-sharing (Diss. Gießen), 1986; *ders.* Rechtliche Aspekte von Arbeitsverträgen mit flexibler Arbeitszeit nach Inkrafttreten des Beschäftigungsförderungsgesetzes 1985, BlStSozArbR 1985, 353; *Däubler* Entgrenzung der Arbeit – ein Problem des Arbeitsrechts?, SR 2014, 45; *ders.* Steuerung der Arbeitsmenge in der digitalisierten Welt?, ZTR 2016, 359; *Degenhardt/Kasprzyk* Freiräume für Arbeitnehmer schaffen – Flexiblere Arbeitszeit, AuA 2008, 4; *Dobberahn* Das neue Arbeitszeitgesetz, 1994; *Dräger* Beteiligung des Betriebsrates bei der Einführung flexibler Arbeitszeitsysteme, 1986; *Droste* Zur Möglichkeit der einseitigen Umsetzung einer tariflichen Arbeitszeitverkürzung, DB 1992, 138; *Düttmann* Die Mitbestimmung bei der Arbeitszeit, in *Hromadka* (Hrsg.) Arbeitszeitrecht im Umbruch, 1988, S. 63; *Dütz* Die Grenzen von Aussperrung und arbeitskampfbedingter Entgeltverweigerung nach Risiko-Prinzipien und Kurzarbeitsregeln, DB 1979, Beil. Nr. 14; *ders.* Mitbestimmung des Betriebsrats bei Arbeitszeitmaßnahmen in Pressebetrieben, AfP 1988, 193; *ders.* Mitbestimmung und Tendenzschutz bei Arbeitszeitregelungen, AfP 1992, 329; *Ehmann* Betriebsrisikolehre und Kurzarbeit, 1979; *Ehmann/Balthasar* Die 38,5-Stunden-Woche, Jura 1985, 436; *Eich* Das Job-sharing-Arbeitsverhältnis, DB 1982, Beil. Nr. 9; *ders.* Mitbestimmungsrechte des Betriebsrates bei arbeitskampfbedingten Maßnahmen des Arbeitgebers, DB 1979, Beil. Nr. 9; *Eisemann* Aussperrung und Betriebsrisiko, BB 1979, 218; *Engelhardt* Betriebliche Vereinbarungen zur Arbeitszeitflexibilisierung, AiB 2001, 451; *Eylert* Mitbestimmung des Betriebsrats bei der Arbeitszeit im Spiegel der aktuellen Rechtsprechung, AuR 2017, 4; *Farthmann* Die Mitbestimmung des Betriebsrats bei der Regelung der Arbeitszeit, RdA 1974, 65; *ders.* Arbeitszeit und Betriebsverfassung, AR-Blattei, Arbeitszeit I D; *Franck* Bring your own device – Rechtliche und tatsächliche Aspekte, RDV 2013, 185; *Franke* Der Job-Sharing-Arbeitsvertrag, 1983; *Franzen* Umkleidezeiten und Arbeitszeit, NZA 2010, 1409; *Frerichs/Friess/Krahn/Schwarz/Ulber* Job Sharing und individuelle Arbeitszeitflexibilisierung, WSI-Mitteilungen 1982, 175; *Frey* Flexible Arbeitszeit, 1985; *Fritsch* Flexible Arbeitszeitformen und Mitbestimmung, AuA 1991, 293; *Frölich* Rechtsfragen bei Arbeitsverhältnissen mit kapazitätsorientierter variabler Arbeitszeit, Diss. Würzburg 1990; *Gäbert* Das Initiativrecht des Betriebsrates bei der Einführung von Kurzarbeit, NZA 1986, 412; *Gaul* Arbeitszeit und bezahlte Pausen. Der Einfluß veränderter gesetzlicher oder tariflicher Regelungen, NZA 1987, 649; *ders.* Zur Mitbestimmung bei der schichtübergreifenden Vertretungsregelung, NZA 1989, 48; *Gesamtverband der metallindustriellen Arbeitgeberverbände e. V.* Neue Erfahrungen mit beweglichen Arbeitszeiten, 1988; *Gnade* Gestaltung der betrieblichen Arbeitszeit und Mitbestimmung des Betriebsrats, FS *Kehrmann*, 1997, S. 227; *Goos* Entscheidungen des BAG zur Mitbestimmung des Betriebsrates bei der Arbeitszeit von Teilzeitbeschäftigten, NZA 1988, 870; *Grunewald* Grundlagen und Grenzen der Vertrauensarbeitszeit: Vorgaben des ArbZG und kollektivvertragliche Gestaltungsmöglichkeiten, 2005; *Gutzeit* Die Mitbestimmung des Betriebsrats bei Fragen der Arbeitszeit, BB 1996, 106; *Habich* Sicherheits- und Gesundheitsschutz durch die Gestaltung von Nacht- und Schichtarbeit und die Rolle des Betriebsrats (Diss. Halle), 2006; *Hahn/Pfeiffer/Schubert* Arbeitszeitrecht, 2014; *Halgmann* Betriebsvereinbarungen zur Arbeitszeit – Die Rolle von Macht in Verhandlungsprozessen, AuR 207, 106; *Hamann* Mitbestimmung des Betriebsrats in Arbeitszeitfragen bei der gewerbsmäßigen Arbeitnehmerüberlassung, AuR 2002, 322; *ders.* Teilzeitanspruch nach § 8 TzBfG und Mitbestimmung des Betriebsrats, NZA 2010, 785; *Hanau* Verkürzung und Differenzierung der Arbeitszeit als Prüfsteine des kollektiven Arbeitsrechts, NZA 1985, 73; *Heilmann* Vier Fragen zur Sicherheitskleidung, Dienstkleidung und Waschzeit, AiB 1994, 7; *Heldmann* Dienstliche Nutzung privater Endgeräte (BYOD) und privater Gebrauch dienstlicher Kommunikationsmittel, 2014; *Henssler* Der mitbestimmte Bereich als »Insel der Beschaulichkeit« – Zum Mitbestimmungsrecht des Betriebsrats gemäß § 87 Abs. 1 Nr. 3 BetrVG in Eilfällen –, FS *Hanau*, 1999, S. 413; *Heinze* Flexible Arbeitszeitmodelle, NZA 1997, 681; *ders.* Die arbeitsrechtliche

Zulässigkeit der Einführung von Kurzarbeit, RdA 1998, 14; *Heisig* Arbeitsentgelt- und Arbeitszeitregelungen im Spannungsfeld zwischen tariflicher und betriebsvereinbarungsrechtlicher Normsetzungsbefugnis (Diss. Köln), 1991; *Hermann* Mitbestimmung bei Teilzeitarbeit, AnwBl. 1989, 28; *Heymann/Seiwert* (Hrsg.) Job Sharing, 1982; *Höfer/Greiwe* Einführung von Langzeitkonten, BB 2006, 2242; *Hof* Vorsprung durch Flexibilisierung, 1984; *Hoff* Betriebliche Arbeitszeitpolitik zwischen Arbeitszeitverkürzung und Arbeitszeitflexibilisierung, 1983; *von Hoyningen-Huene* Die lange Arbeitszeit, JuS 1977, 461; *ders.* Rechtliche Gestaltungsmöglichkeiten beim Job-Sharing-Arbeitsverhältnis, BB 1982, 1240; *ders.* Die Einführung und Anwendung flexibler Arbeitszeiten im Betrieb, NZA 1985, 9; *ders.* Kompetenzüberschreitende Tarifverträge zur Regelung unterschiedlicher Wochenarbeitszeiten, NZA 1985, 169; *von Hoyningen-Huene/Meier-Krenz* Flexibilisierung des Arbeitsrechts durch Verlagerung tariflicher Regelungskompetenzen auf den Betrieb, ZfA 1988, 293; *Hromadka* (Hrsg.) Arbeitszeitrecht im Umbruch, 1988; *Hümmerich* Flexibilisierung der Arbeitszeit durch Betriebsvereinbarung, DB 1996, 1182, dazu *Th. Mayer* (s. u.); *Hunold* Arbeitszeit, insbesondere Reisezeit, im Außendienst, NZA 1993, 10; *Isenhardt* Homeoffice: Einrichtung und Ausgestaltung, DB 2016, 1499; *Jahnke* Betriebsrisiko und Mitbestimmung des Betriebsrats, ZfA 1984, 69; *Jene* Kurzarbeit und betriebliche Mitbestimmung (§ 87 I Nr. 3 BetrVG, Diss. Mannheim), 1981; *Joost* Tarifrechtliche Grenzen der Verkürzung der Wochenarbeitszeit – Das Günstigkeitsprinzip als Schranke der Kollektivmacht –, ZfA 1984, 173; *ders.* Betriebsverfassungsrechtliche Mitbestimmung bei Arbeitszeiten und betrieblichen Öffnungszeiten, DB 1983, 1818; *Joussen* Die Rechte des Betriebsrats bei unvorhergesehenem Schichtausfall, DB 2004, 1314; *Junker* Brennpunkte des Arbeitszeitgesetzes, ZfA 1998, 105; *Kalb* Mitbestimmung bei arbeitskampfbedingter Kurzarbeit?, BB 1979, 1829; *Kappus* Sonntagsarbeit und Mitbestimmung, DB 1990, 478; *Karthaus* Kappung von Arbeitszeiten in Betriebsvereinbarungen?, AuR 2015, 346; *Kempen* Zur Rechtsschutzgewähr für die Tarifvertragsparteien im neuen tariflichen Arbeitszeitrecht, AuR 1989, 261; *H. Kilian* Arbeitszeit und Mitbestimmung des Betriebsrats, Diss. Köln 1981; *Kilz/Reh* Die Neugestaltung der Arbeitszeit als Gegenstand des betrieblichen Innovationsmanagements, 1996; *dies.* Innovative Arbeitszeitsysteme nach dem neuen Arbeitszeitrecht, 1996; *Kleinebrink* Die richtige Handhabung von Ruhepausen in der betrieblichen Praxis, DB 2015, 2023; *Klevemann* Die Mitbestimmungsrechte des Betriebsrats bei der »Flexibilisierung« der Arbeitszeit, AiB 1984, 90 [107]; *ders.* Der KAPOVAZ-Arbeitsvertrag – Zur Unbilligkeit arbeitsanfallorientierter Vertragsgestaltungen, AiB 1986, 103; *ders.* Mitbestimmungsrechte des Betriebsrats bei KAPOVAZ-Arbeitszeitsystemen, AiB 1986, 156; *ders.* KAPOVAZ und Überstunden, BB 1987, 1242; *ders.* Die neuere Rechtsprechung des BAG zur Mitbestimmung des Betriebsrats über die Arbeitszeit und ihre Konsequenzen für die betriebliche Praxis, DB 1988, 334; *Kock* Arbeitszeitflexibilisierung – Gestaltung einer Betriebsvereinbarung zur Anordnung von Überstunden, MDR 2005, 1261; *Kock/Ulber* Gleitzeit und Umsetzung der tariflichen Arbeitszeitverkürzung, AiB 1986, 31; *Koeve* Das Job-Sharing-Arbeitsverhältnis, AuR 1983, 75; *Kohte* Die Rolle des Betriebsrats bei Einführung von Kurzarbeit, AuA 1991, 168; *ders.* Der Beitrag der Betriebsverfassung zur Realisierung des Arbeitszeitrechts, FS *Wissmann*, 2005, S. 331; *ders.* Arbeitsschutz in der digitalen Arbeitswelt, NZA 2015, 1417; *Konzen* Streik und Gleitzeit, FS *Otto*, 2008, S. 245; *Kowalsky* Die Betriebsvereinbarungen zur Sicherung der Beteiligung nach § 87 Abs. 1 Nr. 2 und 3 BetrVG, ZBVR 2000, 210; *ders.* Mitbestimmung bei der Arbeitszeit unter Berücksichtigung des Arbeitszeitgesetzes und konkurrierender tariflicher Regelungen, ZBVR 2002, 90; *Kraegeloh* Arbeitszeitgesetz, 1995; *Kraft* Die Mitwirkungs- und Mitbestimmungsrechte des Betriebsrats während des Arbeitskampfes, FS *G. Müller*, 1981, S. 265; *Kroll* Arbeitszeitkonten und ihre Abwicklung (Diss. Greifswald), 2004; *Küttner/Schlüpers-Oehmen/Rebel* Rechtsprobleme der Tarifverträge über Arbeitszeitverkürzung und Arbeitszeitflexibilisierung, DB 1985, 172; *Küttner/Schmidt* Einseitige Anordnung von Überstunden durch den Arbeitgeber im Arbeitskampf?, DB 1988, 704; *Kufer* Arbeitszeit, AR-Blattei SD 240; *Kuhn* Kurzarbeit und Kurzarbeitergeld, BlStSozArbR 1976, 65; *Lakies* Mitbestimmung des Betriebsrats bei Dienstkleidung und Umkleidezeiten, ZBVR online 2016, Nr. 6, 31; *Leinemann* Rechtsprobleme der Wochenendarbeit, NZA 1988, 337; *Lettl* Arbeitszeitflexibilisierung im Spannungsverhältnis zwischen Tarifvertrag, Betriebsvereinbarung und Arbeitsvertrag, DStR 1997, 1249; *Lieb* Fernwirkungen von Arbeitskämpfen, 25 Jahre Bundesarbeitsgericht, 1979, S. 327; *ders.* Die Mitbestimmung des Betriebsrats bei der Festsetzung der Arbeits- und Öffnungszeiten in Betrieben des Handels, DB 1981, Beil. Nr. 17; *ders.* Zur Mitbestimmung des Betriebsrats bei der Bewältigung der Fernwirkungen von Arbeitskämpfen, NZA 1990, 377; *Liedloff* Die Möglichkeiten der Flexibilisierung der Arbeitszeit am Beispiel eines mittelständischen Unternehmens der Metallindustrie, in Aktuelle Aspekte des Arbeitsrechts, FS *Gaul*, 1987, S. 230; *Linnenkohl* Zulässigkeit von Betriebsvereinbarungen zur tariflichen Arbeitszeitverkürzung in der Metallindustrie, BB 1988, 1459; *ders.* Rechtsfragen der Neugestaltung der Arbeitszeit, BB 1989, 2472; *ders.* Tele-Computing. Ein Modell für selbstbestimmte und flexible Arbeitszeit, BB 1996, 51; *Linnenkohl/Bauerochse* Job-sharing: Eine besondere Form der Teilzeitarbeit, BB 1981, 1845; *Linnenkohl/Kilz* Mitbestimmungsrechte beim Einführen von Gleitzeitarbeit, AuA 1992, 238; *Linnenkohl/Rauschenberg* Arbeitszeitgesetz, 2. Aufl. 2004; *Linnenkohl/Rauschenberg/Gressierer/Schütz* Arbeitszeitflexibilisierung. Die Unternehmen und ihre Modelle, 4. Aufl. 2001; *dies.* Tarifvertragliche Neuregelung der Wochenarbeitszeit und betriebsverfassungsrechtliche Gestaltungsmöglichkeiten, BB 1984, 2197; *Linnenkohl/Rauschenberg/Utes* Neugestaltung der Wochen-Arbeitszeit und

Arbeitszeitschutz, BB 1983, 645; *Lipke* Betriebsverfassungsrechtliche Probleme der Teilzeitarbeit, NZA 1990, 758; *Lohse* Grenzen gesetzlicher Mitbestimmung. Eine Untersuchung neuerer Tendenzen der Rechtsprechung zur Mitbestimmung in Arbeitszeitfragen (Diss. Gießen), 1995; *Löwisch* Die Einbeziehung der Nichtorganisierten in die neuen Arbeitszeittarifverträge der Metallindustrie, DB 1984, 2457; *ders.* Arbeits- und sozialrechtliche Hemmnisse einer weiteren Flexibilisierung der Arbeitszeit, RdA 1984, 197; *ders.* Die Rechtsstellung der Nichtorganisierten gegenüber dem Tarifvertrag, NZA 1985, 170; *ders.* Die Mitbestimmung des Betriebsrats bei der Einarbeitung arbeitsfreier Tage, FS *Karl Molitor*, 1988, S. 225; *ders.* Dienstleistungsabend mit freiwilligen Mitarbeitern, NZA 1989, 959; *ders.* Kurzarbeit vor Kündigung zwischen Betriebsverfassungs- und Kündigungsschutzrecht, FS *Wiese*, 1998, S. 249; *Löwisch/Schüren* Aktuelle arbeitsrechtliche Fragen von Teilzeitarbeit und kürzerer Arbeitszeit, BB 1984, 925; *Loritz* Rechtsprobleme der tarifvertraglichen Regelung des »freien Wochenendes«, ZfA 1990, 133; *Mache* Betriebsvereinbarung zur Regelung von Überstunden oder: »Dauerregelung« versus »vorübergehend«?, DB 1986, 2077; *ders.* Keine Überstunden ohne Betriebsvereinbarung, AiB 1986, 184; *Maier/Ossoining* Freizeit und Beruf – Rechtliche und technische Unterstützung der Work-Life-Balance, DB 2015, 2391; *Marschner* Kurzarbeit, AR-Blattei SD 1040; *Matthes* Betriebsruhe zwischen Weihnachten und Neujahr – Ein Fall aus dem Betriebsverfassungsrecht –, Jura 1988, 654; *Th. Mayer* Tarifverträge lassen weiten Spielraum für Arbeitszeitflexibilisierung – Erwiderung auf *Hümmerich* DB 1996 S. 1182 ff. –, DB 1996, 1777; *U. Mayer* Fernwirkung von Arbeitskämpfen und Mitbestimmung des Betriebsrats, AuR 1980, 65; *ders.* Vom Betriebs- zum Arbeitskampfrisiko. Zu den *BAG*-Entscheidungen vom 22.12.1980, BlStSozArbR 1981, 353; *ders.* Lohnrisikoverteilung und Mitbestimmungsrechte bei Fernwirkungen von Arbeitskämpfen, BB 1990, 2482; *Mayer-Maly* Lohnzahlungspflicht und Kurzarbeit in mittelbar kampfbetroffenen Betrieben, BB 1979, 1305; *Mayrhofer* Umkleide-, Wege- und Waschzeiten als vergütungspflichtige Arbeitszeit, ZTR 2017, 72; *H. Meier* Dienstplangestaltung – Wie ist der Betriebsrat zu beteiligen?, ZBVR online 2017, Nr. 5, 26; *Meinhold* Mitbestimmung des Betriebsrats bei der Einführung von Kurzarbeit und betriebsbedingte Kündigung, BB 1988, 623; *Meisel* Arbeitsrechtliche Fragen zur gleitenden Arbeitszeit, JArbR Bd. 11 (1973), 1974, S. 35; *H. J. Meyer* Kapazitätsorientierte variable Arbeitszeit (KAPOVAZ, Diss. Gießen), 1989; *Monsch* Bring Your Own Device (BYOD), 2017; *Moritz* Voraussetzungen für die Einführung einer 4-Tage-Woche in den Betrieben und Unternehmen, Jura 1994, 287; *Mosler* Teilzeitarbeit, AR-Blattei SD 1560; *Neumann, D.* Betriebsfeier, AR-Blattei SD 490; *Neyses* Grenzen der Mitbestimmung bei Sonderschichten, BlStSozArbR 1977, 181; *Nielebock* Kurzarbeit mitgestalten. Handlungsanleitung für Betriebsräte mit einer Musterbetriebsvereinbarung, AiB 1994, 329; *Oppermann* Kurzarbeit, 1991; *Otto* Mitbestimmung des Betriebsrats bei der Regelung von Dauer und Lage der Arbeitszeit, NZA 1992, 97; *Pabst* Möglichkeiten einer Flexibilisierung der Arbeitszeit – die Manteltarifverträge des Tarifgebietes Nordwürttemberg/Nordbaden von 1984 und 1990 im Vergleich –, Diss. Berlin 1995; *Paschke* Zeitsouveränität durch Anpassung der Arbeitszeitlage an die persönlichen Bedürfnisse – individuelle Zeitansprüche und kollektive Mitbestimmung, AuR 2012, 11; *Patett* Arbeitskampffernwirkungen, Lohnrisiko und Mitbestimmung, Diss. Hamburg 1984; *Peifer* Die Teilzeitarbeit in der Rechtsprechung des Bundesarbeitsgerichts, JArbR Bd. 30 (1993), 1994, S. 139; *Peters* Handbuch des Arbeitszeitrechts, 7. Aufl. 1994; *Pieper* Mitbestimmung des Personalrats bei Arbeitszeitregelungen, PersR 1987, 4; *Plander* Kapazitätsorientierte variable Arbeitszeit als Gegenstand von Tarifverträgen und Betriebsvereinbarungen, AuR 1987, 281; *ders.* Die Lage der Arbeitszeit von Zeitungsredakteuren als Mitbestimmungsproblem, AuR 1991, 353; *Popp* Möglichkeiten zur Interessenkonsolidierung bei betriebsverfassungsrechtlichen Regelungssachverhalten, NZA 1993, 639; *Projahn/Roesling* Flexible Arbeitszeiten – Chancen für betriebliche Gestaltungsmöglichkeiten, FS *Stege*, 1997, S. 130; *Pulte* Teilzeitarbeit und betriebliche Mitbestimmung, 1997; *Rauschenberg* Flexibilisierung und Neugestaltung der Arbeitszeit (Diss. Kassel), 1993; *Reichold* Rechtsprobleme der Einführung einer 32-Stunden-Woche durch Tarifvertrag oder Betriebsvereinbarung, ZfA 1998, 237; *ders.* Zeitsouveränität im Arbeitsverhältnis: Strukturen und Konsequenzen, NZA 1998, 393; *ders.* Mitbestimmung trotz Arbeitszeitsouveränität? Zur Anpassung des Betriebsverfassungsrechts an die Postmoderne, FS *Wiese*, 1998, S. 407; *Reske/Berger-Delhey* Tendenzschutz und Arbeitszeit, AfP 1990, 107; *Reuter* Arbeitsrechtliche Aspekte neuer Arbeitszeitstrukturen, RdA 1981, 201; *ders.* Die Mitbestimmung des Betriebsrats über die Lage der Arbeitszeit von Ladenangestellten, ZfA 1981, 165; *Richardi* Arbeitskampfrecht und betriebsverfassungsrechtliche Mitbestimmungsordnung, FS aus Anlaß des 10jährigen Bestehens der Deutschen Richterakademie, 1983, S. 111; *ders.* Die tarif- und betriebsverfassungsrechtliche Bedeutung der tarifvertraglichen Arbeitszeitregelung in der Metallindustrie, NZA 1984, 387; *ders.* Verkürzung und Differenzierung der Arbeitszeit als Prüfsteine des kollektiven Arbeitsrechts, NZA 1985, 172; *ders.* Kollektivvertragliche Arbeitszeitregelung – Fremdbestimmung durch Kollektivnorm oder Regelung der Arbeitsbedingungen für ein rechtsgeschäftliches Dienstleistungsversprechen? –, ZfA 1990, 211; *ders.* Arbeitszeitverlängerung nach der Tarifvertragsregelung in der Metallindustrie, DB 1990, 1613; *ders.* Arbeitszeitflexibilisierung – kollektive Arbeitszeitregelung und individuelle Arbeitszeitsouveränität, FS *Merz*, 1992, S. 481; *ders.* Die Mitbestimmung des Betriebsrats bei flexibler Arbeitszeitgestaltung, NZA 1994, 593; *Richardi/Annuß* Bedarfsgewerbeverordnungen: Sonn- und Feiertagsarbeit ohne Grenzen?, NZA 1999, 953; *Röhsler* Die Arbeitszeit, 1973; *ders.* Ruhezeiten und Ruhepausen, AR-Blattei SD, Pausen und Ruhezeiten, 1240;

von Roetteken Arbeitszeit und Mitbestimmung, PersR 1994, 60; *Rose* Job-sharing – ein Beitrag zur Entlastung des Arbeitsmarktes oder ein sozialpolitischer Rückschritt?, BetrR 1980, 505; *Ruge* Beteiligungsrechte des Betriebs- und Personalrats bei der Arbeitszeit – und Dienstplangestaltung und deren Durchsetzung, ZTR 2001, 151; *Rumpff/Dröge* Kurzarbeit, 1975; *Säcker/Oetker* Tarifliche Kurzarbeits-Ankündigungsfristen im Gefüge des Individualarbeitsrechts und des kollektiven Arbeitsrechts, ZfA 1991, 131; *Salamon/Gatz* Arbeitgeberseitige Gestaltungsspielräume im Rahmen der mitbestimmten Personaleinsatzplanung, NZA 2016, 197; *Salje* Quasinegatorischer Rechtsschutz im Betriebsverfassungsrecht, DB 1988, 909; *Schanz* Job Sharing Handbuch, Im Auftrage des Niedersächsischen Ministeriums für Wirtschaft und Verkehr, 1984; *Schaub* Flexibilisierung im Arbeits- und Mitbestimmungsrecht, FS *Richardi*, 2007, S. 735; *Schaub/Schindele* Kurzarbeit. Massenentlassung. Sozialplan, 1993; *Schlachter* Vertrauensarbeitszeit in Deutschland und Japan: kollektive Gestaltungsmöglichkeiten auf betrieblicher Ebene, 50 Jahre Bundesarbeitsgericht, 2004, S. 1253; *Schleef* Flexible Arbeitszeit, NZA 1985, Beil. Nr. 3, S. 22; *R. Schlegel* Grenzenlose Arbeit, NZA 2014, Beil. Nr. 1, 16; *U. Schlegel* Die Mitbestimmung des Betriebsrates bei Überstunden nach § 87 Abs. 1 Nr. 3 BetrVG (Diss. Köln), 1993 (zit.: Die Mitbestimmung des Betriebsrates bei Überstunden); *Schliemann* Bereitschaftsdienst – ein europäisches Dilemma?, FS *Leinemann*, 2006, S. 781; *ders.* ArbZG. Kommentar zum Arbeitszeitgesetz mit Nebengesetzen, 3. Aufl. 2017; *Schliemann/Förster/Meyer* Arbeitszeitrecht – gesetzliche, tarifliche und betriebliche Regelungen, 2. Aufl. 2002; *Schneider* Nochmals: Umfang der Mitbestimmung des Betriebsrats bei Sonderschichten, BlStSozArbR 1977, 196; *Schoden/Bösche* Die Schichtarbeit und ihre rechtliche Bedeutung, AR-Blattei, Schichtarbeit I; *Scholz* Verdeckt Verfassungsneues zur Mitbestimmung?, NJW 1986, 1587; *Schoof* Mitbestimmung des Betriebsrats in Arbeitszeitfragen, AiB 2003, 199; *ders.* Arbeitszeiten im Betrieb – Es geht nicht ohne Betriebsrat!, AiB 2008, 322; *Schreiner/Hellenkemper* Vergütung von Umkleide- und Wegezeiten, AuA 2014, 86; *Schulze/Schuhmacher* § 87 BetrVG – Das scharfe Schwert des Betriebsrats (Teil 1), ArbR 2014, 508; *dies.* § 87 BetrVG – Das scharfe Schwert des Betriebsrats (Teil 2), ArbR 2014, 583; *Schüren* Job-Sharing – arbeitsrechtliche Gestaltung unter Berücksichtigung amerikanischer Erfahrungen (Diss. Freiburg i. Brsg.), 1983 (zit.: Job-Sharing); *ders.* Neue rechtliche Rahmenbedingungen der Arbeitszeitflexibilisierung, RdA 1985, 22; *Schütte* Mitbestimmungsrechte bei Kurzarbeit, FS *Bauer*, 2010, S. 989; *Schuhmann* Die Grenzen der Regelungsbefugnis der Betriebspartner bei der Regelung der Arbeitszeit, Diss. Würzburg 1982; *Schulin* Mitbestimmung im Arbeitskampf, in Arbeitskampfrecht. *Hugo Seiter* zum Gedächtnis, 1990, S. 191; *Schulze/Schreck* Überstunden ohne Ende – Ansprüche von Arbeitnehmern und Betriebsrat, ArbR 2013, 465; *Schwerdtner* Die Reichweite der Mitbestimmungsrechte nach § 87 Abs. 1 Nr. 2, 3 BetrVG bei Teilzeitbeschäftigten mit variabler Arbeitszeit, DB 1983, 2763; *ders.* Beschäftigungsförderungsgesetz, Tarifautonomie und Betriebsverfassung, NZA 1985, 557; *Schwitzer/Unterhinninghofen* Mitbestimmungsrechte und Handlungsmöglichkeiten bei kalter Aussperrung, ArbR 1990, 5; *Seel* Private Endgeräte im betrieblichen Einsatz – Rechtsfragen im Rahmen von »BOYD«, MDR 2014, 69; *Seiter* Mitbestimmung des Betriebsrats bei vorübergehender Stillegung mittelbar arbeitskampfbetroffener Betriebe?, RdA 1979, 393; *ders.* Die neue Betriebsrisiko- und Arbeitskampfrisikolehre, DB 1981, 578; *Senne* Flexible Arbeitszeiten und Mitbestimmung. Ein Plädoyer für betriebsnahe Regelungen, BB 1996, 1609; *Siever/Osthelder* Die Anrechenbarkeit der Arbeitszeitverkürzung auf bezahlte Pausen, BB 1986, 189; *Simitis/Weiss* Zur Mitbestimmung des Betriebsrats bei Kurzarbeit, DB 1973, 1240; *Sommer* Die Mitbestimmung der Personal- und Betriebsräte in Krankenpflegeanstalten bei der Festsetzung der Arbeitszeit, ZTR 1990, 463; *Sowka* Ladenschlussgesetz – Arbeitsrechtliche Aspekte einer Liberalisierung, NZA 1995, 1126; *Sowka/Köster* Teilzeitarbeit und geringfügige Beschäftigung, 1993; *Spengler* Arbeitszeitfragen im Rettungsdienst, AiB 1999, 423; *Sprick* Arbeitszeitbegriff und mitbestimmungspflichtige Tatbestände i. S. des § 87 I Nr. 2, 3 BetrVG, Diss. Bielefeld 1997; *von Stebut* Die Zulässigkeit der Einführung von Kurzarbeit, RdA 1974, 332; *Springer/Wrieske* Umkleidezeiten als Arbeitszeiten, auR 2010, 303 ff.; *Steffan* Arbeitszeit(recht) auf dem Weg zu 4.0, NZA 2015, 1409; *Stein* Arbeitszeitverkürzung nach den neuen Metalltarifen durch Betriebsvereinbarung, AiB 1985, 103; *von Steinau-Steinrück* Smartphone versus Arbeitsrecht, NJW-Spezial 2012, 178; *Sutterer* Die Ausübung des Mitbestimmungsrechtes der Betriebsräte bei der »vorübergehenden Verlängerung der betriebsüblichen Arbeitszeit (Überstunden)« gemäß § 87 Abs. 1 Ziff. 3 BetrVG, BetrR 1984, 267; *Thode* Ein Betriebsrat kämpft für die Begrenzung von Überstunden, AiB 1984, 23; *Tietje* Grundfragen des Arbeitszeitrechts (Diss. Göttingen), 2001; *Trittin* Das Betriebsrisiko bei mittelbaren Arbeitskampffolgen – Kritik der Rechtsprechung des BAG zu Entgeltansprüchen und Mitbestimmungsrechten –, DB 1990, 322; *Trümner* Der »stumme« Verzicht auf Mitbestimmungsrechte des Betriebsrats bei Einführung und Durchführung absprachetheorierter Arbeitszeitregelungen in teilautonomen Gruppenarbeitsmodellen, Arbeitsrecht und Arbeitsgerichtsbarkeit, FS 50 Jahre Arbeitsgerichtsbarkeit Rheinland-Pfalz, S. 395; *Tuchbreiter* Beteiligungsrechte des Betriebsrats bei der Einführung und Durchführung flexibler Arbeitszeitmodelle (Diss. Regensburg), 2001; *Uhl/Polloczek* Ohne Entlassungen durch die Krise? – Initiativrecht Kurzarbeit versus freie Unternehmerentscheidung, BB 2010, 2173; *Ulber* Der »Job-sharing«-Vertrag, BB 1982, 741; *ders.* Sonntagsarbeit und Betriebsnutzungszeit, CR 1988, 399; *Ulber/Unterhinninghofen* Kurzarbeit – zwischen Beschäftigungssicherung und Kündigung, JArbR Bd. 35 (1998), 1999, S. 71; *Vohs* Umsetzung der tariflichen Arbeitszeitverkürzung durch Personalräte, PersR 1988, 283; *Wahlers* Die Anordnung von Rufbereitschaft als mitbestimmungspflichtige Maßnahme, ZTR 2010, 341; *Waltermann* Anordnung von Kurzarbeit durch Betriebsvereinbarung?, NZA 1993, 679; *Weber* Arbeitszeitgesetz, 3. Aufl. 2001; *Weinbrenner* Der Auskunftsanspruch von Betriebs- und Personalräten im Hinblick auf die Arbeitszeit der Beschäftigten, öAT 2014, 197; *Weiss / Weyand* Zur Mitbestimmung des Betriebsrats bei der Arbeitszeit von Redakteuren, AuR 1990, 33; *Weisser* Der Kampf um die Arbeitszeit in der Metallindustrie, 1984; *Weller* Zur Mitbestimmung bei der Festlegung der Arbeitszeit von Redakteuren, FS *Gnade*, 1992, S. 235; *Willemsen* Einsatz arbeitsmarktpolitischer Instrumente zur Krisenbewältigung – Kommentar aus anwaltlicher Sicht, SDSRV (2014) Nr. 64, 93; *Wirges* Die Mitbestimmung des Betriebsrats bei der Verlegung der Arbeitszeit an »Brückentagen«, DB 1997, 2488; *Wittenberg* Arbeitszeitrecht im Betrieb – Wo und wie sich der Betriebsrat einbringen kann, ZBVR online 2015, Nr. 3, 30; *Wohlgemuth* Bundesarbeitsgericht entschied über »kalte Aussperrung«, MitbestGespr. 1981, 67; *Wolter* Arbeitskampfrecht – Grenzen der richterlichen Rechtsfortbildung, AuR 1979, 333; *Zachert* Mitbestimmung des Personalrats bei der Arbeitszeit von Teilzeitbeschäftigten, PersR 1988, 59; *ders.* Rechtsfragen zu den aktuellen Tarifverträgen über Arbeitszeitverkürzung und Beschäftigungssicherung, AuR 1995, 1; *Ziepke* Rechtsprobleme der neuen tarifvertraglichen Arbeitszeitregelung in der Metallindustrie, BB 1985, 281; *ders.* Die Anrechnung von Arbeitszeitverkürzungen, BB 1985, 287; *Zilius* Arbeitsrechtliche Probleme bei der Einführung der Sommerzeit, AuR 1980, 236; *Zmarzlik* Sonn- und Feiertagsarbeit, AR-Blattei SD 240.6.1; *ders.* Regelung der Sonn- und Feiertagsarbeit nach der Gewerbeordnung, AR-Blattei SD 240.6.2; *ders.* Sonderregelungen der Sonn- und Feiertagsarbeit, AR-Blattei SD 240.6.3.; *Zmarzlik / Anzinger* Arbeitszeitgesetz, 1995; *Zmarzlik / Kossens* Der Ladenschluss, AR-Blattei SD 1050; *Zmarzlik / Roggendorff* Ladenschlussgesetz, 2. Aufl. 1997; *Zwanziger* Arbeitszeitsouveränität im Erwerbsverlauf, AuR 2014, 216.

II. Teilzeit- und Befristungsgesetz – TzBfG

Annuß / Thüsing Teilzeit- und Befristungsgesetz, 3. Aufl. 2012; *Arbeitsrechtsausschuss des Deutschen Anwaltvereins (DAV)* Gesetz über Teilzeitarbeit und befristete Arbeitsverträge und zur Änderung und Aufhebung arbeitsrechtlicher Bestimmungen – Stellungnahme des Arbeitsrechtsausschusses des DAV zum Gesetzentwurf der Bundesregierung, DB 2000, 2223; *Aumann / Hack* Wahlarbeitszeit und Arbeitszeitflexibilisierung, ZESAR 2016, 266; *Backhaus* Das neue Befristungsgesetz, NZA 2001, Beil. zu Heft 24, S. 8; *Bauer* Neue Spielregeln für Teilzeitarbeit und befristete Arbeitsverträge, NZA 2000, 1039; *ders.* Befristete Arbeitsverträge unter neuen Vorzeichen, BB 2001, 2473; *ders.* Zeitlich begrenzte Teilzeitarbeit, AuA 2017, 280; *Becker* u. a. Gemeinschaftskommentar zum Teilzeitarbeitsrecht (GK-TzA), 1987; *Beckschulze* Die Durchsetzbarkeit des Teilzeitanspruchs in der betrieblichen Praxis, DB 2000, 2598; *Bezani* Das Gesetz über Teilzeitarbeit und befristete Arbeitsverträge, DStR 2001, 87; *Blanke* Der Gesetzentwurf der Bundesregierung über Teilzeitarbeit und befristete Arbeitsverträge, AiB 2000, 728; *Boecken / Joussen* Teilzeit- und Befristungsgesetz, 4. Aufl. 2016; *Boewer* Teilzeit- und Befristungsgesetz, 2002; *Braun* Entwurf eines Gesetzes über Teilzeitarbeit und befristete Arbeitsverhältnisse, ZRP 2000, 447; *ders.* Das Gesetz über Teilzeitarbeit und befristete Arbeitsverträge (TZBFG), RiA 2001, 12; *ders.* Probleme des Teilzeit- und Befristungsgesetzes, RiA 2001, 71; *Burkhart* Teilzeitarbeit und Befristung neu geregelt. Was ändert sich für den öffentlichen Dienst?, StG 2001, 132; *Buschmann* Tariflicher Anspruch auf Erhöhung der Arbeitszeit, AuR 2001, 148; *Buschmann / Dieball / Stevens-Bartol* TZA – Das Recht der Teilzeitarbeit, Kommentar für die Praxis, 2. Aufl. 2001; *Caamñao Rojo* Die Teilzeitarbeit im europäischen und deutschen Arbeitsrecht (Diss. Köln), 2002; *Daßau* Das Gesetz über Teilzeitarbeit und befristete Arbeitsverträge, ZTR 2001, 64; *Däubler* Das geplante Teilzeit- und Befristungsgesetz, ZIP 2000, 1961; *ders.* Das neue Teilzeit- und Befristungsgesetz, ZIP 2001, 217; *Diller* Der Teilzeitwunsch im Prozeß: Maßgeblicher Beurteilungszeitpunkt, insbesondere bei nachfolgenden Tarifverträgen nach § 8 IV TzBfG; *Dörner* Der befristete Arbeitsvertrag, 2004; *Dommermuth-Alhäuser* Arbeitsrechtsmissbrauch, 2015; *Dütz* Einstweiliger Rechtsschutz beim Teilzeitanspruch, AuR 2003, 161; *Ehler* Unterlassene Ausschreibung als Teilzeitarbeitsplatz. Keine Sanktion durch ein Widerspruchsrecht des Betriebsrats oder durch Entschädigung wegen unmittelbarer Diskriminierung, BB 2001, 1146; *Eisemann* u. a. Der Anspruch auf Teilzeitarbeit und seine gerichtliche Durchsetzung in den Niederlanden, Frankreich, Großbritannien, Schweden, Dänemark und der Bundesrepublik Deutschland, RdA 2004, 129; *Engel* Mehrfach befristete Arbeitsverträge, AuR 2000, 365; *Ennemann* Der »Streitwert« des neuen Teilzeitanspruchs, NZA 2001, 1190; *Flatten* »Betriebliche Gründe« im Sinne des Teilzeit- und Befristungsgesetzes, ZIP 2001, 1477; *Bj. Gaul* Gesetz über Teilzeitarbeit und befristete Arbeitsverträge, Aktuelles Arbeitsrecht 2000, 315 ff.; *Gotthardt* Teilzeitanspruch und einstweiliger Rechtsschutz, NZA 2001, 1183; *Grobys* Auswirkungen einer nachträglichen Arbeitszeitreduzierung auf das Arbeitsentgelt und andere Vertragsbestandteile, DB 2001, 758; *Grobys / Braun* Die prozessuale Durchsetzung des Teilzeitanspruchs, NZA 2001, 1175; *Hanau* Was ist wirklich neu in der Befristungsrichtlinie?, NZA 2000, 1045; *ders.* Offene Fragen zum Teilzeitgesetz, NZA 2001, 1168; *Hartwig* Aktuelles zur Teilzeitarbeit, FA 2001, 34; *Hinrichs* Neue gesetzliche Regelungen zur Teilzeitarbeit, AiB 2001, 65; *Hohenstatt / Schramm* Neue Gestaltungsmöglichkeiten zur Flexibilisierung der Arbeitszeit, NZA 2007, 238; *Hold* Gesetz über Teilzeitarbeit und befristete Arbeitsverträge, BuW 2001, 253; *Hopfner* Verlängerung befristeter Arbeitsverhältnisse aus der Geltungszeit des § 1 Beschäftigungsförderungsgesetz, BB 2001, 200; *Hromadka* Das neue Teilzeit- und

Befristungsgesetz, NJW 2001, 400; *ders.* Befristete und bedingte Arbeitsverhältnisse neu geregelt, BB 2001, 621, 674; **Kallenberg** Teilzeitarbeit und Befristung auf neuer gesetzlicher Grundlage, ZBVR 2001, 64; *Kelber/Zeißig* Das Schicksal der Gegenleistung bei Reduzierung der Leistung nach dem Teilzeit- und Befristungsgesetz, NZA 2001, 577; *Kleinsorge* Teilzeitarbeit und befristete Arbeitsverträge – ein Überblick über die Neuregelung, MDR 2001, 181; *Kliemt* Der neue Teilzeitanspruch, NZA 2001, 63; *ders.* Das neue Befristungsrecht, NZA 2001, 296; *von Koppenfels* Rechtsfolgen formunwirksamer Befristungsabreden – Probleme der Neuregelung der §§ 14 ff. TzBfG und § 623 BGB, AuR 2001, 201, dazu *Schmitz* AuR 2001, 300; *Kossens* Befristete Arbeitsverträge nach dem TzBfG. Übergangsregelungen und Altverträge, AiB 2001, 319; *Kröll* Neuregelung der Teilzeitarbeit und Befristung – auch ein Handlungsfeld für Personalräte, PersR 2001, 179; *Krüger* Wirksamkeit einer Befristungsverlängerung nach dem BeschFG, AiB 2001, 243; *Lakies* Das Teilzeit- und Befristungsgesetz, DZWIR 2001, 1; *Laux/Schlachter* Teilzeit- und Befristungsgesetz, 2. Aufl. 2011; *Leßmann* Der Anspruch auf Verringerung der Arbeitszeit im neuen Bundeserziehungsgeldgesetz, DB 2001, 94; *Lindemann/Simon* Neue Regelungen zur Teilzeitarbeit, BB 2001, 146; *Link/Fink* Teilzeit- und Befristungsgesetz. Was der Arbeitgeber beachten muss, AuA 2001, 59; *dies.* Anspruch auf Verringerung der Arbeitszeit. Teilzeitarbeit, AuA 2001, 107; *dies.* Ende der unternehmerischen Entscheidungsfreiheit? Teilzeitarbeit, AuA 2001, 155; *dies.* Das neue Recht für Arbeitsverträge. Befristung, AuA 2001, 204; *dies.* Pflichten beachten und Rechte nutzen, AuA 2001, 252; *Löwisch* Die Befristung nach dem Beschäftigungsförderungsgesetz kann weiterleben!, NZA 2000, 1044; *ders.* »Zuvor« bedeutet nicht: »In aller Vergangenheit«. Zur Auslegung von § 14 Abs. 2 Satz 2 Teilzeit- und Befristungsgesetz, BB 2001, 254; *Mayer* Wirksamkeit einer Befristung, AiB 2001, 191; *Meinel/Heyn/Herms* Teilzeit- und Befristungsgesetz, 5. Aufl. 2015; *Mosler* Teilzeitarbeit, AR-Blattei SD 1560; *Mühlmann* Flexible Arbeitsvertragsgestaltung – Die Arbeit auf Abruf, RdA 2006, 356; *Nebendahl* Teilzeitarbeitsvertrag, 3. Aufl. 2005; *Nielebock* Die neuen gesetzlichen Regelungen zur befristeten Beschäftigung, AiB 2001, 75; **O***pitz* Rechtsprechung zum Teilzeitanspruch nach zwei Jahren TzBfG, AuR 2003, 165; *Perreng* Geltendmachung des Teilzeitanspruchs. Entscheidungshilfe und Musterantrag, AiB 2001, 258; *Pöltl* Befristete Arbeitsverträge nach dem Gesetz über Teilzeitarbeit und befristete Arbeitsverträge im Geltungsbereich des BAT, NZA 2001, 582; *Preis* Das Teilzeit- und Befristungsgesetz, DB 2001, 145; *Preis/Gotthardt* Neuregelung der Teilzeitarbeit und Arbeitsverhältnisse – Zum Gesetzentwurf der Bundesregierung –, DB 2000, 2065; *dies.* Das Teilzeit- und Befristungsgesetz, DB 2001, 145; *Preis/Lindemann* Mitbestimmung bei Teilzeitarbeit und befristeter Beschäftigung, NZA Sonderheft 2001, 33; *Rambach* Neuregelung der befristeten Arbeitsverhältnisse und der Teilzeitarbeit, ZAP Fach 17, 599; *Reiserer/Penner* Teilzeitarbeit- Ablehnung des Arbeitgebers wegen betrieblicher Gründe nach § 8 TzBfG, BB 2002, 1694; *Richardi/Annuß* Gesetzliche Neuregelung von Teilzeitarbeit und Befristung, BB 2000, 2001; *Rieble/Gutzeit* Teilzeitanspruch nach § 8 TzBfG und Arbeitszeitmitbestimmung, NZA 2002, 7; *Rolfs* Befristung des Arbeitsvertrages, EAS B 3200; *ders.* Das neue Recht der Teilzeitarbeit, RdA 2001, 129; *ders.* Teilzeit- und Befristungsgesetz, Kommentar, 2002; *Salamon/Reuße* Grenzen der arbeitgeberseitigen Darlegungslast zur Ablehnung von Teilzeitarbeit nach der jüngsten Ausweitung durch das BAG, NZA 2013, 865; *R Schiefer* Entwurf eines Gesetzes über Teilzeitarbeit und befristete Arbeitsverhältnisse und zur Änderung und Aufhebung arbeitsrechtlicher Bestimmungen – oder: Überregulierung statt Deregulierung/Umverteilung statt Flexibilität –, DB 2000, 2118; *ders.* Mitbestimmungsproblematik bei der Verteilung der Arbeitszeit gemäß § 8 TzBfG, FA 2001, 258; *Schiefer* Anspruch auf Teilzeitarbeit gem. § 8 TzBfG, P&R 2013, 103; *Schloßer* Stellenausschreibung auch als Teilzeitarbeitsplatz – ein Gebot ohne Sanktion, BB 2001, 411; *Schmalenberg* Die richtige Umsetzung der Befristungsrichtlinie der EG – Konsequenzen des Gesetzgebers. Leben Totgesagte tatsächlich länger?, NZA 2000, 1043; *Schmitz* Flexible Arbeitszeitformen, ZMV 2001, 111; *Schüren* Die Mitbestimmung des Betriebsrats bei der Änderung der Arbeitszeit nach dem TzBfG, AuR 2001, 321; *Sievers* Kommentar zum Teilzeit- und Befristungsgesetz, 5. Aufl. 2016; *Sowka* Befristete Arbeitsverträge ohne Sachgrund nach neuem Recht – offene Fragen, DB 2001, 2427; *Stöhr* Vertragsbindung und Vertragsanpassung im Arbeitsrecht (unter besonderer Berücksichtigung des allgemeinen Teilzeitanspruchs), ZfA 2015, 167; *Straub* Erste Erfahrungen mit dem Teilzeit- und Befristungsgesetz, NZA 2001, 919; *Staudacher/Hellmann* Teilzeitarbeit, 2003; *Thannheiser* Neuregelungen für befristete Arbeitsverträge, AiB 2001, 167; *Thüsing* Teilzeit- und Befristungsgesetz – Oder: Von der Schwierigkeit eines Kompromisses zwischen Beschäftigungsförderung und Arbeitnehmerschutz, ZfA 2004, 67; *Uffmann* Familienorientierte Beschäftigungsstrukturen in einer sich wandelnden Arbeitswelt – Bestandsaufnahme, ausgewählte Problemlagen und Ausblick, ZfA 2015, 101; *Vielmeier* Tückische Fallen bei Teilzeit, AuA 2016, 264; *Viethen* Teilzeitarbeit – Paradigmenwechsel im Arbeitsrecht, BArbBl. 2001, Nr. 2, 5; *ders.* Das neue Recht der Teilzeitarbeit, NZA 2001, Beil. zu Heft 24, S. 3; *Wahlers* Die Anordnung von Rufbereitschaft als mitbestimmungspflichtige Maßnahme, ZTR 2010, 341; *Wank* Teilzeitarbeit in Deutschland aus arbeitsrechtlicher Sicht, EuroAS 2001, 186; *ders.* in *Blanke/Schüren/Wank/Wedde* Handbuch Neue Beschäftigungsformen, 2002, S. 87 ff.; *Wisskirchen* Aktuelle Rechtsprechung zum Anspruch auf Teilzeit, DB 2003, 277; *Worzalla* Teilzeitansprüche, P&R 2013, 203; *Zange* Teilzeitbeschäftigung, Darf es ein bisschen weniger sein?, AuA 2013, 16; *Zetl* Der neue Rechtsanspruch auf Teilzeitarbeit mit entsprechender Bezahlung,

ZMV 2001, 8; *Zwanziger* Der Anspruch auf Verringerung und Neuverteilung der Arbeitszeit nach dem Teilzeit- und Befristungsgesetz in der aktuellen Rechtsprechung des Bundesarbeitsgerichts, JArbR Bd. 41, 2004, S. 103.

a) Vergleich mit der bisherigen Rechtslage

278 Die Vorschrift entspricht inhaltlich § 56 Abs. 1 Buchst. a BetrVG 1952. Ihr Wortlaut wurde jedoch durch die ausdrückliche Erwähnung der Mitbestimmung bei Verteilung der Arbeitszeit auf die einzelnen Wochentage ergänzt. Nach der amtlichen Begründung (BT-Drucks. VI/1786, S. 48) wurde die Einfügung nur der Klarheit wegen vorgenommen, weil die Frage an sich inhaltlich bereits von § 56 Abs. 1 Buchst. a BetrVG 1952 erfasst worden sei. Damit wird jedoch nur die – zutreffende – bisher h. M. wiedergegeben (m. w. N. *Dietz* § 56 Rn. 92; *Galperin/Siebert* § 56 Rn. 26; *Hueck/Nipperdey* II/2, S. 1361, 1363; *Neumann-Duesberg*, S. 475 f.; *Nikisch* III, S. 392 f.; vgl. auch BAG 21.08.1979 AP Nr. 4 zu Art. 56 ZA-Nato-Truppenstatut Bl. 2 R f. *[Beitzke]*). Die Frage ist jedenfalls nunmehr geklärt.

b) Zweck; Gesetzes- und Tarifvorbehalt

279 Zweck der Mitbestimmung nach § 87 Abs. 1 Nr. 2 ist es, die Interessen der Arbeitnehmer an der Lage ihrer Arbeitszeit und damit zugleich der Freizeit für die Gestaltung ihres Privatlebens zur Geltung zu bringen (*BAG* st. Rspr. 21.12.1982 EzA § 87 BetrVG 1972 Arbeitszeit Nr. 16 S. 112 = AP Nr. 9 zu § 87 BetrVG 1972 Arbeitszeit Bl. 4 *[Gast]*; 28.05.2002 EzA § 87 BetrVG 1972 Arbeitszeit Nr. 65 S. 6 = AP Nr. 96 zu § 87 BetrVG 1972 Arbeitszeit Bl. 3; 18.09.2002 EzA § 87 BetrVG 2001 Arbeitszeit Nr. 1 S. 4 = AP Nr. 99 zu § 615 BGB Bl. 2; 01.07.2003 EzA § 87 BetrVG 2001 Arbeitszeit Nr. 2 S. 6 = AP Nr. 103 zu § 87 BetrVG 1972 Arbeitszeit Bl. 3; 29.09.2004 EzA § 87 BetrVG 2001 Arbeitszeit Nr. 5 S. 4 = AP Nr. 111 zu § 87 BetrVG 1972 Arbeitszeit Bl. 2 R; 29.09.2004 EzA § 87 BetrVG 2001 Nr. 6 S. 7 = AP Nr. 112 zu § 87 BetrVG Arbeitszeit Bl. 4; 26.10.2004 EzA § 87 BetrVG 2001 Arbeitszeit Nr. 7 S. 10 = AP Nr. 113 zu § 87 BetrVG 1972 Arbeitszeit Nr. 5 *[Joussen]*; 14.11.2006 EzA § 87 BetrVG 2001 Arbeitszeit Nr. 10 Rn. 26 = AP Nr. 121 zu § 87 BetrVG 1972 Arbeitszeit; 25.02.2015 EzA § 87 BetrVG 2001 Arbeitszeit Nr. 22 Rn. 19 = AP Nr. 137 zu § 87 BetrVG 1972 Arbeitszeit; 30.06.2015 ZMV 2016, 52 Rn. 22; 17.11.2015 EzA § 87 BetrVG 2001 Arbeitszeit Nr. 23 Rn. 24 = AP Nr. 138 zu § 87 BetrVG 1972 Arbeitszeit; weitere Nachweise 9. Aufl. § 87 Rn. 270; vgl. auch *Hamann* AuR 2002, 322 [323 ff.]). Es dient dagegen nicht wie § 87 Abs. 1 Nr. 3 dem Schutz der Arbeitnehmer vor Überforderung (*BAG* 28.05.2002 EzA § 87 BetrVG 1972 Arbeitszeit Nr. 65 S. 9 = AP Nr. 96 zu § 87 BetrVG 1972 Arbeitszeit Bl. 4 R), so für den Fall, dass andere nach einem Jahresschichtplan für eine bestimmte Wochenschicht eingeplante Arbeitnehmer im Betrieb nicht anwesend sind und deshalb für die Ableistung der Schicht nicht zur Verfügung stehen mit der Folge einer stärkeren Arbeitsbelastung der Schichtkollegen. Der Zweck des § 87 Abs. 1 Nr. 2 bestimmt den Begriff der Arbeitszeit nach dieser Bestimmung, ist also nicht identisch mit dem Begriff der vergütungspflichtigen Arbeitszeit, des Arbeitszeitgesetzes oder der Richtlinie 2003/88/EG; er betrifft die Zeit, in der die geschuldete Arbeitsleistung tatsächlich zu erbringen ist (*BAG* 10.11.2009 EzA § 87 BetrVG 2001 Arbeitszeit Nr. 14 Rn. 14 = AP Nr. 125 zu § 87 BetrVG 1972 Arbeitszeit).

280 Die Mitbestimmung besteht nur im Rahmen der zwingenden Vorschriften des **Arbeitszeitrechts**, vor allem derjenigen des **Arbeitszeitgesetzes (ArbZG)**, das aufgrund des Art. 1 des Gesetzes zur Vereinheitlichung und Flexibilisierung des Arbeitszeitrechts (Arbeitszeitrechtsgesetz – ArbZRG) vom 06.06.1994 (BGBl. I, S. 1170) erlassen wurde (dazu *Anzinger* BB 1994, 1492; *Buschmann* FS *Wissmann*, S. 251 [259 ff.]; *Diller* NJW 1994, 2726; *Erasmy* NZA 1994, 1105; 1995, 97; *Kuhr* DB 1994, 2186; *Zmarzlik* DB 1994, 1082; zu späteren europarechtlich motivierten Änderungen insbesondere hinsichtlich der arbeitszeitrechtlichen Behandlung von Bereitschaftsdiensten *Bernig* BB 2004, 101 ff.; *Boerner* NJW 2004, 1559 ff.; *Reim* DB 2004, 186 ff. Diese Vorschriften dienen als **gesetzliche Regelungen** i. S. d. § 87 Abs. 1 Eingangssatz dem Schutz des Arbeitnehmers vor einer zeitlichen Überforderung seiner Arbeitskraft und betreffen die regelmäßig höchstzulässige Arbeitszeit, die Voraussetzungen für deren ausnahmsweise Verlängerung, die Lage der Arbeitszeit sowie die mindestens zu gewährenden Ruhepausen und Ruhezeiten (zur Mitbestimmung im Einzelnen *Buschmann* FS *Wissmann*, 2005, S. 251 [259 ff.]). Die Dauer der von den Arbeitnehmern geschuldeten Arbeitszeit ist dagegen nicht Gegenstand des Arbeitszeitrechts, sondern wird durch Kollektivvereinbarung oder Arbeitsvertrag festgelegt (zum Ganzen *Hueck/Nipperdey* I, S. 207 f., II/2, S. 1362 Fn. 8a; *Loritz/ZLH*

Arbeitsrecht, § 15 III 2a; *Richardi* § 87 Rn. 256, 261). Die gesetzlichen Arbeitszeitregelungen besagen daher nichts darüber, ob Arbeitnehmer während des hiernach zulässigen Rahmens zur Arbeitsleistung verpflichtet sind. Bejahendenfalls hat der Betriebsrat nach § 87 Abs. 1 Nr. 2 mitzubestimmen. Zur Mitbestimmung des Betriebsrats nach § 87 Abs. 1 Nr. 2 bei der **Ausgestaltung** eines nach **§ 6 Abs. 5 ArbZG** zu gewährenden **Freizeitausgleiches** *BAG* 26.04.2005 EzA § 87 BetrVG 2001 Gesundheitsschutz Nr. 3 S. 12 = AP Nr. 118 zu § 87 BetrVG 1972 Arbeitszeit Bl. 5 R = AuR 2006, 123 (*Ulber*) und Rdn. 642. Zum tarifdispositivem Arbeitszeitrecht *Kohte* FS Bepler, 2012, S. 287 ff.

Zur regelmäßigen Arbeitszeit i. S. d. – früheren – § 6 AZO *BAG* 28.07.1981 EzA § 6 AZO Nr. 1 S. 5 ff. *[Kreutz]* = AP Nr. 4 zu § 87 BetrVG 1972 Arbeitszeit Bl. 2 R ff. *(Zmarzlik)* = SAE 1982, 167 *(Meisel)* = AuR 1983, 188 *(Herschel)*, zu Rechtsfolgen von Arbeitszeitüberschreitungen *von Stebut* NZA 1987, 257, zur Neugestaltung der Wochenarbeitszeit und Arbeitszeitschutz *Linnenkohl/Rauschenberg/Utes* BB 1983, 645, zur Einführung einzuarbeitender freier Tage *Löwisch* FS Karl Molitor, S. 225 (226 ff.), zur **Sommerzeit** Rdn. 399. Die Vorschrift des § 3 Abs. 1 KrAZVO war kein Gesetz i. S. d. § 87 Abs. 1 Eingangssatz (*BAG* 06.11.1990 EzA § 87 BetrVG 1972 Nr. 15 S. 5 ff. = AP Nr. 8 zu § 3 AZO Kr Bl. 3 R ff.; 09.03.1993 AP Nr. 1 zu § 1 AZO Kr Bl. 3 R; *LAG Berlin* 15.01.1990 LAGE § 87 BetrVG 1972 Nr. 6 S. 2 f.; vgl. auch *Springer* BB 1992, 348 [351 f.]). Nach § 25 Allgemeines Eisenbahngesetz (AEG) vom 27.12.1993 (BGBl. I, S. 2378, 2396) entscheiden öffentliche Eisenbahnen allein darüber, zu welchen Zeiten Arbeitsplätze für das Erbringen von Eisenbahnverkehrsleistungen sowie für die Aufrechterhaltung und für den Betrieb der Eisenbahninfrastruktur nach unternehmerischen Erfordernissen zu besetzen sind; die Mitbestimmung nach § 87 Abs. 1 Nr. 2 bleibt bezüglich der Arbeitszeitregelungen für den Einsatz der Beschäftigten während der festgelegten Besetzungszeiten unberührt. Zum Verstoß eines Einigungsstellenspruchs gegen den – durch das ArbZRG aufgehobenen – § 105i GewO *BAG* 04.05.1993 EzA § 105i GewO Nr. 3 S. 4 ff. = AP Nr. 1 zu § 105a GewO Bl. 2 ff., zum Ausschluss bzw. zur Einschränkung der Mitbestimmung durch Erklärung der obersten Dienststelle gemäß Abs. 6a des Unterzeichnungsprotokolls zu Art. 56 Abs. 9 des Zusatzabkommens zum NATO-Truppenstatut *BAG* 22.10.1991 AP Nr. 14 zu Art. 56 ZA-Nato-Truppenstatut. Zum verfassungswidrigen Nachtarbeitsverbot nach § 19 AZO *BVerfG* 28.01.1992 BVerfGE 85, 191 = EzA § 19 AZO Nr. 5 *[Mayer-Maly]* = AP Nr. 2 zu § 19 AZO, dazu *Colneric* NZA 1992, 393 ff.

Nach **§ 16 ArbZG** ist der Arbeitgeber verpflichtet, einen Abdruck dieses Gesetzes, der aufgrund dieses Gesetzes erlassenen, für den Betrieb geltenden Rechtsverordnungen und der für den Betrieb geltenden Tarifverträge und Betriebsvereinbarungen i. S. d. § 7 Abs. 1 bis 3 sowie des § 12 und § 21a Abs. 6 an geeigneter Stelle im Betrieb zur Einsichtnahme auszulegen oder auszuhängen. Außerdem muss er die über die werktägliche Arbeitszeit des § 3 Satz 1 hinausgehende Arbeitszeit der Arbeitnehmer aufzeichnen und die Aufzeichnungen mindestens zwei Jahre aufbewahren. Nach Maßgabe des **§ 48 JArbSchG** hat er einen Aushang über Beginn und Ende der regelmäßigen täglichen Arbeitszeit und der Pausen der Jugendlichen an geeigneter Stelle im Betrieb anzubringen. Dieser Verpflichtung wird durch Aushang der einschlägigen Betriebsvereinbarung (§ 77 Abs. 2 Satz 3) entsprochen (*Worzalla/HWGNRH* § 87 Rn. 219).

Zu **tariflichen Regelungen** als Grenze der Mitbestimmung des § 87 Abs. 1 Eingangssatz z. B. *BAG* 04.08.1981 EzA § 87 BetrVG 1972 Arbeitszeit Nr. 10 S. 70 = AP Nr. 5 zu § 87 BetrVG 1972 Arbeitszeit Bl. 4 *(Herschel)*; 18.08.1987 EzA § 77 BetrVG 1972 Nr. 18 S. 13 = AP Nr. 23 zu § 77 BetrVG 1972 Bl. 5 R f. *(von Hoyningen-Huene)* = SAE 1988, 97 *(Löwisch)*; 23.06.1992 EzA § 611 BGB Direktionsrecht Nr. 12 S. 5 = AP Nr. 1 zu § 611 BGB Arbeitspflicht Bl. 2 R = SAE 1993, 193 *(Danne)*; *ArbG Aachen* 26.11.1975 BB 1977, 194, zum Grundsätzlichen *Säcker/Oetker* Grundlagen und Grenzen der Tarifautonomie, 1992, insbesondere S. 19 ff., 83 ff., 124 ff., 191 ff., 308 ff., zu tariflichen Regelungen über die Einarbeitung arbeitsfreier Tage *Löwisch* FS Karl Molitor, S. 225 (229 ff.), und über Sonntagsarbeit *Neudel* AuR 1988, 337. Eine Betriebsvereinbarung über die Verteilung der Arbeitszeit verstößt gegen § 77 Abs. 3, wenn sie zugleich Regelungen über die Dauer der wöchentlichen bzw. jährlichen Arbeitszeit enthält, die einem für den Betrieb geltenden Tarifvertrag widersprechen (*BAG* 22.06.1993 EzA § 23 BetrVG 1972 Nr. 35 S. 6 ff. *[Kittner]* = AP Nr. 22 zu § 23 BetrVG 1972 Bl. 3 ff. = SAE 1994, 136 *[Schwarze]*). Zur Zulässigkeit abweichender Regelungen vom Arbeitszeitgesetz durch Tarifvertrag oder aufgrund eines Tarifvertrags durch Betriebsvereinbarung §§ 7, 12 ArbZG. Zu Übergangsvorschriften für Tarifverträge, die bei Inkrafttreten des Arbeitszeitgesetzes bestanden oder kraft Nachwir-

§ 87

kung galten, § 25 ArbZG. Zur Bedeutung des **Verbandsaustritts** für betriebliche Regelungen über flexible Arbeitszeiten *Hoß/Liebscher* DB 1995, 2525 ff., Erwiderung von *St. Krauss* DB 1996, 528 f. und Replik von *Hoß/Liebscher* DB 1996, 529 f. Haben die Tarifvertragsparteien nach § 87 Abs. 1 Nr. 2 und 3 mitbestimmungspflichtige Arbeitszeitfragen geregelt und dabei den Betriebsparteien einen Gestaltungsraum vorgegeben, ist auch die Einigungsstelle nach § 87 Abs. 1 Eingangshalbsatz daran gebunden (*BAG* 09.11.2010 EzA § 87 BetrVG 2001 Arbeitszeit Nr. 15 Rn. 18 = AP Nr. 126 zu § 87 BetrVG 1972 Arbeitszeit).

c) Lage, nicht Dauer der Arbeitszeit

284 Im Rahmen bestehender gesetzlicher oder tariflicher Regelungen (Rdn. 280, 283) bezieht sich die Mitbestimmung des Betriebsrats auf **Beginn** und **Ende**, d. h. die **Lage** der **täglichen Arbeitszeit** und der **Pausen** einschließlich der vorherigen Verteilung einer vorgegebenen wöchentlichen Arbeitszeit auf die einzelnen Wochentage (Rdn. 305). Die Regelung der **Dauer** der tarif- oder einzelvertraglich geschuldeten **Arbeitszeit** ist dagegen **nicht mitbestimmungspflichtig**. Das gilt für **sämtliche Arbeitszeitsysteme**, also auch für solche mit **variabler Arbeitszeit**, die auf einen größeren als wöchentlichen Arbeitszeitrahmen (Jahr, Monat, mehrere Wochen) bezogen sind.

285 Die Beschränkung der Mitbestimmung auf die Lage der Arbeitszeit wurde von der h. M. mit Recht bereits zu **§ 56 Abs. 1 Buchst. a BetrVG 1952** vertreten (*BAG* 08.10.1959 AP Nr. 14 zu § 56 BetrVG Bl. 4 *[A. Hueck]*; 15.12.1961 AP Nr. 1 zu § 56 BetrVG Arbeitszeit Bl. 2 ff.; 15.12.1961 AP Nr. 2 zu § 56 BetrVG Arbeitszeit Bl. 2 ff. *[Küchenhoff]*; 15.12.1961 AP Nr. 1 zu § 615 BGB Kurzarbeit Bl. 2 *[Neumann-Duesberg]*; 31.01.1969 AP Nr. 26 zu § 1 FeiertagslohnzahlungsG Bl. 2 *[Canaris]*; *Dietz* § 56 Rn. 86 ff.; *Galperin/Siebert* § 56 Rn. 28; *Hueck/Nipperdey* II/2, S. 1361 f. m. w. N.; *Neumann-Duesberg*, S. 474 f.; *Nikisch* III, S. 391 f.; **a. M.** *Fitting/Kraegeloh/Auffarth* § 56 Rn. 16 m. w. N.). Zum BRG 1920 und AOG *Richardi* § 87 Rn. 264.

286 An dieser **Auffassung** ist – vom Ausnahmefall des § 87 Abs. 1 Nr. 3 abgesehen (Rdn. 374) – **festzuhalten** (*BAG* st. Rspr. 21.11.1978 EzA § 87 BetrVG 1972 Arbeitszeit Nr. 7 S. 35 f. = AP Nr. 2 zu § 87 BetrVG 1972 Arbeitszeit Bl. 3 *[Wiedemann/Moll]*; 18.08.1987 EzA § 77 BetrVG 1972 Nr. 18 S. 14 ff. = AP Nr. 23 zu § 77 BetrVG 1972 Bl. 6 ff. *[von Hoyningen-Huene]* = SAE 1988, 97 *[Löwisch]*; 22.07.2003 EzA § 87 BetrVG 2001 Arbeitszeit Nr. 4 S. 7 = AP Nr. 108 zu § 87 BetrVG 1972 Arbeitszeit Bl. 3; 26.10.2004 EzA § 87 BetrVG 2001 Arbeitszeit Nr. 7 S. 12 = AP Nr. 113 zu § 87 BetrVG 1972 Nr. 5 R f. *[Joussen]*; 24.01.2006 EzA § 87 BetrVG 2001 Arbeitszeit Nr. 8 S. 7 f. = AP Nr. 8 zu § 3 ArbZG Nr. 3 *[Reim]*; 15.05.2007 EzA § 87 BetrVG 2001 Arbeitszeit Nr. 5 Rn. 45 = AP Nr. 30 zu § 1 BetrVG 1972 Gemeinsamer Betrieb *[von Hoyningen-Huene]*; 17.03.2010 EzA § 611 BGB 2002 Arbeitszeitkonto Nr. 1 Rn. 23 = AP Nr. 35 zu § 611 BGB Arbeitszeit; *LAG Baden-Württemberg* 16.01.1997 AuR 1997, 219 [220]; *LAG Hamburg* 09.05.1989 LAGE § 23 BetrVG 1972 Nr. 26 S. 10; *LAG Hamm* 15.12.1982 DB 1983, 506; *Buschmann* FS *Wissmann*, S. 251 [258]; *Fitting* § 87 Rn. 95, 104 f. seit 18. Aufl.; *Gamillscheg* II, S. 894 f.; *Gutzeit* BB 1996, 106 [109 f.]; *Heinze* NZA 1997, 681 [684]; *Kaiser/LK* § 87 Rn. 59; *Kilian* Arbeitszeit und Mitbestimmung des Betriebsrats, S. 128 ff. [170 ff.]; *Loritz/ZLH* Arbeitsrecht, § 51 IV 1; *Matthes/*MünchArbR § 244 Rn. 1, 3, 10; *Neumann/Biebl* ArbZG, § 3 Rn. 12; *Otto* NZA 1992, 97 [98]; *Richardi* § 87 Rn. 266 ff., 286, 287; *ders.* NZA 1994, 593 [594]; *Rieble/AR* § 87 BetrVG Rn. 20; *Schaub/Koch* Arbeitsrechts-Handbuch, § 235 Rn. 38 seit 12. Aufl.; *Schwarze/NK-GA* § 87 BetrVG Rn. 89; *Schwerdtner* DB 1983, 2763 [2770 ff.]; *Wiedemann/Moll* Anm. AP Nr. 1 Bl. 3 R ff., Nr. 2 Bl. 4 zu § 87 BetrVG 1972 Arbeitszeit; *Worzalla/HWGNRH* § 87 Rn. 192; **a. M.** bzw. krit. *Compensis* NJW 2007, 3089 [3092 f.]; *Farthmann* RdA 1974, 65 [66 f.]; *Föhr* AuR 1975, 353 [359]; *Gnade* FS *Kehrmann*, 1997, S. 227 [231]; *Klebe/DKKW* § 87 Rn. 89 ff.; *Klevemann* DB 1988, 334 [338]; *Lappe* JArbR Bd. 16 [1978], 1979, S. 55 [62 ff.]; *Plander* AuR 1987, 281 [288 ff.]). Das gilt auch, wenn einzelvertraglich eine übertarifliche Wochenarbeitszeit vereinbart wird (*Bengelsdorf* ZfA 1990, 563 [603 f.]). Mangels Mitbestimmungsrechts des Betriebsrats ist die Einigungsstelle für eine Regelung über die im Betrieb zulässige Höchstarbeitszeit und die arbeitszeitrechtliche Zuordnung von Bereitschaftsdiensten nicht zuständig (*BAG* 22.07.2003 EzA § 87 BetrVG 2001 Arbeitszeit Nr. 4 S. 7 f. = AP Nr. 108 zu § 87 BetrVG 1972 Arbeitszeit Bl. 3 f.). Die betriebliche Einigungsstelle darf gegen den Willen des Arbeitgebers nur einen Dienstplan beschließen, der das tariflich zulässige Arbeitszeitvolumen für die Arbeitnehmer ausschöpft, andernfalls würde sie mittelbar über den Umfang der ge-

schuldeten Arbeitszeit entscheiden (*BAG* 24.01.2006 EzA § 87 BetrVG 2001 Arbeitszeit Nr. 8 S. 7 f. = AP Nr. 8 zu § 3 ArbZG Bl. 3). Weitere Nachweise 6. Aufl. § 87 Rn. 277.

Die hier vertretene Auffassung folgt schon aus dem Wortlaut der Vorschrift, der insoweit gegenüber der bisherigen Fassung unverändert geblieben ist, obwohl in § 56 Abs. 1 Buchst. a *SPD*-Entwurf (BT-Drucks. V/3658, S. 12 = RdA 1969, 35 [40]) und § 56 Abs. 1 Buchst. a *DGB*-Vorschläge (RdA 1967, 460 [465]; 1970, 237 [245]) die Dauer der Arbeitszeit ausdrücklich hervorgehoben wurde. Ferner wird in § 87 Abs. 1 Nr. 2 nach wie vor auf Beginn und Ende der **täglichen** Arbeitszeit abgestellt, während die Dauer der Arbeitszeit in der Regel für die Woche durch Tarifvertrag oder Einzelvereinbarung festgelegt wird (*Galperin/Siebert* § 56 Rn. 28; *Hueck/Nipperdey* II/2, S. 1362; *Nikisch* III, S. 391 ff.). Es ist ferner nicht ersichtlich, dass die Dauer der wöchentlichen Arbeitszeit sich nicht von der Verteilung der Arbeitszeit auf die einzelnen Wochentage und der Festlegung von Beginn und Ende der täglichen Arbeitszeit trennen ließe und notwendigerweise auch die betriebsübliche Arbeitszeit umfasse (so aber *Fitting/Auffarth/Kaiser/Heither* 17. Aufl. 1992, § 87 Rn. 44 – zutr. dagegen *Fitting* § 87 Rn. 104; ähnlich *Farthmann* RdA 1974, 65 [66]; zutr. auch *BAG* 18.08.1987 EzA § 77 BetrVG 1972 Nr. 18 S. 18 = AP Nr. 23 zu § 77 BetrVG 1972 Bl. 6 R *[von Hoyningen-Huene]* = SAE 1988, 97 *[Löwisch]*; 13.10.1987 EzA § 87 BetrVG 1972 Arbeitszeit Nr. 25 S. 7 = AP Nr. 24 zu § 87 BetrVG 1972 Arbeitszeit Bl. 6). Die Dauer der wöchentlichen Arbeitszeit ist die vorgegebene Größe, auf deren Grundlage Dauer und Lage der Arbeitszeit an den einzelnen Wochentagen unter Beachtung der zwingenden Vorschriften des Arbeitszeitrechts frei gestaltet werden können (*BAG* 13.10.1987 EzA § 87 BetrVG 1972 Arbeitszeit Nr. 25 S. 9 = AP Nr. 24 zu § 87 BetrVG 1972 Arbeitszeit Bl. 6 R). Das ist eine wichtige und typische Aufgabe im Rahmen der Gestaltung der betrieblichen Ordnung und von der Mitbestimmung über die Dauer der wöchentlichen Arbeitszeit ebenso zu unterscheiden wie die Mitbestimmung bei Zeit, Ort und Art der Auszahlung der Arbeitsentgelte nach § 87 Abs. 1 Nr. 4 von der Mitbestimmung über deren Höhe.

Im Übrigen betreffen der zeitliche Umfang der Arbeitspflicht und die Lage der Arbeitszeit verschiedene Regelungsbereiche, die aus guten Gründen im Rahmen des § 87 unterschieden werden. Dafür spricht auch die Einführung der Mitbestimmung nach § 87 Abs. 1 Nr. 3 (*Fitting* § 87 Rn. 104; *Richardi* § 87 Rn. 265; *Worzalla/HWGNRH* § 87 Rn. 192). Bei der vorübergehenden Verkürzung oder Verlängerung der betriebsüblichen Arbeitszeit handelt es sich um eine Änderung materieller Arbeitsbedingungen (Rdn. 374). Würde sich das Mitbestimmungsrecht des Betriebsrats nach § 87 Abs. 1 Nr. 2 auf die Dauer der wöchentlichen Arbeitszeit beziehen, wäre § 87 Abs. 1 Nr. 3 überflüssig und unverständlich, weil die Mitbestimmung dann bereits nach § 87 Abs. 1 Nr. 2 gegeben wäre. Die Beschränkung der Mitbestimmung nach § 87 Abs. 1 Nr. 3 auf die vorübergehende Verkürzung oder Verlängerung der betriebsüblichen Arbeitszeit ist ein deutlicher Hinweis darauf, dass der Gesetzgeber die Mitbestimmung bei der Dauer der Arbeitszeit gerade nicht generell, sondern nur ausnahmsweise gewähren wollte.

Die praktische Bedeutung der Streitfrage war gering, solange die **Dauer** der wöchentlichen Arbeitszeit in der Regel durch **Tarifvertrag** festgelegt wurde, so dass die notwendige Mitbestimmung des Betriebsrats ohnehin ausschied (§ 87 Abs. 1; *BAG* 13.01.1987 EzA § 87 BetrVG 1972 Arbeitszeit Nr. 22 S. 155 f. = AP Nr. 22 zu § 87 BetrVG 1972 Arbeitszeit Bl. 3 f.). Das hat sich geändert, nachdem neuere Tarifverträge im Jahre 1994 die Festlegung differenzierter Arbeitszeiten und damit der individuellen Dauer der wöchentlichen Arbeitszeit den Betriebspartnern überlassen hatten (Rdn. 290). Unabhängig davon sind unter Beachtung des § 77 Abs. 3 Regelungen über die Dauer der Arbeitszeit nach § 88 durch **freiwillige Betriebsvereinbarung** möglich (*BAG* 18.08.1987 EzA § 77 BetrVG 1972 Nr. 18 S. 7 ff. = AP Nr. 23 zu § 77 BetrVG 1972 Bl. 3 ff. *[von Hoyningen-Huene]* = SAE 1988, 97 *[Löwisch]*; *Galperin/Löwisch* § 87 Rn. 85, 104; *Hueck/Nipperdey* II/2, S. 1362; *Neumann-Duesberg*, S. 475; *Nikisch* III, S. 392; **a. M.** *Worzalla/HWGNRH* § 87 Rn. 186). Soweit durch eine freiwillige Betriebsvereinbarung die Dauer der Arbeitszeit geregelt ist, unterliegen deren Verteilung auf die Wochentage sowie die Festlegung ihrer Lage wiederum der Mitbestimmung des Betriebsrats nach § 87 Abs. 1 Nr. 2. Gleiches gilt, wenn aufgrund **neuerer Tarifverträge** für einzelne Arbeitnehmer bis zu einem **bestimmten Prozentsatz** der **Belegschaft** die individuelle regelmäßige wöchentliche Arbeitszeit durch Vereinbarung der Arbeitsvertragsparteien auf bis zu vierzig Stunden verlängert und die so verlängerte Arbeitszeit u. a. durch Freizeitblöcke ausgeglichen werden kann (vgl. etwa Manteltarifvertrag

§ 87 IV. 3. Soziale Angelegenheiten

für die Arbeiter und Angestellten in der Metallindustrie in Nordwürttemberg/Nordbaden vom 05.05.1990 und hierzu *Buchner* FS *Dieterich*, 1999, S. 29 [35 ff.]; *Chr. Pabst* Möglichkeiten einer Flexibilisierung der Arbeitszeit, S. 66 ff.; *Richardi* DB 1990, 1613 ff.; *ders.* FS *Merz*, 1992, S. 481 [488 ff.]). Zu den Tarifverträgen im Metallbereich über Arbeitszeitverkürzung und Beschäftigungssicherung vom März 1994 *Zachert* AuR 1995, 1 ff.

290 Der Betriebsrat hatte auch mitzubestimmen bei der Umsetzung der **Tarifverträge** über die Einführung **differenzierter Arbeitszeiten** (zum Einigungsvorschlag der Besonderen Schlichtungsstelle für die Metallindustrie vom 28.06.1984 NZA 1984, 79, zum Manteltarifvertrag der Druckindustrie NZA 1985, 19 und zum Schlichtungsergebnis in der holz- und kunststoffverarbeitenden Industrie NZA 1984, 390). Mit Recht hat das *BAG* (18.08.1987 EzA § 77 BetrVG 1972 Nr. 18 S. 7 f. = AP Nr. 23 zu § 77 BetrVG 1972 Bl. 3 f. *[von Hoyningen-Huene]* = SAE 1988, 97 *[Löwisch/Rieble]*; 02.12.1987 EzA § 4 TVG Metallindustrie Nr. 36 S. 4 f. = AP Nr. 54 zu § 1 FeiertagslohnzahlungsG Bl. 2 f. *[Wank]*; 07.07.1988 EzA § 4 TVG Metallindustrie Nr. 40 S. 6 *[Oetker* nach Nr. 41*]* = AP Nr. 23 zu § 11 BUrlG Bl. 3 R; 18.11.1988 EzA § 4 TVG Metallindustrie Nr. 53 S. 5 = AP Nr. 25 zu § 11 BUrlG Bl. 2 R; 07.07.1988 EzA § 4 TVG Metallindustrie Nr. 41 S. 8 *[Oetker]* = AP Nr. 22 zu § 11 BUrlG Bl. 4 f.) eine entsprechende tarifliche Regelung grundsätzlich als **wirksam** angesehen und die vielfältigen, in der Literatur dagegen erhobenen Bedenken zurückgewiesen (im Ergebnis ebenso die Instanzgerichte; Nachweise 6. Aufl. § 87 Rn. 281; *Fitting* 18. Aufl. 1996, § 87 Rn. 46 f.; *Linnenkohl* BB 1988, 1459; *Otto* NZA 1992, 97 [102]; *Weyand* AuR 1989, 193 [196 ff.]; **a. M.** *ArbG Solingen* 09.10.1985 NZA 1986, 102; weitere Nachweise zur Rechtsprechung bei *Brunz* NZA 1986, Beil. Nr. 2, S. 3 [4 ff.]; zur **grundsätzlichen Diskussion** *Baumann* Die Delegation tariflicher Rechtsetzungsbefugnisse [Diss. Köln], 1992; *Buchner* DB 1985, 913; *ders.* NZA 1986, 377; *ders.* RdA 1990, 1 ff.; *Ehmann/Balthasar* Jura 1985, 436; *Hanau* NZA 1985, 73; *Herschel* AuR 1984, 321; *von Hoyningen-Huene* NZA 1985, 9; *ders.* NZA 1985, 169; *von Hoyningen-Huene/Meier-Krenz* ZfA 1988, 293 ff.; *Kempen* AuR 1989, 261; *Kissel* NZA 1986, 73 [76 ff.]; *Küttner/Schlüpers-Oehmen/Rebel* DB 1985, 172; *Lambrich* Tarif- und Betriebsautonomie [Diss. Trier], 1999, S. 290 ff.; *Lieb/Jacobs* Arbeitsrecht, Rn. 790 ff.; *Löwisch* DB 1984, 2457; *ders.* RdA 1984, 197; *ders.* NZA 1985, 170; *Loritz* ZfA 1991, 1 [25 ff.]; *Pabst* Möglichkeiten der Flexibilisierung der Arbeitszeit; *Richardi* NZA 1984, 387; *ders.* NZA 1985, 172; *ders.* ZfA 1990, 211 [221 ff.]; *Riester* Deregulierung und Flexibilisierung im kollektiven Arbeitsrecht, 1995, S. 155 ff.; *Schüren* RdA 1985, 22 [26 ff.]; *ders.* RdA 1988, 138 [142 ff.]; *Schwarze* Der Betriebsrat im Dienst der Tarifvertragsparteien [Diss. Göttingen], 1991; *Waltermann* Rechtsetzung durch Betriebsvereinbarung zwischen Privatautonomie und Tarifautonomie, 1996, S. 179 ff.). Zutreffend weist das *BAG* (18.08.1987 EzA § 77 BetrVG 1972 Nr. 18 S. 77 f. = AP Nr. 23 zu § 77 BetrVG 1972 Bl. 3 R f. *[von Hoyningen-Huene]*) darauf hin, die individuelle regelmäßige wöchentliche Arbeitszeit (sog. IRWAZ) könne sowohl durch Tarifvertrag (§§ 1, 4 TVG) wie durch Betriebsvereinbarung (§ 77 Abs. 3, § 88) geregelt werden.

291 Nicht unproblematisch ist es allerdings, wenn die **Tarifpartner** den **zeitlichen Rahmen** der wöchentlichen Arbeitszeit **regeln** (hier 37 bis 40 Stunden bei einem Wochendurchschnitt von 38,5 Stunden), die Festlegung der **individuellen regelmäßigen wöchentlichen Arbeitszeit** aber **ergänzenden Betriebsvereinbarungen** überlassen. Diese Regelung beruht dann zwar grundsätzlich auf der originären Normsetzungsbefugnis der Betriebspartner, die wegen der nach § 77 Abs. 3 Satz 2 möglichen Zulassung durch die Tarifpartner im Kern auch wahrgenommen werden kann. Bedenklich ist dabei allerdings, dass die Tarifvertragsparteien die Betriebsautonomie der Betriebspartner nicht nur eröffnen, sondern inhaltlich zugleich determinieren und dadurch ihre Normsetzungsbefugnis über derart materiale Vorgaben faktisch auch auf Außenseiter erstrecken (zum Ganzen *Gutzeit* SAE 2001, 172 [174 f.]). Insofern lässt sich aus tarifrechtlicher Warte darüber streiten, ob nicht in Wahrheit eine **Bestimmungsklausel** vorliegt, die den Geltungsbereich des Tarifvertrags über eine Indienstnahme der Betriebspartner unzulässig auf Außenseiter erweitert.

292 Vorbehaltlich der soeben skizzierten tarifrechtlichen Zweifel ist auch eine **tarifliche Regelung unbedenklich**, nach der die **Einigungsstelle entscheidet**, falls die Betriebspartner sich nicht über die Dauer der individuellen regelmäßigen wöchentlichen Arbeitszeit einigen. Darin liegt eine Erweiterung der nach § 87 Abs. 1 Nr. 2 nicht bestehenden notwendigen Mitbestimmung für Betriebe tarifgebundener Arbeitgeber, die im Grundsatz zulässig ist (*Wiese* Rdn. 7 ff., insbesondere Rdn. 11;

weitergehend *ArbG Hamburg* 29.01.1986 AiB 1986, 190). Dann kann auch durch Tarifvertrag die Einigungsstelle durch eine tarifliche Schlichtungsstelle ersetzt werden (§ 76 Abs. 8). Der Spruch der Einigungsstelle (Schlichtungsstelle) hat aber unter angemessener Berücksichtigung der Belange des Betriebs und der betroffenen Arbeitnehmer nach billigem Ermessen zu erfolgen (§ 76 Abs. 5 Satz 3) und muss die allgemeinen gesetzlichen Schranken, insbesondere die Grundsätze des § 75 beachten. Dagegen verstößt es nicht, wenn bei der Differenzierung auf die Freiwilligkeit und das Alter unter Berücksichtigung betrieblicher Interessen abgestellt wird (*BAG* 18.08.1987 EzA § 77 BetrVG 1972 Nr. 18 S. 19 ff. = AP Nr. 23 zu § 77 BetrVG 1972 Bl. 8 R ff. m. w. N. *[von Hoyningen-Huene]*).

Mit der Ermöglichung unterschiedlicher (differenzierter) individueller regelmäßiger wöchentlicher Arbeitszeiten hatten die Tarifpartner zwar Neuland beschritten, sich aber jedenfalls nach Ansicht des BAG im Rahmen der geltenden Rechtsordnung gehalten und zudem die Funktions- und Innovationsfähigkeit der Tarifautonomie bewiesen. Bei der Festlegung der individuellen regelmäßigen wöchentlichen Arbeitszeit im Rahmen der Spanne z. B. von 37 bis 40 Stunden sind die betrieblichen Belange angemessen zu berücksichtigen, andernfalls ein Spruch der Einigungsstelle unwirksam ist (*LAG Hamm* 25.02.1987 LAGE § 76 BetrVG 1972 Nr. 27 S. 66 ff.). Zur Unzulässigkeit einer **einstweiligen Verfügung** bei Umsetzung der Wochenarbeitszeitverkürzung von 40 auf 38,5 Stunden Rdn. 372, zur **Lage** der **Arbeitszeit** bei differenzierter Arbeitszeit Rdn. 305 ff., 320 ff. und zur fehlenden **Antragsbefugnis** der **Gewerkschaften** bei Feststellung der Unwirksamkeit eines Einigungsstellenspruches über die Umsetzung eines Tarifvertrags über die Arbeitszeitverkürzung *BAG* 18.08.1987 DB 1987, 2263; *ArbG Wuppertal* 13.06.1985 NZA 1985, 675; **a. M.** *ArbG Wilhelmshaven* 14.11.1985 NZA 1986, Beil. Nr. 2, S. 30. **293**

Fällt bei einer **Rollierregelung** (Rdn. 342 ff.) der arbeitsfreie Rolliertag auf einen gesetzlichen Wochenfeiertag, so kann der Betriebsrat nach § 87 Abs. 1 Nr. 2 nicht verlangen, dass für den betroffenen Arbeitnehmer ein zusätzlicher freier Arbeitstag gewährt wird; dies liefe auf eine Regelung über die Dauer der Arbeitszeit hinaus (*BAG* 31.01.1989 EzA § 87 BetrVG 1972 Arbeitszeit Nr. 32 S. 4 ff. *[Streckel]* = AP Nr. 31 zu § 87 BetrVG 1972 Arbeitszeit Bl. 2 ff.; *LAG Hamm* 31.03.1982 DB 1982, 2710; zu einer Rollierregelung bei tariflicher Regelung der Dauer der Arbeitszeit *BAG* 13.01.1987 EzA § 87 BetrVG 1972 Arbeitszeit Nr. 22 S. 155 f. = AP Nr. 22 zu § 87 BetrVG 1972 Arbeitszeit Bl. 3 f.). Jedoch ist die Festlegung der Lage der Arbeitszeit einschließlich arbeitsfreier Tage im Rahmen einer Rollierregelung mitbestimmungspflichtig (Rdn. 342 f.). Das gilt auch, wenn bei einer auf einen größeren (Jahres-)Zeitraum (zur Zulässigkeit Rdn. 307) bezogenen Rollierregelung Wochenfeiertage ausgespart werden (*BAG* 31.01.1989 EzA § 87 BetrVG 1972 Arbeitszeit Nr. 32 S. 4 f. *[Streckel]* = AP Nr. 31 zu § 87 BetrVG 1972 Arbeitszeit Bl. 2 R f. = AR-Blattei, Betriebsverfassung XIV B, Entsch. 118 *[Bengelsdorf]*; 25.07.1989 EzA § 87 BetrVG 1972 Arbeitszeit Nr. 38 S. 6 = AP Nr. 38 zu § 87 BetrVG 1972 Arbeitszeit Bl. 3 f.; *LAG Bremen* 15.07.1987 LAGE § 87 BetrVG 1972 Arbeitszeit Nr. 8 S. 10 ff.). Zu einer tariflichen Regelung über die Verteilung der Arbeitszeit auf die einzelnen Wochentage derart, dass der arbeitsfreie Rolliertag in keinem Falle auf einen gesetzlichen Wochenfeiertag zu liegen kommt und dadurch die effektive wöchentliche Arbeitszeit vermindert wird, *LAG Frankfurt a. M.* 25.08.1987 LAGE § 87 BetrVG 1972 Arbeitszeit Nr. 9; 01.12.1987 LAGE § 4 TVG Einzelhandel Nr. 4. **294**

Ebenso wenig wie die Dauer der Arbeitszeit unterliegt die Begründung eines Anspruchs auf **Nacht- und Wechselschichtzuschläge** der Mitbestimmung nach § 87 Abs. 1 Nr. 2 (**a. M.** *Hanau* RdA 1973, 281 [283]). Dabei handelt es sich um eine Entgeltfrage, die aber auch nach § 87 Abs. 1 Nr. 10 mitbestimmungsfrei ist (Rdn. 837 ff.). Bei der Einführung von **Arbeitszeit- und Tätigkeitsnachweisen** in Form von Zeitberichtsformularen besteht kein Mitbestimmungsrecht nach § 87 Abs. 1 Nr. 2, weil es dabei nicht um die Lage der Arbeitszeit, sondern nur um Nachweis geht (*BAG* 09.12.1980 EzA § 87 BetrVG 1972 Betriebliche Ordnung Nr. 5 S. 34 = AP Nr. 2 zu § 87 BetrVG 1972 Ordnung des Betriebes Bl. 3 f. *[Pfarr]*; vgl. auch *Wiese* Rdn. 212). **295**

d) Kollektiver Tatbestand

Die Mitbestimmung nach § 87 Abs. 1 Nr. 2 ist entsprechend den von *Wiese* Rdn. 15 ff. entwickelten Grundsätzen immer dann gegeben, wenn ein kollektiver Tatbestand der Regelung bedarf (*BAG* 21.12.1982 EzA § 87 BetrVG 1972 Arbeitszeit Nr. 16 S. 107 f. = AP Nr. 9 zu § 87 BetrVG 1972 Ar- **296** beitszeit Bl. 2 R *[Gaul]*; 18.04.1989 EzA § 87 BetrVG 1972 Arbeitszeit Nr. 35 S. 11 f. = AP Nr. 33 zu § 87 BetrVG 1972 Arbeitszeit Bl. 4 *[Schüren/Feuerborn]*). Das kann z. B. auch bei **Gruppenarbeit** (§ 87 Abs. 1 Nr. 13) der Fall sein. Insbesondere hat der Betriebsrat **nicht nur** bei **Festlegung** der **regelmäßigen Lage** der **Arbeitszeit**, sondern bei **jeder auch nur einmaligen Veränderung** (Sonderfall) ihrer **bisherigen Lage mitzubestimmen** (*BAG* 13.07.1977 EzA § 87 BetrVG 1972 Arbeitszeit Nr. 3 S. 2 = AP Nr. 2 zu § 87 BetrVG 1972 Kurzarbeit Bl. 2 R *[Löwisch]*; 25.02.1997 EzA § 87 BetrVG 1972 Arbeitszeit Nr. 57 S. 5 = AP Nr. 72 zu § 87 BetrVG 1972 Arbeitszeit Bl. 3; vgl. auch 16.03.2004 EzA § 8 TzBfG Nr. 8 S. 16 ff. = AP Nr. 10 zu § 8 TzBfG Bl. 7 R f.; 26.10.2004 EzA § 87 BetrVG 2001 Arbeitszeit Nr. 7 S. 10 = AP Nr. 113 zu § 87 BetrVG 1972 Arbeitszeit Bl. 5 *[Joussen]*; *Farthmann* RdA 1974, 65 [66]; *Heinze* NZA 1997, 681 [683]; *Kaiser/LK* § 87 Rn. 60; *Klebe/DKKW* § 87 Rn. 93; *Richardi* § 87 Rn. 306 f.; *Röhsler* Die Arbeitszeit, S. 27; *Worzalla/HWGNRH* § 87 Rn. 190). Der gleichen Auffassung war die h. M. zu § 56 Abs. 1 Buchst. a BetrVG 1952, von deren Vertretern u. a. darauf hingewiesen wurde, dass nach dieser Vorschrift im Gegensatz zu § 134b Abs. 1 Nr. 1 GewO a. F. und § 27 Abs. 1 Nr. 1 AOG nicht mehr von der regelmäßigen, sondern der täglichen Arbeitszeit die Rede sei (*BAG* 07.09.1956 AP Nr. 2 zu § 56 BetrVG Bl. 2 R, 3 f. sowie m. w. N. *Dietz* § 56 Rn. 85; *Fitting/Kraegeloh/Auffarth* § 56 Rn. 18; *Galperin/Siebert* § 56 Rn. 26a f.; *Nikisch* III, S. 391).

297 Der Betriebsrat hat daher mitzubestimmen, wenn aus besonderem Anlass – z. B. wegen eines Feiertags – die Arbeitszeit des vorhergehenden oder folgenden Tages ganz oder zum Teil auf andere Wochentage verteilt wird (*BAG* 07.09.1988 EzA § 1 Lohnfortzahlungsgesetz Nr. 94 S. 2 ff. = AP Nr. 79 zu § 1 LohnFG Bl. 1 ff.). Die Mitbestimmung ist auch gegeben, wenn die Regelung – wie z. B. bei Verlegung der Arbeitszeit von einem lohnzahlungspflichtigen gesetzlichen Feiertag auf einen anderen Wochentag – Auswirkungen auf die Entgeltzahlungspflicht hat (*BAG* 07.09.1956 AP Nr. 2 zu § 56 BetrVG Bl. 2; *Galperin/Löwisch* § 87 Rn. 96). Ebenso hat der Betriebsrat über die zeitliche Lage des Ersatzruhetages als Ausgleich für Feiertagsbeschäftigung nach § 11 Abs. 3 ArbZG mitzubestimmen (*LAG Köln* 24.09.1998 AiB 1999, 467). Gleiches gilt, wenn anlässlich eines Sonntagsverkaufs Aushilfsarbeitnehmer vorübergehend nur für einen Tag im Betrieb beschäftigt werden (*BAG* 25.02.1997 EzA § 87 BetrVG 1972 Arbeitszeit Nr. 57 S. 5 ff. = AP Nr. 72 zu § 87 BetrVG 1972 Arbeitszeit Bl. 2 R ff. = SAE 1998, 41 *[Reichold]*). Um eine kollektive Dauerregelung handelt es sich, wenn der Arbeitgeber anordnet, dass anders als bisher die Telefonzentrale während der Mittagspause nicht unbesetzt bleibt, sondern dass abwechselnd eine der Telefonistinnen während dieser Zeit den Telefondienst versieht und anschließend die Pause nachholt (*LAG Düsseldorf* 23.08.1983 BB 1983, 2052). Entsprechendes gilt, wenn es aus betrieblichen Gründen immer wieder erforderlich ist, einen oder mehrere Arbeitnehmer vorübergehend oder auf Dauer von einer Schicht in eine andere umzusetzen, da es hierbei um eine Auswahlentscheidung geht (*LAG Köln* 29.02.1988 LAGE § 95 BetrVG 1972 Nr. 5 S. 1 f. = AiB 1988, 187 *[Kingler]* = BetrR 1989, 36 *[Trümner]* sowie Rdn. 340). Mitbestimmungspflichtig ist auch die Verlegung der Arbeitszeit wegen einer **Betriebsfeier** (*Neumann* AR-Blattei SD 490, Rn. 26; vgl. aber auch *Vogt/Kossmann* NZA 2010, 1264 [1265 f.]). Zur Verkürzung der Arbeitszeit für Teilnehmer eines **Betriebsausflugs** und Verlegung der übrigen Arbeitszeit auf Zeiten vor und nach dem Betriebsausflug Rdn. 348.

298 In Ansehung der Arbeitszeitlage mitbestimmungspflichtig ist auch die Anordnung eines **Personalgesprächs**. Es handelt sich dabei um eine fremdnützige Tätigkeit, die der Arbeitszeitmitbestimmung des Betriebsrats unterliegt. An der Fremdnützigkeit ändert sich nichts, wenn die betroffenen Arbeitnehmer mit dem Personalgespräch einverstanden sind. Auch ist es nicht maßgeblich, ob die Arbeitnehmer zur Teilnahme an dem Personalgespräch wirksam verpflichtet werden konnten. Allein die tatsächliche Anordnung des Personalgesprächs löst die Mitbestimmung des Betriebsrats nach § 87 Abs. 1 Nr. 2 (und ggf. auch nach Nr. 3) BetrVG aus (*BAG* 30.06.2015 ZMV 2016, 52 Rn. 22, 24, 25). Ein kollektiver Tatbestand liegt bei einem Personalgespräch dann vor, wenn sich eine Regelungsfrage stellt, die über eine ausschließlich einzelfallbezogene Rechtsausübung hinausgeht und kollektive Interessen der Arbeitnehmer des Betriebs berührt. Dies ist insbesondere dann der Fall, wenn eine nach abstrakten Kriterien definierte Gruppe von Arbeitnehmern zu dem Personalgespräch geladen wird (*BAG* 30.06.2015 ZMV 2016, 52 Rn. 27). Nicht überzeugend war es demgegenüber, wenn das *LAG Nürnberg* (27.08.2013 ZTR 2013, 693 Rn. 16 ff. – Vorinstanz) die arbeitgeberseitig initiierte

Teilnahme an einem **Mediationsverfahren** nicht der Arbeitszeitmitbestimmung des Betriebsrats unterwarf.

Der Betriebsrat hat dagegen **kein Mitbestimmungsrecht**, wenn die **Arbeitszeit** eines oder mehrerer **einzelner Arbeitnehmer** aufgrund einer entsprechenden Vereinbarung oder im Rahmen des Direktionsrechts des Arbeitgebers (§ 106 GewO, dazu *BAG* 23.09.2004 EzA § 106 GewO Nr. 1 S. 5 ff. = AP Nr. 64 zu § 611 BGB Direktionsrecht Bl. 2 R ff.) festgelegt bzw. verändert wird und kein kollektiver Bezug besteht (Individualmaßnahme, *Wiese* Rdn. 15; *BAG* 16.03.2004 EzA § 8 TzBfG Nr. 8 S. 16 = AP Nr. 10 zu § 8 TzBfG Bl. 7 R; *LAG Hamm* 02.06.1978 EzA § 87 BetrVG 1972 Arbeitszeit Nr. 5 S. 13, 15; *Fitting* § 87 Rn. 114; *Kaiser/LK* § 87 Rn. 2, 61,62; *Neumann-Duesberg*, S. 474; *Nikisch* III, S. 391; *Stege/Weinspach/Schiefer* § 87 Rn. 65; vgl. auch *H. Hanau* Individualautonomie, S. 137 ff.; a. M. *Hurlebaus* Fehlende Mitbestimmung bei § 87 BetrVG, S. 91 [133]; *Richardi* § 87 Rn. 308; *Worzalla/HWGNRH* § 87 Rn. 191; **zu § 99** *Wulff/Richter* AuR 2007, 120 ff.). Kein kollektiver Tatbestand i. S. d. § 87 Abs. 1 Nr. 2 ist die erstmalige Eingliederung eines neu eingestellten Mitarbeiters in eine bestehende kollektivrechtliche Arbeitszeitregelung (*LAG Nürnberg* 23.12.2011 *LAGE* § 99 BetrVG 2001 Nr. 12a Rn. 50 ff.). Das bedeutet aber keinen Vorrang der Mitbestimmung aus § 99 BetrVG vor der Mitbestimmung des Betriebsrats nach § 87 Abs. 1 Nr. 2 BetrVG im Falle von Einstellungen (so aber *Bayreuther* NZA 2016, 921). Die regelmäßige Mitbestimmungsfreiheit bei Einstellungen nach Maßgabe des § 87 Abs. 1 Nr. 2 BetrVG folgt vielmehr aus allgemeinen Grundsätzen und ist nicht etwa Konsequenz eines vorrangigen Regelungsregimes der §§ 99 ff. BetrVG (so aber *Bayreuther* NZA 2016, 921 [922]), das die Mitbestimmung in sozialen Angelegenheit für den Fall der Einstellung zurücktreten ließe. Der einzelne Arbeitnehmer kann seine Interessen hinsichtlich der Arbeitszeitlage außerdem durch den Betriebsrat im Beschwerdeverfahren nach § 85 BetrVG wahrnehmen lassen (*Franzen* § 85 Rdn. 18). Eine aus persönlichen Gründen vom Arbeitnehmer gewünschte individuelle, von der betriebsüblichen abweichende Lage seiner Arbeitszeit muss ausdrücklich mit dem Arbeitgeber vereinbart werden. Eine solche Vereinbarung liegt nicht vor, wenn die Vertragspartner bei Abschluss des Arbeitsvertrages die zu diesem Zeitpunkt im Betrieb geltende Regelung über Beginn und Ende der täglichen Arbeitszeit und die Verteilung der Arbeitszeit auf die einzelnen Wochentage vereinbaren; eine Neuregelung der betrieblichen Arbeitszeit durch Betriebsvereinbarung ist daher zulässig (*BAG* 23.06.1992 EzA § 611 BGB Direktionsrecht Nr. 12 S. 4 ff. = AP Nr. 1 zu § 611 BGB Arbeitszeit Bl. 2 ff.). Zur **Zeitsouveränität** des Arbeitnehmers einschließlich **Vertrauensarbeitszeit** und Mitbestimmung *Biswas* Vertrauensarbeitszeit und Arbeitszeitfreiheit im arbeitsrechtlichen und betriebsverfassungsrechtlichen Kontext (Diss. Frankfurt a. M.), 2004; *Compensis* NJW 2007, 3089 ff.; *Erbach* Rechtsprobleme der Vertrauensarbeitszeit – individual- und kollektivrechtliche Fragen eines modernen Arbeitszeitmodells, 2006; *Grunewald* Grundlagen und Grenzen der Vertrauensarbeitszeit: Vorgaben des ArbZG und kollektivvertragliche Gestaltungsmöglichkeiten, 2005, zur Beteiligung des Betriebsrats S. 253 ff.; *Hamm* AiB 2000, 152 ff.; *Reichold* FS *Wiese*, 1998, S. 407 ff.; *Schlachter* 50 Jahre Bundesarbeitsgericht, 2004, 1253 ff.; *Schneider* Flexible Arbeitszeit – Vertrauensarbeitszeit, 2007; ferner *Däubler* Internet und Arbeitsrecht, 2001, Rn. 169 ff., 190; *Klebe/DKKW* § 87 Rn. 100, zur Vertrauensgleitzeit Rdn. 347. Die Einführung von Vertrauensarbeitszeit unterliegt der mitbestimmungsfreien Vereinbarung der Vertragspartner (*Worzalla/HWGNRH* § 87 Rn. 205; a. M. *Fitting* § 87 Rn. 116, 127; *Richardi* § 87 Rn. 346; *Schlachter* 50 Jahre Bundesarbeitsgericht, S. 1253 [1268]). Soweit dem Arbeitnehmer Arbeitszeitsouveränität eingeräumt worden, das Direktionsrecht des Arbeitgebers mithin für diesen Bereich aufgehoben ist, fehlt es an einem durch Mitbestimmung auszufüllenden Regelungsspielraum; in Betracht kommen daher nur Rahmenvereinbarungen (*Reichold* FS *Wiese*, 1998, S. 407 [424 f.]; näher *Schlachter* 50 Jahre Bundesarbeitsgericht, S. 1253 [1268 ff.]). Jedoch benötigt der Betriebsrat bei Vertrauensarbeitszeit zur Wahrnehmung seiner Überwachungsaufgabe nach § 80 Abs. 1 Nr. 1 im Hinblick auf die Einhaltung der gesetzlichen Ruhezeiten und der tariflichen wöchentlichen Arbeitszeit Kenntnis von Beginn und Ende der täglichen und vom Umfang der tatsächlich geleisteten wöchentlichen Arbeitszeit der Arbeitnehmer; der Arbeitgeber muss sich daher über diese Daten in Kenntnis setzen und dem Betriebsrat darüber Auskunft geben (*BAG* 06.05.2003 EzA § 80 BetrVG 2001 Nr. 2 S. 8 ff. = AP Nr. 61 zu § 80 BetrVG 1972 Bl. 3 R ff. [*Hamm*] = AuR 2004, 70 [*Krabbe/Rachut*]). Die Aufzeichnung kann dem Arbeitnehmer übertragen werden (*Wank/ErfK* § 16 ArbZG Rn. 5).Vertraut der Arbeitgeber auf die Selbstaufschreibung der Arbeitnehmer, muss er durch wirksame Kontrollen gewährleisten, dass die Arbeitszeiten zutreffend aufgeschrieben werden (*LAG Niedersachsen* 08.11.2004 NZA-RR 2005, 424).

300 Entsprechendes gilt für Einzelvereinbarungen über die Lage der Arbeitszeit von **AT-Angestellten**, die im Übrigen jedoch der Mitbestimmung des Betriebsrats unterliegt (*Wiese* Rdn. 78; *Föhr* AuR 1975, 353 [359]; *Henkel/Hagemeier* BB 1976, 1420 [1423]; nicht eindeutig *Janert* DB 1976, 243 [245]). Gleiches gilt für **Leiharbeitnehmer** im Entleiherbetrieb (*BAG* 15.12.1992 EzA § 14 AÜG Nr. 3 S. 4 ff. = AP Nr. 7 zu § 14 AÜG Bl. 2 ff. = SAE 1994, 109 [*von Hoyningen-Huene*]; *LAG Baden-Württemberg* 05.08.2005 AiB 2006, 381; *Hess. LAG* 01.09.2011 AuR 2012, 225; *Boemke* Schuldvertrag und Arbeitsverhältnis, 1999, S. 593; *Erdlenbruch* Die betriebsverfassungsrechtliche Stellung gewerbsmäßig überlassener Arbeitnehmer [Diss. Mannheim], 1992, S. 129 f. m. w. N.; *Hunold* NZA-RR 2008, 281 [286]; *Jüttner* Gewerbsmäßige Arbeitnehmerüberlassung, S. 176 ff.; *Kaiser/LK* § 87 Rn. 63; *Kraft* FS *Konzen*, 2006, S. 439 [449]; *Schirmer* 50 Jahre Bundesarbeitsgericht, S. 1063 [1069]; *Raab* ZfA 2003, 389 [439]; *Worzalla/HWGNRH* § 87 Rn. 188; zum **Rechtsmissbrauch** der Mitbestimmung bei Leiharbeit *Sieweke* NZA 2012, 426 [429 ff.]). Zuständig ist der Betriebsrat des Entleiherbetriebes, nicht der des Verleiherbetriebes (*BAG* 19.06.2001 EzA § 87 BetrVG 1972 Arbeitszeit Nr. 63 S. 6 [*Hamann*] = AP Nr. 1 zu § 87 BetrVG 1972 Leiharbeitnehmer Bl. 3 f. [*Marschall*] = SAE 2002, 41 [*Kraft*] = BB 2001, 2582 [*Ankersen*] = AuA 2002, 139 [*Sieg*] = EWiR § 14 AÜG 1/02, 229 [*Grimm*] = AiB 2002, 287 [*Schneider*]; *LAG Köln* 21.10.1994 BB 1995, 568; *Wiebauer* NZA 2012, 68 f.; differenzierend *Hamann* AuR 2002, 322 [325 f.]; a. M. *LAG Baden-Württemberg* 11.02.2016 LAGE § 1 AÜG Nr. 17, für den Fall einer unzulässigen dauerhaften Personalgestellung). Für **Beschäftigte** in **Trainingsmaßnahmen** sind die für Beschäftigungsverhältnisse von Leiharbeitnehmern geltenden Grundsätze entsprechend, für Arbeitnehmer in **Arbeitsbeschaffungs-** und **Strukturanpassungsmaßnahmen** sowie Arbeitnehmer in **Kombi-Lohn-Verhältnissen** als Arbeitnehmer i. S. d. Gesetzes unmittelbar anwendbar (*Löwisch* FS *Hanau*, 1999, S. 669 [679 f.]). Zur Arbeitszeit von **Außendienstmitarbeitern** *Bösche/Grimberg* FS *Gnade*, 1992, S. 377 (383 ff.); *Hunold* NZA 1993, 10 ff.; *U. Mayer* BetrR 1991, 225 (227 ff.). Bei **Telearbeit** besteht kein Mitbestimmungsrecht, soweit die Festlegung der Arbeitszeit der freien Selbstbestimmung des Mitarbeiters unterliegt (*Albrecht* NZA 1996, 1240 [1244]; *Boemke/Ankersen* BB 2000, 2254 [2259 f.]); mitbestimmungspflichtig sind jedoch Regelungen, nach denen Telearbeitnehmer zu bestimmten Zeiten für den Betrieb erreichbar sein müssen (*Kaiser/LK* § 87 Rn. 63; *Stege/Weinspach/Schiefer* § 87 Rn. 64a; *Wiese* RdA 2009, 344 [346]).

301 Werden bestimmte Arbeiten innerhalb des Betriebs von **Fremdfirmen** aufgrund eines zwischen ihnen und dem Arbeitgeber abgeschlossenen Dienst- oder Werkvertrages ausgeführt, so hat der Betriebsrat über die Lage der Arbeitszeit der von der Fremdfirma eingesetzten Arbeitnehmer grundsätzlich nicht mitzubestimmen (*ArbG Passau* 08.05.1990 BB 1990, 2335 [2336]; *Kaiser/LK* § 87 Rn. 63; *Leisten* BB 1992, 266 [270]; *Worzalla/HWGNRH* § 87 Rn. 188; vgl. auch *BAG* 01.12.1992 EzA § 99 BetrVG 1972 Nr. 110 S. 11 f.; 18.10.1994 EzA § 99 BetrVG 1972 Nr. 124 S. 3 ff. = AP Nr. 5 zu § 99 BetrVG 1972 Einstellung Bl. 2 R ff.). Sind die Arbeitnehmer einer Fremdfirma jedoch derart in den Betrieb eingegliedert, dass sich daraus Auswirkungen auf die Lage der Arbeitszeit der eigenen Belegschaft ergeben, weil z. B. eine Koordination des Arbeitseinsatzes beider Gruppen erforderlich wird, hat der Betriebsrat insoweit mitzubestimmen (im entschiedenen Rechtsstreit bejaht vom *LAG Frankfurt a. M.* 24.10.1989 LAGE § 87 BetrVG 1972 Arbeitszeit Nr. 17 S. 3 ff., verneint vom *ArbG Passau* 08.05.1990 BB 1990, 2335 [2336], *Franzen* ZAAR Schriftenreihe Bd. 26, 2012, S. 85, 99 f.; vgl. auch *Leisten* BB 1992, 266 [270]). Das ist zu verneinen, wenn die Fremdfirma an einem Samstag im Betrieb tätig wird, an dem die eigene Belegschaft nicht arbeitet (a. M. *LAG Baden-Württemberg* 11.05.1988 AiB 1988, 314). Handelt es sich allerdings bei den von der Fremdfirma eingesetzten Arbeitnehmern zugleich um Arbeitnehmer des eigenen Betriebs, die zusätzlich mit der Fremdfirma als Strohmann einen Arbeitsvertrag geschlossen haben, weil der eigene Betriebsrat die vom Arbeitgeber beantragte Zustimmung zur Überarbeit verweigert hat, und werden nunmehr von diesen Arbeitnehmern die gleichen Tätigkeiten wie bisher ausgeübt, so dient dieses Vorgehen der Umgehung des Mitbestimmungsrechts nach § 87 Abs. 1 Nr. 3. Deshalb bedarf es für den Einsatz dieser Arbeitnehmer der Mitbestimmung des Betriebsrats, andernfalls ist jener rechtswidrig (*BAG* 22.10.1991 EzA § 87 BetrVG 1972 Arbeitszeit Nr. 49 S. 5 ff. = AP Nr. 48 zu § 87 BetrVG 1972 Arbeitszeit Bl. 2 R ff.; *LAG Düsseldorf* 01.02.1991 LAGE § 87 BetrVG 1972 Arbeitszeit Nr. 23 S. 3 ff. – Vorinstanz; 21.04.1988 AiB 1988, 219; *LAG Frankfurt a. M.* 19.04.1988 LAGE § 99 BetrVG 1972 Nr. 17 S. 6 ff.;

20.02.1990 DB 1991, 396; *Klebe/DKKW* § 87 Rn. 10; *Leisten* BB 1992, 266 [270]; *Wiese* NZA 2003, 1113 f.). Zieht der Arbeitgeber an einem verkaufsoffenen Sonntag als **Aushilfskräfte Mitarbeiter anderer Niederlassungen desselben Unternehmens** heran, so hat der Betriebsrat des geöffneten Betriebes grundsätzlich zwar hinsichtlich dieser Aushilfskräfte mitzubestimmen, jedoch nicht, wenn es sich dabei um leitende Angestellte handelt (*BAG* 25.02.1997 EzA § 87 BetrVG 1972 Arbeitszeit Nr. 57 S. 5 ff. = AP Nr. 72 zu § 87 BetrVG 1972 Arbeitszeit Bl. 2 R ff.; krit. *Baeck/Göpfert* WiB 1997, 1289).

Die Vorschrift findet keine Anwendung auf **Tendenzträger**, es sei denn, dass es lediglich darum geht, den Einsatz z. B. von **Redakteuren** dem technisch-organisatorischen Ablauf des Herstellungsprozesses einer **Zeitschrift** anzupassen, ohne dass dabei tendenzbedingte Gründe eine Rolle spielen (*BAG* 22.05.1979 EzA § 118 BetrVG 1972 Nr. 22 S. 174 f. = AP Nr. 13 zu § 118 BetrVG 1972 Bl. 2 R f. = AfP 1979, 423 mit für den entschiedenen Fall zutr. Kritik von *Mayer-Maly*). Nach Auffassung des *BAG* (30.01.1990 EzA § 118 BetrVG 1972 Nr. 50 S. 13 ff. [zust. *Gaul*] = AfP 1990, 107 [krit. *Reske/Berger-Delhey*] = AP Nr. 44 zu § 118 BetrVG 1972 Bl. 5 R f. [krit. *Berger-Delhey*] = BB 1990, 1904 [krit. *Reske/Berger-Delhey*] = SAE 1990, 281 [krit. *Reske/Berger-Delhey*]; **a. M.** *LAG Düsseldorf* 25.10.1988 LAGE § 118 BetrVG 1972 Nr. 12 S. 5 ff. = AfP 1989, 483 [im Ergebnis zust. *Berger-Delhey*] – Vorinstanz) wird die Aktualität der Berichterstattung nicht beeinträchtigt, wenn der Betriebsrat über die Dauer der Arbeitszeit der Redakteure an einzelnen Arbeitstagen, nicht aber über Beginn und Ende der Arbeitszeit und die Festlegung der einzelnen Arbeitstage mitbestimmt. Weitergehend hat das *BAG* (14.01.1992 EzA § 118 BetrVG 1972 Nr. 59 S. 8 ff. [krit. *Hanau/Kania*] =AP Nr. 49 zu § 118 BetrVG 1972 Bl. 4 ff. [krit. *Berger-Delhey*] = BB 1992, 1135 [krit. *Reske/Berger-Delhey*] = SAE 1992, 374 [krit. *Reske/Berger-Delhey*]; **a. M.** *LAG Niedersachsen* 08.01.1991 LAGE § 118 BetrVG 1972 Nr. 16 – Vorinstanz = AfP 1991, 562 [zust. *Berger-Delhey*] = BB 1991, 974 [zust. *Reske/Berger-Delhey*], krit. dazu *Plander* AuR 1991, 353 ff.) die Freiheit eines Zeitungsverlegers zur Tendenzverwirklichung nicht durch eine Betriebsvereinbarung beeinträchtigt gesehen, die für Redakteure Beginn und Ende der täglichen Arbeitszeit sowie die Verteilung der Arbeitszeit auf die einzelnen Wochentage regelt, wenn diese Betriebsvereinbarung die für die Aktualität der Berichterstattung relevanten Entscheidungen des Arbeitgebers (Redaktionsschluss, Lage und Dauer von Redaktionskonferenzen, Besetzung der Redaktion u. a.) als Vorgabe zugrunde legt und sichergestellt ist, dass die Arbeitszeitregelung auch künftigen Tendenzentscheidungen nicht entgegensteht. Zu den mitbestimmungsfreien Tendenzmaßnahmen rechnet aber grundsätzlich die Entscheidung eines Verlagsarbeitgebers, ob Rufbereitschaft oder Bereitschaftsdienst eingeführt wird, wie auch die Entscheidung darüber, welcher Redakteur für die konkrete Arbeit herangezogen wird (*ArbG München* 25.11.2015 AfP 2016, 460). Schon gar nicht hat der Betriebsrat bei der Festlegung der Erscheinungsweise von Tageszeitungen im Zusammenhang mit Wochenfeiertagen mitzubestimmen (*ArbG Aachen* 18.01.1990 AfP 1990, 239). Zur Zulässigkeit einer Betriebsvereinbarung über Wochenendarbeit im Druckbereich *ArbG Wiesbaden* 17.07.1990 AfP 1990, 240. Zur Nichtannahme einer Verfassungsbeschwerde mangels Beeinträchtigung der Tendenzverwirklichung bei lediglich technisch-organisatorischer Umsetzung der mitbestimmungsfreien tendenzbezogenen Zeitvorgaben eines Zeitungsverlages hinsichtlich veränderter Sollandruckzeiten *BVerfG* 15.12.1999 AP Nr. 67 zu § 118 BetrVG 1972. Der Tendenzschutz eines Zeitungsverlages steht dem Mitbestimmungsrecht des Betriebsrats über die Arbeitszeit der Zeitungszusteller in einem abhängigen Tochterunternehmen nicht entgegen (*BVerfG* 29.04.2003 EzA § 118 BetrVG 2001 Nr. 2 S. 3 ff. = AP Nr. 75 zu § 118 BetrVG 1972 Bl. 1 R ff.). **302**

Auch hinsichtlich der Lage der Arbeitszeit der **Redakteure** eines privaten regionalen **Rundfunksenders** hat das *BAG* entschieden, dass erst die konkrete Regelung, die eine aktuelle Berichterstattung ernsthaft gefährde oder unmöglich mache, von der Mitbestimmung nach § 87 Abs. 1 Nr. 2 nicht mehr gedeckt und damit unwirksam sei (*BAG* 11.02.1992 EzA § 118 BetrVG 1972 Nr. 60 S. 4 ff. [krit. *Hanau/Kania*] = AP Nr. 50 zu § 118 BetrVG 1972 Bl. 2 ff.; **a. M.** *LAG Niedersachsen* 29.04.1991 AfP 1991, 662 – Vorinstanz; zur Nichtannahme einer Verfassungsbeschwerde gegen die Entscheidung des *BAG BVerfG* 15.12.1999 AP Nr. 68 zu § 118 BetrVG 1972). Zur neueren Rechtsprechung des *BAG* eingehend *Dütz* AfP 1992, 329 ff. (vgl. auch *Dütz* AfP 1988, 193 [200 ff.]; ferner *Berger-Delhey* NZA 1992, 441 ff.; *Weller* FS *Gnade*, S. 235 ff.; zum Grundsätzlichen auch *Weiss/Weyand* AuR 1990, 33 ff.). **303**

304 Für **Bühnenangestellte** eines **Schauspielhauses** entfällt die Mitbestimmung nach § 87 Abs. 1 Nr. 2 nur, wenn künstlerische Gesichtspunkte eine bestimmte zeitliche Lage oder eine bestimmte Mindestdauer der einzelnen Probe erfordern (*BAG* 04.08.1981 EzA § 87 BetrVG 1972 Arbeitszeit Nr. 10 S. 71 f. = AP Nr. 5 zu § 87 BetrVG 1972 Arbeitszeit Bl. 4 R f. *[Herschel]*; zur Mitbestimmung des Personalrats beim Ende der Probezeiten und Art. 5 Abs. 3 Satz 1 GG *BVerwG* 12.08.2002 AP Nr. 25 zu § 72 LPVG NW). Die Anordnung eines Personalgesprächs für **Orchestermusiker** betrifft den vornehmlich wert- und tendenzneutralen betrieblichen Arbeitsablauf, weshalb insoweit die Arbeitszeitmitbestimmung des Betriebsrats nicht nach § 118 Abs. 1 Nr. 1 Satz 1 Nr. 1 BetrVG ausgeschlossen ist (*BAG* 30.06.2015 ZMV 2016, 52 Rn. 29 f.). Mitbestimmungsfrei ist auch die tendenzbezogene Entscheidung des Schulträgers einer **Privatschule** als Tendenzunternehmen, im Rahmen eines Ganztagsschulbetriebs **Lehrer** an den Nachmittagen zu Unterrichts- und Betreuungsstunden heranzuziehen (*BAG* 13.01.1987 EzA § 118 BetrVG 1972 Nr. 39 S. 289 ff. = AP Nr. 33 zu § 118 BetrVG 1972 Bl. 2 R ff.). Dagegen hat das *BAG* (18.04.1989 EzA § 76 BetrVG 1972 Nr. 48 S. 12 f. *[Rotter]* = AP Nr. 34 zu § 87 BetrVG 1972 Arbeitszeit Bl. 5 f. *[Kraft/Raab]*; 08.08.1989 EzA § 23 BetrVG 1972 Nr. 27 S. 1 f. = AP Nr. 11 zu § 23 BetrVG 1972 Bl. 2 R = SAE 1991, 63 *[Löwisch]* = SAE 1990, 145 *[Herrmann]*) mit Recht die Mitbestimmungspflichtigkeit von Dienstplänen für die **Pflegekräfte** eines karitativen Bestimmungen dienenden **Dialysezentrums** bejaht. Gleiches hat es hinsichtlich der Dienstzeiten für die **Belegschaft** eines **Sozial-** und **Rehabilitationszentrums** angenommen (*BAG* 06.11.1990 EzA § 87 BetrVG 1972 Nr. 15 S. 2 ff. = AP Nr. 8 zu § 3 AZO Kr Bl. 2 ff.). Anders ist dagegen hinsichtlich der Arbeitszeit von **Ärzten**, **Psychologen** und **Therapeuten** eines Krankenhauses zu entscheiden (*Löwisch* FS *Wlotzke*, 1996, S. 381 (391 f.). Zur Mitbestimmung in **wissenschaftlichen Tendenzbetrieben** die gleichnamige Dissertation (Köln) von *Poeche*, 1999, S. 186 ff., zur Mitbestimmung hinsichtlich der Arbeitszeit von **Lizenzfußballspielern** *Kania* SpuRt 1994, 121 (127).

e) Verteilung der wöchentlichen Arbeitszeit

305 In dem vorstehend aufgezeigten Rahmen hat der Betriebsrat zunächst darüber mitzubestimmen, wie eine hinsichtlich ihrer Dauer vorgegebene wöchentliche Arbeitszeit (Rdn. 284 ff.) auf die einzelnen Wochentage verteilt werden soll. Das gilt auch für – zulässige – **Sonntagsarbeit** (*BAG* 25.02.1997 EzA § 87 BetrVG 1972 Arbeitszeit Nr. 57 S. 5 ff. = AP Nr. 72 zu § 87 BetrVG 1972 Arbeitszeit Bl. 2 R ff.; *Albracht* AuR 1989, 97 [115]; *Fitting* § 87 Rn. 111; *Leinemann* NZA 1988, 337 [343]; *Richardi* § 87 Rn. 284; a. M. *Kappus* DB 1990, 478 ff.; zu verfassungsrechtlichen Grenzen der Zulässigkeit von Sonntagsarbeit *BVerfG* 01.12.2009 E 125, 39 (86 ff.) = JZ 2010, 137 *[Classen]*; dazu *Kühn* AuR 2010, 299 ff.; *Rozek* AuR 2010, 148 ff.). Nur in diesem Sinne hat der Betriebsrat über die **Dauer** der **täglichen Arbeitszeit** mitzubestimmen (*BAG* 13.10.1987 EzA § 87 BetrVG 1972 Arbeitszeit Nr. 25 S. 9 = AP Nr. 24 zu § 87 BetrVG 1972 Arbeitszeit Bl. 6 R; 28.09.1988 EzA § 87 BetrVG 1972 Arbeitszeit Nr. 30 S. 7 = AP Nr. 29 zu § 87 BetrVG 1972 Arbeitszeit Bl. 3; *Richardi* § 87 Rn. 274). Sie kann an den einzelnen Tagen für die ganze Belegschaft oder bei differenzierter Arbeitszeit (Rdn. 290 ff.) für einzelne Arbeitnehmergruppen unterschiedlich sein. Das Bedürfnis hierfür kann sich aus der Art des Betriebs ergeben. Ebenso können Betriebsferien, Volksfeste, öffentliche Veranstaltungen oder Feiertage der Anlass sein (*Esser* DB 1965, 1400; *Farthmann* RdA 1974, 65 [66]; *Worzalla/HWGNRH* § 87 Rn. 194; *Zmarzlik* BB 1966, 1312 [1313]). Auch kann es darum gehen, den Arbeitnehmern ein verlängertes Wochenende zu verschaffen, indem am letzten Arbeitstag der Woche eine kürzere Arbeitszeit festgelegt oder überhaupt von der 6- auf die 5- bzw. 4-Tage-Woche übergegangen wird (*Farthmann* RdA 1974, 65 [66]; *Fitting* § 87 Rn. 106; *Galperin/Löwisch* § 87 Rn. 92; *Klebe/DKKW* § 87 Rn. 96; *Monjau* Von der 5-Tage-Woche zur 4-Tage-Woche, 1971; *Neumann* DB 1971, 2016; *Richardi* § 87 Rn. 282; *Schaub/Koch* Arbeitsrechts-Handbuch, § 235 Rn. 39; vgl. auch *Moritz* Jura 1994, 287 ff.). Zur Einführung einzuarbeitender freier Tage *Löwisch* FS *Karl Molitor*, S. 225 (233 ff.). Die **Mitbestimmung** über die **Verteilung** der wöchentlichen Arbeitszeit **entfällt** allerdings, wenn **arbeitsvertraglich** eine **bestimmte Stundenzahl** gleichmäßig oder unterschiedlich für die **tägliche Arbeitszeit vereinbart** wurde (*Richardi* NZA 1994, 593 [594]; *ders.* § 87 Rn. 268; *Schliemann* ArbZG § 87 BetrVG Rn. 91). Nach *BAG* 26.10.2004 (EzA § 87 BetrVG 2001 Arbeitszeit Nr. 7 S. 11 = AP Nr. 113 zu § 87 BetrVG 1972 Arbeitszeit Bl. 5 R *[Joussen]*) besteht die Mitbestimmung nach § 87 Abs. 1 Nr. 2 an sich unabhängig davon, ob Arbeitnehmer vertraglich eine bestimmte

Arbeitszeitgestaltung verlangen könnten, jedoch müssten entsprechende Ansprüche der Arbeitnehmer (hier: auf Dienstbefreiung an Karnevalsdienstag) kollektivrechtlich beachtet werden.

Der **Anlass** für eine im Rahmen der zwingenden Vorschriften des Arbeitszeitrechts zulässige generelle Verteilung oder zeitweise Verlegung der Arbeitszeit ist im Hinblick auf das Mitbestimmungsrecht des Betriebsrats mithin **gleichgültig**. Deshalb hat der Betriebsrat nach § 87 Abs. 1 Nr. 2 auch bei den vielfältigen Formen **flexibler Arbeitszeitsysteme** über die Verteilung der wöchentlichen Arbeitszeit mitzubestimmen (zur Teilzeitarbeit *BAG* 13.10.1987 EzA § 87 BetrVG 1972 Arbeitszeit Nr. 25 S. 9 f. = AP Nr. 24 zu § 87 BetrVG 1972 Arbeitszeit Bl. 7, zur vertraglichen Vereinbarung *G. Wisskirchen / Bissels* NZA 2006, Beil. 1, S. 24 ff. und im Einzelnen Rdn. 319 ff., zur Zulässigkeit einer Vereinbarung, nach der der Arbeitgeber Leistungen der betrieblichen Altenversorgung davon abhängig macht, dass eine Betriebsvereinbarung über Regelungen zur flexibleren Gestaltung der Arbeitszeit zustande kommt, *BAG* 18.09.2007 EzA § 1 BetrAVG Gleichbehandlung Nr. 30 Rn. 25 = AP Nr. 35 zu § 77 BetrVG 1972 Betriebsvereinbarung). Bei **variabler Arbeitszeit**, d. h. **unterschiedlicher Dauer** der **Arbeitszeit innerhalb** eines **größeren Bezugszeitraums** als dem einer Woche, geht es gleichfalls um die Verteilung eines vorgegebenen Arbeitszeitvolumens (zu **Arbeitszeitkonten** *LAG Hamm* 10.09.2007 BB 2008, 340; *ArbG Kiel* 21.06.2007 AuR 2007, 406; *Böker* Flexible Arbeitszeit – Langzeitkonten, 2007; *Cisch / Ulbrich* BB 2009, 550 ff.; *Hanau / Veit* NJW 2009, 182 ff.; *dies.* Das neue Recht der Arbeitszeitkonten, 2012; *Haßlöcher* BB 2009, 440; *Kaiser/LK* § 87 Rn. 73; *Kroll* Arbeitszeitkonten und ihre Abwicklung, S. 109 ff.; *Schaub / Vogelsang* Arbeitsrechts-Handbuch, § 160 Rn. 37 ff.; *Thüsing / Pötters* BB 2012, 317 ff.; zu Langzeit- und Lebensarbeitszeitkonten sowie Wertkonten (§ 7b SGB IV) insbesondere *Ars / Blümke / Scheithauer* BB 2009, 1358 ff., 2252 ff.; *Höfer / Greiwe* BB 2006, 2242 ff.; *Karst / Rihn* BB 2016, 2549; *Klemm* NZA 2006, 946 ff.; *ders.* AuR 2006, 256; *Langohr-Plato / Sopora* NZA 2008, 1377 ff.; *Peiter / Westphal* BB 2011, 1781 ff.; *Salomon-Hengst* ZTR 2014, 571; *Uckermann* RdA 2011, 236 ff.; *Wellisch / Lenz* DB 2008, 2762 ff.; zur Portabilität bei einem Arbeitgeberwechsel *Ulbrich / Rihn* DB 2009, 1466 ff.; *Wellisch / Moog* BB 2005, 1790; anschaulich auch *DRV Bund* Übertragung von Wertguthaben, 5. Aufl. 2015; zur Insolvenzsicherung von Wertkonten *Deinert* RdA 2014, 327; zu »Sabbaticals« *Fitting* § 87 Rn. 154; *Seel* DB 2009, 2210 ff.; umfassend *Palenberg* Arbeitszeitflexibilisierung am Beispiel von Arbeitszeitkonten [Diss. Bielefeld 2012], 2013). Nach dem Zweck des § 87 Abs. 1 Nr. 2 (Rdn. 279) hat der Betriebsrat deshalb in diesen Fällen bei kollektiven Tatbeständen mitzubestimmen (vgl. auch *Fitting* § 87 Rn. 106; *Gutzeit* BB 1996, 106 [110]). Das gilt auch bei der Festlegung von **Ersatzruhetagen** als Ausgleich für Feiertagsbeschäftigung nach § 11 Abs. 3 ArbZG (*LAG Köln* 24.09.1998 AR-Blattei ES 1570, Nr. 57; *Ulber* AiB 1999, 181 [184]).

Gleiches gilt bei **verkürzter Jahresarbeitszeit** unter Aufrechterhaltung der regelmäßigen Wochenarbeitszeit, wenn etwa eine Arbeitszeitverkürzung derart realisiert wird, dass die weniger zu erbringende Arbeitszeit zusammengefasst und über den Erholungsurlaub hinaus weitere Wochen arbeitsfreie Zeit gewährt wird. Der Betriebsrat hat dann bei kollektivem Bezug über eine Regelung mitzubestimmen, während welcher Wochen die Arbeitspflicht zu erfüllen ist (*Löwisch* RdA 1984, 197 [199]; *ders.* FS *Karl Molitor*, S. 225 [231 f.]; *Löwisch / Schüren* BB 1984, 925 [927]; zu einem Jahresplan für Rufbereitschaft *BAG* 21.12.1982 AP Nr. 9 zu § 87 BetrVG 1972 Arbeitszeit Bl. 2). Ein kollektiver Bezug ist gegeben, wenn bei mehreren Verträgen mit verkürzter Jahresarbeitszeit Grundsätze für die Lage des Arbeitszeitraums aufgestellt werden sollen oder Vertretungsregeln erforderlich, d. h. auch andere Arbeitnehmer betroffen sind. Anders verhält es sich, wenn es allein um das Individualinteresse eines einzelnen Arbeitnehmers geht. Mitbestimmungspflichtig ist auch eine auf das Jahr bezogene **Rollierregelung** (*LAG Bremen* 15.07.1987 LAGE § 87 BetrVG 1972 Arbeitszeit Nr. 8 S. 11).

Entsprechendes gilt, wenn bei einem auf einen oder mehrere Monate bezogenen Arbeitszeitvolumen von Tagen oder Stunden die **Wochenarbeitszeit variabel** ist. Zur Mitbestimmung bei der Einführung und Ausgestaltung variabler Arbeitszeitmodelle *BAG* 09.12.2003 EzA § 77 BetrVG 2001 Nr. 6 S. 6; 09.11.2010 EzA § 87 BetrVG 2001 Arbeitszeit Nr. 15 Rn. 16 = AP Nr. 126 zu § 87 BetrVG 1972 Arbeitszeit. Der Wortlaut des § 87 Abs. 1 Nr. 2 steht dem nicht entgegen, da eine Verteilung der Arbeitszeit auf einzelne Wochentage auch dann noch vorliegt, wenn der Bezugszeitraum nicht die einzelne Woche ist. Auch ist eine unterschiedliche Dauer der wöchentlichen Arbeitszeit, wie es sich bereits aus § 4 Abs. 1 AZO ergab, bisher schon denkbar und mitbestimmungspflichtig gewesen (Rdn. 306). Allerdings ist der Gesetzgeber hinsichtlich der Verteilung der Arbeitszeit auf die einzelnen

§ 87

Wochentage von dem typischen Fall der Wochenarbeitszeit ausgegangen und hat die auf einen längeren Zeitraum bezogene variable Arbeitszeit nicht bedacht. Deshalb liegt aber keine nicht ergänzungsfähige Regelungslücke vor (so aber *Schwerdtner* DB 1983, 2763 [2767, 2770 ff.]). Vielmehr ist bei variabler Arbeitszeit entsprechend dem Zweck des § 87 Abs. 1 Nr. 2 (Rdn. 279) dem Schutzinteresse der Arbeitnehmer in der Weise Rechnung zu tragen, dass bei kollektiven Tatbeständen die Verteilung der Arbeitszeit unter Beachtung der Strukturelemente einer neuen zulässigen Arbeitszeitform mitbestimmungspflichtig bleibt. Deshalb kann der Betriebsrat zwar nach § 87 Abs. 1 Nr. 2 der Einführung variabler Arbeitszeiten weder widersprechen noch deren gleichmäßige Verteilung auf die einzelnen Wochen verlangen (im Ergebnis ebenso *Schwerdtner* DB 1983, 2763 [2772], der aber auf die fehlende Mitbestimmung über die Dauer der Wochenarbeitszeit abstellt; **a. M.** *Plander* AuR 1987, 281 [290]), wohl aber die Aufstellung von Grundsätzen, nach denen die variable Arbeitszeit abzuleiten ist. Gleiches gilt, falls die Interessen mehrerer mit variabler Arbeitszeit beschäftigter Arbeitnehmer aufeinander abzustimmen sind. Im Übrigen handelt es sich bei dem Abruf der variablen Arbeitszeit um Individualmaßnahmen, die nicht mitbestimmungspflichtig sind.

309 Haben die **Betriebspartner** bei einer **tariflichen Änderung** der **regelmäßigen wöchentlichen Arbeitszeit** bis zum Inkrafttreten des Tarifvertrags sich über dessen Umsetzung **noch nicht geeinigt**, so darf der Arbeitgeber die Verteilung der wöchentlichen Arbeitszeit auf die einzelnen Wochentage sowie Anfang und Ende der täglichen Arbeitszeit einschließlich der Pausen nicht einseitig ohne Zustimmung des Betriebsrats festlegen, solange die bisherige Verteilung der Arbeitszeit nach dem neuen Tarifvertrag beibehalten werden kann (*BAG* 19.02.1991 EzA § 87 BetrVG 1972 Nr. 46 S. 6 f. = AP Nr. 42 zu § 87 BetrVG 1972 Arbeitszeit Bl. 3 R f. = SAE 1992, 320 [im Ergebnis zust. *Worzalla*]). Das ist z. B. anzunehmen, wenn es nach dem Tarifvertrag zulässig ist, es bei der bisherigen betriebsüblichen Arbeitszeit zu belassen und stattdessen dem Arbeitnehmer bezahlte freie Tage oder freie Stunden, jeweils verteilt auf die Arbeitswochen des Quartals, Halbjahres oder Jahres zu gewähren. Erst wenn die betriebliche Arbeitszeitregelung tarifwidrig geworden wäre, könnte ein Notfall vorliegen (*Wiese* Rdn. 167; *BAG* 19.02.1991 EzA § 87 BetrVG 1972 Nr. 46 S. 8 = AP Nr. 42 zu § 87 BetrVG 1972 Arbeitszeit Bl. 4; weitergehend *LAG Schleswig-Holstein* 05.12.1986 DB 1987, 1442; *Droste* DB 1992, 138 [139 f.], die schon bei fehlender rechtzeitiger Einigung der Betriebspartner einen »rechtlichen Notfall« annehmen).

310 Nach § 87 Abs. 1 Nr. 2 mitbestimmungspflichtig ist auch die Lage der Arbeitszeit bei Einführung von **Kurzarbeit** oder **Überstunden** (Rdn. 443), dagegen nicht, wenn beim generellen Abbau von Überstunden die betriebsübliche Arbeitszeit nicht neu festgesetzt wird (*BAG* 25.10.1977 EzA § 615 BGB Nr. 34 S. 102 = AP Nr. 1 zu § 87 BetrVG 1972 Arbeitszeit Bl. 2 R *[Wiedemann/Moll]* = SAE 1978, 161 [162 – *Bohn*]; *LAG Hamm* DB 1974, 2014 [2015] – Vorinstanz). Ist jedoch bei genereller Verkürzung oder Verlängerung der betriebsüblichen Arbeitszeit eine Neufestsetzung der Arbeitszeit erforderlich, ist die Mitbestimmung nach § 87 Abs. 1 Nr. 2 gegeben (*BAG* 21.11.1978 EzA § 87 BetrVG 1972 Arbeitszeit Nr. 7 S. 33 = AP Nr. 2 zu § 87 BetrVG 1972 Arbeitszeit Bl. 2 *[Wiedemann/Moll]*; *LAG Hamm* 19.04.1973 DB 1973, 1024; *Richardi* § 87 Rn. 286; *Worzalla/HWGNRH* § 87 Rn. 195; **a. M.** *Stege/Weinspach/Schiefer* § 87 Rn. 71a). Zu verneinen ist sie, wenn es z. Z. an regelmäßig eingeführten täglichen Überstunden fehlt und lediglich eine Regelung für den Abbau zukünftig anfallender Überstunden angestrebt wird (*LAG Hamm* 04.12.1985 DB 1986, 547 [548] und Rdn. 428).

f) Tägliche Arbeitszeit

aa) Begriff, Grundsätze

311 Unter der täglichen Arbeitszeit i. S. d. § 87 Abs. 1 Nr. 2 ist die **Zeit** zu verstehen, **während der** die Arbeitnehmer ihrer **vertraglich geschuldeten Arbeitspflicht** (Gleiches gilt bei sonstiger zeitlicher Bindung; Rn. 337 ff.) **nachkommen müssen** (*BAG* 04.08.1981 EzA § 87 BetrVG 1972 Arbeitszeit Nr. 10 S. 68 = AP Nr. 5 zu § 87 BetrVG 1972 Arbeitszeit Bl. 3 R *[Herschel]*; 14.11.2006 EzA § 87 BetrVG 2001 Arbeitszeit Rn. 27 = AP Nr. 121 zu § 87 BetrVG 1972 Arbeitszeit; 15.04.2008 EzA § 80 BetrVG 2001 Nr. 9 Rn. 43 = AP Nr. 70 zu § 80 BetrVG 1972; 12.11.2013 EzA § 87 BetrVG 2001 Arbeitszeit Nr. 18 Rn. 20 = AP Nr. 131 zu § 87 BetrVG 1972 Arbeitszeit; 30.06.2015 ZMV 2016, 52 Rn. 22; *LAG Berlin* 25.02.1987 LAGE § 76 BetrVG 1972 Nr. 24 S. 36). Obwohl § 2 Abs. 1 ArbZG arbeitszeitrechtliche Bedeutung hat und über den Umfang der Arbeitspflicht nichts aussagt,

kann doch entsprechend dieser Vorschrift die tägliche Arbeitszeit dahin bestimmt werden, dass es sich um die Zeit von Beginn bis zum Ende der Arbeit ohne die Ruhepausen handelt (im Ergebnis ebenso *Worzalla/HWGNRH* § 87 Rn. 176; *H. Kilian* Arbeitszeit und Mitbestimmung des Betriebsrats, S. 48 ff.; *Richardi* § 87 Rn. 256; *Schwerdtner* DB 1983, 2763 [2770]). Unerheblich ist, ob der Arbeitgeber während dieser Zeit von der Arbeitskraft des Arbeitnehmers Gebrauch macht und ob es sich zugleich um Arbeitszeit im vergütungsrechtlichen und/oder arbeitsschutzrechtlichen Sinn handelt (*BAG* 15.04.2008 EzA § 80 BetrVG 2001 Nr. 9 Rn. 19 = AP Nr. 70 zu § 80 BetrVG 1972). Mitbestimmungspflichtig ist auch die Frage, wie der Zeitpunkt des Beginns und Endes der Arbeitszeit zu bestimmen ist und damit gegebenenfalls die Festlegung des **Ortes**, dessen Erreichen oder Verlassen maßgebend sein soll (*LAG Hamm* 24.09.2007 AuR 2008, 121; *LAG Nürnberg* 21.05.1990 LAGE § 87 BetrVG 1972 Arbeitszeit Nr. 20; *ArbG Frankfurt a. M.* 27.07.2004 AuR 2004, 478). Welche **Tätigkeiten zur Arbeitszeit zu rechnen** sind, unterliegt dagegen **nicht der Mitbestimmung**, sondern ist durch Auslegung tariflicher oder arbeitsvertraglicher Regelungen zu ermitteln (*Matthes/*MünchArbR § 244 Rn. 18). **Unerheblich** ist, ob es sich um **Haupt-** oder **Nebenleistungspflichten** handelt; deshalb gehört zur Arbeitszeit auch die Teilnahme an einer vom Arbeitgeber im Rahmen seines Direktionsrechts angeordneten Schulungsmaßnahme (*BAG* 15.04.2008 EzA § 80 BetrVG 2001 Nr. 9 Rn. 43 = AP Nr. 70 zu § 80 BetrVG 1972). Um mitbestimmungspflichtige Arbeitszeit handelt es sich auch bei der **Entgegennahme** und **Abgabe** von **arbeitsnotwendigen Betriebsmitteln**. Gleiches gilt für die Zeit, die zur Herstellung der Einsatzfähigkeit der Arbeitsmittel aufgewandt werden muss (*BAG* 12.11.2013 EzA § 87 BetrVG 2001 Arbeitszeit Nr. 18 Rn. 57 = AP Nr. 131 zu § 87 BetrVG 1972 Arbeitszeit). Zu **Dienstreisezeiten** *BAG* 23.07.1996 EzA § 87 BetrVG 1972 Arbeitszeit Nr. 55 S. 5 f. *[Berger-Delhey]* = AP Nr. 26 zu § 87 BetrVG 1972 Ordnung des Betriebes Bl. 2 R f.; 11.07.2006 EzA § 2 ArbZG Nr. 1 S. 4 ff. = AP Nr. 10 zu § 611 BGB Dienstreise Bl. 2 ff. *(Loritz)*; 14.11.2006 EzA § 87 BetrVG 2001 Arbeitszeit Nr. 10 Rn. 27 = AP Nr. 121 zu § 87 BetrVG 1972 Arbeitszeit: keine Arbeitszeit; ferner Rdn. 213, 422 sowie *Heins/Leder* NZA 2007, 249 f.; a. M. *Klebe/DKKW* § 87 Rn. 83, zur Teilnahme an einem **Betriebsausflug** *ders.* § 87 Rn. 84; ferner Rdn. 348. Haben die Betriebsparteien in einer Betriebsvereinbarung die Tage von Montag bis Freitag als reguläre Arbeitstage festgelegt, ohne eine Ausnahme für den **Karnevalsdienstag** vorzusehen, so kann der Betriebsrat nicht verlangen, dem Arbeitgeber die Anordnung von Arbeit an diesem Tag zu untersagen; der Betriebsrat muss vielmehr mittels seines Initiativrechts versuchen, eine Ausnahme für diesen Tag zu erwirken (*BAG* 26.10.2004 EzA § 87 BetrVG 2001 Arbeitszeit Nr. 7 S. 8 ff. = AP Nr. 113 zu § 87 BetrVG 1972 Arbeitszeit Bl. 4 ff. *[krit. Joussen]*). Keine Arbeitszeit i. S. d. § 87 Abs. 1 Nr. 2 und 3 ist es, wenn der Arbeitgeber Taschenkontrollen nach dem Ende der regelmäßigen betrieblichen Arbeitszeit durchführt (*LAG Nürnberg* 10.10.2006 LAGE § 87 BetrVG 2001 Betriebliche Ordnung Nr. 5 S. 9. f.). Zur **Telearbeit** *Fitting* § 87 Rn. 127; *Schmeckel* NZA 2004, 237 (239 f.).

Wasch-, Wege- und **Umkleidezeiten** gehören in der Regel nicht zur Arbeitszeit (*BAG* 22.03.1995 **312** EzA § 611 BGB Arbeitszeit Nr. 1 S. 5 f. = AP Nr. 8 zu § 611 BGB Arbeitszeit Bl. 2 R = SAE 1996, 369 *[Wiese* m. w. N.]; 11.10.2000 EzA § 611 BGB Nr. 30 S. 2 f. = AP Nr. 20 zu § 611 BGB Arbeitszeit = SAE 2002, 12 *[Walker]*; 18.05.2011 EzA § 611 BGB 2002 Mehrarbeit Nr. 4 Rn. 12 ff. = APNews 2011, 77; *Busch* BB 1995, 1690 f.). Etwas anderes gilt nach der Rechtsprechung des BAG jedoch dann, wenn das Umkleiden einem **fremden Bedürfnis** dient und nicht zugleich ein eigenes Bedürfnis erfüllt. Dies sei insbesondere bei einer »besonders auffälligen Dienstkleidung« der Fall, weil der Arbeitnehmer an der Offenlegung seines Arbeitgebers gegenüber Dritten außerhalb seiner Arbeitszeit kein objektiv feststellbares eigenes Interesse habe (*BAG* 10.11.2009 EzA § 87 BetrVG 2001 Arbeitszeit Nr. 14 Rn. 13 ff. = AP Nr. 125 zu § 87 BetrVG 1972 Arbeitszeit; 19.09.2012 EzA § 611 BGB 2002 Nr. 2 Rn. 18 ff. nach TV-L bei vorgeschriebener, im Betrieb anzulegender bestimmter Kleidung = BB 2013, 445 *[Berger]*; 12.11.2013 EzA § 87 BetrVG 2001 Arbeitszeit Nr. 18 Rn. 33 = AP Nr. 131 zu § 87 BetrVG 1972 Arbeitszeit; 17.11.2015 EzA § 87 BetrVG 2001 Arbeitszeit Nr. 23 Rn. 25 = AP Nr. 138 zu § 87 BetrVG 1972 Arbeitszeit; 26.10.2016 AP Nr. 49 zu § 611 BGB Arbeitszeit Rn. 12; vgl. auch *LAG Baden-Württemberg* 12.02.1987 AiB 1987, 246 *[Degen]* beim An- und Ausziehen von Sicherheitskleidung; *LAG Berlin* 25.02.1987 LAGE § 76 BetrVG 1972 Nr. 24 S. 36; *LAG Berlin-Brandenburg* 29.10.2015 NZA-RR 2016, 262; *ArbG Berlin* 17.10.2012 LAGE § 87 BetrVG 2001 Arbeitszeit Nr. 6; *ArbG Hamburg* 30.07.2014, 3 BV 29/13; *ArbG Stralsund* 06.04.1998 AiB 1998, 477; dazu *Andritzky/Schneedorf* NZA 2016, 1379; *Franzen* NZA 2016, 136; *Kaiser/LK* § 87 Rn. 66; *Springer/*

Wrieske AuR 2010, 303 ff.; *Worzalla/HWGNRH* § 87 Rn. 177). In der weiteren Ausdifferenzierung erachtet das BAG das Ankleiden mit vorgeschriebener Dienstkleidung dann nicht als lediglich fremdnützig und damit nicht als Arbeitszeit, wenn die Kleidung zu Hause angelegt und – ohne besonders auffällig zu sein – auf dem Weg zur Arbeitsstätte getragen werden kann (zur Frage, wann eine Dienstkleidung besonders auffällig ist *BAG* 17.11.2015 EzA § 87 BetrVG 2001 Arbeitszeit Nr. 23 Rn. 28 ff. = AP Nr. 138 zu § 87 BetrVG 1972 Arbeitszeit). An der ausschließlichen Fremdnützigkeit fehle es auch, wenn es dem Arbeitnehmer gestattet sei, eine an sich besonders auffällige Dienstkleidung außerhalb der Arbeitszeit zu tragen, und er sich entscheidet, diese nicht im Betrieb an- und abzulegen. Dann diene das Umkleiden außerhalb des Betriebs nicht nur einem fremden Bedürfnis, da der Arbeitnehmer keine eigenen Kleidungsstücke auf dem Arbeitsweg einsetzen müsse oder sich aus anderen, selbstbestimmten Gründen gegen das An- und Ablegen der Dienstkleidung im Betrieb entscheide (*BAG* 12.11.2013 EzA § 87 BetrVG 2001 Arbeitszeit Nr. 18 Rn. 33 = AP Nr. 131 zu § 87 BetrVG 1972 Arbeitszeit; 17.11.2015 EzA § 87 BetrVG 2001 Arbeitszeit Nr. 23 Rn. 25 = AP Nr. 138 zu § 87 BetrVG 1972 Arbeitszeit). Zählt das Umkleiden nach diesen Grundsätzen zur Arbeitszeit, so rechnet nach Ansicht des *BAG* auch das Zurücklegen eines (innerbetrieblichen) Wegs von der Umkleide- zur Arbeitsstelle zur Arbeitszeit. Bei diesen Zeiten handele es sich um **innerbetriebliche Wegezeiten**, die der Arbeitnehmer aufgrund der Anordnung des Arbeitgebers über das Anlegen einer besonders auffälligen Dienstkleidung zurücklegen müsse (*BAG* 19.09.2012 EzA § 611 BGB 2002 Nr. 2 Rn. 23, 28; 26.10.2016 AP Nr. 49 zu § 611 BGB Arbeitszeit Rn. 12; 13.12.2016 NZA 2017, 459 Rn. 23). Irgendwelche konkreten Zeitvorgaben für das Umkleiden unterliegen indes nicht der Mitbestimmung des Betriebsrats (*BAG* 12.11.2013 EzA § 87 BetrVG 2001 Arbeitszeit Nr. 18 Rn. 20 ff. = AP Nr. 131 zu § 87 BetrVG 1972 Arbeitszeit; *Fitting* § 87 Rn. 96).

313 Für die vom Normalarbeitsvertrag-Solo erfassten **Bühnenangestellten** ist die Zeit der Proben für die einzelnen Aufführungen Teil der Arbeitszeit, so dass die zeitliche Festlegung der Proben der Mitbestimmung nach § 87 Abs. 1 Nr. 2 unterliegt (*BAG* 04.08.1981 EzA § 87 BetrVG 1972 Arbeitszeit Nr. 10 S. 68 ff. = AP Nr. 5 zu § 87 BetrVG 1972 Arbeitszeit Bl. 3 ff. *[Herschel]*). Entsprechendes gilt für die Festlegung der Unterrichts- und Betreuungsstunden von **Lehrern** einer Privatschule (*BAG* 13.01.1987 EzA § 118 BetrVG 1972 Nr. 39 S. 291 = AP Nr. 33 zu § 118 BetrVG 1972 Bl. 3; 23.06.1992 EzA § 87 BetrVG 1972 Arbeitszeit Nr. 50 S. 6 f. *[Berger-Delhey]* = AP Nr. 51 zu § 87 BetrVG 1972 Arbeitszeit Bl. 3 = SAE 1993, 69 *[Peterek]*; **a. M.** *LAG Berlin* 04.09.1984 NZA 1985, 331).

314 Die Mitbestimmung nach § 87 Abs. 1 Nr. 2 bezieht sich **nicht** auf die **Öffnungszeit** des **Betriebs** oder die **Betriebsnutzungszeit** (*BAG* 18.12.1990 EzA § 4 TVG Metallindustrie Nr. 79 S. 11 = AP Nr. 98 zu § 1 TVG Tarifverträge: Metallindustrie Bl. 6; *ArbG Bremen* 19.12.1991 BB 1992, 1352 [1353]; *Richardi* § 87 Rn. 258 f.). Deshalb kann der Betriebsrat keine Lage der Arbeitszeit außerhalb der vom Arbeitgeber vorgesehenen Betriebsnutzungs- bzw. Ladenöffnungszeit durchsetzen. Diese können allerdings durch die Festlegung der täglichen Arbeitszeit mittelbar erheblich beeinflusst werden. Trotzdem hat das *BAG* (31.08.1982 EzA § 87 BetrVG 1972 Arbeitszeit Nr. 13 S. 86 ff. *[abl. Richardi]* = AP Nr. 8 zu § 87 BetrVG 1972 Arbeitszeit Bl. 2 ff. *[abl. Rath-Glawatz]* = SAE 1983, 134 *[im Ergebnis abl. Löwisch]* = JuS 1983, 564 *[abl. Reuter]* = AiB 1983, 111 [191] *[zust. Schneider]*; 13.10.1987 EzA § 87 BetrVG 1972 Arbeitszeit Nr. 25 S. 9 f. = AP Nr. 24 zu § 87 BetrVG 1972 Arbeitszeit Bl. 7) eine Einschränkung des Mitbestimmungsrechts oder des Initiativrechts des Betriebsrats in Betrieben mit Publikumsverkehr (Handel und Dienstleistungen) verneint, selbst wenn die Ausschöpfung der gesetzlichen **Ladenschlusszeiten** unmöglich gemacht werde; die Mitbestimmungsrechte des Betriebsrats stünden nicht unter dem allgemeinen Vorbehalt, dass durch sie nicht in die unternehmerische Entscheidungsfreiheit eingegriffen werden dürfe (*LAG Baden-Württemberg* 28.02.1980 EzA § 87 BetrVG 1972 Initiativrecht Nr. 4 S. 43 ff. – Vorinstanz *[abl. Schwerdtner]*; *Buschmann* DB 1982, 1059 ff.; *Klebe/DKKW* § 87 Rn. 102; *Otto* NZA 1992, 97 [103]; *Richardi* § 87 Rn. 313; **a. M.** *Lieb* DB 1981, Beil. Nr. 17; *Reuter* ZfA 1981, 165 ff.; *Rüthers* Beschäftigungskrise und Arbeitsrecht, 1996, S. 95 ff.). Zur Verfassungsmäßigkeit des Ladenschlussgesetzes *BVerfG* 09.06.2004 AP Nr. 135 zu Art. 12 GG, dazu *Rozek* AuR 2005, 169.

315 Das *BVerfG* (18.12.1985 AP Nr. 15 zu § 87 BetrVG 1972 Arbeitszeit) hat die Verfassungsbeschwerde gegen den Beschluss des *BAG* durch den richterlichen Prüfungsausschuss (§ 93a BVerfGG) nicht zur

Entscheidung angenommen (dagegen berechtigte Bedenken von *Scholz* NJW 1986, 1587 ff.). In der **Literatur** ist die Entscheidung des *BAG* sowohl aus verfassungsrechtlichen wie nichtverfassungsrechtlichen Erwägungen überwiegend abgelehnt bzw. kritisiert worden (Rdn. 314 mit Anmerkungen sowie *Beuthien* ZfA 1988, 1 [12 f., 16 f.]; *Erdmann* DB 1985, 41 [43]; *ders.* FS Karl Molitor, 1988, S. 81 [90 f.]; *Erdmann/Mager* DB 1987, 46 [47]; *Friedman* Das Initiativrecht des Betriebsrats, S. 106 ff.; *Gaul* RDV 1987, 109 [110]; *Giesen* Tarifvertragliche Rechtsgestaltung für den Betrieb, 2002, S. 472 f.; *Goos* NZA 1988, 870 [871]; *Joost* DB 1983, 1818 ff.; *Kraft* FS Rittner, 1991, S. 285 [300]; *Lieb* in *Beuthien* [Hrsg.] Arbeitnehmer oder Arbeitsteilhaber?, 1987, S. 41 [56]; *Lohse* Grenzen gesetzlicher Mitbestimmung, S. 92 ff.; *Loritz/ZLH* Arbeitsrecht, § 51 II 2; *Martens* RdA 1989, 164 [170 f.]; *Ch. J. Müller* Die Berufsfreiheit des Arbeitgebers [Diss. Köln], 1996, S. 175 ff. [210 ff.]; *Natzel* RdA 1988, 41 [Bericht]; *Reuter* RdA 1985, 321 [325 f.]; *ders.* Anm. SAE 1988, 222 f.; *Richardi* § 87 Rn. 315; *Scholz* NJW 1986, 1587 ff.; *Schmitz-Jansen* Das Recht der freiwilligen Leistungen [Diss. Trier], 2002, S. 452; *Schwerdtner* DB 1983, 2763 [2768 f.]; *Stege/Weinspach/Schiefer* § 87 Rn. 14a, 21a, 62b; *Vogt* RdA 1984, 140 [145 ff.]; *Worzalla/HWGNRH* § 87 Rn. 216; zust. dagegen *Buschmann* NZA 1986, 177 [178 f.]; *Fitting* § 87 Rn. 117; vgl. auch *Kerwer* NZA 1999, 1313 [1318 f.]).

316 Dem *BAG* ist darin zuzustimmen, dass die Lage der Arbeitszeit der im Verkauf beschäftigten Arbeitnehmer nach § 87 Abs. 1 Nr. 2 mitbestimmungspflichtig ist. Regelungsgegenstand des zu überprüfenden Einigungsstellenspruches war nicht die Öffnungszeit des Betriebs. Die hierauf bezogene unternehmerische Entscheidung wurde allerdings durch die getroffene Regelung über die Lage der Arbeitszeit beschränkt. Das ist die mittelbare Folge der Mitbestimmung nach § 87 Abs. 1 Nr. 2, die der Gesetzgeber grundsätzlich in Kauf genommen hat. Deshalb ist es nicht überzeugend, wenn z. T. angenommen wird, die Mitbestimmung sei durch die vorgegebene unternehmerische Entscheidung über die Ladenöffnungszeit eingeschränkt (so aber *Joost* DB 1983, 1818 [1820 f.]; *Loritz/ZLH* Arbeitsrecht, § 48 II 4, § 51 II 2; *Reuter* ZfA 1981, 165 [178 ff.]; *Richardi* Anm. EzA § 87 BetrVG 1972 Arbeitszeit Nr. 13 S. 102 f.; dagegen *Löwisch* Anm. SAE 1983, 141 [142] unter Aufgabe seiner Meinung in *Galperin/Löwisch* § 87 Rn. 96a; vgl. auch *Beuthien* ZfA 1988, 1 [13]). In dem vom *BAG* entschiedenen Rechtsstreit waren auch die mittelbaren Auswirkungen auf die unternehmerische Entscheidungsfreiheit nicht so gravierend, dass diese als solche beseitigt oder in ihrem Kernbereich beeinträchtigt worden wäre (Rdn. 151 ff.). Eine Zweckänderung wie in dem Beispiel der Umfunktionierung eines Nachtlokals in ein Tagesrestaurant (Rdn. 152) erfolgte nicht. Abzulehnen ist auch die Auffassung, die Einigungsstelle sei an die unternehmerische Entscheidung als vorgegebenes Datum gebunden (Rdn. 150; **a. M.** *Lieb* DB 1981, Beil. Nr. 17, S. 6 f.; *Richardi* Anm. EzA § 87 BetrVG 1972 Arbeitszeit Nr. 13 S. 102g). Damit ist die unternehmerische Entscheidungsfreiheit jedoch nicht irrelevant, weil der Gesetzgeber diese nicht hat beseitigen wollen (Rdn. 150). Der evidente Wertungskonflikt ist daher dogmatisch in der Weise zu lösen, dass die unternehmerischen Belange – hier angemessene Ladenöffnungszeiten – von der Einigungsstelle bei der von ihr zu treffenden Abwägung zu berücksichtigen sind (*Bender/WPK* § 67 Rn. 64; *Kaiser/LK* § 87 Rn. 64); die unternehmerische Entscheidungsfreiheit wird daher durch die Mitbestimmung nicht beseitigt, kann aber bei vorrangigem Belegschaftsinteresse mittelbar eingeschränkt werden.

317 Die vom *BAG* getroffene Interessenabwägung ist jedoch nicht überzeugend. Es stellt selbst nur ein allgemeines Interesse der Arbeitnehmer an einem früheren Feierabend, aber kein besonders dringendes Bedürfnis hierfür fest. Dagegen wird das Risiko eines Umsatzrückgangs des Kaufhauses gering veranschlagt, sogar ein Umsatzrückgang von 4 bis 6 % als nicht ernst zu nehmende Gefährdung des Geschäfts angesehen. Auch wird nicht hinreichend berücksichtigt, dass bereits vom Ladenschlussgesetz a. F. eine Interessenabwägung erfolgt ist (vgl. auch *BVerfG* 29.11.1961 E 13, 237 [241 f.] = AP Nr. 4 zu § 3 LSchlG Bl. 3 f.). Dieses ist zwar keine abschließende Regelung i. S. d. § 87 Abs. 1 Eingangssatz, aber jedenfalls im Rahmen der Interessenabwägung nach § 76 Abs. 5 Satz 3 maßgebend zu berücksichtigen. Ebenso wenig ist hinreichend gewürdigt worden, dass durch die Entscheidung der Einigungsstelle nicht unerheblich in die Wettbewerbschancen des Kaufhauses eingegriffen wurde (zu den verfassungsrechtlichen Bedenken *Ch. J. Müller* Die Berufsfreiheit des Arbeitgebers [Diss. Köln], 1996, S. 223 ff.; *Scholz* NJW 1986, 1587 [1590]; ferner *Gutzeit* BB 1996, 106 [108 f.]). Der Hinweis auf die Kündigungsmöglichkeit der Regelung wird der unternehmerischen Entscheidungsfreiheit als einer gesetzgeberischen Grundsatzentscheidung nicht gerecht. Schließlich ist es nicht überzeugend, wenn vom *BAG* die Ablehnung von Individualregelungen oder eines anderen Schichtsystems unter

Aufrechterhaltung der vom Arbeitgeber vorgesehenen Öffnungszeiten noch als angemessene Berücksichtigung der Belange beider Seiten angesehen wird.

318 Die Mitbestimmung nach § 87 Abs. 1 Nr. 2 war daher zwar grundsätzlich auch hinsichtlich der Beschäftigung von Arbeitnehmern am bisherigen **Dienstleistungsabend** gegeben (*Anzinger/Koberski* NZA 1989, 737 [740 ff.]; *Löwisch* NZA 1989, 959 – anders im Hinblick auf das Günstigkeitsprinzip bei Beschäftigung auf freiwilliger Basis; dagegen *Buschmann* NZA 1990, 387 f.). Jedoch waren dabei neben den Arbeitnehmerinteressen die unternehmerischen Belange angemessen zu berücksichtigen. Vgl. auch *Weber* Die Protokollnotizen zum Dienstleistungsabend im Einzelhandel, NZA 1989, 746. Zur **Neuregelung** des **Ladenschlusses** und der **Bäckerarbeitszeit** *Ley/Theelen* Das Ladenschlussgesetz. Eine praktische und rechtliche Anleitung für die Gestaltung der flexiblen Arbeitszeit in Einzelhandel und Handwerk, 1997; *Zmarzlik* DB 1996, 1774; *ders./Kossens* AR-Blattei SD 1050. Zur Verfassungsmäßigkeit des Ladenschlussgesetzes *BVerfG* 09.06.2004 AP Nr. 135 zu Art. 12 GG Bl. 7 ff. In Betrieben von Franchisenehmern ist die Mitbestimmung nach § 87 Abs. 1 Nr. 2 auch dann gegeben, wenn der **Franchise-Vertrag** bestimmte Ladenöffnungszeiten vorschreibt (*Selzner* Betriebsverfassungsrechtliche Mitbestimmung in Franchise-Systemen [Diss. Bonn], 1994, S. 55 ff.); gegen die Bewertung des Franchise-Vertrags als Arbeitsvertrag *Franzen* 50 Jahre Bundesarbeitsgericht, 2004, S. 31 ff.

319 Beginn und **Ende** der **täglichen Arbeitszeit** einschließlich der **Pausen** (Rdn. 360 ff.) **brauchen nicht für alle Arbeitnehmer** in **gleicher Weise** festgesetzt, sondern können für einzelne Betriebsabteilungen, Gruppen von Arbeitnehmern (z. B. Arbeiter und Angestellte, Jugendliche) oder jahreszeitlich unterschiedlich geregelt werden (*BAG* 25.02.1997 EzA § 87 BetrVG 1972 Arbeitszeit Nr. 57 S. 5 = AP Nr. 72 zu § 87 BetrVG 1972 Arbeitszeit Bl. 2 R; *Fitting* § 87 Rn. 113; *Klebe/DKKW* § 87 Rn. 94; *Nikisch* III, S. 391; vgl. auch Rdn. 402). Das ist von besonderer Bedeutung bei den vielfältigen Formen **flexibler Arbeitszeitsysteme**. Auch hierbei ist die Dauer der Arbeitszeit den Betriebspartnern grundsätzlich ohne Rücksicht darauf vorgegeben (vgl. aber Rdn. 290), ob es sich um **Normalarbeitszeit** oder um **Teilzeitarbeit** gleicher oder unterschiedlicher Dauer handelt. Das gilt auch, soweit beim Jobsharing eine bestimmte Arbeitszeit auf mehrere Arbeitnehmer aufgeteilt wird. Alle Folgeentscheidungen, die sich auf die Verteilung der geschuldeten Arbeitszeit auf die einzelnen Wochentage (Rdn. 305 ff.) und deren Lage beziehen, sind grundsätzlich mitbestimmungspflichtig, soweit es sich um kollektive Tatbestände handelt (vgl. auch *Dräger* Beteiligung des Betriebsrates bei der Einführung flexibler Arbeitszeitsysteme, S. 105 ff.). Da die unterschiedliche Dauer der geschuldeten Arbeitszeit mit einer unterschiedlichen wöchentlichen und täglichen Arbeitszeit und einer unterschiedlichen Lage dieser Arbeitszeit kombiniert werden kann, ist die Vielzahl denkbarer Modelle außerordentlich groß. Unerheblich ist auch, wenn nur ein Teil der täglichen Arbeitszeit geregelt wird (*BVerwG* 12.08.2002 AP Nr. 25 zu § 72 LPVG NW Bl. 1 R f.).

bb) Tarifverträge über differenzierte Arbeitszeiten

320 Besonders wichtig sind die Tarifverträge über die »Flexibilisierung« der Arbeitszeit. Eine nach den (Rdn. 290) dargelegten Grundsätzen zulässige tarifliche Regelung über eine Differenzierung der individuellen regelmäßigen wöchentlichen Arbeitszeit betrifft die Arbeitszeit nur als solche nur deren Dauer. Davon zu unterscheiden ist die Lage der hiernach für die Arbeitnehmer maßgebenden Arbeitszeit. Über sie hat unter Beteiligung des Betriebsrats originär nach § 87 Abs. 1 Nr. 2 mitzubestimmen, ohne dass es einer besonderen tariflichen Regelung bedarf. Auch § 77 Abs. 3 steht der Mitbestimmung der Betriebspartner nach § 87 nicht entgegen, sondern nur eine tarifliche Regelung i. S. seines Eingangssatzes. Die Betriebspartner haben unter Berücksichtigung derartiger tariflicher Vorgaben die Arbeitszeit auf die einzelnen Wochentage zu verteilen und deren Lage zu bestimmen (*BAG* 13.10.1987 EzA § 87 BetrVG 1972 Arbeitszeit Nr. 25 S. 6 = AP Nr. 24 zu § 87 BetrVG 1972 Arbeitszeit Bl. 6 R; *Buchner* BB 1988, 1245 [1246]). Diese kann auch bei einer unterschiedlichen individuellen regelmäßigen wöchentlichen Arbeitszeit für eine Gruppe mit gleicher Arbeitszeit stets gleich sein. Jedoch ist im Rahmen des vorgegebenen Arbeitszeitvolumens und tariflicher Einzelregelungen eine unterschiedliche (variable) tägliche und wöchentliche Arbeitszeit und ebenso eine unterschiedliche Lage der jeweiligen wöchentlichen Arbeitszeit nicht ausgeschlossen.

Soweit ein **Tarifvertrag keine** eigenen **konkreten Regelungen** oder sonstigen **Vorgaben** enthält, 321
sind daher sämtliche Fragen, die sich auf die Verteilung der Arbeitszeit auf die einzelnen Wochentage
und die Lage der täglichen Arbeitszeit beziehen, mitbestimmungspflichtig (*BAG* 13.10.1987 EzA § 87
BetrVG 1972 Arbeitszeit Nr. 25 S. 6 ff. = AP Nr. 24 zu § 87 BetrVG 1972 Arbeitszeit Bl. 5 R ff.). Das
gilt z. B. für die Umsetzung einer tariflichen Regelung, nach der die wöchentliche Arbeitszeit im
Durchschnitt von zwei Monaten erreicht sein muss, aber der Zeitausgleich zwischen Betriebsnutzungszeit und der Arbeitszeit für die einzelnen Arbeitnehmer auch in Form von freien Tagen (»Freischichtmodell«) erfolgen kann. In diesem Fall braucht der Zeitausgleich mangels eines entgegenstehenden tariflichen Verbots nicht im Durchschnitt von zwei Monaten erreicht zu werden (*BAG*
18.08.1987 EzA § 77 BetrVG 1972 Nr. 18 S. 22 f. = AP Nr. 23 zu § 77 BetrVG 1972 Bl. 9 R f.
m. w. N. [*von Hoyningen-Huene*] = SAE 1988, 97 [*Löwisch*]; *LAG Düsseldorf* 15.10.1985 NZA 1986,
Beil. Nr. 2, S. 12 [13 f.]; *LAG Niedersachsen* 04.02.1986 NZA 1986, Beil. Nr. 2, S. 15 [18]; *LAG Schleswig-Holstein* 27.08.1986 DB 1986, 2438 [2441 f.]; *ArbG Lübeck* 11.03.1986 NZA 1986, Beil. Nr. 2,
S. 20 [21]; *ArbG Wuppertal* 13.06.1985 NZA 1985, 675). Unzulässig kann es sein, eine tarifliche Regelung derart umzusetzen, dass die Normalarbeitszeit auf mehr als 40 bzw. weniger als 37 Wochenstunden festgelegt wird, selbst wenn in einem Ausgleichszeitraum durch Freischichten erreicht wird, dass
die individuelle regelmäßige Arbeitszeit des einzelnen Arbeitnehmers 38,5 Stunden pro Woche beträgt (*LAG Baden-Württemberg* 26.08.1988 NZA 1989, 317). Die Betriebsnutzungszeit ist als unternehmerische Entscheidung mitbestimmungsfrei (Rdn. 314) und darf auch nicht durch den Spruch
der Einigungsstelle herabgesetzt werden (*ArbG Berlin* 14.10.1985 NZA 1986, Beil. Nr. 2, S. 21 f.;
ArbG Duisburg 05.12.1985 NZA 1986, Beil. Nr. 2, S. 19 [20]).

Zur **Auslegung** der **Tarifverträge** über die »**Flexibilisierung**« der **Arbeitszeit** und zu Einzelfragen 322
bei deren Anwendung Literatur Rdn. 290; *Einigungsstellensprüche* NZA 1985, 180 f., 696, 807; DB
1985, 923; NZA 1987, 660; NZA 1989, 132; *Bähringer* NZA 1986, 85 ff.; *Brötzmann* NZA 1986,
593 ff.; *Brunz* NZA 1986, Beil. Nr. 2, S. 3 (5 ff. m. w. N.); *Hof* Vorsprung durch Flexibilisierung;
Kock/Ulber AiB 1986, 31 ff.; *Küttner/Schlüpers-Oehmen/Rebel* DB 1985, 172 ff.; *Liedloff* FS *Gaul*,
S. 230 ff.; *Linnenkohl/Rauschenberg* BB 1984, 2197 ff.; *Schleef* NZA 1985, Beil. Nr. 3, S. 22 (25 f.);
Schüren RdA 1985, 22 (26 ff.); *Stein* AiB 1985, 103 ff.; *Ziepke* BB 1985, 281 ff.; *ders.* Kommentare
zum Manteltarifvertrag vom 29.02.1988 und zum Tarifvertrag vom 06.05.1990 zur Änderung des
Manteltarifvertrages vom 29.02.1988. Vgl. auch *Frerichs/Groß/Pekruhl* Betriebliche Arbeitszeitpolitik
und Interessenvertretung. Lernprozesse bei der Umsetzung der Arbeitszeitverkürzung in der Druckindustrie, 1987.

cc) Teilzeitarbeit, allgemeine
Bei Teilzeitarbeit (§ 2 TzBfG; *Boecken/Joussen* TzBfG, § 2 m. w. N.; *Lipke/GK-TzA* Art. 1 § 2 323
m. w. N.; *Schüren/MünchArbR* §§ 45 f.; *Sievers* TzBfG § 2 m. w. N.; Literatur zu § 87 Abs. 1 Nr. 2 unter II) ist **mitbestimmungsfrei, ob** diese **im Betrieb eingeführt** oder **beibehalten** werden soll, da
es hierbei um die Dauer der Arbeitszeit geht und mit welchen Arbeitnehmern entsprechende Verträge
abgeschlossen werden (*Preis/Lindemann* NZA Sonderheft 2001, 33 [41]; *Ramrath* DB 1987, 1785
[1789]; *Schwerdtner* DB 1983, 2763 [2772]; *Stege/Weinspach/Schiefer* § 87 Rn. 70; *Worzalla/
HWGNRH* § 87 Rn. 201; **a. M.** *Hagemeier* BB 1984, 1100 [1102]; *Klevemann* AiB 1984, 90, 107
[108]; *Lipke* NZA 1990, 758 [764]; *Schaub* BB 1990, 1069 [1073]; zum Begriff *BAG* 27.02.1969
AP Nr. 8 zu § 611 BGB Mehrarbeitsvergütung Bl. 2 R [*Söllner*]; 12.11.1969 EzA § 4 TVG Nr. 28
S. 78 = AP Nr. 1 zu § 1 TVG Teilzeitbeschäftigung Bl. 1 R [*Gitter*]).

Sind Teilzeitarbeitsverhältnisse im Rahmen des Zulässigen begründet worden, hat der **Betriebsrat** 324
nach § 87 Abs. 1 Nr. 2 bei **generellen Regelungen** über die **Lage** der täglichen **Teilzeitarbeit**
ebenso wie bei vollzeitbeschäftigten Arbeitsverhältnissen **mitzubestimmen** (zum Ganzen *Buschmann*
FS *Wissmann*, S. 251 [267 ff.]). Das entspricht der bisher ganz h. M. (*BAG* 13.10.1987 EzA § 87
BetrVG 1972 Arbeitszeit Nr. 25 S. 6 ff. = AP Nr. 24 zu § 87 BetrVG 1972 Arbeitszeit Bl. 5 R ff. =
SAE 1988, 217 [*Reuter*]; *BAG* 28.09.1988 EzA § 87 BetrVG 1972 Arbeitszeit Nr. 20 S. 7 = AP Nr. 29
zu § 87 BetrVG 1972 Arbeitszeit Bl. 3 = SAE 1990, 74 [*Peterek*]; 25.02.1997 EzA § 87 BetrVG 1972
Arbeitszeit Nr. 57 S. 5 = AP Nr. 72 zu § 87 BetrVG 1972 Arbeitszeit Bl. 2 R f.; 08.12.2015 EzA § 87
BetrVG 2001 Arbeitszeit Nr. 25 Rn. 16 = AP Nr. 139 zu § 87 BetrVG 1972 Arbeitszeit; *Fitting* § 87

§ 87   IV. 3. Soziale Angelegenheiten

Rn. 124; *Heinze* NZA 1997, 681 [683]; *Kaiser/LK* § 87 Rn. 62; *Klebe/DKKW* § 87 Rn. 107; *Matthes/*MünchArbR § 244 Rn. 32 f.; *Richardi* § 87 Rn. 295; *Worzalla/HWGNRH* § 87 Rn. 201 f.; einschränkend *Schwerdtner* DB 1983, 2763 [2770 ff.]; weitere Nachweise 6. Aufl. § 87 Rn. 313). Das gilt ebenso für Teilzeitarbeit mit variabler Arbeitszeit.

325 An dieser Rechtslage hat sich auch durch **§ 8 TzBfG** nichts geändert, der dem Arbeitnehmer nicht nur einen – mitbestimmungsfreien – Anspruch auf Teilzeitarbeit, sondern auch auf die Festlegung ihrer Verteilung gibt, soweit dem nicht betriebliche Gründe entgegenstehen. Dieser individualrechtliche **Anspruch** gilt uneingeschränkt für Individualmaßnahmen, **schließt** aber die **Mitbestimmung** bei **Tatbeständen mit kollektivem Bezug nicht aus** (*BAG* 18.02.2003 EzA § 8 TzBfG Nr. 3 S. 16 *[Ahrens]* = AP Nr. 2 zu § 8 TzBfG *[Heyn]*= SAE 2004, 92 *[Klebeck]*; 16.12.2008 EzA § 8 TzBfG Nr. 23 Rn. 46 f. = AP Nr. 27 zu § 8 TzBfG; 18.08.2009 EzA § 8 TzBfG Nr. 24 Rn. 42 f. = AP Nr. 28 zu § 8 TzBfG; 08.12.2015 EzA § 87 BetrVG 2001 Arbeitszeit Nr. 25 Rn. 16 = AP Nr. 139 zu § 87 BetrVG 1972 Arbeitszeit; *Buschmann* FS *Wissmann*, 2005, S. 251 [269 ff.]; *Fitting* § 87 Rn. 125; *Kaiser/LK* § 87 Rn. 62; *Klebe/DKKW* § 87 Rn. 107; *Preis/Gotthardt* DB 2001, 145 [149 f.]; *Preis/Lindemann* NZA Sonderheft 2001, 33 [41, 44 f.]; *Richardi* § 87 Rn. 298; *Rieble/Gutzeit* NZA 2002, 7 [8 ff.]; *Straub* NZA 2001, 919 [924]; *Streckel* FS *Reuter*, 2010 S. 839 [841 ff.]; *Wank* in: *Blanke/Schüren/Wank/Wedde* Handbuch Neue Beschäftigungsformen, S. 234 Rn. 282; *Worzalla/HWGNRH* § 87 Rn. 202; enger *Rolfs* RdA 2001, 129 [137]; *Schüren* AuR 2001, 321 [324]; zur Kollision kollektiver und individueller Interessen *Otto* ZfA 2011, 673 [686 ff.]). Die Mitbestimmung wäre ebenso gegeben, wenn der Arbeitgeber kollektiv mit vollzeitbeschäftigten Arbeitnehmern arbeitsvertraglich Ansprüche auf eine bestimmte Verteilung der Arbeitszeit vereinbaren würde. Für den entsprechenden gesetzlichen Anspruch teilzeitbeschäftigter Arbeitnehmer kann nichts anderes gelten, da es bei kollektiven Tatbeständen – diese sind bei Rückwirkung von Arbeitszeitwünschen einzelner Arbeitnehmer auf die Lage der Arbeitszeit anderer Arbeitnehmer gegeben – stets auch um den Ausgleich divergierender Interessen mitbetroffener Arbeitskollegen geht (s. *Wiese* Einl. Rdn. 88; *Hamann* NZA 2010, 785 f.; *Paschke* AuR 2012, 11 ff.; *Rieble/Gutzeit* NZA 2002, 7 [10 ff. m. w. N.], zu den Rechtsfolgen unterlassener Mitbestimmung daselbst S. 12 f.). Die Regelung des § 8 TzBfG ist auch **nicht abschließend i. S. d. Eingangssatzes des § 87**, und die kollektive Regelung kann betriebliche Gründe, die den Arbeitszeitwünschen des Arbeitnehmer vorgehen, begründen (*BAG* 18.02.2003 EzA § 8 TzBfG Nr. 3 S. 15 ff. *[Ahrens]* = AP Nr. 2 zu § 8 TzBfG 6. ff. *[Heyn]*) = SAE 2004, 92 *[Klebeck]*; 24.06.2008 EzA § 8 TzBfG Nr. 21 Rn. 39 = AP Nr. 8 zu § 117 BetrVG 1972; 16.12.2008 EzA § 8 TzBfG Nr. 23 Rn. 46 ff. = AP Nr. 27 zu § 8 TzBfG; 18.08.2009 EzA § 8 TzBfG Nr. 24 Rn. 44 = AP Nr. 28 zu § 8 TzBfG; *LAG* Schleswig-Holstein 04.10.2007 NZA-RR 2008, 301, das aber bei verweigerter Zustimmung des Betriebsrats diese im Lichte der Anforderungen des § 8 Abs. 4 TzBfG gerichtlich überprüfen lassen will; vgl. auch *Hamann* NZA 2010, 785 [786 f.], zur Rechtslage bei Ablehnung des Verteilungswunsches S. 787 f., zur Beteiligung des Betriebsrats im Einzelnen S. 788 ff.; krit. *Streckel* FS *Reuter*, S. 839 [843 ff.]).

326 Der Betriebsrat hat bei der Ausübung der Mitbestimmung nach § 87 Abs. 1 Nr. 2 darauf zu achten, dass die Vereinbarkeit von Familie und Erwerbstätigkeit gefördert wird, jedoch führt die allgemeine Aufgabe des Betriebsrats nach § 80 Abs. 1 Nr. 2 Buchst. b nicht notwendig zum Vorrang der Interessen des Arbeitnehmers, der Familienpflichten zu erfüllen hat; den Betriebsparteien steht bei der Abwägung der Einzel- und Kollektivinteressen ein Beurteilungsspielraum zu (*BAG* 16.12.2008 EzA § 8 TzBfG Nr. 23 Rn. 70 ff. = AP Nr. 27 zu § 8 TzBfG). Eine Betriebsvereinbarung über die Lage der Arbeitszeit kann den Arbeitgeber berechtigten und verpflichten, das Verlangen des Arbeitnehmers auf wunschgerechte Verteilung der nach § 8 TzBfG verringerten Arbeitszeit abzulehnen (*BAG* 16.03.2004 EzA § 8 TzBfG Nr. 8 S. 15 = AP Nr. 10 zu § 8 TzBfG Bl. 7; 16.12.2008 EzA § 8 TzBfG Nr. 23 Rn. 55 = AP Nr. 27 zu § 8 TzBfG; 18.08.2009 EzA § 8 TzBfG Nr. 24 Rn. 48 = AP Nr. 28 zu § 8 TzBfG; vgl. auch *Streckel* FS *Reuter*, S. 839 [846 ff.], daselbst S. 848 ff. zum betriebsratslosen Betrieb). Der gesetzliche Anspruch nach § 8 TzBfG auf Berücksichtigung der Wünsche der Teilzeitbeschäftigten hinsichtlich der Verteilung ihrer Arbeitszeit ist jedoch von den Betriebspartnern nach Maßgabe des § 75 Abs. 2 zu berücksichtigen und schränkt insoweit auch das Ermessen der Einigungsstelle nach § 76 Abs. 5 Satz 3 ein. Der Änderungsvertrag und damit auch die Annahmeerklärung des Arbeitgebers sind nicht nach § 87 Abs. 1 Nr. 2 mitbestimmungspflichtig, jedoch ist der Betriebsrat bei Vorliegen einer mitbestimmten Regelung vor Abgabe der Annahmeerklärung zu beteiligen (*BAG*

18.08.2009 EzA § 8 TzBfG Nr. 24 Rn. 45 f. = AP Nr. 28 zu § 8 TzBfG). Entsprechendes wie für § 8 TzBfG gilt für **§ 9 TzBfG** sowie für die **Altersteilzeit** (*LAG Köln* 16.12.2005 AuR 2006, 214 als auch für Teilzeitansprüche nach **§ 3 PfZG** und **§ 2a FPfZG**.

Die **Mitbestimmung** ist mithin grundsätzlich in gleicher Weise **wie bei Vollzeitarbeit** gegeben, 327 aber auch nur in den Schranken des § 87 Abs. 1 Nr. 2 (*BAG* 13.10.1987 EzA § 87 BetrVG 1972 Arbeitszeit Nr. 25 S. 8 f. = AP Nr. 24 zu § 87 BetrVG 1972 Arbeitszeit Bl. 6 f.; 28.09.1988 EzA § 87 BetrVG 1972 Arbeitszeit Nr. 30 S. 7 = AP Nr. 29 zu § 87 BetrVG 1972 Arbeitszeit Bl. 3). Deshalb besteht kein Mitbestimmungsrecht hinsichtlich der Dauer der wöchentlichen Teilzeitarbeit der Teilzeitarbeitnehmer (Rdn. 284 ff.; *BAG* 13.10.1987 AP Nr. 24 zu § 87 BetrVG 1972 Arbeitszeit Bl. 5 R; *LAG Rheinland-Pfalz* 13.01.1986 NZA 1986, 618; *Fitting* § 87 Rn. 124; *Richardi* § 87 Rn. 295; *Rieble/Gutzeit* NZA 2002, 7 [8]; *Schwerdtner* DB 1983, 2763 [2770 ff.]). In dem dadurch vorgegebenen Arbeitszeitrahmen hat der Betriebsrat bei kollektiven Regelungen mitzubestimmen über die Verteilung der Arbeitszeit von Teilzeitkräften auf die einzelnen Wochentage und insoweit auch über die Höchstzahl von Arbeitstagen in der Woche, die Mindestdauer der täglichen Arbeitszeit, die Mindestzahl arbeitsfreier Samstage und die Regelung der Frage, ob die tägliche Arbeitszeit in ein oder mehreren Schichten geleistet werden soll. Gleiches gilt für Regelungen über die Dauer und Lage der Pausen. Ferner kann vereinbart werden, unter welchen Voraussetzungen von einer Regelung abgewichen werden kann. Auch dabei muss es sich aber um eine kollektive Regelung handeln, so dass Individualabreden, die nur auf die Besonderheiten des einzelnen Arbeitsverhältnisses abstellen, mitbestimmungsfrei sind (krit. zur Rechtsprechung des *BAG Goos* NZA 1988, 870 [871 f.]). Zur **Nachwirkung** einer **Betriebsvereinbarung** für Teilzeitbeschäftigte, durch die dem Arbeitgeber aufgegeben wird, im Arbeitsvertrag Art und Umfang der Tätigkeit, Einsatzort, Dauer der Arbeitszeit und die Arbeitszeitregelung pro Tag und Woche niederzulegen, *Hess. LAG* 04.12.2003, AuR 2004, 232.

dd) Job-splitting

Beim Job-splitting wird ein Arbeitsplatz in voneinander unabhängige Teilzeitstellen ohne arbeitszeit- 328 liche Selbstbestimmung der Arbeitnehmer geteilt (*Danne* Das Job-sharing, S. 13, 128; *ders.* GK-TzA, Art. 1 § 5 Rn. 18, 22, 152). Werden hierüber Arbeitsverträge mit von vornherein festliegender Arbeitszeit abgeschlossen – also z. B. für die erste oder zweite Hälfte der betriebsüblichen Tagesarbeitszeit oder jeweils für bestimmte Wochentage –, so liegt damit die Lage der Arbeitszeit des einzelnen Arbeitnehmers bereits fest. Da kein Regelungsspielraum besteht, hat der Betriebsrat insoweit nicht mitzubestimmen. Soll die Reihenfolge dagegen alternierend festgelegt werden, geht es um eine Regelung, in der die Interessen der betroffenen Arbeitnehmer mitbestimmungspflichtig aufeinander abzustimmen sind, falls diese sich nicht einigen können und dem Arbeitgeber die Entscheidung zusteht. Das Gleiche gilt, wenn ein bisheriger Vollzeitarbeitsplatz nunmehr von zwei Arbeitnehmern des Betriebs besetzt werden soll, nachdem deren Arbeitsverhältnisse mit ihrer Zustimmung in Teilzeitarbeitsverhältnisse umgewandelt wurden (ebenso wohl *Löwisch/Schüren* BB 1984, 925 [928]). Denkbar sind auch allgemeine grundsätzliche Regelungen über die Lage der Arbeitszeit beim Job-splitting, die mitbestimmungspflichtig sind. Zum bisher für die Praxis nicht relevanten **Job-pairing** und **Split-level-sharing** *Danne* Das Job-sharing, S. 119 ff., 127 f.; *ders.* GK-TzA, Art. 1 § 5 Rn. 20 ff., 151. Jedoch kann hierfür an die zum Job-sharing (Rdn. 329 f.) dargelegten Grundsätze angeknüpft werden.

ee) Arbeitsplatzteilung (Job-sharing)

Bei Arbeitsplatzteilung (Job-sharing) verpflichten sich mehrere Arbeitnehmer, denselben Arbeitsplatz 329 in Abstimmung miteinander während der betriebsüblichen Arbeitszeit abwechselnd zu besetzen (zum Ganzen *Danne* Das Job-sharing; *ders.* GK-TzA, Art. 1 § 5; *Schüren* Job-Sharing, jeweils m. w. N.; *ders./*MünchArbR § 41 II). Durch die nach § 13 Abs. 1 TzBfG zulässige Begründung von Job-sharing-Arbeitsverhältnissen wird die betriebliche Arbeitszeit anders als bei der Einführung von Gleitzeit nicht verändert, so dass keine Mitbestimmung bei der Entscheidung über die **Einführung** des Job-sharing besteht (*Danne* Das Job-sharing, S. 95 ff.; *ders.* GK-TzA, Art. 1 § 5 Rn. 158; *Fitting* § 87 Rn. 125; *von Hoyningen-Huene* BB 1982, 1240 [1246]; *Matthes/*MünchArbR § 244 Rn. 56; *Richardi* NZA 1994, 393 [395]; *ders.* § 87 Rn. 297; *Schwerdtner* DB 1983, 2763 [2767 f.]; *Stege/Weinspach/Schiefer* § 87 Rn. 64d; *Worzalla/HWGNRH* § 87 Rn. 206; **a. M.** *Frerichs/Friess/Krahn/Schwarz/Ulber* WSI-

Mitt. 1982, 175 [182]; *Klevemann* AiB 1984, 90 [107, 109]; *Koeve* AuR 1983, 75 [79]; *Linnenkohl/ Bauerochse* BB 1981, 1845 [1847]; *Schüren* Job-Sharing, S. 195 mit Einschränkungen; vgl. auch *Ulber* BB 1982, 741 [748]; *Ulber/Frerichs* AiB 1981, 180 [182]). Mitbestimmungsfrei sind deshalb die Begründung derart gestalteter Arbeitsverhältnisse und die Vereinbarung über den von jedem der beteiligten Arbeitnehmer zu erbringenden Arbeitszeitanteil (Dauer der Arbeitszeit).

330 Davon zu unterscheiden ist die **Lage** der geschuldeten **Arbeitszeit**, die täglich, wöchentlich, monatlich oder im Jahr unterschiedlich sein kann. Unterliegt die Entscheidung hierüber allein den beteiligten Arbeitnehmern und werden andere Arbeitsverhältnisse davon nicht berührt, so ist kein Raum für die Mitbestimmung des Betriebsrats (im Ergebnis ebenso *Danne* Das Job-sharing, S. 95 f.; *ders.* GK-TzA, Art. 1 § 5 Rn. 158; *Eich* DB 1982, Beil. Nr. 9, S. 10; *von Hoyningen-Huene* BB 1982, 1240 [1246]; *Löwisch* RdA 1984, 197 [199]; *Schüren* Job-Sharing, S. 195). Würde jedoch nach Maßgabe der vertraglichen Regelungen bei Nichteinigung der Arbeitnehmer die Entscheidungsbefugnis über die Lage der Zeitanteile dem Arbeitgeber zustehen, so ginge es um einen Interessenausgleich, also um einen Regelungstatbestand mit kollektivem Bezug, über den der Betriebsrat mitzubestimmen hätte (*Klevemann* AiB 1984, 90, 107 [110]; *Worzalla/HWGNRH* § 87 Rn. 206; **a. M.** wohl *Galperin/Löwisch* § 87 Rn. 95). Ferner ist mitbestimmungspflichtig die Verbindung des Job-sharing mit gleitender Arbeitszeit, soweit diese der Regelung bedarf (Rdn. 347 ff.; *Danne* Das Job-sharing, S. 98; *Eich* DB 1982, Beil. Nr. 9, S. 10; *von Hoyningen-Huene* BB 1982, 1240 [1246]), aber auch die Festlegung von Rahmenbedingungen für die Lage der Arbeitszeit der betroffenen Arbeitnehmer (*Klevemann* AiB 1984, 90 [107, 109]; *Löwisch* RdA 1984, 197 [199]; **a. M.** *Danne* Das Job-sharing, S. 97 f.). Das gilt auch für etwaige Vertretungsregeln (zur Zulässigkeit § 5 Abs. 1 BeschFG; vgl. auch *Schüren* Job-Sharing, S. 195). In diesem Fall kann Überarbeit vorliegen, braucht es aber nicht, wenn später ein interner Ausgleich erfolgen soll (dagegen bejaht *Löwisch* RdA 1984, 197 [199] stets die Mitbestimmung nach § 87 Abs. 1 Nr. 3).

ff) Arbeit auf Abruf (Bedarfsarbeit)

331 Die Vereinbarung von Arbeit auf Abruf (kapazitätsorientierte variable Arbeitszeit = KAPOVAZ bzw. bedarfsabhängige variable Arbeitszeit = BAVAZ; zum Ganzen *Meyer* Kapazitätsorientierte variable Arbeitszeit; *Mikosch* GK-TzA, Art. 1 § 4 m. w. N.; *Schüren*/MünchArbR § 41 I; *Mühlmann* RdA 2006, 356 ff.) ist nach Maßgabe des § 12 TzBfG (früher § 4 BeschFG) zulässig. Dabei handelt es sich um eine gesetzliche Regelung i. S. d. § 87 Abs. 1 Eingangssatz, so dass der Betriebsrat nur verlangen kann, den dadurch gezogenen Rahmen auszufüllen, aber nicht die Vereinbarung von Bedarfsarbeit verhindern oder diese durch sein Initiativrecht wieder beseitigen darf (*Hanau* RdA 1987, 25 [27 ff.]; *Otto* NZA 1992, 97 [99]; *Preis/Lindemann* NZA Sonderheft 2001, 33 [42]; *Schüren*/MünchArbR § 45 Rn. 38 f.; im Ergebnis auch *Richardi* NZA 1994, 593 [595]; *ders.* § 87 Rn. 297; *Worzalla/HWGNRH* § 87 Rn. 203; **a. M.** *Klevemann* AiB 1986, 156 [162]; *Lipke* NZA 1990, 758 [764]; *Meyer* Kapazitätsorientierte variable Arbeitszeit, S. 167 f.; *Matthes*/MünchArbR § 244 Rn. 36; *Plander* AuR 1987, 281 [290]). Zur **Inhaltskontrolle** der Arbeit auf Abruf nach §§ 305 ff. BGB *BAG* 07.12.2005 EzA § 12 TzBfG § 12 Nr. 2 S. 11 ff. = AP Nr. 4 zu § 12 TzBfG Bl. 5 R ff.; dazu *Bauer/Günther* DB 2006, 950 ff.; *BVerfG* 23.11.2006 AP Nr. 22 zu § 307 BGB. Zum Problem **Poolsystem** und Abrufarbeit *Hansen* GS *Heinze*, 2005, S. 321; *Hunold* NZA 2003, 896; *Reinicke* FS *Däubler*, 1999, S. 117.

332 Bedarfsarbeit ist dadurch gekennzeichnet, dass der Arbeitgeber das vereinbarte Arbeitszeitvolumen unter Berücksichtigung des § 12 TzBfG innerhalb des festgelegten Bezugszeitraums nach Bedarf abrufen kann. Durch die **Einführung** dieses Arbeitszeitsystems wird die Lage der Arbeitszeit noch nicht festgelegt; sie bleibt vielmehr vorerst offen. Mitbestimmungsfrei sind daher nach § 87 Abs. 1 Nr. 2 die Einführung von Bedarfsarbeit und der Abschluss entsprechender Verträge (*BAG* 28.09.1988 EzA § 87 BetrVG 1972 Arbeitszeit Nr. 30 S. 8 = AP Nr. 29 zu § 87 BetrVG 1972 Arbeitszeit Bl. 3 R, aber missverständlich; *Hohenstatt/Schramm* NZA 2007, 238; *Mikosch*/GK-TzA Art. 1 § 4 Rn. 146; *Worzalla/HWGNRH* § 87 Rn. 203; **a. M.** *Fitting* § 87 Rn. 126; *Kaiser/LK* § 87 Rn. 78; *Klevemann* AiB 1984, 90 [107, 111]; *ders.* AiB 1986, 103 [111 f.], 156 [161]; *ders.* DB 1988, 334 [335, 339]). Ebenso wenig hat der Betriebsrat nach den (Rdn. 284 ff., 319 f.) dargelegten Grundsätzen über die Dauer der abrufbaren Arbeitszeit mitzubestimmen (vgl. auch *Frey* Flexible Arbeitszeit, S. 73; *Mikosch*/GK-TzA, Art. 1 § 4 Rn. 149).

Die **Lage** der **Arbeitszeit** wird erst durch den **einzelnen Abruf** festgelegt. Dabei handelt es sich um 333
eine Individualmaßnahme, über die der Betriebsrat nicht mitzubestimmen hat (*Bellgardt* BB 1986,
1704 [1705]; *Faude* BB 1985, 735 [738]; *Frey* Flexible Arbeitszeit, S. 73; *von Hoyningen-Huene* NJW
1985, 1801 [1805]; *Löwisch* RdA 1984, 197 [199]; *Löwisch / Schüren* BB 1984, 925 [929 f.]; *Mikosch* GK-
TzA, Art. 1 § 4 Rn. 151; *Otto* NZA 1992, 97 [99]; *Schliemann* ArbZG, § 87 BetrVG Rn. 107; *Schwerdtner* DB 1983, 2763 [2774 f.]; *ders.* NZA 1985, 577 [583]; **a. M.** *Bobke* AiB 1983, 123 [124]; *Klevemann*
AiB 1986, 156 [160 ff.]; *ders.* AiB 1984, 90 [107, 111]).

Anders verhält es sich mit generellen Regelungen, durch die dem kollektiven Schutzbedürfnis der Be- 334
darfsarbeitnehmer Rechnung getragen wird, indem **Grundsätze** für die Dauer des jeweiligen Arbeitseinsatzes, deren Verteilung auf die einzelnen Wochentage mit Mindest- und Höchstgrenzen, über den
frühesten täglichen Beginn und das späteste Ende sowie Fristen für den Abruf ihrer Arbeit aufgestellt
werden oder ihr Einsatz aufeinander bzw. mit dem der mit fester Arbeitszeit beschäftigten Arbeitnehmer abgestimmt wird (ebenso wohl *BAG* 28.09.1988 EzA § 87 BetrVG 1972 Arbeitszeit Nr. 30 S. 8 f.
= AP Nr. 29 zu § 87 BetrVG 1972 Arbeitszeit Bl. 3 R; ferner *Bellgardt* BB 1986, 1704 [1705]; *Faude*
BB 1985, 735 [738]; *von Hoyningen-Huene* NJW 1985, 1801 [1805]; *Löwisch* RdA 1984, 197 [199];
Löwisch / Schüren BB 1984, 925 [929 f.]; *Mikosch* GK-TzA, Art. 1 § 4 Rn. 146, 150, 151; *Plander*
AuR 1987, 281 [287]; *Schwerdtner* DB 1983, 2763 [2774 f.]; **a. M.** *Hanau* NZA 1984, 345 [347]).
Der Mitbestimmung steht § 12 TzBfG nicht entgegen, da es sich hierbei nur um Mindestbedingungen
handelt (*Löwisch* BB 1985, 1200 [1204]; *Klevemann* DB 1988, 334 [336]; *Mikosch* GK-TzA, Art. 1 § 4
Rn. 150 m. w. N.; *Plander* AuR 1987, 281 [287]; *Schwerdtner* NZA 1985, 577 [583]; zu § 4 Abs. 2
BeschFG allgemein *Klevemann* DB 1987, 2096). Haben Arbeitgeber und Betriebsrat dagegen eine –
freiwillige – **Betriebsvereinbarung** abgeschlossen, nach der Arbeitsverträge nur mit **festen Arbeitszeiten** unter Ausschluss von Abrufmöglichkeiten entsprechend dem Arbeitsanfall abgeschlossen
werden dürfen, so ist der Arbeitgeber nach Ansicht des *BAG* (13.10.1987 EzA § 611 BGB Teilzeitarbeit Nr. 2 S. 10 ff. = AP Nr. 2 zu § 77 BetrVG 1972 Auslegung Bl. 3 R ff.) hieran gebunden (krit.
Goos NZA 1988, 870 [872 f.]).

gg) Schichtarbeit
Bei Schichtarbeit (zum Begriff *BAG* 04.02.1988 EzA § 4 TVG Rundfunk Nr. 16 S. 1 f. = AP Nr. 17 335
zu § 1 TVG Tarifverträge Rundfunk Bl. 2 ff.) ist zwischen der Betriebsnutzungszeit und einer damit
verbundenen Aufteilung der Belegschaft auf mehrere Schichten zu unterscheiden. Die Betriebsnutzungszeit betrifft den Umfang der Produktion und ist als solche mitbestimmungsfrei (Rdn. 314; vgl.
auch *Joost* DB 1983, 1818 [1821]). Hat der Arbeitgeber diese Entscheidung getroffen und bedingt
das die Aufteilung der Belegschaft auf mehrere Schichten, so ist die Lage ihrer Arbeitszeit zu regeln,
so dass die **Einführung** von Schichtarbeit – das **Ob** – mitbestimmungspflichtig ist (*BAG* 28.10.1986
EzA § 87 BetrVG 1972 Arbeitszeit Nr. 20 S. 142 = AP Nr. 20 zu § 87 BetrVG 1972 Arbeitszeit Bl. 2
[Rath-Glawatz] = SAE 1987, 277 *[Blomeyer]* = AR-Blattei, Betriebsverfassung XIV B, Entsch. 95 *[Füh-
rich]*; 18.04.1989 EzA § 76 BetrVG 1972 Nr. 48 S. 9 *[Rotter]* = AP Nr. 34 zu § 87 BetrVG 1972 Arbeitszeit Bl. 4 *[Kraft / Raab]*; 19.02.1990 EzA § 95 BetrVG 1972 Nr. 23 S. 8 *[von Hoyningen-Huene]*
= AP Nr. 25 zu § 95 BetrVG 1972 Bl. 3 R = SAE 1992, 300 *[Hromadka]*; 23.11.1993 EzA § 95
BetrVG 1972 Nr. 28 S. 3 = AP Nr. 33 zu § 95 BetrVG 1972 Bl. 2 R; 19.06.2012 EzA § 50 BetrVG
2001 Nr. 11 Rn. 18 = AP Nr. 35 zu § 50 BetrVG 1972; 08.12.2015 EzA § 87 BetrVG 2001 Arbeitszeit Nr. 25 Rn. 14 = AP Nr. 139 zu § 87 BetrVG 1972 Arbeitszeit; *LAG* Baden-Württemberg
24.01.1986 LAGE § 87 BetrVG 1972 Arbeitszeit Nr. 6 S. 4; 07.11.1989 LAGE § 4 TVG Metallindustrie Nr. 19 S. 7; *LAG Frankfurt a. M.* 27.11.1986 LAGE § 87 BetrVG 1972 Nr. 5 S. 7; *LAG Hamm*
02.06.1978 EzA § 87 BetrVG 1972 Arbeitszeit Nr. 5 S. 13; *Fitting* § 87 Rn. 120; *Kaiser/LK* § 87
Rn. 75; *Kilian* Arbeitszeit und Mitbestimmung des Betriebsrats, S. 92 ff.; *Klebe/DKKW* § 87
Rn. 104; *Matthes/* MünchArbR § 244 Rn. 50; *Otto* NZA 1992, 97 [98]; *Richardi* § 87 Rn. 288; **a. M.**
Worzalla/HWGNRH § 87 Rn. 199 f.: nur Beginn und Ende der Schichten; *Schwerdtner* DB 1983,
2763 [2770]; *Säcker* Zehn Jahre BetrVG 1972 im Spiegel höchstrichterlicher Rechtsprechung, 1982,
S. 30). Weitere Nachweise 6. Aufl. § 87 Rn. 322. Die Mitbestimmung bei der Erstellung von Schichtplänen schützt das Interesse der Arbeitnehmer an einer sinnvollen Abgrenzung zwischen Arbeitszeit
und der für die Gestaltung des Privatlebens verfügbaren Zeit; sie dient nicht dem Schutz vor einer stärkeren Arbeitsbelastung, die darauf beruht, dass andere nach einem Jahresschichtplan für eine be-

stimmte Wochenschicht eingeplante Arbeitnehmer im Betrieb nicht anwesend sind und deshalb für die Ableistung der Schicht nicht zur Verfügung stehen (*BAG* 28.05.2002 EzA § 87 BetrVG 1972 Arbeitszeit Nr. 65 S. 8 f. = AP Nr. 96 zu § 87 BetrVG 1972 Arbeitszeit Bl. 4 f.). Für einen Antrag, dem Arbeitgeber die Anordnung bestimmter Arbeitsschichten zu untersagen, fehlt dem Betriebsrat die **Antragsbefugnis**, wenn sein Mitbestimmungsrecht insoweit nicht in Frage gestellt wird (*BAG* 18.02.2003 EzA § 77 BetrVG 2001 Nr. 4 S. 12 f. = AP Nr. 11 zu § 77 BetrVG 1972 Betriebsvereinbarung Bl. 5 R f.).

336 **Günstigere arbeitsvertragliche Arbeitszeitregelungen** werden durch eine Betriebsvereinbarung über die Einführung von Wechselschicht nicht beseitigt (*LAG Düsseldorf* 25.05.1991 DB 1991, 2247; zust. *Otto* NZA 1992, 97 [106]; vgl. auch *BAG* 23.06.1992 EzA § 611 BGB Direktionsrecht Nr. 12 S. 6 f. = AP Nr. 1 zu § 611 BGB Arbeitszeit Bl. 3). Der Arbeitgeber kann auch die Betriebsnutzungszeit mitbestimmungsfrei verringern; nur die dadurch bedingte Neuregelung der Lage der Arbeitszeit der verbleibende(n) Schicht(en) ist mitbestimmungspflichtig (für Mitbestimmung beim »Abbau« von Schichtarbeit *Farthmann* RdA 1974, 65 [66]; *Fitting* § 87 Rn. 120; vgl. auch *Kilian* Arbeitszeit und Mitbestimmung des Betriebsrats, S. 96 ff.; *Klebe/DKKW* § 87 Rn. 104). Hinsichtlich der Einführung von Schichtarbeit hat der Betriebsrat **kein Initiativrecht** (Rdn. 366; *Worzalla/HWGNRH* § 87 Rn. 209).

337 Entsprechendes wie für die Einführung von Schichtarbeit gilt für die **Anzahl** der **Schichten**: Die vorgegebene Betriebsnutzungszeit ist der Rahmen, innerhalb dessen die Anzahl der Schichten mitbestimmungspflichtig festzulegen ist (im Ergebnis ebenso *BAG* 27.06.1989 EzA § 87 BetrVG 1972 Arbeitszeit Nr. 36 S. 6 f. = AP Nr. 35 zu § 87 BetrVG 1972 Arbeitszeit Bl. 3 [*Misera*]; 28.05.2002 EzA § 87 BetrVG 1972 Arbeitszeit Nr. 65 S. 6 = AP Nr. 96 zu § 87 BetrVG 1972 Arbeitszeit Bl. 3; 29.09.2004 EzA § 87 BetrVG 2001 Arbeitszeit Nr. 5 S. 4 = AP Nr. 111 zu § 87 BetrVG 1972 Arbeitszeit Bl. 2 R; 03.05.2006 EzA § 87 BetrVG 2001 Arbeitszeit Nr. 9 S. 8 = AP Nr. 119 zu § 87 BetrVG 1972 Arbeitszeit Bl. 4; *LAG Hamm* 02.06.1978 EzA § 87 BetrVG 1972 Arbeitszeit Nr. 5 S. 13; *Kilian* Arbeitszeit und Mitbestimmung des Betriebsrats, S. 92 ff.; *Richardi* § 87 Rn. 288; **a. M.** *Güntner* AuR 1958, 129 [139]; *Hanau* ZfA 1974, 89 [98]; *Schwerdtner* DB 1983, 2763 [2770]; *Säcker* Zehn Jahre BetrVG 1972 im Spiegel höchstrichterlicher Rechtsprechung, 1982, S. 30; *Worzalla/HWGNRH* § 87 Rn. 200). Das gilt auch für die Einrichtung und das Betreiben einer zweiten Schicht durch eine Drittfirma, deren Arbeitnehmer in den Betrieb eingegliedert sind (*LAG Frankfurt a. M.* 24.10.1989 LAGE § 87 BetrVG 1972 Arbeitszeit Nr. 17 S. 3 ff.). Gleiches gilt für die **Änderung** der Anzahl der Schichten (*Farthmann* RdA 1974, 65 [66]; *Fitting* § 87 Rn. 121; *Kaiser/LK* § 87 Rn. 75; *Neumann-Duesberg*, DB 1964, 1115). Das gilt auch, wenn nur eine Schicht verlegt werden soll (*ArbG Aachen* 07.06.1989 AiB 1989, 289). Der Betriebsrat hat nach § 87 Abs. 1 Nr. 2 und 3 ferner mitzubestimmen, wenn der Arbeitgeber in Abweichung von einem Jahresschichtplan eine oder mehrere Schichten ersatzlos streichen will (zu Nr. 3 Rdn. 413), jedoch kann dieser in einer Betriebsvereinbarung ermächtigt werden, unter bestimmten Voraussetzungen allein darüber zu entscheiden (*BAG* 01.07.2003 EzA § 87 BetrVG 2001 Arbeitszeit Nr. 2 S. 5 ff. = AP Nr. 103 zu § 87 BetrVG 1972 Arbeitszeit Bl. 2 ff. = SAE 2004, 106 [*Joussen*]). Entgegen der 7. Auflage (§ 87 Rn. 389) ist die Mitbestimmung nach Nr. 2 bei ersatzloser Streichung einer Schicht gegeben, weil das veränderte Arbeitszeitvolumen auf die Arbeitnehmer neu verteilt werden muss und vom Betriebsrat geltend gemacht werden kann, es entspreche dem Interesse der Arbeitnehmer, eine andere als die vom Arbeitgeber vorgesehene Schicht ausfallen zu lassen oder den reduzierten Umfang der verbleibenden Arbeitszeit anders als vom Arbeitgeber vorgesehen zu verteilen (*BAG* 01.07.2003 EzA § 87 BetrVG 2001 Arbeitszeit Nr. 2 S. 6 f. = AP Nr. 103 zu § 87 BetrVG 1972 Arbeitszeit Bl. 2 R f.; **a. M.** *Joussen* DB 2004, 1114 [1316 ff.]).

338 Unter Berücksichtigung der Entscheidung des *BAG* zur Ladenöffnungszeit eines Kaufhauses (Rdn. 314) ist die **unternehmerische Entscheidung über** die **Betriebsnutzungszeit** allerdings **für** den **Betriebsrat nicht verbindlich**. Er könnte daher die vom Arbeitgeber beabsichtigte Schichtenregelung verhindern, so dass auch hier ein Wertungskonflikt zwischen unternehmerischer Entscheidungsfreiheit und Arbeitnehmerbelangen besteht, der grundsätzlich im Rahmen der Abwägung nach § 76 Abs. 5 Satz 3 zu lösen ist (Rdn. 317). Die Mitbestimmung und das Initiativrecht müssten allerdings eingeschränkt werden, soweit sie die unternehmerische Entscheidungsfreiheit beseitigen würden, wenn z. B. aus technischen Gründen ein Betrieb die durchgehende Produktion und damit

mehrere Schichten erfordert, andernfalls er stillgelegt werden müsste (*Wiese* Rdn. 152). Aber auch sonst kann der Eingriff in die unternehmerische Entscheidungsfreiheit erheblich sein, wenn durch einen Abbau von Schichten die Betriebsnutzungszeit herabgesetzt werden müsste (zum Initiativrecht des Betriebsrats Rdn. 365 f.). Das wäre nur durch überwiegende Arbeitgeberinteressen gerechtfertigt.

Mitbestimmungspflichtig sind ferner die **Modalitäten** der **Ausgestaltung** des konkreten **Schicht-** **339** **systems**. Dazu zählt zumindest die Festlegung der **zeitlichen Lage** (Beginn und Ende) der Schichten und damit der **Schichtdauer** (*BAG* 26.03.1991 EzA § 87 BetrVG 1972 Arbeitszeit Nr. 47 S. 5 ff. = AP Nr. 32 zu § 75 BPersVG Bl. 3 R; 23.11.1993 EzA § 95 BetrVG 1972 Nr. 28 S. 3 = AP Nr. 33 zu § 95 BetrVG 1972 Bl. 2 R; 01.07.2003 EzA § 87 BetrVG 2001 Arbeitszeit Nr. 2 S. 6 = AP Nr. 103 zu § 87 BetrVG 1972 Arbeitszeit Bl. 2 R; 29.09.2004 EzA § 87 BetrVG 2001 Arbeitszeit Nr. 5 S. 4 f. = AP Nr. 111 zu § 87 BetrVG 1972 Arbeitszeit Bl. 2 R; 03.05.2006 EzA § 87 BetrVG 2001 Arbeitszeit Nr. 9 Rn. 19 = AP Nr. 119 zu § 87 BetrVG 1972 Arbeitszeit; 19.06.2012 EzA § 50 BetrVG 2001 Nr. 11 Rn. 18 = AP Nr. 35 zu § 50 BetrVG 1972; 08.12.2015 EzA § 87 BetrVG 2001 Arbeitszeit Nr. 25 Rn. 14 = AP Nr. 139 zu § 87 BetrVG 1972 Arbeitszeit). Mitbestimmungspflichtig sind ferner die **Abgrenzung** des **Personenkreises**, der Schichtarbeit zu leisten hat, sowie die **Aufstellung** der **Schicht-(Dienst-)Pläne**, d. h. die **Zuordnung** der in Wechselschicht tätigen **Arbeitnehmer** zu den **einzelnen Schichten** und deren nachträgliche **Veränderung** (*BAG* 28.10.1986 EzA § 87 BetrVG 1972 Arbeitszeit Nr. 20 S. 142 f. = AP Nr. 20 zu § 87 BetrVG 1972 Arbeitszeit Bl. 2 [*Rath / Glawatz*]; 18.04.1989 EzA § 76 BetrVG 1972 Nr. 48 S. 9 f., 14 [*Rotter*] = AP Nr. 34 zu § 87 BetrVG 1972 Arbeitszeit Bl. 4, 6 [*Kraft / Raab*]; 27.06.1989 EzA § 87 BetrVG 1972 Arbeitszeit Nr. 36 S. 6 f. = AP Nr. 35 zu § 87 BetrVG 1972 Arbeitszeit Bl. 3 [*Misera*]; 01.07.2003 EzA § 87 BetrVG 2001 Arbeitszeit Nr. 2 S. 5 f. = AP Nr. 103 zu § 87 BetrVG 1972 Arbeitszeit Bl. 2 R; 03.10.1979 AP Nr. 2 zu § 9 TVAL II Bl. 2 [*Herschel*]; 23.11.1993 EzA § 95 BetrVG 1972 Nr. 28 S. 3, 4 = AP Nr. 33 zu § 95 BetrVG 1972 Bl. 2 R, 3; 28.05.2002 EzA § 87 BetrVG 1972 Arbeitszeit Nr. 65 S. 6 ff. = AP Nr. 96 zu § 87 BetrVG 1972 Arbeitszeit Bl. 3 ff.; 29.09.2004 EzA § 87 BetrVG 2001 Arbeitszeit Nr. 5 S. 5 = AP Nr. 111 zu. § 87 BetrVG 1972 Arbeitszeit Bl. 2 R; krit. *Bayreuther* ZAAR Schriftenreihe Bd. 5, S. 131 [144 ff.]; 03.05.2006 EzA § 87 BetrVG 2001 Arbeitszeit Nr. 9 S. 8 = AP Nr. 119 zu § 87 BetrVG 1972 Arbeitszeit Bl. 4; 19.06.2012 EzA § 50 BetrVG 2001 Nr. 11 Rn. 18 = AP Nr. 35 zu § 50 BetrVG 1972; 08.12.2015 EzA § 87 BetrVG 2001 Arbeitszeit Nr. 25 Rn. 14 = AP Nr. 139 zu § 87 BetrVG 1972 Arbeitszeit; *LAG Baden-Württemberg* 24.01.1986 LAGE § 87 BetrVG 1972 Arbeitszeit Nr. 6 S. 4 f.; 05.11.2015 NZA-RR 2016, 264; 25.11.2015 – 6 TaBV 7/15; 08.12.2015 – 22 TaBV 2/15, Rn. 44; *LAG Frankfurt a. M.* 11.08.1987 BB 1988, 68 [69]; *LAG Hamm* 02.06.1978 EzA § 87 BetrVG 1972 Arbeitszeit Nr. 5 S. 13; *LAG Köln* 29.02.1988 LAGE § 95 BetrVG 1972 Nr. 5 S. 1 f. [*Meier*] – dazu *Gaul* NZA 1989, 48; *Fitting* § 87 Rn. 122 f.; *Otto* NZA 1992, 97 [98]; *Richardi* § 87 Rn. 288 ff.; **a. M.** *LAG Baden-Württemberg* 22.06.1956 BB 1956, 959; *Stege / Weinspach / Schiefer* § 87 Rn. 69; *Worzalla / HWGNRH* § 87 Rn. 200 hinsichtlich des Personenkreises). Jedoch können sich die Betriebspartner auf die Festlegung von Grundsätzen beschränken, denen die einzelnen Schichtpläne entsprechen müssen, deren Aufstellung dem Arbeitgeber überlassen werden kann (*BAG* 28.10.1986 EzA § 87 BetrVG 1972 Arbeitszeit Nr. 20 S. 142 ff. = AP Nr. 20 zu § 87 BetrVG 1972 Arbeitszeit Bl. 2 ff. [*Rath / Glawatz*]; 18.04.1989 EzA § 76 BetrVG 1972 Nr. 48 S. 14 [*Rotter*] = AP Nr. 34 zu § 87 BetrVG 1972 Arbeitszeit Bl. 6 [*Kraft / Raab*]; 28.05.2002 EzA § 87 BetrVG 1972 Arbeitszeit Nr. 65 S. 7 = AP Nr. 96 zu § 87 BetrVG 1972 Arbeitszeit Bl. 3 R; 01.07.2003 EzA § 87 BetrVG 2001 Arbeitszeit Nr. 2 S. 9 = AP Nr. 103 zu § 87 BetrVG 1972 Arbeitszeit Bl. 4; 29.09.2004 EzA § 87 BetrVG 2001 Arbeitszeit Nr. 5 S. 5 = AP Nr. 111 zu § 87 BetrVG 1972 Arbeitszeit Bl. 2 R; 08.12.2015 EzA § 87 BetrVG 2001 Arbeitszeit Nr. 25 Rn. 15 = AP Nr. 139 zu § 87 BetrVG 1972 Arbeitszeit); denn auch dadurch wird die Mitbestimmung verwirklicht (vgl. auch *Wiese* Rdn. 6). Die Mitbestimmung des Betriebsrats wird hierbei allerdings nur dann ordnungsgemäß ausgeübt, wenn abstrakte und verbindliche Vorgaben über die Ausgestaltung der unterschiedlichen Schichten und die Zuordnung von Arbeitnehmern zu den einzelnen Schichten vereinbart werden, nach denen der Arbeitgeber zu verfahren hat (*BAG* 09.07.2013 EzA § 87 BetrVG 2001 Arbeitszeit Nr. 17 Rn. 26 = AP Nr. 130 zu § 87 BetrVG 1972 Arbeitszeit; 08.12.2015 EzA § 87 BetrVG 2001 Arbeitszeit Nr. 25 Rn. 16 = AP Nr. 139 zu § 87 BetrVG 1972 Arbeitszeit; *LAG Baden-Württemberg* 07.11.2013 LAGE § 76 BetrVG 2001 Nr. 6 Rn. 115; 08.12.2015 – 22 TaBV 2/15, Rn. 44; *LAG Niedersachsen* 21.05.2015 – 5 TaBV 96/14, Rn. 49; *Fitting* § 87 Rn. 122). Alternativ können die Betriebspartner

Verfahrensregeln für einen arbeitgeberseitig errichteten Schichtplan vereinbaren, dem der Betriebsrat aber noch zustimmen muss (*BAG* 09.07.2013 EzA § 87 BetrVG 2001 Arbeitszeit Nr. 17 Rn. 17 = AP Nr. 130 zu § 87 BetrVG 1972 Arbeitszeit; *Fitting* § 87 Rn. 123). Weitere Nachweise 6. Aufl. § 87 Rn. 326. Zur **Zuständigkeit** des **Gesamtbetriebsrats** für einen **Schichtrahmenplan** *BAG* 19.06.2012 EzA § 50 BetrVG 2001 Nr. 11 Rn. 20 ff. = AP Nr. 35 zu § 50 BetrVG 1972.

340 Mitbestimmungspflichtig ist weiter die Veränderung der Schichteinteilung durch **Umsetzung** eines **Arbeitnehmers** in eine andere Schicht infolge Arbeitsausfalls eines anderen Arbeitnehmers (*BAG* 27.06.1989 EzA § 87 BetrVG 1972 Arbeitszeit Nr. 36 S. 6 f. = AP Nr. 35 zu § 87 BetrVG 1972 Arbeitszeit Bl. 3 f. *[Misera]*; 18.02.1986 AP Nr. 33 zu § 95 BetrVG 1972 Bl. 3; *LAG Baden-Württemberg* 15.01.1990 LAGE § 87 BetrVG 1972 Arbeitszeit Nr. 6 S. 5 ff.; 27.10.1994 AiB 1995, 291; *LAG Köln* 29.02.1988 LAGE § 95 BetrVG 1972 Nr. 5 S. 1 f. = AiB 1988, 187 *[Kingler]* = BetrR 1989, 36 *[Trümner]*; a. M. *LAG Hamm* 18.07.1986 EzA § 87 BetrVG 1972 Arbeitszeit Nr. 5 S. 13, 15, das bei jeder Umsetzung eines oder mehrerer bestimmter Arbeitnehmer von einer Schicht in die andere einen Einzelfall annimmt; *Bender/WPK* § 87 Rn. 63). Jedoch kann dem Arbeitgeber dabei das Recht eingeräumt werden, unter im Einzelnen geregelten Voraussetzungen auch ohne Zustimmung des Betriebsrats einen Schichtwechsel anzuordnen (*BAG* 27.06.1989 EzA § 87 BetrVG 1972 Arbeitszeit Nr. 36 S. 7 f. = AP Nr. 35 zu § 87 BetrVG 1972 Arbeitszeit Bl. 3 R *[Misera]*). Zur Mitbestimmungspflichtigkeit des Einsatzes der sonst in der Tagesschicht beschäftigten Zeitstudien-Mitarbeiter in der Nachtschicht *LAG Bremen* 03.04.1984 ARSt. 1984, 147. Nach Maßgabe des **§ 6 Abs. 4 Satz 1 ArbZG** ist der Arbeitgeber verpflichtet, einen Nachtarbeitnehmer auf dessen Verlangen auf einen für ihn geeigneten Tagesarbeitsplatz umzusetzen. Stehen dem nach Auffassung des Arbeitgebers dringende betriebliche Erfordernisse entgegen, so ist der Betriebsrat zu hören, der dem Arbeitgeber Vorschläge für eine Umsetzung unterbreiten kann (§ 6 Abs. 4 Satz 2 und 3 ArbZG; dazu *Zmarzlik* ArbZG, § 6 Rn. 45 f.).

341 Mitbestimmungspflichtig sind ferner auch Regelungen über **Sonn-, Feiertags-** und **Nachtschichten** sowie die Entscheidung über **Wechselschichten** (*Farthmann* RdA 1974, 65 [66]; *Kaiser/LK* § 87 Rn. 75). Desgleichen ist die Bestimmung der **Feiertagsruhe** im Schichtbetrieb eine Angelegenheit nach § 87 Abs. 1 Nr. 2 (*BAG* 31.01.1969 EzA § 1 Feiertagslohnzahlungsgesetz Nr. 9 S. 31 = AP Nr. 26 zu § 1 FeiertagslohnzahlungsG Bl. 2 *[Canaris]*). Der Betriebsrat darf seine Zustimmung zur Einführung oder Verlängerung von Schichtarbeit nicht davon abhängig machen, dass zusätzliche **Zuschläge** gezahlt werden oder die Möglichkeit des Arbeitgebers, Kündigungen auszusprechen, beschränkt wird (*ArbG Bielefeld* 29.10.1982 DB 1983, 1880; zu Koppelungsgeschäften vgl. auch *Sowka* NZA 1995, 1126 [1129 f.] sowie Rdn. 377). Zum **Ausfall einzelner Schichten** Rdn. 337, 413. Mitbestimmungspflichtig ist schließlich die **Rückkehr** von **Wechselschicht** zur **Normalarbeitszeit**; ordnet der Arbeitgeber diese ohne Zustimmung des Betriebsrats an, hat er die bei Wechselschicht fälligen Zeitzuschläge in der Regel wegen Annahmeverzugs fortzuzahlen (*BAG* 18.09.2002 EzA § 87 BetrVG 2001 Arbeitszeit Nr. 1 S. 3 ff. = AP Nr. 99 zu § 615 BGB Bl. 1 R ff.). Dagegen hat der Betriebsrat **nicht** nach § 87 Abs. 1 Nr. 2 **mitzubestimmen bei Zuweisung** der innerhalb der maßgeblichen Arbeitszeit einer Schicht von den Arbeitnehmern **zu verrichtenden Tätigkeiten** (*BAG* 29.09.2004 EzA § 87 BetrVG 2001 Arbeitszeit Nr. 6 S. 7 ff. = AP Nr. 112 zu § 87 BetrVG 1972 Arbeitszeit Bl. 4 ff.).

hh) Rollierregelungen und sonstige Freizeitsysteme

342 Mitbestimmungspflichtig ist auch die **Einführung** eines Rolliersystems (**a. M.** *Worzalla/HWGNRH* § 87 Rn. 198) sowie anderer Freizeitsysteme. Diese sind dadurch gekennzeichnet, dass bei einer 5-Tage-Woche für vollzeitbeschäftigte Arbeitnehmer dennoch an allen sechs Wochentagen der Woche im Betrieb gearbeitet und dadurch die Betriebsnutzungszeit verbessert wird. Die tariflich geschuldete Arbeitszeit wird errechnet, indem den Arbeitnehmern Freizeiten gewährt werden. Welches System dabei angewandt wird, unterliegt der freien, mitbestimmungspflichtigen Entscheidung der Betriebspartner. Denkbar ist, dass die freien Tage jeweils auf den gleichen Wochentag fallen sollen, aber auch, dass den Arbeitnehmern im Rahmen eines Rolliersystems Freizeit an wechselnden Wochenarbeitstagen gewährt wird.

Auch die **Ausgestaltung** eines solchen Rolliersystems ist mitbestimmungspflichtig. Dazu gehört u. a. 343 die Entscheidung, ob es sich um ein vorwärts rollierendes System handeln soll, wieviel Rolliergruppen aufgestellt, welche Arbeitnehmer einer Rolliergruppe zugeordnet werden sollen und ob für die einzelnen Rolliergruppen Freizeitkalender zu führen sind (*BAG* 31.01.1989 EzA § 87 BetrVG 1972 Arbeitszeit Nr. 32 S. 5 ff. *[Streckel]* = AP Nr. 31 zu § 87 BetrVG 1972 Arbeitszeit Bl. 3 ff. = AR-Blattei, Betriebsverfassung XIV B, Entsch. 118 *[Bengelsdorf]*; 31.01.1989 EzA § 87 BetrVG 1972 Arbeitszeit Nr. 31 S. 5 f. = AP Nr. 15 zu § 87 BetrVG 1972 Tarifvorrang Bl. 2 R ff.; 25.07.1989 EzA § 87 BetrVG 1972 Arbeitszeit Nr. 38 S. 4 ff. = AP Nr. 38 zu § 87 BetrVG 1972 Arbeitszeit Bl. 2 R ff.; *LAG Bremen* 15.07.1987 LAGE § 87 BetrVG 1972 Arbeitszeit Nr. 8 S. 10 f.; *LAG Hamm* 31.03.1982 DB 1982, 2710; *Otto* NZA 1992, 97 [99]; *Richardi* § 87 Rn. 291; *Worzalla/HWGNRH* § 87 Rn. 197). Die Betriebspartner können sich dabei auch auf eine Rahmenregelung beschränken (*BAG* 31.01.1989 EzA § 87 BetrVG 1972 Arbeitszeit Nr. 31 S. 8 f. = AP Nr. 15 zu § 87 BetrVG 1972 Tarifvorrang Bl. 4).

Abzulehnen ist jedoch ein **Initiativrecht** des **Betriebsrats** zur **Einführung** eines **Rolliersystems**, 344 durch das die Betriebsnutzungszeit erweitert würde; diese ist mitbestimmungsfrei (vgl. Rdn. 314; *Worzalla/HWGNRH* § 87 Rn. 209). Der Betriebsrat hat daher nur mitzubestimmen, wenn der Arbeitgeber die Betriebsnutzungszeit durch Einführung eines Rolliersystems erweitern möchte. Hinsichtlich dessen Ausgestaltung ist dann das Initiativrecht des Betriebsrats gegeben. Zu Rollierregelungen vgl. auch Rdn. 294.

ii) Dienstpläne; Mitnahme von Arbeit nach Hause

Mitbestimmungspflichtig ist auch die **Aufstellung** und **Änderung** von **Dienstplänen** für Hotelpersonal (*LAG Frankfurt a. M.* 24.03.1987 AiB 1987, 168) oder für im **Fahrdienst** tätige Arbeitnehmer einer Kraftverkehrsgesellschaft (*BAG* 04.06.1969 AP Nr. 1 zu § 16 BMT – G II Bl. 2 R f. *[Herschel]*). 345 Für im **Fahrdienst beschäftigte Arbeitnehmer** stellen die in den mitbestimmten Dienstplänen zugrunde gelegten Zeitfenster jedoch regelmäßig nur Durchschnittswerte dar, weil die Fahrzeiten nicht exakt planbar sind. So kann die tatsächliche Arbeitszeit eines Busfahrers durch ungünstige Witterungsverhältnisse und/oder Verkehrsverhältnisse das geplante Ende überschreiten. Solche Überschreitungen der ursprünglich avisierten Dienstplanzeiten lösen nicht stets erneut die Mitbestimmung nach § 87 Abs. 1 Nr. 2 oder Nr. 3 BetrVG aus (*LAG Schleswig-Holstein* 02.02.2017 – 5 TaBV 11/16). Anderes kann indes dann gelten, wenn der Arbeitgeber bei der Zuweisung der Fahrten eine Überschreitung der Dienstzeiten »sehenden Auges« in Kauf nimmt (so richtig *LAG Schleswig-Holstein* 02.02.2017 – 5 TaBV 11/16). Entsprechendes gilt für Dienstpläne von Postzustellern (*BAG* 23.03.1999 EzA § 87 BetrVG 1972 Arbeitszeit Nr. 60 = AP Nr. 80 zu § 87 BetrVG 1972 Arbeitszeit; *Fitting* § 87 Rn. 112). Zu Dienstplänen bei Schichtarbeit Rdn. 339, zur Unwirksamkeit eines Einigungsstellenspruches bei Gestattung der einseitigen Gestaltung und Veränderung eines Dienstplans durch den Arbeitgeber *LAG Niedersachsen* 20.02.2012 LAGE § 76 BetrVG 2001 Nr. 4 Rn. 80 ff. Dagegen hat der Betriebsrat nicht über die zeitliche Bewertung der sog. **Auf-** und **Abrüstzeiten** in **Verkehrsbetrieben** mitzubestimmen (*ArbG Osnabrück* 17.12.1982 BB 1983, 1030 *[Janke-Weddige]*). Der Einsatz von Mitarbeitern einer Abteilung für Zeitstudien, deren regelmäßige Arbeitszeit die Tagesschicht ist, auch dann mitbestimmungspflichtig, wenn Tätigkeiten außerhalb der üblichen Arbeitszeit aufgabenmäßig erforderlich und als arbeitsvertragliche Verpflichtung vereinbart sind (*LAG Bremen* 03.04.1984 ARSt. 1984, 147). Die Ausweisung von **Tagesdauerarbeitsposten** berührt nicht das Mitbestimmungsrecht nach § 87 Abs. 1 Nr. 2 bei der Festsetzung des Endes der Arbeitszeit (*BAG* 25.09.2012 EzA § 87 BetrVG 2001 Arbeitszeit Nr. 16 Rn. 20 ff. = AP Nr. 129 zu § 87 BetrVG 1972 Arbeitszeit).

Die **Mitnahme von Arbeit nach Hause** kann nach § 87 Abs. 1 Nr. 2 mitbestimmungspflichtig sein 346 (im Ergebnis richtig *ArbG Hamburg* 24.08.1976 BetrR 1976, 500; **a. M.** *Stege/Weinspach/Schiefer* § 87 Rn. 64a; vgl. auch *Wiese* Rdn. 236). Zur **Telearbeit** *Peter* DB 1998, 573 (578); *Wiese* RdA 2009, 334 (348 f.).

jj) Gleitende Arbeitszeit

Mitbestimmungspflichtig ist auch die **Einführung** und **Änderung** der gleitenden Arbeitszeit sowie 347 die Regelung ihrer Modalitäten (*BAG* 18.04.1989 EzA § 87 BetrVG 1972 Arbeitszeit Nr. 35 S. 10 =

AP Nr. 33 zu § 87 BetrVG 1972 Arbeitszeit Bl. 4 *[Schüren / Feuerborn]*; 07.08.1990 AP Nr. 10 zu Art. 56 ZA-Nato-Truppenstatut Bl. 3 f.; 21.08.1990 EzA § 87 BetrVG 1972 Betriebliche Ordnung Nr. 16 S. 3 f. *[Joost]* = AP Nr. 17 zu § 87 BetrVG 1972 Ordnung des Betriebes Bl. 1 R f.; *Fitting* § 87 Rn. 115; *Kaiser / LK* § 87 Rn. 71; *Klebe / DKKW* § 87 Rn. 99; *Matthes/* MünchArbR § 244 Rn. 47 ff.; *Reuter* RdA 1981, 201 [206 f.]; *Richardi* § 87 Rn. 279; *Schaub / Vogelsang* Arbeitsrechts-Handbuch, § 160 Rn. 7; *Schaub / Koch* Arbeitsrechts-Handbuch, § 235 Rn. 40; *Worzalla / HWGNRH* § 87 Rn. 204; weitere Nachweise 6. Aufl. § 87 Rn. 334; zur gleitenden Arbeitszeit ferner *DAG* RdA 1971, 299; *Garbers* DB 1972, 1871; *Hackh* Gleitende Arbeitszeit, 1971; *Hildebrandt / Littow* AuL 1971, 97; *Hillert* BB 1970, 216; *ders.* Gleitende Arbeitszeit – ein Weg in die Zukunft, 1971; *Langholz* DB 1972, 580; *Schudt* BB 1972, 755). Zur **Vertrauensgleitzeit** *Fröhlich* BuW 1998, 230; Rdn. 299.

348 Zu den **Modalitäten** gehören u. a. die Kernarbeitszeit, während der die Arbeitnehmer im Betrieb bzw. am Arbeitsplatz anwesend sein müssen, die Gleitspanne vor und nach der Kernarbeitszeit, innerhalb der die Arbeitnehmer selbst Beginn und Ende ihrer Arbeitszeit bestimmen können, die Funktionszeit, in der im Betrieb ein Ansprechpartner zur Verfügung stehen muss, die Begrenzung der Zulässigkeit von Zeitguthaben oder Zeitrückständen während eines bestimmten Zeitraums und deren Ausgleich, Verfallklauseln (hierzu *Hess. LAG* 09.11.1997 AuR 1998, 170; zu Kappungsregelungen s. a. Rdn. 349), Kontrolle der Arbeitszeit und das Verhältnis zu Mehrarbeit und Überstunden (zust. *LAG Baden- Württemberg* 11.07.2002 LAGE § 87 BetrVG 2001 Arbeitszeit Nr. 1 S. 16 = BB 2002, 1751 *[Bayreuther]*). Zur Gleitzeit bei Umsetzung der Tarifverträge über die »Flexibilisierung« der Arbeitszeit *Kock / Ulber* AiB 1986, 31. Bei einem System gleitender Arbeitszeit, in dessen Rahmen die Arbeitnehmer freie Tage ansparen können, besteht kein Mitbestimmungsrecht nach § 87 Abs. 1 Nr. 2 oder 3 hinsichtlich des durch die Teilnahme an einem **Betriebsausflug** bedingten und möglicherweise durch Vor- oder Nacharbeit auszugleichenden Arbeitsausfalls (*BAG* 27.01.1998 EzA § 87 BetrVG 1972 Arbeitszeit Nr. 58 S. 4 f. = AP Nr. 14 zu § 87 BetrVG 1972 Sozialeinrichtung Bl. 2 f.; *Kaiser / LK* § 87 Rn. 72; **a. M.** *LAG München* 20.03.1997 LAGE § 87 BetrVG 1972 Arbeitszeit Nr. 25 S. 3 ff. – Vorinstanz). Bei einer Gleitzeitvereinbarung mit Festlegung von Kernzeiten und Gleitzeitrahmen und der Verpflichtung der Arbeitnehmer, Abwesenheiten innerhalb der **Schalteröffnungszeiten** einer **Bank** mit dem Vorgesetzten abzustimmen, darf der Arbeitgeber die Schalteröffnungszeiten einseitig verändern, wenn diese noch innerhalb des Gleitzeitrahmens liegen (*LAG Rheinland-Pfalz* 20.03.1997 NZA-RR 1997, 390).

349 Der Arbeitgeber verstößt gegen eine Betriebsvereinbarung über die gleitende Arbeitszeit, wenn er im dienstlichen Interesse liegende **Schulungs-** und **Informationsveranstaltungen** für Kundenberater außerhalb der Kernzeit, aber innerhalb der Gleitzeit ohne Zustimmung des Betriebsrats ansetzt; unerheblich ist, ob den Arbeitnehmern die Teilnahme an der Veranstaltung freigestellt ist (*BAG* 18.04.1989 EzA § 87 BetrVG 1972 Arbeitszeit Nr. 35 S. 10 ff. = AP Nr. 33 zu § 87 BetrVG 1972 Arbeitszeit Bl. 4 ff. [zust. *Schüren / Feuerborn]* = SAE 1990, 62 *[abl. von Hoyningen-Huene]*). Sieht eine Betriebsvereinbarung zwingend einen täglichen Gleitzeitrahmen vor, können der Betriebsrat und bei groben Verstößen auch eine im Betrieb vertretene Gewerkschaft vom Arbeitgeber verlangen, dass dieser die Überschreitung des Gleitzeitrahmens durch Arbeitnehmer verhindert. Betriebsrat und Gewerkschaft können vom Arbeitgeber jedoch nicht die Durchführung einer tarifvertragswidrigen Betriebsvereinbarung verlangen. Sieht daher ein im Betrieb anwendbarer Tarifvertrag zwingend den vollständigen Ausgleich von Gleitzeitguthaben innerhalb eines bestimmten Zeitraums vor, können die Betriebsparteien in einer Betriebsvereinbarung nicht wirksam die Übertragung von Gleitzeitguthaben über den Ausgleichszeitraum hinaus vereinbaren (*BAG* 29.04.2004 EzA § 77 BetrVG 2001 Nr. 8 S. 17 ff. = AP Nr. 3 zu § 77 BetrVG 1972 Durchführung Bl. 7 R ff.; Vorinstanz *LAG Baden-Württemberg* 11.07.2002 LAGE § 87 BetrVG 2001 Arbeitszeit Nr. 1 S. 15 ff. = AP Nr. 3 zu § 77 Betriebsvereinbarung = BB 2002, 1751 *[Bayreuther]*). Sieht eine Betriebsvereinbarung vor, dass die Zeiten, die über die tägliche Höchstarbeitszeit von zehn Stunden hinaus geleistet wurden, nicht dem Gleitzeitkonto zugeführt, sondern gekappt werden, so führt diese **Kappung** von Arbeitsstunden dazu, dass die hiervon erfasste Arbeitszeit grundsätzlich nicht als nach § 87 Abs. 1 Nr. 2 i. V. m. Nr. 3 BetrVG zu verteilende Arbeitszeit behandelt wird. Mit einer solchen Regelung tragen die Betriebspartner jedoch zuerst gesetzlichen und ggf. auch tarifvertraglichen Grenzen der Arbeitszeitverteilung Rechnung. Durch die Kappung soll indes nicht in vergütungsrechtlich geschützte Positionen der betroffenen Arbeitnehmer eingegriffen werden, wenn auch jenseits der Höchstarbeitszeit Arbeitsleistung erbracht wird (*BAG* 10.12.2013 EzA § 87 BetrVG 2001 Arbeitszeit Nr. 19 Rn. 21 = AP Nr. 132 zu § 87 BetrVG 1972 Arbeitszeit; dazu *Karthaus* AuR 2015, 346). Zur **Überwachung** der **Gleitzeitkonten** durch den Betriebsrat *LAG Baden-Württemberg* 21.02.1994 BB 1994, 1352. Zu Gleitzeit und **Arbeitskampf** Rdn. 359.

kk) Arbeitsbereitschaft

Arbeitsbereitschaft ist die »**wache Achtsamkeit im Zustande der Entspannung**« (*BAG* 10.06.1959 AP Nr. 5 zu § 7 AZO Bl. 1 R; 12.02.1986 AP Nr. 7 zu § 15 BAT Bl. 2 R m. w. N.; 30.01.1996 EzA § 4 TVG Rotes Kreuz Nr. 2 S. 3 = AP Nr. 5 zu § 1 TVG Tarifverträge: DRK Bl. 2; 11.07.2006 EzA § 2 ArbZG Nr. 1 S. 11 = AP Nr. 10 zu § 611 BGB Dienstreise Bl. 5; zur Abgrenzung von Arbeitsbereitschaft, Bereitschaftsdienst und Rufbereitschaft *BAG* 19.12.1991 EzA § 611 BGB Arbeitsbereitschaft Nr. 1 S. 1 ff. = AP Nr. 1 zu § 67 BMT-G II Bl. 1 R ff.; *Baeck/Lösler* NZA 2005, 247 ff.; *Schlegel* Die Mitbestimmung des Betriebsrates bei Überstunden, S. 18 ff.; *Schliemann* ArbZG, § 87 BetrVG Rn. 16 ff.; *Tietje* Grundfragen des Arbeitszeitrechts, S. 78 ff., 93 ff., 102 ff.). Sie ist arbeitszeitrechtlich Arbeitszeit (bisher § 7 Abs. 2, § 8 Abs. 2, § 15 Abs. 1 Satz 3 AZO, nunmehr § 7 Abs. 1a ArbZG) und arbeitsvertragsrechtlich eine vergütungspflichtige Leistung des Arbeitnehmers (*BAG* 09.08.1978 AP Nr. 5 zu § 17 BAT Bl. 3 [*Herschel*]; *Hueck/Nipperdey* I, S. 36 Fn. 8; vgl. auch *BAG* 03.12.1986 BB 1987, 478). Die Abgrenzung gegenüber der normalen Arbeit ist problematisch (zum Ganzen *Gitter* ZfA 1983, 375 ff.). Bei einer Überwachungstätigkeit (ständige Beobachtung von Maschinen, Armaturen usw.) handelt es sich grundsätzlich um normale Arbeit. Bei einem Pförtner kommt es nach dem *BAG* (24.01.1962 AP Nr. 8 zu § 7 AZO Bl. 4) darauf an, ob er den Wachbereich ständig zu beobachten (Arbeit) oder ob er nur auf ein Klingelzeichen hin das Tor zu öffnen hat (Arbeitsbereitschaft). Auch von Feuerwehrleuten, Sanitätspersonal von Unfallstationen (*BAG* 12.02.1986 AP Nr. 7 zu § 15 BAT) oder Fahrern von Taxis wird in bestimmtem Umfang Arbeitsbereitschaft erbracht. Ungeachtet der im Einzelfall zweifelhaften Abgrenzung ist der Arbeitnehmer aber jedenfalls während der Arbeitsbereitschaft zeitlich gebunden, und der Arbeitgeber kann von dessen Arbeitskraft Gebrauch machen. Deshalb ist die **Arbeitsbereitschaft** als **Arbeitszeit i. S. d. § 87 Abs. 1 Nr. 2 und 3** anzusehen (*Gutzeit* BB 1996, 106 [107]; *Klebe/DKKW* § 87 Rn. 81; *Richardi* § 87 Rn. 301). Die auf Dauer beabsichtigte Einführung von Arbeitsbereitschaft unterliegt nicht der Mitbestimmung des Betriebsrats (*BAG* 12.02.1986 AP Nr. 7 zu § 15 BAT Bl. 3 R und Rdn. 424).

ll) Bereitschaftsdienst

Beim Bereitschaftsdienst hat sich der Arbeitnehmer nach der bisher maßgebenden Definition **für Zwecke des Betriebs an einer vom Arbeitgeber bestimmten Stelle innerhalb oder außerhalb des Betriebs aufzuhalten, um erforderlichenfalls seine volle Arbeitstätigkeit unverzüglich aufnehmen zu können** (*BAG* 10.06.1959 AP Nr. 5 zu § 7 AZO Bl. 2; 30.01.1996 EzA § 4 TVG Rotes Kreuz Nr. 2 S. 3 f. = AP Nr. 5 zu § 1 TVG Tarifverträge: DRK Bl. 2 f.; 29.02.2000 EzA § 87 BetrVG 1972 Arbeitszeit Nr. 61 S. 1 [*Wiese*] = AP Nr. 81 zu § 87 BetrVG 1972 Arbeitszeit; 24.10.2000 EzA § 11 BUrlG Nr. 48 S. 1 f. = AP Nr. 50 zu § 11 BUrlG Bl. 1 R; 22.11.2000 EzA § 4 TVG Rotes Kreuz Nr. 4 S. 1 = AP Nr. 10 zu § 1 TVG Tarifverträge: DRK Bl. 2 R; 11.07.2006 EzA § 2 ArbZG Nr. 1 S. 11 = AP Nr. 10 zu § 611 BGB Dienstreise Bl. 5; 25.04.2007 EzA § 611 BGB 2002 Arbeitsbereitschaft Nr. 4 Rn. 15 = AP Nr. 53 zu § 15 BAT). Der Bereitschaftsdienst gehörte nach dem ArbZG a. F. arbeitszeitlich nicht zur Arbeits-, sondern zur Ruhezeit (*BAG* 29.02.2000 EzA § 87 BetrVG 1972 Arbeitszeit Nr. 61 S. 1 [*Wiese*] = AP Nr. 81 zu § 87 BetrVG 1972 Arbeitszeit Bl. 3; 13.11.1986 AP Nr. 27 zu § 242 BGB Betriebliche Übung Bl. 4; differenzierend *BVerwG* 19.01.1988 DB 1988, 1022). Demgegenüber hat der *EuGH* in seinem **Urteil** (*Simap*) vom **03.10.2000** (EzA § 7 ArbZG Nr. 1 S. 10 ff. [*Streckel*] = AP Nr. 2 zu EWG Richtlinie Nr. 93/104 = AuR 2000, 465 [*Ohnesorg*] = SAE 2002, 332 [*R. Weber*]) den Bereitschaftsdienst, den (spanische) Ärzte der Teams zur medizinischen Grundversorgung in Form persönlicher Anwesenheit in der Gesundheitseinrichtung leisten, insgesamt als Arbeitszeit i. S. der Richtlinie 93/104/EG angesehen; dazu *BAG* 24.10.2000 EzA § 11 BUrlG Nr. 48 S. 3 = AP Nr. 50 zu § 11 BUrlG Bl. 2 f.; 29.11.2001 EzA § 7 ArbZG Nr. 3 S. 2 = AP Nr. 288 zu §§ 22, 23 BAT 1975 Bl. 1 R f.; 29.05.2002 EzA § 611 BGB Mehrarbeit Nr. 10 S. 8; *LAG Hamburg* 13.02.2002 AP Nr. 1 zu § 611 BGB Bereitschaftsdienst; 13.02.2002 LAGE § 7 ArbZG Nr. 1; *LAG Hamm* 07.11.2002 NZA-RR 2003, 289; *LAG Niedersach-*

sen 17.05.2002 LAGE § 7 ArbZG Nr. 2 S. 5 ff. = AP Nr. 5 zu § 611 BGB Bereitschaftsdienst = AuR 2003, 31 *[Streckel]* = SAE 2002, 332 *[R. Weber]*; *LAG Schleswig-Holstein* 12.03.2002 NZA 2002, 621; 18.12.2001 AP Nr. 45 zu § 15 BAT; *ArbG Gotha* 03.04.2001 EzA § 7 ArbZG Nr. 2; *ArbG Herne* 11.12.2001 AuR 2002, 114; *ArbG Kiel* 08.11.2001 DB 2001, 2655; 03.06.2002 NZA 2002, 980; *ArbG Lörrach* 26.09.2001 AuR 2002, 114; *Breezmann* AuR 2002, 114; *Buschmann* AuR 2002, 420; ders. AuR 2003, 1; *Ebener/Schmalz* DB 2001, 813; *Karthaus* AuR 2001, 485; *Litschen* NZA 2001, 1355; *Neumann/Biebl* ArbZG, § 7 Rn. 10 ff.; *Rapatinski* RdA 2003, 328 ff.; *Tietje* NZA 2001, 241; *Trägner* NZA 2002, 126.

352 Durch **Beschluss** vom **18.02.2003** (EzA § 7 ArbZG Nr. 4 = AP Nr. 12 zu § 611 BGB Arbeitsbereitschaft *[Trägner]* = SAE 2004, 265 *[Henssler/Henke]* = AuR 2003, 298 *[Linnenkohl]* = DB 2003, 1387 *[Koenigs]* = EuroAS 2003, 184 *[Reim]* = AR-Blattei ES 240. 3 Nr. 38 *[Neef]* = RdA 2004, 246 *[Wank]*; vgl. auch *Boerner/Boerner* NZA 2003, 883) hat das **BAG** entschieden, die Zuordnung von Bereitschaftsdienst zur Arbeitszeit i. S. d. Art. 2 Nr. 1 der RL 93/104/EG durch die Rechtsprechung des *EuGH* sei auf die Verhältnisse in Deutschland übertragbar. Bei nicht ordnungsgemäßer Umsetzung einer europäischen Richtlinie durch den nationalen Gesetzgeber komme eine unmittelbare Geltung und ein darauf beruhender Anwendungsvorrang der Richtlinie nur vertikal im Verhältnis zwischen Bürgern und öffentlichen Stellen, nicht dagegen horizontal im Verhältnis Privater untereinander in Betracht. Damit waren § 7 Abs. 1 Nr. 1a ArbZG und die auf ihm beruhenden tariflichen und betrieblichen Regelungen im Verhältnis zwischen dem Betriebsrat und dem Arbeitgeber weiterhin anwendbar (ferner BAG 05.06.2003 EzA § 7 ArbZG Nr. 6 = AP Nr. 7 zu § 611 BGB Bereitschaftsdienst). Durch **Urteil** vom **09.09.2003** *(Jaeger)* hat der *EuGH* (EzA § 7 ArbZG Nr. 5 = AP Nr. 7 zu EWG-Richtlinie Nr. 93/104 = DB 2003, 2066 *[Wurmnest]* = BB 2003, 2063 *[Franzen]*; hierzu *Abele* BB 2004, 555 f.; *Körner* NJW 2003, 3606 ff.; *Schunder* EuZW 2003, 1019; *Wank* ZRP 2003, 414 ff.; ferner *EuGH* 05.10.2004 BB 2004, 2353 *[Meinel]* = SAE 2005, 23 *[Konzen]*; 14.07.2005 AuR 2005, 415 *[Lörcher]*; 01.12.2005 NZA 2006, 89) auch für den in Deutschland geleisteten Bereitschaftsdienst entschieden, dass er als Arbeitszeit i. S. d. Art. 2 Abs. 1 der Arbeitszeitrichtlinie 93/104/EG anzusehen sei.

353 Die Entscheidungen des *EuGH* und des *BAG* waren betriebsverfassungsrechtlich indessen insofern ohne Bedeutung, als der **Bereitschaftsdienst** wegen der vom Arbeitnehmer in zeitlicher Hinsicht eingegangenen Bindung ohnehin **Arbeitszeit i. S. d. § 87 Abs. 1 Nr. 2 und 3** ist (BAG 29.02.2000 EzA § 87 BetrVG 1972 Arbeitszeit Nr. 61 S. 1 f. = AP Nr. 81 zu § 87 BetrVG 1972 Arbeitszeit Bl. 3 f.; 22.07.2003 EzA § 87 BetrVG 2001 Arbeitszeit Nr. 4 S. 10 = AP Nr. 108 zu § 87 BetrVG 1972 Arbeitszeit Bl. 4 R; *Fitting* § 87 Rn. 96; *Gutzeit* BB 1996, 106 [107]; *Kaiser/LK* § 87 Rn. 77; *Klebe/DKKW* § 87 Rn. 81; *Meisel/Hiersemann* AZO, § 2 Rn. 34; *Richardi* § 87 Rn. 256, 303, 350; *Worzalla/HWGNRH* § 87 Rn. 207; **a. M.** *Kilian* Arbeitszeit und Mitbestimmung des Betriebsrats, S. 69 ff.; *Stege/Weinspach/Schiefer* § 87 Rn. 64). Durch **Art. 4b** des **Gesetzes zu Reformen am Arbeitsmarkt** vom **24.12.2003** (BGBl. I, S. 3002) hat der Gesetzgeber das Arbeitszeitgesetz der Rechtsprechung des EuGH angepasst (dazu BAG 16.03.2004 EzA § 7 ArbZG Nr. 7 S. 6 f. = AP Nr. 2 zu § 2 ArbZG Nr. 2 Bl. 3 f.; 11.07.2006 EzA § 2 ArbZG Nr. 1 S. 11 f. = AP Nr. 10 zu § 611 BGB Dienstreise Bl. 5; *Boerner* GS *Heinze*, 2005, S. 69 ff.; *Reim* DB 2004, 186 ff.; *Schliemann* NZA 2004, 513 ff.). Die zusätzliche **Einführung** von Bereitschaftsdienst bedeutet eine über die betriebsübliche Arbeitszeit hinausgehende und den Arbeitnehmer in seiner Freizeitgestaltung beschränkende Bindung, die daher, sofern sie vorübergehend ist, nach § 87 Abs. 1 Nr. 3 mitbestimmungspflichtig ist (Rdn. 424), während deren **Durchführung** (Beginn und Ende sowie die Verteilung auf die einzelnen Wochentage, d. h. der Bereitschaftsdienstplan) der Mitbestimmung nach § 87 Abs. 1 Nr. 2 unterliegt. Davon ist wiederum die Leistung von Vollarbeit während eines Bereitschaftsdienstes zu unterscheiden, die nach § 87 Abs. 1 Nr. 3 mitbestimmungspflichtig ist (Rdn. 424).

354 Bereitschaftsdienst begründet regelmäßig arbeits- oder tarifvertraglich eine **geminderte Vergütungspflicht** (BAG 09.08.1978 AP Nr. 5 zu § 17 BAT Bl. 3; 05.06.2003 EzA § 7 ArbZG Nr. 6 S. 17 ff. = AP Nr. 7 zu § 611 BGB Bereitschaftsdienst Bl. 8 ff. *[Däubler/Reim]*; 28.01.2004 EzA § 611 BGB 2002 Arbeitsbereitschaft Nr. 1 S. 4 ff., Nr. 2 S. 8 ff. = AP Nr. 10 zu § 611 BGB Bereitschaftsdienst Bl. 3 ff. *[Ernst]*, dazu *Bauer/Krieger* BB 2004, 549 ff.); zum Ganzen auch *Anzinger* FS *Wissmann*, 2005, S. 3 ff.; *Richardi* NZA 2004 Sonderbeilage zu Heft 18 S. 12 ff. Allerdings sind Bereitschaftsdienst-

zeiten nach Ansicht des *BAG* mit dem gesetzlichen Mindestlohn zu vergüten (*BAG* 29.06.2016 EzA § 1 MiLoG Nr. 2 = AP Nr. 2 zu § 1 MiLoG *[krit. Wank]*, **a. M.** *Thüsing / Hütter* NZA 2015, 970). Eine **Änderung der Arbeitszeitrichtlinie** 93/104/EG war geplant (*Abeln* AuR 2005, 20 ff.; *Schliemann* NZA 2006, 1009 ff. = FS *Leinemann*, 2006, S. 781 ff.), ist aber vorerst gescheitert (zur Chronologie des Vermittlungsverfahrens zwischen Rat und Parlament *Erdmenger / Gran* AuR 2009, 201 f.; vgl. auch AuR 2013, 45, 79). Damit ist der Bereitschaftsdienst weiterhin vollständig als Arbeitszeit anzusehen.

mm) Rufbereitschaft
Rufbereitschaft (Hintergrunddienst) bedeutet die **Verpflichtung des Arbeitnehmers, sich an** 355 **einem von ihm selbst gewählten, dem Arbeitgeber mitzuteilenden Ort aufzuhalten, um auf Abruf die Arbeit in der Regel unverzüglich aufzunehmen** (*BAG* st. Rspr. 21.12.1982 EzA § 87 BetrVG 1972 Arbeitszeit Nr. 16 S. 106 f. = AP Nr. 9 zu § 87 BetrVG 1972 Arbeitszeit Bl. 2 *[Gast]* = SAE 1983, 321 *[Wiese]*; 26.02.1958 AP Nr. 3 zu § 7 AZO Bl. 1 R f.; 23.01.2001 EzA § 75 BPersVG Nr. 1 S. 8 = AP Nr. 78 zu § 75 BPersVG Bl. 3; 31.01.2002 EzA § 611 BGB Rufbereitschaft Nr. 2 S. 5; 29.10.2002 EzA § 4 ArbZG Nr. 1 S. 8 = AP Nr. 11 zu § 611 BGB Arbeitsbereitschaft Bl. 3 R *[Tietje]*; 11.07.2006 EzA § 2 ArbZG Nr. 1 S. 11 = AP Nr. 10 zu § 611 BGB Dienstreise Bl. 5; weitere Nachweise 9. Aufl. § 87 Rn. 339; *Hueck / Nipperdey* I, S. 36 f. Fn. 8; *Nikisch* I, S. 290; zur Rufbereitschaft, falls ein Arbeitnehmer auf Anordnung des Arbeitgebers außerhalb seiner regelmäßigen Arbeitszeit ein auf Empfang geschaltetes Funktelefon mitführen muss, um auf Abruf Arbeit zu leisten, indem er über das Funktelefon Anordnungen trifft oder weiterleitet, *BAG* 29.06.2000 EzA § 611 BGB Rufbereitschaft Nr. 1 S. 2 f. = AP Nr. 41 zu § 15 BAT Bl. 1 R f.). Mit der Rufbereitschaft ist die Anweisung des Arbeitgebers, die Arbeit innerhalb von 20 Minuten nach Abruf aufzunehmen, nicht zu vereinbaren (*BAG* 31.01.2002 EzA § 611 BGB Rufbereitschaft Nr. 2 S. 5 ff.). Nach h. M. gehört die Rufbereitschaft arbeitszeitrechtlich nicht zur Arbeitszeit, sondern zur Ruhezeit (*BAG* 12.02.1969 AP Nr. 1 zu § 9 TVAL II Bl. 4 R; *Neumann / Biebl* ArbZG, § 7 Rn. 33; *Meisel / Hiersemann* AZO, § 2 Rn. 41; **a. M.** *Fr. W. Kraft* AuR 1960, 353 [355]). Durch sie wird der Arbeitnehmer aber zu einer zusätzlichen Leistung verpflichtet, da er sich hinsichtlich der Dispositionsmöglichkeiten über seine Freizeit Beschränkungen unterwirft. Dem entspricht es, dass er für diese Leistung Anspruch auf eine **zusätzliche Vergütung** hat (*BAG* 12.02.1969 AP Nr. 1 zu § 9 TVAL II Bl. 4 R *[Beitzke]*; 03.12.1986 AP Nr. 1 zu § 30 MTB II Bl. 2 R; 29.06.2000 EzA § 611 BGB Rufbereitschaft Nr. 1 S. 2 ff. = AP Nr. 41 zu § 15 BAT Bl. 1 R f.; 09.10.2003 EzA § 611 BGB 2002 Rufbereitschaft Nr. 1 S. 1 ff. = AP Nr. 46 zu § 15 BAT Bl. 1 R f.; *Hueck / Nipperdey* I S. 37 Fn. 8). Setzt der Arbeitnehmer auf Anordnung des Arbeitgebers im unmittelbaren Anschluss an die Beendigung der regelmäßigen Arbeitszeit die Arbeit fort, so handelt es sich um Überarbeit, auch wenn der Arbeitnehmer im Anschluss an die regelmäßige Arbeitszeit dienstplanmäßig zur Rufbereitschaft eingeteilt war (*BAG* 26.11.1992 EzA § 611 BGB Arbeitsbereitschaft Nr. 2 S. 2 = AP Nr. 20 zu § 17 BAT Bl. 1 R *[Zängl]*). **Einführung** und **Umfang** der Rufbereitschaft beziehen sich auf die **Dauer der Arbeitszeit** und sind daher **nicht nach § 87 Abs. 1 Nr. 2** (*Richardi* § 87 Rn. 303; *Schwerdtner* DB 1983, 2763 [2770]; *Worzalla / HWGNRH* § 87 Rn. 207; **a. M.** *LAG* Berlin 18.03.1996 AiB 1996, 558 [559]; *Fitting* § 87 Rn. 127; *Klebe / DKKW* § 87 Rn. 103), **gegebenenfalls aber nach § 87 Abs. 1 Nr. 3 mitbestimmungspflichtig** (Rdn. 424; *Kaiser / LK* § 87 Rn. 77). Zu Smartphones und Rufbereitschaft *von Steinau-Steinrück* NJW-Spezial 2012, 178 f.

Davon ist die Regelung ihrer **zeitlichen Lage** zu unterscheiden, die Gegenstand des **Rufbereit-** 356 **schaftsplans** ist. Bei seiner Aufstellung sind sowohl die Interessen des Betriebs einerseits wie der Belegschaft andererseits als auch die Interessen der betroffenen Belegschaftsmitglieder untereinander auszugleichen. Die Aufstellung des Rufbereitschaftsplans begründet eine zeitliche Bindung des Arbeitnehmers hinsichtlich einer auf Abruf zu erbringenden Arbeitsleistung und ist daher als Regelung über die Lage der Arbeitszeit nach § 87 Abs. 1 Nr. 2 mitbestimmungspflichtig (*BAG* 21.12.1982 EzA § 87 BetrVG 1972 Arbeitszeit Nr. 16 S. 112 = AP Nr. 9 zu § 87 BetrVG 1972 Arbeitszeit Bl. 4 f. *[zust. Gast]* = SAE 1983 [321, 324] *[zust. Wiese]*; 23.07.1996 EzA § 87 BetrVG 1972 Arbeitszeit Nr. 55 S. 7, 8 *[Beyer-Delhey]* = AP Nr. 26 zu § 87 BetrVG 1972 Ordnung des Betriebes Bl. 3, 3 R; 23.01.2001 EzA § 75 BPersVG Nr. 1 S. 7 ff. = AP Nr. 78 zu § 75 BPersVG Bl. 2 R ff.; *Fitting* § 87 Rn. 96; *Kaiser / LK* § 87 Rn. 77; *Klebe / DKKW* § 87 Rn. 103; *Pieper* PersR 1987, 4 [5 ff.]; *Richardi* § 87 Rn. 303; *Schliemann* ArbZG, § 87 BetrVG Rn. 87; *Schlüter* Anm. *BAG* AP Nr. 10 zu § 12 AZO Bl. 5 R; *Schwerdtner*

§ 87   IV. 3. Soziale Angelegenheiten

DB 1983, 2763 [2770]; *Worzalla/HWGNRH* § 87 Rn. 207; vgl. auch *BAG* 05.07.1976 EzA § 12 AZO Nr. 2 S. 11 f. = AP Nr. 10 zu § 12 AZO Bl. 3 *[Schlüter]*; **a. M.** *H. Kilian* Arbeitszeit und Mitbestimmung des Betriebsrats, S. 71; *Stege/Weinspach/Schiefer* § 87 Rn. 64; zum BPersVG *BVerwG* 01.06.1987 PersR 1987, 244 ff. *[Pieper]*; 26.04.1988 PersR 1988, 186 f. *[Pieper]*).

nn) Zufallsbereitschaft

357 Zufallsbereitschaft ist weder Arbeits- noch Rufbereitschaft. Sie führt, ohne den Arbeitnehmer in seinem Freizeitverhalten einzuschränken, bei einem Not- oder Gefahrenfall zur Arbeitspflicht, wenn der Arbeitnehmer hiervon Kenntnis erlangt und aufgrund seiner Treuepflicht Hilfe (Arbeit) leisten muss, um Schaden abzuwenden; eine hierfür vereinbarte Wohnsitzklausel ist mitbestimmungsfrei (*LAG München* 09.01.1991 LAGE § 1 KSchG Verhaltensbedingte Kündigung Nr. 32 S. 1 ff.).

oo) Arbeitskampf

358 Während eines Arbeitskampfes ist hinsichtlich der Mitbestimmung nach § 87 Abs. 1 Nr. 2 zu unterscheiden (zum Ganzen *Kreutz/Jacobs* § 74 Rdn. 36 ff., insbesondere 62 ff.): Mitbestimmungsfrei ist jede Maßnahme, die arbeitskampfbedingt und unmittelbar auf das Kampfgeschehen bezogen ist (*Wiese* NZA 1984, 378 [381]; *Stege/Weinspach/Schiefer* § 87 Rn. 66; vgl. auch Rdn. 430 zu § 87 Abs. 1 Nr. 3). Verlängert oder verkürzt der Arbeitgeber in einem unmittelbar vom Arbeitskampf betroffenen Betrieb die Arbeitszeit, was er mitbestimmungsfrei kann (Rdn. 430), so hat der Betriebsrat auch nicht über die Lage der neuen Arbeitszeit mitzubestimmen (*LAG Niedersachsen* 21.11.2001 LAGE § 87 BetrVG 1972 Arbeitszeit Nr. 28 S. 4). Anders ist es, wenn der Arbeitgeber lediglich auf die Auswirkungen eines Arbeitskampfes reagiert, an dem sein Betrieb nicht beteiligt ist. Deshalb hat der Betriebsrat bei Regelung der Modalitäten einer nach den Rechtsgrundsätzen des Arbeitskampfrisikos verbleibenden Restarbeitszeit in mittelbar betroffenen Betrieben nach § 87 Abs. 1 Nr. 2 und 3 mitzubestimmen (Rdn. 431 ff., zur Lage der Restarbeitszeit Rdn. 440).

359 Eine Betriebsvereinbarung über gleitende Arbeitszeit findet keine Anwendung auf die Abwesenheit von Arbeitnehmern bei Teilnahme an einer Arbeitskampfmaßnahme (*LAG Frankfurt a. M.* 03.10.1984 DB 1986, 178). Jedoch kann in einer Betriebsvereinbarung bestimmt werden, dass Zeiten der **Teilnahme** an einem **Arbeitskampf** nicht zur Kürzung des Entgelts, sondern zur Belastung des Gleitzeitkontos führen (*BAG* 30.08.1994 AP Nr. 132 zu Art. 9 GG Arbeitskampf Bl. 2 ff.). Arbeitnehmer, die zu **Erhaltungs-** und **Notstandsarbeiten** in unmittelbar von einem Arbeitskampf betroffenen Betrieben verpflichtet sind (hierzu *Wiese* NZA 1984, 378 [381 f.] m. w. N.), unterliegen bei der Arbeitsleistung wie sonst dem Direktionsrecht des Arbeitgebers und werden vom Betriebsrat vertreten. Er hat daher auch nach Maßgabe des § 87 Abs. 1 Nr. 2 mitzubestimmen (*Brox/Rüthers* Arbeitskampfrecht, S. 288 f.; *Schiffer* Erhaltungsarbeiten im Arbeitskampf [Diss. Berlin], 1975, S. 102 f.; *Wiese* NZA 1984, 378 [383]; *Worzalla/HWGNRH* § 87 Rn. 217; **a. M.** wohl *Oetker* Die Durchführung von Not- und Erhaltungsarbeiten bei Arbeitskämpfen, 1984, S. 89 f.). Ist der Arbeitskampf bereits beendet und geht es bei einer Anordnung etwa von Überstunden und deren Lage allein um eine nachgreifende Kompensation von Streikfolgen, so verbleibt es beim Mitbestimmungsrecht des Betriebsrats (*Hess. LAG* 21.04.2016 LAGE § 87 BetrVG 2001 Arbeitszeit Nr. 10).

g) Pausen

360 Bei den Pausen i. S. d. § 87 Abs. 1 Nr. 2 handelt es sich vor allem um **Ruhepausen** i. S. d. § 4 ArbZG, durch die die Arbeitszeit von bestimmter Dauer unterbrochen wird und der Erholung dienen; sie zählen arbeitszeitrechtlich **nicht zur Arbeitszeit** und sind auch **nicht zu vergüten** (*BAG* 28.07.1981 EzA § 87 BetrVG 1972 Arbeitszeit Nr. 9 S. 58 *[zust. Kraft]* = AP Nr. 3 zu § 87 BetrVG 1972 Arbeitssicherheit Bl. 2 R f. *[zust. Richardi]*; 06.12.1983 EzA § 87 BetrVG 1972 Bildschirmarbeitsplatz Nr. 1 S. 26 *[Ehmann]* = AP Nr. 7 zu § 87 BetrVG 1972 Überwachung Bl. 12 *[Richardi]*; 23.06.1988 EzA § 242 BGB Betriebliche Übung Nr. 24 S. 12 f. = AP Nr. 33 zu § 242 BGB Betriebliche Übung Bl. 5 R f.; 01.07.2003 EzA § 87 BetrVG 2001 Arbeitszeit Nr. 3 S. 7 = AP Nr. 107 zu § 87 BetrVG 1972 Arbeitszeit Bl. 3 R = SAE 2004, 188 *[Kraft]*; 22.07.2003 EzA § 87 BetrVG 2001 Arbeitszeit Nr. 4 S. 13 f. = AP Nr. 108 zu § 87 BetrVG 1972 Arbeitszeit Bl. 6 f.; 25.02.2015 EzA § 87 BetrVG 2001 Arbeitszeit Nr. 22 Rn. 21 = AP Nr. 137 zu § 87 BetrVG 1972 Arbeitszeit; 25.02.2015 EzA

§ 295 BGB 2002 Nr. 1 Rn. 21 = AP Nr. 136 zu § 615 BGB; *BVerwG* 08.01.2001 AP Nr. 79 zu § 75 BPersVG Bl. 2 R; *LAG Hamm* 04.12.1985 NZA 1986, Beil. Nr. 2, S. 29; 25.07.1986 LAGE § 242 BGB Betriebliche Übung Nr. 2 S. 11; *LAG Niedersachsen* 25.03.1982 DB 1982, 2039). Jedoch wird die arbeitsrechtliche Bedeutung von Ruhepausen nicht dadurch aufgehoben, dass für sie eine **Vergütungspflicht vereinbart** wird (*Gaul* NZA 1987, 649 [652]; *Kaiser/LK* § 87 Rn. 80). Das gilt auch für tariflich geregelte vergütungspflichtige Pausen, jedoch besteht das Mitbestimmungsrecht nur hinsichtlich der Festlegung ihrer zeitlichen Lage (*BAG* 01.07.2003 EzA § 87 BetrVG 2001 Arbeitszeit Nr. 3 S. 6 ff. = AP Nr. 107 zu § 87 BetrVG 1972 Arbeitszeit Bl. 3 ff. *[Bauer/Krets]* = SAE 2004, 188 *[Kraft]*; *Kohte* FS Wissmann, S. 331 [339]; *Schliemann* ArbZG, § 87 BetrVG Rn. 90). Bezahlte Lärmpausen sind aber keine Pausen i. S. d. § 87 Abs. 1 Nr. 2 (*BAG* 28.07.1981 EzA § 87 BetrVG 1972 Arbeitszeit Nr. 9 S. 57 f. *[Kraft]* = AP Nr. 3 zu § 87 BetrVG 1972 Arbeitssicherheit Bl. 2 R f. *[Richardi]*). Ruhepausen i. S. d. Arbeitszeitrechts sind Unterbrechungen der Arbeitszeit von bestimmter Dauer, die der Erholung dienen; es muss sich um **im Voraus festliegende** Unterbrechungen der Arbeitszeit handeln, in denen der Arbeitnehmer weder Arbeit zu leisten noch sich dafür bereitzuhalten hat (*BAG* 29.10.2002 EzA § 4 ArbZG Nr. 1 S. 5 f. = AP Nr. 11 zu § 611 BGB Arbeitsbereitschaft *[Tietje]*). Eine Ruhepause steht allerdings bereits dann im Voraus fest, wenn dem Arbeitnehmer bei Beginn seiner täglichen Arbeitsaufnahme Beginn und Dauer der Ruhepause mitgeteilt werden. Eine Festlegung von Lage und Dauer der gesetzlichen Pause schon vor Aufnahme der täglichen Arbeitszeit verlangt § 4 Satz 1 ArbZG nicht (*BAG* 25.02.2015 EzA § 87 BetrVG 2001 Arbeitszeit Nr. 22 Rn. 26, 28 = AP Nr. 137 zu § 87 BetrVG 1972 Arbeitszeit; 25.02.2015 EzA § 295 BGB 2002 Nr. 1 Rn. 26, 28 = AP Nr. 136 zu § 615 BGB). **Lenkzeitunterbrechungen** bei Straßenbahnfahrern, während deren der Arbeitnehmer keine Arbeitsleistung zu erbringen hat, keine Arbeitsbereitschaft verlangt wird und die mindestens acht Minuten betragen, sind Ruhepausen i. S. d. §§ 4, 7 Abs. 1 Nr. 2 ArbZG i. V. m. § 9 Abs. 2 Satz 1 Nr. 2 TV-N Berlin (*BAG* 13.10.2009 EzA § 4 ArbZG Nr. 2 Rn. 25 = AP Nr. 4 zu § 2 ArbZG). Be- und Entladezeiten, während deren der Kraftfahrer sein Fahrzeug und das Betriebsgelände zwar verlassen darf, einem Arbeitsaufruf aber umgehend nachzukommen hat, sind keine Ruhepausen, sondern Arbeitsbereitschaft i. S. d. § 2 MTV für den Güter- und Möbelfernverkehr (*BAG* 29.10.2002 EzA § 4 ArbZG Nr. 1 S. 6 ff. = AP Nr. 11 zu § 611 BGB Arbeitsbereitschaft Bl. 3 ff. *[Tietje]*). Zum Erfordernis einer kollektiven Regelung Rdn. 296. Zu Pausenregelungen für **Teilzeitkräfte** Rdn. 327. Zum Verbot, den Betrieb während einer Ruhepause zu verlassen, *BAG* 21.08.1990 EzA § 87 BetrVG 1972 Betriebliche Ordnung Nr. 16 S. 3 ff. *[Joost]* = AP Nr. 17 zu § 87 BetrVG 1972 Ordnung des Betriebes Bl. 1 R ff. und Rdn. 236.

Bei der Regelung von Ruhepausen haben die Betriebspartner §§ 4, 8 ArbZG, § 11 JArbSchG zu beachten. Die Mitbestimmung des Betriebsrats bezieht sich sowohl auf die **Lage** als auch auf die **Dauer** der Pausen (*BAG* 13.10.1987 EzA § 87 BetrVG 1972 Arbeitszeit Nr. 25 S. 8 = AP Nr. 24 zu § 87 BetrVG 1972 Arbeitszeit Bl. 6 R; *LAG Hamm* 04.12.1985 NZA 1986, Beil. Nr. 2, S. 29; 25.07.1986 LAGE § 242 BGB Betriebliche Übung Nr. 2 S. 11; *Fitting* § 87 Rn. 118; *Kaiser/LK* § 87 Rn. 79; *Richardi* § 87 Rn. 276; *Worzalla/HWGNRH* § 87 Rn. 208; **a. M.** *Kammann/Hess/Schlochauer* § 87 Rn. 68). Das ist lediglich die Konsequenz der Mitbestimmung über die Lage der Arbeitszeit und daher kein Widerspruch zu der Rdn. 284 ff. dargelegten Auffassung, dass der Betriebsrat hinsichtlich der Dauer der Arbeitszeit nicht mitzubestimmen hat. Mitbestimmungspflichtig ist es, wenn Ruhepausen auf Zeiten einer aus **produktionstechnischen Gründen eintretenden Arbeitsunterbrechung** gelegt oder auf eine solche angerechnet werden sollen (*BAG* 04.06.1969 AP Nr. 1 zu § 16 BMT – G II Bl. 2 f. *[Herschel]*; *Galperin/Löwisch* § 87 Rn. 90a; *Herschel* DB 1965, 553 [554]); die Arbeitsunterbrechung als solche unterliegt dagegen nicht der Mitbestimmung (*LAG Niedersachsen* 25.09.1982 DB 1982, 2039; *Kaiser/LK* § 87 Rn. 80; *Moll* ZIP 1982, 889 [893]; *Richardi* § 87 Rn. 277; *Worzalla/HWGNRH* § 87 Rn. 208).

Keine Pausen i. S. d. § 87 Abs. 1 Nr. 2 sind die nach § 3 Abs. 1 ArbStättV i. V. m. Nr. 6.1 Abs. 2 Anhang zur ArbStättV (vormals: § 5 BildscharbV) oder tarifvertraglich vorgeschriebenen **Unterbrechungen** der **Arbeit an Bildschirmgeräten**, während deren eine anderweitige Beschäftigung zulässig ist (*BAG* 06.12.1983 EzA § 87 BetrVG 1972 Bildschirmarbeitsplatz Nr. 1 S. 26 f. *[Ehmann]* = AP Nr. 7 zu § 87 BetrVG 1972 Überwachung Bl. 12 *[Richardi]* = SAE 1985, 225 *[Heinze]*; *BVerwG* 08.01.2001 AP Nr. 79 zu § 75 BPersVG Bl. 2 R; *LAG Niedersachsen* 25.03.1982 DB 1982, 2039; *ArbG München* 21.02.1980 DB 1980, 1700; *Moll* ZIP 1982, 889 [893]; *Richardi* § 87 Rn. 277; *Worzal-*

361

362

la/HWGNRH § 87 Rn. 208; **a. M.** *Denck* RdA 1982, 279 [289]). Die Festlegung zusätzlicher bezahlter oder unbezahlter Pausen für die an Bildschirmgeräten tätigen Arbeitnehmer innerhalb der festliegenden Arbeitszeit bedeutet eine Verkürzung der Dauer der Arbeitszeit und ist daher schon deshalb nach § 87 Abs. 1 Nr. 2 nicht mitbestimmungspflichtig (Rdn. 284 ff., 305; im Ergebnis ebenso *BAG* 06.12.1983 EzA § 87 BetrVG 1972 Bildschirmarbeitsplatz Nr. 1 S. 26 f. = AP Nr. 7 zu § 87 BetrVG 1972 Überwachung Bl. 12; *LAG Baden-Württemberg* 18.02.1981 DB 1981, 1781 [1782], das die Mitbestimmung jedoch wegen einer bestehenden tariflichen Regelung über die Dauer der Arbeitszeit verneint; *Bähringer* RdA 1981, 364 [367], der aber hinsichtlich unbezahlter zusätzlicher Pausen die Mitbestimmung bejaht; so auch *Marsch-Barner* AR-Blattei, Betriebsverfassung XIV B 1, B II 1b bb; *Moll* ZIP 1982, 889 [893]; zu tariflichen Regelungen auch *Bosman* NZA 1984, 185 [186]; zur Mitbestimmung nach § 3 Abs. 1 ArbStättV i. V. m. Nr. 6.1. Abs. 2 Anhang zur ArbStättV [vormals § 5 BildscharbV] noch. Rdn. 659 f.). Zum Verstoß des Arbeitgebers gegen eine mit dem Betriebsrat in einem Dienstplan vereinbarte Pausenregelung *BAG* 07.02.2012 EzA § 23 BetrVG 2001 Nr. 6 Rn 14 ff. = AP Nr. 128 zu § 87 BetrVG 1972 Arbeitszeit.

363 Keine Ruhepausen sind die **Erholungszeiten** beim **Akkord**, hinsichtlich deren dem Betriebsrat daher die Mitbestimmung nicht nach § 87 Abs. 1 Nr. 2 (*LAG Hamm* 04.12.1985 NZA 1986, Beil. Nr. 2, S. 29; *ArbG München* 21.02.1980 DB 1980, 1700; *Fitting* § 87 Rn. 119; *Kaiser/LK* § 87 Rn. 79; *Richardi* § 87 Rn. 277; *Worzalla/HWGNRH* § 87 Rn. 208), wohl aber nach § 87 Abs. 1 Nr. 10 und 11 zusteht (Rdn. 935, 1035).

364 Nicht mitbestimmungspflichtig ist die nach den einschlägigen Tarifverträgen zu entscheidende Rechtsfrage, ob im **Dreischichtenbetrieb** die bisher **bezahlten Pausen** auf eine spätere tarifliche **Arbeitszeitverkürzung angerechnet** werden können und Pausen zu vergüten sind; eine Regelung dieser Frage durch Einigungsstellenspruch wäre unwirksam (*LAG Hamm* 04.12.1985 NZA 1986, Beil. Nr. 2, S. 29; *ArbG Braunschweig* 18.09.1985 NZA 1986, 30 [31]; *ArbG Rheine* 26.06.1985 NZA 1985, 603; zur Rechtsfrage außerdem *ArbG Rheine* 28.05.1986 NZA 1986, Beil. Nr. 2, S. 26; *Brunz* NZA 1986, Beil. Nr. 2, S. 3 [10 f.] m. w. N.; *Däubler* BB 1985, 1856; *Gaul* NZA 1987, 649; *Siever/Osthelder* BB 1986, 189; *Ziepke* BB 1985, 287). Bezahlte Pausen können jedoch Gegenstand einer freiwilligen Betriebsvereinbarung sein, soweit § 77 Abs. 3 nicht entgegensteht (§ 88; *Gaul* NZA 1987, 649 [655 f.]). Zu einem tariflichen Anspruch auf bezahlte Pausen zur Einnahme von Mahlzeiten in Dreischichtbetrieben *BAG* 21.10.1987 EzA § 4 TVG Metallindustrie Nr. 35 S. 4 ff. = AP Nr. 59 zu § 1 TVG Tarifverträge: Metallindustrie Bl. 2 ff.; *LAG Hamm* 26.07.1988 DB 1988, 2105.

h) Initiativrecht

365 Im Rahmen der Mitbestimmung nach § 87 Abs. 1 Nr. 2 hat der Betriebsrat grundsätzlich in vollem Umfang ein Initiativrecht (*Wiese* Initiativrecht, S. 41 f.; allgemein *Wiese* Rdn. 141 ff.; ebenso *BAG* 31.08.1982 EzA § 87 BetrVG 1972 Arbeitszeit Nr. 13 S. 96 [*Richardi*] = AP Nr. 8 zu § 87 BetrVG 1972 Arbeitszeit Bl. 6 [*Rath-Glawatz*]; 23.06.1992 EzA § 611 BGB Direktionsrecht Nr. 12 S. 6 = AP Nr. 1 zu § 611 BGB Arbeitszeit Bl. 3; 26.10.2004 EzA § 87 BetrVG 2001 Arbeitszeit Nr. 7 S. 10 = AP Nr. 113 zu § 87 BetrVG 1972 Arbeitszeit Bl. 5 [*Joussen*]; *LAG Baden-Württemberg* 28.02.1980 EzA § 87 BetrVG 1972 Initiativrecht Nr. 4 S. 42 ff. [*Schwerdtner*]; *Richardi* § 87 Rn. 310; *Worzalla/ HWGNRH* § 87 Rn. 209, 219). Er kann es z. B. geltend machen, um entweder auf Dauer (verlängertes Wochenende) oder aus besonderem Anlass (Feiertag) die Arbeitszeit eines bestimmten Arbeitstages auf andere Tage zu verteilen. Das Initiativrecht ist auch gegeben, wenn durch eine Änderung der bestehenden Arbeitszeitregelung – z. B. durch den vom Betriebsrat angestrebten Ausfall einer Schicht – Umstellungen des Produktionsablaufs erforderlich werden sollten. Das hätte zwar mittelbar Auswirkungen auf den unternehmerischen Bereich, würde jedoch grundsätzlich (vgl. aber Rdn. 337 f.) weder die unternehmerische Entscheidungsfreiheit beseitigen noch ihren Kernbereich beeinträchtigen (*Wiese* Initiativrecht, S. 42, und *ders.* Rdn. 151 ff.).

366 Der Betriebsrat hat aber kein Mitbestimmungsrecht hinsichtlich der **Betriebsnutzungszeit** (Rdn. 314, 335 f.) und könnte daher nicht Arbeit an einem Tage durchsetzen, an dem der Arbeitgeber den Betrieb geschlossen halten möchte (zur Einführung eines Rolliersystems Rdn. 344). Gleiches gilt für die Einführung von Schichtarbeit (Rdn. 336) oder für zusätzliche Schichten, die zu einer Verlängerung der Betriebsnutzungszeit führen würden (im Ergebnis ebenso *Friedman* Das Initiativrecht des

Betriebsrats, S. 110 f.; *Matthes*/MünchArbR § 244 Rn. 50). Anders wäre es dagegen, wenn es um eine zusätzliche Schicht unter gleichzeitiger Verkürzung der bisherigen Schichten bei gleichbleibender Betriebsnutzungszeit ginge. In keinem Fall könnte nach § 87 Abs. 1 Nr. 2 der Betriebsrat eine Veränderung der **Dauer** der **Arbeitszeit** der betroffenen Arbeitnehmer durchsetzen (Rdn. 284 ff.). Das Initiativrecht besteht auch, wenn die **Ladenöffnungszeiten** an die geänderte Arbeitszeit des Verkaufspersonals angepasst werden müssen (*BAG* 31.08.1982 EzA § 87 BetrVG 1972 Arbeitszeit Nr. 13 S. 96 [*Richardi*] = AP Nr. 8 zu § 87 BetrVG 1972 Arbeitszeit Bl. 6 [*Rath-Glawatz*] = SAE 1983, 134 [*Löwisch*] = JuS 1983, 564 [*Reuter*] = AiB 1981, 111, 191 [*Schneider*]; *LAG* Baden-Württemberg 28.02.1980 EzA § 87 BetrVG 1972 Initiativrecht Nr. 4 S. 43 f. [*Schwerdtner*]). Jedoch sind die unternehmerischen Belange von der Einigungsstelle angemessen zu berücksichtigen (§ 76 Abs. 5 Satz 3). Das ist in dem vom *BAG* entschiedenen Rechtsstreit nicht geschehen (Rdn. 317).

i) Durchführung der Mitbestimmung; Wirksamkeitsvoraussetzung

Die Mitbestimmung nach § 87 Abs. 1 Nr. 2 kann vom Betriebsrat durch **Betriebsabsprache** oder **Betriebsvereinbarung** ausgeübt werden (allgemein *Wiese* Rdn. 88 ff.; *BAG* 16.12.2008 EzA § 8 TzBfG Nr. 23 Rn. 63 m. w. N. = AP Nr. 27 zu § 8 TzBfG; *LAG* Frankfurt a. M. 27.11.1986 LAGE § 87 BetrVG 1972 Nr. 5 S. 9; *Galperin/Löwisch* § 87 Rn. 97; *Richardi* § 87 Rn. 324; *Worzalla/HWGNRH* § 87 Rn. 219). Im Hinblick auf deren normative Wirkung empfiehlt sich jedoch der Abschluss einer Betriebsvereinbarung. 367

Da die Regelung der Arbeitszeit gemäß § 87 Abs. 1 Nr. 2 grundsätzlich betriebs- und nicht unternehmensbezogen ist, ist der **Gesamtbetriebsrat** nur ausnahmsweise zuständig, wenn wegen produktionstechnischer Abhängigkeiten mehrerer Betriebe voneinander eine einheitliche Regelung aus sachlichen Gründen zwingend erforderlich ist (*BAG* 23.09.1975 AP Nr. 1 zu § 50 BetrVG 1972 Bl. 2 ff. [*Löwisch/Mikosch*] = EzA § 50 BetrVG 1972 Nr. 1 S. 3 ff. [*Kittner*] = AuR 1976, 188 [*Mothes*] = SAE 1976, 97 [*Galperin*]; 19.06.2012 EzA § 50 BetrVG 2001 Nr. 11 Rn. 20 ff. = AP Nr. 35 zu § 50 BetrVG 1972; *Hess. LAG* 18.07.2016 – 16 TaBV 1/16; *LAG* Niedersachsen 21.05.2015 – 5 TaBV 96/14, Rn. 57 ff.; *LAG* Schleswig-Holstein 09.06.2015 – 1 TaBV 4 b/15, Rn. 73). In mitbestimmungspflichtigen Angelegenheiten nach § 87 Abs. 1 ist der Gesamtbetriebsrat nicht schon deshalb nach § 50 Abs. 1 Satz 1 für den Abschluss einer Betriebsvereinbarung zuständig, weil ein die Angelegenheit regelnder Tarifvertrag lediglich freiwillige ergänzende Betriebsvereinbarungen zulässt und der Arbeitgeber nur zum Abschluss einer unternehmenseinheitlichen Betriebsvereinbarung mit dem Gesamtbetriebsrat bereit ist (*BAG* 09.12.2003 EzA § 50 BetrVG 2001 Nr. 3 S. 6 ff. = AP Nr. 27 zu § 50 BetrVG 1972 Bl. 3 ff.). Zur fehlenden Beteiligteneigenschaft des Gesamtbetriebsrats im Verfahren über ein umstrittenes Mitbestimmungsrecht des örtlichen Betriebsrats *BAG* 13.03.1984 EzA § 83 ArbGG 1979 Nr. 2 S. 7 f. = AP Nr. 9 zu § 83 ArbGG 1979 Bl. 2 R f. und zum Ganzen *Wiese* Rdn. 2, *Kreutz/Franzen* § 50 Rdn. 22 ff. sowie *Siebert* Die Zuständigkeit des Gesamtbetriebsrates (Diss. Osnabrück), 1999, S. 121 ff. 368

Die Mitbestimmung des Betriebsrats nach § 87 Abs. 1 Nr. 2 ist **Wirksamkeitsvoraussetzung** für die Festlegung der Arbeitszeit (*Wiese* Rdn. 100; *BAG* 05.07.1976 EzA § 12 AZO Nr. 2 S. 11 = AP Nr. 10 zu § 12 AZO Bl. 3 [*Schlüter*]; *LAG* Düsseldorf 23.08.1983 BB 1983, 2052; *LAG* Frankfurt a. M. 27.11.1986 LAGE § 87 BetrVG 1972 Nr. 5 S. 7 f.; *Galperin/Löwisch* § 87 Rn. 99; *Gamillscheg* Arbeitsrecht II, S. 362 f.; *H. Hanau* Individualautonomie, S. 201, soweit Interessen Dritter unmittelbar beeinträchtigt werden; *Kaiser/LK* § 87 Rn. 81; *Matthes*/MünchArbR § 244 Rn. 64; **a. M.** *Hurlebaus* Fehlende Mitbestimmung bei § 87 BetrVG, S. 91 [133], für freiwillige einzelvertragliche Vereinbarungen; *Worzalla/HWGNRH* § 87 Rn. 222 f.; einschränkend *Richardi* 87 Rn. 333; zum Notfall *Wiese* Rdn. 167 f.). Hat der Arbeitgeber einseitig Beginn und Ende der täglichen Arbeitszeit oder die Pausen neu festgelegt, ist dies für die Arbeitnehmer unbeachtlich. Es gilt daher die bisherige Arbeitszeitregelung weiter, bis sie wirksam geändert worden ist (vgl. auch *BAG* 25.10.1977 EzA § 615 BGB Nr. 34 S. 102 = AP Nr. 1 zu § 87 BetrVG 1972 Arbeitszeit Bl. 2 R [*Wiedemann/Moll*]; *LAG* Köln 26.04.2013 LAGE § 4 ArbZG Nr. 5 Rn. 151 ff. – für sog. Breakstunden). Nimmt der Arbeitgeber die Arbeitsleistung des Arbeitnehmers nicht an, kommt er in Annahmeverzug und hat trotz Nichtleistung der Arbeit das Arbeitsentgelt zu zahlen (§ 615 BGB). Erbringt der Arbeitnehmer entsprechend der vom Arbeitgeber einseitig vorgenommenen Änderung der Arbeitszeit die Arbeitsleistung, so hat er Anspruch auf 369

Vergütung für die tatsächlich geleistete Arbeit, kann aber nicht zusätzlich eine Vergütung für die Zeit verlangen, in der er nicht gearbeitet hat, nach der bisherigen Regelung aber zur Arbeit verpflichtet gewesen wäre (*BAG* 05.07.1976 EzA § 12 AZO Nr. 2 S. 12 = AP Nr. 10 zu § 12 AZO Bl. 3; 04.06.1969 AP Nr. 1 zu § 16 BMT - G II Bl. 3 *[Herschel]*; *Galperin/Löwisch* § 87 Rn. 99; *H. Hanau* Individualautonomie, S. 202; *Richardi* § 87 Rn. 122, 333).

370 Kein Verstoß gegen die Mitbestimmung ist es, wenn durch Betriebsvereinbarung dem Arbeitgeber das Recht eingeräumt wird, unter bestimmten Voraussetzungen einseitig eine einzelne Arbeitszeitregelung zu ändern, also z. B. eine bestimmte Schicht zu verlegen (*Galperin/Löwisch* § 87 Rn. 101; krit. *Worzalla/HWGNRH* § 87 Rn. 220). Hier wird die Mitbestimmung durch die Regelung der Betriebsvereinbarung verwirklicht und nicht etwa unzulässiger Weise auf betriebsverfassungsrechtliche Befugnisse verzichtet (Rdn. 5 f.). Jedoch darf der Arbeitgeber ein ihm vorbehaltenes Widerrufsrecht nur nach billigem Ermessen (§ 315 BGB) ausüben (*LAG Düsseldorf* 19.06.1975 DB 1975, 1463). Zur Delegation der Regelungsbefugnis auf Arbeitnehmergruppen in Arbeitszeitfragen durch Betriebsvereinbarung *Trümner* Arbeitsrecht und Arbeitsgerichtsbarkeit, S. 395 ff.

371 Bei einer vom Arbeitgeber einseitig angeordneten Veränderung der Lage der Arbeitszeit und der Pausen sind die Arbeitnehmer nicht nur individualrechtlich geschützt (Rdn. 369). Vielmehr hat der **Betriebsrat** auch **Ansprüche gegen** den **Arbeitgeber** auf **Beseitigung** des andauernden betriebsverfassungswidrigen Zustandes bzw. auf **Unterlassung** für die Zukunft, die unabhängig von § 23 Abs. 3 bestehen (zum Ganzen *Oetker* § 23 Rdn. 148 ff., vor allem § 23 Rdn. 164 ff., 183 f., 210 ff. m. w. N.; zum Verstoß gegen § 87 Abs. 1 Nr. 2 insbesondere *BAG* 25.02.1997 EzA § 87 BetrVG 1972 Arbeitszeit Nr. 57 S. 8 = AP Nr. 72 zu § 87 BetrVG 1972 Arbeitszeit Bl. 4; 29.04.2004 EzA § 77 BetrVG 2001 Nr. 8 S. 22 ff. = AP Nr. 3 zu § 77 BetrVG 1972 Durchführung Bl. 9 R ff.; *LAG Bremen* 15.06.1984 DB 1984, 1935; 25.07.1986 LAGE § 23 BetrVG 1972 Nr. 7 S. 20 f.; *LAG Düsseldorf* 23.08.1983 BB 1983, 2052 = AiB 1984, 143 *[Trittin]*; *LAG Frankfurt a. M.* 24.03.1987 AiB 1987, 168; 11.08.1987 BB 1988, 68 [69]; 19.04.1988 LAGE § 99 BetrVG 1972 Nr. 17 S. 4 ff.; *LAG Hamburg* 09.05.1989 LAGE § 23 BetrVG 1972 Nr. 26 S. 9 ff.; *LAG Köln* 22.04.1985 BB 1985, 1332; *LAG München* 20.03.1987 LAGE § 87 BetrVG 1972 Arbeitszeit Nr. 25 S. 5; *ArbG Münster* 08.09.1986 AiB 1986, 236 [237]; 08.09.1986 BB 1987, 61; *Blanke* AiB 1984, 179 [183 f.]; *Galperin/Löwisch* § 87 Rn. 41a, 100; *Salje* DB 1988, 909 ff.). Zum Anspruch des Betriebsrats im Falle eines durch Tarifvertrag eingeräumten Mitbestimmungsrechts bei Absenkung der Arbeitszeit zwecks Erhaltung von Arbeitsplätzen auf Unterlassung von Kündigungen vor Abschluss des tariflichen Mitbestimmungsverfahrens *LAG Hamburg* 24.06.1997 LAGE § 1 TVG Nr. 7. Solange der Betriebsrat die Anordnung von Feiertagsarbeit dadurch verhindern kann, dass er ihr die nach § 87 Abs. 1 Nr. 2 und § erforderliche Zustimmung versagt, fehlt seinem Antrag auf gerichtliche Feststellung der Rechtswidrigkeit von Feiertagsarbeit an Wertpapierbörsen das allgemeine Rechtsschutzinteresse (*BAG* 27.01.2004 EzA § 256 ZPO Nr. 6 S. 7 f. = AP Nr. 56 zu § 81 ArbGG 1979 Bl. 3 R).

372 **Durch einstweilige Verfügung** kann dem Arbeitgeber aufgegeben werden, eine betriebsverfassungswidrige Maßnahme wieder aufzuheben (allgemein *Oetker* § 23 Rdn. 186 sowie zu § 87 Abs. 1 Nr. 2 insbesondere *LAG Bremen* 15.06.1984 DB 1984, 1935; 25.07.1986 LAGE § 23 BetrVG 1972 Nr. 7 S. 20 f.; *LAG Frankfurt a. M.* 03.04.1978 NJW 1979, 783; 24.03.1987 AiB 1987, 168; 11.08.1987 LAGE § 23 BetrVG 1972 Nr. 12 S. 1 f.; 19.04.1988 LAGE § 99 BetrVG 1972 Nr. 17 S. 4; 24.10.1989 LAGE § 87 BetrVG 1972 Arbeitszeit Nr. 17 S. 3; *LAG Hamburg* 09.05.1989 LAGE § 23 BetrVG 1972 Nr. 26 S. 9; *LAG Hamm* 19.04.1973 DB 1973, 1024; *LAG Köln* 22.04.1985 BB 1985, 1332; *ArbG Bielefeld* 12.01.1973 DB 1973, 384; *ArbG Münster* 08.09.1986 BB 1987, 61; *ArbG Solingen* 09.01.1986 DB 1986, 1027; *Blanke* AiB 1984, 179 [183]; *Galperin/Löwisch* § 87 Rn. 41a, 100; *Salje* DB 1988, 909 [912]; a. M. *LAG Hamburg* 28.05.1984 DB 1984, 1579; *LAG Rheinland-Pfalz* 30.04.1986 DB 1986, 1629; *ArbG Koblenz* 22.01.1986 DB 1986, 487; *Stege/Weinspach/Schiefer* § 87 Rn. 68d; *Worzalla/HWGNRH* § 87 Rn. 222). Zur einstweiligen Verfügung im Verfahren nach § 23 Abs. 3 *Oetker* § 23 Rdn. 262 f. Durch einstweilige Verfügung kann dagegen nicht eine bestimmte Arbeitszeitregelung z. B. nach den Tarifverträgen über die Umsetzung der 38,5-Stunden-Woche angeordnet werden, da es sich hierbei um keine Rechts-, sondern eine Regelungsstreitigkeit handelt (*ArbG Hamburg* 09.04.1985 NZA 1985, 404). Zur Unzulässigkeit einer einstweiligen Verfügung gegen Einführung vollkontinuierlicher Arbeit aufgrund eines Einigungsstellenspruches, solange die Rechts-

lage nicht durch eine Entscheidung im Hauptverfahren geklärt ist, *LAG Baden-Württemberg* 07.11.1989 NZA 1990, 286. Vgl. auch *LAG Düsseldorf* 12.12.2007 AuR 2008, 162: kein unzulässiges Koppelungsgeschäft, wenn Zustimmung zur Veränderung der Lage und Verteilung der Arbeitszeit von einer finanziellen »Kompensation« abhängig gemacht wird. Zum **Gegenstandswert** im **Beschlussverfahren** über Streitigkeiten nach § 87 Abs. 1 Nr. 2 *ArbG Cottbus* 28.01.1999, *ArbG Würzburg* 22.10.2001, *LAG Nürnberg* 25.06.2001 AuR 2002, 153 f. *(Ernst).*

3. Vorübergehende Verkürzung oder Verlängerung der betriebsüblichen Arbeitszeit

Literatur: siehe zu § 87 Abs. 1 Nr. 2

a) Vergleich mit der bisherigen Rechtslage

Die Vorschrift ist im BetrVG 1972 neu. In der amtlichen Begründung (BT-Drucks. VI/1786, S. 48) heißt es zwar, die Mitbestimmung des Betriebsrats bei der vorübergehenden Verkürzung oder Verlängerung der betriebsüblichen Arbeitszeit sei an sich inhaltlich bereits von § 56 Abs. 1 Buchst. a BetrVG 1952 erfasst worden, werde jedoch der Klarheit wegen ausdrücklich erwähnt. Die Frage war indessen nach bisherigem Recht umstritten. Entsprechend der von der h. M. vertretenen Auffassung, die Dauer der Arbeitszeit unterliege als materielle Arbeitsbedingung nicht der Mitbestimmung (Rdn. 284 ff.), wurde auch bei Überstunden und Kurzarbeit überwiegend angenommen, der Betriebsrat habe nicht darüber mitzubestimmen, ob und in welchem Umfang diese eingeführt werden sollten; sein Mitbestimmungsrecht sei beschränkt auf die Festsetzung der zeitlichen Lage der vom Arbeitgeber zulässigerweise eingeführten Überstunden oder Kurzarbeit (*BAG* 07.09.1956 AP Nr. 2 zu § 56 BetrVG Bl. 2 R; 15.12.1961 AP Nr. 1 zu § 56 BetrVG Arbeitszeit Bl. 3; 15.12.1961 AP Nr. 2 zu § 56 BetrVG Bl. 3; 15.12.1961 AP Nr. 1 zu § 615 BGB Kurzarbeit Bl. 2; *Dietz* § 56 Rn. 94 ff., 98 ff.; *Erdmann* § 56 Rn. 10; *Galperin/Siebert* § 56 Rn. 29 ff., 33 ff.; *Hueck/Nipperdey* II/2, S. 1362 f. m. w. N.; *Neumann-Duesberg*, S. 476 f.; *Nikisch* III, S. 393 ff.; **a. M.** *Fitting/Kraegeloh/Auffarth* § 56 Rn. 16a, 18). Die amtliche Begründung gibt daher nur die von den Verfassern für richtig gehaltene Interpretation der bisherigen Rechtslage durch eine Mindermeinung wieder (vgl. auch *Buchner* Die AG 1971, 135, 189 [192]; *Richardi* § 87 Rn. 334; *Simitis/Weiss* DB 1973, 1240). Der Hinweis auf die klarstellende Bedeutung des neu eingefügten § 87 Abs. 1 Nr. 3 kann daher gerade nicht als Bestätigung der früher h. M. in Anspruch genommen werden (*Wiese* Anm. AP Nr. 1 zu § 87 BetrVG 1972 Kurzarbeit Bl. 5 R; **a. M.** *Erdmann/Jürging/Kammann* § 87 Rn. 45 ff.). Die Streitfrage ist vielmehr im entgegengesetzten Sinne entschieden worden, was auch im Wortlaut der Vorschrift hinreichend deutlich zum Ausdruck kommt.

b) Dauer der Arbeitszeit

Der Betriebsrat hat nach Maßgabe des § 87 Abs. 1 Nr. 3 über die Einführung von Kurzarbeit und Überstunden, d. h. über die Dauer der Arbeitszeit und damit über eine materielle Arbeitsbedingung mitzubestimmen (*BAG* 05.03.1974 EzA § 87 BetrVG 1972 Nr. 3 S. 11 ff. *[Herschel]* = AP Nr. 1 zu § 87 BetrVG 1972 Kurzarbeit Bl. 2 ff. *[Wiese]* = SAE 1974, 201 *[Bötticher];* 21.11.1978 EzA § 87 BetrVG 1972 Arbeitszeit Nr. 7 S. 35 f. = AP Nr. 2 zu § 87 BetrVG 1972 Arbeitszeit Bl. 3 *[Wiedemann/Moll];* *Farthmann* RdA 1974, 65 [69]; *Fitting* § 87 Rn. 130; *Galperin/Löwisch* § 87 Rn. 107; *Hanau* BB 1972, 499 f.; *Klebe/DKKW* § 87 Rn. 110 f.; *Loritz/ZLH* Arbeitsrecht, § 51 IV 1; *Richardi* § 87 Rn. 334, 338, 356; *Worzalla/HWGNRH* § 87 Rn. 192, 226;**a. M.** *Erdmann/Jürging/Kammann* § 87 Rn. 45 ff.; *Galperin* Leitfaden, S. 106). Weitere Nachweise 6. Aufl. § 87 Rn. 358.

Die Ausweitung der Mitbestimmung auf die vorübergehende Verkürzung oder Verlängerung der Arbeitszeit ist gerechtfertigt, weil es hierbei vor allem um betriebsbezogene Maßnahmen geht (vgl. auch *BAG* 05.03.1974 EzA § 87 BetrVG 1972 Nr. 3 S. 13 *[Herschel]* = AP Nr. 1 zu § 87 BetrVG 1972 Kurzarbeit Bl. 3 *[Wiese]).* Vorübergehend notwendige Veränderungen der Arbeitszeit lassen sich besser betriebsnah durch die Betriebspartner als durch allgemein gehaltene Tarifbestimmungen regeln und erfordern zugleich einen Interessenausgleich zwischen betrieblichen Belangen und dem Schutz der Arbeitnehmer durch die Beteiligung des Betriebsrats (Rdn. 382). Allerdings bleibt **§ 77 Abs. 3** unberührt (Rdn. 47 f., 401, 444). Verfassungsrechtliche Bedenken gegen § 87 Abs. 1 Nr. 3 bestehen nicht (*Wiese* Rdn. 45 f.).

376 Die Mitbestimmung nach § 87 Abs. 1 Nr. 3 ist nur hinsichtlich der vorübergehenden Verkürzung oder Verlängerung der betriebsüblichen **Arbeitszeit** gegeben; **Entgeltfragen** sind allein nach Maßgabe des § 87 Abs. 1 Nr. 10 und Nr. 11 mitbestimmungspflichtig (*LAG Hamm* 09.08.2007 AuA 2008, 374; *LAG Niedersachsen* 11.12.2001 LAGE § 77 BetrVG 1972 Nr. 28 S. 4; *Brossette* ZfA 1992, 379 [422 ff. m. w. N.]; *Fitting* § 87 Rn. 153; *Kania*/ErfK § 87 BetrVG Rn. 37; *Matthes*/MünchArbR § 245 Rn. 28 für Überstundenzuschläge; *Richardi* § 87 Rn. 372; *Schlegel* Die Mitbestimmung des Betriebsrates bei Überstunden, S. 162 ff.; *Worzalla*/HWGNRH § 87 Rn. 246). Auch insoweit können keine zusätzlichen Leistungen erzwungen werden (zur Vergütung von Überstunden *LAG Hamm* 22.01.1986 DB 1986, 806 [807] und Rdn. 839, 894). Ein Anspruch auf Überstundenzuschläge bei Einführung vorübergehender Überstunden kann deshalb nur aufgrund anderer Rechtsgrundlagen (Tarifvertrag, Arbeitsvertrag) begründet sein oder werden. Ebenso wenig ist die Kürzung des Arbeitsentgelts Gegenstand der Mitbestimmung nach § 87 Abs. 1 Nr. 3, sondern die mittelbare Folge der verkürzten Arbeitszeit (Rdn. 383). § 87 Abs. 1 Nr. 3 begründet daher **keine Annexkompetenz** des Betriebsrats für die Vergütung von Überstunden, von zusätzlichen oder von ausgefallenen Schichten (*BAG* 21.01.2003 EzA § 77 BetrVG 2001 Nr. 3 S. 13 = AP Nr. 1 zu § 21a BetrVG 1972 Bl. 6 f.). Die vorübergehende Verkürzung der in einem Schichtplan vorgesehenen täglichen Arbeitszeit ist auch dann mitbestimmungspflichtig, wenn die Höhe der Vergütung unverändert bleibt (*BAG* 03.05.2006 EzA § 87 BetrVG 2001 Arbeitszeit Nr. 9 S. 8 = AP Nr. 119 zu § 87 BetrVG 1976 Bl. 3 R).

377 **Rechtsmissbräuchlich** sind **normzweckwidrige Koppelungsgeschäfte** (hierzu *Bachner* AiB 2008, 210 ff.; *Baur* ZfA 1997, 445 [489 ff.]; *Bauer*/*Diller* ZIP 1995, 95 [99 f.]; *Brandl* Koppelungsgeschäfte in der Rechtsprechung unter besonderer Berücksichtigung des Betriebsverfassungsrechts [Diss. Mannheim], 2000; *Brossette* ZfA 1992, 379 [400 ff., 425 ff.]; *Clemenz*/HWK § 87 Rn. 36 f.; *U. Fischer* FS *Bauer*, 2010, S. 315 ff.; *Franzen* ZfA 2005, 315 [343 ff.]; *Fritz* Zulässigkeit und Grenzen von Koppelungsgeschäften zwischen Betriebsrat und Arbeitgeber [Diss. Tübingen], 2010; *Gaude* Annexbedingungen und Koppelungsgeschäfte, S. 83 ff.: grundsätzlich unzulässig außer bei notwendigem und unmittelbarem Sachzusammenhang der verbunden Angelegenheiten und Unterscheidung zwischen Grundgeschäft und Koppelungsgeschäft i. e. S.; *Gentz* NZA 2004, 1011 ff.; *Hanau* NZA 1985, Beil. Nr. 2, S. 3 [9]; *Hanau*/*Reitze* FS *Wiese*, 1998, S. 149 [152 ff.]; *von Hoyningen-Huene* NZA 1991, 7 [10 f.]; *Kappes* DB 1997, 277 f.; *Konzen* FS *Zöllner*, 1998, S. 799 ff.; *Loritz*/ZLH Arbeitsrecht, § 50 V; *Mundt* Über die Zulässigkeit von Koppelungsgeschäften im Zusammenhang mit den Mitbestimmungstatbeständen in den sozialen Angelegenheiten des § 87 Abs. 1 Betriebsverfassungsgesetz, Diss. Kiel 2001; *Otto* NZA 1992, 97 [109]; *Raab* ZfA 1997, 183 [218]; *Rieble*/*Klumpp*/*Gistel* Rechtsmissbrauch in der Betriebsverfassung, 2006, insbesondere S. 10 f., 32 ff., 37 ff., 52 ff., zu strafrechtlichen Aspekten *Rieble*/*Klebeck* NZA 2006, 758 ff.; *Rückert* Koppelungsgeschäfte des Betriebsrats. Ein Beitrag zu Zweck und Grenzen der Mitbestimmung [Diss. Mannheim], 2003; *Schoof* AuR 2007, 289; *Worzalla*/HWGNRH § 87 Rn. 45 ff.; Beispiele bei *Bengelsdorf* BB 1991, 613; *Eich* ZfA 1988, 93 ff.; krit. *Fitting* § 87 Rn. 27). Das folgt aus der Anwendung der zu § 242 BGB entwickelten Rechtsgrundsätze auf das Betriebsverfassungsgesetz. Anknüpfungspunkt ist § 2 Abs. 1 als Konkretisierung des § 242 BGB unter Beachtung der spezifischen Wertungen des Betriebsverfassungsgesetzes. Das bedeutet einerseits die Anerkennung bestehender Interessengegensätze und der fremdnützigen Wahrnehmung der Interessen der Belegschaft durch den Betriebsrat, andererseits aber das Gebot der vertrauensvollen Zusammenarbeit und damit die Bindung des Betriebsrats an Inhalt und Zweck der Normen des Betriebsverfassungsrechts. Eine normzweckwidrige Rechtsausübung ist deshalb rechtsmissbräuchlich, ein Handeln ohne Recht (so zutr. *Konzen* FS *Zöllner*, 1998, S. 815; *Rieble*/*Klumpp*/*Gistel* Rechtsmissbrauch in der Betriebsverfassung, 2006, S. 40 ff.; vgl. auch *ArbG Hannover* 19.02.2004 DB 2004, 2223; **a. M.** *Klebe*/DKKW § 87 Rn. 16; *Matthes*/MünchArbR § 242 Rn. 42 ff.; *Schoof* AuR 2007, 289 [292 ff.]).

378 Daraus folgt im Rahmen des § 87 Abs. 1 Nr. 3 für Koppelungsgeschäfte bei vorübergehender Einführung von **Überstunden**: Die Mitbestimmung dient insoweit im Verhältnis zum Arbeitgeber dem Zweck, die berechtigten Interessen der betroffenen Arbeitnehmer vor einer zusätzlichen (auch gesundheitlichen) Belastung und im Hinblick auf den Freizeitverlust wahrzunehmen. Kein unzulässiges Koppelungsgeschäft liegt deshalb vor, wenn der Betriebsrat seine Zustimmung zu Überstunden von einem entsprechenden **Freizeitausgleich** innerhalb des Berechnungszeitraums für die betriebliche Arbeitszeit abhängig macht (*Kaiser*/LK § 87 Rn. 22; *Rieble*/*Klumpp*/*Gistel* Rechtsmissbrauch in der

Betriebsverfassung, 2006, S. 41; **a. M.** *Konzen* FS *Zöllner*, 1998, S. 821 f.), weil dadurch nicht die Dauer der betrieblichen Arbeitszeit verlängert, sondern lediglich die Lage der Arbeitszeit verändert wird (Rdn. 422). Auch handelt es sich um ein – unbedenkliches – Koppelungsgeschäft, wenn der Betriebsrat seine Zustimmung zur Einführung von »Überstunden« von einer bestimmten **Lage des Freizeitausgleichs** abhängig macht, zumal er hinsichtlich der Lage der Arbeitszeit ohnehin nach § 87 Abs. 1 Nr. 2 mitzubestimmen hat. Jedoch wäre es rechtsmissbräuchlich, wenn der Betriebsrat seine Zustimmung zur Einführung von Überstunden davon abhängig machen würde, dass über die aufgrund einschlägiger Rechtsgrundlagen ohnehin zu zahlenden Überstundenzuschläge hinaus vom Arbeitgeber noch ein **zusätzliches Entgelt** oder **sonstige materielle Leistungen** erbracht werden; das würde über den Normzweck des § 87 Abs. 1 Nr. 3 hinausgehen (ArbG Bielefeld 29.10.1982 DB 1983, 1880; *Brossette* ZfA 1992, 379 [425]; *Kaiser*/LK § 87 Rn. 22, 83; *Kappes* DB 1997, 277 [278]; *Neyses* BlStSozArbR 1977, 181 [182]; *Otto* NZA 1992, 97 [109]; *Rieble/Klumpp/Gistel* Rechtsmissbrauch in der Betriebsverfassung, 2006, S. 41 f.; *Worzalla*/HWGNRH § 87 Rn. 237; **a. M.** *LAG Düsseldorf* 12.12.2007 AuR 2008, 270 *[Schoof]*; *LAG Hamm* 09.02.2007 AuR 2007, 316 [318]; *LAG Nürnberg* 06.11.1990 NZA 1991, 281 hinsichtlich einer Lärmzulage; *ArbG Hamburg* 06.04.1993 AiB 1994, 120 f.; *Klebe*/DKKW § 87 Rn. 16; *Konzen* FS *Zöllner*, 1998, S. 822 hinsichtlich eines Mehrarbeitszuschlags, anders bei dem Verlangen nach einem erhöhten Weihnachtsgeld). Ebenso wenig dürfte der Betriebsrat die Zustimmung zu Überstunden verweigern, um **Neueinstellungen** durchzusetzen (*Loritz*/ZLH Arbeitsrecht, § 50 V; differenzierend *Gentz* NZA 2004, 1011 [1012]). Deshalb ist es auch entgegen dem *Hess. LAG* (13.10.2005 AuR 2007, 315) zu weitgehend, wenn der Betriebsrat seine Zustimmung zu Überstunden von der Verlängerung bestimmter befristeter Arbeitsverträge abhängig macht. Das *Hess. LAG* rechtfertigte seine gegenteilige Ansicht über einen hinreichend engen Zusammenhang zwischen der personellen Ausstattung des Betriebs und der Erforderlichkeit von Überstunden. Doch darf die Mitbestimmung in sozialen Angelegenheiten nicht zum Einfallstor für eine mitbestimmte Personalplanung werden, hinsichtlich deren dem Betriebsrat nur ganz begrenzte Befugnisse (vgl. insbes. § 92) eingeräumt sind.

Hinsichtlich der Einführung von **Kurzarbeit** ist es der Zweck dieser Vorschrift, den Arbeitnehmer **379** vor einer Verkürzung der Arbeitszeit mit entsprechender Lohnminderung zu schützen. Wenn auch Entgeltfragen nicht unter diesen Mitbestimmungstatbestand fallen, ist es doch unbedenklich, wenn der Betriebsrat seine Zustimmung zur Einführung von Kurzarbeit von der Garantie des Entgelts in Höhe des Kurzarbeitergeldes abhängig machen würde, sofern die Voraussetzungen für den Bezug von Kurzarbeitergeld grundsätzlich vorliegen (so zutr. *Konzen* FS *Zöllner*, 1998, S. 822; **a. M.** *Kaiser*/LK § 87 Rn. 83). Das Verlangen des vollen Lohnausgleichs wäre dagegen rechtsmissbräuchlich, weil damit der Zweck der Kurzarbeit konterkariert würde (Rdn. 418; zust. *Bender*/WPK § 87 Rn. 74). Unerheblich ist, ob die Regelungskompetenz des Betriebsrats sich aus einem Mitbestimmungstatbestand des § 87 oder aus § 88 ergibt (*Konzen* FS *Zöllner*, 1998, S. 821; **a. M.** *Brossette* ZfA 1992, 379 [401]; *Otto* NZA 1992, 97 [109]; *Hanau/Reitze* FS *Wiese*, 1998, S. 149 [154 f.]; *Henssler* FS *Hanau*, 1999, S. 413 [425 f.]).

Bei missbräuchlicher Ausübung des Beteiligungsrechts kann gegen den Betriebsrat nach Maßgabe des **380** § 23 Abs. 1 vorgegangen werden (*Oetker* § 23 Rdn. 128). Dagegen wird zumindest in der Regel (anders im Notfall, *Wiese* Rdn. 167 f.) der Betriebsrat sich nicht so behandeln lassen müssen, als habe er sein Einverständnis erklärt (*LAG Hamm* 09.02.2007 AuR 2007, 316 [318]; 15.07.2016 – 13 TaBVGa 2/16; *LAG Nürnberg* 06.11.1990 NZA 1991, 281; *Konzen* FS *Zöllner*, 1998, S. 826; *Matthes*/MünchArbR § 242 Rn. 43; für konkludente Zustimmung, wenn der Betriebsrat seine Zustimmung zur mitbestimmungspflichtigen Maßnahme nur von der Annahme eines Koppelungsangebots abhängig macht, *Hanau/Reitze* FS *Wiese*, 1998, S. 149 [153 ff., 159]; **a. M.** *Brossette* ZfA 1992, 379 [402 f.]). Der Regelungsstreit ist vielmehr von der Einigungsstelle zu entscheiden. Das gilt auch im Eilfall (*Wiese* Rdn. 166). Entscheidet die **Einigungsstelle**, so kann diese außerhalb des Anwendungsbereiches des § 87 allerdings nicht selbst über eine gekoppelte Regelung entscheiden, sondern diese nur anregen, da sie ihrerseits an den Normzweck des § 87 Abs. 1 Nr. 3 und an § 76 Abs. 5 Satz 3 gebunden ist. Überschreitet die Einigungsstelle in diesem Sinne ihre Zuständigkeit, so wäre das Koppelungsgeschäft unwirksam (*Konzen* FS *Zöllner*, 1998, S. 825; **a. M.** *Schoof* AuR 2008, 271 [272]).

§ 87

381 Zulässig bleiben Koppelungsgeschäfte durch **freiwillige Betriebsvereinbarung (§ 88)**, wenn der Arbeitgeber ein solches von sich aus vorgeschlagen, aber auch dann, wenn er sich ohne Druck (§ 123 BGB) auf das Begehren des Betriebsrats eingelassen hat (*Konzen* FS *Zöllner*, 1998, S. 824). Zu denken wäre an den Fall, dass bei vorübergehender Einführung von Überstunden den Arbeitnehmern **zusätzliche Kosten** (z. B. Fahrtkosten) entstehen, die zwar nicht der Mitbestimmung unterliegen, von deren Ausgleich der Betriebsrat aber seine Zustimmung zur Einführung abhängig macht und die Frage in beiderseitigem Einvernehmen durch freiwillige Betriebsvereinbarung (§ 88) geregelt wird. Zum **Rechtsmissbrauch** der Mitbestimmung bei **Leiharbeit** *Sieweke* NZA 2012, 426 (429 ff.).

c) Bedeutung der Mitbestimmung; Initiativrecht

382 Die Vorschrift des § 87 Abs. 1 Nr. 3 hat zunächst die Funktion, den Arbeitgeber bei der vorübergehenden Änderung der betriebsüblichen Arbeitszeit an die Zustimmung des Betriebsrats zu binden und seine individualrechtlichen Befugnisse entsprechend zu beschränken (vgl. auch *BAG* 27.11.1990 EzA § 87 BetrVG 1972 Arbeitszeit Nr. 40 S. 7 f. *[Kraft]* = AP Nr. 41 zu § 87 BetrVG 1972 Arbeitszeit Bl. 4; 30.10.1986 AP Nr. 1 zu § 79 LPVG Berlin Bl. 3 f.; *Brossette* ZfA 1992, 379, insbesondere S. 414 ff., 418 ff., 428 ff.; *Matthes*/MünchArbR § 245 Rn. 3 f.). Dadurch sollen die Interessen der Arbeitnehmer bei der Anordnung zusätzlicher Arbeitsleistungen wie bei der Verkürzung der betriebsüblichen Arbeitszeit berücksichtigt werden; im Hinblick sowohl auf eine gleichmäßige Belastung der Arbeitnehmer als auch die mit Kurzarbeit verbundene Minderung bzw. Überstunden verbundene Erhöhung des Arbeitsentgelts betrifft der Schutzzweck des § 87 Abs. 1 Nr. 3 die **Verteilungsgerechtigkeit** (*BAG* 23.07.1996 EzA § 87 BetrVG 1972 Arbeitszeit Nr. 55 S. 6 f. *[Berger-Delhey]* = AP Nr. 26 zu § 87 BetrVG 1972 Ordnung des Betriebes Bl. 3 f.; 24.04.2007 EzA § 87 BetrVG 2001 Arbeitszeit Nr. 11 Rn. 18 = AP Nr. 124 zu § 87 BetrVG 1972 Arbeitszeit; vgl. auch *BAG* 25.02.1987 EzA § 87 BetrVG 1972 Arbeitszeit Nr. 57 S. 3 = AP Nr. 72 zu § 87 BetrVG 1972 Arbeitszeit Bl. 2; 13.03.2001 EzA § 87 BetrVG 1972 Arbeitszeit Nr. 62 S. 2 = AP Nr. 87 BetrVG 1972 Arbeitszeit Bl. 1 R; vgl. auch *Hamann* AuR 2002, 322 [323 ff.]). Da die Interessen der Belegschaftsmitglieder sowohl hinsichtlich der Einführung von Kurzarbeit als auch von Überstunden durchaus unterschiedlich sein können, kommt dem Betriebsrat die verantwortungsvolle Aufgabe zu, das gemeinsame Interesse der Belegschaft zu definieren und unter Berücksichtigung der betrieblichen Belange (§ 2 Abs. 1) gegenüber dem Arbeitgeber zu vertreten.

383 Jedoch enthält jedenfalls nach derzeit h. M. § 87 Abs. 1 Nr. 3 zugleich eine eigenständige **Ermächtigungsgrundlage** zur Einwirkung auf den Inhalt der Arbeitsverhältnisse der Belegschaftsmitglieder durch **Betriebsvereinbarung**, bei Kurzarbeit zur Herabsetzung des Umfangs der Arbeitspflicht mit der Folge der Lohnminderung, soweit diese sich nicht bereits aus anderen Rechtsgründen ergibt (*BAG* st. Rspr. 21.11.1978 EzA § 87 BetrVG 1972 Arbeitszeit Nr. 7 S. 35 f. = AP Nr. 2 zu § 87 BetrVG 1972 Arbeitszeit Bl. 3 *[Wiedemann/Moll]*; 22.12.1980 EzA § 615 BGB Betriebsrisiko Nr. 7 S. 36 *[Ehmann/Schnauder* nach Nr. 8*]* = AP Nr. 70 zu Art. 9 GG Arbeitskampf Bl. 3 f. *[Richardi* nach Nr. 71*]*; 21.12.1982 EzA § 87 BetrVG 1972 Arbeitszeit Nr. 16 S. 110 f. = AP Nr. 9 zu § 87 BetrVG 1972 Arbeitszeit Bl. 3 R *[Gast]*; 12.10.1994 EzA § 87 BetrVG 1972 Kurzarbeit Nr. 2 S. 2 = AP Nr. 66 zu § 87 BetrVG 1972 Arbeitszeit Bl. 2; 04.05.1984 EzA § 1 Lohnfortzahlungsgesetz Nr. 71 S. 256 *[abl. Söllner]* = AP Nr. 58 zu § 1 LohnFG Bl. 2 = AR-Blattei, Betriebsvereinbarung, Entsch. 34 *[zust. Fastrich]*; 11.07.1990 EzA § 615 BGB Betriebsrisiko Nr. 11 S. 3 f. = AP Nr. 32 zu § 615 BGB Betriebsrisiko Bl. 1 R f.; 03.06.2003 EzA § 77 BetrVG 2001 Nr. 5 S. 14 = AP Nr. 19 zu § 77 BetrVG 1972 Tarifvorbehalt Bl. 6 R *[abl. Lobinger]* zu Überstunden; 10.10.2006 EzA § 75 BPersVG Nr. 3 Rn. 16 = AP Nr. 85 zu § 75 PersVG; 16.12.2008 EzA § 7 BUrlG Nr. 120 Rn. 28 = AP Nr. 40 zu § 7 BUrlG *[Schwarze]*; *LAG Berlin* 06.08.1985 LAGE Art. 9 GG Arbeitskampf Nr. 22 S. 49; *LAG Düsseldorf* 10.09.1992 LAGE § 615 BGB Kurzarbeit Nr. 1 S. 1 f.; *LAG Köln* 06.06.1990 LAGE § 87 BetrVG 1972 Kurzarbeit Nr. 2 S. 2; *LAG Sachsen* 31.07.2002 NZA-RR 2003, 366; *Bähringer/Spiegelhalter* Kurzarbeit, S. 13 ff.; *Bischof* NZA 1995, 1021 [1023]; *Böhm* BB 1974, 281 [372, 373]; *Clemenz*/HWK § 87 Rn. 91, 93; *Farthmann* RdA 1974, 65 [69 f.]; *Fitting* § 87 Rn. 139, 141, 158; *Gamillscheg* II, S. 898; *Gebel* BB 2015, 2485; *H. Hanau* Individualautonomie, S. 144; *Henkel/Hagemeier* BB 1976, 1420 [1423]; *Jene* Kurzarbeit und betriebliche Mitbestimmung, S. 306 ff.; *Kania*/ErfK § 87 BetrVG Rn. 31; *Matthes*/MünchArbR § 245 Rn. 43; *Richardi* ZfA 1992, 307 [314 mit Fn. 25]; *ders.* NZA 1994, 593 [596]; *ders.* § 87 Rn. 335, 360; *Rumpff/Dröge* Kurzarbeit, S. 50 [83 ff.];

Säcker/Oetker ZfA 1991, 131 [171, 177]; *Schliemann* ArbZG § 87 BetrVG Rn. 143; *Schütte* FS *Bauer*, 2010, S. 989 [993]; *Spilger* Tarifvertragliches Betriebsverfassungsrecht [Diss. FU Berlin], 1988, S. 137 f.; *von Stebut* RdA 1974, 332 [337 ff.]; *Wiedemann/Moll* Anm. AP Nr. 1 zu § 87 BetrVG 1972 Arbeitszeit Bl. 3; *Worzalla/HWGNRH* § 87 Rn. 228, 246, 255; vgl. auch *Neumann-Duesberg*, S. 476; *Nikisch* I, S. 648; **a. M.** *Boecken* RdA 2000, 7 [11 f.]; *Brossette* ZfA 1992, 379 [411 ff., 453 f.]; *Ehmann* Betriebsrisikolehre und Kurzarbeit, S. 40; *Franzen* NZA 2006 Beil. 3, S. 107 [110]; *Giesen* Tarifliche Rechtsgestaltung für den Betrieb, 2002, S. 492; *Jahnke* ZfA 1984, 69 [91 ff.]; *Janert* DB 1976, 243 [245]; *Heinze* RdA 1998, 14 [19 f., 22 f.]; *Kaiser* FS *Löwisch*, 2007, S. 153 [165 f.]; *dies./LK* § 87 Rn. 104; *Kohte* AuA 1991, 168 [169 f.]; *Lieb/Jacobs* Arbeitsrecht, Rn. 804; *Lobinger* RdA 2011, 76 f. [86]; *Loritz/ZLH* Arbeitsrecht, § 51 IV 1; *Rieble* Arbeitsmarkt und Wettbewerb, 1996, Rn. 1437; *ders./AR* § 87 BetrVG Rn. 25; *Säcker* ZfA 1972, Sonderheft S. 41 [49]; *Söllner* Anm. AP Nr. 2 zu § 615 BGB Kurzarbeit Bl. 3 R; *ders.* in: *Hromadka* Änderung von Arbeitsbedingungen, 1989, S. 13 [26 ff.]; *Veit* Zuständigkeit des Betriebsrats, S. 317 ff.; *Waltermann* NZA 1993, 679 ff.; *ders.* NZA 1996, 357 [362]; *ders.* Rechtsetzung durch Betriebsvereinbarung zwischen Privatautonomie und Tarifautonomie, 1996, S. 175 ff.; *ders.* RdA 2007, 257 [266]; *Zöllner* NZA 1997, 121 [128 f.]; für Teilzeitkräfte bei Überarbeit auch *Schüren/*MünchArbR § 45 Rn. 43; zum BetrVG 1952 ferner *Canaris* AuR 1966, 129 [135 f.]). **Voraussetzung** einer **normativen Wirkung** hinsichtlich der Arbeitspflicht mit entsprechenden Konsequenzen für den Vergütungsanspruch ist aber, dass Beginn und Dauer der Kurzarbeit, die Lage und Verteilung der Arbeitszeit, die Auswahl der von Kurzarbeit betroffenen Arbeitnehmer sowie die Zeiträume, in denen die Arbeit ganz ausfallen soll, festgelegt werden. Die Regelung muss also hinreichend bestimmt sein. Eine Betriebsvereinbarung zur Einführung von Kurzarbeit muss die sich daraus ergebenden Rechte und Pflichten mithin so **deutlich regeln**, dass diese für die Arbeitnehmer zuverlässig zu erkennen sind (so *BAG* 18.11.2015 EzA § 615 BGB 2002 Nr. 47 Rn. 15 = AP Nr. 142 zu § 615 BGB *[Reichold]*; vgl. auch *Hess. LAG* 14.03.1997 NZA-RR 1997, 479; *LAG Sachsen* 31.07.2002 NZA-RR 2003, 366; *ArbG Herford* 31.10.2013 – 3 Ca 1287/12; ferner *Bieder* NZA-RR 2017, 225 [229]; näher zum Bestimmtheitserfordernis *Wiese* vor § 87 Rdn. 20 m. w. N.). Zum **Freistellungsrecht** des **Insolvenzverwalters** *LAG Hamm* 27.09.2000 NZA-RR 2001, 654, zur abweichenden Rechtslage nach dem Bundespersonalvertretungsgesetz *BAG* 10.10.2006 EzA § 75 BPersVG Nr. 3 Rn. 18 ff. = AP Nr. 85 zu § 75 BPersVG.

Dagegen genügt eine **Betriebsabsprache** mangels normativer Wirkung **nicht** zur Abänderung der vertraglichen Arbeitspflicht (*BAG* 14.02.1991 EzA § 87 BetrVG 1972 Kurzarbeit Nr. 1 S. 5 = AP Nr. 4 zu § 615 BGB Kurzarbeit Bl. 2 R; *LAG Köln* 06.06.1990 LAGE § 87 BetrVG 1972 Kurzarbeit Nr. 2 S. 3 *[abl. Gamillscheg]*; **a. M.** *Gamillscheg* FS *Adomeit*, 2008, S. 197 ff.; vgl. dazu auch *Kohte* AuA 1991, 168 ff.; *Otto* NZA 1992, 97 [108]). Macht eine Tarifnorm die Einführung von Kurzarbeit vom Abschluss einer Betriebsvereinbarung abhängig, ist der Arbeitgeber eines **betriebsratslosen Betriebs** nicht berechtigt, einseitig Kurzarbeit anzuordnen (*LAG Düsseldorf* 10.09.1992 LAGE § 615 BGB Kurzarbeit Nr. 1 S. 1 ff.). Ebenso wenig ist die Anzeige der Kurzarbeit gegenüber der Agentur für Arbeit (§ 99 SGB III) eine Ermächtigungsgrundlage für den Arbeitgeber, einseitig Kurzarbeit einzuführen (*LAG Rheinland-Pfalz* 07.10.1996 LAGE § 615 BGB Kurzarbeit Nr. 2 S. 3). **384**

Durch die Mitbestimmung des Betriebsrats nach § 87 Abs. 1 Nr. 3 werden mithin die rechtlichen Möglichkeiten des Arbeitgebers zur Einwirkung auf die arbeitsvertragliche Stellung des Arbeitnehmers erweitert. Der Arbeitgeber ist nicht auf den Abschluss von Einzelvereinbarungen, Änderungskündigungen oder die Ausübung seines durch Gesetz, Kollektiv- und Arbeitsvertrag bzw. die Treuepflicht beschränkten Direktionsrechts angewiesen. Kurzarbeit kann er ohnehin nicht allein aufgrund seines Direktionsrechts einführen (*BAG* st. Rspr. 08.03.1961 AP Nr. 13 zu § 615 BGB Betriebsrisiko Bl. 2 R *[A. Hueck]*; 12.10.1994 EzA § 87 BetrVG 1972 Kurzarbeit Nr. 2 S. 2 = AP Nr. 66 zu § 87 BetrVG 1972 Arbeitszeit Bl. 2; 12.12.2008 EzA § 7 BUrlG Nr. 120 Rn. 27 = AP Nr. 40 zu § 7 BUrlG *[Schwarze]*; 18.11.2015 EzA § 615 BGB 2002 Nr. 47 Rn. 15 = AP Nr. 142 zu § 615 BGB *[Reichold]*; weitere Nachweise 9. Aufl. § 87 Rn. 365; *LAG Rheinland-Pfalz* 07.10.1996 LAGE § 615 BGB Kurzarbeit Nr. 2 S. 3; *Böhm* BB 1974, 281 [372, 373]; *Farthmann* RdA 1974, 65 [69]; *Fitting* § 87 Rn. 156; *Galperin/Löwisch* § 87 Rn. 106; *Hueck/Nipperdey* I, S. 213 f.; *Nikisch* I, S. 644; *von Stebut* RdA 1974, 332 [333]). Entsprechendes gilt grundsätzlich für **Überstunden** (*BAG* 03.06.2003 EzA § 77 BetrVG 2001 Nr. 5 S. 14 = AP Nr. 19 zu § 77 BetrVG 1972 Tarifvorbehalt Bl. 6 R *[Lobinger]*; *Loritz/ZLH* Arbeitsrecht, § 15 III 2a). Durch den Abschluss einer Betriebsvereinbarung erreicht der Arbeitgeber **385** eine normative Einwirkung auf den Inhalt der Arbeitsverträge (§ 77 Abs. 4 Satz 1, vgl. auch Rdn. 417f.). Kommt mit dem Betriebsrat keine Einigung zustande, kann der Arbeitgeber nach § 87 Abs. 2 i. V. m. § 76 Abs. 5 durch einseitigen Antrag einen verbindlichen Spruch der Einigungsstelle herbeiführen und damit die gleiche Wirkung wie durch eine Betriebsvereinbarung erzielen (§ 77 Abs. 1 und 2). Der **Arbeitgeber** hat daher ein **Initiativrecht** (vgl. auch *Wiese* Initiativrecht, S. 74 ff.; ebenso *Galperin/Löwisch* § 87 Rn. 111; **a. M.** *von Stebut* RdA 1974, 332 [343]; einschränkend *Ehmann* Betriebsrisikolehre und Kurzarbeit, S. 40).

386 Im Gegensatz zur hier vertretenen Auffassung meinen *Loritz/ZLH* (Arbeitsrecht, § 51 IV 1) unter Wiederbelebung der Unterscheidung zwischen formellen und materiellen Arbeitsbedingungen für die Auslegung des § 87 (*Wiese* Rdn. 34 ff.), in Angelegenheiten, bei denen sich die Mitwirkung in den materiellen Bereich hinein erstrecke, könne der Umfang der Leistungspflicht der Arbeitsvertragspartner jedenfalls nicht unmittelbar einer Zwangsschlichtung unterworfen werden. Deshalb könne zwar die Einführung allgemeiner Überstunden oder von Kurzarbeit nicht ohne Mitwirkung des Betriebsrats erfolgen, sie bedürfe jedoch außerdem einer Grundlage im Arbeitsvertrag oder Tarifvertrag. Dem ist entgegenzuhalten, dass der Regelungsbereich des § 87 den Betriebspartnern zur selbständigen Gestaltung zugewiesen worden ist. Sie entscheiden daher nach eigenem Ermessen über die für erforderlich gehaltenen Regelungen. Der hier in Übereinstimmung mit der h. M. vertretenen Auffassung kann auch nicht entgegengehalten werden, sie übersehe, dass Mitbestimmung stets ein Recht des Arbeitgebers voraussetze, durch einseitige Bestimmung den Inhalt des Arbeitsverhältnisses zu konkretisieren oder zu ändern (vor allem *Waltermann* Arbeitsrecht, Rn. 829 sowie *Lieb/Jacobs* Arbeitsrecht, Rn. 804). Diese auf *Weitnauer* zurückgehende Auffassung wird der unterschiedlichen Funktion der einzelnen Mitbestimmungstatbestände des § 87 nicht gerecht, ist unzutreffend und längst widerlegt worden (*Wiese* vor § 87 Rdn. 4 ff.); zu weitergehenden Einwänden durch eine vertragsrechtsakzessorische Lesart der Mitbestimmungsrechte vgl. eingehend *Wiese* vor § 87 Rdn. 17 ff.

387 Die Regelungskompetenz der Betriebspartner nach § 87 Abs. 1 Nr. 3 ist schließlich auch deshalb im Kern unbedenklich, weil sie sich auf vorübergehende Maßnahmen bezieht, andererseits aber auch erforderlich, weil nur so im Interesse beider Seiten rasch und rechtssicher reagiert werden kann. Letzteres wäre sogar weitgehend unmöglich, wenn bei entsprechender tariflicher Gestattung (vgl. auch Rdn. 400) zumindest gegenüber Außenseitern Änderungskündigungen ausgesprochen werden müssten. Dadurch wäre der Vorschrift zwar nicht jede praktische Bedeutung genommen (*Brossette* ZfA 1992, 379 [413]), zumal der Arbeitgeber gerade auch individualvertraglich vorsorgen kann. Eine rechtssichere Einführung vorübergehender Kurzarbeit oder Überstunden wäre aber erheblich erschwert, weil der Praxis ein probates Regelungsmittel vorenthalten würde. Allerdings dürfen Praktikabilitätserwägungen nicht darüber hinwegtäuschen, dass gerade im Kontext des § 87 Abs. 1 Nr. 3 die Regelungsgrenzen der Betriebspartner sorgsam diskutiert werden müssen, wie sie sich insbesondere aus § 75 ergeben können (zu den Grenzen der gesetzlichen Ermächtigung als solcher eingehend *Wiese* vor § 87 Rdn. 20; kritisch hinsichtlich der Regelungsmacht der Betriebspartner auch *Preis/Ulber* RdA 2013, 211 [219]).

388 Im Gegensatz zum Arbeitgeber (Rdn. 385) steht dem **Betriebsrat** hinsichtlich der **Einführung** einer **vorübergehenden Verkürzung** oder **Verlängerung** der **betriebsüblichen Arbeitszeit kein Initiativrecht** zu (eingehend *Wiese* Initiativrecht, S. 42 ff.; *ders.* Anm. AP Nr. 3 zu § 87 BetrVG 1972 Kurzarbeit Bl. 6 ff.; ebenso *ArbG Braunschweig* 16.03.1983 DB 1984, 672; *Adomeit* BB 1972, 53 [54]; *Bender/WPK* § 87 Rn. 18 für Überstunden, anders für Kurzarbeit; *Bischof* NZA 1995, 1021 [1024 f.]; *Blomeyer* in *Richardi* Recht der Betriebs- und Unternehmensverfassung, Bd. 2, S. 45 ff.; *Boewer* DB 1973, 522 [527]; *Brossette* ZfA 1992, 379 [430 ff., 450 ff.]; *Clemenz/HWK* § 87 Rn. 92; *Ehmann* Betriebsrisikolehre und Kurzarbeit, S. 40 [72 Fn. 131, S. 146, 157]; *Erdmann* FS *Karl Molitor*, 1988, S. 81 [92 f.]; *Gamillscheg* II, S. 900, 901; *Hromadka* NJW 1972, 183 [185]; *Jene* Kurzarbeit und betriebliche Mitbestimmung, S. 118 ff.; *Kaiser/LK* § 87 Rn. 99, 105; *Matthes/MünchArbR* § 238 Rn. 38 f., § 245 Rn. 39 f. hinsichtlich Überarbeit, anders hinsichtlich Kurzarbeit; *Natzel* RdA 1988, 41 [Bericht]; *Neyses* BlStSozArbR 1977, 181 f.; *Otto* NZA 1992, 97 [100]; *Preis* Arbeitsrecht II § 153 III 3 für Überstunden; *Rüthers* ZfA 1973, 399 [419 f.]; *Stege/Weinspach/Schiefer* § 87 Rn. 21, 78; *Uhl/Polloczek* BB 2010, 2173 [2176]; *Wittke* Beteiligungsrechte des Betriebsrats im sozialen Bereich, S. 30, 65; *Worzalla/HWGNRH* § 87 Rn. 250 f.; im Wesentlichen auch *Hanau* RdA 1973, 281 [287]; vgl. auch BVerwG

06.10.1992 AP Nr. 1 zu § 79 LPVG Berlin für Überstunden; *a. M. BAG* 04.03.1986 EzA § 87 BetrVG 1972 Arbeitszeit Nr. 17 S. 121 ff. = AP Nr. 3 zu § 87 BetrVG 1972 Kurzarbeit Bl. 3 ff. *[abl. Wiese]* = SAE 1987, 34 *[krit. Reuter]* = JuS 1986, 917 *[krit. Reuter]* = AR-Blattei, Betriebsverfassung XIV B, Entsch. 93 *[zust. Löwisch/Rieble]* = AiB 1986, 142 *[zust. Hinrichs]*; *LAG Frankfurt a. M.* 08.11.1983 DB 1984, 672; *LAG Niedersachsen* 24.01.1984 DB 1984, 994; *Badura* WiR 1974, 1 [21 ff.]; *Beuthien* ZfA 1988, 1 [19]; *Denck* ZfA 1985, 249 [263]; *ders.* Jura 1985, 178 [180 f.]; *Farthmann* RdA 1974, 65 [68 f.]; *Fitting* § 87 Rn. 159; *Friedman* Das Initiativrecht des Betriebsrats, S. 111 ff.; *von Friesen* DB 1980, Beil. Nr. 1, S. 12; *Gäbert* NZA 1986, 412 ff.; *Henkel/Hagemeier* BB 1976, 1420 [1423]; *Hofe* Betriebliche Mitbestimmung und Humanisierung der Arbeitswelt, S. 129; *Kalb* BB 1979, 1829 [1831]; *Klebe/DKKW* § 87 Rn. 113; *Lappe* JArbR Bd. 16 [1978], 1979, S. 55 [66 f.]; *Löwisch* Anm. AP Nr. 2 zu § 87 BetrVG 1972 Kurzarbeit Bl. 5 R; *ders.* FS *Wiese*, 1998, S. 249 [252 ff.]; *Mache* DB 1986, 2077; *Moll* RdA 1979, 245 [246]; *Richardi* § 87 Rn. 72, 365 ff. hinsichtlich Kurzarbeit, anders im Wesentlichen hinsichtlich Überstunden; *Rumpff/Dröge* Kurzarbeit, S. 89; *Säcker* ZfA 1972, Sonderheft S. 41 [63 mit Fn. 86]; *W. Schneider* BlStSozArbR 1977, 196 [197]; *von Stebut* RdA 1974, 332 [343]; differenzierend *Gutzeit* BB 1996, 106 [111 f.]; *Schlegel* Die Mitbestimmung des Betriebsrates bei Überstunden, S. 86 ff.). Vgl. auch die verfassungsrechtlichen Bedenken von *Ch. J. Müller* Die Betriebsfreiheit des Arbeitgebers. (Diss. Köln), 1996, S. 183 ff. (221 f.). Zur Frage einer Bindung des Betriebsrats bzw. der Einigungsstelle an die vorgegebene unternehmerische Entscheidung und entsprechender Beschränkung des Initiativrechts Nachweise *Wiese* Rdn. 146 a. E.

Für die Ablehnung eines Initiativrechts ist nicht entscheidend, dass § 87 Abs. 1 Nr. 3 sich auf die Dauer **389** der Arbeitszeit und damit die Regelung einer materiellen Arbeitsbedingung bezieht (*Wiese* Initiativrecht, S. 35 f. [43]; ebenso *Galperin/Löwisch* § 87 Rn. 111; zum Grundsätzlichen Rdn. 34 ff.). Richtig ist auch (*BAG* 04.03.1986 EzA § 87 BetrVG 1972 Arbeitszeit Nr. 17 S. 121 f. = AP Nr. 3 zu § 87 BetrVG 1972 Kurzarbeit Bl. 3 f.), dass der Wortlaut des § 87 Abs. 1 Nr. 3 für die Entscheidung der Streitfrage nichts hergibt; § 87 lässt im Gegensatz zur ausdrücklichen Regelung des § 95 Abs. 2 offen, wer die Initiative für eine Neuregelung und notfalls die Anrufung der Einigungsstelle ergreifen darf. Zutreffend ist ferner, dass im Gesetzgebungsverfahren für die Mitbestimmungstatbestände des § 87 grundsätzlich ein Initiativrecht bejaht wurde (*Wiese* Rdn. 142; *Wiese* Initiativrecht, S. 28 f.). Ebenso eindeutig haben aber die Sprecher der Koalition, deren Entwurf Gesetz geworden ist, betont, dass durch die Beteiligungsrechte des Betriebsrats nicht in die eigentlichen unternehmerischen Entscheidungen eingegriffen werden sollte (*Wiese* Rdn. 146). Diesem gesetzgeberischen Willen wird das BAG m. E. nicht gerecht.

Entscheidend ist, dass durch die Mitbestimmung über die Einführung von Kurzarbeit oder Überstun- **390** den dem Betriebsrat nicht zugleich die Mitbestimmung über den Umfang der Produktion oder die sonstige betriebliche Tätigkeit eröffnet wird (zum Grundsätzlichen *Wiese* Rdn. 151). Zur mitbestimmungsfreien unternehmerischen Entscheidung über den Umfang der Produktion gehören auch der dafür vorgesehene Zeitraum (*Neyses* BlStSozArbR 1977, 181) und die Frage, wieviel Personal dafür eingesetzt werden soll (*BAG* 24.04.1997 EzA § 2 KSchG Nr. 26 S. 5 *[Henssler]* = AP Nr. 42 zu § 2 KSchG 1969 Bl. 2 R). Dieser gesetzliche Befund bedingt eine Differenzierung zwischen der Mitbestimmung und dem Initiativrecht. Die unternehmerische Entscheidung über den Umfang der Produktion lässt sich von der Mitbestimmung nach § 87 Abs. 1 Nr. 3 trennen; der Arbeitgeber ist – von der Problematik des Beschäftigungsanspruches abgesehen – nicht gehindert, die Belegschaft unter Beibehaltung der bisherigen Arbeitszeit, aber geringerer Arbeitsintensität weiterzubeschäftigen. Will er aber die Herabsetzung der Produktion mit einer Verringerung der Betriebsnutzungszeit verbinden und zu diesem Zweck aus Gründen der Kostenersparnis Kurzarbeit einführen, hat der Betriebsrat nach dem eindeutigen Gesetzesbefund mitzubestimmen. Das ist sachgerecht, weil die vom Arbeitgeber angestrebte Umsetzung seiner von ihm selbst getroffenen unternehmerischen Entscheidung sozialverträglich ausgestaltet sein soll. Dagegen würde die Anerkennung eines Initiativrechts des Betriebsrats hinsichtlich der Einführung von Kurzarbeit oder Überstunden die unternehmerische Entscheidung darüber, mit welchem Personaleinsatz in einem bestimmten Zeitraum ein bestimmter Produktionsumfang oder eine sonstige betriebliche Tätigkeit erledigt wird, unmittelbar, d. h. als solche zu einer nach § 87 Abs. 1 Nr. 3 mitbestimmten Angelegenheit machen; eine Abtrennung des mitbestimmungsfreien Bereichs ist hier wegen Identität des Regelungsgegenstandes ausgeschlossen. Eine derartige Erweiterung des Mitbestimmungstatbestandes widerspricht nicht nur dem Gesetzestext, der allein die vorübergehende Verkürzung oder Verlängerung der betriebsüblichen Arbeitszeit zum Gegenstand hat, sondern zugleich der vom Gesetzgeber gewollten Mitbestimmungsfreiheit unternehmerischer Entscheidungen. Die Verneinung des Initiativrechts nach § 87 Abs. 1 Nr. 3 ist daher sachgerecht und wird dem gesetzlichen Befund am besten gerecht, indem bei einer vom Arbeitgeber gewollten Einführung von Kurzarbeit oder Überstunden, der eine von ihm selbst getroffene unternehmerische Entscheidung zugrunde liegt, die Mitbestimmung in vollem Umfang gewahrt bleibt, während der Betriebsrat nach § 87 Abs. 1 Nr. 3 keine entsprechende unternehmerische Entscheidung erzwingen kann. Damit ist für die Praxis eine eindeutige Abgrenzung von unternehmerischer Entscheidungsfreiheit und Reichweite des Mitbestimmungstatbestandes gegeben.

391 **Unerheblich** ist die **Motivation** des **Betriebsrats** für die Geltendmachung eines Initiativrechts, zumal er dafür immer soziale Gründe vortragen könnte (*Wiese* Initiativrecht, S. 43). Das gilt auch für die vom *BAG* bejahte Einführung von Kurzarbeit, um Entlassungen zu verhindern. Das *BAG* (04.03.1986 EzA § 87 BetrVG 1972 Arbeitszeit Nr. 17 S. 123 ff. = AP Nr. 3 zu § 87 BetrVG 1972 Kurzarbeit Bl. 4 ff. [abl. *Wiese*]; **a. M.** *Brossette* ZfA 1992, 379 [450 ff.]; *Kaiser* FS *Löwisch*, 2007, S. 153 [164 ff.]; *dies.*/LK § 87 Rn. 104 f.; *Kraft* FS *Rittner*, 1991, S. 285 [300]; *Otto* NZA 1992, 97 [100]) sieht hierin allerdings einen Zweck des § 87 Abs. 1 Nr. 3, während es in einer früheren Entscheidung (21.11.1978 EzA § 87 BetrVG 1972 Arbeitszeit Nr. 7 S. 35 f. = AP Nr. 2 zu § 87 BetrVG 1972 Arbeitszeit Bl. 3 [*Wiedemann/Moll*]) dessen Zweck in dem Schutz vor einer Verkürzung der betriebsüblichen Arbeitszeit insbesondere im Hinblick auf die Entgeltminderung und den Schutz vor einer Verlängerung der Arbeitszeit mit ihren physischen und psychischen Belastungen und einem Freizeitverlust gesehen hatte. Für die Erweiterung des Normzweckes auf einen Bestandsschutz ist aber den Materialien nicht der geringste Anhalt zu entnehmen (Rdn. 373). Es ist auch nicht überzeugend, dass er auf diesem Wege gewährt sein soll, obwohl er weder nach den Vorschriften über die Mitbestimmung in personellen noch in wirtschaftlichen Angelegenheiten vorgesehen ist. Zwar ist § 87 Abs. 1 Nr. 3 wie jede Mitbestimmungsnorm aus sich heraus auszulegen. Jedoch ist es ein Wertungswiderspruch, wenn das *BAG* (04.03.1986 EzA § 87 BetrVG 1972 Arbeitszeit Nr. 17 S. 125 = AP Nr. 3 zu § 87 BetrVG 1972 Kurzarbeit Bl. 5) die positivrechtliche Regelung des § 112 Abs. 3 über die Nichterzwingbarkeit eines Interessenausgleichs bei einer Betriebsänderung durch Personalabbau dadurch glaubt aushebeln zu können, dass es ein Initiativrecht zur Einführung von Kurzarbeit nach § 87 Abs. 1 Nr. 3 gewährt (*Beuthien* ZfA 1988, 1 [19 ff.]; *Erdmann* FS *Karl Molitor*, 1988, S. 81 [92 f.]; *Kraft* FS *Rittner*, 1991, S. 285 [300]; zuvor schon *Denck* ZfA 1985, 249 [264 ff.] zum Urteil des *LAG* Niedersachsen 24.01.1984 DB 1984, 994; Bedenken äußert insoweit auch *Weller* Mitbestimmung in sozialen Angelegenheiten, S. 21 f.).

392 Der nur durch die Ausdehnung des Normzwecks auf den Bestandsschutz entstandene Wertungswiderspruch lässt sich auch nicht durch das Axiom auflösen, Mitbestimmungsrechte stünden nicht unter dem allgemeinen Vorbehalt, dass durch sie nicht in die unternehmerische Entscheidungsfreiheit eingegriffen werden dürfe. Denn damit ist nicht die Frage beantwortet, weshalb es gerechtfertigt sein soll, über das Initiativrecht die mitbestimmungsfreie Entscheidung über den Umfang der Produktion in den Regelungsbereich des § 87 Abs. 1 Nr. 3 einzubeziehen. Hätte der Gesetzgeber dies abweichend von dem von ihm selbst im Gesetzgebungsverfahren immer wieder hervorgehobenen Grundsatz der unternehmerischen Entscheidungsfreiheit wirklich gewollt und dem Betriebsrat nach § 87 Abs. 1 Nr. 3 eine wenn auch beschränkte Zuständigkeit für unternehmerische Entscheidung zuweisen wollen, so hätte es dafür einer ausdrücklichen Anordnung bedurft. Deshalb ist das Initiativrecht hinsichtlich der Einführung von Kurzarbeit auch dann zu verneinen, wenn die Voraussetzungen einer Betriebsänderung nicht vorliegen (insoweit **a. M.** *Denck* ZfA 1985, 249 [267]; *ders.* Jura 1985, 178 [181]). Zur Ablehnung von Kurzarbeit, wenn für den Betrieb keine Überlebenschance besteht, *Kreisgericht Schwerin-Stadt* 24.10.1991 BB 1992, 1490, zu den kündigungsschutzrechtlichen Auswirkungen der Entscheidung des *BAG Meinhold* BB 1988, 623 ff. m. w. N.

393 Entsprechendes wie für die Einführung von Kurzarbeit gilt für die **Einführung von Überstunden** (zu Sonderschichten *Neyses* BlStSozArbR 1977, 181 [182]; **a. M.** *Schneider* BlStSozArbR 1977, 196 [197]). Das Initiativrecht kann insoweit auch nicht mit der Abwendung eines übermäßigen Arbeitsdrucks gerechtfertigt werden, weil Arbeitnehmer nicht verpflichtet sind, einem unangemessenen Verlangen nach Erhöhung des Arbeitstempos zu entsprechen (*Wiese* Initiativrecht, S. 45 m. w. N.; ebenso *Richardi* § 87 Rn. 368; im Ergebnis auch *Brossette* ZfA 1992, 379 [431 f.]; **a. M.** *Reuter* ZfA 1971, 165

[176 f., 188]; *Schneider* BlStSozArbR 1977, 196 [197]). Unbedenklich ist das Initiativrecht, wenn der Arbeitgeber eine vorübergehende Änderung der betriebsüblichen Arbeitszeit durchgesetzt hat und der Betriebsrat die **Rückkehr zum bisherigen Zustand** wünscht (*ArbG Hamburg* 24.08.1976 BetrR 1976, 500 [502]; *Blomeyer* in: *Richardi* Recht der Betriebs- und Unternehmensmitbestimmung, Bd. 2, S. 47; *Jene* Kurzarbeit und betriebliche Mitbestimmung, S. 122; *Klebe/DKKW* § 87 Rn. 113; *Matthes*/MünchArbR § 245 Rn. 37; *Wiese* Initiativrecht, S. 45; differenzierend *Schlegel* Die Mitbestimmung des Betriebsrates bei Überstunden, S. 106 ff.; **a. M.** *Kammann/Hess/Schlochauer* § 87 Rn. 86). Im Übrigen hat der Betriebsrat ein **Initiativrecht hinsichtlich** der **Modalitäten** einer **vom Arbeitgeber initiierten Regelung**. Deshalb ist es auch anzuerkennen, wenn der Betriebsrat nicht unmittelbar eine Veränderung der betriebsüblichen Arbeitszeit, sondern nur eine vorsorgliche generelle Regelung über die Zulässigkeit der Einführung von Kurzarbeit unter bestimmten Voraussetzungen anstrebt (*Wiese* Initiativrecht, S. 46; ebenso *Kammann/Hess/Schlochauer* § 87 Rn. 86; *von Stebut* RdA 1974, 332 [343]; vgl. auch *Schlegel* Die Mitbestimmung des Betriebsrats bei Überstunden, S. 120 ff.). Auch die Mitbestimmung bei arbeitskampfbedingter Kurzarbeit ist beschränkt auf deren Modalitäten (Rdn. 430 ff.), so dass hier das Initiativrecht des Betriebsrats gleichfalls unbedenklich ist.

d) Kollektiver Tatbestand

Die notwendige Mitbestimmung ist nur gegeben, wenn es sich um einen kollektiven Tatbestand einschließlich eines Sonderfalls (*Wiese* Rdn. 15 ff.) handelt. Dafür spricht auch, dass die Mitbestimmung an die betriebsübliche Arbeitszeit, d. h. eine allgemeine Regelung, anknüpft. Deshalb muss ein kollektiver Bezug gegeben sein; die Anordnung von Überstunden im Rahmen des Direktionsrechts gegenüber einem einzelnen Arbeitnehmer oder mehreren voneinander unabhängigen Arbeitnehmern aufgrund individueller Umstände (*Wiese* Rdn. 33) bzw. der Abschluss entsprechender einzelvertraglicher Vereinbarungen ist nicht mitbestimmungspflichtig (*BAG* st. Rspr. 18.11.1980 EzA § 87 BetrVG 1972 Arbeitszeit Nr. 8 S. 42 = AP Nr. 3 zu § 87 BetrVG 1972 Arbeitszeit Bl. 2 *[Meisel]*; 24.04.2007 EzA § 87 BetrVG 2001 Arbeitszeit Nr. 11 Rn. 19 = AP Nr. 124 zu § 87 BetrVG 1972 Arbeitszeit; weitere Nachweise 9. Aufl. § 87 Rn. 373, zur Rechtsprechung der Instanzgerichte 6. Aufl. § 87 Rn. 373; *Böhm* BB 1974, 281 [372, 373 ff.]; *Fitting* § 87 Rn. 134 f.; *Kaiser/LK* § 87 Rn. 84; *Matthes*/MünchArbR § 245 Rn. 15 ff.; *Otto* NZA 1992, 97 [98]; *Röhsler* Die Arbeitszeit, S. 27; *Worzalla*/HWGNRH § 87 Rn. 230; **a. M.** *Farthmann* RdA 1974, 65 [68]; *Hofe* Betriebliche Mitbestimmung und Humanisierung der Arbeitswelt, S. 132; *Richardi* § 87 Rn. 339; *Smitis/Weiss* DB 1973, 1240 [1242]; bedenklich *LAG Frankfurt* a. M. 01.12.1987 LAGE § 23 BetrVG 1972 Nr. 13 S. 2); zur Abgrenzung auch *Schlegel* Die Mitbestimmung des Betriebsrates bei Überstunden, S. 33 ff.; differenzierend unter Einbeziehung schutzbedürftiger Individualregelungen und unter Ausschluss nicht schutzbedürftiger Individualvereinbarungen *Raab* ZfA 2001, 31 (51 ff.).

Ein kollektiver Tatbestand ist auch gegeben, wenn aus einer Gruppe von Arbeitnehmern einzelne zu Überstunden herangezogen werden sollen, weil von der zu treffenden **Auswahl** jedes Mitglied der Gruppe (positiv oder negativ) betroffen ist; das kann gegebenenfalls sogar ein einzelner Arbeitnehmer sein (*Wiese* Rdn. 30 m. w. N.). Unerheblich ist, ob Arbeiten mit einer gewissen **Regelmäßigkeit** anfallen und **vorhersehbar** sind (*Wiese* Rdn. 22). Auch bei Einführung von Kurzarbeit beschränkt sich die Mitbestimmung nicht nur auf das Ob und die Anzahl der betroffenen Arbeitnehmer, sondern gegebenenfalls auch auf deren Auswahl (so auch *Stege/Weinspach/Schiefer* § 87 Rn. 75). Zur Teilnahme an einem **Betriebsausflug** bei gleitender Arbeitszeit Rdn. 348.

Ebenso ist ein kollektiver Tatbestand gegeben, wenn darüber zu entscheiden ist, ob und in welchem Umfang **zusätzlicher Arbeitsbedarf** für die **Zukunft** durch Überstunden oder Neueinstellungen aufgefangen werden soll (*Wiese* Rdn. 31). Durch § 4 Nr. 5 MTV für die Arbeiter, Angestellten und Auszubildenden in der Eisen-, Metall-, Elektro- und Zentralheizungsindustrie NRW vom 30.04.1980 wurde das Mitbestimmungsrecht nach § 87 Abs. 1 Nr. 3 bestätigt und nicht dahin erweitert, dass die Anordnung von Überarbeit unabhängig vom Vorliegen eines kollektiven Tatbestandes in jedem Einzelfall mitbestimmungspflichtig wäre (*LAG Köln* 16.08.1984 DB 1985, 48).

Die Mitbestimmung nach § 87 Abs. 1 Nr. 3 erfasst auch **AT-Angestellte**, so dass die dargelegten Grundsätze ebenso für diese gelten (*Wiese* Rdn. 78; *BAG* 27.11.1990 EzA § 87 BetrVG 1972 Arbeitszeit Nr. 40 S. 7 *[Kraft]* = AP Nr. 41 zu § 87 BetrVG 1972 Arbeitszeit Bl. 4; *Föhr* AuR 1975, 353 [359];

von Friesen DB 1980, Beil. Nr. 1, S. 7; *Henkel/Hagemeier* BB 1976, 1420 [1423]). Für **Leiharbeitnehmer** *BAG* 19.06.2001 EzA § 87 BetrVG 1972 Arbeitszeit Nr. 63 S. 4 ff. *(Hamann)* = AP Nr. 1 zu § 87 BetrVG 1972 Leiharbeitnehmer Bl. 2 R ff. *(Marschall)* = SAE 2002, 41 *(Kraft)* = BB 2001, 2582 *(Ankersen)*; *LAG Baden-Württemberg* 05.08.2005 AiB 2006, 381; *LAG Köln* 21.10.1994 BB 1995, 568; *Boemke* Schuldvertrag und Arbeitsverhältnis, 1999, S. 583 ff.; *Erdlenbruch* Die betriebsverfassungsrechtliche Stellung gewerbsmäßig überlassener Arbeitnehmer (Diss. Mannheim), 1992, S. 132 ff. m. w. N.; *Fitting* § 87 Rn. 138; *Hamann* AuR 2002, 322 (326 ff.); *Hunold* NZA-RR 2008, 281 (286); *Jüttner* Gewerbsmäßige Arbeitnehmerüberlassung, S. 180 ff.; *Kraft* FS *Konzen*, 2006, S. 439 (449 f.); *Raab* ZfA 2003, 389, (439); *Schirmer* 50 Jahre Bundesarbeitsgericht, S. 1063 (1069 f.); *Wiebauer* NZA 2012, 68 (69 f.). Entscheidend ist, ob der Vertragsarbeitgeber (Verleiher) oder der Entleiher die mitbestimmungspflichtige Entscheidung trifft. Für den Einsatz von **Fremdfirmen** gelten die in Rdn. 301 entwickelten Grundsätze (vgl. auch *LAG Hamm* 03.12.2013 – 7 TaBV 89/13, Rn. 70; *ArbG Wiesbaden* 23.07.1997 AuR 1998, 205; *Richardi* § 87 Rn. 342; *Stege/Weinspach/Schiefer* § 87 Rn. 73d; *Worzalla/HWGNRH* § 87 Rn. 227; zurückhaltend gerade hinsichtlich der Mitbestimmungsrechte aus § 87 Abs. 1 Nr. 3, da insoweit der »arbeitsvertragliche Status« betroffen sei, *Deinert* DB 2001, 349 [350]; weitergehend *Leisten* BB 1992, 266 [270], der aus unzulässiger Weise aus dem zusätzlichen Arbeitsbedarf, der ein Aspekt des kollektiven Tatbestandes ist [Rdn. 31, 396], auf die Mitbestimmungspflichtigkeit des Einsatzes von Fremdfirmenarbeitnehmern schließt; krit. zu ihm auch *Dauner-Lieb* NZA 1992, 817 [825]). Zur **Telearbeit** *Boemke/Ankersen* BB 2000, 2254 (2260 m. w. N.). Der Betriebsrat hat nach § 87 Abs. 1 Nr. 3 nicht mitzubestimmen, wenn **Mitarbeiter** einer **anderen Niederlassung desselben Unternehmens** an **verkaufsoffenen Sonntagen** in einer Niederlassung **eingesetzt** werden, deren Betriebsrat Überstunden der eigenen Belegschaft abgelehnt hatte, weil dadurch weder die betriebsübliche Arbeitszeit der Stammbelegschaft noch die der Aushilfskräfte in diesem Betrieb verändert wird (*BAG* 25.02.1997 EzA § 87 BetrVG 1972 Arbeitszeit Nr. 57 S. 3 f. = AP Nr. 72 zu § 87 BetrVG 1972 Arbeitszeit Bl. 2 f.).

398 Die Vorschrift findet keine Anwendung auf **Tendenzträger** (*BAG* 27.07.1977 AfP 1977, 388 f.; *ArbG München* 25.11.2015 AfP 2016, 460 [mitbestimmungsfreie Anordnung von Arbeit an Samstagen, Sonn- und Feiertagen sowie Rufbereitschaft für Redakteure]), es sei denn, dass es z. B. bei der Anordnung von Überstunden für Redakteure allein darum geht, deren Einsatz dem technisch-organisatorischen Ablauf des Herstellungsprozesses anzupassen, ohne dass dabei tendenzbezogene Gründe eine Rolle spielen (*BAG* 22.05.1979 EzA § 118 BetrVG 1972 Nr. 22 S. 174 f. = AP Nr. 13 zu § 118 BetrVG 1972 Bl. 2 R f. = AfP 1979, 423 mit für den entschiedenen Fall zutr. Kritik von *Mayer-Maly*; gänzlich abl. zur Mitbestimmung nach § 87 Abs. 1 Nr. 3 hinsichtlich der Arbeitszeit von Redakteuren *Dütz* AfP 1988, 193 [200 ff.]). Die Arbeitnehmer einer Druckerei, die Aufgaben rein technischer Natur wahrnehmen, sind keine Tendenzträger, so dass die Anordnung von Überstunden für sie mitbestimmungspflichtig ist (*LAG Hamburg* 16.04.1981 AuR 1982, 229 [230] *[Bobke]*). Keine tendenzbezogene Maßnahme ist die Festlegung von Höchstgrenzen für Vertretungsstunden von vollbeschäftigten Lehrern einer Privatschule, so dass der Betriebsrat hierbei mitzubestimmen hat (*BAG* 13.06.1989 EzA § 87 BetrVG 1972 Arbeitszeit Nr. 37 S. 6 ff. = AP Nr. 36 zu § 86 BetrVG 1972 Arbeitszeit Bl. 3 f. = SAE 1990, 115 *[abl. Reske/Berger-Delhey]*). Zum Ganzen auch *Schlegel* Die Mitbestimmung des Betriebsrates bei Überstunden, S. 145 ff., zur Mitbestimmung in **wissenschaftlichen Tendenzbetrieben** die gleichnamige Dissertation (Köln) von *Poeche* 1999, S. 186 ff. und zur Mitbestimmung nach § 87 Abs. 1 Nr. 2 Rdn. 302 ff.

e) **Gesetzes- und Tarifvorbehalt**

399 Bei der angestrebten betrieblichen Regelung sind die Grenzen des Arbeitszeitrechts zu beachten (Rdn. 280). Eine die Betriebspartner bindende **gesetzliche Regelung** sind auch die Verordnungen über die Einführung der mitteleuropäischen **Sommerzeit** vom 11.08.1980 (BGBl. I, S. 1297)/14.07.1982 (BGBl. I, S. 958)/06.02.1985 (BGBl. I, S. 292)/29.01.1988 (BGBl. I, S. 107)/22.02.1989 (BGBl. I, S. 337)/25.06.1992 (BGBl. I, S. 1170)/18.10.1994 (BGBl. I, S. 3011)/23.11.1994 (BGBl. I, S. 3605)/07.10.1997 (BGBl. I, S. 2471)/12.07.2001 (BGBl. I, S. 1591; zul. geändert durch Art. 292 der Zehnten Zuständigkeitsanpassungsverordnung vom 31.08.2015 (BGBl. I, S. 1474); Bek. zur Sommerzeitverordnung vom 08.08.2003 (BAnz. S. 12530), 02.03.2007 (BAnz. S. 3189), 05.03.2008 (BAnz. S. 1001), 09.03.2009 (BAnz. S. 1027), 04.03.2010 (BAnz. S. 1063); 24.09.2012 (BAnz.

S. 6511); 25.10.2015 (BAnz. B1). Die Zeitbenennung ist daher den Betriebspartnern vorgegeben. In dem Wechsel von der Normal- auf die Sommerzeit und umgekehrt kann aber eine Verkürzung bzw. Verlängerung der betriebsüblichen Arbeitszeit liegen, so dass hierauf bezogenen Regelungen mitbestimmungspflichtig sind (*Fitting* § 87 Rn. 136; *Galperin/Löwisch* § 87 Rn. 107; *Stege/Weinspach/ Schiefer* § 87 Rn. 74; *Worzalla/HWGNRH* § 87 Rn. 232; *Zilius* AuR 1980, 236 [239]). Anders verhält es sich, wenn durch die Zeitumstellung die absolute Verkürzung bzw. Verlängerung der Arbeitszeit innerhalb des betriebsüblichen Arbeitszeitrahmens verbleibt (vgl. den Fall *BAG* 11.09.1985 EzA § 615 BGB Nr. 49 S. 203 ff. = AP Nr. 38 zu § 615 BGB Bl. 1 R ff.). Eine durch die Einführung der Sommerzeit entfallende Arbeitsstunde braucht der Arbeitgeber jedenfalls dann nicht nacharbeiten zu lassen und zu vergüten, wenn der Arbeitnehmer trotz der ausgefallenen Arbeitsstunde die vereinbarte Zahl von Arbeitsstunden und damit die geschuldete Arbeitsvergütung erreicht (*BAG* 11.09.1985 EzA § 615 BGB Nr. 49 S. 203 = AP Nr. 38 zu § 615 BGB Bl. 1 R f.). Zu weiteren Problemen bei Einführung der Sommerzeit *Zilius* AuR 1980, 236 (239).

400 Die notwendige Mitbestimmung entfällt, soweit eine gesetzliche oder tarifliche Regelung besteht (*LAG Köln* 27.09.2010 LAGE § 87 BetrVG 2001 Arbeitszeit Nr. 4 Rn. 22 ff.). Sie wird jedoch nicht dadurch ausgeschlossen, dass ein Tarifvertrag den Arbeitgeber ermächtigt, ohne Einschaltung des Betriebsrats oder nur nach Beratung mit ihm in bestimmtem Umfang Kurzarbeit oder Überstunden anzuordnen (*LAG Berlin-Brandenburg* 09.10.2009 NZA-RR 2010, 244 [245]; *LAG Rheinland-Pfalz* 24.10.2000 AuR 2001, 197). Hier fehlt es an der erforderlichen inhaltlichen Regelung i. S. d. Eingangssatzes; die bloße Einschränkung der Rechte des Betriebsrats ist unzulässig (*Wiese* Rdn. 80 ff.). Unbedenklich sind jedoch vorsorgliche Regelungen für Fälle eines unerwartet und kurzfristig auftretenden Bedarfs, für die dem Arbeitgeber die Befugnis zur einseitigen Anordnung von Überstunden eingeräumt wird, sofern eine mitbestimmte Regelung normalerweise nicht erreichbar ist und es sich um eine vorläufige, d. h. keine Dauerregelung handelt (*BAG* 17.11.1998 EzA § 87 BetrVG 1972 Arbeitszeit Nr. 59 S. 8 ff. = AP Nr. 79 zu § 87 BetrVG 1972 Arbeitszeit Bl. 4 ff. = RdA 1999, 342 *[Veit]* zu § 5 MTV für Arbeiter und Auszubildende der Metallindustrie in Bayern; **a. M.** *LAG Nürnberg* 24.02.1987 LAGE § 87 BetrVG 1972 Nr. 10 S. 5 ff. – Vorinstanz, vgl. auch Rdn. 83, 428). Im Übrigen wird fast immer Raum für eine betriebliche Regelung bleiben, weil Tarifverträge im Allgemeinen nur die Zulässigkeit, jedoch nicht die Einzelheiten der konkreten Anordnung von Kurzarbeit regeln (*Simitis/Weiss* DB 1973, 1240 [1248 f.]; *von Stebut* RdA 1974, 332 [338 f.]). Durch § 9 Nr. 8 TVAL II wird die Mitbestimmung des Betriebsrats nicht ausgeschlossen (*BAG* 25.11.1981 AP Nr. 3 zu § 9 TVAL II Bl. 2 R f. *[Beitzke]*). Gleiches gilt für eine tarifliche Regelung, nach der Mehrarbeit der Teilzeitbeschäftigten nur diejenige Arbeitszeit sein soll, die über die regelmäßige Arbeitszeit vergleichbarer Vollzeitbeschäftigter hinausgeht (*BAG* 23.07.1996 EzA § 87 BetrVG 1972 Arbeitszeit Nr. 56 S. 6 ff. *[K. Gamillscheg]* = AP Nr. 68 zu § 87 BetrVG 1972 Arbeitszeit Bl. 3 ff. *[Heinze]*). Auch § 4 Nr. 6 BRTV – Bau schließt die Mitbestimmung nicht aus (*LAG Berlin-Brandenburg* 09.10.2009 NZA-RR 2010, 244 [245]). Enthält ein Tarifvertrag allgemeine Regeln über die Dienst- und Ruhezeiten, so ist nur deren Umsetzung in die jeweiligen Dienstpläne mitbestimmungspflichtig (*LAG Berlin* 18.03.1986 LAGE § 87 BetrVG 1972 Nr. 4 S. 5). Zur Unwirksamkeit einer Versorgungsregelung durch Betriebsvereinbarung wegen Verstoßes gegen § 77 Abs. 3 *LAG Niedersachsen* 11.12.2001 LAGE § 77 BetrVG 1972 Nr. 28.

401 Zur Unwirksamkeit einer Betriebsvereinbarung über Mehrarbeit (Überarbeit) bei **fliegendem Schichtwechsel** unter Überschreiten der tariflichen Arbeitszeit *BAG* 24.03.1992 BB 1992, 2074 f. Zu **tariflichen Ansagefristen** für die Einführung von Kurzarbeit *BAG* 12.10.1994 EzA § 87 BetrVG 1972 Kurzarbeit Nr. 2 S. 2 ff. = AP Nr. 66 zu § 87 BetrVG 1972 Arbeitszeit Bl. 2 R ff.; *Bähringer/Spiegelhalter* Kurzarbeit, S. 21 f.; *Säcker/Oetker* ZfA 1991, 131 ff. Diese bedeuten eine Normsetzungsschranke für die Betriebspartner (*BAG* EzA § 87 BetrVG 1972 Kurzarbeit Nr. 2 S. 2 f. = AP Nr. 66 zu § 87 BetrVG 1972 Arbeitszeit Bl. 2 R; *Säcker/Oetker* ZfA 1991, 131 [146, 158 f., 173 f.]). Sie ist nach deren Zweck den Arbeitnehmern gegenüber einzuhalten, andernfalls eine ohne Beachtung der Ankündigungsfrist abgeschlossene Betriebsvereinbarung (teil-)nichtig ist; in diesem Fall behalten die betroffenen Arbeitnehmer nach § 615 bzw. § 326 BGB ihren Anspruch auf das Arbeitsentgelt (*BAG* 12.10.1994 EzA § 87 BetrVG 1972 Kurzarbeit Nr. 2 S. 3 f. = AP Nr. 66 zu § 87 BetrVG 1972 Arbeitszeit Bl. 3). Im Übrigen ist nach der hier im Gegensatz zum BAG vertretenen Auffassung **§ 77 Abs. 3** anwendbar (Rdn. 47 f., 375; **a. M.** *Klasen* Tarifvorrang und Mitbestimmung in sozialen

Angelegenheiten, S. 83 ff. [152]; zu Einzelfragen bei Anwendung des § 77 Abs. 3 im Rahmen des § 87 Abs. 1 Nr. 3 *von Stebut* RdA 1974, 332 [339 ff.]).

f) Vorübergehende Änderung der betriebsüblichen Arbeitszeit

402 Die Mitbestimmung nach § 87 Abs. 1 Nr. 3 setzt voraus, dass die betriebsübliche Arbeitszeit vorübergehend verkürzt oder verlängert werden soll. Unter der **betriebsüblichen Arbeitszeit** ist die **regelmäßige betriebliche Arbeitszeit** zu verstehen (zust. *BAG* st. Rspr. 21.11.1978 EzA § 87 BetrVG 1972 Arbeitszeit Nr. 7 S. 36 = AP Nr. 2 zu § 87 BetrVG 1972 Arbeitszeit Bl. 3 *[Wiedemann/Moll]*; 03.06.2003 EzA § 77 BetrVG 2001 Nr. 5 S. 8 f. = AP Nr. 19 zu § 77 BetrVG 1972 Tarifvorbehalt Bl. 4; 26.10.2004 EzA § 87 BetrVG 2001 Arbeitszeit Nr. 7 S. 8 = AP Nr. 113 zu § 87 BetrVG 1972 Arbeitszeit Bl. 4 *[Joussen]*; 14.11.2006 EzA § 87 BetrVG 2001 Arbeitszeit Nr. 10 S. 10 = AP Nr. 121 zu § 87 BetrVG 1972 Arbeitszeit Bl. 5; 24.04.2007 EzA § 87 BetrVG 2001 Arbeitszeit Nr. 11 Rn. 16 = AP Nr. 124 zu § 87 BetrVG 1972 Arbeitszeit = RdA 2008, 112 *[Clemenz]*; weitere Nachweise 9. Aufl. § 87 Rn. 381; 09.07.2013 EzA § 87 BetrVG 2001 Arbeitszeit Nr. 17 Rn. 21 = AP Nr. 130 zu § 87 BetrVG 1972 Arbeitszeit; 30.06.2015 ZMV 2016, 52 Rn. 19; *LAG Frankfurt a. M.* 14.08.1990 LAGE § 87 BetrVG 1972 Arbeitszeit Nr. 21 S. 5 f.; *LAG Berlin* 22.01.1996 LAGE § 87 BetrVG 1972 Arbeitszeit Nr. 24 S. 1 f.; *LAG Hamm* 18.04.1989 LAGE § 87 BetrVG 1972 Nr. 14 S. 9). Dabei ist auf die im Betrieb für bestimmte **Arbeitsplätze** und **Arbeitnehmergruppen** (§ 87 Abs. 1 Nr. 13) **regelmäßig vertraglich geschuldeten Arbeitszeiten** abzustellen, so dass es in einem Betrieb **mehrere betriebsübliche Arbeitszeiten** geben kann (*BAG* st. Rspr. 13.06.1989 EzA § 87 BetrVG 1972 Arbeitszeit Nr. 37 S. 4 = AP Nr. 36 zu § 87 BetrVG 1972 Arbeitszeit Bl. 2; 16.07.1991 EzA § 87 BetrVG 1972 Arbeitszeit Nr. 48 S. 5 ff. = AP Nr. 44 zu § 87 BetrVG 1972 Arbeitszeit Bl. 3 f.; 03.06.2003 EzA § 77 BetrVG 2001 Nr. 5 S. 9 = AP Nr. 19 zu § 77 BetrVG 1972 Tarifvorbehalt Bl. 4 *[Lobinger]*; 26.10.2004 EzA § 87 BetrVG 2001 Arbeitszeit Nr. 7 S. 8 = AP Nr. 113 zu § 87 BetrVG 1972 Arbeitszeit Bl. 4 *[Joussen]*; 24.04.2007 EzA § 87 BetrVG 2001 Arbeitszeit Nr. 11 Rn. 16 = AP Nr. 124 zu § 87 BetrVG 1972 Arbeitszeit; 14.01.2014 EzA § 87 BetrVG 2001 Arbeitszeit Nr. 20 Rn. 21 = AP Nr. 134 zu § 87 BetrVG 1972 Arbeitszeit; 30.06.2015 ZMV 2016, 52 Rn. 19; weitere Nachweise 9. Aufl. § 87 Rn. 381; *LAG Berlin* 22.01.1996 LAGE § 87 BetrVG 1972 Arbeitszeit Nr. 24 S. 2; *LAG Frankfurt a. M.* 14.08.1990 LAGE § 87 BetrVG 1972 Arbeitszeit Nr. 21 S. 5 f.; *LAG Hamm* 18.04.1989 LAGE § 87 BetrVG 1972 Arbeitszeit Nr. 14 S. 9 f.; *Fitting* § 87 Rn. 132; *Klebe/DKKW* § 87 Rn. 110; *Richardi* § 87 Rn. 337; *Schwarze/ NK-GA* § 87 BetrVG Rn. 107; *Worzalla/HWGNRH* § 87 Rn. 226).

403 Die Mitbestimmung nach § 87 Abs. 1 Nr. 3 bezieht sich darauf, ob vorübergehend die **vertraglich geschuldete Arbeitszeit** zur Abdeckung eines zusätzlichen Arbeitsbedarfs **erhöht** oder **verringert** werden und für **welche Arbeitnehmer** dies gelten soll (*BAG* 23.07.1996 EzA § 87 BetrVG 1972 Arbeitszeit Nr. 56 S. 5 = AP Nr. 68 zu § 87 BetrVG 1972 Arbeitszeit Bl. 2 R; 26.10.2004 EzA § 87 BetrVG 2001 Arbeitszeit Nr. 7 S. 9 = AP Nr. 113 zu § 87 BetrVG 1972 Arbeitszeit Bl. 4 R *[Joussen]*; 24.04.2007 EzA § 87 BetrVG 2001 Arbeitszeit Nr. 11 Rn. 15 = AP Nr. 124 zu § 87 BetrVG 1972 Arbeitszeit; 14.01.2014 EzA § 87 BetrVG 2001 Arbeitszeit Nr. 20 Rn. 20 = AP Nr. 134 zu § 87 BetrVG 1972 Arbeitszeit; 08.12.2015 EzA § 87 BetrVG 2001 Arbeitszeit Nr. 25 = AP Nr. 139 zu § 87 BetrVG 1972 Arbeitszeit). Eine **tarifliche Jahresarbeitszeit** ist in der Regel **nicht gleichbedeutend mit** der **betriebsüblichen Arbeitszeit** i. S. d. § 87 Abs. 1 Nr. 3 und das Überschreiten der Jahresarbeitszeit deshalb regelmäßig nicht mitbestimmungspflichtig (*BAG* 11.12.2001 EzA § 87 BetrVG 1972 Arbeitszeit Nr. 64 S. 7 ff. = AP Nr. 93 zu § 87 BetrVG Arbeitszeit Bl. 5 ff. = SAE 2003, 85 *[Walker/Gaumann]*). Zur Frage, welche Tätigkeiten zur Arbeitszeit zählen, Rdn. 311.

404 Andererseits sind vertraglich verabredete Schwankungen des geschuldeten Arbeitszeitvolumens bei sog. **Bandbreitenregelungen** nicht nach § 87 Abs. 1 Nr. 3 BetrVG mitbestimmungspflichtig. Bei diesen ist die Arbeitszeit von vornherein nur innerhalb einer bestimmten Marge geschuldet, wobei das *BAG* Bandbreiten von 25 % bzw. 20 % akzeptieren will (dazu *BAG* 07.12.2005 EzA § 12 TzBfG Nr. 2 = AP Nr. 4 zu § 12 TzBfG; 14.08.2007 EzA § 6 ATG Nr. 2 = AP Nr. 2 zu § 6 ATG; *Franzen* RdA 2014, 1 [7 f.]; *Weth* FS *Birk*, 2008, S. 993). Entsprechend lässt sich die betriebsübliche Arbeitszeit in solchen Konstellationen allein über den durch die Bandbreitenregelung eröffneten Korridor bestimmen. Solange sich die Arbeitsvertragsparteien innerhalb dieses Korridors bewegen (vgl. auch zu Teil-

zeitarbeit mit variabler Arbeitszeit Rdn. 424), verändern sie die betriebsübliche Arbeitszeit nicht. Es kommt allenfalls eine Mitbestimmung nach § 87 Abs. 1 Nr. 2 hinsichtlich der Lage der Arbeitszeit in Betracht.

Weiter ist auch die vorübergehende Veränderung der regelmäßigen, d. h. vertraglich geschuldeten Arbeitszeit (*BAG* 16.07.1991 EzA § 87 BetrVG 1972 Arbeitszeit Nr. 48 S. 7 = AP Nr. 44 zu § 87 BetrVG 1972 Arbeitszeit Bl. 3 R; *ArbG Wuppertal* 14.05.1987 AiB 1987, 257; *Richardi* NZA 1994, 593 [597]) von **Teilzeitkräften** jeder Art (auch bei Bedarfsarbeit) mitbestimmungspflichtig (*BAG* 16.07.1991 EzA § 87 BetrVG 1972 Arbeitszeit Nr. 48 S. 7 f. = AP Nr. 44 zu § 87 BetrVG 1972 Arbeitszeit Bl. 3 R f.; 23.07.1996 EzA § 87 BetrVG 1972 Arbeitszeit Nr. 56 S. 4 f. *[K. Gamillscheg]* =AP Nr. 68 zu § 87 BetrVG 1972 Arbeitszeit Bl. 2 f. *[Heinze]* = AuR 1997, 171 *[Buschmann]*; 24.04.2007 EzA § 87 BetrVG 2001 Arbeitszeit Nr. 11 Rn. 16 = AP Nr. 124 zu § 87 BetrVG 1972 Arbeitszeit = RdA 2008, 112 *[Clemenz]*; *LAG Berlin* 22.01.1996 LAGE § 87 BetrVG 1972 Arbeitszeit Nr. 24 S. 2; *LAG Frankfurt a. M.* 14.08.1990 LAGE § 87 BetrVG 1972 Arbeitszeit Nr. 21 S. 5 f. – Vorinstanz; *LAG Hamm* 18.04.1989 LAGE § 87 BetrVG Arbeitszeit Nr. 14 S. 9; *LAG Köln* 15.02.2001 LAGE § 87 BetrVG 1972 Arbeitszeit Nr. 26 S. 4; *Fitting* § 87 Rn. 138, 143; *Klebe/DKKW* § 87 Rn. 122; *Löwisch* ZfA 1986, 1 [15 f.]; *Löwisch/Schüren* BB 1984, 925 f.; *Richardi* § 87 Rn. 343 f.; *Schlegel* Die Mitbestimmung des Betriebsrats bei Überstunden, S. 78 f.; *Worzalla/HWGNRH* § 87 Rn. 234). Der Anspruch auf Verkürzung der Arbeitszeit bei **Elternzeit** ist als solcher mitbestimmungsfrei. Jedoch ist die Vorschrift des § 15 BErzGG nicht als abschließend anzusehen, so dass generelle Regelungen nach § 87 Abs. 1 Nr. 3 in Betracht kommen (*Klebe/DKKW* § 87 Rn. 111; **a. M.** *Gaul/Wisskirchen* BB 2000, 2466 [2468]; *Worzalla/HWGNRH* § 87 Rn. 229). Hinsichtlich der Lage der verkürzten Arbeitszeit hat der Betriebsrat nach § 87 Abs. 1 Nr. 2 mitzubestimmen. Zur Teilnahme an einer **Informationsveranstaltung** außerhalb des Betriebs als Arbeitszeit *ArbG Gießen* 09.10.1992 AiB 1993, 50; *Stege/Weinspach/Schiefer* § 87 Rn. 64b.

405

Zweifelhaft ist, ob bei längerer, unbestimmter Dauer von Kurzarbeit oder Überstunden, die nicht auf einer Vertragsänderung (auch kraft betrieblicher Übung) beruhen, die betriebsübliche Arbeitszeit verändert wird, so dass diese zur neuen betriebsüblichen Arbeitszeit wird. Dagegen spricht jedoch, dass dann ungewiss bliebe, von welchem Zeitpunkt an von einer veränderten betriebsüblichen Arbeitszeit gesprochen werden kann. Deshalb ist auf die **regelmäßig vertraglich geschuldete Arbeitszeit** (Rdn. 311, 402; *BAG* 11.12.2001 EzA § 87 BetrVG 1972 Arbeitszeit Nr. 64 S. 8 = AP Nr. 93 zu § 87 BetrVG 1972 Bl. 3 R; 26.10.2004 EzA § 87 BetrVG 2001 Arbeitszeit Nr. 7 S. 8 = AP Nr. 113 zu § 87 BetrVG 1975 Bl. 4 *[Joussen]*) unter Ausschluss auch langfristig praktizierter Kurzarbeit oder Überstunden abzustellen (zu letzteren in diesem Sinne *BAG* 25.10.1977 EzA § 615 BGB Nr. 34 S. 100 f. = AP Nr. 1 zu § 87 BetrVG 1972 Arbeitszeit Bl. 2 f. *[zust. Wiedemann/Moll]*; 21.11.1978 EzA § 87 BetrVG 1972 Arbeitszeit Nr. 7 S. 36 f. = AP Nr. 2 zu § 87 BetrVG 1972 Arbeitszeit Bl. 3 R *[Wiedemann/Moll]*). Gleichgültig ist, ob es sich um **Vollarbeit** oder **Teilzeitarbeit** (§ 2 TzBfG) handelt, so dass die auf Dauer erfolgte Verringerung der Arbeitszeit nach **§ 8 TzBfG** mitbestimmungsfrei ist. Gleiches gilt bei **Altersteilzeit**, da diese bis zur Beendigung des Arbeitsverhältnisses gilt; beim Blockmodell, nach dem der Arbeitnehmer während der zweiten Hälfte des Ausgleichszeitraums gänzlich von der Arbeit freigestellt ist, verliert er ohnehin seine Betriebszugehörigkeit (*Rieble/Gutzeit* BB 1998, 638 [643]). Maßgebend ist der jeweilige **Bezugszeitraum**. Bei wöchentlicher Arbeitszeit bedeutet daher die Verlegung einer oder mehrerer Arbeitstage auf eine andere Woche die Verkürzung bzw. Verlängerung der betriebsüblichen Arbeitszeit, so dass der Betriebsrat nach § 87 Abs. 1 Nr. 2 und 3 mitzubestimmen hat. Bei variabler Arbeitszeit innerhalb eines größeren Bezugszeitraumes (Rdn. 306 f.) betrifft die Verlegung der Arbeitszeit bei gleich bleibendem Arbeitszeitvolumen jedoch nur die nach § 87 Abs. 1 Nr. 2 mitbestimmungspflichtige Lage der Arbeitszeit.

406

Aus der Beschränkung auf die vorübergehende Veränderung der betriebsüblichen Arbeitszeit folgt, dass der Betriebsrat grundsätzlich hinsichtlich deren Dauer kein Mitbestimmungsrecht hat (Rdn. 284 ff.). Entsprechend dem Ausnahmecharakter des § 87 Abs. 1 Nr. 3 ist daher eine **vorübergehende Verkürzung** oder **Verlängerung** nur gegeben, wenn es sich um eine **Abweichung** von dem **allgemein geltenden Zeitvolumen mit anschließender Rückkehr zur betriebsüblichen Arbeitszeit** handelt (*BAG* 27.01.1998 EzA § 87 BetrVG 1972 Arbeitszeit Nr. 58 S. 5 = AP Nr. 14 zu § 87 BetrVG 1972 Sozialeinrichtung Bl. 2 R f.; 03.06.2003 EzA § 77 BetrVG 2001 Nr. 5 S. 9 = AP

407

Nr. 19 zu § 77 BetrVG 1952 Tarifvorbehalt Bl. 4 *[Lobinger]*; 01.07.2003 EzA § 87 BetrVG 2001 Arbeitszeit Nr. 2 S. 5 = AP Nr. 103 zu § 87 BetrVG 1972 Arbeitszeit Bl. 2 R; 26.10.2004 EzA § 87 BetrVG 2001 Arbeitszeit Nr. 7 S. 9 = AP Nr. 113 zu § 87 BetrVG 1972 Bl. 4 R *[Joussen]*; 03.05.2006 EzA § 87 BetrVG 2001 Arbeitszeit Nr. 9 S. 7; 14.11.2006 EzA § 87 BetrVG 2001 Arbeitszeit Nr. 10 Rn. 32 = AP Nr. 121 zu § 87 BetrVG 1972 Arbeitszeit; 24.04.2007 EzA § 87 BetrVG 2001 Arbeitszeit Nr. 11 Rn. 17 = AP Nr. 124 zu § 87 BetrVG 1972 Arbeitszeit; 15.05.2007 EzA § 1 BetrVG 2001 Nr. 5 Rn. 46 = AP Nr. 30 zu § 1 BetrVG 1972 Gemeinsamer Betrieb *[von Hoyningen-Huene]*; 09.07.2013 EzA § 87 BetrVG 2001 Arbeitszeit Nr. 17 Rn. 21 = AP Nr. 130 zu § 87 BetrVG 1972 Arbeitszeit; 14.01.2014 EzA § 87 BetrVG 2001 Arbeitszeit Nr. 20 Rn. 21 = AP Nr. 134 zu § 87 BetrVG 1972 Arbeitszeit). Die Änderung der Arbeitszeitdauer muss daher für einen **überschaubaren Zeitraum** und nicht auf Dauer, in der Regel also kurzfristig, erfolgen. Entscheidend ist, ob die »normale« betriebliche Arbeitszeit unverändert bleibt oder ob die Norm geändert und zu einer neuen regelmäßigen betrieblichen Arbeitszeit wird (*BAG* 03.06.2003 EzA § 77 BetrVG 2001 Nr. 5 S. 9 = AP Nr. 19 zu § 77 BetrVG 1972 Tarifvorbehalt Bl. 4 f. *[Lobinger]*; 26.10.2004 EzA § 87 BetrVG 2001 Arbeitszeit Nr. 7 S. 9 = AP Nr. 113 zu § 87 BetrVG 1972 Bl. 4 R *[Joussen]*).

408 Statt von einem überschaubaren Zeitraum sprechen manche von einem von vornherein begrenzten Zeitraum (so *Kaiser*/LK § 87 Rn. 92; *Worzalla*/HWGNRH § 87 Rn. 229) oder von einem Ausnahmetatbestand (so *LAG Baden-Württemberg* 13.01.1999 AuR 1999, 156 [157]). Jedoch ist es nicht erforderlich, dass der Endzeitpunkt bei Beginn der Änderung bereits feststeht (zust. *Klebe*/DKKW § 87 Rn. 111; *Kohte*/HaKo § 87 Rn. 81; *Matthes*/MünchArbR § 245 Rn. 1; vgl. auch *Nikisch* I, S. 643). Es genügt, dass beabsichtigt ist, nach Fortfall des Anlasses für die Verkürzung oder Verlängerung der betriebsüblichen Arbeitszeit – z. B. Auftragsmangel, Rohstoffmangel, Umbau, Reparaturen, eilige Aufträge – zur vorherigen Dauer der Arbeitszeit zurückzukehren (*BAG* 24.04.2007 EzA § 87 BetrVG 2001 Arbeitszeit Nr. 11 Rn. 17 = AP Nr. 124 zu § 87 BetrVG 1972 Arbeitszeit; *Däubler* Tarifvertragsrecht, Rn. 709; *Farthmann* RdA 1974, 65 [69]; *Kania*/ErfK § 87 Rn. 33; *Klebe*/DKKW § 87 Rn. 111). Das dürfte auch anzunehmen sein, wenn nach einer tariflichen Regelung die Überschreitung der tariflichen Arbeitszeit für einen bestimmten Prozentsatz der Beschäftigten zulässig, diesen aber zugleich das Rückkehrrecht zur tariflichen Normalarbeitszeit gegeben ist (*Däubler* Tarifvertragsrecht, Rn. 709). Eine Dauerregelung liegt dagegen vor bei Herabsetzung der wöchentlichen Arbeitszeit älterer Arbeitnehmer wegen Teilrentenbezugs (*Worzalla* NZA 1993, 588 [590 f.]) oder bei einer Standortsicherungsvereinbarung, nach der die Arbeitnehmer über einen Zeitraum von mehr als vier Jahren zu einer zusätzlichen Arbeitsleistung von wöchentlich zwei Stunden verpflichtet werden (*LAG Baden-Württemberg* 13.01.1999 AuR 1999, 156 [157]). Von einer Dauerregelung ging das *LAG Köln* (25.04.2013 – 7 TaBV 77/12) auch hinsichtlich einer Entscheidung des Arbeitgebers aus, den Rosenmontag künftig generell wie einen zusätzlichen bezahlten »Feiertag« zu behandeln. Gleiches gilt, wenn der Insolvenzverwalter bei Masseunzulänglichkeit einen Großteil der Arbeitnehmer im Hinblick auf eine beabsichtigte Betriebsstilllegung freistellt (*LAG Hamm* 20.09.2002 NZA-RR 2003, 422). Keine vorübergehende Verkürzung oder Verlängerung der betriebsüblichen Arbeitszeit ist auch gegeben, wenn die Maßnahme selbst als dauerhafte Regelung mit einem späteren Zeitausgleich verbunden ist (*BAG* 03.06.2003 EzA § 77 BetrVG 2001 Nr. 5 S. 10 = AP Nr. 19 zu § 77 BetrVG 1972 Tarifvorbehalt Bl. 4 R), weil damit nur die Lage der Arbeitszeit verändert wird, über die der Betriebsrat nach § 87 Abs. 1 Nr. 2 mitzubestimmen hat (*Däubler* Tarifvertragsrecht, Rn. 709). Anders wäre es, wenn die Arbeitnehmer statt des Freizeitausgleichs die Bezahlung der Überstunden wählen könnten; dann wäre die betriebsübliche Arbeitszeit ebenso wie das Gesamtvolumen einer tariflichen Arbeitszeit erweitert (*BAG* 03.06.2003 EzA § 77 BetrVG 2001 Nr. 5 S. 10 = AP Nr. 19 zu § 77 BetrVG 1972 Tarifvorbehalt Bl. 4 R). Ist die Leistung von Zusatzschichten ungewiss und vom Abruf durch den Arbeitgeber abhängig, fehlt ihr mithin die Regelhaftigkeit der betriebsüblichen Arbeitszeit, ist jene vorübergehend (*BAG* 03.06.2003 EzA § 77 BetrVG 2001 Nr. 5 S. 11 f. = AP Nr. 19 zu § 77 BetrVG 1972 Tarifvorbehalt Bl. 5; *Gutzeit* BB 1996, 106 [111]). Das gilt auch für eine für mehrere Jahre unkündbare Betriebsvereinbarung, wenn die in ihr vorgesehenen Verlängerungen der betriebsüblichen Arbeitszeit selbst jeweils nur vorübergehend sind (*BAG* 03.06.2003 EzA § 77 BetrVG 2001 Nr. 5 S. 12 = AP Nr. 19 zu § 77 BetrVG 1972 Tarifvorbehalt Bl. 5 R f.). In dem Abschluss einer solchen Betriebsvereinbarung liegt kein unzulässiger Verzicht (*Wiese* Rdn. 5 f.), wenn in ihr zwar keine Voraussetzungen für die Anordnung von Überstunden im Einzelfall, aber detaillierte Regelungen zu deren Umfang und Vorstellung vorgesehen sind (*BAG* EzA § 77 BetrVG 2001 Nr. 5 S. 12 f. = AP Nr. 19 zu § 77 BetrVG 1972 Tarifvorbehalt Bl. 5 R f.; 01.07.2003 EzA § 87 BetrVG 2001 Arbeitszeit Nr. 2 S. 9 f. = AP Nr. 103 zu § 87 BetrVG 1972 Arbeitszeit Bl. 4 f.).

Wird die **Arbeitszeit** auf **Dauer verkürzt** oder **verlängert**, hat der **Betriebsrat nicht mitzubestimmen** (vgl. auch Rdn. 407). Soweit arbeitsvertragliche Vereinbarungen über die Verlängerung der tariflichen Arbeitszeit innerhalb der Grenzen des Arbeitszeitrechts zulässig sind, geschieht dies in der Regel auf Dauer. Deshalb unterliegen vertragliche Vereinbarungen auch bei kollektiven Tatbeständen nicht der Mitbestimmung des Betriebsrats (*ArbG Bielefeld* 28.02.1996 BB 1996, 1114 [1116]; *Bengelsdorf* ZfA 1990, 563 [604]; *Buchner* DB 1990, 1715 [1723]; *Stege/Weinspach/Schiefer* § 87 Rn. 79c). Anders ist es nur dann, wenn die Verlängerung vorübergehend erfolgt. **409**

Die Mitbestimmung wird ohne Differenzierung von der h. M. auch für den **generellen Abbau** von **Überstunden** verneint (*BAG* 25.10.1977 EzA § 615 BGB Nr. 3 S. 101 f. = AP Nr. 1 zu § 87 BetrVG 1972 Arbeitszeit Bl. 2 f. *[Wiedemann/Moll]* = SAE 1978, 161 *[Bohn]*; 21.11.1978 EzA § 87 BetrVG 1972 Arbeitszeit Nr. 7 S. 36 f. = AP Nr. 2 zu § 87 BetrVG 1972 Arbeitszeit Bl. 3 R *[Wiedemann/Moll]*; *LAG Hamm* 28.05.1974 DB 1974, 2014; *Fitting* § 87 Rn. 149; *Gamillscheg* II, S. 900; *Kaiser/LK* § 87 Rn. 97; *Matthes*/MünchArbR § 245 Rn. 25; *Richardi* § 87 Rn. 347; *Rieble*/AR § 87 BetrVG Rn. 32; *Stege/Weinspach/Schiefer* § 87 Rn. 76; *Worzalla*/HWGNRH § 87 Rn. 244; **a. M.** *LAG Hamm* 19.04.1973 DB 1973, 1024; *Bender/WPK* § 87 Rn. 81; *Föhr* AuR 1975, 353 [359]; *von Friesen* DB 1980, Beil. Nr. 1, S. 7 Fn. 47a; *Kohte*/HaKo § 87 Rn. 46). Das *BAG* (25.10.1977 EzA § 615 BGB Nr. 34 S. 101 f. = AP Nr. 1 zu § 87 BetrVG 1972 Arbeitszeit Bl. 2 f.) begründet seine Ansicht damit, dass zur betriebsüblichen Arbeitszeit nicht die darüber hinaus zu leistenden Arbeitsstunden zählten, so dass der Fortfall der Überstunden keine Verkürzung, sondern ein Zurückgehen auf die regelmäßige Arbeitszeit sei. Das ist insofern zutreffend, als auch die vorübergehende Verkürzung oder Verlängerung der betriebsüblichen Arbeitszeit diese nicht verändert (Rdn. 402 ff.). Trotzdem sind beide mitbestimmungspflichtig. Deshalb ist auch beim Abbau von Überstunden über die Mitbestimmungspflicht noch nicht entschieden. **410**

Liegt eine verbindliche Regelung mit dem Betriebsrat über die Einzelheiten einer **vorübergehenden Einführung** von **Überstunden** vor, ist der Arbeitgeber an diese gebunden. Nach ihrem Inhalt richtet es sich, ob er die Überstunden unter bestimmten Voraussetzungen oder uneingeschränkt allein wieder beseitigen kann. Liegt eine solche Ermächtigung nicht vor, bedarf der Arbeitgeber für die Festlegung des Endzeitpunktes einer nicht eindeutig befristeten oder für die vorzeitige Beendigung einer befristeten Überstundenregelung der Mitbestimmung des Betriebsrats (ebenso *Klebe*/DKKW § 87 Rn. 115); Gleiches gilt für die teilweise (zahlenmäßige oder vorübergehende) Reduzierung der Überstunden. Da die Mitbestimmung sich auf den Gesamtkomplex der vorübergehenden Verlängerung der betriebsüblichen Arbeitszeit bezieht, erfasst sie auch deren Modalitäten einschließlich des Endzeitpunktes, mögen sie sofort oder später zu regeln sein. Liegt insoweit noch keine Regelung vor, kann der Betriebsrat auch nicht auf eine ordentliche Kündigung der Betriebsvereinbarung nach § 77 Abs. 5 und ebenso wenig auf eine außerordentliche Kündigung (so *Galperin/Löwisch* § 87 Rn. 107b) verwiesen werden. Zum Initiativrecht des Betriebsrats beim Abbau von Überstunden Rdn. 393, zur Mitbestimmung nach § 87 Abs. 1 Nr. 2 beim generellen Abbau von Überstunden Rdn. 310. **411**

Nach den gleichen Grundsätzen wie beim Abbau von Überstunden ist die Mitbestimmungspflicht bei der **Aufhebung** von **Kurzarbeit** zu entscheiden. Deshalb ist der vorzeitige Abbau einer mit dem Betriebsrat vereinbarten vorübergehenden Kurzarbeit mitbestimmungspflichtig (im Ergebnis ebenso *Bender/WPK* § 87 Rn. 75; *Fitting* § 87 Rn. 151; *Jene* Kurzarbeit und betriebliche Mitbestimmung, S. 91 ff.; *Kania*/ErfK § 87 BetrVG Rn. 35; *Klebe*/DKKW § 87 Rn. 115; *Matthes*/MünchArbR § 245 Rn. 37; *Schütte* FS Bauer, 2010, S. 989 [991]; *Uhl/Polloczek* BB 2010, 2173 [2174]; vgl. auch *BAG* 04.03.1986 EzA § 87 BetrVG 1972 Arbeitszeit Nr. 17 S. 120 = AP Nr. 3 zu § 87 BetrVG 1972 Kurzarbeit Bl. 3 *[Wiese]*; Einigungsstellenspruch NZA 1992, 1020 f.; **a. M.** *BAG* 21.11.1978 EzA § 87 BetrVG 1972 Arbeitszeit Nr. 7 S. 35 ff. = AP Nr. 2 zu § 87 BetrVG 1972 Arbeitszeit Bl. 2 R ff. *[abl. Wiedemann/Moll]*; 11.07.1990 EzA § 615 BGB Betriebsrisiko Nr. 11 S. 4 = AP Nr. 32 zu § 615 BGB Betriebsrisiko Bl. 2; *LAG Bremen* 17.08.1976 zit. bei *Brill* DB 1978, Beil. Nr. 9, S. 5; *Bischof* NZA 1995, 1021 [1025 f.]; *Kaiser/LK* § 87 Rn. 101; *Richardi* § 87 Rn. 348, 354; *Rieble*/AR § 87 BetrVG Rn. 32; *Stege/Weinspach/Schiefer* § 87 Rn. 76b; *Worzalla*/HWGNRH § 87 Rn. 234). Auch **412**

§ 87 IV. 3. Soziale Angelegenheiten

die Rückführung oder Aufhebung der Kurzarbeit hätte bereits in der eindeutig mitbestimmungspflichtigen Regelung über deren Einführung vereinbart werden können. Ist das nicht geschehen, bedarf es mangels einer Vereinbarung, die den Arbeitgeber zum einseitigen Handeln ermächtigt, was noch nicht aus dem Wesen eines Einigungsstellenspruches über die Einführung von Kurzarbeit folgt (so aber *BAG* 21.11.1978 1986 EzA § 87 BetrVG 1972 Arbeitszeit Nr. 7 S. 37 f. = AP Nr. 2 zu § 87 BetrVG 1972 Arbeitszeit Bl. 3 R f. *[abl. Wiedemann/Moll* Bl. 5 R*]*), der späteren mitbestimmungspflichtigen Regelung. Deshalb kann die Mitbestimmungsfreiheit nicht damit begründet werden, die Rückführung bzw. Aufhebung der Kurzarbeit beinhalte keine Änderung der betriebsüblichen Arbeitszeit, sondern bedeute lediglich die Aufhebung der außerordentlichen Regelung zugunsten des Normalzustandes (so aber *BAG* 21.11.1978 EzA § 87 BetrVG 1972 Arbeitszeit Nr. 7 S. 35 f. = AP Nr. 2 zu § 87 BetrVG 1972 Arbeitszeit Bl. 3 f.). Die abgelehnte Auffassung hätte zur Konsequenz, dass der Arbeitgeber nach Belieben von der mit dem Betriebsrat über die Einführung von Kurzarbeit getroffenen Vereinbarung abweichen und Schritt für Schritt die Arbeitszeit wieder verlängern könnte, bis die Kurzarbeit wieder auf die betriebsübliche Arbeitszeit zurückgeführt ist. Erst recht ist es mitbestimmungspflichtig, wenn der Arbeitgeber die Kurzarbeit vorübergehend aussetzt und nach einiger Zeit wieder fortführt (**a. M.** *Bischof* NZA 1985, 1021 [1026 f.]).

g) Kurzarbeit, Feierschichten

413 Eine Verkürzung der Arbeitszeit i. S. d. § 87 Abs. 1 Nr. 3 ist bei **jeder Verringerung** der **betriebsüblichen Arbeitszeit** gegeben, sei es, dass Stunden, Tage, eine oder mehrere Schichten (als sog. Feierschichten) oder einzelne Wochen endgültig ausfallen (*BAG* st. Rspr. 05.03.1974 EzA § 87 BetrVG 1972 Nr. 3 S. 11 f. *[Herschel]* = AP Nr. 1 zu § 87 BetrVG 1972 Kurzarbeit Bl. 2 *[Wiese]* = SAE 1974, 201 *[Bötticher]*; 13.07.1977 EzA § 87 BetrVG 1972 Arbeitszeit Nr. 3 S. 2 f. = AP Nr. 2 zu § 87 BetrVG 1972 Kurzarbeit Bl. 2 R f. *[Löwisch]* = SAE 1979, 145 *[Otto]*; 09.05.1984 EzA § 1 Lohnfortzahlungsgesetz Nr. 71 S. 256 *[Söllner]* = AP Nr. 58 zu § 1 LohnFG Bl. 2= AR-Blattei, Betriebsvereinbarung, Entsch. 34 *[Fastrich]*; 14.02.1991 EzA § 87 BetrVG 1972 Kurzarbeit Nr. 1 S. 4 = AP Nr. 4 zu § 615 BGB Kurzarbeit Bl. 2 R; 01.07.2003 EzA § 87 BetrVG 2001 Arbeitszeit Nr. 2 S. 5 = AP Nr. 103 zu § 87 BetrVG 1972 Arbeitszeit Bl. 2 R; weitere Nachweise 9. Aufl. § 87 Rn. 389; *LAG Berlin-Brandenburg* 09.10.2009 NZA-RR 2010, 244 [245]; *LAG Hamm* 29.06.1993 LAGE § 87 BetrVG 1972 Nr. 8 S. 3 f.; *ArbG Bochum* 23.06.1992 AuR 1993, 62; *Farthmann* RdA 1974, 65 [69]; *Fitting* § 87 Rn. 150; *Galperin/Löwisch* § 87 Rn. 107; *Joussen* DB 2004, 1314 [1316]; *Klebe/DKKW* § 87 Rn. 128; *Richardi* § 87 Rn. 353; *Simitis/Weiss* DB 1973, 1240 [1244]; *Worzalla/HWGNRH* § 87 Rn. 243; zu § 87 Abs. 1 Nr. 2 Rdn. 337; gänzlich wird die Mitbestimmung beim völligen Ausfall der Arbeit an bestimmten Tagen wie überhaupt bei der Einführung von Kurzarbeit abgelehnt von *Erdmann/Jürging/Kammann* § 87 Rn. 46 f.). Die Auffassung des *BAG* zu § 56 Abs. 1 Buchst. a BetrVG 1952 (15.12.1961 AP Nr. 1 zu § 56 BetrVG Arbeitszeit Bl. 3; 15.12.1961 AP Nr. 2 zu § 56 BetrVG Arbeitszeit Bl. 3 f.; 15.12.1961 AP Nr. 1 zu § 615 BGB Kurzarbeit Bl. 2), der Betriebsrat habe nur mitzubestimmen, wenn durch die Einführung von Kurzarbeit an einzelnen Tagen Beginn und Ende der Arbeitszeit, also deren Lage geändert würden, aber nicht, wenn volle Arbeitstage oder eine volle Woche ausfielen, ist damit überholt (zum früheren Streitstand *Dietz* § 56 Rn. 99; *Fitting/Kraegeloh/Auffarth* § 56 Rn. 16a; *Hueck/Nipperdey* II/2, S. 1363 Fn. 10; **a. M.** *Erdmann/Jürging/Kammann* § 87 Rn. 46) und vom *BAG* (05.03.1974 AP Nr. 1 zu § 87 BetrVG 1972 Kurzarbeit Bl. 2 R *[Wiese]*) ausdrücklich aufgegeben worden (zust. *LAG Düsseldorf/Köln* 20.12.1979 BB 1980, 523; *LAG Hamm* 30.03.1979 DB 1979, 1657). Besteht im Zeitpunkt der Einführung von Kurzarbeit kein Betriebsrat, so kann diese mitbestimmungsfrei nach Vertragsgrundsätzen eingeführt werden (*BAG* 25.11.1981 AP Nr. 3 zu § 9 TVAL II Bl. 3 f. *[Beitzke]*; vgl. aber Rdn. 384). Die Kurzarbeit ist vom Arbeitgeber unter Beifügung einer Stellungnahme des Betriebsrats oder dessen bei der Agentur für Arbeit schriftlich anzuzeigen (§ 95 SGB III). Zum **Kurzarbeitergeld** § 99 ff. SGB III, zu **Kurzarbeitsklauseln** im Arbeitsvertrag *LAG Berlin-Brandenburg* 07.10.2010 NZA-RR 2011, 65 ff.

414 Sinn und Zweck des § 87 Abs. 1 Nr. 3 ist es nicht nur, den Arbeitnehmer vor den vergütungsrechtlichen Folgen einer **Verkürzung der Arbeitszeit** zu schützen, sondern auch die damit verbundenen Belastungen und/oder Vorteile angemessen zu verteilen. Deshalb hat der Betriebsrat auch mitzubestimmen, wenn die Vergütung während der vorübergehenden Verkürzung der Arbeitszeit ganz oder teilweise fortgezahlt wird, aber darüber zu entscheiden ist, in welchem Umfang die Verkürzung

der Arbeitszeit bei welchen Arbeitnehmern erfolgen soll (*BAG* 01.07.2003 EzA § 87 BetrVG 2001 Arbeitszeit Nr. 2 S. 5 = AP Nr. 103 zu § 87 BetrVG 1972 Arbeitszeit Bl. 2 R; 03.05.2006 EzA § 87 BetrVG 2001 Arbeitszeit Nr. 9 Rn. 18 = AP Nr. 119 zu § 87 BetrVG 1972 Arbeitszeit; vgl. auch Rdn. 376 a. E.; *Joussen* BB 2004 1314 [1316]; **a. M.** 8. Aufl. Rn. 390; *Matthes*/MünchArbR § 245 Rn. 29; *Otto* NZA 1992, 97 [100]). Soweit ein Anspruch der Arbeitnehmer auf bezahlte Freistellung (z. B. am Tage eines Volksfestes) besteht, würde das Verlangen des Arbeitgebers, dass während dieser an sich vorgesehenen Freizeit aufgrund besonderer Umstände trotzdem gearbeitet wird, auf die vorübergehende und damit mitbestimmungspflichtige **Einführung von Überstunden** gerichtet sein. Umgekehrt hat das *LAG Köln* (25.04.2013 – 7 TaBV 77/12) die Frage, ob der Arbeitgeber den Rosenmontag generell als normalen Arbeitstag oder als zusätzlichen bezahlten »Feiertag« behandeln möchte, nicht der Mitbestimmung des Betriebsrats nach § 87 Abs. 1 Nr. 3 unterworfen, weil es sich dabei um eine Dauerregelung handelt. Allerdings kann sich im Wege der Auslegung der getroffenen Regelung ergeben, dass der Anspruch auf bezahlte Freistellung nur unter der Bedingung gewährt wird, dass an dem betreffenden Tage die Festveranstaltung (z. B. ein Umzug) auch tatsächlich stattfindet, andernfalls der Anspruch entfällt. Auch könnte ein stillschweigender Widerrufsvorbehalt oder ein Wegfall der Geschäftsgrundlage vorliegen. Zur Anordnung von Arbeit am **Fastnachtsdienstag 1991**, an dem wegen des Golfkrieges Fastnachtsveranstaltungen ausfielen, *LAG Frankfurt a. M.* 01.09.1992 ARSt. 1993, 155; 20.07.1993 BB 1994, 430; *ArbG Frankfurt a. M.* 06.02.1991 NZA 1991, 397 (397 f., 398). Für den öffentlichen Dienst hat das *BAG* (24.03.1993 EzA § 242 BGB Betriebliche Übung Nr. 27 S. 2 f. = AP Nr. 38 zu § 242 BGB Betriebliche Übung Bl. 1 R f.) einen Anspruch auf bezahlte Freizeit aufgrund betrieblicher Übung am **Rosenmontag** und am **Karnevalsdienstag** 1991 verneint. Vgl. auch *BAG* 12.01.1994 EzA § 242 BGB Betriebliche Übung Nr. 30 S. 1 ff. = AP Nr. 43 zu § 242 BGB Betriebliche Übung Bl. 1 R f.; 06.09.1994 EzA § 242 BGB Betriebliche Übung Nr. 31 S. 1 f. = AP Nr. 45 zu § 242 BGB Betriebliche Übung Bl. 1 R f.; 26.10.2004 EzA § 87 BetrVG 2001 Arbeitszeit Nr. 7 S. 8 ff. = AP Nr. 113 zu § 87 BetrVG 1972 Arbeitszeit Bl. 4 ff. (*Joussen*). Zur Unzulässigkeit der finanziellen Abgeltung von Freizeitguthaben *ArbG Arnsberg* 16.08.1995 BB 1996, 2623.

415 Nach § 87 Abs. 1 Nr. 3 mitbestimmungspflichtig sind auch die **Festlegung** des **Zeitpunktes** des **Beginns** der **Kurzarbeit** sowie die Einführung bzw. Aufhebung von **Ankündigungsfristen** [*Jene* Kurzarbeit und betriebliche Mitbestimmung, S. 116; *Säcker/Oetker* ZfA 1971, 131 [170]; vgl. auch Rdn. 383 a. E.). Damit ist nicht die Frage zu verwechseln, wie die Lage der Restarbeitszeit bei verbleibendem Regelungsspielraum festzulegen ist (dazu Rdn. 443).

416 **Unerheblich** ist der **Anlass** der **Arbeitseinschränkung** (*BAG* 22.12.1980 EzA § 615 BGB Betriebsrisiko Nr. 7 S. 47 *[Dütz; Ehmann/Schnauder* nach Nr. 8*]* = AP Nr. 70 zu Art. 9 GG Arbeitskampf Bl. 8 *[Richardi]*; *Farthmann* RdA 1974, 65 [70]; *Fitting* § 87 Rn. 154; *Otto* NZA 1992, 97 [100]; *Simitis/Weiss* DB 1973, 1240 [1244]). Insbesondere ist nicht gerechtfertigt, die Mitbestimmung auf die auf vertragliche oder auf Vertrag beruhende, d. h. rechtsgeschäftliche Verkürzung der Arbeitszeit zu beschränken *[Jahnke* ZfA 1984, 69 [77]; *Richardi* § 87 Rn. 355; **a. M.** *LAG Düsseldorf* 20.12.1979 DB 1980, 933; *LAG Düsseldorf/Köln* 20.12.1979 BB 1980, 523; *Ehmann* Betriebsrisikolehre und Kurzarbeit, S. 58 ff.; *Kraft* FS *G. Müller*, S. 265 [280]; *Seiter* RdA 1979, 393 [394 f.]). Deshalb ist auch eine **arbeitskampfbedingte Verkürzung** der **Arbeitszeit** unter Berücksichtigung der Arbeitskampfrisikolehre nach § 87 Abs. 1 Nr. 3 mitbestimmungspflichtig (Rdn. 430 ff.). Ebenso unterliegen die Einführung von Kurzarbeit während des **Konkursverfahrens** bzw. in den neuen Bundesländern des **Gesamtvollstreckungsverfahrens** (im ganzen Bundesgebiet ab 01.01.1999: **Insolvenzverfahrens**) und die Auswahl des von Kurzarbeit betroffenen Personenkreises dem Mitbestimmungsrecht des Betriebsrats (*ArbG Siegen* 03.06.1983 ZIP 1983, 1117), anders wenn der Insolvenzverwalter bei Masseunzulänglichkeit einen Großteil der Arbeitnehmer im Hinblick auf die beabsichtigte Betriebsstilllegung freistellt (*LAG Hamm* 20.09.2002 NZA-RR 2003, 422). Zu Kurzarbeit bei **Smog-Alarm** *Ehmann* NJW 1987, 401 (402 f., 404 f.); *Klebe*/DKKW § 87 Rn. 131; *Richardi* NJW 1987, 1231 [1233]; allgemein auch *Rosendahl* BetrR 1987, 98 ff. Bei der Einführung der früheren **strukturellen Kurzarbeit** zur Vermeidung von Arbeitslosigkeit (§ 175 SGB III a. F.) hatte der Betriebsrat nicht mitzubestimmen (*Bachner/Schindele* NZA 1999, 130 [133 f.]; *Worzalla*/HWGNRH § 87 Rn. 229; **a. M.** *Klebe*/DKKW § 87 Rn. 112; *Ulber/Unterhinninghofen* JArbR Bd. 35 [1998], S. 71 [81 ff.]). Gleiches gilt für die **Transfer-Kurzarbeit** i. S. d. § 111 SGB III (*Fitting* § 87 Rn. 152; *Kaiser*/LK § 87

§ 87   IV. 3. Soziale Angelegenheiten

Rn. 101; *Schliemann* ArbZG, § 87 BetrVG Rn. 141; **a. M.** *Klebe/DKKW* § 87 Rn. 112; *Kohte/* HaKo § 87 Rn. 51).

417 Das Mitbestimmungsrecht des Betriebsrats ist auch gegeben, wenn die **Bundesagentur für Arbeit** nach **§ 19 Abs. 1 KSchG** die **Einführung** von **Kurzarbeit zulässt** (*Bieback* AuR 1986, 161 [162]; *Farthmann* RdA 1974, 65 [69 f.]; *Fitting* § 87 Rn. 155; *Galperin/Löwisch* § 87 Rn. 114; *Jahnke* ZfA 1984, 69 [97]; *Jene* Kurzarbeit und betriebliche Mitbestimmung, S. 171 ff.; *Klebe/DKKW* § 87 Rn. 131; *Richardi* § 87 Rn. 376 mit Einschränkungen; *Weigand/KR* § 19 KSchG Rn. 31 ff.; *von Stebut* RdA 1974, 332 [343 ff.]; **a. M.** *Böhm* BB 1974, 281 [284]; *Ehmann* Betriebsrisikolehre und Kurzarbeit, S. 34 Fn. 13; *Kaiser/LK* § 87 Rn. 106: nur Modalitäten; *Löwisch* KSchG, § 19 Rn. 10; ders. FS Wiese, 1998, S. 249 [257 f.]; *Rumpff/Dröge* Kurzarbeit, S. 58 [92]; *Säcker* ZfA 1972, Sonderheft S. 41 [49]; *Stege/Weinspach/Schiefer* § 87 Rn. 83; *Worzalla/HWGNRH* § 87 Rn. 245). Durch die Zulassung wird dem Arbeitgeber lediglich ein Gestaltungsrecht zur einseitigen Umgestaltung der Arbeitsverträge eingeräumt (*von Hoyningen-Huene/Linck* KSchG, § 19 Rn. 13, 17), ohne dass bereits eine Regelung getroffen würde. Bei dieser hat der Betriebsrat daher mitzubestimmen. Hat der Betriebsrat seine Zustimmung erteilt, kann der Arbeitgeber. aufgrund des ihm eingeräumten Gestaltungsrechts die Kurzarbeit einführen, ohne dass es einer Betriebsvereinbarung oder einer Änderungskündigung bedarf. Allerdings bleibt der Entgeltanspruch der mit verkürzter Arbeitszeit beschäftigten Arbeitnehmer nach Maßgabe des § 19 Abs. 2 KSchG, d. h. bis zu dem Zeitpunkt bestehen, in dem das Arbeitsverhältnis nach den allgemeinen gesetzlichen oder den vereinbarten Bestimmungen enden würde (*Galperin/Siebert* § 87 Rn. 114; *Richardi* § 87 Rn. 376; *Weigand/KR* § 19 KSchG Rn. 39).

418 Liegen die besonderen Voraussetzungen des § 19 KSchG nicht vor, erübrigen sich gleichfalls Änderungskündigungen, wenn eine Betriebsvereinbarung über die Kurzarbeit abgeschlossen wird (Rdn. 383 f.). Der Arbeitnehmer muss dann die durch Verkürzung der Arbeitszeit bedingte Lohnminderung hinnehmen (Nachweise Rdn. 383); § 19 Abs. 3 KSchG steht dem Abschluss einer Betriebsvereinbarung nicht entgegen (*LAG Düsseldorf/Köln* 12.04.1973 DB 1973, 1305; *Farthmann* RdA 1974, 65 [70]; **a. M.** *Säcker* ZfA 1972, Sonderheft S. 41 [49]). Der Betriebsrat kann seine Zustimmung zur Einführung von Kurzarbeit nicht davon abhängig machen, dass bei Nichtzahlung von Kurzarbeitergeld durch die Agentur für Arbeit der Arbeitgeber den Lohnausfall erstattet (*LAG Nürnberg* ABlBayArbMin. 1977, C 13; *LAG Köln* 14.06.1989 LAGE § 87 BetrVG 1972 Kurzarbeit Nr. 1 S. 3 ff.; *Jene* Kurzarbeit und betriebliche Mitbestimmung, S. 100 ff.; *Otto* NZA 1992, 97 [109]; *Worzalla/HWGNRH* § 87 Rn. 95). Gleiches gilt für die Aufstockung von Kurzarbeitergeld (*Säcker/Oetker* ZfA 1991, 131 [170 ff., 185]; **a. M.** *Klebe/DKKW* § 87 Rn. 130; *Matthes/* MünchArbR § 245 Rn. 36). Allgemein zu **Koppelungsgeschäften** im Zusammenhang mit Regelungen nach § 87 Abs. 1 Nr. 3 Rdn. 377.

419 Zur Berufung auf den **Fortfall** der **Geschäftsgrundlage** bei einer mit Zustimmung des Betriebsrats eingeführten Kurzarbeit *LAG Düsseldorf* 08.05.1974 BB 1974, 1347, zur **Sozialwidrigkeit** fristgemäßer **Kündigungen** bei Massenentlassungen, falls Kurzarbeit möglich gewesen wäre, der Betriebsrat seine Zustimmung jedoch zunächst abgelehnt hat, *LAG Hamm* 27.10.1975 ARSt. 1978, 142 (Nr. 1212).

h) Überstunden

420 Da unter der betriebsüblichen die regelmäßige betriebliche Arbeitszeit zu verstehen ist (Rdn. 402), es also um den Umfang der Arbeitspflicht der Arbeitnehmer geht, betrifft die Verlängerung der betriebsüblichen Arbeitszeit i. S. d. § 87 Abs. 1 Nr. 3 die Überschreitung dieser Arbeitszeit, d. h. **Überstunden (Überarbeit)**. Davon zu unterscheiden war nach der AZO **Mehrarbeit**, die vorlag, wenn die gesetzlichen Arbeitszeitgrenzen von täglich 8 Stunden bzw. 48 Stunden wöchentlich bzw. 96 Stunden in zwei aufeinanderfolgenden Wochen überschritten wurden und nach Maßgabe des § 15 einen Anspruch auf Mehrarbeitsvergütung begründete (*BAG* 28.07.1981 EzA § 6 AZO Nr. 1 S. 5 ff. *[Kreutz]* = AP Nr. 4 zu § 87 BetrVG 1972 Arbeitszeit Bl. 2 R ff. m. w. N. *[Zmarzlik]*; *Hueck/Nipperdey* I, S. 210; *Nikisch* I, S. 349, III, S. 394; *Richardi* § 87 Rn. 349). Zur gesetzlich zulässigen regelmäßigen Arbeitszeit i. S. d. § 3 AZO gehörte auch die nach § 4 AZO anders verteilte Arbeitszeit (*BAG* 28.07.1981 EzA § 6 AZO Nr. 1 S. 6 = AP Nr. 4 zu § 87 BetrVG 1972 Arbeitszeit Bl. 2 R f.). Überstunden und Mehrarbeit brauchten nicht gleichzeitig vorzuliegen. Galt für den Betrieb die 40-Stunden-Woche und wurden von Montag bis Donnerstag je 8 1/4 Stunden sowie am Freitag 7 Stunden gearbeitet, so wurde an den ersten vier Wochentagen weder Überarbeit noch wegen der nach § 4 AZO zulässigen anderen Verteilung der Arbeitszeit Mehrarbeit geleistet. Wäre am Freitag die Arbeitszeit auf 8 Stunden verlängert worden, handelte es sich um eine Überstunde, aber nicht um Mehrarbeit. Mehrarbeit wurde im Hinblick auf den weiten Arbeitszeitrahmen der AZO und die zunehmende Verkürzung der betriebsüblichen Arbeitszeit immer seltener (zu einem wenig praktischen Beispiel für Mehrarbeit *BAG* 28.07.1981 EzA § 6 AZO Nr. 1 S. 7 = AP Nr. 4 zu § 87 BetrVG 1972 Arbeitszeit Bl. 3 R f). Da die Mitbestimmung des Betriebsrats sich auf die Überarbeit bezieht, war es gleichgültig, ob zugleich Mehrarbeit vorlag. Diese war nur insofern von Bedeutung, als die Grenzen ihrer Zulässigkeit nach den Vorschriften des Arbeitszeitrechts von den Betriebspartnern zu beachten war (Rdn. 280). Andererseits schloss die arbeitszeitrechtliche Zulässigkeit von Mehrarbeit die Mitbestimmung des Betriebsrats bei Überstunden nicht aus (*Denecke/Neumann/Biebl* AZO, 11. Auflage 1991, § 6 Rn. 9, § 7 Rn. 21, 37, § 14 Rn. 9; *Farthmann* RdA 1974, 65 [68]; ders. AR-Blattei, Arbeitszeit I D, IV 2b; *Fitting/Auffarth/ Kaiser/Heither* 17. Aufl. 1992, § 87 Rn. 50; *Galperin/Löwisch* § 87 Rn. 113; *Klebe/DKKW* § 87 Rn. 126).

Nachdem die Regelung des § 15 AZO entfallen ist, hat die Unterscheidung insoweit keine praktische **421** Bedeutung mehr, wenn auch die Begriffe unterschiedliche Problembereiche kennzeichnen und dafür nach wie vor verwendet werden sollten. Allerdings wurde bisher schon von Mehrarbeit häufig auch dann gesprochen, wenn es sich um Überarbeit handelte. Was gemeint ist, bedarf insbesondere bei tariflichen Regelungen aber weiterhin der Auslegung (*LAG Berlin* 22.01.1996 LAGE § 87 BetrVG 1972 Arbeitszeit Nr. 24 S. 5 ff.). Im Übrigen ist auch nach dem Arbeitszeitgesetz die Mitbestimmung des Betriebsrats unabhängig davon gegeben, ob die nach dessen § 3 zulässige Höchstarbeitszeit aufgrund der Ausnahmeregelungen verlängert wird (vgl. auch *Neumann/Biebl* ArbZG, § 14 Rn. 20).

Keine Überstunden i. S. d. § 87 Abs. 1 Nr. 3 sind die sog. **Überstunden mit vollem Freizeitaus- 422 gleich**, weil dadurch nicht die Dauer der betriebsüblichen Arbeitszeit verlängert, sondern nur die Lage der Arbeitszeit verändert wird (*LAG Rheinland-Pfalz* 24.10.2000 AuR 2001, 197; im Ergebnis ebenso *Worzalla/HWGNRH* § 87 Rn. 247; vgl. auch *BAG* 11.11.1997 EzA § 611 BGB Mehrarbeit Nr. 7 S. 1 ff. = AP Nr. 25 zu § 611 BGB Mehrarbeitsvergütung Bl. 2 ff. bei einer auf das Jahr bezogenen Arbeitszeit; **a. M.** *ArbG Nürnberg* 31.10.1995 AiB 1997, 176; *Matthes/* MünchArbR § 245 Rn. 14). Dabei hat der Betriebsrat aber nach § 87 Abs. 1 Nr. 2 mitzubestimmen. Unerheblich ist dagegen, ob Überstunden vergütet werden (*Matthes/*MünchArbR § 245 Rn. 14). Zur Unzulässigkeit der individualrechtlichen Vereinbarung der Abgeltung von Freischichten in Geld zum Ausgleich von Überstunden, der nach einer Betriebsvereinbarung zu gewähren ist, *ArbG Arnsberg* 16.08.1995 AuR 1995, 470. Zur Abgrenzung von Überstunden und Leistungsverschiebungen nach einer tariflichen Regelung *BAG* 06.08.1998 AP Nr. 1 zu § 22 BMT-GII Bl. 2 R ff. Keine vorübergehende Verlängerung der betriebsüblichen Arbeitszeit liegt ferner (bei kollektiver Regelung) in der Anordnung einer **Dienstreise außerhalb** der normalen **Arbeitszeit**, wenn während der Reisezeit keine Arbeitsleistung zu erbringen ist (*BAG* 23.07.1996 EzA § 87 BetrVG 1972 Arbeitszeit Nr. 55 S. 5 ff. *[zust. Berger-Delhey* m. w. N.*]* = AP Nr. 26 zu § 87 BetrVG 1972 Ordnung des Betriebes Bl. 2 R ff.; 14.11.2006 EzA § 87 BetrVG 2001 Arbeitszeit Nr. 10 Rn. 32 = AP Nr. 121 zu § 87 BetrVG 1972 Arbeitszeit; *Kaiser/LK* § 87 Rn. 98; *Loritz* NZA 1997, 1188 [1191]; *Worzalla/HWGNRH* § 87 Rn. 236; **a. M.** *Klebe/DKKW* § 87 Rn. 123; vgl. auch Rdn. 311). Keine mitbestimmungspflichtige vorübergehende Verlängerung der betriebsüblichen Arbeitszeit bedeutet auch die Überschreitung des dienstplanmäßigen Arbeitszeitendes, wenn ein mit dem Betriebsrat vereinbarter **Dienstplan** für **Postzusteller** das Ende der täglichen Arbeitszeit festlegt, mangels anderer Anhaltspunkte davon auszugehen ist, dass dieses Dienstende nur einen Durchschnittswert markiert und der Arbeitgeber nach den gewählten Verfahrensgrundsätzen das Ende der täglichen Arbeitszeit nicht durch Veränderung der Zustellbezirke beliebig beeinflussen kann (*BAG* 23.03.1999 EzA § 87 BetrVG 1972 Arbeitszeit Nr. 60 S. 1 ff. = AP Nr. 80 zu § 87 BetrVG 1972 Arbeitszeit Bl. 2 R ff.); hinsichtlich Dienstplänen von im **Fahrdienst beschäftigten Arbeitnehmern** vgl. entsprechend *LAG Schleswig-Holstein* 02.02.2017 – 5 TaBV 11/16. Mitbestimmungsfrei ist die Berechnung der Dauer der regelmäßigen Arbeitszeit durch den Arbeitgeber – hier Berücksichtigung des Ferienüberhangs von Musikschullehrern bei Festlegung der regelmäßig zu leistenden wöchentlichen Arbeitszeit *BAG* 09.11.2010 NZA-RR 2011, 278.

§ 87   *IV. 3. Soziale Angelegenheiten*

423 Die Mitbestimmung des Betriebsrats ist bei **jeder** vorübergehenden, generellen Einführung von **Überarbeit**, sei es auch nur an einem Tage (Sonderfall, Rdn. 15, 394), gegeben (**a. M.** bei einmaliger Verlängerung der Arbeitszeit für einzelne Arbeitnehmer *Loritz / ZLH* Arbeitsrecht, § 51 II 3). Das gilt z. B. für die nur stundenweise Verlängerung der betriebsüblichen Arbeitszeit (Rdn. 402), die zusätzliche Arbeit an einem sonst arbeitsfreien Tag (Rdn. 414; **a. M.** *Worzalla / HWGNRH* § 87 Rn. 235), die Einlegung von Sonderschichten – auch als Samstagsarbeit oder zulässige Sonntagsarbeit – (*Matthes*/MünchArbR § 245 Rn. 10; *Neyses* BlStSozArbR 1977, 181; *W. Schneider* BlStSozArbR 1977, 196; *Worzalla/HWGNRH* § 87 Rn. 235) oder die Anordnung an **Lehrer** zur Leistung von Vertretungsstunden über die Pflichtunterrichtsstunden hinaus (*BAG* 13.06.1989 EzA § 87 BetrVG 1972 Arbeitszeit Nr. 37 S. 4 ff. = AP Nr. 36 zu § 87 BetrVG 1972 Arbeitszeit Bl. 2 f.). Auch **Wegezeiten** können zur Arbeitszeit gehören, so dass deren vorübergehende Verlängerung mitbestimmungspflichtig ist (so *ArbG Berlin* 22.10.1996 AuR 1997, 212, hinsichtlich der Wegezeiten von Außendienstmonteuren und Projektspezialisten). Um eine vorübergehende Verlängerung der betriebsüblichen Arbeitszeit handelt es sich auch, wenn nach einer Betriebsvereinbarung der Unterschied zwischen der tatsächlich geleisteten Arbeitszeit pro Woche und der tariflichen Arbeitszeit durch Freischichten auszugleichen ist, diese dann aber aufgrund vertraglicher Vereinbarung in Geld abgegolten werden (*ArbG Arnsberg* 16.08.1995 AuR 1996, 360). Bei einer **Mitarbeiterversammlung außerhalb** der **betriebsüblichen Arbeitszeit** handelt es sich um mitbestimmungspflichtige Überarbeit, wenn der Arbeitgeber kraft seines Direktionsrechts die Teilnahme anordnen kann oder wenn eine anderweitige Verpflichtung zur Teilnahme besteht (*BAG* 13.03.2001 EzA § 87 BetrVG 1972 Arbeitszeit Nr. 62 S. 2 ff. = AP Nr. 87 zu § 87 BetrVG 1972 Arbeitszeit Bl. 1 R ff.; anders Vorinstanz *LAG Hamm* 11.01.2000 NZA-RR 2000, 424; nach Ansicht des *BAG* selbst dann, wenn der Arbeitgeber die Teilnahme freistellt; *ArbG Oldenburg* 17.03.2004 AiB 2005, 315; **a. M.** *Kaiser/LK* § 87 Rn. 98). Vergibt ein Arbeitgeber Arbeiten, die normalerweise im Rahmen des betrieblichen Arbeitsablaufs zu erbringen sind, zu Festpreisen an eigene Arbeitnehmer, so handelt es sich auch dann um die Anordnung von Überstunden, wenn die Arbeiten außerhalb des Betriebs erbracht werden (*LAG Düsseldorf* 05.11.2001 LAGE § 87 BetrVG 1972 Arbeitszeit Nr. 27).

424 Mitbestimmungspflichtig ist auch die vorübergehende Verlängerung betriebsüblicher **Teilzeitarbeit** (Rdn. 405). Bei Teilzeitarbeit mit **variabler Arbeitszeit** scheidet die Mitbestimmung dagegen aus, solange der vereinbarte Arbeitszeitrahmen eingehalten wird (*Schwerdtner* DB 1983, 2763 [2775]; zu Bandbreitenregelungen Rdn. 403). Bei Überschreiten dieses Rahmens wird es sich in der Regel nicht um einen kollektiven Tatbestand handeln. Soll aber vorübergehend für alle Teilzeitbeschäftigten mit variabler Arbeitszeit der Arbeitszeitrahmen erweitert werden, hätte der Betriebsrat mitzubestimmen (**a. M.** *Schwerdtner* DB 1983, 2763 [2775]). Soweit bei **Bedarfsarbeit** (KAPOVAZ) Überstunden zulässig sind (hierzu *Klevemann* BB 1987, 1242; *Mikosch* GK-TzA, Art. 1 § 4 Rn. 37, 55 f., 80, 86, 118), ist deren vorübergehende Einführung bei kollektiven Tatbeständen mitbestimmungspflichtig (*Löwisch* RdA 1984, 197 [199]; *Löwisch / Schüren* BB 1984, 925 [929]). Gleiches gilt bei Jobsharing-Arbeitsverhältnissen (vgl. auch *Schüren* Job-Sharing, S. 195 f.). Auch bei der **vorübergehenden** zusätzlichen Einführung von **Arbeitsbereitschaft, Bereitschaftsdienst** und **Rufbereitschaft** ist wegen der dadurch begründeten zusätzlichen, d. h. über die betriebsübliche Arbeitszeit hinausgehenden zeitlichen Bindung des Arbeitnehmers die Mitbestimmung nach § 87 Abs. 1 Nr. 3 gegeben. Gleiches gilt für die während einer Arbeitsbereitschaft, eines Bereitschaftsdienstes und einer Rufbereitschaft vorübergehend als Vollarbeit geleisteten Überstunden (zur Rufbereitschaft *BAG* 21.12.1982 EzA § 87 BetrVG 1972 Arbeitszeit Nr. 16 S. 106 f. = AP Nr. 9 zu § 87 BetrVG 1972 Arbeitszeit Bl. 2 f. *[Gast]* = SAE 1983, 321 *[Wiese]*, zum Bereitschaftsdienst *BAG* 29.02.2000 EzA § 87 BetrVG 1972 Arbeitszeit Nr. 61 S. 2 f. *[Wiese]* = AP Nr. 81 zu § 87 BetrVG 1972 Arbeitszeit; *Fitting* § 87 Rn. 133; *LAG Berlin-Brandenburg* 19.06.2014 PflR 2015, 28; *Klebe/DKKW* § 87 Rn. 125; *Richardi* § 87 Rn. 350; vgl. auch Rdn. 350 ff.). Bei **Gleitzeit** handelt es sich um Überstunden, wenn das Zeitguthaben im Ausgleichszeitraum über die Sollarbeitszeit hinausgeht (*Matthes*/MünchArbR § 245 Rn. 22). Eine Gleitzeitvereinbarung, nach der die Sollzeit am Ende eines Abrechnungszeitraumes um höchstens 10 Stunden über- oder unterschritten werden darf und Zeitguthaben von mehr als 10 Stunden verfallen, soweit sie nicht als Überarbeit genehmigt sind, muss der Arbeitgeber in der Weise durchführen, dass er solche verfallenden Gleitzeitguthaben verhindert oder er ihren Anfall mit dem Betriebsrat gemäß § 87 Abs. 1 Nr. 3 abstimmt (*Hess. LAG* 09.10.1997 NZA-RR 1999, 88). Sieht eine Betriebsvereinbarung vor,

dass die Zeiten, die über die tägliche Höchstarbeitszeit von zehn Stunden hinaus geleistet wurden, nicht dem Gleitzeitkonto zugeführt, sondern gekappt werden, so führt diese Kappung von Arbeitsstunden dazu, dass die hiervon erfasste Arbeitszeit grundsätzlich nicht als nach § 87 Abs. 1 Nr. 2 i. V. m. Nr. 3 BetrVG zu verteilende Arbeitszeit behandelt wird. Mit einer solchen Regelung tragen die Betriebspartner jedoch zuerst gesetzlichen und ggf. auch tarifvertraglichen Grenzen der Arbeitszeitverteilung Rechnung. Durch die Kappung soll indes nicht in vergütungsrechtlich geschützte Positionen der betroffenen Arbeitnehmer eingegriffen werden, wenn auch jenseits der Höchstarbeitszeit Arbeitsleistung erbracht wird (*BAG* 10.12.2013 EzA § 87 BetrVG 2001 Arbeitszeit Nr. 19 Rn. 21 = AP Nr. 132 zu § 87 BetrVG 1972 Arbeitszeit; dazu *Karthaus* AuR 2015, 346),

Mitbestimmungspflichtig ist nicht nur die **Anordnung**, sondern auch die **Duldung** (Entgegennahme **425** und Bezahlung) von (**freiwilligen**) **Überstunden** (*BAG* st. Rspr. 27.11.1990 EzA § 87 BetrVG 1972 Arbeitszeit Nr. 40 S. 8 *[Kraft]* = AP Nr. 41 zu § 87 BetrVG 1972 Arbeitszeit Bl. 4 f.; 16.07.1991 EzA § 87 BetrVG 1972 Arbeitszeit Nr. 48 S. 5 = AP Nr. 44 zu § 87 BetrVG 1972 Arbeitszeit Bl. 3; 14.11.2006 EzA § 87 BetrVG 2001 Arbeitszeit Nr. 10 Rn. 32 = AP Nr. 121 zu § 87 BetrVG 1972; 24.04.2007 EzA § 87 BetrVG 2001 Arbeitszeit Nr. 11 Rn. 18 = AP Nr. 124 zu § 87 BetrVG Arbeitszeit = RdA 2008, 112 *[Clemenz]*; weitere Nachweise 9. Aufl. § 87 Rn. 401; *LAG Berlin* 22.01.1996 LAGE § 87 BetrVG 1972 Arbeitszeit Nr. 24 S. 2 f.; *LAG Frankfurt a. M.* 01.08.1989 LAGE § 23 BetrVG 1972 Nr. 13 S. 1; 12.07.1988 LAGE § 87 BetrVG 1972 Arbeitszeit Nr. 10 S. 4; 24.01.1989 NZA 1989, 943; *LAG Hamm* 08.09.2015 – 7 TaBVGa 5/15; *LAG Köln* 15.02.2001 LAGE § 87 BetrVG 1972 Arbeitszeit Nr. 26 S. 6; *Fitting* § 87 Rn. 144; *Kaiser/LK* § 87 Rn. 95; *Klebe/DKKW* § 87 Rn. 122; *Matthes*/MünchArbR § 245 Rn. 19; vgl. auch *Worzalla/HWGNR* § 87 Rn. 240; **a. M.** *LAG Schleswig-Holstein* 14.11.1986 BB 1987, 901 f.). Dabei handelt es sich um die konkludente vertragliche Vereinbarung der Leistung von Überarbeit bzw. die konkludente Genehmigung bereits geleisteter Überarbeit (*Kraft* Anm. EzA § 87 BetrVG 1972 Arbeitszeit Nr. 40 S. 14). Der Betriebsrat hat auch mitzubestimmen, wenn eine Betriebsvereinbarung über **Gleitzeit** die Überschreitung eines Zeitguthabens von 20 Stunden am Ende des Erfassungszeitraums nicht erlaubt, der Arbeitgeber aber darüber hinausgehende Arbeitsleistungen – ohne besondere Anordnung – entgegennimmt (*Hess. LAG* 21.12.1995 AuR 1997, 124).

Der **Anlass** einer Arbeitszeitverlängerung ist ebenso wie bei der vorübergehenden Verkürzung der **426** Arbeitszeit (Rdn. 416) **gleichgültig** (zu Beispielen nach dem Arbeitszeitrecht der AZO 4. Aufl., § 87 Rn. 274). Nach neuem Arbeitszeitrecht ist an vom Arbeitszeitgesetz abweichende Regelungen i. S. d. § 7 zu denken, soweit es sich nicht um Dauerregelungen handelt. Gleiches gilt für außergewöhnliche Fälle i. S. d. § 14 ArbZG. Jedoch kann dann ein **Notfall** vorliegen, so dass der Arbeitgeber ausnahmsweise die Verlängerung der Arbeitszeit einseitig anordnen kann (zum Ganzen *Wiese* Rdn. 159 ff., insbesondere Rdn. 167; vgl. auch *Richardi* § 87 Rn. 371; *Schlegel* Die Mitbestimmung des Betriebsrates bei Überstunden, S. 126 ff.). Die Mitbestimmung ist auch gegeben, wenn der Arbeitgeber aufgrund innerbetrieblicher Entscheidungsprozesse von Mal zu Mal erneut entscheidet, ob er von einer erteilten Ausnahmegenehmigung nach dem Ladenschlussgesetz Gebrauch machen will (*LAG Bremen* 18.07.1986 AP Nr. 6 zu § 23 BetrVG 1972 Bl. 2 f.). Zu Überstunden und **Tendenzschutz** Rdn. 398, zum Abbau von Überstunden Rdn. 410 f.

Zu **Einzelfragen** der Anordnung von Überstunden aus der Rechtsprechung des *BAG* 18.11.1980 **427** EzA § 87 BetrVG 1972 Arbeitszeit Nr. 8 *(Klinkhammer)* = AP Nr. 3 zu § 87 BetrVG 1972 Arbeitszeit *(Meisel)* = SAE 1981, 239 *(Reuter)* bei Schlussverkäufen und saisonbedingten Bestandsaufnahmen in einem Warenhaus; 02.03.1982 EzA § 87 BetrVG 1972 Arbeitszeit Nr. 11 = AP Nr. 6 zu § 87 BetrVG 1972 Arbeitszeit = SAE 1982, 304 *(Hj. Weber)* bei Beseitigung bestimmter, immer wieder auftretender technischer Störungen an den Betriebsanlagen; *BAG* 08.06.1982 EzA § 87 BetrVG 1972 Arbeitszeit Nr. 12 = AP Nr. 7 zu § 87 BetrVG 1972 Arbeitszeit = SAE 1983, 144 *(Jahnke)* = DB 1982, 2356 *(Marsch-Barner)* bei Aufnahme eines Bestandes von Magnetbändern eines Rechenzentrums; *BAG* 21.12.1982 EzA § 87 BetrVG 1972 Arbeitszeit Nr. 16 = AP Nr. 9 zu § 87 BetrVG 1972 Arbeitszeit *(Gast)* = SAE 1983, 321 *(Wiese)* bei Beseitigung von Störfällen in einem Heizwerk; *BAG* 22.02.1989 EzA § 23 BetrVG 1972 Nr. 9 *(Rüthers/Henssler)* = AP Nr. 2 zu § 23 BetrVG 1972 *(von Hoyningen-Huene)* = SAE 1984, 182 *(Buchner)* = AR-Blattei, Arbeitsgerichtsbarkeit XII, Entsch. 119 *(Bertelsmann)* = JuS 1984, 149 *(Reuter)* bei Überstunden in einem Rechenzentrum; *BAG* 10.06.1986 EzA § 87

BetrVG 1972 Arbeitszeit Nr. 18 = AP Nr. 18 zu § 87 BetrVG 1972 Arbeitszeit = SAE 1988, 184 *(Loritz)* bei Überstunden, die notwendig werden, weil die im Betrieb oder einzelnen Abteilungen anfallende Arbeit nicht mit den vorhandenen Arbeitskräften erledigt werden kann; *BAG* 11.11.1986 EzA § 87 BetrVG 1972 Arbeitszeit Nr. 21 = AP Nr. 21 zu § 87 BetrVG 1972 Arbeitszeit bei Anordnung von Überstunden zwecks Einhaltung der Kunden gegenüber zugesagten Termine; *BAG* 27.11.1990 EzA § 87 BetrVG 1972 Arbeitszeit Nr. 40 *(Kraft)* = AP Nr. 41 zu § 87 BetrVG 1972 Arbeitszeit zur Duldung von Überstunden; *BAG* 16.07.1991 EzA § 87 BetrVG 1972 Arbeitszeit Nr. 48 = AP Nr. 44 zu § 87 BetrVG 1972 Arbeitszeit bei Überstunden von Teilzeitbeschäftigten; *BAG* 22.10.1991 EzA § 87 BetrVG 1972 Arbeitszeit Nr. 49 = AP Nr. 48 zu § 87 BetrVG 1972 Arbeitszeit bei Übertragung von Arbeiten auf Fremdfirmen; *BAG* 23.06.1992 EzA § 87 BetrVG 1972 Arbeitszeit Nr. 51 = AP Nr. 20 zu § 23 BetrVG 1972 zum Vorgehen nach § 23 Abs. 3 bei grober Pflichtverletzung des Arbeitgebers; vgl. auch die Gesamtübersicht zur Rechtsprechung zu § 87 Abs. 1 Nr. 3 bei *Brossette* ZfA 1992, 379 (381 ff. Fn. 2). Zur Mitnahme von Arbeit nach Hause *ArbG Hamburg* 24.08.1976 BetrR 1976, 500, zur freiwilligen Teilnahme am Empfang unternehmenseigener Fernsehsendungen im Betrieb außerhalb der Arbeitszeit *ArbG Münster* 17.12.1996 AiB 1998, 168 *(Manstetten)*.

428 Arbeitgeber und Betriebsrat können für erforderlich werdende Überstunden – insbesondere bei Eilfällen – **Vorsorge** treffen und **Rahmenregelungen** vereinbaren, in denen Verfahrensvorschriften aufgestellt werden oder unter bestimmten Voraussetzungen die Zustimmung des Betriebsrats im Voraus erteilt wird (*Wiese* Rdn. 163 f.; zu Überstunden insbesondere *BAG* 12.01.1988 EzA § 87 BetrVG 1972 Arbeitszeit Nr. 26 S. 5 = AP Nr. 8 zu § 81 ArbGG 1979 Bl. 2 R; 10.03.1992 EzA § 77 BetrVG1972 Nr. 47 S. 1 = AP Nr. 1 zu § 77 BetrVG 1972 Regelungsabrede Bl. 3; 26.08.1997 EzA § 112 BetrVG 1972 Nr. 96 S. 10 *[Löwisch/Flüchter]* = AP Nr. 117 zu § 112 BetrVG 1972 Bl. 4 R f. *[C. Meyer]*; 17.11.1998 EzA § 87 BetrVG 1972 Arbeitszeit Nr. 59 S. 6 = AP Nr. 79 zu § 87 BetrVG 1972 Arbeitszeit Bl. 3 = SAE 2000, 149 *[Worzalla]* = RdA 1999, 342 *[Veit]*; 29.02.2000 EzA § 87 BetrVG 1972 Arbeitszeit Nr. 61 S. 3 *[Wiese]* = AP Nr. 81 zu § 87 BetrVG 1972 Arbeitszeit Bl. 3 R hinsichtlich der Einführung von Bereitschaftsdienst; 08.12.2015 EzA § 87 BetrVG 2001 Arbeitszeit Nr. 25 = AP Nr. 139 zu § 87 BetrVG1972 Arbeitszeit hinsichtlich der Änderung von Schichtplänen; vgl. auch *Fitting* § 87 Rn. 147; *Klebe/DKKW* § 87 Rn. 127; *Matthes*/MünchArbR § 245 Rn. 20 f.; *Otto* NZA 1992, 97 [109 f.]; *Popp* NZA 1993, 639 [640]; einschränkend *Worzalla/HWGNRH* § 87 Rn. 256; zu vorsorglichen tariflichen Regelungen Rdn. 83, 400). Unbedenklich erscheint es auch, Negativregelungen für Tatbestände zu vereinbaren, in denen Überstunden ausgeschlossen sein sollen. Unklar ist aber, was die Mitbestimmung bei einer »Abbauregelung für künftig anfallende Überstunden« besagen soll (das Mitbestimmungsrecht verneinend *LAG Hamm* 04.12.1985 DB 1986, 547). Für vorsorgliche Regelungen nach § 87 Abs. 1 Nr. 3, die als solche zulässig sind und sogar vom *BAG* gefordert werden (*Wiese* Rdn. 163, ferner Rdn. 393), kann nach Lage der Dinge im Beschlussverfahren das Rechtsschutzinteresse zweifelhaft sein. Da sich die Mitbestimmung nach § 87 Abs. 1 Nr. 3 nur auf die vorübergehende Einführung von Überstunden bezieht, hätte der Betriebsrat bei einer hierüber zu treffenden Regelung zugleich über deren Modalitäten und damit über die Beendigung bzw. den schrittweisen Abbau von Überstunden mitzubestimmen, dagegen nicht bei Regelungen über die Einführung von Überstunden auf Dauer oder deren Abbau (Rdn. 409 ff.). Dafür kommt nur eine freiwillige Betriebsvereinbarung nach § 88 in Betracht.

429 Im **Beschlussverfahren** sind **Globalanträge** zulässig, mit denen dem Arbeitgeber umfassend untersagt werden soll, für Arbeitnehmer des Betriebs ohne vorherige Zustimmung des Betriebsrats Überstunden anzuordnen oder zu dulden (*BAG* 10.06.1986 EzA § 87 BetrVG 1972 Arbeitszeit Nr. 18 S. 131 f. = AP Nr. 18 zu § 87 BetrVG 1972 Arbeitszeit Bl. 3 f.; 10.03.1992 AP Nr. 1 zu § 77 BetrVG 1972 Regelungsabrede Bl. 2 = SAE 1993, 164 *[Raab]*). Die Frage, ob ein derart umfassendes Unterlassungsgebot gerechtfertigt ist, betrifft nicht die notwendige Bestimmtheit und damit die Zulässigkeit des Antrags (§ 253 Abs. 2 ZPO), sondern dessen Begründetheit (*BAG* 10.06.1986 EzA § 87 BetrVG 1972 Arbeitszeit Nr. 18 S. 132 = AP Nr. 18 zu § 87 BetrVG 1972 Arbeitszeit Bl. 3 R). Diese ist schon dann nicht gegeben, wenn die Mitbestimmung auch nur in einem Fall denkbarer Anordnung von Überstunden zu verneinen ist (*BAG* 10.06.1986 EzA § 87 BetrVG 1972 Arbeitszeit Nr. 18 S. 132 = AP Nr. 18 zu § 87 BetrVG 1972 Arbeitszeit Bl. 3 R; 10.03.1992 AP Nr. 1 zu § 77 BetrVG 1972 Regelungsabrede Bl. 3). Bestimmt genug ist ein Antrag, mit dem für die Zukunft festgestellt werden soll, dass der Betriebsrat bei der Anordnung von Überstunden mitzubestimmen hat, weil die im Betrieb oder in einzelnen Abteilungen anfallende Arbeit mit den vorhandenen Arbeitskräften nicht bewältigt werden kann (*BAG* 11.11.1986 AP Nr. 21 zu § 87 BetrVG 1972 Arbeitszeit Bl. 2); zur hinreichenden Bestimmtheit eines Unterlassungsantrags, der Notfälle explizit ausnimmt vgl. *LAG Köln* 03.12.2013 – 12 TaBV 65/13. Zu unbestimmt soll demgegenüber ein Antrag des Betriebsrats sein, mit dem dieser Unterlassung einer einseitigen vorübergehenden Änderung des Arbeitszeitvolumens durch den Arbeitgeber begehrt, »es sei denn, die Mitbestimmung [sei] ... arbeitskampfbedingt ... vorübergehend eingeschränkt« (*LAG Schleswig-Holstein* 16.06.2016 – 4 TaBV 44/15). Zur Antragstellung im Beschlussverfahren vgl. auch Rdn. 1112 f.

i) Arbeitskampfbedingte Veränderungen der betriebsüblichen Arbeitszeit

Während eines Arbeitskampfes ist in **unmittelbar** vom Arbeitskampf **betroffenen Betrieben** jede auf den Tatbestand des § 87 Abs. 1 Nr. 3 bezogene Maßnahme des Arbeitgebers mitbestimmungsfrei, die arbeitskampfbedingt und unmittelbar auf das Kampfgeschehen bezogen ist (*Wiese* NZA 1984, 378 [381]; zum Ganzen *Gamillscheg* I, S. 1280 ff.; *Jansen* Die betriebliche Mitbestimmung im Arbeitskampf [Diss. Bochum], 1999, insbesondere S. 203 ff.; *Kreutz/Jacobs* § 74 Rdn. 36 ff., insbesondere § 74 Rdn. 62 ff.; *Otto* NZA 1992, 97 [104]; *ders.* Arbeitskampf- und Schlichtungsrecht, 2006, § 16 Rn. 59 ff.; *C. Meyer* BB 2012, 2753 ff.; *Schlegel* Die Mitbestimmung des Betriebsrats bei Überstunden, S. 171 ff.). Deshalb hat der Betriebsrat nicht mitzubestimmen, wenn der Arbeitgeber während eines – rechtmäßigen oder rechtswidrigen – Streiks in seinem Betrieb aus streikbedingten Gründen für arbeitswillige Arbeitnehmer die betriebsübliche Arbeitszeit vorübergehend verlängert (im Ergebnis ebenso *BAG* 24.04.1979 EzA Art. 9 GG Arbeitskampf Nr. 34 S. 341 f. = AP Nr. 63 zu Art. 9 GG Arbeitskampf Bl. 3 ff. [zust. *Rüthers/Klosterkemper*] = SAE 1979, 300 [zust. *Kraft*]; 10.12.2002 EzA § 80 BetrVG 2001 Nr. 1 S. 9 f. = AP Nr. 59 zu § 80 BetrVG 1972; *Hess. LAG* 08.09.2016 NZA-RR 2017, 25; *LAG Niedersachsen* 21.11.2001 LAGE § 87 BetrVG 1972 Arbeitszeit Nr. 28 S. 4; *Eich* DB 1979, Beil. Nr. 9, S. 4 f.; *Fitting* § 87 Rn. 165 f.; *Kissel* Arbeitskampfrecht § 36 Rn. 79; *Kraft* FS *G. Müller*, S. 265 [277]; *Richardi* FS Deutsche Richterakademie, S. 111 [118 f.]; *ders.* DB 1985, 1021 [1024]; *ders.* § 87 Rn. 379, 401; **a. M.** *Büchner* BlStSozArbR 1985, 145 [149]; *Klebe/DKKW* § 87 Rn. 116; *Wolter* AuR 1979, 333 [335 ff.]). Entsprechendes gilt für die vorübergehende Verkürzung der betriebsüblichen Arbeitszeit bei einem Teilstreik für arbeitswillige Arbeitnehmer desselben Betriebes (*BAG* 22.12.1980 EzA § 615 BGB Betriebsrisiko Nr. 8 S. 60 f. [*Dütz; Ehmann/Schnauder*] = AP Nr. 71 zu Art. 9 GG Arbeitskampf Bl. 4 f. [*Richardi*]; *Eich* DB 1979, Beil. Nr. 9, S. 4 f.; *Fitting* § 87 Rn. 168; *Galperin/Löwisch* § 74 Rn. 13b; *Kraft* FS *G. Müller*, S. 265 [277 f.]; *Richardi* FS Deutsche Richterakademie, S. 111 [128 f.]; *ders.* § 87 Rn. 400; **a. M.** *Jene* Kurzarbeit und betriebliche Mitbestimmung, S. 344 f.) oder Unternehmens (*Otto* NZA 1992, 97 [104]). Der Arbeitgeber kann auch für die Dauer des Streiks den Betrieb ganz stilllegen (*BAG* 22.03.1994 EzA Art. 9 GG Arbeitskampf Nr. 115 S. 3 ff. [*Fischer/Rüthers*] = AP Nr. 130 zu Art. 9 GG Arbeitskampf Bl. 2 ff. [*Oetker*]). Zur Zulässigkeit von Abwehraussperrungen *BAG* 10.06.1980 EzA Art. 9 GG Arbeitskampf Nr. 36, 37 [*Rüthers*] = AP Nr. 64, 65 zu Art. 9 GG Arbeitskampf [*Mayer-Maly* zu Nr. 66]. Der dadurch bedingte Arbeitsausfall ist mitbestimmungsfrei. Der Unterrichtungsanspruch des Betriebsrats nach § 80 Abs. 2 Satz 1 i. V. m. § 87 Abs. 1 Nr. 2 und 3 besteht jedoch auch während der Dauer eines Arbeitskampfes (*BAG* 10.12.2002 EzA § 80 BetrVG 2001 Nr. 1 S. 11 ff. [*Krause*] = AP Nr. 59 zu § 80 BetrVG 1972 Bl. 4 R ff.; 13.12.2011 EzA Art. 9 GG Arbeitskampf Nr. 145 = AP Nr. 76 zu Art. 9 GG Arbeitskampf [für § 99]). Ist der Arbeitskampf jedoch beendet und geht es bei einer Anordnung etwa von Überstunden allein um eine nachgreifende Kompensation der Streikfolgen, so verbleibt es beim Mitbestimmungsrecht des Betriebsrats (*Hess. LAG* 21.04.2016 LAGE § 87 BetrVG 2001 Arbeitszeit Nr. 10).

Äußerst umstritten war, ob die Einführung von **Kurzarbeit**, die als **Folge** der **Fernwirkung** eines **Arbeitskampfes** in **mittelbar betroffenen Betrieben** erforderlich wird, nach § 87 Abs. 1 Nr. 3 mitbestimmungspflichtig ist. Die **überwiegende Meinung** hatte dies verneint und sich dabei vor allem auf die Betriebsrisikolehre und den Grundsatz der Kampfparität berufen (z. B. *LAG Düsseldorf* 13.08.1979 DB 1979, 2136 f.; *Dietz/Richardi* 5. Aufl. 1973, § 87 Rn. 178; *Ehmann* Betriebsrisikolehre und Kurzarbeit, S. 57 ff., 155 ff. und passim, zu tariflichen Regelungen S. 73 ff., aber auch S. 71 f. [156 f.] hinsichtlich vorsorglicher Maßnahmen; *Galperin/Löwisch* 5. Aufl. 1976, § 74 Rn. 13; *Kraft* FS *G. Müller*, S. 265 [279 ff.]; *Lieb* 25 Jahre Bundesarbeitsgericht, S. 327 [343 ff.]; *Mayer-Maly* BB 1979,

1305 [1310 ff.]; *Scholz/Konzen* Die Aussperrung im System von Arbeitsverfassung und kollektivem Arbeitsrecht, 1980, S. 219 ff.; *Seiter* RdA 1979, 393 ff. mit Ausnahme vorsorglicher Maßnahmen [S. 400]). Nur von einer **Mindermeinung** wurde die Mitbestimmung des Betriebsrats uneingeschränkt bejaht (so z. B. *ArbG Düsseldorf* 03.04.1979 DB 1979, 1561 [1562]; *Farthmann* RdA 1974, 65 [70]; *Fitting/Auffarth/Kaiser* 13. Aufl. 1981, § 74 Rn. 6a; *Jene* Kurzarbeit und betriebliche Mitbestimmung, S. 339 ff.; *Simitis/Weiss* DB 1973, 1240 [1244 f.]). Eine **Mittelmeinung** stellte dagegen auf den unter Berücksichtigung der Betriebsrisikolehre verbleibenden Regelungsspielraum ab und bejahte insoweit die Mitbestimmung des Betriebsrats (im Einzelnen durchaus unterschiedlich – *LAG Hamm* 03.11.1978 EzA § 87 BetrVG 1972 Arbeitszeit Nr. 6 [krit. *Seiter*]; *Dütz* DB 1979, Beil. Nr. 14, S. 13 f. für den Kampfbereich; *Kalb* BB 1979, 1829 ff.; *Wiese* 2. Bearbeitung, § 87 Rn. 82c; dagegen ausdrücklich *Eich* DB 1979, Beil. Nr. 9, S. 8; *Kraft* FS *G. Müller*, S. 265 [282]; *Seiter* RdA 1979, 393 [399 f.]). Weitere Nachweise 6. Aufl. § 87 Rn. 407.

432 Letzterer Auffassung ist auch das *BAG* (22.12.1980 EzA § 615 BGB Betriebsrisiko Nr. 7 S. 47 ff. *[Dütz; Ehmann/Schnauder* nach Nr. 8] = AP Nr. 70 zu Art. 9 GG Arbeitskampf Bl. 7 R ff. *[Richardi]* = AR-Blattei, Arbeitskampf I, Entsch. 18 *[Hanau]* = SAE 1981, 197 *[Konzen]*; 22.12.1980 EzA § 615 BGB Betriebsrisiko Nr. 8 S. 57 ff. *[Dütz; Ehmann/Schnauder* nach Nr. 8] =AP Nr. 71 zu Art. 9 GG Arbeitskampf Bl. 3 ff. *[Richardi]* = AR-Blattei, Arbeitskampf I, Entsch. 19 *[Hanau]* = SAE 1981, 205 *[Konzen]* = JuS 1981, 618 *[Reuter]*). In Übereinstimmung mit der h. M. geht das *BAG* davon aus, dass der Arbeitgeber das Betriebs- und Wirtschaftsrisiko trägt, d. h. das Arbeitsentgelt auch dann zahlen muss, wenn er die Belegschaft ohne sein Verschulden aus betriebstechnischen Gründen nicht beschäftigen kann **(Betriebsrisiko)** oder wenn die Fortsetzung des Betriebs wegen Auftrags- oder Absatzmangels wirtschaftlich sinnlos ist **(Wirtschaftsrisiko)**. Führt jedoch ein Streik innerhalb oder außerhalb des umkämpften Tarifgebiets dazu, dass die Arbeit in einem anderen Betrieb ganz oder teilweise unmöglich oder wirtschaftlich unzumutbar wird und beeinflussen diese Fernwirkungen eines Streiks bei typisierender Betrachtungsweise das Kräfteverhältnis der kampfführenden Parteien (Kampfparität), so tragen beide Seiten das **Arbeitskampfrisiko**. Das nimmt das *BAG* z. B. an, wenn die für den mittelbar betroffenen Betrieb zuständigen Verbände mit den unmittelbar kampfführenden Verbänden identisch oder doch organisatorisch eng verbunden sind. Gleiches gilt bei wirtschaftlichen Abhängigkeiten z. B. im Konzern. Für den Arbeitgeber bedeutet das Arbeitskampfrisiko den Schaden durch den Produktionsausfall, für die betroffenen Arbeitnehmer den Verlust des Beschäftigungs- und Vergütungsanspruchs. Die arbeitskampfrechtlichen Risikogrundsätze sind den Betriebspartnern vorgegeben und nicht mit dem Betriebsrat auszuhandeln; der Arbeitgeber kann sich auf sie berufen. Das Ob, d. h. die Voraussetzungen und der Umfang der arbeitskampfbedingten Arbeitszeitverkürzung sind daher mitbestimmungsfreie Rechtsfragen. Soweit dagegen hinsichtlich der Umsetzung dieser Vorgabe in den Betriebsablauf ein Regelungsspielraum verbleibt, hat der Betriebsrat über die Modalitäten nach § 87 Abs. 1 Nr. 2 und 3 mitzubestimmen. Unerheblich ist, ob die Betriebsstörung auf einem rechtmäßigen Streik oder einer rechtmäßigen Abwehraussperrung beruht (*BAG* 22.12.1980 EzA § 615 BGB Betriebsrisiko Nr. 8 S. 59 *[Dütz, Ehmann/Schnauder]* = AP Nr. 71 zu Art. 9 GG Arbeitskampf Bl. 3 R *[Richardi]*). Eine Rückanknüpfung an kampfparitätische Erwägungen (auf denen auch die Arbeitskampfrisikolehre zentral fußt) hat das *BAG* auch für eine arbeitskampfbedingte Einschränkung des Beteiligungsrechts aus § 99 vorgenommen. Mitbestimmungsrechte des Betriebsrats während eines Arbeitskampfs müssten eingeschränkt werden, wenn bei deren uneingeschränkter Aufrechterhaltung die ernsthafte Gefahr bestünde, dass der Betriebsrat eine dem Arbeitgeber sonst mögliche Arbeitskampfmaßnahme verhindere und dadurch zwangsläufig zu dessen Nachteil in das Kampfgeschehen eingreife. Die durch Art. 9 Abs. 3 GG geschützte Tarifautonomie und der aus ihr abzuleitende Grundsatz der Chancengleichheit (Kampfparität) verlangten in diesen Fällen eine arbeitskampfkonforme Auslegung und damit Einschränkung der Mitbestimmungsrechte des Betriebsrats (so *BAG* 13.12.2011 EzA Art. 9 GG Arbeitskampf Nr. 145 = AP Nr. 76 zu Art. 9 GG Arbeitskampf). Zu den unterschiedlichen Fallkonstellationen *Seiter* Staatsneutralität im Arbeitskampf, 1987, S. 141 ff., zur Frage, ob die Wirkungen des Arbeitskampfrisikos kraft Gesetzes eintreten oder der Ausübung eines Gestaltungsrechts bedürfen, daselbst S. 143 f.

433 Die Arbeitskampfrisikolehre des *BAG* ist in der **Literatur** aus unterschiedlichen, z. T. grundsätzlichen Erwägungen abgelehnt oder jedenfalls kritisiert worden (Entscheidungsanmerkungen Rdn. 432 sowie *Brox/Rüthers* Arbeitskampfrecht, S. 107 f., 281 f.; *Ehmann/Schnauder* Jura 1983, 181 [238, 241 ff.];

Fitting § 87 Rn. 171 ff.; *Heinze* DB 1982, Beil. Nr. 23, S. 13 ff.; *Jahnke* ZfA 1984, 69 ff.; *Kalb* Arbeitskampfrecht, 1986, Rn. 317 ff.; *Klebe/DKKW* § 87 Rn. 116 ff.; *Lieb* NZA 1990, 377 ff.; *Loritz/ZLH* Arbeitsrecht, § 21 V 4b; *U. Mayer* BB 1990, 2482 ff.; *Ögüt* in: *Däubler* [Hrsg.] Arbeitskampfrecht, 3. Aufl. 2011, § 19 Rn. 72 ff.;*Richardi* ZfA 1985, 101 [114 ff.]; *Seiter* DB 1981, 578 [582 ff.]; *ders.* Staatsneutralität im Arbeitskampf, 1987, S. 9 f. [137 ff.]; *Trittin* DB 1990, 322 ff.; *Worzalla/HWGNRH* § 87 Rn. 268 ff.; zumindest im Grundsatz zust. dagegen *Galperin/Löwisch* § 74 Rn. 13b, § 87 Rn. 112; *Gamillscheg* II, S. 902; *Kissel* Arbeitskampfrecht § 50 Rn. 10; *Otto* RdA 1981, 285 [293 f.]; *ders.* NZA 1992, 97 [104 f.] für mittelbar betroffene Betriebe anderer Unternehmen; *ders.* Arbeitskampf- und Schlichtungsrecht, 2006, § 16 Rn. 68 ff.; *Wiese* 3. Bearbeitung, § 87 Rn. 165; im Ergebnis auch *Staudinger/Richardi* BGB, § 615 Rn. 255 ff.; zum Ganzen auch *Richardi* § 87 Rn. 378 ff.). Weitere Nachweise 6. Aufl. § 87 Rn. 409. Die **Arbeitsgerichtsbarkeit** ist dagegen bemüht, die Grundsätze des *BAG* in die Praxis umzusetzen (*LAG Baden-Württemberg* 17.02.1987 DB 1987, 1441 f.; *LAG Berlin* 06.08.1985 LAGE Art. 9 GG Arbeitskampf Nr. 22 S. 42 ff.; *LAG Bremen* 15.06.1984 DB 1984, 1935; *LAG Hamburg* 28.05.1984 DB 1984, 1579 [1580]; *LAG Hamm* 27.03.1985 NZA 1985, 631 [632 f.]; *ArbG München* 24.05.1984 DuR 1985, 90 *[U. Mayer]*; krit. *LAG Bremen* 09.02.1989 AiB 1989, 316; *ArbG Bremen* 20.06.1986 AuR 1986, 349).

Folgt man dem arbeitskampfrechtlichen Ansatz des *BAG*, so ist es konsequent, die **Mitbestimmung** **434** zu **verneinen**, soweit die **Arbeitnehmer** das **Arbeitskampfrisiko** zu **tragen** haben (gegen eine Einschränkung *Klebe/DKKW* § 87 Rn. 116 ff.; *U. Mayer* BlStSozArbR 1981, 353 ff.; kritisch *Fitting* § 87 Rn. 171 ff.), im Übrigen sie aber zu bejahen (*Bender/WPK* § 87 Rn. 85; **a. M.** *Worzalla/HWGNRH* § 87 Rn. 280 ff., insbesondere Rn. 283; *Stege/Weinspach/Schiefer* § 87 Rn. 81, vgl. aber auch Rn. 81a ff.). Entfällt die Arbeitsmöglichkeit nicht arbeitskampfbedingt oder ist die Paritätsrelevanz zu verneinen, kann der **verbleibende Regelungsbereich nicht** nach arbeitskampfrechtlichen Grundsätzen **von** der **Mitbestimmung ausgenommen** sein. Auch der Schutz der Betriebsratsmitglieder vor einer Interessenkollision (*Seiter* RdA 1979, 393 [397]), die in tatsächlicher Hinsicht bestehen mag, rechtfertigt es nicht, die Mitbestimmung auszuschließen (vgl. auch *BAG* 22.12.1980 EzA § 615 BGB Betriebsrisiko Nr. 7 S. 49 f. *[Dütz; Ehmann/Schnauder* nach Nr. 8*]* = AP Nr. 70 zu Art. 9 GG Arbeitskampf Bl. 8 R f. *[Richardi* nach Nr. 71*]*; *Wiese* NZA 1984, 378 [381]; krit. *Seiter* DB 1981, 578 [584]; *Worzalla/HWGNRH* § 87 Rn. 282). Konsequent ist es schließlich, wenn das *BAG* eine Verlagerung des Lohnrisikos auf die Arbeitnehmer aus arbeitskampfrechtlichen Gründen ablehnt, soweit die Ursache der Produktionseinschränkung auf einer **unternehmerischen Fehldisposition** beruht (vom *BAG* verneint, weil die Absatzschwierigkeiten schwerwiegend und unvermeidbar waren). Jedoch ist zu verlangen, dass diese offensichtlich ist, so dass nur eine Missbrauchskontrolle in Betracht kommt (*LAG Berlin* 06.08.1985 LAGE Art. 9 GG Arbeitskampf Nr. 22 S. 44 ff.; *Seiter* DB 1981, 578 [582]).

Nicht bestritten werden soll, dass die vom *BAG* vertretene Auffassung die betriebliche Praxis vor **435** Schwierigkeiten stellt, weil die Voraussetzungen des arbeitskampfbedingten Lohnverweigerungsrechts des Arbeitgebers häufig ebenso schwer zu bestimmen sind wie der Umfang der verbleibenden und damit der Mitbestimmung des Betriebsrats unterliegenden Restarbeitszeit (vgl. auch *Fitting* § 87 Rn. 175 f.). Dabei handelt es sich um Rechtsfragen, die im Streitfall vom Arbeitsgericht im Verfahren der einstweiligen Verfügung (zur Zulässigkeit Rn. 447) oder aufgrund einer späteren Lohnklage, aber auch von der Einigungsstelle im Regelungsverfahren vorab zu entscheiden sind. Der Arbeitgeber ist beweispflichtig dafür, dass der Arbeitsausfall arbeitskampfbedingt ist (Kausalität) und nach den vom *BAG* aufgestellten arbeitskampfrechtlichen Risikogrundsätzen berücksichtigt werden darf (Paritätsrelevanz). Das gilt auch, soweit der Betriebsrat behauptet, die Ursache der erforderlichen Produktionseinschränkung beruhe auf einer unternehmerischen Fehldisposition (Rdn. 434). Zweifelhaft kann weiter der Umfang des verbliebenen und der Mitbestimmung unterliegenden Regelungsspielraums sein. Unproblematisch ist es, wenn aufgrund der vorhandenen Vorräte oder der Lagerkapazität exakt berechnet werden kann, für welchen Zeitraum die Arbeit noch möglich ist. Dann ist nur darüber mitbestimmungspflichtig zu entscheiden, ob für diesen Zeitraum die Arbeit voll aufrechterhalten, gestreckt und möglicherweise auf die Belegschaft ungleichmäßig verteilt werden soll (vgl. auch *BAG* 22.12.1980 EzA § 615 BGB Betriebsrisiko Nr. 7 S. 46 *[Dütz; Ehmann/Schnauder* nach Nr. 8*]* = AP Nr. 70 zu Art. 9 GG Arbeitskampf Bl. 7 R *[Richardi* nach Nr. 71*]*; *LAG Berlin* 06.08.1985 LAGE Art. 9 GG Arbeitskampf Nr. 22 S. 48). Letzteres kommt allerdings nur in Betracht, wenn für die zu erledigenden Aufgaben Arbeitnehmer austauschbar sind (*LAG Hamburg* 28.05.1984 DB 1984, 1579 [1581]; *Seiter* DB 1981, 578 [583]; *Worzalla/HWGNRH* § 87 Rn. 288).

436 Häufig wird der Umfang der noch möglichen oder im Fall des Wirtschaftsrisikos zumutbaren Produktion zweifelhaft sein. Da dies von unternehmerischen Entscheidungen abhängig ist, die weder das Gericht noch die Einigungsstelle hinreichend nachprüfen kann, muss dem Arbeitgeber ein **Beurteilungsspielraum** zustehen, um die Konzeption des *BAG* überhaupt praktikabel zu machen. Zu entscheiden ist nicht über eine Regelungs-, sondern eine Rechtsfrage, die vom Gericht nur auf die Einhaltung des Beurteilungsspielraums überprüft werden kann (*LAG Hamburg* 28.05.1984 DB 1984, 1579 [1580]; *Fitting* § 87 Rn. 175 [anders noch in der Vorauflage]; *Seiter* DB 1981, 578 [583]; *Worzalla/HWGNRH* § 87 Rn. 277). Ebenso wie bei der Frage, ob eine unternehmerische Fehldisposition vorgelegen hat (Rdn. 434), ist der Beurteilungsspielraum nur dann nicht eingehalten, wenn die Überschreitung offensichtlich ist, so dass auch hier nur eine Missbrauchskontrolle in Betracht kommt (im Ergebnis ebenso *Seiter* Staatsneutralität im Arbeitskampf, 1987, S. 276 ff., der aber dem Arbeitgeber bei unternehmerischen Entscheidungen einen Ermessensspielraum zugesteht und die gerichtliche Überprüfung auf einen evidenten Ermessensmissbrauch beschränkt). Die Gerichte und Einigungsstellen wären überfordert, wenn sie über komplexe wirtschaftliche Zusammenhänge entscheiden müssten. Dem entspricht es, dass auch bei betriebsbedingten Kündigungen die unternehmerische Entscheidung nur eingeschränkt nachprüfbar ist (m. w. N. *Griebeling/Rachor* KR § 1 KSchG Rn. 521 ff.). Insbesondere im Verfahren der einstweiligen Verfügung, nach der hier im Ansicht des *BAG* (22.12.1980 EzA § 615 BGB Betriebsrisiko Nr. 7 S. 48 f. *[Dütz; Ehmann/Schnauder* nach Nr. *8]* = AP Nr. 70 zu Art. 9 GG Arbeitskampf Bl. 8 R *[Richardi* nach Nr. 71]; vgl. aber 22.02.1983 EzA § 23 BetrVG 1972 Nr. 9 S. 44 f. *[Rüthers/Henssler]* = AP Nr. 2 zu § 23 BetrVG 1972 Bl. 6 *[von Hoyningen-Huene]*; vgl. auch Rdn. 447; *LAG Hamburg* 28.05.1984 DB 1984, 1579 [1581]) der Betriebsrat erwirken kann, dass dem Arbeitgeber aus Rechtsgründen verboten wird, überhaupt Kurzarbeit oder jedenfalls eines bestimmten Umfangs einzuführen, wäre eine Überprüfung der unternehmerischen Entscheidung im Einzelnen gänzlich ausgeschlossen.

437 Jedenfalls ist der **Arbeitgeber nicht** zu **wirtschaftlich unzumutbaren Maßnahmen verpflichtet** Er braucht z. B. bei Einstellung der Produktion Führungskräfte und Verwaltungspersonal nicht zu beschäftigen, wenn keine wirtschaftlich sinnvolle Arbeit mehr erbracht werden kann (*Seiter* Staatsneutralität im Arbeitskampf, 1987, S. 276; *Worzalla/HWGNRH* § 87 Rn. 278). Ebenso wenig muss er zur Aufrechterhaltung der Produktion neue Lieferbeziehungen anknüpfen, wenn dies wirtschaftlich nachteilig ist, sei es auch nur, weil er damit die Beziehungen zu seinen bisherigen Lieferanten beeinträchtigt. Auch ein solidaritätswidriges Verhalten gegenüber den im Arbeitskampf stehenden Unternehmen kann von ihm nicht verlangt werden (*Worzalla/HWGNRH* § 87 Rn. 276). Schließlich kann von ihm nicht erwartet werden, im Interesse der Weiterbeschäftigung seiner Belegschaft eine besondere Arbeitskampfvorsorge zu treffen, die für ihn wirtschaftlich unzumutbar ist (vgl. auch *ArbG Kassel* 17.04.1972 DB 1972, 1121 [1124]; *Seiter* Staatsneutralität im Arbeitskampf, 1987, S. 278; *Worzalla/HWGNRH* § 87 Rn. 276). Dem entspricht es, dass nach § 100 Abs. 3 Satz 2 SGB III bei der Feststellung durch die Agentur für Arbeit, ob der Arbeitsausfall nicht die Folge eines Arbeitskampfes, sondern vermeidbar ist, auch die wirtschaftliche Vertretbarkeit einer Fortführung der Arbeit zu berücksichtigen ist.

438 Sobald abzusehen ist, dass eine Produktionseinschränkung erforderlich wird, hat der **Arbeitgeber** den **Betriebsrat** umfassend zu **unterrichten** (§ 80 Abs. 2 Satz 1), damit dieser sich selbst ein Urteil über die verbleibenden Arbeitsmöglichkeiten und darauf bezogene Regelungen bilden kann. Nach § 2 Abs. 1 sind die Betriebspartner verpflichtet, zu einer raschen Regelung beizutragen. Zu tariflichen Kurzarbeits-Ankündigungsfristen *Säcker/Oetker* ZfA 1991, 131 (174 ff.).

439 Der **Betriebsrat** ist **nicht berechtigt**, seine **Mitwirkung** nur deshalb zu **verweigern**, weil er die **rechtlichen Voraussetzungen** der **geplanten Maßnahmen bestreitet**, sondern muss über die **Modalitäten** der **Kurzarbeit** gegebenenfalls unter dem Vorbehalt ihrer Rechtmäßigkeit **mitbestimmen** (*BAG* 22.12.1980 EzA § 615 BGB Betriebsrisiko Nr. 7 S. 48 f. *[Dütz; Ehmann/Schnauder* nach Nr. *8]* = AP Nr. 70 zu Art. 9 GG Arbeitskampf Bl. 8 R *[Richardi* nach Nr. 71*])*. Insbesondere kann er wegen seiner strikten Neutralitätspflicht nach § 74 Abs. 2 nicht die notwendige Mitwirkung verweigern, um damit den Arbeitskampf zu unterstützen (*Heinze* DB 1982, Beil. Nr. 23, S. 14 ff.; *Wiese* NZA

1984, 378 [380 f.]). Ebenso muss er sich bei der Mitbestimmung über die inhaltliche Gestaltung der Regelung kampfneutral verhalten. Die nicht benötigten Arbeitskräfte dürfen ohne Kostenbelastung eingespart werden (*BAG* 22.12.1980 EzA § 615 BGB Betriebsrisiko Nr. 7 S. 46 = AP Nr. 70 zu Art. 9 GG Arbeitskampf Bl. 7 R). Im Übrigen ist nach den Maßstäben der betrieblichen Zweckmäßigkeit und der sozialen Ausgewogenheit zu entscheiden (*BAG* 22.12.1980 EzA § 615 BGB Betriebsrisiko Nr. 7 S. 48 = AP Nr. 70 zu Art. 9 GG Arbeitskampf Bl. 8 R). Würde der Betriebsrat rechtsmissbräuchlich seine Mitwirkung versagen und kann die Einigungsstelle nicht rechtzeitig tätig werden, so wäre der Arbeitgeber nach allgemeinen Grundsätzen (§ 242 BGB) berechtigt, über die Modalitäten der Kurzarbeit allein zu entscheiden (*Wiese* Rdn. 103; im Ergebnis ebenso *Seiter* DB 1981, 578 [586 f.]; **a. M.** *Otto* NZA 1992, 97 [105]). Das gilt vor allem unter den Voraussetzungen eines Notfalls (*Wiese* Rdn. 167 f. – diese Möglichkeit wird auch vom *BAG* [22.12.1980 EzA § 615 BGB Betriebsrisiko Nr. 7 S. 51 = AP Nr. 70 zu Art. 9 GG Arbeitskampf Bl. 9 R] erwogen; gegen die Überlegungen des *BAG* zur Rückwirkung des Spruches der Einigungsstelle *Seiter* DB 1981, 578 [587]). Der Arbeitgeber trägt allerdings das Risiko einer Fehleinschätzung der Rechtslage, so dass er gegebenenfalls für die nicht beschäftigten Arbeitnehmer das Arbeitsentgelt gemäß § 615 BGB nachzahlen muss. Verhindert der Betriebsrat eine Einigung, kann der Arbeitgeber bis zum Ende der noch möglichen oder zumutbaren Beschäftigung voll weiterarbeiten lassen und dann die Produktion einstellen, weil damit jeglicher Regelungsspielraum und die hierauf bezogene Mitbestimmung entfallen (*Seiter* Staatsneutralität im Arbeitskampf, 1987, S. 145).

Über die **Lage** der **Restarbeitszeit** hat der Betriebsrat nach § 87 Abs. 1 Nr. 2 mitzubestimmen (*BAG* 22.12.1980 EzA § 615 BGB Betriebsrisiko Nr. 7 S. 47 ff. = AP Nr. 70 zu Art. 9 GG Arbeitskampf Bl. 8 R ff.; **a. M.** *Klebe/DKKW* § 87 Rn. 119, 128; *Stege/Weinspach/Schiefer* § 87 Rn. 66; *Worzalla/HWGNRH* § 87 Rn. 286). **440**

Hinsichtlich des Anspruchs auf das **Arbeitsentgelt** ist zu unterscheiden: Haben Arbeitgeber und Betriebsrat sich auf eine bestimmte Regelung über die noch mögliche Arbeitszeit geeinigt oder hat die Einigungsstelle entsprechend entschieden, so richtet sich der Anspruch auf das Arbeitsentgelt nach der auf dieser Grundlage erbrachten Arbeitsleistung. Ist es dagegen zu keiner Regelung gekommen und wie bisher weitergearbeitet worden, solange die Produktion noch möglich war, so besteht der Anspruch auf das Arbeitsentgelt für diesen Zeitraum und entfällt dann nach den Grundsätzen über das Arbeitskampfrisiko. Ein Regelungsspielraum ist hier nicht mehr gegeben. Hat der Arbeitgeber dagegen bei vorhandenem Regelungsspielraum allein entschieden, so ist die getroffene Regelung nach allgemeinen Grundsätzen unwirksam (Rdn. 445; **a. M.** *Galperin/Löwisch* § 87 Rn. 112). In diesem Fall bemisst sich das Arbeitsentgelt nicht danach, was der Arbeitnehmer ohne Arbeitskampf erhalten hätte, sondern nach dem Volumen der verbliebenen Arbeitszeit, über deren Regelung der Betriebsrat mitzubestimmen gehabt hätte; nur insoweit liegt eine unwirksame Regelung vor (**a. M.** wohl *LAG Berlin* 06.08.1985 LAGE Art. 9 GG Arbeitskampf Nr. 22 S. 43 [47 ff.]). Über den Umfang des verbliebenen Arbeitszeitvolumens ist notfalls eine nachträgliche Prognose erforderlich. Im Übrigen ist zu unterscheiden: Soweit der Arbeitgeber eine unterschiedliche Verteilung der restlichen Arbeitszeit vorgenommen hat, erhalten die Arbeitnehmer, die gearbeitet haben, in jedem Fall das ihrer Arbeitsleistung entsprechende Entgelt, auch wenn sie bei gleichmäßiger Verteilung der Restarbeitszeit weniger gearbeitet hätten. Haben sie weniger gearbeitet, als möglich gewesen wäre, so erhalten sie wegen der Unwirksamkeit der Regelung aufgrund Annahmeverzugs des Arbeitgebers (§ 615 BGB) bzw. Unmöglichkeit (§ 326 Abs. 2 Satz 1 BGB) das Arbeitsentgelt, das sie bis zur unabwendbaren Produktionseinstellung verdient hätten. Gleiches gilt für Arbeitnehmer, die gänzlich von der Arbeit ausgeschlossen waren. Sie erhalten also u. U. weniger als Arbeitnehmer, die effektiv mehr gearbeitet haben, weil die Grenze in jedem Fall das verbliebene Arbeitszeitvolumen ist, das ohne einseitige Entscheidung des Arbeitgebers auch für sie zur Verfügung gestanden hätte. **441**

Für die Zeit der Kurzarbeit haben die Arbeitnehmer nach Maßgabe der §§ 95 ff. SGB III bei einem unvermeidbaren vorübergehenden Arbeitsausfall Anspruch auf **Kurzarbeitergeld** (krit. zu den Rechtsgrundlagen der Einführung von Kurzarbeit *Heinze* RdA 1998, 14 ff.). Voraussetzungen sind u. a. eine rechtzeitige Anzeige über den Arbeitsausfall an die Agentur für Arbeit (§ 95 Nr. 4, § 99 SGB III). Anzeigeberechtigt sind sowohl der Arbeitgeber, der die Stellungnahme des Betriebsrats beizufügen hat, wie der Betriebsrat (§ 99 Abs. 1 Satz 2 und 3 SGB III); die Voraussetzungen für die Ge- **442** währung des Kurzarbeitergeldes sind mit der Anzeige glaubhaft zu machen (§ 99 Abs. 1 Satz 4 SGB III). Insbesondere wenn der Arbeitgeber geltend macht, der Arbeitsausfall sei Folge eines Arbeitskampfes, hat er dies unter Beifügung einer Stellungnahme des Betriebsrats darzulegen und glaubhaft zu machen (§ 100 Abs. 2 Satz 1 und 2 SGB III). Aufgrund seiner Treue-(Fürsorge-)Pflicht ist der Arbeitgeber gegenüber dem Arbeitnehmer verpflichtet, die berechtigten Interessen des Arbeitnehmers im Rahmen des Zumutbaren wahrzunehmen (*Franzen* vor § 81 Rdn. 12). Dementsprechend hat er alles zu tun, damit die Arbeitnehmer seines Betriebs das Kurzarbeitergeld nach Maßgabe der §§ 95 ff. SGB III erhalten. Dazu gehört, dass er unabhängig vom Anzeigerecht des Betriebsrats tätig wird. Verstößt er schuldhaft gegen diese Verpflichtung, so hat er das ausgefallene Kurzarbeitergeld als Schadenersatz an die Arbeitnehmer zu zahlen (im Ergebnis ebenso *Fitting* § 87 Rn. 162; *Galperin/Löwisch* § 87 Rn. 117b, der aber das Erfordernis des Verschuldens nicht erwähnt). Zum Ruhen des Anspruchs auf Arbeitslosengeld bei Arbeitskämpfen § 160 SGB III (grundsätzlich zur inhaltsgleichen Regelung des früheren § 116 Abs. 3 AFG *Seiter* Staatsneutralität im Arbeitskampf, 1987). Zum Grundsätzlichen und zur Unterscheidung mitbestimmungsfreier Lohnverweigerung und mitbestimmungspflichtiger Regelungen zur Milderung des Arbeitskampfrisikos beider Seiten *Matthes* FS *Bauer*, 2010, S. 721 ff.

j) Lage der veränderten Arbeitszeit

443 Durch § 87 Abs. 1 Nr. 3 wird dem Betriebsrat nur ein Mitbestimmungsrecht hinsichtlich der Verkürzung oder Verlängerung der betriebsüblichen Dauer der Arbeitszeit eingeräumt. Die Verteilung der hiernach veränderten Arbeitszeit auf die einzelnen Wochentage sowie die Neufestsetzung von Beginn und Ende der täglichen Arbeitszeit einschließlich der Pausen unterliegen der Mitbestimmung nach der allgemeinen Regelung des § 87 Abs. 1 Nr. 2 (Rdn. 305, 310; *Bähringer/Spiegelhalter* Kurzarbeit, S. 13; *Galperin/Löwisch* § 87 Rn. 86a; *Rumpff/Dröge* Kurzarbeit, S. 58 [97]; *Schaub/Koch* Arbeitsrechts-Handbuch, § 235 Rn. 48; *Worzalla/HWGNRH* § 87 Rn. 195; **a. M.** *Farthmann* RdA 1974, 65 [69]; *Fitting* § 87 Rn. 150; *Klebe/DKKW* § 87 Rn. 128). Das gilt auch für die Lage von Überstunden während einer Rufbereitschaft (*Wiese* Anm. SAE 1983, 325 [328]). Voraussetzung ist, dass ein Regelungsspielraum besteht. Das ist z. B. zu verneinen, wenn aufgrund der getroffenen Vereinbarung die Arbeit an bestimmten Tagen oder für einzelne Schichten gänzlich ausfallen, die Arbeitszeit im Übrigen aber unverändert bleiben soll. Zur Mitbestimmung über die Lage der Arbeitszeit bei generellem Abbau von Überstunden oder Kurzarbeit Rdn. 310.

k) Durchführung der Mitbestimmung; Wirksamkeitsvoraussetzung

444 Die Mitbestimmung nach § 87 Abs. 1 Nr. 3 kann vom Betriebsrat durch **Betriebsabsprache** oder **Betriebsvereinbarung** ausgeübt werden (allgemein *Wiese* Rdn. 88 ff.). Eine Betriebsvereinbarung ist abzuschließen, wenn eine normative Wirkung der Regelung angestrebt wird (zum Inhalt solcher Betriebsvereinbarung Hess. *LAG* 14.03.1997 AuR 1998, 82; *Schlegel* Die Mitbestimmung des Betriebsrates bei Überstunden, S. 213 ff.). Ist der Arbeitgeber dagegen vertraglich – z. B. aufgrund einer Einheitsregelung – zur Einführung von Kurzarbeit oder Überarbeit berechtigt, so bedarf es lediglich einer Betriebsabsprache, um die Mitbestimmungssperre zu beseitigen (*Fitting* § 87 Rn. 158; *Galperin/Löwisch* § 87 Rn. 110; *Matthes*/MünchArbR § 245 Rn. 38; *Richardi* § 87 Rn. 402; *Simitis/Weiss* DB 1973, 1240 [1242]; *von Stebut* RdA 1974, 332 [337 f.]; *Worzalla/HWGNRH* § 87 Rn. 255; im Ergebnis auch *BAG* 10.03.1992 AP Nr. 1 zu § 77 BetrVG 1972 Regelungsabrede Bl. 2 R). Eine Betriebsabsprache kommt auch in Betracht, soweit im Hinblick auf § 77 Abs. 3 (zu dessen Anwendung im Rahmen des § 87 Rdn. 47 ff., 375, 401) der Abschluss einer Betriebsvereinbarung unzulässig ist. Da die Mitbestimmung dadurch nicht ausgeschlossen wird (*Wiese* Rdn. 53), ist eine vorübergehende Änderung der betriebsüblichen Arbeitszeit nur mit individualrechtlichen Mitteln unter formloser Zustimmung des Betriebsrats möglich. Zu den **Voraussetzungen** einer **wirksamen Betriebsvereinbarung**, zur Kurzarbeit LAG Hamm 01.08.2012, NZA 2012, 747. Zur Zuständigkeit des **Gesamtbetriebsrats** *Wiese* Rdn. 2; *Lunk* NZA 2013, 233 (236); *Siebert* Die Zuständigkeit des Gesamtbetriebsrats (Diss. Osnabrück), 1999, S. 123 ff.

445 Die Mitbestimmung ist **Wirksamkeitsvoraussetzung** (*Wiese* Rdn. 100; *BAG* 13.07.1977 EzA § 87 BetrVG 1972 Arbeitszeit Nr. 3 S. 8 = AP Nr. 2 zu § 87 BetrVG 1972 Kurzarbeit Bl. 5 *[Löwisch]*; *LAG* Berlin 30.06.1982 BetrR 1982, 418 [419 f.]; *ArbG* Siegen 03.06.1983 ZIP 1983, 1117 [1119]; *Fitting*

§ 87 Rn. 161; *H. Hanau* Individualautonomie, S. 223 f. bei Einführung von Kurzarbeit, anders S. 228 f. bei Einführung von Überstunden mit Zustimmung der Arbeitnehmer; *Kaiser/LK* § 87 Rn. 107; *Matthes/*MünchArbR § 245 Rn. 41; *Otto* NZA 1992, 97 [112]; *Rumpff/Dröge* Kurzarbeit, S. 49; *Simitis/Weiss* DB 1973, 1240 [1241 f.]; *von Stebut* RdA 1974, 332 [334, 337]; vgl. auch *Richardi* § 87 Rn. 404: soweit Ansprüche der Arbeitnehmer vereitelt oder geschmälert werden; einschränkend auch *Hurlebaus* Fehlende Mitbestimmung bei § 87 BetrVG, S. 99 [133] für freiwillige einzelvertragliche Vereinbarungen; **a. M.** *Worzalla/HWGNRH* § 87 Rn. 259; zum Ganzen auch *Schlegel* Die Mitbestimmung des Betriebsrates bei Überstunden, S. 198 ff.). Ordnet der Arbeitgeber einseitig Überstunden an, sind die Arbeitnehmer nicht verpflichtet, der Anordnung nachzukommen (*LAG Berlin* 30.06.1982 BetrR 1982, 418 [420]; *Richardi* § 87 Rn. 405: Leistungsverweigerungsrecht). Leistet ein Arbeitnehmer trotzdem die geforderten Überstunden, so hat er Anspruch auf die Vergütung (*Wiese* Rdn. 127; *Kaiser/LK* § 87 Rn. 108; *Richardi* § 87 Rn. 405; *Worzalla/HWGNRH* § 87 Rn. 261). Verkürzt der Arbeitgeber einseitig die Arbeitszeit, gerät er bei Angebot der Arbeitsleistung in Annahmeverzug und muss das Arbeitsentgelt nach § 615 BGB (bzw. § 326 Abs. 2 Satz 1 BGB) fortzahlen (*BAG* 15.12.1961 AP Nr. 1 zu § 56 BetrVG Arbeitszeit Bl. 3 R, 4; 10.07.1969 EzA § 615 BGB Nr. 11 S. 34 ff. = AP Nr. 2 zu § 615 BGB Kurzarbeit Bl. 2 R ff. *[Söllner]*; 13.07.1977 EzA § 87 BetrVG 1972 Arbeitszeit Nr. 3 S. 2 f. = AP Nr. 2 zu § 87 BetrVG 1972 Kurzarbeit Bl. 5 *[Löwisch]*; *Fitting* § 87 Rn. 158; *Galperin/Löwisch* § 87 Rn. 112; *H. Hanau* Individualautonomie, S. 226 f.; *Jene* Kurzarbeit und betriebliche Mitbestimmung, S. 154; *Richardi* § 87 Rn. 405; *Worzalla/HWGNRH* § 87 Rn. 260). Mitbestimmungspflichtig nach § 87 Abs. 1 Nr. 3 waren nach der Konzeption der bisher h. M. auch **Änderungskündigungen** zwecks vorübergehender Verkürzung der betriebsüblichen Arbeitszeit (vgl. nunmehr aber *Wiese* Rdn. 123), dagegen keine unbedingten Kündigungen, die der Arbeitgeber ausspricht, weil der Betriebsrat Kurzarbeit nicht zustimmt (*Galperin/Löwisch* § 87 Rn. 106; *Hanau* BB 1972, 499 [500]; *Richardi* § 87 Rn. 406). Zu Ausnahmesituationen, in denen der Arbeitgeber allein handeln kann, *Wiese* Rdn. 103, 167 f.

Ordnet der Arbeitgeber einseitig Überstunden oder Kurzarbeit an, so sind die Arbeitnehmer nicht nur individualrechtlich geschützt (Rdn. 445). Vielmehr hat der Betriebsrat auch **Ansprüche gegen** den **Arbeitgeber** auf **Beseitigung** des betriebsvereinbarungswidrigen Zustandes bzw. auf **Unterlassung** für die Zukunft, die unabhängig von § 23 Abs. 3 bestehen (zum Ganzen *Oetker* § 23 Rdn. 148 ff., vor allem § 23 Rdn. 164 ff., 183 f., 210 ff. m. w. N., sowie hier Rdn. 1111; zum Verstoß gegen § 87 Abs. 1 Nr. 3 *BAG* st. Rspr. 08.06.1982 EzA § 87 BetrVG 1972 Arbeitszeit Nr. 12 S. 82 = AP Nr. 7 zu § 87 BetrVG 1972 Arbeitszeit Bl. 2 R; 23.07.1996 EzA § 87 BetrVG 1972 Arbeitszeit Nr. 56 S. 8 ff. *[K. Gamillscheg]* = AP Nr. 68 zu § 87 BetrVG 1972 Arbeitszeit Bl. 3 R ff. *[krit. Heinze]*; 24.04.2007 EzA § 87 BetrVG 2001 Arbeitszeit Nr. 11 S. 4 f. = AP Nr. 124 zu § 87 BetrVG 1972 Arbeitszeit Bl. 2 R; weitere Nachweise 9. Aufl. § 87 Rn. 422; *LAG Berlin* 03.03.1986 AiB 1986, 235; *LAG Bremen* 15.06.1984 DB 1984, 1935; 25.07.1986 LAGE § 23 BetrVG 1972 Nr. 7 S. 20 f.; *LAG Düsseldorf* 17.05.1993 AuR 1994, 70; *LAG Frankfurt a. M.* 24.03.1987 AiB 1987, 168; 11.08.1987 LAGE § 23 BetrVG 1972 Nr. 12 S. 1 f.; 14.08.1990 LAGE § 87 BetrVG 1972 Arbeitszeit Nr. 21 S. 1 ff.; 19.04.1988 LAGE § 99 BetrVG 1972 Nr. 17 S. 4 ff.; *Hess. LAG* 21.12.1995 AuR 1997, 124; *LAG Hamm* 29.06.1993 LAGE § 87 BetrVG 1972 Nr. 8 S. 5 f.; 15.07.2016 – 13 TaBVGa 2/16; *LAG Köln* 22.04.1985 BB 1985, 1332; *LAG Nürnberg* 12.07.1988 LAGE § 87 BetrVG 1972 Nr. 10 S. 11 ff.; weitere Nachweise zu Entscheidungen erster Instanz 9. Aufl. § 87 Rn. 422; *Derleder* AuR 1983, 289 [301]; *Dütz* Unterlassungs- und Beseitigungsansprüche des Betriebsrats gegen den Arbeitgeber im Anwendungsbereich von § 87 BetrVG, S. 49; *ders.* Verfassungsmäßige Gewährleistung eines vorbeugenden Gerichtsschutzes im Betriebsverfassungsrecht, S. 29 ff.; *Galperin/Löwisch* § 87 Rn. 41a; *H. Hanau* Individualautonomie, S. 227 f.; *Jahnke* Anm. SAE 1983, 145 [147]; *Matthes* FS Dieterich, 1999, S. 355 [359]; *Neumann* BB 1984, 676 [677]; *Otto* NZA 1992, 97 [111]; zur früher abweichenden Ansicht des BAG *Wiese/Oetker* 6. Aufl., § 23 Rdn. 124 ff., 127 ff. m. w. N. sowie *LAG Bremen* 18.07.1996 AP Nr. 6 zu § 23 BetrVG 1972 Bl. 1 f.; *LAG Frankfurt a. M.* 24.01.1987 BB 1987, 1877; *LAG Hamburg* 28.05.1984 DB 1984, 1579; *LAG Niedersachsen* 05.06.1987 LAGE § 23 BetrVG 1972 Nr. 11 S. 3; *LAG Schleswig-Holstein* 14.11.1986 BB 1987, 901; *Konzen* Leistungspflichten, S. 101; *Küttner/Schmidt* DB 1988, 704 [707 f.]; *Stege/Weinspach/Schiefer* § 87 Rn. 3a). Der Unterlassungsanspruch wird aber unbegründet, wenn die Betriebspartner inzwischen die Behandlung der streitigen Überstunden in einer Betriebsvereinbarung geregelt haben (*BAG* 12.01.1988 EzA § 87 BetrVG 1972 Arbeitszeit

446

Nr. 26 S. 4 ff. = AP Nr. 8 zu § 81 ArbGG 1979 Bl. 2 ff.). Zum Anspruch auf Unterlassung wegen Verstoßes gegen die Überstundenregelung in einer Betriebsvereinbarung *LAG Frankfurt a. M.* 12.07.1988 LAGE § 87 BetrVG 1972 Arbeitszeit Nr. 10 und wegen Verstoßes gegen eine Pausenregelung in einer Betriebsvereinbarung 07.02.2012 EzA § 23 BetrVG 2001 Nr. 6 Rn. 14 ff. = AP Nr. 128 zu § 87 BetrVG 1972 Arbeitszeit.

447 Durch **einstweilige Verfügung** kann dem Arbeitgeber aufgegeben werden, eine betriebsvereinbarungswidrige Maßnahme wieder aufzuheben (allgemein *Oetker* § 23 Rdn. 186, sowie hier Rdn. 1111, zu § 87 Abs. 1 Nr. 3 insbesondere *LAG Bremen* 15.06.1984 DB 1984, 1935; 25.07.1986 LAGE § 23 BetrVG 1972 Nr. 7 S. 20 ff.; *LAG Frankfurt a. M.* 03.04.1978 NJW 1979, 783; 29.05.1984 AuR 1985, 61; 24.03.1987 AiB 1987, 168; 11.08.1987 LAGE § 23 BetrVG 1972 Nr. 12; 19.04.1988 LAGE § 99 BetrVG 1972 Nr. 17 S. 4; *LAG Köln* 22.04.1985 BB 1985, 1332; *ArbG Bayreuth* 26.02.1987 BetrR 1988, Heft 3, S. 15; *ArbG Mannheim* 01.04.1987 AiB 1987, 141; *ArbG München* 24.05.1984 DuR 1985, 90 ff. *[U. Mayer]*; vgl. auch *BAG* 22.12.1980 EzA § 615 BGB Betriebsrisiko Nr. 7 S. 48 *[Dütz, Ehmann / Schnauder* nach Nr. 8*] = AP* Nr. 70 zu Art. 9 GG Arbeitskampf Bl. 8 R *[Richardi* nach Nr. 71*]; Bobke* MitbestGespr. 1983, 458; *Neumann* BB 1984, 676 [677]; *Otto* NZA 1992, 97 [111]; **a. M.** *LAG Niedersachsen* 05.06.1987 LAGE § 23 BetrVG 1972 Nr. 11 S. 2 f.). Zu einer einstweiligen Verfügung, mit der die Durchführung einer Betriebsvereinbarung über Inventurarbeiten durchgesetzt werden soll, *ArbG Lingen* 15.01.1988 AiB 1988, 43. Zur einstweiligen Verfügung im Verfahren nach § 23 Abs. 3 *Oetker* § 23 Rdn. 262 f. sowie zur Vollstreckung der im arbeitsgerichtlichen Beschlussverfahren in einem gerichtlichen Vergleich festgelegten Verpflichtung des Arbeitgebers zur Einschaltung des Betriebsrats bei Anordnung von Überstunden *LAG Hamm* 09.08.1984 DB 1984, 2204.

4. Zeit, Ort und Art der Auszahlung der Arbeitsentgelte

Literatur
Literaturnachweise zum BetrVG 1952 siehe 8. Auflage

Binkert Mitbestimmung des Betriebsrates zur Frage der Kostentragung, ArbN 1977, 465; *Gola* Übernahme der Gebühren eines Gehaltskontos durch den Arbeitgeber, BB 1975, 46; *Huber, E.* Die Grenzen der erzwingbaren Mitbestimmung des Betriebsrats bei sog. Annexregelungen in sozialen Angelegenheiten – Dargestellt am Beispiel der Kontoführungsgebühren –, DB 1980, 1643; *Klebe / Schlockermann* Darstellung des Konfliktes um Kontogebühren im Betrieb, BetrR 1981, 7; *Linck* Die Lohnzahlung, AR-Blattei SD 1160.1; *Schaub* Mitbestimmung des Betriebsrats bei Einführung der bargeldlosen Lohnzahlung, AuA 1992, 108; *Schwerdtner* Die Reichweite des Mitbestimmungsrechts des Betriebsrats nach § 87 Abs. 1 Nr. 4 BetrVG bei der Einführung bargeldloser Lohn- und Gehaltszahlung, FS *Stahlhacke*, 1995, S. 509; *Süllwold* Mitbestimmung in sozialen Angelegenheiten, 5. Teil, Zeit, Ort und Art der Auszahlung der Arbeitsentgelte, ZBVR 2005, 23; *Weth* Rechtsprobleme der bargeldlosen Lohnzahlung, GS *Wolfgang Blomeyer*, 2004, S. 285.

a) Vergleich mit der bisherigen Rechtslage

448 Die Vorschrift entspricht inhaltlich § 56 Abs. 1 Buchst. b BetrVG 1952, wenn auch der Wortlaut hinsichtlich der Art der Auszahlung der Arbeitsentgelte ergänzt wurde. Das hat jedoch nur klarstellende Bedeutung (vgl. auch amtliche Begründung, BT-Drucks. VI/1786, S. 48), weil diese Frage nach der zutreffenden h. M. bisher schon dem Mitbestimmungsrecht unterlag (Rdn. 454).

b) Arbeitsentgelte

449 Unter Arbeitsentgelt i. S. d. § 87 Abs. 1 Nr. 4 sind die dem Arbeitnehmer vom Arbeitgeber geschuldete Vergütung (§ 611 Abs. 1 BGB) sowie sämtliche Sozialleistungen zu verstehen (im Einzelnen Rdn. 850 ff., 857 ff.), soweit nicht § 87 Abs. 1 Nr. 8 anwendbar ist. Dazu gehören sowohl **Geldleistungen** ohne Rücksicht auf deren Bezeichnung als Lohn, Gehalt, Leistungs-, Erschwernis- und Sozialzulage, Provision, Gewinnbeteiligung, Gratifikation, Urlaubsentgelt und Urlaubsgeld (*BAG* 25.04.1989 EzA § 98 ArbGG 1979 Nr. 6 S. 6 = AP Nr. 3 zu § 98 ArbGG 1979 Bl. 3 = SAE 1991, 37 *[Salje]*; *LAG Baden-Württemberg* 10.11.1987 NZA 1988, 325 [326] – Vorinstanz) usw., als auch **Sachbezüge** (Deputate) wie Unterkunft und Verpflegung (*Fitting* § 87 Rn. 180; *Hueck / Nipperdey*

II/2, S. 1363 f.; *Kaiser/LK* § 87 Rn. 111; *Klebe/DKKW* § 87 Rn. 135; *Matthes/* MünchArbR § 246 Rn. 2; *Richardi* § 87 Rn. 413; *Worzalla/HWGNRH* § 87 Rn. 292; teilweise **a. M.** *Nikisch* III, S. 397). Sachbezüge können als Teil des Arbeitsentgelts vereinbart werden, wenn dies dem Interesse des Arbeitnehmers entspricht (§ 107 Abs. 2 Satz 1 GewO; vgl. auch Satz 2 bis 5). **Auslösungen** sind zwar kein Arbeitsentgelt, sondern pauschalierter Aufwendungsersatz, jedoch ist die Vorschrift nach ihrem Zweck entsprechend anwendbar (**a. M.** *Worzalla/HWGNRH* § 87 Rn. 292; *Nikisch* III, S. 397; für direkte Anwendung *Fitting* § 87 Rn. 180; *Hueck/Nipperdey* II/2, S. 1364; *Klebe/DKKW* § 87 Rn. 135; *Richardi* § 87 Rn. 413). Entsprechendes gilt für **Reisekosten, Wegegelder** und **Spesen** (*Fitting* § 87 Rn. 180; *Klebe/DKKW* § 87 Rn. 135; **a. M.** *Worzalla/HWGNRH* § 87 Rn. 292); zur Regelung einer Prüfungs- und Beanstandungspflicht der Abrechnung von Reisekosten und Spesen *Trittin/Fütterer* AuR 2010, 62 (63).

Das Mitbestimmungsrecht des Betriebsrats nach § 87 Abs. 1 Nr. 4 betrifft **nicht** den **Umfang** der **Verpflichtung zur Leistung** der **Arbeitsentgelte**, insbesondere nicht deren Höhe, sondern lediglich die **Art** und **Weise** ihrer **Auszahlung** (*BAG* 12.04.2011 EzA § 88 BetrVG 2001 Nr. 2 Rn. 17 = AP Nr. 57 zu § 75 BetrVG 1972 *[Wiese]*; 07.06.2011 EzA § 88 BetrVG 2001 Nr. 3 Rn. 33 = AP Nr. 55 zu § 77 BetrVG 1972 Betriebsvereinbarung; *Fitting* § 87 Rn. 179; *Richardi* § 87 Rn. 413; *Worzalla/HWGNRH* § 87 Rn. 293), daher auch **nicht Lohn-** und **Gehaltsabtretungsverbote** (*BAG* 26.01.1983 AP Nr. 1 zu § 75 LPVG Rheinland-Pfalz Bl. 2 R ff. *[Pecher]*; *Fitting* § 87 Rn. 190; *Richardi* § 87 Rn. 422; **a. M.** *Matthes/* MünchArbR § 246 Rn. 9) oder die Festlegung von »Gebühren« für die Bearbeitung von Gehaltspfändungen (*BAG* 18.07.2006 EzA § 75 BetrVG 2001 Nr. 4 S. 7 = AP Nr. 15 zu § 850 ZPO Bl. 3 R) und ebenso wenig der **Entgeltumwandlung** nach § 1a BetrAVG (*Richardi* § 87 Rn. 415; *Worzalla/HWGNRH* § 87 Rn. 292, 299; **a. M.** *Klebe/DKKW* § 87 Rn. 136). Bei **ursprünglich freiwilligen Leistungen** des Arbeitgebers greift zunächst § 87 Abs. 1 Nr. 10 ein, soweit es um die Lohnfindung geht und der Arbeitgeber eine mitbestimmungsrechtlich relevante Bindung eingegangen ist (Rdn. 862 ff.). Die Modalitäten der Auszahlung der hiernach zu erbringenden ursprünglich freiwilligen Leistungen unterliegen dann der Mitbestimmung nach § 87 Abs. 1 Nr. 4 (vgl. auch Rdn. 847), soweit ein Regelungsspielraum besteht. Ist daher vom Arbeitgeber die verbindliche Zusage zur Erbringung freiwilliger Leistungen von vornherein auch hinsichtlich der Modalitäten der Auszahlung nur in genau bezeichneter Weise gegeben worden, so ist kein Raum für die Mitbestimmung des Betriebsrats. Der Arbeitgeber könnte daher mitbestimmungsfrei die Zusage geben, aus Anlass eines Firmenjubiläums jedem Arbeitnehmer seines Betriebs einen bestimmten Betrag **bargeldlos** auf ein vom Arbeitnehmer zu bezeichnendes Konto zu überweisen. Nur ist die allgemeine Aussage zu weitgehend, bei freiwilligen Zuwendungen des Arbeitgebers habe der Betriebsrat hinsichtlich der Modalitäten der Leistung schlechthin nicht mitzubestimmen.

c) Zeit der Entgeltleistung

Die Zeit der Auszahlung des Arbeitsentgelts betrifft das »**Wann**« der Zahlung (*BAG* 26.01.1983 AP Nr. 1 zu § 75 LPVG Rheinland-Pfalz Bl. 3 *[Pecher]*) und bestimmt sich, soweit nicht Sonderregelungen für bestimmte Berufsgruppen (§§ 64, 87c Abs. 1 HGB, §§ 34 ff. SeeArbG, § 18 Abs. 2 BBiG, § 19 HAG) eingreifen oder tarifliche Regelungen anzuwenden sind, nach der dispositiven Vorschrift des § 614 BGB als Sonderregelung gegenüber § 271 BGB; die Vergütung ist also mangels abweichender Vereinbarung nach Leistung der Dienste zu entrichten (*Hueck/Nipperdey* I, S. 285 ff.; *Nikisch* I, S. 361 ff.; *Schaub/Linck* Arbeitsrechts-Handbuch, § 70 Rn. 1). In Ansehung des Mindestlohns ist auch die Fälligkeitsregelung in § 2 MiLoG zu beachten (dazu *Sächsisches LAG* 27.07.2016 – 8 TaBV 1/16 Rn. 48); zum seinerzeitigen § 3 PflegeArbbV (nunmehr: § 3 2. PflegeArbbV) als gesetzlicher Fälligkeitsregelung i. S. d. § 87 Abs. 1 BetrVG Eingangssatz *BAG* 22.07.2014 EzA § 87 BetrVG 2001 Auszahlung der Arbeitsentgelte Nr. 1 Rn. 13 ff. = AP Nr. 19 zu § 87 BetrVG 1972). Der Mitbestimmung unterliegen die **Zeitabschnitte** der Entgeltzahlung, z. B. der Übergang von der wöchentlichen zur monatlichen Auszahlung (*BAG* 26.01.1983 AP Nr. 1 zu § 75 LPVG Rheinland-Pfalz Bl. 2 R f. *[Pecher]*; *LAG Baden-Württemberg* 10.11.1987 NZA 1988, 325 [326]; *Fitting* § 87 Rn. 181; *Kaiser/LK* § 87 Rn. 114; *Klebe/DKKW* § 87 Rn. 136; *Neumann-Duesberg*, S. 477 f.; *Nikisch* III, S. 397; *Richardi* § 87 Rn. 414; *Worzalla/HWGNRH* § 87 Rn. 295), aber auch der **Zeitpunkt** (Tag, Stunde) der einzelnen Entgeltzahlung (Angaben zuvor; zur zusätzlichen Urlaubsvergütung *BAG* 25.04.1989 EzA § 98 ArbGG 1979 Nr. 3 S. 6 = AP Nr. 3 zu § 98 ArbGG 1979 Bl. 3, zur Auszahlung

§ 87   IV. 3. Soziale Angelegenheiten

bei **Zeitwertkonten** *Ars/Blümke/Scheithauer* BB 2009, 1358 [1361]; *Hanau/Veit* NJW 2009, 182 [185]) sowie die Leistung von **Abschlagszahlungen** (*Fitting* § 87 Rn. 181, 189; *Klebe/DKKW* § 87 Rn. 136; *Matthes*/MünchArbR § 246 Rn. 5; **a. M.** *Richardi* § 87 Rn. 415; *Worzalla/HWGNRH* § 87 Rn. 297; vgl. auch § 36 SeeArbG). Dagegen kann der Betriebsrat nicht erzwingen, dass das Arbeitsentgelt während der Arbeitszeit unter Fortzahlung der Vergütung auszuzahlen ist (*Richardi* § 87 Rn. 416); das liefe auf die Begründung einer zusätzlichen Leistungspflicht des Arbeitgebers hinaus (*Wiese* Rdn. 37 ff.). Die Mitbestimmung nach Nr. 4 erfasst auch die Regelung einer Betriebsvereinbarung, nach der ein über die regelmäßige tarifliche Arbeitszeit hinausgehendes Zeitguthaben erst am Ende eines einjährigen Verteilungszeitraums vergütet wird (*BAG* 15.01.2002 EzA § 614 BGB Nr. 1 S. 11). Zum **Lohnberechnungszeitraum** als **Entlohnungsgrundsatz** Rdn. 847, 934, zur **Entgeltumwandlung** nach § 1a BetrAVG Rdn. 852.

452 Mitbestimmungspflichtig ist auch die Änderung des aufgrund einer betrieblichen Übung maßgebenden Zahlungszeitpunktes einer **Sonderzahlung** (*Sächsisches LAG* 27.07.2016 – 8 TaBV 1/16, Rn. 48), jedoch ist die Änderung nur bis zum Zeitpunkt der Fälligkeit möglich, falls nicht vorher die Verhandlung mit dem Betriebsrat über den Auszahlungszeitpunkt betrieblich bekannt gegeben worden ist (*ArbG Siegen* 07.12.1983 ZIP 1984, 104 [105 f.]). Auch die Änderung des Fälligkeitstermins von **Provisionen** unterliegt der Mitbestimmung nach § 87 Abs. 1 Nr. 4 (**a. M.** *[Galperin]/Löwisch* § 87 Rn. 120, der § 87 Abs. 1 Nr. 10 anwendet); dagegen ist die Umstellung von Provisionen von vermittelten auf ausgeführte und in Rechnung gestellte Aufträge Gegenstand der Mitbestimmung nach § 87 Abs. 1 Nr. 4 (*LAG Bayern* 27.11.1973 AuR 1974, 217, das aber primär die Anwendbarkeit des § 87 Abs. 1 Nr. 4 bejaht; *Richardi* § 87 Rn. 414; *Worzalla/HWGNRH* § 87 Rn. 295). Eine Betriebsvereinbarung, die ausschließlich zu Lasten ausgeschiedener Arbeitnehmer eine **Stundung fälliger Lohnansprüche** vorsieht, überschreitet die Grenzen der Regelungsbefugnis der Betriebspartner auch dann, wenn der Betrieb wirtschaftlich notleidend ist (*LAG Baden-Württemberg/Freiburg* 27.04.1977 DB 1977, 1706). Der Betriebsrat hat ferner nach § 11 Abs. 4 Satz 2 des Fünften Vermögensbildungsgesetzes i. d. F. vom 04.03.1994 (BGBl. I, S. 406) mit späteren Änderungen ein Mitbestimmungsrecht bei der Festlegung des Termins für die einmalige **vermögenswirksame Anlage** von Teilen des Arbeitslohns während eines Kalenderjahres; dabei ist das für die Mitbestimmung in sozialen Angelegenheiten vorgeschriebene Verfahren einzuhalten.

d) Ort der Entgeltleistung

453 Der Ort der Entgeltleistung (Erfüllungsort) betrifft das »**Wo**« der Auszahlung (*BAG* 26.01.1983 AP Nr. 1 zu § 75 LPVG Rheinland-Pfalz Bl. 3) und ist mangels besonderer Vereinbarung entsprechend den Umständen der Betrieb des Arbeitgebers (§ 269 Abs. 1und 2 BGB; für Seeleute § 35 SeeArbG), bei auswärtiger Beschäftigung gegebenenfalls die Arbeitsstätte (*Fitting* § 87 Rn. 184; *Hueck/Nipperdey* I, S. 287 f.; *Klebe/DKKW* § 87 Rn. 137; *Nikisch* I, S. 364, III, S. 397 f.; *Richardi* § 87 Rn. 417; *Schaub/Linck* Arbeitsrechts-Handbuch, § 70 Rn. 8; *Worzalla/HWGNRH* § 87 Rn. 298). Da § 269 BGB dispositives Recht enthält, kann der Betriebsrat mit dem Arbeitgeber abweichende Regelungen treffen, wobei jedoch die zwingende Bestimmung des § 35 Abs. 2 SeeArbG hinsichtlich der Unzulässigkeit von Auszahlungen in Gast- oder Schankwirtschaften zu beachten ist. Die Betriebspartner können sich darauf beschränken, die gesetzliche Regelung zu konkretisieren, z. B. den Ort der Auszahlung des Arbeitsentgelts innerhalb oder außerhalb des Betriebs näher zu bestimmen (Lohnbüro, besondere Zahlstelle). Ebenso kann zur Vermeidung von Streitigkeiten die aus der Treue-(Fürsorge-)Pflicht des Arbeitgebers abzuleitende Verpflichtung näher geregelt werden, dass der Arbeitgeber unter bestimmten Voraussetzungen – z. B. bei Krankheit des Arbeitnehmers – das Arbeitsentgelt auf seine Gefahr und Kosten an den Wohnort des Arbeitnehmers zu übermitteln hat (§ 270 Abs. 1 BGB; *BAG* 26.01.1983 AP Nr. 1 zu § 75 LPVG Rheinland-Pfalz Bl. 3 [*Pecher*]; *Nikisch* I, S. 364). Bei **Sachbezügen** (Deputaten) ist mitbestimmungspflichtig, ob sie vom Arbeitgeber anzuliefern oder von Arbeitnehmern an einem näher zu bestimmenden Ort abzuholen sind (*Fitting* § 87 Rn. 184; *Klebe/DKKW* § 87 Rn. 137; *Matthes*/MünchArbR § 246 Rn. 7; *Richardi* § 87 Rn. 418).

e) Art der Entgeltleistung

Nach § 107 Abs. 1 GewO, der für alle Arbeitnehmer gilt (§ 6 Abs. 2 GewO), ist das Arbeitsentgelt in Euro zu berechnen und auszuzahlen. Die Art der Entgeltleistung betrifft deren **sonstige Modalitäten** (*BAG* 26.01.1983 AP Nr. 1 zu § 75 LPVG Rheinland-Pfalz Bl. 3 *[Pecher]*). Das gilt insbesondere für die Einführung der **bargeldlosen Lohnzahlung** (allgemeine Meinung; *BAG* st. Rspr. 08.03.1977 EzA § 87 BetrVG 1972 Lohn u. Arbeitsentgelt Nr. 6 S. 57 = AP Nr. 1 zu § 87 BetrVG 1972 Auszahlung Bl. 2 *[Wiedemann/Moll]*; 24.11.1987 EzA § 87 BetrVG 1972 Lohn u. Arbeitsentgelt Nr. 14 S. 3 = AP Nr. 6 zu § 87 BetrVG 1972 Auszahlung Bl. 2 *[Pleyer]*; 15.01.2002 EzA § 50 BetrVG 1972 Nr. 19 S. 8 = AP Nr. 23 zu § 50 BetrVG 1972 *[Weber]* = RdA 2003, 111 *[Fischer]*; weitere Nachweise 9. Aufl. § 87 Rn. 430). Damit ist die zu § 56 Abs. 1 Buchst. b BetrVG 1952 umstrittene Frage i. S. d. Rechtsprechung des *BAG* (19.04.1963 AP Nr. 2 zu § 56 BetrVG Entlohnung Bl. 3 ff.; 13.01.1969 AP Nr. 5 zu § 56 BetrVG Entlohnung Bl. 2 ff.; 21.02.1967 AP Nr. 25 zu § 59 BetrVG Bl. 2 f.) entschieden worden (zum bisherigen Streitstand mit Angaben *Fitting/Kraegeloh/Auffarth* § 56 Rn. 20; *Hueck/Nipperdey* II/2, S. 1364; *Nikisch* III, S. 398 f.; *Richardi* § 87 Rn. 420; *Rüthers/Germelmann* DB 1969, 2034 ff. [2084 ff.]). Zu Einzelfragen der bargeldlosen Lohnzahlung *Bulach* BB 1959, 1266; *Gola* BB 1975, 46; *Gumpert* BB 1957, 1223 (1224); *Hohn* DB 1964, Beil. Nr. 17; *Jenni* DB 1960, 1429; *Rothe* DB 1966, 1517. Mitbestimmungspflichtig ist auch die Art der Auszahlung des Arbeitsentgelts bei **Gruppenarbeit** (*Richardi* § 87 Rn. 419). **454**

Zur Art der Entgeltleistung gehört nicht die Frage, in welcher **Währung** die Arbeitsentgelte bei ins Ausland entsandten Arbeitnehmern zu entrichten sind (so aber *ArbG Herne* 16.06.1977 – 3 BV 23/76; vgl. auch *Schaub/Koch* Arbeitsrechts-Handbuch, § 235 Rn. 55); insoweit handelt es sich um eine Angelegenheit des § 87 Abs. 1 Nr. 10. Davon ist streng die Frage zu unterscheiden, ob dem Betriebsrat eine Kompetenz für Regelungen zusteht, die nur für ausländische Montagebaustellen und Betriebe gelten sollen, was zu verneinen ist (*LAG Düsseldorf/Köln* 14.02.1979 DB 1979, 2233; differenzierend *Franzen* § 1 Rdn. 9 ff.). Nach § 87 Abs. 1 Nr. 4 mitbestimmungspflichtig sind auch Regelungen über die Verrechnung von Forderungen des Arbeitgebers aus dem **Personaleinkauf** mit dem Arbeitsentgelt (*Matthes*/MünchArbR § 246 Rn. 12; *Richardi* § 87 Rn. 423). Bei **Einführung** des **Euro** bestand in der Übergangsphase vom 01.01.1999 bis zum 31.12.2001 bei bargeldloser Zahlung ein Wahlrecht des Schuldners zwischen nationaler Währung oder Euro, das im Hinblick auf den dadurch eröffneten Regelungsspielraum mitbestimmungspflichtig war (Nachweise 8. Aufl. § 87 Rn. 431). **455**

Nach überwiegender Meinung erstreckt sich die Mitbestimmung auch auf die inzwischen allerdings nicht mehr aktuelle Frage der **Kontogebühren**, jedenfalls soweit sie zwangsläufig und für den Arbeitnehmer unvermeidbar durch die Überweisung des Arbeitsentgelts anfallen (*BAG* st. Rspr. 08.03.1977 EzA § 87 BetrVG 1972 Lohn u. Arbeitsentgelt Nr. 6 S. 57 ff. *[zust. Klinkhammer]* = AP Nr. 1 zu § 87 BetrVG 1972 Auszahlung Bl. 2 ff. *[zust. Wiedemann/Moll]* = SAE 1978, 139 *[abl. Peterek]*; 31.08.1982 AP Nr. 2 zu § 87 BetrVG 1972 Auszahlung Bl. 2 = AuR 1983, 93 *[Herschel]*; 10.08.1993 EzA § 87 BetrVG 1972 Lohn u. Arbeitsentgelt Nr. 16 S. 3 f. *[Vogg]* = AP Nr. 12 zu § 87 BetrVG 1972 Auszahlung Bl. 2 R; 01.12.1992 EzA § 87 BetrVG 1972 Betriebliche Ordnung Nr. 20 S. 5 f. *[von Hoyningen-Huene]* = AP Nr. 20 zu § 87 BetrVG 1972 Ordnung des Betriebes Bl. 2 R f.; 15.01.2002 EzA § 50 BetrVG 1972 Nr. 19 S. 8 = AP Nr. 23 zu § 50 BetrVG 1972 Bl. 3 R f. *[Weber]* = RdA 2003, 111 *[Fischer]*; weitere Nachweise 9. Aufl. § 87 Rn. 432; *LAG Düsseldorf* 20.08.1973 BB 1974, 556; 28.10.1980 DB 1981, 749; 21.12.1982 DB 1983, 996; *ArbG Köln* 15.08.1979 BB 1979, 1768; 02.06.1980 DB 1980, 1803 [1804]; *Einigungsstellenspruch* DB 1980, 692 f.; *Bender/WPK* § 87 Rn. 90; *Fitting* § 87 Rn. 186; *Gamillscheg* II, S. 903; *Gola* BB 1975, 46 [47]; *Hanau* RdA 1973, 281 [283]; *Hanau/Reitze* FS *Wiese*, 1998, S. 149 [150 ff.]; *Kania*/ErfK § 87 BetrVG Rn. 40; *Klebe*/DKKW § 87 Rn. 139; *Kohte*/HaKo § 87 Rn. 60; *Konzen* ZfA 1978, 451 [481]; *Matthes*/MünchArbR § 246 Rn. 8; *Richardi* § 87 Rn. 425 ff.; *Weth* GS *Wolfgang Blomeyer*, S. 285 [290 ff.]; **a. M.** *LAG Düsseldorf/Köln* 27.02.1975 EzA § 87 BetrVG 1972 Lohn u. Arbeitsentgelt Nr. 1 S. 4 ff. *[zust. Blomeyer]*; *Kaiser/LK* § 87 Rn. 116; *Loritz/ZLH* Arbeitsrecht, § 51 II 4; *Schwerdtner* FS *Stahlhacke*, S. 509 [512 ff.]; *Starck* Leistungspflichten und betriebliche Mitbestimmung, S. 45 ff.; *Wiese* FS *Richardi*, 2007, S. 817 [838 ff.]; *Worzalla*/HWGNRH § 87 Rn. 11, 302; krit. ferner *Heise/von Steinau-Steinrück*/HLS § 87 Rn. 88; *Löwisch/Robrecht* SAE 2003, 4 [6 f.]; *Stege/Weinspach/Schiefer* § 87 Rn. 90); zur **Verfassungsmäßigkeit** der Rechtsprechung *BVerfG* 18.10.1987 AP Nr. 7 zu § 87 BetrVG 1972 Auszahlung. **456**

457 Nach Ansicht des *BAG* (08.03.1977 EzA § 87 BetrVG 1972 Lohn u. Arbeitsentgelt Nr. 6 S. 58 f. *[Klinkhammer]* = AP Nr. 1 zu § 87 BetrVG 1972 Auszahlung Bl. 2 R *[Wiedemann/Moll]*) kommen höchstens eine Gebühr für die Errichtung und (oder) Unterhaltung eines Kontos, eine Gebühr für die Überweisung des Arbeitsentgelts und eine Gebühr für die einmalige Abhebung des Arbeitsentgelts in Betracht. Auch die **Pauschalierung** wird innerhalb vorhandener Erfahrungswerte als zulässig angesehen. Zunächst hatte das *BAG* (08.03.1977 EzA § 87 BetrVG 1972 Lohn u. Arbeitsentgelt Nr. 6 S. 58 = AP Nr. 1 zu § 87 BetrVG 1972 Auszahlung Bl. 4) einen von der Einigungsstelle festgesetzten Betrag von bis zu DM 2,50 monatlich nicht beanstandet. Das entsprach dem Betrag, der bei der Lohnsteuer als steuerfreier Auslagenersatz anerkannt wurde, sofern der Arbeitslohn tatsächlich auf ein Konto des Arbeitnehmers bei einem Kreditinstitut überwiesen wurde (BMF-Schreiben vom 22.10.1973, DB 1973, 2168). In einer späteren Entscheidung (*BAG* 05.03.1991 EzA § 87 BetrVG 1972 Lohn u. Arbeitsentgelt Nr. 15 S. 4 f. = AP Nr. 11 zu § 87 BetrVG 1972 Auszahlung Bl. 2 f.) hat es nach Wegfall der Steuerfreiheit durch die Steuerreform 1990 einen Betrag von DM 3,50 monatlich als angemessen angesehen. Für Teilzeitkräfte wurde eine Pauschale von DM 2,50 als zu hoch angesehen (*LAG Düsseldorf/Köln* 28.10.1980 DB 1981, 749 [750], daselbst auch zur Unzulässigkeit einer Gleitklausel). Soweit durch **Vereinbarung** mit den in Frage kommenden **Kreditinstituten** sichergestellt werden kann, dass den **Arbeitnehmern** bei einer bargeldlosen Gehaltszahlung **keine Kosten** entstehen, ist die Belastung des Arbeitgebers mit der Pflicht zur Kostenerstattung nicht vom Regelungsspielraum der Einigungsstelle gedeckt und deren Spruch unwirksam (*BAG* 21.12.1982 DB 1983, 996 [997]).

458 Weitergehend werden z. T. auch die **Arbeitsbefreiung** (»Kontostunden«) zum Zwecke der Geldabhebung (*BAG* 10.12.1988 AP Nr. 9 zu § 87 BetrVG 1972 Auszahlung Bl. 3; 05.03.1991 EzA § 87 BetrVG 1972 Lohn u. Arbeitsentgelt Nr. 15 S. 4 f. = AP Nr. 11 zu § 87 BetrVG 1972 Auszahlung Bl. 2 R; 10.08.1993 EzA § 87 BetrVG 1972 Lohn u. Arbeitsentgelt Nr. 16 S. 4 *[Vogg]* = AP Nr. 12 zu § 87 BetrVG 1972 Auszahlung Bl. 2 R; 12.11.1997 EzA § 58 BetrVG 1972 Nr. 2 S. 6 = AP Nr. 2 zu § 58 BetrVG 1972 Bl. 3; 15.01.2002 EzA § 50 BetrVG 1972 Nr. 19 S. 8 = AP Nr. 23 zu § 50 BetrVG 1972 Bl. 3 R f. *[U. Weber]*; *Fitting* § 87 Rn. 186; *Klebe/DKKW* § 87 Rn. 139; *Matthes*/MünchArbR § 246 Rn. 8; **a. M.** *Loritz/ZLH* Arbeitsrecht, § 51 II 4; *Richardi* § 87 Rn. 430; *Stege/Weinspach/Schiefer* § 87 Rn. 93), eine **Vergütung für** den mit dem Abheben des Arbeitsentgelts von einem Konto verbundenen zusätzlichen **Zeitaufwand** außerhalb der Arbeitszeit (*BAG* 31.07.1984 AP Nr. 1 zu § 26a BMT-G II Bl. 2 R; **a. M.** *Loritz/ZLH* Arbeitsrecht § 51 II IV; *Worzalla/HWGNRH* § 87 Rn. 303) oder die Erstattung von **Wegekosten** (*Galperin/Löwisch* § 87 Rn. 123; *Klebe/DKKW* § 87 Rn. 139; **a. M.** *Loritz/ZLH* Arbeitsrecht § 51 II IV; *Worzalla/HWGNRH* § 87 Rn. 302 f.) als mitbestimmungspflichtig angesehen. Zu den Gebühren eines Geldinstituts bei bargeldloser Überweisung gehören jedenfalls nicht **Schließfachkosten** (hinsichtlich der Auslegung einer entsprechenden tariflichen Regelung *LAG Düsseldorf* 08.02.1980 DB 1980, 933 [934]). Auch hat das *BAG* (10.08.1993 EzA § 87 BetrVG 1972 Lohn u. Arbeitsentgelt Nr. 16 *[Vogg]* = AP Nr. 12 zu § 87 BetrVG 1972 Auszahlung Bl. 3 ff.) den Spruch einer Einigungsstelle jedenfalls dann als ermessensfehlerhaft angesehen, wenn dieser den Arbeitgeber verpflichtet, alle Arbeitnehmer zum Ausgleich des Aufwands, der mit der bargeldlosen Auszahlung des Arbeitsentgelts verbunden ist, monatlich eine Stunde von der Arbeit freizustellen, wenn die bargeldlose Auszahlung des Arbeitsentgelts nicht notwendigerweise zur Inanspruchnahme von Freizeit führt, weil der Arbeitgeber den Arbeitnehmern angeboten hatte, nach ihrer Wahl das Arbeitsentgelt bar oder unbar auszuzahlen und bei bargeldloser Auszahlung nach Bedarf Bargeld während der Arbeitszeit kostenlos gegen Scheck an der Kasse im Betrieb auszuzahlen. **Nicht** erstattungsfähig sind jedenfalls alle Kosten, die mit der **Umstellung** auf ein **Euro-Konto** verbunden waren (*Natzel* DB 1998, 366 [369 f.]; *Schaub* BB 1998, 1474 [1477]; *Wisskirchen* in: *Schmidt* (Hrsg.) Arbeitsrecht und Arbeitsgerichtsbarkeit, S. 3 [11 f.]; **a. M.** *Bauer/Diller* NZA 1997, 737 [739]; *Däubler* Der Euro im Betrieb, 1998, S. 34; *ders.* AiB 1998, 541 [544]; *Kaindl* NZA 1998, 841 [843]).

459 Die **h. M.** ist bereits aus grundsätzlichen Erwägungen **abzulehnen** (*Wiese* Rdn. 39 ff.). Verfehlt ist die Ansicht, die Kostentragungspflicht des Arbeitgebers ergebe sich schon aus § 270 BGB (so aber *BAG* 08.03.1977 – Erster Senat – EzA § 87 BetrVG 1972 Lohn u. Arbeitsentgelt Nr. 6 S. 59 *[Klinkhammer]* = AP Nr. 1 zu § 87 BetrVG 1972 Auszahlung Bl. 2 R f.; 01.12.1992 EzA § 87 BetrVG 1972 Betriebliche Ordnung Nr. 20 S. 6 *[von Hoyningen-Huene]* = AP Nr. 20 zu § 87 BetrVG 1972 Ordnung des Betriebes Bl. 2 R), da diese Vorschrift nur die Kosten der Überweisung, aber nicht der Empfangnahme

von Geld betrifft (zutr. *BAG* 15.12.1976 – Vierter Senat – AP Nr. 1 zu § 36 BAT Bl. 2 R *[Hadding]* = AP Nr. 1 zu § 1 TVG Arbeitsentgelt Bl. 2 *[Wiedemann]*, auf den sich der Erste Senat zu Unrecht beruft; ferner *LAG Düsseldorf* 08.02.1980 DB 1980, 933 [934]; *ArbG Köln* 02.06.1980 DB 1980, 1803 [1804]; *Richardi* § 87 Rn. 427; *Schwerdtner* FS *Stahlhacke*, S. 509 [513]). Für Arbeitnehmer, die bereits aufgrund eigener Entscheidung ein Konto eingerichtet hatten, würde dadurch praktisch eine – wenn auch geringe – Entgelterhöhung eintreten. Es ist auch zu pauschal, wenn das *BAG* (08.03.1977 EzA § 87 BetrVG Lohn u. Arbeitsentgelt Nr. 6 S. 59 *[Klinkhammer]* = AP Nr. 1 zu § 87 BetrVG 1972 Auszahlung Bl. 2 R) erklärt, der Arbeitnehmer müsse sein ihm zustehendes Arbeitsentgelt wie bei der Barauszahlung »ungeschmälert« erhalten. Das ist zutreffend, soweit es darum geht, dass der Arbeitgeber den geschuldeten Betrag in voller Höhe überweisen muss. Die Formulierung erweckt jedoch den Eindruck, durch die Umstellung auf die bargeldlose Lohnzahlung dürfe dem Arbeitnehmer überhaupt keine Einbuße erwachsen (krit. *Schwerdtner* FS *Stahlhacke*, S. 509 [518]). Wäre das richtig, müssten auch zusätzliche Wegekosten beim Aufsuchen eines Kreditinstituts nach § 87 Abs. 1 Nr. 4 der Mitbestimmung unterworfen sein (Rdn. 458), weil ein prinzipieller Unterschied zu den Kontogebühren nicht ersichtlich ist. Soweit will aber selbst das *BAG* wohl nicht gehen. Es trifft jedoch auch nicht zu, dass die Regelung einer Angelegenheit keine materielle Einbuße zur Folge haben dürfe. Beispiele für Lohneinbußen sind die Mitbestimmung bei der Einführung von Kurzarbeit (Rdn. 413 ff.) und gegebenenfalls die Umstellung des Leistungslohns auf den Zeitlohn als Änderung des Entlohnungsgrundsatzes (Rdn. 930 ff.).

460 Das *BAG* geht auch ohne Begründung als selbstverständlich davon aus, der **Arbeitnehmer** sei mit der Einführung der bargeldlosen Lohnzahlung **verpflichtet**, ein **Gehaltskonto zu errichten** (dagegen schon *Blomeyer* Anm. EzA § 87 BetrVG 1972 Lohn u. Arbeitsentgelt Nr. 1 S. 14). Damit eröffnet es den aus grundsätzlichen Erwägungen bedenklichen Einstieg in die Begründung zusätzlicher Leistungspflichten auch des Arbeitnehmers (*Wiese* Rdn. 39 ff.). Zutreffend hat demgegenüber der Vierte Senat des *BAG* (15.12.1976 AP Nr. 1 zu § 36 BAT Bl. 2 R ff. *[Hadding]* = AP Nr. 1 zu § 1 TVG Arbeitsentgelt *[Wiedemann]* = SAE 1977, 200 *[Ehmann]*; 12.09.1984 EzA § 1 TVG Auslegung Nr. 14 S. 59 f. *[Belling]* = AP Nr. 135 zu § 1 TVG Auslegung Bl. 2 R ff. *[Pleyer]* = SAE 1986, 169 *[Fabricius]*; vgl. auch *BVerwG* 12.12.1979 AP Nr. 88 zu § 611 BGB Fürsorgepflicht Bl. 3) die **tarifvertragliche Begründung der Verpflichtung des Arbeitnehmers** zur Errichtung eines Gehaltskontos besonders geprüft und mit Recht als zulässig angesehen. Dabei hat er die Verpflichtung des Arbeitnehmers bejaht, die anfallenden Kontoführungskosten als Gläubiger selbst zu tragen, sofern der Tarifvertrag keine abweichende Regelung enthält (ebenso Erster Senat, 31.08.1982 EzA § 87 BetrVG 1972 Nr. 9 S. 64 ff. = AP Nr. 2 zu § 87 BetrVG 1972 Auszahlung Bl. 3; vgl. auch Rdn. 462). Nach der hier vertretenen Auffassung kann der Arbeitnehmer erst recht nicht dazu verpflichtet werden, bei einer **bestimmten Bank** oder Sparkasse ein Konto zu errichten (im Ergebnis ebenso *Fitting* § 87 Rn. 190; *Matthes*/MünchArbR § 246 Rn. 16; *Richardi* § 87 Rn. 429; *Worzalla*/HWGNRH § 87 Rn. 308).

461 Mit der Einführung der bargeldlosen Lohnzahlung wird dem Arbeitgeber daher nur die Möglichkeit eröffnet, das Arbeitsentgelt bargeldlos zu zahlen. Hat der Arbeitnehmer kein Konto, so muss der Arbeitgeber das Arbeitsentgelt bar auszahlen. Die Begründung der Verpflichtung zur Errichtung eines Gehaltskontos einerseits und der Übernahme hierdurch entstehender Kosten andererseits können daher nur durch freiwillige Betriebsvereinbarung geregelt werden (*Blomeyer* Anm. EzA § 87 BetrVG 1972 Lohn u. Arbeitsentgelt Nr. 1 S. 14; *Worzalla*/HWGNRH § 87 Rn. 302 hinsichtlich der Kontoführungsgebühren; vgl. näher *Wiese* FS *Richardi* 2007, S. 817 [839 f.]). Kann der Arbeitgeber die bargeldlose Lohnzahlung nur durchführen, wenn der Arbeitnehmer ein Konto errichtet hat, wird er in seinem eigenen Interesse im Rahmen dieser Betriebsvereinbarung nach § 88 auch bereit sein, anfallende Kosten zu übernehmen. Abzulehnen ist dagegen die Auffassung, kein Betriebspartner könne einseitig Änderungen einer sozialen Angelegenheit durchsetzen, durch die ausschließlich Belastungen des anderen Betriebspartners begründet würden, so dass bei einer vom Betriebsrat initiierten Einführung der bargeldlosen Lohnzahlung die Einigungsstelle nicht über die Kontoführungsgebühren entscheiden dürfe (so *E. Huber* DB 1980, 1643 [1645]). Das Verlangen nach einer gleichwertigen Begünstigung bei der Regelung materieller Annexregelungen lässt sich aus dem Gesetz nicht begründen, macht aber deutlich, dass die Prämisse der h. M. nicht überzeugend ist.

§ 87

462 Lässt ein **Tarifvertrag** die Einführung der bargeldlosen Lohn- und Entgeltzahlung zu, **ohne** die Tragung der **Kontogebühren** besonders **zu regeln**, bedarf es der Auslegung, ob damit eine abschließende Regelung gewollt ist. Nach Ansicht des *BAG* (31.08.1982 EzA § 87 BetrVG 1972 Nr. 9 S. 65 f. = AP Nr. 2 zu § 87 BetrVG 1972 Auszahlung Bl. 3 = AuR 1983, 93 [abl. *Herschel*]; 20.12.1988 EzA § 87 BetrVG 1972 Nr. 12 S. 4 = AP Nr. 9 zu § 87 BetrVG 1972 Auszahlung Bl. 2 R) ist bei Fehlen einer ausdrücklichen Regelung über die Kontogebühren die tarifliche Regelung nicht unvollständig. Einer besonderen Regelung bedürfe es nur, wenn der Arbeitgeber die Kontoführungskosten übernehmen solle; beim Fehlen einer besonderen Regelung müsse der Arbeitnehmer diese Kosten selbst tragen (a. M. *LAG Düsseldorf/Köln* 28.10.1980 DB 1981, 749 – Vorinstanz; wie das *BAG* auch *ArbG Köln* 02.06.1980 DB 1980, 1803 – erste Instanz). Die **Auflage** eines **Zuwendungsgebers** (hier: Bundesrepublik Deutschland) **an** den **Zuwendungsempfänger** (Arbeitgeber), keine höhere Vergütung als im öffentlichen Dienst zu zahlen, ist zwar keine gesetzliche Regelung i. S. d. § 87 Abs. 1 Eingangssatz (*BAG* 24.11.1987 EzA § 87 BetrVG 1972 Lohn u. Arbeitsentgelt Nr. 14 S. 4 f. = AP Nr. 6 zu § 87 BetrVG 1972 Auszahlung Bl. 2 R f. [krit. *Pleyer*]). Sie **bindet** aber den **Arbeitgeber**, so dass insoweit kein der Mitbestimmung zugänglicher Regelungsspielraum besteht (a. M. *BAG* 24.11.1987 EzA § 87 BetrVG 1972 Lohn u. Arbeitsentgelt Nr. 14 S. 4 f. = AP Nr. 6 zu § 87 BetrVG 1972 Auszahlung Bl. 2 R f. [krit. *Pleyer*]; ferner *Wiese* Rdn. 60). Da § 87 Abs. 1 Nr. 4 formelle Arbeitsbedingungen zum Gegenstand hat, steht **§ 77 Abs. 3** einer Betriebsvereinbarung nicht entgegen (*LAG Frankfurt a. M.* 22.10.1985 LAGE § 77 BetrVG 1972 Nr. 2 und allgemein zur Anwendbarkeit des § 77 Abs. 3 im Rahmen des § 87 s. *Wiese* Rdn. 47 ff.).

f) Kollektiver Tatbestand

463 Das Mitbestimmungsrecht des Betriebsrats nach § 87 Abs. 1 Nr. 4 bezieht sich sowohl auf generelle Regelungen als auch auf die Regelung von Sonderfällen (*Wiese* Rdn. 15; *LAG Stuttgart* 10.11.1987 NZA 1988, 325 [326]; *Klebe/DKKW* § 87 Rn. 136; *Richardi* § 87 Rn. 432; *Worzalla/HWGNRH* § 87 Rn. 244). Der Betriebsrat hat daher mitzubestimmen, wenn aus besonderen Gründen – z. B. wegen eines Feiertags oder wegen Betriebsferien – der Lohnzahlungstermin verschoben werden soll. Dagegen besteht kein Mitbestimmungsrecht, wenn lediglich einzelne individuelle Abreden – z. B. über die bargeldlose Lohnzahlung – getroffen werden (*Galperin/Löwisch* § 87 Rn. 125; *H. Hanau* Individualautonomie, S. 180; *Richardi* § 87 Rn. 436 f.; **a. M.** *Worzalla/HWGNRH* § 87 Rn. 294), es sei denn, dass damit die Mitbestimmung des Betriebsrats umgangen wird (*BAG* 31.01.1969 AP Nr. 5 zu § 56 BetrVG Entlohnung Bl. 3 R und *Wiese* vor § 87 Rdn. 8). Nach den zu § 85 Abs. 2 entwickelten Grundsätzen (*Franzen* § 85 Rdn. 18) kann die Einigungsstelle auf Antrag des Betriebsrats über die Beschwerde eines einzelnen Arbeitnehmers entscheiden und von der im Betrieb bestehenden generellen eine abweichende Regelung treffen (im Ergebnis wie hier *Galperin/Löwisch* § 87 Rn. 124). Abzulehnen ist dagegen die Ansicht von *Erdmann/Jürging/Kammann* (§ 87 Rn. 25, 54), durch den Eingangssatz des § 87 sei ein Mitbestimmungsrecht des Betriebsrats auch bei Bestehen dispositiver gesetzlicher Vorschriften ausgeschlossen (*Wiese* Rdn. 63). Sonst würde im Hinblick auf §§ 269, 614 BGB die Mitbestimmung des Betriebsrats nach § 87 Abs. 1 Nr. 4 praktisch gegenstandslos sein.

g) Initiativrecht

464 Im Anwendungsbereich des § 87 Abs. 1 Nr. 4 ist das Initiativrecht des Betriebsrats (allgemein Rdn. 140 ff.) mit der Reichweite seiner Mitbestimmung deckungsgleich (*Wiese* Initiativrecht, S. 47 f.; ebenso *BAG* 21.12.1982 DB 1983, 996; 25.04.1989 EzA § 98 ArbGG 1979 Nr. 6 S. 10 f. = AP Nr. 3 zu § 98 ArbGG 1979 Bl. 3 R ff.; *Gola* BB 1975, 46 [47]; *Richardi* § 87 Rn. 433; *Worzalla/HWGNRH* § 87 Rn. 304). Der Betriebsrat kann daher z. B. die Einführung der bargeldlosen Lohnzahlung (*BAG* 31.01.1969 AP Nr. 5 zu § 56 BetrVG Entlohnung Bl. 2 R), die Abänderung bisher bestehender Regelungen über Art, Zeit und Ort der Auszahlung von Arbeitsentgelten (zum Übergang vom Wochenlohn zum Monatslohn *Däubler* Das Arbeitsrecht I, Rn. 973) oder die Abschaffung einer bestehenden Regelung verlangen. An deren Stelle würden dann die dispositiven gesetzlichen (Rdn. 451, 453) oder tariflichen Vorschriften treten.

h) Durchführung der Mitbestimmung; Wirksamkeitsvoraussetzung

Die Mitbestimmung kann nicht nur durch Betriebsvereinbarung (so *Richardi* § 87 Rn. 436), sondern **465** auch durch Betriebsabsprache verwirklicht werden (allgemein *Wiese* Rdn. 88 ff.; ebenso *Matthes*/MünchArbR § 246 Rn. 14; *Worzalla*/HWGNRH § 87 Rn. 308). Jedoch wird sich in der Regel im Hinblick auf deren normative Wirkung der Abschluss einer Betriebsvereinbarung empfehlen, so dass eine Betriebsabsprache nur für Sonderfälle (*Wiese* Rdn. 15, 92) erwägenswert ist. Zur Frage der Zuständigkeit des **Gesamtbetriebsrats** für Regelungen über die Auszahlung des Arbeitsentgelts *Wiese* Rdn. 2; *BAG* 20.04.1982 DB 1982, 1674; 15.01.2002 EzA § 50 BetrVG 1972 Nr. 19 S. 8 ff. = AP Nr. 23 zu § 50 BetrVG 1972 [*Weber*] = SAE 2003, 1 (*Löwisch/Robrecht*); *LAG* Berlin 10.09.1979 DB 1979, 2091; *Siebert* Die Zuständigkeit des Gesamtbetriebsrats (Diss. Osnabrück), 1999, S. 124 ff.; zur Zuständigkeit des **Konzernbetriebsrats** *BAG* 12.11.1997 EzA § 58 BetrVG 1972 Nr. 2 S. 2 ff. = AP Nr. 2 zu § 58 BetrVG 1972 Bl. 1 R ff. Für **Leiharbeitnehmer** ist grundsätzlich der Betriebsrat des Verleiherbetriebes zuständig (*Boemke* Schuldvertrag und Arbeitsverhältnis, 1999, S. 597 f. m. w. N.; *Jüttner* Gewerbsmäßige Arbeitnehmerüberlassung, S. 184 f.; *Kraft* FS Konzen, 2006, S. 439 [451]; *Schirmer* 50 Jahre Bundesarbeitsgericht, S. 1063 [1070]). Die Mitbestimmung ist **Wirksamkeitsvoraussetzung** (*Wiese* Rdn. 100 ff.; **a. M.** *Hurlebaus* Fehlende Mitbestimmung bei § 87 BetrVG, S. 93 [133], für freiwillige einzelvertragliche Vereinbarungen). Die Vertragslage wird daher durch die ohne Mitbestimmung des Betriebsrats durchgeführte Überweisung des bar geschuldeten Arbeitsentgelts nicht verändert. Jedoch ist der Entgeltanspruch erfüllt (§ 362 BGB), wenn das Arbeitsentgelt dem Arbeitnehmer auf seinem Konto gutgeschrieben worden ist.

5. Aufstellung allgemeiner Urlaubsgrundsätze und des Urlaubsplans sowie die Festsetzung der zeitlichen Lage des Urlaubs für einzelne Arbeitnehmer, wenn zwischen dem Arbeitgeber und den beteiligten Arbeitnehmern kein Einverständnis erzielt wird

Literatur
Literaturnachweise zum BetrVG 1952 siehe 8. Auflage

Baunack/Middel Den Urlaub mitbestimmen, AiB 2016, 18; *Faßhauer* Rechtsfragen zur unbezahlten Freistellung, NZA 1986, 453; *Friese* Urlaubsrecht, 2003; *von Hoyningen-Huene* Die unbezahlte Freistellung von Arbeit, NJW 1981, 713; *Klumpp* Allgemeines Urlaubsrecht – Überblick, AR-Blattei SD 1640.1; *Matthes* Betriebsruhe zwischen Weihnachten und Neujahr, Jura 1988, 654; *Müller* Schöne Ferien ... Zur Mitbestimmung bei den Urlaubsgrundsätzen, dbr 2008, Nr. 6, 30; *Palme* Vereinbarung von Betriebsferien, BlStSozArbR 1977, 289; *Spies* Grundprobleme des arbeitsrechtlichen Sonderurlaubs, Diss. Erlangen/Nürnberg 1980; *Zimmermann* Mitbestimmung des Betriebsrats in Fällen der Ablehnung eines Urlausantrags durch den Arbeitgeber wegen der vom Arbeitnehmer gewünschten zeitlichen Lage des Urlaubs, AuR 2012, 243.

a) Vergleich mit der bisherigen Rechtslage

Nach dem Wortlaut des § 56 Abs. 1 Buchst. c BetrVG 1952 hatte der Betriebsrat nur bei der Aufstel- **466** lung des Urlaubsplans mitzubestimmen. Darunter wurden jedoch sowohl die Aufstellung von Urlaubsgrundsätzen als auch die Festlegung der zeitlichen Lage des Urlaubs für die einzelnen Arbeitnehmer verstanden (*Dietz* § 56 Rn. 115 f.; *Erdmann* § 56 Rn. 14; *Fitting/Kraegeloh/Auffarth* § 56 Rn. 23; *Galperin/Siebert* § 56 Rn. 37; *Hueck/Nipperdey* II/2, S. 1364; *von der Laden* Die Bestimmung der Urlaubszeit nach dem Betriebsverfassungsgesetz, 1971, S. 135 ff.; *Neumann-Duesberg*, S. 478; *Nikisch* III, S. 400; *Zöllner* DB 1957, 508 [510]; vgl. auch *BAG* 26.10.1956 AP Nr. 15 zu § 611 BGB Urlaubsrecht Bl. 2; **a. M.** *Dersch/Neumann* Bundesurlaubsgesetz, 4. Aufl. 1971, § 7 Rn. 29; *Stahlhacke* Bundesurlaubsgesetz, 2. Aufl. 1968, § 7 Rn. 33). Die ausdrückliche Erwähnung der allgemeinen Urlaubsgrundsätze in § 87 Abs. 1 Nr. 5 dient daher nur der Klarstellung (unrichtig die amtliche Begründung, BT-Drucks. VI/1786, S. 48). Inhaltlich neu ist dagegen, dass der Betriebsrat nunmehr bei fehlender Einigung zwischen Arbeitgeber und einzelnen Arbeitnehmern über die Festsetzung der zeitlichen Lage ihres Urlaubs mitzubestimmen hat (Rdn. 494 ff.).

b) Zweck der Vorschrift; Anwendungsbereich

Durch die Mitbestimmung nach § 87 Abs. 1 Nr. 5 wird das dem Arbeitgeber bei der Festlegung der **467** Lage des Urlaubs zustehende Gestaltungsrecht beschränkt. Dadurch sollen die Urlaubswünsche der

§ 87   IV. 3. Soziale Angelegenheiten

einzelnen Arbeitnehmer und das betriebliche Interesse an der Kontinuität des Betriebsablaufs sinnvoll aufeinander abgestimmt werden (*BAG* 26.11.1964 EzA § 10 BUrlG Nr. 1 S. 7 f. = AP Nr. 1 zu § 10 BUrlG Schonzeit Bl. 5 [*Nikisch*]; 18.06.1974 EzA § 87 BetrVG 1972 Urlaub Nr. 1 S. 3 = AP Nr. 1 zu § 87 BetrVG 1972 Urlaub Bl. 2 f.; 28.05.2002 EzA § 87 BetrVG 1972 Bildungsurlaub Nr. 1 S. 8 = AP Nr. 10 zu § 87 BetrVG 1972 Urlaub Bl. 4; 10.12.2002 EzA § 99 BetrVG 2001 Umgruppierung Nr. 1 S. 11 = AP Nr. 42 zu § 95 BetrVG 1972 Bl. 5; *Fitting* § 87 Rn. 191; *Galperin/Löwisch* § 87 Rn. 127; *Richardi* § 87 Rn. 440). Hierbei sind die zwingenden Vorschriften des Bundesurlaubsgesetzes und einschlägiger Tarifverträge zu beachten (vgl. auch *LAG Hamm* 27.03.1985 NZA 1985, 631 [633]). War kein Betriebsrat gewählt worden oder dessen Wahl nichtig, entfällt die Mitbestimmung [*Wiese* Rdn. 87]; *BAG* 12.10.1961 AP Nr. 84 zu § 611 BGB Urlaubsrecht Bl. 2). Die Vorschrift des § 87 Abs. 1 Nr. 5 gilt grundsätzlich nur für Arbeitnehmer des Betriebs (weitergehend *Waltermann* Rechtsetzung, S. 232). Zu **Leiharbeitnehmern** *Boemke* Schuldvertrag und Arbeitsverhältnis, 1999, S. 595 f. m. w. N.; *Jüttner* Gewerbsmäßige Arbeitnehmerüberlassung, S. 185 f.; *Kraft* FS *Konzen*, 2006, S. 439 (451); *Schirmer* 50 Jahre Bundesarbeitsgericht, S. 1063 (1070); zur Mitbestimmung in **wissenschaftlichen Tendenzbetrieben** die gleichnamige Dissertation (Köln) von *Poeche*, 1999, S. 197 ff.

c) Urlaub, Urlaubsdauer, Urlaubsentgelt, Urlaubsgeld

468 Da in § 87 Abs. 1 Nr. 5 im Gegensatz zu § 1 BUrlG nicht nur vom Erholungsurlaub, sondern allgemein vom Urlaub gesprochen wird, ist die Vorschrift auf **jede Form** des Urlaubs, also auch den Bildungsurlaub sowie **jede** andere **bezahlte** oder **unbezahlte Freistellung** (auch sog. Sabbaticals) von der Arbeit anzuwenden (*BAG* 28.05.2002 EzA § 87 BetrVG 1972 Bildungsurlaub Nr. 1 S. 7 ff. m. w. N. = AP Nr. 10 zu § 87 BetrVG 1972 Urlaub Bl. 3 f.; 10.12.2002 EzA § 99 BetrVG 2001 Umgruppierung Nr. 1 S. 10 = AP Nr. 42 zu § 95 BetrVG 1972 Bl. 4 R; 18.06.1974 EzA § 87 BetrVG 1972 Urlaub Nr. 1 S. 3 = AP Nr. 1 zu § 87 BetrVG 1972 Urlaub Bl. 2 f. = SAE 1976, 9 [abl. *Blomeyer*] bei **unbezahltem Sonderurlaub** in unmittelbarem Zusammenhang mit dem bezahlten Erholungsurlaub; *BAG* 17.11.1977 EzA § 9 BUrlG Nr. 9 S. 20 = AP Nr. 8 zu § 9 BUrlG Bl. 2 f. [*Trieschmann*] = AuR 1979, 30 [*Frey*]; *ArbG Stuttgart* 17.11.1972 BetrR 1973, 124 f.; *Fitting* § 87 Rn. 192 f.; *von Hoyningen-Huene* NJW 1981, 713 [717]; *Hueck/Nipperdey* II/2, S. 1365; *Kaiser/LK* § 87 Rn. 118; *Kania/ErfK* § 87 BetrVG Rn. 43; *Klebe/DKKW* § 87 Rn. 141; *Matthes/*MünchArbR § 247 Rn. 11 f., anders Rn. 1 bei Freistellung von der Arbeit; *Richardi* § 87 Rn. 441, 466; **a. M.** *LAG Köln* 01.06.2001 AP Nr. 8 zu § 87 BetrVG 1972 Urlaub Bl. 2 ff. für AwbG NRW; *Faßhauer* NZA 1986, 453 [457]; *Stege/Weinspach/Schiefer* § 87 Rn. 99c; *Worzalla/HWGNRH* § 87 Rn. 312 ff.; zum Sonderurlaub *Spies* Grundprobleme des arbeitsrechtlichen Sonderurlaubs, S. 131 f. [140 ff.]; zum **Zusatzurlaub** für **Schwerbehinderte** *LAG Frankfurt a. M.* 28.04.1987 NZA 1988, 257; vgl. auch *Kaiser* Erziehungs- und Elternurlaub in Verbundsystemen kleiner und mittlerer Unternehmen, 1993, S. 74 f.; *Kohte/HaKo* § 87 Rn. 62). Den Materialien zum BetrVG 1972 ist eine Beschränkung der Mitbestimmung auf den Erholungsurlaub nicht zu entnehmen (**a. M.** *Worzalla/HWGNRH* § 87 Rn. 315). Kein Urlaub ist dagegen die **Suspendierung** von der Arbeitspflicht (*Kania/*ErfK § 87 BetrVG Rn. 43). Kein Urlaub i. S. d. § 87 Abs. 1 Nr. 5 ist auch die **Insichbeurlaubung** von Beamten nach § 4 Abs. 3 Post PersRG (*BAG* 10.12.2002 EzA § 99 BetrVG 2001 Umgruppierung Nr. 1 S. 9 ff. = AP Nr. 42 zu § 95 BetrVG 1972 Bl. 4 ff.). Keinen Urlaub vermitteln ferner Freistellungsphasen bei **flexiblen Arbeitszeitmodellen** (insbes. auch bei Wertguthabenmodellen). Bei solchen Modellen geht es um die Verteilung der Arbeitszeit, weshalb insoweit die Mitbestimmung des Betriebsrats nach § 87 Abs. 1 Nr. 2 BetrVG eröffnet ist (Rdn. 306; *Schwarze/* NK-GA § 87 BetrVG Rn. 139). Ist der **Betrieb stillgelegt**, unterliegt die Freistellung der Arbeitnehmer während der Kündigungsfrist nicht der Mitbestimmung des Betriebsrats (*LAG Köln* 16.03.2000 BB 2000, 1627 = AiB 2000, 761 [krit. *Furier*]). Allerdings kann der Arbeitnehmer bei Unzumutbarkeit der Festlegung des Urlaubs in die Kündigungsfrist jener widersprechen (*BAG* 10.01.1974 EzA § 7 BUrlG Nr. 16 S. 43 f. = AP Nr. 6 zu § 7 BUrlG Bl. 1 R ff. [*Meisel*]; *Bachmann/* GK-BUrlG § 7 Rn. 28 m. w. N.). In diesem Fall ist die Mitbestimmung gegeben, wenn der hier abgelehnten h. M. gefolgt wird, dass der Betriebsrat auch in jedem Einzelfall mitzubestimmen hat, wenn zwischen einem Arbeitnehmer und dem Arbeitgeber keine Einigung über die zeitliche Lage des Urlaubs zustande kommt (Rdn. 494 ff.).

469 **Unerheblich** ist, ob der Arbeitnehmer einen **Anspruch** auf **Freistellung** hat oder ob der Arbeitgeber sie freiwillig gewährt. **Maßgebend** für die Mitbestimmung ist im Fall der tatsächlichen Beur-

laubung allein das Vorliegen eines **kollektiven Regelungsbedürfnisses**. Dieses besteht, wenn es erforderlich ist, die Urlaubswünsche der betreffenden Arbeitnehmer und deren Vertretung aufeinander abzustimmen. Das gilt auch für den Bildungsurlaub oder Sonderurlaub für Jugendleiter nach den landesrechtlichen Vorschriften, soweit ein Regelungsspielraum besteht (*Fitting* § 87 Rn. 193; *Matthes*/MünchArbR § 247 Rn. 12; **a. M.** *Stege/Färber* DB 1985, Beil. Nr. 2, S. 9 f.; *Stege/Weinspach/Schiefer* § 87 Rn. 99a f.; *Worzalla/HWGNRH* § 87 Rn. 317). Für die **Freistellung** von **Betriebsratsmitgliedern** sowie Jugend- und Auszubildendenvertretern zwecks Teilnahme an Schulungs- und Bildungsveranstaltungen nach § 37 Abs. 6 und 7, § 65 Abs. 1 sind die Sonderregelungen des § 37 Abs. 6 Satz 2 bis 5 zu beachten, die § 87 Abs. 1 Nr. 5 vorgehen (*Richardi* § 87 Rn. 442). Daraus kann jedoch nicht geschlossen werden, § 87 Abs. 1 Nr. 5 erfasse nur den Erholungsurlaub (**a. M.** *Worzalla/HWGNRH* § 87 Rn. 314). Hauptsächlich ist die Vorschrift jedoch für diesen von Bedeutung. Unerheblich ist, ob der Urlaub aus dem vorhergehenden in das nächste Urlaubsjahr übertragen worden ist (*ArbG Bonn* 05.06.1985 AuR 1986, 217). Zum Ausschluss der Mitbestimmung nach § 87 Abs. 1 Nr. 5 bei der Regelung von Feierschichten zwischen Weihnachten und Neujahr in einer Betriebsvereinbarung *BAG* 09.05.1984 EzA § 1 LohnFG Nr. 71 S. 256 [*Söllner*] = AP Nr. 58 zu § 1 LohnFG Bl. 2.

Nach allgemeiner Meinung zu § 56 Abs. 1 Buchst. c BetrVG 1952 unterlag die **Dauer** des Urlaubs **470** nicht dem Mitbestimmungsrecht des Betriebsrats (*Dietz* § 56 Rn. 122; *Fitting/Kraegeloh/Auffarth* § 56 Rn. 23; *Galperin/Siebert* § 56 Rn. 39; *Hueck/Nipperdey* II/2, S. 1365; *Neumann-Duesberg*, S. 478). Daran hat sich auch durch § 87 Abs. 1 Nr. 5 nichts geändert (*BAG* 14.01.1992 EzA § 13 BUrlG Nr. 52 S. 5 = AP Nr. 5 zu § 3 BUrlG Bl. 2 R; *Blomeyer* SAE 1976, 10 [11 f.]; *Fitting* § 87 Rn. 212; *Galperin/Löwisch* § 87 Rn. 137; *Kaiser/LK* § 87 Rn. 120; *Klebe/DKKW* § 87 Rn. 151; *Loritz/ZLH* Arbeitsrecht, § 51 II 5, IV 1; *Neumann/Fenski/Kühn* BUrlG § 7 Rn. 27; *Richardi* § 87 Rn. 456; *Stege/Weinspach/Schiefer* § 87 Rn. 97; *Worzalla/HWGNRH* § 87 Rn. 318; **a. M.** *Föhr* AuR 1975, 353 [360]). Der Anspruch auf Urlaub und dessen Dauer bemessen sich nach Gesetz (§ 3 BUrlG, § 19 JArbSchG, § 125 SGB IX), den Vorschriften der im Rahmen des § 13 BUrlG zulässigen Tarifverträge und nach günstigeren Individualvereinbarungen. Mitbestimmungsfrei ist – so bei einem rollierenden betrieblichen Freizeitsystem – auch die konkrete Berechnung der Urlaubsdauer (*BAG* 14.01.1992 EzA § 13 BUrlG Nr. 52 S. 5 = AP Nr. 5 zu § 3 BUrlG Bl. 2 R). Freiwillige Betriebsvereinbarungen sind nach § 88 unter Beachtung des Günstigkeitsprinzips zulässig, soweit sie nicht gegen § 77 Abs. 3 verstoßen (*Hueck/Nipperdey* II/2, S. 1365; *Neumann/Fenski/Kühn* BUrlG, § 7 Rn. 27; *Richardi* § 87 Rn. 457). Unzulässig ist jedoch eine Betriebsvereinbarung, die Urlaub im Vorgriff auf das nächste Urlaubsjahr gewährt (*BAG* 16.03.1972 EzA § 1 LohnFG Nr. 21 S. 61 f. = AP Nr. 3 zu § 9 BUrlG Bl. 2 [*Natzel*]; 17.01.1974 EzA § 1 BUrlG Nr. 17 S. 33 = AP Nr. 3 zu § 1 BUrlG Bl. 2 [*Boldt*] = SAE 1975, 123 [*Blomeyer*]). Nicht mitbestimmungspflichtig ist eine Regelung über den Ausgleich von Abwesenheitszeiten durch Anrechnung auf den Urlaubsanspruch (*LAG Frankfurt a. M.* 30.10.1990 DB 1991, 920).

Entsprechendes wie für die Urlaubsdauer gilt für das **Urlaubsentgelt** und die Zahlung eines zusätz- **471** lichen **Urlaubsgeldes** (*Fitting* § 87 Rn. 212 f.; *Galperin/Löwisch* § 87 Rn. 137; *Loritz/ZLH* Arbeitsrecht, § 51 IV 1; *Neumann/Fenski/Kühn* BUrlG § 7 Rn. 27; *Richardi* § 87 Rn. 456; *Stege/Weinspach/Schiefer* § 87 Rn. 97; *Worzalla/HWGNRH* § 87 Rn. 318). Ebenso wenig kann im Wege der Mitbestimmung nach § 87 Abs. 1 Nr. 5 ein Anspruch auf **Bildungsurlaub** (*Fitting* § 87 Rn. 193; *Richardi* § 87 Rn. 458) oder **Sonderurlaub** (*Blomeyer* SAE 1976, 10 [11]; *Spies* Grundprobleme des arbeitsrechtlichen Sonderurlaubs, S. 135 ff.) begründet werden; dieser kann sich aber aus Gesetz, Tarifvertrag oder Betriebsvereinbarung ergeben. Auch die **Anrechnung** von **Kur-** und **Schonzeiten** unterliegt nicht dem Mitbestimmungsrecht des Betriebsrats (*BAG* 26.11.1964 EzA § 10 BUrlG Nr. 1 S. 7 = AP Nr. 1 zu § 10 BUrlG Schonzeit Bl. 5 [*Nikisch*]).

d) Gegenstände der Mitbestimmung

aa) Einführung

Die Abgrenzung der Mitbestimmung bei der Aufstellung allgemeiner Urlaubsgrundsätze, des Urlaubs- **472** plans und der Festsetzung der zeitlichen Lage des Urlaubs einzelner Arbeitnehmer ist umstritten. Die Schwierigkeiten sind überwindbar, wenn diese Mitbestimmungsbereiche als **Gegenstände** eines

dreistufigen Verfahrens verstanden werden. Auf der ersten sind die allgemeinen Urlaubsgrundsätze zu vereinbaren, nach denen auf der zweiten Stufe der Urlaubsplan aufzustellen ist. Beide betreffen die generelle Berücksichtigung kollektiver Interessen bei der Abwägung betrieblicher Belange und denen der Belegschaft. Da jedoch § 7 BUrlG auch für die Betriebspartner verbindlich ist (Rdn. 500), muss der Arbeitgeber den Urlaubswünschen einzelner Arbeitnehmer Rechnung tragen. Hat dies Rückwirkungen auf den Urlaubsplan, d. h. bei fehlendem Einverständnis zwischen dem Arbeitgeber und mindestens zwei betroffenen Arbeitnehmern, ist auf der dritten Stufe erneut ein Interessenausgleich erforderlich. Dieses zusätzliche Mitbestimmungsrecht des Betriebsrat steht daher nicht im Widerspruch zu der hier vertretenen Interpretation des Urlaubsplans als Festlegung der Lage des Urlaubs der einzelnen Arbeitnehmer für das jeweilige Urlaubsjahr (Rdn. 484; krit. dazu *Loritz/ZLH* Arbeitsrecht, § 51 II 5a). Die Mitbestimmung auf dieser dritten Stufe kommt daher nur in Betracht, wenn einzelne Arbeitnehmer eine vom Urlaubsplan abweichende Regelung wünschen oder kein Urlaubsplan aufgestellt worden ist.

bb) Allgemeine Urlaubsgrundsätze

473 Die Aufstellung allgemeiner Urlaubsgrundsätze betrifft die in der Regel langfristig festgelegten **betrieblichen Richtlinien**, nach denen der Urlaub im Einzelfall gewährt oder – wie z. B. in Saison- und Kampagnebetrieben – nicht gewährt werden darf oder soll (*BAG* 18.06.1974 EzA § 87 BetrVG 1972 Nr. 1 S. 2 f. = AP Nr. 1 zu § 87 BetrVG 1972 Urlaub Bl. 2; 28.05.2002 EzA § 87 BetrVG Bildungsurlaub Nr. 1 S. 11 f. = AP Nr. 10 zu § 87 BetrVG 1972 Urlaub Bl. 5 R). Hierzu gehört vor allem die generelle Entscheidung, ob der Erholungsurlaub von den Arbeitnehmern während des ganzen Jahres genommen werden kann oder während einer bestimmten Urlaubsperiode bzw. der zu diesem Zweck erfolgten Schließung des Betriebs **(Betriebsferien)** genommen werden muss (*BAG* 28.07.1981 EzA § 87 BetrVG 1972 Nr. 4 S. 15 = AP Nr. 2 zu § 87 BetrVG 1972 Urlaub Bl. 2 R *[Boldt]* = SAE 1984, 114 *[Birk]*; 12.10.1961 AP Nr. 84 zu § 611 BGB Urlaubsrecht Bl. 2; 31.05.1988 EzA Art. 9 GG Arbeitskampf S. 5 *[Mummenhoff]* = AP Nr. 57 zu § 1 FeiertagslohnzahlungsG Bl. 2 R; *LAG Berlin* 05.02.1957 BB 1957, 438; *LAG Hamburg* 15.12.1980 DB 1981, 752; *Fitting* § 87 Rn. 196; *Galperin/Löwisch* § 87 Rn. 129; *Hueck/Nipperdey* II/2, S. 1365; *Kaiser/LK* § 87 Rn. 123; *Klebe/DKKW* § 87 Rn. 143; *Matthes/MünchArbR* § 247 Rn. 6; *Neumann/Fenski/Kühn* BUrlG, § 7 Rn. 31; *Powietzka/Fallenstein* NZA 2010, 673 [678 f.]; *Richardi* § 87 Rn. 446 f.; *Stege/Weinspach/Schiefer* § 87 Rn. 98a, 102; *Worzalla/HWGNRH* § 87 Rn. 322; *Zöllner* DB 1957, 508 [510 Fn. 40]). Urlaubsgrundsätze in Musterarbeitsverträgen des Franchisegebers für **Franchisebetriebe** sind für den Franchisenehmer nicht verbindlich und daher auch für die Mitbestimmung des Betriebsrats ohne Bedeutung (*Selzner* Betriebsverfassungsrechtliche Mitbestimmung in Franchise-Systemen [Diss. Bonn], 1994, S. 58 f.).

474 Die grundsätzliche Bindung des Urlaubs an das Urlaubsjahr steht einer allgemeinen Regelung über die Einführung von Betriebsferien für mehrere aufeinander folgende Urlaubsjahre in einer Betriebsvereinbarung oder einem Spruch der Einigungsstelle nicht entgegen (*BAG* 28.07.1981 EzA § 87 BetrVG 1972 Nr. 4 S. 16 = AP Nr. 2 zu § 87 BetrVG 1972 Urlaub Bl. 2 R f. *[Boldt]*). Die Einführung von Betriebsferien ist nicht nur zulässig, wenn dringende betriebliche Belange i. S. d. § 7 Abs. 1 BUrlG der Berücksichtigung individueller Urlaubswünsche der Arbeitnehmer entgegenstehen; rechtswirksam eingeführte Betriebsferien begründen vielmehr solche betrieblichen Belange, hinter denen die individuellen Urlaubswünsche der Arbeitnehmer zurückstehen müssen (*BAG* EzA § 87 BetrVG 1972 Nr. 4 S. 21 = AP Nr. 2 zu § 87 BetrVG 1972 Bl. 4 R *[Boldt]*). Sind Betriebsferien festgelegt worden, ist damit den von der Betriebsverfassung erfassten Arbeitnehmern der Urlaub erteilt.

475 Bei **unterschiedlicher Urlaubsdauer** der einzelnen Arbeitnehmer bedarf es der ergänzenden Regelung, ob ein längerer Urlaub vor den Betriebsferien angetreten bzw. nach deren Ablauf fortgesetzt werden muss oder ob der Resturlaub zu einem anderen Zeitpunkt genommen werden kann. Noch nicht urlaubsberechtigte, arbeitsbereite Arbeitnehmer, die während der Betriebsferien nicht beschäftigt werden, haben grundsätzlich Anspruch auf Lohnzahlung (*BAG* 02.10.1974 EzA § 7 BUrlG Nr. 17 S. 53 f. = AP Nr. 2 zu § 7 BUrlG Betriebsferien Bl. 3 *[Natzel]*; 30.06.1976 EzA § 7 BUrlG Nr. 19 S. 64 = AP Nr. 3 zu § 7 BurlG Betriebsferien Bl. 2 *[Moritz]*; *Matthes/MünchArbR* § 247 Rn. 8 f.; *Neumann/Fenski/Kühn* BUrlG, § 7 Rn. 34; *Richardi* § 87 Rn. 447; *Worzalla/HWGNRH* § 87

Rn. 331). Im Einzelfall (*Wiese* Rdn. 15) kann der Arbeitgeber mitbestimmungsfrei einem Arbeitnehmer auch außerhalb der Betriebsferien Urlaub gewähren (*Matthes*/MünchArbR § 247 Rn. 22).

Soll der **Betrieb kurzfristig an einem bestimmten Tag** (z. B. Brückentag) **geschlossen** werden, 476 hat der Betriebsrat nach § 87 Abs. 1 Nr. 5 mitzubestimmen, wenn der Tag auf den Urlaub angerechnet werden soll. Andernfalls handelt es sich um die nach § 87 Abs. 1 Nr. 3 mitbestimmungspflichtige Anordnung von Kurzarbeit (*Matthes*/MünchArbR § 247 Rn. 7, 9).

Sind **keine Betriebsferien vorgesehen**, können Urlaubszeiten für bestimmte Betriebsabteilungen 477 oder Gruppen von Arbeitnehmern festgelegt werden. Auch eine **Urlaubssperre** wegen dringender betrieblicher Belange ist denkbar, wie z. B. für die Zeit eines Schlussverkaufs (*BAG* 28.05.2002 EzA § 87 BetrVG 1972 Bildungsurlaub Nr. 1 S. 12 = AP Nr. 10 zu § 87 BetrVG 1972 Urlaub Bl. 5 R; *Fitting* § 87 Rn. 199; *Klebe*/DKKW § 87 Rn. 144). Ferner kann geregelt werden, ob der Erholungsurlaub unter Berücksichtigung des § 7 Abs. 2 und 3 BUrlG **zusammenhängend** genommen werden muss oder wie er auf das Urlaubsjahr **verteilt** bzw. auf das nächste Urlaubsjahr **übertragen** werden darf. Auch die Bestimmung, dass Arbeitnehmer abwechselnd den Erholungsurlaub während einer günstigen oder ungünstigen Jahreszeit zu nehmen haben, kann Gegenstand der Richtlinien sein. Im Übrigen können **persönliche Umstände**, insbesondere i. S. d. § 7 Abs. 1 BUrlG, Berücksichtigung finden. Dazu gehört, dass Arbeitnehmer mit schulpflichtigen Kindern den Erholungsurlaub bevorzugt während der Schulferien erhalten. Ferner können Grundsätze für die Verteilung des Urlaubs während dieser Zeit aufgestellt werden. Auch Lebensalter, Familienstand und Berufstätigkeit des Ehegatten können berücksichtigt werden. Keine Urlaubsgrundsätze sind die Präambel eines Einigungsstellenspruches mit Erläuterungen über die Motive und Absichten der folgenden Regelungen, Fragen des Anspruchsgrundes, die Verpflichtung zur Erörterung und Dokumentation des Freistellungsanspruches oder über die Voraussetzungen des Widerrufs einer »bewilligten Bildungsurlaubsmaßnahme« (*BAG* 28.05.2002 EzA § 87 BetrVG 1972 Bildungsurlaub Nr. 1 S. 12 = AP Nr. 10 zu § 87 BetrVG 1972 Urlaub Bl. 5 R).

Schließlich kann als allgemeiner Urlaubsgrundsatz das **Verfahren** für die Beantragung und Gewäh- 478 rung des Urlaubs geregelt werden (*BAG* 28.05.2002 EzA § 87 BetrVG 1972 Bildungsurlaub Nr. 1 S. 12 = AP Nr. 10 zu § 87 BetrVG 1972 Urlaub Bl. 5 R), z. B. dass eine **Urlaubsliste** (Rdn. 489) ausgelegt wird, in die binnen bestimmter Frist die Urlaubswünsche einzutragen sind (*Richardi* § 87 Rn. 444, 448) und dass die Festsetzung der zeitlichen Lage des Urlaubs den Arbeitnehmern alsbald in geeigneter Form bekannt zu geben ist (vgl. auch *Lepke* DB 1988, Beil. Nr. 10, S. 5 f.). Haben aufgrund einer Betriebsvereinbarung die Arbeitnehmer ihre Urlaubswünsche in einer Urlaubsliste niederzulegen und sind dabei sowohl persönliche Bedürfnisse als auch betriebliche Erfordernisse zu berücksichtigen, verstößt der Arbeitgeber nicht gegen die Betriebsvereinbarung und gegen ein Mitbestimmungsrecht des Betriebsrats, wenn er die mit der Aufstellung der Urlaubsliste beauftragten Vorgesetzten anweist, bei deren Aufstellung »ohne Zwang« darauf hinzuwirken, dass die Arbeitnehmer ihren Urlaub möglichst zu bestimmten Zeiten nehmen (*LAG Hamm* 11.08.1977 EzA § 87 BetrVG 1972 Urlaub Nr. 2).

Da § 87 Abs. 1 Nr. 5 nicht nur den Erholungsurlaub betrifft (Rdn. 468), hat der Betriebsrat ferner 479 auch mitzubestimmen, wenn für die Gewährung von **unbezahltem Sonderurlaub** an ausländische Arbeitnehmer in unmittelbarem Anschluss an den bezahlten Urlaub Grundsätze aufgestellt werden (*BAG* 18.06.1974 EzA § 87 BetrVG 1972 Urlaub Nr. 1 S. 2 = AP Nr. 1 zu § 87 BetrVG 1972 Urlaub Bl. 2 = SAE 1976, 9 [abl. *Blomeyer*]; krit. zur konkreten Fallentscheidung auch *von Hoyningen-Huene* NJW 1981, 713 [717 f.]; wie das *BAG* ArbG Stuttgart 17.11.1972 BetrR 1973, 124). Die Mitbestimmung erstreckt sich schließlich auch auf Arbeitnehmer, die ihre Leistung nach Maßgabe **neuer Arbeitszeitformen** (z. B. Arbeitsplatzteilung, Bedarfsarbeit usw.; Rdn. 328 ff.) erbringen, soweit für diese in den Grenzen des vertraglich Zulässigen allgemeine Urlaubsgrundsätze aufgestellt werden sollen.

Die **Betriebspartner** sind **nicht verpflichtet**, allgemeine **Urlaubsgrundsätze aufzustellen** 480 (*Richardi* § 87 Rn. 452; *Worzalla*/HWGNRH § 87 Rn. 323). Nur wenn sie aufgestellt werden, hat der Betriebsrat mitzubestimmen. Das gilt nach § 2 Abs. 1 BetrVG auch, wenn die Konstituierung des Betriebsrats nahe bevorsteht und die Aufstellung der Urlaubsgrundsätze nicht unaufschiebbar ist (*LAG Rheinland-Pfalz* 19.02.2009 – 10 Sa 559/08 – juris 2010, 1 ff.). Die **Ausgestaltung** der allgemeinen Urlaubsgrundsätze im Einzelnen ist eine Frage der Zweckmäßigkeit. Deshalb bestehen keine Bedenken, wenn dem Arbeitgeber ein gewisser Ermessensspielraum eingeräumt wird (*Wiese* Rdn. 6). Der Mitbestimmung unterliegen auch die **Änderung** und **Aufhebung** der Urlaubsgrundsätze (**a. M.** hinsichtlich der Aufhebung *Worzalla/HWGNRH* § 87 Rn. 320).

481 Der Betriebsrat ist berechtigt, die Aufstellung von Urlaubsgrundsätzen zu verlangen, hat also ein **Initiativrecht** (*Föhr* AuR 1975, 353 [360]; *Galperin/Löwisch* § 87 Rn. 138; *Neumann/Fenski/Kühn* BUrlG, § 7 Rn. 31; *Richardi* § 87 Rn. 453; *Worzalla/HWGNRH* § 87 Rn. 327; *Wiese* Initiativrecht, S. 48 f.). Der Betriebsrat kann allerdings **nicht** die **Schließung** des **Betriebs** über die Einigungsstelle durchsetzen, damit der Urlaub in dieser Zeit von allen Arbeitnehmern genommen wird (**Betriebsferien**; Rdn. 473; wie hier *Kaiser/LK* § 87 Rn. 121; *Richardi* § 87 Rn. 454; *Worzalla/HWGNRH* § 87 Rn. 328). Entsprechendes gilt für eine Verlängerung der Betriebsferien (**a. M.** *LAG Niedersachsen* 26.02.1985 AuR 1999, 319). Sein Mitbestimmungsrecht bezieht sich nur auf die Frage, ob der Urlaub in der Zeit einer Betriebsschließung, die der Arbeitgeber zu diesem Zweck vorzunehmen beabsichtigt, ganz oder zum Teil genommen werden muss. Das Initiativrecht des Betriebsrats beschränkt sich daher auf die Regelungen, die er in diesem Zusammenhang anstrebt, falls er Betriebsferien als Urlaubsgrundsatz zustimmt (*Bachmann* GK-BUrlG, § 7 Rn. 79; *Bender/WPK* § 87 Rn. 95; *Friedman* Das Initiativrecht des Betriebsrats, S. 117 ff.; *Gamillscheg* II, S. 904; *Richardi* § 87 Rn. 454; *Schwerdtner* DB 1983, 2763 [2774]; *Stege/Weinspach/Schiefer* § 87 Rn. 98b; *Wittke* Die Beteiligungsrechte des Betriebsrats im sozialen Bereich, S. 70; *Worzalla/HWGNRH* § 87 Rn. 328; **a. M.** *ArbG Osnabrück* 01.02.1984 AuR 1984, 380 für Ob und Dauer der Betriebsferien; *Fitting* § 87 Rn. 198; *Kania/ErfK* § 87 BetrVG Rn. 44; *Klebe/DKKW* § 87 Rn. 145; *Kohte/HaKo* § 87 Rn. 63; *Neumann/Fenski/Kühn* BUrlG, § 7 Rn. 31; *Schaub/Koch* Arbeitsrechts-Handbuch, § 235 Rn. 62). Die Schließung des Betriebs ist eine allein dem Arbeitgeber zustehende Entscheidung, die den unternehmerischen Bereich betrifft. Das gilt deshalb auch für **Franchisebetriebe** (*Selzner* Betriebsverfassungsrechtliche Mitbestimmung in Franchise-Systemen [Diss. Bonn], 1994, S. 59). Entsprechendes gilt für die **Dauer** der **Betriebsschließung** (*Schwerdtner* DB 1983, 2763 [2774]).

482 Der Betriebsrat kann auch nicht eine Betriebsschließung dadurch erwirken, dass er als Urlaubsgrundsatz die gleichzeitige Gewährung des Urlaubs an die gesamte Belegschaft begehrt. Sein Regelungsverlangen ist dann der Formulierung nach zwar auf eine soziale Angelegenheit, zugleich aber auf eine mitbestimmungsfreie unternehmerische Entscheidung bezogen. Das ist unzulässig (*Wiese* Rdn. 151). Dagegen ist die Mitbestimmung über die Einführung von Betriebsferien eindeutig gegeben (Rdn. 473) und kein Eingriff in die unternehmerische Entscheidungsfreiheit, weil hier der Arbeitgeber die Entscheidung über die Schließung des Betriebs selbst trifft und Regelungsgegenstand lediglich die Frage ist, ob die Belegschaft in dieser Zeit ihren Urlaub nehmen muss. Die Differenzierung zwischen Mitbestimmung und Initiativrecht ist daher sachgerecht (*Wiese* Rdn. 153). Im Übrigen bezieht sich das Initiativrecht auch auf die **Änderung** und **Aufhebung** der Urlaubsgrundsätze. Zur Lage der Betriebsferien Rdn. 487.

483 Für die Aufstellung allgemeiner Urlaubsgrundsätze kann der **Gesamtbetriebsrat** zuständig sein, wenn die einzelnen Betriebe eines Unternehmens arbeitsmäßig derart eng miteinander verzahnt sind, dass eine einheitliche Regelung erforderlich ist (*Galperin/Löwisch* § 87 Rn. 138, zweifelnd § 50 Rn. 8; *Kreutz/Franzen* § 50 Rdn. 26 ff.; *Neumann/Fenski/Kühn* BUrlG, § 7 Rn. 28; *Nikisch* III, S. 205; *Richardi* § 87 Rn. 462; *Siebert* Die Zuständigkeit des Gesamtbetriebsrates [Diss. Osnabrück], 1999, S. 127 ff.; **a. M.** *BAG* 05.02.1965 AP Nr. 1 zu § 56 BetrVG Urlaubsplan Bl. 4 ff.). Das kommt z. B. für unternehmenseinheitliche Betriebsferien in Betracht.

cc) Urlaubsplan

484 Die Abgrenzung zwischen allgemeinen Urlaubsgrundsätzen und dem Urlaubsplan ist umstritten (Nachweise im Text zu Einzelfragen). Nachdem das Gesetz nunmehr beide nebeneinander nennt (vgl. auch Rdn. 466), ist es nicht sinnvoll, beide auf die Grundsätze zu beziehen, nach denen der Urlaub zu gewähren ist (so aber *Lepke* DB 1988, Beil. Nr. 10, S. 5; *Matthes*/MünchArbR § 247 Rn. 4 ff.; *Neumann/Fenski/Kühn* BUrlG, § 7 Rn. 23 f.; zu den Begriffen *Zöllner* DB 1957, 508 [510]). Vielmehr ist unter dem Urlaubsplan nur noch die Festlegung der zeitlichen **Lage** des **Urlaubs** der einzelnen

Arbeitnehmer **für** das **jeweilige Urlaubsjahr**, bei Betriebsferien deren zeitliche Lage, zu verstehen (*Richardi* § 87 Rn. 447f., der aber Rn. 449 widersprüchlich hierzu auch die Richtlinien für die Erteilung des Urlaubs im Urlaubsjahr zählt; *Bender/WPK* § 87 Rn. 98; *Hueck/Nipperdey* II/2, S. 1364; *Klebe/DKKW* § 87 Rn. 146; sowie Angaben Rdn. 466; vgl. auch *BAG* 17.01.1974 EzA § 1 BUrlG Nr. 17 S. 34 = AP Nr. 3 zu § 1 BUrlG Bl. 2 R *[Boldt]*; **a. M.** *Galperin/Löwisch* § 87 Rn. 130ff.; *Matthes/*MünchArbR § 247 Rn. 4; *Neumann/Fenksi* BUrlG § 7 Rn. 23; *Weiss/Weyand* § 87 Rn. 41; *Worzalla/HWGNRH* § 87 Rn. 324). Dabei sind die einschlägigen gesetzlichen, tariflichen und einzelvertraglichen Regelungen (z. B. Ausschluss gleichzeitigen Urlaubs der Partner eines Arbeitsverhältnisses mit Arbeitsplatzteilung), freiwillige Betriebsvereinbarungen (*Wiese* Rdn. 65) sowie die nach § 87 Abs. 1 Nr. 5 vereinbarten allgemeinen Urlaubsgrundsätze zu beachten.

In engem sachlichem Zusammenhang mit der Festlegung des Urlaubs für die einzelnen Arbeitnehmer steht die **generelle Regelung** ihrer **Vertretung**, die daher von der h. M. zu Recht als mitbestimmungspflichtig angesehen wird (*Fitting* § 87 Rn. 199: Urlaubsgrundsatz; *Hueck/Nipperdey* II/2, S. 1364; *Kaiser/LK* § 87 Rn. 122; *Neumann-Duesberg*, S. 478; *Neumann/Fenski/Kühn* BUrlG, § 7 Rn. 24; *Richardi* § 87 Rn. 445, 449: Urlaubsgrundsatz und Urlaubsplan; *Stege/Weinspach/Schiefer* § 87 Rn. 101; **a. M.** *Nikisch* III, S. 400; *Worzalla/HWGNRH* § 87 Rn. 320; *Zöllner* DB 1957, 508 [511]). Die Mitbestimmung ist nur dann nicht gegeben, wenn in einem **Einzelfall** (*Wiese* Rdn. 15) die Urlaubsvertretung geregelt wird. **485**

Eine **Verpflichtung** zur **Aufstellung** eines Urlaubsplans **besteht nicht** (zur Aufstellung allgemeiner Urlaubsgrundsätze Rdn. 480). Die Betriebspartner können sich darauf beschränken, nur die allgemeinen Urlaubsgrundsätze festzulegen, nach denen den einzelnen Arbeitnehmern der Urlaub vom Arbeitgeber unter Berücksichtigung des § 7 BUrlG zu gewähren ist (*Hueck/Nipperdey* II/2, S. 1365; *Nikisch* III, S. 400; *Richardi* § 87 Rn. 452; *Zöllner* DB 1957, 508 [510]; *Worzalla/HWGNRH* § 87 Rn. 326; **a. M.** *Galperin/Siebert* § 56 Rn. 37). Soll jedoch ein Urlaubsplan aufgestellt werden, hat der Betriebsrat mitzubestimmen. Widersprüchlich ist es, wenn einerseits anerkannt wird, dass im Urlaubsplan die zeitliche Lage des Urlaubs der einzelnen Arbeitnehmer festgelegt werden kann, zugleich aber wegen der fehlenden Verpflichtung zu einer entsprechenden Regelung die notwendige Mitbestimmung des Betriebsrats insoweit verneint wird (so aber *Neumann/Fenksi* BUrlG, § 7 Rn. 29 und 26). Ein allein vom Arbeitgeber aufgestellter Urlaubsplan ist mithin unwirksam (Rdn. 502). **486**

Der Betriebsrat kann auch die Aufstellung eines Urlaubsplans erwirken, hat also insoweit ein **Initiativrecht** (*Galperin/Löwisch* § 87 Rn. 138; *Nikisch* III, S. 400; *Richardi* § 87 Rn. 453; *Worzalla/HWGNRH* § 87 Rn. 327; *Wiese* Initiativrecht, S. 48 f.; *Zöllner* DB 1957, 508 [510]). Das gilt auch für die Dauer und die Lage der Betriebsferien (*Richardi* § 87 Rn. 454; *Worzalla/HWGNRH* § 87 Rn. 328; zur Schließung des Betriebs und zum »Ob« der Betriebsferien Rdn. 481 f.). Er kann jedoch nicht über das **Initiativrecht** eine Lage der Betriebsferien erwirken, die zu einer zu dieser Zeit vom Arbeitgeber nicht gewollten Schließung des Betriebs führt (*Clemenz/HWK* § 87 Rn. 112; *Schwerdtner* DB 1983, 2763 [2774]); denn diese unternehmerische Entscheidung ist mitbestimmungsfrei. Ein Initiativrecht des Betriebsrats kommt daher hinsichtlich der Lage der Betriebsferien nur in Betracht, soweit ein Regelungsspielraum besteht, d. h. der Arbeitgeber einen größeren als für die Betriebsferien erforderlichen Zeitraum für die Betriebsschließung als Verhandlungsgegenstand zur Disposition stellt. **487**

Ist durch den in einer Betriebsvereinbarung niedergelegten **Urlaubsplan** die zeitliche Lage des Urlaubs der einzelnen Arbeitnehmer festgesetzt worden, ist damit ihr **Urlaubsanspruch konkretisiert** (§ 77 Abs. 4 Satz 1). Die Arbeitnehmer können deshalb zu dem bezeichneten Zeitpunkt den Urlaub antreten und brauchen sich nur abzumelden (*Fitting* § 87 Rn. 201; *Hueck/Nipperdey* II/2, S. 1365; *Klebe/DKKW* § 87 Rn. 146; *Neumann-Duesberg*, S. 478 f.; *Nikisch* III, S. 401; *Richardi* § 87 Rn. 451, obwohl er in Rn. 448 im Urlaubsplan nur ein Programm sieht; vgl. auch *Pouyadou* Die Abhängigkeit des Arbeitnehmers vom Betriebsrat [Diss. Augsburg], 1978, S. 43 ff.). Durch die Festlegung der zeitlichen Lage des Urlaubs im Urlaubsplan wird auch der Anspruch auf das Urlaubsentgelt vor dem für den Urlaubsbeginn bezeichneten Zeitpunkt ipso jure fällig (§ 11 Abs. 2 BUrlG). **488**

Damit unterscheidet sich der Urlaubsplan von der **Urlaubsliste**, d. h. dem Verzeichnis der von den Arbeitnehmern geäußerten Urlaubswünsche (zu den Begriffen *Zöllner* DB 1957, 508 [510]). Die Führung einer Urlaubsliste betrifft das Verfahren der Urlaubsgewährung und ist deshalb als Urlaubsgrund- **489** satz mitbestimmungspflichtig (Rdn. 478; *Kaiser/LK* § 87 Rn. 125), aber nicht als Gegenstand des Urlaubsplans (insoweit zutr. *Galperin/Löwisch* § 87 Rn. 130; *Worzalla/HWGNRH* § 87 Rn. 325). Die Urlaubsliste begründet noch keinen Anspruch des einzelnen Arbeitnehmers, seinen Urlaub zu einem bestimmten Zeitpunkt antreten zu können. Ist allerdings kein Urlaubsplan aufgestellt worden, kann durch die Eintragung in die Urlaubsliste der Urlaub festgelegt werden, wenn der Arbeitgeber dem Wunsch eines Arbeitnehmers nicht innerhalb angemessener Frist widerspricht (*LAG Düsseldorf* 08.05.1970 DB 1970, 1136; *LAG Frankfurt a. M.* 05.04.1956 DB 1956, 647; *Klebe/DKKW* § 87 Rn. 147; *Lepke* DB 1988, Beil. Nr. 10, S. 6; *Worzalla/HWGNRH* § 87 Rn. 326; krit. *Zöllner* DB 1957, 508 [510]; ebenso für den Urlaubsplan *Galperin/Löwisch* § 87 Rn. 131). Entsprechendes gilt, wenn der Arbeitgeber ausdrücklich der Liste zustimmt (im Ergebnis ebenso *Fitting* § 87 Rn. 202; *Klebe/DKKW* § 87 Rn. 147). Diese Unterschiede zwischen Urlaubsplan und Urlaubsliste werden verwischt, wenn in dem Urlaubsplan nur ein vorläufiges Programm gesehen wird, das der Konkretisierung durch den Arbeitgeber bedürfe (so aber *Galperin/Löwisch* § 87 Rn. 130 f., vgl. aber auch Rn. 132; *Richardi* § 87 Rn. 448; *Worzalla/HWGNRH* § 87 Rn. 324).

490 Gegen die hier vertretene Ansicht kann nicht eingwandt werden, sie sei angesichts der vielfältigen möglichen Änderungen während des Urlaubsjahres (Rdn. 491) wenig praktikabel (so *Galperin/Löwisch* § 87 Rn. 130). Dem Schutz der Arbeitnehmer entspricht es mehr, im Einzelfall Änderungen des im Urlaubsplan vorgesehenen Urlaubs vorzunehmen, als die Festsetzung jedes Einzelurlaubs dem Arbeitgeber zu überlassen. Auch wird übersehen, dass bei der Aufstellung des Urlaubsplans ein kollektives Regelungsbedürfnis besteht (Rdn. 491). Gänzlich unterbewertet wird die Mitbestimmung bei der Aufstellung des Urlaubsplans, wenn die Festlegung der Lage des Urlaubs der einzelnen Arbeitnehmer nur als Gegenstand einer freiwilligen Betriebsvereinbarung angesehen wird (so aber *Worzalla/HWGNRH* § 87 Rn. 324, 330).

491 Wenn auch durch den **Urlaubsplan** die zeitliche Lage des Urlaubs der einzelnen Arbeitnehmer festgelegt werden kann, so handelt es sich doch um einen **kollektiven Tatbestand**, weil es darum geht, die Urlaubswünsche der einzelnen Arbeitnehmer untereinander und das betriebliche Interesse an der Kontinuität des Betriebsablaufs sinnvoll aufeinander abzustimmen (Rdn. 467). Deshalb unterliegt auch eine **Änderung** des **Urlaubsplans** der Mitbestimmung des Betriebsrats (*Fitting* § 87 Rn. 203; *Klebe/DKKW* § 87 Rn. 148; *Nikisch* III, S. 401; *Richardi* § 87 Rn. 452; *Worzalla/HWGNRH* § 87 Rn. 325) und ebenso seinem **Initiativrecht** (*Wiese* Initiativrecht, S. 49).

492 Bei einer vom Urlaubsplan **abweichenden Vereinbarung mit einzelnen Arbeitnehmern** kommt es darauf an, ob sich – z. B. im Hinblick auf die Vertretung – daraus Rückwirkungen auf den Urlaubsplan ergeben. In diesem Fall wird der mit dem Urlaubsplan angestrebte generelle Interessenausgleich innerhalb des Betriebs berührt. Dann hat der Betriebsrat auch mitzubestimmen, wenn die Verlegung des Urlaubs auf einer Vereinbarung zwischen Arbeitgeber und Arbeitnehmern beruht (*H. Hanau* Individualautonomie, S. 140 f. [201]; *Worzalla/HWGNRH* § 87 Rn. 325; **a. M.** *Erdmann/Jürging/Kammann* § 87 Rn. 58, 61; *Nikisch* III, S. 401; *Zöllner* DB 1957, 508 [511]). Im Übrigen unterliegt die Verlegung des Urlaubs im Einzelfall (zum Begriff *Wiese* Rdn. 15) grundsätzlich nicht der Mitbestimmung des Betriebsrats (*Neumann/Fenski/Kühn* BUrlG, § 7 Rn. 30; *Nikisch* III, S. 401; *Richardi* § 87 Rn. 451; differenzierend *Tödtmann* Das Mitbestimmungsrecht der Arbeitnehmer in sozialen Angelegenheiten, S. 57 f.; vgl. aber Rdn. 494 ff.). Deshalb sind auch die **Zulässigkeit** des **Widerrufs** (*Lepke* DB 1990, 1131 [1134]; **a. M.** *LAG München* 23.03.1988 LAGE § 611 BGB Abmahnung Nr. 13 S. 5; *Neumann/Fenski/Kühn* BUrlG, § 7 Rn. 25) sowie einer einseitigen Änderung der zeitlichen Lage des Urlaubs des einzelnen Arbeitnehmers durch den Arbeitgeber sowie das **Zurückrufen** einzelner Arbeitnehmer **aus** dem **Urlaub** nach Individualarbeitsrecht zu prüfen (*Fitting* § 87 Rn. 203; *Nikisch* I, S. 536, III, S. 401; *Worzalla/HWGNRH* § 87 Rn. 334; zur grundsätzlichen Unzulässigkeit des Widerrufs *BAG* 20.06.2000 EzA § 1 BUrlG Nr. 23 S. 5 = AP Nr. 28 zu § 7 BUrlG Bl. 2 R *[Hohmeister]*; *Gutzeit/AR* § 7 BUrlG Rn. 11 m. w. N.).

493 Für die Zuständigkeit des **Gesamtbetriebsrats** bei der Aufstellung des Urlaubsplans gilt Entsprechendes wie für die Urlaubsgrundsätze (Rdn. 483 m. w. N.). Denkbar ist jedoch, dass nur für die Aufstellung der Urlaubsgrundsätze eine unternehmenseinheitliche Regelung erforderlich ist, während die Aufstellung des Urlaubsplans den einzelnen Betrieben überlassen bleiben muss.

dd) Streit über Urlaub einzelner Arbeitnehmer

494 Nach § 87 Abs. 1 Nr. 5 wird dem Betriebsrat erstmalig ein Mitbestimmungsrecht bei der »Festsetzung der zeitlichen Lage des Urlaubs für einzelne Arbeitnehmer« eingeräumt, »wenn zwischen dem Arbeitgeber und den beteiligten Arbeitnehmern kein Einverständnis erzielt wird«. Daraus kann nicht auf die Notwendigkeit einer Vereinbarung über die Lage des Urlaubs zwischen Arbeitgeber und Arbeitnehmer geschlossen werden; das fehlende Einverständnis bedeutet lediglich, dass der Arbeitnehmer mit der Festsetzung des Urlaubs durch den Arbeitgeber bei Ausübung des diesem zustehenden Gestaltungsrechts nicht einverstanden ist (*Fitting* § 87 Rn. 205; *Richardi* § 87 Rn. 464). Die Mitbestimmung kommt in diesem Fall vor allem zum Zuge, wenn überhaupt kein Urlaubsplan besteht oder ein unvollständiger aufgestellt worden ist. Aber selbst wenn ein Urlaubsplan besteht, kann bei abweichenden Vereinbarungen zwischen Arbeitgeber und Arbeitnehmern die Mitbestimmung in Betracht kommen, wenn sich daraus Rückwirkungen auf den Urlaubsplan ergeben (Rdn. 492). Denkbar ist ferner, dass für Arbeitnehmer, die während des Urlaubsjahres in den Betrieb eingetreten sind, der Urlaub zusätzlich geregelt werden muss oder Bildungs- bzw. Sonderurlaub an einzelne Arbeitnehmer gewährt und die Lage des Urlaubs der beteiligten Arbeitnehmer aufeinander abgestimmt werden soll. Soweit die Mitbestimmung des Betriebsrats in diesen Fällen reicht, hat er auch hier ein **Initiativrecht** (*Wiese* Initiativrecht, S. 49).

495 Der **Betriebsrat** hat jedoch **nicht in jedem Einzelfall**, d. h. stets dann **mitzubestimmen**, wenn zwischen einem einzelnen Arbeitnehmer und dem Arbeitgeber keine Einigung über die zeitliche Lage seines Urlaubs zustande kommt (zust. *Bender/WPK* § 87 Rn. 101; **a. M.** *LAG München* 13.08.1987 LAGE § 611 BGB Abmahnung Nr. 13 S. 5; *ArbG Frankfurt a. M.* 12.07.1988 AiB 1988, 288; *VG Frankfurt* 22.07.2013 – 9 L 2524/13.F, Rn. 9; *Bachmann/GK-BUrlG*, § 7 Rn. 85; *Clemenz/HWK* § 87 Rn. 109; *Fitting* § 87 Rn. 205 f.; *Galperin/Löwisch* § 87 Rn. 133 ff.; *Hanau* BB 1972, 499 [500]; *ders.* RdA 1973, 281 [287]; *von Hoyningen-Huene* NJW 1981, 713 [718]; *Kania/ErfK* § 87 BetrVG Rn. 46; *Klebe/DKKW* § 87 Rn. 149; *Kohte/HaKo* § 87 Rn. 63; *Neumann/Fenski/Kühn* BUrlG, § 7 Rn. 26; *Richardi* § 87 Rn. 467; *Schaub/Koch* Arbeitsrechts-Handbuch, § 235 Rn. 62; *Stege/Weinspach/Schiefer* § 87 Rn. 103; *Worzalla/HWGNRH* § 87 Rn. 333; *Zimmermann* AuR 2012, 243 [244]).

496 Die abgelehnte Auffassung würde der vom Gesetzgeber grundsätzlich gewollten Beschränkung der Mitbestimmung auf generelle Tatbestände unter Ausschluss der Regelung von Einzelfällen widersprechen (Bericht 10. Ausschuss, zu BT-Drucks. VI/2729, S. 4, zum Ganzen *Wiese* Rdn. 15 ff.). Durch die gesetzliche Regelung wird von den allgemeinen Grundsätzen nur insoweit eine Ausnahme gemacht, als nicht die gesamte Belegschaft oder eine durch besondere Merkmale abgrenzbare Gruppe betroffen zu sein braucht (so aber *ArbG Heilbronn* 26.07.1972 zit. bei *Brill* BB 1973, Beil. Nr. 3, S. 9; *Raatz* DB 1972, Beil. Nr. 1, S. 13). Vielmehr **genügt** es, dass überhaupt **mehrere Arbeitnehmer** – also mindestens zwei – etwa dadurch **gemeinsam betroffen** sind, dass die **zeitliche Lage ihres Urlaubs** – z. B. bei Arbeitnehmern mit schulpflichtigen Kindern – **aufeinander abgestimmt werden muss** (ebenso *Bender/WPK* § 87 Rn. 101; *Butzke* Liber Discipulorum, 1996, S. 1 [9 f.] = BB 1997, 2269 [2271 f.]; *Hammer* Die betriebsverfassungsrechtliche Schutzpflicht für die Selbstbestimmungsfreiheit des Arbeitnehmers [Diss. Regensburg], 1998, S. 129; *Heise/von Steinau-Steinrück/HLS* § 87 Rn. 97; *Kaiser/LK* § 87 Rn. 2, 126; *Matthes/MünchArbR* § 247 Rn. 14). Es können aber auch mehrere Arbeitnehmer betroffen sein, wenn es nur um den Urlaub eines einzelnen Arbeitnehmers geht, weil z. B. andere ihn vertreten müssen (vgl. auch *Tödtmann* Das Mitbestimmungsrecht der Arbeitnehmer in sozialen Angelegenheiten, S. 57 f.). Für diese mittlere Auffassung spricht, dass im Gesetz nicht von dem einzelnen Arbeitnehmer, sondern von »einzelnen Arbeitnehmern« und von »den beteiligten Arbeitnehmern« die Rede ist. Hätte der Gesetzgeber dem Betriebsrat das Mitbestimmungsrecht bei der Festsetzung der zeitlichen Lage des Urlaubs für jeden einzelnen Arbeitnehmer gewähren wollen, hätte er schlicht nur von »ihnen« zu sprechen brauchen. Die hier vertretene Auslegung entspricht auch dem Sinn der Mitbestimmung bei der Festlegung des Urlaubs, einen Interessenausgleich zwischen den unterschiedlichen Urlaubswünschen der Arbeitnehmer und den betrieblichen Belangen herbeizuführen (Rdn. 467).

497 Für die Mitbestimmung besteht auch dann ein Bedürfnis, wenn die **Urlaubswünsche mehrerer Arbeitnehmer aufeinander abzustimmen** sind, **ohne** dass eine **gruppenmäßige Zusammen-**

§ 87 IV. 3. Soziale Angelegenheiten

gehörigkeit zwischen ihnen zu bestehen braucht. Der Betriebsrat hat dann einen Interessenausgleich anzustreben, soweit keine Einigung zwischen den beteiligten Arbeitnehmern und dem Arbeitgeber zustande kommt. Seine Zuständigkeit ist daher insoweit nur subsidiär. Der Betriebsrat kann allerdings bei der Festsetzung der zeitlichen Lage des Urlaubs der einzelnen Arbeitnehmer dadurch mitbestimmen, dass er die Aufstellung eines Urlaubsplans verlangt (Rdn. 484 ff.). Der Betriebsrat hat auch mitzubestimmen, wenn bei Arbeitsplatzteilung die gegenseitige Vertretung im Urlaub noch nicht durch den Arbeitsvertrag geregelt ist und die Beteiligten sich nicht einigen (*Frey* Flexible Arbeitszeit, 1985, S. 109).

498 Wird nur die zeitliche Lage des Urlaubs eines einzelnen Arbeitnehmers festgesetzt, ist dieser hinreichend durch **§ 7 Abs. 1 BUrlG** geschützt, der ihm nach Maßgabe dieser Vorschrift einen **Rechtsanspruch** auf **Berücksichtigung** seiner **Urlaubswünsche** einräumt (*Gutzeit*/AR § 7 BUrlG Rn. 16 ff.; *Neumann/Fenksi* BUrlG, § 7 Rn. 9 ff.). Diesen kann der Arbeitnehmer nach § 2 Abs. 1 Nr. 3a, Abs. 5, §§ 46 ff. ArbGG im Urteilsverfahren geltend machen, so dass es eines weitergehenden Schutzes durch den Betriebsrat nicht bedarf. Für die hier abgelehnte Auffassung spricht auch nicht, dass der Rechtsanspruch des einzelnen Arbeitnehmers auf Berücksichtigung seiner Urlaubswünsche aus zeitlichen Gründen schwer durchsetzbar, insbesondere Gerichtsschutz bis zum Zeitpunkt des vom Arbeitnehmer geplanten Urlaubsantritts oft nicht zu erreichen sei (so aber *Galperin/Löwisch* § 87 Rn. 127). Gerade in diesem Fall werden die Interessen des Arbeitnehmers angemessen durch den Erlass einer einstweiligen Verfügung gewahrt, ohne dass es der Einschaltung des Betriebsrats bedarf (krit. *Gamillscheg* II, S. 905). Auch die Zuständigkeit der Einigungsstelle für die Entscheidung des Rechtsanspruchs des Arbeitnehmers auf Berücksichtigung seiner Urlaubswünsche erscheint überflüssig und ist hier ebenso wie bei Rechtsansprüchen im Beschwerdeverfahren nach § 85 Abs. 2 Satz 3 zu verneinen (a. M. *Galperin/Löwisch* § 87 Rn. 134; *Richardi* § 87 Rn. 471 und die Rdn. 495 angegebene Literatur).

499 Folgt man der hier vertretenen Auffassung, dass die Mitbestimmung des Betriebsrats gegeben ist, wenn mehrere Arbeitnehmer betroffen sind (Rdn. 495 f.), ist dessen Zuständigkeit wie die der Einigungsstelle zur Beilegung der Streitigkeit sinnvoll, weil es dann nicht nur um die Entscheidung über einen Rechtsanspruch, sondern zugleich um die Abstimmung der Interessen mehrerer Arbeitnehmer geht (zust. *Matthes*/MünchArbR § 247 Rn. 14). Nach der hier vertretenen Auffassung wird auch beim Streit mit einem einzelnen Arbeitnehmer vermieden, dass Beschluss- und Urteilsverfahren nebeneinander durchgeführt werden können (anders von ihrer Auffassung aus *Galperin/Löwisch* § 87 Rn. 135; *Richardi* § 87 Rn. 473). Sollte trotz des § 7 Abs. 1 BUrlG ein Regelungsspielraum gegeben sein, ist das Interesse des einzelnen Arbeitnehmers im Verfahren nach § 85 Abs. 2 wahrzunehmen (*Wiese* FS G. *Müller*, 1981, 625 [640]).

500 Die **Urlaubswünsche** des **Arbeitnehmers** sind im Rahmen des § 7 Abs. 1 BUrlG allerdings auch zu berücksichtigen, wenn ein **Urlaubsplan** vom **Arbeitgeber** und **Betriebsrat** aufgestellt oder die fehlende Einigung zwischen ihnen durch den Spruch der Einigungsstelle ersetzt wird. Auch in diesen Fällen kann der Arbeitnehmer seinen Anspruch nach § 7 Abs. 1 BUrlG vor dem Arbeitsgericht geltend machen, wenn er der Meinung ist, seine Wünsche seien entgegen dieser auch für die Betriebspartner zwingenden Vorschrift nicht berücksichtigt worden (§ 76 Abs. 7; *Fitting* § 87 Rn. 211; *Klebe/DKKW* § 87 Rn. 150; *Richardi* § 87 Rn. 468, 473 f.; *Stege/Weinspach/Schiefer* § 87 Rn. 104; *Worzalla/HWGNRH* § 87 Rn. 336; a. M. *Matthes*/MünchArbR § 247 Rn. 23). In diesen Fällen sind daher Urteils- und Beschlussverfahren nebeneinander denkbar, wenn nicht nur der Arbeitnehmer auf Berücksichtigung seiner Urlaubswünsche im Urteilsverfahren klagt, sondern auch der Arbeitgeber oder der Betriebsrat gegen die Entscheidung der Einigungsstelle vorgehen (*Galperin/Löwisch* § 87 Rn. 135; *Richardi* § 87 Rn. 473 f.). Zur Klage auf Erteilung des Urlaubs *Gutzeit*/AR § 1 BUrlG Rn. 11 ff.; *Neumann/Fenski/Kühn* BUrlG, § 7 Rn. 49 ff. Der Arbeitnehmer kann seinen Anspruch nach § 7 Abs. 1 BUrlG unabhängig vom Einigungsstellenverfahren gerichtlich geltend machen (*Fitting* § 87 Rn. 211 seit 22. Aufl. [mit – reichlich spekulativen – Vorbehalten hinsichtlich der Erfolgsaussichten eines Arbeitnehmers im Urteilsverfahren]; *Klebe/DKKW* § 87 Rn. 150; *Richardi* § 87 Rn. 473; *Worzalla/HWGNRH* § 87 Rn. 336; vgl. auch *Dütz* AuR 1973, 353 [369]).

e) Form der Mitbestimmung; Wirksamkeitsvoraussetzung

Die Mitbestimmung kann durch Betriebsvereinbarung oder – so beim Streit um die Lage des Urlaubs einzelner Arbeitnehmer – durch Betriebsabsprache ausgeübt werden (allgemein *Wiese* Rdn. 88 ff.; *Fitting* § 87 Rn. 207 ff.; *Galperin/Löwisch* § 87 Rn. 138; *Richardi* § 87 Rn. 460, 470; *Worzalla/HWGNRH* § 87 Rn. 329). Jedoch empfiehlt sich der Abschluss einer Betriebsvereinbarung vor allem für den Urlaubsplan, um dadurch normativ die Lage des Urlaubs der einzelnen Arbeitnehmer festzulegen. 501

Hat der Arbeitgeber **einseitig** allgemeine **Urlaubsgrundsätze** oder einen Urlaubsplan aufgestellt, so ist diese **Maßnahme unwirksam** (vgl. auch Rdn. 486; *Bachmann* GK-BUrlG, § 7 Rn. 83; *Galperin/Löwisch* § 87 Rn. 139; *Hurlebaus* Fehlende Mitbestimmung bei § 87 BetrVG, S. 101). Gleiches gilt für die einseitige Änderung oder Aufhebung allgemeiner Urlaubsgrundsätze oder des Urlaubsplans. Mangels wirksamer Urlaubsgrundsätze oder eines Urlaubsplans hat die Festsetzung des Urlaubs für die einzelnen Arbeitnehmer mitbestimmungsfrei einseitig durch den Arbeitgeber unter Berücksichtigung des § 7 BUrlG (Rdn. 498) zu erfolgen, solange über die Festsetzung der zeitlichen Lage des Urlaubs zwischen dem Arbeitgeber und den beteiligten Arbeitnehmern Einverständnis erzielt wird (zust. *Worzalla/HWGNRH* § 87 Rn. 326, zum fehlenden Einverständnis Rn. 324). Ist nur der Urlaubsplan unwirksam, sind aber Urlaubsgrundsätze zwischen Arbeitgeber und Betriebsrat wirksam vereinbart worden, hat die einseitige Festlegung des Urlaubs durch den Arbeitgeber unter Berücksichtigung dieser Urlaubsgrundsätze zu erfolgen. 502

Die Festsetzung des Urlaubs für die einzelnen Arbeitnehmer ist mithin unabhängig von dem Bestehen wirksamer **Urlaubsgrundsätze** oder eines **Urlaubsplans**; deren Aufstellung ist **keine Wirksamkeitsvoraussetzung** (*Kaiser/LK* § 87 Rn. 127; *Richardi* § 87 Rn. 119, 463; *Worzalla/HWGNRH* § 87 Rn. 322). Maßstab ist dann allein § 7 Abs. 1 BUrlG. Dagegen spricht auch nicht die Entscheidung des *BAG* 26.10.1956 AP Nr. 15 zu § 611 BGB Urlaubsrecht Bl. 2, in der die einseitige Festlegung des Urlaubsbeginns durch den Arbeitgeber unter Widerspruch des Betriebsrats für unwirksam erklärt wurde, weil diese Entscheidung die fehlende Einigung der Betriebspartner über den Urlaubsbeginn für eine Arbeitnehmergruppe aufgrund einer tariflichen Regelung betraf. Ebenso wenig spricht gegen die hier vertretene Auffassung die Entscheidung des *BAG* 12.10.1961 AP Nr. 84 zu § 611 BGB Urlaubsrecht Bl. 2, weil in dem zu entscheidenden Rechtsstreit kein Betriebsrat bestand und die allgemeine Aussage zur Mitbestimmung als Wirksamkeitsvoraussetzung für die konkrete Urlaubsgewährung nicht entscheidungserheblich war (anders bewertet das wohl *Galperin/Löwisch* § 87 Rn. 139). In einer späteren Entscheidung hat das *BAG* (17.11.1977 EzA § 9 BUrlG Nr. 9 S. 20 = AP Nr. 8 zu § 9 BUrlG Bl. 2 R *[Trieschmann]*) die Streitfrage ausdrücklich offen gelassen. Die fehlende Unwirksamkeit der einseitigen Festlegung des Urlaubs für die Arbeitnehmer ist lediglich die Kehrseite der Mitbestimmungsfreiheit dieser Maßnahme, aber kein Einwand gegen die Theorie der notwendigen Mitbestimmung. 503

Hat allerdings ein **Arbeitnehmer** der einseitigen **Urlaubsfestsetzung** durch den Arbeitgeber **widersprochen** und ist zwischen ihnen keine Einigung über eine abweichende Lage des Urlaubs erzielt worden, so ist die **einseitige Maßnahme** des **Arbeitgebers** nach der Konzeption der h. M. **unwirksam** (*Bachmann*/GK-BUrlG § 7 Rn. 87; *Richardi* § 87 Rn. 119) und es bedarf der anderweitigen Einigung zwischen Arbeitgeber und Betriebsrat oder einer Entscheidung der Einigungsstelle. Der Arbeitgeber gerät in Annahmeverzug und muss den Lohn weiterzahlen (§ 615 BGB), wenn er für die von ihm vorgesehene Urlaubszeit die Beschäftigung des Arbeitnehmers ablehnt. Nimmt der Arbeitnehmer dennoch den Urlaub in dem vorgesehenen Zeitraum, so wird darin eine konkludente Einwilligung liegen. Jedenfalls kann, wenn der Urlaub genommen worden ist, die etwaige Unwirksamkeit der Festlegung des Urlaubs von keiner Seite mehr geltend gemacht werden (*BAG* 17.11.1977 EzA § 9 BUrlG Nr. 9 S. 20 = AP Nr. 8 zu § 9 BUrlG Bl. 2 R *[Trieschmann]*; *Galperin/Löwisch* § 87 Rn. 139). Nach der hier vertretenen Ansicht läge allerdings kein Mitbestimmungstatbestand vor, solange nur ein einzelner Arbeitnehmer betroffen ist (Rdn. 495). Dieser müsste, falls er mit der Urlaubsfestsetzung durch den Arbeitgeber nicht einverstanden ist, entweder seine Rechte nach § 7 BUrlG wahrnehmen oder nach § 85 Abs. 2 vorgehen (Rdn. 498). Viel zu weitgehend ist es demgegenüber, wenn das *LAG Nürnberg* (21.02.2014 LAGE § 7 BUrlG Nr. 52 Rn. 75) meint, dass aus einer widerspruchslosen Hinnahme des Urlaubs durch einen Arbeitnehmer und einer daraufhin erfolgten Freistellung nicht auf ein 504

Einverständnis des Arbeitnehmers mit der konkreten arbeitgeberseitigen Urlaubsfestsetzung geschlossen werden könne; diese Sichtweise ist nach vorzugswürdiger Ansicht schon urlaubsrechtlich nicht haltbar, weil der Arbeitnehmer nicht nur dem Urlaub widersprechen, sondern darüber hinaus auch einen abweichenden Urlaubswunsch äußern muss – vgl. § 7 Satz 1 BUrlG und dazu *Gutzeit*/AR § 7 BUrlG Rn. 16).

505 Anders verhält es sich, wenn ein anderer Arbeitnehmer, der die Vertretung übernehmen soll, der Gewährung des Urlaubs an den Arbeitskollegen widersprochen hat (Beispiel von *Loritz / ZLH* Arbeitsrecht, § 51 V 3c). Dann handelt es sich um einen Mitbestimmungstatbestand, da jedenfalls zwei Arbeitnehmer betroffen sind (Rdn. 496). Die Vertretungsanordnung ist damit unwirksam. Das gilt an sich auch für die Urlaubserteilung an den Arbeitskollegen (für schwebende Unwirksamkeit, die durch Genehmigung des Betriebsrats geheilt werden könne, *Hurlebaus* Fehlende Mitbestimmung bei § 87 BetrVG, S. 101 ff. [133]). Dieser kann sich bei Widerspruch des zum Vertreter Bestimmten nicht auf den Urlaub einrichten. Hat er ihn aber aufgrund der unwirksamen Urlaubserteilung durch den Arbeitgeber genommen, so kann der Arbeitgeber diesem Arbeitnehmer nicht die Unwirksamkeit entgegenhalten, weil er sich nicht auf sein eigenes rechtswidriges Verhalten berufen darf (*Wiese* Rdn. 127).

6. Einführung und Anwendung von technischen Einrichtungen, die dazu bestimmt sind, das Verhalten oder die Leistung der Arbeitnehmer zu überwachen

Literatur
Literaturnachweise zum BetrVG 1952 siehe 8. Auflage

BetrVG 1972
1. Allgemeine Literatur
Ahlf Videotechnik in Privatunternehmen und Behörden, CR 1991, 424; *Altenburg / Leister* Die Verwertbarkeit mitbestimmungswidrig erlangter Beweismittel im Zivilprozess, NJW 2006, 469; *Andres* Die Integration moderner Technologien in den Betrieb. Eine Untersuchung zum Mitbestimmungsrecht des § 87 Abs. 1 Nr. 6 BetrVG (Diss. Köln, 2000 (zit.: Integration moderner Technologien); *Bachner* Mitbestimmung des Betriebsrats bei der Auswahl technischer Überwachungseinrichtungen, DB 2006, 2518; *Bachner/Rupp* Die originäre Zuständigkeit des Konzernbetriebsrats bei der Einführung technischer Einrichtungen, NZA 2016, 207; *Bauer/Schansker* (Heimliche) Videoüberwachung durch den Arbeitgeber NJW 2012, 3537; *Bayreuther* Videoüberwachung am Arbeitsplatz, NZA 2005, 1038; *ders.* Zulässigkeit und Verwertbarkeit heimlicher Videoaufzeichnungen am Arbeitsplatz, DB 2012, 2222; *Bergmann / Teichert / Goniwiecha* Wearables im Betrieb – Was kann der Betriebsrat tun?, ZBVR online 2016, Nr. 10, S. 32; *Bergmeier / Hoppe;*Informationssysteme, 2006; *Bergwitz* Verdeckte Videoüberwachung weiterhin zulässig, NZA 2012, 1205; *Biedendorf* Die Mitbestimmung von Betriebsräten bei Einführung neuer Techniken de lege lata und de lege ferenda (Diss. Hamburg, Universität der Bundeswehr), 1993; *Bissels/Meyer-Michaelis/Schiller* Arbeiten 4.0: Big Data-Analysen im Personalbereich, DB 2016, 3042; *Bongers* Das Mitbestimmungsrecht des Betriebsrats bei der Anwendung untechnischer Ermittlungsmethoden durch einen versteckten Ermittler (Diss. Münster), 2000; *Bopp/Molkenbur* Mitbestimmung bei Leistungskontrollen der Angestellten im Außendienst, BB 1995, 514; *Borsutzky* Soziale Netzwerke – Regelungskompetenz des Arbeitgebers und Mitbestimmungsrechte des Betriebsrats, NZA 2013, 647; *Braun* Die Rechtsprechung des Bundesarbeitsgerichts zur Mitbestimmung des Betriebsrats bei der Einführung und Anwendung von technischen Überwachungseinrichtungen (§ 87 Abs. 1 Nr. 6 BetrVG), BlStSozArbR 1985, 54; *Buchner* Mitbestimmungsrechte des Betriebsrats beim Einsatz technischer Kontrolleinrichtungen. Stand der Rechtsprechung zu § 87 Abs. 1 Nr. 6 BetrVG, BB 1987, 1942; *Buhren* Zur Mitbestimmungspflicht bei der Einführung und Anwendung technischer Einrichtungen der Verhaltens- und Leistungskontrolle, PersV 1977, 81; *Byers* Die Videoüberwachung am Arbeitsplatz unter besonderer Berücksichtigung des neuen § 32 BDSG (Diss. Jena), 2011; *ders*, Initiativrecht des Betriebsrats bei technischer Überwachung am Arbeitsplatz, RdA 2014, 37; *Byers / Pracka* Die Zulässigkeit der Videoüberwachung am Arbeitsplatz, BB 2013, 760; *Dann / Gastell* Geheime Mitarbeiterkontrollen: Straf- und arbeitsrechtliche Risiken bei unternehmensinterner Aufklärung, NJW 2008, 2945; *Diller* »Konten-Ausspäh-Skandal« bei der Deutschen Bahn: Wo ist das Problem?, BB 2009, 438; *Edenfeld* Videoüberwachung am Arbeitsplatz: »Big Brother« im Büro?, PersR 2000, 323; *Ehmann* Arbeitsschutz und Mitbestimmung bei neuen Technologien, 1981, dazu *Weiss* AuR 1982, 256; *Erdmann / Mager* Technik – Mitbestimmung – Zusammenarbeit, DB 1987, 46; *Fischer* Heimliche und verdeckte Arbeitnehmer-Videoüberwachung: Auge des Gesetzes oder Big Brother Horror, FS *Küttner*, 2006, S. 75; *Freckmann / Wahl* Überwachung am Arbeitsplatz, BB 2008, 1904; *Frinken* Die Verwendung von Daten aus vernetzten Fahrzeugen, 2017; *Giese* Das Mit-

bestimmungsrecht bei »technischen Einrichtungen« nach § 87 Abs. 1 Nr. 6 BetrVG, in: *Kalbfus/Meyerhans/u. a.* (Hrsg.), Arbeitswelt 4.0, 2017, S. 131; *Gola* Videoüberwachung gemäß § 6 BDSG – Anmerkungen zu einer verunglückten Gesetzeslage, RDV 2004, 65; *Göpfert/Papst* Digitale Überwachung mobiler Arbeit, DB 2016, 1015; *Greif* Arbeitsrechtliche Implikationen von Unternehmensfacebookprofilen, NZA 2015, 1106; *Grimm/Schiefer* Videoüberwachung am Arbeitsplatz, RdA 2009, 329; *Grosjean* Überwachung von Arbeitnehmern – Befugnisse des Arbeitgebers und mögliche Beweisverwertungsverbote, DB 2003, 2650; *Helle* Die heimliche Videoüberwachung – zivilrechtlich betrachtet, JZ 2004, 340; *Hitzelberger-Kijima* Die Mitbestimmung bei technischen Überwachungseinrichtungen, öAT 2017, 136; *von Hoyningen-Huene* Mitbestimmung des Betriebsrats bei Rationalisierungsuntersuchungen, JuS 1983, 785; *Huff* Videoüberwachung im öffentlichen und privaten Bereich – Eine Zwischenbilanz, JuS 2005, 896; *Hund/Branz* Verdeckte Videoüberwachung, AuA 2017, 264; *Hunold* Mitarbeiterkontrolle, Erfassung betrieblicher Leistungsdaten und die Mitbestimmung des Betriebsrats, DB 1982, Beil. Nr. 18; *Jacobs* Datenschutz bei der Überwachung von Beschäftigten, ZfA 2012, 215; *Jahnke* Zur Mitbestimmung des Betriebsrats bei der Anwendung technischer Überwachungseinrichtungen, DB 1978, 1691; *Jordan/Bissels/Moritz* Mitbestimmungsrechte des Betriebsrats beim Side-by-Side Listening, BB 2014, 122; *Kaltenmeier* Betriebsverfassungsrechtliches Beweisverwertungsverbot bei Nichtbeachtung des Mitbestimmungsrechts nach § 87 Abs. 1 Nr. 1 und Nr. 6 BetrVG? (Diss. Jena), 2014; *Karthaus* Mangelnde Beteiligungsfähigkeit des Algorithmus im betriebsverfassungsrechtlichen Beschlussverfahren, NZA 2017, 558; *Kissel* Gedanken zum Verhältnis von moderner Technologie und Arbeitsrecht, NZA 1984, 1; *ders.* Schutz der Arbeitnehmer vor technischer Überwachung, FS *Zeidler*, Bd. 2, 1987, S. 1507; *Koffka* Rechtliche Rahmenbedingungen für neue Technologien, JArbR Bd. 23 (1985), 1986, S. 31; *Koops* Leistungstransparenz und betriebliche Mitbestimmung im digitalen Zeitalter, in: *Kalbfus/Meyerhans/u. a.* (Hrsg.), Arbeitswelt 4.0, 2017, S. 101; *Kraft* Technische Einrichtungen im Sinne von § 87 Abs. 1 Nr. 6 BetrVG, ZfA 1985, 141; *Lachenmann/Lang* Kein Mitbestimmungsrecht bei Videokamera-Attrappen, NZA 2015, 591; *Maschmann* Mitarbeiterkontrolle in Theorie und Praxis, FS *Hromadka*, 2008, S. 233; *Maties* Arbeitnehmerüberwachung mittels Kamera?, NJW 2008, 2219; *Meyer-Michaelis* Die Überwachung der Internet- und E-Mail-Nutzung am Arbeitsplatz (Diss. Köln), 2014; *Monsch* Bring Your Own Device (BYOD), 2017; *Mückenberger* Die Umwertung des Persönlichkeitsschutzes bei technischen Überwachungseinrichtungen im Betrieb, BetrR 1987, 249; *Müller* Die Zulässigkeit der Videoüberwachung am Arbeitsplatz (Diss. Mannheim), 2008 (zit.: Zulässigkeit der Videoüberwachung); *Müllner* Verhalten und Leistung gem. § 87 Abs. 1 Nr. 6 BetrVG, DB 1984, 1677; *Neudel* Zur Mitbestimmung des Betriebsrates bei der Einführung von Verfahren vorbestimmter Zeiten, AuR 1975, 143; *Oberwetter* Überwachung und Ausspähung von Arbeitnehmern am Arbeitsplatz – alles ohne Entschädigung?, NZA 2009, 1120; *Ossberger* Betriebliche Kontrollen, ihre Voraussetzungen und Grenzen – Zugleich ein Beitrag zur Diskussion um den Schutz und die Entfaltung der Persönlichkeit im Arbeitsverhältnis, 1981 (zit.: Betriebliche Kontrollen); *Papier* Einführung neuer Techniken. Verfassungsfragen zur Erweiterung der betrieblichen Mitbestimmung, NJW 1987, 988; *Polzer* Die Mitbestimmung in Bezug auf IT-Systeme in der betrieblichen Praxis, FS *v. Hoyningen-Huene*, 2014, S. 363; *Richardi/Kortstock* Videoüberwachung am Arbeitsplatz – allgemeines Persönlichkeitsrecht –Grundsatz der Verhältnismäßigkeit, RdA 2005, 381; *Saeltzer* Die 13 Irrtümer über Videoüberwachung, DuD 2000, 194; *Schlewing* Prozessuales Verwertungsverbot für mitbestimmungswidrig erlangte Erkenntnisse aus einer heimlichen Video-Überwachung?, NZA 2004, 1071; *Schlömp/Röder* Initiativrecht des Betriebsrates bei der Einführung technischer Kontrolleinrichtungen, CR 1990, 477; *Schwarz* Arbeitnehmerüberwachung und Mitbestimmung, 1982 (zit.: Arbeitnehmerüberwachung), dazu *Denck* RdA 1983, 384, und *Mosler* DRdA 1985, 75; *ders.* Die Reichweite des Mitbestimmungsrechts des Betriebsrats bei Einführung und Anwendung technischer Kontrolleinrichtungen (§ 87 Abs. 1 Nr. 6 BetrVG), DB 1983, 226; *Simitis* Schutz von Arbeitnehmerdaten. Regelungsdefizite – Lösungsvorschläge, Forschungsbericht 31 Humanisierung des Arbeitslebens, hrsg. vom *Bundesminister für Arbeit und Sozialordnung* 1980 (zit.: Schutz von Arbeitnehmerdaten); *Simitis/Rydzy* Von der Mitbestimmung zur staatlichen Administration: Arbeitsbedingungen bei riskanten Technologien. Eine Studie am Beispiel der Nuklearindustrie, 1984; *Spitzner* Betriebsverfassungsrechtliche Fragen bei der Einführung neuer Techniken, BlStSozArbR 1981, 257; *Strasser* Zur Mitbestimmung bei Kontrolleinrichtungen nach österreichischem und deutschem Recht, FS *G. Müller*, 1981, S. 609; *Tammen* Video- und Kameraüberwachung am Arbeitsplatz: Hinweise für Betriebs- und Personalräte, RDV 2000, 15; *Töfflinger* Rechtliche Kriterien für Inhalt und Umfang der Mitbestimmung des Betriebsrates bei »technisierter Überwachung« (§ 87 Abs. 1 Nr. 6 BetrVG, Diss. Kassel), 1991; *Tomandl* Rechtsprobleme bei der Einführung und Anwendung von Kontrollmaßnahmen, ZAS 1982, 163; *Venetis/Oberwetter* Videoüberwachung von Arbeitnehmern, NJW 2016, 1051; *Vietmeyer/Byers* Zulässige heimliche Videoüberwachung an öffentlich zugänglichen Arbeitsplätzen?, DB 2010, 1462; *Wächter* Die Sphinx des § 87 Abs. 1 Nr. 6 BetrVG. Ein Beitrag zum betrieblichen Datenschutz als Aufgabenstellung des Betriebsrats, DuD 1994, 428; *Walker* Videoüberwachung am Arbeitsplatz, FS *Zezschwitz*, 2005, S. 222; *Weichert* Die Verarbeitung von Wearable-Sensordaten bei Beschäftigten, NZA 2017, 558; *Wilke* Videoüberwachung, RDV 2005, 96; *Wessel* Neue Medien im Arbeitsrecht – Videoüberwachung und anderes; FA 2006, 108; *Wiese* Videoüberwachung von Arbeitnehmern durch den Arbeitgeber und Persönlichkeitsschutz, FS *E. Lorenz*, 2004, S. 915; *ders.* Personale Aspekte und Überwachung der häuslichen Telearbeit, RdA 2009, 344; *Wohlgemuth* Kontrolleinrichtungen, LdR 12/1040; *Yakhloufi/Klingenberg* Die Mitbestimmung des Betriebsrates bei Firmenwagen, BB 2013, 2102; *Zerbe* Arbeitnehmerüberwachung und Mitbestimmungsrecht, FS *Schwerdtner*, 2003, S. 367; *Ziegler* Das Hausrecht als Rechtfertigung einer Videoüberwachung, DuD 2003, 337.

2. Systeme der elektronischen Datenverarbeitung (zu Bildschirmarbeitsplätzen s. hier 3. und vor § 90 unter II., zur Telefondatenüberwachung s. 4., zum Datenschutz allgemein Literatur zu § 83 unter II–IV)

Apitzsch/Schmitz Technische Aspekte der Mitbestimmung des Betriebsrats nach § 87 Abs. 1 Nr. 6 BetrVG bei Einführung und Anwendung von EDV-Systemen, DB 1984, 983; *dies.* Mitbestimmung bei der Verarbeitung von Arbeitnehmerdaten nach der Entscheidung des *BAG* vom 14.09.1984, AiB 1985, 165; *Baier/Salm* Betriebsvereinbarung zur Personaldatenverarbeitung, DMitbest. 1986, 621; *Barthel/Bick/Kühn/Mott/Voogd* Revisionsfähigkeit personaldatenverarbeitender Systeme – sind Betriebsvereinbarungen über Personaldatenverarbeitung verifizierbar?, DuD 1989, 181; *dies.* Pflichtenheft zu dem Thema Anforderungen an die Kontrollierbarkeit personaldatenverarbeitender Systeme aus der Sicht der Arbeitnehmervertretung, DuD 1990, 139 [195]; *Battis/Schulte-Trux* Einführung und Anwendung von IuK-Techniken, CR 1991, 353; *Bayer AG* Gesamtbetriebsvereinbarung »Personal-Datenverarbeitung«, RdA 1988, 360; *Bechmann/Marcus* Datenvereinbarung regeln und selbst nutzen. Soziale Gestaltung der Mitarbeiterdatenverarbeitung und EDV-Einsatz im Betriebsratsbüro der BASF AG, DMitbest. 1989, 480; *Beck* Die Mitbestimmung des Betriebsrates bei der Einführung und Anwendung der Personalinformationssysteme (Diss. Gießen), 1987; *Beckschulze* Internet-, Intranet- und E-Mail-Einsatz am Arbeitsplatz – Rechte der Beteiligten und Rechtsfolgen bei Pflichtverletzungen –, DB 2003, 2777; *Beckschulze/Henkel* Der Einfluss des Internets auf das Arbeitsrecht, DB 2001, 1491; *Bellgardt* (Hrsg.) EDV-Einsatz im Personalwesen, 1990; *Besgen/Langner* Mitbestimmung des Betriebsrats bei biometrischen Zugangskontrollen im Kundenbetrieb – Neues bei Drittbeziehungen des Arbeitgebers, SAE 2006, 233; *Blauth* Kontrolle der Arbeitnehmer durch neue Technologien, DMitbest. 1986, 45; *Blume/Zulauf* Betriebliche Einarbeitung von CAD unter Bedingungen von Betroffenenbeteiligung und Mitbestimmung, BetrR 1987, 513; *Bora* Mitbestimmungsrechte des Personalrats bei der Einführung von Computer-Software, PersR 1987, 184; *Braun/Wybitul* Übermittlung von Arbeitnehmerdaten bei Due Diligence – Rechtliche Anforderungen und Gestaltungsmöglichkeiten, BB 2008, 782; *Buchner* Vom »gläsernen Menschen« zum »gläsernen Unternehmen«, ZfA 1988, 449; *Budde* Verwendung von Datenverarbeitungs-Systemen durch den Betriebsarzt, BB 1984, 1305; *Budde/Witting* Datenverarbeitung in der betriebsärztlichen Praxis – Fragen zum rechtlichen Rahmen, MedR 1987, 88; *Bundesarbeitgeberverband Chemie e. V.* EDV und Mitbestimmung, 1992; Bundestags-Anfrage: Personalinformationssysteme und Datenschutz, DuD 1986, 208; *Clausen* Personalinformationssysteme durch Betriebsvereinbarungen entschärfen, DMitbest. 1986, 619; *Däubler* Mitbestimmung bei BDE – zu einigen praktischen Konsequenzen für den Betriebsrat, BetrR 1987, 458; *ders.* Gläserne Belegschaften?, Datenschutz in Betrieb und Dienststelle, 6. Aufl. 2015 (zit.: Gläserne Belegschaften?), dazu *Simits* AuR 2004, 304; *ders.* Mitbestimmung des Betriebsrats bei innerbetrieblicher Vernetzung, DMitbest. 1987, 264; *ders.* Technikentwicklung und Betriebsverfassung, DMitbest. 1988, 583; *ders.* Arbeitsrecht und Informationstechnologien, CR 2005, 767; *Ebinger* EDV-Betriebsvereinbarung, AiB 2013, 113; *Ehmann* Technische Arbeitnehmer-Überwachung und Datensicherung. Zum Mitbestimmungs- und Mitbeurteilungsrecht des Betriebsrats bei der Eingabe- und Benutzerkontrolle gemäß § 6 BDSG, FS *Hilger* und *Stumpf*, 1983, S. 125; *ders.* Datenverarbeitung und Persönlichkeitsschutz im Arbeitsverhältnis, NZA 1985, Beil. Nr. 1, S. 2; *ders.* Über Datenverarbeitung zur Generalklausel betrieblicher Mitbestimmung – Zugleich kritische Anmerkungen zur Kienzle-Schreiber- und zur Opel-PAISY-Entscheidung, ZfA 1986, 357; *ders.* Grenzen des Mitbestimmungsrechts bei der Arbeitnehmer-Datenverarbeitung. Zum Verbot von Fehlzeitenauswertungen, NZA 1986, 657; *ders.* Informationsschutz und Informationsverkehr im Zivilrecht, AcP Bd. 188 (1988), 230; *ders.* Zur Zweckbindung privater Datennutzung, RDV 1988, 169 [221]; *ders.* Neue Reformvorstellungen zum Datenschutzrecht, RDV 1989, 64; *ders.* Datenschutz und Mitbestimmungsrechte bei der Arbeitnehmer-Datenverarbeitung, NZA 1993, 241; *Ehmann/Sutschet* EU-Datenschutzrichtlinie. Umsetzungsbedarf und Auswirkungen aus der Sicht des Arbeitsrechts, RDV 1997, 3; *Ernst* Der Arbeitgeber, die E-Mail und das Internet, NZA 2002, 585; *Färber* Die Beteiligungsrechte des Betriebsrats bei der Einführung und Anwendung neuer Techniken – Eine Bestandsaufnahme auf der Grundlage der Rechtsprechung –, FS *Gaul*, 1992, S. 57; *Färber/Theilenberg* Personaldatenverarbeitung im Einigungsstellenverfahren, 2. Aufl. 1990; *Franz* Personalinformationssysteme und Betriebsverfassung, 1983, dazu *Mosler* DRdA 1985, 75, und *Walz* AuR 1985, 57; *Franzen* Die Zulässigkeit der Erhebung und Speicherung von Gesundheitsdaten der Arbeitnehmer nach dem novellierten BDSG, RDV 2003, 1; *Freise/Wohlgemuth* Rechtsfragen der konzernweiten Personaldatenverarbeitung, DVR 1982, 285; *Freund* Mitbestimmung bei betrieblichen Personalinformationssystemen (Diss. Augsburg), 1984; *Ganz* Betriebsvereinbarung: Laptops im Außendienst, AiB 1992, 189; *Gast* Der Querbegriff, BB 1986, 1712; *Gaul* Der betriebsverfassungsrechtliche Persönlichkeitsschutz des § 87 Abs. 1 Ziff. 6 BetrVG, RDV 1987, 109; *Gebhardt/Um-*

nuß Anonymisierung als Weg aus der Mitbestimmung bei elektronischer Datenverarbeitung gemäß § 87 I Nr. 6 BetrVG?, NZA 1995, 103; *Gola* Zur Mitbestimmung des Betriebsrats beim Einsatz von Personalinformationssystemen, DSWR 1974, 282; *ders.* Rechtliche Grenzen für Personalinformationssysteme, BB 1980, 584; *ders.* Zum Leistungs- und Verhaltensbezug von automatisiert verarbeiteten Arbeitnehmerdaten, RDV 1986, 131; *ders.* Mitbestimmung bei technischen Überwachungseinrichtungen – Voraussetzungen und Reichweite –, AuR 1988, 105; *Gola/Hümmerich* Personaldatenrecht im Arbeitsverhältnis, 1985; *Gola/Wronka* Handbuch zum Arbeitnehmerdatenschutz. Rechtsfragen und Handlungshilfen für die betriebliche Praxis, 5. Aufl. 2009; *Goos* Technische Überwachungsmöglichkeit durch EDV?, BB 1983, 581; *Harhoff* Beteiligungsrechte des Betriebsrates bei automatisierten Personalinformationssystemen (Diss. Gießen), 1987; *Haußmann/Krets* EDV-Betriebsvereinbarungen im Praxistest, NZA 2005, 259; *Heilmann* Defizite betrieblicher Mitbestimmung bei computergestützter Fertigung (CIM) und Just-in-time-Produktion, WSI-Mitt. 1989, 94; *Heither* Die Rechtsprechung des Bundesarbeitsgerichts zum Datenschutz für Arbeitnehmer, BB 1988, 1049; *Hentschel/Wronka* (Hrsg.) Personalinformationssysteme in der Diskussion, 2. Aufl. 1986; *Hesse* Die Weiterentwicklung der Mitbestimmungsrechte des Betriebsrats bei technischen Kontrolleinrichtungen, NZA 1985, Beil. Nr. 1, S. 15; *Hexel* Personaldaten und EDV, BetrR 1984, 541; *ders.* Mensch im Computer, 2. Aufl. 1986; *ders.* EDV-Betriebsvereinbarungen: Stand der Auseinandersetzungen, BetrR 1986, 301; *ders.* Mitbestimmung bei computergestützten Bürokommunikationssystemen (comBKS), BetrR 1987, 713; *ders.* Betriebsvereinbarung über EDV-Systeme bei der BASF L+F, BetrR 1987, 531; *Hilber/Frik* Rechtliche Aspekte der Nutzung von Netzwerken durch Arbeitnehmer und den Betriebsrat, RdA 2002, 89; *Hoyer* Betriebliche EDV-Systeme, eine Daueraufgabe für Betriebsräte, AiB 1989, 334; *Hümmerich* Betriebsverfassungsrechtliche Anforderungen an Personalinformationssysteme, DB 1978, 1932; *Ickert* Warenwirtschaftssysteme und Mitbestimmung, AiB 1987, 154; *Jobs* Mitbestimmung des Betriebsrats gemäß § 87 Abs. 1 Nr. 6 BetrVG bei Personalinformationssystemen und Bildschirmarbeitsplätzen, DB 1983, 2307; *ders.* Mitbestimmung des Betriebsrats bei Personalinformationssystemen, in: Jobs/Samland (s. u.) S. 119; *Jobs/Samland* (Hrsg.) Personalinformationssysteme in Recht und Praxis, 1984, dazu *Linnenkohl*, BB 1985, 604; *Junker/Benecke* Computerrecht, 3. Aufl. 2003; *Junker/Band/Feldmann* Neue Kommunikationsmittel und Rechte des Betriebsrats, BB 2000, Beil. Nr. 10, S. 14; *Kilian* Überwachen durch Auswerten?, BB 1985, 403; *ders.* Personalinformationssysteme in deutschen Großunternehmen, 2. Aufl. 1982; *Kilian/Borsum/Hoffmeister* Telearbeit. Vielfältige Gestaltung, BArbBl. 1987, Heft 2, S. 5; *Klebe* Personaldatenverarbeitung und Verhaltenskontrolle, DB 1986, 380; *ders.* Persönlichkeitsschutz auch hinter dem Werkstor, DMitbest. 1985, 19; *Klebe* Mitbestimmung bei technischer Überwachung, NZA 1985, 44; *Klebe/Roth* Handlungskonzept für Betriebsräte bei Computertechnologien – am Beispiel CAD/CAM, AiB 1984, 70; *dies.* Betriebsrat und Personaldatenverarbeitung, AiB 1985, 131; *dies.* Personalinformationssysteme – gewerkschaftliche Regelungsziele und betriebliche Praxis, CR 1987, 693; *Klebe/Schumann* Die Rechte des Betriebsrats bei der Einführung und Anwendung von Personalinformationssystemen, AuR 1983, 40; *Klotz/Meyer-Degenhardt* (Hrsg.) Personalinformationssysteme. Auf dem Wege zum arbeitsplatzgerechten Menschen, 1984; *Kock/Francke* Mitarbeiterkontrolle durch systematischen Datenabgleich zur Korruptionsbekämpfung, NZA 2009, 646; *Kömpf/Kunz* Kontrolle der Nutzung von Internet und E-Mail am Arbeitsplatz in Frankreich und in Deutschland, NZA 2007, 1341; *Kort* Zum betriebsverfassungsrechtlichen Unterlassungsanspruch bei der Einführung von EDV-Systemen, CR 1986, 813; *ders.* EDV und betriebsverfassungsrechtliche Mitbestimmung, CR 1987, 300; *ders.* Die Bedeutung moderner Informationstechniken für den Persönlichkeitsschutz des Arbeitnehmers, CR 1988, 41; *ders.* Datenverarbeitung und Informationsrecht des Betriebsrats, CR 1988, 220; *ders.* Die Auswirkungen des neuen Bundesdatenschutzgesetzes auf die Mitbestimmung im Arbeitsrecht, RdA 1992, 378; *ders.* Betriebsverfassung und EDV. Neue Entwicklungen, CR 1992, 611; *ders.* Anspruch des Betriebsrats auf Online-Zugriff auf Datenverarbeitungsverfahren des Arbeitgebers?, NZA 2010, 1038; *Küpferle/Wohlgemuth* Personaldatenverarbeitende Systeme, 1987; *Landerer* Gestaltung und Regelung von Zeiterfassungssystemen, PersR 1992, 7; *Latendorf* CAD – ein technisches System als Rationalisierungsinstrument. Die Handlungsmöglichkeiten des Betriebsrats, CR 1988, 662 [851]; *Latendorf/Rademacher* Betriebsvereinbarungen als andere Rechtsvorschriften. Widersprüchliche Rechtsprechung des BAG zur Auswirkung des § 3 S. 1 Ziff. 1 BDSG, CR 1989, 1105; *Lindemann/Simon* Betriebsvereinbarungen über E-Mail, Internet- und Intranet-Nutzung, BB 2001, 1950; *Linnenkohl* Informationsrecht und Arbeitnehmerschutz, AuR 1984, 129; *ders.* Informationstechnologie und Arbeitsbedingungen, RDV 1986, 121; *ders.* Informationstechnologie und Mitbestimmung. Betriebsverfassungsrechtlicher Entscheidungsrahmen und Lösungswege, 1989; *ders.* Arbeitnehmerdatenschutz und *BAG*-Rechtsprechung, RDV 1990, 61; *ders.* Die »informationelle Rosette«. Von der betrieblichen Vernetzung zur Vernetzung der informationellen Beteiligungsrechte des Betriebsrats, BB 1990, 992; *ders.* Betriebliche Informatisierung und Arbeitnehmerschutz, FS *Gnade*, 1992, S. 195; *Linnenkohl/Linnenkohl* Betriebsverfassungsrechtlicher Schutz des Persönlichkeitsrechts bei der Einführung neuer Kommunikationstechnologien, BB 1992, 770; *Linnenkohl/Schütz/Rauschenberg* Unterscheidung zwischen »Verhaltens- und Leistungs-« sowie »anderen« oder »persönlichen« Daten bei moderner Informationsverarbeitung, NZA 1986, 769; *dies.* Informationelle Mitbestimmung – Informationssysteme mit Arbeitnehmerbezug aus der Sicht des § 87 Abs. 1 Nr. 6 BetrVG,

RDV 1986, 230; *Löwisch* Mitwirkung und Mitbestimmung der Personalvertretung bei Einführung von Datenverarbeitungsanlagen, PersV 1987, 360; *ders.* Fragen der Mitbestimmung bei der Einführung neuer Techniken, AuR 1987, 96; *Mache* Rationalisierung im Fuhrpark, AiB 1987, 62; *Marsch-Barner* Mitbestimmung des Betriebsrates bei der Einführung neuer Techniken, AR-Blattei, Betriebsverfassung XIV B 1; *Matthes* Die Beteiligung des Betriebsrates bei Maßnahmen der Personaldatenverarbeitung, RDV 1985, 16; *ders.* Die Rechtsprechung des Bundesarbeitsgerichts zu neuen Technologien und ihre Kritik, JArbR Bd. 23 (1985), 1986, S. 19; *ders.* Neue Rechtsprechung des Bundesarbeitsgerichts zur Mitbestimmung des Betriebsrates bei der technischen Überwachung, RDV 1987, 1; *ders.* Die Rechte des Betriebsrats bei der Auswahl, Anschaffung und Einsatz von Hard- und Software, RDV 1987, 345; *ders.* Profilabgleich und Mitbestimmung, RDV 1988, 63; *Mengel* Kontrolle der E-mail- und Internetkommunikation am Arbeitsplatz, BB 2004, 2014; *Mosler* Personalinformationssysteme und Mitbestimmung der Belegschaft gemäß § 96 Abs. 1 Z 3 ArbVG, DRdA 1983, 253; *Mostert* Neue Rechtsprechung zur technischen Kontrolle im Betrieb, AiB 1986, 202; *Müllner* Beteiligungsrechte des Betriebsrats bei Personalinformationssystemen, BB 1984, 475; *Niedenhoff* Neue Technologien – Betriebsräte sollen Managementaufgaben übernehmen, ArbuSozPol. 1985, 436; *P. Nipperdey* Rechtsprechung und Praxis der Mitbestimmung bei der Personaldatenverarbeitung, CR 1987, 434; *Olk* Personalinformationssysteme. Technische Einrichtungen zur Überwachung der Arbeitnehmer?, Diss. Trier 1984; Personaldatenverarbeitung und Datenschutz aus der Sicht der IG Druck und Papier, RDV 1986, 293; *Pulte* Mitbestimmung bei CAD/CAM-Systemen, NZA 1985, Beil. Nr. 1, S. 24; *Reber* (Hrsg.) Personalinformationssysteme, 1979; *Rehbinder* Rechtsprobleme der Telearbeit, UFITA Bd. 102, 1986, S. 75; *Richenhagen* Mitbestimmung bei EDV-Systemen unter dem Betriebssystem Unix, AiB 1991, 265; *Röckl/Fahl* Kündigung nach heimlicher Videoüberwachung, NZA 1998, 1035; *Samland* Zum Mitbestimmungsrecht des Betriebsrats bei der Einführung von Personalabrechnungs- und Informationssystemen, BB 1982, 1800; *ders.* Personaldatenverarbeitung nach dem Beschluß des *BAG* vom 14.09.1984, NZA 1985, Beil. Nr. 1, S. 11; *Schapper* Datenschutz und Datensicherung beim betrieblichen Einsatz von Personalcomputern, AuR 1988, 97; *Schapper/Waniorek* Die Mitbestimmung des Betriebsrats bei der Einführung und Anwendung von Personalinformationssystemen nach § 87 Abs. 1 Ziff. 6 BetrVG, AuR 1985, 246; *Scheifele/Stather* Technikgestaltung durch eine Betriebsvereinbarung – am Beispiel des Wissenschaftlerarbeitsplatzes, DMitbest. 1989, 483; *Schmidt-Dorrenbach/Goos* Beteiligungsrechte des Betriebsrates bei Personaldatensystemen, DB 1983, Beil. Nr. 11; *Schmitz* Betriebsdatenverarbeitende Systeme – Ansatzpunkte betrieblicher Regelungen, BetrR 1987, 480; *ders.* Betriebsvereinbarung INSIDE/Enka Obernburg, BetrR 1987, 539; *ders.* Personal-Computer und Arbeitnehmerdaten, 1987; *Schneider, W.* Novellierung der Betriebsverfassung und Mitbestimmung bei neuen Technologien, AiB 1985, 116; *ders.* Verhaltens- und Leistungskontrolle durch technische Einrichtungen, PersR 1986, 189; *Schwarz* Personalabrechnungs- und Informationssysteme und das Mitbestimmungsrecht des Betriebsrats nach § 87 Abs. 1 Nr. 6 BetrVG, BB 1983, 202; *ders.* Das Mitbestimmungsrecht des § 87 Abs. 1 Nr. 6 BetrVG. Eine Zwischenbilanz nach den Beschlüssen des *BAG* vom 06.12.1983 (Bildschirmarbeitsplatz) und 14.09.1984 (Technikerberichtssystem), BB 1985, 531; *Seelmann* Sprengt Rechtsprechung sachgerechte Mitbestimmung?, ArbGeb. 1984, 925; *Simitis* Mitbestimmung als Regulativ einer technisierten Kontrolle von Arbeitnehmern, NJW 1985, 401; *ders.* Zur Mitbestimmung bei der Verarbeitung von Arbeitnehmerdaten – eine Zwischenbilanz, RDV 1989, 49; *Söllner* Zur Beteiligung des Betriebsrats und zur Zuständigkeit der Einigungsstelle bei Einführung und Anwendung von Personalinformationssystemen, DB 1984, 1243; *ders.* Arbeitsrechtliche Probleme bei Rationalisierungsmaßnahmen, in: Gesellschaft, Recht, Wirtschaft, Bd. 13, 1985, S. 61; *Steinmüller* Datenschutz und Mitbestimmung, CR 1989, 606; *Tonner* Mitbestimmung des Betriebsrats bei der Einführung von EDV im Spiegel der höchstrichterlichen Rechtsprechung, BB 1988, 1813; *Traguth* Erfahrungen bei der Regelung eines als Vorschaltsystem zum Personalinformationssystem IPAS konzipierten BDE-Systems, BetrR 1987, 495; *Trittin/Fischer* Datenschutz und Mitbestimmung, NZA 2009, 343, *Vitt* BDE-Systeme durch Betriebsvereinbarung gestalten – Gefahren für die Arbeitnehmer abwenden, BetrR 1987, 454; *Vogelsang* Die objektiv-finale Betrachtungsweise. Die Rechtsprechung zur Beteiligung des Personalrats bei der Einführung und Anwendung der EDV in den Behörden, PersV 1994, 97; *Wagner* Zur Erforderlichkeit von Sachverständigen bei technologischen Fragestellungen, AuR 1993, 70; *Walz* Datenschutz und Mitbestimmung – Personalinformationssysteme in der Reformdiskussion, AuR 1985, 233; *Waßer/Klöpper/Bielefeld* Betriebsvereinbarung zum Datenschutz, AiB 1992, 195; *Weise* Datenschutzgesichtspunkte bei Personalinformationssystemen, DuD 1983, 239; *ders.* Betriebsdatenerfassung und Datenschutz, DuD 1986, 344; *ders.* Entwicklungstendenzen im Arbeitnehmerdatenschutz, DuD 1987, 334; *Weißgerber* Arbeitsrechtliche Fragen bei der Einführung und Nutzung vernetzter Computerarbeitsplätze (Diss. Bayreuth), 2007; *Wedde* Weltweite Datenübertragung, AiB 2007, 80; *Weng* Mitbestimmung des Betriebsrats nach § 87 Abs. 1 Ziff. 6 BetrVG bei Erfassung von Verhalten und Leistung der Arbeitnehmer und der Verarbeitung entsprechender personenbezogener bzw. personenbeziehbarer Daten, DB 1985, 1341; *Werckmeister* Einigungsstelle verhindert »gläserne Arbeit«. Kein An- und Abstempeln bei Bosch, DMitbest. 1985, 16; *Westheide* EDV-Vereinbarungen in saarländischen Betrieben und Behörden. »Wie sollen wir das kontrollieren!?«, ArbN 1993, 51; *Wettmann* Verhaltens- und Leistungskontrolle mit elektronischen Systemen, AiB 1989, 7; *ders.* Sind alle EDV-Systeme mitbestimmungspflichtig?, AiB 1990, 177; *Wiedemeyer/Schuster* Risiken moderner Informationstechnologie für die Beteiligungsrechte der Arbeitnehmer, BB 1991, 970; *Wiesinger* Betriebliche Mitbestimmung bei der Personaldatenverarbeitung, in: *Vollkommer* (Hrsg.) Datenverarbeitung und Persönlichkeitsschutz, 1986, S. 195; *Wohlgemuth* Arbeitsrechtliche Fragen der Personaldatenverarbeitung, AuR 1981, 269; *ders.* Zur konzernweiten Einführung eines Personalinformationssystems, AiB 1983, 107; *ders.* Grenzen der Personaldatenverarbeitung – Mitbestimmung des Betriebsrats nach § 87 Abs. 1 Ziff. 6 BetrVG, AuR 1984, 257; *ders.* Auswirkungen des »Volkszählungsurteils« auf den Arbeitnehmerdatenschutz. Informationelles Selbstbestimmungsrecht und Personaldatenverarbeitung, BetrR 1985, 5; *ders.* Datenschutz. Neuere Entwicklung im Bereich des Arbeitnehmerdatenschutzes, AiB 1985, 54; *ders.* Ausgewählte Probleme des Arbeitnehmerdatenschutzes, AuR 1985, 239; *ders.* Datenschutz für Arbeitnehmer, 2. Aufl. 1988 (zit.: Datenschutz); *ders.* Kollektives Arbeitsrecht und Informationstechnik, CR 1988, 1005; *Zimmermann* Personalinformationssysteme und Mitbestimmung des Betriebsrats, DB 1983, 1364; *Zitscher* Der Einfluss erweiterter Mitbestimmungsrechte auf die Personalabrechnungspraxis, RDV 1986, 73; *Zöllner* Daten- und Informationsschutz im Arbeitsverhältnis, 2. Aufl. 1983, dazu *Ehmann* RdA 1983, 95; *ders.* Die Nutzung DV-gestützter Personalinformationssysteme im Schnittpunkt von Datenschutzrecht und Betriebsverfassung, DB 1984, 241.

3. Bildschirmarbeitsplätze:

Bähringer Die Rechte des Betriebsrates bei der Einführung von Bildschirmarbeitsplätzen, RdA 1981, 364; *Bartl* Aktuelle Rechtsfragen des Bildschirmtextes, DB 1982, 1097; *Bobke/Zwingmann* Mitbestimmung bei Bildschirmarbeitsplätzen, BlStSozArbR 1984, 289; *dies.* Rechtsweg ausgeschlossen? Nach der Bildschirmentscheidung des Bundesarbeitsgerichtes, DMitbest. 1984, 345; *Bosmann* Arbeitsrechtliche Fragen bei der Einführung von Neuen Medien, NZA 1984, 185; *Denck* Bildschirmarbeitsplätze und Mitbestimmung des Betriebsrats, RdA 1982, 279; *Engel* Die Mitbestimmung des Betriebsrats bei Bildschirmarbeitsplätzen, AuR 1982, 79; *Gaul* Die rechtliche Ordnung der Bildschirmarbeitsplätze, 2. Aufl. 1984; *ders.* Arbeitsrechtliche Aspekte der Bildschirmarbeit, Fortschrittliche Betriebsführung und Industrial Engineering 1984, 185; *ders.* Die Behandlung bereits bestehender betrieblicher Regelungen über Bildschirmarbeitsplätze, DB 1984, 1723; *Gola* Zur Mitbestimmung der Betriebs- und Personalräte beim Einsatz von Datensichtgeräten, DuD 1983, 181; *Hexel* Mitbestimmung bei Bildschirmarbeitsplätzen, BetrR 1981, 155; *Jobs* Mitbestimmung des Betriebsrats gemäß § 87 Abs. 1 Nr. 6 BetrVG bei Personalinformationssystemen und Bildschirmarbeitsplätzen, DB 1983, 2307; *Kilian* Bildschirmarbeitsplätze und Mitbestimmung, NJW 1981, 2545; *Klinkhammer* Zur Mitbestimmung des Betriebsrats bei Bildschirmarbeitsplätzen, AuR 1983, 321; *Kreiner* Mitbestimmung bei Bildschirmarbeitsplätzen, RiA 1986, 85; *Lorenz* Bildschirmarbeit, AR-Blattei SD 555; *Merten* Gesundheitsschutz und Mitbestimmung bei der Bildschirmarbeit (Diss. Göttingen), 2002; *Moll* Betriebliche Mitbestimmung beim Einsatz computergestützter Bildschirmarbeitsplätze, ZIP 1987, 889; *Moll/Gaul* Nochmals: Behandlung bereits bestehender betrieblicher Regelungen über Bildschirmarbeitsplätze, DB 1984, 2560; *Nahrmann/Schierbaum* Die Bildschirmarbeitsverordnung – Neue Anforderungen bei Bildschirmarbeitsplätzen, RDV 1997, 156; *Richardi* Können Betriebsräte die notwendige Anpassung an den technischen Fortschritt verhindern?, in: *Rüthers/Hacker* Das Betriebsverfassungsgesetz auf dem Prüfstand, 1983, S. 17; *Schließmann* Bildschirmgeräteeinsatz und Betriebsverfassung (Diss. Frankfurt a.M.), 1987; *Schmechel* Die Rolle des Betriebsrats bei der Einführung und Durchführung von Telearbeit, NZA 2004, 237; *Schmitz* Betriebliche Regelungen von Bildschirmarbeit, 1985; *W. Schneider* Verhaltens- und Leistungskontrollen aus der Sicht des BAG, DMitbest. 1984, 347; *Seifer* Mitbestimmung des Betriebsrats bei der Einführung neuer Kommunikationstechniken am Beispiel der Bildschirmarbeitsplätze unter besonderer Berücksichtigung der §§ 87, 91 BetrVG (Diss. Gießen), 1987; *Wagner* Mitbestimmung bei Bildschirmtechnologien, 1985; *dies.* Mitbestimmung an Bildschirmarbeitsplätzen bleibt weiter aktuell, AiB 1986, 87; *Wahlers* Bildschirmarbeitsplätze und Mitbestimmung des Personalrats für wissenschaftliche Mitarbeiter, PersV 1985, 217.

4. Überwachung elektronischer Kommunikation:

Auernhammer Zur Telefondatenerfassung des Personalrats, DuD 1990, 487; *Bächt/Gola* Betriebliche Telefondatenerfassung und Datenschutz, DuD 1978, 74; *Bähringer* Musterbetriebsvereinbarung einer Telefondatenverarbeitung, NZA 1987, 11; *Balke/Müller* Arbeitsrechtliche Aspekte beim betrieblichen Einsatz von e-mails, DB 1997, 326; *Behling* Compliance versus Fernmeldegeheimnis, BB 2010, 892; *Beise* Innerbetriebliche Telefonkontrolle und Datenschutz, DB 1978, 106; *Botterweck* Erfassung und Registrierung der Telefongespräche von Personalräten, PersR 1984, 12; *Däubler* Das Fernsprechgeheimnis des Arbeitnehmers, CR 1994, 754 = AiB 1995, 149; *ders.* Internet und Arbeitsrecht, 2001; *ders.* Internetnutzung am Arbeitsplatz – Kontrolle durch den Arbeitgeber?, in: *Ahrens/Donner/Simon*, Arbeit – Umwelt, 2001, S. 1; *Eikhoff/Kaufmann* Tonbandanforderungen von Telefongesprächen im Betrieb, BB 1990, 934; *Erichsen* Feststellungsklage und Innenrecht, Grundrechte und Amtswaltung, VerwArch. 1980, 429; *Färber/Kappes* Telefondatenerfassung und Datenschutz, BB 1986, 520; *Fangmann* Rechtliche Konsequenzen des Einsatzes von ISDN, 1993; *ders.* ISDN und Arbeitsrecht, AiB 1994, 135; *Gola* Zur Mitbestimmung des Betriebsrats bei der automatischen Erfassung von Telefongebühren, BlStSozArbR 1975, 147; *ders.* Datenschutz bei der Kontrolle »mobiler« Arbeitnehmer – Zulässigkeit und Transparenz, NZA 2007, 1139; *Hammer* Betriebs- und Dienstvereinbarungen zu ISDN-Telefonanlagen, CR 1993, 567; *Hexel* Datenspeicherung mit Telefon-Computer: Keine Rechte mehr für Betriebsräte?, AiB 1986, 272; *Hexel / Oberhofer* Telefon und Mitbestimmung, BetrR 1985, 289; *Hilbrans* Beschäftigtendatenschutz und betriebliche Telefonanlagen. Kritische Anmerkung zum Entwurf eines § 32i BDSG, AuR 2010, 424; *Hilger* Zulässigkeit der Telefondatenerfassung, DB 1986, 911; *Hirsch* Das Grundrecht auf Gewährleistung der Vertraulichkeit und Integrität informationstechnischer Systeme, NJW 2008, 1922; *Hoensch* Betriebliche Telefondatenverarbeitung. Das BAG auf dem richtigen Weg, ArbGeb. 1987, 658; *Jordan / Bissels / Löw* Arbeitnehmerkontrolle im Call-Center durch Silent Monitoring und Voice Recording, BB 2008, 2626; *Kilz / Reh / Schröder* Kontrollierbarer Einsatz von standortübergreifenden ISDN-Anlagenetzen, AuR 1994, 221; *dies.* Rechtsverträgliche Gestaltung von Leistungsmerkmalen betrieblich genutzter ISDN-Telekommunikationssysteme, RDV 1993, 114; *Kilz / Schröder* Rechtsverträgliche Gestaltung betrieblich genutzter ISDN-Telekommunikationssysteme, AuR 1993, 169; *Kubicek* Neuer Vorschlag für eine Richtlinie zum Datenschutz im ISDN und Mobilfunk, CR 1994, 695; *Latendorf* Möglichkeiten und Grenzen der Telefondatenerfassung. Zugleich eine Anmerkung zum Beschluss des BAG vom 27. Mai 1986 – 1 ABR 48/84, CR 1987, 242; *Lindemann / Simon* Betriebsvereinbarungen zur E-Mail-, Internet- und Intranet-Nutzung, BB 2001, 1950; *Linnenkohl* Das Mithören von dienstlichen Telefonaten durch den Arbeitgeber, RDV 1992, 205; *Linnenkohl / Gressierer* Das Mithören von Telefonaten im Arbeitsverhältnis, AuA 1999, 410; *Linnenkohl / Rauschenberg / Schütz* Auf dem Wege zu einem »kollektiven Datenschutz«? Gedanken zum Beschluss des Bundesarbeitsgerichts vom 27. Mai 1986 über die Mitbestimmung bei Telefondatenerfassung, BB 1987, 1454; *K.-St. Linnenkohl / Schröder* Rechtsverträgliche Techniksgestaltung von ISDN-Leistungsmerkmalen durch Betriebsvereinbarungen anhand von Betriebsfallstudien, RDV 1993, 58; *Löwisch* Fernmeldegeheimnis und Datenschutz bei der Mitarbeiterkontrolle, DB 2009, 2782; *Matthes* Möglichkeiten und Grenzen betrieblicher Telefondatenerfassung, CR 1987, 108; *Mengel* Kontrolle der Telekommunikation am Arbeitsplatz, BB 2004, 1445; *Moll* Telefondatenerfassung und betriebliche Mitbestimmung – Zugleich ein Beitrag zur Ermessensausübung der Einigungsstelle im Rahmen des § 87 Abs. 1 Nr. 6 BetrVG –, DB 1982, 1722; *Oberwetter* Arbeitnehmerrechte bei Lidl, Aldi & Co., NZA 2008, 609; *Pordesch* ISDN-Anlagen. Risiken und Gestaltungsmöglichkeiten, CR 1993, 313; *Raffler / Hellich* Unter welchen Voraussetzungen ist die Überwachung von Arbeitnehmer-e-mails zulässig?, NZA 1997, 862; *Romanovszky* Telefonüberwachung im Betrieb, InfStW 1980, 471; *Roßnagel* Mitbestimmung bei betrieblichen ISDN-Telefonanlagen, CR 1993, 507; *Schapper / Schaar* Technische Rahmenbedingungen von ISDN-Nebenstellenanlagen, CR 1990, 719; *dies.* Rechtliche Rahmenbedingungen von ISDN-Nebenstellenanlagen, CR 1990, 773; *Schatzschneider* Fernmeldegeheimnis und Telefonbeschattung, NJW 1981, 268; *ders.* Registrierung des äußeren Ablaufs von Telefongesprächen – Eingriff oder immanente Schranke des Fernmeldegeheimnisses?, ZRP 1981, 130; *Schmittmann* Telefax und Mitbestimmung, CR 1994, 628; *Schneider, W.* Es gibt bestimmte Mitbestimmungsrechte bei Telefonkontrollen, Quelle 1981, 349; *Schrader / Mahler* Interne Ermittlungen des Arbeitgebers und Auskunftsgrenzen des Arbeitnehmers, NZA-RR 2016, 57; *Schulin / Babl* Rechtsfragen der Telefondatenverarbeitung, NZA 1986, 46; *Schumann* Mitbestimmung bei der Telefondatenerfassung, Gewerkschafter 1985, Heft 11, S. 12; *ders.* Mitbestimmung bei Telefondatenerfassung, AiB 1985, 89; *von Steinau-Steinrück* Smartphone versus Arbeitsrecht, NJW-Spezial 2012, 178; *Versteyl* Telefondatenerfassung im Betrieb – Kein Grund zu Orwell'scher Beschwörung, NZA 1987, 7; *Wahlers* Die automatische Erfassung und Registrierung von Telefongesprächen, PersV 1983, 225; *Wedde* Mobiltelefon und Arbeitsrecht, CR 1995, 41; *Wohlgemuth* Automatische Telefondatenerfassung, PersR 1986, 227; *ders.* Personalrat und automatische Telefondatenerfassung, PersR 1985, 89; *ders.* Erfassung und Verarbeitung von Telefondaten, PersR 1989, 291; *ders.* Das Grundrecht auf Vertraulichkeit und Integrität in informationstechnischen Systemen aus arbeitsrechtlicher Sicht, AuR 2009, 373; *Wohlgemuth / Mostert* Rechtsfragen der betrieblichen Telefondatenverarbeitung, AuR 1986, 138; *Wolf / Mulert* Die Zulässigkeit der Überwachung von E-Mail-Korrespondenz am Arbeitsplatz, BB 2008, 442; *Zehner* Telefondatenerfassung und Benachrichtigungspflicht – Zum Datenschutz bei innerbetrieblicher Telefonkontrolle –, DB 1984, 666.

a) Vergleich mit der bisherigen Rechtslage; Gesetzessystematik

506 Die Vorschrift ist neu. Nach dem BetrVG 1952 war es umstritten, ob dem Betriebsrat bei der Aufstellung eines Produktographen, also einer Apparatur, die die Werte aus dem Lauf und der Bedienung einer Maschine (wie Lauf und Stillstand, Taktfolge, Fertigungsmenge, Leerlauf- und Verlustzeiten, Störzeiten usw.) fortlaufend mechanisch registriert und so den Produktions- und Arbeitsablauf aufzeichnet, unter dem Gesichtspunkt der Ordnung des Betriebs und des Verhaltens der Arbeitnehmer im Betrieb (§ 56 Abs. 1 Buchst. f BetrVG 1952) ein Mitbestimmungsrecht zustand (verneinend *BAG* 27.05.1960 AP Nr. 1 zu § 56 BetrVG Ordnung des Betriebes Bl. 1 R ff. [krit. *Küchenhoff*] =

SAE 1962, 12 *[zust. Gaul]*; *Dietz* § 56 Rn. 164; *Hueck/Nipperdey* II/2, S. 1374 f. Fn. 24e; *Neumann-Duesberg*, S. 485; *Nikisch* III, S. 416; bejahend *Farthmann* JArbR Bd. 2 [1964], 1965, S. 76 [84 ff.]; *Fitting/Kraegeloh/Auffarth* § 56 Rn. 37a; *Monjau* BB 1964, 887 [889]; *Musa* AuR 1961, 357 [359 f.]; *O. Schmidt* AcP Bd. 162 [1963], 305 [329 f.]; vgl. auch *Schwarz* Arbeitnehmerüberwachung, S. 66 ff. m. w. N., und zu Entwürfen für eine Neuregelung daselbst S. 69 ff.). Diese Streitfrage ist nunmehr entschieden, jedoch besteht weitergehend nach Maßgabe des § 87 Abs. 1 Nr. 6 ein eigenständiges Mitbestimmungsrecht bei Einführung und Anwendung sämtlicher technischen Kontrolleinrichtungen. Allerdings hat der Gesetzgeber die rasante technologische Entwicklung nicht vorhersehen können, so dass die Lösung damit verbundener Probleme – vor allem im Bereich der elektronischen Datenverarbeitung – erhebliche Schwierigkeiten bereitet und Forderungen nach einer Novellierung des Betriebsverfassungsgesetzes ausgelöst hat (aus gewerkschaftlicher Sicht *Klebe/DKKW* § 87 Rn. 154 ff.).

507 Keine substanziell neuen Fragen in Ansehung des Mitbestimmungsrechts des Betriebsrats aus § 87 Abs. 1 Nr. 6 BetrVG werfen anstehende oder auch bereits vollzogene Veränderungen in der Industrie und Arbeitswelt auf, die unter Stichworten wie »**Industrie 4.0**« und »**Arbeit 4.0**« (vgl. dazu das jeweils gleichnamige Grünbuch vom April 2015 und Weißbuch vom März 2017 des *BMAS*) aktuell diskutiert werden. Im Zuge der damit angesprochenen Entwicklungen wird zwar die Technisierung und Digitalisierung des Arbeitslebens weiter vorangetrieben (vgl. *BMAS* Weißbuch, S. 19 ff.) und vor allen Dingen auch in quantitativer Hinsicht weiter ausgebaut (»Big Data« – *BMAS* Grünbuch, S. 14). Neue mitbestimmungsrechtliche Problemlagen erwachsen allein aus dieser Entwicklung indes nicht, weil die Mitbestimmung nicht von diffusen Entwicklungen im Arbeitsleben abhängt, sondern gegenständlich an technische Überwachungseinrichtungen anknüpft (vgl. auch die Beschreibung der Entwicklung von *Klebe/DKKW* § 87 Rn. 156a).

508 Die Vorschrift des § 87 Abs. 1 Nr. 6 enthält eine **selbständige Regelung** und schließt für ihren Geltungsbereich die Anwendung des § 87 Abs. 1 Nr. 1 aus (*Wiese* Rdn. 172; ebenso *BAG* 28.11.1989 EzA § 87 BetrVG 1972 Kontrolleinrichtung Nr. 18 S. 7 *[Streckel]* = AP Nr. 4 zu § 87 BetrVG 1972 Initiativrecht Bl. 3; vgl. auch 09.09.1975 EzA § 87 BetrVG 1972 Kontrolleinrichtung Nr. 2 S. 6 = AP Nr. 2 zu § 87 BetrVG 1972 Überwachung Bl. 2 *[Hinz; Wiese* nach Nr. 1]; *Bender/WPK* § 87 Rn. 105, anders Rn. 39; *Fitting* § 87 Rn. 214, anders Rn. 71; *Galperin/Löwisch* § 87 Rn. 59a; *Klebe/DKKW* § 87 Rn. 57; *Moll* DB 1982, 1722 f.; *ders.* ZIP 1982, 889 [893]; *Ossberger* Betriebliche Kontrollen, S. 102, 108; *Schwarz* Arbeitnehmerüberwachung, S. 92; *Wiese* Initiativrecht, S. 50; *Worzalla/HWGNRH* § 87 Rn. 343; **a. M.** *Richardi* § 87 Rn. 481). Zur Mitbestimmung in **wissenschaftlichen Tendenzbetrieben** die gleichnamige Dissertation (Köln) von *Poeche* 1999, S. 199 ff.

b) Zweck und Grenzen der Mitbestimmung

509 Die Vorschrift wurde in das Gesetz eingefügt, weil Kontrolleinrichtungen stark in den persönlichen Bereich der Arbeitnehmer eingreifen (amtliche Begründung, BT-Drucks. VI/1786, S. 48 f.). Eine technische Überwachung ist mit der durch Menschen nicht vergleichbar; sie ermöglicht die dauernde, ununterbrochene und praktisch unbegrenzte Ermittlung, Übermittlung, Aufzeichnung, Verarbeitung wie jederzeitige Abrufbarkeit von Informationen über den Arbeitnehmer und macht ihn zum Objekt einer anonymen, häufig von ihm nicht einmal wahrnehmbaren Kontrolle, der er sich nicht entziehen kann (*BAG* 06.12.1983 EzA § 87 BetrVG 1972 Bildschirmarbeitsplatz Nr. 1 S. 37 f. *[Ehmann]* = AP Nr. 7 zu § 87 BetrVG 1972 Überwachung Bl. 16 R *[Richardi]*; 14.09.1984 EzA § 87 BetrVG 1972 Kontrolleinrichtung Nr. 11 S. 80 f., 83 f. *[Löwisch/Rieble]* = AP Nr. 9 zu § 87 BetrVG 1972 Überwachung Bl. 4, 5 f. *[Richardi]*; 18.02.1986 EzA § 87 BetrVG 1972 Kontrolleinrichtung Nr. 14 S. 118 = AP Nr. 13 zu § 87 BetrVG 1972 Überwachung Bl. 3 *[Kraft]*; 08.11.1994 EzA § 87 BetrVG 1972 Kontrolleinrichtung Nr. 20 S. 2 = AP Nr. 27 zu § 87 BetrVG 1972 Überwachung Bl. 2; 10.12.2013 EzA § 87 BetrVG 2001 Kontrolleinrichtung Nr. 3 Rn. 27 = AP Nr. 45 zu § 87 BetrVG 1972 Überwachung; krit. dazu *Worzalla/HWGNRH* § 87 Rn. 341). Deshalb liegt grundsätzlich in jeder Verwendung einer technischen Überwachungseinrichtung, mit der nicht nur eine Maschine, sondern zugleich die Tätigkeit von Arbeitnehmern überwacht wird, ein Eingriff in deren Persönlichkeitsrecht an der Eigensphäre (zust. *LAG Brandenburg* 13.02.2003 AP Nr. 37 zu § 87 BetrVG 1972 Überwachung Bl. 4), der allerdings durch überwiegende betriebliche Interessen gerechtfertigt sein kann (Rdn. 512 ff.). Die Grenzen der Zulässigkeit eines Eingriffs sind nicht immer leicht zu ermitteln.

§ 87 *IV. 3. Soziale Angelegenheiten*

Schon aus diesem Grunde ist die Mitbestimmung des Betriebsrats bei der Einführung und Anwendung von technischen Überwachungseinrichtungen sinnvoll. Vor allem wird aber dadurch ein **präventiver Schutz** der **Persönlichkeitssphäre potentiell betroffener Arbeitnehmer** gewährleistet (*Wiese* Anm. AP Nr. 1 zu § 87 BetrVG 1972 Überwachung Bl. 3). Er ermöglicht es, bereits im Vorfeld unzulässiger Persönlichkeitsrechtsverletzungen die Persönlichkeitsinteressen der Arbeitnehmer zu schützen (*Schwarz* Arbeitnehmerüberwachung, S. 62 ff.).

510 Das Mitbestimmungsrecht nach § 87 Abs. 1 Nr. 6 bildet somit die **kollektivrechtliche Ergänzung** des **individualrechtlichen Persönlichkeitsrechtsschutzes** (zust. *Fitting* § 87 Rn. 215; *Kohte/HaKo* § 87 Rn. 66). Das entspricht der Grundnorm des § 75 Abs. 2 BetrVG (hierzu und zum Persönlichkeitsschutz als Normzweck *BAG* st. Rspr. 14.05.1974 EzA § 87 BetrVG 1972 Kontrolleinrichtung Nr. 1 S. 3 f. = AP Nr. 1 zu § 87 BetrVG 1972 Überwachung Bl. 2 *[Wiese]*; 09.09.1975 EzA § 87 BetrVG 1972 Kontrolleinrichtung Nr. 2 S. 7 f. = AP Nr. 2 zu § 87 BetrVG 1972 Überwachung Bl. 2 R f. *[Hinz]*; 14.09.1984 EzA § 87 BetrVG 1972 Kontrolleinrichtung Nr. 11 S. 80 f., 83 f. *[Löwisch/Rieble]* = AP Nr. 9 zu § 87 BetrVG 1972 Überwachung Bl. 4, 5 f. *[Richardi]*; 22.07.2008 EzA § 87 BetrVG 2001 Betriebliche Ordnung Nr. 3 Rn. 78 *[Brecht-Heitzmann]* = AP Nr. 14 zu § 87 betrVG 1972 *[Kraft]*; 26.08.2008 EzA § 87 BetrVG 2001 Überwachung Nr. 2 Rn. 14 ff. = AP Nr. 54 zu § 75 BetrVG 1972 *[Wiese]*; 13.12.2016 AP Nr. 47 zu § 87 BetrVG 1972 Überwachung Rn. 21; weitere Nachweise 9. Aufl. § 87 Rn. 485; *LAG Brandenburg* 13.02.2003 AP Nr. 37 zu § 87 BetrVG 1972 Überwachung Bl. 3 R ff.; *BVerwG* 31.08.1988 RDV 1989, 80 [81] = AP Nr. 25 zu § 75 BPersVG Bl. 2 f.; *Andres* Integration moderner Technologien, S. 23 ff.; *Däubler* Gläserne Belegschaften?, Rn. 689, 692 ff.; *Ehmann* ZfA 1986, 357 [362]; *ders.* NZA 1993, 241 [245]; *Fitting* § 87 Rn. 215, 219; *Galperin/Löwisch* § 87 Rn. 141, 145, 146, 147; *Gamillscheg* II. S. 907; *Heinze* Anm. SAE 1985, 245 [248]; *Klebe/DKKW* § 87 Rn. 166; *Loritz/ZLH* Arbeitsrecht, § 51 II 6; *Matthes/MünchArbR* § 248 Rn. 1; *Richardi* § 87 Rn. 480 f.). Jedoch besteht **kein Vorrang** des **Persönlichkeitsschutzes gegenüber betrieblichen Interessen** (a. M. *Däubler* Gläserne Belegschaften?, Rn. 696, 704; *Fitting* § 87 Rn. 216; *Klebe/DKKW* § 87 Rn. 166). Zur **Verhältnismäßigkeit betrieblicher Regelungen** *Löwisch* ZfA 1996, 293 (316).

511 Abzulehnen ist der Versuch von *Worzalla/HWGNRH* (§ 87 Rn. 338, 340 f., 370 f.), § 87 Abs. 1 Nr. 6 nur als gesetzgeberische Antwort auf die Produktographenentscheidung des *BAG* (Rdn. 506) und den Zweck der Vorschrift in der Verhinderung einer besonderen psychischen Belastung des Arbeitnehmers zu sehen. Für diese Einschränkung geben Wortlaut, Entstehungsgeschichte und Zweck der Norm nichts her. Außerdem wird übersehen, dass jeder Eingriff in Persönlichkeitsrechte in aller Regel mit einer psychischen Belastung des Betroffenen verbunden ist. Andererseits ist es nicht der Zweck der Mitbestimmung nach § 87 Abs. 1 Nr. 6, einen umfassenden Persönlichkeitsschutz oder einen **Schutz** vor jeglicher Überwachung, sondern nur **vor** den **besonderen**, vielfältigen **Gefahren** der **technischen Überwachung** zu gewähren (*BAG* 11.03.1986 EzA § 87 BetrVG 1972 Kontrolleinrichtung Nr. 15 S. 139 *[Wohlgemuth]* = AP Nr. 14 zu § 87 BetrVG 1972 Überwachung Bl. 7 R *[Kraft]*; 27.05.1986 EzA § 87 BetrVG 1972 Kontrolleinrichtung Nr. 16 S. 163 = AP Nr. 15 zu § 87 BetrVG 1972 Überwachung Bl. 8 R; 30.08.1995 EzA § 87 BetrVG 1972 Kontrolleinrichtung Nr. 21 S. 12 = AP Nr. 29 zu § 87 BetrVG 1972 Überwachung Bl. 5 R; *LAG Köln* 07.06.2010 NZA-RR 2010, 469 [470]). Unerheblich ist, ob durch diese ein Überwachungsdruck ausgeübt wird (**a. M.** *Matthes*/MünchArbR § 248 Rn. 34; vgl. auch *BVerwG* 23.09.1992 AP Nr. 38 zu § 75 BPersVG Bl. 3 f. m. w. N.). Dieser ist zwar in der Regel, aber z. B. nicht bei heimlicher Überwachung gegeben, die gänzlich unerwartet erfolgt. Auch dagegen bedarf es des präventiven Persönlichkeitsschutzes.

512 Durch die Mitbestimmung des Betriebsrats nach § 87 Abs. 1 Nr. 6 wird die **Zulässigkeit** von **Eingriffen** in die **Persönlichkeitssphäre** der Arbeitnehmer **nicht erweitert**. Die Regelungsbefugnis der Betriebspartner findet vielmehr ihre **Grenze** in den **Persönlichkeitsrechten** des Arbeitnehmers (allgemein *Kreutz/Jacobs* § 75 Rdn. 101 ff.; *BAG* 15.05.1991 EzA § 1004 BGB Nr. 3 S. 4 f. = AP Nr. 23 zu § 611 BGB Persönlichkeitsrecht Bl. 3 R; 27.03.2003 EzA § 611 BGB 2002 Persönlichkeitsrecht Nr. 1 S. 5 f. = AP Nr. 36 zu § 87 BetrVG 1972 Überwachung Bl. 3 *[Otto]*, dazu *Wiese* FS E. Lorenz, 2004, S. 915 ff.; 29.06.2004 EzA § 611 BGB 2002 Persönlichkeitsrecht Nr. 2 S. 5 = AP Nr. 41 zu § 87 BetrVG 1972 Überwachung Bl. 2 R *[Ehmann]*, das jedoch fälschlich das allgemeine Persönlichkeitsrecht des Privatrechts als Grundrecht bewertet und für die Grenzziehung die verfassungsrecht-

lichen Kriterien der Geeignetheit, Erforderlichkeit und Verhältnismäßigkeit heranzieht [dazu *Wiese* ZfA 2006, 631 ff.]; 14.12.2004 EzA § 87 BetrVG 2001 Überwachung Nr. 1 S. 5 ff. = AP Nr. 42 zu § 87 BetrVG 1972 Überwachung Bl. 2 R ff.; *LAG Brandenburg* 13.02.2003 AP Nr. 37 zu § 87 BetrVG 1972 Überwachung Bl. 3 R ff. – Vorinstanz; *Fitting* § 87 Rn. 253; *Hunold* DB 1982, Beil. Nr. 18, S. 9; *Kaiser/LK* § 87 Rn. 129; *Klebe/DKKW* § 87 Rn. 195 f.; *Matthes*/MünchArbR § 248 Rn. 50; *Richardi* § 87 Rn. 529; *Schwarz* Arbeitnehmerüberwachung, S. 56 f.; *Worzalla/HWGNRH* § 87 Rn. 380; nicht eindeutig *ArbG Hamburg* 22.04.1980 BB 1980, 834; zur Diskussion in Österreich *Strasser* FS *G. Müller*, S. 609 [621 ff.]).

Die Vorschrift des § 87 Abs. 1 Nr. 6 schafft **keinen selbständigen – kollektivrechtlichen – Rechtfertigungsgrund für** einen **Eingriff** in die **Persönlichkeitsrechte** von Arbeitnehmern, vielmehr muss dieser seinerseits gerechtfertigt sein. Deshalb ist es nicht korrekt, wenn das *BAG* in st. Rspr. meint, Schutzgedanke des § 87 Abs. 1 Nr. 6 sei es, »Eingriffe in den Persönlichkeitsbereich der Arbeitnehmer durch Verwendung anonymer technischer Kontrolleinrichtungen nur bei gleichberechtigter Mitbestimmung des Betriebsrats zuzulassen« (*BAG* 14.05.1974 EzA § 87 BetrVG 1972 Kontrolleinrichtung Nr. 1 S. 3 f. = AP Nr. 1 zu § 87 BetrVG 1972 Überwachung Bl. 2 *[Wiese]*; 09.09.1975 EzA § 87 BetrVG 1972 Kontrolleinrichtung Nr. 2 S. 8 = AP Nr. 2 zu § 87 BetrVG 1972 Überwachung Bl. 2 R *[Hinz; Wiese* nach Nr. 1*]*; 27.03.2003 EzA § 611 BGB 2002 Persönlichkeitsrecht Nr. 1 S. 10 = AP Nr. 36 zu § 87 BetrVG 1972 Überwachung Bl. 5 R *[Otto]*; 27.01.2004 EzA § 87 BetrVG 1972 Kontrolleinrichtung Nr. 1 S. 8 = AP Nr. 40 zu § 87 BetrVG 1972 Überwachung Bl. 4 *[Wiese]*; weitere Nachweise 9. Aufl. § 87 Rn. 488; zust. *Heinze* Anm. SAE 1985, 245 [248 f.]; *Söllner* DB 1984, 1243 [1244]; *Stege/Weinspach/Schiefer* § 87 Rn. 105). Der Eingriff selbst bedarf vielmehr der besonderen Legitimation und damit der Überprüfung, ob die im konkreten Fall mit der Regelung verfolgten betrieblichen Interessen gegenüber dem Individualinteresse der Arbeitnehmer, nicht in ihrer Persönlichkeitssphäre beeinträchtigt zu werden, unter Berücksichtigung der Wertentscheidungen des Grundgesetzes als vorrangig anzusehen sind (vgl. auch *Bender/WPK* § 87 Rn. 107; *Ehmann* Arbeitsschutz und Mitbestimmung bei neuen Technologien, S. 117 f.; *ders.* NZA 1993, 241 [245]; *Schwarz* Arbeitnehmerüberwachung, S. 61 f.). **513**

Abzulehnen ist ferner die allgemein gehaltene Formulierung des *BAG* (18.09.1973 EzA § 80 BetrVG 1972 Nr. 5 S. 35 *[Buchner]* = AP Nr. 3 zu § 80 BetrVG 1972 Bl. 4 R *[Richardi* nach Nr. 4*]*; 30.04.1974 EzA § 80 BetrVG 1972 Nr. 6 S. 49 = AP Nr. 1 zu § 118 BetrVG 1972 Bl. 3 f. *[Mayer-Maly]*; 17.02.1983 BB 1983, 1214 [1215]; 20.12.1988 EzA § 80 BetrVG 1972 Nr. 33 S. 9 = AP Nr. 5 zu § 92 ArbGG 1979 Bl. 4 f.; weitere Nachweise 9. Aufl. § 87 Rn. 489), der Schutz der Individualsphäre habe gegenüber der dem Betriebsrat obliegenden sozialen Schutzfunktion im Rahmen des BetrVG zurückzutreten. Ein **Vorrang** (*BAG* 18.09.1973 EzA § 80 BetrVG 1972 Nr. 5 S. 35 *[Buchner]* = AP Nr. 3 zu § 80 BetrVG 1972 Bl. 4 R: »vorrangiges Recht«) der **Schutzfunktion** des Betriebsrats **gegenüber** der **Individualsphäre** ist **nicht anzuerkennen** (*Wiese* Anm. AP Nr. 1 zu § 87 BetrVG 1972 Überwachung Bl. 3 f.). Inzwischen scheint das *BAG* jedoch der hier vertretenen Auffassung zuzuneigen, wenn es zunehmend die Regelungsbefugnis der Betriebspartner durch den Persönlichkeitsschutz nach § 75 Abs. 2 begrenzt (*BAG* 27.05.1986 EzA § 87 BetrVG 1972 Kontrolleinrichtung Nr. 16 S. 158 ff. = AP Nr. 15 zu § 87 BetrVG 1972 Überwachung Bl. 6 ff.;21.08.1990 EzA § 87 BetrVG 1972 Betriebliche Ordnung Nr. 16 S. 8 *[Joost]* = AP Nr. 17 zu § 87 BetrVG 1972 Ordnung des Betriebes Bl. 3 R; 15.05.1991 EzA § 1004 BGB Nr. 3 S. 4 = AP Nr. 23 zu § 611 BGB Persönlichkeitsrecht Bl. 3 R; 29.06.2004 EzA § 611 BGB 2002 Persönlichkeitsrecht Nr. 2 S. 5 f. *[Bender]* = AP Nr. 41 zu § 87 BetrVG 1972 Überwachung Bl. 2 f. *[Ehmann]*). Die Grundrechte sind daher nur mittelbar anzuwenden (*Wiese* ZfA 2006, 631 [647 ff.]; zutr. *BAG* Sechster Senat 23.04.2009 EzA § 611 BGB 2002 Persönlichkeitsrecht Nr. 9 Rn. 21 = AP Nr. 40 zu § 611 BGB Persönlichkeitsrecht). **514**

Bei der **Interessenabwägung** kann an die Grundsätze angeknüpft werden, die im Rahmen der Güter- und Interessenabwägung bei Eingriffen in Persönlichkeitsrechte entwickelt worden sind (jeweils m. w. N. zur optischen Kontrolle *Wiese* ZfA 1971, 273 [284 ff.], zur akustischen Kontrolle daselbst S. 287 ff. und zur Überwachung durch sonstige Arbeitskontrollgeräte daselbst S. 302 ff.; vgl. auch *BAG* 27.05.1986 EzA § 87 BetrVG 1972 Kontrolleinrichtung Nr. 16 S. 158 f. = AP Nr. 15 zu § 87 BetrVG 1972 Überwachung Bl. 6 R). So ist z. B. eine Überwachung der Arbeitnehmer durch **Fernseh-** oder **Videokameras** allein zu dem Zweck, eine sorgfältige Arbeit zu gewährleisten, nicht durch **515**

§ 87　　　　　　　　　　　　　　　　　　　　　　　　　　*IV. 3. Soziale Angelegenheiten*

überwiegende Interessen gerechtfertigt. Anders verhält es sich, wenn aus Sicherheitsgründen bzw. dem konkreten Verdacht strafbarer Handlungen oder einer anderen schweren Verfehlung zu Lasten des Arbeitgebers z. B. Bankschalter, Tresorräume, Lager wertvoller Stoffe, kerntechnische Anlagen oder Warenhäuser im Rahmen des Erforderlichen durch Video- oder Fernsehkameras beobachtet und damit zugleich die dort tätigen Arbeitnehmer überwacht werden, sofern weniger einschneidende Mittel zur Aufklärung des Verdachts ausgeschöpft sind, die (verdeckte) Videoüberwachung praktisch das einzige Mittel darstellt und insgesamt nicht unverhältnismäßig ist (vgl. nunmehr § 32 Abs. 1 Satz 2 BDSG, der auf den von Rechtsprechung und Lehre entwickelten allgemeinen Grundsätzen aufbaut; *BAG* 27.03.2003 EzA § 611 BGB 2002 Persönlichkeitsrecht Nr. 1 S. 7 ff. = AP Nr. 36 zu § 87 BetrVG 1972 Überwachung Bl. 3 R ff., dazu *Wiese* FS *E. Lorenz*, 2004, S. 915 [923 ff., 927 ff.]; 29.06.2004 EzA § 611 BGB 2002 Persönlichkeitsrecht Nr. 2 S. 5 ff. = AP Nr. 41 zu § 87 BetrVG 1972 Überwachung Bl. 2 ff.; 07.10.1987 EzA § 611 BGB Persönlichkeitsrecht Nr. 6 S. 8 f. *[Wiese]* = AP Nr. 15 zu § 611 BGB Persönlichkeitsrecht Bl. 3; 15.05.1991 EzA § 1004 BGB Nr. 3 S. 4 f. = AP Nr. 23 zu § 611 BGB Persönlichkeitsrecht Bl. 3 f. = CR 1993, 230 *[Wedde]*; 26.08.2008 EzA § 87 BetrVG 2001 Überwachung Nr. 2 Rn. 16 ff. = AP Nr. 54 zu § 75 BetrVG 1972 *[Wiese]*; 21.11.2013 EzA § 1 KSchG Verdachtskündigung Nr. 5 Rn. 50 ff. = AP Nr. 53 zu § 626 BGB Verdacht strafbarer Handlung; 22.09.2016 EzA § 32 BDSG Nr. 3 Rn. 28 ff. = AP Nr. 259 zu § 626 BGB; 20.10.2016 EzA § 32 BDSG Nr. 4 Rn. 21 ff. = AP Nr. 260 zu § 626 BGB; *LAG München* 05.02.1986 LAGE § 611 BGB Persönlichkeitsrecht Nr. 2 S. 1 ff. – Vorinstanz zu *BAG* 07.10.1987 EzA § 611 BGB Persönlichkeitsrecht Nr. 6 = AP Nr. 15 zu § 611 BGB Persönlichkeitsrecht; *LAG Frankfurt a. M.* 28.09.1989 BB 1990, 1280 – Vorinstanz zu *BAG* 15.05.1991 EzA § 1004 BGB Nr. 3 = AP Nr. 23 zu § 611 BGB Persönlichkeitsrecht; *LAG Baden-Württemberg/Mannheim* 06.05.1998 AuR 1999, 491; *LAG Schleswig-Holstein* 29.08.2013 LAGE § 87 BetrVG 2001 Kontrolleinrichtung Nr. 3 Rn. 63 ff.; zur offenen Videoüberwachung *LAG Brandenburg* 13.02.2003 AP Nr. 37 zu § 87 BetrVG 1972 Überwachung Bl. 3 R ff.; vgl. auch *Däubler* Gläserne Belegschaften?, Rn. 787 ff., 796 ff.; zum **Beweisverwertungsverbot** rechtswidrig erlangter Videoaufzeichnungen *BAG* 16.12.2010 EzA § 626 BGB 2002 Nr. 33 Rn. 28 ff. = AP Nr. 232 zu § 626 BGB; 21.06.2012 EzA § 611 BGB 2002 Persönlichkeitsrecht Nr. 13 Rn. 27 ff.(*Thüsing/Pötters*) = AP Nr. 66 zu § 1 KSchG 1969 Verhaltensbedingte Kündigung *(Lunk)*, dazu *Bergwitz* NZA 2012, 1205 ff.; 20.10.2016 EzA § 32 BDSG Nr. 4 Rn. 16 ff. = AP Nr. 260 zu § 626 BGB; *Hess. LAG* 02.10.2001 AuR 2003, 188 *[Rehwald]*; *LAG Düsseldorf* 07.12.2015 LAGE § 626 BGB 2002 Nr. 63 Rn. 42 ff.; *LAG Köln* 30.08.1996 LAGE § 611 BGB Persönlichkeitsrecht Nr. 8; *ArbG Frankfurt a. M.* 25.01.2006 RDV 2006, 214; *Altenburg/Leister* NJW 2006, 469 ff.; *Bayreuther* NZA 2005, 1038 [1041 ff.]; *Fischer* BB 1999, 154; *Grimm/Schiefer* RdA 2009, 329 [339 ff.]; *Grosjean* DB 2003, 2650 ff.; *Gross/Lorenz* FA 2003, 229 ff.; *Kaiser/LK* § 87 Rn. 146; *Klebe/DKKW* § 87 Rn. 6; *Kohte/HaKo* § 87 Rn. 75; *Maschmann* FS *Hromadka*, S. 233 [246 f.]; *A. Müller* Zulässigkeit der Videoüberwachung, S. 79 ff.; *Rieble/AR* § 87 BetrVG Rn. 44; *Schlewing* NZA 2004, 1071 ff.; *Wiese* FS *E. Lorenz*, S. 915 [936 ff.]; zum Bildnisschutz auch *Tinnefeld/Viethen* NZA 2003, 468; zum Ganzen *Dzida/Grau* NZA 2010, 1202 ff.; *Lunk* NZA 2009, 457 ff.; *Maschmann* FS *Hromadka*, S. 233 [246 f.]; vgl. auch *Wiese* Rdn. 121 a. E.). Zur Videoüberwachung öffentlicher und nicht öffentlicher Räume ferner §§ 6b, 27 ff. BDSG und dazu *BAG* 21.06.2012 EzA § 611 BGB 2002 Persönlichkeitsrecht Nr. 13 Rn. 35 ff. = AP Nr. 66 zu § 1 KSchG 1969 Verhaltensbedingte Kündigung *(Lunk)*; *Wiese* FS *E. Lorenz*, S. 915 (923 ff., 927 ff.); zum Beweisverwertungsverbot rechtswidrig abgehörter Telefongespräche Rdn. 581. Ist in einer Betriebsvereinbarung zur Einführung eines Zeiterfassungssystems ausdrücklich vereinbart, dass die erhobenen Daten nur zur Lohnabrechnung, nicht aber zur Verhaltenskontrolle verwendet werden dürfen, so kann sich der Arbeitgeber zur Begründung einer fristlosen Kündigung nicht auf die erhobenen Daten berufen (*LAG Köln* 04.11.2005 NZA-RR 2006, 302). Zum Ersatz des **immateriellen Schadens** bei **Persönlichkeitsrechtsverletzungen** *Oberwetter* NZA 2009, 1120 ff.

516　Im Hinblick auf den Persönlichkeitsschutz der Arbeitnehmer ist es in der Regel auch **unbedenklich**, wenn primär der **Arbeitsvorgang kontrolliert** wird und Arbeitnehmer dabei nur am Rande erfasst werden. Entsprechendes gilt, wenn die Überwachung von Arbeitnehmern die mittelbare Folge der Kontrolle einer Maschine ist. Auch Überwachungseinrichtungen zum Zwecke der Gefahrenabwehr (z. B. optische oder akustische Signale beim Verlassen einer Maschine) können unbedenklich sein (*Galperin/Löwisch* § 87 Rn. 147a). Abzulehnen ist die Ansicht des *BAG* (11.03.1986 EzA § 87 BetrVG

1972 Kontrolleinrichtung Nr. 15 S. 138 *[Wohlgemuth]* = AP Nr. 14 Bl. 7 zu § 87 BetrVG 1972 Überwachung *[Kraft]*; 27.05.1986 EzA § 87 BetrVG 1972 Kontrolleinrichtung Nr. 16 S. 163 = AP Nr. 15 zu § 87 BetrVG 1972 Überwachung Bl. 8 R), bei der Abwägung sei das Interesse der Arbeitnehmer zu berücksichtigen, dem Arbeitgeber keine schnell und kostengünstig zugänglichen Informationen zukommen zu lassen; maßgebend kann nur das berechtigte Sachinteresse an bestimmten Informationen bzw. deren Nichtberücksichtigung, nicht aber die rasche und kostengünstige Art der Verfügbarkeit dieser Informationen sein (vgl. auch *Ehmann* ZfA 1986, 357 [391 f.]; *ders.* NZA 1986, 657 [659 f.]; *P. Nipperdey* CR 1987, 434 [437]). Die aufgezeigten Grenzen gelten ebenso für Tarifverträge.

Problematisch ist die Begrenzung der Regelungsbefugnis der Betriebspartner durch das allgemeine **517** Persönlichkeitsrecht im Anwendungsbereich des **Bundesdatenschutzgesetzes**, falls dessen Normen dem allgemeinen Persönlichkeitsrecht vorgehen sollten. In diesem Sinne hat der *BGH* in mehreren Entscheidungen Ansprüche wegen Verletzung des allgemeinen Persönlichkeitsrechts nach § 823 Abs. 1 BGB verneint, soweit Ansprüche aus unzulässiger Datenverarbeitung im Bundesdatenschutzgesetz abschließend geregelt sind (*BGHZ* 19.05.1981, 80, 311 [318 f.]; 15.12.1983, 89, 218 [226]; 22.05.1984, 91, 233 [237 ff.]; *BGH* 07.07.1983 NJW 1984, 436; *BAG* 22.10.1986 EzA § 23 BDSG Nr. 4 S. 13 = AP Nr. 2 zu § 23 BDSG Bl. 5 *[Däubler]* = CR 1987, 370, 697 *[Kort]* = AuR 1988, 124 *[Büllesbach]* = SAE 1988, 150 *[Hromadka]*; 06.06.1984 EzA Art. 2 GG Nr. 4 S. 25 = AP Nr. 7 zu § 611 BGB Persönlichkeitsrecht Bl. 2 R *[Echterhölter]*). Die Bedenken gegen diese Rechtsprechung mögen hier dahinstehen (vgl. etwa *Klippel* BB 1983, 407 [412] m. w. N.; *Rixecker*/MK Anh. zu § 12 Rn. 112; *Simitis* NJW 1981, 1697 [1701], weil es im Rahmen der Mitbestimmung nach § 87 Abs. 1 Nr. 6 nicht um Schadenersatzansprüche, sondern die Grenzen der Regelungsbefugnis der Betriebspartner geht. In dieser Hinsicht ist vom Grundsatz der Alternativität auszugehen, d. h. Rechtspositionen der Arbeitnehmer können die Regelungsbefugnis der Betriebspartner nebeneinander in unterschiedlicher Weise begrenzen, soweit nicht eine spezielle Norm eine generelle Regelung verdrängt. Für das Bundesdatenschutzgesetz 1977 war umstritten, ob dieses eine Konkretisierung des allgemeinen Persönlichkeitsrechts bedeutete oder überhaupt ein absolutes subjektives Privatrecht begründete (*Klippel* BB 1983, 407 ff. m. w. N.; vgl. auch *BAG* 06.06.1984 EzA Art. 2 GG Nr. 4 S. 25 f. = AP Nr. 7 zu § 611 BGB Persönlichkeitsrecht Bl. 2 R f. *[Echterhölter]*). Nach § **1 Abs. 1 BDSG** ist nunmehr der **Schutz** des **Persönlichkeitsrechts Zweck** des **Gesetzes**. Zu neueren Entwicklungen im Bereich des Datenschutzrechts insbesondere im Hinblick auf die EU-Datenschutz-Grundverordnung vom 4. Mai 2016 (ABl. EU L 119/1 vom 04.05.2016) vgl. allgemein *Franzen* § 83 Rdn. 42 ff.

Ungeachtet dessen ist eine in Ausübung der Mitbestimmung nach § 87 Abs. 1 Nr. 6 abgeschlossene **518** **Betriebsvereinbarung** oder ein diese ersetzender Spruch der Einigungsstelle als **Erlaubnisnorm** i. S. d. § **4 Abs. 1 BDSG** anzusehen, so dass die §§ 28 ff. BDSG nicht anzuwenden sind (*BAG* 27.05.1986 EzA § 87 BetrVG 1972 Kontrolleinrichtung Nr. 16 S. 156 = AP Nr. 15 zu § 87 BetrVG 1972 Überwachung Bl. 5 R m. w. N.; 30.08.1995 EzA § 87 BetrVG 1972 Kontrolleinrichtung Nr. 21 S. 10 = AP Nr. 29 zu § 87 BetrVG 1972 Überwachung Bl. 5; 15.04.2014 EzA § 29 BetrVG 2001 Nr. 4 Rn. 49 = AP Nr. 9 zu § 29 BetrVG 1972; vgl. auch Rdn. 585 sowie *Bender/WPK* § 87 Rn. 133; *Breidenstein* Grenzen der Regelungskompetenz des Betriebsrats beim Abschluss von Betriebsvereinbarungen zur Datenverarbeitung [Diss. Frankfurt a. M.], 1991, S. 10 ff.; *Däubler* Gläserne Belegschaften?, Rn. 785 f.; *Freckmann/Störing/Müller* BB 2011, 2549 ff.; *Matthes*/MünchArbR § 248 Rn. 42; *Wohlgemuth* Datenschutz, Rn. 205; **a. M.;** *Kohte*/HaKo § 87 Rn. 73; *Linnenkohl/Rauschenberg/Schütz* BB 1987, 1454; offen gelassen jedoch nunmehr von *BAG* 17.11.2016 EzA § 4 BDSG Nr. 2 Rn. 27 = AP Nr. 15 zu § 626 BGB Unkündbarkeit).

Auch wenn das Bundesdatenschutzgesetz der Konkretisierung des allgemeinen Persönlichkeitsrechts **519** dient, ergeben sich die Grenzen der Normsetzungsbefugnis der Betriebspartner aus dem unmittelbar oder über § 75 Abs. 2 zu beachtenden allgemeinen Persönlichkeitsrecht. Das entspricht dem Vorgehen des *BAG* in seiner Entscheidung zur Telefondatenerfassung (Rdn. 585 ff.). Bei der Feststellung des durch Interessenabwägung zu ermittelnden schützenswerten Persönlichkeitsbereichs sollten aber die Grundwertungen des Bundesdatenschutzgesetzes ähnlich berücksichtigt werden, wie das *BVerfG* bei der Auslegung allgemeiner Gesetze i. S. d. Art. 5 Abs. 2 GG auf die wertsetzende Bedeutung des Art. 5 Abs. 1 GG zurückgreift (*BVerfG* 15.01.1958, E 7, 198 [208 f.], seitdem st. Rspr.).

520 Das schließt nach Ansicht des *BAG* (27.05.1986 EzA § 87 BetrVG 1972 Kontrolleinrichtung Nr. 16 S. 157 = AP Nr. 15 zu § 87 BetrVG 1972 Überwachung Bl. 6) die **Verschlechterung** des **Datenschutzes durch** eine **Betriebsvereinbarung** gegenüber dem Bundesdatenschutzgesetz nicht aus (*Andres* Integration moderner Technologien, S. 106 ff.; *Kania*/ErfK § 87 BetrVG Rn. 61; **a. M.** *Freise*/*Wohlgemuth* DVR 1982, 285 [301, 310]; *Gola* AuR 1988, 105 [112 f.]; *Klebe*/*DKKW* § 87 Rn. 196; *Wohlgemuth* Datenschutz, Rn. 213 ff. m. w. N.). Trotzdem ist im Hinblick auf die erforderliche Interessenabwägung auch bei Anwendung des allgemeinen Persönlichkeitsrechts bzw. des § 75 Abs. 2 ein angemessener Schutz der Arbeitnehmer bei der Verarbeitung personenbezogener Daten gegenüber der Normsetzung der Betriebspartner im Rahmen des § 87 Abs. 1 Nr. 6 gewährleistet. Abzulehnen ist die Auffassung von *Ehmann* (NZA 1985, Beil. Nr. 1, S. 2 [10]; *ders.* NZA 1986, 657 [659]; *ders.* ZfA 1986, 357 [388]; *ders.* SAE 1989, 277 [281]; *ders.* NZA 1993, 241 [245]), der Betriebsrat müsse einer technischen Überwachung durch Datenverarbeitung zustimmen, wenn die mitbestimmungspflichtige Datenerhebung und/oder Datenverarbeitung datenschutzrechtlich zulässig sei. Wäre das richtig, würde sich die Zuständigkeit des Betriebsrats auf die Feststellung der Rechtswidrigkeit einer Datenverarbeitung beschränken; dann gäbe es aber nichts mehr zu regeln (gegen *Ehmann* auch *Buchner* BB 1987, 1942 [1947]; *Däubler* Gläserne Belegschaften?, Rn. 799; *Wohlgemuth* Datenschutz, Rn. 218).

521 Das Erfordernis der Interessenabwägung wie auch die vom Gesetz selbst vorausgesetzte Zulässigkeit der Einführung und Anwendung von Überwachungseinrichtungen machen deutlich, dass die **Mitbestimmung** nach § 87 Abs. 1 Nr. 6 **nicht** dazu dient, die **Einführung** von **Überwachungseinrichtungen** zu **verhindern** (*Bender*/*WPK* § 87 Rn. 108; *Buchner* BB 1987, 1942 [1951]; *ders.* FS *Wiese*, S. 55 [70]; *Ehmann* Arbeitsschutz und Mitbestimmung bei neuen Technologien, S. 100; *ders.* NZA 1993, 241 [245]; *Galperin*/*Löwisch* § 87 Rn. 147; *Stege*/*Weinspach*/*Schiefer* § 87 Rn. 109g; *Worzalla*/*HWGNRH* § 87 Rn. 377; vgl. auch *Richardi* § 87 Rn. 520). Sichergestellt werden soll nur, dass berechtigte Persönlichkeitsinteressen der Arbeitnehmer berücksichtigt werden (vgl. auch Rdn. 509 ff.; BAG 18.02.1986 EzA § 87 BetrVG 1972 Kontrolleinrichtung Nr. 14 S. 119 f. = AP Nr. 13 zu § 87 BetrVG 1972 Überwachung Bl. 3 R *[Kraft]*). Das kann zu unterschiedlichen Konsequenzen führen. Dient z. B. eine Überwachungseinrichtung primär der unabdingbar gebotenen Maschinenkontrolle, die aber unvermeidbar eine Überwachung von Arbeitnehmern mit sich bringt, so kann die Mitbestimmung nicht dazu dienen, die Abschaltung der Maschine oder der Kontrolleinrichtung zu erwirken, sondern allenfalls, dass die Daten, die über Arbeitnehmer gewonnen werden, entweder durch geeignete Vorkehrungen überhaupt nicht oder nur in einem erforderlichen Umfang verwendet werden. Bei ausschließlich der Überwachung von Arbeitnehmern dienenden technischen Einrichtungen ist es dagegen denkbar, dass mangels sachlich berechtigter betrieblicher Interessen deren Einführung oder konkrete Anwendung gänzlich verhindert oder in bestimmter Weise begrenzt wird (vgl. auch *Matthes*/MünchArbR § 248 Rn. 32 ff.). Allerdings kann eine technische Überwachungseinrichtung auch dem Schutz der Arbeitnehmer dienen und ihre Anwendung daher geboten sein (*Galperin*/*Löwisch* § 87 Rn. 147a). Entsprechend dem Zweck der Vorschrift, die Persönlichkeitssphäre von Arbeitnehmern zu schützen, dürfen im Rahmen der Mitbestimmung nach § 87 Abs. 1 Nr. 6 auch keine anderweitigen Interessen bei der Abwägung berücksichtigt werden, z. B. nicht das Interesse der Arbeitnehmer, dass durch die Einführung etwa der automatisierten Datenverarbeitung keine Arbeitsplätze gefährdet werden.

c) Technische Überwachungseinrichtung

aa) Begriff

522 Die Mitbestimmung bezieht sich auf technische Einrichtungen, die dazu bestimmt sind, das Verhalten oder die Leistung der Arbeitnehmer zu überwachen. Die Begriffe **Überwachungseinrichtung** und **Kontrolleinrichtung** sind **gleichbedeutend** (amtliche Begründung, BT-Drucks. VI/1786, S. 49; *Schwarz* Arbeitnehmerüberwachung, S. 17 Fn. 3). An das Vorliegen einer technischen Einrichtung sind keine besonderen Anforderungen zu stellen (Rdn. 523 ff.); es genügt eine gewisse Vergegenständlichung (*Schwarz* Arbeitnehmerüberwachung, S. 90).

bb) Technische Überwachung

Das *BAG* hat zunächst unter technischer Überwachung i. S. d. § 87 Abs. 1 Nr. 6 einen Vorgang verstanden, durch den mit Hilfe einer technischen Einrichtung über das Verhalten oder die Leistung von Arbeitnehmern Informationen erhoben und – jedenfalls in der Regel – irgendwie aufgezeichnet werden, damit diese auch der menschlichen Wahrnehmung zugänglich gemacht werden (*BAG* 06.12.1983 EzA § 87 BetrVG 1972 Bildschirmarbeitsplatz Nr. 1 S. 36 f. *[Ehmann]* = AP Nr. 7 zu § 87 BetrVG 1972 Überwachung Bl. 16 *[Richardi]*; 14.09.1984 EzA § 87 BetrVG 1972 Kontrolleinrichtung Nr. 11 S. 80 *[Löwisch/Rieble]* = AP Nr. 9 zu § 87 BetrVG 1972 Überwachung Bl. 3 R f. *[Richardi]*; 23.04.1985 EzA § 87 BetrVG 1972 Kontrolleinrichtung Nr. 13 S. 108 f. = AP Nr. 12 zu § 87 BetrVG 1972 Überwachung Bl. 2). Es genügt jedoch, dass Verhalten oder Leistung von Arbeitnehmern **technisch vermittelt** der menschlichen **Wahrnehmung zugänglich gemacht** werden. Das gilt z. B. für Fernseh- und Videokameras oder Abhörgeräte, **ohne** dass damit eine **Aufzeichnung verbunden** zu sein braucht (vgl. auch *BVerwG* 31.08.1988 AP Nr. 25 zu § 75 BPersVG Bl. 2 R). Bei anderen technischen Einrichtungen kann die Aufzeichnung allerdings Voraussetzung der Überwachungseignung sein (Rdn. 547). Eine Überwachung kommt aber nach der neueren Rechtsprechung des *BAG*, der sich die Lehre zunehmend angeschlossen hat, auch in Betracht, wenn auf andere Weise gewonnene Leistungs- oder Verhaltensdaten technisch vermittelt ausgewertet werden (Rdn. 552 ff.). In diesem Sinne formuliert das *BAG* (08.11.1994 EzA § 87 BetrVG 1972 Kontrolleinrichtung Nr. 20 S. 1 = AP Nr. 27 zu § 87 BetrVG 1972 Überwachung Bl. 1 R), unter den Begriff der technischen Überwachung falle nur ein Vorgang, bei dem zumindest die Erhebung von Daten oder deren Auswertung auf technischem Wege erfolge. Maßgebend ist daher, dass technische Einrichtungen zur Ermittlung, Aufzeichnung oder Auswertung von Daten über Leistung oder Verhalten von Arbeitnehmern eingesetzt werden. 523

Die Mitbestimmung nach § 87 Abs. 1 Nr. 6 soll den Arbeitnehmer aber **nur gegenüber** dem **Arbeitgeber** schützen, so dass der Betriebsrat nicht bei der Einführung eines **betriebsärztlichen EDV-Systems** mitzubestimmen hat, das wegen der Schweigepflicht des Betriebsarztes dem Zugriff des Arbeitgebers entzogen ist (*Budde* BB 1984, 1305 [1306]; *Budde/Witting* MedR 1987, 88 f.; **a. M.** *Klebe/DKKW* § 87 Rn. 198). 524

Unerheblich ist, **wie** die **Überwachung** durch die technische Einrichtung **bewirkt** wird. Sie kann **optisch** durch fotografische Einzelaufnahmen, Video- oder Fernsehkameras, **akustisch** durch Abhör- oder Tonaufzeichnungsgeräte, aber auch durch sonstige stationäre oder mobile **Arbeitskontrollgeräte** erfolgen (im Einzelnen Rdn. 576 ff.). Insbesondere sind durch die **elektronische Datenverarbeitung** gänzlich neue Möglichkeiten der Überwachung von Arbeitnehmern eröffnet worden, die der Gesetzgeber bei Erlass des § 87 Abs. 1 Nr. 6 erst andeutungsweise erkennen konnte, die aber nach richtiger Ansicht gleichfalls von dieser Norm erfasst werden (Rdn. 552 ff.). Die Vorschrift ist daher durchaus offen für neue technische Entwicklungen, solange diese vom Schutzzweck der Norm erfasst werden. 525

Gleichgültig ist, ob die technische Einrichtung – z. B. eine Filmkamera – **automatisch** arbeitet oder **manuell bedient** wird (*LAG Baden-Württemberg* 14.04.1988 AuR 1989, 94; *LAG Düsseldorf/Köln* 21.11.1978 DB 1979, 459 f., für die Betätigung von Zeitstemplern; *ArbG Hamburg* 22.04.1980 DB 1980, 1224; *Fitting* § 87 Rn. 225; *Galperin/Löwisch* § 87 Rn. 143; *Worzalla/HWGNRH* § 87 Rn. 346; offen gelassen *LAG Hamm* 24.08.1977 EzA § 87 BetrVG 1972 Kontrolleinrichtung Nr. 3 S. 12). In letzterem Fall kommt es nicht darauf an, ob die technische Einrichtung von Arbeitnehmern selbst oder einem Dritten bedient wird (Angaben zuvor sowie Rdn. 539 f.). 526

Unerheblich ist auch der **zeitliche Umfang** der technisch vermittelten **Überwachung**, ob diese also dauernd, für einen längeren Zeitraum, kurzzeitig oder stichprobenhaft erfolgt (*BAG* 10.07.1979 EzA § 87 BetrVG 1972 Kontrolleinrichtung Nr. 7 S. 35 f. = AP Nr. 4 zu § 87 BetrVG 1972 Überwachung Bl. 3 f. *[Moritz]* für kurzzeitige Filmaufnahmen einzelner Arbeitsplätze von jeweils 4 bis 12 Minuten Dauer; *LAG Baden-Württemberg* 14.04.1988 AuR 1989, 94; *ArbG Hamburg* 22.04.1980 DB 1980, 1224; *Fitting* § 87 Rn. 225; *Galperin/Löwisch* § 87 Rn. 145; *Klebe/DKKW* § 87 Rn. 177; *Richardi* § 87 Rn. 506; *Schwarz* Arbeitnehmerüberwachung, S. 86 f.; *Worzalla/HWGNRH* § 87 Rn. 349; **a. M.** *LAG Hamm* 24.08.1977 EzA § 87 BetrVG 1972 Kontrolleinrichtung Nr. 3 S. 13; *Buchner* BB 1987, 1942 [1944]; *Gamillscheg* II, S. 908; *Loritz/ZLH* Arbeitsrecht, § 51 II 6). Unerheblich ist ferner, 527 ob das Arbeitsverhalten oder die Leistung von Arbeitnehmern umfassend oder ob nur einzelne Aspekte ihres Verhaltens überwacht werden (*BVerwG* 31.08.1988 AP Nr. 25 zu § 75 BPersVG Bl. 2). Gänzlich gleichgültig ist, wo die Überwachungseinrichtung installiert ist; maßgebend ist die Überwachungswirkung.

528 Ein **kollektiver Tatbestand** dürfte bei Einführung und Anwendung von Überwachungseinrichtungen stets gegeben sein, weil entweder potentiell jeder Arbeitnehmer oder ein bestimmter Arbeitsplatz unabhängig von dem an ihm tätigen Arbeitnehmer der Überwachung unterworfen sein wird (vgl. auch *ArbG Hamburg* 22.04.1980 DB 1980, 1224; *Schwarz* Arbeitnehmerüberwachung, S. 101 f.). Verwendet der Arbeitgeber dagegen ad hoc z. B. einen Fotoapparat für die Aufnahme eines einzelnen Arbeitnehmers (vgl. auch den Sachverhalt der Entscheidung des *OLG Schleswig* 03.10.1979 NJW 1980, 352), so bestimmt sich die Zulässigkeit allein nach persönlichkeitsrechtlichen Grundsätzen (hierzu *Wiese* ZfA 1971, 273 [284 ff.]).

cc) Überwachung nichttechnischer Art

529 Da die Vorschrift nur einen Schutz der Arbeitnehmer vor einer Überwachung durch technische Einrichtungen gewährleisten soll, hat der Betriebsrat nach § 87 Abs. 1 Nr. 6 kein Mitbestimmungsrecht bei der **Aufsicht durch Vorgesetzte** oder **sonstige** von ihm bestimmte **Personen** (*BAG* 27.06.1989 EzA § 80 BetrVG 1972 Nr. 37 S. 8 = AP Nr. 37 zu § 80 BetrVG 1972 Bl. 3 R; 26.03.1991 EzA § 87 BetrVG 1972 Überwachung Nr. 1 S. 5 = AP Nr. 21 zu § 87 BetrVG 1972 Überwachung; 18.11.1999 EzA § 626 BGB Verdacht strafbarer Handlung Nr. 9 S. 9 f. = AP Nr. 32 zu § 626 BGB Verdacht strafbarer Handlung Bl. 4 R f. zu sog. **Ehrlichkeitskontrollen**; 18.04.2000 EzA § 87 BetrVG 1972 Betriebliche Ordnung Nr. 27 S. 7 = AP Nr. 33 zu § 87 BetrVG 1972 Überwachung; *LAG Hamm* 28.05.1986 LAGE § 87 BetrVG 1972 Betriebliche Ordnung Nr. 3 S. 7; *Fitting* § 87 Rn. 224; *Galperin/Löwisch* § 87 Rn. 142a; *Klebe/DKKW* § 87 Rn. 168; *Worzalla/HWGNRH* § 87 Rn. 344; vgl. auch *Becker* Detektive zur Überwachung von Arbeitnehmern?, 1981, S. 75 ff.; a. M. *Bongers* Das Mitbestimmungsrecht des Betriebsrats bei der Anwendung untechnischer Ermittlungsmethoden durch einen verdeckten Ermittler, S. 120 ff.; zur fehlenden Mitbestimmung nach § 87 Abs. 1 Nr. 1 *Wiese* Rdn. 210 f.). Das gilt selbst dann, wenn etwa durch die Einrichtung von Großraumbüros die Überwachung erleichtert wird. Mit der Überwachung nimmt der Arbeitgeber ein Gläubigerrecht wahr (*Matthes*/MünchArbR § 248 Rn. 4, 32), das nur unter den Voraussetzungen des § 87 Abs. 1 Nr. 6 der Mitbestimmung unterliegt. **Testkäufe** bedeuten als solche keine technische Überwachung (*R. Deckers/S. Deckers* NZA 2004, 139 [141]); zu Nr. 1 *Wiese* Rdn. 201.

530 Mangels einer technischen Einrichtung besteht ferner keine Mitbestimmung bei **organisatorischen Maßnahmen** des Arbeitgebers, die der Leistungs- oder Verhaltenskontrolle der Arbeitnehmer dienen (vgl. auch *Fitting* § 87 Rn. 224; *Richardi* § 87 Rn. 485). Das gilt z. B. für die Anordung schriftlicher **Leistungs-** und **Tätigkeitsberichte** von Arbeitnehmern, so für Arbeitszeit- und Tätigkeitsnachweise in Form von Zeitberichtsformularen (*BAG* 09.12.1980 EzA § 87 BetrVG 1972 Betriebliche Ordnung Nr. 5 S. 34 = AP Nr. 2 zu § 87 BetrVG 1972 Ordnung des Betriebes Bl. 3 f. [*Pfarr*]), für vorgedruckte Erfassungsbögen, in die zu Kalkulationszwecken für jedes laufende Arbeitsprojekt die aufgewendeten Arbeitsstunden einzutragen sind (*BAG* 24.11.1981 EzA § 87 BetrVG 1972 Betriebliche Ordnung Nr. 7 S. 48 f. [*Weiss*] = AP Nr. 3 zu § 87 BetrVG 1972 Ordnung des Betriebes Bl. 2 f. [*Herschel*]), für Tagesnotizen von Anzeigenverkäufern (*LAG Düsseldorf* 17.01.1975 DB 1975, 556), für tägliche Zeitlohnkarten (*LAG Düsseldorf/Köln* 28.01.1981 DB 1981, 849 f.), für einmalige Tätigkeitslisten (*LAG Hamm* 23.09.1981 DB 1982, 385), für handschriftlich auszufüllende »erweiterte Stempelkarten« (*ArbG Duisburg* 11.10.1978 DB 1979, 460) sowie für sonstige vom Arbeitnehmer auf sein vertraglich geschuldetes Verhalten bezogene Aufzeichnungen (*OVG Bremen* 24.01.1989 CR 1990, 597; **a. M.** für »Tageszettel« *ArbG Offenbach* 29.01.1985 CR 1988, 411; zur fehlenden Eigenschaft des dabei verwendeten Schreibgeräts als Überwachungseinrichtung Rdn. 537).

531 Entsprechendes gilt für **Führungsrichtlinien** (*BAG* 23.10.1984 EzA § 94 BetrVG 1972 Nr. 1 S. 4 ff. = AP Nr. 8 zu § 87 BetrVG 1972 Ordnung des Betriebes Bl. 3 R ff. [*von Hoyningen-Huene*]), für **Revisions-** und **Fachinspektionsberichte** (*BAG* 27.06.1989 EzA § 80 BetrVG 1972 Nr. 37 S. 8 = AP Nr. 37 zu § 80 BetrVG 1972 Bl. 3 R) sowie die **Zertifizierung** nach **DIN ISO 9000 ff.** (*Schmidt/Dobberahn* NZA 1995, 1017 [1020]; vgl. auch *Lachenmann* RdA 1998, 105 [112]). Die Mitbestimmung nach § 87 Abs. 1 Nr. 6 ist dagegen zu bejahen bei der **Einführung** von **Verfahren vorbestimmter Zeiten**, soweit die Normalleistung durch eine technische Einrichtung ermittelt wird (*Neudel* AuR 1975, 143 [144]; *ders.* AiB 1980, Heft 4, S. 10; **a. M.** *Erdmann/Jürging/Kammann* § 87 Rn. 72, zu den Ermittlungsmethoden Rdn. 958 ff.). Zur Umstellung einer bisher manuell geführten **Anwesenheitsliste** auf eine von der Datenverarbeitung maschinell vorgedruckte Liste *ArbG Kiel* 29.05.1975 DB 1975, 1369. Zur Auswertung der nichttechnisch gewonnenen Daten durch elektronische Datenverarbeitung Rdn. 552 ff., zur fehlenden Mitbestimmung bei arbeitsbegleitenden Papieren nach § 87 Abs. 1 Nr. 1 *Wiese* Rdn. 212.

d) Bestimmung zur Überwachung

Die technische Einrichtung muss dazu bestimmt sein, das Verhalten oder die Leistung der Arbeitnehmer zu überwachen. Trotz des missverständlichen Wortlauts kommt es nicht darauf an, ob der Arbeitgeber die technische Einrichtung jedenfalls auch zu diesem Zweck zu verwenden beabsichtigt. Die vom Arbeitgeber verfolgte Zweckbestimmung ist den Umständen oft nicht eindeutig zu entnehmen, so dass ein unerträglicher Schwebezustand hinsichtlich der Mitbestimmung des Betriebsrats bestünde, wäre die Verwendungsabsicht des Arbeitgebers maßgebend. Vor allem wäre die jederzeitige Verwendung der technischen Einrichtung durch den Arbeitgeber zu Kontrollzwecken, aber auch ein Missbrauch der, sei es auch zu anderen Zwecken gewonnenen, Daten nicht auszuschließen. Deshalb ist die einseitige Absichtserklärung des Arbeitgebers, die Einrichtung nicht zur Kontrolle von Arbeitnehmern verwenden zu wollen, unbeachtlich. Nach dem mit der Vorschrift verfolgten Zweck, die Arbeitnehmer präventiv vor Eingriffen in ihre Persönlichkeitssphäre zu schützen (Rdn. 509), genügt es, dass die technische Einrichtung aufgrund ihrer Konstruktion und Verwendung im konkreten Fall **objektiv zur Überwachung von Arbeitnehmern geeignet** ist, d. h. dem Arbeitgeber Daten über das Verhalten oder die Leistung der Arbeitnehmer zur Verfügung stellt und es somit ausschließlich von seinem Willen abhängt, ob er von der Möglichkeit ihrer Verwendung zu Kontrollzwecken Gebrauch macht (*Wiese* Initiativrecht, S. 50; ähnlich *BAG* st. Rspr. 09.09.1975 EzA § 87 BetrVG 1972 Kontrolleinrichtung Nr. 2 S. 7 f. = AP Nr. 2 zu § 87 BetrVG 1972 Überwachung Bl. 1 R f. *[Hinz; Wiese* nach Nr. 1*]*; 06.12.1983 EzA § 87 BetrVG 1972 Bildschirmarbeitsplatz Nr. 1 S. 38, 45 *[Ehmann]* = AP Nr. 7 zu § 87 BetrVG 1972 Überwachung Bl. 17, 19 R *[Richardi]*; 27.01.2004 EzA § 87 BetrVG 2001 Kontrolleinrichtung Nr. 1 S. 8 = AP Nr. 40 zu § 87 BetrVG 1972 Überwachung Bl. 4 R *[Wiese]*; weitere Nachweise 9. Aufl. § 87 Rn. 507; *BVerwG* 16.12.1987 NZA 1988, 513 f.; 23.09.1992 AP Nr. 38 zu § 75 BetrVG Bl. 3 ff.;13.08.1992 AP Nr. 39 zu § 75 BPersVG Bl. 3; *ArbG Stuttgart* 25.07.2013 – 17 BV 37/13, Rn. 17; *Andres* Integration moderner Technologien, S. 62 ff.; *Bender/WPK* § 87 Rn. 115; *Däubler* Gläserne Belegschaften?, Rn. 756; *Fitting* § 87 Rn. 226, 235; *Gamillscheg* II, S. 911; *Hofe* Betriebliche Mitbestimmung und Humanisierung der Arbeitswelt, S. 133; *Kaiser/LK* § 87 Rn. 137; *Klebe/DKKW* § 87 Rn. 186; *Kohte/HaKo* § 87 Rn. 71; *Kraft* ZfA 1985, 141 [145 ff.]; *Ossberger* Betriebliche Kontrollen, S. 103 ff.; *Richardi* § 87 Rn. 478, vgl. aber auch Rn. 504; *Schwarz* Arbeitnehmerüberwachung, S. 105 ff.; *ders.* BB 1985, 531 [534]; *Simitis* AuR 1977, 97 [100]; *ders.* NJW 1985, 401 [404]; *Worzalla/HWGNRH* § 87 Rn. 349; **a. M.** *Buchner* SAE 1975, 152 [154] – dagegen *Wiese* Anm. AP Nr. 1 zu § 87 BetrVG 1972 Überwachung Bl. 3 R f.; *Erdmann* FS *Karl Molitor*, 1988, S. 81 [94 ff.]; *Gaul* RDV 1987, 109 [113 f.]; *P. Nipperdey* CR 1987, 434 [435 f.]; *Peterek* Anm. SAE 1976, 191 f.; *Schmidt-Dorrenbach/Goos* DB 1983, Beil. Nr. 11, S. 5; *Stadler* BB 1972, 800 [801]; *Stege/Weinspach/Schiefer* § 87 Rn. 107 f.; vgl. auch *LAG Düsseldorf/Köln* 13.10.1977 EzA § 87 BetrVG 1972 Kontrolleinrichtung Nr. 4 – dagegen *Jahnke* DB 1978, 1691 [1694]; z. T. krit. *ArbG Düsseldorf* 09.01.1980 EzA § 87 BetrVG 1972 Kontrolleinrichtung Nr. 8 S. 43; zum Ganzen auch *Ehmann* Arbeitsschutz und Mitbestimmung bei neuen Technologien, S. 108 ff.; *ders.* FS *Hilger* und *Stumpf*, S. 125 [130 ff.], *ders.* SAE 1985, 181 ff., 273 ff.; *Matthes/MünchArbR* § 248 Rn. 26 f.; weitere Nachweise – insbesondere zu Entscheidungen der Instanzgerichte – 6. Aufl. § 87 Rn. 507). Weitergehend *BVerwG* 23.02.1992 PersR 1993, 28 (30); danach genügt es, dass die technische Einrichtung mit einem entsprechenden Programm zwar noch nicht versehen ist, aber versehen werden kann.

Unerheblich ist die **primäre Verwendung** der technischen Einrichtung. Selbst wenn diese nicht ausschließlich oder überwiegend der Überwachung des Verhaltens oder der Leistung von Arbeitnehmern dient, ist deren Bestimmung zur Überwachung, d. h. ihre Eignung auch dann noch zu bejahen, wenn diese nur eine **Nebenwirkung** der Überwachung einer Maschine oder eines technischen Vorgangs ist

§ 87　　　　　　　　　　　　　　　　　　　　　　　IV. 3. Soziale Angelegenheiten

(*BAG* 09.09.1975 EzA § 87 BetrVG 1972 Kontrolleinrichtung Nr. 2 S. 8 = AP Nr. 2 zu § 87 BetrVG 1972 Überwachung Bl. 3 *[Hinz; Wiese* nach Nr. 1*]*; 10.07.1979 EzA § 87 BetrVG 1972 Kontrolleinrichtung Nr. 6 S. 29 = AP Nr. 3 zu § 87 BetrVG 1972 Überwachung Bl. 2 *[Moritz* nach Nr. 4*]*; *LAG Düsseldorf* 14.12.1981 DB 1982, 550 [551]; *LAG Frankfurt a. M.* 15.06.1984 NZA 1985, 33 [34]). Haupt- und Nebenzweck der Einrichtung lassen sich ohnehin kaum trennen. Die Mitbestimmung ist gerechtfertigt, soweit die Überwachung von Arbeitnehmern reicht.

534　Die **Mitbestimmung** ist grundsätzlich zu **verneinen**, wenn der Arbeitgeber dem Arbeitnehmer auf dessen Wunsch die **Benutzung** eines **privaten Laptops oder Smartphones** zur Erledigung dienstlicher Aufgaben gestattet (**Bring Your Own Device** – BOYD), sofern dessen personenbezogene Daten oder die anderer Arbeitnehmer nicht erfasst werden und deren Überwachung ausgeschlossen ist (*BVerwG* 12.10.1989 RDV 1990, 86; *Gola* RDV 1993, 162 [165]). Etwas anderes gilt indes dann, wenn sich der private Rechner des Arbeitnehmers mit der IT-Landschaft des Unternehmens vernetzt und synchronisiert, so dass sich über die dabei gewonnen Daten Rückschlüsse auf das Verhalten und die Leistung des Arbeitnehmers ziehen lassen (*Monsch* Bring Your Own Device, S. 106 ff.). Gleiches gilt, wenn ohne dass eine Synchronisierung von Daten stattfindet aus einem regelmäßig erforderlichen Login und Logout in die Anwendersoftware des Arbeitgebers Rückschlüsse auf das Arbeitnehmerverhalten und die Leistung des Arbeitnehmers ziehen lassen (*Monsch* Bring Your Own Device, S. 107 f.). Die Mitbestimmung ist hingegen nicht gegeben, wenn zur Inanspruchnahme der EDV-Anlage zu Überwachungszwecken eine besondere Einweisung der sie bedienenden Arbeitnehmer und damit deren Mitwirkung an ihrer eigenen Überwachung erforderlich ist, eine derartige Einweisung aber noch nicht erfolgt ist (*BVerwG* 23.09.1992 AP Nr. 38 zu § 75 BPersVG Bl. 4). Ebenso ist die Mitbestimmung zu verneinen, wenn ein Personalcomputer für einen Ausbilder ausschließlich zum Üben und für die Vorbereitung des Unterrichts bei Fortbildungsmaßnahmen angeschafft wird, ohne dass dabei Realdaten von Arbeitnehmern benutzt werden (*BVerwG* 23.09.1972 AP Nr. 38 zu § 75 BPersVG Bl. 5 f.; **a. M.** *VGH Kassel* 08.08.1990 CR 1991, 482 – Vorinstanz).

535　Nach der ursprünglich vom *BAG* und weithin in der Literatur vertretenen Auffassung wurde verlangt, dass die technische Einrichtung als solche **unmittelbar**, d. h. wenigstens in ihrem **Kern** selbst zur **Überwachung geeignet** sein müsse; nicht ausreichend sei, dass erst durch zusätzliche anderweitige Anordnungen oder Gestaltungen einer technischen Einrichtung zukünftig Arbeitnehmer überwacht werden könnten (*BAG* 09.09.1975 EzA § 87 BetrVG 1972 Kontrolleinrichtung Nr. 2 S. 8 = AP Nr. 2 zu § 87 BetrVG 1972 Überwachung Bl. 3 *[Hinz; Wiese* nach Nr. 1*]*; 10.07.1979 EzA § 87 BetrVG 1972 Kontrolleinrichtung Nr. 6 S. 30 = AP Nr. 3 zu § 87 BetrVG 1972 Überwachung Bl. 2*[Moritz* nach Nr. 4*]*; 23.04.1985 EzA § 87 BetrVG 1972 Kontrolleinrichtung Nr. 13 S. 109 = AP Nr. 12 zu § 87 BetrVG 1972 Überwachung Bl. 2 R; 24.11.1981 EzA § 87 BetrVG 1972 Betriebliche Ordnung Nr. 7 S. 49 f. *[Weiss]* = AP Nr. 1 zu § 87 BetrVG 1972 Ordnung des Betriebes Bl. 2 R *[Herschel]*; *LAG Berlin* 31.03.1981 DB 1981, 1519 [1522]; 17.08.1982 DB 1983, 2584; *LAG Düsseldorf* 14.12.1981 DB 1982, 550 [551]; *LAG Niedersachsen* 25.03.1982 DB 1982, 2039; *LAG Schleswig-Holstein* 09.06.1982 DB 1983, 995; *Galperin/Löwisch* § 87 Rn. 142a, 143a; *Jahnke* DB 1978, 1691 f.; *Kraft* ZfA 1985, 141 [149]; *Richardi* § 87 Rn. 503; *Söllner* DB 1984, 1243 [1244 f.]; *Stege/Weinspach/Schiefer* § 87 Rn. 107c ff.; *Wiese* 3. Bearbeitung, § 87 Rn. 205; **a. M.** oder krit. *LAG Frankfurt a. M.* 01.09.1983 DB 1984, 459 f.; *LAG Baden-Württemberg* 23.05.1978 DB 1978, 1600; *Goos* BB 1983, 581 [584]; *Heinze* Anm. SAE 1985, 245 [248, 249]; *Hinz* Anm. AP Nr. 2 zu § 87 BetrVG 1972 Überwachung Bl. 6 R; *Hunold* DB 1982, Beil. Nr. 18, S. 9; *Klebe* NZA 1985, 44 [45 f.]; *Ossberger* Betriebliche Kontrollen, S. 105 ff.; *Peterek* Anm. SAE 1976, 191 f.; *Schapper/Waniorek* AuR 1985, 246 [248 f.]; *Schwarz* Arbeitnehmerüberwachung, S. 91, 113 ff.; *ders.* DB 1983, 226 [227]; *ders.* BB 1985, 531 [534]; *Worzalla/HWGNRH* § 87 Rn. 354 f., anders Rn. 350).

536　Das Kriterium der Unmittelbarkeit ist jedoch weder dem Wortlaut des § 87 Abs. 1 Nr. 6 noch dessen Normzweck zu entnehmen. Es ist zudem vieldeutig und deshalb zur Abgrenzung unbrauchbar. Von Unmittelbarkeit kann auch kaum gesprochen werden, wenn z. B. die Verarbeitung der auf andere Weise als technisch ermittelten Daten im Ergebnis zu Recht als mitbestimmungspflichtig angesehen wird (Rdn. 552 ff.). Das *BAG* verwendet dieses Kriterium auch nicht mehr, ohne es ausdrücklich aufgegeben zu haben (*Matthes* JArbR Bd. 23 [1985], 1986, S. 19 [26]). Es bleibt aber dabei, dass die **technische Einrichtung als solche zur Überwachung geeignet** sein muss, indem sie selbst Informationen über Arbeitnehmer ermittelt und übermittelt bzw. aufzeichnet oder entsprechende Daten, mögen sie auch auf andere Weise ermittelt sein, verarbeitet (Rdn. 552 ff.). Entscheidend ist, dass die technische Einrichtung in allen oder einzelnen Überwachungsphasen (Rdn. 545 ff.) **objektiv** eine **eigenständige Überwachungswirkung** hat (*Andres* Integration moderner Technologien, S. 70; *Fitting* § 87 Rn. 227; *Schwarz* Arbeitnehmerüberwachung, S. 94 ff. [117]; *ders.* DB 1983, 226 [228]; *ders.* BB 1985, 531 [532]; ähnlich *Matthes/* MünchArbR § 248 Rn. 5; krit. dazu *Denck* RdA 1983, 384 [385]; *Ehmann* FS *Hilger* und *Stumpf*, S. 125 [153 FN 113]; *Klebe/DKKW* § 87 Rn. 168; *Zöllner* DB 1984, 241 [245 Fn. 19]).

Zu verneinen ist dies bei **technischen Hilfsmitteln**, die u. a. von **Aufsichtspersonen zur Unterstützung** der **eigenen Wahrnehmung** oder deren **Fixierung** eingesetzt werden (*Fitting* § 87 Rn. 227; *Kaiser/LK* § 87 Rn. 134; *Kraft* ZfA 1985, 141 [145, 149]; *Ossberger* Betriebliche Kontrollen, S. 113 f.; *Richardi* § 87 Rn. 503; *Schwarz* Arbeitnehmerüberwachung, S. 96 [98, 141]; *Worzalla/ HWGNRH* § 87 Rn. 368; im Ergebnis wohl auch *Klebe/DKKW* § 87 Rn. 168, 185; krit. *Däubler* Gläserne Belegschaften?, Rn. 711). Das gilt z. B. für normale **Uhren** (Armband-, Taschen-, Wand- und Stoppuhren) zur Zeitkontrolle oder Zeitmessung (*BAG* 08.11.1994 EzA § 87 BetrVG 1972 Kontrolleinrichtung Nr. 20 S. 2 = AP Nr. 27 zu § 87 BetrVG 1972 Überwachung Bl. 1 R f. bei Arbeitszeitmessung mit Stoppuhr; *LAG Hamm* 17.03.1978 EzA § 87 BetrVG 1972 Kontrolleinrichtung Nr. 5 S. 24 f.; *LAG Schleswig-Holstein* 04.07.1985 LAGE § 87 BetrVG 1972 Kontrolleinrichtung Nr. 7 S. 15 f.). Gleiches gilt für die **Brille** der Aufsichtsperson, die **Lupe**, das **Zentimetermaß**, **Fernglas**, den **Zollstock** oder für den **Taschenrechner** bzw. die **Bürorechenmaschine**, mit denen lediglich Verhaltens- oder Leistungsdaten addiert werden. Auch **reine Speichereinrichtungen**, bei denen die Datenausgabe mit der Dateneingabe identisch ist und die deshalb keine eigenständige Überwachungswirkung haben, unterliegen nicht der Mitbestimmung. Das gilt z. B. für ein **Tonbandgerät**, auf das die Personalakten gesprochen werden, um einem sehbehinderten Arbeitgeber die akustische Wiedergabe mittels eines Lautsprechers zu ermöglichen, ebenso aber auch für die bloße Speicherung der Personaldaten auf einem **Mikrofilm**, der mittels eines Lesegeräts gelesen werden kann (*Schwarz* BB 1985, 531 [534]; *Zöllner* DB 1984, 241 [244]). Ein **Lese-** und **Auswertungsgerät** für Diagrammscheiben von **Fahrtenschreibern** ist eine Art beleuchtete Vergrößerungslupe und hat keine eigenständige Überwachungswirkung, so dass die Mitbestimmung insoweit gleichfalls ausscheidet (*Jahnke* DB 1978, 1691 f.; *Kraft* ZfA 1985, 141 [145]; *Schwarz* Arbeitnehmerüberwachung, S. 95 [141], anders aber wohl DB 1983, 226 [228 f.]; vgl. auch *LAG Düsseldorf* 13.10.1977 EzA § 87 BetrVG 1972 Kontrolleinrichtung Nr. 4 S. 19 f., das unzutreffend das Lesegerät als Teil des Fahrtenschreibers ansieht [EzA § 87 BetrVG 1972 Kontrolleinrichtung Nr. 4 S. 21]). Ebenso wenig ist das von Aufsichtspersonen oder vom Arbeitnehmer bei der Anfertigung schriftlicher Leistungs- oder Verhaltensnachweise und Tätigkeitsberichte (Rdn. 530) verwendete **Schreibgerät** eine technische Einrichtung (*BAG* 24.11.1981 EzA § 87 BetrVG 1972 Betriebliche Ordnung Nr. 7 S. 50 *[Weiss]* = AP Nr. 3 zu § 87 BetrVG 1972 Ordnung des Betriebes Bl. 2 R *[Herschel]*; *LAG Schleswig-Holstein* 04.07.1985 LAGE § 87 BetrVG 1972 Kontrolleinrichtung Nr. 7 S. 15 f.). Gleiches gilt für die Hilfsmittel, die der Arbeitnehmer selbst zur Überprüfung der Qualität der von ihm gefertigten Werkstücke einsetzt, ohne dass damit eine Aufzeichnung verbunden ist (*Schwarz* Arbeitnehmerüberwachung, S. 86). Auch eine **Telefon-** oder **Bürosprechanlage** (vgl. auch Rdn. 543) ist nicht deshalb mitbestimmungspflichtig, weil mit ihrer Hilfe festgestellt werden kann, ob ein Arbeitnehmer sich an seinem Arbeitsplatz aufhält (zur Überwachung von Telefongesprächen vgl. aber Rdn. 580 ff.). Dagegen haben **Einwegscheiben**, soweit ihre Zulässigkeit nicht bereits gegen das Persönlichkeitsrecht an der Eigensphäre verstößt (so für den Regelfall *Wiese* ZfA 1971, 273 [285]), die gleiche Wirkung wie eine Fernsehkamera, so dass die Mitbestimmung gegeben ist (*Klebe/DKKW* § 87 Rn. 201; *Schwarz* Arbeitnehmerüberwachung, S. 141; *ders.* DB 1983, 226 [228 Fn. 28]; **a. M.** *Kraft* ZfA 1985, 141 [145]; *Matthes/* MünchArbR § 248 Rn. 5; *Worzalla/HWGNRH* § 87 Rn. 344). Gleiches kann auch für **Spiegelsysteme** in Betracht kommen (*Schwarz* Arbeitnehmerüberwachung, S. 90 [98, 141]; **a. M.** *Stege/Weinspach/Schiefer* § 87 Rn. 105a; *Worzalla/HWGNRH* § 87 Rn. 344, 368). Keine Überwachungswirkung geht von der **Festsetzung** der **Bandgeschwindigkeit** aus, die daher nach § 87 Abs. 1 Nr. 6 mitbestimmungsfrei ist (*Fitting* § 87 Rn. 227; *Rüthers* ZfA 1973, 399 [410]; *Worzalla/HWGNRH* § 87 Rn. 369; zu § 87 Abs. 1 Nr. 10 Rdn. 964).

538 Die **Einrichtung** muss aber nicht nur aufgrund ihrer Konstruktion zur Überwachung von Arbeitnehmern abstrakt geeignet sein, sondern sie muss auch **konkret so verwendet** werden, dass tatsächlich **Arbeitnehmer erfasst** bzw. Daten über sie verarbeitet werden. Ist z. B. eine Fernsehkamera derart fest installiert, dass ausschließlich ein technischer Vorgang überwacht wird und Arbeitnehmer überhaupt nicht erfasst werden können und auch keine Rückschlüsse auf ihre Leistung oder ihr Verhalten möglich sind, so scheidet die Mitbestimmung von vornherein aus (Rdn. 575; *LAG Düsseldorf* 14.12.1981 DB 1982, 550 [551]; *Apitzsch / Schmitz* DB 1984, 983 [989]; *Fitting* § 87 Rn. 219; *Schwarz* Arbeitnehmerüberwachung, S. 100 f.). Gleiches gilt, wenn mittels einer mobilen Videokamera oder eines Fotoapparats Arbeitsvorgänge gefilmt oder fotografiert werden, ohne Arbeitnehmer zu erfassen oder Rückschlüsse auf ihr Verhalten zu ermöglichen. Entsprechendes gilt, wenn z. B. mit einer Polaroid-Kamera lediglich Aufnahmen von Arbeitsplätzen gemacht werden, auf denen die Arbeitnehmer nicht zu sehen sind (*LAG Hamm* 14.01.1981 ARSt. 1981, 126 [Nr. 1157]). Deshalb ist der Arbeitgeber nicht gehindert, einen Fotoapparat mit in den Betrieb zu bringen, solange er ihn nicht für die Aufnahme von Arbeitnehmern verwendet (vgl. aber Rdn. 528). Zutreffend hat daher auch das *BAG* die bloße Rechen- und Speicherkapazität eines elektronischen Systems für die Erfassung und Verarbeitung von Verhaltens- oder Leistungsdaten nicht als ausreichend angesehen, sondern den Einsatz eines entsprechenden Programms verlangt (Rdn. 556).

539 Bei einer **vom Arbeitnehmer selbst** zu **bedienenden technischen Einrichtung** ist zu unterscheiden: Ist diese zwar als solche nach ihrer technischen Konstruktion zur Überwachung geeignet, letztere aber durch besondere Vorkehrungen – z. B eine Sperrvorrichtung – ausgeschlossen, so entfällt die Mitbestimmung (vgl. auch *Jobs* DB 1983, 2307 [2310]). Hat der Arbeitnehmer dagegen nur die technische Möglichkeit, eine zur Überwachung geeignete und diese zwangsläufig bewirkende technische Einrichtung (z. B. eine Multimoment-Filmkamera) abzuschalten, so ist die Mitbestimmung gegeben, zumal bereits das Abschalten Rückschlüsse zulässt (*BAG* 14.05.1974 EzA § 87 BetrVG 1972 Kontrolleinrichtung Nr. 1 S. 4 = AP Nr. 1 zu § 87 BetrVG 1972 Überwachung Bl. 2 R *[Wiese]* = SAE 1975, 151 *[Buchner]*; vgl. auch *ArbG Hamburg* 22.04.1980 DB 1980, 1224; *Schwarz* Arbeitnehmerüberwachung, S. 87 f.).

540 Ist der Arbeitnehmer verpflichtet, an einem **Produktographen** (Gerät zur Kontrolle des Laufs und der Bedienung einer Maschine) verschiedene Tasten zu bedienen und wird dadurch neben der Kontrolle der Maschine und des Arbeitsablaufs zugleich die des Arbeitnehmers ermöglicht, hat der Betriebsrat ebenfalls mitzubestimmen (*BAG* 09.09.1975 EzA § 87 BetrVG 1972 Kontrolleinrichtung Nr. 2 S. 7 f. = AP Nr. 2 zu § 87 BetrVG 1972 Überwachung Bl. 2 R *[Hinz; Wiese* nach Nr. 1*]* = SAE 1976, 189 *[Peterek]* = AuR 1976, 91 *[Nickel/Pabst]*; *ArbG Berlin* 21.01.1973 BB 1973, 289; *Däubler* Das Arbeitsrecht I, Rn. 975; *Fitting* § 87 Rn. 229, 244; *Klebe / DKKW* § 87 Rn. 201; *Richardi* § 87 Rn. 508; *Worzalla / HWGNRH* § 87 Rn. 366; **a. M.** *Brecht* § 87 Rn. 22; *Stadler* BB 1972, 800 [801]; zur umstrittenen früheren Rechtslage Rdn. 506).

541 Die Überwachung ist auch gegeben, wenn aufgrund der Einrichtung **Rückschlüsse** auf das Verhalten oder die Leistung bestimmter **anderer Arbeitnehmer** gezogen werden können, die nicht die mit der Einrichtung versehene Maschine bedienen (*BAG* 09.09.1975 EzA § 87 BetrVG 1972 Kontrolleinrichtung Nr. 2 S. 9 = AP Nr. 2 zu § 87 BetrVG 1972 Überwachung Bl. 3 R *[Hinz; Wiese* nach Nr. 1*]*).

542 Die Mitbestimmung ist nicht dadurch ausgeschlossen, dass es sich um **arbeitsnotwendige**, d. h. die Ausführung der vom Arbeitnehmer geschuldeten Arbeit betreffende **Maßnahmen** i. S. d. Rechtsprechung des *BAG* zum BetrVG 1952 (27.05.1960 AP Nr. 1 zu § 56 BetrVG Ordnung des Betriebes Bl. 1 R f.; ferner *Wiese* Rdn. 202 ff.) handelt (*Fitting* § 87 Rn. 226; *Schwarz* Arbeitnehmerüberwachung, S. 118 ff.; **a. M.** *Arbeitsring Chemie* § 87 Ziff. 6 Rn. 2; *Kammann / Hess / Schlochauer* § 87 Rn. 116, aber auch Rn. 119). Eine derartige Einschränkung ist der Vorschrift nicht zu entnehmen und abzulehnen, weil auch bei Erfüllung der Arbeitsleistung die Persönlichkeitssphäre der Arbeitnehmer berührt wird. Ebenso wird im Rahmen der Mitbestimmung nach § 87 Abs. 1 Nr. 1 das Kriterium der »arbeitsnotwendigen Maßnahme« mit Recht für die Abgrenzung mitbestimmungspflichtiger Maßnahmen nicht mehr herangezogen (*Wiese* Rdn. 202 ff.). Selbst wenn der Betriebsrat unter Berücksichtigung betrieblicher Belange der Einführung einer bestimmten technischen Einrichtung nicht widersprechen kann (Rdn. 521), besteht doch ein Bedürfnis dafür, dass die legitimen Interessen der Arbeitnehmer zumindest bei der Ausgestaltung und Anwendung der Einrichtung vom Betriebsrat vertreten wer-

den. Die Situation ist vergleichbar mit der Regelung nach § 87 Abs. 1 Nr. 7, bei der die Einführung bestimmter Arbeitsschutzvorrichtungen vom Gesetzgeber vorgeschrieben ist, dem Betriebsrat aber ein Mitbestimmungsrecht im Rahmen des verbleibenden Regelungsspielraums zusteht (Rdn. 616). Deshalb wird von der h. M. die Mitbestimmung bei Einführung eines Produktographen mit Recht bejaht (Rdn. 540).

Ist eine technische Einrichtung sowohl nach ihrer Konstruktion wie Anwendung objektiv zur Überwachung von Arbeitnehmern geeignet, so ist die **Mitbestimmung** dennoch zu **verneinen**, wenn ausschließlich durch eine **rechtswidrige Verwendung** der Einrichtung die Überwachung ermöglicht wird, da hier kein Regelungsspielraum besteht. Das ist z. B. anzunehmen, wenn mittels einer Bürosprechanlage unzulässigerweise Gespräche mitgehört werden können (*BAG* 02.06.1982 EzA Art. 2 GG Nr. 2 S. 6 ff. = AP Nr. 3 zu § 284 ZPO Bl. 2 ff. *[Baumgärtel]* = SAE 1984, 294 *[Lorenz/Unger]* = AR-Blattei, Kündigung II, Entsch. 29 *[Wiese]* = BB 1983, 1727 *[Schlund]*). Der Betriebsrat hat aber nach § 80 Abs. 1 Nr. 1 darüber zu wachen, dass Rechtsverstöße unterbleiben. Häufig wird jedoch eine technische Einrichtung sowohl eine zulässige wie unzulässige Überwachung ermöglichen. In diesem Fall ist zwar eine Regelung auch nur im Rahmen der zulässigen Verwendungsmöglichkeit gegeben. Jedoch ist damit zugleich eine unzulässige Verwendung zu verhindern (vgl. auch Rdn. 509). Insoweit steht dem Betriebsrat nach § 87 Abs. 1 Nr. 6 ein Mitbeurteilungsrecht zu, ohne dass die Grenzen der Zulässigkeit dadurch verändert würden (Rdn. 512 f.; im Ergebnis wie hier *Ossberger* Betriebliche Kontrollen, S. 127 f.; *Schwarz* Arbeitnehmerüberwachung, S. 55; **a. M.** *Nickel* Anm. AuR 1976, 93 [95]).

543

Unerheblich ist, ob die ermittelten und aufgezeichneten Daten, die zur Überwachung des Verhaltens oder der Leistung von Arbeitnehmern geeignet sind **(Beurteilungsrelevanz)**, für sich allein schon eine vernünftige und sachgerechte abschließende Beurteilung von Verhalten oder Leistung des Arbeitnehmers ermöglichen; es genügt, dass Verhaltens- oder Leistungsdaten erst in Verbindung mit weiteren Daten und Umständen die Beurteilung ermöglichen (*BAG* 06.12.1983 EzA § 87 BetrVG 1972 Bildschirmarbeitsplatz Nr. 1 S. 42 f. *[Ehmann]* = AP Nr. 7 zu § 87 BetrVG 1972 Überwachung Bl. 18 R f. *[Richardi]*; 14.09.1984 EzA § 87 BetrVG 1972 Kontrolleinrichtung Nr. 11 S. 81 f. *[Löwisch/Rieble]* = AP Nr. 9 zu § 87 BetrVG 1972 Überwachung Bl. 4 f.; 23.04.1985 EzA § 87 BetrVG 1972 Kontrolleinrichtung Nr. 12 S. 105 = AP Nr. 11 zu § 87 BetrVG 1972 Überwachung Bl. 4 f.; 23.04.1985 EzA § 87 BetrVG 1972 Kontrolleinrichtung Nr. 13 S. 110 f. = AP Nr. 12 zu § 87 BetrVG 19972 Überwachung Bl. 2 R f.; 11.03.1986 EzA § 87 BetrVG 1972 Kontrolleinrichtung Nr. 15 S. 133 *[Wohlgemuth]* = AP Nr. 14 zu § 87 BetrVG 1972 Überwachung Bl. 5 *[Kraft]*; Hess. VGH 29.03.1989 PersV 1991, 217 [219]; *Däubler* Gläserne Belegschaften?, Rn. 752 ff.; *Fitting* § 87 Rn. 222, 235, 237, 241; *Heinze* Anm. SAE 1985, 245 [249]; *Klebe* NZA 1985, 44 [46]; *Matthes* RDV 1985, 16 [19]; *Schwarz* Arbeitnehmerüberwachung, S. 147; *ders.* BB 1985, 531 [532]; *Worzalla/HWGNRH* § 87 Rn. 365; **a. M.** *Ehmann* Arbeitsschutz und Mitbestimmung bei neuen Technologien, S. 112 f.; *ders.* Anm. SAE 1985, 273 [276]; *ders.* NZA 1985, Beil. Nr. 1, S. 7 f.; *ders.* ZfA 1986, 357 [372]; *Koffka* JArbR Bd. 23 [1985], 1986, S. 31 [33 f.]; *Weng* DB 1985, 1341 [1343]; krit. *Kort* CR 1987, 300 [304 f.]).

544

e) Überwachungsphasen

Die Überwachung des Verhaltens oder der Leistung von Arbeitnehmern ist ein Vorgang, der verschiedene Phasen durchlaufen kann, nämlich die Ermittlung, Übermittlung und/oder Aufzeichnung sowie die Verarbeitung (Auswertung) von Kontrollinformationen. Denkbar ist, dass mittels einer Überwachungseinrichtung alle diese Vorgänge verwirklicht werden können. Das ist aber weder nach dem Wortsinn noch nach dem Zweck des § 87 Abs. 1 Nr. 6 Voraussetzung der Mitbestimmung, weil es nur auf die Bestimmung, d. h. die Eignung der technischen Einrichtung zur Überwachung ankommt. Diese ist auch dann gegeben, wenn die Überwachungseinrichtung lediglich eine oder einzelne Phasen des Überwachungsvorgangs technisch ermöglicht (Nachweise in den folgenden Randnummern sowie *Fitting* § 87 Rn. 218; zu den einzelnen Phasen *Schwarz* Arbeitnehmerüberwachung, S. 21 ff. [74 ff.]). Die begrenzten Funktionen einer technischen Überwachungseinrichtung schließen daher nicht die Mitbestimmung aus, sondern beschränken nur deren Umfang.

545

aa) Ermittlung, Übermittlung und Aufzeichnung von Informationen

546 In Betracht kommt zunächst die **Ermittlung (Erhebung) von Informationen (Daten)** über das Verhalten oder die Leistung der Arbeitnehmer. Diese Funktion technischer Einrichtungen ist der ursprüngliche Ansatz der Mitbestimmung nach § 87 Abs. 1 Nr. 6 (vgl. auch Rdn. 523). So können z. B. durch Film- oder Fernsehkameras, Abhörgeräte oder sonstige technische Geräte, wie etwa eine Stechuhr, einen Fahrtenschreiber oder Produktographen, Informationen über das Verhalten oder die Leistung von Arbeitnehmern optisch, akustisch oder in anderer Weise auf technischem Wege ermittelt werden. In allen diesen Fällen ist die Überwachung mittels der technischen Einrichtung von der durch Menschen verschieden und die Mitbestimmung nach § 87 Abs. 1 Nr. 6 eindeutig gegeben. Entsprechendes gilt für das Erheben von Daten durch EDV-Systeme mittels entsprechender Programme (Rdn. 552 ff.), dagegen nicht für die Erhebung von Daten durch Personen ohne technische Hilfsmittel. Die bloße Ermittlung von Verhaltens- oder Leistungsdaten durch technische Einrichtungen erfüllt daher bereits die Voraussetzungen des § 87 Abs. 1 Nr. 6 (*BAG* 06.12.1983 EzA § 87 BetrVG 1972 Bildschirmarbeitsplatz Nr. 1 S. 36 f. *[Ehmann]* = AP Nr. 7 zu § 87 BetrVG 1972 Überwachung Bl. 16 *[Richardi]*; 14.09.1984 EzA § 87 BetrVG 1972 Überwachung Nr. 11 S. 81 f. *[Löwisch/Rieble]* = AP Nr. 9 zu § 87 BetrVG 1972 Überwachung Bl. 4 ff. *[Richardi]*; 28.11.1989 EzA § 87 BetrVG 1972 Kontrolleinrichtung Nr. 18 S. 4 *[Streckel]* = AP Nr. 4 zu § 87 BetrVG 1972 Initiativrecht Bl. 2).

547 Unerheblich ist, **wie** die erhobenen **Informationen** der **menschlichen Wahrnehmung zugänglich gemacht** werden. Die Regel ist zwar die **Aufzeichnung** (*BAG* 06.12.1989 EzA § 87 BetrVG 1972 Bildschirmarbeitsplatz Nr. 1 S. 36 *[Ehmann]* = AP Nr. 7 zu § 87 BetrVG 1972 Überwachung Bl. 16 *[Richardi]*; 14.09.1984 EzA § 87 BetrVG 1972 Überwachung Nr. 11 S. 80 *[Löwisch/Rieble]* = AP Nr. 9 zu § 87 BetrVG 1972 Überwachung Bl. 3 R f. *[Richardi]*; 28.11.1989 EzA § 87 BetrVG 1972 Kontrolleinrichtung Nr. 18 S. 4 *[Streckel]* = AP Nr. 4 zu § 87 BetrVG 1972 Initiativrecht Bl. 2; vgl. auch Rdn. 523; *Schwarz* Arbeitnehmerüberwachung, S. 78 f.), so dass die Informationen dem Arbeitgeber dauerhaft zur Verfügung stehen. Jedoch kommt es darauf nicht an. Es genügt die **direkte Übermittlung** der Informationen, so dass die technische Einrichtung weder mit einem Aufzeichnungsgerät verbunden zu sein noch ein vorhandenes verwendet zu werden braucht. Deshalb sind Überwachungseinrichtungen i. S. d. § 87 Abs. 1 Nr. 6 auch Fernsehkameras oder Abhörgeräte, die lediglich optische oder akustische Informationen übermitteln (Rdn. 523). Der Überwachungseffekt ist auch bei dieser Form der Vermittlung erhobener Informationen gegeben. Die **Aufzeichnung** mittels einer technischen Einrichtung ist daher nur dann notwendige Voraussetzung der Mitbestimmung, wenn die Informationen allein auf diese Weise der menschlichen Wahrnehmung zugänglich gemacht werden können. Das gilt z. B. für Stechuhren, Fahrtenschreiber, Produktographen und EDV-Anlagen. Zur zeitlichen Versetzung der Auswertung erhobener und aufgezeichneter Informationen Rdn. 549.

548 Die Mitbestimmung scheidet daher nur aus, wenn eine **Einrichtung** zwar vom Arbeitnehmer zu bedienen ist, über diesen aber **weder Informationen übermittelt** noch **aufzeichnet** (vgl. auch Rdn. 539, 575). Das gilt auch für ein **Zugangskontrollsystem**, für das der Arbeitnehmer anstelle eines Schlüssels eine codierte Ausweiskarte benutzen muss, um Betriebsräume betreten oder verlassen zu können, ohne dass irgendwelche Daten über ihn festgehalten werden (*BAG* 10.04.1984 EzA § 87 BetrVG 1972 Betriebliche Ordnung Nr. 10 S. 70 ff. = AP Nr. 7 zu § 87 BetrVG 1972 Ordnung des Betriebes Bl. 1 R ff., das deshalb § 87 Abs. 1 Nr. 6 mit Recht nicht erwähnt; zur fehlenden Mitbestimmung nach § 87 Abs. 1 Nr. 1 in diesem Fall *Wiese* Rdn. 181; vgl. auch *OVG Hamburg* 04.07.1988 PersR 1988, 215 [216]). Zur Aufzeichnung des Arbeitsergebnisses Rdn. 563.

bb) Verarbeitung (Auswertung) von Informationen

549 Unter **Verarbeitung (Auswertung)** bereits vorhandener Informationen ist das Sichten, Ordnen, Trennen und Inbeziehungsetzen von Aussagen über Verhalten oder Leistung der Arbeitnehmer zu verstehen (*BAG* 14.09.1984 EzA § 87 BetrVG 1972 Kontrolleinrichtung Nr. 11 S. 86 f. *[Löwisch/Rieble]* = AP Nr. 9 zu § 87 BetrVG 1972 Überwachung Bl. 6 R *[Richardi]*; *Fitting* § 87 Rn. 217; *Matthes* RDV 1985, 16 [19]). Erfolgt die Verarbeitung durch eine technische Einrichtung, so ist sie als weitere denkbare Phase des Überwachungsvorgangs ein selbständiger Teilaspekt der Überwachung. Deshalb **beginnt** diese **nicht** erst **mit** der **Auswertung** der durch eine Überwachungseinrichtung erhobenen Informationen (*BAG* 09.09.1975 EzA § 87 BetrVG 1972 Kontrolleinrichtung Nr. 2 S. 8 = AP Nr. 2

zu § 87 BetrVG 1972 Überwachung Bl. 3 *[Hinz; Wiese nach Nr. 1]*; 06.12.1983 EzA § 87 BetrVG 1972 Bildschirmarbeitsplatz Nr. 1 S. 37 *[Ehmann]* = AP Nr. 7 zu § 87 BetrVG 1972 Überwachung Bl. 16 *[Richardi]*). **Ebenso wenig** ist es **erforderlich**, dass durch eine technische Einrichtung erhobene **Daten** durch diese **ausgewertet** werden **können** (*BAG* 06.12.1983 EzA § 87 BetrVG 1972 Bildschirmarbeitsplatz Nr. 1 S. 37 f. *[Ehmann]* = AP Nr. 7 zu § 87 BetrVG 1972 Überwachung Bl. 16 R f.). Andernfalls wären Fernsehkameras oder Abhörgeräte keine technischen Einrichtungen i. S. d. § 87 Abs. 1 Nr. 6. **Unerheblich** ist auch, ob die **Auswertung** der mittels einer technischen Einrichtung erfassten Daten **durch Betriebsvereinbarung ausgeschlossen** worden ist (*BAG* 28.11.1989 EzA § 87 BetrVG 1972 Kontrolleinrichtung Nr. 18 S. 4 *[Streckel]* = AP Nr. 4 zu § 87 BetrVG 1972 Initiativrecht Bl. 2). Ferner kommt es **nicht** darauf an, ob die mittels einer solchen Einrichtung erhobenen und aufgezeichneten Daten bei entsprechender Eignung durch die Einrichtung **tatsächlich ausgewertet** werden (*BAG* 09.09.1975 EzA § 87 BetrVG 1972 Kontrolleinrichtung Nr. 2 S. 8 = AP Nr. 2 zu § 87 BetrVG 1972 Überwachung Bl. 3; *Fitting* § 87 Rn. 231) oder ob der Arbeitgeber auch nur einen entsprechenden Willen hat (*BAG* 14.09.1984 EzA § 87 BetrVG 1972 Kontrolleinrichtung Nr. 11 S. 81 = AP Nr. 9 zu § 87 BetrVG 1972 Überwachung Bl. 4; 22.07.2008 EzA § 87 BetrVG 2001 Betriebliche Ordnung Nr. 3 Rn. 78 *[Brecht-Heitzmann]* = AP Nr. 14 zu § 87 BetrVG 1972). Schließlich ist es unerheblich, ob im Falle einer Auswertung eine **Aufzeichnung** und **Auswertung** der erhobenen Informationen **zeitlich versetzt** erfolgen (*BAG* st. Rspr., zuletzt 14.09.1984 EzA § 87 BetrVG 1972 Kontrolleinrichtung Nr. 11 S. 82 = AP Nr. 9 zu § 87 BetrVG 1972 Überwachung Bl. 4 R; weitere Nachweise 9. Aufl. § 87 Rn. 524; *LAG* Düsseldorf/Köln 21.11.1978 DB 1979, 459; *Galperin/Löwisch* § 87 Rn. 143a).

Die **Verwertung** der erhobenen und aufgezeichneten Informationen über Leistung und Verhalten 550 von Arbeitnehmern ist mithin **nicht Voraussetzung** der **Mitbestimmung**, sondern erweitert als zusätzliche Modalität der Überwachung lediglich den Umfang des Regelungsgegenstandes. Gegen die hier vertretene Auffassung spricht auch nicht die Entscheidung des *BAG* vom 23.01.1979 (DB 1981, 1144). In dieser ging es zwar auch um die maschinelle Auswertung manuell erhobener Daten, jedoch ließen diese keine Rückschlüsse auf das Verhalten der Arbeitnehmer zu, sondern lediglich darüber, welche Zeit für die Erledigung eines Auftrages benötigt wurde.

Zum **Informationsanspruch** des Betriebsrats über die Verarbeitung personenbezogener Daten *BAG* 551 17.03.1987 EzA § 80 BetrVG 1972 Nr. 30 S. 169 ff. = AP Nr. 29 zu § 80 BetrVG 1972 Bl. 3 R ff. = SAE 1988, 106 *(Kraft)* = AuR 1988, 92 *(Linnenkohl)* = AiB 1987, 287 *(Heilmann)*; *Kort* CR 1988, 220 ff.; *Weber* § 80 Rdn. 75; *Weckback* NZA 1988, 305. Zur Auswertung einer **Kundenbefragung** *BAG* 28.01.1992 EzA § 96 BetrVG 1972 Nr. 1 S. 6 f. = AP Nr. 1 zu § 96 BetrVG 1972 Bl. 2 R f.

Umstritten ist dagegen, ob die nur mittels einer technischen Einrichtung vorgenommene Verarbei- 552 tung verhaltens- oder leistungsbezogener **Daten**, die nicht durch die Einrichtung selbst gewonnen, sondern **auf andere Weise erhoben** und der **Einrichtung** zum Zwecke der Auswertung **eingegeben** werden müssen, als Überwachungsmaßnahme i. S. d. § 87 Abs. 1 Nr. 6 anzusehen ist. In Betracht kommen alle elektronischen Datenverarbeitungssysteme, insbesondere sog. **Personalinformationssysteme**. Das *BAG* hat die Überwachung in Übereinstimmung mit einem Teil der Lehre bejaht, sofern die eingegebenen Daten mittels eines entsprechenden **Programms** (Software) zu Aussagen über Verhalten oder Leistung einzelner Arbeitnehmer verarbeitet werden (*BAG* 14.09.1984 EzA § 87 BetrVG 1972 Kontrolleinrichtung Nr. 11 S. 79 ff. *[Löwisch/Rieble]* = AP Nr. 9 zu § 87 BetrVG 1972 Überwachung Bl. 3 R ff. *[Richardi]* = BB 1985, 193 *[Hunold]* = NJW 1985, 450 *[Kilian]* = AR-Blattei, Betriebsverfassung XIV B, Entsch. 83 *[Marsch-Barner]* = SAE 1985, 181 *[193 – Ehmann]* = AuR 1985, 261 *[Walz]*; 23.04.1985 EzA § 87 BetrVG 1972 Kontrolleinrichtung Nr. 12 S. 102 ff. = AP Nr. 11 zu § 87 BetrVG 1972 Überwachung Bl. 3 ff. = SAE 1985, 273 *[284 – Ehmann]* = BetrR 1985, 421 *[Oberhofer]* = AuR 1986, 60 *[Küpferle]* = AR-Blattei, Betriebsverfassung XIV B, Entsch. 84a *[Marsch-Barner]*; 23.04.1985 EzA § 87 BetrVG 1972 Kontrolleinrichtung Nr. 13 S. 108 f. = AP Nr. 12 zu § 87 BetrVG 1972 Überwachung Bl. 2 = AR-Blattei, Betriebsverfassung XIV B, Entsch. 84b *[Marsch-Barner]* = SAE 1985, 273 *[287 – Ehmann]* = BetrR 1985, 424 *[Oberhofer]*; 11.03.1986 EzA § 87 BetrVG 1972 Kontrolleinrichtung Nr. 15 S. 130 *[Wohlgemuth]* = AP Nr. 14 zu § 87 BetrVG 1972 Überwachung Bl. 4 *[Kraft]* = AR-Blattei, Betriebsverfassung XIV B 1, Entsch. 2 *[Ehmann]* = AuR 1986, 285 *[Hinrichs]* = SAE 1987, 94 *[Meisel]* = RDV 1986, 191 *[Gola]*; 17.03.1987 EzA § 80

BetrVG 1972 Nr. 30 S. 107 = AP Nr. 29 zu § 80 BetrVG 1972 Bl. 4 R = SAE 1988 *[Kraft]* = AuR 1988, 92 *[Linnenkohl]* = AiB 1987, 287 *[Heilmann]*; DB 1995, 147 f.; 14.11.2006 EzA § 50 BetrVG 2001 Nr. 6 Rn. 27 f. = AP Nr. 43 zu § 87 BetrVG 1972 Überwachung; 13.12.2016 AP Nr. 47 zu § 87 BetrVG 1972 Überwachung Rn. 41; *BVerwG* 16.12.1987 NZA 1988, 513 [514]; zur Rechtsprechung der Instanzgerichte 6. Aufl. § 87 Rn. 527; *Andres* Integration moderner Technologien, S. 33 ff.; *Bender/WPK* § 87 Rn. 118; *Däubler* Gläserne Belegschaften?, Rn. 718; *Fitting* § 87 Rn. 218, 232 ff.; *Franz* Personalinformationssysteme und Betriebsverfassung, S. 187 ff.; *Kania*/ErfK § 87 BetrVG Rn. 49; *Kilian* Personalinformationssysteme, S. 206 ff.; *ders.* BB 1985, 403 ff.; *Kaiser/LK* § 87 Rn. 140; *Klebe* NZA 1985, 44 ff.; *Klebe/DKKW* § 87 Rn. 174 ff.; *Linnenkohl* AuR 1984, 129 [132 ff.]; *Löwisch* PersV 1987, 360 [362 ff.]; *ders.* AuR 1987, 96 [98]; *Matthes* JArbR Bd. 23 [1985], 1986, S. 19 [22 ff.]; *ders./*MünchArbR § 248 Rn. 11 ff.; *P. Nipperdey* CR 1987, 434 [436 f.]; *Richardi* § 87 Rn. 491, 493, 497, 501 f. seit 7. Aufl.; *Schapper* AuR 1988, 97 [104]; *Schapper/Waniorek* AuR 1985, 246 ff.; *Schwarz* Arbeitnehmerüberwachung, S. 74 ff., 80 f., 97, 151 f.; *ders.* BB 1985, 531 [533, 535]; *Simitis* NJW 1985, 401 ff.; *Wellhöner/Byers* BB 2009, 2310 [2314]; *Wohlgemuth* Datenschutz, Rn. 719 ff.; mit Einschränkungen, falls mittels bestimmter Programme neue Aussagewerte und Erkenntnisse gewonnen werden, *Ehmann* Anm. SAE 1985, 181 [185 ff.], 273 [277 ff.]; *ders.* NZA 1985, Beil. Nr. 1, S. 8; *ders.* Anm. EzA § 87 BetrVG 1972 Bildschirmarbeitsplatz Nr. 1 S. 87 f.; *Löwisch/Rieble* Anm. EzA § 87 BetrVG 1972 Kontrolleinrichtung Nr. 11 S. 91 ff.; **a. M.** *OVG Nordrhein-Westfalen* 10.04.1984 DB 1985, 288 *[Widmaier]*; *Buchner* BB 1987, 1942 [1949 f.]; *Diller* BB 2009, 438 f.; *Erdmann* DB 1985, 41 [43 f.]; *Erdmann/Mager* DB 1987, 46 [48]; *Galperin/Löwisch* § 87 Rn. 142a; *Hesse* NZA 1985, Beil. Nr. 1, S. 15 ff.; *Hunold* DB 1982, Beil. Nr. 18, S. 11; *ders.* Anm. BB 1985, 195; *Kort* CR 1987, 300 [306]; *Kraft* ZfA 1985, 141 [150 ff.]; *Marsch-Barner* AR-Blattei, Betriebsverfassung XIV B 1, C II 2b; *Müllner* BB 1984, 475 [477]; *Samland* BB 1982, 1800 ff. mit Ausnahme des Personalinformationsteils; *ders.* NZA 1985, Beil. Nr. 1, S. 11 ff.; *Stege/Weinspach/Schiefer* § 87 Rn. 107e; *Worzalla/HWGNRH* § 87 Rn. 370 ff.; *Zöllner* Daten- und Informationsschutz im Arbeitsverhältnis, S. 84 f.; weitere Nachweise 6. Aufl. § 87 Rn. 527.

553 Der Ansicht des *BAG* ist **zuzustimmen**. Der Wortsinn des Gesetzes zwingt nicht zu der von ihm vorgenommenen Auslegung, steht dieser aber auch nicht entgegen. Wie jedes Wort einer lebenden Sprache ist auch der Ausdruck »Überwachen« offen für neue Bedeutungsinhalte, die erst durch spätere Entwicklungen – hier die elektronische Datenverarbeitung – veranlasst werden; zudem bedeutet »Überwachung« auch »im Auge behalten« (*J.* u. *W. Grimm* Deutsches Wörterbuch, Band XI, II. Abteilung, 1. Lieferung, 1913, S. 622), mithin einen Vorgang, der gerade durch die Speicherung und Auswertung von Informationen ermöglicht wird (im Ergebnis wie hier *Matthes* RDV 1985, 16 [19]; *Zöllner* DB 1984, 241 [244]; **a. M.** *Hesse* NZA 1985, Beil. Nr. 1, S. 15; *Hunold* BB 1985, 195 [196]; *Kraft* ZfA 1985, 141 [152 f.]; *Samland* NZA 1985, Beil. Nr. 1, S. 11 [12 f.]; *Söllner* DB 1984, 1243 [1244]; *Weng* DB 1985, 1341 [1342 f.]; *Worzalla/HWGNRH* § 87 Rn. 371).

554 Die **Auffassung** des *BAG* **entspricht** dem **Zweck** der **Vorschrift**, die Persönlichkeitssphäre der Arbeitnehmer vor einer Überwachung durch technische Einrichtungen präventiv zu schützen (Rdn. 509). Der Gesetzgeber hat zwar bei Erlass der Norm herkömmliche technische Einrichtungen vor Augen gehabt, die eine Überwachung durch Erhebung, Übermittlung und Aufzeichnung von Informationen ermöglichen. Die Gefährdung der Persönlichkeitssphäre von Arbeitnehmern durch Datenverarbeitung wurde damals erst im Ansatz erkannt (*Wiese* ZfA 1971, 273 [309 f.]). Jedoch bleiben die Normvorstellungen der Gesetzesverfasser regelmäßig hinter den Anwendungsmöglichkeiten einer Norm zurück (*Larenz* Methodenlehre der Rechtswissenschaft, 6. Aufl. 1991, S. 329), so dass für die Auslegung ihres Zweckes objektive Kriterien maßgebend sind. Entscheidend ist, ob die elektronische Datenverarbeitung eine eigenständige Gefährdung der Persönlichkeitssphäre bedeutet. Das ist eine Wertungsfrage, die keineswegs zwingend die Einbeziehung der Verarbeitung in die mitbestimmungspflichtige Überwachung gebietet, die aber das *BAG* unter Berufung auf das Volkszählungsurteil des *BVerfG* vom 15.12.1983 (E 65, 1 ff.; vgl. auch *BVerfG* 17.07.1984, E 67, 100 [142 ff.]; 13.05.1986, E 72, 155 [170]) bejaht hat. Diese Entscheidung betrifft zwar nur die Anwendung von Grundrechten im Verhältnis des Bürgers zum Staat. Jedoch ist auch im Privatrecht für das Verhältnis der Bürger zueinander die objektive Wertordnung des Grundgesetzes verbindlich (*BVerfG* 15.01.1958, E 7, 198 [205]) und ein Schutz vor Datenmissbrauch geboten. Dieser ist zwar nicht unmittelbar aus den Grundrechten abzuleiten, jedoch für das Arbeitsverhältnis privatrechtskonform aus dem Persönlichkeitsrecht des Arbeitnehmers an seiner Eigensphäre zu entwickeln (so schon *Wiese* ZfA 1971, 273 [309 f.]). Problematisch ist nicht die grundsätzliche Anerkennung eines Persönlichkeitsrechts auf »informationelle Selbstbestimmung«, sondern dessen sachgerechte Inhaltsbestimmung, bei der das Abwehrinteresse des Betroffenen mit den Informationsbedürfnissen anderer sorgfältig abzuwägen ist. Dies kann im Einzelnen hier offen bleiben, weil der Umfang eines Persönlichkeitsrechts auf »informationelle Selbstbestimmung« nicht Voraussetzung der Mitbestimmung nach § 87 Abs. 1 Nr. 6 ist, sondern diese lediglich begrenzt (Rdn. 509 ff.). Entscheidend ist, ob die Datenverarbeitung eine durch die Einrichtung technisch vermittelte, Persönlichkeitsinteressen der Arbeitnehmer gefährdende eigenständige Überwachungswirkung hat.

Der Tatbestand elektronischer Datenverarbeitung (vgl. auch § 3 Abs. 4 BDSG) ist dadurch gekennzeichnet, dass eine unbegrenzte Anzahl von Informationen unter gleichzeitiger Isolierung aus ihrem Entstehungszusammenhang (Kontextverlust) auf Dauer gespeichert, beliebig mit anderen Informationen verknüpft und jederzeit abgerufen werden kann, um Auskunft über das Verhalten und die Leistung eines Arbeitnehmers im Abgleich mit dessen eigenem früheren Verhalten, dem anderer Arbeitnehmer oder einem vorgegebenen Soll zu geben. Die dadurch ermöglichte Überwachung kann nahezu unbegrenzt perfektioniert werden, sie verstärkt die Abhängigkeit des Arbeitnehmers, macht ihn zum Objekt und erzeugt durch das Gefühl des Ausgeliefertseins einen ständigen Anpassungsdruck. Gegenüber diesen Möglichkeiten erscheint die technisch vermittelte Erhebung von Verhaltens- oder Leistungsdaten durch herkömmliche Überwachungseinrichtungen keineswegs als gewichtigere Form der Überwachung. Dahinstehen mag, ob die elektronische Datenverarbeitung gegenüber der manuellen eine andere Qualität hat oder, weil im Prinzip auf herkömmliche Art durch Personen gleiche Operationen durchgeführt und entsprechende Ergebnisse erzielt werden könnten, nur eine Erleichterung darstellt. Entscheidend ist, dass der Gesetzgeber lediglich die technisch vermittelte Überwachung der Mitbestimmung unterworfen hat und diese Eignung der elektronischen Datenverarbeitung kaum abgesprochen werden kann. Ungeachtet dessen gilt aber auch für diese Form der Überwachung, dass die Mitbestimmung nicht dazu dient, deren Einführung zu verhindern, sondern dem berechtigten Interessen der Arbeitnehmer zu berücksichtigen (Rdn. 521). Deshalb kann auch der Mitbestimmung bei der Auswertung von Informationen nicht entgegengehalten werden, die Beschränkung der Auswertung von Kontrollinformationen diene nicht der Abschirmung der Persönlichkeit gegen zusätzliches Eindringen in die Eigensphäre des Arbeitnehmers, sondern dazu, diesen vor den Konsequenzen zulässigerweise ermittelten Verhaltens bzw. seiner Leistung abzuschirmen (so aber *Zöllner* DB 1984, 241 [244]).

Die **Mitbestimmung** besteht aber nur soweit, wie ein bestimmtes **Programm** (Software) die **Verarbeitung** eingegebener Daten über das Verhalten oder die Leistung von Arbeitnehmern **ermöglicht** (zuletzt *BAG* 26.07.1994 EzA § 87 BetrVG 1972 Kontrolleinrichtung Nr. 19 S. 3 *[Peterek]* = AP Nr. 26 zu § 87 BetrVG 1972 Überwachung Bl. 2 *[Ehmann]*, vgl. aber auch Rdn. 557; krit. *Steinmüller* CR 1989, 606 [608]); sie bezieht sich daher weder auf das gesamte EDV-System noch auf Programme, die der Verarbeitung anderer Daten wie reiner Betriebsdaten (Rdn. 570) dienen (*BAG* Rdn. 552 und Rdn. 578 f.; *LAG Baden-Württemberg* 04.10.1984 NZA 1985, 163 [164]; *Fitting* § 87 Rn. 232 f.; *Kilian* Anm. NJW 1985, 453; *Marsch-Barner* Anm. AR-Blattei, Betriebsverfassung XIV B, Entsch. 83, 8. Forts.-Bl.; *Matthes*/MünchArbR § 248 Rn. 27; *Schwarz* Arbeitnehmerüberwachung, S. 99; *Worzalla*/HWGNRH § 87 Rn. 373 f.; **a. M.** *Apitzsch/Schmitz* DB 1984, 983 [986 f.]; *Däubler* Gläserne Belegschaften?, Rn. 761 ff.; *Klebe* NZA 1985, 44 [47]; *Klebe*/DKKW § 87 Rn. 169, 189, 191). Das gilt auch bei innerbetrieblicher Vernetzung (**a. M.** *Däubler* DMitbest. 1987, 264 [265]). Der Betriebsrat kann daher insbesondere nicht der Einführung eines EDV-Systems als solchem widersprechen. Für die Praxis empfiehlt es sich, Programme über die Verarbeitung von Arbeitnehmerdaten streng von sonstigen Programmen zu trennen. Ist das nicht möglich, ist die Mitbestimmung nur dann nicht gegeben, wenn die Verhaltens- oder Leistungsdaten von vornherein wirksam dauerhaft anonymisiert und damit nicht individualisierbar sind (Rdn. 571 f.). Da erst die Verarbeitung durch ein Programm die Mitbestimmung begründet, ist die bloße **Speicherung** von nichttechnisch gewonnenen Verhaltens- oder Leistungsdaten nicht mitbestimmungspflichtig (*Marsch-Barner* AR-Blattei, Betriebsverfassung XIV B, Entsch. 83, 8. Forts.-Bl. R f.; **a. M.** *Däubler* Anm. AP Nr. 2 zu § 23 BDSG Bl. 12 R; *Schwarz* BB 1983, 202 f.).

557 **Abfragesprachen** (Query Languages) dienen dem Zweck der Wiedergewinnung von Informationen aus größeren Datenbeständen ohne Zuhilfenahme eines herkömmlichen Programms nicht nur durch EDV-Spezialisten, sondern auch durch Laien und ermöglichen ad-hoc-Fragestellungen ohne Einschaltung der DV-Abteilung (vgl. etwa *Kratzer* Abfragesprachen, in: Lexikon der Wirtschaftsinformatik, 1987; *Niedereichholz* Datenbanksysteme, 1983, S. 13). Um den Zugriff auf den Datenbestand zu realisieren und die in der Abfragesprache formulierten Abfragen durchzuführen, muss eine Softwarekomponente (Abfrage- bzw. Query-System) zur Verfügung stehen. Aufgrund der Notwendigkeit eines Abfrage- bzw. Query-Systems für die Nutzung einer Abfragesprache werden die Begriffe Abfragesprache bzw. Query-Language häufig auch homonym für die Abfrage-Software verwendet (vgl. etwa *Niedereichholz* Datenbanksysteme, 1983, S. 28 f.; *Wedekind* Datenbanksysteme I, 1974, S. 212 f.). Für die Mitbestimmung ist die Software maßgebend. In diesem Sinne ist das Abfragesystem mitbestimmungspflichtig (*Andres* Integration moderner Technologien, S. 64 ff.; *Apitzsch/Schmitz* AiB 1985, 168 f.; *Ehmann* NZA 1985, Beil. Nr. 1, S. 10; *ders.* Anm. SAE 1985, 181 [188 f., 273, 274]; *Fitting* § 87 Rn. 242; *Gola* AuR 1988, 105 [111]; *Kania*/ErfK § 87 BetrVG Rn. 56; *Klebe* NZA 1985, 44 [46]; *ders.* DB 1986, 380 [381]; *Klebe/DKKW* § 87 Rn. 183, 197; *Linnenkohl/Schütz/Rauschenberg* RDV 1986, 230 [236 mit Fn. 28]; *Richardi* § 87 Rn. 512; *Schwarz* BB 1985, 531 [534]; *Schapper* AuR 1988, 97 [104]; *Walz* AuR 1985, 233 [234]; offen gelassen *BAG* 14.09.1984 EzA § 87 BetrVG 1972 Kontrolleinrichtung Nr. 11 S. 88 *[Löwisch/Rieble]* = AP Nr. 9 zu § 87 BetrVG 1972 Überwachung Bl. 7 *[Richardi]*; **a. M.** *Heinze* Anm. SAE 1985, 245 [252]; *Matthes*/MünchArbR § 248 Rn. 29 ff.: nur bei Entscheidung des Arbeitgebers, das System zur Erarbeitung von Aussagen über Verhalten oder Leistung der Arbeitnehmer zu benutzen; *Worzalla/HWGNR* § 87 Rn. 376).

558 Die Mitbestimmung ist schließlich auch bei **Mischformen** zu bejahen, wenn diese Aussagen über Verhalten oder Leistung des an der technischen Einrichtung tätigen Arbeitnehmers erarbeiten, ohne die dieser Aussage zugrunde liegenden, bei der Arbeit anfallenden und erfassten einzelnen Verhaltens- oder Leistungsdaten selbst auszuweisen (*BAG* 23.04.1985 EzA § 87 BetrVG 1972 Kontrolleinrichtung Nr. 13 S. 109 f. = AP Nr. 12 zu § 87 BetrVG 1972 Überwachung Bl. 2 R = SAE 1985, 273 *[287 – Ehmann]* = AR-Blattei, Betriebsverfassung XIV B, Entsch. 84b *[Marsch-Barner]* = BetrR 1985, 424 *[Oberhofer]*; *Matthes* RDV 1985, 16 [20 f.]).

cc) Beurteilung (Bewertung) von Verhaltens- oder Leistungsdaten

559 Unter **Beurteilung (Bewertung)** von Aussagen über Verhalten oder Leistung von Arbeitnehmern ist der Vergleich zwischen dem durch die Überwachung einschließlich einer Verarbeitung festgestellten Ist-Zustand mit einem Soll-Zustand (Vorgabe) zu verstehen (*BAG* 14.09.1984 EzA § 87 BetrVG 1972 Kontrolleinrichtung Nr. 11 S. 88 f., aber auch S. 82 *[Löwisch/Rieble]* = AP Nr. 9 zu § 87 BetrVG 1972 Überwachung Bl. 7, aber auch Bl. 4 R *[Richardi]*; *Matthes* RDV 1985, 16 [19]). Zur Unerheblichkeit der Beurteilungsrelevanz der einzelnen Daten Rdn. 544. Die Mitbestimmungspflichtigkeit einer technischen Einrichtung setzt nicht voraus, dass diese selbst die Beurteilung ermöglicht; sie kann z. B. aufgrund des Überwachungsergebnisses auch durch einen Vorgesetzten vorgenommen werden (*BAG* 14.09.1984 EzA § 87 BetrVG 1972 Kontrolleinrichtung Nr. 11 S. 89 = AP Nr. 9 zu § 87 BetrVG 1972 Überwachung Bl. 7 f.; *Matthes* RDV 1985, 16 [20]; *Kraft* ZfA 1985, 141 [150]). Unerheblich ist, ob der Arbeitgeber eine Beurteilung ermöglichen will und anschließend vornimmt; maßgebend ist allein, dass eine technische Einrichtung Daten zu Aussagen über Verhalten oder Leistung von Arbeitnehmern verarbeitet, die eine entsprechende Beurteilung ermöglichen (*BAG* 14.09.1984 EzA § 87 BetrVG 1972 Kontrolleinrichtung Nr. 11 S. 90 *[Löwisch/Rieble]* = AP Nr. 9 zu § 87 BetrVG 1972 Überwachung Bl. 7 R *[Richardi]*; 14.11.2006 EzA § 50 BetrVG 2001 Nr. 6 Rn. 27 = AP Nr. 43 zu § 87 BetrVG 1972 Überwachung; *Matthes* RDV 1985, 16 [20]). Ob auch die Automatisierung des Beurteilungsvorgangs mitbestimmungspflichtig ist, hat das *BAG* bisher nicht entschieden. Da es (14.09.1984 EzA § 87 BetrVG 1972 Kontrolleinrichtung Nr. 11 S. 89 *[Löwisch/Rieble]* = AP Nr. 9 zu § 87 BetrVG 1972 Überwachung Bl. 7 R *[Richardi]*) hierin allerdings keine zusätzlichen Gefahren für die Persönlichkeitssphäre der Arbeitnehmer sieht und diese auch nicht ersichtlich sind, ist die Mitbestimmung insoweit zu verneinen (ebenso wohl *Matthes* RDV 1985, 16 [20, aber auch 21]).

dd) Reaktionen des Arbeitgebers; Folgeregelungen

Maßnahmen des Arbeitgebers, die er aufgrund des Überwachungsergebnisses trifft, sind nicht mehr **560**
Gegenstand der Überwachung und daher nach § 87 Abs. 1 Nr. 6 als solche mitbestimmungsfrei (*Matthes* RDV 1985, 16 [19]; *Schwarz* Arbeitnehmerüberwachung, S. 80). Unerheblich ist daher, ob der Arbeitgeber die durch eine technische Einrichtung erfassten Verhaltens- oder Leistungsdaten zu Reaktionen auf festgestellte Verhaltens- oder Leistungsweisen verwenden will (*BAG* 14.09.1984 EzA § 87 BetrVG 1972 Kontrolleinrichtung Nr. 11 S. 81 *[Löwisch/Rieble]* = AP Nr. 9 zu § 87 BetrVG 1972 Überwachung Bl. 4). In Betracht kommen Abmahnung, Versetzung, Kündigung und dgl.; jedoch ist für letztere die Beteiligung des Betriebsrats nach Maßgabe der §§ 99 ff., 102 ff. gegeben. Mitbestimmungspflichtig sind aber unabhängig davon **Folgeregelungen**, mit denen Maßnahmen des Arbeitgebers beschränkt werden, um Belastungen der Arbeitnehmer durch die technische Überwachung entgegenzuwirken (*BAG* 14.03.1986 EzA § 87 BetrVG 1972 Kontrolleinrichtung Nr. 15 S. 104 f. *[Wohlgemuth]* = AP Nr. 14 zu § 87 BetrVG 1972 Überwachung Bl. 8 f. *[Kraft]*; 27.05.1986 EzA § 87 BetrVG 1972 Kontrolleinrichtung Nr. 16 S. 154 f. = AP Nr. 15 zu § 87 BetrVG 1972 Überwachung Bl. 5; *Matthes* RDV 1987, 1 [6]). Das gilt auch für Regelungen über die **Verwendung** der durch die technische Überwachung gewonnenen Aussagen über Verhalten oder Leistung der Arbeitnehmer (*BAG* 12.01.1988 AP Nr. 23 zu § 75 BPersVG Bl. 3 R; *Fitting* § 87 Rn. 249; *Klebe/DKKW* § 87 Rn. 190; *Klebe/Schumann* AuR 1983, 40 [47]; *Matthes* RDV 1988, 63; *Moll* DB 1982, 1722 [1725]; *Schwarz* Arbeitnehmerüberwachung, S. 27 f. [125 ff.]; *ders.* DB 1983, 226 [228]; *ders.* BB 1985, 531 [535]; *Wiese* Anm. AP Nr. 1 zu § 87 BetrVG 1972 Überwachung Bl. 4 R; *Wohlgemuth* Datenschutz, Rn. 707). Zu denken ist z. B. an die Dauer der Speicherung, die Begrenzung der zulässigen Auswertung, die Eingabe in andere Systeme bei innerbetrieblicher Vernetzung oder die Beschränkung der Verwendungszwecke wie die Verwendung der Aussagen zu einem Profilabgleich (hierzu *Matthes* RDV 1988, 63 f.).

f) Überwachung des Verhaltens oder der Leistung von Arbeitnehmern

aa) Verhalten und Leistung

Noch nicht abschließend geklärt ist, was unter Verhalten und Leistung der Arbeitnehmer i. S. d. § 87 **561**
Abs. 1 Nr. 6 zu verstehen ist. Die Frage lässt sich angemessen nur aus dem Normzweck erschließen. Dieser dient nicht dem Schutz bestimmter Daten, sondern dem Schutz vor einer bestimmten, nämlich technisch vermittelten Art der Überwachung (Rdn. 523; ferner *Klebe* NZA 1985, 44 [46]; *Matthes/MünchArbR* § 248 Rn. 21; *Simitis* NJW 1985, 401 [406]; vgl. auch Rdn. 566 f. m. w. N.). Deshalb sind Verhalten und Leistung nicht von der Art der Daten her zu bestimmen. Maßgebend ist vielmehr die mittels einer technischen Einrichtung über Verhalten oder Leistung ermöglichte Aussage. Dafür kommen **alle Umstände** in Betracht, die über das **Verhalten** des Arbeitnehmers **Auskunft geben** und für das **Arbeitsverhältnis relevant** sind (ähnlich *Fitting* § 87 Rn. 221). Unerheblich ist, ob der Arbeitgeber die Daten aufgrund der arbeitsvertraglichen Beziehungen zum Arbeitnehmer erhalten hat (*Hess. VGH* 09.11.1988 AiB 1989, 126 = RDV 1991, 193 *[Gola]*). Hinsichtlich irrelevanter Umstände ist eine Überwachung schon aus persönlichkeits- und arbeitsvertragsrechtlichen Grundsätzen unzulässig (*Wiese* ZfA 1971, 273 [299 ff.]). Entsprechendes gilt für §§ 28 ff. BDSG.

Unergiebig ist der Verhaltensbegriff der Psychologie (so mit Recht *Müllner* DB 1984, 1677). Gleiches **562**
gilt für die Definition, **Verhalten** sei ein vom Arbeitnehmer willentlich gesteuertes Tun oder Unterlassen, das sich auf die Arbeitsleistung oder die betriebliche Ordnung bezieht (so aber *BAG* 11.03.1986 EzA § 87 BetrVG 1972 Kontrolleinrichtung Nr. 15 S. 131 *[Wohlgemuth]* = AP Nr. 14 zu § 87 BetrVG 1972 Überwachung Bl. 4 f. *[Kraft]*; *Bender/WPK* § 87 Rn. 123; *Däubler* Gläserne Belegschaften?, Rn. 734; *Färber/Theilenberg* Personaldatenverarbeitung im Einigungsstellenverfahren, S. 23; *Gaul* RDV 1987, 109 [113]; *Matthes* RDV 1985, 16 [21]; *Müllner* DB 1984, 1677 f.; *Richardi* § 87 Rn. 494; *Worzalla/HWGNRH* § 87 Rn. 356). Es ist nicht ersichtlich, weshalb die Mitbestimmung ausgeschlossen sein sollte, wenn es sich um die Überwachung von Vorgängen handelt, bei denen der Arbeitnehmer – z. B. aufgrund eines von ihm nicht verursachten Unfalls, einer plötzlichen, gesundheitlich bedingten Bewusstlosigkeit oder weil er wegen Übermüdung einschläft – sein Tun oder Unterlassen nicht willentlich steuern kann. Gerade für solche Situationen kann die Überwachung des Arbeitnehmers zumal bei gefährlichen Arbeiten zu seinem Schutz geboten sein. Außerdem ist die Verwertung

der über diese Vorgänge gewonnenen Daten für das Arbeitsverhältnis und die Beurteilung des Arbeitnehmers von Bedeutung. Nicht überzeugend ist daher der Hinweis auf die Interpretation des § 1 Abs. 2 KSchG; dort kann das Verhalten des Arbeitnehmers eine Kündigung sozial rechtfertigen und ist gegenüber der personenbedingten Kündigung abzugrenzen, während § 87 Abs. 1 Nr. 6 die Persönlichkeitssphäre des Arbeitnehmers schützen soll, also einem anderen Zweck dient, der im Gegensatz zu dem des § 1 Abs. 2 KSchG im Interesse des Arbeitnehmers eine weite Auslegung des Verhaltensbegriffes gebietet (im Ergebnis ebenso *Fitting* § 87 Rn. 222; *Klebe* DB 1986, 380 f.; **a. M.** *Müllner* DB 1984, 1677). Unter **Verhalten** i. S. d. § 87 Abs. 1 Nr. 6 ist daher **jedes für die Beurteilung des Arbeitnehmers relevante Tun** oder **Unterlassen** zu verstehen (ebenso *Däubler* Gläserne Belegschaften?, Rn. 737; *Matthes*/MünchArbR § 248 Rn. 21).

563 Bei dem hier zugrunde gelegten Verständnis des Verhaltens i. S. d. § 87 Abs. 1 Nr. 6 kommt dem Tatbestandsmerkmal der »**Leistung**« keine selbständige Bedeutung zu. Ohnehin bedarf es keiner Abgrenzung von Verhalten und Leistung, weil das Verhalten des Arbeitnehmers dessen Leistung einschließt (*BAG* 11.03.1986 EzA § 87 BetrVG 1972 Kontrolleinrichtung Nr. 15 S. 131 *[Wohlgemuth]* = AP Nr. 14 zu § 87 BetrVG 1972 Überwachung Bl. 4 R *[Kraft]*; vgl. auch *Schwarz* Arbeitnehmerüberwachung, S. 105; *ders.* BB 1985, 531 [532]; **a. M.** *Kort* CR 1987, 300 [303]). Die Leistung ist ein besonders wichtiger und vom Gesetzgeber mit Recht hervorgehobener möglicher Gegenstand der Überwachung. Dabei handelt es sich nicht um die Leistung im naturwissenschaftlich-technischen Sinne als Arbeit pro Zeiteinheit, sondern um die **vom Arbeitnehmer in Erfüllung seiner Vertragspflicht erbrachte Arbeit** (*BAG* 23.04.1985 EzA § 87 BetrVG 1972 Kontrolleinrichtung Nr. 13 S. 111 = AP Nr. 12 zu § 87 BetrVG 1972 Überwachung Bl. 3; 18.02.1986 EzA § 87 BetrVG 1972 Kontrolleinrichtung Nr. 14 S. 116 = AP Nr. 13 zu § 87 BetrVG 1972 Überwachung Bl. 2 *[Kraft]*; *Fitting* § 87 Rn. 221; *Worzalla*/HWGNRH § 87 Rn. 362; krit. *Ehmann* ZfA 1986, 357 [368]; *Kort* CR 1987, 300 [303]; *Müllner* DB 1984, 1677 [1679 f.]). Dieser Auslegung steht auch nicht die Vorschrift des § 87 Abs. 1 Nr. 1 entgegen, nach der die Mitbestimmung nur auf das Verhalten und nicht die Arbeitsleistung bezogen ist (*Wiese* Rdn. 202 ff.); denn die Einschränkung ergibt sich dort aus dem eindeutig begrenzten Gesetzeswortlaut. Unerheblich ist in jedem Fall die Beurteilungsrelevanz der durch die technische Einrichtung gewonnenen Aussagen über den Arbeitnehmer, ob sie also für sich allein schon eine sinnvolle Beurteilung zulassen (Rdn. 544). **Kein Leistungsdatum** ist das **Arbeitsergebnis** als solches (*BAG* 23.04.1985 EzA § 87 BetrVG 1972 Kontrolleinrichtung Nr. 13 S. 109 = AP Nr. 12 zu § 87 BetrVG 1972 Überwachung Bl. 2 f.). Das gilt jedenfalls, solange kein Bezug zu weiteren Daten (Zeitaufwand usw.) hergestellt wird (*Schwarz* BB 1985, 531).

564 Unter Berücksichtigung der dargelegten Grundsätze erfasst die Mitbestimmung nach § 87 Abs. 1 Nr. 6 zunächst das gesamte betriebliche Verhalten von Arbeitnehmern. Eine **Einschränkung** auf das Verhalten bei der **Arbeitsleistung** ist **nicht gerechtfertigt**, zumal § 87 Abs. 1 Nr. 6 im Gegensatz zu § 87 Abs. 1 Nr. 1 das Verhalten von Arbeitnehmern als Gegenstand der Mitbestimmung in keiner Weise begrenzt (im Ergebnis ebenso *Däubler* Gläserne Belegschaften?, Rn. 736 f.; *Fitting* § 87 Rn. 221; *Klebe* NZA 1985, 44 [45]; *ders.* DB 1986, 380; *ders.*/DKKW § 87 Rn. 181; *Schwarz* BB 1985, 531 [532]; *Worzalla*/HWGNRH § 87 Rn. 360; **a. M.** *Müllner* DB 1984, 1677 [1678]; *Stege/Weinspach/Schiefer* § 87 Rn. 109b). Erfasst wird daher auch das Verhalten in Bezug auf die **Ordnung des Betriebs**, z. B. die Beobachtung der Werktore oder des Firmenparkplatzes durch Fernsehkameras (**a. M.** ArbG Mainz/Kreuznach 26.10.1980, zit. bei *Stege/Weinspach/Schiefer* § 87 Rn. 106), aber auch sonstiges Verhalten im Betrieb, z. B. gegenüber Vorgesetzten oder Kollegen.

565 Aus den gleichen Erwägungen ist es **unerheblich**, ob es sich um ein Verhalten **während** oder **außerhalb** der **Arbeitszeit** handelt; auch in den Pausen oder vor bzw. nach Dienstschluss ist, wie sich schon aus § 87 Abs. 1 Nr. 1 ergibt, der Bezug zum Arbeitsverhältnis gegeben und ein Schutz des Arbeitnehmers vor technischer Überwachung erforderlich (*Klebe* DB 1986, 380 [381]). Andernfalls wären z. B. Fernsehkameras in Pausen- oder Umkleideräumen oder am Werktor mitbestimmungsfrei. Nichts anderes kann für Betriebsversammlungen oder Betriebsfeiern gelten. Schließlich wird aber auch ein für das Arbeitsverhältnis relevantes **außerbetriebliches Verhalten** erfasst (*Ehmann* ZfA 1986, 357 [370]; *Fitting* § 87 Rn. 221; *Klebe* DB 1986, 380; *ders.*/DKKW § 87 Rn. 181; *Schwarz* BB 1985, 531 [532]; **a. M.** *Matthes* RDV 1985, 16 [21]; *Müllner* DB 1984, 1677 [1678]). Eine Überwachung durch technische Einrichtungen außerhalb des Betriebs wird allerdings aus tatsächlichen Gründen nur ausnahms-

weise in Betracht kommen (zu Fahrtenschreibern Rdn. 600). Jedoch können auf andere Weise zulässig erhobene Daten über das außerdienstliche Verhalten elektronisch verarbeitet werden und damit Gegenstand mitbestimmungspflichtiger Überwachung sein (Rdn. 552 ff.). Zur Überwachung häuslicher Telearbeit *Wiese* RdA 2009, 344 (348 ff. m. w. N.).

Umstritten ist die Zuordnung von **Statusdaten**. Dazu gehören z. B. Geschlecht, Geburtstag, Anschrift, Familienstand, Kinderzahl, Steuerklasse, Tarifgruppe, Schul- und weitere Ausbildung, bisherige Tätigkeiten und Beschäftigungsverhältnisse, Wehr- und Ersatzdienstzeiten, Titel, allgemeine Daten über den Gesundheitszustand, Höhe des Arbeitsverdienstes, Ehrenämter u. dgl. mehr. Sie betreffen als solche weder das Verhalten noch die Leistung von Arbeitnehmern (*BAG* 22.10.1986 EzA § 23 BDSG Nr. 4 S. 12 = AP Nr. 2 zu § 23 BDSG Bl. 5 *[Däubler]*), so dass ihre Speicherung noch nicht den Tatbestand des § 87 Abs. 1 Nr. 6 erfüllt. Sie können jedoch durch Verknüpfung mit anderen Daten zu Aussagen über Verhalten oder Leistung von Arbeitnehmern verarbeitet werden und insoweit mitbestimmungspflichtig sein. So können Wohnort und Unpünktlichkeit bei der täglichen Arbeitsaufnahme oder Alter und Fehlzeiten in Beziehung gesetzt werden. Die bloße Möglichkeit hierzu reicht jedoch ebenso wenig aus, wie die Speicherkapazität eines Rechners aus diesem bereits eine Überwachungseinrichtung macht (Rdn. 578 f.). Beim Terrorlistenscreening von Mitarbeitern als solchem handelt es sich nicht um leistungs- oder verhaltenserhebliche Daten (*Fitting* § 87 Rn. 223; *Otto/Lampe* NZA 2011, 1134 [1138]; *Roeder/Buhr* BB 2011, 1333 [1338]). 566

Deshalb ist auch hier **Voraussetzung** der Mitbestimmung, dass durch die **Einführung** eines entsprechenden **Programms** die **Verknüpfung von Statusdaten** und **sonstigen neutralen Daten** (Uhrzeit, Entfernung, Kunden- oder Auftragsnummer und dgl.) zu **Aussagen über Verhalten** oder **Leistung von Arbeitnehmern ermöglicht** wird (*BAG* 11.03.1986 EzA § 87 BetrVG 1972 Kontrolleinrichtung Nr. 15 S. 130, 133 f. *[Wohlgemuth]* = AP Nr. 14 zu § 87 BetrVG 1972 Überwachung Bl. 4, 5 R *[Kraft]*; *Marsch-Barner* Anm. AR-Blattei, Betriebsverfassung XIV B, Entsch. 83, 8. Forts.-Bl.; *Matthes* JArbR Bd. 23 [1985], 1986, S. 19 [28]; *Söllner* DB 1984, 1243 [1245]; *Worzalla/HWGNRH* § 87 Rn. 359; **a. M.** *Apitzsch/Schmitz* DB 1984, 983 [987 f.]; *Fitting* § 87 Rn. 222, 236; *Gola* RDV 1986, 131 [134]; *ders.* AuR 1988, 105 [110]; *Gola/Hümmerich* Personaldatenrecht im Arbeitsverhältnis, S. 22; *Klebe* NZA 1985, 44 [46 f.]; *ders.* DB 1986, 380 ff.; *Klebe/DKKW* § 87 Rn. 182 f.; *Küpferle/Wohlgemuth* Personaldatenverarbeitende Systeme, S. 102 f.; *Linnenkohl/Schütz/Rauschenberg* NZA 1986, 769 ff.; *Schapper/Waniorek* AuR 1985, 246 [249 f.]; *Simitis* NJW 1985, 401 [406 f.]). Damit besteht ein Unterschied zwischen der Überwachung durch die technische Erhebung und der technischen Verarbeitung von Daten. Bei ersterer müssen die erhobenen Informationen (Daten) bereits als solche Aussagen über Verhalten oder Leistung von Arbeitnehmern ermöglichen, andernfalls die Mitbestimmung zu verneinen ist, während bei letzterer die Art der Daten unerheblich ist, sofern nur deren Verarbeitung zu Aussagen über Verhalten oder Leistung von Arbeitnehmern führt (*BAG* 11.03.1986 EzA § 87 BetrVG 1972 Kontrolleinrichtung Nr. 15 S. 133 f. *[Wohlgemuth]* = AP Nr. 14 zu § 87 BetrVG 1972 Überwachung Bl. 5 R *[Kraft]*; **a. M.** *BAG* 22.10.1986 – Fünfter Senat – EzA § 23 BDSG Nr. 4 S. 12 = AP Nr. 2 zu § 23 BDSG Bl. 5 *[krit. Däubler]*, das die Mitbestimmung auf die Verarbeitung von Leistungs- oder Verhaltensdaten beschränkt). 567

Zutreffend hat das *BAG* (11.03.1986 EzA § 87 BetrVG 1972 Kontrolleinrichtung Nr. 15 S. 134 *[Wohlgemuth]* = AP Nr. 14 zu § 87 BetrVG 1972 Überwachung Bl. 5 R *[Kraft]*) daher die Mitbestimmung bejaht, wenn in einem Personalinformationssystem auf einzelne Arbeitnehmer bezogene Aussagen über **krankheitsbedingte Fehlzeiten, attestfreie Krankheitszeiten** und **unentschuldigte Fehlzeiten** erarbeitet werden (*LAG* Frankfurt a. M. 01.09.1983 DB 1984, 459 [460]; *Hess. VGH* 09.11.1988 AiB 1989, 126 *[Wohlgemuth]* = RDV 1991, 193 *[Gola]*; *Ehmann* ZfA 1986, 357 [369 f.]; *Fitting* § 87 Rn. 223; *Gast* BB 1986, 1712 f.; *Klebe* DB 1986, 380 [382]; *Klebe/DKKW* § 87 Rn. 182; *Matthes* RDV 1987, 1 [3]; *Richardi* § 87 Rn. 495; *Worzalla/HWGNRH* § 87 Rn. 358; **a. M.** *Färber* FS *Gaul*, S. 57 [72 f.]; *Gaul* RDV 1987, 109 [114 f.]; *Kort* CR 1987, 300 [304]; *Müllner* DB 1984, 1677 [1678]; gegen die vom *BAG* getroffene Interessenabwägung *Ehmann* NZA 1986, 657 [659 f.]). Nach der hier vertretenen Ansicht, dass jedes für die Beurteilung von Arbeitnehmern relevante Tun oder Unterlassen als Verhalten i. S. d. § 87 Abs. 1 Nr. 6 anzusehen ist, kommt es allerdings entgegen der Ansicht des *BAG* (EzA § 87 BetrVG 1972 Kontrolleinrichtung Nr. 15 S. 131 f. = AP Nr. 14 zu § 87 BetrVG 1972 Überwachung Bl. 4 R) nicht darauf an, dass der Arbeitnehmer auch bei Krankheit 568 die Freiheit habe zu entscheiden, ob er arbeiten wolle. Das gilt schon nicht für jede Krankheit, wenn auch das *BAG* (EzA § 87 BetrVG 1972 Kontrolleinrichtung Nr. 15 S. 131 f. = AP Nr. 14 zu § 87 BetrVG 1972 Überwachung Bl. 5) die Aussage über ein mögliches Verhalten genügen lässt. Zudem ist diese reichlich konstruierte Begründung überflüssig, da es nicht darauf ankommt, ob ein Verhalten vom Willen des Arbeitnehmers gesteuert ist (Rdn. 562). Krankheit ist zwar kein Verhalten, sondern ein objektiver Zustand, jedoch ist nicht einzusehen, weshalb krankheitsbedingte Fehlzeiten als solche keine Aussage über ein Verhalten des Arbeitnehmers sein sollten (*Ehmann* SAE 1985, 184; *ders.* NZA 1986, 657 [658 FN 2]; *ders.* ZfA 1986, 357 [369 f., 384]). Sie geben Auskunft über die Nichterbringung der Arbeitsleistung. Eine ganz andere Frage ist, ob dies eine negative Beurteilung des Arbeitnehmers oder Sanktionen gegen ihn rechtfertigt. Die Verarbeitung von **Gesundheitsdaten** ist jedoch nach § 75 Abs. 2 als Verstoß gegen das Persönlichkeitsrecht des Arbeitnehmers unzulässig; über die gesundheitliche Eignung eines Arbeitnehmers kann der Betriebsarzt unter Beachtung der ärztlichen Schweigepflicht dem Arbeitgeber Auskunft erteilen (so zutr. *Klebe/DKKW* § 87 Rn. 197).

569 Entsprechendes gilt für **krankhafte Trunk-** oder **Drogensucht** (a. M. *Müllner* DB 1984, 1677 [1678]; *Worzalla/HWGNRH* § 87 Rn. 358), aber z. B. auch für die **Abrechnung** des **Kantinenessens**, des **Werkbusverkehrs**, von **Belegschaftseinkäufen** und dgl. (*ArbG Berlin* 27.10.1983 DB 1984, 410; *Fitting* § 87 Rn. 223; *Schwarz* Arbeitnehmerüberwachung, S. 144; *Worzalla/HWGNRH* § 87 Rn. 360; **a. M.** *Müllner* DB 1984, 1677 [1678]), das Verhalten auf Firmenparkplätzen (*BVerwG* 09.12.1992 AP Nr. 41 zu § 75 BPersVG Bl. 2 R f.; *Worzalla/HWGNRH* § 87 Rn. 360; **a. M.** *Müllner* DB 1984, 1677 [1678]), **Inanspruchnahme betrieblicher Darlehen, Streikbeteiligung** (*Apitzsch/Schmitz* DB 1984, 983 [987]; *Fitting* § 87 Rn. 223; *Worzalla/HWGNRH* § 87 Rn. 357, 360).

570 **Mitbestimmungsfrei** ist die **Verarbeitung** reiner **Betriebsdaten** (z. B. über Produktion, Maschinennutzung, Materialaufwand, Verkauf, Lagerhaltung usw.), die keine Aussagen über Verhalten oder Leistung einzelner Arbeitnehmer ermöglichen (vgl. auch Rdn. 556; krit. dazu *Däubler* BetrR 1987, 458; *Vitt* BetrR 1987, 454; zu anonymisierten Daten Rdn. 571 f.). Gleiches kommt für Programme zur **Abrechnung** des **Arbeitsentgelts** in Betracht (*Worzalla/HWGNRH* § 87 Rn. 374; *Löwisch* Anm. EzA § 87 BetrVG 1972 Kontrolleinrichtung Nr. 11 S. 92 f.; *ders.* AuR 1987, 96 [98]). Entsprechendes gilt für die ausschließliche Verarbeitung von **Daten** für **Forschungszwecke** ohne Verhaltens- oder Leistungskontrolle (*LAG München* 17.09.1987 CR 1988, 562 ff.). Zu einem **betriebsärztlichen Datenverarbeitungssystem** Rdn. 524.

bb) Individualisierbarkeit von Daten; Gruppenarbeit

571 Eine Überwachung i. S. d. § 87 Abs. 1 Nr. 6 ist nur gegeben, wenn die erhobenen **Verhaltens-** oder **Leistungsdaten einzelnen Arbeitnehmern zugeordnet** werden können, also **individualisiert** oder **individualisierbar** sind (*BAG* st. Rspr. 06.12.1983 AP Nr. 7 zu § 87 BetrVG 1972 Überwachung Bl. 19 f.; 18.04.2000 EzA § 87 BetrVG 1972 Betriebliche Ordnung Nr. 27 S. 7 = AP Nr. 33 zu § 87 BetrVG 1972 Überwachung Bl. 3 R f.; 22.07.2008 EzA § 87 BetrVG 2001 Betriebliche Ordnung Nr. 3 Rn. 78 *[Brecht-Heitzmann]* = AP Nr. 14 zu § 87 BetrVG 1972; weitere Nachweise 9. Aufl. § 87 Rn. 546; *Andres* Integration moderner Technologien, S. 53; *Buchner* BB 1987, 1942 [1950]; *Denck* RdA 1982, 279 [297]; *Ehmann* Arbeitsschutz und Mitbestimmung bei neuen Technologien, S. 111; *Fitting* § 87 Rn. 219; *Heinze* Anm. SAE 1985, 245 [249 f., 252]; *Jobs* DB 1983, 2307 [2310]; *Kaiser/LK* § 87 Rn. 136; *Klebe/DKKW* § 87 Rn. 178; *Marsch-Barner* AR-Blattei, Betriebsverfassung XIV B 1, B II 1c; *Moll* ZIP 1982, 889 [894]; *Matthes/MünchArbR* § 248 Rn. 23; *Richardi* § 87 Rn. 499; *Worzalla/HWGNRH* § 87 Rn. 363). Unerheblich ist, wie die Identifizierung erfolgt. Die technische Einrichtung braucht nicht selbst den Namen des Arbeitnehmers oder eine ihm zugeteilte Kennzeichnung bzw. Codenummer auszuweisen. Es genügt, dass die technisch ermittelten Verhaltens- oder Leistungsdaten aufgrund anderer vorhandener Informationen einem bestimmten Arbeitnehmer zugeordnet werden können, weil z. B. nur dieser die technische Einrichtung bedient hat (*BAG* 06.12.1983 EzA § 87 BetrVG 1972 Bildschirmarbeitsplatz Nr. 1 S. 44 *[Ehmann]* = AP Nr. 7 zu § 87 BetrVG 1972 Überwachung Bl. 19 f. *[Richardi]*; *Fitting* § 87 Rn. 219; *Schwarz* BB 1985, 531 [532]; *Worzalla/HWGNRH* § 87 Rn. 365).

Die **Individualisierbarkeit** ist **ausgeschlossen** bei von vornherein dauerhaft wirksam **anonymisierten Verhaltens-** oder **Leistungsdaten** oder wenn technische Einrichtungen, die Daten erfassen, von einer Vielzahl von Arbeitnehmern benutzt werden und die jeweilige Benutzung **nicht** einem **bestimmten Arbeitnehmer zugeordnet** werden kann (vgl. auch *Andres* Integration moderner Technologien, S. 95 ff.; *Gebhardt/Umnuß* NZA 1995, 103 ff.). Das ist z. B. bei Telefondatenerfassung der Fall, wenn die betriebliche Telefonanlage von beliebigen Arbeitnehmern ohne Personenkontrolle benutzt wird oder wenn bei Zugangskontrollsystemen und Bildschirmgeräten mehrere Arbeitnehmer die gleichen Codekarten bzw. die gleiche Codenummer verwenden (*ArbG Hamburg* 09.01.1981 DB 1981, 850 [851]; 29.05.1981 BB 1981, 1213 f.; *VGH Baden-Württemberg* 06.10.1981 AR-Blattei, Datenschutz, Entsch. 4; *Gola/Hümmerich* Personaldatenrecht im Arbeitsverhältnis, S. 23). Werden dagegen Codekarten mit unterschiedlichen Nummern ausgegeben und mit dem Zeitpunkt des Zu- und Abgangs registriert, so ist die Mitbestimmung gegeben. 572

Erfasst die technische Einrichtung die Verhaltens- oder Leistungsdaten einer begrenzten oder begrenzbaren **Gruppe** von Arbeitnehmern, ist aber eine individuelle Zuordnung dieser Daten ausgeschlossen, so ist damit grundsätzlich auch die Mitbestimmung zu verneinen (BAG 06.12.1983 EzA § 87 BetrVG 1972 Bildschirmarbeitsplatz Nr. 1 S. 44 *[Ehmann]* = AP Nr. 7 zu § 87 BetrVG 1972 Überwachung Bl. 19 *[Richardi]*; 18.02.1986 EzA § 87 BetrVG 1972 Kontrolleinrichtung Nr. 14 S. 117 = AP Nr. 13 zu § 87 BetrVG 1972 Überwachung Bl. 2 R *[Kraft]*; 26.07.1994 EzA § 87 BetrVG 1972 Kontrolleinrichtung Nr. 19 S. 4, 8 *[Peterek]* = AP Nr. 26 zu § 87 BetrVG 1972 Überwachung Bl. 2 R, 4 R *[Ehmann]*; *Denck* RdA 1982, 279 [297]; *Fitting* § 87 Rn. 220; *Heinze* Anm. SAE 1985, 245 [250]; *Jobs* DB 1983, 2307 [2310]; *Schwarz* Arbeitnehmerüberwachung, S. 102 ff.; *Worzalla/HWGNRH* § 87 Rn. 363; **a. M.** *Klebe/DKKW* § 87 Rn. 179; *Klebe/Roth* AiB 1985, 131 [133]). 573

Mit Recht macht das *BAG* aber eine Ausnahme, wenn die Daten einer **überschaubaren Gruppe** von Arbeitnehmern (Akkord- oder sonstige Arbeitsgruppe) zugeordnet werden können, die für eine bestimmte Leistung (Arbeitsergebnis) oder ein bestimmtes Verhalten gemeinsam verantwortlich ist, so dass ein von der technischen Einrichtung ausgehender Überwachungsdruck auf den einzelnen Arbeitnehmer durchschlägt (BAG 18.02.1986 EzA § 87 BetrVG 1972 Kontrolleinrichtung Nr. 14 S. 117 ff. = AP Nr. 13 zu § 87 BetrVG 1972 Überwachung Bl. 2 R ff. *[krit. Kraft]* = RDV 1986, 138 *[zust. Schwarz]* = SAE 1986, 253 *[krit. Ehmann]* = AR-Blattei, Betriebsverfassung XIV B 1, Entsch. 1 *[zust. Marsch-Barner]*; 26.07.1994 EzA § 87 BetrVG 1972 Kontrolleinrichtung Nr. 19 S. 3 ff. *[krit. Peterek]* = AP Nr. 26 zu § 87 BetrVG 1972 Überwachung Bl. 2 ff. *[krit. Ehmann]* = SAE 1995, 208 *[krit. van Venrooy]* = DB 1995, 147 ff. *[krit. Hunold]*; 13.12.2016 AP Nr. 47 zu § 87 BetrVG 1972 Überwachung Rn. 27; *ArbG Bielefeld* 23.03.1995 AiB 1995, 600; noch offen gelassen 06.12.1983 EzA § 87 BetrVG 1972 Bildschirmarbeitsplatz Nr. 1 S. 44 *[Ehmann]* = AP Nr. 7 zu § 87 BetrVG 1972 Überwachung Bl. 19 *[Richardi]*; *Fitting* § 87 Rn. 220; *Gola* AuR 1988, 105 [110 f.]; *Löwisch* AuR 1987, 96 [99]; *Matthes* RDV 1987, 1 [2 f.]; *Richardi* § 87 Rn. 500; *Schwarz* Arbeitnehmerüberwachung, S. 102 ff.; *ders.* BB 1985, 531 [532]; *Wohlgemuth* AuR 1984, 257 [260]; weitergehend *ArbG Berlin* 22.03.1989 CR 1990, 482 *[krit. Redeker]*; *Däubler* Gläserne Belegschaften?, Rn. 747 ff.; *Klebe/DKKW* § 87 Rn. 179; **a. M.** oder krit. *Andres* Integration moderner Technologien, S. 54 ff.; *Buchner* BB 1987, 1942 [1945]; *Ehmann* ZfA 1986, 357 [374, 381]; *Gaul* RDV 1987, 109 [115]; *Kania/ErfK* § 87 BetrVG Rn. 54; *Kort* CR 1987, 300 [306 f.]; *Loritz/ZLH* Arbeitsrecht, § 51 II 6 Fn. 24; *P. Nipperdey* CR 1987, 434 [437]; *Simitis* RDV 1989, 49 [56]; *Stege/Weinspach/Schiefer* § 87 Rn. 109d; *Worzalla/HWGNRH* § 87 Rn. 364). Unerheblich ist die Gruppengröße (*Däubler* Gläserne Belegschaften?, Rn. 751 m. w. N.) und wie der Überwachungsdruck bewirkt wird; nur muss die Gruppe insgesamt für ihr Arbeitsergebnis verantwortlich gemacht werden und daher ein gemeinsames Interesse an einem möglichst guten Ergebnis haben (BAG EzA § 87 BetrVG 1972 Kontrolleinrichtung Nr. 19 S. 6 f. = AP Nr. 26 zu § 87 BetrVG 1972 Überwachung Bl. 3 R f.) Gegen die generelle Annahme eines Überwachungsdrucks als Voraussetzung einer technischen Einrichtung i. S. d. § 87 Abs. 1 Nr. 6 Rdn. 511. 574

cc) Maschinenkontrolle
Da die Vorschrift dem Persönlichkeitsschutz der Arbeitnehmer vor technischer Überwachung dient, hat der Betriebsrat nicht mitzubestimmen, wenn die Einrichtung **ausschließlich** der **Kontrolle** von **Maschinen** oder **technischen Vorgängen** zu dienen **geeignet** ist (BAG 09.09.1975 EzA § 87 575

BetrVG 1972 Kontrolleinrichtung Nr. 2 S. 7 = AP Nr. 2 zu § 87 BetrVG 1972 Überwachung Bl. 2 R *[Hinz; Wiese* nach Nr. 1*]; LAG Düsseldorf* 14.12.1981 DB 1982, 550 [551]; *Fitting* § 87 Rn. 228; *Galperin/Löwisch* § 87 Rn. 144; *Klebe/DKKW* § 87 Rn. 178; *Löwisch* AuR 1987, 96 [98]; *Schwarz* Arbeitnehmerüberwachung, S. 99; *Worzalla/HWGNRH* § 87 Rn. 367). Das gilt z. B. für Drehzahl- und Druckmesser, Temperaturanzeiger, Warnlampen oder dgl. Lässt allerdings die Maschinenkontrolle zugleich Rückschlüsse auf die Leistung oder das Verhalten von Arbeitnehmern zu, so ist die Mitbestimmung gegeben. Das ist z. B. der Fall, wenn mittels eines Zählwerkes aufgezeichnet wird, wie viele Stücke überhaupt oder in einer bestimmten Zeit hergestellt worden sind, sofern der die Maschine bedienende Arbeitnehmer hierauf einen feststellbaren Einfluss hat (*BAG* 18.02.1986 EzA § 87 BetrVG 1972 Kontrolleinrichtung Nr. 14 S. 115 f. = AP Nr. 13 zu § 87 BetrVG 1972 Überwachung Bl. 2 f. *[Kraft]*). Gleiches gilt, wenn das Verhalten des Arbeitnehmers bei Bedienung der Maschine anderweitig Aufsichtspersonen übermittelt wird. Zum Produktographen Rdn. 540.

g) Einzelne technische Überwachungseinrichtungen
aa) Überblick

576 Nach Maßgabe der dargelegten Voraussetzungen kommen als technische Einrichtungen i. S. d. § 87 Abs. 1 Nr. 6 in Betracht (vgl. auch *Fitting* § 87 Rn. 244; *Galperin/Löwisch* § 87 Rn. 142; *Kaiser/LK* § 87 Rn. 140; *Klebe/DKKW* § 87 Rn. 198 ff.; *Ossberger* Betriebliche Kontrollen, S. 85 ff.; *Richardi* § 87 Rn. 507 ff.; *Schwarz* Arbeitnehmerüberwachung, S. 141 ff.; *Stege/Weinspach/Schiefer* § 87 Rn. 106; *Worzalla/HWGNRH* § 87 Rn. 366):
– **Abhörgeräte**: Rdn. 523, 525, 580;
– **ACD-Telefonanlage**: *BAG* 30.08.1995 EzA § 87 BetrVG 1972 Kontrolleinrichtung Nr. 21 S. 5 ff. = AP Nr. 29 zu § 87 BetrVG 1972 Überwachung Bl. 2 R ff. = SAE 1996, 342 *(Schüren/von Royen)*; Hess. LAG 22.09.1994 LAGE § 76 BetrVG 1972 Nr. 42 S. 1 f. – Vorinstanz; *Burkert/Schirge* AiB 1999, 435 ff.; *Schierbaum* RDV 1998, 154 ff.;
– **Arbeitszeiterfassung, maschinelle**: *BAG* 28.11.1989 EzA § 87 BetrVG 1972 Kontrolleinrichtung Nr. 18 S. 4 *(Streckel)* = AP Nr. 4 zu § 87 BetrVG 1972 Initiativrecht Bl. 2 = AR-Blattei, Betriebsverfassung XIV B 1, Entsch. 4 *(Marsch-Barner)*; *LAG* Berlin-Brandenburg 22.01.2015 LAGE § 87 BetrVG 2001 Kontrolleinrichtung Nr. 5 Rn. 25; bei Telearbeit *Boemke* BB 2000, 147 (151); vgl. auch Stichwort Zeiterfassungsgeräte;
– **ARWIS**: *BAG* 26.07.1994 EzA § 87 BetrVG 1972 Kontrolleinrichtung Nr. 19 S. 3 *(Peterek)* = AP Nr. 26 zu § 87 BetrVG 1972 Überwachung Bl. 2 *(Ehmann)* = SAE 1995, 208 *(van Venrooy)* = DB 1995, 147 *(Hunold)*;
– **Auftragsdatenverarbeitung durch Dritte**: *BAG* 17.03.1987 EzA § 80 BetrVG 1972 Nr. 30 S. 169 ff. = AP Nr. 29 zu § 80 BetrVG 1972 Bl. 3 R ff.= SAE 1988, 106 *(Kraft)* = AuR 1988, 22 *(Linnenkohl)* = AiB 1987, 287 *(Heilmann); Wiese* NZA 2003, 1113 (1114 f.);
– **Betriebsausweise, digitale**: *Klebe/DKKW* § 87 Rn. 201;
– **Biometrisches Zugangskontrollsystem**: Stichwort Zugangskontrollsysteme;
– **Bildschirmgeräte**: Rdn. 578 f.;
– **BSR Datenverarbeitungssystem**: *BAG* 14.11.2006 EzA § 50 BetrVG 2001 Nr. 6 Rn. 28 = AP Nr. 43 zu § 87 BetrVG 1972 Überwachung;
– **BYOD** (Bring Your Own Device): *Göpfert/Wilke* NZA 2012, 765 (769 f.); *Zöll/Kielkowski* BB 2012, 2625 (2629);
– **CAE/CAD-Systeme**: *LAG* München CR 1988, 562;
– **Cloud Computing**: *Gaul/Koehler* BB 2011, 2229 (2235);
– **Cosy 200 AS und RS**: *BAG* 23.04.1985 EzA § 87 BetrVG 1972 Kontrolleinrichtung Nr. 13 S. 108 ff. = AP Nr. 12 zu § 87 BetrVG 1972 Überwachung Bl. 2 ff.; s. a. Rdn. 558;
– **CRM-Systeme**: *von Lewinski* RdV 2003, 122 (124);
– **Datenabgleich mittels EDV**: *Kock/Francke* NZA 2009, 646 (649 f.);
– **Datenerfassungsgerät UNIDAT M 16/IPAS** zur elektronischen Vorgabezeitermittlung bei Verknüpfung mit dem zentralen Personalinformationssystem: *BAG* 15.12.1992 CR 1994, 111 ff.; *LAG* Frankfurt a. M. 12.11.1991 CR 1993, 630 ff. – Vorinstanz;
– **Datenverarbeitungssysteme**: Rdn. 552 ff.;
– **EDV-Anlagen**: Rdn. 552 ff., 578 f.; *Haußmann/Krets* NZA 2005, 259 ff.;

- **Einrichtungen zur Gefahrenabwehr**: Rdn. 515;
- **Einwegscheiben**: Rdn. 537;
- **E-Mail-Überwachungssystem**: *LAG München* 04.09.2014 – 2 TaBV 50/13, Rn. 100; *Andres* Integration moderner Technologien, S. 202 ff.; *Balke/Müller* DB 1997, 326 ff.; *Beckschulze/Henkel* DB 2001, 1491 (1500); *Däubler* K & R 2000, 323 (326); *ders.* Gläserne Belegschaften?, Rn. 833 ff.; *Ernst* NZA 2002; 585 (590 f.); *Fitting* § 87 Rn. 245a; *Heldmann* DB 2010, 1235 (1238 f.); *Kömpf/Kunz* NZA 2007, 1341 (1344); *Lindemann/Simon* BB 2001, 1950 (1953 f.); *Müller* RDV 1998, 205 (206 f.); *Wolf/Mulert* BB 2008, 442 ff.; vgl. auch *Beckschulze* DB 2003, 2777 (2785); *Mengel* BB 2004, 2014 ff.; *Raffler/Hellich* NZA 1997, 862 ff., zu einer Betriebsvereinbarung *Gerling* DuD 1997, 703 ff.; zum Schutz von E-Mails und »Compliance« im Unternehmen sowie zu daten- und fernmelderechtlichen Vorgaben *von Brühl/Sepperer* ZD 2015, 415; *de Wolf* NZA 2010, 1206 ff.; *Wybitul/Böhm* CCZ 2015, 133; nach § 32 Abs. 3 BDSG mit Wirkung vom 01.09.2009 bleiben die Beteiligungsrechte der Interessenvertretungen der Beschäftigten unberührt;
- **Expertensysteme**: *Fitting* § 87 Rn. 246a; *Becker-Töpfer/Rödiger* WSI-Mitt. 1990, 660; *Richenhagen* AiB 1992, 305 f.; allgemein auch *Kornwachs* CR 1992, 44 ff.;
- **Facebookseite**: der arbeitgeberseitige Betrieb einer Facebookseite als solcher bedeutet noch keine technische Überwachungseinrichtung; eine technische Überwachungseinrichtung liegt aber jedenfalls insoweit vor, als Besuchern der Facebookseite gestattet wird, Beiträge (**Postings**) über Verhalten und Leistung der Arbeitnehmer zu hinterlassen; vgl. *BAG* 13.12.2016 AP Nr. 47 zu § 87 BetrVG 1972 Überwachung Rn. 20 ff., 36 ff.; *ArbG Düsseldorf* 27.06.2014 – 14 BV 104/13, Rn. 36 ff. (dort auch weitergehend in Rn. 43 ff. zu einer – entgegen dem *BAG* – angenommenen Mitbestimmungspflichtigkeit mit Blick auf die Überwachungsmöglichkeit derjenigen Arbeitnehmer, die die Facebookseite für den Arbeitgeber pflegen; in diesem Sinne auch *Borsutzky* NZA 2013, 647 [650]); *Greif* NZA 2015, 1106 (1109); a. M. im Sinne einer völligen Mitbestimmungsfreiheit *LAG Düsseldorf* 12.01.2015 LAGE § 87 BetrVG 2001 Kontrolleinrichtung Nr. 4 Rn. 65 ff. (Vorinstanz); *ArbG Düsseldorf* 21.06.2013 NZA-RR 2013, 470 Rn. 33 ff.; *ArbG Heilbronn* 08.06.2017 – 8 BV 6/16, Rn. 35 ff. (für eine **Smartphone-Applikation** [App], die es den Kunden einer Filiale erlaubt, ein »**Feedback**« abzugeben);
- **Fahrerassistenzsysteme**: *ArbG Dortmund* 12.03.2013 NZA-RR 2013, 473 Rn. 43 ff. (für sog. **Fleetboards**); *Yakhoufi/Klingenberg* BB 2013, 2102 (2103); zu persönlichkeits- und datenschutzrechtlichen Fragen des **RIBAS-Informationssystems** *BAG* 17.11.2016 EzA § 4 BDSG Nr. 2 Rn. 26 ff. = AP Nr. 15 zu § 626 BGB Unkündbarkeit;
- **Fahrtenschreiber**: Rdn. 537, 600 f.; vgl. auch *Gola* NZA 2007, 1139 (1142);
- **Faxgeräte;**
- **Fernsehkameras**: Rdn. 515, 523, 525, 537, 538, 564;
- **Filmkameras**: Rdn. 525, 526, 538 und Stichwort Multimomentkamera;
- **Flugschreiber**: Stichwort Fahrtenschreiber;
- **Fotoapparate**: Rdn. 525, aber auch Rdn. 528, 538;
- **Fotokopiergeräte**, bei Ausgabe von Codenummern an die einzelnen Beschäftigten oder kleinere Gruppen von Beschäftigten: *OVG Münster* 11.03.1992 CR 1993, 375;
- **Gebührenzähler**: Stichwort Telefonüberwachung;
- **Gruppenkalender von Outlook**: *LAG Nürnberg* 21.02.2017 NZA-RR 2017, 302, Rn. 30 ff.;
- **Internes Kontrollsystem (IKS)**: a. M. *LAG Köln* 07.06.2010 NZA-RR 2010, 469 f.;
- **Internet, Datenerfassung bei Nutzung**: *Beckschulze* DB 2003, 2777 (2785); *Beckschulze/Henkel* DB 2001, 1491 (1500); *Däubler* K & R 2000, 323 (326); *ders.* Internet und Arbeitsrecht, 2001, Rn. 296 f.; *ders.* Das Arbeitsrecht II, Rn. 479 f.; *Ernst* NZA 2002, 585 (590 f.); *Kömpf/Kunz* NZA 2007, 1341 (1344); *Lindemann/Simon* BB 2001, 1950 (1953 f.); *Maschmann* FS Hromadka, S. 233 (247 ff.); vgl. auch *Mengel* BB 2004, 2014 ff.; *Oberwetter* NZA 2008, 609 (610 f.);
- **Internettelefonieren**: *Heine/Pröpper* BB 2010, 2113 ff.;
- **Intranet**: *Däubler* Internet und Arbeitsrecht, Rn. 295; *ders.* Das Arbeitsrecht II, Rn. 478; *Lindemann/Simon* BB 2001, 1950 (1953 f.);
- **INTEX D 03**: *BAG* 14.09.1984 EzA § 87 BetrVG 1972 Kontrolleinrichtung Nr. 11 S. 79 *[Löwisch/Rieble]* = AP Nr. 9 zu § 87 BetrVG 1972 Überwachung Bl. 3 R *[Richardi]*;
- **ISDN**: Rdn. 584;
- **IT-Sicherheitsmaßnahmen**: *Kort* NZA 2011, 1319 (1321 ff.);

§ 87

– **IT-System zur Mitarbeiterbefragung**: *LAG Köln* 12.12.2016 NZA-RR 2017, 303;
– **Kienzle-Schreiber**, mit denen die Zahl der gefertigten Stücke und die dafür aufgewendete Zeit auf einer Diagrammscheibe kontinuierlich festgehalten werden: *BAG* 18.02.1986 EzA § 87 BetrVG 1972 Kontrolleinrichtung Nr. 14 S. 116 f. = AP Nr. 13 zu § 87 BetrVG 1972 Überwachung Bl. 2 f. *[Kraft]*, ferner Stichwort Zählwerke;
– **Messgeräte**;
– **Mikrophone**: Stichwort Abhörgeräte;
– **Mobiltelefone,** dienstliche: *LAG Hamm* 28.11.2008 LAGE § 626 BGB 2002 Nr. 17a S. 9; *Andres* Integration moderner Technologien, S. 215 f.;
– **Multimomentkamera**: Rdn. 539;
– **Netzwerke**: *Hilber/Frik* RdA 2002, 89 (90);
– **Ortungssysteme (GPS, RFID, Handy)**: *ArbG Dortmund* 12.03.2013 NZA-RR 2013, 473 Rn. 43 ff.; *Fitting* § 87 Rn. 247; *Klebe/DKKW* § 87 Rn. 197 m. w. N., 166; *Yakhoufi/Klingenberg* BB 2013, 2102 (2103); **a. M.** zum GPS *Moll/Roebers* DB 2010, 2672 f.; vgl. auch *Gola* NZA 2007, 1139 (1140 ff.);
– **Parkerlaubnisverwaltung** mittels EDV: *BVerwG* 09.12.1992 AP Nr. 41 zu § 75 BPersVG Bl. 2 R f.; *Hess. VGH* 27.02.1991 RDV 1991, 185;
– **Personalabrechnungs-** und **Informationssystem (PAISY)**: *BAG* 11.03.1986 EzA § 87 BetrVG 1972 Kontrolleinrichtung Nr. 15 S. 130 ff. *[Wohlgemuth]* = AP Nr. 14 zu § 87 BetrVG 1972 Überwachung Bl. 4 ff. *[Kraft]*; Rdn. 552;
– **Personalumfragen** per Internet: *Fitting* § 87 Rn. 226; *Moll/Roebers* DB 2011, 1862 (1863);
– **Polaroidkamera**;
– **Produktograph**: Rdn. 506, 540;
– **Prototyping/Customizing** des **Systems SAP R/3**: *ArbG Hamburg* 19.09.1995 CR 1996, 742;
– **Rechnergesteuerte Textsysteme**: *BAG* 23.04.1985 EzA § 87 BetrVG 1972 Kontrolleinrichtung Nr. 13 S. 108 f. = AP Nr. 12 zu § 87 BetrVG 1972 Überwachung Bl. 2;
– **SAP ERP**: *BAG* 25.09.2012 EzA § 58 BetrVG 2001 Nr. 2 Rn. 22 = AP Nr. 5 zu § 58 BetrVG 1972;
– **SIEM-System**: s. IT-Sicherheitsmaßnahmen;
– **Silent Monitoring, Voice Recording,** soweit nicht nach § 75 Abs. 2 persönlichkeitsrechtlich unzulässig: *Fitting* § 87 Rn. 247;
– **Soziale Netzwerke**: *Borsutzki* NZA 2013, 647 (649);
– **Spiegelsysteme**: Rdn. 537;
– **Stechuhren**: Rdn. 172, 547;
– **Stempeluhren**: *LAG Berlin* 09.01.1984 DB 1984, 2098; *LAG Düsseldorf* 21.08.1980 AuR 1981, 322; zur Verpflichtung des Arbeitnehmers, sie ordnungsgemäß zu bedienen, *LAG Berlin* 06.06.1988 DB 1988, 1908;
– **Technikerberichtssystem**: *BAG* 14.09.1984 EzA § 87 BetrVG 1972 Kontrolleinrichtung Nr. 11 S. 79 *[Löwisch/Rieble]* = AP Nr. 9 zu § 87 BetrVG 1972 Überwachung Bl. 3 R *[Richardi]*; Rdn. 552;
– EDV-Einsatz bei **Telearbeit**: Stichwort EDV-Anlagen; *Andres* Integration moderner Technologien, S. 209 ff.; *Boemke/Ankersen* BB 2000, 2254 (2260 m. w. N.); *Wiese* RdA 2009, 344 (351 ff.);
– **Telefonanlage MDA Handheld** (T-Mobile MDA mit Windows Mobile 2003): *ArbG Frankfurt a. M.* 20.01.2004 AiB 2006, 113 = DuD 2004, 313; vgl. auch ACD-Telefonanlage;
– **Telefon-Hotline** für Whistleblowing: *Becker* Whistleblowing, Anzeigerecht und Anzeigepflicht des Arbeitnehmers in der Privatwirtschaft (Diss. Osnabrück), S. 208 ff.; *Schneider* Die arbeitsrechtliche Implementierung von Compliance- und Ethikrichtlinien, 2009, S. 208 ff.;
– **Telefonüberwachung**: Rdn. 580 ff., aber auch *Wiese* Rdn. 195;
– **Terminal**: Stichwort Bildschirmgeräte;
– **Tonaufzeichnungsgeräte**: Rdn. 525, 580;
– **TÜV-Prüfbelege**: *BAG* 23.04.1985 EzA § 87 BetrVG 1972 Nr. 12 S. 102 ff. = AP Nr. 11 zu § 87 BetrVG 1972 Überwachung Bl. 3 ff.;
– **Videokameras**: *BAG* 27.03.2003 EzA § 611 BGB 2002 Persönlichkeitsrecht Nr. 1 S. 9 = AP Nr. 36 zu § 87 BetrVG 1972 Überwachung Bl. 5 *(Otto)*, hierzu *Bayreuther* NZA 2005, 1038 ff.; *Grosjean* DB 2003, 2650 ff.; *Helle* JZ 2004, 340 ff; *Wiese* FS *E. Lorenz*, 2004, S. 915 ff.; *BAG* 29.06.2004 EzA § 611 BGB 2000 Persönlichkeitsrecht Nr. 2 S. 2 ff. *(Bender)* = AP Nr. 41 zu

§ 87 BetrVG 1972 Überwachung Bl. 2 ff. *(Ehmann)* = RdA 2005, 381 *(Richardi/Kortstock)* = BB 2005, 102 *(Hunold)* = AuR 2005, 454 *(Wedde)*; krit. *Bayreuther* ZAAR Schriftenreihe Bd. 5, S. 131 (158 f.); *Raab* ZfA 2006, 3 (84 ff.); *BAG* 14.12.2004 EzA § 87 BetrVG 2001 Überwachung Nr. 1 S. 5 ff. = AP Nr. 42 zu § 87 BetrVG 1972 Überwachung Bl. 2 R ff. = AuR 2005, 456 *(Wedde)*; 26.08.2008 EzA § 87 BetrVG 2001 Überwachung Nr. 2 Rn. 13 = AP Nr. 54 zu § 75 BetrVG 1972 *(Wiese)*; 21.06.2012 EzA § 611 BGB 2002 Persönlichkeitsrecht Nr. 13 Rn. 30 ff. *(Thüsing/Pötters)* = AP Nr. 66 zu § 1 KschG 1969 Verhaltensbedingte Kündigung *(Lunk)*; dazu *Bauer/Schanker* NJW 2012, 3537 ff.; *Bayreuther* DB 2012, 2222 ff.; *Bergwitz* NZA 2012, 1205 ff.; *Byers/Pracka* BB 2013, 760 ff.; 11.12.2012 BeckRS 2013, 68102 Rn. 16 ff.; 26.01.2016 EzA § 58 BetrVG 2001 Nr. 4 Rn. 22 = AP Nr. 46 zu § 87 BetrVG 1972 Überwachung; 20.10.2016 EzA § 32 BDSG Nr. 4 Rn. 35 = AP Nr. 260 zu § 626 BGB; *LAG Brandenburg* 13.02.2003 AP Nr. 37 zu § 87 BetrVG 1972 Überwachung; zum Ganzen *Däubler* Das Arbeitsrecht II, Rn. 471 ff.; *Grimm/Schiefer* RdA 2009, 329 ff.; *Maschmann* FS Hromadka, S. 233 (240 ff.); *A. Müller* Zulässigkeit der Videoüberwachung; vgl. auch *Jacobs/Krois* JuS 2010, 228 (233 f.); Stichwort Fernsehkameras; ferner Rdn. 515; zur Kündigung nach heimlicher Videoüberwachung *Röckl/Fahl* NZA 1998, 1035 ff.; zur fehlenden Mitbestimmung bei der Videoüberwachung von Einrichtungen des US-amerikanischen State Departments in Berlin *LAG Brandenburg* 15.12.2009 LAGE § 87 BetrVG 2001 Kontrolleinrichtung Nr. 1 S. 5 ff.; zur Zulässigkeit versteckter Videoüberwachung von Arbeitnehmern EGMR 05.10.2010 EzA § 611 BGB 2002 Persönlichkeitsrecht Nr. 12; zur Unzulässigkeit der Videoüberwachung von Streikenden *ArbG Oldenburg* 08.02.2011 AuR 2011, 261 *(Garweg)*;
– »**Wearables**« (Smartphones, Smart Watches, Smart Glasses usw.) bei betrieblich veranlasster Nutzung: *Fitting* § 87 Rn. 217; *Kopp/Sokoll* NZA 2015, 1352; *Weichert* NZA 2017, 565;
– **Zählwerke**, z. B. für die Zahl der gefertigten Stücke;
– **Zeiterfassungsgeräte, Zeitstempler**: *LAG Berlin-Brandenburg* 22.01.2015 LAGE § 87 BetrVG 2001 Kontrolleinrichtung Nr. 5 Rn. 25; *LAG Düsseldorf/Köln* 27.11.1978 DB 1979, 459; *LAG Köln* 21.02.2004 AuR 2007, 106; *LAG Nürnberg* 03.05.2002 NZA-RR 2003, 21; vgl. auch Stichworte Datenerfassungsgerät, Stempeluhren;
– **Zielvereinbarungen** mit Datenverarbeitung: *Däubler* NZA 2005, 793 (794); *Geffken* NZA 2000, 1033 (1037); *Rieble/Gistel* BB 2004, 2462 (2463); zum Auskunftsanspruch des Betriebsrats *BAG* 21.10.2003 EzA § 80 BetrVG 2001 Nr. 3 = AP Nr. 62 zu § 80 BetrVG 1972 *(Wiese)*;
– **Zugangskontrollsysteme**: Rdn. 548, 590 f., aber auch Rdn. 577 zum Stichwort Zugangssicherungssystem; zum biometrischen Zugangskontrollsystem, das von Arbeitnehmern auf Anweisung des Arbeitgebers bei Kunden zu benutzen ist, *BAG* 27.01.2004 EzA § 87 BetrVG 2001 Kontrolleinrichtung Nr. 1 S. 8 ff. = AP Nr. 40 zu § 87 BetrVG 1972 Überwachung Bl. 4 ff. *(Wiese)* = SAE 2006, 236 *(Besgen/Langner* S. 233 ff.); krit. *Bayreuther* in: Transparenz und Reform im Arbeitsrecht, 2006, S. 131 (148 f.); *Däubler* Das Arbeitsrecht I, Rn. 983 f., II, Rn. 481 f.; vgl. auch *Otto* ZfA 2011, 673 (682 f.); *ArbG Frankfurt a. M.* 18.02.2002 AuR 2003, 478; *Hornung/Steidle* AuR 2005, 201 ff.; *Hunold* BB 2004, 1392; *Rieble/AR* § 87 BetrVG Rn. 42; *Worzalla/HWGNRH* § 87 Rn. 366; vgl. auch *OGH* (Österreich) 20.12.2006 AuR 2007, 398 *(Hornung)*.

Der **technischen Überwachung** i. S. d. § 87 Abs. 1 Nr. 6 dienen zumindest in der Regel **nicht**:   577
– **Aufschaltanlagen**: Rdn. 580; **a. M.** *Schwarz* Arbeitnehmerüberwachung, S. 94 f. bei Mithörmöglichkeit;
– **Bandgeschwindigkeit**: Rdn. 537;
– **Bankschaltertests** durch Drittunternehmen: *BAG* 18.04.2000 EzA § 87 BetrVG 1972 Betriebliche Ordnung Nr. 27 S. 7 = AP Nr. 33 zu § 87 BetrVG 1972 Überwachung Bl. 3 R;
– **Betriebsdatenerfassungssysteme (BDE-Systeme)**: Rdn. 570; zur Erfassung flexibler Arbeitszeiten mittels BDE-Systemen *Förster/Vatteroth* ArbGeb. 1993, 125;
– **Brillen**: Rdn. 537;
– **Bürosprechanlagen**: Rdn. 537, 543;
– **Drehzahlmesser**: Rdn. 575;
– **Druckmesser**: Rdn. 575;
– **Elektronik-Kassen Typ ADS 37216 mit Artikelspeicher**: *LAG Köln* 10.07.1979 LAGE § 87 BetrVG 1972 Kontrolleinrichtung Nr. 6;
– **Faxgeräte** in der Wohnung von Außendienstmitarbeitern: *Stege/Weinspach/Schiefer* § 87 Rn. 109f;

- **Ferngläser**: Rdn. 537;
- **GoogleMaps** bei Kontrolle von Fahrgeldabrechnungen: *BAG* 10.12.2013 EzA § 87 BetrVG 2001 Kontrolleinrichtung Nr. 3 Rn. 21 ff. = AP Nr. 45 zu § 87 BetrVG 1972 Überwachung; *LAG Hamburg* 02.05.2012 LAGE § 87 BetrVG 2001 Kontrolleinrichtung Nr. 2 Rn. 38 ff.;
- **Kameraattrappe**: *LAG Mecklenburg-Vorpommern* 12.11.2014 NZA-RR 2015, 196 Rn. 19 f.;
- **Lese-** und **Auswertungsgeräte** für **Diagrammscheiben** eines Fahrtenschreibers: Rdn. 537, 600 f.;
- **Leistungs-** und **Tätigkeitsberichte**: Rdn. 530;
- **Lupen**: Rdn. 537;
- **Personalakte, elektronische**: *Diller/Schuster* DB 2008, 928 (929);
- **Pkw-Navigationssystem**: *Moll/Roebers* DB 2010, 2672 f.;
- **Schreibgerät**: Rdn. 537;
- **Speicherschreibmaschine**: *ArbG Hamburg* 20.04.1980 DVR 1980, 74 (77); *Ehmann* Arbeitsschutz und Mitbestimmung bei neuen Technologien, S. 111 f.; *Schwarz* Arbeitnehmerüberwachung, S. 80;
- **Taschenrechner**: Rdn. 537;
- **Telefonanlage**: Rdn. 537, aber auch Rdn. 576 zum Stichwort Telefonüberwachung;
- **Temperaturanzeiger**: Rdn. 575;
- **Uhren** (normale): Rdn. 537;
- **Warnlampen**: Rdn. 575;
- **Zeiterfassungssystem, elektronisches**: zur probeweisen Einführung *OVG Münster* 30.10.1996 AP Nr. 11 zu § 72 LPVG NW;
- **Zentimetermaß**: Rdn. 537;
- **Zollstock**: Rdn. 537;
- **Zugangssicherungssystem ohne Personenidentifikation**: Rdn. 548, 590 f., aber auch Rdn. 576 zum Stichwort Zugangskontrollsysteme; zur fehlenden Mitbestimmung nach § 87 Abs. 1 Nr. 1 *Wiese* Rdn. 181.

bb) Bildschirmgeräte (Datensichtgeräte)

578 Bildschirmgeräte sind als solche keine technischen Einrichtungen i. S. d. § 87 Abs. 1 Nr. 6, weil sie für sich allein entweder bei der Eingabe bzw. dem Abruf von Daten nur Informationen sichtbar machen. Sie erfüllen jedoch die Voraussetzungen dieser Vorschrift, wenn sie mit einem Rechner verbunden sind und die konkret in dem System vorhandenen und verwendeten Betriebs- oder Anwendungsprogramme (Software) Verhaltens- oder Leistungsdaten der Arbeitnehmer (zur Individualisierbarkeit Rdn. 571 f.) ermitteln und aufzeichnen (*BAG* 06.12.1983 EzA § 87 BetrVG 1972 Bildschirmarbeitsplatz Nr. 1 S. 38 ff. *[Ehmann]* = AP Nr. 7 zu § 87 BetrVG 1972 Überwachung Bl. 17 ff. *[Richardi]* = SAE 1985, 225 *[Heinze]*; *LAG Frankfurt a. M.* 15.06.1984 NZA 1985, [33, 34]; *LAG Niedersachsen* 25.03.1982 DB 1982, 2039 f. – zweifelnd bei Mischarbeitsplätzen; *LAG Schleswig-Holstein* 09.06.1982 DB 1983, 995; *Einigungsstellenspruch* 23.01.1981 DB 1981, 1046 [1047]; *Bosmann* NZA 1984, 185 [186]; *Ehmann* Arbeitsschutz und Mitbestimmung bei neuen Technologien, S. 18 [101, 110 ff., 124]; *ders.* FS *Hilger* und *Stumpf*, S. 125 [137]; *Fitting* § 87 Rn. 246; *Gaul* Die rechtliche Ordnung der Bildschirm-Arbeitsplätze, S. 45 ff., daselbst S. 72 ff. Beispiel für eine Betriebsvereinbarung über Bildschirmarbeit; *Marsch-Barner* AR-Blattei, Betriebsverfassung XIV B 1, B II 1c; *Matthes* RDV 1985, 16 [19]; *ders.* JArbR Bd. 23 [1985], 1986, S. 19 [21 f.]; *Richardi* § 87 Rn. 511; *Schwarz* Arbeitnehmerüberwachung, S. 145 ff.; *Worzalla/HWGNRH* § 87 Rn. 366).

579 **Unrichtig** ist es, das **Programm als technische Einrichtung** i. S. d. § 87 Abs. 1 Nr. 6 **zu bezeichnen** (so aber *Heinze* Anm. SAE 1985, 245 [249, 252]), vielmehr werden Bildschirmgerät und Rechner erst durch das Programm zu einer Überwachungseinrichtung. Nicht ausreichend ist daher, dass die bloße Rechen- und Speicherkapazität des Systems die Ermittlung und Aufzeichnung von Verhaltens- oder Leistungsdaten unabhängig vom tatsächlich verwendeten Programm möglich macht (*BAG* 06.12.1983 EzA § 87 BetrVG 1972 Bildschirmarbeitsplatz Nr. 1 S. 38 ff. *[Ehmann]* = AP Nr. 7 zu § 87 BetrVG 1972 Überwachung Bl. 17 ff. *[Richardi]* und die Nachweise Rdn. 578; **a. M.** *LAG Berlin* 31.03.1981 DB 1981, 1519 [1522]; *LAG Düsseldorf/Köln* 28.11.1980 EzA § 87 BetrVG 1972 Kontrolleinrichtung Nr. 9 S. 54 ff.; *LAG Hamburg* 19.10.1982 AuR 1983, 249; *Einigungsstellenspruch*

10.06.1981 DB 1981, 2286; *Bartl* DB 1982, 1097 [1102]; *Denck* RdA 1982, 279 [297 f.]; *Engel* AuR 1982, 79 [84]; *Kilian* NJW 1981, 2545 [2549]; *Klebe/Roth* AiB 1984, 70 [75]; *Klingmüller* AuR 1983, 321 [323 f.]; *Moll* ZIP 1982, 889 [894 f.]; *Simitis* Schutz von Arbeitnehmerdaten, S. 36 [38]; *Steinmüller* CR 1989, 606 [608 f.]). Nach **§ 3 Abs. 1 ArbStättV i. V. m. Nr. 6.5. Abs. 5 Anhang zur ArbStättV** (vormals Nr. 22 des Anhangs BildscharbV über an Bildschirmarbeitsplätze zu stellende Anforderungen) darf ohne Wissen der Benutzer keine Vorrichtung zur qualitativen oder quantitativen Kontrolle verwendet werden. Der Betriebsrat hat kein Mitbestimmungsrecht hinsichtlich der **Erstellung und Führung** eines **EDV-Bestandsverzeichnisses** (BAG 02.04.1996 EzA § 87 BetrVG 1972 Bildschirmarbeit Nr. 1 S. 18 [*Gaul*] = AP Nr. 5 zu § 87 BetrVG 1972 Gesundheitsschutz Bl. 8 R [*Börgmann*]). Zur **Telearbeit** *Albrecht* NZA 1996, 1240 (1244); *Boemke/Ankersen* BB 2000, 2254 ff.; *Kilian/Borsum/Hoffmeister* Telearbeit und Arbeitsrecht, 1986, S. 232 ff.; *Peter* DB 1998, 573 (578); *Simon/Kuhne* BB 1987, 201 ff.; *Wedde* CR 1994, 230 ff.; *ders.* Telearbeit, 3. Aufl. 2002, Rn. 959 ff.; *Wiese* RdA 2009, 344 (351 ff.).

cc) Telefonüberwachung

Bei der Überwachung von Telefongesprächen ist zwischen dem Inhalt und den äußeren Umständen des Gesprächs zu unterscheiden. Das **Abhören** und **Aufzeichnen** des **Inhalts** der **Telefongespräche** von Arbeitnehmern ist unabhängig davon, ob es sich um ein Gespräch privaten oder dienstlichen Inhalts handelt, grundsätzlich **unzulässig** (*Wiese* ZfA 1971, 273 [289 ff. m. w. N.]; *Däubler* Das Arbeitsrecht II, Rn. 472 ff.; *Fitting* § 75 Rn. 145; *Kaiser/LK* § 75 Rn. 35; *Reichold/*MünchArbR § 86 Rn. 10; *Romanovszky* InfStW 1980, 471 ff.; *Wellhöner/Byers* BB 2009, 2310 [2312 f.]; vgl. auch BVerfG 19.12.1991 EzA § 611 BGB Persönlichkeitsrecht Nr. 10 S. 4 ff. = AP Nr. 24 zu § 611 BGB Persönlichkeitsrecht Bl. 2 ff.; BGH 13.10.1987 DB 1988, 1011 f.; a. M. und viel zu weitgehend LAG Baden-Württemberg/Mannheim 29.04.1986 AP Nr. 2 zu § 611 BGB Persönlichkeitsrecht; unklar ArbG Hamburg 22.04.1980 BB 1980, 834; zur Einwilligung, aber zu weitgehend bei »verdecktem« Mithören *Jordan/Bissels/Löw* BB 2008, 2626 ff.; zum strafrechtlich gesicherten Abhörverbot § 201 StGB und hierzu *Kaiser* BB 1970, 263; zur Zulässigkeit einer **Aufschaltanlage**, die der Unterbrechung von Telefongesprächen dient, BAG 01.03.1973 EzA § 611 BGB Nr. 10 S. 29 ff. = AP Nr. 1 zu § 611 BGB Persönlichkeitsrecht Bl. 1 R f. [*Wiese*] = SAE 1973, 239 [*Herschel*] = JZ 1975, 258 [*Fenn*]). Mit Recht hat das BAG (30.08.1995 EzA § 87 BetrVG 1972 Kontrolleinrichtung Nr. 21 S. 11 ff. = AP Nr. 29 zu § 87 BetrVG 1972 Überwachung Bl. 5 ff.) dagegen einen Spruch der Einigungsstelle als zulässig angesehen, der es erlaubt, externe Telefongespräche eines Arbeitnehmers an dessen Arbeitsplatz und daher mit dessen Kenntnis **zu Ausbildungszwecken mitzuhören** (vgl. auch *Hess. LAG* 22.09.1994 LAGE § 76 BetrVG 1972 Nr. 42 – Vorinstanz, das aber die Unwirksamkeit des Spruches wegen Verstoßes gegen das Fernmeldegeheimnis des Anrufers annimmt; zum Entwurf einer Betriebsvereinbarung über das Mithören und Mitschneiden von telefonischen Verkaufsgesprächen ferner schon LAG Köln 19.01.1983 DB 1983, 1101 f.; zur Verletzung des Persönlichkeitsrechts des Gesprächspartners bei heimlichem Mithörenlassen von Telefongesprächen zwischen Arbeitnehmer und Arbeitgeber BAG 29.10.1997 EzA § 611 BGB Persönlichkeitsrecht Nr. 12 S. 4 ff. [*Dörrwächter*] = AP Nr. 27 zu § 611 BGB Persönlichkeitsrecht Bl. 2 ff. [*Otto*] = SAE 1998, 285 [*Löwisch/Wallisch*] = AuR 199, 10 [*Linnenkohl*]; so schon *Wiese* ZfA 1971, 273 [291]; ferner *Kopke* NZA 1999, 917 ff.). Zum **Fernsprechgeheimnis** des Arbeitnehmers vgl. auch Überblick von *Däubler* CR 1994, 754 ff. = AiB 1995, 149.

Ein **heimliches Abhören** (auch **Mithören**) von Telefongesprächen ist nur ausnahmsweise unter erschwerenden Voraussetzungen – z. B. zur Aufdeckung strafbarer Handlungen – zulässig (vgl. auch LAG Berlin 15.02.1988 DB 1988, 1024). Soweit das Abhören und Aufzeichnen von Telefongesprächen unzulässig ist, kann es auch nicht durch Betriebsvereinbarung zugelassen werden (Rdn. 512 ff.); eine Mitbestimmung ist insoweit nicht gegeben. Zum **Beweisverwertungsverbot** eines unter Verletzung des allgemeinen Persönlichkeitsrechts **abgehörten Telefongesprächs** BVerfG 19.12.1991 EzA § 611 BGB Persönlichkeitsrecht Nr. 10 S. 6 = AP Nr. 24 zu § 611 BGB Persönlichkeitsrecht Bl. 2 R f. = AuR 1992, 158 (*Linnenkohl*). Zur Zulässigkeit der Verwertung solcher Kenntnisse in den entschiedenen Fällen LAG Bremen 25.02.1994 LAGE § 611 BGB Ausbildungsbeihilfe Nr. 9 S. 6 ff.; LAG Köln 27.08.1992 LAGE § 611 BGB Persönlichkeitsrecht Nr. 3 S. 4 ff. Zum Beweisverwertungsverbot eines **heimlich mitgehörten Telefongesprächs** BAG 29.10.1997 EzA § 611

BGB Persönlichkeitsrecht Nr. 12 S. 7 *[Dörrwächter]* = AP Nr. 27 zu § 611 BGB Persönlichkeitsrecht Bl. 3 R *[Otto]*; 23.04.2009 EzA § 611 BGB 2002 Persönlichkeitsrecht Rn. 26 ff. = AP Nr. 40 zu § 611 BGB Persönlichkeitsrecht Bl. 3 R = SAE 2010, 144 *(Joussen* S. 138 ff.*)*; vgl. auch *Fischer* BB 1999, 154 ff.; *Rhotert* BB 1999, 1378 f. Zum Beweisverwertungsverbot **mitbestimmungswidrig** erlangter Kenntnis bei unerlaubter Nutzung der betrieblichen Fernsprechanlage *LAG Hamm* 25.01.2008 RDV 2008, 211; zu rechtswidrig erlangten Videoaufzeichnungen Rdn. 515.

582 Hinsichtlich der **äußeren Umstände** von **Telefongesprächen** handelt es sich darum, inwieweit Zahl, Zeitpunkt und Dauer der Gespräche, der vom Arbeitnehmer benutzte Apparat, Gebühreneinheiten und Gebühren, die Zielnummer sowie Art des Gesprächs (dienstlich oder privat) erfasst und verarbeitet werden dürfen (Rdn. 583 ff.). Das gilt unabhängig davon, ob der Arbeitnehmer Diensttelefone für Privatgespräche benutzen darf (*Wiese* Rdn. 195). Zur Mitbestimmung des Betriebsrats beim Erlass hierauf bezogener Ordnungsvorschriften nach § 87 Abs. 1 Nr. 1 *Wiese* Rdn. 196 und zu **Telefonaten** von **Betriebsratsmitgliedern** im Rahmen ihrer **Amtstätigkeit** *Weber* § 40 Rdn. 189.

583 Die Einführung und Anwendung eines **Telefondatenerfassungssystems** ist mitbestimmungspflichtig, wenn damit programmgemäß Verhaltens- oder Leistungsdaten der telefonierenden Arbeitnehmer erfasst und derart verarbeitet werden, dass Aussagen über deren Verhalten oder Leistung abrufbar sind (*BAG* 27.05.1986 EzA § 87 BetrVG 1972 Kontrolleinrichtung Nr. 16 S. 150 f., 163 = AP Nr. 15 zu § 87 BetrVG 1972 Überwachung Bl. 3 R, 8 f. = SAE 1989, 283 *[Ehmann* S. 277*]* = BB 1986, 2333 *[Kappes]* = AR-Blattei, Betriebsverfassung XIV B 1, Entsch. 3 *[Ehmann]* = AuR 1987, 149 *[Mostert]*; 13.01.1987 EzA § 87 BetrVG 1972 Kontrolleinrichtung Nr. 17 S. 173 = AP Nr. 3 zu § 23 BDSG Bl. 2 R *[Echterhölter]*; *LAG Düsseldorf* 03.10.1984 DB 1984, 2624 [2625]; *LAG Hamm* 25.01.2008 RDV 2008, 211; *ArbG Darmstadt* 15.01.1981 MDR 1981, 347; *ArbG Düsseldorf* 27.10.1983 DuD 1984, 148 [150]; *ArbG Hamburg* 22.04.1980 BB 1980, 834; *ArbG Siegburg* 18.03.1988 CR 1990, 599; *BVerwG* 30.01.1985 PersR 1985, 75; 02.02.1990 RDV 1990, 183 f.; *VGH Kassel* 29.03.1989 NZA 1989, 651; *Auernhammer* DuD 1990, 487 [492]; *Bächt/Gola* DuD 1978, 74; *Buchner* BB 1987, 1942 [1947 f.]; *Fitting* § 87 Rn. 244; *Gola* BlStSozArbR 1975, 147 f.; *Hexel* AiB 1986, 272 [273]; *Kaiser/LK* § 87 Rn. 140; *Klebe/DKKW* § 87 Rn. 202; *Moll* DB 1982, 1722 ff.; *Ossberger* Betriebliche Kontrollen, S. 131 mit Einschränkungen; *Richardi* § 87 Rn. 485, 511; *Schulin/Babl* NZA 1986, 46 [50]; *Schumann* AiB 1985, 89 f.; *Schwarz* Arbeitnehmerüberwachung, S. 143 f.; *Worzalla/HWGNRH* § 87 Rn. 366; für Österreich *Funk/Krejci/Schwarz* DRdA 1984, 285; 1985, 355; *Maier* DRdA 1985, 352).

584 Vielfältige Kontrollmöglichkeiten eröffnet das **Telekommunikationssystem ISDN** (Integrated Services Digital Network). So kann z. B. bei vergeblichen Anrufen gespeichert werden, ob und wie lange ein Arbeitnehmer nicht an seinem Arbeitsplatz anwesend war. Auch kann auf dem Display des Telefons eines Vorgesetzten sichtbar gemacht werden, von welchem Nebenstellenapparat ein Arbeitnehmer anruft. Soweit diese und andere Kontrollmöglichkeiten bestehen, ist die Mitbestimmung nach § 87 Abs. 1 Nr. 6 gegeben. Zu **ISDN** im Einzelnen *Andres* Integration moderner Technologien, S. 190 ff.; *Beyer/Peters* AiB 1999, 320; *Fangmann* AiB 1994, 135 ff.; *Fitting* § 87 Rn. 245; *Hammer* CR 1993, 567 ff.; *Kilz/Reh/Schröder* AuR 1994, 221 ff.; *dies.* RDV 1993, 114 ff.; *Kilz/Schröder* AuR 1993, 169 ff.; *Kubicek* CR 1994, 695 ff.; *Linnenkohl* RDV 1992, 205 (207 ff.); *Linnenkohl/Linnenkohl* BB 1992, 770 (771 ff.); *K.-St. Linnenkohl/Schröder* RDV 1993, 58 ff.; *Pordesch* CR 1993, 313 ff.; *Roßnagel* CR 1993, 507 ff.; *Schapper/Schaar* CR 1990, 719 ff., 773 ff. Zur Mitbestimmung bei Einführung und konkreter Nutzung einer Telefonvermittlungsanlage des Typs HICOM *BAG* 11.11.1998 EzA § 50 BetrVG 1972 Nr. 17 S. 3 f. = AP Nr. 19 zu § 50 BetrVG 1972 Bl. 2 R. Vgl. auch *LAG Schleswig-Holstein* 25.11.1993 LAGE § 37 BetrVG 1972 Nr. 42 zur Ablehnung einer Schulung nach § 37 Abs. 6, falls die technischen Voraussetzungen für den ISDN-Einsatz im Betrieb noch nicht gegeben sind. Zum **Internet** *Däubler* Internet und Arbeitsrecht, Rn. 287 ff., zur **Telekommunikation** *Altenburg/v. Reinersdorff/Leister* MMR 2005, 222 ff.; *Däubler* Gläserne Belegschaften?, Rn. 325 ff.; *Klebe/DKKW* § 87 Rn. 197, 202; *Löwisch* DB 2009, 2782 ff. Diese betrifft den technischen Vorgang des Aussendens, Übermittelns und Empfangens von Signalen mittels Telekommunikationsanlagen, also nicht nur die sprachliche Übermittlung (§ 3 Nr. 22 TKG), so z. B. auch E-Mails. Ein Arbeitgeber ist auch dann nicht Diensteanbieter i. S. d. § 3 Nr. 6 TKG, wenn er seinen Beschäftigten gestattet, einen dienstlichen E-Mail-Account auch privat zu nutzen und unterliegt demnach nicht dem Fernmeldegeheimnis i. S. d. § 88 TKG (*LAG Berlin-Brandenburg* 16.02.2011 LAGE Art. 10 GG Nr. 1 Rn. 36 ff. *[Mücken-*

berger/Müller]; *LAG Niedersachsen* 31.05.2010 NZA-RR 2010, 406 [408]; *Kort* DB 2011, 2092; *Löwisch* DB 2011, 2782 f.; **a. M.** bei privater Nutzung *Däubler* Gläserne Belegschaften?, Rn. 338 ff. m. w. N., 365 ff.; *Klebe/DKKW* § 87 Rn. 197, 202; *Reichold/Münch*ArbR § 88 Rn. 6 m. w. N.; *Wisskirchen/Glaser* DB 2011, 1447 [1450 f.]; zu Compliance versus Fernmeldegeheimnis *Behling* BB 2010, 832 ff.). Maßgebend ist daher das BDSG. Zu **E-Mails** *Däubler* Gläserne Belegschaften?, Rn. 351 ff., *Wolf/Mulert* BB 2008, 442 ff., zum Schutz durch das Fernmeldegeheimnis nach Art. 10 Abs. 1 GG *BVerfG* 16.06.2009 BVerfGE 124, 43 (53 ff.). Die durch Telekommunikation gegebenen Überwachungsmöglichkeiten (z. B. Speicherung einer Anrufumleitung) sind mitbestimmungspflichtig (*Fitting* § 87 Rn. 245). Bei Gestattung der privaten Nutzung von Internet und Telefon durch den Arbeitgeber wurde nach § 113a Abs. 1 Satz 1 TKG eine Pflicht zur Vorratsdatenspeicherung verneint (*Däubler* Gläserne Belegschaften?, Rn. 378c; *Fitting* 25. Aufl. 2010, § 87 Rn. 254 m. w. N.). Die Frage hat sich erledigt, nachdem das *BVerfG* (02.03.2010 BVerfGE 125, 260 Rn. 271 ff.) § 113a TKG für nichtig erklärt hat. Zum Entwurf eines Gesetzes zur Regelung des Beschäftigtendatenschutzes daselbst § 32i ff.

Eine betriebliche Regelung über die Telefondatenerfassung verstößt nicht gegen das **Fernmeldegeheimnis** i. S. d. Art. 10 Abs. 1 GG und das **Fernsprechgeheimnis** i. S. d. § 10 FernmG (*BAG* 27.05.1986 EzA § 87 BetrVG 1972 Kontrolleinrichtung Nr. 16 S. 151 ff. = AP Nr. 15 zu § 87 BetrVG 1972 Überwachung Bl. 3 R f.; ferner *LAG Düsseldorf* 30.04.1984 DB 1984, 2624; *LAG Frankfurt a. M.* 27.08.1981 BB 1982, 2049; *LAG Köln* 11.03.1982 EzA § 611 BGB Persönlichkeitsrecht Nr. 1 S. 1 ff.; *Hilger* DB 1986, 911 [913]; *Versteyl* NZA 1987, 7 [8 f.]; *Zehner* DB 1984, 666 [668]; vgl. auch *Schulin/Babl* NZA 1986, 46 [47 f.]; **a. M.** *Däubler* Gläserne Belegschaften?, Rn. 794). Eine Betriebsvereinbarung bzw. ein entsprechender Spruch der Einigungsstelle über die Telefondatenerfassung und -verarbeitung ist eine Rechtsvorschrift i. S. d. § 4 Absatz 1 BDSG (Rdn. 518), so dass der Zulässigkeit Vorschriften des BDSG nicht entgegenstehen (*BAG* 27.05.1986 EzA § 87 BetrVG 1972 Kontrolleinrichtung Nr. 16 S. 155 f. = AP Nr. 15 zu § 87 BetrVG 1972 Überwachung Bl. 5 R; vgl. auch Rdn. 518; *LAG Düsseldorf* 30.04.1984 DB 1984, 2624; *LAG Hamburg* 01.09.1988 BB 1989, 1053 f.; *Bächt/Gola* DuD 1978, 74 [78]; *Beise* DB 1978, 106 f.; *Färber/Kappes* BB 1986, 520 f.; *Hilger* DB 1986, 911 [912]; *Schulin/Babl* NZA 1986, 46 [49]; *Versteyl* NZA 1987, 7 [9 f.]; *Worzalla/HWGNRH* § 87 Rn. 382; *Zehner* DB 1984, 666 ff.; **a. M.** *Wohlgemuth/Mostert* AuR 1986, 138 [142 ff.]; vom *BAG* 27.05.1986 EzA § 87 BetrVG 1972 Kontrolleinrichtung Nr. 16 S. 161 f. = AP Nr. 15 zu § 87 BetrVG 1972 Überwachung Bl. 7 R f. offen gelassen hinsichtlich des Datenschutzes des Angerufenen bei Erfassung von dessen Telefonnummer; bejaht wird die Zulässigkeit auch insoweit von *LAG Düsseldorf* 30.04.1984 DB 1984 [2624 f.]; *Färber/Kappes* BB 1986, 520 [521 f.]; *Hilger* DB 1986, 911 [912]; *Schaffland/Wiltfang* Bundesdatenschutzgesetz [Loseblattwerk], § 23 Rn. 21a; *Schulin/Babl* NZA 1986, 46 [50]; *Zehner* DB 1984, 666 [668]; **a. M.** *LAG Hamburg* 31.01.1986 DB 1986, 702; *ArbG Hamburg* 03.10.1984 DB 1984, 2625 [2626]; *Mostert* AuR 1987, 149 [151]; *Wohlgemuth/Mostert* AuR 1986, 138 [139 ff.]).

Grenzen der Zulässigkeit der Telefondatenerfassung ergeben sich aber aus dem **Persönlichkeitsschutz**. Dieser ist aus dem Persönlichkeitsrecht des Arbeitnehmers an seiner Eigensphäre (*Wiese* ZfA 1971, 273 [289, 290 f.]) bzw. aus § 75 Abs. 2 (so *BAG* 27.05.1986 EzA § 87 BetrVG 1972 Kontrolleinrichtung Nr. 16 S. 157 ff. = AP Nr. 15 zu § 87 BetrVG 1972 Überwachung Bl. 6 ff.) abzuleiten, der die Beachtung von Persönlichkeitsrechten der Arbeitnehmer gebietet (*Kreutz/Jacobs* § 75 Rdn. 101 ff.; *Hallenberger* Die Pflicht des Arbeitgebers zur Förderung der freien Persönlichkeitsentfaltung nach § 75 Abs. 2 Betriebsverfassungsgesetz [Diss. Mannheim], 1988, S. 68 ff.). Die Zulässigkeit der Erhebung und Verarbeitung von Telefondaten ist abhängig von der Art des Gesprächs:

Bei **Dienstgesprächen** ist grundsätzlich die vollständige Erfassung der Rdn. 582 genannten Daten gerechtfertigt, weil der Arbeitgeber zur Überwachung des vertraglich geschuldeten Verhaltens der Arbeitnehmer berechtigt ist und entgegenstehende vorrangige Interessen der Arbeitnehmer nicht gegeben sind (*BAG* 27.05.1986 EzA § 87 BetrVG 1972 Kontrolleinrichtung Nr. 16 S. 158 f. = AP Nr. 15 zu § 87 BetrVG 1972 Überwachung Bl. 6 R; *LAG Düsseldorf* 30.04.1984 DB 1984, 2624; *LAG Frankfurt a. M.* 27.08.1981 BB 1982, 2049; *LAG Hamburg* 01.09.1988 BB 1989, 1053 [1054]; *LAG Köln* 11.03.1982 EzA § 611 BGB Persönlichkeitsrecht Nr. 1 S. 1 ff.; *Moll* DB 1982, 1722 [1724 f.]; *Schulin/Babl* NZA 1986, 46 [49]; für den öffentlichen Dienst insbesondere *BVerwG* 10.08.1981 NJW 1982,

840; *OVG Bremen* 18.12.1979 NJW 1980, 606 – Vorinstanz; **a. M.** *VG Bremen* 15.06.1977 NJW 1978, 66 *[von Münch]* = NJW 1978, 657 *[Meyn]* – Vorinstanz). Das gilt grundsätzlich auch für innerbetriebliche Telefonate. Eine andere Beurteilung ist hinsichtlich der **Zielnummer** erforderlich, wenn der Angerufene ein berechtigtes Interesse an deren Geheimhaltung hat und den Arbeitnehmer selbst eine Geheimhaltungspflicht über seinen Gesprächsteilnehmer trifft (*BAG* 13.01.1987 EzA § 87 BetrVG 1972 Kontrolleinrichtung Nr. 17 S. 175 ff. = AP Nr. 3 zu § 23 BDSG Bl. 3 ff. *[Echterhölter]* = SAE 1988, 114 *[Mummenhoff]*, für Telefonate eines in einer Beratungsstelle für Erwachsene, Kinder und Jugendliche eines Landkreises tätigen Psychologen mit staatlich anerkannter wissenschaftlicher Abschlussprüfung; zur hiervon zu unterscheidenden Frage, inwieweit der Arbeitgeber verpflichtet ist, dem Arbeitnehmer einen unkontrollierten Telefonapparat zur Verfügung zu stellen, *Mummenhoff* SAE 1988, 114 [118]).

588 Bei **Privatgesprächen**, die **aus dienstlichem Anlass** geführt werden und für die der Arbeitgeber die Kosten übernimmt, ist die Erfassung der Zielnummer zur Vermeidung von Missbräuchen jedenfalls dann unbedenklich, wenn der Arbeitnehmer Privatgespräche auf seine Kosten aus dem Betrieb führen kann, ohne dass die Zielnummer erfasst wird (*BAG* 27.05.1986 EzA § 87 BetrVG 1972 Kontrolleinrichtung Nr. 16 S. 159 f. = AP Nr. 15 zu § 87 BetrVG 1972 Überwachung Bl. 6 R f.). Bei **reinen Privatgesprächen**, die der Arbeitnehmer selbst bezahlt, können Zahl, Zeitpunkt und Dauer der Gespräche, der von ihm benutzte Apparat, Gebühreneinheiten und Gebühren registriert werden (*BAG* EzA § 87 BetrVG 1972 Kontrolleinrichtung Nr. 16 S. 160 f. = AP Nr. 15 zu § 87 BetrVG 1972 Überwachung Bl. 7 f.; *LAG Frankfurt a. M.* 27.08.1981 BB 1982, 2049; *LAG Köln* 11.03.1982 EzA § 611 BGB Persönlichkeitsrecht Nr. 1 S. 2 ff.; *Färber/Kappes* BB 1986, 520; *Hilger* DB 1986, 911 [912 f.]; *Moll* DB 1982, 1722 [1724]; *Wiese* ZfA 1971, 273 [290 f.]; **a. M.** *Schulin/Babl* NZA 1986, 46 [49]: nur bei eigenem Interesse des Arbeitnehmers; *Wohlgemuth* Datenschutz, Rn. 300; *Wohlgemuth/Mostert* AuR 1986, 138 [142 ff.]). Jedoch wäre es ein unzulässiger Eingriff in das Persönlichkeitsrecht des Arbeitnehmers an seiner Eigensphäre, wenn auch die Zielnummer erfasst würde (im Ergebnis ebenso *BAG* 27.05.1986 EzA § 87 BetrVG 1972 Kontrolleinrichtung Nr. 16 S. 160 f. = AP Nr. 15 zu § 87 BetrVG 1972 Überwachung Bl. 7 f.; *LAG Hamburg* 31.01.1986 DB 1986, 702 f.; *ArbG Hamburg* 03.10.1984 DB 1984, 2625 f.; 19.12.1984 DB 1985, 599 ff.; *Mostert* Anm. AuR 1987, 149 [151]; *Wohlgemuth/Mostert* AuR 1986, 138 [142 ff.]; *Wohlgemuth* Datenschutz, Rn. 301; *ders.* Anm. EWiR 1986, 1059 [1060]; **a. M.** *LAG Frankfurt a. M.* 27.08.1981 BB 1982, 2049; *LAG Köln* 11.03.1982 EzA § 611 BGB Persönlichkeitsrecht Nr. 1 S. 2 ff.: auch Zielnummer; *Färber/Kappes* BB 1986, 520 [521 f.]; *Hilger* DB 1986, 911 [912 f.]; *Schulin/Babl* NZA 1986, 46 [49]; vgl. auch *Moll* DB 1982, 1722 [1724]; die insoweit abweichende Auffassung in ZfA 1971, 273 [290 f.], mit der erstmals zur Telefondatenerfassung Stellung genommen wurde, wird aufgegeben).

589 Wünscht der **Arbeitnehmer**, um die Gebührenabrechnung überprüfen zu können, die **Registrierung** auch der **Zielnummer** (hierzu *Schulin/Babl* NZA 1986, 46 [49]), so muss der Arbeitgeber, sofern eine unterschiedliche Registrierung der Telefondaten technisch möglich und für ihn zumutbar ist, aufgrund seiner Treue-(Fürsorge-)Pflicht diesem Wunsch entsprechen. Zum **Muster** einer **Betriebsvereinbarung** über die Telefondatenerfassung *Bähringer* NZA 1987, 11; *Schaub/Neef/Schrader* Formularsammlung, § 48 III, zu Regelungsmodalitäten auch *Matthes* CR 1987, 108 (109 f.).

dd) § 9 Satz 1 BDSG

590 Nach **§ 9 Satz 1 BDSG** haben öffentliche und nicht-öffentliche Stellen, die selbst oder im Auftrag personenbezogene Daten erheben, verarbeiten oder nutzen, die technischen und organisatorischen Maßnahmen zu treffen, die erforderlich sind, um die Ausführung der Vorschriften des BDSG, insbesondere die in der Anlage zum BDSG genannten Anforderungen, zu gewährleisten. Erforderlich sind Maßnahmen nur, wenn ihr Aufwand in einem angemessenen Verhältnis zu dem angestrebten Schutzzweck steht (§ 9 Satz 2). Nach Nr. 5 der Anlage zu § 9 Satz 1 ist zu gewährleisten, dass nachträglich überprüft und festgestellt werden kann, ob und von wem personenbezogene Daten in Datenverarbeitungssysteme eingegeben, verändert oder entfernt worden sind (Eingabekontrolle). Die hiernach bestehende Rechtspflicht unterliegt als gesetzliche Regelung i. S. d. § 87 Abs. 1 Eingangssatz nicht der Mitbestimmung des Betriebsrats.

Anders verhält es sich mit den **Maßnahmen im Einzelnen**, da insoweit ein Regelungsspielraum besteht (*BAG* 23.04.1985 EzA § 87 BetrVG 1972 Kontrolleinrichtung Nr. 13 S. 108 ff. = AP Nr. 12 zu § 87 BetrVG 1972 Überwachung Bl. 1 ff.; *ArbG Düsseldorf* 09.01.1980 EzA § 87 BetrVG 1972 Kontrolleinrichtung Nr. 8 S. 42 ff.; *VGH Mannheim* 06.10.1981 AuR 1982, 355; *Franz* Personalinformationssysteme und Betriebsverfassung, S. 200 ff.; *Galperin/Löwisch* § 87 Rn. 151b; *Gola* AuR 1988, 105 [111 f.]; *Kilian* Personalinformationssysteme, S. 207; *Matthes/* MünchArbR § 248 Rn. 39; *Schwarz* Arbeitnehmerüberwachung, S. 135 ff. [150]; *Simitis* Schutz von Arbeitnehmerdaten, S. 35 f.; *ders.* AuR 1977, 97 [108]; *Wohlgemuth* MitbestGespr. 1980, 13 f.; *ders.* AuR 1981, 269 [277]; *Worzalla/HWGNRH* § 87 Rn. 380; einschränkend *Ehmann* FS *Hilger* und *Stumpf*, S. 125 [147 ff.]). Der Betriebsrat hat z. B. darüber mitzubestimmen, ob ein Namenskürzel als Identifikationsmerkmal für den Bearbeiter selbst in das System eingegeben und in diesem zusammen mit bereits vorhandenen personenbezogenen Daten gespeichert und abgerufen werden soll (*BAG* 23.04.1985 EzA § 87 BetrVG 1972 Kontrolleinrichtung Nr. 13 S. 108 ff. = AP Nr. 12 zu § 87 BetrVG 1972 Überwachung Bl. 2 R f.). Die Mitbestimmung ist auch gegeben, wenn die nach Nr. 1 der Anlage zu § 9 Satz 1 vorgeschriebene Zutrittskontrolle Unbefugten den Zutritt zu Datenverarbeitungsanlagen, mit denen personenbezogene Daten verarbeitet oder genutzt werden, nicht nur verwehrt, sondern den Zu- und Abgang von Personen registriert und diese identifiziert (*VGH Mannheim* 06.10.1981 AuR 1982, 355).

591

h) Einführung, Anwendung und Abschaffung technischer Einrichtungen

Die Begriffe »Einführung« und »Anwendung« technischer Einrichtungen bedürfen keiner abschließenden Abgrenzung, da die Mitbestimmung gleichermaßen für beide gilt. Jedoch macht die zusätzliche Hervorhebung der »Anwendung« deutlich, dass die Mitbestimmung nicht auf die erstmalige Einführung der technischen Einrichtung beschränkt ist, sondern auch die Folgeentscheidungen über deren Einsatz im Einzelnen erfasst (vgl. auch *BAG* 23.04.1985 EzA § 87 BetrVG 1972 Kontrolleinrichtung Nr. 12 S. 105 f. = AP Nr. 11 zu § 87 BetrVG 1972 Überwachung Bl. 4 R).

592

Mit dieser Maßgabe gehören zur **Einführung** die Entscheidung über das **Ob** der Einführung einschließlich ihrer **Modalitäten** (zust. *BAG* 27.01.2004 EzA § 87 BetrVG 2001 Kontrolleinrichtung Nr. 1 S. 8 = AP Nr. 40 zu § 87 BetrVG 1972 Überwachung Bl. 4 R *[Wiese]*, d. h. über die Zweckbestimmung, die Art und Anzahl der technischen Einrichtungen, den Zeitpunkt der Einführung (Inbetriebnahme), Ort der Verwendung, Art der Installation einschließlich überbetrieblicher Vernetzung und Bedienung, gegebenenfalls Zeitraum (**auf Dauer, Probe oder sonst begrenzten Zweck**) und Wirkungsweise ihrer Verwendung sowie unmittelbar darauf bezogene Vorbereitungsmaßnahmen im Gegensatz zur bloßen Planung, für die §§ 90, 111 einschlägig sind (vgl. auch *Fitting* § 87 Rn. 248; *Klebe/DKKW* § 87 Rn. 170 f.; *Richardi* § 87 Rn. 513 f.; *Schwarz* Arbeitnehmerüberwachung, S. 121 f.; *Worzalla/HWGNRH* § 87 Rn. 348). Dazu gehört ferner die Auswahl von Programmen für eine EDV-Anlage. Das gilt auch, wenn im Rahmen der Entwicklung und Überprüfung eines EDV-Programms verhaltens- oder leistungsbezogene Echtdaten von Arbeitnehmern verarbeitet werden, die den einzelnen Arbeitnehmern zugeordnet werden können und im betrieblichen Ablauf abrufbar sind, selbst wenn das Programm sich noch im Versuchsstadium befindet und nicht feststeht, ob es endgültig eingeführt wird (*LAG Berlin* 12.08.1986 LAGE § 87 BetrVG 1972 Kontrolleinrichtung Nr. 8 S. 19; *ArbG Bremen* 07.03.1983 DuD 1983, 320). Zur Frage, ob der Betriebsrat die Einführung einer Überwachungseinrichtung verhindern kann, Rdn. 521. Haben Arbeitgeber und Betriebsrat sich über die Einführung einer Überwachungseinrichtung geeinigt, so unterliegen nach Maßgabe dieser Vereinbarung die **Auswahl** des **Herstellers** und des **Modells**, dessen **Anschaffung** und **Installation** allein dem Arbeitgeber (*Beckschulze* DB 2007, 1526 [1534]; **a. M.** *Bachner* DB 2006, 2518 f.; *Klebe/DKKW* § 87 Rn. 140). Entsprechendes gilt für die Herstellung oder Anschaffung von Computerprogrammen (zust. *Worzalla/HWGNRH* § 87 Rn. 348).

593

Die **Anwendung** betrifft den Einsatz der Überwachungseinrichtung und die dadurch bewirkten Überwachungsmaßnahmen im Einzelnen (zust. *BAG* 27.01.2004 EzA § 87 BetrVG 2001 Kontrolleinrichtung Nr. 1 S. 8 = AP Nr. 40 zu § 87 BetrVG 1972 Überwachung Bl. 4 R *[Wiese]*; ähnlich *Fitting* § 87 Rn. 249; *Kaiser/LK* § 87 Rn. 142; *Klebe/DKKW* § 87 Rn. 173; *Richardi* § 87 Rn. 514; *Schwarz* Arbeitnehmerüberwachung, S. 125; *Worzalla/HWGNRH* § 87 Rn. 349). Dazu gehören z. B. die Entscheidung über Einschaltzeiten (dauernd oder zeitweise), die generelle oder auf bestimmte Gruppen

594

von Arbeitnehmern bzw. Arbeitsplätze begrenzte Verwendung der Einrichtung (zum Sonderfall *Wiese* Rdn. 15), Art und Umfang der Datenverarbeitung oder bei einer mobilen Einrichtung die Entscheidung darüber, wo sie im Betrieb eingesetzt werden soll, sofern dies nicht bereits bei der Einführung festgelegt ist. Bei einer bereits bestehenden Überwachungseinrichtung hat der Betriebsrat auch dann über die Anwendung mitzubestimmen, wenn er bei der Einführung noch nicht beteiligt war (*BAG* 18.02.1986 AP Nr. 13 zu § 87 BetrVG 1972 Überwachung Bl. 1 R f. *[Kraft]*). Stets muss es sich aber um generelle Regelungen handeln, so dass die konkrete Anwendung der Einrichtung im Rahmen der getroffenen Vereinbarung allein dem Arbeitgeber obliegt (*Kaiser/LK* § 87 Rn. 142). Dem **Arbeitgeber** kann auch durch die Regelung ein **eigener Entscheidungsspielraum** eingeräumt werden (*Wiese* Rdn. 6).

595 Mitbestimmungspflichtig ist ferner die technische **Veränderung** einer **bestehenden Einrichtung**, die zugleich deren vereinbarte Verwendung zu Überwachungszwecken verändert (vgl. auch *Klebe/DKKW* § 87 Rn. 172, 188 f.; krit. im Hinblick auf die technische Entwicklung *Clemenz/HWK* § 87 Rn. 125). Entsprechendes gilt, wenn neu festgelegt wird, an welchem Ort ein Zeiterfassungsgerät von den Arbeitnehmern zu benutzen ist (*BVerwG* 13.08.1992 AP Nr. 39 zu § 75 BPersVG Bl. 3 f.). Unerheblich ist, ob die wesentliche Erweiterung einer bestehenden Einrichtung als Neueinführung anzusehen ist (so *Galperin/Löwisch* § 87 Rn. 148). Dagegen ist die Verwendung eines zusätzlichen Programms in einer EDV-Anlage als Neueinführung zu verstehen, weil die Einrichtung nur in Verbindung mit einem Programm die Voraussetzungen des § 87 Abs. 1 Nr. 6 erfüllt (Rdn. 556, 578 f.). Der Betriebsrat kann dagegen nach § 87 Abs. 1 Nr. 6 keine **Vollzugs-** und **Kontrollordnung** verlangen (*BAG* 06.12.1983 EzA § 87 BetrVG 1972 Bildschirmarbeitsplatz Nr. 1 S. 50 ff. *[Ehmann]* = AP Nr. 7 zu § 87 BetrVG 1972 Überwachung Bl. 21 R ff. *[Richardi]*; **a. M.** *Klebe/DKKW* § 87 Rn. 192 f.). Zu **Folgeregelungen** Rdn. 560, zu einer Gesamtbetriebsvereinbarung über Personaldatenverarbeitung RDV 1988, 98.

596 Entsprechend dem Zweck der Vorschrift, die Arbeitnehmer vor den mit der Einführung und Anwendung von Kontrolleinrichtungen verbundenen Gefahren zu schützen, hat der Betriebsrat bei der vom Arbeitgeber vorgesehenen **Abschaffung** einer Kontrolleinrichtung nicht mitzubestimmen (*BAG* 28.11.1989 = EzA § 87 BetrVG 1972 Kontrolleinrichtung Nr. 18 S. 4 *[zust. Streckel]* = AP Nr. 4 zu § 87 BetrVG 1972 Initiativrecht Bl. 3; *Andres* Integration moderner Technologien, S. 78 f.; *Kania/ErfK* § 87 BetrVG Rn. 60; *Kort* CR 1992, 611 [614]; *Richardi* § 87 Rn. 515; *Rieble/AR* § 87 BetrVG Rn. 43; *Schwarz* Arbeitnehmerüberwachung, S. 123; *Worzalla/HWGNRH* § 87 Rn. 349; **a. M.** *Klebe/DKKW* § 87 Rn. 166, 188; *Schlömp-Röder* CR 1990, 477 ff.). Damit ist nicht das Initiativrecht des Betriebsrats zur Abschaffung einer Kontrolleinrichtung zu verwechseln; dieses entspricht dem Normzweck des § 87 Abs. 1 Nr. 6 (Rdn. 597, 604). Beruht die Einführung einer Kontrolleinrichtung auf einer Betriebsvereinbarung, kann der Arbeitgeber jene auch ohne Kündigung der Betriebsvereinbarung abschaffen (**a. M.** *Matthes/MünchArbR* § 248 Rn. 45); diese erlaubt dem Arbeitgeber die Nutzung, ohne ihn hierzu zu zwingen. Andernfalls könnte er z. B. eine Maschine, die mit einer Kontrolleinrichtung verbunden ist, nicht stilllegen.

i) Initiativrecht

597 Bei der **Einführung** technischer Überwachungseinrichtungen hat der Betriebsrat insoweit ein Initiativrecht, als er alle Maßnahmen ergreifen kann, um Gefahren von den Arbeitnehmern abzuwenden, indem er auf die Modalitäten (Zeitpunkt, Ort, Art, Anzahl, Zweckbestimmung und Wirkungsweise, Zeitraum der Verwendung) einzuwirken sucht (hierzu und zu Folgendem *Wiese* Initiativrecht, S. 51 f., auch S. 36, 37). Dagegen würde es dem Normzweck des § 87 Abs. 1 Nr. 6, die Arbeitnehmer vor solchen Einrichtungen zu schützen, widersprechen, wenn der Betriebsrat selbst die Einführung einer Kontrolleinrichtung verlangen könnte, so dass ihm insoweit kein Initiativrecht zusteht (*BAG* 28.11.1989 EzA § 87 BetrVG 1972 Kontrolleinrichtung Nr. 18 S. 6 ff. *[zust. Streckel]* = AP Nr. 4 zu § 87 BetrVG 1972 Initiativrecht Bl. 3; *LAG Niedersachsen* 22.10.2013 LAGE § 98 ArbGG 1979 Nr. 68 Rn. 25; vgl. auch *BVerwG* 29.09.2004 AP Nr. 8 zu § 74 LPVG Hessen Bl. 1 R ff.; *Andres* Integration moderner Technologien, S. 161 f.; *Bender/WPK* § 87 Rn. 110; *Fitting* § 87 Rn. 251, 584; *Friedman* Das Initiativrecht des Betriebsrats, S. 121 f.; *Kaiser/LK* § 87 Rn. 130; *Kort* CR 1992, 611 [613 f.]; *Matthes/MünchArbR* § 238 Rn. 38, § 248 Rn. 45; *Richardi* § 87 Rn. 72, 518; *Rieble/AR*

§ 87 BetrVG Rn. 4, 43; *Schwarz* Arbeitnehmerüberwachung, S. 124; *Stege/Weinspach/Schiefer* § 87 Rn. 106a; *Worzalla/HWGNRH* § 87 Rn. 376; **a. M.** *LAG Berlin-Brandenburg* 22.01.2015 LAGE § 87 BetrVG 2001 Kontrolleinrichtung Nr. 5 Rn. 25 ff.; *ArbG Berlin* 20.03.2013 BB 2013, 1395; *Byers* RdA 2014, 37; *Däubler* Gläserne Belegschaften?, Rn. 815; *Kohte*/HaKo § 87 Rn. 20, 72; *Ossberger* Betriebliche Kontrollen, S. 142 f.; *Klebe/DKKW* § 87 Rn. 166; *Schlömp-Röder* CR 1990, 477 ff.).

598 Allerdings kann die Einführung von Kontrollgeräten den Interessen der Arbeitnehmer dienen, wie z. B. die Anbringung von Fernsehkameras in der Schalterhalle einer Bank, weil dies eine abschreckende Wirkung auf Räuber haben kann. Jedoch liegen derartige Tatbestände außerhalb des Normzwecks der Vorschrift, so dass der Betriebsrat die Einführung eines solchen Kontrollgeräts zwar anregen (§ 80 Abs. 1 Nr. 2), aber nicht über die Einigungsstelle durchsetzen kann (ebenso *Gamillscheg* II, S. 908; *Schwarz* Arbeitnehmerüberwachung, S. 124). Dahinstehen kann deshalb, ob die Einführung einer Kontrolleinrichtung als unternehmerische Entscheidung dem Initiativrecht des Betriebsrats entzogen ist (so *Worzalla/HWGNRH* § 87 Rn. 377). Anders verhält es sich, wenn der Betriebsrat zusätzlich z. B. zu den bereits vorhandenen Stechuhren weitere verlangt, weil die vorhandenen nicht ausreichen (Beispiel von *Hanau* RdA 1973, 281 [283]); dann handelt es sich lediglich um eine dem Initiativrecht des Betriebsrats unterliegende Modalität der vom Arbeitgeber gewollten Einführung von Stechuhren (**a. M.** *Schwarz* Arbeitnehmerüberwachung, S. 124).

599 Hinsichtlich der **Anwendung** einer solchen Einrichtung (Rdn. 594) hat der Betriebsrat in vollem Umfang ein Initiativrecht (*Richardi* § 87 Rn. 518). Das gilt auch für die **Änderung** des bestehenden Zustandes einschließlich einer Einschränkung der Anwendung und für die **Abschaffung** einer Einrichtung (*LAG Düsseldorf* 04.11.1988 NZA 1989, 146 [149]; *Bender/WPK* § 87 Rn. 131; *Fitting* § 87 Rn. 251; *Byers* RdA 2014, 37; *Ossberger* Betriebliche Kontrollen, S. 143 f.; *Richardi* § 87 Rn. 515; 519; *Schwarz* Arbeitnehmerüberwachung, S. 124; **a. M.** *Beckschulze* DB 2007, 1526 [1534]; *Kammann/Hess/Schlochauer* § 87 Rn. 124). Das war insbesondere von Bedeutung, wenn bei Inkrafttreten des Gesetzes bereits eine Kontrolleinrichtung bestand. Ihre Weiterverwendung wurde durch den neuen Mitbestimmungstatbestand nicht unzulässig. Die Situation ist vergleichbar mit einem zunächst betriebsratslosen Betrieb, in dem später ein Betriebsrat gewählt wird. Auch hier treten die vom Arbeitgeber getroffenen Maßnahmen nicht von selbst außer Kraft, jedoch kann der Betriebsrat aufgrund seines Initiativrechts eine Änderung durchzusetzen versuchen (*Wiese* Rdn. 87; für Mitbestimmungspflicht der Weiterverwendung *Schwarz* Arbeitnehmerüberwachung, S. 122; **a. M.** *Galperin/Löwisch* § 87 Rn. 148; zur Mitbestimmungspflicht mitbestimmungsfrei eingeführter technischer Einrichtungen auch *BAG* 23.04.1985 EzA § 87 BetrVG 1972 Kontrolleinrichtung Nr. 12 S. 105 f. = AP Nr. 11 zu § 87 BetrVG 1972 Überwachung Bl. 4 R).

j) Gesetzes- und Tarifvorbehalt

600 Ausgeschlossen ist die Mitbestimmung aufgrund des Eingangssatzes des § 87 Abs. 1 bei **gesetzlich oder tariflich vorgeschriebenen Arbeitskontrollgeräten** – z. B. bei der Einrichtung von **Fahrtenschreibern** gemäß § 57a StVZO –, soweit der Arbeitgeber damit lediglich einer gesetzlichen Pflicht genügt (*BAG* 10.07.1979 EzA § 87 BetrVG 1972 Kontrolleinrichtung Nr. 6 S. 31 = AP Nr. 3 zu § 87 BetrVG 1972 Überwachung Bl. 2 R [*Moritz* zu Nr. 4]; *LAG Baden-Württemberg/Mannheim* 23.05.1978 DB 1978, 1600; *Ehmann* FS Hilger und *Stumpf*, S. 125 [145 f.]; *Fitting* § 87 Rn. 254; *Gola* AuR 1988, 105 [111 f.]; *Heinze* Anm. SAE 1985, 245 [252]; *Jahnke* DB 1978, 1691 [1693]; *Kaiser/LK* § 87 Rn. 131; *Richardi* § 87 Rn. 508, 523; *Schwarz* Arbeitnehmerüberwachung, S. 131 ff. [149]; *ders.* DB 1983, 226 [229]; *ders.* BB 1985, 531 [535]; *Simitis/Rydzy* Von der Mitbestimmung zur staatlichen Administration, S. 41 ff.; *Worzalla/HWGNRH* § 87 Rn. 378).

601 Will dagegen der Arbeitgeber über die gesetzliche Verpflichtung nach § 57a StVZO hinaus an anderen Fahrzeugen Fahrtenschreiber anbringen oder diese zu weitergehenden als im Gesetz vorgesehenen Zwecken einsetzen, so ist das Mitbestimmungsrecht gegeben (Nachweise Rdn. 600). Entsprechendes gilt, soweit gesetzliche Vorschriften dem Arbeitgeber bei der Einrichtung oder Anwendung des Kontrollgeräts einen Regelungsspielraum belassen, wie z. B. bei Maßnahmen nach § 9 Satz 1 BDSG (Rdn. 590 f.) oder wenn sonst die Art und Weise der gesetzlich oder tariflich vorgeschriebenen Erhebung, Verarbeitung oder Auswertung von Verhaltens- oder Leistungsdaten nicht abschließend geregelt ist (**a. M.** *Heinze* Anm. SAE 1985, 245 [252 f.]; zur Zweckbindung der Datenverarbeitung in diesen

Fällen *Simitis* NJW 1985, 401 [407 f.]). Eine gesetzliche Verpflichtung zur Einführung und Anwendung eines optischen Lese- und Auswertungsgeräts für die Diagrammscheiben der Fahrtenschreiber besteht nicht, so dass die Mitbestimmung nicht aus diesem Grunde entfällt (unzutr. *LAG Düsseldorf/Köln* 13.10.1977 EzA § 87 BetrVG 1972 Kontrolleinrichtung Nr. 4 S. 19 ff.; dagegen mit Recht *Jahnke* DB 1978, 1691 [1694]; vgl. auch Rdn. 537). Zur Herausgabe von Fahrtenschreiberaufzeichnungen an den Bundesrechnungshof *BAG* 12.01.1988 AP Nr. 23 zu § 75 BPersVG Bl. 2 ff.

602 Durch **Tarifvertrag** kann nicht allgemein dem Arbeitgeber ein nur durch das Verbot des Rechtsmissbrauchs beschränktes Recht eingeräumt werden, im Interesse der Wirtschaftlichkeit, der Ordnung des Betriebs sowie der Pünktlichkeit einseitig Überwachungsmaßnahmen mittels technischer Einrichtungen einzuführen (**a. M.** *LAG Berlin* 04.07.1973 – 6 TaBV 1/73; *Stege/Weinspach/Schiefer* § 87 Rn. 113a). Hier fehlt es an der erforderlichen inhaltlichen Regelung i. S. d. Eingangssatzes; die bloße Einschränkung der Rechte des Betriebsrats ist unzulässig (Rdn. 80 ff., 400). Gestattet dagegen eine tarifvertragliche Regelung über die Sammlung und Ermittlung von Daten für die Vorgabezeit leistungsbezogener Entgelte die Aufzeichnung gemessener Zeitwerte durch technische Einrichtungen, die manuell ausgelöst werden, so hat der Betriebsrat bei der Einführung und Anwendung eines Geräts, das jeweils auf einen Tastendruck hin die Dauer bestimmter sachlicher Verteilzeiten (Rdn. 1035) graphisch festlegt, selbst dann nach § 87 Abs. 1 Nr. 6 nicht mitzubestimmen, wenn diese Aufzeichnungen dazu geeignet oder bestimmt sind, die Leistung von Arbeitnehmern zu überwachen (*LAG Hamm* 24.05.1977 ARSt. 1978, 30 [Nr. 1072]). Werden jedoch zusätzliche Daten erhoben oder die gewonnenen Daten über den tarifvertraglich festgelegten Zweck hinaus verwendet, so bleibt das Mitbestimmungsrecht bestehen (*Fitting* § 87 Rn. 254; *Galperin/Löwisch* § 87 Rn. 152; *Schwarz* Arbeitnehmerüberwachung, S. 137 f.; *Worzalla/HWGNRH* § 87 Rn. 379). Zum Tarifvertrag vom 30.11.1987 über die Arbeitsbedingungen von Arbeitnehmern des Landes Hessen auf Arbeitsplätzen mit Geräten der Informationstechnik RdA 1988, 233 und Erlass des *Hess. Ministers des Innern* RdA 1988, 235.

k) Durchführung der Mitbestimmung; Rechtsfolgen fehlender Mitbestimmung

603 Die **Form** der Mitbestimmung steht wie sonst im Ermessen der Betriebspartner, kann daher durch Betriebsvereinbarung oder Betriebsabsprache ausgeübt werden (allgemein *Wiese* Rdn. 88 ff.). Eine Betriebsvereinbarung ist aus Gründen der Rechtssicherheit vor allem bei Dauerregelungen zweckmäßig und dann erforderlich, wenn normativ auf die Arbeitsverhältnisse eingewirkt werden soll (*Fitting* § 87 Rn. 255; *Galperin/Löwisch* § 87 Rn. 149; *Richardi* § 87 Rn. 527; zum Regelungsbedarf bei Videoüberwachung *Grimm/Schiefer* RdA 2009, 329 [338 f.]). Zu Hinweisen für die betriebliche Praxis *Stege/Weinspach/Schiefer* § 87 Rn. 110 ff. Zur Zuständigkeit des **Gesamtbetriebsrats** *Wiese* Rdn. 2; *BAG* 14.11.2006 EzA § 50 BetrVG 2001 Nr. 6 Rn. 18 ff. = AP Nr. 43 zu § 87 BetrVG 1972 Überwachung (Richardi); *Kreutz/Franzen* § 50 Rdn. 22 ff., 51; *BAG* 11.11.1998 EzA § 50 BetrVG 1972 Nr. 17 S. 3 ff. = AP Nr. 19 zu § 50 BetrVG 1972 Bl. 2 ff.; *Hess. LAG* 17.11.2015 – 4 TaBV 185/15, Rn. 13 ff.; *LAG Düsseldorf* 21.08.1987 NZA 1988, 211 (213); 04.11.1988 NZA 1989, 146 (147); *LAG Köln* 03.07.1987 DB 1987, 2107; *LAG Nürnberg* 03.05.2002 NZA-RR 2003, 21; *Lunk* NZA 2013, 233 (236); *Siebert* Die Zuständigkeit des Gesamtbetriebsrates (Diss. Osnabrück), 1999, S. 129 ff. Eine unternehmenseinheitliche Regelung kommt vor allem bei der Personaldatenverarbeitung oder einer unternehmenseinheitlichen Telefonvermittlungsanlage (*BAG* 11.11.1998 EzA § 50 BetrVG 1972 Nr. 17 S. 3 ff. = AP Nr. 19 zu § 50 BetrVG 1972 Bl. 2 ff.) in Betracht. Zur Zuständigkeit des **Konzernbetriebsrats** *BAG* 25.09.2012 EzA § 58 BetrVG 2001 Nr. 2 Rn. 19 ff. = AP Nr. 5 zu § 58 BetrVG 1972; 26.01.2016 EzA § 58 BetrVG 2001 Nr. 4 Rn. 23 ff. = AP Nr. 46 zu § 87 BetrVG 1972 Überwachung; *Bachner/Rupp* NZA 2016, 207. Zum Muster einer Betriebsvereinbarung *Richenhagen* AiB 1993, 204; *Waßer/Klöpper* AiB 1992, 195. Für **Leiharbeitnehmer** ist grundsätzlich der Betriebsrat des Entleiherbetriebs zuständig (*Boemke* Schuldvertrag und Arbeitsverhältnis, 1999, S. 596 m. w. N.; *Jüttner* Gewerbsmäßige Arbeitnehmerüberlassung, S. 186 f.; *Kraft* FS *Konzen*, 2006, S. 439 [451]; *Schirmer* 50 Jahre Bundesarbeitsgericht, 2004, S. 1063 [1070]). Für die im Rahmen von **Werk- oder Dienstverträgen** zu einem **Fremdarbeitgeber** entsandten Arbeitnehmer, die einer in dessen Betrieb eingerichteten Überwachungseinrichtung unterliegen, sind – auch im Konzernverbund – deren Vertragsarbeitgeber und dessen Betriebsrat zuständig (*BAG* 26.01.2016 EzA § 58 BetrVG 2001 Nr. 4 Rn. 29 ff. = AP Nr. 46 zu § 87 BetrVG 1972 Überwachung). Nicht mitbestimmungspflichtig sind Internetrecherchen von **Stellenbewerbern** (*Forst* NZA 2010, 427 [432]).

Mitbestimmungsrechte § 87

Missachtet der **Arbeitgeber** das **Mitbestimmungsrecht** des Betriebsrats nach § 87 Abs. 1 Nr. 6, ist **604** die Einführung oder auch nur die Anwendung einer als solcher rechtmäßig eingeführten Kontrolleinrichtung **rechtswidrig** (*Wiese* Rdn. 125; für Wirksamkeit freiwilliger einzelvertraglicher Vereinbarungen *Hurlebaus* Fehlende Mitbestimmung bei § 87 BetrVG, S. 96 f. [133]; für Zulässigkeit der Freistellung eines Arbeitnehmers von einer durch Betriebsvereinbarung geregelten Überwachungsmaßnahme *H. Hanau* Individualautonomie, S. 136). Der Betriebsrat kann dann die **Beseitigung** des rechtswidrigen Zustands (z. B. Entfernung unzulässiger Kontrolleinrichtung, Löschung rechtswidrig erhobener Daten) bzw. die **Unterlassung** der rechtswidrigen Verwendung der Kontrolleinrichtung verlangen (*Wiese* Rdn. 125; *LAG Berlin* 12.08.1986 LAGE § 87 BetrVG 1972 Kontrolleinrichtung Nr. 8 S. 17 [19 f.]; *LAG Hamm* 17.12.1980 DB 1981, 1336 [1338]; *ArbG Berlin* 19.12.1983 BB 1984, 404; 23.03.1989 CR 1990, 482; *ArbG Bielefeld* 23.03.1995 AiB 1995, 600; *ArbG Braunschweig* 06.02.1985 DB 1985, 1487; *ArbG Hamburg* 22.04.1980 BB 1980, 834; *Fitting* § 87 Rn. 256, 596 f.; *Galperin/Löwisch* § 87 Rn. 150; *Klebe/DKKW* § 87 Rn. 14; *Oetker* § 23 Rdn. 183 f.; *Richardi* § 87 Rn. 532; *Strasser* FS *G. Müller*, S. 609 [619 f.]; **a. M.** *LAG Berlin* 17.05.1984 BB 1984, 1551; *LAG Hamburg* 12.12.1983 DB 1984, 567; *Kort* CR 1986, 813 [819]). Auch eine **einstweilige Verfügung** ist zulässig (*ArbG Bielefeld* 22.03.1995 AiB 1995, 600; *Fitting* § 87 Rn. 256, 610; *Klebe/DKKW* § 87 Rn. 14; *Oetker* § 23 Rdn. 186; *Richardi* § 87 Rn. 532; differenzierend *Matthes* FS *Dieterich*, 1999, S. 355 [360]). Zur Anwendung des § 23 Abs. 3 und dessen Verhältnis zu § 85 Abs. 1 ArbGG *Oetker* § 23 Rdn. 148 ff.; zum **Beweisverwertungsverbot** Rdn. 515.

Die betroffenen Arbeitnehmer brauchen die rechtswidrig eingeführte oder angewendete Kontrolleinrichtung weder zu bedienen noch zu benutzen und haben ein **Leistungsverweigerungsrecht**, wenn ihnen die Erbringung der geschuldeten Arbeitsleistung nicht möglich ist, ohne dass die Kontrolleinrichtung ihre Leistung oder ihr Verhalten festhält (*Fitting* § 87 Rn. 256; *Kaiser/LK* § 87 Rn. 145; *Matthes*/MünchArbR § 248 Rn. 47; *Ossberger* Betriebliche Kontrollen, S. 177 ff.; *Richardi* § 87 Rn. 533; *Schwarz* Arbeitnehmerüberwachung, S. 139 f.; *ders.* BB 1985, 531 [535]; krit. *Worzalla/ HWGNRH* § 87 Rn. 389 f.); der Anspruch auf das **Arbeitsentgelt** bleibt aber bestehen (§ 326 Abs. 2 Satz 1 bzw. § 615 BGB; *Fitting* § 87 Rn. 256). Bei einer ohne Mitbestimmung eingeführten Stechuhr oder einem Telefondatenerfassungssystem könnte dagegen zwar deren Bedienung oder die damit zusammenhängende Aufgabenerfüllung, aber nicht die Arbeitsleistung im Übrigen verweigert werden (*Schwarz* Arbeitnehmerüberwachung, S. 140). **605**

Schließlich kommen **individualrechtliche Ansprüche** auf **Unterlassung** und auf **Beseitigung** **606** unrechtmäßig erhobener Daten wegen Verletzung der Treue-(Fürsorge-)Pflicht und des Persönlichkeitsrechts an der Eigensphäre, gegebenenfalls auch auf Entschädigung des immateriellen Schadens in Geld in Betracht (*Wiese* ZfA 1971, 273 [311 ff.]; *ders.* DB 1975, 2309 ff.; *ders.* FS *E. Lorenz*, 2004, S. 915 [931 mit Fn. 79]; *Ossberger* Betriebliche Kontrollen, S. 186 ff.; *Schwarz* Arbeitnehmerüberwachung, S. 140; vgl. auch *BAG* 10.11.1987 EzA § 77 BetrVG 1972 Nr. 19 S. 4 ff. = AP Nr. 24 zu § 77 BetrVG 1972 Bl. 2 ff. Ein Anspruch auf Löschung von Daten kann sich ferner aus § 35 Abs. 2 BDSG ergeben.

7. Regelungen über die Verhütung von Arbeitsunfällen und Berufskrankheiten sowie über den Gesundheitsschutz im Rahmen der gesetzlichen Vorschriften oder der Unfallverhütungsvorschriften

Literatur
(allgemein zum Arbeitsschutz und zur Unfallverhütung Angaben zu § 89 unter II, zu Bildschirmarbeitsplätzen ferner Angaben zu § 87 Abs. 1 Nr. 6 unter 3 und vor § 90 unter II):

Anzinger Betriebsrat bestimmt mit, BArbBl. 1979, Heft 10, S. 66; *Anzinger/Bieneck* Arbeitssicherheitsgesetz, 1998; *Arendt* Das Arbeitssicherheitsgesetz, ArbSch. 1974, 345; *Aufhauser/Brunhöber/Igl* Arbeitssicherheitsgesetz, 4. Aufl. 2010; *Baden* Initiativen des Personalrats zum Gesundheitsschutz und bei Gefährdungsbeurteilungen, PersR 2012, 352; *Balikcioglu* Psychische Erkrankungen am Arbeitsplatz, NZA 2015, 1424; *Bartelt* Stellung des Betriebsarztes in öffentlichen Verwaltungen, RiA 1988, 29; *Bauer/Günther/Böglmüller* Keine entgrenzte Mitbestimmung im Arbeits- und Gesundheitsschutz, NZA 2016, 1361; *Beck* Betriebliches Eingliederungsmanagement, NZA 2017, 81; *Beckschulze* Die arbeitsmedizinische Untersuchung – Vorsorge oder Einigung – Teil 1, BB 2014, 1013, – Teil 2,

BB 2014, 1077; *Benz* Rechtsstellung und Verantwortung der Betriebsärzte und Sicherheitsfachkräfte, BG 1975, 148; *ders.* Sicherheitsmängel im Betrieb. Die strafrechtliche Verantwortung von Sicherheitsfachkräften, Betriebsärzten, Sicherheitsbeauftragten und Technischen Aufsichtsbeamten, BB 1991, 1185; *Berger / Burth* Arbeitsschutzmanagementsystem, Compliance und Mitbestimmung, BPUVZ 2012, 74; *Beseler* Betriebliches Eingliederungsmanagement nach § 84 Abs 2 SGB IX aus arbeitsrechtlicher Sicht, 2016; *Bieback* Die Arbeitsstättenverordnung und die Mitbestimmung des Betriebsrats beim Technischen Arbeitsschutz, BlStSozArbR 1977, 305; *Bieler* Mitbestimmung des Betriebsrats beim Arbeitsschutz, BuW 1998, 276; *Bieneck* 20 Jahre Arbeitssicherheitsgesetz, BG 1994, 736; *ders.* Das Arbeitssicherheitsgesetz – Grundlage für den betrieblichen Arbeitsschutz, FS *Wlotzke*, 1996, S. 465; *Budde / Witting* Funktion und rechtliche Stellung des Betriebsarztes in privatwirtschaftlichen Unternehmen, hrsg. von der *Bundesanstalt für Arbeitsschutz*, 1984; *Bücker* Menschengerechter Arbeitsschutz, PersR 2015, Nr 9, 16; *Buss* Zum Gesetz über Betriebsärzte, Sicherheitsingenieure und andere Fachkräfte für Arbeitssicherheit, BG 1974, 106; *Coulin* Mitbestimmung des Personalrats bei der Bestellung von Sicherheitsbeauftragten und Fachkräften für Arbeitssicherheit, PersR 1989, 65; *Däubler* Die Schweigepflicht des Betriebsarztes – ein Stück wirksamer Datenschutz?, BB 1989, 282; *ders.* Steuerung der Arbeitsmenge in der digitalisierten Welt?, ZTR 2016, 359; *Denck* Arbeitsschutz und Mitbestimmung des Betriebsrats, ZfA 1976, 447; *Deneke* Zur rechtlichen Problematik der überbetrieblichen Dienste von Betriebsärzten nach § 19 des Arbeitssicherheitsgesetzes, Diss. Bonn 1981; *Dittmeier / Krämmer* Arbeitssicherheitsrecht, 2. Aufl. 1976; *Doetsch* Kein Sonderrecht des Betriebsrats, ArbGeb. 1973, 877; *Doetsch / Schnabel* Gesetz über Betriebsärzte, Sicherheitsingenieure und andere Fachkräfte für Arbeitssicherheit, 2. Aufl. 1980 (zit.: ASiG); *Egger* Die Rechte der Arbeitnehmer und des Betriebsrats auf dem Gebiet des Arbeitsschutzes. Bestandsaufnahme und Reformüberlegungen, BB 1992, 629; *Ehler* Mitbestimmung des Betriebsrats bei sogenannten Krankengesprächen, BB 1992, 1926; *Ehmann* Arbeitsschutz und Mitbestimmung bei neuen Technologien, 1981; *ders.* Europäischer Gesundheitsschutz kraft deutscher Mitbestimmung?, Arbeitsrecht und Arbeitsgerichtsbarkeit, FS 50 Jahre Arbeitsgerichtsbarkeit Rheinland-Pfalz, 1999, S. 19; *Ehrich* Amt, Anstellung und Mitbestimmung bei betrieblichen Beauftragten. Unter besonderer Berücksichtigung des Betriebsarztes (Diss. Saarbrücken), 1993; *Eiermann* Die Schweigepflicht des Betriebsarztes bei arbeitsmedizinischen Untersuchungen nach dem Arbeitssicherheitsgesetz, BB 1980, 214; *Elsner* Arbeitssicherheitsgesetz und Betriebsärzte im öffentlichen Dienst, PersR 1990, 59; *dies.* Gesundheitliche Vorsorge der Beschäftigten: von Betriebsärzten, ermächtigten Ärzten und anderen, AiB 1990, 221; *Eylert* Der Streit um die Arbeitssicherheit, JuS 1982, 444; *Faber* Arbeits- und Gesundheitsschutz im Betriebsverfassungsrecht, AiB 1995, 443; *ders.* Die arbeitsschutzrechtlichen Grundpflichten des § 3 ArbSchG, 2004 (zit.: arbeitsschutzrechtliche Grundpflichten); *ders.* Beteiligung bei betrieblichen Baumaßnahmen, PersR 2012, 348; *ders.* Mitbestimmen bei wesentlichen Änderungen von Arbeitsstätten, AiB 2012, 529; *ders.* Gefährdungen mitbestimmt beurteilen, Gute Arbeit 2017, Nr. 7/8, S. 13; *Faber / Satzer* Arbeitsschutz und Mitbestimmung, 2014; *Faber / Richenhagen* Die Mitbestimmung des Betriebsrats bei Gefährdungsanalysen, AiB 1998, 317; *Fabricius, N.* Die Mitbestimmung des Betriebsrats bei der Umsetzung des neuen Arbeitsschutzgesetzes, BB 1997, 1254; *Feldhoff* Mitbestimmung des Betriebsrats. Zugleich eine Anmerkung zum Beschluss des BAG vom 2. April 1996 – 1 ABR 47/95, AuA 1997, 72; *Florian* Das Arbeitssicherheitsgesetz – aus der Sicht der Arbeitsmedizin, ASP 1978, 9; *Freimuth* Betriebsärzte und ihre Inanspruchnahme durch Betriebs- und Personalräte, AiB 1994, 130; *Fritsche* Die rechtliche Stellung der Betriebsärzte im Unternehmen (Diss. Bayreuth), 1984; *Fritsche / Meckle* Employability 2.0 – Psychische Gefährdungsbeurteilung: Von der gesetzlichen Pflicht zum Wettbewerbsvorteil, BB 2015, 821; *Froschauer* Arbeitsrecht und Umweltschutz (Diss. Mannheim), 1994; *Geray* Schutz vor Gefahrstoffen. Rolle der Betriebsräte, AiB 1993, 433; *ders.* Gefahr erkannt. Handlungsmöglichkeiten bei der Gefährdungsbeurteilung, dbr 2008, Nr. 4, 30; *Geray / Heilmann* Bezahlung von speziellen Sehhilfen am Bildschirmarbeitsplatz, AiB 1998, 565; *Geray / Reusch* Einmischung durch Betriebsräte unverzichtbar, AiB 2006, 544; *Georgi* Die Beteiligungsrechte der Mitarbeitervertretungen im Arbeitsschutz (Diss. Halle-Wittenberg), 2008; *Geyer* Die Mitbestimmung des Betriebsrates beim Arbeits- und Gesundheitsschutz. Dargestellt am Beispiel der Einführung und Gestaltung von Bildschirmarbeitsplätzen (Diss. Trier), 2001 (zit.: Mitbestimmung beim Arbeits- und Gesundheitsschutz); *Giese / Ibels / Rehkopf* Kommentar zum Arbeitssicherheitsgesetz, 3. Aufl. 1977 (zit.: ASiG); *Giesen* Arbeitsmedizinische Vorsorgeuntersuchungen, FS *Wlotzke*, 1996, S. 497; *Glatzel* Der Betriebsarzt, AR-Blattei SD 470; *Glaubitz* Arbeitssicherheitsgesetz. Die Mitwirkung des Betriebsrats, ArbGeb. 1975, 826; *ders.* Mitbestimmung des Betriebsrats gemäß § 87 Abs. 1 Nr. 7 BetrVG bei Regelungen über den Arbeitsschutz, BB 1977, 1403; *Graeff* Gesetz über Betriebsärzte, Sicherheitsingenieure und andere Fachkräfte für Arbeitssicherheit, 2. Aufl. 1979 (zit.: ASiG); *Grüneberg* Die neue Gefahrstoffverordnung, AiB 2011, 588; *Günther* Probleme der Interpretation und der praktischen Umsetzung von § 87 Abs. 1 Ziff. 7 BetrVG, BlStSozArbR 1981, 244; *Habich* Sicherheits- und Gesundheitsschutz durch die Gestaltung von Nacht- und Schichtarbeit und die Rolle des Betriebsrats (Diss. Halle), 2006 (zit.: Sicherheits- und Gesundheitsschutz); *Hamm / Faber* Arbeitsschutzgesetz, 4. Aufl. 2017; *Hampe / Gutjahr* Gefährdungsbeurteilung von psychischen Belastungen aus arbeitsrechtlicher Sicht, DB 2012, 1208; *Händel* Abberufung eines Mitglieds des Arbeitsschutzausschusses, Sicherheitsingenieur 1977, Heft 11, S. 58; *Heilmann* Gefahrstoffe und Mitbestimmung im Betrieb, BetrR 1989, 179; *Heilmann / Thelen* Der werksärztliche Fragebogen – ein Mitbestimmungsproblem, BB 1977, 1556; *Hess, R.* Schutz von Patientendaten in den arbeitsmedizinischen Diensten, ASP 1978, 41; *ders.* Strafrechtliche Verantwortung der Betriebsärzte und Sicherheitsfachkräfte bei der Durchführung ihrer Aufgaben, BG 1984, 92; *Heß, H.* Mitbestimmung nach § 87 Abs. 1 Nr. 7 BetrVG (Gesundheitsschutz) bei der Einrichtung von Bildschirmarbeitsplätzen?, DB 1982, 2241; *Hettinger* Probleme um das Gesetz über Betriebsärzte und Fachkräfte für Arbeitssicherheit, BG 1973, 525; *Hinrichs* Nochmals: Zur Frage der Schweigepflicht des Betriebsärzte und des betriebsärztlichen Personals, BB 1976, 1273; *ders.* Rechtliche Aspekte zur Schweigepflicht der Betriebsärzte und des betriebsärztlichen Personals, DB 1980, 2287; *Hütig* Die Rechtsstellung des Betriebsrats nach dem Gesetz über Betriebsärzte, Sicherheitsingenieure und andere Fachkräfte für Arbeitssicherheit, DB 1975, 594; *Hunold* Zum Einfluß der ArbStättV auf die Mitwirkungs- und Mitbestimmungsrechte des Betriebsrates bei der menschengerechten Gestaltung der Arbeit, DB 1976, 1059; *Huke* Die Beteiligung des Betriebsrats bei der Gefährdungsbeurteilung, FA 2005, 165 ff.; *Jeiter* Die Verantwortung der Unternehmensleitung für das sichere Verhalten und die Delegation der Pflichten, BG 1981, 140; *Kaiser/Konstanty* Aspekte betrieblicher und überbetrieblicher Mitbestimmung der Arbeitnehmer im Kampf für Gesundheit in der Arbeitswelt, SozSich. 1985, 72; *Kickuth* Mitbestimmung – Handlungsmöglichkeiten des Personalrats auf dem Gebiet des Arbeitsschutzes und der Unfallverhütung, PersR 1989, 7; *Kierski* Zur Frage der Schweigepflicht des Betriebsarztes, BB 1976, 842; *Kiesche / Rudolph* Betriebsbeauftragte, AiB 2010, 520; *Kilian* Rechtliche Aspekte heutiger betriebsärztlicher Informationssysteme, BB 1980, 893; *Kittner* Die Mitbestimmung des Betriebsrats beim Arbeitsschutz – zur Reichweite des § 87 Abs. 1 Nr. 7 BetrVG, FS *Däubler*, 1999, S. 690; *Kittner/Pieper* Beteiligungsrechte des Betriebsrats im betrieblichen Arbeitsschutz nach dem neuen Arbeitsschutzgesetz, AiB 1997, 325; *dies.* Sicherheit und Gesundheitsschutz als Handlungsfeld des Betriebsrats, AiB 2005, 525; *Kleinebrink* Soziale Mitbestimmung des Betriebsrats beim Gesundheitsschutz, ArbRB 2011, 186; *Klempt* Rechte und Pflichten des Betriebsrats im Rahmen des gesetzlichen Mutterschutzes, BlStSozArbR 1976, 369; *Kliesch* Zum Inhalt des Arbeitssicherheitsgesetzes, ArbSch. 1974, 346; *Kliesch / Nöthlichs / Wagner* Arbeitssicherheitsgesetz, 1978 (zit.: ASiG); *Kliesch / Schmidt* Gesundheitsschutz und Sicherheitstechnik in Betrieben, 1974; *Klindt* Arbeitsschutzgesetz, AR-Blattei SD 200.1; *Köhnlein* Überbetriebliche betriebsärztliche und sicherheitstechnische Dienste der TÜV, TÜ 1974, 380; *Kohte* Die arbeitsrechtliche Bedeutung der Störfallverordnung, BB 1981, 1277; *ders.* Mitbestimmung und Gesundheitsschutz, AiB 1983, 51; *ders.* Ein Rahmen ohne Regelungsgehalt? Kritische Anmerkungen zur Auslegung des § 87 Abs. 1 Ziff. 7 BetrVG, AuR 1984, 263; *ders.* Neue Impulse aus Brüssel zur Mitbestimmung im betrieblichen Gesundheitsschutz, FS *Gnade*, 1992, S. 675; *ders.* Arbeit, Leben und Gesundheit – Betriebsverfassungsrechtliche Herausforderungen und Perspektiven, FS *Kissel*, 1994, S. 547; *ders.* Arbeitsmedizinische Untersuchungen zwischen Fürsorge und Selbstbestimmung, GS Zachert, 2010, S. 326; *ders.* Arbeitsschutz in der digitalen Arbeitswelt, NZA 2015, 1417; *Kollar* Gesundheitsschutz als Aufgabe der Betriebs- und Tarifparteien (Diss. Passau), 2015; *Kollmer* Arbeitsschutzgesetz und Verordnungen. Ein Leitfaden für die betriebliche Praxis, 3. Aufl. 2008 (zit.: ArbSchG); *ders.* Verordnungen zum Arbeitsschutzgesetz, AR-Blattei SD, Arbeitsschutz II, 200.2; *ders.* Grundlagen des Arbeitssicherheits- und Arbeitsschutzrechts, AR-Blattei SD, Arbeitssicherheit I, 210.1; *ders.* Fachkraft für Arbeitssicherheit, AR-Blattei SD, Arbeitssicherheit II, 210.2; *ders.* Arbeitsstättenverordnung, 3. Aufl. 2009; *ders.* Baustellenverordnung, 2. Aufl. 2004; *Kollmer / Klindt / Schucht* Arbeitsschutzgesetz, 3. Aufl. 2016 (zit.: ArbSchG); *Konstanty* Arzt im Betrieb – vom Arbeitgeber verordnet oder demokratisch bestellt, SozSich. 1976, 358; *Krause / Pillat / Zander* Arbeitssicherheit (Loseblattwerk); *Krebs* Das Gesetz über Betriebsärzte, Sicherheitsingenieure und andere Fachkräfte für Arbeitssicherheit, RdA 1975, 153; *Kunze* Der Sicherheitsingenieur, 2. Aufl. 1983; *Laber / Schmidt* Mitbestimmung des Betriebsrats bei der Gefährdungsbeurteilung nach § 5 ArbSchG. ArbRB 2012, 347; *Lauterbach* Gesetzliche Unfallversicherung, 3. und 5. Buch der Reichsversicherungsordnung, (Loseblattwerk, Stand: 2017); *Lehder / Skiba* Taschenbuch Arbeitssicherheit, 12. Aufl. 2011; *Lehmann* Der TÜV als ein »überbetrieblicher Dienst« im Sinne des § 19 Arbeitssicherheitsgesetz, TÜ 1974, 375; *Leube* Arbeitsschutzgesetz: Pflichten des Arbeitgebers und der Beschäftigten zum Schutz anderer Personen, BB 2000, 302; *Löwisch* Der Erlass von Rauchverboten zum Schutz vor Passivrauchen am Arbeitsplatz, DB 1979, Beil. Nr. 1; *Lüders / Weller* Erzwingbare Mitbestimmungsrechte des Betriebsrates bei Fragen des Gesundheitsschutzes und der Gesundheitsprävention, BB 2016, 116; *Lülsdorf* Sommerhitze am Büroarbeitsplatz – Handlungsmöglichkeiten des Betriebsrats im betrieblichen Arbeits- und Gesundheitsschutz, ZBVR online 2017, Nr. 4, 32; *Lützeler* Betriebliche Mitbestimmung: Zum Verhältnis zwischen Gefährdungsunterweisung und -beurteilung nach dem ArbSchG, BB 2012, 2756; *ders.* Beteiligung von Betriebsrat und Personalrat im Arbeits- und Gesundheitsschutz, öAT 2016, 241; *Marx* Arbeitssicherheitsgesetz. Beteiligung des Betriebsrats nach § 9 Abs. 3, ArbGeb. 1977, 1084; *Martin* Die Dritte Säule des Arbeitsschutzes. Umsetzung des Arbeitsschutzgesetzes durch eine Betriebsvereinbarung »Gefährdungsbeurteilung und Unterweisung«, AiB 2007, 483; *ders.* Beleuchtung am Bildschirmarbeitsplatz. Konkretisierung der Arbeitsstättenverordnung und Mitbestimmung, AiB 2008, 601; *Maschmann-Schulz / Gäbert* Mitbestimmung bei der Arbeit am Bildschirm, AiB 1995, 418; *Mattik / Ortmann* Das neue Arbeitsschutzgesetz, BetrR 1996, 129; *Merten* Gesundheitsschutz und Mitbestimmung bei der Bildschirmarbeit (Diss. Göttingen), 2000; *Merten / Klein* Die Auswirkungen des Arbeits-

§ 87   IV. 3. Soziale Angelegenheiten

schutzgesetzes auf die Mitbestimmungsrechte des Betriebsrats nach § 87 Abs. 1 Nr. 7 BetrVG – Unter besonderer Berücksichtigung der Bildschirmarbeitsplatzverordnung-, DB 1998, 673; *Mertens* Betriebsrat und Gewerbeaufsicht, ArbSch. 1977, 3; *ders.* Zum Arbeitssicherheitsgesetz, ArbSch. 1978, 3; *Müller, R.* Die Zusammenarbeit des Betriebsrates mit Sicherheitsfachkraft und Betriebsrat, SozSich. 1981, 363; *Müller-Petzer* Fürsorgepflichten des Arbeitgebers nach europäischem und nationalem Arbeitsschutzrecht (Diss. Bochum), 2003; *Nassibi* Die Durchsetzung der Ansprüche auf Schaffung behinderungsgerechter Arbeitsbedingungen, NZA 2012, 720; *Nitsche* Mitbestimmungsrechte von Personalräten bei der Gefährdungsanalyse nach § 5 ArbSchG, PersR 2005, 346 ff.; *Nitschki* Mitbestimmung des Betriebsrats beim Arbeitsschutz ArbN 1986, 29; *Nöthlichs* Das neue Arbeitssicherheitsgesetz, SozSich. 1974, 143; *Notz* Zulässigkeit und Grenzen ärztlicher Untersuchungen von Arbeitnehmern (Diss. Mannheim), 1991; *Notzen* Aktuelle Rechtsfragen zum betrieblichen Eingliederungsmanagement – Teil 1, öAT 2017, 28, – Teil 2, öAT 2017, 52; *Oberberg* Besetzungsregel – Gesundheitsschutz oder die Verselbständigung von Zitaten, RdA 2015, 180; *Oberberg / Schoof* Initiativ-Mitbestimmung beim Arbeits- und Gesundheitsschutz, AiB 2012, 522; *Oberthür* Die Arbeitssicherheit im Mobile Office, NZA 2013, 246; *Opfermann / Rückert* Sicherheit und Gesundheitsschutz bei der Arbeit – Neuregelungen zur Tätigkeit an Bildschirmgeräten, AuA 1997, 69; *Partikel* Der Arbeitsschutz im Betriebsverfassungsgesetz, SozSich. 1973, 131; *ders.* Der Arbeitsschutz im Betriebsverfassungsgesetz, Zentralblatt für Arbeitsmedizin und Arbeitsschutz 1974, 77; *ders.* Die Rolle des Betriebsrats im Arbeitsschutz, SozSich. 1982, 75; *ders.* Mitbestimmung des Betriebsrats im Arbeitsschutz, MitB 1986, 367; *Pieper* Arbeitsschutzrecht, 5. Auflage 2012; *Podehl* Haftung des Arbeitgebers für Stress am Arbeitsplatz, DB 2016, 1695; *Raab* Mitbestimmung des Betriebsrats bei der Einführung und Ausgestaltung von Krankengesprächen, NZA 1993, 193; *Rehhahn* Die Rolle des Sicherheitsingenieurs bei der Gewährleistung der betrieblichen Arbeitssicherheit, ArbSch. 1974, 349; *ders.* Umrisse einer betrieblichen Sicherheitsstrategie und deren Organisation, 1974; *ders.* Zur Mitwirkung und Mitbestimmung des Betriebsrates bei der Arbeitssicherheit, Zentralblatt für Arbeitsmedizin und Arbeitsschutz 1975, 1; *Richenhagen / Prümper / Wagner* Handbuch der Bildschirmarbeit, 3. Aufl. 2002; *Rieble / Jochums* Hitzefrei am Arbeitsplatz?, BB 2003, 1897; *Rieble / Picker* Arbeitsschutz und Mitbestimmung bei häuslicher Telearbeit, ZfA 2013, 383; *Röhl* Das Verhältnis von § 87 I Nr. 7 BetrVG zu § 88 Nr. 1 BetrVG, Diss. Berlin 2001; *Rosenbrock* Arbeitsmediziner und Sicherheitsexperten im Betrieb, 1982; *Rossa / Salamon* Mitbestimmung bei der Gesundheit, AuA 2012, 278; *Rottmann* Zur Mitbestimmung des Betriebsrates beim Umgang mit Gefahrstoffen, BB 1989, 1115; *Rudolph* Die Mitwirkungsrechte des Betriebsrats nach § 9 Abs. 3 des Gesetzes über Betriebsärzte, Sicherheitsingenieure und andere Fachkräfte für Arbeitssicherheit, BB 1976, 370; *Sasse* Burn-out als arbeitsrechtliches Problem, BB 2013, 1717; *Schal* Die Schweigepflicht des Betriebsarztes (Diss. Kiel), 1989; *Schelter* Arbeitssicherheitsgesetz, Kommentar (Loseblattwerk, zit.: ASiG); *Schierbaum / Franz* Bildschirmarbeitsverordnung – Mitbestimmung des Betriebsrates nach § 87 Abs. 1 Nr. 7 BetrVG, AuR 1999, 82; *Schleicher* Aufgaben und Befugnisse des Personalrats beim Arbeitsschutz und bei der Unfallverhütung, ZTR 1991, 404; *Schmatz / Nöthlichs* Sicherheitstechnik (Loseblattwerk); *I. Schmidt* Die Durchsetzung der Mitbestimmung beim Arbeits- und Gesundheitsschutz, AuR 2011, 382; *Schönleber* Psychische Belastungen in der Arbeitswelt (Diss. BLS Hamburg), 2017; *Scholz / Seggern* Mitbestimmungsrechte bei physisch oder psychisch besonders belastenden Arbeitsbedingungen, AiB 1980, Heft 4, S. 8; *Schoof* Mitbestimmen beim Arbeitsschutz, AiB 2008, 578; *Schorn* Die straf- und ordnungswidrigkeitenrechtliche Verantwortlichkeit im Arbeitsschutzrecht und deren Abwälzung, BB 2010, 1345; *Schubert* Europäisches Arbeitsschutzrecht und betriebliche Mitbestimmung (Diss. Bremen), 2005; *Schüssler* Grundzüge des Gesetzes über Betriebsärzte, Sicherheitsingenieure und andere Fachkräfte für Arbeitssicherheit (BGBl. 1973 I S. 1885), BlStSozArbR 1974, 74; *ders.* Das neue Gesetz über Arbeitsschutzfachkräfte – Betriebsräte bestimmen mit –, MitbestGespr. 1974, 47; *Schulte* Die arbeitsmedizinische und sicherheitstechnische Fachkunde, ArbSch. 1974, 363; *Seeger* Sicherheitsfachkräfte im betrieblichen Einsatz, 2. Aufl. 1980; *Seel* Rechtsfragen und Gestaltungshinweise beim »bEM« gemäß § 84 II SGB IX, öAT 2012, 265; *Schwede* Belegschaftsbefragungen als Mittel der Gefährdungsbeurteilung, ArbR 2016, 82; *Siemes* Die Neuregelung der Mitbestimmung des Betriebsrates nach § 87 I Nr. 7 BetrVG bei Bildschirmarbeit, NZA 1998, 232; *Spinnarke* Mitbestimmungsrechte des Betriebsrats nach dem Arbeitssicherheitsgesetz, BB 1976, 798; *ders.* Arbeitssicherheitsrecht von A – Z, 2. Aufl. 1992; *ders.* Das Arbeitssicherheitsgesetz als Beispiel für die Perfektionierung des Arbeitsschutzrechts, BG 1979, 223; *ders.* Zur rechtlichen Ordnung der betrieblichen Gesundheitsvorsorge, BB 1982, 2114; *ders.* Sicherheitstechnik, Arbeitsmedizin und Arbeitsplatzgestaltung, 2. Aufl. 1990; *Spinnarke / Schork* Arbeitssicherheitsrecht (ASiR), Kommentar (Loseblattwerk); *Straßburg* Arbeitsschutz-Ausschuss, Wichtiges Organ für Betriebsärzte und Sicherheitsfachkräfte, sicher ist sicher 1976, 66; *Stück* Betriebliches Eingliederungsmanagement (BEM), MDR 2010, 1235; *Sund* Arbeitssicherheitsgesetz, Mitbestimmung des Betriebsrats, ArbSch. 1977, 66; *Tehlen* Nichtraucherschutz am Arbeitsplatz (Diss. Halle), 2016; *Thewes* Anforderungen und Potentiale der Gefährdungsbeurteilung nach § 5 ArbSchG, BB 2013, 1141; *Uhl / Polloczek* Ermittlung von psychischen Belastungen am Arbeitsplatz als »Regelungen über den Gesundheitsschutz« im Sinne von § 87 Abs. 1 Nr. 7 BetrVG?, BB 2007, 2401; *Wagner* Die Aufgaben des Betriebsarztes nach dem Arbeitssicherheitsgesetz, ArbSch. 1974, 358; *ders.* Rechtsprechung zur Mitbestimmung des Betriebsrats bei der Umsetzung des

Arbeitsschutzgesetzes und der Bildschirmarbeitsverordnung, DB 1998, 2366; *Wank* Kommentar zum technischen Arbeitsschutz, 1999 (zit.: TAS); *Weber* Der Betriebsbeauftragte (Diss. Erlangen/Nürnberg), 1988; *Wegener* Der Betriebsarzt (Diss. Köln), 1981; *Weinbrenner* Rechte der Betriebs- und Personalräte im Rahmen des BEM, öAT 2012, 229; *Weinmann* Die neue Verordnung über gefährliche Arbeitsstoffe, BG 1977, 193; *Witting* Funktion und rechtliche Stellung des Betriebsarztes in privatwirtschaftlichen Unternehmen, 1984; *Wlotzke* Arbeitsschutz, Probleme und Weiterentwicklung, BArbBl. 1981, Heft 3, S. 32; *ders.* Das Mitbestimmungsrecht nach § 87 Abs. 1 Nr. 7 Betriebsverfassungsgesetz und das erneuerte Arbeitsschutzrecht, FS *Wissmann*, 2005, S. 426; *Wolber* Bestellung und Abberufung der Mitglieder des Arbeitsschutzausschusses und Sicherheitsausschusses, BlStSozArbR 1977, 228; *ders.* Die Bestellung von Betriebsärzten und Fachkräften für Arbeitssicherheit bei Unternehmen mit Zweigniederlassungen, BlStSozArbR 1979, 119; *ders.* Die Festlegung der Anzahl erforderlicher Betriebsärzte und Sicherheitskräfte in Unfallverhütungsvorschriften, BlStSozArbR 1979, 212; *ders.* Der Arbeitsschutzausschuß (§ 11 ASiG), BlStSozArbR 1980, 219; *ders.* Anhörung des Betriebsrats vor Anordnungen nach § 712 RVO bei Bestellung von Sicherheitsfachkräften und Betriebsärzten, BlStSozArbR 1981, 107; *ders.* Anordnung einer Berufsgenossenschaft zur Bestellung eines Betriebsarztes, NZA 1989, 919; *Wöllenschläger* Das Gesetz über Betriebsärzte, Sicherheitsingenieure und andere Fachkräfte für Arbeitssicherheit vom 12. Dezember 1973, ZAS 1975, 135; *Zabel* Nochmals: Betriebsvereinbarung zur Bildschirmarbeit, AiB 1996, 278; *Zeller* Die Einstellungsuntersuchung, BB 1987, 2439.

a) Vergleich mit der bisherigen Rechtslage; Verhältnis zu § 87 Abs. 1 Nr. 1 und §§ 90, 91

Die Vorschrift ist im BetrVG 1972 neu. Sie erweitert die bisher nur nach § 58 BetrVG 1952, aufgrund **607** einer freiwilligen Betriebsvereinbarung nach § 57 Buchst. a BetrVG 1952 und unter dem Aspekt der Ordnung des Betriebs und des Verhaltens der Arbeitnehmer im Betrieb (§ 56 Abs. 1 Buchst. f BetrVG 1952) gegebene Beteiligung des Betriebsrats in Angelegenheiten des Arbeitsschutzes (vgl. auch *Denck* ZfA 1976, 447 [448 ff.]). Diese sind ferner in § 80 Abs. 1 Nr. 1, § 81 Abs. 1 Satz 2, § 88 Nr. 1, § 89, § 115 Abs. 7 Nr. 7 angesprochen (Überblick § 89 Rdn. 5) und werden ergänzt durch weitere Vorschriften außerhalb des Betriebsverfassungsgesetzes (zum ASiG vgl. Rdn. 671 ff. und zu § 22 SGB VII [vorher § 719 RVO] s. § 89 Rdn. 75 ff.).

Die Vorschrift des § 87 Abs. 1 Nr. 7 regelt die notwendige **Mitbestimmung** hinsichtlich des **Ar- 608 beitsschutzes** selbständig und für ihren Anwendungsbereich **abschließend**, so dass insoweit ein Rückgriff auf § 87 Abs. 1 Nr. 1 ausgeschlossen ist (vgl. Rdn. 173; BAG 24.03.1981 EzA § 87 BetrVG 1972 Betriebliche Ordnung Nr. 6 = AP Nr. 2 zu § 87 BetrVG 1972 Arbeitssicherheit Bl. 3 R *[Wiese/Starck]* = SAE 1982, 203 *[Schlüter/Belling]*; *Denck* ZfA 1976, 447 [450]; *Fitting* § 87 Rn. 258; *Galperin/Löwisch* § 87 Rn. 154; *Moll* ZIP 1982, 889 [893]; *Staudinger/Oetker* BGB § 618 Rn. 204). Jedoch können von § 87 Abs. 1 Nr. 7 nicht erfasste Maßnahmen, die dem Arbeitsschutz dienen (z. B. ein Sicherheitswettbewerb), nach Maßgabe des § 87 Abs. 1 Nr. 1 mitbestimmungspflichtig sein (s. Rdn. 173).

Nach **§ 2 Abs. 1 ArbSchG** sind **Maßnahmen des Arbeitsschutzes** i. S. d. Arbeitsschutzgesetzes **609** Maßnahmen zur Verhütung von Unfällen bei der Arbeit und arbeitsbedingten Gesundheitsgefahren einschließlich Maßnahmen der **menschengerechten Gestaltung der Arbeit** (dazu amtliche Begründung, BT-Drucks. 13/3540, S. 15, zum Begriff s. *Weber* § 90 Rdn. 44). Deren Einbeziehung in den Arbeitsschutz ist zwar sachlich und begrifflich verbindlich und verpflichtet den Arbeitgeber bereits im Vorfeld des Arbeitsschutzes (*Wlotzke* NZA 1996, 1017 [1019]), ändert aber nichts an dessen betriebsverfassungsrechtlicher Zuordnung und den Beteiligungsrechten des Betriebsrats (vgl. auch *Kohte*/MünchArbR § 290 Rn. 62: Beschränkung auf »gesundheitsnahe« Maßnahmen der menschengerechten Gestaltung der Arbeit; *Wlotzke* FS *Wissmann*, S. 426 [437 f.]). Voraussetzung für die Berücksichtigung arbeitswissenschaftlicher Erkenntnisse über die menschengerechte Gestaltung der Arbeit im Rahmen des § 87 Abs. 1 Nr. 7 ist daher deren Einbeziehung in Normen des Arbeitsschutzes. Fehlt es daran, ist für jene allein § 91 maßgebend (s. *Weber* vor § 90 Rdn. 1 f.; vgl. auch *Ehmann* Arbeitsrecht und Arbeitsgerichtsbarkeit, S. 19 [22, 26, 32]; *Merten/Klein* DB 1998, 673 [674]; *Richardi* § 87 Rn. 555; *Worzalla/HWGNRH* § 87 Rn. 397; differenzierend *Fitting* § 87 Rn. 293; **a. M.** *Faber* arbeitsschutzrechtliche Grundpflichten, S. 471 ff.; *Habich* Sicherheits- und Gesundheitstechnik, S. 293 ff.). Allerdings hat der Arbeitgeber bei Maßnahmen des Arbeitsschutzes den Stand von Technik, Arbeitsmedizin und Hygiene sowie **sonstige gesicherte arbeitswissenschaftliche Erkenntnisse** (s. § 89 Rdn. 16) zu berücksichtigen. Dabei handelt es sich um eine Rechtspflicht, die als solche mitbestimmungsfrei ist.

§ 87

b) Zweck und Gegenstand der Mitbestimmung

610 Die Vorschrift des § 87 Abs. 1 Nr. 7 dient der **Verhütung**, d. h. der **Vorbeugung** (*BAG* 18.08.2009 EzA § 87 BetrVG 2001 Gesundheitsschutz Nr. 4 Rn. 17) von **Arbeitsunfällen** und **Berufskrankheiten** (zu den Begriffen Rdn. 614 f.) sowie dem **Gesundheitsschutz** (zum Begriff *Wlotzke* FS *Wissmann*, S. 426 [428 ff.]) im Rahmen der gesetzlichen Vorschriften oder der Unfallverhütungsvorschriften (vgl. auch *Bücker/Feldhoff/Kohte* Vom Arbeitsschutz zur Arbeitsumwelt, Rn. 70). Damit ist der gesamte Bereich des Arbeitsschutzrechts (hierzu § 89 Rdn. 9 ff.; aber auch Rdn. 616 und *Ehmann* Arbeitsschutz und Mitbestimmung bei neuen Technologien, S. 70) erfasst. Angesprochen sind mithin sämtliche Maßnahmen, die dazu dienen, die psychische und physische Integrität des Arbeitnehmers zu erhalten, sofern dieser arbeitsbedingten Beeinträchtigungen ausgesetzt ist, die zu medizinisch feststellbaren Verletzungen oder Erkrankungen führen oder führen können (so *BAG* 18.08.2009 EzA § 87 BetrVG 2001 Gesundheitsschutz Nr. 4 Rn. 17; 18.03.2014 EzA § 87 BetrVG 2001 Gesundheitsschutz Nr. 10 Rn. 19 = AP Nr. 21 zu § 87 BetrVG 1972 Gesundheitsschutz). Erfasst werden auch präventive Maßnahmen. Über die Mitbestimmung soll im Interesse der betroffenen Arbeitnehmer eine möglichst effiziente Umsetzung des gesetzlichen Arbeitsschutzes im Betrieb erreicht werden (*BAG* 18.08.2009 EzA § 87 BetrVG 2001 Gesundheitsschutz Nr. 4 Rn. 16; 11.02.2014 EzA § 87 BetrVG 2001 Gesundheitsschutz Nr. 9 Rn. 14 = AP Nr. 20 zu § 87 BetrVG 1972 Gesundheitsschutz; *LAG Hamburg* 14.06.2016, 2 TaBV 2/16 Rn. 110). Dass der gesamte Bereich des Arbeitsschutzes erfasst ist, ist umso mehr von Bedeutung, als dieses Rechtsgebiet in den letzten Jahren erheblich ausgebaut worden ist. Die Entwicklung ist jedoch keineswegs abgeschlossen. Aufgrund der Richtlinie des Rates über die Durchführung von Maßnahmen zur Verbesserung der Sicherheit und des Gesundheitsschutzes der Arbeitnehmer bei der Arbeit (89/391/EWG) vom 12.06.1989 (ABlEG Nr. L 183/1) und zur Erfüllung der dem gesamtdeutschen Gesetzgeber nach Art. 30 Abs. 1 Nr. 2 des Einigungsvertrages obliegenden Aufgabe, den öffentlich-rechtlichen Arbeitsschutz neu zu regeln, hatte die Bundesregierung den von ihr am 03.11.1993 beschlossenen Entwurf eines Gesetzes über Sicherheit und Gesundheitsschutz bei der Arbeit (**Arbeitsschutzrahmengesetz** – ArbSchRG; BR-Drucks. 792/93; BT-Drucks. 12/6752) vorgelegt. Der Bundesrat hatte am 17.12.1993 dazu Stellung genommen (BR-Drucks. 792/93 [Beschluss]). Am 20.04.1994 fand eine öffentliche Anhörung des Ausschusses für Arbeit und Sozialordnung des Deutschen Bundestages über den Entwurf statt (Protokoll Nr. 117). Er wurde jedoch in der laufenden Legislaturperiode nicht mehr vom Bundestag beraten und hätte daher in der folgenden neu eingebracht werden müssen, was jedoch nicht geschehen ist (zu Einzelheiten des Entwurfs *Brückner* PersR 1994, 149; *Bücker/Feldhoff/Kohte* Vom Arbeitsschutz zur Arbeitsumwelt, Rn. 561 ff.; *Oetker* ZRP 1994, 219; *Wank* FS *Wlotzke*, 1996, S. 617; *Wiese* BB 1994, 1209; *Wlotzke* NZA 1994, 602). Statt dessen wurde durch Art. 1 des Gesetzes zur Umsetzung der EG-Rahmenrichtlinie Arbeitsschutz und weiterer Arbeitsschutzrichtlinien vom 07.08.1996 (BGBl. I, S. 1246) – in Kraft am 21.08.1996 (vgl. aber Art. 6) – das Gesetz über die Durchführung von Maßnahmen des Arbeitsschutzes zur Verbesserung der Sicherheit und des Gesundheitsschutzes der Beschäftigten bei der Arbeit (**Arbeitsschutzgesetz – ArbSchG**) erlassen (dazu amtliche Begründung, BT-Drucks. 13/3540, S. 11 ff.; *Pieper* AuR 1996, 465 ff.; *Vogl* NJW 1996, 2753 ff.; *Wank* DB 1996, 1134 ff.; *Wlotzke* NZA 1996, 1017 ff.). Das Gesetz dient dazu, in allen Tätigkeitsbereichen Sicherheit und Gesundheitsschutz der Beschäftigten bei der Arbeit durch Maßnahmen des Arbeitsschutzes zu sichern und zu verbessern (**§ 1 Abs. 1**; zum Anwendungsbereich § 1 Abs. 2 bis 4, zum Begriff der Maßnahmen des Arbeitsschutzes Rdn. 609, zu weiteren Begriffsbestimmungen – Beschäftigte, Arbeitgeber, sonstige Rechtsvorschriften, Betrieb – § 2 Abs. 2 bis 5). Nach § 1 Abs. 3 Satz 1 ArbSchG bleiben Pflichten der Arbeitgeber zur Gewährleistung von Sicherheit und Gesundheitsschutz der Beschäftigten bei der Arbeit nach sonstigen Rechtsvorschriften unberührt. Zur Mitbestimmung beim Arbeitsschutz in **Arbeitsförderungsgesellschaften** *Pauli* Mitbestimmung in Arbeitsförderungsgesellschaften. Ein Beitrag zur Implementation des Betriebsverfassungsgesetzes in Ostdeutschland (Diss. Halle), 1999, S. 56 ff.

611 Der Normenkomplex des Arbeitsschutzrechts ist dadurch gekennzeichnet, dass dem Arbeitgeber häufig keine exakt bestimmten Maßnahmen vorgeschrieben, sondern lediglich **Rahmenvorschriften** aufgestellt werden, die nur die grundsätzliche Verpflichtung und das **Schutzziel** angeben, die Verwirklichung aber der pflichtgemäßen Entscheidung des Arbeitgebers überlassen (zust. *LAG Baden-Württemberg* 18.02.1981 DB 1981, 1781 [1783]). Damit soll den besonderen betrieblichen Gegebenheiten

Mitbestimmungsrechte **§ 87**

und der technischen Entwicklung Rechnung getragen werden. Durch die **Auswahl** unter **mehreren möglichen Maßnahmen** werden die Interessen der betroffenen Arbeitnehmer erheblich berührt. Deshalb ist dem Betriebsrat nach § 87 Abs. 1 Nr. 7 insoweit bei Regelungen ein Mitbestimmungsrecht eingeräumt worden. Dadurch soll zugleich seine besondere Sachkenntnis fruchtbar gemacht werden. Insofern ist der **Arbeitsschutz** eine **gemeinsame Aufgabe** von **Arbeitgeber** und **Betriebsrat** (*Richardi/Annuß* § 89 Rn. 11).

Die **Verantwortung** des **Arbeitgebers** gegenüber dem Staat und den Unfallversicherungsträgern ist dadurch nicht aufgehoben (*Fitting* § 87 Rn. 257; *Galperin/Löwisch* § 87 Rn. 153; *Richardi* § 87 Rn. 535; vgl. auch Rdn. 672, § 89 Rdn. 59). Das wird durch **§ 13 Abs. 1 ArbSchG** bestätigt, der neben dem Arbeitgeber bestimmte weitere Personen für die Erfüllung der sich aus dem Ersten Abschnitt des Arbeitsschutzgesetzes ergebenden Pflichten für verantwortlich erklärt (allgemein *Schorn* BB 2010, 1345). Jedoch kann der Arbeitgeber nach **§ 13 Abs. 2 ArbSchG zuverlässige** und **fachkundige Personen** schriftlich damit **beauftragen**, ihm obliegende Aufgaben nach dem Arbeitsschutzgesetz in eigener Verantwortung wahrzunehmen (amtliche Begründung, BT-Drucks. 13/3540, S. 19). Eine Beteiligung des Betriebsrats ist hierbei – ungeachtet einer etwaigen Mitbestimmung nach § 99 – im Gegensatz etwa zu § 10 Abs. 2 Satz 3 ArbSchG nicht vorgesehen (*BAG* 18.08.2009 EzA § 87 BetrVG 2001 Gesundheitsschutz Nr. 4 Rn. 20 ff; 18.03.2014 EzA § 87 BetrVG 2001 Gesundheitsschutz Nr. 10 Rn. 21 = AP Nr. 21 zu § 87 BetrVG 1972 Gesundheitsschutz; *LAG Schleswig-Holstein* 08.02.2012 – 6 TaBV 47/11; *Wank* TAS, § 13 ArbSchG Rn. 8; **a. M.** *LAG Bamberg* 21.09.2000 LAGE § 87 BetrVG 1972 Gesundheitsschutz Nr. 1 S. 21; *LAG Niedersachsen* 04.04.2008 LAGE § 87 BetrVG 2001 Gesundheitsschutz Nr. 2. S. 4 ff.; *N. Fabricius* BB 1997, 1254 [1258], die aber fälschlich die Mitbestimmung hinsichtlich der Qualitätsanforderungen an die beauftragten Personen und die Modalitäten der Unterweisung bejahen [insoweit unzutreffend auch *BAG* 18.08.2009 EzA § 87 BetrVG 2001 Gesundheitsschutz Nr. 4 Rn. 24]; *Fitting* § 87 Rn. 300; distanzierend berichtend auch *Pieper* ArbSchR, § 13 ArbSchG Rn. 15). Doch dürfen durch die Beauftragung zuverlässiger und fachkundiger Personen nach Maßgabe des § 13 Abs. 2 ArbSchG die Mitbestimmungsrechte des Betriebsrats nach § 87 Abs. 1 Nr. 7 BetrVG nicht verkürzt werden (dazu näher *BAG* 30.09.2014 EzA § 87 BetrVG 2001 Gesundheitsschutz Nr. 12 Rn. 13 = AP Nr. 22 zu § 87 BetrVG 1972 Gesundheitsschutz; *LAG Berlin-Brandenburg* 21.03.2012 – 20 TaBV 188/11; *LAG Köln* 28.06.2012 – 4 TaBV 17/12; *LAG Nürnberg* 29.05.2012 – 7 TaBV 61/11; *LAG Schleswig-Holstein* 08.02.2012 – 6 TaBV 47/11; vgl. auch *BAG* 18.08.2009 EzA § 87 BetrVG 2001 Gesundheitsschutz Nr. 4 Rn. 24). Im Übrigen hat der Arbeitgeber nach **§ 7 ArbSchG** bei der Übertragung von Aufgaben auf Beschäftigte je nach Art der Tätigkeiten zu berücksichtigen, ob die Beschäftigten befähigt sind, die für die Sicherheit und den Gesundheitsschutz bei der Aufgabenerfüllung zu beachtenden Bestimmungen und Maßnahmen einzuhalten (dazu amtliche Begründung, BT-Drucks. 13/3540, S. 17). Dabei handelt es sich um eine zusätzliche mitbestimmungsfreie Verpflichtung des Arbeitgebers (Rdn. 636), die seine Verantwortung für die Beachtung der Vorschriften des Arbeitsschutzes nicht berührt. Zur **Zusammenarbeit mehrerer Arbeitgeber** bei Tätigkeit ihrer Beschäftigten an einem Arbeitsplatz **§ 8 Abs. 1 ArbSchG** und der **Verpflichtung** des **Arbeitgebers** bei **Tätigkeit** von **Beschäftigten anderer Arbeitgeber in seinem Betrieb § 8 Abs. 2 ArbSchG** (amtliche Begründung BT-Drucks. 13/3540, S. 17 und Rdn. 636).

612

Unerheblich ist, ob es sich um Regelungen handelt, die **materielle Schutzmaßnahmen** zum Gegenstand haben oder sich auf die **personelle Organisation** des betrieblichen Arbeitsschutzes beziehen, denn beide dienen dem einheitlichen Ziel der Verhütung von Arbeitsunfällen und Berufskrankheiten sowie dem Gesundheitsschutz. Entsprechend dem Zweck der Vorschrift, den Arbeitsschutz umfassend zu gewährleisten, unterliegt deshalb auch die personelle Organisation des betrieblichen Arbeitsschutzes der Mitbestimmung (*LAG Hamburg* 21.09.2000 LAGE § 87 BetrVG 1972 Gesundheitsschutz Nr. 1 S. 9 = AP Nr. 11 zu § 87 BetrVG 1972 Gesundheitsschutz Bl. 3 R; 11.09.2012 1 TaBV 5/12; *ArbG Hamburg* 02.07.1998 AuR 1999, 115; *Berger/Burth* BPUVZ 2012, 74 [76 f.]; *Denck* ZfA 1976, 447 [453]; *Fitting* § 87 Rn. 279; *Galperin/Löwisch* § 87 Rn. 160; *Habich* Sicherheits- und Gesundheitsschutz, S. 298 ff.; *Hofe* Betriebliche Mitbestimmung und Humanisierung der Arbeitswelt, S. 122 f.; *Kohte*/MünchArbR § 290 Rn. 64; *Klebe*/DKKW § 87 Rn. 226; *Richardi* § 87 Rn. 557; vgl. auch *Kreuder* AuR 1993, 316 [324] bei Fremdfirmeneinsatz; **a. M.** *Doetsch* ArbGeb. 1973, 877). Maßgebend hierfür sind die Vorschriften der §§ 22 f. SGB VII (früher §§ 719 ff. RVO) über Sicherheitsbeauftragte (s. § 89 Rdn. 75 ff.) und des Arbeitssicherheitsgesetzes (Rdn. 671 ff.). Mit der Umset-

613

zung dieser Vorschriften entspricht der Arbeitgeber seiner Verpflichtung nach § 3 **Abs. 2 Nr. 1 ArbSchG**, zur Planung und Durchführung der Maßnahmen nach § 3 Abs. 1 ArbSchG (Rdn. 627 f.) unter Berücksichtigung der Art der Tätigkeiten und der Zahl der Beschäftigten für eine geeignete Organisation zu sorgen. Soweit diese Vorschriften einen Regelungsspielraum lassen, hat der Betriebsrat mitzubestimmen (*BAG* 18.03.2014 EzA § 87 BetrVG 2001 Gesundheitsschutz Nr. 10 Rn. 22 ff. = AP Nr. 21 zu § 87 BetrVG 1972 Gesundheitsschutz; *LAG Hamburg* 21.09.2000 LAGE § 87 BetrVG 1972 Gesundheitsschutz Nr. 1 S. 20 f.; *N. Fabricius* BB 1997, 1254 [1257]). Im Übrigen ist zwischen mitbestimmungspflichtigen organisatorischen Maßnahmen nach § 87 Abs. 1 Nr. 7 und den hierauf bezogenen personellen Einzelmaßnahmen zu unterscheiden, die nach § 99 mitbestimmungspflichtig sein können (vgl. auch *Merten/Klein* DB 1998, 673 [675]). Zu den vom Arbeitgeber zu treffenden mitbestimmungspflichtigen (*LAG Hamburg* 21.09.2000 LAGE § 87 BetrVG 1972 Gesundheitsschutz Nr. 1) organisatorischen Maßnahmen gehören auch die nach **§ 3 Abs. 2 Nr. 2 ArbSchG** von ihm zu treffenden Vorkehrungen, dass die Maßnahmen nach § 3 Abs. 1 ArbSchG erforderlichenfalls bei allen Tätigkeiten und eingebunden in die betrieblichen Führungsstrukturen beachtet werden und die Beschäftigten ihren Mitwirkungspflichten nachkommen können.

614 **Arbeitsunfälle** sind nach § 8 Abs. 1 Satz 1 SGB VII (vorher § 548 Abs. 1 Satz 1 RVO) Unfälle von Versicherten (§§ 2 ff. SGB VII, vorher §§ 539 ff. RVO) infolge einer den Versicherungsschutz nach §§ 2, 3 oder 6 SGB VII (vorher §§ 539, 540, 545 bis 545 RVO) begründeten Tätigkeit (versicherte Tätigkeit; zum Ganzen *Igl/Welti* Sozialrecht, 8. Aufl. 2007, § 40 Rn. 3 ff.; *Ricke/KassKomm* § 8 SGB VII Rn. 1 ff.; *Waltermann* Sozialrecht, 12. Aufl. 2016, Rn. 287 ff.). Unfälle sind zeitlich begrenzte, von außen auf den Körper einwirkende Ereignisse, die zu einem Gesundheitsschaden oder zum Tod führen (§ 8 Abs. 1 Satz 2 SGB VII). Nach dem eindeutigen Wortlaut des § 8 Abs. 1 Satz 1 SGB VII muss der Arbeitsunfall mit der versicherten Tätigkeit in einem ursächlichen Zusammenhang stehen. Zu den versicherten Tätigkeiten vgl. auch § 8 Abs. 2 SGB VII (vorher §§ 548 ff. RVO). Als Gesundheitsschaden gilt auch die Beschädigung oder der Verlust eines Hilfsmittels (§ 8 Abs. 3 SGB VII, vorher § 548 Abs. 2 RVO). Zur Erweiterung des Begriffs des Versicherungsfalles in der See- und Binnenschifffahrt § 10 SGB VII (vorher §§ 552, 883 RVO). Der Begriff des Arbeitsunfalls i. S. d. SGB VII ist weiter als der Begriff des Unfalls bei der Arbeit i. S. d. § 2 Abs. 1 ArbSchG, der die Wegeunfälle (§ 8 Abs. 2 SGB VII) nicht erfasst (vgl. auch amtliche Begründung, BT-Drucks. 13/3540, S. 15l.). Zum Arbeitsunfall im bürgerlichen Recht, Arbeitsrecht und Sozialrecht *Waltermann* RdA 1998, 330 ff.

615 **Berufskrankheiten** sind Krankheiten, die die Bundesregierung durch Rechtsverordnung mit Zustimmung des Bundesrates als Berufskrankheiten bezeichnet und die Versicherte infolge einer den Versicherungsschutz nach §§ 2, 3 oder 6 begründeten Tätigkeit erleiden (§ 9 Abs. 1 Satz 1 SGB VII, vorher § 551 Abs. 1 Satz 2 RVO; vgl. Berufskrankheiten-Verordnung vom 31.10.1997 [BGBl. I, S. 2623] mit späteren Änderungen; vgl. aber auch § 9 Abs. 2 SGB VII [vorher § 551 Abs. 2 RVO]). Für Unternehmen der Seefahrt § 9 Abs. 1 Satz 3 SGB VII (vorher § 840 RVO). Zum Ganzen *Koch* AR-Blattei SD 1000.6.

c) Umfang der Mitbestimmung

aa) Rahmenvorschriften des öffentlich-rechtlichen Arbeitsschutzes; Regelungsspielraum

616 Mitbestimmungspflichtig sind nur Regelungen (Rdn. 633) im Rahmen der **gesetzlichen Vorschriften** über den **Arbeitsschutz** (§ 89 Rdn. 9, 12 ff.) oder der **Unfallverhütungsvorschriften** (s. § 89 Rdn. 20 ff.). Aus der Gleichstellung beider Normenkomplexe folgt, dass damit nur die dem **öffentlich-rechtlichen Arbeitsschutz** dienenden Vorschriften gemeint sind (zu deren ambivalenten Charakter § 89 Rdn. 12). Nicht hierher zählen daher die Vorschriften über die vertragliche **Treue-(Fürsorge-) Pflicht** nach § 618 BGB (*Bender/WPK* § 87 Rn. 139; *Heinze* Anm. SAE 1985, 245 [246]; *Matthes*/MünchArbR § 254 Rn. 10; *Richardi* § 87 Rn. 535, 540, 544, 551; *Staudinger/Oetker* BGB, § 618 Rn. 197; **a. M.** *Bj. Gaul* Anm. EzA § 87 BetrVG 1972 Bildschirmarbeit Nr. 1 S. 25; *Klebe/DKKW* § 87 Rn. 216 f.; *Löwisch/Kaiser* § 87 Rn. 152; *Worzalla/HWGNRH* § 87 Rn. 406; zur Problematik des inzwischen aufgehobenen § 120a GewO Rdn. 626 ff.). Auch **tarifvertragliche Vorschriften** genügen nicht (*BAG* 11.12.2012 NJOZ 2013, 1062 Rn. 18; *ArbG München* 21.02.1980 DB 1980, 1700); sie können jedoch den gesetzlichen Rahmen ausfüllen und damit die Mitbestimmung verdrängen. Keine Rahmenvorschriften sind arbeitsrechtliche **EG-Richtlinien** (*Fitting* § 87

Rn. 267 f.; *Matthes*/MünchArbR § 254 Rn. 10; zu diesen s. auch § 89 Rdn. 14). Jedoch sind die einschlägigen arbeitsschutzrechtlichen Vorschriften richtlinienkonform auszulegen (*BAG* 02.04.1996 EzA § 87 BetrVG 1972 Bildschirmarbeit Nr. 1 S. 11 f. = AP Nr. 5 zu § 87 BetrVG 1972 Gesundheitsschutz Bl. 5 R).

Keine Arbeitsschutzvorschriften sind gesetzliche Bestimmungen, die **ausschließlich** dem **617 Schutz Dritter** oder der **Allgemeinheit** dienen (*Fitting* § 87 Rn. 266; *Stege/Weinspach/Schiefer* § 87 Rn. 117; *Worzalla/HWGNRH* § 87 Rn. 403); § 5 Abs. 1 Nr. 2 BImSchG dient jedoch auch dem Schutz der Arbeitnehmer (*Fitting* § 87 Rn. 266; **a. M.** *Stege/Weinspach/Schiefer* § 87 Rn. 117; *Worzalla/HWGNRH* § 87 Rn. 403). Das gilt z. B. für den **Umweltschutz**, soweit die einschlägigen Vorschriften nicht zugleich dem Arbeitsschutz dienen (*Froschauer* Arbeitsrecht und Umweltschutz, S. 172 f.; vgl. auch *Merten* DB 1996, 90 [93]; *Merten/Klein* DB 1998, 673 f.; zur Abgrenzung beider s. § 89 Rdn. 36). Dieser Bezug kommt auch in § 4 Nr. 4 ArbSchG zum Ausdruck, der den Arbeitgeber bei Maßnahmen des Arbeitsschutzes verpflichtet, diese mit dem Ziel zu planen, Technik, Arbeitsorganisation, sonstige Arbeitsbedingungen, soziale Beziehungen und **Einfluss der Umwelt auf** den **Arbeitsplatz** sachgerecht zu verknüpfen. Die Vorschrift gilt jedoch auch in Ansehung des Schutzes für **Leiharbeitnehmer** im Entleiherbetrieb (*Erdlenbruch* Die betriebsverfassungsrechtliche Stellung gewerbsmäßig überlassener Arbeitnehmer [Diss. Mannheim], 1992, S. 142 f.; *Jüttner* Gewerbsmäßige Arbeitnehmerüberlassung, S. 187 ff.; *Kraft* FS *Konzen*, 2006, S. 452; *Schirmer* 50 Jahre Bundesarbeitsgericht, 2004, S. 1663 [1070 f.])

Auch **Maßnahmen**, die in **erster Linie andere Zwecke verfolgen** und sich nur **mittelbar auf** den **618 Arbeits-** und **Gesundheitsschutz auswirken** (zum nur mittelbaren Gesundheitsschutz s. aber noch Rdn. 619), wie etwa die Reinigungshäufigkeit von Arbeitsräumen, gehören nicht hierher. Von § 87 Abs. 1 Nr. 7 werden nur Regelungen erfasst, die darauf abzielen, das Risiko von Gesundheitsschädigungen und Unfällen innerhalb des Betriebs zu mildern oder einen effektiven Arbeits- und Gesundheitsschutz zu gewährleisten (vgl. auch *BVerwG* 25.08.1986 NJW 1987, 1658 [1659] zu § 75 Abs. 3 Nr. 11 BPersVG; vgl. aber auch Rdn. 619). Nicht gemeint sind ferner die Vorschriften, soweit sie dem Schutz von **Sitte** und **Anstand** dienen (§ 3 Abs. 1 ArbStättV i. V. m. Nr. 4.1. Abs. 1 Anhang zur ArbStättV [vormals § 6 Abs. 2 ArbStättV]; § 62 HGB; *Fitting* § 87 Rn. 263; *Matthes*/MünchArbR § 254 Rn. 10). Keine Vorschriften i. S. d. § 87 Abs. 1 Nr. 7 sind auch **Arbeitsordnungen** als solche (**a. M.** *Stege/Weinspach/Schiefer* § 87 Rn. 125b), jedoch kann bei ihnen die Mitbestimmung nach § 87 Abs. 1 Nr. 1 in Betracht kommen. **Forschungsvorhaben**, die sich auf Gegenstände des § 87 Abs. 1 Nr. 7 beziehen, sind keine Regelungen i. S. dieser Vorschrift (*Scholz* BB 1981, 441 [446]; **a. M.** *Bieback* RdA 1983, 265 [270]). Ebenso wenig besteht ein Mitbestimmungsrecht hinsichtlich der Frage, ob für den Arbeitnehmer eine **Haftpflichtversicherung** oder eine Versicherung gegen Krankheit, Invalidität und Tod abgeschlossen wird (*Stege/Weinspach/Schiefer* § 87 Rn. 128). Die Vorschrift stellt auch kein Abwehrrecht gegen **Baumaßnahmen** des Arbeitgebers dar, die unter Umständen zu gesundheitlichen Beeinträchtigungen der Arbeitnehmer führen können (*LAG* Nürnberg 04.02.2003 LAGE § 87 BetrVG 2001 Gesundheitsschutz Nr. 1 S. 2 ff.; *LAG* Sachsen-Anhalt 09.03.2010 6 TaBV 15/09; **a. M.** *Faber* PersR 2012, 348). Zur – uneingeschränkten – Mitbestimmung in **wissenschaftlichen Tendenzbetrieben** vgl. die gleichnamige Dissertation (Köln) von *Poeche*, 1999, S. 203 ff.

Voraussetzung der Mitbestimmung nach § 87 Abs. 1 Nr. 7 ist zunächst, dass ausfüllungsbedürftige **619 Rahmenvorschriften** über den Arbeitsschutz **bestehen** (*BAG* 28.07.1981 EzA § 87 BetrVG 1972 Arbeitszeit Nr. 9 [*Kraft*] = AP Nr. 3 zu § 87 BetrVG 1972 Arbeitssicherheit Bl. 3 [*Richardi*]; dazu auch *Kohte* AiB 1983, 51; 16.06.1998 EzA § 87 BetrVG 1972 Arbeitssicherheit Nr. 3 S. 4 = AP Nr. 7 zu § 87 BetrVG Gesundheitsschutz [*Merten*] = SAE 2000, 333 [*Carl*]; 06.12.1983 EzA § 87 BetrVG 1972 Bildschirmarbeitsplatz Nr. 1 = AP Nr. 7 zu § 87 BetrVG 1972 Überwachung Bl. 9 R; 01.07.2003 EzA § 87 BetrVG 2001 Arbeitszeit Nr. 3 S. 6 = AP Nr. 107 zu § 87 BetrVG 1972 Arbeitszeit Bl. 3; 18.08.2009 EzA § 87 BetrVG 2001 Gesundheitsschutz Nr. 4 Rn. 16; *LAG Baden-Württemberg* 18.02.1981 DB 1981, 1781 [1783]; 08.12.1987 NZA 1988, 515; 05.03.1991 NZA 1992, 184 [185]; *LAG* Berlin 31.03.1981 DB 1981, 1519; *LAG* Düsseldorf 27.05.1980 DB 1981, 1780 [1781]; 04.11.1988 NZA 1989, 146 [148]; *LAG* Niedersachsen 25.03.1982 DB 1982, 2039 [2040]; *LAG* Nürnberg 04.02.2003 LAGE § 87 BetrVG 2001 Gesundheitsschutz Nr. 1 S. 2; *Fitting* § 87 Rn. 270; *Klebe/DKKW* § 87 Rn. 210 ff.; *Wlotzke* FS *Wissmann*, S. 426 [432 f.]; *Worzalla/HWGNRH* § 87 Rn. 404;

§ 87

a. M. *Latendorf* CR 1988, 851 [852 f.]). **Gleichgültig** ist, ob die Rahmenvorschrift dem **Gesundheitsschutz unmittelbar** oder **mittelbar** dient (*BAG* 26.08.1997 EzA § 87 BetrVG 1972 Gesundheitsschutz Nr. 1 S. 8 = AP Nr. 74 zu § 87 BetrVG 1972 Arbeitszeit Bl. 5; 15.01.2002 EzA § 87 BetrVG 1972 Gesundheitsschutz Nr. 2 S. 9 = AP Nr. 12 zu § 87 BetrVG 1972 Gesundheitsschutz; 08.06.2004 EzA § 87 BetrVG 2001 Gesundheitsschutz Nr. 1 S. 9 = AP Nr. 13 zu § 87 BetrVG 1972 Gesundheitsschutz Bl. 4 R *[Schimmelpfennig]*; 08.06.2004 EzA § 87 BetrVG 2001 Gesundheitsschutz Nr. 2 S. 11 = AP Nr. 20 zu § 76 BetrVG 1972 Einigungsstelle Bl. 5; 26.04.2005 EzA § 87 BetrVG 2001 Gesundheitsschutz Nr. 3 S. 10 *[Bender]* = AP Nr. 118 zu § 87 BetrVG 1972 Arbeitszeit Bl. 4 R.; 18.08.2009 EzA § 87 BetrVG 2001 Gesundheitsschutz Nr. 4 Rn. 16; 11.02.2014 EzA § 87 BetrVG 2001 Gesundheitsschutz Nr. 9 Rn. 14 = AP Nr. 20 zu § 87 BetrVG 1972 Gesundheitsschutz; *Löwisch / Kaiser* § 87 Rn. 159 f.; *Wlotzke* FS *Wissmann*, S. 426 [429 ff.]). Unerheblich ist auch eine subjektive Regelungsbereitschaft des Arbeitgebers (*BAG* 08.06.2004 EzA § 87 BetrVG 2001 Gesundheitsschutz Nr. 2 S. 11; 18.08.2009 EzA § 87 BetrVG 2001 Gesundheitsschutz Nr. 4 Rn. 16). Der durch zwingende Normen bestimmte Rahmen ist den Betriebspartnern vorgegeben, also nicht der Mitbestimmung unterworfen. Der Betriebsrat kann daher nicht nach § 87 Abs. 1 Nr. 7 die Regelung bisher noch nicht normierter Tatbestände durchsetzen (*BAG* 26.05.1982 AP Nr. 14 zu § 87 BetrVG 1972 Ordnung des Betriebes Bl. 3); für Regelungen, die über den bestehenden Arbeitsschutz hinausgehen, kommt nur eine freiwillige Betriebsvereinbarung nach § 88 Nr. 1 in Betracht (*Fitting* § 87 Rn. 287; *Klebe / DKKW* § 87 Rn. 205). Keine Rahmenvorschrift i. S. d. Nr. 7 ist § 84 Abs. 2 SGB IX über das **betriebliche Eingliederungsmanagement** (*LAG* Berlin-Brandenburg 23.09.2010 – 25 TaBV 1155/10 – Rn. 81 ff.; *Leuchten* DB 2007, 2482 [2485]; a. M. *BAG* 13.03.2012 EzA § 86 SGB IX Nr. 10 Rn. 12; 22.03.2016 EzA § 87 BetrVG 2001 Gesundheitsschutz Nr. 14 Rn. 9 ff. = AP Nr. 5 zu § 84 SGB IX; *Kohte* / HaKo § 87 Rn. 92; *Klebe / DKKW* § 87 Rn. 259; *Nassibi* NZA 2012, 720 [722 f.]).

620 Das Bestehen einer Rahmenvorschrift ist auch insoweit Voraussetzung der Mitbestimmung, als diese die **Art zulässiger Maßnahmen** festlegt. So kamen nach § 15 ArbStättV a. F. (nunmehr § 3 Abs. 1 ArbStättV i. V. m. Nr. 3.7 Anhang zur ArbStättV) Maßnahmen zur Herabsetzung des Schallpegels in Betracht. Der Betriebsrat hatte indes nach dieser Vorschrift kein Mitbestimmungsrecht bei der Einführung von Lärmpausen (*BAG* 28.07.1981 EzA § 87 BetrVG 1972 Arbeitszeit Nr. 9 = AP Nr. 3 zu § 87 BetrVG 1972 Arbeitssicherheit Bl. 3 R; *Galperin / Löwisch* § 87 Rn. 155; *Matthes* / MünchArbR § 254 Rn. 17). Zum Lärmschutz ferner Rdn. 647.

621 Die Rahmenvorschrift muss dem Arbeitgeber einmal Handlungspflichten auferlegen, ihm aber zugleich einen **Regelungsspielraum**, d. h. die Auswahl unter mehreren möglichen Maßnahmen zur Erreichung des Schutzziels belassen (*BAG* 24.03.1981 EzA § 87 BetrVG 1972 Betriebliche Ordnung Nr. 6 = AP Nr. 2 zu § 87 BetrVG 1972 Arbeitssicherheit Bl. 3 R; 28.07.1981 EzA § 87 BetrVG 1972 Arbeitszeit Nr. 9 = AP Nr. 3 zu § 87 BetrVG 1972 Arbeitssicherheit Bl. 3; 06.12.1983 EzA § 87 BetrVG 1972 Bildschirmarbeitsplatz Nr. 1 = AP Nr. 7 zu § 87 BetrVG 1972 Überwachung Bl. 9 f.;16.06.1998 EzA § 87 BetrVG 1972 Arbeitssicherheit Nr. 3 S. 4 = AP Nr. 7 zu § 87 BetrVG 1972 Gesundheitsschutz *[Merten]* = SAE 2000, 333 *[Carl]*; 01.07.2003 EzA § 87 BetrVG 1972 Arbeitszeit Nr. 3 S. 6 = AP Nr. 107 zu § 87 BetrVG 1972 Arbeitszeit Bl. 3; 08.06.2004 EzA § 87 BetrVG 2001 Gesundheitsschutz Nr. 1 S. 8 = AP Nr. 13 zu § 87 BetrVG 1972 Gesundheitsschutz Bl. 4 *[Schimmelpfennig]*; 08.06.2004 EzA § 87 BetrVG 2001 Gesundheitsschutz Nr. 2 S. 11; *LAG* Nürnberg 21.09.2000 LAGE § 87 BetrVG 2001 Gesundheitsschutz Nr. 1 S. 2; *Denck* ZfA 1976, 447 [453]; *Ehmann* Arbeitsschutz und Mitbestimmung bei neuen Technologien, S. 76 f.; *Fitting* § 87 Rn. 270, 272; *Galperin / Löwisch* § 87 Rn. 155; *Glaubitz* BB 1977, 1403 [1404 f.]; *Klebe / DKKW* § 87 Rn. 215; *Klinkhammer* AuR 1983, 321 [324]; *Kohte* / MünchArbR § 290 Rn. 60; *Löwisch / Kaiser* § 87 Rn. 151; *Moll* ZIP 1982, 889 [896 ff.]; *Richardi* § 87 Rn. 551; *Staudinger / Oetker* BGB § 618 Rn. 202; *Stege / Weinspach / Schiefer* § 87 Rn. 123, 125; *Wagner* Mitbestimmung bei Bildschirmtechnologien, S. 183; *Worzalla / HWGNRH* § 87 Rn. 404). Bei Generalklauseln (Rdn. 625 ff.) ist das zu verneinen, soweit speziellere Vorschriften eingreifen, die den Regelungsspielraum ausfüllen (vgl. auch § 1 Abs. 3 ArbSchG). Durch die mitbestimmte Ausfüllung des Spielraums soll im Interesse der betroffenen Arbeitnehmer eine möglichst effiziente Umsetzung des gesetzlichen Arbeitsschutzes im Betrieb erreicht werden (*BAG* 15.01.2002 EzA § 87 BetrVG 1972 Gesundheitsschutz Nr. 2 S. 9 = AP Nr. 12 zu § 87 BetrVG 1972 Gesundheitsschutz Bl. 4; 08.06.2004 EzA § 87 BetrVG 2001 Gesundheitsschutz Nr. 1 S. 8 f.

= AP Nr. 13 zu § 87 BetrVG 1972 Gesundheitsschutz Bl. 4 *[Schimmelpfennig]*, 08.06.2004 EzA § 87 BetrVG 2001 Gesundheitsschutz Nr. 2 S. 11, 13).

Bestritten ist, ob dem Betriebsrat bei **unbestimmten Rechtsbegriffen** mit **Beurteilungsspielraum** ein Mitbestimmungsrecht zusteht. Zweifelhaft ist indessen, ob die auf Verwaltungsentscheidungen zugeschnittene Unterscheidung zwischen Ermessens- und Beurteilungsspielraum (zum Ganzen *Wolff/Bachof/Stober/Kluth* Verwaltungsrecht I, 13. Aufl. 2017, § 31; ferner *Hilger* BB 1956, 10 ff.) für die Abgrenzung des Umfangs der Mitbestimmung des Betriebsrats etwas hergibt. Ob zunächst eine Maßnahme des Arbeitsschutzes aufgrund bestimmter Vorschriften zu ergreifen ist, hängt von den betrieblichen Verhältnissen ab und ist eine Rechtsfrage, die nicht der Disposition der Betriebspartner unterliegt (*Matthes*/MünchArbR § 254 Rn. 14; *Wank* TAS, § 3 Rn. 20 ArbSchG; *Wlotzke* FS *Wissmann*, S. 426 [435 f.]; **a. M.** *Faber* arbeitsschutzrechtliche Grundpflichten, S. 483 ff.; *Klebe/ DKKW* § 87 Rn. 222 ff.). Gleiches gilt auch für das Verfahren zur **Ermittlung** der **tatsächlichen Voraussetzungen** einer Arbeitsschutzvorschrift (*LAG Baden-Württemberg* 27.01.1982, 3 TaBV 6/81 – zu einer tariflichen Regelung über die fachgerechte Ermittlung von Lärmwerten; *Bender/ WPK* § 87 Rn. 142; *Galperin/Löwisch* § 87 Rn. 155a; *Merten/Klein* DB 1998, 673; widersprüchlich *Fitting* § 87 Rn. 275). **622**

So hat der Arbeitgeber nach § 29 Abs. 1 BGV A1 gemäß § 2 PSA-Benutzungsverordnung den Versicherten geeignete persönliche Schutzausrüstungen bereitzustellen; vor der Bereitstellung hat er die Versicherten anzuhören (vgl. auch § 3 Abs. 1 ArbStättV i. V. m. Nr. 5.1 Anhang zur ArbStättV). Insoweit besteht daher kein Regelungsspielraum, über dessen Ausfüllung der Betriebsrat mitzubestimmen hätte (*BAG* 06.12.1983 EzA § 87 BetrVG 1972 Bildschirmarbeitsplatz Nr. 1 = AP Nr. 7 zu § 87 BetrVG 1972 Überwachung Bl. 13 R; *LAG Baden-Württemberg* 08.12.1987 NZA 1988, 515; *Siemes* NZA 1998, 232 [234]; *Stege/Weinspach/Schiefer* § 87 Rn. 123; *Worzalla/HWGNRH* § 87 Rn. 414). Ob die vom Arbeitgeber vorgesehene Schutzausrüstung »geeignet« ist (vgl. auch § 2 Abs. 1 Nr. 3 PSA-BV), ist wiederum eine Rechtsfrage, die als solche nicht der Mitbestimmung unterliegt. Jedoch können Schutzausrüstungen verschiedener Art in gleicher Weise geeignet sein. Dann besteht i. S. d. § 87 Abs. 1 Nr. 7 ein Regelungsspielraum (*BAG* 15.01.2002 EzA § 87 BetrVG 1972 Gesundheitsschutz Nr. 2 S. 9 = AP Nr. 12 zu § 87 BetrVG 1972 Gesundheitsschutz Bl. 4: Handlungsspielraum; ebenso *BAG* 08.06.2004 EzA § 87 BetrVG 2001 Gesundheitsschutz Nr. 2 S. 11 = AP Nr. 13 zu § 87 BetrVG 1972 Gesundheitsschutz Bl. 4), über dessen Ausfüllung der Betriebsrat mitzubestimmen hat (im Ergebnis ebenso *BAG* 16.06.1998 EzA § 87 BetrVG 1972 Arbeitssicherheit Nr. 3 S. 6 ff. = AP Nr. 7 zu § 87 BetrVG Gesundheitsschutz *[Merten]* = SAE 2000, 333 *[Carl]*; *Anzinger* BArbBl. 1979, Heft 2, S. 32; *Fitting* § 87 Rn. 273; *Günther* BlStSozArbR 1981, 244 [245]; *Kohte* AuR 1984, 263 [269 ff.]; ders./MünchArbR § 290 Rn. 62: Handlungsspielraum; *Siemes* NZA 1998, 232 [234]; *Weiß* AuR 1982, 256 [257]; *Wlotzke* FS *Wissmann*, S. 426 [434 f.]; **a. M.** *LAG Niedersachsen* 20.04.1978 – 8 TaBV 1/78 –, zit. bei *Anzinger* BArbBl. 1979, Heft 2, S. 32; *Ehmann* Arbeitsschutz und Mitbestimmung bei neuen Technologien, S. 78; *Galperin/Löwisch* § 87 Rn. 155a; *Glaubitz* BB 1977, 1403 [1405]; *Stege/Weinspach/Schiefer* § 87 Rn. 123; *Worzalla/HWGNRH* § 87 Rn. 415). **623**

Maßgebend ist daher, ob ein ausfüllungsbedürftiger Regelungsspielraum besteht (vgl. auch *Bender/ WPK* § 87 Rn. 142; *Habich* Sicherheits- und Gesundheitsschutz, S. 302 ff.). Der Unterschied gegenüber dem für das Verwaltungshandeln maßgebenden Begriffspaar des Ermessens- und Beurteilungsspielraums besteht darin, dass die Verwaltung allein handelt und sich nur die Frage stellt, in welchem Umfang dieses Handeln der gerichtlichen Kontrolle unterliegt. Die Mitbestimmung dient jedoch dazu, den Betriebsrat an den dem Arbeitgeber vorgeschriebenen Maßnahmen zu beteiligen. Erst bei dem Ergebnis der von ihnen gemeinsam getroffenen Entscheidung stellt sich dann die Frage, ob die vorgesehene Maßnahme den Vorschriften des Arbeitsschutzrechts entspricht. Dabei wird man den Betriebspartnern einen Beurteilungsspielraum einräumen dürfen; der Umfang der Mitbestimmung ist aber davon unabhängig. **624**

Äußerst umstritten war, ob die **Generalklauseln** des öffentlich-rechtlichen **Arbeitsschutzrechts** – vor allem der inzwischen aufgehobene § 120a GewO sowie § 62 HGB, § 3a ArbStättV (vormals § 3 ArbStättV), § 2 Abs. 1 BGV A 1 – zu den Vorschriften i. S. d. § 87 Abs. 1 Nr. 7 zählen (so *ArbG Hamburg* 20.02.1981 AuR 1982, 37; *Bücker/Feldhoff/Kohte* Vom Arbeitsschutz zur Arbeitsumwelt, Rn. 73; *Colneric* NZA 1992, 393 [398]; *Fitting* § 87 Rn. 274; *Galperin/Löwisch* § 87 Rn. 156a; *Klebe/DKKW* **625**

§ 87 Rn. 216 ff.; *Kohte* AuR 1984, 263 [264 ff.]; *Matthes*/MünchArbR § 254 Rn. 12 f.; *Staudinger/Oetker* BGB, § 618 Rn. 199 ff.; *Stevens-Bartol* AuR 1994, 132 [137 f.]; differenzierend *Ehmann* Arbeitsschutz und Mitbestimmung bei neuen Technologien, S. 89 ff.; **a. M.** *LAG Berlin* 31.03.1981 DB 1981, 1519 [1520] = AuR 1982, 324 [abl. *Heilmann*]; *LAG München* 16.04.1987 LAGE § 87 BetrVG 1972 Arbeitssicherheit Nr. 2 S. 1 f.; *Albrecht* NZA 1996, 1240 [1244]; *Dietz/Richardi* 6. Aufl. 1982, § 87 Rn. 350, anders § 87 Rn. 554 ff. seit 7. Aufl.; *Moll* ZIP 1982, 889 [895 ff.]; *Stege/Weinspach/Schiefer* § 87 Rn. 121e; *Worzalla/HWGNRH* § 87 Rn. 408 f.). Weitere Nachweise pro und contra 6. Aufl. § 87 Rn. 600. Das **BAG** (06.12.1983 EzA § 87 BetrVG 1972 Bildschirmarbeitsplatz Nr. 1 = AP Nr. 7 zu § 87 BetrVG 1972 Überwachung Bl. 10 R) hatte die Frage zunächst ausdrücklich offen gelassen. In seiner Entscheidung 02.04.1996 (EzA § 87 BetrVG 1972 Bildschirmarbeit Nr. 1 *[Bj. Gaul]* = AP Nr. 5 zu § 87 BetrVG 1972 Gesundheitsschutz Bl. 4 f. *[Börgmann]* = SAE 1997, 77 *[Löwisch/Neumann]* = CR 1996, 604 *[Kohte]* = AiB 1996, 561 *[Zabel]*; vgl. auch *Feldhoff* AuA 1997, 72) hat es sich in Auseinandersetzung mit abweichenden Meinungen der überwiegenden Auffassung angeschlossen und diese (zu § 2 Abs. 1 BGV A 1) erneut bestätigt (*BAG* 16.06.1998 EzA § 87 BetrVG 1972 Arbeitssicherheit Nr. 3 S. 5 = AP Nr. 7 zu § 87 BetrVG 1972 Gesundheitsschutz *[Merten]* = SAE 2000, 333 *[Carl]*).

626 Die Vorschrift des früheren **§ 120a GewO** war eine den **Arbeitgeber** unmittelbar **verpflichtende Rechtsnorm** (*Ehmann* Arbeitsschutz und Mitbestimmung bei neuen Technologien, S. 91 f.; *Engel* AuR 1982, 79 [81]; *Galperin/Löwisch* § 87 Rn. 156a; *Klinkhammer* AuR 1983, 321 [324 f.]; vgl. auch *BAG* 06.12.1983 EzA § 87 BetrVG 1972 Bildschirmarbeitsplatz Nr. 1 = AP Nr. 7 zu § 87 BetrVG 1972 Überwachung Bl. 10 R f.; **a. M.** *LAG Baden-Württemberg* 18.02.1981 DB 1981, 1781 [1783]; *LAG Berlin* 31.03.1981 DB 1981, 1519 [1520]; *LAG Düsseldorf* 27.05.1980 DB 1981, 1780 [1781]). Er hatte daher nach dieser Vorschrift die erforderlichen Maßnahmen zum Schutz der Arbeitnehmer gegen Gefahren für Leben und Gesundheit zu treffen. Da er hierbei die Auswahl zwischen verschiedenen Möglichkeiten hatte, bestand der nach § 87 Abs. 1 Nr. 7 vorausgesetzte Regelungsspielraum, so dass der Betriebsrat mitzubestimmen hatte. Dem konnte nicht entgegengehalten werden, Sinn der Vorschrift sei es gewesen, die nähere Regelung des Arbeitsschutzes zunächst dem Gesetz- und Verordnungsgeber sowie den Berufsgenossenschaften zu überlassen, um dann noch verbleibende Lücken auf der betrieblichen Ebene zu schließen (so *LAG Berlin* 31.03.1981 DB 1981, 1519 [1520]; *LAG Düsseldorf* 27.05.1980 DB 1981, 1780 [1781]). Das überzeugte schon deshalb nicht, weil viele Rahmenvorschriften des Arbeitsschutzrechts von generalklauselartiger Weite sind, so dass gegenüber dem seinerzeitigen § 120a GewO nur ein gradueller Unterschied bestand (zust. *BAG* 02.04.1996 EzA § 87 BetrVG 1972 Bildschirmarbeit Nr. 1 = AP Nr. 5 zu § 87 BetrVG 1972 Gesundheitsschutz Bl. 4 R). Zudem ist für die Mitbestimmung nicht entscheidend, ob der Gesetzgeber bestimmte Sachfragen bereits erkannt und zumindest teilweise geregelt hat, was bei der Vielgestaltigkeit der Gefahren und unterschiedlichen betrieblichen Gegebenheiten auch kaum möglich ist. Maßgebend ist vielmehr nach Wortlaut, Sinn und Zweck des § 87 Abs. 1 Nr. 7 allein, ob eine ausfüllungsbedürftige Rahmenvorschrift vorliegt, die den Arbeitgeber zum Handeln verpflichtet; in diesem Falle muss er den Betriebsrat hinzuziehen. Damit gewährte § 87 Abs. 1 Nr. 7 in Verbindung mit den Generalklauseln des Arbeitsschutzrechts bisher schon in den Fällen einen Schutz durch Mitbestimmung, in denen aufgrund der technologischen Entwicklung neuartige Gefährdungen der Arbeitnehmer eintreten, für die der Gesetzgeber noch keine Regelungen hat treffen können. Gerade dann besteht ein besonderes Schutzbedürfnis der Arbeitnehmer (so zutr. *Galperin/Löwisch* § 87 Rn. 156a).

627 An die Stelle des § 120a GewO, der durch Art. 4 Nr. 1 ArbSchG aufgehoben wurde, ist mit Wirkung vom 21.08.1996 (Art. 6 ArbSchG) die Grundnorm des **§ 3 Abs. 1 Satz 1 ArbSchG** getreten. Danach ist der Arbeitgeber verpflichtet, die erforderlichen Maßnahmen des Arbeitsschutzes unter Berücksichtigung der Umstände zu treffen, die Sicherheit und Gesundheit der Beschäftigten bei der Arbeit beeinflussen (dazu amtliche Begründung, BT-Drucks. 13/3540, S. 16l.). Auch diese Vorschrift ist wie andere Generalklauseln des Arbeitsschutzrechts nunmehr, soweit nicht spezielle arbeitsschutzrechtliche Vorschriften vorgehen, als Rahmenregelung i. S. d. § 87 Abs. 1 Nr. 7 anzusehen (*BAG* 28.03.2017 – 1 ABR 25/15, Rn. 21; *LAG Hamburg* 21.09.2000 LAGE § 87 BetrVG 1972 Gesundheitsschutz Nr. 1 S. 17 f.; *LAG Nürnberg* 21.09.2000 LAGE § 87 BetrVG 2001 Gesundheitsschutz Nr. 1 S. 2; *Faber* arbeitsschutzrechtliche Grundpflichten, S. 478 ff.; *Fitting* § 87 Rn. 295 ff.; *Gamillscheg* II, S. 916; *Bj. Gaul* Anm. EzA § 87 BetrVG 1972 Bildschirmarbeit Nr. 1 S. 25; *Habich* Sicherheits- und Gesundheitsschutz, S. 316 ff.; *Kohte* CR 1996, 609 f.; *ders./*HaKo § 87 Rn. 80; *ders./*MünchArbR

§ 290 Rn. 60; *Pieper* ArbSchR § 3 ArbSchG Rn. 5a; *Richardi* § 87 Rn. 554; *Staudinger/Oetker* BGB, § 618 Rn. 201; *Wank* TAS, § 3 ArbSchG Rn. 17, 21; offen gelassen BAG 16.06.1998 EzA § 87 BetrVG 1972 Arbeitssicherheit Nr. 3 S. 6 = AP Nr. 7 zu § 87 BetrVG Gesundheitsschutz *[Merten]* = SAE 2000, 333 *[Carl]*). Nach **§ 3 Abs. 1 Satz 2 ArbSchG** hat der Arbeitgeber die Maßnahmen auf ihre Wirksamkeit zu überprüfen und erforderlichenfalls sich ändernden Gegebenheiten anzupassen. Diese Rechtspflichten sind als solche mitbestimmungsfrei. Die Überprüfung obliegt auch allein dem Arbeitgeber und ist keine Rahmenvorschrift i. S. d. § 87 Abs. 1 Nr. 7 (*Merten/Klein* DB 1998, 673 [674]), während die Anpassung einen mitbestimmungspflichtigen Regelungsspielraum eröffnet, sei es, dass bestehende Regelungen geändert oder gänzlich neue geschaffen werden müssen (vgl. auch *Klebe/DKKW* § 87 Rn. 230).

Nach **§ 3 Abs. 1 Satz 3 ArbSchG** hat der Arbeitgeber bei den vorgenannten Maßnahmen eine Verbesserung von Sicherheit und Gesundheitsschutz der Beschäftigten anzustreben. Selbst wenn diese Bestimmung eine Rechtspflicht begründet, eröffnet sie doch keinen zusätzlichen Regelungsspielraum für die Mitbestimmung des Betriebsrats, so dass dieser nicht aufgrund seines Initiativrechts (Rdn. 667) beliebige Verbesserungen des Arbeitsschutzes über die Einigungsstelle erzwingen kann (vgl. auch Rdn. 629; **a. M.** wohl *LAG Hamburg* 27.10.1997 BB 1998, 1796 im Verfahren nach § 100 ArbGG). Entsprechendes gilt für die vom Arbeitgeber nach **§ 4 ArbSchG** bei Maßnahmen des Arbeitsschutzes zu beachtenden **allgemeinen Grundsätze**, die zahlreiche Rechtspflichten begründen und die Grundpflichten des Arbeitgebers nach § 3 Abs. 1 ArbSchG konkretisieren (dazu amtliche Begründung, BT-Drucks. 13/3540, S. 16; *Bender/WPK* § 87 Rn. 145; *Merten/Klein* DB 1998, 673 [675]; *Stege/Weinspach/Schiefer* § 87 Rn. 121f; *Wank* TAS, § 4 ArbSchG Rn. 15; **a. M.** *LAG Hamburg* 27.10.1997 BB 1998, 1796; *Fitting* § 87 Rn. 299; *Klebe/DKKW* § 87 Rn. 230). Über ihre Einhaltung hat der Betriebsrat nach § 80 Abs. 1 Nr. 1 zu wachen. Außerdem hat er insoweit Anspruch auf Unterrichtung nach § 80 Abs. 2 Satz 1 und nach § 89 mitzuwirken, nur werden dadurch keine zusätzlichen Regelungsspielräume nach § 87 Abs. 1 Nr. 7 eröffnet.

Die Vorschrift des § 87 Abs. 1 Nr. 7 ist jedoch **kein Einfallstor für Rechtspolitik** des Betriebsrats. Deshalb ist **bei Anwendung** der **Generalklauseln** zu verlangen, dass eine **konkrete, objektiv feststellbare Gefährdung** für Leben oder Gesundheit der Arbeitnehmer und **nicht nur** eine **Belästigung** besteht (mit unterschiedlichen Formulierungen BAG 16.06.1998 EzA § 87 BetrVG 1972 Arbeitssicherheit Nr. 3 S. 5 = AP Nr. 7 zu § 87 BetrVG Gesundheitsschutz *[Merten]* = SAE 2000, 333 *[Carl]*; 11.12.2012 NJOZ 2013, 1062 Rn. 20; 28.03.2017 – 1 ABR 25/15, Rn. 21 f.; *LAG Berlin-Brandenburg* 25.03.2015 LAGE § 87 BetrVG 2001 Gesundheitsschutz Nr. 5 Rn. 46; *LAG Niedersachsen* 21.01.2011 NZA-RR 2011, 247; 11.01.2017 – 13 TaBV 109/15, Rn. 73; *LAG Nürnberg* 09.12.2015 – 4 TaBV 13/14, Rn. 37; *Denck* RdA 1982, 279 [288]; *Ehmann* Arbeitsschutz und Mitbestimmung bei neuen Technologien, S. 92; *ders.* Anm. EzA § 87 BetrVG 1972 Bildschirmarbeitsplatz Nr. 1 S. 71; *ders.* Arbeitsrecht und Arbeitsgerichtsbarkeit, S. 19 [34 f.]; *Galperin/Löwisch* § 87 Rn. 156b, zu den praktischen Schwierigkeiten der Feststellung daselbst Rn. 156c; *Klinkhammer* AuR 1983, 321 [325 f.]; *Löwisch/Kaiser* § 87 Rn. 153; *Merten/Klein* DB 1998, 673; *Matthes/MünchArbR* § 254 Rn. 13; *Worzalla/HWGNRH* § 87 Rn. 403; vgl. auch BAG 02.04.1996 EzA § 87 BetrVG 1972 Bildschirmarbeit Nr. 1 = AP Nr. 5 zu § 87 BetrVG 1972 Gesundheitsschutz Bl. 4 R; 06.12.1983 EzA § 87 BetrVG 1972 Bildschirmarbeitsplatz Nr. 1 = AP Nr. 7 zu § 87 BetrVG 1972 Überwachung Bl. 11: § 120a GewO schütze vor Gesundheitsgefahren nur insoweit, als diese unmittelbar von Arbeitsräumen, Betriebsvorrichtungen, Maschinen, Gerätschaften und der Betriebsorganisation ausgehen; **a. M.** *Klebe/DKKW* § 87 Rn. 209, 220 f.; *Kohte/MünchArbR* § 290 Rn. 61; *Wlotzke* FS Wissmann, S. 426 [436 f.]). Diese Einschränkung stellt zugleich sicher, dass Raum für zusätzliche Maßnahmen zur Verhütung von Arbeitsunfällen und Gesundheitsschädigungen nach § 88 Nr. 1 verbleibt, der im Gegensatz zum bisherigen § 120a GewO keine konkrete Gesundheitsgefahr voraussetzt (BAG 02.04.1996 EzA § 87 BetrVG 1972 Bildschirmarbeit Nr. 1 = AP Nr. 5 zu § 87 BetrVG 1972 Gesundheitsschutz Bl. 4 R; 28.03.2017 – 1 ABR 25/15, Rn. 21; **a. M.** *Oberberg* RdA 2015, 180 [184 f.]). Außerdem scheiden damit Regelungen zur Humanisierung der Arbeitsbedingungen aus dem Anwendungsbereich des § 87 Abs. 1 Nr. 7 aus (vgl. auch BAG 06.12.1983 EzA § 87 BetrVG 1972 Bildschirmarbeitsplatz Nr. 1 = AP Nr. 7 zu § 87 BetrVG 1972 Überwachung Bl. 11); die Verwirklichung der menschengerechten Gestaltung der Arbeit richtet sich allein nach §§ 90, 91 (Rdn. 609; **a. M.** *Wlotzke* FS Wissmann, S. 437 ff.). Im Gegensatz zu umfassenden Generalklauseln

§ 87   *IV. 3. Soziale Angelegenheiten*

ist eine unmittelbare objektive Gesundheitsgefährdung nicht erforderlich bei zwar ausfüllungsbedürftigen, aber gleichwohl dem Gesundheitsschutz dienenden Bestimmungen, durch die dem Arbeitgeber bestimmte Handlungspflichten auferlegt werden (*BAG* 08.06.2004 EzA § 87 BetrVG 2001 Gesundheitsschutz Nr. 1 S. 10 f. = AP Nr. 13 zu § 87 BetrVG 1972 Gesundheitsschutz Bl. 5 f.; 08.06.2004 EzA § 87 BetrVG 2001 Gesundheitsschutz Nr. 2 S. 13 = AP Nr. 20 zu § 76 BetrVG 1972 Einigungsstelle Bl. 5 R).

630   Überzeugend weist das *BAG* in einer jüngeren Entscheidung (28.03.2017 – 1 ABR 25/15, Rn. 21 f.) darauf hin, dass § 3 Abs. 1 ArbSchG nicht allein – wie vormals noch § 120a GewO – einen Gefahrenschutz vermittelt, sondern i. S. eines weitergehenden präventiven Schutzes außerdem einen Gefährdungsschutz (dazu *Oberberg* RdA 2015, 180 [182 f.]; vgl. auch *LAG Berlin-Brandenburg* 25.03.2015 LAGE § 87 BetrVG 2001 Gesundheitsschutz Nr. 5 Rn. 46). Insofern komme es für die Mitbestimmung nicht länger nur auf eine »konkrete Gesundheitsgefahr«, sondern weitergehend auf eine »konkrete Gefährdung« i. S. von § 5 Abs. 1 ArbSchG an (krit. *Bauer/Günther/Böglmüller* NZA 2016, 1361 [1363 f.]; allgemein zur arbeitsschutzrechtlichen Scheidung von Gefahr und Gefährdung *Kreizberg* in *Kollmer/Klindt/Schucht* ArbSchG § 5 Rn. 70 f.). Dabei sei mit Blick auf die Verpflichtung des Arbeitgebers nach § 3 Abs. 1 Satz 1 ArbSchG, die erforderlichen Maßnahmen des Arbeitsschutzes unter Berücksichtigung der Umstände zu treffen, welche die Sicherheit und Gesundheit der Beschäftigten beeinflussen, eine Gefährdungsbeurteilung gem. § 5 Abs. 1 ArbSchG unerlässlich (*BAG* 28.03.2017 – 1 ABR 25/15, Rn. 22). Für angemessene und geeignete Schutzmaßnahmen müsse das Gefährdungspotential von Arbeit für die Beschäftigten bekannt sein. Dabei konturiere sich die Grundpflicht des § 3 Abs. 1 Satz 1 ArbSchG anhand einer konkreten Gefährdung. Es bestünde insofern ein rechtssystematischer Zusammenhang mit der Gefährdungsbeurteilung nach § 5 ArbSchG. Erst aus diesem Zusammenhang mit § 5 ArbSchG folge der »spezifische materiell-rechtliche Gehalt« des § 3 Abs. 1 Satz 1 ArbSchG (*BAG* 28.03.2017 – 1 ABR 25/15, Rn. 22 m. w. N.). Allerdings beginnt die Mitbestimmung des Betriebsrats in Ansehung des § 3 Abs. 1 Satz 1 ArbSchG nicht erst dann, wenn der Arbeitgeber eine Gefährdungsbeurteilung nach § 5 ArbSchG durchgeführt, sondern bereits bei sonstigen Maßnahmen des Gesundheitsschutzes (*LAG Hamburg* 20.01.2015 ZBVR online 2016, Nr. 6, 14 Rn. 113; 14.06.2016 – 2 TaBV 2/16, Rn. 112). Kenntnis über Gefährdungslagen kann der Arbeitgeber auch anderweitig als durch eine Gefährdungsbeurteilung erlangen.

631   Die Mitbestimmung ist mithin nur insoweit nicht gegeben, wie der **Arbeitgeber** lediglich eine **zwingende Norm** zu **vollziehen** hat (*LAG Berlin* 31.03.1981 DB 1981, 1519; Einigungsstellenspruch 23.01.1981 DB 1981, 1046 [1047]; *Denck* ZfA 1976, 447 [453]; *Ehmann* Arbeitsschutz und Mitbestimmung bei neuen Technologien, S. 76 f.; *Fitting* § 87 Rn. 270; *Galperin/Löwisch* § 87 Rn. 155; *Glaubitz* BB 1977, 1403 [1404 f.]). Das gilt auch für verbindliche Verwaltungsakte (*BAG* 26.05.1988 EzA § 87 BetrVG 1972 Nr. 11 = AP Nr. 14 zu § 87 BetrVG 1972 Ordnung des Betriebes Bl. 3; vgl. auch *Wiese* Rdn. 61, 239). Dazu gehörten **zwingende Anordnungen** der Unfallversicherungsträger nach § 17 Abs. 1 Satz 2 SGB VII a. F. (aufgehoben durch Art. 1 Nr. 17a UVMG, BGBl. I, 2008 S. 2130; vgl. nunmehr § 19 SGB VII n. F.), durch die eine allgemeine gesetzliche Verpflichtung abschließend konkretisiert wurde (*LAG Berlin* 31.03.1981 DB 1981, 1519; *Fitting* § 87 Rn. 276; *Matthes/*MünchArbR § 254 Rn. 7; **a. M.** *Däubler* AiB 1986, 173 [174]).

632   Ist bei zwingenden Normen eine **Ausnahmegenehmigung** zulässig, wird durch diese eine Regelungsmöglichkeit eröffnet, so dass der Betriebsrat über die zu treffende Lösung mitzubestimmen hat (*Fitting* § 87 Rn. 278; *Klebe/*DKKW § 87 Rn. 215). Unerheblich ist, ob der Betriebsrat vor oder nach der – mitbestimmungsfreien – Antragstellung durch den Arbeitgeber seine Mitbestimmung ausübt (Rdn. 644). Der Betriebsrat kann nicht verlangen, dass der Arbeitgeber eine Ausnahmegenehmigung beantragt; er hat insoweit kein Initiativrecht.

633   Die Mitbestimmung ist schließlich nur bei **Regelungen** gegeben. Es muss ein **kollektiver Tatbestand** vorliegen (*BAG* 10.04.1979 EzA § 87 BetrVG 1972 Arbeitssicherheit Nr. 2 = AP Nr. 1 zu § 87 BetrVG 1972 Arbeitssicherheit Bl. 2; *BVerwG* 25.01.1995 AP Nr. 2 zu § 9 ASiG Bl. 3 R und grundsätzlich *Wiese* Rdn. 15 ff.). Das ist auch dann der Fall, wenn es sich um eine Regelung für einen einzelnen Arbeitsplatz nach funktionsbezogenen Merkmalen handelt, jedoch zu verneinen bei personellen Einzelmaßnahmen (*Wiese* Rdn. 17; *BAG* 10.04.1979 EzA § 87 BetrVG 1972 Arbeitssicherheit Nr. 2 = AP Nr. 1 zu § 87 BetrVG 1972 Arbeitssicherheit Bl. 2 [*Hanau*]; *LAG Niedersachsen*

23.02.1988 AiB 1988, 110; *Denck* ZfA 1976, 447 [453, 458]; *Fitting* § 87 Rn. 286; *Galperin/Löwisch* § 87 Rn. 158; *Glaubitz* BB 1977, 1403 [1405]; *Günther* BlStSozArbR 1981, 244 [245]; *Klebe/DKKW* § 87 Rn. 226; *Kohte/* MünchArbR § 290 Rn. 59, 62; *Matthes/* MünchArbR § 254 Rn. 18; *Richardi* § 87 Rn. 559; *Stege/Weinspach/Schiefer* § 87 Rn. 126; *Wank* TAS, § 3 ArbSchG Rn. 18; *Wlotzke* FS *Wissmann*, S. 426 [433 f.]; **a. M.** *Löwisch/Kaiser* § 87 Rn. 147). Zur Ausnahme des § 9 Abs. 3 ASiG Rdn. 682 ff.

Eine Beschränkung auf normative Regelungen, die das Verhalten der Arbeitnehmer festlegen, ist § 87 **634** Abs. 1 Nr. 7 nicht zu entnehmen; die Vorschrift gilt vielmehr auch für **technische Maßnahmen** des Arbeitsschutzes (*Fitting* § 87 Rn. 279; *Galperin/Löwisch* § 87 Rn. 159a; *Klebe/DKKW* § 87 Rn. 226; *Kohte* FS *Kissel*, S. 547 [569]; *ders./* MünchArbR § 290 Rn. 59; *Matthes/* MünchArbR § 254 Rn. 16; *Merten* Gesundheitsschutz und Mitbestimmung bei der Bildschirmarbeit, S. 132 ff.; *Wagner* Mitbestimmung bei Bildschirmtechnologien, S. 192 ff.; *Wank* TAS, § 3 ArbSchG Rn. 19; *Weiss* AuR 1982, 256 [257]; **a. M.** *Ehmann* Arbeitsschutz und Mitbestimmung bei neuen Technologien, S. 78 ff.; *Glaubitz* BB 1977, 1403 [1405]; *Stege/Weinspach/Schiefer* § 87 Rn. 126a; *Worzalla/HWGNRH* § 87 Rn. 398). Nur die Durchführung der vereinbarten technischen Maßnahme obliegt allein dem Arbeitgeber (*Galperin/Löwisch* § 87 Rn. 159a).

bb) Arbeitsschutzgesetz
Zu § 1 ArbSchG vgl. Rdn. 610, zu **§ 2 Abs. 1 ArbSchG** vgl. Rdn. 609, zu **§ 3 ArbSchG** vgl. **635** Rdn. 613, 627 f., zu **§ 8 ArbSchG** vgl. Rdn. 612, 636, zu **§ 13 ArbSchG** vgl. Rdn. 612 (Überblick zur Mitbestimmung nach ArbSchG und ArbeitsschutzVOen bei *Hecht* in *Kollmer/Klindt/Schucht* ArbschG unter Systematische Darstellung B.). Nach **§ 5 ArbSchG** hat der Arbeitgeber durch eine **Beurteilung** der für die Beschäftigten mit ihrer Arbeit verbundenen **Gefährdung** zu **ermitteln**, welche **Maßnahmen** des **Arbeitsschutzes erforderlich** sind (dazu amtliche Begründung, BT-Drucks. 13/3540 S. 16 f.; § 3 ArbStättV, § 3 BetrSichV, §§ 4 ff. BioStoffV, § 6 GefStoffV, § 3 LärmVibrationsArbSchV, § 3 OStrV; vgl. auch *Thewes* BB 2013, 1141). Diese Rechtspflicht ist als solche mitbestimmungsfrei. Jedoch können hinsichtlich der Durchführung der Gefährdungsbeurteilung Regelungen erforderlich sein, die dann der Mitbestimmung nach § 87 Abs. 1 Nr. 7 unterliegen (BAG 08.06.2004 EzA § 87 BetrVG 2001 Gesundheitsschutz Nr. 1 S. 9 ff. = AP Nr. 13 zu § 87 BetrVG 1972 Gesundheitsschutz Bl. 4 R ff. *[Schimmelpfennig]*= SAE 2005, 221 *[Wank]*; 08.06.2004 EzA § 87 BetrVG 2001 Gesundheitsschutz Nr. 2 S. 11 ff. = AP Nr. 20 zu § 76 BetrVG 1972 Einigungsstelle Bl. 5 ff. = SAE 2005, 282 *[Schöne]*; 12.08.2008 EzA § 618 BGB 2002 Nr. 3 Rn. 31 f. = AP Nr. 29 zu § 618 BGB; 11.01.2011 EzA § 87 BetrVG 2001 Gesundheitsschutz Nr. 5 Rn. 16 = AP Nr. 17 zu § 87 BetrVG 1972 Gesundheitsschutz; 08.11.2011 EzA § 87 BetrVG 2001 Gesundheitsschutz Nr. 6 Rn. 24 = AP Nr. 18 zu § 87 BetrVG 1972 Gesundheitsschutz; 11.02.2014 EzA § 87 BetrVG 2001 Gesundheitsschutz Nr. 9 Rn. 14 = AP Nr. 20 zu § 87 BetrVG 1972 Gesundheitsschutz; 20.08.2014 EzA § 37 BetrVG 2001 Nr. 18 Rn. 25 = AP Nr. 157 zu § 37 BetrVG 1972; 30.09.2014 EzA § 87 BetrVG 2001 Gesundheitsschutz Nr. 12 Rn. 13 = AP Nr. 22 zu § 87 BetrVG 1972 Gesundheitsschutz; *LAG Hamburg* 27.10.1997 BB 1998, 1796; 21.09.2000 LAGE § 87 BetrVG 1972 Gesundheitsschutz Nr. 1 S. 9 ff. *[Kohte]*; *LAG Niedersachsen* 20.03.2003 LAGE § 5 ArbSchG Nr. 1 S. 4 ff.; *LAG Schleswig-Holstein* 17.12.1999 AiB 2000, 630 *[Habich]*; 20.09.2016 – 2 TaBVGa 2/16, Rn. 20; *ArbG Mannheim* 27.04.1998 BB 1998, 1795 f. = AiB 1998, 474 *[Faber]*; *ArbG Hamburg* 26.05.1998 AuA 1999, 36 f.; 02.07.1998 AuR 1999, 115 f.; *Faber* arbeitsschutzrechtliche Grundpflichten, S. 481 ff.; *Fitting* § 87 Rn. 299; *Huke* FA 2005, 165 ff.; weitergehend *Biermann/Schaumburg* AiB 1997, 619 ff.; *Faber/Richenhagen* AiB 1998, 317 ff.; *N. Fabricius* BB 1997, 1254 [1257]; *Feldhoff* AuA 1997, 72 [75]; *Klebe/DKKW* § 87 Rn. 230; *Kohte* CR 1996, 604 [611]; *ders.* JbArbR Bd. 37 [1999], 2000, S. 21 [38 f.]; *ders./* MünchArbR § 290 Rn. 63; *Pieper* ArbSchR, § 5 ArbSchG Rn. 17, BetrVG Rn. 29; *Richenhagen/Prümper/Wagner* Handbuch der Bildschirmarbeit, S. 211; *Schierbaum/Franz* AuR 1999, 82 [85 f.]; **a. M.** *ArbG Braunschweig* 15.10.1997 NZA-RR 1998, 214 [215]; *Heise/von Steinau-Steinrück/HLS* § 87 Rn. 145; *Löwisch/Kaiser* § 87 Rn. 160; *Merten/Klein* DB 1998, 673 [675]; *Stege/Weinspach/Schiefer* § 87 Rn. 121f; *Wank* TAS, § 5 ArbSchG Rn. 11 f.; *Worzalla/HWGNRH* § 87 Rn. 399, 419; eine Mitbestimmung des Personalrats nach § 75 Abs. 3 Nr. 11 BPersVG verneinend *OVG Nordrhein-Westfalen* 25.08.2011 ZTR 2012, 249). Außerdem sind die Mitwirkungsrechte nach § 89 zu beachten (s. § 89 Rdn. 66) und die der Gefährdungsbeurteilung dienenden Unterlagen dem Betriebsrat nach

§ 80 Abs. 2 Satz 2 bzw. § 89 Abs. 5 zur Verfügung zu stellen. Der Arbeitnehmer hat einen **individualrechtlichen Anspruch** auf Durchführung der Gefährdungsbeurteilung, jedoch stehen die Art und Weise der Durchführung im Ermessen des Arbeitgebers, so dass der Arbeitnehmer nicht verlangen kann, dass die Gefährdungsbeurteilung nach den von ihm vorgegebenen Kriterien durchgeführt wird (*BAG* 12.08.2008 EzA § 618 BGB 2002 Nr. 3 Rn. 12 ff. = AP Nr. 29 zu § 618 BGB). Zur Gefährdungsbeurteilung am Arbeitsplatz und ihre Dokumentation (Rdn. 636) nach der EG-Rahmenrichtlinie Arbeitsschutz *Koll* FS *Wlotzke*, 1996, S. 701 ff. Nach § 6 Abs. 11 GefStoffV hat sich der Arbeitsgeber bei der Gefährdungsbeurteilung fachkundig (z. B. durch den Betriebsarzt oder die Fachkraft für Arbeitssicherheit) beraten zu lassen, sofern er nicht selbst über die erforderlichen Kenntnisse verfügt. Zu **Mitarbeiterbefragungen** bei Fragen des Gesundheitsschutzes *Hess. LAG* 29.08.2002 DB 2004, 386; *LAG Hamburg* 20.01.2015 ZBVR online 2016, Nr. 6, 14 Rn. 112; 14.06.2016 – 2 TaBV 2/16, Rn. 112; *BVerwG* 14.10.2002 AP Nr. 81 zu § 75 BPersVG Bl. 2 ff.; zur Ermittlung **psychischer Belastungen** *Fritsche/Meckle* BB 2015, 821; *Hampe/Gutjahr* DB 2012, 1208; *Uhl/Polloczek* BB 2007, 2401 ff.; zum Problem des »Burn-out« *Sasse* BB 2013, 1717; zum **Mobbing** *LAG Sachsen-Anhalt* 13.01.2014 – 4 TaBV 27/13, Rn. 56 ff.; zur Regelungsbefugnis der Eignungsstelle Rdn. 639 a. E.

636 Nicht mitzubestimmen hat der Betriebsrat über die dem Arbeitgeber nach **§ 6 ArbSchG** obliegende Rechtspflicht zur **Dokumentation** über das Ergebnis der Gefährdungsbeurteilung, die von ihm festgelegten Maßnahmen des Arbeitsschutzes und das Ergebnis ihrer Überprüfung sowie über Unfälle in seinem Betrieb (dazu amtliche Begründung, BT-Drucks. 13/3540, S. 17; *ArbG Braunschweig* 15.10.1997 NZA-RR 1998, 214; *Merten/Klein* DB 1998, 673 [675 f., 677]; *Stege/Weinspach/Schiefer* § 87 Rn. 121f; *Wank* TAS, § 6 ArbSchG Rn. 12; *Worzalla/HWGNRH* § 87 Rn. 400, 420; **a. M.** *LAG Hamburg* 21.09.2000 LAGE § 87 BetrVG 1972 Gesundheitsschutz Nr. 1 S. 9 ff.; *ArbG Hamburg* 02.07.1998 AuR 1999, 115 f.; *Klebe/DKKW* § 87 Rn. 231; *Siemes* NZA 1998, 232 [235 f.]; *Schierbaum/Franz* AuR 1999, 82 [86]). Über die Modalitäten der Dokumentation entscheidet allein der Arbeitgeber. Er hat diese jedoch dem Betriebsrat nach § 80 Abs. 2 Satz 2 bzw. § 89 Abs. 5 zur Verfügung zu stellen (zum Verstoß des § 6 ArbSchG gegen die Richtlinie 89/391/EWG *EuGH* 07.02.2002 AP Nr. 1 zu § 6 ArbSchG). Mitbestimmungsfrei nach § 87 Abs. 1 Nr. 7 (vgl. aber § 89) ist auch die Verpflichtung des Arbeitgebers nach **§ 7 ArbSchG**, zumal diese Vorschrift im Gegensatz zu § 10 Abs. 2 Satz 3 ArbSchG keine Beteiligung des Betriebsrats vorsieht (*Merten/Klein* DB 1998, 673 [676]; *Worzalla/HWGNRH* § 87 Rn. 420). Gleiches gilt für die Rechtspflicht nach **§ 8 Abs. 2 ArbSchG** (*Merten/Klein* DB 1998, 673 [676]; *Wank* TAS, § 8 ArbSchG Rn. 6; **a. M.** *Leube* BB 2000, 302 [303]); die Verpflichtung, angemessene Anweisungen zu erteilen, trifft die Arbeitgeber der Fremdarbeitnehmer, es sei denn, dass es sich um **Leiharbeitnehmer** handelt, für die § 11 Abs. 6 AÜG als lex specialis dem § 8 Abs. 2 ArbSchG vorgeht und den Entleiher verpflichtet (*Jüttner* Gewerbsmäßige Arbeitnehmerüberlassung, S. 187 ff.; *Wank* TAS, § 8 ArbSchG Rn. 5; vgl. auch § 12 Abs. 2 ArbSchG). Mitbestimmungsfrei sind auch die Rechtspflichten nach **§ 8 Abs. 1 ArbSchG** als solche, mitbestimmungspflichtig dagegen die nach § 8 Abs. 1 Satz 2 ArbSchG abzustimmenden Maßnahmen (*Leube* BB 2000, 302 [303]; *Pieper* ArbSchR, § 8 ArbSchG Rn. 7; *Wank* TAS, § 8 ArbSchG Rn. 6).

637 Eine Mitbestimmung kommt jedoch nach **§ 9 ArbSchG** in Betracht. Nach dessen Abs. 1 hat der Arbeitgeber **Maßnahmen** zu treffen, damit nur Beschäftigte **Zugang** zu besonders gefährlichen Arbeitsbereichen haben, die zuvor **geeignete Anweisungen** erhalten haben (hierzu amtliche Begründung, BT-Drucks. 13/3540, S. 18). Dabei sind unterschiedliche, mitbestimmungspflichtige Regelungen denkbar (*Fitting* § 87 Rn. 300; *Merten/Klein* DB 1998, 673 [676]; *Leube* BB 2000, 302 [304]; *Pieper* ArbSchR, § 9 ArbSchG Rn. 5; *Stege/Weinspach/Schiefer* § 87 Rn. 121f; *Wank* TAS, § 9 ArbSchG Rn. 13; *Worzalla/HWGNRH* § 87 Rn. 420; vgl. auch *N. Fabricius* BB 1997, 1254 [1258]), der die Regelungen fälschlich auf die Festlegung bezieht, welche besonders gefährlichen Tätigkeiten welche individuellen Voraussetzungen [Kenntnisse, Erfahrungen, körperliche und geistige Konstitution] erfordern). Gleiches gilt bei **Vorkehrungen** zur **Unterrichtung** der **Beschäftigten**, die einer unmittelbaren erheblichen Gefahr ausgesetzt sind, Regelungen über **geeignete Maßnahmen zur Gefahrenabwehr** oder **Maßnahmen** zum **sofortigen Verlassen** der **Arbeitsplätze** bei unmittelbarer erheblicher Gefahr (Abs. 2 und 3). Die Auslegung der in § 9 ArbSchG verwendeten unbestimmten Rechtsbegriffe ist mitbestimmungsfrei (Rdn. 622; *Merten/Klein* DB 1998, 673 [676]).

Mitbestimmungsrechte § 87

Mitbestimmungspflichtig sind ferner die vom Arbeitgeber nach **§ 10 Abs. 1 ArbSchG** zu treffenden 638
erforderlichen Maßnahmen zur Ersten Hilfe, Brandbekämpfung und Evakuierung der Beschäftigten
(zur Vorschrift amtliche Begründung, BT-Drucks. 13/3540, S. 18 f.; *Fitting* § 87 Rn. 300; *Leube* BB
2000, 302 [305]; *Merten/Klein* DB 1998, 673 [676]; *Pieper* ArbSchR, § 10 ArbSchG Rn. 4a; *Stege/
Weinspach/Schiefer* § 87 Rn. 121f; *Wank* TAS, § 10 ArbSchG Rn. 10; *Worzalla/HWGNRH* § 87
Rn. 420). Das gilt auch für die Einrichtung der erforderlichen Verbindungen zu außerbetrieblichen
Stellen im Notfall (Abs. 1 Satz 3). Nach § **10 Abs. 2 Satz 3 ArbSchG** hat der Arbeitgeber **vor** der
von ihm vorzunehmenden **Benennung** der Beschäftigten, die Aufgaben der Ersten Hilfe, Brandbekämpfung und Evakuierung der Beschäftigten übernehmen, den **Betriebsrat** nur zu **hören**. Weitergehende Beteiligungsrechte – z. B. nach § 9 Abs. 3 ASiG – bleiben unberührt (§ 10 Abs. 2 Satz 4
ArbSchG; zur Übernahme der in Satz 1 genannten Aufgaben durch den Arbeitgeber Satz 5).

Nach Maßgabe des **§ 11 ArbSchG** hat der Arbeitgeber ungeachtet der Pflichten aus anderen Rechts- 639
vorschriften den Beschäftigten auf ihren Wunsch regelmäßige **arbeitsmedizinische Vorsorgeuntersuchungen** zu ermöglichen (hierzu amtliche Begründung, BT-Drucks. 13/3540, S. 19; zu § 6
BildscharbV und ArbMedVV Rdn. 661). Diese Rechtspflicht ist mitbestimmungsfrei. Soweit jedoch
Einzelheiten nicht schon z. B. durch die Unfallversicherungsträger vorgenormt sind, können Regelungen hinsichtlich der Durchführung der Untersuchungen als Regelungen über die Verhütung
von Berufskrankheiten und über den Gesundheitsschutz nach § 87 Abs. 1 Nr. 7 mitbestimmungspflichtig sein (*LAG Hamburg* 21.09.2000 LAGE § 87 BetrVG 1972 Gesundheitsschutz Nr. 1 S. 22
[*Kohte*]; *Fitting* § 87 Rn. 300; *Klebe/DKKW* § 87 Rn. 231; *Merten/Klein* DB 1998, 673 [676]; *Pieper*
ArbSchR § 11 ArbSchG Rn. 6; *Stege/Weinspach/Schiefer* § 87 Rn. 121f; *Wank* TAS, § 12 ArbSchG
Rn. 7; vgl. auch *N. Fabricius* BB 1997, 1254 [1257], der aber fälschlich eine Mitbestimmung auch hinsichtlich der Frage bejaht, ob die Kosten auswärtiger Ärzte übernommen werden; maßgebend ist insoweit allein § 3 Abs. 3 ArbSchG; **a. M.** *Worzalla/HWGNRH* § 87 Rn. 420). Mitbestimmungspflichtig ist z. B. auch die Frage, ob die Untersuchung durch den Betriebsarzt erfolgen soll.

Nach **§ 12 Abs. 1 Satz 1 ArbSchG** hat der **Arbeitgeber** die **Beschäftigten** über **Sicherheit** und 640
Gesundheitsschutz bei der **Arbeit** während ihrer Arbeitszeit ausreichend und angemessen zu **unterweisen** (zur Verpflichtung im Einzelnen Sätze 2 bis 4, § 3 PSA-BV, § 4 LasthandhabV, § 12 BetrSV);
bei **Leiharbeitnehmern** trifft die Verpflichtung den Entleiher (Abs. 2; zu § 12 amtliche Begründung,
BT-Drucks. 13/3540, S. 19). Beschränkt sich der Arbeitgeber auf Einzelunterweisungen, sind diese
mitbestimmungsfrei. Dagegen hat der Betriebsrat insoweit bei kollektiven Regelungen (Rdn. 633)
hinsichtlich der Modalitäten der Unterweisung mitzubestimmen (*BAG* 08.06.2004 EzA § 87 BetrVG
2001 Gesundheitsschutz Nr. 1 S. 12 = AP Nr. 13 zu § 87 BetrVG 1972 Gesundheitsschutz Bl. 6
[*Schimmelpfennig*] = SAE 2005, 221 [*Wank*]; 08.06.2004 EzA § 87 BetrVG 2001 Gesundheitsschutz
Nr. 2 S. 14 = AP Nr. 20 zu § 76 BetrVG 1972 Einigungsstelle Bl. 6 f. = SAE 2005, 282 [*Schöne*];
11.01.2011 EzA § 87 BetrVG 2001 Gesundheitsschutz Nr. 5 Rn. 16 = AP Nr. 17 zu § 87 BetrVG
1972 Gesundheitsschutz; 08.11.2011 EzA § 87 BetrVG 2001 Gesundheitsschutz Nr. 6 Rn. 16 ff. =
AP Nr. 18 zu § 87 BetrVG 1972 Gesundheitsschutz; 30.09.2014 EzA § 87 BetrVG 2001 Gesundheitsschutz Nr. 12 Rn. 13 = AP Nr. 22 zu § 87 BetrVG 1972 Gesundheitsschutz; *LAG Hamburg*
21.09.2000 LAGE § 87 BetrVG 1972 Gesundheitsschutz Nr. 1 S. 16 f. [*Kohte*]; *LAG Hamm*
15.07.2011 10 TaBV 41/11; *LAG Niedersachsen* 20.03.2003 LAGE § 5 ArbSchG Nr. 1 S. 11; *N. Fabricius* BB 1997, 1254 [1257 f.]; *Fitting* § 87 Rn. 300; *Lorenz* AR-Blattei SD 555, Rn. 62; *Merten/Klein*
DB 1998, 673 [676]; *Pieper* ArbSchR, § 12 ArbSchG Rn. 3a; *Schierbaum/Franz* AuR 1999, 82 [87 f.];
Siemes NZA 1998, 232 [238]; *Stege/Weinspach/Schiefer* § 87 Rn. 121f; *Worzalla/HWGNRH* § 87
Rn. 420). Zu denken ist an generelle Unterweisungen für bestimmte Arbeitsplätze oder Tätigkeiten,
z. B. Bildschirmarbeit. Soll eine betriebliche Einigungsstelle Regelungen zur Gefährdungsbeurteilung
und zur Unterweisung der Beschäftigten nach §§ 5, 12, ArbSchG erstellen, muss sie eine eigene Entscheidung über die zu regelnden Angelegenheiten treffen und darf dies nicht der einseitigen Entscheidung des Arbeitgebers überlassen; sie erfüllt ihren Regelungsauftrag nicht dadurch, dass sie den Arbeitgeber verpflichtet, das Ergebnis seiner Festlegung dem Betriebsrat zur Beratung – oder Zustimmung –
vorzulegen (*BAG* 08.06.2004 EzA § 87 BetrVG 2001 Gesundheitsschutz Nr. 2 S. 17 ff. = AP Nr. 20
zu § 76 BetrVG 1972 Einigungsstelle Bl. 7 R ff. = SAE 2005, 282 [*Schöne*]). Die Einigungsstelle erfüllt
ihren Regelungsauftrag ferner nur dann vollständig, wenn sie für die Unterweisung die konkreten Gefahren am Arbeitsplatz in den Blick nimmt und hiervon ausgehend konkrete, arbeitsplatzbezogene Be-

stimmungen beschließt. Dafür muss zunächst eine Gefährdungsbeurteilung durchgeführt werden, die dann wiederum Grundlage für die Regelung einer Unterweisung ist (*BAG* 12.08.2008 EzA § 618 BGB 2002 Nr. 3 Rn. 26 = AP Nr. 29 zu § 618 BGB; *LAG Baden-Württemberg* 14.10.2010 – 21 TaBV 2/10 – Rn. 91 ff.; *LAG Düsseldorf* 22.06.2010 – 16 TaBV 11/10 – Rn. 92 ff.; *LAG Köln* 03.05.2010 – 2 TaBV 90/09 – Rn. 18; *LAG München* 12.10.2010 – 9 TaBV 39/10 – Rn. 71; s. a. Rdn. 670). Nach § 12 Abs. 1 Satz 2 ArbSchG umfasst die Unterweisung nämlich Anweisungen und Erläuterungen, die eigens auf den Arbeitsplatz oder den Aufgabenbereich der Beschäftigten ausgerichtet sind. Die Unterweisung darf sich also nicht in allgemeinen Fragestellungen des Arbeitsschutzes erschöpfen. Gegenstand der Unterweisung sind vielmehr gerade die Gefährdungen, denen die Arbeitnehmer an den jeweiligen Arbeitsplätzen im Einzelnen ausgesetzt sind (*BAG* 11.01.2011 EzA § 87 BetrVG 2001 Gesundheitsschutz Nr. 5 Rn. 17 ff. = AP Nr. 17 zu § 87 BetrVG 1972 Gesundheitsschutz; 08.11.2011 EzA § 87 BetrVG 2001 Gesundheitsschutz Nr. 6 Rn. 22 = AP Nr. 18 zu § 87 BetrVG 1972 Gesundheitsschutz).

641 Die in **§§ 15 bis 17 ArbSchG** normierten **Pflichten** und **Rechte** der **Beschäftigten** (hierzu amtliche Begründung, BT-Drucks. 13/3540, S. 20) sind als solche mitbestimmungsfrei. Das gilt auch, soweit durch Rechtsverordnung nach § 18 ArbSchG Verhaltenspflichten der Beschäftigten verbindlich geregelt sind. Jedoch sind konkretisierende generelle Regelungen denkbar, die der Mitbestimmung nach § 87 Abs. 1 Nr. 7 unterliegen (*Merten/Klein* DB 1998, 673 [676]; *Worzalla/HWGNRH* § 87 Rn. 420; **a. M.** *LAG Hamburg* 21.09.2000 LAGE § 87 BetrVG 1972 Gesundheitsschutz Nr. 1 S. 17). Das gilt z. B. für Anweisungen, wie die Beschäftigten ihrer Verpflichtung nach § 15 Abs. 1 Satz 2 ArbSchG für die Sicherheit und Gesundheit der Personen zu sorgen haben, die von ihren Handlungen oder Unterlassungen bei der Arbeit betroffen sind. Gleiches gilt für Regelungen über die bestimmungsgemäße Verwendung u. a. von Arbeitsmitteln und Schutzausrüstungen nach § 15 Abs. 2 ArbSchG, über Modalitäten der Wahrnehmung von Unterstützungspflichten nach § 16 ArbSchG oder Vorschlägen nach § 17 Abs. 1 Satz 1 ArbSchG. Derartige Regelungen können zwar das Verhalten der Arbeitnehmer in Bezug auf die Ordnung des Betriebes betreffen, jedoch hat § 87 Abs. 1 Nr. 7 für seinen Anwendungsbereich gegenüber § 87 Abs. 1 Nr. 1 ausschließende Wirkung (Rdn. 608).

cc) § 6 Abs. 5 Arbeitszeitgesetz

642 Als Rahmenvorschrift i. S. d. § 87 Abs. 1 Nr. 7 ist auch die dem Gesundheitsschutz dienende Vorschrift des § 6 Abs. 5 ArbZG anzusehen; der Betriebsrat hat daher mitzubestimmen, ob dem Nachtarbeitnehmer für die während der Nachtzeit geleisteten Arbeitsstunden eine angemessene Zahl bezahlter freier Tage oder ein angemessener Zuschlag auf das hierfür zustehende Bruttoarbeitsentgelt oder eine Kombination beider zu gewähren ist, nicht dagegen über die Anzahl der freien Tage und die Höhe des Zuschlags (*BAG* 26.08.1997 EzA § 87 BetrVG 1972 Gesundheitsschutz Nr. 1 = AP Nr. 74 zu § 87 BetrVG 1972 Arbeitszeit Bl. 4 R f. = AuR 1998, 338 *[Ulber]*; 26.04.2005 EzA § 87 BetrVG 2001 Gesundheitsschutz Nr. 3 S. 9 f. *[Bender]* = AP Nr. 118 zu § 87 BetrVG 1972 Arbeitszeit Bl. 4 R = AuR 2006, 123 *[Ulber]*; 17.01.2012 EzA § 87 BetrVG 2001 Gesundheitsschutz Nr. 7 Rn. 14 = AP Nr. 127 zu § 87 BetrVG 1972 Arbeitszeit; z. T. **a. M.** *Habich* Sicherheits- und Gesundheitsschutz, S. 312 ff.). Die Mitbestimmung entfällt, sofern eine tarifliche Ausgleichsregelung i. S. d. § 6 Abs. 5 ArbZG besteht (*BAG* 17.01.2012 EzA § 87 BetrVG 2001 Gesundheitsschutz Nr. 7 Rn. 15 f. = AP Nr. 127 zu § 87 BetrVG 1972 Arbeitszeit).

dd) Arbeitsstättenverordnung

643 Eine Mitbestimmung des Betriebsrats nach § 87 Abs. 1 Nr. 7 kommt auch für Regelungen nach der Verordnung über Arbeitsstätten (Arbeitsstättenverordnung – ArbStättV) i. d. F. vom 12.08.2004 (BGBl. I, S. 2179) mit späteren Änderungen in Betracht (dazu *Faber* AiB 2005, 515; *ders.* AiB 2006, 528; *Kohte/MünchArbR* § 293; *Kohte/Faber* DB 2005, 224 ff.; *Lorenz* in Kollmer/Klindt/Schucht ArbSchG unter ArbStättV sowie die Literaturangaben bei § 89 unter III). Der erforderliche Regelungsspielraum ist gegeben, soweit nur das Schutzziel angegeben (§ 3a ArbStättV [vormals § 3 ArbStättVO] nebst Anhang) und die Ausfüllung des dadurch abgesteckten Rahmens von der Art des Betriebs und seinen Besonderheiten abhängig ist (*LAG Schleswig-Holstein* 01.10.2013 ZBVR online 2014, Nr. 5, 16 Rn. 30; *Fitting* § 87 Rn. 306; **a. M.** *LAG Düsseldorf* 27.05.1980 DB 1981, 1780 [1781]). Allerdings kann dieser

Mitbestimmungsrechte § 87

Rahmen durch Technische Regeln für Arbeitsstätten (ASR) (§ 3a Abs. 1 Satz 2, § 7 Abs. 3, 4, § 8 Abs. 2 ArbStättV; abrufbar unter www.baua.de), Spezialbestimmungen der Arbeitsschutzvorschriften, Unfallverhütungsvorschriften der Unfallversicherungsträger, baurechtliche Bestimmungen der Länder oder durch Anordnungen der Aufsichtspersonen (§§ 18, 19 SGB VII, vorher § 17 Abs. 1 Satz 2 SGB VII a. F.) konkretisiert werden. Dadurch wird der betriebliche Regelungsspielraum im Laufe der Zeit immer geringer werden (vgl. auch *Länderausschuss für Arbeitsschutz und Sicherheitstechnik* Leitlinien zur Arbeitsstättenverordnung; *Bähringer* RdA 1981, 364 [369]; *Denck* ZfA 1976, 447 [468 ff.]; *Hunold* DB 1976, 1059 [1062]). Die vormaligen Arbeitsstätten-Richtlinien, die im Zuge der im Jahre 2004 neugefassten ArbStättVO durch die Technischen Regeln für Arbeitsstätten (ASR) sukzessive ersetzt wurden, gelten seit dem 01.01.2013 nicht mehr (§ 8 Abs. 2 ArbStättVa. F.). Zur Frage »Hitzefrei« am Arbeitsplatz? vgl. *Grimm* DB 2010, 1588; *Kolbe* BB 2010, 2762; *Rieble/Jochums* BB 2003, 1879; zu einer Ausnahme von der Krawattenpflicht aus Gründen des »Raumklimagesundheitsschutzes« in Räumen mit einer Raumtemperatur von mehr als 30°C vgl. LAG Baden-Württemberg 21.10.2015 LAGE § 50 BetrVG 2001 Nr. 2 Rn. 96 ff.

Die Mitbestimmung wird jedoch auch dann vor allem im Rahmen des § 3a Abs. 3 ArbStättV (vormals **644** § 3 Abs. 3 ArbStättV) von Bedeutung bleiben, wenn die zuständige **Behörde** auf schriftlichen Antrag des Arbeitgebers **Ausnahmen zulässt**. Auch dann handelt es sich um eine konkrete betriebliche Regelung, die der Mitbestimmung nach § 87 Abs. 1 Nr. 7 unterliegt (*Fitting* § 87 Rn. 277 f.; *Galperin/Löwisch* § 87 Rn. 156d unter Ablehnung eines Initiativrechts; *Opfermann/Streit* Arbeitsstätten, § 3 ArbStättV Rn. 112; *Pieper* ArbSchR, BetrVG Rn. 35; *Richardi* § 87 Rn. 553, 560 unter Ablehnung eines Initiativrechts). Eine Einschränkung der Mitbestimmung auf abweichende Maßnahmen, die eine Verpflichtung der Arbeitnehmer zu einem bestimmten Verhalten begründen (so *Glaubitz* BB 1977, 1403 [1405]; *Stege/Weinspach/Schiefer* § 87 Rn. 125; *Worzalla/HWGNRH* § 87 Rn. 431), widerspricht Wortlaut und Sinn des § 87 Abs. 1 Nr. 7. Unerheblich ist, ob die notwendige Zustimmung des Betriebsrats zu einer abweichenden Maßnahme vor oder nach der Antragstellung des Arbeitgebers nach § 3a Abs. 3 ArbStättVerteilt wird, weil die behördliche Zulassung lediglich die abweichende Regelungsmöglichkeit eröffnet (vgl. auch Rdn. 632). Allerdings ist der Betriebsrat nach § 89 Abs. 2 Satz 1 bei dem vom Arbeitgeber zu stellenden Antrag sowohl von diesem wie von der zuständigen Behörde hinzuzuziehen (*Fitting* § 87 Rn. 278). Jedoch bedeutet das noch keine Mitbestimmung über die beantragte Ausnahme.

ee) Arbeitsschutzverordnungen

- Verordnung über Sicherheit und Gesundheitsschutz auf Baustellen (**Baustellenverordnung – 645 BaustellV**) vom 10.06.1998 (BGBl. I, S. 1283) mit späteren Änderungen: *Kann* in *Kollmer/Klindt/Schucht* ArbSchG unter BaustellV; *Müller-Petzer* Fürsorgepflichten nach europäischem und nationalem Arbeitsschutzrecht, S. 141 ff.; *Kohte/MünchArbR* § 293 Rn. 42 ff.; *Kollmer* Baustellenverordnung, 2. Aufl. 2004; *Pieper* AuR 1999, 88 ff.;
- Verordnung über Sicherheit und Gesundheitsschutz bei der Verwendung von Arbeitsmitteln (Betriebssicherheitsverordnung – BetrSichV) vom 03.02.2015 (BGBl. I, S. 626) mit späteren Änderungen: *Adams/Schlusnus* Leistung und Lohn Nr. 354–388/2003; *Kohte/HaKo* § 87 Rn. 84, § 89 Rn. 13; *ders./MünchArbR* § 294 Rn. 33 ff.; *Schucht* NZA 2015, 333; *Wilrich* DB 2002, 1553 ff., 2165; *Wink* in *Kollmer/Klindt* ArbSchG S. 623 ff.;
- Verordnung über Sicherheit und Gesundheitsschutz bei Tätigkeiten mit Biologischen Arbeitsstoffen (**Biostoffverordnung – BioStoffV**) vom 15.07.2013 (BGBl. I, S. 2514) mit späteren Änderungen: *Angermeier* AiB 1999, 387 ff.; *Kohte/HaKo* § 87 Rn. 85; *ders./MünchArbR* § 295 Rn. 68 ff., zur Beteiligung des Betriebsrats Rn. 84; *Kossens* in *Kollmer/Klindt/Schucht* ArbSchG unter BioStoffV; *Müller-Petzer* Fürsorgepflichten nach europäischem und nationalem Arbeitsschutzrecht, S. 161 ff.;
- Verordnung über Arbeiten in Druckluft (**Druckluftverordnung**) vom 04.10.1972 (BGBl. I, S. 1909) mit späteren Änderungen:
- Verordnung zum Schutz vor Gefahrstoffen (**Gefahrstoffverordnung – GefStoffV**) vom 26.11.2010 (BGBl. I, S. 1643) mit späteren Änderungen. Die §§ 7 ff. GefStoffV begründen im Wesentlichen Rechtspflichten des Arbeitgebers ohne Regelungsspielraum (zum Ganzen *Börgmann* Die Gefahrstoffverordnung im Spannungsfeld zwischen Verfassungs- und EG-Recht [Diss. Bochum],

Gutzeit 943

1996; *Heilmann/Hien* AiB 2005, 520; *Kohte/*MünchArbR § 295 Rn. 29 ff.; *Möx* Arbeitnehmerrechte in der Gefahrstoffverordnung [Diss. Köln], 1992; *Müller-Knöss* AiB 2006, 539; ferner *Hien* AiB 1995, 645 ff.; zur Abgrenzung gegenüber dem Umweltschutz *Froschauer* Arbeitsrecht und Umweltschutz, S. 187). Über die Rechtsfrage, ob der Arbeitgeber seinen Verpflichtungen nachgekommen ist, entscheidet daher im Streitfall das Arbeitsgericht und nicht die Einigungsstelle. Entsprechend hat der Betriebsrat insoweit nicht mitzubestimmen (*LAG Baden-Württemberg* 08.12.1987 NZA 1988, 515 [516 f.]; *Stege/Weinspach/Schiefer* § 87 Rn. 121d; *Worzalla/HWGNRH* § 87 Rn. 425 ff.; **a. M.** *Heilmann* BetrR 1989, 179 [181 f.]; *Rottmann* BB 1989, 1115 [1116 ff.]);
– Verordnung über die Sicherheitsstufen und Sicherheitsmaßnahmen bei gentechnischen Arbeiten in gentechnischen Anlagen (**Gentechnik-Sicherheitsverordnung – GenTSV**) i. d. F. vom 14.03.1995 (BGBl. I, S. 297) mit späteren Änderungen: *Kohte/*MünchArbR § 295 Rn. 87 ff.;
– Für den Bereich des Bergbaus: Bergverordnung zum gesundheitlichen Schutz der Beschäftigten (**Gesundheitsschutz-Bergverordnung – GesBergV**) vom 31.07.1991 (BGBl. I, S. 1751) mit späteren Änderungen; Bergverordnung für alle bergbaulichen Bereiche (**Allgemeine Bundesbergverordnung – ABBergV**) vom 23.10.1995 (BGBl. I, S. 1466) mit späteren Änderungen; Bergverordnung zum Schutz der Gesundheit gegen Klimaeinwirkungen (**Klima-Bergverordnung – KlimaBergV**) vom 09.06.1983 (BGBl. I, S. 685);
– Für den Bereich des Kinder- und Jugendschutzes: Verordnung über den Kinderarbeitsschutz (**Kinderarbeitsschutzverordnung – KindArbSchV**) vom 23.06.1998 (BGBl. I, S. 1508); Verordnung über die ärztlichen Untersuchungen nach dem Jugendarbeitsschutzgesetz (**Jugendarbeitsschutzuntersuchungsverordnung – JArbSchUV**) vom 16.10.1990 (BGBl. I, S. 2221);
– Verordnung über Sicherheit und Gesundheitsschutz bei der manuellen Handhabung von Lasten bei der Arbeit (**Lastenhandhabungsverordnung – LasthandhabV**) vom 04.12.1996 (BGBl. I, S. 1842) mit späteren Änderungen: *Klindt* in *Kollmer/Klindt/Schucht* ArbSchG unter LasthandhabV; *Geray* AiB 1997, 520 ff.; *Kohte/*MünchArbR § 293 Rn. 36 ff.;
– Verordnung zum Schutz der Beschäftigten vor Gefährdungen durch Lärm und Vibration (**Lärm- und Vibrations-Arbeitsschutzverordnung – LärmVibrationsArbSchV**) vom 06.03.2007 (BGBl. I, S. 261) mit späteren Änderungen: *Fitting* § 87 Rn. 303; *Klebe/DKKW* § 87 Rn. 243; *Kohte/*MünchArbR § 293 Rn. 31 ff.; *Kreizberg* in *Kollmer/Klindt/Schucht* ArbSchG unter LärmVibrationsArbSchV; *Pauli* AiB 2007, 454;
– **Verordnung zum Schutze der Mütter am Arbeitsplatz** (MuSchArbV) vom 15.04.1997 (BGBl. I, S. 782) mit späteren Änderungen: *Kossens* in *Kollmer/Klindt/Schucht* ArbSchG unter Verordnung zum Schutze der Mütter am Arbeitsplatz;
– Verordnung über Sicherheit und Gesundheitsschutz bei der Benutzung persönlicher Schutzausrüstungen bei der Arbeit (**PSA-Benutzungsverordnung – PSA-BV**) vom 04.12.1996 (BGBl. I, S. 1841): *Klindt* in *Kollmer/Klindt/Schucht* ArbschG unter PSA-BV; *Kohte/*MünchArbR § 296 Rn. 7 ff.;
– Zwölfte Verordnung zur Durchführung des Bundesimmissionsschutzgesetzes (**Störfall-Verordnung – 12. BImSchV**) i. d. F. vom 15.03.2017 (BGBl. I, S. 483) mit späteren Änderungen: *Bücker/Feldhoff/Kohte* Vom Arbeitsschutz zur Arbeitsumwelt, Rn. 544 ff.; *Froschauer* Arbeitsrecht und Umweltschutz, S. 190 f.; *Klebe/DKKW* § 87 Rn. 248; *Kohte* BB 1981, 1277 (1282 f.); *ders.* Jb.UTR 1995, 37 ff; *ders.* Störfallrecht und Betriebsverfassung, 2001; *ders./*MünchArbR § 254 Rn. 63 ff.;
– Zum Strahlenschutz: Verordnung über den Schutz vor Schäden durch ionisierende Strahlen (**Strahlenschutzverordnung – StrlSchV**) vom 20.07.2001 (BGBl. I, S. 1714) mit späteren Änderungen; Verordnung zum Schutz der Beschäftigten vor Gefährdungen durch künstliche optische Strahlung (**Arbeitsschutzverordnung zu künstlicher optischer Strahlung – OStrV**) vom 19.07.2010 (BGBl. I, S. 960): *Kreizberg* in *Kollmer/Klindt/Schucht* ArbSchG unter OStrV; Verordnung über den Schutz vor Schäden durch Röntgenstrahlen (**Röntgenverordnung – RÖV**) i. d. F. vom 30.04.2003 (BGBl. I, S. 604) mit späteren Änderungen: *Kohte/*MünchArbR § 295 Rn. 100 ff.;
– **Verordnung zur arbeitsmedizinischen Vorsorge (ArbMedVV)** vom 18.12.2008 (BGBl. I, S. 2768) mit späteren Änderungen: *Beckschulze* BB 2014, 1013, 1077 (mit Muster-Betriebsvereinbarung ab S. 1083 ff.); *Kohte/*MünchArbR § 296 Rn. 26 ff.; *Kreizberg* in *Kollmer/Klindt/Schucht* ArbSchG unter ArbMedVV.

Mitbestimmungsrechte § 87

Vgl. zu mehreren Verordnungen auch *Kollmer* NZA 1997, 138 ff.; *Wlotzke* NJW 1997, 1469 ff. Soweit diese Verordnungen verbindliche Rechtspflichten des Arbeitgebers begründen, hat der Betriebsrat nicht mitzubestimmen, wohl aber bei ausfüllungsbedürftigen Regelungen. Zum **betrieblichen Eingliederungsmanagement** vgl. Rdn. 236, 666; *Gundermann/Oberberg* AuR 2007, 19 (25); *Kohte/HaKo* § 87 Rn. 92; *ders./*MünchArbR § 288 Rn. 34 ff.; *Nassibi* NZA 2012, 720 (722 f.).

ff) Betriebsbeauftragte; Ersthelfer

In zahlreichen Normen wird die Einhaltung gesetzlicher Schutzvorschriften durch die Pflicht zur Bestellung von Betriebsbeauftragten abgesichert (hierzu *Dirks* DB 1996, 1021 ff.; *Ehrich* Betriebsbeauftragte, AR-Blattei SD 475 m. w. N.; *Mehle/Neumann* NJW 2011, 360; vgl. auch *Becker/Kniep* NZA 1999, 243 f.). Soweit im Vorfeld der Bestellung des jeweiligen Beauftragten Regelungsspielräume – z. B. hinsichtlich der Anzahl der zu Bestellenden, ihre Auswahl nach bestimmten Kriterien und ihre Zuteilung zu einzelnen Betriebsbereichen – bestehen, hat der Betriebsrat nach § 87 Abs. 1 Nr. 7 mitzubestimmen, nicht jedoch hinsichtlich der individuellen Bestellung (*Klebe/DKKW* § 87 Rn. 235; *Kohte* FS *Wlotzke*, 1996, S. 563 [585 ff.]). Im Übrigen sind in betriebsverfassungsrechtlicher Hinsicht folgende Aspekte zu beachten: **646**

- **Abfallbeauftragte** (Betriebsbeauftragten für Abfall): zur Bestellung § 59 KrWG. Nach § 60 Abs. 3 KrWG finden auf das Verhältnis zwischen dem zur Bestellung Verpflichteten und dem Abfallbeauftragten die § 55 Abs. 1, 1a, 2 Satz 1 und 2, Abs. 3 und 4 sowie die §§ 56 bis 58 BImSchG entsprechende Anwendung (s. Immissionsschutzbeauftragte); *Ehrich* DB 1996, 1468 ff.; *Fischer* AuR 1996, 474 ff.;
- **Betriebsärzte**: Rdn. 671 ff.;
- **Beauftragte für Biologische Sicherheit** (zum Verhältnis zum Umweltschutz *Froschauer* Arbeitsrecht und Umweltschutz, S. 188 ff.): zur Bestellung § 6 Abs. 4 GenTG, § 16 Abs. 1 Satz 1 GenTSV. Vor der Bestellung ist der Betriebsrat anzuhören. Nach § 18 Abs. 1 Nr. 2 GenTSV ist der Beauftragte für die Biologische Sicherheit berechtigt und verpflichtet, u. a. den Betriebsrat auf dessen Verlangen in den dort bezeichneten Angelegenheiten zu beraten. Zum Benachteiligungsverbot § 19 Abs. 2 GenTSV. Zu weiteren Unterrichtungs- und Beteiligungspflichten des Betreibers gegenüber dem Betriebsrat § 12a Abs. 1GenTSV;
- **Datenschutzbeauftragte**: zur Bestellung § 4f BDSG, zur umstrittenen Frage der Mitwirkung des Betriebsrats bei der Bestellung und Abberufung *Ehrich* AR-Blattei SD 475, Rn. 99 ff.; s. *Raab* § 99 Rdn. 186; zum Widerruf der Bestellung vgl. auch BAG 13.03.2007 EzA § 4f BDSG Nr. 1 = SAE 2008, 69 (*Natzel* S. 64 ff.); umfassend *Hackel* Der betriebliche Datenschutzbeauftragte, 2013;
- **Ersthelfer** (§ 10 ArbSchG; § 21 Abs. 3 SGB VII): zur Mitbestimmung bei generellen Regelungen *Leube* BB 1998, 1738 (1740 f.);
- **Fachkräfte für Arbeitssicherheit**: *Kollmer* AR-Blattei SD 210.2; Rdn. 671 ff.;
- **Gefahrgutbeauftragte**: zur Bestellung § 3 GbV. Zum Benachteiligungsverbot § 9 Abs. 1 GbV;
- **Gewässerschutzbeauftragte**: zur Bestellung § 64 WHG. § 66 WHG verweist für das Verhältnis zwischen dem Gewässerbenutzer und den Gewässerschutzbeauftragten auf die §§ 55 bis 58 BImSchG. Gem. § 66 WHG i. V. m. § 55 Abs. 1a Satz 1 BImSchG ist der Betriebsrat vor der Bestellung des Gewässerschutzbeauftragten unter Bezeichnung der ihm obliegenden Aufgaben zu unterrichten. Entsprechendes gilt bei Veränderungen im Aufgabenbereich des Gewässerschutzbeauftragten und bei dessen Abberufung (§ 66 WHG iVm § 55 Abs. 1a Satz 2). Nach § 66 WHG i. V. m. § 55 Abs. 3 Satz 3 BImSchG hat der Benutzer ferner für die Zusammenarbeit der Betriebsbeauftragten mit den im Bereich des Arbeitsschutzes beauftragten Personen zu sorgen. Zum Benachteiligungsverbot und zum besonderen Kündigungsschutz der Gewässerschutzbeauftragten § 66 WHG i. V. m. § 58 WHG;
- **Immissionsschutzbeauftragte**: zur **Anstellung** (und Versetzung) eines Arbeitnehmers § 99, zur **Bestellung** § 53 BImSchG i. V. m. § 1 Abs. 1 der 5. BImSchV; dazu *Ehrich* DB 1993, 1772; *Froschauer* Arbeitsrecht und Umweltschutz, S. 188 f.; *Kohte* Jb.UTR 1995, 37 (64 ff.); *Schaub* DB 1993, 481. Nach § 55 Abs. 1a BImSchG hat der Betreiber den Betriebsrat vor der Bestellung des Immissionsschutzbeauftragten unter Bezeichnung der ihm obliegenden Aufgaben zu unterrichten (Satz 1). Entsprechendes gilt bei Veränderungen im Aufgabenbereich des Immissionsschutzbeauftragten und bei dessen Abberufung (Satz 2). Die Unterrichtung muss jeweils so rechtzeitig erfolgen,

§ 87   IV. 3. Soziale Angelegenheiten

dass der Betriebsrat noch auf die Entscheidung des Arbeitgebers einwirken kann. Bei der von der Abberufung zu unterscheidenden Kündigung sind § 102 und § 58 Abs. 2 BImSchG zu beachten. Nach § 55 Abs. 3 Satz 3 BImSchG hat der Betreiber ferner für die Zusammenarbeit der Betriebsbeauftragten mit den im Bereich des Arbeitsschutzes beauftragten Personen zu sorgen;
- **Laserschutzbeauftragte**: zur Bestellung § 5 Abs. 2 OStrV. Bei der Wahrnehmung seiner Aufgaben nach Maßgabe des § 5 Abs. 2 Satz 2 OStrV arbeitet der Laserschutzbeauftragte mit der Fachkraft für Arbeitssicherheit und dem Betriebsarzt zusammen (Satz 5).
- **Sicherheitsbeauftragte, kerntechnische**: zur Bestellung § 2 Abs. 1 AtSMV. Die schriftlichen Anzeigen des Betreibers über die Bestellung mit Angabe der innerbetrieblichen Stellung, jeder Änderung dieser Stellung sowie das Ausscheiden sind dem Betriebsrat in Abschrift auszuhändigen (§ 2 Abs. 2 AtSMV). Der Sicherheitsbeauftragte hat bei der Erfüllung seiner Aufgaben mit dem Betriebsrat und den Fachkräften für Arbeitssicherheit sowie nach anderen Vorschriften bestellten Betriebsbeauftragten zusammenzuarbeiten und diese über wichtige Angelegenheiten der kerntechnischen Sicherheit zu unterrichten; auf Verlangen des Betriebsrats hat er diesen in Angelegenheiten der kerntechnischen Sicherheit zu beraten (§ 4 Abs. 2 AtSMV). Im Falle der Nichteinigung über vorgeschlagene Maßnahmen des Sicherheitsbeauftragten zur kerntechnischen Sicherheit hat die Geschäftsleitung eine Abschrift des schriftlichen Ablehnungsbescheides auch dem Betriebsrat zu übersenden (§ 5 Abs. 2 AtSMV). Zum Benachteiligungsverbot § 5 Abs. 1 AtSMV;
- **Sicherheitsbeauftragte** nach § **22 SGB VII**: § 89 Rdn. 75 ff.;
- **Störfallbeauftragte**: zur Bestellung § 58a BImSchG, § 1 Abs. 2 der 5. BImSchV. Nach § 58c Abs. 1 BImSchG gelten die in §§ 55 und 57 genannten Pflichten des Betreibers gegenüber den Störfallbeauftragten entsprechend. Ebenso gilt nach § 58d BImSchG § 58 BImSchG für den Störfallbeauftragten entsprechend (s. Immissionsschutzbeauftragte);
- **Strahlenschutzbeauftragte**: zur Bestellung § 31 Abs. 2 Satz 1 StrlSchV, § 13 Abs. 2 RöV. Der Strahlenschutzverantwortliche hat dem Betriebsrat eine Abschrift der Anzeige über die Bestellung und das Ausscheiden des Strahlenschutzbeauftragten aus seiner Funktion auszuhändigen (§ 31 Abs. 4 StrlSchV, § 13 Abs. 5 RöV). Bei fehlender Einigung zwischen dem Strahlenschutzverantwortlichen und dem Strahlenschutzbeauftragten über Mängelbeseitigung hat der Strahlenschutzverantwortliche dem Strahlenschutzbeauftragten die Ablehnung des Vorschlags schriftlich mitzuteilen und zu begründen und u. a. dem Betriebsrat eine Abschrift zu übersenden (§ 32 Abs. 2 StrlSchV, § 14 Abs. 2 RöV). Die Entscheidung trifft dann die zuständige Behörde (*Fitting* § 87 Rn. 309). Strahlenschutzverantwortliche und der Strahlenschutzbeauftragte haben bei der Erfüllung ihrer Aufgaben mit dem Betriebsrat und den Fachkräften für Arbeitssicherheit zusammenzuarbeiten und sie über wichtige Angelegenheiten des Strahlenschutzes zu unterrichten (§ 32 Abs. 4 Satz 1 StrlSchV, § 14 Abs. 4 Satz 1 RöV). Der Strahlenschutzbeauftragte hat den Betriebsrat auf dessen Verlangen in Angelegenheiten des Strahlenschutzes zu beraten (§ 32 Abs. 4 Satz 2 StrlSchV, § 14 Abs. 4 Satz 2 RöV). Zum Benachteiligungsverbot § 32 Abs. 5 StrlSchV, § 14 Abs. 5 RöV.

gg) Lärmschutz

647 Der Lärmschutz bedurfte bereits aufgrund der Richtlinie des Rates 86/188/EWG über den Schutz der Arbeitnehmer gegen Gefährdung durch Lärm am Arbeitsplatz (Dritte Einzelrichtlinie im Sinne des Art. 8 der Richtlinie 80/1107/EWG) vom 12.05.1986 (Abl.EG Nr. L 137/28) einer Konkretisierung durch den Gesetzgeber. Diese Richtlinie wurde ersetzt durch die Richtlinie 2003/10/RG des Europäischen Parlaments und des Rates über Mindestvorschriften zum Schutz von Sicherheit und Gesundheit der Arbeitnehmer vor der Gefährdung durch physikalische Einwirkungen (Lärm) – 17. Einzelrichtlinie i. S. d. Art. 16 Abs. 1 der Richtlinie 89/391/EWG – vom 06.02.2003 (ABlEG Nr. L 42/38); anzupassen bis 15.02.2006, erfolgt durch Lärm- und Vibrations-Arbeitsschutzverordnung (Rdn. 645). Nach § 15 ArbStättVa. F. bestand nach Ansicht des *BAG* kein Mitbestimmungsrecht hinsichtlich der Einführung von Lärmpausen (*BAG* 28.07.1981 EzA § 87 BetrVG 1972 Arbeitszeit Nr. 9 = AP Nr. 3 zu § 87 BetrVG 1972 Arbeitssicherheit Bl. 3 R; **a. M.** *Klebe/DKKW* § 87 Rn. 243; *Kohte* AiB 1983, 51 [52]; *ders.* FS *Gnade*, S. 675 [679]; vgl. auch *LAG Niedersachsen* 25.01.1988, AiB 1988, 110). Auch 3.7 Anhang zu Anforderungen an Arbeitsstätten nach § 3 Abs. 1 ArbStättV i. d. F. vom 12.08.2004 (BGBl. I, S. 2179) mit späteren Änderungen betrifft nur die Höhe des Schallpegels. Jedoch kam eine Mitbestimmung nach der UVV Lärm (BGV B 3) vom 01.04.1991 i. d. F. vom

01.01.1997 in Betracht, soweit hiernach ein Regelungsspielraum bestand (*Feldhoff/Kohte* AiB 1992, 389 [391]; *Kohte* FS *Gnade*, S. 675 [682 ff.]; *ders.* FS *Wissmann*, 2005, S. 331 [340]; *Worzalla/ HWGNRH* § 87 Rn. 420; zur UVV Lärm vgl. auch *Lazarus* AiB 1992, 677 ff.). Das galt jedenfalls für das Lärmminderungsprogramm nach § 6 UVV Lärm (BGV B 3). Die UVV Lärm (BGV B 3) wurde jedoch zwischenzeitlich im Zuge der Einführung der LärmVibrationsArbSchV am 06.03.2007 (BGBl. I, S. 261) von den Unfallversicherungsträgern außer Kraft gesetzt. Eine Mitbestimmung des Betriebsrats kommt nunmehr mit Blick auf § 3 Abs. 1 Satz 6 i. V. m. § 10 LärmVibrationsArbSchV (Maßnahmen zur Vermeidung und Verringerung der Exposition durch Vibrationen) in Betracht. Zur LärmVibrationsArbSchV allgemein vgl. Rdn. 645.

hh) Nichtraucherschutz

Beim Nichtraucherschutz enthielt § 32 ArbStättV a. F. nur allgemeine und damit ausfüllungsbedürftige **648** Vorschriften für Pausen-, Bereitschafts- und Liegeräume, dagegen nicht für Arbeitsräume. Für letztere galten ungeachtet spezieller Vorschriften, die Explosions- und Brandgefahren ausschließen sollen, nur die allgemeinen Anforderungen des § 5 ArbStättV a. F. nebst Richtlinien (*Stege/Weinspach/Schiefer* § 87 Rn. 126; zum Rauchverbot am Arbeitsplatz m. w. N. *VG Freiburg* 18.05.1978 NJW 1978, 2352; *VG Köln* 10.05.1978 NJW 1978, 2354; *ArbG Berlin* 26.10.1988 DB 1988, 2518; *Börgmann* RdA 1993, 275 [278 ff.]; *Göhle-Sander* HwB-AR 1490; *Löwisch* DB 1979, Beil. Nr. 1, S. 7 ff., 10; *Staudinger/Oetker* BGB, § 618 Rn. 176 ff.). Durch Art. 7 VO vom 27.09.2002 (BGBl. I, S. 3777) wurde § 32 ArbStättV a. F. aufgehoben und in die ArbStättVein neuer § 3a (jetzt § 5 ArbStättV i. d. F. vom 12.08.2004 [BGBl. I, S. 2179]) über den Nichtraucherschutz eingefügt. Danach hat der Arbeitgeber die erforderlichen Maßnahmen zu treffen, damit die nichtrauchenden Beschäftigten in Arbeitsstätten wirksam vor den Gesundheitsgefahren durch Tabakrauch geschützt sind (Abs. 1 Satz 1). Nach dem durch das BNichtrSchG vom 20.07.2007 (BGBl. I, S. 1595) angefügten Satz 2 hat der Arbeitgeber, soweit erforderlich, ein allgemeines oder auf einzelne Bereiche der Arbeitsstätte beschränkte Rauchverbote zu erlassen. In Arbeitsstätten mit Publikumsverkehr hat der Arbeitgeber beim Einrichten und Betreiben von Arbeitsräumen der Natur des Betriebes entsprechende und der Art der Beschäftigung angepasste technische oder organisatorische Maßnahmen nach Absatz 1 zum Schutz der nicht rauchenden Beschäftigten zu treffen (Abs. 2; zu alledem *B. Buchner* BB 2002, 2382; *Düwell* AiB 2002, 400; *Ginal/Pinetzki* ArbR 2012, 369; *Lorenz* DB 2003, 721; *Schulze-Osterloh* FS Kreutz, 2010, S. 463 [467 ff.]; *Wellenhofer-Klein*, RdA 2003, 155; ebenso Anhang 1 [zu den §§ 11 und 12] 11.3 ABBergV vom 23.10.1995 [BGBl. I, S. 1466]). Zum Anspruch auf einen tabakrauchfreien Arbeitsplatz *BAG* 17.02.1998 EzA § 618 BGB Nr. 14 S. 3 ff. m. w. N. (*Streckel*) = AuR 1999, 114 (*Dübbers*) = AP Nr. 26 zu § 618 BGB; 19.05.2009 EzA § 618 BGB 2002 Nr. 4 Rn. 22 ff. = NJW 2009, 2698 (*Ritter*); *Hess. LAG* 24.11.1994 AuR 1995, 283 (zust. *Leßmann* AuR 1995, 241 ff.). Flugbegleiter hatten keinen Anspruch darauf, dass die Fluggesellschaft den Passagieren das Rauchen verbietet, solange das Rauchen an Bord von Verkehrsflugzeugen noch nicht gesetzlich verboten war (*BAG* 08.05.1996 EzA § 618 BGB Nr. 11 S. 1 ff. = AP Nr. 20 zu § 618 BGB Bl. 2 R ff.; *Hess. LAG* 13.06.1994 AuR 1995, 285 – Vorinstanz, dazu zust. *Leßmann* AuR 1995, 241 ff.; vgl. nunmehr § 1 Abs. 1 Nr. 2 BNichtrSchG vom 20.07.2007 [BGBl. I, S. 1595]). Soweit trotz Rauchens am Arbeitsplatz noch »ausreichend gesundheitlich zuträgliche Atemluft vorhanden« ist (3.6 Abs. 1 Anhang zu Anforderungen an Arbeitsstätten nach § 3 Abs. 1 ArbStättV i. d. F. vom 12.08.2004 [BGBl. I, S. 2179]), kann der Nichtraucherschutz nur als Frage der Ordnung des Betriebs nach Maßgabe des § 87 Abs. 1 Nr. 1 geregelt werden (Rdn. 223 f.; *Spiecker* Arbeitsstättenverordnung, 1976, Erl. zu § 32). Zum Vorschlag für eine Betriebsvereinbarung *Heinze* ArbGeb. 1995, 479 f.; vgl. ferner die landesrechtlichen Vorschriften; dazu *BVerfG* (s. Rdn. 224) sowie zum Ganzen *Dietrich* Nichtraucherschutz am Arbeitsplatz (Diss. Göttingen), 2008; *Kummer* Passivrauchen am Arbeitsplatz (Diss. Rostock), 2012.

ii) Flucht- und Rettungsplan; Übungen

Mitbestimmungspflichtig nach § 87 Abs. 1 Nr. 7 ist ferner z. B. die Aufstellung eines Flucht- und Rettungsplans gemäß § 4 Abs. 4 Satz 3 ArbStättV (§ 55 Satz 1 a. F.). Gleiches gilt für die nach § 4 Abs. 4 Satz 5 ArbStättV (§ 55 Satz 3 a. F.) vorgeschriebene Festsetzung von Übungen (*Opfermann/Streit* Arbeitsstätten, § 4 ArbStättV Rn. 51 f.) sowie für die nach § 4 Abs. 4 Satz 2 ArbStättV vorgeschriebenen **649**

§ 87

Vorkehrungen dafür, dass die Beschäftigten sich bei Gefahr unverzüglich in Sicherheit bringen und schnell gerettet werden können.

jj) Unfallverhütungsvorschriften

650 Eine Mitbestimmung nach § 87 Abs. 1 Nr. 7 kommt auch bei Regelungen zur Konkretisierung von Unfallverhütungsvorschriften (BG-Vorschriften) in Betracht (zu deren Gegenstand und rechtlichen Charakter s. § 89 Rdn. 20 ff.; ein Überblick findet sich als Anhang 2 im Bericht des BMAS über Sicherheit und Gesundheit bei der Arbeit 2015 (Unfallverhütungsbericht Arbeit), Stand Dezember 2016 (abrufbar unter www.baua.de/dok/8562786). Nach § 2 Abs. 1 der BG-Vorschrift »Grundsätze der Prävention« (BGV A 1) i. d. F. vom 01.01.2004 hat der Unternehmer die erforderlichen Maßnahmen zur Verhütung von Arbeitsunfällen, Berufskrankheiten und arbeitsbedingten Gesundheitsgefahren sowie für die wirksame Erste Hilfe zu treffen. Die zu treffenden Maßnahmen sind insbesondere in staatlichen Arbeitsschutzvorschriften (Anlage 1) dieser Unfallverhütungsvorschrift und in weiteren Unfallverhütungsvorschriften näher bestimmt. Trotzdem bleibt noch Raum für betriebliche Regelungen. Das folgt vor allem aus den den einzelnen Unfallverhütungsvorschriften angefügten **Durchführungsanweisungen** sowie den **Sicherheitsregeln** (zu diesen *BAG* 06.12.1983 EzA § 87 BetrVG 1972 Bildschirmarbeitsplatz Nr. 1 = AP Nr. 7 zu § 87 BetrVG 1972 Überwachung Bl. 10 f.) und **Merkblättern** der Berufsgenossenschaften. Diese sind keine verbindlichen Normen, sondern Entscheidungshilfen für die Normadressaten (Unternehmer und Versicherte), indem sie vornehmlich beispielhaft angeben, auf welche Weise das in der jeweiligen Rechtsnorm beschriebene Schutzziel erreicht werden kann (*VG Mainz* 08.03.1989 PersR 1989, 337; *Buss/Eiermann* BG 1977, 109; *Fitting* § 87 Rn. 269; *Matthes*/MünchArbR § 254 Rn. 11; *Stege/Weinspach/Schiefer* § 87 Rn. 121g; *Watermann* ArbSch. 1975, 328; *Worzalla/HWGNRH* § 87 Rn. 414; zur arbeitsvertraglichen Bedeutung der den Durchführungsanweisungen insoweit rechtlich entsprechenden früheren **Richtlinien** der Berufsgenossenschaften *Wiese* RdA 1976, 77). Bei der Wahl unter den aufgezeigten Möglichkeiten ist daher ein Regelungsspielraum und damit ein mitbestimmungspflichtiger Tatbestand gegeben (*BAG* 16.06.1998 EzA § 87 BetrVG 1972 Arbeitssicherheit Nr. 3 S. 5 ff. = AP Nr. 7 zu § 87 BetrVG Gesundheitsschutz [*Merten*] = SAE 2000, 333 [*Carl*]; *Fitting* § 87 Rn. 264 f.; *Galperin/Löwisch* § 87 Rn. 157; *Klebe/DKKW* § 87 Rn. 210).

kk) Persönliche Schutzausrüstungen

651 Unterschiedliche Regelungsmöglichkeiten ergeben sich z. B. auch aus den Vorschriften, die den Arbeitgeber unter bestimmten Voraussetzungen verpflichten, Schutzkleidung und andere Schutzausrüstungen (zum Begriff § 1 PSA-BV) – Kopf-, Fuß-, Augen-, Gesichts-, Atem-, Körperschutz – zur Verfügung zu stellen und den Arbeitnehmer verpflichten, diese zu benutzen (§ 43 Abs. 3 Satz 1 StrlSchV, § 7 Abs. 4 Nr. 3, Abs. 5, 6, § 9 Abs. 3, 4, § 10 Abs. 4, § 13 Abs. 3 GefStoffV, § 8 Abs. 4 Nr. 4, § 9 Abs. 3 Nr. 5 BioStoffV; §§ 17, 29 f. BGV A1; *Kohte*/MünchArbR § 296 Rn. 7 ff.; *Wiese* UFITA Bd. 64, 1972, S. 145 [147 ff.]; vgl. auch § 2 PSA-BV; *Rehhahn* RdA 1979, 216 [222]). Hier ist von »erforderlichen« bzw. »geeigneten« Schutzausrüstungen die Rede. Diese Verpflichtung des Arbeitgebers ist im Wege der Mitbestimmung nach § 87 Abs. 1 Nr. 7 näher zu konkretisieren, soweit dies nicht in Durchführungsanweisungen der Unfallversicherungsträger bereits geschehen ist. Die Mitbestimmung beschränkt sich daher auf die Frage, welche von mehreren geeigneten Arbeitsschutzausrüstungen ausgewählt werden soll (Rdn. 623). Dem Arbeitgeber obliegt es, unter Beachtung der festgelegten Gattungsmerkmale die Sachen zu beschaffen. Er entscheidet auch allein, von welchem Hersteller er sie bezieht (*Merten/Klein* DB 1998, 673 [675]). Für **Leiharbeitnehmer** kommt dem Betriebsrat des Verleiherbetriebs indes kein Mitbestimmungsrecht nach § 87 Abs. 1 Nr. 7 BetrVG für Regelungen über die Anforderungen an die Schutzkleidung zu. Zuständig ist der Betriebsrat des Entleihers (vgl. auch § 11 Abs. 6 AÜG; dazu *BAG* 07.06.2016 EzA § 87 BetrVG 2001 Gesundheitsschutz Nr. 15 Rn. 10 ff. = AP Nr. 23 zu § 87 BetrVG 1972 Gesundheitsschutz; *LAG Hamburg* 09.04.2014, 5 TaBV 15/13 Rn. 37; *Fitting* § 87 Rn. 291a).

ll) Kostentragung

Der Arbeitgeber ist verpflichtet, die Kosten der von ihm nach Gesetz oder Unfallverhütungsvorschriften zur Verfügung zu stellenden Gegenstände zu tragen (*BAG* 10.03.1976 EzA § 618 BGB Nr. 2 = AP Nr. 17 zu § 618 BGB Bl. 2 *[Herschel]* = SAE 1977, 12 *[Sieg]*; 18.08.1982 EzA § 618 BGB Nr. 4 = AP Nr. 18 zu § 618 BGB Bl. 1 R f. *[M. Lorenz]*; 21.08.1985 EzA § 618 BGB Nr. 5 = AP Nr. 19 zu § 618 BGB Bl. 3 R *[Mühl]*; 19.05.1998 EzA § 670 BGB Nr. 28 = AP Nr. 31 zu § 670 BGB = SAE 1999, 152 *[Sandmann]*; *LAG Düsseldorf* 08.11.1977 BB 1978, 611; AR-Blattei, Unfallverhütung, Entsch. 2; *Eiermann* BG 1978, 552 f.; *Glaubitz* BB 1977, 1403 [1406]; *Fitting* § 87 Rn. 291; *Klebe/DKKW* § 87 Rn. 228; *Richardi* § 87 Rn. 561; *Stege/Weinspach/Schiefer* § 87 Rn. 127; *Worzalla/HWGNRH* § 87 Rn. 358; allgemein auch *Brill* DB 1975, 1076 ff.). Die Kostentragungspflicht für die betriebliche Verwendung der Schutzausrüstungen folgt daraus, dass der Arbeitgeber sie zur Verfügung stellen muss (*BAG* 10.03.1976 EzA § 618 BGB Nr. 2 = AP Nr. 17 zu § 618 BGB Bl. 1 R f., 18.08.1982 EzA § 618 BGB Nr. 4 = AP Nr. 18 zu § 618 BGB Bl. 1 R f., 21.08.1985 EzA § 618 BGB Nr. 5 = AP Nr. 19 zu § 618 BGB Bl. 3 f.); sie ist nach Maßgabe des § 619 BGB unabdingbar (*BAG* 18.08.1982 EzA § 618 BGB Nr. 4 = AP Nr. 18 zu § 618 BGB Bl. 1 R, 21.08.1985 EzA § 618 BGB Nr. 5 = AP Nr. 19 zu § 618 BGB Bl. 3 R). Für den Anwendungsbereich des Arbeitsschutzgesetzes bestimmt nunmehr dessen § 3 Abs. 3 ausdrücklich, dass der Arbeitgeber Kosten für die Maßnahmen nach diesem Gesetz nicht den Beschäftigten auferlegen darf (ebenso § 2 Abs. 5 BGV A1). Für Maßnahmen nach § 3 Abs. 1 ArbSchG (Rdn. 627 f.) hat er die erforderlichen Mittel bereitzustellen (§ 3 Abs. 2 Nr. 1 ArbSchG). Die Kostentragungspflicht ist daher als eine allenfalls streitige **Rechtsfrage** nicht Gegenstand der Mitbestimmung nach § 87 Abs. 1 Nr. 7 (*BAG* 02.04.1996 EzA § 87 BetrVG 1972 Bildschirmarbeit Nr. 1 = AP Nr. 5 zu § 87 BetrVG 1972 Gesundheitsschutz Bl. 8 R; *Ehmann* Arbeitsschutz und Mitbestimmung bei neuen Technologien, S. 98 f.; *Glaubitz* BB 1977, 1403 [1406]; *Richardi* § 87 Rn. 561; *Schaub/Koch/Linck/Treber/Vogelsang* Arbeitsrechts-Handbuch, § 235 Rn. 72; *Stege/Weinspach/Schiefer* § 87 Rn. 127; *Worzalla/HWGNRH* § 87 Rn. 424; **a. M.** *Denck* ZfA 1976, 447 [458 f.]; *Galperin/Löwisch* § 87 Rn. 159; *Hofe* Betriebliche Mitbestimmung und Humanisierung der Arbeitswelt, S. 122; unklar *Pieper* ArbSchR, § 3 ArbSchG Rn. 16). Zu den Kosten der Dienstkleidung nach § 21 Abs. 2 AVR-Caritasverband *BAG* 13.02.2003 EzA § 618 BGB 2002 Nr. 1 = AP Nr. 1 zu § 21 AVR-Caritasverband, der Reinigung von Arbeitskleidung *LAG Düsseldorf* 26.04.2001 AuR 2002, 274, zu den Kosten von Augenuntersuchungen und speziellen Sehhilfen bei Bildschirmarbeit vgl. Rdn. 662, zur Kostenbeteiligung und Aufrechnungsverbot des § 394 BGB *BAG* 17.02.2009 EzA § 394 BGB 2002 Nr. 2 = AP Nr. 16 zu § 850 ZPO.

Eine **Kostenbeteiligung** der Arbeitnehmer **für die private Benutzung** von Arbeitsschutzmitteln kommt jedoch in Betracht, falls dieser Gebrauchsvorteil freiwillig in Anspruch genommen werden kann und wird (*BAG* 10.03.1976 EzA § 618 BGB Nr. 2 = AP Nr. 17 zu § 618 BGB Bl. 2 f., 18.08.1982 EzA § 618 BGB Nr 4 = AP Nr. 18 zu § 618 BGB Bl. 2 f., 21.08.1985 EzA § 618 BGB Nr 5 = AP Nr. 19 zu § 618 BGB Bl. 3 R für Sicherheitsschuhe; 01.12.1992 EzA § 87 BetrVG 1972 Betriebliche Ordnung Nr 20 = AP Nr. 20 zu § 87 BetrVG 1972 Ordnung des Betriebes Bl. 3 R; *LAG Düsseldorf* 26.04.2001 AuR 2002, 274). Dabei handelt es sich jedoch um eine nur nach § 88 Nr. 1 regelbare Frage (*Fitting* § 87 Rn. 291; *Glaubitz* BB 1977, 1403 [1406]; *Klebe/DKKW* § 87 Rn. 228; *Richardi* § 87 Rn. 561; *Stege/Weinspach/Schiefer* § 87 Rn. 127; *Wiese* FS *Richardi*, 2007, S. 817 [821 f., 825 ff.: Vertrag zugunsten Dritter]; *Worzalla/HWGNRH* § 87 Rn. 424; zust. *Kohte/*MünchArbR § 296 Rn. 21; **a. M.** *Denck* ZfA 1976, 447 [459]; *Galperin/Löwisch* § 87 Rn. 159; Nr. 7; *Matthes/*MünchArbR § 254 Rn. 20: Nr. 10; für Beschränkung auf einzelvertragliche Vereinbarungen *Lorenz* Anm. AP Nr. 18 zu § 618 BGB Bl. 3 ff.).

mm) Bildschirmarbeit

Für die Einrichtung von Bildschirmarbeitsplätzen und die Arbeit an ihnen gab es zunächst keine speziellen Rahmenvorschriften i. S. d. § 87 Abs. 1 Nr. 7. Die Richtlinie des Rates über die Mindestvorschriften bezüglich der Sicherheit und des Gesundheitsschutzes bei der Arbeit an Bildschirmgeräten – Fünfte Einzelrichtlinie i. S. v. Artikel 16 Abs. 1 der Richtlinie 89/391/EWG – (90/270/EWG) vom 29.05.1990 (ABl. EG Nr. L 156, S. 14) wurde nicht bis zum vorgesehenen Termin (31.12.1992) umgesetzt (zur Richtlinie *EuGH* 12.12.1996 AP Nr. 1 zu EWG-Richtlinie Nr. 90/270 = EAS RL 90/270/EWG Art. 4 Nr. 1; *Bücker/Feldhoff/Kohte* Vom Arbeitsschutz zur Arbeitsumwelt,

§ 87 IV. 3. Soziale Angelegenheiten

Rn. 284 ff.; *Fischer/Schierbaum* PersR 1994, 351; *Fritze* BG 1990, 598; *Kiesche/Schierbaum* AuR 1995, 41; *Kollmer* EAS B 6300, Rn. 225 ff.; *Riechenhagen* AiB 1995, 758 ff.; *Schierbaum* CR 1994, 410; *Schierbaum/Fischer* RDV 1994, 109; *Wank/Börgmann* Deutsches und europäisches Arbeitsschutzrecht, S. 97 ff.; *Zabel* AiB 1996, 278 ff.). Deshalb war die Mitbestimmung des Betriebsrats nach § 87 Abs. 1 Nr. 7 außerordentlich umstritten (vgl. 5. Aufl. § 87 Rn. 528–532). Das hing mit der Grundsatzfrage zusammen, ob die Generalklauseln des öffentlich-rechtlichen Arbeitsschutzrechts zu den Vorschriften i. S. d. § 87 Abs. 1 Nr. 7 zählen (Rdn. 625 ff.).

655 In seiner zweiten **Entscheidung** zur Bildschirmarbeit vom **02.04.1996** (EzA § 87 BetrVG 1972 Bildschirmarbeit Nr. 1 = AP Nr. 5 zu § 87 BetrVG 1972 Gesundheitsschutz) bejahte das *BAG* in Übereinstimmung mit der überwiegenden Auffassung diese Frage (Rdn. 625). Außerdem folgte es der Rechtsprechung des EuGH, nach der die Verpflichtung zur richtlinienkonformen Auslegung innerstaatlichen Rechts unabhängig davon besteht, ob der nationale Gesetzgeber zur Umsetzung der Richtlinie bereits tätig geworden ist (*BAG* 02.04.1996, Bl. 3 R ff.; 5. Aufl. § 87 Rn. 530 m. w. N.; ferner *ArbG München* 30.11.1994 CR 1996, 33 = AiB 1995, 298; *Bücker/Feldhoff/Kohte* Vom Arbeitsschutz zur Arbeitsumwelt, Rn. 328 ff.). Hiervon ausgehend bejahte das *BAG* die Mitbestimmung nach § 87 Abs. 1 Nr. 7 hinsichtlich betrieblicher Regelungen über die Unterbrechung von Bildschirmarbeit durch andere Tätigkeiten oder Pausen (Rdn. 659), verneinte aber, dass der Betriebsrat betriebliche Regelungen über Augenuntersuchungen der an Bildschirmen beschäftigten Arbeitnehmer durchsetzen könne (Rdn. 661). Die Entscheidung des *BAG* ist nach wie vor hinsichtlich der in ihr behandelten Grundsatzfragen zu den Generalklauseln des öffentlich-rechtlichen Arbeitsschutzrechts und zu deren Auslegung mit Rücksicht auf die EG-Richtlinien von Bedeutung, jedoch insoweit überholt, als bisher strittige Einzelfragen nunmehr zunächst durch die Verordnung über Sicherheit und Gesundheitsschutz bei der Arbeit an Bildschirmgeräten (**Bildschirmarbeitsverordnung – BildscharbV**) vom 04.12.1996 (BGBl. I, S. 1841) mit späteren Änderungen geregelt waren (zu deren Anwendungsbereich und zu Begriffsbestimmungen §§ 1, 2 BildscharbV *EuGH* 06.07.2000 EzA Richtlinie 90/270 EG-Vertrag 1999 Nr. 1 = BB 2000, 2578 *[Kohte]*; dazu auch die entsprechende Vorlageentscheidung des *ArbG Siegen* 07.01.1999 BB 1999, 267 an den *EuGH* betr. Arbeitsplätze von Cutterinnen und Cuttern; *Kreizberg* in *Kollmer/Klindt/Schucht* ArbSchG unter BildscharbV; *Löwisch/Neumann* Anm. SAE 1997, 85 [87 f.]; *Kohte/*MünchArbR § 293 Rn. 39 ff.; *Kollmer* NZA 1997, 138 [141 f.]; *Lorenz* AR-Blattei SD 555; *Müller-Petzer* Fürsorgepflichten des Arbeitgebers nach europäischem und nationalem Arbeitsschutzrecht, S. 118 ff.; *Richenhagen/Prümper/Wagner* Handbuch der Bildschirmarbeit, S. 185 ff.; *Siemes* NZA 1998, 232 [234 f.]; *Schierbaum/Franz* AuR 1999, 82 [84 f.]; *Wlotzke* NJW 1997, 1469 [1472 ff.]; sowie zur amtlichen Begründung der Verordnung BR-Drucks. 656/96, S. 13 [25 ff.]; zur Vorgeschichte Antwort der Bundesregierung auf eine Kleine Anfrage zur Bildschirmarbeit BT-Drucks. 12/6781; grundlegend zum Ganzen *Merten* Gesundheitsschutz und Mitbestimmung bei der Bildschirmarbeit). Wer Beschäftigter i. S. d. § 2 Abs. 3 BildscharbV ist, ist eine mitbestimmungsfreie Rechtsfrage (*Löwisch/Neumann* Anm. SAE 1997, 85 [87 f.]; **a. M.** *Siemes* NZA 1998, 232 [234 f.]). Durch Verordnung zur Änderung von Arbeitsschutzverordnungen vom 30. November 2016 (BGBl. I, S. 2681) ist die BildscharbV nunmehr in den Anhang der ArbStättV unter Nr. 6 überführt worden). Die BildscharbV ist damit seit dem 03.12.2016 außer Kraft. Zur **Telearbeit** *Boemke/Ankersen* BB 2000, 2254 (2260 m. w. N.); *Wedde* Telearbeit, 3. Aufl. 2002, Rn. 967 ff.; vgl. auch *Wiese* RdA 2009, 344. Zur Mitbestimmung nach **§ 87 Abs. 1 Nr. 6** vgl. Rdn. 578 f., zu **§§ 90, 91** s. *Weber* § 90 Rdn. 14, § 91 Rdn. 21, zu **§ 111** *Oetker* § 111 Rdn. 174.

656 Nach **§ 3 Abs. 1 Satz 3 ArbStättV** (vormals: § 3 BildscharbV) hat der Arbeitgeber bei der Beurteilung der Arbeitsbedingungen nach § 5 ArbSchG bei Bildschirmarbeitsplätzen die **Sicherheits-** und **Gesundheitsbedingungen** insbesondere hinsichtlich einer möglichen Gefährdung des Sehvermögens sowie körperlicher Probleme und psychischer Belastungen zu **ermitteln** und zu **beurteilen**. Wie die hiernach bestehende – mitbestimmungsfreie – Rechtspflicht zur arbeitsplatzbezogenen Gefährdungsanalyse durchzuführen ist (z. B. Methode, beauftragte Personen, Zeitpunkt, Wiederholung), hat der Gesetzgeber nicht vorgeschrieben, so dass der Betriebsrat bei entsprechenden generellen Regelungen mitzubestimmen hat (*BAG* 08.06.2004 EzA § 87 BetrVG 2001 Gesundheitsschutz Nr. 1 S. 11 = AP Nr. 13 zu § 87 BetrVG 1972 Gesundheitsschutz Bl. 5 R *[Schimmelpfennig]*; 08.06.2004 EzA § 87 BetrVG 2001 Gesundheitsschutz Nr. 2 S. 11 = AP Nr. 20 zu § 76 BetrVG 1972 Einigungsstelle Bl. 5 R; *LAG Hamburg* 27.10.1997 LAGE § 98 ArbGG 1979 Nr. 30 S. 5 f.; *LAG Niedersachsen*

Mitbestimmungsrechte § 87

20.03.2003 LAGE § 5 ArbSchG Nr. 1 S. 10; *ArbG Hamburg* 26.05.1998 AuA 1999, 36 f.; *Kiesche / Schierbaum* AiB 1997, 624 ff.; *Klebe/DKKW* § 87 Rn. 244; *Kohte* Anm. CR 1996, 609 [611]; *Lorenz* AR-Blattei SD 555, Rn. 59; *Merten* [Rn. 628], S. 190 ff.; *Richenhagen / Prümper / Wagner* Handbuch der Bildschirmarbeit, S. 216 f.; *Siemes* NZA 1998, 232 [235]; **a. M.** *Diezmann / Mühlhausen* AuR 1999, 15 [16]; *Geyer* Mitbestimmung beim Arbeits- und Gesundheitsschutz, S. 175 ff.; *Löwisch / Neumann* SAE 1997, 85 [87]; *Merten / Klein* DB 1998, 673 [677]; *Wank* TAS, § 3 BildscharbV Rn. 3). Zur **Unterweisung** der Beschäftigten nach § 12 Abs. 1 Satz 1 ArbSchG Rdn. 639.

Nach § **4 Abs. 1 BildscharbV** hatte der Arbeitgeber **geeignete Maßnahmen** zu treffen, damit die **Bildschirmarbeitsplätze** den **Anforderungen** des **Anhangs** und **sonstiger Rechtsvorschriften entsprachen.** Bei Bildschirmarbeitsplätzen, die bis zum 20.12.1996 in Betrieb waren, hatte der Arbeitgeber nach § 4 Abs. 2 BildscharbV für eine Übergangszeit bis zum 31.12.1999 die geeigneten Maßnahmen nach Absatz 1 nur unter eingeschränkten Voraussetzungen (wesentliche Änderung der Arbeitsplätze oder Gefährdung von Leben und Gesundheit der Beschäftigten) zu treffen. Diese Rechtspflichten waren als solche mitbestimmungsfrei. Jedoch konnte hinsichtlich der zu treffenden geeigneten Maßnahmen trotz der nach § 4 Abs. 1 BildscharbV verbindlichen, im Anhang enthaltenen Detailbestimmungen und weiterer Konkretisierungen z. B. durch DIN-Normen noch ein mitbestimmungspflichtiger Regelungsspielraum verbleiben (*LAG Hamburg* 21.09.2000 LAGE § 87 BetrVG 1972 Gesundheitsschutz Nr. 1 S. 17 ff. *[Kohte]*; 27.10.1997 LAGE § 98 ArbGG 1979 Nr. 30 S. 5 f.; *Klebe/DKKW* § 87 Rn. 245; *N. Fabricius* BB 1997, 1254 [1256]; *Lorenz* AR-Blattei SD 555, Rn. 63; *Merten* [Rdn. 655], S. 197 ff.; *Richenhagen / Prümper / Wagner* Handbuch der Bildschirmarbeit, S. 218 f.; *Siemes* NZA 1998, 232 [236]; *Schierbaum / Franz* AuR 1999, 82 [87]; **a. M.** *Diezemann / Mühlhausen* AuA 1999, 15 [16]; *Geyer* Mitbestimmung beim Arbeits- und Gesundheitsschutz, S. 178 ff.; *Worzalla / HWGNRH* § 87 Rn. 417; vgl. auch *Bj. Gaul* Anm. EzA § 87 BetrVG 1972 Bildschirmarbeit Nr. 1 S. 29). Die vorherige Durchführung einer Gefährdungsbeurteilung i. S. d. § 5 Abs. 1 ArbSchG, § 3 BildscharbV war keine notwendige Voraussetzung der Verpflichtung, geeignete Maßnahmen i. S. v. § 4 Abs. 1 BildscharbV zu treffen (*LAG Niedersachsen* 11.01.2017 – 13 TaBV 109/15, Rn. 78).

657

Entsprechendes gilt auf der Grundlage des nunmehr maßgeblichen § **3 Abs. 1 ArbStättV i. V. m. Nr. 6.1 Abs. 1 Anhang zur ArbStättV.** Danach sind Bildschirmarbeitsplätze so einzurichten und zu betreiben, dass die Sicherheit und der Schutz der Gesundheit der Beschäftigten gewährleistet sind. Die Grundsätze der Ergonomie sind auf die Bildschirmarbeitsplätze und die erforderlichen Arbeitsmittel sowie die für die Informationsverarbeitung durch die Beschäftigten erforderlichen Bildschirmgeräte entsprechend anzuwenden. Trotz der im Anhang zur ArbStättV enthaltenen weiteren Spezifizierungen zur Ausgestaltung dieser Grundsätze verbleibt ein Regelungsspielraum, der durch eine mitbestimmte Entscheidung der Betriebspartner auszufüllen ist. Entsprechen dabei aber verschiedene Bildschirmgeräte den vorgeschriebenen technischen Voraussetzungen in gleicher Weise, so entscheidet der Arbeitgeber allein über die Auswahl des Geräts und den Lieferanten, von dem er das Gerät bezieht (*Merten / Klein* DB 1998, 673 [677], daselbst auch zur Software). Ein Regelungsspielraum ist ferner denkbar hinsichtlich der nach Maßgabe der Ausnahmeregelung des § 4 Abs. 3 BildscharbV zulässigen Abweichungen von den Anforderungen des Anhangs, wenn dabei Sicherheit und Gesundheitsschutz auf andere Weise gewährleistet sind (*Klebe/DKKW* § 87 Rn. 245; *Löwisch/Neumann* Anm. SAE 1997, 85 [87]; *Schierbaum / Franz* AuR 1999, 82 [87]; *Siemes* NZA 1998, 232 [234 f.]).

658

Nach § **3 Abs. 1 ArbStättV i. V. m. Nr. 6.1 Abs. 2 Anhang zur ArbStättV** (vormals § 5 BildscharbV) hat der Arbeitgeber die Tätigkeit der Beschäftigten so zu organisieren, dass die tägliche Arbeit an Bildschirmgeräten regelmäßig durch **andere Tätigkeiten** oder durch **Pausen unterbrochen** wird, die jeweils die Belastung durch die Arbeit am Bildschirmgerät verringern. Damit ist die bisherige Streitfrage, ob der Betriebsrat nach § 87 Abs. 1 Nr. 7 eine Begrenzung und die Unterbrechung der Arbeit an Bildschirmgeräten erwirken kann, erledigt (zum bisherigen Streitstand 5. Aufl. § 87 Rn. 530 sowie – bejahend – *BAG* 02.04.1996 EzA § 87 BetrVG 1972 Bildschirmarbeit Nr. 1 = AP Nr. 5 zu § 87 BetrVG 1972 Gesundheitsschutz Bl. 5 ff. mit Anm. Rdn. 625). Nach der Rahmenvorschrift des § 3 Abs. 1 ArbStättV i. V. m. Nr. 6.1 Abs. 2 Anhang zur ArbStättV hat der Betriebsrat nunmehr darüber mitzubestimmen, ob die Bildschirmarbeit durch andere Tätigkeiten (**Mischarbeit**) oder Pausen bzw. eine Kombination beider unterbrochen werden soll einschließlich der Modalitäten (z. B. Organisation der Mischarbeit, Häufigkeit, Lage und Dauer von Pausen) der zu treffenden Re-

659

§ 87　　　　　　　　　　　　　　　　　　　　　　　　　　IV. 3. Soziale Angelegenheiten

gelung (*LAG* Hamburg 21.09.2000 LAGE § 87 BetrVG 1972 Gesundheitsschutz Nr. 1, S. 17 ff.; 27.10.1997 LAGE § 98 ArbGG 1979 Nr. 30 S. 5 f.; *BVerwG* 08.01.2001 AP Nr. 79 zu § 75 BPersVG Bl. 4; *Börgmann* Anm. AP Nr. 5 zu § 87 BetrVG 1972 Gesundheitsschutz Bl. 11; *N. Fabricius* BB 1997, 1254 [1256]; *Klebe/DKKW* § 87 Rn. 246; *Kohte* Anm. CR 1996, 609 [610]; *Löwisch/Neumann* Anm. SAE 1997, 85; *Lorenz* AR-Blattei SD 555, Rn. 65; *Merten* [Rdn. 655], S. 202 ff.; *Richenhagen/Prümper/Wagner* Handbuch der Bildschirmarbeit, S. 219; *Schierbaum/Franz* AuR 1999, 82 [86]; *Siemes* NZA 1998, 232 [237] mit Einschränkungen – zu diesen sogleich; *Wank* TAS, § 5 BildscharbV Rn. 4 f.; im Ergebnis auch *Merten/Klein* DB 1998, 673 [677], die aber § 3 Abs. 1 und 2 ArbSchG heranziehen; **a. M.** *Diezmann/Mühlhausen* AuA 1999, 15 [18]; *Ehmann* Arbeitsrecht und Arbeitsgerichtsbarkeit, S. 19 [33]; *Geyer* Mitbestimmung beim Arbeits- und Gesundheitsschutz, S. 180 ff.; *Worzalla/HWGNRH* § 87 Rn. 419; zu unterschiedlichen Regelungsmöglichkeiten *Görner/Bullinger* Leitfaden Gesundheitsschutz bei der Bildschirmarbeit, 2. Aufl. 1995). Nach der amtlichen Begründung (BR-Drucks. 656/96, S. 31 f.) ist vorrangig vor der Unterbrechung durch Pausen zu versuchen, die Arbeit an Bildschirmgeräten so zu organisieren, dass sie durch andere belastungsreduzierende Tätigkeiten unterbrochen wird. *Siemes* (NZA 1998, 232 [237]) bejaht einen absoluten Vorrang der Mischarbeit (**a. M.** *BVerwG* 08.01.2001 AP Nr. 79 zu § 75 BPersVG Bl. 4) und sieht hierin eine mitbestimmungsfreie Rechtsfrage. Eine zeitliche Begrenzung der täglichen Bildschirmarbeit kann der Betriebsrat nach § 87 Abs. 1 Nr. 7 in Hinblick auf § 5 BildscharbV und den Eingangssatz des § 87 Abs. 1 nicht mittels Initiativrechts erzwingen (so zutr. *Siemes* NZA 1998, 232 [237]).

660 Die Vorschrift des § 3 Abs. 1 ArbStättV i. V. m. Nr. 6.1 Abs. 2 Anhang zur ArbStättV (vormals § 5 BildscharbV) besagt allerdings nichts darüber, ob damit auch **bezahlte Erholungspausen** als zu vergütende Arbeitszeit gemeint sind. Zweck dieser Norm ist es, die Belastung durch Bildschirmarbeit zu verringern, nicht dagegen, eine Erhöhung des Arbeitsentgelts zu bewirken. Deshalb ist vorrangig eine kostenneutrale Regelung anzustreben. Soll die Verringerung der Belastung an Stelle von Mischarbeit oder daneben durch Pausen erzielt werden, ist es daher zulässig, auch die Ruhepausen i. S. d. § 4 ArbZG unter Beachtung der in dieser Vorschrift festgelegten Grenzen heranzuziehen (**a. M.** *Schierbaum/Franz* AuR 1999, 82 [86]; *Siemes* NZA 1998, 232 [237]). Ist das nicht möglich oder im Einvernehmen beider Betriebspartner nicht gewollt, so fehlt im Gegensatz zum Referentenentwurf vom 17.12.1993 zur BildscharbV (abgedruckt bei *Richenhagen* Bildschirmarbeitsplätze, 2. Aufl. 1996, S. 202) eine Regelung über die Bezahlung der solcher Pausen. Sie ergibt sich auch nicht aus § 4 ArbZG, da die dort gemeinten unbezahlten Pausen (Rdn. 360) nicht mit den Pausen i. S. d. § 3 Abs. 1 ArbStättV i. V. m. Nr. 6.1 Abs. 2 Anhang zur ArbStättV identisch sind (Rdn. 362). Die Verpflichtung des Arbeitgebers folgt jedoch aus § 3 Abs. 3 ArbSchG, der allgemein von den Kosten für »Maßnahmen« nach diesem Gesetz spricht und die Kosten nicht auf Sachmittel beschränkt (*Siemes* NZA 1998, 232 [239]; **a. M.** *Löwisch/Neumann* Anm. SAE 1997, 85 f., im Widerspruch zur Aussage, der Arbeitgeber habe nach dieser Vorschrift die Kosten von Augenuntersuchungen – Rdn. 662 – zu tragen). Nach allgemeinen Grundsätzen (§ 615 BGB) hat der Arbeitgeber ohnehin das Arbeitsentgelt zu zahlen, falls er von der Möglichkeit, dem Arbeitnehmer während der Unterbrechung von Bildschirmarbeit andere Tätigkeiten zuzuweisen, keinen Gebrauch macht (vgl. auch *BVerwG* 08.01.2001 AP Nr. 79 zu § 75 BPersVG Bl. 4 f.; *Löwisch/Neumann* Anm. SAE 1997, 85; **a. M.** im Ergebnis *Merten/Klein* DB 1998, 673 [677]).

661 Nach § **6 BildscharbV** galt für die Untersuchung der Augen und des Sehvermögens einschließlich des zur Verfügungstellens von speziellen Sehhilfen die VO zur arbeitsmedizinischen Vorsorge vom 18.12.2008 (BGBl. I, S. 2768), die in Anhang Teil 4 einen Anlass für Angebotsuntersuchungen enthält, in der jeweils geltenden Fassung. Die hiernach bestehenden Verpflichtungen des Arbeitsgebers zum Angebot einer Untersuchung und zur Verfügungstellung spezieller Sehhilfen begründen **Rechtsansprüche** der an Bildschirmgeräten beschäftigten Arbeitnehmer und sind als solche weder regelungsbedürftig noch mitbestimmungspflichtig (vgl. auch *BAG* 02.04.1996 EzA § 87 BetrVG 1972 Bildschirmarbeit Nr. 1 = AP Nr. 5 zu § 87 BetrVG 1972 Gesundheitsschutz Bl. 6 f.; vgl. aber auch Rdn. 663; zu § 6 BildScharbV a. F. s. 8. Aufl. § 87 Rn. 633). Das gilt unabhängig davon, ob es sich um einen oder mehrere davon betroffene Arbeitnehmer handelt (unzutr. *Bj. Gaul* Anm. EzA § 87 BetrVG 1972 Bildschirmarbeit Nr. 1 S. 19 [28]). Diese Verpflichtung des Arbeitgebers ergibt sich nach Wegfall der BildschirmarbV nunmehr unmittelbar aus der Verordnung zur arbeitsmedizinischen

Vorsorge (ArbMedVV). Verstöße gegen § 5 Abs. 1 Satz 1 ArbMedVV (Angebotsuntersuchung) sind nach Maßgabe des § 10 Abs. 1 Nr. 4 ArbMedVV Ordnungswidrigkeiten.

Die **Kosten** für die Untersuchungen (einschließlich der Freistellung der Beschäftigten) und für spezielle Sehhilfen trägt nach **§ 3 Abs. 3 ArbSchG** der Arbeitgeber, soweit sie nicht von den Krankenkassen übernommen werden (dazu § 33 Abs. 2 bis 4 SGB V; *ArbG Neumünster* 20.01.2000 LAGE § 618 BGB Nr. 9); dabei hat der Betriebsrat mangels eines Regelungsspielraums nicht mitzubestimmen (*Börgmann* Anm. AP Nr. 5 zu § 87 BetrVG 1972 Gesundheitsschutz Bl. 12; *Bj. Gaul* Anm. EzA § 87 BetrVG 1972 Bildschirmarbeit Nr. 1 S. 28, der aber § 616 BGB anwenden will; *Löwisch / Neumann* Anm. SAE 1997, 85 [86]; *Siemes* NZA 1998, 232 [238 f.]; **a. M.** *Geray / Heilmann* AiB 1998, 565 [567 f.]). 662

Ungeachtet der durch die ArbMedVV geklärten Streitfragen sind die **Modalitäten** der hiernach bestehenden Ansprüche noch **regelungsbedürftig**. Das gilt etwa für die Bestimmung der regelmäßigen **Zeitabstände** und der **fachkundigen Personen** (z. B. Betriebsarzt, außerbetrieblicher Augenarzt, Allgemeinarzt, Optiker) für die Durchführung der Untersuchungen, deren Umfang und Ort (innerhalb oder außerhalb des Betriebs) oder die Entscheidung über die Art und das Verfahren bei der Beantragung spezieller Sehhilfen. Im Rahmen des nach der ArbMedVV verbleibenden Regelungsspielraums hat der Betriebsrat daher mitzubestimmen (*LAG Hamburg* 21.09.2000 LAGE § 87 BetrVG 1972 Gesundheitsschutz Nr. 1 S. 22; 27.10.1997 LAGE § 98 ArbGG 1979 Nr. 30 S. 6; *Börgmann* Anm. AP Nr. 5 zu § 87 BetrVG 1972 Gesundheitsschutz Bl. 11 R f.; *N. Fabricius* BB 1997, 1254 [1257]; *Klebe / DKKW* § 87 Rn. 247; *Kohte* Anm. CR 1996, 609 [610]; *Löwisch / Neumann* Anm. SAE 1997, 85 [86] – anders hinsichtlich spezieller Sehhilfen; *Lorenz* AR-Blattei SD 555, Rn. 67; *Merten* [Rdn. 655], S. 211 ff.; *Merten / Klein* DB 1998, 673 [676] – anders hinsichtlich spezieller Sehhilfen; *Richenhagen / Prümper / Wagner* Handbuch der Bildschirmarbeit, S. 219 f.; *Schierbaum / Franz* AuR 1999, 82 [86 f.]; *Siemes* NZA 1998, 232 [237 f.]; *Wank* TAS, § 5 Rn. 4 f. BildscharbV; *Worzalla / HWGNRH* § 87 Rn. 418; **a. M.** *Geyer* Mitbestimmung des Betriebsrates beim Arbeits- und Gesundheitsschutz, S. 182 ff.). Der Regelungsspielraum kann dadurch ausgefüllt werden, dass der berufsgenossenschaftliche Grundsatz für arbeitsmedizinische Vorsorgeuntersuchungen »Bildschirm-Arbeitsplätze« (G 37) durch die Betriebspartner vereinbart wird. Mitbestimmungsfrei ist dagegen die Bestimmung der konkreten fachkundigen Person (*Löwisch / Neumann* Anm. SAE 1997, 85 [86]). 663

Keine Regelung enthalten die spezifisch bildschirmarbeitsrechtlichen Bestimmungen über den **Schutz werdender Mütter** bei der Bildschirmarbeit. Dieser kann auch nicht nach § 87 Abs. 1 Nr. 7 erwirkt werden. Die Vermeidung von Strahlengefahren ist im Gesetz über technische Arbeitsmittel, in der RöV, in der MuSchArbV und in der StrSchV geregelt, was einer Beschränkung oder gänzlichen Unterlassung der Beschäftigung werdender Mütter an Datensichtgeräten nach § 3 ArbSchG (vorher § 120a GewO) entgegensteht, zumal der Schutz Schwangerer vor Strahlengefahren bereits durch § 4 MuSchG abschließend gesetzlich geregelt ist (*BAG* 06.12.1993 EzA § 87 BetrVG 1972 Bildschirmarbeitsplatz Nr. 1 *[Ehmann]* = AP Nr. 7 zu § 87 BetrVG 1972 Überwachung Bl. 13 ff. *[Richardi]* = SAE 1985, 225 *[Heinze]*; *BVerwG* 19.05.1992 AP Nr. 5 zu § 79 LPVG Baden-Württemberg Bl. 4; *Ehmann* Arbeitsschutz und Mitbestimmung bei neuen Technologien, S. 65; *Färber / Theilenberg* Personaldatenverarbeitung im Einigungsstellenverfahren, 2. Aufl. 1990, S. 35 ff.; **a. M.** *Kohte* AuR 1984, 263 [273 f.]; *Klebe / DKKW* § 87 Rn. 255). Der Betriebsrat kann jedoch eine Entscheidung der Aufsichtsbehörde nach § 80 Abs. 1 Nr. 2 i. V. m. § 4 Abs. 5 MuSchG oder unmittelbar nach § 89 Abs. 1 anregen (*BAG* 06.12.1993 EzA § 87 BetrVG 1972 Bildschirmarbeitsplatz Nr. 1 = AP Nr. 7 zu § 87 BetrVG 1972 Überwachung Bl. 14). Zur fehlenden Gesundheitsgefährdung werdender Mütter durch Bildschirmarbeit vgl. Mitteilung der *Deutschen Gesellschaft für Arbeitsmedizin e. V.* ASP 1987, 192. 664

Die bildschirmarbeitsrechtlichen Bestimmungen schreiben ferner nicht die Erstellung und Führung eines **EDV-Bestandsverzeichnisses** vor. Eine entsprechende Verpflichtung ist auch nicht aus § 87 Abs. 1 Nr. 7 i. V. m. den arbeitsschutzrechtlichen Generalklauseln (Rdn. 625 ff.) zu begründen (*BAG* 02.04.1996 EzA § 87 BetrVG 1972 Bildschirmarbeit Nr. 1 = AP Nr. 5 zu § 87 BetrVG 1972 Gesundheitsschutz Bl. 8 f. mit Anm.; vgl. Rdn. 625). 665

nn) Krankengespräche

666 Mangels ausfüllungsbedürftiger Rahmenvorschriften hat der Betriebsrat nach § 87 Abs. 1 Nr. 7 nicht bei Gesprächen des Arbeitgebers mit dem Arbeitnehmer über dessen Gesundheitszustand (sog. Krankengesprächen) mitzubestimmen (*LAG Baden-Württemberg* 05.03.1991 LAGE § 87 BetrVG 1972 Betriebliche Ordnung Nr. 9 S. 5; *LAG Hamm* 16.04.1986 BB 1986, 1359 [1360]; *Ehler* BB 1992, 1926 [1927]; *Raab* NZA 1993, 193 [197 f.]; *Stege/Weinspach/Schiefer* § 87 Rn. 129a; *Worzalla/HWGNRH* § 87 Rn. 413; a. M. *ArbG Hamburg* 17.12.1990 DB 1991, 1078 [1079]; *Klebe/DKKW* § 87 Rn. 236). Soweit die Führung solcher Gespräche zum Aufgabenbereich der Betriebsärzte nach § 3 Abs. 1 Nr. 2, § 9 Abs. 3 Satz 2 ASiG gehört, steht das der eigenen mitbestimmungsfreien Befugnis des Arbeitgebers nicht entgegen. Zur Mitbestimmung nach § 87 Abs. 1 Nr. 1 vgl. *Wiese* Rdn. 234. Kein Mitbestimmungsrecht besteht beim **betrieblichen Eingliederungsmanagement** nach § 84 Abs. 2 SGB IX, da die dem Arbeitgeber auferlegten besonderen Verhaltenspflichten Individualmaßnahmen betreffen und das nach dieser Vorschrift dem Betriebsrat eingeräumte Mitwirkungsrecht als abschließend anzusehen ist (*LAG Berlin-Brandenburg* 23.09.2010 – 25 TaBV 1155/10 – Rn. 81 ff.; *LAG Hamburg* 21.05.2008 LAGE § 87 BetrVG 2001 Gesundheitsschutz Nr. 3 S. 6 ff. *[Kohte]*; *Baldess/Lepping* NZA 2005, 856; *Leuchten* DB 2007, 2482 [2484]; *Namendorf/Natzel* DB 2005, 1794 [1795]; *Löwisch/Kaiser* § 87 Rn. 161; a. M. *BAG* 13.03.2012 EzA § 86 SGB IX Nr. 10 Rn. 12; 22.03.2016 EzA § 87 BetrVG 2001 Gesundheitsschutz Nr. 14 Rn. 9 ff. = AP Nr. 5 zu § 84 SGB IX; *Feldes* AiB 2005, 546 [548]; *Gagel* NZA 2004, 1359 [1361]; *Kohte*/HaKo § 87 Rn. 92; *Nassibi* NZA 2012, 720 [722 f.]; *Oppolzer* AiB 2007, 37 [43]; *Steinau-Steinrück/Hagemeister* NJW-Spezial 2005, 129 f.; zu § 87 Abs. 1 Nr. 1 s. *Wiese* Rdn. 236).

d) Initiativrecht

667 Im Rahmen der Mitbestimmung nach § 87 Abs. 1 Nr. 7 hat der Betriebsrat in vollem Umfang ein **Initiativrecht** (*LAG Hamburg* 21.09.2000 LAGE § 87 BetrVG 1972 Gesundheitsschutz Nr. 1 S. 9 *[Kohte]*; 27.10.1997 LAGE § 98 ArbGG 1979 Nr. 30 S. 5; *ArbG Hamburg* 20.02.1981 AuR 1982, 37; *Fitting* § 87 Rn. 287; *Hofe* Betriebliche Mitbestimmung und Humanisierung der Arbeitswelt, S. 120; *Hunold* DB 1976, 1059 [1060]; *Klebe/DKKW* § 87 Rn. 227; *Matthes*/MünchArbR § 254 Rn. 22 f.; *Richardi* § 87 Rn. 560; *Staudinger/Oetker* BGB, § 618 Rn. 205; *Wiese* Initiativrecht, S. 53; *Worzalla/HWGNRH* § 87 Rn. 432).

e) Durchführung der Mitbestimmung; Wirksamkeitsvoraussetzung

668 Wenn auch die Mitbestimmung nach § 87 Abs. 1 Nr. 7 auf Regelungen gerichtet ist (Rdn. 633), so ist doch eine **Betriebsvereinbarung** nicht erforderlich, sondern es genügt eine **Regelungsabrede** (allgemein *Wiese* Rdn. 88; *Fitting* § 87 Rn. 288; *Richardi* § 87 Rn. 564 seit 7. Aufl.; *Worzalla/HWGNRH* § 87 Rn. 434). Einer Betriebsvereinbarung bedarf es nur, wenn normativ auf die Arbeitsverhältnisse eingewirkt werden soll. Da der Arbeitnehmer dem Arbeitgeber gegenüber jedoch zur Einhaltung der Arbeitsschutzvorschriften verpflichtet ist (s. § 89 Rdn. 12), könnte der Arbeitgeber im Falle einer Regelungsabrede dem Arbeitnehmer auch aufgrund seines Direktionsrechts die notwendigen Weisungen erteilen (*Worzalla/HWGNRH* § 87 Rn. 434). Zur Zuständigkeit des **Gesamtbetriebsrats** *BAG* 16.06.1998 EzA § 87 BetrVG 1972 Arbeitssicherheit Nr. 3 S. 8 f. = AP Nr. 7 zu § 87 BetrVG Gesundheitsschutz *(Merten)* = SAE 2000, 333 *(Carl)*; a. M. *Siebert* Die Zuständigkeit des Gesamtbetriebsrats (Diss. Osnabrück), 1999, S. 130 f. Für **Leiharbeitnehmer** ist mit Blick auf § 11 Abs. 6 AÜG, der dem Entleiher die Einhaltung der öffentlich-rechtlichen Vorschriften des Arbeitsschutzrechts auferlegt, nicht der Betriebsrat des Verleiherbetriebs, sondern regelmäßig der Betriebsrat des Entleiherbetriebs zuständig (*BAG* 07.06.2016 EzA § 87 BetrVG 2001 Gesundheitsschutz Nr. 15 Rn. 10 ff. = AP Nr. 23 zu § 87 BetrVG 1972 Gesundheitsschutz); umfassend zum Arbeitsschutz im Fremdbetrieb *Wiebauer* ZfA 2014, 29.

669 Die Mitbestimmung des Betriebsrats nach § 87 Abs. 1 Nr. 7 ist **Wirksamkeitsvoraussetzung** (Rdn. 100 ff. sowie *BAG* 16.06.1998 EzA § 87 BetrVG 1972 Arbeitssicherheit Nr. 3 S. 9 = AP Nr. 7 zu § 87 BetrVG Gesundheitsschutz *[Merten]* = SAE 2000, 333 *[Carl]*; *Habich* Sicherheits- und Gesundheitsschutz, S. 339 ff.; *Löwisch/Kaiser* § 87 Rn. 167; *Wiese* Anm. AP Nr. 113 zu § 87 BetrVG 1972 Lohngestaltung Bl. 10 f.). Das gilt auch für den **Eilfall** (vgl. *Wiese* Rdn. 159 ff.; a. M. *Fitting* § 87

Rn. 289; *Gamillscheg* II, S. 749; *Wlotzke* FS *Hilger* und *Stumpf*, 1983, S. 723 [746]; gegen die Mitbestimmung als Wirksamkeitsvoraussetzung *Bender/WPK* § 87 Rn. 152; *Matthes*/MünchArbR § 254 Rn. 25; *Richardi* § 87 Rn. 566; *Worzalla/HWGNRH* § 87 Rn. 113, 436; für Zulässigkeit individueller Vereinbarungen gegenüber betrieblichen Regelungen *H. Hanau* Individualautonomie, S. 136, die aber ohnehin nicht von § 87 Abs. 1 Nr. 7 erfasst sind). Soweit es sich um die Befolgung von Normen des Arbeitsschutzrechts handelt, ist ihr Inkrafttreten vorher bekannt, so dass rechtzeitig die erforderlichen Regelungen getroffen werden können. Sollte dies ausnahmsweise nicht möglich gewesen sein, weil etwa durch betriebliche Maßnahmen – z. B. die Aufstellung einer Maschine – erst die tatsächlichen Voraussetzungen für die Beachtung von Schutzvorschriften entstehen, kann u. U. ein **Notfall** vorliegen, der nur unter den von *Wiese* Rdn. 167 ff. bezeichneten Voraussetzungen den Arbeitgeber zu einseitigen Maßnahmen berechtigt. War jedoch dieser Sachverhalt vorhersehbar, ist entweder der Betriebsrat rechtzeitig zu beteiligen, oder die vorgesehene Änderung kann nicht erfolgen. Die Arbeitnehmer sind dadurch geschützt, dass sie nicht unter Bedingungen zu arbeiten brauchen, die den Vorschriften über den Arbeitsschutz widersprechen; sie haben dann ein **Leistungsverweigerungsrecht** (*BAG* 08.05.1996 EzA § 273 BGB Nr. 5 = AP Nr. 23 zu § 618 BGB Bl. 4 ff. m. w. N. [*Wlotzke*], 19.02.1997 EzA § 273 BGB Nr. 7 = AP Nr. 24 zu § 618 BGB Bl. 2 R ff. = SAE 1997, 316 [324 – *Mummenhoff*]; *N. Fabricius* Einstellung der Arbeitsleistung bei gefährlichen und normwidrigen Tätigkeiten [Diss. Halle], 1997; *Fitting* § 87 Rn. 290; *Klebe/DKKW* § 87 Rn. 260; *Kohte*/MünchArbR § 291 Rn. 22 ff.; *Molkentin* NZA 1997, 849 ff.; *Richardi* § 87 Rn. 567; *Staudinger/Oetker* BGB, § 618 Rn. 257 ff., zu § 9 Abs. 3 ArbSchG Rn. 267 ff.; *Worzalla/HWGNRH* § 87 Rn. 436; zu § 21 Abs. 6 Satz 2 GefStoffV a. F. *Möx* AuR 1992, 235 ff.; differenzierend *Löwisch/Kaiser* § 87 Rn. 167). Der Arbeitgeber wird daher, um nicht in Annahmeverzug zu geraten und das Arbeitsentgelt fortzahlen zu müssen (§ 615 BGB), sich schon im eigenen Interesse um eine Einigung mit dem Betriebsrat bemühen (für Unwirksamkeit einseitiger Maßnahmen auch *Hurlebaus* Fehlende Mitbestimmung bei § 87 BetrVG, S. 108, 133, der aber bei einzelvertraglichen Vereinbarungen, die zu Nachteilen für andere Arbeitnehmer führen, bis zur Entscheidung des Betriebsrats schwebende Unwirksamkeit annimmt). Deshalb ist es auch nicht überzeugend, wenn das *LAG Mecklenburg-Vorpommern* (18.10.2016 – 2 TaBVGa 1/16, Rn. 55) meint, nicht mitbestimmte Arbeitsschutzmaßnahmen des Arbeitgebers seien »in aller Regel immer noch besser als das gänzliche Unterlassen« solcher Maßnahmen. Insbesondere ein Unterlassungsanspruch des Betriebsrats wäre deswegen »widersinnig«. Richtig ist vielmehr, dass sich die Arbeitnehmer insgesamt nicht auf mitbestimmungswidrig ergriffene Arbeitsschutzmaßnahmen einlassen müssen und ihnen deshalb ein Leistungsverweigerungsrecht zusteht. Flankierend kann der Betriebsrat **Unterlassung** bzw. **Beseitigung** eines betriebsverfassungswidrigen Verhaltens verlangen (*BAG* 16.06.1998 EzA § 87 BetrVG 1972 Arbeitssicherheit Nr. 3 S. 9 f. = AP Nr. 7 zu § 87 BetrVG Gesundheitsschutz [*Merten*] = SAE 2000, 333 [*Carl*]; s. *Oetker* § 23 Rdn. 183 f.).

Können sich die Betriebspartner in einer nach § 87 Abs. 1 Nr. 7 BetrVG mitbestimmungspflichtigen **670** Angelegenheit nicht einigen, so entscheidet gem. § 87 Abs. 2 BetrVG die Einigungsstelle. Diese hat gem. § 76 Abs. 5 Satz 3 BetrVG für ihren Beschluss die Belange des Betriebes und der betroffenen Arbeitnehmer angemessen zu berücksichtigen und unter Beachtung des Zwecks des jeweiligen Mitbestimmungsrechts zu einem billigen Ausgleich zu bringen. Die **Einigungsstelle** hat den ihr übertragenen **Regelungsstreit** grundsätzlich **vollständig** und **abschließend** zu **lösen** (vgl. nur *BAG* 26.08.2008 EzA § 87 BetrVG 2001 Überwachung Nr. 2 Rn. 42 = AP Nr. 54 zu § 75 BetrVG 1972). Das Einigungsstellenverfahren soll die regelungsbedürftige Angelegenheit im Rahmen der gestellten Anträge endgültig zu regeln (*BAG* 11.02.2014 EzA § 87 BetrVG 2001 Gesundheitsschutz Nr. 9 Rn. 14 = AP Nr. 20 zu § 87 BetrVG 1972 Gesundheitsschutz). Deshalb muss die Einigungsstelle grundsätzlich selbst gestalten. Sie darf dem Arbeitgeber nach bestimmten inhaltlichen Vorgaben gewisse Entscheidungsspielräume belassen (*BAG* 26.08.2008 EzA § 87 BetrVG 2001 Überwachung Nr. 2 Rn. 42 = AP Nr. 54 zu § 75 BetrVG 1972). Es ist ihr aber verwehrt, ihre Regelungsbefugnis auf den Arbeitgeber zu übertragen; sie darf ihren Regelungsauftrag auch nicht einfach an die Betriebsparteien zurückgeben (*BAG* 26.08.2008 EzA § 87 BetrVG 2001 Überwachung Nr. 2 Rn. 42 = AP Nr. 54 zu § 75 BetrVG 1972). Ein Einigungsstellenspruch, mit dem die Einigungsstelle ihrem Regelungsauftrag nicht ausreichend nachkommt und keine abschließende Regelung trifft, ist unwirksam (*BAG* 11.02.2014 EzA § 87 BetrVG 2001 Gesundheitsschutz Nr. 9 Rn. 14 = AP Nr. 20 zu § 87 BetrVG 1972 Gesundheitsschutz; 28.03.2017 – 1 ABR 25/15, Rn. 11; *LAG Berlin-Brandenburg*

07.07.2016 NZA-RR 2016, 644, Rn. 92; *LAG Hamm* 25.11.2014 – 7 TaBV 45/14, Rn. 69; s. a. Rdn. 640).

f) Arbeitssicherheitsgesetz

aa) Verpflichtung des Arbeitgebers

671 Die betriebliche Organisation des Arbeitsschutzes ist durch das Gesetz über Betriebsärzte, Sicherheitsingenieure und andere Fachkräfte für Arbeitssicherheit (sog. Arbeitssicherheitsgesetz – ASiG) vom 12.12.1973 (BGBl. I, S. 1885), mit späteren Änderungen, wesentlich ausgebaut worden (zum Ganzen *Kohte*/MünchArbR § 296 Rn. 32 ff., § 290 Rn. 71 ff., § 292 Rn. 43 ff.). Das Gesetz enthält weithin nur **Rahmenbestimmungen**, die der Ausfüllung bedürfen. Soweit dies nicht durch Unfallverhütungsvorschriften, Rechtsverordnungen oder behördliche Anordnungen (Rdn. 643 f.) geschehen ist, hat der Betriebsrat nach Maßgabe des § 87 Abs. 1 Nr. 7 mitzubestimmen.

672 Nach § 1 ASiG gilt als Grundsatz, dass der **Arbeitgeber Betriebsärzte** und **Fachkräfte für Arbeitssicherheit** schriftlich (§ 2 Abs. 1, § 5 Abs. 1 ASiG; § 126 BGB) zu **bestellen** hat, die ihn beim Arbeitsschutz und bei der Unfallverhütung zwecks Verwirklichung der in dieser Vorschrift genannten Sicherheitsziele unterstützen sollen. Die **Verantwortung** des **Arbeitgebers** und der in § 13 ArbSchG genannten Personen für die Durchführung des Arbeitsschutzes wird dadurch nicht aufgehoben (amtliche Begründung, BT-Drucks. 7/260, S. 9; Bericht 11. Ausschuss, BT-Drucks. 7/1085, S. 4; *Doetsch/Schnabel* ASiG, § 1 Rn. 2; *Fitting* § 87 Rn. 312; *Kliesch/Nöthlichs/Wagner* ASiG, § 1 Rn. 8; *Rudolph* BB 1976, 370 [371]; *Spinnarke* Arbeitssicherheitsrecht von A–Z, S. 25; *Worzalla/HWGNRH* § 87 Rn. 437).

673 Eine **Verpflichtung zur Bestellung** besteht, soweit diese im Hinblick auf die Betriebsart, die Zahl der beschäftigten Arbeitnehmer und die Zusammensetzung der Arbeitnehmerschaft (z. B. im Hinblick auf Frauen, Jugendliche, ausländische Arbeitnehmer) sowie die Betriebsorganisation erforderlich ist (§ 2 Abs. 1, § 5 Abs. 1 ASiG). Danach richten sich auch die **Zahl** und die **Einsatzzeiten** der Betriebsärzte bzw. Fachkräfte für Arbeitssicherheit sowie deren Qualifikation (Sicherheitsingenieure, -techniker, -meister).

674 Konkretisierungen dieser Verpflichtung ergeben sich aus den **Unfallverhütungsvorschriften**, die von den Unfallversicherungsträgern nach § 15 Abs. 1 Nr. 6 SGB VII (vorher § 708 Abs. 1 Nr. 4 RVO) zu erlassen sind. Diesen Vorschriften sind vor allem die **Einsatzzeiten** zu entnehmen. Einsatzzeit ist die Arbeitszeit, die den Betriebsärzten oder Fachkräften für Arbeitssicherheit zur Erfüllung ihrer Aufgaben im Betrieb je Jahr und Arbeitnehmer mindestens zur Verfügung stehen muss (UVV Betriebsärzte und Fachkräfte für Arbeitssicherheit [DGUV Vorschrift 2] vom 01.01.2011 nebst Anlagen, insbesondere zu § 2; vgl. dazu allgemein *E. Jung* BG 2011, 344; *Riesenberg-Mordeja/Heegner* AiB 2012, 517). Wegezeiten von nicht im Betrieb eingestellten Betriebsärzten oder Fachkräften für Arbeitssicherheit zählen nicht als Einsatzzeit. Während vormals in den entsprechenden Unfallverhütungsvorschriften grundsätzlich feste Einsatzzeiten vorgesehen waren, erfolgt nunmehr über ausdifferenziertere Regelungen eine bedarfsgerechtere Ermittlung. Der Unternehmer kann – abhängig von der Betriebsgröße – zwischen einer »Regelbetreuung« und einer »alternativen Betreuung« wählen.

675 Soweit der Träger der gesetzlichen Unfallversicherung keine entsprechende Unfallverhütungsvorschrift erlassen oder eine unzureichend gewordene Unfallverhütungsvorschrift nicht geändert hat, kann das Bundesministerium für Arbeit und Soziales nach Ablauf einer von ihm gesetzten angemessenen Frist durch **Rechtsverordnung** mit Zustimmung des Bundesrats die Verpflichtungen des Arbeitgebers konkretisieren (§ 14 ASiG).

676 Eine weitere Konkretisierung der Verpflichtungen des Arbeitgebers kann sich im Einzelfall aus **behördlichen Anordnungen** ergeben (§ 12 ASiG). In diesem Fall hat die zuständige Behörde vorher den Arbeitgeber und den Betriebsrat zu hören und mit ihm zu erörtern, welche Maßnahmen angebracht erscheinen (§ 12 Abs. 2 Nr. 1 ASiG); über eine gegenüber dem Arbeitgeber getroffene Anordnung hat sie den Betriebsrat schriftlich in Kenntnis zu setzen (§ 12 Abs. 4 ASiG; vgl. auch § 89 Rdn. 73). Dadurch wird der Arbeitgeber von seiner dem Betriebsrat gegenüber nach § 89 Abs. 2

Satz 2 bestehenden Mitteilungspflicht nicht befreit (Bericht des 11. Ausschusses, BT-Drucks. 7/1085, S. 8).

Über die durch Gesetz, Unfallverhütungsvorschrift und behördliche Anordnungen bestimmte Verpflichtung hinaus können nach § 88 Nr. 1 durch **freiwillige Betriebsvereinbarung** eine höhere Zahl von Betriebsärzten und Fachkräften für Arbeitssicherheit sowie höhere Einsatzzeiten festgesetzt werden (*Galperin/Löwisch* § 87 Rn. 163; *Spinnarke/Schork* ASiR, § 9 ASiG Rn. 30). **677**

Bei der Feststellung des **Inhalts** der nach dem ASiG, den einschlägigen Unfallverhütungsvorschriften, Verordnungen und Anordnungen bestehenden **Verpflichtung** des Arbeitgebers hinsichtlich der Zahl, Einsatzzeit und Qualifikation der Betriebsärzte bzw. Fachkräfte handelt es sich um keinen regelungsbedürftigen Tatbestand, sondern um eine **Rechtsfrage**, die daher nicht der Mitbestimmung des Betriebsrats unterliegt (hinsichtlich Zahl und Einsatzzeit *Spinnarke* BB 1976, 798 [799]; vgl. auch amtliche Begründung, BT-Drucks. 7/260, S. 10 f. [12 f.]; aber auch Bericht 11. Ausschuss, BT-Drucks. 7/1085, S. 7; **a. M.** *Denck* ZfA 1976, 447 [463 ff.]; *Fitting* § 87 Rn. 325; *Galperin/Löwisch* § 87 Rn. 162 ff., aber widersprüchlich; *Hofe* Betriebliche Mitbestimmung und Humanisierung der Arbeitswelt, S. 123 ff.; *Kliesch/Schmidt* Gesundheitsschutz und Sicherheitstechnik in Betrieben, § 9 Erl. zu Abs. 3 [S. 26]; **a. M.** hinsichtlich der Qualifikation *Kliesch* ArbSch. 1974, 346 [348]). **678**

bb) Auswahlentscheidung
Soweit der Arbeitgeber zur Bestellung von **Betriebsärzten** bzw. **Fachkräften für Arbeitssicherheit** verpflichtet ist, kann er diese Personen als – voll- oder teilzeitbeschäftigte – **Arbeitnehmer einstellen** oder als **freiberufliche Kräfte beschäftigen** (§ 2 Abs. 3 Satz 2, 4, § 5 Abs. 3 Satz 2, 4 ASiG; amtliche Begründung, BT-Drucks. 7/260, S. 11, 13); er kann aber auch einen **überbetrieblichen Dienst verpflichten** (§ 19 ASiG; zu dessen Errichtung durch die Unfallversicherungsträger § 24 Abs. 1 Satz 1 SGB VII) oder hierzu verpflichtet werden (§ 24 Abs. 2 SGB VII). Hinsichtlich der Auswahl unter diesen Möglichkeiten einschließlich ihrer Kombination hat der Betriebsrat nach § 87 Abs. 1 Nr. 7 mitzubestimmen (*BAG* 10.04.1979 EzA § 87 BetrVG 1972 Arbeitssicherheit Nr. 2 S. 9 ff. *[Gaul]* = AP Nr. 1 zu § 87 BetrVG 1972 Arbeitssicherheit *[Hanau]*; *LAG* Berlin-Brandenburg 07.07.2016 NZA-RR 2016, 644 Rn. 123; *LAG* Hamburg 26.03.2015 – 1 TaBV 6/14, Rn. 36; *ArbG Hamburg* 02.07.2014 NZA-RR 2014, 592 Rn. 31; *Anzinger/Bieneck* ASiG, § 9 Rn. 31 f.; *Bertzbach* FS *Däubler*, 1999, 158 f.; *Fitting* § 87 Rn. 316; *Galperin/Löwisch* § 87 Rn. 162, 164; *Klebe/DKKW* § 87 Rn. 232; *Richardi* § 87 Rn. 571 f., 573 f.; *Staudinger/Oetker* BGB, § 618 Rn. 212 ff.; **a. M.** *LAG* Berlin 10.02.1977 BB 1977, 1399; *LAG* Hamm 16.06.1978 EzA § 87 BetrVG 1972 Arbeitssicherheit Nr. 1 S. 3 ff.; *Stege/Weinspach/Schiefer* § 87 Rn. 130e; *Worzalla/HWGNRH* § 87 Rn. 451). Weitere Nachweise 6. Aufl. § 87 Rn. 650. **679**

Die Mitbestimmung bei der Auswahlentscheidung lässt sich nicht damit verneinen, dass sonst entgegen § 9 Abs. 3 Satz 3 ASiG dem Betriebsrat ein Mitbestimmungsrecht auch bei der Verpflichtung und Entpflichtung freiberuflich tätiger Kräfte oder eines überbetrieblichen Dienstes eingeräumt werde. Andererseits lässt sich die Mitbestimmung nach § 87 Abs. 1 Nr. 7 nicht damit begründen, dass sonst die Mitbestimmung nach § 9 Abs. 3 Satz 1 ASiG bei der Bestellung und Abberufung als Arbeitnehmer einzustellender Kräfte umgangen werden könnte (so aber *Denck* ZfA 1976, 447 [465]; *Galperin/Löwisch* § 87 Rn. 164; *Hofe* Betriebliche Mitbestimmung und Humanisierung der Arbeitswelt, S. 124). Auch die dem Arbeitgeber verbleibende Verantwortung für die Durchführung des Arbeitsschutzes steht der Mitbestimmung nicht entgegen (**a. M.** *Worzalla/HWGNRH* § 87 Rn. 451). Ausschlaggebend für diese ist, dass die von der konkreten Bestellung bzw. Verpflichtung unabhängige Grundsatzentscheidung über die zweckmäßigste Form der Betreuung die Interessen der Belegschaft wesentlich berührt und die Mitbestimmung daher nach dem Schutzzweck des § 87 Abs. 1 Nr. 7 geboten ist. Nach Ansicht des *LAG* Berlin-Brandenburg (07.07.2016 NZA-RR 2016, 644 Rn. 124 ff.) habe jedoch in unionsrechtskonformer Auslegung der §§ 1 und 19 ASiG die Bestellung innerbetrieblicher Fachkräfte gegenüber der Beauftragung freiberuflich tätiger Fachkräfte oder eines überbetrieblichen Dienstes Vorrang. **680**

Die **Mitbestimmung** bei der Auswahl ist **auch** dann gegeben, wenn die Unfallversicherungsträger gemäß § 24 Abs. 2 SGB VII (vorher § 719a RVO) einen **überbetrieblichen Dienst mit Anschluss-** **681**

§ 87

zwang eingerichtet haben, weil von letzterem unter den im Gesetz genannten Voraussetzungen eine Befreiung möglich ist und damit nach erfolgreichem Antrag eine Wahlfreiheit des Arbeitgebers besteht (*Anzinger/Bieneck* ASiG, § 9 Rn. 33 ff.; *Fitting* § 87 Rn. 316; *Galperin/Löwisch* § 87 Rn. 164; *Hanau* Anm. AP Nr. 1 zu § 87 BetrVG 1972 Arbeitssicherheit Bl. 7; *Richardi* § 87 Rn. 573; *Staudinger/Oetker* BGB, § 618 Rn. 213; wohl auch *Kliesch/Nöthlichs/Wagner* ASiG, § 21 Rn. 5.3; vgl. auch Rdn. 632, 644).

cc) Bestellung und Abberufung; Verpflichtung und Entpflichtung

682 Nach § 9 Abs. 3 Satz 1 ASiG sind die als **Arbeitnehmer einzustellenden Betriebsärzte** und **Fachkräfte für Arbeitssicherheit** mit **Zustimmung** des **Betriebsrats** zu **bestellen** und **abzuberufen** (zur Qualifikation §§ 4, 7, 18 ASiG). Gleichgültig ist, ob es sich dabei um **leitende Angestellte** i. S. d. § 5 Abs. 3, 4 handelt (*Fitting* § 87 Rn. 322; *Graeff* ASiG, § 9 Rn. 5.1; *Hütig* DB 1975, 594 [596]; *Klebe/DKKW* § 87 Rn. 233; *Kliesch/Nöthlichs/Wagner* ASiG, § 9 Rn. 7.1; *Richardi* § 87 Rn. 583; *Worzalla/HWGNRH* § 87 Rn. 439; zur Verneinung der Eigenschaft des Betriebsarztes als leitender Angestellter *LAG Baden-Württemberg/Mannheim* 31.03.1977 AP Nr. 17 zu § 5 BetrVG 1972; bejahend dagegen *Budde* BB 1983, 1797; *Sohnius/Schirdewahn* DB 1978, 2315 m. w. N.; vgl. auch oben *Raab* § 5 Rdn. 232; *Spinnarke/Schork* ASiR, § 9 ASiG Rn. 21). Für **Strahlenschutzbeauftragte** ist eine entsprechende Regelung der StrlSchV nicht zu entnehmen (a. M. *Klebe/DKKW* § 87 Rn. 233).

683 Unter **Bestellung** ist die **Einweisung** in die **Funktion** eines **Betriebsarztes** bzw. einer **Fachkraft für Arbeitssicherheit**, dagegen **nicht** die **Einstellung** in den **Betrieb** zu verstehen (*Doetsch/Schnabel* ASiG, § 9 Rn. 6; *Fitting* § 87 Rn. 322; *Galperin/Löwisch* § 87 Rn. 167; *Giese/Ibels/Rehkopf* ASiG, § 9 Rn. 7; *Graeff* ASiG, § 9 Rn. 5.1; *Hütig* DB 1975, 594 [595]; *Rudolph* BB 1976, 370 [372]; *Spinnarke/Schork* ASiR, § 2 ASiG Rn. 11, § 9 ASiG Rn. 17; *Stege/Weinspach/Schiefer* § 87 Rn. 130d; *Worzalla/HWGNRH* § 87 Rn. 439, 443). Diese unterliegt daher nicht der Mitbestimmung nach § 9 Abs. 3 ASiG, sondern nach § 99 BetrVG bzw. der Mitteilung nach § 105 (a. M. *Richardi* § 87 Rn. 577). Die Ersetzung der Zustimmung zur Bestellung durch die Einigungsstelle nach § 9 Abs. 3 ASiG ersetzt daher nicht zugleich die Zustimmung nach § 99 (*Fitting* § 87 Rn. 323). Jedoch ist das Einverständnis des Betriebsrats mit der Beschäftigung eines Betriebsarztes oder Fachkraft für Arbeitssicherheit sowohl als Zustimmung nach § 9 Abs. 3 ASiG als auch nach § 99 BetrVG zur Einstellung auszulegen (*BAG* 24.03.1988 EzA § 9 ASiG Nr. 1 = AP Nr. 1 zu § 9 ASiG Bl. 9; *Fitting* § 87 Rn. 322; *Giese/Ibels/Rehkopf* ASiG, § 9 Rn. 10; *Klebe/DKKW* § 87 Rn. 234; *Kliesch/Nöthlichs/Wagner* ASiG, § 9 Rn. 7.3; *Rudolph* BB 1976, 370 [372]). Widerspricht der Betriebsrat allerdings ausdrücklich nur der Bestellung und nicht der Einstellung, weil er den Betreffenden nicht für geeignet hält, gegen die Einstellung mangels Gründen i. S. d. § 99 Abs. 2 aber nichts einzuwenden hat, muss der Arbeitgeber die Einigungsstelle anrufen, um die nach § 9 Abs. 3 Satz 1 ASiG erforderliche Zustimmung ersetzen zu lassen (zutr. *Worzalla/HWGNRH* § 87 Rn. 444). Im umgekehrten Fall der nur verweigerten Einstellung z. B. wegen unterlassener Ausschreibung (§ 99 Abs. 2 Nr. 5) muss der Arbeitgeber nach § 99 Abs. 4 beim Arbeitsgericht beantragen, die Zustimmung zu ersetzen (*Worzalla/HWGNRH* § 87 Rn. 444). Ebenso liegt in dem Einverständnis des Betriebsrats mit der Bestellung eines Arbeitnehmers aus dem Betrieb in der Regel nicht nur die Zustimmung nach § 9 Abs. 3 ASiG, sondern auch zur Versetzung nach § 99 BetrVG (*Fitting* § 87 Rn. 322; *Worzalla/HWGNRH* § 87 Rn. 445).

684 Entsprechende Grundsätze wie für die Bestellung gelten für die **Abberufung** eines Betriebsarztes oder einer Fachkraft für Arbeitssicherheit. Diese beendet nur die entsprechende Funktion, dagegen nicht ein zu diesen Personen bestehendes Arbeitsverhältnis, zumal auch deren anderweitige Beschäftigung im Betrieb oder Unternehmen denkbar ist. Eine ordentliche oder außerordentliche Kündigung des Arbeitsverhältnisses unterliegt unabhängig von der Abberufung der Mitbestimmung nach § 102 (*Fitting* § 87 Rn. 324; *Richardi* § 87 Rn. 578; *Stege/Weinspach/Schiefer* § 87 Rn. 130d). Der Antrag nach § 9 Abs. 3 ASiG und die Mitteilung zur Einleitung des Anhörungsverfahrens nach § 102 Abs. 1 können in demselben Schreiben des Arbeitgebers enthalten sein, sofern für den Betriebsrat erkennbar ist, dass der Arbeitgeber beide Verfahren durchführen will (*LAG Bremen* 09.01.1998 AP Nr. 3 zu § 9 ASiG Bl. 5 R). Stimmt der Betriebsrat der Abberufung nach § 9 Abs. 3 ASiG zu, ist eine daraufhin vom Arbeitgeber ausgesprochene Kündigung aus betriebsbedingten Gründen regelmäßig sozial gerechtfertigt, wenn kein anderer Arbeitsplatz zur Verfügung steht (*LAG Bremen* 09.01.1998 AP Nr. 3

zu § 9 ASiG, Bl. 4 R ff.). Wird nach der Abberufung einer angestellten Betriebsärztin ein freiberuflicher Arzt oder ein Betriebsarzt eines anderen Konzernunternehmens mit den betriebsärztlichen Aufgaben im Betrieb betraut und nutzt dieser die Räume und Geräte des Arbeitgebers und arbeitet mit den für die betriebsärztliche Stelle eingestellten Krankenschwestern zusammen, findet § 613a BGB keine Anwendung (*LAG Bremen* 09.01.1998 AP Nr. 3 zu § 9 ASiG, Bl. 7 R ff.). Hat der Betriebsrat einer Abberufung des Betriebsarztes nach § 9 Abs. 3 ASiG nicht zugestimmt und ist die Zustimmung nicht von der Einigungsstelle ersetzt worden, so ist die Kündigung jedenfalls dann unwirksam, wenn sie auf sachlich mit der Tätigkeit des Betriebsarztes in untrennbarem Zusammenhang stehende Gründe gestützt wird (*BAG* 24.03.1988 EzA § 9 ASiG Nr. 1 = AP Nr. 1 zu § 9 ASiG Bl. 3 ff. = SAE 1989, 290 [abl. *Blomeyer/Reichold*]; *Richardi* § 87 Rn. 584; ferner *Klebe/DKKW* § 87 Rn. 234; *Kliesch/Nöthlichs/Wagner* ASiG, § 9 Rn. 7.4, die generell bei einer von der Einigungsstelle bestätigten Ablehnung der Zustimmung des Betriebsrats zur Abberufung die Zulässigkeit der Kündigung verneinen; **a. M.** *Worzalla/HWGNRH* § 87 Rn. 446). Liegen solche Gründe nicht vor, so führt eine wirksame Kündigung zugleich zur Abberufung, weil damit der Tätigkeit des Betriebsarztes die Rechtsgrundlage entzogen wird (*LAG Niedersachsen* 29.10.2015 NZA-RR 2016, 186 Rn. 44; vgl. auch *Galperin/Löwisch* § 87 Rn. 167; *Klebe/DKKW* § 87 Rn. 234; insoweit offen gelassen *BAG* 24.03.1988 EzA § 9 ASiG Nr. 1 = AP Nr. 1 zu § 9 ASiG Bl. 6 R). Das folgt auch aus § 9 Abs. 3 Satz 3 ASiG, weil bei Nichtarbeitnehmern nur ein Anhörungsrecht des Betriebsrats besteht (Rdn. 687). Jedoch ist die fehlende Zustimmung des Betriebsrats zur Abberufung im Kündigungsschutzprozess bei der sozialen Rechtfertigung der ordentlichen Kündigung zu prüfen (*Galperin/Löwisch* § 87 Rn. 167; *Worzalla/HWGNRH* § 87 Rn. 446; zum Ganzen auch *Bertzbach* FS *Däubler*, 1999, S. 158 [160 ff.]). Für strikte Trennung von Kündigung und Abberufung *Bloesinger* NZA 2004, 467 ff. Danach sei die fehlende Zustimmung des Betriebsrats zur Abberufung ohne Einfluss auf die Wirksamkeit der Kündigung, bewirke aber die Unwirksamkeit der Abberufung. In analoger Anwendung der §§ 17, 18 KSchG könne die Entlassung eines Betriebsarztes oder einer Fachkraft für Arbeitssicherheit erst erfolgen, wenn die auch nach einer Kündigung noch mögliche Zustimmung des Betriebsrats zur Abberufung vorliege oder durch die Einigungsstelle ersetzt worden sei. Bis dahin bleibe das Arbeitsverhältnis in Kraft. Das *LAG Niedersachsen* (29.10.2015 NZA-RR 2016, 186 Rn. 47 ff.) hält die Kündigung einer Fachkraft für Arbeitssicherheit nicht schon dann für rechtsunwirksam, wenn der Betriebsrat der Abberufung gem. § 9 ASiG nicht ausdrücklich zugestimmt hat. Die Kündigung sei allerdings ggfs. gem. § 134 BGB i. V. m. § 8 Abs. 1 Satz 2 ASiG unwirksam, wenn die Fachkraft wegen der Erfüllung der ihr übertragenen Aufgaben benachteiligt würde, da eine Benachteiligung auch in dem Ausspruch einer Kündigung liegen könne.

Die nach § 9 Abs. 3 Satz 1 ASiG erforderliche – im Hinblick auf den Schutzzweck der Vorschrift vorherige – **Zustimmung** ist **Wirksamkeitsvoraussetzung** der Bestellung bzw. Abberufung (vgl. allgemein *Wiese* Rdn. 100 ff.; *BAG* 24.03.1988 EzA § 9 ASiG Nr. 1 = AP Nr. 1 zu § 9 ASiG Bl. 3 R, 4 R ff.; *LAG Brandenburg* 15.01.1998 AuR 1998, 331; *LAG Bremen* 09.01.1998 AP Nr. 3 zu § 9 ASiG Bl. 5; *Fitting* § 87 Rn. 319; *Klebe/DKKW* § 87 Rn. 237; *Staudinger/Oetker* BGB, § 618 Rn. 216; *Sund* ArbSch. 1977, 66; für Zulässigkeit einer nachträglichen Zustimmung *Doetsch/Schnabel* ASiG, § 9 Rn. 7; *Giese/Ibels/Rehkopf* ASiG, § 9 Rn. 10; *Kliesch/Nöthlichs/Wagner* ASiG, § 9 Rn. 7.5; *Krebs* RdA 1975, 153 [156]; *Richardi* § 87 Rn. 584; *Spinnarke/Schork* ASiR, § 9 ASiG Rn. 15, 23; *Worzalla/HWGNRH* § 87 Rn. 442; für Unwirksamkeit ohne Stellungnahme zur vorherigen Zustimmung auch *Galperin/Löwisch* § 87 Rn. 167; *Graeff* ASiG, § 9 Rn. 5.1; *Hütig* DB 1975, 594 [595]). Bei unwirksamer Bestellung des Betriebsarztes oder der Fachkraft für Arbeitssicherheit brauchen Arbeitnehmer deren Anordnungen nicht zu befolgen. **Verweigert der Betriebsrat** seine **Zustimmung** zur Bestellung oder Abberufung, entscheidet gemäß § 9 Abs. 3 Satz 2 ASiG i. V. m. § 87 Abs. 2 BetrVG die **Einigungsstelle** (*BAG* 24.03.1988 EzA § 9 ASiG Nr. 1 = AP Nr. 1 zu § 9 ASiG Bl. 4 R; *Giese/Ibels/Rehkopf* ASiG, § 9 Rn. 14; *Kliesch/Nöthlichs/Wagner* ASiG, § 9 Rn. 7.7; *Richardi* § 87 Rn. 579; *Worzalla/HWGNRH* § 87 Rn. 447). Zur Beendigung des Arbeitsverhältnisses Rdn. 684. **685**

Im Gegensatz zu § 98 Abs. 2 BetrVG, der für die Bestellung und Abberufung von Ausbildern bestimmte Voraussetzungen aufführt, sind in § 9 Abs. 3 ASiG **Gründe** für die Zulässigkeit der **Verweigerung** der **Zustimmung** oder der Berechtigung des Verlangens zur **Abberufung** nicht genannt. Der Betriebsrat kann daher alle Gründe geltend machen, die unter Berücksichtigung der Belange des Betriebs und der betroffenen Arbeitnehmer sachlich begründet sind. Er kann daher z. B. der Bestel- **686** lung nicht nur wegen mangelnder Qualifikation des Betriebsarztes bzw. der Fachkraft widersprechen, sondern auch, wenn es an der erforderlichen Vertrauensbasis für eine gedeihliche Zusammenarbeit fehlt (*LAG Bremen* 09.01.1998 AP Nr. 3 zu § 9 ASiG Bl. 6; *Richardi* § 87 Rn. 580; *Worzalla / HWGNRH* § 87 Rn. 448; wohl auch *Graeff* ASiG, § 9 Rn. 5.1; *Rudolph* BB 1976, 370 [372]; *Spinnarke / Schork* ASiR, § 9 ASiG Rn. 16). Soweit auch die fachliche Qualifikation zweifelhaft ist, kann die Einigungsstelle über diese Rechtsfrage mitentscheiden. Der Betriebsrat muss seine Zustimmung zur Abberufung eines Betriebsarztes bzw. einer Fachkraft allerdings erteilen, soweit der Arbeitgeber hierzu gesetzlich verpflichtet ist (*Richardi* § 87 Rn. 580). Dieser muss im Rahmen seiner Überwachungspflicht aus § 2 Abs. 2 Satz 1 ASiG eine solche Maßnahme ergreifen, wenn Mängel bei der Aufgabenerfüllung nicht auf andere Weise beseitigt werden können (*Spinnarke / Schork* ASiR, § 2 ASiG Rn. 22).

687 Vor der **Verpflichtung** oder **Entpflichtung** eines **freiberuflich** tätigen **Arztes**, einer **freiberuflich** tätigen **Fachkraft für Arbeitssicherheit** oder eines **überbetrieblichen Dienstes** ist der **Betriebsrat** nach § 9 Abs. 3 Satz 3 ASiG nur zu **hören**. Ein Mitbestimmungsrecht ist auch nicht aus § 87 Abs. 1 Nr. 7 zu begründen, da die Vorschrift des § 9 Abs. 3 Satz 3 ASiG als gesetzliche Regelung i. S. d. Eingangssatzes des § 87 anzusehen ist (insoweit zutr. *LAG Berlin* 10.02.1977 BB 1977, 1399; *LAG Hamm* 16.01.1978 EzA § 87 BetrVG 1972 Arbeitssicherheit Nr. 1 S. 5; *ArbG Berlin* 23.06.1976 BB 1976, 1367 f.). Entsprechendes gilt auch, wenn der Arbeitgeber sich aufgrund der Satzung seines Unfallversicherungsträgers gemäß § 24 Abs. 1 Satz 1, Abs. 2 Satz 1 SGB VII (vorher § 719a Satz 3 RVO) einem überbetrieblichen arbeitsmedizinischen und sicherheitstechnischen Dienst anschließt bzw. anschließen muss (*Fitting* § 87 Rn. 320; *Giese / Ibels / Rehkopf* ASiG, § 9 Rn. 15; *Kliesch / Nöthlichs / Wagner* ASiG, § 9 Rn. 8; *Richardi* § 87 Rn. 585).

688 Da der Zweck der Vorschrift darin besteht, eine vertrauensvolle Zusammenarbeit zwischen Betriebsrat und Arbeitgeber zu gewährleisten und eine dem § 102 Abs. 1 Satz 3 entsprechende Regelung fehlt, ist die **Wirksamkeit** der **Verpflichtung** und **Entpflichtung nicht** von der **Anhörung** des **Betriebsrats abhängig** (*Fitting* § 87 Rn. 320; *Giese / Ibels / Rehkopf* ASiG, § 9 Rn. 16; *Richardi* § 87 Rn. 587; *Spinnarke / Schork* ASiR, § 9 ASiG Rn. 36; *Staudinger / Oetker* BGB, § 618 Rn. 216; *Sund* ArbSch. 1977, 66; **a. M.** *Graeff* ASiG, § 9 Rn. 5.2; *Schmatz / Nöthlichs* Sicherheitstechnik [ASiG], § 9 Rn. III B 1). Der Betriebsrat kann sich aber an die zuständige Behörde wenden, damit diese gegen den Arbeitgeber nach § 12 ASiG vorgeht (*Kliesch / Nöthlichs / Wagner* ASiG, § 9 Rn. 8).

dd) Zuweisung, Erweiterung und Einschränkung von Aufgaben

689 Die Aufgaben der **Betriebsärzte**, die ihnen mit der schriftlichen Bestellung durch den Arbeitgeber zu übertragen sind (§ 2 Abs. 1 ASiG), sind in § 3 Abs. 1 Satz 1 ASiG allgemein dahin umschrieben, dass sie den **Arbeitgeber** beim Arbeitsschutz und bei der Unfallverhütung in allen Fragen des **Gesundheitsschutzes zu unterstützen** haben. Ebenso haben nach § 6 Satz 1 ASiG (zur Bestellung und Übertragung § 5 Abs. 1 ASiG) die **Fachkräfte** für **Arbeitssicherheit** den Arbeitgeber beim Arbeitsschutz und bei der Unfallverhütung in allen Fragen der **Arbeitssicherheit** einschließlich der **menschengerechten Gestaltung der Arbeit zu unterstützen**. Bei den in § 3 Abs. 1 Satz 2 und § 6 Satz 2 ASiG aufgeführten einzelnen Aufgaben handelt es sich lediglich um Beispiele, die den Zuständigkeitsbereich der Betriebsärzte und Fachkräfte für Arbeitssicherheit nicht ausschöpfen. Jedoch können durch Unfallverhütungsvorschriften, Rechtsverordnungen oder behördliche Anordnungen (Rdn. 674 ff.) Einzelpflichten abschließend konkretisiert werden.

690 Über den **Umfang** der den angestellten Ärzten oder Fachkräften für Arbeitssicherheit **zu übertragenden Aufgaben** hat der **Betriebsrat mitzubestimmen** (im Ergebnis ebenso *LAG Berlin* 31.03.1981 DB 1981, 1519 [1520]; *LAG Berlin-Brandenburg* 07.07.2016 NZA-RR 2016, 644 Rn. 96 ff.; *LAG Schleswig-Holstein* 21.01.2014 LAGE § 98 ArbGG 1979 Nr. 70 Rn. 42; *ArbG München* 03.12.1980 AuR 1981, 284; *Denck* ZfA 1976, 447 [465]; *Fitting* § 87 Rn. 325; *Galperin / Löwisch* § 87 Rn. 165; *Graeff* ASiG, § 9 Rn. 5.1; *Klebe / DKKW* § 87 Rn. 236; *Kliesch / Nöthlichs / Wagner* ASiG, § 9 Rn. 7.2; *Partikel* in *Krause / Pillat / Zander* Arbeitssicherheit, Gruppe 4, S. 154; *Spinnarke / Schork* ASiR, § 9 ASiG Rn. 22, 31; *Worzalla / HWGNRH* § 87 Rn. 440; **a. M.** *Giese / Ibels / Rehkopf* ASiG, § 9 Rn. 10; *Spinnarke* BB 1976, 798 [799]). Dabei ist jedoch zu beachten, dass der Aufgabenbereich als solcher durch § 3 Abs. 1 und § 6 ASiG festliegt und auch die Verpflichtung des Arbeitgebers zur

Übertragung nach § 2 Abs. 1 und § 5 Abs. 1 ASiG durch das Merkmal der Erforderlichkeit bestimmt ist. Inwieweit der **Arbeitgeber** überhaupt **Aufgaben zu übertragen verpflichtet** ist, ist daher eine der Mitbestimmung nicht unterliegende **Rechtsfrage**. Jedoch können diese Aufgaben bei mehreren Betriebsärzten oder Fachkräften für Arbeitssicherheit auf diese in unterschiedlicher Weise verteilt werden. Das ist zwar keine Regelung i. S. d. § 87 Abs. 1 Nr. 7, weil es um die konkrete Zuweisung der Aufgaben an bestimmte Personen geht. Jedoch ist nach dem Zweck des § **9 Abs. 3 Satz 2 ASiG**, der dem Betriebsrat ausdrücklich ein **Mitbestimmungsrecht** bei der **Erweiterung** oder **Einschränkung** von **Aufgaben** einräumt, die Mitbestimmung **auch** bei der **erstmaligen Übertragung** von **Aufgaben** zu bejahen. Da Bestellung und Aufgabenübertragung miteinander verbunden sind (§ 2 Abs. 1, § 5 Abs. 1 ASiG), hat der Gesetzgeber anscheinend im Hinblick auf die Mitbestimmung des Betriebsrats bei der Bestellung (§ 9 Abs. 3 Satz 1 ASiG), wenn sie auch begrifflich von der Zuweisung zu unterscheiden ist, für letztere eine ausdrückliche Regelung für überflüssig gehalten. Ohnehin kann der Betriebsrat Einwände gegen die Zuweisung von Aufgaben dadurch geltend machen, dass er seine nach § 9 Abs. 3 Satz 1 ASiG zur Bestellung erforderliche Zustimmung verweigert. Auch könnte er, würde man ihm die Mitbestimmung bei der Übertragung von Aufgaben versagen, nach § 9 Abs. 3 Satz 2 ASiG aufgrund seines Initiativrechts (Rdn. 702 f.) sofort eine Erweiterung oder Einschränkung der erstmalig zugewiesenen Aufgaben durchzusetzen versuchen. Das sind überflüssige Umwege, die dafür sprechen, das Mitbestimmungsrecht bereits für die erstmalige Zuweisung von Aufgaben zu bejahen (im Ergebnis auch *LAG Berlin-Brandenburg* 07.07.2016 NZA-RR 2016, 644 Rn. 102).

Die Mitbestimmung ist damit bei **angestellten Ärzten** und **Fachkräften für Arbeitssicherheit** **Wirksamkeitsvoraussetzung** für die **erstmalige Übertragung** sowie die **Einschränkung** und **Erweiterung** von **Aufgaben** (*Giese / Ibels / Rehkopf* ASiG, § 9 Rn. 10 – nicht für die erstmalige Übertragung; *Klebe / DKKW* § 87 Rn. 236 f.; *Richardi* § 87 Rn. 593; *Worzalla / HWGNRH* § 87 Rn. 449; vgl. auch *Hütig* DB 1975, 594 [595]; *Spinnarke / Schork* ASiR, § 9 ASiG Rn. 22). Anders verhält es sich bei der Übertragung von Aufgaben auf **freiberuflich tätige Ärzte** und **Fachkräfte für Arbeitssicherheit** oder auf **überbetriebliche Dienste** (§ 19 ASiG). Hier besteht nur ein **Anhörungsrecht** des Betriebsrats bei der Verpflichtung oder Entpflichtung, dagegen kein Mitbestimmungsrecht (§ 9 Abs. 3 Satz 3 ASiG; *BAG* 06.12.1983 EzA § 87 BetrVG 1972 Bildschirmarbeitsplatz Nr. 1 = AP Nr. 7 zu § 87 BetrVG 1972 Überwachung Bl. 15 R; **a. M.** *LAG Berlin-Brandenburg* 07.07.2016 NZA-RR 2016, 644 Rn. 102). Gleiches gilt für die Einschränkung oder Erweiterung von Aufgaben (*Richardi* § 87 Rn. 592). Der Arbeitgeber ist seinerseits verpflichtet, den genannten Personen oder dem überbetrieblichen Dienst als solchem die in § 3 oder § 6 ASiG genannten Aufgaben zu übertragen, so dass anders als bei angestellten Betriebsärzten und Fachkräften für Arbeitssicherheit das Problem der Zuweisung von einzelnen Aufgaben nicht besteht. Eine Mitbestimmung des Betriebsrats scheidet daher aus (*LAG Berlin* 31.03.1981 DB 1981, 1519 [1520]; *Spinnarke / Schork* ASiR, § 9 ASiG Rn. 36).

Zur **Rechtsstellung** der **Betriebsärzte** und **Fachkräfte für Arbeitssicherheit**, die unmittelbar dem Leiter des Betriebs unterstehen, § 8 ASiG (hierzu *BAG* 15.12.2009 EzA § 8 ASiG Nr. 1 = AP Nr. 1 zu § 8 ASiG; *Hütig* DB 1975, 594 [595]), zu deren strafrechtlicher Verantwortung *Benz* BB 1991, 1185, zur Schweigepflicht des Betriebsarztes *Däubler* BB 1989, 282, zu den beiden gegenüber bestehenden Rechten und Pflichten des Arbeitgebers § 2 Abs. 2, 3, § 5 Abs. 2, 3 ASiG.

ee) Gebot der Zusammenarbeit

Gemäß § 10 Satz 1 und 2 ASiG haben die **Betriebsärzte** und **Fachkräfte für Arbeitssicherheit** bei der Erfüllung ihrer Aufgaben **zusammenzuarbeiten**, wozu insbesondere gemeinsame Betriebsbegehungen gehören. Beide haben wiederum bei der Erfüllung ihrer Aufgaben nach § 10 Satz 3 mit den anderen im Betrieb für Angelegenheiten der technischen Sicherheit, des Gesundheits- und des Umweltschutzes beauftragten Personen sowie nach § 9 Abs. 1 ASiG **mit dem Betriebsrat** zusammenzuarbeiten (*Kohte* / MünchArbR § 290 Rn. 72 f.). Dabei ist der Gesetzgeber davon ausgegangen, dass der Betriebsrat im Rahmen der Bestimmungen des Betriebsverfassungsgesetzes auch die Schwerbehindertenvertretung einbezieht, so dass sich eine besondere Regelung über die Zusammenarbeit mit Betriebsärzten, Sicherheitsingenieuren und anderen Fachkräften für Arbeitssicherheit im ASiG erübrigte (Bericht 11. Ausschuss, BT-Drucks. 7/1085, S. 6). Die Vorschrift des § 10 ASiG ergänzt § 89 BetrVG.

694 Die Betriebsärzte und Fachkräfte haben den **Betriebsrat** nach § 9 Abs. 2 Satz 1 ASiG über wichtige, d. h. nicht nur routinemäßige Angelegenheiten (*Giese/Ibels/Rehkopf* ASiG, § 9 Rn. 3; *Hütig* DB 1975, 594 [595]; *Kliesch/Nöthlichs/Wagner* ASiG, § 9 Rn. 5; *Kohte*/MünchArbR § 290 Rn. 71) des Arbeitsschutzes und der Unfallverhütung **zu unterrichten**. Hierauf hat der Betriebsrat gegen diese Personen einen Anspruch. Bei Meinungsverschiedenheiten darüber, ob eine Angelegenheit i. S. d. Gesetzes wichtig ist, entscheidet nicht der Arbeitgeber (so aber *Giese/Ibels/Rehkopf* ASiG, § 9 Rn. 3). Vielmehr handelt es sich um eine Rechtsstreitigkeit, über die notfalls im arbeitsgerichtlichen Beschlussverfahren zu entscheiden ist.

695 Dem **Betriebsrat** ist ferner nach § 9 Abs. 2 Satz 1 ASiG der Inhalt eines nach § 8 Abs. 3 ASiG dem Arbeitgeber gemachten **Vorschlags mitzuteilen**. Eine Form ist hierfür nicht vorgesehen. Lehnt der Arbeitgeber einen solchen Vorschlag ab, ist dies nach § 8 Abs. 3 Satz 3 ASiG den Vorschlagenden schriftlich mitzuteilen und zu begründen; der Betriebsrat erhält eine **Abschrift**. Außerdem haben die Betriebsärzte und Fachkräfte für Arbeitssicherheit den Betriebsrat auf sein Verlangen in Angelegenheiten des Arbeitsschutzes und der Unfallverhütung zu **beraten** (§ 9 Abs. 2 Satz 2 ASiG). Eine Beschränkung auf wichtige Angelegenheiten ist insoweit nicht vorgesehen, so dass es vom Betriebsrat abhängt, inwieweit er sich beraten lässt (*Giese/Ibels/Rehkopf* ASiG, § 9 Rn. 4; *Kliesch/Nöthlichs/Wagner* ASiG, § 9 Rn. 5; *Spinnarke/Schork* ASiR, § 9 ASiG Rn. 11; **a. M.** *Doetsch/Schnabel* ASiG, § 9 Rn. 3). Die Hinzuziehung weiterer Sachverständiger nach § 80 Abs. 3 BetrVG wird dadurch nicht ausgeschlossen (*Kliesch/Nöthlichs/Wagner* ASiG, § 9 Rn. 5). Umgekehrt hat auch der Betriebsrat die Betriebsärzte und Fachkräfte für Arbeitssicherheit zu unterstützen (§ 89 Abs. 1; § 89 Rdn. 57, 65).

696 Nach § 32 Abs. 4 StrlSchV haben schließlich auch der Strahlenschutzverantwortliche (Arbeitgeber) und der **Strahlenschutzbeauftragte** bei der Wahrnehmung ihrer Aufgaben mit dem Betriebsrat und den Fachkräften für Arbeitssicherheit zusammenzuarbeiten und sie über wichtige Angelegenheiten des Strahlenschutzes zu unterrichten; der Strahlenschutzbeauftragte hat den Betriebsrat auf dessen Verlangen in Angelegenheiten des Strahlenschutzes zu beraten (ebenso § 14 Abs. 4 RÖV; vgl. auch § 18 Abs. 1 Nr. 2 GenTSV). Nach § 19 Abs. 6 StörfallV ist die Unterrichtung des Betriebsrats bei Eintritt eines Störfalls vorgesehen.

ff) Arbeitsschutzausschuss

697 Soweit in einer sonstigen Rechtsvorschrift nichts anderes bestimmt ist, hat der Arbeitgeber nach § 11 Satz 1 ASiG in Betrieben mit mehr als zwanzig Beschäftigten (zur Berechnung Satz 1 2. Halbsatz; krit. *Kohte*/MünchArbR § 290 Rn. 35), einen Arbeitsschutzausschuss zu bilden. Dieser hat die **Aufgabe**, Anliegen des Arbeitsschutzes und der Unfallverhütung zu beraten (dazu *Kohte*/MünchArbR § 290 Rn. 76; *Wolber* BlStSozArbR 1980, 219 f.) und muss mindestens einmal vierteljährlich zusammentreten (§ 11 Satz 3 und 4 ASiG). Der Arbeitsschutzausschuss ist nach § 11 Satz 2 SGB VII **zusammengesetzt** aus dem Arbeitgeber oder einem von ihm Beauftragten, zwei vom Betriebsrat bestimmten Betriebsratsmitgliedern, Betriebsärzten, Fachkräften für Arbeitssicherheit und Sicherheitsbeauftragten nach § 22 SGB VII (vorher § 719 RVO; s. § 89 Rdn. 75). Nach Wortlaut, Sinn und Zweck des § 11 ASiG brauchen die Betriebsärzte oder Fachkräfte für Arbeitssicherheit nicht hauptberuflich beschäftigt zu sein (*Giese/Ibels/Rehkopf* ASiG, § 11 Rn. 2; *Spinnarke/Schork* ASiR, § 11 ASiG Rn. 3; **a. M.** *Doetsch/Schnabel* ASiG, § 11 Rn. 1). Der Betriebsrat hat kein **Initiativrecht** zur Bildung eines Arbeitsschutzausschusses, weil es sich insoweit um eine Rechtspflicht des Arbeitgebers handelt, die als solche nicht der Mitbestimmung unterliegt (*BAG* 15.04.2014 EzA § 87 BetrVG 2001 Gesundheitsschutz Nr. 11 Rn. 10 ff. = AP Nr 1 zu § 11 ASiG; *LAG* Baden-Württemberg 09.08.2012 – 3 TaBV 1/12; *LAG* Hamburg 27.09.1995 NZA-RR 1996, 213). Zur Bildung eines Arbeitsschutzausschusses auf Unternehmensebene *Hess. LAG* 01.02.1996 NZA 1997, 114, zu Anordnungen der zuständigen Behörde nach § 12 ASiG zur Bildung eines Arbeitsschutzausschusses und dessen Arbeitsweise *VG Hannover* 06.10.1995 AuA 1996, 399.

698 Die Fassung des § 11 Satz 1 ASiG beruht auf Art. 2 Nr. 7 des Gesetzes zur Umsetzung der EG-Rahmenrichtlinie Arbeitsschutz und weiterer Arbeitsschutz-Richtlinien vom 07.08.1996 (BGBl. I,

S. 1246) mit anschließender Korrektur durch Art. 6d des Gesetzes zu Korrekturen in der Sozialversicherung und zur Sicherung der Arbeitnehmerrechte vom 19.12.1998 (BGBl. I, S. 3843). Voraussetzung für die Bildung eines Arbeitsschutzausschusses ist daher nunmehr die Zahl der Beschäftigten (mehr als zwanzig) und nicht mehr, dass jedenfalls ein Betriebsarzt oder eine Fachkraft für Arbeitssicherheit bestellt ist (vgl. hierzu 5. Aufl. § 87 Rn. 564). Die Hinzuziehung weiterer Personen mit beratender Funktion über die nach § 11 Satz 2 ASiG vorgeschriebene Zusammensetzung des Arbeitsschutzausschusses hinaus ist zulässig (*Galperin/Löwisch* § 87 Rn. 166; *Giese/Ibels/Rehkopf* ASiG, § 11 Rn. 6; *Spinnarke/Schork* ASiR, § 11 ASiG Rn. 3; **a. M.** *Kliesch/Nöthlichs/Wagner* ASiG, § 11 Rn. 4). Die Bildung eines Hauptarbeitsschutzausschusses für Unternehmen mit mehreren Betrieben ist im Gesetz nicht vorgesehen, so dass der Arbeitgeber hierzu jedenfalls nicht verpflichtet ist (für die freiwillige Errichtung *Wolber* BlStSozArbR 1980, 219).

Hinsichtlich der **Anzahl** der **Mitglieder** des **Arbeitsschutzausschusses** besteht lediglich bei dem vom Arbeitgeber fakultativ zu entsendenden Beauftragten und den zwei vom Betriebsrat bestimmten Betriebsratsmitgliedern kein Regelungsspielraum. Die Zahl der Betriebsärzte, Fachkräfte für Arbeitssicherheit und der Sicherheitsbeauftragten ist dagegen regelungsbedürftig, so dass der Betriebsrat hierüber nach § 87 Abs. 1 Nr. 7 mitzubestimmen hat (*Denck* ZfA 1976, 447 [461]; *Fitting* § 87 Rn. 328; *Galperin/Löwisch* § 87 Rn. 166; *Klebe/DKKW* § 87 Rn. 239; *Kliesch/Nöthlichs/Wagner* ASiG, § 11 Rn. 4, 9; *Richardi* § 87 Rn. 597; *Spinnarke/Schork* ASiR, § 11 ASiG Rn. 3; **a. M.** *Stege/Weinspach/Schiefer* § 87 Rn. 131; *Worzalla/HWGNRH* § 87 Rn. 452). Dabei können Regelungen über das Auswahlverfahren getroffen werden, die der Mitbestimmung unterliegen (*Galperin/Löwisch* § 87 Rn. 166; *Kliesch/Nöthlichs/Wagner* ASiG, § 11 Rn. 4, 9, die weitergehend annehmen, eine solche Regelung müsse getroffen werden). 699

Eine Mitbestimmung über die **individuelle Auswahl** der in den Arbeitsschutzausschuss **zu entsendenden Personen** ist dagegen im ASiG nicht vorgesehen. Das ASiG gewährt eine Mitbestimmung bei personellen Einzelmaßnahmen nur unter den Voraussetzungen des § 9 Abs. 3 ASiG. Die Entscheidung über die in den Arbeitsschutzausschuss zu entsendenden Personen ist auch keine generelle Regelung i. S. d. § 87 Abs. 1 Nr. 7. Da der Arbeitgeber nach § 11 ASiG zur Bildung des Arbeitsschutzausschusses verpflichtet ist, hat er die Betriebsärzte, Fachkräfte für Arbeitssicherheit und Sicherheitsbeauftragten zu bestimmen (*LAG Düsseldorf* 25.03.1977 DB 1977, 915; *Giese/Ibels/Rehkopf* ASiG, § 11 Rn. 5; *Richardi* § 87 Rn. 597; *Stege/Weinspach/Schiefer* § 87 Rn. 131; *Worzalla/HWGNRH* § 87 Rn. 452). Der Arbeitgeber kann diese Personen daher ebenso wie von ihm beauftragtes Mitglied des Arbeitsschutzausschusses auch jederzeit, soweit er nicht rechtsmissbräuchlich handelt, mitbestimmungsfrei wieder **abberufen**, ohne dass es eines wichtigen Grundes bedarf (*LAG Düsseldorf* 25.03.1977 DB 1977, 915 [916] – Unwirksamkeit nur bei Willkür oder Schikane; dagegen verlangte das *ArbG Aachen* – Vorinstanz – einen wichtigen Grund als Voraussetzung der Abberufung; wie hier ferner *Giese/Ibels/Rehkopf* ASiG, § 11 Rn. 5; *Stege/Weinspach/Schiefer* § 87 Rn. 131). 700

Mitbestimmungspflichtig sind auch **Regelungen** über die **Geschäftsführung** des Arbeitsschutzausschusses (*Fitting* § 87 Rn. 328; *Klebe/DKKW* § 87 Rn. 237; *Kliesch/Nöthlichs/Wagner* ASiG, § 11 Rn. 5 f., 9; *Kohte/MünchArbR* § 290 Rn. 64, 75; *Richardi* § 87 Rn. 598; *Spinnarke/Schork* ASiR, § 11 ASiG Rn. 3). Nicht mitbestimmungspflichtig ist indes die **Teilnahmepflicht** des **Betriebsarztes** und der **Fachkraft für Arbeitssicherheit** an den gesetzlich vorgesehenen Mindestsitzungen des Arbeitsschutzausschusses. Mit Blick auf die insoweit bestehenden gesetzlichen Vorgaben fehlt es an einem Regelungsspielraum des Arbeitgebers (*BAG* 08.12.2015 EzA § 87 BetrVG 2001 Gesundheitsschutz Nr. 13 Rn. 22 ff. = AP Nr. 2 zu § 11 ASiG). 701

gg) Initiativrecht
Umstritten ist, ob dem Betriebsrat ein Initiativrecht hinsichtlich der **Bestellung** und **Abberufung** von **Betriebsärzten** und **Fachkräften für Arbeitssicherheit** sowie bei der **Übertragung, Erweiterung** und **Einschränkung** ihrer **Aufgaben** gemäß § 9 Abs. 3 ASiG zusteht (für ein uneingeschränktes Initiativrecht *Anzinger/Bieneck* ASiG, § 9 Rn. 66; *Fitting* § 87 Rn. 321, 323; *Klebe/DKKW* § 87 Rn. 241; *Kliesch/Nöthlichs/Wagner* ASiG, § 9 Rn. 7.7; *Kohte* FS *Kissel*, S. 547 [560 ff.]; *ders./MünchArbR* § 292 Rn. 48; für ein Initiativrecht mit Ausnahme der Bestellung *Denck* ZfA 1976, 447 [477 ff.]; *Galperin/Löwisch* § 87 Rn. 168 f.; *Graeff* ASiG, § 9 Rn. 5.1; *Hofe* Betriebliche Mitbestim- 702

mung und Humanisierung der Arbeitswelt, S. 125; *Kliesch/Schmidt* Gesundheitsschutz und Sicherheitstechnik im Betrieb, § 9 Rn. zu Abs. 3; *Richardi* § 87 Rn. 581 f., 590; *Schmatz/Nöthlichs* Sicherheitstechnik [ASiG], § 9 Rn. III A 2; *Spinnarke* BB 1976, 798 [799]; *Spinnarke/Schork* ASiR, § 9 ASiG Rn. 24 ff., 28 ff.; *Sund* ArbSch. 1977, 66 [67]; für ein Initiativrecht bei Erweiterung der Aufgaben *LAG Baden-Württemberg* 05.03.1991 NZA 1992, 184 [185]; gegen ein Initiativrecht schlechthin *LAG Berlin* 31.03.1981 DB 1981, 1519 [1520]; *Doetsch/Schnabel* ASiG, § 9 Rn. 4; *Giese/Ibels/Rehkopf* ASiG, § 9 Rn. 11; *Hütig* DB 1975, 594 [595 f.]; *Rudolph* BB 1976, 370 [372]; *Stege/Weinspach/Schiefer* § 87 Rn. 130d, 131; *Worzalla/HWGNRH* § 87 Rn. 412, 374; unklar *Wollenschläger* ZAS 1975, 135 [139]; offen gelassen *BAG* 06.12.1983 EzA § 87 BetrVG 1972 Bildschirmarbeitsplatz Nr. 1 = AP Nr. 7 zu § 87 BetrVG 1972 Überwachung Bl. 15 R).

703 Nach vorzugswürdiger Ansicht ist zu unterscheiden (*Wiese* Initiativrecht, S. 53 ff.): Die Mitbestimmung des Betriebsrats nach § 9 Abs. 3 ASiG soll das Vertrauen zwischen den Betriebsärzten und Fachkräften für Arbeitssicherheit einerseits sowie der Belegschaft und ihrer betrieblichen Interessenvertretung andererseits stärken und damit die Voraussetzung für eine vertrauensvolle Zusammenarbeit beider im Interesse der bestmöglichen Verwirklichung der in § 1 Satz 3 ASiG genannten Ziele des Gesetzes schaffen. Eine vertrauensvolle Zusammenarbeit setzt neben fachlichem Können die Kooperationsbereitschaft der Beteiligten voraus. Lässt es ein Betriebsarzt oder eine Fachkraft hieran fehlen, muss der Betriebsrat die Möglichkeit haben, die Ablösung der kooperationsunfähigen oder -unwilligen Person zu betreiben. Genau dies ist der Zweck des Initiativrechts hinsichtlich der Abberufung von Betriebsärzten und Fachkräften, dessen Anerkennung sich damit als unumgänglich erweist. Gleiches gilt für die Übertragung, Erweiterung oder Einschränkung ihrer Aufgaben. Hinsichtlich der Bestellung sind die Interessen des Betriebsrats dagegen vollauf gewahrt, wenn niemand ohne seine Zustimmung zum Betriebsarzt oder zur Fachkraft für Arbeitssicherheit bestellt werden kann. Die Herstellung eines Vertrauensverhältnisses verlangt nicht, dass der Betriebsrat von sich aus geeignete Personen ausfindig macht und zum Zweck ihrer Bestellung initiativ wird. Zudem kann der Arbeitgeber bei Betriebsfremden nicht zum Abschluss eines Arbeitsvertrages gezwungen werden. Auch die Einigungsstelle könnte mangels Zuständigkeit die erforderlichen arbeitsrechtlichen Maßnahmen hinsichtlich der Einstellung oder Versetzung nicht ersetzen (auch bei Bejahung des Initiativrechts hinsichtlich der Bestellung *Fitting* § 87 Rn. 323; *Klebe/DKKW* § 87 Rn. 241).

8. Form, Ausgestaltung und Verwaltung von Sozialeinrichtungen, deren Wirkungsbereich auf den Betrieb, das Unternehmen oder den Konzern beschränkt ist

Literatur

Literaturnachweise zum BetrVG 1952 siehe 8. Auflage

Zur betrieblichen Altersversorgung siehe auch Literatur zu Nr. 10

Bachmann Mitbestimmung bei Umstrukturierung betrieblicher Sozialeinrichtungen, NZA 2002, 1130; *U. Birk* Die Mitbestimmung des Betriebsrats bei der betrieblichen Altersversorgung, BetrR 1982, 477; *ders.* Betriebliche Altersversorgung durch Unterstützungskasse, AR-Blattei SD 460.3; *Böhm/Schu* Unterstützungskassen, 2014; *Bösche/Grimberg* Die Mitbestimmung des Betriebsrats bei der Betriebsverpflegung, AiB 1995, 395; *Dangers* Betriebliche Sozialeinrichtungen und Mitbestimmung, BB 1974, 1076; *Deich/Kohte* Betriebliche Sozialeinrichtungen, 1997; *Derr* Die Mitbestimmungsrechte des Betriebsrats in Fragen der betrieblichen Altersversorgung, Diss. Tübingen 1986; *Estelmann* Rechtlich selbständige Sozialeinrichtungen. Ein Schnittpunkt von Betriebsverfassungsrecht und Gesellschaftsrecht (Diss. Freiburg), 1994 (zit.: Rechtlich selbständige Sozialeinrichtungen); *Eypeltauer* Die Mitwirkung des Betriebsrates an betrieblichen Wohlfahrtseinrichtungen, DRdA 1986, 102 [194]; *Frerk/Sondermann/Störmer* Sozialeinrichtungen, betriebliche, in *Gaugler* (Hrsg.) Handwörterbuch des Personalwesens, 1975, Sp. 1812; *Furier* Mitbestimmung bei der betrieblichen Altersversorgung, AiB 1999, 197; *Griebeling* Arbeits- und insolvenzrechtliche Fragen zur Unterstützungskasse, DB 1991, 2336; *Gumpert* Mitbestimmung bei der Umstellung von Werkskantinen auf Automatenverpflegung, BB 1978, 968; *Hanau* Neuerungen in der Mitbestimmung über Sozialeinrichtungen, insbesondere der Altersversorgung, BB 1973, 1274 = Betriebliche Altersversorgung 1973, 190; *ders.* Die Mitbestimmung in der betrieblichen Altersversorgung nach der neuen Rechtsprechung des Bundesarbeitsgerichts, BB 1976, 91; *Heither* Die Rechtsprechung des BAG zur Beteiligung des Betriebsrats bei der Ausgestaltung der betrieblichen Altersversorgung, DB 1991, 700; *Herbst/Scholl* Kantine: Hier kocht der Chef nicht allein, AiB 1990, 119; *Hiersemann* Die Mitbestimmung bei Sozialeinrichtungen und im Werkwohnungswesen, BB 1973,

850; *Höfer/Kemper* Betriebliche Ruhegeldzusagen und Mitbestimmungsrecht des Betriebsrats, DB 1974, 241; *Hütig* Die arbeitsrechtlichen Möglichkeiten zur Änderung von betrieblichen Versorgungsregelungen, DB 1978, 693; *Jahnke* Die Mitbestimmung des Betriebsrats auf dem Gebiet der betrieblichen Sozialleistungen, ZfA 1980, 863; *Kemper* Einzelfragen zur Mitbestimmung des Betriebsrats bei einer Pensionskasse, GS *Blomeyer*, 2003, S. 157; *Kruse* Mitbestimmung bei Bestehen rechtlich selbständiger Einrichtungen der zusätzlichen Alterssicherung. Gestaltungsmöglichkeiten von Betriebs- oder Personalrat (Diss. Bonn), 1992; *Metz/Lindner* Neu-Organisation einer Konzern-Pensionskasse, BetrAV 2014, 358; *Molkenbur/Roßmanith* Mitbestimmung des Betriebsrats und Betriebsvereinbarungen in der betrieblichen Altersversorgung, AuR 1990, 333; *Moll* Die Mitbestimmung des Betriebsrats beim Entgelt (Diss. Köln), 1977; *ders.* Altersversorgung in Form von Direktzusagen als Sozialeinrichtung?, BB 1988, 400; *Nick* Sozialleistungen, betriebliche und Sozialeinrichtungen, in: *Gaugler/Weber* Handwörterbuch des Personalwesens, 2. Aufl. 1992, Sp. 2066; *von Olenhusen* Zur Mitbestimmung des Personalrates bei der Verwaltung von Wohlfahrtseinrichtungen öffentlich-rechtlicher Rundfunkanstalten sowie der Betriebsunternehmen, Film und Recht 1980, 285; *Pauly* Zu Umfang und Grenzen des Mitbestimmungsrechts aus § 87 Abs. 1 Nr. 8 und Nr. 10 BetrVG im Bereich der betrieblichen Altersversorgung, DB 1985, 2246; *Popp* Mitbestimmung bei Ausgestaltung und Einführung von Cafeteria-Systemen, BB 1994, 1141; *Reichenbach* Aspekte der Mitbestimmung bei der Gestaltung betrieblicher Versorgungswerke, BetrAV 1998, 161; *Richardi* Mitbestimmung des Betriebsrats bei Sozialleistungen des Arbeitgebers, In memoriam *Sir Otto Kahn-Freund*, 1980, S. 247; *ders.* Probleme der Mitbestimmung des Betriebsrats bei der Gestaltung der betrieblichen Altersversorgung, in: *Blomeyer* (Hrsg.) Betriebliche Altersversorgung unter veränderten Rahmenbedingungen, 1984, S. 21; *Rolfs* Angebotsverpflichtung, Opt-out, Obligatorium – Regelungsbedarf, Risiken und Nebenwirkungen, BetrAV 2014 212; *Rühle* Betriebliche Altersversorgung und Mitbestimmung des Betriebsrats, 1995; *Sachse* Mitbestimmung bei der betrieblichen Altersversorgung im Konzern, DMitbest. 1986, 25; *Schaub* Die Mitbestimmung des Betriebsrats in der betrieblichen Altersversorgung, AuR 1992, 193; *Schirdewahn* Mitbestimmung bei Arbeitgeberdarlehen aus laufenden Mitteln?, BB 1980, 891; *ders.* Lebend begraben, BB 1981, 1772; *Schoden* Die betriebliche Altersversorgung, 1978; *ders.* Mitbestimmung bei betrieblichen und überbetrieblichen Versorgungseinrichtungen, AiB 1981, 146; *Selzer* Arbeitnehmersolidarkassen im Betrieb (Diss. München), 2017; *Sommer* Die Kündigung von Betriebsvereinbarungen über betriebliche Sozialleistungen, 1997; *Tomandl* (Hrsg.) Betriebliche Sozialleistungen, 1974; *Trümner* Mitbestimmung beim Verkauf von Werkswohnungen?, BetrR 1989, 33; *Weigel* Das Mitbestimmungsrecht des Betriebsrats im Rahmen der betrieblichen Altersversorgung, BB 1974, 1583.; vgl. ferner Angaben zu § 87 Abs. 1 Nr. 9 und 10.

a) Vergleich mit der bisherigen Rechtslage; Gesetzessystematik

704 Die Vorschrift knüpft an § 56 Abs. 1 Buchst. e BetrVG 1952 an (vgl. auch schon § 134b Abs. 3 GewO 1891; § 66 Nr. 9 BRG 1920). Die Mitbestimmung des Betriebsrats ist jedoch auf Form und Ausgestaltung von Sozialeinrichtungen erweitert worden (Rdn. 745 ff., 755 ff.). Außerdem unterliegen nunmehr auch solche Sozialeinrichtungen der Mitbestimmung, die sich nicht nur auf den Betrieb oder das Unternehmen, sondern auch auf den Konzern erstrecken (Rdn. 727). Die Ersetzung des unzeitgemäßen Begriffes »Wohlfahrtseinrichtung« durch »Sozialeinrichtung« bedeutet nur eine redaktionelle, keine inhaltliche Änderung (BAG st. Rspr. 12.06.1975 EzA § 87 BetrVG 1972 Lohn u. Arbeitsentgelt Nr. 4 S. 26 = AP Nr. 1 zu § 87 BetrVG 1972 Altersversorgung Bl. 2 R; 09.12.1980 EzA § 87 BetrVG 1972 Betriebliche Lohngestaltung Nr. 1 S. 6 [*Weiss* nach Nr. 2] = AP Nr. 5 zu § 87 BetrVG 1972 Lohngestaltung Bl. 2 R [*Herschel*]; 05.12.2013 EzA § 2 ArbGG 1979 Nr. 85 Rn. 18 = AP Nr. 98 zu § 2 ArbGG 1979; weitere Nachweise 9. Aufl. § 87 Rn. 675; *LAG Baden-Württemberg/Stuttgart* 18.02.1974 EzA § 87 BetrVG 1972 Sozialeinrichtung Nr. 1 S. 2; *LAG Hamm* 27.11.1975 DB 1976, 201; *Fitting* § 87 Rn. 331; *Klebe/DKKW* § 87 Rn. 261; *Moll* Die Mitbestimmung des Betriebsrats beim Entgelt, S. 80; *Richardi* § 87 Rn. 599; *Worzalla/HWGNRH* § 87 Rn. 455, 459). Zur Sonderregelung der Mitbestimmung bei Wohnräumen **§ 87 Abs. 1 Nr. 9** (Rdn. 789 ff.). Zur historischen Entwicklung der Mitbestimmung bei Sozialeinrichtungen *Moll* Die Mitbestimmung des Betriebsrats beim Entgelt, S. 78 f.

705 Die Vorschrift des § 87 Abs. 1 Nr. 8 ist im Zusammenhang mit **§ 87 Abs. 1 Nr. 10** zu sehen (vgl. auch *Fitting* § 87 Rn. 332; *Jahnke* ZfA 1980, 863 [881 ff.]; *Moll* Die Mitbestimmung des Betriebsrats beim Entgelt, S. 99, 142 f.; *Richardi* § 87 Rn. 601). Letztere Vorschrift betrifft vor allem das eigentliche Arbeitsentgelt, aber auch sämtliche Sozialleistungen des Arbeitgebers (Rdn. 857 ff.), soweit sie nicht von § 87 Abs. 1 Nr. 8 erfasst werden. Mangels eines besonderen Verpflichtungsgrundes ist der Arbeitgeber frei, ob er Sozialleistungen erbringt (Rdn. 734 ff., 862 ff.). Hat er sie jedoch verbindlich zugesagt (Rdn. 746, 862 f.), so muss der Betriebsrat nach Maßgabe des § 87 Abs. 1 Nr. 8 und 10 zum Schutz der Arbeitnehmer über deren Modalitäten mitbestimmen. Die Vorschriften unterscheiden sich dadurch, dass die Mitbestimmung nach § 87 Abs. 1 Nr. 8 eine Sozialeinrichtung voraussetzt, während sonstige Sozialleistungen der Mitbestimmung nach § 87 Abs. 1 Nr. 10 unterliegen. Im Anwendungsbereich des § 87 Abs. 1 Nr. 8 ist diese Vorschrift lex specialis gegenüber § 87 Abs. 1 Nr. 10 (*BAG* 11.07.2000 EzA § 87 BetrVG 1972 Sozialeinrichtung Nr. 17 S. 4 f. = AP Nr. 16 zu § 87 BetrVG 1972 Sozialeinrichtung Bl. 2 R *[von Hoyningen-Huene]*; 10.02.2009 EzA § 87 BetrVG 2001 Sozialeinrichtung Nr. 1 Rn. 34 = AP Nr. 21 zu § 87 BetrVG 1972 Sozialeinrichtung *[Moll/Ittmann]*). Beide Vorschriften dienen der **durchschaubaren, gerechten Verteilung betrieblicher Mittel** (zu § 87 Abs. 1 Nr. 8 *BAG* 08.11.2011 EzA § 87 BetrVG 2001 Sozialeinrichtung Nr. 2 Rn. 16 = AP Nr. 22 zu § 87 BetrVG 1972 Sozialeinrichtung; diffus *LAG Köln* 02.11.2016 – 11 TaBV 22/15, Rn. 19, das über die Mitbestimmung nach Nr. 8 vornehmlich die Einflussnahme des Betriebsrats auf für einen sozialen Zweck bereitgestellte Mittel gewahrt sehen will; zu Nr. 10 Rdn. 833 f., 927). Sind Werkmietwohnungen eine Sozialeinrichtung (Rdn. 722), findet neben § 87 Abs. 1 Nr. 8 auch Nr. 9 Anwendung (Rdn. 792). Zur Gesetzessystematik auch Rdn. 836. Im Verhältnis zu **§ 87 Abs. 1 Nr. 1** ist Nr. 8 als lex specialis anzusehen (unzutreffend *BAG* 11.07.2000 EzA § 87 BetrVG 1972 Sozialeinrichtung Nr. 17 S. 4 = AP Nr. 16 zu § 87 BetrVG 1972 Sozialeinrichtung Bl. 2 *[von Hoyningen-Huene]*, das die Kantinenbenutzung auch Nr. 1 zuweist; diese gehört aber zur Verwaltung der Sozialeinrichtung, Rdn. 765).

b) Sozialeinrichtungen

706 Sozialeinrichtungen sind im gleichen Sinne wie Wohlfahrtseinrichtungen gemäß § 56 Abs. 1 Buchst. e BetrVG 1952 zu definieren, zumal beide Begriffe bisher schon synonym gebraucht wurden (*Erdmann/Jürging/Kammann* § 87 Rn. 82) und mit deren Austausch keine inhaltliche Änderung beabsichtigt war (Rdn. 704). Damit sind aber auch die Schwierigkeiten der Interpretation, nicht zuletzt hinsichtlich des Verhältnisses der Begriffselemente zueinander, geblieben.

707 Die bisher h. M. versteht mit unterschiedlichen Formulierungen unter der Sozialeinrichtung ein **zweckgebundenes Sondervermögen mit abgrenzbarer, auf Dauer gerichteter besonderer Organisation, das eine rechtliche und tatsächliche Verwaltung verlangt** (*BAG* 18.03.1976 EzA § 87 BetrVG 1972 Lohn u. Arbeitsentgelt Nr. 5 S. 48 *[Weiss]* = AP Nr. 4 zu § 87 BetrVG 1972 Altersversorgung Bl. 2 f. *[Hanau]*; 16.06.1998 EzA § 87 BetrVG 1972 Betriebliche Lohngestaltung Nr. 64 S. 10 f. = AP Nr. 92 zu § 87 BetrVG 1972 Lohngestaltung Bl. 5 R; inzidenter auch *BAG* 12.06.1975 EzA § 87 BetrVG 1972 Lohn u. Arbeitsentgelt Nr. 3 [nur Leitsätze] = AP Nr. 3 zu § 87 BetrVG 1972 Altersversorgung Bl. 3; 15.09.1987 EzA § 87 BetrVG 1972 Sozialeinrichtung Nr. 15 S. 2 = AP Nr. 9 zu § 87 BetrVG 1972 Sozialeinrichtung Bl. 2; 05.12.2013 EzA § 2 ArbGG 1979 Nr. 85 Rn. 18 = AP Nr. 98 zu § 2 ArbGG 1979; *LAG Baden-Württemberg/Stuttgart* 18.02.1974 EzA § 87 BetrVG 1972 Sozialeinrichtung Nr. 1 S. 2 f.; *LAG Düsseldorf* 20.06.1978 DB 1979, 115; *LAG Frankfurt a. M.* 21.08.1973 DB 1973, 2452; 16.03.1976 BB 1977, 796; *LAG Hamburg* 22.11.1973 EzA § 87 BetrVG 1972 Sozialeinrichtung Nr. 2 S. 6 ff. [abl. *Weiss]*; *LAG Hamm* 21.03.1974 DB 1974, 1239; 09.07.1975 BB 1976, 1319 [1320]; 27.11.1975 DB 1976, 201; *LAG Köln* 02.11.2016 – 11 TaBV 22/15, Rn. 19; *Höfer/Kemper* DB 1974, 241 ff.; *Kaiser/LK* § 87 Rn. 172; *Klebe/DKKW* § 87 Rn. 262; *Kohte/HaKo* § 87 Rn. 93; *Moll* Die Mitbestimmung des Betriebsrats beim Entgelt, S. 80 f.; *Richardi* In memoriam *Sir Otto Kahn-Freund*, S. 247 [253]; *ders.* § 87 Rn. 603 f., 607, 682; *Stege/Weinspach/Schiefer* § 87 Rn. 136; *Weigel* BB 1974, 1583 f.; *Worzalla/HWGNRH* § 87 Rn. 459, 461; **a. M.** *Weiss/Weyand* § 87 Rn. 56 f.). Zu § 56 Abs. 1 Buchst. e BetrVG 1952 6. Aufl. § 87 Rn. 678, zur inzwischen vom *BAG* wieder aufgegebenen abweichenden Auffassung zu Arbeitgeberdarlehen (13.02.1979 EzA § 87 BetrVG 1972 Sozialeinrichtung Nr. 11 S. 53 f. = AP Nr. 2 zu § 87 BetrVG 1972 Sozialeinrichtung Bl. 4 f. R) Rdn. 711, 860.

708 Das Erfordernis einer eigenen Organisation ist jedoch missverständlich. Entscheidend ist, dass eine Mitbestimmung des Betriebsrats bei der Verwaltung von Sozialeinrichtungen nur in Betracht kommen kann, wenn **sachliche** oder **finanzielle Mittel** auf **Dauer** für **soziale Zwecke verselbständigt**, d. h. **von dem übrigen Betriebsvermögen hinreichend abgegrenzt und damit einer gesonderten Verwaltung zugänglich und bedürftig sind** (*Wiese* SAE 1968, 137; zust. *LAG Hamm* 27.11.1975 DB 1976, 201; *ArbG Hamm* 14.07.1982 DB 1982, 2632; *Bender/WPK* § 87 Rn. 155;

Matthes/MünchArbR § 249 Rn. 5; ähnlich *Fitting* § 87 Rn. 340 – widersprüchlich; *Gamillscheg* II, S. 922; *Hanau* DB 1973, 1274 [1276]; *Moll* BB 1988, 400 [402]; *Nikisch* III, S. 403; *Peters* DB 1967, 1500 [1501]; *Popp* BB 1994, 1141 [1143]; krit. *Blomeyer* in: *Richardi* Recht der Betriebs- und Unternehmensmitbestimmung, Bd. 2, S. 39; *Galperin/Löwisch* § 87 Rn. 171). Nur dann besteht ein zusätzliches Schutzbedürfnis der Belegschaft, da geregelt werden muss, in welcher Form derart verselbständigte Mittel ihre Funktion erfüllen, wie sie ausgestaltet und verwaltet werden sollen. Die Organisation der Sozialeinrichtung ist dabei ein wesentliches Element ihrer Ausgestaltung (Rdn. 756), also eine der Errichtung nachfolgende und die Existenz einer Sozialeinrichtung voraussetzende Entscheidung. Sie kann daher nicht selbst Begriffselement der Sozialeinrichtung sein. Wie wenig aussagekräftig das Merkmal einer eigenen Organisation ist, wird daran deutlich, dass es vom *BAG* in einer älteren Entscheidung (15.01.1960 AP Nr. 3 zu § 56 BetrVG Wohlfahrtseinrichtungen Bl. 1 R) schon bejaht wurde, wenn ein einzelner Angestellter Werkwohnungen verwaltet (vgl. auch *LAG* Hamburg 22.11.1973 EzA § 87 BetrVG 1972 Sozialeinrichtung Nr. 2 S. 9). Inzwischen versteht indessen auch das **BAG** (09.07.1985 AP Nr. 16 zu § 75 BPersVG Bl. 4 *[Hromadka]*) unter einer Sozialeinrichtung ein **zweckgebundenes Sondervermögen, das der Verwaltung bedarf** (vgl. auch *BAG* 24.04.1986 EzA § 1 BetrVG 1972 Nr. 4 S. 35 *[Ch. Weber]* = AP Nr. 7 zu § 87 BetrVG 1972 Sozialeinrichtung Bl. 4 R *[Mühl]*; 15.01.1987 EzA § 4 TVG Rundfunk Nr. 14 S. 16 = AP Nr. 21 zu § 75 BPersVG Bl. 4; 26.04.1988 EzA § 87 BetrVG 1972 Altersversorgung Nr. 2 S. 6 = AP Nr. 16 zu § 87 BetrVG 1972 Altersversorgung Bl. 3 f.; 08.11.2011 EzA § 87 BetrVG 2001 Sozialeinrichtung Nr. 2 Rn. 17 ff. = AP Nr. 22 zu § 87 BetrVG 1972 Sozialeinrichtung). Neuerdings verlangt auch das *BAG* (10.02.2009 EzA § 87 BetrVG 2001 Sozialeinrichtung Nr. 1 Rn. 30 = AP Nr. 21 zu § 87 BetrVG 1972 Sozialeinrichtung *[Moll/Ittmann]*; 08.11.2011 EzA § 87 BetrVG 2001 Sozialeinrichtung Nr. 2 Rn. 18 = AP Nr. 22 zu § 87 BetrVG 1972 Sozialeinrichtung) eine von den laufenden, anderen Zwecken dienenden Betriebsmitteln abgrenzbare Mittel für die Sozialleistung, d. h. ein zweckgerichtetes Sondervermögen und **nur regelmäßig** eine äußerlich erkennbare, auf Dauer gerichtete Organisation. Das entspricht der hier von Anfang an vertretenen Auffassung. Fehlt es an einem Sondervermögen, kommt bei Sozialleistungen des Arbeitgebers jedoch eine Mitbestimmung nach § 87 Abs. 1 Nr. 10 in Betracht (Rdn. 857 ff.).

Als Sozialeinrichtungen scheiden damit von vornherein aus: in der **Bilanz** ausgewiesene **Rückstellungen** für soziale Zwecke oder nur **rechnerische Fonds** (*BAG* 15.05.1957 AP Nr. 5 zu § 56 BetrVG Bl. 3; *LAG* Frankfurt a. M. 21.08.1973 DB 1973, 2452; 16.03.1976 BB 1977, 796; *LAG* Hamburg 22.11.1973 EzA § 87 BetrVG 1972 Sozialeinrichtung Nr. 2 S. 6, 8 *[abl. Weiss]*; *LAG* Hamm 21.03.1974 DB 1974, 1239; *LAG* Kiel 11.03.1960 SchlHA 1961, 220; *Galperin/Siebert* § 56 Rn. 46; *Jahnke* ZfA 1980, 863 [866]; *Klebe/DKKW* § 87 Rn. 262; *Moll* Die Mitbestimmung des Betriebsrats beim Entgelt, S. 81; *ders.* BB 1988, 400 [401]; *Nikisch* III, S. 404; *Worzalla/HWGNRH* § 87 Rn. 460; vgl. auch Rdn. 714). Zu einem **Liquidationspool** von Chefärzten *BAG* 16.06.1998 EzA § 87 BetrVG 1972 Betriebliche Lohngestaltung Nr. 64 S. 10 f. = AP Nr. 92 zu § 87 BetrVG 1972 Lohngestaltung Bl. 5 R f. **709**

Ebenso wenig sind es **einmalige** oder **wiederkehrende Sozialleistungen** des Arbeitgebers, die nicht über eine Sozialeinrichtung gewährt werden (*BAG* 15.05.1957 AP Nr. 5 zu § 56 BetrVG Bl. 3; 13.07.1962 AP Nr. 3 zu § 57 BetrVG Bl. 2; 15.01.1987 EzA § 4 TVG Rundfunk Nr. 14 S. 116 = AP Nr. 21 zu § 75 BPersVG Bl. 4; *ArbG* Hamm 14.07.1982 DB 1982, 2632; *Fitting* § 87 Rn. 340; *Galperin/Löwisch* § 87 Rn. 172a; *Hueck/Nipperdey* II/2, S. 1370; *Jahnke* ZfA 1980, 863 [866]; *Nikisch* III, S. 404; *Richardi* § 87 Rn. 605; zur Mitbestimmung nach § 87 Abs. 1 Nr. 10 Rdn. 857 ff.). Zur Kürzung eines Essenmarkenzuschusses *BAG* 15.01.1987 EzA § 4 TVG Rundfunk Nr. 14 S. 111 ff. = AP Nr. 21 zu § 75 BPersVG Bl. 4 ff. Eine **Outplacement-Betreuung** dürfte kaum jemals über eine Sozialeinrichtung erfolgen (*Hermann* Outplacement, Diss. Frankfurt am Main 2001, S. 154 ff.; *Kibler* RdA 1996, 366 [372]; *Klebe/DKKW* § 87 Rn. 282). Denkbar ist dagegen, dass ein zweckgebundenes Sondervermögen mit Wahlmöglichkeit zwischen verschiedenen Sozialleistungen geschaffen wird **(Cafeteria-System)**, so dass dann eine mitbestimmungspflichtige Sozialeinrichtung vorläge (*Popp* BB 1994, 1141 [1143]; *Worzalla/HWGNRH* § 87 Rn. 463). Keine Sozialeinrichtungen sind auch finanzielle Zuwendungen an Kindergärten und Kindertagesstätten trotz entsprechender Belegungsrechte (*Kohte/*HaKo § 87 Rn. 94). **710**

§ 87

711 Keine Sozialeinrichtung ist ferner die Vergabe von **Arbeitgeberdarlehen** aufgrund von Richtlinien des Vorstands aus laufenden Mitteln des Unternehmens ohne abgesonderten Fonds (*BAG* 09.12.1980 EzA § 87 BetrVG 1972 Betriebliche Lohngestaltung Nr. 1 S. 3 ff. *[Weiss]* = AP Nr. 5 zu § 87 BetrVG 1972 Lohngestaltung Bl. 1 R, 2 R *[Herschel]* = BB 1981, 735 *[Gumpert]* unter Aufgabe seiner verfehlten Auffassung 13.02.1979 AP Nr. 2 zu § 87 BetrVG 1972 Sozialeinrichtung Bl. 3 R ff. = SAE 1981, 187 *[Meisel]*; vgl. dazu auch den Dritten Senat *BAG* 24.01.1980 AP Nr. 3 zu § 87 BetrVG 1972 Sozialeinrichtung = SAE 1981, 191 *[Meisel]* und die berechtigte Kritik von *Gumpert* Anm. BB 1980, 582 f.; *Hanau* FS *G. Müller*, 1981, S. 169 [188 f.]; *Jahnke* ZfA 1980, 863 [868 ff.]; *Richardi* § 87 Rn. 605 ff.). Weitere Nachweise 6. Aufl. § 87 Rn. 682, zur Mitbestimmung nach § 87 Abs. 1 Nr. 10 Rdn. 860.

712 Auch **Betriebsfeiern** und **Betriebsausflüge** sind keine Sozialeinrichtungen (*BAG* 27.01.1998 EzA § 87 BetrVG 1972 Arbeitszeit Nr. 58 S. 5 = AP Nr. 14 zu § 87 BetrVG 1972 Sozialeinrichtung Bl. 3; *Berger-Delhey/Platz* DB 1988, 857 [858]; *Feller* RdA 1964, 41 [43]; *Fitting* § 87 Rn. 348; *Galperin/Löwisch* § 87 Rn. 172a; *Hueck/Nipperdey* II/2, S. 1370; *Klebe/DKKW* § 87 Rn. 282; *Neumann* AR-Blattei, Betriebsfeier SD 490, Rn. 25; *Richardi* § 87 Rn. 623; *Worzalla/HWGNRH* § 87 Rn. 463).

713 Das Gleiche gilt für die Vermittlung (anders bei Einrichtungen) des **verbilligten Warenbezugs** durch den Arbeitgeber (*BAG* 18.05.1965 AP Nr. 26 zu § 56 BetrVG Bl. 1 R) oder die Gestattung des verbilligten Erwerbs der vom Unternehmer vertriebenen Waren durch die Belegschaft (*ArbG Hamm* 14.07.1982 DB 1982, 2632; vgl. auch *LAG Hamm* 22.12.1982 DB 1983, 1985, sowie Rdn. 236, 721, 859). Beim **Personalverkauf** lässt der Einsatz von sächlichen Betriebsmitteln (Raum, Mobiliar) nicht darauf schließen, dass es sich um eine Sozialeinrichtung handelt (*BAG* 08.11.2011EzA § 87 BetrVG 2001 Sozialeinrichtung Nr. 2 Rn. 21 = AP Nr. 22 zu § 87 BetrVG Sozialeinrichtung).

714 Bei der **betrieblichen Altersversorgung** kommt eine Mitbestimmung nach § 87 Abs. 1 Nr. 8 nur in Betracht, wenn die Leistungen aus einem **zweckgebundenen Sondervermögen** (Unterstützungs- oder Pensionskassen i. S. d. § 1 Abs. 3 und 4 BetrAVG; hierzu *U.-A. Birk* AR-Blattei SD 460.3 Rn. 238 ff.; *Blomeyer/Rolfs/Otto* BetrAVG Anh. § 1 Rn. 805 ff., 854 ff., 947 ff., 992 f.; *Kemper* GS *Blomeyer*, S. 157 ff.; vgl. auch Rdn. 721; ferner Pensionsfonds i. S. d. § 112 VAG; hierzu *Blomeyer/Rolfs/Otto* BetrAVG Anh. § 1 Rn. 894 ff., 918 ff.) erbracht werden; die Gewährung von Leistungen aus den Erträgen des Unternehmens genügt dagegen nicht, selbst wenn **Rückstellungen** aufgrund einer unmittelbaren Versorgungszusage gebildet werden (zum Ganzen *BAG* 12.06.1975 EzA § 87 BetrVG 1972 Lohn u. Arbeitsentgelt Nr. 4 *[Birk]* = AP Nr. 1 zu § 87 BetrVG 1972 Altersversorgung Bl. 2 ff. m. w. N. zur älteren Literatur *[Richardi]* = SAE 1976, 37 *[Kraft]* = AR-Blattei, Betriebsverfassung XIV B, Entsch. 27 *[Buchner]*; 12.06.1975 EzA § 87 BetrVG 1972 Lohn u. Arbeitsentgelt Nr. 3 [nur Leitsätze] = AP Nr. 3 zu § 87 BetrVG 1972 Altersversorgung Bl. 3 f. *[Blomeyer]*; 13.07.1978 EzA § 87 BetrVG 1972 Sozialeinrichtung Nr. 9 S. 29 = AP Nr. 5 zu § 87 BetrVG 1972 Altersversorgung Bl. 2 *[Hanau]* = SAE 1979, 230 *[Meisel]*; 22.04.1986 EzA § 87 BetrVG 1972 Altersversorgung Nr. 1 S. 5 f. = AP Nr. 13 zu § 87 BetrVG 1972 Altersversorgung Bl. 3 f. *[Schulin]*; 21.06.1979 EzA § 87 BetrVG 1972 Sozialeinrichtung Nr. 10 S. 39 = AP Nr. 1 zu § 87 BetrVG 1972 Sozialeinrichtung Bl. 1 R *[Martens]*; 09.12.2008 EzA § 1 BetrAVG Ablösung Nr. 47 Rn. 27 = AP Nr. 22 zu § 9 BetrAVG; weitere Nachweise 9. Aufl. § 87 Rn. 685; *Worzalla/HWGNRH* § 87 Rn. 460; vgl. auch Rdn. 709).

715 Das gilt selbst dann, wenn **Rückdeckungsversicherungen** (*BAG* 12.06.1975 EzA § 87 BetrVG 1972 Lohn u. Arbeitsentgelt Nr. 2 [nur Leitsätze] = AP Nr. 2 zu § 87 BetrVG 1972 Altersversorgung Bl. 2 ff. *[Steindorff]*; *Höfer/Kemper* DB 1974, 241 [242]; *Kaiser/LK* § 87 Rn. 175; *Moll* Die Mitbestimmung des Betriebsrats beim Entgelt, S. 83; *ders.* BB 1988, 400 [401]; *Weigel* BB 1974, 1583 [1585]; *Worzalla/HWGNRH* § 87 Rn. 460; **a. M.** *LAG Frankfurt a. M.* 21.08.1973 DB 1973, 2452) oder **Direktversicherungen** (*BAG* 18.03.1976 EzA § 87 BetrVG 1972 Lohn u. Arbeitsentgelt Nr. 5 S. 49 *[Weiss]* = AP Nr. 4 zu § 87 BetrVG 1972 Altersversorgung Bl. 2 R *[Hanau]*; *Blomeyer/Rolfs/Otto* BetrAVG Anh. § 1 Rn. 764; *Hanau* BB 1976, 91 [95 f.]; *Höfer/Kemper* DB 1974, 241 [242]; *Moll* Die Mitbestimmung des Betriebsrats beim Entgelt, S. 83; *Worzalla/HWGNRH* § 87 Rn. 460) abgeschlossen werden (zum Ganzen auch *Fitting* § 87 Rn. 348; *Moll* Die Mitbestimmung des Betriebsrats beim Entgelt, S. 81 ff.; *Richardi* § 87 Rn. 620, 851 ff.; *Stege/Weinspach/Schiefer* § 87 Rn. 138). Entsprechendes gilt für **Gruppen-** bzw. **Sammelversicherungen** (*BAG* 29.07.2003 EzA § 87 BetrVG 2001 Betriebliche Lohngestaltung Nr. 2 S. 7 = AP Nr. 18 zu § 87 BetrVG 1972 Sozialeinrichtung Bl. 3; *Metz* DB 1988, 1267 [1269]). Zu **Direktzusagen**, die über einen Pensionsfonds abgewickelt werden,

Moll BB 1988, 400 ff., zur Mitbestimmung nach § 87 Abs. 1 Nr. 10 in diesen Fällen Rdn. 729, 874 ff. Zur Mitbestimmung des Betriebsrats bei Einschaltung einer ausländischen Sozialeinrichtung als Versorgungsträger *Bittner* Europäisches und internationales Betriebsrentenrecht, 2000, S. 206 ff.)

Eine Sozialeinrichtung muss ferner **objektiv** die **Lage** der **Begünstigten** (Rdn. 720) **verbessern**, **716** d. h. ihnen einen **irgendwie gearteten zusätzlichen Vorteil** – also auch nichtwirtschaftlicher Art (*ArbG Ludwigshafen* 25.05.1976 BB 1976, 1607; *Kaiser/LK* § 87 Rn. 173; *Matthes/*MünchArbR § 249 Rn. 6) – bringen oder jedenfalls bringen können. Das ist der Fall, wenn er ihnen neben dem nach dem Arbeitsvertrag geschuldeten eigentlichen Arbeitsentgelt zugutekommt, also keine unmittelbare Gegenleistung für die geschuldete Arbeitsleistung ist (*BAG* 11.07.2000 EzA § 87 BetrVG 1972 Sozialeinrichtung Nr. 17 S. 4 = AP Nr. 16 zu § 87 BetrVG 1972 Sozialeinrichtung Bl. 2; 10.02.2009 EzA § 87 BetrVG 2001 Sozialeinrichtung Nr. 1 Rn. 31 = AP Nr. 21 zu § 87 BetrVG 1972 Sozialeinrichtung [*Moll/Ittmann*]). Obwohl **ursprünglich freiwilligen Fürsorgeleistungen** wie z. B. Gratifikationen oder Ruhegeld der **Entgeltcharakter** nicht abzusprechen ist, haben diese dennoch eine **soziale Komponente** und bedeuten daher einen zusätzlichen Vorteil im dargelegten Sinne (*BAG* 12.06.1975 EzA § 87 BetrVG 1972 Lohn u. Arbeitsentgelt Nr. 4 S. 29 f. [*Birk*] = AP Nr. 1 zu § 87 BetrVG 1972 Altersversorgung Bl. 4 [*Richardi*]; *Fitting* § 87 Rn. 336; *Galperin/Löwisch* § 87 Rn. 173; *Jahnke* ZfA 1980, 863 [879]; *Moll* Die Mitbestimmung des Betriebsrats beim Entgelt, S. 84 ff. [90 ff.]; *Richardi* In memoriam *Sir Otto Kahn-Freund*, S. 247 [254]; *ders.* § 87 Rn. 608; *Worzalla/HWGNRH* § 87 Rn. 462; **a. M.** früher *BAG* 03.02.1965 AP Nr. 12 zu § 5 TVG Bl. 2 R; 15.05.1975 AP Nr. 5 zu § 56 BetrVG Bl. 2 R f.; *Dietz* § 56 Rn. 130; *Neumann-Duesberg*, S. 480; *Weigel* BB 1974, 1583 [1584, 1585]). Derartige Leistungen unterliegen jedoch nur dann der Mitbestimmung nach § 87 Abs. 1 Nr. 8, wenn sie über eine Sozialeinrichtung (Rdn. 706 ff.) abgewickelt werden. Ist das nicht der Fall, kommt eine Mitbestimmung nach § 87 Abs. 1 Nr. 10 in Betracht (Rdn. 857 ff., 874 ff.).

Die **Leistungen** einer Sozialeinrichtung brauchen **nicht unentgeltlich** zu sein; muss der Begünstigte **717** für die Inanspruchnahme – z. B. für das Kantinenessen, die Werkmietwohnung, den Betriebskindergarten oder betriebliche Sportanlagen – ein Entgelt entrichten oder es für die Altersversorgung aufbringen, handelt es sich solange um eine Sozialeinrichtung, wie sie ihm überhaupt einen Vorteil bringt (*BAG* 11.07.2000 EzA § 87 BetrVG 1972 Sozialeinrichtung Nr. 17 S. 4 = AP Nr. 16 zu § 87 BetrVG 1972 Sozialeinrichtung Bl. 2 [*von Hoyningen-Huene*]; 10.02.2009 EzA § 87 BetrVG 2001 Sozialeinrichtung Nr. 1 Rn. 31 = AP Nr. 21 zu § 87 BetrVG 1972 Sozialeinrichtung [*Moll/Ittmann*]; *LAG Düsseldorf* 12.10.1973 DB 1974, 97; *Fitting* § 87 Rn. 338; *Frohn* RdA 1957, 92 [93]; *Galperin/Löwisch* § 87 Rn. 174; *Hueck/Nipperdey* II/2, S. 1369; *Nikisch* III, S. 404 [410]; *Klebe/DKKW* § 87 Rn. 263; *Richardi* In memoriam *Sir Otto Kahn-Freund*, S. 247 [255]; *ders.* § 87 Rn. 611; *Stege/Weinspach/Schiefer* § 87 Rn. 135; *Worzalla/HWGNRH* § 87 Rn. 462; **a. M.** *Sasse* DB 1960, 609 [610]; zur Kostentragungspflicht Rdn. 740). Unter dieser Voraussetzung ist es auch **unerheblich**, ob der Arbeitgeber **Zuschüsse** leistet (*BAG* 24.04.1986 EzA § 87 BetrVG 1972 Nr. 4 S. 35 f. [*Ch. Weber*] = AP Nr. 7 zu § 87 BetrVG 1972 Sozialeinrichtung Bl. 5 [*Mühl*]) und ob für die Benutzung der Einrichtung **kostendeckende Entgelte** erhoben werden (zust. *BAG* 10.02.2009 EzA § 87 BetrVG 2001 Sozialeinrichtung Nr. 1 Rn. 31 = AP Nr. 21 zu § 87 BetrVG 1972 Sozialeinrichtung [*Moll/Ittmann*]; *Fitting* § 87 Rn. 339; *Kaiser/LK* § 87 Rn. 173; *Worzalla/HWGNRH* § 87 Rn. 462; **a. M.** *LAG Düsseldorf* 12.10.1973 DB 1974, 97, aufgehoben von *BAG* 03.06.1975 EzA § 87 BetrVG 1972 Werkswohnung Nr. 4 = AP Nr. 3 zu § 87 BetrVG 1972 Werkmietwohnungen [*Dütz*], das zu dieser Frage aber nicht Stellung nimmt; ferner *Stege/Weinspach/Schiefer* § 87 Rn. 135). Errichtet z. B. der Arbeitgeber eine Kantine mit der Maßgabe, dass diese kostendeckende Einnahmen erzielen muss, so liegt trotzdem eine Sozialeinrichtung vor, weil dadurch den Nutzungsberechtigten die Möglichkeit gegeben ist, überhaupt im Betrieb Mahlzeiten zu sich zu nehmen. Die Mitbestimmung des Betriebsrats ist auch hier entsprechend dem Schutzzweck des § 87 Abs. 1 Nr. 8 erforderlich. Aus der gleichen Erwägung schließen etwaige Überschüsse des Arbeitgebers die Annahme einer Sozialeinrichtung nicht aus (*Nikisch* III, S. 404).

Selbst wenn eine **Einrichtung auch zur Gewinnerzielung betrieben** wird, ist ihr Sozialcharakter **718** nach dem Schutzzweck des § 87 Abs. 1 Nr. 8 solange zu bejahen, wie ihre Benutzung den Arbeitnehmern gewollte Vorteile bringt (**a. M.** *BAG* 26.10.1965 AP Nr. 8 zu § 56 BetrVG Wohlfahrtseinrichtungen Bl. 1 R; *Kaiser/LK* § 87 Rn. 173; *Worzalla/HWGNRH* § 87 Rn. 462; wie hier dagegen wohl

Nikisch Anm. *BAG* 26.10.1965 AP Nr. 8 zu § 56 BetrVG Wohlfahrtseinrichtungen Bl. 3 R; ferner *Nikisch* III, S. 404; ähnlich auch *Galperin/Löwisch* § 87 Rn. 174, wo verlangt wird, dass der Arbeitgeber eine Einrichtung nicht in erster Linie nach Erwerbsgesichtspunkten betreiben dürfe). Für die Annahme des Sozialcharakters einer Einrichtung ist es deshalb gleichgültig, wenn sie verpachtet wird und der Pächter sie zum Zwecke der Gewinnerzielung betreibt (*Nikisch* III, S. 404 Fn. 55; *Worzalla/HWGNRH* § 87 Rn. 462).

719 Die den Begünstigten zufließenden **Vorteile müssen gewollt gewesen** sein, was dem Zweck der Einrichtung zu entnehmen ist. In diesem Sinne ist es richtig, dass Sozialeinrichtungen vom Arbeitgeber (vgl. aber Rdn. 731) ins Leben gerufene Einrichtungen sind, um den Belegschaftsmitgliedern und ihren Angehörigen soziale Vorteile zukommen zu lassen (*Fitting* § 87 Rn. 335; *Galperin/Siebert* § 56 Rn. 45; *Neumann-Duesberg*, S. 480; *Richardi* § 87 Rn. 602; *Worzalla/HWGNRH* § 87 Rn. 461).

720 Fraglich ist nur, ob eine Sozialeinrichtung zu verneinen ist, wenn der Arbeitgeber mit der Errichtung zugleich eigene Interessen verfolgt. Zum Teil wird verlangt, dass die Leistungen des Arbeitgebers **uneigennützig** sein müssten (*BAG* 03.02.1965 AP Nr. 12 zu § 5 TVG Bl. 2 R; *LAG Baden-Württemberg/Stuttgart* 18.02.1974 EzA § 87 BetrVG 1972 Sozialeinrichtung Nr. 1 S. 2; *LAG Düsseldorf* 12.10.1973 DB 1974, 97; *Dietz* § 56 Rn. 128 m. w. N.; *Galperin/Siebert* § 56 Rn. 48; *Kaiser/LK* § 87 Rn. 173; *Neumann-Duesberg*, S. 480; *Stege/Weinspach/Schiefer* § 87 Rn. 135). Im Zweifel wird eine Abwägung nach dem Schwergewicht der Interessen vorgenommen und darauf abgestellt, ob die Einrichtung überwiegend im Interesse des Arbeitgebers oder uneigennützig im Interesse der Betriebsangehörigen geschaffen wurde (so *Dietz* § 56 Rn. 131; *Schlessmann* DB 1953, 274; *Weiss* BB 1953, 710). Damit wird jedoch bereits das Erfordernis der Uneigennützigkeit aufgegeben. Es ist aber auch deshalb abzulehnen, weil der vom Arbeitgeber subjektiv mit der Schaffung einer Sozialeinrichtung verfolgte Zweck nicht hinreichend feststellbar ist. Schließlich kommen die Vorteile einer Sozialeinrichtung in aller Regel auch dem Arbeitgeber zugute, insofern die Attraktivität des Betriebs sowohl für die Betriebsangehörigen als auch für neu einzustellende Arbeitnehmer erhöht wird. Die **Motive** für die Schaffung einer Sozialeinrichtung **müssen** daher **unberücksichtigt bleiben** (*Fitting* § 87 Rn. 337; *Frohn* RdA 1957, 92 [93 f.]; *Fuchs* BB 1967, 1427 [1428]; *Hueck/Nipperdey* II/2, S. 1368 f.; *Klebe/DKKW* § 87 Rn. 263; *Moll* Die Mitbestimmung des Betriebsrats beim Entgelt, S. 84 f.; *Nikisch* III, S. 404 [409]; *Peters* DB 1967, 1500 [1501]; *Richardi* In memoriam Sir Otto Kahn-Freund, S. 247 [255]; *ders.* § 87 Rn. 610; *Worzalla/HWGNRH* § 87 Rn. 462). Entscheidend ist, dass die **Einrichtung** den **Begünstigten objektiv Vorteile bringt** und dass diese **als Zweck der Einrichtung gewollt** und nicht etwa eine zufällige Begleiterscheinung der Einrichtung des Arbeitgebers sind (zust. *Dütz* Anm. AP Nr. 3 zu § 87 BetrVG 1972 Werkmietwohnungen Bl. 4 R; vgl. auch *BVerwG* 24.04.1992 AP Nr. 1 zu § 78 LPVG Baden-Württemberg Bl. 2 R f.; *Estelmann* Rechtlich selbständige Sozialeinrichtungen, S. 44 ff.). Ob der Arbeitgeber weitere Zwecke verfolgt, ist belanglos (ebenso *Kaiser/LK* § 87 Rn. 174). Andernfalls würde die Mitbestimmung des Betriebsrats unnötig eingeengt werden.

721 Nach Maßgabe der entwickelten Grundsätze kommen als **Sozialeinrichtungen** u. a. in Betracht:
- **Beschäftigungs-** und **Qualifizierungsgesellschaft**, wenn sie mit den früheren Beschäftigten befristete Arbeitsverhältnisse eingeht, um ihnen den Bezug von Kurzarbeitergeld zu ermöglichen: *BAG* 23.08.2001 EzA § 2 ArbGG 1979 Nr. 55 S. 7 f. = AP Nr. 77 zu § 2 ArbGG 1979 Bl. 1 R ff.;
- **Bibliotheken**;
- **Einrichtungen** (Verkaufsstellen, Automaten) zum **verbilligten Warenbezug**: Rdn. 713; *BAG* 26.10.1965 AP Nr. 8 zu § 56 BetrVG Wohlfahrtseinrichtungen Bl. 2 R f.; *ArbG Ludwigshafen/Mainz* 25.05.1976 BB 1976, 1607;
- **Erholungs-, Ferien-, Kinder-** und **Altersheime**: *BAG* 03.06.1975 EzA § 87 BetrVG 1972 Werkswohnung Nr. 4 S. 27 = AP Nr. 3 zu § 87 BetrVG 1972 Werkmietwohnungen Bl. 2 R [*Dütz*];
- **Erholungsräume**;
- **Fortbildungseinrichtungen**: vgl. aber auch § 97;
- **Kantinen**: *BAG* st. Rspr. 06.12.1963 AP Nr. 6 zu § 56 BetrVG Wohlfahrtseinrichtungen Bl. 2; 11.07.2000 EzA § 87 BetrVG 1972 Sozialeinrichtung Nr. 17 S. 4 f. = AP Nr. 16 zu § 87 BetrVG 1972 Sozialeinrichtung Bl. 2 f. [*von Hoyningen-Huene*]; weitere Nachweise 9. Aufl. § 87 Rn. 692;
- **Kasinos**;

Mitbestimmungsrechte § 87

- **Kindergärten**: *LAG Hamm* 27.11.1975 DB 1976, 201;
- **Kindertagesstätten**: *BAG* 10.02.2009 EzA § 87 BetrVG 2001 Sozialeinrichtung Nr. 1 Rn. 28 = AP Nr. 21 zu § 87 BetrVG 1972 Sozialeinrichtung (*Moll/Ittmann*);
- **Parkplätze**: Rdn. 228;
- **Pensionskassen**: Rdn. 714;
- **Pensionsfonds**: Rdn. 714;
- **Sportanlagen**: Plätze, Hallen, Schwimmbäder usw.: *von Steinau-Steinrück/Ziegler* NJW-Spezial 2009, 770;
- **Unterstützungskassen**: Rdn. 714; *BAG* 26.04.1988 EzA § 87 BetrVG 1972 Altersversorgung Nr. 2 S. 6 = AP Nr. 16 zu § 87 BetrVG 1972 Altersversorgung Nr. 2 Bl. 3; 09.12.2008 EzA § 1 BetrAVG Ablösung Nr. 47 Rn. 27 = AP Nr. 22 zu § 9 BetrAVG; 15.02.2011 EzA § 1 BetrAVG Betriebsvereinbarung Nr. 9 Rn. 59 = AP Nr. 13 zu § 1 BetrAVG Auslegung; *LAG Hamm* 10.08.1999 LAGE § 87 BetrVG 1972 Altersversorgung Nr. 1 S. 2;
- **Vermögensbeteiligungsgesellschaften**: *Hanau* ZGR 1985, Sonderheft 5, S. 111 (118 f.); *Röder* NZA 1987, 799 (804);
- **Werkkrankenhäuser**;
- **Werkküchen**;
- **Werkverkehr**, Betrieb mit *Bus*sen bei eigenständiger Einrichtung: *BAG* 09.07.1985 AP Nr. 16 zu § 75 BPersVG Bl. 4 R; nicht bei einer Werkbuslinie, die der Arbeitgeber nur bezahlt und nicht mit eigenen Wagen und eigenem Personal selbst betreibt, *LAG Schleswig-Holstein* 17.03.1983 BB 1984, 140 (141).

722 Auch **Werkmietwohnungen** (nicht Werkdienstwohnungen; zu den Begriffen Rdn. 793, 796) können Sozialeinrichtungen sein (*BAG* 13.03.1973 EzA § 87 BetrVG 1972 Werkswohnung Nr. 2 S. 9 f. = AP Nr. 1 zu § 87 BetrVG 1972 Werkmietwohnungen Bl. 2 R *[Richardi]*; 03.06.1975 EzA § 87 BetrVG 1972 Werkswohnung Nr. 4 S. 27 = AP Nr. 3 zu § 87 BetrVG 1972 Werkmietwohnungen Bl. 2 R *[Dütz]*; *Galperin/Löwisch* § 87 Rn. 175, 178; *Richardi* § 87 Rn. 621; zum BetrVG 1952 *BAG* 15.01.1960 AP Nr. 3 zu § 56 BetrVG Wohlfahrtseinrichtungen Bl. 2; 14.02.1967 AP Nr. 9 zu § 56 BetrVG Wohlfahrtseinrichtungen Bl. 2; *Dietz* § 56 Rn. 131, 133; *Frohn* RdA 1957, 92 ff.; *Fuchs* BB 1967, 1427 ff.; *Galperin/Siebert* § 56 Rn. 55 f.; *Nikisch* III, S. 404 [409 ff.]; *Peters* DB 1967, 1500 ff.). Sie müssen jedoch dem Arbeitnehmer einen Vorteil bringen (Rdn. 716). Das ist zu verneinen, wenn ein Arbeitgeber – z. B. eine Wohnungsbaugesellschaft – Wohnungen errichtet und diese zu normalen Bedingungen an jedermann und damit auch an Personen vermietet, die zugleich seine Arbeitnehmer sind (Rdn. 794). Soweit dem Arbeitgeber bei werkgeförderten Wohnungen nur ein Besetzungsrecht zusteht, kommt eine Mitbestimmung allein nach § 87 Abs. 1 Nr. 9 (Rdn. 803), jedoch nicht nach § 87 Abs. 1 Nr. 8 in Betracht, weil es an einer Einrichtung fehlt (*Galperin/Löwisch* § 87 Rn. 213). Bei Werkmietwohnungen ist jedoch hinsichtlich der Zuweisung und Kündigung sowie der allgemeinen Festlegung von Nutzungsbedingungen ausschließlich § 87 Abs. 1 Nr. 9 anwendbar (Rdn. 792).

723 Keine Sozialeinrichtungen sind **Werkzeitungen**, weil sie der Unterrichtung der Arbeitnehmer durch den Arbeitgeber und damit betrieblichen Interessen dienen (*Fitting* § 87 Rn. 348; *Hueck/Nipperdey* II/2, S. 1369 Fn. 18; *Kaiser/LK* § 87 Rn. 174; *Richardi* § 87 Rn. 622; *Worzalla/HWGNRH* § 87 Rn. 464; vgl. auch: Werkzeitschriften – Nicht mitbestimmt, ArbGeb. 1972, 919; *Struve* Werkszeitungen zwischen Arbeits- und Presserecht [Diss. Mannheim], 2003, S. 183 f.; **a. M.** *Klebe/DKKW* § 87 Rn. 281). Dagegen können andere Veröffentlichungen, die vom Betrieb im Interesse der Arbeitnehmer hergestellt werden – z. B. Illustrierte –, gegebenenfalls eine Sozialeinrichtung sein (*Galperin/Löwisch* § 87 Rn. 174). Die Frage der Herausgabe eines Informationsblattes für die Belegschaft auf Kosten des Arbeitgebers durch den Betriebsrat bestimmt sich allein nach § 40 BetrVG (*Weber* § 40 Rdn. 172).

724 Auch **Betriebskrankenkassen** (§§ 147 ff. SGB V) sind als gesetzliche Träger der Sozialversicherung keine Sozialeinrichtungen (*Fitting* § 87 Rn. 348; *Kaiser/LK* § 87 Rn. 171; *Richardi* § 87 Rn. 625; *Worzalla/HWGNRH* § 87 Rn. 464). Entsprechendes gilt für **Betriebsärzte** und **Fachkräfte für Arbeitssicherheit**, deren Rechtsstellung sich nach dem Arbeitssicherheitsgesetz bestimmt (*Galperin/Löwisch* § 87 Rn. 177; *Richardi* § 87 Rn. 624; *Worzalla/HWGNRH* § 87 Rn. 464; Rdn. 671 ff.).

725 Die Errichtung von **Werksparkassen** ist nach § 3 Nr. 1 Gesetz über das Kreditwesen i. d. F. vom 09.09.1998 (BGBl. I, S. 2776) mit späteren Änderungen, unzulässig.

c) Persönlicher und sachlicher Wirkungsbereich

726 In **persönlicher Hinsicht** muss die Sozialeinrichtung der **Begünstigung** von **Arbeitnehmern** i. S. d. § 5 Abs. 1 oder deren **Angehörigen** dienen, selbst wenn von ihnen nur ein Teil betroffen ist. Die Personen, denen die Leistungen der Sozialeinrichtung zugutekommen sollen, müssen typischerweise Betriebs-, Unternehmens- oder Konzernangehörige sein (*BAG* 10.02.2009 EzA § 87 BetrVG 2001 Sozialeinrichtung Nr. 1 Rn. 33 ff. = AP Nr. 1 zu § 87 BetrVG 1972). Damit bleiben Einrichtungen außer Betracht, die ausschließlich z. B. zugunsten **leitender Angestellter** (§ 5 Abs. 3 und 4) bestehen, während es ohne Bedeutung ist, wenn eine Einrichtung sowohl den Arbeitnehmern i. S. d. § 5 Abs. 1 als auch leitenden Angestellten zugutekommt (*BAG* 21.06.1979 EzA § 87 BetrVG 1972 Sozialeinrichtung Nr. 10 S. 43 = AP Nr. 1 zu § 87 BetrVG 1972 Sozialeinrichtung Bl. 3 *[Martens]*; vgl. auch *BAG* 30.04.1974 EzA § 87 BetrVG 1972 Werkswohnung Nr. 3 S. 20 *[Herschel]* = AP Nr. 2 zu § 87 BetrVG 1972 Werkmietwohnungen Bl. 3 R; *LAG* Düsseldorf 20.06.1978 DB 1979, 115; *Fitting* § 87 Rn. 344; *Kaiser/LK* § 87 Rn. 178; *Martens* Das Arbeitsrecht der leitenden Angestellten, 1982, S. 317 ff.; *Nikisch* III, S. 405 [410]; *Richardi* In memoriam Sir Otto Kahn-Freund, S. 247 [255 f.]; *ders.* § 87 Rn. 617; *Stege/Weinspach/Schiefer* § 87 Rn. 140; *Wiedemann* In memoriam Sir Otto Kahn-Freund, S. 343 [346]; *Worzalla/HWGNRH* § 87 Rn. 468; vgl. auch Rdn. 728, 798 f.). Entsprechendes gilt für Einrichtungen zugunsten von **Ruhegehaltsempfängern** (*Fitting* § 87 Rn. 343; *Kammann/Hess/ Schlochauer* § 87 Rn. 152; *Nikisch* III, S. 405). Nicht auf leitende Angestellte beschränkte Pensionskassen unterliegen der Mitbestimmung, weil der Betriebsrat die Interessen der von ihm repräsentierten Arbeitnehmer im Hinblick auf den späteren Ruhestand wahrnimmt (*Galperin/Siebert* § 56 Rn. 60). Zur Abgrenzungsproblematik auch *Estelmann* Rechtlich selbständige Sozialeinrichtungen, S. 30 ff. **Leiharbeitnehmer** haben gem. § 13b AÜG Zugang zu Gemeinschaftseinrichtungen oder -diensten. Der Entleiher hat dem Leiharbeitnehmer Zugang unter den gleichen Bedingungen zu gewähren wie vergleichbaren Arbeitnehmern in dem Betrieb, in dem der Leiharbeitnehmer seine Arbeitsleistung erbringt, es sei denn, eine unterschiedliche Behandlung ist aus sachlichen Gründen gerechtfertigt. Gemeinschaftseinrichtungen oder -dienste i. S. d. § 13b AÜG sind insbesondere Kinderbetreuungseinrichtungen, Gemeinschaftsverpflegung und Beförderungsmittel – mithin Sozialeinrichtungen i. S. d. Nr. 8 (*Fitting* § 87 Rn. 311; *Vielmeier* NZA 2012, 535); zu Leiharbeitnehmern auch *Boemke* Schuldvertrag und Arbeitsverhältnis, 1999, S. 598 m. w. N.; *Jüttner* Gewerbsmäßige Arbeitnehmerüberlassung, S. 189 ff.; *Körner* NZA 2006, 573 (577); *Kraft* FS *Konzen*, 2006, S. 439 (452); *Schirmer* 50 Jahre Bundesarbeitsgericht, S. 1063 (1071 f.).

727 In **sachlicher Hinsicht** bezieht sich die Mitbestimmung des Betriebsrats nur auf Sozialeinrichtungen, deren Wirkungsbereich auf den **Betrieb**, das **Unternehmen** oder den **Konzern beschränkt** ist (zu § 56 Abs. 1 Buchst. e BetrVG 1952 *Dietz* § 56 Rn. 148 mit Angaben). Unter Konzern ist hier ebenso wie in § 54 Abs. 1 (*Franzen* § 54 Rdn. 8) nicht der Gleichordnungskonzern, sondern nur der **Unterordnungskonzern** i. S. d. § 18 Abs. 1 AktG zu verstehen, da nur für diesen ein Konzernbetriebsrat errichtet und damit die Mitbestimmung nach § 87 Abs. 1 Nr. 8 wahrgenommen werden kann (*Kaiser/LK* § 87 Rn. 176; *Richardi* § 87 Rn. 613; *Worzalla/HWGNRH* § 87 Rn. 467; a. M. *Fitting* § 87 Rn. 346). Maßgebend ist der Zweck der Sozialeinrichtung, mithin der »Wirkungsbereich« der Sozialeinrichtung, nicht das äußere Erscheinungsbild (*BAG* 10.02.2009 EzA § 87 BetrVG 2001 Sozialeinrichtung Nr. 1 Rn. 36 = AP Nr. 21 zu § 87 BetrVG 1972 Sozialeinrichtung *[Moll/Ittmann]*).

728 Die Einrichtung muss daher nach ihrem durch die Errichtung bestimmten Zweck allein den im Betrieb, Unternehmen oder Konzern Beschäftigten im Rdn. 726 dargelegten Sinne und deren Angehörigen dienen. Dem steht es nicht entgegen, wenn vorübergehend und in begrenztem Umfange die Leistungen einer Sozialeinrichtung auch Personen gewährt werden, die nicht mehr dem Betrieb, Unternehmen oder Konzern angehören, weil z. B. ein Betrieb ausgegliedert worden ist (*Kaiser/LK* § 87 Rn. 178). Entsprechendes gilt, wenn **Außenstehende** nur als **Gäste** zur Nutzung der Sozialeinrichtung – z. B. als Mitglieder einer selbständigen Versorgungskasse eines Konzerns mit minderem Bestandsschutz – zugelassen sind (*BAG* 21.06.1979 EzA § 87 BetrVG 1972 Sozialeinrichtung Nr. 10 S. 39 ff. = AP Nr. 1 zu § 87 BetrVG 1972 Sozialeinrichtung Bl. 1 R ff. *[Martens]* = SAE 1981, 31

[Dütz] = AR-Blattei, Betriebliche Altersversorgung, Entsch. 42 *[Hanau]*; 11.07.2000 EzA § 87 BetrVG 1972 Sozialeinrichtung Nr. 17 S. 4 = AP Nr. 16 zu § 87 BetrVG 1972 Sozialeinrichtung Bl. 2 f. *[von Hoyningen-Huene]*; 10.02.2009 EzA § 87 BetrVG 2001 Sozialeinrichtung Nr. 1 Rn. 32 = AP Nr. 21 zu § 87 BetrVG 1972 Sozialeinrichtung *[Moll/Ittmann]*; *Bachmann* NZA 2002, 1130 [1135]; *Kaiser/LK* § 87 Rn. 178; *Richardi* § 87 Rn. 614; *Worzalla/HWGNRH* § 87 Rn. 466). Eine Kantine ist auch dann eine Sozialeinrichtung, wenn sie in erster Linie für Patienten einer Klinik eingerichtet wurde, zugleich aber für deren Mitarbeiter bestimmt ist (*OVG Nordrhein-Westfalen* 08.03.1989 PersR 1989, 234; **a. M.** *Kaiser/LK* § 87 Rn. 178).

Die Einrichtung darf aber **nicht** einem **unbestimmten Personenkreis** zur Verfügung stehen (*BAG* **729** 10.02.2009 EzA § 87 BetrVG 2001 Sozialeinrichtung Nr. 1 Rn. 32 ff. = AP Nr. 21 zu § 87 BetrVG 1972 Sozialeinrichtung *[Moll/Ittmann]*, zum Zentralen Dienst Kita Rn. 37 ff.). Das trifft z. B. für allgemeine Versicherungsunternehmen zu, bei denen der Arbeitgeber seine Arbeitnehmer versichert (*BAG* 05.12.2013 EzA § 2 ArbGG 1979 Nr. 85 Rn. 18 = AP Nr. 98 zu § 2 ArbGG 1979), oder für Unterstützungskassen eines ganzen Gewerbezweiges (*LAG Köln* 02.11.2016 – 11 TaBV 22/15, Rn. 19 f.; *Fitting* § 87 Rn. 342; *Hanau* BB 1973, 1274 [1276]; *Heither* DB 1991, 700 [701]; *Kaiser/LK* § 87 Rn. 176; *Klebe/DKKW* § 87 Rn. 265; *Nikisch* III, S. 404; *Richardi* § 87 Rn. 612; *Worzalla/HWGNRH* § 87 Rn. 465). Gleichgültig ist, ob es sich um Gruppenversicherungsverträge handelt (*BAG* 12.06.1975 EzA § 87 BetrVG 1972 Lohn u. Arbeitsentgelt Nr. 2 [nur Leitsätze] = AP Nr. 2 zu § 87 BetrVG 1972 Altersversorgung Bl. 3 *[Steindorff]*; 18.03.1976 EzA § 87 BetrVG 1972 Lohn u. Arbeitsentgelt Nr. 5 S. 49 *[Weiss]* = AP Nr. 4 zu § 87 BetrVG 1972 Altersversorgung Bl. 2 R *[Hanau]*; **a. M.** *LAG Frankfurt a. M.* 21.08.1973 DB 1973, 2452). Deshalb ist eine derart ausgestaltete **betriebliche Altersversorgung** auch aus diesem Grunde nicht nach § 87 Abs. 1 Nr. 8, evtl. aber nach § 87 Abs. 1 Nr. 10 mitbestimmungspflichtig (im Übrigen Rdn. 714 f.). Gleiches gilt für gemeinsame Versorgungseinrichtungen einer Vielzahl von Arbeitgebern wie Gruppenunterstützungskassen (*BAG* 22.04.1986 EzA § 87 BetrVG 1972 Altersversorgung Nr. 1 S. 3 f. = AP Nr. 13 zu § 87 BetrVG 1972 Altersversorgung Bl. 3 R *[Schulin]* = SAE 1986, 303 *[Blomeyer]* = AR-Blattei, Betriebliche Altersversorgung, Entsch. 180 *[Otto]*; *BAG* 09.05.1989 EzA § 87 BetrVG 1972 Altersversorgung Nr. 3 S. 5 f. = AP Nr. 18 zu § 87 BetrVG 1972 Altersversorgung Bl. 2 R *[von Hoyningen-Huene]*; vgl. aber auch *BAG* 14.12.1993 EzA § 87 BetrVG Nr. 47 S. 10 = AP Nr. 81 zu § 7 BetrAVG Bl. 5; zur Mitbestimmung nach § 87 Abs. 1 Nr. 10 Rdn. 886) oder für die Höher- und Weiterversicherung von Arbeitnehmern im Rahmen der **Sozialversicherung** (§§ 232, 234 SGB VI). Auch **gemeinsame Einrichtungen der Tarifpartner** scheiden aus (*BAG* 03.02.1965 AP Nr. 12 zu § 5 TVG Bl. 2 R; *Estelmann* Rechtlich selbständige Sozialeinrichtungen, S. 3 f.). Gleiches gilt für die einem Betrieb angegliederte öffentliche Gaststätte, selbst wenn die Mitarbeiter des Betriebs dort ihr Essen bei Gewährung eines Essensgeldzuschusses einnehmen können (*BAG* 21.10.1980 EzA § 111 BetrVG 1972 Nr. 12 S. 98 = AP Nr. 8 zu § 111 BetrVG 1972 Bl. 3 R f. *[Seiter]*).

Ist bei **Auflösung eines Konzerns** in der Auseinandersetzungsvereinbarung zwischen den Unter- **730** nehmen bestimmt worden, dass das Statut der bei dem bisher herrschenden Unternehmen verbleibenden Unterstützungskasse derart geändert werden soll, dass die Arbeitnehmer der bisherigen Tochtergesellschaft weiterhin Begünstigte der Unterstützungskasse bleiben sollen, wird damit nicht zugleich die Erweiterung des Mitbestimmungsrechts des Betriebsrats der Tochtergesellschaft nach § 87 Abs. 1 Nr. 8 gegenüber der früheren Muttergesellschaft vereinbart (*LAG Hamm* 27.08.1980 ARSt. 1982, 157 [Nr. 1192]).

Bei einer für den Betrieb, das Unternehmen oder den Konzern zu sozialen Zwecken **durch Dritte** **731** **errichteten privaten Stiftung** ist die Mitbestimmung in gleichem Umfang zu bejahen, wie dem Arbeitgeber Rechte hinsichtlich der Ausgestaltung oder Verwaltung zustehen (*Estelmann* Rechtlich selbständige Sozialeinrichtungen, S. 41 ff.; *Galperin/Löwisch* § 87 Rn. 181; *Klebe/DKKW* § 87 Rn. 264). Dagegen wird die Mitbestimmung im Allgemeinen zu Unrecht deswegen verneint, weil der Arbeitgeber die Stiftung nicht errichtet habe (so *LAG Hannover* 25.01.1961 BB 1961, 529; *Matthes/*MünchArbR § 249 Rn. 10; *Richardi* § 87 Rn. 616; *Worzalla/HWGNRH* § 87 Rn. 463) und lediglich dann eine Ausnahme gemacht, wenn Arbeitgeber und Stifter bei wirtschaftlicher Betrachtung identisch sind, also z. B. die Gesellschafter einer GmbH (*Richardi* § 87 Rn. 616).

732 Keine Sozialeinrichtung ist dagegen eine **Selbsthilfeeinrichtung der Arbeitnehmer** (*Hanau* ZGR 1985, Sonderheft 5, S. 111 [119]; *Matthes*/MünchArbR § 249 Rn. 9; *Richardi* § 87 Rn. 618; *Röder* NZA 1987, 799 [804]). Fließen dieser keine Sozialleistungen des Arbeitgebers zu und hat er auch insoweit keine Befugnisse, an denen der Betriebsrat beteiligt werden könnte, so unterliegt die Einrichtung der Alleinbestimmung der Arbeitnehmer. Das gilt auch dann, wenn der Arbeitgeber diese finanziell unterstützt (*Kaiser*/LK § 87 Rn. 177; *Matthes*/MünchArbR § 249 Rn. 9).

733 Bezieht sich der Wirkungsbereich einer Sozialeinrichtung auf das Unternehmen oder den Konzern, ist die Zuständigkeit des **Gesamt-** bzw. **Konzernbetriebsrats** gegeben und die Mitbestimmung der Einzel- bzw. Gesamtbetriebsräte ausgeschlossen (allgemein *Wiese* Rdn. 2; *Kreutz*/*Franzen* § 50 Rdn. 22 ff., *Franzen* § 58 Rdn. 17 ff.; BAG 06.04.1976 EzA § 50 BetrVG 1972 Nr. 2 S. 26 f. = AP Nr. 2 zu § 50 BetrVG 1972 Bl. 2 R *[Löwisch/Mikosch]*; 05.05.1977 EzA § 50 BetrVG 1972 Nr. 4 S. 31 f. = AP Nr. 3 zu § 50 BetrVG 1972 Bl. 1 R f.; 08.12.1981 EzA § 242 BGB Ruhegeld Nr. 97 S. 498 f. = AP Nr. 1 zu § 1 BetrAVG Unterstützungskassen Bl. 3; 21.06.1979 EzA § 87 BetrVG 1972 Sozialeinrichtung Nr. 10 S. 43 f. = AP Nr. 1 zu § 87 BetrVG 1972 Sozialeinrichtung Bl. 3 R *[Martens]*; 10.02.2009 EzA § 87 BetrVG 2001 Sozialeinrichtung Nr. 1 Rn. 15 = AP Nr. 21 zu § 87 BetrVG 1972 Sozialeinrichtung; *LAG Frankfurt a. M.* 16.03.1976 BB 1977, 796; *Fitting* § 87 Rn. 376; *Hanau* BB 1973, 1274 [1277 f.]; *Nikisch* III, S. 405; *Richardi* § 87 Rn. 650; *Siebert* Die Zuständigkeit des Gesamtbetriebsrates [Diss. Osnabrück], 1999, S. 131 f.; *Worzalla*/HWGNRH § 87 Rn. 491). Das gilt auch dann, wenn der Wirkungsbereich einer Sozialeinrichtung nicht sämtliche Betriebe eines Unternehmens oder Konzerns erfasst. Der Gesamtbetriebsrat ist auch für Betriebe ohne Betriebsrat zuständig (§ 50 Abs. 1 Satz 1). Gleiches gilt für den Konzernbetriebsrat für Unternehmen ohne Gesamtbetriebsrat sowie Betriebe des Konzernunternehmens ohne Betriebsrat (§ 58 Abs. 1 Satz 1). Besteht in einem Konzern kein Konzernbetriebsrat, so ist für eine auf den Konzern oder mehrere Unternehmen eines Konzerns bezogene Sozialeinrichtung die Zuständigkeit aller bzw. der betroffenen Gesamtbetriebsräte gegeben (*Matthes*/MünchArbR § 249 Rn. 39; *Stege*/*Weinspach*/*Schiefer* § 87 Rn. 133; a. M. *Worzalla*/HWGNRH § 87 Rn. 491). Besteht eine konzerneinheitliche Versorgungsregelung, erhalten aber die Angestellten in einem einzigen Konzernunternehmen zusätzliche Versorgungsleistungen, so ist für diese Zusatzversorgung nicht der Konzernbetriebsrat, sondern der Gesamtbetriebsrat des betreffenden Unternehmens zuständig, solange keine konzerneinheitliche Regelung in Betracht kommt (BAG 19.03.1981 EzA § 80 BetrVG 1972 Nr. 18 S. 100 = AP Nr. 14 zu § 80 BetrVG 1972 Bl. 1 R f. *[Kemper/Küpper]*).

d) Errichtung, Dotierung, Aufhebung

734 Die **Errichtung** einer Sozialeinrichtung unterliegt, wie sich eindeutig aus § 88 Nr. 2 ergibt, ebenso wie nach bisherigem Recht nicht der Mitbestimmung des Betriebsrats. Da der Arbeitgeber die erforderlichen Mittel aufzubringen hat, soll er frei darüber entscheiden können, **ob** er eine Sozialeinrichtung errichtet (BAG 09.12.2008 EzA § 1 BetrAVG Ablösung Nr. 47 Rn. 27 = AP Nr. 22 zu § 9 BetrAVG; 15.02.2011 EzA § 1 BetrAVG Betriebsvereinbarung Nr. 9 Rn. 59 = AP Nr. 13 zu § 1 BetrAVG Auslegung; vgl. auch amtliche Begründung, BT-Drucks. VI/1786, S. 49, sowie Nachweise bei *Moll* Die Mitbestimmung des Betriebsrats beim Entgelt, S. 94 ff.). Deshalb kann z. B. der Betriebsrat nicht nach § 87 Abs. 1 Nr. 8 verlangen, dass der Arbeitgeber eine Kantine einrichtet, Sportanlagen schafft oder Parkraum für die Belegschaft zur Verfügung stellt (*LAG Baden-Württemberg* 04.11.1986 NZA 1987, 428 – missverständlicher Leitsatz; *LAG Düsseldorf* 20.06.1978 DB 1979, 115; *ArbG Wuppertal* 07.01.1975 BB 1975, 561; *Fitting* § 87 Rn. 350; *Kreßel* RdA 1992, 169 [176]; *Worzalla*/HWGNRH § 87 Rn. 482; vgl. auch *Wiese* Rdn. 228 f.). Er kann ferner frei darüber entscheiden, ob er Sozialleistungen (z. B. Ruhegeld) über eine Sozialeinrichtung oder auf andere Weise abwickelt (BAG 26.04.1988 EzA § 87 BetrVG 1972 Altersversorgung Nr. 2 S. 6 = AP Nr. 16 zu § 87 BetrVG 1972 Altersversorgung Bl. 3 R; *Moll* Die Mitbestimmung des Betriebsrats beim Entgelt, S. 102). Jedoch kann der Betriebsrat die Errichtung einer Sozialeinrichtung nach § 80 Abs. 1 Nr. 2 beantragen (Rdn. 744), der Arbeitgeber sich durch eine freiwillige Betriebsvereinbarung oder Betriebsabsprache nach § 88 Nr. 2 verpflichten, eine Sozialeinrichtung zu schaffen (s. § 88 Rdn. 27 f.). Zur verbindlichen Entscheidung des Arbeitgebers als auslösendes Moment der Mitbestimmung Rdn. 746 und zu mitbestimmungsfreien Grundsatzentscheidungen bei Sozialleistungen, die nicht über eine Sozialeinrichtung abgewickelt werden, Rdn. 861 ff., 878 ff.

Unter **Errichtung** ist die **Widmung** einer **Einrichtung für soziale Zwecke**, dagegen nicht der 735
tatsächliche Errichtungsvorgang zu verstehen. Unterstützungskassen für einen Gewerbezweig sind daher nicht deswegen keine Sozialeinrichtungen, weil sie nicht vom Arbeitgeber errichtet worden sind (so *Richardi* § 87 Rn. 615), obwohl auch dies der Fall sein kann, sondern weil ihr Wirkungsbereich nicht auf Betrieb, Unternehmen oder Konzern beschränkt ist (Rdn. 727). Ebenso ist es **gleichgültig**, ob eine **juristische Person vom Arbeitgeber gegründet** wurde. Entscheidend ist allein, ob der Arbeitgeber eine Einrichtung, die er entweder selbst geschaffen oder im Wege der Einzel- bzw. Gesamtrechtsnachfolge erworben hat, sozialen Zwecken widmet. Erwirbt der Arbeitgeber bei einem Betriebsübergang eine bereits bestehende Sozialeinrichtung, bleibt deren Zweckbestimmung bestehen, jedoch kann der Arbeitgeber diese ändern oder aufheben (Rdn. 741). Unerheblich ist auch, ob ein Dritter die Sozialeinrichtung auf Veranlassung des Arbeitgebers betreibt (so *Richardi* § 87 Rn. 651); **maßgebend** sind stets die **Rechte des Arbeitgebers hinsichtlich** dieser **Sozialeinrichtung** (Rdn. 731).

Zur Errichtung gehört neben der grundsätzlichen Entscheidung, dass eine Sozialeinrichtung geschaffen werden soll, auch deren **Zweckbestimmung** – ungeachtet des äußeren Erscheinungsbildes – als 736
Kantine, Sportanlage, Erholungsheim usw. (*BAG* 14.02.1967 AP Nr. 9 zu § 56 BetrVG Wohlfahrtseinrichtungen Bl. 2 R; 15.09.1987 EzA § 87 BetrVG 1972 Sozialeinrichtung Nr. 15 S. 3 f. = AP Nr. 9 zu § 87 BetrVG 1972 Sozialeinrichtung Bl. 2 R f.; 26.04.1988 EzA § 87 BetrVG 1972 Altersversorgung Nr. 2 S. 6 = AP Nr. 16 zu § 87 BetrVG 1972 Altersversorgung Bl. 3 R; 09.12.2008 EzA § 1 BetrAVG Ablösung Nr. 47 Rn. 27 = AP Nr. 22 zu § 9 BetrAVG; 10.02.2009 EzA § 87 BetrVG 2001 Sozialeinrichtung Nr. 1 Rn. 36 = AP Nr. 21 zu § 87 BetrVG 1972 Sozialeinrichtung *[Moll/Ittmann]*; 15.02.2011 EzA § 1 BetrAVG Betriebsvereinbarung Nr. 9 Rn. 59 = AP Nr. 13 zu § 1 BetrAVG Auslegung; *Fitting* § 87 Rn. 352; *Hanau* BB 1973, 1274 [1275]; *Kaiser/LK* § 87 Rn. 169; *Matthes*/MünchArbR § 249 Rn. 12; *Moll* Die Mitbestimmung des Betriebsrats beim Entgelt, S. 102; *Nikisch* III, S. 407; *Richardi* § 87 Rn. 627, 628, 676, 679, § 88 Rn. 21; *Worzalla/HWGNRH* § 87 Rn. 483 f., § 88 Rn. 9). Der Betriebsrat kann daher nicht verlangen, dass ein vom Arbeitgeber für Werkmietwohnungen zur Verfügung gestelltes Wohnhaus, soweit es sich dabei um eine Sozialeinrichtung handelt (Rdn. 722), in ein Erholungsheim für Betriebsangehörige umgewandelt wird und umgekehrt. Dagegen bedeutet es eine Änderung der Zweckbestimmung, wenn Werkmietwohnungen, die für die Belegschaft ohne nähere Eingrenzung des begünstigten Personenkreises bestimmt sind, z. T. mit Gastarbeitern belegt werden sollen; vielmehr handelt es sich um eine Verwaltungsmaßnahme (*BAG* 14.02.1967 AP Nr. 9 zu § 56 BetrVG Wohlfahrtseinrichtungen Bl. 3 *[abl. Galperin]* = SAE 1968, 135 *[zust. Wiese]* = AuR 1967, 286 *[zust. Herschel]*; **a. M.** *Richardi* § 87 Rn. 677). Da die Zweckbestimmung als Teil der Errichtung mitbestimmungsfrei ist, kann der Arbeitgeber sie auch **begrenzen**, also z. B. eine Kantine nur für die Einnahme von Mahlzeiten zur Verfügung stellen (Rdn. 757).

Mitbestimmungsfrei ist weiter unter Beachtung des § 75 Abs. 1 die **generelle Festlegung** des **Krei-** 737
ses der **Begünstigten** einschließlich der **Art** der ihnen zu gewährenden **Leistungen** sowie die Regelung der Frage, ob ein **Rechtsanspruch** auf die Leistung der Sozialeinrichtung begründet werden soll (*BAG* 14.02.1967 AP Nr. 9 zu § 56 BetrVG Wohlfahrtseinrichtungen Bl. 1 R f.; 26.04.1988 EzA § 87 BetrVG 1972 Altersversorgung Nr. 2 S. 8 = AP Nr. 16 zu § 87 BetrVG 1972 Altersversorgung Bl. 4; 09.12.2008 EzA § 1 BetrAVG Ablösung Nr. 47 Rn. 27 = AP Nr. 22 zu § 9 BetrAVG; 15.02.2011 EzA § 1 BetrAVG Betriebsvereinbarung Nr. 9 Rn. 59 = AP Nr. 13 zu § 1 BetrAVG Auslegung; *LAG Hamm* 25.09.1985 DB 1986, 919; *Fitting* § 87 Rn. 353; *Hanau* BB 1973, 1274 [1275]; *Kaiser/LK* § 87 Rn. 169; *Moll* Die Mitbestimmung des Betriebsrats beim Entgelt, S. 102 [114 ff.]; *Nikisch* III, S. 407; *Richardi* § 87 Rn. 627, 629; *Worzalla/HWGNRH* § 87 Rn. 485). Nach § 13b AÜG (BGBl. I, S. 642) – vgl. auch § 9 Nr. 2a – hat der Entleiher Leiharbeitnehmern ab 01.12.2011 Zugang zu den Gemeinschaftseinrichtungen oder -diensten (insbesondere Kinderbetreuungseinrichtungen, Gemeinschaftsverpflegung, Beförderungsmittel) wie vergleichbaren Arbeitnehmern des Entleiherbetriebs zu gewährleisten, soweit nicht eine unterschiedliche Behandlung sachlich gerechtfertigt ist (*Vielmeier* NZA 2012, 535 ff.). Dazu zählen nicht Geldleistungen des Entleiherbetriebs wie die der betrieblichen Altersversorgung (*Fitting* § 87 Rn. 353). Wird bei der Festlegung des Kreises der Begünstigten gegen den Gleichheitssatz verstoßen, erlangen die unzulässigerweise nicht Bedachten unmittelbar kraft Gesetzes (§ 242 BGB) einen entsprechenden Anspruch, so dass damit automatisch der Kreis der Begünstigten erweitert wird. Dagegen gehört die Festlegung der Leistungsvoraussetzungen im

§ 87　　　　　　　　　　　　　　　　　　　　　　　　*IV. 3. Soziale Angelegenheiten*

vorgegebenen Rahmen ebenso zur Ausgestaltung wie die Aufstellung von Regeln für die Auswahl einzelner Personen aus dem begünstigten Personenkreis (Rdn. 758), während die Bestimmung der Begünstigten im Einzelfall Gegenstand der Verwaltung ist (Rdn. 765).

738　**Stichtagsregelungen** und **Wartezeiten** können eine doppelte Funktion haben. Soweit dadurch von vornherein der Kreis der Begünstigten bestimmt wird, handelt es sich um eine die Errichtung betreffende mitbestimmungsfreie Entscheidung des Arbeitgebers (so zu § 87 Abs. 1 Nr. 10 hinsichtlich der Wartezeiten *BAG* 12.06.1975 EzA § 87 BetrVG 1972 Lohn u. Arbeitsentgelt Nr. 4 S. 32 *[Birk]* = AP Nr. 1 zu § 87 BetrVG 1972 Altersversorgung Bl. 5 *[Richardi]*; 12.06.1975 EzA § 87 BetrVG 1972 Lohn u. Arbeitsentgelt Nr. 2 [nur Leitsätze] = AP Nr. 2 zu § 87 BetrVG 1972 Altersversorgung Bl. 4 R *[Steindorff]*; EzA § 87 BetrVG 1972 Lohn u. Arbeitsentgelt Nr. 3 [nur Leitsätze] = AP Nr. 3 zu § 87 BetrVG 1972 Altersversorgung Bl. 5 und zu Stichtagsregelungen *LAG Düsseldorf* 20.09.1977 BB 1978, 202 [203]). Es kann aber auch sein, dass in dem durch die Errichtung vorgegebenen Rahmen Stichtagsregelungen und Wartezeiten noch regelungsbedürftige Kriterien bei der Festlegung der Leistungsvoraussetzungen sind. Dann unterliegen sie der Mitbestimmung des Betriebsrats (**a. M.** *Worzalla/HWGNRH* § 87 Rn. 485).

739　Vor allem ist notwendiger Bestandteil der freiwilligen Entscheidung über die Errichtung, dass der Arbeitgeber **Art** und **Umfang** der einmaligen und laufenden **Zuwendungen** (Geld, Sachmittel), d. h. die sog. **Dotierung** der Sozialeinrichtung als solcher sowie der von ihr zu erbringenden Leistungen (**a. M.** *Matthes/*MünchArbR § 249 Rn. 16) allein bestimmen kann (*BAG* 09.05.1958 AP Nr. 1 zu § 56 BetrVG Wohlfahrtseinrichtungen Bl. 2 R; 15.01.1960 AP Nr. 3 zu § 56 BetrVG Wohlfahrtseinrichtungen Bl. 2 R f.; 06.02.1963 AP Nr. 6 zu § 56 BetrVG Wohlfahrtseinrichtungen Bl. 2 ff.; 22.01.1965 AP Nr. 7 zu § 56 BetrVG Wohlfahrtseinrichtungen Bl. 2; 13.03.1973 EzA § 87 BetrVG 1972 Werkswohnung Nr. 2 S. 10 f. = AP Nr. 1 zu § 87 BetrVG 1972 Werkmietwohnungen Bl. 3 *[Richardi]*; 13.07.1978 EzA § 87 BetrVG 1972 Sozialeinrichtung Nr. 9 S. 30 = AP Nr. 5 zu § 87 BetrVG 1972 Altersversorgung Bl. 2 R *[Hanau]* = SAE 1979, 230 *[Meisel]* = JuS 1979, 71 *[Reuter]*; 26.04.1988 EzA § 87 BetrVG 1972 Altersversorgung Nr. 2 S. 6 *[Steindorff]* = AP Nr. 16 zu § 87 BetrVG 1972 Altersversorgung Bl. 3 R; 09.12.2008 EzA § 1 BetrAVG Ablösung Nr. 47 Rn. 27 = AP Nr. 22 zu § 9 BetrAVG; 15.02.2011 EzA § 1 BetrAVG Betriebsvereinbarung Nr. 9 Rn. 59 = AP Nr. 13 zu § 1 BetrAVG Auslegung; *LAG Köln* 02.11.2016 – 11 TaBV 22/15, Rn. 19; *Fitting* § 87 Rn. 336, 351; *Griebeling* DB 1991, 2336 [2341]; *Hanau* BB 1973, 1274; *Heubeck* FS Meilicke, 1985, S. 44 ff.; *Hueck/Nipperdey* II/2, S. 1370; *Kaiser/*LK § 87 Rn. 169; *Molkenbur/Roßmanith* AuR 1990, 333 f.; *Moll* Die Mitbestimmung des Betriebsrats beim Entgelt, S. 103 f.; *Nikisch* III, S. 407; *Richardi* § 87 Rn. 627, 630 f.; *ders.* In memoriam Sir Otto Kahn-Freund, S. 247 [256 f.]; *Stege/Weinspach/Schiefer* § 87 Rn. 141 f., § 88 Rn. 7; *Worzalla/HWGNRH* § 87 Rn. 483, 488, § 88 Rn. 9). Der Arbeitgeber kann daher nicht zu zusätzlichen Leistungen gezwungen werden. Bei wiederkehrenden Leistungen handelt es sich allerdings nicht um einen festen Betrag. Vielmehr hängt der Umfang der Zuwendungen des Arbeitgebers von der Erfüllung der Leistungsvoraussetzungen ab (vgl. auch Rdn. 866; *Worzalla/HWGNRH* § 87 Rn. 487). Zur Dotierung bei Kapitalbeteiligungsformen als Sozialeinrichtung (Rdn. 721) *Röder* NZA 1987, 799 (805).

740　Nach der zutreffenden Ansicht des *BAG* (06.12.1963 AP Nr. 6 zu § 56 BetrVG Wohlfahrtseinrichtungen Bl. 3 f.; 22.01.1965 AP Nr. 7 zu § 56 BetrVG Bl. 1 R ff. Wohlfahrtseinrichtungen) gehört die **Festsetzung** der **Kantinenpreise** – Gleiches gilt für **andere Nutzungsentgelte** – im Rahmen der vom Arbeitgeber zur Verfügung gestellten Mittel nicht zur Dotierung, sondern zur mitbestimmungspflichtigen Verwaltung der Sozialeinrichtungen (ferner *OVG Nordrhein-Westfalen* 08.03.1989 PersR 1989, 234; *Fitting* § 87 Rn. 364; *Moll* Die Mitbestimmung des Betriebsrats beim Entgelt, S. 110 ff.; für Mitbestimmung auch *Klebe/DKKW* § 87 Rn. 271; *Richardi* § 87 Rn. 640 f.; *Worzalla/HWGNRH* § 87 Rn. 474, aber als Gegenstand der Ausgestaltung; **a. M.** jeweils m. w. N. *Dietz* § 56 Rn. 143, § 57 Rn. 10a; *Hueck/Nipperdey* II/2, S. 1370 f. Fn. 19c; *Nikisch* III, S. 389). **Unzulässig** ist es, durch Betriebsvereinbarung auch diejenigen **Arbeitnehmer** an den **Kosten** für das **Kantinenessen** zu **beteiligen**, die dieses gar **nicht in Anspruch nehmen**; hierin liegt eine unzulässige Lohnverwendungsabrede (*BAG* 11.07.2000 EzA § 87 BetrVG Sozialeinrichtung Nr. 17 S. 5 ff. = AP Nr. 16 zu § 87 BetrVG 1972 Sozialeinrichtung Bl. 2 R ff. *[von Hoyningen-Huene]* = SAE 2001, 157 *[Giesen]* = EwiR 2001, 297 *[Otto]*; *LAG Düsseldorf* 12.05.1999 AP Nr. 15 zu § 87 BetrVG 1972 Sozialeinrichtung Bl. 2 ff. – Vorinstanz; zur Kostentragungspflicht auch Rdn. 717; *Preis/Ulber* RdA 2013, 211 [218]; *Wiese* FS *Richardi*, 2007, S. 817 [823 f., 825 ff.: Vertrag zugunsten Dritter]). Zur Verwaltung einer Sozialeinrichtung gehört auch die Änderung der von den Eltern zu entrichtenden **Beiträge für den Betriebskindergarten** (*LAG Hamm* 27.11.1975 DB 1976, 201 f.). Auch die allgemeine Festsetzung der **Grundsätze** für die **Bildung** der **Miete** von **Werkwohnungen** als Sozialeinrichtung im Rahmen der vom Arbeitgeber festgelegten finanziellen Dotierung gehört an sich zur Verwaltung, unterliegt aber der Mitbestimmung nach § 87 Abs. 1 Nr. 9 (Rdn. 821). Zur **generellen Verteilung** der **Mittel innerhalb** des **gesetzten finanziellen Rahmens** als Gegenstand der Ausgestaltung einer Sozialeinrichtung Rdn. 758.

Den dargelegten Grundsätzen entspricht es, dass auch **Änderungen** der **Zweckbestimmung** oder des generell begünstigten Personenkreises sowie die **Erhöhung** bzw. **Herabsetzung** der **Zuwendungen**, aber auch die – teilweise – **Auflösung** (Schließung), d. h. **Entwidmung** der **Einrichtung** (anders § 75 Abs. 3 Nr. 5 BPersVG) **ungeachtet** bereits **entstandener Rechtsansprüche** einzelner Arbeitnehmer mitbestimmungsfrei sind (*BAG* 06.02.1963 AP Nr. 6 zu § 56 BetrVG Wohlfahrtseinrichtungen Bl. 2 f.; 26.10.1965 AP Nr. 8 zu § 56 BetrVG Wohlfahrtseinrichtungen Bl. 2 R; 14.02.1967 AP Nr. 9 zu § 56 BetrVG Wohlfahrtseinrichtungen Bl. 2 R; 13.03.1973 EzA § 87 BetrVG 1972 Werkswohnung Nr. 2 S. 10 = AP Nr. 1 zu § 87 BetrVG 1972 Werkmietwohnungen Bl. 2 R *[Richardi]*; 13.07.1978 EzA § 87 BetrVG 1972 Sozialeinrichtung Nr. 9 S. 30 = AP Nr. 5 zu § 87 BetrVG 1972 Altersversorgung Bl. 2 R *[Hanau]* = SAE 1979, 230 *[Meisel]* = JuS 1979, 71 *[Reuter]*; 05.06.1984 EzA § 242 BGB Ruhegeld Nr. 105 S. 578 = AP Nr. 3 zu § 1 BetrAVG Unterstützungskasse Bl. 7 *[Schulin]*; 09.07.1985 AP Nr. 16 zu § 75 BPersVG Bl. 4 zur Schließung einer Sozialeinrichtung; 22.10.1985 EzA § 87 BetrVG 1972 Werkwohnung Nr. 7 S. 39 = AP Nr. 5 zu § 87 BetrVG 1972 Werkmietwohnungen Bl. 2 R; 26.04.1988 EzA § 87 BetrVG 1972 Altersversorgung Nr. 2 S. 6 f. = AP Nr. 16 zu § 87 BetrVG 1972 Altersversorgung Bl. 3 R f.; 10.03.1992 EzA § 87 BetrVG 1972 Altersversorgung Nr. 4 S. 6 = AP Nr. 34 zu § 1 BetrAVG Unterstützungskassen Bl. 3 *[Blomeyer]*; 23.03.1993 EzA § 87 BetrVG 1972 Werkwohnung Nr. 9 S. 4 = AP Nr. 8 zu § 87 BetrVG 1972 Werkmietwohnungen Bl. 3 *[Däubler/Schieck]*; 09.12.2008 EzA § 1 BetrAVG Ablösung Nr. 47 Rn. 28 = AP Nr. 22 zu § 9 BetrAVG; 15.02.2011 EzA § 1 BetrAVG Betriebsvereinbarung Nr. 9 Rn. 60 = AP Nr. 13 zu § 1 BetrAVG Auslegung; *Fitting* § 87 Rn. 354 ff., § 88 Rn. 22; *Hanau* BB 1976, 91 [96]; *Hueck/Nipperdey* II/2, S. 1370; *Kaiser/LK* § 87 Rn. 169; *Klebe/DKKW* § 87 Rn. 268; *Matthes/* MünchArbR § 249 Rn. 18; *Moll* Die Mitbestimmung des Betriebsrats beim Entgelt, S. 104 ff.; *Richardi* § 87 Rn. 640, 671 ff., 677 mit Einschränkungen hinsichtlich der Schließung einer Sozialeinrichtung; *ders.* ZfA 1976, 1 [18]; *ders.* In memoriam Sir Otto Kahn-Freund, S. 247 [258 f.]; *Stege/Weinspach/Schiefer* § 87 Rn. 141 f., § 88 Rn. 7; *Worzalla/HWGNRH* § 87 Rn. 489). Die Veräußerung der Sozialeinrichtung ist selbst dann mitbestimmungsfrei, wenn der Arbeitgeber eine Minderheitsbeteiligung behält (*Bachmann* NZA 2002, 1130 [1134]). Zur **Teilschließung** einer **Unterstützungskasse** *BAG* 10.03.1992 EzA § 87 BetrVG 1972 Altersversorgung Nr. 4 S. 5 ff. = AP Nr. 34 zu § 1 BetrAVG Unterstützungskassen Bl. 2 R ff. *(Blomeyer)* = SAE 1993, 29 *(Gitter)* = AiB 1992, 747 *(Engel)*; 09.12.2008 EzA § 1 BetrAVG Ablösung Nr. 47 Rn. 18 ff. = AP Nr. 22 zu § 9 BetrAVG; *Rieble/AR* § 87 Rn. 50. Eine teilweise Entwidmung mit nachfolgender Errichtung einer Sozialeinrichtung liegt vor, wenn in einem als Sozialeinrichtung dienenden Wohnhaus den Mietern bisher gemeinsam zustehende Wasch- und Putzräume zu Appartements umgebaut werden sollen, um das Wohnungsangebot zu erhöhen (vgl. auch *BVerwG* 24.04.1992 AP Nr. 1 zu § 78 LPVG Baden-Württemberg Bl. 3 f.). Ist der Arbeitgeber in einer Betriebsvereinbarung mitbestimmungsfrei die Verpflichtung eingegangen, eine Sozialeinrichtung für eine bestimmte Zeit aufrechtzuerhalten, so ist er daran gebunden und könnte die Betriebsvereinbarung nur nach allgemeinen Grundsätzen außerordentlich kündigen (*Kreutz* § 77 Rdn. 403 ff.). Bei einer auf unbestimmte Zeit eingegangenen Verpflichtung könnte er die Betriebsvereinbarung ordentlich kündigen (§ 77 Abs. 5). Haben die Arbeitnehmer wesentlich zum Errichtungs- und Erhaltungsaufwand der Sozialeinrichtung beigetragen, kann der Arbeitgeber nach Treu und Glauben (§ 242 BGB) verpflichtet sein, den Arbeitnehmern die Übernahme zu überlassen (*Bachmann* NZA 2002, 1130 [1134]; *Moll* Die Mitbestimmung des Betriebsrats beim Entgelt, S. 105; *Richardi* § 87 Rn. 672).

741

Rechtlich nicht zu begründen ist die Auffassung von *Hanau* (BB 1973, 1274 [1275]; ebenso *Herbst/Scholl* AiB 1990, 119 [120]; *Moll* Die Mitbestimmung des Betriebsrats beim Entgelt, S. 104), der Ar-

742

beitgeber müsse eine etwaige Kürzung der Mittel vorher ankündigen, andernfalls sich der Betriebsrat für das jeweilige Geschäftsjahr auf die Weitergewährung der Mittel verlassen könne. Die Dotation einer Sozialeinrichtung ist der – möglicherweise wechselnde – Rahmen für die Mitbestimmung des Betriebsrats, auf den dieser keinen Einfluss hat. Auch die Einigungsstelle ist daran gebunden (vgl. auch *Galperin/Löwisch* § 87 Rn. 191). Eine Ausnahme ist nur nach allgemeinen Grundsätzen anzuerkennen, wenn die Kürzung der Mittel aus besonderen Gründen rechtsmissbräuchlich wäre (§ 2 Abs. 1 BetrVG, § 242 BGB). Zum neu aufzustellenden Leistungsplan bei Herabsetzung der Zuwendungen Rdn. 759.

743 Alle zur **Errichtung** gehörenden **Entscheidungen** des Arbeitgebers bilden den **vorgegebenen Rahmen** für die Mitbestimmung nach § 87 Abs. 1 Nr. 8. Sie können daher nicht durch die Mitbestimmung über die Form, Ausgestaltung oder Verwaltung einer Sozialeinrichtung wieder beseitigt werden (*Kaiser/LK* § 87 Rn. 183; *Worzalla/HWGNRH* § 87 Rn. 482). Unabhängig davon kann der Arbeitgeber, wenn er mit einer im Einigungsstellenverfahren getroffenen Regelung über Form oder Ausgestaltung einer Sozialeinrichtung nicht einverstanden ist, deren Errichtung durch Entwidmung wieder beseitigen (ähnlich *Richardi* § 87 Rn. 645).

744 Soweit der Betriebsrat im dargelegten Umfang (Rdn. 734 ff.) nicht mitzubestimmen hat, steht ihm auch kein **Initiativrecht** zu (*Wiese* Initiativrecht, S. 30 [56 f.], sowie allgemein *Wiese* Rdn. 140 ff.). Er kann jedoch nach § 80 Abs. 1 Nr. 2 entsprechende Maßnahmen beim Arbeitgeber beantragen.

e) Form der Sozialeinrichtung

745 Nach § 56 Abs. 1 Buchst. e BetrVG 1952 hatte der Betriebsrat nur bei der Verwaltung von Wohlfahrtseinrichtungen ohne Rücksicht auf deren Rechtsform mitzubestimmen, während diese selbst vom Arbeitgeber festgelegt wurde. Die Mitbestimmung nach § 87 Abs. 1 Nr. 8 erstreckt sich dagegen auch auf die primär zu treffende Entscheidung über die **Rechtsform** der Sozialeinrichtung. Die Abgrenzung von Form, Ausgestaltung und Verwaltung einer Sozialeinrichtung ist im Einzelnen umstritten, wegen der in allen diesen Fällen gleichermaßen bestehenden Mitbestimmung indessen nicht von praktischer Bedeutung. Die drei Mitbestimmungsbereiche verdeutlichen aber die zeitliche Abfolge der nach § 87 Abs. 1 Nr. 8 zu treffenden Entscheidungen. Außerdem bestimmt die jeweils zeitlich zunächst zu treffende Entscheidung zugleich den rechtlich verbleibenden Rahmen für die nachfolgenden Entscheidungen einschließlich des Umfangs der Mitbestimmung. So ist etwa die Ausgestaltung einer Sozialeinrichtung, die als juristische Person organisiert werden soll, im Hinblick auf den Eingangssatz des § 87 nur zulässig nach Maßgabe der hierfür jeweils geltenden zwingenden gesetzlichen Vorschriften.

746 Die Mitbestimmung über die Form setzt voraus, dass die **Errichtung** der **Sozialeinrichtung vom Arbeitgeber** – z. B. aufgrund einer freiwilligen Betriebsvereinbarung nach § 88 Nr. 2 oder einer Betriebsabsprache – **verbindlich zugesagt** wurde (*Jahnke* ZfA 1980, 863 [896]). Das *BAG* (18.03.1976 EzA § 87 BetrVG 1972 Lohn u. Arbeitsentgelt Nr. 5 S. 48 *[Weiss]* = AP Nr. 4 zu § 87 BetrVG 1972 Altersversorgung Bl. 2 *[Hanau]*; vgl. auch *Matthes*/MünchArbR § 249 Rn. 23) hält es für ausreichend, dass der Arbeitgeber sich für die Errichtung entschieden und das verlautbart hat. Die einseitige Erklärung hat nach unserer Rechtsordnung jedoch grundsätzlich keine rechtserzeugende Wirkung (Rdn. 862 f.). Die Mitbestimmung nach § 87 Abs. 1 Nr. 8 knüpft zudem an eine Sozialeinrichtung an, setzt also zumindest einen verbindlichen Errichtungsakt (§ 88 Nr. 2) voraus. Eine Entscheidung der Einigungsstelle über Form und Ausgestaltung einer Sozialeinrichtung wäre sinnlos, solange der Arbeitgeber nur deren Errichtung plant. Deshalb ist es auch irrelevant, dass der Arbeitgeber von der Errichtung der Sozialeinrichtung absehen könnte, wenn die mitbestimmte Regelung über deren Form oder Ausgestaltung seinen Vorstellungen nicht entspräche (**a. M.** *Matthes* § 249 Rn. 23).

747 Die Mitbestimmung über die Form ist begrenzt durch die auf die Errichtung bezogenen Entscheidungen des Arbeitgebers (Rdn. 743). Deshalb kann der Betriebsrat nicht erzwingen, dass die Sozialeinrichtung in der Rechtsform einer **GmbH** errichtet wird, wenn deren Dotation geringer ist als das erforderliche Mindeststammkapital von fünfundzwanzigtausend Euro (§ 5 Abs. 1 GmbHG; *Galperin/Löwisch* § 87 Rn. 183; *Richardi* § 87 Rn. 634; *Worzalla/HWGNRH* § 87 Rn. 470). Unpräzise ist es jedoch, wenn gesagt wird, der Betriebsrat könne lediglich verhindern, dass für die Sozialeinrichtung

Mitbestimmungsrechte § **87**

die Rechtsform der GmbH gewählt wird (so *Richardi* § 87 Rn. 634; ähnlich *Galperin/Löwisch* § 87 Rn. 183); denn wenn der Arbeitgeber der Sozialeinrichtung die Form der GmbH geben möchte, ist er auch bereit, das erforderliche Stammkapital zur Verfügung zu stellen. Dann ist aber in dem vorgegebenen Dotierungsrahmen die GmbH nur eine der denkbaren Rechtsformen, und der Betriebsrat hat über die Wahl in vollem Umfang mitzubestimmen. Bei der **betrieblichen Altersversorgung** wird durch die Wahl zwischen Pensionskasse und Unterstützungskasse auch der Umfang der Leistungspflichten und damit der Dotation bestimmt, so dass diese Entscheidung gleichfalls mitbestimmungsfrei ist (Rdn. 878 ff.; *BAG* 12.06.1975 EzA § 87 BetrVG 1972 Lohn u. Arbeitsentgelt Nr. 4 S. 31 [*Birk*] = AP Nr. 1 zu § 87 BetrVG 1972 Altersversorgung Bl. 5 [*Richardi*]; 09.12.2008 EzA § 1 BetrAVG Ablösung Nr. 47 Rn. 27 = AP Nr. 22 zu § 9 BetrAVG; 15.02.2011 EzA § 1 BetrAVG Betriebsvereinbarung Nr. 9 Rn. 59 = AP Nr. 13 zu § 1 BetrAVG Auslegung; *Fitting* § 87 Rn. 357; *Matthes*/MünchArbR § 249 Rn. 21; *Richardi* § 87 Rn. 630; *Worzalla/HWGNRH* § 87 Rn. 488).

Unter Beachtung des vorgegebenen Rahmens (Rdn. 743, 747) hat der Betriebsrat darüber mit- **748** zubestimmen, ob die Einrichtung **ohne eigene Rechtsfähigkeit** – z. B. als unselbständiger Bestandteil des Betriebs, Unternehmens bzw. Konzerns, als nichtrechtsfähiger Verein, Gesellschaft des bürgerlichen Rechts – oder als **juristische Person** – z. B. als Versicherungsverein auf Gegenseitigkeit (Pensionskasse), rechtsfähige Stiftung, GmbH, AG, rechtsfähiger Verein – organisiert werden soll (amtliche Begründung, BT-Drucks. VI/1786, S. 49; *Fitting* § 87 Rn. 357; *Kaiser/LK* § 87 Rn. 172; *Klebe/DKKW* § 87 Rn. 270; *Moll* Die Mitbestimmung des Betriebsrats beim Entgelt, S. 106; *Richardi* § 87 Rn. 634; zu Erscheinungsformen und zur Bedeutung rechtlich selbständiger Sozialeinrichtungen *Estelmann* Rechtlich selbständige Sozialeinrichtungen, S. 7 ff.; daselbst S. 112 ff. zu Sozialeinrichtungen und Gesellschaftsrecht). Durch eine hierüber abgeschlossene Betriebsvereinbarung wird die Sozialeinrichtung nicht selbst geschaffen, sondern der Arbeitgeber zu den entsprechenden Maßnahmen verpflichtet (*Galperin/Löwisch* § 87 Rn. 183; *Richardi* § 87 Rn. 660; zur ähnlichen Situation bei der Schaffung gemeinsamer Einrichtungen der Tarifvertragspartner *Böttcher* Die gemeinsamen Einrichtungen der Tarifvertragsparteien, 1966, S. 26 ff.; *Zöllner* Empfiehlt es sich, das Recht der Gemeinsamen Einrichtungen der Tarifvertragsparteien [§ 4 Abs. 2 TVG] gesetzlich näher zu regeln?, Verhandlungen des 48. Deutschen Juristentages, Bd. I, 1970, S. G 44 ff.). Der Betriebsrat ist verpflichtet, dabei im Rahmen seiner Mitbestimmung mitzuwirken, z. B. bei dem Zustandekommen der Satzung als Gegenstand der Ausgestaltung der Sozialeinrichtung (Rdn. 756). Ein von Betriebsangehörigen zum Zwecke der Bewirtschaftung der Werkkantine als einer betrieblichen Sozialeinrichtung gegründeter Verein kann in das Vereinsregister eingetragen werden (*BayObLG* 12.11.1973 BB 1974, 980).

Zur Mitbestimmung über die Form einer Sozialeinrichtung gehört auch die Entscheidung darüber, ob **749** eine **Sozialeinrichtung** von einem **selbständigen fremden Unternehmen betrieben** werden soll, wie z. B. das Aufstellen von Warenautomaten und der Vertrieb von Speisen und Getränken (*Gumpert* BB 1978, 968 [969]; *Herbst/Scholl* AiB 1990, 119 [120 f.]; *Richardi* § 87 Rn. 635; **a. M.** *Worzalla/HWGNRH* § 87 Rn. 472: Verwaltung). Kommt es hierüber zu keiner Einigung und ist der Arbeitgeber keine Verpflichtung zur Errichtung einer derartigen Sozialeinrichtung eingegangen, so kann er einem etwaigen Spruch der Einigungsstelle die Wirkung dadurch entziehen, dass er von der Errichtung Abstand nimmt (*Gumpert* BB 1978, 968 [969]). Zur Mitbestimmung des Betriebsrats bei **Auslagerung** der **Pensionsfondsverwaltung ins Ausland** *Bittner* Europäisches und internationales Betriebsrentenrecht 2000, S. 214 ff.

Zur Mitbestimmung über die Form einer Sozialeinrichtung gehört auch die Entscheidung darüber, ob **750** diese **verpachtet** werden soll (*Gumpert* BB 1978, 968 [969]; *Moll* Die Mitbestimmung des Betriebsrats beim Entgelt, S. 107; *Richardi* § 87 Rn. 635; **a. M.** *Dietz* § 56 Rn. 137, der im Hinblick darauf, dass der Pächter eine auf Gewinnerzielung gerichtete Tätigkeit betreibt, das Vorliegen einer Sozialeinrichtung verneinte; *Stege/Weinspach/Schiefer* § 87 Rn. 146; *Worzalla/HWGNRH* § 87 Rn. 472). Zur **Umstrukturierung** von Sozialeinrichtungen *Bachmann* NZA 2002, 1130 ff.

Auch die **Änderung** der **bisherigen Form** – z. B. durch Verpachtung einer bisher in Eigenregie ge- **751** führten Sozialeinrichtung – ist mitbestimmungspflichtig (*ArbG Düsseldorf* 22.06.1983 AuR 1984, 55; *Fitting* § 87 Rn. 360; *Kaiser/LK* § 87 Rn. 180; *Klebe/DKKW* § 87 Rn. 270; *Worzalla/HWGNRH* § 87 Rn. 470; zur Übertragung der Spülarbeiten einer Kantine auf Arbeitskräfte einer Fremdfirma *ArbG Köln* 25.03.1998 AiB 1999, 346). Die Kündigung eines Pachtverhältnisses ist dagegen als Gegenstand der Verwaltung (Rdn. 775) anzusehen, sofern die Sozialeinrichtung weiter durch einen Pächter betrieben werden soll (vgl. auch *Hess. VGH* 12.10.1959 AP Nr. 1 zu § 67 PersVG Bl. 1 R; *Fitting* § 87 Rn. 367). Entsprechendes gilt für die Wahrnehmung von Befugnissen des Arbeitgebers gegenüber dem Pächter (Rdn. 775). Die Mitbestimmung bei Abschluss und Kündigung von Pachtverträgen betrifft im Übrigen nur die betriebsverfassungsrechtliche Entscheidung über diese Maßnahmen einschließlich ihres auf die Mitbestimmung bezogenen Inhalts (zu Pachtbedingungen Rdn. 757), während deren Vollzug allein Sache des Arbeitgebers ist (*Galperin/Löwisch* § 87 Rn. 194).

752 Schließt der **Arbeitgeber** einen **Pachtvertrag ohne Zustimmung** des **Betriebsrats** ab und ohne diese zur Bedingung gemacht zu haben (§ 158 Abs. 1 BGB), so ist der Vertrag zwar wirksam (*Wiese* Rdn. 114), jedoch kann der Betriebsrat Unterlassung des seiner Mitbestimmung widersprechenden Verhaltens verlangen (*Oetker* § 23 Rdn. 183). Der Pächter hat dann nach § 311a Abs. 2 Satz 1 BGB wegen ursprünglich subjektiver Unmöglichkeit einen Anspruch auf Schadenersatz wegen Nichterfüllung gegen den Arbeitgeber (*Wiese* Rdn. 114; *Galperin/Löwisch* § 87 Rn. 194; *Worzalla/HWGNRH* § 87 Rn. 119). Entsprechendes wie für die Verpachtung gilt für die **Veräußerung**, falls diese der rechtstechnische Weg ist, um die Sozialeinrichtung über eine juristische Person zu betreiben, anders, wenn die Veräußerung an einen Dritten als Schließung der Sozialeinrichtung anzusehen ist (*Moll* Die Mitbestimmung des Betriebsrats beim Entgelt, S. 107; *Trümner* BetrR 1989, 33 [34]).

753 Der Betriebsrat hat hinsichtlich der **Form** einer Sozialeinrichtung in dem durch seine Mitbestimmung vorgegebenen Rahmen ein **Initiativrecht** (*Wiese* Initiativrecht, S. 56 ff.; ebenso *Birk* Anm. EzA § 87 BetrVG 1972 Lohn u. Arbeitsentgelt Nr. 4 S. 39 f.; *Galperin/Löwisch* § 87 Rn. 183; *Matthes/*MünchArbR § 249 Rn. 36; *Richardi* § 87 Rn. 634, 647; *ders.* ZfA 1976, 1 [39]; *Worzalla/ HWGNRH* § 87 Rn. 481). Die Einigungsstelle ist ebenso wie der Betriebsrat an den Dotierungsrahmen als vorgegebene Größe gebunden und hat im Übrigen bei ihrer Entscheidung die betrieblichen Belange zu berücksichtigen (§ 76 Abs. 5 Satz 3). Entsprechendes gilt hinsichtlich der **Änderung** der bisherigen **Form** einer bestehenden Sozialeinrichtung (*Wiese* Initiativrecht, S. 57). Das Initiativrecht ist in diesem Fall von besonderer Bedeutung, wenn der Arbeitgeber ohne Zustimmung des Betriebsrats einer Sozialeinrichtung eine bestimmte Form gegeben hat. Der Gründungsakt ist dann zwar nicht unwirksam (*BAG* 13.07.1978 EzA § 87 BetrVG 1972 Sozialeinrichtung Nr. 9 S. 34 f. = AP Nr. 5 zu § 87 BetrVG 1972 Altersversorgung Bl. 4 *[Hanau]*), jedoch kann der Betriebsrat gegebenenfalls über die Einigungsstelle eine andere Form erreichen.

754 Die Mitbestimmung über die **Form** der **Sozialeinrichtung** wird in der Regel zweckmäßigerweise durch **Betriebsvereinbarung** erfolgen; sie ist erforderlich, soweit den Belegschaftsmitgliedern Verpflichtungen auferlegt werden sollen. Im Übrigen genügt eine **Betriebsabsprache** (*Matthes/*MünchArbR § 249 Rn. 34; *Richardi* § 87 Rn. 648; *Worzalla/HWGNRH* § 87 Rn. 492).

f) Ausgestaltung

755 In Ergänzung der Form ist die **innere Ausgestaltung** einer Sozialeinrichtung mitbestimmungspflichtig. Zutreffend hat das *BAG* (13.03.1973 AP Nr. 1 zu § 87 BetrVG 1972 Werkmietwohnungen Bl. 3) die Ausgestaltung dahin umschrieben, dass es sich um **Maßnahmen** handelt, die **gemäß** ihrer **Bedeutung** und ihrer **zeitlichen Reihenfolge nach** der **grundsätzlichen Entscheidung über** die **Errichtung zwischen** der **Bestimmung** der **Form**, insbesondere der Rechtsform, und der **laufenden Verwaltung** der **Sozialeinrichtung liegen** (zust. *Fitting* § 87 Rn. 361; *Kaiser/LK* § 87 Rn. 181; *Klebe/DKKW* § 87 Rn. 271; *Richardi* § 87 Rn. 637; a. M. *Worzalla/HWGNRH* § 87 Rn. 473: Konkretisierung der den Arbeitnehmern zugedachten Vorteile einschließlich des dafür zu entrichtenden Preises). Zur Abgrenzungsproblematik gegenüber Form und Verwaltung Rdn. 745.

756 Zur Ausgestaltung gehört die gesamte **Organisation** der **Sozialeinrichtung**, d. h. die Entscheidung über die aufgrund der gewählten Form notwendigen Regelungen, insbesondere die Ausgestaltung der **Satzung** (vgl. auch Rdn. 781) und deren **Änderung**, bei unselbständigen Einrichtungen die Bildung eines **Verwaltungsgremiums** (Rdn. 772), ferner die Aufstellung einer **Geschäftsordnung** oder von **Benutzungsrichtlinien** (im Wesentlichen wie hier *BAG* 13.03.1973 EzA § 87 BetrVG 1972 Werkswohnung Nr. 2 S. 10 = AP Nr. 1 zu § 87 BetrVG 1972 Werkmietwohnungen Bl. 3 *[Richardi]*; 15.09.1987 EzA § 87 BetrVG 1972 Nr. 15 S. 2 f. = AP Nr. 9 zu § 87 BetrVG 1972 Sozialeinrichtung

Bl. 2 f.; 11.07.2000 EzA § 87 BetrVG 1972 Sozialeinrichtung Nr. 17 S. 5 = AP Nr. 16 zu § 87 BetrVG 1972 Sozialeinrichtung Bl. 2 R *[von Hoyningen Huene]*; *Fitting* § 87 Rn. 361; *Kaiser/LK* § 87 Rn. 184; *Klebe/DKKW* § 87 Rn. 271; *Moll* Die Mitbestimmung des Betriebsrats beim Entgelt, S. 108; *Richardi* § 87 Rn. 637 f.; *Stege/Weinspach/Schiefer* § 87 Rn. 146; **a. M.** *Worzalla/HWGNRH* § 87 Rn. 471, 479, von dem die Festlegung der Satzung der Form einer Sozialeinrichtung und der Erlass einer Hausordnung der Verwaltung, allerdings Rn. 473 wie hier die Benutzungsrichtlinien der Ausgestaltung zugeordnet werden).

Zur Ausgestaltung gehört auch die **Konkretisierung** des **Benutzerkreises** und der **allgemeinen Zweckbestimmung** einer Sozialeinrichtung wie die generelle Festlegung der zulässigen Nutzung einer Sozialeinrichtung, z. B. einer Kantine (*BAG* 15.09.1987 EzA § 87 BetrVG 1972 Sozialeinrichtung Nr. 15 S. 2 ff. = AP Nr. 9 zu § 87 BetrVG 1972 Sozialeinrichtung Bl. 2 ff. = SAE 1988, 271 *[krit. Brunz]*). Das gilt jedoch nur, soweit die Zweckbestimmung der Sozialeinrichtung (Rdn. 736) einen Regelungsspielraum belässt; dem **Arbeitgeber** steht es frei, den **Zweck von vornherein zu begrenzen**. Er kann daher mitbestimmungsfrei festlegen, dass eine Kantine nur zur Einnahme von Mahlzeiten und nicht für andere Zwecke (Feiern und dgl.) zur Verfügung stehen soll (**a. M.** *BAG* 15.09.1987 EzA § 87 BetrVG 1972 Sozialeinrichtung Nr. 15 S. 3 f. = AP Nr. 9 zu § 87 BetrVG 1972 Sozialeinrichtung Bl. 2 R f., das nur die generelle Entscheidung über die Art der Sozialeinrichtung als mitbestimmungsfrei ansieht; vgl. auch *Richardi* § 87 Rn. 642). Entsprechendes gilt für die spätere Zweckbegrenzung (Rdn. 741), soweit sich der Arbeitgeber nicht in bestimmtem Umfang gegenüber dem Betriebsrat gebunden hat. Dagegen gehören die Einzelentscheidungen bei der Nutzung einer Sozialeinrichtung zur Verwaltung (ungenau *BAG* 30.04.1974 AP Nr. 2 zu § 87 BetrVG 1972 Werkmietwohnungen Bl. 2 R f., wo die »Aufteilung« einer einheitlichen Sozialeinrichtung von Fall zu Fall auf leitende Angestellte einerseits und nichtleitende Arbeitnehmer andererseits als Frage der »Ausgestaltung« und »Verwaltung« angesehen wird). Zur Ausgestaltung gehört bei Verpachtung einer Sozialeinrichtung auch die Festlegung der **Pachtbedingungen** außer dem Pachtzins (*Stege/Weinspach/Schiefer* § 87 Rn. 146).

Zur Ausgestaltung gehört ferner die Aufstellung von **Grundsätzen** über die **Verwendung** der **finanziellen Mittel** in dem durch die Entscheidungen des Arbeitgebers über die Errichtung vorgegebenen Rahmen (Rdn. 734 ff.). Mitbestimmungspflichtig sind daher der **Leistungsplan** bzw. die **Versorgungsrichtlinien**, in denen festgelegt wird, unter **welchen Voraussetzungen** im Einzelnen **welche Arbeitnehmer welche Leistungen erhalten** (*BAG* 10.11.1977 EzA § 242 BGB Ruhegeld Nr. 69 S. 357 = AP Nr. 8 zu § 242 BGB Ruhegehalt – Unterstützungskassen Bl. 6 *[Kraft]*; 13.07.1978 EzA § 87 BetrVG 1972 Sozialeinrichtung Nr. 9 S. 29 f. = AP Nr. 5 zu § 87 BetrVG 1972 Altersversorgung Bl. 2 f.: auch Verwaltung *[Hanau]* = SAE 1979, 230 *[Meisel]* = JuS 1979, 71 *[Reuter]*; 08.12.1981 EzA § 242 BGB Ruhegeld Nr. 97 S. 498 = AP Nr. 1 zu § 1 BetrAVG Unterstützungskassen Bl. 3 *[Herschel]* = SAE 1983, 197 *[Reuter]* = AR-Blattei, Betriebliche Altersversorgung, Entsch. 91 *[Löwisch/Röder]*; 08.12.1981 DB 1982, 50 [51]; 05.06.1984 EzA § 242 BGB Ruhegeld Nr. 105 S. 578 = AP Nr. 3 zu § 1 BetrAVG Unterstützungskassen Bl. 7 *[Schulin]*; 26.04.1988 EzA § 87 BetrVG 1972 Altersversorgung Nr. 2 S. 5 f. = AP Nr. 16 zu § 87 BetrVG 1972 Altersversorgung Bl. 3 f.; 10.03.1992 EzA § 87 BetrVG 1972 Altersversorgung Nr. 4 S. 6 f. = AP Nr. 34 zu § 1 BetrAVG Unterstützungskassen Bl. 2 R f. *[Blomeyer]*; 09.12.2008 EzA § 1 BetrAVG Ablösung Nr. 47 Rn. 27, 46 = AP Nr. 22 zu § 9 BetrAVG; *LAG Niedersachsen* 30.09.1988 NZA 1989, 149; *Fitting* § 87 Rn. 363; *Galperin/Löwisch* § 87 Rn. 184, 188; *Hanau* BB 1973, 1274 [1275]; *Heubeck* FS Meilicke, 1985, S. 44 ff.; *Moll* Die Mitbestimmung des Betriebsrats beim Entgelt, S. 109 f.; *Richardi* § 87 Rn. 639, 644; *Worzalla/HWGNRH* § 87 Rn. 474; **a. M.** *Matthes*/MünchArbR § 249 Rn. 25, 44: Nr. 10). Zur Billigkeitskontrolle der von den Betriebspartnern vereinbarten Regelungen *BAG* 05.06.1984 EzA § 242 BGB Ruhegeld Nr. 105 S. 578 f. = AP Nr. 3 zu § 1 BetrAVG Unterstützungskassen Bl. 7 *[Schulin]*; 08.12.1981 EzA § 242 BGB Ruhegeld Nr. 96 S. 484 = AP Nr. 1 zu § 1 BetrAVG Ablösung Bl. 3 R (*Herschel*); *Blomeyer/Rolfs/Otto* BetrAVG, Anh. § 1 Rn. 149 ff.

Bei einem für **Belegschaftsmitglieder** und deren **Angehörige** geschaffenen **Erholungsheim** ist z. B. mitbestimmungspflichtig, ob ein erstmaliger Anspruch erst nach einer bestimmten Wartezeit entsteht, ob Familien mit Kindern in den Schulferien vorrangig zu berücksichtigen sind und wie lange das Heim in Anspruch genommen werden kann. Auch **Änderungen** des **Leistungsplans** sind mitbestimmungspflichtig, z. B. die Neuaufstellung bei Kürzung der Mittel für eine Unterstützungskasse (*BAG* 13.07.1978 EzA § 87 BetrVG 1972 Sozialeinrichtung Nr. 9 S. 29 f. = AP Nr. 5 zu § 87 BetrVG 1972 Altersversorgung Bl. 2 f. *[Hanau]*; 10.03.1992 EzA § 87 BetrVG 1972 Altersversorgung Nr. 4 S. 6 f. = AP Nr. 34 zu § 1 BetrAVG Unterstützungskassen Bl. 3 *[Blomeyer]*; 26.04.1988 EzA § 87 BetrVG 1972 Altersversorgung Nr. 2 S. 7; *Fitting* § 87 Rn. 365; *Galperin/Löwisch* § 87 Rn. 191; *Richardi* § 87 Rn. 675). Gleiches gilt für die generelle Anpassung von Betriebsrenten, die über eine Sozialeinrichtung gewährt werden, gemäß § 16 BetrAVG im Rahmen der vorgegebenen Dotierung (*Schaub* NJW 1978, 2076 [2081]; aber auch Rdn. 887). Die **Festsetzung** des **Nutzungsentgelts** – z. B. der Kantinenpreise – gehört zur Verwaltung (Rdn. 740). Zur Ausgestaltung bei Kapitalbeteiligungsformen als Sozialeinrichtung (Rdn. 721) *Röder* NZA 1987, 799 (805).

760 Zur Ausgestaltung zählt auch die **Umgestaltung** einer **Sozialeinrichtung** wie z.B die Umstellung der Getränkeversorgung durch Verkaufsstellen auf Automatenbetrieb (*Fitting* § 87 Rn. 361; *Galperin/Löwisch* § 87 Rn. 184, 189; *Klebe/DKKW* § 87 Rn. 271; *Richardi* § 87 Rn. 676, § 88 Rn. 23; **a. M.** *Worzalla/HWGNRH* § 87 Rn. 475: Verwaltung sowie zu § 56 Abs. 1 Buchst. e BetrVG 1952 *BAG* 26.10.1965 AP Nr. 8 zu § 56 BetrVG Wohlfahrtseinrichtungen Bl. 2 f.: »Organisationsumänderung« *[Nikisch]* = SAE 1966, 73 *[Hiersemann]* = AuR 1966, 94 *[Herschel]* = BB 1966, 78 *[Gumpert]* = AR-Blattei, Betriebsverfassung XIV B, Entsch. 15 *[Sommer]*).

761 Der Betriebsrat hat hinsichtlich der Aus- und Umgestaltung ein **Initiativrecht** (*Wiese* Initiativrecht, S. 56 ff.; ebenso *Galperin/Löwisch* § 87 Rn. 191a; *Matthes/*MünchArbR § 249 Rn. 36 f.; *Richardi* § 87 Rn. 640, 647; *ders.* ZfA 1976, 1 [39]). Auch hier ist ebenso wie bei der Form der Sozialeinrichtung das Initiativrecht von Bedeutung, wenn der Arbeitgeber die Mitbestimmung des Betriebsrats missachtet und bei Gründung der Sozialeinrichtung die Satzung allein festgelegt hat. Diese ist dann zwar nicht unwirksam (*BAG* 13.07.1978 AP Nr. 5 zu § 87 BetrVG 1972 Altersversorgung Bl. 4; *Richardi* § 87 Rn. 681), jedoch kann der Betriebsrat gegebenenfalls deren Änderung über die Einigungsstelle erreichen.

762 Die Mitbestimmung bei der Ausgestaltung der Sozialeinrichtung wird in der Regel zweckmäßigerweise durch **Betriebsvereinbarung** erfolgen, jedoch genügt, soweit nicht unmittelbar Rechte oder Verpflichtungen der Begünstigten begründet werden sollen, auch eine Betriebsabsprache (*Matthes/*MünchArbR § 249 Rn. 34; *Richardi* § 87 Rn. 648; *Worzalla/HWGNRH* § 87 Rn. 492).

g) Verwaltung

aa) Grundsatz

763 Die Verwaltung der Sozialeinrichtung ist nicht auf die Aufstellung von Verwaltungsrichtlinien beschränkt, sondern **erfasst die Verwaltung selbst**, d. h. **auch einzelne Verwaltungsmaßnahmen** (*BAG* 06.02.1963 AP Nr. 6 zu § 56 BetrVG Wohlfahrtseinrichtungen Bl. 2 R f.; 22.01.1965 AP Nr. 7 zu § 56 BetrVG Wohlfahrtseinrichtungen Bl. 2 f.; 14.02.1967 AP Nr. 9 zu § 56 BetrVG Wohlfahrtseinrichtungen Bl. 2 f.; 16.03.1982 EzA § 87 BetrVG 1972 Vorschlagswesen Nr. 3 S. 38 = AP Nr. 2 zu § 87 BetrVG 1972 Vorschlagswesen Bl. 3 R *[Misera]*; *Fitting* § 87 Rn. 366, 370; *Fuchs* BB 1967, 1427 [1429]; *Gamillscheg* II, S. 925; *Hilger* FS *Sitzler*, S. 153 ff.; *Hueck/Nipperdey* II/2, S. 1371 f. m. w. N.; *Jahnke* ZfA 1980, 863 [894]; *Kaiser/LK* § 87 Rn. 184; *Klebe/DKKW* § 87 Rn. 272; *Matthes/*MünchArbR § 249 Rn. 26 f.; *Moll* Die Mitbestimmung des Betriebsrats beim Entgelt, S. 108 f.; *Richardi* § 87 Rn. 643; *Stege/Weinspach/Schiefer* § 87 Rn. 147a; **a. M.** *Dietz* § 56 Rn. 131, 138 f.; *Erdmann/Jürging/Kammann* § 87 Rn. 88; *Galperin/Siebert* § 56 Rn. 52, 57; *Neumann-Duesberg*, S. 481 ff.; *Worzalla/HWGNRH* § 87 Rn. 476 f.). Das ist von *Hilger* (FS *Sitzler*, S. 153 ff.) überzeugend begründet worden. Weder dem Wortlaut noch dem Sinn des Gesetzes ist ein Hinweis dafür zu entnehmen, dass der Gesetzgeber den umfassenden Begriff der Verwaltung hat einschränken wollen. Deshalb ist auch die vermittelnde Ansicht von *Siebert* zu § 56 Abs. 1 Buchst. e BetrVG 1952 (BB 1953, 833 [834 f.]; *Galperin/Siebert* § 56 Rn. 52) abzulehnen, nach der die laufende Geschäftsführung vom Begriff der Verwaltung auszunehmen sei (so aber wieder *Worzalla/HWGNRH* § 87 Rn. 478). Die hier vertretene Auffassung bedeutet keinen Widerspruch zur h. M., dass die Mitbestimmung auf kollektive Tatbestände zu beschränken sei, weil die Verwaltung immer kollektivbezogen ist.

Die **Mitbestimmung** des Betriebsrats bei einzelnen Verwaltungsmaßnahmen besagt **nicht**, dass der   764
Gesetzgeber **nur** den **Grundsatz** hat anerkennen und die Regelung im Einzelnen einer die Verhältnisse des Betriebs (Unternehmens, Konzerns) und der jeweiligen Sozialeinrichtung berücksichtigenden Betriebsvereinbarung hat überlassen wollen (so aber *Nikisch* III, S. 406 ff. [411]). Allerdings ist letztlich nur die generelle Regelung der Mitbestimmung praktikabel, nicht aber das Zusammenwirken von Arbeitgeber und Betriebsrat bei jeder einzelnen Maßnahme. Eine generelle Regelung wird deshalb auch von denjenigen für zweckmäßig gehalten, die eine unmittelbare Anwendung des § 87 Abs. 1 Nr. 8 auf einzelne Verwaltungsmaßnahmen befürworten (*BAG* 22.01.1965 AP Nr. 7 zu § 56 BetrVG Wohlfahrtseinrichtungen Bl. 3; *Fitting* § 87 Rn. 366; *Hilger* FS Sitzler, S. 153 [160]; *Hueck/Nipperdey* II/2, S. 1372; *Stege/Weinspach/Schiefer* § 87 Rn. 148), wie andererseits diejenigen, die unter der Verwaltung nur den Erlass allgemeiner Verwaltungsrichtlinien verstehen, eine Ausdehnung der Mitbestimmung auf einzelne Verwaltungsmaßnahmen für zweckmäßig und nach § 88 (§ 57 BetrVG 1952) für zulässig halten (*Dietz* § 56 Rn. 141; *Galperin/Siebert* § 56 Rn. 53; *Neumann-Duesberg*, S. 482 f.; *Siebert* BB 1953, 833 [835]). Damit unterscheiden sich die verschiedenen Auffassungen nur bis zum Erlass einer entsprechenden Betriebsvereinbarung. Bis dahin ist die Mitbestimmung bei jeder einzelnen Verwaltungsmaßnahme notwendig (*Kaiser/LK* § 87 Rn. 186).

Zur **Verwaltung** gehören mithin **alle auf die Geschäftsführung, Nutzung** und **Erhaltung** der **So-**   765
zialeinrichtung bezogenen Maßnahmen, soweit sie nicht zur mitbestimmungsfreien Errichtung gehören (Rdn. 734 ff.) oder bereits als Gegenstand der Form oder Ausgestaltung der Sozialeinrichtung mitbestimmungspflichtig sind (Rdn. 745 ff., 755 ff.). Das gilt zunächst für die Organisation der Verwaltung (nicht Organisation der Sozialeinrichtung selbst, Rdn. 756), z. B. die Öffnungszeiten der Sozialeinrichtung (*ArbG Ludwigshafen/Mainz* 25.05.1976 BB 1976, 1607; *ArbG Ludwigshafen/Landau* 01.03.1977 ARSt. 1972, 190 [Nr. 1241]; a. M. *Worzalla/HWGNRH* § 87 Rn. 474: Ausgestaltung) oder Entscheidungen über die Personaleinteilung und den Personaleinsatz. Ferner gehören zur Verwaltung alle Entscheidungen über die Nutzung der Sozialeinrichtung, die sich auf das Verhalten der Benutzer beziehen (Hausordnung; *Fitting* § 87 Rn. 366), die Leistungen im Einzelnen (z. B. Speiseplan einer Kantine; *Herbst/Scholl* AiB 1990, 119 [121]; *Stege/Weinspach/Schiefer* § 87 Rn. 147a; a. M. *Worzalla/HWGNRH* § 87 Rn. 480) und im Einzelfall (*Kaiser/LK* § 87 Rn. 184; *Richardi* § 87 Rn. 644; vgl. auch *H. Hanau* Individualautonomie, S. 175 f. [221 f.], das Nutzungsentgelt (Kantinenpreise usw.; Rdn. 740), die Auswahl der Begünstigten (Rdn. 737; *Fitting* § 87 Rn. 353) oder sonstige Einzelentscheidungen über die Nutzung (a. M. *Fitting* § 87 Rn. 366; *Worzalla/HWGNRH* § 87 Rn. 480 bei Aufteilung der Gäste auf die Zimmer eines Erholungsheimes). Zur Berücksichtigung des **Umweltschutzes** *Froschauer* Arbeitsrecht und Umweltschutz (Diss. Mannheim), 1994, S. 173, zur Mitbestimmung bei der Umstellung des Nutzungsentgelts auf den **Euro** *Schaub* BB 1998, 1474 (1477); a. M. *Natzel* DB 1998, 366 (370). Schließlich gehören Maßnahmen zur Erhaltung der sachlichen und finanziellen Mittel zur Verwaltung der Sozialeinrichtung, z. B. auch die Vermögensanlage bei Pensions- und Unterstützungskassen (*Fitting* § 87 Rn. 366; *Stege/Weinspach/Schiefer* § 87 Rn. 147). Zu einer »Betriebsvereinbarung Kantinenessen« *Gewerkschaft Nahrung, Gaststätten und Genuss* AiB 1990, 163 ff. Der Betriebsrat hat auch hinsichtlich der Verwaltung ein **Initiativrecht**. Zur Kündigung eines Pachtverhältnisses Rdn. 751.

bb) Wirksamkeit von Verwaltungsmaßnahmen
Nach der auch für § 87 Abs. 1 Nr. 8 geltenden Theorie der **Wirksamkeitsvoraussetzung** bedarf es   766
für Maßnahmen des Arbeitgebers, die in den Bereich der Verwaltung fallen, der Mitbestimmung des Betriebsrats (*Wiese* Rdn. 100 ff.; *Fitting* § 87 Rn. 377, falls für den Arbeitnehmer nachteilig; *Galperin/Löwisch* § 87 Rn. 192; *Matthes*/MünchArbR § 249 Rn. 42; a. M. *Worzalla/HWGNRH* § 87 Rn. 500). Jedoch ist deshalb nicht jedes Rechtsgeschäft des Arbeitgebers, das dieser ohne Zustimmung des Betriebsrats in Bezug auf die Verwaltung einer Sozialeinrichtung vornimmt, unwirksam. Durch die notwendige Mitbestimmung wird nach deren Zweck die rechtsgeschäftliche Kompetenz des Arbeitgebers nur im Verhältnis zum Betriebsrat und gegenüber den Arbeitnehmern eingeschränkt (*Wiese* Rdn. 114). Daraus folgt, dass **Rechtsgeschäfte** des **Arbeitgebers mit Dritten** im Rahmen der Verwaltung einer Sozialeinrichtung auch ohne Zustimmung des Betriebsrats **wirksam** sind und deshalb allenfalls nach §§ 280 Abs. 1 und 3, 281 BGB wegen subjektiver Unmöglichkeit zum Schadensersatz verpflichten (*Bender/WPK* § 87 Rn. 171; *Gumpert* BB 1978, 968 [971]; *von Hoyningen-Huene* DB

1987, 1426 [1431]; *Kaiser/LK* § 87 Rn. 193; *Wiese* NZA 2003, 1114 [1116]; im Ergebnis hinsichtlich der Wirksamkeit auch *Hurlebaus* Fehlende Mitbestimmung bei § 87 BetrVG, S. 123 f.; *Richardi* § 87 Rn. 112 f.; *Schlüter* DB 1972, 92 [139]; dagegen erwägen *Reuter/Streckel* Grundfragen der betriebsverfassungsrechtlichen Mitbestimmung, S. 27 f., eine Haftung aus Verschulden bei Vertragsschluss.

767 Hat z. B. der Arbeitgeber das von den Gegnern der hier vertretenen Auffassung so gern zitierte Scheuertuch ohne Zustimmung des Betriebsrats gekauft, so besteht kein Grund, die Wirksamkeit des Kaufs und der Übereignung zu bezweifeln, da durch die Mitbestimmung die rechtsgeschäftliche Kompetenz des Arbeitgebers gegenüber Dritten nicht beschränkt wird und ebenso wenig schutzwürdige Interessen des Betriebsrats und der von ihm repräsentierten Belegschaft beeinträchtigt werden. Jedoch handelt es sich nicht um eine wirksame Verwaltungsmaßnahme (*Galperin/Löwisch* § 87 Rn. 192), wenn der Arbeitgeber das Scheuertuch der Sozialeinrichtung einseitig zuweist. Allerdings kann die Berufung des Betriebsrats auf die Unwirksamkeit wegen Rechtsmissbrauchs unbeachtlich sein (§ 2 Abs. 1 BetrVG, § 242 BGB), wenn ein bestimmter Gegenstand auf jeden Fall angeschafft werden musste. Bei Geschäften dieser Art liegt auch keine subjektive Unmöglichkeit vor, da der vom Arbeitgeber mit dem Kauf verfolgte Zweck (sein Motiv) für dessen Erfüllung irrelevant ist.

768 Entsprechende Grundsätze gelten – ungeachtet der Mitbestimmung nach §§ 99 ff. – für die **Einstellung** von **Personal** der Sozialeinrichtung, d. h. die Wirksamkeit des Arbeitsvertrags ist unabhängig davon, ob der Arbeitnehmer in der Sozialeinrichtung beschäftigt werden darf (*Galperin/Löwisch* § 87 Rn. 192; zur ähnlichen Problematik bei der Bestellung von Betriebsärzten und Fachkräften für Arbeitssicherheit einerseits und dem Abschluss des Arbeitsvertrags mit diesen Personen andererseits Rdn. 683). Wenn der Betriebsrat aber der Beschäftigung des vom Arbeitgeber für eine Tätigkeit in der Sozialeinrichtung vorgesehenen Arbeitnehmers widerspricht, liegt ein Fall der subjektiven Unmöglichkeit vor, so dass der Arbeitgeber dem Arbeitnehmer nach § 280 Abs. 1 BGB zum Schadenersatz verpflichtet sein kann.

769 Ebenso kann der Arbeitgeber **laufende Verträge** mit **Lieferanten** ohne Zustimmung des Betriebsrats wirksam beenden, muss aber für Ersatz sorgen, falls nicht in Übereinstimmung mit dem Betriebsrat von dem Bezug solcher Waren in Zukunft abgesehen werden soll. Auch können – ungeachtet der Mitbestimmung nach § 102 und des Kündigungsschutzes – die **Arbeitsverträge** des **Personals** der **Sozialeinrichtung** vom Arbeitgeber allein **gekündigt** werden, jedoch kann der Arbeitgeber die Zuordnung von Personal zur Sozialeinrichtung nicht einseitig ändern, so dass auch hier gegebenenfalls für Ersatz gesorgt werden muss (ähnlich *Galperin/Löwisch* § 87 Rn. 192).

770 Zur Anwendung des **§ 23 Abs. 3** bei Verstößen des Arbeitgebers gegen seine Verpflichtungen nach § 87 Abs. 1 Nr. 8 *Oetker* § 23 Rdn. 148 ff.

cc) **Verwaltung unselbständiger Sozialeinrichtungen**

771 Wie die Mitbestimmung bei der Verwaltung generell geregelt wird, ist den Betriebspartnern überlassen. Eine **Betriebsvereinbarung** ist jedenfalls bei einzelnen Verwaltungsmaßnahmen überflüssig; es genügt eine **Betriebsabsprache** (*BAG* 24.04.1986 EzA § 1 BetrVG 1972 Nr. 4 S. 36 *[Ch. Weber]* = AP Nr. 7 zu § 87 BetrVG 1972 Sozialeinrichtung Bl. 5 R *[Mühl]* bei Übertragung der Alleinverwaltung auf den Betriebsrat; *Richardi* § 87 Rn. 648). Eine Betriebsvereinbarung ist jedoch erforderlich, wenn Ansprüche der Belegschaft gegen die Sozialeinrichtung begründet werden sollen (s. § 88 Rdn. 28). In allen Fällen **muss der gleichberechtigte Einfluss** des **Betriebsrats gewährleistet** sein (zust. *Klebe/DKKW* § 87 Rn. 273).

772 Handelt es sich um eine juristisch **unselbständige Einrichtung**, kann ein **gemeinsamer Ausschuss** nach Maßgabe des § 28 Abs. 2 eingesetzt werden (vgl. auch *BAG* 13.03.1973 EzA § 1 BetrVG 1972 Werkswohnung Nr. 2 S. 13 = AP Nr. 1 zu § 87 BetrVG 1972 Werkmietwohnungen Bl. 4 R *[Richardi]*). Die Betriebspartner können aber auch aufgrund einer Betriebsvereinbarung ein **anderes gemeinsames Verwaltungsgremium** bilden (**a. M.** *Worzalla/HWGNRH* § 87 Rn. 477, 494). Dieses muss entweder paritätisch besetzt sein (so *Stege/Weinspach/Schiefer* § 87 Rn. 148), oder der Betriebsrat muss gleichberechtigt mit dem Arbeitgeber die Aufsicht führen (*Hilger* FS *Sitzler*, S. 153 [160]; *Hueck/Nipperdey* II/2, S. 1371 f. mit Fn. 20a; *Moll* Die Mitbestimmung des Betriebsrats beim Entgelt, S. 117 ff.; **a. M.** *Dietz* § 56 Rn. 141; *Neumann-Duesberg*, S. 483).

Es ist auch zulässig, die **Verwaltung** z. B. einer Kantine dem **Betriebsrat** ganz oder teilweise allein zu **773** **übertragen** (*BAG* 24.04.1986 EzA § 1 BetrVG 1972 Nr. 4 S. 34, 36 *[Ch. Weber]* = AP Nr. 7 zu § 87 BetrVG 1972 Sozialeinrichtung Bl. 4 R, 5 R *[Mühl]*; *Fitting* § 77 Rn. 5, § 87 Rn. 375; *Kaiser/LK* § 87 Rn. 186; krit. *Worzalla/HWGNRH* § 87 Rn. 477, 493); dem Arbeitgeber steht es frei, seine ihm zustehenden Rechte zugunsten des Betriebsrats zu beschränken. Jedoch kann der Betriebsrat als solcher nicht Träger einer Sozialeinrichtung sein (*BAG* 24.04.1986 EzA § 1 BetrVG 1972 Nr. 4 S. 33 f. *[Ch. Weber]* = AP Nr. 7 zu § 87 BetrVG 1972 Sozialeinrichtung Bl. 4 f. *[Mühl]* = SAE 1987, 244 *[Bickel]* = AR-Blattei, Betriebsverfassung VII, Entsch. 4 *[von Hoyningen-Huene]*). Jede über die Parität hinausgehende Mitbestimmung ist aber nicht erzwingbar, sondern nur durch freiwillige Betriebsvereinbarung (§ 88) regelbar (*Fitting* § 87 Rn. 375; *Galperin/Löwisch* § 87 Rn. 193; *Hueck/Nipperdey* II/2, S. 1373 Fn. 23; *Klebe/DKKW* § 87 Rn. 277; *Neumann-Duesberg*, S. 483; *Nikisch* III, S. 408; ferner *LAG Baden-Württemberg* 22.06.1964 BB 1964, 963; *BayObLG* 12.11.1973 DB 1973, 2518; *LG Stuttgart* 05.10.1955 AP Nr. 1 zu § 823 BGB Boykott Bl. 2 R). Das Eigentum des Arbeitgebers bleibt davon unberührt (*Hueck/Nipperdey* II/2, S. 1372 f.). Keine Bedenken bestehen dagegen, dass der Betriebsrat mit Dritten Rechtsgeschäfte abschließt – z. B. Waren einkauft –, falls er hierzu vom Arbeitgeber bevollmächtigt worden ist. Nach allgemeinen Auslegungsgrundsätzen ist zu ermitteln, ob in der Übertragung der Verwaltung an den Betriebsrat eine solche Bevollmächtigung liegt. Unzulässig ist es, die Ausübung der Mitbestimmung auf Dritte (z. B. Gewerkschaftsvertreter) zu übertragen (*Fitting* § 87 Rn. 375).

Umgekehrt ist es zulässig, dass die **Verwaltung** zwar nicht schlechthin, wohl aber die laufende Verwaltung oder einzelne Verwaltungsmaßnahmen dem **Arbeitgeber übertragen** werden, wenn dies dem Betriebsrat die nach den betrieblichen Verhältnissen angemessene Regelung zu sein scheint, denn auch dadurch verwirklicht der Betriebsrat sein Mitbestimmungsrecht (*Wiese* Rdn. 6; *Wiese* RdA 1968, 455 [456]; ähnlich *Galperin/Löwisch* § 87 Rn. 193; vgl. auch *Moll* Die Mitbestimmung des Betriebsrats beim Entgelt, S. 117 ff.; weitergehend *Dietz* § 56 Rn. 141; krit. *Worzalla/HWGNRH* § 87 Rn. 477; **a. M.** *Fitting* § 87 Rn. 375; *Klebe/DKKW* § 87 Rn. 278). Der Betriebsrat muss aber auch hier an der Aufsicht über die Verwaltung gleichberechtigt beteiligt bleiben (*Kaiser/LK* § 87 Rn. 186; vgl. auch *Hueck/Nipperdey* II/2, S. 1372 Fn. 20a). Das hat mit einer fortlaufenden Überwachung des Arbeitgebers durch den Betriebsrat nichts zu tun (so aber *Worzalla/HWGNRH* § 87 Rn. 477). **774**

Die Verwaltung einer Sozialeinrichtung kann auch auf einen **Dritten** übertragen werden. Bei **Verpachtung** einer Sozialeinrichtung besteht die Mitbestimmung hinsichtlich der Verwaltung nur in dem Umfang, wie dem Arbeitgeber Befugnisse gegenüber dem Pächter zustehen, und nur gegenüber dem Arbeitgeber (*Kaiser/LK* § 87 Rn. 192; *Moll* Die Mitbestimmung des Betriebsrats beim Entgelt, S. 116 f.; *Richardi* § 87 Rn. 663). Dieser ist betriebsverfassungsrechtlich verpflichtet, seine Befugnisse nur in Übereinstimmung mit dem Betriebsrat auszuüben (*Fitting* § 87 Rn. 367; *Worzalla/HWGNRH* § 87 Rn. 479; vgl. auch *BAG* 18.07.1978 EzA § 87 BetrVG 1972 Werkswohnung Nr. 6 S. 31 f. = AP Nr. 4 zu § 87 BetrVG 1972 Werkmietwohnungen Bl. 2 R; *ArbG Ludwigshafen/Mainz* 25.05.1976 BB 1976, 1607). Zur Verpachtung als solcher Rdn. 750 ff. und zur Festlegung der Pachtbedingungen Rdn. 757. Der Arbeitgeber ist nicht verpflichtet, bei der Verpachtung ein möglichst hohes Maß der Mitbestimmung sicherzustellen (*Wiese* NZA 2003, 1114 [1117]). **775**

dd) Durchführung der Mitbestimmung bei der Verwaltung selbständiger Sozialeinrichtungen

Ist die Sozialeinrichtung juristisch selbständig (Rdn. 748), kann die Mitbestimmung bei der Verwaltung entweder dadurch verwirklicht werden, dass die Organe der juristischen Person vom Betriebsrat und Arbeitgeber gleichberechtigt bestimmt werden (**verbandsrechtliche, organschaftliche Lösung**; Rdn. 780) oder dass zunächst Arbeitgeber und Betriebsrat sich einigen und dann diese Einigung gegenüber der juristischen Person vom Arbeitgeber durchgesetzt wird (**zweistufige Lösung**; Rdn. 778). Ob der verbandsrechtliche Weg beschritten wird, unterliegt gleichfalls der Mitbestimmung, zumal die Satzung Gegenstand der Ausgestaltung einer Sozialeinrichtung ist (Rdn. 756; *Fitting* § 87 Rn. 372; *Hanau* BB 1973, 1274 [1277]; *Moll* Die Mitbestimmung des Betriebsrats beim Entgelt, S. 119; *Richardi* § 87 Rn. 657). In jedem Fall ist der Gestaltungsspielraum der Betriebspartner aber durch die für die jeweilige juristische Person geltenden zwingenden gesetzlichen Vorschriften be- **776**

§ 87 IV. 3. Soziale Angelegenheiten

schränkt (allgemein *Wiese* Rdn. 58). Zum Ganzen *Estelmann* Rechtlich selbständige Sozialeinrichtungen, S. 25 ff.; *Kruse* Mitbestimmung bei Bestehen rechtlich selbständiger Einrichtungen der zusätzlichen Alterssicherung, S. 66 ff.; ferner *LAG Köln* 02.11.2016 – 11 TaBV 22/15, Rn. 19.

777 Die **Mitbestimmung** bei der Verwaltung einer als juristische Person organisierten Sozialeinrichtung wird **nicht** dadurch **ausgeschlossen**, dass die begünstigten **Arbeitnehmer Mitglieder** der **Sozialeinrichtung** sind und Mitgliedschaftsrechte ausüben können; denn diese beziehen sich nicht auf die Verwaltung (*Auffarth* DB 1962, 672 [673]; *Fitting* § 87 Rn. 359, 373; **a. M.** *ArbG Hagen* 28.05.1968 DB 1968, 1180 [1181]; *Hilger* FS *Sitzler*, S. 153 [163]). Zur arbeitsvertraglichen Verpflichtung des Arbeitgebers, seinen Arbeitnehmern die Mitgliedschaft in einer Pensionskasse zu eröffnen, *BAG* 18.01.1966 AP Nr. 106 zu § 242 BGB Ruhegehalt Bl. 2 R f. *(Heissmann)*; 12.07.1968 EzA § 242 BGB Nr. 18 S. 50 f. = AP Nr. 128 zu § 242 BGB Ruhegehalt Bl. 3 R *(Kraft)*.

778 Haben die Betriebspartner davon abgesehen, eine Regelung über die Durchführung der Mitbestimmung zu treffen, so ist diese **zweistufig** zu verwirklichen. Das Mitbestimmungsrecht richtet sich allein **gegen** den **Arbeitgeber** im Rahmen seiner Befugnisse, die ihm im Verhältnis zur juristischen Person zustehen, dagegen nicht gegen die Sozialeinrichtung (*BAG* 13.07.1978 EzA § 87 BetrVG 1972 Sozialeinrichtung Nr. 9 S. 32 = AP Nr. 5 zu § 87 BetrVG 1972 Altersversorgung Bl. 3 f. *[Hanau]* = SAE 1979, 230 *[Meisel]* = JuS 1979, 71 *[Reuter]*; 24.04.1986 EzA § 1 BetrVG 1972 Nr. 4 S. 36 *[Ch. Weber]* = AP Nr. 7 zu § 87 BetrVG 1972 Sozialeinrichtung Bl. 5 f. *[Mühl]*; 05.06.1984 EzA § 242 BGB Ruhegeld Nr. 105 S. 578 = AP Nr. 3 zu § 1 BetrAVG Unterstützungskassen Bl. 7; 10.09.2002 EzA § 1 BetrAVG Ablösung Nr. 34 S. 8 f. = AP Nr. 37 zu § 1 BetrAVG Ablösung Bl. 4; 11.12.2001 EzA § 1 BetrAVG Ablösung Nr. 33 S. 12 f. = AP Nr. 36 zu § 1 BetrAVG Ablösung Bl. 5 = RdA 2004, 48 *[Caspers]*; *LAG Hamm* 10.08.1999 LAGE § 87 BetrVG 1972 Altersversorgung Nr. 1 S. 2; *Blomeyer/Rolfs/Otto* BetrAVG Anh. § 1 Rn. 860; *Fitting* § 87 Rn. 371; *Gumpert* BB 1978, 968 [969]; *Kaiser/LK* § 87 Rn. 188; *Matthes*/MünchArbR § 249 Rn. 28; *Peters* DB 1968, 1712 ff. m. w. N.; *Promberger* DB 1970, 1437 [1440 ff.]; *Richardi* § 87 Rn. 646, 653; **a. M.** *Nikisch* III, S. 405). Zunächst bedarf es daher – notfalls über die Einigungsstelle – der Einigung zwischen Arbeitgeber und Betriebsrat und anschließend der Durchsetzung dieser Einigung gegenüber der juristischen Person durch den Arbeitgeber (*BAG* 13.07.1978 1978 EzA § 87 BetrVG 1972 Sozialeinrichtung Nr. 9 S. 32 = AP Nr. 5 zu § 87 BetrVG 1972 Altersversorgung Bl. 3 *[Hanau]*). Dieser ist hierzu betriebsverfassungsrechtlich verpflichtet (vgl. auch § 2 Abs. 1, § 77 Abs. 1 Satz 1), was gegebenenfalls im Wege der Zwangsvollstreckung (§ 85 ArbGG) oder nach § 23 Abs. 3 BetrVG durchgesetzt werden kann (zum Verhältnis beider Vorschriften zueinander *Oetker* § 23 Rdn. 154 ff.). Der zweistufige Weg verlangt nicht, dass vor Wirksamwerden der Änderung der Richtlinien bereits eine wirksame Betriebsvereinbarung i. S. d. § 77 abgeschlossen wurde; Voraussetzung ist nur, dass der Betriebsrat der vom Arbeitgeber beabsichtigten Neuverteilung der für ein betriebliches Versorgungswerk zur Verfügung gestellten Mittel zustimmt (*BAG* 10.09.2002 EzA § 1 BetrAVG Ablösung Nr. 34 S. 8 f. = AP Nr. 37 zu § 1 BetrAVG Ablösung Bl. 4 = SAE 2004, 26 *[Vienken]*).

779 Wird die **zweistufige Lösung** praktiziert, ist fraglich, ob die **Verletzung des Mitbestimmungsrechts** zur Unwirksamkeit einzelner Handlungen einer rechtlich selbständigen Unterstützungskasse führt. Dies hatte das *BAG* zunächst aus Gründen der Rechtssicherheit verneint (*BAG* 13.07.1978 EzA § 87 BetrVG 1972 Sozialeinrichtung Nr. 9 S. 34 f. = AP Nr. 5 zu § 87 BetrVG 1972 Altersversorgung Bl. 4 *[abl. Hanau]*; 30.04.1985 EzA § 77 BetrVG 1972 Nr. 14 S. 56 = AP Nr. 4 zu § 1 BetrAVG Ablösung Bl. 3; *Dietz/Richardi* 6. Aufl. 1982, § 87 Rn. 434; *Galperin/Löwisch* § 87 Rn. 197a; *Wiese* 4. Aufl., § 87 Rn. 544). Mit der Entscheidung vom 26.04.1988 (EzA § 87 BetrVG 1972 Altersversorgung Nr. 5 S. 9 f. = AP Nr. 16 zu § 87 BetrVG 1972 Altersversorgung Bl. 4 R f. = SAE 1989, 209 *[zust. Schulin]*) hat das *BAG* seine Rechtsprechung geändert. Es geht nunmehr im Anschluss an *Hanau* (Anm. AP Nr. 5 zu § 87 BetrVG 1972 Altersversorgung Bl. 7 R f.) davon aus, dass die rechtliche Selbständigkeit einer Sozialeinrichtung ihre Grenze in den zwingenden Mitbestimmungsrechten des Betriebsrats finde, da die Einrichtung nichts anderes als ein juristisches Werkzeug des Arbeitgebers sei und die Arbeitnehmer unmittelbar betroffen seien. Das Handeln der Sozialeinrichtung sei demnach wie ein Handeln des Arbeitgebers zu bewerten, so dass die Verletzung des Mitbestimmungsrechts durch ihn zur Unwirksamkeit von Maßnahmen der rechtlich selbständigen Unterstützungskasse führe (*BAG* 26.04.1988 EzA § 87 BetrVG 1972 Altersversorgung Nr. 2 S. 9 f.

= AP Nr. 16 zu § 87 BetrVG 1972 Altersversorgung Bl. 4 R f.; 09.05.1989 EzA § 87 BetrVG 1972 Altersversorgung Nr. 3 S. 6 f. = AP Nr. 18 zu § 87 BetrVG 1972 Altersversorgung Bl. 3 [abl. *von Hoyningen-Huene*]; *Blomeyer* Anm. AP Nr. 19 zu § 87 BetrVG 1972 Altersversorgung Bl. 6 R ff.; *Bender/ WPK* § 87 Rn. 171; *Fitting* § 87 Rn. 377; *Heither* DB 1991, 700 [701 f.]; *Klebe/DKKW* § 87 Rn. 280; *Röder* Das betriebliche Wohnungswesen im Spannungsfeld von Betriebsverfassungsrecht und Wohnungsmietrecht [Diss. Freiburg], 1983, S. 146; krit. *Estelmann* Rechtlich selbständige Sozialeinrichtungen, S. 201 ff.; **a. M.** *Kaiser/LK* § 87 Rn. 192; *Richardi* § 87 Rn. 684). Das kann jedoch nur dann gelten, wenn ein einzelner Arbeitgeber die Sozialeinrichtung unterhält. Zur Rechtslage bei Gruppenunterstützungskassen, bei denen der Betriebsrat nach § 87 Abs. 1 Nr. 10 mitzubestimmen hat, Rdn. 886. Zu den Rechtsfolgen der Verletzung des Mitbestimmungsrechts des Betriebsrats bei Aufstellung eines neuen Verteilungsplans nach Teilschließung einer Unterstützungskasse *BAG* 10.03.1992 EzA § 87 BetrVG 1972 Altersversorgung Nr. 4 S. 10 = AP Nr. 34 zu § 1 BetrAVG Unterstützungskassen Bl. 4 f. *(Blomeyer)* = SAE 1993, 29 *(Gitter)*.

Die Mitbestimmung kann bei einer juristisch selbständigen Sozialeinrichtung aber auch **verbandsrechtlich (organschaftlich)** dadurch verwirklicht werden, dass dem Betriebsrat in den satzungsgemäßen Organen ein gleichberechtigter Einfluss auf die Verwaltung eingeräumt wird (*BAG* st. Rspr. 10.11.1977 EzA § 242 BGB Ruhegeld Nr. 69 S. 348 f., 357 = AP Nr. 8 zu § 242 BGB Ruhegehalt – Unterstützungskassen Bl. 2 R, 6 [*Kraft*]; 13.07.1978 EzA § 87 BetrVG 1972 Sozialeinrichtung Nr. 9 S. 32 = AP Nr. 5 zu § 87 BetrVG 1972 Altersversorgung Bl. 3 f. [*Hanau*] = SAE 1979, 230 [*Meisel*] = JuS 1979, 71 [*Reuter*]; 11.12.2001 EzA § 1 BetrAVG Ablösung Nr. 33 S. 12 f. = AP Nr. 36 zu § 1 BetrAVG Ablösung Bl. 5; weitere Nachweise 9. Aufl. § 87 Rn. 751; *LAG Hamm* 10.08.1999 LAGE § 87 BetrVG 1972 Altersversorgung Nr. 1 S. 2; *Blomeyer/Rolfs/Otto* BetrAVG Anh. § 1 Rn. 861 f.; *Fitting* § 87 Rn. 372 f.; *Griebeling* DB 1991, 2336 [2341]; *Hanau* BB 1973, 1274 [1276 f.]; *Hilger* FS *Sitzler*, S. 153 [161 ff.]; *Hueck/Nipperdey* II/2, S. 1371; *Kaiser/LK* § 87 Rn. 187; *Klebe/ DKKW* § 87 Rn. 274, 276; *Matthes/*MünchArbR § 249 Rn. 29; *Neumann-Duesberg*, S. 484; *Peters* DB 1968, 1712 [1714]; *Promberger* DB 1970, 1437 ff.; *Richardi* § 87 Rn. 654, 656; *Ringleb* DB 1971, 574 [576 f.]; **a. M.** *Worzalla/HWGNRH* § 87 Rn. 498 f.; krit. auch *Blomeyer/Rolfs/Otto* BetrAVG, Anh. § 1 Rn. 863; *Estelmann* Rechtlich selbständige Sozialeinrichtungen, S. 59 ff. [205], der sich S. 86 ff. für die Schaffung eines Gremiums ausspricht, das sowohl gesellschaftsrechtliches als auch betriebsverfassungsrechtliches Organ i. S. d. § 28 Abs. 2 ist). Damit ist dem Gesetz Genüge getan. Die Betriebspartner müssen sich das Handeln der von ihnen entsandten Vertreter zurechnen lassen, und die mitbestimmungspflichtigen Angelegenheiten sind nur noch von den zuständigen Organen der Sozialeinrichtung zu entscheiden (*BAG* 13.07.1978 EzA § 87 BetrVG 1972 Sozialeinrichtung Nr. 9 S. 32 = AP Nr. 5 zu § 87 BetrVG 1972 Altersversorgung Bl. 3). Die Zugehörigkeit eines Betriebsratsmitglieds zu einem nur beratenden Beirat erfüllt dagegen nicht die Voraussetzungen für eine organschaftliche Mitbestimmung (*BAG* 23.04.1985 AP Nr. 6 zu § 1 BetrAVG Unterstützungskassen Bl. 3).

780

Die **verbandsrechtliche Lösung** kann bereits in der mitbestimmungspflichtigen **Satzung** (Rdn. 756) vorgesehen sein; ist dies nicht geschehen, kann sie aber auch **später** noch **angewendet** werden. Einer der Rechtsklarheit wegen wünschenswerten **Betriebsvereinbarung** bedarf es hierfür nicht; da es nur auf die Verwirklichung der Mitbestimmung ankommt, genügt eine **Betriebsabsprache** (*Hanau* BB 1973, 1274 [1277]; *Hueck/Nipperdey* II/2, S. 1371; vgl. auch *BAG* 10.11.1977 EzA § 242 BGB Ruhegeld Nr. 69 S. 357 f. = AP Nr. 8 zu § 242 BGB Ruhegehalt-Unterstützungskassen Bl. 6 f.; 13.07.1978 EzA § 87 BetrVG 1972 Sozialeinrichtung Nr. 9 S. 33 = AP Nr. 5 zu § 87 BetrVG 1972 Altersversorgung Bl. 3 R [*Hanau*] = SAE 1979, 230 [*Meisel*]). Auch dann liegt eine Einigung vor. Diese setzt auf Seiten des Betriebsrats einen entsprechenden Beschluss voraus, durch den dessen Willensbildung erfolgt, und durch die Einigung wie deren Vollzug wird die Mitbestimmung verwirklicht. Deshalb ist es unzutreffend, wenn *Worzalla/HWGNRH* (§ 87 Rn. 498) meint, die organschaftliche Lösung widerspreche den Grundsätzen über die Willensbildung des Betriebsrats.

781

Die gleichberechtigte Mitbestimmung kann dadurch verwirklicht werden, dass **Arbeitgeber** und **Betriebsrat getrennt die gleiche Anzahl von Mitgliedern** in das **jeweilige Organ entsenden** (*BAG* 10.11.1977 EzA § 242 BGB Ruhegeld Nr. 69 S. 357 = AP Nr. 8 zu § 242 BGB Ruhegehalt – Unterstützungskassen Bl. 6 [*Kraft*]; 13.07.1978 EzA § 87 BetrVG 1972 Sozialeinrichtung Nr. 9 S. 32 = AP Nr. 5 zu § 87 BetrVG 1972 Altersversorgung Bl. 3 R [*Hanau*] = SAE 1979, 230 [*Meisel*]; 26.04.1988

782

EzA § 87 BetrVG 1972 Altersversorgung Nr. 2 S. 8 f. = AP Nr. 16 zu § 87 BetrVG 1972 Altersversorgung Bl. 4 R; *Galperin/Löwisch* § 87 Rn. 196), wobei dem Betriebsrat die Auswahl geeigneter Personen (eigene Mitglieder, Vertrauenspersonen) freisteht (*Hanau* BB 1973, 1274 [1277]). Die Betriebspartner können sich aber auch dahin einigen, die **Organpersonen gleichberechtigt gemeinsam zu bestimmen** (*Hanau* BB 1973, 1274 [1277]; *Richardi* § 87 Rn. 658). Aufgrund einer solchen freiwilligen Einigung wird der notwendige gleichberechtigte Einfluss auf die Sozialeinrichtung auch dann verwirklicht, wenn damit in dem jeweiligen Organ Arbeitgeber und Betriebsrat nicht paritätisch vertreten sind (*Hanau* BB 1973, 1274 [1277]; *Nikisch* III, S. 406; *Richardi* § 87 Rn. 658). Ein unzulässiger Verzicht wäre es, wenn der Betriebsrat das Vorschlagsrecht auf Gewerkschaften übertragen würde (*Kaiser/LK* § 87 Rn. 187). Dagegen kann die **Einigungsstelle** immer nur eine **gleichberechtigte Beteiligung** festlegen (*Hanau* BB 1973, 1274 [1277]). Es gelten hier die gleichen Überlegungen wie bei unselbständigen Einrichtungen (Rdn. 772 ff.).

783 Kommt es bei Entscheidungen eines paritätisch besetzten Organs zu einer **Pattsituation** und enthält die Satzung keine Regelung zu deren Auflösung, so haben Arbeitgeber und Betriebsrat insoweit von ihrer Zuständigkeit noch keinen Gebrauch gemacht. Sie haben daher – notfalls über die Einigungsstelle – die Einigung nunmehr herbeizuführen (*Fitting* § 87 Rn. 373; *Hanau* BB 1973, 1274 [1277]; *Kaiser/LK* § 87 Rn. 187; *Matthes*/MünchArbR § 249 Rn. 30; *Richardi* § 87 Rn. 659; *Röder* Das betriebliche Wohnungswesen im Spannungsfeld von Betriebsverfassungsrecht und Wohnungsmietrecht [Diss. Freiburg], 1983, S. 140; krit. *Worzalla/HWGNRH* § 87 Rn. 498).

784 Ist die **organschaftliche Lösung** nicht ausdrücklich zwischen Arbeitgeber und Betriebsrat vereinbart, aber über längere Zeit **mit Duldung** des **Betriebsrats praktiziert** worden, so kann dieser zwar aufgrund seines Initiativrechts eine andere Form der Mitbestimmung anstreben; bis zur Neuregelung verbleibt es aber bei der organschaftlichen Lösung (*BAG* 13.07.1978 EzA § 87 BetrVG 1972 Sozialeinrichtung Nr. 9 S. 33 = AP Nr. 5 zu § 87 BetrVG 1972 Altersversorgung Bl. 3 R *[*im Ergebnis zust. *Hanau* Bl. 7 f.*]*; *Kaiser/LK* § 87 Rn. 188; *Richardi* § 87 Rn. 682). In diesem Verhalten des Betriebsrats dürfte stets eine konkludente Zustimmung liegen. Wenn auch eine stillschweigende Beschlussfassung des Betriebsrats unzulässig ist (*Raab* § 33 Rdn. 39), liegt doch in den auf die organschaftliche Lösung bezogenen Beschlüssen zugleich deren mittelbare Anerkennung. Dann ist es nicht erforderlich, dem Betriebsrat sein Verhalten nach Vertrauensgrundsätzen zuzurechnen (so aber *Hanau* Anm. AP Nr. 5 zu § 87 BetrVG 1972 Altersversorgung Bl. 7; wie hier *Richardi* § 87 Rn. 682).

785 Eine selbständige Sozialeinrichtung geht nicht nach **§ 613a BGB** kraft Gesetzes mit dem Betrieb auf den Erwerber über, so dass auch der Betriebsrat dieses Betriebs hinsichtlich der Sozialeinrichtung kein Mitbestimmungsrecht hat (*BAG* 05.05.1977 EzA § 613a BGB Nr. 13 S. 73 f. = AP Nr. 7 zu § 613a BGB Bl. 2 R f. bei einer Unterstützungskasse).

ee) Verwaltung von Sozialeinrichtungen mit eigenem Betriebsrat

786 Ist eine Sozialeinrichtung – ungeachtet dessen, ob sie unselbständig oder eine juristische Person ist – ein **selbständiger Betrieb** i. S. d. §§ 1, 4 mit eigenem Betriebsrat, stehen diesem gegenüber dem Arbeitgeber sämtliche betriebsverfassungsrechtlichen Befugnisse eines Betriebsrats in Bezug auf die Belegschaft der Sozialeinrichtung zu. Dazu gehört nicht die Verwaltung dieses Betriebs. Die hierauf bezogene Mitbestimmung ergibt sich allein daraus, dass der Betrieb eine Sozialeinrichtung ist; sie steht nur dem Betriebsrat des Stammbetriebs zu, für den die Sozialeinrichtung geschaffen worden ist, und wird durch die Mitbestimmung des Betriebsrats der Sozialeinrichtung nicht ausgeschlossen (*BAG* 10.02.2009 EzA § 87 BetrVG 2001 Sozialeinrichtung Nr. 1 Rn. 13 ff. = AP Nr. 21 zu § 87 BetrVG 1972 Sozialeinrichtung *[Moll/Ittmann]*; *Auffarth* DB 1962, 672 [674]; *Fitting* § 87 Rn. 368; *Galperin/Löwisch* § 87 Rn. 198; *Herbst/Scholl* AiB 1990, 119 [121]; *Hueck/Nipperdey* II/2, S. 1371 Fn. 20; *Klebe/DKKW* § 87 Rn. 267; *Nikisch* III, S. 405; *Worzalla/HWGNRH* § 87 Rn. 502).

787 Da die Mitbestimmung beider Betriebsräte unterschiedliche Regelungsbereiche betrifft, ist eine Überschneidung ihrer jeweiligen Zuständigkeit ausgeschlossen (a. M. *Auffarth* DB 1962, 672 [674]; *Fitting* § 87 Rn. 368, die notfalls dem Mitbestimmungsrecht des begünstigten Betriebs den Vorrang einräumen wollen). Jedoch werden durch eine Entscheidung über die Verwaltung der Sozialeinrichtung Daten gesetzt, die wiederum für die Mitbestimmung des Betriebsrats der Sozialeinrichtung zu

beachten sind. Die Mitbestimmung vollzieht sich daher auf verschiedenen Stufen (*Galperin/Löwisch* § 87 Rn. 198; *Richardi* § 87 Rn. 668 ff., der aber eine Überschneidung der Zuständigkeiten für möglich hält; *Worzalla/HWGNRH* § 87 Rn. 502). Deshalb müssen, wenn der Betriebsrat des Stammbetriebs oder der Arbeitgeber eine Regelung hinsichtlich der Verwaltung anstrebt, diese sich zunächst einigen, oder es muss die fehlende Einigung durch die Einigungsstelle ersetzt werden. Die dadurch geschaffene Rechtslage kann wiederum die Mitbestimmung des Betriebsrats der Sozialeinrichtung auslösen. So ist die Entscheidung über Betriebsferien einer Sozialeinrichtung eine mitbestimmungspflichtige Verwaltungsmaßnahme, während die Frage, ob die Arbeitnehmer der Sozialeinrichtung während dieser Zeit ihren Urlaub nehmen müssen, der Mitbestimmung des Betriebsrats der Sozialeinrichtung unterliegt (zu § 87 Abs. 1 Nr. 5 Rdn. 473). Die mitbestimmungspflichtig festgelegten Öffnungszeiten der Sozialeinrichtung binden nicht die Betriebsparteien der Sozialeinrichtung bzw. die Einigungsstelle hinsichtlich der nach § 87 Abs. 1 Nr. 2 mitbestimmungspflichtigen Regelungen der Arbeitszeiten der Mitarbeiter der Sozialeinrichtung, jedoch sind jene als betriebliche Belange bei der Ausgestaltung der Arbeitszeiten zu berücksichtigen (*BAG* 10.02.2009 EzA § 87 BetrVG 2001 Sozialeinrichtung Nr. 1 Rn. 18 = AP Nr. 21 zu § 87 BetrVG 1972 Sozialeinrichtung *[Moll/Ittmann]*). Ebenso hat über die Einstellung von Personal für die Sozialeinrichtung als Verwaltungsmaßnahme zunächst der Betriebsrat des Stammbetriebs mitzubestimmen, dann aber auch der Betriebsrat der Sozialeinrichtung nach Maßgabe des § 99. Auch die Verlegung einer Sozialeinrichtung ist eine mitbestimmungspflichtige Verwaltungsmaßnahme, die wiederum als Betriebsänderung die Mitbestimmung des Betriebsrats der Sozialeinrichtung nach Maßgabe der §§ 111, 112 auslöst (*Richardi* § 87 Rn. 670).

788 Im Rahmen der Zuständigkeit des Betriebsrats der Sozialeinrichtung ist dessen Partner zwar auch nur der Arbeitgeber (nicht eindeutig *Galperin/Löwisch* § 87 Rn. 198), jedoch bedarf dieser wiederum der Zustimmung des Betriebsrats des Stammbetriebs, wenn die angestrebte Regelung auf die Verwaltung der Sozialeinrichtung einwirkt. Kommt es auf beiden Ebenen zu keiner Einigung, sind zwei Verfahren verschiedener Einigungsstellen denkbar (**a. M.** *[Galperin/]Löwisch* § 87 Rn. 198, der das Einigungsverfahren im Regelungsstreit der Sozialeinrichtung aussetzen will, falls keine Einigung im Regelungsstreit des Stammbetriebs vorliegt).

9. Zuweisung und Kündigung von Wohnräumen, die den Arbeitnehmern mit Rücksicht auf das Bestehen eines Arbeitsverhältnisses vermietet werden, sowie die allgemeine Festlegung der Nutzungsbedingungen

Literatur
Literaturnachweise zum BetrVG 1952 siehe 8. Auflage

Becker-Schaffner Das Mitbestimmungsrecht des Betriebsrats im Werkswohnungswesen, BlStSozArbR 1974, 232; *Blank* Die betriebsfremde Werkwohnung, AR-Blattei, Werkwohnung II; *Fritsch* Mitbestimmung bei Mieten für Werkwohnungen. Ein *BAG*-Urteil in gemeinnütziger Sicht, Gemeinnütziges Wohnungswesen 1973, 594; *Giese* Mitbestimmung bei der Mietpreisfestsetzung von Werkswohnungen, BB 1973, 198; *Häring* Die Mitbestimmung bei Werkswohnungen nach dem Betriebsverfassungsgesetz, Deutsche Wohnungswirtschaft 1974, 203; *Hiersemann* Die Mitbestimmung bei Sozialeinrichtungen und im Werkswohnungswesen, BB 1973, 850; *Junker* Mitbestimmung des Betriebsrats bei Werkswohnungen – Status Quo und Gestaltungsoptionen, FS *Kreutz*, 2010, S. 171; *Kohte* Mitbestimmungsrecht des Betriebsrats bei Werkmietwohnungen (§ 87 Abs. 1 Nr. 9 BetrVG), BetrR 1993, 81; *Röder* Das betriebliche Wohnungswesen im Spannungsfeld von Betriebsverfassungsrecht und Wohnungsmietrecht (Diss. Freiburg), 1983 (zit.: Das betriebliche Wohnungswesen); *ders.* Mieterhöhungen bei Werkmietwohnungen, MDR 1982, 276; *Sander/Siebert* Werkmietwohnung versus Werkdienstwohnung, in: *Ahrens/Donner/Simon* Arbeit – Umwelt, 2001, S. 61; *Schmidt-Futterer* Die Kündigung von Werkswohnungen nach neuem Recht, BB 1972, 1058; *ders.* Streitfragen bei der Kündigung von Werkswohnungen wegen Betriebsbedarfs, DB 1974, 579; *Schmidt-Futterer/Blank* Mitbestimmung des Betriebsrats bei Vermietung von Werkswohnungen, DB 1976, 1233; *dies.* Die Werkdienstwohnung nach neuem Recht, BB 1976, 1033; *dies.* Die betriebseigene Werkwohnung, AR-Blattei, Werkwohnung I; *Teegen* Strukturkrise im Werkwohnungsbestand?, DMitbest. 1988, 101. Vgl. ferner die Angaben zu § 87 Abs. 1 Nr. 8.

a) Vergleich mit der bisherigen Rechtslage

789 Die Vorschrift ist im BetrVG 1972 neu. Sie wurde geschaffen in Anlehnung an § 66 Abs. 1 Buchst. d PersVG (»Zuweisung von Wohnungen, über die die Dienststelle verfügt«). Nach bisherigem Recht war ein Mitbestimmungsrecht des Betriebsrats hinsichtlich der Werkwohnungen nach Maßgabe des § 56 Abs. 1 Buchst. e BetrVG 1952 gegeben, d. h. es musste sich um Wohlfahrtseinrichtungen i. S. dieser Vorschrift handeln (Rdn. 704, 722). Nunmehr bezieht sich das Mitbestimmungsrecht auf alle Wohnräume, die den Arbeitnehmern mit Rücksicht auf das Bestehen eines Arbeitsverhältnisses vermietet werden (Rdn. 793 f.). Außerdem hat der Betriebsrat bei der Zuweisung und Kündigung von Wohnräumen mitzubestimmen (Rdn. 808 ff., 813 ff.), während nach bisherigem Recht umstritten war, ob der Betriebsrat nur bei Aufstellung der Grundsätze für die Zuteilung (so *Dietz* § 56 Rn. 131, 139; *Galperin/Siebert* § 56 Rn. 52, 57; *Neumann-Duesberg*, S. 482) oder auch bei der Zuweisung an einzelne Arbeitnehmer ein Mitbestimmungsrecht hatte (so *BAG* 14.02.1967 AP Nr. 9 zu § 56 BetrVG Wohlfahrtseinrichtungen Bl. 2 ff.; *Fitting/Kraegeloh/Auffarth* § 56 Rn. 34; *Wiese* SAE 1968, 139 m. w. N.). Schließlich wird nunmehr die Mitbestimmung des Betriebsrats bei der allgemeinen Festlegung der Nutzungsbedingungen besonders hervorgehoben (Rdn. 820 ff.). Insoweit war streitig, ob der Betriebsrat bei der Festsetzung der Miete mitzubestimmen hatte (Rdn. 821 ff.).

b) Zweck der Vorschrift

790 Werden Arbeitnehmern mit Rücksicht auf das Bestehen eines Arbeitsverhältnisses Wohnräume vermietet, ist der einzelne Arbeitnehmer über die arbeitsrechtliche Bindung hinaus zusätzlich bei der Gestaltung seines außerdienstlichen Lebensbereiches vom Arbeitgeber abhängig, zumal nach § 576 f. BGB der Mieterschutz bei Werkmietwohnungen geringer als bei sonstigen Mietwohnungen ist. Durch die Mitbestimmung des Betriebsrats bei der Zuweisung und Kündigung einer Werkmietwohnung sowie der allgemeinen Festlegung der Nutzungsbedingungen soll deshalb dieses gesteigerte Schutzbedürfnis des einzelnen Arbeitnehmers, aber auch das kollektive Interesse der Belegschaft an einer gerechten Auswahl und Gleichbehandlung bei der Gestaltung der Mietbedingungen berücksichtigt werden (ähnlich *Galperin/Löwisch* § 87 Rn. 200, 209a; *Matthes*/MünchArbR § 250 Rn. 3; *Röder* Das betriebliche Wohnungswesen, S. 76).

c) Verhältnis zu § 87 Abs. 1 Nr. 8

791 Die Vorschrift des § 87 Abs. 1 Nr. 9 enthält eine **Sonderregelung für Wohnräume**, die den **Arbeitnehmern mit Rücksicht auf das Bestehen eines Arbeitsverhältnisses vermietet** werden (*Fitting* § 87 Rn. 379; *Klebe*/DKKW § 87 Rn. 283; *Richardi* § 87 Rn. 687). **Gleichgültig** ist, **ob** es sich dabei um eine **Sozialeinrichtung** handelt (*Fitting* § 87 Rn. 379; *von Hoyningen-Huene* Anm. SAE 1979, 153; *Klebe*/DKKW § 87 Rn. 283; *Richardi* § 87 Rn. 688; *Röder* Das betriebliche Wohnungswesen, S. 77; *Worzalla*/HWGNRH § 87 Rn. 456, 503; **a. M.** *Dangers* BB 1974, 1076 [1077]; wohl auch *Kaiser*/LK § 87 Rn. 194, vgl. aber auch Rn. 197; *Stege/Weinspach/Schiefer* § 87 Rn. 149b). Dagegen bezeichnet das **BAG** (13.03.1973 EzA § 87 BetrVG 1972 Werkswohnung Nr. 2 S. 10 = AP Nr. 1 zu § 87 BetrVG 1972 Werkmietwohnungen Bl. 2 R *[zust. Richardi* Bl. 6 R*]* = SAE 1973, 229 *[Bötticher]*; 03.06.1975 EzA § 87 BetrVG 1972 Werkswohnung Nr. 4 S. 27 = AP Nr. 3 zu § 87 BetrVG 1972 Werkmietwohnungen Bl. 2 R *[abl. Dütz* Bl. 4 R f.*])* § 87 Abs. 1 Nr. 9 als »Unterfall« des § 87 Abs. 1 Nr. 8 (ebenso *Kania*/ErfK § 87 Rn. 84; *Stege/Weinspach/Schiefer* § 87 Rn. 149). Diese Auffassung ist abzulehnen, weil sie zu einer dem Gesetz nicht zu entnehmenden und sachlich nicht gerechtfertigten Einschränkung der Mitbestimmung nach § 87 Abs. 1 Nr. 9 führt, die nur voraussetzt, dass Wohnräume mit Rücksicht auf das Bestehen eines Arbeitsverhältnisses vermietet werden. Von seiner Auffassung aus ist es auch widersprüchlich, wenn das *BAG* (13.03.1973 EzA § 87 BetrVG 1972 Werkswohnung Nr. 2 S. 10 = AP Nr. 1 zu § 87 BetrVG 1972 Werkmietwohnungen Bl. 2 R *[Richardi]*) auf Werkmietwohnungen § 88 Nr. 2 nur sinngemäß anwenden will.

792 **Wohnräume** i. S. d. § 87 Abs. 1 Nr. 9 können aber **Sozialeinrichtungen** sein (Rdn. 722). In diesem Fall ist hinsichtlich der Zuweisung und Kündigung sowie der allgemeinen Festlegung der Nutzungsbedingungen ausschließlich § 87 Abs. 1 Nr. 9 anzuwenden (*Dütz* Anm. AP Nr. 3 zu § 87 BetrVG 1972 Werkmietwohnungen Bl. 4 R; *Worzalla*/HWGNRH § 87 Rn. 457; **a. M.** *Beuthien* SAE 1975, 255). Im Übrigen bleibt § 87 Abs. 1 Nr. 8 anwendbar, d. h. der Betriebsrat hat über Form, Ausgestal-

tung und die nicht durch § 87 Abs. 1 Nr. 9 erfasste Verwaltung der als Sozialeinrichtung ausgestalteten Wohnräume mitzubestimmen (*Dütz* Anm. AP Nr. 3 zu § 87 BetrVG 1972 Werkmietwohnungen Bl. 4 R; *Moll* Die Mitbestimmung des Betriebsrats beim Entgelt, S. 123 f.; *Richardi* § 87 Rn. 689).

d) Wohnräume

Die Vorschrift bezieht sich nur auf **Wohnräume**, die den **Arbeitnehmern mit Rücksicht auf das** 793 **Bestehen** eines **Arbeitsverhältnisses vermietet** werden (**Werkmietwohnungen**, §§ 576, 576a BGB; amtliche Begründung, BT-Drucks. VI/1786, S. 49; *BAG* 03.06.1975 EzA § 87 BetrVG 1972 Werkswohnung Nr. 4 S. 25 = AP Nr. 3 zu § 87 BetrVG 1972 Werkmietwohnungen Bl. 1 R *[Dütz]*; 18.07.1978 EzA § 87 BetrVG 1972 Werkswohnung Nr. 6 S. 32 = AP Nr. 4 zu § 87 BetrVG 1972 Werkmietwohnungen Bl. 2 R; 28.07.1992 EzA § 87 BetrVG 1972 Werkswohnung Nr. 8 S. 5 = AP Nr. 7 zu § 87 BetrVG 1972 Werkmietwohnungen Bl. 2 f. *[Natzel]*; *LAG Düsseldorf* 12.10.1973 DB 1974, 97; *Fitting* § 87 Rn. 384; *Kaiser/LK* § 87 Rn. 199; *Matthes/MünchArbR* § 250 Rn. 4 f.; *Moll* Die Mitbestimmung des Betriebsrats beim Entgelt, S. 122; *Richardi* § 87 Rn. 690; *Röder* Das betriebliche Wohnungswesen, S. 78; *Schmidt-Futterer/Blank* DB 1976, 1233; *dies.* AR-Blattei, Werkwohnung I, H I 1; *Stege/Weinspach/Schiefer* § 87 vor Rn. 149; *Worzalla/HWGNRH* § 87 Rn. 503, 508; **a. M.** *Otto* ZfA 1976, 369 [396]; zur Abgrenzung *BAG* 02.11.1999 EzA § 2 ArbGG 1979 Nr. 48 S. 2 f. = AP Nr. 68 zu § 2 ArbGG 1979 Bl. 1 R f.; *LAG Frankfurt a. M.* 25.08.1987 EzBAT § 65 BAT Nr. 2 S. 9 f.; *Gaßner* AcP 186 [1986], S. 325 [327 ff.]). Gleichgültig ist, ob die Wohnräume Sozialeinrichtungen sind (Rdn. 791).

Voraussetzung ist, dass **zwei Vertragsverhältnisse** (Arbeits- und Mietverhältnis) vorliegen, **zwi-** 794 **schen denen** ein **innerer Zusammenhang besteht**, d. h. der Arbeitsvertrag muss — wenn auch nicht alleiniger oder vorrangiger — Anlass für den Abschluss des Mietvertrages sein (*BAG* 18.07.1978 EzA § 87 BetrVG 1972 Werkswohnung Nr. 6 S. 31 = AP Nr. 4 zu § 87 BetrVG 1972 Werkmietwohnungen Bl. 2 R; 02.11.1999 EzA § 2 ArbGG 1979 Nr. 48 S. 2 = AP Nr. 68 zu § 2 ArbGG 1979 Bl. 1 R; *Klebe/DKKW* § 87 Rn. 286; *Richardi* § 87 Rn. 692; *Worzalla/HWGNRH* § 87 Rn. 503; zu Werkwohnungen insgesamt m. w. N. *Blank* AR-Blattei, Werkwohnung II; *Schaub/Koch* Arbeitsrechts-Handbuch, § 81 Rn. 2; *Schmidt-Futterer/Blank* AR-Blattei, Werkwohnung I). Der innere Zusammenhang ist stets gegeben, wenn die Werkmietwohnung eine Sozialeinrichtung ist (*Richardi* § 87 Rn. 692). Er ist zu verneinen, wenn der Arbeitgeber — z. B. eine Wohnungsbaugesellschaft — Wohnungen errichtet und diese zu normalen Bedingungen an jedermann und damit auch an Personen vermietet, die zugleich seine Arbeitnehmer sind (*Fitting* § 87 Rn. 386; *Kaiser/LK* § 87 Rn. 199; *Röder* Das betriebliche Wohnungswesen, S. 51 f.; *Worzalla/HWGNRH* § 87 Rn. 503). Dagegen ist es für die Annahme einer Werkmietwohnung **unerheblich**, ob diese **verbilligt, kostendeckend** (*Fitting* § 87 Rn. 379; *Worzalla/HWGNRH* § 87 Rn. 504) oder sogar **gewinnbringend** (*Galperin/Löwisch* § 87 Rn. 204) vermietet wird. Gleichgültig ist schließlich, ob Miet- und Arbeitsvertrag gleichzeitig abgeschlossen werden und ob der Mietvertrag vor Beginn des Arbeitsverhältnisses vereinbart wurde (*Galperin/Löwisch* § 87 Rn. 209; *Worzalla/HWGNRH* § 87 Rn. 504).

Da der **Mietvertrag jede entgeltliche Gebrauchsüberlassung einer Sache** betrifft (§ 535 BGB) 795 und deren Vorliegen durch Auslegung zu ermitteln ist (§§ 133, 157 BGB), ist die von den Parteien gewählte **Bezeichnung** der Miete — z. B. als Übernachtungsgebühr oder Nutzungsentschädigung — **gleichgültig**; maßgebend sind die tatsächlichen Verhältnisse (*BAG* 03.06.1975 EzA § 87 BetrVG 1972 Werkswohnung Nr. 4 S. 26 = AP Nr. 3 zu § 87 BetrVG 1972 Werkmietwohnungen Bl. 2 *[Dütz]*; 28.07.1992 EzA § 87 BetrVG 1972 Werkswohnung Nr. 8 S. 6 = AP Nr. 7 zu § 87 BetrVG 1972 Werkmietwohnungen Bl. 2 R *[Natzel]*; **a. M.** *LAG Düsseldorf* 12.10.1973 DB 1974, 97 — Vorinstanz). Auch die Schriftform ist nicht erforderlich (*BAG* 03.06.1975 EzA § 87 BetrVG 1972 Werkswohnung Nr. 4 S. 27 = AP Nr. 3 zu § 87 BetrVG 1972 Werkmietwohnungen Bl. 2 R *[Dütz]*). Ein Beherbergungsvertrag kann im Hinblick auf seinen mietrechtlichen Wesenskern die Voraussetzungen des § 87 Abs. 1 Nr. 9 erfüllen (*BAG* 03.06.1975 EzA § 87 BetrVG 1972 Werkswohnung Nr. 4 S. 27 = AP Nr. 3 zu § 87 BetrVG 1972 Werkmietwohnungen Bl. 2 R *[Dütz]*; 28.07.1992 EzA § 87 BetrVG 1972 Werkswohnung Nr. 8 S. 6 = AP Nr. 7 zu § 87 BetrVG Werkmietwohnungen B. 2 R f. *[Natzel]*). Nicht ausreichend ist dagegen die gewiss seltene unentgeltliche Gebrauchsüberlassung (**Leihe**, § 598 BGB; *Clemenz/HWK* § 87 Rn. 163; *Schmidt-Futterer/Blank* DB 1976, 1233; **a. M.** *Bender/WPK* § 87

Rn. 179; *Fitting* § 87 Rn. 382; *Galperin/Löwisch* § 87 Rn. 204; *Klebe/DKKW* § 87 Rn. 284; *Matthes*/MünchArbR § 250 Rn. 5; *Richardi* § 87 Rn. 693; *Röder* Das betriebliche Wohnungswesen, S. 79); jedoch können die Voraussetzungen des § 87 Abs. 1 Nr. 8 gegeben sein. Zum Fortbestand der Mitbestimmung nach § 87 Abs. 1 Nr. 9 trotz wirksamer Beendigung des Arbeitsverhältnisses Rdn. 813.

796 Zu den Wohnräumen i. S. d. § 87 Abs. 1 Nr. 9 gehören **nicht Werkdienstwohnungen**, z. B. für Hausmeister, Pförtner, Kraftfahrer, Ärzte, Heimleiter. Hierbei handelt es sich um Wohnräume, die dem Arbeitnehmer nicht vermietet, sondern zu dienstlichen Zwecken im Rahmen des Arbeitsverhältnisses überlassen werden (§ 576b BGB) und die er zu beziehen verpflichtet ist (Nachweise Rdn. 793 sowie allgemein zur Werkdienstwohnung *Schmidt-Futterer/Blank* BB 1976, 1033). Rechtsgrundlage für das Recht zur Benutzung der Werkdienstwohnung ist ausschließlich der Arbeitsvertrag (*BAG* 03.06.1975 EzA § 87 BetrVG 1972 Werkswohnung Nr. 4 S. 25 = AP Nr. 3 zu § 87 BetrVG 1972 Werkmietwohnungen Bl. 2 *[Dütz]*; 28.07.1992 EzA § 87 BetrVG 1972 Werkwohnung Nr. 8 S. 5 = AP Nr. 7 zu § 87 BetrVG 1972 Werkmietwohnungen Bl. 2 f. *[Däubler/Schiek]*; 24.01.1990 EzA § 2 ArbGG 1979 Nr. 17 S. 2 = AP Nr. 16 zu § 2 ArbGG 1979 Bl. 2). Zur Frage der Anrechnung einer Nutzungsgebühr auf das Arbeitsentgelt *Schmidt-Futterer/Blank* BB 1976, 1033; vgl. auch Rdn. 851). Deshalb endet es grundsätzlich zugleich mit dem Arbeitsverhältnis (*BAG* 23.08.1989 AP Nr. 3 zu § 565e BGB Bl. 2 f.; *Fitting* § 87 Rn. 385; *Klebe/DKKW* § 87 Rn. 286; *Schmidt-Futterer/Blank* BB 1976, 1033 [1034]). Jedoch gelten nach § 576b BGB für die Beendigung des Rechtsverhältnisses hinsichtlich des Wohnraums die Vorschriften über die Miete entsprechend, wenn der Arbeitnehmer den Wohnraum überwiegend mit Einrichtungsgegenständen ausgestattet hat oder in dem Wohnraum mit seiner Familie oder Personen lebt, mit denen er einen auf Dauer angelegten gemeinsamen Haushalt führt. Das ist indessen für die Mitbestimmung des Betriebsrats ohne Bedeutung. Zur **Zuständigkeit der Arbeitsgerichte** für Streitigkeiten aus der Überlassung einer Werkdienstwohnung *BAG* 02.11.1999 EzA § 2 ArbGG 1979 Nr. 48 S. 3 ff. m. w. N. = AP Nr. 68 zu § 2 ArbGG 1979 Bl. 2 R f.

797 Eine **Werkdienstwohnung** kann durch Abschluss eines Mietvertrags **in eine Werkmietwohnung umgewandelt** werden (*Schmidt-Futterer/Blank* BB 1976, 1033 [1034]). Missverständlich ist es, wenn *Löwisch* (*Galperin/Löwisch* § 87 Rn. 203) meint, § 87 Abs. 1 Nr. 9 dürfe nicht dadurch umgangen werden, dass über Werkwohnungen keine Mietverträge mehr abgeschlossen, sondern diese ohne Vertrag an die Arbeitnehmer im Rahmen des Arbeitsverhältnisses bei vielleicht niedrigerem Entgelt überlassen würden (vgl. auch *Worzalla/HWGNRH* § 87 Rn. 508). Da der Mietvertrag keiner Form bedarf (§ 550 BGB), dürfte sich bei normativer Auslegung der getroffenen Vereinbarung ergeben, dass ein Mietverhältnis vorliegt.

798 Der notwendigen Mitbestimmung unterliegen ferner **nicht Wohnräume**, die **ausschließlich an Betriebsangehörige vermietet** werden, die – wie z. B. leitende Angestellte – **nicht** zu den vom **Betriebsrat vertretenen Arbeitnehmern** i. S. d. Gesetzes (§ 5 Abs. 1) gehören (*BAG* 30.04.1974 EzA § 87 BetrVG 1972 Werkswohnung Nr. 3 *[Herschel]* =AP Nr. 2 zu § 87 BetrVG 1972 Werkmietwohnungen Bl. 2 R f., 3 R *[Natzel]* = SAE 1975, 252 *[Beuthien]*; 23.03.1993 EzA § 87 BetrVG 1972 Werkwohnung Nr. 9 S. 2 f. = AP Nr. 8 zu § 87 BetrVG 1972 Werkmietwohnungen Bl. 2 f. *[Däubler/Schiek]*; *Fitting* § 87 Rn. 391; *Kaiser/LK* § 87 Rn. 201; *Nikisch* III, S. 410; *Richardi* § 87 Rn. 695; *Worzalla/HWGNRH* § 87 Rn. 509).

799 Handelt es sich dagegen um **Wohnräume**, die aus einem einheitlichen Bestand ohne feste Zuordnung **allen Betriebsangehörigen offenstehen**, so wird das Mitbestimmungsrecht des Betriebsrats nicht dadurch ausgeschlossen, dass sich ein **leitender Angestellter** um die Zuweisung einer Wohnung bewirbt, weil damit zugleich die Interessen von Arbeitnehmern i. S. d. Gesetzes berührt werden (*BAG* 30.04.1974 EzA § 87 BetrVG 1972 Werkswohnung Nr. 3 S. 20 = AP Nr. 2 zu § 87 BetrVG 1972 Werkmietwohnungen Bl. 3 R; 28.07.1992 EzA § 87 BetrVG 1972 Werkwohnung Nr. 8 S. 8 = AP Nr. 7 zu § 87 BetrVG 1972 Werkmietwohnungen Bl. 3 R *[Natzel]* = SAE 1993, 363 *[Reichold]*; 23.03.1993 EzA § 87 BetrVG 1972 Werkwohnung Nr. 9 S. 2 f. = AP Nr. 8 zu § 87 BetrVG 1972 Werkmietwohnungen Bl. 2 R *[Däubler/Schiek]*; *Fitting* § 87 Rn. 391; *Hanau* BB 1972, 451 [452]; *Kaiser/LK* § 87 Rn. 201, 205; *Klebe/DKKW* § 87 Rn. 289; *Martens* Das Arbeitsrecht der leitenden Angestellten, 1982, S. 317 ff.; *Moll* Die Mitbestimmung des Betriebsrats beim Entgelt, S. 125; *Richardi* § 87 Rn. 695; *Röder* Das betriebliche Wohnungswesen, S. 109; *Schmidt-Futterer/Blank* DB 1976,

1233 [1234]; *Worzalla/HWGNRH* § 87 Rn. 509 f.; **a. M.** *Arbeitsring Chemie* § 87 Ziff. 9 Rn. 1; *Erdmann/Jürging/Kammann* § 87 Rn. 103). Aus dem gleichen Grunde gilt Entsprechendes, wenn sich z. Z. nur leitende Angestellte um die Zuweisung einer Wohnung bewerben. Jedoch ist – gegebenenfalls von der Einigungsstelle – auch das Interesse des Betriebs an der Unterbringung des leitenden Angestellten zu beachten (*BAG* 30.04.1974 EzA § 87 BetrVG 1972 Werkswohnung Nr. 3 S. 20 = AP Nr. 2 zu § 87 BetrVG 1972 Werkmietwohnungen Bl. 3 R; *Galperin/Löwisch* § 87 Rn. 208). Zur Widmung und Entwidmung von Wohnräumen Rdn. 805 ff.

Die vorstehend entwickelten Grundsätze gelten in gleicher Weise, wenn es sich um **Pensionäre** oder sonstige **betriebsfremde Personen** wie **Gäste** des Betriebs handelt (*BAG* 28.07.1992 EzA § 87 BetrVG 1972 Werkwohnung Nr. 8 S. 8 = AP Nr. 7 zu § 87 BetrVG 1972 Werkmietwohnungen Bl. 3 R [*Natzel*]; *ArbG* Mannheim/Heidelberg 26.02.1973 BB 1973, 1170; *Fitting* § 87 Rn. 392; *Galperin/Löwisch* § 87 Rn. 208; *Matthes*/MünchArbR § 250 Rn. 18; *Moll* Die Mitbestimmung des Betriebsrats beim Entgelt, S. 126 f.; *Richardi* § 87 Rn. 696; *Röder* Das betriebliche Wohnungswesen, S. 110 f.; *Waltermann* Rechtsetzung durch Betriebsvereinbarung zwischen Privatautonomie und Tarifautonomie, 1996, S. 214 ff.; vgl. aber auch Rdn. 814). Zu **Leiharbeitnehmern** *Jüttner* Gewerbsmäßige Arbeitnehmerüberlassung, S. 132 ff.; *Kraft* FS *Konzen*, 2006, S. 439 (452 f.); *Schirmer* 50 Jahre Bundesarbeitsgericht, S. 1063 (1072). **800**

Bei den Wohnräumen i. S. d. § 87 Abs. 1 Nr. 9 kann es sich um **abgeschlossene Wohnungen** oder **einzelne, zum Wohnen geeignete** und **bestimmte Räume jeder Art** – z. B. in einem Wohnheim – handeln (*BAG* 03.06.1975 AP Nr. 3 zu § 87 BetrVG 1972 Werkmietwohnungen Bl. 2 f. [*Dütz*]; *LAG* Düsseldorf 12.10.1973 DB 1974, 97 – Vorinstanz; *Fitting* § 87 Rn. 381; *Kaiser*/LK § 87 Rn. 198; *Klebe*/DKKW § 87 Rn. 284; *Moll* Die Mitbestimmung des Betriebsrats beim Entgelt, S. 122; *Richardi* § 87 Rn. 691; *Stege/Weinspach/Schiefer* § 87 Rn. 150; *Worzalla/HWGNRH* § 87 Rn. 505). Auch an Behelfsheime, transportable Baracken, Wohnwagen, Schiffskajüten ist zu denken (*Kaiser*/LK § 87 Rn. 198; *Worzalla/HWGNRH* § 87 Rn. 505). Es können einfache oder funktionsgebundene Wohnräume sein. Letztere liegen vor, wenn das Arbeitsverhältnis seiner Art nach die Überlassung des Wohnraums, der in unmittelbarer Beziehung oder Nähe zur Stätte der Dienstleistung steht, erfordert (§ 576 Abs. 1 Nr. 2 BGB). Das kann auch für Pförtner, Hausmeister, Kraftfahrer usw. in Betracht kommen, so dass im Einzelfall zu prüfen ist, ob eine Werkmiet- oder eine Werkdienstwohnung (Rdn. 793 f., 796) vorliegt. **801**

Das *BAG* (03.06.1975 EzA § 87 BetrVG 1972 Werkswohnung Nr. 4 S. 28 f. = AP Nr. 3 zu § 87 BetrVG 1972 Werkmietwohnungen Bl. 2 f. [*Dütz*]) hat es mit Recht als ausreichend angesehen, wenn es sich um Zweibettzimmer mit Nebenräumen in einem **Wohnheim** handelt und jeder das Wohnheim benutzende Arbeitnehmer jedenfalls noch teilweise (oder zeitweise) die von anderen unabhängige Verfügungsgewalt über einen abgeschlossenen Raum hat; **gleichgültig** ist, ob die **Aufnahme** nur **vorübergehend** und kurzfristig erfolgt und ob der **Arbeitgeber** die Räume ganz oder überwiegend **möbliert** hat (*BAG* 03.06.1975 EzA § 87 BetrVG 1972 Werkswohnung Nr. 4 S. 26 f. = AP Nr. 3 zu § 87 BetrVG 1972 Werkmietwohnungen Bl. 2 R [*Dütz*]; 28.07.1992 EzA § 87 BetrVG 1972 Werkwohnung Nr. 8 S. 6 = AP Nr. 7 zu § 87 BetrVG 1972 Werkmietwohnungen Bl. 2 R [*Natzel*]). Die vom *BAG* eingangs unter Beschränkung auf den zu entscheidenden Rechtsstreit getroffene Aussage darf jedoch nicht einschränkend dahin verstanden werden, dass Wohnräume nur unter den genannten Voraussetzungen gegeben seien. Im Schutzinteresse des Arbeitnehmers sind daher auch **Massenunterkünfte** mit Schlafstellen als Wohnräume i. S. d. § 87 Abs. 1 Nr. 9 anzusehen (offen gelassen *BAG* 03.06.1975 EzA § 87 BetrVG 1972 Werkswohnung Nr. 4 S. 26 = AP Nr. 3 zu § 87 BetrVG 1972 Werkmietwohnungen Bl. 2 f. [*Dütz*], und *LAG* Düsseldorf 22.05.1987 NZA 1987, 679 [680]; wie hier *Moll* Die Mitbestimmung des Betriebsrats beim Entgelt, S. 122; *Richardi* § 87 Rn. 691; *Röder* Das betriebliche Wohnungswesen, S. 49; *Schmidt-Futterer/Blank* DB 1976, 1233 [1234]; **a. M.** *Dütz* Anm. *BAG* AP Nr. 3 zu § 87 BetrVG 1972 Werkmietwohnungen Bl. 3 R f.). **802**

Für die Mitbestimmung nach § 87 Abs. 1 Nr. 9 ist es **unerheblich, ob** der **Arbeitgeber** selbst oder ein **Dritter Vermieter** ist (amtliche Begründung, BT-Drucks. VI/1786, S. 49). Dem Arbeitgeber muss jedoch, auch wenn er nicht Eigentümer oder als Mieter zur Untervermietung berechtigt ist, das Belegrecht zustehen, was bei werkgeförderten, d. h. von Dritten mit seiner finanziellen Unterstützung errichteten Wohnungen der Fall sein kann (*BAG* 18.07.1978 EzA § 87 BetrVG 1972 Werkswoh- **803** nung Nr. 6 S. 31 = AP Nr. 4 zu § 87 BetrVG 1972 Werkmietwohnungen Bl. 2 R = SAE 1979, 151 [zust. *von Hoyningen-Huene*]; *LAG Düsseldorf* 12.10.1973 DB 1974, 97; *Fitting* § 87 Rn. 383; *Kaiser/LK* § 87 Rn. 200, 207; *Klebe/DKKW* § 87 Rn. 285; *Moll* Die Mitbestimmung des Betriebsrats beim Entgelt, S. 122 f.; *Richardi* § 87 Rn. 694; *Röder* Das betriebliche Wohnungswesen, S. 79; *Stege/Weinspach/Schiefer* § 87 Rn. 157; *Worzalla/HWGNRH* § 87 Rn. 506; zu § 56 Abs. 1 Buchst. e BetrVG 1952 *Dietz* § 56 Rn. 131; *Galperin/Siebert* § 56 Rn. 58; *Nikisch* III, S. 409 [410]; *Schlessmann* DB 1953, 274). Der Arbeitgeber muss also entweder selbst das Mietverhältnis begründen und kündigen oder von Dritten entsprechende Maßnahmen verlangen können. Das Mitbestimmungsrecht des Betriebsrats besteht daher nur, solange und soweit der Arbeitgeber bei der Begründung und (oder) Durchführung der Mietverträge selbst Rechte hat (*BAG* 18.07.1978 EzA § 87 BetrVG 1972 Werkswohnung Nr. 6 S. 31 f. = AP Nr. 4 zu § 87 BetrVG 1972 Werkmietwohnungen Bl. 2 R). Der Arbeitgeber ist nicht verpflichtet, sich einen möglichst umfassenden Einfluss zu sichern (*Wiese* NZA 2003, 1114 [1117]). Hat der Arbeitgeber nur ein Vorschlagsrecht gegenüber dem Vermieter, der seinerseits unter mehreren Bewerbern die Auswahl trifft, besteht die Mitbestimmung nur hinsichtlich des Vorschlags (*Klebe/DKKW* § 87 Rn. 285; *Matthes/*MünchArbR § 250 Rn. 19).

804 Nicht mitbestimmungspflichtig ist es, wenn der Arbeitgeber z. B. durch Zeitungsinserate oder unter Einschaltung eines Maklerbüros Arbeitnehmer bei der Wohnungssuche unterstützt (*Galperin/Löwisch* § 87 Rn. 207; *Stege/Weinspach/Schiefer* § 87 Rn. 159; *Worzalla/HWGNRH* § 87 Rn. 506) oder dem Arbeitnehmer unmittelbar oder aufgrund einer Vereinbarung zwischen ihm und dem Vermieter diesem einen Zuschuss zur Miete gewährt (*Meyer* Arbeitgeber und Betriebsrat, S. 87). Zur Mitbestimmung bei Wohnräumen, die als Sozialeinrichtungen im Eigentum einer selbständigen juristischen Person stehen, Rdn. 776 ff.

e) Widmung und Entwidmung

805 Das Mitbestimmungsrecht nach § 87 Abs. 1 Nr. 9 setzt voraus, dass **Wohnräume** der genannten Art **vorhanden** sind; dafür bedarf es der **Widmung** durch den Arbeitgeber. Der Betriebsrat kann ebenso wenig wie bei der Errichtung von Sozialeinrichtungen verlangen, dass **Wohnräume** vom Arbeitgeber **geschaffen** oder **Mittel** hierfür von ihm **zur Verfügung gestellt** oder **erhöht** werden (*BAG* 13.03.1973 EzA § 87 BetrVG 1972 Werkswohnung Nr. 2 S. 10 f. = AP Nr. 1 zu § 87 BetrVG 1972 Werkmietwohnungen Bl. 2 R f. [*Richardi*]; 23.03.1998 EzA § 87 BetrVG 1972 Werkswohnung Nr. 9 S. 4 = AP Nr. 8 zu § 87 BetrVG 1972 Werkmietwohnungen Bl. 2 R f. [*Däubler/Schiek*]; *Dangers* BB 1974, 1076 [1077]; *Fitting* § 87 Rn. 387 f.; *Gamillscheg* II, S. 929 f.; *Kaiser/LK* § 87 Rn. 196; *Klebe/DKKW* § 87 Rn. 287; *Matthes/*MünchArbR § 250 Rn. 8; *Richardi* § 87 Rn. 698 f.; *Stege/Weinspach/Schiefer* § 87 Rn. 153; *Worzalla/HWGNRH* § 87 Rn. 518); auch über die **Zweckbestimmung** dieser Räume und die **generelle Festlegung** des **Kreises** der **Nutzungsberechtigten** entscheidet der Arbeitgeber unter Berücksichtigung des § 75 Abs. 1 allein (*Bender/WPK* § 87 Rn. 184; *Beuthien* SAE 1975, 255; *Fitting* § 87 Rn. 389; *Moll* Die Mitbestimmung des Betriebsrats beim Entgelt, S. 125 [126 f.]; *Richardi* § 87 Rn. 703; *Worzalla/HWGNRH* § 87 Rn. 519; ferner Rdn. 736 ff.). Das folgt für Wohnräume, die Sozialeinrichtungen sind (Rdn. 792), aus § 88 Nr. 2, im Übrigen aus dessen entsprechender Anwendung. Für **Leiharbeitnehmer** § 13b AÜG, Rdn. 737. Zur Entwidmung Rdn. 807.

806 Im Gegensatz zur h. M. nimmt *Löwisch* (*Galperin/Löwisch* § 87 Rn. 210; ebenso *Klebe/DKKW* § 87 Rn. 287; *Kohte* BetrR 1993, 81 [82 f.]; *Röder* Das betriebliche Wohnungswesen, S. 104 ff.) an, der Arbeitgeber sei lediglich hinsichtlich der Zweckbestimmung der Einrichtung als Wohnraum frei, während die Bestimmung der begünstigten Arbeitnehmer stets der Mitbestimmung unterliege; andernfalls würde diese im häufig entscheidenden Punkt leer laufen. Diese Auffassung steht bereits im Widerspruch zu dem für Sozialeinrichtungen allgemein anerkannten Grundsatz, dass die generelle Festlegung des Kreises der Nutzungsberechtigten mitbestimmungsfrei ist (Rdn. 737; s. a. § 88 Rdn. 28). Dem Gesetz ist kein Anhalt dafür zu entnehmen, dass Wohnräume i. S. d. § 87 Abs. 1 Nr. 9, soweit sie Sozialeinrichtungen sind (Rdn. 792), in dieser Hinsicht anders als sonstige Sozialeinrichtungen zu behandeln seien. Es ist auch nicht einzusehen, weshalb der Arbeitgeber nicht für verschiedene Arbeitnehmergruppen entsprechend ihrer Funktion unterschiedliche Wohnräume sollte zur Verfügung stellen können. Auch das *BAG* (30.04.1974 EzA § 87 BetrVG 1972 Werkswohnung Nr. 3 S. 17, 19 =

AP Nr. 2 zu § 87 BetrVG 1972 Werkmietwohnungen Bl. 2, 3) sieht es jedenfalls als zulässig an, dass der Arbeitgeber »von vornherein« bestimmte Wohnungen oder zumindest eine bestimmte Anzahl aus seinem Gesamtwohnungsbestand für leitende Angestellte reserviert. Letzteres würde allerdings nur eine Bindung des Betriebsrats, nicht einen Ausschluss seiner Mitbestimmung zur Folge haben. Gleiches muss grundsätzlich für die generelle Nutzungsbeschränkung auf bestimmte andere Arbeitnehmergruppen gelten. Besteht etwa ein Bedürfnis für die Schaffung von Gastarbeiterunterkünften, so ist die Widmung für diesen Zweck unter Ausschluss sonstiger Arbeitnehmer zulässig.

Die gleichen Grundsätze wie für die Widmung gelten für die **Entwidmung** (*Kaiser/LK* § 87 Rn. 196; *Klebe/DKKW* § 87 Rn. 287; *Matthes/MünchArbR* § 250 Rn. 10; *Richardi* § 87 Rn. 700; *Worzalla/HWGNRH* § 87 Rn. 519). Der Arbeitgeber kann daher mitbestimmungsfrei die bisherige Widmung für die seiner Verfügung unterliegenden Wohnräume aufheben und diese z. B. veräußern (*Junker* FS Kreutz, S. 171 [179]) oder auch auf ein Belegrecht verzichten (BAG 18.07.1978 EzA § 87 BetrVG 1972 Werkswohnung Nr. 6 S. 32 = AP Nr. 4 zu § 87 BetrVG 1972 Werkmietwohnungen Bl. 2 R). Er kann auch eine **Umwidmung** (Teilentwidmung) vornehmen und z. B. den Kreis der Nutzungsberechtigten beschränken (BAG 23.03.1993 EzA § 87 BetrVG 1972 Werkwohnung Nr. 9 S. 3 ff. = AP Nr. 8 zu § 87 BetrVG 1972 Werkmietwohnungen Bl. 2 R ff. [*Däubler/Schiek*]) oder den Wohnungsbestand für leitende Angestellte aufstocken, selbst wenn es sich empfiehlt, hierüber eine freiwillige Betriebsvereinbarung (§ 88) abzuschließen. Besteht jedoch ein einheitlicher Wohnungsbestand, der sowohl leitenden Angestellten als auch sonstigen Arbeitnehmern zur Verfügung steht, so liegt in der Zuweisung einer Wohnung im konkreten Fall an einen leitenden Angestellten keine Entwidmung und gleichzeitige Neuwidmung, weil damit die Mitbestimmung des Betriebsrats beliebig umgangen werden könnte (BAG 30.04.1974 EzA § 87 BetrVG 1972 Werkswohnung Nr. 3 S. 17 ff. = AP Nr. 2 zu § 87 BetrVG 1972 Werkmietwohnungen Bl. 2 ff. [*Natzel*]; vgl. auch ArbG Mannheim/Heidelberg 26.02.1973 BB 1973, 1170, sowie Rdn. 799). Mitbestimmungsfrei ist daher nur die generelle Neuregelung (*Beuthien* SAE 1975, 255 f.). Allerdings wirkt bei noch nicht frei gewordenen Wohnungen die bisherige Widmung in der Weise fort, dass der Arbeitgeber dem Arbeitnehmer nicht ohne Zustimmung des Betriebsrats kündigen kann (*Röder* Das betriebliche Wohnungswesen, S. 120). Zur **Reduzierung von Zuschüssen** Rdn. 824. **807**

f) Zuweisung

Unter Zuweisung von Wohnräumen ist – vor allem bei mehreren Bewerbern – die **Entscheidung über die Person des Begünstigten** zu verstehen (*Fitting* § 87 Rn. 390; *Klebe/DKKW* § 87 Rn. 288; *Schmidt-Futterer/Blank* DB 1976, 1233 [1234]; *Stege/Weinspach/Schiefer* § 87 Rn. 157; *Worzalla/HWGNRH* § 87 Rn. 511), dagegen **nicht** der **Abschluss** des **Mietvertrags** (*Kaiser/LK* § 87 Rn. 202; *Richardi* § 87 Rn. 702; *Worzalla/HWGNRH* § 87 Rn. 511; vgl. auch BVerwG 16.11.1987 PersV 1989, 65 [66]). Das wäre schon deshalb unzutreffend, weil der Arbeitgeber bei werkgeförderten Wohnungen (Rdn. 803) gar nicht Vermieter ist und die Mitbestimmung des Betriebsrats nur die Befugnisse des Arbeitgebers, aber nicht die Rechte Dritter einschränken soll. Die Zuweisung bindet daher lediglich den Arbeitgeber. Ist er selbst der Vermieter, muss er mit dem Arbeitnehmer, dem die Wohnung zugewiesen ist, den Mietvertrag abschließen. Es besteht für ihn also ein Kontrahierungszwang (*Röder* Das betriebliche Wohnungswesen, S. 154). Zur Bedeutung der Zuweisung als einer individuellen oder kollektiven Maßnahme *Wiese* Rdn. 19. **808**

Hat der Arbeitgeber bei **werkgeförderten Wohnungen** ein Belegrecht, ist der Dritte dem Arbeitgeber gegenüber verpflichtet, den Mietvertrag mit dem unter Beteiligung des Betriebsrats Benannten abzuschließen. Der Arbeitgeber ist seinerseits verpflichtet, den ihm zustehenden Anspruch gegenüber dem Dritten durchzusetzen. Handelt es sich bei den Wohnräumen um eine Sozialeinrichtung (§ 87 Abs. 1 Nr. 8), die als juristische Person organisiert ist, wird die Mitbestimmung des Betriebsrats bei der Zuweisung verwirklicht, wenn die Organe der Einrichtung paritätisch besetzt sind (Rdn. 776). Der Mietvertrag ist aber auch dann von der juristischen Person als Vertragspartner abzuschließen. Hat der Arbeitnehmer einen vertraglichen Anspruch auf Zuweisung einer Wohnung, so kann er ihn gerichtlich geltend machen, selbst wenn der Betriebsrat der Zuweisung widersprochen hat. **809**

Da § 87 Abs. 1 Nr. 9 sich auf die Zuweisung von Wohnräumen, nicht aber den Mietvertrag bezieht, ist die **Mitbestimmung nur Wirksamkeitsvoraussetzung für** die **Zuweisung**, dagegen **nicht** für **810** den **Abschluss** des **Mietvertrags** (vgl. auch *Wiese* Rdn. 117). Dieser ist daher auch dann wirksam, wenn der Arbeitgeber betriebsverfassungswidrig den Betriebsrat bei der Zuweisung von Wohnräumen nicht hinzugezogen hat (*H. Hanau* Individualautonomie, S. 177 f.; *Kaiser/LK* § 87 Rn. 213; *Kania/ErfK* § 87 BetrVG Rn. 89; *Kohte/HaKo* § 87 Rn. 107; *Matthes/*MünchArbR § 250 Rn. 31; *Loritz/ZLH* Arbeitsrecht, § 51 V 3b; *Richardi* § 87 Rn. 724; *Röder* Das betriebliche Wohnungswesen, S. 154; *Schaub/Koch* Arbeitsrechts-Handbuch, § 235 Rn. 85; *Schmidt-Futterer/Blank* DB 1976, 1233 [1234]; *Worzalla/HWGNRH* § 87 Rn. 525; **a. M.** *Galperin/Löwisch* § 87 Rn. 209a, anders Rn. 214 bei werkgeförderten Wohnungen; *Hurlebaus* Fehlende Mitbestimmung bei § 87 BetrVG, S. 119 ff. [133]: schwebende Unwirksamkeit mit Genehmigungsmöglichkeit durch den Betriebsrat, falls Arbeitgeber Vermieter ist; *Klebe/DKKW* § 87 Rn. 290). Arbeitgeber und Arbeitnehmer können jedoch die Zustimmung des Betriebsrats als Bedingung der Wirksamkeit des Mietvertrages vereinbaren (§ 158 BGB).

811 Nach allgemeinen Grundsätzen kann der Betriebsrat die **Beseitigung** der **Folgen** der **unzulässigen** und **unwirksamen Zuweisung**, d. h. gegebenenfalls die Kündigung des Mietverhältnisses, verlangen. Der Arbeitnehmer hat unter Umständen einen Schadenersatzanspruch gegen den Arbeitgeber (zust. *Matthes/*MünchArbR § 250 Rn. 31). Die abweichende Auffassung würde zu dem unbefriedigenden Ergebnis führen, dass die Unwirksamkeit des Mietvertrags zu Lasten des Arbeitnehmers ausschlüge. Sie steht auch im Widerspruch zum Gesetzestext, der dem Betriebsrat nur die Mitbestimmung hinsichtlich der allgemeinen Festlegung der Nutzungsbedingungen, nicht aber hinsichtlich der Ausgestaltung und des Abschlusses des einzelnen Mietvertrags gewährt. Notfalls kann gegen den Arbeitgeber auch nach § 23 Abs. 3 vorgegangen werden. Das könnte praktisch werden, falls der Arbeitnehmer die Werkmietwohnung bereits bezogen hat und nunmehr dem Mieterschutz (§§ 576 f. BGB) unterliegt. Zu den Rechtsfolgen mitbestimmungswidrigen Verhaltens des Arbeitgebers vgl. auch *H. Hanau* Individualautonomie, S. 178 f. (222).

812 Die **Mitbestimmung** bei der **Zuweisung** einer Werkwohnung kann in der Weise **ausgeübt** werden, dass entweder der Betriebsrat – gegebenenfalls in einer paritätisch besetzten Kommission – bei jeder einzelnen Entscheidung mitwirkt oder Arbeitgeber und Betriebsrat generelle Grundsätze über die Belegung oder eine Anwärterliste aufstellen, an die sich der Arbeitgeber bei der Neubelegung einer frei gewordenen Wohnung gemäß § 77 Abs. 1 zu halten hat (*Schmidt-Futterer/Blank* DB 1976, 1233 [1234]; *Stege/Weinspach/Schiefer* § 87 Rn. 160). Auch kann eine paritätisch besetzte Wohnungskommission gebildet werden (§ 28 Abs. 2; *Röder* Das betriebliche Wohnungswesen, S. 135 f.).

g) Kündigung

813 Die Mitbestimmung bei der (ordentlichen und außerordentlichen) Kündigung betrifft nur Wohnräume von Arbeitnehmern, die der Vertretung durch den Betriebsrat unterliegen (Rdn. 798, zur Umwidmung Rdn. 807, zum abweichenden Verständnis der Kündigung *Kaiser/LK* § 87 Rn. 203). Die Mitbestimmung bei der Kündigung ist auf ein Initiativrecht beschränkt, wenn das Arbeitsverhältnis bereits wirksam beendet worden ist (für ein »Mitbestimmungsrecht« *Fitting* § 87 Rn. 397; *Galperin/Löwisch* § 87 Rn. 209b; *Kania/ErfK* § 87 BetrVG Rn. 90; *Klebe/DKKW* § 87 Rn. 291; *Kohte* BetrR 1993, 81 [83 f.]; *Moll* Die Mitbestimmung des Betriebsrats beim Entgelt, S. 126; *Röder* Das betriebliche Wohnungswesen, S. 253; *Schaub/Koch* Arbeitsrechts-Handbuch § 235 Rn. 86; *Schmidt-Futterer/Blank* DB 1976, 1233 [1234 f.]; *dies.* AR-Blattei, Werkwohnung I, H I 3b; **a. M.** OLG Frankfurt a. M. 14.08.1992 AP Nr. 6 zu § 87 BetrVG 1972 Werkmietwohnungen Bl. 2 f. m. w. N.; *Stege/Weinspach/Schiefer* § 87 Rn. 162; *Worzalla/HWGNRH* § 87 Rn. 513). Die »Mitbestimmung« dient dann nicht mehr dem Schutz des rechtswirksam ausgeschiedenen Arbeitnehmers, sondern wegen des kollektiven Bezugs der Angelegenheit der Wahrnehmung der Interessen der vom Betriebsrat vertretenen Belegschaft. Dementsprechend kann der Betriebsrat der Kündigung der Werkmietwohnung des ausgeschiedenen Arbeitnehmers nicht widersprechen (zutr. *Junker* FS *Kreutz*, S. 171 [175 f.]; *Loritz/ZLH* Arbeitsrecht, § 51 II 9; *Richardi* § 87 Rn. 705). Mangels Mitbestimmung ist diese daher auch keine Wirksamkeitsvoraussetzung für die Kündigung gegenüber dem ausgeschiedenen Arbeitnehmer (*OLG Frankfurt a. M.* 14.08.1992 BB 1992, 2000; *Kaiser/LK* § 87 Rn. 204). Der Betriebsrat hat jedoch ein Interesse daran, dass die Wohnung eines ausgeschiedenen Arbeitnehmers der Belegschaft wieder zur Verfügung steht. Er hat daher ein **Initiativrecht**, mit dem er gegenüber dem Arbeitgeber die

Kündigung der Wohnung geltend machen kann (Rdn. 831; *BAG* 28.07.1992 EzA § 87 BetrVG 1972 Werkwohnung Nr. 8 S. 9 = AP Nr. 7 BetrVG 1972 Werkmietwohnungen Bl. 4; *OLG Frankfurt a. M.* 14.08.1992 AP Nr. 6 zu § 87 BetrVG 1972 Werkmietwohnungen Bl. 2 R f.; *Fitting* § 87 Rn. 397; *Gamillscheg* II, S. 929; *Junker* FS *Kreutz*, S. 171, [175]; *Richardi* § 87 Rn. 705).

Bei in den **Ruhestand getretenen Arbeitnehmern** hat der Betriebsrat gleichfalls nur die Interessen 814 der von ihm vertretenen Belegschaft wahrzunehmen. Er hat daher auch bei der Kündigung einer Werkwohnung von Ruheständlern lediglich ein Initiativrecht und kein Zustimmungsrecht (a. M. *Galperin/Löwisch* § 77 Rn. 33, § 87 Rn. 209b; *Röder* Das betriebliche Wohnungswesen, S. 253; *Waltermann* Rechtsetzung durch Betriebsvereinbarung zwischen Privatautonomie und Tarifautonomie, 1996, S. 214 ff.). Handelt es sich um einen einheitlichen, für Arbeitnehmer und **leitende Angestellte** oder **Nichtarbeitnehmer** zur Verfügung stehenden Wohnungsbestand, hat der Betriebsrat zwar bei der Zuweisung im Hinblick auf die Wahrnehmung der Belegschaftsinteressen auch ein Zustimmungsrecht, bei der Kündigung eines leitenden Angestellten oder Nichtarbeitnehmers dagegen wiederum nur ein Initiativrecht (so wohl im Ergebnis auch *BAG* 28.07.1992 EzA § 87 BetrVG 1972 Werkwohnung Nr. 8 S. 9 = AP Nr. 7 zu § 87 BetrVG 1972 Werkmietwohnungen Bl. 3 R f. *[Natzel]*, das die Interessenlage wie hier bewertet, aber allgemein vom »Mitbestimmungsrecht« des Betriebsrats spricht).

Ungeachtet der Mitbestimmung des Betriebsrats bleiben die **gesetzlichen Kündigungsvorschrif-** 815 **ten** unberührt (§§ 576 f. BGB; § 3 ArbPlSchG; bis 31.08.2001 – Art. 11, aber auch Art. 2 Nr. 1 Mietrechtsreformgesetz vom 19.06.2001 [BGBl. I, S. 1149] –: Zweites Gesetz über den Kündigungsschutz für Mietverhältnisse über Wohnraum [Zweites Wohnraumkündigungsschutzgesetz – 2. WKSchG] vom 18.12.1974 [BGBl. I, S. 3603] mit späteren Änderungen und hierzu *Barthelmess* Zweites Wohnraumkündigungsschutzgesetz, Miethöhegesetz, 5. Aufl. 1995, § 564b BGB Rn. 7, 104 ff.; *Buch* NZM 2000, 167 ff.; *Däubler/Schiek* Anm. zu *BAG* 23.03.1993 AP Nr. 8 zu § 87 BetrVG 1972 Werkmietwohnungen). Vor der Beendigung des Arbeitsverhältnisses kann das Mietverhältnis nur nach den allgemeinen Vorschriften gekündigt werden (*Schaub* Arbeitsrechts-Handbuch, § 81 Rn. 13). Mitbestimmungsfrei ist der **Aufhebungsvertrag** über Werkmietwohnungen (*Kaiser/LK* § 87 Rn. 203; *Röder* Das betriebliche Wohnungswesen, S. 249; *Worzalla/HWGNRH* § 87 Rn. 515). Gleiches gilt für die **Kündigung durch** den **Arbeitnehmer**.

Die Bedeutung der Mitbestimmung des Betriebsrats besteht darin, dass sie eine **zusätzliche Wirk-** 816 **samkeitsvoraussetzung für** die **Kündigung** von Werkmietwohnungen ist (*Fitting* § 87 Rn. 398; *Hurlebaus* Fehlende Mitbestimmung bei § 87 BetrVG, S. 119; *Klebe/DKKW* § 87 Rn. 292; *Matthes/MünchArbR* § 250 Rn. 32; *Richardi* § 87 Rn. 725; *Röder* Das betriebliche Wohnungswesen, S. 256; *Schmidt-Futterer/Blank* DB 1976, 1233 [1234]; a. M. *Kaiser/LK* § 87 Rn. 213; *Worzalla/HWGNRH* § 87 Rn. 526 f.). Das gilt auch für die Änderungskündigung (a. M. *Erdmann/Jürging/Kammann* § 87 Rn. 109). Eine ohne Mitbestimmung des Betriebsrats ausgesprochene Kündigung ist daher nichtig (für Zulässigkeit einer Genehmigung *Galperin/Löwisch* § 87 Rn. 209a). Wird sie mit dessen Zustimmung vorgenommen, ist sie unwirksam, wenn der Arbeitgeber sie nicht in schriftlicher Form vorlegt und der Arbeitnehmer sie aus diesem Grunde unverzüglich zurückweist, es sei denn, der Betriebsrat hätte den Arbeitnehmer von der Einwilligung in Kenntnis gesetzt (§ 182 Abs. 3, § 111 Satz 2 und 3 BGB; *Matthes/MünchArbR* § 250 Rn. 23; *Richardi* § 87 Rn. 725). Durch die Einigung mit dem Betriebsrat, auch wenn sie durch einen Spruch der Einigungsstelle ersetzt wird, ist der Arbeitgeber gebunden.

Die **Kündigung** ist von dem **Vermieter auszusprechen**. Das kann der **Arbeitgeber**, aber auch ein 817 **Dritter** sein (Rdn. 803). Jedoch kommt die Mitbestimmung nur an Rechten des Arbeitgebers in Betracht, d. h. allein insoweit, wie der Arbeitgeber von dem Dritten die Kündigung verlangen kann (*Galperin/Löwisch* § 87 Rn. 214; *Richardi* § 87 Rn. 725; *Stege/Weinspach/Schiefer* § 87 Rn. 158; zum Streitstand auch *OLG Frankfurt a. M.* 14.08.1992 AP Nr. 6 zu § 87 BetrVG 1972 Werkmietwohnungen Bl. 1 R f.). Die Wirksamkeit der von dem Dritten ausgesprochenen Kündigung bleibt davon unberührt (*Kaiser/LK* § 87 Rn. 213; *Röder* Das betriebliche Wohnungswesen, S. 259; a. M. *Blank* AR-Blattei, Werkwohnung II, D). Der hier vorgenommenen Differenzierung steht nicht entgegen, dass der Umfang des Schutzes des Arbeitnehmers davon abhängt, ob der Arbeitgeber oder ein Dritter Vermieter ist; diese Folge ergibt sich zwangsläufig aus der unterschiedlichen Reichweite der Rechte des Arbeitgebers als deren Kehrseite.

818 Da die gesetzlichen Kündigungsvorschriften durch das Mitbestimmungsrecht nicht berührt werden und auch von der Einigungsstelle zu beachten sind, kann der einzelne **Arbeitnehmer** unabhängig davon die ihm hiernach zustehenden **Rechte gerichtlich geltend machen** (§ 76 Abs. 7; *Fitting* § 87 Rn. 398; *Galperin/Löwisch* § 87 Rn. 216 f.; *Klebe/DKKW* § 87 Rn. 292; *Stege/Weinspach/Schiefer* § 87 Rn. 161). Er kann sich in diesem Verfahren auch darauf berufen, die Kündigung sei unwirksam, weil der Betriebsrat nicht mitbestimmt habe. Hat die Einigungsstelle eine vom Arbeitgeber beabsichtigte Kündigung abgelehnt, kann dieser den Spruch mit der Begründung gerichtlich angreifen, die Einigungsstelle habe die betrieblichen Belange nicht angemessen berücksichtigt und dabei die Grenzen ihres Ermessens überschritten (§ 76 Abs. 5 Satz 3 und 4). Denkbar ist daher, dass über die Wirksamkeit der Kündigung sowohl im arbeitsgerichtlichen Beschlussverfahren als auch im zivilgerichtlichen Mietprozess entschieden wird.

819 Für die Ausübung der Mitbestimmung bei einer Kündigung empfiehlt es sich, zumindest in größeren Betrieben eine paritätisch besetzte **Kommission** zu bilden (§ 28 Abs. 2) und allgemeine Grundsätze für Kündigungen aufzustellen (*Galperin/Löwisch* § 87 Rn. 215; *Stege/Weinspach/Schiefer* § 87 Rn. 160).

h) Allgemeine Festlegung der Nutzungsbedingungen

820 Hierbei handelt es sich im Gegensatz zur Zuweisung und Kündigung um **generelle Regelungen**, die **für** die **Nutzung von Wohnräumen** i. S. d. § 87 Abs. 1 Nr. 9 maßgebend sein sollen. Die Mitbestimmung ist jedoch auch bei einem einheitlichen Wohnungsbestand für Arbeitnehmer und Nichtarbeitnehmer beschränkt auf die vom Betriebsrat repräsentierte Belegschaft (*BAG* 28.07.1992 EzA § 87 BetrVG 1972 Werkwohnung Nr. 8 S. 12 ff. = AP Nr. 7 zu § 87 BetrVG 1972 Werkmietwohnungen Bl. 5 ff. *[Däubler/Schiek* – nach Nr. 8]; *Junker* FS *Kreutz*, S. 171 [176 f.]; *Worzalla/HWGNRH* § 87 Rn. 517; **a. M.** *Kaiser/LK* § 87 Rn. 211, aber ungenau; die Mitbestimmung bezieht sich nicht auf andere Personen als die vom Betriebsrat vertretenen Arbeitnehmer). **Mitbestimmungsfrei** ist die **Ausgestaltung** des *Mietvertrages im Einzelfall*. Jedoch sind dafür die vereinbarten allgemeinen Nutzungsbedingungen verbindlich (Rdn. 828). Diese sind nicht auf die formellen Bedingungen für die Benutzung von Wohnräumen – z. B. die Aufstellung eines Mustermietvertrages oder einer Hausordnung, Regelungen über die Voraussetzungen und Reihenfolge der Durchführung von Schönheitsreparaturen usw. – beschränkt, sondern allgemein auf **sämtliche Nutzungsbedingungen** bezogen (*BAG* 13.03.1973 EzA § 87 BetrVG 1972 Werkswohnung Nr. 2 S. 10 f. = AP Nr. 1 zu § 87 BetrVG 1972 Werkmietwohnungen Bl. 3 f. *[zust. Richardi]* = SAE 1973, 229 *[krit. Bötticher]* = JuS 1973, 581 *[Reuter]*; 03.06.1975 EzA § 87 BetrVG 1972 Werkswohnung Nr. 4 S. 27 f. = AP Nr. 3 zu § 87 BetrVG 1972 Werkmietwohnungen Bl. 3 *[Dütz]*). Gleiches gilt für deren **Änderung**.

821 Zu den allgemeinen Nutzungsbedingungen gehört, wie das *BAG* (13.03.1973 EzA § 87 BetrVG 1972 Werkswohnung Nr. 2 S. 9 ff. = AP Nr. 1 zu § 87 BetrVG 1972 Werkmietwohnungen Bl. 2 R ff. *[zust. Richardi]* = SAE 1973, 229 *[abl. Bötticher]*) überzeugend begründet hat, auch die allgemeine Festsetzung der **Grundsätze** für die **Bildung** der **Miete im Rahmen** der vom Arbeitgeber **vorgegebenen finanziellen Dotierung** (*BAG* 28.07.1992 EzA § 87 BetrVG 1972 Werkwohnung Nr. 8 S. 9 f. = AP Nr. 7 zu § 87 BetrVG 1972 Werkmietwohnungen Bl. 4 *[Natzel]*; *LAG* Hamm 21.09.1972 EzA § 87 BetrVG 1972 Werkwohnung Nr. 1; *Fitting* § 87 Rn. 400; *Hiersemann* BB 1973, 850 f.; *Kaiser/LK* § 87 Rn. 209; *Klebe/DKKW* § 87 Rn. 293; *Matthes/*MünchArbR § 250 Rn. 12 ff.; *Moll* Die Mitbestimmung des Betriebsrats beim Entgelt, S. 127 ff.; *Richardi* § 87 Rn. 709, 711; *Schmidt-Futterer/Blank* AR-Blattei, Werkwohnung I, H I 4; *Worzalla/HWGNRH* § 87 Rn. 520 ff.; **a. M.** ArbG Siegen 02.08.1972 BB 1972, 1053 – Erstinstanz zu *BAG* 13.03.1973 EzA § 87 BetrVG 1972 Werkswohnung Nr. 2 = AP Nr. 1 zu § 87 BetrVG 1972 Werkmietwohnungen *[Richardi]*; *Erdmann/Jürging/Kammann* § 87 Rn. 111; *Giese* BB 1973, 198 ff.; *Lieb* ZfA 1978, 179 [198]; zu § 56 Abs. 1 Buchst. e BetrVG 1952 6. Aufl. § 87 Rn. 792). Zur **Verfassungsmäßigkeit** dieser Auslegung *Wiese* Rdn. 45 f., zur Umstellung des Mietzinses von DM auf **Euro** *Däubler* AiB 1998, 541 (546); **a. M.** *Natzel* DB 1998, 366 (370).

822 Mit Recht hat daher das *BAG* (03.06.1975 EzA § 87 BetrVG 1972 Werkswohnung Nr. 4 S. 27 f. = AP Nr. 3 zu § 87 BetrVG 1972 Werkmietwohnungen Bl. 3 *[zust. Dütz]*) die Mitbestimmung des Betriebsrats zu der Frage bejaht, wie die von den in einem **Wohnheim** übernachtenden Arbeitnehmern teilweise zu tragenden finanziellen Aufwendungen zwischen Auslösungsempfängern und Nichtaus-

lösungsempfängern aufzuteilen sind. Entsprechendes muss für die Neufestsetzung der Unterkunftsgelder für **Baustellenunterkünfte** gelten (a. M. *LAG Düsseldorf* 22.05.1987 NZA 1987, 679 [680]). Auch die Festsetzung von Nebenkosten gehört hierher. Voraussetzung für die Mitbestimmung ist aber stets, dass der Arbeitgeber Einfluss auf die Bildung der Miete hat, was bei **werkgeförderten Wohnungen** nicht der Fall zu sein braucht, selbst wenn ihm ein Belegrecht zusteht (vgl. auch *Stege/ Weinspach/Schiefer* § 87 Rn. 158).

Hat der Arbeitgeber Einfluss auf die Mietzinsbildung, so bestimmt er bei der **erstmaligen Festsetzung** der **Miete** über den Umfang seiner Aufwendungen allein, während beim Kostenanteil der Arbeitnehmer der Betriebsrat – z. B. hinsichtlich einer Staffelung nach sozialen Gesichtspunkten – mitzubestimmen hat (*BAG* 03.06.1975 EzA § 87 BetrVG 1972 Werkswohnung Nr. 4 S. 27 f. = AP Nr. 3 zu § 87 BetrVG 1972 Werkmietwohnungen Bl. 3 [zust. *Dütz*]; *Moll* Die Mitbestimmung des Betriebsrats beim Entgelt, S. 133). 823

Der Arbeitgeber kann – auch über die Einigungsstelle – **nicht gezwungen** werden, die **finanzielle Grundausstattung** oder den jährlich vorgesehenen **Zuschuss zu erhöhen**, um allgemeine Preiserhöhungen unter Vermeidung von Mieterhöhungen aufzufangen (*BAG* 13.03.1973 EzA § 87 BetrVG 1972 Werkswohnung Nr. 2 S. 11 = AP Nr. 1 zu § 87 BetrVG 1972 Werkmietwohnungen Bl. 3 R [*Richardi*]; *Fitting* § 87 Rn. 400; *Kaiser/LK* § 87 Rn. 209; *Klebe/DKKW* § 87 Rn. 293; *Richardi* § 87 Rn. 699; *Röder* Das betriebliche Wohnungswesen, S. 203; *Schmidt-Futterer/Blank* DB 1976, 1233 [1235]; vgl. auch Rdn. 805). Eine notwendige Erhöhung der Mieten muss unter Berücksichtigung der mietrechtlichen Vorschriften gegebenenfalls vom Arbeitgeber über die Einigungsstelle erwirkt werden (vgl. auch Rdn. 831). Dabei wird eine angemessene Berücksichtigung der Interessen des Betriebs regelmäßig nicht dazu führen können, dass eine Anhebung der Mieten die ortsübliche Vergleichsmiete i. S. d. § 558 Abs. 1 BGB erreicht. Die verbilligte Wohnraumüberlassung gehört zu den betrieblichen Sozialleistungen mit Entgeltcharakter (vgl. auch Rdn. 857 ff.; *Galperin/Löwisch* § 87 Rn. 173; *Röder* Das betriebliche Wohnungswesen, S. 190 f.), die dem Arbeitnehmer individualrechtlich nicht ohne weiteres entzogen werden können. Daher kommt eine Anhebung von Mieten unter Berücksichtigung des Grundsatzes von Treu und Glauben (§ 242 BGB) nur derart in Betracht, dass der Abstand der Mieten von Werkmietwohnungen zu den ortsüblichen Mieten nicht größer wird (*BAG* 13.03.1973 EzA § 87 BetrVG 1972 Werkswohnung Nr. 2 S. 11 = AP Nr. 1 zu § 87 BetrVG 1972 Werkmietwohnungen Bl. 3 R; *Röder* MDR 1982, 276 [277]; *ders.* Das betriebliche Wohnungswesen, S. 201 f.; a. M. *Galperin/Löwisch* § 87 Rn. 211a; *Moll* Die Mitbestimmung des Betriebsrats beim Entgelt, S. 132). Im Übrigen unterliegt es **nicht** der **Mitbestimmung**, wenn der **Arbeitgeber** mangels einer rechtlichen Bindung seine **Zuschüsse reduziert** (*Kaiser/LK* § 87 Rn. 209; *Richardi* § 87 Rn. 700; *Stege/Weinspach/Schiefer* § 87 Rn. 156; zur gleichen Problematik bei Sozialeinrichtungen Rdn. 741). 824

Bei Mietverhältnissen über **nicht preisgebundenen Wohnraum** ist die Vereinbarung der Höhe der Miete bei **Abschluss** des Mietvertrages frei. Während des Mietverhältnisses sind **Erhöhungen** der **Miete** nur nach Maßgabe der §§ 557 ff. BGB i. d. F. des Mietrechtsreformgesetzes vom 19.06.2001 (BGBl. I, S. 1149) – in Kraft am 01.09.2001 – zulässig. Dabei hat der Betriebsrat nicht nur vor jeder geplanten Mieterhöhung nach § 558 BGB mitzubestimmen, sondern auch bei einer Erhöhung der Miete wegen baulicher Änderungen oder gestiegener **Betriebs-** oder **Kapitalkosten** nach § 556 Abs. 2 und 3, § 556a Abs. 2, § 559, § 559a, § 559b, § 560 BGB (*Fitting* § 87 Rn. 402; *Galperin/Löwisch* § 87 Rn. 211; *Richardi* § 87 Rn. 713; *Röder* MDR 1982, 276 [277]; *ders.* Das betriebliche Wohnungswesen, S. 203 ff.; *Worzalla/HWGNRH* § 87 Rn. 521). In diesen Fällen wird dem Arbeitgeber vom Gesetz lediglich die rechtliche Möglichkeit eingeräumt, die Miete bis zu einer bestimmten Obergrenze zu erhöhen. Darin liegt jedoch keine die Mitbestimmung ausschließende gesetzliche Regelung i. S. d. § 87 Abs. 1 Eingangssatz (*BAG* 13.03.1973 EzA § 87 BetrVG 1972 Werkswohnung Nr. 2 S. 8 = AP Nr. 1 zu § 87 BetrVG 1972 Werkmietwohnungen Bl. 2 [*Richardi*]; *Fitting* § 87 Rn. 402; *Galperin/Löwisch* § 87 Rn. 211; *Röder* MDR 1982, 276 [277]; *ders.* Das betriebliche Wohnungswesen, S. 203 f.). Dem Arbeitgeber verbleiben damit ebenso wie bei der erstmaligen Festsetzung der Grundsätze der Bildung der Miete Gestaltungsmöglichkeiten, die eine Beteiligung des Betriebsrats erfordern. Der Dotierungsrahmen wird auch insoweit von der Mitbestimmung nicht erfasst. Bei **öffentlich geförderten Wohnungen** (§ 1 Wohnungsbindungsgesetz i. d. F. vom 13.09.2001 (BGBl. I, S. 2404) mit späte- 825

§ 87   *IV. 3. Soziale Angelegenheiten*

ren Änderungen hat der Betriebsrat bei Mieterhöhungen nach § 10 des Gesetzes, der dem Arbeitgeber ein Gestaltungsrecht einräumt, mitzubestimmen; es handelt sich um ein **Mitbeurteilungsrecht** (*Worzalla/HWGNRH* § 87 Rn. 522).

826   Die **Festsetzung** der **Miete** im **Einzelfall** ist Sache des Vermieters (*BAG* 13.03.1973 EzA § 87 BetrVG 1972 Werkswohnung Nr. 2 S. 12 = AP Nr. 1 zu § 87 BetrVG 1972 Werkmietwohnungen Bl. 3 R *[Richardi]*; 03.06.1975 EzA § 87 BetrVG 1972 Werkswohnung Nr. 4 S. 28 = AP Nr. 3 zu § 87 BetrVG 1972 Werkmietwohnungen Bl. 3 *[Dütz]*; *LAG Hamm* 21.09.1972 EzA § 87 BetrVG 1972 Werkwohnung Nr. 1; *Fitting* § 87 Rn. 400; *Kaiser/LK* § 87 Rn. 208; *Richardi* § 87 Rn. 710; *Schaub/Koch* Arbeitsrechts-Handbuch, § 235 Rn. 87; *Schmidt-Futterer/Blank* DB 1976, 1233 [1235]; *dies.* AR-Blattei, Werkwohnung I, H I 4; *Worzalla/HWGNRH* § 87 Rn. 519; vgl. auch *Hiersemann* BB 1973, 850 [851]). Eine Vereinbarung, dass der Arbeitgeber als Vermieter bei der Zahlung des Arbeitsentgelts die Miete einbehalten darf, ist zulässig (*BAG* 15.05.1974 EzA § 115 GewO Nr. 2 S. 8 = AP Nr. 2 zu § 387 BGB Bl. 1 R *[Herschel]*). Im Übrigen kommt eine Mitbestimmung bei der Verwaltung der Wohnräume, die Sozialeinrichtungen sind, nach § 87 Abs. 1 Nr. 8 in Betracht (Rdn. 792). Zur fehlenden Kostentragungspflicht des Arbeitgebers im Falle des Beitritts des Betriebsrats zum Deutschen Mieterbund *Weber* § 40 Rdn. 43.

827   Die **Lieferung** von **Heizgas** gehört jedenfalls dann nicht zu den Nutzungsbedingungen für Werkmietwohnungen, wenn der Vermieter (Arbeitgeber oder ein von ihm beauftragtes Wohnungsbauunternehmen) nach dem Mietvertrag nur die Wohnräume einschließlich der Heizgelegenheit zur Verfügung zu stellen hat, dem Mieter aber die Beschaffung von Heizmaterial überlassen bleibt (*BAG* 22.10.1985 EzA § 87 BetrVG 1972 Werkwohnung Nr. 7 S. 39 = AP Nr. 5 zu § 87 BetrVG 1972 Werkmietwohnungen Bl. 2 R). Die Einstellung der Gasversorgung ist deshalb schon aus diesem Grunde nicht mitbestimmungspflichtig. Aber selbst wenn die Energielieferung Gegenstand des Mietvertrages war, bestimmt sich die Begründung und Veränderung von Leistungspflichten des Vermieters allein nach dem Mietvertrag, gehört aber nicht zur mitbestimmungspflichtigen allgemeinen Festlegung der Nutzungsbedingungen (vom *BAG* 22.10.1985 EzA § 87 BetrVG 1972 Werkwohnung Nr. 7 S. 39 = AP Nr. 5 zu § 87 BetrVG 1972 Werkmietwohnungen Bl. 2 R offen gelassen).

828   Die Mitbestimmung bei Festlegung der Nutzungsbedingungen beschränkt die individualrechtlichen Befugnisse des Arbeitgebers auch hinsichtlich des Mietvertrages. Die vereinbarten Nutzungsbedingungen sind daher für die Begründung oder Abänderung des Mietvertrages verbindlich (so bei dem Verlangen nach einer Mieterhöhung; *BAG* 24.01.1990 EzA § 2 ArbGG 1979 Nr. 17 S. 3 = AP Nr. 16 zu § 2 ArbGG 1979 Bl. 2 R); **unter Verstoß gegen** die **Mitbestimmung** zwischen Arbeitgeber und Arbeitnehmer **getroffene Vereinbarungen** sind **unwirksam** (*Matthes*/MünchArbR § 250 Rn. 34; *Richardi* § 87 Rn. 726; *Röder* MDR 1982, 276 [277]; **a. M.** *Kaiser/LK* § 87 Rn. 213; *Worzalla/HWGNRH* § 87 Rn. 528).

829   Für **Streitigkeiten** über die **Miethöhe** von Werkmietwohnungen sind nach § 23 Nr. 2a GVG die Amtsgerichte ausschließlich sachlich zuständig (*BAG* 24.01.1990 EzA § 2 ArbGG 1979 Nr. 17 S. 1 ff. = AP Nr. 16 zu § 2 ArbGG 1979 Bl. 1 R ff.; 02.11.1999 EzA § 2 ArbGG 1979 Nr. 48 S. 2 f. = AP Nr. 68 zu § 2 ArbGG 1979 Bl. 1 R f.; *LAG Frankfurt a. M.* 25.08.1987 EzBAT, § 65 BAT Nr. 2 S. 8 f.). Ist streitig, ob die mit Hilfe einer Einigungsstelle zustande gekommene Betriebsvereinbarung über die Grundsätze der Bildung der Miete für Werkmietwohnungen wirksam ist, entscheiden darüber die Arbeitsgerichte im Beschlussverfahren (§ 2a Abs. 1 Nr. 1, Abs. 2 ArbGG); bis zur Klärung dieser Frage kann das Verfahren vor dem Amtsgericht nach § 148 ZPO ausgesetzt werden (*BAG* 24.01.1990 EzA § 2 ArbGG 1979 Nr. 17 S. 4 = AP Nr. 16 zu § 2 ArbGG 1979 Bl. 2 R). Zu Werkdienstwohnungen m. w. N. *ArbG Hannover* 14.11.1990 DB 1991, 1838; *ArbG Wetzlar* 05.07.1988 NZA 1989, 233 (234); offen gelassen *BAG* 29.09.1976 AP Nr. 20 zu § 36 ZPO Bl. 2). Zu Streitigkeiten aus § 87 Abs. 1 Nr. 9 Rn. 1071 ff.

830   Für die **Durchführung** der **Mitbestimmung** bei der allgemeinen Festlegung der Nutzungsbedingungen sowie die Aufstellung von Grundsätzen für die Zuweisung und Kündigung von Wohnräumen i. S. d. § 87 Abs. 1 Nr. 9 empfiehlt sich im Interesse der Rechtsklarheit der Abschluss einer Betriebsvereinbarung. Jedoch ist auch insoweit eine Betriebsabsprache zulässig (*Matthes*/MünchArbR § 250 Rn. 25; *Richardi* § 87 Rn. 718 f.; *Worzalla/HWGNRH* § 87 Rn. 523; Bedenken äußert *Röder* Das be-

triebliche Wohnungswesen, S. 148 ff.). In kleineren Betrieben ist es durchaus denkbar, dass bestimmte allgemeine Regeln mündlich und vorläufig vereinbart werden, um sie im Falle der Bewährung später in einer Betriebsvereinbarung niederzulegen. Diese erübrigt sich auch deshalb, weil damit zwar normativ auf die Arbeitsverhältnisse, aber nicht auf die Mietverhältnisse eingewirkt werden kann (*Röder* Das betriebliche Wohnungswesen, S. 148). Für die Zuweisung und Kündigung genügt ohnehin eine Betriebsabsprache. Schließlich ist eine Betriebsabsprache ausreichend, soweit Vermieter der Werkwohnungen ein Dritter ist und lediglich der Arbeitgeber bei Ausübung seiner Rechte diesem gegenüber durch die Mitbestimmung beschränkt wird.

i) Initiativrecht

Der Betriebsrat hat hinsichtlich der Zuweisung und Kündigung von Werkmietwohnungen sowie der allgemeinen Festlegung der Nutzungsbedingungen einschließlich ihrer Änderung und Aufhebung ein umfassendes Initiativrecht (*Wiese* Initiativrecht, S. 58 f.; ebenso *Matthes*/MünchArbR § 250 Rn. 27 f.; *Richardi* § 87 Rn. 715, 705 f.; *Worzalla*/HWGNRH § 87 Rn. 518; hinsichtlich der Kündigung auch *Schmidt-Futterer*/*Blank* DB 1976, 1233 [1235]; vgl. auch Rdn. 813; **a. M.** hinsichtlich der Kündigung *Adomeit* BB 1972, 53 [54], und dazu *Wiese* Initiativrecht, S. 34 f. [58 f.]; ferner allgemein *Wiese* Rdn. 140 ff.). Das Initiativrecht hinsichtlich der Kündigung bedeutet jedoch nicht, dass der Betriebsrat selbst kündigen dürfte, vielmehr kann – notfalls über die Einigungsstelle – nur eine Regelung derart herbeigeführt werden, dass der Arbeitgeber das Mietverhältnis kündigen muss. Dagegen besteht mangels Mitbestimmung bei Schaffung von Wohnräumen, der Zurverfügungstellung von Mitteln für diesen Zweck, der Zweckbestimmung, der generellen Festlegung des Kreises der Nutzungsberechtigten und der Entwidmung dieser Räume (Rdn. 805, 807, 820 ff.) kein Initiativrecht des Betriebsrats. Das Initiativrecht des Arbeitgebers im Rahmen des § 87 Abs. 1 Nr. 9 ist vor allem von Bedeutung, um eine Änderung der Nutzungsbedingungen zu erwirken. Zur Zuständigkeit des **Gesamtbetriebsrats** *Wiese* Rdn. 2; *Siebert* Die Zuständigkeit des Gesamtbetriebsrates (Diss. Osnabrück), 1999, S. 132 f.

10. Fragen der betrieblichen Lohngestaltung, insbesondere die Aufstellung von Entlohnungsgrundsätzen und die Einführung und Anwendung von neuen Entlohnungsmethoden sowie deren Änderung

Literatur: zu § 87 Abs. 1 Nr. 10 und Nr. 11
Literaturnachweise zum BetrVG 1952 siehe 8. Auflage

Annuß Entgeltmitbestimmung und Arbeitsvertrag, RdA 2014, 193; *Axler* Direktversicherung, AR-Blattei SD 460.4; *Baeck*/*Diller* Arbeitsrechtliche Probleme bei Aktienoptionen und Belegschaftsaktien, DB 1998, 1405; *Baeck*/*Göpfert* Mitbestimmung bei Sonntagsverkauf durch Führungskräfte, WiB 1997, 1289; *Baierl* Lohnanreizsysteme. Mittel zur Produktivitätssteigerung, 5. Aufl. 1974; *Bauer*/*Günther* Änderung der betrieblichen Lohnstruktur – rechtliche und personalpolitische Probleme, DB 2009, 620; *Baur* Die Mitbestimmung des Betriebsrats gemäß § 87 I Nr. 10 BetrVG bei der Anrechnung einer Tariflohnerhöhung auf freiwillige Zulagen, 2001; *Bayreuther* Generelle Verpflichtung zur Aufnahme von Bezugnahmeklauseln durch betriebliche Mitbestimmung bei nachwirkenden (transformierten) Tarifverträgen?, BB 2010, 2177; *Beckerle* Leistungszulagen und Leistungsprämien, ZTR 1996, 156; *Beckers* Jahressonderzahlungen: Wegfall der Zahlungsverpflichtung – Zulässigkeit von Bindungs- und Rückzahlungsklauseln, NZA 1997, 129; *Bepler* Tarifvertragliche Vergütungssysteme als Grundsätze der betrieblichen Lohngestaltung – Ansprüche ohne Anspruchsgrundlage?, FS Bauer, 2010, S. 161; *Bichler* Nochmals: Zur Zulässigkeit von Betriebsvereinbarungen über Arbeitsbedingungen für AT-Angestellte, DB 1979, 1939; *Biermann* Die Gleichbehandlung von Teilzeitbeschäftigten bei entgeltlichen Ansprüchen (Diss. Köln), 2000; *U.-A. Birk* Die Mitbestimmung des Betriebsrats bei der betrieblichen Altersversorgung, 1983 (zit.: Betriebliche Altersversorgung); *ders.* Die Mitbestimmung des Betriebsrats bei der betrieblichen Altersversorgung, BetrR 1982, 477; *ders.* Betriebliche Altersversorgung – Gleichbehandlung – Betriebsratsbefugnisse, AuR 1984, 28; *ders.* Betriebliche Altersversorgung durch Direktzusage, AR-Blattei SD 460.2; *H.-A. Bischoff* Betriebliche Altersversorgung heute und morgen – Situationsbericht und Ausblick, BetrAV 1976, 77; *Birkwald* Leistungsprinzip ja – aber ..., Gewerkschafter 1973, 330; *Bitter* Betriebsvereinbarungen im AT-Bereich in der Praxis, DB 1979, 695; *Blomeyer* Kündigung und Neuabschluss einer Betriebsvereinbarung über teilmitbestimmungspflichtige Sozialleistungen, DB 1985, 2506; *Bode*/*Grabner* Betriebliche Altersversorgung – quo vadis?, DB 1977, 1897; *Boemke*/*Seifert* Mitbestimmung bei vollständiger und gleichmäßiger Anrechnung von Tariflohnerhöhungen auf übertarifliche Zulagen, BB 2001, 985;

§ 87

Boewer Freiwillige Leistungen nicht tarifgebundener Arbeitgeber und Mitbestimmung des Betriebsrats, FS *Bauer*, 2010, S. 195; *Bokranz* Entlohnungsgrundsätze in Industriebetrieben, Personal 1991, 300, 352, 448; *Bolten* Ist die Abschlußprovision ein leistungsbezogenes Entgelt i. S. des § 87 Abs. 1 Nr. 11 BetrVG?, DB 1977, 1650; *Bommermann* Übertarifliche Zulagen – Anrechenbarkeit und Mitbestimmung, DB 1991, 2185; *Buchner* Der Abbau arbeitsvertraglicher Ansprüche durch Betriebsvereinbarung im System der Mitbestimmung in sozialen Angelegenheiten (§ 87 BetrVG), DB 1983, 877; *von Buddenbrock/Manhart* Betriebliche Mitbestimmung in der betrieblichen Altersversorgung, BB 2011, 2293; *Buhr/Radtke* Internationale Aktienoptionspläne und deren arbeitsrechtliche Behandlung in Deutschland, DB 2001, 1882; *Caspers* Teilnachwirkung des Tarifvertrags durch § 87 Abs. 1 Nr. 10 BetrVG – zur Ablösung tariflicher Vergütungssysteme, FS *Löwisch*, 2007, S. 45; *Conze* Zur Zulässigkeit von Betriebsvereinbarungen für AT-Angestellte über materielle Arbeitsbedingungen, DB 1978, 490; *Däubler* Zielvereinbarungen als Mitbestimmungsproblem, NZA 2005, 793; *Derr* Die Mitbestimmungsrechte des Betriebsrats in Fragen der betrieblichen Altersversorgung, Diss. Tübingen 1986; *Diepold* Die leistungsbezogene Vergütung (Diss. Berlin), 2005; *Dieterich* Die Rechtsprechung des Bundesarbeitsgerichts zur Mitbestimmung des Betriebsrats bei der betrieblichen Altersversorgung, BetrAV 1976, 25; *ders.* Betriebsverfassungsrecht und betriebliche Altersversorgung, NZA 1984, 273; *Diller* Teilkündigung von Betriebsvereinbarungen über bAV, BetrAV 2016, 20; *Diller/Beck* Neues von der ablösenden Betriebsvereinbarung: Abschied vom Großen Senat, BetrAV 2014, 345; *Dorndorf* Zweck und kollektives Interesse bei der Mitbestimmung in Entgeltfragen, FS *Däubler*, 1999, S. 327; *Dzida/Naber* Risikosteuerung durch variable Vergütung, BB 2011, 2613; *Ehlscheid/Unterhinninghofen* Neue Entgeltsysteme und die Rechtsprechung des Bundesarbeitsgerichts, AiB 2002, 295; *Eich* Kürzung übertariflicher Einkommensbestandteile und Mitbestimmungsrecht des Betriebsrates, DB 1980, 1340; *Eickelberg* Probleme der Betriebsvereinbarung über Arbeitsentgelt und sonstige Arbeitsbedingungen nach dem Betriebsverfassungsgesetz 1972, Diss. Bochum 1973; *Emmert* Betriebsvereinbarungen über den Zeitlohn – Reichweite und Schranken der Betriebsautonomie (Diss. Trier), 2001; *Enderlein* Der kollektive Tatbestand als Voraussetzung für das Mitbestimmungsrecht des Betriebsrats in Fragen der betrieblichen Lohngestaltung, ZfA 1997, 313; *Endlich* Betriebliche Mitbestimmung und Tendenzschutz bei der Zulagengewährung, NZA 1990, 13; *Erasmy* Tariflohnerhöhungen auf Zulagen anrechenbar, ArbGeb. 1993, 193; *Eyer/Mattioli* Betriebliche Entgeltsysteme, AuA 2008, 102; *Feudner* Zur Mitbestimmung bei der Durchführung des Altersvermögensgesetzes (»Riester-Rente«), DB 2001, 2047; *Franke* Anrechnung von Tariferhöhungen auf übertarifliche Zulagen, NZA 2009, 245; *Freye* Gehaltsumwandlungen. Eine Betrachtung aus arbeits- und steuerrechtlicher Sicht (Diss. Osnabrück), 2003; *von Friesen* § 75 Abs. 3 Nr. 4 BPersVG – Einflußnahme des Personalrats auf die Vergütung von Arbeitern und Angestellten?, RdA 1979, 225; *dies.* Betriebliche Lohngestaltung für AT-Angestellte, AuR 1980, 367; *dies.* Mitbestimmung bei der Einführung und Ausgestaltung eines Prämiensystems im zentralen Schreibdienst, DB 1983, 1871; *Furier* Mitbestimmung bei der betrieblichen Altersversorgung, AiB 1999, 197; *Gasser* Der Dotierungsrahmen in der betrieblichen Altersversorgung und seine Bedeutung für die abändernde Betriebsvereinbarung, Diss. Erlangen 1989 (zit.: Dotierungsrahmen); *Gaul* Betriebliche Gehaltspolitik für Außertarifliche Angestellte und deren rechtliche Ordnung, BB 1978, 764; *ders.* Betriebsvereinbarungen über Prämienlohn, 4. Aufl. 1978; *ders.* Die Arbeitsbewertung und ihre rechtliche Bedeutung, 4. Aufl. 1981; *ders.* Betriebsvereinbarungen über Akkordlohn, 4. Aufl. 1983; *ders.* Rechtsprobleme der Akkordentlohnung, BB 1990, 1549; *Bj. Gaul* Sonderleistungen und Fehlzeiten. Zulässigkeit und Grenzen einer Kürzung von arbeitgeberseitigen Sonderzahlungen bei Fehlzeiten des Arbeitnehmers, 1994; *ders.* Der Zweck von Sonderzahlungen, BB 1994, 494, 565; *ders.* Die Mitbestimmung des Betriebsrats bei der fehlzeitenorientierten Gewährung von Sonderleistungen, DB 1994, 1137; *ders.* Krankenstand und Kürzung von Jahressonderzahlungen, AuA 1994, 309; *Gester/Isenhardt* Das Initiativrecht des Betriebsrats zur Regelung materieller Lohnbedingungen, RdA 1974, 80; *Giese* Einigungsstellenverfahren – Pausen bei Akkordentlohnung – Verfahrenskosten als Druckmittel – Bericht aus der Praxis –, ZfA 1991, 53; *Goos* Mitbestimmung bei betrieblichen Zulagen, NZA 1986, 701; *Griebeling* Arbeits- und insolvenzrechtliche Fragen zur Unterstützungskasse, DB 1991, 2336; *Gründel/Butz* Mitbestimmungsrechte bei Provisionssystemen, BB 2014, 2747; *C. Grundmann* Mitbestimmung bei variabler Vergütung und Zielvereinbarung (Diss. Mainz), 2014; *S. Grundmann/Peters* Ziel- und Leistungsvereinbarungen, 3. Aufl. 2013; *Gumpert* Mitbestimmung bei betrieblicher Altersversorgung in Form von Ruhegeldzusagen und Direktversicherungen?, BB 1976, 605 = BetrAV 1976, 84; *H. Hanau* Die lediglich relationale Wirkung des § 87 Abs. 1 Nr. 10 BetrVG, RdA 1998, 345; *P. Hanau* Neuerungen in der Mitbestimmung über Sozialeinrichtungen, insbesondere der Altersversorgung, BB 1973, 1274 = BetrAV 1973, 190; *ders.* Die Mitbestimmung in der betrieblichen Altersversorgung nach der neuen Rechtsprechung des Bundesarbeitsgerichts, BB 1976, 91 = BetrAV 1976, 29; *ders.* Aktuelle Probleme der Mitbestimmung über das Arbeitsentgelt gem. § 87 Abs. 1 Nr. 10 BetrVG, BB 1977, 350; *Hanau/Arteaga* Gehaltsumwandlung zur betrieblichen Altersversorgung, 1999; *Heinze* Die Mitbestimmungsrechte des Betriebsrats bei Provisionsentlohnung, NZA 1986, 1; *Heisig* Arbeitsentgelt- und Arbeitszeitregelungen im Spannungsfeld zwischen tariflicher und betriebsvereinbarungsrechtlicher Normsetzungsbefugnis (Diss. Köln), 1991; *Heither* Die Rechtsprechung des BAG zur Beteiligung des Betriebsrats bei der Ausgestaltung der betrieblichen Altersversorgung, DB 1991, 700 = BetrAV

1991, 161; *ders.* Nachwirkung einer gekündigten Betriebsvereinbarung zur betrieblichen Altersversorgung, DB 2008, 2705; *Herbst* Mitbestimmungsrecht des Betriebsrats bei übertariflichen Zulagen, AiB 1986, 186; *ders.* Umfang des Mitbestimmungsrechts bei freiwilligen übertariflichen Zulagen, DB 1987, 738; *Heubeck* Zum »Dotierungsrahmen« für die betriebliche Altersversorgung, FS *Meilicke*, 1985, S. 44; *Heuking* Provisionen als Entgelte im Sinne von § 87 Abs. 1 Nr. 11 BetrVG?, DB 1982, 279; *Hidalgo/Rid* Wie flexibel können Zielbonussysteme sein?, BB 2005, 2686; *Hönsch* Mitbestimmung des Betriebsrats bei der Anrechnung von Tariflohnerhöhungen auf freiwillige übertarifliche Zulagen, BB 1988, 2312; *Hörle/Berger-Delhey* Mitbestimmte Entgeltfindung im Vertrag? »Summum ius summa iniuria«, AfP 1993, 720; *Hoß* Neue Rechtsprechung zur Anrechnung der Tariflohnerhöhung, NZA 1997, 1129; *von Hoyningen-Huene* Freiwilligkeitsvorbehalt und Nachwirkungsklausel in Betriebsvereinbarungen über Sozialleistungen, BB 1997, 1998; *ders.* Vergütungsregelungen und Mitbestimmung des Betriebsrats (§ 87 I Nr. 10 BetrVG), NZA 1998, 1081; *Hromadka* Übertarifliche Zulagen mitbestimmungspflichtig?, DB 1986, 1921; *ders.* Zur Mitbestimmung bei allgemeinen übertariflichen Zulagen – Gewährung, Erhöhung, Umstrukturierung, Anrechnung, Kürzung, Widerruf –, DB 1988, 2636; *ders.* Mitbestimmung bei übertariflichen Zulagen, DB 1991, 2133; *ders.* Der Große Senat zu den übertariflichen Zulagen, DB 1992, 1573; *Hütig* Die arbeitsrechtlichen Möglichkeiten zur Änderung von betrieblichen Versorgungsregelungen, DB 1978, 693; *Hüttenmeister* Aufgabe, Bedeutung und Probleme der betrieblichen Altersversorgung, BetrR 1986, 7; *Hunold* Außertarifliche Vertragsverhältnisse und übertarifliche Vertragsbestandteile, DB 1981, Beil. Nr. 26; *Jacobs* Entgeltmitbestimmungen beim nicht (mehr) tarifgebundenen Arbeitgeber, FS *Säcker*, 2011, S. 201; *Jacobs/Frieling* Pflicht zur Eingruppierung in eine nicht auf das Arbeitsverhältnis anwendbare Vergütungsordnung?, FS v. Hoyningen-Huene, 2014, S. 177; *Jahna* Die Anrechnung von Tariflohnerhöhungen auf über- und außertarifliche Zulagen, 1995; *Jahnke* Gratifikationen und Sonderleistungen, 1978; *ders.* Die Mitbestimmung des Betriebsrats auf dem Gebiet der betrieblichen Sozialleistungen, ZfA 1980, 863; *Jedzig* Einführung standardisierter Verfahren zur Leistungsbeurteilung von Arbeitnehmern – Mitbestimmung des Betriebsrats sowie rechtliche und tatsächliche Grenzen –, DB 1991, 753; *Joost* Lohnverluste bei Arbeitszeitverkürzung mit vollem Lohnausgleich – BAG, NZA 1987, 848, JuS 1989, 274; *ders.* Betriebliche Mitbestimmung bei der Lohngestaltung im System von Tarifautonomie und Privatautonomie, ZfA 1993, 257; *Kammerer/Mass* Der tarifgebundene Arbeitgeber – Regelungsmacht und Regelungsgrenzen in Vergütungsfragen, DB 2015, 1043; *Kappes* Mitbestimmungsrecht des Betriebsrates bei übertariflichen Zulagen?, DB 1986, 1520; *Kau/Kukat* Aktienoptionspläne und Mitbestimmung des Betriebsrats, BB 1999, 2505; *Kemper* Rechtsfragen zur Rentenanpassung und die Mitbestimmung in der betrieblichen Altersversorgung, in: Neuregelung der betrieblichen Altersversorgung, 1975, S. 23; *ders.* Einzelfragen zur Mitbestimmung des Betriebsrats bei einer Pensionskasse, GS *Blomeyer*, 2003, S. 157; *Klein/Reichenbach* Widerruf einer Zusage auf Gewährung von Jubiläumszuwendungen, DB 1994, 2547; *Kleinebrink* Folgen einer fehlerhaften tarifvertraglichen Eingruppierung in der Privatwirtschaft, NZA-RR 2014, 113; *Klinkhammer* Die Mitbestimmung des Betriebsrats bei der Provisionsfestsetzung, AuR 1977, 363; *Knitter* Compliance als Teil von Zielvereinbarungen – betriebliche Mitbestimmung, PersF 2013, Heft 7, S. 90; *Koch* Die Mitbestimmung des Betriebsrats nach § 87 Abs. 1 Nr. 10 BetrVG im Bereich der betrieblichen Lohngestaltung – Teil 1, SR 2016, 131; *ders.* Die Mitbestimmung des Betriebsrats nach § 87 Abs. 1 Nr. 10 BetrVG – Teil 2, SR 2017, 19; *Koschker* Mitbestimmung bei der Entgeltgestaltung (Diss. Regensburg), 2015; *Kohte/Schulze-Doll* Auskunftsanspruch des Betriebsrats zu Zielvereinbarungen, ZBVR online 2016, Nr. 11, 35 *Köke* Inhalt und Grenzen des Mitbestimmungsrechtes des Betriebsrates in Fragen der betrieblichen Lohngestaltung (§ 87 I Nr. 10 BetrVG), Diss. Berlin 1977; *Kraft* Die betriebliche Lohngestaltung im Spannungsfeld von Tarifautonomie, betrieblicher Mitbestimmung und Vertragsfreiheit, FS *Karl Molitor*, 1988, S. 207; *Kreft* Tarifliche Vergütungsordnung und betriebliche Entlohnungsgrundsätze, FS *Kreutz*, 2010, S. 263; *ders.* Mitbestimmung bei der Änderung von Entlohnungsgrundsätzen, FS *Bepler*, 2012, 317; *Kreutz* Zuständigkeit des Gesamtbetriebsrats in Vergütungsangelegenheiten, FS *Buchner*, 2009, S. 510; *Krohm* Weitergeltung & Nachwirkung – BAG, Diss. Hamburg), 2014; *Kunz* Mitbestimmung bei der betrieblichen Lohngestaltung, AiB 1993, 366; *Lederer* Das Initiativrecht des Betriebsrats in Lohnfragen (Diss. Bremen), 1985; *Leinemann* Änderung einzelvertraglicher Ansprüche durch Betriebsvereinbarungen, DB 1985, 1394; *Lieb* Mitbestimmungsrechte des Betriebsrats gemäß § 87 Nr. 11 BetrVG bei Provisionsentlohnung?, DB 1975, 1748; *ders.* Die Regelungszuständigkeit des Betriebsrats für die Vergütung von AT-Angestellten, ZfA 1978, 179; *ders.* Die Mitbestimmung beim Prämienlohn, ZfA 1988, 413; *Linck/Koch* Die Mitbestimmung des Betriebsrats bei Zielvereinbarungen, FS *Bepler*, 2012, S. 357; *Lingemann/Diller/Mengel* Aktienoptionen im internationalen Konzern – ein rechtsfreier Raum?, NZA 2000, 1191; *Lingemann/Pfister/Otte* Ermessen bei Gratifikation und Vergütung als Alternative zum Freiwilligkeitsvorbehalt, NZA 2015, 65; *Lipke* Gratifikationen, Tantiemen, Sonderzulagen, 1980; *Löwisch* Die Mitbestimmung des Betriebsrats bei der Gehaltsfestsetzung für Angestellte nach Arbeitsplatzrangfolge und Leistungsbeurteilung, DB 1973, 1746; *ders.* Die Mitbestimmung des Betriebsrats bei Provisionsregelungen für kaufmännische Angestellte, ZHR Bd. 139 (1975), 362; *ders.* Zum Mitbestimmungsrecht des Betriebsrats bei der Poolverteilung, ArztR 1999, 2505; *Löwisch/Wertheimer/Lutz* Mitbestimmung und Mitwirkung von Betriebsrat und Personalrat bei Poolregelungen, ArztRecht 2016, 213; *Lü-*

cking Betriebliche Versorgungen, BetrR 1977, 99; *Lunk/Leder* Mitbestimmung der Betriebsräte bei freiwilligen Leistungen, NZA 2011, 249; *Mache* Rechtsfragen bei übertariflichen und außertariflichen Leistungen, AiB 1989, 113; *ders.* Übertarifliche Leistungen und Tariflohnerhöhungen: Die individualrechtlichen Folgen unterbliebener Mitbestimmung, DB 1989, 217; *Magula-Lösche* Der Umfang betrieblicher Mitbestimmung nach § 87 Abs. 1 Nr. 10 BetrVG bei der Vergabe freiwilliger betrieblicher Sozialleistungen (Diss. Münster), 1991; *Maschmann* (Hrsg.) Mitarbeitervergütung auf dem Prüfstand, 2008; *Matthes* Die Rechtsprechung des Bundesarbeitsgerichts zur Mitbestimmung des Betriebsrates in Entgeltfragen, NZA 1987, 289; *ders.* Die Mitbestimmung des Betriebsrats bei freiwilligen Leistungen, FS *Reuter*, 2010, S. 707; *Meisel* Übertarifliches Entgelt und Tarifentgelterhöhung, BB 1991, 406; *Mengel* Erfolgs- und leistungsorientierte Vergütung, 5. Aufl. 2008; *Mölders* Arbeitsrechtliche Rahmenbedingungen für Cafeteria-Systeme, DB 1996, 213; *Molkenbur/Roßmanith* Mitbestimmung des Betriebsrats und Betriebsvereinbarungen in der betrieblichen Altersversorgung, AuR 1990, 333; *Moll* Die Mitbestimmung des Betriebsrats beim Entgelt (Diss. Köln), 1977; *Moritz* Mitbestimmung des Betriebsrats bei Leistungsvergütungen – insbesondere bei Provisionsregelungen, AuR 1983, 97; *ders.* Differenzierte Gratifikationen für Arbeitnehmer im Innen- und Außendienst, BB 1990, 775; *Mussil/Seifert* Kommentar zum Tarifvertrag für das private Versicherungsgewerbe, 4. Aufl. 1980; *Neudel* Zur Mitbestimmung des Betriebsrates bei der Einführung von Verfahren vorbestimmter Zeiten, AuR 1975, 143; *Oetker* Die Auswirkungen tariflicher Entgelterhöhungen auf den Effektivverdienst im Zielkonflikt von individueller Gestaltungsfreiheit und kollektivrechtlicher Gewährleistung innerbetrieblicher Verteilungsgerechtigkeit, RdA 1991, 16; *ders.* Zwischen Freiheit und Bindung – Übertarifliche Zulagen und Tariflohnerhöhung nach dem Beschluß des Großen Senats des Bundesarbeitsgerichts vom 3. Dezember 1991 –, DWiR 1992, 518; *ders.* Hauptversammlungsautonomie und Mitbestimmung des Betriebsrats bei Aktienoptionsplänen, 50 Jahre Bundesarbeitsgericht, 2004, S. 1017; *Ohl* Betriebsvereinbarungen zum Arbeitsentgelt, AiB 2007, 352; *Otto* Die Änderung von Entlohnungssystemen – Kollektiv- und individualrechtliche Aspekte –, FS *Stahlhacke*, 1995, S. 395; *Pauly* Zu Umfang und Grenzen des Mitbestimmungsrechts aus § 87 Abs. 1 Nr. 8 und Nr. 10 BetrVG im Bereich der betrieblichen Altersversorgung, DB 1985, 2246; *Perreng* Mitbestimmung bei der betrieblichen Altersversorgung, AiB 2005, 170; *Popp* Mitbestimmung bei Ausgestaltung und Einführung von Cafeteria-Systemen, BB 1994, 1141; *Pornschlegel* Arbeitsstudien zwischen Normenvollzug und Mitbestimmung, GewMH 1973, 68; *ders.* Begriff und Systematik leistungsbezogener Entgelte, AuR 1983, 193; *ders.* Mitbestimmungsfragen bei Prämien, AiB 1986, 9; *Pornschlegel/Birkwald* Mitbestimmen im Betrieb bei Lohn und Leistung, Bd. 1, 1994, Bd. 2, 1995; *Preis* Anrechnung und Widerruf über- und außertariflicher Entgelte – vertragsrechtlich betrachtet, FS *Kissel*, 1994, S. 879; *Prinz* Anrechnung von Tariflohnerhöhungen auf übertarifliche Zulagen (Diss. Hannover), 2002; *REFA-Verband für Arbeitsstudien und Betriebsorganisation e. V.* (Hrsg.) Ausgewählte Methoden des Arbeitsstudiums, 1993; *Ramrath* Die Mitbestimmung des Betriebsrats bei der angeblichen »Verrechnung« sogenannter »übertariflicher Zulagen« mit Tariflohnerhöhungen – Zugleich Anmerkung zu den Vorlagebeschlüssen des 1. Senats des *BAG* vom 13.02.1990 –, DB 1990, 2593; *Rau* Die Systematik der übertariflichen Zulage, 1995; *Reichenbach* Aspekte der Mitbestimmung bei der Gestaltung betrieblicher Versorgungswerke, BetrAV 1998, 161; *Reichold* Entgeltmitbestimmung als Gleichbehandlungsproblem, RdA 1995, 147; *ders.* Notwendige Mitbestimmung als neue »Anspruchsgrundlage«?, FS *Konzen*, 2006, S. 763; *ders.* Entgeltmitbestimmung und »betriebliche Vergütungsordnung« – Ein Lehrstück kollektiver Fremdbestimmung durch Richterrecht, FS *Picker*, 2010, S. 1079; *ders.* Tarifliche Vergütungsordnung – Betriebliche »Allgemeinverbindlichkeit« kraft Mitbestimmungspflicht, RdA 2013, 108; *ders.* Methodenfragen bei der Weiterentwicklung der Entgeltmitbestimmung durch das BAG, FS *Wank*, 2014, S. 455; *Reichold/Rein* Effektuierung oder Verkomplizierung? Neues zur Entgeltmitbestimmung des Betriebsrats, SAE 2008, 269; *Reinecke* Zur Mitbestimmung des Betriebsrats in der betrieblichen Altersversorgung, AuR 2004, 328; *Reiter* Anrechnung tariflicher Einmalzahlungen auf übertarifliche Zulagen, DB 2006, 2686; *Reuter* Vergütung von AT-Angestellten und betriebsverfassungsrechtliche Mitbestimmung, 1979 (zit.: *Reuter* Vergütung von AT-Angestellten); *ders.* Die Lohnbestimmung im Betrieb ohne Mitbestimmungsproblematik – Realität, rechtliche Einordnung, rechtspraktische Konsequenzen –, ZfA 1993, 221; *ders.* Neue Rechtsprechung des Bundesarbeitsgerichts zum Betriebsrentenrecht (2002 – 2005), DB 2005, 1963; *Richardi* Rechtsbindung des Arbeitgebers bei Gratifikationen, Leistungen einer betrieblichen Altersversorgung und sonstigen Sonderzuwendungen, JA 1975, 761; *ders.* Rechtsbindung bei freiwilligen Arbeitgeberleistungen, ZAS 1975, 163, 213; *ders.* Die Mitbestimmung des Betriebsrats bei der Regelung des Arbeitsentgelts, ZfA 1976, 1; *ders.* Mitbestimmung des Betriebsrats bei Sozialleistungen des Arbeitgebers, In memoriam *Sir Otto Kahn-Freund*, 1980, S. 247; *ders.* Probleme der Mitbestimmung des Betriebsrats bei der Gestaltung der betrieblichen Altersversorgung, in: *Blomeyer* (Hrsg.) Betriebliche Altersversorgung unter veränderten Rahmenbedingungen, 1984, S. 21; *ders.* Der Große Senat des BAG zur Mitbestimmung bei der Anrechnung einer Tariflohnerhöhung auf über- und außertarifliche Zulagen, NZA 1992, 961; *ders.* Bestandssicherung und Mitbestimmung in der betrieblichen Altersversorgung, GS *Blomeyer*, 2003, S. 299; *ders.* Mitbestimmung bei der Entgeltgestaltung, NZA Beil. 2014, Nr. 4, 155; *Riesenhuber/v. Steinau-Steinrück* Zielvereinbarungen, NZA 2005, 785; *Röhsler* Die Gratifikation, AR-Blattei SD, Gratifikation, 820; *von Roetteken* Lohngestaltung in der Dienststelle, PersR 1994, 309; *Roloff*

Entwicklungslinien der Rechtsprechung zu § 87 Abs. 1 Nr. 10 BetrVG, RdA 2014, 228; *Rose* Übertarifliche Zulagen keine Spielwiese für Arbeitgeber, BetrR 1986, 417; *Rosendahl* Sozialabbau im Betrieb, BetrR 1994, 25; *Rühle* Betriebliche Altersversorgung und Mitbestimmung des Betriebsrats, 1995; *Rühmann* Die Rechte des Betriebsrats in der betrieblichen Altersversorgung, in: Perspektiven der betrieblichen Altersversorgung nach dem Betriebsrentengesetz, hrsg. vom *Deutschen Institut für Betriebswirtschaft e. V.*, 2. Aufl. 1977, S. 79; *ders.* Die Mitbestimmung bei betrieblichen Versorgungswerken nach ihrer Einordnung in den Katalog mitbestimmungspflichtiger Angelegenheiten, in: Betriebliche Altersversorgung im Umbruch, 1980, S. 224 f.; *Rüthers* Rechtsprobleme des Zeitlohnes an taktgebundenen Produktionsanlagen, ZfA 1973, 399; *Rumpff* Das Mitbestimmungsrecht des Betriebsrats bei Entgeltfragen, insbesondere beim Leistungslohn, nach dem Betriebsverfassungsgesetz 1972, AuR 1972, 65; *Runde/Winterfeldt* Integrierte Leistungsbewertung für gewerbliche Arbeitnehmer und Angestellte, BetrR 1978, 285; *Sachse* Mitbestimmung bei der betrieblichen Altersversorgung im Konzern, DMitbest. 1986, 25; *Säcker* Tarifvorrang und Mitbestimmung des Betriebsrates beim Arbeitsentgelt, BB 1979, 1201; *ders.* Die Mitbestimmung des Betriebsrats bei variablen Vergütungselementen und Zielvereinbarungen gemäß § 87 Abs. 1 Nr. 10 BetrVG und die Kompetenz der Einigungsstelle, FS *Kreutz*, 2010, S. 399; *Salamon* Nachwirkung der Betriebsvereinbarungen über freiwillige Sozialleistungen, NZA 2010, 745; *ders.* § 87 BetrVG als Geltungsgrund tariflicher Vergütungsordnungen für Außenseiter?, NZA 2012, 289; *ders.* Das kurze Gastspiel einer betriebsverfassungsrechtlich freiwilligen Gesamtvergütung, NZA 2011, 549; *ders.* § 87 BetrVG als Geltungsgrund tariflicher Vergütungsordnungen für Außenseiter?, NZA 2012, 899; *ders.* Auswirkungen des gesetzlichen Mindestlohns auf betriebsverfassungsrechtliche Entgeltgrundsätze, NZA 2017, 751; *Sauerbier* Übertarifliche Entlohnung und Tariflohnerhöhung, AR-Blattei SD, Tariflohnerhöhung, 1540; *Schaefer* Arbeitstechnische Betrachtungen zum Betriebsverfassungsgesetz, BB 1972, 711; *Schang* Die Mitbestimmung des Betriebsrats bei neuen Formen der Leistungsvergütung. Zur Reichweite des § 87 Abs. 1 Nr. 10 und 11 BetrVG bei Einführung und Ausgestaltung von Zielvereinbarungen, Pensumgelten, Gainsharing–Systemen und Qualifikationsentgelten (Diss. Köln), 2002, (zit.: Mitbestimmung bei neuen Formen der Leistungsvergütung); *Schaub* Die Mitbestimmung des Betriebsrats bei betrieblicher Lohngestaltung und Leistungsentlohnung, Personalführung 1986, 476; *ders.* Die Mitbestimmung des Betriebsrats in der betrieblichen Altersversorgung, AuR 1992, 193; *ders.* Die Sicherung der Versorgungszusage gegen Änderung und Aufhebung, BB 1992, 1058; *ders.* Aktuelle Streitfragen zur Kostensenkung bei der Arbeitsvergütung, BB 1994, 2005; *ders.* Die Mitbestimmung beim Arbeitsentgelt, AuA 1995, 1; *Schiefer* Die schwierige Handhabung der Jahressonderzahlungen, NZA 1993, 1015; *Schirdewahn* Entlohnungsgrundsätze und Entlohnungsmethoden, BB 1979, 791; *ders.* Ist die Mitbestimmung bei der Lohngestaltung verfassungsgemäß?, BB 1980, 163; *ders.* Mitbestimmung bei Arbeitgeberdarlehen aus laufenden Mitteln?, BB 1980, 891; *Schirge* Regelung der übertariflichen Zulagen – aber wie? Ein Diskussionsbeitrag, AiB 1989, 122; *dies.* Anrechnung und Arbeitsvertrag: Wie kann sich der einzelne Arbeitnehmer gegen Anrechnungen schützen?, AiB 1993, 377; *dies.* Mitbestimmungsrechte des Betriebsrats bei übertariflicher und außertariflicher Vergütung, AiB 2000, 8; *Schirge/Trittin* Übertarifliche Zulagen, Mitbestimmung durch den Betriebsrat und die Rechte der Beschäftigten, AiB 1990, 227; *Schmidt* Mitbestimmungsrecht und übertarifliche Zulagen, AuA 1996, 337; *Schmiedl* Variable Vergütung trotz fehlender Zielvereinbarung?, BB 2004, 329; *Schmitz-Jansen* Das Recht auf freiwillige Leistungen unter besonderer Berücksichtigung der historischen Grundlagen (Diss. Trier), 2002; *Schneider* Die Anrechnung von Tarifverbesserungen, insbesondere Tariflohnerhöhungen auf übertarifliche Vergütungsbestandteile – Überblick über die Rechtsprechung des BAG nach den Entscheidungen des Großen Senats vom 03.12.1991 –, DB 1993, 2530; *ders.* Anrechnung von Tariferhöhungen, DB 2000, 922; *Schneider/Schoden* Mitbestimmung bei betrieblichen Versorgungseinrichtungen, Quelle 1975, 359; *Schnitger/Grau* Mitbestimmungsrechte des Betriebsrats bei der Einführung einer betrieblichen Altersversorgung im Wege der Entgeltumwandlung nach § 1a BetrAVG, BB 2003, 1061; *Schnitker/Sittard* Wie frei ist der Arbeitgeber? Betriebliche Altersversorgung und Mitbestimmung, NZA 2011, 331; *dies.* Pluralität tariflicher Vergütungsordnungen – Auswirkungen auf die Beteiligungsrechte des Betriebsrates, ZTR 2015, 423; *Schoden* Betriebliche Altersversorgung, 3. Aufl. 1994; *ders.* Die betriebliche Altersversorgung der Arbeitnehmer, BetrR 1979, 375; *ders.* Mitbestimmung bei betrieblichen und überbetrieblichen Versorgungseinrichtungen, AiB 1981, 146; *Schoof* Mitbestimmung des Betriebsrats beim Entgelt in Betrieben mit Tarifbindung, AiB 2004, 409; *ders.* Mitbestimmung bei der Entgeltgestaltung, AiB 2007, 345; *Schüren* Mitbestimmung bei der automatischen Änderung von Tariflohnerhöhungen auf übertarifliche Zulagen, RdA 1991, 139; *ders.* Mitbestimmung des Betriebsrats bei Zulagen und betrieblichen Entgeltsystemen, RdA 1996, 14; *Schukai* Praktische Konsequenzen aus den Entscheidungen des Großen Senats des BAG vom 03.12.1991, NZA 1992, 967; *Schulz* Entgeltkürzung im Insolvenzfall durch Betriebsvereinbarung (Diss. Berlin), 2002 (zit.: Entgeltkürzung); *Schwab* Arbeit im Leistungslohn, 1988; *ders.* Offene Fragen und Rechtsanwendungsprobleme nach dem Zulagen-Beschluß des Bundesarbeitsgerichts, BB 1993, 495; *ders.* Das Recht der Arbeit im Leistungslohn (Akkord und Prämie), AR-Blattei SD, Akkordarbeit, 40; *ders.* Rechtsprobleme der Arbeit im Leistungslohn, NZA-RR 2009, 1, 57; *Seifert* Betriebliche Entgeltregelungen, Unternehmerische Entscheidungsfreiheit und Mitbestimmung, Personalführung 1988, 34; *ders.* Der Angestellte mit Provisionsbezahlung, DB 1979,

2034; *Sibben* Die Rechtsprechung des Bundesarbeitsgerichts zur Mitbestimmung des Betriebsrats bei Prämien (§ 87 Abs. 1 Nr. 10 und 11 BetrVG), Diss. Köln 1988; *Sieber* Der mitbestimmungsfreie Dotierungsrahmen der betrieblichen Altersversorgung, BB 1976, 367 = BetrAV 1976, 53; *Slupik* Lohnzuschlagsregelungen, BB 1994, 1631; *Sommer* Die Kündigung von Betriebsvereinbarungen über betriebliche Sozialleistungen (Diss. München), 1997; *Sowka* Die Anrechnung von Tariferhöhungen auf übertarifliche Zulagen – Leitfaden für die betriebliche Praxis, WiB 1995, 782; *Spiegelhalter* Die betriebliche Entgeltpolitik in den Fesseln der Rechtsprechung, ZfA 1993, 203; *Stadler* Die Mitbestimmung des Betriebsrats nach dem neuen Betriebsverfassungsgesetz in Fragen der Leistungsentlohnung, BB 1972, 800; *Stege / Rinke* Die Mitbestimmung des Betriebsrats bei der Anrechnung übertariflicher Zulagen auf eine Tariflohnerhöhung, DB 1991, 2386; *Stege / Schneider* Die Mitbestimmung des Betriebsrats bei der Anrechnung von Tariflohnerhöhungen auf übertarifliche Zulagen – Beispiele für die betriebliche Praxis –, DB 1992, 2342; *Strieder* Betriebliche Lohnpolitik, BB 1980, 420; *ders.* Betriebliche Mitbestimmung beim Entgelt, BetrR 1984, 363; *Stück* Verschlechternde Änderung und Vereinheitlichung freiwilliger Sozialleistungen am Beispiel von Jubiläumsleistungen, DB 2006, 782; *Thomanek* Mitbestimmung des Betriebsrates bei Tantiemeregelungen, BB 1979, 213; *Thüsing* Das Mitbestimmungsrecht des Betriebsrates bei der Ausgestaltung freiwilliger Jahressonderzahlungen, DB 1997, 1130; *Tondorf / Mache* Betriebliche Leistungsvergütung in Büro und Verwaltung, AiB 1994, 88; *Trittin* Vollständige Streichung übertariflicher Zulagen – mitbestimmungsfrei?, AiB 1988, 81; *ders.* Die Mitbestimmung des Betriebsrats bei der betrieblichen Lohngestaltung gemäß § 87 Abs. 1 Ziffer 10 und 11 BetrVG. Rechtsprechungs-Übersicht, AiB 1989, 9; *ders.* Zum Mitbestimmungsrecht bei übertariflichen Zulagen, AuR 1991, 329; *ders.* Bedeutung und Durchsetzung des Mitbestimmungsrechts bei übertariflichen Zulagen, AiB 1993, 382; *Vogt* Harmonisierung von Arbeitern und Angestellten durch vereinheitlichte Lohn- und Gehaltssysteme, DB 1975, 1025; *Wagner* Ergebnisorientierte variable Vergütungen, BB 1997, 150; *Weber / Hoß* Die Umsetzung der Entscheidung des Großen Senats zur Mitbestimmung bei der Anrechnung übertariflicher Zulagen durch die Rechtsprechung des 1. Senats, NZA 1993, 632; *Weigel* Das Mitbestimmungsrecht des Betriebsrats im Rahmen der betrieblichen Altersversorgung, BB 1974, 1583; *Wendt* Die Änderungskündigung zur Veränderung der Lohnfindungsmethode (Diss. Berlin), 2003; *Weyand* Die normativen Rahmenbedingungen der betrieblichen Lohngestaltung nach der Entscheidung des Großen Senats vom 03.12.1991, AuR 1993, 1; *Westhoff* Die Änderung der Versorgungsform in der betrieblichen Altersversorgung – Wechsel zwischen Direktzusage und Direktversicherung –, RdA 1979, 412; *ders.* Die bisherige Rechtsprechung zur Mitbestimmung bei Provisionssystemen und ihre Folgen für die Praxis, DB 1980, 1260; *Wiedemann* Höhere Angestellte im Betriebsverfassungsrecht, In memoriam *Sir Otto Kahn-Freund*, 1980, S. 343; *Wiese* Zur Mitbestimmung des Betriebsrats bei freiwilligen, jederzeit widerruflichen Zulagen und / oder auf diese anrechenbaren Tariflohnerhöhungen, NZA 1990, 793; *ders.* Mitbestimmungspflichtige kollektive Tatbestände bei der Anrechnung von Zulagen auf Tariflohnerhöhungen, RdA 1995, 355; *ders.* Notwendige Mitbestimmung und Vertragsfreiheit – Kritische Anmerkungen zur Rechtsprechung des Bundesarbeitsgerichts – FS *Kraft*, 1998, S. 683; *ders.* Geltung von Entlohnungsgrundsätzen und Mitbestimmung, RdA 2012, 332; *Wittgruber* Die Abkehr des Arbeitsrechts von der Vertragsfreiheit am Beispiel betrieblicher Mitbestimmung bei übertariflichen Zulagen (Diss. Bonn, zit.: Abkehr des Arbeitsrechts von der Vertragsfreiheit), 1999; *Wohlgemuth* AT-Angestellte und Betriebsverfassung – am Beispiel von Entgeltregelungen, BB 1993, 286; *Wolf* Variable Vergütung in Form eines Cafeteria-Plans, BB 1993, 928; *Wolter* Einsatz von Mitbestimmungsrechten zur Verhinderung von Anrechnung, AiB 1983, 44; *ders.* Anrechnung übertariflicher Lohnbestandteile, BetrR 1983, 325; *Worzalla* Sonderleistungen können gekürzt werden, ArbGeb. 1993, 242; *Wulff* Mitbestimmung des Betriebsrats beim Entgelt in Betrieben ohne Tarifbindung, AiB 2004, 416; *Yakhloufi / Klingenberg* Die Mitbestimmung des Betriebsrats bei Firmenwagen, BB 2013, 2102; *Zander* Handbuch der Gehaltsfestsetzung, 5. Aufl. 1990; *Zange / Behrendt* Elektroautos in der Dienstwagenflotte?, AuA 2016, 556; *Ziepke* Die Anrechnung von Tariflohnerhöhungen, BB 1981, 61; *Ziepke / Schneider* Anrechnung und Widerruf, 2. Auflage 2000.

a) Vergleich mit der bisherigen Rechtslage

832 Die Vorschrift knüpft an § 56 Abs. 1 Buchst. h BetrVG 1952 an. Danach hatte der Betriebsrat bei der Aufstellung von Entlohnungsgrundsätzen und der Einführung von neuen Entlohnungsmethoden mitzubestimmen. Diese werden in § 87 Abs. 1 Nr. 10, für die Mitbestimmung auf alle Fragen der betrieblichen Lohngestaltung erstreckt, nur noch beispielhaft genannt. Neben der Aufstellung bzw. Einführung von Entlohnungsgrundsätzen und Entlohnungsmethoden werden auch deren Anwendung und Änderung besonders hervorgehoben (Rdn. 965 ff.). Die Änderung wurde allerdings bisher schon als mitbestimmungspflichtig angesehen, weil damit für den Betrieb neue Entlohnungsgrundsätze bzw. Entlohnungsmethoden eingeführt werden (*BAG* 02.12.1960 AP Nr. 1 zu § 56 BetrVG Entlohnung Bl. 3 f.; *Dietz* § 56 Rn. 227; *Galperin / Siebert* § 56 Rn. 97; *Hueck / Nipperdey* II/2, S. 1387 m. w. N. Fn. 34b). Sachgerecht ist es, dass die Reihenfolge der in § 56 Abs. 1 Buchst. g und h BetrVG 1952

geregelten Angelegenheiten umgestellt wurde und in § 87 Abs. 1 Nr. 10 erst allgemeine Fragen der betrieblichen Lohngestaltung und in § 87 Abs. 1 Nr. 11 dann die Festsetzung von Akkord- und Prämiensätzen behandelt werden. **Verfassungsrechtliche Bedenken** gegen die Vorschrift des § 87 Abs. 1 Nr. 10 wegen angeblicher Unbestimmtheit des Merkmals »Lohn« sind **nicht berechtigt** (*Richardi* § 87 Rn. 733; *Schulze-Osterloh* Anm. AP Nr. 2 zu § 87 BetrVG 1972 Lohngestaltung Bl. 5 R; *Worzalla/HWGNRH* § 87 Rn. 539; **a. M.** *Schirdewahn* BB 1980, 163 ff.). Zur dogmengeschichtlichen Entwicklung der Mitbestimmung bei der betrieblichen Lohngestaltung *Reichold* RdA 1995, 147 (153 ff.).

b) Zweck und Bedeutung der Vorschrift; Gesetzessystematik

Die Regelung des § 87 Abs. 1 Nr. 10 soll ein **umfassendes Mitbestimmungsrecht bei** der **betrieblichen Lohngestaltung** sicherstellen (amtliche Begründung, BT-Drucks. VI/1786, S. 49). Wie sich aus der beispielhaften Hervorhebung von Entlohnungsgrundsätzen und Entlohnungsmethoden ergibt, betrifft die Vorschrift jedoch nur die **Grundlagen** der **Entgeltfindung**, dagegen nicht die Höhe des Arbeitsentgelts (Rdn. 837 ff.). Die hiernach bestehende Mitbestimmung dient mithin nicht dazu, das materiell angemessene Arbeitsentgelt für die vom Arbeitnehmer erbrachte Leistung durch Vereinbarung zwischen Arbeitgeber und Betriebsrat festzusetzen; das bleibt Aufgabe der Tarifpartner und der einzelvertraglichen Vereinbarung. Jedoch soll der Betriebsrat mitbestimmen, damit die Grundlagen der Entgeltfindung **angemessen, in sich stimmig** und **durchschaubar** gestaltet werden und durch **generelle Regelungen** (Rdn. 842) entsprechend § 75 Abs. 1 eine **gleichmäßige Behandlung** der **Arbeitnehmer** gewährleistet ist (wie hier im Wesentlichen wörtlich übereinstimmend *BAG* 16.07.1991 EzA § 87 BetrVG 1972 Betriebliche Lohngestaltung Nr. 28 S. 6 = AP Nr. 49 zu § 87 BetrVG 1972 Lohngestaltung Bl. 3; zum Zweck der Mitbestimmung nach § 87 Abs. 1 Nr. 10 auch *Enderlein* ZfA 1997, 313 [319 ff.]).

833

Im vorstehend dargelegten Sinne ist dem *BAG* zuzustimmen, wenn es in ständiger Rechtsprechung darauf hinweist, die Mitbestimmung solle den Arbeitnehmer vor einer einseitig an den Interessen des Unternehmens orientierten oder willkürlichen Lohngestaltung schützen und die Angemessenheit wie Durchsichtigkeit des innerbetrieblichen Lohngefüges, mithin die **innerbetriebliche** (abstrakte) **Lohngerechtigkeit** gewährleisten (*BAG* st. Rspr. 03.12.1991 GS EzA § 87 BetrVG 1972 Betriebliche Lohngestaltung Nr. 30 S. 24 *[Gaul]* = AP Nr. 51 zu § 87 BetrVG 1972 Lohngestaltung Bl. 10; 14.08.2001 EzA § 613a BGB Nr. 200 S. 9 f. = AP Nr. 85 zu § 77 BetrVG 1972 Bl. 5 R *[Raab]*; 11.06.2002 EzA § 87 BetrVG 1972 Betriebliche Lohngestaltung Nr. 76 S. 7 = AP Nr. 113 zu § 87 BetrVG 1972 Lohngestaltung Bl. 3 R *[Wiese]*; 28.03.2006 EzA § 83 ArbGG 1979 Nr. 10 S. 7 = AP Nr. 128 zu § 87 BetrVG 1972 Lohngestaltung Bl. 3; 10.10.2006 EzA § 80 BetrVG 2001 Nr. 6 S. 7 = AP Nr. 68 zu § 80 BetrVG 1972 Bl. 3 f. = SAE 2008, 727 *[Reichold]*; 29.01.2008 EzA § 87 BetrVG 2001 Betriebliche Lohngestaltung Nr. 14 Rn. 27 = AP Nr. 13 zu § 87 BetrVG 1972; 15.04.2008 EzA § 87 BetrVG 2001 Betriebliche Lohngestaltung Nr. 15 Rn. 22 = AP Nr. 133 zu § 87 BetrVG 1972 Lohngestaltung; 23.03.2010 EzA § 50 BetrVG 2001 Nr. 7 Rn. 13 = AP Nr. 135 zu § 87 BetrVG 1972 Lohngestaltung; 22.06.2010 EzA § 87 BetrVG 2001 Betriebliche Lohngestaltung Nr. 22 Rn. 21 = AP Nr. 136 zu § 87 BetrVG 1972 Lohngestaltung; 11.01.2011 EzA § 87 BetrVG 2001 Betriebliche Lohngestaltung Nr. 24 Rn. 22 = AP Nr. 137 zu § 87 BetrVG 1972 Lohngestaltung; 17.05.2011 EzA § 87 BetrVG 2011 Betriebliche Lohngestaltung Nr. 25 Rn. 15 = AP Nr. 138 zu § 87 BetrVG 1972 Lohngestaltung; 08.11.2011 EzA § 87 BetrVG 2001 Sozialeinrichtung Nr. 2 Rn. 23 = AP Nr. 22 zu § 87 BetrVG 1972 Sozialeinrichtung; weitere *BAG*-Nachweise 9. Aufl.; *BVerwG* 09.12.1998 AP Nr. 3 zu § 74 LPVG Hessen Bl. 7; *Fitting* § 87 Rn. 407; *Jahnke* ZfA 1980, 863 [885]; *Kaiser/LK* § 87 Rn. 215; *Klebe/DKKW* § 87 Rn. 296; *Kraft* FS Karl Molitor, S. 207 [212]; *Richardi* § 87 Rn. 730; *ders.* ZfA 1976, 1 [22]; weitere Nachweise 6. Aufl. § 87 Rn. 805; zur Verteilungsgerechtigkeit auch Rdn. 927). Die Formel des *BAG* darf jedoch nicht dahin missverstanden werden, dass aus ihr konkrete Rechtsfolgen abgeleitet werden könnten, die über den nach herkömmlichen Auslegungsgrundsätzen zu ermittelnden Inhalt der Gesetzesnorm hinausgingen (zur Kritik dieser Formel *Joost* ZfA 1993, 257 [260 ff., 277 f.]; vgl. auch *Dorndorf* FS Däubler, S. 327 ff.; *Reichold* RdA 1995, 147 [155 f.]; *Worzalla/HWGNRH* § 87 Rn. 536).

834

835 Die Bedeutung der Mitbestimmung nach § 87 Abs. 1 Nr. 10 besteht entsprechend dem Zweck der Vorschrift darin, für den Bereich der Lohngestaltung einen **kollektiven Schutz auf betrieblicher Ebene** zu gewährleisten, soweit dieser nicht bereits tariflich verwirklicht ist (zum Kriterium kollektiver Regelung Rdn. 842 ff., 927 f.). Da Tarifverträge in der Regel nur die Entgelthöhe festlegen und bestimmte Entgeltsysteme bereitstellen, bedarf es der Entscheidung, welches System für den konkreten Betrieb anzuwenden ist und wie die damit zusammenhängenden Fragen der Lohngestaltung zu regeln sind (vgl. auch *Kaiser/LK* § 87 Rn. 231). Ein kollektiver Schutz ist ferner erforderlich, wenn – wie z. B. bei AT-Angestellten (Rdn. 975 ff.) – Tarifverträge überhaupt keine Regelung enthalten. Weiter zeigt sich die Bedeutung der Mitbestimmung in Fragen der betrieblichen Lohngestaltung darin, dass auch erst **in Zukunft auftretende neue Probleme** erfasst werden können (*Galperin/Löwisch* § 87 Rn. 225; *Rumpff* AuR 1972, 65 [66, 73]; vgl. auch BAG 12.06.1975 EzA § 87 BetrVG 1972 Lohn u. Arbeitsentgelt Nr. 4 S. 28 [*Birk*] = AP Nr. 1 zu § 87 BetrVG 1972 Altersversorgung Bl. 3 R [*Richardi*]).

836 Die Vorschrift des § 87 Abs. 1 Nr. 10 ist die **Grundnorm** für die Mitbestimmung bei der betrieblichen Lohngestaltung (*Richardi* § 87 Rn. 601, 732). Sie wird ergänzt durch die Mitbestimmung nach § 87 Abs. 1 Nr. 11, die auch hinsichtlich der einzelnen Ansätze von Leistungslöhnen gegeben ist (Rdn. 998). Werden Sozialleistungen, die nach heutigem Verständnis »Lohn« i. S. d. § 87 Abs. 1 Nr. 10 sind (Rdn. 857 ff.), über eine Sozialeinrichtung erbracht, so findet § 87 Abs. 1 Nr. 8 Anwendung (Rdn. 705). Sind Werkmietwohnungen eine Sozialeinrichtung (Rdn. 722), so gilt daneben § 87 Abs. 1 Nr. 9 (Rdn. 792). Zur Anwendbarkeit des § 118 im Rahmen des § 87 Abs. 1 Nr. 10 *Endlich* NZA 1990, 13 (15 ff.).

c) Keine Mitbestimmung hinsichtlich der Höhe des Arbeitsentgelts

837 Nach inzwischen h. M. betrifft die Vorschrift nicht die Höhe des Arbeitsentgelts (BAG st. Rspr. 29.03.1977 EzA § 87 BetrVG 1972 Leistungslohn Nr. 2 S. 24 f. [*Löwisch*] = AP Nr. 1 zu § 87 BetrVG 1972 Provision Bl. 3 R [*Schulze-Osterloh*]; 14.08.2001 EzA § 613a BGB Nr. 200 S. 10 = AP Nr. 85 zu § 77 BetrVG 1972 Bl. 6 [*Raab*]; 30.10.2001 EzA § 87 BetrVG 1972 Betriebliche Lohngestaltung Nr. 75 S. 5 = AP Nr. 26 zu § 99 BetrVG 1972 Eingruppierung Bl. 2 R [*Walker/Gaumann*]; 21.01.2003 EzA § 87 BetrVG 2001 Betriebliche Lohngestaltung Nr. 1 S. 5 = AP Nr. 117 zu § 87 BetrVG 1972 Lohngestaltung Bl. 2 R; 18.11.2003 EzA § 77 BetrVG 2001 Nr. 9 S. 9 = AP Nr. 15 zu § 77 BetrVG 1972 Nachwirkung Bl. 4 R; 09.12.2003 AP Nr. 1 zu § 33 BetrVG 1972 Bl. 4; 02.03.2004 EzA § 87 BetrVG 2001 Betriebliche Lohngestaltung Nr. 4 S. 8, 10, 12 = AP Nr. 31 zu § 3 TVG Bl. 4, 4 R, 5 R [*Reichold*]; 28.02.2006 EzA § 87 BetrVG 2001 Betriebliche Lohngestaltung Nr. 9 Rn. 15 = AP Nr. 127 zu § 87 BetrVG 1972 Lohngestaltung [*Engels*]; 28.03.2006 EzA § 83 ArbGG 1979 Nr. 10 S. 7 = AP Nr. 128 zu § 87 BetrVG 1972 Lohngestaltung Bl. 3; 29.01.2008 EzA § 87 BetrVG 2001 Betriebliche Lohngestaltung Nr. 14 Rn. 27 = AP Nr. 13 zu § 87 BetrVG 1972; 15.04.2008 EzA § 87 BetrVG 2001 Betriebliche Lohngestaltung Nr. 15 Rn. 22 = AP Nr. 133 zu § 87 BetrVG 1972 Lohngestaltung; 08.12.2009 EzA § 87 BetrVG 2001 Betriebliche Lohngestaltung Nr. 20 Rn. 21 = AP Nr. 380 zu § 613a BGB; 22.06.2010 EzA § 87 BetrVG 2001 Betriebliche Lohngestaltung Nr. 22 Rn. 21 [*Jacobs*] = AP Nr. 136 zu § 87 BetrVG 1972 Lohngestaltung; 17.05.2011 EzA § 87 BetrVG 2001 Betriebliche Lohngestaltung Nr. 25 Rn. 18 = AP Nr. 138 zu § 87 BetrVG 1972 Lohngestaltung; 30.10.2012 EzA § 87 BetrVG 2001 Betriebliche Lohngestaltung Nr. 27 Rn. 26 = AP Nr. 143 zu § 87 BetrVG 1972 Lohngestaltung; 18.11.2014 – 1 ABR 18/13, Rn. 21; 18.02.2015 AP Nr. 20 zu § 87 BetrVG 1972 Rn. 24; 05.05.2015 EzA § 87 BetrVG 2001 Betriebliche Lohngestaltung Nr. 32 Rn. 20 = AP Nr. 147 zu § 87 BetrVG 1972 Lohngestaltung; 27.04.2016 EzA § 87 BetrVG 2001 Betriebliche Lohngestaltung Nr. 34 Rn. 14; umfassende Nachweise zur älteren Rspr. 9. Aufl. § 87 Rn. 808; BVerwG 09.12.1998 AP Nr. 3 zu § 74 LPVG Hessen Bl. 7 R; *Bender/WPK* § 87 Rn. 216; *Blomeyer* Anm. AP Nr. 3 zu § 87 BetrVG 1972 Altersversorgung Bl. 11; *Emmert* Betriebsvereinbarungen über den Zeitlohn, S. 64 ff.; *Fitting* § 87 Rn. 407, 410, 419, 444; *Gamillscheg* II, S. 931; *Hanau* BB 1972, 499; ders. BB 1977, 350 [352 ff.]; *Heinze* NZA 1986, 1 [4 f.]; *Jahnke* ZfA 1980, 863 [889 ff.]; *Joost* ZfA 1993, 257 [269 ff., 278]; *Kaiser/LK* § 87 Rn. 240 f.; *Kania*/ErfK § 87 BetrVG Rn. 103; *Lieb* ZfA 1978, 179 [194]; *Löwisch* DB 1973, 1746 [1747 f.]; *Loritz/ZLH* Arbeitsrecht, § 51 II 10a, IV 1; *Matthes*/MünchArbR § 251 Rn. 4; *Reichold* RdA 1995, 147 [152]; *Reuter* Vergütung von AT-Angestellten und betriebsverfassungsrechtliche Mitbestimmung,

S. 9 ff., 53; *Richardi* § 87 Rn. 768 f.; *Säcker* BB 1979, 1201 [1203]; *Stege / Weinspach / Schiefer* § 87 Rn. 167; *Wiese* Initiativrecht, S. 67 f.; *Worzalla / HWGNR* § 87 Rn. 550; **a. M.** *Birk* Anm. EzA § 87 BetrVG 1972 Initiativrecht Nr. 2 S. 23 [27 ff.]; *Däubler* Das Arbeitsrecht I, Rn. 994; *Föhr* AuR 1975, 353 [361 f.]; *Gester / Isenhardt* RdA 1974, 80 [82 ff.]; *Klebe / DKKW* § 87 Rn. 311 ff.; *Klinkhammer* AuR 1977, 363 [364 ff.]; *Moll* Die Mitbestimmung des Betriebsrats beim Entgelt, S. 157 ff., vgl. aber auch S. 190 ff.; *Rumpff* AuR 1972, 65 [69 ff.]; *Strieder* BB 1980, 420 [421 ff.]; missverständlich BAG 12.06.1975 EzA § 87 BetrVG 1972 Lohn u. Arbeitsentgelt Nr. 4 S. 27 f. *[Birk]* = AP Nr. 1 zu § 87 BetrVG 1972 Altersversorgung Bl. 3 *[Richardi]*, wo zur Verdeutlichung der überholten Unterscheidung formeller und materieller Arbeitsbedingungen in sozialen Angelegenheiten auf die Mitbestimmung nach § 87 Abs. 1 Nr. 10 hingewiesen wird; weitere Nachweise – auch zum BetrVG 1952 – 6. Aufl. § 87 Rn. 808). Bei der **Umstellung** der **DM** auf den **Euro** konnte die Höhe des Arbeitsentgelts durch Auf- oder Abrundung geringfügig verändert werden, jene war aber als solche mitbestimmungsfrei (Nachweise 8. Aufl. § 87 Rn. 808).

Für die hier in Übereinstimmung mit der h. M. vertretene Auffassung spricht bereits die beispielhafte Hervorhebung von Entlohnungsgrundsätzen und Entlohnungsmethoden, die sich beide auf die Grundlagen der Entgeltfindung, dagegen nicht auf die Höhe des Arbeitsentgelts beziehen. Würde ferner § 87 Abs. 1 Nr. 10 auch die Höhe des Arbeitsentgelts erfassen, wäre § 87 Abs. 1 Nr. 11 unverständlich, der bei leistungsbezogenen Entgelten ausdrücklich die Mitbestimmung auf die Geldseite erstreckt. Es kann nicht angenommen werden, der Gesetzgeber habe damit Überflüssiges, weil an sich schon durch § 87 Abs. 1 Nr. 10 Geregeltes, zum Ausdruck bringen wollen (BAG 22.01.1980 EzA § 87 BetrVG 1972 Lohn u. Arbeitsentgelt Nr. 11 S. 88 = AP Nr. 3 zu § 87 BetrVG 1972 Lohngestaltung Bl. 6 *[Moll]*; LAG Berlin 18.02.1980 DB 1980, 2091 [2092]; dagegen *Richardi* § 87 Rn. 770). Die amtliche Begründung (BT-Drucks. VI/1786, S. 49) lässt erkennen, dass die Mitbestimmung nach § 87 Abs. 1 Nr. 11 auch auf die Geldseite der leistungsbezogenen Entgelte erstreckt werden sollte, um die bisher in Rechtsprechung und Literatur umstrittene Frage klarzustellen. Dessen hätte es nicht bedurft, wenn die Lohnhöhe schon allgemein Gegenstand der Mitbestimmung über Fragen der betrieblichen Lohngestaltung i. S. d. § 87 Abs. 1 Nr. 10 hätte sein sollen. Die Beschränkung der Mitbestimmung auf die Grundlagen der Entgeltfindung folgt mithin aus § 87 Abs. 1 Nr. 10 selbst, ohne dass es einer verfassungskonformen Auslegung dieser Vorschrift bedarf (so aber *Erdmann / Jürging / Kammann* § 87 Rn. 113; *Galperin* Leitfaden, S. 109). Schließlich ist zu beachten, dass die Einbeziehung der Höhe des Arbeitsentgelts in die Mitbestimmung nach § 87 Abs. 1 Nr. 10 und damit die Möglichkeit einer betrieblichen Zwangsschlichtung dem Grundsatz widersprechen würde, dass Arbeitsentgelte der freien Vereinbarung durch Tarifvertrag oder Arbeitsvertrag unterliegen (*Galperin / Löwisch* § 87 Rn. 218a). Ausnahmen hiervon hätte der Gesetzgeber ausdrücklich anordnen müssen, wie es für die Geldfaktoren bei leistungsbezogenen Entgelten in § 87 Abs. 1 Nr. 11 aus besonderen Gründen geschehen ist (Rdn. 1027 ff.). An diesem Befund hat auch das **Mindestlohngesetz** (MiLoG) nichts geändert – näher *Salamon* NZA 2017, 751.

838

Da die Höhe des Arbeitsentgelts nicht der Mitbestimmung nach § 87 Abs. 1 Nr. 10 unterliegt, kann auf diesem Wege weder eine **Erhöhung** noch **Herabsetzung** des **Arbeitsentgelts** erwirkt werden (**a. M.** hinsichtlich der Herabsetzung des Arbeitsentgelts *Schulz* Entgeltkürzung, S. 137 ff.). Ebenso kann der Arbeitgeber nicht gezwungen werden, **zusätzliche Leistungen** zu erbringen (Rdn. 862, 865 ff., 870, 879 f., 892). Gleiches gilt grundsätzlich für die **Anrechnung übertariflicher Zulagen** auf **Tariflohnerhöhungen** (Rdn. 902). Nicht mitbestimmungspflichtig ist insoweit ferner eine arbeitsvertragliche Einheitsregelung über die Frage, welcher Tarifvertrag für nichttarifgebundene Arbeitnehmer eines Betriebs zur Anwendung kommen soll. Zudem würde nach der hier vertretenen Auffassung einer entsprechenden Betriebsvereinbarung § 77 Abs. 3 entgegenstehen (zur Anwendbarkeit des § 77 Abs. 3 im Rahmen des § 87 *Wiese* Rdn. 47 ff.). Nicht mitbestimmungspflichtig ist schließlich die Frage, unter welchen Voraussetzungen das Arbeitsentgelt ohne Arbeitsleistung zu entrichten ist (*Richardi* ZfA 1976, 1 [10]). Enthalten Betriebsvereinbarungen Zusagen zur Vergütungshöhe, liegt darin nicht stets eine Regelung des Vergütungsniveaus, so dann nicht, wenn der Arbeitgeber im Rahmen eines Einigungsstellenverfahrens eine finanzielle Gesamtausstattung für die streitgegenständlichen sozialen Leistungen vorgegeben hat und der Spruch der Einigungsstelle diesen Dosierungsrahmen einhält (LAG Köln 19.06.2002 LAGE § 77 BetrVG 1972 Nr. 30 S. 2). Eine Vereinbarung über die Absenkung einer betrieblichen Sonderzahlung um 10 % unter den jeweiligen tarif-

839

840 Auch wenn der Betriebsrat über die Höhe des Arbeitsentgelts nicht mitzubestimmen hat, können doch Regelungen über die Grundlagen der Entgeltfindung **mittelbar Auswirkungen** auf die **Entgelthöhe** haben, ohne dass deshalb die Mitbestimmung oder das Initiativrecht eingeschränkt wären (Rdn. 894; *BAG* 22.10.1981 EzA § 76 BetrVG 1972 Nr. 32 S. 168 *[Herschel]* = AP Nr. 10 zu § 76 BetrVG 1972 Bl. 3 *[Hilger]*; 13.03.2001 EzA § 87 BetrVG 1972 Betriebliche Lohngestaltung Nr. 72 S. 4 f.; 22.06.2010 EzA § 87 BetrVG 2001 Betriebliche Lohngestaltung Nr. 22 Rn. 21 *[Jacobs]* = AP Nr. 136 zu § 87 BetrVG 1972 Lohngestaltung; *Fitting* § 87 Rn. 426; *Jahnke* ZfA 1980, 863 [891]; *Matthes/* MünchArbR § 251 Rn. 55; *Richardi* ZfA 1976, 1 [23]). Die Mitbestimmung braucht deshalb nicht »kostenneutral« zu sein (so aber *Heinze* NZA 1986, 1 [7]; *Streckel* Anm. EzA § 87 BetrVG 1972 Betriebliche Lohngestaltung Nr. 14 S. 120e; wie hier *Bender/WPK* § 87 Rn. 217; *Klebe/DKKW* § 87 Rn. 312; *Richardi* § 87 Rn. 772). Krit. zur Rechtsprechung des *BAG Joost* ZfA 1993, 257 (269 ff.). Vgl. auch *BAG* 14.06.1994 EzA § 87 BetrVG 1972 Betriebliche Lohngestaltung Nr. 45 S. 3 f. = AP Nr. 69 zu § 87 BetrVG 1972 Lohngestaltung Bl. 2 bei betriebsverfassungswidrigem Verhalten des Arbeitgebers.

d) Betriebliche Lohngestaltung

841 Die Vorschrift betrifft Fragen der betrieblichen im Gegensatz zur tariflichen und individuellen Lohngestaltung (zur Bedeutung des Begriffs »Lohn« Rdn. 850 ff.). **Lohngestaltung** ist gegenüber Entlohnungsgrundsatz und Entlohnungsmethode der **umfassendere Begriff** (*BAG* 29.03.1977 EzA § 87 BetrVG 1972 Leistungslohn Nr. 2 S. 24 *[Löwisch]* = AP Nr. 1 zu § 87 BetrVG 1972 Provision Bl. 3 R *[Schulze-Osterloh]*; 06.12.1988 EzA § 87 BetrVG 1972 Betriebliche Lohngestaltung Nr. 23 S. 9 *[Gaul]* = AP Nr. 37 zu § 87 BetrVG 1972 Lohngestaltung Bl. 4 R *[Reuter]*; zur Auslegung *Wittgruber* Abkehr des Arbeitsrechts von der Vertragsfreiheit, S. 21 ff.). Die Regelung soll ein umfassendes Mitbestimmungsrecht des Betriebsrats in diesem Bereich sicherstellen (Rdn. 833); sie hat daher in den nach § 87 Abs. 1, § 77 Abs. 3 gezogenen Grenzen den Charakter einer **Generalklausel** (*BAG* st. Rspr. 12.06.1975 EzA § 87 BetrVG 1972 Lohn u. Arbeitsentgelt Nr. 4 S. 28 *[Birk]* = AP Nr. 1 zu § 87 BetrVG 1972 Altersversorgung Bl. 3 R *[Richardi]*; 03.12.1991 GS EzA § 87 BetrVG 1972 Betriebliche Lohngestaltung Nr. 30 S. 28 *[Gaul]* = AP Nr. 51 zu § 87 BetrVG 1972 Lohngestaltung Bl. 11; weitere Nachweise 9 Aufl. § 87 Rn. 812; *LAG Niedersachsen* 25.02.1980 EzA § 87 BetrVG 1972 Lohn u. Arbeitsentgelt Nr. 12 S. 96; *Fitting* § 87 Rn. 409; *Richardi* § 87 Rn. 728; *ders.* ZfA 1976, 1 [5 f.]; *Worzalla/HWGNRH* § 87 Rn. 537). Zum Ausbau der Mitbestimmung des Betriebsrats hinsichtlich außer- und übertariflicher Leistungen durch die Rechtsprechung des *BAG Lambrich* Tarif- und Betriebsautonomie (Diss. Trier), 1999, S. 283 ff. – Grundsätze der Lohngestaltung in Musterverträgen des Franchisegebers für **Franchisebetriebe** sind für den Franchisenehmer nicht verbindlich und daher auch für die Mitbestimmung des Betriebsrats ohne Bedeutung (*Selzner* Betriebsverfassungsrechtliche Mitbestimmung in Franchise-Systemen [Diss. Bonn], 1994, S. 58 f.). Zur Mitbestimmung in **wissenschaftlichen Tendenzbetrieben** die gleichnamige Dissertation (Köln) von *Poeche*, 1999, S. 205 ff. Keine Frage der betrieblichen Lohngestaltung ist die **Insichbeurlaubung** von **Beamten** nach § 4 Abs. 3 PostPersRG (*BAG* 10.12.2002 EzA § 99 BetrVG 2001 Umgruppierung Nr. 1 S. 11 ff. = AP Nr. 42 zu § 95 BetrVG 1972 Bl. 5 ff.). Gleiches gilt für die Frage, nach welchen Kriterien (Beförderungs-) Planstellen für Beamte aus dem dafür vorhandenen Stellenpool den einzelnen Betrieben der Deutschen Post AG zugewiesen werden (*BAG* 28.03.2006 EzA § 83 ArbGG 1979 Nr. 10 S. 6 ff. = AP Nr. 128 zu § 87 BetrVG 1972 Lohngestaltung Bl. 3 f.). Für **Vergütungsordnungen** von **Kredit-** und **Dienstleistungsinstituten** i. S. d. § 1 Abs. 1b und des § 53 Abs. 1 KWG ist die **InstitutsVergV** vom 16.12.2013 (BGBl. I, S. 4270), maßgebend. Sie gilt auch für Mitarbeiter und Mitarbeiterinnen (zum Begriff § 2 Nr. 7) dieser Institute (§ 1 Abs. 1 Satz 1). Sie ist jedoch nicht auf Vergütungen anzuwenden, die durch Tarifvertrag oder in seinem Geltungsbereich durch Vereinbarung der Arbeitsvertragsparteien über die Anwendung der tarifvertraglichen Regelungen oder aufgrund eines Tarifvertrags in einer Betriebs- oder Dienstvereinbarung vereinbart sind. Demnach unterfallen nur Vergütungssysteme der InstitusVerg, die weder tarifvertraglich geregelt sind noch als Betriebs- oder Dientsvereinbarung auf einer tarifvertraglichen Ermächtigung beruhen. Nach § 5 InstitutsVerg sind Vergütungssysteme angemessen auszugestalten, so dass u. a. Anreize für Mitarbeiter und Mitarbeiterinnen zur Eingehung unverhältnismäßig hoher Risiken vermieden werden. Durch die InstitutsVerg bleiben die Beteiligungsrechte der Arbeitnehmer unberührt (BT-Drucks. 17/1291, S. 11 zu § 1b; zum Ganzen *Bergwitz* AuA 2016, 464; *Däubler* AuR 2012, 380 (381 f.); *Gennert* DB 2017, 674; *Groeger* RdA 2011, 287 ff.; *Löw/Glück* NZA 2015, 137; *Simon/Koschker* BB 2011, 120 ff.; *Zürn/Rappensperger/ Brämswig* DB 2013, 2681). Für Vergütungssysteme im **Versicherungsbereich VersVergV** vom 18.04.2016 (BGBl. I, S. 763; *Anuß/Sammet* BB 2011, 155 ff.) sowie für Vergütungssysteme in **Fonds- und Portfolioverwaltungen** § 37 KAGB vom 04.07.2013 (BGBl. I, S. 1981); *Mujahn* BB 2013, 1653 ff.

Die Reichweite der Vorschrift ist aus dem Kontext der beispielhaft genannten Aufstellung von Entlohnungsgrundsätzen, Einführung und Anwendung von neuen Entlohnungsmethoden sowie deren Änderung zu erschließen. Danach handelt es sich bei den Fragen der betrieblichen Lohngestaltung um die Festlegung **allgemeiner (kollektiver, abstrakt-genereller) Regelungen** in diesem Bereich (amtliche Begründung, BT-Drucks. VI/1786, S. 49; *BAG* st. Rspr. 29.03.1977 EzA § 87 BetrVG 1972 Leistungslohn Nr. 2 S. 24 *[Löwisch]* = AP Nr. 1 zu § 87 BetrVG 1972 Provision Bl. 3 R *[Schulze-Osterloh]*; 03.12.1991 GS EzA § 87 BetrVG Betriebliche Lohngestaltung Nr. 30 S. 28 *[Gaul]* = AP Nr. 51 zu § 87 BetrVG 1972 Lohngestaltung Bl. 11 f.; 15.04.2008 EzA § 87 BetrVG 2001 Betriebliche Lohngestaltung Nr. 15 Rn. 22 = AP Nr. 133 zu § 87 BetrVG 1972 Lohngestaltung; 08.12.2009 EzA § 87 BetrVG 2001 Betriebliche Lohngestaltung Nr. 20 Rn. 21 = AP Nr. 380 zu § 613a BGB; 22.06.2010 EzA § 87 BetrVG 2001 Betriebliche Lohngestaltung Nr. 22 Rn. 21 = AP Nr. 136 zu § 87 BetrVG 1972 Lohngestaltung; 11.01.2011 EzA § 87 BetrVG 2001 Betriebliche Lohngestaltung Nr. 24 Rn. 22, 24 = AP Nr. 137 zu § 87 BetrVG 1972 Lohngestaltung; 17.05.2011 EzA § 87 BetrVG 2001 Betriebliche Lohngestaltung Nr. 25 Rn. 15 = AP Nr. 138 zu § 87 BetrVG 1972 Lohngestaltung; 14.01.2014 EzA § 87 BetrVG 2001 Betriebliche Lohngestaltung Nr. 29 Rn. 15 = AP Nr. 145 zu § 87 BetrVG 1972 Lohngestaltung; 05.05.2015 EzA § 87 BetrVG 2001 Betriebliche Lohngestaltung Nr. 32 Rn. 15 = AP Nr. 147 zu § 87 BetrVG1972 Lohngestaltung; 24.01.2017 AP Nr. 149 zu § 87 BetrVG 1972 Lohngestaltung Rn. 37; 21.02.2017 AP Nr. 150 zu § 87 BetrVG 1972 Lohngestaltung Rn. 23; weitere *BAG*-Nachweise 9. Aufl. § 87 Rn. 813; *Dorndorf* KritV 1992, 416 [430 ff.]; *ders.* FS Däubler, S. 327 [330 ff.]; *Fitting* § 87 Rn. 417, 420 ff.; 483 ff.; *Gamillscheg* II, S. 935; *Hanau* BB 1977, 350 [354, 355]; *Jahnke* ZfA 1980, 863 [884 f.]; *Kaiser/LK* § 87 Rn. 216; *Kania*/ErfK § 87 BetrVG Rn. 99; *Klebe*/DKKW § 87 Rn. 298; *Löwisch* DB 1973, 1746 [1748 ff.]; *Matthes*/MünchArbR § 251 Rn. 86 f.; *Raab* ZfA 2001, 31 [58]; *Richardi* § 87 Rn. 748, 751, 855; *Rumpff* AuR 1972, 65 [69, 72]; *Worzalla*/HWGNRH § 87 Rn. 543 ff.; weitere Nachweise – auch zum BetrVG 1952 – 6. Aufl. § 87 Rn. 813). Zur Abgrenzung vgl. auch *Enderlein* ZfA 1997, 313 ff.; *Wittgruber* Abkehr des Arbeitsrechts von der Vertragsfreiheit, S. 120 ff., zum kollektiven Tatbestand bei Anrechnung von Zulagen auf eine Tariflohnerhöhung Rdn. 927 f.

Nach der Formulierung des *BAG* geht es um die **Strukturformen** des **Entgelts** einschließlich ihrer näheren **Vollzugsformen** (*BAG* st. Rspr. 10.07.1979 EzA § 87 BetrVG 1972 Leistungslohn Nr. 3 S. 41 = AP Nr. 2 zu § 87 BetrVG 1972 Lohngestaltung Bl. 3 *[Schulze-Osterloh]*; 03.12.1991 GS EzA § 87 BetrVG 1972 Betriebliche Lohngestaltung Nr. 30 S. 30 *[Gaul]* = AP Nr. 51 zu § 87 BetrVG 1972 Lohngestaltung Bl. 12; 11.06.2002 EzA § 87 BetrVG 1972 Betriebliche Lohngestaltung Nr. 76 S. 7 = AP Nr. 113 zu § 87 BetrVG 1972 Lohngestaltung Bl. 3 R *[Wiese]*; 18.11.2003 EzA § 77 BetrVG 2001 Nr. 9 S. 9 = AP Nr. 15 zu § 77 BetrVG 1972 Nachwirkung Bl. 4 f.; 28.02.2006 EzA § 87 BetrVG 2001 Betriebliche Lohngestaltung Nr. 9 S. 5 = AP Nr. 127 zu § 87 BetrVG 1972 Lohngestaltung Bl. 2 R *[Engels]*; 10.10.2006 EzA § 80 BetrVG 2001 Nr. 6 S. 7 = AP Nr. 68 zu § 80 BetrVG 1972 Bl. 3 R; 29.01.2008 EzA § 87 BetrVG 2001 Betriebliche Lohngestaltung Nr. 14 Rn. 27 = AP Nr. 13 zu § 87 BetrVG 1972; 15.04.2008 EzA § 87 BetrVG 2001 Betriebliche Lohngestaltung Nr. 15 Rn. 24 = AP Nr. 133 zu § 87 BetrVG 1972 Lohngestaltung; 22.06.2010 EzA § 87 BetrVG 2001 Betriebliche Lohngestaltung Nr. 22 Rn. 21 *[Jacobs]* = AP Nr. 136 zu § 87 BetrVG 1972 Lohngestaltung; 11.01.2011 EzA § 87 BetrVG 2001 Betriebliche Lohngestaltung Nr. 24 Rn. 22 = AP Nr. 137 zu § 87 BetrVG 1972 Lohngestaltung; 05.05.2015 EzA § 87 BetrVG 2001 Betriebliche Lohngestaltung Nr. 32 Rn. 15 = AP Nr. 147 zu § 87 BetrVG1972 Lohngestaltung; 24.01.2017 AP Nr. 149 zu § 87 BetrVG 1972 Lohngestaltung Rn. 37; 21.02.2017 AP Nr, 150 zu § 87 BetrVG 1972 Lohngestaltung

Rn. 23; weitere Nachweise 9. Aufl. § 87 Rn. 814). Dabei handelt es sich ihrem Wesen nach stets um kollektive (generelle) Regelungen.

844 **Unerheblich** ist, ob die kollektive Regelung einen **Sonderfall** betrifft (*Wiese* Rdn. 15), nur für einen **begrenzten Zeitraum** vorgesehen ist (*BAG* 10.07.1979 EzA § 87 BetrVG 1972 Leistungslohn Nr. 3 S. 41 = AP Nr. 2 zu § 87 BetrVG 1972 Lohngestaltung Bl. 3 f. *[Schulze-Osterloh]*; 30.03.1982 EzA § 87 BetrVG 1972 Betriebliche Lohngestaltung Nr. 4 S. 41 = AP Nr. 10 zu § 87 BetrVG 1972 Lohngestaltung Bl. 3 *[Weiss]*) oder regelmäßig wiederkehrende Angelegenheiten zum Gegenstand hat (*Wiese* Rdn. 22; *Raab* ZfA 2001, 31 [61 f.]).

845 Die Mitbestimmung bezieht sich daher **nicht auf die individuelle Lohngestaltung**, die mit Rücksicht auf besondere Umstände des einzelnen Arbeitsverhältnisses getroffen wird und bei der kein innerer Zusammenhang zur Entlohnung anderer Arbeitnehmer besteht (Nachweise Rdn. 842 sowie zum Einzelfall allgemein *Wiese* Rdn. 15 ff.), d. h. die Festsetzung des Arbeitsentgelts für den einzelnen Arbeitnehmer. Mitbestimmungsfrei sind z. B. auch einzelvertragliche Vereinbarungen übertariflicher Zulagen (*Stadler* BB 1972, 800 [801]), Einzelzusagen über betriebliche Versorgungsleistungen (*BAG* 05.05.1977 EzA § 50 BetrVG 1972 Nr. 4 S. 31 = AP Nr. 3 zu § 50 BetrVG 1972 Bl. 1 R; *Gumpert* BB 1976, 605 [606]) oder individuelle Gehaltserhöhungen (*BAG* 20.08.1991 EzA § 87 BetrVG 1972 Betriebliche Lohngestaltung Nr. 29 S. 5 *[Kohte]* = AP Nr. 50 zu § 87 BetrVG 1972 Lohngestaltung Bl. 2 R). Das gilt auch für Einzelvereinbarungen mit AT-Angestellten (Rdn. 975) sowie die **Anwendung** der allgemeinen Regelungen im Einzelfall (Rdn. 966). Der Arbeitgeber darf nur nicht bei kollektiven Tatbeständen die Mitbestimmung des Betriebsrats durch Einzelvereinbarungen umgehen (*Wiese* Rdn. 122). Zu **Leiharbeitnehmern** *Boemke* Schuldvertrag und Arbeitsverhältnis, 1999, S. 597 m. w. N.; *Jüttner* Gewerbsmäßige Arbeitnehmerüberlassung, S. 194 ff.; *Kraft* FS Konzen, 2006, S. 439 (453 f.); *Schirmer* 50 Jahre Bundesarbeitsgericht, S. 1069 (1072 ff.); vgl. auch § 9 Nr. 2 AÜG i. d. F. vom 28.04.2011 (BGBl. I, S. 642); zur **Telearbeit** *Boemke/Ankersen* BB 2000, 2254 (2260); *Peter* DB 1998, 573 (578); *Wedde* Telearbeit, 3. Aufl. 2002, Rn. 976 ff.

846 Da durch den Begriff »betriebliche Lohngestaltung« nur der Gegensatz zur tariflichen und individuellen Lohngestaltung zum Ausdruck gebracht werden soll (Rdn. 841), ist die Mitbestimmung **nicht** auf den **betrieblichen Bereich beschränkt**. Nach allgemeinen Grundsätzen kommt daher auch die Zuständigkeit des **Gesamtbetriebsrats** für das Unternehmen in Betracht (*Wiese* Rdn. 2; *Kreutz/Franzen* § 50 Rdn. 51; *ders.* FS Buchner, S. 511 ff.; *Lunk* NZA 2013, 233 (236); *Siebert* Die Zuständigkeit des Gesamtbetriebsrats (Diss. Osnabrück), 1999, S. 132 f.). Entsprechendes gilt für den **Konzernbetriebsrat** (*Franzen* § 58 Rdn. 17 ff.). In einem **gemeinsamen Betrieb** können für die beteiligten Arbeitgeber verschiedene Vergütungsordnungen anwendbar sein; auch kann bei einem der beteiligten Arbeitgeber es daran gänzlich ermangeln (*BAG* 12.12.2006 EzA § 87 BetrVG 2001 Betriebliche Lohngestaltung Nr. 13 Rn. 26 = AP Nr. 27 zu § 1 BetrVG 1972 Gemeinsamer Betrieb).

847 Die Vorschrift des § 87 Abs. 1 Nr. 10 betrifft **nur** die **Lohnfindung**, dagegen **nicht** die **Art** und **Weise** der **Auszahlung** des hiernach geschuldeten **Arbeitsentgelts**. Für diese kommt § 87 Abs. 1 Nr. 4 (Rdn. 448 ff.) zur Anwendung (*BAG* 08.03.1977 EzA § 87 BetrVG 1972 Lohn u. Arbeitsentgelt Nr. 6 S. 60 *[Klinkhammer]* = AP Nr. 1 zu § 87 BetrVG 1972 Auszahlung Bl. 3 *[Wiedemann/Moll]*; *Moll* Die Mitbestimmung des Betriebsrats beim Entgelt, S. 143; *Richardi* § 87 Rn. 759, 763; *ders.* ZfA 1976, 1 [24]; vgl. auch Rdn. 963). So betrifft die Entscheidung über die Frage, ob das Arbeitsentgelt nach der Arbeitszeit – z. B. als Monatslohn – berechnet wird, den Entlohnungsgrundsatz (Rdn. 934), die Festlegung der Zeitabschnitte und des Zeitpunkts der Auszahlung des hiernach geschuldeten Arbeitsentgelts dagegen eine nach § 87 Abs. 1 Nr. 4 mitbestimmungspflichtige Angelegenheit (Rdn. 451).

848 Gegenstand der Mitbestimmung nach § 87 Abs. 1 Nr. 10 sind auch nicht **Zeitstudien** zur Einführung eines Leistungslohnsystems (*BAG* 24.11.1981 EzA § 87 BetrVG 1972 Betriebliche Ordnung Nr. 7 S. 51 *[Weiss]* = AP Nr. 3 zu § 87 BetrVG 1972 Ordnung des Betriebes Bl. 3 *[Herschel]*) oder eine Regelung über die **Erfassung** der **täglichen Arbeitszeit** zum **Nachweis geleisteter Überstunden** (*BAG* 04.08.1981 EzA § 87 BetrVG 1972 Nr. 8 S. 59 = AP Nr. 1 zu § 87 BetrVG 1972 Tarifvorrang Bl. 5 R *[Mayer-Maly]*). Zu § 87 Abs. 1 Nr. 11 Rdn. 1035.

849 Zur betrieblichen Lohngestaltung gehört auch nicht die **Aufteilung** der **Bearbeitungsgebiete** für **Außendienstmitarbeiter** und die **Zuweisung** des jeweiligen **Gebiets** an einen bestimmten Arbeit-

nehmer (*BAG* 16.07.1991 EzA § 87 BetrVG 1972 Betriebliche Lohngestaltung Nr. 28 S. 5 = AP Nr. 49 zu § 87 BetrVG 1972 Lohngestaltung Bl. 2 f.; *LAG Frankfurt a. M.* 03.07.1990 LAGE § 87 BetrVG 1972 Nr. 22 Arbeitszeit – Vorinstanz). Entsprechendes gilt für die Erstellung von **Funktionsbeschreibungen**, mit denen für Gruppen von Stelleninhabern bei vergleichbaren Tätigkeiten deren Funktionen festgelegt und nur in ihren Tätigkeitsschwerpunkten beschrieben werden und durch die den Funktionsträgern eine bestimmte Funktionsbezeichnung zugewiesen wird. Das gilt auch, wenn die Funktionsbeschreibungen als Hilfsmittel der Lohngestaltung verwendet werden können (*BAG* 14.01.1986 EzA § 95 BetrVG 1972 Nr. 11 S. 74 f. = AP Nr. 21 zu § 87 BetrVG 1972 Lohngestaltung Bl. 4 f.).

e) Lohn als Gegenstand der Mitbestimmung
aa) Überblick

Außerordentlich umstritten war zunächst, wie im Einzelnen das Begriffselement »Lohn« einzugrenzen ist. Jedenfalls ist damit allgemein das **Arbeitsentgelt** gemeint, so dass § 87 Abs. 1 Nr. 10 – ohne Einschränkung auf die Vergütung der Arbeiter – Lohn und Gehalt erfasst (*Fitting* § 87 Rn. 412; *Moll* Die Mitbestimmung des Betriebsrats beim Entgelt, S. 135; *Richardi* § 87 Rn. 734; *Rumpff* AuR 1972, 65 [72]; *Worzalla / HWGNRH* § 87 Rn. 529 ff.). Das gilt auch für zusätzliche (13. bis 15.) Monatsgehälter. **850**

Unerheblich ist, ob das Arbeitsentgelt in **Geld** entrichtet wird; auch **Sachbezüge** (Deputate) können Teil des Arbeitsentgelts sein (§ 107 Abs. 2 Satz 1 GewO; *BAG* 15.05.1957 AP Nr. 5 zu § 56 BetrVG Bl. 2 R f.; 30.03.1982 EzA § 87 BetrVG 1972 Betriebliche Lohngestaltung Nr. 4 S. 40 = AP Nr. 10 zu § 87 BetrVG 1972 Lohngestaltung Bl. 2 R [*Weiss*]; 09.07.1985 AP Nr. 16 zu § 75 BPersVG Bl. 4 R [*Hromadka*]; 29.01.2008 EzA § 87 BetrVG 2001 Betriebliche Lohngestaltung Nr. 14 Rn. 27 = AP Nr. 13 zu § 87 BetrVG 1972; *LAG Hamm* 14.05.1976 EzA § 87 BetrVG 1972 Leistungslohn Nr. 1 S. 9; *Fitting* § 87 Rn. 412; *Kaiser/LK* § 87 Rn. 221 – Beispiel: Laptopüberlassung auch für private Nutzung; *Rumpff* AuR 1972, 65 [72]). Eine Sachleistung und Teil der Vergütung kann auch die Überlassung einer **Werkdienstwohnung** (*BAG* 03.06.1975 EzA § 87 BetrVG 1972 Werkswohnung Nr. 4 S. 25 = AP Nr. 3 zu § 87 BetrVG 1972 Werkmietwohnung Bl. 2 [*Dütz*]) und insoweit nach § 87 Abs. 1 Nr. 10 mitbestimmungspflichtig sein (vgl. auch *Fitting* § 87 Rn. 385; *Klebe/DKKW* § 87 Rn. 329). **851**

Ferner ist die **Bezeichnung gleichgültig**. Deshalb unterliegen sämtliche **Sonderformen des Arbeitsentgelts** der Mitbestimmung nach § 87 Abs. 1 Nr. 10. Das gilt vor allem für **852**
– **Aktienoptionen**: hierzu *Baeck / Diller* DB 1998, 1405 ff.; *Bauer / Herzberg* NZA 2011, 713 (717 f.); *Buhr/Radtke* DB 2001, 1882 ff.; *Driver / Polke / Melot de Beauregard* BB 2004, 2350; *Fitting* § 87 Rn. 415, 434, 451; *Freye* Gehaltsumwandlungen, S. 235 ff.; *Heise / von Steinau-Steinrück / HLS* § 87 Rn. 180; *Kau/Kukat* BB 1999, S. 2505 ff.; *Kau/Leverenz* BB 1998, 2269 ff.; *Lembke* BB 2001, 1469 ff.; *Lörcher* Aktienoptionen bei Strukturveränderungen der Arbeitgebergesellschaft (Diss. Mannheim), 2004; *Oetker* 50 Jahre Bundesarbeitsgericht, S. 1017 (1024 ff.); *Otto / Mückl* DB 2009, 1594 ff.; *Pulz* BB 2004, 1107 ff.; *Röder/Göpfert* BB 2001, 2002 ff.; *Scheuer* Aktienoptionen als Bestandteil der Arbeitnehmervergütung in den USA und der Bundesrepublik Deutschland, 2004; *Stiegel* Aktienoptionen als Vergütungselement aus arbeitsrechtlicher Sicht (Diss. Göttingen), 2007. Hinsichtlich der Entscheidung über die Einräumung einer Ergebnis- oder Gewinnbeteiligung durch Begründung eines Optionsrechts, der Einstellung oder Kürzung bereits bestehender Programme und des Zeitraums eines Beteiligungsprogramms hat der Betriebsrat kein Initiativrecht, sondern nur ein Zustimmungsrecht (*Oetker* 50 Jahre Bundesarbeitsgericht, S. 1029 f.; vgl. auch Rdn. 867, 895). Entsprechendes gilt für den Dotierungsrahmen, den Zweck der Leistung und den Adressatenkreis mit unterschiedlichen Dotierungsvolumen für verschiedene Arbeitnehmergruppen (*Oetker* 50 Jahre Bundesarbeitsgericht, S. 1031 f.; vgl. auch Rdn. 866., 878 ff., 892, 896 ff.). Mitbestimmungspflichtig sind vor allem die Verteilung der Optionsrechte und der Adressatenkreis, die Verfahrensmodalitäten zur Verteilung der Optionsrechte sowie Haltefristen und Ausübungsfristen (*Oetker* 50 Jahre Bundesarbeitsgericht, S. 1032 f.). Zur Hauptversammlungsautonomie als Mitbestimmungsschranke *Oetker* 50 Jahre Bundesarbeitsgericht, S. 1034 ff.; *Röder/Göpfert* BB 2001, 2002 ff. Hat eine Konzernmutter in einem Aktienoptionsplan eigenständig Verpflichtungen gegenüber Arbeitnehmern übernommen, die im Betrieb eines Tochterunternehmens beschäftigt sind, so

§ 87

sind diese grundsätzlich nicht Gegenstand des Arbeitsverhältnisses mit dem Tochterunternehmen (*BAG* 12.02.2003 EzA § 613a BGB 2002 Nr. 3 S. 3 = AP Nr. 243 zu § 613a BGB Bl. 4 *[Lingemann]*). Damit scheidet dann auch die Mitbestimmung aus (*Annuß/Lembke* BB 2003, 2230 ff.; *Lingemann/Diller/Mengel* NZA 2000, 1191 ff.; *Otto/Mückl* DB 2009, 1594 [1596 f.]; *Willemsen* FS *Wiedemann*, 2002, S. 645 [654 ff.]; **a. M.** *LAG Nürnberg* 22.01.2002 LAGE § 87 BetrVG 1972 Betriebliche Lohngestaltung Nr. 17);
– **Altersversorgung, betriebliche**: Rdn. 874 ff.;
– **Auslösungen**: *BAG* 17.06.1998 EzA § 2 KSchG Nr. 30 S. 14 = AP Nr. 49 zu § 2 KSchG 1969 Bl. 6 R *[H. Hanau]*;
– **Belegschaftsaktien**: *BAG* 28.11.1989 EzA § 315 BGB Nr. 37 S. 4 = AP Nr. 6 zu § 88 BetrVG 1972 Bl. 2 R *(Frey)*; *LAG Nürnberg* 22.01.2002 LAGE § 87 BetrVG 1972 Betriebliche Lohngestaltung Nr. 17; *Baeck/Diller* DB 1998, 1405 (1410 ff.); *Bauer/Göpfert* ZIP 2001, 1129; *Buhr/Radtke* DB 2001, 1182 (1886); *Lingemann/Mengel* NZA 2000, 1191; *Röder/Göpfert* BB 2001, 2002;
– **Bonusmeilen**: differenzierend *Bauer/Krets* BB 2002, 2066 (2068);
– **Bonusregelungen**: *Lindemann/Simon* BB 2002, 1807 (1813); *Kock* BB 2007, 462 (464); *Simon/Hidalgo/Koschker* NZA 2012, 1071; zum Anspruch *BAG* 12.04.2011 EzA § 88 BetrVG 2001 Nr. 2 Rn. 12 ff. = AP Nr. 57 zu § 75 BetrVG 1972 *(Wiese)*; 07.06.2011 EzA § 88 BetrVG 2001 Nr. 3 Rn. 21 ff. = AP Nr. Nr. 55 zu § 77 BetrVG 1972 Betriebsvereinbarung; 13.12.2011 EzA § 77 BetrVG 2001 Nr. 32 Rn. 8 ff. (Leistungs- und Verhaltenspflichten des Arbeitgebers) = AP 57 zu § 77 BetrVG 1972 Betriebsvereinbarung; vgl. auch Stichwort Zielvereinbarungen sowie Rdn. 841;
– **Cafeteria-Systeme**: Rdn. 933;
– **Dienstwagennutzung**: s. Firmenwagen;
– **§ 4a Satz 2** (bis 31.12.1998 § 4b) **EFZG**; *Hanau* RdA 1997, 205 (208 f.);
– **Entgeltumwandlung** nach § 1a BetrAVG: m. w. N. *U.-A. Birk* AR-Blattei SD 460.2 Rn. 633 ff.; *Blomeyer* NZA 2000, 281 (290); *ders.* DB 2001, 1413 (1417 f.); *Blomeyer/Rolfs/Otto* BetrAVG, § 1a Rn. 1 ff.; *Clemens* Entgeltumwandlung zur betrieblichen Altersversorgung (Diss. Bielefeld), 2005; *Feudner* DB 2001, 2047; *Fitting* § 87 Rn. 456, 468 f.; *Hanau/Arteaga/Rieble/Veit* Entgeltumwandlung, 3. Aufl. 2014, Rn. 421 ff.; *Förster/Rühmann/Recktenwald* BB 2001, 1406; *Heither* NZA 2001, 1275; *Höfer* DB 2001, 1145; *Kemper* BetrAV 2002, 751; *Kerschbaumer/Perreng* AiB 2001, 569; *Klemm* NZA 2002, 1123; *Konzen* GS *Blomeyer*, 2003, S. 173; *Meyer/Janko/Hinrichs* DB 2009, 1533 ff.; *Reich/Rutzmoser* DB 2007, 2314 ff.; *Reinicke* NJW 2001, 1511 (1513 ff.); *Schaub/Vogelsang* Arbeitsrechts-Handbuch, § 86 Rn. 59 ff.; *Steinmeyer* FS *von Maydell*, 2002, S. 683. Nach der zwingenden gesetzlichen Regelung des § 1a Abs. 1 Satz 1 BetrAVG n. F. steht dem Arbeitnehmer ein **Rechtsanspruch auf Entgeltumwandlung** in eine wertgleiche Anwartschaft auf Versorgungsleistungen (§ 1 Abs. 2 Nr. 3 BetrAVG) zu. Dieser ist als solcher hinsichtlich des berechtigten Personenkreises (§ 17 Abs. 1 BetrAVG), des Ob, des Gegenstandes, des Umfangs, eines Eigenbeitrags des Arbeitnehmers (hierzu *Rieble* in: *Hanau/Arteaga/Rieble/Veit* Entgeltumwandlung, 3. Aufl. 2014, Rn. 428), der Dauer, der Art und Weise der Entgeltumwandlung sowie der einvernehmlichen Beendigung bzw. der Ausübung eines dem Arbeitnehmer zustehenden Widerrufsvorbehalts wegen des Eingangssatzes des § 87 Abs. 1 mitbestimmungsfrei (zum Ganzen *Rieble* in: *Hanau/Arteaga/Rieble/Veit* Entgeltumwandlung, 3. Aufl. 2014, Rn. 444 ff.; **a. M.** *Blomeyer/Rolfs/Otto* BetrAVG § 1 Rn. 48; *Klebe/DKKW* § 87 Rn. 326 hinsichtlich des Verlangens des Arbeitgebers nach § 1a Abs. 1 Satz 5 BetrAVG, dass während eines laufenden Kalenderjahres gleichbleibende monatliche Beträge verwendet werden). Der Anspruch auf Entgeltumwandlung betrifft auch **nicht** die **Art** der **Auszahlung** des **Arbeitsentgelts** i. S. d. § 87 Abs. 1 Nr. 4 (Rdn. 450; *Rieble* in: *Hanau/Arteaga/Rieble/Veit* Entgeltumwandlung, 3. Aufl. 2014, Rn. 430; *Richardi* § 87 Rn. 424; **a. M.** *Fitting* § 87 Rn. 469). Die Durchführung des Anspruchs des Arbeitnehmers erfolgt durch die individualrechtliche oder kollektivrechtliche (zum kollektiven Tatbestand *Rieble* in: *Hanau/Arteaga/Rieble/Veit* Entgeltumwandlung, 3. Aufl. 2014, Rn. 436 ff.) Vereinbarung (§ 1a Abs. 1 Satz 2 BetrAVG). **Mitbestimmungsfrei** ist der **Durchführungsweg**; hinsichtlich der Wahl eines Pensionsfonds oder einer Pensionskasse stellt § 1a Abs. 1 Satz 3 BetrAVG ausdrücklich darauf ab, ob der Arbeitgeber hierzu »bereit« sei, so dass er nicht durch eine mitbestimmte Regelung hierzu gezwungen werden kann (*Feudner* DB 2001, 2047 [2049] = BetrAV 2001, 708; *Höfer* BetrAVG, 7. Aufl. 2003 [Loseblatt] ART Rn. 1099 f.; *Kemper* FS *Förster*, 2001, S. 207 [212]; *Konzen* GS *Blomeyer*, 2003, S. 173 [193]; *Rieble* BetrAV 2001, 584 [591 f.]; *Schnitker/Grau* BB 2003, 1061 [1064 f.]; *Worzalla/HWGNRH*

§ 87 Rn. 540; **a. M.** *Klebe/DKKW* § 87 Rn. 326; zur Änderung des Durchführungsweges *BAG* 12.06.2007 EzA § 1 BetrAVG Nr. 90 Rn. 22 ff. = AP Nr. 47 zu § 1 BetrAVG *[Steinmeyer]*). Deshalb kommt unter Beachtung gesetzlicher und tariflicher Vorgaben insoweit nur eine freiwillige Betriebsvereinbarung in Betracht. In dieser kann jeder Durchführungsweg – auch eine Direktversicherung oder Unterstützungskasse – vereinbart werden, selbst wenn dadurch die Möglichkeit staatlicher Förderung gemäß § 1a Abs. 3 BetrAVG ausgeschlossen wird (**a. M.** *Schnitker/Grau* BB 2003, 1061 [1065]). Jedoch wäre ein Ausschluss des § 1a Abs. 3 BetrAVG bei Vorliegen seiner Voraussetzungen unzulässig. Entscheidet der Arbeitgeber sich verbindlich für einen Pensionsfonds oder eine Pensionskasse als betriebliche Einrichtung, so ist diese nach § 87 Abs. 1 Nr. 8 mitbestimmungspflichtig (*Feudner* DB 2001, 2047 [2049]). Wählt der Arbeitgeber weder einen Pensionsfonds noch eine Pensionskasse, kann der Arbeitnehmer mangels einer kollektivrechtlichen Regelung verlangen, dass der Arbeitgeber für ihn eine Direktversicherung abschließt. **Mitbestimmungsfrei** ist wegen der Haftungsbegrenzung des Arbeitgebers auch die **Zusageart**: Leistungszusage, beitragsorientierte Leistungszusage oder Beitragszusage mit Mindestleistung (*Schnitker/Grau* BB 2003, 1061 [1065 f.]), ferner die Auswahl des konkreten Versorgungsträgers bzw. Versorgungsunternehmens (*BAG* 19.07.2005 EzA § 1a BetrAVG Nr. 1 S. 3 f.; *Fitting* § 87 Rn. 468; *Rieble* in: *Hanau/Arteaga/Rieble/Veit* Entgeltumwandlung, 3. Aufl. 2014, Rn. 444, 453; *ders.* BetrAV 2001, 591; *Schnitker/Grau* BB 2003, 1061 [1066]; **a. M.** *Klemm* NZA 2002, 1123 [1130]; *Konzen* GS *Blomeyer*, 2003, S. 173 [193]). Soweit nach Maßgabe des § 17 Abs. 3 Satz 1 BetrAVG eine tarifliche Regelung besteht, ist die Mitbestimmung nach dem Eingangssatz des § 87 Abs. 1 ausgeschlossen; eine Delegation der Abweichungsbefugnis an die Betriebspartner ist nicht möglich (*Rieble* in: *Hanau/Arteaga/Rieble/Veit* Entgeltumwandlung, 3. Aufl. 20014 Rn. 422 ff.). Beruhen Entgeltansprüche auf einem Tarifvertrag, ist für diese eine Umwandlung nur zulässig, wenn sie durch Tarifvertrag vorgesehen oder zugelassen ist (§ 17 Abs. 5 BetrAVG; zu tarifvertraglichen Beschränkungen der Entgeltumwandlung *Hanau* DB 2004, 2266 ff.). Das gilt allerdings nur für tarifgebundene Arbeitnehmer, nicht für Arbeitnehmer, die lediglich unter Bezugnahme auf einen Tarifvertrag Ansprüche haben (§ 17 Abs. 3 Satz 2 BetrAVG; *Feudner* DB 2001, 2047 [2048]; *Klemm* NZA 2002, 1123 [1129]; *Schnittker/Grau* BB 2003, 1061 [1063]). Enthält der Tarifvertrag selbst Regelungen über die Entgeltumwandlung, ist die Mitbestimmung wiederum nach dem Eingangssatz des § 87 Abs. 1 bzw. bei freiwilligen Betriebsvereinbarungen bei Tarifüblichkeit nach § 77 Abs. 3 ausgeschlossen (vgl. auch *Rieble* in: *Hanau/Arteaga/Rieble/Veit* Entgeltumwandlung, 3. Aufl. 2014, Rn. 441 ff., zur Regelung der Entgeltumwandlung durch Betriebsvereinbarung insgesamt Rn. 460 ff., zur vertraglichen Umwandlung von Betriebsvereinbarungen – Entgelt Rn. 472 ff.). Bei bloßer Öffnungsklausel ist zu beachten, dass durch Betriebsvereinbarung nicht zuungunsten des Arbeitnehmers von der gesetzlichen Regelung abgewichen werden kann (§ 17 Abs. 3 Satz 3 BetrAVG), so dass die gesetzliche Regelung gilt und die Mitbestimmung ausscheidet (*Feudner* DB 2001, 2047 [2048]; *Schnitker/Grau* BB 2003, 1061 [1063 f.]). Bei der Ausgestaltung der Versorgungsbedingungen hat der Betriebsrat nur mitzubestimmen, soweit nicht gesetzliche oder tarifliche Bestimmungen entgegenstehen (*Schnitker/Grau* BB 2003, 1061 [1066 f.]). Durch Betriebsvereinbarung kann weder eine Verpflichtung zur Entgeltumwandlung begründet noch der Anspruch des Arbeitnehmers auf Entgeltumwandlung nach § 1a BetrAVG ausgeschlossen werden (*Feudner* DB 2001, 2047 [2049, 2050]; *Höfer* BetrAVG, 7. Aufl. 2003 [Loseblatt] ART Rn. 1096; *Rieble* in: *Hanau/Arteaga/Rieble/Veit* Entgeltumwandlung, 3. Aufl. 2014, Rn. 455). Soweit eine tarifliche Regelung nicht besteht, hat der Betriebsrat über den Leistungsplan in den Grenzen der »Wertgleichheit« des § 1 Abs. 2 Nr. 3 BetrAVG mitzubestimmen. Da die Entgeltumwandlung nach § 1a BetrAVG allein vom Arbeitnehmer finanziert wird, ist allerdings eine andere Verteilung der umgewandelten Entgeltbeträge ausgeschlossen. In Betracht kommen deshalb im Hinblick auf die gesetzliche und eine tarifliche Regelung nur Rahmenvorschriften (*Schnitker/Grau* BB 2003, 1061 [1066 f.]). Zur **Information** des **Betriebsrats** über die Einführung einer Altersversorgung durch Entgeltumwandlung § 80 Abs. 2 Satz 1 Halbsatz 1; *Rieble* in: *Hanau/Arteaga/Rieble/Veit* Entgeltumwandlung, 3. Aufl. 2014, Rn. 432; *Schnitker/Grau* BB 2003, 1061 [1067 f.]). Denkbar sind Regelungen über die Leistungsarten (Altersrente, Invalidität, Hinterbliebenenversorgung). Zur Unverfallbarkeit der betrieblichen Altersversorgung § 1b BetrAVG. Zur **Entgeltumwidmung** *Langohr-Plato* NZA 2007, 75, zu gezillmerten Versicherungstarifen bei Entgeltumwandlung *BAG* 15.09.2009 EzA § 1b BetrAVG Ent-

geltumwandlung Nr. 1 Rn. 20 ff. = AP Nr. 60 zu § 1 BetrAVG; *Reinhard/Luchtenberg* BB 2010, 1277 ff.; *Uckermann/Fuhrmanns* NZA 2010, 550 ff.;
- **Erfolgsvergütung**: s. Zielvereinbarung;
- **Essensgeldzuschuss**: *BAG* 11.12.2007 EzA § 77 BetrVG 2001 Nr. 22 Rn. 24 = AP Nr. 77 BetrVG 1972 Betriebsvereinbarung Nr. 37;
- **Fehlzeitenorientierte Sonderleistungen**: *Bj. Gaul* DB 1994, 1137 ff.; *ders.* Sonderleistungen und Fehlzeiten, 1994, S. 620 ff.;
- **Firmenwagen, private Nutzung**: *BAG* 16.11.1995 EzA § 249 BGB Nr. 21 S. 2 = AP Nr. 4 zu § 611 BGB Sachbezüge Bl. 2; 27.05.1999 EzA § 249 BGB Nr. 24 S. 2 = AP Nr. 12 zu § 611 BGB Sachbezüge Bl. 1 R; 19.12.2006 EzA § 307 BGB 2002 Nr. 17 Rn. 15, 21, zum Widerruf der Nutzung Rn. 21 ff. = AP Nr. 21 zu § 611 BGB Sachbezüge; *Moll/Roebers* DB 2010, 2672 (2673); *Oelkers* NJW-Spezial 2009, 514 f.; *Yakhloufi/Klingenberg* BB 2013, 2102;
- **Freiessen nach Warnstreik**: für Arbeitnehmer, die nicht am Warnstreik teilgenommen haben; *ArbG Frankfurt a. M.* 14.09.1999 AuR 2000, 37;
- **Führungskräfteflug**: *LAG Köln* 13.07.2005 NZA-RR 2006, 415;
- **Gain-Sharing-Systeme**: *Schang* Mitbestimmung bei neuen Formen der Leistungsvergütung, S. 219 ff., 314 ff.;
- **Gewinn- oder Ergebnisbeteiligungen**: Rdn. 951 f.; 969 f.;
- **Investivlohn**: *Freye* Gehaltsumwandlungen, S. 231 ff.; *Klebe/DKKW* § 87 Rn. 301; **a. M.** *Loritz* FS *Kissel*, 1994, S. 687 ff.;
- **Jahressondervergütungen**: *BAG* 11.02.1992 EzA § 76 BetrVG 1972 Nr. 60 S. 7 = AP Nr. 50 zu § 76 BetrVG 1972 Bl. 3 R; 13.03.2012 EzA § 77 BetrVG 2001 Nr. 33 Rn. 11 ff. = AP Nr. 27 zu § 77 BetrVG 1972 Tarifvorbehalt; *Thüsing* DB 1997, 1130 ff.;
- **Liquidationspool von Chefärzten**: Hinsichtlich des Anteils nachgeordneter Ärzte am Liquidationspool von Chefärzten hat das *BAG* (16.06.1998 EzA § 87 BetrVG 1972 Betriebliche Lohngestaltung Nr. 64 S. 6 ff. = AP Nr. 92 zu § 87 BetrVG 1972 Lohngestaltung Bl. 3 R ff. = ArztR 1999, 60 [krit. *Löwisch/Flüchter*]) den Entgeltcharakter bejaht, wenn die Beteiligungsvereinbarung von dem Krankenhausträger veranlasst ist, um den nachgeordneten Ärzten eine zusätzliche Vergütung zu verschaffen, dagegen nicht, wenn die Regelung lediglich dem Interesse der Chefärzte dient, standesrechtlichen Obliegenheiten zu genügen. Für die erste Alternative spreche der erste Anschein, wenn Einzelheiten der Verteilungsgrundsätze mit den Chefärzten abschließend geregelt würden; vgl. auch Rdn. 952; *LAG Hamm* 26.10.2001 NZA-RR 2002, 302; *von Harbou/Scharpf* NZA 2008, 333 (337); *Löwisch/Wertheimer/Lutz* ArztRecht 2016, 213;
- **Nachtarbeitsausgleich**: Nach *BAG* 26.08.1997 EzA § 87 BetrVG 1972 Gesundheitsschutz Nr. 1 S. 9 = AP Nr. 74 zu § 87 BetrVG 1972 Arbeitszeit Bl. 5 f. = AuR 1998, 338 *(Ulber)* hat der Betriebsrat mangels einer tariflichen Regelung bei der Entscheidung des Arbeitgebers mitzubestimmen, ob ein Ausgleich für Nachtarbeit nach § 6 Abs. 5 ArbZG durch bezahlte freie Tage oder durch Entgeltzuschlag zu gewähren ist. Dagegen handelt es sich bei der Entscheidung darüber, wie viele bezahlte freie Tage oder in welcher Höhe Entgeltzuschläge zu gewähren sind, um eine mitbestimmungsfreie Rechtsfrage der Billigkeit (*BAG* 26.08.1997 EzA § 87 BetrVG 1972 Gesundheitsschutz Nr. 1 S. 9 = AP Nr. 74 zu § 87 BetrVG 1972 Arbeitszeit Bl. 5 R; **a. M.** hinsichtlich des Umfangs des Zeitausgleichs bzw. Entgeltzuschlags *Klebe/DKKW* § 87 Rn. 225);
- **Pensumsentgelte**: *Bokranz* Personalwesen AKAD-Lehrhaft, Lektion 9, Zürich 1986, S. 40 ff.; *Däubler* Das Arbeitsrecht II, Rn. 779 ff.; *Gaul* BB 1990, 1549 f.; *REFA* Ausgewählte Methoden des Arbeitsstudiums, 1993, S. 333 ff.; *Klebe/DKKW* § 87 Rn. 323; *Schang* Mitbestimmung bei neuen Formen der Leistungsvergütung, S. 194 ff., 304 ff.;
- **Personalverkauf** (Abgabe von Kantinenwaren): *BAG* 08.11.2011 EzA § 87 BetrVG 2001 Sozialeinrichtung Nr. 2 Rn. 24 ff.: Preisgestaltung, nicht Festlegung des Warensortiments und der Abgabemengen; vgl. § 87 Abs. 1 Nr. 8 Rdn. 713;
- **Prämien**: Rdn. 933, 937 ff., 1021 ff., 1039 f.;
- **Provisionen**: Rdn. 933, 947 ff., 1007 f.;
- **Qualifikationsentgelte**: *Schang* Mitbestimmung bei neuen Formen der Leistungsvergütung, S. 223 ff., 312 ff.;
- **Sozialleistungen, betriebliche**: Rdn. 857 ff.;
- **Tantiemen**: Rdn. 952.

- **Urlaubsentgelt:** Wahlrecht zwischen Lohnausfallprinzip und Bestimmung eines Referenzzeitraums von zwölf abgerechneten Kalenderwochen (*BAG* 03.12.2002 EzA § 11 BUrlG Nr. 55 S. 4 ff. = AP Nr. 57 zu § 11 BUrlG). Verletzt der Arbeitgeber das Mitbestimmungsrecht, ist das Urlaubsentgelt weiterhin nach dem tariflichen Regelfall zu berechnen;
- **vermögenswirksame Leistungen:** Rdn. 853;
- **Zielvereinbarungen (als abstrakt-genereller Entlohnungsgrundsatz und dessen nähere Ausgestaltung):** *Annuß* NZA 2007, 290 ff.; *Bauer* Zielvereinbarungen auf dem Prüfstand, 2003, S. 93 ff.; *Bauer/Diller/Göpfert* BB 2002, 882 (886 f.); *Baum* PersF 2007, 74 ff.; *Berwanger* BB 2003, 1499 (1502); *ders.* Einführung variabler Vergütungssysteme, Diss. Saarbrücken, 2005; *Breisig* Entlohnen und Führen mit Zielvereinbarungen, 3. Aufl. 2006; *ders.* Zielvereinbarungen im Fokus von Betriebs- und Personalräten, 4. Aufl. 2013; *Däubler* NZA 2005, 793 ff.; *Deich* Arbeitsvertragliche Gestaltung von Zielvereinbarungen, 2006; *Fitting* § 87 Rn. 414; *Geffken* NZA 2000, 1033 ff.; *Grimm/Windeln* Zielvereinbarungen, 2006; *Heiden* Entgeltrelevante Zielvereinbarungen, 2007; *Hergenröder* AR-Blattei SD 1855; *Hümmerich* NJW 2006, 2294 ff.; *Linck/Koch* FS Bepler, 2012, S. 357 (361 ff.); *Mauer* NZA 2002, 540 (542); *Mix/Wittenberg* ZBVR Online 2008 Ausgabe 11, 27; *Mohnke* Zielvereinbarungen, 2006; *Noel* PersF 2006, 22; *Pelzer* Arbeitsrechtliche Zielvereinbarungen, 2008; *Preis/Preis* Der Arbeitsvertrag, 5. Aufl. 2015, II Z 5 Rn. 43 ff.; *Riesenhuber/von Steinau-Steinrück* NZA 2005, 785 (788); *Röder* FS 25-jähriges Bestehen der Arbeitsgemeinschaft Arbeitsrecht im Deutschen Anwaltsverein, 2006, S. 139 ff.; *Säcker* FS Kreutz, 2010, S. 399 (405 ff.); *Schang* Mitbestimmung bei neuen Fragen der Leistungsvergütung, S. 99 ff., 292 ff.; *Tondorf* AiB 1998, 322 (324); *Trittin/Fischer* AuR 2006, 261 ff.; zum Auskunftsanspruch des Betriebsrats *BAG* 21.10.2003 EzA § 80 BetrVG 2001 Nr. 3 = AP Nr. 62 zu § 80 BetrVG 1972 (*Wiese*); krit. *Rieble/Gistel* BB 2004, 2462 ff.; allgemein *Bardens* Führen und Entlohnen mit Zielvereinbarungen, Leistung und Lohn Nr. 345/346/347/2000; *Behrens/Rinsdorf* NZA 2003, 364 ff.; *dies.* NZA 2006, 830 ff.; *Berwanger* BB 2004, 551; *Birk* FS Otto, 2008, S. 17 ff.; *Brors* RdA 2004, 273 ff.; *Gehlhaar* NZA-RR 2007, 113 ff.; *Heiden* DB 2009, 1705 ff., 2714 ff.; *Hidalgo/Rid* BB 2005, 2686 ff.; *Horcher* BB 2007, 2065 ff.; *Köppen* DB 2002, 374; *Lischka* BB 2007, 552 ff.; *Moll/Reufels* FS Bartenbach, 2005, S. 559 ff.; *Reiserer* NJW 2008, 609 ff.; *K. M. Weber* Zielvereinbarungen und Zielvorgaben im Individualarbeitsrecht, 2009; *K. P. Zoellner* AuA 1992, 216 ff.; vgl. auch *Schmiedl* BB 2004, 329 ff.; *ders.* BB 2006, 2417 ff.; zur AGB-Kontrolle *Schrader/J. Müller* RdA 2007, 145 (151 ff.); zur Risikosteuerung *Dzida/Naber* BB 2011, 2613 ff.; zu einer variablen Erfolgsvergütung mit Zielvereinbarung *BAG* 12.04.2011 EzA § 88 BetrVG 2001 Nr. 2 = AP Nr. 57 zu § 75 BetrVG 1972 (*Wiese*); vgl. auch *BAG* 07.06.2011 EzA § 88 BetrVG 2001 Nr. 3 = AP Nr. 55 zu § 77 BetrVG 1972 Betriebsvereinbarung; vgl. auch Stichwort Bonusregelungen;
- **Zulagen:** Rdn. 889 ff., 933, 944 ff., 1003.

853 Voraussetzung der Mitbestimmung hinsichtlich dieser Leistungen ist stets, dass eine **Verpflichtung** des Arbeitgebers zu deren Erbringung besteht oder dass dieser jedenfalls eine betriebsverfassungsrechtlich relevante **Bindung** eingegangen ist (vgl. auch Rdn. 862). Deshalb kann z. B. der Betriebsrat nicht über die Einigungsstelle die Einführung **vermögenswirksamer Leistungen** erwirken (*Galperin/Siebert* § 56 Rn. 99a ff.; *Hueck/Nipperdey* II/2, S. 1387 f.; *Richardi* § 87 Rn. 738, § 88 Rn. 31). Zu freiwilligen Betriebsvereinbarungen über Maßnahmen zur Förderung der Vermögensbildung § 88 Nr. 3 (*Wiese/Gutzeit* § 88 Rdn. 30 ff.). Ist der Arbeitgeber jedoch eine Bindung zur Erbringung vermögenswirksamer Leistungen eingegangen, ist die Mitbestimmung im Rahmen des § 87 Abs. 1 Nr. 10 gegeben (*Hueck/Nipperdey* II/2, S. 1388; *Kittner* AR-Blattei, Vermögensbildung I, E I 1b; *Kittner/Basten* Vermögensbildung, 1981, S. 97; *Moll* Die Mitbestimmung des Betriebsrats beim Entgelt, S. 152 ff.; *Schimana/Frauenkron* DB 1980, 445 [447]; **a. M.** *Galperin/Siebert* § 56 Rn. 99a ff.). Das gilt vor allem für Regelungen nach Maßgabe des § 10 Fünftes VermögensbildungsG.

854 Soweit früher im **Gaststättengewerbe** die Entlohnung des Bedienungspersonals unter Berücksichtigung des Bedienungsgeldes erfolgte, handelte es sich gleichfalls um Arbeitsentgelt i. S. d. § 87 Abs. 1 Nr. 10 (vgl. auch *Moll* Die Mitbestimmung des Betriebsrats beim Entgelt, S. 75 f. m. w. N.; *Richardi* § 87 Rn. 831). Nach Einbeziehung des Bedienungsgeldes in den vom Gast zu entrichtenden Endpreis sind heute an die Stelle von Regelungen über die Verrechnung des Bedienungsgeldes mit dem Arbeitsentgelt Regelungen über **Umsatzbeteiligungen** getreten, bei denen es sich aber gleichfalls um Arbeitsentgelt handelt. Zum fehlenden Entgeltcharakter von Gästen in Gaststätten gegebener **Trinkgel-**

§ 87 *IV. 3. Soziale Angelegenheiten*

der *BAG* 28.06.1995 EzA § 11 BUrlG Nr. 38 S. 3 = AP Nr. 112 zu § 37 BetrVG 1972 Bl. 2 = SAE 1997, 121 *(Treber)*. Nach der Legaldefinition des § 107 Abs. 3 Satz 2 GewO ist Trinkgeld ein Geldbetrag, den ein Dritter ohne rechtliche Verpflichtung dem Arbeitnehmer zusätzlich zu einer dem Arbeitgeber geschuldeten Leistung zahlt. Die Zahlung eines regelmäßigen Arbeitsentgelts kann nicht für die Fälle ausgeschlossen werden, in denen der Arbeitnehmer für seine Tätigkeit von Dritten ein Trinkgeld erhält (§ 107 Abs. 3 Satz 1 GewO).

855 Die Mitbestimmung nach § 87 Abs. 1 Nr. 10 erfasst **sämtliche vermögenswerten Leistungen** des **Arbeitgebers mit Entgeltcharakter**, die mit Rücksicht auf das Arbeitsverhältnis erbracht werden (vgl. auch *BAG* 15.04.2008 EzA § 87 BetrVG 2001 Betriebliche Lohngestaltung Rn. 35 = AP Nr. 133 zu § 87 BetrVG 1972 Lohngestaltung), also auch **betriebliche Sozialleistungen** (Rdn. 857 ff.) einschließlich Leistungen der **betrieblichen Altersversorgung** (Rdn. 874 ff.).

856 Die Mitbestimmung nach § 87 Abs. 1 Nr. 10 entfällt daher nur bei **Leistungen ohne** jeglichen **Entgeltcharakter** (*BAG* 10.06.1986 EzA § 87 BetrVG 1972 Betriebliche Lohngestaltung Nr. 12 S. 110 = AP Nr. 22 zu § 87 BetrVG 1972 Lohngestaltung Bl. 2). Sie ist daher z. B. nicht gegeben. wenn ein Kreditinstitut zu gleichen Konditionen beliebigen Personen und damit auch eigenen Arbeitnehmern **Kredite** gewährt (zur entsprechenden Problematik bei der Vermietung von Wohnungen Rdn. 794, zu Arbeitgeberdarlehen Rdn. 860). Kein Arbeitsentgelt ist der **Aufwendungsersatz** (*BAG* 17.06.1998 EzA § 2 KSchG Nr. 30 S. 14 = AP Nr. 49 zu § 2 KSchG 1969 Bl. 6 R f. *[H. Hanau]*; *Fitting* § 87 Rn. 416; *Hanau* BB 1977, 350 [352]; *Kaiser/LK* § 87 Rn. 222; *Klebe/DKKW* § 87 Rn. 302; *Richardi* § 87 Rn. 743; *Worzalla/HWGNRH* § 87 Rn. 541; allgemein *Schaub/Koch* Arbeitsrechts-Handbuch, § 82). Der Betriebsrat hat z. B. nicht mitzubestimmen bei dem Erlass einer Dienstreiseordnung, auch wenn nach dieser die **Dienstreisekosten** teilweise pauschaliert erstattet werden (*BAG* 08.12.1981 EzA § 87 BetrVG 1972 Betriebliche Ordnung Nr. 8 S. 60 f. = AP Nr. 6 zu § 87 BetrVG 1972 Lohngestaltung Bl. 2 R *[Kraft]* = SAE 1983, 73 *[Hanau]*; 27.10.1998 EzA § 87 BetrVG 1972 Betriebliche Lohngestaltung Nr. 66 S. 5 ff. = AP Nr. 99 zu § 87 BetrVG 1972 Lohngestaltung Nr. 99 Bl. 2 R ff. = BB 1999, 744 *[Pohle]*, es sei denn, dass aus Anlass von Geschäftsreisen Beträge gezahlt werden, die nicht den Zweck haben, entstandene Unkosten in pauschalierter Form abzugelten; vgl. auch *BAG* 10.06.1986 EzA § 87 BetrVG 1972 Betriebliche Lohngestaltung Nr. 12 S. 110 f. = AP Nr. 22 zu § 87 BetrVG 1972 Lohngestaltung Bl. 2; 30.01.1990 EzA § 87 BetrVG 1972 Betriebliche Lohngestaltung Nr. 27 S. 8 = AP Nr. 41 zu § 87 BetrVG 1972 Lohngestaltung Bl. 4 R; zu Vergütungsfragen bei Dienstreisen allgemein *Loritz* NZA 1997, 1188 [1192 ff.]). Gleiches gilt für eine **Autopauschale**, die Arbeitnehmer für die dienstliche Benutzung des Privat-Pkw gezahlt wird (*BAG* 30.01.1979 – 1 ABR 23/76 – unveröffentlicht). Zur fehlenden Mitbestimmung nach § 87 Abs. 1 Nr. 10 hinsichtlich der Gewährung eines **Zusatzurlaubs** oder sonstiger bezahlter freier Arbeitstage *BAG* 27.06.1985 EzA § 77 BetrVG 1972 Nr. 16 S. 69 = AP Nr. 14 zu § 77 BetrVG 1972 Bl. 3 R (**a. M.** *Klebe/DKKW* § 87 Rn. 300) sowie der Kontogebühren bei Einführung der bargeldlosen Entgeltzahlung *BAG* 08.03.1977 EzA § 87 BetrVG Lohn u. Arbeitsentgelt Nr. 6 S. 60 *(Klinkhammer)* = AP Nr. 1 zu § 87 BetrVG 1972 Auszahlung Bl. 3 *(Wiedemann/Moll)*; vgl. aber auch Rdn. 456 f. Nicht nach § 87 Abs. 1 Nr. 10 mitbestimmungspflichtig sind **Abfindungen** (*Richardi* § 87 Rn. 744) oder eine **Outplacement-Beratung** (*Hermann* Outplacement, Diss. Frankfurt am Main 2001, S. 160 ff.). Keine Frage der betrieblichen Lohngestaltung ist auch die **Zuweisung** eines **eigenen Büros** an leistungsabhängig vergütete Außendienstmitarbeiter (*BAG* 31.05.2005 EzA § 87 BetrVG 2001 Betriebliche Lohngestaltung Nr. 7 S. 6 ff. = AP Nr. 125 zu § 87 BetrVG 1972 Lohngestaltung Bl. 3 R ff.).

bb) Sozialleistungen

857 Allgemein sind **sämtliche** aus Anlass des Arbeitsverhältnisses gewährten **vermögenswerten Leistungen** des Arbeitgebers **mit Entgeltcharakter**, also auch betriebliche Sozialleistungen (**»Soziallohn«**), Gegenstand der Lohngestaltung i. S. d. § 87 Abs. 1 Nr. 10, selbst wenn ursprünglich ihr Fürsorgezweck im Vordergrund gestanden hat und Anlass der Leistung war (*BAG* 13.02.1979 EzA § 87 BetrVG 1972 Sozialeinrichtung Nr. 11 S. 51 = AP Nr. 2 zu § 87 BetrVG 1972 Sozialeinrichtung Bl. 3 R; 16.09.1986 GS EzA § 77 BetrVG 1972 Nr. 17 S. 74, 103 *[Otto]* = AP Nr. 17 zu § 77 BetrVG 1972 Bl. 2 R, 14; 29.01.2008 EzA § 87 BetrVG 2001 Betriebliche Lohngestaltung Nr. 14 Rn. 27 = AP Nr. 13 zu § 87 BetrVG 1972; weitere Nachweise 9. Aufl. § 87 Rn. 828; *Blomeyer* Anm. AP Nr. 3

zu § 87 BetrVG 1972 Altersversorgung Bl. 9 R ff.; *Buchner* Anm. AR-Blattei, Betriebsverfassung XIV B, Entsch. 27 unter 4; *Fitting* § 87 Rn. 412; *Hanau* Anm. AP Nr. 4 zu § 87 BetrVG 1972 Altersversorgung Bl. 4; *ders.* BB 1976, 91 [96]; *ders.* BB 1977, 350 [351 f.]; *Jahnke* ZfA 1980, 863 [870 ff.]; *Kaiser/LK* § 87 Rn. 221, 243; *Kania*/ErfK § 87 BetrVG Rn. 96; *Klebe/DKKW* § 87 Rn. 300; *Matthes*/MünchArbR § 251 Rn. 7; *Moll* Die Mitbestimmung des Betriebsrats beim Entgelt, S. 136 ff. [148 ff.]; *Richardi* § 87 Rn. 734, 740, 832 f.; *ders.* JA 1975, 761 [767]; *ders.* ZfA 1976, 1 [10 ff.]; *Worzalla*/HWGNRH § 87 Rn. 531 f., 537 ff., 598; a. M. *Ehmann* ZfA 1980, 683 [741 f.]; *Weigel* BB 1974, 1583 [1586]; krit. *Loritz/ZLH* Arbeitsrecht § 51 II 10a; ferner Nachweise 6. Aufl. § 87 Rn. 828 sowie Rdn. 859 ff., 874 ff.).

Die Einbeziehung sämtlicher Sozialleistungen in die Mitbestimmung nach § 87 Abs. 1 Nr. 10 ist gerechtfertigt, weil Fürsorge- und Entgeltkomponente einer Leistung sich nach heutiger Auffassung nicht voneinander trennen lassen. Auch Sozialleistungen werden wegen des Arbeitsverhältnisses, d. h. mit Rücksicht auf die Arbeitsleistung des Arbeitnehmers erbracht und sind zugleich Entgelt für die vom Arbeitnehmer übernommene Funktion, die über die Arbeitspflicht hinausgeht (vgl. auch *Franzen* vor § 81 Rdn. 12 m. w. N.). Unerheblich ist, dass Sozialleistungen im Gegensatz zum eigentlichen Arbeitsentgelt nicht Hauptpflicht, sondern Gegenstand von Nebenleistungspflichten sind und außerhalb des Synallagmas stehen (*Jahnke* ZfA 1980, 863 [870 f.]). Das mindert nicht die Schutzbedürftigkeit der Arbeitnehmer, so dass bei kollektiven Tatbeständen der Schutzzweck des § 87 Abs. 1 Nr. 10 die Mitbestimmung gebietet.

858

Als **Sozialleistungen** kommen u. a. in Betracht:
- Leistungen der betrieblichen **Altersversorgung**: Rdn. 874 ff.;
- **Arbeitgeberdarlehen**: Rdn. 860;
- **Betriebsausflug** mit Zeitgutschrift: *BAG* 27.01.1998 EzA § 87 BetrVG 1972 Arbeitszeit Nr. 58 S. 5 = AP Nr. 14 zu § 87 BetrVG 1972 Sozialeinrichtung Bl. 3 f. (weitergehend *Klebe/DKKW* § 87 Rn. 300, 328); zur fehlenden Mitbestimmung im konkreten Fall nach Zurückverweisung des Verfahrens *LAG München* 03.12.1998 NZA-RR 1999, 525 f.;
- verbilligter **Bezug von Waren** des Unternehmens durch die Belegschaft: Personalrabatt; *BAG* 26.05.1993 EzA § 9 AGB-Gesetz Nr. 1 S. 5 *(Streckel)* = AP Nr. 3 zu § 23 AGB-Gesetz Bl. 2 R = SAE 1994, 45 *(Koller)*, jedoch entscheidet der Arbeitgeber unter Berücksichtigung des § 75 Abs. 1 allein über den begünstigten Personenkreis (Rdn. 869; *LAG Hamm* 22.12.1982 DB 1983, 1985); Gleiches gilt für den Preis der Waren (zum Personaleinkauf vgl. auch Rdn. 236, 455, 713, zum Personalverkauf Rdn. 852);
- **Ermäßigung** des **Elternbeitrags** bei der Unterbringung eigener Kinder in Kinder- und Jugendheimen des Arbeitgebers: *BAG* 22.10.1981 EzA § 76 BetrVG 1972 Nr. 32 S. 168 *(Herschel)* = AP Nr. 10 zu § 76 BetrVG 1972 Bl. 2 R f. *(Hilger)* = SAE 1982, 228 *(Gamp)*;
- **Essensgeldzuschüsse**: *BAG* 15.01.1987 EzA § 4 TVG Rundfunk Nr. 14 S. 116 f. = AP Nr. 21 zu § 75 BPersVG Bl. 4 R;
- **Fahrgeldzulagen**: *ArbG Mannheim* 25.08.1986 AiB 1988, 88;
- Kostenübernahme für **Familienheimflüge**, soweit es sich nicht um Aufwendungen für Dienstreisen handelt; unerheblich ist, dass diese soziale Leistung nur unter besonderen persönlichen Voraussetzungen gewährt wird: *BAG* 10.06.1986 EzA § 87 BetrVG 1972 Betriebliche Lohngestaltung Nr. 12 S. 109 f. = AP Nr. 22 zu § 87 BetrVG 1972 Lohngestaltung Bl. 2 f.;
- **Erwerb verbilligter Flugscheine**: *BAG* 22.10.1985 EzA § 87 BetrVG 1972 Betriebliche Lohngestaltung Nr. 10 S. 96 = AP Nr. 18 zu § 87 BetrVG 1972 Lohngestaltung Bl. 3 R *(Glaubitz)* = SAE 1986, 159 *(Roemheld)*;
- **Erwerb** von **verbilligtem Gas** aus eigener Produktion: *BAG* 22.10.1985 EzA § 87 BetrVG 1972 Werkwohnung Nr. 7 S. 39 = AP Nr. 5 zu § 87 BetrVG 1972 Werkmietwohnungen Bl. 2 R;
- **Gratifikationen**: *Jahnke* Gratifikationen und Sonderleistungen, S. 19 ff., 92 ff. m. w. N.;
- **Kapitalbeteiligungsmodelle**: **Investivlohn**; *Röder* NZA 1987, 799 (804); *Waas* BB-Special 2009, 27 ff.; a. M. *Loritz* FS Kissel, 1994, S. 687 (704 f.), dagegen *Klebe/DKKW* § 87 Rn. 301;
- **Mietzuschüsse**: *BAG* 10.06.1986 EzA § 87 BetrVG 1972 Betriebliche Lohngestaltung Nr. 12 S. 109 f. = AP Nr. 22 zu § 87 BetrVG 1972 Lohngestaltung Bl. 2;
- **Personalfahrten** des Arbeitnehmers von seiner Wohnung zur Arbeitsstätte und zurück, die der Arbeitgeber kostenlos oder verbilligt anbietet: *BAG* 09.07.1985 AP Nr. 16 zu § 75 BPersVG Bl. 4 R f.

859

(Hromadka); **a. M.** *LAG Schleswig-Holstein* 17.03.1983 BB 1984, 140 (141); zu Fahrtkosten im Werkbusverkehr auch *LAG Nürnberg* 29.09.1989 NZA 1990, 503;
- **Umweltschutzprämien**: *Froschauer* Arbeitsrecht und Umweltschutz (Diss. Mannheim), 1994, S. 173 ff.;
- **zusätzliches Urlaubsgeld**: *BAG* 31.01.1984 EzA § 87 BetrVG 1972 Betriebliche Lohngestaltung Nr. 8 S. 76 = AP Nr. 15 zu § 87 BetrVG 1972 Lohngestaltung Bl. 5 *(Satzky),* 10.02.1988 EzA § 87 BetrVG 1972 Betriebliche Lohngestaltung Nr. 18 S. 4 *(Glaubitz)* = AP Nr. 33 zu § 87 BetrVG 1972 Lohngestaltung Bl. 2 f.; 09.02.1989 EzA § 77 BetrVG 1972 Nr. 27 S. 3 = AP Nr. 40 zu § 77 BetrVG 1972 Bl. 1 R *(Richardi);* Sibben DB 1997, 1178 (1183 f.), nicht aber ein **Jubilar-Zusatzurlaub** *(BAG* 27.06.1985 EzA § 77 BetrVG 1972 Nr. 16 S. 69 = AP Nr. 14 zu § 77 BetrVG 1972 Bl. 3 R f.);
- vom Arbeitgeber veranstaltete **Wettbewerbe**, durch die Arbeitnehmer zu einer Leistung angespornt werden sollen und bei denen den Gewinnern **geldwerte Vorteile** (z. B. Reisen) gewährt werden, selbst wenn den Gewinnern auch ein auf ihre Tätigkeit bezogenes Informationsprogramm geboten wird: *BAG* 30.03.1982 EzA § 87 BetrVG 1972 Betriebliche Lohngestaltung Nr. 4 S. 39 ff. = AP Nr. 10 zu § 87 BetrVG 1972 Lohngestaltung Bl. 2 ff. *(Weiss)* = SAE 1983, 50 *(Steindl);*
- Überlassung von **verbilligtem Wohnraum**: vgl. auch Rdn. 824.

860 Bei **Arbeitgeberdarlehen** war die Mitbestimmung des Betriebsrats zunächst sehr umstritten. Inzwischen hat sich jedoch die Auffassung durchgesetzt, dass die Gewährung von zinsgünstigen Darlehen nach bestimmten Richtlinien des Arbeitgebers, die nicht über eine Sozialeinrichtung, sondern aus den laufenden Mitteln des Unternehmens erfolgt, nicht der Mitbestimmung nach § 87 Abs. 1 Nr. 8 unterliegt (Rdn. 711), wohl aber Gegenstand der betrieblichen Lohngestaltung i. S. d. § 87 Abs. 1 Nr. 10 ist *(BAG* 09.12.1980 EzA § 87 BetrVG 1972 Betriebl. Lohngestaltung Nr. 1 S. 3 ff. *[Weiss* nach Nr. 2*]* = AP Nr. 5 zu § 87 BetrVG 1972 Lohngestaltung Bl. 2 *[Herschel]* = BB 1981, 735 *[Gumpert]* = AR-Blattei, Betriebsverfassung XIV B, Entsch. 50 *[Hanau]* = JA 1982, 256 *[Friedrich]* = SAE 1981, 192 *[Meisel]* unter Aufgabe der abweichenden Ansicht *BAG* 13.02.1979 EzA § 87 BetrVG 1972 Sozialeinrichtung Nr. 11 S. 48 ff. = AP Nr. 2 zu § 87 BetrVG 1972 Sozialeinrichtung Bl. 2 ff.; *K. Gamillscheg* AR-Blattei SD 570 Rn. 19 ff.; *Hanau* FS *G. Müller,* 1981, S. 169 [188 f.], der Analogie annimmt; *Jahnke* ZfA 1980, 863 [868 ff.]; *Richardi* § 87 Rn. 736; *Schulin* ZfA 1981, 577 [632]; *Worzalla/HWGNRH* § 87 Rn. 537; **a. M.** *LAG Frankfurt a. M.* 16.03.1976 BB 1977, 796; *Ehmann* ZfA 1980, 683 [741 f.]; *Löwisch/Mikosch* Anm. AP Nr. 2 zu § 50 BetrVG 1972 Bl. 4 R f.; weitere Nachweise 6. Aufl. § 87 Rn. 831). Das ist zutreffend, weil die Gewährung der Darlehen wegen des Arbeitsverhältnisses erfolgt, um die bereits erbrachte und noch erwartete Betriebstreue zu vergüten; deshalb handelt es sich um eine Sozialleistung mit Entgeltcharakter. Die Mitbestimmung ist jedoch beschränkt auf allgemeine Regelungen (Rdn. 842), d. h. auf die Festlegung der Darlehensrichtlinien und lässt die Entscheidung des Arbeitgebers unberührt, ob und in welchem Umfang er zinsgünstige Darlehen gewähren will *(BAG* 09.12.1980 EzA § 87 BetrVG 1972 Betriebl. Lohngestaltung Nr. 1 S. 7 *[Weiss* nach Nr. 2*]* = AP Nr. 5 zu § 87 BetrVG 1972 Lohngestaltung Bl. 3 R *[Herschel]*). Insoweit gelten die Rdn. 861 ff., 879 f. entwickelten Grundsätze.

861 Noch nicht endgültig geklärt ist die Frage, unter welcher **Voraussetzung** die **Mitbestimmung** bei **Sozialleistungen** einsetzt. Zum Teil wurde verlangt, dass auf die Leistung ein Rechtsanspruch bestehen müsse *(BAG* 04.10.1956 EzA § 611 BGB Gratifikation, Prämie Nr. 1 S. 4 = AP Nr. 4 zu § 611 BGB Gratifikation Bl. 2 R *[A. Hueck]; Dietz/Richardi* 5. Aufl. 1973, § 87 Rn. 294; *Fitting/Auffarth* § 87 Rn. 54, 55; *Kammann/Hess/Schlochauer* § 87 Rn. 199; *Wiese* Initiativrecht, S. 60; vgl. auch *Blomeyer* Anm. AP Nr. 3 zu § 87 BetrVG 1972 Altersversorgung Bl. 10 f.; *Löwisch* ZHR Bd. 139 [1975], 362 [373 mit Fn. 21]). Oder es wurde – z. T. zugleich und ohne nähere Differenzierung – darauf abgestellt, dass es sich nicht um freiwillige Leistungen handeln dürfe *(BAG* 04.10.1956 EzA § 611 BGB Gratifikation, Prämie Nr. 1 S. 4 = AP Nr. 4 zu § 611 BGB Gratifikation Bl. 2 R *[A. Hueck];* 15.05.1957 AP Nr. 5 zu § 56 BetrVG Bl. 3 *[Küchenhoff];* 09.05.1958 AP Nr. 1 zu § 56 BetrVG Wohlfahrtseinrichtung Bl. 2 R *[Bettermann];* 30.08.1963 AP Nr. 4 zu § 57 BetrVG Bl. 2 R; 06.12.1963 AP Nr. 6 zu § 56 BetrVG Wohlfahrtseinrichtungen Bl. 2 R *[Neumann-Duesberg];* 18.03.1964 AP Nr. 4 zu § 56 BetrVG Entlohnung Bl. 4 R; 16.11.1967 AP Nr. 63 zu § 611 BGB Gratifikation Bl. 1 R *[Gamillscheg];* 22.02.1968 EzA § 611 BGB Gratifikation, Prämie Nr. 20 S. 74 = AP Nr. 64 zu § 611 BGB Gratifikation Bl. 2 R *[Wiedemann]; Dietz* § 56 Rn. 224; *Dietz/Richardi* 5. Aufl. 1973, § 87 Rn. 294;

Galperin/Siebert § 56 Rn. 98, 99, § 57 Rn. 11; *Hanau* BB 1972, 499; *ders.* BB 1973, 1274 [1276]; *Neumann-Duesberg*, S. 497 f.; *Richardi* ZAS 1975, 163 [213, 214]; *ders.* ZfA 1976, 1 [7]; *Rumpff* AuR 1972, 65 [71 f.]; abw. *Nikisch* III, S. 437 ff.; weitere Nachweise bei *Wiese* NZA 1990, 793 [796 f.]). Daran ist richtig, dass der Arbeitgeber nach § 87 Abs. 1 Nr. 10 nicht zu zusätzlichen Leistungen gezwungen werden kann (Rdn. 839, 866, 870, 879 f., ferner Rdn. 39 f.; zum Initiativrecht des Betriebsrats Rdn. 985 ff.). Mangels einer anderweitig begründeten Rechtspflicht aufgrund Gesetzes, einer Kollektiv- oder Individualvereinbarung gibt es daher nach wie vor **freiwillige Leistungen** des **Arbeitgebers**. Der Ausdruck ist jedoch im vorliegenden Zusammenhang ebenso missverständlich, wie es ungenau ist, allein auf einen Rechtsanspruch als Voraussetzung der Mitbestimmung abzustellen. Für diese bedarf es einer objektiv eindeutig bestimmbaren Anknüpfung.

Ausschlaggebend ist, dass der **Arbeitgeber** in seiner unternehmerischen **Entscheidung frei** sein soll, ob und in welchem Umfang er **Mittel** für **zusätzliche Leistungen zur Verfügung stellt**, zu denen er bisher weder aufgrund Gesetzes, einer Kollektivvereinbarung noch des Arbeitsvertrages verpflichtet ist. Das ist die unabweisbare Konsequenz der – zudem verfassungsrechtlich gewährleisteten – Vertragsfreiheit. Deshalb ist **Raum für** die **Mitbestimmung, falls** der **Arbeitgeber** insoweit eine **verbindliche Entscheidung getroffen** hat (**a. M.** *Matthes*/MünchArbR § 251 Rn. 18). Das kann dadurch geschehen, dass individualrechtlich mit Zustimmung des Betriebsrats (auch durch betriebliche Übung oder aufgrund des Gleichbehandlungsgrundsatzes) oder durch freiwillige Betriebsvereinbarung ein Rechtsanspruch der Arbeitnehmer auf bestimmte ursprünglich freiwillige Leistungen begründet worden ist (vgl. auch BAG 10.07.1979 EzA § 87 BetrVG 1972 Leistungslohn Nr. 3 S. 42 = AP Nr. 2 zu § 87 BetrVG 1972 Lohngestaltung Bl. 3 R *[Schulze-Osterloh]* = SAE 1981, 41 *[Lieb/Randerath]*). In diesem Sinne ist das Bestehen eines Rechtsanspruchs Voraussetzung der Mitbestimmung, weil er diese im Rahmen des vorhandenen Regelungsspielraums auslöst (Rdn. 872). Die mitbestimmungsrechtlich allein relevante **Bindung** des Arbeitgebers kann aber auch durch **Betriebsvereinbarung** oder **Betriebsabsprache** entstehen, ohne dass zugleich individualrechtliche Ansprüche der Arbeitnehmer begründet werden (*Jahnke* Gratifikationen und Sonderleistungen, S. 95; *ders.* ZfA 1980, 863 [897]; vgl. auch BAG 10.03.1982 AP Nr. 10 zu § 87 BetrVG 1972 Lohngestaltung Bl. 3 *[Weiss]*).

Die **Bindung** entsteht jedoch **nicht** dadurch, dass der **Arbeitgeber** sich einseitig für eine **freiwillige Leistung »entschieden und das verlautbart hat«** (so aber BAG 18.03.1976 EzA § 87 BetrVG 1972 Lohn u. Arbeitsentgelt Nr. 5 S. 48 *[Weiss]* = AP Nr. 4 zu § 87 BetrVG 1972 Altersversorgung Bl. 2 zu § 87 Abs. 1 Nr. 8 *[Hanau]*; Bender/WPK § 87 Rn. 220; noch weitergehend *Hanau* Anm. daselbst Bl. 5 R, der darauf abstellt, ob die Pläne des Arbeitgebers schon eine so greifbare Gestalt angenommen hätten, dass für den Betriebsrat ein Regelungsschutzinteresse bestehe; vgl. auch *Hanau* BB 1976, 91 [94]; *ders.* BB 1977, 350 [352]). Eine rechtliche Bindung entsteht im Privatrecht durch einseitiges Rechtsgeschäft nur in den gesetzlich ausdrücklich geregelten Fällen (*von Tuhr* Allgemeiner Teil des Deutschen Bürgerlichen Rechts II 1, 1914, S. 204 f.). Dem Betriebsverfassungsrecht als Teil des Privatrechts (*Wiese* Einl. Rdn. 89 ff.) ist eine solche Ausnahme nicht zu entnehmen. Deshalb ist ein zweiseitiges Rechtsgeschäft Voraussetzung der Bindung und zugleich auslösender Faktor der Mitbestimmung. Das schließt nicht aus, eine einseitige Äußerung des Arbeitgebers als Angebot i. S. d. § 145 BGB auszulegen, an das er nach Maßgabe der §§ 146 ff. BGB gebunden ist. Eine die Mitbestimmung nach § 87 Abs. 1 Nr. 10 auslösende verbindliche Entscheidung setzt aber die Annahme des Angebots voraus.

Der durch Auslegung zu ermittelnde Umfang der **eingegangenen Bindung** gibt den **Rahmen** ab, innerhalb dessen die **Mitbestimmung** wirksam wird (zur Entwicklung der Rechtsprechung *Wiese* NZA 1990, 793 [794 f.]). Sie ist daher nur gegeben, soweit ein Regelungsspielraum besteht (Rdn. 872; *Hanau* BB 1977, 350 [352], der m. E. zu Unrecht *Richardi* ZfA 1976, 1 [13 f.] als Gegner dieser Ansicht aufführt; vgl. auch *Richardi* ZAS 1975, 163, 213 [215]). Dieser ist deshalb von vornherein begrenzt durch die eingegangene Bindung. Das entspricht dem elementaren Grundsatz der Vertragsfreiheit. Deshalb ist es zutreffend, wenn von der h. M. bestimmte Vorgaben des Arbeitgebers als mitbestimmungsfrei angesehen werden (Rdn. 865 ff., 878 ff., 889 ff.). Demgegenüber hält *Heinze* (NZA 1986, 1 [4 f.]) die Beschränkung der Mitbestimmung bei freiwilligen Leistungen hinsichtlich des Zweckes und des erfassten Personenkreises nicht für gerechtfertigt, weil diese bereits durch Gesetz, Tarif- oder Einzelarbeitsvertrag bestimmt seien. Dabei wird übersehen, dass die aufgrund Gesetzes und Tarifvertrags zu erbringenden Leistungen in dem von der h. M. gemeinten spezifischen Sinne keine

§ 87   IV. 3. Soziale Angelegenheiten

»freiwilligen« Leistungen sind und daher der uneingeschränkten Mitbestimmung nach § 87 Abs. 1 Nr. 10 unterliegen. Bei einzelvertraglich begründeten Ansprüchen sind »freiwillig« nur die über das eigentliche Arbeitsentgelt hinaus vom Arbeitgeber ohne bisher bestehende Rechtspflicht zusätzlich gewährten Leistungen. Bei diesen kann der Arbeitgeber aber ungeachtet des § 75 Abs. 1 nicht gezwungen werden, sie für einen anderen Zweck oder Personenkreis zu gewähren, als er freiwillig bereit ist. Die von der h. M. getroffene Unterscheidung ist daher berechtigt. Aus der dargelegten Auffassung folgt auch, dass widerrufliche Leistungen nicht nach § 87 Abs. 1 Nr. 10 durch Betriebsvereinbarung festgeschrieben werden können (*LAG Niedersachsen* 25.02.1980 EzA § 87 BetrVG 1972 Lohn u. Arbeitsentgelt Nr. 12 S. 97; *Hanau* BB 1977, 350 [352]; a. M. *Föhr* AuR 1975, 353 [362]).

865 Die vom Arbeitgeber eingegangene Bindung hinsichtlich ursprünglich freiwilliger Leistungen mit Entgeltcharakter eröffnet somit zwar die **Mitbestimmung** nach § 87 Abs. 1 Nr. 10, besagt aber nichts über deren **Umfang**. Für diesen bleibt die Freiwilligkeit der Leistung von Bedeutung, insofern die Grundentscheidung des Arbeitgebers substantiell nicht beseitigt werden darf. Diese Auffassung lag bereits den Beschlüssen des *BAG* zu den Grenzen der Mitbestimmung nach § 87 Abs. 1 Nr. 10 bei der betrieblichen Altersversorgung zugrunde (Rdn. 878 ff.), ist aber inzwischen auch für sonstige Sozialleistungen anerkannt (Rdn. 866 ff.). Die hiernach bestehenden Grenzen der Mitbestimmung beruhen letztlich auf einer entsprechenden Anwendung der zu Sozialeinrichtungen i. S. d. § 87 Abs. 1 Nr. 8 entwickelten Grundsätze (Rdn. 736 ff.). Die mitbestimmungsrechtlich prinzipiell gleiche Erfassung ursprünglich freiwilliger Leistungen ist geboten. Nur dadurch werden die vom Gesetzgeber vernachlässigten systematischen Zusammenhänge der Mitbestimmung in sozialen Angelegenheiten deutlich und wird die Anwendung der Tatbestände des § 87 Abs. 1 rechtsstaatlichen Grundsätzen entsprechend voraussehbar und berechenbar.

866 Aus der dargelegten Auffassung folgt, dass der Arbeitgeber allein darüber entscheiden kann, **ob**, in welchem **Umfang** und welcher **Art** (Geld- oder Sachleistungen, sonstige vermögenswerte Leistungen) er **freiwillige Leistungen** gewähren will (*BAG* st. Rspr. 09.12.1980 EzA § 87 BetrVG 1972 Betriebl. Lohngestaltung Nr. 1 S. 7 *[Weiss* nach Nr. 2*]* = AP Nr. 5 zu § 87 BetrVG 1972 Lohngestaltung Bl. 3 R *[Herschel]*; 14.08.2001 EzA § 613a BGB Nr. 200 S. 10 = AP Nr. 85 zu § 77 BetrVG 1972 Bl. 6 *[Raab]*; 29.07.2003 EzA § 87 BetrVG 2001 Betriebliche Lohngestaltung Nr. 2 S. 5 = AP Nr. 18 zu § 87 BetrVG 1972 Sozialeinrichtung Bl. 2; 18.11.2003 EzA § 77 BetrVG 2001 Nr. 9 S. 9 = AP Nr. 15 zu § 77 BetrVG 1972 Nachwirkung Bl. 4 R; 13.12.2011 EzA § 77 BetrVG 2001 Nr. 32 Rn. 14 = AP Nr. 57 zu § 77 BetrVG 1972 Betriebsvereinbarung; weitere Nachweise 9. Aufl § 87 Rn. 837; *LAG Niedersachsen* 17.09.1985 DB 1986, 335; *Fitting* § 87 Rn. 445, 447; *Gamillscheg* II, S. 933; *Kaiser/LK* § 87 Rn. 243; *Kania*/ErfK § 87 BetrVG Rn. 108; *Matthes*/MünchArbR § 251 Rn. 17; *Richardi* § 87 Rn. 47, 771, 834 f.; *ders.* ZfA 1976, 1 [13, 15]; *Thüsing* DB 1997, 1130 f.; *Worzalla*/HWGNRH § 87 Rn. 609, 611; vgl. auch Rdn. 734, 739, 879 f., 867, 892; **a. M.** *Leinemann* DB 1985, 1394 [1397] – dagegen zutr. *Pauly* DB 1985, 2246 ff.; *Moll* Die Mitbestimmung des Betriebsrats beim Entgelt, S. 188 f., 204 f., im Gegensatz zu S. 150). Er kann sie daher **einmalig**, **befristet** oder **unbefristet** und wiederkehrende Leistungen auch **bedingt** oder unter **Widerrufsvorbehalt** gewähren (*Wiese* NZA 1990, 793 [796 f.]). Unpräzise ist es, in diesem Zusammenhang von einem »**Dotierungsrahmen**« zu sprechen (vgl. auch *Jahnke* ZfA 1980, 863 [892 f.]). Im Gegensatz zur Sozialeinrichtung, bei der es sich um ein abgegrenztes, zweckgebundenes Sondervermögen handelt (Rdn. 707 f.), braucht die Sozialleistung als Gegenstand der Lohngestaltung i. S. d. § 87 Abs. 1 Nr. 10 hinsichtlich des Umfangs der einmaligen oder laufenden Zuwendungen nicht begrenzt zu sein. Das ist zwar bei einer einmaligen Leistung denkbar, jedoch hängt die Höhe der aufzuwendenden Mittel in der Regel von der Erfüllung der Leistungsvoraussetzungen ab. Gerade deshalb ist es aber gerechtfertigt, dass die grundsätzlichen Vorgaben des Arbeitgebers mitbestimmungsfrei sind. Zu Freiwilligkeitsvorbehalten *Bauer/von Medem* NZA 2012, 894 ff.; *Krause* FS *J.-H. Bauer*, 2010, S. 577 ff.; *Preis/Sagan* NZA 2012, 1077 ff.

867 Obwohl der Arbeitgeber nicht gezwungen werden kann, zusätzliche Sozialleistungen zu gewähren, hat der **Betriebsrat jedoch** darüber **mitzubestimmen, ob** sie überhaupt **eingeführt** werden sollen. Das entspricht der ständigen Rechtsprechung des *BAG* bei freiwilligen Leistungen, die zusätzlich zum eigentlichen Arbeitsentgelt gewährt werden (Rdn. 895). Für freiwillige Sozialleistungen kann nichts anderes gelten (*BAG* 30.03.1982 EzA § 87 BetrVG 1972 Betriebliche Lohngestaltung Nr. 4

S. 43 f. = AP Nr. 10 zu § 87 BetrVG 1972 Lohngestaltung Bl. 3 *[Weiss]*; *Bender/WPK* § 87 Rn. 220; *Matthes/*MünchArbR § 251 Rn. 19; **a. M.** *Galperin/Löwisch* § 87 Rn. 228; *Thüsing* DB 1997, 1130 [1133 f.]). Auch sie sind Lohn i. S. d. § 87 Abs. 1 Nr. 10 (Rdn. 857 ff.), so dass durch ihre Einführung der im Betrieb geltende Entlohnungsgrundsatz geändert wird (Rdn. 929 ff.; **a. M.** *Matthes/*MünchArbR § 251 Rn. 19: Entlohnungsmethode). Die Mitbestimmung ist auch sachgerecht, weil es für die Belegschaft von erheblichem Interesse ist, ob und für welche Sozialleistungen die immer nur begrenzt zur Verfügung stehenden betrieblichen Mittel eingesetzt werden (zust. *Bender/WPK* § 87 Rn. 220). Der Betriebsrat hat daher hinsichtlich der **Einführung** von **Sozialleistungen kein Initiativ-**, wohl **aber** ein **Zustimmungsrecht**; bei Widerstand des Betriebsrats kann dieser nur durch einen Spruch der Einigungsstelle überwunden werden (zutr. *Matthes* NZA 1987, 289 [293]; *Richardi* § 87 Rn. 771). Zu den Rechtsfolgen der Verletzung des Mitbestimmungsrechts Rdn. 130 ff., 996.

Wesentlicher Bestandteil der Leistung ist deren **Zweckbestimmung**, die daher ebenso wie die Einführung freiwilliger Leistungen **mitbestimmungsfrei** ist (*BAG* st. Rspr. 09.12.1980 EzA § 87 BetrVG 1972 Betriebliche Lohngestaltung Nr. 1 S. 8 *[Weiss nach Nr. 2]* = AP Nr. 5 zu § 87 BetrVG 1972 Lohngestaltung Bl. 3 R *[Herschel]*; 14.08.2001 EzA § 613a BGB Nr. 200 S. 10 = AP Nr. 85 zu § 77 BetrVG 1972 Bl. 6 *[Raab]*; 29.07.2003 EzA § 87 BetrVG 2001 Betriebliche Lohngestaltung Nr. 2 S. 5 = AP Nr. 18 zu § 87 BetrVG 1972 Sozialeinrichtung Bl. 2; 18.11.2003 EzA § 77 BetrVG 2001 Nr. 9 S. 9 = AP Nr. 15 zu § 77 BetrVG 1972 Nachwirkung Bl. 4 R; 13.12.2011 EzA § 77 BetrVG 2001 Nr. 32 Rn. 14 = AP Nr. 57 zu § 77 BetrVG 1972 Betriebsvereinbarung; *Blomeyer* Anm. AP Nr. 3 zu § 87 BetrVG 1972 Altersversorgung Bl. 10 R; *Fitting* § 87 Rn. 446; *Kaiser/LK* § 87 Rn. 242 f.; *Kania/*ErfK § 87 BetrVG Rn. 109; *Richardi* § 87 Rn. 47, 771, 834; *Worzalla/HWGNRH* § 87 Rn. 611, 614; vgl. auch Rdn. 736, 878 f., 896). Hat der Arbeitgeber z. B. verbindlich zugesagt, eine Gratifikation bestimmter Höhe zu gewähren, kann der Betriebsrat nicht verlangen, dass diese in einen normalen Lohnbestandteil umgewandelt wird (*Jahnke* ZfA 1980, 863 [894]). Andernfalls würde die Leistung inhaltlich verändert und der Arbeitgeber zu einer Leistung gezwungen, die er nicht hat erbringen wollen. Das ist z. B. von Bedeutung für die mit einer Gratifikation verbundenen Rückzahlungsklauseln, die nach Umwandlung einer Gratifikation in einen Gehaltsbestandteil hinfällig wären. Ebenso wenig könnte der Betriebsrat verlangen, dass vom Arbeitgeber für Zwecke der Altersversorgung zugesagte Mittel als Gratifikationen ausgeschüttet werden. Der **Betriebsrat** kann aber, da der Zweck einer Sozialleistung Gegenstand des Entlohnungsgrundsatzes ist, deren Einführung widersprechen (Rdn. 867), hat also hinsichtlich des Zwecks gleichfalls ein **Zustimmungsrecht** (a. M. *Galperin/Löwisch* § 87 Rn. 228). Das gilt auch für die **Änderung** der **Zweckbestimmung**, solange der Arbeitgeber die Leistung erbringt. Zur Abgrenzung von Zweck und Ausgestaltung freiwilliger Sozialleistungen *Thüsing* DB 1997, 1130 (1131 ff.). **868**

Mitbestimmungsfrei ist weiter die **generelle Festlegung** des **begünstigten Personenkreises** (*BAG* st. Rspr. 10.06.1986 EzA § 87 BetrVG 1972 Betriebliche Lohngestaltung Nr. 12 S. 112 = AP Nr. 22 zu § 87 BetrVG 1972 Lohngestaltung Bl. 2 R; 24.01.1996 EzA § 77 BetrVG 1972 Nr. 55 S. 6 *[Fischer]* = AP Nr. 8 zu § 77 BetrVG 1972 Tarifvorbehalt Bl. 3 *[Moll]*; 14.08.2001 EzA § 613a BGB Nr. 200 S. 10 = AP Nr. 85 zu § 77 BetrVG 1972 Bl. 6 *[Raab]*; 29.07.2003 EzA § 87 BetrVG 2001 Betriebliche Lohngestaltung Nr. 2 S. 5 = AP Nr. 18 zu § 87 BetrVG 1972 Sozialeinrichtung Bl. 2 R; 18.11.2003 EzA § 77 BetrVG 2001 Nr. 9 S. 9 = AP Nr. 15 zu § 77 BetrVG 1972 Nachwirkung Bl. 4 R; 13.12.2001 EzA § 77 BetrVG 2001 Nr. 32 Rn. 14 = AP Nr. 57 zu § 77 BetrVG 1972 Betriebsvereinbarung; *Blomeyer* Anm. AP Nr. 3 zu § 87 BetrVG 1972 Altersversorgung Bl. 11; *Fitting* § 87 Rn. 446; *Hanau* BB 1977, 350 [351 f.]; *Kaiser/LK* § 87 Rn. 242 f.; *Kania/*ErfK § 87 BetrVG Rn. 109; *Matthes/*MünchArbR § 251 Rn. 32; *Richardi* § 87 Rn. 771, 834; *Stege/Weinspach/Schiefer* § 87 Rn. 172a; *Worzalla/HWGNRH* § 87 Rn. 611; vgl. auch Rdn. 737, 882, 898). Der Arbeitgeber kann daher unter Beachtung des § 75 die Gewährung einer Treueprämie auf Arbeitnehmer beschränken, die dem Betrieb eine Mindestzeit angehören. Der Betriebsrat hat aber auch hier ein Zustimmungsrecht (**a. M.** *Galperin/Löwisch* § 87 Rn. 228) und mitzubestimmen, falls ein Regelungsspielraum verbleibt. **869**

Hinsichtlich der **Einstellung** ursprünglich freiwilliger Leistungen sowie der **Erhöhung** oder **Herabsetzung** der hierfür zur Verfügung stehenden **Mittel** ist scharf zwischen der betriebsverfassungsrechtlichen und der individualrechtlichen Seite zu unterscheiden. **Betriebsverfassungsrechtlich** ist der **870**

§ 87 IV. 3. Soziale Angelegenheiten

Arbeitgeber in seinen Entscheidungen **frei, soweit** er sich **nicht** dem Betriebsrat gegenüber **gebunden** hatte (*BAG* 12.06.1975 EzA § 87 BetrVG 1972 Lohn u. Arbeitsentgelt Nr. 4 S. 31 *[Birk]* = AP Nr. 1 zu § 87 BetrVG 1972 Altersversorgung Bl. 4 R *[Richardi]*; 13.07.1978 EzA § 87 BetrVG 1972 Sozialeinrichtung Nr. 9 S. 30 = AP Nr. 5 zu § 87 BetrVG 1972 Altersversorgung Bl. 2 R *[Hanau]*; 09.07.1985 AP Nr. 16 zu § 75 BPersVG Bl. 5 *[Hromadka]*; 22.10.1985 EzA § 87 BetrVG 1972 Werkwohnung Nr. 7 S. 39 f. = AP Nr. 5 zu § 87 BetrVG 1972 Werkmietwohnungen Bl. 2 R; 18.11.2003 EzA § 77 BetrVG 2001 Nr. 9 S. 9 = AP Nr. 15 zu § 77 BetrVG 1972 Nachwirkung Bl. 4 R; *LAG Hamm* 07.04.2006 NZA-RR 2007, 20 [22]; *LAG Schleswig-Holstein* 17.03.1983 BB 1984, 140 [141]; *Fitting* § 87 Rn. 440, 453; *Hanau* BB 1977, 350 [352]; *Jahnke* ZfA 1980, 863 [893]; *Matthes*/MünchArbR § 251 Rn. 21; *Richardi* § 87 Rn. 48; **a. M.** *ArbG Mannheim* 25.08.1986 AiB 1988, 88; *Trittin* AiB 1998, 81 ff.; krit. auch *Reuter* ZfA 1974, 235 [288]; zur entsprechenden Problematik bei Sozialeinrichtungen Rdn. 741, bei der betrieblichen Altersversorgung Rdn. 879 f. und bei sonstigen zusätzlichen freiwilligen Leistungen von Arbeitsentgelt Rdn. 902). Damit nicht zu verwechseln sind Regelungen, nach denen bei Aufrechterhaltung einer Sozialleistung als solcher die Voraussetzungen für deren Entzug im Einzelfall festgelegt werden (*BAG* 22.10.1985 EzA § 87 Betriebliche Lohngestaltung Nr. 10 S. 96 f. = AP Nr. 18 zu § 87 BetrVG 1972 Lohngestaltung Bl. 3 R *[Glaubitz]*); dabei handelt es sich um eine Frage der Leistungsvoraussetzungen bzw. deren Änderung (Rdn. 873).

871 Hatte der **Arbeitgeber** sich dem Betriebsrat gegenüber durch **Betriebsvereinbarung** oder **Betriebsabsprache** in bestimmter Weise **gebunden** (vgl. auch Rdn. 734, 870, 872, 915 ff.), so kann diese Bindung durch Betriebsvereinbarung (*BAG* 03.11.1987 EzA § 77 BetrVG 1972 Nr. 20 S. 5 *[Wank]* = AP Nr. 25 zu § 77 BetrVG 1972 Bl. 3 ff. *[Hromadka]* = SAE 1988, 311 [312 – *Eich*]) oder Kündigung (§ 77 Abs. 5) beendet werden (vgl. auch *BAG* 08.12.1981 EzA § 87 BetrVG 1972 Leistungslohn Nr. 6 S. 83 *[Hanau]* = AP Nr. 1 zu § 87 BetrVG 1972 Prämie Bl. 2 R *[Hilger]*; zur Kündigung einer Betriebsabsprache *Kreutz* § 77 Rdn. 21, zu Kündigung und Neuabschluss einer Betriebsvereinbarung über teilmitbestimmungspflichtige Sozialleistungen *Kreutz* § 77 Rdn. 454 ff.). Unabhängig davon bleiben etwaige **individualrechtliche Ansprüche** der Arbeitnehmer bestehen und können nur nach den hierfür geltenden Grundsätzen beseitigt werden. Zur ablösenden Betriebsvereinbarung *Kreutz* § 77 Rdn. 282 ff., 401.

872 Die Mitbestimmung bei ursprünglich freiwilligen Leistungen hängt unter Berücksichtigung der aufgezeigten Schranken davon ab, dass überhaupt ein **Regelungsspielraum** besteht (Rdn. 864). Das ist der Fall, wenn der Arbeitgeber z. B. aus besonderem Anlass (Firmenjubiläum) eine bestimmte Summe für die Belegschaft ohne nähere Maßgabe zur Verfügung stellt und nunmehr über Art und Modalitäten der Leistung (z. B. Gratifikation) sowie deren Verteilung auf den begünstigten Personenkreis zu entscheiden ist. Aber selbst wenn der Arbeitgeber von vornherein für jeden Arbeitnehmer einmalig einen bestimmten Betrag festsetzen möchte, ist die Mitbestimmung gegeben, weil es auch dann um die Verteilungsgerechtigkeit geht (*Jahnke* ZfA 1980, 863 [897 f.]; *Moll* Die Mitbestimmung des Betriebsrats beim Entgelt, S. 151 f.; **a. M.** *Richardi* ZfA 1976, 1 [13]; *LAG Köln* 16.12.1986 LAGE § 87 BetrVG 1972 Betriebliche Lohngestaltung Nr. 15 bei freiwilliger nachträglicher Sonderzahlung an mehrere Mitarbeiter wegen eines besonderen Engagements in einer einmaligen betrieblichen Situation). Entsprechendes gilt, wenn der Arbeitgeber Gruppen gebildet (Rdn. 869) und für jede Gruppe jeweils verschieden hohe Beträge vorgesehen hat. Ist er mit der vom Betriebsrat vorgeschlagenen anderen Verteilung nicht einverstanden, muss er entweder die Einigungsstelle anrufen, um zu versuchen, seine Vorstellungen durchzusetzen, oder kann von der freiwilligen Leistung ganz absehen.

873 **Soweit** ein **Regelungsspielraum besteht**, hat der Betriebsrat bei der **allgemeinen Ausgestaltung** der Sozialleistung, insbesondere über **Leistungsvoraussetzungen** und **Verteilungsgrundsätze (Leistungsplan)** sowie deren **Änderung**, mitzubestimmen (*BAG* st. Rspr. 22.10.1985 EzA § 87 BetrVG 1972 Betriebliche Lohngestaltung Nr. 10 S. 96 = AP Nr. 18 zu § 87 BetrVG 1972 Lohngestaltung Bl. 3 R *[Glaubitz]* = SAE 1986, 157 *[Roemheld]*; 16.09.1986 GS EzA § 77 BetrVG 1972 Nr. 17 S. 76 *[Otto]* = AP Nr. 17 zu § 77 BetrVG 1972 Bl. 3 R; 18.11.2003 EzA § 77 BetrVG 2001 Nr. 9 S. 9 = AP Nr. 15 zu § 77 BetrVG 1972 Nachwirkung Bl. 4 R; *Fitting* § 87 Rn. 453; *Matthes*/MünchArbR § 251 Rn. 33 f.; *Richardi* § 87 Rn. 835; *Worzalla*/HWGNRH § 87 Rn. 604). Zur Ausgestaltung der Bezugsbedingungen von Mietzuschüssen und Kosten für Familienheimflüge *BAG* 10.06.1986 EzA § 87 BetrVG 1972 Betriebliche Lohngestaltung Nr. 12 S. 112 = AP Nr. 22

zu § 87 BetrVG 1972 Lohngestaltung Bl. 2 R (vgl. auch *BAG* 10.02.1987 EzA § 80 BetrVG 1972 Nr. 28 S. 155 f. = AP Nr. 27 zu § 80 BetrVG 1972 Bl. 2 *[Kraft]*; 10.02.1988 EzA § 87 BetrVG 1972 Betriebliche Lohngestaltung Nr. 18 S. 7 *[Glaubitz]* = AP Nr. 33 zu § 87 BetrVG 1972 Lohngestaltung Bl. 3 f.). Ein Spruch der Einigungsstelle über die Verteilung einer zusätzlichen Jahressondervergütung muss die Frage, in welchem Verhältnis die Vergütungen der einzelnen Arbeitnehmer zueinander stehen sollen, jedenfalls insoweit selbst regeln, als die Festsetzung unterschiedlich hoher Beträge sich an bestimmten Kriterien zu orientieren hat (*BAG* 11.02.1992 EzA § 76 BetrVG 1972 Nr. 60 S. 8 ff. = AP Nr. 50 zu § 76 BetrVG 1972 Bl. 3 R ff.). Mitbestimmungspflichtig sind auch die Modalitäten von **Rückzahlungsklauseln** (*Klebe/DKKW* § 87 Rn. 318 m. w. N.).

cc) Leistungen der betrieblichen Altersversorgung

Werden Leistungen der betrieblichen Altersversorgung aus einem zweckgebundenen Sondervermögen (Unterstützungs- oder Pensionskasse) erbracht, so richtet sich die Mitbestimmung nach § 87 Abs. 1 Nr. 8 (Rdn. 704 ff., insbesondere 714). Bei Direktzusagen, Direktversicherungen und Höherversicherung in der gesetzlichen Rentenversicherung hat der Betriebsrat dagegen nach der vom **BAG** erstmals in seinen **Beschlüssen** vom **12.06.1975** entwickelten Auffassung nach § 87 Abs. 1 Nr. 10 mitzubestimmen (12.06.1975 EzA § 87 BetrVG 1972 Lohn u. Arbeitsentgelt Nr. 4 S. 25 ff. *[Birk]* = AP Nr. 1 zu § 87 BetrVG 1972 Altersversorgung Bl. 2 ff. *[Richardi]* = SAE 1976, 37 *[Kraft]* = AR-Blattei, Betriebsverfassung XIV B, Entsch. 27 *[Buchner]*; 12.06.1975 AP Nr. 2 zu § 87 BetrVG 1972 Altersversorgung *[Steindorff]*; 12.06.1975 AP Nr. 3 zu § 87 BetrVG 1972 Altersversorgung *[Blomeyer]*). Zur betrieblichen Altersversorgung und AGG *Rengier* NZA 2006, 1251 ff., zur Mitbestimmung nach dem Versorgungsausgleichsgesetz (VersAusglG) *Bischopink/Hoppach* BB 2012, 2369 ff.; *Höfer* DB 2010, 1010 (1013 f.).

874

Daran hat das BAG in **späteren Entscheidungen** festgehalten (12.06.1975 EzA § 87 BetrVG 1972 Lohn u. Arbeitsentgelt Nr. 5 S. 49 *[Weiss]* = AP Nr. 4 zu § 87 BetrVG 1972 Altersversorgung *[Hanau]*; 18.12.1975 EzA § 242 BGB Ruhegeld Nr. 48 S. 264 = AP Nr. 170 zu § 242 BGB Ruhegehalt Bl. 2 *[Blomeyer]*; 22.04.1986 EzA § 87 BetrVG 1972 Altersversorgung Nr. 1 S. 5 f. = AP Nr. 13 zu § 87 BetrVG 1972 Altersversorgung Bl. 3 f. *[Schulin]* = SAE 1986, 303 *[Blomeyer]* = AR-Blattei, Betriebliche Altersversorgung, Entsch. 180 *[Otto]*; 26.04.1988 EzA § 87 BetrVG 1972 Altersversorgung Nr. 2 S. 5 ff. = AP Nr. 16 zu § 87 BetrVG 1972 Altersversorgung = SAE 1989, 209 *[Schulin]*; 26.04.1988 EzA § 1 BetrAVG Geschäftsgrundlage Nr. 1 S. 8 f. = AP Nr. 3 zu § 1 BetrAVG Geschäftsgrundlage Bl. 4 R f. *[Schulin]* = AuR 1989, 187 *[Blomeyer]*; 24.01.2006 EzA § 87 BetrVG 2001 Altersversorgung Nr. 1 Rn. 51 = AP Nr. 15 zu § 3 BetrAVG; weitere Nachweise 9. Aufl. § 87 Rn. 846). Vgl. ferner den Überblick von *Reinicke* AuR 2004, 328 ff. sowie die Nachweise in den folgenden Anmerkungen. Die **Instanzgerichte** sind dem BAG gefolgt (*LAG Bremen* 27.10.1978 AP Nr. 1 zu § 87 BetrVG 1972 Lohngestaltung Bl. 3; *LAG Düsseldorf* 20.09.1977 DB 1978, 701 [702]; *LAG Frankfurt* 17.05.1985 BB 1986, 324 [325]; *LAG Hamm* 02.09.1976 BB 1976, 1319 [1320], ebenso früher schon 21.03.1974 DB 1974, 1239 – Vorinstanz zu BAG 12.06.1975 AP Nr. 3 zu § 87 BetrVG 1972 Altersversorgung).

875

Auch die **Literatur** hat sich trotz aller Kritik auf diese Rechtslage eingestellt (außer den angeführten Entscheidungsanmerkungen *Blomeyer/Rolfs/Otto* BetrAVG, Anh. § 1 Rn. 394 ff.; *Bode/Grabner* DB 1977, 1897 [1898]; *Fitting* § 87 Rn. 455 ff.; *Galperin/Löwisch* § 87 Rn. 227; *Gumpert* BB 1976, 605 ff.; *Hanau* BB 1976, 91 ff.; *Klebe/DKKW* § 87 Rn. 324 f.; *Lieb* ZfA 1978, 179 [195 ff.]; *Molkenbur/Roßmanith* AuR 1990, 333 ff.; *Moll* Die Mitbestimmung des Betriebsrats beim Entgelt, S. 81 ff. [90 ff., 141 ff., 190 ff.]; *Otto* ZfA 1976, 369 [397 ff.]; *Pauly* DB 1985, 2246 ff.; *Richardi* § 87 Rn. 837 ff.; *ders.* ZfA 1976, 1 [15 ff.]; *Worzalla/HWGNRH* § 87 Rn. 537, 540, 603; aus der Sicht des BAG *Dieterich* BetrAV 1976, 25 [26 f.]; *ders.* NZA 1984, 273). Zur Mitbestimmung bei Rahmenverträgen über Sammelversicherungen abl., aber nicht unbedenklich *Metz* DB 1988, 1267 (1269 f.).

876

Dem BAG ist im Ergebnis **zuzustimmen**. Nicht maßgebend ist die Überlegung, kaum verständlich sei, weshalb über Sondervermögen gewährte Leistungen der Altersversorgung mitbestimmungspflichtig sind, Direktzusagen und Versorgungszusagen durch Versicherungen dagegen mitbestimmungsfrei sein sollten (so *BAG* 12.06.1975 EzA § 87 BetrVG 1972 Lohn u. Arbeitsentgelt Nr. 4 S. 27 *[Birk]* = AP Nr. 1 zu § 87 BetrVG 1972 Altersversorgung Bl. 2 R *[Richardi]*). Dem gesetzgeberischen Ermessen unterliegt es, die Mitbestimmung nur unter bestimmten Voraussetzungen zu gewähren (anders *Ri-*

877

chardi § 87 Rn. 840, der meint, die fehlende Mitbestimmung wäre eine planwidrige Unvollständigkeit des Betriebsverfassungsgesetzes). Ausschlaggebend ist, dass Leistungen der betrieblichen Altersversorgung neben dem Versorgungs- zugleich Entgeltcharakter besonderer Art zukommt, weil sie als Vergütung für geleistete Dienste und Betriebstreue auch Gegenleistung aus dem Arbeitsvertrag sind (*BAG* 12.06.1975 EzA § 87 BetrVG 1972 Lohn u. Arbeitsentgelt Nr. 4 S. 29 *[Birk]* = AP Nr. 1 zu § 87 BetrVG 1972 Altersversorgung Bl. 3 R f. *[Richardi]*; 22.04.1986 EzA § 87 BetrVG 1972 Altersversorgung Nr. 1 S. 3 = AP Nr. 13 zu § 87 BetrVG 1972 Altersversorgung Bl. 3 *[Schulin]*; *LAG Hamm* 21.03.1974 DB 1974, 1239; *Blomeyer/Rolfs/Otto* BetrAVG, Anh. § 1 Rn. 394; *Hanau* BB 1976, 91; *Moll* Die Mitbestimmung des Betriebsrats beim Entgelt, S. 90 ff.; *Richardi* § 87 Rn. 839; *Säcker* in *Tomandl* Betriebliche Sozialleistungen, 1974, S. 23 [35 ff.]; *Steinmeyer* Betriebliche Altersversorgung und Arbeitsverhältnis, 1991, S. 49 ff., jeweils m. w. N.). Sie sind daher, ohne dass die Unterschiede zum eigentlichen Arbeitsentgelt verwischt werden dürfen, diesem soweit angenähert, dass sie nach dem Schutzzweck des § 87 Abs. 1 Nr. 10 den Fragen der betrieblichen Lohngestaltung i. S. dieser Vorschrift zugerechnet werden können.

878 Aus der Freiwilligkeit von Versorgungsleistungen ergeben sich jedoch nach Grundsatzentscheidungen des *BAG* (12.06.1975 EzA § 87 BetrVG 1972 Lohn u. Arbeitsentgelt Nr. 4 S. 30 ff. *[Birk]* = AP Nr. 1 zu § 87 BetrVG 1972 Altersversorgung Bl. 4 ff. *[Richardi]*; 18.03.1976 EzA § 87 BetrVG 1972 Lohn u. Arbeitsentgelt Nr. 5 S. 49 *[Weiss]* = AP Nr. 4 zu § 87 BetrVG 1972 Altersversorgung Bl. 2 R *[Hanau]*; vgl. auch Nachweise Rdn. 874, ferner insbesondere *Hanau* BB 1976, 91 [92 ff.], sowie die im Folgenden gegebenen Nachweise) mehrere **Einschränkungen**, die auf einer entsprechenden Anwendung der zu Sozialeinrichtungen i. S. d. § 87 Abs. 1 Nr. 8 entwickelten Grundsätze beruhen (Rdn. 865; zur Voraussetzung der Mitbestimmung Rdn. 861 ff.).

879 Der Arbeitgeber kann – ungeachtet einer durch Tarifvertrag begründeten Verpflichtung zur Einführung einer Altersversorgung – frei entscheiden, **ob** er **Leistungen** der **betrieblichen Altersversorgung** gewähren will, so dass weder die **Einführung** einer betrieblichen Altersversorgung erzwungen noch deren **Abschaffung** – unabhängig von weiterbestehenden individualrechtlichen Ansprüchen – verhindert werden kann (*BAG* 12.06.1975 EzA § 87 BetrVG 1972 Lohn u. Arbeitsntgelt Nr. 4 S. 31 *[Birk]* = AP Nr. 1 zu § 87 BetrVG 1972 Altersversorgung Bl. 4 R *[Richardi]*; 16.02.1993 EzA § 87 BetrVG 1972 Betriebliche Lohngestaltung Nr. 41 S. 5 f. = AP Nr. 19 zu § 87 BetrVG 1972 Altersversorgung Bl. 2 R *[Blomeyer]*; 18.04.1989 EzA § 77 BetrVG 1972 Nr. 28 S. 6 *[Schulin]* = AP Nr. 2 zu § 1 BetrAVG Betriebsvereinbarung Bl. 2 R *[Hanau]*; 21.01.2003 EzA § 3 BetrAVG Nr. 9 S. 6 = AP Nr. 13 zu § 3 BetrAVG Bl. 3 R; 29.07.2003 EzA § 87 BetrVG 2001 Betriebliche Lohngestaltung Nr. 2 S. 5 = AP Nr. 18 zu § 87 BetrVG 1972 Sozialeinrichtung Nr. 2 R; *LAG Düsseldorf* 20.09.1977 DB 1978, 701 [702]; *LAG Hamburg* 17.08.1992 NZA 1993, 283 f.; *LAG Hamm* 02.09.1976 BB 1976, 1319 [1320]; *Blomeyer/Rolfs/Otto* BetrAVG, Anh. § 1 Rn. 407, 421, 424, 590; ferner Nachweise Rdn. 870). Kommt es bei den Verhandlungen über das Ob (zum Zustimmungsrecht des Betriebsrats Rdn. 867) oder die Ausgestaltung einer Altersversorgung zu keiner Einigung mit dem Betriebsrat, kann der Arbeitgeber von deren Einführung ganz Abstand nehmen, falls er sich nicht in bestimmter Weise gebunden hat (das übersieht *Hanau* BB 1976, 91 [94]). Zur ablösenden Betriebsvereinbarung *Kreutz* § 77 Rdn. 282 ff., 401. Nicht zur betrieblichen Altersversorgung gehört ein **Sterbegeld** zur Deckung der Bestattungskosten (*BAG* 19.09.2006 EzA § 77 BetrVG 2001 Nr. 16 Rn. 24 = AP Nr. 29 zu § 77 BetrVG 1972 Betriebsvereinbarung).

880 Der Arbeitgeber kann ferner **mitbestimmungsfrei** darüber entscheiden, in welchem **Umfang** und für welchen Zweck (so auch für Hinterbliebenenversorgung) er finanzielle **Mittel** für die betriebliche Altersversorgung zur Verfügung stellen will (*BAG* 18.03.1976 EzA § 87 BetrVG 1972 Lohn u. Arbeitsentgelt Nr. 5 S. 50 *[Weiss]* = AP Nr. 4 zu § 87 BetrVG 1972 Altersversorgung Bl. 2 R *[Hanau]*; 16.02.1993 EzA § 87 BetrVG 1972 Betriebliche Lohngestaltung Nr. 41 S. 5 f. = AP Nr. 19 zu § 87 BetrVG 1972 Altersversorgung Bl. 2 R *[Blomeyer]*; 19.06.2005 EzA § 1 BetrAVG Betriebliche Übung Nr. 7 S. 10 = AP Nr. 42 zu § 1 BetrAVG Bl. 4 R; 24.01.2006 EzA § 87 BetrVG 2001 Altersversorgung Nr. 1 S. 16 = AP Nr. 15 zu § 3 BetrAVG Bl. 7) und kann diese daher auch nach Einführung einer betrieblichen Altersversorgung – ungeachtet bereits entstandener individualrechtlicher Ansprüche – (hierzu *BAG* 13.07.1978 EzA § 87 BetrVG 1972 Sozialeinrichtung Nr. 9 S. 30 = AP Nr. 5 zu § 87 BetrVG 1972 Altersversorgung Bl. 2 R *[Hanau]*; *Blomeyer/Rolfs/Otto* BetrAVG, Anh. § 1 Rn. 424;

Gumpert BB 1976, 605 [606 ff.]) – **erhöhen** oder **kürzen** (*BAG* 26.04.1988 EzA § 1 BetrAVG Geschäftsgrundlage Nr. 1 S. 9 = AP Nr. 3 zu § 1 BetrAVG Geschäftsgrundlage Bl. 4 R f. *[Schulin]* = AuR 1989, 187 *[Blomeyer]*; 11.12.2001 EzA § 1 BetrAVG Ablösung Nr. 32 S. 17 f. = AP Nr. 43 zu § 1 BetrAVG Unterstützungskassen Bl. 7 R f.; 21.01.2003 EzA § 3 BetrAVG Nr. 9 S. 6 = AP Nr. 13 zu § 3 BetrAVG; 29.07.2003 EzA § 87 BetrVG 2001 Betriebliche Lohngestaltung Nr. 2 S. 5 = AP Nr. 18 zu § 87 BetrVG 1972 Sozialeinrichtung Bl. 2; *LAG Düsseldorf* 20.09.1977 DB 1978, 701 [702]; *LAG Köln* 18.10.1995 LAGE § 87 BetrVG 1972 Betriebliche Lohngestaltung Nr. 14 S. 6; *Blomeyer* NZA 1985, 641 [646]; *Blomeyer/Rolfs/Otto* BetrAVG, Anh. § 1 Rn. 422, § 6 Rn. 109; krit. *Richardi* ZfA 1976, 1 [18]; zur Bestimmung des »Dotierungsrahmens« *Blomeyer/Otto* BetrAVG, Anh. § 1 Rn. 408 ff.; *Gasser* Dotierungsrahmen, S. 77 ff.; *Heubeck* FS *Meilicke*, 1985, S. 44 ff.; *Sieber* BB 1976, 367 [368 f.]). Ist eine Regelung der betrieblichen Altersversorgung durch betriebliche Übung entstanden, kann sie in gleicher Weise mitbestimmungsfrei abgeändert werden (*Hess. LAG* 02.06.2004 DB 2004, 2647). Mitbestimmungspflichtig ist jedoch bei Herabsetzung des Dotierungsrahmens die Ausgestaltung des Leistungsplans (Rdn. 883).

Mitbestimmungsfrei ist im Hinblick u. a. auf die Finanzierung, Haftung, Beleihung und das Steuerrecht auch die **Wahl** der **Durchführungsform** (**Organisationsfreiheit**), nämlich zwischen Direktzusagen, Direktversicherungen, Unterstützungs- und Pensionskassen, Pensionsfonds (zu letzteren Rdn. 714, 721, 747; *BAG* 18.03.1976 EzA § 87 BetrVG 1972 Lohn u. Arbeitsentgelt Nr. 5 S. 50 *[Weiss]* = AP Nr. 4 zu § 87 BetrVG 1972 Altersversorgung Bl. 2 R *[Hanau]*; 05.05.1977 EzA § 613a BGB Nr. 13 S. 74 = AP Nr. 7 zu § 613a BGB Bl. 3; 16.02.1993 EzA § 87 BetrVG 1972 Betriebliche Lohngestaltung Nr. 41 S. 6 = AP Nr. 19 zu § 87 BetrVG 1972 Altersversorgung Bl. 2 R *[Blomeyer]*; 29.07.2003 EzA § 87 BetrVG 2001 Betriebliche Lohngestaltung Nr. 2 S. 5 = AP Nr. 18 zu § 87 BetrVG 1972 Sozialeinrichtung Bl. 2 R; 19.07.2005 EzA § 1 BetrAVG Betriebliche Übung Nr. 7 S. 10 = AP Nr. 42 zu § 1 BetrAVG Bl. 4 R; *Blomeyer/Rolfs/Otto* BetrAVG, Anh. § 1 Rn. 414; *Fitting* § 87 Rn. 456, 458; *Hanau* BB 1976, 91 [92 f.]; *Kaiser/LK* § 87 Rn. 243; *Richardi* § 87 Rn. 850; *ders.* Anm. AP Nr. 1 zu § 87 BetrVG 1972 Altersversorgung Bl. 8 R; *Worzalla/HWGNRH* § 87 Rn. 488, 541, 604; vgl. auch *LAG Hamburg* 22.11.1973 DB 1974, 634 [635]). Das gilt deshalb auch für die **Änderung** der Form der Versorgungsleistungen (*BAG* 16.02.1993 EzA § 87 BetrVG 1972 Betriebliche Lohngestaltung Nr. 41 S. 6 = AP Nr. 19 zu § 87 BetrVG 1972 Altersversorgung Bl. 2 R; *Blomeyer* BetrAV 1989, 29 [31]; *Westhoff* RdA 1979, 412 [417 f.], der aber bei einer freiwilligen Betriebsvereinbarung die analoge Anwendung des § 76 Abs. 5 und des § 87 Abs. 2 für erwägenswert hält). Mitbestimmungsfrei ist auch die **Auswahl** des **Versorgungsträgers** (bei Direktversicherung des Versicherungsunternehmens) und dessen Wechsel (*BAG* 16.02.1993 EzA § 87 BetrVG 1972 Betriebliche Lohngestaltung Nr. 41 S. 5 = AP Nr. 19 zu § 87 BetrVG 1972 Altersversorgung Bl. 2 f. *[Blomeyer]*; 29.07.2003 EzA § 87 BetrVG 2001 Betriebliche Lohngestaltung Nr. 2 S. 5, 7 = AP Nr. 18 zu § 87 BetrVG 1972 Sozialeinrichtung Bl. 2 R) sowie die Entscheidung zwischen **Renten-** und **Kapitalleistung** (*BAG* 29.07.2003 EzA § 87 BetrVG 2001 Betriebliche Lohngestaltung Nr. 2 S. 5 = AP Nr. 18 zu § 87 BetrVG 1972 Sozialeinrichtung Bl. 2 R ff.).

881

Nicht der Mitbestimmung unterliegt im Hinblick auf den mit der Altersversorgung verfolgten Zweck die **generelle Festlegung** des **begünstigten Personenkreises** (*BAG* 18.03.1976 EzA § 87 BetrVG 1972 Lohn u. Arbeitsentgelt Nr. 5 S. 50 *[Weiss]* = AP Nr. 4 zu § 87 BetrVG 1972 Altersversorgung Bl. 2 R *[Hanau]*; 29.07.2003 EzA § 87 BetrVG 2001 Betriebliche Lohngestaltung Nr. 2 S. 5 = AP Nr. 18 zu § 87 BetrVG 1972 Sozialeinrichtung Bl. 2 R; 19.07.2005 EzA § 1 BetrAVG Betriebliche Übung Nr. 7 S. 10 = AP Nr. 42 zu § 1 BetrAVG Bl. 4 R; *LAG Düsseldorf* 20.09.1977 DB 1978, 701 [702] einschließlich Stichtagsregelungen; *LAG Hamburg* 17.08.1992 NZA 1993, 283 [284]; *Blomeyer/Rolfs/Otto* BetrAVG, Anh. § 1 Rn. 415; *Fitting* § 87 Rn. 456, 459; *Gumpert* BB 1976, 605 [606]; *Galperin/Löwisch* § 87 Rn. 227; *Hanau* BB 1977, 350 [351 f.]; *Lieb* ZfA 1978, 179 [196 f.]; *Richardi* § 87 Rn. 846; *Sieber* BB 1976, 367 f.; ferner *Martens* Das Arbeitsrecht der leitenden Angestellten, 1982, S. 316 f.; vgl. aber auch Rdn. 737). Als mitbestimmungsfrei ist die Bildung von Gruppen mit unterschiedlicher Altersversorgung anzusehen, sofern das sachlich begründet ist (*Höfer* BetrAVG, 7. Aufl. 2003 [Loseblatt] ART Rn. 1040; *Lieb* ZfA 1978, 179 [197]; *Sieber* BB 1976, 367 f.), zum Gleichbehandlungsgrundsatz *Fitting* § 87 Rn. 462.

882

§ 87   IV. 3. Soziale Angelegenheiten

883 In den hiernach und unter Berücksichtigung der durch Gesetz (z. B. § 75 Abs. 1 und BetrAVG; *BAG* 12.06.1975 EzA § 87 BetrVG 1972 Lohn u. Arbeitsentgelt Nr. 4 S. 4 *[Birk]* = AP Nr. 1 zu § 87 BetrVG 1972 Altersversorgung Bl. 5 R *[Richardi]*; *U. Birk* Mitbestimmung des Betriebsrats bei der betrieblichen Altersversorgung, S. 38 ff.; *Blomeyer/Rolfs/Otto* BetrAVG, Anh. § 1 Rn. 398 f.; *Gumpert* BB 1976, 605 [611]; *Hanau* BB 1976, 91 [93, 95]; *Richardi* § 87 Rn. 851 f.) und Tarifvertrag (§ 77 Abs. 3, § 87 Abs. 1 und dazu *Wiese* Rdn. 47 ff.) gezogenen Schranken hat der Betriebsrat über die **Aufstellung** von **Versorgungsgrundsätzen** und die **Einführung, Anwendung** und **Änderung** von **Versorgungsmethoden** einschließlich des **Leistungsplans** mitzubestimmen (*BAG* st. Rspr. 12.06.1975 EzA § 87 BetrVG 1972 Lohn u. Arbeitsentgelt Nr. 4 S. 33 *[Birk]* = AP Nr. 1 zu § 87 BetrVG 1972 Altersversorgung Bl. 5 R *[Richardi]*; 16.02.1993 EzA § 87 BetrVG 1972 Betriebliche Lohngestaltung Nr. 41 S. 5 = AP Nr. 19 zu § 87 BetrVG 1972 Altersversorgung Bl. 2 R *[Blomeyer]*; 21.01.2003 EzA § 3 BetrAVG Nr. 9 S. 7 = AP Nr. 13 zu § 3 BetrAVG; 19.07.2005 EzA § 1 BetrAVG Betriebliche Übung Nr. 7 S. 10 = AP Nr. 42 zu § 1 BetrAVG Bl. 4 R; 24.01.2006 EzA § 87 BetrVG 2001 Altersversorgung Nr. 1 S. 16 = AP Nr. 15 zu § 3 BetrAVG Bl. 7; *Blomeyer/Rolfs/Otto* BetrAVG, Anh. § 1 Rn. 419, 422, 539, 573, 590, 766, 1005; *Fitting* § 87 Rn. 456, 460 ff.; *Griebeling* NZA 1989, Beil. Nr. 3, S. 26 [34]; *Hanau* BB 1976, 91 [94 f.]; *Klebe/DKKW* § 87 Rn. 325; *Richardi* § 87 Rn. 848). **Voraussetzung** ist eine **mitbestimmungsrechtlich relevante Bindung** (Rdn. 862). Außerdem muss ein Regelungsspielraum vorhanden sein, an dem es fehlen kann, wenn dem rechtliche Hindernisse entgegenstehen, weil der Umfang des einem Arbeitnehmer zustehenden Anspruchs gesetzlich fixiert ist (*LAG* Hamburg 17.08.1992 NZA 1993, 283 [284]). Zur Mitbestimmung bei Festlegung vertraglicher **Nebenpflichten** und **Obliegenheiten** *Blomeyer/Rolfs/Otto* BetrAVG, Anh. § 1 Rn. 418, zur Mitbestimmung bei **Wegfall** der **Geschäftsgrundlage** *Uebelhack* Betriebliche Altersversorgung und Wegfall der Geschäftsgrundlage (Diss. Mannheim), 1996, S. 155 ff. Bei langfristig wirkenden Betriebsvereinbarungen über die betriebliche Altersversorgung kann sich die Situation ergeben, dass diese späteren Gegebenheiten und veränderten Wertvorstellungen nicht mehr entsprechen. Die Betriebsparteien müssen daher nach Auffassung des *BAG* die Möglichkeit haben, auf solche Änderungen für die Zukunft zu reagieren. Voraussetzung sei jedoch, dass der Dotierungsrahmen im Wesentlichen zumindest gleich hoch bleibt und der Eingriff für die nachteilig betroffene Arbeitnehmergruppe zumutbar ist (*BAG* 13.10.2016 AP Nr. 74 zu § 1 BetrAVG Ablösung Rn. 52). Zur **Kündigung** einer Betriebsvereinbarung über Leistungen der betrieblichen Altersversorgung *Fitting* § 87 Rn. 463 ff.; *Kreutz* § 77 Rn. 361; *Schlewing* NZA 2010, 529 ff.

884 Mitbestimmungspflichtig sind auch Regelungen über die **Heranziehung** der **Arbeitnehmer** zu **Beiträgen**, da Versicherungsleistungen und Beitragsleistungen eine Einheit bilden (*BAG* 18.03.1976 EzA § 87 BetrVG 1972 Lohn u. Arbeitsentgelt Nr 5 S. 50 *[Weiss]* = AP Nr. 4 zu § 87 BetrVG 1972 Altersversorgung Bl. 3 *[Hanau]*; 16.02.1993 EzA § 87 BetrVG 1972 Betriebliche Lohngestaltung Nr. 41 S. 6 = AP Nr. 19 zu § 87 BetrVG 1972 Altersversorgung Bl. 2 R *[Blomeyer]*). Der Betriebsrat hat ferner mitzubestimmen, wenn eine vertragliche Einheitsregelung von Direktzusagen wegen Wegfalls der Geschäftsgrundlage an die veränderte Rechtslage angepasst werden muss (*BAG* 09.07.1985 EzA § 1 BetrAVG Nr. 37 S. 239 = AP Nr. 6 zu § 1 BetrAVG Ablösung Bl. 4 f.). Bei formloser Zustimmung des Betriebsrats hat der Arbeitgeber die Versorgungszusage im Rahmen der Regelungsabrede einseitig zu ändern (*BAG* 09.07.1985 EzA § 1 BetrAVG Nr. 37 S. 240 = AP Nr. 6 zu § 1 BetrAVG Ablösung Bl. 4 R). Wird der Betriebsrat übergangen, ist die Neuregelung im Zweifel auch für die Betriebsrentner unwirksam (*BAG* 09.07.1985 EzA § 1 BetrAVG Nr. 37 S. 240 = AP Nr. 6 zu § 1 BetrAVG Ablösung Bl. 4 R). Der Betriebsrat hat ferner mitzubestimmen, wenn unter Berücksichtigung der flexiblen Altersgrenze der Leistungsplan geändert und das vorgezogene Ruhegeld gekürzt werden soll (*BAG* 01.06.1978 EzA § 6 BetrAVG Nr. 1 S. 4 f. = AP Nr. 1 zu § 6 BetrAVG Bl. 2 R *[Ahrend/Förster/Rößler]* = SAE 1979, 177 *[Blomeyer/Seitz]*; 11.09.1980 EzA § 6 BetrAVG Nr. 4 S. 24 = AP Nr. 3 zu § 6 BetrAVG Bl. 2 *[Herschel]*; 20.04.1982 EzA § 6 BetrAVG Nr. 5 S. 26 f. = AP Nr. 4 zu § 6 BetrAVG Bl. 2 R *[Heubeck]* = SAE 1983, 273 *[Gitter]*; 26.03.1985 EzA § 6 BetrAVG Nr. 9 S. 47 = AP Nr. 10 zu § 6 BetrAVG Bl. 2 R; *Blomeyer/Rolfs/Otto* BetrAVG, § 6 Rn. 107 ff.). Hat der Betriebsrat nicht mitbestimmt, ist die Regelung auch bei betrieblicher Übung unwirksam (*BAG* 26.03.1985 EzA § 6 BetrAVG Nr. 9 S. 47 = AP Nr. 10 zu § 6 BetrAVG Bl. 2 R). Besteht bei Zulässigkeit der Anrechnung einer Tarifrente auf betriebliche Versorgungsansprüche ein Regelungsspielraum, hat der Be-

triebsrat gleichfalls mitzubestimmen (*BAG* 19.07.1983 EzA § 6 BetrAVG Nr. 9 S. 47 = AP Nr. 10 zu § 6 BetrAVG Bl. 3 = SAE 1984, 67 *[Herschel]*).

Werden in einer Betriebsvereinbarung zunächst nur **Rahmenregelungen** für eine betriebliche Altersversorgung vereinbart, wird die Ausarbeitung der Versorgungsordnung im Einzelnen jedoch einem Beratungsinstitut überlassen, so hat bei einem derartigen **zweistufigen Regelungsverfahren** der Betriebsrat im Zweifel auch über die endgültige Fassung der Versorgungsordnung mitzubestimmen (*BAG* 04.05.1982 EzA § 87 BetrVG 1972 Lohn u. Arbeitsentgelt Nr. 13 S. 102 f. = AP Nr. 6 zu § 87 BetrVG 1972 Altersversorgung Bl. 2 f. *[Moll]* = JuS 1984, 69 *[Reuter]* = SAE 1984, 72 *[Belling]*). 885

Bei **Gruppenunterstützungskassen** hat der Betriebsrat zwar nicht nach § 87 Abs. 1 Nr. 8 (Rdn. 729), wohl aber nach § 87 Abs. 1 Nr. 10 mitzubestimmen, soweit das Abstimmungsverhalten des Unternehmens bei Beschlüssen der satzungsmäßigen Organe der Unterstützungskasse über Fragen der betrieblichen Lohngestaltung, insbesondere des Leistungsplans, festzulegen ist (*BAG* 22.04.1986 EzA § 87 BetrVG 1972 Altersversorgung Nr. 1 S. 3 f. = AP Nr. 13 zu § 87 BetrVG 1972 Altersversorgung Bl. 3 R f. *[zust. Schulin]* = SAE 1986, 303 *[zust. Blomeyer]* = AR-Blattei, Betriebliche Altersversorgung, Entsch. 180 *[abl. Otto]*; vgl. auch *BAG* 09.05.1989 EzA § 87 BetrVG 1972 Altersversorgung Nr. 3 S. 5 f. = AP Nr. 18 zu § 87 BetrVG 1972 Altersversorgung Bl. 2 R *[von Hoyningen-Huene]* = SAE 1990, 156 *[Walker]* = AR-Blattei, Betriebliche Altersversorgung Entsch. 227 *[Otto]*; 14.12.1993 EzA § 7 BetrAVG Nr. 47 S. 9 f. = AP Nr. 81 zu § 7 BetrAVG Bl. 5; 22.04.1986 EzA § 1 BetrAVG Unterstützungskasse Nr. 3 S. 31 f. = AP Nr. 8 zu § 1 BetrAVG Unterstützungskasse Bl. 2 R *[Schulin]*; 11.12.2001 EzA § 1 BetrAVG Ablösung Nr. 33 S. 12 f. = AP Nr. 36 zu § 1 BetrAVG Ablösung Bl. 5; *LAG Hamm* 10.08.1999 LAGE § 87 BetrVG 1972 Altersversorgung Nr. 1 S. 2). Die Mitbestimmung entfällt nicht deswegen, weil sich mitbestimmte Entscheidungen in einem der Trägerunternehmen nicht ohne weiteres in dem mehrheitlich entscheidenden Organ der Gruppenunterstützungskasse durchsetzen lassen. Eine abweichende, satzungsgemäß getroffene Entscheidung der Unterstützungskasse ist trotzdem wirksam (*BAG* 22.04.1986 EzA § 87 BetrVG 1972 Altersversorgung Nr. 1 S. 3 f. = AP Nr. 13 zu § 87 BetrVG 1972 Altersversorgung Bl. 3 R *[Schulin]*; es sei denn, mit einiger Wahrscheinlichkeit sei anzunehmen, dass die Ablehnung der Änderung des Leistungsplans in einzelnen Unternehmen die Änderung insgesamt hätte verhindern können (*BAG* 14.12.1993 EzA § 7 BetrAVG Nr. 47 S. 9 f. = AP Nr. 81 zu § 7 BetrAVG Bl. 5 – problematisch; *LAG Hamm* 10.08.1999 LAGE § 87 BetrVG 1972 Altersversorgung S. 3 ff.). Die Entscheidung des zuständigen Organs der Gruppenunterstützungskasse ist gleichfalls wirksam, wenn der Betriebsrat eines beteiligten Trägerunternehmens über dessen Abstimmungsverhalten nicht mitbestimmt hat. Daraus ergeben sich nur Rechtsfolgen im Innenverhältnis zwischen Arbeitnehmer und Arbeitgeber (vom *BAG* 22.04.1986 EzA § 87 BetrVG 1972 Altersversorgung Nr. 1 S. 5 = AP Nr. 13 zu § 87 BetrVG 1972 Altersversorgung Bl. 4 *[Schulin]* nicht entschieden). Insoweit ist eine für die Arbeitnehmer nachteilige Entscheidung der Gruppenunterstützungskasse im Verhältnis des Trägerunternehmens, das mitbestimmungswidrig gehandelt hat, zu seinen Arbeitnehmern unbeachtlich (*BAG*: »unwirksam«); den mitbestimmungswidrig handelnden Arbeitgeber trifft eine Ausfallhaftung, deren Umfang sich nach den bisherigen, ungeänderten Leistungsrichtlinien bestimmt, sofern die Beachtung des Mitbestimmungsrechts die nachteilige Änderung hätte verhindern können, für diese also kausal war (*BAG* 09.05.1989 EzA § 87 BetrVG 1972 Altersversorgung Nr. 3 S. 6 ff. = AP Nr. 18 zu § 87 BetrVG 1972 Altersversorgung Bl. 3 ff. *[zust. von Hoyningen-Huene]* = SAE 1990, 156 *[zust. Walker]* = AR-Blattei, Betriebliche Altersversorgung, Entsch. 226 *[abl. Otto]*). 886

Der Mitbestimmung nach § 87 Abs. 1 Nr. 10 unterliegt anders als nach § 87 Abs. 1 Nr. 8 (Rdn. 759) **nicht** die nach § 16 BetrAVG vorgesehene **Anpassung laufender Renten**, weil insoweit allein die aus dem aktiven Dienst ausgeschiedenen Ruhegeldempfänger betroffen sind, eine Rechtsfrage zu entscheiden ist und es zudem um die Höhe des Ruhegeldes geht (*Fitting* § 87 Rn. 456; *Hanau* BB 1976, 91 [93]; *Worzalla/HWGNRH* § 87 Rn. 620; **a. M.** *Blomeyer/Rolfs/Otto* BetrAVG, § 16 Rn. 257 ff. mit Einschränkungen; *Schaub* NJW 1978, 2076 [2081]). 887

Im Rahmen seiner Mitbestimmung bei Regelungen der betrieblichen Altersversorgung hat der Betriebsrat ein **Initiativrecht** (Rdn. 985 ff.; zu den Bedenken gegen die Ansicht des *BAG*, der Betriebsrat müsse bei einer von ihm angestrebten Änderung der betrieblichen Altersversorgung konstruktive Vorschläge machen, *Wiese* Initiativrecht, S. 31 f.). Zur **Informationspflicht** des Arbeitgebers gegen- 888 über dem Betriebsrat *BAG* 12.06.1975 EzA § 87 BetrVG 1972 Lohn u. Arbeitsentgelt Nr. 4 S. 34 *[Birk]* = AP Nr. 1 zu § 87 BetrVG 1972 Altersversorgung Bl. 6 R *[Richardi]*; 19.03.1981 EzA § 80 BetrVG 1972 Nr. 18 S. 99 = AP Nr. 14 zu § 80 BetrVG 1972 Bl. 1 R *[Kemper/Küpper]*; *Blomeyer/ Rolfs/Otto* BetrAVG, Anh. § 1 Rn. 430; *Gumpert* BB 1976, 605 [610 f.]). Zur Zuständigkeit des **Gesamtbetriebsrats** und **Konzernbetriebsrats** in Angelegenheiten der betrieblichen Altersversorgung *Kreutz/Franzen* § 50 Rdn. 51; *Franzen* § 58 Rdn. 27; *Blomeyer/Rolfs/Otto* BetrAVG, Anh. § 1 Rn. 436 f.

dd) Zusätzliche (freiwillige) Leistungen von Arbeitsentgelt (Zulagen)

889 Die vorstehend dargelegten Grenzen der Mitbestimmung bei ursprünglich freiwilligen Leistungen des Arbeitgebers wurden zunächst für Leistungen der betrieblichen Altersversorgung entwickelt (Rdn. 874 ff.) und ebenso allgemein auf sonstige Sozialleistungen übertragen (Rdn. 857 ff.). Die gleichen Grundsätze gelten aber auch, wenn der Arbeitgeber, ohne aufgrund Gesetzes oder eines Tarifvertrags dazu verpflichtet zu sein, für die **eigentliche Arbeitsleistung** des Arbeitnehmers ein **zusätzliches Entgelt** gewährt. Unerheblich ist, wie dieses bezeichnet wird; der Sache nach handelt es sich um alle **außertariflichen** und **übertariflichen Zulagen** (zur Unterscheidung *BAG* 07.02.2007 EzA § 4 TVG Zulage Nr. 1 Rn. 26 = AP Nr. 17 zu § 1 TVG Tarifverträge: Bewachungsgewerbe; *Oetker* RdA 1991, 16 [17 m. w. N. Fn. 5]). Das gilt auch für Auslandszulagen, die nicht ausschließlich dem Ersatz von Aufwendungen dienen (*BAG* 30.01.1990 EzA § 87 BetrVG 1972 Betriebliche Lohngestaltung Nr. 27 S. 9 f. = AP Nr. 41 zu § 87 BetrVG 1972 Lohngestaltung Bl. 4 R f. = SAE 1990, 347 *[van Venrooy]* = AiB 1990, 259 *[Grimberg]*). Unerheblich ist, ob Zulagen neben dem Tariflohn ausgewiesen sind; es genügt, dass auf das Arbeitsverhältnis ein in Lohn- oder Gehaltstarifvertrag aufgrund Tarifbindung, Allgemeinverbindlichkeit oder einzelvertraglicher Vereinbarung anwendbar ist und die Gesamtvergütung (Rdn. 891) in einen tariflichen und einen übertariflichen Bestandteil aufteilbar ist (*BAG* 22.09.1992 EzA § 87 BetrVG 1972 Betriebliche Lohngestaltung Nr. 35 S. 10 = AP Nr. 55 zu § 87 BetrVG 1972 Lohngestaltung Bl. 4 f.; zur Unterscheidung von Einheits- und Trennungsprinzip *Oetker* RdA 1991, 16 [19 ff.]). Zu Zulagen als Gegenstand der Entlohnungsgrundsätze Rdn. 943 ff. Voraussetzung ist deshalb, dass die Arbeitsvertragsparteien bei der Festlegung eines frei vereinbarten Gehalts auf dem Tarifgehalt aufgebaut haben, dieses mithin als Rechnungsposten berücksichtigt worden ist und nicht völlig unabhängig von der tariflichen Gehaltsskala einen Gehaltsbetrag vereinbaren (*BAG* 28.09.1994 EzA § 87 BetrVG 1972 Betriebliche Lohngestaltung Nr. 44 S. 8 *[Rolfs]* = AP Nr. 68 zu § 87 BetrVG 1972 Lohngestaltung Bl. 4 R f. *[Reichold]*).

890 Das *BAG* behandelt in einzelnen Entscheidungen die nicht durch Gesetz oder Tarifvertrag zwingend geregelten Entgelte mitbestimmungsrechtlich als **freiwillige Leistungen** (*BAG* 28.02.2006 EzA § 87 BetrVG 2001 Betriebliche Lohngestaltung Nr. 9 Rn. 22 = AP Nr. 127 zu § 87 BetrVG 1972 Lohngestaltung *[Engels]*; 26.08.2008 EzA § 87 BetrVG 2001 Betriebliche Lohngestaltung Nr. 16 Rn. 21, 22 = AP Nr. 15 zu § 87 BetrVG 1972 *[Richardi]* = BB 2009, 501 *[Leuchten]* = RdA 2009, 322 *[Reichold]*; 24.01.2017 AP Nr. 149 zu § 87 BetrVG 1972 Lohngestaltung Rn. 38; 21.02.2017 AP Nr. 150 zu § 87 BetrVG 1972 Lohngestaltung Rn. 24; in der Entscheidung vom 05.10.2010 EzA § 87 BetrVG 2001 Betriebliche Lohngestaltung Nr. 23 Rn. 22 = AP Nr. 53 zu § 77 BetrVG 1972 Betriebsvereinbarung (vgl. auch *BAG* 21.02.2017 AP Nr. 150 zu § 87 BetrVG 1972 Lohngestaltung Rn. 24: »freiwillig«, d. h. ohne hierzu normativ verpflichtet zu sein) stellt das BAG dagegen zutreffend nur auf die fehlende normative Verpflichtung ab; zur Terminologie *Wiese* RdA 2012, 332 f.). Das ist insofern korrekt, als bei Tarifbindung des Arbeitgebers die über- und außertariflichen Leistungen und bei dessen fehlender Tarifbindung sämtliche von ihm zu erbringenden Leistungen nicht vom Tarifvorbehalt des § 87 Abs. 1 Eingangssatz erfasst werden und damit der Mitbestimmung des Betriebsrats unterliegen (*Wiese* Rdn. 54 ff.). Auch wenn sie auf einzelvertraglicher Verpflichtung des Arbeitgebers beruhen und in diesem Sinne nicht freiwillig sind, schließt das die Mitbestimmung nicht aus. Mitbestimmungsfrei ist lediglich die individuelle Lohngestaltung (Rdn. 845).

891 Das *BAG* fasst die freiwilligen Leistungen des Arbeitgebers betriebsverfassungsrechtlich zu einer **Gesamtvergütung** zusammen, welche die betrieblichen Entlohnungsgrundsätze bilde (28.02.2006 EzA § 87 BetrVG 2001 Betriebliche Lohngestaltung Nr. 9 Rn. 17, 18 = AP Nr. 127 zu § 87 BetrVG 1972 Lohngestaltung *[Engels]*; 15.04.2008 EzA § 87 BetrVG 2001 Betriebliche Lohngestaltung Nr. 15

Rn. 25, 32, 35 = AP Nr. 133 zu § 87 BetrVG 1972 Lohngestaltung; 26.08.2008 EzA § 87 BetrVG 2001 Betriebliche Lohngestaltung Nr. 16 Rn. 21, 22 = AP Nr. 15 zu § 87 BetrVG 1972 *[Richardi]*; 23.06.2009 AP Nr. 45 zu § 77 BetrVG 1972 Betriebsvereinbarung Rn. 16; 05.10.2010 EzA § 87 BetrVG 2001 Betriebliche Lohngestaltung Nr. 23 Rn. 22, 25 = AP Nr. 53 zu § 77 BetrVG 1972 Betriebsvereinbarung; 22.06.2010 EzA § 87 BetrVG 2001 Betriebliche Lohngestaltung Nr. 22 Rn. 33 *[zust. Jacobs]* = AP Nr. 136 zu § 87 BetrVG 1972 Lohngestaltung; 14.01.2014 EzA § 87 BetrVG 2001 Betriebliche Lohngestaltung Nr. 29 Rn. 19 = AP Nr. 145 zu § 87 BetrVG 1972 Lohngestaltung; 24.01.2017 AP Nr. 149 zu § 87 BetrVG 1972 Lohngestaltung Rn. 38; zust. *Bepler* FS *Bauer*, S. 161 [170, 172, 173]; *Boemke* juris PR-ArbR 2/2009, Anm. 2; *Boewer* FS *Bauer*, S. 195 [203]; *Fitting* § 77 Rn. 191, § 87 Rn. 452 f.; *Kreft* FS *Kreutz*, S. 263 [275]; *Salamon* NZA 2010, 745 [748]; *Schröder* EWiR 2009, 99 [100]; abl. bzw. krit. *Bauer/Günther* DB 2009, 620 [624]; *Matthes* FS *Reuter*, S. 707 [710]; *Reichold* RdA 2009, 322 ff.; *ders.* BB 2009, 1470 ff.; *ders.* FS *Picker*, S. 1079 [1086 f., 1091 ff.]; *Schmitt-Rolfes* AuA 2009, 199; *Schnitker/Sittard* NZA 2011, 331 [333]; *Wiese* RdA 2012, 332 [333 f.]; *Worzalla/HWGNRH* § 87 Rn. 558). Daraus folgt nach Ansicht des *BAG*, dass die Relation der einzelnen Vergütungsbestandteile zueinander und damit die Vergütungsstruktur nicht ohne Zustimmung des Betriebsrats verändert werden könne. Diese Zusammenfassung zu einer Gesamtvergütung ist berechtigt, wenn unterschiedliche Entlohnungsbestandteile in einer Betriebsvereinbarung zusammengefasst sind (so der Fall *BAG* 26.08.2008 EzA § 87 BetrVG 2001 Betriebliche Lohngestaltung Nr. 16 Rn. 21 = AP Nr. 15 zu § 87 BetrVG 1972 *[Richardi]*; *Kreft* FS *Kreutz*, S. 263 [273 f., 275]) und wegen ihres gewollten inneren Zusammenhangs eine Einheit bilden. Bedenklich wäre es dagegen, wenn unterscheidbare Leistungen – z. B. der betrieblichen Altersversorgung, übertarifliche Zulagen, Essensgeldzuschüsse usw. – als Bestandteile einer Gesamtvergütung verstanden würden und jede Veränderung der Relation dieser Leistungen zueinander mitbestimmungspflichtig wäre. Damit würden die vertragliche Gestaltungsfreiheit des Arbeitgebers und seine Freiheit zur Zweckbestimmung freiwilliger Leistungen (Rdn. 896) eingeschränkt werden. Deshalb muss es zulässig sein, dass mehrere eigenständige Leistungen, wie vor allem der betrieblichen Altersversorgung, in gesonderten Betriebsvereinbarungen geregelt werden und insoweit je selbstständige Entlohnungsgrundsätze bilden (ebenso *Bauer/Günther* DB 2009, 620 [625]; *Boemke* juris PR-ArbR 2/2009, Anm. 2; *Boewer* FS *Bauer*, S. 195 [202, 203]; *Heither* DB 2008, 2705 [2706]; *Jacobs* FS *Säcker*, S. 201 [212]; *ders.* Anm. EzA § 87 BetrVG 2001 Betriebliche Lohngestaltung Nr. 22 S. 18 f.; *Leuchten* BB 2009, 502 [504]; *Lunk/Leder* NZA 2011, 249 [250 f.]; *Reichold* RdA 2009, 322 [325 f.]; *ders.* BB 2009, 1470 [1472]; *Richardi* § 87 Rn. 787; *Wiese* RdA 2012, 332 [333 f.]; vgl. auch Rdn. 896; *Fitting* § 77 Rn. 191; **a. M.** *Kreft* FS *Kreutz*, S. 263 [276]). Dass in einem Betrieb mehrere Entlohnungsgrundsätze zur Anwendung kommen können, hat das *BAG* bei unterschiedlichen Arbeitsgruppen anerkannt (Rdn. 930). Würden gesonderte eigenständige Betriebsvereinbarungen als Bestandteile einer Gesamtvergütung und damit eines einheitlichen Entlohnungsgrundsatzes zu behandeln sein, würde das die Praxis vor erhebliche Schwierigkeiten stellen. Das gilt vor allem für die zumeist äußerst komplexen Regelungen zur betrieblichen Altersversorgung (vgl. auch *Fitting* § 77 Rn. 191, § 87 Rn. 452 f.; *Reichold* RdA 2009, 322 [325 f.]; *ders.* FS *Picker*, S. 1079 [1091]). Selbst wenn von einer Gesamtvergütung als einheitlichem Entlohnungsgrundsatz auszugehen sein sollte, muss der Arbeitgeber von seinen vertraglichen Rechten vorbehaltlich der Zustimmung des Betriebsrats zu der veränderten Entlohnungsstruktur Gebrauch machen dürfen (vgl. auch Rdn. 135, 921, 970). In seiner Entscheidung vom 05.10.2010 (EzA § 87 BetrVG 2001 Betriebliche Lohngestaltung Nr. 23 Rn. 23, 25 = AP Nr. 53 zu § 77 BetrVG 1972 Betriebsvereinbarung; dazu *Fitting* § 87 Rn. 453a) hat inzwischen auch das *BAG* anerkannt, dass über eine einzelne Leistung des nicht tarifgebundenen Arbeitgebers eine gesonderte Betriebsvereinbarung als deren alleinigen Gegenstand abgeschlossen werden kann, deren Einstellung ohne Nachwirkung zulässig sei, wenn der Arbeitgeber die Einstellung dieser Leistung eindeutig zum Ausdruck bringe (insoweit krit. *Jacobs* FS *Säcker*, S. 201 [212 f.]; *ders.* Anm. EzA § 87 BetrVG 2001 Betriebliche Lohngestaltung Nr. 22 S. 19). Das sollte Veranlassung sein, entgegen der Auffassung des *BAG* bei Zusammenfassung mehrerer Vergütungsbestandteile in einer Betriebsvereinbarung trotzdem zu prüfen, ob es sich dabei nicht doch um zwar einheitlich geregelte, inhaltlich aber eigenständige Regelungen handelt (*Wiese* RdA 2012, 332 [334]).

Einigkeit besteht im Grundsatz darüber, dass der **Arbeitgeber** nach § 87 Abs. 1 Nr. 10 **nicht zu zusätzlichen Leistungen gezwungen** werden kann, auf die kein bereits anderweitig begründeter Rechtsanspruch besteht. Der Arbeitgeber entscheidet daher allein darüber, **ob**, in welchem **Umfang** 892

§ 87   IV. 3. Soziale Angelegenheiten

und welcher **Art** er **zusätzliche Leistungen** erbringen will (*BAG* st. Rspr. 17.12.1980 EzA § 87 BetrVG 1972 Betriebliche Lohngestaltung Nr. 2 S. 12 *[Weiss]* = AP Nr. 4 zu § 87 BetrVG 1972 Lohngestaltung Bl. 2 R *[Löwisch/Röder]*; 03.12.1991GS EzA § 87 BetrVG 1972 Betriebliche Lohngestaltung Nr. 30 S. 36 *[Gaul]* = AP Nr. 51 zu § 87 BetrVG 1972 Lohngestaltung Bl. 14 R; 03.06.1987 EzA § 4 TVG Metallindustrie Nr. 31 S. 158 *[Reuter]* = AP Nr. 58 zu § 1 TVG Tarifverträge: Metallindustrie Bl. 4 R *[Lund]* = SAE 1989, 322 *[Wank]*; 14.08.2001 EzA § 613a BGB Nr. 200 S. 10 = AP Nr. 85 zu § 77 BetrVG 1972 Bl. 6 *[Raab]*; 10.10.2006 EzA § 80 BetrVG 2001 Nr. 6 S. 7 = AP Nr. 68 zu § 80 BetrVG 1972 Bl. 3 R; 15.04.2008 EzA § 87 BetrVG 2001 Betriebliche Lohngestaltung Nr. 15 Rn. 31 = AP Nr. 133 zu § 87 BetrVG 1972 Lohngestaltung; 13.12.2011 EzA § 77 BetrVG 2001 Nr. 32 Rn. 14 = AP Nr. 57 zu § 77 BetrVG 1972 Betriebsvereinbarung; 13.03.2012 EzA § 77 BetrVG 2001 Nr. 33 Rn. 23 = AP Nr. 27 zu § 77 BetrVG 1972 Tarifvorbehalt; weitere Nachweise 9. Aufl. § 87 Rn. 861 *LAG Bremen* 27.10.1978 AP Nr. 1 zu § 87 BetrVG 1972 Lohngestaltung Bl. 3; *LAG Frankfurt a. M.* 05.09.1989 LAGE § 87 BetrVG 1972 Betriebliche Lohngestaltung Nr. 7 S. 6; 12.09.1991 Betriebliche Lohngestaltung Nr. 10 S. 1; 03.10.1989 DB 1990, 126; *LAG Niedersachsen* 25.02.1980 EzA § 87 BetrVG 1972 Lohn u. Arbeitsentgelt Nr. 12 S. 96; *LAG Schleswig-Holstein* 20.08.1987 NZA 1988, 35 [36]; *Fitting* § 87 Rn. 445; *Kaiser/LK* § 87 Rn. 241; *Misera* Anm. AP Nr. 12 zu § 87 BetrVG 1972 Lohngestaltung Bl. 6 R; *Richardi* § 87 Rn. 771; *Worzalla/HWGNRH* § 87 Rn. 574, 609; vgl. auch *Matthes*/MünchArbR § 251 Rn. 22 ff., Nachweise 6. Aufl. § 87 Rn. 861 sowie Literatur zu den Vorlagebeschlüssen des Ersten Senats Rdn. 906 und Rdn. 861, 870 f.). Der sog. **Dotierungsrahmen** ist also **mitbestimmungsfrei**. Andernfalls würde durch Zwangsschlichtung in die Vertragsfreiheit eingegriffen werden. Eine Betriebsvereinbarung über die Verteilung eines jährlich vom Arbeitgeber zur Verfügung gestellten Gehaltserhöhungsbudgets begründet nicht die Verpflichtung des Arbeitgebers, nach § 315 BGB ein solches Gehaltserhöhungsbudget festzulegen (*LAG Düsseldorf* 28.11.2001 LAGE § 87 BetrVG 1972 Betriebliche Lohngestaltung Nr. 16 S. 2 ff.).

893 Da der Arbeitgeber allein darüber entscheidet, ob und in welchem Umfang er freiwillige Zulagen gewähren will, kann er sie **einmalig, befristet** oder **unbefristet** erbringen, von einer **Bedingung** abhängig machen oder sich den – jederzeitigen bzw. von bestimmten Voraussetzungen abhängigen – **Widerruf** bzw. die **Anrechnung** übertariflicher Zahlungen auf **tarifliche Lohnerhöhungen mitbestimmungsfrei** (*BAG* 28.02.2006 EzA § 87 BetrVG 2001 Betriebliche Lohngestaltung Nr. 9 S. 7 f. = AP Nr. 127 zu § 87 BetrVG 1972 Lohngestaltung Bl. 3 R; 24.01.2017 AP Nr. 149 zu § 87 BetrVG 1972 Lohngestaltung Rn. 38) **vorbehalten** (*Wiese* NZA 1990, 793 [796 f. m. w. N.]; zu **Freiwilligkeitsvorbehalten** Nachweise Rdn. 866). Unter **Widerruf** ist die **Ausübung** eines **unbedingten**, unter der vorbehaltenen **Anrechnung** – soweit sie nicht automatisch erfolgt – die eines durch die Tariflohnerhöhung **bedingten Gestaltungsrechts** zu verstehen (*Wiese* NZA 1990, 793 [797]; zust. *BAG* 03.12.1991 GS EzA § 87 BetrVG 1972 Betriebliche Lohngestaltung Nr. 30 S. 5 *[Gaul]* = AP Nr. 51 zu § 87 BetrVG 1972 Lohngestaltung Bl. 2 f.). Die Befugnis zur Anrechnung ist mithin ein Anwendungsfall der Befugnis zum Widerruf. Beide dienen dem gleichen Zweck, nämlich dem Fortfall bzw. der Herabsetzung bisher gewährter Zulagen. Rechtsgrundlage dieser Befugnis ist der vom Arbeitgeber mit der eingegangenen Bindung ausdrücklich gemachte bzw. sich aus den Umständen ergebende Vorbehalt. Die **individualrechtliche Zulässigkeit einer Anrechnung** bzw. eines **Widerrufs** ist daher **vorab zu klären** (*BAG* st. Rspr. 11.08.1992 EzA § 87 BetrVG 1972 Betriebliche Lohngestaltung Nr. 32 S. 5 = AP Nr. 53 zu § 87 BetrVG 1972 Lohngestaltung Bl. 2 R; 14.08.2001 EzA § 88 BetrVG 1972 Nr. 1 S. 6 ff. *[Bernstein]* = AP Nr. 4 zu § 77 BetrVG 1972 Regelungsabrede Bl. 2 R ff.; 21.01.2003 EzA § 4 TVG Tariflohnerhöhung Nr. 42 S. 5 ff. = AP Nr. 118 zu § 87 BetrVG 1972 Lohngestaltung Bl. 2 R.; weitere Nachweise 9. Aufl. § 87 Rn. 862; *Bommermann* DB 1991, 2185; *Erasmy* ArbGeb. 1993, 193; *Fitting* § 87 Rn. 470; *Hoß* NZA 1997, 1129 ff.; *Matthes*/MünchArbR § 251 Rn. 35; *Meisel* BB 1991, 406 ff.; *Preis* FS Kissel, S. 879 ff.; *Ramrath* DB 1990, 2593 ff.; *Schaub* Arbeitsrechts-Handbuch, § 204 Rn. 44; *Schirge/Trittin* AiB 1990, 227 [242 ff.]; *Schneider* DB 2000, 922 ff.; *Worzalla/HWGNRH* § 87 Rn. 576; zum Ganzen auch *Krämer* Der Widerruf im Arbeitsrecht [Diss. Erlangen/Nürnberg], 1998; *Krauß* Widerruf von Arbeitgeberleistungen [Diss. Heidelberg], 1997). Ein stillschweigender Anrechnungsvorbehalt betrifft nur die Erhöhung des insgesamt geschuldeten Tarifentgelts, nicht dagegen Zahlungen als Lohnausgleich für Arbeitszeitverkürzungen (*BAG* 19.09.1995 EzA § 87 BetrVG 1972 Betriebliche Lohngestaltung Nr. 53 S. 6 = AP Nr. 81 zu § 87 BetrVG 1972 Lohngestaltung Bl. 3; 07.02.1996 EzA § 87 BetrVG 1972 Betriebliche Lohngestaltung Nr. 55 S. 4 ff. *[krit. Kraft]* = AP Nr. 85 zu § 87 BetrVG 1972 Lohngestaltung Bl. 2 ff. = SAE 1997, 309 *[Waltermann]*; 23.10.1996 EzA § 87 BetrVG 1972 Betriebliche Lohngestaltung Nr. 59 S. 4 f.). In einem Formulararbeitsvertrag ist die Vertragsklausel, nach der dem Arbeitgeber das Recht zustehen soll, »übertarifliche Lohnbestandteile jederzeit unbeschränkt zu widerrufen«, gemäß § 308 Nr. 4 BGB unwirksam; neben der Inhaltskontrolle nach den §§ 305 ff. BGB verbleibt es bei der Ausübungskontrolle im Einzelfall gemäß § 315 BGB (*BAG* 12.01.2005 EzA § 308 BGB 2002 Nr. 1 S. 6 ff. *[Herresthal]* = AP Nr. 1 zu § 308 BGB Bl. 2 ff. *[Bergwitz]*; ferner *BAG* 11.10.2006 EzA § 308 BGB 2002 Nr. 6 Rn. 12 ff. = AP Nr. 6 zu § 308 BGB; 24.01.2017 AP Nr. 149 zu § 87 BetrVG 1972 Lohngestaltung Rn. 24 ff.; zum Ganzen *Bergwitz* AuR 2005, 210 ff.; *Diekmann / Bieder* DB 2005, 722 ff.; *Hanau / Hromadka* NZA 2005, 73 ff.; *Maties* DB 2005, 2689 ff.)

Nach Vertragsgrundsätzen ist der Arbeitgeber nicht zu mehr verpflichtet, als er freiwillig übernommen hat. Die **eingegangene Bindung begrenzt** einerseits die **Befugnis** des Arbeitgebers **zum Widerruf** bzw. **zur Anrechnung**, andererseits ist erst die **rechtmäßige Umsetzung** dieser **Befugnis auslösender Faktor** etwaiger **Mitbestimmungsrechte** des Betriebsrats. So sind z. B. bestimmte Leistungs- oder Funktionszulagen **anrechnungsfest** (zu einer Erschwerniszulage *BAG* 23.03.1993 EzA § 4 TVG Tariflohnerhöhung Nr. 24 S. 5 ff. = AP Nr. 26 zu § 87 BetrVG 1972 Tarifvorrang Bl. 2 R ff. *[Loritz]*; vgl. auch *BAG* 03.09.2014 EzA § 87 BetrVG 2001 Betriebliche Lohngestaltung Nr. 31 Rn. 15 = AP Nr. 219 zu § 242 BGB Gleichbehandlung) und können bei Änderung der Verteilungsgrundsätze für eine übertarifliche Zulage bei dem zu verteilenden Zulagenvolumen nicht berücksichtigt werden (*LAG* Köln 21.01.1994 DB 1994, 1628; *Richardi* NZA 1992, 961 [963]; *ders*. RdA 1994, 394 [403]; *Schwab* BB 1993, 495 [497]). Für die mitbestimmungsrechtlich relevante Bindung gilt Gleiches wie für Sozialleistungen (Rdn. 862). Es genügen – wirksame – einzelvertragliche Absprachen; der Mitbestimmungsrahmen ergibt sich dann aus der Summe der zu gewährenden Beträge (*BAG* 30.01.1990 EzA § 87 BetrVG 1972 Betriebliche Lohngestaltung Nr. 27 S. 9 = AP Nr. 41 zu § 87 BetrVG 1972 Lohngestaltung Bl. 4 R; vgl. auch *BAG* 21.08.1990 NZA 1991, 434 [436] m. w. N.). Der Umfang der Leistungen ist allerdings nicht immer eine festbestimmte Größe, sondern richtet sich danach, wie viele Arbeitnehmer im Rahmen der vom Arbeitgeber eingegangenen Bindung die Leistungsvoraussetzungen erfüllen (*Galperin / Löwisch* § 87 Rn. 226d; vgl. auch Rdn. 840). Zur »Vorstrukturierungsbefugnis« des Arbeitgebers *Schüren* RdA 1996, 14 (15 ff.).

Da **durch zusätzliche Leistungen** der **Entlohnungsgrundsatz ergänzt** wird, hat der **Betriebsrat** darüber **mitzubestimmen, ob** die **Zulagen eingeführt** werden sollen; er hat also insoweit ein **Zustimmungs-**, dagegen **kein Initiativrecht** (Rdn. 867; *BAG* st. Rspr. 08.12.1981 EzA § 87 BetrVG 1972 Leistungslohn Nr. 6 S. 82 *[Hanau]* = AP Nr. 1 zu § 87 BetrVG 1972 Prämie Bl. 2 *[Hilger]*; 13.09.1983 EzA § 87 BetrVG 1972 Leistungslohn Nr. 8 S. 115 f. *[Löwisch / Reimann]* = AP Nr. 3 zu § 87 BetrVG 1972 Prämie Bl. 5 f. *[Hanau]*; 10.07.1979 EzA § 87 BetrVG 1972 Lohngestaltung Bl. 3 R *[Schulze-Osterloh]*; 31.01.1984 EzA § 87 BetrVG 1972 Lohngestaltung Nr. 3 S. 42 = AP Nr. 2 zu § 87 BetrVG 1972 Lohngestaltung Bl. 3 R *[Schulze-Osterloh]*; 31.01.1984 EzA § 87 BetrVG 1972 Betriebliche Lohngestaltung Nr. 7 S. 63 = AP Nr. 3 zu § 87 BetrVG 1972 Tarifvorrang Bl. 3 *[Wiedemann]*; 17.12.1985 EzA § 87 BetrVG 1972 Betriebliche Lohngestaltung Nr. 11 S. 102 = AP Nr. 5 zu § 87 BetrVG 1972 Tarifvorrang Bl. 2 f. *[Kraft]*; weitere Nachweise 9. Aufl. § 87 Rn. 864; *Galperin / Löwisch* § 87 Rn. 226i, 33a; *Schüren* RdA 1996, 14 [15 f.]; *Westhoff* DB 1980, 1260 [1261]; *Worzalla / HWGNRH* § 87 Rn. 574; **a. M.** *Herbst* AiB 1986, 186 [188]; anders *ders*. DB 1987, 738 [741]). Der Arbeitgeber kann den Widerstand des Betriebsrats nur durch einen Spruch der Einigungsstelle überwinden (*Fitting* § 87 Rn. 445; *Löwisch* ZfA 1986, 1 [16]; *Matthes* NZA 1987, 289 [293]; *Schüren* RdA 1996, 14 [16 ff.]; vgl. auch *Kraft* FS *Karl Molitor*, S. 207 [218]; weitere Nachweise 6. Aufl. § 87 Rn. 864).

Ebenso wie bei Sozialleistungen ist bei zusätzlichen Entgeltleistungen deren **Zweck** wesentlicher Bestandteil der mitbestimmungsfreien unternehmerischen Entscheidung des Arbeitgebers (*BAG* st. Rspr. 10.07.1979 EzA § 87 BetrVG 1972 Leistungslohn Nr. 3 S. 42 = AP Nr. 2 zu § 87 BetrVG 1972 Lohngestaltung Bl. 3 R *[Schulze-Osterloh]*; 08.12.1981 EzA § 87 BetrVG 1972 Leistungslohn Nr. 6 S. 81 *[Hanau]* = AP Nr. 1 zu § 87 BetrVG 1972 Prämie Bl. 1 R f. *[Hilger]*; 29.02.2000 EzA § 87 BetrVG 1972 Betriebliche Lohngestaltung Nr. 69 S. 4 f. = AP Nr. 105 zu § 87 BetrVG 1972 Lohngestaltung Bl. 3 *[Raab]*; 14.08.2001 EzA § 613a BGB Nr. 200 S. 10 = AP Nr. 85 zu § 77 BetrVG 1972 Bl. 6 *[Raab]*; 23.01.2008 AP Nr. 9 zu § 87 BetrVG 1972 Leistungslohn Rn. 24; 13.12.2011 EzA

§ 77 BetrVG 2001 Nr. 32 Rn. 14 = AP Nr. 57 zu § 77 BetrVG 1972 Betriebsvereinbarung; 13.03.2012 EzA § 77 BetrVG 2001 Nr. 33 Rn. 23 = AP Nr. 27 zu § 77 BetrVG 1972 Tarifvorbehalt; weitere Nachweise 9. Aufl. § 87 Rn. 865; *Fitting* § 87 Rn. 446; *Hromadka* DB 1986, 1921 [1924]; *Kaiser/LK* § 87 Rn. 242; *Löwisch/Röder* Anm. SAE 1983, 16; *Matthes*/MünchArbR § 251 Rn. 30; *Worzalla/HWGNRH* § 87 Rn. 611; vgl. auch Rdn. 868, 880 sowie die Nachweise 6. Aufl. § 87 Rn. 865; a. M. *ArbG Oberhausen* 27.06.1986 AiB 1986, 232; *Herbst* AiB 1986, 186 [188]; ders. DB 1987, 738 [740, 741]). Mangels einer anderweitig begründeten Rechtspflicht zur Erbringung der Leistung kann der Arbeitgeber nicht gezwungen werden, sie für einen anderen als den von ihm gewollten Zweck zu erbringen. Das gilt sowohl für die Zweckbestimmung bei **Einführung** der Leistung als auch bei deren späterer **Änderung**. Das ist auch für unterschiedlichen Zwecken dienende Zulagen zu beachten. Sie sind daher in der rechtlichen Bewertung – so bei der Anrechnung – getrennt zu behandeln (vgl. aber Rdn. 891).

897 Da der Zweck den Entlohnungsgrundsatz betrifft, hat der Betriebsrat im Hinblick auf die Freiwilligkeit der Leistung auch insoweit **kein Initiativ**-, sondern nur ein **Zustimmungsrecht** (*Galperin/Löwisch* § 87 Rn. 226i). Zutreffend hat das *BAG* daher bei einer freiwilligen Leistungsprämie ein Initiativrecht des Betriebsrats hinsichtlich deren Umwandlung von einer Individual- in eine Gruppenprämie verneint (*BAG* 08.12.1981 EzA § 87 BetrVG 1972 Leistungslohn Nr. 6 S. 81 ff. *[abl. Hanau*, der zwar den Zweck als mitbestimmungsfrei, im Ergebnis aber den Übergang zur Gruppenprämie nicht als Zweckänderung ansieht*]* = AP Nr. 1 zu § 87 BetrVG 1972 Prämie Bl. 1 R ff. *[abl. Hilger]* = SAE 1984, 192 *[krit. Beuthien]* = BB 1982, 2106 *[zust. Gaul]*; *Worzalla/HWGNRH* § 87 Rn. 614). Aus den Vorschriften des § 77 Abs. 3 und des § 87 Abs. 1 ergibt sich nicht zwingend, dass es hinsichtlich »außertariflicher Lohnbestandteile« auf die Freiwilligkeit der Entgelte nicht ankomme (so aber *Hilger* Anm. *BAG* 08.12.1981 AP Nr. 1 zu § 87 BetrVG 1972 Prämie Bl. 3 R). Für die uneingeschränkte Anwendung des § 87 Abs. 1 Nr. 10 bleibt hinreichend Raum, soweit durch Tarifvertrag Ansprüche begründet und nicht im Einzelnen ausgestaltet worden sind. Auch der reichlich unbestimmte Begriff der innerbetrieblichen (abstrakten) Lohngerechtigkeit spricht nicht gegen die hier vertretene Ansicht (a. M. *Hilger* Anm. *BAG* 08.12.1981 AP Nr. 1 zu § 87 BetrVG 1972 Prämie Bl. 3 R f.), da er nur den allgemeinen Zweck des § 87 Abs. 1 Nr. 10 umschreibt und daher allein innerhalb des zuvor festgestellten Umfangs der Mitbestimmung anzuwenden ist (vgl. auch Rdn. 834). Schließlich ist der Grundsatz der unternehmerischen Entscheidungsfreiheit nicht ausschlaggebend (anders *Beuthien* SAE 1984, 192 [195 f.]); maßgebend sind allein Inhalt und Umfang der eingegangenen Bindung.

898 Der mitbestimmungsfreien unternehmerischen Entscheidung unterliegt auch die **Festlegung** des **begünstigten Personenkreises** (zu Sozialleistungen Rdn. 869, 882; *BAG* st. Rspr. 17.12.1980 EzA § 87 BetrVG 1972 Betriebliche Lohngestaltung Nr. 2 S. 12 *[Weiss]* = AP Nr. 4 zu § 87 BetrVG 1972 Lohngestaltung Bl. 2 R *[Löwisch/Röder]*; 29.02.2000 EzA § 87 BetrVG Betriebliche Lohngestaltung Nr. 69 S. 5 = AP Nr. 105 zu § 87 BetrVG 1972 Lohngestaltung Bl. 3 *[Raab]*; 14.08.2001 EzA § 613a BGB Nr. 200 S. 10 = AP Nr. 85 zu § 77 BetrVG 1972 Bl. 6 *[Raab]*; 23.01.2008 AP Nr. 9 zu § 87 BetrVG 1972 Leistungslohn Rn. 24; 13.12.2011 EzA § 77 BetrVG 2001 Nr. 32 Rn. 14 = AP Nr. 57 zu § 77 BetrVG 1972 Betriebsvereinbarung; 13.03.2012 EzA § 77 BetrVG 2001 Nr. 33 Rn. 23 = AP Nr. 27 zu § 77 BetrVG 1972 Tarifvorbehalt; enger *LAG Bremen* 27.10.1978 AP Nr. 1 zu § 87 BetrVG 1972 Lohngestaltung Bl. 3 f.; *Fitting* § 87 Rn. 446; *Kaiser/LK* § 87 Rn. 242; *Löwisch/Röder* Anm. SAE 1983, 16; *Matthes*/MünchArbR § 251 Rn. 32; *Worzalla/HWGNRH* § 87 Rn. 611; a. M. *Herbst* DB 1987, 738 [740, 741]; weitere Nachweise 6. Aufl. § 87 Rn. 867). Zur Neuabgrenzung des Kreises der Begünstigten im vorgegebenen Rahmen vgl. aber Rdn. 923. Erklärt der Arbeitgeber, er wolle eine zusätzliche Jahressondervergütung nur zahlen, wenn eine einheitliche Regelung für das Gesamtunternehmen zustande komme, kann nur der **Gesamtbetriebsrat** die Mitbestimmung nach § 87 Abs. 1 Nr. 10 wahrnehmen (*BAG* 11.02.1992 EzA § 76 BetrVG 1972 Nr. 60 S. 6 = AP Nr. 50 zu § 76 BetrVG 1972 Bl. 2 R).

899 **Mitbestimmungspflichtig** ist dagegen die **Aufstellung** und **Änderung** (Näheres Rdn. 967 ff.) der **Verteilungsgrundsätze** bei gleichem oder herabgesetztem Finanzvolumen, sofern ein **Regelungsspielraum** besteht (*BAG* st. Rspr. 03.12.1991 GS EzA § 87 BetrVG 1972 Betriebliche Lohngestaltung Nr. 30 S. 12, 24 ff. *[Gaul]* = AP Nr. 51 zu § 87 BetrVG 1972 Lohngestaltung Bl. 5, 9 R ff.; 14.08.2001 EzA § 88 BetrVG 1972 Nr. 1 S. 8 *[Bernstein]* = AP Nr. 4 zu § 77 BetrVG 1972 Regelungs-

abrede Bl. 3 R; 16.04.2002 EzA § 4 TVG Tariflohnerhöhung Nr. 39 S. 8 = AP Nr. 38 zu § 4 TVG Übertarifl. Lohn u. Tariflohnerhöhung Bl. 3 R; 21.01.2003 EzA § 3 BetrAVG Nr. 9 S. 7 = AP Nr. 13 zu § 3 BetrAVG Bl. 3 R; 01.11.2005 EzA § 4 TVG Tariflohnerhöhung Nr. 46 S. 9 = AP Nr. 16 zu § 33 BAT Bl. 4 R *[Stein]*; 10.10.2006 EzA § 80 BetrVG 2001 Nr. 6 S. 7 = AP Nr. 68 zu § 80 BetrVG 1972 Bl. 3 R; 10.03.2009 EzA § 87 BetrVG 2001 Betriebliche Lohngestaltung Nr. 18 Rn. 17 = AP Nr. 134 zu § 87 BetrVG 1972 Lohngestaltung *[Richardi]*; 13.03.2012 EzA § 77 BetrVG 2001 Nr. 33 Rn. 23 = AP Nr. 27 zu § 77 BetrVG 1972 Tarifvorbehalt; 24.01.2017 AP Nr. 149 zu § 87 BetrVG 1972 Lohngestaltung Rn. 15; weitere *BAG*-Nachweise 9. Aufl. § 87 Rn. 868; *BVerwG* 09.12.1998 AP Nr. 3 zu § 74 LPVG Hessen Bl. 8; *Buchner* DB 1983, 877 [885]; *Fitting* § 87 Rn. 447; *Richardi* § 87 Rn. 771; *Worzalla/HWGNRH* § 87 Rn. 584; weitere Nachweise 6. Aufl. § 87 Rn. 868, 876). Die Verteilungsgrundsätze ändern sich nicht, wenn sich nach einer Erhöhung der tariflichen Grundgehälter der prozentuale Anteil einer in unveränderter Höhe weitergezahlten Leistungszulage am Gesamtgehalt verringert; der Betriebsrat hat daher nicht mitzubestimmen, wenn der Arbeitgeber – auch nicht aufgrund tariflicher Regelung – verpflichtet ist, die Zulagen zu erhöhen (*BAG* 28.04.1998 EzA § 87 BetrVG 1972 Betriebliche Lohngestaltung Nr. 62 S. 4 ff. = AP Nr. 91 zu § 87 BetrVG 1972 Lohngestaltung Bl. 2 ff.). Trifft der Arbeitgeber zwei unterschiedliche Entscheidungen zur Anrechnung auf eine übertarifliche Zulage, von denen die eine mitbestimmungsfrei, die andere mitbestimmungspflichtig ist, wird die Mitbestimmung nicht verletzt, wenn sich nur die mitbestimmungsfreie Entscheidung realisiert (*BAG* 01.11.2005 AP Nr. 16 zu § 33 BAT Bl. 4 R ff. *[Stein]*).

Teilmitbestimmte Betriebsvereinbarungen (zum Ganzen *Kreutz* § 77 Rdn. 453 ff.) wirken nur hinsichtlich der Gegenstände nach, die der notwendigen Mitbestimmung unterliegen (§ 77 Abs. 6); lässt sich die Betriebsvereinbarung nicht sinnvoll in einen nachwirkenden und einen nachwirkungslosen Teil aufspalten, entfaltet die gesamte Betriebsvereinbarung Nachwirkung (*BAG* 26.08.2008 EzA § 87 BetrVG 2001 Betriebliche Lohngestaltung Nr. 16 Rn. 14 ff. = AP Nr. 15 zu § 87 BetrVG 1972; 10.11.2009 NZA 2011, 475 Rn. 12). Bei ersatzloser Streichung der gesamten freiwilligen übertariflichen oder außertariflichen Leistungen aufgrund der Kündigung einer Betriebsvereinbarung entfällt die Nachwirkung; bei einer Kürzung der zur Verfügung gestellten Mittel wirkt die Betriebsvereinbarung insoweit nach und hat der Betriebsrat hinsichtlich des verbleibenden Finanzvolumens über die Verteilungsgrundsätze mitzubestimmen, sofern durch die Kürzung der bisherige Verteilungsplan verändert wird (*BAG* 26.08.2008 EzA § 87 BetrVG 2001 Betriebliche Lohngestaltung Nr. 16 Rn. 17 f., 21 = AP Nr. 15 zu § 87 BetrVG 1972 *[Richardi]* bei Annahme einer Gesamtvergütung, dagegen *Wiese* RdA 2012, 332 [339]). Wird eine in eine Gesamtvergütung einzubeziehende Zulage (Rdn. 891) vollständig gestrichen, entfällt insoweit die Nachwirkung. Bei teilmitbestimmten Betriebsvereinbarungen muss der Arbeitgeber nach Ansicht des *BAG* zur Vermeidung der Rechtsfolgen des § 77 Nr. 6 eindeutig erklären, ob und gegebenenfalls in welcher Höhe nach Ablauf der Kündigungsfrist Mittel zur Verfügung stehen (*BAG* 05.10.2010 EzA § 87 BetrVG 2001 Betriebliche Lohngestaltung Nr. 23 Rn. 26 = AP Nr. 53 zu § 77 BetrVG 1972 Betriebsvereinbarung; vgl. auch Rdn. 891). **900**

Durch die Mitbestimmung bei Aufstellung und Veränderung der Verteilungsgrundsätze wird die Grundentscheidung des Arbeitgebers über die Freiwilligkeit der Leistung nicht angetastet. Will dieser die freiwillige Leistung nur nach den von ihm beabsichtigten Verteilungsgrundsätzen gewähren und lehnt der Betriebsrat das ab, so kann der Arbeitgeber entweder gänzlich von der Leistung absehen oder, wenn er das nicht will, versuchen, seine Vorstellungen über die Einigungsstelle durchzusetzen (vgl. auch *LAG Frankfurt a. M.* 03.10.1989 DB 1990, 126 f.). Beruhen die mit dem Betriebsrat vereinbarten Verteilungsgrundsätze auf einer Betriebsvereinbarung oder Betriebsabsprache, muss diese bei fehlender Änderungsvereinbarung von dem die Änderung begehrenden Betriebspartner zuvor gekündigt werden (§ 77 Abs. 5; *BAG* 03.12.1991 GS EzA § 87 BetrVG 1972 Betriebliche Lohngestaltung Nr. 30 S. 36 *[Gaul]* = AP Nr. 51 zu § 87 BetrVG 1972 Lohngestaltung Bl. 14 R; *Kreutz* § 77 Rdn. 21, 403 ff.). Beruhen die mit dem Betriebsrat vereinbarten neuen Verteilungsgrundsätze auf einer Regelungsabrede, muss der Arbeitgeber sie mit individualrechtlichen Mitteln umsetzen (*BAG* 16.09.1986 GS EzA § 77 BetrVG 1972 Nr. 17 S. 103 f. *[Otto]* = AP Nr. 17 zu § 77 BetrVG 1972 Bl. 14 f.). Zum Ermessen der Einigungsstelle bei Regelung der Verteilung einer zusätzlichen Jahressondervergütung *BAG* 11.02.1992 EzA § 76 BetrVG 1972 Nr. 60 S. 8 ff. = AP Nr. 50 zu § 76 BetrVG 1972 Bl. 3 R ff. sowie zur Festsetzung und Umverteilung einer Gewinnbeteiligung zur Ausgabe von Belegschaftsaktien **901**

§ 87 *IV. 3. Soziale Angelegenheiten*

BAG 28.11.1989 EzA § 315 BGB Nr. 37 S. 5 ff. = AP Nr. 6 zu § 88 BetrVG 1972 Bl. 2 R ff. *(Frey)*. Zur Mitbestimmung bei Kürzung einer übertariflichen Zulage durch Anrechnung einer Lohnerhöhung bei gleichzeitiger Verwendung des Kürzungsbetrages zur Aufstockung einer Anwesenheitsprämie *ArbG München* 11.11.1987 AiB 1988, 190. Zum Verstoß gegen die Gleichbehandlung bei unterschiedlicher Handhabung der Anrechnung *ArbG Oberhausen* 27.06.1986 AiB 1986, 232 *(Herbst)*.

902 Im Grundsatz besteht Einigkeit darüber, dass der **Arbeitgeber** im Rahmen der eingegangenen Bindung **mitbestimmungsfrei** die **Leistungen einstellen** (**widerrufen, anrechnen**) oder **kürzen** kann (*BAG* 08.12.1981 EzA § 87 BetrVG 1972 Leistungslohn Nr. 6 S. 83 *[Hanau]* = AP Nr. 1 zu § 87 BetrVG 1972 Prämie Bl. 2 R *[Hilger]*; 13.01.1987 EzA § 87 BetrVG 1972 Betriebliche Lohngestaltung Nr. 14 S. 117 f. *[zust. Streckel]* = AP Nr. 26 zu § 87 BetrVG 1972 Lohngestaltung Bl. 3 f. *[zust. Gaul]* = AR-Blattei, Betriebsverfassung XIV B, Entsch. 100 *[zust. Löwisch]* bei Kürzung der Zeitzuschläge von Akkordvorgabezeiten; 03.12.1991 GS EzA § 87 BetrVG 1972 Betriebliche Lohngestaltung Nr. 30 S. 31, 36 *[Gaul]* = AP Nr. 51 zu § 87 BetrVG 1972 Lohngestaltung Bl. 12 R, 14 R; 28.02.2006 EzA § 87 BetrVG 2001 Betriebliche Lohngestaltung Nr. 9 S. 6 f. = AP Nr. 127 zu § 87 BetrVG 1972 Lohngestaltung Bl. 3; 23.01.2008 AP Nr. 9 zu § 87 BetrVG 1972 Leistungslohn Rn. 24 f.; 26.08.2008 EzA § 87 BetrVG 2001 Betriebliche Lohngestaltung Nr. 16 Rn. 21 = AP Nr. 15 zu § 87 BetrVG 1972 *[Richardi]*; 23.06.2009 AP Nr. 45 zu § 77 BetrVG 1972 Betriebsvereinbarung Nr. 16; 05.10.2010 EzA § 87 BetrVG 2001 Betriebliche Lohngestaltung Nr. 23 Rn. 22 f. = AP Nr. 53 zu § 77 BetrVG 1972 Betriebsvereinbarung; *Buchner* DB 1983, 877 *[885 ff.]*; *Fitting* § 87 Rn. 449, 461; *Kaiser/LK* § 87 Rn. 241; *Löwisch* ZfA 1986, 1 [16]; *Matthes*/MünchArbR § 251 Rn. 21, 28, 36 f.; *Oetker* RdA 1991, 16 [26 f.]; *Wiese* NZA 1990, 793 [797]; *Worzalla/HWGNRH* § 87 Rn. 613; **a. M.** *LAG Hamm* 08.04.1991 LAGE § 87 BetrVG 1972 Betriebliche Lohngestaltung Nr. 8 S. 2 ff.; *Klebe/DKKW* § 87 Rn. 316; *Trittin* AuR 1991, 329 [333]; weitere Nachweise pro und contra 6. Aufl. § 87 Rn. 870).

903 Die **Reichweite** der **eingegangenen Bindung** bedarf gegebenenfalls der **Auslegung** (zur Einstellung einer Ballungsraumzulage, die nur im Rahmen der verfügbaren Mittel zugesagt war, *BAG* 25.07.1986 AP Nr. 7 zu § 27 BAT Bl. 2 R f.). Jedenfalls kann der Betriebsrat über die Einigungsstelle **keine Erhöhung** der vom Arbeitgeber für Zusatzleistungen zur Verfügung gestellten Mittel erreichen (*BAG* 13.01.1987 EzA § 87 BetrVG 1972 Betriebliche Lohngestaltung Nr. 14 S. 117 f. *[Streckel]* = AP Nr. 26 zu § 87 BetrVG 1972 Lohngestaltung Bl. 3 *[Gaul]*). Es unterliegt seiner freien Entscheidung, ob er die Leistungen erhöhen will. Ebenso wenig kann er aber auch gezwungen werden, übertarifliche Zulagen nicht auf eine Tariflohnerhöhung anzurechnen (*LAG Düsseldorf* 16.09.1993 NZA 1995, 94).

904 Hatte der Arbeitgeber sich den jederzeitigen **Widerruf** bzw. die Anrechnung **vorbehalten** und macht von diesem Recht Gebrauch, muss er jedoch § 75 Abs. 1 beachten. Hatte er sich den Widerruf nicht vorbehalten, kann er eine Betriebsvereinbarung oder Betriebsabsprache kündigen (§ 77 Abs. 5; *Kreutz* § 77 Rdn. 21, 403 ff.) und damit die insoweit eingegangene Bindung für die Zukunft beenden. Gleiches gilt für den Betriebsrat (*BAG* 08.12.1981 EzA § 87 BetrVG 1972 Leistungslohn Nr. 6 S. 83 *[Hanau]* = AP Nr. 1 zu § 87 BetrVG 1972 Prämie Bl. 2 R *[Hilger]*). Bei freiwilligen Leistungen, die auf einer Betriebsvereinbarung beruhen, besteht kein Anspruch auf Fortzahlung gemäß § 77 Abs. 6 kraft Nachwirkung (*BAG* 26.04.1990 EzA § 77 BetrVG 1972 Nr. 35 S. 6 ff. = AP Nr. 4 zu § 77 BetrVG 1972 Nachwirkung Bl. 4 ff.; 21.08.1990 EzA § 77 BetrVG 1972 Nr. 36 S. 3 ff. *[Kittner]* = AP Nr. 5 zu § 77 BetrVG 1972 Nachwirkung Bl. 1 R ff.; 09.12.1997 EzA § 77 BetrVG 1972 Nr. 61 S. 15 *[Dörrwächter]* = AP Nr. 11 zu § 77 BetrVG 1972 Tarifvorbehalt Bl. 6 R = SAE 1998, 303 *[Hj. Weber]*; zu teilmitbestimmten Betriebsvereinbarungen *BAG* 26.10.1993 EzA § 77 BetrVG 1972 Nr. 53 S. 5 ff. *[Schulin]* = AP Nr. 6 zu § 77 BetrVG 1972 Nachwirkung Bl. 2 R ff. und *Kreutz* § 77 Rdn. 454), da die Gewährung als solche mitbestimmungsfrei ist. Etwa entstandene individualrechtliche Ansprüche können nur mit individualrechtlichen Mitteln beseitigt werden (Rdn. 871; *BAG* 13.01.1987 EzA § 87 BetrVG 1972 Betriebliche Lohngestaltung Nr. 14 S. 118 *[Streckel]* = AP Nr. 26 zu § 87 BetrVG 1972 Lohngestaltung Bl. 3 *[Gaul]*). Der Widerruf freiwilliger Zulagen ist nicht nach freiem, sondern nur nach **billigem Ermessen** zulässig (*BAG* 26.05.1998 EzA § 87 BetrVG 1972 Betriebliche Lohngestaltung Nr. 65 S. 1 f. = AP Nr. 98 zu § 87 BetrVG 1972 Lohngestaltung Bl. 2 R f. *[Moll]*).

905 Problematisch ist die Abgrenzung mitbestimmungsfreier und mitbestimmungspflichtiger Maßnahmen, wenn der Arbeitgeber sich den **jederzeitigen Widerruf** bzw. die **Anrechnung** von übertarif-

lichen Zulagen auf **Tariflohnerhöhungen vorbehalten** hat und durch den Widerruf bzw. die Anrechnung zugleich die bisherigen **Verteilungsgrundsätze geändert** werden. Entsprechendes gilt bei der Anrechnung übertariflicher Zulagen auf betriebliche Prämienlohnerhöhungen (*BAG* 10.11.1992 EzA § 87 BetrVG 1972 Betriebliche Lohngestaltung Nr. 39 S. 4 ff. *[Ahrens]* = AP Nr. 58 zu § 87 BetrVG 1972 Lohngestaltung Bl. 2 ff. *[Henssler* nach Nr. 56*])*.

Der **Erste Senat** des *BAG* vertrat in zwei **Vorlagebeschlüssen** an den **Großen Senat** vom 13.02.1990 (EzA § 87 BetrVG 1972 Betriebliche Lohngestaltung Nr. 25 und Nr. 26 *[Reuter]* = AP Nr. 43 und 44 zu § 87 BetrVG 1972 Lohngestaltung = SAE 1990, 221, 226 *[Lieb]*) die Ansicht, der Betriebsrat habe bei der Anrechnung einer Tariflohnerhöhung auf jederzeit widerruflich und anrechenbar gewährte übertarifliche Zulagen mitzubestimmen, sofern die Anrechnung nicht zum vollständigen Wegfall aller Zulagen führe. Er sah sich aber an der eigenen Entscheidung durch Entscheidungen des Vierten und Fünften Senats gehindert, in denen die Mitbestimmung des Betriebsrats bei der Anrechnung einer Tariflohnerhöhung auf übertarifl. Zulagen verneint worden war (*BAG* 04.06.1980 – Vierter Senat – EzA § 4 TVG Tariflohnerhöhung Nr. 5 S. 36 = AP Nr. 13 zu § 4 TVG Übertarifl. Lohn und Tariflohnerhöhung Bl. 2 R *[Herschel]*; 03.06.1987 EzA § 4 TVG Metallindustrie Nr. 31 S. 155 f. *[Reuter]* = AP Nr. 58 zu § 1 TVG Tarifverträge: Metallindustrie Bl. 4 f. *[Lund]* = SAE 1989, 322 *[Wank]*; *BAG* – Fünfter Senat – Urteile vom 16.10.1985 – 5 AZR 299/84 und vom 16.04.1986, DB 1987, 1542; auch Wiedergabe dieser Rechtsprechung in *BAG* 03.12.1991 GS EzA § 87 BetrVG 1972 Betriebliche Lohngestaltung Nr. 30 S. 4 ff. = AP Nr. 51 zu § 87 BetrVG 1972 Lohngestaltung Bl. 2 ff.; zur früheren Diskussion Nachweise 6. Aufl. § 87 Rn. 874). Die Vorlagebeschlüsse des Ersten Senats sind überwiegend kritisiert worden (Nachweise 6. Aufl. § 87 Rn. 873 sowie zur eigenen Auffassung *Wiese* NZA 1990, 793 ff.).

Durch Beschlüsse vom 03.12.1991 hat der **Große Senat** des *BAG* zu den vom Ersten Senat aufgeworfenen Fragen Stellung genommen (03.12.1991 EzA § 87 BetrVG 1972 Betriebliche Lohngestaltung Nr. 30 *[Gaul]* = AP Nr. 51 zu § 87 BetrVG 1972 Lohngestaltung = AR-Blattei ES 1540 Nr. 26 *[Sauerbier]* = SAE 1993, 97 *[114 – Lieb]* = JuS 1993, 168 *[Reuter]* = EWiR § 87 BetrVG 2/93, 645 *[Hanau]* = AiB 1992, 575 *[Hinrichs/Trittin]*; AiB 1993, 273 *[Mache]* = BetrR 1992, 83 *[Schuster]*; 03.12.1991 AP Nr. 52 zu § 87 BetrVG 1972 Lohngestaltung = AiB 1992, 575 *[Hinrichs/Trittin]* = AiB 1993, 373 *[Mache]*; *Erasmy* ArbGeb. 1993, 193 ff.; *Hörle/Berger-Delhey* AfP 1993, 720 ff.; *Hromadka* DB 1992, 1573 ff.; *Loritz/ZLH* Arbeitsrecht, § 51 II 10a; *Matthes*/MünchArbR § 251 Rn. 36 ff.; *Oetker* DWiR 1992, 518 ff.; *Reichold* RdA 1995, 147 ff.; *Richardi* NZA 1992, 961 ff.; *Schneider* DB 1993, 2530 ff.; *Schmitz-Jansen* Das Recht der freiwilligen Leistungen, S. 500 ff.; *Schukai* NZA 1992, 967 ff.; *Schwab* BB 1993, 495 ff.; *Stege/Schneider* DB 1992, 2342; *Stege/Weinspach/Schiefer* § 87 Rn. 174b ff.; *Weber/Hoß* NZA 1993, 632 ff.; *Weyand* AuR 1993, 1 ff.; *Worzalla*/HWGNRH § 87 Rn. 582 f.). Vorab bejaht er zum **Verhältnis** des § **77 Abs. 3** zu § **87 Abs. 1** die Vorrangtheorie (*Wiese* Rdn. 48 f.) und verneint bei über- und außertariflichen Zulagen den Ausschluss der Mitbestimmung aufgrund des **Tarifvorbehalts** nach § **87 Abs. 1** (Rdn. 983 f.). Zutreffend geht er davon aus, dass die Mitbestimmung nach § 87 Abs. 1 Nr. 10 nur bei **kollektiven Tatbeständen** eingreift (03.12.1991 EzA § 87 BetrVG 1972Betriebliche Lohngestaltung Nr. 30 S. 28 ff. = AP Nr. 51 zu § 87 BetrVG 1972 Lohngestaltung Bl. 11 ff. und Rdn. 15 ff., 842 ff., 927).

Zutreffend weist der Große Senat ferner in Übereinstimmung mit der h. M. (Rdn. 899, 902 sowie dem *BAG* zust. *Erasmy* ArbGeb. 1993, 193 [194]; *Richardi* NZA 1992, 961 [963]; *Stege/Schneider* DB 1992, 2342 [2244]; *Stege/Weinspach/Schiefer* § 87 Rn. 174b; *Wiese* NZA 1990, 793 [798]; **a. M.** *Klebe*/DKKW § 87 Rn. 316; *Trittin* AuR 1991, 329 [333]) darauf hin, dass **nicht** die **Kürzung** bzw. **Anrechnung**, sondern **allein die Änderung der Verteilungsgrundsätze** bei verbleibendem Regelungsspielraum **mitbestimmungspflichtig** sei (03.12.1991 EzA § 87 BetrVG 1972 Betriebliche Lohngestaltung Nr. 30 S. 31 f., 36 *[Gaul]* = AP Nr. 51 zu § 87 BetrVG 1972 Lohngestaltung Bl. 12 R, 14 R; sowie st. Rspr. 21.01.2003 EzA § 4 TVG Tariflohnerhöhung Nr. 41 S. 8 = AP Nr. 118 zu § 87 BetrVG 1972 Lohngestaltung Bl. 4; 19.05.2004 EzA § 4 TVG Tariflohnerhöhung Nr. 43 S. 5; 01.11.2005 EzA § 4 TVG Tariflohnerhöhung Nr. 46 S. 9 = AP Nr. 16 zu § 33 BAT Bl. 4 R *[Stein]*; 09.11.2005 EzA § 4 TVG Tariflohnerhöhung Nr. 45 S. 8 f.; 01.03.2006 EzA § 4 TVG Tariflohnerhöhung Nr. 48 S. 11 = AP Nr. 3 zu § 308 BGB Bl. 5 f. *[Fuchs]*; 01.03.2006 EzA § 4 TVG Tariflohnerhöhung Nr. 47 S. 7 = AP Nr. 40 zu § 4 TVG Übertarifl. Lohn- und Tariflohnerhöhung Bl. 3 R; weitere

§ 87 *IV. 3. Soziale Angelegenheiten*

Nachweise 9. Aufl. § 87 Rn. 876). Es ist daher **falsch** und Folge der vom Großen Senat behaupteten Unwirksamkeit der Anrechnung bzw. des Widerrufs bei unterlassener Mitbestimmung über geänderte Verteilungsgrundsätze (Rdn. 131 ff., 921), wenn auch in späteren Entscheidungen des *BAG* die **Anrechnung** bzw. der **Widerruf selbst** als **mitbestimmungspflichtig** bezeichnet werden (*BAG* st. Rspr. 11.08.1992 EzA § 87 BetrVG 1972 Betriebliche Lohngestaltung Nr. 32 S. 6 f. = AP Nr. 53 zu § 87 BetrVG 1972 Lohngestaltung Bl. 3; 10.11.1992 EzA § 87 BetrVG 1972 Betriebliche Lohngestaltung Nr. 39 S. 7 *[Ahrens]* = AP Nr. 58 zu § 87 BetrVG 1972 Lohngestaltung Bl. 3; vgl. auch 03.08.1982 EzA § 87 BetrVG 1972 Betriebliche Lohngestaltung Nr. 5 S. 47 f., 51 = AP Nr. 12 zu § 87 BetrVG 1972 Lohngestaltung Bl. 2 R f., 4 *[Misera]* = SAE 1983, 317 *[Hirschberg]* = JuS 1984, 150 *[Reuter]*; 26.04.1988 EzA § 1 BetrAVG Geschäftsgrundlage Nr. 1 S. 8 = AP Nr. 3 zu § 1 BetrAVG Geschäftsgrundlage Bl. 4 R *[Schulin]* = AuR 1989, 187 *[Blomeyer]*; weitere Nachweise 9. Aufl. Rn. 876).

909 Unter **Verteilungsgrundsätzen** versteht der Große Senat (03.12.1991 EzA § 87 BetrVG 1972 Betriebliche Lohngestaltung Nr. 30 S. 31 ff. *[Gaul]* = AP Nr. 51 zu § 87 BetrVG 1972 Lohngestaltung Bl. 9 R, 12 ff.) das **rechnerische (prozentuale) Verhältnis** der **Zulagen zueinander**, ohne dass dem eine ausdrückliche Regelung oder irgendein System zugrunde liegen müsse (*Schwab* BB 1993, 495 [497]; krit. *Erasmy* ArbGeb. 1993, 193 [197]; *Hörle/Berger-Delhey* AfP 1993, 720 [721 f.]; *Hromadka* DB 1992, 1573 [1577]; *Richardi* NZA 1992, 961 [965]; *Schukai* NZA 1992, 967 [968]; *Stege/Schneider* DB 1992, 2342 [2346]; *Wittgruber* Abkehr des Arbeitsrechts von der Vertragsfreiheit, S. 143 ff.). Auch wenn – ungeachtet sonstiger Bedenken – in letzterem Fall der Ausdruck Verteilungsgrundsätze schief ist, hat sich die Praxis doch auf den Maßstab des *BAG* eingestellt. Unerheblich ist nach *BAG* 09.07.1996 EzA § 87 BetrVG 1972 Betriebliche Lohngestaltung Nr. 56 S. 7 = AP Nr. 86 zu § 87 BetrVG 1972 Lohngestaltung Bl. 3), ob die Verschiebung der Entgeltrelationen durch Kürzung von Zulagen anlässlich einer Entgelterhöhung auf einer allgemeinen Tariferhöhung oder einer Änderung der Gehaltsgruppenordnung beruhte. Da unterschiedlichen Zwecken dienende Zulagen getrennt zu behandeln sind (Rdn. 896), ist für diese Zulagen von **verschiedenen Verteilungsgrundsätzen** auszugehen. Rechnet z. B. der Arbeitgeber nur eine bestimmte Zulage auf eine Tariflohnerhöhung an, eine andere dagegen nicht, obwohl dies zulässig wäre, kommt auch nur für erstere eine Änderung der Verteilungsgrundsätze in Betracht (*LAG Köln* 21.01.1994 DB 1994, 1628; *Schwab* BB 1993, 495 [497]). Entsprechendes gilt, wenn neben dem tariflichen Grundentgelt aufgrund einer Betriebsvereinbarung eine Prämie gezahlt wird und nur auf diese eine Tariflohnerhöhung angerechnet wird (*LAG Düsseldorf* 08.09.1999 BB 2000, 312).

910 Zutreffend ist der Große Senat (03.12.1991 EzA § 87 BetrVG 1972 Betriebliche Lohngestaltung Nr. 30 S. 24, 27, 30 f. *[Gaul]* = AP Nr. 51 zu § 87 BetrVG 1972 Lohngestaltung Bl. 9 R, 11, 12 f.) im Gegensatz zum Ersten Senat der Auffassung, die Mitbestimmung des Betriebsrats bei der Neuverteilung des durch die Anrechnung bzw. den Widerruf gekürzten Zulagenvolumens hänge nicht davon ab, ob die Anrechnung von Tariflohnerhöhungen bzw. der Widerruf **konstitutive Entscheidungen** des **Arbeitgebers** seien oder ob es sich hierbei um die Feststellung einer **Automatik** handle (ferner *BAG* st. Rspr. 22.04.1997 EzA § 87 BetrVG 1972 Betriebliche Lohngestaltung Nr. 60 S. 6 = AP Nr. 88 zu § 87 BetrVG 1972 Lohngestaltung Bl. 3; weitere Nachweise 9. Aufl. § 87 Rn. 878; zur Unterscheidung ausführlich *Oetker* RdA 1991, 16 [19 ff.]). Entscheidend sei allein, ob Anrechnung bzw. Widerruf zu einer Änderung der Verteilungsgrundsätze für die über- bzw. außertariflichen Zulagen führe; dann habe der Betriebsrat mitzubestimmen (*Oetker* DWiR 1992, 518 [519]; *Schwab* BB 1993, 495 [501]; *Stege/Weinspach/Schiefer* § 87 Rn. 174b; *Wiese* NZA 1990, 793 [797, 800 f.]; **a. M.** *Lieb* Anm. SAE 1990, 226 ff.; ders. SAE 1993, 114 [117 f.]; *Kraft* Anm. AP Nr. 54 zu § 87 BetrVG 1972 Lohngestaltung Bl. 5; ders. Anm. EzA § 87 BetrVG 1972 Lohngestaltung Nr. 55 S. 9 ff.; *Richardi* NZA 1992, 961 [963, 964]; ders. RdA 1994, 394 [403]).

911 Zutreffend ist auch die Feststellung des Großen Senats (03.12.1991 EzA § 87 BetrVG 1972 Betriebliche Lohngestaltung Nr. 30 S. 31 *[Gaul]* = AP Nr. 51 zu § 87 BetrVG 1972 Lohngestaltung Bl. 12 R), dass die **Mitbestimmung** bei der Änderung der Verteilungsgrundsätze **im Voraus** wahrgenommen werden kann, **andernfalls** sie **aus Anlass** einer **aktuellen Änderung** ausgeübt werden muss (*BAG* 22.09.1992 EzA § 87 BetrVG 1972 Betriebliche Lohngestaltung Nr. 35 S. 13 f. = AP Nr. 55 zu § 87 BetrVG 1972 Lohngestaltung Bl. 5 R f.; *Erasmy* ArbGeb. 1993, 193 [196]; *Hromadka* DB 1992,

1573 [1576]; *Oetker* RdA 1991, 16 [25]; *ders.* DWiR 1992, 518 [519]; *Schukai* NZA 1992, 967 [968, 970]; *Schwab* BB 1993, 495 [502]; *Stege/Schneider* DB 1992, 2342 [2345]; *Weyand* AuR 1993, 1 [9]; *Wiese* NZA 1990, 793 [800]). Allerdings muss es sich um eine Regelung handeln, die nicht ein Alleinentscheidungsrecht des Arbeitgebers begründet und damit die Mitbestimmung des Betriebsrats in ihrer Substanz beseitigt (*Wiese* Rdn. 6; *Oetker* DWiR 1992, 518 [519]; *Weyand* AuR 1993, 1 [9]; **a. M.** *Hromadka* DB 1992, 1573 [1576]; *Schwab* BB 1993, 495 [502]). Wird die Zustimmung zur Änderung der Verteilungsgrundsätze für den Fall der Kürzung oder Anrechnung im Voraus erteilt, handelt es sich später bei Vornahme dieser Maßnahmen lediglich um den **Vollzug** der **vereinbarten mitbestimmten Regelung**. Im Hinblick auf die vom Großen Senat befürwortete Verpflichtung des Arbeitgebers, die Zulagen in bisheriger Höhe bis zur Neuregelung der Verteilungsgrundsätze weiterzuzahlen, dürften Arbeitgeber in Zukunft die Gewährung übertariflicher Zulagen von der Zustimmung des Betriebsrats zu einer im Voraus näher festgelegten Anrechnungsentscheidung abhängig machen. Sollten sich die Verteilungsgrundsätze im Anrechnungszeitpunkt als veränderungsbedürftig erweisen, bliebe es dem Betriebsrat unbenommen, die Betriebsvereinbarung zu kündigen und aufgrund seines Initiativrechts neue Verteilungsgrundsätze anzustreben.

Mit Recht ist der Große Senat (03.12.1991 EzA § 87 BetrVG 1972 Betriebliche Lohngestaltung Nr. 30 S. 31 *[Gaul]* = AP Nr. 51 zu § 87 BetrVG 1972 Lohngestaltung Bl. 12 R) ferner im Gegensatz zum Ersten Senat der Auffassung, dass **Anrechnung** bzw. **Widerruf** (zur Gleichbewertung beider EzA § 87 BetrVG 1972 Betriebliche Lohngestaltung Nr. 30 S. 34 f. = AP Nr. 51 zu § 87 BetrVG 1972 Lohngestaltung Bl. 14) **nicht in jedem Fall** zu einer **Änderung** der **Verteilungsgrundsätze führen**, so dass dann auch die Mitbestimmung zu verneinen ist. Insoweit kommt es auf den jeweiligen Inhalt der Verteilungsgrundsätze, die konkrete Tariflohnerhöhung und die Anrechnungsmodalitäten an (**Beispiele** des GS EzA § 87 BetrVG 1972 Betriebliche Lohngestaltung Nr. 30 S. 32 f. = AP Nr. 51 zu § 87 BetrVG 1972 Lohngestaltung Bl. 13 f.; ferner *Erasmy* ArbGeb. 1993, 193 [194]; *Hromadka* DB 1992, 1573 [1574 f.]; *Oetker* DWiR 1992, 518 [520]; *Schukai* NZA 1992, 967 [968 f.]; *Schwab* BB 1993, 495 [499 f., 502]; *Stege/Schneider* DB 1992, 2342 ff.; *Stege/Weinspach/Schiefer* § 87 Rn. 174d ff.; *Wiese* NZA 1990, 793 [800 f.]). Die Verteilungsgrundsätze ändern sich z. B. nicht, wenn der Arbeitgeber einen bestimmten Prozentsatz der Tariflohnerhöhung auf jede Zulage anrechnet, sofern die Zulagen in einem einheitlichen und gleichen Verhältnis zum jeweiligen Tariflohn stehen und die Tariflöhne um den gleichen Prozentsatz erhöht werden. Die Mitbestimmung scheidet mangels eines Regelungsspielraums auch von vornherein aus, wenn der Arbeitgeber anlässlich einer Tariflohnerhöhung die Zulagen in bisheriger Höhe bestehen lässt, so dass die Verteilungsgrundsätze unverändert bleiben. In diesem Fall kann der Betriebsrat nur nach Kündigung der bisherigen Regelung (Betriebsvereinbarung, Betriebsabsprache) mittels seines Initiativrechts neue Verteilungsgrundsätze anstreben. Zu **praktischen Hinweisen** zum **Vorgehen** des **Arbeitgebers** im Übrigen *Erasmy* ArbGeb. 1993, 193 (194); *Hromadka* DB 1992, 1573 (1576); *Stege/Schneider* DB 1992, 2342 (2345 f.).

Eine **Änderung** der **Verteilungsgrundsätze** besteht jedenfalls bei einer **unterschiedlichen Anrechnung** der übertariflichen Zulagen auf die Tariflohnerhöhung (*BAG* 03.12.1991 GS EzA § 87 BetrVG 1972 Betriebliche Lohngestaltung Nr. 30 S. 32 *[Gaul]* = AP Nr. 51 zu § 87 BetrVG 1972 Lohngestaltung Bl. 12 R; insbesondere auch schon *BAG* 24.11.1987 EzA § 87 BetrVG 1972 Betriebliche Lohngestaltung Nr. 17 S. 6 ff. *[Hanau]* = AP Nr. 31 zu § 87 BetrVG 1972 Lohngestaltung Bl. 3 R ff. = BB 1988, 697 *[Hönsch]*; *Oetker* DWiR 1992, 518 [520]; *Stege/Schneider* DB 1992, 2342 [2344]; krit. *Hönsch* BB 1988, 2312 ff.; *Hromadka* DB 1988, 2636 [2644]; *ders.* DB 1992, 1573 [1575]; *Kraft* FS *Karl Molitor*, 1988, S. 207 [222 f.]; *Stege/Weinspach/Schiefer* § 87 Rn. 174g). Nach *BAG* 24.04.2001 EzA § 87 BetrVG 1972 Betriebliche Lohngestaltung Nr. 71 S. 3 ff. ist eine einheitliche rechtliche Verpflichtung gegeben, wenn der Arbeitgeber anlässlich einer Tariflohnerhöhung auch zur Anhebung einer mit dem Arbeitnehmer vereinbarten Zulage gehalten ist. Rechnet der Arbeitgeber nur den auf die Zulage entfallenden Steigerungsbetrag auf eine weitere freiwillige Zulage an, ist die Mitbestimmung nach § 87 Abs. 1 Nr. 10 zu beachten, da es sich um eine nur teilweise Anrechnung handelt, durch die sich das Verhältnis der Zulagen zueinander ändert.

Ebenso kann eine **prozentual gleichmäßige Anrechnung** (Kürzung) **sämtlicher Zulagen** zu einer Änderung der Verteilungsgrundsätze führen, wenn der Arbeitgeber z. B. unterschiedlich hohe Zulagen zum jeweiligen Tariflohn zahlt (*BAG* 03.12.1991 GS EzA § 87 BetrVG 1972 Betriebliche

§ 87 *IV. 3. Soziale Angelegenheiten*

Lohngestaltung Nr. 30 S. 32 *[Gaul]* = AP Nr. 51 zu § 87 BetrVG 1972 Lohngestaltung Bl. 13 f.; 11.08.1992 EzA § 87 BetrVG 1972 Betriebliche Lohngestaltung Nr. 32 S. 7 = AP Nr. 53 zu § 87 BetrVG 1972 Bl. 3; 23.03.1993 EzA § 4 TVG Tariflohnerhöhung Nr. 24 S. 8 = AP Nr. 26 zu § 87 BetrVG 1972 Tarifvorrang Bl. 3 R *[Loritz]*; 26.05.1998 EzA § 87 BetrVG 1972 Betriebliche Lohngestaltung Nr. 65 S. 5 = AP Nr. 98 zu § 87 BetrVG 1972 Lohngestaltung Bl. 4 R *[Moll]*; hierzu *Erasmy* ArbGeb. 1993, 193 [194]; *Hromadka* DB 1992, 1573 [1575]; *Stege / Schneider* DB 1992, 2342 [2343 f.]; *Stege / Weinspach / Schiefer* § 87 Rn. 174e). Gleiches gilt, wenn das tarifliche Entgelt für verschiedene Entgeltgruppen prozentual unterschiedlich erhöht wird und für alle Arbeitnehmer die unterschiedliche Tariflohnerhöhung voll oder mit dem gleichen Prozentsatz angerechnet wird (*BAG* 03.12.1993 GS EzA § 87 BetrVG 1972 Betriebliche Lohngestaltung Nr. 30 S. 33 = AP Nr. 51 zu § 87 BetrVG 1972 Lohngestaltung Bl. 13 R). Denkbar ist auch, dass ein einheitlicher Euro-Betrag angerechnet wird. Eine Änderung der Verteilungsgrundsätze liegt ferner vor, wenn nach den bisherigen Verteilungsgrundsätzen alle Arbeitnehmer einen bestimmten **Sockelbetrag** erhalten, die prozentual gleichmäßige Erhöhung aber dazu führt, dass die Zulage einiger Arbeitnehmer diesen Sockelbetrag nicht mehr erreicht (*BAG* 03.12.1991 GS EzA § 87 BetrVG 1972 Betriebliche Lohngestaltung Nr. 30 S. 33 = AP Nr. 51 zu § 87 BetrVG 1972 Lohngestaltung Bl. 13 R; *Hromadka* DB 1992, 1573 [1575]; *Stege / Schneider* DB 1992, 2342 [2343 f.]).

915 Trotz Änderung der Verteilungsgrundsätze **entfällt** die **Mitbestimmung**, wenn für eine anderweitige Anrechnung bzw. Kürzung der Zulagen aus **tatsächlichen** oder **rechtlichen Gründen kein Regelungsspielraum** verbleibt (*BAG* st. Rspr. 03.12.1991 GS EzA § 87 BetrVG 1972 Betriebliche Lohngestaltung Nr. 30 S. 34 *[Gaul]* = AP Nr. 51 zu § 87 BetrVG 1972 Lohngestaltung Bl. 13 R; 22.04.1997 EzA § 87 BetrVG 1972 Betriebliche Lohngestaltung Nr. 60 S. 6 = AP Nr. 88 zu § 87 BetrVG 1972 Lohngestaltung Bl. 3; weitere Nachweise 9. Aufl. § 87 Rn. 883; *BVerwG* 09.12.1998 AP Nr. 3 zu § 74 LPVG Hessen Bl. 8). Dieser ist von vornherein begrenzt durch die mitbestimmungsfreien Entscheidungen des Arbeitgebers. Deshalb können bei der Aufstellung neuer Verteilungsgrundsätze keine zusätzlichen Leistungen erzwungen und ebenso wenig der Zweck der Zulagen oder der Kreis der Zulagenempfänger verändert werden.

916 Das hat der Große Senat (03.12.1991 EzA § 87 BetrVG 1972 Betriebliche Lohngestaltung Nr. 30 S. 34 *[Gaul]* = AP Nr. 51 zu § 87 BetrVG 1972 Lohngestaltung Bl. 13 R) mit Recht angenommen, wenn die Anrechnung bzw. der Widerruf zum **vollständigen Wegfall aller Zulagen** führt, weil dann kein Zulagenvolumen mehr vorhanden sei, das verteilt werden könne; es fehlt insoweit an einem mitbestimmungspflichtigen Regelungsgegenstand (im Ergebnis ebenso *BAG* st. Rspr. 09.07.1996 EzA § 87 BetrVG 1972 Betriebliche Lohngestaltung Nr. 56 S. 6 = AP Nr. 86 zu § 87 BetrVG 1972 Lohngestaltung Bl. 2 R; weitere Nachweise 9. Aufl. § 87 Rn. 884; *Hromadka* DB 1992, 1573 f.; *Oetker* DWiR 1992, 518 [520], der zutr. darauf hinweist, dass damit nur der vollständige Wegfall einer Zulagenart gemeint sein könne; *Richardi* NZA 1992, 991 [992 f.]; *Stege / Schneider* BB 1992, 2342; *Stege / Weinspach / Schiefer* § 87 Rn. 174f; **a. M.** *Weiss / Weyand* § 87 Rn. 75). Zur fehlenden Mitbestimmung bei vollständigem Wegfall einer Ballungsraumzulage *BAG* 25.07.1996 EzA § 87 BetrVG 1972 Betriebliche Lohngestaltung Nr. 58 S. 5 = AP Nr. 7 zu § 27 BAT Bl. 3 f. Keine vollständige Anrechnung liegt vor, wenn ein Tarifvertrag die Erhöhung der Entgelte um einen bestimmten Prozentsatz und für vor dem Tarifabschluss liegende Monate eine Pauschalzahlung vorsieht und der Arbeitgeber letztere weitergibt, dagegen die prozentuale Erhöhung vollständig anrechnet; dabei handelt es sich um eine einheitliche Vergütungserhöhung und eine Änderung der Verteilungsgrundsätze (*BAG* 21.09.1999 NZA 2000, 898 = Jus 2000, 1035 *[Boemke]*). Der Betriebsrat hat auch mitzubestimmen wenn der nicht tarifgebundene Arbeitgeber mit seinen Arbeitnehmern die Geltung von Tarifverträgen über Zuschläge, Zulagen, Urlaubsgeld und eine Jahreszuwendung vereinbart, diese aber für neu eingestellte Arbeitnehmer vollständig streicht und sich damit die Entlohnungsgrundsätze ändern (*BAG* 28.02.2006 EzA § 87 BetrVG 2001 Betriebliche Lohngestaltung Nr. 9 S. 4 ff. = AP Nr. 127 zu § 87 BetrVG 1972 Lohngestaltung Bl. 2 ff.)

917 Die Mitbestimmung des Betriebsrats entfällt aber auch, wenn der Änderung der Verteilungsgrundsätze sonstige **rechtliche Hindernisse** entgegenstehen (*BAG* 03.12.1991 GS EzA § 87 BetrVG 1972 Betriebliche Lohngestaltung Nr. 30 S. 34 *[Gaul]* = AP Nr. 51 zu § 87 BetrVG 1972 Lohngestaltung Bl. 13 R f.). Das hat der Große Senat bejaht bei der **vollen** und **gleichmäßigen Anrechnung** der

Tariflohnerhöhung auf die **Zulagen aller Arbeitnehmer** (ebenso *BAG* st. Rspr. 14.08.2001 EzA § 88 BetrVG 1972 Nr. 1 S. 8 *[Bernstein]* = AP Nr. 4 zu § 77 BetrVG 1972 Regelungsabrede Bl. 3 R; 25.06.2002 EzA § 4 TVG Tariflohnerhöhung Nr. 38 S. 7 = AP Nr. 36 zu § 4 TVG Übertarifl. Lohn u. Tariflohnerhöhung Bl. 3 R f.; 21.01.2003 EzA § 4 TVG Tariflohnerhöhung Nr. 41 S. 8 f. = AP Nr. 118 zu § 87 BetrVG 1972 Lohngestaltung Bl. 4 R; 01.03.2006 EzA § 4 TVG Tariflohnerhöhung Nr. 47 S. 7 = AP Nr. 40 zu § 4 TVG Übertarifl. Lohn- und Tariflohnerhöhung Bl. 3 R f.; 10.03.2009 EzA § 87 BetrVG 2001 Betriebliche Lohngestaltung Nr. 18 Rn. 18 = AP Nr. 134 zu § 87 BetrVG 1972 Lohngestaltung *[Richardi]*; 24.01.2017 AP Nr. 149 zu § 87 BetrVG 1972 Lohngestaltung; weitere Nachweise 9. Aufl. § 87 Rn. 885; *Bender/WPK* § 87 Rn. 231; *Fitting* § 87 Rn. 478 seit 23. Aufl.; *Hromadka* DB 1992, 1573 [1574]; *Oetker* DWiR 1992, 518 [520], der zutreffend darauf hinweist, dass die Zulage von den Betrag der gesamten Tariflohnerhöhung angerechnet wird; *Richardi* NZA 1992, 961 [963]; *Schwab* BB 1993, 495 [500, 501]; *Stege/Schneider* DB 1992, 2345 f.; **a. M.** *ArbG Berlin* 18.12.1989 AuR 1990, 295; *Boemke/Seifert* BB 2001, 985 [988] beim freien Widerrufsvorbehalt; *Klebe/DKKW* § 87 Rn. 315). Gleiches gilt bei einem Widerruf aller Zulagen in Höhe der Tariflohnerhöhung aufgrund eines Widerrufsvorbehaltes (*BAG* 03.12.1991 GS EzA § 87 BetrVG 1972 Betriebliche Lohngestaltung Nr. 30 S. 35 = AP Nr. 51 zu § 87 BetrVG 1972 Lohngestaltung Bl. 14).

Unerheblich ist, **ob sich** dadurch die **Verteilungsgrundsätze ändern**. Der Arbeitgeber kann dann weder zu zusätzlichen Leistungen gezwungen werden, noch darf er zugunsten eines Teils der Zulagenempfänger zu Lasten der übrigen eine Kürzung und Umverteilung der Zulagen vornehmen (zust. *Bender/WPK* § 87 Rn. 231). Er ist aber ohne Rückwirkung auf die wirksame Anrechnung auch nicht gehindert, die Zulagen später zu erhöhen (*Hromadka* DB 1992, 1573 [1576]). Die Mitbestimmung ist jedoch gegeben, wenn die Anrechnung nur bei den gewerblichen Arbeitnehmern, dagegen nicht bei den Angestellten erfolgt (*LAG Hamm* 18.01.1994 NZA 1995, 93). Ebenso hat das *BAG* (14.02.1995 EzA § 87 BetrVG 1972 Betriebliche Lohngestaltung Nr. 50 S. 4 f. = AP Nr. 73 zu § 87 BetrVG 1972 Lohngestaltung Bl. 2 R f.) trotz voller Anrechnung bei verbleibendem Regelungsspielraum die Mitbestimmung ausnahmsweise bejaht, wenn gleichzeitig mit der Einführung einer neuen Tarifzulage auch die Tarifgehälter linear erhöht werden und der Arbeitgeber nicht nur die Tarifgehälter, sondern auch ohne Rechtspflicht die übertariflichen Zulagen entsprechend anhebt. Schließlich hat das *BAG* (26.05.1998 EzA § 87 BetrVG 1972 Betriebliche Lohngestaltung Nr. 65 S. 1 ff. = AP Nr. 98 zu § 87 BetrVG 1972 Lohngestaltung Bl. 2 R ff. *[zust. Moll]* = SAE 1999, 117 [krit. *Reichold*] = RdA 1999, 261 *[Hanau]*) entschieden, das Mitbestimmungsrecht hinsichtlich der Verteilungsgrundsätze sowie der Grundsatz vertrauensvoller Zusammenarbeit seien verletzt, wenn der Arbeitgeber eigene Verteilungsgrundsätze für die teilweise Anrechnung übertariflicher Zulagen auf eine Tariflohnerhöhung vorgebe, über die er keine Verhandlungen zulasse, sondern für den Fall abweichender Vorstellungen des Betriebsrats von vornherein eine mitbestimmungsfreie Vollanrechnung vorsehe. Dagegen dürfe der Arbeitgeber, falls der Betriebsrat nicht der Verteilung, sondern der Kürzung des Leistungsvolumens widerspreche, darauf mit einer vollständigen Anrechnung reagieren, um einer Blockade seiner Maßnahmen auszuweichen (krit. *Klebe/DKKW* § 87 Rn. 315).

Bestehen in einem Betrieb für mehrere Arbeitnehmergruppen **verschiedenartige Entgeltsysteme**, die durch Unterschiede der Tätigkeiten gerechtfertigt sind, erstreckt sich die der Verteilungsgerechtigkeit dienende **Mitbestimmung** des Betriebsrats (vgl. auch Rdn. 927) **nicht** auf das **Verhältnis** der einzelnen **Entgeltsysteme zueinander** (vgl. aber Rdn. 891). Deshalb bleibt die Entgelterhöhung bei Angestellten in Leitungspositionen, deren Gehälter aufgrund betrieblicher Regelung nicht unerheblich oberhalb der höchsten Tarifgruppen liegen, hinsichtlich der Frage außer Betracht, ob die gleichzeitig bei anderen Arbeitnehmern vorgenommene Anrechnung einer Tariflohnerhöhung auf übertarifliche Zulagen einen Gestaltungsspielraum offen lässt und deshalb der Mitbestimmung unterliegt (*BAG* 19.09.1995 EzA § 87 BetrVG 1972 Betriebliche Lohngestaltung Nr. 53 S. 7 ff. = AP Nr. 81 zu § 87 BetrVG 1972 Lohngestaltung Bl. 3 R ff.).

Ist die **Anrechnung** bei einem **Teil** der **Arbeitnehmer** zunächst **versehentlich unterblieben**, obwohl der Arbeitgeber beschlossen hatte, eine Tariflohnerhöhung vollständig auf übertarifliche Zulagen anzurechnen, ist die Anrechnung nicht mitbestimmungspflichtig; der Arbeitgeber ist dafür darlegungs- und beweispflichtig, dass seine Entscheidung nicht ordnungsgemäß umgesetzt worden ist (*BAG* 31.10.1995 EzA § 87 BetrVG 1972 Betriebliche Lohngestaltung Nr. 54 S. 3 ff. = AP Nr. 80

zu § 87 BetrVG 1972 Lohngestaltung Bl. 2 ff.; 01.11.2005 EzA § 4 TVG Tariflohnerhöhung Nr. 46 S. 11 f. = AP Nr. 16 zu § 33 BAT Bl. 5 R *[Stein]*; 09.11.2005 EzA § 4 TVG Tariflohnerhöhung Nr. 45 S. 9; *Hess. LAG* 15.12.1994 LAGE § 87 BetrVG 1972 Betriebliche Lohngestaltung Nr. 12 S. 1 ff. – Vorinstanz). Für die Frage, ob eine volle und gleichmäßige Anrechnung einer Tariflohnerhöhung auf die Zulagen vorliegt, bleibt der **Gegenwert** einer **Arbeitszeitverkürzung** außer Betracht, da sich der Anrechnungsvorbehalt mangels entgegenstehender Anhaltspunkte hierauf nicht bezieht (*BAG* 19.09.1995 EzA § 87 BetrVG 1972 Betriebliche Lohngestaltung Nr. 53 S. 5 f. = AP Nr. 81 zu § 87 BetrVG 1972 Lohngestaltung Bl. 3).

921 **Nicht überzeugend** ist die Ansicht des Großen Senats (03.12.1991 EzA § 87 BetrVG 1972 Betriebliche Lohngestaltung Nr. 30 S. 36 f. *[Gaul]* = AP Nr. 51 zu § 87 BetrVG 1972 Lohngestaltung Bl. 14 R), der Arbeitgeber könne eine nicht vollständige Anrechnung, die zu einer Änderung der Verteilungsgrundsätze führt, erst verwirklichen, wenn er sich mit dem Betriebsrat über neue Verteilungsgrundsätze geeinigt habe bzw. die Einigung durch einen Spruch der Einigungsstelle ersetzt worden sei. **Bei Nichtbeachtung** der **Mitbestimmung** im Falle einer Änderung der Verteilungsgrundsätze seien **Anrechnung** bzw. **Widerruf** gegenüber den einzelnen Arbeitnehmern **unwirksam** (zur Unwirksamkeit der Anrechnung einer tariflichen Verdienstsicherung auf einen Tantiemenanspruch *BAG* 20.01.1998 EzA § 87 BetrVG 1972 Betriebliche Lohngestaltung Nr. 63 S. 6 f. = AP Nr. 73 zu § 77 BetrVG 1972 Bl. 3 f.). Das kann indessen nur die mitbestimmungspflichtige Änderung der Verteilungsgrundsätze, dagegen nicht die mitbestimmungsfreie Anrechnung bzw. der Widerruf sein (eingehend *Wiese* Rdn. 131 ff.). Will der Arbeitgeber sich den Konsequenzen der für die Praxis vorerst maßgebenden Rechtsprechung des *BAG* nicht aussetzen, muss er eine der vorstehend dargelegten mitbestimmungsfreien Anrechnungsmodalitäten wählen. Selbst nach Ansicht des *BAG* kann nach vorzugswürdiger Ansicht der Arbeitgeber aber nicht gehindert sein, eine grundsätzliche Kürzungsentscheidung hinsichtlich des Zulagenvolumens zu treffen, wenn er die Zulagen vorläufig in bisheriger Höhe unter dem **Vorbehalt** der **späteren Verrechnung** nach Aufstellung neuer Verteilungsgrundsätze weiterzahlt (*Erasmy* ArbGeb. 1993, 193 [194]; *Hoß* NZA 1997, 1129 [1137]; *Matthes*/MünchArbR § 251 Rn. 44; *ders.* FS *Reuter*, S. 707 [721 f.]; *Wiese* FS *Kraft*, S. 683 [693 ff.]; vgl. auch Rdn. 135, 891, 970).

922 Da nach den Beschlüssen des Großen Senats die Mitbestimmung sowohl bei einer Anrechnung bzw. dem Widerruf unter vollständigem Wegfall aller Zulagen als auch bei der vollen und gleichmäßigen Anrechnung der Tariflohnerhöhung auf die Zulagen aller Arbeitnehmer entfällt (Rdn. 916 f.), kann es dem Arbeitgeber nicht verwehrt sein, diesen Weg auch dann zu wählen, wenn er **danach in verringertem Umfang erneut Zulagen gewähren will** (*Bommermann* DB 1991, 2185 [2188 ff.]; *Erasmy* ArbGeb. 1993, 193 [195 f.]; *Hromadka* DB 1992, 1573 [1576] bei Anrechnung; *Lieb* Anm. SAE 1990, 226 [231 f.]; *ders.* Anm. SAE 1993, 114 [119]; *Meisel* BB 1991, 406 [411 f.]; *Wiese* NZA 1990, 793 [804]; *ders.* FS *Kraft*, S. 683 [697 ff.]; a. M. *Kaiser*/LK § 87 Rn. 236; *Schwab* BB 1993, 495 [500 f.]; zur Rechtsprechung des *BAG* Nachweise Rdn. 924). Damit wäre er, selbst wenn man die vorstehend (Rdn. 921) abgelehnte Meinung des Großen Senats als richtig unterstellt, nicht gezwungen, bis zur Einigung mit dem Betriebsrat über neue Verteilungsgrundsätze die Zulagen in bisheriger Höhe weiterzuzahlen. Zudem bestünde nach dieser Konzeption ein heilsamer Zwang zur baldigen Einigung über die Aufstellung neuer Verteilungsgrundsätze. Auch wäre eine Rückwirkung der getroffenen Vereinbarung auf den Endzeitpunkt der bisherigen Regelung nicht ausgeschlossen. Es ist nicht ersichtlich, dass darin ein Rechtsmissbrauch seitens des Arbeitgebers (§ 2 Abs. 1 BetrVG; § 242 BGB) läge. Deshalb ist es auch unerheblich, ob der Arbeitgeber ausdrücklich erklärt, er werde erneut in verringertem Umfang Zulagen gewähren, sobald eine Einigung mit dem Betriebsrat über die dafür maßgebenden Verteilungsgrundsätze erzielt worden sei. Entsprechendes gilt, wenn sich dieser Wille des Arbeitgebers aus den Umständen ergibt. Gleichgültig ist deshalb der Zeitraum, der zwischen der Anrechnung bzw. dem Widerruf der Zulagen und deren Neugewährung liegt (**a. M.** *BAG* 10.03.2009 EzA § 87 BetrVG 1972 Betriebliche Lohngestaltung Nr. 18 Rn. 21 = AP Nr. 134 zu § 87 BetrVG 1972 Lohngestaltung *[Richardi]*; *Erasmy* ArbGeb. 1993, 193 [196]). Käme es darauf an, hätte das für die Belegschaft die unerfreuliche Folge, dass der Arbeitgeber den Eindruck erwecken müsste, vorerst keine Zulagen mehr gewähren zu wollen und deshalb den Zeitpunkt der Neuregelung hinauszuzögern gezwungen wäre.

Der vorstehend aufgezeigte Lösungsweg vermeidet das rechtsdogmatisch nicht überzeugende und materiell nicht gerechtfertigte Ergebnis des Großen Senats, dass der Arbeitgeber bis zur Einigung mit dem Betriebsrat die Zulagen in bisheriger Höhe weiterzahlen müsste. Anders wäre nur in dem Fall zu entscheiden, dass der Arbeitgeber unter Beibehaltung des gesamten bisherigen Zulagenvolumens über die Anrechnung bzw. den Widerruf allein die Verteilungsgrundsätze ändern und damit auf den mitbestimmten Bereich einwirken möchte. Soweit jedoch eine Entscheidung im mitbestimmungsfreien Bereich getroffen werden soll, d. h. über den Umfang der Aufwendungen für die Zulagen, deren Zweck oder den generellen Personenkreis der Begünstigten, kann es dem Arbeitgeber nicht verwehrt sein, nur wegen der gegebenenfalls erforderlichen mitbestimmungsbedürftigen Folgeregelung von seiner mitbestimmungsfreien Entscheidung abzusehen. **923**

Im Gegensatz zur hier vertretenen Auffassung hat das *BAG* (17.01.1995 EzA § 87 BetrVG 1972 Betriebliche Lohngestaltung Nr. 48 S. 5 ff. = AP Nr. 71 zu § 87 BetrVG 1972 Lohngestaltung Bl. 2 ff. = SAE 1996, 95 *[abl. Kreßel]* = AuR 1995, 414 *[zust. Walter]*; 10.03.2009 EzA § 87 BetrVG 2001 Betriebliche Lohngestaltung Nr. 18 Rn. 19 ff. = AP Nr. 134 zu § 87 BetrVG 1972 Lohngestaltung *[Richardi]*; 24.01.2017 AP Nr. 149 zu § 87 BetrVG 1972 Lohngestaltung Rn. 16; **a. M.** *Worzalla/ HSWG/NR* § 87 Rn. 530; krit. ferner *Emmert* Betriebsvereinbarungen über den Zeitlohn, S. 120 ff.; *Matthes/*MünchArbR § 251 Rn. 43; *Schmitz-Jansen* Das Recht der freiwilligen Leistungen, S. 518 ff.; *Stege/Weinspach/Schiefer* § 87 Rn. 174f; *Treber* ZfA 1996, 659 [816]; *Wiebauer* Sicherung der Mitbestimmung, Rn. 200 ff.; zust. *Bender/WPK* § 87 Rn. 233; *Klebe/DKKW* § 87 Rn. 316) die als solche nach ständiger Rechtsprechung mitbestimmungsfreie vollständige und gleichmäßige Anrechnung einer Tariferhöhung und die nachfolgende Gewährung von Einmalzahlungen nicht isoliert betrachtet, sondern ein solches zweistufiges Vorgehen insgesamt als mitbestimmungspflichtige Änderung der Entlohnungsgrundsätze angesehen, wenn dieser Vorgang auf einer einheitlichen Entscheidung des Arbeitgebers beruht habe. Dann hätte dieser keine vollständige Anrechnung vorgenommen, vielmehr einen Teil des durch die Anrechnung ersparten Betrages in Form von Einmalzahlungen an einzelne Arbeitnehmer – zudem unterschiedlich – anderweitig verteilt. Maßgebend soll sein, ob der Arbeitgeber schon bei der Anrechnung geplant habe, hierdurch eingesparte Mittel als neue übertarifliche Leistung auszuschütten, was Äußerungen des Arbeitgebers oder den Umständen, u. a. dem geringen zeitlichen Abstand zwischen Anrechnung und Neuvergabe zu entnehmen sei (ebenso *BAG* 10.03.2009 EzA § 87 BetrVG 2001 Betriebliche Lohngestaltung Nr. 18 Rn. 21 = AP Nr. 134 zu § 87 BetrVG 1972 Lohngestaltung *[Richardi]*, bejaht bei zeitlichem Abstand weniger Wochen, verneint bei Abstand vieler Monate). Der Arbeitgeber brauche im Zeitpunkt der Anrechnung aber noch nicht entschieden zu haben, wem und in welcher Höhe neue übertarifliche Leistungen gewährt werden sollten. In einem weiteren Beschluss hat das *BAG* (14.02.1995 EzA § 87 BetrVG 1972 Betriebliche Lohngestaltung Nr. 49 S. 2 ff. = AP Nr. 72 zu § 87 BetrVG 1972 Lohngestaltung Bl. 1 R ff. = SAE 1996, 97 *[abl. Kreßel]* = DB 1995, 1411 *[abl. Sowka]* = AuR 1995, 416 *[zust. Walter]*; abl. ferner *Treber* ZfA 1996, 659 [816 f.]) die Vorentscheidung bestätigt (vgl. auch *BAG* 09.07.1996 EzA § 87 BetrVG 1972 Betriebliche Lohngestaltung Nr. 56 S. 8 = AP Nr. 86 zu § 87 BetrVG 1972 Lohngestaltung Bl. 3 R; 26.05.1998 EzA § 87 BetrVG 1972 Betriebliche Lohngestaltung Nr. 65 S. 7 = AP Nr. 98 zu § 87 BetrVG 1972 Lohngestaltung Bl. 5 *[Moll]*) und die Mitbestimmung des Betriebsrats bejaht, wenn ein Tarifvertrag eine Tariferhöhung in zwei Stufen vorsieht und der Arbeitgeber nur die ein Jahr später zweite, aber nicht die erste mit übertariflichen Zulagen vollständig und gleichmäßig verrechnet, sofern dieses Vorgehen einem einheitlichen Konzept entspricht, um auf diese Weise die Verteilungsgrundsätze zu ändern; vgl. ferner *BAG* 11.08.1992 EzA § 87 BetrVG 1972 Betriebliche Lohngestaltung Nr. 32 S. 6 ff. = AP Nr. 53 zu § 87 BetrVG 1972 Lohngestaltung Bl. 3 f. = SAE 1993, 111 (abl. *Lieb*); abl. auch *Reichold* RdA 1995, 147 (148); *Stege/Weinspach/Schiefer* § 87 Rn. 174 f.; zust. *BAG* 03.05.1994 EzA § 23 BetrVG 1972 Nr. 36 S. 13 f. (abl. *Raab* S. 29 f.) = AP Nr. 23 zu § 23 BetrVG 1972 Bl. 6 f. *[Richardi]*; *LAG Köln* 11.08.1992 LAGE § 87 BetrVG 1972 Betriebliche Lohngestaltung Nr. 11 S. 2 f. Zu der im Leitsatz 1 der Entscheidung *BAG* 11.08.1992 EzA § 87 BetrVG 1972 Betriebliche Lohngestaltung Nr. 32 = AP Nr. 53 zu § 87 BetrVG 1972 Lohngestaltung in Bezug genommenen Entscheidung *BAG* 03.08.1992 EzA § 87 BetrVG 1972 Betriebliche Lohngestaltung Nr. 5 = AP Nr. 12 zu § 87 BetrVG 1972 Lohngestaltung *(Misera)* = SAE 1983, 317 *(Hirschberg)* = JuS 1984, 150 *(Reuter)* vgl. *Wiese* NZA 1990, 793 (803 f.) sowie Nachweise Rdn. 922. **924**

925 Diese Rechtsprechung ist nicht überzeugend (*Wiese* FS *Kraft*, S. 683 [697 ff.]). Durch sie wird die Zulässigkeit der Anrechnung von Tariflohnerhöhungen weiter erschwert, wenn der Arbeitgeber nach einer Anrechnung später in geringerem Umfang wieder Zulagen gewährt. Vor allem lässt aber die Entscheidung des *BAG* vom 17.01.1995 (EzA § 87 BetrVG 1972 Betriebliche Lohngestaltung Nr. 48 S. 6 = AP Nr. 71 zu § 87 BetrVG 1972 Lohngestaltung Bl. 3) eine dogmatisch überzeugende Begründung vermissen. Die Formel von der innerbetrieblichen Lohngerechtigkeit als Zweck der Mitbestimmung nach § 87 Abs. 1 Nr. 10 (Rdn. 834) reicht dafür nicht aus. Gänzlich unberücksichtigt bleibt die Freiheit der Entscheidung über den Umfang des Dotierungsrahmens. Das bedeutet einen gravierenden Eingriff in die Vertragsfreiheit des Arbeitgebers und verschärft die ohnehin unzutreffende Entscheidung des Großen Senats, dass bei unterbliebener Einigung über mitbestimmungspflichtige neue Verteilungsgrundsätze auch die Anrechnung unwirksam sei. Richtig ist die Aussage des *BAG* (17.01.1995 EzA § 87 BetrVG 1972 Betriebliche Lohngestaltung Nr. 48 S. 6 = AP Nr. 71 zu § 87 BetrVG 1972 Lohngestaltung Bl. 3), mitbestimmungspflichtig sei nicht nur die Umverteilung des bisherigen, sondern auch die eines verminderten Zulagenvolumens. Dazu bedarf es jedoch nicht der nur rechtspolitisch verständlichen Annahme, bei unterbliebener Mitbestimmung über die Verteilungsgrundsätze sei auch die Anrechnung unwirksam. Im Beschluss vom 14.02.1995 (EzA § 87 BetrVG 1972 Betriebliche Lohngestaltung Nr. 49 S. 5 = AP Nr. 72 zu § 87 BetrVG 1972 Lohngestaltung Bl. 2 R) hatte das *BAG* allerdings schon vorsorglich darauf hingewiesen, zu einer Anrechnungskonzeption, die mehrere Tariferhöhungen zusammenfasse, könne es freilich nur bei Vorliegen besonderer Umstände kommen. Für den Regelfall sei davon auszugehen, dass der Arbeitgeber nach jeder Tariferhöhung darüber befinde, ob und gegebenenfalls in welchem Umfang er sie auf übertarifliche Leistungen anrechnen wolle. Diesen Gedanken wiederholt es im Urteil vom 08.06.2004 (EzA § 87 BetrVG 2001 Betriebliche Lohngestaltung Nr. 5 S. 7 f. = AP Nr. 124 zu § 87 BetrVG 1972 Lohngestaltung Bl. 3 R ff.) und weist mit Recht darauf hin, es bestehe keine Verpflichtung des Arbeitgebers, schon bei Wirksamwerden der ersten Stufe einer Tariflohnerhöhung eine Entscheidung über die Reaktion auf das Wirksamwerden der zweiten Stufe zu treffen (ebenso *BAG* 10.03.2009 EzA § 87 BetrVG 2001 Betriebliche Lohngestaltung Nr. 18 Rn. 20 = AP Nr. 134 zu § 87 BetrVG 1972 Lohngestaltung [*Richardi*]). Eine einheitliche Anrechnungskonzeption des Arbeitgebers müsse positiv feststehen. Der Arbeitnehmer trage die abgestufte Darlegungs- und Beweislast. Er müsse darlegen, dem Arbeitgeber seien beim Inkrafttreten der ersten Stufe der Tariflohnerhöhung der Zeitpunkt und der Umfang der zweiten Stufe bekannt gewesen. Der Arbeitgeber müsse dann durch substantiellen Vortrag zu seinen Motiven und zum Ablauf des Entscheidungsprozesses Stellung nehmen und darlegen, dass eine einheitliche Anrechnungskonzeption nicht vorgelegen habe. Darauf habe der Arbeitnehmer Tatsachen vorzutragen, aus denen sich Unrichtigkeiten oder weitere Besonderheiten des Einzelfalles ergäben. Damit dürften die Bedenken gegen die Entscheidung vom 17.01.1995 (EzA § 87 BetrVG 1972 Betriebliche Lohngestaltung Nr. 48 = AP Nr. 71 zu § 87 BetrVG 1972 Lohngestaltung [Rdn. 924]) zwar nicht ausgeräumt sein, aber jedenfalls die Befürchtung nicht zutreffen, im Interesse des gewünschten Ergebnisses werde dem Arbeitgeber in der Praxis eine einheitliche Entscheidung unterstellt.

926 Zur **mitbestimmungspflichtigen Aufstellung** von **Richtlinien** für den **Widerruf** von **Zulagen** zwecks **Neuabgrenzung** der **Begünstigten** im Rahmen des mitbestimmungsfrei vorgegebenen begünstigten Personenkreises nach Herabsetzung der zur Verfügung stehenden Mittel *BAG* 17.12.1980 EzA § 87 BetrVG 1972 Betriebl. Lohngestaltung Nr. 2 S. 11 ff. (*Weiss*) = AP Nr. 4 zu § 87 BetrVG 1972 Lohngestaltung Bl. 2 f. (*Löwisch/Röder*) = SAE 1981, 251 (*Bohn*) und dazu *Wiese* NZA 1990, 793 (804).

927 Im Anschluss an die Entscheidungen des Großen Senats des *BAG* hat dessen Erster Senat den **kollektiven Tatbestand** als Voraussetzung der Mitbestimmung nach § 87 Abs. 1 Nr. 10 BetrVG zu konkretisieren versucht und dabei wie der Große Senat auf die Strukturformen des Arbeitsentgelts einschließlich ihrer näheren Vollzugsformen abgestellt; bei der Änderung der Verteilungsgrundsätze für über-/außertarifliche Zulagen gehe es stets um die Strukturformen des Entgelts und damit um einen kollektiven Tatbestand (*BAG* 03.12.1991 GS EzA § 87 BetrVG 1972 Betriebliche Lohngestaltung Nr. 30 S. 30 [*Gaul*] = AP Nr. 51 zu § 87 BetrVG 1972 Lohngestaltung Bl. 12; weitere Nachweise 9. Aufl. § 87 Rn. 895). Das ist zutreffend. Ein kollektiver Tatbestand ist nur zu verneinen, wenn ausschließlich die Besonderheiten des konkreten Arbeitsverhältnisses im Hinblick auf gerade den einzelnen Arbeitnehmer betreffende Umstände Maßnahmen erfordern und bei einander ähnlichen

Maßnahmen gegenüber mehreren Arbeitnehmern kein innerer Zusammenhang besteht (Rdn. 33, 845). Unerheblich ist die Anzahl der betroffenen Arbeitnehmer (*Wiese* Rdn. 26 ff.). Ein kollektiver Tatbestand ist gegeben, wenn es um den internen Interessenausgleich unter den betroffenen Arbeitnehmern geht (*Wiese* Rdn. 30, 32); daher braucht von der konkreten Maßnahme nur ein einzelner Arbeitnehmer erfasst zu sein (*Wiese* Rdn. 30). Bei der unterschiedlichen Anrechnung von Zulagen auf eine Tariflohnerhöhung mit der Folge einer Änderung bestehender Verteilungsgrundsätze geht es um den Ausgleich divergierender Interessen der betroffenen Arbeitnehmer unter dem Aspekt der **Verteilungsgerechtigkeit** (*BAG* 14.02.1995 EzA § 87 BetrVG 1972 Betriebliche Lohngestaltung Nr. 50 S. 5 = AP Nr. 73 zu § 87 BetrVG 1972 Lohngestaltung Bl. 2 R; 19.09.1995 EzA § 87 BetrVG 1972 Betriebliche Lohngestaltung Nr. 53 S. 8 = AP Nr. 81 zu § 87 BetrVG 1972 Lohngestaltung Bl. 4; 24.04.2001 EzA § 87 BetrVG 1972 Betriebliche Lohngestaltung Nr. 71 S. 4; zur Entgeltmitbestimmung als Gleichbehandlungsproblem eingehend *Reichold* RdA 1995, 147 ff.). Dafür können unterschiedliche Kriterien zugrunde gelegt werden. Sollen sie ausdrücklich generell gelten oder werden sie auch nur als genereller Anknüpfungspunkt praktiziert, sind der kollektive Bezug und damit die Mitbestimmung gegeben (dazu und zu nachstehenden Entscheidungen *Wiese* RdA 1995, 355 ff.; krit. *Clemenz/HWK* § 87 Rn. 182; *Raab* ZfA 2001, 31 [43 ff., 56 ff.] unter Ausschluss der individuellen Lohngestaltung, wenn die Leistung durch Umstände in der Person oder den persönlichen Lebensumständen des Arbeitnehmers bestimmt wird; *Schmitz-Jansen* Das Recht der freiwilligen Leistungen, S. 512 ff.; vgl. auch den Abgrenzungsversuch von *Enderlein* ZfA 1997, 313 ff.).

Es handelt sich um folgende Entscheidungen: **928**
– In dem Urteil vom 22.09.1992 EzA § 87 BetrVG 1972 Betriebliche Lohngestaltung Nr. 33 S. 9 f. = AP Nr. 54 zu § 87 BetrVG 1972 Lohngestaltung Bl. 4 f. (krit. *Kraft*) hat das *BAG*, obwohl es die Hinweise des *LAG* für das Vorliegen eines kollektiven Tatbestandes für beachtenswert hielt, dessen Prüfung dahingestellt sein lassen, weil bei der Anrechnung einer Zulage auf eine Tariflohnerhöhung bei einem einzelnen Arbeitnehmer wegen Wechsels der Tarifgruppe nach einer bestimmten Zahl von Berufsjahren bei unveränderter Tätigkeit die Mitbestimmung jedenfalls mangels Regelungsspielraums ausschied.
– In dem Urteil vom 22.09.1992 EzA § 87 BetrVG 1972 Betriebliche Lohngestaltung Nr. 35 S. 11 f. = AP Nr. 55 zu § 87 BetrVG 1972 Lohngestaltung Bl. 4 R f. (zust. *Kraft* nach AP Nr. 54 zu § 87 BetrVG 1972 Lohngestaltung) = EWiR 1993, 333 [krit. *Hromadka*] bejahte das *BAG* mit Recht den kollektiven Bezug bei der ungleichmäßigen Anrechnung von Zulagen auf eine Tariflohnerhöhung, die gegenüber der Mehrzahl der Zulagenempfänger ohne erkennbare Berücksichtigung individueller Besonderheiten erfolgte und zu einer Änderung der Verteilungsgrundsätze führte.
– Zutreffend ist auch die Annahme eines kollektiven Tatbestandes, wenn Zulagen anlässlich einer Tariflohnerhöhung ohne ausdrückliche Regelung aus Leistungsgründen bei mehreren Arbeitnehmern angerechnet werden, bei anderen dagegen nicht, weil die Leistungen zueinander in ein Verhältnis gesetzt werden müssen (*BAG* 22.09.1992 EzA § 87 BetrVG 1972 Betriebliche Lohngestaltung Nr. 36 S. 4 ff. = AP Nr. 56 zu § 87 BetrVG 1972 Lohngestaltung Bl. 2 R ff. [zust. *Henssler*] = SAE 1993, 346 [360 – zust. *Oetker*] = AiB 1993, 401 [zust. *Meyer*] = JuS 1993, 973 [*Reuter*]; ferner *BAG* 22.09.1992 EzA § 87 BetrVG 1972 Betriebliche Lohngestaltung Nr. 37 S. 3 = AP Nr. 60 zu § 87 BetrVG 1972 Lohngestaltung Bl. 2 ff. [*Henssler*]; 22.09.1992 EzA § 87 BetrVG 1972 Betriebliche Lohngestaltung Nr. 38 S. 7 = AP Nr. 57 zu § 87 BetrVG 1972 Lohngestaltung Bl. 3 f. [*Henssler*]; 27.10.1992 EzA § 87 BetrVG 1972 Betriebliche Lohngestaltung Nr. 40 S. 10 ff. = AP Nr. 61 zu § 87 BetrVG 1972 Lohngestaltung Bl. 5 f.; 23.03.1993 EzA § 87 BetrVG 1972 Betriebliche Lohngestaltung Nr. 42 S. 5 ff. = AP Nr. 64 zu § 87 BetrVG 1972 Lohngestaltung Bl. 2 R f. [*Hromadka*]; 03.05.1994 EzA § 23 BetrVG 1972 Nr. 36 S. 14 f. [*Raab*] = AP Nr. 23 zu § 23 BetrVG 1972 Bl. 6 R [*Richardi*]).
– In dem Urteil vom 22.09.1992 EzA § 87 BetrVG 1972 Betriebliche Lohngestaltung Nr. 38 S. 5 ff. = AP Nr. 57 zu § 87 BetrVG 1972 Lohngestaltung Bl. 2 R ff. (im Ergebnis zust. *Henssler*)= SAE 1993, 350 (360 – zust. *Oetker*) = JuS 1993, 973 (krit. *Reuter*); zust. *Dorndorf* FS *Däubler*, S. 327 (335 f.); *Reichold* RdA 1995, 147 [149]; *Wank* FS *Wiese*, S. 617 [629 ff.]) verneinte das *BAG* mit Recht das Vorliegen eines kollektiven Tatbestandes; die Zulage wurde hier anlässlich einer Tariflohnerhöhung bei einem einzelnen Arbeitnehmer mit Rücksicht darauf angerechnet, dass dieser trotz einer mit seinem Einverständnis erfolgten Umsetzung auf einen tariflich niedriger bewerteten Arbeits-

platz weiter entsprechend der bisherigen höheren Vergütungsgruppe entlohnt wurde. Anknüpfungspunkt waren ausschließlich die bei diesem Arbeitnehmer gegebenen individuellen Umstände.
- In dem Urteil vom 10.11.1992 EzA § 87 BetrVG 1972 Betriebliche Lohngestaltung Nr. 39 S. 6 f. (zust. *Ahrens*) = AP Nr. 58 zu § 87 BetrVG 1972 Lohngestaltung Bl. 2 R f. (zust. *Henssler* nach AP Nr. 56 daselbst) ging es um die Anrechnung einer übertariflichen Zulage auf eine auf einer Betriebsvereinbarung beruhenden Prämienlohnerhöhung; mit Recht bejahte das *BAG* das Vorliegen eines kollektiven Tatbestandes, weil die Anrechnung generell gegenüber sämtlichen Beschäftigten um den gleichen Betrag aus Gründen der Kostenersparnis und unabhängig von Besonderheiten des einzelnen Arbeitsverhältnisses erfolgte.
- In dem Urteil vom 22.09.1992 EzA § 87 BetrVG 1972 Betriebliche Lohngestaltung Nr. 37 S. 3 = AP Nr. 60 zu § 87 BetrVG 1972 Lohngestaltung Bl. 2 ff. (zust. *Henssler* nach AP Nr. 56 daselbst) = SAE 1993, 349 (360 – zust. *Oetker*) = JuS 1993, 973 [*Reuter*]) rechnete der Arbeitgeber die Zulagen bei mehreren Arbeitnehmern auf eine Tariflohnerhöhung an, beim Kläger wegen krankheitsbedingter Leistungsminderung; konsequenterweise bejahte es auch hier einen kollektiven Tatbestand, weil die Anrechnung aus Leistungsgründen erfolgt sei.
- In dem Beschluss vom 27.10.1992 EzA § 87 BetrVG 1972 Betriebliche Lohngestaltung Nr. 40 S. 10 ff. = AP Nr. 61 zu § 87 BetrVG 1972 Lohngestaltung Bl. 4 R ff. = SAE 1993, 352 (zust. *Oetker*) = JuS 1993, 973 (zust. *Reuter*) – im Ergebnis zust. auch *Dorndorf* FS *Däubler*, S. 327 (336) – bejahte das *BAG* einen kollektiven Tatbestand aus Leistungsgründen, verhaltensbedingten Gründen, wegen Kürze der Betriebszugehörigkeit, absehbarer Beendigung des Arbeitsverhältnisses, zuvor erfolgter Gehaltsanhebung oder Erziehungsurlaubs, verneinte ihn dagegen bei einer Anrechnung auf Wunsch eines Arbeitnehmers zwecks Vermeidung steuerlicher Nachteile.
- In dem Urteil vom 23.03.1993 EzA § 87 BetrVG 1972 Betriebliche Lohngestaltung Nr. 42 S. 5 ff. = AP Nr. 64 zu § 87 BetrVG 1972 Lohngestaltung Bl. 2 ff. (abl. *Hromadka*) = SAE 1993, 358 (zust. *Oetker*; *Wank* FS *Wiese*, S. 617 [629 ff.]) bejahte es mit Recht einen kollektiven Tatbestand, da die Anrechnung gegenüber einer Gruppe von insgesamt drei altersgesicherten Arbeitnehmern vorgenommen wurde, bei denen die tatsächliche Tätigkeit mit der Tarifgruppe nicht mehr übereinstimmte; hier sei ein allgemeiner Entlohnungsgrundsatz aufgestellt und angewendet worden.
- In dem Urteil vom 28.09.1994 EzA § 87 BetrVG 1972 Betriebliche Lohngestaltung Nr. 44 S. 6 (zust. *Rolfs*) = AP Nr. 68 zu § 87 BetrVG 1972 Lohngestaltung Bl. 3 f. (zust. *Reichold*) bejahte es bei einem Gehaltsgruppensystem oberhalb der höchsten Tarifgruppe zutreffend eine kollektive Regelung sowohl in der Zuordnung der Arbeitnehmer zu einer der Gehaltsgruppen als auch darin, dass eine Tariferhöhung bei den Angestellten zweier Gehaltsgruppen voll angerechnet, dagegen bei den Angestellten einer Gehaltsgruppe im Wesentlichen weitergegeben wurde.
- In dem Beschluss vom 14.06.1994 EzA § 87 BetrVG 1972 Betriebliche Lohngestaltung Nr. 45 S. 5 f. = AP Nr. 69 zu § 87 BetrVG 1972 Lohngestaltung Bl. 2 R f. = BB 1995, 825 (krit. *Reichold*) bejahte es einen kollektiven Tatbestand, weil bei der Gewährung eines »individuellen Sonderbonus« auf unterschiedliche leistungsbezogene Kriterien (großer Einsatz, gute Einarbeitung, betriebliche Doppelbelastung, Senkung der Fehlerquote, gute Arbeitsqualität, Förderungswürdigkeit) oder soziale Erwägungen (alleinerziehende Mutter, materielle Unterstützung wegen Teilzeitbeschäftigung) abgestellt wurde. Hinsichtlich der Gewährung eines Sonderbonus aus »arbeitsmarktpolitischen Gründen« hat es mit Recht darauf hingewiesen, dass es sich bei auf bestimmte Arbeitnehmergruppen oder die gesamte Belegschaft bezogenen Sonderzahlungen um einen kollektiven Tatbestand, aber auch um einen individuellen Regelungsgegenstand handeln könne, wenn z. B. ein Arbeitnehmer nur bei einem höheren Gehalt als dem vergleichbarer Arbeitnehmer zum Eintritt oder Verbleib im Betrieb bereit sei (dazu auch *Dorndorf* FS *Däubler*, S. 327 [336 f.]).
- In dem Beschluss vom 22.04.1997 EzA § 87 BetrVG 1972 Betriebliche Lohngestaltung Nr. 60 S. 4 ff. = AP Nr. 88 zu § 87 BetrVG 1972 Lohngestaltung Bl. 2 ff. bejahte das *BAG* einen kollektiven Tatbestand auch dann, wenn die Anrechnung nicht im Zusammenhang mit einer allgemeinen Tariferhöhung erfolgt, sondern jeweils nur aus Anlass von Steigerungen des Tarifentgelts, die in den persönlichen Verhältnissen der im Einzelfall betroffenen Arbeitnehmer (Alterssprünge, Höhergruppierungen, Steigerungen tariflicher Leistungszulagen) begründet sind.
- In dem Beschluss vom 29.02.2000 EzA § 87 BetrVG 1972 Betriebliche Lohngestaltung Nr. 69 S. 5 ff. = AP Nr. 105 zu § 87 BetrVG 1972 Lohngestaltung Bl. 3 ff. (krit. *Raab*) = BB 2001, 780 (krit. *Pohle*) bejahte das *BAG* einen kollektiven Tatbestand bei einer einmaligen Sonderzahlung

an vier Arbeitnehmer, mit der ihr besonderes Engagement in einer Ausnahmesituation nachträglich honoriert werden sollte; es habe ein innerer Zusammenhang zwischen den Zulagen bestanden, der typischerweise bei Zahlungen nach Leistungsgesichtspunkten zu bejahen sei.
- In einem Beschluss vom 10.12.1996 (NZA 1997, 1125) verneinte das *LAG Baden-Württemberg* einen kollektiven Tatbestand bei Anrechnung einer Tariflohnerhöhung im Einzelfall wegen einer niedriger zu bewertenden Änderung der vom Arbeitnehmer zu erbringenden Arbeitsaufgabe.

f) Entlohnungsgrundsätze

aa) Allgemeines

Wenn auch eine scharfe Unterscheidung zwischen Entlohnungsgrundsätzen und Entlohnungsmethoden als Unterbegriffen des umfassenderen Begriffs der Lohngestaltung (Rdn. 841) im Hinblick auf die in beiden Fällen gleichermaßen bestehende notwendige Mitbestimmung nicht erforderlich und daher von geringer praktischer Bedeutung ist (vgl. auch *Rumpff* AuR 1972, 65 [67, 69]), verdeutlichen sie doch **verschiedene Stufen** des **betrieblichen Entscheidungsprozesses** bei der **Lohngestaltung**. 929

Die Entlohnungsgrundsätze betreffen die **Primärentscheidung** über die **Einführung** des **Systems**, nach dem das Arbeitsentgelt im Betrieb allgemein (Rdn. 842), d. h. abstrakt-generell für die Belegschaft, bestimmte Betriebsabteilungen oder Gruppen von Arbeitnehmern ermittelt werden soll (mit unterschiedlichen Definitionen *BAG* 29.03.1977 EzA § 87 BetrVG 1972 Leistungslohn Nr. 2 S. 24 *[Löwisch]* = AP Nr. 1 zu § 87 BetrVG 1972 Provision Bl. 3 R *[Schulze-Osterloh]*; 10.07.1979 EzA § 87 BetrVG 1972 Leistungslohn Nr. 3 S. 41 = AP Nr. 2 zu § 87 BetrVG 1972 Lohngestaltung Bl. 3 *[Schulze-Osterloh]*; 22.01.1980 EzA § 87 BetrVG 1972 Lohn u. Arbeitsentgelt Nr. 11 S. 87 f. = AP Nr. 3 zu § 87 BetrVG 1972 Lohngestaltung Bl. 6 *[Moll]*; 06.12.1988 EzA § 87 BetrVG 1972 Betriebliche Lohngestaltung Nr. 23 S. 9 f. *[Gaul]* = AP Nr. 37 zu § 87 BetrVG 1972 Lohngestaltung Bl. 4 R *[Reuter]*; 14.12.1993 EzA § 87 BetrVG 1972 Betriebliche Lohngestaltung Nr. 43 S. 5 = AP Nr. 65 zu § 87 BetrVG 1972 Lohngestaltung Bl. 2 R; 14.08.2001 EzA § 613a BGB Nr. 200 S. 10 = AP Nr. 85 zu § 77 BetrVG 1972 Bl. 6 *[Raab]*; 28.04.2009 EzA § 99 BetrVG 2001 Eingruppierung Nr. 4 Rn. 19, 30 m. w. N. = AP Nr. 40 zu § 99 BetrVG 1972 Eingruppierung; 22.06.2010 EzA § 87 BetrVG 2001 Betriebliche Lohngestaltung Nr. 22 Rn. 23 = AP Nr. 136 zu § 87 BetrVG 1972; 17.05.2011 EzA § 87 BetrVG 2001 Betriebliche Lohngestaltung Nr. 25 Rn. 16 = AP Nr. 138 zu § 87 BetrVG 1972 Lohngestaltung; 08.11.2011 EzA § 87 BetrVG 2001 Sozialeinrichtung Nr. 2 Rn. 23 = AP Nr. 22 zu § 87 BetrVG 1972 Sozialeinrichtung; 14.01.2014 EzA § 87 BetrVG 2001 Betriebliche Lohngestaltung Nr. 29 Rn. 15 = AP Nr. 145 zu § 87 BetrVG 1972 Lohngestaltung; 03.09.2014 EzA § 87 BetrVG 2001 Betriebliche Lohngestaltung Nr. 31 Rn. 1 = AP Nr. 219 zu § 242 BGB Gleichbehandlung; 24.01.2017 AP Nr. 149 zu § 87 BetrVG 1972 Lohngestaltung Rn. 37; 21.02.2017 AP Nr, 150 zu § 87 BetrVG 1972 Lohngestaltung Rn. 23; *LAG Düsseldorf* 13.12.1973 EzA § 76 BetrVG 1972 Nr. 3 S. 23; 16.05.1974 DB 1974, 1727; 04.10.1995 LAGE § 87 BetrVG 1972 Betriebliche Lohngestaltung Nr. 13 S. 3; *LAG Hamm* 14.05.1976 EzA § 87 BetrVG 1972 Leistungslohn Nr. 1 S. 9; *Fitting* § 87 Rn. 425 f.; *Hofe* Betriebliche Mitbestimmung und Humanisierung der Arbeitswelt, S. 134; *Hueck/Nipperdey* II/2, S. 1387; *Kaiser/LK* § 87 Rn. 225; *Klebe/DKKW* § 87 Rn. 304; *Moll* Die Mitbestimmung des Betriebsrats beim Entgelt, S. 26 [145]; *Nikisch* III, S. 434; *Richardi* § 87 Rn. 752, 894; *ders.* ZfA 1976, 1 [8]; *Stadler* BB 1972, 800 [802]; *Stege/Weinspach/Schiefer* § 87 Rn. 178; *Worzalla/HWGNRH* § 87 Rn. 564). Das *BAG* hatte zu § 56 Abs. 1 Buchst. h BetrVG 1952 auf eine Definition verzichtet und die Auffassungen im Schrifttum nur referiert, allerdings mit Recht die Entscheidung über Zeitlohn oder Leistungslohn als eine Frage des Entlohnungsgrundsatzes angesehen (02.02.1960 AP Nr. 1 zu § 56 BetrVG Bl. 3 f.; 22.11.1963 AP Nr. 2 zu § 56 BetrVG Bl. 2 f.; 18.03.1964 AP Nr. 4 zu § 56 BetrVG Entlohnung Bl. 3 f.; 17.12.1968 AP Nr. 27 zu § 56 BetrVG Bl. 1 R, 3; *BAG* 20.09.1990 EzA § 80 BetrVG 1972 Nr. 39 S. 3). 930

Der Arbeitgeber kann im selben Betrieb grundsätzlich **mehrere voneinander unabhängige Vergütungssysteme** anwenden (*BAG* 19.09.1995 EzA § 87 BetrVG 1972 Nr. 53 S. 7 ff. = AP Nr. 81 zu § 87 BetrVG 1972 Lohngestaltung Bl. 3 R ff.; 18.11.2003 EzA § 77 BetrVG 2001 Nr. 9 S. 11 = AP Nr. 15 zu § 77 BetrVG 1972 Nachwirkung Bl. 5 R.; 12.12.2006 EzA § 87 BetrVG 2001 Betriebliche Lohngestaltung Nr. 13 Rn. 26 = AP Nr. 27 zu § 1 BetrVG 1972 Gemeinsamer Betrieb), jedoch muss die Bildung verschiedener Beschäftigungsgruppen auf sachlichen Gründen beruhen; er darf da- 931

§ 87   IV. 3. Soziale Angelegenheiten

her die Belegschaft nicht in beliebige Gruppen von Arbeitnehmern aufspalten, um dadurch die Mitbestimmung einzuschränken. Ein sachlicher Grund ist die Einführung eines neuen Vergütungssystems für neu eingestellte Mitarbeiter. Bei sachlich gerechtfertigten unterschiedlichen Vergütungssystemen ist die weitere Entwicklung dieser Systeme im Verhältnis zueinander nicht Gegenstand der Überprüfung nach den Maßstäben innerbetrieblicher Entgeltgerechtigkeit (*BAG* 18.11.2003 EzA § 77 BetrVG 2001 Nr. 9 S. 11 ff. = AP Nr. 15 zu § 77 BetrVG 1972 Nachwirkung Bl. 5 ff.). Zur **Problematik des Eingangssatzes** des § 87 Abs. 1 *Wiese* Rdn. 67 f., zum **gemeinsamen Betrieb** Rdn. 846.

932 Bei der üblichen **kausalen**, d. h. nach der menschlichen Arbeitsleistung erfolgenden **Lohnfindung** (hierzu und zur finalen, am Marktwert orientierten Lohnfindung *Schaub/Vogelsang* Arbeitsrechts-Handbuch, § 62 Rn. 1 ff.) bedarf es der Entscheidung, ob die Vergütung als **Zeitlohn** nach der Arbeits- bzw. Kalenderzeit (Monats-, Wochen-, Tages-, Schicht-, Stundenlohn) oder als **Leistungslohn** nach der erbrachten Arbeitsleistung (z. B. Akkord- oder Prämienlohn) berechnet werden soll. Dabei sind leistungsbezogene Entgelte nicht nur die Entgeltformen, bei denen die eigentliche Arbeitsleistung des Arbeitnehmers (Kraftaufwand, Geschwindigkeit, Geschicklichkeit, sonstige arbeitsrelevante Fähigkeiten) gemessen wird und ausschließlich die Höhe der Vergütung bestimmt. »Leistung« können auch andere Größen sein, die vom Arbeitnehmer nur in begrenztem Umfang beeinflussbar sind, weil sie auch von technischen oder organisatorischen Vorbedingungen und sonstigen Umständen abhängen, also auch der bloße »Erfolg« der Tätigkeit des Arbeitnehmers, selbst wenn er nur mittelbar auf dessen Tätigkeit zurückgeführt werden kann (*BAG* 13.03.1984 EzA § 87 BetrVG 1972 Leistungslohn Nr. 10 S. 136 *[Otto]* = AP Nr. 4 zu § 87 BetrVG 1972 Provision Bl. 4 *[Hanau]*). Zur bindenden Festsetzung nach § 19 HAG *BAG* 20.09.1990 EzA § 99 BetrVG 1972 Nr. 96 S. 4 = AP Nr. 83 zu § 99 BetrVG 1972 Bl. 3.

933 Der Betriebsrat hat über die **Auswahl** unter diesen Möglichkeiten einschließlich etwaiger **Mischformen** – z. B. die Gewährung von Prämien oder von sonstigen Leistungszulagen neben dem Zeitlohn – mitzubestimmen (*BAG* 16.12.1986 EzA § 87 BetrVG 1972 Leistungslohn Nr. 14 S. 166 *[Gaul]* = AP Nr. 8 zu § 87 BetrVG 1972 Prämie Bl. 4 R *[Rauschenberg/Schütz]*; 23.06.2009 AP Nr. 45 zu § 77 BetrVG 1972 Betriebsvereinbarung Rn. 16; *LAG Baden-Württemberg* 20.12.1991 AiB 1993, 406 [407]; *LAG Hamm* 11.03.1987 LAGE § 87 BetrVG 1972 Betriebliche Lohngestaltung Nr. 3 S. 20 ff.; zu den – mitbestimmungspflichtigen – einzelnen Entgeltarten Rdn. 850 ff.). Das gilt auch hinsichtlich der Frage, ob ein Lohn-(Gehalts-) Fixum und/oder Provisionen gezahlt werden sollen (*BAG* 29.03.1977 EzA § 87 BetrVG 1972 Leistungslohn Nr. 2 S. 25 *[Löwisch]* = AP Nr. 1 zu § 87 BetrVG 1972 Provision Bl. 4 *[Schulze-Osterloh]*). Gleiches gilt für die vermögenswerten Bestandteile eines **Cafeteria-Systems**, soweit nicht § 87 Abs. 1 Nr. 8 einschlägig ist (Rdn. 710, Systemdarstellung von *Wolf* BB 1993, 928 ff. und zur Mitbestimmung *Felix/Mache* AiB 2001, 338 [346 ff.]; *Mölders* DB 1996, 213 ff.; *Popp* BB 1994, 1141 ff.). Die Mitbestimmung bezieht sich auch darauf, ob eine **Gruppenentlohnung** eingeführt werden soll und welche **Arbeitnehmergruppen** in Zeit- oder Akkordlohn arbeiten bzw. an welchen Arbeitsplätzen generell ein bestimmter Entlohnungsgrundsatz gelten soll (*ArbG Hagen* 15.05.1972 DB 1972, 1024 [1025]; *Hanau* BB 1977, 350 [356]; *Kaiser/LK* § 87 Rn. 226; *Klebe/DKKW* § 87 Rn. 304; *Otto* FS Stahlhacke, 1995, S. 395 [408]; *Worzalla/HWGNRH* § 87 Rn. 569, 588; unklar *LAG Düsseldorf* 11.05.1973 EzA § 76 BetrVG 1972 Nr. 1 S. 3 *[Herschel]*; vgl. auch Rdn. 842). Jedoch wird die Mitbestimmung hier grundsätzlich nur praktisch, soweit es um die Änderung der bisherigen Entlohnung geht (Rdn. 965, 967 ff.). Ist allerdings der bisherige Rechtszustand nicht normativ abgesichert, handelt es sich um einen mitbestimmungspflichtigen Regelungstatbestand, wenn die Betriebspartner darüber streiten, ob eine Betriebsvereinbarung abgeschlossen werden soll (*Wiese* Rdn. 96). Zur Zuordnung von Arbeitnehmern zu einer »**Spitzenvergütungsgruppe**« als Entlohnungsgrundsatz *BAG* 14.12.1999 EzA § 87 BetrVG 1972 Betriebliche Lohngestaltung Nr. 68 S. 5 f. = AP Nr. 104 zu § 87 BetrVG 1972 Lohngestaltung Bl. 3. Die Festlegung der **Dauer** der **Wochenarbeitszeit** ist keine mitbestimmungspflichtige Aufstellung eines Entlohnungsgrundsatzes (*BAG* 30.10.2001 EzA § 87 BetrVG 1972 Betriebliche Lohngestaltung Nr. 75 S. 4 ff. = AP Nr. 26 zu § 99 BetrVG 1972 Eingruppierung Bl. 3 f. = SAE 2003, 18 *[von Hoyningen-Huene]*). Zu **Pauschalierungsabreden** als Entlohnungsgrundsatz *Bachner* NZA 2007, 536 (539).

Mitbestimmungsrechte § 87

Mitbestimmungspflichtig ist nicht nur die Grundentscheidung über das **Entgeltsystem**, sondern 934
auch dessen nähere **Ausgestaltung** (*BAG* 07.12.1962 AP Nr. 3 zu § 56 BetrVG Akkord Bl. 3 R;
29.03.1977 EzA § 87 BetrVG 1972 Leistungslohn Nr. 2 S. 24 *[Löwisch]* = AP Nr. 1 zu § 87 BetrVG
1972 Provision Bl. 3 R *[Schulze-Osterloh]*; 14.12.1993 EzA § 87 BetrVG 1972 Betriebliche Lohngestaltung Nr. 43 S. 8 = AP Nr. 65 zu § 87 BetrVG 1972 Lohngestaltung Bl. 3 R; 14.08.2001 EzA
§ 613a BGB Nr. 200 S. 9 f. = AP Nr. 85 zu § 77 BetrVG 1972 Bl. 5 R f. *[Raab]*; 18.10.2011 EzA
§ 87 BetrVG 2001 Betriebliche Lohngestaltung Nr. 26 Rn. 17 = AP Nr. 141 zu § 87 BetrVG 1972
Lohngestaltung; *LAG* Hamm 14.05.1976 EzA § 87 BetrVG 1972 Leistungslohn Nr. 1 S. 9 f.; *Fitting*
§ 87 Rn. 427, 430; *Klebe/DKKW* § 87 Rn. 306; *Moll* Die Mitbestimmung des Betriebsrats beim Entgelt, S. 146; *Richardi* § 87 Rn. 754; *Worzalla/HWGNRH* § 87 Rn. 563 ff.). So gehören beim Zeitlohn
die Festlegung des **Zeitraums** der **Lohnfindung** (Monat, Woche, Tag, Schicht, Stunde) sowie die
Anzahl der **Lohnzahlungszeiträume** (z. B. 13., 14., 15. Monatsgehalt) zum Entlohnungsgrundsatz
(zur Auszahlung Rdn. 451, 847), nicht dagegen die Dauer der individuell geschuldeten Arbeitszeit
(*BAG* 30.10.2001 EzA § 87 BetrVG 1972 Betriebliche Lohngestaltung Nr. 75 S. 6 = AP Nr. 26 zu
§ 99 BetrVG 1972 Eingruppierung Bl. 3 R). Zur »Vorstrukturierungsbefugnis« des Arbeitgebers
und Abgrenzung gegenüber der Mitbestimmung des Betriebsrats *Schüren* RdA 1996, 14 (18 ff.).
Zur Änderung der Entlohnungsgrundsätze Rdn. 967.

Zur näheren **Ausgestaltung** eines **Akkordlohnsystems** gehören die Entscheidung über die Entloh- 935
nung im **Einzel-** oder **Gruppenakkord** sowie deren Änderung (*Kaiser/LK* § 87 Rn. 226; *Richardi*
§ 87 Rn. 758; anders *Moll* Die Mitbestimmung des Betriebsrats beim Entgelt, S. 27; *Stege/Weinspach/
Schiefer* § 87 Rn. 184: Entlohnungsmethode), nicht dagegen die Soll-Personalbesetzung der Gruppe
(*Kreßel* RdA 1994, 23 [30]). Mitbestimmungspflichtig ist jedoch die Regelung der Frage, ob die in
der Vorgabezeit enthaltene **Erholungszeit zu feststehenden Kurzpausen zusammengefaßt** werden soll (*BAG* 24.11.1987 EzA § 87 BetrVG 1972 Leistungslohn Nr. 15 S. 5 f. = AP Nr. 16 zu § 87
BetrVG 1972 Akkord Bl. 2 R ff. *[Gaul]* = AR-Blattei, Betriebsverfassung XIV B, Entsch. 105 *[Schwab]*; a. M. *Stege/Weinspach/Schiefer* § 87 Rn. 192a; *Worzalla/HWGNRH* § 87 Rn. 649; zur Mitbestimmung nach Nr. 11 Rdn. 1035). Gleiches gilt für die Frage, ob **Wartezeiten** in die Vorgabezeiten als
Verteilzeit mit einbezogen oder daneben gesondert erfasst werden (*BAG* 14.02.1989 EzA § 87 BetrVG
1972 Leistungslohn Nr. 17 S. 5 *[Wiese]* = AP Nr. 8 zu § 87 BetrVG 1972 Akkord Bl. 2 f.). Wartezeiten
sind die Zeiten, in denen der Arbeitnehmer die von ihm an sich geschuldete Akkordarbeit aus von ihm
nicht zu vertretenden Gründen nicht leisten kann.

Beim Zeit- und Leistungsentgelt gehört zur Mitbestimmung über das System auch die Entscheidung 936
darüber, ob **neben** dem **Geldlohn Deputate** oder **sonstige Sachbezüge** zu erbringen sind (*LAG*
Hamm 14.05.1976 EzA § 87 BetrVG 1972 Leistungslohn Nr. 1 S. 9; *Galperin/Löwisch* § 87 Rn. 219;
Nikisch III, S. 434; *Richardi* § 87 Rn. 757). Entsprechendes gilt für andere Sonderformen der Vergütung (zu diesen Rdn. 852 ff.). Zu Grundsätzen über die Zahlung eines zusätzlichen Urlaubsgeldes
BAG 31.01.1984 EzA § 87 BetrVG 1972 Betriebliche Lohngestaltung Nr. 8 S. 76 = AP Nr. 15 zu § 87
BetrVG 1972 Lohngestaltung Bl. 5 *[Satzky]*.

bb) Prämienvergütung

Bei der Prämienvergütung bezieht sich die Mitbestimmung über den Entlohnungsgrundsatz zunächst 937
darauf, **ob** und **welche Prämien** (Geld oder sonstige Vergünstigungen) **eingeführt** werden sollen
(*BAG* 22.11.1963 AP Nr. 3 zu § 56 BetrVG Entlohnung Bl. 2 R; 18.03.1964 AP Nr. 4 zu § 56
BetrVG Entlohnung Bl. 3 R; 10.07.1979 EzA § 87 BetrVG 1972 Leistungslohn Nr. 3 S. 42 = AP
Nr. 2 zu § 87 BetrVG 1972 Lohngestaltung Bl. 3 R *[Schulze-Osterloh]* = SAE 1981, 41 *[Lieb/Randerath]*; 08.12.1981 EzA § 87 BetrVG 1972 Leistungslohn Nr. 6 S. 82 *[Hanau]* = AP Nr. 5 zu § 87
BetrVG 1972 Prämie Bl. 2 *[Hilger]* = SAE 1984, 192 *[Beuthien]* = BB 1982, 2106 *[Gaul]*; 16.12.1986
EzA § 87 BetrVG 1972 Leistungslohn Nr. 14 *[Gaul]* = AP Nr. 8 zu § 87 BetrVG 1972 Prämie Bl. 4 R
[Linnenkohl/Rauschenberg/Schütz] = SAE 1988, 257 *[Lieb]*; 20.11.1990 EzA § 77 BetrVG 1972 Nr. 37
S. 4 = AP Nr. 2 zu § 77 BetrVG 1972 Regelungsabrede Bl. 2 R; *LAG* Hamm 14.05.1976 EzA § 87
BetrVG 1972 Leistungslohn Nr. 1 S. 9 f.; *von Friesen* DB 1983, 1871; *Mussil* Tarifvertrag für das private
Versicherungsgewerbe, § 19 Rn. 10). Unerheblich ist, ob die Prämienvergütung ganz an die Stelle des
Zeitlohns tritt oder Zeitlohn und Prämien miteinander kombiniert werden (Rdn. 933; *Moll* Die Mit-

bestimmung des Betriebsrats beim Entgelt, S. 56 f.). Mitbestimmungspflichtig ist auch die Zahlung freiwilliger Prämien an Mitarbeiter, die während eines Streiks gearbeitet haben, wenn die Zahlung der Prämie nicht während des Streiks zugesagt wurde (*LAG Hamm* 16.09.1997 AiB 1998, 588 *[Kettner]*). Zu den Grenzen der Mitbestimmung bei freiwilligen Prämien Rdn. 889 ff.

938 Konstituierend für die Ausgestaltung des Entlohnungsgrundsatzes (Rdn. 934) bei der Prämienvergütung ist ferner die Entscheidung darüber, für welche **Leistungen (Bezugsgrößen)** Prämien gewährt werden sollen (*LAG Hamm* 14.05.1976 EzA § 87 BetrVG 1972 Leistungslohn Nr. 1 S. 10; *Fitting* § 87 Rn. 526; *Hilger* in: *Dietz/Gaul/Hilger* Akkord und Prämie, S. 245; *Moll* Die Mitbestimmung des Betriebsrats beim Entgelt, S. 57 f.; *Worzalla/HWGNRH* § 87 Rn. 589, 654; vgl. auch *Galperin/Löwisch* § 87 Rn. 221; *Richardi* § 87 Rn. 822; **a. M.** *BAG* 22.11.1963 AP Nr. 3 zu § 56 BetrVG Entlohnung Bl. 2 R; *Stege/Weinspach/Schiefer* § 87 Rn. 182: Entlohnungsmethode). Während die Akkordvergütung nur nach der Arbeitsmenge bemessen wird, kann für die Prämienvergütung an jede, auch mehrere betriebswirtschaftlich relevante Bezugsgrößen (z. B. Menge, Qualität, Maschinennutzung, Ersparnis von Rohstoffen oder Energie, Einhaltung von Terminen) angeknüpft werden (*BAG* 22.10.1963 AP Nr. 3 zu § 56 BetrVG Entlohnung Bl. 2 R; 10.12.1965 EzA § 4 TVG Nr. 10 S. 23 = AP Nr. 1 zu § 4 TVG Tariflohn und Leistungsprämie Bl. 3; *Gaul* in: *Dietz/Gaul/Hilger* Akkord und Prämie, S. 72 f. [77 ff.]; *Schaub/Vogelsang* Arbeitsrechts-Handbuch, § 65 Rn. 1 ff., 4 ff.).

939 Bei **mehreren Bezugsgrößen** gehört auch deren Verhältnis zueinander zum Entlohnungsgrundsatz, weil erst mit dieser Entscheidung ein bestimmtes Prämiensystem festgelegt ist. Entsprechendes gilt für die Entscheidung über **Einzel- oder Gruppenprämie**, je nachdem ob sie nach der Leistung eines einzelnen Arbeitnehmers oder einer Gruppe von Arbeitnehmern bemessen wird und erst dann auf die einzelnen Arbeitnehmer verteilt wird (*Fitting* § 87 Rn. 528; *Kaiser/LK* § 87 Rn. 226; *Worzalla/HWGNRH* § 87 Rn. 588, 660; **a. M.** *Stege/Weinspach/Schiefer* § 87 Rn. 184: Entlohnungsmethode). Zur Einschränkung der Mitbestimmung in diesem Fall bei einer freiwillig gewährten Prämie Rdn. 889 ff.

940 Nach § 87 Abs. 1 Nr. 10 mitbestimmungspflichtig ist auch die Festlegung und Änderung der **Prämienentgeltkurve**, d. h. die Bestimmung des Verhältnisses des Entgelts für die Leistung eines bestimmten Leistungsgrads zum bereits feststehenden Entgelt für eine Ausgangsleistung (Formulierung des *BAG* 13.03.1984 EzA § 87 BetrVG 1972 Leistungslohn Nr. 10 S. 140 *[Otto]* = AP Nr. 4 zu § 87 BetrVG 1972 Provision Bl. 5 R *[Hanau]*; 16.12.1986 EzA § 87 BetrVG 1972 Leistungslohn Nr. 14 S. 162 *[Gaul]* = AP Nr. 8 zu § 87 BetrVG 1972 Prämie Bl. 2 R f. *[Linnenkohl/Rauschenberg/Schütz]*). Dabei bedarf es der Entscheidung, ob die Prämienentgeltkurve linear, progressiv oder degressiv verlaufen soll, um damit den Arbeitseinsatz im Interesse der Gesundheit des Arbeitnehmers, aber auch zur Vermeidung negativer Folgen für den Betrieb steuern zu können (*BAG* 16.12.1986 EzA § 87 BetrVG 1972 Leistungslohn Nr. 14 S. 162 f. *[Gaul]* = AP Nr. 8 zu § 87 BetrVG 1972 Prämie Bl. 2 R f. *[Linnenkohl/Rauschenberg/Schütz]*; *Schaub/Vogelsang* Arbeitsrechts-Handbuch, § 65 Rn. 1; ferner *Galperin/Löwisch* § 87 Rn. 244; *Richardi* § 87 Rn. 823 f.). Hierbei handelt es sich um einen Entlohnungsgrundsatz. Gleiches ist für die Festlegung des Verlaufs der Entgeltkurve im Einzelnen, d. h. die Zuordnung verschiedener Entgelthöhen zu verschiedenen Leistungsgraden, anzunehmen; denn dabei handelt es sich um eine Frage der Ausgestaltung dieses Grundsatzes (im Ergebnis ebenso *BAG* 16.12.1986 EzA § 87 BetrVG 1972 Leistungslohn Nr. 14 S. 162 f. *[Gaul]* = AP Nr. 8 zu § 87 BetrVG 1972 Prämie Bl. 2 R f. *[Linnenkohl/Rauschenberg/Schütz]* = SAE 1988, 257 *[Lieb]*; *Worzalla/HWGNRH* § 87 Rn. 662: Nr. 11; vgl. auch *Galperin/Löwisch* § 87 Rn. 221; **a. M.** *Moll* Die Mitbestimmung des Betriebsrats beim Entgelt, S. 60 f.). Dagegen betrifft die Ermittlung der tatsächlich erbrachten Leistung die Entlohnungsmethode (Rdn. 954).

941 Das *BAG* hat sich insoweit nicht festgelegt. Bei einem Prämienwettbewerb hat es ohne Zuordnung die Regelung der allgemeinen Leistungsbedingungen wie etwa die Festsetzung der sog. »Eintrittsschwelle« und sonstige Anknüpfungspunkte für die Zahlung der Wettbewerbsprämien, die Festlegung des Verteilungsschlüssels sowie die Festlegung der Prämienkurve und des Verfahrens bei der Prämienermittlung als mitbestimmungspflichtig angesehen (*BAG* 10.07.1979 EzA § 87 BetrVG 1972 Leistungslohn Nr. 3 S. 42 = AP Nr. 2 zu § 87 BetrVG 1972 Lohngestaltung Bl. 3 R *[Schulze-Osterloh]*). Ebenso hat es allgemein den Verlauf der Prämienkurve der nach § 87 Abs. 1 Nr. 10 mitbestimmungspflichtigen Entscheidung über den Entlohnungsgrundsatz und die Entlohnungsmethode zugeordnet;

diese Entscheidung betreffe die Ausformung des Entlohnungssystems und damit alle Elemente, die dieses System im Einzelnen ausgestalteten und zu einem in sich geschlossenen System machten (*BAG* 13.09.1983 EzA § 87 BetrVG 1972 Leistungslohn Nr. 8 S. 112 f. *[Löwisch/Reimann]* = AP Nr. 3 zu § 87 BetrVG 1972 Prämie Bl. 3 R f. *[Hanau]* = AR-Blattei, Betriebsverfassung XIV B, Entsch. 78 *[von Hoyningen-Huene]* = SAE 1988, 253 *[Lieb]*; 13.03.1984 EzA § 87 BetrVG 1972 Leistungslohn Nr. 10 S. 140 f. *[Otto]* = AP Nr. 4 zu § 87 BetrVG 1972 Prämie Bl. 3 R *[Hanau]*; 16.12.1986 EzA § 87 BetrVG 1972 Leistungslohn Nr. 14 S. 162 f. *[Gaul]* = AP Nr. 8 zu § 87 BetrVG 1972 Prämie Bl. 2 R f. *[Linnenkohl/Rauschenberg/Schütz]*; vgl. auch schon 22.11.1963 AP Nr. 3 zu § 56 BetrVG Entlohnung Bl. 2 R; 18.03.1964 AP Nr. 4 zu § 56 BetrVG Entlohnung Bl. 3 R). **Verfassungsmäßige Bedenken** dagegen hat es mit Recht zurückgewiesen (*BAG* 16.12.1986 EzA § 87 BetrVG 1972 Leistungslohn Nr. 14 S. 163 f. *[Gaul]* = SAE 1988, 257 *[Lieb]* = AP Nr. 8 zu § 87 BetrVG 1972 Prämie Bl. 3 R *[Linnenkohl/Rauschenberg/Schütz]*).

Zur **Entlohnungsmethode** bei Prämien Rdn. 959 f., zur Mitbestimmung nach § 87 Abs. 1 **Nr. 11** Rdn. 1021 ff., 1039 f. 942

cc) Zulagen

Die **Einführung** von Zulagen ist als ergänzender Entlohnungsgrundsatz unabhängig davon mitbestimmungspflichtig, ob auf diese ein Rechtsanspruch besteht oder ob sie vom Arbeitgeber freiwillig zusätzlich gewährt werden; in letzterem Fall besteht lediglich ein Zustimmungsrecht nach Maßgabe der mitbestimmungsfreien Vorgaben und kein Initiativrecht (Rdn. 895). In dem dadurch verbleibenden Rahmen hat der Betriebsrat über die Aufstellung **allgemeiner (Verteilungs-)Grundsätze** mitzubestimmen (Rdn. 899). 943

Nach der zutreffenden Ansicht des *BAG* umfasst die Mitbestimmung z. B. bei **Erschwerniszulagen** die Erstellung eines Katalogs zuschlagspflichtiger Arbeiten, die Festlegung des Zeitraums, für den eine zuschlagspflichtige Gefährdung anzunehmen ist, die Zuordnung der einzelnen zuschlagspflichtigen Arbeiten zu bestimmten Lästigkeitsgruppen und die Festlegung des Verhältnisses der für die Arbeiten der einzelnen Lästigkeitsgruppen zu zahlenden Erschwerniszuschläge zueinander (*BAG* 22.12.1981 EzA § 87 BetrVG 1972 Betriebliche Lohngestaltung Nr. 3 S. 30 ff. = AP Nr. 7 zu § 87 BetrVG 1972 Lohngestaltung Bl. 2 ff. *[Heckelmann]* = SAE 1983, 12 *[Löwisch/Röder]*; 09.05.1995 EzA § 76 BetrVG 1972 Nr. 66 S. 4 f. = AP Nr. 2 zu § 76 BetrVG 1972 Einigungsstelle Bl. 2 f.). Entsprechendes gilt für das Festlegen von Arbeitsplätzen, an denen bestimmte Belastungszulagen zu gewähren sind (*BAG* 04.07.1989 = EzA § 87 BetrVG 1972 Betriebliche Lohngestaltung Nr. 24 S. 6 *[Gaul]* = AP Nr. 20 zu § 87 BetrVG 1972 Tarifvorrang Bl. 2 R f. *[Dütz/Rotter]* = AR-Blattei, Betriebsverfassung XIV B, Entsch. 120 *[Löwisch]*). Zur Mitbestimmung hinsichtlich der abstrakten Festlegung des Zeitraums, für den nach Maßgabe einer tariflichen Regelung innerhalb eines vorgegebenen zeitlichen Rahmens ein Zuschlag für Nachtarbeit zu zahlen ist, *BAG* 21.09.1993 EzA § 87 BetrVG 1972 Nr. 19 S. 6 f. = AP Nr. 62 zu § 87 BetrVG 1972 Arbeitszeit Bl. 3 = SAE 1995, 348 *(Fastrich)*. Zu einer Arbeitsmarktzulage *BAG* 14.06.1994 EzA § 87 BetrVG 1972 Betriebliche Lohngestaltung Nr. 45 S. 6 f. = AP Nr. 69 zu § 87 BetrVG 1972 Lohngestaltung Bl. 3 f.; *ArbG Darmstadt* 14.01.1992 DB 1992, 1298. 944

Die Mitbestimmung erfasst dagegen **nicht die Höhe** der einzelnen **Erschwerniszulagen** (*BAG* 22.12.1981 EzA § 87 BetrVG 1972 Betriebliche Lohngestaltung Nr. 3 S. 32 = AP Nr. 7 zu § 87 BetrVG 1972 Lohngestaltung Bl. 3 *[Heckelmann]*; 30.01.1990 EzA § 87 BetrVG 1972 Betriebliche Lohngestaltung Nr. 27 S. 8 = AP Nr. 41 zu § 87 BetrVG 1972 Lohngestaltung Bl. 4; allgemein Rdn. 837 ff.; zur Begründung der Mitbestimmung des Betriebsrats hinsichtlich Grund und Höhe von Erschwerniszulagen durch Tarifvertrag *BAG* 09.05.1995 EzA § 76 BetrVG 1972 Nr. 66 S. 7 f. = AP Nr. 2 zu § 76 BetrVG 1972 Einigungsstelle Bl. 3 R). Unerheblich ist, ob ein bestimmter Geldbetrag festgesetzt oder ob die Erschwerniszulagen in ein bestimmtes Verhältnis zu einer vorgegebenen Größe wie dem Tariflohn gestellt werden. 945

Mitbestimmungspflichtig ist es auch, wenn für **Leistungszulagen** je Beurteilungsmerkmal Punkte vergeben werden und bestimmt wird, ob der Geldwert für alle Arbeitnehmer gleich sein soll oder ob Differenzierungen vorgenommen werden sollen (*BAG* 22.10.1985 EzA § 87 BetrVG 1972 Leistungslohn Nr. 11 S. 154 f. = AP Nr. 3 zu § 87 BetrVG 1972 Leistungslohn Bl. 5 f. *[Streckel]* = SAE 946

§ 87   IV. 3. Soziale Angelegenheiten

1986, 248 *[Löwisch/Rumler]*). Zu einem Leistungsbeurteilungssystem zur Ermittlung der Zulagenhöhe *Jedzig* DB 1991, 753 (755 ff.).

dd) Provisionen

947 Bei Provisionen hat der Betriebsrat hinsichtlich des Entlohnungsgrundsatzes über die **Einführung** und **Ausgestaltung** eines **Provisionssystems** mitzubestimmen, d. h. ob und für welche Leistungen Provisionen gezahlt, welches Provisionssystem angewandt und wie die einzelnen Provisionsformen näher ausgestaltet werden sollen (BAG 26.07.1988 EzA § 87 BetrVG 1972 Leistungslohn Nr. 16 S. 5 *[Otto]* = AP Nr. 6 zu § 87 BetrVG 1972 Provision Bl. 2 R *[Sibben]*; LAG Hamm 14.05.1976 EzA § 87 BetrVG 1972 Leistungslohn Nr. 1 S. 10; *Fitting* § 87 Rn. 427; *Galperin/Löwisch* § 87 Rn. 219, 221, wo aber die Ausgestaltung des Provisionssystems als Gegenstand der Entlohnungsmethode angesehen wird; *Richardi* § 87 Rn. 828; einschränkend zum Zweck und Personenkreis *Heinze* NZA 1986, 1 [5 f.]).

948 Ohne nähere Zuordnung hat das *BAG* (29.03.1977 EzA § 87 BetrVG 1972 Leistungslohn Nr. 2 S. 25 f. *[Löwisch]* = AP Nr. 1 zu § 87 BetrVG 1972 Provision Bl. 4 *[Schulze-Osterloh]* = SAE 1978, 91 *[Lieb]* = AR-Blattei, Betriebsverfassung XIV B, Entsch. 33 *[Jahnke]* = MitbestGespr. 1978, 48 *[Zachert]*; 06.12.1988 AP Nr. 37 zu § 87 BetrVG 1972 Lohngestaltung Bl. 4 R *[Reuter]* = EzA § 87 BetrVG 1972 Betriebliche Lohngestaltung Nr. 23 S. 10 *[Gaul]* = SAE 1990, 1 *[Wiese]* = AR-Blattei, Betriebsverfassung XIV B, Entsch. 111 *[Schwab]*) neben der Grundentscheidung, ob ein Lohn-(Gehalts-) Fixum und/oder Provisionen gezahlt werden sollen, die Arten der Provisionen, die Anrechenbarkeit der Provisionen auf das Lohnfixum, das Verhältnis der Provisionen zueinander, die Festsetzung der Bezugsgrößen, das Verhältnis von festen zu variablen Einkommensbestandteilen, das Verhältnis der variablen Einkommensbestandteile untereinander sowie die abstrakte Staffelung der Provisionssätze nach § 87 Abs. 1 Nr. 10 als mitbestimmungspflichtig angesehen. Zur Festsetzung der Bezugsgrößen gehöre z. B., ob bei Erreichen einer bestimmten Provisionshöhe diese und/oder andere Provisionen progressiv oder degressiv beeinflusst werden, ob also auch eine Provision ganz oder teilweise fortfällt (im Einzelnen *Westhoff* DB 1980, 1260 ff.; ferner *Klinkhammer* AuR 1977, 363 [364]; *Löwisch* ZHR Bd. 139 [1975], 362 [369]; *Mussil* Tarifvertrag für das private Versicherungsgewerbe, § 19 Rn. 8; krit. *Heinze* NZA 1986, 1 [7 ff.]; *Seifert* DB 1979, 2034 [2037 f.]; *Worzalla/HWGNRH* § 87 Rn. 590 f., 599). Zur Mitbestimmung bei Ersetzung einer zur Ermittlung der Provisionshöhe verwandten feststehenden Bezugsgröße (hier Bildung eines Mittelwertes aus dem Minimum und Maximum der für den Mitarbeiter geltenden firmeninternen Gehaltsgruppe) durch eine andere Bezugsgröße (hier Mittelwert aus dem Minimum und Maximum der für den Mitarbeiter geltenden Gehaltsgruppe eines späteren Firmentarifvertrages) *LAG Düsseldorf* 04.10.1995 LAGE § 87 BetrVG 1972 Betriebliche Lohngestaltung Nr. 13 S. 3 ff.).

949 Ferner hat das *BAG* auch die Mitbestimmung hinsichtlich der Festlegung der **Punktezahl** für jedes Geschäft eines Provisionssystems bejaht, bei dem mit jedem Abschluss eines bestimmten Geschäfts eine bestimmte Zahl von Provisionspunkten verdient wird und bei dem jeder Provisionspunkt einheitlich mit einem bestimmten Euro-(DM-) Betrag vergütet wird (BAG 13.03.1984 EzA § 87 BetrVG 1972 Leistungslohn Nr. 10 S. 140 ff. *[Otto]* = AP Nr. 4 zu § 87 BetrVG 1972 Provision Bl. 5 R ff. *[Hanau]* = SAE 1985, 120 *[Meisel]*; enger *Heinze* NZA 1986, 1 [7 ff.]; *Stege/Weinspach/Schiefer* § 87 Rn. 183). Jedoch ist die Bestimmung des Euro-(DM-)Betrages je Provisionspunkt mitbestimmungsfrei, weil die Abschlussprovision kein leistungsbezogenes Entgelt i. S. d. § 87 Abs. 1 Nr. 11 ist (Rdn. 1007 ff.).

950 Schließlich hat das *BAG* (26.07.1988 EzA § 87 BetrVG 1972 Leistungslohn Nr. 16 S. 5 ff. *[Otto]* = AP Nr. 6 zu § 87 BetrVG 1972 Provision Bl. 3 *[Sibben]* = AR-Blattei, Betriebsverfassung XIV B, Entsch. 109 *[Schwab]*) bei der Einführung eines Provisionssystems, nach dem die Abschlussprovision nach Pfennigsätzen pro Artikel gezahlt werden soll und zu diesem Zweck sechs Provisionsgruppen mit unterschiedlichen Pfennigsätzen gebildet werden, die **Zuordnung** der **einzelnen Artikel zu** den **Provisionsgruppen**, dagegen nicht die Festsetzung der Pfennigsätze (Geldfaktor) als mitbestimmungspflichtig angesehen. Zur Abgrenzung von Entlohnungsgrundsatz und Entlohnungsmethode bei Provisionen *Moll* Die Mitbestimmung des Betriebsrats beim Entgelt, S. 66, zum Regelungsermes-

sen der Einigungsstelle bei einer Provisionsregelung *BAG* 17.10.1989 EzA § 76 BetrVG 1972 Nr. 54 S. 10 ff. = AP Nr. 39 zu § 76 BetrVG 1972 Bl. 4 ff. *(Gaul)* = SAE 1990, 170 *(Rieble)*.

ee) Sonstige Entgelte
Bei der Einführung eines **Systems erfolgsabhängiger Vergütung** gehört zum Entlohnungsgrund- 951
satz die Entscheidung über dessen Elemente wie Vorgaben, Optionsklassen, Vorgabenbemessungsgrundlagen für die einzelnen Optionsklassen, Gewichtungsfaktoren und Progressionsstufen bei mehr als hundertprozentiger Vorgabenerfüllung (*LAG Hamm* 14.05.1976 EzA § 87 BetrVG 1972 Leistungslohn Nr. 1 S. 10 ff.).

Bei Einführung von Maßnahmen zur Förderung der **Vermögensbildung** einschließlich einer **Ge-** 952
winn- oder **Ergebnisbeteiligung** gehört die nähere Ausgestaltung zu den Entlohnungsgrundsätzen (*LAG Bremen* 27.10.1978 AP Nr. 1 zu § 87 BetrVG 1972 Lohngestaltung Bl. 3 f., dazu *Thomanek* BB 1979, 213; *Fitting* § 87 Rn. 434; *Loritz* RdA 1998, 257 [263 f.]; *Moll* Die Mitbestimmung des Betriebsrats beim Entgelt, S. 152 ff.; *Richardi* § 87 Rn. 753; *Röder* NZA 1987, 799 [804]; *Schanz* NZA 2000, 626 [633]; *Schimana/Frauenkron* DB 1980, 445 [447]; vgl. auch *Dreyer* Die Zulässigkeit der Gewinnbeteiligung der Arbeitnehmer in Tarifverträgen (Diss. Berlin), 2005; *H. Müller* NZA 1985, 307 [311]; *Wagner* BB 2005, 661 ff.; vgl. aber auch Rdn. 961). Die Erklärung in einer Vorbemerkung zu einer betrieblichen Vereinbarung zwischen Arbeitgeber und Betriebsrat, in der die Voraussetzungen für einen Anspruch auf **Tantieme** und deren Berechnung geregelt sind, es handle sich um eine freiwillige soziale Leistung, auf die kein Rechtsanspruch bestehe, ist regelmäßig dahin auszulegen, dass sich der Arbeitgeber die Entscheidung über die Gewährung der Leistung und die Höhe des Gesamtbetrages vorbehält. Sie berechtigt ihn nicht zum Ausschluss einzelner Arbeitnehmer oder zur Anrechnung von Leistungen auf die Tantiemen, die nicht in den Einzelbestimmungen vorgesehen ist (*BAG* 20.01.1998 EzA § 87 BetrVG 1972 Betriebliche Lohngestaltung Nr. 63 S. 4 f. = AP Nr. 73 zu § 77 BetrVG 1972 Bl. 2 f.). Zu einer Regelung über die Verteilung eines **Liquidationsanspruchs** von **Chefärzten** (vgl. auch Rdn. 852) als Entlohnungsgrundsatz *BAG* 16.06.1998 EzA § 87 BetrVG 1972 Betriebliche Lohngestaltung Nr. 64 S. 6 ff. = AP Nr. 92 zu § 87 BetrVG 1972 Lohngestaltung Bl. 3 R ff. Zu **Aktienoptionsplänen** und **Zielvereinbarungen** Rdn. 852.

Zum **Akkordlohn** Rdn. 958, 1016 ff., 1033 ff., zu **Sozialleistungen** Rdn. 857 ff. und insbesondere 953
zur **betrieblichen Altersversorgung** Rdn. 883 ff.

g) Entlohnungsmethoden
Entlohnungsmethode ist gegenüber dem Entlohnungsgrundsatz der engere Begriff (*BAG* 22.11.1963 954
AP Nr. 3 zu § 56 BetrVG Entlohnung Bl. 2 R). Sie ist das **Verfahren** zur **Durchführung** der **Entlohnungsgrundsätze**, insbesondere zur **Bewertung** der **Arbeitsleistung** für die Lohngestaltung im Rahmen der vorher festgelegten Entlohnungsgrundsätze (mit ähnlicher Definition *BAG* 29.03.1977 EzA § 87 BetrVG 1972 Leistungslohn Nr. 2 S. 24 *[Löwisch]* = AP Nr. 1 zu § 87 BetrVG 1972 Provision Bl. 3 R *[Schulze-Osterloh]*; 16.04.2002 EzA § 87 BetrVG 1972 Leistungslohn Nr. 19 S. 10 = AP Nr. 9 zu § 87 BetrVG 1972 Akkord Bl. 4: Art und Weise der Durchführung der vereinbarten Entlohnungsgrundsätze; weitere Nachweise 9. Aufl. § 87 Rn. 921; *LAG Hamm* 14.05.1976 EzA § 87 BetrVG 1972 Leistungslohn Nr. 1 S. 9; *Fitting* § 87 Rn. 418; *Hofe* Betriebliche Mitbestimmung und Humanisierung der Arbeitswelt, S. 134; *Kaiser/LK* § 87 Rn. 228; *Klebe/DKKW* § 87 Rn. 307; *Moll* Die Mitbestimmung des Betriebsrats beim Entgelt, S. 145; *Nikisch* III, S. 434; *Richardi* § 87 Rn. 760; *ders.* ZfA 1976, 1 [9]; *Rumpff* AuR 1972, 65 [67 ff.]; *Stadler* BB 1972, 800 [802]; *Vogt* DB 1975, 1025 [1028]; *Worzalla/HWGNRH* § 87 Rn. 595).

Das Verfahren kann den **Arbeitswert** oder den **Leistungsgrad** betreffen (hierzu und zu Folgendem 955
Schaub/Vogelsang Arbeitsrechts-Handbuch, § 62 Rn. 2 ff. m. w. N.; vgl. auch *Löwisch* DB 1973, 1746 ff.; *Kaiser/LK* § 87 Rn. 228). Der Arbeitswert ist der Schwierigkeitsgrad der menschlichen Arbeitsleistung. Er kann z. B. nach der Punktbewertungs- oder nach der Rangreihenbewertungsmethode ermittelt werden. Bei ersterer werden Punkte für den jeweiligen Schwierigkeitsgrad festgesetzt, bei letzterer Arbeitnehmer-(Vergütungs-)Gruppen gebildet und ihnen bestimmte Tätigkeiten beispielhaft zugeordnet. Im Gegensatz hierzu betrifft der Leistungsgrad nicht die Schwierigkeit der

Arbeit, sondern die Effektivität der menschlichen Arbeitsleistung. Er wird nur bei der Festsetzung leistungsbezogener Entgelte (z. B. Akkord, Prämie) berücksichtigt, während beim Zeitlohn von dem Grundsatz ausgegangen wird, dass alle Arbeitnehmer, die Arbeiten des gleichen Arbeitswerts verrichten, denselben Leistungsgrad erbringen. Bei leistungsbezogenen Entgelten werden daher sowohl der Arbeitswert als auch der Leistungsgrad berücksichtigt. Das geschieht z. B. beim Akkordlohn durch die Akkordvorgabe, die u. a. geschätzt oder nach arbeitswissenschaftlichen Grundsätzen ermittelt werden kann (Näheres Rdn. 1016 ff.).

956 Die notwendige Mitbestimmung bezieht sich auf **alle Entscheidungen** über das im Hinblick auf die Lohngestaltung für die Bewertung der Arbeitsleistung anzuwendende **Verfahren** (vgl. auch BAG 22.11.1963 AP Nr. 3 zu § 56 BetrVG Entlohnung Bl. 2 R). So hat der Betriebsrat beim **Zeitlohn** darüber mitzubestimmen, ob z. B. der Arbeitswert nach der Punktbewertungs- oder nach der Rangreihenbewertungsmethode beurteilt werden soll (**a. M.** *Galperin/Löwisch* § 87 Rn. 219: Entlohnungsgrundsatz; *Richardi* § 87 Rn. 754). Gleiches gilt für Regelungen über die Zahl, die Art und Tatbestandsmerkmale der **Vergütungsgruppen** (BAG 31.01.1984 EzA § 87 BetrVG 1972 Betriebliche Lohngestaltung Nr. 8 S. 76 = AP Nr. 15 zu § 87 BetrVG 1972 Lohngestaltung Bl. 5 *[Satzky]*; 28.04.1992 EzA § 50 BetrVG 1972 Nr. 10 S. 8 = AP Nr. 11 zu § 50 BetrVG 1972 Bl. 3 R; 14.12.1993 EzA § 87 BetrVG 1972 Betriebliche Lohngestaltung Nr. 43 S. 8 = AP Nr. 65 zu § 87 BetrVG 1972 Lohngestaltung Bl. 3 R; 14.08.2001 EzA § 613a BGB Nr. 200 S. 10: Entlohnungsgrundsatz = AP Nr. 85 zu § 77 BetrVG 1972 Bl. 6 *[Raab]*) einschließlich der Bildung von **Halbgruppen** (BAG 18.10.1994 EzA § 87 BetrVG 1972 Betriebliche Lohngestaltung Nr. 47 S. 4 = AP Nr. 70 zu § 87 BetrVG 1972 Lohngestaltung Bl. 2 f. *[Joost]*: Entlohnungsgrundsatz = SAE 1995, 355 *[Dannel]*) sowie die **Entgeltrelationen zwischen** den einzelnen **Vergütungsgruppen** im Rahmen der vorgegebenen Entgeltsumme (BAG 14.12.1993 EzA § 87 BetrVG 1972 Betriebliche Lohngestaltung Nr. 43 S. 8 = AP Nr. 65 zu § 87 BetrVG 1972 Lohngestaltung Bl. 3 R: Entlohnungsgrundsatz; *Hanau* BB 1977, 350 [353]; zur sog. Lohnleitlinie im Verfahren der analytischen Arbeitsbewertung *LAG Mainz* 22.04.1975 Gewerkschafter 1976, Heft 4, S. 30). Ebenso ist die Schaffung einer übertariflichen Gehaltsgruppenordnung unabhängig davon mitbestimmungspflichtig, ob es sich um Tarifangestellte oder um AT-Angestellte (Rdn. 975 ff.) handelt und ob innerhalb einer gewissen Bandbreite Spielräume für individuelle Gehaltsvereinbarungen verbleiben (BAG 28.09.1994 EzA § 87 BetrVG 1972 Betriebliche Lohngestaltung Nr. 44 S. 4 *[Rolfs]* = AP Nr. 68 zu § 87 BetrVG 1972 Lohngestaltung Bl. 2 f. *[Reichold]*: Entlohnungsgrundsatz). Sieht dagegen ein Tarifvertrag die Erstellung von Richtbeispielen für die Zuordnung von Arbeitsbereichen zu den tariflichen Lohngruppen durch eine betriebliche paritätische Eingruppierungskommission vor, handelt es sich nicht um eine Frage der betrieblichen Lohngestaltung, sondern um Rechtsanwendung (BAG 08.03.1983 EzA § 87 BetrVG 1972 Betriebliche Lohngestaltung Nr. 6 S. 58 ff. = AP Nr. 14 zu § 87 BetrVG 1972 Lohngestaltung Bl. 3 ff. /abl. *Weiss*/). Die Ein- und Umgruppierung im Einzelfall unterliegt der Mitbestimmung nach § 99.

957 Mitbestimmungspflichtig sind auch **Regelungen** im Rahmen eines **vielschichtigen Einkommenssystems**, das neben variablen Einkommensteilen feste Gehaltsbestandteile in Anlehnung an im Betrieb vorhandene Funktionsbeschreibungen zum Inhalt hat; das Mitbestimmungsrecht bezieht sich sowohl auf die abstrakte Bildung von Gehaltsbandbreiten und deren Verhältnis zueinander als auch auf die Festlegung der Grundsätze für die Einordnung der Arbeitnehmer innerhalb dieser Bandbreiten (*LAG Hamm* 11.03.1987 LAGE § 87 BetrVG 1972 Betriebliche Lohngestaltung Nr. 3 S. 19 ff.). Mitbestimmungsfrei ist dagegen als Frage der Entgelthöhe die Festlegung des Verhältnisses der einzelnen selbständigen Gehaltsbestandteile (z. B. festes Grundgehalt – allgemeines variables Einkommen – Sonderprämie) zueinander (*LAG Hamm* 11.03.1987 LAGE § 87 BetrVG 1972 Betriebliche Lohngestaltung Nr. 3 S. 23 ff.). Gegenstand der Mitbestimmung über die Entlohnungsmethode ist auch die **Festlegung** und **generelle Handhabung** der **Bemessungs- und Bewertungskriterien** für die **Gewährung** und den **Widerruf tariflicher Leistungszuschläge** neben dem Zeitlohn (*LAG Hamm* 08.10.1975 DB 1975, 2282 f.).

958 Beim **Akkordlohn** als Hauptanwendungsfall des Leistungslohns bezieht sich das Mitbestimmungsrecht darauf, ob die Akkordvorgabe z. B. **geschätzt, ausgehandelt** oder nach **arbeitswissenschaftlichen Grundsätzen ermittelt** werden soll, in letzterem Fall auch auf die **Methode** selbst (z. B.

Mitbestimmungsrechte § 87

Zeitaufnahme nach REFA, Bedaux-System, Verfahren vorbestimmter Zeiten wie Methods Time Measurement [MTM] und Work Factor System [WF-System]; *BAG* 22.11.1963 AP Nr. 3 zu § 56 BetrVG Entlohnung Bl. 2 R; 16.04.2002 EzA § 87 BetrVG 1972 Leistungslohn Nr. 19 S. 7 f. = AP Nr. 9 zu § 87 BetrVG 1972 Akkord Bl. 3; *LAG Düsseldorf* 24.08.1981 EzA § 87 BetrVG 1972 Leistungslohn Nr. 5 S. 69 *[Gaul]*; *Farthmann* JArbR Bd. 2 [1964], 1965, S. 76 ff.; *Gaul* in *Dietz/Gaul/Hilger* Akkord und Prämie, S. 66 ff.; *Kaiser/LK* § 87 Rn. 228; *Neudel* AuR 1975, 143; *Richardi* § 87 Rn. 761; *Schaub/Vogelsang* Arbeitsrechts-Handbuch, § 64 Rn. 15 ff.; **a. M.** *Worzalla/HWGNRH* § 87 Rn. 596, 640, 644 f.: Nr. 11) und auf etwaige **Modifikationen** (*BAG* 07.12.1962 AP Nr. 3 zu § 56 BetrVG Akkord Bl. 3 R; *Farthmann* JArbR Bd. 2 [1964], 1965, S. 80 f.; *Galperin/Löwisch* § 87 Rn. 221; *Neudel* AuR 1975, 143).

Bei der **Prämienvergütung** gehört zur Entlohnungsmethode die Entscheidung darüber, wie die **Bezugs-** bzw. **Ausgangsleistung**, auf die der Prämiengrundlohn bezogen ist, festgelegt, ob sie also ausgehandelt oder empirisch (statistisch) bzw. methodisch (arbeitswissenschaftlich) ermittelt werden soll (*Galperin/Löwisch* § 87 Rn. 221, 245, 246; *Moll* Die Mitbestimmung des Betriebsrats beim Entgelt, S. 59; vgl. auch *Gaul* in: *Dietz/Gaul/Hilger* Akkord und Prämie, S. 82 ff.; *Richardi* § 87 Rn. 825; *Schaub/Vogelsang* Arbeitsrechts-Handbuch, § 65 Rn. 12 ff.; **a. M.** *Worzalla/HWGNRH* § 87 Rn. 598, 657 ff.: Nr. 11). Bei Anwendung arbeitswissenschaftlicher Grundsätze bezieht sich die Mitbestimmung auch auf die Methode selbst. Gleiches gilt für die Ermittlung des Leistungsgrades der tatsächlich erbrachten Leistung (*Stege/Weinspach/Schiefer* § 87 Rn. 182). 959

Für die **Ermittlung** der **Prämienvergütung** sind vor allem zwei **Methoden** gebräuchlich: Entweder werden von der festgesetzten Ausgangsvergütung bei Minderleistung (z. B. Terminüberschreitung) Abzüge vorgenommen, oder es werden auf der Grundlage eines Prämienkatalogs die Prämien entsprechend der Leistung des Arbeitnehmers errechnet (*Schaub/Vogelsang* Arbeitsrechts-Handbuch, § 65 Rn. 21). Mitbestimmungspflichtig ist bei freiwilligen Leistungen des Arbeitgebers ferner der **Verteilungsschlüssel** (Grundsätze für die Aufteilung dieses Betrags; vgl. auch Rdn. 940), während bei bestehender Prämienvergütungspflicht der Betriebsrat außer bei Vorliegen einer tariflichen Regelung nach Maßgabe des § 87 Abs. 1 Nr. 11 auch über die Geldseite mitentscheidet (Rdn. 1039 f.). 960

Soweit das **Verfahren** nicht festlegt, hat der Betriebsrat über dessen **Ausgestaltung** mitzubestimmen, bei der Punktbewertungsmethode also auch darüber, nach welchen Gesichtspunkten die Bewertung des Schwierigkeitsgrades erfolgen soll. Es braucht sich im Übrigen nicht um ein kompliziertes Verfahren zu handeln; deshalb ist eine Entlohnungsmethode i. S. d. § 87 Abs. 1 Nr. 10 auch gegeben, wenn z. B. Regeln für die Verteilung einer Weihnachtsgratifikation aufgestellt werden (*Klebe/DKKW* § 87 Rn. 309) oder festgelegt wird, nach welchem Verfahren der Anteil des Naturallohns am Gesamtentgelt berechnet werden soll (*Richardi* § 87 Rn. 761). Auch die Art und Weise der Ermittlung einer Gewinnbeteiligung betrifft die Entlohnungsmethode (*Galperin/Löwisch* § 87 Rn. 221; *Richardi* § 87 Rn. 761). Zu **Provisionen** *Löwisch* ZHR Bd. 139 (1975), 362 (369 f.) und Rdn. 947 f. 961

Nicht nach § 87 Abs. 1 Nr. 10 mitbestimmungspflichtig sind dagegen **Zeitstudien**, die der **Erprobung** und **Vorbereitung** der Einführung **anderer Entlohnungsmethoden** dienen (*BAG* 24.11.1981 EzA § 87 BetrVG 1972 Betriebliche Ordnung Nr. 7 S. 51 *[Weiss]* = AP Nr. 3 zu § 87 BetrVG 1972 Ordnung des Betriebes Bl. 3 *[Herschel]*, zu Zeitstudien nach § 87 Abs. 1 Nr. 11 aber Rdn. 1037). Gleiches gilt für die Aufstellung von **Beweisführungsregeln** zum Nachweis tariflicher Anspruchsvoraussetzungen (für Tageszettel zum Nachweis von Überstunden *BAG* 04.08.1981 EzA § 87 BetrVG 1972 Nr. 8 S. 59 = AP Nr. 1 zu § 87 BetrVG 1972 Tarifvorrang Bl. 5 R *[Mayer-Maly]*). 962

Der **Übergang** von der **Barzahlung** zur **bargeldlosen Lohnzahlung** hat mit der Entlohnungsmethode nichts zu tun; er betrifft nicht die Lohngestaltung, sondern die Art der Auszahlung des Arbeitsentgelts (Rdn. 454; *Nikisch* III, S. 398 [434 f.]; *Richardi* § 87 Rn. 763; **a. M.** *Dietz* § 56 Rn. 225; *Galperin/Siebert* § 56 Rn. 94). 963

Nicht nach § 87 Abs. 1 Nr. 10 oder Nr. 11 mitbestimmungspflichtig ist die **Festsetzung** der **Fließbandgeschwindigkeit**, weil sie nicht die Entlohnung, sondern den Arbeitsablauf betrifft, jedoch kann der Betriebsrat nach Maßgabe der §§ 90, 91 zu beteiligen sein (*Fitting* § 87 Rn. 436; *Kaiser/LK* § 87 Rn. 230; *Klebe/DKKW* § 87 Rn. 309; *Rüthers* ZfA 1973, 399 [410 f.]; **a. M.** *Gamillscheg* II, 964

S. 943 f.; *Hofe* Betriebliche Mitbestimmung und Humanisierung der Arbeitswelt, S. 127, der beim Akkordlohn ein Mitbestimmungsrecht nach § 87 Abs. 1 Nr. 11 bejaht).

h) Aufstellung, Einführung, Anwendung und Änderung

965 Da die Begriffe »Aufstellung von Entlohnungsgrundsätzen«, »Einführung und Anwendung von neuen Entlohnungsmethoden sowie deren Änderung« nur der beispielhaften Erläuterung der Mitbestimmung in Fragen der betrieblichen Lohngestaltung (Rdn. 841 ff.) dienen, erübrigt sich eine abschließende Definition (*Rumpff* AuR 1972, 65 [73]). Mit dieser Einschränkung ist Voraussetzung der gesamten betrieblichen Lohngestaltung die Primärentscheidung darüber, welche **Entlohnungsgrundsätze** gelten sollen. Diese sind zunächst **aufzustellen** (Rdn. 929 ff.). Praktisch bedeutet dies die Fortgeltung bereits bestehender Entlohnungsgrundsätze bis zu deren Änderung, soweit sie nicht bei Neugründung eines Betriebs erstmalig aufzustellen sind. Geht ein Betrieb oder Betriebsteil von einem tarifgebundenen auf einen nicht tarifgebundenen Arbeitgeber über, ist der neue Arbeitgeber bei Neueinstellungen nicht bereits wegen des Betriebsübergangs an die tarifliche Vergütungsordnung gebunden; die Anwendbarkeit der tariflichen Vergütungsordnung auf Neueinstellungen bedarf in diesem Fall vielmehr eines zusätzlichen Geltungsgrundes (*BAG* 23.09.2009 EzA § 99 BetrVG 2001 Nr. 3 S. 9 = AP Nr. 28 zu § 99 BetrVG 1972 Eingruppierung Bl. 4 R f.; zust. *Worzalla* / HWGNRH § 87 Rn. 560; krit. *Bepler* FS *Bauer*, S. 161 [174 f.]). Geht ein **Betrieb** oder **Betriebsteil** eines tarifgebundenen Arbeitgebers unter Wahrung seiner bisherigen Identität **durch Rechtsgeschäft** auf einen nicht tarifgebundenen **Betriebserwerber über**, ist dieser nach Ansicht des *BAG* bis zu einer mitbestimmten Änderung zur Fortführung der im Betrieb bestehenden Vergütungsordnung verpflichtet (*BAG* 08.12.2009 EzA § 87 BetrVG 2001 Betriebliche Lohngestaltung Nr. 20 Rn. 21 f., zum Inhalt Rn. 23 f. = AP Nr. 380 zu § 613a BGB; dagegen *Bayreuther* BB 2010, 2177 [2179 f.]; *Jacobs* FS *Säcker*, S. 201 [215 f.]; *Müller/Bonanni/Mehrens* NZA 2012, 1194 [1196 ff.]; *Reichold* FS *Picker*, S. 1079, 1084 f.; vgl. auch *BAG* 28.04.2009 EzA § 99 BetrVG 2001 Eingruppierung Nr. 4 Rn. 22 = AP Nr. 40 zu § 99 BetrVG 1972 Eingruppierung).

966 Die Entlohnungsgrundsätze werden durch die **Entlohnungsmethoden** ergänzt (Rdn. 954 ff.), die der **Einführung** bedürfen, d. h. es muss entschieden werden, nach welcher Methode die betriebliche Lohngestaltung von einem bestimmten Zeitpunkt an erfolgen soll. Ob eine Entlohnungsmethode **neu** ist, bestimmt sich allein nach dem bisherigen betrieblichen Istzustand und nicht danach, ob es sich bei ihr um eine Neuschöpfung handelt (*Worzalla* / HWGNRH § 87 Rn. 600; *Rumpff* AuR 1972, 65 [73]). Die **Anwendung** bezieht sich nur auf die Entlohnungsmethode und betrifft vor allem den Zeitlohn und den Leistungslohn, soweit er von § 87 Abs. 1 Nr. 11 nicht erfasst ist. Hier ist es nicht damit getan, dass der Betriebsrat über die Aufstellung des Entlohnungsgrundsatzes sowie die Einführung und Ausgestaltung einer Methode mitbestimmt. Er hat vielmehr auch ein Mitbestimmungsrecht bei deren Praktizierung, d. h. bei der Anwendung der zuvor festgelegten Regelungen (zust. *Klebe* / DKKW § 87 Rn. 310; ähnlich *Kaiser* / LK § 87 Rn. 228; *Löwisch* DB 1973, 1746 [1748 f.]; *Matthes* / MünchArbR § 251 Rn. 58; *Moll* Die Mitbestimmung des Betriebsrats beim Entgelt, S. 28 [145]; *Richardi* § 87 Rn. 764; *Worzalla* / HWGNRH § 87 Rn. 601). Das gilt jedoch auch hier nur hinsichtlich allgemeiner Regelungen (Rdn. 842 f.), dagegen nicht für deren Anwendung im Einzelfall (*BAG* 17.12.1980 EzA § 87 BetrVG 1972 Betriebliche Lohngestaltung Nr. 2 S. 12 *[Weiss]* = AP Nr. 4 zu § 87 BetrVG 1972 Lohngestaltung Bl. 2 *[Löwisch / Röder]*). Bei Zeitlöhnen mit periodischer Leistungsbeurteilung können daher allgemeine Grundsätze und Regeln für das einzuhaltende Verfahren aufgestellt werden, jedoch ist die einzelne Leistungsbeurteilung mitbestimmungsfrei (*Hanau* BB 1977, 350 [355]). Um eine **mitbestimmungsfreie Rechtsanwendung** handelt es sich bei der Zuordnung bestimmter Tätigkeiten zu einem Troncanteil, wenn die jeweiligen Tätigkeiten der Mitarbeiter einer Spielbank aufgrund tariflicher Regelungen aus zwei unterschiedlichen Anteilen des Tronc vergütet werden (*BAG* 09.12.2003 AP Nr. 1 zu § 33 BetrVG 1972 Bl. 4 f.). Im Gegensatz zur hier vertretenen Auffassung wird z. T. (*Rumpff* AuR 1972, 65 [66, 69, 73]; anders *Stadler* BB 1972, 800 [802], der unter Anwendung der Methode deren Überwachung und Nachprüfung versteht) die Meinung vertreten, durch die Mitbestimmung bei der Anwendung neuer Entlohnungsmethoden solle der Bereich erfasst werden, der zeitlich und inhaltlich zwischen der Einführung und der Änderung der Methode liege, sich also auf deren Kontrolle und Weiterentwicklung aufgrund praktischer Erfahrungen oder neuer theoretischer Erkenntnisse beziehe. Das ist ungeachtet der dargelegten Bedeutung der »Anwendung«

schon deshalb unrichtig, weil jede Weiterentwicklung eine Änderung der Methode darstellt. Das Recht zur Kontrolle ergibt sich im Übrigen bereits aus § 80 Abs. 1 Nr. 1. Mitbestimmungspflichtig ist auch **jede Änderung** von **Entlohnungsmethoden** (*BAG* 31.01.1984 EzA § 87 BetrVG 1972 Betriebliche Lohngestaltung Nr. 8 S. 76 = AP Nr. 15 zu § 87 BetrVG 1972 Lohngestaltung Bl. 5 *[Satzky]*; 27.01.1987 EzA § 99 BetrVG 1972 Nr. 55 S. 302 = AP Nr. 42 zu § 99 BetrVG 1972 Bl. 4 R *[Zängl]*; *Fitting* § 87 Rn. 439; *Kaiser/LK* § 87 Rn. 228; *Moll* Die Mitbestimmung des Betriebsrats beim Entgelt, S. 144; *Richardi* § 87 Rn. 765, 830; *Stege/Weinspach/Schiefer* § 87 Rn. 179, 184).

Entsprechendes gilt für **jede Änderung** von bisher im Betrieb angewandten **Entlohnungsgrundsätzen**, weil damit die bisherige Primärentscheidung durch eine andere ersetzt wird; unerheblich ist deren bisherige Rechtsgrundlage (*BAG* st. Rspr. 17.12.1956 AP Nr. 27 zu § 56 BetrVG Bl. 1 R, 3 *[Gaul]* = SAE 1970, 25 *[Bohn]*; 03.12.1991 GS EzA § 87 BetrVG 1972 Betriebliche Lohngestaltung Nr. 30 S. 31 *[Gaul]* = AP Nr. 51 zu § 87 BetrVG 1972 Lohngestaltung Bl. 11; 11.06.2002 EzA § 87 BetrVG 1972 Betriebliche Lohngestaltung Nr. 76 S. 7 f. = AP Nr. 113 zu § 87 BetrVG 1972 Lohngestaltung Bl. 3 R *[Wiese]*; 02.03.2004 EzA § 87 BetrVG 2001 Betriebliche Lohngestaltung Nr. 4 S. 8 f., 10 = AP Nr. 31 zu § 3 TVG Bl. 4 ff. *[Reichold]* = SAE 2005, 162 *[Stein]* = ZBVR 2005, 4 *[Illbertz]*; 28.02.2006 EzA § 87 BetrVG 2001 Betriebliche Lohngestaltung Nr. 9 Rn. 15 ff. = AP Nr. 127 zu § 87 BetrVG 1972 Lohngestaltung *[Engels]*; 15.04.2008 EzA § 87 BetrVG 2001 Betriebliche Lohngestaltung Nr. 15 Rn. 26 ff. = AP Nr. 133 zu § 87 BetrVG 1972 Lohngestaltung; 26.08.2008 EzA § 87 BetrVG 2001 Betriebliche Lohngestaltung Nr. 16 Rn. 21 = AP Nr. 15 zu § 87 BetrVG 1972 *[Richardi]* = RdA 2009, 322 *[Reichold]* = BB 2009, 501 *[Leuchten]*; 22.06.2010 EzA § 87 BetrVG 2001 Betriebliche Lohngestaltung Nr. 22 Rn. 21 f. *[Jacobs]* = AP Nr. 136 zu § 87 BetrVG 1972 Lohngestaltung; 05.10.2010 EzA § 87 BetrVG 2001 Betriebliche Lohngestaltung Nr. 23 Rn. 22 = AP NR. 53 zu § 77 BetrVG 1972 Betriebsvereinbarung; 11.01.2011 EzA § 87 BetrVG 2001 Betriebliche Lohngestaltung Nr. 24 Rn. 23 = AP Nr. 137 zu § 87 BetrVG 1972 Lohngestaltung; 17.05.2011 EzA § 87 BetrVG 2001 Betriebliche Lohngestaltung Nr. 25 Rn. 17 = AP Nr. 138 zu § 87 BetrVG 1972 Lohngestaltung; 18.10.2011 EzA § 87 BetrVG 2001 Betriebliche Lohngestaltung Nr. 26 Rn. 17 = AP Nr. 141 zu § 87 BetrVG 1972 Lohngestaltung – identische Begründung in Nr. 142 –; weitere Nachweise 9. Aufl. § 87 Rn. 934; *LAG Düsseldorf* 16.05.1974 DB 1974, 1727; 11.09.1974 DB 1975, 747; *LAG Schleswig- Holstein* 01.07.2009 NZA-RR 2009, 647 f.; *Fitting* § 87 Rn. § 440 f.; *Kaiser/LK* § 87 Rn. 227; *Rumpff* AuR 1972, 65 [73]; *Stege/Weinspach/Schiefer* § 87 Rn. 178; *Worzalla/HWGNRH* § 87 Rn. 593).

Im Betrieb eines tarifgebundenen Arbeitgebers gelten tarifliche Entlohnungsgrundsätze nach Ablauf des Tarifvertrags gemäß § 4 Abs. 5 TVG kraft Nachwirkung weiter und bedürfen als dispositive Vorschriften zur Änderung einer mitbestimmten Regelung. Entlohnungsgrundsätze für den außer- und übertariflichen Bereich sind von vornherein mitbestimmungspflichtig und ist grundsätzlich auch deren Änderung (im Einzelnen *Kreft* FS *Kreutz*, S. 263, 269, 275 ff., 283 m. w. N.). Gleiches gilt im Betrieb eines nicht tarifgebundenen Arbeitgebers; hier hat der Betriebsrat sowohl bei der Aufstellung wie bei der Änderung von Entlohnungsgrundsätzen uneingeschränkt mitzubestimmen. In allen diesen Fällen wäre nach der Theorie der notwendigen Mitbestimmung eine mitbestimmungswidrige Änderung der Entlohnungsgrundsätze rechtswidrig und unwirksam. Nach Beendigung der Tarifbindung im Betrieb eines tarifgebundenen Arbeitgebers beschränkt sich die Nachwirkung gemäß § 4 Abs. 5 TVG auf die tarifgebundenen Arbeitnehmer, da Entlohnungsgrundsätze keine Betriebsnormen i. S. d. § 3 Abs. 2 TVG sind (*BAG* 11.11.2008 EzA § 87 BetrVG 2001 Betriebliche Lohngestaltung Nr. 17 Rn. 32 ff. = AP Nr. 35 zu § 99 BetrVG 1972 Eingruppierung *[Kort]*; 18.10.2011 EzA § 87 BetrVG 2001 Betriebliche Lohngestaltung Nr. 26 Rn. 16 = AP Nr. 141 zu § 87 BetrVG 1972 Lohngestaltung; *Kreft* FS *Kreutz*, S. 263 [271 f., 279]). Die Nachwirkung gilt auch nicht für erst im Nachwirkungszeitraum begründete Arbeitsverhältnisse (st. Rspr.; *BAG* 11.06.2002 EzA § 87 BetrVG 1972 Betriebliche Lohngestaltung Nr. 76 S. 5 = AP Nr. 113 zu § 87 BetrVG 1972 Lohngestaltung Bl. 2 R f. m. w. N. Anm. *Wiese* Bl. 5 R f.; 15.04.2008 EzA § 87 BetrVG 2001 Betriebliche Lohngestaltung Nr. 15 Rn. 15 = AP Nr. 133 zu § 87 BetrVG 1972 Lohngestaltung; **a. M.** *Wiedemann/Wank* TVG, § 4 Rn 330 ff.).

Gleichwohl bejaht das *BAG* auch für diese die Geltung der bisher im Betrieb praktizierten Entlohnungsgrundsätze (*BAG* 11.06.2002 EzA § 87 BetrVG 1972 Betriebliche Lohngestaltung Nr. 76 S. 7 ff. = AP Nr. 113 zu § 87 BetrVG 1972 Lohngestaltung Bl. 3 R ff. *[zust. Wiese*; jetzt aber RdA

§ 87

2012, 332 [335 ff.] = EWiR 2003, 95 [zust. *Thüsing*]; 02.03.2004 EzA § 87 BetrVG 2001 Betriebliche Lohngestaltung Nr. 4 S. 8 ff. = AP Nr. 31 zu § 3 TVG Bl. 4 ff. [abl. *Reichold*] = SAE 2005, 162 [abl. *Stein*]; 15.04.2008 EzA § 87 BetrVG 2001 Betriebliche Lohngestaltung Nr. 15 Rn. 20 ff. = AP Nr. 133 zu § 87 BetrVG 1972 Lohngestaltung; 14.04.2010 EzA § 99 BetrVG 2001 Eingruppierung Nr. 5 Rn. 8, 14 = AP Nr. 44 zu § 99 BetrVG 1972 Eingruppierung = SAE 2011, 152 [abl. *Sprenger* S. 147]; 11.01.2011 EzA § 87 BetrVG 2001 Betriebliche Lohngestaltung Nr. 24 Rn. 20 ff. = AP Nr. 137 zu § 87 BetrVG 1972 Lohngestaltung; 18.10.2011 EzA § 87 BetrVG 2001 Betriebliche Lohngestaltung Nr. 26 Rn. 16 ff. = AP Nr. 141 zu § 87 BetrVG 1972 Lohngestaltung; 23.08.2016 EzA § 87 BetrVG Betriebliche Lohngestaltung Nr. 35 Rn. 18, 22 = AP Nr. 148 zu § 99 BetrVG 1972; ebenso *LAG Düsseldorf* 03.11.2008 LAGE § 87 BetrVG 2001 Betriebliche Lohngestaltung Nr. 3 S. 5 ff.; abw. *LAG Köln* 22.03.2006 LAGE § 87 BetrVG 2001 Betriebliche Lohngestaltung Nr. 1 S. 5 ff.). Einzelvertraglich vereinbarte Vergütungen seien danach unter Beachtung der bisher im Betrieb geltenden Entlohnungsgrundsätze i. V. m. § 611 BGB zu gewähren, so dass vom Arbeitgeber Leistungen erbracht werden müssen, die als solche vertraglich nicht gesondert ausgewiesen sind (*BAG* 15.04.2008 EzA § 87 BetrVG 2001 Betriebliche Lohngestaltung Nr. 15 Rn. 38 = AP Nr. 133 zu § 87 BetrVG 1972 Lohngestaltung; vgl. auch *BAG* 05.05.2015 EzA § 87 BetrVG 2001 Betriebliche Lohngestaltung Nr. 32 Rn. 13 = AP Nr. 147 zu § 87 BetrVG1972 Lohngestaltung). Diese Rechtsprechung hat Zustimmung erfahren (*Bepler* FS Bauer, S. 161 [166 ff., 175 ff.]; *Boewer* FS Bauer, S. 195 [198 ff.]; *Fitting* § 87 Rn. 442; *Koch* SR 2016, 131 [136 ff.]; *Kreft* FS Kreutz, S. 263 ff.; ders. FS Bepler, S. 317 [320 ff.]), ist jedoch vor allem heftig kritisiert worden (*Bauer/Günther* DB 2009, 620 ff.; *Caspers* FS Löwisch, S. 45 [50 ff.]; *Jacobs* FS Säcker, S. 201 ff.; *Kaiser/LK* § 87 Rn. 238; *Lehmann* ZTR 2011, 523 ff.; *Lobinger* ZfA 2009, 319 [441 f.]; ders. RdA 2011, 76 [87 ff.]; *Matthes*/MünchArbR § 241 Rn. 9; *Reichold* Anm. AP Nr. 31 zu § 3 TVG Bl. 8 R ff.; ders. FS Konzen, S. 763, 768 ff.; ders. FS Picker, S. 1079, 1082 ff.; *Richardi* § 87 Rn. 871 f.; *Rieble/AR* § 87 BetrVG Rn. 12, 64; *Salamon* NZA 2012, 899 ff.; *Wiebauer* Sicherung der Mitbestimmung, Rn. 203 ff.; *Wiese* RdA 2012, 332 [335 ff.]; vgl. auch *Bayreuther* BB 2010, 2177 ff. und die Anmerkungen zu den Entscheidungen). Geltungsgrund der – bisherigen – Entlohnungsgrundsätze für neu vereinbarte Arbeitsverhältnisse soll sein, dass die durch Tarifvertrag begründeten und im Betrieb praktizierten, der Mitbestimmung unterliegenden Entlohnungsgrundsätze unabhängig von dieser Rechtsgrundlage auch ohne vertragliche Inbezugnahme als die im Betrieb praktizierten und für tarifgebundene wie nicht tarifgebundene Arbeitnehmer geltenden Rechtsgrundsätze zu verstehen und deshalb bis zu einer mitbestimmten Änderung unverändert in Geltung seien (*BAG* 18.10.2011 EzA § 87 BetrVG 2001 Betriebliche Lohngestaltung Nr. 26 Rn. 16 = AP Nr. 141 zu § 87 BetrVG Lohngestaltung; *Kreft* FS Kreutz, S. 263 [279, 282] im Anschluss an das *BAG*).

970 Das ist dogmatisch nicht überzeugend abgesichert, da die bloße Praktizierung nicht rechtsbegründend wirkt (zum Ganzen *Wiese* RdA 2012, 332 [335 ff.]). Die Schwierigkeit, der sich das *BAG* gegenübersieht, beruht letztlich auf der in diesem Kommentar von Anfang an abgelehnten Auffassung des *BAG*, dass für den Ausschluss der Mitbestimmung durch den Eingangssatz des § 87 Abs. 1 die Tarifbindung des Arbeitgebers ausreichend sei (*Wiese* Rdn. 67 f.). Dadurch wird den nicht tarifgebundenen Arbeitnehmern der normative Schutz durch eine Betriebsvereinbarung versagt. Folgt man dieser Ansicht nicht, wäre für diese Arbeitnehmer eine mitbestimmte Regelung der Entlohnungsgrundsätze erforderlich gewesen, da ohne diese keine wirksame Regelung zustande kommt. In einer solchen Betriebsvereinbarung könnten die tariflichen Entlohnungsgrundsätze übernommen oder eigenständige aufgestellt werden. In beiden Fällen würden diese dann neben den tariflichen die für die nicht tarifgebundenen Arbeitnehmer geltenden betrieblichen Entlohnungsgrundsätze bilden. Eine Betriebsvereinbarung würde außerdem neu eingetretene Arbeitnehmer unmittelbar oder bei Kündigung der Betriebsvereinbarung kraft Nachwirkung (§ 77 Abs. 6) erfassen. Das wäre im Ergebnis auch eine im betrieblichen Interesse angemessene Lösung und korrespondiert insoweit mit der vorstehend wiedergegebenen umstrittenen Ansicht des *BAG*. Es ist daher naheliegend, nach einer anderen Begründung dieser Rechtsprechung zu suchen. Das Problem lässt sich nicht durch eine **analoge Anwendung** des § 77 Abs. 2 bei mitbestimmungsverdrängenden Tarifnormen lösen (so aber *Kreft* FS Kreutz, S. 263, 270 f., 272 f., 279, 282; ders FS Bepler, S. 317 [328 f.]), da keine planwidrige Regelungslücke vorliegt (*Jacobs* FS Säcker, S. 201 [207 f.]; *Lobinger* RdA 2011, 76 [88 Fn. 102]; *Wiese* RdA 2012, 332 [336]). Nicht überzeugend ist auch die Anwendung des allgemeinen arbeitsrechtlichen **Gleichbehandlungsgrundsatzes** auf neu begründete Arbeitsverhältnisse (*BAG* 11.06.2002 EzA § 87 BetrVG

1972 Betriebliche Lohngestaltung Nr. 76 S. 6 f. = AP Nr. 113 zu § 87 BetrVG 1972 Lohngestaltung Bl. 3 f. *[zust. Wiese* Bl. 6]; 02.03.2004 EzA § 87 BetrVG 2001 Betriebliche Lohngestaltung Nr. 4 S. 7 = AP Nr. 31 zu § 3 TVG Bl. 3 R *[zust. Reichold* Bl. 12 R]; *Caspers* FS *Löwisch,* S. 45 [49 f.]; *Worzalla/ HWGNRH* § 87 Rn. 560; *Jacobs* FS *Säcker,* S. 201 [208 f.]; *Lobinger* RdA 2011 76 [88 Fn. 102]; *Reichold* FS *Picker,* S. 1079 [1088 f.]; *Salamon* NZA 2012, 899 [901 f.] **a. M.** *Bepler* FS *Bauer,* S. 161 [175 ff.]). Gleiches gilt für die Anwendung des **§ 612 Abs. 2 BGB** (*Lobinger* RdA 2011, 76 [88 Fn. 101]; *Jacobs* FS *Säcker,* S. 201 [209]; *Reichold* Anm. AP Nr. 31 zu § 3 TVG Bl. 12 f.; **a. M.** *Stein* SAE 2005, 169 [170 f.]). Die Rechtsprechung des *BAG* lässt sich auch nicht durch Rechtsfortbildung halten (*Wiese* RdA 2012, 332 [336 f.]). Selbst wenn man ein »unabweisbares Bedürfnis des Rechtsverkehrs« (*Larenz* Methodenlehre der Rechtswissenschaft, 6. Aufl. 1991, S. 413 ff., 426) für eine angemessene Lösung der vorstehenden Problematik bejaht, kann die Rechtsfortbildung doch nicht dazu dienen, die überholte Rechtsprechung zum Eingangssatz des § 87 Abs. 1 zu legitimieren (zur Rechtsfortbildung auch *Bepler* FS *Bauer,* S. 16 [178]; *Jacobs/Frieling* FS *von Hoyningen-Huene,* S. 177 [187 ff.]; *Reichold* FS *Picker,* S. 1079 [1089 ff.]; *ders.* FS *Wank,* S. 455). Zulässig und erforderlich ist daher nur die Änderung dieser unzutreffenden Rechtsprechung. Das ist auch im Hinblick auf die Tarifgebundenheit geboten (*Wiese* Rdn. 68). Solange das *BAG* bei der bisherigen Begründung der Rechtsprechung zu § 87 Abs. 1 Nr. 10 bleibt, bedeutet das allerdings eine überschießende Wirkung der notwendigen Mitbestimmung. Deshalb muss der Arbeitgeber berechtigt sein, neue Entlohnungsgrundsätze vorbehaltlich einer endgültigen mitbestimmten Regelung einzuführen (Rdn. 135, 891, 921). Dadurch würden Mitbestimmung und vertragliche Vereinbarung harmonisiert. Die Rechtsprechung des *BAG* liefe sonst auf eine nicht begründbare Sanktion wegen mitbestimmungswidrigen Verhaltens hinaus.

Völlig neu wird die Problematik bei Tarifpluralität zu durchdenken sein (*Wiese* Rdn. 68). Dann lässt sich die ohnehin nicht überzeugende Auffassung vom Ausschluss der Mitbestimmung durch den Eingangssatz des § 87 Abs. 1 bei bloßer Tarifbindung des Arbeitgebers nicht aufrechterhalten. Es wird dann mehrere tariflich geregelte und die Mitbestimmung insoweit beschränkt ausschließende Entlohnungsgrundsätze geben. Für die nicht tarifgebundenen und damit normativ nicht geschützten Arbeitnehmer bliebe der Betriebsrat zuständig. Die einschlägige Betriebsvereinbarung würde nach dem Gesagten auch neu in den Betrieb eintretende nicht tarifgebundene Arbeitnehmer erfassen. Hätte der Arbeitgeber allein ohne Zustimmung des Betriebsrats Entlohnungsgrundsätze praktiziert, wären diese unwirksam (**a. M.** *BAG* 12.12.2000 EzA § 87 BetrVG 1972 Betriebliche Lohngestaltung Nr. 70 S. 3 *[Joost],* wo davon die Rede ist, eine Vergütungsordnung könne einseitig vom Arbeitgeber geschaffen sein, was nur im betriebsratslosen Betrieb möglich ist; ferner *BAG* 28.02.2006 EzA § 87 BetrVG 2001 Betriebliche Lohngestaltung Nr. 9 Rn. 16 = AP Nr. 127 zu § 87 BetrVG 1972 Lohngestaltung *[Engels];* 14.04.2010 EzA § 99 BetrVG 2001 Eingruppierung Nr. 5 Rn. 12 = AP Nr. 44 zu § 99 BetrVG 1972 Eingruppierung; 22.06.2010 EzA § 87 BetrVG 2001 Betriebliche Lohngestaltung Nr. 22 Rn. 22 *[Jacobs]* = AP Nr. 136 zu § 87 BetrVG 1972 Lohngestaltung; 11.01.2011 EzA § 87 BetrVG 2001 Betriebliche Lohngestaltung Nr. 24 Rn. 23 = AP Nr. 137 zu § 87 BetrVG 1972 Lohngestaltung; 12.01.2011 EzA § 99 BetrVG 2001 Eingruppierung Nr. 8 Rn. 16 = AP Nr. 52 zu § 99 BetrVG 1972 Eingruppierung; 06.04.2011 EzA § 99 BetrVG 2001 Umgruppierung Nr. 8 Rn. 18 = AP Nr. 135 zu § 99 BetrVG 1972; 04.05.2011 EzA § 99 BetrVG 2001 Eingruppierung Nr. 9 Rn. 20 = AP Nr. 55 zu § 99 BetrVG 1972 Eingruppierung; 17.05.2011 EzA § 87 BetrVG 2011 Betriebliche Lohngestaltung Nr. 25 Rn. 17 = AP Nr. 138 zu § 87 BetrVG 1972 Lohngestaltung; *Boewer* FS *Bauer,* S. 195 [196,198]; *Kreft* FS *Kreutz,* S. 263 [265, 269]; **a. M.** *Wiese* RdA 2012, 332 [337]). Würde der Arbeitgeber die von ihm allein aufgestellten Entlohnungsgrundsätze ändern, würde der Betriebsrat nicht wegen dieser Änderung, sondern deswegen mitzubestimmen haben, weil bisher keine – wirksamen – Entlohnungsgrundsätze vorlagen. In einer Entscheidung vom 23.08.2016 (EzA § 87 BetrVG Betriebliche Lohngestaltung Nr. 35 Rn. 19 = AP Nr. 148 zu § 99 BetrVG 1972; zust. *Koch* SR 2017, 19 [20 ff.]) verfolgt das *BAG* seinen eingeschlagenen Weg hartnäckig weiter und meint für den tarifpluralen Betrieb, die betriebsverfassungsrechtlichen Pflichten des Arbeitgebers würden durch das Bestehen zweier, unabhängig voneinander geltender Entgeltsysteme »erweitert«. Der Arbeitgeber sei deshalb grundsätzlich verpflichtet, die Arbeitnehmer unter Beteiligung des Betriebsrats den **Entgeltgruppen** der **beiden** betriebsverfassungsrechtlich **geltenden Vergütungsordnungen zuzuordnen**. Diese These des *BAG* löst zuächst im Ergebnis einen seltsamen »freien Zugriff« der Betriebspartner auf diverse tarifvertraglich begründete und im Betrieb jeweils auffindbare Entlohnungsgrundsätze aus. Vor allem aber ist

§ 87   IV. 3. Soziale Angelegenheiten

die These vom 1. Senat nicht näher begründet und dogmatisch abgesichert worden (krit. etwa *Schnitker/Sittard* ZTR 2015, 423). Neben dogmatischen Begründungsdefiziten sind aber auch die Folgen der Rechtsprechung für die betriebliche Praxis zu bedenken. Die betriebliche Praxis wird nämlich den Winkelzügen des 1. Senats kaum mehr folgen können. Es wäre deshalb konsequenter gewesen, hätte das *BAG* den Betriebspartnern insgesamt die Aufstellung neuer bzw. Änderung bestehender Entlohnungsgrundsätze überantwortet und sich von seiner komplizierten Rechtsprechung (auch und gerade im Interesse der betrieblichen Praxis) verabschiedet.

972 Bei **Betriebsvereinbarungen** über eine betriebliche Vergütungsordnung begründet das *BAG* (22.06.2010 EzA § 87 BetrVG 2001 Betriebliche Lohngestaltung Nr. 22 Rn. 24 ff. *[Jacobs]* = AP Nr. 136 zu § 87 BetrVG 1972 Lohngestaltung) die Fortgeltung der in der Betriebsvereinbarung zum Ausdruck kommenden Entlohnungsgrundsätze auch nach Kündigung der Betriebsvereinbarung damit, dass in dem Abschluss der Betriebsvereinbarung zugleich die Ausübung des dem Betriebsrat nach § 87 Abs. 1 Nr. 10 zustehenden Mitbestimmungsrechts für die zukünftige Anwendung dieser Entlohnungsgrundsätze liege (Rn. 25). Damit entfiele allein die zwingende Wirkung der Betriebsvereinbarung, ohne die Fortgeltung der bisherigen Entlohnungsgrundsätze anzutasten, die daher für die Festsetzung der vertraglichen Vergütung der betroffenen Arbeitnehmer maßgebend blieben. Bei dieser Konzeption des *BAG* ist es unerheblich, ob die gekündigte Betriebsvereinbarung mit deren Ablauf nach § 77 Abs. 6 nachwirkt und für die von den Entlohnungsgrundsätzen erfassten Vergütungsbestandteile überhaupt vertraglich vereinbarte Abreden bestehen (Rn. 37). Wenn dem *BAG* auch darin zuzustimmen ist, dass es für das Mitbestimmungsrecht nicht auf den Geltungsgrund der Entlohnungsgrundsätze ankommt (Rn. 37), so muss doch ein Geltungsgrund vorhanden sein, der beim *BAG* unklar bleibt. Das *BAG* meint allerdings, nach der Konzeption des § 87 Abs. 1 Nr. 10 hänge das Mitbestimmungsrecht nicht vom Geltungsgrund der Entgeltleistung, sondern nur vom Vorliegen eines kollektiven Tatbestands ab (*BAG* 22.06.2010 EzA § 87 BetrVG 2001 Betriebliche Lohngestaltung Nr. 22 Rn. 22 *[Jacobs]* = AP Nr. 136 zu § 87 BetrVG 1972 Lohngestaltung; 11.01.2011 EzA § 87 BetrVG 2001 Betriebliche Lohngestaltung Nr. 24 Rn. 23 = AP Nr. 137 zu § 87 BetrVG 1972 Lohngestaltung; 17.05.2011 EzA § 87 BetrVG 1972 Betriebliche Lohngestaltung Nr. 25 Rn. 17 = AP Nr. 55 zu § 99 BetrVG 1972 Eingruppierung; 04.05.2011 EzA § 99 BetrVG 2001 Eingruppierung Nr. 9 Rn. 23 = AP Nr. 55 zu § 99 BetrVG 1972 Eingruppierung; 14.01.2014 EzA § 87 BetrVG 2001 Betriebliche Lohngestaltung Nr. 29 Rn. 15 = AP Nr. 145 zu § 87 BetrVG 1972 Lohngestaltung; 05.05.2015 EzA § 87 BetrVG 2001 Betriebliche Lohngestaltung Nr. 32 Rn. 15 = AP Nr. 147 zu § 87 BetrVG1972 Lohngestaltung). Indessen ist zwar Voraussetzung der Anwendung des § 87 Abs. 1 Nr. 10 das Vorliegen eines kollektiven Tatbestands (Rdn. 842), jedoch begründet dieser nicht selbst einen Mitbestimmungstatbestand, sondern setzt ihn voraus. Nicht überzeugend ist auch der Hinweis auf die Begründung zur Fortgeltung der Entlohnungsgrundsätze einer tariflichen Vergütungsordnung, die allenfalls mit der mitbestimmungsverdrängenden Wirkung der Rechtsprechung zum Tarifvorbehalt des § 87 Abs. 1 Eingangssatz zu rechtfertigen ist. Das gilt jedoch gerade nicht für Betriebsvereinbarungen, so dass im entschiedenen Rechtsstreit der Anspruch des Klägers nicht begründet war (*Wiese* RdA 2012, 332 [339]; vgl. auch *Reichold* RdA 2011, 311 [314]). Ebenso ist das Ergebnis der Entscheidung vom 26.08.2008 (EzA § 87 BetrVG 2001 Betriebliche Lohngestaltung Nr. 16 = AP Nr. 15 zu § 87 BetrVG 1972 *[zust. Richardi]*; zust. *Bepler* FS Bauer, S. 161 [173 f.]; *Heither* DB 2008, 2705 ff.; *Kreft* FS Kreutz, S. 263 [276, 277]; krit. *Bauer/Günther* DB 2009, 620 [623 ff.]; *Jacob* FS Säcker, S. 201 [213 f.]; *Reichold* BB 2009, 1470 ff.; *ders.* RdA 2009, 322 ff.; *ders.* FS Picker, S. 1079 [1086]) abzulehnen (*Wiese* RdA 2012, 332 [339]).

973 Eine Änderung bestehender Entlohnungsgrundsätze ist auch dann gegeben, wenn ausschließlich auf vertraglicher Grundlage gewährte Leistungen ihr Verhältnis zueinander ändern (*BAG* 11.12.2007 EzA § 77 BetrVG 2001 Nr. 22 Rn. 24 = AP Nr. 37 zu § 77 BetrVG 1972 Betriebsvereinbarung; dazu *Boewer* FS Bauer, S. 195 ff.). Gleiches gilt, wenn der Einzahlungszeitpunkt einer Einmalzahlung verändert wird (*BAG* 28.02.2006 EzA § 87 BetrVG 2001 Betriebliche Lohngestaltung Nr. 9 Rn. 8 = AP Nr. 127 zu § 87 BetrVG 1972 Lohngestaltung *[Engels]*; 15.04.2008 EzA § 87 BetrVG 2001 Betriebliche Lohngestaltung Nr. 15 Rn. 24 f. = AP Nr. 133 zu § 87 BetrVG 1972 Lohngestaltung; 26.08.2008 EzA § 87 BetrVG 2001Betriebliche Lohngestaltung Nr. 16 Rn. 21 = AP Nr. 15 zu § 98 BetrVG 1972 *[Richardi]* = RdA 2009, 322 *[Reichold]*). Dabei handelt es sich um eine Frage der Kreditierung, nicht des § 87 Abs. 1 Nr. 4 (**a. M.** *Boewer* FS Bauer, S. 195 [202, 203]). Wendet der tarif-

gebundene Arbeitgeber auf Arbeitsverhältnisse unabhängig von der Tarifbindung der Arbeitnehmer den einschlägigen Vergütungstarifvertrag an, kann er von dieser Regel nicht ohne Sachgrund hinsichtlich der nichttarifgebundenen Angehörigen einer einzelnen Arbeitnehmergruppe abweichen (*BAG* 11.11.2008 EzA § 87 BetrVG 2001 Betriebliche Lohngestaltung Nr. 17 Rn. 35 ff. = AP Nr. 35 zu § 99 BetrVG 1972 Eingruppierung *[Kort]*). Zu kollektiv- und individualrechtlichen Aspekten der Änderung von Entlohnungssystemen allgemein *Otto* FS *Stahlhacke*, S. 395. Mitbestimmungspflichtig ist auch der **Übergang** vom **Akkord-** auf den **Zeitlohn** und **umgekehrt** (*BAG* 17.12.1968 AP Nr. 27 zu § 56 BetrVG Bl. 1 R, 3; *LAG Düsseldorf* 13.12.1973 EzA § 76 BetrVG 1972 Nr. 3 S. 23; 23.12.1988 NZA 1989, 404; 24.08.2004 EzA § 2 KSchG Nr. 51 S. 7 = AP Nr. 77 zu § 2 KSchG 1969 Bl. 3 R; *LAG Berlin* 11.07.1988 LAGE § 87 BetrVG 1972 Leistungslohn Nr. 4 S. 5), der **Wechsel** eines **Prämiensystems**, z. B. der Übergang von einer leistungsbezogenen Prämienordnung zu einem leistungsunabhängigen Pauschalsystem (*LAG Düsseldorf* 16.05.1974 DB 1974, 1727) oder der **Übergang** von einer **Einzelprämie** zur **Gruppenprämie** (*LAG Hamm* 20.02.1979 ARSt. 1980, 79 [Nr. 1095]), soweit es sich nicht um eine freiwillige Leistung handelt (Rdn. 896 f.), der **Übergang** von **pauschaler Abrechnung** der Dienstbereitschaftszeiten zur Vergütung **tatsächlich geleisteter Dienstbereitschaftsstunden** (*LAG Frankfurt* 26.02.1985 DB 1985, 1799), die **Abschaffung** einer **Schichtwechselzulage** (*LAG Düsseldorf* 11.09.1974 DB 1975, 747) oder von **Leistungszulagen** und **-prämien** (*ArbG Solingen* 22.06.1976 DB 1977, 547). Gleichgültig ist, ob die Änderung für einen begrenzten Zeitraum erfolgt (*BAG* 10.07.1979 EzA § 87 BetrVG 1972 Leistungslohn Nr. 3 S. 41 = AP Nr. 2 zu § 87 BetrVG 1972 Lohngestaltung Bl. 3 f. *[Schulze-Osterloh]*; 30.03.1982 EzA § 87 BetrVG 1972 Betriebliche Lohngestaltung Nr. 4 S. 41 = AP Nr. 10 zu § 87 BetrVG 1972 Lohngestaltung Bl. 3 *[Weiss]*). Sieht ein Tarifvertrag neben dem Zeit- und dem Akkordlohn auch Prämienlohn vor, so unterliegt die Abschaffung des durch Betriebsvereinbarung eingeführten Prämienlohns der Mitbestimmung (*BAG* 23.06.2009 AP Nr. 45 zu § 77 BetrVG 1972 Betriebsvereinbarung Rn. 19). Eine Änderung des Entlohnungsgrundsatzes ist es nach Ansicht des *BAG* auch, wenn Teile der Gesamtvergütung (Rdn. 890) nicht mehr als zusätzliche Einmalzahlung zu einem bestimmten Datum geleistet werden, sondern die Gesamtvergütung auf monatlich gleichbleibende Beträge verteilt wird (*BAG* 26.08.2008 EzA § 87 BetrVG 2001 Betriebliche Lohngestaltung Nr. 16 Rn. 21 m. w. N.= AP Nr. 15 zu § 87 BetrVG 1972 *[Richardi]* = RdA 2009, 322 *[Reichold]*). Zur Änderung der Verteilungsgrundsätze von **Auslösungen** *BAG* 17.06.1998 EzA § 2 KSchG Nr. 30 S. 14 ff. = AP Nr. 49 zu § 2 KSchG 1969 Bl. 6 R ff. (*H. Hanau*).

Wird die bisher im Betrieb geltende Vergütungsstruktur nicht vom Arbeitgeber geändert, sondern ist dies die Folge einer bloßen Tarifsukzession, so hat der Betriebsrat nicht mitzubestimmen (*BAG* 17.05.2011 EzA § 87 BetrVG 2011 Betriebliche Lohngestaltung Nr. 25 Rn. 24 = AP Nr. 138 zu § 87 BetrVG 1972 Lohngestaltung; kein Fall einer Tarifsukzession lag hingegen in der Entscheidung des *BAG* vom 05.05.2015 [EzA § 87 BetrVG 2001 Betriebliche Lohngestaltung Nr. 32 Rn. 24 ff. = AP Nr. 147 zu § 87 BetrVG1972 Lohngestaltung] vor, in dem eine Vergütung »in Anlehnung an den BAT« mitbestimmt gewährt wurde und der Arbeitgeber dann einseitig auf eine Vergütung »in Anlehnung an den TVöD« umstellte). Keine Änderung, sondern ein **mitbestimmungsfreier Vollzug** ist es ferner, wenn eine **Gesellschaft** zur **Wissenschaftsförderung** als **Zuwendungsempfänger** des Bundes und der Länder die **Absenkung** der **Eingangsvergütung** im Bereich des **BAT** vornimmt, weil sie an die tatsächliche Vergütung vergleichbarer Angestellter des öffentlichen Dienstes als eines bei ihr schon immer geltenden und ständig angewendeten Entlohnungsgrundsatzes gebunden ist (*BAG* 03.12.1985 EzA § 1 TVG Nr. 21 S. 120 ff. = AP Nr. 2 zu § 74 BAT Bl. 4 ff. *[Clemens]*; 27.05.1987 AP Nr. 6 zu § 74 BAT Bl. 2 R; 07.09.1988 EzA § 87 BetrVG 2001 Betriebliche Lohngestaltung Nr. 21 S. 5 ff. = AP Nr. 35 zu § 87 BetrVG 1972 Lohngestaltung Bl. 2 R ff. = SAE 1993, 337 *[Käppler]*;01.02.1989 AP Nr. 63 zu § 99 BetrVG 1972 Bl. 2 R f.; *LAG München* 04.06.1986 LAGE § 87 BetrVG 1972 Betriebl. Lohngestaltung Nr. 1 S. 1 f.; ZTR 1987, 36). Die Mitbestimmung ist jedoch nicht dadurch ausgeschlossen, dass die Anwendung des BAT einschließlich künftiger Änderungen und Ergänzungen arbeitsvertraglich vereinbart wurde und der Arbeitgeber aufgrund von Auflagen des Bundes als Zuwendungsempfänger verpflichtet ist, seine Arbeitnehmer nach einer geänderten Vergütungsgruppenordnung (Anlage 1a zum BAT nach Maßgabe des sog. **Absenkungserlasses** vom 27.12.1983) zu vergüten (*BAG* 27.01.1987 EzA § 99 BetrVG 1972 Nr. 55 S. 302 ff. = AP Nr. 42 zu § 99 BetrVG 1972 Bl. 4 R ff. *[Zängl]*; krit. *Fromm* ZTR 1988, 129 [130 f.]; 08.08.1989 EzA § 87

BetrVG 1972 Initiativrecht Nr. 5 S. 3 ff. = AP Nr. 3 zu § 87 BetrVG 1972 Initiativrecht Bl. 1 R ff. *[Wiese]*; **a. M.** im Hinblick auf § 77 Abs. 3 *LAG Hamm* 02.03.1988 LAGE § 77 BetrVG 1972 Nr. 5 S. 4 ff.). Nach § 87 Abs. 1 Eingangssatz ist jedoch die Mitbestimmung ausgeschlossen, soweit eine tarifliche Regelung besteht (*BAG* 30.01.1990 EzA § 99 BetrVG 1972 Nr. 86 S. 2 f. = AP Nr. 78 zu § 99 BetrVG 1972 Bl. 2 f. *[Schüren/Kirsten]*). Das **Besserstellungsverbot**, das dem Empfänger einer Zuwendung der öffentlichen Hand die Auflage erteilt, eigene Arbeitnehmer nicht besser zu stellen als die Arbeitnehmer des Zuwendungsgebers, so dass bei Nichtbeachtung der Entzug der Zuwendung droht, schränkt die Mitbestimmung nach § 87 Abs. 1 Nr. 10 nicht ein, kann jedoch das Ermessen der Betriebsparteien und der Einigungsstelle binden (*LAG München* 11.10.2007 LAGE § 87 BetrVG 2001 Betriebliche Lohngestaltung Nr. 2 S. 7 f.; vgl. auch *LAG Berlin* 04.04.2003 ZTR 2003, 529).

i) Entgeltfindung für AT-Angestellte

975 AT-Angestellte (zum Begriff *Wiese* Rdn. 78) sind Arbeitnehmer i. S. d. § 5 Abs. 1. Deshalb unterliegen zwar nicht Einzelvereinbarungen über deren Arbeitsentgelte, wohl aber generelle Regelungen in vollem Umfang der Mitbestimmung nach § 87 Abs. 1 Nr. 10, ohne dass dem § 77 Abs. 3 oder § 87 Abs. 1 Eingangssatz entgegenstünden (*BAG* 22.01.1980 EzA § 87 BetrVG 1972 Lohn u. Arbeitsentgelt Nr. 11 S. 87 ff. = AP Nr. 3 zu § 87 BetrVG 1972 Lohngestaltung Bl. 5 R *[Moll]* = SAE 1981, 109 *[Hj. Weber]* = JuS 1981, 68 *[Reuter]*; 21.08.1990 NZA 1991, 434 [435 ff.]; 27.10.1992 EzA § 87 BetrVG 1972 Betriebliche Lohngestaltung Nr. 40 S. 14 f. = AP Nr. 61 zu § 87 BetrVG 1972 Lohngestaltung Bl. 6 R; 28.09.1994 EzA § 87 BetrVG 1972 Betriebliche Lohngestaltung Nr. 44 S. 3 *[Rolfs]* = AP Nr. 68 zu § 87 BetrVG 1972 Lohngestaltung Bl. 2 *[Reichold]*; 26.10.2004 EzA § 99 BetrVG 2001 Umgruppierung Nr. 2 S. 14 = AP Nr. 29 zu § 99 BetrVG 1972 Eingruppierung Bl. 6 R; 23.03.2010 EzA § 50 BetrVG 2001 Nr. 7 Rn. 13 = AP Nr. 135 zu § 87 BetrVG 1972 Lohngestaltung; 18.05.2010 EzA § 50 BetrVG 2001 Nr. 8 Rn. 12 = AP Nr. 34 zu § 50 BetrVG 1972; *Blanke* (Hrsg.) Handbuch Außertarifliche Angestellte, 3. Aufl. 2003, Rn. 965 ff.; *Emmert* Betriebsvereinbarungen über den Zeitlohn, S. 96 ff.; *Fitting* § 87 Rn. 488 f.; *Galperin/Löwisch* § 87 Rn. 218b, 226 ff.; *Hanau* BB 1977, 350 f.; *Henkel/Hagemeier* BB 1976, 1420 [1421 f.]; *Klebe/DKKW* § 87 Rn. 338; *Kreutz* § 77 Rdn. 128; *Moll* Die Mitbestimmung des Betriebsrats beim Entgelt, S. 135; *ders.* Der Tarifvorrang im Betriebsverfassungsgesetz, S. 73 ff. [80 ff.]; *Reuter* Vergütung von AT-Angestellten, S. 30; *Richardi* § 87 Rn. 160, 780; *Stege/Weinspach/Schiefer* § 87 Rn. 36, 175 f.; *Wohlgemuth* BB 1993, 286 [287 f.]; *Worzalla/HWGNRH* § 87 Rn. 570; weitere Nachweise 6. Aufl. § 87 Rn. 939; **a. M.** *Blank* AuR 1977, 178; *Conze* DB 1978, 490 [492 ff.]; *Janert* DB 1976, 243 [245]; *Lieb* ZfA 1978, 179 [204 ff.]). Für die Regelung der Vergütungsgrundsätze der AT-Angestellten sind die **örtlichen Betriebsräte zuständig** (*BAG* 23.03.2010 EzA § 50 BetrVG 2001 Nr. 7 Rn. 14 ff. = AP Nr. 135 zu § 87 BetrVG 1972 Lohngestaltung; 18.05.2010 EzA § 50 BetrVG 2001 Nr. 8 Rn. 14 ff. = AP Nr. 34 zu § 50 BetrVG 1972).

976 Die Mitbestimmung nach § 87 Abs. 1 Nr. 10 kann auch nicht durch Tarifvertrag ausgeschlossen werden, ohne dass in ihm die Angelegenheit selbst ausreichend geregelt wird (allgemein Rdn. 80; *BAG* 21.08.1990 NZA 1991, 434 [435]; *Fitting* § 87 Rn. 495; *von Friesen* DB 1980, Beil. Nr. 1, S. 14 ff.; *Hanau* BB 1977, 350 [351]; *Reuter* Vergütung von AT-Angestellten, S. 30 ff.; **a. M.** *Bichler* DB 1979, 1939 [1940, 1942]; *Galperin/Löwisch* § 87 Rn. 54a; *Lieb* ZfA 1978, 179 [204 ff.]).

977 Mitbestimmungsfrei sind jedoch ungeachtet einer zulässigen freiwilligen Vereinbarung nach § 88 die Festsetzung der **Gehaltshöhe** und spätere Gehaltserhöhungen (allgemein Rdn. 837 ff.; *BAG* 22.01.1980 EzA § 87 BetrVG Lohn u. Arbeitsentgelt Nr. 11 S. 87 f. = AP Nr. 3 zu § 87 BetrVG 1972 Lohngestaltung Bl. 6 *[Moll]* = SAE 1981, 109 *[Hj. Weber]* = JuS 1981, 68 *[Reuter]*; 21.08.1990 NZA 1991, 434 [436]; 21.01.2003 EzA § 87 BetrVG 2001 Betriebliche Lohngestaltung Nr. 1 S. 5 = AP Nr. 117 zu § 87 BetrVG 1972 Lohngestaltung Bl. 2 R; *Lieb* ZfA 1978, 179 [194]; *Reuter* Vergütung von AT-Angestellten, S. 9 ff., 53). Dazu gehört auch die Festlegung des **Wertunterschieds** zwischen der **letzten Tarifgruppe** und der **ersten AT-Gruppe** (*BAG* 22.01.1980 EzA § 87 BetrVG 1972 Lohn u. Arbeitsentgelt Nr. 11 S. 88 = AP Nr. 3 zu § 87 BetrVG 1972 Lohngestaltung Bl. 6; 21.08.1990 NZA 1991, 434 [436]; 28.09.1994 EzA § 87 BetrVG 1972 Betriebliche Lohngestaltung Nr. 44 S. 3 *[Rolfs]* = AP Nr. 68 zu § 87 BetrVG 1972 Lohngestaltung Bl. 2; 18.10.2011 EzA § 87 BetrVG 2001 Betriebliche Lohngestaltung Nr. 26 Rn. 13 = AP Nr. 140 zu § 87 BetrVG 1972 Lohngestaltung; *Lieb* ZfA 1978, 179 [194, 203]; *Reuter* Vergütung von AT-Angestellten, S. 22; *Wiedemann*

Mitbestimmungsrechte § 87

In memoriam *Sir Otto Kahn-Freund*, S. 343 [352 f.]; *Worzalla/HWGNRH* § 87 Rn. 570; **a. M.** *ArbG Düsseldorf* 16.05.1978 DB 1978, 1985 [1986 f.]; *Fitting* § 87 Rn. 491; *von Friesen* DB 1980, Beil. Nr. 1, S. 9 ff.; *Hanau* BB 1977, 350 [354]: im Rahmen der vom Arbeitgeber zur Verfügung gestellten Lohnsumme; *Klebe/DKKW* § 87 Rn. 338; *Moll* Der Tarifvorrang im Betriebsverfassungsgesetz, S. 89; weitere Nachweise pro und contra 6. Aufl. § 87 Rn. 941). Entsprechendes gilt für die **Festlegung** eines bestimmten **Sockelbetrages**, von dem aus die Höhe der einzelnen AT-Gruppen zu errechnen ist.

Dagegen ist die **isolierte Festsetzung** der **Wertunterschiede zwischen** den einzelnen **AT-Gruppen** – z. B. in Form von Prozentsätzen oder sonstigen Bezugsgrößen – nach § 87 Abs. 1 Nr. 10 mitbestimmungspflichtig (Rdn. 956; *BAG* 22.12.1981 EzA § 87 BetrVG 1972 Betriebliche Lohngestaltung Nr. 3 S. 33 f. = AP Nr. 7 zu § 87 BetrVG 1972 Lohngestaltung Bl. 3 f. [*Heckelmann*] = SAE 1983, 12 [*Löwisch/Röder*]; 21.08.1990 NZA 1991, 434 [436]; 27.10.1992 EzA § 87 BetrVG 1972 Betriebliche Lohngestaltung Nr. 40 S. 15 = AP Nr. 61 zu § 87 BetrVG 1972 Lohngestaltung Bl. 6 R; *Fitting* § 87 Rn. 492; *Klebe/DKKW* § 87 Rn. 338; *Moll* Der Tarifvorrang im Betriebsverfassungsgesetz, S. 87 f.; *Richardi* § 87 Rn. 783; *Wiedemann* In memoriam *Sir Otto Kahn-Freund*, S. 343 [353 ff.]; **a. M.** *Lieb* ZfA 1978, 179 [201 ff.]; *Lieb/Jacobs* Arbeitsrecht Rn. 825; *Reuter* Vergütung von AT-Angestellten, S. 34 f. [55]; *Stege/Weinspach/Schiefer* § 87 Rn. 177; *Worzalla/HWGNRH* § 87 Rn. 566 f.; weitere Nachweise pro und contra 6. Aufl. § 87 Rn. 942). Jedoch ist es als zulässig anzusehen, dass dem Arbeitgeber innerhalb angemessener, festgesetzter Spannen die individuelle Festsetzung zusätzlicher Leistungen an AT-Angestellte überlassen wird, um damit leistungsbezogene Gesichtspunkte berücksichtigen zu können (**a. M.** hinsichtlich eines Spruches der Einigungsstelle *LAG Bremen* 04.06.1991 LAGE § 87 BetrVG 1972 Betriebliche Lohngestaltung Nr. 9 S. 3 ff.).

Gleiches gilt für die **Aufstellung** des **Entgeltsystems** und dessen **Einzelheiten** sowie die **Bildung** und **Umschreibung** der **Gehaltsgruppen** nach Tätigkeitsmerkmalen oder sonstigen Kriterien als Gegenstand der Entlohnungsmethode (Rdn. 929 ff., 954 ff.; *BAG* st. Rspr. 28.09.1994 EzA § 87 BetrVG 1972 Betriebliche Lohngestaltung Nr. 44 S. 3 f. [*Rolfs*] = AP Nr. 68 zu § 87 BetrVG 1972 Lohngestaltung Bl. 2 [*Reichold*]; weitere Nachweise 9. Aufl. § 87 Rn. 943; *Moll* Der Tarifvorrang im Betriebsverfassungsgesetz, S. 88; *Reuter* Vergütung von AT-Angestellten, S. 40 f.; *Richardi* § 87 Rn. 782, 784; *Wiedemann* In memoriam *Sir Otto Kahn-Freund*, S. 343 [355 ff.]; *Worzalla/HWGNRH* § 87 Rn. 570; **a. M.** *Lieb* ZfA 1978, 179 [187 ff.]; *Stege/Weinspach/Schiefer* § 87 Rn. 176; weitere Nachweise 6. Aufl. § 87 Rn. 943). Solange ein bestimmtes Gehaltsgruppensystem nicht besteht, hat der Betriebsrat auch darüber mitzubestimmen, ob die AT-Gehälter linear oder unterschiedlich nach generellen Kriterien erhöht werden sollen (*BAG* 21.08.1990 NZA 1991, 434 [436 f.]; 27.10.1992 EzA § 87 BetrVG 1972 Betriebliche Lohngestaltung Nr. 40 S. 15 = AP Nr. 61 zu § 87 BetrVG 1972 Lohngestaltung Bl. 7; **a. M.** *Worzalla/HWGNRH* § 87 Rn. 570). Mitbestimmungspflichtig ist auch die Aufstellung von Kriterien, nach denen Arbeitnehmer generell von Lohnerhöhungen ausgenommen werden sollen (*BAG* 20.08.1991 EzA § 87 BetrVG 1972 Betriebliche Lohngestaltung Nr. 29 S. 5 [*Kohte*] = AP Nr. 50 zu § 87 BetrVG 1972 Lohngestaltung Bl. 3).

Soweit der Betriebsrat bei AT-Angestellten gemäß § 87 Abs. 1 Nr. 10 mitzubestimmen hat, steht ihm auch ein **Initiativrecht** zu (allgemein Rdn. 985 ff.; *LAG Düsseldorf* 22.02.1978 EzA § 76 BetrVG 1972 Nr. 20 S. 95; *von Friesen* DB 1980, Beil. Nr. 1, S. 12 ff.; *Gaul* BB 1978, 764 [767]; *Moll* Der Tarifvorrang im Betriebsverfassungsgesetz, S. 85 f.; *Wiedemann* In memoriam *Sir Otto Kahn-Freund*, S. 343 [355 ff.]; *Worzalla/HWGNRH* § 87 Rn. 621; **a. M.** *Kammann/Hess/Schlochauer* § 87 Rn. 209 hinsichtlich des »Ob« der Einführung kollektiver Regelungen im AT-Bereich; *Lieb* ZfA 1978, 179 [191 ff.]; *Reuter* Vergütung von AT-Angestellten, S. 47 f. [55 f.]; *ders.* ZfA 1981, 165 [178 Fn. 49]). Der Mitbestimmung einschließlich des Initiativrechts des Betriebsrats unterliegt als Teil der betrieblichen Lohngestaltung auch die betriebliche **Altersversorgung** von AT-Angestellten (*BAG* 19.03.1981 EzA § 80 BetrVG 1972 Nr. 18 S. 101 = AP Nr. 14 zu § 80 BetrVG 1972 Bl. 2 [*Kemper/Küpper*]). Zur Regelung der Rechtsverhältnisse der AT-Angestellten vgl. auch *Wiese* Rdn. 78.

j) Gesetzes- und Tarifvorbehalt

Die notwendige Mitbestimmung nach § 87 Abs. 1 Nr. 10 ist nicht gegeben, soweit eine gesetzliche oder tarifliche Regelung besteht (*Wiese* Rdn. 54 ff.). Als gesetzliche Regelung ist allgemein vor allem § 75 Abs. 1 zu beachten (für die betriebliche Altersversorgung Rdn. 883). Bei tariflichen Regelungen

§ 87 IV. 3. Soziale Angelegenheiten

kann deren Reichweite problematisch sein und ist dann unter Berücksichtigung des Schutzzwecks des § 87 zu bestimmen (*Wiese* Rdn. 71 ff.; zu Einzelfragen *Moll* Der Tarifvorrang im Betriebsverfassungsgesetz, S. 26 ff.; *Stege/Weinspach/Schiefer* § 87 Rn. 188). Dabei ist zu beachten, dass durch Tarifvertrag den Betriebspartnern eine begrenzte Regelungszuständigkeit überlassen sein kann (*Wiese* Rdn. 59). Voraussetzung für die Sperrwirkung ist nach h. M. die Tarifbindung des Arbeitgebers (zum Ganzen *Wiese* Rdn. 67 f.). Ist der Arbeitgeber nicht tarifgebunden, unterliegt das gesamte Vergütungssystem der Mitbestimmung nach § 87 Abs. 1 Nr. 10 (Rdn. 890). Zur gesetzlichen Regelung der Vergütungssysteme von **Banken** und **Versicherungen** Rdn. 841.

982 Die Vorschrift des § 7 MTV für Redakteure an Tageszeitungen vom 23.11.1980 lässt keinen Raum für eine betriebliche Regelung, mit welcher Stundenzahl durch Urlaub, Krankheit und gesetzliche Feiertage ausgefallene Arbeitstage bei der Ermittlung geleisteter Überstunden zu berücksichtigen und welche Tätigkeiten der Redakteure überhaupt als arbeitszeit- und vergütungsrelevant anzusehen sind (*BAG* 04.08.1981 EzA § 87 BetrVG 1972 Nr. 8 S. 54 ff. = AP Nr. 1 zu § 87 BetrVG 1972 Tarifvorrang Bl. 3 R ff. [*Mayer-Maly*]). Eine abschließende Regelung enthält § 2 MTV Ang. Hahn-Meitner-Institut (*BAG* 30.01.1990 EzA § 99 BetrVG 1972 Nr. 86 S. 2 f. = AP Nr. 78 zu § 99 BetrVG 1972 Bl. 2 f. [*Schüren/Kirsten*]). Zu einer abschließenden tariflichen Regelung über die Verteilung des Tronc-Aufkommens einer Spielbank unter die bei ihr beschäftigten Arbeitnehmer bei gleichzeitiger Begründung eines Mitbestimmungsrechts des Betriebsrats in der Weise, dass Sonderzahlungen aus dem Tronc-Aufkommen zu Lasten der am Tronc beteiligten Arbeitnehmer der Zustimmung des Betriebsrats bedürfen, *BAG* 16.07.1985 EzA § 87 BetrVG 1972 Betriebliche Lohngestaltung Nr. 9 S. 83 ff. = AP Nr. 17 zu § 87 BetrVG 1972 Lohngestaltung Bl. 3 R ff. (*Löwisch/Bernards*), ferner 09.12.2003 AP Nr. 1 zu § 33 BetrVG 1972 Bl. 4 R.; vgl. auch *BAG* 07.09.1994 EzA § 315 BGB Nr. 44 S. 3 f. = AP Nr. 11 zu § 611 BGB Lohnzuschläge Bl. 3 f. bei Verrechnung einer widerruflichen Sonderzulage mit der entstehenden Gehaltsdifferenz anlässlich der Höhergruppierung aufgrund einer Änderung der tariflichen Gehaltsstruktur. Zu einer abschließenden Regelung des Entgeltrahmentarifvertrags (ERA-TV) der Metall- und Elektroindustrie *BAG* 22.10.2014 EzA § 259 ZPO 2002 Nr. 2 Rn. 33 f. = AP Nr. 236 zu § 1 TVG Tarifverträge: Metallindustrie.

983 Die Mitbestimmung ist nicht ausgeschlossen, wenn der Arbeitgeber zum tariflich geregelten Entgelt allgemein eine **betriebliche Zulage** gewährt, deren Höhe von ihm aufgrund einer **individuellen Entscheidung** festgelegt wird (*BAG* 31.01.1984 EzA § 87 BetrVG 1972 Betriebliche Lohngestaltung Nr. 7 S. 63 ff. = AP Nr. 3 zu § 87 BetrVG 1972 Tarifvorrang Bl. 3 ff. [zust. *Wiedemann*] = SAE 1985, 290 [im Ergebnis zust. *von Hoyningen-Huene*]; 17.12.1985 EzA § 611 BGB Betriebliche Lohngestaltung Nr. 11 S. 103 = AP Nr. 5 zu § 87 BetrVG 1972 Tarifvorrang Bl. 2 f. [insoweit zust. *Kraft*] = AR-Blattei, Betriebsverfassung XIV B, Entsch. 91 [zust. *Löwisch*] unter Aufgabe der Entscheidung 03.12.1991 GS EzA § 87 BetrVG 1972 Betriebliche Lohngestaltung Nr. 30 S. 20 ff. [*Gaul*] = AP Nr. 51 zu § 87 BetrVG 1972 Lohngestaltung Bl. 8 ff.; *Fitting* § 87 Rn. 51; *Hromadka* DB 1986, 1921 ff.; *Reuter* Anm. JuS 1993, 168 [169]; *Trittin* AuR 1991, 329 [330 f.]; **a. M.** *Goos* NZA 1986, 701 ff.; *Joost* ZfA 1993, 257 [267 ff., 278]; *Kappes* DB 1986, 1520 ff.; *Kraft* FS *Karl Molitor*, S. 207 [211 ff.]; *Lieb* Anm. SAE 1993, 114 [116 f.]; *Stege/Rinke* DB 1991, 2386 f.; *Worzalla/HWGNRH* § 87 Rn. 609; zum Streitstand auch *BAG* 24.11.1987 EzA § 87 BetrVG 1972 Betriebliche Lohngestaltung Nr. 17 S. 4 f. [*Hanau*] = AP Nr. 31 zu § 87 BetrVG 1972 Lohngestaltung Bl. 2 R f.; weitere Nachweise 6. Aufl. § 87 Rn. 947). Keine abschließende Regelung enthält § 12 MTV für die gewerblichen Arbeitnehmer in der niedersächsischen Metallindustrie i. d. F. vom 18.07.1984 (*BAG* 04.07.1989 EzA § 87 BetrVG 1972 Betriebliche Lohngestaltung Nr. 24 S. 6 ff. [zust. *Gaul*] = AP Nr. 20 zu § 87 BetrVG 1972 Tarifvorrang Bl. 3 R ff. [abl. *Dütz/Rotter*] = AR-Blattei, Betriebsverfassung XIV B, Entsch. 120 [zust. *Löwisch*]). Gleiches gilt für Nr. 5a, 6 Abs. 3 SR 20 BAT (*BAG* 13.02.1990 EzA § 118 BetrVG 1972 Nr. 51 S. 5 ff.= AP Nr. 45 zu § 118 BetrVG 1972 Bl. 3 R ff.), für § 8 RTV für die gewerblichen Arbeitnehmer, die Angestellten und die Auszubildenden der chemischen Industrie in den Regierungsbezirken Düsseldorf und Köln vom 01.02.1974/20.05.1975 (*BAG* 22.12.1981 EzA § 87 BetrVG 1972 Betriebliche Lohngestaltung Nr. 3 S. 34 f. = AP Nr. 7 zu § 87 BetrVG 1972 Lohngestaltung Bl. 3 R f. [zust. *Heckelmann*], zu § 11 Abschn. III 4 MTV für die gewerblichen Arbeitnehmer der nordrheinischen Textilindustrie vom 10.05.1978 (*BAG* 16.12.1986 EzA § 87 BetrVG 1972 Leistungslohn Nr. 14 S. 165 f. [*Gaul*] = AP Nr. 8 zu § 87 BetrVG 1972 Prämie Bl. 4 [*Linnenkohl/Rauschenberg/Schütz*]) und zu § 11 Nr. 3 MTV für die gewerblichen

Arbeitnehmer der Textilindustrie in Westfalen und im Regierungsbezirk Osnabrück vom 09.05.1985 (*BAG* 24.11.1987 EzA § 87 BetrVG 1972 Leistungslohn Nr. 15 S. 6 f. = AP Nr. 6 zu § 87 BetrVG 1972 Akkord Bl. 3 R f. *[zust. Gaul]* = AR-Blattei, Betriebsverfassung XIV B, Entsch. 125 *[Schwab]*).

Wenn § 87 Abs. 1 Nr. 10 auch nicht den Umfang der Leistungspflicht des Arbeitgebers, d. h. die Höhe **984** des Arbeitsentgelts betrifft (Rdn. 837 ff.), so handelt es sich doch bei den Angelegenheiten dieser Vorschrift um Fragen, die nach dem Zweck des **§ 77 Abs. 3** von dessen Sperrwirkung erfasst werden (im Einzelnen *Wiese* Rdn. 47 ff.; im Ergebnis ebenso *LAG Berlin* 15.06.1977 EzA § 87 BetrVG 1972 Nr. 6 S. 36; *Conze* DB 1978, 490 [493]; *Hanau* BB 1977, 350; *Moll* Der Tarifvorrang im Betriebsverfassungsgesetz, S. 49; *Säcker* BB 1979, 1201 [1202]; a. M. *Klasen* Tarifvorrang und Mitbestimmung in sozialen Angelegenheiten, S. 74 ff. [152]; *Lieb* ZfA 1978, 179 [211 f.]; *Reuter* Vergütung von AT-Angestellten, S. 31 f.; *ders.* Anm. SAE 1976, 15 [17]).

k) Initiativrecht

Der Betriebsrat hat in Fragen der betrieblichen Lohngestaltung ein Initiativrecht. Mangels Mitbestim- **985** mung besteht es nicht hinsichtlich der Höhe des Arbeitsentgelts (Rdn. 837 ff.) und der Einführung zusätzlicher Leistungen (Rdn. 839, 862, 865 ff., 870, 879 f., 892). In den Grenzen der Mitbestimmung nach § 87 Abs. 1 Nr. 10 ist es aber in vollem Umfang gegeben (vgl. auch *Matthes*/ MünchArbR § 251 Rn. 77 ff.).

Das gilt zunächst hinsichtlich der **Entlohnungsgrundsätze**. Da in jedem Betrieb irgendwelche Ent- **986** lohnungsgrundsätze gelten, wird das Initiativrecht des Betriebsrats praktisch, wenn es um die **Änderung** der bestehenden Grundsätze geht, d. h. die bisherige Primärentscheidung durch eine andere ersetzt werden soll. Eine bestehende Regelung muss aber vorher durch Kündigung der Betriebsvereinbarung oder Betriebsabsprache beendet werden. Mit der angestrebten Änderung des Entlohnungsgrundsatzes können – vor allem bei dem Übergang vom Zeitlohn auf den Leistungslohn – Auswirkungen auf die betriebliche Gesamtlohnsumme, aber auch auf die Produktion verbunden sein. Damit würde der Betriebsrat, falls er selbst eine Änderung der betrieblichen Entlohnungsgrundsätze erwirken darf, u. U. Einfluss auf die Lage des Unternehmens nehmen können.

Die **h. M.** bejaht trotzdem im Grundsatz allgemein im Rahmen des § 87 Abs. 1 Nr. 10 das Initiativ- **987** recht des Betriebsrats (*BAG* 30.01.1990 EzA § 87 BetrVG 1972 Betriebliche Lohngestaltung Nr. 27 S. 8 = AP Nr. 41 zu § 87 BetrVG 1972 Lohngestaltung Bl. 4 R; 03.12.1991 GS EzA § 87 BetrVG 1972 Betriebliche Lohngestaltung Nr. 30 S. 36 *[Gaul]* = AP Nr. 51 zu § 87 BetrVG 1972 Lohngestaltung Bl. 14 R; 14.11.1974 EzA § 87 BetrVG 1972 Initiativrecht Nr. 2 S. 20 *[Birk]* = AP Nr. 1 zu § 87 BetrVG 1972 Bl. 2 R *[Richardi]* = SAE 1976, 14 *[Reuter]* = AuR 1975, 252 *[Nickel]* = BB 1975, 420 *[Gumpert]*; 12.12.2000 EzA § 87 BetrVG 1972 Betriebliche Lohngestaltung Nr. 70 S. 6; 23.09.2003 EzA § 99 BetrVG 2001 Nr. 3 S. 10 = AP Nr. 28 zu § 99 BetrVG 1972 Eingruppierung Bl. 5; 18.05.2010 EzA § 50 BetrVG 2001 Nr. 8 Rn. 13 = AP Nr. 34 zu § 50 BetrVG 1972; für Einführung leistungsbezogener Entgelte anstelle eines Zeitlohnsystems offen gelassen *BAG* 13.09.1983 EzA § 87 BetrVG 1972 Leistungslohn Nr. 8 S. 115 *[Löwisch/Reimann]* = AP Nr. 3 zu § 87 BetrVG 1972 Prämie Bl. 5 *[Hanau]*; *Dütz* DB 1972, 383 [388]; *Galperin/Löwisch* § 87 Rn. 33 f., 230; *Gester/Isenhardt* RdA 1974, 80 [86 ff.]; *Hanau* RdA 1973, 281 [286]; *Klebe/DKKW* § 87 Rn. 322; *Kreft* FS Kreutz, S. 236 [274]; *Lederer* Das Initiativrecht des Betriebsrats in Lohnfragen, S. 125 ff.; *Löwisch* ZHR Bd. 139 [1975], 362 [375 f.]; *Matthes*/MünchArbR § 251 Rn. 77; *Moll* Die Mitbestimmung des Betriebsrats beim Entgelt, S. 193 ff.; *Richardi* § 87 Rn. 858 f.; *Rüthers* ZfA 1973, 399 [413 ff.] mit Einschränkungen; *Säcker* ZfA 1973, Sonderheft S. 41 [63]; *Wiese* Initiativrecht, S. 59 ff.; a. M. *Bender/WPK* § 87 Rn. 212; *Boewer* DB 1973, 522 [527 f.]; *Reuter* ZfA 1974, 235 [288 f.]; *ders.* ZfA 1975, 85 [90]; *ders.* Vergütung von AT-Angestellten und betriebsverfassungsrechtliche Mitbestimmung, 1979, S. 47 ff.; *ders.* SAE 1976, 15 [16]; *Stege/Weinspach/Schiefer* § 87 Rn. 14, 20 f., 178, 189a; im Ergebnis auch *Worzalla*/HWGNRH § 87 Rn. 521, der aber bereits die Mitbestimmung verneint; weitere Nachweise pro und contra – auch zu § 56 Abs. 1 Buchst. h BetrVG 1952 – 6. Aufl. § 87 Rn. 951).

Zum Initiativrecht bei Änderung der **betrieblichen Altersversorgung** *BAG* 12.06.1975 EzA § 87 **988** BetrVG 1972 Lohn u. Arbeitsentgelt Nr. 4 S. 33 *[Birk]* = AP Nr. 1 zu § 87 BetrVG 1972 Altersversorgung Bl. 5 R f. *[Richardi]*; 19.03.1981 EzA § 80 BetrVG 1972 Nr. 18 S. 101 = AP Nr. 14 zu § 80

§ 87

BetrVG 1972 Bl. 2 *[Kemper/Küpper]*; weitere Nachweise 9. Aufl. § 87 Rn. 952; *Blomeyer/Rolfs/Otto* BetrAVG, Anh. § 1 Rn. 434, 597; *Höfer* BetrAVG, 7. Aufl. 2003 [Loseblatt], ART Rn. 1078; *Richardi* § 87 Rn. 852; *Westhoff* RdA 1979, 412 (418).

989 Eine Einschränkung des Initiativrechts ist auch dann nicht gerechtfertigt, wenn mit der Umstellung des Entlohnungssystems für den Arbeitgeber **höhere finanzielle Aufwendungen** verbunden sind (*LAG Düsseldorf* 17.07.1973 EzA § 87 BetrVG 1972 Initiativrecht Nr. 1 S. 11; *Löwisch* DB 1973, 1746 [1750]; *Richardi* § 87 Rn. 859; *ders.* ZfA 1976, 1 [44]; *Rüthers* ZfA 1973, 399 [420]; *Wiese* Initiativrecht, S. 61; **a. M.** *Boewer* DB 1973, 522 [527]; *Hilger* in: *Dietz/Gaul/Hilger* Akkord und Prämie, S. 164 ff. [252 f.]; *Stege/Weinspach/Schiefer* § 87 Rn. 21, 178, 189a; im Ergebnis auch *Worzalla/HWGNRH* § 87 Rn. 616). Finanzielle Auswirkungen kann die Ausübung des Initiativrechts auch in anderen Angelegenheiten haben (*Wiese* Rdn. 145). Zutreffend hat ferner schon *Nikisch* (III, S. 439) darauf hingewiesen, ein Initiativrecht beim Übergang vom Zeit- auf den Akkord- oder Prämienlohn sei gerechtfertigt, weil der damit möglicherweise verbundene Mehrverdienst kein zusätzliches Entgelt sei, sondern der höheren Leistung des Arbeitnehmers entspreche.

990 Das Initiativrecht ist aber auch gegeben, wenn dessen Ausübung **Auswirkungen** auf den **unternehmerisch-wirtschaftlichen Bereich** hat, indem z. B. die Einführung eines Leistungslohnsystems zu einer am Markt nicht absetzbaren Mehrproduktion führen würde (*Wiese* Initiativrecht, S. 61 ff.; ebenso *Friedman* Das Initiativrecht des Betriebsrats, S. 126 f.; *Galperin/Löwisch* § 87 Rn. 230; *Gamillscheg* Arbeitsrecht II, S. 393; *Hanau* BB 1977, 350 [356]; **a. M.** *LAG Düsseldorf* 17.07.1973 EzA § 87 BetrVG 1972 Initiativrecht Nr. 1 S. 10 f.; *LAG Düsseldorf/Köln* 16.09.1975 EzA § 87 BetrVG 1972 Initiativrecht Nr. 3 S. 36 f.; *Dütz* AuR 1973, 353 [364]; *Rüthers* Anm. EzA § 87 BetrVG 1972 Initiativrecht Nr. 1 S. 15; *ders.* ZfA 1973, 399 [417 ff.]; *Schlüter* ZfA 1975, 437 [466]; *Stege/Weinspach/Schiefer* § 87 Rn. 20; *Worzalla/HWGNRH* § 87 Rn. 616).

991 Die Mitbestimmung nach § 87 Abs. 1 Nr. 10 bedeutet ohnehin eine vom Gesetzgeber gewollte Teilnahme an den wirtschaftlichen und unternehmenspolitischen Entscheidungen (*LAG Niedersachsen* 30.11.1995 LAGE § 87 BetrVG 1972 Initiativrecht Nr. 4 S. 5 *[krit. Rüthers/Ruoff]*; *Badura* WiR 1974, 1 [23]; *Richardi* ZfA 1976, 1 [42]; *Rüthers* ZfA 1973, 399 [418]; *Wiese* Initiativrecht, S. 62). Die Änderung des Entlohnungsgrundsatzes hat zudem nur mittelbare Auswirkungen (hierzu *Wiese* Rdn. 149) auf die Produktion und lässt die unternehmerische Entscheidungsfreiheit über deren Umfang unangetastet.

992 Sollte durch die Einführung eines Leistungslohns eine **unerwünschte Überproduktion** eintreten, hätte der Unternehmer bzw. Arbeitgeber vielfältige **Möglichkeiten** zum **Gegensteuern** (zust. *LAG Niedersachsen* 30.11.1995 LAGE § 87 BetrVG 1972 Initiativrecht Nr. 4 S. 5 f. *[Rüthers/Ruoff]*; vgl. auch *Reuter* ZfA 1974, 235 [288]; *ders.* SAE 1976, 15 [16], der zutreffend betont, der Unternehmer sei keineswegs auf eine etwaige Mehrproduktion festgelegt; zu den Möglichkeiten des Arbeitgebers, durch lohnpolitische Entscheidungen auf die Auswirkung der Entscheidung über das Entgeltsystem zu reagieren, *Löwisch* ZHR Bd. 139 [1975], 362 [375]). So könnte er nach § 87 Abs. 1 Nr. 3 eine vorübergehende Verkürzung der betriebsüblichen Arbeitszeit notfalls auch über die Einigungsstelle erwirken. Diese könnte sich dem Begehren des Arbeitgebers kaum entziehen, denn selbst wenn die Einführung des Leistungslohnsystems im überwiegenden Arbeitnehmerinteresse berechtigt gewesen sein sollte, können deren Auswirkungen im Hinblick auf die betrieblichen Belange wiederum eine Entscheidung über die Verkürzung der Arbeitszeit rechtfertigen. Schon im Hinblick auf diese Konsequenz wird der Betriebsrat abwägen müssen, ob die Ausübung des Initiativrechts zwecks Einführung eines Leistungslohnsystems sinnvoll ist. Ferner könnte der Arbeitgeber, falls eine nachteilige Überproduktion von Dauer sein sollte, Kündigungen, Änderungskündigungen oder Versetzungen in Betracht ziehen. Da diese Maßnahmen aus betrieblichen Gründen gerechtfertigt wären, könnte der Betriebsrat die Zustimmung zur Versetzung nicht verweigern (§ 99 Abs. 2 Nr. 4), und die Kündigung bzw. Änderungskündigung wäre wegen dringender betrieblicher Erfordernisse sozial gerechtfertigt (§ 1 KSchG). Auch diese Konsequenzen wird der Betriebsrat berücksichtigen müssen, falls er von seinem Initiativrecht zur Änderung betrieblicher Entlohnungsgrundsätze Gebrauch machen will (zu abweichenden Auffassungen eingehend *Wiese* Initiativrecht, S. 63 ff.).

Die Anerkennung des Initiativrechts hinsichtlich der Entlohnungsgrundsätze führt somit bereits nach **993** den Wertungen des Betriebsverfassungsgesetzes zu keinem unzulässigen Eingriff in die unternehmerische Entscheidungsfreiheit. Gegen die hier getroffene Auslegung bestehen aber auch keine verfassungsrechtlichen Bedenken. Zutreffend hat *Badura* (AöR 92, 382 [404]) darauf hingewiesen, ein Eingriff in die unternehmerische Handlungsfreiheit sei zulässig, solange ein angemessener Spielraum zur selbstverantwortlichen Unternehmerinitiative verbleibe (vgl. auch *Wiese* Rdn. 45; *LAG Düsseldorf* 17.07.1973 EzA § 87 BetrVG 1972 Initiativrecht Nr. 1 S. 12 f.; *Gester/Isenhardt* RdA 1974, 80 [86 f.]; *Rüthers* ZfA 1973, 399 [421 f.]; *Säcker* ZfA 1972, Sonderheft S. 41 [63 Fn. 86]; **a. M.** *Stege/Weinspach/Schiefer* § 87 Rn. 21b).

Ist bereits das Initiativrecht des Betriebsrats hinsichtlich der Änderung von Entlohnungsgrundsätzen **994** zu bejahen, so erst recht bei der **Änderung** von **Entlohnungsmethoden** oder deren **Anwendung** (Rdn. 954 ff., 962 ff.; *Wiese* Initiativrecht, S. 64).

l) Durchführung der Mitbestimmung; Wirksamkeitsvoraussetzung

Die Mitbestimmung nach § 87 Abs. 1 Nr. 10 kann durch **Betriebsabsprache** oder **Betriebsverein- 995 barung** verwirklicht werden (allgemein *Wiese* Rdn. 88 ff.; *Galperin/Löwisch* § 87 Rn. 231; *Worzalla/ HWGNRH* § 87 Rn. 623; **a. M.** *Richardi* ZfA 1976, 1 [34]; anders aber jetzt *ders.* § 87 Rn. 76). Jedoch empfiehlt sich im Hinblick auf deren normative Wirkung und im Interesse der Rechtsklarheit der Abschluss einer Betriebsvereinbarung. Zur Zuständigkeit des **Gesamtbetriebsrats** und **Konzernbetriebsrats** Rdn. 846.

Die Mitbestimmung des Betriebsrats ist **Wirksamkeitsvoraussetzung** (*Wiese* Rdn. 100 ff.; *BAG* st. **996** Rspr. 17.12.1980 EzA § 87 BetrVG 1972 Betriebliche Lohngestaltung Nr. 2 S. 11, 14 *[Weiss]* = AP Nr. 4 zu § 87 BetrVG 1972 Lohngestaltung Bl. 2, 3 *[Löwisch/Röder]*; 30.10.2001 EzA § 87 BetrVG 1972 Betriebliche Lohngestaltung Nr. 75 S. 4 = AP Nr. 26 zu § 99 BetrVG 1972 Eingruppierung Bl. 2 R *[Walker]*; *BAG* 02.03.2004 EzA § 87 BetrVG 2001 Betriebliche Lohngestaltung Nr. 4 S. 10 f. = AP Nr. 31 zu § 3 TVG Bl. 5 *[Reichold]* = SAE 2005, 162 *[Stein]*; 19.07.2005 EzA § 1 BetrAVG Betriebliche Übung Nr. 7 S. 10 = AP Nr. 42 zu § 1 BetrAVG Bl. 4 R; 24.01.2006 EzA § 87 BetrVG 2001 Altersversorgung Nr. 1 S. 17 = AP Nr. 15 zu § 3 BetrAVG Bl. 8; weitere Nachweise 9. Aufl. § 87 Rn. 960; *LAG Düsseldorf* 23.12.1988 NZA 1989, 404 [405]; *Bender/WPK* § 87 Rn. 246 ff.; *Blomeyer/Rolfs/Otto* BetrAVG, Anh. § 1 Rn. 440 ff.; *Kaiser/LK* § 87 Rn. 245; differenzierend *Buchner* DB 1983, 877 [881 ff.]; *Dieterich* NZA 1984, 273 [277]; *Fitting* § 87 Rn. 604; *Pfarr* BB 1983, 2001 [2008 f.]; *Matthes/MünchArbR* § 251 Rn. 90; **a. M.** *Belling* Anm. SAE 1984, 74 [77]; *Emmert* Betriebsvereinbarungen über den Zeitlohn, S. 128 ff.; *Däubler* AuR 1984, 1 [12 f.]; *Hurlebaus* Fehlende Mitbestimmung bei § 87 BetrVG, S. 119 [133], für freiwillige einzelvertragliche Vereinbarungen; *Richardi* RdA 1983, 278 [282 ff.]; *Worzalla/HWGNRH* § 87 Rn. 622). Das bedeutet keinen Zwang zur Regelung jeder der Mitbestimmung nach § 87 Abs. 1 Nr. 10 zuzuordnenden Einzelfrage durch die Betriebspartner. Sie können sich vielmehr darauf beschränken, Rahmenregelungen zu treffen und deren Ausfüllung den Arbeitsvertragsparteien überlassen (*Kaiser/LK* § 87 Rn. 219; vgl. auch *Hanau* BB 1977, 350 [354]). Darin liegt kein Verzicht auf die Mitbestimmung (*Wiese* Rdn. 5 f.). Hat der Arbeitnehmer nach einer mitbestimmungswidrig vom Arbeitgeber einseitig festgelegten Entlohnungsregelung gearbeitet, behält er trotzdem die ihm danach zustehenden Ansprüche (*Wiese* Rdn. 127). Die Verletzung des Mitbestimmungsrechts bei der Änderung einer im Betrieb geltenden Vergütungsordnung hat nach Ansicht des *BAG* zur Folge, dass die Vergütungsordnung mit der vor der Änderung bestehenden Struktur weiter anzuwenden ist; dies kann bei Neueinstellungen dazu führen, dass Ansprüche auf eine höhere Vergütung als die vertraglich vereinbarte entstehen (Rdn. 969). Zum **Unterlassungsanspruch** des Betriebsrats *Oetker* § 23 Rdn. 164 ff.

11. Festsetzung der Akkord- und Prämiensätze und vergleichbarer leistungsbezogener Entgelte, einschließlich der Geldfaktoren

Literatur: siehe Angaben zu § 87 Abs. 1 Nr. 10

a) Vergleich mit der bisherigen Rechtslage

997 Nach § 56 Abs. 1 Buchst. g BetrVG 1952 hatte der Betriebsrat bei der Regelung von Akkord- und Stücklohnsätzen mitzubestimmen. Die lapidare Formulierung führte zu heftigen Kontroversen. Insbesondere war umstritten, ob die Mitbestimmung sich auch auf die Geldfaktoren bezog. Überwiegend wurde das mit der Begründung verneint, materielle Arbeitsbedingungen unterlägen nicht der notwendigen Mitbestimmung des Betriebsrats (*BAG* 07.12.1962 AP Nr. 3 zu § 56 BetrVG Akkord Bl. 4 R f.; 22.11.1963 AP Nr. 3 zu § 56 BetrVG Entlohnung Bl. 2 R f.; 18.03.1964 AP Nr. 4 zu § 56 BetrVG Entlohnung Bl. 2 R f.; *Dietz* § 56 Rn. 27, 29, 194 ff.; *Galperin / Siebert* § 56 Rn. 82; *Hueck / Nipperdey* II/2, S. 1359 [1382 f. m. w. N.]; *Neumann-Duesberg*, S. 495 f.; *Nikisch* III, S. 375 [423 f., 436]; **a. M.** *Fitting / Kraegeloh / Auffarth* § 56 Rn. 41, 43 m. w. N.). Durch § 87 Abs. 1 Nr. 11 werden die Geldfaktoren jetzt ausdrücklich in die Mitbestimmung einbezogen (Rdn. 1027 ff.). Außerdem wird sachgerecht nur noch von Akkordsätzen (bisher: Akkord- und Stücklohnsätzen) gesprochen. Andererseits werden die Prämiensätze besonders hervorgehoben. Nach früherem Recht hatte die h. M. die Mitbestimmung beim Prämienlohn unter Ausschluss der Geldseite aus § 56 Abs. 1 Buchst. h BetrVG 1952 abgeleitet (*BAG* 22.11.1963 AP Nr. 3 zu § 56 BetrVG Entlohnung Bl. 1 R f.; 18.03.1964 AP Nr. 4 zu § 56 BetrVG Entlohnung Bl. 3 f.; *Dietz* § 56 Rn. 218; *Hueck / Nipperdey* II/2, S. 1387 Fn. 34b; *Nikisch* III, S. 436; **a. M.** *Fitting / Kraegeloh / Auffarth* § 56 Rn. 45, die sie Buchst. g zuordneten). Schließlich wird die Mitbestimmung auf alle leistungsbezogenen Entgelte erweitert, die den Akkord- und Prämiensätzen vergleichbar sind. Zur Umstellung der Buchst. g und h des § 56 Abs. 1 BetrVG 1952 Rdn. 832, zur Entstehungsgeschichte des § 87 Abs. 1 Nr. 11 Rdn. 1025.

b) Zweck der Vorschrift

998 Leistungslöhne bedeuten für den Arbeitnehmer einen Anreiz, durch größeren persönlichen Einsatz mehr als das normale Arbeitsentgelt zu verdienen. So sehr damit individuellen Eigenschaften und Bedürfnissen Rechnung getragen werden kann, ist der Arbeitnehmer andererseits besonderen Belastungen ausgesetzt. Deshalb ist es bei Leistungslöhnen i. S. d. § 87 Abs. 1 Nr. 11 nicht damit getan, neben dem Grundsatz die Methode festzulegen, nach der das Arbeitsergebnis gemessen wird und die Entgeltberechnung erfolgen soll. Vielmehr muss gewährleistet sein, dass auch die Ansätze der zu erbringenden Leistung materiell angemessen sind und nicht zu einer Überforderung des Arbeitnehmers führen, zumal bei der Bewertung der Leistung ein Beurteilungsspielraum gegeben ist. Das **Schutzinteresse** der Arbeitnehmer **gebietet** daher die **Mitbestimmung** auch **hinsichtlich aller einzelnen Ansätze der Leistungslöhne** (vgl. auch Rdn. 1009, 1030; *BAG* 29.03.1977 EzA § 87 BetrVG 1972 Leistungslohn Nr. 2 S. 25 = AP Nr. 1 zu § 87 BetrVG 1972 Provision Bl. 4 *[Schulze-Osterloh]*; 10.07.1979 EzA § 87 BetrVG 1972 Leistungslohn Nr. 3 S. 43 = AP Nr. 2 zu § 87 BetrVG 1972 Lohngestaltung Bl. 3 R f. *[Schulze-Osterloh]*; 28.07.1981 EzA § 87 BetrVG 1972 Leistungslohn Nr. 4 S. 57 f. *[Gaul]* = AP Nr. 2 zu § 87 BetrVG 1972 Provision Bl. 5 *[Schulze-Osterloh]*; 13.09.1983 EzA § 87 BetrVG 1972 Leistungslohn Nr. 8 S. 111 f. *[Löwisch / Reimann]* = AP Nr. 3 zu § 87 BetrVG 1972 Prämie Bl. 3 R ff. *[Hanau]*; 15.05.2001 EzA § 87 BetrVG 1972 Leistungslohn Nr. 18 S. 4 ff. = AP Nr. 17 zu § 87 BetrVG 1972 Prämie Bl. 2 f.; *LAG Hamm* 25.04.1988 LAGE § 611 BGB Akkord Nr. 1 S. 4; *Bender / WPK* § 87 Rn. 251; *Fitting* § 87 Rn. 499 f.; *Heinze* NZA 1986, 1 [2]; enger *Galperin / Löwisch* § 87 Rn. 235, 242, 250, anders noch *Löwisch* DB 1973, 1746 [1747]; *Klebe / DKKW* § 87 Rn. 339; *Richardi* § 87 Rn. 875 f.; *Worzalla / HWGNRH* § 87 Rn. 634 ff.). Zum Verhältnis des § 87 Abs. 1 Nr. 11 zu Nr. 10 Rdn. 836. Zur Mitbestimmung in **wissenschaftlichen Tendenzbetrieben** die gleichnamige Dissertation (Köln), 1999, von *Poeche* S. 210 ff., zu **Leiharbeitnehmern** *Kraft* FS *Konzen*, 2006, S. 439 (454); *Schirmer* 50 Jahre Bundesarbeitsgericht, S. 1063 (1073 f.).

c) Akkord- und Prämiensätze sowie vergleichbare leistungsbezogene Entgelte

999 Die Arbeitsvergütung kann entweder nach der **Arbeitszeit** oder nach dem vom Arbeitnehmer durch seine Leistung erzielten **Arbeitsergebnis** bemessen werden (Rdn. 932). Beim Zeitlohn bleibt die in-

dividuell unterschiedliche Leistung (Effektivität) der Arbeit des einzelnen Arbeitnehmers für die Bemessung der Arbeitsvergütung unberücksichtigt (Rdn. 955; *Schaub / Vogelsang* Arbeitsrechts-Handbuch, § 63 Rn. 1). Dagegen wird beim **Akkordlohn** von der individuellen Leistung ausgegangen und der Lohn auf die Arbeitsmenge bezogen, so dass der Arbeitnehmer die Möglichkeit hat, durch seine Arbeitsleistung die Höhe der Vergütung zu beeinflussen (Rdn. 1016 ff.). Ebenso sollen beim **Prämienlohn** besondere Leistungen des Arbeitnehmers vergütet werden (Rdn. 1022 ff.). Akkord und Prämie sind die Hauptanwendungsfälle leistungsbezogener Entgelte.

Die notwendige Mitbestimmung nach § 87 Abs. 1 Nr. 11 bezieht sich darüber hinaus auch auf **andere leistungsbezogene Entgelte**, soweit sie Akkord- und Prämienlöhnen vergleichbar sind. Im Gegensatz hierzu wurde im Regierungsentwurf (BT-Drucks. VI/1786, S. 18) noch von »Arbeitsentgelten, deren Höhe nach der persönlichen Leistung des Arbeitnehmers bemessen wird, insbesondere von Akkord- und Prämiensätzen« gesprochen. In der amtlichen Begründung (BT-Drucks. VI/1786, S. 49) wurden auch Provisionen beispielhaft genannt. Durch die jetzige Fassung ist klargestellt worden, dass die in § 87 Abs. 1 Nr. 11 gemeinten leistungsbezogenen Entgelte nach »ähnlichen Lohnfindungsmethoden« wie Akkord- und Prämiensätze ermittelt werden müssen (Bericht 10. Ausschuss, zu BT-Drucks. VI/2729, S. 29). Das ist nur dann der Fall, wenn sie ihrer **Art, Struktur** und **Berechnung** nach mit **Akkord** und **Prämie vergleichbar** sind. 1000

Das **Arbeitsergebnis** muss daher zunächst vom Arbeitnehmer durch seine **Leistung quantitativ** oder **qualitativ beeinflussbar** sein, so dass eine **unmittelbare Abhängigkeit** der **Höhe** des **verdienten Arbeitsentgelts von** der **jeweiligen Leistung** besteht (BAG 15.05.2001 EzA § 87 BetrVG 1972 Leistungslohn S. 4 *[Jacobs]* = AP Nr. 17 zu § 87 BetrVG 1972 Prämie Bl. 2; *LAG Bremen* 21.10.1978 AP Nr. 1 zu § 87 BetrVG 1972 Lohngestaltung Bl. 2 R; *LAG Hamm* 08.10.1975 DB 1975, 2282; *LAG Niedersachsen* 25.02.1980 EzA § 87 BetrVG 1972 Lohn u. Arbeitsentgelt Nr. 12 S. 95; *LAG Rheinland-Pfalz* 22.04.1975 Gewerkschafter 1976, Heft 4, S. 30; *Fitting* § 87 Rn. 501, 530; *Galperin / Löwisch* § 87 Rn. 235, 248; *Gamillscheg* II, S. 941; *Hanau* BB 1972, 475; *ders.* BB 1977, 350 [355]; *Klebe / DKKW* § 87 Rn. 350; *Lieb* DB 1975, 1748 [1750]; *Löwisch* DB 1973, 1746; *Richardi* § 87 Rn. 879; *Rumpff* AuR 1972, 65 [74 f.]; *Stadler* BB 1972, 800 [803]; *Stege / Weinspach / Schiefer* § 87 Rn. 199; *Worzalla / HWGNRH* § 87 Rn. 637, 665; zum Leistungslohn allgemein *Gaul* in *Dietz / Gaul / Hilger* Akkord und Prämie, S. 26 ff.). 1001

Außerdem müssen dem Akkord- und Prämienlohn **vergleichbare Lohnfindungsmethoden** angewandt werden (*Fitting* § 87 Rn. 501, 525, 530, anders Rn. 533; *Heinze* NZA 1986, 1 [2 f.]; *Kaiser / LK* § 87 Rn. 255; *Klebe / DKKW* § 87 Rn. 350; *Richardi* § 87 Rn. 880, 887; *Stadler* BB 1972, 800 [803]; *Stege / Weinspach / Schiefer* § 87 Rn. 198; *Worzalla / HWGNRH* § 87 Rn. 637, 665; **a. M.** *Jahnke* Anm. AR-Blattei, Betriebsverfassung XIV B, Entsch. 33, der bei anderen leistungsbezogenen Entgelten eine Akkord und Prämie vergleichbare Belastung für ausreichend hält; weitere Nachweise Rdn. 1008). Nur unter dieser Voraussetzung besteht ein Bedürfnis für die Mitbestimmung nach § 87 Abs. 1 Nr. 11. Dieser Auffassung hat sich inzwischen das *BAG* angeschlossen, das zunächst bei der Abschlussprovision allein auf deren Leistungsbezogenheit abgestellt hatte (Rdn. 1008 ff.). Zutreffend versteht es nunmehr unter einem Akkord- und Prämienlohn vergleichbaren leistungsbezogenen Entgelt eine **Vergütungsform**, bei der eine **Leistung** des Arbeitnehmers, gleichgültig, worin diese besteht, **gemessen** und mit einer **Bezugsleistung verglichen** wird und bei der sich die Höhe der Vergütung in irgendeiner Weise nach dem angemessenen Verhältnis der Leistung des Arbeitnehmers zur Bezugsleistung bemisst (BAG st. Rspr. 28.07.1981 EzA § 87 BetrVG 1972 Leistungslohn Nr. 4 S. 56 f. *[Gaul]* = AP Nr. 2 zu § 87 BetrVG 1972 Provision Bl. 4 R, 5 f. *[Schulze-Osterloh]*; 13.03.1984 EzA § 87 BetrVG 1972 Leistungslohn Nr. 10 S. 134 *[Otto]* = AP Nr. 4 zu § 87 BetrVG 1972 Provision Bl. 3 *[Hanau]*; 15.05.2001 EzA § 87 BetrVG 1972 Leistungslohn Nr. 18 S. 4 *[Jacobs]* = AP Nr. 17 zu § 87 BetrVG 1972 Prämie Bl. 2; 23.06.2009 AP Nr. 45 zu § 77 BetrVG 1972 Betriebsvereinbarung Rn. 17; auch schon BAG 10.12.1965 EzA § 4 TVG Nr. 10 S. 23 = AP Nr. 1 zu § 4 TVG Tariflohn und Leistungsprämie Bl. 3; weitere Nachweise 9. Aufl. § 87 Rn. 966). Die grundsätzliche Entscheidung über die Einführung leistungsbezogener Entgelte betrifft den Entlohnungsgrundsatz und unterliegt der Mitbestimmung nach § 87 Abs. 1 Nr. 10 (Rdn. 929 ff.). 1002

Damit betrifft § 87 Abs. 1 Nr. 11 **nicht** tarifliche oder betriebliche **feste Leistungszulagen** (zu diesen BAG 11.09.1974 EzA § 4 TVG Metallindustrie Nr. 7 S. 20 ff. = AP Nr. 3 zu § 1 TVG Tarifverträ- 1003

§ 87   IV. 3. Soziale Angelegenheiten

ge: Metallindustrie Bl. 2 ff. *[Wiedemann]*; zur Abgrenzung *Schaub/Vogelsang* Arbeitsrechts-Handbuch, § 63 Rn. 3, 4), selbst wenn sie in gewissen Zeitabständen nach einem Leistungsbewertungssystem neu festgesetzt werden (*LAG Düsseldorf* 16.09.1975 EzA § 87 BetrVG 1972 Initiativrecht Nr. 3 S. 37; *LAG Hamm* 08.10.1975 DB 1975, 2282; *LAG Niedersachsen* 25.02.1980 EzA § 87 BetrVG 1972 Lohn u. Arbeitsentgelt Nr. 12 S. 95 f. = DB 1980, 1849 *[E. Huber]*; *ArbG München* 22.03.1979 DB 1979, 2041 [2042]; *Bender/WPK* § 87 Rn. 264; *Fitting* § 87 Rn. 501, 532; *Galperin/Löwisch* § 87 Rn. 248, 252; *Hanau* BB 1972, 499; *Jedzig* DB 1991, 753 [756]; *Matthes/*MünchArbR § 251 Rn. 64; *Moll* Die Mitbestimmung des Betriebsrats beim Entgelt, S. 55 [67]; *Richardi* § 87 Rn. 879; *Rumpff* AuR 1972, 65 [75]; *Stadler* BB 1972, 800 [803]; *Stege/Weinspach/Schiefer* § 87 Rn. 199; *Worzalla/HWGNRH* § 87 Rn. 669; **a. M.** *Weiss/Weyand* § 87 Rn. 77). Das gilt auch dann, wenn für eine in der Vergangenheit liegende Leistung eine Leistungszulage gewährt wird, die sich nach der Zahl der erhaltenen Beurteilungspunkte bemisst, aber künftig zum tariflichen Stundenlohn gezahlt wird (*BAG* 22.10.1985 EzA § 87 BetrVG 1972 Leistungslohn Nr. 11 S. 148 ff. = AP Nr. 3 zu § 87 BetrVG 1972 Leistungslohn Bl. 2 R ff. *[Streckel]* = SAE 1986, 248 *[Löwisch/Rumler]*; offen gelassen *BAG* 28.02.1984 EzA § 87 BetrVG 1972 Leistungslohn Nr. 9 S. 126 = AP Nr. 4 zu § 87 BetrVG 1972 Tarifvorrang Bl. 4 R = SAE 1985, 293 *[von Hoyningen-Huene]*; **a. M.** *Klebe/DKKW* § 87 Rn. 350). Gleiches gilt, wenn eine **Leistungsprämie** für die in einem Beurteilungszeitraum von drei Monaten erbrachte Leistung die Höhe der Vergütung in den folgenden zwölf Monaten bestimmt (*BAG* 15.05.2001 EzA § 87 BetrVG 1972 Leistungslohn Nr. 18 S. 5 f. *[Jacobs]* = AP Nr. 17 zu § 87 BetrVG 1972 Prämie Bl. 2 R f. = RdA 2002, 239 *[Reichold]* = EWiR § 76 BetrVG 1/02, 3 *[Willemsen/Steineke]* = ZBVR 2001, 272 *[Ilbertz]* = AiB 2002, 117 *[Unterhinninghofen]* = AuA 2002, 235 *[Lenart]*). Zu einer **einmaligen Sonderzahlung** wegen eines vorhergehenden besonderen Engagements in einer einmaligen betrieblichen Situation *BAG* 29.02.2000 EzA § 87 BetrVG 1972 Betriebliche Lohngestaltung Nr. 69 S. 3 ff. = AP Nr. 105 zu § 87 BetrVG 1972 Lohngestaltung Bl. 2 ff. *[Raab]*; *LAG Köln* 16.12.1986 LAGE § 87 BetrVG 1972 Betriebliche Lohngestaltung Nr. 15 S. 2 – Vorinstanz.

1004 Auch eine **gleichbleibende übertarifliche Zulage**, die der Arbeitgeber in Erwartung besonderer Leistungen des Arbeitnehmers gewährt, ist nach § 87 Abs. 1 Nr. 11 nicht mitbestimmungspflichtig (*Stege/Weinspach/Schiefer* § 87 Rn. 199; **a. M.** *Klebe/DKKW* § 87 Rn. 350). Ebenso unterliegen nach analytischer Arbeitsbewertung ermittelte **Arbeitsplatzzulagen** nicht der Mitbestimmung nach § 87 Abs. 1 Nr. 11 (*LAG Rheinland-Pfalz* 22.04.1975, zit. bei *Brill* DB 1978, Beil. Nr. 9, S. 12). Zu **leistungsunabhängigen Prämien** Rdn. 1022 f. Denkbar ist, dass ein **Leistungszulagensystem** die in Rdn. 1000 ff. dargestellten Voraussetzungen erfüllt. Dann ist § 87 Abs. 1 Nr. 11 anwendbar, und es gelten die Ausführungen zum Prämienlohn entsprechend (Rdn. 9, 87 ff., 1039 f.).

1005 Gleiches gilt für die **betriebliche Erfolgs-(Gewinn-)Beteiligung**, die **Jahresabschlussvergütung** oder **Gratifikationen** (*LAG Bremen* 27.10.1978 AP Nr. 1 zu § 87 BetrVG 1972 Lohngestaltung Bl. 2 R; *Fitting* § 87 Rn. 532; *Kaiser/LK* § 87 Rn. 256; *Klebe/DKKW* § 87 Rn. 353; *Loritz* RdA 1998, 257 [264]; *Moll* Die Mitbestimmung des Betriebsrats beim Entgelt, S. 76 f.; *Richardi* § 87 Rn. 893; *Stege/Weinspach/Schiefer* § 87 Rn. 199; *Worzalla/HWGNRH* § 87 Rn. 671). Die genannten Sondervergütungen unterliegen jedoch der Mitbestimmung nach Maßgabe des § 87 Abs. 1 Nr. 10.

1006 Kein leistungsbezogenes Entgelt i. S. d. § 87 Abs. 1 Nr. 11 ist die **Umsatzbeteiligung** im **Gaststättengewerbe** (vgl. auch Rdn. 854; im Ergebnis ebenso *Worzalla/HWGNRH* § 87 Rn. 670; **a. M.** *Moll* Die Mitbestimmung des Betriebsrats beim Entgelt, S. 75).

1007 Besonders umstritten war zunächst die Zuordnung von **Provisionen**. Ganz überwiegend wurden sie **bis zum Beschluss** des *BAG* vom **29.03.1977** (EzA § 87 BetrVG 1972 Leistungslohn Nr. 2 *[Löwisch]* =AP Nr. 1 zu § 87 BetrVG 1972 Provision *[Schulze-Osterloh]* = SAE 1978, 91 *[Lieb]* = AR-Blattei, Betriebsverfassung XIV B, Entsch. 33 *[Jahnke]* = MitbestGespr. 1978, 48 *[Zachert]*; aus Gründen der Selbstbindung in derselben Sache hinsichtlich der Abschlussprovision aufrechterhalten: 28.07.1981 EzA § 87 BetrVG 1972 Leistungslohn Nr. 4 S. 51 ff. *[Gaul]* = AP Nr. 2 zu § 87 BetrVG 1972 Provision Bl. 2 R ff. *[Schulze-Osterloh]* = SAE 1982, 113 *[Löwisch]*) **nicht** als **leistungsbezogene Entgelte** i. S. d. § 87 Abs. 1 Nr. 11 angesehen (*LAG Düsseldorf* 18.11.1975 DB 1976, 1438 f.; *Fitting/Auffarth/Kaiser* 11. Aufl. 1974, § 87 Rn. 65; *Galperin/Löwisch* 5. Aufl. 1976, § 87 Rn. 251 mit Ausnahmen; *Lieb* DB 1975, 1748 ff.; *Löwisch* ZHR Bd. 139 [1975], 362 [377] mit Ausnahmen; *Wiese* Erstbearbeitung, § 87 Rn. 148; **a. M.** *LAG Düsseldorf* 15.01.1974 DAngest. 1974, Heft 12, S. 29;

Dietz/Richardi 5. Aufl. 1973, § 87 Rn. 327; *Hanau* BB 1972, 499 mit Einschränkungen; *Moll* Die Mitbestimmung des Betriebsrats beim Entgelt, S. 67 ff.; *Richardi* ZfA 1976, 1 [31]; weitere Nachweise pro und contra 6. Aufl. § 87 Rn. 971). Keine Entgeltfestsetzung i. S. d. Nr. 11 ist die **Zuweisung** eines **eigenen Büros** an leistungsabhängig vergütete Außendienstmitarbeiter (*BAG* 31.05.2005 EzA § 87 BetrVG 2001 Betriebliche Lohngestaltung Nr. 7 S. 9 = AP Nr. 125 zu § 87 BetrVG 1972 Lohngestaltung Bl. 4 R).

Ohne die Frage abschließend zu entscheiden, hatte dagegen das *BAG* in seinem **Beschluss** vom **1008** **29.03.1977** (Rdn. 1007, EzA § 87 BetrVG 1972 Leistungslohn Nr. 2 S. 26 ff. = AP Nr. 1 zu § 87 BetrVG 1972 Provision Bl. 4 R ff.) zunächst **Abschlussprovisionen** als leistungsbezogene Entgelte angesehen (ebenso – z. T. auch jetzt noch – *Fitting* § 87 Rn. 535; *Hanau* FS *G. Müller*, 1981, S. 169 [185 ff.]; *Klebe/DKKW* § 87 Rn. 352; *Konzen* ZfA 1978, 451 [483 f.]; **a. M.** *LAG Düsseldorf* 30.07.1982 DB 1982, 1990 [1991]; *Lieb* SAE 1978, 91 [95 f.]; *Löwisch* Anm. EzA § 87 BetrVG 1972 Leistungslohn Nr. 2 S. 32 ff.; *Matthes/*MünchArbR § 251 Rn. 63; *Stege/Weinspach/Schiefer* § 87 Rn. 200b; *Worzalla/HWGNRH* § 87 Rn. 668; weitere Nachweise pro und contra 6. Aufl. § 87 Rn. 972).

Dem *BAG* war darin zuzustimmen, dass **Provisionen** nicht nur erfolgs-, sondern auch **leistungs-** **1009** **abhängig** sind (so für die Anteils- und Leitungsprovision erneut *BAG* 28.07.1981 EzA § 87 BetrVG 1972 Leistungslohn Nr. 4 S. 55 f. *[Gaul]* = AP Nr. 2 zu § 87 BetrVG 1972 Provision Bl. 4 f. *[Schulze-Osterloh]*; 13.03.1984 EzA § 87 BetrVG 1972 Leistungslohn Nr. 10 S. 138 f. = AP Nr. 4 zu § 87 BetrVG 1972 Provision Bl. 4 R *[Hanau]*). Insoweit war die Sicht der bisher h. M. zu eng. Das *BAG* war jedoch den Nachweis dafür schuldig geblieben, dass die Abschlussprovision ein Akkord- und Prämienlohn vergleichbares leistungsbezogenes Entgelt sei. Mit Recht wies es selbst darauf hin, der Abschlussprovision gebe es weder einen Zeitfaktor noch eine Normalleistung (29.03.1977 EzA § 87 BetrVG 1972 Leistungslohn Nr. 2 S. 26 *[Löwisch]* = AP Nr. 1 zu § 87 BetrVG 1972 Provision Bl. 4 R *[Schulze-Osterloh]*). Der Hinweis auf die von den Versicherungsvertretern zu erbringende Leistung als Voraussetzung für den Versicherungsabschluss und der Umstand, dass die Versicherungswirtschaft bei den Abschlussprovisionen an den persönlichen Einsatz der Außendienstangestellten anknüpft, reichten als Begründung der Ansicht des *BAG* nicht aus. Selbst wenn man bei jedem von der Leistung des Arbeitnehmers irgendwie beeinflussbaren Arbeitsentgelt ein Schutzbedürfnis unterstellt, fragt es sich doch, ob dieses gerade durch den Gesetzeszweck des § 87 Abs. 1 Nr. 11 gedeckt wird. Das ist zu verneinen, soweit **nicht** eine »**ähnliche Lohnfindungsmethode**« wie bei Akkord- und Prämienlohn gegeben ist (Rdn. 1002; zur Entstehungsgeschichte auch *Bolten* DB 1977, 1650 f.; *Klinkhammer* AuR 1977, 363 [367]; *Lieb* DB 1975, 1748). Wesentliches Element von Akkord und Prämie ist eine Normalleistung als Anknüpfungspunkt für das Normalentgelt, bei vergleichbaren leistungsbezogenen Entgelten daher allgemein die **Anknüpfung an** eine **Bezugsleistung** (Rdn. 1002; zum Begriff *BAG* 28.07.1981 EzA § 87 BetrVG 1972 Leistungslohn Nr. 4 S. 59 *[Gaul]* = AP Nr. 2 zu § 87 BetrVG 1972 Provision Bl. 6 *[Schulze-Osterloh]*; krit. *Hanau* FS *G. Müller*, 1981, S. 169 [186 ff.]). Durch die unmittelbare Abhängigkeit des verdienten Entgelts von der jeweiligen Leistung wird nicht nur ein Leistungsanreiz erzielt, sondern kann auch ein unangemessener Leistungsdruck ausgeübt werden. Deshalb genügt es nicht, dass Entlohnungsgrundsatz und Entlohnungsmethode nach § 87 Abs. 1 Nr. 10 mitbestimmungspflichtig sind. Vielmehr bedarf es auch eines Schutzes bei der Festsetzung der Ansätze selbst, was durch § 87 Abs. 1 Nr. 11 gewährleistet wird.

An dieser **Vergleichbarkeit fehlt** es grundsätzlich bei der **Abschlussprovision**, die als Umsatzbetei- **1010** ligung ausgestaltet ist (*LAG Brandenburg* 14.01.2004 LAGE § 87 BetrVG 2001 Arbeitsentgelt Nr. 1 S. 3; insbesondere *Löwisch* Anm. EzA § 87 BetrVG 1972 Leistungslohn Nr. 2 S. 33 f.; *ders.* in: *Galperin/Löwisch* § 87 Rn. 251; *ders.* ZHR Bd. 139 [1975], 362 [377]; *Heinze* NZA 1986, 1 [2 ff.], ferner Rdn. 1001; **a. M.** *Klebe/DKKW* § 87 Rn. 352). Gleiches gilt für **die Vermittlungs-, Anteils-** **und Leitungsprovision** (*Galperin/Löwisch* § 87 Rn. 251; *Heinze* NZA 1986, 1 [2 ff.]; *Heuking* DB 1982, 279 ff.; *Löwisch* Anm. EzA § 87 BetrVG 1972 Leistungslohn Nr. 2 S. 33 mit Ausnahmebeispielen; *Stege/Weinspach/Schiefer* § 87 Rn. 200a; *Worzalla/HWGNRH* § 87 Rn. 668; **a. M.** *Pornschlegel* AuR 1983, 193 ff.; *ders.* Anm. AuR 1984, 94 [96]). Die möglicherweise unangemessene Festsetzung der Umsatzbeteiligung rechtfertigt nicht die Anwendbarkeit des § 87 Abs. 1 Nr. 11 (zur rechtspolitischen Problematik aber *BAG* 13.03.1984 EzA § 87 BetrVG 1972 Leistungslohn Nr. 10 S. 137 *[Otto]* =

§ 87

AP Nr. 4 zu § 87 BetrVG 1972 Provision Bl. 4 f. *[Hanau]*). Andernfalls würde die Grenze zum Zeitlohn verwischt, der schließlich auch für eine Arbeitsleistung gewährt wird und im Verhältnis zu dieser unangemessen sein kann. Eine Mitbestimmung nach § 87 Abs. 1 Nr. 11 ist daher nur unter den aufgezeigten Voraussetzungen anzuerkennen, die sich aus der besonderen Schutzbedürftigkeit des Arbeitnehmers bei Leistungslöhnen ergeben.

1011 Das *BAG* hat sich der Kritik nicht verschlossen und zunächst für die **Anteils-** und **Leitungsprovision** gleichfalls ein Leistungsentgelt i. S. d. § 87 Abs. 1 Nr. 11 verneint (*BAG* 28.07.1981 EzA § 87 BetrVG 1972 Leistungslohn Nr. 4 S. 56 ff. *[Gaul]*= AP Nr. 2 zu § 87 BetrVG 1972 Provision Bl. 4 R ff. *[Schulze-Osterloh]* = SAE 1982, 113 *[Löwisch]*; vgl. auch 13.03.1984 EzA § 87 BetrVG 1972 Leistungslohn Nr. 10 S. 134 ff. *[Otto]* = AP Nr. 4 Bl. 3 ff. *[Hanau]*; 26.07.1988 EzA § 87 BetrVG 1972 Leistungslohn Nr. 16 S. 4 *[Otto]* = AP Nr. 6 zu § 87 BetrVG 1972 Provision Bl. 2 f.; krit. *Säcker* FS *Kreutz*, S. 399 [403 ff.]). Ebenso hat es unter Aufgabe seiner gegenteiligen Rechtsansicht inzwischen für die **Abschlussprovision** entschieden (*BAG* 13.03.1984 EzA § 87 BetrVG 1972 Leistungslohn Nr. 10 *[Otto]*= AP Nr. 4 zu § 87 BetrVG 1972 Provision Bl. 4 R *[Hanau]* = SAE 1985, 120 *[Meisel]*; 26.07.1988 EzA § 87 BetrVG 1972 Leistungslohn Nr. 16 S. 4 *[Otto]* = AR-Blattei, Betriebsverfassung XIV B, Entsch. 109 *[Schwab]*; ebenso allgemein für Provisionen nunmehr *Fitting* § 87 Rn. 535 unter Aufgabe der in der Vorauflage vertretenen Ansicht).

1012 Bei Provisionen hat der Betriebsrat daher in der Regel nur nach Maßgabe des § 87 Abs. 1 Nr. 10 mitzubestimmen (Rdn. 947, 961). Sollten ausnahmsweise Provisionsregelungen den dargelegten Voraussetzungen des § 87 Abs. 1 Nr. 11 entsprechen, wäre allerdings auch nach dieser Vorschrift die Mitbestimmung gegeben (*Galperin/Löwisch* § 87 Rn. 251; *Richardi* § 87 Rn. 888; vgl. auch *BAG* 28.07.1981 EzA § 87 BetrVG 1972 Leistungslohn Nr. 4 S. 59 f. *[Gaul]* = AP Nr. 2 zu § 87 BetrVG 1972 Provision Bl. 6 *[Schulze-Osterloh]*; krit. *Westhoff* DB 1980, 1260 [1264]).

1013 Der Mitbestimmung nach § 87 Abs. 1 Nr. 11 unterliegt der **Gedingelohn** (*Fitting* § 87 BetrVG Rn. 534; *Moll* Die Mitbestimmung des Betriebsrats beim Entgelt, S. 75; *Richardi* § 87 Rn. 891; *Worzalla/HWGNRH* § 87 Rn. 666). Dieser ist eine den Bedürfnissen des Bergbaus entsprechende besondere Form des Leistungslohns (*Boldt* Das Recht des Bergmanns, 3. Aufl. 1960, S. 314 ff. [334 f.]; *Gaul* BB 1990, 1549 [1550]; *Schaub/Vogelsang* Arbeitsrechts-Handbuch, § 67 Rn. 33 ff.).

1014 Mitbestimmungspflichtig nach § 87 Abs. 1 Nr. 11 sind auch Stückakkorde von **Heimarbeitern** i. S. d. § 6 Abs. 1 (*BAG* 13.09.1983 AP Nr. 11 zu § 19 HAG Bl. 3 R *[Brecht]*).

1015 Die **Bedeutung** der **Mitbestimmung** bei den Akkord und Prämie **vergleichbaren leistungsbezogenen Entgelten** liegt vor allem darin, bisher noch nicht bekannte oder jedenfalls nicht praktizierte Leistungsbewertungssysteme zu erfassen (*Galperin/Löwisch* § 87 Rn. 253; *Rumpff* AuR 1972, 65 [66]; ein Beispiel entwickelt *Schaub/Vogelsang* Arbeitsrechts-Handbuch, § 63 Rn. 6). Zu **Pensumentgelten** und **Zielvereinbarungen** Rdn. 852. Maßgebend für die Anwendbarkeit des § 87 Abs. 1 Nr. 11 ist die Ausgestaltung des Zielvereinbarungssystems, so dass bei Erfüllung der genannten Kriterien Zielvereinbarungen dieser Vorschrift unterfallen (*BAG* 21.10.2003 EzA § 80 BetrVG 2001 Nr. 3 S. 11 = AP Nr. 62 zu § 80 BetrVG 1972 Bl. 4 R *[zust. Wiese* m. w. N.*]*; *Annuß* NZA 2007, 290 [296]; *Däubler* NZA 2005, 793 [796]; *Klebe/DKKW* § 87 Rn. 351; *Linck/Koch* FS *Bepler*, S. 357 [362 ff.]; *Riesenhuber/von Steinau-Steinrück* NZA 2005, 785 [788]).

d) Akkordlohn

1016 Beim Akkordlohn richtet sich die Höhe des Arbeitsentgelts im Gegensatz zum Prämienlohn ausschließlich nach der geleisteten **Arbeitsmenge**, die nach den jeweiligen betrieblichen Bedürfnissen näher bestimmt wird. Hervorzuheben sind der **Stückakkord** (bezogen auf die Anzahl der hergestellten Stücke), **Gewichtsakkord** (bezogen auf das Gewicht, z. B. von befördertem Material: Kies), **Flächenakkord** (bezogen auf die Größe einer bearbeiteten Fläche: Malerarbeiten), **Maßakkord** (bezogen auf bestimmte Maße: Länge von Nähten) und **Pauschalakkord** (bezogen auf größere Arbeitsaufgaben mit verschiedenen Arbeitsinhalten: Aufreißen und Pflastern einer Straße; zu Vorstehendem *Gaul* in: *Dietz/Gaul/Hilger* Akkord und Prämie, S. 41 f.; *ders.* BB 1990, 1549 [1551]; *Schaub/Vogelsang* Arbeitsrechts-Handbuch, § 64 Rn. 4 ff.; zu den Fachausdrücken beim Akkordlohn *Dietz/Gaul/Hilger* Akkord und Prämie, S. 18 ff.).

Für die jeweilige Leistungseinheit wird die Vergütung entweder nach dem **Geld- oder Zeitakkord** 1017 ermittelt, die sich prinzipiell nicht unterscheiden. Ausgangspunkt beider ist die Überlegung, dass bei einer als üblich (normal) vorausgesetzten **Ausgangsleistung** eine in bestimmter Zeit **(Zeitfaktor)** erbringbare Leistung mit einem bestimmten Geldbetrag **(Geldfaktor)** vergütet werden soll. **Normalleistung** ist die Leistung, die ein ausreichend geeigneter, eingearbeiteter und voll geübter Arbeitnehmer ohne Gesundheitsgefährdung auf Dauer erbringen kann (*BAG* 16.04.2002 EzA § 87 BetrVG 1972 Leistungslohn Nr. 19 S. 7 = AP Nr. 9 zu § 87 BetrVG 1972 Akkord Bl. 3). Nur die Berechnungsart ist bei Geld- und Zeitakkord verschieden. Beim Geldakkord ist der Geldbetrag unmittelbar auf die Leistungseinheit (Rdn. 1016) bezogen, beim Stückakkord also auf das einzelne Stück, beim Gewichtsakkord auf ein bestimmtes Gewicht usw. Der Zeitfaktor tritt hier nicht besonders in Erscheinung, weil er bereits bei der Festlegung des Geldfaktors berücksichtigt worden ist. Beim Zeitakkord wird dagegen für eine bestimmte Zeit ein bestimmter Geldbetrag als Vergütungsmaßstab festgesetzt. Das geschieht in der Weise, dass zunächst für eine Leistungseinheit die Zahl der Minuten bestimmt wird, die bei Normalleistung aufzuwenden ist. Der Zeitfaktor wird also besonders ausgewiesen. Jede Minute wird mit einem bestimmten Betrag (Geldfaktor) vergütet, nämlich 1/60 des Akkordrichtsatzes (Rdn. 1018 f.). Während somit beim Geldakkord der effektive Verdienst aus dem Geldfaktor, multipliziert mit der Anzahl der Leistungseinheiten, folgt, sind diese beim Zeitakkord mit dem Zeitfaktor (Vorgabezeit) und dem Geldfaktor zu multiplizieren (Beispiele Rdn. 1019). Der Zeitakkord hat u. a. den Vorteil, dass bei einer Lohnerhöhung unter gleichbleibenden Arbeitsbedingungen nur der Geldfaktor geändert zu werden braucht (zur Unterscheidung von Geldakkord und Zeitakkord auch *Dietz* in: *Dietz/Gaul/Hilger* Akkord und Prämie, S. 262 ff.).

Für die Höhe des Akkordlohns maßgebend ist somit die **Akkordvorgabe**, d. h. der für die Ermittlung 1018 der individuellen Arbeitsleistung maßgebende Umrechnungsfaktor. Akkordvorgabe ist beim Geldakkord der Geldwert – z. B. 0,60 Euro pro Stück –, beim Zeitakkord die Zeit der Leistungseinheit (z. B. 6 Minuten pro Stück): **Vorgabezeit**. Diese Zeit erhält der Arbeitnehmer unabhängig von der von ihm tatsächlich aufgewendeten Zeit angerechnet (vgl. auch *BAG* 16.04.2002 EzA § 87 BetrVG 1972 Leistungslohn Nr. 19 S. 7 = AP Nr. 9 zu § 87 BetrVG 1972 Akkord Bl. 3). Die Akkordvorgabe wird auf der Grundlage des **Akkordrichtsatzes** festgesetzt. Dieser ist der Stundenverdienst eines Akkordarbeiters bei Normalleistung (Grundlohn plus Zuschläge) und ist in der Regel tariflich festgelegt. Entsprechend der tatsächlich erbrachten Leistung erhöht oder verringert sich ungeachtet einer tariflichen Mindestlohngarantie der effektive Verdienst des Akkordarbeiters. Deshalb muss die Akkordvorgabe angemessen sein, so dass eine die Normalleistung übersteigende persönliche Leistung auch tatsächlich zu einem höheren Verdienst als dem Betrag des Akkordrichtsatzes führt. Die Akkordvorgabe kann frei vereinbart werden (**ausgehandelter Akkord**), nach betrieblichen Erfahrungen geschätzt (**Faust-** oder **Meisterakkord** sowie **Schätzakkord**) oder nach **arbeitswissenschaftlichen Grundsätzen** (zu den Methoden Rdn. 958) ermittelt werden (hierzu *Gaul* in: *Dietz/Gaul/Hilger* Akkord und Prämie, S. 51 ff.).

Beträgt z. B. der Akkordrichtsatz 11,00 Euro, muss beim Stückakkord für die Festsetzung der Akkord- 1019 vorgabe ermittelt werden, wie viele Stücke bei Normalleistung in einer Stunde hergestellt bzw. bearbeitet werden können. Angenommen, es seien zehn Stück, so würde bei Normalleistung ein Stück 6 Minuten Arbeitszeit erfordern und 1,10 Euro Vergütung erbringen. Der Akkordlohn des einzelnen Arbeitnehmers errechnet sich dann beim Geldakkord aus der Arbeitsmenge – beim Stückakkord also nach der Zahl der hergestellten Stücke – multipliziert mit dem Geldfaktor. Würde im vorstehenden Beispiel ein Arbeitnehmer genau die Normalleistung erbringen, d. h. 10 Stück herstellen, erhielte er $10 \times 1,10 = 11,00$ Euro, bei 12 Stück dagegen $12 \times 1,10 = 13,20$ Euro. Beim Zeitakkord ist die Arbeitsmenge mit der Vorgabezeit (Zeitfaktor) und dem Minutenwert, d. h. 1/60 des Akkordrichtsatzes (Geldfaktor) zu multiplizieren, beim Stückakkord also die Anzahl der hergestellten Stücke mit der Vorgabezeit und 1/60 des Akkordrichtsatzes. Würde im vorstehenden Beispiel wieder die Normalleistung (10 Stück) erbracht, ergäbe sich folgende Berechnung: $10 \times 6 \times 11 : 60 = 11,00$ Euro, bei 12 Stück $12 \times 6 \times 11 : 60 = 13,20$ Euro.

Der Akkordlohn kann nach dem Arbeitsergebnis eines einzelnen Arbeitnehmers (**Einzelakkord**) 1020 oder nach dem einer Arbeitsgruppe bemessen und dann auf die einzelnen Arbeitnehmer verteilt werden (**Gruppenakkord**; *BAG* 26.04.1961 EzA § 611 BGB Akkord Nr. 3 S. 15 = AP Nr. 14 zu § 611

BGB Akkordlohn Bl. 1 R *[Gaul]*). Diese Frage unterliegt bereits nach § 87 Abs. 1 Nr. 10 der Mitbestimmung (Rdn. 935; *Moll* Die Mitbestimmung des Betriebsrats beim Entgelt, S. 27).

e) Prämienlohn

1021 Prämien dienen gleichfalls der Vergütung besonderer Leistungen des Arbeitnehmers. Hinsichtlich ihrer Einführung und arbeitstechnischen Ausgestaltung sowie des dabei anzuwendenden Verfahrens hat der Betriebsrat bereits nach § 87 Abs. 1 Nr. 10 mitzubestimmen (Rdn. 937 ff., 959 f.). Die Mitbestimmung nach § 87 Abs. 1 Nr. 11 betrifft darüber hinaus die Festsetzung der nicht von § 87 Abs. 1 Nr. 10 erfassten Prämiensätze einschließlich der Geldfaktoren. Die Arbeitsvergütung kann ausschließlich aus Prämien mit oder ohne Mindestentgeltgarantie zusammengesetzt sein (Prämienentgeltsystem); üblich ist aber noch die Verbindung von Tarifentgelt (Zeit- oder Akkordlohn) und Prämie (*Schaub/Vogelsang* Arbeitsrechts-Handbuch, § 65 Rn. 8). Zu der für die Mitbestimmung unerheblichen Abgrenzung von Akkord und Mengenleistungsprämie *Moll* Die Mitbestimmung des Betriebsrats beim Entgelt, S. 54 f.

1022 Die Vorschrift des § 87 Abs. 1 Nr. 11 kommt nur für eine Prämienvergütung in Betracht, bei der das **Leistungsergebnis** vom Arbeitnehmer **beeinflussbar** ist und die **Leistung gemessen** sowie mit einer **Bezugsleistung verglichen** wird, so dass die Höhe der Prämien und damit des Arbeitsentgelts unmittelbar von der jeweiligen Leistung des Arbeitnehmers abhängt (Rdn. 999 ff.; *Fitting* § 87 Rn. 525, anders Rn. 533; *Galperin/Löwisch* § 87 Rn. 243 ff.; *Richardi* § 87 Rn. 821; *Stege/Weinspach/Schiefer* § 87 Rn. 196; *Worzalla/HWGNRH* § 87 Rn. 665).

1023 **Nicht mitbestimmungspflichtig** nach § 87 Abs. 1 Nr. 11 sind daher solche Prämien, die diese Kriterien nicht erfüllen. Das gilt insbesondere für Prämien, die unabhängig von der persönlichen Leistung des Arbeitnehmers aus besonderem Anlass gezahlt werden, wie **Treue-, Jubiläums-, Umsatz-** und **Jahresabschlussprämien** (Rdn. 1005; *Fitting* § 87 Rn. 501, 532; *Klebe/DKKW* § 87 Rn. 349; *Moll* Die Mitbestimmung des Betriebsrats beim Entgelt, S. 55; *Richardi* § 87 Rn. 821, 879; *Stege/Weinspach/Schiefer* § 87 Rn. 196, 199; *Worzalla/HWGNRH* § 87 Rn. 657, 671). Ebenso wenig handelt es sich um die Vergütung für eine besondere Leistung, wenn Prämien – z. B. **Anwesenheits-** und **Pünktlichkeitsprämien** für vom Arbeitnehmer ohnehin geschuldete Leistungen – gewährt werden (*ArbG Berlin* 27.08.1973 zit. bei *Brill* DB 1978, Beil. Nr. 9, S. 12; *Fitting* § 87 Rn. 501, 528; *Klebe/DKKW* § 87 Rn. 353; *Matthes/MünchArbR* § 251 Rn. 64; *Moll* Die Mitbestimmung des Betriebsrats beim Entgelt, S. 55; *Richardi* § 87 Rn. 821, 879; *Stege/Weinspach/Schiefer* § 87 Rn. 196, 199; *Worzalla/HWGNRH* § 87 Rn. 657, 671). Auch Prämien für sog. **Tourenleiter** bei Überschreitung eines Solls sind keine leistungsbezogenen Entgelte i. S. d. § 87 Abs. 1 Nr. 11, weil sie nicht nach dem konkreten Arbeitsergebnis ermittelt werden; jedoch unterliegt die Änderung des als Ausgang für die Prämiengestaltung dienenden Soll-Stands der Mitbestimmung nach § 87 Abs. 1 Nr. 10 (*LAG Hamm* 18.12.1975 AuR 1976, 122). Entsprechendes gilt bei Prämien für **Außendienstmitarbeiter** in Form einer **Umsatzbeteiligung**, soweit eine bestimmte »Sollvorgabe« überschritten wird (a. M. *ArbG Ludwigshafen/Mainz* 17.08.1973, zit. bei *Brill* DB 1978, Beil. Nr. 9, S. 12: leistungsbezogenes Entgelt i. S. d. § 87 Abs. 1 Nr. 11). Mit Recht hat auch das *BAG* (10.07.1979 EzA § 87 BetrVG 1972 Leistungslohn Nr. 3 S. 44 f. = AP Nr. 2 zu § 87 BetrVG 1972 Lohngestaltung Bl. 4 R *[Schulze-Osterloh]* = SAE 1981, 41 *[Lieb/Randerath]*) die Mitbestimmung nach § 87 Abs. 1 Nr. 11 bei **Wettbewerbsprämien**, durch die der Außendienst zu gezielten Verkaufsanstrengungen motiviert werden sollte, mangels einer Normalleistung verneint. Zu **Nichtraucherprämien** *Börgmann* RdA 1993, 275 (285) und *Wiese* Rdn. 224. In allen diesen Fällen richtet sich die Mitbestimmung allein nach § 87 Abs. 1 Nr. 10 (Rdn. 937 ff., 959 f.). Zur fehlenden Mitbestimmung bei Zahlung von Prämien an Streikbrecher als Arbeitskampfmaßnahme dagegen *von Hoyningen-Huene* DB 1989, 1466 (1469 f.).

1024 Die **Bedeutung** von **Prämienlöhnen** wird in dem Maße zunehmen, wie durch die fortschreitende Automation mit geringerer Beeinflussbarkeit der Arbeitsmenge durch den Arbeitnehmer Akkordarbeit abnehmen wird. Dadurch werden andere vom Arbeitnehmer beeinflussbare Bezugsgrößen wie vor allem die Qualität der Produktion, Maschinenausnutzung und Rohstoffersparnis geeignetere Anknüpfungspunkte für Leistungslöhne.

f) Festsetzung der Akkord- und Prämiensätze

aa) Grundsatz

Nach § 87 Abs. 1 Nr. 11 des **Regierungsentwurfs** (BT-Drucks. VI/1786, S. 18) sollte der Betriebsrat mitbestimmen bei der »Festsetzung von Arbeitsentgelten, deren Höhe nach der persönlichen Leistung des Arbeitnehmers bemessen wird, insbesondere von Akkord- und Prämiensätzen, sowie (der) Festlegung der für die Ermittlung und Berechnung dieser Entgelte maßgebenden Grundlagen«. In der **amtlichen Begründung** (BT-Drucks. VI/1786, S. 49) heißt es u. a., hiermit werde die in Rechtsprechung und Literatur umstrittene Frage klargestellt, dass sich das Mitbestimmungsrecht des Betriebsrats auf die **Festlegung aller Bezugsgrößen** erstrecke, die für die Ermittlung und Berechnung der leistungsbezogenen Entgelte von Bedeutung sind; so solle z. B. beim Akkordlohn ein Mitbestimmungsrecht des Betriebsrats sowohl hinsichtlich der Festlegung des Zeitfaktors als auch des Geldfaktors bestehen. Da die Fassung des Regierungsentwurfs mehrdeutig war und in dem Sinne hätte ausgelegt werden können, die Mitbestimmung beziehe sich auch auf die Festsetzung des Anspruchs der einzelnen Arbeitnehmer, wurde § 87 Abs. 1 Nr. 11 aufgrund der **Beschlüsse des 10. Ausschusses** umformuliert (BT-Drucks. VI/2729, S. 39). Damit war nur eine Präzisierung beabsichtigt, durch die klarer als im Regierungsentwurf zum Ausdruck gebracht werden sollte, »dass nur die Ansätze von Akkord- und Prämienlöhnen und vergleichbarer leistungsbezogener Entgelte als abstrakt generelle Tatbestände dem Mitbestimmungsrecht des Betriebsrats unterliegen sollen, die ihrerseits erst als Grundlage für den individuellen Anspruch des einzelnen Arbeitnehmers dienen« (Bericht 10. Ausschuss, zu BT- Drucks. VI/2729, S. 4 [29]). Die Absicht des Gesetzgebers, mit dem Geldfaktor das Mitbestimmungsrecht des Betriebsrats im Gegensatz zur früheren Regelung auch auf die Geldseite der Leistungsentgelte und damit auf die Höhe des Arbeitsentgelts zu erstrecken, wurde damit aber nicht aufgegeben (zutr. *BAG* 13.09.1983 EzA § 87 BetrVG 1972 Leistungslohn Nr. 8 S. 110 f. *[Löwisch/Reimann]* = AP Nr. 3 zu § 87 BetrVG 1972 Prämie Bl. 3 *[Hanau]*). **1025**

Die Umformulierung des § 87 Abs. 1 Nr. 11 sollte also – abgesehen von der Beschränkung auf leistungsbezogene Entgelte (Rdn. 1000 ff.) – nur verdeutlichen, dass allein **kollektive Tatbestände**, dagegen keine Einzelfälle (zum Begriff *Wiese* Rdn. 15) der Mitbestimmung unterliegen (insoweit auch *LAG Düsseldorf* 24.08.1981 EzA § 87 BetrVG 1972 Leistungslohn Nr. 5 S. 69 f. *[Gaul]*; *Fitting* § 87 Rn. 518; *H. Hanau* Individualautonomie, S. 174 f.; *Stege/Weinspach/Schiefer* § 87 Rn. 194; *Worzalla/HWGNRH* § 87 Rn. 645, 654). Das war schon nach bisherigem Recht anerkannt (*BAG* 07.09.1956 AP Nr. 2 zu § 56 BetrVG Bl. 3 R; 01.02.1957 AP Nr. 4 zu § 56 BetrVG Bl. 4 R; *Dietz* § 56 Rn. 202; *Hueck/Nipperdey* II/2, S. 1385 m. w. N.). Dagegen sollte die »Präzisierung« (Rdn. 1025) **nicht** die Mitbestimmung auf die **Vereinbarung von Regeln** oder die **Aufstellung** einer **Vollzugsordnung**, nach der die Ansätze ermittelt werden, **beschränken** (so aber *Kammann/Hess/Schlochauer* § 87 Rn. 224). Diese Auffassung ist zutreffend schon zum bisherigen Recht abgelehnt worden (*BAG* 01.02.1957 AP Nr. 4 zu § 56 BetrVG Bl. 4 R; 03.06.1960 AP Nr. 21 zu § 56 BetrVG Bl. 2; 08.02.1963 AP Nr. 4 zu § 56 BetrVG Akkord Bl. 2; *Hueck/Nipperdey* II/2, S. 1383 ff. m. w. N.; a. M. *Dietz* § 56 Rn. 183, 201, 203 f. m. w. N.). Die Mitbestimmung bezieht sich vielmehr, wie die Materialien eindeutig bestätigen, auf die Entscheidung über **alle einzelnen Ansätze selbst** (*BAG* 16.04.2002 EzA § 87 BetrVG 1972 Leistungslohn Nr. 19 S. 7 = AP Nr. 9 zu § 87 BetrVG 1972 Akkord Bl. 3; *Fitting* § 87 Rn. 498 f., 521; *Galperin/Löwisch* § 87 Rn. 240; *Moll* Die Mitbestimmung des Betriebsrats beim Entgelt, S. 29 ff.; *Richardi* § 87 Rn. 895; *ders.* ZfA 1976, 1 [25 f.]; *Rumpff* AuR 1972, 65 [73]; *Schaefer* BB 1972, 711 [713]; *Worzalla/HWGNRH* § 87 Rn. 645). **1026**

bb) Geldfaktoren

Äußerst umstritten war zunächst, welche Bedeutung der Mitbestimmung bei den »Geldfaktoren« i. S. d. § 87 Abs. 1 Nr. 11 zukommt. Nach Auffassung vor allem von *Richardi* (Anm. AP Nr. 1 zu § 87 BetrVG 1972 Bl. 4 R f.; *ders.* ZfA 1976, 1 [19, 24, 25 ff., 44]; *ders.* § 87 Rn. 904 ff.) könne aus deren Erwähnung im Gesetz nicht geschlossen werden, die Mitbestimmung erstrecke sich hier ausnahmsweise auch auf die lohnpolitische Entscheidung über die Lohnhöhe. Durch die Mitbestimmung nach § 87 Abs. 1 Nr. 11 bei der Festsetzung der Geldfaktoren solle vielmehr auf der Grundlage eines vorgegebenen Akkordrichtsatzes die Richtigkeit der leistungsbezogenen Entgelte gesichert werden, um eine leistungsgerechte Entlohnung sicherzustellen (im Ergebnis ebenso *LAG Düsseldorf* **1027**

18.11.1975 DB 1976, 1438 [1439]; *LAG* Hamm 14.05.1976 EzA § 87 BetrVG 1972 Leistungslohn Nr. 1 S. 13 f.; *Galperin/Löwisch* § 87 Rn. 241 f., 247; *Joost* ZfA 1993, 257 [271 ff.]; *Lieb* DB 1975, 1748 [1750 f.]; *Lieb/Jacobs* Arbeitsrecht, Rn. 826 ff.; *Loritz/ZLH* Arbeitsrecht, § 51 II 11, IV 1; *Löwisch* ZHR Bd. 139 [1975], 362 [378 f.]; *ders.* Anm. SAE 1982, 118, anders früher DB 1973, 1746 [1747]; *Stege/Weinspach/Schiefer* § 87 Rn. 14, 189a, 195a, 197; *Veit* Zuständigkeit des Betriebsrats, S. 348 ff.; *Worzalla/HWGNRH* § 87 Rn. 654, 664; **a. M.** *Erdmann/Jürging/Kammann* § 87 Rn. 120 ff.).

1028 Nach zutreffender Auffassung bezieht sich die **Mitbestimmung** hinsichtlich der **Geldfaktoren** dagegen **auch** auf die **Entgelthöhe**, soweit dem nicht § 77 Abs. 3, § 87 Abs. 1 entgegenstehen (*BAG* Rdn. 1029; *LAG* Niedersachsen 25.02.1980 EzA § 87 BetrVG 1972 Lohn u. Arbeitsentgelt Nr. 12 S. 95; *Bender/WPK* § 87 Rn. 250, 257; *Fitting* § 87 Rn. 516; *Gester/Isenhardt* RdA 1974, 80 [85]; *Hanau* RdA 1973, 281 [282]; *von Hoyningen-Huene* Betriebsverfassungsrecht, § 12 II Rn. 89; *Kaiser/LK* § 87 Rn. 251; *Kania/*ErfK § 87 BetrVG Rn. 121 f.; *Klinkhammer* AuR 1977, 363 [365 f.]; *Klebe/DKKW* § 87 Rn. 339, 354, 355; *Matthes/*MünchArbR § 251 Rn. 69 ff.; *Moll* Die Mitbestimmung des Betriebsrats beim Entgelt, S. 44 ff.; *Rieble/AR* § 87 BetrVG Rn. 74; *Rumpff* AuR 1972, 65 [71, 74]; *Säcker* FS *Kreutz*, S. 399, 403; *Schaub/Koch* Arbeitsrechts-Handbuch, § 235 Rn. 113; *Strieder* BB 1980, 420 f.; *Weiss/Weyand* § 87 Rn. 78; *Wiese* Initiativrecht, S. 70 ff.; krit. *Gamillscheg* II, S. 942).

1029 Das *BAG* (02.12.1960 AP Nr. 1 zu § 56 BetrVG Entlohnung Bl. 3 R) hatte schon zu § 56 Abs. 1 Buchst. g und h BetrVG 1952 darauf hingewiesen, ein Grundsatz, dass Lohnpolitik nicht auf der Betriebsebene betrieben werden dürfe, sei gesetzlich nicht ausdrücklich als ausnahmslos zu beachtende Vorschrift verankert. Diesen Gedanken hat es zu § 87 Abs. 1 Nr. 11 fortgeführt und hervorgehoben, die Lohnpolitik durch Mitbestimmung sei dem Betriebsrat vielmehr hinsichtlich des Leistungsentgelts eröffnet worden (*BAG* 29.03.1977 EzA § 87 BetrVG 1972 Leistungslohn Nr. 2 S. 25 *[Löwisch]* = AP Nr. 1 zu § 87 BetrVG 1972 Provision Bl. 4 *[Schulze-Osterloh]*; 25.05.1982 EzA § 87 BetrVG 1972 Leistungslohn Nr. 7 S. 90 ff. *[Gaul]* = AP Nr. 2 zu § 87 BetrVG 1972 Prämie Bl. 3 f. *[Gaul]*; 13.09.1983 EzA § 87 BetrVG 1972 Leistungslohn Nr. 8 S. 110 f. *[Löwisch/Reimann]* = AP Nr. 3 zu § 87 BetrVG 1972 Prämie Bl. 3). Das *BAG* hat jedoch zunächst offen gelassen, ob der Geldfaktor den Geldbetrag für die Ausgangs- bzw. Bezugsleistung und damit den Preis für die Arbeit im Leistungslohn bestimmt oder nur das Verhältnis des Entgelts für die Leistung eines bestimmten Leistungsgrades zum bereits feststehenden Entgelt für die Ausgangs- oder Bezugsleistung (*BAG* 25.05.1982 EzA § 87 BetrVG 1972 Leistungslohn Nr. 7 S. 90 ff. *[Gaul]* = AP Nr. 2 zu § 87 BetrVG 1972 Prämie Bl. 2 R ff. *[Gaul]* = SAE 1983, 173 *[Kraft]*; 28.07.1981 EzA § 87 BetrVG 1972 Leistungslohn Nr. 4 S. 59 f. *[Gaul]* = AP Nr. 2 zu § 87 BetrVG 1972 Provision Bl. 6 *[Schulze-Osterloh]*). In *BAG* 13.09.1983 (EzA § 87 BetrVG 1972 Leistungslohn Nr. 8 S. 111 ff. *[Löwisch/Reimann]* = AP Nr. 3 zu § 87 BetrVG 1972 Prämie Bl. 3 R ff. *[Hanau]* = EzA § 87 BetrVG 1972 Leistungslohn Nr. 8 *[Löwisch/Reimann]* = AuR 1984, 92 *[Pornschlegel]* = AR-Blattei, Betriebsverfassung XIV B, Entsch. 78 *[von Hoyningen-Huene]* = SAE 1988, 253 *[Lieb]*) hat das *BAG* sich dann mit Recht dafür ausgesprochen, dass der Geldfaktor sich auch auf die Lohnhöhe für die Bezugs- oder Ausgangsleistung eines Leistungslohnsystems und damit auf den Preis für die Arbeit im Leistungslohn bezieht (bestätigt 16.12.1986 EzA § 87 BetrVG 1972 Leistungslohn Nr. 14 S. 163 *[Gaul]* = AP Nr. 8 zu § 87 BetrVG 1972 Prämie Bl. 3 *[Linnenkohl/Rauschenberg/Schütz]* = SAE 1988, 257 *[Lieb]*; 14.02.1989 EzA § 87 BetrVG 1972 Nr. 17 Leistungslohn S. 5 *[Wiese]*= AP Nr. 8 zu § 87 BetrVG 1972 Akkord; 20.11.1990 EzA § 77 BetrVG 1972 Nr. 37 S. 3 f. = AP Nr. 2 zu § 77 BetrVG 1972 Regelungsabrede Bl. 2 R; 15.05.2001 EzA § 87 BetrVG 1972 Leistungslohn Nr. 18 S. 4 = AP Nr. 17 zu § 87 BetrVG 1972 Prämie Bl. 2 f.; 23.06.2009 AP Nr. 45 zu § 77 BetrVG 1972 Betriebsvereinbarung Rn. 17). Das gilt auch für die Koppelung des Ausgangslohns an den jeweiligen Tariflohn, d. h. dessen Dynamisierung (*BAG* 16.12.1986 EzA § 87 BetrVG 1972 Leistungslohn Nr. 14 S. 165 *[Gaul]* = AP Nr. 8 zu § 87 BetrVG 1972 Prämie Bl. 4 *[Linnenkohl/Rauschenberg/Schütz]*).

1030 Der hier abgelehnten Meinung ist zuzugeben, dass ein Grund für die Erstreckung der Mitbestimmung auf die Geldfaktoren deren Austauschbarkeit mit den Zeitfaktoren ist. Nur wenn die Mitbestimmung hinsichtlich beider besteht, ist eine Manipulation zu Lasten der Arbeitnehmer ausgeschlossen. Daraus kann jedoch nicht gefolgert werden, die Mitbestimmung bestehe nur hinsichtlich der Berechnungsfaktoren des Leistungslohns im Rahmen eines vorgegebenen Akkordrichtsatzes. Eine derartige Beschränkung ist den Materialien nicht zu entnehmen, widerspricht vielmehr der amtlichen Begründung, nach der sich die Mitbestimmung auf die Festlegung aller Bezugsgrößen erstrecken sollte, die für die Ermittlung und Berechnung der leistungsbezogenen Entgelte von Bedeutung sind (Rdn. 1025). Deshalb kann auch nicht auf die in §§ 91, 112 zum Ausdruck kommende Grundsatzentscheidung des Gesetzgebers für die wirtschaftliche Entscheidungsfreiheit des Unternehmers abgehoben werden (so aber *Stege/Weinspach/Schiefer* § 87 Rn. 189a), weil der Gesetzgeber für Leistungslöhne gerade eine Ausnahmeregelung getroffen hat. Außerdem ist der Geldfaktor in seiner Funktion, das Verhältnis des Entgelts für die Leistung eines bestimmten Leistungsgrades zum bereits feststehenden Entgelt für die Ausgangsleistung zu bestimmen, zumindest in der Regel schon nach § 87 Abs. 1 Nr. 10 mitbestimmungspflichtig (Rdn. 940), so dass bei Beschränkung der Mitbestimmung auf diese Funktion die Erwähnung des Geldfaktors in § 87 Abs. 1 Nr. 11 überflüssig wäre (*BAG* 13.09.1983 EzA § 87 BetrVG 1972 Leistungslohn Nr. 8 S. 113 *[Löwisch/Reimann]* = AP Nr. 3 zu § 87 BetrVG 1972 Prämie Bl. 4 *[Hanau]*; krit. *von Hoyningen-Huene* Anm. AR-Blattei, Betriebsverfassung XIV B, Entsch. 78; *Worzalla/HWGNRH* § 87 Rn. 635). In der Regel wird der Akkordrichtsatz allerdings durch Tarifvertrag festgelegt, so dass damit der Rahmen für die Festsetzung der Akkordsätze abgesteckt ist. Sollte das jedoch nicht der Fall sein, müsste bei Ablehnung der Mitbestimmung die Höhe der Leistungslöhne zwischen Arbeitgeber und Arbeitnehmer im Wege der Vertragsänderung jeweils neu ausgehandelt werden. Damit wäre der Zweck des § 87 Abs. 1 Nr. 11, durch die Mitbestimmung des Betriebsrats einen kollektiven Schutz der Arbeitnehmer vor den mit Leistungslöhnen verbundenen besonderen Belastungen sicherzustellen (Rdn. 998), nicht gewährleistet (zust. *Bender/WPK* § 87 Rn. 257). Der Arbeitgeber könnte vielmehr seine soziale Übermacht bei der einzelvertraglichen Vereinbarung des Akkordrichtsatzes zu Lasten der Arbeitnehmer ausnutzen und diesen praktisch allein festsetzen. Deshalb muss der Betriebsrat, soweit nicht § 77 Abs. 3 dem entgegensteht, bei der Festsetzung der Geldfaktoren auch dann mitbestimmen können, wenn damit über die Lohnhöhe entschieden wird. Im Übrigen kann aus der mit Recht abgelehnten Mitbestimmung über die Lohnhöhe nach § 87 Abs. 1 Nr. 10 (Rdn. 837 f.) nicht auf die gleiche gesetzgeberische Entscheidung bei Leistungslöhnen geschlossen werden. Wortlaut, Entstehungsgeschichte und Zweck der Ausnahmevorschrift des § 87 Abs. 1 Nr. 11 stehen dem entgegen.

Schließlich sind Bedenken gegen eine **Zwangsschlichtung** nicht berechtigt, weil die Einigungsstelle **1031** die Höhe der Leistungslöhne nicht willkürlich festsetzen, sondern ihre Entscheidung unter Berücksichtigung vergleichbarer Löhne zu treffen hat, andernfalls das Arbeitsgericht angerufen werden kann (§ 76 Abs. 5 Satz 4; *Hanau* BB 1972, 499; a. M. *Galperin/Löwisch* § 87 Rn. 242 – anders früher *Löwisch* DB 1973, 1746 [1747]; *Kammann/Hess/Schlochauer* § 87 Rn. 218). Die Erweiterung der Mitbestimmung auf die Geldfaktoren ist **nicht verfassungswidrig** (*Wiese* Rdn. 45 f.). Im Übrigen sollte die praktische Bedeutung des insoweit bestehenden Mitbestimmungsrechts im Hinblick auf die nach § 87 Abs. 1 Eingangssatz und § 77 Abs. 3 bestehenden Schranken (Rdn. 47 ff., Rdn. 1041) nicht überschätzt werden.

Die Mitbestimmung über die Höhe der Geldfaktoren bei leistungsbezogenen Entgelten i. S. d. § 87 **1032** Abs. 1 Nr. 11 bedeutet **nicht**, dass der **Betriebsrat zusätzliche leistungsbezogene Entgelte** über die Einigungsstelle **durchsetzen** könnte (*BAG* 13.09.1983 EzA § 87 BetrVG 1972 Leistungslohn Nr. 8 S. 115 *[zust. Löwisch/Reimann]* = AP Nr. 3 zu § 87 BetrVG 1972 Prämie Bl. 5 *[im Ergebnis zust. Hanau]*; im Ergebnis auch *Hanau* Anm. EzA § 87 BetrVG 1972 Leistungslohn Nr. 6 S. 84g ff.; *Kaiser/LK* § 87 Rn. 251; *Löwisch* Anm. AR-Blattei, Betriebsverfassung XIV B, Entsch. 100; *Richardi* § 87 Rn. 909). Es gelten daher die gleichen Grundsätze wie bei zusätzlichen freiwilligen Leistungen des Arbeitgebers im Rahmen des § 87 Abs. 1 Nr. 10 (Rdn. 839, 862, 865 f., 870, 879 f., 889 ff.). Der Betriebsrat hat auch hier **nur** ein **Zustimmungs-** und **kein Initiativrecht**. Damit nicht zu verwechseln ist das hinsichtlich der Entlohnungsgrundsätze bestehende Initiativrecht (Rdn. 985 ff.). Dieses ermöglicht dem Betriebsrat, eine Umwandlung der bestehenden Entlohnungsgrundsätze über die Einigungsstelle anzustreben; er kann jedoch nicht auf diesem Wege zusätzliche Leistungspflichten des Arbeitgebers begründen. Andernfalls könnte er als Ergänzung zum Zeitlohn als Entlohnungsgrundsatz ein zusätzliches Leistungsentgelt erwirken und über die Mitbestimmung beim Geldfaktor sich einen unbegrenzten Zugriff auf die Lohnpolitik eröffnen. Das ist nicht der Sinn der Mitbestimmung nach § 87 Abs. 1 Nr. 11.

cc) Akkordlohn

1033 Die Einführung des Akkordlohns betrifft den Entlohnungsgrundsatz (Rdn. 929 ff.), die Entlohnungsmethode und das dabei anzuwendende Verfahren, insbesondere zur Bestimmung der Bezugsleistung (Rdn. 954 ff.). Der Betriebsrat hat mitzubestimmen beim **ausgehandelten Akkord** (*Richardi* § 87 Rn. 901; *Stadler* BB 1972, 800 [804]; *Stege/Weinspach/Schiefer* § 87 Rn. 192; *Worzalla/HWGNRH* § 87 Rn. 646; **a. M.** *Erdmann/Jürging/Kammann* § 87 Rn. 128), dem **Faust-** bzw. **Meisterakkord**, dem **Schätzakkord** (*Moll* Die Mitbestimmung des Betriebsrats beim Entgelt, S. 29), aber auch bei der Ermittlung der Ansätze nach **arbeitswissenschaftlichen Methoden**, wie sie z. B. in der Darstellung der Datenermittlungstechniken in der REFA-Methodenlehre (*REFA* Ausgewählte Methoden des Arbeitsstudiums, 1993, S. 218 ff.) angewendet werden; denn dabei handelt es sich nicht um eine Subsumtion, sondern um die Ausübung eines **Mitbeurteilungsrechts** (*BAG* 28.07.1981 EzA § 87 BetrVG 1972 Leistungslohn Nr. 4 S. 58 *[Gaul]* = AP Nr. 2 zu § 87 BetrVG 1972 Provision Bl. 5 *[Schulze-Osterloh]*; *LAG Düsseldorf* 24.08.1981 EzA § 87 BetrVG 1972 Leistungslohn Nr. 5 S. 68 ff. *[Gaul]*; *Hueck/Nipperdey* II/2, S. 1384 m. w. N. zu § 56 Abs. 1 Buchst. g BetrVG 1952; *Fitting* § 87 Rn. 511; *Galperin/Löwisch* § 87 Rn. 238; *Klebe/DKKW* § 87 Rn. 354; *Moll* Die Mitbestimmung des Betriebsrats beim Entgelt, S. 29 ff.; *Neudel* AuR 1975, 143 f.; *Richardi* § 87 Rn. 918; *ders.* ZfA 1976, 1 [34]; **a. M.** *Galperin/Siebert* § 56 Rn. 87 ff.; *Stadler* BB 1972, 800 [804]; *Stege/Weinspach/Schiefer* § 87 Rn. 192, 193; *Worzalla/HWGNRH* § 87 Rn. 651).

1034 Haben die **Betriebspartner** sich auf eine **bestimmte arbeitswissenschaftliche Methode geeinigt**, liegt das Verfahren fest, d. h. der Betriebsrat kann nicht verlangen, dass es anders gehandhabt wird, als es den hiernach bestehenden Regeln entspricht. Sie können sich aber auch auf die Abwandlung einer bestimmten Methode einigen (*BAG* 24.02.1987 EzA § 87 BetrVG 1972 Nr. 10 S. 82 f. *[Gaul]* = AP Nr. 21 zu § 77 BetrVG 1972 Bl. 6 R f. *[Richardi]*). Sämtliche in Anwendung des vereinbarten Verfahrens weiter zu treffenden kollektiven Entscheidungen sind nach § 87 Abs. 1 Nr. 11 mitbestimmungspflichtig. Das gilt vor allem für die Festsetzung des Geldwerts beim Geldakkord, des Zeitfaktors (Vorgabezeit) und Geldfaktors beim Zeitakkord (*BAG* 16.04.2002 EzA § 87 BetrVG 1972 Leistungslohn Nr. 19 S. 8 = AP Nr. 9 zu § 87 BetrVG 1972 Akkord Bl. 3; zu vorbereitenden Maßnahmen Rdn. 1036 f.). Zur **Änderung** der **Akkordsätze** Rdn. 1038. Die Mitbestimmung besteht auch hinsichtlich der Festlegung der Vergütungsfaktoren für den Stücklohn des **Heimarbeiters** (*BAG* 13.09.1983 AP Nr. 11 zu § 19 HAG Bl. 3 R). Sie ist dagegen nicht gegeben, wenn der Arbeitgeber anordnet, dass Fertigungslohnscheine (**»Akkordscheine«**) für im Akkord beschäftigte Arbeitnehmer nicht mehr von diesen, sondern nach Angaben der Kontrolle in einer Leitstelle ausgefüllt werden (*LAG Frankfurt a. M.* 27.01.1987 NZA 1987, 678).

1035 Mitbestimmungspflichtig ist auch die Auswahl, Anwendung und Abänderung eines **Verfahrens** für die **Ermittlung** von **Rüst-** und **Erholungszeiten** sowie die **Festlegung** ihrer **Dauer** (vgl. auch Rdn. 362, 935; *BAG* 16.04.2002 EzA § 87 BetrVG 1972 Leistungslohn Nr. 19 S. 7 = AP Nr. 9 zu § 87 BetrVG 1972 Akkord Bl. 3; 24.02.1987 EzA § 87 BetrVG 1972 Nr. 10 S. 76, 82 f. *[Gaul]* = AP Nr. 21 zu § 77 BetrVG 1972 Bl. 4 f., 6 R f *[Richardi]*; 24.11.1987 EzA § 87 BetrVG 1972 Leistungslohn Nr. 15 S. 4 = AP Nr. 6 zu § 87 BetrVG 1972 Akkord Bl. 2 R *[Gaul]*; *LAG Hamm* 27.11.1985 LAGE § 87 BetrVG 1972 Leistungslohn Nr. 3 S. 3 ff.; *Fitting* § 87 Rn. 512; *Hofe* Betriebliche Mitbestimmung und Humanisierung der Arbeitswelt, S. 138; *Klebe/DKKW* § 87 Rn. 354; *Richardi* § 87 Rn. 898; *Worzalla/HWGNRH* § 87 Rn. 208, 649; **a. M.** *Stege/Weinspach/Schiefer* § 87 Rn. 192a; zu Einzelfragen *BAG* 07.12.1962 AP Nr. 3 zu § 56 BetrVG Akkord; *Bokranz* Erholungsbedarf und Erholungspausen bei industrieller Arbeit, 1982; *Hanau* AuR 1963, 232 ff.; *Meisel* RdA 1966, 163 [169 ff.]). Zur **Zusammenfassung** der in der Vorgabezeit enthaltenen Erholungszeit **zu** feststehenden **Kurzpausen** Rdn. 935. Die Aussetzung einer Betriebsvereinbarung über die Gewährung eines Zuschlags für Erholungszeiten beim Akkord ist unwirksam, wenn der einschlägige Tarifvertrag ausdrücklich den Abschluss einer Betriebsvereinbarung anordnet, weil dies auf einen unzulässigen Verzicht auf die Mitbestimmung hinausliefe (*Wiese* Rdn. 5; *ArbG Bielefeld* 24.06.1987 DB 1988, 131). Mitbestimmungspflichtig ist auch die Festlegung von **Verteilzeiten** (allgemein *REFA* Ausgewählte Methoden des Arbeitsstudiums, 1993, S. 224 f. [262 ff.] und die Berücksichtigung von **Wartezeiten** bei der Vergütung (*BAG* 14.02.1989 EzA § 87 BetrVG 1972 Leistungslohn Nr. 17 S. 4 f. *[Wiese]* = AP Nr. 8 zu § 87 BetrVG 1972 Akkord Bl. 2 f.; **a. M.** *Worzalla/HWGNRH* § 87 Rn. 650; vgl. auch Rdn. 935). Der **Betriebsrat kann** sein **Mitbestimmungsrecht** in der Weise **ausüben,** dass er die konkrete Festsetzung der Vorgabezeiten nach der Vereinbarung einer wissenschaftlichen Methode zur Ermittlung der Grundzeiten und nach gemeinsamer Festlegung der Höhe von sachlichen und persönlichen Verteilzeiten und des Umfangs der Erholungszeiten dem **Arbeitgeber allein überlässt** (*BAG* 16.04.2002 EzA § 87 BetrVG 1972 Leistungslohn Nr. 19 S. 12 f. = AP Nr. 9 zu § 87 BetrVG 1972 Akkord Bl. 5 R f.).

Mitbestimmungspflichtig sind auch **vorbereitende Maßnahmen**, die für die Festsetzung der Akkord- und Prämiensätze von Bedeutung sind. Das gilt vor allem für **Zeitstudien** und **Zeitaufnahmen**, die der Festsetzung der Vorgabezeiten dienen (*LAG Berlin* 07.11.1988 LAGE § 87 BetrVG 1972 Leistungslohn Nr. 5 S. 3; *ArbG Bamberg/Coburg* 13.01.1976 ARSt. 1976, 164 [165]; *Bender/WPK* § 87 Rn. 259; *Fitting* § 87 Rn. 511; *Hofe* Betriebliche Mitbestimmung und Humanisierung der Arbeitswelt, S. 137 f.; *Klebe/DKKW* § 87 Rn. 356; *Moll* Die Mitbestimmung des Betriebsrats beim Entgelt, S. 44; *Neudel* AuR 1975, 143; *Nikisch* III, S. 428 f.; *Richardi* § 87 Rn. 898; *Schwab* AR-Blattei SD 40, Rn. 152; **a. M.** *BAG* 14.02.1963 AP Nr. 22 zu § 66 BetrVG Bl. 3 f.; *LAG Düsseldorf* 24.08.1981 EzA § 87 BetrVG 1972 Leistungslohn; 17.03.1978 EzA Nr. 5 S. 66; wohl auch *LAG Hamm* 24.08.1977 EzA § 87 BetrVG 1972 Kontrolleinrichtung Nr. 3 S. 14 f., 17.03.1978 EzA Nr. 5 S. 25; *Galperin/Löwisch* § 87 Rn. 221, 239, 246, 257; *Kaiser/LK* § 87 Rn. 250; *Kania/ErfK* § 87 BetrVG Rn. 124; *Stege/Weinspach/Schiefer* § 87 Rn. 191; *Worzalla/HWGNRH* § 87 Rn. 652). Der hier vertretenen Ansicht kann nicht entgegengehalten werden, der Betriebsrat sei an die Ergebnisse der Zeitstudien nicht gebunden (so aber *Galperin/Löwisch* § 87 Rn. 239). Da diese im Allgemeinen der Festsetzung der Vorgabezeiten zugrunde gelegt werden, gebietet das Schutzinteresse der zur Mitwirkung an den Zeitstudien verpflichteten Arbeitnehmer (hierzu *BAG* 14.02.1963 AP Nr. 22 zu § 66 BetrVG Bl. 3 R) die Mitbestimmung des Betriebsrats; die nachträgliche Heranziehung von Sachverständigen durch diesen wäre ein unangemessener und überflüssiger Umweg. 1036

Dienen allerdings Zeitstudien **nur** der **Arbeitskontrolle**, kommt zwar keine Mitbestimmung nach § 87 Abs. 1 Nr. 11, wohl aber nach § 87 Abs. 1 Nr. 6 (Rdn. 506 ff., 531) in Betracht. Entsprechendes gilt bei **Zeitstudien** zur **Information des Arbeitgebers**, die **nicht** der **Lohnfindung dienen** (*BAG* 10.07.1979 EzA § 87 BetrVG 1972 Kontrolleinrichtung Nr. 7 S. 34 f. = AP Nr. 4 zu § 87 BetrVG 1972 Überwachung Bl. 2 R f. *[Moritz]*; 24.11.1987 EzA § 87 BetrVG 1972 Betriebliche Ordnung Nr. 7 S. 50 f. *[Weiss]* = AP Nr. 3 zu § 87 BetrVG 1972 Ordnung des Betriebes Bl. 2 R f. *[Herschel]*), sondern z.B. die Willensbildung des Arbeitgebers über die Festsetzung von Akkord- und Prämienlohn erst vorbereiten sollen (*BAG* 11.08.1993 AuR 1993, 374). Der Betriebsrat hat auch **kein Initiativrecht** zur **Einführung** einer **maschinellen Arbeitszeiterfassung** und kann ebenso wenig deren Abschaffung widersprechen (*BAG* 28.11.1989 EzA § 87 BetrVG 1972 Kontrolleinrichtung Nr. 18 S. 7 *[Streckel]* = AP Nr. 4 zu § 87 BetrVG 1972 Initiativrecht Bl. 3 f.; *LAG Niedersachsen* 22.10.2013 LAGE § 98 ArbGG 1979 Nr. 68 Rn. 25; **a. M.** *LAG Berlin-Brandenburg* 22.01.2015 LAGE § 87 BetrVG 2001 Kontrolleinrichtung Nr. 5 Rn. 25 ff.). Kein Mitbestimmungsrecht besteht bei Durchführung einer Organisationsuntersuchung (Arbeitsmengenüberprüfung) mit Hilfe einer Uhr (*LAG Hamm* 17.03.1978 DB 1978, 1987). Mitbestimmungspflichtig sind auch MTM-Analysen und die Ermittlung von Planzeiten. 1037

Mitbestimmungspflichtig ist ferner jede **Änderung** der **Akkordsätze** (*BAG* 12.10.1955 AP Nr. 1 zu § 56 BetrVG Bl. 3; 01.02.1957 AP Nr. 4 zu § 56 BetrVG Bl. 4 f.; 16.12.1960 AP Nr. 22 zu § 56 BetrVG Bl. 2; 23.03.1962 AP Nr. 1 zu § 56 BetrVG Akkord Bl. 2; 15.05.1964 AP Nr. 5 zu § 56 BetrVG Akkord Bl. 2 f.; 16.04.2002 EzA § 87 BetrVG 1972 Leistungslohn Nr. 19 S. 8 = AP Nr. 9 zu § 87 BetrVG 1972 Akkord Bl. 3 R; *Galperin/Löwisch* § 87 Rn. 240; *Klebe/DKKW* § 87 Rn. 354; *Richardi* § 87 Rn. 900; *Worzalla/HWGNRH* § 87 Rn. 656). Dagegen hat die Zuweisung eines anderen Arbeitsplatzes mit abweichenden Akkordbedingungen an einen Arbeitnehmer nichts mit der Festsetzung der Akkordsätze nach § 87 Abs. 1 Nr. 11 zu tun, sondern unterliegt als personelle Einzelmaßnahme (Versetzung) allein der Mitbestimmung nach § 99 (vgl. auch *Fitting* § 87 Rn. 518; *Galperin/Löwisch* § 87 Rn. 240; *Richardi* § 87 Rn. 900; *Worzalla/HWGNRH* § 87 Rn. 656). 1038

dd) Prämienlohn

Beim Prämienlohn unterliegen gleichfalls **alle Ansätze im Einzelnen** der Mitbestimmung des Betriebsrats soweit sie nicht bereits Elemente des Entlohnungsgrundsatzes oder der Entlohnungs- 1039 methode sind (Rdn. 937 ff., 959 f., 1021). Deshalb hat die Mitbestimmung nach § 87 Abs. 1 Nr. 11 bei der Prämienvergütung im Wesentlichen allein Bedeutung für die Geldseite (Rdn. 1040). Im Übrigen kann es dahinstehen, inwieweit ein Element des Prämienlohns der Mitbestimmung nach § 87 Abs. 1 Nr. 10 oder Nr. 11 zuzuordnen ist, weil diese jedenfalls umfassend gegeben ist. Das gilt auch für die vorbereitenden Maßnahmen (Rdn. 1036). Für die Änderung von Prämiensätzen gilt Entsprechendes.

1040 Die Mitbestimmung beim Prämienlohn erstreckt sich aus den bereits in Rdn. 1027 ff. dargelegten Erwägungen auch auf die **Geldseite**, d. h. auch auf den Prämienausgangs- bzw. Prämiengrundlohn, den Prämienhöchstlohn und die einzelnen Prämien (Nachweise Rdn. 1027 ff., insbesondere *BAG* 13.09.1983 EzA § 87 BetrVG 1952 Leistungslohn Nr. 8 S. 108 *[Löwisch/Reimann]* = AP Nr. 3 zu § 87 BetrVG 1972 Prämie Bl. 2 ff.; 16.12.1986 EzA § 87 BetrVG 1972 Leistungslohn Nr. 14 S. 163 *[Gaul]* = AP Nr. 8 zu § 87 BetrVG 1972 Prämie Bl. 3 f. *[Linnenkohl/Rauschenberg/Schütz]*; 20.11.1990 EzA § 77 BetrVG 1972 Nr. 37 S. 3 f. = AP Nr. 2 zu § 77 BetrVG 1972 Regelungsabrede Bl. 2 R; vgl. auch *BAG* 22.10.1985 EzA § 87 BetrVG 1952 Leistungslohn Nr. 11 S. 151 f. = AP Nr. 3 zu § 87 BetrVG 1972 Leistungslohn Bl. 4; *Bender/WPK* § 87 Rn. 261; *Fitting* § 87 Rn. 527; *Klebe/DKKW* § 87 Rn. 357; *Moll* Die Mitbestimmung des Betriebsrats beim Entgelt, S. 61 f.; **a. M.** *Galperin/Löwisch* § 87 Rn. 247; *Richardi* § 87 Rn. 903; *ders.* ZfA 1976, 1 [30 f.]; *Stege/Weinspach/Schiefer* § 87 Rn. 189a, 197 mit Ausnahme eines Vetorechts hinsichtlich des Prämienausgangslohns; *Worzalla/HWGNRH* § 87 Rn. 663). Ein einseitig vom Arbeitgeber festgesetzter Dotierungsrahmen besteht nicht (*Moll* Die Mitbestimmung des Betriebsrats beim Entgelt, S. 63 ff.). Die Mitbestimmung nach § 87 Abs. 1 Nr. 11 ist insoweit nur nach Maßgabe des § 77 Abs. 3 eingeschränkt.

g) Tarifvorbehalt

1041 Im Anwendungsbereich des § 87 Abs. 1 Nr. 11 sind sowohl der Tarifvorbehalt i. S. d. Eingangssatzes (z. B. *BAG* 25.05.1982 EzA § 87 BetrVG 1972 Leistungslohn Nr. 7 S. 92 ff. *[Gaul]* = AP Nr. 2 zu § 87 BetrVG 1972 Prämie Bl. 3 R ff. *[Gaul]*; 28.02.1984 EzA § 87 BetrVG 1952 Leistungslohn Nr. 9 S. 126 f. = AP Nr. 4 zu § 87 BetrVG 1972 Tarifvorrang Bl. 5; *Wiese* Rdn. 54 ff.) als auch wegen der hier bei materiellen Arbeitsbedingungen bestehenden Mitbestimmung der Tarifvorrang nach **§ 77 Abs. 3** (*Wiese* Rdn. 47 ff.) von Bedeutung. Die tarifliche Regelung i. S. d. Eingangssatzes kann materielle Fragen betreffen, aber auch nur die Durchführung der Mitbestimmung regeln (*Wiese* Rdn. 77). Jedoch kann die Mitbestimmung des Betriebsrats nicht dadurch eingeschränkt werden, dass dem Arbeitgeber die Festsetzung von Akkord- und Prämiensätzen zugewiesen und dem Betriebsrat nur ein Widerspruchsrecht dagegen eingeräumt wird (*Wiese* Rdn. 77, 81; **a. M.** *Galperin/Löwisch* § 87 Rn. 256; vgl. auch *BAG* 08.02.1963 AP Nr. 4 zu § 56 BetrVG Akkord Bl. 3 R). Die Mitbestimmung des Betriebsrats über die Akkordsätze wird auch nicht durch tarifliche Akkordrichtsatzklauseln ausgeschlossen (einschränkend *Moll* Der Tarifvorrang im Betriebsverfassungsgesetz, S. 68 ff.; **a. M.** *Kammann/Hess/Schlochauer* § 87 Rn. 239). Bindende Festsetzungen gemäß § 19 Abs. 3 HAG haben die Wirkung eines allgemeinverbindlichen Tarifvertrages und binden daher die Betriebspartner (*BAG* 13.09.1983 AP Nr. 11 zu § 19 HAG Bl. 3 f. *[Brecht]*; vgl. auch Rdn. 60). § 4 Nr. 6, 7 Lohntarifvertrag für die gewerblichen Arbeitnehmer der kunststoffverarbeitenden Industrie Kreis Lippe schließt die Mitbestimmung nach § 87 Abs. 1 Nr. 11 bei der Änderung von Akkordvorgabezeiten nicht aus (*BAG* 16.04.2002 EzA § 87 BetrVG 1972 Leistungslohn Nr. 19 S. 8 ff. = AP Nr. 9 zu § 87 BetrVG 1972 Akkord Bl. 3 R ff.).

h) Initiativrecht

1042 Der Betriebsrat hat außer bei freiwilligen Leistungen (Rdn. 1032) für den gesamten Mitbestimmungstatbestand des § 87 Abs. 1 Nr. 11 ein Initiativrecht, d. h. auch hinsichtlich der Geldfaktoren (*BAG* 20.09.1990 EzA § 80 BetrVG 1972 Nr. 39 S. 3; *LAG Düsseldorf* 17.07.1973 EzA § 87 BetrVG 1972 Initiativrecht Nr. 1 S. 6; *Fitting* § 87 Rn. 520, 583 ff.; *von Friesen* DB 1980, Beil. Nr. 11, S. 14; *Gester/Isenhardt* RdA 1974, 80 [86 ff.]; *Säcker* ZfA 1972, Sonderheft S. 41 [63 mit Fn. 86]; *Wiese* Initiativrecht, S. 69 ff.; im Ergebnis auch *Galperin/Löwisch* § 87 Rn. 33, 255; *Richardi* § 87 Rn. 912; *ders.* ZfA 1976, 1 [40, 43]; *Worzalla/HWGNRH* § 87 Rn. 672 f., nach Maßgabe der von ihnen enger verstandenen Reichweite des Mitbestimmungstatbestandes; **a. M.** *Boewer* DB 1973, 522 [527]; *Hromadka* NJW

1972, 183 [185]; weitere Nachweise pro und contra 6. Aufl. § 87 Rn. 1006). Das Initiativrecht kann nicht deshalb versagt werden, weil die Vorschrift des § 87 Abs. 1 Nr. 11 sich auch auf materielle Arbeitsbedingungen erstreckt (*Wiese* Initiativrecht, S. 35 f. [69]). Im Hinblick auf die wegen § 77 Abs. 3, § 87 Abs. 1 geringe Reichweite der Mitbestimmung bei materiellen Arbeitsbedingungen (Rdn. 1041) bleibt zudem nur ein schmaler Anwendungsbereich für betriebliche »Lohnpolitik«. Der Betriebsrat kann sich auch nicht durch den von ihm nach § 87 Abs. 1 Nr. 10 initiierten Übergang zum Leistungslohn im Rahmen des § 87 Abs. 1 Nr. 11 einen Zugriff auf die gesamte betriebliche Lohngestaltung eröffnen (vgl. auch Rdn. 1032). Soweit eine Erhöhung der Geldfaktoren bejaht wird, hat die Einigungsstelle nach § 76 Abs. 5 Satz 3 die betrieblichen Belange zu berücksichtigen, so dass für die in Betracht kommenden Arbeitsverhältnisse auch mit Rücksicht auf § 75 Abs. 1 keine beliebige Erhöhung durchgesetzt werden kann. Zum Anspruch des Betriebsrats auf Vorlage von Unterlagen (hier Produktionszettel), um gegebenenfalls mittels seines Initiativrechts statt einer Zeitentlohnung eine leistungsbezogene Entlohnung anzustreben, *BAG* 20.09.1990 EzA § 80 BetrVG 1972 Nr. 39 S. 2 ff., zum Initiativrecht bei Zielvereinbarungen *Linck / Koch* FS *Bepler*, S. 357 (363 ff.).

i) Durchführung der Mitbestimmung; Wirksamkeitsvoraussetzung

Die Mitbestimmung nach § 87 Abs. 1 Nr. 11 kann durch **Betriebsvereinbarung** oder **Betriebs-** 1043
absprache verwirklicht werden (*Worzalla / HWGNRH* § 87 Rn. 679). Ebenso wie bei der Verwaltung von Sozialeinrichtungen (Rdn. 763 ff.) ist es bei der Festsetzung der einzelnen Akkord- und Prämiensätze erforderlich, die Mitbestimmung praktikabel zu gestalten. In größeren Betrieben ist es ausgeschlossen, die Mitbestimmung über jeden einzelnen Ansatz im Regelungsverfahren durchzuführen. Deshalb empfiehlt sich die Einrichtung paritätischer **Akkordkommissionen**. Soweit die Voraussetzungen des § 28 Abs. 2 vorliegen, können die dem Betriebsrat zustehenden Aufgaben auf die Ausschussmitglieder zur selbständigen Entscheidung übertragen werden. Zu Akkordkommissionen, die keine gemeinsamen Ausschüsse sind, Rdn. 1044.

Die Betriebspartner können aber auch durch **Betriebsvereinbarung allgemeine Regeln** für die 1044
Praktizierung der **Mitbestimmung** nach § 87 Abs. 1 Nr. 11 aufstellen (*Moll* Die Mitbestimmung des Betriebsrats beim Entgelt, S. 40 f.; *Richardi* § 87 Rn. 916 f.; *ders.* ZfA 1976, 1 [35]). Es steht ihnen grundsätzlich frei zu entscheiden, wie die Mitbestimmung durchgeführt wird (zur Rechtslage nach dem BetrVG 1952 *Hueck / Nipperdey* II/2, S. 1386 m. w. N.). Auch dadurch wird die Mitbestimmung des Betriebsrats verwirklicht. Nur muss der **gleichberechtigte Einfluss** des Betriebsrats gewährleistet sein (*Moll* Die Mitbestimmung des Betriebsrats beim Entgelt, S. 42; *Richardi* § 87 Rn. 917). Deshalb kann dem Arbeitgeber nicht die Akkordfestsetzung zur alleinigen Entscheidung übertragen werden (*Fitting* § 87 Rn. 521; *Galperin / Löwisch* § 87 Rn. 254). Jedoch ist es unbedenklich, dem Arbeitgeber die Entscheidung über Einzelfragen – z. B. über vorbereitete Maßnahmen (Rdn. 1036) – zu übertragen, falls dies nach den betrieblichen Verhältnissen die angemessene Regelung zu sein scheint (*Galperin / Löwisch* § 87 Rn. 15, 254; vgl. auch Rdn. 6, 774). Dann muss aber dem Betriebsrat ein Einspruchsrecht eingeräumt werden. Zulässig ist es ferner, durch Betriebsvereinbarung Einzelentscheidungen **Akkordkommissionen** zu überlassen, die keine gemeinsamen Ausschüsse i. S. d. § 28 Abs. 2 (Rdn. 1043) sind (*Richardi* § 87 Rn. 917; **a. M.** *Worzalla / HWGNRH* § 87 Rn. 680; wohl auch *Galperin / Löwisch* § 87 Rn. 254). Um den gleichberechtigten Einfluss des Betriebsrats zu gewährleisten, muss dann diese Kommission entweder paritätisch besetzt sein oder der Betriebsrat muss gleichberechtigt mit dem Arbeitgeber die Aufsicht führen (vgl. auch Rdn. 772). Können sich die Betriebspartner über die Modalitäten der Durchführung der Mitbestimmung nicht einigen, so entscheidet die Einigungsstelle (*Wiese* Rdn. 96; *Moll* Die Mitbestimmung des Betriebsrats beim Entgelt, S. 41).

Die Mitbestimmung des Betriebsrats ist **Wirksamkeitsvoraussetzung** (*Wiese* Rdn. 100 ff.; *BAG* 1045
13.09.1983 AP Nr. 11 zu § 19 HAG Bl. 3 R; *LAG Berlin* 11.07.1988 BB 1988, 1956; **a. M.** *Worzalla / HWGNRH* § 87 Rn. 682; *Hurlebaus* Fehlende Mitbestimmung bei § 87 BetrVG, S. 119 [133], für freiwillige einzelvertragliche Vereinbarungen). Zu den Rechtsfolgen bei Verletzung der notwendigen Mitbestimmung im Einzelnen *Wiese* Rdn. 121 ff.

§ 87

12. Grundsätze über das betriebliche Vorschlagswesen

Literatur
Anic Ideenmanagement. Erfolgskriterien des Betrieblichen Vorschlagswesens aus wirtschafts- und rechtswissenschaftlicher Sicht (Diss. Oldenburg), 2001; *Bächle* Schwachstellen im betrieblichen Vorschlagswesen, DB 1984, 1333; *Bartenbach* Betriebsverfassung und innerbetriebliche Innovation – Grenzen der betrieblichen Mitbestimmung, FS *Bauer*, 2010, S. 85; *Bartenbach-Fock* Arbeitnehmererfindungen im Konzern, 2007; *Bartenbach / Volz* Arbeitnehmererfindergesetz. Kommentar, 5. Aufl. 2013; *dies.* Arbeitnehmererfindungen, 6. Aufl. 2014; *dies.* Arbeitnehmererfindervergütung, 4. Aufl. 2017; *Bayreuther* Neue Spielregeln im Arbeitnehmererfinderrecht, NZA 2009, 1123; *ders.* Arbeitnehmererfindungen, MünchArbR, 3. Aufl. 2009, § 90; *Becher* Verbesserungsvorschlag und arbeitsrechtliches Sonderleistungsprinzip, BB 1993, 353; *Beck* Das betriebliche Vorschlagswesen – »Enteignung der Köpfe« oder Gestaltungsaufgabe für Betriebsräte?, BetrR 1990, 153; *ders.* Das Betriebliche Vorschlagswesen aus gewerkschaftlicher Sicht, BVW 1990, 153; *Bessoth* Leistungsfähigkeit des Betrieblichen Vorschlagswesens, 1975; *Bontrup* Ideenmanagement – Motor für mehr Konkurrenzfähigkeit, AuA 2001, 436; *Brachmann / Menzel* Modernes Ideenmanagement, AuA 2014, 632; *Brinkmann* Das betriebliche Vorschlagswesen, Leitfaden für Arbeitgeber und Arbeitnehmer, 1992; *Brinkmann / Heidack* Unternehmenssicherung durch Ideenmanagement, Bd. I, 2. Aufl. 1987; *Bumann* Das Vorschlagswesen als Instrument innovationsorientierter Unternehmensführung, 1991; *Bundesmann-Jansen* Das Betriebliche Vorschlagswesen im Lichte neuer Beteiligungsstrategien, MitB 1985, 33; *Bundesvereinigung der Deutschen Arbeitgeberverbände* Ausschuss Betriebliche Personalpolitik, Betriebliches Vorschlagswesen, Arbeitsberichte Nr. 26, Neufassung 1994; *Däubler* Erleichterung von Innovationen – eine Aufgabe des Arbeitsrechts?, BB 2004, 2521; *Deutsches Institut für Betriebswirtschaft* (Hrsg.) Führungsinstrument Vorschlagswesen, Aufbau – Funktion – Wirtschaftlichkeit, 3. Aufl. 1993; *Einsele* Spannungsfeld Verbesserungsvorschläge – Erfindungen im Erfindungsumfeld 200x, FS *Bartenbach*, 2005, S. 89; *Fabry / Trimbom* Arbeitnehmererfindungsrecht im internationalen Vergleich, 2007; *Fischer / Breisig* Ideenmanagement, 2000; *Gärtner / Simon* Reform des Arbeitnehmererfinderrechts – Chancen und Risiken, BB 2011, 1909; *Gaul* 20 Jahre Arbeitnehmererfinderrecht, GRUR 1977, 686; *ders.* Der Verbesserungsvorschlag in seiner Abgrenzung zur Arbeitnehmererfindung, BB 1983, 1357; *ders.* Einflussrechte des Betriebsrats bei Arbeitnehmererfindungen – 30 Jahre Arbeitnehmererfindungsgesetz –, AuR 1987, 359; *ders.* Die steuerliche und arbeitsrechtliche Behandlung von Erfindungen und Verbesserungsvorschlägen, BB 1988, 2098; *ders.* Die Arbeitnehmererfindung. Technik – EDV – Design, 2. Aufl. 1990; *ders.* Verbesserungsvorschlag und arbeitsrechtliches Sonderleistungsprinzip, BB 1992, 1710; *ders.* Die Arbeitnehmererfindung im technischen, urheberrechtsfähigen und geschmacksmusterfähigen Bereich, RdA 1993, 90; *Gaul / Bartenbach* Arbeitnehmererfindungen und Verbesserungsvorschlag, 2. Aufl. 1972; *dies.* Individualrechtliche Rechtsprobleme betrieblicher Verbesserungsvorschläge, DB 1978, 1161; *dies.* Die kollektivrechtliche Ordnung des betrieblichen Verbesserungsvorschlagswesens, DB 1980, 1843; *dies.* Betriebliches Vorschlagswesen, in: Handbuch des gewerblichen Rechtsschutzes, Teil P, 5. Aufl. 1994; *Gennen* Betriebliches Vorschlagswesen zu Hard- und Software. Mitbestimmung gem. § 87 Abs. 1 Nr. 12 BetrVG bei einfachen Verbesserungsvorschlägen mit IT-Bezug, ITRB 2008, 45; *Göhs* Abgrenzung des Aufgabenbereichs bei Verbesserungsvorschlägen, BVW 1985, 1; *Haberkorn* Bedeutung und Aufbau des betrieblichen Vorschlagswesens, BlStSozArbR 1970, 27; *Heidack* Vorschlagswesen, Betriebliches, in *Gaugler / Weber* (Hrsg.) Handwörterbuch des Personalwesens, 2. Aufl. 1992, Sp. 2299; *Heidack / Brinkmann* Unternehmenssicherung durch Ideenmanagement, Bd. II, 2. Aufl. 1987; *Heilmann / Täger* Praktische Rechtsfragen des Arbeitnehmererfindungsrechts, BB 1990, 1969; *Herwig* Das betriebliche Vorschlagswesen, Handbuch der Psychologie, Bd. 9, 2. Aufl. 1970, S. 79; *Höckel* Keiner ist so klug wie alle, Chancen und Praxis des betrieblichen Vorschlagswesens, 2. Aufl. 1973; *ders.* Das betriebliche Vorschlagswesen hat Zukunft, 1972; *Joa* Betriebliches Vorschlagswesen – Bedeutung von Kreativität, Motivation und Durchführungs- sowie Ergebniskontrolle, DB 1980, 1856; *Klimisch / Leonhardt* Steuerliche Behandlung der Prämien für Verbesserungsvorschläge, Betriebliches Vorschlagswesen 1975, 37; 1976, 27 [82, 124]; *Knuth* »Gewerkschaften – Mitbestimmung – Qualitätszirkel«, MitB 1983, 448; *W. Krafft* Das betriebliche Vorschlagswesen als Gruppenaufgabe und Gruppenproblem, 1966; *Krauß* Rechtliche Aspekte des betrieblichen Vorschlagswesens, Personal 1975, 182; *ders.* Betriebliches Vorschlagswesen – Beispiel einer Betriebsvereinbarung, Personal 1975, 234; *ders.* Das betriebliche Vorschlagswesen aus rechtlicher Sicht, 1977 (zit.: Das betriebliche Vorschlagswesen); *Kumm* Systematische Kennzeichnung der schutzfähigen und der nicht schutzfähigen Erfindungen, GRUR 1967, 621; *Kunze* Arbeitnehmererfinder- und Arbeitnehmerurheberrecht als Arbeitsrecht, RdA 975, 42; *Leuze* Erfindungen und technische Verbesserungsvorschläge von Angehörigen des öffentlichen Dienstes, GRUR 1994, 415; *Lichtenstein* Grundsätze des betrieblichen Vorschlagswesens, BetrR 1973, 79, mit Muster einer Betriebsvereinbarung; *Lill* Das betriebliche Vorschlagswesen, 2. Aufl. 1957; *Loew* Das betriebliche Vorschlagswesen als Impuls für Fortschritt im Betrieb, AuL 1972, 106; *ders.* Ideenmanagement, AuA 2008, 593; *Marten* Betriebliches Vorschlagswesen und Betriebsverfassungsgesetz, Betriebliches Vorschlagswesen 1975, 8; *Martin* Die arbeitsrechtliche Behandlung betrieblicher Verbesserungsvorschläge unter Berücksichtigung immaterialgüterrechtlicher Grundla-

gen (Diss. Trier), 2003; *Merz / Biehler* Betriebliches Vorschlagswesen, professionell und wirksam, 2. Aufl. 1994; *Michligk* Neue Praxis des betrieblichen Vorschlagswesens und der Arbeitsvereinfachung, 1953; *Nebel* Rechtliche Aspekte des Innovationsmanagements, PersF 2013, 82; *Pfisterer* Gestaltungshinweise zu einer Betriebsvereinbarung gemäß § 87 Abs. 1 Ziff. 12 BetrVG, AiB 1995, 334; *Pleyer* Vermögens- und persönlichkeitsrechtliche Probleme des betrieblichen Vorschlagswesens in der Bundesrepublik Deutschland und der Neuererbewegungen in der DDR, FS *Pedrazzini*, 1990, S. 449; *Reimer / Schade / Schippel* Gesetz über Arbeitnehmererfindungen und deren Vergütungsrichtlinien, 8. Aufl. 2007; *Rieble / Gistel* Ideenmanagement und betriebliche Mitbestimmung, DB 2005, 1382; *Röpke* Arbeitsrechtliche Verpflichtungen bei Verbesserungsvorschlägen, DB 1962, 369 [406]; *ders.* Arbeitsverhältnis und Arbeitnehmererfindung, o. J.; *Rohn* Taschenbuch für betriebliches Vorschlagswesen, 1966; *Sack* Arbeitnehmererfindungen, MünchArbR, 2. Aufl. 2000, § 101; *Schade* Arbeitnehmererfindungsgesetz und betriebliches Vorschlagswesen, VDI-Zeitschrift 1961, 49; *Schickedanz* Zur Frage der Vergütung von Arbeitnehmererfindungen und technischen Verbesserungsvorschlägen, DB 1975, Beil. Nr. 4; *Schirm* Zwischenbilanz des Vorschlagswesens. Erfahrungen aus deutschen und ausländischen Unternehmen, 1955; *F. W. Schmidt* Betriebliches Vorschlagswesen und Gewerkschaft, Betriebliches Vorschlagswesen 1975, 16; *ders.* Entwurf einer Betriebsvereinbarung zum Betrieblichen Vorschlagswesen, Betriebliches Vorschlagswesen 1976, 1; *Schoden* Die Beteiligungsrechte des Betriebsrats beim betrieblichen Vorschlagswesen, AuR 1980, 73; *ders.* Das Recht der Arbeitnehmererfindungen und das betriebliche Verbesserungsvorschlagswesen, BetrR 1982, 115; *ders.* Betriebliche Arbeitnehmererfindungen und betriebliches Vorschlagswesen, 1995; *Scholz* Arbeitnehmerinteressen im betrieblichen Vorschlagswesen und ihre Vertretung, AuL 1972, 270; *Scholz / Fuhrmann* Das betriebliche Vorschlagswesen aus gewerkschaftlicher Sicht, 1967; *Schreyer-Bestmann / Garbers-von Boehm* Die Änderungen des Arbeitnehmererfindergesetzes durch das Patentrechtsmodernisierungsgesetz, DB 2009, 2266; *Schüler* Das betriebliche Vorschlagswesen, 1972; *Schüttkemper* Quality-Circles-Probleme in Recht und Praxis, BB 1983, 1163; *Schwab* Das betriebliche Vorschlagswesen (BVW), AR-Blattei SD 1760; *ders.* Erfindung und Verbesserungsvorschlag im Arbeitsverhältnis, 2. Aufl. 1991; *ders.* Das Mitbestimmungsrecht des Betriebsrats (Personalrats) im Bereich des Betrieblichen Vorschlagswesens, Betriebliches Vorschlagswesen 1987, 150; *ders.* Das Arbeitnehmer-Erfinderrecht, AiB 1998, 513; *ders.* Betriebsrat und betriebliches Vorschlagswesen, AiB 1999, 445; *ders.* Das Arbeitnehmererfinderrecht, AR-Blattei SD 670; *ders.* Arbeitnehmererfindungsrecht, 3. Aufl. 2014; *ders.* Der Arbeitnehmer als Vorschlagseinreicher, NZA-RR 2015, 225; *Taeger* Kreativität der Arbeitnehmer – arbeitsrechtliche Aspekte des Ideenmanagements, in: *Ahrens / Donner / Simon* Arbeit-Umwelt, 2001, S. 35; *Thom* Betriebliches Vorschlagswesen. Ein Instrument des Betriebsführung, 6. Aufl. 2003; *Tritschler* Betriebliches Vorschlagswesen als Prüfungsgegenstand der internen Revision, DB 1981, 1145; *Troidl* Technische Verbesserungsvorschläge, BB 1974, 468; *Volmer* Richtlinien über Vergütungen für Arbeitnehmererfindungen und Prämien für Verbesserungsvorschläge, 1964; *Vollmer / Gaul* Arbeitnehmererfindungsgesetz, 1983; *Weilbach* Die Organisation des betrieblichen Vorschlagswesens, Bürotechnik 1974, 725; *Wollwert* Ideenmanagement im Konzern, NZA 2012, 889; *Wrieske* Die Organisation des Betrieblichen Vorschlagswesens, DB 1971, 2028.

Zeitschrift: Betriebliches Vorschlagswesen (ab 1975)

a) Vergleich mit der bisherigen Rechtslage

Die Vorschrift ist im BetrVG 1972 neu. Sie wurde in Anlehnung an den *CDU/CSU*-Entwurf (§ 30 Abs. 1 Buchst. f; BT-Drucks. VI/1806, S. 7) erst aufgrund der Beschlüsse des 10. Ausschusses in das Gesetz aufgenommen (BT-Drucks. VI/2729, S. 39; zu BT-Drucks. VI/2729, S. 4, 29). Nach dem BetrVG 1952 konnte das betriebliche Vorschlagswesen – ungeachtet der allgemeinen Aufgabe des Betriebsrats nach § 54 BetrVG 1952 – nur durch freiwillige Betriebsvereinbarung geregelt werden (*Erdmann / Jürging / Kammann* § 87 Rn. 142). **1046**

b) Gegenstand der Mitbestimmung

Die Mitbestimmung nach § 87 Abs. 1 Nr. 12 betrifft nur **Verbesserungsvorschläge**, dagegen **nicht Arbeitnehmererfindungen** i. S. d. § 2 ArbNErfG, d. h. keine patent- oder gebrauchsmusterfähigen Erfindungen, für die das Gesetz über Arbeitnehmererfindungen eine abschließende Regelung enthält (*Fitting* § 87 Rn. 542; *Kaiser/LK* § 87 Rn. 262; *Klebe/DKKW* § 87 Rn. 361; *Matthes/*MünchArbR § 252 Rn. 3; *Richardi* § 87 Rn. 927; *Worzalla/HWGNRH* § 87 Rn. 688 f.). **1047**

Verbesserungsvorschlag ist **jede Anregung** einzelner oder mehrerer Arbeitnehmer, die im Falle ihrer Berücksichtigung zu einer **Verbesserung** jeglicher betrieblicher Angelegenheiten **gegenüber** dem **Istzustand** führen würde, sich also nicht in bloßer Kritik erschöpft (zust. *Bender/WPK* § 87 Rn. 267; *Rieble/Gistel* DB 2005, 1382; *Worzalla/HWGNRH* § 87 Rn. 686; vgl. auch *Gaul* BB 1992, 1710 f.; **1048**

§ 87 IV. 3. Soziale Angelegenheiten

Richardi § 87 Rn. 925). Die Definition im Einzelnen obliegt den Betriebspartnern (Rdn. 1064; vgl. auch *Krauß* Das betriebliche Vorschlagswesen, S. 92 ff.). Das **betriebliche Vorschlagswesen** betrifft alle Regelungen organisatorischer und verfahrensmäßiger Art für die Behandlung von Verbesserungsvorschlägen (vgl. auch *Fitting* § 87 Rn. 539). Die herkömmliche Bezeichnung als »betriebliches« Vorschlagswesen bedeutet keine Beschränkung; erfasst werden auch unternehmensbezogene Vorschläge. In diesem Fall kann nach § 50 Abs. 1 der **Gesamtbetriebsrat** zuständig sein (*BAG* 20.01.2004 EzA § 87 BetrVG 2001 Schiedsgutachten Nr. 1 S. 10 = AP Nr. 3 zu § 87 BetrVG 1972 Vorschlagswesen Bl. 4; *Glock/HWGNRH* § 50 Rn. 34; *Trittin/DKKW* § 50 Rn. 126; **a. M.** *Siebert* Die Zuständigkeit des Gesamtbetriebsrats [Diss. Osnabrück], 1999, S. 137 f.; zum Ideenmanagement im **Konzern** *Wollwert* NZA 2012, 889 ff.). Durch eine Betriebsvereinbarung können Verbesserungsvorschläge im Bereich der Geschäftspolitik vom betrieblichen Vorschlagswesen ausgenommen sein (*LAG Hamm* 04.09.1996 NZA-RR 1997, 258 [259]).

1049 Das Gesetz über Arbeitnehmererfindungen enthält einige Regelungen über **technische Verbesserungsvorschläge** (zur Abgrenzung von patentfähigen Erfindungen *Gaul* BB 1983, 1357 ff.; *Krauß* Das betriebliche Vorschlagswesen, S. 5 ff.; *Schwab* NZA-RR 2015, 225), d. h. Vorschläge für sonstige technische Neuerungen, die nicht patent- oder gebrauchsmusterfähig sind (§ 3 ArbNErfG). Für sie besteht nach § 20 Abs. 1 ArbNErfG bei Verwertung durch den Arbeitgeber ein Anspruch des Arbeitnehmers bzw. der Arbeitnehmer (§ 12 Abs. 2 ArbNErfG) auf angemessene Vergütung, wenn sie dem Arbeitgeber eine ähnliche Vorzugsstellung wie ein gewerbliches Schutzrecht gewähren (hierzu *BAG* 30.04.1965 AP Nr. 1 zu § 20 ArbNErfG). Außerdem gelten für diese sog. **qualifizierten** technischen Verbesserungsvorschläge die Bestimmungen der §§ 9 und 12 ArbNErfG sinngemäß (zur Abgrenzung von einfachen technischen Verbesserungsvorschlägen *Krauß* Das betriebliche Vorschlagswesen, S. 30 ff.; *Schwab* NZA-RR 2015, 225). Die weitere Behandlung kann durch Tarifvertrag oder Betriebsvereinbarung geregelt werden (hierzu *Krauß* Das betriebliche Vorschlagswesen, S. 36 ff.; *Volmer/Gaul* ArbNErfG, § 20 Rn. 96 ff.). Für **einfache** technische Verbesserungsvorschläge wird dagegen ausschließlich auf die Regelung durch Tarifvertrag oder – freiwillige – Betriebsvereinbarung verwiesen (§ 20 Abs. 2 ArbNErfG). Beide Formen der technischen Verbesserungsvorschläge sind weiter danach zu unterscheiden, ob es sich um **dienstliche**, d. h. auftragsgemäß gemachte bzw. aus dem Arbeits- und Pflichtkreis des Arbeitnehmers stammende oder um **freie** Verbesserungsvorschläge, d. h. um eine zusätzliche Leistung des Arbeitnehmers handelt (*Krauß* Das betriebliche Vorschlagswesen, S. 67 ff.; *Volmer/Gaul* ArbNErfG, § 20 Rn. 167). Das betriebliche Vorschlagswesen bezieht sich allein auf letztere (*Fitting* § 87 Rn. 541; *Klebe/DKKW* § 87 Rn. 364; *Pfelzer* NZA 1990, 514 [516]; *Richardi* § 87 Rn. 930; *Rieble/Gistel* DB 2005, 1382; *Stege/Weinspach/Schiefer* § 87 Rn. 202; *Troidl* BB 1974, 468 [470]; *Worzalla/HWGNRH* § 87 Rn. 691).

1050 Soweit »**Quality-Circles**« im betrieblichen Interesse eingerichtet und während der Arbeitszeit unter Leitung von Vorgesetzten durchgeführt werden, geschieht das im Rahmen der arbeitsvertraglichen Verpflichtung, so dass ihre Errichtung, Tätigkeit und die in ihnen erarbeiteten Verbesserungsvorschläge nicht von § 87 Abs. 1 Nr. 12 erfasst werden (*Lachenmann* RdA 1998, 105 [112 f.]; *Schmidt/Dobberrahn* NZA 1995, 1016 [1020] hinsichtlich eines Zertifizierungsverfahrens nach DIN ISO 9000 ff.; *Stege/Weinspach/Schiefer* § 87 Rn. 204a; *Worzalla/HWGNRH* § 87 Rn. 691; **a. M.** *Fitting* § 87 Rn. 548; *Klebe/DKKW* § 87 Rn. 364; *Schwab* AR-Blattei SD 1760, Rn. 72; *Schüttkemper* BB 1983, 1163 [1166]; *Wagner* AiB 1994, 600 [617]; vgl. auch *Rieble/Gistel* für den erarbeiteten Verbesserungsvorschlag). Entsprechendes gilt für **Expertensysteme** (a. M. *Richenhagen* AiB 1992, 305 [306 f.]). Zum **kontinuierlichen Verbesserungsprozess (KVP)** *ArbG Elmshorn* 24.04.1995 AiB 1995, 675 (*Zabel*); *Cox/Peter* AiB 1997, 371 (379); *Howaldt* MitB 1994, Heft 11, S. 29 ff.; *Pfisterer* AiB 1995, 329 ff. mit Vorschlag für eine Betriebsvereinbarung; *Witt/Witt* Der kontinuierliche Verbesserungsprozess, 2001; zum **Total Quality Management (TQM)** *Cox/Offermann* AiB 1996, 705 ff. mit Vorschlag für eine Betriebsvereinbarung.

1051 Das Mitbestimmungsrecht des Betriebsrats nach § 87 Abs. 1 Nr. 12 erfasst **sämtliche freien Verbesserungsvorschläge** (zur Abgrenzung von sonstigen Neuerungen *Krauß* Das betriebliche Vorschlagswesen, S. 21 ff.), d. h. außer den technischen auch sonstige Verbesserungsvorschläge, z. B. im organisatorischen oder kaufmännischen Bereich, bei der Unfallverhütung, im Gesundheitswesen, zum betrieblichen Umweltschutz (*Froschauer* Arbeitsrecht und Umweltschutz [Diss. Mannheim],

1994, S. 176 f.) sowie bei der menschengerechten Gestaltung der Arbeit i. S. d. § 90 (*Fitting* § 87 Rn. 539; *Galperin/Löwisch* § 87 Rn. 261; *Gaul* BB 1983, 1357 [1358]; *Klebe/DKKW* § 87 Rn. 363; *Krauß* Das betriebliche Vorschlagswesen, S. 34 f.; *Richardi* § 87 Rn. 926, 930; *Rieble/Gistel* DB 2005, 1382; *Worzalla/HWGNRH* § 87 Rn. 687).

Das gilt auch für **qualifizierte technische Verbesserungsvorschläge** (*Bender/WPK* § 87 Rn. 269; **1052** *Fitting* § 87 Rn. 544; *Galperin/Löwisch* § 87 Rn. 262; *Klebe/DKKW* § 87 Rn. 362; *Richardi* § 87 Rn. 929; *Rieble/Gistel* DB 2005, 1382; *Worzalla/HWGNRH* § 87 Rn. 690; **a. M.** Einigungsstellenspruch DB 1977, 1564; *Kammann/Hess/Schlochauer* § 87 Rn. 242; *Stege/Weinspach/Schiefer* § 87 Rn. 201). Die einschlägigen Vorschriften des Gesetzes über Arbeitnehmererfindungen (insbesondere § 20 Abs. 1, §§ 22, 28 ff., 37 ff.) betreffen in erster Linie die Vergütung sowie die Durchsetzung von Ansprüchen und schließen daher als gesetzliche Regelung i. S. d. § 87 Abs. 1 die Mitbestimmung des Betriebsrats lediglich insoweit, aber nicht für andere regelungsbedürftige und regelungsfähige Fragen aus, die für die Behandlung qualifizierter technischer Verbesserungsvorschläge von Bedeutung sein können (*Galperin/Löwisch* § 87 Rn. 277; **a. M.** *Gaul/Bartenbach* DB 1980, 1843).

c) Zweck der Mitbestimmung

Die Wahrnehmung der Belange der Arbeitnehmer durch den Betriebsrat bei der Aufstellung von **1053** Grundsätzen über das betriebliche Vorschlagswesen dient vor allem dem **Schutz** und der **Förderung** der **Persönlichkeitsentfaltung** der Arbeitnehmer und ihrer damit zusammenhängenden Interessen (§ 75 Abs. 2; vgl. auch *BAG* 28.04.1981 EzA § 87 BetrVG 1972 Vorschlagswesen Nr. 2 S. 21 [*Kraft*] = AP Nr. 1 zu § 87 BetrVG 1972 Vorschlagswesen Bl. 4 R [*Herschel*]; 16.03.1982 EzA § 87 BetrVG 1972 Vorschlagswesen Nr. 3 S. 36 = AP Nr. 2 zu § 87 BetrVG 1972 Vorschlagswesen Bl. 3 [*Misera*]; *Fitting* § 87 Rn. 536; *Galperin/Löwisch* § 87 Rn. 260, 274; *Klebe/DKKW* § 87 Rn. 360; *Richardi* § 87 Rn. 925; *Rieble/Gistel* DB 2005, 1382; krit. zu »Sonderzwecken« *Worzalla/HWGNRH* § 87 Rn. 693). Das Vorschlagswesen kommt aber letztlich auch dem Betrieb zugute, weil in der Regel das Interesse der Arbeitnehmer an der Gestaltung des Betriebs aktiv durch Verbesserungsvorschläge mitzuwirken, nur besteht, wenn eine ordnungsgemäße Behandlung der Vorschläge in einem formalisierten Verfahren gewährleistet ist. So ist es in Zeiten des verschärften – globalen – Wettbewerbs ein Gebot der Vernunft, das betriebliche Humankapital zu aktivieren und zu nutzen. Das systematische Ideenmanagement tritt an die Stelle des klassischen betrieblichen Vorschlagswesens (*Rieble/Gistel* DB 2005, 1382). Zu empirischen Daten *Klebe/DKKW* § 87 Rn. 360; *Rieble/Gistel* DB 2005, 1382 (1387). Dass der einzelne Arbeitnehmer Vorschläge für die Gestaltung des Arbeitsplatzes und des Arbeitsablaufs machen darf, ergibt sich schon aus § 82 Abs. 1 Satz 2.

d) Kollektiver Tatbestand

Die Mitbestimmung des Betriebsrats bezieht sich nur auf die **Grundsätze** über das betriebliche Vor- **1054** schlagswesen. Deshalb kommen allein abstrakte generelle Regelungen in Betracht (*BAG* 28.04.1981 EzA § 87 BetrVG 1972 Vorschlagswesen Nr. 2 S. 22 f. [*Kraft*] = AP Nr. 1 zu § 87 BetrVG 1972 Vorschlagswesen Bl. 5 f. [*Herschel*]; *Rieble/Gistel* DB 2005, 1382; vgl. auch Rdn. 1071). Der Betriebsrat hat im Einzelfall (zum Begriff *Wiese* Rdn. 15) nicht mitzubestimmen (*Galperin/Löwisch* § 87 Rn. 275; *H. Hanau* Individualautonomie, S. 179 f.; *Stege/Weinspach/Schiefer* § 87 Rn. 204; *Worzalla/HWGNRH* § 87 Rn. 690; **a. M.** *Schoden* AuR 1980, 73 [76], der fälschlich die Mitbestimmung auch aus § 80 Abs. 1 Nr. 1 ableitet). Zur Mitbestimmung in **wissenschaftlichen Tendenzbetrieben** die gleichnamige Dissertation (Köln), 1999, von *Poeche*, S. 212 f.

e) Umfang der Mitbestimmung; Initiativrecht

Nach der zunächst ganz überwiegend und auch heute noch vereinzelt vertretenen Auffassung soll die **1055** **Einführung** eines betrieblichen Vorschlagswesens nicht mitbestimmungspflichtig und daher auch ein **Initiativrecht** des Betriebsrats zu verneinen sein (Einigungsstellenspruch 16.05.1977 DB 1977, 1564; *Brecht* § 87 Rn. 35; *Dietz/Richardi* 5. Aufl. 1973, § 87 Rn. 33; *Galperin/Löwisch* 5. Aufl. 1976, § 87 Rn. 264 ff.; *Hofe* Betriebliche Mitbestimmung und Humanisierung der Arbeitswelt, S. 139 f.; *Kammann/Hess/Schlochauer* § 87 Rn. 244; *Krauß* Das betriebliche Vorschlagswesen, S. 50 ff.; *Stege/Weinspach/Schiefer* § 87 Rn. 203a). Nur von einer Mindermeinung wurden insoweit die Mitbestimmung und ein Initiativrecht bejaht (*LAG Düsseldorf/Köln* 24.01.1978 EzA § 87 BetrVG 1972 Vorschlagswesen Nr. 1 S. 5 ff.; *Fitting/Auffarth/Kaiser* 14. Aufl. 1974, § 87 Rn. 67; *Föhr* AuR 1975, 353 [362]; *Schoden* AuR 1980, 73 ff.; *Weiss* 2. Aufl. 1980, § 87 Rn. 83; *Wiese* Initiativrecht, S. 72 ff.; *ders.* GK-BetrVG Zweitbearbeitung, § 87 Rn. 161 f.; mit Einschränkungen auch *LAG Hamm* 04.04.1975 AuR 1975, 349). Dieser Auffassung hat sich das *BAG* angeschlossen, dem auch die Literatur überwiegend gefolgt ist (*BAG* 28.04.1981 EzA § 87 BetrVG 1972 Vorschlagswesen Nr. 2 S. 16 ff. *[zust. Kraft]* =AP Nr. 1 zu § 87 BetrVG 1972 Vorschlagswesen Bl. 2 R ff. *[zust. Herschel]* = SAE 1982, 213 *[abl. Krauß]*; *Fitting* § 87 Rn. 551; *Kaiser/LK* § 87 Rn. 260; *Klebe/DKKW* § 87 Rn. 365; *Kohte/*HaKo § 87 Rn. 149; *Matthes/*MünchArbR § 252 Rn. 8; *Richardi* § 87 Rn. 941; *Rieble/Gistel* DB 2005, 1382; *Schwab* NZA-RR 2015, 225 [227]; *Worzalla/HWGNRH* § 87 Rn. 697; vgl. auch *Wiese* Rdn. 31 ff.).

1056 Nach fast einhelliger Auffassung ist der **Arbeitgeber** jedoch **nicht verpflichtet**, für ein **betriebliches Vorschlagswesen finanzielle Mittel zur Verfügung zu stellen** (*BAG* 28.04.1981 EzA § 87 BetrVG 1972 Vorschlagswesen Nr. 2 S. 22 f. *[Kraft]* = AP Nr. 1 zu § 87 BetrVG 1972 Vorschlagswesen Bl. 5 f. *[Herschel]* hinsichtlich der finanziellen Grundausstattung des betrieblichen Vorschlagswesens, d. h. des »Prämienetats«; *LAG Düsseldorf/Köln* 24.01.1978 EzA § 87 BetrVG 1972 Vorschlagswesen Nr. 1 S. 9; *Fitting* § 87 Rn. 549; *Galperin/Löwisch* § 87 Rn. 273; *Gaul/Bartenbach* DB 1980, 1843 [1844 f.]; *Klebe/DKKW* § 87 Rn. 365, 370; *Krauß* Das betriebliche Vorschlagswesen, S. 55 f.; *Richardi* § 87 Rn. 938; *Stege/Weinspach/Schiefer* § 87 Rn. 203a, 205; *Wiese* Initiativrecht, S. 72 ff.; *Worzalla/HWGNRH* § 87 Rn. 700; **a. M.** *Föhr* AuR 1975, 353 [362]; *Schoden* AuR 1980, 73 [76 f.]; wohl auch *Hanau* RdA 1973, 281 [283]). Der Arbeitgeber entscheidet daher grundsätzlich allein über die Höhe der Mittel, die in Durchführung eines betrieblichen Vorschlagswesens ausgeschüttet werden sollen.

1057 Etwas anderes gilt nur hinsichtlich derjenigen Verbesserungsvorschläge, auf deren Vergütung bereits ein **Rechtsanspruch** der Arbeitnehmer besteht (zu dessen Begründung *Krauß* Das betriebliche Vorschlagswesen, S. 73 ff.; vgl auch *Schoden* AuR 1980, 73 [76]). Dieser kann aufgrund einer betrieblichen Übung entstehen. Soweit es sich um qualifizierte technische Verbesserungsvorschläge handelt, ergibt sich ein Rechtsanspruch aus § 20 Abs. 1 ArbNErfG (Rdn. 1042). Im Übrigen ist nach der Rechtsprechung und Literatur (*BAG* 30.04.1965 AP Nr. 1 zu § 20 ArbNErfG Bl. 3 R f. m. w. N.; 20.01.2004 EzA § 87 BetrVG 2001 Schiedsgutachten Nr. 1 S. 11, 16 = AP Nr. 3 zu § 87 BetrVG 1972 Vorschlagswesen Bl. 4 R, 6 R; ferner *Fitting* § 87 Rn. 544; *Galperin/Löwisch* § 87 Rn. 277; *Gaul* BB 1983, 1357 [1365]; *ders.* BB 1992, 1710 [1717 f.]; *Klebe/DKKW* § 87 Rn. 370; *Richardi* § 87 Rn. 938) anerkannten, billigenswerten Auffassung eine **besondere Leistung** des Arbeitnehmers, insbesondere eine solche schöpferischer Art, die über die übliche Arbeitsleistung hinausgeht und eine echte Sonderleistung darstellt, nach Treu und Glauben (§ 242 BGB) zusätzlich zu vergüten, wenn sie dem Arbeitgeber einen nicht unerheblichen Vorteil bringt und von ihm verwertet worden ist (allgemeiner *BAG* 28.04.1981 EzA § 87 BetrVG 1972 Vorschlagswesen Nr. 2 S. 17, 19, 23 *[Kraft]* = AP Nr. 1 zu § 87 BetrVG 1972 Vorschlagswesen Bl. 3 R, 4, 5 R *[Herschel]*). Über einen hiernach bestehenden Anspruch entscheiden die Arbeitsgerichte im Urteilsverfahren (*BAG* 30.04.1965 AP Nr. 1 zu § 20 ArbNErfG Bl. 1 R). Die etwaige Verpflichtung des Arbeitgebers zu finanziellen Leistungen beruht in allen diesen Fällen auf eigenständigen Rechtsgrundlagen, ist also der Mitbestimmung vorgegeben und nicht Folge ihrer Ausübung.

1058 Von der Frage der Finanzierung eines betrieblichen Vorschlagswesens ist die Frage zu unterscheiden, ob durch dessen Einführung **Kosten** entstehen. Die Kostenverursachung steht dem Initiativrecht nicht entgegen (*Wiese* Initiativrecht, S. 36 f.; ebenso *BAG* 28.04.1981 EzA § 87 BetrVG 1972 Vorschlagswesen Nr. 2 S. 20 *[Kraft]* = AP Nr. 1 zu § 87 BetrVG 1972 Vorschlagswesen Bl. 4 *[Herschel]*; *Fitting* § 87 Rn. 551; *Galperin/Löwisch* § 87 Rn. 270; *Matthes/*MünchArbR § 252 Rn. 8). Werden für die Organe des betrieblichen Vorschlagswesens Sachmittel benötigt, hat der Arbeitgeber sie zur Verfügung zu stellen.

1059 Der Arbeitgeber ist auch nicht verpflichtet, einen Verbesserungsvorschlag in Anspruch zu nehmen (zur rechtlichen Zuordnung des Verbesserungsvorschlags *Gaul* BB 1992, 1710 [1711 ff.]). Deshalb unterliegen die **Annahme** und **Verwertung** eines Verbesserungsvorschlags seiner freien unternehmerischen Entscheidung und sind **mitbestimmungsfrei** (*BAG* 28.04.1981 EzA § 87 BetrVG 1972 Vorschlagswesen Nr. 2 S. 17 *[Kraft]* = AP Nr. 1 zu § 87 BetrVG 1972 Vorschlagswesen Bl. 3 R f. *[Herschel]*; 16.03.1982 EzA § 87 BetrVG 1972 Vorschlagswesen Nr. 3 S. 39 = AP Nr. 2 zu § 87 BetrVG 1972 Vorschlagswesen Bl. 4; *ArbG Heilbronn* 15.05.1986 DB 1987, 541; *Fitting* § 87 Rn. 550; *Kaiser/LK* § 87 Rn. 260, 265; *Krauß* Das betriebliche Vorschlagswesen, S. 57; *Matthes/MünchArbR* § 252 Rn. 5; *Richardi* § 87 Rn. 937, 941, 943; *Worzalla/HWGNRH* § 87 Rn. 701). Das gilt auch für **Franchisebetriebe**, nur dass nach dem Franchise-Vertrag die Entscheidung über die Verwertung eines Verbesserungsvorschlages dem Franchisegeber zustehen kann (*Selzner* Betriebsverfassungsrechtliche Mitbestimmung in Franchise-Systemen, 1994, S. 60). Für **nicht in Anspruch genommene Verbesserungsvorschläge** braucht der Arbeitgeber daher keine Prämie zu zahlen. Die Verwertung selbst ist nach § 87 Abs. 1 Nr. 12 mitbestimmungsfrei, kann jedoch die Mitbestimmung nach § 91 oder §§ 111 f. auslösen (*BAG* 16.03.1982 EzA § 87 BetrVG 1972 Vorschlagswesen Nr. 3 S. 39 = AP Nr. 2 zu § 87 BetrVG 1972 Vorschlagswesen Bl. 4 *[Misera]*). Wenn der Arbeitgeber einen freien Verbesserungsvorschlag annimmt, die Verwertung aber unterlässt, dürfte auch bei anderen als qualifizierten Verbesserungsvorschlägen in aller Regel analog § 20 Abs. 1 ArbNErfG ein Vergütungsanspruch zu verneinen sein, soweit die unterlassene Verwertung nicht gegen die guten Sitten verstößt oder rechtsmissbräuchlich ist (*BAG* 30.04.1965 AP Nr. 1 zu § 20 ArbNErfG Bl. 2 R, weitergehend wohl *Herschel* Anm. AP Nr. 1 zu § 87 BetrVG 1972 Vorschlagswesen Bl. 7 R f.). Ein Vergütungsanspruch ist dann auch nicht nach § 87 Abs. 1 Nr. 12 begründbar (*BAG* 28.04.1981 EzA § 87 BetrVG 1972 Vorschlagswesen Nr. 2 S. 26 *[Kraft]* = AP Nr. 1 zu § 87 BetrVG 1972 Vorschlagswesen Bl. 6 R *[Herschel]*; 16.03.1982 EzA § 87 BetrVG 1972 Vorschlagswesen Nr. 3 S. 39 = AP Nr. 2 zu § 87 BetrVG 1972 Vorschlagswesen Bl. 4 *[Misera]*). Ist jedoch aus besonderen Gründen ein vertraglicher Anspruch zu bejahen, ist er der Mitbestimmung vorgegeben, so dass dann auch für nicht verwertete Verbesserungsvorschläge Regelungen im Rahmen des § 87 Abs. 1 Nr. 12 möglich sind.

1060 Ungeachtet der finanziellen Seite sind jedoch entsprechend dem Normzweck des § 87 Abs. 1 Nr. 12 (Rdn. 1053) die Mitbestimmung und ein **Initiativrecht** des Betriebsrats auch bei der Einführung eines betrieblichen Vorschlagswesens anzuerkennen (Rdn. 1055; zu Folgendem *Wiese* Initiativrecht, S. 73 f.). Ein Bedürfnis für die Aufstellung von Grundsätzen setzt nicht voraus, dass der Arbeitgeber selbst eine Regelung des Vorschlagswesens anstrebt oder gar Geld hierfür zur Verfügung zu stellen beabsichtigt (*BAG* 28.04.1981 EzA § 87 BetrVG 1972 Vorschlagswesen Nr. 2 S. 17 f. *[Kraft]* = AP Nr. 1 zu § 87 BetrVG 1972 Vorschlagswesen Bl. 3 R *[Herschel]*). Vielmehr kommt es darauf an, ob in dem betreffenden Betrieb eine grundsätzliche Klärung aller mit Verbesserungsvorschlägen zusammenhängenden Fragen erforderlich erscheint, weil entweder bisher schon Verbesserungsvorschläge gemacht wurden oder eine vorsorgliche Regelung angestrebt wird. Deshalb ist die Aufstellung von Grundsätzen über das betriebliche Vorschlagswesen auch dann sinnvoll, wenn damit keine zusätzlichen finanziellen Leistungen durch den Arbeitgeber verbunden sind. Ob der Betriebsrat eine vorsorgliche Initiative zum Schutze der Arbeitnehmerinteressen für zweckmäßig hält, entscheidet er nach eigenem Ermessen. Das ist keine Rechts-, sondern eine Zweckmäßigkeitsfrage.

1061 Missverständlich ist es, wenn das *BAG* (28.04.1981 EzA § 87 BetrVG 1972 Vorschlagswesen Nr. 2 S. 18 *[Kraft]* = AP Nr. 1 zu § 87 BetrG 1972 Vorschlagswesen Bl. 3 R *[Herschel]*) das Initiativrecht vom Bestehen eines Bedürfnisses abhängig machen und seine Geltendmachung wegen Rechtsmissbrauchs offenbar verneinen will, wenn aufgrund der konkreten betrieblichen Situation keinerlei Bedürfnis zur Regelung der Behandlung betrieblicher Verbesserungsvorschläge besteht (noch enger *Galperin/Löwisch* § 87 Rn. 265; *Worzalla/HWGNRH* § 87 Rn. 698). Das Bestehen eines Bedürfnisses ist indessen keine materielle Voraussetzung des Initiativrechts und auch keine formelle Verfahrensvoraussetzung, sondern sein Fehlen begrenzt den Ermessensspielraum der Einigungsstelle, betrifft also die sachliche Begründetheit des Antrags (*Bender/WPK* § 87 Rn. 271; *Herschel* Anm. AP Nr. 1 zu § 87 BetrVG 1972 Vorschlagswesen Bl. 7 f.; *Kraft* Anm. EzA § 87 BetrVG 1972 Vorschlagswesen Nr. 2 S. 29; *Matthes/MünchArbR* § 252 Rn. 8; *Schwab* NZA-RR 2015, 225 [227 mit Fn. 14]). Dabei ist zu bedenken, dass der Betriebsrat nur aus gegebenem Anlass eine Regelung anstreben wird, die auch darin bestehen kann, dass demnächst mit Verbesserungsvorschlägen zu rechnen ist oder der Betriebsrat diese – z. B. im Bereich des Arbeitsschutzes – selbst anregen möchte.

1062 Im Rahmen der hiernach bestehenden Mitbestimmung, die nur die Begründung zusätzlicher finanzieller Leistungspflichten zu Lasten des Arbeitgebers ausschließt, kann der Betriebsrat aufgrund seines

Initiativrechts ferner unter Beschränkung auf die Grundsätze über das betriebliche Vorschlagswesen dessen **Ausgestaltung** beeinflussen (Rdn. 1064 ff.). Er kann jedoch nicht die Einführung eines vom Arbeitgeber angestrebten betrieblichen Vorschlagswesens verhindern, hat also kein Vetorecht, sondern kann allenfalls die Einigungsstelle von der fehlenden Notwendigkeit einer Regelung überzeugen (*Galperin/Löwisch* § 87 Rn. 266). Ferner bezieht sich das Initiativrecht in den aufgezeigten Grenzen auf die **Abänderung** geltender Regelungen (vgl. auch *Krauß* Das betriebliche Vorschlagswesen, S. 48 f.).

1063 Hinsichtlich der **Aufhebung** bisher bestehender Grundsätze über das betriebliche Vorschlagswesen ist wie bei der Einführung zu unterscheiden: Soweit der Arbeitgeber ohne Bestehen einer Rechtspflicht finanzielle Mittel zur Verfügung gestellt hat, entscheidet er allein über die Abschaffung dieser Zuwendungen. War die Höhe der Zuwendungen Gegenstand einer – freiwilligen – Betriebsvereinbarung, so bedarf diese nach Maßgabe des § 77 Abs. 5 der Kündigung, ohne dass nach deren Ablauf eine Nachwirkung eintritt (§ 77 Abs. 6). Der Arbeitgeber kann auch für die Zukunft darauf verzichten, Verbesserungsvorschläge anzunehmen und zu verwerten und damit die vereinbarten Grundsätze gegenstandslos machen (*Galperin/Löwisch* § 87 Rn. 267; *Stege/Weinspach/Schiefer* § 87 Rn. 203b; *Worzalla/HWGNRH* § 87 Rn. 699). Er kann aber nicht die bestehende Regelung einseitig aufheben. Beide Betriebspartner können vielmehr aufgrund ihres Initiativrechts die Aufhebung bisher bestehender Grundsätze über das betriebliche Vorschlagswesen anstreben, falls diese nicht mehr sinnvoll erscheinen (*Klebe/DKKW* § 87 Rn. 366; a. M. *Krauß* Das betriebliche Vorschlagswesen, S. 54).

f) Einzelne Grundsätze

1064 Zu den mitbestimmungspflichtigen Grundsätzen des betrieblichen Vorschlagswesens gehört zunächst die **Definition** des Verbesserungsvorschlags unter Ausschluss der im dienstlichen Auftrag erarbeiteten Vorschläge (Rdn. 1049). Das Vorschlagswesen kann aber auch auf bestimmte Arten von Vorschlägen begrenzt werden (*Galperin/Löwisch* § 87 Rn. 274; Einzelheiten zu Betriebsvereinbarungen *Bartenbach* FS *Bauer*, S. 85 [101 ff.]).

1065 Ebenso kann der **Personenkreis**, der **berechtigt** sein soll, **am betrieblichen Vorschlagswesen teilzunehmen**, begrenzt werden (*Fitting* § 87 Rn. 553; *Galperin/Löwisch* § 87 Rn. 272; *Krauß* Das betriebliche Vorschlagswesen, S. 55; *Richardi* § 87 Rn. 934; *Rieble/Gistel* DB 2005, 1382 f.; *Stege/Weinspach/Schiefer* § 87 Rn. 204; *Worzalla/HWGNRH* § 87 Rn. 695). Deshalb können z. B. bestimmte Funktionsträger von der Teilnahme ausgeschlossen werden. Leitende Angestellte i. S. d. § 5 Abs. 3 und 4 unterliegen ohnehin nicht der Mitbestimmung des Betriebsrats. Etwaige Individualansprüche dieser Personen für Verbesserungsvorschläge sind dadurch nicht ausgeschlossen. Zu **Leiharbeitnehmern** *Boemke* Schuldvertrag und Arbeitsverhältnis, 1999, S. 598 m. w. N.; *Jüttner* Gewerbsmäßige Arbeitnehmerüberlassung, S. 196 f.; *Kraft* FS *Konzen*, 2006, S. 439 (454 f.); *Rieble/Gistel* DB 2005, 1382 (1383); *Schirmer* 50 Jahre Bundesarbeitsgericht, 2004, S. 1063 (1074); *Schwab* NZA-RR 2015, 225 (228).

1066 Mitbestimmungspflichtig sind ferner Grundsätze über die **Organisation** des Vorschlagswesens (*BAG* 28.04.1981 EzA § 87 BetrVG 1972 Vorschlagswesen Nr. 2 S. 29 f. [*Kraft*] = AP Nr. 1 zu § 87 BetrVG 1972 Vorschlagswesen Bl. 4 R f. [*Herschel*]; 16.03.1982 EzA § 87 BetrVG 1972 Vorschlagswesen Nr. 3 S. 34 f. = AP Nr. 2 zu § 87 BetrVG 1972 Vorschlagswesen Bl. 2 f. [*Misera*]; *Fitting* § 87 Rn. 552; *Kaiser/LK* § 87 Rn. 263; *Klebe/DKKW* § 87 Rn. 368 f.; *Krauß* Das betriebliche Vorschlagswesen, S. 54 ff. [96 ff.]; *Richardi* § 87 Rn. 931 f.; *Rieble/Gistel* DB 2005, 1382 [1383]; *Schoden* AuR 1980, 73 [75 f.]; *Schwab* Erfindung und Verbesserungsvorschlag im Arbeitsverhältnis, S. 80 ff.; *Stege/Weinspach/Schiefer* § 87 Rn. 204; *Worzalla/HWGNRH* § 87 Rn. 694). Zu entscheiden ist daher, ob **besondere Organe**, wie ein **Beauftragter für das betriebliche Vorschlagswesen** oder ein **Prüfungs- und Bewertungsausschuss** (*BAG* 20.01.2004 EzA § 87 BetrVG 2001 Schiedsgutachten Nr. 1 S. 10 f. = AP Nr. 3 zu § 87 BetrVG 1972 Vorschlagswesen Bl. 4 f.; zur **gerichtlichen Überprüfung** seiner Entscheidungen *BAG* 20.01.2004 EzA § 87 BetrVG 2001 Schiedsgutachten Nr. 1 S. 11 ff. = AP Nr. 3 zu § 87 BetrVG Vorschlagswesen Bl. 4 f.; 16.12.2014 EzA § 87 BetrVG 2001 Schiedsgutachten Nr. 2 Rn. 30 = AP Nr. 114 zu § 315 BGB; 19.05.2015 EzA § 87 BetrVG 2001 Schiedsgutachten Nr. 3 Rn. 19 = AP Nr. 4 zu § 87 BetrVG 1972 Vorschlagswesen; *Schwab* NZA-RR 2015, 225 [228 f.]), eingesetzt werden sollen, was von den betrieblichen Verhältnissen abhängt. Der Beauftragte für das betriebliche Vorschlagswesen ist nicht mit dem nach § 21 ArbNErfG a. F. durch Übereinkunft zwischen Arbeitgeber und Betriebsrat zu bestellenden **Erfinderberater** identisch, dessen gesetzliche Zuständigkeit nicht Verbesserungsvorschläge erfasste. Jedoch war es zulässig, dem Erfinderberater Aufgaben im Rahmen des § 87 Abs. 1 Nr. 12 zuzuweisen (vgl. auch *Volmer/Gaul* ArbNErfG, § 21 Rn. 87 f.).

Sind besondere Organe vorgesehen, hat der Betriebsrat über die **Voraussetzungen** der **Ernennung** **1067** für die jeweilige Funktion, die **Zusammensetzung** der **Organe** und die **Festlegung** ihrer **Aufgaben** mitzubestimmen. So könnte vorgesehen werden, dass Beauftragter für das betriebliche Vorschlagswesen ein Betriebsratsmitglied sein soll, ohne dass der Betriebsrat dies verlangen könnte, oder dass der Prüfungsausschuss paritätisch zusammengesetzt sein soll, wenn auch § 87 Abs. 1 Nr. 12 die Parität nicht vorschreibt (*BAG* 28.04.1981 EzA § 87 BetrVG 1972 Nr. 2 S. 20 f. *[Kraft]* = AP Nr. 1 zu § 87 BetrVG 1972 Vorschlagswesen Bl. 4 R f. *[Herschel]*; *Galperin/Löwisch* § 87 Rn. 275; *Krauß* Das betriebliche Vorschlagswesen, S. 57; *Matthes/*MünchArbR § 252 Rn. 10; *Stege/Weinspach/Schiefer* § 87 Rn. 204; wohl auch *Fitting* § 87 Rn. 552; **a. M.** *Beck* AiB 1990, 153 [155]; *Klebe/DKKW* § 87 Rn. 368; *Lichtenstein* BetrR 1973, 79).

Davon scharf zu unterscheiden ist die **Bestellung** der einzelnen **Organmitglieder**, die nach § 87 **1068** Abs. 1 Nr. 12 mitbestimmungsfrei ist, allerdings bei Einstellungen oder Versetzungen der Mitbestimmung nach Maßgabe des § 99 unterliegt (*BAG* 16.03.1982 EzA § 87 BetrVG 1972 Vorschlagswesen Nr. 3 S. 34 ff. = AP Nr. 2 zu § 87 BetrVG 1972 Vorschlagswesen Bl. 2 ff. *[zust. Misera]* = AR-Blattei, Betriebsverfassung XIV B, Entsch. 68 *[zust. Jahnke]*; *Kaiser/LK* § 87 Rn. 263; *Krauß* Das betriebliche Vorschlagswesen, S. 55; *Richardi* § 87 Rn. 933; *Stege/Weinspach/Schiefer* § 87 Rn. 204; *Worzalla/HWGNRH* § 87 Rn. 694; **a. M.** *Beck* AiB 1990, 153 [155]; *Klebe/DKKW* § 87 Rn. 369). Das folgt aus dem Wortlaut, Sinn und Zweck der Vorschrift.

Nach der VO über die **steuerliche Behandlung** von Prämien für Verbesserungsvorschläge vom **1069** 18.02.1957 (BGBl. I, S. 33), zuletzt verlängert bis 31.12.1988 (Gesetz vom 14.12.1984; BGBl. I, S. 1493 [1503]), konnten Steuervorteile nur in Anspruch genommen werden, wenn in Betrieben mit mehr als zwanzig Arbeitnehmern ein Ausschuss, dem der Arbeitgeber oder die von ihm beauftragten Personen und außerdem mindestens zwei Arbeitnehmer des Betriebs angehörten, der Gewährung der Prämie und ihrer Höhe zustimmten (§ 2 Abs. 1 Nr. 1). Über die Gewährung und die Höhe einer Prämie und die Begründung hierfür war nach Maßgabe des § 2 Abs. 1 Nr. 2 eine Niederschrift anzufertigen. Die Gewährung der Prämien war den Arbeitnehmern des Betriebs in geeigneter Weise bekannt zu geben (§ 2 Abs. 1 Nr. 3). Hierzu *Krauß* Das betriebliche Vorschlagswesen, S. 98 ff.; *Schwab* Erfindung und Verbesserungsvorschlag im Arbeitsverhältnis, 1. Aufl. 1985, S. 119 ff. (315 ff.). Seit dem 01.01.1989 unterliegen die Prämien für Verbesserungsvorschläge den allgemeinen steuerrechtlichen Vorschriften (*Schwab* NZA-RR 2015, 225 [228]).

Ferner ist das **Verfahren** mitbestimmungspflichtig (*BAG* 28.04.1981 EzA § 87 BetrVG 1972 Vor- **1070** schlagswesen Nr. 2 S. 20 *[Kraft]* = AP Nr. 1 zu § 87 BetrVG 1972 Vorschlagswesen Bl. 4 R *[Herschel]*; 16.03.1982 EzA § 87 BetrVG 1972 Vorschlagswesen Nr. 3 S. 34 f. = AP Nr. 2 zu § 87 BetrVG 1972 Vorschlagswesen Bl. 2 f. *[Misera]*; *LAG* Saarland 11.10.1995 LAGE § 87 BetrVG 1972 Vorschlagswesen Nr. 2 S. 5; *Fitting* § 87 Rn. 552; *Kaiser/LK* § 87 Rn. 263 f.; *Klebe/DKKW* § 87 Rn. 368; *Richardi* § 87 Rn. 931 f.; *Rieble/Gistel* DB 2005, 1382 [1384]; *Schwab* Erfindung und Verbesserungsvorschlag im Arbeitsverhältnis, S. 84 f.; *Stege/Weinspach/Schiefer* § 87 Rn. 204; *Worzalla/HWGNRH* § 87 Rn. 694). Dazu gehören Regelungen über die Bezeichnung und Form der Vorschläge (einfache Schriftform oder Benutzung eines Formulars, Zulässigkeit der Protokollierung einer mündlichen Erklärung gegenüber zuständigen Personen, Begründung), Prioritätenfragen, Ausschlussfristen (*LAG Hamm* 04.09.1996 NZA-RR 1997, 258 [259]; Begutachtung und Behandlung (z. B. Eingangsbestätigung, Geheimhaltung) der Vorschläge, das Verfahren vor einem Prüfungsausschuss (z. B. Anhörung des Vorschlagsberechtigten, Beschlussfassung, Bescheid) und einem etwaigen Beschwerdeausschuss sowie gegebenenfalls die Bekanntmachung im Betrieb. Zum Entwurf einer Betriebsvereinbarung *Heilmann/Taeger* BB 1990, 1969 (1974 f.).

Im Rahmen der oben in Rdn. 1055 ff. aufgezeigten Grenzen hat der Betriebsrat mitzubestimmen bei **1071** **generellen Regelungen** über die zu gewährende **Prämie** (*BAG* 28.04.1981 EzA § 87 BetrVG 1972 Vorschlagswesen Nr. 2 S. 22 ff. *[Kraft]* = AP Nr. 1 zu § 87 BetrVG 1972 Vorschlagswesen Bl. 5 ff. *[Her-*

§ 87   IV. 3. Soziale Angelegenheiten

schel]; 16.03.1982 EzA § 87 BetrVG 1972 Vorschlagswesen Nr. 3 S. 40 = AP Nr. 2 zu § 87 BetrVG 1972 BetrVG 1972 Vorschlagswesen Bl. 4 R *[Misera]*; *Fitting* § 87 Rn. 554; *Kaiser/LK* § 87 Rn. 267; *Klebe/DKKW* § 87 Rn. 371; *Kohte/*HaKo § 87 Rn. 150; *Krauß* Das betriebliche Vorschlagswesen, S. 56 f.; *Richardi* § 87 Rn. 936, 938; *Rieble/Gistel* DB 2005, 1382 [1384, 1385]; *Worzalla/HWGNRH* § 87 Rn. 696). Auch wenn ein Rechtsanspruch auf die Vergütung eines Verbesserungsvorschlags besteht, kann die Aufstellung von Grundsätzen verlangt werden, soweit ein Beurteilungsspielraum vorhanden ist. In Betracht kommen Grundsätze für die Bewertung des Verbesserungsvorschlags, über die Art der Prämie (Geld, Sachwert, sonstige Formen der Anerkennung wie z. B. Urkunde), Grundsätze und Methoden für die Bemessung der Prämienhöhe, um diese zu objektivieren und die Gleichbehandlung der Arbeitnehmer zu gewährleisten, für die Verteilung einer Prämie bei Gruppenvorschlägen oder darüber, wie eine Prämie für einen Verbesserungsvorschlag bestimmt werden soll, dessen Nutzen nicht zu ermitteln ist (vgl. Nachweise zuvor). Für **Gruppenvorschläge** (hierzu *Schwab* AR-Blattei SD 1760, Rn. 53 ff.) kann durch Betriebsvereinbarung die Prozessführungsbefugnis einem Gruppenmitglied unter Ausschluss der übrigen Beteiligten wirksam übertragen werden (*LAG Saarland* 11.10.1995 LAGE § 87 BetrVG 1972 Vorschlagswesen Nr. 2, S. 2 ff.).

1072 **Nicht mitbestimmungspflichtig** ist dagegen die Bewertung des Verbesserungsvorschlags und die Festsetzung der **Prämienhöhe im Einzelfall**; diese hat der Arbeitgeber anhand der festgelegten Grundsätze im Wege der Rechtsanwendung zu ermitteln (*BAG* 28.04.1981 EzA § 87 BetrVG 1972 Vorschlagswesen Nr. 2 S. 22 ff. *[Kraft]* = AP Nr. 1 zu § 87 BetrVG 1972 Vorschlagswesen Bl. 5 ff. *[Herschel]*; 16.03.1982 EzA § 87 BetrVG 1972 Vorschlagswesen Nr. 3 S. 39 = AP Nr. 2 zu § 87 BetrVG 1972 Vorschlagswesen Bl. 4 f. *[Misera]*; *Kaiser/LK* § 87 Rn. 266 f.; *Krauß* Das betriebliche Vorschlagswesen, S. 57; *Richardi* § 87 Rn. 939, 942; *Rieble/Gistel* DB 2005, 1382 [1384]; *Stege/Weinspach/Schiefer* § 87 Rn. 205; *Worzalla/HWGNRH* § 87 Rn. 696, 702; **a. M.** *Beck* BetrR 1990, 153 [156 f.]; *Klebe/DKKW* § 87 Rn. 370; *Schoden* AuR 1980, 73 [76 f.]). Deshalb kann auch nicht durch Spruch der Einigungsstelle bestimmt werden, dass die Prämie bei Verbesserungsvorschlägen mit erkennbaren Vorteilen einen bestimmten Prozentsatz eines Netto-Jahresvorteils beträgt (*BAG* 28.04.1981 EzA § 87 BetrVG 1972 Vorschlagswesen Nr. 2 S. 24 f. *[Kraft]* = AP Nr. 1 zu § 87 BetrVG 1972 Vorschlagswesen Bl. 6 *[Herschel]*; *Richardi* § 87 Rn. 939; **a. M.** *Fitting* § 87 Rn. 554; *Klebe/DKKW* § 87 Rn. 370). Zulässig ist es dagegen, dass die Bewertung und Festsetzung der Prämie im Einzelfall durch freiwillige Betriebsvereinbarung einem Bewertungsausschuss zugewiesen werden (vgl. auch *Gutzeit* § 88 Rdn. 10). Zum Verhältnis zu tariflichen Vergütungssystemen *Rieble/Gistel* DB 2005, 1382 (1386 f.).

g) Form der Mitbestimmung; Wirksamkeitsvoraussetzung

1073 Eine bestimmte Form ist für die Mitbestimmung nach § 87 Abs. 1 Nr. 12 nicht vorgeschrieben (*Wiese* Rdn. 88 ff.). Deshalb ist neben der Betriebsvereinbarung auch eine Betriebsabsprache zulässig (*Galperin/Löwisch* § 87 Rn. 276; *Krauß* Das betriebliche Vorschlagswesen, S. 58 ff.; *Worzalla/HWGNRH* § 87 Rn. 703; **a. M.** *Richardi* § 87 Rn. 944; *Schwab* AR-Blattei SD 1760, Rn. 73; *ders.* NZA-RR 2015, 225 [226, 227]). Soweit die Grundsätze über das betriebliche Vorschlagswesen keiner normativen Wirkung bedürfen, kann auch eine Betriebsabsprache sinnvoll sein. Zur Zuständigkeit der Einigungsstelle bei fehlender Einigung über die Form der Mitbestimmung *Wiese* Rdn. 96. Zu Musterbetriebsvereinbarungen über das betriebliche Vorschlagswesen *Krauß* Das betriebliche Vorschlagswesen, S. 40 Rn. 114 (S. 103 ff. m. w. N.); *Schaub/Neef/Schrader* Formularsammlung, § 52 Rn. 1 ff.; *Schwab* Erfindungs- und Verbesserungsvorschläge im Arbeitsverhältnis, S. 181 ff. Zu Formularvorschlägen *Wrieske* DB 1971, 2028 ff.

1074 Die Mitbestimmung des Betriebsrats ist **Wirksamkeitsvoraussetzung** für alle Entscheidungen, auf die sich die Mitbestimmung bezieht (allgemein *Wiese* Rdn. 100 ff.; *H. Hanau* Individualautonomie, S. 221 f.; *Kaiser/LK* § 87 Rn. 268; *Krauß* Das betriebliche Vorschlagswesen, S. 62 ff.; **a. M.** *Richardi* § 87 Rn. 946; *Worzalla/HWGNRH* § 87 Rn. 704). Die unabhängig von der Mitbestimmung des Betriebsrats entstandenen individualrechtlichen Ansprüche der Arbeitnehmer auf Prämien für Verbesserungsvorschläge bleiben davon unberührt (*Krauß* Das betriebliche Vorschlagswesen, S. 64 f.; *Matthes/* MünchArbR § 252 Rn. 17). Es besteht auch kein Anspruch des Arbeitgebers auf Rückzahlung von Prämien, die er unter Missachtung des Mitbestimmungsrechts des Betriebsrats gezahlt hat (*Wiese* Rdn. 127; *Galperin/Löwisch* § 87 Rn. 276; *Richardi* § 87 Rn. 946). Das ist kein Einwand gegen die Theorie der notwendigen Mitbestimmung (so aber *Richardi* § 87 Rn. 946; zum Grundsätzlichen *Wiese* Rdn. 100 ff.). Wenn *Richardi* (§ 87 Rn. 946) darauf hinweist, bei einseitiger Änderung der Bewertungsgrundsätze durch den Arbeitgeber zu Lasten des Arbeitnehmers behalte dieser den Anspruch nach den bisherigen Grundsätzen, so entspricht das der hier vertretenen Ansicht. Das richtige Ergebnis folgt jedoch nicht unmittelbar aus dem Arbeitsverhältnis (so aber *Richardi*), sondern aus der weitergeltenden, mit dem Betriebsrat getroffenen Regelung, die im Fall der Betriebsvereinbarung oder eines entsprechenden Spruches der Einigungsstelle auf den Arbeitsvertrag normativ einwirkt.

13. Grundsätze über die Durchführung von Gruppenarbeit; Gruppenarbeit im Sinne dieser Vorschrift liegt vor, wenn im Rahmen des betrieblichen Arbeitsablaufs eine Gruppe von Arbeitnehmern eine ihr übertragene Gesamtaufgabe im Wesentlichen eigenverantwortlich erledigt

Literatur
Benders / Huijgen / Pekruhl Gruppenarbeit in Europa – Ein Überblick, WSI-Mitt. 2000, 365; *Benecke* Arbeitnehmerhaftung und Gruppenarbeit, FS *Otto*, 2008, S. 1; *Blanke* Arbeitsgruppen und Gruppenarbeit in der Betriebsverfassung, RdA 2003, 140; *Breisig* Gruppenarbeit und ihre Regelung durch Betriebsvereinbarungen: Handbuch für Praktiker, 1997; *Busch* Arbeitsgruppen und Gruppenarbeit im Betriebsverfassungsgesetz (Diss. Mannheim), 2003 (zit.: Gruppenarbeit); *Buschmann* Umweltschutz als Aufgabe des Betriebsrats, in: *Ahrens / Donner / Simon* Arbeit-Umwelt, 2001, S. 87; *Cox / Peter* Rechtliche Rahmenbedingungen der Gruppenarbeit, AiB 1997, 371; *dies.* Betriebsvereinbarung »Gruppenarbeit«, AiB 1997, 402; *Elert* Gruppenarbeit. Individual- und kollektivarbeitsrechtliche Fragen moderner Arbeitsformen (Diss. Hagen, zit.: Gruppenarbeit), 2001; *Federlin* Arbeitsgruppen im Betrieb als neue Größe der Betriebsverfassung, NZA 2001, Sonderheft S. 24; *ders.* Arbeitsgruppen im Betrieb, FS *Leinemann*, 2006, S. 505; *Franken* Individualrechtliche Fragen der Gruppenarbeitsverhältnisse (Diss. Bonn), 2005; *Franzen* Die Freiheit der Arbeitnehmer zur Selbstbestimmung nach dem neuen BetrVG, ZfA 2001, 423 [445 ff.]; *Geffken* Gruppenarbeit und Betriebsräte, AiB 2002, 150; *ders.* Ausschüsse und Arbeitsgruppen, AiB 2006, 266; *Grossner / Reif* Gruppenarbeit einfach so einführen?, AiB 1997, 391; *Herlitzius* Für produktivitätsorientierte Entlohnung bei Gruppenarbeit, AuA 1994, 320; *ders.* Lean Production – Arbeitsrechtsfragen bei Einführung und Gestaltung von Gruppenarbeit, 2. Aufl. 1997; *M. Hoffman* Die Gruppenakkordarbeit. Insbesondere der vertragliche Schadensersatzanspruch des Arbeitgebers bei Schlechtleistung »der Gruppe« (Diss. Bayreuth, zit.: Gruppenakkordarbeit), 1981; *Hunold* Lean Production. Rechtsfragen bei der Einführung neuer Arbeitsformen und Techniken, 1993; *ders.* Gruppenarbeit, AR-Blattei SD 840; *Kamp* Betriebs- und Dienstvereinbarungen: Gruppenarbeit, 1999; *Klebe* Das demokratische Unternehmen: Bürgerrechte und Mitbestimmung am Arbeitsplatz – Der alte Chef hat ausgedient?, SR 2015, 37; *Klein* Das Phänomen des Gruppenarbeitsverhältnisses, Diss. Bielefeld, 1982; *ders.* Gruppenarbeit – Praxis, Interessenlagen und Mitbestimmung, NZA 2001, Beil. zu Heft 24, S. 15; *Kreßel* Tarifvertragliche Regelungsbefugnisse bei Fragen der Arbeitsgestaltung. Dargestellt am Beispiel der Gruppenarbeit, RdA 1994, 23; *Kuhn* Neue Produktionskonzepte, Gruppenarbeit und Arbeitsschutz, WSI-Mitt. 1996, 105; *Kuhn-Friedrich / Kamp* Gruppenarbeit in Unternehmen der BRD aus der Sicht von Betriebsrat und Personalrat, 1996; *Lang / Ohl* Lean Production, 1993; *Löwisch* Auswirkungen des Betriebsverfassungsrechts-Reformgesetzes auf Mitwirkung und Mitbestimmung des Betriebsrats, NZA 2001, Beil. zu Heft 24, S. 40; *Müller / Schulze* Beteiligung von Betriebsrat und Beschäftigten in der Unternehmensberatung. Praxisbeispiel der Einführung von Gruppenarbeit, AiB 2000, 305; *Muster* Gruppenarbeit als solidarisches Arbeitseinsatzkonzept, AiB 1987, 99; *Naendrup* Gruppen-Vertrags- insbesondere Gruppen-Arbeitsverhältnisse + Formale Struktur und inhaltliche Wertungsprobleme, BlStSozArbR 1975, 242 [257]; *Natzel* Die Delegation von Aufgaben an Arbeitsgruppen nach dem neuen § 28a BetrVG, DB 2001, 1362; *Neufeld / Schumacher* Vertretungspläne, AuA 2014, 144; *Nill* Selbstbestimmung in der Arbeitsgruppe? Die Regelungen zur Gruppenarbeit im Betriebsverfassungs-Reformgesetz (Diss. Tübingen), 2005 (zit.: Selbstbestimmung in der Gruppenarbeit?); *Paul* Gruppenarbeit (Diss. Mannheim), 2001; *Preis / Elert* Erweiterung der Mitbestimmung bei Gruppenarbeit?, NZA 2001, 371; *Röhsler* Die Gruppenarbeit, AR-Blattei D, Gruppenarbeit I, 1961; *Roth / Kohl* (Hrsg.), Perspektive: Gruppenarbeit, 1988; *Rüthers* Probleme der Organisation, des Weisungsrechts und der Haftung bei Gruppenarbeit, ZfA 1977, 1; *Schack* Gruppenarbeit in der chemischen Industrie: Gemeinsame Hinweise des Bundesarbeitgeberverbandes Chemie und der IG Chemie – Papier – Keramik, NZA 1996, 923; *ders.* Gruppenarbeit, Mitarbeitsverhältnis und die Arbeitsrechtsordnung (Diss. Berlin), 1997; *Schaub* Lean Production und arbeitsrechtliche Grundlagen, BB 1993, Beil. Nr. 15, S. 1; *ders.* Das Recht der Gruppenarbeitsverhältnisse, DB 1967 Beil. 19; *Schindele* Lean production und Mitbestimmung des Betriebsrats, BB 1993, Beil. 15, S. 14; *Schölzel* Rechtliche Bedingungen betrieblicher Beteiligungskonzepte, BetrR 1994, 101 [132]; *Springer* Gruppenarbeit – produktivitätsorientierter Motivationsansatz, AuA 1994, 17; *ders.* Durch neue Arbeitsfor-

men zur stetigen Verbesserung, AuA 1994, 73; *Steen* Rechtsprobleme der Gruppenarbeit, BetrR 1996, 25; *Stürzl* Lean Production in der Praxis. Spitzenleistungen durch Gruppenarbeit, 1992; *Trümner* Der »stumme« Verzicht auf Mitbestimmungsrechte des Betriebsrats bei Einführung und Durchführung abspracheorientierter Arbeitszeitregelungen in teilautonomen Gruppenarbeitsmodellen, Arbeitsrecht und Arbeitsgerichtsbarkeit, 1999, S. 395; *ders.* Die betriebsverfassungsrechtliche Unzulässigkeit von Arbeitsgruppensprechern in Betriebsvereinbarungen über die Einführung von Gruppenarbeit, FS *Däubler*, 1999, S. 295; *Wiese* Die Mitbestimmung des Betriebsrats über Grundsätze von Gruppenarbeit nach § 87 Abs. 1 Nr. 13 BetrVG, BB 2002, 198; *Wüst* Praktische und theoretische Probleme des Gruppenakkords, 1960; *Zink* Erfolgreiche Konzepte zur Gruppenarbeit – aus Erfahrungen lernen, 1995.

a) Vergleich mit der bisherigen Rechtslage

1075 Die Vorschrift ist neu; sie wurde durch Art. 1 Nr. 56 BetrVerf-Reformgesetz in das Betriebsverfassungsgesetz eingefügt.

1076 Die Einführung dieses Mitbestimmungstatbestandes bedeutet praktisch eine mitbestimmte Einschränkung der an sich der Gruppe vom Arbeitgeber eingeräumten Teilautonomie (*Hanau* RdA 2001, 65 [73]; *Picker* RdA 2001, 259 [266]). Zu begrüßen ist aber, dass der Betriebsrat nach Maßgabe des § 28a bestimmte eigene Aufgaben auf Arbeitsgruppen übertragen kann, die dann im Rahmen der ihnen übertragenen Aufgaben mit dem Arbeitgeber Vereinbarungen schließen können (vgl. auch Rdn. 1104 f.). Insoweit wird die Teilautonomie der Gruppe nicht zweifach reguliert und gegängelt (so aber *Hanau* RdA 2001, 65 [73]), sondern ein altes Anliegen aufgegriffen (bei Verabschiedung des BetrVG 1972 *Wiese* RdA 1973, 1 [9]) und die Selbstbestimmung der Basis – wenn auch begrenzt – gestärkt (zu rechtspolitischen Bedenken gegen die Neuregelungen des § 28a und des § 87 Abs. 1 Nr. 13 schriftliche Stellungnahmen zum Regierungsentwurf, Deutscher Bundestag, Ausschuss für Arbeit und Sozialordnung, Ausschuss-Drucks. 14/1512, passim; *Hanau* RdA 2001, 65 [73, 76]; *Natzel* ZfA 2003, 103 [124]; *Picker* RdA 2001, 259 [266, 269]; *Preis/Elert* NZA 2001, 371 [373 ff.]; *Rieble* ZIP 2001, 133 [142]). Das entspricht den Grundsätzen des § 75 Abs. 2 (vgl. auch Rdn. 1083 f.).

1077 Auch für den neuen Mitbestimmungstatbestand gilt der Tarifvorbehalt des § 87 Abs. 1, so dass tarifliche Regelungen über die Durchführung von Gruppenarbeit (hierzu *Elert* Gruppenarbeit, S. 245 ff.; *Kreßel* RdA 1994, 23 ff.; *Paul* Gruppenarbeit, S. 167 ff.) die notwendige Mitbestimmung des Betriebsrats ausschließen.

b) Allgemeine Bedeutung und Begriff der Gruppenarbeit

1078 Bei der Gruppenarbeit werden bisher voneinander getrennt durchgeführte Arbeitsaufgaben organisatorisch zusammengefasst und einer Gruppe von Arbeitnehmern zugewiesen, die nunmehr eine bestimmte abgrenzbare, einheitliche Arbeitsaufgabe gemeinschaftlich auszuführen hat. Das ist zum einen im betrieblichen Interesse, insofern durch eine innovative Arbeitsorganisation schöpferische Impulse der Belegschaft freigesetzt werden, die Kenntnisse und Erfahrungen der Gruppenmitglieder besser genutzt, ihre Arbeitsleistung effizienter, die Flexibilität der Arbeitsabläufe gesteigert, das Arbeitsergebnis optimiert, die Produktivität erhöht, Kosten gesenkt und die Wettbewerbsfähigkeit des Unternehmens gestärkt werden können. Zum anderen wird das Eigeninteresse der Arbeitnehmer angesprochen, deren Arbeit durch eine ganzheitliche Tätigkeit angereichert, ihre Eigeninitiative und Zusammenarbeit gefördert, ihnen Mitverantwortung eingeräumt, die Zufriedenheit mit den Arbeitsbedingungen erhöht und die Motivation der Beteiligten gestärkt, ihre berufliche und soziale Qualifikation weiterentwickelt, mithin die Arbeit insgesamt humanisiert wird (vgl. auch Rdn. 1083 f., zu den Wesensmerkmalen teilautonomer Arbeitsgruppen *Elert* Gruppenarbeit, S. 31 ff.). Voraussetzung ist allerdings, dass die der Arbeitsgruppe zugewiesene Gesamtaufgabe und die ihr eingeräumte Teilautonomie so ausgestaltet werden, dass eine erfolgreiche Gruppenarbeit überhaupt möglich ist (zu Leistungsstörungen wegen Verschuldens des Arbeitgebers bei Zusammensetzung der Betriebsgruppe *Elert* Gruppenarbeit, S. 192).

1079 Gruppenarbeit kann dadurch zustande kommen, dass der Arbeitgeber mehrere Arbeitnehmer zwecks gemeinsamer Arbeit zu einer Gruppe zusammenfasst (**Betriebsgruppe**, z. B. Akkordkolonne, Montagekolonne; *BAG* 23.02.1961 AP Nr. 2 zu § 611 BGB Akkordkolonne Bl. 1 R; zur historischen Entwicklung, den Erscheinungsformen und Wesensmerkmalen der Gruppenarbeit *Elert* Gruppenarbeit, S. 12 ff., [48 ff.]; *Rüthers* ZfA 1977, 1 [3 ff.]; *Schaub/Koch* Arbeitsrechts-Handbuch, § 181 f.). Gruppenarbeit ist aber auch dadurch möglich, dass Arbeitnehmer sich vor Abschluss der Arbeitsverträge selbst zusammenschließen und die Arbeitsleistung der Gruppe anbieten (**Eigengruppe**, z. B. Maurerkolonne, Musikkapelle; *BAG* 23.02.1961 AP Nr. 2 zu § 611 BGB Akkordkolonne Bl. 1 R). Nach der gesetzlichen Definition des § 87 Abs. 1 Nr. 13 zweiter Halbsatz betrifft die Neuregelung allein die **Betriebsgruppe** (*Bender/WPK* § 87 Rn. 279; *Gamillscheg* II, S. 949; *Matthes*/MünchArbR § 253 Rn. 3); die Mitbestimmung nach dieser Vorschrift setzt voraus, dass einer Gruppe von Arbeitnehmern **im Rahmen** des **betrieblichen Arbeitsablaufs** eine **Gesamtaufgabe übertragen** wird (a. M. *Nill* Selbstbestimmung in der Arbeitsgruppe?, S. 54 f.; *Richardi* § 87 Rn. 952; *Worzalla/HWGNRH* § 87 Rn. 708). Es kommt also darauf an, dass der Arbeitgeber zunächst eine entsprechende Entscheidung getroffen hat. Grundsätzlich, d. h. soweit die Arbeitsverträge der betroffenen Arbeitnehmer dem nicht entgegenstehen, ist der Arbeitgeber hierzu aufgrund seines Direktionsrechts berechtigt (*Elert* Gruppenarbeit, S. 128 ff.; *Schaub/Koch* Arbeitsrechts-Handbuch, § 181 Rn. 3; **a. M.** *Cox/Peter* AiB 1997, 371 [384 ff.]; *Preis/*ErfK § 611 BGB Rn. 167; *Rüthers* ZfA 1977, 1 [6 f.]; *Staudinger/Richardi/Fischinger* BGB, Vorbem. zu § 611 Rn. 480). Er hat jedoch nach § 81 Abs. 1 Satz 1, Abs. 2 die betroffenen Arbeitnehmer über deren Aufgabe und Verantwortung sowie über die Art ihrer Tätigkeit, ihre Einordnung in den Arbeitsablauf des Betriebs und Veränderungen in ihrem Arbeitsbereich rechtzeitig zu unterrichten (*Franzen* § 81 Rdn. 5 ff., insbesondere Rdn. 9; *Elert* Gruppenarbeit, S. 201 f.; *Fitting* § 81 Rn. 5) und die Beteiligungsrechte des Betriebsrats (Rdn. 1085 ff.) zu beachten. Gleiches gilt für das Anhörungs- und Erörterungsrecht der Arbeitnehmer nach § 82 Abs. 1 (*Franzen* § 82 Rdn. 5 ff.; *Fitting* § 82 Rn. 8).

Eine gruppenmäßige Zusammenarbeit von Arbeitnehmern ist in vielfältiger Weise denkbar (*Preis/ Elert* NZA 2001, 371). Gruppenarbeit i. S. d. § 87 Abs. 1 Nr. 13 setzt zunächst voraus, dass es sich um **mindestens drei Arbeitnehmer** handelt (*Gamillscheg* II, S. 949; *Kaiser/LK* § 87 Rn. 273; *Löwisch* BB 2001, 1790 [1792], der zutreffend darauf hinweist, dass nur so ein Gruppendruck [Rdn. 1083 f.] entstehen könne; *Nill* Selbstbestimmung in der Arbeitsgruppe?, S. 54, auch zur Größenbegrenzung; *Rieble/*AR § 87 BetrVG Rn. 84; **a. M.** *Worzalla/HWGNRH* § 87 Rn. 708). Job-Sharing-Arbeitsverhältnisse werden daher von der Vorschrift nicht erfasst. Abzustellen ist auf die regelmäßige Gruppengröße. Außerdem muss die der Gruppe übertragene **Gesamtaufgabe** von dieser **im Wesentlichen eigenverantwortlich** erledigt werden (zu Abgrenzungen auch *Busch* Gruppenarbeit, S. 30 ff.; *Preis/Elert* NZA 2001, 371 ff.; *Kaiser/LK* § 87 Rn. 275; *Klebe/DKKW* § 87 Rn. 378; *Nill* Selbstbestimmung in der Arbeitsgruppe? S. 55 ff.; *Worzalla/HWGNRH* § 87 Rn. 710 sowie zur Gruppenverantwortlichkeit schon *BAG* 24.04.1974 EzA § 611 BGB Arbeitnehmerhaftung Nr. 24 S. 81 [*Hanau*] = AP Nr. 4 zu § 611 BGB Akkordkolonne Bl. 3). Zutreffend wird in der amtlichen Begründung (BT-Drucks. 14/5741, S. 47) von **teilautonomer Gruppenarbeit** gesprochen. Die Eigenverantwortlichkeit der Gruppe bezieht sich auf die zu erbringende Arbeitsleistung, nicht das Arbeitsergebnis (*Fitting* § 87 Rn. 566; *Preis/Elert* NZA 2001, 371 [372]; **a. M.** *Worzalla/HWGNRH* § 87 Rn. 709 f.).

1080

Eine Gesamtaufgabe setzt eine **gewisse Dauer** der übertragenen Arbeit voraus. Es genügt also nicht, dass Arbeitnehmer nur organisatorisch ohne gemeinsame Entscheidungskompetenz (z. B. in einer Betriebsabteilung) zusammengefasst sind oder ad hoc vorübergehend gemeinsam eine bestimmte Arbeit zu verrichten haben (*Preis/Elert* NZA 2001, 371 [372 f.]; *Worzalla/HWGNRH* § 87 Rn. 710). Eine teilautonome Gruppenarbeit bedingt, dass die Gruppe die Durchführung der ihr übertragenen **Gesamtaufgabe selbst planend gestalten** und **ausführen** kann. Deshalb verlangt das Gesetz, dass dies im Wesentlichen eigenverantwortlich geschehen muss. Der Arbeitgeber macht daher, nachdem er die Entscheidung über die Einführung von Gruppenarbeit getroffen hat, bei der Durchführung der Gruppenarbeit von dem ihm sonst zustehenden Direktionsrecht im Einzelnen keinen weiteren Gebrauch, sondern überträgt seine Entscheidungsbefugnis nach Maßgabe der von ihm festgelegten Vorgaben (Rdn. 1085, 1089 ff.) partiell, aber doch »im Wesentlichen« auf die Gruppe (vgl. auch *Federlin* NZA-Sonderheft 2001, S. 24 [26 f.]). Die **Arbeitsgruppe** muss daher hinsichtlich der **Durchführung** der **Gesamtaufgabe vorrangig zuständig** sein (Zielvereinbarungen genügen dafür nicht; *Löwisch* BB 2001, 1790 [1792]). Dabei handelt es sich um eine Rechtsfrage, über die im Streitfall die Arbeitsgerichte entscheiden. Der Arbeitgeber ist aber seinerseits an die gesetzlichen, tariflichen und gegebenenfalls betrieblichen Regelungen gebunden und kann seine Entscheidungsbefugnis mithin auch nur in dem dadurch begrenzten Rahmen übertragen.

1081

1082 Nach der gesetzlichen Definition muss die Arbeitsgruppe in den **betrieblichen Arbeitsablauf eingegliedert** sein. Deshalb werden Arbeitsgruppen, die nur parallel zur Arbeitsorganisation bestehen, wie z. B. **Projektgruppen** oder **Steuerungsgruppen**, von der Vorschrift nicht erfasst, weil hier die eine Mitbestimmung rechtfertigenden Gefahren der Selbstausbeutung und Ausgrenzung nicht bestehen (amtliche Begründung, BT-Drucks. 14/5741, S. 48; *Bender/WPK* § 87 Rn. 280; *Federlin* NZA-Sonderheft 2001, S. 24 [26]; *Fitting* § 87 Rn. 565, 570; *Kaiser/LK* § 87 Rn. 276; *Nill* Selbstbestimmung in der Arbeitsgruppe?, S. 57; krit. *Klebe/DKKW* § 87 Rn. 379; *Richardi* § 87 Rn. 953). Zum Begriff der Arbeitsgruppe i. S. d. § 28a, der weiter ist als der des § 87 Abs. 1 Nr. 13, *Raab* § 28a Rdn. 12 ff.

c) Zweck der Vorschrift

1083 In der amtlichen Begründung (BT-Drucks. 14/5741, S. 47) heißt es, bei teilautonomer Gruppenarbeit würden die im Zuge der Arbeitszerlegung zerschlagenen Prozesse ganzheitlich restrukturiert, mit indirekten Tätigkeiten verbunden und die Grenze zwischen Führung und Ausführung relativiert. Die dadurch gewonnene Teilautonomie der Arbeitsgruppe eröffne ihren Mitgliedern Handlungs- und Entscheidungsspielräume und fordere damit die Fach- und Sozialkompetenz der Gruppenmitglieder heraus, um die geschaffenen Freiräume sachgerecht gestalten zu können. Teilautonome Gruppenarbeit fördere die Selbständigkeit und Eigeninitiative der einzelnen Arbeitnehmer und der Arbeitsgruppe und entspreche damit der vorgesehenen Ergänzung des § 75. Andererseits sei mit dieser modernen Form der Arbeitsgestaltung die Gefahr verbunden, dass der Gruppendruck zu einer »Selbstausbeutung« der Gruppenmitglieder und zu einer Ausgrenzung leistungsschwächerer Arbeitnehmer führen könne. Dieser Gefahr solle der Betriebsrat mit Hilfe des neuen Mitbestimmungsrechts vorbeugen können.

1084 Die Vorschrift hat somit eine **doppelte Funktion** (vgl. auch *Nill* Selbstbestimmung in der Arbeitsgruppe?, S. 52 f.). Zwischen beiden Zwecken besteht ein gewisser Antagonismus. Die Verwirklichung des Schutzzweckes darf nicht dazu führen, dass der primäre Zweck der Vorschrift, die Selbständigkeit und Eigeninitiative der Arbeitnehmer und Arbeitsgruppen zu fördern (§ 75 Abs. 2), konterkariert wird. Zutreffend beschränkt das Gesetz die Mitbestimmung daher auf die **Grundsätze** über die Durchführung von Gruppenarbeit.

d) Einführung und Beendigung von Gruppenarbeit

1085 Nach dem eindeutigen Gesetzeswortlaut bezieht sich die Mitbestimmung **nur** auf die **Durchführung**, dagegen **nicht** auf die **Einführung** und **Beendigung** von Gruppenarbeit. In der amtlichen Begründung (BT-Drucks. 14/5741, S. 47 f.) heißt es ausdrücklich, der Arbeitgeber solle über die unternehmerischen Fragen, **ob**, in **welchen Bereichen**, in **welchem Umfang** und **wie lange** er Gruppenarbeit z. B. zur Verbesserung von Arbeitsabläufen oder zur Verwirklichung bestimmter Unternehmensstrukturen wie Abbau von Hierarchien durch Lean Management für erforderlich oder geeignet hält, weiterhin mitbestimmungsfrei entscheiden können (krit. *Klebe/DKKW* § 87 Rn. 381; zur bisherigen Rechtslage *Elert* Gruppenarbeit, S. 99 ff.; *Kreßel* RdA 1994, 23 [27]). Das ist eine notwendige Klarstellung. Die verfassungsrechtlich geschützte unternehmerische Entscheidungsfreiheit bleibt mithin insoweit gewahrt (*Elert* Gruppenarbeit, S. 126 ff.; *Engels/Trebinger/Löhr-Steinhaus* DB 2001, 532 [540]; *Fitting* § 87 Rn. 574; *Gamillscheg* II, S. 949; *Nill* Selbstbestimmung in der Arbeitsgruppe?, S. 58 f.; *Preis/Elert* NZA 2001, 371 [373]; *Worzalla/HWGNRH* § 87 Rn. 712; **a. M.** *Schiefer/Korte* NZA 2001, 71 [83]).

1086 Die bisher schon bestehende Beteiligung des Betriebsrats bleibt davon unberührt (vgl. auch amtliche Begründung, BT-Drucks. 14/5741, S. 47 zu §§ 90, 111; *Nill* Selbstbestimmung in der Arbeitsgruppe?, S. 34 ff., 61) Das gilt z. B. für **§ 80 Abs. 2**, **§§ 90, 91** (*Cox/Peter* AiB 1997, 371 [372, 374]; *Elert* Gruppenarbeit, S. 102 ff., [229 f.]; *Fitting* § 90 Rn. 25; *Klebe/DKKW* § 90 Rn. 13, 17, 29, 33; *Rüthers* ZfA 1977, 1 [8]; *Schindele* BB 1993, Beil. 15, S. 14 [18]), **§ 92** (*Cox/Peter* AiB 1997, 371 [373]; *Elert* Gruppenarbeit, S. 118 ff.), **§ 93** (*Elert* Gruppenarbeit, S. 121 f.), **§ 94** (*Elert* Gruppenarbeit, S. 194 ff.), **§ 95** (*Elert* Gruppenarbeit, S. 200 f.; *Klebe/DKKW* § 95 Rn. 10; *Löwisch* BB 2001, 1790 [1792]), **§ 99** (zur Mitbestimmung bei Versetzungen, Ein- und Umgruppierungen im Falle von Gruppenarbeit BAG 22.04.1997 EzA § 99 BetrVG 1972 Versetzung Nr. 2 S. 2 ff. = AP Nr. 14 zu § 99 BetrVG 1972 Versetzung; *Cox/Peter* AiB 1997, 371 [381 ff.]; *Elert* Gruppenarbeit, S. 179 ff.; *Fitting* § 99 Rn. 140 f.; *Raab* § 99 Rdn. 102; *Löwisch* BB 2001, 1790 [1792]; *Rüthers* ZfA 1977, 1 [10]; *Schindele* BB 1993, Beil. 15, S. 14 [18 f.]), **§ 106** (*Cox/Peter* AiB 1997, 371 [373 f.]; *Elert* Gruppenarbeit, S. 122 ff.) und **§§ 111, 112** (*Cox/Peter* AiB 1997, 371 [372, 383]; *Däubler/DKKW* § 111 Rn. 105, 113; *Elert* Gruppenarbeit, S. 110 ff.; *Fitting* § 111 Rn. 98; *Oetker* § 111 Rdn. 174; *Kohte*/HaKo § 87 Rn. 153; *Richardi/Annuß* § 111 Rn. 120; *Schaub/Koch* Arbeitsrechts-Handbuch, § 181 Rn. 12; *Schindele* BB 1993, Beil. 15, S. 14 [19]). Seine Beteiligung insbesondere nach § 90, § 106 und § 111 bezieht sich auf das Planungsstadium und ist der Mitbestimmung nach § 87 Abs. 1 Nr. 13 vorgelagert. Letztere setzt die erfolgte Einführung von Gruppenarbeit voraus.

Im Zusammenhang mit der Einführung oder Durchführung von Gruppenarbeit können auch andere **1087** Mitbestimmungstatbestände des § 87 relevant werden. Diese gehen als leges speciales § 87 Abs. 1 Nr. 13 vor (zust. *Natzel* ZfA 2003, 103 [125]; vgl. auch *Richardi* § 87 Rn. 951); ihre Regelungsgegenstände unterliegen daher schlechthin nicht der Mitbestimmung nach dieser Vorschrift. Würden sie § 87 Abs. 1 Nr. 13 zugeordnet werden und nicht dessen Anwendung ausschließen, würde die Vorschrift zu einer unpraktikablen, diffusen Generalklausel. Das würde selbst dann gelten, wenn § 87 Abs. 1 Nr. 13 nur die gruppenspezifischen Angelegenheiten des § 87 Abs. 1 Nr. 1 bis 12 zugeordnet würden. Da es sich bei diesen stets um kollektive Tatbestände handelt (*Wiese* Rdn. 6, 18, 20, 33), ist der Betriebsrat für diese ungeachtet des § 87 Abs. 1 Nr. 13 nach Maßgabe des § 87 Abs. 1 Nr. 1 bis 12 in dessen jeweiligem Anwendungsgebiet zuständig, und es würde zu gänzlich überflüssigen Abgrenzungsschwierigkeiten führen, zwischen allgemeinen, den Nrn. 1 bis 12 zugeordneten und gruppenspezifischen, nach Nr. 13 mitbestimmungspflichtigen Angelegenheiten zu unterscheiden. Letztere sind daher nur im Rahmen des § 28a von Bedeutung, da eine Übertragung von Aufgaben auf Arbeitsgruppen voraussetzt, dass diese Aufgaben im Zusammenhang mit den von der Arbeitsgruppe zu erledigenden Tätigkeiten stehen. Da der Betriebsrat seinerseits nur eigene Aufgaben übertragen kann, ist es insoweit unerheblich, ob gruppenspezifische Angelegenheiten, die Gegenstände der Nr. 1 bis 12 betreffen, diesen oder Nr. 13 zugeordnet werden. Im Interesse systematischer Klarheit ist aber streng an der Spezialität der Nrn. 1 bis 12 gegenüber Nr. 13 festzuhalten (vgl. auch *Busch* Gruppenarbeit S. 47 ff.).

Hinsichtlich der auch bei Gruppenarbeit anwendbaren Vorschriften ist z. B. zu denken an Fragen der **1088** **betrieblichen Ordnung**, die nicht das Arbeitsverhalten betreffen (§ 87 Abs. 1 Nr. 1; *Wiese* Rdn. 236; *Cox/Peter* AiB 1997, 371 [375]; *Elert* Gruppenarbeit, S. 215 ff.; *Preis/Elert* NZA 2001, 371 [373]; dazu gehört nicht die Organisation von Arbeitsgruppen; *Wiese* Rdn. 236), ferner an Regelungen über die **Lage** der **Arbeitszeit** (§ 87 Abs. 1 Nr. 2; Rdn. 296; *Cox/Peter* AiB 1997, 371 [375 f.]; *Elert* Gruppenarbeit, S. 217 f.; vgl. auch Rdn. 1104 f.), **Überstunden** und **Kurzarbeit** (§ 87 Abs. 1 Nr. 3; Rdn. 402, 1104 f.), **Auszahlung** der **Arbeitsentgelte** (§ 87 Abs. 1 Nr. 4; Rdn. 454), **Urlaub** (§ 87 Abs. 1 Nr. 5; *Cox/Peter* AiB 1997, 371 [376]; *Elert* Gruppenarbeit, S. 218 f.; vgl. auch Rdn. 1104 f.), **Überwachung** (§ 87 Abs. 1 Nr. 6; Rdn. 571 ff.; *Cox/Peter* AiB 1997, 371 [376 f.]; *Elert* Gruppenarbeit, S. 219 ff.; *Fitting* § 87 Rn. 220; *Klebe*/DKKW § 87 Rn. 179), **Arbeitsschutz** (§ 87 Abs. 1 Nr. 7; *Elert* Gruppenarbeit, S. 224 f.), **Entgeltfragen** (§ 87 Abs. 1 Nr. 10, 11; Rdn. 930, 933, 935, 1020; *Cox/Peter* AiB 1997, 371 [377 ff.]; *Elert* Gruppenarbeit, S. 225 ff.; *Klebe*/DKKW § 87 Rn. 306; *Preis/Elert* NZA 2001, 371 [373]; *Rüthers* ZfA 1977, 1 [8 f.]; *Schindele* BB 1993, Beil. 15, S. 14 [19]), oder **Verbesserungsvorschläge** (§ 87 Abs. 1 Nr. 12; Rdn. 1071; *Cox/Peter* AiB 1997, 371 [379]; *Elert* Gruppenarbeit, S. 228 f.; *Klebe*/DKKW § 87 Rn. 364; *Preis/Elert* NZA 2001, 371 [373 f.]). Unberührt bleiben auch die Regelungen der Individualrechte nach **§§ 81, 82** (Rdn. 1079). Zur Qualifizierung der Gruppenmitglieder sind **§§ 96 ff.** und der Betriebsratsmitglieder **§ 37 Abs. 6** und **7** zu beachten (*Elert* Gruppenarbeit, S. 203 ff., 211 ff.).

Da der Arbeitgeber frei über die Einführung von Gruppenarbeit entscheidet (Rdn. 1085), bestimmt er **1089** auch allein über die der Gruppe übertragene **Gesamtaufgabe**, d. h. darüber, **welche betriebliche Aufgabe** (Rdn. 1085) **zeitlich begrenzt** (z. B. nur für eine Testphase) oder auf **unbestimmte Zeit** in Gruppenarbeit erledigt werden soll. Ebenso entscheidet er allein über den **Umfang** der einer Gruppe »im Wesentlichen« eingeräumten **Eigenverantwortung** und deren Einordnung in die Gesamtorganisation des Betriebes.

1090 Aufgrund seiner unternehmerischen Entscheidungsfreiheit kann der Arbeitgeber die der Gruppe eingeräumte **Eigenverantwortung** auch jederzeit wieder **beschränken** oder ganz **beseitigen** bzw. die **Gruppe auflösen** und damit die Gruppenarbeit beenden (amtliche Begründung, BT-Drucks. 14/5741 S. 47), es sei denn, dass er insoweit arbeitsvertragsrechtlich (*Rüthers* ZfA 1977, 1 [11]) oder dem Betriebsrat gegenüber eine Bindung eingegangen ist. Beruht diese auf einer Betriebsvereinbarung, bedarf es deren Kündigung nach Maßgabe des § 77 Abs. 5. Auch kann bei Beendigung der Gruppenarbeit eine Beteiligung des Betriebsrats nach § 90 Nr. 3 und 4, § 87 Abs. 1 Nr. 2 und 10 und 11 und §§ 99, 95 Abs. 3 in Betracht kommen.

1091 Zur Entscheidung über die Einführung von Gruppenarbeit gehört auch die Bestimmung über die **Größe** und **personelle Zusammensetzung** der Gruppe (*Franzen* ZfA 2001, 423 [447]; *Hunold* AR-Blattei SD 840 Rn. 153; *Kaiser/LK* § 87 Rn. 271; *Löwisch* BB 2001, 1790 [1792]; *Nill* Selbstbestimmung in der Arbeitsgruppe?, S. 59; *Preis/Elert* NZA 2001, 371 (374); *Richardi* § 87 Rn. 954; *Stege/Weinspach/Schiefer* § 87 Rn. 210; *Worzalla/HWGNRH* § 87 Rn. 712, 719; **a. M.** *Fitting* § 87 Rn. 575; *Klebe/DKKW* § 87 Rn. 382; zu **Leiharbeitnehmern** *Jüttner* Gewerbsmäßige Arbeitnehmerüberlassung, S. 197 f.; *Kraft* FS *Konzen*, 2006, S. 439 [455]; *Schirmer* 50 Jahre Bundesarbeitsgericht, S. 1063 [1074]). Sie beruht auf dem Direktionsrecht des Arbeitgebers (*Elert* Gruppenarbeit, S. 192 f., zu Beteiligungsrechten des Betriebsrats daselbst S. 194 ff.; *Rüthers* ZfA 1977, 1 [9, 43]; *Schaub/Koch* Arbeitsrechts-Handbuch, § 181 Rn. 3 f.) und richtet sich nach der ihr vom Arbeitgeber übertragenen Arbeitsaufgabe und den konkreten betrieblichen Bedürfnissen. Allerdings ist der Arbeitgeber verpflichtet, die Zusammensetzung und den Fortbestand der Gruppe so zu gestalten und weiterhin zu gewährleisten, dass sie – z. B. bei Ausscheiden, Erkrankung oder Urlaub eines Gruppenmitglieds – die ihr übertragene Arbeitsaufgabe erfüllen kann. Andernfalls können sich daraus – insbesondere bei Gruppenentlohnung – Schadenersatzpflichten ergeben (vgl. auch Rdn. 1078). Der Arbeitgeber muss daher für solche Fälle Vorsorge treffen. Bedenklich erscheint es, der Arbeitsgruppe freiwillig ein Mitspracherecht über die Zusammensetzung der Gruppe einzuräumen; das kann zu Gruppenegoismus und zur Ausgrenzung leistungsschwächerer Arbeitnehmer führen.

e) Form der Regelung; Grundsätze über die Durchführung von Gruppenarbeit

1092 Wenn auch eine besondere **Form** für die Mitbestimmung nach § 87 nicht vorgeschrieben ist, kommt doch wegen der auf Dauer zu treffenden Regelungen grundsätzlich nur eine Betriebsvereinbarung in Betracht (zur möglichen Ausgestaltung *Cox/Peter* AiB 1997, 402 ff.). Soweit kurzfristig ergänzende Entscheidungen getroffen werden müssen, kann eine Betriebsabsprache genügen.

1093 Die **Mitbestimmung** des Betriebsrats ist zunächst **beschränkt** durch den **Rahmen**, der sich daraus ergibt, dass der **Arbeitgeber** allein über die **Einführung** und **Abschaffung** der **Gruppenarbeit** entscheidet. Der Betriebsrat hat hinsichtlich dieser Fragen daher auch **kein Initiativrecht** (*Elert* Gruppenarbeit, S. 100; *Fitting* § 87 Rn. 574; *Klebe/DKKW* § 87 Rn. 381; *Preis/Elert* NZA 2001, 371 [373]; *Worzalla/HWGNRH* § 87 Rn. 715). Die Mitbestimmung bezieht sich nur auf die **Durchführung** von Gruppenarbeit und auch nur auf deren **Grundsätze**. Insoweit ist die Vorschrift mit § 87 Abs. 1 Nr. 12 vergleichbar. Ungeachtet dessen ist der Betriebsrat nicht auf ein reaktives Verhalten beschränkt. Sobald der Arbeitgeber verbindlich über die Einführung von Gruppenarbeit entschieden hat, kann der Betriebsrat aufgrund seines insoweit bestehenden **Initiativrechts** selbst Grundsätze über die Durchführung von Gruppenarbeit vorschlagen und bei Nichteinigung mit dem Arbeitgeber über die Einigungsstelle durchzusetzen versuchen (*Raab* NZA 2002, 474 [476 f.]; *Worzalla/HWGNRH* § 87 Rn. 715). Im Ergebnis bedeutet der neue Mitbestimmungstatbestand eine nicht unerhebliche Ausweitung der Rechte des Betriebsrats und durch den zusätzlichen Zeitaufwand sowie Einigungsstellenverfahren bei fehlender Einigung zusätzliche Kosten. Zugleich wird durch die Mitbestimmung des Betriebsrats die Autonomie der Gruppe wieder eingeschränkt (Rdn. 1076).

1094 Da die Mitbestimmung auf Grundsätze über die Durchführung von Gruppenarbeit beschränkt, mithin auf einen **kollektiven Tatbestand** bezogen ist, kommen nur generelle Regelungen in Betracht (zur entsprechenden Rechtslage nach § 87 Abs. 1 Nr. 12 Rdn. 1054).

1095 Sie beschränken sich nach dem insoweit eindeutigen Wortlaut der Vorschrift allein auf die **Grundsätze** über die **Durchführung** der **Gruppenarbeit**. Diese ist daher nicht in allen Einzelheiten mitbestimmungspflichtig, zumal sonst die Teilautonomie der Gruppe beseitigt würde und damit zugleich die wesentliche Voraussetzung des Mitbestimmungstatbestandes entfiele. Zulässig sind daher nur **Rahmenregelungen**. Zweifelhaft ist aber, ob diese auf technisch-organisatorische Fragen zu beschränken sind oder sich auch auf die **eigentliche Arbeitsleistung** beziehen. Letzteres ist **zu verneinen** (zust. *Natzel* ZfA 2003, 103 [125]; **a. M.** *Busch* Gruppenarbeit, S. 51; *Benecke* FS Otto, S. 1 [6] hinsichtlich solcher Auswirkungen der Gruppenarbeit, die zu einer Abänderung der vertraglichen Arbeitspflicht führen). Das entspricht der bisherigen Gesamtkonzeption der Mitbestimmung in sozialen Angelegenheiten. So wird in § 87 Abs. 1 Nr. 1 zutreffend zwischen mitbestimmungsfreier Arbeitspflicht und der Ausführung der Arbeit einerseits und mitbestimmungspflichtigen Angelegenheiten der betrieblichen Ordnung andererseits unterschieden (*Wiese* Rdn. 202 ff.), ohne dass damit ein Substanzverlust dieses Mitbestimmungstatbestandes verbunden wäre. Ferner ist die Mitbestimmung hinsichtlich materieller Arbeitsbedingungen im Anwendungsbereich des § 87 Abs. 1 die Ausnahme, selbst wenn die Beschränkung auf formelle Arbeitsbedingungen insoweit nicht mehr als Auslegungsmaßstab heranzuziehen ist (*Wiese* Rdn. 34 ff.). Für die Anwendung des § 87 Abs. 1 Nr. 13 auf materielle Arbeitsbedingungen ist dem Gesetz auch kein zwingender Anhaltspunkt zu entnehmen, zumal der Vorschrift ein durchaus bedeutsamer Anwendungsbereich verbleibt, wenn dieser auf technisch-organisatorische Regelungen beschränkt wird. Ohnehin bedeutet dies bereits eine wesentliche Erweiterung der bisherigen Mitbestimmung, da nach § 87 Abs. 1 Nr. 1 die arbeitstechnische Einrichtung und Organisation des Betriebs und des Arbeitsablaufs allein der mitbestimmungsfreien unternehmerischen Entscheidung unterliegt (*Wiese* Rdn. 180). Schließlich entspricht es dem Sinn und Zweck des § 87 Abs. 1 Nr. 13 i. V. m. § 75 Abs. 2, die Teilautonomie der Arbeitsgruppe hinsichtlich der Ausführung der Arbeit als solcher nicht mitbestimmt einzuschränken, sondern allein dafür zu sorgen, dass die Rahmenbedingungen eine ordnungsgemäße Gruppenarbeit gewährleisten sowie eine »Selbstausbeutung« der Gruppenmitglieder und eine Ausgrenzung leistungsschwächerer Arbeitnehmer verhindern. Die gesetzliche Beschränkung auf die Grundsätze über die Durchführung von Gruppenarbeit erscheint so durchaus sinnvoll (wie hier im Ergebnis *Franzen* ZfA 2001, 423 [447]; *Löwisch* BB 2001, 1790 [1792], der aber auf die »Organisation der Arbeit« und den überholten Begriff der »arbeitsnotwendigen« Anweisungen des Arbeitgebers im Gegensatz zur betrieblichen Ordnung abstellt).

Zu den **Grundsätzen** über die **Durchführung** der **Gruppenarbeit** gehört vor allem eine **Regelung** darüber, **wie** die der Arbeitsgruppe übertragene **Eigenverantwortung ausgeübt** werden soll. Bei einer kleinen Arbeitsgruppe mag sie sämtlichen Gruppenmitgliedern zustehen sollen und eine besondere Regelung überflüssig sein. Bei einer größeren Gruppe ist dagegen die Einsetzung eines **Arbeitsgruppensprechers** (zur bisherigen Rechtslage *Trümner* FS Däubler, 1999, S. 295 ff.) und dessen Vertreters erforderlich, die jeweils im Rahmen der der Gruppe übertragenen Eigenverantwortung an Stelle des Arbeitgebers dessen auf die Durchführung der übertragenen Aufgabe bezogenes **Direktionsrecht** ausüben. Dagegen stehen Disziplinarbefugnisse dem Arbeitsgruppensprecher nicht zu; sie verbleiben bei den zuständigen betrieblichen Instanzen. Die Einsetzung des Arbeitsgruppensprechers unterliegt grundsätzlich dem Direktionsrecht des Arbeitgebers; sie gehört zur mitbestimmungsfreien Einführung von Gruppenarbeit, da er über den Umfang der der Gruppe übertragenen Eigenverantwortung entscheidet (**a. M.** *Busch* Gruppenarbeit, S. 55; *Löwisch* BB 2001, 1790 [1792], der m. E. zu Unrecht darauf abstellt, dass mit der Bestimmung des Arbeitsgruppensprechers eine Vorgesetztenstellung verbunden sei; *Matthes*/MünchArbR § 253 Rn. 9; in der amtlichen Begründung zum Regierungsentwurf [BT-Drucks. 14/5741, S. 48] werden »Vorgesetztenkompetenzen« nur alternativ als Gegenstand der Übertragung einer ganzheitlichen Arbeitsaufgabe genannt). Jedoch kann er die Bestimmung der Person des Arbeitsgruppensprechers auch der Gruppe überlassen, so dass den Regelungen über die Wahl, Amtszeit, Abwahl und die Aufgaben wie Rechte und Pflichten des Arbeitsgruppensprechers und seines Vertreters innerhalb der Gruppe sowie seiner Befugnis zur Vertretung der Gruppe gegenüber dem Betriebsrat und den betrieblichen Instanzen zu treffen sind. Geklärt werden muss auch, wer der Ansprechpartner des Arbeitsgruppensprechers innerhalb der betrieblichen Organisation sein soll, der das Direktionsrecht des Arbeitgebers zumindest partiell ausübt, soweit es nicht der Arbeitsgruppe übertragen ist oder sich der Arbeitgeber vorbehalten hat, und der auch die Gruppenarbeit beaufsichtigt (»Gruppenführer«; *Rüthers* ZfA 1977, 1 [14]; *Schaub/Koch* Arbeitsrechts-Handbuch, § 181 Rn. 5).

1097 Nach dem Zweck der Vorschrift, nicht nur die Selbständigkeit und Eigeninitiative der Arbeitsgruppe, sondern auch der ihr angehörenden Arbeitnehmer zu fördern, bedarf es ferner Regelungen hinsichtlich der **Mitwirkung** der **Gruppenmitglieder** bei **Entscheidungen**, die sich auf die **Planung** und **Durchführung** der **gemeinsamen Aufgabe**, mithin die interne Willensbildung der Gruppe sowie die **Zusammenarbeit** der **Gruppenmitglieder** und das **Verfahren** zur **Beilegung** von **Meinungsverschiedenheiten** in der Gruppe beziehen. Ungeachtet dessen hat der Betriebsrat darüber zu wachen, dass die zugunsten der Arbeitnehmer geltenden Gesetze, Verordnungen, Unfallverhütungsvorschriften, Tarifverträge und Betriebsvereinbarungen durchgeführt werden (§ 80 Abs. 1 Nr. 1) und die Grundsätze für die Behandlung der Betriebsangehörigen beachtet werden (§ 75). Auch kann ein Gruppenmitglied – z. B. bei Mobbing – sich nach §§ 84, 85 beim Arbeitgeber oder Betriebsrat beschweren.

1098 Da die Arbeitsgruppe die ihr übertragene Gesamtaufgabe zwar im Wesentlichen eigenverantwortlich erledigt, der Arbeitgeber den Umfang ihrer Entscheidungsbefugnisse aber sowohl von vornherein als auch später wieder beschränken kann (Rdn. 1085, 1090), ist es ihm unbenommen vorzuschreiben, dass Entscheidungen der Arbeitsgruppe in bestimmten Angelegenheiten der **vorherigen Information** oder sogar der **Zustimmung** des jeweiligen **Vorgesetzten** bedürfen. Nur muss die Eigenverantwortlichkeit der Arbeitsgruppe im Wesentlichen gewahrt bleiben, andernfalls die Voraussetzungen des Mitbestimmungstatbestandes entfallen (zur Bindung des Arbeitgebers Rdn. 1090).

1099 Unabhängig von den von der Gruppe zu treffenden Entscheidungen können **Gruppengespräche** als Arbeitsbesprechungen vorgesehen werden. Diese finden grundsätzlich während der Arbeitszeit statt, aus begründetem Anlass auch außerhalb der Arbeitszeit; in diesem Fall ist ein entsprechender Zeitausgleich zu gewähren und analog § 37 Abs. 3 ausnahmsweise die aufgewendete Zeit wie Mehrarbeit zu vergüten. Deshalb bedarf es Regelungen über die Häufigkeit, Dauer und den Zeitpunkt der Gruppengespräche, gegebenenfalls nach vorheriger Abstimmung mit dem jeweiligen Vorgesetzten. Die Themenwahl ist begrenzt durch die der Arbeitsgruppe übertragene Gesamtaufgabe. In diesem Rahmen dienen die Gruppengespräche insbesondere der Planung und Organisation der Arbeitsaufgabe, der Zusammenarbeit, dem Erfahrungsaustausch und der Kommunikation innerhalb der Gruppe sowie der Beilegung von Meinungsverschiedenheiten. Denkbar sind auch Regelungen über die Hinzuziehung von Vorgesetzten oder Vertretern anderer Arbeitsgruppen. Gleiches gilt für die Frage, ob die Ergebnisse von Arbeitsbesprechungen schriftlich festzuhalten und mit dem jeweiligen Vorgesetzten zu besprechen sind. Im Eigeninteresse der Arbeitsgruppe wird es liegen, dass die Erledigung der Gesamtaufgabe durch die Gruppengespräche nicht beeinträchtigt wird.

1100 Zu den **Regelungen** über die **Durchführung** von **Gruppenarbeit** gehören unter Beachtung der mitbestimmungsfreien Vorgaben u. a. folgende Angelegenheiten (vgl. auch *Busch* Gruppenarbeit S. 54 ff.; *Klebe/DKKW* § 87 Rn. 382, 384; *Nill* Selbstbestimmung in der Arbeitsgruppe?, S. 62 ff.):

1101
- **Arbeitsgruppensprecher**: Rdn. 1096;
- **Arbeitsstätte**, technische und organisatorische Gestaltung;
- **Arbeitsvorbereitung**; insbesondere Materialbeschaffung und Lagerhaltung;
- **Aufgabenverteilung** und **Aufgabenwechsel** innerhalb der Gruppe;
- **Gruppengespräche**: Rdn. 1099;
- **Information** der **Gruppenmitglieder** über die Gesamtaufgabe vor deren Einführung (vgl. aber § 81 Abs. 1 Satz 1);
- **Koordination** der **Gruppenangelegenheiten**;
- **Kommunikation** mit dem Betriebsrat und betrieblichen Instanzen;
- **Konfliktregelungen**, Verfahren;
- **Berichtspflichten gegenüber** dem **Arbeitgeber** bei Durchführung der Gruppenarbeit;
- **Planung** der **Gesamtaufgabe** (technisch und organisatorisch), deren Zerlegung in einzelne Aufgaben und die hierauf bezogene Planung;
- **Pflege** und **Instandhaltung** von **Arbeitsmaterial**, **Maschinen** usw., soweit die Arbeitsgruppe hierfür verantwortlich sein soll;
- **Qualifizierung** der **Gruppenmitglieder**;
- **Qualitätskontrolle** und **-sicherung**;

- **Schutz leistungsschwächerer Gruppenmitglieder**: amtliche Begründung, BT-Drucks. 14/5741, S. 47;
- **Terminplanung**;
- **Übergabe** bei **Schichtwechsel**;
- **Vertretungsregeln**;
- **Vorgesetzte**, Bestimmung in personeller Hinsicht, deren Zuständigkeit und Aufgaben: z. B. Betreuung, Beratung, Unterstützung und Förderung der Gruppe, Wahrnehmung der Vorgesetztenfunktion nach Maßgabe der vereinbarten Grundsätze über die Durchführung der Gruppenarbeit, gruppenübergreifende Koordination und Kommunikation;
- **Zusammenarbeit** in der **Gruppe** sowie mit **anderen Arbeitsgruppen** oder **Belegschaftsmitgliedern**.

Die Grundsätze beziehen sich ausschließlich auf die Durchführung von Gruppenarbeit. **Arbeitsvertragsrechtlich** handelt es sich bei der Betriebsgruppe um eine Mehrheit von einander unabhängiger Arbeitsverhältnisse (*BAG* 23.02.1961 AP Nr. 2 zu § 611 BGB Akkordkolonne Bl. 2; *Elert* Gruppenarbeit, S. 76 f.; *Rüthers* ZfA 1977, 1 [16, 43]; insgesamt zu den Rechtsbeziehungen zwischen Arbeitgeber und Arbeitsgruppe sowie Gruppenmitgliedern *Paul* Gruppenarbeit, S. 48 ff.). Maßgebend sind, soweit nicht Tarifverträge oder Betriebsvereinbarungen eingreifen, die Vereinbarungen der Beteiligten. Jedes Gruppenmitglied schuldet keine isoliert zu beurteilende Arbeitsaufgabe, sondern hat an der gemeinsamen Arbeitsaufgabe mitzuwirken (*BAG* 24.04.1974 EzA § 611 BGB Arbeitnehmerhaftung Nr. 24 S. 81 *[Hanau]* = AP Nr. 4 zu § 611 BGB Akkordkolonne Bl. 3 *[Lieb]*; *Preis/Elert* NZA 2001, 371 [372]). Die gemeinsame Arbeit und Aufgabe begründet jedoch grundsätzlich keine vertraglichen Beziehungen der Gruppenmitglieder untereinander (zum Rechtsverhältnis der Gruppenmitglieder untereinander und zur Gruppe *Elert* Gruppenarbeit, S. 77 f.; *Kreßel* RdA 1994, 23 [29]; *Paul* Gruppenarbeit, S. 21 ff. [42 ff.]; *Preis/*ErfK § 611 BGB Rn. 165; *Rüthers* ZfA 1977, 1 [12 f.]; *Schaub/Koch* Arbeitsrechts-Handbuch, § 181 Rn. 4); es handelt sich um eine tatsächliche Gemeinschaft (*Schaub/Koch* Arbeitsrechts-Handbuch, § 181 Rn. 4). Jedes Gruppenmitglied kann einzeln **kündigen** und **gekündigt** werden (vgl. aber *BAG* 21.10.1971 EzA § 1 KSchG Nr. 23 S. 61 ff. = AP Nr. 1 zu § 611 BGB Gruppenarbeitsverhältnis Bl. 3 ff. *[Hanau]* und allgemein zur Kündigung, *Elert* Gruppenarbeit, S. 230 ff.; *Paul* Gruppenarbeit, S. 99 ff.).

Ebenso richtet sich der **Entgeltanspruch** jedes Gruppenmitglieds gegen den Arbeitgeber. Hinsichtlich der **Entgeltfindung** gelten die tariflichen und betrieblichen Regelungen. Der Arbeitgeber kann nicht einseitig eine Gruppenentlohnung einführen; es handelt sich dabei um die mitbestimmungspflichtige Einführung eines Entlohnungsgrundsatzes (Rdn. 930, 933, 935). Auch bei Bildung eines Gesamtlohns – z. B. Gruppenakkord, Gruppenprämie – richtet sich der Lohnanspruch des einzelnen Arbeitnehmers grundsätzlich gegen den Arbeitgeber, der den Lohnanteil nach von vornherein bestimmten Bruchteilen oder entsprechend dem Anteil am Arbeitsergebnis zu berechnen sowie gesondert die Lohnsteuer und Sozialversicherungsbeiträge abzuführen hat. Die Teilnahme an Gruppenarbeit berechtigt als solche nicht zur Minderung des Arbeitsentgelts. Der Arbeitgeber bleibt auch dann Lohnschuldner, wenn er das Arbeitsentgelt – getrennt nach den einzelnen Forderungen oder insgesamt – an den Arbeitsgruppensprecher zur Verteilung auszahlen darf (*BAG* 23.02.1961 AP Nr. 2 zu § 611 BGB Akkordkolonne Bl. 2 R f.). Aufgrund arbeitsvertraglicher Vereinbarung kann aber auch die Gesamtsumme mit befreiender Wirkung an die Gruppe gezahlt werden, die Gesamthandseigentum erlangt und die Verteilung gemäß den arbeitsvertraglichen Ansprüchen oder bei entsprechender Vereinbarung der Gruppenmitglieder nach dem von ihnen vereinbarten Schlüssel selbst vorzunehmen hat. Zweckmäßig ist eine Ermächtigung des Arbeitsgruppensprechers durch die Gruppenmitglieder zur Empfangnahme und Verteilung der Entgeltsumme. Alle diese Fragen unterliegen nicht der Mitbestimmung nach § 87 Abs. 1 Nr. 13, gegebenenfalls aber nach § 87 Abs. 1 Nr. 4, 10 und 11.

Der **Schadenersatzanspruch** wegen Schlechtleistung richtet sich in der Regel, d. h. mangels ausdrücklicher abweichender Vereinbarung, gegen das Gruppenmitglied, dem eine schuldhafte Pflichtverletzung nachgewiesen werden kann; eine gesamtschuldnerische Haftung der Gruppe ist im Zweifel zu verneinen (*BAG* 24.04.1974 EzA § 611 BGB Arbeitnehmerhaftung Nr. 24 S. 80 ff. *[Hanau]* = AP Nr. 4 zu § 611 BGB Akkordkolonne *[Lieb]*; zu Haftungsfragen insgesamt *Benecke* FS Otto, S. 1 ff.; *Elert* Gruppenarbeit, S. 236 ff.; *Hoffmann* Die Gruppenarbeit, passim; *Paul* Gruppenarbeit, S. 120 ff.; *Preis/*

§ 87 IV. 3. *Soziale Angelegenheiten*

ErfK § 611 BGB Rn. 166; *Rüthers* ZfA 1977, 1 [17 ff.]; *Schaub/Koch* Arbeitsrechts-Handbuch, § 181 Rn. 10 f.; *Schölzel* BetrR 1996, 105; *Schwab* NZA-RR 2016, 173 [175]).

f) Übertragung von Aufgaben des Betriebsrats auf Arbeitsgruppen

1104 Die rechtliche Stellung von Arbeitsgruppen kann dadurch erheblich verstärkt werden, dass der Betriebsrat nach Maßgabe des § 28a Abs. 1 bestimmte eigene Aufgaben auf Arbeitsgruppen überträgt (zur bisherigen Bedeutung des § 28a für die Praxis *Linde* AiB 2004, 334 ff.). Die Arbeitsgruppe kann dann nach Maßgabe des § 28a Abs. 2 im Rahmen der ihr übertragenen Aufgaben mit dem Arbeitgeber Vereinbarungen schließen (hierzu *Raab* § 28a Rdn. 44 ff.; *Busch* Gruppenarbeit S. 68 ff; *Franzen* ZfA 2001, 423 [446 f.]; *Löwisch* BB 2001, 1734 [1740 f.]; *Natzel* DB 2001, 1362; *Richardi* § 87 Rn. 963). Inwiefern dadurch, dass der Betriebsrat eigene Aufgaben an die Arbeitsgruppe delegiert, die autonome Gruppenarbeit reguliert und gegängelt wird (Rdn. 1076), ist nicht ersichtlich. Der Abschluss einer Rahmenvereinbarung i. S. d. § 28a gehört nicht zu den Grundsätzen über die Durchführung von Gruppenarbeit (*Blanke* RdA 2003, 140 [151]; *Raab* § 28a Rdn. 21; **a. M.** *Kreutz/Jacobs* § 75 Rdn. 153). Dagegen kann der Betriebsrat die Bestimmung der Grundsätze über die Durchführung der Gruppenarbeit der Arbeitsgruppe überlassen (*Blanke* RdA 2003, 140 [152]; *Raab* § 28a Rdn. 34).

1105 Eine Übertragung von Aufgaben ist insbesondere sinnvoll, soweit es um die Umsetzung und Gewährleistung einer erfolgreichen teilautonomen Gruppenarbeit geht. Das gilt z. B. für Regelungen nach § 87 Abs. 1 Nr. 2 und 3 über die Lage der Arbeitszeit und Pausen oder für Überstunden. Da jedoch die Arbeitsgruppe in aller Regel, wenn auch nicht gänzlich von der übrigen Betriebsorganisation abgekoppelt ist, bleibt es Aufgabe des Betriebsrats, dafür zu sorgen, dass die Interessen der übrigen Belegschaft gewahrt bleiben. Entsprechendes gilt, wenn der Arbeitsgruppe die Aufstellung des Urlaubsplans ihrer Mitglieder (§ 87 Abs. 1 Nr. 5) übertragen wird. Soweit es erforderlich ist, dass während des Urlaubs eines Gruppenmitglieds ein anderer, nicht der Gruppe angehörender Arbeitnehmer die Vertretung übernimmt, hat der Betriebsrat wiederum die Interessen der Gesamtbelegschaft wahrzunehmen. Insoweit ist die Aufteilung der Zuständigkeiten auf den Betriebsrat und die Arbeitsgruppe daher durchaus sinnvoll.

g) Verletzung des Mitbestimmungsrechts

1106 Die Mitbestimmung des Betriebsrats ist auch im Anwendungsbereich des § 87 Abs. 1 Nr. 13 Wirksamkeitsvoraussetzung (*Busch* Gruppenarbeit S. 66 f.; *Kaiser/LK* § 87 Rn. 279; *Löwisch* BB 2001, 1790 [1791]; *Stege/Weinspach/Schiefer* § 87 Rn. 211, 213). Der Arbeitgeber kann daher nicht einseitig Grundsätze über die Durchführung von Gruppenarbeit aufstellen. Soweit vor Inkrafttreten des BetrVerf-Reformgesetzes am 28.07.2001 bereits Gruppenarbeit i. S. d. § 87 Abs. 1 Nr. 13 praktiziert wurde, verbleibt es bei der bisherigen Regelung, bis entweder der Arbeitgeber oder der Betriebsrat aufgrund des ihnen zustehenden Initiativrechts eine Änderung begehren und vertraglich bzw. über die Einigungsstelle durchsetzen (*Löwisch* BB 2001, 1790 [1791]; *Stege/Weinspach/Schiefer* § 87 Rn. 211, 213; unzutreffend *Däubler* DB 2001, 1669 [1671], der meint, der Betriebsrat könne die Fortführung dem Arbeitgeber untersagen; *Klebe/DKKW* § 87 Rn. 387).

VI. Streitigkeiten

1. Einigungsstelle

1107 In sämtlichen Angelegenheiten, die der notwendigen Mitbestimmung des Betriebsrats unterliegen, entscheidet nach § 87 Abs. 2 Satz 1 die Einigungsstelle, wenn es zu keiner Einigung zwischen den Beteiligten kommt. Den Betriebsparteien ist es dabei verwehrt, an die Stelle der Einigungsstelle eine »betriebliche Schiedsstelle« zu setzen (*LAG Frankfurt* 15.11.2012 – 5 TaBVGa 257/12 – Rn. 33). Für den Bereich des § 87 BetrVG (für § 85 Abs. 2 BetrVG vgl. § 86 Satz 2 BetrVG: »betriebliche Beschwerdestelle«) kann allein durch Tarifvertrag eine tarifliche Schlichtungsstelle vorgesehen werden, die die Funktion der Einigungsstelle übernimmt (§ 76 Abs. 8 BetrVG). Der Spruch der Einigungsstelle ersetzt die Einigung zwischen Arbeitgeber und Betriebsrat (§ 87 Abs. 2 Satz 2). Die Vorschrift des § 87 Abs. 2 entspricht inhaltlich mit redaktionellen Änderungen § 56 Abs. 2 BetrVG 1952.

Die Einigungsstelle entscheidet bei fehlender Einigung nicht nur in den Angelegenheiten nach § 87 Abs. 1 Nr. 1 bis 13, sondern auch bei einer Erweiterung der notwendigen Mitbestimmung durch Tarifvertrag oder Betriebsvereinbarung (*Wiese* Rdn. 7 ff.). Ihre Zuständigkeit entspricht dem Umfang der notwendigen Mitbestimmung ohne Rücksicht auf die Art der Streitigkeit, über die keine Einigung zu erzielen ist (kollektive Tatbestände und Individualmaßnahmen [*Wiese* Rdn. 15 ff.], formelle und materielle Arbeitsbedingungen [*Wiese* Rdn. 34 ff.], Rechtsanwendung [*Wiese* Rdn. 273], Ausübung eines Mitbeurteilungsrechts [Rdn. 436, 622, 1033]). Der Spruch der Einigungsstelle schließt den Rechtsweg nicht aus (§ 76 Abs. 7, s. *Jacobs* § 76 Rdn. 182 f.). Die Einigungsstelle entscheidet auch über die Form der notwendigen Mitbestimmung (*Wiese* Rdn. 96). Die Einigungsstelle hat den ihr übertragenen Regelungsstreit grundsätzlich vollständig und abschließend zu lösen (Rdn. 670 m. w. N.). **1108**

Der Betriebsrat ist zur Anrufung der Einigungsstelle nur berechtigt, wenn ihm ein **Initiativrecht** zusteht (dazu *Wiese* Rdn. 140 ff.). Das Antragsrecht ist die verfahrensrechtliche Seite des Initiativrechts. Zur **Errichtung** der **Einigungsstelle** s. *Jacobs* § 76 Rdn. 28 ff., zum **Verfahren**, zum **Spruch** und seinen **Wirkungen** sowie zur gerichtlichen **Überprüfung** von Sprüchen der Einigungsstelle bei Streitigkeiten in Angelegenheiten der notwendigen Mitbestimmung s. *Jacobs* § 76 Rdn. 98 ff., 126 ff., 145 ff. Zur Ersetzung des gesetzlichen Einigungs- durch ein **tarifliches Schlichtungsverfahren** s. *Wiese* Rdn. 77. Zur **Mediation** *Andrelang* Mediation arbeitsrechtlicher Konflikte. Verfahrenskompetenzen und Mediabilitätskriterien (Diss. Mannheim), 2003, insbesondere S. 122 ff.; ferner *Kramer* NZS 2005, 135; *Lehmann* BB 2013, 1014; *Schubert* FS Kempen, 2013, S. 401. **1109**

2. Arbeitsgericht

Über Rechtsstreitigkeiten aus der Anwendung des § 87 entscheiden die Arbeitsgerichte im **Beschlussverfahren** (§ 2a Abs. 1 Nr. 1, Abs. 2, §§ 80 ff. ArbGG). Das gilt vor allem für Streitigkeiten über das Ob sowie den Inhalt und Umfang der notwendigen Mitbestimmung nach § 87 Abs. 1 Nr. 1 bis 13 (BAG 16.08.1983 EzA § 81 ArbGG 1979 Nr. 3 = AP Nr. 2 zu § 81 ArbGG 1979 Bl. 2 R ff., 13.10.1987 EzA § 81 ArbGG 1979 Nr. 12 = AP Nr. 7 zu § 81 ArbGG 1979 Bl. 2 R f.; 13.10.1987 EzA § 87 BetrVG 1972 Arbeitszeit Nr. 25 = AP Nr. 24 zu § 87 BetrVG 1972 Arbeitszeit Bl. 2 R f. m. w. N.) oder aufgrund einer Kollektivvereinbarung, aber auch für sämtliche anderen Rechtsstreitigkeiten zwischen Arbeitgeber und Betriebsrat im Rahmen der notwendigen Mitbestimmung. Das ist z. B. anzunehmen bei Streitigkeiten über die Frage, ob das Mitbestimmungsrecht wirksam ausgeübt worden ist, über das Bestehen, den Inhalt oder die Durchführung einer Betriebsvereinbarung, über die Einhaltung von Verpflichtungen aus Betriebsvereinbarungen und Betriebsabsprachen, die durch eine Einigung der Betriebspartner oder im Wege eines verbindlichen Spruches der Einigungsstelle begründet worden sind, über die Rückgängigmachung von Maßnahmen des Arbeitgebers bei Verletzung der Mitbestimmung (*Wiese* Rdn. 125; Rdn. 1097) oder über die Voraussetzungen eines Notfalls (*Wiese* Rdn. 167 ff.). **1110**

Der Betriebsrat hat einen **Anspruch** gegen den Arbeitgeber darauf, dass dieser die Mitbestimmung nach § 87 beachtet und jegliches mitbestimmungswidrige Verhalten unterlässt (zum Ganzen s. *Oetker* § 23 Rdn. 168 ff.). Der Betriebsrat kann daher unabhängig von § 23 Abs. 3 bei Wiederholungsgefahr (BAG 29.02.2000 EzA § 87 BetrVG 1972 Betriebliche Lohngestaltung Nr. 69 = AP Nr. 105 zu § 87 BetrVG 1972 Lohngestaltung Bl. 4 f. [*Raab*]) **Unterlassung** eines der Mitbestimmung nach § 87 widersprechenden Verhaltens bzw. die **Beseitigung** eines rechtswidrigen Zustands verlangen (vgl. *Oetker* § 23 Rdn. 183 f. m. w. N., s. a. Rdn. 125, 604; zum Grundsätzlichen *Lobinger* ZfA 2004, 101 ff.). Zur Sicherung des Anspruchs auf Unterlassung bzw. Beseitigung ist grundsätzlich auch eine **einstweilige Verfügung** zulässig (vgl. *Oetker* § 23 Rdn. 186 m. w. N., s. a. Rdn. 372, 447, 604; allgemein zur einstweiligen Verfügung im Beschlussverfahren ferner *Fitting* nach § 1 Rn. 65 ff.; *Matthes/Spinner* in *Germelmann/Matthes/Prütting* ArbGG, § 85 Rn. 29 ff.; *Walker* Der einstweilige Rechtsschutz im Zivilprozess und im arbeitsgerichtlichen Verfahren, 1993, S. 499 ff.; ders. in *Schwab/Weth* ArbGG, § 85 **1111**

§ 87 IV. 3. Soziale Angelegenheiten

Rn. 50 ff. [104 ff.]). Zur Zulässigkeit eines einstweiligen Verfügung gegen die Durchführung eines Einigungsstellenspruchs *LAG Köln* 30.07.1999 AP Nr. 1 zu § 87 BetrVG 1972 Unterlassungsanspruch.

1112 Die Einleitung des Beschlussverfahrens setzt einen **hinreichend bestimmten Antrag** voraus (§ 81 ArbGG, § 253 Abs. 2 Nr. 2 ZPO; so etwa *BAG* 10.06.1986 EzA § 87 BetrVG 1972 Arbeitszeit Nr 18 = AP Nr. 18 zu § 87 BetrVG 1972 Arbeitszeit Bl. 3; 13.10.1987 EzA § 87 BetrVG 1972 Arbeitszeit Nr. 25 = AP Nr. 24 zu § 87 BetrVG 1972 Arbeitszeit Bl. 2 R; 17.11.1998 EzA § 87 BetrVG 1972 Arbeitszeit Nr. 59 S. 5 = AP Nr. 79 zu § 87 BetrVG 1972 Arbeitszeit; 11.12.2001 EzA § 87 BetrVG 1972 Arbeitszeit Nr. 64 = AP Nr. 93 zu § 87 BetrVG 1972 Arbeitszeit Bl. 2 R; 23.02.2016 EzA § 253 ZPO 2002 Nr. 6 Rn. 17 ff. = AP Nr. 47 zu § 87 BetrVG 1972 Ordnung des Betriebes; zu Einzelheiten *Grunsky/Waas/Benecke/Greiner* ArbGG, § 80 Rn. 25 ff.; *Matthes* BB 1984, 453 ff.; *Matthes/Spinner* in *Germelmann/Matthes/Prütting* ArbGG, § 81 Rn. 7 ff.; *Weth* in *Schwab/Weth* ArbGG, § 81 Rn. 4 ff.). Der Antrag muss nach dem auch im Beschlussverfahren anwendbaren § 130 Nr. 6 ZPO von der den Schriftsatz verantwortenden Person eigenhändig unterschrieben sein (*BAG* 21.09.2011 EzA § 3 BetrVG 2001 Nr. 5 Rn. 16 = AP Nr. 9 zu § 3 BetrVG 1972). Der Antrag bezeichnet den Streitgegenstand des Verfahrens. Bei einem auf die Feststellung des Bestehens oder Nichtbestehens eines Mitbestimmungsrechts des Betriebsrats gerichteten Antrag ist es erforderlich, dass die Angelegenheit, für die ein Mitbestimmungsrecht in Anspruch genommen oder geleugnet wird, so konkret umschrieben wird, dass mit einer Sachentscheidung über den Antrag feststeht, für welchen betrieblichen Vorgang ein Mitbestimmungsrecht bejaht oder verneint worden ist (u. a. *BAG* 14.09.1984 EzA § 87 BetrVG 1972 Kontrolleinrichtung Nr. 11 = AP Nr. 9 zu § 87 BetrVG 1972 Überwachung Bl. 2 R, 26.07.1994 EzA § 87 BetrVG 1972 Kontrolleinrichtung Nr. 19 = AP Nr. 26 zu § 87 BetrVG 1972 Überwachung Bl. 1 R; 23.10.1984 EzA § 94 BetrVG 1974 Nr. 1 = AP Nr. 8 zu § 87 BetrVG 1972 Ordnung des Betriebes Bl. 3 R; 10.06.1986 EzA § 87 BetrVG 1972 Arbeitszeit Nr 18 = AP Nr. 18 zu § 87 BetrVG 1972 Arbeitszeit Bl. 3; 27.10.1992 EzA § 87 BetrVG 1972 Betriebliche Lohngestaltung Nr. 40 = AP Nr. 61 zu § 87 BetrVG 1972 Lohngestaltung Bl. 4; 18.02.1986 EzA § 95 BetrVG 1972 Nr. 12 = AP Nr. 33 zu § 99 BetrVG 1972 Bl. 2 R; 15.01.2002 EzA § 87 BetrVG 1972 Gesundheitsschutz Nr. 2 S. 8 = AP Nr. 12 zu § 87 BetrVG 1972 Gesundheitsschutz; 18.08.2009 EzA § 87 BetrVG 2001 Gesundheitsschutz Nr. 4 Rn. 9 = AP Nr. 16 zu § 87 BetrVG 1972 Gesundheitsschutz; 23.02.2016 EzA § 253 ZPO 2002 Nr. 6 Rn. 17 ff. = AP Nr. 47 zu § 87 BetrVG 1972 Ordnung des Betriebes).

1113 Nach inzwischen gefestigter Rechtsprechung des *BAG* genügt ein **Globalantrag**, mit dem z. B. die Feststellung eines Mitbestimmungsrechts hinsichtlich jeder Anordnung von Überstunden und ein entsprechender Unterlassungsanspruch geltend gemacht werden (vgl. Rdn. 429 m. w. N.; zur Unterlassung der einseitigen Änderung einer Zulagenordnung *BAG* 03.05.1994 EzA § 23 BetrVG 1972 Nr. 36 *[Raab]* = AP Nr. 23 zu § 23 BetrVG 1972 Bl. 2 R, 5 R *[Richardi]*). **Unzulässig** ist ein **Antrag**, in dem lediglich der **Gesetzeswortlaut wiederholt** wird, wenn gerade der Inhalt der betreffenden Norm zwischen den Parteien streitig ist (*BAG* 17.03.1987 EzA § 23 BetrVG 1972 Nr. 16 = AP Nr. 7 zu § 23 BetrVG 1972 Bl. 3). Bei objektiver Antragshäufung ist über die Zulässigkeit und Begründetheit eines jeden Antrags zu entscheiden (*BAG* 13.10.1987 EzA § 81 ArbGG 1979 Nr. 12 = AP Nr. 7 zu § 81 ArbGG 1979 Bl. 3; 13.10.1987 EzA § 87 BetrVG 1972 Arbeitszeit Nr. 25 = AP Nr. 24 zu § 87 BetrVG 1972 Arbeitszeit Bl. 3). Ein Globalantrag, der einschränkungslos eine Vielzahl möglicher Fallgestaltungen erfasst, ist grundsätzlich als insgesamt unbegründet abzuweisen, wenn unter ihn zumindest auch Sachverhalte fallen, in denen sich der Antrag als unbegründet erweist (*BAG* 16.11.2004 EzA § 82 BetrVG 2001 Nr. 1 S. 6 = AP Nr. 3 zu § 82 BetrVG 1972 Bl. 2 R f.; 10.03.2009 EzA § 87 BetrVG 2001 Betriebliche Ordnung Nr. 4 Rn. 21 = AP Nr. 16 zu § 87 BetrVG 1972).

1114 Die Zulässigkeit des Antrags setzt nach dem auch im Beschlussverfahren anwendbaren § 256 ZPO das Vorliegen eines **Rechtsschutzinteresses** voraus (*BAG* 24.04.1979 EzA § 82 BetrVG 1972 Nr. 1 = AP Nr. 1 zu § 82 BetrVG 1972 Bl. 3 R f.; 10.06.1974 EzA § 5 BetrVG 1972 Nr. 8 = AP Nr. 8 zu § 80 BetrVG 1972 Bl. 1 R ff., 24.02.1987 EzA § 80 BetrVG 1972 Nr. 29 = AP Nr. 28 zu § 80 BetrVG 1972 Bl. 1 R; 24.02.1987 EzA § 87 BetrVG 1972 Nr. 10 = AP Nr. 21 zu § 77 BetrVG 1972 Bl. 3 f.; 26.07.1994 EzA § 87 BetrVG 1972 Kontrolleinrichtung Nr 19 = AP Nr. 26 zu § 87 BetrVG 1972 Überwachung Bl. 1 R; 02.04.1996 EzA § 87 BetrVG 1972 Bildschirmarbeit Nr. 1 = AP Nr. 5 zu § 87 BetrVG 1972 Gesundheitsschutz Bl. 3; 14.06.1994 EzA § 87 BetrVG 1972 Betriebliche Lohn-

Mitbestimmungsrechte § 87

gestaltung Nr. 45 = AP Nr. 69 zu § 87 BetrVG 1972 Lohngestaltung Bl. 2, 17.01.1995 EzA § 87 BetrVG 1972 Betriebliche Lohngestaltung Nr. 48 = AP Nr. 71 zu § 87 BetrVG 1972 Lohngestaltung Bl. 1 R, 14.02.1995 EzA § 87 BetrVG 1972 Betriebliche Lohngestaltung Nr. 49 = AP Nr. 72 zu § 87 BetrVG 1972 Lohngestaltung Bl. 1 R, 16.06.1998 EzA § 87 BetrVG 1972 Betriebliche Lohngestaltung Nr. 64 = AP Nr. 92 zu § 87 BetrVG 1972 Lohngestaltung Bl. 3 R, 14.12.1999 EzA § 87 BetrVG 1972 Betriebliche Lohngestaltung Nr. 68 = AP Nr. 104 zu § 87 BetrVG 1972 Lohngestaltung Bl. 2; 22.12.1980 EzA § 615 BGB Betriebsrisiko Nr. 7 = AP Nr. 70 zu Art. 9 GG Arbeitskampf Bl. 2 R; 22.12.1980 EzA § 615 BGB Betriebsrisiko Nr. 8 = Nr. 71 zu Art. 9 GG Arbeitskampf Bl. 2 R 17.03.1987 EzA § 23 BetrVG 1972 Nr 16 = AP Nr. 7 zu § 23 BetrVG 1972 Bl. 3 R; 13.10.1987 EzA § 81 ArbGG 1979 Nr. 12 = AP Nr. 7 zu § 81 ArbGG 1979 Bl. 3, 20.04.1999 EzA § 81 ArbGG 1979 Nr. 17 = AP Nr. 43 Bl. 2 R f. zu § 81 ArbGG 1979; 13.10.1987 EzA § 87 BetrVG 1972 Arbeitszeit Nr. 25 = AP Nr. 24 zu § 87 BetrVG 1972 Arbeitszeit Bl. 3 ff.; 12.06.1996 EzA § 96a ArbGG 1979 Nr. 1 = AP Nr. 2 zu § 96a ArbGG 1979; *Grunsky/Waas/Benecke/Greiner* ArbGG, § 80 Rn. 20; *Matthes/Spinner* in *Germelmann/Matthes/Prütting* ArbGG, § 81 Rn. 23 ff.; *Weth* in *Schwab/Weth* ArbGG § 81 Rn. 87 ff. m. w. N.). Ein Feststellungsinteresse ist regelmäßig gegeben, wenn der Arbeitgeber das Mitbestimmungsrecht des Betriebsrats bestreitet, sich dieser aber eines Mitbestimmungsrechts berühmt (*BAG* 18.04.2000 EzA § 87 BetrVG 1972 Betriebliche Ordnung Nr. 27 S. 3). Das Rechtsschutzinteresse muss nicht nur bei Einleitung des Verfahrens, sondern auch noch im Zeitpunkt der Entscheidung über die Anträge gegeben sein (*BAG* 13.10.1987 EzA § 81 ArbGG 1979 Nr. 12 = AP Nr. 7 zu § 81 ArbGG 1979 Bl. 4 f.; 13.10.1987 EzA § 87 BetrVG 1972 Arbeitszeit Nr. 25 = AP Nr. 24 zu § 87 BetrVG 1972 Arbeitszeit Bl. 4; 17.05.1983 EzA § 80 BetrVG 1972 Nr. 25 = AP Nr. 19 zu § 80 BetrVG 1972 Bl. 1 R; 17.01.2007 EzA § 4 BetrVG 2001 Nr. 2 Rn. 8 = AP Nr. 18 zu § 4 BetrVG 1972 m. w. N.). Es fehlt, wenn nur eine abstrakte Rechtsfrage geklärt und damit praktisch ein Rechtsgutachten erstattet werden soll (*BAG* 27.04.1962 AP Nr. 2 zu § 80 ArbGG 1953 Bl. 2 R, 15.12.1972 EzA § 9 BetrVG 1972 Nr. 1 = AP Nr. 5 zu § 80 ArbGG 1953 Bl. 1 R m. w. N.; 10.04.1984 EzA § 81 ArbGG 1979 Nr 5 = AP Nr. 3 zu § 81 ArbGG 1979 Bl. 2 R; 29.07.1982 EzA § 81 ArbGG 1979 Nr 2 = AP Nr. 5 zu § 83 ArbGG 1979 Bl. 3 R; 03.04.1979 EzA § 87 BetrVG 1972 Nr. 7 = AP Nr. 2 zu § 87 BetrVG 1972 Bl. 2; 28.07.1981 EzA § 6 AZO Nr. 1 = AP Nr. 4 zu § 87 BetrVG 1972 Arbeitszeit Bl. 2 R; 15.01.2002 EzA § 87 BetrVG 1972 Gesundheitsschutz Nr. 2 S. 7 = AP Nr. 12 zu § 87 BetrVG 1972 Gesundheitsschutz Bl. 3 f.). Gleiches gilt, wenn der Arbeitgeber das vom Betriebsrat in Anspruch genommene Mitbestimmungsrecht anerkennt (*BAG* 03.06.1960 AP Nr. 21 zu § 56 BetrVG Bl. 1 R ff.) oder wenn der Betriebsrat nach dem eigenen Sachvortrag sein Mitbestimmungsrecht bereits ausgeübt hat (*BAG* 15.09.1965 AP Nr. 4 zu § 94 ArbGG 1953 Bl. 4 R ff. [*Zöllner*] = SAE 1966, 166 [*Bötticher*]), so z. B. durch Abschluss einer Betriebsvereinbarung (*BAG* 12.01.1988 EzA § 87 Arbeitszeit Nr. 26 = AP Nr. 8 zu § 81 ArbGG 1979 Bl. 2 ff.). Dagegen ist das Rechtsschutzinteresse zu bejahen, wenn der Arbeitgeber zwar eine Betriebsvereinbarung abschließen will, die notwendige Mitbestimmung des Betriebsrats jedoch verneint, weil nur ein Fall der freiwilligen Mitbestimmung nach § 88 vorliege (*BAG* 19.04.1963 AP Nr. 2 zu § 56 BetrVG Entlohnung Bl. 2). Beim Streit der Betriebspartner über das Bestehen und den Umfang eines Mitbestimmungsrechts ist trotz der Möglichkeit eines Leistungsantrags ein Feststellungsantrag zulässig, wenn um die grundsätzliche Klärung des streitigen Rechtsverhältnisses geht und eine umfassende Bereinigung des Streits erreicht werden kann (*BAG* 15.12.1998 EzA § 80 BetrVG 1972 Nr. 43 S. 6 = AP Nr. 56 zu § 80 BetrVG 1972). Ein Feststellungsantrag kann auch auf das Bestehen oder Nichtbestehen eines Mitbestimmungsrechts in einer bestimmten Einzelfrage gerichtet sein (*BAG* 01.07.2003 EzA § 87 BetrVG 2001 Arbeitszeit Nr. 3 S. 4 = AP Nr. 107 zu § 87 BetrVG 1972 Arbeitszeit Bl. 2). Ein rechtliches Interesse an der (Vorab-) Feststellung der Reichweite eines Mitbestimmungsrechts besteht jedenfalls dann, wenn die angerufene Einigungsstelle ihr Verfahren zur Einholung einer solchen Vorabentscheidung ausgesetzt hat (*BAG* 01.07.2003 EzA § 87 BetrVG 2001 Arbeitszeit Nr. 3 S. 4 f. = AP Nr. 107 zu § 87 BetrVG 1972 Arbeitszeit Bl. 2 f.).

Das **Rechtsschutzinteresse entfällt** bei betriebsverfassungsrechtlichen Kompetenzstreitigkeiten, **1115** wenn ein konkreter, in der Vergangenheit liegender **Vorgang**, der zum Verfahren geführt hat, z. Z. der gerichtlichen Entscheidung bereits **abgeschlossen** ist, ohne dass auch nur eine geringe Wahrscheinlichkeit besteht, dass sich ein gleichartiger Vorgang wiederholen und die begehrte Entscheidung keinen der Beteiligten in einem betriebsverfassungsrechtlichen Recht oder Rechtsverhältnis mehr be-

§ 87 IV. 3. Soziale Angelegenheiten

treffen kann (*BAG* 29.07.1982 EzA § 81 ArbGG 1979 Nr. 2 = AP Nr. 5 zu § 83 ArbGG 1979 Bl. 3 m. w. N.; 24.04.1979 EzA Art 9 GG Arbeitskampf Nr. 34 = AP Nr. 63 zu Art. 9 GG Arbeitskampf Bl. 2 ff.; 28.07.1981 EzA § 6 AZO Nr. 1 = AP Nr. 4 zu § 87 BetrVG 1972 Arbeitszeit Bl. 2 R; 10.07.1979 EzA § 87 BetrVG 1972 Leistungslohn Nr. 3 = AP Nr. 2 zu § 87 BetrVG 1972 Lohngestaltung Bl. 2 R, 27.10.1992 EzA § 87 BetrVG 1972 Betriebliche Lohngestaltung Nr. 40 = AP Nr. 61 zu § 87 BetrVG 1972 Lohngestaltung Bl. 4; 12.07.1988 EzA § 99 BetrVG 1972 Nr. 59 = AP Nr. 54 zu § 99 BetrVG 1972 Bl. 2 R; 17.05.1983 EzA § 80 BetrVG 1972 Nr. 25 = AP Nr. 19 zu § 80 BetrVG 1972 Bl. 2; 18.04.2000 EzA § 87 BetrVG 1972 Betriebliche Ordnung Nr. 27 S. 3 m. w. N. = AP Nr. 33 zu § 87 BetrVG 1972 Überwachung; 15.01.2002 EzA § 87 BetrVG 1972 Gesundheitsschutz Nr. 2 S. 6 f. = AP Nr. 12 zu § 87 BetrVG 1972 Gesundheitsschutz Bl. 3; 17.01.2007 EzA § 4 BetrVG 2001 Nr. 2 Rn. 8 = AP Nr. 18 zu § 4 BetrVG 1972). Ist dagegen der konkrete Streitfall Ausdruck einer allgemeinen, dem Streit zugrundeliegenden Rechtsfrage, kann ein berechtigtes Interesse daran bestehen, hierzu eine Entscheidung zu erlangen. Dazu ist erforderlich, dass der Antrag die allgemeine Frage hinreichend deutlich vom Anlassfall losgelöst umschreibt und zum Gegenstand des Verfahrens macht (*BAG* 18.04.2000 EzA § 87 BetrVG 1972 Betriebliche Ordnung Nr. 27 S. 3 m. w. N.). Zum Erfordernis eines gesonderten Antrags für die Entscheidung einer strittigen Rechtsfrage, an der ein über den bereits abgeschlossenen Einzelfall hinausgehendes Rechtsschutzinteresse besteht, und dessen Unzulässigkeit in der Rechtsbeschwerdeinstanz *BAG* 29.07.1982 EzA § 81 ArbGG 1979 Nr 2 = AP Nr. 5 zu § 83 ArbGG 1979 Bl. 4 R; 10.04.1984 EzA § 81 ArbGG 1979 Nr. 5 = AP Nr. 3 zu § 81 ArbGG 1979 Bl. 2 ff.; 18.02.1986 EzA § 95 BetrVG 1972 Nr. 12 = AP Nr. 33 zu § 99 BetrVG 1972 Bl. 2 R; 10.06.1986 EzA § 87 BetrVG 1972 Arbeitszeit Nr 18 = AP Nr. 18 zu § 87 BetrVG 1972 Arbeitszeit Bl. 2 R f.

1116 Für **negative Feststellungsanträge** besteht ein Rechtsschutzinteresse nur dann, wenn der Betriebsrat sich in einer bestimmten Angelegenheit eines Mitbestimmungsrechts ernsthaft berühmt; nicht ausreichend ist das Verlangen des Betriebsrats, eine Angelegenheit in bestimmter Weise zu regeln, weil sonst jeder Regelungsvorschlag des Betriebsrats einer umfassenden gerichtlichen Vorabprüfung zugeführt werden könnte (*BAG* 13.10.1987 EzA § 81 ArbGG 1979 Nr. 12 = AP Nr. 7 zu § 81 ArbGG 1979 Bl. 3 R f.; 13.10.1987 EzA § 87 BetrVG 1972 Arbeitszeit Nr. 25 = AP Nr. 24 zu § 87 BetrVG 1972 Arbeitszeit Bl. 3 R). Zum fehlenden Rechtsschutzinteresse für einen Antrag auf Feststellung des Bestehens oder Nichtbestehens eines Mitbestimmungsrechts des Betriebsrats in einer Angelegenheit, die entweder im Spruch der Einigungsstelle nicht geregelt ist oder deren Regelung durch die Einigungsstelle von keiner Seite angefochten wird, *BAG* 13.10.1987 EzA § 81 ArbGG 1979 Nr. 12 = AP Nr. 7 zu § 81 ArbGG 1979 Bl. 4 R; 12.01.1988 EzA § 87 Arbeitszeit Nr. 26 = AP Nr. 8 zu § 81 ArbGG 1979 Bl. 3 R; 13.10.1987 EzA § 87 BetrVG 1972 Arbeitszeit Nr. 25 = AP Nr. 24 zu § 87 BetrVG 1972 Arbeitszeit Bl. 4 f. Krit. zur Behandlung des Rechtsschutzinteresses durch das *BAG Grunsky / Waas / Benecke / Greiner* ArbGG, § 80 Rn. 21. Ein Feststellungsverfahren ist als sog. **Vorabentscheidungsverfahren** auch vor einem Spruch der Einigungsstelle zur Regelung der betreffenden Angelegenheit zulässig (*BAG* 06.12.1983 EzA § 87 BetrVG 1972 Bildschirmarbeitsplatz Nr. 1 = AP Nr. 7 zu § 87 BetrVG 1972 Überwachung Bl. 4; 02.04.1996 EzA § 87 BetrVG 1972 Bildschirmarbeit Nr. 1 = AP Nr. 5 zu § 87 BetrVG 1972 Gesundheitsschutz Bl. 3, jeweils m. w. N.; 26.08.1997 EzA § 87 BetrVG 1972 Gesundheitsschutz Nr. 1 = AP Nr. 74 zu § 87 BetrVG 1972 Arbeitszeit Bl. 2 R; s. *Jacobs* § 76 Rdn. 75, 128 f.).

1117 Zum **prozessualen Verwertungsverbot** für mitbestimmungswidrig erlangte Beweismittel *BAG* 13.12.2007 EzA § 626 BGB 2002 Nr. 20 Rn. 26 ff. = AP Nr. 210 zu § 626 BGB; 16.12.2010 EzA § 626 BGB 2002 Nr. 33 Rn. 28 ff. = AP Nr. 232 zu § 626 BGB; 21.06.2012 EzA § 611 BGB 2002 Persönlichkeitsrecht Nr. 13 Rn. 27 ff.(*Thüsing / Pötters*) = AP Nr. 66 zu § 1 KSchG 1969 Verhaltensbedingte Kündigung *(Lunk);* 20.10.2016 EzA § 32 BDSG Nr. 4 Rn. 16 ff. = AP Nr. 260 zu § 626 BGB; *Fischer* BB 1999, 154 ff.; *Lunk* NZA 2009, 457; *Rhotert* BB 1999, 1378 ff.; vgl. auch Rdn. 121, 515, 581.

1118 Zur **Zwangsvollstreckung** aus arbeitsgerichtlichen Beschlüssen § 85 Abs. 1 ArbGG und dazu *Fitting* nach § 1 Rn. 62 ff.; *Matthes / Spinner* in *Germelmann / Matthes / Prütting* ArbGG, § 85 Rn. 1 ff.; *Grunsky / Waas / Benecke / Greiner* ArbGG, § 85 Rn. 1 ff.; *Jahnke* Zwangsvollstreckung in der Betriebsverfassung, 1977. Zur Vollstreckung eines im arbeitsgerichtlichen Beschlussverfahren vereinbarten gerichtlichen Vergleichs *LAG Hamm* 09.08.1984 DB 1984, 2204.

Über **Rechtsstreitigkeiten** des einzelnen **Arbeitnehmers** mit dem **Arbeitgeber** entscheiden die Arbeitsgerichte im **Urteilsverfahren** (§ 2 Abs. 1 Nr. 3, Abs. 5, §§ 46 ff. ArbGG). Die Mitbestimmung nach § 87 kann in diesem Rechtsstreit als **Vorfrage** zu prüfen sein, so bei einem Streit über die fehlende notwendige Zustimmung des Betriebsrats, wenn wegen Missachtung der Mitbestimmung die Rechtmäßigkeit eines Zurückbehaltungsrechts des Arbeitnehmers streitig ist (*Wiese* Rdn. 124). **1119**

Zur **Rechtskrafterstreckung** von Entscheidungen zwischen den Betriebspartnern über das Bestehen bzw. Nichtbestehen von Mitbestimmungsrechten nach § 87 Abs. 1 auf das Verhältnis der Individualvertragspartner *Krause* Rechtskrafterstreckung im kollektiven Arbeitsrecht. Ein Beitrag zur Lehre parteiübergreifender Entscheidungswirkungen sowie zum kollektiven Rechtsschutz im Arbeitsrecht (Diss. Göttingen), 1996, S. 443 ff. (468). **1120**

§ 88
Freiwillige Betriebsvereinbarungen

Durch Betriebsvereinbarung können insbesondere geregelt werden
1. zusätzliche Maßnahmen zur Verhütung von Arbeitsunfällen und Gesundheitsschädigungen;
1a. Maßnahmen des betrieblichen Umweltschutzes;
2. die Errichtung von Sozialeinrichtungen, deren Wirkungsbereich auf den Betrieb, das Unternehmen oder den Konzern beschränkt ist;
3. Maßnahmen zur Förderung der Vermögensbildung;
4. Maßnahmen zur Integration ausländischer Arbeitnehmer sowie zur Bekämpfung von Rassismus und Fremdenfeindlichkeit im Betrieb;
5. Maßnahmen zur Eingliederung schwerbehinderter Menschen.

Literatur: vgl. zu §§ 77, 87.

Inhaltsübersicht   Rdn.

I.   Vorbemerkung   1, 2
II. Zweck   3–6
III. Umfang der Regelungsbefugnis   7–39
     1. Grundsatz   7–13
     2. Zusätzliche Maßnahmen zur Verhütung von Arbeitsunfällen und Gesundheitsschädigungen 14–18
     3. Maßnahmen des betrieblichen Umweltschutzes   19–26
     4. Errichtung von Sozialeinrichtungen   27–29
     5. Maßnahmen zur Förderung der Vermögensbildung   30–33
     6. Maßnahmen zur Integration ausländischer Arbeitnehmer sowie zur Bekämpfung von Rassismus und Fremdenfeindlichkeit im Betrieb 34, 35
     7. Maßnahmen zur Eingliederung schwerbehinderter Menschen   36–39
IV. Streitigkeiten   40

I. Vorbemerkung

Die Vorschrift entsprach in der ursprünglichen Fassung des BetrVG 1972 inhaltlich § 57 BetrVG 1952. Kleinere Änderungen enthielten Nr. 1 und Nr. 2 (Rdn. 14, 27); Nr. 3 war neu (Rdn. 30). Durch Art. 1 Nr. 57 **BetrVerf-Reformgesetz** wurden Nr. 1a ein- und Nr. 4 angefügt (Rdn. 19 ff., 34 f.). Durch Art. 18 Abs. 1 Nr. 2 des Gesetzes zur Stärkung der Teilhabe und Selbstbestimmung von Menschen mit Behinderungen (Bundesteilhabegesetz – BTHG) vom 23.12.2016 (BGBl. I, S. 3234) wurde die Vorschrift um eine Nr. 5 ergänzt (Rdn. 36). **1**

2 Das **Bundespersonalvertretungsgesetz** enthält keine entsprechende Vorschrift; zu **Sprecherausschüssen** § 28 SprAuG.

II. Zweck

3 Während nach § 87 die Mitbestimmung des Betriebsrats notwendig, d. h. Wirksamkeitsvoraussetzung für Maßnahmen des Arbeitgebers ist (s. *Wiese* § 87 Rdn. 100 ff.), können nach § 88 darüber hinaus in allen anderen sozialen Angelegenheiten (zum Begriff s. *Wiese* vor § 87 Rdn. 3) freiwillig (fakultativ), d. h. in beiderseitigem Einvernehmen, Betriebsvereinbarungen geschlossen werden. Für diese gelten grundsätzlich die allgemeinen Regeln des § 77 (hierzu s. *Kreutz* § 77 Rdn. 35 ff.). Den Betriebspartnern wird daher eine sonst nicht bestehende **Rechtsetzungsbefugnis eingeräumt** (*Neumann-Duesberg*, S. 415, 462, 498, 503). Der Betriebsrat kann den Abschluss solcher Betriebsvereinbarungen nach § **80 Abs. 1 Nr. 2** anregen, jedoch ist der Arbeitgeber ungeachtet § 2 Abs. 1, § 74 Abs. 1 nicht verpflichtet, sich auf Verhandlungen einzulassen, sondern kann die seiner Disposition unterliegenden sozialen Angelegenheiten allein ordnen (vgl. auch *Witt* Die betriebsverfassungsrechtliche Kooperationsmaxime und der Grundsatz von Treu und Glauben [Diss. Mannheim], 1987, S. 106 f.). Zu **Leiharbeitnehmern** *Jüttner* Gewerbsmäßige Arbeitnehmerüberlassung, S. 200 f.; umfassend *Dewender* Betriebsfremde Arbeitnehmer in der Betriebsverfassung unter besonderer Berücksichtigung der unechten Leiharbeitnehmer (Diss. Bochum), 2003.

4 Der Abschluss einer Betriebsvereinbarung kann jedoch auch für den Arbeitgeber zweckmäßig sein; soweit es ihm um eine Änderung des Inhalts der Arbeitsverträge geht, macht sie die Einigung mit jedem einzelnen Arbeitnehmer überflüssig. Führen allerdings die Verhandlungen zu keiner Einigung, so wird diese anders als nach § 87 Abs. 2 nicht durch den Spruch der Einigungsstelle ersetzt, sondern es unterbleibt der Abschluss einer Betriebsvereinbarung. Arbeitgeber und Betriebsrat haben daher im Rahmen des § 88 **kein Initiativrecht** (allgemein s. *Wiese* § 87 Rdn. 140 ff.). Jedoch kann nach § 76 Abs. 6 Satz 1 die Einigungsstelle tätig werden, wenn beide Seiten es beantragen oder mit ihrem Tätigwerden einverstanden sind. Trotzdem ersetzt auch dann ihr Spruch die Einigung zwischen Arbeitgeber und Betriebsrat nur, wenn beide Seiten sich ihm im Voraus unterworfen oder ihn nachträglich angenommen haben (§ 76 Abs. 6 Satz 2). Das Prinzip der Freiwilligkeit bleibt daher auch im Einigungsstellenverfahren gewahrt. Die Einschaltung der Einigungsstelle kann auch in einer freiwilligen Betriebsvereinbarung vorgesehen und damit die **notwendige Mitbestimmung erweitert** werden (s. *Wiese* § 87 Rdn. 7 ff.), während die **Einschränkung** der Mitbestimmung **unzulässig** ist (s. *Wiese* § 87 Rdn. 5).

5 Die aufgrund einer **freiwilligen Betriebsvereinbarung** eingegangene Bindung besteht nur während deren Geltungsdauer; die Betriebsvereinbarung kann nach § 77 Abs. 5, soweit nichts anderes vereinbart wurde, ohne Angabe von Gründen (*BAG* 30.08.1963 AP Nr. 4 zu § 57 BetrVG Bl. 2 R m. w. N.) mit einer Frist von drei Monaten **gekündigt** werden. Eine **Nachwirkung** findet – ungeachtet einer zulässigen Vereinbarung – nicht statt (*BAG* 28.04.1998 EzA § 77 BetrVG 1972 Nachwirkung Nr. 1 S. 7 ff. *[Krause]* = AP Nr. 11 zu § 77 BetrVG 1972 Nachwirkung Bl. 3 R ff. *[Rech]*; 05.10.2010 EzA § 87 BetrVG 2001 Betriebliche Lohngestaltung Nr. 23 Rn. 18 = AP Nr. 53 zu § 77 BetrVG 1972 Betriebsvereinbarung; zur Annahme von deren Sittenwidrigkeit *Schöne/Klaes* BB 1997, 2374 ff.; sowie zum Ganzen s. *Kreutz* § 77 Rdn. 443 ff., zu **teilmitbestimmten Betriebsvereinbarungen** *Kreutz* § 77 Rdn. 453 f.).

6 Neben der normativen Regelung weiterer sozialer Angelegenheiten durch Betriebsvereinbarung sind **Regelungsabreden** (**Betriebsabsprachen**; s. *Kreutz* § 77 Rdn. 8 ff.) zulässig, allerdings von geringer praktischer Bedeutung (*Hueck/Nipperdey* II/2, S. 1306; *Neumann-Duesberg*, S. 415, 427 f.; *Wittke* Die Beteiligungsrechte des Betriebsrats im sozialen Bereich, S. 100; **a. M.** *Mager/Wisskirchen* § 57 Rn. 1 BetrVG 1952; *Nikisch* III, S. 312, 376 Fn. 56; vgl. auch *Wiese/Gutzeit* § 87 Rdn. 746, 862). Durch sie kann die Mitbestimmung des Betriebsrats erweitert werden (*BAG* 14.08.2001 EzA § 88 BetrVG 1972 Nr. 1 S. 10 *[Bernstein]* = AP Nr. 4 zu § 77 BetrVG 1972 Regelungsabrede Bl. 4 R). Zulässig sind auch **schuldrechtliche Vereinbarungen zugunsten Dritter** (*Wiese* FS *Richardi*, 2007, S. 817 [826 ff.]; krit. *Gutzeit* ZIP 2009, 354 [357] m. w. N.).

Freiwillige Betriebsvereinbarungen **§ 88**

III. Umfang der Regelungsbefugnis

1. Grundsatz

Die in § 88 Nr. 1 bis 3 aufgeführten Fälle sind, wie sich aus dem Eingangssatz (»insbesondere«) ergibt, **7** nicht erschöpfend, sondern ihrer Bedeutung wegen nur beispielhaft aufgeführt (*BAG* 18.08.1987 EzA § 77 BetrVG 1972 Nr. 18 = AP Nr. 23 zu § 77 BetrVG 1972 Bl. 4; 07.11.1989 [GS] EzA § 77 BetrVG 1972 Nr. 34 = AP Nr. 46 zu § 77 BetrVG 1972 Bl. 2 R; 14.08.2001 EzA § 88 BetrVG 1972 Nr. 1 S. 10 = AP Nr. 4 zu § 77 BetrVG 1972 Regelungsabrede; 12.04.2011 EzA § 88 BetrVG 2001 Nr. 2 Rn. 19 = AP Nr. 57 zu § 75 BetrVG 1972; 14.03.2012 AP Nr. 60 zu § 77 BetrVG 1972 Betriebsvereinbarung Rn. 38; 24.04.2013 AP Nr. 63 zu § 77 BetrVG 1972 Betriebsvereinbarung Rn. 26). Es besteht daher eine **umfassende funktionelle Zuständigkeit** des Betriebsrats zur Mitregelung **sämtlicher sozialer Angelegenheiten** (s. *Wiese* vor § 87 Rdn. 3 m. w. N.). Die dem entsprechende Normsetzungsbefugnis der Betriebspartner findet jedoch ebenso wie nach § 87 ihre Grenzen in den **allgemeinen Schranken** jeder **Regelungsmacht** der **Betriebspartner** (s. *Kreutz* § 77 Rdn. 329 ff. und zum Übermaßverbot *Blomeyer* 25 Jahre Bundesarbeitsgericht, 1979, S. 17 [28 f.]; vgl. auch *Hammer* Die betriebsverfassungsrechtliche Schutzpflicht für die Selbstbestimmungsfreiheit des Arbeitnehmers [Diss. Regensburg], 1998, S. 96 ff., 102; *Veit* Zuständigkeit des Betriebsrats, S. 265 ff., 423 ff.) einschließlich der zwingenden gesetzlichen Bestimmungen und unabdingbaren tariflichen Regelungen (s. *Kreutz* § 77 Rdn. 330 ff., 107 ff.).

Freiwillige Betriebsvereinbarungen sind ferner nach **§ 77 Abs. 3** (dazu *Kreutz* § 77 Rdn. 107 ff.) un- **8** zulässig, soweit Arbeitsentgelte und sonstige Arbeitsbedingungen durch Tarifvertrag geregelt sind oder üblicherweise geregelt werden, es sei denn, dass ein Tarifvertrag den Abschluss ergänzender Betriebsvereinbarungen ausdrücklich zulässt (*BAG* 27.03.1963 AP Nr. 9 zu § 59 BetrVG Bl. 3; 16.03.1956 AP Nr. 1 Bl. 2 R; 30.08.1963 AP Nr. 4 Bl. 2; 25.03.1971 AP Nr. 5 Bl. 4 zu § 57 BetrVG; 20.12.1957 AP Nr. 1 zu § 399 BGB Bl. 2 R; 18.08.1987 EzA § 77 BetrVG 1972 Nr. 18 = AP Nr. 23 zu § 77 BetrVG 1972 Bl. 3 R f.; 18.07.2006 EzA § 75 BetrVG 2001 Nr. 4 Rn. 30 = AP Nr. 15 zu § 850 ZPO; 18.03.2010 EzA § 626 BGB 2002 Unkündbarkeit Nr. 17 Rn. 32 ff. = AP Nr. 228 zu § 626 BGB; *LAG* Baden-Württemberg 13.01.1999 AuR 1999, 156 [157]; *LAG* Berlin 16.06.1986 LAGE § 76 BetrVG 1972 Nr. 24 S. 37; *LAG* Hamm 15.12.1982 DB 1983, 506 f.; *LAG* Rheinland-Pfalz 21.12.1988 LAGE § 77 BetrVG 1972 Nr. 7 S. 2; *Berg/DKKW* § 88 Rn. 3; *Fitting* § 88 Rn. 4, 9; *Hueck/Nipperdey* II/2, S. 1394; *Konzen* BB 1977, 1307 [1312]; *Löwisch* AuR 1978, 97 [106 ff.]; *Löwisch/Kaiser* § 88 Rn. 3; *Richardi* § 88 Rn. 8; *Stege/Weinspach/Schiefer* § 88 Rn. 2a; *Wiese* RdA 1968, 41 [46]; *Worzalla/HWGNRH* § 77 Rn. 37). Zu freiwilligen »tarifausdehnenden« Betriebsvereinbarungen im Entgelttraum des Tarifvertrags *Rieble* FS Konzen, 2006, S. 809 (824 ff.), daselbst S. 826 ff. zu Betriebsvereinbarungen im übertariflichen Entgelttraum.

Betriebsvereinbarungen nach § 88 sind nur hinsichtlich **kollektiver Tatbestände** möglich (*Löwisch* **9** AuR 1978, 97 [101]; *Merten* DB 1996, 90 [94]; *Neumann-Duesberg*, S. 415, 498; *Nikisch* III, S. 261 f.; *Otto* NZA 1992, 97 [98]; *Stege/Weinspach/Schiefer* § 77 Rn. 23; *Worzalla/HWGNRH* § 77 Rn. 42; ähnlich *Lambrich* Tarif- und Betriebsautonomie [Diss. Trier], 1999, S. 357, der einen Gemeinschaftsbezug verlangt; **a. M.** *Dietz* § 57 Rn. 1a, 4, 7a; *Hueck/Nipperdey* II/2, S. 261 f.; *Kreutz* § 77 Rdn. 354 f.). Das Gegenteil kann nicht daraus geschlossen werden, dass nach § 87 eine Mitbestimmung des Betriebsrats in bestimmten Einzelfällen gegeben ist (*Wiese* § 87 Rdn. 19), weil es sich hierbei lediglich um gesetzlich normierte Ausnahmen im Rahmen der notwendigen Mitbestimmung handelt. Wenn *Dietz* (§ 57 Rn. 1a) zur Begründung seiner abweichenden Auffassung, dass auch Einzelfälle durch freiwillige Betriebsvereinbarung geregelt werden können, auf § 57 Buchst. b BetrVG 1952 hinweist, so ist das nicht überzeugend, weil die Errichtung einer Sozialeinrichtung einen Sonderfall, d. h. eine generelle Regelung, dagegen keinen Einzelfall betrifft (zu den Begriffen s. *Wiese* § 87 Rdn. 15).

Die Vorschrift des **§ 88 gilt nur** für den Bereich der **sozialen**, dagegen **nicht** der **personellen** **10** (§§ 92 ff.) sowie der **wirtschaftlichen** (§§ 106 ff.) **Angelegenheiten** und betrifft nicht sonstige betriebsverfassungsrechtliche Fragen (*Bender/WPK* § 87 Rn. 2 f.; *Clemenz/HWK* § 88 Rn. 5; *Galperin/Löwisch* § 88 Rn. 3, 5 f.; *Herrmann* NZA 2000, Sonderbeilage zu Heft 3, S. 14 [17], die zudem [S. 21] § 88 mangels ausreichender Bestimmtheit für verfassungswidrig hält; *Lambrich* Tarif- und Betriebsautonomie [Diss. Trier], 1999, S. 357; *Löwisch* DB 2005, 554 [555]; *Löwisch/Kaiser* § 88 Rn. 1, 14;

Richardi § 88 Rn. 3, 5; *Rieble* /AR § 88 BetrVG Rn. 2; *Rieble* / *Gistel* DB 2005, 1382 [1384]; *Veit* Zuständigkeit des Betriebsrats, S. 266 f., 272; *Worzalla* / *HWGNRH* § 88 Rn. 3; unklar *BAG* 13.07.1962 AP Nr. 3 zu § 57 BetrVG Bl. 3; **a. M.** *BAG* GS 07.11.1989 EzA § 77 BetrVG 1972 Nr. 34 S. 5 ff. = AP Nr. 46 zu § 77 BetrVG 1972 Bl. 2 R f.; 12.12.2006 EZA § 88 BetrVG 2001 Nr. 1 Rn. 13 = AP Nr. 94 zu § 77 BetrVG 1972; 07.06.2011 EzA § 88 BetrVG 2001 Nr. 3 Rn. 35 = AP Nr. 55 zu § 77 BetrVG 1972 Betriebsvereinbarung; 14.03.2012 AP Nr. 60 zu § 77 BetrVG 1972 Betriebsvereinbarung Rn. 36 ff.; 05.03.2013 EzA § 77 BetrVG 2001 Nr. 35 Rn. 22 = AP Nr. 105 zu § 77 BetrVG 1972; *Fitting* § 88 Rn. 2; *Kania* / ErfK § 88 BetrVG Rn. 1); gleichgültig ist, ob es sich um materiellrechtliche Regelungen oder Verfahrensfragen handelt (**a. M.** *Galperin* / *Löwisch* § 88 Rn. 5). Das folgt aus der systematischen Stellung des § 88 im Dritten Abschnitt des Vierten Teils über soziale Angelegenheiten. Als allgemeine Regelung für den gesamten Bereich der Mitbestimmung hätte die Frage der Zulässigkeit freiwilliger Betriebsvereinbarungen sonst im Ersten Abschnitt des Vierten Teils geregelt werden müssen. Wieweit **Betriebsvereinbarungen außerhalb** des Bereichs der **sozialen Angelegenheiten** zulässig sind, bestimmt sich daher nach ausdrücklichen gesetzlichen Regelungen (§ 102 Abs. 6; dazu s. *Raab* § 102 Rdn. 241 ff.; vgl. auch § 112 Abs. 1 Satz 3) und allgemeinen Grundsätzen (s. *Kreutz* § 77 Rdn. 93 ff.; *BAG* 18.08.1987 EzA § 77 BetrVG 1972 Nr. 18 = AP Nr. 23 zu § 77 BetrVG 1972 Bl. 3 R f.; 09.04.1991 EzA § 77 BetrVG 1972 Nr. 39 S. 4 = AP Nr. 1 zu § 77 BetrVG 1972 Tarifvorbehalt Bl. 2 R; kritisch zur umfassenden Regelungskompetenz der Betriebsparteien *Waltermann* RdA 2007, 257 ff.). Zum Zertifizierungsverfahren nach DIN ISO 9000 ff. *Schmidt* / *Dobberahn* NZA 1995, 1017 (1021), zur Einrichtung des Umweltmanagementsystems nach der Umwelt-Audit-Verordnung der EG *Merten* DB 1996, 90 (94) und hier § 89 Rdn. 45.

11 Für die **Abgrenzung** der **sozialen** von **anderen Angelegenheiten** ist die **gesetzliche Zuordnung maßgebend**. So hat der Betriebsrat bei **personellen Einzelmaßnahmen** – z. B. bei Einstellungen, Eingruppierungen, Kündigungen – und den diesen vorausgehenden generellen Personalplanungsmaßnahmen ein Mitbestimmungsrecht nach Maßgabe der §§ 92 ff., 99 ff. Dagegen gehört die Regelung der allgemeinen Voraussetzungen, unter denen diese Maßnahmen durchgeführt werden können und die den Inhalt von Arbeitsverhältnissen bestimmen – z. B. die Festlegung von Kündigungsfristen, -terminen und -formen – zu den sozialen Angelegenheiten und kann damit Gegenstand einer freiwilligen Betriebsvereinbarung nach § 88 sein (*Berg* / *DKKW* § 88 Rn. 9; *Löwisch* / *Kaiser* § 88 Rn. 12; *Richardi* § 88 Rn. 4; *Säcker* ZfA 1972, Sonderheft S. 41 [47 f.]; zu § 57 BetrVG 1952 *BAG* 25.03.1971 EzA § 620 BGB Nr. 15 = AP Nr. 5 zu § 57 BetrVG; im Ergebnis ebenso *Oetker* NZA 1986, 148 f., der die hier vertretene Auffassung unvollkommen wiedergibt).

12 Im Rahmen der in Rdn. 7 aufgezeigten Grenzen können alle **formellen** und **materiellen Arbeitsbedingungen** ohne Beschränkung auf das Einzelarbeitsverhältnis Gegenstand einer freiwilligen Betriebsvereinbarung sein. Dazu gehören z. B. Regelungen über folgende Angelegenheiten (zum Grundsätzlichen s. *Kreutz* § 77 Rdn. 329 ff. m. w. N. sowie zu weiteren Einzelfragen Rdn. 14 ff.):
– **Altersgrenzen**: *Kreutz* § 77 Rdn. 384 ff.; *Linsenmaier* RdA 2008, 1 (10);
– **Arbeitsentgelt**, Art und Höhe: *BAG* 21.01.2003 EzA § 87 BetrVG 2001 Betriebliche Lohngestaltung Nr. 1 S. 5 = AP Nr. 117 zu § 87 BetrVG 1972 Lohngestaltung Bl. 3; 12.04.2011 EzA § 88 BetrVG 2001 Nr. 2 = AP Nr. 57 zu § 75 BetrVG 1972; 07.06.2011 EzA § 88 BetrVG 2001 Nr. 3 = AP Nr. 55 zu § 77 BetrVG 1972 Betriebsvereinbarung; 18.10.2011 AP Nr. 140 zu § 87 BetrVG 1972 Lohngestaltung Rn. 13;
18.11.2014 – 1 ABR 18/13 – Rn. 20; *Berg* / *DKKW* § 88 Rn. 15 ff.; *Galperin* / *Löwisch* § 88 Rn. 2; *Lambrich* Tarif- und Betriebsautonomie (Diss. Trier), 1999, S. 398 ff.; zur notwendigen Mitbestimmung § 87 Abs. 1 Nr. 10 und 11;
– **Arbeitsplätze, Arbeitsräume**, Mindestausstattung;
– **Arbeitssicherheitsgesetz**, Erweiterung der Zahl von Betriebsärzten, Fachkräften für Arbeitssicherheit sowie der Einsatzzeiten: s. *Wiese* / *Gutzeit* § 87 Rdn. 677;
– **Arbeitszeit, Dauer**: *BAG* 18.08.1987 EzA § 77 BetrVG 1972 Nr. 18 = AP Nr. 23 zu § 77 BetrVG 1972 Bl. 3 ff.; 13.10.1987 AP Nr. 2 zu § 77 BetrVG 1972 Auslegung Bl. 3; *LAG Köln* 14.08.1996 LAGE § 77 BetrVG 1972 Nr. 22 S. 4 ff.; *LAG Schleswig-Holstein* 27.08.1986 NZA 1986, 795 (796); *Lambrich* Tarif- und Betriebsautonomie (Diss. Trier), 1999, S. 98 ff.; **a. M.** *Veit* Zuständigkeit des Betriebsrats, S. 417 ff.; zur notwendigen Mitbestimmung – auch bei Einführung von Kurzarbeit und Überstunden – § 87 Abs. 1 Nr. 2 und 3;

- **Auflösung des Arbeitsverhältnisses**: *BAG* 27.10.1988 AP Nr. 16 zu § 620 BGB Bedingung Bl. 2 R f.;
- **Ausschlussfristen**: s. *Kreutz* § 77 Rdn. 374 m. w. N.;
- **Beschäftigungsbetrieb, Errichtung**: *Kaiser* NZA 1990, 193 (194);
- **Betriebliches Vorschlagswesen**: s. *Wiese/Gutzeit* § 87 Rdn. 1072; *ArbG Heilbronn* 15.05.1986 DB 1987, 541; *Rieble/Gistel* DB 2005, 1382 (1384 f.), zur Nachwirkung der freiwilligen Betriebsvereinbarung daselbst S. 1387; zur notwendigen Mitbestimmung § 87 Abs. 1 Nr. 12;
- **Betriebsfeiern**: *Neumann* AR-Blattei, Betriebsfeier, SD 490, Rn. 25;
- **Betriebsrisiko**;
- **Datenschutz**: *Brill* BlStSozArbR 1978, 163 (167); *Joussen* ZfA 2012, 235;
- **Direktionsrecht, Erweiterung**: *BAG* 11.06.1958 AP Nr. 2 zu § 611 BGB Direktionsrecht Bl. 2;
- **Entgeltumwandlung**: s. *Wiese/Gutzeit* § 87 Rdn. 852;
- **Erfinderberater**, Bestellung nach § 21 Abs. 1 ArbNErfG a. F. (s. *Wiese/Gutzeit* § 87 Rdn. 1066);
- **Kündigungsvoraussetzungen**: Rdn. 11; *Kreutz* § 77 Rdn. 228;
- **Lohnabtretungsverbote**: bestr., *Kreutz* § 77 Rdn. 377 m. w. N.;
- **Mitarbeiterbeteiligungen**: *Schanz* NZA 2000, 626 (632);
- **Nebenbeschäftigungsverbote, funktionsbezogene**: *Galperin/Löwisch* § 88 Rn. 2; **a. M.** *Fitting* § 77 Rn. 56; *Kreutz* § 77 Rdn. 379; *Richardi* § 77 Rn. 104;
- **Pausen, bezahlte**: *Gaul* NZA 1987, 649 (655);
- **Ruhegeld, betriebliches**: *BAG* 16.03.1956 AP Nr. 1 zu § 57 BetrVG Bl. 2; 30.01.1970 EzA § 242 BGB Nr. 31 = AP Nr. 142 zu § 242 BGB Ruhegehalt; 16.07.1996 EzA § 1 BetrAVG Ablösung Nr. 13 = AP Nr. 21 zu § 1 BetrAVG Ablösung Bl. 2 ff.; *Blomeyer/Rolfs/Otto* BetrAVG, Anh. § 1 Rn. 427; unter Ausschluss rechtsgestaltender Eingriffe in die beim Inkrafttreten der neuen Betriebsvereinbarung bereits bestehenden Ruhestandsverhältnisse: *BAG* 16.03.1956 AP Nr. 1 Bl. 4 f., 19.06.1956 AP Nr. 2 Bl. 1 R zu § 57 BetrVG; 30.01.1970 EzA § 242 BGB Nr. 31 = AP Nr. 142 zu § 242 BGB Ruhegehalt Bl. 9, 18.05.1977 EzA § 242 BGB Ruhegeld Nr. 65 = AP Nr. 175 zu § 242 BGB Ruhegehalt Bl. 2 f., 24.11.1977 EzA § 242 BGB Ruhegeld Nr. 67 = AP Nr. 177 zu § 242 BGB Ruhegehalt Bl. 2, 17.01.1980 EzA § 242 BGB Ruhegeld Nr. 86 = AP Nr. 185 zu § 242 BGB Ruhegehalt Bl. 1 R; 28.04.1977 EzA § 242 BGB Ruhegeld Nr. 64 = AP Nr. 7 zu § 242 BGB Ruhegehalt – Unterstützungskassen Bl. 2 R, 10.11.1977 EzA § 242 BGB Ruhegeld Nr. 69 = AP Nr. 8 zu § 242 BGB Ruhegehalt – Unterstützungskassen Bl. 2 R; 25.10.1988 EzA § 77 BetrVG 1972 Nr. 26 = AP Nr. 1 zu § 1 BetrAVG Betriebsvereinbarung Bl. 3 f.; offen gelassen in: 10.02.2009 EzA § 1 BetrAVG Betriebsvereinbarung Nr 6 Rn. 16 ff.; 28.06.2011 EzA § 16 BetrAVG Nr 59 Rn. 23 = AP Nr. 54 zu § 1 BetrAVG Ablösung; 18.09.2012 – 3 AZR 431/10 – Rn. 28; *Blomeyer/Rolfs/Otto* BetrAVG, Anh. § 1 Rn. 100 f., § 16 Rn. 258 ff.; *Kreutz* § 77 Rdn. 199 ff. Eine Beihilferegelung für den Krankheitsfall ist nicht allein für Ruheständler abänderbar, wohl aber, soweit auch die aktive Belegschaft Kürzungen hinnehmen muss: *BAG* 13.05.1997 EzA § 77 BetrVG 1972 Ruhestand Nr 1 = AP Nr. 65 zu § 77 BetrVG 1972 Bl. 2 ff. = SAE 1999, 72 (krit. *Blomeyer/Huep*); zum Grundsätzlichen *Konzen/Jacobs* FS *Dieterich*, 1999, S. 297 ff.; *Waltermann* NZA 1998, 5505 ff. Zur notwendigen Mitbestimmung nach § 87 Abs. 1 Nr. 10 s. *Wiese/Gutzeit* § 87 Rdn. 874 ff.;
- **Schiedsstelle, betriebliche**, Bildung zur Überprüfung der tariflichen analytischen Arbeitsbewertung von Arbeitsplätzen: *BAG* 19.05.1978 AP Nr. 1 zu § 88 BetrVG 1972 *(Löwisch/Hetzel)* = SAE 1980, 30 *(Gamp)*. Allerdings ist es den Betriebsparteien verwehrt, eine »betriebliche Schiedsstelle« an die Stelle der Einigungsstelle zu setzen (*LAG Frankfurt* 15.11.2012 – 5 TaBVGa 257/12 – Rn. 33). Das gilt zumindest für den Bereich des § 87 BetrVG (für § 85 Abs. 2 vgl. § 86 Satz 2: »betriebliche Beschwerdestelle«);
- **Sozialleistungen, freiwillige**: z. B. Beihilfen zu Familienereignissen; allgemein *Jahnke* Gratifikationen und Sonderleistungen, 1978, S. 18 f., 23 f.; Treueprämien, *BAG* 30.08.1963 AP Nr. 4 zu § 57 BetrVG Bl. 2; Weihnachtsgeld, 26.04.1990 EzA § 77 BetrVG 1972 Nr. 35 = AP Nr. 4 zu § 77 BetrVG 1972 Nachwirkung Bl. 4 R; 03.11.1987 EzA § 77 BetrVG 1972 Nr. 20 = AP Nr. 25 zu § 77 BetrVG 1972 Bl. 3. Die Verteilung der vom Arbeitgeber festgesetzten Gesamtsumme einer Weihnachtsgratifikation auf die Belegschaft unterliegt bereits der notwendigen Mitbestimmung nach § 87 Abs. 1 Nr. 10; s. *Wiese/Gutzeit* § 87 Rdn. 872 f., anders früher *BAG* 13.07.1962 AP Nr. 3 zu § 57 BetrVG Bl. 2 f.; hinsichtlich der Zulässigkeit von Rückzahlungsklauseln in einer sol-

chen Betriebsvereinbarung *BAG* 16.11.1967 AP Nr. 63 zu § 611 BGB Gratifikation Bl. 3; zu Rückzahlungsklauseln auch *Löwisch* NZA 2013, 549;
- **Sozialpläne, freiwillige**: *BAG* 26.08.1997 EzA § 112 BetrVG 1972 Nr. 96 S. 6 f.; 18.05.2010 EzA § 112 BetrVG 2001 Nr. 38 Rn. 21 ff. = AP Nr. 209 zu § 112 BetrVG 1972; *LAG Hessen* 01.12.2011 11 Sa 154/11; *LAG München* 05.09.1986 NZA 1987, 464; *Bender/WPK* § 88 Rn. 5. Die Betriebspartner können bei einer Betriebsänderung im Interesse des Arbeitgebers an alsbaldiger Planungssicherheit in einer freiwilligen Betriebsvereinbarung zusätzlich zu einem Sozialplan Leistungen für den Fall vorsehen, dass der Arbeitnehmer von der Erhebung einer Kündigungsschutzklage absieht; dadurch darf das Verbot, Sozialplanleistungen von einem entsprechenden Verzicht abhängig zu machen, nicht umgangen werden (*BAG* 31.05.2005 EzA § 112 BetrVG 2001 Nr. 14 S. 8 ff. = AP Nr. 175 zu § 112 BetrVG 1972 Bl. 4 ff.; 18.05.2012 EzA § 112 BetrVG 2001 Nr. 38 Rn. 21 ff.; 09.12.2014 EzA § 112 BetrVG 2001 Nr. 53 Rn. 39 = AP Nr. 227 zu § 112 BetrVG 1972; *Kuhn/Wiehmann* DB 2016, 477).
- **Treue-(Fürsorge-)Pflicht**, Konkretisierung:
- **Umweltschutz, betrieblicher**: *BAG* 11.10.1995 EzA § 37 BetrVG 1972 Nr. 131 S. 6 = AP Nr. 115 zu § 37 BetrVG 1972 Bl 4; *Berg/DKKW* § 88 Rn. 20 f.; *Fitting* § 88 Rn. 18, § 89 Rn. 4 f.; *Froschauer* Arbeitsrecht und Umweltschutz (Diss. Mannheim), 1994, S. 204 ff. m. w. N.; *Salje* BB 1988, 73 (74, 75); *Teichert* AiB 1994, 229 (238 ff.); *Trümner* AiB 1991, 522 (527); **a. M.** *Erasmy* ArbGeb. 1993, 332; nunmehr § 88 Nr. 1a, dazu Rdn. 19 ff.;
- **Urlaub**: zur notwendigen Mitbestimmung § 87 Abs. 1 Nr. 5;
- **Vertragsstrafen**: *BAG* 06.08.1991 EzA § 77 BetrVG 1972 Nr. 40 = AP Nr. 52 zu § 77 BetrVG 1972 Bl. 2 ff., aber Unwirksamkeit der Betriebsvereinbarung, falls in dieser bestimmt wird, dass einzelvertragliche Vertragsstrafenversprechen der Betriebsvereinbarung auch dann vorgehen, wenn sie für den Arbeitnehmer ungünstiger sind. Vgl. auch *BAG* 29.09.2004 EzA § 40 BetrVG 2001 Nr. 7 S. 3 f.: Unzulässigkeit einer Vereinbarung, durch die sich der Arbeitgeber verpflichtet hat, an den Betriebsrat bei Verletzung von Mitbestimmungsrechten eine Vertragsstrafe zu zahlen; 19.01.2010 EzA § 23 BetrVG 2001 Nr. 3 Rn. 9 ff. = AP Nr. 49 zu § 99 BetrVG 1972 Versetzung; dazu *Hexel/Lüders* NZA 2010, 613 ff. m. w. N.; *Wiebauer* AuR 2012, 150 ff.;
- **Wiedereinstellungsanspruch**: *BAG* 14.03.2012 AP Nr. 60 zu § 77 BetrVG 1972 Betriebsvereinbarung Rn. 32 ff.; 24.04.2013 AP Nr. 63 zu § 77 BetrVG 1972 Betriebsvereinbarung Rn. 22 ff.

13 Zur Beteiligung des Betriebsrats bei der **Durchführung** von **Forschungsvorhaben** *Scholz* BB 1981, 441 (446 f.), zur Zulässigkeit von Betriebsvereinbarungen bei **Erhaltungs-** und **Notstandsarbeiten** *Wiese* NZA 1984, 378 (381 f. m. w. N.) sowie bei der **Ablösung allgemeiner Arbeitsbedingungen** oder einzelvertraglicher Rechte s. *Kreutz* § 77 Rdn. 282 ff. m. w. N. Zur **Kostentragung** für **Schutzkleidung** s. Rdn. 18, *Wiese/Gutzeit* § 87 Rdn. 652 f. Zur grundsätzlichen Unzulässigkeit von Betriebsvereinbarungen über eine **Kostenbeteiligung** der Arbeitnehmer an einer einheitlichen **Arbeitskleidung** s. *Wiese* § 87 Rdn. 218; *BAG* 01.12.1952 AP Nr. 20 zu § 87 BetrVG 1972 Ordnung des Betriebes Bl. 3, zur privaten Nutzung *Wiese* FS *Richardi*, 2007, S. 817 (822); zur Unzulässigkeit von **Lohnverwendungsabreden** s. *Kreutz* § 77 Rdn. 375 f., sowie einer Betriebsvereinbarung zur **Kostenerstattung** von **Gehaltspfändungen** *BAG* 18.07.2006 EzA § 75 BetrVG 2001 Nr. 4 S. 8 ff. = AP Nr. 15 zu § 850 ZPO Bl. 3 R ff.; dazu *Schielke* BB 2007, 378 ff. Das gesellschaftsrechtliche Haftungssystem für juristische Personen kann nicht durch Betriebsvereinbarungen nach § 88 erweitert werden (*BAG* 16.08.2005 EzA § 823 BGB 2002 Nr. 2 S. 12, Nr. 3 S. 14 = AP Nr. 24 Bl. 6 R, Nr. 25 Bl. 5 R f. zu § 1 TVG Altersteilzeit).

2. Zusätzliche Maßnahmen zur Verhütung von Arbeitsunfällen und Gesundheitsschädigungen

14 Nach § 57 Buchst. a BetrVG 1952 konnten durch freiwillige Betriebsvereinbarungen »Maßnahmen zur Verhütung von Betriebsunfällen und Gesundheitsschädigungen« geregelt werden. Wenn § 88 Nr. 1 freiwillige Betriebsvereinbarungen nur für »zusätzliche Maßnahmen zur Verhütung von Arbeitsunfällen und Gesundheitsschädigungen« hervorhebt, so erklärt sich das aus der nach § 87 Abs. 1 Nr. 7 notwendigen Mitbestimmung des Betriebsrats bei der Ausfüllung des durch gesetzliche Vorschriften im Bereich des Arbeitsschutzes oder der Unfallverhütungsvorschriften gezogenen Rahmens (s. § 87

Rdn. 607 ff.). Es bedarf daher im konkreten Fall der Prüfung, ob beabsichtigte Regelungen im Bereich des Arbeitsschutzes noch in Ausfüllung bestehender Vorschriften erfolgen oder ob es sich um zusätzliche Maßnahmen handelt, die nur durch eine freiwillige Betriebsvereinbarung geregelt werden können.

Erfüllen zusätzliche Maßnahmen zur Verhütung von Arbeitsunfällen und Gesundheitsschädigungen **15** die Voraussetzungen eines anderen Mitbestimmungstatbestandes – z. B. des § 87 Abs. 1 Nr. 1 oder 6 –, so hat der Betriebsrat nach diesen Vorschriften trotz § 88 Nr. 1 mitzubestimmen. Das gilt z. B. für die **Durchführung** eines **Sicherheitswettbewerbs**, der nach § 87 Abs. 1 Nr. 1 mitbestimmungspflichtig ist (s. *Wiese* § 87 Rdn. 173; vgl. auch *BAG* 30.03.1982 EzA § 87 BetrVG 1972 Betriebliche Lohngestaltung Nr. 4 = AP Nr. 10 zu § 87 BetrVG 1972 Lohngestaltung Bl. 3 R). Abzulehnen ist jedoch die Ansicht des *BAG* (24.03.1981 EzA § 87 BetrVG 1972 Betriebliche Ordnung Nr. 6 = AP Nr. 2 zu § 87 BetrVG 1972 Arbeitssicherheit Bl. 4), § 88 Abs. 1 schließe insoweit ein nach § 87 Abs. 1 Nr. 1 gegebenes Initiativrecht aus (eingehend *Wiese/Starck* Anm. *BAG* AP Nr. 2 zu § 87 BetrVG 1972 Arbeitssicherheit Bl. 7 f.; **a. M.** *Löwisch/Kaiser* § 88 Rn. 2; unpräzise *Veit* Zuständigkeit des Betriebsrats, S. 268). Der Betriebsrat kann daher auch selbst die Einführung eines Sicherheitswettbewerbs anstreben und eine verbindliche Entscheidung der Einigungsstelle darüber herbeiführen (s. *Wiese* § 87 Rdn. 242). Dadurch wird § 88 Nr. 1 keineswegs inhaltsleer, weil nicht jede zusätzliche Maßnahme zur Verhütung von Arbeitsunfällen und Gesundheitsschädigungen – z. B. eine freiwillige Betriebsvereinbarung über zusätzliche Schutzvorrichtungen an Maschinen – zugleich das Verhalten der Arbeitnehmer in Bezug auf die betriebliche Ordnung betrifft.

Mitbestimmungsfreie Maßnahmen zur Verhütung von Arbeitsunfällen und Gesundheitsschädigungen **16** können aber als Maßnahmen zur Abwendung, Milderung oder zum Ausgleich einer Belastung i. S. d. § 91 der Mitbestimmung unterliegen (*Galperin/Löwisch* § 88 Rn. 11a).

Auch bei einer freiwilligen Betriebsvereinbarung nach § 88 Nr. 1 kommen nur **generelle Regelun-** **17** **gen** in Betracht (Rdn. 9). Diese können sich z. B. beziehen auf Schutzvorrichtungen an Maschinen, Schutzkleidung und andere Arbeitsschutzausrüstungen (s. § 87 Rdn. 616 ff., 651), auf die Arbeitsumgebung (z. B. Licht- und Luftverhältnisse, Raumklima, Lärm, mechanische Schwingungen; s. *Weber* § 91 Rdn. 4 f.) oder auf sanitäre Anlagen, die Organisation und Durchführung des Arbeitsschutzes (Vorsorgeuntersuchungen und Gesundheitsdienst, Arbeitsschutzkommissionen, Einrichtung einer Unfallstation, Sicherheitsbesprechungen, Ausbildung im Arbeitsschutz; ferner *Fitting* § 88 Rn. 16; *Löwisch/Kaiser* § 88 Rn. 4; *Richardi* § 88 Rn. 12). Zur Erhöhung der Zahl von Betriebsärzten und Fachkräften für Arbeitssicherheit s. § 87 Rdn. 677. Vorsorgemaßnahmen gegen AIDS-Infizierung, die nicht vorgeschrieben sind, dürfen in einer freiwilligen Betriebsvereinbarung nur unter Berücksichtigung des Persönlichkeitsrechts des Arbeitnehmers an seiner Eigensphäre, d. h. bei einem überwiegenden Eingriffsinteresse – z. B. zum Schutze anderer Arbeitnehmer –, angeordnet werden (*Löwisch* DB 1987, 936 [938 f.]; *Wiese* RdA 1986, 120 [127]). Zulässig sind auch Maßnahmen zur **Gesundheitsförderung** und **altersgerechter Arbeitsbedingungen** (*Kohte*/HaKo § 88 Rn. 10 ff.).

Zur grundsätzlichen **Unzulässigkeit** einer **Kostenabwälzung** für persönliche **Schutzkleidung**, **18** die aufgrund von Unfallverhütungsvorschriften vom Arbeitgeber bereitzustellen ist, auf die Arbeitnehmer durch Betriebsvereinbarung § 87 Rdn. 652 f., zur privaten Nutzung *Wiese* FS *Richardi*, 2007, S. 817 (822).

3. Maßnahmen des betrieblichen Umweltschutzes

Durch Art. 1 Nr. 57 BetrVerf-Reformgesetz wurde Nr. 1a neu in das Betriebsverfassungsgesetz einge- **19** fügt (hierzu die schriftlichen Stellungnahmen, Ausschuss für Arbeit und Sozialordnung, Ausschuss-Drucks. 14/1512, passim). Bisher gab es keine Vorschrift, die dem Betriebsrat ausdrücklich eine Zuständigkeit für den betrieblichen Umweltschutz zuwies. Trotzdem wurden zahlreiche Regelungen des Betriebsverfassungsgesetzes auch bisher schon auf Fragen des betrieblichen Umweltschutzes angewandt und bleiben weiterhin anwendbar. Das gilt vor allem für
- **§ 80 Abs. 1 Nr. 1 und 2:** *Däubler* Arbeitsrecht I, Rn. 955; *Fitting* § 80 Rn. 9, 45 ff., § 89 Rn. 5; *Froschauer* Arbeitsrecht und Umweltschutz (Diss. Mannheim), 1994, S. 163 ff. – nicht Nr. 2; *Salje* BB 1988, 73 (74); *Trümner* AiB 1991, 522 (524);

§ 88 IV. 3. Soziale Angelegenheiten

- **§ 87 Abs. 1 Nr. 1:** *Fitting* § 89 Rn. 5; *Froschauer* Arbeitsrecht und Umweltschutz (Diss. Mannheim), 1994, S. 167 ff.;
- **§ 87 Abs. 1 Nr. 7:** s. § 87 Rdn. 617, 645 f., 693; *Fitting* § 89 Rn. 5; *Froschauer* Arbeitsrecht und Umweltschutz (Diss. Mannheim), 1994, S. 172 f.; *Salje* BB 1988, 73;
- **§ 87 Abs. 1 Nr. 8:** s. *Wiese/Gutzeit* § 87 Rdn. 765; *Fitting* § 89 Rn. 5; *Froschauer* Arbeitsrecht und Umweltschutz (Diss. Mannheim), 1994, S. 173;
- **§ 87 Abs. 1 Nr. 10:** s. *Wiese/Gutzeit* § 87 Rdn. 859; *Fitting* § 89 Rn. 5; *Froschauer* Arbeitsrecht und Umweltschutz (Diss. Mannheim), 1994, S. 173 ff.;
- **§ 87 Abs. 1 Nr. 12:** s. *Wiese/Gutzeit* § 87 Rdn. 1051; *Fitting* § 89 Rn. 5; *Froschauer* Arbeitsrecht und Umweltschutz (Diss. Mannheim), 1994, S. 176 f.;
- **§ 88:** s. Rdn. 12;
- **§ 89:** s. § 89 Rdn. 18, *Weber* § 90 Rdn. 18, 29; *Fitting* § 89 Rn. 5; *Salje* BB 1988, 73 (74); **a. M.** *Froschauer* Arbeitsrecht und Umweltschutz (Diss. Mannheim), 1994, S. 178;
- **§ 90:** *Fitting* § 89 Rn. 5, § 90 Rn. 29, 36; *Salje*, BB 1988, 73 (74); **a. M.** *Froschauer* Arbeitsrecht und Umweltschutz (Diss. Mannheim), 1994, S. 178 f.;
- **§§ 96–98:** *Froschauer* Arbeitsrecht und Umweltschutz (Diss. Mannheim), 1994, S. 179 f.;
- **§ 99:** *Fitting* § 99 Rn. 132, 204; *Froschauer* Arbeitsrecht und Umweltschutz (Diss. Mannheim), 1994, S. 181 ff.;
- **§ 106:** *BAG* 11.10.1995 EzA § 37 BetrVG 1972 Nr. 131 S. 7 = AP Nr. 115 zu § 37 BetrVG 1972 Bl. 4 R; *Däubler/DKKW* § 106 Rn. 80 f.; *Fitting* § 89 Rn. 5; *Froschauer* Arbeitsrecht und Umweltschutz (Diss. Mannheim), 1994, S. 184 ff.; *Salje* BB 1988, 73 (74);
- zur Zuständigkeit des Betriebsrats für den Umweltschutz nach anderen Gesetzen *Froschauer* Arbeitsrecht und Umweltschutz (Diss. Mannheim), 1994, S. 187 ff.

Das beruhte darauf, dass zunehmend in der Literatur die Wechselwirkung zwischen Arbeits-(Schutz-)Recht und Umweltrecht erkannt und anerkannt worden war (hierzu *Loritz/ZLH* Arbeitsrecht, § 32 III 1e; *Salje* BB 1988, 73 m. w. N. Fn. 1 ff.; *Schottelius/Küpper-Djindjic'* BB 1993, 445 ff.; zu § 81 s. *Franzen* § 81 Rdn. 5, zu § 82 *Franzen* § 82 Rdn. 6, 10, zu §§ 84, 85 *Franzen* § 84 Rdn. 10, § 85 Rdn. 4, 12).

20 In der amtlichen Begründung zum BetrVerf-Reformgesetz (BT-Drucks. 14/5741, S. 48) heißt es zur Neuregelung, wegen der Bedeutung des betrieblichen Umweltschutzes stelle die Vorschrift klar, dass Maßnahmen des betrieblichen Umweltschutzes in freiwilligen Betriebsvereinbarungen geregelt werden können. Da jedoch über die notwendige Mitbestimmung nach § 87 hinaus in allen sozialen Angelegenheiten freiwillige Betriebsvereinbarungen zulässig sind (Rdn. 3), mithin insoweit eine umfassende funktionelle Zuständigkeit des Betriebsrats besteht (Rdn. 7) und es sich bei den Fragen des betrieblichen Umweltschutzes zweifellos um eine soziale Angelegenheit handelt, ist die Vorschrift an sich überflüssig. Auch nach bisherigem Recht konnten Fragen des betrieblichen Umweltschutzes durch freiwillige Betriebsvereinbarungen geregelt werden (Rdn. 12). Es kommt hinzu, dass nach § 88 Nr. 1 die Betriebspartner ohnehin zusätzliche Maßnahmen zur Verhütung von Arbeitsunfällen und Gesundheitsschädigungen vereinbaren können. Das ist aber zugleich die hauptsächliche Aufgabe im Rahmen von Maßnahmen des betrieblichen Umweltschutzes (s. § 89 Rdn. 23).

21 Die Vorschrift des § 88 Nr. 1a ist daher insofern ein Akt symbolischer Gesetzgebung. Sie ergänzt aber weitere Neuregelungen durch das BetrVerf-Reformgesetz: Nach § 80 Abs. 1 Nr. 9 gehört es nunmehr ausdrücklich zu den allgemeinen Aufgaben des Betriebsrats, Maßnahmen des Arbeitsschutzes und des betrieblichen Umweltschutzes zu fördern. Nach Maßgabe des § 43 Abs. 2 Satz 3 n. F. hat der Arbeitgeber in einer Betriebsversammlung auch über den betrieblichen Umweltschutz zu berichten. Ebenso hat er in einer Betriebsratsversammlung nach § 53 Abs. 2 Nr. 2 über Fragen des Umweltschutzes im Unternehmen zu berichten. Die in Betriebs- und Abteilungsversammlungen zulässigen Themen werden nach § 45 Satz 1 um Angelegenheiten umweltpolitischer Art erweitert. Ebenso wird in § 74 Abs. 2 Satz 3 die Behandlung von Angelegenheiten umweltpolitischer Art von dem Verbot parteipolitischer Betätigung im Betrieb ausgenommen. Vor allem ist aber die Zuständigkeit des Betriebsrats nach § 89 auf den betrieblichen Umweltschutz erstreckt worden. Schließlich gehören nach § 106 Abs. 3 Nr. 5a n. F. zu den wirtschaftlichen Angelegenheiten i. S. dieser Vorschrift auch Fragen des Umweltschutzes.

Durch dieses Bündel von Maßnahmen soll nach der amtlichen Begründung (BT-Drucks. 14/5741, S. 30 Nr. 8) der innerbetriebliche Austausch an Informationen, Ideen und Initiativen zugunsten betrieblicher Umweltschutzmaßnahmen gefördert werden. Die Neuregelungen sollen jedoch nicht den Betriebsrat in die Funktion eines Hilfsorgans staatlicher Umweltbehörden drängen. Die Funktion einer Umweltpolizei würde die vertrauensvolle Zusammenarbeit von Betriebsrat und Arbeitgeber nicht nur im Bereich des betrieblichen Umweltschutzes erheblich gefährden, sondern auch nicht selten einen unlösbaren Interessenkonflikt auf Seiten des Betriebsrats provozieren. Dieser Bewertung ist zuzustimmen. 22

Unberechtigt ist allerdings die Kritik, der betriebliche Umweltschutz gehöre nicht in die Zuständigkeit des Betriebsrats, weil es sich dabei um ein gesellschaftliches Thema handle (so *American Chamber of Commerce* BT-Ausschuss-Drucks. 14/1512, S. 107r.). Es liegt auf der Hand, dass der betriebliche Umweltschutz die Belegschaft eines Betriebes und deren Arbeitsbedingungen unmittelbar berührt. Eine andere Frage ist, ob bei der diffusen, weiten gesetzlichen Begriffsbestimmung des betrieblichen Umweltschutzes (s. § 89 Rdn. 26) die Zuständigkeit des Betriebsrats nicht unberechenbar erweitert, dieser bei der komplexen Materie des Umweltschutzes überfordert und auch in eine zwiespältige Situation gedrängt wird, wenn zwischen den Anforderungen des betrieblichen Umweltschutzes und den Belegschaftsinteressen einschließlich der Erhaltung möglicherweise umweltbedenklicher Arbeitsplätze eine Diskrepanz besteht. Bei Auslegung der gesetzlichen Neuregelungen ist daher strikt von dem Zweck des Betriebsverfassungsgesetzes auszugehen, dem Schutz und der Teilhabe der Arbeitnehmer zu dienen (*Wiese* Einl. Rdn. 78 ff.) und zu beachten, dass der Betriebsrat nur zur Beteiligung in betrieblichen Angelegenheiten legitimiert ist. 23

Die Vorschrift ist allerdings insofern nicht bedeutungslos, als sie der Normsetzungsbefugnis der Betriebspartner Grenzen setzt. Da § 88 nur für den Bereich der sozialen Angelegenheiten gilt (Rdn. 10), muss der Zusammenhang mit und der Bezug zu den sozialen Angelegenheiten gewahrt bleiben. Die nach § 88 bestehende Zuständigkeit der Betriebspartner erstreckt sich daher in Fragen des betrieblichen Umweltschutzes nicht auf die damit im Zusammenhang stehenden personellen und wirtschaftlichen Angelegenheiten (vgl. auch Rdn. 10; zust. *Bender/WPK* § 88 Rn. 9; *Worzalla/HWGNRH* § 88 Rn. 8). So berechtigt die Vorschrift z. B. nicht zu einer Vereinbarung über Umsetzungen oder zur Verwendung finanzieller Mittel des Betriebes für Maßnahmen des betrieblichen Umweltschutzes. Anders verhält es sich, wenn finanzielle Aufwendungen lediglich die mittelbare Folge zulässiger Vereinbarungen über Maßnahmen des betrieblichen Umweltschutzes sind; diese trägt stets derjenige, in dessen Sphäre sie anfallen, hier also der Arbeitgeber. Es gilt insoweit das Gleiche wie zu § 87 (s. *Wiese* § 87 Rdn. 39). In Betracht kommen z. B. Regelungen zur Verbesserung des Gesundheitsschutzes, die über die notwendige Mitbestimmung nach § 87 Abs. 1 Nr. 7 hinausgehen. 24

Eine weitere bedeutsame Grenze der Normsetzungsbefugnis der Betriebspartner nach § 88 Nr. 1a ergibt sich aus der ausdrücklichen **Beschränkung auf den betrieblichen Umweltschutz**. Für Fragen des außerbetrieblichen Umweltschutzes fehlt dem Betriebsrat schlechthin jegliche demokratische Legitimation (vgl. auch § 89 Rdn. 30; zust. *Bender/WPK* § 88 Rn. 9). Zutreffend heißt es in der amtlichen Begründung (BT-Drucks. 14/5741, S. 48 r.), ein generelles umweltpolitisches Mandat zugunsten Dritter oder der Allgemeinheit stehe dem Betriebsrat als innerbetrieblichem Interessenvertretungsorgan der Arbeitnehmer nicht zu. Dabei wird nicht verkannt, dass Maßnahmen des betrieblichen Umweltschutzes bzw. das Unterlassen solcher Maßnahmen sich auf die außerbetriebliche Umwelt auswirken können. Das ändert aber nichts an der beschränkten Zuständigkeit der Betriebspartner, ohne die darüber hinaus bestehende Verantwortung des Unternehmers aufgrund ihn bzw. den Betrieb verpflichtender Umweltauflagen anzutasten. Problematisch ist allenfalls, ob eine Zuständigkeit der Betriebspartner für den außerbetrieblichen Umweltschutz insoweit begründbar ist, als Arbeitnehmer in ihrem häuslichen Bereich durch Emissionen ihres Beschäftigungsbetriebes beeinträchtigt werden. Das könnte die Parallele zum außerbetrieblichen Verhalten der Arbeitnehmer nahelegen, soweit es arbeitsvertragsrechtlich relevant ist. Diese Parallele zu ziehen verbietet sich jedoch nicht nur wegen des eindeutigen Gesetzestextes, sondern auch deswegen, weil es um unterschiedliche Zuständigkeiten geht, in die der Gesetzgeber nicht hat eingreifen wollen (zum räumlichen Anwendungsbereich des § 89 s. § 89 Rdn. 30 ff.). 25

26 Schließlich gilt hier wie sonst im Rahmen des § 88 als allgemeine Grenze der Zuständigkeit der Betriebspartner, dass es sich um einen **kollektiven Tatbestand** handeln muss (Rdn. 9; *Löwisch* BB 2001, 1790 [1793]; *Stege/Weinspach/Schiefer* § 88 Rn. 6a; *Worzalla/HWGNRH* § 88 Rn. 8). Zur **Schulung** von Betriebsratsmitgliedern über Fragen des betrieblichen Umweltschutzes s. *Weber* § 37 Rdn. 197, 251.

4. Errichtung von Sozialeinrichtungen

27 Während der Betriebsrat nach § 87 Abs. 1 Nr. 8 bei Form, Ausgestaltung und Verwaltung von Sozialeinrichtungen ein notwendiges Mitbestimmungsrecht hat (s. *Wiese/Gutzeit* § 87 Rdn. 704 ff.), eröffnet ihm § 88 Nr. 2 die Möglichkeit, durch freiwillige Betriebsvereinbarung die Errichtung von Sozialeinrichtungen zu regeln. Gegenüber § 57 Buchst. b BetrVG 1952 ist die Vorschrift insofern geringfügig geändert worden, als nunmehr der Wirkungsbereich der Sozialeinrichtung nicht mehr auf den Betrieb oder das Unternehmen beschränkt ist, sondern sich auch auf den Konzern erstrecken kann (s. *Wiese/Gutzeit* § 87 Rdn. 727; weitergehend *Berg/DKKW* § 88 Rn. 23; *Fitting* § 88 Rn. 21; zur Ersetzung des Begriffs »Wohlfahrtseinrichtung« durch »Sozialeinrichtung« s. *Wiese/Gutzeit* § 87 Rdn. 704). Außerdem ist die in § 57 Buchst. b BetrVG 1952 vorgesehene Regelungsmöglichkeit hinsichtlich der Rechtsform nunmehr nach § 87 Abs. 1 Nr. 8 mitbestimmungspflichtig (s. *Wiese/Gutzeit* § 87 Rdn. 745).

28 Die Entscheidung über die **Errichtung** einer Sozialeinrichtung steht **allein** dem **Arbeitgeber** zu, weil er die erforderlichen Mittel aufzubringen hat und hierzu nicht gezwungen werden soll (vgl. auch amtliche Begründung, BT-Drucks. VI/1786, S. 49). Zum Komplex der »Errichtung« gehören neben der grundsätzlichen Entscheidung, ob eine Sozialeinrichtung geschaffen werden soll, deren Zweckbestimmung, die generelle Festlegung des Kreises der Begünstigten einschließlich der Art der ihnen zu gewährenden Leistungen, die Dotierung, aber auch Änderungen der Zweckbestimmung, die Erhöhung bzw. Herabsetzung der Zuwendungen sowie die Auflösung der Einrichtung (s. *Wiese/Gutzeit* § 87 Rdn. 734 ff. m. w. N.). Der Arbeitgeber kann sich jedoch in allen diesen Angelegenheiten durch den Abschluss einer freiwilligen Betriebsvereinbarung gegenüber dem Betriebsrat schuldrechtlich binden (*Richardi* § 88 Rn. 26). Er bleibt dann verpflichtet, bis die Betriebsvereinbarung durch Kündigung (§ 77 Abs. 5) endet (**a. M.** *Bender/WPK* § 88 Rn. 11). Außerdem können Ansprüche der einzelnen Arbeitnehmer gegen die Sozialeinrichtung begründet werden.

29 **Zuständig** für den Abschluss einer Betriebsvereinbarung ist je nach dem Wirkungsbereich der Sozialeinrichtung der Betriebsrat für den Betrieb, der Gesamtbetriebsrat für das Unternehmen und der Konzernbetriebsrat für den Konzern. In einer solchen Betriebsvereinbarung können zugleich Fragen geregelt werden, die der Mitbestimmung des Betriebsrats nach § 87 Abs. 1 Nr. 8 und 9 unterliegen.

5. Maßnahmen zur Förderung der Vermögensbildung

30 Die Vorschrift des § 88 Nr. 3 wurde erst durch die Beschlüsse des 10. Ausschusses in das BetrVG 1972 eingefügt, um die Bedeutung der Vermögensbildung zu unterstreichen und klarzustellen, dass auch andere Formen der Vermögensbildung als im Dritten Vermögensbildungsgesetz vom 27.06.1970 (BGBl. I, S. 930) vorgesehen von den Betriebspartnern vereinbart werden können (BT-Drucks. VI/2729, S. 40; zu BT-Drucks. VI/2729, S. 4, 30).

31 Zur Regelung vermögenswirksamer Leistungen in Betriebsvereinbarungen nach dem Fünften Vermögensbildungsgesetz i. d. F. vom 04.03.1994 (BGBl. I, S. 406), zuletzt geändert durch Gesetz vom 18.06.2016 (BGBl. I, S. 1679), vgl. dort § 10 Abs. 1, § 11 Abs. 6. Erfüllen Betriebsvereinbarungen nicht die nach dem Fünften Vermögensbildungsgesetz erforderlichen inhaltlichen Voraussetzungen für steuerrechtliche und sozialversicherungsrechtliche Vergünstigungen, können sie trotzdem nach § 88 wirksam sein. Zum Umfang der Regelungskompetenz der Betriebspartner *Loritz* DB 1985, 531 (536 f.); *Röder* NZA 1987, 799 (805); *Veit* Zuständigkeit des Betriebsrats, S. 270 ff.; zur teilweisen Verwendung einer Gewinnbeteiligung zur Ausgabe von Belegschaftsaktien BAG 28.11.1989 EzA § 315 BGB Nr. 37 = AP Nr. 6 zu § 88 BetrVG 1972 *(Frey)* = SAE 1991, 292 *(Windbichler)*. Allgemein zur Vermögensbildung und zu anderen als im Vermögensbildungsgesetz vorgesehenen Formen der

Vermögensbeteiligung *Bundesvereinigung der Deutschen Arbeitgeberverbände* (Hrsg.) Betriebliche Vermögensbeteiligung, 1988; *Druharczyk/Schwetzler* DB 1991, 1181; *FitzRoy/K. Kraft* Mitarbeiterbeteiligung und Mitbestimmung im Unternehmen, 1987; *Gast/Wissmann* BB 1987, Beil. Nr. 17; *Gaugler* FS *L. Späth*, 1987, S. 621; *Guski* RdA 1971, 282 ff.; *Guski/Schneider* Mitarbeiter-Beteiligung, MAB (Loseblattwerk); *Hornung-Draus* Mitarbeiterbeteiligungen, 1988; *Kittner/Basten* Vermögensbildung, 1981; *Klein/Braun* BB 1986, 673; *Kuhny* Änderung des Fünften Vermögensbildungsgesetzes durch das Dritte Vermögensbeteiligungsgesetz, FA 98, 312; *Löwisch* FS *Däubler*, 1999, S. 473 ff.; *Loritz* in Ergänzbares Lexikon des Rechts (Luchterhand) 12/1650; *Rieble* Wegfall der steuerlichen Sperrfrist für die Vermögensbildung von Arbeitnehmern – Handlungsbedarf für die Arbeitsvertragsparteien?, BB 2002, 731; *Reuter* NJW 1984, 1849; *Schaub/Koch/Linck/Treber/Vogelsang* Arbeitsrechts-Handbuch, § 80; *Schimana/Frauenkron* DB 1980, 445; *Schoen* BB 1987, 894; *Schneider/Zander* Erfolgs- und Kapitalbeteiligung der Mitarbeiter, 2000; *Schulin* in Ergänzbares Lexikon des Rechts (Luchterhand) 12/1640; *Thüsing* (Hrsg.) Fünftes Vermögensbildungsgesetz, 1992; *BMF-Schreiben* vom 30.07.1992 zur Anwendung des Fünften Vermögensbildungsgesetzes ab 1990 (BStBl. I S. 472) bis 31.12.1995; *BMF-Schreiben* vom 17.07.1997 zur Anwendung des Fünften Vermögensbildungsgesetzes ab 1996 (BStBl. I, S. 738); *BMF-Schreiben* vom 24.08.2000 zur Anwendung des Fünften Vermögensbildungsgesetzes ab 01.01.1999 (BStBl. I, S. 1227); *BMF-Schreiben* vom 09.08.2004 zur Anwendung des Fünften Vermögensbildungsgesetzes ab 2004 (BStBl. I, S. 717); *BMF-Schreiben* vom 16.03.2009 zur Anwendung des Fünften Vermögensbildungsgesetzes ab 2009 (BStBl. I, S. 501); *BMF-Schreiben* vom 04.02.2010 zur Anwendung des Fünften Vermögensbildungsgesetzes ab 2010 (BStBl. I, S. 195); *BMF-Schreiben* vom 02.12.2011 zur Anwendung des Fünften Vermögensbildungsgesetzes ab 2011 (BStBl. I, S. 1252); *BMF-Schreiben* vom 23.07.2014 zur Anwendung des Fünften Vermögensbildungsgesetzes ab 2014 (BStBl. I, S. 1175); vgl. ferner die Beiträge von *Reuter, Besters, Breckwoldt, Backhaus* zur Vermögensteilhabe der Arbeitnehmer in *Beuthien* Arbeitnehmer oder Arbeitsteilhaber?, 1987, S. 87 ff.

Nach § 11 Abs. 1 Fünftes Vermögensbildungsgesetz hat der Arbeitgeber auf schriftliches Verlangen des Arbeitnehmers einen Vertrag über die **vermögenswirksame Anlage** von Teilen des **Arbeitslohns** abzuschließen (zur Abweichung vom bisherigen Recht [§ 4 Abs. 1 und Abs. 2 Satz 1 Viertes Vermögensbildungsgesetz] *Gérard/Schäfer* Kommentar zur staatlichen Sparförderung und Vermögensbildung, Loseblattwerk, Nr. 881 ff., 893 S. 2, 830 B). Zu den Modalitäten § 11 Abs. 3 bis 5 Fünftes Vermögensbildungsgesetz, von denen nach dessen § 11 Abs. 6 in Tarifverträgen oder Betriebsvereinbarungen abgewichen werden kann. Nach § 11 Abs. 4 Fünftes Vermögensbildungsgesetz kann der Arbeitgeber einen Termin im Kalenderjahr bestimmen, zu dem die Arbeitnehmer des Betriebs oder Betriebsteils die einmalige Anlage von Teilen des Arbeitslohns nach Abs. 3 verlangen können. Die Bestimmung dieses Termins unterliegt der Mitbestimmung des Betriebsrats; das für die Mitbestimmung in sozialen Angelegenheiten vorgeschriebene Verfahren ist einzuhalten (Abs. 4 Satz 2). Zu den verschiedenen Möglichkeiten vermögenswirksamer Anlage nach dem Fünften Vermögensbildungsgesetz §§ 2–9. 32

Liegen die Voraussetzungen des **§ 77 Abs. 3** vor, ist der Abschluss einer Betriebsvereinbarung nach § 88 unzulässig (*Bender/WPK* § 87 Rn. 13; *Clemenz/HWK* § 88 Rn. 21 f.; *Kania*/ErfK § 88 BetrVG Rn. 6; *Kittner* AR-Blattei, Vermögensbildung I, E I 1b; *Konzen* BB 1977, 1307 [1312]; s. *Kreutz* § 77 Rdn. 157; *Löwisch/Kaiser* § 88 Rn. 7; *Moll* Der Tarifvorrang im Betriebsverfassungsgesetz, S. 58; *Stege/Weinspach/Schiefer* § 88 Rn. 9; *Worzalla/HWGNRH* § 88 Rn. 12; **a. M.** *Berg/DKKW* § 88 Rn. 26; *Fitting* § 88 Rn. 25; *Fitting/Hentrich/Schwedes* Drittes Gesetz zur Förderung der Vermögensbildung der Arbeitnehmer, 8. Aufl. 1975, § 3 Rn. 33; *Galperin/Löwisch* § 77 Rn. 76a, § 88 Rn. 14; *Kittner/Basten* Vermögensbildung, 1981, S. 96 f.; *Löwisch* AuR 1978, 97 [107]; *Richardi* § 88 Rn. 29; differenzierend *Loritz* DB 1985, 531 [538 f.]). Die von *Richardi* (§ 88 Rn. 29) aus dem Zweck des § 88 Nr. 3 abgeleitete restriktive Interpretation findet in der Entstehungsgeschichte (Rdn. 30) keine Stütze. Auch fehlt anders als in § 112 Abs. 1 Satz 3 für den Sozialplan eine ausdrückliche Einschränkung der Anwendbarkeit des § 77 Abs. 3. Zu den Grenzen der Regelungsbefugnis nach § 88 Nr. 3 s. *Kreutz* § 77 Rdn. 157, zur Mitbestimmung nach § 87 Abs. 1 Nr. 10 im Falle einer vom Arbeitgeber eingegangenen Verpflichtung zur Erbringung vermögenswirksamer Leistungen s. *Wiese/Gutzeit* § 87 Rdn. 853, 952. 33

6. Maßnahmen zur Integration ausländischer Arbeitnehmer sowie zur Bekämpfung von Rassismus und Fremdenfeindlichkeit im Betrieb

34 Die Vorschrift wurde durch Art. 1 Nr. 57 BetrVerf-Reformgesetz in das Betriebsverfassungsgesetz eingefügt. Nach der amtlichen Begründung (BT-Drucks. 14/5741, S. 48) sollen damit die Bedeutung der Integration ausländischer Arbeitnehmer sowie die Bekämpfung von Rassismus und Fremdenfeindlichkeit im Betrieb besonders hervorgehoben, und es soll ausdrücklich klargestellt werden, dass zu diesen Themen freiwillige Betriebsvereinbarungen geschlossen werden können. Die Vorschrift ergänzt § 80 Abs. 1 Nr. 7, wo im bisherigen Gesetzestext das Wort »Eingliederung« durch das Wort »Integration« ersetzt und die Wörter »sowie Maßnahmen zur Bekämpfung von Rassismus und Fremdenfeindlichkeit im Betrieb zu beantragen« dem bisherigen Gesetzestext angefügt wurden. Auch die allgemeinen Aufgaben der Jugend- und Auszubildendenvertretung sind durch eine neue Nr. 4 in § 70 Abs. 1 durch »die Integration ausländischer, in § 60 Abs. 1 genannter Arbeitnehmer im Betrieb zu fördern und entsprechende Maßnahmen beim Betriebsrat zu beantragen« erweitert worden. Weshalb das deutsche Wort »Eingliederung« durch das Fremdwort »Integration« ersetzt werden musste (anders noch § 80 Abs. 1 Nr. 4), bleibt das Geheimnis der Gesetzesverfasser, wird auch in der amtlichen Begründung nicht erläutert und ist jedenfalls inhaltlich ohne Bedeutung, mag es auch emotional dem heutigen politischen Sprachgebrauch eher entsprechen. Ergänzend ist auf § 43 Abs. 2 Satz 3 und § 53 Abs. 2 Nr. 2 hinzuweisen, die den Arbeitgeber nunmehr verpflichten, in einer Betriebsversammlung ebenso wie in einer Betriebsräteversammlung über das Personal- und Sozialwesen einschließlich der Integration der im Betrieb bzw. Unternehmen beschäftigten ausländischen Arbeitnehmer zu berichten. Ferner werden die nach § 45 Satz 1 zulässigen Themen von Betriebs- und Abteilungsversammlungen in gleicher Weise erweitert. Nach § 99 Abs. 2 Nr. 6 werden die Gründe für eine zulässige Zustimmungsverweigerung des Betriebsrats bei personellen Einzelmaßnahmen hinsichtlich der Verletzung der in § 75 Abs. 1 enthaltenen Grundsätze durch die Worte »insbesondere durch rassistische oder fremdenfeindliche Betätigung« erweitert. Gleiches gilt hinsichtlich der Gründe für die Entfernung betriebsstörender Arbeitnehmer nach § 104.

35 Auch bei dieser Vorschrift handelt es sich ungeachtet völker- und europarechtlicher Vorgaben (hierzu *Baer* ZRP 2001, 500 ff.; *Hanau* RdA 2001, 65 [74, 76]; *Konzen* RdA 2001, 76 [90]) um einen Akt symbolischer Gesetzgebung; § 75 Abs. 1 n. F. verbietet ohnehin jede Benachteiligung von Personen u. a. aus Gründen ihrer Rasse oder wegen ihrer ethnischen Herkunft, ihrer Abstammung oder sonstigen Herkunft sowie ihrer Nationalität (vgl. ferner §§ 1,7 AGG). Kein vernünftiger Mensch wird bestreiten wollen, dass die Integration ausländischer Arbeitnehmer geboten und die Bekämpfung von Rassismus und Fremdenfeindlichkeit mit ihren verheerenden Auswirkungen für die Betroffenen, das soziale Klima in unserem Landes im Ausland politisch höchst aktuell ist und eine Verpflichtung aller Verantwortlichen außerhalb und innerhalb der Betriebe sein muss (vgl. auch *Blank* AuR 1994, 286 ff.; *Däubler* NJW 2000, 3691). Es fragt sich nur, ob der durch Einfügung u. a. der Nr. 4 in § 88 eingeschlagene Weg überzeugend ist (krit. *Annuß* NZA 2001, 367 [370 f.]; *Bender/WPK* § 87 Rn. 14); *Picker* RdA 2001, 259 [273 f.]; *Rieble* ZIP 2001, 133 [141 f.]), zumal einschlägige akute betriebliche Missstände nicht belegt sind (*Konzen* RdA 2001, 76 [90]). Auch könnte bei Störung des Betriebsfriedens wegen ausländerfeindlichen Verhaltens nach Maßgabe des § 99 Abs. 2 Nr. 6, § 104 gegen betriebsstörende Arbeitnehmer vorgegangen werden (zur Kündigung wegen außerdienstlichen fremdenfeindlichen Verhaltens *Lansnicker/Schwirtzek* DB 2001, 865 ff.; zur Kündigung wegen rechtsradikalen Verhaltens *Polzer/Powietzka* NZA 2000, 970 ff.). Schon nach § 80 Abs. 1 Nr. 7 in seiner bisherigen Fassung gehörte die Eingliederung ausländischer Arbeitnehmer im Betrieb und die Förderung des Verständnisses zwischen ihnen und den deutschen Arbeitnehmern zu den allgemeinen Aufgaben des Betriebsrats. Außerdem hat der Betriebsrat nach § 87 Abs. 1 Nr. 1 über Fragen der Ordnung des Betriebs und des Verhaltens der Arbeitnehmer im Betrieb mitzubestimmen. Nach der Formulierung des BAG handelt es sich dabei um Verhaltensregeln zur Sicherung des ungestörten Betriebsablaufs und zur Gestaltung des Zusammenlebens und Zusammenwirkens der Arbeitnehmer im Betrieb (s. *Wiese* § 87 Rdn. 183). Dass die Integration ausländischer Arbeitnehmer und die Bekämpfung von Rassismus und Fremdenfeindlichkeit für einen ungestörten Betriebsablauf und das Zusammenleben wie Zusammenwirken der Arbeitnehmer von großer Bedeutung sind, ist kaum zu bezweifeln. Entsprechende Regelungen könnten zudem durch die Vereinbarung von Betriebsbußen sanktioniert werden. Das Verhältnis von § 88 zu § 87 hat der Gesetzgeber daher nicht bedacht. Den Materialien ist auch kein

Freiwillige Betriebsvereinbarungen § 88

Hinweis darauf zu entnehmen, dass § 88 Nr. 4 als Einschränkung des § 87 Abs. 1 Nr. 1 zu verstehen sei. Schließlich ist zu beachten, dass § 88 Nr. 4 kein Einfallstor für Parteipolitik sein darf. Deren in § 74 Abs. 2 Satz 3 ausdrücklich ausgesprochenes Verbot ist durch das BetrVerf-Reformgesetz nicht angetastet worden (vgl. auch *Engels/Trebinger/Löhr-Steinhaus* DB 2001, 532 [542]; *Konzen* RdA 2001, 76 [90]). Das Verbot gilt auch für die hier vertretene Anwendbarkeit des § 87 Abs. 1 Nr. 1. Die Vorschrift des § 88 Nr. 4 ist daher streng betriebsbezogen (zutr. *Engels/Trebinger/Löhr-Steinhaus* DB 2001, 532 [542]; *Konzen* RdA 2001, 76 [90]) und unter Beachtung des Art. 5 Abs. 1 GG (zu Werkzeitungen *BVerfG* 08.10.1996 EzA Art. 5 GG Nr. 23 = AP Nr. 3 zu Art. 5 Abs. 1 GG Pressefreiheit) zu interpretieren, dient aber immerhin der Klarstellung (vgl. auch *Däubler* AuR 2001, 1 [7]). Abzuwarten bleibt, ob die betriebliche Praxis dem gerecht wird und nicht die Gefahr eines »Gesinnungs-Arbeitsrechts« besteht (**a. M.** *Engels/Trebinger/Löhr-Steinhaus* DB 2001, 532 [542]).

7. Maßnahmen zur Eingliederung schwerbehinderter Menschen

Die Vorschrift wurde durch Art. 18 Abs. 1 Nr. 2 des Bundesteilhabegesetzes (BTHG) vom 23.12.2016 eingefügt und ist zum 30.12.2016 in Kraft getreten (gem. Art. 26 Abs. 2 des Bundesteilhabegesetzes). Nach der amtlichen Begründung (BT-Drucks. 18/9522, S. 349) soll mit dieser Einfügung **lediglich klargestellt** werden, dass auch Maßnahmen zur Eingliederung schwerbehinderter Menschen Gegenstand einer freiwilligen Betriebsvereinbarung sein können. 36

Bereits nach Maßgabe des § 83 SGB IX sind Betriebsräte Beteiligte einer »**verbindlichen Inklusionsvereinbarung**« (vormals: Integrationsvereinbarung), die zwischen dem Arbeitgeber, der Schwerbehindertenvertretung und dem Betriebsrat in Zusammenarbeit mit einem Beauftragten des Arbeitgebers (§ 98 SGB IX) geschlossen wird. Eine solche Inklusionsvereinbarung wird auf Antrag der Schwerbehindertenvertretung und unter Beteiligung des Betriebsrats verhandelt. Ist eine Schwerbehindertenvertretung nicht vorhanden, steht ein entsprechendes Antragsrecht dem Betriebsrat zu. Das Integrationsamt kann vom Arbeitgeber oder von der Schwerbehindertenvertretung eingeladen werden, sich an den Verhandlungen über eine Inklusionsvereinbarung zu beteiligen. Das Integrationsamt soll dabei insbesondere darauf hinwirken, dass unterschiedliche Auffassungen überwunden werden. Ein Zwang zum Abschluss einer Inklusionsvereinbarung besteht aber nicht (*Neumann* in: *Neumann/Pahlen/Majerski-Pahlen* § 83 SGB IX Rn. 4 m. w. N.). 37

Material enthält die Inklusionsvereinbarung Regelungen im Zusammenhang mit der **Eingliederung schwerbehinderter Menschen**, insbesondere zur Personalplanung, Arbeitsplatzgestaltung, Gestaltung des Arbeitsumfelds, Arbeitsorganisation, Arbeitszeit sowie Regelungen über die Durchführung in den Betrieben und Dienststellen. Dabei ist die gleichberechtigte Teilhabe schwerbehinderter Menschen am Arbeitsleben bei der Gestaltung von Arbeitsprozessen und Rahmenbedingungen von Anfang an zu berücksichtigen. Bei der Personalplanung werden besondere Regelungen zur Beschäftigung eines angemessenen Anteils von schwerbehinderten Frauen vorgesehen. In der Inklusionsvereinbarung können auch Regelungen getroffen werden zur angemessenen Berücksichtigung schwerbehinderter Menschen bei der Besetzung freier, freiwerdender oder neuer Stellen, Regelungen zu einer anzustrebenden Beschäftigungsquote, einschließlich eines angemessenen Anteils schwerbehinderter Frauen, Regelungen zu Teilzeitarbeit, Regelungen zur Ausbildung behinderter Jugendlicher, Regelungen zur Durchführung der betrieblichen Prävention (betriebliches Eingliederungsmanagement – dazu *BAG* 22.03.2016 EzA § 87 BetrVG 2001 Gesundheitsschutz Nr. 14 = AP Nr. 5 zu § 84 SGB IX) und zur Gesundheitsförderung, Regelungen über die Hinzuziehung des Werks- oder Betriebsarztes auch für Beratungen über Leistungen zur Teilhabe sowie Regelungen über besondere Hilfen im Arbeitsleben (§ 83 Abs. 2 und 2a SGB IX). 38

Die **Rechtsnatur** der **Inklusionsvereinbarung** (vormals: Integrationsvereinbarung) ist umstritten. Während die wohl h. M. von einem mehrseitigen kollektivrechtlichen Vertrag eigener Art ausgeht (*Hess. LAG* 17.01.2012 – 15 Sa 549/11, Rn. 45; *Düwell* in: *Dau/Düwell/Joussen* § 83 SGB IX Rn. 8; *Gutzler* in: *Hauck/Noftz* § 83 SGB IX Rn. 22; *Wiegand* in: *Wiegand* § 83 SGB IX Rn. 7) wird einer solchen Vereinbarung ob der Beteiligung des Betriebsrats auch die Rechtsqualität einer Betriebsvereinbarung zugeschrieben (*Neumann* in: *Neumann/Pahlen/Majerski-Pahlen* § 83 SGB IX Rn. 8; *Kossens* in: *Kossens/von der Heide/Maaß* § 83 SGB IX Rn. 4). § 88 Nr. 5 entscheidet diesen Streit für die In- 39 klusionsvereinbarung nicht, bringt aber zumindest zum Ausdruck, dass das Regelungsinstrument der Betriebsvereinbarung für solche Vereinbarungen jedenfalls auch zur Verfügung steht. Dabei ist besonders zu bedenken, dass die Inklusionsvereinbarung formfrei geschlossen werden kann, während es für die Betriebsvereinbarung der Schriftform bedarf (§ 77 Abs. 2).

IV. Streitigkeiten

40 In **Regelungsstreitigkeiten** ist die Einigungsstelle nur nach Maßgabe des § 76 Abs. 6 zuständig (Rdn. 4). In **Rechtsstreitigkeiten** über die Zulässigkeit, das Bestehen, den Inhalt oder die Durchführung einer freiwilligen Betriebsvereinbarung entscheiden die Arbeitsgerichte im Beschlussverfahren (§ 2a Abs. 1 Nr. 1, Abs. 2, §§ 80 ff. ArbGG). Ansprüche eines einzelnen Arbeitnehmers aus einer freiwilligen Betriebsvereinbarung gegen den Arbeitgeber sind im Urteilsverfahren geltend zu machen (§ 2 Abs. 1 Nr. 3a, Abs. 5, §§ 46 ff. ArbGG).

§ 89
Arbeits- und betrieblicher Umweltschutz

(1) Der Betriebsrat hat sich dafür einzusetzen, dass die Vorschriften über den Arbeitsschutz und die Unfallverhütung im Betrieb sowie über den betrieblichen Umweltschutz durchgeführt werden. Er hat bei der Bekämpfung von Unfall- und Gesundheitsgefahren die für den Arbeitsschutz zuständigen Behörden, die Träger der gesetzlichen Unfallversicherung und die sonstigen in Betracht kommenden Stellen durch Anregung, Beratung und Auskunft zu unterstützen.

(2) Der Arbeitgeber und die in Absatz 1 Satz 2 genannten Stellen sind verpflichtet, den Betriebsrat oder die von ihm bestimmten Mitglieder des Betriebsrats bei allen im Zusammenhang mit dem Arbeitsschutz oder der Unfallverhütung stehenden Besichtigungen und Fragen und bei Unfalluntersuchungen hinzuzuziehen. Der Arbeitgeber hat den Betriebsrat auch bei allen im Zusammenhang mit dem betrieblichen Umweltschutz stehenden Besichtigungen und Fragen hinzuzuziehen und ihm unverzüglich die den Arbeitsschutz, die Unfallverhütung und den betrieblichen Umweltschutz betreffenden Auflagen und Anordnungen der zuständigen Stellen mitzuteilen.

(3) Als betrieblicher Umweltschutz im Sinne dieses Gesetzes sind alle personellen und organisatorischen Maßnahmen sowie alle die betrieblichen Bauten, Räume, technische Anlagen, Arbeitsverfahren, Arbeitsabläufe und Arbeitsplätze betreffenden Maßnahmen zu verstehen, die dem Umweltschutz dienen.

(4) An Besprechungen des Arbeitgebers mit den Sicherheitsbeauftragten im Rahmen des § 22 Abs. 2 des Siebten Buches Sozialgesetzbuch nehmen vom Betriebsrat beauftragte Betriebsratsmitglieder teil.

(5) Der Betriebsrat erhält vom Arbeitgeber die Niederschriften über Untersuchungen, Besichtigungen und Besprechungen, zu denen er nach den Absätzen 2 und 4 hinzuzuziehen ist.

(6) Der Arbeitgeber hat dem Betriebsrat eine Durchschrift der nach § 193 Abs. 5 des Siebten Buches Sozialgesetzbuch vom Betriebsrat zu unterschreibenden Unfallanzeige auszuhändigen.

Literatur
Literaturangaben zum BetrVG 1952 siehe 8. Auflage

Arbeits- und betrieblicher Umweltschutz § 89

I. BetrVG 1972:
Brill Die Zusammenarbeit des Betriebsrats mit außerbetrieblichen Stellen, AuR 1981, 202; *Coulin* Mitbestimmung des Personalrats bei der Bestellung von Sicherheitsbeauftragten und Fachkräften für Arbeitssicherheit, Personalrat 1989, 65; *Egger* Die Rechte der Arbeitnehmer und des Betriebsrats auf dem Gebiet des Arbeitsschutzes. Bestandsaufnahme und Reformüberlegungen, BB 1992, 629; *Herbst* Betriebsrat und Arbeitsschutz, AiB 1993, 144, 175; *Huke* Die Beteiligung des Betriebsrats bei der Gefährdungsbeurteilung, FA 2005, 165; *IG Chemie-Papier-Keramik* Vorschläge zur Änderung des Betriebsverfassungsgesetzes, RdA 1987, 347; *Kalwa* Durchführung des Arbeitsschutzes, AR-Blattei, Arbeitsschutz V; *Kittner/Pieper* Sicherheit und Gesundheitsschutz als Handlungsfeld des Betriebsrats und des Personalrats, PersR 2005, 339; *Leube* Übermittlung der Niederschriften über Unfallschutzmaßnahmen an den Betriebsrat (§ 89 Abs. 4 BetrVG), DB 1973, 236; *Lützeler* Beteiligung von Betriebsrat und Personalrat im Arbeits- und Gesundheitsschutz, öAT 2016, 241; *Mertens* Betriebsrat und Gewerbeaufsicht, ArbSch. 1977, 3; *Pröpper* Betriebs- und Arbeitsplatzbegehungen im Dienste des Arbeitsschutzes – Rechte des Betriebsrats und seiner Mitglieder, ZBVR online 2017, Nr. 2, 26; *Schimanski* Der Betriebsrat und die Arbeitssicherheit, BetrR 1973, 403; *Schwede* Aufsichtspersonen, Sicherheitsbeauftragte und Fachkräfte für Arbeitssicherheit, AiB 1998, 664; *Wolber* Die Zusammenarbeit zwischen Technischem Aufsichtsdienst der Unfallversicherungsträger und den Betriebsvertretungen, BlStSozArbR 1980, 1; *ders.* Anhörung des Betriebsrats vor Anordnungen nach § 712 RVO bei Bestellung von Sicherheitsfachkräften und Betriebsärzten, BlStSozArbR 1981, 107.

II. Arbeitsschutz und Unfallverhütung (zur Mitbestimmung nach § 87 Abs. 1 Nr. 7 und zum ASiG Literatur zu § 87 Abs. 1 Nr. 7):
Andrée Entstehung, rechtliche Bedeutung und Folgen der Nichtbeachtung von Unfallverhütungsvorschriften, DB 1961, 1583, 1616; *ders.* Die Unfallverhütungsvorschriften, DB 1963, 831; *Asanger* Die rechtliche Bedeutung der Unfallverhütungsvorschriften, SozSich. 1958, 73; *ders.* Die rechtliche Bedeutung der Unfallverhütungsvorschriften, FS *Lauterbach*, 1961, S. 297; *Avenarius/Pfützner* Arbeitsplätze richtig gestalten nach der Arbeitsstättenverordnung – ArbStättV –, 2. Aufl. 1977; *Balze* Überblick zum sozialen Arbeitsschutz in der EU, EAS B 5000; *ders.* Jugendarbeitsschutz, EAS B 5200; *Baum* Das berufsgenossenschaftliche Vorschriften- und Regelwerk, BG 1986, 364; *Becker* Harmonisierte Normen und Konformitätsbewertungsverfahren – Elemente der Neuen Konzeption, FS *Wlotzke*, 1996, S. 445; *Bedner* Gesundheitsschutz und Gesundheitsförderung in Betrieben, Diss. Erlangen/Nürnberg, 2001; *Benz* Unfallverhütung und Haftung bei Arbeitsunfällen, BB 1974, 188; *ders.* Die Haftung des betrieblichen Vorgesetzten im Bereich der Arbeitssicherheit und des Umweltschutzes, BB 1988, 2237; *Bereiter-Hahn/Schieke/Mehrtens* Gesetzliche Unfallversicherung, 6. Aufl. (Loseblattwerk); *Bieler* Mitbestimmung des Betriebsrats beim Arbeitsschutz, BuW 1998, 276; *Bieneck/Rückert* Umsetzung arbeitswissenschaftlicher Erkenntnisse als Beitrag zum betrieblichen Arbeitsschutz, BG 1993, 420; *Birk* Die Rahmenrichtlinie über die Sicherheit und den Gesundheitsschutz am Arbeitsplatz – Umorientierung des Arbeitsschutzes und bisherige Umsetzung in den Mitgliedstaaten der Europäischen Union, FS *Wlotzke*, 1996, S. 645; *Birkhahn/Joschek* Organisation der Arbeitssicherheit in der chemischen Industrie, BG 1979, 121; *Bley/Gitter/Gurgel* u. a., Sozialgesetzbuch. Sozialversicherung. Gesamtkommentar, Bd. 6, III. Buch RVO (zit.: Sozialversicherung); *Boemke/Ankersen* Das Telearbeitsverhältnis – Arbeitsschutz – Datenschutz und Sozialversicherungsrecht, BB 2000, 1570; *Borchert* MAK-Werte (maximale Arbeitsplatzkonzentration) und TRK-Werte (technische Richtkonzentration), NZA 1995, 877; *Brock* Arbeitsschutzgesetz, 1997; *Bücker* Von der Gefahrenabwehr zu Risikovorsorge und Risikomanagement im Arbeitsschutzrecht. Eine Untersuchung am Beispiel der rechtlichen Regulierung der Sicherheit von Maschinen unter dem Einfluß der Europäischen Rechtsangleichung (Diss. Bremen), 1997; *Bücker/Feldhoff/Kohte* Vom Arbeitsschutz zur Arbeitsumwelt. Europäische Herausforderungen für das deutsche Arbeitsrecht, 1994; *Bundesanstalt für Arbeitsschutz und Arbeitsmedizin* Schriftenreihe, Übersicht, 1998; *Burmann* Das Recht der personalen und technischen Sicherheit im Betrieb, 1969; *Buss* Zeitgemäße Unfallverhütungsvorschriften, ArbGeb. 1972, 733; *ders.* Vorschriften der Berufsgenossenschaften. Systematik und Gestaltung, BG 1978, 93; *Buss/Eiermann* Die neue UVV »Allgemeine Vorschriften« (VBG 1), BG 1977, 109; *von Chossy* Unfallverhütung als Aufgabe der Berufsgenossenschaften, FS *Lauterbach*, 1961, S. 253; *Compes* Wirtschaftliche Auswirkungen von Betriebsunfällen (Diss. Aachen), 1963; *Dangers* Der Sicherheitsbeauftragte, BG 1973, 83; *Deinert* Unfallversicherung und Arbeitsschutz Jura 2014, 1033; *Denck* Arbeitsschutz und Anzeigerecht des Arbeitnehmers, DB 1980, 2132; *Deppe/Kannengiesser/Kickuth* Arbeitsschutzsystem – Untersuchungen in der Bundesrepublik Deutschland, hrsg. von der *Bundesanstalt für Arbeitsschutz und Unfallforschung*, 5 Bde., 1980; *Diekershoff* Sicherheitsbeauftragte im Betrieb. Funktionalität und Wirksamkeit, hrsg. von der *Bundesanstalt für Arbeitsschutz und Unfallforschung*, 1979; *Dörner* Unfallversicherung im Betrieb (Loseblattwerk); *Eberstein/Meyer* Arbeitsstättenrecht (Loseblattwerk); *Ehrich* Amt, Anstellung und Mitbestimmung bei betrieblichen Beauftragten. Unter besonderer Berücksichtigung des Betriebsarztes (Diss. Saarbrücken), 1993; *ders.* Betriebsbeauftragte, AR-Blattei SD 475; *Eiermann* Unfallverhütungsvorschriften und EG-Binnenmarkt, BG 1992, 408; *Elsner* Gesundheitliche Vorsorge der Beschäftigten: von Betriebsärzten, ermächtigten Ärzten und anderen, AiB 1990, 221; *Evan-*

§ 89

gelische Kirche in Deutschland Arbeit, Leben und Gesundheit. Perspektiven, Forderungen und Empfehlungen zum Gesundheitsschutz am Arbeitsplatz, 1990, dazu *Strohm* SozSich. 1990, 370; *Faber* EU-Arbeitsschutzrichtlinien: Nicht umgesetzt, dennoch wirksam?, AiB 1995, 31; *ders.* Die arbeitsschutzrechtlichen Grundpflichten des § 3 ArbSchG, 2004 (zit.: arbeitsschutzrechtliche Grundpflichten); *Feldhoff/Kohte* Betriebliches Arbeitsumweltrecht: Neue Regeln aus Brüssel, AiB 1992, 389; *Fischer* Betriebsbeauftragte für Umweltschutz und Mitwirkung des Betriebsrats, AuR 1996, 474; *Fritsch/Haverkamp* Das neue Gentechnikrecht der Bundesrepublik Deutschland, BB 1990, Beil. Nr. 31; *Fuchs* Arbeitsunfälle und Berufskrankheiten, EAS B 9130; *Führich* Die Einordnung des Arbeitsschutzrechts in das öffentliche oder private Recht und die internationalrechtlichen Folgen dieser Einordnung, Diss. Würzburg 1978; *Galperin* Die Einwirkung öffentlichrechtlicher Arbeitsschutznormen auf das Arbeitsverhältnis, BB 1963, 739; *Gaul, Bj.* Praktische Konsequenzen aus der Nichtumsetzung der EU-Arbeitsschutzrichtlinien, AuR 1995, 445; *Gaul/Kühne* Arbeitsstättenrecht – Die Humanisierung der Arbeit und ihre rechtliche Bedeutung, 1979; *Geyer* Das Zugangsrecht des Betriebsrats nach §§ 80 und 89 BetrVG, FA 2004, 296; *de Gier* Eine neue Herausforderung? Europäisches Arbeitsschutzrecht im Spannungsverhältnis von Wirtschaft und Gesellschaft, RdA 1992, 96; *Giesen* Arbeitsrechtliche Verantwortung des Auftraggebers für den Dienstleister und seine Arbeitnehmer?, in: *Rieble/Junker/Giesen* Freie Industriedienstleistung als Alternative zur regulierten Zeitarbeit (2012), S. 65; *Gotzen* Die Unfallverhütungsvorschriften im Unfallversicherungs-Neuregelungsgesetz, BlStSozArbR 1963, 264; *Gotzen/Doetsch* Kommentar zur Unfallversicherung, 1963; *Gross* Arbeitsschutz und Arbeitsverhältnis, AuR 1955, 75; *Hänlein* Außenseiter als Adressaten von Unfallverhütungsvorschriften, SGb 1996, 462; *Hanau* Arbeitsvertragliche Konsequenzen des Arbeitsschutzes, FS *Wlotzke*, 1996, S. 37; *Hanel* Die Gewerbeaufsicht als überbetriebliches Überwachungsorgan, Personal 1989, 118; *Heilmann* Gefahrstoffverordnung. Kommentierung der §§ 14–22 GefStoffV, PersR 1987, 74, 97; *ders.* 12 Fragen zu den Aufgaben und Rechten des Betriebsrats beim Arbeitsschutz, AiB 1993, 413; *Heilmann/Aufhauser* Arbeitsschutzgesetz, 2. Auflage 2005; *Heinen/Tentrop/Wienecke/Zerlett* Arbeitsstättenverordnung (Loseblattwerk), 1975; *Herschel* Arbeitsschutz im sozialen Rechtsstaat, ArbSch. 1955, 571; *ders.* Die rechtliche Bedeutung schutzgesetzlicher Vorschriften im Arbeitsrecht, RdA 1964, 7; *ders.* Zur Dogmatik des Arbeitsschutzrechts, RdA 1978, 69; *ders.* Staatsentlastende Tätigkeit im Arbeitsschutz, FS *Nipperdey*, Band II, 1965, S. 221; *Herzberg* Die Verantwortung für Arbeitsschutz und Unfallverhütung im Betrieb, 1984; *Hessel* Der Arbeitsschutz, 2. Aufl. 1972; *Hexel/Löffert* Alkohol – Mensch – Arbeit, Alkoholverbot im Betrieb. Kapitulation statt Aufgabe eines Problems?, BetrR 1983, 5; *Hofbauer* Der öffentlich-rechtliche Gefahrenschutz für Arbeitnehmer, Diss. Würzburg 1975; *Hohn* Arbeitssicherheit und Unfallschutz im Betrieb, 1987; *Horneffer* Nichtraucherschutz, Anwendung am Arbeitsplatz, ArbSch. 1975, 221; *ders.* Arbeitsstätten-Richtlinien, Verfahren der Aufstellung, ArbSch. 1977, 35; *Horneffer/Graeff* Arbeitsstättenverordnung, 1975; *Hueck/Fikentscher* Die Einwirkung von Arbeitsschutznormen auf das Arbeitsverhältnis, ArbSch. 1957, 63; *Jegust* Der Arbeitsunfall, 5. Aufl. 1982; *Jeiter* Das neue Gerätesicherheitsgesetz, 3. Aufl. 2003; *Kalberlah/Stegemann* Handlungsansätze für Arbeitnehmer im Gefahrstoffrecht, AiB 1987, 280; *Kaskel* Die rechtliche Natur des Arbeiterschutzes, FS *Heinrich Brunner*, 1914, S. 163; *Kaufmann* Die neue Verordnung über gefährliche Arbeitsstoffe, DB 1980, 1795; *Klar* Verbindlichkeit privatrechtlicher Normen und Bestimmungen, BPUVZ 2015, 139; *Klein* Die Rechtsentwicklung im Gefahrstoffbereich, FS *Wlotzke*, 1996, S. 533; *Klein/Streffer* Die Vorschriften der neuen Gefahrstoffverordnung über krebserzeugende Gefahrstoffe, DB 1987, 2307; *Klindt* Arbeitsschutzgesetz, AR-Blattei SD 200.1; *Kloepfer/Veit* Grundstrukturen des technischen Arbeitsschutzrechts, NZA 1990, 121; *Kneissel/Partikel* Arbeitssicherheit heute, 1984; *Koetschau* Die Entwicklung der Unfallverhütungsvorschriften von 1885 bis zur Gegenwart, BG 1959, 175; *Koetzing/Linthe* Die Berufskrankheiten, 2. Aufl. 1969; *Kohte* Störfallrecht zwischen Umwelt- und Arbeitsrecht – eine Verbindung ohne Verständigung?, Jb.UTR 1995, 37; *ders.* Die Sicherheitsbeauftragten nach geltendem und künftigem Recht, FS *Wlotzke*, 1996, S. 563; *ders.* Arbeitsschutzrahmenrichtlinie, EAS B 6100; *ders.* Arbeitsschutzrecht im Wandel – Strukturen und Erfahrungen, JArbR Bd. 37 (1999), 2000, S. 21; *ders ./* MünchArbR § 288–295; *Kohte/Faber* Novellierung des Arbeitsstättenrechts – Risiken und Nebenwirkungen einer legislativen Schlankheitskur, DB 2005, 224; *Koll* Arbeitsschutz im europäischen Binnenmarkt, DB 1989, 1234; *ders.* Die Beurteilung von Gefährdungen am Arbeitsplatz und ihre Dokumentation nach der EG-Rahmenrichtlinie Arbeitsschutz, FS *Wlotzke*, 1996, S. 701; *ders.* Arbeitsschutzgesetz, Kommentar für die betriebliche Praxis (Loseblattwerk); *Kollmer* Verordnungen zum Arbeitsschutzgesetz, AR-Blattei SD, Arbeitsschutz II, 200.2; *ders.* Grundlagen des Arbeitssicherheits- und Arbeitsschutzrechts, AR-Blattei SD, Arbeitssicherheit I, 210.1; *ders.* Baustellen-Verordnung, AR-Blattei SD, Baugewerbe II, 370.2; *ders.* Inhalt und Anwendungsbereich der vier neuen Verordnungen zum Arbeitsschutzgesetz, NZA 1997, 138; *ders.* Richtlinien der EG zur Geräte- und Anlagensicherheit, EAS B 6300; *ders.* Europäisches Gefahrstoffrecht, EAS B 6400; *ders.* Zivilrechtliche und arbeitsrechtliche Wirkungen des Gerätesicherheitsgesetzes, NJW 1997, 2015; *ders.* Grundzüge des europäischen Geräte- und Maschinensicherheitsrechts, AR-Blattei SD, 210.3; *ders.* Grundzüge des europäischen Gefahrstoffrechts, AR-Blattei SD, 210.4; *ders.* Fachkraft für Arbeitssicherheit, AR-Blattei SD 210.2; *ders.* Arbeitsstättenverordnung 3. Aufl., 2009; *ders.* Arbeitsschutzgesetz und Verordnungen. Ein Leitfaden für die betriebliche Praxis, 3. Aufl. 1999; *Konstanty* Arbeitsstättenverordnung – Probleme der Umsetzung, SozSich.

1976, 143; *Kossens* Die Baustellenverordnung – Ein Meilenstein zur Gewährleistung der Sicherheit auf Baustellen, AiB 1998, 550; *Krämmer* Anforderungen an Arbeitsstätten, Bd. 1, Arbeitsstätten-Verordnung mit Nebenbestimmungen, Bd. 2, Arbeitsstätten-Richtlinien (Loseblattwerk); *Kreisberg* Einzelrichtlinien zur Arbeitsschutzrahmenrichtlinie, EAS B 6200; *Kremer* Pflichten des Unternehmers, der Beschäftigten und des Betriebsrates für einen umfassenden Arbeitsschutz im Bergwerksbetrieb, NZA 2000, 132; *Kreutzberg* Der Einsatz des Sicherheitsbeauftragten, BG 1974, 235; *Lauterbach* Unfallversicherung – Kommentar zum 3. und 5. Buch der Reichsversicherungsordnung, 4. Aufl. (Loseblattwerk); *Leube* Die Pflicht zur Übernahme einer Tätigkeit als Ersthelfer im Betrieb, BB 1998, 1738; *ders.* Arbeitsschutzgesetz: Pflichten des Arbeitgebers und der Beschäftigten zum Schutz anderer Personen, BB 2000, 302; *Lukes* Vom Arbeitnehmerschutz zum Verbraucherschutz – Überlegungen zum Maschinenschutzgesetz, RdA 1969, 220; *ders.* Untersuchungen der Bestimmtheitsanforderungen an Unfallverhütungsvorschriften unter Berücksichtigung des gesetzlichen Auftrages zum Erlaß von Unfallverhütungsvorschriften, ihrer Durchsetzbarkeit und Praktikabilität, BG 1973, 429; *Lunk/Nehl* »Export« deutschen Arbeitsschutzrechts?, DB 2001, 1934; **M**aschmann Die Zukunft des Arbeitsschutzrechts, BB 1995, 146; *Meilinger* Allgemeine Gesundheitsvorsorge im Betrieb, Diss. Würzburg 1975; *Meinel* Betrieblicher Gesundheitsschutz. Vorschriften, Aufgaben und Pflichten für den Arbeitgeber, 5. Aufl. 2011; *Meißner* Arbeitsschutz und betriebliche Wirklichkeit, AuR 1989, 248; *Mergner* Die staatliche Gewerbeaufsicht im Spannungsfeld zwischen dem Vollzug von Rechtsvorschriften und sozialen Dimensionen des Arbeitsschutzes, 1992; *Mertens* Arbeitssicherheitsgesetz. Die Unfallverhütungsvorschriften, ArbSch. 1975, 156; *ders.* Die Bedeutung der Unfallverhütungsvorschriften und die Neuordnung der Vorschriftenwerke, sicher ist sicher 1977, 552; *ders.* Die neue VBG 1, ArbSch. 1977, 87; *ders.* Die allgemein anerkannten Regeln der Technik und die gesicherten arbeitswissenschaftlichen Erkenntnisse, sicher ist sicher 1978, 130, 170; *ders.* Der Arbeitsschutz und seine Entwicklung, 1978; *B. Meyer* Gefahrstoffverordnung – Kommentar der §§ 17–22 GefStoffV, AiB 1987, 80; *Möx* Arbeitnehmerrechte in der Gefahrstoffverordnung (Diss. Köln), 1992; *Molkentin/Müller* Spritzasbest am Arbeitsplatz, NZA 1995, 873; *Morich* Die neue Gefahrstoffverordnung, NZA 1987, 266; *Müller-Petzer* Fürsorgepflichten des Arbeitgebers nach europäischem und nationalem Arbeitsschutzrecht (Diss. Bochum), 2003; **N**ahrmann/Schierbaum Die Arbeitsstättenverordnung – rechtliche Basis für die Arbeitsplatzgestaltung, AiB 1998, 273; *Nannen* Aufgaben und Befugnisse des Betriebsrats beim Arbeitsschutz, ZBVR 1997, 30; *Nickenig* Sicherheitsbeauftragte in der Unfallversicherung, BlStSozArbR 1966, 136; *Nipperdey* Die privatrechtliche Bedeutung des Arbeiterschutzrechts, Festgabe der jur. Fakultäten zum 50jährigen Bestehen des Reichsgerichts, 4. Bd., 1929, S. 203; *Nitschki* Die neue Unfallverhütungsvorschrift »Allgemeine Vorschriften« ist am 1. April in Kraft getreten, ArbN 1977, 200; *Nöthlichs* Arbeitsstätten: Arbeitsstättenverordnungen und Unfallverhütungsvorschriften (Loseblattwerk); **O**etker Rechtliche Probleme bei der Bestellung eines Sicherheitsbeauftragten (§ 719 I 1 RVO), BlStSozArbR 1983, 247; *Opfermann* Arbeitsstättenverordnungen im Umbruch, BB 1975, 886; *ders.* Arbeitsstättenverordnung, ArbSch. 1975, 208; *ders.* Das EG-Recht und seine Auswirkungen auf das deutsche Arbeitsschutzrecht, FS *Wlotzke*, 1996, S. 729; *Opfermann/Streit* Arbeitsstätten, 2. Aufl. (Loseblattwerk); *Ostermann/Klindt* Der Umbau von Maschinen und Maschinenanlagen im Spiegel des Gerätesicherheitsrechts, NZA 2001, 237; *Osthaus* Wesen und Durchführung der berufsgenossenschaftlichen Unfallverhütung, Diss. Köln 1965; **P**eter (Hrsg.) Arbeitsschutz, Gesundheit und neue Technologien, 1988; *Pflaum* Die Bedeutung der Unfallverhütungsvorschriften in der gesetzlichen Unfallversicherung, Diss. Göttingen 1960; *Pieper* Arbeitsschutz im Umbruch? Verzögerungen bei der Umsetzung des EG-Arbeitsumweltrechts, AuR 1993, 355; *ders.* Das Arbeitsschutzgesetz, AuR 1996, 465; *ders.* Verordnung zur Umsetzung von EG-Arbeitsschutz-Richtlinien, AuR 1997, 21; *ders.* Zwischen europäischem Verfassungsauftrag und Regulierung: Arbeitsschutzrecht in der Bewährung, AuR 2005, 248; *ders.* Arbeitsschutzrecht, 6. Aufl. 2017; *ders.* Arbeitsschutzgesetz, 7. Aufl. 2017; *Podzun* Der Unfallsachbearbeiter, 3. Aufl. (Loseblattwerk); *Pohlmann* Gentechnische Industrieanlagen und rechtliche Regelungen, BB 1989, 1205; *Quellmalz* Verordnung über gefährliche Arbeitsstoffe, Bd. 1, 3. Aufl. 1977, Bd. 2, 1977; *Quentin* Die rechtlichen Folgen der Nichtbeachtung von Unfallverhütungsvorschriften, BG 1950, 78; **R**aible Der Arbeitsunfall, 3. Aufl. 1981; *ders.* Verantwortung und Haftung bei der Durchführung des Arbeitsschutzes, ArbuSozR 1977, 236; *Rehhahn* Die Sicherungspflichten des Arbeitnehmers, RdA 1979, 216; *Scheel* Die Richtlinie zum Schutz von Gesundheit und Sicherheit der Arbeitnehmer vor der Gefährdung durch chemische Arbeitsstoffe bei der Arbeit, DB 1999, 1654; *Schelter* Arbeitssicherheitsgesetz, Kommentar (Loseblattwerk); *Scheuermann* Die stufenweise Ausfüllung des Arbeitssicherheitsgesetzes durch Unfallverhütungsvorschriften. Erfahrungen der Berufsgenossenschaften, BG 1982, 33; *Schieke* Berufsgenossenschaftsbeitrag und Unfallverhütung, 1963; *Schönberger* Der Arbeitsunfall im Blickfeld spezieller Tatbestände, 1965, 2. Teil 1968; *ders.* Beschäftigungsverbot durch Unfallverhütungsvorschrift, ZfS 1960, 90; *Schubert* Europäisches Arbeitsschutzrecht und betriebliche Mitbestimmung (Diss. Bremen), 2005; *Schultze* Gefahrstoffe, Arbeitssicherheit und betrieblicher Umweltschutz, DMitbest. 1989, 642; *Sehmsdorf* Europäischer Arbeitsschutz und seine Umsetzung in das deutsche Arbeitsschutzsystem (Diss. Bayreuth), 1995; *Semmler* Grundzüge der Arbeitsstoffverordnung und des Chemikaliengesetzes, ArbuSozR 1981, 115; *Spieker* Arbeitsstättenverordnung, 1976; *Spilling* Die neuen Unfallverhütungsvorschriften, Diss. Würzburg 1977; *Spinnarke* Unfallverhütungsrecht im Umbruch, BB 1984,

1304; *ders.* Sicherheitstechnik, Arbeitsmedizin, Arbeitsplatzgestaltung. Eine Einführung in das Recht der Arbeitssicherheit, 2. Aufl. 1990; *Spinnarke / Schork* Arbeitssicherheitsrecht (ASiR), Kommentar (Loseblattwerk); *Steinigen* Arbeitsrechtliche Handlungspflichten und -möglichkeiten zur Vermeidung von Krankenhausinfektionen, ZTR 2012, 67; *Streffer* Das neue europäische Arbeitsschutzrecht und seine Umsetzung in der Bundesrepublik Deutschland, SozF 1994, 54; *dies.* Freier Warenverkehr und Arbeitsschutz im europäischen Recht, FS *Wlotzke*, 1996, S. 769; *Stoy* Unfallverhütungsvorschriften der Berufsgenossenschaften, AR-Blattei SD, Unfallverhütung I, 1610.1; *Streit* Die Verordnung über Arbeitsstätten, DB 1975, 1219; *ders.* Arbeitsstätten-Richtlinien. Regelwerk zur Ergänzung der Arbeitsstättenverordnung, ArbSch. 1975, 212; *Stutzky* Unfallverhütung und Ordnungswidrigkeitenrecht, BB 1975, 704; *Süßmann* Unfallverhütung – ein Teilgebiet des Betriebssicherheitsrechts –, Diss. Würzburg 1975; *Theue* Die 4. Novelle der Gefahrstoffverordnung, BB 1994, 208; *Thomschke* Der Betriebsschutz im Arbeits- und Sozialrecht, Diss. Würzburg 1975; *Vogl* Das neue Arbeitsschutzgesetz, NJW 1996, 2753; *Wagner* Der Arbeitsunfall, 4. Aufl. 1963; *Wank* Der Entwurf eines Arbeitsschutzrahmengesetzes im Spannungsfeld von Verfassungs- und Gemeinschaftsrecht, FS *Wlotzke*, 1996, S. 617; *ders.* Der neue Entwurf eines Arbeitsschutzgesetzes, DB 1996, 1134; *ders.* Technischer Arbeitsschutz in der EU im Überblick, EAS B 6000; *Wank / Börgmann* Deutsches und europäisches Arbeitsschutzrecht, 1992; *Weber, R.* Der Betriebsbeauftragte (Diss. Erlangen/Nürnberg), 1988; *Wiese* Freiheit und Bindung des Arbeitnehmers bei der Gestaltung seines Äußeren, UFITA Bd. 64, 1972, S. 145; *ders.* Der Schutz von Leben und Gesundheit sowie eingebrachter Sachen von Mitgliedern der Schiffsbesatzung (§ 3 Abs. 2 BSchG) und mitfahrender Familienangehöriger gegenüber dem Arbeitgeber, in *Bartlsperger / Krause / Lorenz / Wiese* Probleme des Binnenschiffahrtsrechts, 1975, S. 83; *ders.* Zur rechtlichen Bedeutung der Richtlinien der Berufsgenossenschaften, RdA 1976, 77; *ders.* Zur Zulässigkeit von Beschäftigungsverboten im Arbeitsschutzrecht, in *Wolter / Riedel / Taupitz* (Hrsg.) Einwirkungen der Grundrechte auf das Zivilrecht, Öffentliche Recht und Strafrecht, 1999, S. 3; *Wilrich* Prüfung, Betrieb und Überwachung von Arbeitsmitteln und Anlagen nach der Betriebssicherheitsverordnung, DB 2002, 1553 (2165); *ders.* Verantwortlichkeit und Pflichtenübertragung im Arbeitsschutzrecht, DB 2009, 1294; *Wlotzke* Arbeitsschutzrecht. Aspekte zum Stand, ArbSch. 1978, 141; *ders.* Zur Aufgabe einer Neuordnung des Arbeitsschutzrechts, FS *Herschel*, 1982, S. 503; *ders.* Öffentlich-rechtliche Arbeitsschutznormen und privatrechtliche Rechte und Pflichten des einzelnen Arbeitnehmers, FS *Hilger* und *Stumpf*, 1983, S. 723; *ders.* Technischer Arbeitsschutz im Spannungsverhältnis von Arbeits- und Wirtschaftsrecht, RdA 1992, 85; *ders.* Auf dem Weg zu einer grundlegenden Neuregelung des betrieblichen Arbeitsschutzes, NZA 1994, 602; *ders.* Zur Neuordnung des technischen Arbeitsschutzrechts, FS *Raisch*, 1995, S. 327; *ders.* Das neue Arbeitsschutzgesetz – zeitgemäßes Grundlagengesetz für den betrieblichen Arbeitsschutz, NZA 1996, 1017; *ders.* Zur stufenweisen Neuordnung des Arbeitsschutzrechts, FS *Kehrmann*, 1997, S. 141; *ders.* Das Arbeitsschutzgesetz und die Arbeitsschutzpflichten, FS *Hanau*, 1999, S. 317; *ders.* Ausgewählte Leitlinien des Arbeitsschutzgesetzes, FS *Däubler*, 1999, S. 654; *ders.* Fünf Verordnungen zum Arbeitsschutzgesetz von 1996, NJW 1997, 1469; *ders.* Das betriebliche Arbeitsschutzrecht – Ist-Zustand und künftige Aufgaben, NZA 2000, 19; *Wolber* Einführung in das Bußgeldrecht der gewerblichen Berufsgenossenschaften, BG 1974, 257; *ders.* Maßnahmen bei Verstößen gegen nicht bußgeldbewehrte Unfallverhütungsvorschriften, Sozialversicherung 1977, 74; *ders.* Die Verpflichtung des Unternehmers zur Bestellung von Sicherheitsbeauftragten, BlStSozArbR 1977, 359; *ders.* Das Zusammenwirken der Träger der Unfallversicherung und der Gewerbeaufsichtsbehörden, BlStSozArbR 1978, 187; *Zrenner* Integration des Arbeits- und Umweltschutzes im Betrieb, BG 1994, 45.

III. Betrieblicher Umweltschutz:
Adam Die Privilegierung des EMAS-auditierten Unternehmens, 2011; *Becker / Kniep* Die Beauftragten im betrieblichen Umweltschutz – arbeitsrechtliche Aspekte, NZA 1999, 243; *Buschmann* Umweltschutz als Aufgabe des Betriebsrats, in: *Ahrens / Donner / Simon* (Hrsg.), Arbeit und Umwelt, 2001, S. 87; *Chiodo* Umweltgerechte Unternehmensführung, 2012; *Dirks* Die Umweltschutzbeauftragten im Betrieb, DB 1996, 1021; *Dirks / Butz* Literaturübersicht: Integrierter Umweltschutz im Betrieb, AiB 1991, 477; *Erasmy* Umweltschutzregelungen und Kollektivvereinbarung, ArbGeb 1993, 332; *Feldhaus* Umweltschutzsichernde Betriebsorganisation, NVwZ 1991, 927; *Fischer* Betriebsbeauftragte für Umweltschutz und Mitwirkung des Betriebsrats, AuR 1996, 474; *Förschle / Hermann / Mandler* Umwelt-Audits, DB 1994, 1093; *Froschauer* Arbeitsrecht und Umweltschutz (Diss. Mannheim); 1994 (zit.: Froschauer); *Gangi Chiodo* Umweltgerechte Unternehmensführung (Diss. Marburg), 2012; *Hoffmann* Umweltmanagementsysteme waren gestern?, ZUR 2014, 81; *Kaster* Die Rechtsstellung der Betriebsbeauftragten für Umweltschutz, GewArch 1998, 129; *Kiper* Betrieblicher Umweltschutz, 2002; *Klein* Umweltschutz, Vereinbarkeit von Familie und Erwerbstätigkeit und Bekämpfung von Rassismus: Neue Aufgaben des Betriebsrats?, ZBVR 2004, 206; *Kloepfer* Betrieblicher Umweltschutz als Rechtsproblem, DB 1993, 1125; *ders.* Umweltrecht, 1989; *Kloepfer / Veit* Grundstrukturen des technischen Arbeitsschutzrechts, NZA 1990, 121 (123); *Köbl* Umweltschutz durch Arbeits- und Betriebsorganisationsrecht, in: Leipold (Hrsg.) Umweltschutz und Recht in Deutschland und Japan, 2000, S. 285; *Kohte* Vom Arbeitsschutz zur Arbeitsumwelt. Europäische Herausforderung für das deutsche Arbeits-

recht, 1994; *ders.* Arbeitsrechtliche Anmerkungen zum Entwurf eines Umweltgesetzbuches, FS *Däubler*, 1999, S. 639; *ders.* Störfallrecht zwischen Umwelt- und Arbeitsrecht – eine Verbindung ohne Verständigung?, Jb.UTR 1995, 37; *Leittreter* Betrieblicher Umweltschutz, Analyse und Handlungsempfehlungen, 1999; *Löwisch* Auswirkungen des Betriebsverfassungs-Reformgesetzes auf Mitwirkung und Mitbestimmung des Betriebsrats, NZA 2001, Beil. zu Heft 24, S. 40; *Meißner/Schran* Umweltgesetze, Betriebsräte und Arbeitnehmer, AiB 1991, 475; *Merten* Betriebsverfassungsrechtliche Fragen bei der Einführung des Umweltmanagementsystems nach der Umwelt-Audit-Verordnung der EG, DB 1996, 90; *Reichel/Meyer* Betrieblicher Umweltschutz als Schnittstelle zwischen Arbeitsrecht und Umweltrecht, RdA 2003, 101; *Rieble* Umweltschutz durch kollektives Arbeitsrecht – insbesondere durch Tarifvertrag und Koalitionsvereinbarung, ZTR 2000, 1; *Salje* Betriebsvereinbarungen als Mittel zur Verbesserung des Umweltschutzes, BB 1988, 73; *Salzborn* Das umweltrechtliche Kooperationsprinzip auf unionaler Ebene, 2011; *Schickert* Der Umweltgutachter der EG-Umwelt-Audit-Verordnung (Diss. Erlangen/Nürnberg), 2001; *Schlapkohl* Probleme des betrieblichen Umweltschutzes, WSI-Mitt. 1993, 395; *Schmidt* Mitbestimmung und die Regulierung des Umweltschutzes auf betrieblicher und überbetrieblicher Ebene: Expertise für das Projekt »Mitbestimmung und neue Unternehmenskulturen« der Bertelsmann-Stiftung und der Hans-Böckler-Stiftung, 1997; *Schmitt-Schönenberg* Umweltschutz – Arbeitsvertragliche Rechte und Pflichten des Arbeitnehmers, AuR 1994, 281; *Schottelius* Ein kritischer Blick in die Tiefen des EG-Öko-Audit-Systems, BB 1997, Beil. 2; *Schottelius/Küpper-Djindjic'* Die Interdependenz zwischen Gesundheits-, Umwelt-, Arbeitsschutz und Anlagensicherheit aus der Sicht der betrieblichen Praxis, BB 1993, 445; *Sommer/Trümner* Betrieblicher Umweltschutz: Mehr Rechte für den Betriebsrat – mehr Schutz für Arbeitnehmer und Bevölkerung, in *Apitzsch/Klebe/Schumann* BetrVG '90, 1988, S. 86; *Stevens-Bartol* Arbeitsvertragsrecht ohne Umweltschutz?, AuR 1992, 262; *Teichert* Betriebliche Umweltinformationssysteme – Handlungsmöglichkeiten der Arbeitnehmervertretung, AiB 1994, 229; *ders.* Argumente für die Beteiligung der Arbeitnehmer am Umwelt-Audit, AiB 1995, 338; *ders.* Inhalt der EG-Verordnung, AiB 1995, 342; *Trümner* Betriebsökologie und Betriebsverfassung, in Umweltschutz und gewerkschaftliche Interessenvertretung – Beteiligungsrechte, betriebliche Gestaltung und Tarifpolitik, hrsg. von *Kluge* u. a., 1993; *ders.* Betriebsverfassung und Umweltschutz. Die DGB-Vorschläge zur Novellierung des BetrVG, DMitbest. 1988, 356; *ders.* Betriebsökologie und Betriebsverfassung, AiB 1991, 522; *Wagner* Die Beteiligung des Betriebsrats bei Umweltmanagementsystemen nach der EG-Öko-Audit-Verordnung, AiB 1996, 453; *Wendeling-Schröder* Betriebsökologie, Arbeitsverweigerungsrecht und Veröffentlichung von Missständen, AiB 1991, 529; *Wiese* Beteiligung des Betriebsrats beim betrieblichen Umweltschutz nach dem Gesetz zur Reform des Betriebsverfassungsgesetzes, BB 2002, 674; *Wilrich* Verantwortlichkeit und Pflichtübertragung im Arbeitsschutzrecht, BB 2009, 1294; *Winzen* Die unternehmerische Mitbestimmung bei der Einführung von Qualitäts- und Umweltaudits, DB 1996, 94; *Zrenner* Integration des Arbeits- und Umweltschutzes im Betrieb, BG 1994, 45.

Inhaltsübersicht

	Rdn.
I. Vorbemerkung	1–6
II. Mitwirkung des Betriebsrats beim Arbeits- und betrieblichen Umweltschutz	7–86
1. Durchführung der Vorschriften über den Arbeits- und betrieblichen Umweltschutz	7–56
a) Arbeitsschutz und Unfallverhütung	8–22
b) Betrieblicher Umweltschutz	23–56
aa) Einführung	23–25
bb) Begriff des betrieblichen Umweltschutzes	26, 27
cc) Begriff des Umweltschutzes; Maßnahmen i. S. d. Gesetzes	28
dd) Anwendungsbereich der Mitwirkung des Betriebsrats hinsichtlich des betrieblichen Umweltschutzes	29–35
ee) Abgrenzung vom Arbeitsschutz	36
ff) Verhältnis zu § 90	37
gg) Anwendbarkeit des § 91	38
hh) Beschränkung des § 89 auf Mitwirkung	39
ii) Durchführung der Mitwirkung nach § 89	40–44
jj) VO (EG) Nr. 1221/2009 vom 25.11.2009	45–54
kk) Pflichten und Rechte des Arbeitnehmers hinsichtlich des Umweltschutzes	55
ll) Schulung von Betriebsratsmitgliedern	56
2. Bekämpfung von Unfall- und Gesundheitsgefahren	57–65
3. Hinzuziehung durch Arbeitgeber und andere Stellen	66–72
4. Mitteilung von Auflagen und Anordnungen durch den Arbeitgeber	73, 74
5. Mitwirkung bei der Bestellung von Sicherheitsbeauftragten	75–80

6. Teilnahme an Besprechungen des Arbeitgebers mit den Sicherheitsbeauftragten	81–83
7. Mitunterzeichnung und Aushändigung von Unfallanzeigen	84–86
III. Verstöße	87
IV. Streitigkeiten	88, 89

I. Vorbemerkung

1 Die Vorschrift des § 89 bezweckte in ihrer bisherigen Fassung allein eine **Verstärkung** der schon nach § 58 BetrVG 1952 vorgeschriebenen **Zusammenarbeit** zwischen Betriebsrat und Arbeitgeber sowie den jeweils zuständigen Behörden bei der **tatsächlichen Durchführung** des **Arbeitsschutzes** und der **Unfallverhütung** im Betrieb. Dieser Zweck besteht weiterhin, wurde jedoch durch **Art. 1 Nr. 58 BetrVerf-Reformgesetz** um den **betrieblichen Umweltschutz** als zusätzliche Aufgabe des Betriebsrats ergänzt (Rdn. 3).

2 Abs. 1 und Abs. 2 Satz 1 i. d. F. des **BetrVG 1972** entsprachen ungeachtet redaktioneller Änderungen inhaltlich im Wesentlichen § 58 BetrVG 1952. Durch die Neufassung des Abs. 2 Satz 1 wurde in Übereinstimmung mit der h. M. zu § 58 BetrVG 1952 (*Dietz* § 58 Rn. 8; *Fitting/Kraegeloh/Auffarth* § 58 Rn. 20; unrichtig daher die amtliche Begründung, BT-Drucks. VI/1786, S. 49) klargestellt, dass nicht nur der Arbeitgeber, sondern auch die mit dem Unfallschutz befassten sonstigen Stellen verpflichtet sind, den Betriebsrat zu beteiligen. Außerdem wurde die Mitwirkung des Betriebsrats auf die Fragen des Arbeitsschutzes erweitert (Rdn. 69). Abs. 2 Satz 2 a. F. wurde erst entsprechend einer Anregung des Bundesrats (BT-Drucks. VI/1786, S. 65; zu BT-Drucks. VI/1786, S. 2) aufgrund der Beschlüsse des 10. Ausschusses in das Gesetz aufgenommen, um die vorgesehene engere Zusammenarbeit zwischen Betriebsrat, Arbeitgeber und den jeweils zuständigen Behörden noch effektiver zu gestalten (BT-Drucks. VI/2729, S. 40; zu BT-Drucks. VI/2729, S. 4). In das BetrVG 1972 neu eingefügt wurden ferner die Absätze 3 bis 5, die im Interesse einer einheitlichen Darstellung der Rechte und Pflichten des Betriebsrats im Zusammenhang mit der Arbeitssicherheit bereits geltende entsprechende Regelungen der Reichsversicherungsordnung übernahmen (BT-Drucks. VI/1786, S. 49). Durch Art. 17 des Gesetzes zur Einordnung des Rechts der gesetzlichen Unfallversicherung in das Sozialgesetzbuch (Unfallversicherungs-Einordnungsgesetz – UVEG) vom 07.08.1996 (BGBl. I, S. 1254) wurde die Bezugnahme auf § 719 Abs. 3 RVO in Abs. 3 durch § 22 Abs. 2 SGB VII und auf § 1552 RVO in Abs. 5 durch § 193 Abs. 5 SGB VII ersetzt.

3 Durch **Art. 1 Nr. 58 BetrVerf-Reformgesetz** wurde die Überschrift »Arbeitsschutz« durch die Überschrift »Arbeits- und betrieblicher Umweltschutz« ersetzt. Dementsprechend wurde in Abs. 1 die Zuständigkeit des Betriebsrats auf den betrieblichen Umweltschutz erstreckt. Der Betriebsrat soll danach eine vergleichbare Rechtsstellung beim betrieblichen Umweltschutz erhalten, wie er sie im Arbeitsschutz innehat; das sei wegen der Wechselwirkung von Arbeitsschutz und Umweltschutz gerechtfertigt, da in anderen Gesetzen »wie z. B. im Chemikaliengesetz (§ 1), in der Gefahrstoffverordnung (§§ 1, 8 Abs. 5, 16) und der Störfallverordnung (§§ 2 Nr. 4, 9 Abs. 1 Nr. 2)« anerkannt sei (amtliche Begründung, BT-Drucks. 14/5741, S. 48; ebenso schon *BAG* 11.10.1995 EzA § 37 BetrVG 1972 Nr. 131 S. 5 = AP Nr. 115 zu § 37 BetrVG 1972 Bl. 3 R f.; zu umweltschutzrelevanten Betriebsbeauftragten § 87 Rdn. 646 sowie zur bisherigen Rechtslage *Froschauer* Arbeitsrecht und Umweltschutz, S. 178, 187 ff.). Im Übrigen wurde Abs. 1 ohne inhaltliche Änderung umformuliert (Rdn. 7). In Abs. 2 wurde nach der Angabe »Absatz 1« die Angabe »Satz 2« eingefügt, das Wort »Arbeitsschutz« durch die Wörter »Arbeits- und betrieblichen Umweltschutz« ersetzt und der Text durch die Worte »auch bei allen im Zusammenhang mit dem betrieblichen Umweltschutz stehenden Besichtigungen und Fragen hinzuziehen« ergänzt (Rdn. 66). Nach dem bisherigen Abs. 2 wurde der neue Abs. 3 eingefügt (Rdn. 26). Die bisherigen Absätze 3 bis 5 wurden Abs. 4 bis 6. In dem neuen Abs. 5 wurde die Angabe »Absätzen 2 und 3« durch die Angabe »Absätzen 2 und 4« ersetzt.

4 Zum **Personalvertretungsrecht** § 81 BPersVG. Das **Sprecherausschußgesetz** enthält keine entsprechende Vorschrift. Zu **Leiharbeitnehmern** *Jüttner* Gewerbsmäßige Arbeitnehmerüberlassung, S. 201 f.

Die Bestimmung des § 89 steht in engem **Zusammenhang** mit **weiteren Vorschriften**, die der **Ge-** 5
währleistung des **Arbeits- und betrieblichen Umweltschutzes dienen**. Der individuelle Schutz
des Arbeitnehmers ist dadurch gesetzlich anerkannt, dass der Arbeitgeber ausdrücklich nach § 81
Abs. 1 Satz 2 verpflichtet ist, den Arbeitnehmer vor Beginn der Beschäftigung über die Unfall- und
Gesundheitsgefahren, denen dieser bei der Beschäftigung ausgesetzt ist, sowie über die Maßnahmen
und Einrichtungen zur Abwendung dieser Gefahren und die nach § 10 Abs. 2 ArbSchG getroffenen
Maßnahmen zu belehren (s. *Franzen* § 81 Rdn. 13 ff.). Der Betriebsrat hat nach § 87 Abs. 1 Nr. 7 ein
notwendiges Mitbestimmungsrecht bei Regelungen über die Verhütung von Arbeitsunfällen und Berufskrankheiten sowie über den Gesundheitsschutz im Rahmen der gesetzlichen Vorschriften oder der
Unfallverhütungsvorschriften (s. § 87 Rdn. 607 ff.). Durch freiwillige Betriebsvereinbarungen können nach § 88 Nr. 1 zusätzliche Maßnahmen zur Verhütung von Arbeitsunfällen und Gesundheitsschädigungen und nach § 88 Nr. 1a Maßnahmen des betrieblichen Umweltschutzes geregelt werden
(s. § 88 Rdn. 14 ff., 19 ff.). Durch § 115 Abs. 7 Nr. 7 wird klargestellt, dass die Zuständigkeit der Bordvertretung im Rahmen des Arbeitsschutzes sich auf die Schiffssicherheit und die Zusammenarbeit mit
den dafür zuständigen Behörden und sonstigen in Betracht kommenden Stellen bezieht (s. *Franzen*
§ 115 Rdn. 69 f.). Unberührt bleibt schließlich die allgemeine Überwachungsfunktion des Betriebsrats auf dem Gebiet des Arbeitsschutzes nach § 80 Abs. 1 Nr. 1 (s. *Weber* § 80 Rdn. 11 ff.). Zusätzlich
gehört es nunmehr nach § 80 Abs. 1 Nr. 9 zu den allgemeinen Aufgaben des Betriebsrats, Maßnahmen des Arbeitsschutzes und des betrieblichen Umweltschutzes zu fördern. Zu weiteren Vorschriften
über den betrieblichen Umweltschutz Überblick s. § 88 Rdn. 19 ff. Ergänzend ist die Mitwirkung des
Betriebsrats nach §§ 90, 91 zu beachten (zum Anwendungsbereich des § 89 im Verhältnis zu § 90 *Hofe*
Betriebliche Mitbestimmung und Humanisierung der Arbeitswelt, S. 118 ff.).

Wie der **Betriebsrat** seine **Mitwirkung** bei den ihm obliegenden Aufgaben im Rahmen des Arbeits- 6
und betrieblichen Umweltschutzes **organisiert**, ist ihm überlassen. Zweckmäßig ist die Benennung
von einem oder mehreren Beauftragten für Fragen des Arbeits- und betrieblichen Umweltschutzes
(vgl. auch § 89 Abs. 2 Satz 1, Rdn. 66). Die Geschäftsordnung (§ 36) kann die Schaffung eines solchen
Amtes vorsehen. In größeren Betrieben bietet sich die Bildung eines Ausschusses nach § 28 Abs. 1 an.
Auch kann nach § 28 Abs. 2 durch freiwillige Betriebsvereinbarung ein gemeinsamer Ausschuss aus
Betriebsratsmitgliedern und vom Arbeitgeber benannten Personen gebildet und die Zusammenarbeit
mit den Sicherheitsbeauftragten (Rdn. 75 ff.) geregelt werden. Nach Maßgabe des § 80 Abs. 2 Satz 3
und Abs. 3 kann der Betriebsrat sachkundige Arbeitnehmer als Auskunftspersonen und Sachverständige hinzuziehen (s. *Weber* § 80 Rdn. 131 ff.).

II. Mitwirkung des Betriebsrats beim Arbeits- und betrieblichen Umweltschutz

1. Durchführung der Vorschriften über den Arbeits- und betrieblichen Umweltschutz

Nach § **89 Abs. 1 Satz 1** hat der **Betriebsrat** das **Recht** und die **Pflicht**, sich dafür **einzusetzen**, 7
dass die **Vorschriften** über den **Arbeitsschutz** und die **Unfallverhütung** im Betrieb sowie über
den **betrieblichen Umweltschutz durchgeführt** werden. Das bedeutet eine Intensivierung seiner
Verpflichtung nach § 80 Abs. 1 Nr. 1 und 9 (*BAG* 03.06.2003 EzA § 89 BetrVG 2001 Nr. 1 S. 8 f. =
AP Nr. 1 zu § 89 BetrVG 1972 Bl. 3 R; für die Jugend- und Auszubildendenvertretung § 70 Abs. 1
Nr. 2). Die erst entsprechend den Empfehlungen des Bundesrats (BT-Drucks. VI/1768, S. 64; zu BT-Drucks. VI/1768, S. 2) aufgrund der Beschlüsse des 10. Ausschusses (BT-Drucks. VI/2729, S. 40) eingefügte besondere Hervorhebung der Unfallverhütung in § 89 Abs. 1 und 2 BetrVG 1972 dient nur
der Klarstellung, weil sie ohnehin Aufgabe des Arbeitsschutzes ist. Zum Umweltschutz Rdn. 23 ff.

a) Arbeitsschutz und Unfallverhütung
Der **Begriff** des **Arbeitsschutzes** i. S. d. § 89 ist weit zu verstehen (*Bender/WPK* § 89 Rn. 2; 8
Buschmann/DKKW § 89 Rn. 3; *Fitting* § 89 Rn. 3; *Löwisch/Kaiser* § 89 Rn. 5; *Worzalla/HWGNRH*
§ 89 Rn. 4; i. E. Rdn. 9 ff.). Der **Begriff** des **betrieblichen Umweltschutzes** ist in Abs. 3 definiert
(Rdn. 26).

§ 89 *IV. 3. Soziale Angelegenheiten*

9 Zu den **Vorschriften** des **Arbeitsschutzes** gehören die **staatlichen Arbeitsschutzvorschriften** (Rdn. 12 ff.) einschließlich der allgemein anerkannten **Regeln der Technik**, des **Standes der Technik** und des **Standes von Wissenschaft und Technik** (Rdn. 16 ff.), die **Unfallverhütungsvorschriften** der Unfallversicherungsträger (Rdn. 20), einschlägige Bestimmungen in **Tarifverträgen** und in den nach § 87 Abs. 1 Nr. 7 (s. § 87 Rdn. 607 ff.) oder § 88 Nr. 1 (Rdn. 14 ff.) geschlossenen **Betriebsvereinbarungen** (Überblick bei *Kohte*/HaKo § 89 Rn. 6 ff.). Die entsprechenden Texte sind dem Betriebsrat vom Arbeitgeber nach § **40 Abs. 2** zur Verfügung zu stellen (s. *Weber* § 40 Rdn. 154). Zum jeweiligen Stand der Arbeitsschutzvorschriften vgl. die aufgrund des § 25 SGB VII (vorher § 722 Abs. 1 RVO) erstatteten Berichte (bisher Unfallverhütungsberichte; nunmehr: Bericht der Bundesregierung über den Stand von Sicherheit und Gesundheit bei der Arbeit und über das Unfall- und Berufskrankheitengeschehen in der Bundesrepublik Deutschland) der Bundesregierung nebst Anlagen (BT-Drucks. V/152, 3031, 3745; VI/183, 1970, 2590; 7/189, 2622, 4668, 5817; 8/1128, 2328, 3650; 9/43, 901, 2045; 10/618, 2353, 4601, 6690; 11/1574, 3736, 5898, 8165; 12/1845, 3988, 6429; 13/6120, 9259; 14/156; 14/2471; 14/5058; 14/7974; 15/279; 15/2300; 15/4620; 16/319; 16/3085; 16/3915; 16/7704; 16/11593; 17/380; 17/4300; 17/8313; 17/11954; 18/179; 18/3474; 18/6980; 18/10620). Dagegen sind die den Arbeitsschutz und die Unfallverhütung betreffenden **Auflagen** und **Anordnungen** der in § 89 Abs. 1 genannten Stellen (§ 89 Abs. 2 Satz 2, Rdn. 73 f.) nicht als Vorschriften über den Arbeitsschutz anzusehen (*Worzalla*/HWGNRH § 89 Rn. 4; **a. M.** *Richardi*/*Annuß* § 89 Rn. 5). Die notwendige Mitwirkung des Betriebsrats bei der Beachtung und Durchführung dieser Anordnungen und Auflagen ist bereits durch § 89 Abs. 1 Satz 2 gewährleistet.

10 Das Vorgehen des Betriebsrats nach § 89 Abs. 1 Satz 1 wird inhaltlich durch die jeweiligen Arbeitsschutzvorschriften bestimmt. Er kann **alle** ihm **erforderlich erscheinenden Maßnahmen** ergreifen. Eines konkreten Anlasses bedarf es nicht (*Buschmann*/DKKW § 89 Rn. 30; *Fitting* § 89 Rn. 12). Die Beteiligung des Betriebsrats im Rahmen des Arbeitsschutzes hat gerade den Sinn, ihn vorsorglich tätig werden zu lassen und es ihm zu ermöglichen, auf den innerbetrieblichen Entscheidungsprozess einzuwirken. Soweit **Verpflichtungen** der **Arbeitnehmer** begründet werden, hat der Betriebsrat sich auch diesen gegenüber in geeigneter Weise – z. B. durch individuelle oder generelle Hinweise – für die Durchführung dieser Vorschriften einzusetzen (*Buschmann*/DKKW § 89 Rn. 28, 31; *Fitting* § 89 Rn. 13; *Galperin*/*Löwisch* § 89 Rn. 8; *Richardi*/*Annuß* § 89 Rn. 11; *Worzalla*/HWGNRH § 89 Rn. 19).

11 Aufgrund des Überwachungsrechts haben Mitglieder des Betriebsrats auch ein **Zutrittsrecht** zu **Anlagen**, die nach den einschlägigen Arbeitsschutz- und Unfallverhütungsvorschriften mit dem Verbotsschild »**Unbefugten ist der Zutritt verboten**« versehen sind; dem Arbeitgeber steht kein Prüfungsrecht zu, ob das Betreten der Räume im Einzelfall notwendig ist (*LAG Frankfurt a. M.* 04.02.1972 DB 1972, 2214; *Buschmann*/DKKW § 89 Rn. 30; *Fitting* § 89 Rn. 12; *Richardi*/*Annuß* § 89 Rn. 12; *Worzalla*/HWGNRH § 89 Rn. 21; einschränkend *Stege/Weinspach/Schiefer* § 89 Rn. 4). Sie müssen sich jedoch aus Sicherheitsgründen vorher bei den zuständigen aufsichtsführenden Stellen melden (Angaben zuvor; **a. M.** insoweit *Buschmann*/DKKW § 89 Rn. 30; *Fitting* § 89 Rn. 12) und selbst die einschlägigen Sicherheitsvorschriften beachten.

12 **Staatliche Arbeitsschutzvorschriften** sind nach der h. M. diejenigen Rechtsnormen, die dem Arbeitgeber oder den Arbeitnehmern öffentlich-rechtliche Pflichten zum Schutz der Arbeitnehmer auferlegen (*Hueck*/*Nipperdey* I, S. 804; *Kohte*/MünchArbR § 288 Rn. 1). Jedoch ist heute allgemein anerkannt, dass die vom Arbeitgeber zu beachtenden öffentlich-rechtlichen Arbeitsschutzvorschriften im Wesentlichen auch zwingende Vertragspflichten des Arbeitgebers gegenüber dem Arbeitnehmer enthalten. Umstritten ist lediglich, ob diese Vorschriften originär zugleich auf das Arbeitsverhältnis einwirken (so *Herschel* RdA 1964, 7 [11 f.]; *Wiese* RdA 1973, 1 [6] m. w. N.; wohl auch *Loritz*/ZLH Arbeitsrecht § 32 I, II 2; vgl. aber auch *Hanau* FS *Wlotzke*, S. 37 ff.) oder ob es deren Transformation in das Arbeitsvertragsrecht über zivilrechtliche Generalklauseln (§ 62 HGB, §§ 618, 619 BGB) bedarf (so *Kohte*/MünchArbR § 291 Rn. 10; *Staudinger*/*Oetker* § 618 Rn. 15 f.). Vorauszusetzen ist jedenfalls, dass die öffentlich-rechtliche Verpflichtung Gegenstand einer arbeitsvertraglichen Vereinbarung sein kann und gerade auch dem Schutz des einzelnen Arbeitnehmers dient (*BAG* 12.08.2008 EzA § 618 BGB 2002 Nr. 3 Rn. 12 ff. = AP Nr. 29 zu § 618 BGB; 19.05.2009 EzA § 618 BGB 2002 Nr. 4

Rn. 25 = AP Nr. 30 zu § 618 BGB: Doppelwirkung); zum Ganzen *Kohte*/MünchArbR § 291 m. w. N.). Damit verpflichten die entsprechenden öffentlich-rechtlichen Vorschriften sowohl den **Arbeitgeber gegenüber** dem **Arbeitnehmer** (*BAG* 10.03.1976 EzA § 618 BGB Nr. 2 = AP Nr. 17 zu § 618 BGB Bl. 1 R; 12.08.2008 EzA § 618 BGB 2002 Nr. 3 Rn. 12 ff. = AP Nr. 29 zu § 618 BGB; 19.05.2009 EzA § 618 BGB 2002 Nr. 4 Rn. 25 = AP Nr. 30 zu § 618 BGB; *ArbG Siegen* 07.01.1999 BB 1999, 267 [268]; *Erman/Belling* BGB, § 618 Rn. 4; *Henssler/MK* § 618 Rn. 8; *Hueck/Nipperdey* I, S. 142 ff., 409 f.; *Kohte*/MünchArbR § 291 Rn. 10 m. w. N.; *Nikisch* I, S. 477; *Reichold*/MünchArbR § 85 Rn. 5; *Wiese* UFIFA, Bd. 64, 1972, S. 145 [148 f.]) als auch den **Arbeitnehmer gegenüber** dem **Arbeitgeber** (*BAG* 10.03.1976 EzA § 618 BGB Nr. 2 = AP Nr. 17 zu § 618 BGB Bl. 1 R; 12.08.2008 EzA § 618 BGB 2002 Nr. 3 Rn. 12 ff. = AP Nr. 29 zu § 618 BGB; 19.05.2009 EzA § 618 BGB 2002 Nr. 4 Rn. 25 = AP Nr. 30 zu § 618 BGB; *Kohte*/MünchArbR § 291 Rn. 44 ff. m. w. N.; *Wiese* UFIFA, Bd. 64, 1972, S. 145 [148 f.]; *Wlotzke* FS Hilger/*Stumpf* S. 723 [755 f.].).

Eine Aufzählung der zahlreichen **Vorschriften** über den **Betriebs-** oder **Gefahrenschutz** (Gesund- **13** heits- und Unfallschutz, Schutz der Sittlichkeit) und **sozialen Arbeitsschutz** (Arbeitszeitschutz [*BAG* 03.06.2003 EzA § 89 BetrVG 2001 Nr. 1 S. 9 = AP Nr. 1 zu § 89 BetrVG 1972 Bl. 3 R], Frauen- und Mutterschutz, Jugendarbeitsschutz, Schwerbehindertenschutz) verbietet sich an dieser Stelle. Es sei auf die Zusammenstellung in den Berichten der Bundesregierung (Rdn. 9) verwiesen (vgl. auch *Nipperdey* I, Textsammlung Arbeitsrecht, Nr. 350 ff.; *Nipperdey* II, Textsammlung Arbeitssicherheit, sowie die Übersicht bei *Staudinger/Oetker* BGB § 618 Rn. 59 ff.). Hervorzuheben sind vor allem das Arbeitsschutzgesetz vom 07.08.1996 (BGBl. I, S. 1246) mit späteren Änderungen und das Sozialgesetzbuch VII vom 07.08.1996 (BGBl. I, S. 1254) mit späteren Änderungen sowie die nach Maßgabe der §§ 18 ff. ArbSchG erlassenen Rechtsverordnungen. Es handelt sich hierbei um die (materiellen) »gesetzlichen Vorschriften« i. S. d. § 87 Abs. 1 Nr. 7 (s. § 87 Rdn. 616 ff.).

Wesentliche Änderungen des einstmals veralteten Arbeitsschutzrechts wurden erforderlich aufgrund **14** der **EG-Richtlinien**, insbesondere zur Harmonisierung von Arbeitsschutzbestimmungen nach Art. 114 AEUV (vormals Art. 95 EG-Vertrag; hierzu *Bücker/Feldhoff/Kohte* Vom Arbeitsschutz zur Arbeitsumwelt, Rn. 111 ff., 245 ff.; *Buschmann*/DKKW § 89 Rn. 8 ff.; *Jansen/Römer* BG 1988, 438 ff., 498 ff.; *Jarass* NJW 1900, 2420 ff.; *Kaiser* BG 1988, 778 ff.; *Koll* DB 1989, 1234 ff.; *Kollmer* EAS B 6300, B 6400; *Krimphove* EuZW 1993, 244 [246 ff.]; *Pieper* AuR 1993, 355 ff.; *Staudinger/Oetker* BGB § 618 Rn. 52 ff.; *Wank/Börgmann* Deutsches und europäisches Arbeitsschutzrecht, 1992; *Wlotzke* BG 1990, 6 ff.; *ders.* NZA 1990, 417 ff.; zur Systematik des europäischen Arbeitsschutzrechts *Kohte*/MünchArbR § 289). Ein aufgrund der EG-Richtlinie 89/391/EWG vom 12.06.1989 (AB-lEG Nr. L 183/1) vorgelegter Regierungsentwurf eines umfassenden Gesetzes über Sicherheit und Gesundheitsschutz bei der Arbeit (**Arbeitsschutzrahmengesetz – ArbSchRG**) – BT-Drucks. 12/6752 – wurde in der 12. Legislaturperiode nicht mehr verabschiedet, war damit erledigt (§ 125 Satz 1 GO BT) und wurde nicht wieder eingebracht, stattdessen vielmehr das wesentlich kürzere Arbeitsschutzgesetz verabschiedet (s. § 87 Rdn. 610).

Zu **Übergangsregelungen** in den **neuen Bundesländern** *Buschmann/Trümner*/DKKS 4. Aufl. **15** 1994, § 89 Rn. 41 ff.; *Lorenz* DB 1990, 3118 ff.; *Wlotzke/Lorenz* BB 1990, Beil. Nr. 35.

In manchen Normen wird auf die vom Arbeitgeber zu berücksichtigenden **Regeln** und **Erkennt-** **16** **nisse** (§ 3a Abs. 1 Satz 2, 3; § 7 Abs. 4 ArbStättV), auf das **staatliche** und **berufsgenossenschaftliche Regelwerk** (§ 2 Abs. 2 BGV A1) oder auf die **allgemein anerkannten sicherheitstechnischen und arbeitsmedizinischen Regeln** sowie die **sonstigen** gesicherten **arbeitswissenschaftlichen Erkenntnisse** (§ 28 Abs. 1 Satz 2 JArbSchG; § 4 Nr. 3 ArbSchG; § 6 Abs. 1 ArbZG) verwiesen. Sinn und Zweck der dabei angewandten Rechtsetzungsmethode (hierzu *Kohte*/MünchArbR § 290 Rn. 13 ff.) ist es, das Schutz- und Sicherheitsziel verbindlich festzulegen und zu dessen Erreichung durch Verweisung auf technische Standards und die jeweils geltende Fassung von Regeln (einschließlich der von privatrechtlichen Organisationen wie DIN [vgl. insbesondere DIN ISO 9000 ff.], VDE, VDTÜV, DVGW, VDI aufgestellten Regeln; dazu *Kohte*/MünchArbR § 290 Rn. 29 ff., zur europäischen technischen Normung Rn. 32 ff.) bzw. den jeweiligen technischen Entwicklungszustand diese zum rechtlichen Maßstab für das Erlaubte und Gebotene zu erheben, ohne dass die in Bezug genommenen Standards solche Rechtsnormen sind (*Kohte*/MünchArbR § 290 Rn. 17; zu deren rechtlichen

Wirkung Rdn. 18 f.). Bei Einhaltung z. B. der angeordneten Regeln und Erkenntnisse ist davon auszugehen, dass die entsprechenden Anforderungen erfüllt sind (so etwa § 3a Abs. 1 Satz 3 ArbStättV). Jedoch kann der Arbeitgeber von diesen Regeln und Erkenntnissen abweichen, wenn er durch andere Maßnahmen die gleiche Sicherheit und den gleichen Gesundheitsschutz der Beschäftigten – mithin das angestrebte Schutzziel – erreicht (§ 3a Abs. 1 Satz 4 ArbStättV). Indem diese Regeln und Erkenntnisse nach Maßgabe der einschlägigen Normen Verbindlichkeit erlangen und den Arbeitsschutz betreffen, gehören sie zu den Vorschriften i. S. d. § 89 Abs. 1. Sie sind Ausdruck der vorherrschenden Auffassung unter den technischen Praktikern (*BVerfG* 08.08.1978 E 49, 89 [135]) und setzen praktische Erprobung und Bewährung voraus (*Fitting* § 87 Rn. 282; *Kohte*/MünchArbR § 290 Rn. 23 ff.; zur kooperativen Konkretisierung technischer Regeln durch Ausschüsse nach § 18 Abs. 2 Nr. 5 ArbSchG daselbst Rn. 35 ff.). Zum Ganzen *Burmann* Das Recht der personalen und technischen Sicherheit im Betrieb, 1969, S. 382 ff.; *Eberstein* Technik und Recht, BB 1977, 1723 [1724 f.]; *Herschel* Rechtsfragen der technischen Überwachung, 1972, S. 116 ff.; *ders.* Technische Regelwerke – ein Beitrag zur Staatsentlastung, GdT-Schriften Nr. 4, 1972, S. 6 ff.; *Klar* BPUVZ 2015, 139; *Kohte*/MünchArbR § 290 Rn. 15 ff.; *ders.*/HaKo § 89 Rn. 10; *ders.* Umwelt- und Technikrecht Bd. 86 S. 119 ff.; *Lukes* RdA 1969, 220 [222 f.]; *Marburger* Die Regeln der Technik im Recht, 1979, S. 195 ff., 379 ff.; *ders.* BB 1985, Beil. Nr. 4, S. 16 ff.; *ders.* VersR 1983, 597 [600]; *Mertens* sicher ist sicher 1978, 130, 170; *Nicklisch* BB 1983, 261; *ders.* NJW 1983, 841; *Richardi/Annuß* § 89 Rn. 7; *Sonnenberger* BB 1985, Beil. Nr. 4 S. 7 f.; *Zemlin* Die überbetrieblichen technischen Normen – ihre Wesensmerkmale und ihre Bedeutung im rechtlichen Bereich, 1973, S. 115 ff.; Zu gesicherten arbeitswissenschaftlichen Erkenntnissen s. *Weber* § 90 Rdn. 33 f.; *Kohte*/MünchArbR § 290 Rn. 24).

17 Zum Einfluss der **europäischen Normen** der **privatrechtlichen europäischen Normungsorganisation** CEN und CENELEC auf die deutschen sicherheitstechnischen Regeln *Becker* FS *Wlotzke*, S. 445 ff.; *Jansen/Römer* BG 1988, 438 (440), 498 (499); *Kaiser* BG 1988, 778; *Mertens* sicher ist sicher 1987, 644; *Wlotzke* BG 1990, 6 (7); *ders.* NZA 1990, 417 (418 f.). Zum gemeinsamen Standpunkt des Bundesministers für Arbeit und Sozialordnung, der obersten Arbeitsschutzbehörden der Länder, der Träger der gesetzlichen Unfallversicherungen, der Sozialpartner sowie des DIN Deutsches Institut für Normung e. V. zur Normung im Bereich der auf Artikel 118a (a. F.) des EG-Vertrages gestützten Richtlinien BArbBl. 1993, Heft 1, S. 37. Zur allgemeinen Problematik *Backherms* Unzulässige Verweisung auf DIN-Normen, ZRP 1978, 261.

18 Entsprechendes wie für die allgemein anerkannten Regeln der Technik gilt für den **Stand der (Sicherheits-)Technik, Arbeitsmedizin und Hygiene** (z. B. § 4 Nr. 3 ArbSchG; § 2 Abs. 12, § 7 Abs. 4 Nr. 1, § 9 Abs. 2 GefStoffV; § 3 Abs. 2 Nr. 5 RöV; § 2 Nr. 5, § 3 Abs. 4, § 6 Abs. 1 Nr. 2 StörfallV; § 1 Abs. 1 Satz 6 LärmVibrationsArbSchV; § 2 Abs. 12, § 8 Abs. 4 Nr. 1, § 19 Abs. 3 Nr. 1 BioStoffV; § 5 Abs. 1 Nr. 2 BImSchG; § 12 Abs. 6 GenTSV; Art. 6 Abs. 2e der Richtlinie des Rates 89/391/EWG vom 12.06.1989 über die Durchführung von Maßnahmen zur Verbesserung der Sicherheit und des Gesundheitsschutzes der Arbeitnehmer bei der Arbeit [ABlEG Nr. L 183/1]). Gemeint ist damit ein Entwicklungsstand fortschrittlicher Verfahren, Einrichtungen oder Betriebsweisen, der nach der überwiegenden Ansicht führender Fachkreise die Erreichung des gesetzlich vorgegebenen Ziels – im Bereich des Arbeitsschutzes insbesondere Schutz des Lebens und der Gesundheit der Arbeitnehmer – gesichert erscheinen lässt (§ 3 Abs. 6 Satz 1 BImSchG; § 2 Abs. 15 GefStoffV; § 2 Nr. 5 StörfallV). Für den Stand der Technik kommt es daher anders als nach den allgemein anerkannten Regeln der Technik weder auf die allgemeine Anerkennung durch die Fachleute noch auf eine umfassende praktische Erprobung und Bewährung an; es genügt die Erprobung im Einzelfall (*Fitting* § 87 Rn. 283; *Kohte*/HaKo § 89 Rn. 9; *ders.*/MünchArbR § 290 Rn. 27; vgl. auch § 2 Nr. 5 Satz 2 StörfallV; § 2 Abs. 15 Satz 2 GefStoffV). Der Stand der Technik ist daher bereits in einem früheren Zeitpunkt, an der »Front der technischen Entwicklung« (*BVerfG* 08.08.1978 E 49, 89 [135]), als die allgemein anerkannten Regeln der Technik zu berücksichtigen (*Fitting* § 87 Rn. 283).

19 Noch schärfere Anforderungen werden gestellt, wenn auf den **Stand von Wissenschaft und Technik** abgestellt wird (z. B. § 7 Abs. 2 Nr. 3 AtomG; § 6 Abs. 2, § 7 Abs. 2, § 16 Abs. 1 Nr. 2 GenTG; § 8 Abs. 2 GenTSV; § 3 Abs. 1 BioStoffV; § 6 Abs. 2, § 9 Abs. 1 Nr. 5, § 14 Abs. 1 Nr. 5, § 18 Abs. 1 Nr. 3, § 24 Abs. 1 Nr. 1e, Nr. 4, § 69 Abs. 3 Satz 3, § 83 Abs. 1 Satz 3 StrlSchV). Hiernach muss Vorsorge gegen Schäden getroffen werden, die nach den neuesten wissenschaftlichen Erkenntnissen für

erforderlich gehalten wird; die erforderliche Vorsorge wird mithin nicht durch das technisch gegenwärtig Machbare begrenzt (*BVerfG* 08.08.1978 E 49, 89 [136]; vgl. auch *Fitting* § 87 Rn. 284; *Kohte*/MünchArbR § 290 Rn. 28).

Unfallverhütungsvorschriften (UVV) – BG-Vorschriften – werden von den Unfallversicherungsträgern (§ 114 SGB VII) nach § 15 SGB VII (vorher § 708 Abs. 1 RVO) erlassen. Sie enthalten Vorschriften über Einrichtungen, Anordnungen und Maßnahmen, welche die Unternehmer zur Verhütung von Arbeitsunfällen (s. § 87 Rdn. 614), Berufskrankheiten (s. § 87 Rdn. 615) und arbeitsbedingten Gesundheitsgefahren zu treffen haben, sowie die Form der Übertragung dieser Aufgaben auf andere Personen (§ 15 Abs. 1 Nr. 1 SGB VII, vorher § 708 Abs. 1 Nr. 1 RVO), über das Verhalten der Versicherten zur Verhütung von Arbeitsunfällen, Berufskrankheiten und arbeitsbedingten Gesundheitsgefahren (§ 15 Abs. 1 Nr. 2 SGB VII, vorher § 708 Abs. 1 Nr. 2 RVO), über vom Unternehmer zu veranlassende arbeitsmedizinische Untersuchungen und sonstige arbeitsmedizinische Maßnahmen vor, während und nach der Verrichtung von Arbeiten, die für Versicherte oder für Dritte mit arbeitsbedingten Gefahren für Leben und Gesundheit verbunden sind (§ 15 Abs. 1 Nr. 3 SGB VII, vorher § 708 Abs. 1 Nr. 3 RVO), über Voraussetzungen, die der Arzt, der mit Untersuchungen oder Maßnahmen nach Nummer 3 beauftragt ist, zu erfüllen hat, sofern die ärztliche Untersuchung nicht durch eine staatliche Rechtsvorschrift vorgesehen ist (§ 15 Abs. 1 Nr. 4 SGB VII), über die Sicherstellung einer wirksamen Ersten Hilfe durch den Unternehmer (§ 15 Abs. 1 Nr. 5 SGB VII) und über die Maßnahmen, die der Unternehmer zur Erfüllung der sich aus dem Gesetz über Betriebsärzte, Sicherheitsingenieure und andere Fachkräfte für Arbeitssicherheit ergebenden Pflichten zu treffen hat (§ 15 Abs. 1 Nr. 6 SGB VII, vorher § 708 Abs. 1 Nr. 4 RVO). Zur **Geltung** der Unfallverhütungsvorschriften für **Versicherte anderer Unfallversicherungsträger** sowie für **Unternehmer** und **Beschäftigte ausländischer Unternehmen im Inland** § 16 SGB VII. Die UVV aus dem gewerblichen Sektor finden sich in der Sammlung der BG-Vorschriften (BGV) der Deutschen Gesetzlichen Unfallversicherung (DGUV). UVV der Unfallversicherungsträger der öffentlichen Hand (Unfallkassen) werden als GUV-Vorschriften (GUV-V) bezeichnet (vgl. auch die Zusammenstellung in den Berichten der Bundesregierung, Rdn. 9). Besonders hervorzuheben ist die von den gewerblichen Berufsgenossenschaften im Wesentlichen einheitlich erlassene Unfallverhütungsvorschrift »Grundsätze der Prävention« (BGV A 1) vom 01.01.2004 und hierzu auch *Buss/Eiermann* BG 1977, 109 ff.; *Nitschki* ArbN 1977, 200; *Mertens* ArbSch. 1977, 87. Die Musterunfallverhütungsvorschriften der DGUV wurden zum 01.05.2014 neu nummeriert. Die BGV- und GUV-Versionen einer Muster-UVV erhielten jeweils eigene neue Nummern (dazu die Übersicht im Bericht der Bundesregierung über den Stand von Sicherheit und Gesundheit bei der Arbeit und über das Unfall- und Berufskrankheitengeschehen in der Bundesrepublik Deutschland im Jahr 2015, BT-Drucks. 18/10620, S. 193 ff).

Die **Unfallverhütungsvorschriften** enthalten, ungeachtet ihres lange Zeit umstrittenen rechtlichen Charakters im Einzelnen (dazu *Andrée* DB 1961, 1583, 1616; *Asanger* FS *Lauterbach*, S. 297 [299]; *Buss* BG 1978, 93; *Herschel* RdA 1964, 7 [11]; *Hueck/Nipperdey* I, S. 812 mit Fn. 5; *Kohte*/MünchArbR § 291 Rn. 7 ff.; *Pflaum* Die Bedeutung der Unfallverhütungsvorschriften in der gesetzlichen Unfallversicherung, Diss. Göttingen 1960), von **Körperschaften** des **öffentlichen Rechts** als **autonomes Recht** (§ 15 Abs. 1 SGB VII) **erlassene Rechtsnormen** (*BayObLG* 14.07.1986 AP Nr. 1 zu § 708 RVO Bl. 2 f.). Sie sind **verbindliche Mindestvorschriften** (*RG* AN 1910, 539; *Asanger* SozSich. 1958, 74; *ders.* FS *Lauterbach*, S. 297 [302 f.]; *Eichendorf* in jurisPK-SGB VII, § 15 Rn. 10; *Kohte*/MünchArbR § 291 Rn. 13; *Kranig/Waldeck* in Hauck/Noftz SGB VII, § 15 Rn. 6) und gestatten mangels abweichender ausdrücklicher Zulassung dem abweichenden Ermessen des Unternehmers keinen Spielraum (*RG* JW 1913, 197; *RGZ* 95, 238 [240]; *Asanger* FS *Lauterbach*, S. 297 [300, 303]). Sie **verpflichten** vor allem den **Unternehmer**, z. T. aber auch den **Arbeitnehmer** (z. B. § 15 Abs. 1 Nr. 2 SGB VII, vorher § 708 Abs. 1 Nr. 2 RVO; § 15 ff., § 30 Abs. 2 BGV A 1). Die jeweilige Verpflichtung besteht primär **gegenüber** der **Berufsgenossenschaft** (*Asanger* FS *Lauterbach*, S. 297 [303 f.]). Zum Ganzen *Vogel* Die Rechtsbindung der Arbeitnehmer an Unfallverhütungsvorschriften gemäß § 15 Abs. 1 S. 1 Nr. 2 SGB VII (Diss. Regensburg), 2000.

Die Unfallverhütungsvorschriften begründen jedoch, soweit sie geeignet sind, den Gegenstand einer arbeitsvertraglichen Vereinbarung zu bilden, **ebenso wie die staatlichen Arbeitsschutzvorschriften** (Rdn. 12) **zugleich privatrechtliche Pflichten** des **Arbeitgebers gegenüber** dem **Arbeit-**

§ 89

nehmer (*BAG* 10.03.1976 EzA § 618 BGB Nr. 2 = AP Nr. 17 zu § 618 BGB Bl. 1 R *[Herschel]*; *BSG* 29.11.1956 AP Nr. 5 zu § 611 BGB Fürsorgepflicht *[G. Hueck]*; *Herschel* RdA 1964, 7 [11]; *Hueck/ Nipperdey* I, S. 812 Fn. 5; *Kohte/* MünchArbR § 291 Rn. 12; *Nikisch* I, S. 477 Fn. 19; *Wiese* UFITA Bd. 64, 1972, S. 145 [150]) wie auch des **Arbeitnehmers gegenüber** dem **Arbeitgeber** (§ 21 Abs. 3 SGB VII; *BAG* 10.03.1976 EzA § 618 BGB Nr. 2 = AP Nr. 17 zu § 618 BGB Bl. 1 R *[Herschel]*; *Kohte/* MünchArbR § 290 Rn. 11; *Rehhahn* RdA 1979, 216 ff.; *Wiese* UFITA Bd. 64, 1972, S. 145 [150]).

b) Betrieblicher Umweltschutz
aa) Einführung

23 Durch Art. 1 Nr. 58 BetrVerf-Reformgesetz wurde die Zuständigkeit des Betriebsrats im Rahmen des § 89 auf den betrieblichen Umweltschutz erstreckt (zur Kritik *Annuß* NZA 2001, 367 [370]; *Buchner* NZA 2001, 633 [636]; *Hanau* RdA 2001, 65 [73, 76]; *Konzen* RdA 2001, 76 [89 f.]; *Picker* RdA 2001, 259 [272 f.]; *Reichold* NZA 2001, 857 [863]; *Rieble* ZIP 2001, 133 [140]; dagegen *Kohte/* HaKo § 89 Rn. 20 f.) und damit die allgemeine Aufgabe des Betriebsrats nach § 80 Abs. 1 Nr. 9 konkretisiert, Maßnahmen des betrieblichen Umweltschutzes zu fördern; der Betriebsrat soll insoweit eine vergleichbare Rechtsstellung wie beim Arbeitsschutz erhalten (amtliche Begründung, BT-Drucks. 14/5741, S. 48l.). Das ist trotz der Bedenken gegen die Einbeziehung des betrieblichen Umweltschutzes in die Zuständigkeit des Betriebsrats nicht nur wegen der allgemeinen Bedeutung des Umweltschutzes, sondern auch deswegen legitim, weil nach der zutreffenden Feststellung der amtlichen Begründung (BT-Drucks. 14/5741, S. 25l. Nr. 9, S. 30r. Nr. 8) betrieblicher Umweltschutz immer zunächst auch Arbeitsschutz ist; durch den betrieblichen Umweltschutz ist die Belegschaft selbst – z. B. durch Lärmbelästigung oder Schadstoffemissionen – unmittelbar betroffen (vgl. auch *Buschmann/ DKKW* § 89 Rn. 52 f.). Aus diesem Grunde verpflichtet § 4 Nr. 4 ArbSchG den Arbeitgeber, bei Maßnahmen des Arbeitsschutzes diese mit dem Ziel zu planen, Technik, Arbeitsorganisation, sonstige Arbeitsbedingungen, soziale Beziehungen und *Einfluss der Umwelt auf den Arbeitsplatz* sachgerecht zu verknüpfen. In diesem Sinne dient der betriebliche Umweltschutz auch dem Schutz der Arbeitnehmer. Zu Art. 20a GG *Buschmann/DKKW* § 89 Rn. 56 f.

24 Nicht zu verkennen ist, dass die Neuregelung des § 89 große Anforderungen an die Betriebsräte stellt, die sich mit den einschlägigen Umweltvorschriften vertraut machen (zur Schulung von Betriebsratsmitgliedern Rdn. 56) und selbst bei betrieblichen Missständen vertrauensvoll mit dem Arbeitgeber zusammenarbeiten müssen (§ 2 Abs. 1). In zahlreichen Betrieben – vor allem der chemischen Industrie – gibt es indessen seit etlichen Jahren Betriebsvereinbarungen zur Regelung der Zusammenarbeit von Arbeitgeber und Betriebsrat auf dem Gebiet des Umweltschutzes, die als gemeinsame ständige Aufgabe beider und aller Belegschaftsmitglieder verstanden wird (*Froschauer* S. 204 f., daselbst S. 206 ff. zum möglichen Inhalt von Betriebsvereinbarungen zum Umweltschutz; *Salje* BB 1988, 73 [76 f.]; *Schmidt* WSI-Mitt. 1993, 330 ff.; *Teichert/Küppers* WSI-Mitt. 1990, 755 ff.; vgl. auch Sammlung der Betriebsvereinbarungen »Umweltschutz«, herausgegeben von der IG Chemie-Papier-Keramik, Abteilung: Umweltschutz, Stand: Oktober 1994). Zutreffend ist auch der Hinweis in der amtlichen Begründung (BT-Drucks. 14/5741, S. 25l. Nr. 9), nationale Umweltverordnungen wie z. B. die Störfallverordnung oder die Gefahrstoffverordnung, aber auch die Europäische Umwelt-Audit-Verordnung des Rates vom 29.06.1993 Nr. 1683/93 verdeutlichten, wie wichtig die Einbindung der Arbeitnehmer, ihrer Verantwortung und ihres Wissens für den Umweltschutz im Betrieb seien (zur Wechselwirkung von Arbeitnehmerschutz und Umweltschutz amtliche Begründung, BT-Drucks. 14/5741, S. 48l.; *BAG* 11.10.1995 EzA § 37 BetrVG 1972 Nr. 131 S. 5 = AP Nr. 115 zu § 37 BetrVG 1972 Bl. 3 R; *Kohte* FS *Däubler*, 1999, S. 639 [640 ff.]). Insbesondere verdeutlichen §§ 1, 19 Chemikaliengesetz, §§ 1, 8 Gefahrstoffverordnung und § 1 Bundes-Immissionsschutzgesetz die normative Verknüpfung von Mensch und Umwelt und beziehen sich zum Teil ausdrücklich auf den Arbeitsschutz, so § 6 Abs. 1 Nr. 2, § 24 Satz 2 Bundes-Immissionsschutzgesetz, §§ 1, 19, 21 Abs. 4 Nr. 3 Chemikaliengesetz. Schließlich wird die Einhaltung gesetzlicher Schutzvorschriften durch die Pflicht zur Bestellung von Betriebsbeauftragten abgesichert (Überblick s. § 87 Rdn. 646).

25 Vernünftig ist auch der gesetzgeberische Zweck (amtliche Begründung, BT-Drucks. 14/5741, S. 25l. Nr. 9, S. 26r. Nr. 9, S. 30 f. Nr. 8, S. 46r.), das an jedem Arbeitsplatz im Betrieb vorhandene Wissen

und hierauf bezogene Erfahrungen durch den Betriebsrat zum Abbau von Umweltbelastungen und zum Ausbau umweltschonender Produktionstechniken und -verfahren im Interesse der Beschäftigten und des Unternehmens zu nutzen, ohne dem Betriebsrat ein Mitbestimmungsrecht bei Investitionsentscheidungen einzuräumen (Zweifel am Erfolg der gesetzlichen Intention mangels individueller Vorschlagsrechte der Belegschaft äußert *Konzen* RdA 2001, 76 [89]). In diesem Zusammenhang kann auch das Vorschlagsrecht der Arbeitnehmer nach § 86a Bedeutung erlangen. Anderseits wird zutreffend in der amtlichen Begründung (BT-Drucks. 14/5741, S. 25 Nr. 9, S. 30r. Nr. 8, S. 51 l.) darauf hingewiesen, durch umfassende Umweltauflagen sei der betriebliche Umweltschutz auch ein Kostenfaktor in Produktion und Verwaltung, den Betriebe und Unternehmen verstärkt beachten müssten (vgl. auch *BAG* 11.10.1995 EzA § 37 BetrVG 1972 Nr. 131 S. 7 = AP Nr. 115 zu § 37 BetrVG 1972 Bl. 4 R). Insofern ist es auch im betrieblichen Interesse, alle Erkenntnismöglichkeiten auszuschöpfen, um umweltbedingte Kosten zu vermeiden. Aus der Beschränkung auf den betrieblichen Umweltschutz ergeben sich indessen zugleich Grenzen der Zuständigkeit des Betriebsrats (Rdn. 29 ff.).

bb) Begriff des betrieblichen Umweltschutzes

Die durch Art. 1 Nr. 58 BetrVerf-Reformgesetz in § 89 als Abs. 3 neu eingefügte Vorschrift (Rdn. 3) **26** definiert den Begriff des betrieblichen Umweltschutzes i. S. d. Gesetzes dahin, dass darunter alle personellen und organisatorischen Maßnahmen sowie alle die betrieblichen Bauten, Räume, technische Anlagen, Arbeitsverfahren, Arbeitsabläufe und Arbeitsplätze betreffenden Maßnahmen zu verstehen sind, die dem Umweltschutz dienen. Das ist reichlich unbestimmt und bedarf der sachbezogenen Präzisierung (zur Kritik der Begriffsbestimmung Nachweise Rdn. 23).

Selbst wenn diese Begriffsbestimmung in der Vorschrift des § 89 über den »Arbeits- und betrieblichen **27** Umweltschutz« steht, gilt sie doch für sämtliche Vorschriften des Gesetzes, in denen der betriebliche Umweltschutz angesprochen ist (Überblick s. § 88 Rdn. 21; *Buschmann/DKKW* § 89 Rn. 59; *Reichel/Meyer* RdA 2003, 101 [102]; *Worzalla/HWGNRH* § 89 Rn. 5). Dafür spricht auch die Formulierung des § 89 Abs. 3, wo der betriebliche Umweltschutz ausdrücklich »im Sinne dieses Gesetzes« definiert wird. Anderes folgt auch nicht aus den Vorschriften des § 45 Satz 1 n. F. sowie § 74 Abs. 2 Satz 3 n. F., wo von »Angelegenheiten umweltpolitischer Art« gesprochen wird. Die Beschränkung auf den betrieblichen Umweltschutz ergibt sich in beiden Fällen daraus, dass es sich um Angelegenheiten handeln muss, die den Betrieb oder seine Arbeitnehmer unmittelbar betreffen. Dass in § 53 Abs. 2 Nr. 2 n. F. vom Umweltschutz im Unternehmen gesprochen wird, folgt schließlich daraus, dass die Betriebsräteversammlung auf sämtliche Betriebe eines Unternehmens bezogen ist; eine Erweiterung des betrieblichen auf den außerbetrieblichen Umweltschutz ist damit nicht verbunden.

cc) Begriff des Umweltschutzes; Maßnahmen i. S. d. Gesetzes

Der Gesetzgeber hat verständlicherweise darauf verzichtet, den Begriff des Umweltschutzes zu defi- **28** nieren (hierzu *Froschauer* S. 5 ff. m. w. N., daselbst S. 7 ff. Stellungnahme zu einem extensiven, restriktiven und vermittelnden Umweltbegriff; *Konzen* RdA 2001, 76 [89]; zur Problematik der Begriffsbestimmung auch *Reichel/Meyer* RdA 2003, 101 [103 f.]; *Rieble* ZTR 2000, 1 [2 f.]). Ganz allgemein bezieht sich dieser auf den Schutz der natürlichen Lebensgrundlagen für den Menschen (u. a. Tiere, Pflanzen, Luft, Wasser, Boden) vor schädlichen Einwirkungen (z. B. § 1 BImSchG). Unter dem hier allein interessierenden Begriff des betrieblichen Umweltschutzes ist dagegen nur die **Einflussnahme** auf **umweltgerechte** und **umweltschützende Arbeits-** und **Betriebsbedingungen** zu verstehen (vgl. auch *Konzen* RdA 2001, 76 [89]; *Löwisch* BB 2001, 1790 [1793]; *Stege/Weinspach/Schiefer* § 89 Rn. 11 ff.; *Worzalla/HWGNRH* § 89 Rn. 9; weitergehend *Buschmann/DKKW* § 89 Rn. 59, 61 ff.). **Maßnahmen** i. S. d. § 89 Abs. 3 sind Handlungen, die dem Arbeitgeber zuzurechnen sind (*Buschmann/DKKW* § 89 Rn. 61; *Fitting* § 89 Rn. 8; *Worzalla/HWGNRH* § 89 Rn. 6).

dd) Anwendungsbereich der Mitwirkung des Betriebsrats hinsichtlich des betrieblichen Umweltschutzes

29 Aus der Definition des § 89 Abs. 3 und der Funktion des Betriebsrats ergeben sich Einschränkungen in räumlicher, persönlicher und inhaltlicher Hinsicht.

30 Hinsichtlich des **räumlichen Anwendungsbereichs** enthält die Vorschrift des § 89 Abs. 3 die grundsätzliche Aussage, dass die Zuständigkeit des Betriebsrats auf den **betrieblichen Umweltschutz beschränkt** ist und sich nicht auch auf den außerbetrieblichen Umweltschutz erstreckt. Zutreffend heißt es dazu in der amtlichen Begründung (BT-Drucks. 14/5741, S. 48r.), ein generelles umweltpolitisches Mandat zugunsten Dritter oder der Allgemeinheit stehe dem Betriebsrat als innerbetrieblichem Interessenvertretungsorgan der Arbeitnehmer nicht zu (vgl. schon *BAG* 11.10.1995 EzA § 37 BetrVG 1972 Nr. 131 S. 5 = AP Nr. 115 zu § 37 BetrVG 1972 Bl. 3 R.; vgl. auch § 88 Rdn. 22; *Bender/WPK* § 89 Rn. 23; *Fitting* § 89 Rn. 10; *Reichel/Meyer* RdA 2003, 101 [102 f.]; *Richardi/Annuß* § 89 Rn. 31). Unerheblich ist dagegen der Hinweis in der amtlichen Begründung (BT-Drucks. 14/5741, S. 30 Nr. 8), eine generelle Ausdehnung auf den allgemeinen Umweltschutz würde Betriebsräte in vielen Fällen in einen kaum auflösbaren Zielkonflikt zwischen den wirtschaftlichen Interessen des Betriebs und damit der Beschäftigungssituation und allgemeinen Umweltschutzinteressen führen. Dieser Interessenkonflikt ist auch innerbetrieblich vorstellbar, weil es für Arbeitnehmer bequemer sein kann, sich nicht um Umweltschutzmaßnahmen kümmern zu müssen. Außerdem kann jede zusätzliche Kostenbelastung des Betriebes zu einer Gefährdung von Arbeitsplätzen führen. Durch die Beschränkung auf den betrieblichen Umweltschutz ist aber jedenfalls ein wesentliches Bedenken gegen die Neuregelung ausgeräumt worden.

31 In der amtlichen Begründung zu Art. 1 Nr. 58 Buchst. d BetrVerf-Reformgesetz (BT-Drucks. 14/5741, S. 48r.) heißt es allerdings unter Übernahme einer Formulierung des *BAG* 11.10.1995 (EzA § 37 BetrVG 1972 Nr. 131 S. 5 = AP Nr. 115 zu § 37 BetrVG 1972 Bl. 4 R) reichlich verschwommen, wenn sich auch Maßnahmen des betrieblichen Umweltschutzes in der Regel außerhalb des Betriebs mittelbar oder unmittelbar auswirken, gehe dadurch der Bezug zu der betriebsverfassungsrechtlichen Aufgabenstellung des Betriebsrats nicht verloren. Entscheidend ist, dass die Zuständigkeit des Betriebsrats selbst dann auf den betrieblichen Umweltschutz beschränkt ist, wenn die zu treffenden Maßnahmen Auswirkungen auf den außerbetrieblichen Umweltschutz haben. Letzteres ist aber eine bare Selbstverständlichkeit, weil z. B. schädliche betriebliche, die Belegschaft beeinträchtigende Emissionen nicht am Werktor halt machen.

32 Damit ist allerdings noch nicht die Frage beantwortet, ob die Zuständigkeit des Betriebsrats am Werktor endet. Nach der Definition des § 89 Abs. 3 ist der Begriff des Umweltschutzes nicht auf die betrieblichen Bauten und Räume beschränkt, sondern erfasst auch die technische Anlagen, Arbeitsverfahren, Arbeitsabläufe und Arbeitsplätze betreffenden Maßnahmen. Er ist daher **räumlich-funktional** zu verstehen. Das bedeutet, dass er sich in Bezug auf die genannten Gegenstände auf alle betrieblichen Maßnahmen innerhalb und außerhalb des Betriebes bezieht, soweit sie Auswirkungen auf die Arbeitnehmer im Rahmen des Arbeitsverhältnisses haben können. Das ist deshalb für Außenarbeiten von Bedeutung (zust. *Worzalla/HWGNRH* § 89 Rn. 7), betrifft dagegen nicht den privaten, häuslichen Bereich des Arbeitnehmers (§ 88 Rdn. 25). Insoweit ist dieser nicht in seiner Eigenschaft als Arbeitnehmer, sondern als Mitglied der Bevölkerung betroffen. Für diese ist der Betriebsrat jedoch nach der eindeutigen gesetzgeberischen Entscheidung nicht zuständig. Der Betriebsrat ist andererseits aber auch zuständig, wenn außerbetriebliche Einflüsse sich auf die betrieblichen Umweltbedingungen auswirken (*Konzen* RdA 2001, 76 [89]; *Reichel/Meyer* RdA 2003, 101 [103]).

33 Durch die Beschränkung auf den betrieblichen Umweltschutz wird nicht die Zuständigkeit des Gesamtbetriebsrats nach § 50 Abs. 1 ausgeschlossen. Sie ist z. B. gegeben bei der Abwasserentsorgung für mehrere miteinander verzahnte Betriebe eines Unternehmens. Es liegt auf der Hand, dass die damit zusammenhängenden Fragen das Gesamtunternehmen oder jedenfalls mehrere Betriebe desselben betreffen und nicht durch die einzelnen Betriebsräte innerhalb ihres Betriebes geregelt werden können.

34 In **personeller Hinsicht** ergeben sich Grenzen aus der beschränkten Zuständigkeit des Betriebsrats allein für die Arbeitnehmer, die von ihm vertreten werden und deren Interessen er wahrzunehmen hat.

Dazu zählen daher nicht der Arbeitgeber oder betriebsfremde Besucher, auch wenn diese der betrieblichen Umwelt ausgesetzt sind. Jedoch ist das praktisch ohne Bedeutung, weil von einschlägigen betrieblichen Maßnahmen stets auch Arbeitnehmer betroffen sein werden. Der Betriebsrat wäre selbst bei unmittelbarer Gefährdung der genannten Personen nicht für deren Gesundheitsschutz zuständig, erst recht also nicht in Fragen des betrieblichen Umweltschutzes.

Durch den Begriff des betrieblichen Umweltschutzes wird der Anwendungsbereich des Gesetzes nicht **35** nur räumlich-funktional, sondern zugleich auch **inhaltlich** festgelegt, nämlich auf den Aufgabenbereich des Betriebsrats in Bezug auf die von ihm vertretene Belegschaft eingeschränkt. Zutreffend heißt es in der amtlichen Begründung (BT-Drucks. 14/5741 S. 48r.), Kern der (gesetzlichen) Begriffsbestimmung sei, dass sie zweckorientiert auf die Betriebsverfassung und die sich hieraus ergebende Zuständigkeit und Beteiligung des Betriebsrats zugeschnitten sei (vgl. auch *Löwisch* BB 2001, 1790 [1793], der zutreffend auf die Zuständigkeitsabgrenzung nach Art. 74 Abs. 1 Nr. 12 GG für den Bereich des Arbeitsrechts und die Kompetenzverteilung zwischen Bund und Ländern hinsichtlich des Umweltschutzes und den daraus für den betrieblichen Umweltschutz erforderlichen Bezug zum Arbeitsverhältnis hinweist). Seine Aufgabe ist entsprechend dem allgemeinen Zweck des Betriebsverfassungsrechts (s. *Wiese* Einl. Rdn. 72 ff.) vor allem der Schutz der Arbeitnehmer. Daraus folgt, dass der Betriebsrat auch kein allgemeines innerbetriebliches Mandat zur Wahrnehmung des Umweltschutzes hat, sondern dass dieses auf die Wahrnehmung der Interessen der Belegschaft beschränkt ist (**a. M.** *Reichel/Meyer* RdA 2003, 101 [104 f.]). Das betrifft allerdings nicht nur den Schutz der Belegschaft vor schädlichen, vom Betrieb – z. B. durch Emissionen – ausgehenden Umwelteinflüssen, sondern ebenso die von den Arbeitnehmern selbst – z. B. bei der Abfallentsorgung – wahrzunehmenden oder zu beachtenden Umweltpflichten. Gerade hinsichtlich der die Belegschaft belastenden Umweltschutzmaßnahmen können sich allerdings für den Betriebsrat Konflikte ergeben.

ee) Abgrenzung vom Arbeitsschutz
Inhaltlich bedarf es ferner der Abgrenzung des betrieblichen Umweltschutzes vom Arbeitsschutz. Dieser **36** erfasst den öffentlich-rechtlichen Arbeitsschutz und die Unfallverhütungsvorschriften der Unfallversicherungsträger (s. § 87 Rdn. 616) zum Schutz von Leben, Körper und Gesundheit des einzelnen Arbeitnehmers vor den vom Betrieb ausgehenden Gefahren. Die Mitbestimmung nach § 87 Abs. 1 Nr. 7 ist aber nur gegeben, soweit ausfüllungsbedürftige Rahmenvorschriften bestehen (s. § 87 Rdn. 619). Dazu gehören nach richtiger Ansicht auch die Generalklauseln des öffentlich-rechtlichen Arbeitsschutzrechts (s. § 87 Rdn. 625), soweit eine konkrete, objektiv feststellbare Gefährdung für Leben oder Gesundheit der Arbeitnehmer und nicht nur eine Belästigung besteht (s. § 87 Rdn. 629). Sind diese Voraussetzungen gegeben, handelt es sich um eine mitbestimmungspflichtige Angelegenheit des Arbeitsschutzes und nicht des Umweltschutzes (zust. *Worzalla/HWGNRH* § 89 Rn. 11). Unerheblich ist, ob die bezeichnete Gefahr gerade von der Arbeitsumwelt ausgeht. Der Anwendungsbereich des betrieblichen Umweltschutzes beginnt deshalb da, wo der Arbeitsschutz endet (krit. *Reichel/Meyer* RdA 2003, 101 [104]) oder es an den Voraussetzungen des Mitbestimmungstatbestandes fehlt. Im Gegensatz zum Arbeitsschutz genügt für den Umweltschutz eine gegenwärtige oder auch nur in Zukunft nicht auszuschließende Belästigung der Arbeitnehmer. Entwickelt sie sich zu einer konkreten, objektiv feststellbaren Gefährdung, greift wiederum im Rahmen der gesetzlichen Vorschriften oder der Unfallverhütungsvorschriften der Arbeitsschutz ein.

ff) Verhältnis zu § 90
Im Verhältnis zu § 90 ist davon auszugehen, dass diese Vorschrift dem präventiven Schutz bei konkre- **37** ten Planungsvorhaben des Arbeitgebers dient, um Belastungen der Arbeitnehmer möglichst von vornherein zu vermeiden oder jedenfalls zu begrenzen (s. *Weber* § 90 Rdn. 1). Das ist zumindest auch ein Zweck des betrieblichen Umweltschutzes. Da nach § 90 der Arbeitgeber die vorgesehenen Maßnahmen insbesondere hinsichtlich der Auswirkungen auf die Arbeit und die sich daraus ergebenden Anforderungen an die Arbeitnehmer mit dem Betriebsrat beraten soll, hat die Information des Betriebsrats unter Berücksichtigung dieses Zweckes zu erfolgen (s. *Weber* § 90 Rdn. 25). Die Beratung ist allerdings nicht auf die Auswirkungen dieser Maßnahmen beschränkt, weil diese nur beispielhaft genannt werden; der Betriebsrat kann auch andere Auswirkungen auf die Arbeitnehmer, mithin

Gutzeit

ebenso ökologische Aspekte zum Gegenstand der Beratung machen (s. *Weber* § 90 Rdn. 29). In diesem Sinne wird auch in der amtlichen Begründung (BT-Drucks. 14/5741, S. 48r.) darauf hingewiesen, bei Maßnahmen u. a. nach § 90 habe der Betriebsrat das Recht und die Pflicht, im Rahmen seiner Beteiligung die umweltschutzrelevanten Gesichtspunkte und Auswirkungen zu prüfen und bei seiner Entscheidungsfindung zu berücksichtigen. Soweit es um Planungsvorhaben i. S. d. § 90 geht, können diese Vorschrift und die des § 89 daher beide anwendbar sein.

gg) Anwendbarkeit des § 91

38 Nicht auszuschließen ist, dass Änderungen der Arbeitsplätze und insbesondere der Arbeitsumgebung i. S. d. § 91, die den gesicherten arbeitswissenschaftlichen Erkenntnissen über die menschengerechte Gestaltung der Arbeit offensichtlich widersprechen, sich auch auf die betriebliche Umwelt i. S. d. § 89 Abs. 3 auswirken und die Arbeitnehmer in besonderer Weise belasten. Dann ist insoweit § 91 anwendbar.

hh) Beschränkung des § 89 auf Mitwirkung

39 Die Vorschrift des § 89 beschränkt die Beteiligung des Betriebsrats auf dessen Mitwirkung, ohne ihm ein Mitbestimmungsrecht zu gewähren. In der amtlichen Begründung (BT-Drucks. 14/5741, S. 26 Nr. 9; vgl. auch Rdn. 25) ist zwar nur davon die Rede, dem Betriebsrat werde kein Mitbestimmungsrecht bei Investitionsentscheidungen eingeräumt, jedoch gilt das allgemein für den Umweltschutz als solchen, da dieser nach keiner Vorschrift des Gesetzes mitbestimmungspflichtig ist. Etwas anderes gilt dann, wenn es sich zugleich um einen Tatbestand des § 87 Abs. 1 Nr. 7 handelt. Der Betriebsrat kann auch nach § 89 – Entsprechendes gilt für § 106 – umweltrelevante Investitionsentscheidungen nicht aufhalten, wenn er über diese zu informieren und anzuhören ist. Allerdings ist nicht zu verkennen, dass die unternehmerischen Entscheidungen allein schon durch die Mitwirkung des Betriebsrats beeinflusst werden können. Das ist aber vom Gesetzgeber gewollt und bedingt eine vertrauensvolle Zusammenarbeit der Beteiligten (§ 2 Abs. 1).

ii) Durchführung der Mitwirkung nach § 89

40 Zu den personellen und organisatorischen Maßnahmen i. S. d. § 89 Abs. 3 gehört zunächst betriebsratsintern die Entscheidung über die Ausübung der dem Betriebsrat im Rahmen des betrieblichen Umweltschutzes zustehenden Rechte und Pflichten. In kleinen und manchen mittleren Betrieben wird der Betriebsrat diese Aufgabe selbst wahrnehmen. Andernfalls – vor allem in größeren Betrieben – ist an die Bestellung eines Betriebsratsmitglieds als **Umweltschutzbeauftragter** (vgl. auch *Fischer* AuR 1996, 474 ff.; *Kloepfer* DB 1993, 1125 [1126]; *Reichel/Meyer* RdA 2003, 101 [105 f.]; s. § 87 Rdn. 646) oder an die Bildung eines **Umweltschutzausschusses** nach Maßgabe des § 28 Abs. 1 zu denken (zur bisherigen Rechtslage *Froschauer* S. 215 ff.). Diesem könnten nach Maßgabe des § 28 Abs. 1 Satz 3 i. V. m. § 27 Abs. 2 Satz 2 bis 4 Aufgaben auch zur selbständigen Erledigung übertragen werden. Ausgenommen ist lediglich der Abschluss von Betriebsvereinbarungen. Das ist allerdings bei Wahrnehmung der Aufgaben des Betriebsrats nach § 89 insofern unerheblich, als dem Betriebsrat hiernach nur Mitwirkungs- und keine Mitbestimmungsrechte zustehen.

41 In jedem Falle ist zu bedenken, dass die ordnungsgemäße Wahrnehmung der Aufgaben des betrieblichen Umweltschutzes den Erwerb beträchtlicher Kenntnisse voraussetzt und eine intensive Einarbeitung erforderlich macht, die nicht von sämtlichen Betriebsratsmitgliedern geleistet werden kann. Das bedingt eine entsprechende Auswahl und Schulung einzelner Betriebsratsmitglieder (Rdn. 56). Zwecks angemessener einheitlicher Wahrnehmung der mit dem betrieblichen Umweltschutz zusammenhängenden Fragen sollte außerdem erwogen werden, den nach der Neuregelung des § 106 Abs. 3 Nr. 5a auch hierfür zuständigen Wirtschaftsausschuss nicht noch zusätzlich mit diesem komplexen Aufgabenbereich zu belasten. Deshalb bietet es sich an, diesen Zuständigkeitsbereich gemäß § 107 Abs. 3 Satz 1 – falls vorhanden – dem Umweltausschuss des Betriebsrats zu übertragen Da es ohnehin Aufgabe des Wirtschaftsausschusses ist, den Betriebsrat zu unterrichten (§ 106 Abs. 1 Satz 2), wäre dann für diesen Fragenkomplex von vornherein nur ein Gremium zuständig.

Ferner bedarf es einer Regelung, wer auf Seiten des Arbeitgebers für den Betriebsrat bzw. dessen 42
Umweltschutzbeauftragten oder Umweltschutzausschuss **Ansprechpartner** sein soll. Eine Vereinfachung der Kommunikation bedeutete indessen die Bildung eines **gemeinsamen Umweltschutzausschusses (Umweltkommission)** nach Maßgabe des § 28 Abs. 2. In der hierüber abzuschließenden Betriebsvereinbarung sollten u. a. die Aufgaben dieses Ausschusses im Einzelnen, die Zahl der vom Betriebsrat und Arbeitgeber zu benennenden Ausschussmitglieder, Fragen der Geschäftsführung (z. B. Einberufung regelmäßiger und außerordentlicher Sitzungen, Bestimmung des Vorsitzenden und dessen Rechte und Pflichten, Hinzuziehung von Auskunftspersonen und Sachverständigen nach § 80 Abs. 2 Satz 3, Abs. 3, Protokollführung usw.) sowie die Zusammenarbeit mit den Betriebsbeauftragten für den Umweltschutz (s. § 87 Rdn. 646) geregelt werden. Wegen der herausragenden Bedeutung des gemeinsamen Ausschusses wäre daran zu denken, dem Arbeitsdirektor, soweit dieser in einem Unternehmen zu bestellen ist, den Vorsitz zu übertragen (zur umweltschutzsichernden Betriebsorganisation *Feldhaus* NVwZ 1991, 927 ff.).

Inhalt und Umfang der Aufgaben eines gemeinsamen Umweltschutzausschusses sind abhängig vom 43
Umfang der den Ausschussmitgliedern des Betriebsrats von diesem im Rahmen von dessen eigener Zuständigkeit im Bereich des betrieblichen Umweltschutzes übertragenen Aufgaben und der über die Bildung dieses Ausschusses geschlossenen Betriebsvereinbarung. Im Übrigen richten sich Inhalt und Umfang seiner Aufgaben nach den jeweiligen betrieblichen Verhältnissen und denen des Unternehmens. In den Sitzungen des Ausschusses sollte durch Vertreter des Unternehmens über alle wesentlichen Fragen des betrieblichen Umweltschutzes berichtet und gemeinsam über die notwendigen Maßnahmen zur Sicherung und Verbesserung des betrieblichen Umweltschutzes beraten werden. Dazu gehört, dass die Betriebsratsmitglieder des gemeinsamen Ausschusses sich gemäß § 89 Abs. 1 Satz 1 dafür einsetzen, dass die Vorschriften über den betrieblichen Umweltschutz durchgeführt werden. Das gilt auch für Maßnahmen zur Einhaltung behördlicher Umweltschutzauflagen. Außerdem kann nach § 28 Abs. 2 den Ausschussmitgliedern des Betriebsrats von diesem die Wahrnehmung der ihm nach § 89 Abs. 2 Satz 2 und Abs. 5 zustehenden Aufgaben zur selbständigen Entscheidung übertragen werden und dann Gegenstand der Verhandlungen des gemeinsamen Ausschusses sein. Schließlich ist daran zu denken, dass der gemeinsame Ausschuss über Fortbildungsmaßnahmen im Bereich des betrieblichen Umweltschutzes berät.

Da die Zuständigkeit des Betriebsrats nach § 89 auf den betrieblichen Umweltschutz beschränkt ist 44
und auch freiwillige Betriebsvereinbarungen nach § 88 Nr. 1a nur insoweit zulässig sind, hat der **Betriebsrat** – anders als nach dem ersten Referentenentwurf – **kein Mandat zur Zusammenarbeit** mit den für den **Umweltschutz zuständigen Behörden**. Die Vorschrift des § 89 Abs. 1 Satz 2 beschränkt die Zuständigkeit des Betriebsrats zur Zusammenarbeit mit außerbetrieblichen Stellen im Gegensatz zum ursprünglichen Referentenentwurf ausdrücklich auf den Bereich des Arbeitsschutzes. Selbst wenn der Arbeitgeber den Betriebsrat nach § 89 Abs. 2 Satz 2 auch bei allen im Zusammenhang mit dem betrieblichen Umweltschutz stehenden Besichtigungen und Fragen hinzuziehen und ihm unverzüglich die den betrieblichen Umweltschutz betreffenden Auflagen und Anordnungen der zuständigen Stellen mitzuteilen hat, ergeben sich daraus nur Rechte des Betriebsrats gegenüber dem Arbeitgeber, ohne ihm eine Zuständigkeit gegenüber den für den Umweltschutz zuständigen Stellen zu gewähren. Nach der amtlichen Begründung (BT-Drucks. 14/5741, S. 31 l.) soll der Betriebsrat nicht in die Funktion eines Hilfsorgans staatlicher Umweltbehörden gedrängt werden, da die Funktion einer Umweltpolizei die vertrauensvolle Zusammenarbeit von Betriebsrat und Arbeitgeber nicht nur im Bereich des betrieblichen Umweltschutzes erheblich gefährden, sondern auch nicht selten einen unlösbaren Interessenkonflikt auf Seiten des Betriebsrats provozieren würde.

jj) VO (EG) Nr. 1221/2009 vom 25.11.2009

Eine Mitwirkung im Rahmen des betrieblichen Umweltschutzes kommt insbesondere nach der Ver- 45
ordnung (EG) Nr. 1221/2009 des Europäischen Parlaments und des Rates über die freiwillige Teilnahme von Organisationen an einem Gemeinschaftssystem für Umweltmanagement und Umweltbetriebsprüfung vom 25.11.2009 (ABlEG 2009 L 342/1) in Betracht. Durch diese Verordnung wurde die Verordnung 761/2001 vom 19.03.2001 (ABlEG 2001 L 114/1) abgelöst, die wiederum mit Wirkung vom 27.04.2001 die Verordnung (EWG) Nr. 1836/93 des Rates vom 29.06.1993 (ABlEG Nr. L

168/1; die sog. Umwelt-Audit-VO) aufgehoben hat (zu alledem *Antes/Clausen/Fichter* DB 1995, 685 ff.; *Feldhaus* BB 1995, 1545 ff.; *Förschle/Hermann/Mandler* DB 1994, 1093 ff.; *Kloepfer* DB 1993, 1125 [1129 f.]; *Kohte* FS *Däubler*, S. 639 [644 ff.]; *Leifer* Das europäische Umweltmanagementsystem EMAS als Element gesellschaftlicher Selbstregulierung, 2007; *Lonnemann/Kuhn* AiB 1999, 695 ff.; *Merten*, DB 1996, 90 ff.; *Schichert* Der Umweltgutachter der EG-Umwelt-Audit-Verordnung, 2001; *Schmidt-Röntsch* EurUP 2010, 123; *Schottelius* BB 1995, 1549 ff.; *ders.* BB 1997, Beil. 2; *Schottelius/Küpper-Djindjic'* BB 1994, 2214 ff.; *Teichert* AiB, 1994, 229 [238]; *Wagner* AiB 1996, 453 ff.; *Winzen* DB 1996, 94 f.).

46 Nach Art. 1 Abs. 1 VO 1221/2009 wird ein **EMAS** genanntes Gemeinschaftssystem für das Umweltmanagement und die Umweltbetriebsprüfung **geschaffen**, an denen sich Organisationen innerhalb und außerhalb der Gemeinschaft **freiwillig** beteiligen können.

47 Das Ziel von **EMAS**, einem zentralen Instrument des Aktionsplans für Nachhaltigkeit in Produktion und Verbrauch und für eine nachhaltige Industriepolitik, besteht darin, kontinuierliche Verbesserungen der Umweltleistung von Organisationen zu fördern, indem die Organisationen Umweltmanagementsysteme errichten und anwenden, die Leistung dieser Systeme einer systematischen, objektiven und regelmäßigen Bewertung unterzogen wird, Informationen über die Umweltleistung vorgelegt werden, ein offener Dialog mit der Öffentlichkeit und anderen interessierten Kreisen geführt wird und die Arbeitnehmer der Organisationen aktiv beteiligt werden und eine angemessene Schulung erhalten (vgl. Art. 1 Abs. 2 VO 1221/2009). Der Begriff der »Organisation« ist umfassend und meint Gesellschaften, Körperschaften, Betriebe, Unternehmen, Behörden oder Einrichtungen bzw. Teile oder Kombinationen hiervon, innerhalb oder außerhalb der Gemeinschaft, mit oder ohne Rechtspersönlichkeit, öffentlich oder privat, mit eigenen Funktionen und eigener Verwaltung (Art. 2 Nr. 21 VO 1221/2009; zum Begriff der kleinen Organisationen vgl. Art. 2 Nr. 28 VO 1221/2009).

48 Die **Erklärung** der **Teilnahme** ist eine unternehmerische Entscheidung und als solche mitbestimmungsfrei (zust. *Fitting* § 89 Rn. 7). Der Betriebsrat hat also kein Initiativrecht, mit dem er über die Einigungsstelle die Teilnahme an EMAS anstreben könnte. Er kann vielmehr nur nach § 80 Abs. 1 Nr. 2 vorgehen. Jedoch ist der Wirtschaftsausschuss nach § 106 Abs. 3 Nr. 5a n. F. zu beteiligen. Eine Mitbestimmung nach § 111 Satz 3 Nr. 4 und 5 dürfte in der Regel zumindest an dem Merkmal »grundlegend« scheitern (vgl. auch *Merten* DB 1996, 90). Zu beachten sind dagegen die Individualrechte der betroffenen Arbeitnehmer nach §§ 81, 82.

49 Organisationen, die **erstmalig** eine **Registrierung** anstreben, nehmen eine **Umweltprüfung** aller sie betreffenden Umweltaspekte gemäß den Anforderungen in Anhang I und in Anhang II Nummer A. 3.1. der VO 1221/2009 vor (Art. 4 Abs. 1 lit a VO 1221/2009). Weil bei der Umweltprüfung u. a. das Risiko von Umweltunfällen und Umweltauswirkungen, die sich aus Vorfällen, Unfällen und potenziellen Notfallsituationen ergeben oder ergeben könnten, zu erfassen ist, ist der Betriebsrat nach § 89 Abs. 1 und Abs. 2 unter Vorlage der erforderlichen Unterlagen (§ 80 Abs. 2 Satz 2) zu beteiligen. Nach § 89 Abs. 5 erhält der Betriebsrat die Niederschrift der Umweltprüfung.

50 Auf der Grundlage der Ergebnisse der Umweltprüfung führen die Organisationen ein von ihnen entwickeltes **Umweltmanagementsystem** ein, das alle in Anhang II der VO 1221/2009 genannten Anforderungen abdeckt und etwaige bewährte branchenspezifische Umweltmanagementpraktiken berücksichtigt (Art. 4 Abs. 1 lit. b VO 1221/2009). Ein Umweltmanagementsystem ist der Teil des gesamten Managementsystems, der die Organisationsstruktur, Planungstätigkeiten, Verantwortlichkeiten, Verhaltensweisen, Vorgehensweisen, Verfahren und Mittel für die Festlegung, Durchführung, Verwirklichung, Überprüfung und Fortführung der Umweltpolitik und das Management der Umweltaspekte umfasst (Art. 2 Nr. 13 VO 1221/2009). Mit Blick auf die dabei angesprochenen und eingeforderten Planungstätigkeiten kommen jedenfalls Unterrichtungs- und Beratungsrechte des Betriebsrats gem. § 90 Abs. 1 Nr. 3 in Betracht (zust. *Fitting* § 89 Rn. 7). Der Betriebsrat ist außerdem nach § 89 Abs. 2 Satz 2 zu beteiligen. Unter **Umweltpolitik** fasst die VO 1221/2001 (Art. 2 Nr. 1) die von den obersten Führungsebenen einer Organisation verbindlich dargelegten Absichten und Ausrichtungen dieser Organisation in Bezug auf ihre Umweltleistung, einschließlich der Einhaltung aller geltenden Umweltvorschriften und der Verpflichtung zur kontinuierlichen Verbesserung der Umwelt-

Arbeits- und betrieblicher Umweltschutz § 89

leistung. Sie bildet den Rahmen für die Maßnahmen und für die Festlegung umweltbezogener Zielsetzungen und Einzelziele.

Die Organisationen führen weiter eine **Umweltbetriebsprüfung** gemäß den Anforderungen in An- 51
hang II Nummer A. 5.5. und Anhang III der VO 1221/2009 durch (Art. 4 Abs. 1 lit. c VO 1221/2009). Umweltbetriebsprüfung meint die systematische, dokumentierte, regelmäßige und objektive Bewertung der Umweltleistung einer Organisation, des Managementsystems und der Verfahren zum Schutz der Umwelt (Art. 2 Nr. 16 VO 1221/2009). Soweit die Umweltbetriebsprüfung durch eigene Arbeitnehmer durchgeführt wird, ist neben § 89 Abs. 2 bei einer etwaigen Versetzung des Arbeitnehmers § 99 i. V. m. § 95 Abs. 3 zu beachten.

Die Organisationen erstellen außerdem eine **Umwelterklärung** gemäß Anhang IV der VO 52
1221/2009 (Art. 4 Abs. 1 lit. d VO 1221/2009). Unter einer Umwelterklärung versteht die VO 1221/2009 gem. Art. 2 Nr. 18 die umfassende Information der Öffentlichkeit und anderer interessierter Kreise mit folgenden Angaben zur Organisation: a) Struktur und Tätigkeiten; b) Umweltpolitik und Umweltmanagementsystem; c) Umweltaspekte und -auswirkungen; d) Umweltprogramm, -zielsetzung und -einzelziele; e) Umweltleistung und Einhaltung der geltenden umweltrechtlichen Verpflichtungen gemäß Anhang IV der VO 1221/2009. Auch von der Umwelterklärung erhält der Betriebsrat eine Niederschrift gem. § 89 Abs. 5.

Ob die Umweltprüfung, die Umweltpolitik, das Umweltmanagementsystem, die Umweltbetriebs- 53
prüfungsverfahren einer Organisation und deren Durchführung den Anforderungen der Verordnung 1221/2009 entsprechen, prüft ein **Umweltgutachter** (Art. 18 VO 1221/2009; zu Anforderungen an Umweltgutachter vgl. Art. 20 ff. VO 1221/2009 sowie §§ 4 ff. des Umweltauditgesetzes – UAG in der Fassung vom 04.09.2002 mit späteren Änderungen). Bei der Begutachtung ist der Betriebsrat gem. § 89 Abs. 2 Satz 2 hinzuzuziehen. Nach der Begutachtung validiert der Umweltgutachter die Umwelterklärung oder die aktualisierte Umwelterklärung der Organisation und bestätigt, dass sie die Anforderungen dieser Verordnung erfüllen, sofern die Ergebnisse der Begutachtung und Validierung zeigen, dass die Informationen und Daten in der Umwelterklärung oder der aktualisierten Umwelterklärung der Organisation zuverlässig und korrekt sind und den Vorschriften dieser Verordnung entsprechen, und dass keine Nachweise für die Nichteinhaltung der geltenden Umweltvorschriften durch die Organisation vorliegen. Nach der Validierung stellt der Umweltgutachter eine unterzeichnete Erklärung gemäß Anhang VII der VO 1221/2009 aus, mit der bestätigt wird, dass die Begutachtung und die Validierung im Einklang mit dieser Verordnung erfolgt sind (vgl. Art. 25 Abs. 8 und 9 VO 1221/2009). Zum Verfahren der Registrierung vgl. Art. 13 der VO 1221/2009. Für **bereits registrierte Organisationen** errichtet die VO 1221/2009 in ihren Art. 6 ff. ein Programm mit periodisch wiederkehrenden Pflichten.

Bei der Vielseitigkeit der durch EMAS aufgeworfenen Fragen empfiehlt es sich für die Betriebspartner 54
von ihrer Befugnis nach § 88 Nr. 1a Gebrauch zu machen und Regelungen durch freiwillige Betriebsvereinbarung zu treffen. Für etwaige Schulungen der Beschäftigten (vgl. Anhang II. A 4.2. der VO 1221/2009) sind gegebenenfalls die §§ 96 ff. und für Betriebsratsmitglieder die § 37 Abs. 6 und 7 zu beachten. Die Einbeziehung der Arbeitnehmer in den Prozess einer kontinuierlichen Verbesserung der Umweltleistung des Betriebes kann vor allem nach Maßgabe des § 87 Abs. 1 Nr. 12 gefördert werden.

kk) Pflichten und Rechte des Arbeitnehmers hinsichtlich des Umweltschutzes

Der Arbeitnehmer ist verpflichtet, seine Arbeit entsprechend der von ihm übernommenen Funktion 55
ordnungsgemäß zu erbringen. Dazu gehört auch die Beachtung der auf seine Tätigkeit bezogenen Vorschriften des Umweltschutzes (*Schmitt-Schönenberg* AuR 1994, 281 f., daselbst S. 287 f. zur Haftung des Arbeitnehmers). Aufgrund seiner Treuepflicht ist der Arbeitnehmer ferner zu einem Gesamtverhalten verpflichtet, das darauf gerichtet ist, nach Maßgabe der von ihm übernommenen Funktion die berechtigten Interessen des Arbeitgebers nicht zu schädigen und im Rahmen des Zumutbaren wahrzunehmen (*Wiese* ZfA 1996, 439 [462]). Dazu gehört, dass er – auch im Bereich des Umweltschutzes – dem Arbeitgeber drohende Schäden anzeigen (auch zur Anzeige gegenüber außerbetrieblichen Stellen s. *Franzen* § 84 Rdn. 9; *Froschauer* S. 110 ff.) oder im Rahmen des Zumutbaren selbst abwenden

muss (*Wiese* ZfA 1996, 439 [462]). Nach allgemeinen Grundsätzen hat der Arbeitnehmer bei eigener Gefährdung gegebenenfalls ein Leistungsverweigerungsrecht (*Froschauer* S. 90 ff; *Schmitt-Schönenberg* AuR 1994, 281 [283 f.]) und kann sich nach Maßgabe des § 86a an den Betriebsrat wenden oder gemäß §§ 84, 85 beschweren (zu Überlegungen de lege ferenda für ein Arbeitsgesetzbuch *Stevens-Bartol* AuR 1992, 262 ff.).

ll) Schulung von Betriebsratsmitgliedern

56 Bei der Schwierigkeit der Materie des Umweltschutzes kommt der Schulung von Betriebsratsmitgliedern, auch wenn der Betriebsrat nur für Fragen des betrieblichen Umweltschutzes zuständig ist, eine besondere Bedeutung zu; insofern gelten die allgemeinen Regeln des § 37 Abs. 6 und 7 (hierzu s. *Weber* § 37 Rdn. 197, 251; *BAG* 11.10.1995 EzA § 37 BetrVG 1972 Nr. 131 = AP Nr. 115 zu § 37 BetrVG 1972 = SAE 1997, 88 [*Gutzeit*] = JR 1997, 132 [*Kohte*] = ZUR 1996, 328 [*Faber*]; *Fitting* § 37 Rn. 149, 199; *Froschauer* S. 193 ff. Zum Anspruch des Betriebsrats auf die für seine Amtstätigkeit erforderliche Literatur s. *Weber* § 40 Rdn. 154 ff., insbesondere zum Anspruch auf Umweltschutzliteratur *Froschauer* S. 197 ff.).

2. Bekämpfung von Unfall- und Gesundheitsgefahren

57 Nach § 89 Abs. 1 Satz 2 hat der Betriebsrat bei der Bekämpfung von Unfall- und Gesundheitsgefahren die für den Arbeitsschutz (Rdn. 8 ff.) **zuständigen Behörden** (Rdn. 61), die **Träger** der **gesetzlichen Unfallversicherung** (Rdn. 62) und die **sonstigen** in Betracht kommenden **Stellen** (Rdn. 65) durch **Anregung** (*BAG* 06.12.1983 EzA § 87 BetrVG 1972 Bildschirmarbeitsplatz Nr. 1 = AP Nr. 7 zu § 87 BetrVG 1972 Überwachung Bl. 14), **Beratung** und **Auskunft** zu **unterstützen**. Die Vorschrift betrifft nicht den Umweltschutz (ebenso *Richardi/Annuß* § 89 Rn. 15; a. M. *Fitting* § 89 Rn. 16; *Kohte*/HaKo § 89 Rn. 25). Das bedeutet eine Ergänzung seiner allgemeinen Aufgaben nach § 80 Abs. 1 Nr. 1, 2 und 9. Der Betriebsrat hat daher das **Recht** und die **Pflicht**, auf Gefahrenquellen und Mängel im Arbeitsschutz hinzuweisen (*BAG* 03.06.2003 EzA § 89 BetrVG 2001 Nr. 1 S. 9 = AP Nr. 1 zu § 89 BetrVG 1972 Bl. 3 R; s. a. Rdn. 79), Vorschläge für deren Beseitigung oder eine Verbesserung der Unfallverhütung zu machen und mit dem Arbeitgeber zu beraten, entsprechende Anregungen von Arbeitnehmern aufzugreifen und deren Beschwerden nachzugehen. Damit sollen seine besondere Sachnähe, Kenntnisse und Erfahrungen bei der Durchführung des Arbeitsschutzes nutzbar gemacht werden. Durch sachverständige Mitwirkung kann der Betriebsrat einen wesentlichen Beitrag zur Durchsetzung und Verbesserung des Arbeitsschutzes leisten. Die nach § 89 Abs. 1 Satz 2 dem Betriebsrat obliegende Pflicht berechtigt ihn nicht stets und einschränkungslos, den Aufsichtsbehörden die vom Arbeitgeber elektronisch erfassten tatsächlich geleisteten Arbeitszeiten der Arbeitnehmer namensbezogen mitzuteilen; er muss vielmehr aus Gründen des Datenschutzes im Einzelfall die Erforderlichkeit der Datenweitergabe prüfen und hierbei die Interessen der betroffenen Arbeitnehmer berücksichtigen (*BAG* 03.06.2003 EzA § 89 BetrVG 2001 Nr. 1 S. 12 ff. = AP Nr. 1 zu § 89 BetrVG 1972 Bl. 5 ff. [*Simitis*] = SAE 2004, 287 [*Reichold*]; krit. *Buschmann/DKKW* § 89 Rn. 25).

58 Der **Betriebsrat** kann auch, falls der Arbeitgeber gegen Vorschriften des Arbeitsschutzes verstößt, **Betriebskontrollen** durch das **Gewerbeaufsichtsamt** und die sonstigen in Betracht kommenden Stellen **veranlassen**; jedoch muss er dabei die Grundsätze des § 2 Abs. 1 und des § 74 Abs. 1 Satz 2 beachten, in der Regel also zunächst versuchen, eine **Beseitigung** der **Mängel durch** den **Arbeitgeber** zu erreichen, **bevor** er sich an **außerbetriebliche Stellen** wendet (*BAG* 03.06.2003 EzA § 89 BetrVG 2001 Nr. 1 S. 10 f. = AP Nr. 1 zu § 89 BetrVG 1972 Bl. 4 f.); *Bender/WPK* § 89 Rn. 12; *Clemenz/HWK* § 89 Rn. 19; *Denck* DB 1980, 2132 [2137 f.]; *Egger* BB 1992, 629 [631]; *Fitting* § 89 Rn. 18; *Hütig* DB 1975, 594; *Kania*/ErfK § 89 BetrVG Rn. 2; *Löwisch/Kaiser* § 89 Rn. 10; *Plander* AuR 1993, 161 [167 f.]; *Richardi/Annuß* § 89 Rn. 19; *Rieble*/AR § 89 BetrVG Rn. 3; *Stege/Weinspach/Schiefer* § 89 Rn. 3;*Wiese* 50 Jahre Bundesarbeitsgericht, 2004, S. 1125 [1131 ff.]; *Worzalla*/HWGNRH § 89 Rn. 16; ohne Einschränkungen *Buschmann/DKKW* § 89 Rn. 24 – widersprüchlich; *Simitis/Kreuder* NZA 1992, 1009 [1014]; vgl. auch *Kohte*/HaKo § 89 Rn. 25; zur gleichen Problematik für den Arbeitnehmer s. *Franzen* § 84 Rdn. 9). Unerheblich ist, dass § 49 Abs. 4 BetrVG 1952, der ausdrücklich die Anrufung von Behörden erst zuließ, nachdem eine Einigung im Betrieb nicht erzielt wurde, nicht in das BetrVG 1972 übernommen worden ist (amtliche Begründung, BT-Drucks. VI/1786, S. 46; s. *Kreutz/Jacobs* § 74 Rdn. 6; *ders.* BlStSozArbR 1972, 44 [51]; *Richardi* § 74 Rn. 3; *Wiese* JArbR Bd. 9 [1971], 1972, S. 55 [69 f.]). Die hier vertretene Ansicht entspricht **§ 17 Abs. 2 Satz 1 ArbSchG**.

Die Hinweise des Betriebsrats können sich auf Maschinen, Arbeitsstoffe, Arbeitsschutzmittel, betriebliche Räume, Wege, Straßen, Plätze und Verkehrsmittel, das Verhalten der Arbeitnehmer oder von Vorgesetzten und die Organisation des Arbeitsschutzes beziehen. Die Initiative des Betriebsrats kann zu Einzelmaßnahmen, aber auch zu einer Betriebsvereinbarung nach § 87 Abs. 1 Nr. 7, § 88 Nr. 1 führen. Dagegen kann der Betriebsrat selbst keine Maßnahmen des Arbeitsschutzes ergreifen. Ihre **Durchführung obliegt** allein dem **Arbeitgeber** (§ 77 Abs. 1 Satz 2; *Buschmann/DKKW* § 89 Rn. 28; *Fitting* § 89 Rn. 15; *Richardi/Annuß* § 89 Rn. 14; *Worzalla/HWGNRH* § 89 Rn. 22), der auch durch die Beteiligung des Betriebsrats **nicht aus** seiner **Verantwortung entlassen** wird (§ 21 Abs. 1 SGB VII; *Fitting* § 89 Rn. 15; *Hueck/Nipperdey* II/2, S. 1405; *Worzalla/HWGNRH* § 89 Rn. 18). **59**

Da der Betriebsrat auch außerbetriebliche Stellen – z. B. die Gewerbeaufsichtsämter – durch Anregung, Beratung und Auskunft zu unterstützen hat, ist seine **Schweigepflicht** nach § 79 insoweit **eingeschränkt** (*BAG* 03.06.2003 EzA § 89 BetrVG 2001 Nr. 1 S. 9 = AP Nr. 1 zu § 89 BetrVG 1972 Bl. 4; *Buschmann/DKKW* § 89 Rn. 24; *Fitting* § 89 Rn. 18; *Hueck/Nipperdey* II/2, S. 1405; *Löwisch/Kaiser* § 89 Rn. 10; *Richardi/Annuß* § 89 Rn. 18; *Stege/Weinspach/Schiefer* § 89 Rn. 3; *Worzalla/HWGNRH* § 89 Rn. 17). **60**

Für den **Arbeitsschutz zuständige Behörden** sind die ordentlichen Polizeibehörden, soweit nicht deren Aufgaben auf die **Gewerbeaufsichtsbehörden** (zur unterschiedlichen Bezeichnung in den einzelnen Bundesländern *Nipperdey* II, Arbeitssicherheit, Textsammlung, Nr. 780) übertragen worden sind (§ 38 ProdSG, § 139b GewO i. V. m. den einschlägigen landesrechtlichen Vorschriften), **Bergämter** (§§ 69 ff., 142 BBergG vom 13.08.1980 [BGBl. I, S. 1310] i. V. m. den einschlägigen landesrechtlichen Vorschriften), **Gesundheitsämter** (*Worzalla/HWGNRH* § 89 Rn. 13), die für den **medizinischen Arbeitsschutz zuständigen** Stellen (§ 4 BKV vom 31.10.1997 [BGBl. I, S. 2623]), die für den **Immissionsschutz** zuständigen Behörden (§ 10 Abs. 1, § 47e BImSchG), Landratsämter oder Gemeinden als **Bauaufsichts-** bzw. **Baurechtsbehörden** (landesrechtliche Vorschriften; ferner *Fitting* § 89 Rn. 16; *Worzalla/HWGNRH* § 89 Rn. 13) und der **Polizeivollzugsdienst**, wenn ein **sofortiges Tätigwerden** erforderlich erscheint (z. B. § 60 Abs. 2 Polizeigesetz Baden-Württemberg i. d. F. vom 13.01.1992 [GBl. S. 1, 596, GBl. 1993 S. 155]); ferner *Kohte/*MünchArbR § 290 Rn. 79 ff. Zu den zuständigen Behörden, ihren Befugnissen und dem Zusammenwirken mit den Trägern der gesetzlichen Unfallversicherung nach dem **Arbeitsschutzgesetz** daselbst **§§ 21, 22, zum Zusammenwirken der Arbeitgeber mit der Bundesagentur für Arbeit und den Integrationsämtern § 80 SGB IX.** **61**

Träger der **gesetzlichen Unfallversicherung (Unfallversicherungsträger)** sind nach § 114 Abs. 1 SGB VII die in der Anlage 1 aufgeführten gewerblichen Berufsgenossenschaften, die Sozialversicherung für Landwirtschaft, Forsten und Gartenbau (bei Durchführung der Aufgaben nach dem SGB VII und in sonstigen Angelegenheiten der landwirtschaftlichen Unfallversicherung führt sie die Bezeichnung landwirtschaftliche Berufsgenossenschaft), die Unfallversicherung Bund und Bahn, die Unfallkassen der Länder, die Gemeindeunfallversicherungsverbände und Unfallkassen der Gemeinden, die Feuerwehr-Unfallkassen, die gemeinsamen Unfallkassen für den Landes- und den kommunalen Bereich (dazu ferner §§ 115 bis 118 SGB VII und zum früheren Recht 5. Aufl. § 89 Rn. 10). Zur Genehmigung zulässiger Satzungen der Unfallversicherungsträger § 114 Abs. 2 SGB VII, zur Zuständigkeit der gewerblichen Berufsgenossenschaften §§ 121 bis 124 SGB VII, der Unfallversicherungsträger der öffentlichen Hand §§ 125 bis 129a SGB VII und der für beide gemeinsam geltenden Vorschriften über die Zuständigkeit §§ 130 bis 139a SGB VII. **62**

Aufgabe der **Unfallversicherung** ist es, nach Maßgabe des SGB VII mit allen geeigneten Mitteln Arbeitsunfälle und Berufskrankheiten sowie arbeitsbedingte Gesundheitsgefahren zu verhüten (§ 1 Nr. 1 SGB VII, vorher § 546 Abs. 1 RVO). Diese Vorschrift und die §§ 14 bis 25 SGB VII sind am 21.08.1996 in Kraft getreten, die übrigen Vorschriften des SGB VII am 01.01.1997 (Art. 36 UVEG). **63**

Zum **Kreis** der **Versicherten** §§ 2 bis 6 SGB VII. **Versicherungsfälle** sind Arbeitsunfälle und Berufskrankheiten, die durch verbotswidriges Handeln nicht ausgeschlossen werden (§ 7 SGB VII; dazu s. § 87 Rdn. 614 f.). Zu den mittelbaren Folgen eines Versicherungsfalls § 11 SGB VII, zum Versicherungsfall einer Leibesfrucht § 12 SGB VII.

64 Die **Unfallversicherungsträger** haben die Durchführung der **Maßnahmen** zur Verhütung von Arbeitsunfällen, Berufskrankheiten, arbeitsbedingten Gesundheitsgefahren und für eine wirksame Erste Hilfe in den Unternehmen zu **überwachen** sowie die **Unternehmer** und die **Versicherten** zu **beraten** (§ 17 Abs. 1 Satz 1 SGB VII; vgl. auch Abs. 2 bei Zuständigkeit mehrerer Versicherungsträger). Zu **Anordnungen** der Versicherungsträger Rdn. 74, zu deren **Verpflichtung**, **Aufsichtspersonen** zu **bestellen**, § 18 Abs. 1 SGB VII sowie zu deren **Befugnissen** § 19 SGB VII. Nach Maßgabe des § 20 SGB VII **wirken die Unfallversicherungsträger** und die für den Arbeitsschutz **zuständigen Landesbehörden eng zusammen**; die hierzu nach § 20 Abs. 3 Satz 1 Nr. 2 SGB VII zu erlassenden Verwaltungsvorschriften sind noch nicht ergangen (bisher die AV vom 26.07.1968/28.11.1977, s. Anhang 2). (Neue) Verwaltungsvorschriften nach § 20 Abs. 3 Satz 1 Nr. 2 SGB VII werden jedoch erst erlassen, wenn innerhalb einer vom Bundesministerium für Arbeit und Soziales gesetzten angemessenen Frist nicht für jedes Land eine Vereinbarung nach § 20 Abs. 2 Satz 3 abgeschlossen oder eine unzureichend gewordene Vereinbarung geändert worden ist. Aus der damit angesprochenen »Gemeinsamen Deutschen Arbeitsschutzstrategie (GDA)« (vgl. auch § 20a ArbSchG) ist zwischenzeitlich eine »Rahmenvereinbarung über das Zusammenwirken der staatlichen Arbeitsschutzbehörden der Länder und der Träger der gesetzlichen Unfallversicherung« (s. Anhang 3) hervorgegangen, die in den einzelnen Ländern auch schon ratifiziert wurde.

65 **Sonstige** für den **Arbeitsschutz** in Betracht kommende **Stellen** sind die **ermächtigten Ärzte** (z. B. § 8 BGV A 4), die **Sicherheitsbeauftragten** (Rdn. 75 ff.), die **Betriebsärzte** und die **Fachkräfte für Arbeitssicherheit** (s. § 87 Rdn. 671 ff., zur Zusammenarbeit daselbst § 87 Rdn. 693 ff.), der **Strahlenschutzverantwortliche** und **Strahlenschutzbeauftragte** (s. § 87 Rdn. 696), die **Immissionsschutz-** und **Störfallbeauftragten** (s. § 87 Rdn. 646), die **Beauftragten** oder **Ausschüsse für Biologische Sicherheit** (§ 6 Abs. 4 GenTG), die **Gewässerschutzbeauftragten** (§ 64 WHG), die **Gefahrgutbeauftragten** (§ 3 GbV), der **Arbeitsschutzausschuss** (Rdn. 79), der **Abfallbeauftragte** (§ 59 KrWG; vgl. auch § 87 Rdn. 646) sowie der **Arbeitgeber** und die **nach § 13 ArbSchG verantwortlichen Personen** (im Wesentlichen wie hier *Bender/WPK* § 89 Rn. 9; *Buschmann/DKKW* § 89 Rn. 27; *Fitting* § 89 Rn. 17; *Galperin/Löwisch* § 89 Rn. 4; *Kohte/*HaKo § 89 Rn. 24; *Richardi/Annuß* § 89 Rn. 16; **a. M.** *Worzalla/HWGNRH* § 89 Rn. 15; vgl. auch *Ehrich* Betriebsbeauftragte, AR-Blattei SD 475). Gegen letzteren spricht auch nicht § 89 Abs. 2, der den Arbeitgeber neben den in Abs. 1 genannten Stellen besonders aufführt. Die Verpflichtung des Betriebsrats, im Rahmen des Arbeitsschutzes gegenüber dem Arbeitgeber aktiv zu werden, folgt im Übrigen aus § 80 Abs. 1 Nr. 2. Soweit der Arbeitgeber Pflichten, die ihm aufgrund des Rechts der Unfallversicherung obliegen, auf Angehörige seines Unternehmens übertragen darf (Rdn. 83), sind auch diese Personen vom Betriebsrat zu unterstützen (*Richardi/Annuß* § 89 Rn. 16). Die hier vertretene weite Auffassung ist gerechtfertigt, um eine Unterstützung aller am Arbeitsschutz maßgebend Beteiligten durch den Betriebsrat zu gewährleisten.

3. Hinzuziehung durch Arbeitgeber und andere Stellen

66 Nach **§ 89 Abs. 2 Satz 1** sind der Arbeitgeber und die in § 89 Abs. 1 Satz 2 genannten Stellen (Rdn. 61 ff.) verpflichtet, den **Betriebsrat** oder die von ihm bestimmten Mitglieder des Betriebsrats bei allen im Zusammenhang mit dem **Arbeitsschutz** oder der **Unfallverhütung** stehenden **Besichtigungen und Fragen** sowie bei **Unfalluntersuchungen hinzuzuziehen**. Nach **§ 89 Abs. 2 Satz 2** gilt dies auch bei allen im Zusammenhang mit dem **betrieblichen Umweltschutz** stehenden Besichtigungen und Fragen (z. B. § 52 Abs. 2 BImSchG). Jedoch muss es sich um die **Erörterung konkreter Fragen** handeln (zust. *Richardi/Annuß* § 89 Rn. 21; krit. *Faber* Arbeitsschutzrechtliche Grundpflichten, S. 327 Fn. 530); der Arbeitgeber ist daher nicht verpflichtet, den Betriebsrat an allen Besprechungen mit der Sicherheitsfachkraft über Fragen der Arbeitssicherheit zu beteiligen (*LAG Düsseldorf* 03.01.1989 NZA 1989, 733). Dagegen hat er den Betriebsrat bei der **Gefährdungsbeurteilung** und der **Ermittlung** der **erforderlichen Arbeitsschutzmaßnahmen** nach **§ 5**

ArbSchG (s. § 87 Rdn. 635) hinzuzuziehen (ebenso *Kohte*/HaKo § 89 Rn. 38). Die Ergebnisse hat der Arbeitgeber nach § 89 Abs. 1 Satz 2 mit dem Betriebsrat zu beraten; Niederschriften erhält er nach § 89 Abs. 5. Soweit der Arbeitgeber nach § 89 Abs. 2 Satz 1 verpflichtet ist, schließt das die rechtzeitige und umfassende Unterrichtung des Betriebsrats und die **Vorlage** der **erforderlichen Unterlagen** ein (§ 80 Abs. 2; zur Vorlage der Dokumentation der Gefährdungsbeurteilung nach § 6 ArbSchG s. § 87 Rdn. 636). Hinsichtlich der zweckmäßigen Organisation der Zusammenarbeit zwischen Arbeitgeber und Betriebsrat Rdn. 6.

Zu beachten ist ferner die schon nach § 712 Abs. 4, § 769 Abs. 1, § 801 Abs. 1 RVO vom BMA erlassene **Allgemeine Verwaltungsvorschrift** über das **Zusammenwirken** der **technischen Aufsichtsbeamten** der Träger der Unfallversicherung **mit** den **Betriebsvertretungen** vom 21.06.1968 / 28.11.1977 (BAnz. 1968 Nr. 116, BAnz. 1977 Nr. 225, s. Anhang 1; zur Anhörung des Betriebsrats vor Anordnungen nach § 712 RVO bei der Bestellung von Sicherheitsfachkräften und Betriebsärzten *Wolber* BlStSozArbR 1981, 107 f.). Sie macht den technischen Aufsichtsbeamten auf dem Gebiet der Unfallverhütung und Ersten Hilfe ein enges Zusammenwirken mit den Betriebsvertretungen zur Pflicht (§ 2). Vgl. ferner die nach § 717, § 769 Abs. 1, § 801 Abs. 1 RVO vom BMA erlassene Allgemeine Verwaltungsvorschrift über das **Zusammenwirken** der **Träger** der **Unfallversicherung** und der **Gewerbeaufsichtsbehörden** vom 26.07.1968 / 28.11.1977 (BAnz. 1968 Nr. 142, BAnz. 1977 Nr. 225; s. Anhang 2), die auch diese Stellen zum engen Zusammenwirken auf dem Gebiet der Unfallverhütung und Ersten Hilfe verpflichtet. Die nach § 20 Abs. 3 SGB VII zu erlassenen Verwaltungsvorschriften stehen noch aus (vgl. auch den neu eingefügten Satz 3 – dazu Rdn. 64). 67

Hinsichtlich der Zusammenarbeit von Gewerbeaufsichtsbeamten und Betriebsrat vgl. ferner die landesrechtlichen Vorschriften (7. Aufl. § 89 Rn. 68). 68

Die **Beteiligung** des **Betriebsrats** nach § 89 Abs. 2 Satz 1 ist für den **gesamten Bereich** des **Arbeitsschutzes** nach Wortlaut und Zweck der Bestimmung **umfassend** (*Bender/WPK* § 89 Rn. 14; *Buschmann/DKKW* § 89 Rn. 36; *Galperin/Löwisch* § 89 Rn. 9, 11). Sie besteht daher auch bei der **Einführung** und **Prüfung** von **Arbeitsschutzeinrichtungen**, die im Gegensatz zu § 58 Abs. 2 BetrVG 1952 nicht mehr ausdrücklich erwähnt werden (*Fitting* § 89 Rn. 29; *Richardi/Annuß* § 89 Rn. 21). In Betracht kommen z. B. Schutzeinrichtungen an Maschinen, Schutzkleidung und sonstige Schutzausrüstungen (s. § 87 Rdn. 651). Bei ihrer Prüfung und Einführung ist der Betriebsrat so rechtzeitig zu beteiligen, dass er noch auf die Entscheidung des Arbeitgebers einwirken kann (*Buschmann/DKKW* § 89 Rn. 39; *Fitting* § 89 Rn. 29; *Kania*/ErfK § 89 BetrVG Rn. 5). Besonders hervorgehoben werden nur noch mit dem Arbeitsschutz zusammenhängende Besichtigungen und Unfalluntersuchungen. Zu **Besichtigungen** § 139b GewO; § 19 Abs. 2 Nr. 1 SGB VII (vorher § 714 RVO); § 4, § 6 Abs. 1 AV vom 21.06.1968 / 28.11.1977 (s. Anhang 1); § 3 Abs. 2, §§ 4, 5 AV vom 26.07.1968 / 28.11.1977 (s. Anhang 2). Zu **Unfalluntersuchungen** allgemein § 19 Abs. 2 Nr. 7 SGB VII (vorher §§ 1559 bis 1567 RVO), § 4 AV vom 21.06.1968 / 28.11.1977 (s. Anhang 1), § 5 AV vom 26.07.1968 / 28.11.1977 (s. Anhang 2), für Seeunfälle Gesetz zur Verbesserung der Sicherheit der Seefahrt durch die Untersuchung von Seeunfällen und anderen Vorkommnissen (Seesicherheits-Untersuchungs-Gesetz – SUG) in der Fassung vom 01.03.2012 (BGBl. I, S. 390) mit späteren Änderungen und für Berufskrankheiten § 9 SGB VII (vorher § 551 RVO) i. V. m. der Berufskrankheiten-Verordnung vom 31.10.1997 (BGBl. I, S. 2623) mit späteren Änderungen. Zur **Beteiligung** des **Betriebsrats** bei **Forschungsvorhaben** *Scholz* BB 1981, 441 (446 f.); krit. dazu *Bieback* RdA 1983, 265 (269 ff.). 69

Die Hinzuziehung des Betriebsrats hat bei **jeder Unfalluntersuchung** innerhalb oder außerhalb des Betriebs auch dann zu erfolgen, wenn kein Arbeitnehmer zu Schaden gekommen ist (*BVerwG* 08.12.1961 AP Nr. 2 zu § 68 PersVG; *Buschmann/DKKW* § 89 Rn. 38; *Fitting* § 89 Rn. 30; *Galperin/Löwisch* § 89 Rn. 11; *Kohte*/HaKo § 89 Rn. 39; *Richardi/Annuß* § 89 Rn. 21; *Stege/Weinspach/Schiefer* § 89 Rn. 7; *Worzalla*/HWGNRH § 89 Rn. 25). Sie bezieht sich auf die gesamte Untersuchung, d. h. Besichtigung des Unfallortes, Ermittlung der Ursachen eines Unfalls, einer Erkrankung oder eines Schadensfalles (§ 19 Abs. 2 Nr. 7 SGB VII), Zeugenvernehmung, Anhörung von Sachverständigen, Einsicht in Unterlagen, z. B. Aufzeichnungen über Messwerte (*Buschmann/DKKW* § 89 Rn. 38; *Fitting* § 89 Rn. 32 f.; *Worzalla*/HWGNRH § 89 Rn. 25). Zur Ermittlung einer Gesundheitsgefährdung 70

§ 3 BGV A 1. Dabei handelt es sich zwar nicht um eine Unfalluntersuchung, jedoch ergibt sich die Pflicht zur Hinzuziehung des Betriebsrats aus dessen allgemeiner Zuständigkeit nach § 89 Abs. 2 Satz 1. Gleiches gilt für eine Untersuchung nach § 19 Abs. 2 Nr. 5 SGB VII.

71 Der Betriebsrat erhält nach **§ 89 Abs. 5** in Konkretisierung des § 80 Abs. 2 Satz 2 **vom Arbeitgeber die Niederschriften über Untersuchungen** und **Besichtigungen**, zu denen er nach § 89 Abs. 2 hinzuzuziehen ist (zur Aushändigung der Niederschriften über Besprechungen nach § 89 Abs. 4 vgl. Rdn. 82). Der Betriebsrat hat auf die Aushändigung einen **Anspruch** gegen den Arbeitgeber bzw. die Stelle, von der die Niederschrift angefertigt worden ist. Gleichgültig ist, ob er zu der Untersuchung oder Besichtigung hinzugezogen worden oder ob er einer Aufforderung zur Teilnahme nicht gefolgt ist (*Buschmann/DKKW* § 89 Rn. 48; *Kohte/*HaKo § 89 Rn. 40; *Richardi/Annuß* § 89 Rn. 27; **a. M.** *Brecht* § 89 Rn. 6). Der Arbeitgeber hat dem Betriebsrat unmittelbar von sich aus die Niederschriften zuzuleiten (*Buschmann/DKKW* § 89 Rn. 48; *Fitting* § 89 Rn. 27; *Worzalla/HWGNRH* § 89 Rn. 38; *Richardi/Annuß* § 89 Rn. 27). Die nach bisherigem Recht (§ 89 Abs. 4 a. F.) umstrittene Frage, ob auch die Stelle, von der die Niederschrift angefertigt wurde, zu deren Zuleitung an den Betriebsrat berechtigt sei (vgl. 6. Auflage, § 89 Rn. 33), ist durch Einfügung der Worte »vom Arbeitgeber« in § 89 Abs. 5 im entgegengesetzten Sinne entschieden worden (ebenso *Bender/WPK* § 89 Rn. 17; **a. M.** *Kohte/*HaKo § 89 Rn. 41 f.).

72 Die Bestimmung begründet **keine Verpflichtung** zur **Anfertigung** von **Niederschriften**. Sie sind dem Betriebsrat daher nur auszuhändigen, falls sie nach sonstigen Vorschriften (z. B. § 193 Abs. 9 Satz 2 SGB VII, vorher § 1746 Abs. 2 RVO) anzufertigen oder freiwillig angefertigt worden sind. Das folgt aus den Beschlüssen des 10. Ausschusses, durch die der Artikel »die« vor Niederschriften eingefügt wurde (BT-Drucks. VI/2729, S. 40; *Buschmann/DKKW* § 89 Rn. 49; *Kania/*ErfK § 89 BetrVG Rn. 7; *Löwisch/Kaiser* § 89 Rn. 14; *Worzalla/HWGNRH* § 89 Rn. 37).

4. Mitteilung von Auflagen und Anordnungen durch den Arbeitgeber

73 Nach **§ 89 Abs. 2 Satz 2** hat der Arbeitgeber dem Betriebsrat unverzüglich, d. h. ohne schuldhaftes Zögern (§ 121 Abs. 1 Satz 1 BGB) die, also sämtliche den Arbeitsschutz, die Unfallverhütung (Rdn. 7 ff.) und den betrieblichen Umweltschutz betreffenden **Auflagen** (z. B. § 8a Abs. 2, § 12 BImSchG) und **Anordnungen** (z. B. § 17 BImSchG) der zuständigen Stellen (Rdn. 61 ff.) mitzuteilen. Auch damit sollen die umfassende rechtzeitige Information des Betriebsrats auf dem Gebiet des Arbeits- und betrieblichen Umweltschutzes und seine Mitwirkung bei der Bekämpfung von Unfall- und Gesundheitsgefahren sowie Gefahren für den betrieblichen Umweltschutz gewährleistet werden. Die Verpflichtung besteht auch dann, wenn der Betriebsrat nicht nach § 89 Abs. 2 Satz 1 und 2 zu den dort genannten Angelegenheiten hinzugezogen worden oder einer Aufforderung zur Teilnahme nicht gefolgt ist (*Buschmann/DKKW* § 89 Rn. 40; *Fitting* § 89 Rn. 24; *Worzalla/HWGNRH* § 89 Rn. 31). Die zuständigen Stellen können den Betriebsrat nicht unmittelbar über die bezeichneten Auflagen und Anordnungen unterrichten (**a. M.** *Buschmann/DKKW* § 89 Rn. 40; *Fitting* § 89 Rn. 27; *Kohte/*HaKo § 89 Rn. 45). Die Verpflichtung trifft nach dem eindeutigen Gesetzestext den Arbeitgeber, was durch die ergänzte Neufassung des § 89 Abs. 5 bestätigt wird (Rdn. 71). Bei Anordnungen nach § 12 Abs. 1 ASiG hat die zuständige Behörde vorher den Arbeitgeber und den Betriebsrat zu hören und mit ihnen zu erörtern, welche Maßnahmen angebracht erscheinen (§ 12 Abs. 2 Nr. 1 ASiG; generell vor Erlass einer Anordnung: *Kohte/*MünchArbR § 290 Rn. 110). Außerdem hat die zuständige Behörde den Betriebsrat über eine dem Arbeitgeber gegenüber getroffene Anordnung schriftlich in Kenntnis zu setzen (§ 12 Abs. 4 ASiG; vgl. auch § 87 Rdn. 676).

74 **Anordnungen** sind alle Verfügungen, die sich an den Arbeitgeber richten und Maßnahmen des Arbeitsschutzes und der Unfallverhütung bzw. des betrieblichen Umweltschutzes im Einzelfall betreffen. **Auflagen** sind mit der Verfügung verbundene Forderungen, durch die von dem Betroffenen ein bestimmtes Tun, Dulden oder Unterlassen verlangt wird (*Wolff/Bachof/Stober/Kluth* Verwaltungsrecht II, § 47 II 4; ferner *Mertens* ArbSch. 1977, 3 [8]). Solche Anordnungen und Auflagen können z. B. nach § 6 Abs. 1 Satz 3, § 22 Abs. 3 ArbSchG, § 12 ASiG (s. § 87 Rdn. 676), § 141 Abs. 1 und 6 SeeArbG, § 27 Abs. 1 JArbSchG, § 2 Abs. 5 MuSchG, §§ 65–67 BBergG ergehen. Durch Gesetz vom

24.08.2002 (BGBl. I, S. 3412) wurden mit Wirkung vom 01.01.2003 §§ 120d, 120f, 139i GewO aufgehoben.

5. Mitwirkung bei der Bestellung von Sicherheitsbeauftragten

Nach **§ 22 Abs. 1 Satz 1 SGB VII** (vorher § 719 Abs. 1 Satz 1 RVO) hat der Unternehmer in Unternehmen mit regelmäßig mehr als zwanzig Beschäftigten (dazu auch § 22 Abs. 1 Satz 2 SGB VII) Sicherheitsbeauftragte unter Berücksichtigung der im Unternehmen für die Beschäftigten bestehenden Unfall- und Gesundheitsgefahren und der Zahl der Beschäftigten zu bestellen. Nach § 22 Abs. 1 Satz 3 SGB VII kann der Unfallversicherungsträger in Unternehmen mit besonderen Gefahren für Leben und Gesundheit anordnen, dass Sicherheitsbeauftragte auch dann zu bestellen sind, wenn die Mindestbeschäftigtenzahl nach Satz 1 nicht erreicht wird. Für Unternehmen mit geringen Gefahren für Leben und Gesundheit kann der Unfallversicherungsträger die Zahl zwanzig in seiner Unfallverhütungsvorschrift erhöhen (§ 22 Abs. 1 Satz 4 SGB VII). 75

Die **Bestellung** hat unter **Beteiligung** des **Betriebsrats** zu erfolgen (§ 22 Abs. 1 Satz 1 SGB VII, vorher § 719 Abs. 1 Satz 2 RVO: Mitwirkung). Wenn auch unter Beteiligung des Betriebsrats als Oberbegriff sowohl dessen Mitwirkung wie Mitbestimmung zu verstehen ist (s. *Franzen* § 1 Rdn. 67 f.), ist der unpräzisen Terminologie in § 22 Abs. 1 Satz 1 SGB VII doch nicht zu entnehmen, der Betriebsrat habe – ungeachtet der Mitbestimmung nach § 99 – bei der **individuellen Bestellung** der Sicherheitsbeauftragten mitzubestimmen, zumal eine § 9 Abs. 3 ASiG vergleichbare Formulierung unterblieben und eine verbindliche Entscheidung der Einigungsstelle im Streitfall nicht vorgesehen ist. Der Betriebsrat hat jedoch nicht nur einen **Anspruch** auf Anhörung, sondern **auf Beratung**, d. h. auf rechtzeitige und umfassende Erörterung hinsichtlich der Auswahl der Sicherheitsbeauftragten mit dem Ziel der Verständigung (enger *Staudinger/Oetker* BGB, § 618 Rn. 221 f.; wie hier *Bender/WPK* § 89 Rn. 20; *Bereiter-Hahn/Schieke/Mehrtens* Unfallversicherung, § 719 Rn. 5; *Ehrich* Amt, Anstellung und Mitbestimmung bei betrieblichen Beauftragten, S. 224 ff.; *Fitting* § 89 Rn. 34; *Kohte* FS *Wlotzke*, S. 563 [582 ff.]; *Oetker* BlStSozArbR 1983, 247 [249]; *Richardi/Annuß* § 89 Rn. 34; *Stege/Weinspach/Schiefer* § 89 Rn. 8; *Wank/Börkmann* Deutsches und europäisches Arbeitsschutzrecht, S. 62; *Worzalla/HWGNRH* § 89 Rn. 33; dagegen spricht das *LAG Düsseldorf* 25.03.1977 DB 1977, 915 [916], von einem Mitbestimmungsrecht; ebenso *Buschmann/DKKW* § 89 Rn. 43; *Kohte/HaKo* § 89 Rn. 32; *ders./MünchArbR* § 290 Rn. 64 bei generellen Regelungsfragen, nicht bei der individuellen Bestellung). Kommt es zu keiner Verständigung, so wird der Unternehmer seiner gesetzlichen Verpflichtung zur Bestellung nicht enthoben. 76

Die **Zahl** der Sicherheitsbeauftragten wird in den Unfallverhütungsvorschriften der Unfallversicherungsträger unter Berücksichtigung der in den Unternehmen für Leben und Gesundheit der Versicherten bestehenden arbeitsbedingten Gefahren und der Zahl der Beschäftigten festgelegt (§ 15 Abs. 1 Nr. 7 SGB VII; § 20 BGV A 1, Anlage 2). Eine Verpflichtung zur Übernahme des Amtes besteht nicht (*Buschmann/DKKW* § 89 Rn. 43; *Nickenig* BlStSozArbR 1966, 136 [138]). 77

Die Mitwirkung des Betriebsrats ist auch für die **Abberufung** des Sicherheitsbeauftragten zu bejahen (*Fitting* § 89 Rn. 34; *Kohte* FS *Wlotzke*, S. 563 [587 ff.]; *ders./HaKo* § 89 Rn. 33; *Nickenig* BlStSozArbR 1966, 139; *Oetker* BlStSozArbR 1983, 247 [249]; *Staudinger/Oetker* BGB, § 618 Rn. 224; a. M. *Worzalla/HWGNRH* § 89 Rn. 33). Die **Rechtswirksamkeit** der **Bestellung** bzw. der **Abberufung** ist aber **unabhängig** davon, ob der **Betriebsrat beteiligt** worden ist (*Staudinger/Oetker* BGB, § 618 Rn. 225). Zu **mitbestimmungspflichtigen generellen Regelungen** s. § 87 Rdn. 646. 78

Nach § 719 Abs. 4 Satz 1 RVO war bei mehr als drei Sicherheitsbeauftragten ein **Sicherheitsausschuss** zu bilden, es sei denn, dass Betriebsärzte oder Fachkräfte für den Betrieb bestellt worden waren (vgl. 5. Aufl. § 89 Rn. 35). Diese Regelung wurde in § 22 SGB VII bewusst nicht übernommen (amtliche Begründung, BT-Drucks. 13/2204, S. 82). Die Sicherheitsbeauftragten sind aber nach wie vor Mitglieder des nach § 11 ASiG zu bildenden **Arbeitsschutzausschusses**, dem außerdem der Arbeitgeber oder ein von ihm Beauftragter, zwei vom Betriebsrat bestimmte Betriebsratsmitglieder, Betriebsärzte und Fachkräfte für Arbeitssicherheit angehören (s. § 87 Rdn. 697 ff.). Zur Berechnung der Zahl der Beschäftigten § 11 Satz 1 Halbs. 2 ASiG. Verletzt der Arbeitgeber seine Pflichten aus § 11 ASiG, obliegt die Durchsetzung dieser Pflichten nach der Gesetzessystematik der zuständigen Ar- 79

§ 89

beitsschutzbehörde, die nach nach § 12 Abs. 1 ASiG entsprechende Maßnahmen anordnen kann (*BAG* 08.12.2015 EzA § 87 BetrVG 2001 Gesundheitsschutz Nr. 13 Rn. 24 = AP Nr. 2 zu § 11 ASiG). Der Betriebsrat kann aber nach § 89 Abs. 1 Satz 2 BetrVG die zuständige Arbeitsschutzbehörde ersuchen, gegenüber dem Arbeitgeber die Verpflichtungen aus § 11 ASiG im Wege einer Anordnung nach § 12 Abs. 1 ASiG durchzusetzen (*BAG* 15.04.2014 EzA § 87 BetrVG 2001 Gesundheitsschutz Nr. 11 Rn. 11 = AP Nr. 1 zu § 11 ASiG).

80 Die **Sicherheitsbeauftragten** dürfen wegen der Erfüllung der ihnen übertragenen Aufgaben **nicht benachteiligt** werden (§ 22 Abs. 3 SGB VII, vorher § 719 Abs. 3 RVO). Ihre **Aus- und Fortbildung** ist – unter Beteiligung der nach Landesrecht für den Arbeitsschutz zuständigen Landesbehörden – Aufgabe der Unfallversicherungsträger, die grundsätzlich auch die unmittelbaren Kosten der Aus- und Fortbildungsmaßnahmen sowie die erforderlichen Fahr-, Verpflegungs- und Unterbringungskosten zu tragen haben, während der Arbeitgeber zur Fortzahlung des Arbeitsentgelts verpflichtet ist (§ 23 SGB VII, vorher § 720 RVO; *BAG* 20.07.1977 AP Nr. 1 zu § 720 RVO). Zum Vorschlagsrecht der Betriebsräte für die Teilnahme an Ausbildungslehrgängen § 9 AV vom 21.06.1968/28.11.1977 (s. Anhang 1) und zur **Fortbildung** von **Betriebsärzten** und **Fachkräften für Arbeitssicherheit** § 2 Abs. 3, § 5 Abs. 3 ASiG, § 23 Abs. 1 Satz 2 SGB VII.

6. Teilnahme an Besprechungen des Arbeitgebers mit den Sicherheitsbeauftragten

81 **Die Sicherheitsbeauftragten haben den Unternehmer bei der Durchführung** der Maßnahmen zur Verhütung von Arbeitsunfällen und Berufskrankheiten zu **unterstützen**, insbesondere sich von dem Vorhandensein und der ordnungsgemäßen Benutzung der vorgeschriebenen Schutzeinrichtungen und persönlichen Schutzausrüstungen zu überzeugen und auf Unfall- und Gesundheitsgefahren für die Versicherten aufmerksam zu machen (§ 22 Abs. 2 SGB VII, vorher § 719 Abs. 2 RVO; Beispiele bei *Nickenig* BlStSozArbR 1966, 136 [139]). Daraus ergibt sich eine umfassende Beratungsfunktion der Sicherheitsbeauftragten gegenüber dem Arbeitgeber, der aber in seinen Entscheidungen frei bleibt (*BVerwG* 18.05.1994 AP Nr. 1 zu § 719 RVO Bl. 2 R; *Buschmann/DKKW* § 89 Rn. 44; *Fitting* § 89 Rn. 35; *Worzalla/HWGNRH* § 89 Rn. 35). Im Verhältnis zu den Arbeitnehmern haben die Sicherheitsbeauftragten keine Weisungsbefugnis (*BVerwG* 18.05.1994 AP Nr. 1 zu § 719 RVO Bl. 2 R; *Buschmann/DKKW* § 89 Rn. 44; *Fitting* § 89 Rn. 35; *Staudinger/Oetker* BGB, § 618 Rn. 219 m. w. N.: Hilfsperson des Unternehmers; *Worzalla/HWGNRH* § 89 Rn. 35).

82 Nach § 719 Abs. 4 Satz 2 RVO sollten der Arbeitgeber oder sein Beauftragter mindestens einmal im Monat mit den Sicherheitsbeauftragten bzw. dem Sicherheitsausschuss (Rdn. 79) unter Beteiligung des Betriebsrats zum Zwecke des Erfahrungsaustausches zusammentreffen. Das galt auch dann, wenn ein Arbeitsschutzausschuss (Rdn. 83) bestand (Nachweise 6. Aufl. § 89 Rn. 42). Abgesehen davon, dass der Sicherheitsausschuss entfallen kann (Rdn. 79), sieht § 22 Abs. 2 SGB VII nur allgemein die Unterstützung des Unternehmers (Arbeitgebers) vor (Rdn. 81), ohne andere Modalitäten festzulegen. Indessen werden **Besprechungen** des Arbeitgebers mit den Sicherheitsbeauftragten im Rahmen des § 22 Abs. 2 SGB VII in § 89 Abs. 4 vorausgesetzt. Sie haben daher in **angemessenen Zeitabständen nach Bedarf** stattzufinden. An ihnen nehmen nach § 89 Abs. 4 vom Betriebsrat beauftragte Betriebsratsmitglieder teil. Diese haben mithin ein Recht auf Teilnahme. Über die Anzahl seiner an den Besprechungen teilnehmenden Betriebsratsmitglieder entscheidet der Betriebsrat allein. Die Teilnahme ist zugleich **Pflicht** des Betriebsrats bzw. der benannten Betriebsratsmitglieder, was für Sanktionen nach § 23 Abs. 1 von Bedeutung ist (Rdn. 87). Die Teilnahme an den Besprechungen nach § 89 Abs. 4 gibt dem Betriebsrat einen **Anspruch** auf **Unterrichtung** und **Beratung**. Er erhält die **Besprechungsniederschrift** (§ 89 Abs. 5; vgl. auch Rdn. 71).

83 Der **Arbeitsschutzausschuss** i. S. d. **§ 11 ASiG** (Rdn. 79) tritt mindestens einmal vierteljährlich zusammen (Satz 4). Er hat die Aufgabe, Anliegen des Arbeitsschutzes und der Unfallverhütung zu beraten (Satz 3). Zum Recht des Unternehmers, die ihm aufgrund des Dritten Buches der Reichsversicherungsordnung obliegenden Pflichten auf Angehörige seines Unternehmens zu übertragen, was auch nach Aufhebung des § 775 Abs. 1 RVO zulässig bleibt, *Lauterbach* Unfallversicherung, 3. Aufl., § 708 Rn. 9a; vgl. auch *Bley/Gitter/Gurgel* u. a. Sozialversicherung, S. 302; *Rehhahn* ArbSch. 1977, 243. In

Arbeits- und betrieblicher Umweltschutz **§ 89**

diesem Falle kann der Benannte nicht zum Sicherheitsbeauftragten bestellt werden (*Lauterbach* Unfallversicherung, 3. Aufl., § 719 Rn. 4; *Nickenig* BlStSozArbR 1966, 136 [138]).

7. Mitunterzeichnung und Aushändigung von Unfallanzeigen

Nach **§ 193 Abs. 1 Satz 1 und 2 SGB VII** (vorher § 1552 Abs. 1 RVO) haben **Unternehmer** (§ 136 Abs. 3 SGB VII, vorher § 658 Abs. 2 RVO) **Unfälle** von Versicherten in ihren Unternehmen dem Unfallversicherungsträger **anzuzeigen**, wenn Versicherte getötet oder so verletzt sind, dass sie mehr als drei Tage arbeitsunfähig werden; Satz 1 gilt entsprechend für Unfälle von Versicherten, deren Versicherung weder eine Beschäftigung noch eine selbständige Tätigkeit voraussetzt. Haben Unternehmer im Einzelfall Anhaltspunkte, dass bei Versicherten ihrer Unternehmen eine Berufskrankheit vorliegen könnte, haben sie diese dem Unfallversicherungsträger anzuzeigen (§ 193 Abs. 2 SGB VII; ferner § 193 Abs. 3 Satz 2 SGB VII). Die Anzeige ist binnen drei Tagen zu erstatten, nachdem die Unternehmer von dem Unfall oder von den Anhaltspunkten für eine Berufskrankheit Kenntnis erlangt haben; der Versicherte kann vom Unternehmer eine Kopie der Anzeige verlangen (§ 193 Abs. 4 SGB VII, vorher § 1552 Abs. 3 RVO). Zu Sonderregelungen hinsichtlich der Unfallanzeige § 193 Abs. 7 SGB VII sowie zu Unfällen während der Fahrt auf einem Seeschiff § 193 Abs. 9 SGB VII. Nach § 193 Abs. 8 SGB VII bestimmt das Bundesministerium für Arbeit und Sozialordnung durch Rechtsverordnung mit Zustimmung des Bundesrates den für Aufgaben der Prävention und der Einleitung eines Feststellungsverfahrens erforderlichen Inhalt der Anzeige, ihre Form sowie die Empfänger, die Anzahl und den Inhalt der Durchschriften. Nach § 1555 RVO wurde die Allgemeine Verwaltungsvorschrift über die Neufassung des Musters für Unfallanzeigen vom 31.07.1973 (BAnz. Nr. 143) erlassen (aufgehoben durch § 6 Abs. 2 VO über die Anzeige von Versicherungsfällen in der gesetzlichen Unfallversicherung – UVAV vom 23.01.2002 BGBl. I, S. 554 mit Wirkung vom 01.08.2002).

Nach § 193 Abs. 5 SGB VII ist die Anzeige vom **Betriebsrat mit zu unterzeichnen** (Satz 1, vorher § 1552 Abs. 3 RVO). Außerdem hat der Unternehmer die Sicherheitsfachkraft und den Betriebsarzt über jede Unfall- oder Berufskrankheitenanzeige in Kenntnis zu setzen (Satz 2). Verlangt der Unfallversicherungsträger zur Feststellung, ob eine Berufskrankheit vorliegt, Auskünfte über gefährdende Tätigkeiten von Versicherten, haben die Unternehmer den Betriebsrat über dieses Auskunftsersuchen unverzüglich zu unterrichten (Satz 3). Die § 193 Abs. 5 Satz 1 SGB VII entsprechende Bestimmung des § 1552 Abs. 3 RVO wurde aufgrund des Art. 2 Nr. 18 Unfallversicherungs-Neuregelungsgesetz vom 30.04.1963 (BGBl. I, S. 241) dem § 1552 RVO angefügt, damit der Betriebsrat sein Mitwirkungsrecht bei Fragen der Arbeitssicherheit besser ausüben kann, indem er vom gesamten betrieblichen Unfallgeschehen Kenntnis erhält (Schriftlicher Bericht 20. Ausschuss, BT-Drucks. IV/938 [neu], S. 30 f.). Durch die Mitunterzeichnung übernimmt der Betriebsrat keine Mitverantwortung für den Inhalt der Anzeige (*Bender*/WPK § 89 Rn. 18; *Buschmann*/DKKW § 89 Rn. 50; *Fitting* § 89 Rn. 31; *Galperin*/*Löwisch* § 89 Rn. 14; *Kohte*/HaKo § 89 Rn. 46; *Richardi*/*Annuß* § 89 Rn. 28; *Worzalla*/HWGNRH § 89 Rn. 40). Es steht ihm aber frei, seine gegebenenfalls abweichende Sicht des Unfallgeschehens der Unfallanzeige anzufügen (*Buschmann*/DKKW § 89 Rn. 50; *Fitting* § 89 Rn. 31; *Galperin*/*Löwisch* § 89 Rn. 14; *Kohte*/HaKo § 89 Rn. 46; *Worzalla*/HWGNRH § 89 Rn. 40).

Eine konsequente Weiterentwicklung schon der Regelung des § 1552 RVO und nunmehr des § 193 Abs. 5 SGB VII bedeutet es, dass **§ 89 Abs. 6** den **Arbeitgeber verpflichtet**, dem **Betriebsrat** eine **Durchschrift** dieser von ihm zu unterzeichnenden Anzeige **auszuhändigen**. Der Betriebsrat kann dann nach § 89 Abs. 1 vorgehen. Ist dem Unfallversicherungsträger eine vom Betriebsrat nicht mitunterzeichnete Unfallanzeige erstattet worden, hat der zuständige technische Aufsichtsbeamte dem Betriebsrat eine Abschrift der Unfallanzeige zu übersenden oder mitzuteilen, dass die Unfallanzeige eingegangen ist (§ 5 Abs. 1 AV vom 21.06.1968/28.11.1977, s. Anhang 1). Dadurch ist die Unterrichtung des Betriebsrats über Unfälle in jedem Fall gewährleistet. Will der technische Aufsichtsbeamte eine Betriebsbesichtigung aus Anlass eines Unfalls durchführen, hat er den Betriebsrat hinzuzuziehen und ihn vorher davon zu unterrichten (§ 4 AV vom 21.06.1968/28.11.1977, s. Anhang 1).

III. Verstöße

87 Die vorsätzliche Behinderung oder Störung des Betriebsrats in Ausübung seiner Tätigkeit nach § 89 ist gemäß **§ 119 Abs. 1 Nr. 2** strafbar. Die Tat wird nur auf zurücknehmbaren Antrag verfolgt (§ 119 Abs. 2 BetrVG, § 77d Abs. 1 StGB). Außerdem kann bei groben Verstößen des Arbeitgebers gegen seine betriebsverfassungsrechtlichen Pflichten vom Betriebsrat oder einer im Betrieb vertretenen Gewerkschaft gegen ihn nach **§ 23 Abs. 3** vorgegangen werden (*Buschmann/DKKW* § 89 Rn. 67; *Fitting* § 89 Rn. 38 f.; s. *Oetker* § 23 Rdn. 148 ff.; *Richardi/Annuß* § 89 Rn. 42; *Worzalla/HWGNRH* § 89 Rn. 42). Soweit eine Störung oder Behinderung des Betriebsrats i. S. d. § 78 Satz 1 vorliegt, steht dem Betriebsrat ein Unterlassungsanspruch zu (*Hess. LAG* 26.09.2011 NZA-RR 2012, S. 85 [86]; zum Unterlassungsanspruch allgemein vgl. *Kreutz* § 78 Rdn. 48 ff.). Bei Verstößen gegen Unfallverhütungsvorschriften kommt eine Geldbuße nach **§ 209 Abs. 1 Nr. 1, Abs. 3 SGB VII** (vorher § 710 RVO) in Betracht. Zu weiteren Ordnungswidrigkeiten **§ 209 Abs. 1 und 2 SGB VII** (vorher § 717a RVO). Zu Bußgeld- und Strafvorschriften nach dem Arbeitsschutzgesetz daselbst §§ 25, 26. Verletzt der Betriebsrat oder eines seiner Mitglieder die ihm nach § 89 obliegenden Pflichten gröblich, so kann auf Antrag nach § 23 Abs. 1 vom Arbeitsgericht das Betriebsratsmitglied ausgeschlossen oder der Betriebsrat aufgelöst werden (*Buschmann/DKKW* § 89 Rn. 68; *Fitting* § 89 Rn. 39; *Galperin/Löwisch* § 89 Rn. 16; *Richardi/Annuß* § 89 Rn. 42; *Worzalla/HWGNRH* § 89 Rn. 43).

IV. Streitigkeiten

88 Über Streitigkeiten aus der Mitwirkung des Betriebsrats nach § 89 entscheiden die Arbeitsgerichte im **Beschlussverfahren** (§ 2a Abs. 1 Nr. 1, Abs. 2, §§ 80 ff. ArbGG). Gleiches gilt für Streitigkeiten zwischen Betriebsrat und den für den Arbeitsschutz zuständigen außerbetrieblichen Stellen aus der Anwendung des § 89 (*Etzel* BlStSozArbR 1973, 225 [227 f.]; *Fitting* § 89 Rn. 40; *Galperin/Löwisch* § 89 Rn. 17; *Richardi/Annuß* § 89 Rn. 43; *Worzalla/HWGNRH* § 89 Rn. 44; **a. M.** zu § 58 BetrVG 1952 *LAG Düsseldorf* 22.07.1971 AuR 1972, 190 [zust. *Lobscheid*, der diese Auffassung auch zum BetrVG 1972 vertritt]; vgl. auch *Jahnke* Zwangsvollstreckung in der Betriebsverfassung [Diss. Mannheim], 1977, S. 94 f.). Zur **Zwangsvollstreckung** gegen den Arbeitgeber aus arbeitsgerichtlichen Beschlüssen gemäß § 85 Abs. 1 ArbGG *Grunsky* ArbGG, § 85 Rn. 1 ff.; *Jahnke* Zwangsvollstreckung in der Betriebsverfassung [Diss. Mannheim], 1977, S. 88 ff.; *Matthes/Spinner/GMP* ArbGG § 85 Rn. 1 ff.

89 Über **Ansprüche** eines **Betriebsratsmitglieds** auf Ersatz von Aufwendungen, die ihm aus seiner Tätigkeit nach § 89 entstanden sind, entscheiden die Arbeitsgerichte im **Beschlussverfahren** (s. *Weber* § 40 Rdn. 221; ebenso *Fitting* § 89 Rn. 40). Dagegen ist über dessen Anspruch auf Fortzahlung des Arbeitsentgelts wie auch über sonstige bürgerlichen Rechtsstreitigkeiten der Arbeitnehmer hinsichtlich ihrer den Umweltschutz betreffenden Rechte und Pflichten für die Zeit notwendigen Arbeitsversäumnisses im **Urteilsverfahren** (§ 2 Abs. 1 Nr. 3 Buchst. a und d, Abs. 5, §§ 46 ff. ArbGG) zu entscheiden (s. *Raab* § 37 Rdn. 314 ff.; ebenso *Fitting* § 89 Rn. 40).

Vierter Abschnitt
Gestaltung von Arbeitsplatz, Arbeitsablauf und Arbeitsumgebung

Einführung

Literatur
Vgl. für weitere Nachweise, vor allem zur älteren Literatur die Zusammenstellungen in der 7./8. Auflage.

I. BetrVG 1972 (vgl. auch unter II):
Biedendorf Die Mitbestimmung von Betriebsräten bei Einführung neuer Techniken de lege lata und de lege ferenda, Diss. Hamburg, Universität der Bundeswehr, 1993; *Donner* Die Beteiligungsrechte der Mitarbeitervertretung bei Baumaßnahmen in der Einrichtung, ZMV 2010, 180; *Ehmann* Arbeitsschutz und Mitbestimmung bei neuen Technologien, 1981; *Elhöft* Gefährdungsbeurteilung – Psychische Belastungen und Mitbestimmung, AuA 2013, 578; *Faber* Mitbestimmen bei wesentlichen Änderungen von Arbeitsstätten, AiB 2012, 529; *ders.* Beteiligung bei betrieblichen Baumaßnahmen, PersR 2012, 348; *Fuchs* Die gesicherten arbeitswissenschaftlichen Erkenntnisse, 1984; *Geyer* Die Mitbestimmung des Betriebsrats beim Arbeits- und Gesundheitsschutz (Diss. Trier), 2001; *Heither* Gestaltung von Arbeitsplatz, Arbeitsablauf und Arbeitsumgebung (§§ 90, 91), AR-Blattei SD 530.14.7; *Hofe* Betriebliche Mitbestimmung und Humanisierung der Arbeitswelt = Die Mitwirkung und Gestaltungsmöglichkeiten des Betriebsrates bei der menschengerechten Gestaltung der Arbeit (Diss. Freiburg i. Brsg.), 1978; *Helmer* Stress am Arbeitsplatz als Herausforderung für das Arbeitsrecht (Diss. Mannheim), 2014; *Hübner* Der Begriff der menschengerechten Gestaltung der Arbeit – §§ 90, 91 BetrVG –, Diss. Würzburg 1976; *Karstens* Die gesetzlichen Grundlagen und die arbeitswissenschaftlichen Aspekte für die Mitwirkung und Mitbestimmung an Maßnahmen des Arbeitsstudiums im Industriebetrieb auf Grund des BetrVG 1972, Diss. Hamburg 1976; *Kollar* Gesundheitsschutz als Aufgabe der Betriebs- und Tarifparteien (Diss. Passau), 2015 (zit.: Gesundheitsschutz); *Kreßel* Tarifvertragliche Regelungsbefugnisse bei Fragen der Arbeitsgestaltung, RdA 1994, 23; *Lüders/Weller* Erzwingbare Mitbestimmungsrechte des Betriebsrates bei Fragen des Gesundheitsschutzes und der Gesundheitsprävention, BB 2016, 116; *Pauli* Arbeit besser gestalten – Mit Betriebsverfassungsgesetz und arbeitswissenschaftlichen Erkenntnissen, AiB 2010, 542; *Pfäfflin/Schwarz-Kocher/Seibold* Neue Produktionskonzepte: Wirkungen und Gestaltungsoptionen, AiB 2011, 90; *Pulte* »Gesicherte« arbeitswissenschaftliche Erkenntnisse, AuR 1983, 174; *Ridder* Zur Empirie und Theorie der gesicherten arbeitswissenschaftlichen Erkenntnisse, AuR 1984, 353; *Simitis/Rydzy* Von der Mitbestimmung zur staatlichen Administration: Arbeitsbedingungen bei riskanten Technologien, 1984; *Stein/Reisacher* (Hrsg.) Mitbestimmung über den Arbeitsplatz, 1980; *Thelen* Die Beteiligungsrechte des Betriebsrates gemäß §§ 90, 91 BetrVG unter besonderer Berücksichtigung der Sanktion bei Nichtbeachtung der Beteiligungsrechte durch den Arbeitgeber (Diss. Köln), 1988 (zit.: Die Beteiligungsrechte des Betriebsrates gemäß §§ 90, 91 BetrVG); *Weberling* Unterlassungsansprüche des Betriebsrats bei Verstößen gegen § 90 BetrVG insbesondere in Tendenzunternehmen, AfP 2005, 139; *Wiese* Personale Aspekte und Überwachung der häuslichen Telearbeit, RdA 2009, 344; *Zange* Mitbestimmung beim Arbeitsschutz, AuA 2010, 403; *Zöllner* Arbeitsrecht und menschengerechte Arbeitsgestaltung, RdA 1973, 212.

II. Bildschirmarbeitsplätze; Systeme der elektronischen Datenverarbeitung, Digitalisierung (vgl. auch zu § 87 Abs. 1 Nr. 6 unter II 2 und 3 sowie zur Zeit vor Inkrafttreten der Bildschirmarbeitsverordnung am 20.12.1996 ausführliche Nachweise in der 7. Aufl. vor § 90 unter II): *Däubler* Internet und Arbeitsrecht, 5. Aufl. 2015; *Deutsche Gesetzliche Unfallversicherung* Bildschirm- und Büroarbeitsplätze – Leitfaden für die Gestaltung, DGUV Information 215–410, 2015; *Kohte* Arbeitsschutz in der digitalen Arbeitswelt, NZA 2015, 1417; *Krause* Digitalisierung der Arbeitswelt – Herausforderungen und Regelungsbedarf, Gutachten B zum 71. DJT, 2016; *Lorenz* Bildschirmarbeitsplätze, AR-Blattei SD 555; *Molnar* Trends der Bildschirmarbeit, 2012; *Oetker* Digitalisierung der Arbeitswelt – Herausforderungen und Regelungsbedarf, JZ 2016, 817; *Opfermann/Rückert* Sicherheit und Gesundheitsschutz bei der Arbeit – Neuregelungen zur Tätigkeit an Bildschirmgeräten, AuR 1997, 69; *Richenhagen/Prümper/Wagner* Handbuch der Bildschirmarbeit, 3. Aufl. 2002; *Weißgerber* Arbeitsrechtliche Fragen bei der Einführung und Nutzung vernetzter Computerarbeitsplätze (Diss. Bayreuth), 2003; *Wiebauer* Arbeitsschutz und Digitalisierung, NZA 2016, 1430.

III. Arbeitswissenschaft einschließlich Arbeitsphysiologie, Arbeitspsychologie, Arbeitsmedizin, Betriebssoziologie; Humanisierung des Arbeitslebens (Auswahl; weitere Nachweise Voraufl.): *Ahlers* Leistung(sdruck), Arbeitssystem und Gesundheit (Diss. Duisburg-Essen), 2016; *Baur* Arbeitsmedizin, 2013; *Franke-Diel* Arbeitspsychologie, 2016; *Frieling/Sonntag/Stegmaier* Lehrbuch Arbeitspsychologie, 3. Aufl. 2012; *Hacker/Sachse* Allgemeine Arbeitspsychologie, 3. Aufl. 2013; *Hackstein/Heeg* Arbeitswissenschaft, in *Gaugler/Oechsler/Weber*

(Hrsg.) Handwörterbuch des Personalwesens, 3. Aufl. 2004; *Heilmann / Hage* Psychische Belastungen am Arbeitsplatz – Ursachen, Folgen und Handlungsmöglichkeiten, FS *Däubler*, 1999, S. 666; *Heilmann / Raehlmann / Schweres* Arbeitswissenschaft und Arbeitsrecht – Gehalt und Funktion arbeitswissenschaftlicher Erkenntnisse im Arbeitsrecht, ZArbWiss 2015, 258; *Kleinbeck / Schmidt* (Hrsg.) Enzyklopädie der Psychologie, Themenbereich D, Bd. 1, Arbeitspsychologie, 2010; *Kurth / Schultis* Arbeits- und Gesundheitsschutz im Betrieb, Stand: Dezember 2016; *Landau* (Hrsg.) Good Practice – Ergonomie und Arbeitsgestaltung, 2003; *Lehder* Taschenbuch Arbeitssicherheit, 12. Aufl. 2011; *Letzel / Nowak* Handbuch der Arbeitsmedizin, Stand: Januar 2017; *Meinel* Arbeitsmedizin für Arbeitgeber, 2003; *Mikl-Horke* Industrie- und Arbeitssoziologie, 6. Aufl. 2007; *Müller, R.* Arbeitsbedingte Gesundheitsgefahren und arbeitsbedingte Erkrankungen als Aufgaben des Arbeitsschutzes, 2001; *Nordhaus-Janz / Pekruhl* (Hrsg.) Arbeiten in neuen Strukturen? – Partizipation, Kooperation, Autonomie und Gruppenarbeit in Deutschland, 2000; *REFA-Verband für Arbeitsstudien und Betriebsorganisation e. V.* (Hrsg.) Methodenlehre der Betriebsorganisation (zit.: MLBO), 1991 ff. (früher: Methodenlehre des Arbeitsstudiums); *Reichert* Bedingungen und Formen der Partizipation von Betriebsräten bei der Einführung neuer Technologien (Diss. Darmstadt), 2001; *Schuler / Sonntag* (Hrsg.) Handbuch der Arbeits- und Organisationspsychologie, 2007; *Sohn / Au* (Hrsg.) Führung und Betriebliches Gesundheitsmanagement, 2017; *Triebig / Kentner / Schiele* (Hrsg.) Arbeitsmedizin, 4. Aufl. 2014; *Ulich* Arbeitspsychologie, 7. Aufl. 2011.

Arbeitswissenschaftliche Zeitschriften (Auswahl): Angewandte Arbeitswissenschaft – Zeitschrift für die Unternehmenspraxis; Arbeit – Zeitschrift für Arbeitsforschung, Arbeitsgestaltung und Arbeitspolitik; Arbeitsmedizin, Sozialmedizin, Umweltmedizin; International archives of occupational and environmental health; Zeitschrift für Unternehmensentwicklung und Industrial Engineering (1995–2003, jetzt: REFA-Nachrichten); Personal – Zeitschrift für Human Resource Management; REFA-Nachrichten; Zeitschrift für Arbeitswissenschaft; Zentralblatt für Arbeitsmedizin und Arbeitsschutz.

1 Der Vierte Abschnitt gewährt dem Betriebsrat Beteiligungsrechte bei der Gestaltung von Arbeitsplatz, Arbeitsablauf und Arbeitsumgebung. Nach Auffassung des 10. Ausschusses (vgl. BT-Drucks. VI/2729, S. 5) sollte damit ein Bereich erfasst werden, der zwar nicht durch arbeitsschutzrechtliche Bestimmungen geregelt ist, dem aber gleichwohl eine erhebliche Bedeutung für die Erhaltung der Gesundheit der Arbeitnehmer zukommt. Eine **Beschränkung** auf den **Gesundheitsschutz** ist dem **Gesetz** jedoch **nicht zu entnehmen**, zumal durch die Orientierung der Beteiligungsrechte an den arbeitswissenschaftlichen Erkenntnissen über die menschengerechte Gestaltung der Arbeit auch die arbeitspsychologischen (*LAG Hamm* 03.12.1976 EzA § 90 BetrVG 1972 Nr. 1 S. 4 f.; *Wiese* RdA 2009, 344 [346 f.]) und betriebssoziologischen Bezüge der Arbeit zu berücksichtigen sind (zu eng *Natzel* DB 1972, Beil. Nr. 24, S. 3; zutr. *Rose / HWGNRH* vor §§ 90, 91 Rn. 1; *Hofe* Betriebliche Mitbestimmung und Humanisierung der Arbeitswelt, S. 52 ff.; *Kollar* Gesundheitsschutz, S. 32 f.; *Matthes/* MünchArbR § 255 Rn. 1, 18 f.).

2 Die menschengerechte Gestaltung der Arbeit ging nach früherem Verständnis über den Gesundheitsschutz hinaus, zumal sie nicht nur der Gefahrenabwehr, sondern außerdem der Förderung des Arbeitnehmers dient (*Wiese* 5. Aufl., vor § 90 Rn. 1). Maßgebend sind indessen jetzt die normativen Bestimmungen des Arbeitsschutzgesetzes (vgl. zu diesem *Gutzeit* § 87 Rdn. 610), das in § 2 Abs. 1 Maßnahmen der menschengerechten Gestaltung der Arbeit ausdrücklich in den Arbeitsschutz und die Verhütung von arbeitsbedingten Gesundheitsgefahren einbezieht. Deshalb ist es berechtigt, die **menschengerechte Gestaltung der Arbeit dem Arbeitsschutz im weiteren Sinne zuzurechnen**. Damit wird aber zugleich der verbleibende Unterschied akzentuiert. Jedenfalls ist die betriebsverfassungsrechtliche Zuordnung hinsichtlich der Mitbestimmung des Betriebsrats nicht verändert worden (vgl. auch *Wiese* RdA 2009, 344 [346]; *Gutzeit* § 87 Rdn. 609). Nach § 87 Abs. 1 Nr. 7 hat dieser nur im Rahmen der gesetzlichen Vorschriften oder der Unfallverhütungsvorschriften mitzubestimmen. Erforderlich sind deshalb normative Regelungen. Soweit bei diesen aber zunehmend auch Gesichtspunkte der menschengerechten Gestaltung der Arbeit berücksichtigt werden, greift dann auch die Mitbestimmung nach § 87 Abs. 1 Nr. 7. Dadurch verringert sich der Anwendungsbereich des § 91 allmählich (*Fitting* § 90 Rn. 4; *Pauli* AiB 2010, 542 [545]), behält aber seine Bedeutung, soweit keine normativen Regelungen bestehen oder unter den Voraussetzungen dieser Vorschrift zusätzliche Maßnahmen – vor allem zum Ausgleich von Belastungen – erforderlich sind (§ 91 Rdn. 24).

Einführung **vor § 90**

Verfehlt ist nach wie vor der Ausdruck »**autonomer Arbeitsschutz**« für die Vorschriften der §§ 90, **3**
91 (wie hier *Bender/WPK* § 90 Rn. 2; *Ehmann* Arbeitsschutz und Mitbestimmung bei neuen Technologien, S. 41 Fn. 51, S. 63, 70 Fn. 15; *Staudinger/Oetker* BGB, § 618 Rn. 27; *Worzalla/HWGNRH*
§ 87 Rn. 397; **a. M.** *Fitting* § 90 Rn. 2 f.; *Matthes/*MünchArbR § 254 Rn. 4; *Richardi* § 87 Rn. 537;
Richardi/Annuß vor § 90 Rn. 1). Eine gleichberechtigte Zuständigkeit der Betriebspartner für die normative Regelung der menschengerechten Gestaltung der Arbeit ist den §§ 90, 91 nicht zu entnehmen,
sie begründen vielmehr nur begrenzte Rechte des Betriebsrats im Verhältnis zum Arbeitgeber.

Die §§ 90, 91 treten selbständig **neben die Vorschriften**, die dem Betriebsrat eine Beteiligung beim **4**
Arbeitsschutz einräumen (vgl. § 80 Abs. 1 Nr. 1, § 87 Abs. 1 Nr. 7, § 88 Nr. 1, § 89; zum Verhältnis
zu § 87 Abs. 1 Nr. 7 vgl. auch *Pauli* AiB 2010, 542 [543 f.]; *Lüders/Weller* BB 2016, 116, 121 f.), mögen
auch im Einzelfall beide Regelungsbereiche in Frage stehen (vgl. § 91 Rdn. 23 f.). Entsprechendes gilt
für die Beteiligung des Betriebsrats in sonstigen **sozialen Angelegenheiten** und in **wirtschaftlichen**
Angelegenheiten (§§ 106 ff., §§ 111 ff.; vgl. auch *Kaiser/LK* § 90 Rn. 3; *Richardi/Annuß* § 90 Rn. 3;
Rose/HWGNRH vor §§ 90, 91 Rn. 5 f.). Letztere betreffen die Berücksichtigung wirtschaftlicher Interessen der Arbeitnehmer bei Betriebsänderungen, die §§ 90, 91 die menschengerechte Gestaltung
der Arbeitsbedingungen bei geplanten oder durchgeführten Änderungen von Arbeitsplatz, Arbeitsablauf und Arbeitsumgebung. Dabei können allerdings auch wirtschaftliche Gesichtspunkte insofern
eine Rolle spielen, als die menschengerechte Gestaltung der Arbeit zu einer erheblichen finanziellen
Belastung des Unternehmens führen kann. Das hindert indessen nicht die Mitwirkung des Betriebsrats
nach § 90 (§ 90 Rdn. 28), ist aber für die Angemessenheit der Maßnahmen zur Abwendung, Milderung oder zum Ausgleich der Belastung von Bedeutung (vgl. § 91 Rdn. 26 f.; vgl. auch *Galperin/*
Löwisch § 90 Rn. 12).

Zweck der §§ 90, 91 ist die **Humanisierung** der **Arbeit** bei der Gestaltung von Arbeitsplatz, Arbeits- **5**
ablauf und Arbeitsumgebung (vgl. auch *Schellenberg* BT-Prot. Bd. 75, S. 5842). Die Vorschriften nehmen damit ein Grundanliegen des Arbeitsrechts und der Arbeitswissenschaft auf. Der angestrebte
Zweck soll dadurch verwirklicht werden, dass der Arbeitgeber nach § 90 bei bestimmten Vorhaben
den Betriebsrat bereits im Planungsstadium zu unterrichten und die Auswirkungen der vorgesehenen
Maßnahmen, insbesondere im Hinblick auf die Art der Arbeit und die sich daraus ergebenden Anforderungen an die Arbeitnehmer, mit ihm zu beraten hat. Die Planung soll daher nicht nur an den ökonomischen und technischen Zielen des Unternehmens ausgerichtet werden, sondern zugleich die
Auswirkungen auf die Arbeitnehmer berücksichtigen, um Belastungen möglichst von vornherein
zu vermeiden oder jedenfalls zu begrenzen. Werden trotzdem durch Änderungen der Arbeitsplätze,
des Arbeitsablaufs oder der Arbeitsumgebung, die den gesicherten arbeitswissenschaftlichen Erkenntnissen über die menschengerechte Gestaltung der Arbeit offensichtlich widersprechen, die Arbeitnehmer in besonderer Weise belastet, so hat der Betriebsrat ein »**korrigierendes Mitbestim-**
mungsrecht« (vgl. amtliche Begründung, BT-Drucks. VI/1786, S. 49r.), mit dem er angemessene
Maßnahmen zur Abwendung, Milderung oder zum Ausgleich der Belastung verlangen kann. Die bisherigen Einschränkungen sollten nach dem Referentenentwurf zum BetrVerf-Reformgesetz (Art. 1
Nr. 59) durch Streichung der Worte »offensichtlich« und »in besonderer Weise« beseitigt werden, wurden jedoch in den Regierungsentwurf wieder eingefügt (vgl. § 91 Rdn. 2).

Die §§ 90, 91 sind zu begrüßen, weil bei der Gestaltung von Arbeitsplatz, Arbeitsablauf und Arbeits- **6**
umgebung die Interessen der Arbeitnehmer ganz wesentlich berührt werden und die **am Menschen**
orientierte Gestaltung der Arbeitsbedingungen vom Sozialstaatsprinzip unter Berücksichtigung
der in den Grundrechten (vor allem Art. 1 Abs. 1 GG) getroffenen Wertentscheidungen gefordert
wird. Die gesetzliche Regelung wurde seinerzeit allerdings zunächst heftig kritisiert (*Dietz/Richardi*
5. Aufl. 1973, § 91 Rn. 8; *Dütz* DB 1971, 674 [678]; *Dütz/Schulin* ZfA 1975, 103 [122]; *Erdmann/*
Jürging/Kammann § 90 Rn. 11; *Galperin* Regierungsentwurf, S. 44; *Hanau* BB 1971, 485 [491]). Es ist
auch nicht zu bestreiten, dass mit der Verweisung auf die gesicherten arbeitswissenschaftlichen Erkenntnisse über die menschengerechte Gestaltung der Arbeit ein recht unbestimmter Maßstab eingeführt wurde, der Arbeitgeber und Betriebsrat jedenfalls zunächst überfordert haben dürfte. Das gilt
umso mehr, als bei Inkrafttreten des Gesetzes gesicherte arbeitswissenschaftliche Erkenntnisse über
die menschengerechte Gestaltung der Arbeit – sieht man von den Belastungen durch die Umgebungseinflüsse ab – erst in geringem Umfang vorhanden waren und nach der amtlichen Begründung (BT-

Weber 1149

Drucks. VI/1786, S. 49r.; vgl. Schriftlicher Bericht 10. Ausschuss, zu BT-Drucks. VI/2729, S. 5l.) auch die Arbeitsmedizin, -physiologie und -psychologie berücksichtigt werden sollen. Das entspricht allerdings der Erkenntnis, dass Verhalten und Reaktionen des arbeitenden Menschen durch physiologische, anatomische und psychologische Faktoren bestimmt werden und somit eine ganzheitliche Bewertung seiner Situation erforderlich ist. Der *Bundesregierung* war bewusst, dass die notwendigen Erkenntnisse der betrieblichen Praxis erst durch die Arbeitswissenschaft vermittelt werden müssen (*Arendt* BT-Prot. Bd. 75, S. 5807).

7 Dieser Aufgabe haben sich Wissenschaft und Praxis inzwischen längst angenommen. Bereits die Existenz der §§ 90, 91 hatte in der Literatur eine äußerst lebhafte Diskussion aller einschlägigen Probleme ausgelöst (vgl. dazu umfangreiche Nachweise bei *Wiese* 7. Aufl., § 90 Rn. 45 ff.). Schon insofern hat der Gesetzgeber mit den §§ 90, 91 eine langfristig fruchtbare Entwicklung eingeleitet. Diese Entwicklung ist seit dem Jahre 1974 durch ein Aktionsprogramm »Forschung zur Humanisierung des Arbeitslebens« des *Bundesministers für Arbeit und Sozialordnung* und des *Bundesministers für Forschung und Technologie* (RdA 1974, 364) und in der Folgezeit durch die Vergabe zahlreicher **Forschungsaufträge** sowie durch vielfältige **Regierungsprogramme zur Humanisierung der Arbeitswelt** gefördert worden (vgl. dazu umfangreiche Nachweise bei *Wiese* 7. Aufl. Rn. 7). Eine zentrale Rolle übernimmt insofern seit 1979 die *Bundesanstalt für Arbeitsschutz und Arbeitsmedizin* (früher: *Bundesanstalt für Arbeitsschutz und Unfallforschung*). Zu rechtstatsächlichen Auswirkungen auf die betriebliche Praxis vgl. *Hofe* Betriebliche Mitbestimmung und Humanisierung der Arbeitswelt, S. 7–36.

8 Die §§ 90, 91 begründen eine Beteiligung des Betriebsrats und sind in ihrer **unmittelbaren Funktion** auf das **Betriebsverfassungsrecht** beschränkt. Andererseits macht die Regelung des Vierten Abschnitts deutlich, dass die menschengerechte Gestaltung der Arbeit als unabweisbar für die tatsächliche und rechtliche Ordnung der Arbeitsbedingungen anzusehen ist. Den §§ **90, 91** kommt deshalb auch für das **Arbeitsvertragsrecht** eine **Indikatorfunktion** zu (vgl. auch *Wiese* RdA 2009, 344 [346]); sie unterstützen die Ansicht, dass der Arbeitgeber aufgrund seiner Schutznebenpflicht über die Verpflichtung zum Schutz des Arbeitnehmers vor einer Gefährdung von Leben und Gesundheit hinaus die mit dem Arbeitsverhältnis zusammenhängenden berechtigten ideellen Interessen des Arbeitnehmers zu achten, zu fördern und ihn vor vermeidbaren Nachteilen im Rahmen des Zumutbaren zu schützen hat. Dazu gehört auch die Berücksichtigung arbeitspsychologischer Erkenntnisse wie überhaupt eine menschengerechte Gestaltung der Arbeitsbedingungen (*Wiese* ZfA 1971, 273 [278 f.]; *ders.* ZfA 1996, 439 [463]; *Richardi/Annuß* § 90 Rn. 29).

9 Für den Inhalt der Schutzpflicht des Arbeitgebers ist der Umfang des Mitbestimmungsrechts nach § 91 nicht maßgebend (a. M. *Hanau* in *Fürstenberg* u. a., Menschengerechte Gestaltung der Arbeit, S. 9 [27 f.]), wenn auch unter den strengen Voraussetzungen dieser Bestimmung stets zugleich Ansprüche aus der Schutzpflicht des Arbeitgebers zu bejahen sein dürften. Soweit zwischen Betriebsrat und Arbeitgeber nach § 91 eine Regelung getroffen und vollzogen wird, ist der arbeitsvertragliche Anspruch des einzelnen Arbeitnehmers als erfüllt anzusehen. Ist nur eine kollektive Regelung möglich, hat die Mitbestimmung nach § 91 gegenüber dem Erfüllungsanspruch des einzelnen Arbeitnehmers Vorrang, was einen etwaigen Schadenersatzanspruch oder ein Zurückbehaltungsrecht nicht ausschließt (*Zöllner* RdA 1973, 212 [215]). Außerhalb des durch § 91 gezogenen Rahmens kann ein Anspruch des Arbeitnehmers gegeben sein, wenn z. B. bei einer Änderung der Arbeitsbedingungen eine – wenn auch nicht besondere – Belastung eintritt, deren Abwendung, Milderung oder Ausgleich möglich und zumutbar ist. Da der **arbeitsvertragliche Anspruch unabhängig vom Mitbestimmungsrecht des Betriebsrats** gegeben ist, kommt es nicht darauf an, ob in dem konkreten Betrieb ein Betriebsrat besteht oder nach § 1 gebildet werden kann. Im Übrigen können auch Ansprüche nach §§ 81 ff. in Betracht kommen.

10 Die **Beteiligung nach §§ 90, 91** ist **zwingend**, kann also **nicht** durch Tarifvertrag oder Betriebsvereinbarung **eingeschränkt** werden (*Fitting* § 90 Rn. 5; *Klebe/DKKW* § 90 Rn. 5; *Rose/HWGNRH* vor §§ 90, 91 Rn. 7). Dagegen ist eine **Erweiterung** der Beteiligung nach §§ 90, 91 durch Tarifvertrag oder freiwillige Betriebsvereinbarung entsprechend den zu § 87 entwickelten Grundsätzen (vgl. zu diesen *Wiese* § 87 Rdn. 7 ff.) zulässig (*Däubler* Tarifvertragsrecht, Rn. 1071; *Fitting* § 1 Rn. 258; *Hofe* Betriebliche Mitbestimmung und Humanisierung der Arbeitswelt, S. 155 ff.; *Klebe/DKKW* § 90 Rn. 5; *Weyand* AuR 1989, 193 [201]; **a. M.** *Natzel* DB 1972, Beil. Nr. 24, S. 4; *Rose/HWGNRH*

vor §§ 90, 91 Rn. 8; zur rechtsdogmatischen und rechtstatsächlichen Entwicklung vgl. *Spilger* Tarifvertragliches Betriebsverfassungsrecht, 1988, S. 38 f., 166 ff.); es darf deshalb keine Mitbestimmung hinsichtlich unternehmerischer Entscheidungen begründet werden (*Wiese* § 87 Rdn. 13). Zur tariflichen Ausgestaltung der Beteiligung nach §§ 90, 91 vgl. auch *Beuthien* ZfA 1986, 131 (140 ff.).

§ 90
Unterrichtungs- und Beratungsrechte

(1) Der Arbeitgeber hat den Betriebsrat über die Planung
1. von Neu-, Um- und Erweiterungsbauten von Fabrikations-, Verwaltungs- und sonstigen betrieblichen Räumen,
2. von technischen Anlagen,
3. von Arbeitsverfahren und Arbeitsabläufen oder
4. der Arbeitsplätze

rechtzeitig unter Vorlage der erforderlichen Unterlagen zu unterrichten.

(2) Der Arbeitgeber hat mit dem Betriebsrat die vorgesehenen Maßnahmen und ihre Auswirkungen auf die Arbeitnehmer, insbesondere auf die Art ihrer Arbeit sowie die sich daraus ergebenden Anforderungen an die Arbeitnehmer so rechtzeitig zu beraten, daß Vorschläge und Bedenken des Betriebsrats bei der Planung berücksichtigt werden können. Arbeitgeber und Betriebsrat sollen dabei auch die gesicherten arbeitswissenschaftlichen Erkenntnisse über die menschengerechte Gestaltung der Arbeit berücksichtigen.

Literatur
Vgl. vor § 90.

Inhaltsübersicht

	Rdn.
I. Vorbemerkung	1–3
II. Planung	4–22
1. Begriff	4–7
2. Gegenstände der Planung	8–22
a) Neu-, Um- und Erweiterungsbauten betrieblicher Räume	9–11
b) Technische Anlagen	12–15
c) Arbeitsverfahren und Arbeitsabläufe	16–19
d) Arbeitsplätze	20–22
III. Unterrichtungs- und Beratungsrecht des Betriebsrats	23–45
1. Allgemeines	23, 24
2. Unterrichtung	25–27
3. Beratung	28–32
4. Berücksichtigung gesicherter arbeitswissenschaftlicher Erkenntnisse über die menschengerechte Gestaltung der Arbeit	33–45
a) Grundsatz	33
b) Arbeitswissenschaft	34, 35
c) Gesicherte Erkenntnisse	36–43
d) Menschengerechte Gestaltung der Arbeit	44, 45
IV. Verstöße	46
V. Streitigkeiten	47, 48

I. Vorbemerkung

Die Vorschrift i. d. F. der Novelle vom 20.12.1988 (BGBl. I, S. 2312) gewährt dem Betriebsrat ein **1** Recht auf **Unterrichtung** und **Beratung** im **Planungsstadium**, um Belastungen der Arbeitnehmer möglichst von vornherein zu vermeiden oder jedenfalls zu begrenzen (vgl. vor § 90 Rdn. 5);

es geht also um einen **präventiven Schutz**. Gegenstand dieses Rechts sind nur **konkrete Vorhaben**, während der Arbeitgeber den Betriebsrat über die allgemeine Planung nach § 106 zu unterrichten hat (vgl. vor § 90 Rdn. 4).

2 Im Hinblick auf den weiten Anwendungsbereich des § 90 kommt es vor allem in Großbetrieben, in denen ständig Änderungen i. S. d. Vorschrift geplant werden, darauf an, die Kommunikation zwischen Arbeitgeber und Betriebsrat optimal auszugestalten. In Betracht zu ziehen ist die Bildung eines **Ausschusses** nach § 28 Abs. 1 oder eines **gemeinsamen Ausschusses** nach § 28 Abs. 2. Die Bildung einer paritätisch besetzten Kommission kann nicht verlangt werden. Ferner dürfte es sich empfehlen, in einer freiwilligen Betriebsvereinbarung Grundsätze festzulegen, um die Vorschrift praktikabel zu gestalten (vgl. auch die Ausführungen des Sachverständigen *Bouillon* BT-Prot. der 46. Sitzung des 10. Ausschusses, 6. Wahlperiode, S. 116).

3 Die Beteiligung des Betriebsrats nach § 90 entspricht, soweit es um den Bereich technischer Arbeitsorganisation geht, den Vorgaben von **Art. 4 Abs. 2 lit. c RL 2002/14/EG** (vgl. *Bonin* AuR 2004, 321 [325]; *Reichold* NZA 2003, 289 [298]; *Spreer* Die Richtlinie 2001/14/EG zur Festlegung eines allgemeinen Rahmens für die Unterrichtung und Anhörung der Arbeitnehmer in der Europäischen Gemeinschaft [Diss. Bielefeld], 2005, S. 103 f., 148; *Ch. Weber* FS *Konzen* S. 921 [933]; *Weber/EU-ArbR* Art. 4 RL 2002/14/EG Rn. 28 f.). Zum **Personalvertretungsrecht** vgl. § 75 Abs. 3 Nr. 16, § 76 Abs. 2 Nr. 5, 7 BPersVG; das **Sprecherausschussgesetz** und das **Gesetz über Europäische Betriebsräte** enthalten keine entsprechende Bestimmung (vgl. aber § 29 Abs. 2 Nr. 6 EBRG). Zur Anwendung des § 90 auf **Beamte** der **Deutschen Bahn AG** und der **privatisierten Postunternehmen** vgl. *Engels/Mauß-Trebinger* RdA 1997, 217 (232, 236). Soweit in **Franchisebetrieben** gemäß § 90 der Beteiligung des Betriebsrats unterliegende Angelegenheiten nach dem Franchise-Vertrag vom Franchisegeber geplant werden, muss der Franchisenehmer als Arbeitgeber dafür sorgen, dass er seinen Verpflichtungen nach § 90 nachkommen kann. Er muss sich daher vom Franchisegeber rechtzeitig die erforderlichen Informationen über geplante Maßnahmen beschaffen, diese mit dem Betriebsrat beraten und an den Franchisegeber weiterleiten (abweichend *Selzner* Betriebsverfassungsrechtliche Mitbestimmung in Franchise-Systemen [Diss. Bonn], 1994, S. 66 ff.).

II. Planung

1. Begriff

4 Planung ist die **gedankliche Vorwegnahme** eines **bestimmten Ziels** und seiner **Verwirklichung** (Einsatz von Mitteln, Zeitaufwand usw.), um den gewünschten Erfolg möglichst nach Maßgabe der vorher festgelegten Kriterien zu erreichen (vgl. auch *LAG Hamm* 03.12.1976 EzA § 90 BetrVG 1972 Nr. 1 S. 3; *Richardi/Annuß* § 90 Rn. 17). Planung ist also ein Prozess, der von bestimmten Ideen und Vorstellungen ausgehend bis zu Entscheidungen führt, durch die bestimmte Handlungen im Voraus festgelegt werden (zust. *LAG Frankfurt a. M.* 03.11.1992 LAGE § 23 BetrVG 1972 Nr. 32 S. 2; vgl. auch *BAG* 17.03.1987 EzA § 80 BetrVG 1972 Nr. 30 S. 176 f. = AP Nr. 29 zu § 80 BetrVG 1972 Bl. 6 R ff. = SAE 1988, 106 *[Kraft]*; *Linnenkohl/Töpfer* BB 1986, 1301 [1302 ff.] sowie *Kreikebaum/Gilbert/Behnam* Strategisches Management, 7. Aufl. 2011).

5 Für die Anwendung des § 90 ist es ohne Belang, den Zeitpunkt zu bestimmen, in dem **mitwirkungsfreie allgemeine Vorüberlegungen** (Denkmodelle) und **Untersuchungen** über gegebenenfalls zweckmäßige Veränderungen betrieblicher Verhältnisse sowie das Sammeln von Daten in das Stadium der Planung übergehen (für Beteiligung des Betriebsrats bei der Datenermittlung aber *Klebe/DKKW* § 90 Rn. 21; **a. M.** hierzu zutr. *Stege/Weinspach/Schiefer* § 90 Rn. 13 f.). Entscheidend ist, dass nach dem Zweck der Vorschrift der Betriebsrat so **rechtzeitig unterrichtet** wird, dass ihm Zeit bleibt, sich selbst eine Meinung über vorgesehene Maßnahmen und ihre Auswirkungen auf die Arbeitnehmer, insbesondere auf die Art ihrer Arbeit und die sich daraus ergebenden Anforderungen an die Arbeitnehmer zu bilden, um dem Arbeitgeber beratend zur Seite stehen und damit auf dessen Willensbildung – also seine Planung – Einfluss zu nehmen (*BAG* 17.03.1987 EzA § 80 BetrVG 1972 Nr. 30 S. 175 ff. = AP Nr. 29 zu § 80 BetrVG 1972 Bl. 6 R ff. = SAE 1988, 106 *[Kraft]*; 11.12.1991 EzA § 90 BetrVG 1972 Nr. 2 S. 8 = AP Nr. 2 zu § 90 BetrVG 1972 Bl. 3 f.; *Wiese* FS *Wiedemann*, S. 617 [621 f.]; ähnlich

Fitting § 90 Rn. 8 f., 34 f.; *Klebe/DKKW* § 90 Rn. 19 ff.; *Matthes/*MünchArbR § 255 Rn. 10; *Pauli* AiB 2010, 542 [544]; *Richardi/Annuß* § 90 Rn. 18, 21). Das folgt nunmehr aus der Neufassung des § 90 Abs. 2, der allerdings nur für die Beratung anordnet, diese müsse so rechtzeitig erfolgen, dass Vorschläge und Bedenken des Betriebsrats bei der Planung berücksichtigt werden können. Die Planung darf daher noch nicht abgeschlossen sein. Da die Unterrichtung des Betriebsrats Voraussetzung der Beratung und dieser zeitlich vorgelagert ist, muss die Unterrichtung in einer früheren Phase als die Beratung erfolgen.

Die Unterrichtung hat daher **möglichst frühzeitig** zu erfolgen, **sobald feststeht, dass Maßnah- 6 men getroffen werden sollen** oder doch **ernsthaft erwogen werden** und **erste Überlegungen** über die **Möglichkeiten** ihrer **Durchführung angestellt** werden (zum Beginn der Planung vgl. auch *BAG* 19.06.1984 EzA § 92 BetrVG 1972 Nr. 1 S. 5 f. = AP Nr. 2 zu § 92 BetrVG Bl. 3; *Fitting* § 90 Rn. 8 f.; *Rentsch* Die rechtzeitige Unterrichtung betrieblicher Arbeitnehmervertretungen (Diss. Göttingen), 2015, S. 209 f.; *Thelen* Die Beteiligungsrechte des Betriebsrates gemäß §§ 90, 91 BetrVG, S. 22 ff.). Die Unterrichtungspflicht des Arbeitgebers beginnt also nicht erst, wenn die Planung entweder abgeschlossen ist oder wenigstens Ergebnisse vorliegen, die Grundlage von Entscheidungen des Arbeitgebers sein könnten (*Kaiser/LK* § 90 Rn. 14; vgl. aber *Gaul* Das Arbeitsrecht im Betrieb II, S. 643 f., der allerdings für das Planungsstadium ein Unterrichtungsrecht aus § 2 Abs. 1 ableiten will). Die Mitwirkung des Betriebsrats soll nicht erst die Entscheidung des Arbeitgebers, sondern die Planung selbst beeinflussen (vgl. Rdn. 5). Deshalb ist es auch nicht notwendig, dass schriftlich fixierte Pläne vorliegen, selbst wenn sie zumindest bei der Planung von Bauvorhaben (Nr. 1) oder technischen Anlagen (Nr. 2) in der Regel erforderlich sein werden. Man kann daher auch nicht in jedem Falle einen »Entwurf« verlangen. Entscheidend ist vielmehr stets, dass dem Betriebsrat rechtzeitig die Möglichkeit der Einflussnahme gegeben wird; er darf **nicht vor vollendete Tatsachen** gestellt werden. Gleichgültig ist, ob das Planungsziel ein einmaliges, sich nicht ständig wiederholendes Ereignis ist, das kurzfristig verwirklicht werden kann (*LAG Hamm* 03.12.1976 EzA § 90 BetrVG 1972 Nr. 1 S. 3).

Da das Gesetz dem Betriebsrat ein Recht auf Unterrichtung und Beratung bei der Planung gibt, be- 7 zieht es sich nur auf **zukünftige Maßnahmen des Arbeitgebers** (*Fitting* § 90 Rn. 7; *Kaiser/LK* § 90 Rn. 14; *Rose/HWGNRH* § 90 Rn. 16). Der Betriebsrat hat weder die Aufgabe, in den Angelegenheiten des § 90 eigenständig zu planen (*BAG* 27.06.1989 EzA § 80 BetrVG 1972 Nr. 37 S. 7 = AP Nr. 37 zu § 80 BetrVG 1972 Bl. 3 R), noch kann er eine Planung über die Abänderung bestehender Arbeitsbedingungen verlangen (vgl. hierzu im Einzelnen Rdn. 23, vgl. auch § 91 Rdn. 6). Er hat auch keinen Anspruch darauf, dass nachträglich in die Beratung eingetreten wird, wenn die Planung abgeschlossen und mit der Verwirklichung des Vorhabens begonnen worden ist, der Arbeitgeber aber seiner Verpflichtung nach § 90 nicht nachgekommen ist (a. M. *Klebe/DKKW* § 90 Rn. 6). In diesem Falle sind aber Sanktionen gegen den Arbeitgeber möglich (vgl. Rdn. 46). Außerdem hat der Betriebsrat bei abgeschlossenen Maßnahmen unter den Voraussetzungen des § 91 ein Mitbestimmungsrecht.

2. Gegenstände der Planung

Der **Katalog des § 90 ist abschließend** (*Richardi/Annuß* § 90 Rn. 6; *Rose/HWGNRH* § 90 8 Rn. 19), erfasst aber alle wesentlichen Planungsvorhaben, die sich auf den Arbeitsplatz, Arbeitsablauf und die Arbeitsumgebung auswirken.

a) Neu-, Um- und Erweiterungsbauten betrieblicher Räume

Die Vorschrift des § 90 Abs. 1 Nr. 1 betrifft umfassend **sämtliche Bauvorhaben** hinsichtlich betrieb- 9 licher, d. h. der **betrieblichen Zweckbestimmung dienender Räume**, so dass auf dem Betriebsgelände gelegene Privaträume des Arbeitgebers (z. B. sein Wohnhaus) nicht der Mitwirkung nach § 90 unterliegen. Bei häuslicher Arbeit (**Telearbeit**) ist nicht § 90 Abs. 1 Nr. 1 anzuwenden, sondern gegebenenfalls § 90 Abs. 1 Nr. 2, 3 und 4 (*Wiese* RdA 2009, 344 [346]). Unerheblich für die Anwendbarkeit von § 90 Abs. 1 Nr. 1 sind die Art und Größe der betrieblichen Räume. Das Gesetz nennt beispielhaft Fabrikations- und Verwaltungsräume und verweist im Übrigen auf sonstige betriebliche Räume. Es kann sich daher neben Werkhallen und Verwaltungsgebäuden um sonstige **Arbeitsräume**

(Labors, Lagerhallen, Lehrwerkstätten) oder **Sozialräume** (Kantinen, Sporthallen, Aufenthalts-, Umkleide- und Waschräume, Toiletten) handeln. Da die Vorschrift alle betrieblichen Räume erfasst, ist es ohne Bedeutung, ob deren Zweckbestimmung geändert, z. B. ein Büro zu einer Lagerhalle umgebaut wird. Unter betrieblichen Räumen sind allerdings nach dem Sinn der Vorschrift **nur solche** zu verstehen, **in denen Arbeitnehmer tätig sind** (*Eylert/Waskow*/NK-GA § 90 BetrVG Rn. 3; *Matthes*/MünchArbR § 255 Rn. 3; *Richardi/Annuß* § 90 Rn. 7; *Rose/HWGNRH* § 90 Rn. 24). Deshalb fallen u. a. Silos, Gasometer oder Öltanks nicht unter § 90 Abs. 1 Nr. 1. Der Frage kommt allerdings keine praktische Bedeutung zu, weil es sich in den genannten Fällen um technische Anlagen i. S. d. § 90 Abs. 1 Nr. 2 handelt. Ebenso wenig sind Park- oder Sportplätze betriebliche Räume im dargelegten Sinne (*Natzel* DB 1972, Beil. Nr. 24, S. 5; differenzierend *Rose/HWGNRH* § 90 Rn. 25 f.). Das Mitwirkungsrecht nach § 90 wird auch nicht dadurch ausgelöst, dass der Eigentümer des Gebäudes, in dem sich ein Betrieb befindet, auf dem zu betrieblichen Zwecken nicht genutzten Dach des Gebäudes eine Mobilfunkantenne aufstellen lässt (*LAG Nürnberg* 04.02.2003 NZA-RR 2003, 588 [590 f.]; dazu *Kappenhagen* CR 2003, 753).

10 Gleichgültig ist, ob die geplanten Bauvorhaben **Neu-, Um-** oder **Erweiterungsbauten** betreffen. Das Unterrichtungs- und Beratungsrecht des Betriebsrats besteht auch dann, wenn das Bauvorhaben auf Teile eines Gebäudes beschränkt ist. Deshalb ist jede Veränderung des Baukörpers als Umbau anzusehen, sofern dadurch die Arbeitsbedingungen beeinflusst werden. Das gilt unter dieser Voraussetzung auch für den Einbau neuer Fenster- oder Türöffnungen (*Bender/WPK* § 90 Rn. 6; *Eylert/Waskow*/NK-GA § 90 BetrVG Rn. 3; *Kaiser/LK* § 90 Rn. 5; *Klebe/DKKW* § 90 Rn. 7; *Richardi/Annuß* § 90 Rn. 8; **a. M.** *Fitting* § 90 Rn. 18; *Rose/HWGNRH* § 90 Rn. 27). Keine Bauvorhaben i. S. d. § 90 Abs. 1 Nr. 1 sind bloße **Reparatur-** oder **Renovierungsarbeiten** (*Fitting* § 90 Rn. 18; *Kaiser/LK* § 90 Rn. 6; *Klebe/DKKW* § 90 Rn. 7; *Natzel* DB 1972, Beil. Nr. 24, S. 5; *Richardi/Annuß* § 90 Rn. 8; *Rose/HWGNRH* § 90 Rn. 27; vgl. aber Rdn. 22). Im Übrigen werden geplante **Abbrucharbeiten** als solche von der Vorschrift nicht erfasst (*Fitting* § 90 Rn. 18; *Klebe/DKKW* § 90 Rn. 7; *Rose/HWGNRH* Rn. 29).

11 Hinsichtlich der Gestaltung der betrieblichen Räume ist die **Arbeitsstättenverordnung** vom 12.08.2004 (BGBl. I, S. 2179) zu beachten. In ihrem Anwendungsbereich hat der Betriebsrat weitgehende Beteiligungsrechte nach § 80 Abs. 1 Nr. 1, § 87 Abs. 1 Nr. 7 (*Gutzeit* § 87 Rdn. 643 f.; vgl. auch § 91 Rdn. 23) und § 89. Da der Betriebsrat nach § 87 Abs. 1 Nr. 7 in vollem Umfang ein Initiativrecht hat (*Gutzeit* § 87 Rdn. 667), kann er dort im Rahmen seiner Mitbestimmung selbst Änderungen und eine entsprechende Planung des Arbeitgebers veranlassen. Eine Beteiligung nach §§ 90, 91 kommt nur dann in Betracht, wenn die Vorschriften der Arbeitsstättenverordnung hinter den gesicherten arbeitswissenschaftlichen Erkenntnissen zurückbleiben (vgl. im Einzelnen *Hunold* DB 1976, 1059 [1061 f.]; ferner *Fitting* § 90 Rn. 19).

b) Technische Anlagen

12 Während durch § 90 Abs. 1 Nr. 1 die von den räumlichen Gegebenheiten auf die Arbeitsbedingungen ausgehenden Einflüsse berücksichtigt werden sollen, geht es in dessen Nr. 2 um die Einflüsse technischer Anlagen, die mittelbar oder unmittelbar dem Arbeitsablauf dienen (vgl. hierzu auch *Hofe* Betriebliche Mitbestimmung und Humanisierung der Arbeitswelt, S. 60 ff.). Eine Begrenzung des Anwendungsbereiches auf technische Anlagen, von denen Auswirkungen auf die Art der Arbeit und die Anforderungen an die Arbeitnehmer ausgehen können (so *Rose/HWGNRH* § 90 Rn. 31), ist zu eng, weil § 90 diese Auswirkungen nur beispielhaft nennt. Es genügt, dass von den technischen Anlagen überhaupt **Einflüsse auf die Arbeitsbedingungen** ausgehen. Das ist schon dann der Fall, wenn es sich um Anlagen handelt, die mit Gefahren für die Belegschaft verbunden sind, ohne dass Arbeitnehmer an ihnen beschäftigt sein müssten (z. B. Anlagen, bei denen Explosionsgefahr oder die Gefahr schädlicher Emissionen besteht). Es genügt auch, dass Arbeitnehmer nur gelegentlich mit diesen Anlagen – z. B. bei Reparaturen – **in Berührung kommen** (zust. *Richardi/Annuß* § 90 Rn. 10). Zur Mitbestimmung des Betriebsrats bei technischen Einrichtungen, die dazu bestimmt sind, das Verhalten oder die Leistung von Arbeitnehmern zu überwachen, vgl. § 87 Abs. 1 Nr. 6 (*Wiese/Gutzeit* § 87 Rdn. 506 ff.).

Eine bestimmte Größe der technischen Anlage wird vom Gesetz nicht vorausgesetzt. Es kann sich um 13
jegliche stationäre oder **mobile technische Vorrichtung** handeln, die unmittelbar oder mittelbar
dem Arbeitsablauf dient oder sonst die Arbeitsbedingungen beeinflusst (vgl. auch *OLG Düsseldorf*
08.04.1982 DB 1982, 1575 [1576]), vor allem Maschinen, aber auch Fahrstühle, Roboter, Klima-
und Beleuchtungsanlagen. Im Hinblick auf § 90 Abs. 1 Nr. 4 (vgl. Rdn. 20 ff.), dessen Anwendungsbereich sich mit dem des § 90 Abs. 1 Nr. 2 überschneidet, erübrigt sich eine abschließende Definition.
Mit diesem Vorbehalt ist das **Handwerkszeug** des Arbeitnehmers (Hammer, Meißel usw.) nicht als
technische Anlage zu verstehen (*Fitting* § 90 Rn. 20a; *Kaiser/LK* § 90 Rn. 6; *Richardi/Annuß* § 90
Rn. 11; *Schaub/Koch* Arbeitsrechts-Handbuch, § 237 Rn. 5; **diff**. *Rose/HWGNRH* § 90 Rn. 33,
der eine technische Anlage annimmt, wenn sich einzelne Werkzeuge zur einer Gesamtheit zusammenfassen lassen). Entsprechendes gilt für das **Büromobiliar** (**a. M.** *Rose/HWGNRH* § 90 Rn. 34).
Gleichgültig ist, ob die technische Anlage innerhalb oder außerhalb eines Gebäudes installiert ist. Deshalb sind auch Silos, Gasometer und Öltanks technische Einrichtungen (vgl. Rdn. 9). Ferner können
Einrichtungen, die außerhalb des Betriebsgeländes verwendet werden, unter § 90 Abs. 1 Nr. 2 fallen,
z. B. Baugerüste oder Kräne.

Technische Anlagen sind auch **Bildschirmgeräte** (*Richardi/Annuß* § 90 Rn. 11; zu Bildschirm- 14
arbeitsplätzen vgl. *Wiese/Gutzeit* § 87 Rdn. 578 f. sowie § 91 Rn. 21; ferner *Fitting* § 90 Rn. 33),
auf die aber auch § 90 Abs. 1 Nr. 3 und Nr. 4 anzuwenden sind (*LAG Baden-Württemberg* 18.02.1981
DB 1981, 1781; *LAG Berlin* 31.03.1982 DB 1981, 1519 [1520]; *LAG Niedersachsen* 25.03.1982 DB
1982, 2039 [2041]; *Klebe/DKKW* § 90 Rn. 9, 15, 17 f.). Gleiches gilt für andere **Computersysteme**
und computergestützte Konstruktions- oder Fertigungsanlagen (vgl. auch *Däubler* Internet und Arbeitsrecht, 5. Aufl. 2015, Rn. 112; *Fitting* § 90 Rn. 21; *Kohte* NZA 2015, 1417 [1419]; zur elektronischen Telefondatenerfassung vgl. bereits *LAG Hamburg* 17.03.1986 DB 1986, 1473; *Schulin/Babl*
NZA 1986, 46 [50] sowie aktuell *Wiese/Gutzeit* § 87 Rdn. 580 ff.; zu **Intranet, Internet, Telearbeit**
vgl. auch die Nachweise Rdn. 18).

Keine Planung i. S. d. § 90 Abs. 1 Nr. 2 ist es, wenn **Reparatur-** oder **Ersatzmaßnahmen** hinsicht- 15
lich einzelner Teile vorhandener technischer Anlagen in Aussicht genommen werden (*OLG Düsseldorf*
08.04.1982 DB 1982, 1575 [1576]; *Fitting* § 90 Rn. 20; *Matthes/*MünchArbR § 255 Rn. 7; *Richardi/
Annuß* § 90 Rn. 12; *Rose/HWGNRH* § 90 Rn. 34). Sollen allerdings Teile technischer Anlagen derart
ersetzt, umgestaltet oder erweitert werden, dass sich daraus andersartige Auswirkungen auf die Arbeitsbedingungen ergeben können, so findet § 90 Abs. 1 Nr. 2 Anwendung. Die Rechte des Betriebsrats
nach § 90 beschränken sich daher nicht auf die Planung von neuen technischen Anlagen; die
einschränkende Formulierung des Regierungsentwurfs wurde aufgrund der Beschlüsse des 10. Ausschusses ausdrücklich geändert (vgl. BT-Drucks. VI/2729, S. 40). Überhaupt nicht unter diese Bestimmung fallen technische Anlagen, die nicht in dem sie produzierenden Betrieb verwendet werden
sollen.

c) Arbeitsverfahren und Arbeitsabläufe

Die Vorschrift des § 90 Abs. 1 Nr. 3 betrifft die **Gestaltung des Arbeitsprozesses** (vgl. hierzu auch 16
Hofe Betriebliche Mitbestimmung und Humanisierung der Arbeitswelt, S. 63 ff.). Der Regierungsent-
wurf sprach von »neuen Fertigungsverfahren«. Der 10. Ausschuss beschloss die jetzige Fassung (BT-
Drucks. VI/2729, S. 41). Damit wurde lediglich eine redaktionelle Änderung angestrebt, um die Terminologie des Gesetzes an den Sprachgebrauch der Arbeitswissenschaft anzupassen (zu BT-Drucks.
VI/2729, S. 30). Arbeitsverfahren und Arbeitsablauf sind im weitesten Sinne als die **Regelungen**
zu verstehen, **nach denen sich die Arbeit vollzieht**; sie hängen also eng miteinander zusammen.
Der Begriff des Arbeitsablaufs wird auch in § 81 Abs. 1 Satz 1, Abs. 4 Satz 1, § 82 Abs. 1 Satz 2 und
§ 91 Satz 1 verwendet (vgl. § 91 Rdn. 4; ferner *Franzen* § 81 Rdn. 5, § 82 Rdn. 11); dem Begriff
des Arbeitsverfahrens stehen die Begriffe »Fabrikations- und Arbeitsmethoden« in § 106 Abs. 3 Nr. 5
(s. *Oetker* § 106 Rdn. 76 ff.) und »Arbeitsmethoden und Fertigungsverfahren« in § 111 Nr. 5 (s. *Oetker*
§ 111 Rdn. 172 ff.) nahe. Im Verhältnis von Arbeitsverfahren und Arbeitsablauf ist letzterer der weitergehende Begriff. In beiden Fällen ist eine völlige Neuplanung nicht erforderlich; es genügt vielmehr eine Planung, die auf eine teilweise Änderung der bisherigen Arbeitsverfahren und Arbeitsabläufe abzielt.

17 Arbeitsablauf ist das Geschehen bei der Erfüllung von Arbeitsaufgaben. Der Arbeitsablauf vollzieht sich im Zusammenwirken von Mensch, Betriebsmittel bzw. Arbeitsmittel und Eingabe; diese besteht im Allgemeinen aus Arbeitsgegenständen, aber auch aus Menschen, Informationen und Energie, die i. S. d. Arbeitsaufgabe in ihrem Zustand, ihrer Form oder ihrer Lage verändert oder verwendet werden sollen (vgl. *REFA* MLBO, Arbeitsgestaltung in der Produktion, S. 42, 45; *LAG Frankfurt a. M.* 03.11.1992 LAGE § 23 BetrVG 1972 Nr. 32 S. 4; *LAG Hamm* 03.12.1976 EzA § 90 BetrVG 1972 Nr. 1 S. 4; *Fitting* § 90 Rn. 24; *Klebe/DKKW* § 90 Rn. 12; *Richardi/Annuß* § 90 Rn. 13 f.; *Rose/HWGNRH* § 90 Rn. 39). Dazu gehört die Entscheidung über den **Ort der Arbeit** (Betriebsabteilung, Arbeitsplatz, Arbeit im Freien, in der Halle, einer Kabine, unter Tage; vgl. *LAG Frankfurt a. M.* 03.11.1992 LAGE § 23 BetrVG 1972 Nr. 32 S. 4, 7), die **Arbeitszeit** (Lage, Schichtarbeit, Sonderschichten [*W. Schneider* BlStSozArbR 1977, 196]), **Arbeitstempo und -rhythmus**, Fließbandarbeit (zur Änderung der Bandgeschwindigkeit vgl. *Rüthers* ZfA 1973, 399 [411]), den **Einsatz von Betriebsmitteln** (Maschinen, Werkstoffe vgl. dazu *Kreßel* RdA 1994, 23 [29]; *Rüthers* ZfA 1977, 1 [8]), nicht jedoch die geplante Einführung des **Job-sharing** (*von Hoyningen-Huene* BB 1982, 1240 [1246]; **a. M.** *Danne* Das Job-sharing, 1986, S. 98 f.; *Koeve* AuR 1983, 75 [79]; *Schüren* Job Sharing, 1983, S. 201) oder von **Bedarfsarbeit** (KAPOVAZ; **a. M.** *Klevemann* AiB 1986, 156 [157]). Es geht um die Gestaltung von Arbeitsaufgaben und deren zeitliche und räumliche Einordnung in das planmäßige Ineinandergreifen der einzelnen Arbeitsaufgaben, dagegen nicht um die in Ausübung des Direktionsrechts erfolgende Einzelanweisung, bestimmte Tätigkeiten zu verrichten (*LAG Hamm* 03.12.1976 EzA § 90 BetrVG 1972 Nr. 1 S. 4 f.).

18 Einzelfälle:
- **Balanced Scorecard (BSC)**: vgl. *Däubler* DB 2000, 2270 (2275); *ders.* AiB 2001, 208; *Range-Ditz* ArbRB 2003, 123;
- **Bring your own Device (BYOD** – dienstliche Nutzung privater technischer Geräte): vgl. *Däubler* Internet und Arbeitsrecht, 5. Aufl. 2015, Rn. 210i;
- **CIRS (Critical Incident Reporting Systems** – Fehlermeldesysteme): vgl. *Ricken* KrV 2017, 53;
- **Flexible Arbeitszeitsysteme**: vgl. *Biswas* Vertrauensarbeitszeit und Arbeitszeitfreiheit im arbeitszeitrechtlichen und betriebsverfassungsrechtlichen Kontext (Diss. Frankfurt), 2004; *Dräger* Beteiligung des Betriebsrates bei der Einführung flexibler Arbeitszeitsysteme (Diss. Frankfurt), 1986, S. 73 f.; *Hamm* Flexible Arbeitszeiten in der Praxis, 2001; *Tuchbreiter* Beteiligungsrechte des Betriebsrats bei der Einführung und Durchführung flexibler Arbeitszeitmodelle (Diss. Regensburg), 2001;
- **Gruppenarbeit:** vgl. *Blanke* RdA 2003, 140; *Elert* Gruppenarbeit. Individual- und kollektivarbeitsrechtliche Fragen moderner Arbeitsformen (Diss. Hagen), 2001, S. 102 ff.; *Fitting* § 90 Rn. 25 m. w. N.; *Hunold* Gruppenarbeit, AR-Blattei SD 840; *Kreßel* RdA 1994, 23 (29); *Nill* Selbstbestimmung in der Arbeitsgruppe? (Diss. Baden-Baden), 2005; *Rüthers* ZfA 1977, 1 (8); *Wiese* BB 2002, 198;
- **Intranet und Internet, Cloud-Computing, Digitalisierung**: vgl. *Däubler* Internet und Arbeitsrecht, 5. Aufl. 2015, Rn. 112; *Klasen* Unternehmensinterne Datennetze im Lichte der Betriebsverfassung (Diss. Berlin), 2005, S. 73 ff. (zu Intranet); *Kümpers* Einsatz elektronischer Informations- und Kommunikationssysteme am Arbeitsplatz (Diss.), 2009, S. 65 f.; *Tuchbreiter* Beteiligungsrechte des Betriebsrats bei der Einführung und Anwendung moderner Kommunikationsmittel (Diss. Regensburg), 2007;
- **Just-in-time**: vgl. *Wagner* in Mendius/Wendeling-Schröder (Hrsg.), Zulieferer im Netz, 1991, S. 304 (309 f.); *Wellenhofer-Klein* DB 1997, 978;
- **Knowledge-Management**: vgl. *Gerber/Trojan* AuA 2002, 340;
- **Lean Production**: vgl. dazu *Fitting* § 90 Rn. 27; *Herlitzius* Lean Production, 1995; *Hunold* Lean Production, 1993; *Lange* Dezentralisierte Produktion (Diss. München), 2004; *Rose/HWGNRH* § 90 Rn. 44; *Schindele* BB 1993, Beil. 15, S. 14 (18); *Wank* Lean Management und Business Reengeneering aus arbeitsrechtlicher Sicht, 1995, S. 60; vgl. auch *Wisskirchen/Bissels/Domke* Japanische Produktionsmethoden: Kaizen, Kanban & Co. im Lichte der betrieblichen Mitbestimmung, BB 2008, 890;
- **Outsourcing, Einführung von Fremdfirmenbeschäftigung**: vgl. *Balze/Rebel/Schuck* Outsourcing und arbeitsrechtliche Restrukturierung von Unternehmen, 3. Aufl. 2007; *Blanke/Rose*

Die zeitliche Koordinierung der Informations- und Konsultationsansprüche Europäischer Betriebsräte und nationaler Interessenvertretungen bei grenzübergreifenden Umstrukturierungsmaßnahmen, RdA 2008, 65 (76 f.); *Eylert/Waskow/*NK-GA § 90 BetrVG Rn. 5; *Gaul/Koehler* Mitarbeiterdaten in der Computer Cloud: Datenschutzrechtliche Grenzen des Outsourcing, BB 2011, 2229 (2234 f.); *Julius* Arbeitsschutz und Fremdfirmenbeschäftigung (Diss. Halle), 2004, S. 137; *Rose/HWGNRH* § 90 Rn. 44;

– **Qualitätsmanagement-Systeme:** vgl. dazu z. T. kontrovers *Bauer/von Westphalen* Das Recht zur Qualität, 1996, S. 68; *Fitting* § 90 Rn. 28; *Lachenmann* RdA 1998, 104 (110 f.); *Rose/HWGNRH* § 90 Rn. 42; *Schmidt/Dobberahn* NZA 1995, 1017 (1019). Zur Lage der Arbeitszeit und dem Mitbestimmungsrecht nach § 87 Abs. 1 Nr. 2 in diesem Zusammenhang vgl. *Wiese/Gutzeit* § 87 Rdn. 278 ff.;

– **Telearbeit, Homeoffice, (internes) Crowdsourcing**: vgl. *Albrecht* NZA 1996, 1240 (1243 f.); *Boemke/Ankersen* BB 2000, 2254 (2256); *Brandl* AiB 2004, 349; *Collardin* Aktuelle Rechtsfragen der Telearbeit, 1995; *Fenski* Außerbetriebliche Arbeitsverhältnisse, Heim- und Telearbeit, 2. Aufl. 2000; *Däubler/Klebe* NZA 2015, 1032 (1040); *Igel* ZBVR online 2013 Nr. 7/8, 33; *Isenhardt* DB 2016, 1499; *Kappus* Rechtsfragen der Telearbeit, 1986; *Kilian/Borsum/Hoffmeister* NZA 1987, 401 (405); *dies.* Telearbeit und Arbeitsrecht, Forschungsbericht im Auftrag des Bundesministers für Arbeit und Sozialordnung, 1986, S. 184 ff., 241 f., 262 ff.; *Klebe* AuR 2016, 277 (279); *Körner* NZA 1999, 1190; *Lammeyer* Telearbeit (Diss. Saarbrücken), 2007; *Müllner* Privatisierung des Arbeitsplatzes, 1985, S. 134 ff.; *Peter* DB 1998, 573 ff.; *Pfarr/Drüke* Rechtsprobleme der Telearbeit, 1989; *Schmechel* NZA 2004, 237 (238); *Schulze/Ratzesberger* ArbRAktuell 2016, 109; *Simon/Kuhne* BB 1987, 201 (205); *Wank* NZA 1999, 225 ff.; *ders.* AR-Blattei SD 1565; *Wedde* Telearbeit, 2002; *ders.* AuR 1987, 325 (330); *ders.* ZfPR 1998, 18; *Wiese* RdA 2009, 344 (346 f.);

– **Umweltmanagementsystem** nach der VO (EG) Nr. 1221/2009 – **EMAS** (dazu Umweltauditgesetz – [UAG] vom 04.09.2002 [BGBl. I, S. 3490] i. d. F. vom 21.01.2013 [BGBl. I, S. 95]): vgl. *Fitting* § 90 Rn. 29; *Merten* DB 1996, 90 (91); *Wiese* BB 2002, 674; allgemein auch *Schottelius* BB 1997, Beil. 2; *Winzen* DB 1996, 94; zum betrieblichen Umweltschutz vgl. im Einzelnen *Gutzeit* § 88 Rdn. 19 ff., § 89 Rdn. 23 ff.

– **Verfahren vorbestimmter Zeiten:** vgl. *Neudel* AuR 1975, 143 (144 f.);

Nicht unter § 90 Abs. 1 Nr. 3 fallen:

– **Kontrollen** des **Arbeitsablaufs** als solche: vgl. *Hofe* Betriebliche Mitbestimmung und Humanisierung der Arbeitswelt, S. 65; hier kann aber ein Mitbestimmungsrecht nach § 87 Abs. 1 Nr. 6 in Betracht kommen (*Richardi/Annuß* § 90 Rn. 14);
– **Vergabe unerledigter Buchungsarbeiten** an einen anderen Betrieb: vgl. *LAG Hamm* 03.12.1976 EzA § 90 BetrVG 1972 Nr. 1 S. 4 f.; *Richardi/Annuß* § 90 Rn. 14;
– Bloße Dokumentation der Verfahrens- und Arbeitsanweisungen beim **Zertifikationsverfahren** nach **DIN EN ISO 9000 ff.**: vgl. *Schmidt/Dobberahn* NZA 1995, 1017 (1019).

Arbeitsverfahren ist die Technologie zur Veränderung des Arbeitsgegenstandes i. S. d. Arbeitsaufgabe, z. B. die Verwendung technischer Hilfsmittel, von Automaten, EDV-Anlagen (vgl. *REFA* MLBO, Planung und Steuerung, Teil 1, S. 16 f.; *Fitting* § 90 Rn. 23; *Richardi/Annuß* § 90 Rn. 13; *Rose/HWGNRH* § 90 Rn. 41; **a. M.** *LAG Hamm* 03.12.1976 EzA § 90 BetrVG 1972 Nr. 1 S. 4). 19

d) Arbeitsplätze

Der Regierungsentwurf sprach von Planung der »Arbeitsplatzgestaltung und des Arbeitsablaufs«. Die im Jahre 1972 in Kraft getretene Fassung des damaligen § 90 Satz 1 Nr. 4 beruhte ebenso wie die des § 90 Satz 1 Nr. 3 auf den Beschlüssen des 10. Ausschusses (BT-Drucks. VI/2729, S. 41) und sollte gleichfalls nur redaktioneller Art sein, um die Terminologie des Gesetzes an den **Sprachgebrauch der Arbeitswissenschaft** anzupassen (zu BT-Drucks. VI/2729, S. 30). Der Ausdruck Arbeitsplatz wird auch in § 81 Abs. 4 Satz 1, § 82 Abs. 1 Satz 2, § 91 Satz 1, § 93, § 95 Abs. 3 Satz 2, § 99 Abs. 1 Satz 2 und § 102 Abs. 3 Nr. 3 verwandt (vgl. *Franzen* § 82 Rdn. 11; *Raab* § 93 Rdn. 7 ff., 22 ff., § 99 Rdn. 85, 147, 180, § 102 Rdn. 159 ff.). 20

Arbeitsplatz i. S. d. § 90 Abs. 1 Nr. 4 ist der für den einzelnen Arbeitnehmer in der Planung vorgesehene **Tätigkeitsbereich** im **räumlich-funktionalen Sinne** (*LAG Frankfurt a. M.* 03.11.1992 21

LAGE § 23 BetrVG 1972 Nr. 32 S. 4; *Hofe* Betriebliche Mitbestimmung und Humanisierung der Arbeitswelt, S. 66; *Kaiser/LK* § 90 Rn. 8; *Klebe/DKKW* § 90 Rn. 16; *Rose/HWGNRH* § 90 Rn. 47; vgl. auch *BAG* 17.02.1998 EzA § 618 BGB Nr. 14 S. 2 = AP Nr. 26 zu § 618 BGB Bl. 1 R), also nicht nur der Arbeitsplatz im arbeitstechnischen Sinne einschließlich auf ihn einwirkender Umgebungseinflüsse (so aber *Fitting* § 90 Rn. 31; *Galperin/Löwisch* § 90 Rn. 4; *Richardi/Annuß* § 90 Rn. 15; vgl. auch *BVerwG* 17.02.1986 BVerwGE 74, 28 [29]). Damit ist der Anwendungsbereich des § 90 Abs. 1 Nr. 4 sehr weit, so dass dessen Voraussetzungen neben denen des § 90 Abs. 1 Nr. 1 bis 3 häufig gleichzeitig erfüllt sein werden (vgl. auch *Richardi/Annuß* § 90 Rn. 16: Generalklausel). Kein Mitbestimmungsrecht besteht aber bei der für eine Eingruppierung notwendigen Stellenbewertung (*Lützeler/Evertz* öAT 2014, 93 [95]).

22 **Unerheblich** ist, ob es sich um **ortsgebundene** oder **ortsveränderliche Arbeitssysteme** handelt (vgl. *REFA MLBO*, Planung und Steuerung, Teil 1, S. 81; *Natzel* DB 1972, Beil. Nr. 24, S. 6). Dabei ist deren technische Gestaltung im Hinblick auf ergonomische Grundsätze zu berücksichtigen, z. B. die Sitzgelegenheit oder Standfläche für den Arbeitnehmer, die Höhe der Arbeitsfläche, die Anordnung und Konstruktion von Maschinen und Werkzeugen in ihrer Auswirkung auf die Bedienung durch die Arbeitnehmer, aber auch sonstige äußere Einflüsse wie z. B. Raumgröße, Klima, Licht- und Luftverhältnisse (zu Rauchverboten vgl. § 5 ArbStättV und *Bergwitz* NZA-RR 2004, 169; *Schmieding* ZTR 2004, 12; *Wellenhofer-Klein* RdA 2003, 155) sowie Geräusche, nicht aber die Reinigungshäufigkeit von Arbeitsräumen (*BVerwG* 25.08.1986 NJW 1987, 1658 [1659]). In diesem Zusammenhang können auch **Renovierungsarbeiten** (neue Farbgebung von Räumen) Bedeutung erlangen. Gleichgültig ist, ob bestehende Arbeitsplätze verändert oder beseitigt bzw. neue geschaffen werden. Auch eine Betriebsverlegung kommt in Betracht. Zu **Bildschirmarbeitsplätzen** vgl. *BAG* 06.12.1983 EzA § 87 BetrVG 1972 Bildschirmarbeitsplatz Nr. 1 S. 17 [*Ehmann*] = AP Nr. 7 zu § 87 BetrVG 1972 Überwachung Bl. 7 R f. [*Richardi*] = SAE 1985, 225 [*Heinze*]; Rdn. 14 und § 91 Rdn. 21; zur **Telearbeit** (Homeoffice) *Wiese* RdA 2009, 344 (346). Zu **Großraumbüros** LAG *München* 16.04.1987 LAGE § 87 BetrVG 1972 Arbeitssicherheit Nr. 2 S. 3 f. Zur **Arbeitsstättenverordnung** s. Rdn. 11.

III. Unterrichtungs- und Beratungsrecht des Betriebsrats

1. Allgemeines

23 Die Vorschrift räumt dem Betriebsrat des betroffenen Betriebes ein Unterrichtungs- und Beratungsrecht bei Planungen des Arbeitgebers ein. Nach der amtlichen Begründung (BT-Drucks. VI/1786, S. 49) soll sichergestellt werden, dass bei den in § 90 aufgezählten unternehmerischen Entscheidungen schon im Planungsstadium die berechtigten Belange der Arbeitnehmer hinsichtlich der Auswirkungen dieser Entscheidungen auf die Art der Arbeit und die Anforderungen an die Arbeitnehmer berücksichtigt werden. Der Betriebsrat hat insoweit **Ansprüche gegen den Arbeitgeber** (vgl. *Oetker* § 23 Rdn. 188), jedoch nach § 90 **kein Recht zur Initiative** in dem Sinne, dass er selbst Pläne für eine Änderung der in Nr. 1 bis 4 genannten Gegenstände vorlegen und deren Erörterung erzwingen könnte (*LAG Düsseldorf/Köln* 03.07.1981 DB 1981, 1676; *Eylert/Waskow/*NK-GA § 90 BetrVG Rn. 1; *Fitting* § 90 Rn. 17; *Matthes/*MünchArbR § 255 Rn. 20; *Natzel* DB 1972, Beil. Nr. 24, S. 4; *Richardi/Annuß* § 90 Rn. 4; *Rose/HWGNRH* § 90 Rn. 62; *Sittard/HWK* § 90 BetrVG Rn. 1; *Thelen* Die Beteiligungsrechte des Betriebsrates gemäß §§ 90, 91 BetrVG, S. 42). Die Vorschrift begründet als solche keine Verpflichtung des Arbeitgebers zur menschengerechten Gestaltung der Arbeit; entsprechende zwingende Anforderungen sind allein anderen Rechtsvorschriften (vgl. § 3 Abs. 1 i. V. m. § 2 Abs. 1 ArbSchG) zu entnehmen (*BAG* 06.12.1983 EzA § 87 BetrVG 1972 Bildschirmarbeitsplatz Nr. 1 S. 15 ff. [*Ehmann*] = AP Nr. 7 zu § 87 BetrVG 1972 Überwachung Bl. 7 R f.). Deshalb kann der Betriebsrat nach § 90 keine Regelungen erzwingen, die eine menschengerechte oder menschengerechtere Gestaltung der Arbeitsbedingungen ermöglichen (*BAG* 06.12.1983 EzA § 87 BetrVG 1972 Bildschirmarbeitsplatz Nr. 1 S. 15 ff. = AP Nr. 7 zu § 87 BetrVG 1972 Überwachung Bl. 7 R f.). Hält der Betriebsrat Arbeitsbedingungen für änderungsbedürftig, so kann er im Rahmen seiner **allgemeinen Aufgaben** – insbesondere nach § 80 Abs. 1 Nr. 2 (vgl. auch *LAG Baden-Württemberg* 18.02.1981 DB 1981, 1781 [1782]) – oder in Fragen des Arbeitsschutzes nach § 80 Abs. 1 Nr. 1,

Unterrichtungs- und Beratungsrechte § 90

§ 87 Abs. 1 Nr. 7, § 88 Nr. 1, § 89 vorgehen (vgl. auch *BAG* 06.12.1983 EzA § 87 BetrVG 1972 Bildschirmarbeitsplatz Nr. 1 S. 15 ff. = AP Nr. 7 zu § 87 BetrVG 1972 Überwachung Bl. 7 R f.).

Die **erforderliche Unterrichtung** und **Beratung** muss nicht durch den **Arbeitgeber** selbst bzw. 24 einen seiner gesetzlichen **Vertreter**, sondern kann auch durch einen mit der Aufgabe betrauten, sachkundigen Arbeitnehmer durchgeführt werden, ohne dass dieser für die Entscheidung über die beabsichtigte Maßnahme zuständig sein müsste (*BAG* 11.12.1991 EzA § 90 BetrVG 1972 Nr. 2 S. 7 f. = AP Nr. 2 zu § 90 BetrVG 1972 Bl. 3 f.; weitergehend *LAG Frankfurt a. M.* 30.10.1990 LAGE § 90 BetrVG 1972 Nr. 2 S. 2 f. – Vorinstanz; vgl. auch *Fitting* § 90 Rn. 14; *Joost* FS *Zeuner*, S. 67 ff., sowie für den Anwendungsbereich des Arbeitsschutzgesetzes dessen §§ 7, 13). Zu unterrichten ist der **Betriebsrat**, dessen Betrieb **von den geplanten Maßnahmen betroffen** ist, nicht derjenige, bei dem die Planung erfolgt (*Fitting* § 90 Rn. 15; *Richardi/Annuß* § 90 Rn. 23).

2. Unterrichtung

Die Unterrichtung des Betriebsrats in den Angelegenheiten nach § 90 Abs. 1 Nr. 1 bis 4 (vgl. 25 Rdn. 8 ff.) muss **rechtzeitig** (vgl. Rdn. 5 f.) erfolgen und kann mündlich oder schriftlich geschehen (vgl. zum Verfahren der Unterrichtung auch *Hofe* Betriebliche Mitbestimmung und Humanisierung der Arbeitswelt, S. 69 f.). Da der Arbeitgeber die vorgesehenen Maßnahmen insbesondere hinsichtlich der Auswirkungen auf die Arbeit und die sich daraus ergebenden Anforderungen an die Arbeitnehmer mit dem Betriebsrat beraten soll (vgl. hierzu *Natzel* DB 1972, Beil. Nr. 24, S. 6 f.), muss die Information des Betriebsrats unter Berücksichtigung dieses Zweckes erfolgen. Der Arbeitgeber hat daher die geplanten Maßnahmen hinsichtlich **Gegenstand, Ziel** und **Durchführung** unter Berücksichtigung der gesicherten arbeitswissenschaftlichen Erkenntnisse über die menschengerechte Gestaltung der Arbeit (vgl. Rdn. 33 ff.). **umfassend** (§ 2 Abs. 1) zu **erläutern**, insbesondere die **Auswirkungen** für die Arbeitnehmer und Möglichkeiten zur Berücksichtigung ihrer Interessen **aufzuzeigen**, Fragen des Betriebsrats zu beantworten und ihn damit in die Lage zu versetzen, sich ein eigenes Urteil zu bilden. Nach Maßgabe des § 2 Abs. 1 ist die Unterrichtung bei Bedarf zu **wiederholen** und zu vertiefen (vgl. auch *Fitting* § 90 Rn. 35; *Klebe/DKKW* § 90 Rn. 22). Der Betriebsrat ist über die einzelnen Stadien der Planung auf dem Laufenden zu halten und gegebenenfalls über Änderungen der Planung zu unterrichten (*Fitting* § 90 Rn. 10; *Richardi/Annuß* § 90 Rn. 21). Die Unterrichtungspflicht besteht unabhängig davon, ob und welche Auswirkungen die geplanten Maßnahmen auf die Arbeitsbedingungen haben (*OLG Düsseldorf* 08.04.1982 DB 1982, 1575 [1576]).

Durch die Neufassung des § 90 Abs. 1 im Zuge der Novelle vom 20.12.1988 (BGBl. I, S. 2312) ist 26 klargestellt worden, dass die Unterrichtung unter **Vorlage** (zum Begriff vgl. *BAG* 20.11.1984 EzA § 106 BetrVG 1972 Nr. 6 S. 29 ff. = AP Nr. 3 zu § 106 BetrVG 1972 Bl. 3 f. = SAE 1985, 350 *[Eich]*; 03.12.1985 EzA § 99 BetrVG 1972 Nr. 46 S. 243 ff. = AP Nr. 29 zu § 99 BetrVG 1972 Bl. 2 ff.; vgl. auch *Klebe/DKKW* § 90 Rn. 25) der **erforderlichen Unterlagen** (vgl. dazu *Fitting* § 90 Rn. 12 f.) zu erfolgen hat. Der Arbeitgeber muss **von sich aus**, also anders als bei § 80 Abs. 2 Satz 2 nicht erst auf Verlangen des Betriebsrats, alle **Unterlagen vorlegen**, die notwendig sind, damit sich der Betriebsrat ein möglichst genaues Bild von Umfang und Auswirkungen der geplanten Maßnahmen machen kann (vgl. BT-Drucks. 11/2503, S. 35). **Fremdsprachige Unterlagen** sind in deutscher Übersetzung vorzulegen, soweit dies erforderlich und verhältnismäßig ist (*Hess. LAG* 19.08.1993 NZA 1995, 285 f.). Bei umfangreichen Unterlagen, die einer sorgfältigen Prüfung bedürfen, kann der Betriebsrat deren für die Vorbereitung erforderliche **zeitweilige**, aber **nicht dauernde Überlassung** verlangen (vgl. auch *Bender/WPK* § 90 Rn. 17; *Eylert/Waskow/*NK-GA § 90 BetrVG Rn. 11; *Engels/Natter* BB 1989, Beil. Nr. 8, S. 1 [24]; *Kaiser/LK* § 90 Rn. 16; *Kania/*ErfK § 90 BetrVG Rn. 7; *Kollar* Gesundheitsschutz, S. 39; *Rose/*HWGNRH § 90 Rn. 57; *Wlotzke* DB 1989, 111 [116]; weitergehend *Fitting* § 90 Rn. 12; *Klebe/DKKW* § 90 Rn. 26; *Pauli* AiB 2010, 542 [544]). Zu denken ist z. B. an Baupläne und technische Zeichnungen, soweit sie vorhanden sind und nicht erst erstellt werden müssen (*BAG* 07.08.1986 EzA § 80 BetrVG 1972 Nr. 27 S. 148 f. = AP Nr. 25 zu § 80 BetrVG 1972 Bl. 2 R = SAE 1987, 230 *[Natzel]*). Die Hinzuziehung von sachkundigen Arbeitnehmern als Auskunftsperson und von **Sachverständigen** ist nach Maßgabe des § 80 Abs. 2 Satz 3, Abs. 3 möglich (§ 80 Rdn. 131 ff., 149 ff.).

§ 90

27 Zur **Geheimhaltung** ist der Betriebsrat nur nach § 79 verpflichtet (*Hitzfeld* Geheimnisschutz im Betriebsverfassungsrecht [Diss. Mannheim], 1990, S. 104 ff.; *Kaiser/LK* § 90 Rn. 17; *Klebe/DKKW* § 90 Rn. 4; *Matthes*/MünchArbR § 255 Rn. 11; *Richardi/Annuß* § 90 Rn. 20; vgl. auch BAG 20.09.1990 EzA § 80 BetrVG 1972 Nr. 39 S. 6 f.; **weitergehend** für Einschränkung des Unterrichtungsrechts analog § 106 Abs. 2, da Schutz nach § 79 nicht ausreichend: *Rose/HWGNRH* § 90 Rn. 6). Zur entsprechenden Sachlage bei der Informationsverpflichtung des Arbeitgebers im Rahmen des § 80 vgl. § 80 Rdn. 93.

3. Beratung

28 Das Recht des Betriebsrats, die vorgesehenen Maßnahmen mit dem Arbeitgeber so rechtzeitig zu beraten, dass Vorschläge und Bedenken des Betriebsrats bei der Planung berücksichtigt werden können (vgl. Rdn. 4 ff.), verpflichtet den Arbeitgeber, nach der Information des Betriebsrats diesem angemessen **Zeit** zu **lassen**, sich als Gremium mit der Angelegenheit zu befassen, ferner sich mit den Argumenten des Betriebsrats **auseinanderzusetzen** und sich ernsthaft **um** eine für beide Seiten angemessene **Lösung** zu **bemühen** (vgl. auch LAG Frankfurt a. M. 03.11.1992 LAGE § 23 BetrVG 1972 Nr. 32 S. 6; *Hofe* Betriebliche Mitbestimmung und Humanisierung der Arbeitswelt, S. 70 ff.). Das gilt auch im Hinblick auf die finanzielle Belastung des Unternehmens (vor § 90 Rdn. 4).

29 Die Beratung ist nicht auf die Auswirkungen der Maßnahmen auf die Art der Arbeit und die sich daraus ergebenden Anforderungen an die Arbeitnehmer beschränkt, weil diese nur beispielhaft genannt werden; der Betriebsrat kann, wie der Gesetzeswortlaut des § 90 Abs. 2 ausdrücklich klarstellt, auch **andere Auswirkungen auf die Arbeitnehmer** zum Gegenstand der Beratung machen (*Engels/Natter* BB 1989, Beil. Nr. 8, S. 1 [25]; *Fitting* § 90 Rn. 36 f.). Gleichgültig ist ferner, wie durch die Einfügung des Wortes »auch« in die Neufassung des § 90 Abs. 2 Satz 2 klargestellt wird, ob es um die Berücksichtigung gesicherter arbeitswissenschaftlicher Erkenntnisse über die menschengerechte Gestaltung der Arbeit geht (*Fitting* § 90 Rn. 36; *Klebe/DKKW* § 90 Rn. 31; *Richardi/Annuß* § 90 Rn. 25; *Rose/HWGNRH* § 90 Rn. 69). Das Beratungsrecht nach § 90 ist daher an weniger strenge Voraussetzungen als das Mitbestimmungsrecht nach § 91 geknüpft. Bei der Beratung hat der Betriebsrat das Recht, alle Gesichtspunkte vorzutragen, die für die Planung **im Hinblick auf die Arbeitsbedingungen** seiner Meinung nach von Bedeutung sind. Das gilt auch für **ökologische Aspekte**, jedoch hat der Betriebsrat kein Mandat zur Wahrnehmung der Interessen der Allgemeinheit hinsichtlich des außerbetrieblichen Umweltschutzes (*Gutzeit* § 88 Rdn. 25, § 89 Rdn. 30; *Froschauer* Arbeitsrecht und Umweltschutz [Diss. Mannheim], 1994, S. 178 f.; **a. M.** *Salje* BB 1988, 73 [74]; *Teichert* AiB 1994, 229; *Trümner* AiB 1991, 522 [525]). Zum Umweltschutz vgl. im Einzelnen *Gutzeit* § 88 Rdn. 19 ff., § 89 Rdn. 23 ff. Zum Gegenstand der Beratung, wenn die geplanten Maßnahmen zugleich den Tatbestand einer Betriebsänderung nach § 111 erfüllen, vgl. *Oetker* § 111 Rdn. 248, § 112 Rdn. 11 ff.

30 Unter **Art** der **Arbeit** und den **Anforderungen** sind die Arbeitsbedingungen zu verstehen, die bei der Verwirklichung der geplanten Maßnahmen auf die Arbeitnehmer einwirken würden. Zu den Anforderungen an die Arbeitnehmer zählt *REFA* (MLBO, Anforderungsermittlung [Arbeitsbewertung], S. 42 ff.) Kenntnisse (Ausbildung, Erfahrung, Denkfähigkeit), Geschicklichkeit (Handfertigkeit, Körpergewandtheit), Verantwortung (für die eigene Arbeit, für die Arbeit anderer, für die Sicherheit anderer), geistige Belastung (Aufmerksamkeit, Denktätigkeit), muskelmäßige Belastung (dynamische, statische und einseitige Muskelarbeit) und Umgebungseinflüsse (Klima, Nässe, Öl, Fett, Schmutz, Staub, Gase, Dämpfe, Lärm, Erschütterung, Blendung oder Lichtmangel, Erkältungsgefahr, Schutzkleidung, Unfallgefährdung).

31 Der Betriebsrat braucht nicht abzuwarten, bis der Arbeitgeber tätig wird, sondern kann seinerseits an den Arbeitgeber herantreten und ihm seine u. U. abweichenden **Vorschläge unterbreiten**. Das Recht auf Beratung wird daher durch die vom Arbeitgeber begonnene Planung ausgelöst und ist nicht mit dem fehlenden Recht, eine Planung zu initiieren (Rdn. 23), zu verwechseln. Soweit erforderlich, kann der Betriebsrat nach Maßgabe des § 80 Abs. 2 Satz 3, Abs. 3 sachkundige Arbeitnehmer als Auskunftspersonen oder Sachverständige hinzuziehen (§ 80 Rdn. 131 ff., Rdn. 149 ff.).

Unterrichtungs- und Beratungsrechte § 90

Das Beratungsrecht des Betriebsrats verpflichtet den Arbeitgeber (Unternehmer) nicht, auf die Vorstellungen des Betriebsrats einzugehen und seine Planung zu ändern. Er bleibt in seiner **Entscheidung frei** (*Richardi/Annuß* § 90 Rn. 24; *Rose/HWGNRH* § 90 Rn. 63), hat allerdings schon im Hinblick auf das Mitbestimmungsrecht des Betriebsrats nach § 91 dessen Argumente gewissenhaft zu **prüfen**. Ebenso wenig kann der Betriebsrat nach § 90 die Ausführung der vom Arbeitgeber vorgesehenen Maßnahmen verhindern. Das gilt selbst dann, wenn der Arbeitgeber seinen Verpflichtungen nach § 90 nicht nachgekommen ist (vgl. Rdn. 48). Ist der Betriebsrat der Meinung, die Belange der Arbeitnehmer seien nicht hinreichend berücksichtigt worden, kann er unter den Voraussetzungen des § 91 angemessene Maßnahmen zur Abwendung, Milderung oder zum Ausgleich der Belastung durchsetzen. Der Betriebsrat ist nach § 2 Abs. 1 verpflichtet, seine Bedenken und Vorschläge zu den vorgesehenen Maßnahmen, soweit es ihm möglich ist, bereits im Planungsstadium abschließend vorzutragen. Verstößt er gegen diese Pflicht, so ändert das jedoch nichts an dem ihm nach § 91 zustehenden Mitbestimmungsrecht (vgl. im Einzelnen § 91 Rdn. 9 f.). 32

4. Berücksichtigung gesicherter arbeitswissenschaftlicher Erkenntnisse über die menschengerechte Gestaltung der Arbeit

a) Grundsatz
Arbeitgeber und Betriebsrat sollen nach § 90 Abs. 2 Satz 2 bei der Beratung auch die gesicherten arbeitswissenschaftlichen Erkenntnisse über die menschengerechte Gestaltung der Arbeit berücksichtigen. Die **Sollvorschrift** begründet eine Rechtspflicht, von der nur aus besonderen Gründen abgewichen werden darf (*Klebe/DKKW* § 90 Rn. 31; *Richardi/Annuß* § 90 Rn. 28). 33

b) Arbeitswissenschaft
Der Begriff »Arbeitswissenschaft« war zunächst sehr umstritten. Nach überwiegender Meinung handelte es sich um eine zusammenfassende Bezeichnung mehrerer Einzelwissenschaften, die sich unter verschiedenen Aspekten mit der menschlichen Arbeit befassen. Auch das Gesetz spricht in §§ 90, 91 nicht von den Erkenntnissen der Arbeitswissenschaft, sondern von **arbeitswissenschaftlichen Erkenntnissen**. Im Auftrag der Gesellschaft für Arbeitswissenschaft wurde folgende Kerndefinition entwickelt (*Luczak/Volpert/Raeithel/Schwier* Arbeitswissenschaft, S. 59): 34

»Arbeitswissenschaft ist die Systematik der Analyse, Ordnung und Gestaltung der technischen, organisatorischen und sozialen Bedingungen von Arbeitsprozessen mit dem Ziel, dass die arbeitenden Menschen in produktiven und effizienten Arbeitsprozessen
– schädigungslose, ausführbare, erträgliche und beeinträchtigungsfreie Arbeitsbedingungen vorfinden,
– Standards sozialer Angemessenheit nach Arbeitsinhalt, Arbeitsaufgabe, Arbeitsumgebung sowie Entlohnung und Kooperation erfüllt sehen,
– Handlungsspielräume entfalten, Fähigkeiten erwerben und in Kooperation mit anderen ihre Persönlichkeit erhalten und entwickeln können.«

Diese Definition kann der Auslegung der §§ 90, 91 zugrunde gelegt werden. Sie indiziert auch die Berücksichtigung von Erkenntnissen der Arbeitsmedizin, Arbeitsphysiologie, Arbeitssoziologie, Arbeitspsychologie und der Arbeitspädagogik. Ein derart **weites Verständnis der Arbeitswissenschaft** ist für die Anwendung dieser Vorschriften unschädlich, weil die Verpflichtung zur Berücksichtigung arbeitswissenschaftlicher Erkenntnisse nur besteht, soweit sie gesichert sind (vgl. Rdn. 36 ff.). In § 90 können zudem auch andere als arbeitswissenschaftliche Erkenntnisse zum Gegenstand der Beratung gemacht werden (vgl. Rdn. 29), und in § 91 verhindern zusätzliche Voraussetzungen der Mitbestimmung, dass ein weites Verständnis vom Gegenstand der Arbeitswissenschaft zu rechtlich unangemessenen Ergebnissen führt. 35

c) Gesicherte Erkenntnisse
Zu berücksichtigen sind die gesicherten arbeitswissenschaftlichen Erkenntnisse (vgl. die entsprechende Formulierung in § 2 Abs. 4 Nr. 4 ABBergV, § 6 Abs. 1 ArbZG, § 3 Abs. 1 S. 4, 5 ArbStättV, 36

§ 19 Abs. 3 Nr. 3 ChemG, § 30 Abs. 2 Nr. 1 GenTG, § 28 Abs. 1 Satz 2 JArbSchG, § 117 Abs. 3 Satz 2 SeeArbG, § 4 Nr. 3 ArbSchG, § 61 Abs. 1 Satz 1 Nr. 1a BBergG, ferner § 1 S. 3 Nr. 2 ASiG) über die menschengerechte Gestaltung der Arbeit. Dabei handelt es sich um einen unbestimmten Rechtsbegriff (*Fuchs* Die gesicherten arbeitswissenschaftlichen Erkenntnisse, S. 19 ff.). Gesichert bedeutet nicht, dass die arbeitswissenschaftlichen Erkenntnisse unwiderlegbar sein müssten (*Kollar* Gesundheitsschutz, S. 40). Ebenso wenig sind damit Erkenntnisse gemeint, die nach wissenschaftlichen Grundsätzen einwandfrei erarbeitet worden sind. Nach dem Zweck der Vorschrift geht es vielmehr darum, nicht sämtliche arbeitswissenschaftlichen Erkenntnisse, sondern nur diejenigen zu erfassen, die **nach dem derzeitigen Stand der Arbeitswissenschaft**, d. h. der **jeweils maßgebenden Disziplin, bei den zuständigen Fachleuten allgemein Anerkennung (Akzeptanz) gefunden** haben (*LAG Baden-Württemberg* 18.02.1981 DB 1981, 1781; *LAG Niedersachsen* 25.03.1982 DB 1982, 2039 [2041]; *Pulte* AuR 1983, 174 [179]; *Rose/HWGNRH* § 90 Rn. 75; ähnlich *Klebe/DKKW* § 91 Rn. 11; *Richardi/Annuß* § 90 Rn. 34; *Schaub/Koch* Arbeitsrechts-Handbuch, § 237 Rn. 12; vgl. aber *Fitting* § 90 Rn. 43, wonach eine Erkenntnis als gesichert anzusehen ist, die den Methoden der Erkenntnisgewinnung der betreffenden Einzeldisziplin entspricht; *Fuchs* Die gesicherten arbeitswissenschaftlichen Erkenntnisse, S. 87 ff., nach dem es auf übereinstimmende Ergebnisse empirischer Untersuchungen ankommen soll). Zur Frage, ob eine kurze oder längere **Schichtfolge** die Gesundheit der Arbeitnehmer stärker beeinträchtigt, vgl. *BAG* 11.02.1998 EzA § 315 BGB Nr. 48 S. 2 = AP Nr. 54 zu § 611 BGB Direktionsrecht Bl. 1 R f.).

37 Bestritten ist, ob eine gesicherte Erkenntnis **praktische Bewährung**, also eine empirische Absicherung voraussetzt (so *Natzel* Leistung und Lohn Nr. 88/92, S. 42; *Stege/Weinspach/Schiefer* § 90 Rn. 26). Berücksichtigt man, dass die Ergebnisse der Arbeitswissenschaft weithin auf empirischen Untersuchungen beruhen und immer wieder überprüft werden, so ist die praktische Bewährung **in der Regel** Voraussetzung für die Entstehung gesicherter Erkenntnisse (zust. *LAG Baden-Württemberg* 18.02.1981 DB 1981, 1781 [1782]; *Richardi/Annuß* § 90 Rn. 34; *Rose/HWGNRH* § 90 Rn. 76; vgl. auch *LAG Niedersachsen* 25.03.1982 DB 1982, 2039 [2041]; *Galperin/Löwisch* § 91 Rn. 4; **a. M.** *Fitting* § 90 Rn. 44). Das setzt die Befolgung dieser Erkenntnisse nicht voraus.

38 Die Arbeitswissenschaft hat jedoch auch die Aufgabe, **gerade im Planungsstadium Arbeitsgestaltungsprobleme** von **neuen Mensch-Maschine-Systemen** zu lösen, für die bisher keine Erfahrungen vorliegen (*Nadler* Arbeitsgestaltung – zukunftsbewusst, 1969). Insoweit muss es genügen, dass in methodisch einwandfreier Weise die bisherigen Ergebnisse der Arbeitswissenschaft weitergedacht und auf die Neuentwicklung angewandt werden (*Hofe* Betriebliche Mitbestimmung und Humanisierung der Arbeitswelt, S. 87 ff.; *Klebe/DKKW* § 91 Rn. 11; *Kohte/* MünchArbR § 290 Rn. 26; im Ergebnis auch *Einigungsstellenspruch* AiB 1984, 165 [169]; zur Methode vgl. *Hagenkötter* Was sind gesicherte arbeitswissenschaftliche Erkenntnisse?, in *Bundesanstalt für Arbeitsschutz und Unfallforschung* Humane Arbeitsplätze, 1./1; *Rühl* Industrial Engineering 1973, 147 [149 ff.]; *ders.* ZArb.wiss. 1975, 52 [53 ff.]; *ders.* ZArb.wiss. 1975, 79 [81]).

39 Abzulehnen ist die Ansicht, arbeitswissenschaftliche Erkenntnisse über die menschengerechte Gestaltung der Arbeit, die über die naturwissenschaftlich erforschbare Gefahrenabwehr hinausgingen, könnten nur dann als gesicherte Erkenntnisse anerkannt werden, wenn sie in einem »**rechtsförmlichen Verfahren** (als Gesetz, Tarifvertrag, Betriebsvereinbarung, Einzelarbeitsvertrag)« bestätigt worden seien (so *Ehmann* Arbeitsschutz und Mitbestimmung bei neuen Technologien, S. 34 f., 130 f.; wie hier *Richardi/Annuß* § 90 Rn. 34). Diese Ansicht beruht bereits auf der falschen Prämisse, insbesondere psychologische und soziologische Erkenntnisse könnten grundsätzlich experimentell nicht erprobt und bestätigt werden (vgl. hierzu *Wiese* FS Duden, S. 719 f. m. w. N.). Für sie gilt daher grundsätzlich Gleiches wie für andere arbeitswissenschaftliche Erkenntnisse.

40 Arbeitswissenschaftliche Erkenntnisse, die ihren Niederschlag in **zwingenden gesetzlichen Normen** gefunden haben, sind ungeachtet der §§ 90, 91 verbindlich, ohne dass es darauf ankommt, ob diese Erkenntnisse nach wissenschaftlichen Maßstäben gesichert sind (*Natzel* Leistung und Lohn Nr. 88/92, S. 54; *Richardi/Annuß* § 90 Rn. 35; *Rose/HWGNRH* § 90 Rn. 77; *Stege/Weinspach/Schiefer* § 90 Rn. 27). Insoweit kann eine Beteiligung des Betriebsrats nach § 80 Abs. 1 Nr. 1, § 87 Abs. 1 Nr. 7, § 88 Nr. 1, § 89 in Betracht kommen (vgl. etwa zum Arbeitsschutzgesetz *Gutzeit* § 87 Rdn. 627 f., 635 ff. und zur Bildschirmarbeitsverordnung, die nunmehr in die Arbeitsstättenverord-

nung überführt wurde *Gutzeit* § 87 Rdn. 654 ff. sowie § 91 Rdn. 21). Die vom Ausschuss für Arbeitsstätten gemäß § 7 Abs. 3 ArbStättV ermittelten und vom *Bundesminister für Wirtschaft und Arbeit* gemäß § 7 Abs. 4 bekannt gegebenen **Arbeitsstätten-Regeln**) enthalten keine Rechtsnormen, begründen aber die widerlegbare Vermutung dafür, dass die in ihnen enthaltenen arbeitswissenschaftlichen Erkenntnisse gesichert sind (*Ehmann* Arbeitsschutz und Mitbestimmung bei neuen Technologien, S. 41 ff.).

Entsprechendes wie für gesetzliche Normen gilt für **tarifvertragliche Regelungen** innerhalb ihres Geltungsbereiches. Diese können aber zugleich Ausdruck gesicherter arbeitswissenschaftlicher Erkenntnisse sein, wenn sie üblich geworden sind (*LAG Baden-Württemberg* 18.02.1981 DB 1981, 1781 [1782]; *Ehmann* Arbeitsschutz und Mitbestimmung bei neuen Technologien, S. 41; *Galperin/Löwisch* § 91 Rn. 8; *Kohte/*MünchArbR § 290 Rn. 26; vgl. auch *Fitting* § 90 Rn. 45). 41

Ein gewisser Anhalt für gesicherte Erkenntnisse können die vom *Deutschen Institut für Normung e. V.* **festgelegten DIN-Normen** einschließlich DIN ISO 9000 ff. (vgl. dazu *Schmidt/Dobberahn* NZA 1995, 1017 ff.) sein (ähnlich *Ehmann* Arbeitsschutz und Mitbestimmung bei neuen Technologien, S. 43 f.; *Fitting* § 90 Rn. 45; *Hofe* Betriebliche Mitbestimmung und Humanisierung der Arbeitswelt, S. 23; *Kohte/*MünchArbR § 290 Rn. 26; krit. *Fuchs* Die gesicherten arbeitswissenschaftlichen Erkenntnisse, S. 60 ff.). Entsprechendes gilt für die **technischen Normen** sonstiger privater Wirtschafts-, Fach- oder Berufsverbände (z. B. *VDE, VDI*; vgl. *Gutzeit* § 89 Rdn. 16 m. w. N.) und die **Sicherheitsregeln** der **Berufsgenossenschaften** (*Fitting* § 90 Rn. 45; *Rose/HWGNRH* § 90 Rn. 78; *U. Wagner* Mitbestimmung bei Bildschirmtechnologien, S. 142 f.; vgl. auch *Wiese* RdA 1976, 77; **krit.** *Ehmann* Arbeitsschutz und Mitbestimmung bei neuen Technologien, S. 44 ff.; *Stege/Weinspach/Schiefer* § 90 Rn. 28). 42

Nicht berechtigt ist es, die gesicherten Erkenntnisse auf derartige Normen und tarifvertragliche Regelungen zu beschränken (so aber *Galperin/Löwisch* § 91 Rn. 7 bis 9), weil damit eine dem Gesetz nicht zu entnehmende weitgehende Einengung seines Anwendungsbereiches verbunden wäre. Im Rahmen des § 90 besteht dazu keine Veranlassung, und nach § 91 ist die Mitbestimmung des Betriebsrats an derart strenge zusätzliche Voraussetzungen geknüpft (offensichtlicher Widerspruch, besondere Belastung), dass eine darüber hinausgehende **restriktive Auslegung** gerade bei Neuentwicklungen (vgl. Rdn. 38) **bedenklich** wäre. Der Kostengesichtspunkt ist nicht beim Begriff der gesicherten arbeitswissenschaftlichen Erkenntnisse (so *Galperin/Löwisch* § 91 Rn. 4), sondern bei der Abwägung angemessener Maßnahmen zu berücksichtigen (§ 91 Rdn. 26 f.). 43

d) Menschengerechte Gestaltung der Arbeit
Die menschengerechte Gestaltung der Arbeit (vgl. auch § 6 Abs. 1 ArbZG, § 6 Satz 1 ASiG, § 19 Abs. 1 Satz 1 ChemG, Überschrift zu § 28 JArbSchG, § 2 Abs. 1 ArbSchG, § 30 Abs. 2 Nr. 1 GenTG) ist kein in der Arbeitswissenschaft klar definierter Begriff. Er lässt sich daher nur aus dem Zweck der gesetzlichen Bestimmung umschreiben. Die Arbeitswissenschaft befasst sich einerseits mit der Feststellung der Leistungsfähigkeit und Leistungsbereitschaft des Menschen mit dem Ziel der Anpassung der Arbeit an den Menschen, andererseits mit der bestmöglichen Nutzung der Fertigkeiten des Menschen und damit seiner Anpassung an die Arbeit. Wenn § 90 von der menschengerechten Gestaltung der Arbeit spricht, kann es nur um die erste Aufgabe der Arbeitswissenschaft gehen. Der Zweck des Gesetzes besteht nicht darin, den technisch-wirtschaftlich optimalen Einsatz des Menschen für die Produktion zu bewirken, so dass eine Verbesserung der Arbeitsbedingungen Mittel zu diesem Zweck wäre, sondern die **Arbeitsbedingungen** so zu gestalten, dass sie dem **Menschen**, seinen **physischen** und **psychischen Eigenschaften** und **Fähigkeiten angeglichen** werden. Es geht um Gesundheits- und Persönlichkeitsschutz (vgl. auch *Richardi/Annuß* § 90 Rn. 31). Der Begriff der menschengerechten Gestaltung der Arbeit ist damit ein Sammelbegriff für die Berücksichtigung ergonomischer Leitregeln bei der Gestaltung von Arbeitsplatz und Arbeitsumwelt (vgl. auch *Rose/HWGNRH* § 90 Rn. 80; *Ehmann* Arbeitsschutz und Mitbestimmung bei neuen Technologien, S. 27 ff.; *Fitting* § 90 Rn. 38a f.; *Natzel* Leistung und Lohn Nr. 88/92, S. 25 ff.; *Richardi/Annuß* § 90 Rn. 29). Dabei ist nicht auf die individuellen Besonderheiten einzelner Arbeitnehmer abzustellen, da es hierauf im Planungsstadium nicht ankommen kann (vgl. auch § 91 Rdn. 19; **a. M.** *Richardi/Annuß* § 90 Rn. 38). Im Übrigen mag die Anpassung der Arbeit an den Menschen auch der Arbeitsproduktivität zugutekommen. Entschei- 44

dend ist, dass nicht nur das Betriebsverfassungsgesetz als Ganzes dem Schutz der Arbeitnehmer dient, sondern speziell die §§ 90, 91 die Arbeitsbedingungen der Arbeitnehmer verbessern sollen.

45 Umfangreiche **Nachweise arbeitswissenschaftlicher Literatur** zu den verschiedenen Teilaspekten menschengerechter Gestaltung der Arbeit bei *Wiese* 7. Aufl., § 80 Rn. 45.

IV. Verstöße

46 Kommt der Arbeitgeber der ihm nach § 90 Abs. 1 obliegenden Unterrichtungspflicht überhaupt nicht nach oder gibt er wahrheitswidrige, unvollständige oder verspätete Auskünfte, handelt er **ordnungswidrig** (§ 121 Abs. 1), so dass eine Geldbuße bis zu 10.000 Euro gegen ihn verhängt werden kann (§ 121 Abs. 2; vgl. *OLG Düsseldorf* 08.04.1982 DB 1982, 1575; *OLG Stuttgart* 22.11.1984 CR 1986, 414 [415]). Zu § 90 Abs. 2 Satz 1 vgl. *Oetker* § 121 Rdn. 9 sowie zum Verfahren § 121 Rdn. 36 ff. Ferner kommt bei Verweigerung der Beratung eine Bestrafung nach § 119 Abs. 1 Nr. 2 in Betracht. Schließlich kann nach § 23 Abs. 3 gegen den Arbeitgeber vorgegangen werden (*LAG Frankfurt a. M.* 03.11.1992 LAGE § 23 BetrVG 1972 Nr. 32; *Oetker* § 23 Rdn. 191; ferner *Thelen* Die Beteiligungsrechte des Betriebsrates gemäß §§ 90, 91 BetrVG, S. 91 ff.).

V. Streitigkeiten

47 Besteht Streit darüber, ob dem Betriebsrat ein Unterrichtungs- oder Beratungsrecht nach § 90 zusteht und ob der Arbeitgeber seinen Pflichten ordnungsgemäß nachgekommen ist, so entscheiden die Gerichte für Arbeitssachen im **Beschlussverfahren** (vgl. § 2a Abs. 1 Nr. 1, Abs. 2, §§ 80 ff. ArbGG; *LAG Düsseldorf/Köln* 03.07.1981 DB 1981, 1676). Der Betriebsrat kann in diesem Verfahren auch seine Ansprüche **auf Unterrichtung und Beratung** durchsetzen (vgl. *Oetker* § 23 Rdn. 188), nach Maßgabe des § 85 Abs. 2 ArbGG i. V. m. §§ 935 ff. ZPO auch im Wege einer darauf gerichteten **einstweiligen Verfügung** (*Oetker* § 23 Rdn. 188).

48 Dem Arbeitgeber kann **jedoch nicht** bis zur Erfüllung seiner Unterrichtungs- oder Beratungspflicht durch einstweilige Verfügung **untersagt werden, die vorgesehene Maßnahme durchzuführen** (*LAG Nürnberg* 04.02.2003 NZA-RR 2003, 588 [590]; *LAG Düsseldorf* 12.01.2015 LAGE § 87 BetrVG 2001 Kontrolleinrichtung Nr. 4 Rn. 93; *Bender/WPK* § 90 Rn. 28; *Eylert/Waskow*/NK-GA § 90 BetrVG Rn. 18; *Fitting* § 90 Rn. 48; *Kania*/ErfK § 90 BetrVG Rn. 13; *Konzen* Leistungspflichten, S. 109; *Oetker* § 23 Rdn. 189; *Raab* ZfA 1997, 183 [222]; *Rose/HWGNRH* § 90 Rn. 92; *Spitz* jurisPR-ITR 11/2015 Anm. 6; *Weberling* AfP 2005, 139 [141]; **a. M.** *Klebe/DKKW* § 90 Rn. 38; *Klocke* Der Unterlassungsanspruch in der deutschen und europäischen Betriebs- und Personalverfassung (Diss. Halle), 2013, S. 263 ff.; *Kohte/Schulze-Doll*/HaKo § 90 Rn. 30; *Pauli* AiB 2010, 542 [544 f.]; *Thelen* Nichtraucherschutz am Arbeitsplatz [Diss. Halle], 2016, S. 140). Es wäre widersprüchlich, wenn der Betriebsrat im vorläufigen Rechtsschutzverfahren mehr erreichen könnte als im Hauptverfahren, das dem Betriebsrat nicht die Möglichkeit gibt, die vom Arbeitgeber vorgesehene Maßnahme zu verhindern (vgl. Rdn. 32). Ließe man ein Verbot der vorgesehenen Maßnahmen durch einstweilige Verfügung zu, erhielte das Beratungsrecht nach § 90 eine Sanktion, die der des § 102 Abs. 1 Satz 3 bei der Missachtung des Anhörungsrechts bei Kündigungen vergleichbar wäre. Eine gesetzliche Grundlage für eine solche Gleichstellung ist nicht ersichtlich und wird im Übrigen auch nicht etwa von der RL 2002/14/EG verlangt (vgl. dazu generell *Weber*/EUArbR Art. 8 RL 2002/14/EG Rn. 7, 15 ff. m. w. N.). Ebenso wenig besteht ein Anspruch des Betriebsrats auf Aufhebung einer ohne seine Mitwirkung getroffenen Maßnahme (*Oetker* § 23 Rdn. 190). In Betracht kommen lediglich die in Rdn. 46 bezeichneten Sanktionen einschließlich des Unterlassungsanspruchs nach § 23 Abs. 3 (vgl. dazu *LAG Frankfurt* 03.11.1992 LAGE § 23 BetrVG 1972 Nr. 32; *Oetker* § 23 Rdn. 191; *Raab* ZfA 1997, 183 [222]). Anders kann es allerdings dann sein, wenn die geplante Maßnahme das **Mitbestimmungsrecht des § 91** auslöst (*Bender/WPK* § 90 Rn. 29; *Eylert/Waskow*/NK-GA § 90 BetrVG Rn. 19; *Fitting* § 90 Rn. 49; *Kania*/ErfK § 90 BetrVG Rn. 13; *Richardi/Annuß* § 90 Rn. 42; *Weberling* AfP 2005, 139 [141]; **a. M.** *Raab* ZfA 1997, 183 [222]). Zwar gewährt § 91 dem Betriebsrat nach der gesetzgeberischen Konzeption nur ein korrigierendes Mitbestimmungsrecht. Die Korrektur erfasst

aber potentiell nicht nur Milderungs- oder Ausgleichsmaßnahmen, sondern auch Maßnahmen zur Abwendung und damit zur Beseitigung besonderer Belastungen. Da es in diesen Fällen letztlich auf Dauer zu einer Unterlassung der Maßnahme kommt und diese Option angesichts des von § 91 geforderten eklatanten Verstoßes gegen gesicherte arbeitswissenschaftliche Erkenntnisse von vornherein offen bleiben muss, geht die einstweilige Unterlassungsverfügung letztlich nicht über dasjenige hinaus, was der Betriebsrat im Hauptsacheverfahren erreichen könnte.

§ 91
Mitbestimmungsrecht

Werden die Arbeitnehmer durch Änderungen der Arbeitsplätze, des Arbeitsablaufs oder der Arbeitsumgebung, die den gesicherten arbeitswissenschaftlichen Erkenntnissen über die menschengerechte Gestaltung der Arbeit offensichtlich widersprechen, in besonderer Weise belastet, so kann der Betriebsrat angemessene Maßnahmen zur Abwendung, Milderung oder zum Ausgleich der Belastung verlangen. Kommt eine Einigung nicht zustande, so entscheidet die Einigungsstelle. Der Spruch der Einigungsstelle ersetzt die Einigung zwischen Arbeitgeber und Betriebsrat.

Literatur
Vgl. vor § 90.

Inhaltsübersicht   Rdn.

I. Vorbemerkung	1–3
II. Voraussetzungen des Mitbestimmungsrechts	4–21
1. Änderung der Arbeitsplätze, des Arbeitsablaufs oder der Arbeitsumgebung	4–10
2. Offensichtlicher Widerspruch zu den gesicherten arbeitswissenschaftlichen Erkenntnissen über die menschengerechte Gestaltung der Arbeit	11–13
3. Besondere Belastung der Arbeitnehmer	14–21
III. Angemessene Maßnahmen zur Abhilfe oder zum Ausgleich der Belastung	22–33
1. Grundsatz	22–25
2. Angemessenheit	26, 27
3. Abwendung	28–30
4. Milderung	31
5. Ausgleich	32, 33
IV. Streitigkeiten	34–36

I. Vorbemerkung

Während § 90 die Beteiligung des Betriebsrats auf das Planungsstadium und auf Unterrichtungs- und Beratungsrechte beschränkt, mit denen präventiv ein Schutz der Arbeitnehmer gewährleistet werden soll (vgl. § 90 Rdn. 1), gewährt § 91 ihm **im Hinblick auf die Auswirkungen bestimmter Änderungen** ein erzwingbares – »**korrigierendes**« – Mitbestimmungsrecht (vor § 90 Rdn. 5). Insoweit steht ihm im Gegensatz zu § 90 (vgl. § 90 Rdn. 23) ein **Initiativrecht** zu (*Fitting* § 91 Rn. 2; *Wiese* Initiativrecht, S. 22 f. m. w. N.). Die Vorschriften der §§ 90 und 91 ergänzen sich, stehen aber selbständig nebeneinander (vgl. Rdn. 7 ff.). Zum Verhältnis des § 91 zu § 87 vgl. Rdn. 23 f., zu §§ 111 ff. vgl. vor § 90 Rdn. 4, zu Tarifverträgen über Gegenstände des § 91 Rdn. 25. Unberührt bleiben die Individualrechte der Arbeitnehmer nach §§ 81 ff. (vgl. auch Rdn. 6). 1

Das Mitbestimmungsrecht ist an **strenge**, allerdings keineswegs eindeutige **Voraussetzungen** gebunden, deren Berücksichtigung Theorie und Praxis nicht geringe Schwierigkeiten bereitet hat. Die Beschränkung des Mitbestimmungsrechts auf Fälle eines offensichtlichen Widerspruchs zu den gesicherten arbeitswissenschaftlichen Erkenntnissen über die menschengerechte Gestaltung der Arbeit und einer besonderen Belastung der Arbeitnehmer engt zudem den Anwendungsbereich dieser Vorschrift 2 weitgehend ein. Ihr Wert liegt vor allem in der zwingenden Notwendigkeit, bei einer Änderung der Arbeitsbedingungen die arbeitswissenschaftlichen Erkenntnisse über die menschengerechte Gestaltung der Arbeit zu berücksichtigen. Das ist im Hinblick auf den ständigen Wandel der Arbeitsbedingungen von nicht zu unterschätzender Bedeutung (vgl. auch § 2 Abs. 1, § 3 Abs. 1 Satz 2 ArbSchG). Die Vorschrift hat sich daher insoweit durchaus bewährt. Aufgrund des Referentenentwurfs zum BetrVerf-Reformgesetz 2001 (Art. 1 Nr. 59) sollten die Worte »offensichtlich« und »in besonderer Weise« gestrichen werden (vgl. nun auch *Krause* Digitalisierung der Arbeitswelt – Herausforderungen und Regelungsbedarf, Gutachten B zum 71. DJT, 2016, B 61; *Absenger/Priebe* WSI Mitteilungen 2016, 192 [198]; *Seifert* Referat auf dem 71. DJT, S. 18 These 13b; krit. dazu *Oetker* JZ 2016, 817 [820]). In der Begründung zu Nr. 59 hieß es dazu lediglich, das Mitbestimmungsrecht des Betriebsrats nach § 91 sei bisher wegen seiner hohen Anwendungsschwellen kaum zum Tragen gekommen. Mit der vorgesehenen Streichung der zu engen Anwendungsvoraussetzungen solle erreicht werden, dass der Betriebsrat das korrigierende Mitbestimmungsrecht auch tatsächlich ausüben könne. Mit Recht ist jedoch im Regierungsentwurf an der bisherigen Fassung festgehalten worden (vgl. im Einzelnen Rdn. 12 f., 15).

3 Zum **Personalvertretungsrecht** vgl. § 75 Abs. 3 Nr. 16, § 76 Abs. 2 Nr. 5, 7 BPersVG (vgl. *Kaiser/RDW* § 75 Rn. 520); das **Sprecherausschussgesetz** enthält keine entsprechende Bestimmung. Zur Anwendung des § 91 auf **Beamte der Deutschen Bahn AG** und der **privatisierten Postunternehmen** vgl. *Engels/Mauß-Trebinger* RdA 1997, 217 (232, 236). Soweit in **Franchisebetrieben** gemäß § 91 der Mitbestimmung des Betriebsrats unterliegende Angelegenheiten nach dem Franchise-Vertrag vom Franchisegeber entschieden werden, muss der Franchisenehmer als Arbeitgeber dafür sorgen, dass die Rechte des Betriebsrats gewahrt bleiben (vgl. auch § 90 Rdn. 3; abweichend *Selzner* Betriebsverfassungsrechtliche Mitbestimmung in Franchise-Unternehmen, Diss. Bonn 1994, S. 70 ff.).

II. Voraussetzungen des Mitbestimmungsrechts

1. Änderung der Arbeitsplätze, des Arbeitsablaufs oder der Arbeitsumgebung

4 Das Mitbestimmungsrecht nach § 91 bezieht sich nur auf besondere Belastungen der Arbeitnehmer durch Änderungen der **Arbeitsplätze** (vgl. § 90 Rdn. 20 ff.), des **Arbeitsablaufs** (vgl. § 90 Rdn. 16 f.) oder der **Arbeitsumgebung** (vgl. Rdn. 5), ist also dem Wortlaut nach auf einen engeren Anwendungsbereich als die Mitwirkungsrechte nach § 90 beschränkt. Indessen können die in § 91 im Gegensatz zu § 90 Abs. 1 Nr. 1 und 2 nicht besonders hervorgehobenen Maßnahmen hinsichtlich Bauvorhaben und technischer Anlagen auch Änderungen der Arbeitsplätze, des Arbeitsablaufs und der Arbeitsumgebung zur Folge haben und dann, soweit die Voraussetzungen des § 91 im Übrigen vorliegen, das Mitbestimmungsrecht des Betriebsrats auslösen (vgl. auch *Richardi/Annuß* § 91 Rn. 4). Deshalb ist der gegenständliche Anwendungsbereich beider Vorschriften im Wesentlichen gleich. Der maßgebende Unterschied ist darin zu sehen, dass nach § 90 der Betriebsrat bei den dort genannten Planungsvorhaben schlechthin ein Recht auf Unterrichtung und Beratung hat. Die Auswirkungen auf die Arbeitnehmer sind nicht Voraussetzung für die Befugnisse des Betriebsrats, sondern nur bei deren Ausübung zu berücksichtigen. In § 91 ist dagegen eine **besondere Belastung der Arbeitnehmer durch Änderungsmaßnahmen**, also deren **unmittelbare Auswirkung** auf die Arbeitnehmer, Voraussetzung der Mitbestimmung des Betriebsrats (*Rose/HWGNRH* § 91 Rn. 16; vgl. auch *Richardi/Annuß* § 91 Rn. 1). Die Mitbestimmung nach § 91 besteht daher nur unter engeren Voraussetzungen als die Mitwirkung nach § 90.

5 Unter dem Begriff **Arbeitsumgebung**, der erst aufgrund der Beschlüsse des 10. Ausschusses aus redaktionellen Gründen eingeführt wurde (BT-Drucks. VI/2729, S. 41; zu BT-Drucks. VI/2729, S. 30), sind alle äußeren Gegebenheiten zu verstehen, die von Einfluss auf den Arbeitnehmer an seinem Arbeitsplatz sind (ähnlich *Fitting* § 91 Rn. 10 f.; *Klebe/DKKW* § 91 Rn. 3; *Richardi/Annuß* § 91 Rn. 5; *Rose/HWGNRH* § 91 Rn. 15). Dazu gehören u. a. Licht- und Luftverhältnisse (Rauch, Staub, Gase, Dämpfe, Trockenheit), Temperatur (Hitze, Kälte), Raumgestaltung (Architektur, Farbe), Nässe, Schmutz, Schall und mechanische Schwingungen (*Grandjean* Leitfaden, S. 299 ff.).

Das Mitbestimmungsrecht nach § 91 setzt eine tatsächliche **Änderung** der Arbeitsplätze, des Arbeits- 6
ablaufs oder der Arbeitsumgebung voraus, mag das auch im Hinblick auf die strengen Voraussetzungen
des § 91 rechtspolitisch bedauerlich sein. Besondere Belastungen, die den gesicherten arbeitswissenschaftlichen Erkenntnissen über die menschengerechte Gestaltung der Arbeit widersprechen, aber
von bestehenden Anlagen oder von gleich bleibenden Verhältnissen ausgehen, lösen das Mitbestimmungsrecht nicht aus (*BAG* 28.07.1981 EzA § 87 BetrVG 1972 Arbeitszeit Nr. 9 S. 60 *[Kraft]* =
AP Nr. 3 zu § 87 BetrVG 1972 Arbeitssicherheit Bl. 3 R *[Richardi]*; *Fitting* § 91 Rn. 8; *Hofe* Betriebliche Mitbestimmung und Humanisierung der Arbeitswelt, S. 77 ff.; *Klebe/DKKW* § 91 Rn. 4; *Kollar*
Gesundheitsschutz, S. 47 ff., 120; *Matthes/*MünchArbR § 255 Rn. 23; *Richardi/Annuß* § 91 Rn. 6;
Rose/HWGNRH § 91 Rn. 17; *Thelen* Die Beteiligungsrechte des Betriebsrates nach §§ 90, 91
BetrVG, S. 61 ff.). Das gilt auch bei Reparaturen und dem Einbau von Ersatzteilen in bestehende Anlagen (*Fitting* § 91 Rn. 9). Der Betriebsrat kann deshalb nur nach § 80 Abs. 1 Nr. 2 Maßnahmen gegen
die bestehende Belastung beim Arbeitgeber beantragen. Daraus folgt aber noch nicht die Verpflichtung des Arbeitgebers, mit einer Planung i. S. d. § 90 zu beginnen oder gar Änderungen vorzunehmen. Der Betriebsrat kann ferner nach § 80 Abs. 1 Nr. 1, § 87 Abs. 1 Nr. 7, § 89 die Beachtung
der in der Arbeitsstättenverordnung und in den Arbeitsstättenregeln gemäß § 7 Abs. 3, 4 ArbStättV
(vgl. *Gutzeit* § 87 Rdn. 643 f.) verbindlich festgelegten arbeitswissenschaftlichen Erkenntnisse verlangen (vgl. auch *Hunold* DB 1976, 1059 [1062]). Der einzelne Arbeitnehmer hat schließlich das Recht,
gegen besondere Belastungen im Beschwerdeverfahren nach § 84 oder § 85 vorzugehen. Auch kann
gegebenenfalls ein Verstoß gegen die Schutznebenpflicht des Arbeitgebers vorliegen und vertragliche
Ansprüche des Arbeitnehmers auslösen (vor § 90 Rdn. 9).

Da die Bestimmung des § 91 nur an die Änderung der Arbeitsplätze, des Arbeitsablaufs oder der Ar- 7
beitsumgebung anknüpft, ist es **gleichgültig**, **ob** diese auf einer **Planung** beruht, so dass dem
Betriebsrat im Rahmen des § 90 das Recht auf Unterrichtung und Beratung zustand, **oder** ob die **Änderung ad hoc** vorgenommen wird oder auch unbeabsichtigt eintritt (*Hofe* Betriebliche Mitbestimmung und Humanisierung der Arbeitswelt, S. 82; *Kaiser/LK* § 91 Rn. 4; *Kollar* Gesundheitsschutz,
S. 49; *Richardi/Annuß* § 91 Rn. 6). Aber auch, wenn die Änderung auf einer Planung beruht, setzt
§ 91 nicht die Durchführung eines Verfahrens nach § 90 voraus. Es ist deshalb unerheblich, ob der Arbeitgeber entsprechend der ihm nach § 90 obliegenden Verpflichtung den Betriebsrat über ein Planungsvorhaben unterrichtet hat (*Hofe* Betriebliche Mitbestimmung und Humanisierung der Arbeitswelt, S. 76; *Klebe/DKKW* § 91 Rn. 2; *Richardi/Annuß* § 91 Rn. 31; *Rose/HWGNRH* § 91 Rn. 5)
und ob und in welcher Weise der Betriebsrat bei erfolgter Information auf die Entscheidung des Arbeitgebers durch Beratung Einfluss nehmen konnte (vgl. auch Rdn. 9 f.). Entscheidend ist allein die
Änderung.

Das Gesetz lässt nicht eindeutig erkennen, ob die Änderung bereits eingetreten sein muss oder ob es 8
genügt, dass sie bevorsteht. Der Terminus »Abwendung« der Belastung lässt anders als der Ausdruck
»Beseitigung« beide Deutungen zu. Da nach dem Zweck der Bestimmung besondere Belastungen
des Arbeitnehmers möglichst vermieden oder eingeschränkt werden sollen, ist das **Mitbestimmungsrecht** schon dann **zu bejahen, wenn** die **Änderung unmittelbar bevorsteht**. Eine Vorbeugung liegt auch im betrieblichen Interesse, um rechtzeitig die notwendigen Maßnahmen berücksichtigen zu können. § 91 kommt deshalb nicht erst zur Anwendung, wenn das **Planungsstadium**
abgeschlossen ist (zutr. *BAG* 06.12.1983 EzA § 87 BetrVG 1972 Bildschirmarbeitsplatz Nr. 1 S. 17 f.
[Ehmann] = AP Nr. 7 zu § 87 BetrVG 1972 Überwachung Bl. 8 R = SAE 1985, 225 *[Heinze]*; *LAG
München* 16.04.1987 LAGE § 87 BetrVG 1972 Arbeitssicherheit Nr. 2 S. 3; *Bender/WPK* § 91 Rn. 6;
Fitting § 91 Rn. 15; *Kaiser/LK* § 91 Rn. 4; *Klebe/DKKW* § 91 Rn. 7; *Kollar* Gesundheitsschutz, S. 48;
*Kohte/Schulze-Doll/*HaKo § 91 Rn. 6; *Matthes/*MünchArbR § 255 Rn. 24; *Richardi/Annuß* § 91
Rn. 6; *Sittard/*HWK § 91 BetrVG Rn. 3; *Thelen* Die Beteiligungsrechte des Betriebsrates nach §§ 90,
91 BetrVG, S. 67; *U. Wagner* Mitbestimmung bei Bildschirmtechnologien, S. 158 ff.; **a. M.** *Rose/
HWGNRH* § 91 Rn. 18). Zwar steht bis zum Abschluss der Planung noch nicht fest, welche Änderungen eintreten werden. Wenn aber in diesem Stadium schon erkennbar ist, dass die Planung auf eine
offensichtliche Missachtung arbeitswissenschaftlicher Kenntnisse hinausläuft, würde es dem Schutzzweck des § 91 widersprechen, wenn der Betriebsrat auf das bloße Beratungsrecht nach § 90 beschränkt wäre (zutr. *Kaiser/LK* § 91 Rn. 4).

9 Der **Betriebsrat** kann das Mitbestimmungsrecht nach § 91 auch geltend machen, wenn er **im Verfahren nach § 90 beteiligt** wurde, jedoch **keine Einwände** gegen die vorgesehenen Maßnahmen **erhoben oder** ihnen gar **zugestimmt** hat, später aber besondere Belastungen der Arbeitnehmer eintreten. Da Einschränkungen dem § 91 nicht zu entnehmen sind, die Vorschrift vielmehr lediglich an den Tatbestand der Änderung und besonderen Belastung anknüpft, ist das Mitbestimmungsrecht auch in diesem Falle zu bejahen (*Fitting* § 91 Rn. 15; *Hofe* Betriebliche Mitbestimmung und Humanisierung der Arbeitswelt, S. 76; *Kaiser/LK* § 91 Rn. 4; *Klebe/DKKW* § 91 Rn. 2; *Kollar* Gesundheitsschutz, S. 46, 118 ff.; *Richardi/Annuß* § 91 Rn. 32; *Thelen* Die Beteiligungsrechte des Betriebsrates nach §§ 90, 91 BetrVG, S. 68; **a. M.** *LAG Niedersachsen* 25.03.1982 DB 1982, 2039 [2041]; *Bähringer* RdA 1981, 364 [366]; *Natzel* DB 1972, Beil. Nr. 24, S. 10, 11; *Rose/HWGNRH* § 91 Rn. 6). Dabei ist es gleichgültig, aus welchen Gründen der Betriebsrat keine Einwände erhoben und ob er ausdrücklich erklärt hat, keine Rechte nach § 91 geltend machen zu wollen. Der Betriebsrat kann auf die ihm zustehenden Befugnisse nicht wirksam verzichten (vgl. *Wiese* § 87 Rdn. 5), und ein pflichtwidriges Verhalten des Betriebsrats, der die ihm nach § 90 zustehenden Rechte nicht oder nicht ordnungsgemäß wahrgenommen hat, kann den Arbeitnehmern nicht den ihnen nach § 91 zustehenden Schutz nehmen, sondern nur Sanktionen nach § 23 Abs. 1 auslösen.

10 Ist der **Arbeitgeber** im Planungsstadium auf Bedenken des Betriebsrats eingegangen ist und hat er seine **Planungen** entsprechend **geändert**, wird eine besondere Belastung i. S. d. § 91 kaum mehr eintreten, sie ist aber nicht auszuschließen. Das Schutzinteresse der Arbeitnehmer ist hier als vorrangig gegenüber dem Interesse des Arbeitgebers an einer abschließenden Regelung anzusehen. Deshalb ist das Mitbestimmungsrecht des Betriebsrats in Bezug auf eine Abwendung, Milderung oder einen Ausgleich der Belastung nicht durch die Beteiligung im Planungsstadium verbraucht, sondern bezieht sich nunmehr auf die neuen Belastungsumstände.

2. Offensichtlicher Widerspruch zu den gesicherten arbeitswissenschaftlichen Erkenntnissen über die menschengerechte Gestaltung der Arbeit

11 Zunächst muss **objektiv** ein **Widerspruch** zu den gesicherten arbeitswissenschaftlichen Erkenntnissen über die menschengerechte Gestaltung der Arbeit vorliegen. Das kann auch erlaubtermaßen der Fall sein (*BAG* 06.12.1983 EzA § 87 BetrVG 1972 Bildschirmarbeitsplatz Nr. 1 S. 16 *[Ehmann]* = AP Nr. 7 zu § 87 BetrVG 1972 Überwachung Bl. 8 = SAE 1985, 225 *[Heinze]*). Der Begriff »gesicherte arbeitswissenschaftliche Erkenntnisse über die menschengerechte Gestaltung der Arbeit« ist der gleiche **wie in § 90 Abs. 2 Satz 2** (§ 90 Rdn. 34 ff.; *Richardi/Annuß* § 91 Rn. 8). Der Unterschied zu § 90 besteht darin, dass die Mitbestimmung des Betriebsrats nach § 91 erst einsetzt, wenn gegen die gesicherten arbeitswissenschaftlichen Erkenntnisse über die menschengerechte Gestaltung der Arbeit in bestimmter, erschwerender Weise verstoßen worden ist, nämlich ein offensichtlicher Widerspruch vorliegt. Mit Recht hat das *BAG* (06.12.1983 EzA § 87 BetrVG 1972 Bildschirmarbeitsplatz Nr. 1 S. 18 = AP Nr. 7 zu § 87 BetrVG 1972 Überwachung Bl. 8) darauf hingewiesen, dass die gesicherten arbeitswissenschaftlichen Erkenntnisse über die menschengerechte Gestaltung der Arbeit nicht optimale Bedingungen seien, sondern solche, bei denen die nach unten abweichende Gestaltung der Arbeit nicht mehr als menschengerecht angesehen werden könne. Maßgebend ist also auch in § 91 der gesicherte Stand der Arbeitswissenschaft (vgl. dazu § 90 Rdn. 36 ff.).

12 Ein **offensichtlicher** Widerspruch liegt vor, wenn er **eindeutig**, d. h. **ohne Weiteres erkennbar** ist (*LAG Baden-Württemberg* 18.02.1981 DB 1981, 1781 [1782]; *Richardi/Annuß* § 91 Rn. 9; ähnlich *LAG Niedersachsen* 25.03.1982 DB 1982, 2039 [2041]). Die Feststellung des Widerspruchs kann nicht dem Belieben des Betriebsrats unterworfen, sondern muss **objektiv** gegeben sein. Es genügt nicht, dass für dessen Vorliegen eine gewisse Wahrscheinlichkeit besteht oder dass er zu vermuten ist, sondern er muss uneingeschränkt zu bejahen sein. Durch die Verwendung des Wortes »offensichtlich« wird diese Voraussetzung lediglich besonders betont und damit das inhaltlich Gewollte klargestellt. Zum Teil wird die Offensichtlichkeit allerdings dahin missverstanden, dass der Widerspruch der durchgeführten Maßnahme zu den gesicherten arbeitswissenschaftlichen Erkenntnissen objektiv schwer wiegen müsse (so *Galperin/Löwisch* § 91 Rn. 10; *Klinkhammer* AuR 1983, 321 [328]; *Weiss/Weyand* § 91 Rn. 8). Das ist indessen eine Frage der besonderen Belastung der Arbeitnehmer (wie hier: *Kollar* Gesundheitsschutz, S. 53; vgl. hierzu Rdn. 14 ff.).

Eine andere Frage ist, **für wen der objektiv gegebene Widerspruch erkennbar** sein muss, um das   13
Mitbestimmungsrecht nach § 91 auszulösen. Insofern hilft der Gesetzeswortlaut nicht weiter, denn er
lässt offen, ob der Widerspruch für den Fachmann (Arbeitswissenschaftler), den sachkundigen Betriebspraktiker oder gar jedermann offensichtlich sein muss. Vielfach wird auf den sachkundigen Betriebspraktiker abgestellt (*LAG Baden-Württemberg* 18.02.1981 DB 1981, 1781 [1782]; *Matthes*/MünchArbR § 255 Rn. 26; ähnlich *LAG Niedersachsen* 25.03.1982 DB 1982, 2039 [2041]; *Natzel* DB 1972 Beil. Nr. 24, S. 10; *Sittard*/HWK § 91 BetrVG Rn. 5). Da indessen auf den objektiv gegebenen, eindeutigen Widerspruch zu den gesicherten arbeitswissenschaftlichen Erkenntnissen abzustellen ist, kommt es auf die Sicht eines **Fachmannes** (Arbeitswissenschaftlers) an (*Fitting* § 91 Rn. 12; *Hofe* Betriebliche Mitbestimmung und Humanisierung der Arbeitswelt, S. 89 f.; *Kaiser*/LK § 91 Rn. 7; *Kania*/ErfK § 91 BetrVG Rn. 1; *Klebe*/DKKW § 91 Rn. 14; *Kohte*/*Schulze-Doll*/HaKo § 91 Rn. 8; *Richardi*/*Annuß* § 91 Rn. 9; *Weiss*/*Weyand* § 91 Rn. 8). Der Betriebsrat hat darzulegen, weshalb er eine Änderung offensichtlich nicht für »menschengerecht« hält (vgl. Rdn. 20). Im Streitfall wird ein Sachverständiger zu hören sein, dessen sich der Betriebsrat nach Maßgabe des § 80 Abs. 3 auch zur Bildung einer eigenen Meinung bedienen kann (**a. M.** *Rose*/HWGNRH § 91 Rn. 22). Zu sachkundigen Arbeitnehmern als Auskunftspersonen vgl. § 80 Abs. 2 Satz 3.

3. Besondere Belastung der Arbeitnehmer

Die Mitbestimmung nach § 91 setzt nicht nur einen offensichtlichen Widerspruch zu den gesicherten   14
arbeitswissenschaftlichen Erkenntnissen über die menschengerechte Gestaltung der Arbeit voraus,
vielmehr müssen die Arbeitnehmer **dadurch** (und nicht etwa nur aufgrund der Eigenart der Arbeit,
vgl. *Richardi*/*Annuß* § 91 Rn. 11) zusätzlich **in besonderer Weise belastet** werden. Dabei handelt es
sich um eine **selbständige Tatbestandsvoraussetzung** der Mitbestimmung des Betriebsrats und
nicht nur um eine überflüssige zusätzliche Umschreibung des offensichtlichen Widerspruchs gegen
gesicherte arbeitswissenschaftliche Erkenntnisse (*Ehmann* Arbeitsschutz und Mitbestimmung bei
neuen Technologien, S. 52; *Hofe* Betriebliche Mitbestimmung und Humanisierung der Arbeitswelt,
S. 91 ff.; *Kollar* Gesundheitsschutz, S. 54; *Natzel* DB 1972, Beil. Nr. 24, S. 10 f.; *Richardi*/*Annuß*
§ 91 Rn. 10; **a. M.** *Engel* AuR 1982, 79 [83 f.]; *Klebe*/DKKW § 91 Rn. 16). Ein Widerspruch
kann offensichtlich, d. h. ohne Weiteres erkennbar (vgl. Rdn. 12) sein, ohne deswegen schon zu einer
besonderen Belastung der Arbeitnehmer zu führen. Generell wird allerdings ein offensichtlicher Widerspruch zu gesicherten arbeitswissenschaftlichen Erkenntnissen **Indizwirkung** für das Vorliegen
einer besonderen Belastung der Arbeitnehmer haben (*Richardi*/*Annuß* § 91 Rn. 10).

Durch Art. 1 Nr. 59 des Referentenentwurfs zum **BetrVerf-Reformgesetz 2001** sollten die Worte   15
»in besonderer Weise« gestrichen werden (vgl. Rdn. 2). Dadurch wäre der Anwendungsbereich des
§ 91 ganz erheblich erweitert worden. Bedenkt man, dass Änderungen der Arbeitsplätze, des Arbeitsablaufs oder der Arbeitsumgebung ständige Begleiter des betrieblichen Geschehens sind, hätte dies zu
einer erheblichen Verzögerung oder sogar Unterlassung notwendiger unternehmerischer Entscheidungen, insbesondere über Investitionen und zu zusätzlichen Kosten durch Hinzuziehung von Sachverständigen, Zeitaufwand und Einigungsstellenverfahren führen können. Da zudem jede den gesicherten arbeitswissenschaftlichen Erkenntnissen widersprechende Belastung genügte, hätte sich ein
weites Feld für Streitigkeiten über angemessene Maßnahmen zur Abwendung, Milderung oder
zum Ausgleich der Belastung eröffnet. Mit Recht ist daher im Regierungsentwurf an der bisherigen
Fassung festgehalten worden.

Die Belastung ist ein **normativer Begriff**, dessen Inhalt durch Auslegung des § 91 zu ermitteln ist.   16
Die in der Arbeitswissenschaft gebräuchliche Unterscheidung von Belastung und Beanspruchung
(vgl. *REFA* MLBO, Grundlagen der Arbeitsgestaltung, S. 31 ff.) ist daher insoweit nicht maßgebend.
Sieht man allerdings den Unterschied beider Begriffe darin, dass die Arbeitsbelastung i. S. d. Arbeitswissenschaft objektiv-sachbezogen ist, die Arbeitsbeanspruchung dagegen die Auswirkungen einer
Arbeitsbelastung auf einen bestimmten Menschen meint (vgl. *REFA* MLBO, Grundlagen der Arbeitsgestaltung, S. 31 ff.), so betrifft der Begriff der Belastung i. S. d. § 91 gleichfalls nur eine Belastung im
arbeitswissenschaftlichen Sinne.

17 Die besondere Belastung muss **objektiv** vorliegen, d. h. nicht nur nach Ansicht der betroffenen Arbeitnehmer (*Richardi/Annuß* § 91 Rn. 13) das für die konkrete Tätigkeit **normale Maß nicht unwesentlich überschreiten** (*Ehmann* Arbeitsschutz und Mitbestimmung bei neuen Technologien, S. 53; *Kaiser/LK* § 91 Rn. 8; *Matthes/*MünchArbR § 255 Rn. 28; *Natzel* DB 1972, Beil. Nr. 24, S. 10 f.; *Rose/HWGNRH* § 91 Rn. 26 f.; ähnlich *Fitting* § 91 Rn. 5; **a. M.** *Eylert/Waskow/*NK-GA § 90 BetrVG Rn. 4; *Hofe* Betriebliche Mitbestimmung und Humanisierung der Arbeitswelt, S. 91 ff.; *Richardi/Annuß* § 91 Rn. 12). Sie kann sich physisch oder psychisch auswirken, muss tatsächlich gegeben sein oder unmittelbar bevorstehen (vgl. Rdn. 8), darf also nicht nur in einer vagen Möglichkeit bestehen. Keine Voraussetzung ist, dass die besondere Belastung zu gesundheitlichen oder seelischen Schäden führt; diese zu vermeiden ist der Arbeitgeber ohnehin verpflichtet, andernfalls er nach Vertrags- und Deliktsrecht Schadenersatz zu leisten hat. **Gleichgültig** ist ferner, ob die **Belastung sporadisch auftritt** oder **kontinuierlich besteht**. Das gilt auch dann, wenn sie auf die Zeit der Einarbeitung beschränkt ist (*Klebe/DKKW* § 91 Rn. 17; *Kohte/Schulze-Doll/*HaKo § 91 Rn. 10; *Richardi/Annuß* § 91 Rn. 12; **a. M.** *Fitting* § 91 Rn. 5; *Kaiser/LK* § 91 Rn. 8; *Natzel* DB 1972, Beil. Nr. 24, S. 11; *Rose/HWGNRH* § 91 Rn. 28).

18 **Nicht maßgebend** ist das übliche Maß der **Belastung innerhalb des konkreten Betriebs**, weil darin bereits eine gegenüber normalen Maßstäben besondere Belastung liegen kann (zust. *Kollar* Gesundheitsschutz, S. 55; *Matthes/*MünchArbR § 255 Rn. 28; **a. M.** *Ehmann* Arbeitsschutz und Mitbestimmung bei neuen Technologien, S. 53; dagegen zutr. *Weiss* AuR 1982, 256 [257]). Ausschlaggebend sind daher die von der Arbeitswissenschaft entwickelten oder noch zu entwickelnden Kriterien. Soweit z. B. für die Erträglichkeit von Lärm, Luftverschmutzung, Kälte- oder Hitzeentwicklung oder Dämpfen feste Messwerte bestehen, ist das nicht nur ganz geringfügige Überschreiten des Normwertes als besondere Belastung anzusehen. Soweit es solche Messwerte nicht gibt und eine Auffassung über das Normalmaß sich noch nicht gebildet hat, kann die Unzumutbarkeit ein Anhaltspunkt sein.

19 Wenn auch das Gesetz von einer besonderen Belastung der Arbeitnehmer spricht, so genügt es doch, wenn im konkreten Falle ein **einzelner Arbeitnehmer belastet** wird (*Klebe/DKKW* § 91 Rn. 18; *Richardi/Annuß* § 91 Rn. 14; *Rose/HWGNRH* § 91 Rn. 29). Es kommt lediglich darauf an, dass durch die Änderung **generell jeder** an einem bestimmten Arbeitsplatz eingesetzte Arbeitnehmer besonders **belastet würde**. Eigenschaften eines einzelnen Arbeitnehmers, die nur bei ihm zu einer besonderen Belastung, d. h. Beanspruchung im arbeitswissenschaftlichen Sinne (vgl. Rdn. 16) führen, begründen dagegen nicht das Mitbestimmungsrecht (*Bender/WPK* § 91 Rn. 8; *Fitting* § 91 Rn. 6; *Matthes/*MünchArbR § 255 Rn. 28; *Richardi/Annuß* § 91 Rn. 14; *Rose/HWGNRH* § 91 Rn. 30; **a. M.** *Denck* DB 1980, 2132 [2136]; *Hofe* Betriebliche Mitbestimmung und Humanisierung der Arbeitswelt, S. 100; *Klebe/DKKW* § 91 Rn. 18; *Weiss* AuR 1982, 256 [257]). Andernfalls könnte bei einer Änderung des Arbeitsplatzes jede Neubesetzung die Mitbestimmung auslösen, obwohl das Gesetz an den Arbeitsplatz als solchen, nicht an die Person des dort Beschäftigten anknüpft. Den Interessen nur individuell besonders belasteter Arbeitnehmer wird durch §§ 84, 85 Rechnung getragen.

20 Der **Betriebsrat muss substantiiert darlegen,** weshalb seiner Ansicht nach eine Änderung offensichtlich den gesicherten arbeitswissenschaftlichen Erkenntnissen über die menschengerechte Gestaltung der Arbeit widerspricht und dadurch besondere Belastungen eingetreten sind (*LAG Düsseldorf* 27.05.1980 DB 1981, 1780; *LAG Düsseldorf/Köln* 03.07.1981 DB 1981, 1676 f.; vgl. aber *Eylert/Waskow/*NK-GA § 91 BetrVG Rn. 7). Er kann **nicht generalpräventiv** tätig werden (vgl. auch *LAG Nürnberg* 09.12.2015 – 4 TaBV 13/14 – juris, Rn. 35 ff. [n. rkr.]; *Weller* DB 2016, 1942).

21 Besonders umstritten war deshalb die Anwendung des § 91 auf **Bildschirmarbeitsplätze**: Mit Recht wurde die Installierung von Bildschirmgeräten an Arbeitsplätzen (vgl. auch § 90 Rdn. 14, 22) als solche hierfür nicht als ausreichend angesehen, weil die Voraussetzungen des § 91 nach bisherigem Erkenntnisstand nicht generell erfüllt sein könnten und damit jedenfalls kein umfassendes Mitbestimmungsrecht nach dieser Vorschrift gegeben sei (vgl. dazu mit Nachweisen *Wiese* 5. Aufl., § 91 Rn. 18). Durch die Bildschirmarbeitsverordnung, die nunmehr in die ArbStättV überführt wurde (vgl. dazu *Gutzeit* § 87 Rdn. 655), sind die wesentlichen Sachfragen inzwischen jedoch geregelt worden. Das gilt sowohl für die Unterbrechung der Bildschirmarbeit durch Pausen oder Mischtätigkeit (vgl. § 3 Abs. 1 ArbStättV i. V. m. Nr. 6.1 Abs. 2 Anhang zur ArbStättV [vormals § 5 BildscharbV]) als auch für Untersuchungen der Augen und des Sehvermögens (vgl. ArbMedVV [früher i. V. m. § 6 BildscharbV]). Soweit nach

diesen Vorschriften ein Regelungsspielraum verbleibt, hat der Betriebsrat nach § 87 Abs. 1 Nr. 7 mitzubestimmen (vgl. *Gutzeit* § 87 Rdn. 656 ff.). Wenn auch durch die Mitbestimmung nach § 87 Abs. 1 Nr. 7 die Mitbestimmung nach § 91 nicht ausgeschlossen ist (zum Verhältnis beider vgl. Rdn. 23 f.), kann doch davon ausgegangen werden, dass bei Beachtung der normativen Vorschriften der nunmehr in die ArbStättV überführten Regelungen der Bildschirmarbeitsverordnung und der ergänzenden mitbestimmten Regelungen nach § 87 Abs. 1 Nr. 7 insoweit weder ein offensichtlicher Widerspruch zu den gesicherten arbeitswissenschaftlichen Erkenntnissen über die menschengerechte Gestaltung der Arbeit noch eine besondere Belastung der Arbeitnehmer vorliegen kann. Damit scheidet dann die Anwendung des § 91 bei der Einführung von Bildschirmarbeitsplätzen oder deren Änderung aus. Zur Beteiligung des Betriebsrats nach § 87 Abs. 1 Nr. 6 vgl. *Wiese/Gutzeit* § 87 Rdn. 578 f., nach § 87 Abs. 1 Nr. 7 vgl. *Gutzeit* § 87 Rdn. 654 ff., nach § 90 vgl. § 90 Rdn. 14, 22 und nach § 111 vgl. *Oetker* § 111 Rdn. 191 ff. Zur **Telearbeit** vgl. die Nachweise § 90 Rdn. 18.

III. Angemessene Maßnahmen zur Abhilfe oder zum Ausgleich der Belastung

1. Grundsatz

Sind die Tatbestandsvoraussetzungen des § 91 gegeben, kann der Betriebsrat angemessene Maßnahmen zur Abwendung, Milderung oder zum Ausgleich der Belastung verlangen. Seine Mitbestimmung bezieht sich daher nicht auf die Vornahme der Änderung als solche, sondern auf deren Auswirkungen. Er hat ein »**korrigierendes Mitbestimmungsrecht**« (vgl. vor § 90 Rdn. 5). 22

Denkbar ist, dass Gegenstände des § 91 auch der Mitbestimmung nach § 87 unterliegen (vgl. dazu auch *Lüders/Weller* BB 2016, 116 [121]). Das gilt vor allem für die Lage der Arbeitszeit einschließlich der Pausen (§ 87 Abs. 1 Nr. 2) und Fragen des Arbeitsschutzes (§ 87 Abs. 1 Nr. 7). In diesen Fällen setzt die **Mitbestimmung nach § 87 in einem früheren Zeitpunkt** ein, nämlich bei der Entscheidung über die Änderung der Arbeitsbedingungen selbst und nicht erst bei Maßnahmen zur Abwendung, Milderung oder zum Ausgleich der Belastung. Dann ist die Mitbestimmung nach § 87 unabhängig von der nach § 91 gegeben (vgl. auch *Einigungsstellenspruch* DB 1981, 1046 [1047]). Bei Ausübung der Mitbestimmung nach § 87 hat der Betriebsrat als Repräsentant der Belegschaft auch schon dafür zu sorgen, dass die unter seiner Mitwirkung zustande gekommene Änderung der Arbeitsbedingungen menschengerecht ist. Ihm ist es daher in der Regel bereits in diesem Zeitpunkt möglich, die erforderlichen Maßnahmen zur Abwendung oder Milderung einer Belastung zu treffen. 23

Sind allerdings **zusätzliche Maßnahmen** – vor allem zum Ausgleich – möglich und erforderlich, wird die Mitbestimmung nach § 91 durch die vorherige Ausübung der Mitbestimmung nach § 87 nicht ausgeschlossen (vgl. auch Rdn. 9 f.; *Hofe* Betriebliche Mitbestimmung und Humanisierung der Arbeitswelt, S. 101 ff.; *ders.* AuR 1979, 79 ff.; *Kollar* Gesundheitsschutz, S. 46). Das gilt auch im Falle des § 87 Abs. 1 Nr. 7 (**a. M.** *Richardi/Annuß* § 91 Rn. 34). Ist der Betriebsrat zunächst nach § 91 vorgegangen, wird die Mitbestimmung nach § 87 dadurch nicht verbraucht (im Ergebnis ebenso *Richardi/Annuß* § 91 Rn. 33). Bei deren Ausübung kann die Neuregelung jedoch zur Folge haben, dass die Belastungen i. S. d. § 91 beseitigt werden, so dass damit auch die Voraussetzungen für die zuvor festgelegten Ausgleichsmaßnahmen entfallen, die daher nicht mehr geltend gemacht werden können. Insoweit ist es denkbar, dass durch eine fortschreitende Einbeziehung arbeitswissenschaftlicher Erkenntnisse über die menschengerechte Gestaltung der Arbeit in gesetzliche Normen die praktische Bedeutung der §§ 90, 91 kleiner wird. Ein Beispiel dafür ist die Bildschirmarbeitsverordnung, die nunmehr in die ArbStättV überführt wurde (vgl. Rdn. 21). 24

Soweit durch **Tarifvertrag** Tatbestände geregelt sind oder üblicherweise geregelt werden, die der Mitbestimmung nach § 91 unterliegen, sind Betriebsvereinbarungen nach Maßgabe des **§ 77 Abs. 3** (vgl. *Kreutz* § 77 Rdn. 84 ff.) ausgeschlossen (*Fitting* § 91 Rn. 22). Ferner ist auf bestehende Tarifverträge der **Tarifvorbehalt des § 87 Abs. 1 analog** anzuwenden, weil durch eine inhaltlich ausreichende tarifliche Regelung der Schutzzweck des § 91 bereits verwirklicht worden ist (*Hofe* Betriebliche Mitbestimmung und Humanisierung der Arbeitswelt, S. 110 ff.; *ders.* AuR 1979, 79 [81]; *Jahnke* Tarifautonomie und Mitbestimmung, S. 165; *Klebe/DKKW* § 91 Rn. 23; **a. M.** *Bender/WPK* § 91 Rn. 16; *Fitting* § 91 Rn. 22; *Kaiser/LK* § 91 Rn. 3; *Kollar* Gesundheitsschutz, S. 56). Dagegen ist 25 ein Ausschluss der Mitbestimmung nach § 91 ohne eigene tarifliche Regelung unzulässig (vgl. auch *Wiese* § 87 Rdn. 5, 80). Es gelten daher die gleichen Grundsätze wie zu § 87 (*Wiese* § 87 Rdn. 54 ff.). Zur Erweiterung der Mitbestimmung des Betriebsrats nach § 91 vgl. vor § 90 Rdn. 10.

2. Angemessenheit

26 Maßnahmen zur Abhilfe sind angemessen, wenn sie unter Berücksichtigung einerseits der Belastung der Arbeitnehmer und andererseits des Standes der Technik sowie der betrieblichen (technischen, organisatorischen, finanziellen) Möglichkeiten **durchführbar, geeignet, erforderlich** und **für den Betrieb vertretbar** sind (zust. *Ehmann* Arbeitsschutz und Mitbestimmung bei neuen Technologien, S. 54 f.; *Klebe/DKKW* § 91 Rn. 19; *Richardi/Annuß* § 91 Rn. 16; ähnlich *Fitting* § 91 Rn. 17; *Hofe* Betriebliche Mitbestimmung und Humanisierung der Arbeitswelt, S. 93 ff.; *Matthes*/MünchArbR § 255 Rn. 30; *Rose/HWGNRH* § 91 Rn. 31). Im Hinblick auf die Vertretbarkeit ist allerdings zu beachten, dass § 91 wegen seiner strengen Voraussetzungen ohnehin nur solche Fälle erfassen dürfte, in denen den Arbeitnehmern im Hinblick auf die Schutznebenpflicht des Arbeitgebers individualrechtliche Ansprüche zustehen (vgl. vor § 90 Rdn. 8 f.). Deshalb kann der Arbeitgeber sich gegenüber dem Schutzinteresse der Arbeitnehmer nicht auf die Unvertretbarkeit berufen, soweit es sich darum handelt, ob überhaupt Abhilfe- oder Ausgleichsmaßnahmen durchzuführen sind.

27 Hinsichtlich der Maßnahmen im Einzelnen geht das Gesetz allerdings selbst von einer **Stufenfolge** aus, bei der sowohl die Belange des Betriebs als die der Arbeitnehmer nach dem Grundsatz der **Verhältnismäßigkeit** zu berücksichtigen sind. Danach sind im Interesse der Arbeitnehmer zunächst diejenigen Maßnahmen zu ergreifen, die der menschengerechten Gestaltung der Arbeit am meisten entsprechen, so dass erst Maßnahmen zur **Abwendung**, dann zur **Milderung** und schließlich – allein oder ergänzend – zum **Ausgleich der Belastung** in Betracht kommen (*Fitting* § 91 Rn. 17 f.; *Klebe/ DKKW* § 91 Rn. 19 ff.; *Pauli* AiB 2010, 542 [546]), *Richardi/Annuß* § 91 Rn. 16 f.; *Rose/HWGNRH* § 91 Rn. 31). Ist eine Maßnahme auf der ersten Stufe für den Betrieb technisch nicht durchführbar oder wirtschaftlich nicht vertretbar und daher unangemessen, so ist eine Maßnahme auf der nächsten Stufe vorzunehmen (vgl. auch amtliche Begründung, BT-Drucks. VI/1786, S. 50; Bericht 10. Ausschuss, zu BT-Drucks. VI/2729, S. 5). Im Übrigen hindert die Ausübung dieser Rechte durch den Betriebsrat die Arbeitnehmer nicht an der Geltendmachung etwaiger individualrechtlicher Ansprüche (vgl. auch vor § 90 Rdn. 8 f.). Ferner werden durch das Mitbestimmungsrecht nach § 91 weder die gesetzlichen Arbeitsschutzvorschriften noch die Vorschriften der Unfallversicherungsträger berührt (*Fitting* § 91 Rn. 18; *Rose/HWGNRH* § 91 Rn. 32).

3. Abwendung

28 Abwendung bedeutet **Beseitigung der Belastung**. Der Betriebsrat kann, sofern dies technisch möglich und wirtschaftlich vertretbar ist (vgl. Rdn. 26), eine **Abänderung der unternehmerischen Maßnahme** verlangen, durch welche deren negative Auswirkungen rückgängig gemacht werden. In Betracht kommen Modifikationen etwa bei der Gestaltung der Arbeitsplätze, Veränderungen an den eingesetzten Maschinen oder Umgestaltungen der Arbeitsumgebung (vgl. noch Rdn. 30). Das ist allgemein anerkannt. Ob darüber hinaus der Betriebsrat als »angemessene Maßnahme zur Abwendung der Belastung« i. S. d. Gesetzes auch die **Rückgängigmachung der durchgeführten Änüderung** verlangen kann, ist hingegen umstritten (**dafür** *Fitting* § 91 Rn. 19; *Hofe* Betriebliche Mitbestimmung und Humanisierung der Arbeitswelt, S. 94 f.; *Klebe/DKKW* § 91 Rn. 19; *Kohte/ Schulze-Doll*//HaKo § 91 Rn. 14; *Konzen* Leistungspflichten, S. 52; *Pauli* AiB 2010, 542 [546]; *Richardi/Annuß* § 91 Rn. 19; *Sittard/HWK* § 91 BetrVG Rn. 10; **dagegen** *Bender/WPK* § 91 Rn. 12; *Ehmann* Arbeitsschutz und Mitbestimmung bei neuen Technologien, S. 54; *Galperin/Löwisch* § 91 Rn. 17; *Kaiser/LK* § 91 Rn. 10; *Natzel* DB 1972, Beil. Nr. 24, S. 11; *Raab* ZfA 1997, 183 [221]; *Wiese* 7. Aufl. § 91 Rn. 29). Praktische Bedeutung dürfte dieser Streit allerdings kaum entfalten. Relevant könnte er nur im (eher theoretischen) Fall werden, dass zwar eine bloße Abänderung der unternehmerischen Maßnahme zur Beseitigung der Belastung nicht ausreicht, hingegen deren vollständige Rückgängigmachung nicht nur geeignet, sondern vor allem auch angemessen und damit wirtschaftlich vertretbar erscheint. Das Erfordernis der wirtschaftlichen Vertretbarkeit, bei der eine **Gesamt-**

abwägung möglicher Schutzmaßnahmen zu treffen ist und in die Waagschale deshalb gerade auch alternative Maßnahmen mit nur schwächerer Wirkung als der vollständigen Beseitigung der Belastung zu werfen sind, wird hier regelmäßig dazu führen, dass die unternehmerische Maßnahme als solche nicht rückgängig gemacht werden muss und stellt deshalb einen ausreichenden Filter zu Sicherung der unternehmerischen Entscheidungsfreiheit dar (vgl. auch *Hofe* Betriebliche Mitbestimmung und Humanisierung der Arbeitswelt, S. 95; *Richardi/Annuß* § 91 Rn. 19). Sollte allerdings tatsächlich die Rückgängigmachung der Maßnahme die zur Beseitigung der Belastung einzig geeignete und gleichwohl angemessene Maßnahme sein, liegt es in der Konsequenz der Vorschrift, dass der Arbeitgeber notfalls auch eine unternehmerische Entscheidung revidieren muss, deren Auswirkungen den gesicherten arbeitswissenschaftlichen Erkenntnissen über die menschengerechte Gestaltung widersprechen und die Arbeitnehmer in besonderer Weise belasten. § 91 gewährt dem Betriebsrat zwar nur ein korrigierendes Mitbestimmungsrecht. Das bedeutet aber nicht, dass der Arbeitgeber eine unternehmerische Entscheidung in offensichtlichem Widerspruch zu arbeitswissenschaftlichen Erkenntnissen – und in Widerspruch zu seiner arbeitsvertraglichen Schutznebenpflicht (vgl. Rdn. 26) – aufrechterhalten dürfte, sondern nur, dass ein solcher Widerspruch allein nicht ausreicht, damit der Betriebsrat eine Revision oder Modifikation der Entscheidung verlangen kann. Über Korrekturmaßnahmen ist vielmehr nach dem **Maßstab der Angemessenheit** zu entscheiden (zust. *Rose/ HWGNRH* § 91 Rn. 36 f.).

29 Es sind also **primär** Vorkehrungen zu treffen, um durch die Änderung verursachte **Belastungen** selbst zu **beseitigen**. Ist das nicht möglich oder wirtschaftlich nicht vertretbar, so kommen andersartige Gegenmaßnahmen in Betracht. Ist etwa eine neue technische Anlage mit übernormalem Schalldruckpegel aufgestellt worden, so kommt in erster Linie deren konstruktive Änderung oder Kapselung in Betracht; ist dies technisch nicht durchführbar oder wirtschaftlich nicht vertretbar, so sind den Arbeitnehmern Gehörschutzmittel zur Verfügung zu stellen. Da dies allerdings die Belastung u. U. nur abmildert und jedenfalls eine neue Belastung schafft, sind Ausgleichsmaßnahmen in Betracht zu ziehen (vgl. Rdn. 32). Der Betriebsrat kann auch nicht die Einführung von Bildschirmgeräten verhindern, aber im Rahmen seiner Mitbestimmung nach § 87 Abs. 1 Nr. 7 (vgl. *Gutzeit* § 87 Rdn. 654 ff.) dafür sorgen, dass dabei unter Berücksichtigung der normativen Regelungen der Bildschirmarbeitsverordnung, die nunmehr in die ArbStättV integriert wurden, den gesicherten arbeitswissenschaftlichen Erkenntnissen über die menschengerechte Gestaltung der Arbeit entsprochen wird.

30 **Beispiele für Maßnahmen zur Abwendung der Belastung**: Änderung von Maschinen oder Hilfsmitteln nach ergonomischen Grundsätzen, Einbau von Hilfsmechanismen oder Einsatz von technischem Gerät zur Erleichterung der Arbeit, Änderung der Licht-, Sicht- oder Temperaturverhältnisse (Klimatisierung), Beseitigung von Lärm, Staub, Gasen, Dämpfen, Ersatz gesundheitsschädlicher Arbeitsstoffe durch andere, Abbau von Nachtschichten. Auch an die Beseitigung besonderer psychischer Belastungen bei übermäßiger oder zu geringer Beschäftigung ist zu denken (vgl. mit Beispielen auch *Fitting* § 91 Rn. 19; *Rose/HWGNRH* § 91 Rn. 34 f.).

4. Milderung

31 Ist die Abwendung der Belastung nicht möglich oder wirtschaftlich nicht vertretbar, ist sie angemessen zu verringern. Insoweit kommen **alle zur Abwendung genannten Maßnahmen** (vgl. Rdn. 30) **mit geringerer Wirkung** in Betracht, wie z. B. die nur teilweise Beseitigung schlechter Arbeitsplatz-, Licht-, Sicht-, Geräusch- und Temperaturverhältnisse u. dgl. mehr. Dazu gehört vor allem auch die Anbringung von Schutzeinrichtungen, Ausgabe von Arbeitsschutzmitteln (Augen-, Ohren-, Nasenschutz usw.), Schutzkleidung, Sicherheitsschuhen oder die Verwendung von Sicherheitsfarben. Bei übermäßiger Belastung kann die Herabsetzung der Arbeitsgeschwindigkeit, die Einführung zusätzlicher Pausen bzw. die zeitliche Begrenzung bestimmter Aufgaben, Ausgleichstätigkeit oder häufigere Ablösung mildernd wirken. Ferner ist an Vorsorge- und Überwachungsuntersuchungen zu denken. Beim Einsatz von Bildschirmgeräten enthielt die BildscharbV Vorgaben für Maßnahmen zur Verringerung der mit der Bildschirmarbeit verbundenen Belastungen (vgl. mit Beispielen auch *Fitting* § 91 Rn. 20; *Hofe* Betriebliche Mitbestimmung und Humanisierung der Arbeitswelt, S. 96; *Klebe/ DKKW* § 91 Rn. 20; *Richardi/Annuß* § 91 Rn. 20 f.; *Rose/HWGNRH* § 91 Rn. 38). Die BildscharbV ist nunmehr in die ArbStättV überführt worden (vgl. *Gutzeit* § 87 Rdn. 655).

5. Ausgleich

32 Maßnahmen zum Ausgleich kommen in Betracht, wenn die Belastung nicht oder nur teilweise abgewendet oder gemildert werden kann. Dabei liegt es nahe, in erster Linie an Erschwerniszulagen (z. B. Lärm-, Schmutz-, Nachtschichtzulagen) zu denken (vgl. auch *Hofe* Betriebliche Mitbestimmung und Humanisierung der Arbeitswelt, S. 96 ff.; *Kaiser/LK* § 91 Rn. 12). Zu beachten ist jedoch, dass § 91 die menschengerechte Gestaltung der Arbeit sicherstellen soll. Deshalb sind **grundsätzlich Maßnahmen** zu ergreifen, die **unmittelbar einen Ausgleich** ermöglichen (vgl. dazu Rdn. 33), und **finanzielle Zuwendungen** nur zu gewähren, **falls andere** Ausgleichsmaßnahmen **nicht möglich** oder wirtschaftlich **nicht vertretbar** (vgl. Rdn. 26 f.) sind (*Eylert/Waskow/*NK-GA § 90 BetrVG Rn. 6; *Fitting* § 91 Rn. 21; *Hofe* Betriebliche Mitbestimmung und Humanisierung der Arbeitswelt, S. 97; *Matthes/*MünchArbR § 255 Rn. 34; *Rose/HWGNRH* § 91 Rn. 40 ff.; *Sittard/HWK* § 91 BetrVG Rn. 10; **a. M.** *Kohte/Schulze-Doll/*HaKo § 91 Rn. 16; *Klebe/DKKW* § 91 Rn. 21; *Natzel* DB 1972, Beil. Nr. 24, S. 11; *Richardi/Annuß* § 91 Rn. 15, 23). Es ist besser, in diesen Ausnahmefällen einen finanziellen als gar keinen Ausgleich zu gewähren (zust. *Bender/WPK* § 91 Rn. 15). Da dieser nur subsidiär in Betracht kommt, wird auch den Arbeitnehmern die menschengerechte Gestaltung der Arbeit nicht »abgekauft« (so aber *Richardi/Annuß* § 91 Rn. 15, 23; abl. zu Erschwerniszulagen auch *Löwisch/Mandler* BB 2016, 629 [631]: Überschreitung der Grenze zum Inhalt des Arbeitsverhältnisses). Der hier vertretenen Ansicht steht auch § 112 nicht entgegen, der an andere Voraussetzungen anknüpft und gegenüber § 91 keine ausschließende Wirkung hat (**a. M.** *Richardi/Annuß* § 91 Rn. 15).

33 Primär kommen aber als **unmittelbare Ausgleichsmaßnahmen** vor allem ein Zeitausgleich bei übermäßiger zeitlicher oder sonstiger Belastung in Form eines Sonderurlaubs (*Fitting* § 91 Rn. 21; *Galperin/Löwisch* § 91 Rn. 19; *Klebe/DKKW* § 91 Rn. 21; **a. M.** *Natzel* DB 1972, Beil. Nr. 24, S. 11; *Richardi/Annuß* § 91 Rn. 22), eine Verkürzung der Arbeitszeit bei Arbeit in besonderer Hitze oder sonstiger gesundheitsschädlicher Umgebung, heiße oder kalte Getränke bei Kälte oder Hitze, längere oder zusätzliche Pausen (z. B. bei zu schnellem Arbeitstakt), die Überlassung von Reinigungsmitteln oder die Einrichtung von Ruhegelegenheiten in Betracht (vgl. mit Beispielen auch *Fitting* § 91 Rn. 21; *Richardi/Annuß* § 91 Rn. 22 f.; *Rose/HWGNRH* § 91 Rn. 41). Im Übrigen wird zu prüfen sein, inwieweit bei analytischer Arbeitsbewertung bestimmte Erschwernisse bei der Entlohnung bereits berücksichtigt worden sind und damit ein zusätzlicher Ausgleich entfällt.

IV. Streitigkeiten

34 Kommt eine Einigung zwischen Arbeitgeber und Betriebsrat über die **Art oder die Angemessenheit der Maßnahmen** zur Abwendung, Milderung oder zum Ausgleich der Belastung nicht zustande, so entscheidet die **Einigungsstelle** verbindlich (§ 91 Satz 2 und 3). Sie wird auf Antrag einer Seite tätig (§ 76 Abs. 5 Satz 1). Daraus folgt jedoch kein materiell-rechtlicher Anspruch auf Abschluss einer Vereinbarung (vgl. auch *Oetker* § 23 Rdn. 169; **a. M.** *Heinze* DB 1983, Beil. Nr. 9, S. 17). Die Einigungsstelle hat als Vorfrage zu prüfen, ob die Voraussetzungen der Mitbestimmung des Betriebsrats vorliegen und damit ihre Zuständigkeit gegeben ist (*Fitting* § 91 Rn. 23; *Richardi/Annuß* § 91 Rn. 35). Verneint die Einigungsstelle ihre Zuständigkeit, kann sie das durch Beschluss feststellen und das Verfahren beenden (vgl. *Jacobs* § 76 Rdn. 127). Sie kann auch das Verfahren aussetzen, wenn beim Arbeitsgericht ein Antrag auf Feststellung ihrer Unzuständigkeit gestellt worden ist (vgl. *Jacobs* § 76 Rdn. 129).

35 Über die Rechtsfrage allein, ob das **Mitbestimmungsrecht** des Betriebsrats **nach § 91** besteht, entscheiden die Gerichte für Arbeitssachen im **Beschlussverfahren** (vgl. § 2a Abs. 1 Nr. 1, Abs. 2, §§ 80 ff. ArbGG). Der Antrag kann vor Einleitung, nach Abschluss und während des Verfahrens vor der Einigungsstelle gestellt werden (*Richardi/Annuß* § 91 Rn. 35). Der Arbeitgeber kann nach § 76 Abs. 5 Satz 4 den Spruch der Einigungsstelle auch wegen Überschreitung der Grenzen des Ermessens vor dem Arbeitsgericht angreifen (vgl. hierzu *Jacobs* § 76 Rdn. 158 ff.). Einen Entscheidungsspielraum hat die Einigungsstelle ohnehin nur hinsichtlich der Angemessenheit der Maßnahmen zur Abwendung, Milderung oder zum Ausgleich der Belastung. Dagegen ist es keine Frage des Ermessens, ob gesicherte arbeitswissenschaftliche Erkenntnisse über die menschengerechte Gestaltung der Arbeit

(vgl. § 90 Rdn. 36 ff.) vorliegen. Die Beurteilung dieser Frage kann daher durch die Gerichte für Arbeitssachen nachgeprüft werden. Zum **Unterlassungsanspruch** vgl. § 90 Rdn. 48.

Werden durch den Spruch der Einigungsstelle **Individualansprüche der** einzelnen **Arbeitnehmer** 36 begründet, sind sie im **Urteilsverfahren** einklagbar (vgl. § 2 Abs. 1 Nr. 3a, Abs. 5, §§ 46 ff. ArbGG). Der Arbeitnehmer hat auch ein **Zurückbehaltungsrecht** hinsichtlich seiner Arbeitsleistung nach § 273 BGB, wenn der Arbeitgeber den ihm aufgrund einer Betriebsvereinbarung oder eines Spruchs der Einigungsstelle gegenüber dem Arbeitnehmer obliegenden Verpflichtungen nicht nachkommt (*Fitting* § 91 Rn. 23; *Klebe/DKKW* § 91 Rn. 26; *Richardi/Annuß* § 91 Rn. 28; *Rose/HWGNRH* § 91 Rn. 49; **a. M.** *Kaiser/LK* § 91 Rn. 13; zum Leistungsverweigerungsrecht im Rahmen des Arbeitsschutzes vgl. *Gutzeit* § 87 Rdn. 669). Ein Zurückbehaltungsrecht besteht aber auch dann, wenn durch die Betriebsvereinbarung oder den Spruch der Einigungsstelle zwar keine Individualansprüche begründet worden sind, der Arbeitgeber aber die ihm obliegenden Maßnahmen nicht vornimmt und dem Arbeitnehmer unter diesen Umständen die Arbeitsleistung nicht zuzumuten ist (§ 242 BGB). Bei Nichtbeachtung der dem Arbeitgeber aus einer Betriebsvereinbarung oder einem dieser gleichstehenden Spruch der Einigungsstelle (§ 77 Abs. 1 Satz 1) obliegenden Verpflichtungen kann gegen ihn auch nach Maßgabe des § 23 Abs. 3 vorgegangen werden (vgl. *Oetker* § 23 Rdn. 245; ferner *Heinze* DB 1983, Beil. Nr. 9, S. 17).

Fünfter Abschnitt
Personelle Angelegenheiten

Einführung

Literatur
Adomeit Thesen zur betrieblichen Mitbestimmung nach dem neuen Betriebsverfassungsgesetz, BB 1972, 53; *Becker* Betriebsverfassungsrechtliche Aspekte beim drittbezogenen Personaleinsatz, AuR 1982, 269; *Biedenkopf* Grenzen der Tarifautonomie, 1964, S. 265 ff.; *Brill* Der Einstellungsfragebogen, AuR 1968, 136; *ders.* Betriebsrat und Datenschutz, BlStSozArbR 1978, 163; *ders.* Rechtsprechung zur personellen Mitbestimmung des Betriebsrats, DB 1978, Beil. Nr. 14; *Czerny* Rechtskraft und andere Bindungswirkungen im Rahmen personeller Einzelmaßnahmen (Diss. Bucerius Law School), 2014 (zit.: Rechtskraft); *Dedering* Personalplanung und Mitbestimmung, 1972 (zit.: Personalplanung); *Eich* Der SPD-Entwurf zur Änderung des Betriebsverfassungsgesetzes, DB 1985, 1993; *Engels* Betriebsverfassungsrechtliche Einordnung von Ein-Euro-Jobbern, NZA 2007, 8; *ders.* Betriebsrat: Kontrollinstanz in Sachen 1-€-Jobs?, FS *Richardi*, 2007, S. 519; *ders.*, Fortentwicklung des Betriebsverfassungsrechts außerhalb des Betriebsverfassungsgesetzes (Teil I und II), AuR 2009, 10, 65; *Erdlenbruch* Die betriebsverfassungsrechtliche Stellung gewerbsmäßig überlassener Arbeitnehmer (Diss. Mannheim), 1992 (zit.: Die betriebsverfassungsrechtliche Stellung); *Garstka* Datenschutzrecht und betriebliches Personalwesen, ZRP 1978, 232; *Gennen* »Das Assessment-Center-Verfahren«, ZfA 1990, 495; *Gick* Gewerbsmäßige Arbeitnehmerüberlassung zwischen Verbot und Neugestaltung (Diss. Berlin), 1984 (zit.: Gewerbsmäßige Arbeitnehmerüberlassung); *Gola* Zur Mitbestimmung des Betriebsrats beim Einsatz von Personalinformationssystemen, DSWR 1974, 282; *Hanau* Praktische Fragen zur Neuregelung der Mitbestimmung in personellen Angelegenheiten, BB 1972, 451; *Heinze* Personalplanung, Einstellung und Kündigung. Die Mitbestimmung des Betriebsrats bei personellen Einzelmaßnahmen, 1982 (zit.: Personalplanung); *Heither* Die Beteiligung des Betriebsrats in personellen Angelegenheiten, AR-Blattei SD, 530.14.3, [2003]; *von Hoyningen-Huene* Die Rechtsstellung des Arbeitnehmers bei betriebsverfassungswidrigen personellen Maßnahmen, RdA 1982, 205; *A. Hueck* Erweiterung des Mitbestimmungsrechtes durch Tarifvertrag, BB 1952, 925; *Hunold* Die Mitbestimmung des Betriebsrats in allgemeinen personellen Angelegenheiten (§§ 92–95 BetrVG), DB 1989, 1334; *ders.* Die wichtigsten arbeitsrechtlichen Rahmenbedingungen bei Einführung von Lean Production, NZA 1993, 723; *Kehrmann/Schneider* Die personelle Mitbestimmung nach dem Betriebsverfassungsgesetz, MitbestGespr. 1973, 23; *Kleiner/Wittke* Die Beteiligungsrechte des Betriebsrats im personellen Bereich, 1978; *Linnenkohl/Töpfer* Der Betriebsrat als Planungspartner, BB 1986, 1301; *Meier-Krenz* Die Erweiterung von Beteiligungsrechten des Betriebsrats durch Tarifvertrag, DB 1988, 2149; *Meisel* Die Mitwirkung und Mitbestimmung des Betriebsrats in personellen Angelegenheiten, 5. Aufl. 1984 (zit.: Mitwirkung); *Mohr* Personalplanung und Betriebsverfassungsgesetz, 1977; *G. Müller* Gedanken zur Mitwirkung des Betriebsrats in personellen Angelegenheiten, DB 1962, 772, 804; *Müllner* Aufgespaltene Arbeitgeberstellung und Betriebsverfassungsrecht (Diss. Regensburg), 1978 (zit.: Aufgespaltene Arbeitgeberstellung); *Niemann* Zum Theorienstreit über die Grenzen personeller Mitwirkung des Betriebsrats in Presseunternehmen, AfP 1972, 262; *Peltzer* Personalplanung, innerbetriebliche Stellenausschreibung, Personalfragebogen und Auswahlrichtlinien (§§ 92 ff. BetrVG 72), DB 1972, 1164; *Raatz* Personalleitung und Betriebsverfassung. Aufgaben und Verfahren nach dem neuen Betriebsverfassungsgesetz, DB 1972, Beil. Nr. 13, S. 1; *Rehhahn* Zur praktischen Durchführung der Personalplanung nach dem neuen BetrVG, MitbestGespr. 1972, 167; *ders.* Die Personalplanung nach dem Betriebsverfassungsgesetz 1972, AuR 1974, 65; *Reuter* Betriebsräte an die Front? ZfA 2006, 459; *Richardi* Die Mitbestimmung des Betriebsrats in personellen Angelegenheiten, ZfA 1972, Sonderheft S. 1; *ders.* Kritische Anmerkungen zur Reform der Mitbestimmung des Betriebsrats in sozialen und personellen Angelegenheiten nach dem Regierungsentwurf, DB 1971, 621; *ders.* Mitbestimmung in personellen Angelegenheiten, in: Das Betriebsverfassungsgesetz auf dem Prüfstand, 1983, S. 25; *ders.* Erweiterung der Mitbestimmungsrechte des Betriebsrats durch Tarifvertrag, NZA 1988, 673; *Rummel* Die Beteiligung des Betriebsrats an der Personalplanung und an personellen Einzelmaßnahmen, 1978; *Rumpff* Betriebsverfassung und Personalplanung, MitbestGespr. 1972, 91; *ders.* Betriebsverfassungsrecht und Personalplanung, MitbestGespr. 1972, 160; *Rumpff/Boewer* Mitbestimmung in wirtschaftlichen Angelegenheiten und bei der Unternehmens- und Personalplanung, 3. Aufl. 1990 (zit.: Mitbestimmung); *Säcker/Oetker* Grundlagen und Grenzen der Tarifautonomie, 1992 (zit.: Grundlagen); *Schinke* Die personellen Angelegenheiten im neuen BetrVG aus rechtlicher und organisatorischer Sicht, 1973; *Schlessmann* Personalakten und Einsichtsrecht, BB 1972, 579; *Siebert* Erweiterung des Mitbestimmungsrechts des Betriebsrats durch Betriebsvereinbarung oder Tarifvertrag?, BB 1958, 421; *Stahlhacke* Das personelle Mitbestimmungsrecht des Betriebsrats nach dem Betriebsverfassungsgesetz 1972, BlStSozArbR 1972, 67; *Stubbe* Assessment Center. Rechtliche Grenzen der Verfahren zur Bewerberauswahl (Diss. Bayreuth), 2006; *Ch. Weber* Information und Konsultation im europäischen und deutschen Mitbestimmungsrecht,

FS *Konzen*, 2006, S. 921; *Wendeling-Schröder* Drittpersonaleinsatz – aktuelle Entwicklung, AuR 2011, 424; *Wenzel* Personalpolitik, Betriebliche Personalplanung, ArbGeb. 1972, 579; *Willikonsky* Beteiligungsrechte des Betriebsrats bei personellen Maßnahmen, 2. Aufl. 2002.

Zum BetrVerf-ReformG vgl. die Angaben bei *Wiese* Einl. Rdn. 36 ff. und zu § 1.

Inhaltsübersicht Rdn.

I. Vorbemerkung	1–4
II. Veränderung der Mitwirkungsrechte im Bereich der personellen Angelegenheiten durch Betriebsvereinbarung oder Tarifvertrag	5–28
1. Gesetzliche Abstufung der Beteiligungsrechte	5–8
2. Einschränkung der Beteiligungsrechte durch Kollektivvertrag	9
3. Erweiterung der Beteiligungsrechte durch Kollektivvertrag	10–28
a) Diskussion unter dem BetrVG 1952	10–12
b) Meinungsstand in der Literatur in Bezug auf das BetrVG 1972	13–16
c) Stellungnahme der Rechtsprechung	17, 18
d) Eigene Stellungnahme	19–28

I. Vorbemerkung

Während das BetrVG 1952 nur eine Mitwirkung des Betriebsrats bei konkreten personellen Einzelmaßnahmen vorsah, räumt das Gesetz nunmehr schon im Vorfeld solcher Einzelmaßnahmen dem Betriebsrat Mitwirkungsrechte ein. Der Betriebsrat wird bereits im Bereich der Personalplanung (§ 92), im Zusammenhang mit der Beschäftigungssicherung (§ 92a), bei der Ausschreibung von Arbeitsplätzen (§ 93), der Personalbeurteilung (§ 94) und bei der Erstellung von Auswahlrichtlinien für personelle Einzelmaßnahmen (§ 95) eingeschaltet. **1**

Da bereits im **Vorfeld** personeller Einzelmaßnahmen für die Arbeitnehmer bedeutsame Entscheidungen fallen können, hielt es der Gesetzgeber für erforderlich, den Betriebsrat möglichst frühzeitig zu beteiligen, um ihm eine angemessene Wahrung der Interessen der von ihm repräsentierten Arbeitnehmer zu ermöglichen (amtliche Begründung zum BetrVG 1972, BR-Drucks. 715/70, S. 32). Die Neuregelung des § 92 Abs. 3 und die Einfügung des § 92a durch Art. 1 des BetrVerf-ReformG vom 23.07.2001 (BGBl. I, S. 1852) gehen über diese ursprüngliche Zielsetzung des Gesetzes hinaus. Sie dienen nicht nur der Vorbereitung personeller Einzelmaßnahmen, sondern sollen dem Betriebsrat offenbar Einfluss auf wichtige Bereiche der Unternehmensführung verschaffen (Reg. Begr. BT-Drucks. 14/5741, S. 49 zu Nr. 60 [§ 92a] a. E.). Das ist wegen der Regelung in § 77 Abs. 1 Satz 2 nicht unbedenklich. **2**

Angesichts der Bedeutung der **Berufsbildung**, d. h. der Berufsausbildung, der beruflichen Fortbildung und der Umschulung schien dem Gesetzgeber eine über das bisherige Recht hinausgehende Beteiligung des Betriebsrats in diesem Bereich ebenfalls »von der Sache her notwendig« (vgl. zum BetrVG 1972 BR-Drucks. 715/70, S. 32). Das in § 56 Abs. 1 lit. d BetrVG 1952 statuierte Recht, bei »Durchführung der Berufsausbildung« mitzubestimmen, wurde daher erweitert (§ 98) und durch Beratungsrechte im Zusammenhang mit der Förderung der Berufsbildung und der Schaffung von Einrichtungen und Maßnahmen zur Berufsbildung (§§ 96, 97) ergänzt. **3**

Wesentlich erweitert und verstärkt wurden schließlich die Rechte des Betriebsrats bei **personellen Einzelmaßnahmen**, nämlich bei Einstellung, Eingruppierung, Umgruppierung und Versetzung (§ 99), bei der Kündigung (§§ 102, 103) und nunmehr auch bei der Personalplanung (§ 92 Abs. 3; vgl. Reg. Begr. BT-Drucks. 14/5741, S. 48 f. zu Nr. 59 [§ 92]). **4**

II. Veränderung der Mitwirkungsrechte im Bereich der personellen Angelegenheiten durch Betriebsvereinbarung oder Tarifvertrag

1. Gesetzliche Abstufung der Beteiligungsrechte

5 Der Fünfte Abschnitt sieht für die dort geregelten personellen Angelegenheiten ihrer Intensität nach abgestufte Beteiligungsrechte des Betriebsrats vor (vgl. dazu auch *Franzen* § 1 Rdn. 67 ff.).

6 Ein Recht auf Unterrichtung, Anhörung und Beratung sowie Vorschlagsrechte gegenüber dem Arbeitgeber stehen dem Betriebsrat nach §§ 92, 92a bei der Personalplanung, nach § 96 Abs. 1 und § 97 Abs. 1 bei der Ermittlung des Berufsbildungsbedarfs und bei der Planung und Einrichtung betrieblicher Berufsbildungsmaßnahmen sowie hinsichtlich der Teilnahme an außerbetrieblichen Berufsbildungsmaßnahmen zu. § 97 Abs. 2 sieht nunmehr sogar ein Mitbestimmungsrecht bei der Einführung von Maßnahmen der betrieblichen Berufsbildung vor. Ein Recht auf Unterrichtung sieht auch § 105 vor. Zum Informationsanspruch des Betriebsrats gegenüber dem Wirtschaftsausschuss vgl. § 106 Abs. 1 Satz 2, § 108 Abs. 4.

7 Das Recht, bestimmte Maßnahmen zu fordern, steht dem Betriebsrat nach § 93 hinsichtlich der innerbetrieblichen Ausschreibung, nach § 95 Abs. 2 hinsichtlich der Aufstellung von Auswahlrichtlinien und nach § 104 hinsichtlich der Entfernung betriebsstörender Arbeitnehmer zu.

8 Mitbestimmungsrechte bestehen nach §§ 94 und 95 bei der Erstellung von Personalfragebögen, Beurteilungsgrundsätzen und Auswahlrichtlinien, nach § 97 Abs. 2 bei Einführung betrieblicher Berufsbildungsmaßnahmen, nach § 98 bei der Durchführung betrieblicher Bildungsmaßnahmen und nach §§ 99, 100, 102, 103 bei personellen Einzelmaßnahmen. Auch diese Mitbestimmungsrechte sind nach Intensität und Inhalt unterschiedlich ausgestaltet (vgl. dazu die Erl. zu den einzelnen Bestimmungen).

2. Einschränkung der Beteiligungsrechte durch Kollektivvertrag

9 Nach einhelliger Meinung ist eine **Einschränkung** der Beteiligungsrechte des Betriebsrats durch Betriebsvereinbarung oder durch Tarifvertrag **nicht zulässig** (*Franzen* § 1 Rdn. 71). Begründet wird dies mit der zwingenden Wirkung der entsprechenden Regelungen des Betriebsverfassungsgesetzes bzw. ihrem Charakter als »Mindestbestimmungen über die Beteiligungsrechte des Betriebsrats« (*BAG* 14.02.1967 EzA § 56 BetrVG Nr. 12 = AP Nr. 9 zu § 56 BetrVG Wohlfahrtseinrichtungen; 10.02.1988 EzA § 1 TVG Nr. 34 = AP Nr. 53 zu § 99 BetrVG 1972 *[Lund]* unter B II 2b; 12.01.2011 EzA § 99 BetrVG 2001 Eingruppierung Nr. 8 = AP Nr. 52 zu § 99 BetrVG 1972 Eingruppierung Rn. 28; *Däubler/DKKW* Einl. Rn. 85; *Fitting* § 1 Rn. 245, 247; *Heinze* Personalplanung, Rn. 164; *Hueck/Nipperdey* II/2, S. 1450 Fn. 97c; *Krause* in Jacobs/Krause/Oetker/Schubert 2. Aufl., § 4 Rn. 73; *Nikisch* III, S. 351; *Matthes*/MünchArbR, § 238 Rn. 11; *Richardi* Einl. Rn. 137, 142; ders./MünchArbR 2. Aufl., § 241 Rn. 58; *Rose/HWGNRH* Einl. Rn. 283; *Säcker/Oetker* Grundlagen, S. 240 unter 7.; *Wiedemann/Thüsing* TVG, § 1 Rn. 765; s. auch *Wiese* Einl. Rdn. 107). Dieser Meinung ist zuzustimmen, da eine Reduzierung der Beteiligungsrechte der Funktion des Betriebsrats als Wahrer kollektiver, z. T. auch individueller Interessen des Arbeitnehmers zuwiderlaufen würde (*Heinze* Personalplanung, Rn. 164). Aus diesem Grund ist auch die Meinung von *Galperin/Löwisch* (vor § 92 Rn. 3) abzulehnen, der eine Einschränkung der Mitbestimmungsrechte des Betriebsrats durch Tarifvertrag für zulässig hält, soweit dies »einem anzuerkennenden sachlichen Bedürfnis entspricht«. Abgesehen davon, dass damit auch zu Lasten von Außenseitern die kollektive Schutzfunktion des Betriebsrats verkürzt werden könnte (vgl. § 3 Abs. 2 TVG), steht einer Reduzierung der Mitbestimmungsrechte des Betriebsrats der gesetzgeberische Wille, sie einheitlich für alle Betriebe im Interesse der repräsentierten Belegschaft zu fixieren, entgegen. Auch der Hinweis auf den Tarifvorbehalt in § 87 Abs. 1 Eingangssatz kann an dieser Beurteilung nichts ändern (dazu *Galperin/Löwisch* § 87 Rn. 15). Zum einen unterliegen die Mitwirkungsrechte in personellen Angelegenheiten gerade keinem Tarifvorbehalt, zum anderen berechtigt die Regelung in § 87 Abs. 1 Eingangssatz die Tarifpartner nicht, einfach das Mitbestimmungsrecht in sozialen Angelegenheiten einzuschränken, sondern gibt ihnen nur die Möglichkeit, eine eigene tarifliche Regelung an Stelle einer vom Betriebsrat mit-

bestimmten betrieblichen Regelung zu treffen, da auch auf diese Weise dem Schutzbedürfnis der Arbeitnehmer Rechnung getragen wird (s. *Wiese* § 87 Rdn. 54 ff., 73 ff.).

3. Erweiterung der Beteiligungsrechte durch Kollektivvertrag

a) Diskussion unter dem BetrVG 1952

Ob Mitwirkungsrechte im personellen Bereich durch Kollektivvereinbarung erweitert oder verstärkt werden können, war bereits unter dem BetrVG 1952 umstritten. Nach der einen Ansicht stellten die gesetzlichen Vorschriften nur eine einseitig zwingende Mindestregelung dar, von der zugunsten der Arbeitnehmer beliebig abgewichen werden konnte, soweit nicht anderweitiges zwingendes Recht entgegensteht (*Biedenkopf* Grenzen der Tarifautonomie, S. 295; *Fitting / Kraegeloh / Auffarth* § 1 Rn. 27, § 60 Rn. 7a; *A. Hueck* BB 1952, 925 [928]; *Hueck / Nipperdey* II, 6. Aufl., S. 859 f.; *Maus* § 60 Rn. 7, 8); nach der gegenteiligen Ansicht wollte der Gesetzgeber den Streit über die sozialpolitisch richtigen Grenzen der Mitbestimmung gerade in personellen Angelegenheiten durch eine feste und unabänderliche Regelung beenden (*Böttcher* SAE 1965, 14; *Dietz* vor § 49 Rn. 38, vor § 60 Rn. 7, § 60 Rn. 3, 4; *Erdmann* § 90 Rn. 9c, § 60 Rn. 5; *Hueck / Nipperdey* II/2, S. 1333, 1451 ff., abw. von der Vorauflage; *Müller* DB 1962, 802 [804]; *Nikisch* III, S. 358; *Siebert* BB 1958, 421 [422]; *Walter* BB 1953, 89 [91]).

10

Die Argumente, die für beide Ansichten vorgebracht wurden, waren sicher nicht alle überzeugend. Die Fassung des § 60 Abs. 1 BetrVG 1952 konnte entgegen *Dietz* (vor § 60 Rn. 7) keinen Aufschluss in der einen oder anderen Richtung geben, ebenso wenig die Tatsache, dass § 60 Abs. 3 Satz 3 BetrVG 1952 im Zusammenhang mit der Versetzung eine nähere Bestimmung durch Tarifvertrag oder Betriebsvereinbarung zuließ. Weiter hierauf einzugehen, erübrigt sich angesichts der veränderten Fassung im BetrVG 1972.

11

Aus der Regelung in §§ 61 Abs. 3a, 63 BetrVG 1952 (ebenso jetzt in § 99 Abs. 2 Nr. 1), wonach der Betriebsrat seine Zustimmung zu einer dort genannten personellen Maßnahme verweigern konnte, wenn sie gegen eine Betriebsvereinbarung oder einen Tarifvertrag verstieß, konnte nicht geschlossen werden, das Mitbestimmungsrecht könne durch Kollektivvereinbarung auf andere als im Gesetz genannte personelle Maßnahmen, auf die sich das normierte Widerspruchsrecht bezieht, ausgedehnt werden (*Nikisch* III, S. 358; **a. M.** *Fitting / Kraegeloh / Auffarth* § 60 Rn. 7a; *Hueck / Nipperdey* II, 6. Aufl., S. 859).

12

b) Meinungsstand in der Literatur in Bezug auf das BetrVG 1972

Beachtlich für die Entscheidung der Streitfrage könnte einerseits sein, dass die Vertragsfreiheit auch die Möglichkeit für den Arbeitgeber beinhaltet, freiwillig die Arbeitnehmer mit größeren Mitwirkungsrechten auszustatten, als sie das Gesetz vorsieht (*Hueck / Nipperdey* II, 6. Aufl., S. 860) und auf der anderen Seite, dass der Gesetzgeber eine einheitliche und eindeutige Mitbestimmungsregelung für alle Betriebe treffen und sie weiterem Streit zwischen den Betriebs- oder Sozialpartnern entziehen wollte (*Hueck / Nipperdey* II/2, S. 1334, abw. von der Vorauflage; *Nikisch* III, S. 351 ff.). Weiter könnte beachtlich sein, dass durch die Erweiterung von Mitbestimmungsrechten im personellen Bereich die Rechtsstellung Dritter, einzelner Bewerber oder Arbeitnehmer, nachteilig berührt werden kann (dazu *Galperin / Löwisch* vor § 92 Rn. 8; *Neumann-Duesberg*, S. 579). Zwar lässt die Zustimmungsverweigerung des Betriebsrats nach der Rechtsprechung zum BetrVG 1972 die individualrechtliche Wirksamkeit einer personellen Einzelmaßnahme, insbesondere einer Einstellung, unberührt (*BAG* 02.07.1980 EzA § 99 BetrVG 1972 Nr. 28 = AP Nr. 9 zu Art. 33 Abs. 2 GG; zur individualrechtlichen Wirksamkeit einer Versetzung s. § 99 Rdn. 178 f.), jedoch kann der Betriebsrat bis zur rechtskräftigen Ersetzung der Zustimmung verhindern, dass die personelle Maßnahme aufrechterhalten wird (§ 101). Soweit das Gesetz die Zustimmung des Betriebsrats zu einer Maßnahme verlangt, ist dies zu akzeptieren. Eine Erweiterung der zustimmungspflichtigen Maßnahmen durch Tarifvertrag oder Betriebsvereinbarung würde jedoch noch weitergehende Eingriffe in die Rechtsstellung Dritter ohne gesetzliche Grundlage ermöglichen.

13

Angesichts dieser unterschiedlichen und teilweise gegenläufigen Argumente ist es nicht verwunderlich, dass auch in Bezug auf das BetrVG 1972 zu der Frage der Erweiterungsmöglichkeit der Mitwir-

14

kungsrechte des Betriebsrats in personellen Angelegenheiten in der Literatur unterschiedliche Meinungen vertreten werden. Ein Teil der Literatur hält eine **Erweiterung durch Tarifvertrag und Betriebsvereinbarung ohne Einschränkungen** für **zulässig** (*Däubler/DKKW* Einl. Rn. 87 ff., 94 ff.; *Fitting* § 1 Rn. 249 ff.; *Gamillscheg* I, S. 610 ff.; *Bachner/DKKW* § 99 Rn. 31 ff., § 102 Rn. 348; *Matthes*/MünchArbR § 238 Rn. 14 f.). Zur Begründung wird u. a. § 99 Abs. 2 Nr. 1 herangezogen. In dieser Vorschrift ist bestimmt, dass der Betriebsrat seine Zustimmung zu einer personellen Einzelmaßnahme verweigern kann, wenn sie gegen eine Bestimmung in einem Tarifvertrag oder in einer Betriebsvereinbarung verstößt. Hieraus wird gefolgert, dass den Tarif- und Betriebspartnern damit eine Möglichkeit zur Erweiterung der Mitbestimmungsrechte des Betriebsrats eröffnet sei, da jede tarifliche oder betriebliche Regelung über die Voraussetzungen personeller Maßnahmen die personelle Mitbestimmung des Betriebsrats erweitere; auch könne der Katalog der Zustimmungsverweigerungsgründe selbst ausgeweitet werden. Diese Argumentation ist nicht tragfähig. Richtig ist, dass die Tarifvertragsparteien, soweit ihre Regelungsbefugnis geht, Regelungen über die in § 99 Abs. 1 genannten personellen Einzelmaßnahmen, auch über deren Voraussetzungen treffen und damit die Zustimmungsverweigerungsgründe des § 99 Abs. 2 Nr. 1 materiell ausdehnen können. Das bedeutet aber nicht, dass die Tarifvertragsparteien dem Betriebsrat über § 99 hinaus ein Mitbestimmungsrecht einräumen können, etwa durch Erweiterung der mitbestimmungspflichtigen Maßnahmen oder dadurch dass die Einigungsstelle an Stelle der Arbeitsgerichte im Streitfall zu entscheiden hat (ebenso *Reuter* ZfA 2006, 459 [468]). Jede tarifliche Regelung über die Voraussetzungen einer personellen Einzelmaßnahme ist im Übrigen im Streitfall durch die Arbeitsgerichte dahin überprüfbar, ob sie von der Regelungsbefugnis der Tarifparteien gedeckt ist.

15 Für die Zulässigkeit einer Erweiterung von Mitbestimmungsrechten im Bereich der personellen Angelegenheiten, **jedenfalls durch Tarifvertrag** und im Prinzip, treten *Wiedemann/Thüsing* TVG, § 1 Rn. 769 f. ein. Eine Einschränkung machen sie nur insoweit, als die Zulässigkeit der Erweiterung »in jedem Einzelfall überprüft werden« müsse, da das Betriebsverfassungsgesetz nur insoweit tarifdispositiv sei, als der Tarifvertrag sich an dem abgestuften System der Mitwirkungsrechte und an dem Sachcharakter der Ablehnungsgründe nach § 99 Abs. 2, § 102 Abs. 3 orientieren müsse (ähnlich *Hanau* RdA 1973, 281 [285]). Auch nach Ansicht von *Säcker/Oetker* (Grundlagen, S. 195 ff.; 205) stehen die Vorschriften des BetrVG einer Erweiterung durch Tarifvertrag »grundsätzlich nicht entgegen«. Mitunter wird eine Grenze für die Erweiterung der Mitbestimmung in der funktionellen Zuständigkeit des Betriebsrats sowie in den individuellen Rechten der Arbeitnehmer sowie in dem Schutz Nicht- oder Andersorganisierter gesehen (*Krause* in Jacobs/Krause/Oetker/Schubert 2. Aufl., § 4 Rn. 74 f.; *Löwisch/Rieble* TVG § 1 Rn. 514, 520 f.).

16 **Generell gegen eine Erweiterungsmöglichkeit** haben sich ausgesprochen: *Heinze* Personalplanung, Rn. 165, 166; *von Hoyningen-Huene* Anm. zu BAG 18.08.1987 AP Nr. 23 zu § 77 BetrVG 1972; ders. Betriebsverfassungsrecht, § 3 IV; *Kraft* ZfA 1973, 243 [250 f.]; *Meisel* Mitwirkung, Rn. 7; *Reuter* ZfA 2006, 459 [463 ff.]: keine Erweiterung durch Betriebsvereinbarung; *Richardi* Einl. Rn. 136 ff., 139 ff. (Ausnahme: Freiwillige Betriebsvereinbarungen; vgl. auch *Richardi/Thüsing* § 99 Rn. 8 f.); ders. NZA 1988, 673; ders./MünchArbR 2. Aufl., § 241 Rn. 58 ff.; *Rose*/HWGNRH Einl. Rn. 288 ff.; *Stege/Weinspach* §§ 99–101 Rn. 10, 11; vgl. auch *Richardi* ZfA 1990, 211 [226 f.]; *Säcker* ZfA 1972, Sonderheft S. 47, der seine Aussage allerdings durch die Bemerkung abschwächt, zumindest solle eine Abänderung nicht erkämpfbar sein. Weiter ist darauf hinzuweisen, dass *Säcker* (ZfA 1972, Sonderheft S. 46 [70]) die §§ 96–98 zu den sozialen Angelegenheiten rechnet, bei denen nach seiner Meinung eine Erweiterungsmöglichkeit besteht. *Jahnke* (Tarifautonomie, S. 195 ff.) hält eine Erweiterung der Mitwirkungsrechte bei den allgemeinen personellen Angelegenheiten (§§ 92–95) für zulässig, nicht hingegen bei den personellen Einzelmaßnahmen (§§ 99 ff.). Zur Problematik der tarifvertraglichen **Erweiterung der Mitbestimmungsrechte bei Leiharbeit** s. *Krause* NZA 2012, 830 ff.; *D. Ulber* AuR 2013, 114 ff.

c) Stellungnahme der Rechtsprechung

17 Das *BAG* hat die strittige Frage lange Zeit nicht entschieden. Noch in der Entscheidung vom 12.03.1987 EzA § 102 BetrVG 1972 Nr. 71 = AP Nr. 47 zu § 102 BetrVG 1972 hat es sie offen gelassen, allerdings die Zulässigkeit einer entsprechenden tarifvertraglichen Regelung unterstellt, da

Einführung **vor § 92**

der Arbeitgeber danach verfahren war. Das Gericht hat allerdings eine Vereinbarung zwischen Arbeitgeber und Betriebsrat (*BAG* 17.05.1983 EzA § 99 BetrVG 1972 Nr. 36 = AP Nr. 18 zu § 99 BetrVG 1972; 16.11.2004 EzA § 99 BetrVG 2001 Einstellung Nr. 2 = AP Nr. 44 zu § 99 BetrVG 1972 Einstellung unter B II 2; zuletzt 12.01.2011 EzA § 99 BetrVG 2001 Nr. 21 = AP Nr. 48 zu § 99 BetrVG 1972 Eingruppierung Rn. 40) bzw. eine Regelung in einem Tarifvertrag (*BAG* 22.10.1985 EzA § 99 BetrVG 1972 Nr. 43 = AP Nr. 24 zu § 99 BetrVG 1972 *[Kraft]*) für zulässig erachtet, durch die die **Wochenfrist des § 99 Abs. 3 Satz 1 verlängert** worden war. Nach Auffassung des Gerichts geht es dabei aber nicht um eine Veränderung des gesetzlich eingeräumten Mitbestimmungsrechts des Betriebsrats bei personellen Einzelmaßnahmen, sondern lediglich um eine **Regelung des Verfahrens** bei der Ausübung dieses Mitbestimmungsrechtes (*BAG* 22.10.1985 EzA § 99 BetrVG 1972 Nr. 43 = AP Nr. 23 zu § 99 BetrVG 1972 unter B II 2b). Später hat das Gericht allgemein die **Befugnis der Betriebsparteien** bejaht, im Rahmen ihrer Zuständigkeit **die betriebsverfassungsrechtlichen Beteiligungsrechte zu erweitern** und weitere Angelegenheiten der Mitbestimmung zu unterwerfen. Dies könne auch durch eine Regelungsabrede geschehen (*BAG* 14.08.2001 EzA § 88 BetrVG 1972 Nr. 1 = AP Nr. 4 zu § 77 BetrVG 1972 Regelungsabrede unter III 1; 18.08.2009 EzA § 99 BetrVG 2001 Nr. 14 = AP Nr. 128 zu § 99 BetrVG 1972 Rn. 20; 23.08.2016 AP Nr. 149 zu § 99 BetrVG 1972 Rn. 39, 42 ff.). Eine **Grenze** der Vereinbarungsbefugnis sieht das Gericht in den **zwingenden Vorschriften über das gerichtliche Verfahren**. So sei eine Vereinbarung, wonach die Zustimmung des Betriebsrats zu einer Maßnahme nach § 99 unabhängig von einer fristgemäßen Stellungnahme des Betriebsrats als verweigert gelte, unzulässig und damit unwirksam, weil damit die Beschränkung der gerichtlichen Prüfung auf die vom Betriebsrat rechtzeitig geltend gemachten beachtlichen Zustimmungsverweigerungsgründe beseitigt werde (*BAG* 18.08.2009 EzA § 99 BetrVG 2001 Nr. 14 = AP Nr. 128 zu § 99 BetrVG 1972 Rn. 24; 05.05.2010 EzA § 99 BetrVG 2001 Nr. 16 = AP Nr. 130 zu § 99 BetrVG 1972 Rn. 19; 23.08.2016 AP Nr. 149 zu § 99 BetrVG 1972 Rn. 40). Auch könne der Betriebsrat nicht von dem Erfordernis der Angabe konkreter Zustimmungsverweigerungsgründe generell entbunden werden (*BAG* 23.08.2016 AP Nr. 149 zu § 99 BetrVG 1972 Rn. 46). Ebenso seien die Betriebsparteien gehindert, im Falle der Verletzung von Mitbestimmungsrechten an Stelle der im Gesetz vorgesehenen Rechtsfolgen andere Sanktionen, etwa die **Zahlung einer Vertragsstrafe** an einen Dritten, vorzusehen (*BAG* 19.01.2010 EzA § 23 BetrVG 2001 Nr. 3 = AP Nr. 49 zu § 99 BetrVG 1972 Versetzung Rn. 10 ff.).

In seiner Entscheidung vom 10.02.1988 (EzA § 1 TVG Nr. 34 = AP Nr. 53 zu § 99 BetrVG 1972 [i.E. **18** abl. *Lund*], bestätigt durch *BAG* 21.06.2000 EzA § 1 TVG Betriebsverfassungsnorm Nr. 1 = AP Nr. 121 zu § 102 BetrVG 1972 *[Kraft]*) hat das *BAG* festgestellt, dass die Beteiligungsrechte des Betriebsrats auch in Bezug auf personelle Einzelmaßnahmen **durch Tarifvertrag erweitert oder verstärkt** werden können, **wenn** nach der tariflichen Regelung im Streitfall die **Einigungsstelle** nach den Bestimmungen des Betriebsverfassungsgesetzes entscheiden soll. In Bezug auf § 87 Abs. 1 hatte dies das *BAG* bereits in der Entscheidung vom 18.08.1987 EzA § 77 BetrVG 1972 Nr. 18 = AP Nr. 23 zu § 77 BetrVG 1972 [abl. *v. Hoyningen-Huene*] = SAE 1988, 97 [abl. *Löwisch*] festgestellt. Ein freies, auch durch die Einigungsstelle nicht aufhebbares Zustimmungsverweigerungsrecht (Vetorecht; so *Bachner/DKKW* § 99 Rn. 31), hat das Gericht nicht anerkannt. In der Begründung stellt das *BAG* zunächst fest, dass § 1 TVG, der die Regelungsbefugnis auch für betriebsverfassungsrechtliche Fragen vorsieht, durch das Betriebsverfassungsgesetz nicht außer Kraft gesetzt worden sei, und dass dem Betriebsverfassungsgesetz auch keine Einschränkung der Regelungsbefugnis der Tarifvertragsparteien in Bezug auf die Erweiterung der Mitwirkungsrechte des Betriebsrats entnommen werden könne. Auch die Tatsache, dass das Betriebsverfassungsgesetz das Ergebnis eines politischen Kompromisses ist, besage nichts darüber, ob von dem Gesetz durch Tarifvertrag abgewichen werden darf. **Entscheidend** sei, dass es sich bei den Regelungen über die **Mitwirkungsrechte** des Betriebsrats um **Arbeitnehmerschutzbestimmungen** und damit, mangels einer klaren entgegenstehenden Anordnung des Gesetzgebers, um nur einseitig zwingendes, d. h. zugunsten der Arbeitnehmer abänderbares Recht handle. § 102 Abs. 6 sehe ausdrücklich eine Erweiterung des Mitbestimmungsrechts durch Betriebsvereinbarung vor. Das gleiche Recht stehe den Tarifvertragsparteien zu, da im Streitfall die Einigungsstelle unter angemessener Berücksichtigung auch der Interessen des Betriebes zu entscheiden habe. Die dadurch eröffnete gerichtliche Kontrolle führe dazu, dass das Grundrecht des Arbeitgebers aus Art. 12 Abs. 1 GG durch die Erweiterung des Mitbestimmungsrechts nicht verletzt werde. Schließlich stellt das Gericht fest, eine Erweiterung der Mitbestimmungsrechte des Betriebsrats sei auch unter Berücksichtigung der Rechtsstellung der einzelnen Arbeitnehmer nicht bedenklich. Geregelt würden allein die Rechtsbeziehungen zwischen Arbeitgeber und Betriebsrat. Für die Arbeitnehmer sei es gleichgültig, ob im Rahmen des § 99 im Streitfall die Einigungsstelle oder nach § 99 Abs. 4 das Arbeitsgericht entscheide (dem *BAG* zust. *Bachner/DKKW* § 99 Rn. 31 f., § 102 Rn. 348; *Fitting* § 1 Rn. 249 ff.; *Krause* in Jacobs/Krause/Oetker 2. Aufl., § 4 Rn. 84; **a. M.** *v. Hoyningen-Huene/*MünchArbR 2. Aufl., § 297 Rn. 100 ff.; *Richardi* Einl. Rn. 146 ff.; *ders.* NZA 1988, 673; *ders.* ZfA 1990, 211 [226 ff.]; *ders./*MünchArbR 2. Aufl., § 241 Rn. 60, 61; differenzierend *Meier-Krenz* DB 1988, 2149). Nach Meinung des *BAG* (31.01.1995 EzA § 99 BetrVG 1972 Nr. 126 *[Dütz/Dörrwächter]* = AP Nr. 56 zu § 118 BetrVG 1972) ist es auch zulässig, dem Betriebsrat trotz des § 118 Abs. 1 Satz 1 Nr. 1 ein Mitbestimmungsrecht bei der Einstellung von Tendenzträgern einzuräumen und zwar unabhängig vom Charakter des beabsichtigten Rechtsverhältnisses zwischen dem Einzustellenden und dem Träger des Tendenzunternehmens. Zur Begründung verweist das *BAG* lediglich auf seine Entscheidung vom 10.02.1988 EzA § 1 TVG Nr. 34 = AP Nr. 53 zu § 99 BetrVG 1972. Dass diese Verweisung in dem vorliegenden Fall nicht tragfähig ist, haben *Dütz/Dörrwächter* (Anm. zu *BAG* 31.01.1995 EzA § 99 BetrVG 1972 Nr. 126 unter II 2b) überzeugend dargelegt. Bei § 118 Abs. 1 handelt es sich mit Sicherheit nicht um eine Arbeitnehmerschutzbestimmung, ganz abgesehen davon, dass es sich bei den Normen des Betriebsverfassungsgesetzes generell im Prinzip nicht um Schutzbestimmungen zugunsten der Arbeitnehmer handelt (s. dazu Rdn. 23 f.).

d) Eigene Stellungnahme

19 Den Befürwortern einer Erweiterungsmöglichkeit für die Beteiligungsrechte des Betriebsrats durch Kollektivvertrag ist zuzugeben, dass weder der Wortlaut noch die Entstehungsgeschichte des Gesetzes eine eindeutige Antwort auf die hier interessierende Frage geben (**a. M.** *Meisel* Mitwirkung, Rn. 7). Zwar wurde weder die im SPD-Entwurf zum BetrVG 1972 (BT-Drucks. V/3658) in § 2 Abs. 2 enthaltene allgemeine Erweiterungsermächtigung noch die im Referenten-Entwurf (abgedruckt in RdA 1970, 357) in § 3 Abs. 1 Nr. 3 für die Tarifpartner vorgesehene Ermächtigung, wonach »Aufgaben und Befugnisse der Vertretung der Arbeitnehmer in Angelegenheiten, die den Inhalt, den Abschluss oder die Beendigung von Arbeitsverhältnissen betreffen, durch Tarifverträge erweitert werden können«, übernommen; andererseits stellt jedoch die amtliche Begründung zum BetrVG 1972 (BR-Drucks. 715/70, S. 36 zu § 3) fest, der Entwurf regele grundsätzlich nicht, inwieweit von anderen als organisatorischen Vorschriften durch Tarifvertrag abgewichen werden könne. Der Gesetzgeber selbst hat sich also offensichtlich bewusst nicht entschieden; mit *Säcker* (ZfA 1972, Sonderheft S. 47; vgl. auch *Meier-Krenz* DB 1988, 2149 [2150]) kann man eine »offen geplante« Regelungslücke annehmen. Aus dem Fehlen einer den §§ 3 und 97 BPersVG entsprechenden Regelung, die eine zwingende Wirkung des gesamten Personalvertretungsrechts normieren, kann umgekehrt nicht gefolgert werden, im Betriebsverfassungsrecht könnten Mitbestimmungsrechte des Betriebsrats durch Tarifvertrag oder Betriebsvereinbarung generell erweitert oder verstärkt werden (ebenso *Dietz/Richardi* § 1 Rn. 46; vgl. auch *Meier-Krenz* DB 1988, 2149 [2150]; **a. M.** wohl *Säcker/Oetker* Grundlagen, S. 198, 205). Grund für die im Personalvertretungsrecht getroffene Regelung war die gesetzgeberische Entscheidung, dass das Personalvertretungsrecht für alle Dienststellen einheitlich sein müsse und außerdem personalvertretungsrechtliche Regelungen in Tarifverträgen schon deshalb ausgeschlossen werden müssten, weil das Personalvertretungsrecht für Arbeitnehmer und Beamte gelte (BT-Drucks. VI/3721 = 7/176, S. 27).

20 Dass der Gesetzgeber bestimmte Gegenstände der Regelungsbefugnis der Tarifvertragsparteien dadurch entziehen kann, dass er zweiseitig zwingende Normen schafft, soweit Art. 9 Abs. 3 GG nicht entgegensteht, dürfte unstreitig sein. Die **Frage** ist also, ob das Betriebsverfassungsgesetz nicht doch **zwingende Grenzen für die Erweiterung** der Mitbestimmungsrechte des Betriebsrats enthält.

21 Die Gründe, die das *BAG* für die **Befugnis der Tarifpartner**, die Mitbestimmungsrechte des Betriebsrats auch im Bereich der personellen Angelegenheiten zu erweitern und zu verstärken, anführt, können nicht überzeugen (*Richardi* Einl. Rn. 142). Das gilt schon für den Hinweis auf § 1 TVG (*BAG* 10.02.1988 EzA § 1 TVG Nr. 34 unter B II 2a), der keine Kompetenznorm für die Tarifpartner zur beliebigen Änderung des Betriebsverfassungsgesetzes darstellt (*Richardi* Einl. Rn. 142). Die Entste-

hungsgeschichte dieser Norm zeigt, dass die Frage des Verhältnisses eines Betriebsverfassungsgesetzes zu der Regelungsbefugnis betriebsverfassungsrechtlicher Fragen nach § 1 TVG offen geblieben ist (*Richardi* NZA 1988, 673 [675]), soweit das Betriebsverfassungsgesetz dieses Verhältnis nicht ausdrücklich geregelt hat (vgl. auch *v. Hoyningen-Huene*/MünchArbR 2. Aufl., § 297 Rn. 102).

Bereits die Fassung und Systematik des Gesetzes sprechen eher gegen eine generelle Möglichkeit der Erweiterung der Mitbestimmungsrechte. Soweit der Gesetzgeber den Betriebs- bzw. Tarifpartnern das Recht einräumen wollte, die Normen des Betriebsverfassungsgesetzes abzuändern, hat er dies ausdrücklich gesagt. Das gilt einmal für § 3, dann für § 38 Abs. 1 Satz 5, § 47 Abs. 4, § 55 Abs. 4, § 72 Abs. 4, § 76 Abs. 8 und § 86. Im personellen Bereich hat in diesem Zusammenhang § 102 Abs. 6 besonderes Gewicht (s. § 102 Rdn. 246). Dort ist eine Erweiterungsmöglichkeit des Mitbestimmungsrechts ausdrücklich vorgesehen, allerdings auf die Betriebspartner beschränkt (**a. M.** *BAG* 10.02.1988 EzA § 1 TVG Nr. 34 = AP Nr. 53 zu § 99 BetrVG 1972; *Fitting* § 1 Rn. 259; *Bachner*/DKKW § 102 Rn. 348). Bereits diese punktuelle und ausdrückliche Regelung in § 102 Abs. 6 spricht dafür, dass im Übrigen eine Erweiterung der Mitbestimmungsrechte im personellen Bereich grundsätzlich nicht zulässig sein soll (vgl. *Säcker* ZfA 1972, Sonderheft S. 46; **a. M.** *Gamillscheg* I, S. 615 f.; *Säcker*/*Oetker* Grundlagen, S. 195 ff.; *Wiedemann*/*Thüsing* TVG § 1 Rn. 769). Wegen dieser Änderungen im Gesetz gegenüber dem BetrVG 1952 greifen auch die von *Küchenhoff* (Anm. zu *BAG* AP Nr. 3 zu § 57 BetrVG) für die gegenteilige Ansicht vorgebrachten Argumente nicht mehr durch. Das *BAG* (10.02.1988 EzA § 1 TVG Nr. 34 = AP Nr. 53 zu § 99 BetrVG 1972 unter B II 3a) geht unter Berufung auf zwei Entscheidungen von Landesarbeitsgerichten und auf eine Reihe von Kommentaren ohne eigene Begründung davon aus, die auf die Betriebspartner beschränkte Regelungsbefugnis des § 102 Abs. 6 schließe eine entsprechende Regelung durch Tarifvertrag nicht aus. *Oetker* (vgl. *Wiedemann*/*Oetker* TVG, 6. Aufl. 1999, § 1 Rn. 602) leitet aus der Existenz des § 102 Abs. 6 ab, dass eine Erweiterung der Mitbestimmungsrechte des Betriebsrats durch Kollektivvereinbarung zulässig sei und geht weiter davon aus, dass wenn eine solche Erweiterung durch Betriebsvereinbarung zulässig ist, dies dann auch durch Tarifvertrag zulässig sein müsse. Wenn die Erweiterung in Bezug auf die Kündigung zulässig sei, dann könne eine entsprechende Erweiterungsmöglichkeit bei § 99 nicht systemwidrig sein. Mit einem solchen Schluss *a minore ad maius* ist diese Ansicht sicher nicht zu begründen, da die Regelung durch Tarifvertrag nicht ein Mehr gegenüber einer Regelung durch Betriebsvereinbarung, sondern etwas qualitativ anderes ist. Die Erweiterung des Mitbestimmungsrechts nach § 102 Abs. 6 durch Betriebsvereinbarung ist nur möglich, wenn der Arbeitgeber sich freiwillig dazu bereitfindet; bei Tarifverträgen wird er u. U. auch gegen seinen Willen von der Regelung erfasst. Außerdem sind Tarifverträge erstreikbar. Sollte die Begründung des *BAG* auf der Annahme beruhen, dass die Regelungsbefugnis durch Tarifvertrag aufgrund des § 1 TVG immer besteht, wenn sie nicht ausdrücklich ausgeschlossen ist, so sprechen dagegen die punktuell im Betriebsverfassungsgesetz vorgesehenen Regelungszuständigkeiten der Tarifvertragsparteien; **a. M.** *Wiedemann*/*Oetker* TVG, 6. Aufl. 1999, § 1 Rn. 602). Sie wären, sieht man von dem Bereich organisatorischer Vorschriften ab, aus der Sicht des *BAG* überflüssig.

Ebenso wenig kann das Argument des *BAG* (10.02.1988 EzA § 1 TVG Nr. 34 = AP Nr. 53 zu § 99 BetrVG 1972 unter B II 2b) überzeugen, die Mitbestimmungsregelungen seien **Schutzbestimmungen** zugunsten der Arbeitnehmer (**a. M.** pauschal *Heither* JArbR Bd. 36 (1999), 37) und deshalb zu ihren Gunsten durch Tarifvertrag erweiterbar (*Reuter* ZfA 2006, 459 [464 f.]; *Richardi* Einl. Rn. 152; *ders.*/MünchArbR 2. Aufl., § 241 Rn. 63; *v. Hoyningen-Huene*/MünchArbR 2. Aufl., § 297 Rn. 101, 102). Die Regelungen über die Mitbestimmung des Betriebsrats sind in Wahrheit Zuständigkeitsnormen, d. h. Organisationsrecht. Dies zeigt sich auch daran, dass der Betriebsrat durchaus das Recht hat, gegen den Wunsch und Willen des einzelnen Arbeitnehmers zu entscheiden. Bei der Einstellung kann dadurch sogar gegen den Wunsch von Personen entschieden werden, die noch gar nicht Arbeitnehmer (zumindest des Einstellungsbetriebs) sind. Das Argument des *BAG*, die Erweiterung der Mitbestimmungsrechte regele nur die Rechtsbeziehung zwischen Arbeitgeber und Betriebsrat, überzeugt nicht (*Richardi* Einl. Rn. 148 ff.). Dieses Argument würde im Übrigen gerade gegen den Charakter der Mitbestimmungsrechte als Schutznormen zugunsten der Arbeitnehmer sprechen. Es trifft auch nicht zu, dass die Rechtsstellung eines Bewerbers oder Arbeitnehmers nicht tangiert werde, wenn ein Tarifvertrag ein nicht an Gründe gebundenes Zustimmungsverweigerungsrecht und/oder an Stelle der rechtlichen Prüfung durch die Gerichte die Ermessensentscheidung der Einigungsstelle setzt (*Richardi* NZA

1988, 673 [674]). Auch der Arbeitgeber wird dadurch in seiner Rechtsposition stärker beeinträchtigt, als das Gesetz es vorsieht. Es ist schließlich nicht überzeugend, wenn das BAG der »Tatsache«, »dass das BetrVG 1972 ... das Ergebnis eines politischen Kompromisses ist«, für die Frage nach der Erweiterungsmöglichkeit der Mitbestimmungsrechte durch Tarifvertrag keinerlei Bedeutung beimisst (BAG 10.02.1988 EzA § 1 TVG Nr. 34 = AP Nr. 53 zu § 99 BetrVG 1972 unter B II 2c). Wenn der Zweck des Gesetzes u. a. darin besteht, die widerstreitenden Interessen von Arbeitgeber und Arbeitnehmer bzw. Betriebsrat ausgewogen zu regeln, so ist dieser Telos des Gesetzes auch für die Frage, ob das vom Gesetzgeber geschaffene Gleichgewicht durch Tarifvertrag verändert werden kann, von Belang (*von Hoyningen-Huene* NZA 1985, 169; *ders.* ZfA 1988, 293 [308]; *ders./*MünchArbR 2. Aufl., § 297 Rn. 105; *ders.* Betriebsverfassungsrecht, § 2 IV; **a. M.** *Meier-Krenz* DB 1988, 2149 [2150]).

24 Gegen die **Zulässigkeit der Erweiterung** der Mitbestimmungsrechte in personellen Angelegenheiten **durch Betriebsvereinbarung** sprechen darüber hinaus folgende Gesichtspunkte: Während man im Bereich der sozialen Angelegenheiten von einer funktionell unbeschränkten Zuständigkeit des Betriebsrats sprechen kann, was aus der grundsätzlichen Möglichkeit von freiwilligen Betriebsvereinbarungen auch über Gegenstände, die nicht unter § 87 Abs. 1 fallen, hergeleitet wird (*Fitting* § 1 Rn. 250), gilt dies im personellen Bereich gerade nicht (**a. M.** *Matthes/*MünchArbR § 238 Rn. 15 ohne nähere Begründung); § 88 ist auf die sozialen Angelegenheiten beschränkt (*Galperin/Löwisch* vor § 92 Rn. 2a). Dennoch wäre es nicht ausgeschlossen, dass der Arbeitgeber **freiwillig** dem Betriebsrat weitergehende Befugnisse einräumt, als das Gesetz sie vorschreibt. Für die Erweiterung des Mitbestimmungsrechts des Betriebsrats bei Kündigungen sieht § 102 Abs. 6 dies ausdrücklich vor. **Bei den personellen Einzelmaßnahmen** des § 99 ist aber **zu beachten**, dass eine Erweiterung des Mitbestimmungsrechts des Betriebsrats sich stets auf die davon betroffenen Arbeitnehmer, u. U. zu deren Ungunsten, auswirkt. Die Mitbestimmungsrechte des Betriebsrats sind zwar ihrer Intention nach in diesem Bereich auch darauf gerichtet, die Interessen der Arbeitnehmer zu wahren und zu fördern. Dabei darf aber nicht übersehen werden, dass gerade im Bereich der Mitbestimmung bei personellen Einzelmaßnahmen häufig die Wahrung der Interessen der Belegschaft im Vordergrund steht, was keineswegs identisch sein muss mit der Wahrung der Interessen des einzelnen betroffenen Arbeitnehmers (**a. M.** offensichtlich *Küchenhoff* Anm. zu BAG 13.07.1962 AP Nr. 3 zu § 57 BetrVG). Mit anderen Worten: Die Mitbestimmungsregelung bei personellen Einzelmaßnahmen kann nicht generell als Normenkomplex zugunsten der einzelnen Arbeitnehmer bzw. Bewerber verstanden werden. Dies übersehen offenbar das BAG und auch *Matthes/*MünchArbR (§ 238 Rn. 14, nach denen im Ansicht die Erweiterung allerdings nur durch freiwillige Betriebsvereinbarung zulässig ist). Die Grenzen, die das Gesetz für die Mitbestimmung des Betriebsrats zieht, sind damit gleichzeitig die Grenzen, innerhalb derer der einzelne Arbeitnehmer bzw. Bewerber u. U. Nachteile zugunsten der Belegschaft erdulden muss und damit die Grenzen für die zulässige Fremdbestimmung. Jede Erweiterung dieses Bereichs könnte sich im Einzelfall zu Lasten eines Arbeitnehmers oder Bewerbers auswirken. Aus Sicht der Arbeitnehmer stellt eine Erweiterung der Mitbestimmung daher eine zweischneidige Regelung dar, was wiederum dafür spricht, dass die gesetzliche Regelung zwingend ist (zutr. *Reuter* ZfA 2006, 459 [465]). Es kann nicht angenommen werden, dass der Gesetzgeber es den Betriebspartnern überlassen wollte, sich insoweit zu Lasten Dritter auf eine Ausweitung des Mitbestimmungsrechtes zu einigen (s. Rdn. 13; *Richardi* Einl. Rn. 140 a. E.). § 102 Abs. 6 ist eine Ausnahmeregelung, die aus den eben genannten Gründen keine analoge Anwendung im Rahmen von § 99 zulässt. **Keine Ausweitung** der Mitbestimmungsrechte des Betriebsrats liegt vor, wenn in einem Tarifvertrag seine Beteiligung im Zusammenhang mit einer im Tarifvertrag zulässigerweise geregelten Angelegenheit vorgesehen wird. In einem solchen Fall wird durch den Arbeitgeber tarifvertraglich ein Recht eingeräumt, das er aber nur mit Zustimmung des Betriebsrats ausüben kann. Wirkung kann eine solche Regelung aber nur für tarifgebundene Arbeitnehmer haben; Außenseiter werden dadurch nicht betroffen (*Richardi* Einl. Rn. 151 ff.), auch wenn man solche Regelungen »zugleich als Betriebsverfassungsnormen« bezeichnet (vgl. *Richardi* Einl. Rn. 153).

25 Im Bereich der **allgemeinen personellen Angelegenheiten** ist allerdings die Situation anders. Eine freiwillige **Verpflichtung** des Arbeitgebers, dem Betriebsrat gegenüber eine Personalplanung, Personalfragebogen, Beurteilungsgrundsätze oder Auswahlrichtlinien zu erstellen, wenn er dies verlangt (§§ 92, 94 und 95 Abs. 1), ist **unbedenklich** zulässig (*Fitting* § 92 Rn. 22; **a. M.** in Bezug auf § 92 *Kania/*ErfK § 92 BetrVG Rn. 2). Die inhaltliche Ausgestaltung von Fragebögen, Beurteilungsgrund-

sätzen und Auswahlrichtlinien unterliegt ohnehin der Mitbestimmung des Betriebsrats. Bedenklich, wenn auch nicht unzulässig, wäre jedoch eine Vereinbarung, wonach die Personalplanung selbst der Zustimmung des Betriebsrats bedarf. Hier würde ein Kernbereich unternehmerischer Dispositionsfreiheit tangiert. Gleiches gilt für die Einräumung eines erzwingbaren Mitbestimmungsrechts in Bezug auf die in § 97 genannten Gegenstände über § 97 Abs. 2 hinaus.

Gegen die **Zulässigkeit der Erweiterung** der Mitbestimmungsrechte in personellen Angelegenheiten **durch Tarifvertrag** sprechen folgende Gesichtspunkte: Würde man eine Erweiterung oder Verstärkung dieser Mitwirkungsrechte des Betriebsrats durch Tarifvertrag zulassen, so wäre damit jedenfalls nach der h. M. auch ihre Erkämpfbarkeit möglich. Damit wäre die politisch umstrittene Frage, wieweit die Handlungs- und Entscheidungsfreiheit des Arbeitgebers durch Ausweitung der Mitbestimmung der Arbeitnehmer auf Betriebsebene beschränkt werden solle, Gegenstand der Auseinandersetzung zwischen den Koalitionen oder zwischen Gewerkschaft und einzelnem Unternehmer, soweit ein Firmentarifvertrag angestrebt wird. Dies wiederum würde bedeuten, dass das Gesetz in weiten Bereichen seine befriedende Wirkung nicht erfüllen könnte, was sicher nicht Sinn eines politischen Kompromisses ist (vgl. dazu *v. Hoyningen-Huene* / MünchArbR 2. Aufl., § 297 Rn. 105; *ders.* Betriebsverfassungsrecht, § 2 IV; *Hueck/Nipperdey* II/2, S. 1333 f.; *Nikisch* III, S. 353 m. w. N.). Die Durchsetzung einer Erweiterung der Mitbestimmungsrechte im Wege des Arbeitskampfes muss daher jedenfalls ausscheiden (*Säcker* ZfA 1972, Sonderheft S. 147). 26

Dazu kommt: Soweit das Mitbestimmungsrecht des Betriebsrats in Bezug auf **personelle Einzelmaßnahmen** ausgeweitet werden soll, handelt es sich in Wahrheit um Abschluss-, Inhalts- oder Beendigungsnormen (§ 1 Abs. 1 TVG), die nur für organisierte Arbeitnehmer mit normativer Wirkung vereinbart werden können (§§ 3 und 4 TVG). Es wäre höchst bedenklich, hier unter dem Deckmantel betriebsverfassungsrechtlicher Normen der Gewerkschaft Einfluss auf die Arbeitsverhältnisse nichtorganisierter Arbeitnehmer einzuräumen. Daher sind auch die in der Literatur gelegentlich vorgebrachten Beispiele, die von zulässigen Beendigungsnormen in Tarifverträgen sprechen, für das hier interessierende Problem nicht aussagekräftig. Soweit es um die **allgemeinen personellen Angelegenheiten** geht, ist weiter zu bedenken, dass es sich dabei weitgehend nicht um die Regelung von Arbeits- und Wirtschaftsbedingungen für die organisierten Arbeitnehmer handelt, sondern dass hier ein weiterer Eingriff in den Bereich der unternehmerischen Entscheidungsfreiheit zur Diskussion steht. Insoweit fehlt den Tarifparteien die Regelungsbefugnis. Deshalb wäre auch eine Tarifbestimmung, die vorsieht, dass der Betriebsrat bei der Personalplanung mitzubestimmen habe, dass er die Aufstellung von Auswahlrichtlinien, Personalfragebogen, Beurteilungsgrundsätzen oder die Errichtung von Berufsbildungseinrichtungen fordern und erzwingen könne, nicht mehr zulässig. 27

Die Mitwirkungsrechte in personellen Angelegenheiten sind daher durch **Tarifvertrag nicht**, durch **Betriebsvereinbarung nur** im Bereich der allgemeinen personellen Angelegenheiten (§§ 92, 94, 95 Abs. 1) und bezüglich der Einrichtungen und Maßnahmen der Berufsbildung (§ 97) erweiterbar (**a. M.** die in Rdn. 14 f. erwähnten Autoren und das *BAG*, vgl. Rdn. 18). Zur Abgrenzung der personellen von sozialen Angelegenheiten s. *Gutzeit* § 88 Rdn. 11. 28

Erster Unterabschnitt
Allgemeine personelle Angelegenheiten

§ 92
Personalplanung

(1) Der Arbeitgeber hat den Betriebsrat über die Personalplanung, insbesondere über den gegenwärtigen und künftigen Personalbedarf sowie über die sich daraus ergebenden personellen Maßnahmen einschließlich der geplanten Beschäftigung von Personen, die nicht in einem Arbeitsverhältnis zum Arbeitgeber stehen, und Maßnahmen der Berufsbildung anhand von Unterlagen rechtzeitig und umfassend zu unterrichten. Er hat mit dem Be-

triebsrat über Art und Umfang der erforderlichen Maßnahmen und über die Vermeidung von Härten zu beraten.

(2) Der Betriebsrat kann dem Arbeitgeber Vorschläge für die Einführung einer Personalplanung und ihre Durchführung machen.

(3) Die Absätze 1 und 2 gelten entsprechend für Maßnahmen im Sinne des § 80 Abs. 1 Nr. 2a und 2b, insbesondere für die Aufstellung und Durchführung von Maßnahmen zur Förderung der Gleichstellung von Frauen und Männern. ²Gleiches gilt für die Eingliederung schwerbehinderter Menschen nach § 80 Absatz 1 Nummer 4.

Literatur
Berthel Personalplanung in: Handwörterbuch der Wirtschaftswissenschaften (HdWW), Bd. 6, 1988; *Bessoth/Räuber/Schmidt* Betriebsräte und Personalplanung, Schriftenreihe der Arbeitskammer des Saarlandes, 1974; *Bonin* Die Richtlinie 2002/14/EG zur Unterrichtung und Anhörung der Arbeitnehmer und ihre Umsetzung in das Betriebsverfassungsrecht, AuR 2004, 321; *DAG Bundesvorstand (Ressort Wirtschaftspolitik)* Personalplanung zum § 92 Betriebsverfassungsgesetz, Hamburg 1973; *Dedering* Personalplanung und Mitbestimmung, 1972; *Deinert* Neuregelung des Fremdpersonaleinsatzes im Betrieb, RdA 2017, 65; *Drumm* Personalwirtschaft, 6. Aufl., 2008; *H. Frey* Was ist »Personalplanung« im Sinne von § 92 des Betriebsverfassungsgesetzes?, BB 1973, 388; *Gaugler* Handwörterbuch der Betriebswirtschaft, 5. Aufl. 1993, Teilband 2, Personalwesen, S. 3140; *Heinze* Personalplanung, Einstellung und Kündigung, 1982; *J. Herrmann* Der Mensch als Faktor »Arbeit« – Überlegungen zur Personalplanung, FS Messer, 1983, S. 209; *Hunold* Die Mitbestimmung des Betriebsrats in allgemeinen personellen Angelegenheiten (§§ 92–95 BetrVG), DB 1976, 98; *ders.* Die Mitwirkung und Mitbestimmung des Betriebsrats in allgemeinen personellen Angelegenheiten, DB 1989, 1334; *Jedzig* Mitbestimmung des Betriebsrats bei der Beschäftigung von Fremdarbeitnehmern aufgrund von Werkverträgen mit Drittfirmen, DB 1989, 978; *Jobs/Samland* Personalinformationssysteme in Recht und Praxis, 1984; *Kadel* Personalabbauplanung und die Unterrichtung des Betriebsrats nach § 92 BetrVG, BB 1993, 797; *Kossbiel* Handwörterbuch der Betriebswirtschaft, 5. Aufl. 1993, Teilband 2, Personalplanung, S. 3127; *Löwisch* Zielgrößen für den Frauenanteil auf Führungsebenen: Beteiligung von Betriebsrat und Sprecherausschuss, BB 2015, 1910; *Marienhagen* Mitbestimmung in personellen Angelegenheiten nach dem Entwurf eines neuen Betriebsverfassungsgesetzes, BB 1971, 1009; *Mohr* Personalplanung und Betriebsverfassungsgesetz, 1977; *Müllner* Beteiligungsrechte des Betriebsrats bei Personalinformationssystemen, BB 1984, 475; *W. Nickel* Personalplanung für ältere und mindereinsatzfähige Arbeitnehmer. Anregungen für Betriebsräte und Personalleitungen, Schriftenreihe der Arbeitskammer des Saarlandes, 1972; *Rehhahn* Die Personalplanung nach dem neuen Betriebsverfassungsgesetz 1972, AuR 1974, 65; *Reichold* Durchbruch zu einer europäischen Betriebsverfassung – Die Rahmen-Richtlinie 2002/14/EG zur Unterrichtung und Anhörung der Arbeitnehmer, NZA 2003, 289; *Röder/Arnold* Zielvorgaben zur Förderung des Frauenanteils in Führungspositionen, NZA 2015, 1281; *W. Schneider* Die Personalplanung im System der Beteiligungsrechte des Betriebsrats, BlStSozArbR 1973, 60; *Wenzel* Personalplanung im Gesamtplansystem der Unternehmung, DB 1972, 1736. Vgl. ferner die Angaben vor § 92.

Inhaltsübersicht

	Rdn.
I. Vorbemerkung	1–3
1. Entstehungsgeschichte	1
2. Sinn und Zweck der Vorschrift	2, 3
II. Geltungsbereich	4, 5
III. Inhalt	
1. Überblick	6–46
2. Personalplanung als Gegenstand der Mitwirkungsrechte	6
3. Unterrichtungspflicht (Abs. 1 Satz 1)	7–20
a) Bestehen einer Personalplanung	21–32
b) Gegenstand	21
c) Zeitpunkt	22, 23
d) Art und Umfang	24, 25
e) Adressat	26–31
4. Beratungspflicht (Abs. 1 Satz 2)	32
5. Vorschlagsrecht (Abs. 2)	33–36
6. Förderung bestimmter Gruppen von Arbeitnehmern (Abs. 3)	37–40
	41–46

Personalplanung § 92

IV. Verhältnis zu anderen Beteiligungsrechten 47
V. Sanktionen, Streitigkeiten 48, 49

I. Vorbemerkung

1. Entstehungsgeschichte

Nach dem BetrVG 1952 war das Vorfeld der Entscheidungen in personellen Einzelmaßnahmen, da- 1
runter auch die Personalplanung, aus dem Bereich der Mitwirkung des Betriebsrats ausgeklammert. Das BetrVG 1972 hat mit Einführung des § 92 Abs. 1 und 2 erstmals eine Beteiligung des Betriebsrats bei der Personalplanung vorgesehen. Durch Art. 5 Nr. 5 des Gesetzes zur Durchsetzung der Gleichberechtigung von Männern und Frauen (Zweites Gleichberechtigungsgesetz – 2. GleiBG) vom 21.04.1994 (BGBl. I, S. 1406) wurde Abs. 2 insoweit ergänzt, als das Vorschlagsrecht des Betriebsrats auch »Maßnahmen i. S. d. § 80 Abs. 1 Nr. 2a« einschließen sollte. Durch das BetrVerf-ReformG vom 23.07.2001 (BGBl. I, S. 1852) wurde diese Ergänzung des Abs. 2 wieder gestrichen und stattdessen dem § 92 ein neuer Abs. 3 angefügt, um die Kompetenzen des Betriebsrats im Bereich der Frauenförderung zusammenzufassen und zu stärken (*Reg. Begr.* BT-Drucks. 14/5741, S. 48). Durch Art. 18 Abs. 1 Nr. 3 des Bundesteilhabegesetzes (Gesetz zur Stärkung der Teilhabe und Selbstbestimmung von Menschen mit Behinderungen vom 23.12.2016, BGBl. I, S. 3234) wurde durch Einfügung des Abs. 3 Satz 2 klargestellt, dass die Personalplanung auch Maßnahmen zur Eingliederung schwerbehinderter Menschen umfassen kann. Eine weitere Änderung erfuhr § 92 Abs. 1 Satz 1 durch Art. 3 Nr. 3 des Gesetzes zur Änderung des Arbeitnehmerüberlassungsgesetzes und anderer Gesetze vom 21.02.2017 (BGBl. I, S. 258). Zur Erläuterung des Umfangs des Unterrichtungsanspruches wurde nach »personelle Maßnahmen« der Zusatz »einschließlich der geplanten Beschäftigung von Personen, die nicht in einem Arbeitsverhältnis zum Arbeitgeber stehen«, eingefügt. Eine vergleichbare Formulierung hatte der Gesetzgeber zuvor bereits in § 80 Abs. 2 Satz Halbs. 2 aufgenommen (s. hierzu *Weber* § 80 Rdn. 4, 71). Dieser Ergänzung kommt im Kontext des § 92 – ebenso wie zuvor bei § 80 – allerdings nur klarstellende Bedeutung zu (s. Rdn. 15).

2. Sinn und Zweck der Vorschrift

Hintergrund der Regelung ist, dass – wie die amtliche Begründung zum BetrVG 1972 (BR-Drucks. 2
715/70, S. 32) zu Recht feststellt – »bei angespanntem Arbeitsmarkt ein rationeller und den Bedürfnissen der Wirtschaft angepasster Personaleinsatz nur im Wege einer sorgfältigen Personalplanung zu erreichen ist«. Das allein könnte aber eine Einschaltung des Betriebsrats in diesem Stadium kaum rechtfertigen, zumal die Erweiterung der Mitbestimmungs- und Mitwirkungsrechte des Betriebsrats gerade nicht zu einem Eingriff in die eigentlichen unternehmerischen Entscheidungen führen soll (vgl. amtliche Begründung zum BetrVG 1972 [BR-Drucks. 715/70, S. 31]). Entscheidend ist vielmehr, dass u. U. bereits im Planungsstadium Entscheidungen getroffen werden, die sich in konsequenter Durchführung als belastend für Arbeitnehmer herausstellen. Von daher scheint es gerechtfertigt, den Betriebsrat schon in diesem Stadium einzuschalten, allerdings primär mit der Aufgabe, die Interessen der von eventuellen personellen Einzelmaßnahmen betroffenen Arbeitnehmer bereits hier zur Geltung zu bringen (vgl. aber auch *Richardi* DB 1971, 621 [630]).

Gesetzgeberisches Motiv für die neue Regelung ist es, eine »bessere Objektivierung und bessere 3
Durchschaubarkeit sowohl der allgemeinen Personalwirtschaft als auch der personellen Einzelentscheidungen« zu bewirken (amtliche Begründung zum BetrVG 1972, BR-Drucks. 715/70, S. 50 zu § 92). Zugleich soll mit der frühzeitigen Einschaltung des Betriebsrats erreicht werden, dass im Rahmen der Personalplanung neben den wirtschaftlichen Zielen des Arbeitgebers auch die Interessen der Arbeitnehmer, etwa an innerbetrieblichem Aufstieg und an der Sicherheit ihrer Arbeitsplätze, Berücksichtigung finden (vgl. auch *Homburg/DKKW* § 92 Rn. 6; *Richardi/Thüsing* § 92 Rn. 1).

II. Geltungsbereich

4 Die Bestimmung gilt **in allen Betrieben** und allen betriebsverfassungsrechtlichen Organisationseinheiten nach § 3 Abs. 1 Nr. 1 bis 3 (vgl. § 3 Abs. 5), in denen ein Betriebsrat existiert, ohne dass es einer bestimmten Mindestzahl von Arbeitnehmern bedarf. Zur Geltung in **Tendenzbetrieben** s. *Weber* § 118 Rdn. 201 ff.

5 § 92 bezieht sich grundsätzlich nur auf die Personalplanung für **Arbeitnehmer**. Allerdings können auch Maßnahmen zur Beschäftigung von Nicht-Arbeitnehmern erfasst sein, wenn diese die Interessen der im Betrieb beschäftigten Arbeitnehmer berühren (s. Rdn. 14). Nicht zu beteiligen ist der Betriebsrat hinsichtlich der Personalplanung der **leitenden Angestellten** i. S. v. § 5 Abs. 3 und 4. Sowohl diese Bestimmung als auch § 105 zeigen, dass der Betriebsrat diese Gruppe von Arbeitnehmern nicht repräsentiert und deshalb auch keine Schutzfunktion für sie ausüben kann (h. M.; *Galperin/Löwisch* § 92 Rn. 2; *Richardi/Thüsing* § 92 Rn. 20; *Rose/HWGNRH* § 92 Rn. 20; *Stege/Weinspach/Schiefer* § 92 Rn. 4; **a. M.** *Homburg/DKKW* § 92 Rn. 45). Unbeschränkt gilt dies allerdings nur, soweit es sich um die ausschließlich auf leitende Angestellte bezogene Personalplanung handelt (*Richardi/Thüsing* § 92 Rn. 20; *Stege/Weinspach/Schiefer* § 92 Rn. 4). Dagegen ist der Betriebsrat zu unterrichten, wenn die Personalplanung sich damit befasst, wie Arbeitnehmer die Qualifikation für die Posten eines leitenden Angestellten erreichen können, sofern es im Rahmen der Personalentwicklungsplanung (dazu s. Rdn. 16) darum geht, welcher Bedarf an leitenden Angestellten besteht und im Rahmen der Personaldeckungsplanung (dazu Rdn. 14), wie dieser eventuell aus Arbeitnehmern des Betriebes gedeckt werden kann (ähnlich *Fitting* § 92 Rn. 16; *Galperin/Löwisch* § 92 Rn. 2; *Homburg/DKKW* § 92 Rn. 31; *Richardi/Thüsing* § 92 Rn. 21 f.; *Rose/HWGNRH* § 92 Rn. 20; *Rumpff/Boewer* Mitbestimmung, E Rn. 13).

III. Inhalt

1. Überblick

6 § 92 statuiert eine Unterrichtungspflicht des Arbeitgebers (Abs. 1 Satz 1), ein Beratungsrecht (Abs. 1 Satz 2) und ein Vorschlagsrecht (Abs. 2) des Betriebsrats. Als Gegenstand der Unterrichtungspflicht sind die Personalplanung und die sich daraus ergebenden personellen Maßnahmen genannt; Gegenstand des Beratungsrechts sind Art und Umfang der aus der Personalplanung resultierenden Maßnahmen sowie die Vermeidung von Härten. Das Vorschlagsrecht bezieht sich auf die Einführung einer Personalplanung einschließlich von Maßnahmen i. S. v. § 80 Abs. 1 Nr. 2a und 2b (s. dazu *Weber* § 80 Rdn. 37, 39; vgl. auch Rdn. 41 ff.) und ihrer Durchführung.

2. Personalplanung als Gegenstand der Mitwirkungsrechte

7 Das Gesetz gibt keine Begriffsbestimmung, sondern zählt nur einzelne Aspekte der Personalplanung, nämlich die Bedarfs-, Deckungs- und Entwicklungsplanung beispielhaft auf (*Richardi/Thüsing* § 92 Rn. 3; *ders.* ZfA 1972, Sonderheft S. 1 [3]). Die verschiedenen betriebswirtschaftlichen Umschreibungen des Begriffs (vgl. *Berthel* Handbuch der Wirtschaftswissenschaften, Bd. 6, 1988 Stichwort: Personalplanung; *Kossbiel* Handwörterbuch der Betriebswirtschaft, 5. Aufl. 1993, Teilbd. 2, »Personalplanung«, Sp. 3127 f.; *Schuhmacher* Personalplanung in der Praxis, 1984) können nur Anhaltspunkte geben. Als Bestandteile der Personalplanung werden im personalwirtschaftlichen Schrifttum (*Schuhmacher* Personalplanung in der Praxis; vgl. auch *Hunold* DB 1989, 1334) genannt: Personalbedarfsplanung, Personalbeschaffungsplanung, Personalentwicklungsplanung, Personaleinsatzplanung, Personalabbauplanung, Personalorganisationsplanung und Personalkostenplanung. Was davon Personalplanung i. S. d. § 92 ist, kann nur aus dem Zweck der Vorschrift und der Systematik des Gesetzes ermittelt werden (*Richardi/Thüsing* § 92 Rn. 3).

8 **Zweck der Vorschrift** ist es, den Betriebsrat rechtzeitig und umfassend über solche Planungen im Personalbereich zu unterrichten, die zu mitbestimmungspflichtigen personellen Einzelmaßnahmen (§§ 99 ff.) oder zu mitbestimmungspflichtigen Bildungsmaßnahmen (§§ 96 ff.) führen können.

Personalplanung § 92

Dem Betriebsrat soll hierdurch Gelegenheit gegeben werden, auf den Entscheidungsfindungsprozess einzuwirken und aus der Personalplanung folgende Nachteile für die Arbeitnehmer bereits im Vorfeld abzuwenden.

Personalplanung insgesamt ist ein **wichtiger Teilbereich der gesamten Unternehmensplanung** 9 (*Richardi/Thüsing* § 92 Rn. 4). Wechselwirkungen und Zusammenhänge bestehen etwa mit der Investitions-, Produktions- und Absatzplanung (*Homburg/DKKW* § 92 Rn. 11). Dennoch kann aus § 92 keine Informationspflicht des Arbeitgebers über andere Bereiche der Unternehmensplanung hergeleitet werden, da die Vorschrift den Informationsanspruch ausdrücklich auf die Personalplanung beschränkt (*Richardi/Thüsing* § 92 Rn. 4). Die übrigen Bereiche der Unternehmensplanung gehören zu den wirtschaftlichen Angelegenheiten, über die nach § 106 Abs. 2 der Wirtschaftsausschuss, aber eben nicht der Betriebsrat unmittelbar, zu unterrichten ist; der Wirtschaftsausschuss hat dann nach § 108 Abs. 4 seinerseits den Betriebsrat zu informieren (*LAG Berlin* 13.06.1988 LAGE § 92 BetrVG 1972 Nr. 2; *Dietz/Richardi* § 92 Rn. 8; *Galperin/Löwisch* § 92 Rn. 6; *Hunold* DB 1989, 1334 [1335]; vgl. auch *Rose/HWGNRH* § 92 Rn. 60; **a. M.** wohl *Homburg/DKKW* § 92 Rn. 11 ff.). Erst wenn und nur soweit der Arbeitgeber Ergebnisse aus anderen Bereichen zur Grundlage seiner Personalplanung macht, hat er auch über diese Ergebnisse den Betriebsrat im Rahmen des § 92 zu unterrichten (*BAG* 19.06.1984 EzA § 92 BetrVG 1972 Nr. 1 = AP Nr. 2 zu § 92 BetrVG 1972 unter B II 1b; *Rumpff/Boewer* Mitbestimmung, E Rn. 24; **a. M.** *Hunold* DB 1989, 1334 [1335]; vgl. auch Rdn. 22, 26).

Nicht in den Bereich des § 92 fällt eine Planung, die sich auf **einzelne Arbeitnehmer** bezieht, sei es 10 dass es um ihre Einstellung oder Versetzung, um ihre berufliche Entwicklung, sei es um ihren konkreten Arbeitseinsatz geht. Hierbei handelt es sich um personelle Einzelmaßnahmen, die nur soweit der Mitbestimmung unterliegen, als § 99 dies vorsieht (*BAG* 27.10.2010 EzA § 99 BetrVG 2001 Einstellung Nr. 15 Rn. 33 = AP Nr. 133 zu § 99 BetrVG 1972; *Eylert/Waskow*/NK-GA § 92 Rn. 4; *Fitting* § 92 Rn. 17 a. E.; *Galperin/Löwisch* § 92 Rn. 9; *Rose/HWGNRH* § 92 Rn. 62; **a. M.** *Rumpff/Boewer* Mitbestimmung, E Rn. 34).

Nicht unter § 92 fällt auch eine Planung in Bezug auf die **Beschäftigungsbedingungen**, etwa die 11 Arbeitszeit, das Entgelt, die Gestaltung der Arbeitsplätze. Diese Fragen gehören entweder in den Rahmen der §§ 87, 88 oder der §§ 90, 91 (*Galperin/Löwisch* § 92 Rn. 9; *Rose/HWGNRH* § 92 Rn. 63; **a. M.** *Dedering* Personalplanung, S. 159 ff.; *Rumpff/Boewer* Mitbestimmung, E Rn. 35).

Geht man vom Zweck des § 92 aus (s. Rdn. 8), so **gehört zur Personalplanung** jede abstrakte Pla- 12 nung, die sich auf den gegenwärtigen und künftigen Personalbedarf in quantitativer und qualitativer Hinsicht, auf dessen Deckung im weitesten Sinne und auf den abstrakten Einsatz der personellen Kapazität bezieht. Personalplanung umfasst daher jedenfalls die Personalbedarfsplanung, die Personaldeckungsplanung, die Personalentwicklungsplanung und die Personaleinsatzplanung (*BAG* 06.11.1990 EzA § 92 BetrVG 1972 Nr. 2 = AP Nr. 3 zu § 92 BetrVG 1972 unter B II 2a; 23.03.2010 EzA § 80 BetrVG 2001 Nr. 12 Rn. 23; 08.11.2016 EzA § 92 BetrVG 2001 Nr. 4 zu § 92 BetrVG 1972 Rn. 13; *Eylert/Waskow*/NK-GA § 92 Rn. 3 f.; *Fitting* § 92 Rn. 9; *Galperin/Löwisch* § 92 Rn. 5 ff.; *Homburg/DKKW* § 92 Rn. 15 ff.; *Rehhahn* AuR 1974, 65; *Richardi/Thüsing* § 92 Rn. 6 ff.; **a. M.** *Frey* BB 1973, 388 [391], der nur die quantitative Personalplanung darunter versteht). Ein unterschiedlicher Inhalt des Begriffs Personalplanung in Abs. 1 und 2 ist dem Gesetz nicht zu entnehmen. Der Unterschied zwischen den beiden Absätzen besteht nur darin, dass Abs. 1 eine Informationspflicht bezüglich einer bestehenden Personalplanung statuiert (s. Rdn. 21 ff.), während Abs. 2 dem Betriebsrat das Recht einräumt, die Einführung einer Personalplanung, soweit eine solche nicht vorhanden ist, vorzuschlagen. Dass er dabei auch Vorschläge über die Durchführung der Personalplanung machen kann, ist selbstverständlich (s. Rdn. 37 ff.). Für die einzelnen Bereiche der Personalplanung i. S. d. § 92 gilt Folgendes:

Notwendiger Bestandteil und Ausgangspunkt jeder Personalplanung ist die **Personalbedarfspla-** 13 **nung**. Hierunter versteht man die Ermittlung des gegenwärtigen und künftigen Bedarfs an Arbeitskräften in quantitativer und qualitativer Hinsicht. Hierzu gehört u. a. auch die Erstellung von Anforderungsprofilen (*BAG* 31.05.1983 EzA § 95 BetrVG 1972 Nr. 6 = AP Nr. 2 zu § 95 BetrVG 1972 unter B II 1) und Stellenbeschreibungen (*BAG* 31.01.1984 EzA § 95 BetrVG 1972 Nr. 7 = AP Nr. 3 zu § 95 BetrVG 1972 unter B II 1; 14.01.2014 EzA § 94 BetrVG 2001 Nr. 1 Rn. 15; *Richardi/Thüsing*

§ 92 Rn. 7). **Stellenbeschreibungen** legen die Funktion eines bestimmten Arbeitsplatzes im Gefüge der betrieblichen Organisation fest, definieren also die Aufgaben und Kompetenzen, die auf der Stelle gefordert sind, und umreißen in abstrakter Form die Tätigkeiten, die auf dieser Stelle auszuführen sind (*BAG* 14.01.2014 EzA § 94 BetrVG 2001 Nr. 1 Rn. 15). **Anforderungsprofile** beschreiben hingegen die fachlichen, persönlichen und sonstigen Voraussetzungen, die ein Stelleninhaber erfüllen soll, um die dem Arbeitsplatz durch die Stellenbeschreibung zugewiesene Aufgabe erfüllen zu können (*BAG* 31.05.1983 EzA § 95 BetrVG 1972 Nr. 6 unter B II 1). In der betrieblichen Praxis lassen sich beide zwar nicht streng auseinanderhalten. Doch unterscheiden sie sich insofern, als Stellenbeschreibungen eher die Arbeitsaufgabe umschreiben, die auf der Stelle zu erfüllen ist, während Anforderungsprofile eher die (gewünschte) persönliche und fachliche Qualifikation des Stelleninhabers festlegen. Aus beidem ergeben sich jedoch quantitative und qualitative Vorgaben für die Personalbedarfsplanung.

14 Ebenfalls erfasst ist die **Personaldeckungsplanung**. Gemeint sind damit die Überlegungen, durch welche Maßnahmen der ermittelte Bedarf an Arbeitnehmern gedeckt werden kann. Je nachdem, ob in Zukunft von einem steigenden, gleich bleibenden oder sinkenden Personalbedarf auszugehen ist, können dies Maßnahmen der Personalbeschaffung oder auch des Personalabbaus sein (vgl. *Fitting* § 92 Rn. 13 f. [Personalbeschaffung], Rn. 18 [Personalabbau]; *Galperin/Löwisch* § 92 Rn. 7; *Richardi/Thüsing* § 92 Rn. 8 ff.). Bei der Personalbeschaffung geht es in erster Linie um die Einstellung neuer, bisher nicht im Betrieb beschäftigter Arbeitnehmer. Der Personalabbau kann sich einmal im Wege der Entlassung aktuell beschäftigter Arbeitnehmer vollziehen, wobei unter »Entlassung« wie in § 112a Abs. 1 die vom Arbeitgeber initiierte Beendigung der Beschäftigung betriebsangehöriger Arbeitnehmer zu verstehen ist ohne Rücksicht darauf, in welchen rechtlichen Formen sich diese vollzieht (betriebsbedingte Kündigung, Aufhebungsvertrag, Eigenkündigung der Arbeitnehmer). Hier tritt also die Beteiligung des Betriebsrats im Rahmen der Personalplanung neben ein etwa nach §§ 111, 112 bestehendes Beteiligungsrecht. Der Personalabbau kann aber auch dadurch erfolgen, dass durch die reguläre Fluktuation frei werdende Stellen ganz oder zum Teil nicht neu besetzt werden. Geschieht dies planmäßig, so handelt es sich ebenfalls um Personalplanung i. S. d. Vorschrift. Gleiches gilt für die Planung der Einführung von bestimmten **Verfahren zur Personalauswahl**. Auch sie sind Teil der Personaldeckungsplanung, da sie die Art und Weise der Gewinnung neuen Personals betreffen. Deshalb erstrecken sich die Unterrichtungspflicht nach Abs. 1 und das Vorschlagsrecht nach Abs. 2 auch auf solche Maßnahmen (vgl. etwa *Stubbe* Assessment Center, S. 223 f.).

15 Nicht erforderlich ist, dass der Arbeitgeber den Personalbedarf ausschließlich durch (eigene) Arbeitnehmer abzudecken beabsichtigt. Dies hat der Gesetzgeber nunmehr durch den Zusatz klargestellt, dass zu den personellen Maßnahmen, die sich aus der Personalplanung ergeben können, auch die geplante Beschäftigung von Personen zählt, die **nicht in einem Arbeitsverhältnis zu dem Arbeitgeber**, d. h. dem Betriebsinhaber, stehen (s. Rdn. 1). Damit wird einmal die Beschäftigung von Personen erfasst, die nicht im Rahmen eines Arbeitsverhältnisses, sondern eines sonstigen Rechtsverhältnisses erfolgt. Daher gehören auch Überlegungen über die Beschäftigung von freien Mitarbeitern im Rahmen eines selbständigen Dienstvertrages (*BAG* 15.12.1998 EzA § 80 BetrVG 1972 Nr. 43 = AP Nr. 56 zu § 80 BetrVG 1972 unter B II 2 c), zum Einsatz von sog. Ein-Euro-Jobbern (hierzu *Engels* NZA 2007, 8 [9 f.]; *ders.* FS *Richardi*, S. 519 [522 f.]) oder von Freiwilligen im Rahmen des Bundesfreiwilligendienstes (*Fitting* § 92 Rn. 34; *Leube* ZTR 2012, 207 [209]) zur Personalplanung. Die Vorschrift findet aber auch dann Anwendung, wenn Personen in dem Betrieb beschäftigt werden, die in keinerlei vertraglicher Beziehung zu dem Betriebsinhaber stehen. Dies hat vor allem Bedeutung für den **Einsatz von Leiharbeitnehmern oder von Fremdfirmen**. Mit der Gesetzesänderung sollte sichergestellt werden, dass der Betriebsrat auch dann zu beteiligen ist, wenn der Arbeitgeber plant, den Beschäftigungsbedarf durch Leiharbeitnehmer zu decken oder bestimmte Aufgaben von Fremdfirmen im Rahmen eines mit diesen geschlossenen Dienst- oder Werkvertrages erledigen zu lassen (RegE BT-Drucks. 18/9232, S. 32). Dies entsprach bereits zuvor der ganz h. M. (*BAG* 31.01.1989 EzA § 80 Nr. 34 BetrVG 1972 = AP Nr. 33 zu § 80 BetrVG 1972 unter B II 2; *Boemke/Lembke* AÜG, § 14 Rn. 139; *Fitting* § 92 Rn. 14; *Jedzig* DB 1989, 978 [980]; *Schüren/Hamann* AÜG, § 14 Rn. 307; **a. M.** *Hunold* DB 1989, 1334 [1335]). Dahinter steht die zutreffende Erwägung, dass es im Hinblick auf die Auswirkungen auf die vom Betriebsrat repräsentierten, bereits im Betrieb beschäftigten Arbeitnehmer ohne Bedeutung ist, auf welche Weise der Arbeitgeber den bestehenden Per-

sonalbedarf befriedigt. Sowohl bei Neueinstellung eigener Arbeitnehmer als auch bei der Beschäftigung externen Personals kann es dazu kommen, dass Arbeitnehmer entlassen oder auf einen anderen Arbeitsplatz in demselben oder einem anderen Betrieb versetzt werden oder sonstige Nachteile erleiden. Dass der Betriebsrat hierauf bereits möglichst frühzeitig, also schon in der Planungsphase, Einfluss nehmen kann, ist gerade der Sinn des Beteiligungsrechts (s. Rdn. 2 f.). Andererseits bedeutet die Ergänzung nicht, dass nunmehr jede Planung, die eine Beauftragung externer Dienstleister vorsieht, als Teil der Personalplanung anzusehen wäre. Nach Sinn und Zweck kann von »Beschäftigung von Personen« nur dann die Rede sein, wenn diese Personen Arbeitsaufgaben im Rahmen des arbeitstechnischen Zweckes des Betriebs übernehmen und damit einen Teil der Wertschöpfungskette bilden, in die auch die Arbeitnehmer des Betriebs mit ihrer Arbeitsleistung eingebunden sind (ähnlich *Deinert* RdA 2017, 65 [81]). Dies ist nicht der Fall, wenn der Arbeitgeber einen Bauvertrag über die Errichtung eines neuen Betriebsgebäudes schließt oder ein fachwissenschaftliches oder technisches Gutachten in Auftrag gibt.

Zur Personalplanung gehört auch die **Personalentwicklungsplanung**, die letztlich ein Aspekt der Personaldeckungsplanung ist (*Fitting* § 92 Rn. 15; *Galperin/Löwisch* § 92 Rn. 8; *Homburg/DKKW* § 92 Rn. 29 ff.; *Richardi/Thüsing* § 92 Rn. 12). Insoweit geht es um die Frage, ob es zur Deckung eines konkreten gegenwärtigen oder zukünftigen Personalbedarfs erforderlich ist, das bestehende Personal »zu entwickeln«, d. h. sich auf neue äußere Arbeitsbedingungen einzustellen oder geänderten Anforderungen an die beruflichen Kenntnisse und Fertigkeiten gerecht zu werden. Im Mittelpunkt stehen daher die Planungen im Hinblick auf innerbetriebliche Maßnahmen der Berufsausbildung, der beruflichen Fortbildung oder Umschulung in Bezug auf die vorhandenen Arbeitnehmer. Bei Durchführung des Planes greifen dann die §§ 96 ff. ein. Maßnahmen, die Arbeitnehmern die Qualifikation für die Position eines leitenden Angestellten verschaffen sollen, gehören ebenfalls hierzu (s. Rdn. 5). **16**

Von der Personalplanung umfasst ist schließlich die **Personaleinsatzplanung**, d. h. die Planung, wo und wie die Arbeitnehmer im Betrieb eingesetzt werden sollen (*Fitting* § 92 Rn. 17; *Richardi/Thüsing* § 92 Rn. 13). Dabei ist allerdings zu beachten, dass die Planung des konkreten Arbeitseinsatzes einzelner Arbeitnehmer und ihre Einarbeitung am neuen Arbeitsplatz nicht unter § 92 fällt (s. Rdn. 10; *LAG Berlin* 13.06.1988 LAGE § 92 BetrVG 1972 Nr. 2 unter II B 1; *Fitting* § 92 Rn. 17 a. E.; *Galperin/Löwisch* § 92 Rn. 9; *Rose/HWGNRH* § 92 Rn. 62; *Stege/Weinspach/Schiefer* § 92 Rn. 119; **a. M.** *Rumpff/Boewer* Mitbestimmung, E Rn. 34; bezüglich der Einarbeitung offenbar auch *Homburg/DKKW* § 92 Rn. 27). Dagegen fällt die Aufstellung eines **Vertretungsplans**, mit dem abstrakt festgelegt werden soll, welcher Arbeitnehmer – etwa bei krankheits- oder urlaubsbedingter Abwesenheit – von welchem Kollegen vertreten wird, unter die Personaleinsatzplanung (*Neufeld/Schumacher* AuA 2014, 144 [146]). **17**

Teilweise wird auch die sog. **Kontrollplanung** zur Personalplanung i. S. v. § 92 gerechnet (*Fitting* § 92 Rn. 10; *Homburg/DKKW* § 92 Rn. 41; *Richardi/Thüsing* § 92 Rn. 14). Sicher kann sich eine Kontrollplanung auf die betriebliche Personalplanung beziehen; eine Unterrichtungs- oder Beratungspflicht des Arbeitgebers gegenüber dem Betriebsrat besteht insoweit aber nicht. Es geht bei der Kontrollplanung letztlich nur um die Planung einer Erfolgskontrolle über die mit der Durchführung der Maßnahmen betrauten Arbeitnehmer (*Hunold* DB 1976, 98 [100]). Personelle Einzelmaßnahmen, die ein Mitbestimmungsrecht des Betriebsrats auslösen könnten, resultieren aus der Kontrollplanung nicht, sodass sie von § 92, von dessen Sinn und Zweck her gesehen (s. Rdn. 2 f., 8 sowie *Heinze* Personalplanung, Rn. 37 a. E.), nicht erfasst werden (ebenso *Rose/HWGNRH* § 92 Rn. 64). **18**

Gleiches gilt für die **Personalkostenplanung**, die zwar eine Folge der Personalplanung ist, aber nicht zu ihr selbst gehört (*Hunold* DB 1976, 98 [100]; *Matthes*/MünchArbR 2. Aufl., § 346 Rn. 5; *Rose/HWGNRH* § 92 Rn. 65; **a. M.** *Eylert/Waskow*/NK-GA § 92 Rn. 3; *Fitting* § 92 Rn. 20; *Homburg/DKKW* § 92 Rn. 33; *Kania*/ErfK § 92 BetrVG Rn. 5; **differenzierend** *Richardi/Thüsing* § 92 Rn. 15). **19**

Nicht von § 92 erfasst wird auch die Planung der **Personalorganisation**, gleichgültig, ob man darunter die Organisation des Personalwesens oder die innere (hierarchische) Struktur des im Betrieb vorhandenen Personals versteht (*LAG Berlin* 13.06.1988 LAGE § 92 BetrVG 1972 Nr. 2 unter II B 2; einschränkend *Hunold* DB 1989, 1334 [1336]). In beiden Fällen geht es um unternehmerische Ent- **20**

scheidungen, aus denen unmittelbar keine mitbestimmungspflichtigen Einzelmaßnahmen folgen. Eine Unterrichtungspflicht kann sich in diesem Bereich aber aus § 106 Abs. 3 Nr. 9 gegenüber dem Wirtschaftsausschuss und aus § 111 Satz 3 Nr. 4 gegenüber dem Betriebsrat ergeben. Die Planung des **Personalinformationssystems** selbst ist nicht Bestandteil der Personalplanung (*Richardi/Thüsing* § 92 Rn. 16; *Rose/HWGNRH* § 92 Rn. 66; *Rumpff/Boewer* Mitbestimmung, E Rn. 36; **a. M.** *Fitting* § 92 Rn. 24 f.). Solche Systeme dienen der Durchführung der Personalplanung. Deshalb ist nur ihr Einsatz, nicht dagegen die Vorbereitung ihrer Einführung von § 92 erfasst.

3. Unterrichtungspflicht (Abs. 1 Satz 1)

a) Bestehen einer Personalplanung

21 Der Betriebsrat ist über die Personalplanung zu unterrichten. Die Unterrichtungspflicht besteht **nur, wenn und soweit** eine **Personalplanung vorhanden** ist. Fehlt sie, so kann sie nicht erzwungen werden; dem Betriebsrat steht insoweit nur ein Vorschlagsrecht nach Abs. 2 zu (h. M.; vgl. *Eylert/Waskow/ NK-GA* § 92 Rn. 7; *Fitting* § 92 Rn. 21; *Heinze* Personalplanung, Rn. 40; *Richardi/Thüsing* § 92 Rn. 43 f.; *Rumpff/Boewer* Mitbestimmung, E Rn. 57). Für das Vorliegen einer Personalplanung ist **nicht erforderlich**, dass diese **systematisch und nach anerkannten wissenschaftlichen Methoden** durchgeführt wird; es genügt, wenn konkrete Vorstellungen über einen der oben (Rdn. 13 bis 17) genannten Gegenstände entwickelt und zur Basis unternehmerischen Handelns im Personalbereich gemacht werden, auch wenn dies »**intuitiv**« erfolgt (*LAG Berlin* 13.06.1988 LAGE § 92 BetrVG 1972 Nr. 2 unter II B 2; *Fitting* § 92 Rn. 10; *Galperin/Löwisch* § 92 Rn. 10; *Hunold* DB 1989, 1334; *Richardi/Thüsing* § 92 Rn. 18, 24; ähnlich *OLG Hamm* 07.12.1977 DB 1978, 748; enger *Meisel* Mitwirkung, Rn. 109). Die Unterrichtungspflicht entsteht immer dann, wenn der Arbeitgeber allgemeine Erwägungen über den Personalbedarf und dessen Deckung (etwa durch Neueinstellung, Versetzung, Übernahme von Auszubildenden, Fortbildung von Arbeitnehmern oder Beschäftigung von Leiharbeitnehmern) anstellt. Unerheblich ist auch, über welchen Zeitraum die Planung sich erstreckt, ob es sich also um kurz-, mittel- oder langfristig angelegte Überlegungen handelt (*LAG Berlin* 13.06.1988 LAGE § 92 BetrVG 1972 Nr. 2 unter II B 2; *Fitting* § 92 Rn. 10; *Homburg/DKKW* § 92 Rn. 15; *Rumpff/Boewer* Mitbestimmung, E Rn. 38).

b) Gegenstand

22 Planung setzt eine weitgehende Konkretisierung der beabsichtigten Änderungen und Maßnahmen voraus. Die eigentliche Personalplanung ist daher abzugrenzen von ihrem **Vorstadium**. Dem Vorstadium der Planung ist es zuzurechnen, wenn der Arbeitgeber lediglich Handlungsspielräume ausloten und die Möglichkeiten einer künftigen Personalplanung (z. B. einer Personalreduzierung oder -erweiterung) erkunden will (*BAG* 19.06.1984 EzA § 92 BetrVG 1972 Nr. 1 = AP Nr. 2 zu § 92 BetrVG 1972 unter B II 1a; 27.06.1989 EzA § 80 BetrVG 1972 Nr. 37 = AP Nr. 37 zu § 80 BetrVG 1972 unter B 2; 06.11.1990 EzA § 92 BetrVG 1972 Nr. 2 = AP Nr. 3 zu § 92 BetrVG 1972 = SAE 1992, 1 [zust. *Kraft/Raab*] unter B II 2b aa; *Fitting* § 92 Rn. 27; *Richardi/Thüsing* § 92 Rn. 26; *Rose/HWGNRH* § 92 Rn. 68; krit. hierzu *Schulze-Doll/HaKo* § 92 Rn. 16; zur Frage, inwieweit das »Talent Management« als Personalplanung anzusehen ist, *Kort* NZA 2015, 520 [523]). Eine Unterrichtungspflicht besteht folglich noch nicht, wenn der Arbeitgeber eine Untersuchung über die Wirtschaftlichkeit und Effizienz der Arbeitsabläufe in einer Abteilung durchführen lässt. Dabei handelt es sich noch nicht um Personalplanung. Erst wenn der Arbeitgeber die Untersuchung zum Anlass nehmen will, Personal zu reduzieren, muss er den Betriebsrat unterrichten und diesem dann auch den Untersuchungsbericht vorlegen (*BAG* 19.06.1984 EzA § 92 BetrVG 1972 Nr. 1 = AP Nr. 2 zu § 92 BetrVG 1972). Umgekehrt entfällt eine Unterrichtungspflicht, wenn der Arbeitgeber **Planungen endgültig wieder aufgegeben** hat, selbst wenn diese zwischenzeitlich das Vorstadium verlassen hatten (*LAG Mecklenburg-Vorpommern* 17.01.2006 – 5 TaBV 3/05 – juris). Hat der Arbeitgeber bereits konkrete Vorstellungen zum zukünftigen Personalbedarf entwickelt, so handelt es sich andererseits auch dann um Personalplanung, wenn die Umsetzung vom Eintritt weiterer Voraussetzungen abhängig ist. Stellt etwa eine Behörde einen Stellenplan für ein geplantes Projekt auf, der im Rahmen eines Antrages auf Gewährung öffentlicher Zuschüsse zur Darlegung des mit dem Projekt verbundenen Personalbedarfs vorgelegt werden soll, so ist der Stellenplan Teil der Personalbedarfsplanung, auch wenn das Projekt nur bei Be-

willigung des Zuschusses durchgeführt werden soll (*BAG* 06.11.1990 EzA § 92 BetrVG 1972 Nr. 2 = AP Nr. 3 zu § 92 BetrVG 1972 = SAE 1992, 1 [zust. *Kraft/Raab*]).

Planung besteht in einer gedanklichen Tätigkeit, mit der bestimmte Ziele gesetzt und Ideen zu deren Umsetzung entwickelt werden. Planung ist folglich ein Prozess der Meinungs- und Willensbildung. Am Ende einer erfolgreichen Planung steht ein Plan, der den Weg zur Umsetzung der gesteckten Ziele beschreibt (vgl. auch *Weber* § 90 Rdn. 4). Da sich die Unterrichtungspflicht auf die Personalplanung und nicht auf den fertigen Plan bezieht und dem Betriebsrat hiermit Gelegenheit gegeben werden soll, auf den Willensbildungsprozess des Arbeitgebers Einfluss zu nehmen (s. Rdn. 8), ist der Betriebsrat bereits während der Phase der Entscheidungsfindung zu beteiligen (*Fitting* § 92 Rn. 26; *Homburg/DKKW* § 92 Rn. 39; *Kaiser/LK* § 92 Rn. 8; *Richardi/Thüsing* § 92 Rn. 25; **a. M.** *Heinze* Personalplanung, Rn. 44; *Kraft* 7. Aufl., § 92 Rn. 22; *Rose/HWGNRH* § 92 Rn. 68 f.; wohl auch *Stege/Weinspach/Schiefer* § 92 Rn. 13). Hierfür spricht auch die Unterscheidung zwischen dem Unterrichtungsrecht in Abs. 1 Satz 1 und dem Beratungsrecht in Abs. 1 Satz 2. § 92 weist eine ähnliche Struktur auf wie § 90. In beiden Fällen sieht das Gesetz ein zeitlich gestaffeltes Beteiligungsverfahren vor. Der Beratungsanspruch ist dabei dem Unterrichtungsanspruch nachgeschaltet, entsteht also erst, wenn die Planung abgeschlossen ist und feststeht, ob und wenn ja welche konkreten personellen Maßnahmen sich hieraus ergeben (vgl. auch *BAG* 06.11.1990 EzA § 92 BetrVG 1972 Nr. 2 = AP Nr. 3 zu § 92 BetrVG 1972 unter B II 3b; zur analogen Problematik bei § 90 s. *Weber* § 90 Rdn. 5). Mit dieser gestuften Beteiligung wäre es nicht vereinbar, wenn die Unterrichtungspflicht erst mit dem Abschluss der Planungen einsetzen würde, weil dann Unterrichtungs- und Beratungsanspruch zumeist zeitlich zusammenfielen.

c) Zeitpunkt

Der Betriebsrat ist »**rechtzeitig**« zu unterrichten. »Rechtzeitig« bedeutet, dass die Unterrichtung zu einem Zeitpunkt zu erfolgen hat, in dem der Betriebsrat auf die Entscheidungsfindung noch Einfluss nehmen kann (*Fitting* § 92 Rn. 28; *Matthes*/MünchArbR § 256 Rn. 8; *Richardi/Thüsing* § 92 Rn. 25; *Ricken/HWK* § 92 BetrVG Rn. 11). Auch wenn der Betriebsrat bereits während der Planungsphase zu beteiligen ist, wird die Unterrichtungspflicht aber nicht notwendigerweise mit Beginn der Planungen ausgelöst. Die Unterrichtung setzt nämlich voraus, dass sich die Planungen des Arbeitgebers bereits soweit konkretisiert haben, dass das Ergebnis und die hieraus resultierenden Maßnahmen wenigstens in Umrissen erkennbar sind.

Die ordnungsgemäße Beteiligung des Betriebsrats am Planungsprozess erfordert es im Regelfall, dass der Betriebsrat über den **jeweiligen Stand der Planungen** unterrichtet wird. Geht der Arbeitgeber nach systematisch-wissenschaftlichen Methoden vor, so ist der Betriebsrat über die einzelnen Planungsschritte sowie über den Eintritt in eine neue Planungsphase zu informieren (*Eylert/Waskow/* NK-GA § 92 Rn. 9; *Fitting* § 92 Rn. 29; *Matthes*/MünchArbR § 256 Rn. 9). Liegen der Planung keine systematischen Vorüberlegungen zugrunde, so ist die Unterscheidung der Planungsphasen schwierig. Spätestens wenn der Arbeitgeber beabsichtigt, eine endgültige Entscheidung über die Planung zu treffen, muss er aber den Betriebsrat über den Stand seiner Überlegungen unterrichten. Darüber hinaus ist der Betriebsrat von jeder **Änderung** einer Personalplanung in Kenntnis zu setzen. Dies gilt sowohl für Änderungen während des Planungsprozesses als auch für Änderungen einer bestehenden Personalplanung nach Abschluss eines Beteiligungsverfahrens. Sofern dies ohne Gefährdung der Zwecksetzung des Beteiligungsrechtes (s. Rdn. 8) möglich ist, kann die Unterrichtung auch im Rahmen der regelmäßigen Besprechungen von Arbeitgeber und Betriebsrat (§ 74 Abs. 1 Satz 1) erfolgen (*Fitting* § 92 Rn. 30).

d) Art und Umfang

Der Arbeitgeber hat den Betriebsrat »**umfassend**« zu unterrichten. Hierfür muss der Arbeitgeber dem Betriebsrat alle Tatsachen bekannt geben, auf die er die jeweilige Personalplanung stützt (*BAG* 19.06.1984 EzA § 92 BetrVG 1972 Nr. 1 = AP Nr. 2 zu § 92 BetrVG 1972 unter B II 1a; *Fitting* § 92 Rn. 31; *Homburg/DKKW* § 92 Rn. 44; *Richardi/Thüsing* § 92 Rn. 29; *Rose/HWGNRH* § 92 Rn. 81). Hierzu zählen sämtliche personalrelevanten Daten und Statistiken (z. B. Stellenpläne oder statistische Angaben über Krankheitszeiten, Arbeitsunfälle, Qualifikation der Arbeitnehmer oder Fluktuation im Betrieb; vgl. etwa *LAG Niedersachsen* 04.06.2007 – 12 TaBV 56/06 – juris [Personalstatistik zum Zwecke des Abgleichs des personellen Ist- und Soll-Bestandes]). Die Informationspflicht kann sich aber auch auf Planungsdaten erstrecken, die in anderem Zusammenhang erhoben oder festgestellt worden sind. Zu denken ist an Absatzprognosen, Rationalisierungsvorschläge oder Produktions- und Investitionsentscheidungen (*BAG* 19.06.1984 EzA § 92 BetrVG 1972 Nr. 1 = AP Nr. 2 zu § 92 BetrVG 1972 *[Kraft]* unter B II 1a). Die Mitteilungspflicht beschränkt sich aber zum einen auf die dem Arbeitgeber **bekannten und zugänglichen Daten.** Aus Abs. 1 Satz 1 ergibt sich daher kein Anspruch auf Erhebung von Daten oder Erstellung von Statistiken, die bisher nicht existieren (vgl. auch Rdn. 30). Zum anderen sind sowohl die personalrelevanten als auch die in anderem Zusammenhang erhobenen Daten nur dann mitzuteilen, wenn und soweit der Arbeitgeber diese zur Grundlage seiner Personalplanung macht (ebenso *Richardi/Thüsing* § 92 Rn. 29). Das Gesetz verpflichtet nicht zu umfassender Unterrichtung des Betriebsrats über wirtschaftliche Angelegenheiten, wie § 106 Abs. 2 dies gegenüber dem Wirtschaftsausschuss vorschreibt, sondern nur zur umfassenden Unterrichtung über die Personalplanung. Die Aussage des *BAG*, dass die Personalplanung nicht losgelöst von anderen wirtschaftlichen Planungen des Arbeitgebers gesehen werden dürfe, vielmehr zwischen allen Planungen ein innerer Zusammenhang bestehe (*BAG* 19.06.1984 EzA § 92 BetrVG 1972 Nr. 1 = AP Nr. 2 zu § 92 BetrVG 1972 unter B II 1a [insow. krit. *Kraft*]; zust. *Fitting* § 92 Rn. 31; *Homburg/DKKW* § 92 Rn. 44), ist zumindest missverständlich. Dieser Zusammenhang besteht nicht automatisch, sondern er kann allenfalls durch die planerische Gestaltung des Arbeitgebers hergestellt werden. Es genügt also nicht, dass die für die Unternehmensplanung relevanten Daten potentiell Auswirkungen auf die Personalplanung haben können. Zu personalrelevanten Daten werden diese vielmehr erst, wenn der Arbeitgeber hieraus Konsequenzen für die Personalpolitik ziehen will.

27 Die Unterrichtung muss sich auf die Planung für den **gesamten Betrieb** und für alle dort tätigen Gruppen von Arbeitnehmern mit Ausnahme der leitenden Angestellten (vgl. aber Rdn. 5) erstrecken. Besteht das Unternehmen aus **mehreren Betrieben**, so bezieht sich die Unterrichtungspflicht auf die Planung für den konkret betroffenen Betrieb und nicht auf diejenige für das Gesamtunternehmen. Sofern eine betriebsübergreifende Planung besteht, kommt aber eine Zuständigkeit des Gesamtbetriebsrats in Betracht (s. Rdn. 32).

28 Die Unterrichtung hat »**anhand von Unterlagen**« zu erfolgen. Dem Betriebsrat soll hierdurch Gelegenheit gegeben werden, sich ein eigenes Bild vom Stand der Personalplanung zu machen. Gleichzeitig soll damit eine Grundlage für die nach Abs. 1 Satz 2 durchzuführende Beratung geschaffen werden. Es genügt daher nicht, dass sich der Arbeitgeber zur Erläuterung seiner Planung der vorhandenen Unterlagen bedient (so wohl *Peltzer* DB 1972, 1164). Vielmehr muss der Arbeitgeber dem Betriebsrat **Einsicht in sämtliche Unterlagen gewähren**, auf die er seine Personalplanung stützt (h. M. *Galperin/Löwisch* § 92 Rn. 13b; *Heinze* Personalplanung, Rn. 43; *Matthes/* MünchArbR § 256 Rn. 10; *Richardi/Thüsing* § 92 Rn. 30 f.; *Rose/HWGNRH* § 92 Rn. 83 f.; *Stege/Weinspach/Schiefer* § 92 Rn. 15b). Dagegen besteht **keine Verpflichtung** des Arbeitgebers, dem Betriebsrat die Unterlagen **auszuhändigen** und zum Zwecke der Einsichtnahme zu überlassen (*Kaiser/LK* § 92 Rn. 9; *Kania/* ErfK § 92 BetrVG Rn. 7; *Richardi/Thüsing* § 92 Rn. 32; *Ricken/HWK* § 92 BetrVG Rn. 14; *Rose/ HWGNRH* § 92 Rn. 85 f.; **a. M.** *Eylert/Waskow/*NK-GA § 92 Rn. 12; *Fitting* § 92 Rn. 34a; *Homburg/DKKW* § 92 Rn. 43; *Hunold* NZA 1990, 463; *Jedzig* DB 1989, 978; *Matthes/* MünchArbR § 256 Rn. 10; differenzierend *LAG München* 06.08.1986 LAGE § 92 BetrVG 1972 Nr. 1: »Wenn nur auf diese Art und Weise dem Beratungsrecht ... Rechnung getragen werden kann«; zust. *Sächs. LAG* 09.12.2011 – 3 TaBV 25/10 – Rn. 111 ff., das allerdings im Regelfall die Aushändigung für erforderlich hält, sofern es sich nicht um sehr einfache Sachverhalte handelt; *Preis/WPK* § 92 Rn. 7). Dies ergibt sich aus einer systematisch-teleologischen Auslegung der Vorschrift. Das Gesetz bedient sich im Zusammenhang mit mitbestimmungsrelevanten Unterlagen einer differenzierten Terminologie. Teilweise spricht das Gesetz von »Zurverfügungstellen« (§ 80 Abs. 2 Satz 2 Halbs. 1), an anderer Stelle von der Berechtigung des Betriebsrats, »Einblick zu nehmen« (§ 80 Abs. 2 Satz 2 Halbs. 2) und schließlich von der Pflicht zur »Vorlage der erforderlichen Unterlagen« (§ 99 Abs. 1 Satz 1 Halbs. 1, § 106 Abs. 2). Die ersten beiden Fälle sind eindeutig. Hat der Arbeitgeber Unterlagen »zur Verfügung zu stellen«, so muss er diese dem Betriebsrat zumindest in Abschrift überlassen (*BAG* 03.12.1985 EzA § 99 BetrVG 1972 Nr. 46 = AP Nr. 29 zu § 99 BetrVG 1972 unter B II 1; vgl. auch *Weber* § 80 Rdn. 106). Hat der Arbeitgeber hingegen »Einblick« zu gewähren, so muss er lediglich die Möglichkeit eröffnen, die Un-

terlagen in Augenschein zu nehmen (*BAG* 15.06.1976 EzA § 80 BetrVG 1972 Nr. 14; 03.12.1981 EzA § 80 BetrVG 1972 Nr. 20 = AP Nr. 9, 17 zu § 80 BetrVG 1972; *Weber* § 80 Rdn. 122). Der Begriff »Vorlage« ist dagegen nicht so eindeutig. Nach Ansicht des *BAG* ist hierunter ebenfalls die Verpflichtung zur Aushändigung und Überlassung der Unterlagen zu verstehen (*BAG* 03.12.1985 EzA § 99 BetrVG 1972 Nr. 46 = AP Nr. 29 zu § 99 BetrVG 1972 unter B II 2; ebenso im Grundsatz für § 106 Abs. 2 *BAG* 20.11.1984 EzA § 106 BetrVG 1972 Nr. 6 = AP Nr. 3 zu § 106 BetrVG 1972 unter II 2b). Versucht man die Pflicht zur Unterrichtung »anhand von Unterlagen« in dieses System einzuordnen, so ist zunächst festzustellen, dass diese Wendung schon von der Wortbedeutung her nicht mit einer Vorlage, sondern allenfalls mit einer Einsichtnahme in die Unterlagen gleichzusetzen ist. Auch Sinn und Zweck der Vorschrift gebieten keine andere Auslegung. Die Regelung soll lediglich gewährleisten, dass der Betriebsrat den Stand der Planungen aufgrund eigener Anschauung nachvollziehen und sich vergewissern kann, dass die vom Arbeitgeber gemachten Angaben zutreffen (*BAG* 19.06.1984 EzA § 92 BetrVG 1972 Nr. 1 = AP Nr. 2 zu § 92 BetrVG 1972 unter B II 1a). Dagegen ist es im Rahmen der Unterrichtung über die Personalplanung – anders als im Falle des § 99 – nicht erforderlich, dass der Betriebsrat die Möglichkeit erhält, die Unterlagen eigenständig zu sichten und auf etwaige Einwände hin zu prüfen (zur abweichenden Interessenlage im Falle des § 99 vgl. *BAG* 03.12.1985 EzA § 99 BetrVG 1972 Nr. 46 = AP Nr. 29 zu § 99 BetrVG 1972 unter B II 2).

Da der Arbeitgeber nicht verpflichtet ist, die Unterlagen auszuhändigen, kann der Betriebsrat auch nicht verlangen, dass der Arbeitgeber ihm **Fotokopien** der Unterlagen **zur Verfügung stellt**. Ebenso wenig ist der Betriebsrat berechtigt, eigenhändig **Kopien oder Abschriften zu fertigen**, weil dies im Ergebnis einer Aushändigung gleich käme (*Sächs. LAG* 09.12.2011 – 3 TaBV 25/10 – Rn. 117; *Rose/HWGNRH* § 92 Rn. 86; ebenso zur Regelung des § 80 Abs. 2 Satz 2 Halbs. 2 *BAG* 03.12.1981 EzA § 80 BetrVG 1972 Nr. 20 = AP Nr. 17 zu § 80 BetrVG 1972 unter II 2). Der Betriebsrat ist vielmehr darauf beschränkt, sich während der Unterrichtung **Notizen** zu machen (*LAG München* 06.08.1986 LAGE § 92 BetrVG 1972 Nr. 1; *Eylert/Waskow/*NK-GA § 92 Rn. 12; *Ricken/HWK* § 92 BetrVG Rn. 14; vgl. auch *Weber* § 80 Rdn. 123). 29

Unterlagen sind sämtliche Dokumente, die Aufschluss über Inhalt und Stand der Planungen geben. Hierzu können nicht nur Urkunden, sondern auch Datenträger zählen (*Richardi/Thüsing* § 92 Rn. 30; *Ricken/HWK* § 92 BetrVG Rn. 13). Gedacht ist in diesem Zusammenhang etwa an einen Stellenplan (*BAG* 06.11.1990 EzA § 92 BetrVG 1972 Nr. 2 = AP Nr. 3 zu § 92 BetrVG 1972), an Pläne über die Ausweitung oder Reduzierung der Belegschaft, an Statistiken über Altersaufbau und Fluktuation der Belegschaft, an konkrete Pläne über betriebliche Fort- und Weiterbildung. Auch Unterlagen, die der Arbeitgeber durch Einsatz eines automatisierten Personalinformationssystems erhält bzw. jederzeit erhalten kann, gehören dazu (*Fitting* § 92 Rn. 25), nicht aber das Programm, mit dessen Hilfe er die Daten abruft (vgl. *Matthes/*MünchArbR 2. Aufl., § 346 Rn. 17; **a. M.** *Brill* BlStSozArbR 1978, 163 [165]; *Fitting* § 92 Rn. 24 f.). Wenn und soweit der Arbeitgeber eine elektronische Personalakte zur Personalplanung heranzieht, etwa für die Entscheidung, welche Arbeitnehmer an Weiterbildungsmaßnahmen teilnehmen sollen, gehört auch diese zu den Unterlagen, die Gegenstand der Unterrichtung sind (*Diller/Schuster* DB 2008, 929 [930]; zu den Grenzen der Informationspflicht s. *Weber* § 80 Rdn. 103; missverständlich insoweit *Fitting* § 92 Rn. 21, die sich gegen diese Ansicht mit der Begründung wenden, dass die technischen Hilfsmittel nicht der Mitbestimmung unterlägen; die Tatsache, dass der Arbeitgeber dem Betriebsrat von den technischen Hilfsmitteln Kenntnis geben muss, ist aber nicht mit einer Mitbestimmung über den Einsatz dieser Instrumente gleichzusetzen). 30

Voraussetzung für den Anspruch des Betriebsrats auf Einsichtnahme ist allerdings, dass der **Arbeitgeber für seine Planungen auf diesen Unterlagen aufbaut**. Hierfür ist nicht erforderlich, dass der Arbeitgeber diese Unterlagen ausschließlich zum Zweck der Personalplanung erstellt. Es genügt, wenn diese – neben anderen Zwecken – auch der Personalplanung dienen (*BAG* 08.11.2016 AP Nr. 4 zu § 92 BetrVG 1972 = JurionRS 2016, 33465, Rn. 13). Dagegen besteht kein Anspruch auf Einsichtnahme in Unterlagen über Daten, die der Arbeitgeber ausschließlich aus anderen Gründen erhebt, selbst wenn sich hieraus Rückschlüsse auf den Personalbedarf ziehen lassen (*BAG* 08.11.2016 AP Nr. 4 zu § 92 BetrVG 1972 = JurionRS 2016, 33465, Rn. 15: keine Pflicht zur Vorlage von Stichtagserhebungen über die Zahl der Patienten einer Klinik, wenn diese nur im Rahmen der Budgetverhandlungen mit den Kostenträgern Verwendung finden). Ebenso wenig vorzulegen sind Stellen- und 31

Stellenbesetzungspläne, die sich lediglich auf die Vergangenheit beziehen. Verlangt der Betriebsrat die Einsichtnahme in solche Unterlagen, so bedarf es konkreter Anhaltspunkte, dass diese ausnahmsweise auch für die künftige Personalplanung von Bedeutung sind (*Sächs. LAG* 09.12.2011 – 3 TaBV 25/10 – Rn. 93 f.). Das Recht zur Einsichtnahme bezieht sich zudem nur auf **vorhandene Unterlagen** (*Fitting* § 92 Rn. 31; *Richardi/Thüsing* § 92 Rn. 31). Ein Anspruch, nicht vorhandene Unterlagen zu erstellen oder ein Programm zu erarbeiten, mit dessen Hilfe Unterlagen erstellt werden können, besteht nicht.

e) Adressat

32 Zu unterrichten ist der **Betriebsrat als Gremium**. Soweit durch Tarifvertrag gemäß § 3 Abs. 1 Nr. 1 bis 3 besondere Organisationseinheiten gebildet worden sind, treten die dort gewählten Arbeitnehmervertretungen an dessen Stelle (vgl. § 3 Abs. 5). Der Betriebsrat kann die Aufgaben unter den Voraussetzungen des § 28 Abs. 1 auf einen **Ausschuss** übertragen. Möglich ist grundsätzlich auch die Errichtung eines **gemeinsamen Personalplanungsausschusses** nach § 28 Abs. 2 auf freiwilliger Basis (*Fitting* § 92 Rn. 22; *Richardi/Thüsing* § 92 Rn. 48). Soweit dieses Gremium nur über die Planung informiert wird und über geplante Maßnahmen berät, handelt es sich lediglich um eine Verlagerung des Beteiligungsrechtes auf ein anderes Gremium. Soll der gemeinsame Ausschuss die Personalplanung erarbeiten, soll sie also der Mitbestimmung des Betriebsrats unterworfen werden, so liegt sachlich eine Ausweitung des Mitbestimmungsrechtes vor, die, sofern man sie für zulässig hält (s. vor § 92 Rdn. 10 ff.), den Entscheidungsspielraum des Arbeitgebers einschränkt (krit. dazu auch *Stege/Weinspach/Schiefer* § 92 Rn. 17; vgl. auch *Fitting* § 92 Rn. 22; *Galperin/Löwisch* § 92 Rn. 4; *Richardi/Thüsing* § 92 Rn. 48). Eine Übertragung auf eine **Arbeitsgruppe** nach § 28a scheidet dagegen mangels Zusammenhang mit den von der Arbeitsgruppe zu erledigenden Tätigkeiten aus (s. § 28a Rdn. 35). Wird in einem Unternehmen eine Personalplanung **für mehrere Betriebe gemeinsam** durchgeführt, so ist, wenn nicht ein unternehmenseinheitlicher Betriebsrat nach § 3 Abs. 1 Nr. 1a besteht, der **Gesamtbetriebsrat** nach Abs. 1 zu beteiligen (*Fitting* § 92 Rn. 38; *Galperin/Löwisch* § 92 Rn. 3; *Homburg/DKKW* § 92 Rn. 49 f.; *Richardi/Thüsing* § 92 Rn. 45; *Stege/Weinspach/Schiefer* § 92 Rn. 4a). Die unternehmerische Entscheidung, die Planung betriebsübergreifend vorzunehmen, führt dazu, dass die einzelnen Betriebsräte die hiermit zusammenhängenden Beteiligungsrechte nicht wahrnehmen können (s. *Kreutz/Franzen* § 50 Rdn. 32). In diesen Fällen steht auch das Vorschlagsrecht nach Abs. 2 allein dem Gesamtbetriebsrat zu (**a. M.** *Fitting* § 92 Rn. 38). Dieses Vorschlagsrecht kann, wenn der Arbeitgeber sich zu einer strukturierten Planung entschlossen hat, nicht mehr das Ob, sondern nur noch das Wie der Planung betreffen. Modifikationen einer betriebsübergreifenden Planung können in ihren Auswirkungen aber typischerweise nicht auf einen einzelnen Betrieb beschränkt werden, sondern haben ihrerseits zwangsläufig Folgen für andere Betriebe. Ein Vorschlagsrecht der einzelnen Betriebsräte im Hinblick auf eine betriebsbezogene Planung kommt daher nur für andere, von der betriebsübergreifenden Planung nicht umfasste Aspekte der Personalplanung in Betracht. Entsprechendes gilt für eine Personalplanung **im Konzern** bezüglich der Zuständigkeit des **Konzernbetriebsrats** (§ 58).

4. Beratungspflicht (Abs. 1 Satz 2)

33 Der Arbeitgeber ist verpflichtet, **über Art und Umfang** der nach der Personalplanung **erforderlichen personellen Maßnahmen** mit dem Betriebsrat zu beraten. Das Beratungsrecht ist folglich **enger als das** von Abs. 1 Satz 1 eingeräumte **Informationsrecht**, da es sich nicht auf die Personalplanung insgesamt, sondern lediglich auf die aus der Personalplanung folgenden konkreten Maßnahmen bezieht (*BAG* 06.11.1990 EzA § 92 BetrVG 1972 Nr. 2 = AP Nr. 3 zu § 92 BetrVG 1972; *Kania*/ErfK § 92 BetrVG Rn. 9; *Matthes*/MünchArbR § 256 Rn. 13; *Preis/WPK* § 92 Rn. 8; *Richardi/Thüsing* § 92 Rn. 35; *Rose/HWGNRH* § 92 Rn. 93 f.). Diese Differenzierung zwischen dem Unterrichtungs- und dem Beratungsrecht ist keineswegs sinnwidrig (so aber *Fitting* § 92 Rn. 35; *Homburg/DKKW* § 92 Rn. 46; *Schulze/Doll*/HaKo § 92 Rn. 19). Sinn und Zweck des Beratungsanspruches ist, dass der Betriebsrat Gelegenheit erhält, durch Einwirken auf die Entscheidungsfindung des Arbeitgebers bereits im Vorfeld Nachteile für die Arbeitnehmer weitgehend zu vermeiden. Dies setzt aber voraus, dass bereits erkennbar ist, mit welcher Art von Maßnahmen die Personalpolitik umgesetzt wer-

Personalplanung **§ 92**

den soll (*Kraft/Raab* SAE 1992, 7 [8]). Eine Einschränkung des Beratungsrechtes verstößt auch nicht gegen »die übergreifenden Grundsätze der §§ 74 Abs. 1, 75, 80 Abs. 1 Nr. 2, 4 und 7« (so aber *Fitting* § 92 Rn. 35). § 92 Abs. 1 Satz 2 regelt Gegenstand und Umfang der Beratungspflicht spezifisch für den Bereich der Personalplanung und schließt daher als lex specialis den Rückgriff auf allgemeine Vorschriften aus. Schließlich lässt sich eine Erstreckung der Beratungspflicht auf sämtliche Gegenstände der Personalplanung auch nicht aus Art. 4 Abs. 2 lit. b der **RL 2002/14/EG** im Wege der richtlinienkonformen Auslegung begründen (**a. M.** *Bonin* AuR 2004, 321 [325]; *Schulze-Doll*/HaKo § 92 Rn. 19; *Zwanziger* AuR 2010, 459 [460]; wohl auch *Greiner* in *Schlachter/Heinig* Europ. AuS § 21 Rn. 26). Nach der Richtlinie müssen die Arbeitnehmervertreter über die Beschäftigungssituation, die Beschäftigungsstruktur und die wahrscheinliche Beschäftigungsentwicklung im Unternehmen oder Betrieb sowie gegebenenfalls geplante antizipative Maßnahmen unterrichtet und hierzu auch angehört werden. Unter »Anhörung« ist gem. Art. 2 lit. g RL 2002/14/EG die Durchführung eines Meinungsaustauschs und eines Dialogs zwischen Arbeitnehmervertretern und Arbeitgeber zu verstehen. Ein solcher Meinungsaustausch ist aber auch dann gewährleistet, wenn man die Beratungspflicht nicht auf sämtliche Gegenstände der Personalplanung erstreckt. Der Betriebsrat hat nämlich nach Unterrichtung durch den Arbeitgeber die Möglichkeit, Vorschläge für die Einführung oder Änderung einer Personalplanung zu machen. Der Arbeitgeber ist in diesem Falle verpflichtet, sich mit den Vorschlägen des Betriebsrates nach § 2 Abs. 1, § 74 Abs. 1 Satz 2 ernsthaft zu befassen (*BAG* 06.11.1990 EzA § 92 BetrVG 1972 Nr. 2 = AP Nr. 3 zu § 92 BetrVG 1972). Damit sind die Anforderungen an eine »Anhörung« i. S. d. Art. 2 lit. g RL 2002/14/EG erfüllt (zust. *Rose/HWGNRH* § 92 Rn. 95; *Weber* FS *Konzen*, S. 921 [932]; *Weber*/EuArbR Art. 4 RL 2002/14/EG Rn. 27; ebenso wohl *Reichold* NZA 2003, 289 [298 f.]). Dagegen verlangt die Richtlinie nicht – wie in Abs. 1 Satz 2 vorgesehen –, dass der Arbeitgeber die Initiative zu dem Meinungsaustausch ergreift.

Aus der Beschränkung des Beratungsrechts auf die aus der Personalplanung folgenden konkreten personellen Maßnahmen ergibt sich, dass über die **reine Personalbedarfsplanung keine Beratung** stattzufinden braucht (*BAG* 06.11.1990 EzA § 92 BetrVG 1972 Nr. 2 = AP Nr. 3 zu § 92 BetrVG 1972 = SAE 1992, 1 [zust. *Kraft/Raab*]; *Eylert/Waskow*/NK-GA § 92 Rn. 13; *Kaiser*/LK § 92 Rn. 13; *Kania*/ErfK § 92 BetrVG Rn. 9; *Matthes*/MünchArbR § 256 Rn. 14; *Richardi/Thüsing* § 92 Rn. 35; *Rose/HWGNRH* § 92 Rn. 94; **a. M.** *Fitting* § 92 Rn. 35; *Homburg/DKKW* § 92 Rn. 46). Erst wenn aus der Personalbedarfsplanung im Rahmen der Personaldeckungsplanung, Personalentwicklungsplanung oder Personaleinsatzplanung konkrete Maßnahmen folgen, haben die Betriebspartner darüber zu beraten und, wenn Meinungsverschiedenheiten bestehen, gem. dem Grundgedanken der §§ 2 und 74 Abs. 1 Satz 2 »mit dem ernsten Willen zur Einigung« zu verhandeln (*BAG* 06.11.1990 EzA § 92 BetrVG 1972 Nr. 2 = AP Nr. 3 zu § 92 BetrVG 1972 unter B II 3a; *Heinze* Personalplanung, Rn. 39). Maßnahmen i. S. d. Abs. 1 Satz 2 sind nur solche, die generell, also für eine Gruppe von Arbeitnehmern oder für alle Arbeitnehmer des Betriebes oder einer Abteilung gelten sollen (*Rose/HWGNRH* § 92 Rn. 61). Nicht gedacht ist daher an personelle Einzelmaßnahmen i. S. d. §§ 99 ff., da insoweit die besonderen Beteiligungstatbestände eingreifen. **34**

Die Beratungen sollen ausweislich des Gesetzes auch »die **Vermeidung von Härten**« umfassen. Dabei geht es – im Unterschied zu den Beratungen im Falle der Betriebsänderung gemäß § 112 Abs. 1 Satz 2 – nicht um Maßnahmen zum Ausgleich von Nachteilen, die sich aus der Personalplanung ergeben. Vielmehr soll dem Betriebsrat im Rahmen der Beratung Gelegenheit gegeben werden darauf hinzuwirken, dass sich aus den beabsichtigen Maßnahmen keine oder möglichst geringe Nachteile für die betroffenen Arbeitnehmer des Betriebes ergeben (*Matthes*/MünchArbR § 256 Rn. 17; *Richardi/Thüsing* § 92 Rn. 38). Ergibt sich ein **zusätzlicher Personalbedarf**, so erstreckt sich das Beratungsrecht auf die Maßnahmen zur Deckung dieses Bedarfs. Der Arbeitgeber hat also beispielsweise mit dem Betriebsrat zu erörtern, ob neue Arbeitnehmer eingestellt oder stattdessen Leiharbeitnehmer beschäftigt oder Fremdfirmen eingesetzt werden sollen (*Matthes*/MünchArbR § 256 Rn. 15; *Richardi/Thüsing* § 92 Rn. 36). Im Falle eines **Personalüberhanges** ist Gegenstand der Beratung, ob Arbeitnehmer entlassen werden müssen oder ob die Anpassung an den Beschäftigungsbedarf auf andere, die Arbeitnehmer weniger belastende Art und Weise (z. B. durch Versetzung, Arbeitszeitverkürzung, Abbau von Überstunden, Vorruhestand oder Altersteilzeit) erfolgen kann. Besteht die Notwendigkeit der **Weiterbildung von Arbeitnehmern**, so haben die Betriebspartner über Art und Umfang der Berufsbildungsmaßnahmen zu beraten. In allen diesen Fällen kann sich das Beratungsrecht aus § 92 **35**

Raab 1197

Abs. 1 Satz 2 mit anderen Beteiligungstatbeständen überschneiden (§ 87 Abs. 1 Nr. 2 und 3, §§ 96–98, § 102, §§ 111, 112). Bei den Beratungen hat der Betriebsrat gem. **§ 2 Abs. 1** nicht nur die Interessen der betroffenen Arbeitnehmer, sondern auch das Wohl des Betriebes zu berücksichtigen.

36 Eine **Einigung** über die in § 92 Abs. 1 Satz 2 genannten Punkte **kann nicht erzwungen werden** (*Fitting* § 92 Rn. 21); die Mitbestimmung des Betriebsrats setzt erst bei Durchführung konkreter Berufsbildungsmaßnahmen i. S. d. § 96 Abs. 1 oder konkreter personeller Einzelmaßnahmen i. S. d. §§ 99 und 102 ein. Die Einschaltung einer bestehenden oder für den Streitfall gebildeten Einigungsstelle ist möglich; sie kann aber nur tätig werden, wenn beide Parteien sie anrufen oder mit ihrem Tätigwerden einverstanden sind. Bindend ist der Einigungsvorschlag nur, wenn beide Seiten sich dem Spruch vorher unterworfen oder ihn nachträglich angenommen haben (§ 76 Abs. 6).

5. Vorschlagsrecht (Abs. 2)

37 Abs. 2 gibt dem Betriebsrat die Befugnis, dem Arbeitgeber Vorschläge für die **Einführung einer Personalplanung** zu machen. Der Betriebsrat ist also nicht darauf beschränkt, die vom Arbeitgeber entwickelten Planungen zu beeinflussen, sondern kann insoweit selbst initiativ werden. Der Betriebsrat erhält hierdurch die Möglichkeit, in Betrieben, in denen bisher keine wissenschaftlich abgesicherte systematische Planung erfolgt, die Einführung einer solchen Planung anzuregen. Der Betriebsrat kann aber auch die Änderung einer bestehenden Personalplanung vorschlagen. Das Vorschlagsrecht beschränkt sich zudem nicht auf die abstrakten Planungen, sondern umfasst auch deren **Durchführung**. Der Betriebsrat kann also gleichzeitig Vorstellungen entwickeln und Maßnahmen anregen, die der Umsetzung der von ihm vorgeschlagenen Personalplanung dienen. Andererseits beschränkt sich das Beteiligungsrecht nach seinem Sinn und Zweck darauf, dem Betriebsrat die Möglichkeit zu geben, die Planungen des Arbeitgebers zu beeinflussen. Dagegen gibt § 92 Abs. 2 dem Betriebsrat **kein Initiativrecht i. e. S.** Es ist daher nicht die Aufgabe des Betriebsrats, gleichsam »gleichberechtigt« neben dem Arbeitgeber eine »originäre« Personalplanung zu entwickeln und diese der Planung des Arbeitgebers gegenüberzustellen (zutr. *BAG* 08.11.2016 AP Nr. 4 zu § 92 BetrVG 1972 = JurionRS 2016, 33465, Rn. 21).

38 Die Vorschläge des Betriebsrats müssen einen der Bereiche der **Personalplanung zum Gegenstand** haben. So kann der Betriebsrat im Rahmen der Personaldeckungsplanung anregen, bestimmte Arbeiten statt durch Fremdfirmen durch eigene Arbeitnehmer erledigen zu lassen oder umgekehrt im Betrieb anfallende Arbeiten auf Fremdfirmen zu verlagern (*BAG* 31.01.1989 EzA § 80 BetrVG 1972 Nr. 34 = AP Nr. 33 zu § 80 BetrVG 1972 unter B II 2; 15.12.1998 EzA § 80 BetrVG 1972 Nr. 43 = AP Nr. 56 zu § 80 BetrVG 1972 unter B II 2 c). Ebenso kann der Betriebsrat vorschlagen, anstelle der Beschäftigung von Leiharbeitnehmern oder freien Mitarbeitern neue Arbeitnehmer einzustellen oder den Leiharbeitnehmern oder freien Mitarbeitern die Übernahme in ein Arbeitsverhältnis mit dem Betriebsinhaber anzubieten (*BAG* 15.12.1998 EzA § 80 BetrVG 1972 Nr. 43 = AP Nr. 56 zu § 80 BetrVG 1972 unter B II 2 c). Das Vorschlagsrecht erstreckt sich aber nicht auf die Durchführung personeller Einzelmaßnahmen (*BAG* 27.06.1989 EzA § 80 BetrVG 1972 Nr. 37 = AP Nr. 37 zu § 80 BetrVG 1972 unter B IV b; vgl. auch Rdn. 34).

39 Zur Wahrnehmung seines Vorschlagsrechts kann der Betriebsrat nach § 80 Abs. 2 Satz 1 die **Erteilung von Auskünften** sowie nach § 80 Abs. 2 Satz 2 die **Bereitstellung von Unterlagen** verlangen (*BAG* 31.01.1989 EzA § 80 BetrVG 1972 Nr. 34 = AP Nr. 33 zu § 80 BetrVG 1972 unter B I 1 a und II 2; 15.12.1998 EzA § 80 BetrVG 1972 Nr. 43 = AP Nr. 56 zu § 80 BetrVG 1972 unter B II 1 und 2 c; 08.11.2016 AP Nr. 4 zu § 92 BetrVG 1972 Rn. 18). Dies gilt jedoch nur, wenn und soweit dies erforderlich ist, um entsprechende Vorschläge unterbreiten zu können. In diesem Zusammenhang ist vor allem von Bedeutung, dass es nicht die Aufgabe des Betriebsrats ist, eine eigenständige Personalplanung zu betreiben (s. Rdn. 37). Vielmehr soll er die Chance haben, Alternativvorschläge zu entwickeln, die aus seiner Sicht den Interessen der im Betrieb beschäftigten Arbeitnehmer besser gerecht werden. Daher kann der Betriebsrat nicht ohne Bezug zu einer vom Arbeitgeber betriebenen Personalplanung die Vorlage aller personalrelevanten Unterlagen verlangen, aus denen sich möglicherweise Informationen gewinnen oder Rückschlüsse für weitere Planungen ziehen lassen. So hat der Betriebsrat einer psychiatrischen Fachklinik keinen Anspruch auf Aushändigung von Stichtagserhe-

bungen, aus denen sich die durchschnittliche Zahl der Patienten in den einzelnen Behandlungsbereichen ergibt, sofern diese ausschließlich für die Budgetberechnung im Verhältnis zu den Kostenträgern von Bedeutung sind (*BAG* 08.11.2016 AP Nr. 4 zu § 92 BetrVG 1972 Rn. 21 f.). Dasselbe muss dann für Personalstellenberechnungen der Kliniken gelten, wenn diese nur dazu dienen, die Personalkosten im Rahmen der Vereinbarung der Pflegesätze zu beziffern, die Personalplanung sich aber nach anderen Maßstäben richtet (**a. M.** *LAG* Niedersachsen 01.06.2016 – 13 TaBV 13/15 – JurionRS 2016, 21048, Rn. 55 [anhängig *BAG* 1 ABR 45/16]). Ebenso wenig lässt sich aus dem Vorschlagsrecht ein Anspruch des Betriebsrats auf Vorlage von Revisions- oder Fachinspektionsberichten ableiten, aus denen sich Hinweise auf die ordnungsgemäße Erledigung der jeweiligen Arbeitsaufgaben in einzelnen Bereichen oder Abteilungen und damit zugleich Anhaltspunkte für die Fehlbesetzung einzelner Arbeitsplätze ergeben können. Solche Berichte könnten allenfalls Anlass für konkrete personelle Einzelmaßnahmen sein, die vom Vorschlagsrecht nicht erfasst werden (*BAG* 27.06.1989 EzA § 80 BetrVG 1972 Nr. 37 = AP Nr. 37 zu § 80 BetrVG 1972 unter B IV b). Wenn und soweit der Betriebsrat Vorschläge für alternative Beschäftigungsformen machen, etwa die Beschäftigung eigener Arbeitnehmer anstelle von Leiharbeitnehmern oder Fremdfirmen anregen will, benötigt er hierfür Informationen über Art und Umfang der von diesen erledigten Arbeiten sowie über den Einsatzbereich (*BAG* 15.12.1998 EzA § 80 BetrVG 1972 Nr. 43 = AP Nr. 56 zu § 80 BetrVG 1972 unter B II 2 c). Nicht erforderlich sind dagegen individuelle Angaben zu den einzelnen Beschäftigten (Personalien, Arbeitszeiten, Vergütung; offen gelassen, aber als »fraglich« bezeichnet von *BAG* 15.12.1998 EzA § 80 BetrVG 1972 Nr. 43 unter B II 2 c). Bejaht hat das *BAG* dagegen einen Anspruch des Betriebsrats auf Vorlage von Kontrolllisten, aus denen sich die Einsatzzeiten von Fremdfirmenarbeitnehmern ergeben (*BAG* 31.01.1989 EzA § 80 BetrVG 1972 Nr. 34 = AP Nr. 33 zu § 80 BetrVG 1972 unter B II 2). Dies erscheint zweifelhaft, da sich aus diesen Listen typischerweise keine verlässlichen Schlüsse im Hinblick auf die von den Fremdfirmen erledigte Arbeitsmenge ziehen lassen (mit Recht krit. etwa *Rose/HWGNRH* § 92 Rn. 89; selbst das *BAG* spricht davon, dass die Listen nur »einen ersten Aufschluß geben«).

40 Die **Vorschläge** des Betriebsrats sind **für den Arbeitgeber unverbindlich**. Der Arbeitgeber ist zwar gem. § 2 Abs. 1, § 74 Abs. 1 Satz 2 verpflichtet, sich mit den Vorschlägen ernsthaft zu befassen (*BAG* 06.11.1990 EzA § 92 BetrVG 1972 Nr. 2 = AP Nr. 3 zu § 92 BetrVG 1972 unter B II 3b bb; *Fitting* § 92 Rn. 30; *Homburg/DKKW* § 92 Rn. 47; *Matthes/*MünchArbR § 256 Rn. 22; *Richardi/Thüsing* § 92 Rn. 43 f.; *Rose/HWGNRH* § 92 Rn. 100; *Stahlhacke* BlStSozArbR 1972, 51 [52]). Der Betriebsrat kann die Einführung jedoch nicht erzwingen. Für die Einschaltung der Einigungsstelle gilt auch hier § 76 Abs. 6. Es handelt sich folglich nur im weiteren Sinne um ein Initiativrecht.

6. Förderung bestimmter Gruppen von Arbeitnehmern (Abs. 3)

41 Durch Art. 5 Nr. 5 des Gesetzes zur Durchsetzung der Gleichberechtigung von Männern und Frauen (**Zweites Gleichberechtigungsgesetz** – 2. GleiBG) vom 24.06.1994 (BGBl. I, 1994 S. 1406) wurde in § 80 Abs. 1 Nr. 2a als allgemeine Aufgabe des Betriebsrats, die tatsächliche Durchsetzung der Gleichberechtigung von Frauen und Männern zu fördern, in das Gesetz eingefügt. Gleichzeitig wurde in Abs. 2 ein entsprechendes Vorschlagsrecht normiert. Durch das **BetrVerf-ReformG** ist das Wort »Gleichberechtigung« in § 80 Abs. 1 Nr. 2a durch das Wort »Gleichstellung« ersetzt und der Aufgabenkatalog des § 80 Abs. 1 durch eine neue Nr. 2b erweitert worden. Zu den allgemeinen Aufgaben des Betriebsrats gehört es danach auch, die Vereinbarkeit von Familie und Erwerbstätigkeit zu fördern (s. *Weber* § 80 Rdn. 39). Gleichzeitig hat der Gesetzgeber diese neue Aufgabe im Rahmen des § 92 berücksichtigt. In dem neuen Abs. 3 wird die entsprechende Geltung der Absätze 1 und 2 für Maßnahmen i. S. d. § 80 Abs. 1 Nr. 2a und 2b, »insbesondere für die Aufstellung und Durchführung von Maßnahmen zur Gleichstellung von Frauen und Männern« angeordnet.

42 Aufgrund des Abs. 3 ist der Arbeitgeber zunächst verpflichtet, den Betriebsrat über besondere Maßnahmen zur Durchsetzung der tatsächlichen Gleichstellung von Frauen und Männern oder zur Förderung der Vereinbarkeit von Familie und Erwerbstätigkeit gem. Abs. 1 umfassend und unter Vorlage der entsprechenden Unterlagen zu unterrichten. Eine solche Unterrichtungspflicht besteht nunmehr im Hinblick auf die **Festlegung von Zielgrößen für den Frauenanteil** von Beschäftigten (vgl. das Gesetz für die gleichberechtigte Teilhabe von Frauen und Männern an Führungspositionen in der Privatwirtschaft und im öffentlichen Dienst vom 24.04.2015, BGBl. I, S. 642). Danach sind mitbestimmte und börsennotierte Unternehmen in der Rechtsform der AG, der GmbH, der eG, des VVaG sowie der SE verpflichtet, den Frauenanteil in den beiden Führungsebenen unterhalb des vertretungsberechtigten Unternehmensorgans (in der AG des Vorstands, in der GmbH der Geschäftsführung) festzulegen (§ 76 Abs. 4 Satz 1 AktG, § 36 Satz 1 GmbHG). Die Festlegung dieser Zielgrößen stellt eine Fördermaßnahme i. S. d. Abs. 3 dar, über die der Arbeitgeber den Betriebsrat nach Abs. 1 rechtzeitig und umfassend zu unterrichten hat. Zudem hat er mit dem Betriebsrat nach Abs. 1 Satz 2 über die hieraus folgenden Maßnahmen zu beraten (*Löwisch* BB 2015, 1909 [1910]; differenzierend *Röder/Arnold* NZA 2015, 1281 [1287 f.]: Gegenstand der Beteiligung sei nur die konkrete Umsetzung der Zielgrößen, nicht deren Festlegung). Dies gilt allerdings nur, wenn es sich bei der jeweiligen Führungsebene zuzuordnenden Arbeitnehmern nicht um leitende Angestellte handelt (*Löwisch* BB 2015, 1909 f.). Erfüllen die Arbeitnehmer die Voraussetzungen eines leitenden Angestellten nach § 5 Abs. 3, so ist anstelle des Betriebsrats nach § 25 Abs. 1 Satz 1 SprAuG der Sprecherausschuss zu beteiligen (*Löwisch* BB 2015, 1909 [1911]; dazu, dass die Personalplanung zu in § 25 Abs. 1 Satz 1 SprAuG genannten »Belangen der leitenden Angestellten« zählt, vgl. *Hromadka/Sieg* SprAuG, § 25 Rn. 12). Ebenso besteht ein Beteiligungsrecht nach Maßgabe des Abs. 3, wenn der Arbeitgeber beabsichtigt, einen **Frauenförderplan** aufzustellen (*Fitting* § 92 Rn. 41; *Rose/HWGNRH* § 92 Rn. 105). Sofern sich hieraus konkrete Maßnahmen (z. B. familienfreundliche Arbeitszeitmodelle, Umstellung bestimmter Arbeitsplätze von Vollzeit- auf Teilzeitbeschäftigung) ergeben, müssen diese mit dem Betriebsrat beraten werden. Die Beratungspflicht besteht unabhängig davon, ob der Betriebsrat nach anderen Vorschriften – im Falle der Entwicklung von Arbeitszeitmodellen etwa aus § 87 Abs. 1 Nr. 2 – zu beteiligen ist. Darüber hinaus kann der Betriebsrat selbst nach Abs. 2 bestimmte Fördermaßnahmen vorschlagen.

43 Zu den allgemeinen Aufgaben des Betriebsrats zählt nach § 80 Abs. 1 Nr. 4 auch die Förderung der **Eingliederung schwerbehinderter Menschen** (hierzu *Weber* § 80 Rdn. 43 ff.). Abs. 3 Satz 2 verdeutlicht, dass diese Aufgabe im Rahmen der Personalplanung von besonderer Bedeutung ist. So können durch entsprechende Maßnahmen sowohl die Integration schwerbehinderter Menschen in den Arbeitsmarkt als auch der Erhalt ihrer Arbeitsplätze sowie die Chancen auf beruflichen Aufstieg gefördert werden. Im Rahmen der Personaldeckungsplanung kann etwa die Frage eine Rolle spielen, wie die gesetzlich in § 154 SGB IX (bis 01.01.2018: § 71 Abs. 1 SGB IX) vorgegebene Beschäftigungsquote erfüllt werden kann. Außerdem kann bei der Erstellung von Anforderungsprofilen (s. Rdn. 13) darauf geachtet werden, dass Anforderungen, die eine Berücksichtigung von Menschen mit bestimmten Behinderungen ausschließen würden, nur dann aufgenommen werden, wenn sie für die Erfüllung der Arbeitsaufgaben erforderlich sind. Im Rahmen der Personalentwicklungsplanung könnte zu überlegen sein, ob und wenn ja welche Maßnahmen geeignet oder angezeigt sind, um schwerbehinderte Arbeitnehmer in Beschäftigung zu halten. Wenn sie aufgrund ihrer Behinderung ihre bisherige Tätigkeit nur noch eingeschränkt oder gar nicht mehr verrichten können, wäre etwa an Fortbildungs- und Umschulungsmaßnahmen zu denken, damit sie auf anderen Arbeitsplätzen eingesetzt werden können. Einige dieser Maßnahmen sind nach § 166 Abs. 3 Nr. 1, 2, 4 und 5 SGB IX (bis 01.01.2018: § 83 Abs. 1 Satz 1 SGB IX) Gegenstand der – nach § 166 Abs. 1 SGB IX verbindlich vom Arbeitgeber mit dem Betriebsrat und der Schwerbehindertenvertretung abzuschließenden – Inklusionsvereinbarung (hierzu näher *Gutzeit* § 88 Rdn. 36 ff.). Zu beachten ist allerdings, dass **Abs. 3 Satz 2 keinen eigenständigen Beteiligungstatbestand schafft**, sondern lediglich den Gegenstand der Beteiligungsrechte in Abs. 1 und 2 konkretisiert. So setzt eine Unterrichtungs- und Beratungspflicht des Arbeitgebers über die Eingliederung schwerbehinderter Menschen nach Abs. 1 voraus, dass der Arbeitgeber überhaupt eine systematische Personalplanung betreibt (s. Rdn. 21). Da die Personalplanung sich nicht auf einzelne Arbeitnehmer bezieht (s. Rdn. 10), kann der Betriebsrat zudem im Rahmen des Abs. 2 keine konkreten Fördermaßnahmen in Bezug auf individuelle Arbeitnehmer vorschlagen, etwa wenn deren Arbeitsplatz infolge einer behinderungsbedingten Einschränkung ihrer Leistungsfähigkeit gefährdet ist. In diesen Fällen können sich Beteiligungsrechte des Betriebsrats nur aus anderen Vorschriften (etwa § 80 Abs. 1 Nr. 4, § 167 SGB IX) ergeben.

44 Mit der Ergänzung des § 92 durch den Abs. 3 sind die Mitwirkungsrechte des Betriebsrats im Hinblick auf die tatsächliche Gleichstellung von Frauen und Männern im Betrieb, die Förderung der Vereinbarkeit von Familie und Erwerbstätigkeit sowie die Eingliederung schwerbehinderter Menschen somit gegenüber der früheren Rechtslage allenfalls geringfügig erweitert worden. Eine Unterrichtungs-

pflicht des Arbeitgebers in Bezug auf die genannten Gegenstände ergibt sich auch ohne § 92 Abs. 3 bereits aus § 80 Abs. 2 Satz 1 und 2 aufgrund der Aufnahme der Gegenstände in den allgemeinen Aufgabenkatalog des § 80. Auch ein Vorschlagsrecht lässt sich aus der allgemeinen Aufgabenzuweisung ableiten, da sich das Antragsrecht des Betriebsrats aus § 80 Abs. 1 Nr. 2 auf alle Angelegenheiten erstreckt, die in den Zuständigkeitsbereich des Betriebsrats fallen (s. *Weber* § 80 Rdn. 34 ff.). Die Zusammenfassung der Befugnisse des Betriebsrats in **Abs. 3** hat daher **überwiegend klarstellende Bedeutung** (*Richardi/Thüsing* § 92 Rn. 52; s. a. BT-Drucks. 18/9522 S. 350). Sie soll die genannten Aufgaben noch einmal besonders herausstellen und deren Bedeutung zum Ausdruck bringen. In der Sache neu ist allenfalls das Beratungsrecht des Abs. 1 Satz 2 (*Kaiser/LK* § 92 Rn. 7). Zwar ergab sich eine Pflicht zur Beratung schon bisher aus § 74 Abs. 1 Satz 2, sofern der Betriebsrat einen Diskussionsbedarf erkennen ließ. Doch ist der Arbeitgeber nunmehr gem. Abs. 3 i. V. mit Abs. 1 Satz 2 darüber hinaus verpflichtet, von sich aus das beratende Gespräch mit dem Betriebsrat zu suchen.

Abs. 3 findet nur Anwendung, wenn die genannten Fördermaßnahmen **Teil der Personalplanung** 45 sind (*Löwisch* BB 2001, 1790 [1994]; *Richardi* Betriebsverfassung, § 20 Rn. 2). Ausweislich der Gesetzesbegründung sollte mit der Vorschrift die Frauenförderung »zum Gegenstand der Personalplanung« gemacht werden (*Reg. Begr.* BT-Drucks. 14/5741, S. 48). Soweit Fördermaßnahmen keinem Bereich der Personalplanung zuzuordnen sind, ergeben sich die Befugnisse des Betriebsrats demnach ausschließlich aus § 80.

Eine ähnliche Zielsetzung wie Abs. 3 verfolgt **§ 7 Abs. 3 TzBfG**. Danach hat der Arbeitgeber die Ar- 46 beitnehmervertretung, d. h. den Betriebsrat, über Teilzeitarbeit in Betrieb und Unternehmen zu informieren, insbesondere über vorhandene oder geplante Teilzeitarbeitsplätze und über die Umwandlung von Teilzeitarbeitsplätzen in Vollzeitarbeitsplätze oder umgekehrt. Der Gesetzgeber geht dabei von der Vorstellung aus, dass die Schaffung von Teilzeitarbeit dazu beitragen kann, Erwerbstätigkeit und Familienpflichten miteinander zu vereinbaren und damit mittelbar auch die Beschäftigungschancen von Frauen zu verbessern. Die Unterrichtungspflicht besteht neben der Pflicht aus § 92 (vgl. § 7 Abs. 3 Satz 2 Halbs. 2 TzBfG). § 7 Abs. 3 Satz 2 Halbs. 1 TzBfG geht dabei insoweit über § 92 Abs. 1 Satz 1 hinaus, als der Arbeitgeber dem Betriebsrat die erforderlichen Unterlagen über die Teilzeitarbeit »zur Verfügung zu stellen« hat (s. Rdn. 28).

IV. Verhältnis zu anderen Beteiligungsrechten

Die Rechte des Betriebsrats aus § 92 bestehen unabhängig von den Informationsrechten, die dem 47 Wirtschaftsausschuss nach § 106 und dem Betriebsrat nach § 111 zukommen. Soweit bei der Realisierung der Personalplanung Maßnahmen ergriffen werden sollen, die nach anderen Vorschriften einer Mitbestimmung des Betriebsrats unterliegen, bleiben auch diese Rechte neben § 92 bestehen.

V. Sanktionen, Streitigkeiten

Bei **Streitigkeiten** über das Bestehen und den Umfang der in § 92 eingeräumten Rechte und über die 48 nach dieser Vorschrift bestehenden Pflichten entscheidet das Arbeitsgericht im Beschlussverfahren (§ 2a Abs. 1 Nr. 1, Abs. 2, §§ 80 ff. ArbGG). Im Rahmen eines solchen Verfahrens kann der Betriebsrat seinen Anspruch auf Unterrichtung und Beratung im Wege des Leistungsantrages durchsetzen.

Die **Nichterfüllung der Pflichten** durch den Arbeitgeber hat weder Einfluss auf die Wirksamkeit 49 der Personalplanung noch auf die Wirksamkeit personeller Einzelmaßnahmen im Vollzug der Personalplanung (*Fitting* § 92 Rn. 45; *Heinze* Personalplanung, Rn. 49 ff.; *Matthes/*MünchArbR § 256 Rn. 24; *Richardi/Thüsing* § 92 Rn. 51; *Rose/*HWGNRH § 92 Rn. 111). Der Betriebsrat kann auch nicht verlangen, dass der Arbeitgeber konkrete personelle Maßnahmen unterlässt bzw. – soweit diese bereits vollzogen wurden – wieder rückgängig macht, solange der Betriebsrat nicht ordnungsgemäß beteiligt worden ist. Ein sog. **allgemeiner Unterlassungsanspruch** aus § 2 Abs. 1 i. V. m. § 92 lässt sich nicht begründen. Da dem Betriebsrat kein erzwingbares Mitbestimmungsrecht eingeräumt ist, liegt die Entscheidung über die Personalplanung sowie die Durchführung konkreter Maßnahmen beim Arbeitgeber. Diese Kompetenzverteilung darf nicht durch einen Unterlassungsanspruch des Betriebsrates konterkariert werden (*Raab* ZfA 1997, 187 [223]). Allerdings kann sich ein solcher Anspruch aus **§ 23 Abs. 3** ergeben. Verstößt der Arbeitgeber grob gegen seine Pflichten im Rahmen der Personalplanung, so kann der Betriebsrat dem Arbeitgeber im konkreten Anlassfall oder auch für die Zukunft untersagen lassen, auf dieser Planung beruhende Maßnahmen vor ordnungsgemäßer Unterrichtung des Betriebsrats durchzuführen (*Raab* ZfA 1997, 183 [224]; vgl. auch *Fitting* § 92 Rn. 45; *Homburg/DKKW* § 92 Rn. 52; *Kania*/ErfK § 92 BetrVG Rn. 12; *Richardi/Thüsing* § 92 Rn. 51; *Rose/HWGNRH* § 92 Rn. 112, die jeweils allgemein auf das Verfahren nach § 23 Abs. 3 verweisen). Die Nichterfüllung der Unterrichtungspflicht nach Abs. 1 Satz 1 ist darüber hinaus nach § 121 als Ordnungswidrigkeit mit **Bußgeld** bis zu 10.000 Euro bedroht.

§ 92a
Beschäftigungssicherung

(1) Der Betriebsrat kann dem Arbeitgeber Vorschläge zur Sicherung und Förderung der Beschäftigung machen. Diese können insbesondere eine flexible Gestaltung der Arbeitszeit, die Förderung von Teilzeitarbeit und Altersteilzeit, neue Formen der Arbeitsorganisation, Änderungen der Arbeitsverfahren und Arbeitsabläufe, die Qualifizierung der Arbeitnehmer, Alternativen zur Ausgliederung von Arbeit oder ihrer Vergabe an andere Unternehmen sowie zum Produktions- und Investitionsprogramm zum Gegenstand haben.

(2) Der Arbeitgeber hat die Vorschläge mit dem Betriebsrat zu beraten. Hält der Arbeitgeber die Vorschläge des Betriebsrats für ungeeignet, hat er dies zu begründen; in Betrieben mit mehr als 100 Arbeitnehmern erfolgt die Begründung schriftlich. Zu den Beratungen kann der Arbeitgeber oder der Betriebsrat einen Vertreter der Bundesagentur für Arbeit hinzuziehen.

Literatur
Annuß Mitwirkung und Mitbestimmung der Arbeitnehmer im Regierungsentwurf eines Gesetzes zur Reform des BetrVG, NZA 2001, 367; *Bauer* Neues Spiel bei der Betriebsänderung und der Beschäftigungssicherung?, NZA 2001, 375; *Däubler* Eine bessere Betriebsverfassung?, AuR 2001, 1; *Fischer* Beschäftigungsförderung nach neuem Betriebsverfassungsrecht, DB 2002, 322; *ders.* Personalanpassung durch Transfer, NZA 2004 Sonderbeil. Nr. 1, S. 28; *Göpfert/Giese* »Vorschläge zur Sicherung und Förderung der Beschäftigung« – New Rules of the Game für Personalabbaumaßnahmen?, NZA 2016, 463; *Habenicht* Die neuen Mitbestimmungsrechte bei der betrieblichen Bildung, AiB 2002, 693; *Haßlöcher* Mitarbeiterqualifizierung als Erfolgskonzept (Diss. Mannheim), 2003 (zit.: Mitarbeiterqualifizierung); *Körner* Neue Betriebsratsrechte bei atypischer Beschäftigung, NZA 2006, 573; *Konzen* Der Regierungsentwurf des Betriebsverfassungsreformgesetzes, RdA 2001, 76; *Kowalsky* Förderung und Sicherung der Beschäftigung im Betrieb, ZBVR 2003, 88; *Lingemann* Betriebsänderungen nach neuem BetrVG, NZA 2002, 934; *Löwisch* Änderung der Betriebsverfassung durch das Betriebsverfassungs-Reformgesetz Teil II, BB 2001, 1790; *ders.* Beschäftigungssicherung als Gegenstand von Mitwirkungs- und Mitbestimmungsrechten im europäischen und deutschen Recht, FS *Konzen*, 2006, S. 533; *Lunk/Studt* Beschäftigungssicherung nach § 92a BetrVG, ArbRB 2002, 240; *Niemeyer* Zur Umsetzung des neuen Initiativrechts nach 92a BetrVG, AiB 2002, 616; *Raab* Die Schriftform in der Betriebsverfassung, FS *Konzen*, 2006, S. 719; *Reichold* Die reformierte Betriebsverfassung 2001, NZA 2001, 857; *Rieble* Erweiterte Mitbestimmung in personellen Angelegenheiten, NZA 2001, Sonderheft S. 48; *Sandmann/Schmitt-Rolfes* Arbeitsrechtliche Probleme der Arbeitnehmerweiterbildung, ZfA 2002, 295; *Schneider, S.* Das Mandat des Betriebsrats zur Beschäftigungsförderung und -sicherung im Betrieb (Diss. Köln), 2005; *Schwarzbach* Möglichkeit zur Beschäftigungssicherung in der Praxis, AiB 2003, 467; *Wendeling-Schröder/Welkoborsky* Beschäftigungssicherung und Transfersozialplan, NZA 2002, 1370; *Wiesinger* Mitbestimmung bei Beschäftigungssicherung, AuA 2003, 16. Vgl. ferner die Angaben vor § 92.

Beschäftigungssicherung   § 92a

Inhaltsübersicht   Rdn.

I.   Vorbemerkung   1–7
     1. Entstehungsgeschichte   1, 2
     2. Sinn und Zweck der Vorschrift   3, 4
     3. Bewertung der Neuregelung   5–7
II. Vorschlagsrecht des Betriebsrats   8–14
     1. Gegenstände   8–13
     2. Inhalt und Bedeutung   14
III. Pflichten des Arbeitgebers   15–36
     1. Beratungspflicht   15–28
        a) Inhalt   15–18
        b) Voraussetzungen   19–21
        c) Hinzuziehung eines Vertreters der Bundesagentur für Arbeit   22–26
        d) Vereinbarungen mit dem Betriebsrat   27, 28
     2. Begründungspflicht   29–36
        a) Voraussetzungen   29
        b) Inhalt   30, 31
        c) Form   32–36
IV. Verhältnis zu sonstigen Vorschriften   37–39
V.   Rückwirkungen auf den Kündigungsschutz   40, 41
VI. Streitigkeiten, Sanktionen   42–45

I. Vorbemerkung

1. Entstehungsgeschichte

Die Bestimmung wurde durch das **BetrVerf-ReformG** vom 23.07.2001 (BGBl. I, S. 1852) in das **1** Gesetz aufgenommen. Sie ist Ausdruck eines der Hauptanliegen der Reform, nämlich des Bestrebens, die **Beschäftigungssicherung** zu einem »**Schwerpunkt der Betriebsratsarbeit**« zu machen (*Reg. Begr.* BT-Drucks. 14/5741, S. 26 unter II 6). Diese Zielsetzung hat sich außer in § 92a auch in anderen Änderungen niedergeschlagen. Von besonderer Bedeutung ist dabei die Parallelvorschrift des § 80 Abs. 1 Nr. 8, mit der die Beschäftigungssicherung in den allgemeinen Aufgabenkatalog des Betriebsrats aufgenommen worden ist.

Durch Art. 81 des Dritten Gesetzes für moderne Dienstleistungen am Arbeitsmarkt vom 23.12.2003 **2** (BGBl. I, S. 2848) ist Abs. 2 Satz 3 im Zuge der Neustrukturierung der Arbeitsverwaltung geändert worden. Nachdem es zunächst hieß, dass ein »Vertreter des Arbeitsamtes oder des Landesarbeitsamtes« zu den Beratungen hinzugezogen werden könne, ist nunmehr von einem »Vertreter der Bundesagentur für Arbeit« die Rede.

2. Sinn und Zweck der Vorschrift

Die Neuregelung soll nach der Zielsetzung des Gesetzgebers den geänderten Anforderungen an die **3** Betriebsratsarbeit Rechnung tragen. In der Gesetzesbegründung heißt es, dass das Handeln der Betriebsräte nicht mehr allein davon geprägt sei, auf Vorstellungen des Arbeitgebers zu reagieren, sondern verstärkt darauf abziele, eigene Vorschläge und Lösungsalternativen zu entwickeln und diese »prozessorientiert umzusetzen« (*Reg. Begr.* BT-Drucks. 14/5741, S. 24). Das in § 92a normierte Vorschlagsrecht soll dem Betriebsrat ein Instrumentarium an die Hand geben, »um die **Initiative für eine Beschäftigungssicherung** ergreifen zu können« (*Reg. Begr.* BT-Drucks. 14/5741, S. 49).

Das Vorschlagsrecht wird flankiert durch eine Beratungspflicht auf Seiten des Arbeitgebers und eine **4** Begründungspflicht bei Ablehnung der Vorschläge des Betriebsrats in Abs. 2. Dadurch soll der Arbeitgeber gezwungen werden, sich **mit den Vorstellungen des Betriebsrats inhaltlich auseinander zu setzen**. Dies soll »dazu beitragen, dass der Meinungsbildungsprozess im Betrieb zu Fragen der Sicherung und Förderung der Beschäftigung in Gang gehalten wird und der Arbeitgeber sich den Vorschlägen des Betriebsrats stellen muss« (*Reg. Begr.* BT-Drucks. 14/5741, S. 49).

3. Bewertung der Neuregelung

5 Die Aufnahme der Vorschrift in das Gesetz ist in der Literatur überwiegend **kritisch kommentiert** worden (*Annuß* NZA 2001, 367 [368]; *Bauer* NZA 2001, 375 [379]; *Däubler* AuR 2001, 1 [6]; *Konzen* RdA 2001, 76 [91]; *Kraft* 7. Aufl., § 92a Rn. 1, 7; *Reichold* NZA 2001, 857 [863]; *Rose/HWGNRH* § 92a Rn. 1 ff.). In der Tat erscheint schon fraglich, ob insoweit – selbst wenn man die Zielsetzung der Regelung teilt – überhaupt gesetzgeberischer Handlungsbedarf bestand. Bereits vor Inkrafttreten des BetrVerf-ReformG hatte der Betriebsrat gemäß § 80 Abs. 1 Nr. 2 die Möglichkeit, Maßnahmen, die der Belegschaft dienen, beim Arbeitgeber zu beantragen. Hierzu zählten auch Vorschläge zur Sicherung der Arbeitsplätze, was nunmehr durch § 80 Abs. 1 Nr. 8 besonders hervorgehoben wird. Eine Pflicht zur Begründung der Ablehnung solcher Vorschläge war zwar bisher nicht explizit vorgesehen, konnte sich aber im Einzelfall aus der Pflicht zur vertrauensvollen Zusammenarbeit gemäß § 2 Abs. 1 ergeben.

6 Die Funktion der neuen Vorschrift besteht zum einen darin, das Vorschlagsrecht im Betriebsrat in Bezug auf Maßnahmen zur Beschäftigungssicherung und -förderung zu konkretisieren und zu bestätigen (*Kaiser/LK* § 92a Rn. 1). Zum anderen wird das Verfahren durch die generelle Begründungspflicht und das Erfordernis einer schriftlichen Begründung in größeren Betrieben stark formalisiert. Keiner der beiden Gesichtspunkte vermag indes die Neuregelung überzeugend zu begründen. Eine rein deklaratorische Norm ist überflüssig. Die Formalisierung der Begründungspflicht hingegen bringt **keine substantielle Veränderung der Rechtslage**, da an das Fehlen der Begründung oder die Nichtbeachtung der Form keinerlei weitere Folgen geknüpft sind (s. Rdn. 42 ff.). Die einzige denkbare Folge ist, dass Betriebsrat und Arbeitgeber (ggf. gerichtlich) über die Erfüllung der Begründungspflicht streiten. Der hiermit verbundene mittelbare Zwang zu einer förmlichen Begründung der Ablehnung mag den »Lästigkeitsfaktor« (vgl. *Annuß* NZA 2001, 367 [368]; *Reichold* NZA 2001, 857 [863]; *Richardi/Thüsing* § 92a Rn. 4) des Vorschlagsrechts erhöhen. Eine Erweiterung der Einflussmöglichkeiten des Betriebsrats ist damit nicht verbunden. Der Gesetzgeber verfehlt aber seinen Auftrag, wenn er, statt konkrete Rechtsfolgen zu regeln, Vorschriften mit eher programmatischem Charakter schafft (berechtigte Kritik daher bei *Reichold* NZA 2001, 857 [863]; ähnlich *Annuß* NZA 2001, 367 [368]; *Bauer* NZA 2001, 375 [379]; *Kraft* 7. Aufl., § 92a Rn. 2, 4; vgl. aber auch *Wendeling-Schröder/Welkoborsky* NZA 2002, 1370 ff., die aus § 92a weitreichende Rechtsfolgen ableiten) und damit normative Gestaltung durch bloße »Mitbestimmungslyrik« ersetzt (so *Däubler* AuR 2001, 1 [6]; zust. *Annuß* NZA 2001, 367 [368 Fn. 10]; *Reichold* NZA 2001, 857 [863]).

7 Die Vorschrift ist auch deshalb kritisiert worden, weil die Ausdehnung des Vorschlagsrechtes auf Maßnahmen zur Beschäftigungsförderung einen **Systembruch** darstelle, da dem Betriebsrat damit Aufgaben außerhalb der räumlich-organisatorischen Einheit »Betrieb« zugewiesen würden und dieser zum »Sachwalter von Allgemeininteressen« gemacht werde (*Bauer* NZA 2001, 375 [378]; *Lunk/Studt* ArbRB 2002, 240; *Reichold* NZA 2001, 857 [863]; *Rieble* ZIP 2001, 133 [140]; ders. NZA 2001, Sonderheft S. 48; *Rose/HWGNRH* § 92a Rn. 2; **a. M.** *Däubler/DKKW* § 92a Rn. 2; *Richardi/Thüsing* § 92a Rn. 3; *Schulze-Doll/HaKo* § 92a Rn. 5 f.). In der Tat ist es ein grundlegendes Prinzip des Betriebsverfassungsrechts, dass der Betriebsrat Interessenvertreter der im Betrieb beschäftigten Arbeitnehmer ist und ihm kein allgemeinpolitisches – auch kein beschäftigungspolitisches – Mandat zukommt. Allein die Tatsache, dass der im Rahmen der Betriebsverfassung herzustellende Interessenausgleich dem Gemeinwohl dient und die Betriebspartner bei ihrem Handeln das Gemeinwohl zu berücksichtigen haben (s. *Wiese* Einl. Rdn. 103), bedeutet nicht, dass die Betriebspartner Gemeinwohlbelange auch losgelöst von den Interessen des Betriebes und der im Betrieb beschäftigen Arbeitnehmer wahrzunehmen hätten. Freilich ist der Gesetzgeber auch nicht grundsätzlich gehindert, den Betriebspartnern Aufgaben allgemein sozialpolitischer Art zu übertragen und in diesem Zusammenhang dem Betriebsrat Beteiligungsrechte in Fragen der Unternehmenspolitik zuzubilligen. Eine verfassungswidrige Einschränkung der unternehmerischen Freiheit kann hierin solange nicht gesehen werden, wie der Betriebsrat Maßnahmen lediglich anregen, diese aber nicht gegen den Willen des Arbeitgebers durchsetzen und auch vom Arbeitgeber geplante Maßnahmen weder verhindern noch verzögern kann (*Heither* AR-Blattei SD 530.14.3, Rn. 74). Es erscheint aber fraglich, ob mit der Einführung des § 92a überhaupt die Verleihung eines solchen über den betrieblichen Bereich hinausgreifenden beschäftigungspolitischen Mandates beabsichtigt ist (hierzu näher Rdn. 12 f.).

II. Vorschlagsrecht des Betriebsrats

1. Gegenstände

Der Betriebsrat kann Vorschläge machen, die der Sicherung und Förderung der Beschäftigung dienen. Abs. 1 Satz 2 enthält neben dieser allgemeinen Umschreibung eine **Aufzählung** von Bereichen, auf die sich die Vorschläge beziehen können. Diese Aufzählung dient lediglich der beispielhaften Erläuterung und hat **keinen abschließenden Charakter** (*Reg. Begr.* BT-Drucks. 14/5741, S. 49; *Däubler/DKKW* § 92a Rn. 6; *Fitting* § 92a Rn. 8; *Kaiser/LK* § 92a Rn. 3). Die Vorschläge müssen aber stets einen Bezug zu dem Zweck der Sicherung und Förderung der Beschäftigung aufweisen. Ein Recht, den Arbeitgeber in eine Diskussion über allgemeine Fragen der Unternehmenspolitik zu zwingen, ist mit der Vorschrift nicht verbunden (*Fitting* § 92a Rn. 3; *Göpfert/Giese* NZA 2016, 463 [464]; ähnlich *Eylert/Waskow*/NK-GA § 92a Rn. 1; *Richardi/Thüsing* § 92a Rn. 7). 8

Nach Sinn und Zweck der Vorschrift bezieht sich das Vorschlagsrecht nur auf Maßnahmen mit **überindividuellem Charakter**, die unabhängig von der Person des konkreten Arbeitsplatzinhabers beschäftigungssichernde bzw. -fördernde Wirkung entfalten (*Kaiser/LK* § 92a Rn. 5: »kollektiver Bezug«; zust. *Eylert/Waskow*/NK-GA § 92a Rn. 6; *Haßlöcher* Mitarbeiterqualifizierung, S. 53 f.). Das Vorschlagsrecht soll dem Betriebsrat die Möglichkeit geben, strukturelle Veränderungen anzuregen. Soweit es hingegen darum geht, individuellen Wünschen und Bedürfnissen einzelner Arbeitnehmer Rechnung zu tragen, ist der Betriebsrat nach § 85 zu beteiligen. 9

Beschäftigungssicherung hat den Erhalt der im Betrieb bestehenden Arbeitsplätze und die Vermeidung (betriebsbedingter) Kündigungen zum Ziel (*Däubler/DKKW* § 92a Rn. 5; *Heither* AR-Blattei SD 530.14.3, Rn. 71; *Konzen* RdA 2001, 76 [90]). Hierzu können verschiedene der in Abs. 1 Satz 2 genannten Maßnahmen beitragen. Freilich handelt es sich dabei nicht um präzise voneinander unterschiedene Tatbestände. So nennt das Gesetz nebeneinander die Einführung neuer Formen der Arbeitsorganisation, der Arbeitsverfahren und Arbeitsabläufe und die Entwicklung von Alternativen zur Ausgliederung und Fremdvergabe. Der Verlust von Arbeitsplätzen durch Ausgliederung und Fremdvergabe lässt sich aber typischerweise nur vermeiden, wenn die Arbeitsorganisation und die Arbeitsabläufe effizienter und damit kostengünstiger gestaltet werden. Änderungen der Arbeitsorganisation oder der Arbeitsabläufe stellen daher vielfach Alternativen zur Ausgliederung oder zur Fremdvergabe dar. 10

Mit der **Beschäftigungsförderung** sind zum einen Maßnahmen gemeint, die der **Verbesserung der Arbeitsbedingungen** für die bereits im Betrieb beschäftigten Arbeitnehmer dienen. Hierzu zählen die ausdrücklich genannten Bereiche der flexiblen Gestaltung der Arbeitszeit und der Förderung der Teilzeitarbeit, die beide dazu beitragen können, die Erwerbstätigkeit besser mit familiären Verpflichtungen (insbesondere bei Arbeitnehmern mit Kindern) in Einklang zu bringen (*Reg. Begr.* BT-Drucks. 14/5741, S. 49; *Kaiser/LK* § 92a Rn. 3; vgl. auch § 80 Abs. 1 Nr. 2a und 2b). Beschäftigungsförderung in diesem Sinne wirken aber auch Maßnahmen, die Erleichterungen für Schwerbehinderte oder ältere Arbeitnehmer schaffen (vgl. auch § 80 Abs. 1 Nr. 4 und 6). Im Grenzbereich zwischen Beschäftigungssicherung und Beschäftigungsförderung sind die **Qualifizierungsmaßnahmen** angesiedelt. Soweit diese die Arbeitnehmer in die Lage versetzen sollen, ihre Tätigkeit unter geänderten Rahmenbedingungen auszuüben, dienen sie der Erhaltung des Arbeitsplatzes und damit der Beschäftigungssicherung. Gleichzeitig kann die Qualifizierung der Arbeitnehmer aber Voraussetzung für die Umsetzung neuer Investitionsvorhaben sein, in deren Folge neue Arbeitsplätze entstehen. 11

Der Bereich der Beschäftigungsförderung lässt sich aber nicht auf Erleichterungen der Tätigkeit für die bereits im Betrieb beschäftigen Arbeitnehmer beschränken. Beschäftigungsförderung meint vielmehr auch den Ausbau der Beschäftigungsmöglichkeiten durch **Schaffung neuer Arbeitsplätze** (*Däubler/DKKW* § 92a Rn. 5; *Heither* AR-Blattei SD 530.14.3, Rn. 71; *Konzen* RdA 2001, 76 [91]; **a. M.** *Haßlöcher* Mitarbeiterqualifizierung, S. 49; *Kaiser/LK* § 92a Rn. 3). Anders ist nicht zu erklären, dass ausweislich des Wortlautes der Vorschrift die Vorschläge des Betriebsrats auch Alternativen »zum Produktions- und Investitionsprogramm zum Gegenstand haben« können. Auch die Gesetzesbegründung bringt die Erwartung zum Ausdruck, dass das Vorschlagsrecht »ein erhebliches Potential an betrieblichem Wissen« zum »Ausbau von Beschäftigung im Betrieb freisetzen« und »beschäftigungs- 12

§ 92a

wirksame Impulse geben« werde (*Reg. Begr.* BT-Drucks. 14/5741, S. 29). Man mag dies aus rechtspolitischer Sicht kritisieren (zu der in der Literatur geäußerten Kritik s. Rdn. 7). Bei der Normanwendung ist diese Entscheidung des Gesetzgebers hingegen als Datum zugrunde zu legen. Die Vorschläge des Betriebsrats können sich dabei nicht nur auf Fragen der Betriebsorganisation, sondern auch auf unternehmerische Entscheidungen beziehen (*Engels/Trebinger/Löhr-Steinhaus* DB 2001, 532 [539]; *Heither* AR-Blattei SD 530.14.3, Rn. 74; *Rose/HWGNRH* § 92a Rn. 2).

13 Umfasst werden sowohl Maßnahmen, die zur **Erhöhung des Gesamtarbeitsvolumens** führen (z. B. durch neue Investitionen zur Erweiterung der Produktion oder der angebotenen Dienstleistungen; vgl. *Reg. Begr.* BT-Drucks. 14/5741, S. 49), als auch solche, die bei gleichem Arbeitsvolumen durch eine **andere Verteilung der Arbeit** die Voraussetzungen für die Beschäftigung zusätzlicher Arbeitnehmer schaffen (z. B. durch Förderung von Teilzeitarbeit oder Altersteilzeit). Dabei stellt Beschäftigungsförderung stets zugleich ein Instrument der (präventiven) Beschäftigungssicherung dar, weil die Schaffung neuer Beschäftigungsmöglichkeiten die beste Garantie für die Erhaltung der bestehenden Arbeitsplätze ist. Deshalb kann in § 92a – entgegen manchen Befürchtungen (s. Rdn. 7) – auch **keine Grundlage für ein allgemeines beschäftigungspolitisches Mandat** des Betriebsrats gesehen werden. Vielmehr umfasst das Vorschlagsrecht des Betriebsrats Maßnahmen zur Beschäftigungsförderung nur, wenn und soweit diese zugleich der Beschäftigungssicherung dienen. Hierfür spricht zum einen, dass die Beschäftigungsförderung keine besondere Erwähnung in der amtlichen Überschrift der Norm findet, zum anderen, dass sich weder aus dem Wortlaut noch aus der Gesetzesbegründung eine Abkehr von der Grundkonzeption der Betriebsverfassung erkennen lässt, wonach der Betriebsrat Interessenvertreter der im Betrieb beschäftigten Arbeitnehmer sein soll, von deren Wahl er seine Legitimation ableitet (ähnlich *Fitting* § 92a Rn. 7; *Rose/HWGNRH* § 92a Rn. 11). Trotz der Weite des gesetzlichen Tatbestandes lässt sich daher festhalten, dass das Vorschlagsrecht des Betriebsrats sich nicht auf Maßnahmen erstreckt, die keine Auswirkungen auf die Beschäftigungssituation in dem vom Betriebsrat repräsentierten Betrieb haben. Ausgenommen sind demnach etwa Fragen der Unternehmenspolitik (z. B. der Vermarktungsstrategie), die lediglich mittelbar über die Auswirkungen auf die wirtschaftliche Gesamtsituation des Unternehmens die Beschäftigung beeinflussen können. Auch die Inanspruchnahme von **Fördermaßnahmen nach dem SGB III** wird von dem Vorschlagsrecht nur dann umfasst, wenn zumindest die Möglichkeit besteht, dass diese den im Betrieb beschäftigten Arbeitnehmern zugute kommen können. Hierzu gehören etwa die Beantragung von Kurzarbeitergeld (§§ 95 ff. SGB III) oder von Transfermaßnahmen und entsprechenden Transferleistungen (§§ 110 ff. SGB III; *Eylert/ Waskow*/NK-GA § 92a Rn. 5, 14). Dagegen ist es nicht Aufgabe des Betriebsrats, für die Eingliederung schwer vermittelbarer Arbeitsuchender zu sorgen (anders offenbar *Eylert/Waskow*/NK-GA § 92a Rn. 5, 14; *Schulze-Doll*/HaKo § 92a Rn. 8).

2. Inhalt und Bedeutung

14 Der Betriebsrat kann dem Arbeitgeber Vorschläge zur Beschäftigungssicherung und Beschäftigungsförderung machen. Das Vorschlagsrecht ist nicht an besondere Voraussetzungen oder einen besonderen Anlass gebunden. Der Betriebsrat kann daher **jederzeit** solche Vorschläge machen (*Däubler/ DKKW* § 92a Rn. 13). Die Frage, ob der Betriebsrat damit auf konkrete Beschäftigungsrisiken reagiert, dürfte allerdings für die Intensität der Begründung nach Abs. 2 Satz 2 eine Rolle spielen (s. Rdn. 30 f.). Die Vorschläge können zudem **formlos** erfolgen, da das Gesetz – anders als in Abs. 2 Satz 2 – keine Form vorsieht (*Däubler/DKKW* § 92a Rn. 13). Ob der Arbeitgeber diese Vorschläge aufgreift und die angeregten Maßnahmen durchführt, entscheidet er alleine. Die Vorschrift räumt dem Betriebsrat **kein Initiativrecht im engeren Sinne** ein, mit dem er seine Vorstellungen gegen den Willen des Arbeitgebers durchsetzen könnte (*Fitting* § 92a Rn. 6; *Kaiser*/LK § 92a Rn. 6; *Löwisch* FS *Konzen*, S. 533 [535]; *Richardi/Thüsing* § 92a Rn. 8; *Rose/HWGNRH* § 92a Rn. 15). Ein solches Initiativrecht kann sich allenfalls aus besonderen Vorschriften ergeben (z. B. § 87 Abs. 1 Nr. 2, § 97 Abs. 2; zum Verhältnis des § 92a zu diesen Vorschriften s. Rdn. 37 ff.). Zur Frage, ob und inwieweit der Betriebsrat zur Ausarbeitung von Vorschlägen einen Anspruch gegenüber dem Arbeitgeber auf **Herausgabe von Unterlagen** geltend machen kann, vgl. *LAG Mecklenburg-Vorpommern* 17.01.2006 – 5 TaBV 3/05 – juris [krit. *Kohte* jurisPR-ArbR 19/2007 Anm. 2].

III. Pflichten des Arbeitgebers

1. Beratungspflicht

a) Inhalt

Bereits die Pflicht zur vertrauensvollen Zusammenarbeit gemäß § 2 Abs. 1 gebietet dem Arbeitgeber, die Vorschläge des Betriebsrats zur Kenntnis zu nehmen, in seine Überlegungen mit einzubeziehen und die Möglichkeit der Umsetzung zu prüfen. Darüber hinaus verpflichtet Abs. 2 Satz 1 den Arbeitgeber, die Vorschläge mit dem Betriebsrat zu beraten. Beratung bedeutet, dass der Arbeitgeber in einen **Dialog mit dem Betriebsrat** eintreten und dem Betriebsrat Gelegenheit geben muss, auf etwaige Einwände des Arbeitgebers einzugehen und diesen von seinen Vorschlägen zu überzeugen (vgl. auch *Reg. Begr.* BT-Drucks. 14/5741, S. 29: »sozialer Dialog«). Der Arbeitgeber kann sich dabei auf eine Erörterung der vom Betriebsrat gemachten Vorschläge beschränken (*Löwisch* FS *Konzen*, S. 533 [535]). Eine Verpflichtung, die beschäftigungsrelevanten Planungen offen zu legen, enthält § 92a nicht. Unterrichtungspflichten können sich insoweit nur aus anderen Vorschriften ergeben (etwa §§ 92, 106, 111). Die Art und Weise der Beratung richtet sich nach Inhalt und Umfang der gemachten Vorschläge (*Fitting* § 92a Rn. 10; *Rose/HWGNRH* § 92a Rn. 22). Zweckmäßig dürfte es sein, die Fragen im Rahmen eines persönlichen Gesprächs zu erörtern. Da der Betriebsrat als Gremium zu beteiligen ist, müssen hierzu sämtliche Betriebsratsmitglieder geladen werden, es sei denn, dass der Betriebsrat die Aufgabe auf einen Ausschuss (zur selbständigen Erledigung) übertragen hat (s. § 28 Rdn. 14, 16). Eine bestimmte Form wird aber durch das Gesetz nicht vorgeschrieben, so dass auch ein schriftlicher Austausch der Argumente den Anforderungen genügt.

Das Gesetz nennt keinen **Zeitpunkt** für die Beratungen. Aus dem Zweck der Vorschrift ergibt sich jedoch, dass die Beratung nach Möglichkeit so rechtzeitig erfolgen muss, dass eine Umsetzung der Vorschläge des Betriebsrats nicht bereits durch Zeitablauf ausgeschlossen ist. Andererseits ist der Arbeitgeber nicht verpflichtet, einen besonderen Gesprächstermin anzuberaumen, an dem ausschließlich über die Vorschläge des Betriebsrats beraten wird. Sofern keine Eilbedürftigkeit vorliegt, genügt es folglich, wenn die Vorschläge im Rahmen der regelmäßigen Besprechungen von Arbeitgeber und Betriebsrat gemäß § 74 Abs. 1 Satz 1 erörtert werden.

Der Beratungspflicht genügt der Arbeitgeber nur, wenn er den Dialog mit dem »ernsten Willen zur Einigung« (§ 74 Abs. 1 Satz 2) führt (*Richardi/Thüsing* § 92a Rn. 10). Er muss also bereit sein, die Vorschläge und Argumente des Betriebsrats unvoreingenommen zu prüfen, sich hiermit inhaltlich auseinanderzusetzen und seine Einwände offenzulegen (vgl. *Göpfert/Giese* NZA 2016, 463 [465], die annehmen, dass hierfür max. zwei Sitzungen erforderlich seien). Soweit der Umsetzung der Vorschläge noch nicht bekannt gemachte unternehmerische Planungen entgegenstehen, ist der Arbeitgeber verpflichtet, diese mitzuteilen.

Problematisch ist, ob der Arbeitgeber berechtigt ist, Informationen, die in einem sachlichen Zusammenhang mit der Beratungspflicht stehen, zurückzuhalten, wenn und solange hieran ein **Geheimhaltungsinteresse** besteht. Überwiegend wird eine analoge Anwendung des § 106 Abs. 2 befürwortet (*Kaiser/LK* § 92a Rn. 7; *Richardi/Thüsing* § 92a Rn. 12; *Rose/HWGNRH* § 92a Rn. 25). Dies ist zweifelhaft, da diese Vorschrift die Informationspflicht des Arbeitgebers im Verhältnis zum Wirtschaftsausschuss regelt. Im Verhältnis zum Betriebsrat ist dagegen § 79 maßgeblich. Aus der dort vorgesehenen Geheimhaltungspflicht wird mit Recht gefolgert, dass es dem Arbeitgeber verwehrt ist, eine gesetzlich geschuldete Unterrichtung des Betriebsrats unter Berufung auf ein Geheimhaltungsinteresse zu verweigern (s. *Oetker* § 79 Rdn. 10 m. w. N.). Gleiches muss dann im Grundsatz auch für Umstände gelten, die im Rahmen einer Beratung offen zu legen sind. Allerdings ist zu berücksichtigen, dass hier – anders als bei Informationspflichten des Arbeitgebers (vgl. etwa § 90 Abs. 1, § 92 Abs. 1 Satz 1, § 99 Abs. 1 Satz 1, § 111 Satz 1) – die Mitteilung der maßgeblichen Tatsachen nicht der primäre Zweck der Unterrichtung, sondern lediglich Hilfsinstrument zur Verwirklichung des Beratungszweckes ist. Ob und inwieweit der Arbeitgeber im Zusammenhang mit der Beratung zur Offenlegung von Tatsachen verpflichtet ist, bestimmt sich daher nach dem Grundsatz der vertrauensvollen Zusammenarbeit gemäß § 2 Abs. 1. Die Konkretisierung dieser Pflicht bedarf einer Abwägung der beiderseitigen Interessen, bei der auch ein berechtigtes Bedürfnis des Arbeitgebers nach Geheimhaltung bestimmter Planungen zu berücksichtigen ist. Es stellt daher keinen Verstoß gegen die Beratungspflicht dar, wenn der Arbeitgeber mit Rücksicht auf ein solches Geheimhaltungsinteresse nicht alle unternehmerischen Planungen offen legt, sofern hierdurch der Beratungszweck nicht vereitelt wird und der Arbeitgeber auch nicht aufgrund besonderer Vorschriften zur Unterrichtung des Betriebsrats verpflichtet ist.

b) Voraussetzungen

19 Der **Arbeitgeber ist nicht verpflichtet**, die Beratungen **persönlich** durchzuführen. Er kann sich vielmehr von einem Arbeitnehmer vertreten lassen, der über die erforderlichen Kenntnisse verfügt und in die betrieblichen Planungs- und Entscheidungsprozesse so eingebunden ist, dass er die Vorstellungen des Betriebsrats ggf. dort einbringen kann (s. *Franzen* § 1 Rdn. 94; vgl. auch *BAG* 11.12.1991 EzA § 90 BetrVG 1972 Nr. 2 = AP Nr. 2 zu § 90 BetrVG 1972 unter B II 3c).

20 Die Beratungspflicht wird nur ausgelöst, wenn der **Betriebsrat ordnungsgemäß von seinem Vorschlagsrecht Gebrauch** macht, d. h. wenn sich die Vorschläge auf einen der in Abs. 1 bezeichneten Gegenstände beziehen. Außerdem müssen die Vorschläge so konkret gefasst sein, dass sie auf ihre Umsetzbarkeit hin überprüft und zum Gegenstand einer Beratung gemacht werden können (*Haßlöcher* Mitarbeiterqualifizierung, S. 52; *Lunk/Studt* ArbRB 2002, 240 f.). Ist dies nicht der Fall, so braucht der Arbeitgeber die vorgeschlagenen Maßnahmen nicht mit dem Betriebsrat zu erörtern und kann ein entsprechendes Verlangen des Betriebsrats zurückweisen (*Richardi/Thüsing* § 92a Rn. 9; *Rose/HWGNRH* § 92a Rn. 21). Es wäre jedoch mit dem Grundsatz der vertrauensvollen Zusammenarbeit (§ 2 Abs. 1) unvereinbar, wenn der Arbeitgeber die Anregungen des Betriebsrats einfach mit Schweigen übergehen könnte (so aber offenbar *Rose/HWGNRH* § 92a Rn. 21, wonach »keine Reaktion« des Arbeitgebers auf die Vorschläge erforderlich sei). Vielmehr ist der Arbeitgeber zumindest verpflichtet, den Betriebsrat darauf hinzuweisen, dass aus seiner Sicht kein Zusammenhang mit Fragen der Beschäftigungssicherung oder -förderung besteht. Eine Ausnahme gilt nur, wenn der Arbeitgeber geradezu von einem missbräuchlichen Verhalten des Betriebsrats ausgehen muss, weil für jedermann offensichtlich ist, dass es an dem erforderlichen Themenbezug fehlt.

21 Hat der Arbeitgeber die Vorschläge mit dem Betriebsrat ausreichend beraten, so erlischt seine Pflicht durch Erfüllung (§ 362 Abs. 1 BGB). **Wiederholt der Betriebsrat seine Vorschläge**, so braucht sich der Arbeitgeber hiermit nicht zu befassen, da er seine Beratungspflicht bereits erfüllt hat (ebenso *Rose/HWGNRH* § 92a Rn. 26; im Ergebnis auch *Richardi/Thüsing* § 92a Rn. 13, die dies damit begründen, dass dem Verlangen des Betriebsrats der Einwand des Rechtsmissbrauches gemäß § 242 BGB entgegenstehe). Um eine solche Wiederholung handelt es sich, wenn die Vorschläge bei wertender Betrachtung mit den zuvor gemachten Vorschlägen identisch sind und hierdurch kein weiterer Beratungsbedarf ausgelöst wird. Die Beratungspflicht entsteht dagegen erneut, wenn der Betriebsrat andere Vorschläge unterbreitet, über die bisher noch nicht gesprochen worden ist. Um einen neuen Vorschlag handelt es sich auch dann, wenn dieser sich inhaltlich auf dieselben Maßnahmen bezieht, sich aber zwischenzeitlich die Sachlage geändert hat und die Gründe für die frühere Ablehnung damit entfallen sind. Beruft sich der Betriebsrat darauf, dass sich die Rahmenbedingungen geändert hätten, und trifft seine Behauptung zu, so ist der Arbeitgeber verpflichtet, die Vorschläge unter Berücksichtigung der veränderten Tatsachen neu zu beraten (*Richardi/Thüsing* § 92a Rn. 10; *Rose/HWGNRH* § 92a Rn. 26).

c) Hinzuziehung eines Vertreters der Bundesagentur für Arbeit

22 Gemäß Abs. 2 Satz 3 können die Betriebspartner einen Vertreter der Bundesagentur für Arbeit hinzuziehen. Die Befugnis steht sowohl dem Arbeitgeber als auch dem Betriebsrat zu. Aus dem insoweit eindeutigen Wortlaut ergibt sich, dass sich die Befugnis **auf die Beratung beschränkt**. Der Betriebsrat kann also nicht bereits zur Erarbeitung seiner Vorschläge die Unterstützung der Bundesagentur anfordern (zust. *Eylert/Waskow* NK-GA § 92a Rn. 9).

23 Zu der Bundesagentur gehören gemäß § 367 Abs. 2 SGB III neben der Zentrale auch die Regionaldirektionen und die Agenturen für Arbeit auf der örtlichen Verwaltungsebene. Daher kommen als Berater auch Beschäftigte der örtlichen Agenturen für Arbeit in Betracht. Die **Auswahl der konkreten**

Person ist Sache der Bundesagentur. Die Bundesagentur darf die Unterstützung der Betriebspartner aber nicht vollständig verweigern. Entsprechend den Grundsätzen des Interessenausgleichsverfahrens wird man die Bundesagentur vielmehr im Falle einer Anfrage durch die Betriebspartner als verpflichtet ansehen müssen, einen (geeigneten) Vertreter zu entsenden (s. *Oetker* §§ 112, 112a Rdn. 277 m. w. N.).

Die Hinzuziehung eines Vertreters der Bundesagentur durch den Betriebsrat setzt einen **ordnungs-** 24 **gemäß gefassten Beschluss** voraus. Fehlt es hieran, ist die Bundesagentur nicht verpflichtet, einen Vertreter zu entsenden (zust. *Eylert/Waskow*/NK-GA § 92a Rn. 9). Entsendet die Bundesagentur dennoch einen Vertreter – etwa weil sie keine Kenntnis vom Fehlen eines (wirksamen) Beschlusses hat –, so ist der Arbeitgeber nicht verpflichtet, an der Beratung teilzunehmen. Er ist außerdem berechtigt, dem Vertreter der Bundesagentur den Zutritt zum Betrieb zu verweigern.

Im Unterschied zur Hinzuziehung von Sachverständigen gemäß § 80 Abs. 3 bedarf die Hinzuziehung 25 eines Vertreters der Bundesagentur durch den Betriebsrat **nicht der Zustimmung des Arbeitgebers**. Der Grund dürfte darin zu sehen sein, dass durch die Beratungstätigkeit der Bundesagentur regelmäßig keine Kosten entstehen (vgl. zur insoweit abweichenden Situation bei § 80 Abs. 3 oben *Weber* § 80 Rdn. 154). Soweit dennoch **Kosten** anfallen, sind diese gemäß § 40 Abs. 1 vom Arbeitgeber zu tragen, sofern die allgemeinen Voraussetzungen für eine Kostentragungspflicht – insbesondere Erforderlichkeit und Verhältnismäßigkeit – vorliegen (vgl. hierzu *Weber* § 40 Rdn. 11 ff.).

Das Gesetz sagt – auch insoweit abweichend von der für die Hinzuziehung von Sachverständigen geltenden Regelung (vgl. § 80 Abs. 4) – nichts über die **Pflicht des Vertreters der Bundesagentur zur** 26 **Geheimhaltung** der ihm bekannt gewordenen Betriebs- und Geschäftsgeheimnisse. Im Regelfall dürfte der Vertreter der Bundesagentur allerdings bereits aufgrund seiner dienstrechtlichen Stellung zur Verschwiegenheit verpflichtet sein (vgl. etwa § 67 Abs. 1 BBG; *Richardi/Thüsing* § 92a Rn. 17). Diese Verpflichtung betrifft freilich nur das Verhältnis zu dem jeweiligen Dienstherrn. Aus den verschiedenen Einzelregelungen des BetrVG (vgl. § 79 Abs. 1 und 2, § 80 Abs. 4, § 111 Satz 2) lässt sich aber der allgemeine Grundsatz ableiten, dass dem Arbeitgeber die Teilnahme betriebsfremder Personen an Gesprächen über betriebliche Belange nur dann zuzumuten ist, wenn diese unabhängig von ihrer sonstigen Rechtsstellung allein aufgrund ihrer Funktion im Rahmen der Betriebsverfassung zur Verschwiegenheit verpflichtet sind. Dies spricht dafür, dass das Fehlen einer entsprechenden Regelung in § 92a Abs. 2 eine Gesetzeslücke darstellt, die durch eine **entsprechende Anwendung des § 80 Abs. 4** zu schließen ist (*Kaiser/LK* § 92a Rn. 8; *Richardi/Thüsing* § 92a Rn. 17; a. M. *Däubler/ DKKW* § 92a Rn. 16). Dem steht nicht entgegen, dass die Verletzung der Geheimhaltungspflicht durch § 120 Abs. 1 unter Strafe gestellt ist und im Bereich des Strafrechts ein Analogieverbot (Art. 103 Abs. 2 GG) gilt (so aber *Däubler/DKKW* § 92a Rn. 16). Die Analogie kann sich nämlich auf die Begründung einer materiellen Geheimhaltungspflicht beschränken und muss sich nicht auf die Strafvorschrift erstrecken.

d) Vereinbarungen mit dem Betriebsrat
Erzielen Betriebsrat und Arbeitgeber im Rahmen der Beratung Übereinstimmung hinsichtlich der 27 Durchführung von beschäftigungssichernden oder beschäftigungsfördernden Maßnahmen i. S. d. Abs. 1, so können sie hierüber eine verbindliche Vereinbarung treffen. Je nach Inhalt und beabsichtigter Wirkung der Regelung kann es sich dabei um eine **Betriebsvereinbarung oder** um eine bloße **Regelungsabrede** (Betriebsabsprache) handeln (*Däubler/DKKW* § 92a Rn. 17; *Schulze-Doll*/HaKo § 92a Rn. 19; enger offenbar *Löwisch* FS *Konzen*, S. 533 [536], der nur von Betriebsvereinbarungen spricht). Eine Regelungsabrede verpflichtet den Arbeitgeber lediglich gegenüber dem Betriebsrat, die Maßnahmen durchzuführen. Sofern im Zusammenhang mit der Vereinbarung Rechte und Pflichten der Arbeitnehmer begründet, etwa bestehende Arbeitszeitregelungen mit unmittelbarer Wirkung geändert werden sollen, ist allerdings eine Betriebsvereinbarung erforderlich.

Die Vereinbarungen können sich **auf alle in Abs. 1 genannten Gegenstände** beziehen. Soweit die 28 Vereinbarung die Gestaltung der Arbeitszeit einschließlich besonderer Formen wie Teilzeitarbeit oder Altersteilzeit, die Arbeitsorganisation, die Arbeitsverfahren oder Arbeitsabläufe sowie die Qualifizierung der Arbeitnehmer zum Inhalt hat, handelt es sich materiell um soziale Angelegenheiten, in denen dem Betriebsrat eine umfassende funktionelle Zuständigkeit zukommt (s. *Gutzeit* § 88 Rdn. 7; vgl. auch *Löwisch* BB 2001, 1790 [1794]). Die Betriebspartner sind aber ebenso wenig gehindert, **Vereinbarungen über originär unternehmerische Maßnahmen**, etwa über Produktions- oder Investitionsvorhaben des Unternehmens zu treffen (*Däubler/DKKW* § 92a Rn. 17; *Fitting* § 92a Rn. 8; **a. M.** *Kaiser/LK* § 92a Rn. 9; *Löwisch* BB 2001, 1790 [1794]; *ders.* FS *Konzen*, S. 533 [536]; *Rieble* NZA 2001, Sonderheft S. 48 [50]). Ein Grund für eine Einschränkung der Regelungskompetenz ist nicht erkennbar. Die unternehmerische Freiheit des Arbeitgebers ist nicht tangiert, da es sich um eine freiwillige Vereinbarung handelt und der Arbeitgeber nicht vor sich selbst geschützt zu werden braucht. Ebenso wenig lässt sich anführen, dass die Betriebspartner mit einer solchen Abrede die Grenzen ihrer Regelungskompetenz überschreiten. »Grenzen der Betriebsautonomie« lassen sich allenfalls im Hinblick auf den Schutz von an der Regelung nicht beteiligten Dritten, insbesondere der Arbeitnehmer im Falle der Betriebsvereinbarung, ziehen (hierzu s. *Kreutz* § 77 Rdn. 350 ff.). Vereinbarungen über unternehmerische Maßnahmen sollen aber – soweit ihnen nach dem Willen der Betriebspartner überhaupt Rechtsverbindlichkeit zukommen und sie nicht nur den Charakter von Absichtserklärungen haben sollen – allenfalls den Arbeitgeber gegenüber dem Betriebsrat binden, haben also den Charakter von Regelungsabreden, die keine Rechtswirkungen für oder gegen Dritte entfalten.

2. Begründungspflicht

a) Voraussetzungen

29 Abs. 2 Satz 2 erlegt dem Arbeitgeber eine Begründungspflicht auf, wenn er »die Vorschläge des Betriebsrats für ungeeignet« hält. Die Begründungspflicht soll den Arbeitgeber zum einen dazu zwingen, sich mit den Vorschlägen des Betriebsrats inhaltlich auseinanderzusetzen (vgl. auch *Reg. Begr.* BT-Drucks. 14/5741, S. 49). Zum anderen soll sie dem Betriebsrat die Möglichkeit geben, zu den Einwänden des Arbeitgebers Stellung zu nehmen und diese ggf. zu entkräften und damit einen »Meinungsbildungsprozess im Betrieb zu Fragen der Sicherung und Förderung der Beschäftigung« zu fördern. Der Wortlaut bringt diese Intention nur unzureichend zum Ausdruck (vgl. auch die Kritik bei *Annuß* NZA 2001, 368 [368]). Nach Sinn und Zweck der Vorschrift kann es nicht darauf ankommen, ob der Arbeitgeber die Vorschläge für ungeeignet hält, sondern ob er die **Vorschläge ablehnt**. Macht sich der Arbeitgeber die Vorschläge zu eigen oder gibt er zu erkennen, dass diese bei zukünftigen Planungen Berücksichtigung finden werden, so bedarf es keiner Begründung, weil der Betriebsrat sein Ziel erreicht hat. Will der Arbeitgeber nur einem Teil der Vorschläge folgen, so muss er die Ablehnung im Übrigen ebenfalls begründen (ebenso wohl *Richardi/Thüsing* § 92a Rn. 14; **a. M.** *Rose/HWGNRH* § 92a Rn. 28, wonach die Begründungspflicht schon dann entfallen soll, wenn sich der Betriebsrat teilweise mit seinen Vorstellungen durchsetzen konnte; zust. *S. Schneider* Das Mandat des Betriebsrats zur Beschäftigungsförderung und -sicherung im Betrieb, S. 69). Es würde dem Zweck der Vorschrift nicht gerecht, wenn sich der Arbeitgeber der inhaltlichen Auseinandersetzung entziehen könnte, indem er nur einzelne, vergleichsweise unbedeutende Anregungen aufnimmt. Abs. 2 ist daher so zu interpretieren, dass die Begründungspflicht besteht, *soweit* der Arbeitgeber die Vorschläge für ungeeignet hält. Keiner Begründung bedarf es in dem – eher theoretischen – Fall, dass der Arbeitgeber die Vorschläge für ungeeignet hält, die Beschäftigung zu sichern oder zu fördern, er aber den Wünschen des Betriebsrats aus anderen Gründen Rechnung tragen will, da auch hier der Betriebsrat im Ergebnis sein Ziel erreicht. Umgekehrt besteht die Begründungspflicht auch dann, wenn der Arbeitgeber die Vorschläge nicht wegen ihrer mangelnden Eignung, sondern deshalb ablehnt, weil er sie aus anderen Gründen (z. B. wegen der Unvereinbarkeit mit anderen unternehmerischen Planungen oder schlicht aus Kostengründen) nicht durchführen will (*Däubler/DKKW* § 92a Rn. 18; *Fitting* § 92a Rn. 11; *Lunk/Studt* ArbRB 2002, 240 [242]; *Rose/HWGNRH* § 92a Rn. 28; *S. Schneider* Das Mandat des Betriebsrats zur Beschäftigungsförderung und -sicherung im Betrieb, S. 71; **a. M.** *Haßlöcher* Mitarbeiterqualifizierung, S. 59 ff.; *Löwisch* FS *Konzen*, S. 533 [535]; *Kaiser/LK* § 92a Rn. 10; *Rieble* NZA 2001, Sonderheft S. 48 [49]; unklar *Annuß* NZA 2001, 367 [368]; *Richardi/Thüsing* § 92a Rn. 14).

b) Inhalt

Die Begründung des Arbeitgebers muss erkennen lassen, dass dieser sich mit den Vorschlägen des Betriebsrats substantiell auseinandergesetzt und sie auf ihre Eignung und Umsetzbarkeit hin untersucht hat. Die Anforderungen an die Begründung hängen maßgeblich vom Inhalt und Umfang der Vorschläge und der Intensität der Argumentation des Betriebsrates ab. Beschränkt sich der Betriebsrat darauf, bestimmte Maßnahmen anzuregen, ohne deren Notwendigkeit und Angemessenheit näher zu erläutern, so kann sich der Arbeitgeber ebenfalls kurz fassen. Legt dagegen der Betriebsrat ein ausgearbeitetes Konzept für die Umsetzung seiner Vorschläge vor, so muss sich der Arbeitgeber detailliert mit den Vorstellungen beschäftigen und die Gründe für seine Ablehnung darlegen. 30

Für eine ordnungsgemäße Begründung ist erforderlich, dass aus dieser ersichtlich ist, warum der Arbeitgeber den Vorschlägen des Betriebsrats nicht folgen will. Er muss folglich die aus seiner Sicht gegen die Vorschläge sprechenden **tragenden Gründe** nennen (*Fitting* § 92a Rn. 11; *Rose/HWGNRH* § 92a Rn. 30; ähnlich *Däubler/DKKW* § 92a Rn. 18). Allerdings lässt sich der für das Anhörungsverfahren des § 102 entwickelte Grundsatz der subjektiven Determinierung (hierzu § 102 Rdn. 73 ff.) nicht auf die Begründungspflicht des § 92 Abs. 2 Satz 2 übertragen (**a. M.** *Kaiser/LK* § 92a Rn. 11; *Rieble* NZA 2001, Sonderheft S. 48 [49]). Zwar ist nicht erforderlich, dass die vom Arbeitgeber vorgebrachten Gründe und Einwände objektiv zutreffen (zutr. *Löwisch* BB 2001, 1790 [1794]). Die Mitteilung der subjektiven Beweggründe kann aber dann nicht genügen, wenn diese keinen Bezug zur Argumentation des Betriebsrats haben. Anders als bei der Anhörung nach § 102 Abs. 1 geht es bei der Begründung der Ablehnung nicht nur darum, dem Betriebsrat Kenntnis von den Gründen zu verschaffen, die für den Arbeitgeber bestimmend waren, um auf dessen Willensbildung Einfluss nehmen zu können (vgl. zum Zweck der Anhörung § 102 Rdn. 3). Vielmehr soll der Arbeitgeber zu einer Initiative des Betriebsrats Stellung beziehen (vgl. auch *Reg. Begr.* BT-Drucks. 14/5741, S. 49: erreicht werden soll, dass »der Arbeitgeber sich den Vorschlägen des Betriebsrats stellen muss«). Sofern der Betriebsrat konkrete Vorstellungen entwickelt hat, muss der Arbeitgeber auf diese eingehen. Keine ausreichende Begründung ist es daher, wenn der Arbeitgeber den Vorschlag des Betriebsrats ablehnt, weil sich der Betriebsrat in einer anderen Angelegenheit nicht kooperativ gezeigt habe, auch wenn dies der wirkliche Grund für die Ablehnung ist (vgl. dagegen zu den Anforderungen im Rahmen des Anhörungsverfahrens § 102 Rdn. 74). 31

c) Form

In **kleineren Betrieben** kann die Begründung **formlos** erfolgen. So genügt es, wenn der Arbeitgeber die Beweggründe für seine Ablehnung im Rahmen eines Gespräches mit dem Betriebsrat darlegt, in dem gleichzeitig über die Vorschläge beraten wird. 32

In Betrieben mit **mehr als 100 Arbeitnehmern** muss die Begründung nach Abs. 2 Satz 2 Halbs. 2 schriftlich erfolgen (zur rechtspolitischen Kritik an dem hiermit verbundenen bürokratischen Aufwand etwa *Bauer* NZA 2001, 375 [378 f.]; s. auch Rdn. 6). Mitzuzählen sind zum einen die betriebszugehörigen Arbeitnehmer (§ 7 Satz 1). Als solche gelten aufgrund der gesetzlichen Fiktion in § 5 Abs. 1 Satz 3 auch die dort genannten Personen (s. § 5 Rdn. 78). Nach § 14 Abs. 2 Satz 4 AÜG sind nunmehr für den Schwellenwert des Abs. 2 im Entleiherbetrieb zum anderen auch die dort beschäftigten Leiharbeitnehmer zu berücksichtigen (s. § 7 Rdn. 110 ff.; so bereits vor der Gesetzesänderung *Fitting* § 92a Rn. 12). Eine Ausnahme im Hinblick auf den Zweck der Regelung (s. § 7 Rdn. 111 f.) ist hier nicht angezeigt. Der Schwellenwert dient vor allem dazu, kleinen Betrieben den mit einer schriftlichen Begründung verbundenen bürokratischen Aufwand zu ersparen. Folglich dient die Arbeitnehmerzahl als Indiz für die Größe der Organisationseinheit. Im Entleiherbetrieb wird diese Größe aber auch maßgeblich durch die Zahl der beschäftigten Leiharbeitnehmer bestimmt (ebenso *Fitting* § 92a Rn. 12). 33

Obwohl dies im Wortlaut nicht ausdrücklich erwähnt ist, kommt es bei der Berechnung auf die Zahl der **regelmäßig beschäftigten Arbeitnehmer** an (*Däubler/DKKW* § 92a Rn. 21; *Fitting* § 92a Rn. 12; *Heither* AR-Blattei SD 530.14.3, Rn. 85; *Rose/HWGNRH* § 92a Rn. 31; **a. M.** *Richardi/Thüsing* § 92a Rn. 15, der auf die aktuelle Belegschaftsgröße abstellt). Die Verfasser des BetrVerf-ReformG haben hier wie in anderen Vorschriften auch (vgl. § 28a Abs. 1 Satz 1, § 95 Abs. 2 Satz 1, § 111 Satz 2) den ansonsten bei den Schwellenwerten üblichen Zusatz »in der Regel« nicht aufgenommen. 34

Dabei dürfte es sich aber nicht um eine bewusste Abweichung handeln, weil es auch in den neu geregelten Fällen wenig sinnvoll ist, das Beteiligungsrecht von kurzfristigen Schwankungen bei der Zahl der Beschäftigten abhängig zu machen (s. a. § 28a Rdn. 10, § 95 Rdn. 27 sowie *Oetker* § 111 Rdn. 219). Daher sind Leiharbeitnehmer nur zu berücksichtigen, wenn sie auf Arbeitsplätzen beschäftigt werden, die auf Dauer eingerichtet und daher für die Größe des Betriebs im Allgemeinen kennzeichnend sind (RegE BT-Drucks. 18/9232, S. 27; *BAG* 18.10.2011 EzA § 111 BetrVG 2001 Nr. 8 Rn. 21; 18.01.2017 – 7 ABR 60/15 – juris, Rn. 34; s. a. § 7 Rdn. 116 f.). Für die Bestimmung der Betriebsgröße ist die Perspektive in dem Zeitpunkt maßgeblich, in dem der Arbeitgeber dem Betriebsrat die Ablehnung der Vorschläge mitteilt (*Fitting* § 92a Rn. 12; *Rose/HWGNRH* § 92a Rn. 31).

35 **Sinn der Schriftform** ist es, den Arbeitgeber noch stärker zu zwingen, für seine Ablehnung eine rational nachvollziehbare Begründung zu geben. Fraglich ist, welche **Anforderungen** an eine »schriftliche« Begründung zu stellen sind. In jedem Fall ausreichend ist es, wenn der Arbeitgeber die Schriftform des § 126 BGB wahrt, also die Gründe in einem von ihm (oder von einem Bevollmächtigten) eigenhändig unterzeichneten Schreiben niedergelegt sind. Der Schriftform des § 126 BGB ist ebenfalls genüge getan, wenn die Gründe in einem vom Arbeitgeber unterzeichneten Beratungsprotokoll zusammengefasst werden (*Rose/HWGNRH* § 92a Rn. 32). Allerdings ist »schriftlich« i. S. d. Abs. 2 Satz 2 Halbs. 2 nicht mit der Schriftform des § 126 BGB gleichzusetzen (hierzu sowie zum Folgenden näher *Raab* FS *Konzen*, S. 719 [749 f.]; im Ergebnis ebenso *Richardi/Thüsing* § 92a Rn. 16). Dem Erfordernis einer schriftlichen Begründung kommt vor allem eine Dokumentationsfunktion zu. Die Sicherung der Authentizität, die mit der nach § 126 Abs. 1 BGB erforderlichen eigenhändigen Unterschrift unter der Urkunde gesichert werden soll, hat demgegenüber allenfalls eine geringe Bedeutung, weil der Betriebsrat jederzeit eine vom Arbeitgeber autorisierte Begründung verlangen kann, wenn sich herausstellen sollte, dass dies bei der vorliegenden Begründung nicht der Fall ist. Es genügt deshalb, wenn die Begründung des Arbeitgebers dauerhaft dokumentiert ist und der Betriebsrat diese jederzeit in lesbarer Form abrufen und ausdrucken, also in eine »schriftliche« Form bringen kann. Dies bedeutet, dass hier unter »schriftlich« die **Textform i. S. d. § 126b BGB** zu verstehen ist (in der Tendenz ähnlich, wenngleich nicht ganz eindeutig *Richardi/Thüsing* § 92a Rn. 16; *Rose/HWGNRH* § 92a Rn. 32; vgl. aber auch § 99 Rdn. 167 sowie § 102 Rdn. 137). Die Begründung kann dem Betriebsrat folglich auch per **Telekopie** oder auf elektronischem Wege (etwa per **E-Mail**) übermittelt werden (*Raab* FS *Konzen*, S. 719 [750]; abw. noch 8. Aufl. Rn. 34).

36 Fraglich ist, ob der Arbeitgeber – sofern die Voraussetzungen vorliegen – die Begründung von sich aus schriftlich abfassen muss (so *Fitting* § 92a Rn. 11; *Lunk/Studt* ArbRB 2002, 240 [241]) oder ob es hierfür einer **besonderen Aufforderung durch den Betriebsrat** bedarf (so *Rieble* NZA 2001, Sonderheft S. 48 [49]; *Rose/HWGNRH* § 92a Rn. 33). Der Gesetzeswortlaut (»erfolgt«) spricht eher für die erste Lösung. Andererseits dürfte es kaum dem Sinn des Gesetzes entsprechen, den Arbeitgeber unabhängig vom Willen des Betriebsrats zu einer schriftlichen Begründung zu zwingen. Bei teleologischer Auslegung erscheint es daher nahe liegend, in Abs. 2 Satz 2 Halbs. 2 lediglich eine **Anspruchsgrundlage** zu sehen, die dem Betriebsrat das Recht gibt, eine schriftliche Begründung zu verlangen. Selbst wenn man dem nicht folgt, muss der Betriebsrat zumindest auf die schriftliche Abfassung verzichten können. Einer schriftlichen Begründung bedarf es folglich zumindest dann nicht, wenn der Betriebsrat auf eine entsprechende Anfrage des Arbeitgebers hin erklärt, dass er keine schriftliche Begründung benötige.

IV. Verhältnis zu sonstigen Vorschriften

37 Das Recht des Betriebsrats, Vorschläge zur Beschäftigungssicherung und Beschäftigungsförderung zu machen, weist gegenständliche Überschneidungen mit anderen Beteiligungsrechten auf. So können Änderungen der Arbeitsorganisation, etwa neue Arbeitszeitmodelle, dazu beitragen, eine geplante Betriebsänderung abzuwenden oder abzumildern, und deshalb auch zum Inhalt eines Interessenausgleichsverfahrens gemäß § 112 gemacht werden. Im Hinblick auf die flexible Gestaltung der Arbeitszeit kann dem Betriebsrat ein Initiativrecht gemäß § 87 Abs. 1 Nr. 2 zustehen. Und schließlich können Qualifizierungsmaßnahmen in Form von betrieblicher Berufsbildung vom Betriebsrat gemäß § 96 Abs. 1 Satz 3 angeregt und unter den Voraussetzungen des § 97 Abs. 2 durch Anrufung der Eini-

gungsstelle durchgesetzt werden. In allen diesen Fällen stellt sich die Frage, ob, sofern die Voraussetzungen des besonderen Mitbestimmungstatbestandes vorliegen, daneben auch noch das Vorschlagsrecht des Betriebsrats nach § 92a besteht. Dies ist deshalb von Bedeutung, weil das Vorschlagsrecht einerseits lediglich vom Gegenstand her begrenzt, aber an keine besonderen Voraussetzungen geknüpft ist, andererseits dem Betriebsrat besondere Rechte (z. B. Hinzuziehung eines Vertreters der Bundesagentur für Arbeit, Anspruch auf schriftliche Begründung einer Ablehnung) verleiht.

Soweit in der **Literatur** zu der Frage Stellung genommen wird, wird überwiegend die Ansicht vertreten, dass die sonstigen Beteiligungsrechte die Anwendung des § 92a nicht ausschließen, vielmehr eine **Gesetzeskonkurrenz** vorliegt (*Däubler/DKKW* § 92a Rn. 3; *Fischer* DB 2002, 322 [323]; *ders.* NZA 2004, Sonderbeil. Nr. 1, S. 28 [31]; *Fitting* § 92a Rn. 9; *Heither* AR-Blattei SD 530.14.3, Rn. 68; *Lunk/Studt* ArbRB 2002, 240). Die Konsequenz wäre beispielsweise, dass der Betriebsrat bei einem Scheitern von Verhandlungen über ein neues Arbeitszeitmodell gemäß § 87 Abs. 1 Nr. 2 oder über einen Interessenausgleich gemäß §§ 111, 112 vom Arbeitgeber – bei entsprechender Betriebsgröße – eine schriftliche Begründung verlangen könnte, bevor er die Einigungsstelle anruft. Außerdem könnte der Betriebsrat nach Beginn des Verfahrens vor der Einigungsstelle im Rahmen eines Verfahrens nach § 92a Abs. 2 jederzeit einen Vertreter der Bundesagentur für Arbeit hinzuziehen, obwohl § 87 eine solche Möglichkeit gar nicht vorsieht und § 112 Abs. 2 Satz 3 die Hinzuziehung vom Ersuchen des Vorsitzenden der Einigungsstelle abhängig macht und den Kreis der hinzuzuziehenden Personen gegenüber § 92a Abs. 2 Satz 3 deutlich einschränkt. Ähnliches gilt für das Verhältnis zu § 97 Abs. 2.

Dies zeigt, dass ein Nebeneinander der verschiedenen Verfahren wenig sinnvoll erscheint und zu Wertungswidersprüchen führt. Soweit die besonderen Beteiligungstatbestände bestimmte Regelungen treffen – etwa im Hinblick auf die Hinzuziehung von Vertretern der Bundesagentur – dürfen diese nicht durch die Anwendung allgemeiner Vorschriften unterlaufen werden. Daneben ist zu berücksichtigen, dass die in § 92a vorgesehenen Instrumente ihre Rechtfertigung gerade aus dem besonderen Charakter des Vorschlagsrechtes erfahren. So macht die Begründungspflicht nur deshalb Sinn, weil der Betriebsrat zur Verwirklichung seiner Vorstellungen auf den Weg der argumentativen Auseinandersetzung mit dem Arbeitgeber verwiesen wird und seine Vorschläge nicht durch Anrufung der Einigungsstelle durchsetzen kann. Dies spricht dafür, dass es sich bei § 92a um einen **Auffangtatbestand** handelt, der dem Betriebsrat die Möglichkeit geben soll, Maßnahmen zur Beschäftigungssicherung und -förderung auch dann anzuregen, wenn ihm keine besonderen Beteiligungsrechte zustehen. Liegen dagegen die tatbestandlichen Voraussetzungen eines Beteiligungsrechtes vor, das dem Betriebsrat ein vergleichbares Vorschlagsrecht einräumt, so schließt der besondere Beteiligungstatbestand als **lex specialis** einen Rückgriff auf die allgemeine Vorschrift des § 92a aus (zust. *LAG Hamm* 20.03.2009 – 10 TaBV 17/09 – juris, Rn. 51; s. a. *Oetker* § 111 Rdn. 248; *Rieble* NZA 2001, Sonderheft S. 48 [50 f.]; vermittelnd *Göpfert/Giese* NZA 2016, 463 [465], die meinen, dass das Verfahren nach § 92a auch neben anderen Konsultationsverfahren durchgeführt werden könne, jedoch in diese »eingebettet« werden müsse und nicht zu einer Verzögerung der gegenüber § 92a vorrangigen Verfahren nach §§ 106, 111 führen dürfe).

V. Rückwirkungen auf den Kündigungsschutz

§ 92a begründet Rechte und Pflichten im Verhältnis zwischen Betriebsrat und Arbeitgeber. Dagegen entfaltet die Vorschrift keine unmittelbaren Rechtswirkungen für das Rechtsverhältnis zwischen dem Arbeitgeber und dem einzelnen Arbeitnehmer. Aus dem Vorschlagsrecht ergeben sich folglich auch keine **Beschränkungen des Kündigungsrechts** (*BAG* 18.10.2006 EzA § 1 KSchG Betriebsbedingte Kündigung Nr. 151 Rn. 25 f.; *Bauer* NZA 2001, 375 [379]; *Däubler/DKKW* § 92a Rn. 22; *Eylert/Waskow/NK-GA* § 92a Rn. 13; *Heither* AR-Blattei SD 530.14.3, Rn. 86; *Rieble* NZA 2001, Sonderheft S. 48 [51]; *Rose/HWGNRH* § 92a Rn. 34). Die Wirksamkeit von Kündigungen des Arbeitgebers beurteilt sich vielmehr ausschließlich nach den allgemeinen Vorschriften, insbesondere nach § 1 KSchG.

41 Bei der Beurteilung der sozialen Rechtfertigung betriebsbedingter Kündigungen können allerdings auch Fragen eine Rolle spielen, die Gegenstand des Vorschlagsrechtes des Betriebsrats sind. Dies betrifft insbesondere die Frage, ob der Arbeitgeber durch den **kündigungsrechtlichen Ultima-ratio-Grundsatz** (hierzu *Griebeling/Rachor/*KR § 1 KSchG Rn. 528 ff.; *Kiel/APS* § 1 KSchG Rn. 528 ff.; *Preis/SPV* Rn. 984 ff.) gehalten ist, vor Ausspruch einer betriebsbedingten Kündigung **unternehmerische Maßnahmen** zu ergreifen, die der Erhaltung von Arbeitsplätzen und damit der **Sicherung der Beschäftigung** dienen. So wird der Abbau von Überstunden überwiegend als vorrangiges milderes Mittel angesehen, so dass bei Fortbestehen der Überstunden kein dringendes betriebliches Erfordernis zur Kündigung angenommen werden könne (*Kiel/APS* § 1 KSchG Rn. 531; *Preis/SPV* Rn. 1007). Ob der Arbeitgeber zur Vermeidung von Kündigungen zur Einführung von Kurzarbeit verpflichtet ist, ist nach wie vor umstritten (vgl. *Griebeling/Rachor/*KR § 1 KSchG Rn. 530 f. m. w. N.). Ein solcher Vorrang unternehmerischer Maßnahmen zur Beschäftigungssicherung steht freilich in einem gewissen Spannungsverhältnis zum Grundsatz der freien Unternehmerentscheidung (hierzu *Griebeling/Rachor/*KR § 1 KSchG Rn. 522; *Kiel/APS* § 1 KSchG Rn. 455 ff.). Dabei handelt es sich allerdings um ein Problem des Kündigungsschutzrechts. Im Rahmen des § 92a ist lediglich festzuhalten, dass Vorschläge des Betriebsrats zur Beschäftigungssicherung als solche weder dazu führen, dass die Kündigung sozial nicht gerechtfertigt ist, noch eine Vermutung begründen, dass der Arbeitgeber noch nicht alle möglichen milderen Mittel ausgeschöpft hat. Ob die Kündigung durch andere zumutbare Maßnahmen vermeidbar gewesen wäre, ist vielmehr im Kündigungsschutzprozess in vollem Umfange zu überprüfen. Lediglich der Einwand, dass Maßnahmen der Beschäftigungssicherung am Widerstand des Betriebsrats gescheitert wären, ist dem Arbeitgeber abgeschnitten, wenn der Betriebsrat entsprechende Vorschläge gemacht hat (hierzu *BAG* 04.03.1986 EzA § 87 BetrVG 1972 Arbeitszeit Nr. 17 = AP Nr. 3 zu § 87 BetrVG 1972 Kurzarbeit *[Wiese]* unter II 3g; 11.09.1986 EzA § 1 KSchG Betriebsbedingte Kündigung Nr. 54 unter II 4c bb; *Preis/SPV* Rn. 1005). Außerdem kann die Kündigung gegen den Ultima-ratio-Grundsatz verstoßen, wenn der Arbeitgeber Vorschlägen des Betriebsrats zur Beschäftigungssicherung zugestimmt hat und dies eine **Selbstbindung des Arbeitgebers** bewirkt (*BAG* 18.10.2006 EzA § 1 KSchG Betriebsbedingte Kündigung Nr. 151 Rn. 27). Eine dennoch ausgesprochene Kündigung wäre dann mangels dringender betrieblicher Erfordernisse sozial ungerechtfertigt. Voraussetzung ist allerdings, dass sich die maßgeblichen Umstände nicht nachträglich geändert haben, weil sich eine Selbstbindung nur auf die Sachlage bei Zustimmung des Arbeitgebers beziehen kann. Außerdem müssten die vom Betriebsrat vorgeschlagenen Maßnahmen dazu geführt haben, dass der Beschäftigungsbedarf für den gekündigten Arbeitnehmer fortbesteht und der Grund für die Kündigung entfällt. Dasselbe gilt für die Beurteilung der **Möglichkeit der Weiterbeschäftigung** auf einem anderen Arbeitsplatz **nach Umschulungs- und Fortbildungsmaßnahmen** gemäß § 1 Abs. 2 Satz 3 KSchG. Ob eine solche Weiterbeschäftigungsmöglichkeit besteht und ob die Umschulungs- oder Fortbildungsmaßnahmen zumutbar sind, ist ebenfalls grundsätzlich unabhängig davon zu beantworten, ob der Betriebsrat im Vorfeld der Kündigung Maßnahmen zur Qualifizierung der Arbeitnehmer angeregt hat.

VI. Streitigkeiten, Sanktionen

42 § 92a gibt dem Betriebsrat einen Anspruch gegen den Arbeitgeber auf Beratung seiner Vorschläge und im Falle der Ablehnung einen Anspruch auf Abgabe einer (ggf. schriftlichen) Begründung. Kommt der Arbeitgeber seiner Pflicht nicht ordnungsgemäß nach, so kann der Betriebsrat **seine Ansprüche im Wege des Leistungsantrages** durchsetzen. Das Arbeitsgericht entscheidet gemäß § 2a Abs. 1 Nr. 1 ArbGG im **Beschlussverfahren** (*Däubler/DKKW* § 92a Rn. 25; *Fitting* § 92a Rn. 14; *Richardi/Thüsing* § 92a Rn. 20; *Rose/HWGNRH* § 92a Rn. 42). Streiten die Beteiligten darüber, ob eine erfolgte Beratung oder eine gegebene Begründung den gesetzlichen Anforderungen genügt, so muss sich aus dem Antrag und der gerichtlichen Entscheidung mit hinreichender Deutlichkeit ergeben, was der Arbeitgeber tun muss, um seine Verpflichtung zu erfüllen. Dies verlangt der prozessuale Bestimmtheitsgrundsatz (*Matthes/Spinner/GMP* ArbGG, § 81 Rn. 8 ff.).

43 Die Nichterfüllung der Beratungs- und Begründungspflicht hat nicht zur Folge, dass der Betriebsrat die **Unterlassung von Maßnahmen**, die zum Beschäftigungsabbau führen, verlangen kann (*LAG*

Hamm 20.03.2009 – 10 TaBV 17/09 – juris, Rn. 52; *Eylert/Waskow/*NK-GA § 92a Rn. 13; *Göpfert/ Giese* NZA 2016, 463 [464 f.]; *Lunk/Studt* ArbRB 2002, 240 [242]; *Richardi/Thüsing* § 92a Rn. 19; *Rieble* NZA 2001, Sonderheft S. 48 [49 f.]; *Rose/HWGNRH* § 92a Rn. 43; **a. M.** *Däubler/DKKW* § 92a Rn. 26). Ein (sog. allgemeiner) Unterlassungsanspruch aus § 2 Abs. 1 i. V. m. § 92a käme nur in Betracht, wenn dem Betriebsrat ein echtes Mitbestimmungsrecht in Bezug auf die zu untersagende Maßnahme zustünde. Bei Beratungsrechten, die dem Arbeitgeber die Freiheit der Entscheidung belassen, scheiden solche Ansprüche folglich aus, weil sie die Befugnisse des Arbeitgebers stärker einschränken würden als das Beteiligungsrecht selbst (*Raab* ZfA 1997, 183 [197 ff., 205]). Im vorliegenden Fall kommt hinzu, dass sich – im Unterschied zur Diskussion über einen Unterlassungsanspruch bei Betriebsänderungen nach §§ 111, 112 (hierzu s. *Oetker* § 111 Rdn. 276 ff. m. w. N.) – der Beratungsanspruch gar nicht auf die unternehmerische Maßnahme bezieht, deren Unterlassung begehrt wird (dies übersieht *Däubler/DKKW* § 92a Rn. 26). Ein Antrag auf Untersagung der geplanten Maßnahme bis zum Abschluss des Beratungsverfahrens bzw. bis zur Abgabe einer ordnungsgemäßen Begründung ließe sich allenfalls auf **§ 23 Abs. 3** stützen (*Däubler/DKKW* § 92a Rn. 27; *Fitting* § 92a Rn. 14; *Rose/HWGNRH* § 92a Rn. 19). Im Rahmen dieser Vorschrift sind nämlich auch über die Wirkung des Beteiligungsrechts hinauszielende »überschießende« Anordnungen möglich (*Raab* ZfA 1997, 183 [189] sowie oben *Oetker* § 23 Rdn. 191, 208). Voraussetzung hierfür ist jedoch zum einen ein grober Verstoß des Arbeitgebers. Zum anderen muss eine solche Unterlassungsanordnung erforderlich sein, um ein Mindestmaß an gesetzmäßigem Verhalten sicherzustellen. Dies wäre dann der Fall, wenn ohne eine solche Anordnung das Beteiligungsrecht des Betriebsrats vollständig vereitelt würde.

Die Verletzung der Beratungs- und Begründungspflicht stellt **keine Ordnungswidrigkeit** dar, da § 92a nicht in den Katalog des § 121 Abs. 1 aufgenommen worden ist (*Fitting* § 92a Rn. 14; *Rose/ HWGNRH* § 92a Rn. 17). 44

Trotz der eher schwach ausgeprägten Möglichkeiten zur Rechtsdurchsetzung **widerspricht die Regelung nicht den Vorgaben der Richtlinie 2002/14/EG** (**a. M.** *Körner* NZA 2006, 573 [575]). Zwar verpflichtet Art. 8 Abs. 2 die Mitgliedstaaten dazu, angemessene und abschreckende Sanktionen für den Fall des Verstoßes gegen die Richtlinie vorzusehen. Die Richtlinie erfasst in Art. 4 und 5 aber lediglich die Fälle der Unterrichtung und Anhörung der Arbeitnehmervertreter, d. h. die Fälle, in denen der Arbeitgeber von sich aus über die Entwicklung des Betriebs und des Unternehmens zu informieren und mit dem Betriebsrat zu beraten hat. Eine Pflicht des Arbeitgebers, sich losgelöst von solchen Beratungen auf Vorschläge des Betriebsrats zur Sicherung und Förderung der Beschäftigung einzulassen, lässt sich der Richtlinie nicht entnehmen. § 92a wird daher von der Richtlinie nicht gefordert (dies übersieht offenbar auch *Kohte* jurisPR-ArbR 19/2007 Anm. 2 unter C 3, wenn er meint, dass die Vorschrift richtlinienkonform zu interpretieren sei). Aus diesem Grunde ist der Gesetzgeber auch hinsichtlich der Sanktionen nicht an Art. 8 Abs. 2 der Richtlinie gebunden. 45

§ 93
Ausschreibung von Arbeitsplätzen

Der Betriebsrat kann verlangen, dass Arbeitsplätze, die besetzt werden sollen, allgemein oder für bestimmte Arten von Tätigkeiten vor ihrer Besetzung innerhalb des Betriebs ausgeschrieben werden.

Literatur
Bormann Lohnt sich die Stellenausschreibung, MitbestGespr. 1973, 36; *Buchner* Freiheit und Bindung des Arbeitgebers bei Einstellungsentscheidungen, NZA 1991, 577; *Fischer* Zustimmungsverweigerung wegen unterbliebener Ausschreibung in Teilzeit, AuR 2005, 255; *Kahn/Wedde* Auswahlrichtlinien und Stellenausschreibungen, AiB 1992, 546; *Kleinebrink* Mitbestimmungsrechte und Gestaltungsmöglichkeiten bei innerbetrieblichen Stellenausschreibungen, ArbRB 2006, 217; *Krimphove/Lüke* Rechtsfragen der Rekrutierung ausländischen Personals, BB 2014, 2106; *Lichtenstein* Ausschreibung von Arbeitsplätzen, BetrR 1973, 47; *Plum* Unterrichtung des Betriebsrats bei der Einstellung von Leiharbeitnehmern, DB 2011, 2916. Vgl. ferner die Angaben vor § 92.

§ 93

Inhaltsübersicht   **Rdn.**

I. Vorbemerkung	1–4
1. Entstehungsgeschichte	1, 2
2. Sinn und Zweck der Vorschrift	3
3. Systematische Einordnung	4
II. Anwendungsbereich	5–17
1. Gegenstand des Beteiligungsrechts	5, 6
2. Ausschreibung von Arbeitsplätzen	7–12
3. Einzelfälle	13–17
III. Inhalt des Beteiligungsrechts	18–37
1. Initiativrecht	18–21
2. Pflicht zur innerbetrieblichen Ausschreibung	22–29
a) Erfasste Arbeitsplätze	22–24
b) Kein Verbot der externen Ausschreibung	25
c) Zeitpunkt und Dauer der Ausschreibung	26, 27
d) Zeitpunkt des Ausschreibungsverlangens	28, 29
3. Beschränkung auf den Betrieb	30
4. Form und Inhalt der Ausschreibung	31–36
5. Bindung des Arbeitgebers bei der Auswahlentscheidung	37
IV. Regelung der Ausschreibungsmodalitäten	38–40
V. Rechtsfolgen fehlender oder fehlerhafter Ausschreibung	41–48
VI. Streitigkeiten	49–51
VII. Verhältnis zu anderen Vorschriften	52–54

I. Vorbemerkung

1. Entstehungsgeschichte

1 § 93 wurde durch das BetrVG 1972 neu eingeführt. Im BetrVG 1952 gab es keine vergleichbare Regelung. Zwar entsprach es auch früher schon häufig der betrieblichen Praxis, dass Arbeitsplätze (zumindest auch) im Betrieb ausgeschrieben wurden. Mit der neu geschaffenen Regelung wurde dem Betriebsrat aber erstmals die Möglichkeit eröffnet, eine solche Ausschreibung zu erzwingen.

2 Durch Art. 5 Nr. 6 des Gesetzes zur Durchsetzung der Gleichberechtigung von Frauen und Männern (Zweites Gleichberechtigungsgesetz – 2. GleichBG) vom 24.06.1994 (BGBl. I, S. 1406) wurden dem § 93 zwei Sätze angefügt. Danach hatte der Betriebsrat das Recht, **anzuregen**, dass Arbeitsplätze, die an sich als Vollzeitarbeitsplätze konzipiert waren, nicht nur als solche, sondern »auch« als Teilzeitarbeitsplätze ausgeschrieben werden. Durch Art. 2a des Gesetzes über Teilzeitarbeit und befristete Arbeitsverträge (Teilzeit- und Befristungsgesetz – TzBfG) vom 21.12.2000 (BGBl. I, S. 1966) wurden Satz 2 und 3 wieder gestrichen. Funktional werden diese Regelungen durch § 7 Abs. 1 TzBfG ersetzt. Nach § 7 Abs. 1 TzBfG ist der Arbeitgeber nunmehr generell verpflichtet, einen Arbeitsplatz, den er öffentlich oder innerhalb des Betriebes ausschreibt, »auch« als Teilzeitarbeitsplatz auszuschreiben, wenn der Arbeitsplatz hierfür geeignet ist (vgl. hierzu Rdn. 36, 44). Das BetrVerf-ReformG hat § 93 unverändert gelassen.

2. Sinn und Zweck der Vorschrift

3 Nach der Intention der Gesetzesverfasser soll die Vorschrift den Gedanken eines **innerbetrieblichen Arbeitsmarktes** aufgreifen und die im Betrieb vorhandenen Möglichkeiten eines rationellen Personaleinsatzes aktivieren. Zugleich soll möglichen Verärgerungen der Belegschaft über die Hereinnahme Außenstehender trotz des im Betrieb vorhandenen qualifizierten Angebotes an Arbeitskräften entgegengewirkt werden (vgl. amtliche Begründung zum BetrVG 1972, BT-Drucks. VI/1786, S. 50). Das Mitwirkungsrecht dient also dem Interessen der im Betrieb beschäftigen Arbeitnehmer. Diese sollen die **Chance zum innerbetrieblichen Aufstieg** erhalten und nicht gegenüber externen Bewerbern benachteiligt werden (vgl. *BAG* 27.07.1993 EzA § 99 BetrVG 1972 Nr. 115 = AP Nr. 3 zu § 93

BetrVG 1972 unter B II 1c). Die Pflicht zur Ausschreibung gewährleistet zugleich die **Chancengleichheit innerhalb der Belegschaft** des Betriebes (vgl. *Richardi/Thüsing* § 93 Rn. 1). Sie sorgt für Transparenz hinsichtlich der verfügbaren Stellen, so dass die sachwidrige Begünstigung einzelner Arbeitnehmer bei der Besetzung freier Stellen (etwa aufgrund persönlicher Beziehungen oder »Seilschaften«) zumindest erschwert und ein fairer Wettbewerb unter den Arbeitnehmern ermöglicht wird.

3. Systematische Einordnung

Das Gesetz gibt dem Betriebsrat das Recht, eine Ausschreibung innerhalb des Betriebes zu fordern 4 und selbst im Interesse der Aktivierung des innerbetrieblichen Arbeitsmarktes initiativ zu werden. Da es sich bei der Ausschreibung um eine **Maßnahme der Personaldeckungsplanung** handelt (vgl. *Buschmann/DKKW* § 93 Rn. 1; *Fitting* § 93 Rn. 4; *Rose/HWGNRH* § 93 Rn. 7; **a. M.** *Heinze* Personalplanung, Rn. 81), ergänzt die Vorschrift die aus § 92 folgenden allgemeinen Befugnisse des Betriebsrats im Rahmen der Personalplanung. Sofern die gesetzlichen Voraussetzungen vorliegen, ist der Arbeitgeber verpflichtet, dem Verlangen des Betriebsrats nachzukommen. Es handelt sich somit um ein echtes **Initiativrecht**. Im Unterschied zu anderen Initiativrechten (z. B. § 87, § 91, § 95 Abs. 2, § 97 Abs. 2) sieht § 93 kein Schlichtungsverfahren vor. Das Gesetz geht davon aus, dass der Inhalt der Verpflichtung des Arbeitgebers mit dem Begriff »Ausschreibung innerhalb des Betriebs« bereits durch das Gesetz hinreichend deutlich umschrieben ist und keiner weiteren Konkretisierung bedarf. Die Betriebspartner sind jedoch nicht gehindert, die Anforderungen im Wege der Vereinbarung näher zu präzisieren (vgl. Rdn. 38 ff.). In der Praxis dürfte eine solche Abrede empfehlenswert sein, um Rechtssicherheit zu schaffen und Streitigkeiten über die Ordnungsmäßigkeit der Ausschreibung zu vermeiden, die zu einer Verzögerung der personellen Maßnahme führen können (vgl. § 99 Abs. 2 Nr. 5 sowie Rdn. 41 ff.).

II. Anwendungsbereich

1. Gegenstand des Beteiligungsrechts

Nach § 93 kann der Betriebsrat die Ausschreibung von Arbeitsplätzen im Betrieb verlangen. Unter 5 einer **Ausschreibung** versteht man – jedenfalls im Kontext des Arbeitsrechts – üblicherweise die öffentliche oder zumindest an eine unbestimmte Zahl von Personen gerichtete Aufforderung, sich um eine von dem Ausschreibenden zu besetzende Beschäftigungsstelle zu bewerben (*BVerwG* 14.01.2010 BVerwGE 136, 29 Rn. 11; ähnlich im Kontext des § 93 *BAG* 23.02.1988 EzA § 93 BetrVG 1972 Nr. 3 = AP Nr. 2 zu § 93 BetrVG 1972 unter B I 1). Der Begriff der Ausschreibung wird dabei nicht nur für Beschäftigungen im Rahmen eines Arbeitsverhältnisses, sondern auch für sonstige privatrechtliche (vgl. § 11 i. V. m. § 6 Abs. 1 AGG) oder öffentlich-rechtliche Beschäftigungsverhältnisse (vgl. § 8 Abs. 1 BBG) verwendet. Die Ausschreibung weist gewisse **Ähnlichkeiten zur sog. invitatio ad offerendum** auf, unterscheidet sich hiervon jedoch nicht unwesentlich (für eine Einordnung der Ausschreibung als invitatio ad offerendum dagegen *LAG Schleswig-Holstein* 06.03.2012 – 2 TaBV 37/11 – juris, Rn. 20; *Thüsing*/MK-BGB § 11 AGG Rn. 2). Die Ausschreibung stellt nämlich keine Aufforderung zur Abgabe eines – nach § 145 BGB verbindlichen – Angebotes zum Abschluss eines Vertrages dar. Bei der Bewerbung um einen Arbeitsplatz handelt es sich schon deshalb nicht um ein Vertragsangebot, weil in der Ausschreibung meist noch gar nicht sämtliche, für die Parteien wesentlichen Vertragsbedingungen angegeben sind. Außerdem will der Bewerber dem Ausschreibenden typischerweise nicht das Recht einräumen, den Vertrag durch die schlichte »Annahme« der Bewerbung zustande zu bringen. Dennoch ist die Ausschreibung auch rechtsgeschäftlich nicht ohne Bedeutung. Der Ausschreibende macht zumindest deutlich, dass er den Abschluss eines Vertrages mit einer (geeigneten) Person aus dem Kreise der Bewerber beabsichtigt. Mit Eingang der Bewerbung entsteht daher ein vorvertragliches Schuldverhältnis i. S. d. § 311 Abs. 2 Nr. 1 BGB, das beide Seiten zur wechselseitigen Rücksichtnahme verpflichtet (zum Vertragsanbahnungsverhältnis auch *BAG* 14.07.2005 AP Nr. 41 zu § 242 BGB Auskunftspflicht = EzA § 242 BGB 2002 Nr. 1). Da ein solches vorvertragliches Schuldverhältnis – ebenso wie das auf den Leistungsaustausch gerichtete vertragliche Schuldverhältnis selbst – nur im (tatsächlichen) Einvernehmen beider Parteien zustande kommen kann, ist die Ausschreibung hierfür notwendige Voraussetzung. Sie stellt die Aufforderung dar, durch die Einsendung von Bewerbungen mit dem Ausschreibenden (zumindest in einem weiteren Sinne) in Vertragsverhandlungen einzutreten. Da andererseits die Begründung des vorvertraglichen Schuldverhältnisses nicht davon abhängt, dass sich beide Seiten zur Rücksichtnahme verpflichten wollen, handelt es sich bei der Ausschreibung nicht um eine Willenserklärung, sondern um eine **rechtsgeschäftsähnliche Handlung** (vgl. nur *Wolf/Neuner* Allgemeiner Teil des Bürgerlichen Rechts, 11. Aufl. 2016, § 28 Rn. 8).

6 Nach dem Grundsatz der **Privatautonomie** ist der Ausschreibende grundsätzlich frei, ob er einen Arbeitsplatz ausschreibt und wie er den Adressatenkreis bestimmt, den er zu Bewerbungen auffordert. Der Arbeitgeber könnte daher von einer Ausschreibung ganz absehen oder diese ausschließlich an Personen richten, die (noch) nicht dem Betrieb angehören. Hier setzt § 93 an. Er **gibt dem Betriebsrat das Recht, vom Arbeitgeber zu verlangen, dass eine Ausschreibung durchgeführt**, die anstehende Personalentscheidung also nach außen erkennbar gemacht wird, und zudem die betriebsangehörigen Arbeitnehmer in den Adressatenkreis einbezogen werden. Dies geschieht zum einen dadurch, dass die Ausschreibung räumlich im Betrieb erfolgt, d. h. in einer Art und Weise, dass die Arbeitnehmer des Betriebs hiervon Kenntnis nehmen können, zum anderen dadurch, dass in der Bewerbung deutlich wird, dass auch betriebsangehörige Arbeitnehmer zu Bewerbungen aufgefordert sind. Wenn in der Gesetzesbegründung von dem »innerbetrieblichen Arbeitsmarkt« (BT-Drucks. VI/1786, S. 50) die Rede ist, so ist damit folglich gemeint, dass die betriebsangehörigen Arbeitnehmer die Möglichkeit haben sollen, auf die »Nachfrage« des Betriebsinhabers nach Arbeitskräften zu reagieren und als »Anbieter« aufzutreten.

2. Ausschreibung von Arbeitsplätzen

7 Das Verlangen des Betriebsrats bezieht sich auf »Arbeitsplätze«. Ohne Weiteres einschlägig ist die Vorschrift daher, wenn der Arbeitgeber beabsichtigt, einen freien oder frei gewordenen Arbeitsplatz **mit einem eigenen Arbeitnehmer** zu besetzen. Die Rspr. versteht den Tatbestand jedoch deutlich weiter. So nimmt sie an, dass der Betriebsrat auch die Ausschreibung von Arbeitsplätzen verlangen kann, die der Arbeitgeber mit **freien Mitarbeitern** (*BAG* 27.07.1993 EzA § 99 BetrVG 1972 Nr. 115 = AP Nr. 3 zu § 93 BetrVG 1972 unter B II 1c) oder mit **Leiharbeitnehmern** (*BAG* 01.02.2011 EzA § 93 BetrVG 2001 Nr. 1 Rn. 14 ff. = AP Nr. 9 zu § 93 BetrVG 1972 *[Richardi]*; 01.06.2011 AP Nr. 136 zu § 99 BetrVG 1972 Rn. 27; 15.10.2013 EzA § 93 BetrVG 2001 Nr. 2; *LAG Bremen* 03.03.2009 – 1 TaBV 21/08 – juris, Rn. 65 f.; *Hess. LAG* 24.04.2007 – 4 TaBV 24/07 – juris, Rn. 39; *LAG Schleswig-Holstein* 29.02.2012 – 6 TaBV 43/11 – juris, Rn. 36 ff.) besetzen will. Das *BAG* meint insbesondere, dass das Rechtsverhältnis, in dem die betreffende Person zum Betriebsinhaber stehe, bedeutungslos sei. Es verweist zur Begründung zunächst darauf, dass der **Wortlaut** des § 93 eindeutig sei. Wenn von dem »Arbeitsplatz« die Rede sei, so stelle das Gesetz auf die Stelle ab, auf der die Person tätig werden solle, und nicht auf Art und Inhalt des Rechtsverhältnisses, das der Beschäftigung zugrunde liege (*BAG* 01.02.2011 EzA § 93 BetrVG 2001 Nr. 1 Rn. 15, 17). Zum anderen stehe die Ausschreibungspflicht in untrennbarem **Zusammenhang mit § 99 Abs. 2 Nr. 5**. Dies spreche dafür, dass der Betriebsrat die Ausschreibung stets verlangen könne, wenn er bei der Besetzung der Stelle nach § 99 zu beteiligen sei, zumal es in beiden Fällen um die Wahrung der Interessen der bereits im Betrieb beschäftigten und vom Betriebsrat vertretenen Arbeitnehmer gehe. Nur bei Arbeitsplätzen, für die der Betriebsrat auch funktional nach § 99 nicht mehr zuständig sei, sei § 93 nicht mehr anwendbar (*BAG* 27.07.1993 EzA § 99 BetrVG 1972 Nr. 115 unter B II 1c; 01.02.2011 EzA § 93 BetrVG 2001 Nr. 1 Rn. 17). Schließlich sei auch vom **Zweck der Vorschrift**, den innerbetrieblichen Arbeitsmarkt zu aktivieren, keine einschränkende Auslegung angezeigt oder gar eine teleologische Reduktion geboten. So könnten die im Betrieb beschäftigten Arbeitnehmer ein Interesse daran haben, eine Stelle als freie Mitarbeiter (ggf. zusätzlich neben einer Teilzeitbeschäftigung als Arbeitnehmer) zu übernehmen (*BAG* 27.07.1993 EzA § 99 BetrVG 1972 Nr. 115 unter B II 1c). Soweit der Arbeitgeber beabsichtige, Stellen mit Leiharbeitnehmern zu besetzen, seien dies ebenfalls dem innerbetrieblichen Arbeitsmarkt nicht entzogen. So könne der Arbeitgeber nach § 81 Abs. 4 Satz 1 Nr. 1 SGB IX, § 9 TzBfG verpflichtet sein, bestimmte betriebsangehörige Arbeitnehmer bei der Stellenbesetzung bevorzugt zu berücksichtigen, und somit gezwungen werden, entgegen seiner ursprünglichen Absicht den Arbeitsplatz doch nicht mit einem

Leiharbeitnehmer, sondern mit einem betriebszugehörigen Arbeitnehmer zu besetzen (*BAG* 01.02.2011 EzA § 93 BetrVG 2001 Nr. 1 Rn. 22 f.).

Diese **Rspr. kann nicht überzeugen** (ebenso *Rose/HWGNRH* § 93 Rn. 47 f.). Schon der **Wortlaut** ist **nicht** so **eindeutig** wie das *BAG* suggeriert. So verwendet das Gesetz den Begriff des (zu besetzenden) »Arbeitsplatzes« noch in verschiedenen anderen Vorschriften (etwa § 11 AGG, § 13a Satz 1 AÜG, §§ 7 Abs. 2, 18 Satz 1 TzBfG, §§ 73 Abs. 1, 82 Satz 1 SGB IX). Speziell im Kontext der §§ 7 Abs. 2, 18 Satz 1 TzBfG wird bisher nicht erwogen, dass zu den Arbeitsplätzen auch Stellen gerechnet werden müssen, die der Arbeitgeber mit Leiharbeitnehmern besetzen will (vgl. etwa *Laux* in: *Laux/ Schlachter* TzBfG, § 7 Rn. 55 ff.). I. S. d. SGB IX ist Arbeitsplatz jede Stelle, auf der Arbeitnehmer, Beamte, Richter sowie Auszubildende und andere zu ihrer beruflichen Bildung Eingestellte beschäftigt werden (§ 73 Abs. 1 SGB IX; hierzu auch *BAG* 13.10.2011 EzA § 15 AGG Nr. 16 Rn. 31). Hier wird der Begriff des Arbeitsplatzes also gerade über die Rechtsnatur des Beschäftigungsverhältnisses definiert. In § 11 AGG ist mit »Arbeitsplatz« jede Stelle gemeint, für die ein Beschäftigungsverhältnis i. S. d. § 6 Abs. 1 AGG begründet werden soll. Erfasst werden damit außer Arbeitnehmern und Auszubildenden auch die arbeitnehmerähnlichen Personen (§ 6 Abs. 1 Nr. 3 AGG; *Schlachter*/ErfK § 11 AGG Rn. 1), nicht aber Personen in einem »freien« Dienstverhältnis nach § 611 BGB. Insoweit kommt es also offenbar für die Frage, ob ein »Arbeitsplatz« zu besetzen ist, ebenfalls auf die Natur des Rechtsverhältnisses an. Das BetrVG selbst spricht in § 95 Abs. 3 Satz 2 vom einem Arbeitsplatz und meint damit den Arbeitsbereich, der dem Arbeitnehmer zugeordnet ist (s. § 99 Rdn. 85). Dies könnte zunächst für die Ansicht der Rspr. sprechen. Doch ergibt sich aus dem Kontext, dass die Vorschrift nur Anwendung findet, wenn einem Arbeitnehmer ein anderer Arbeitsbereich zugewiesen wird (s. § 99 Rdn. 88 f.; zur [entsprechenden] Anwendung bei Versetzung von Leiharbeitnehmern im Entleiherbetrieb s. § 99 Rdn. 267). Dagegen ist keineswegs jeglicher Tätigkeitsbereich in der durch den Betrieb gebildeten organisatorischen Einheit gemeint. Wenn und soweit etwa ein selbständiger Unternehmer eine Dienstleistung im Betrieb erbringt, handelt es sich weder im Kontext des § 93 noch in dem des § 95 um einen Arbeitsplatz (s. Rdn. 15). Im Grunde geht auch das *BAG* nicht davon aus, dass es auf Art und Inhalt des Rechtsverhältnisses nicht ankomme. Wenn das Gericht verlangt, dass der Betriebsrat nach § 99 »funktional« zuständig sein müsse, dann folgt hieraus, dass das der Beschäftigung zugrundeliegende Rechtsverhältnis doch zumindest so gestaltet sein muss, dass die Voraussetzungen einer personellen Maßnahme nach § 99 (typischerweise also einer Einstellung) gegeben sind. Jedenfalls lässt die Wortbedeutung des Begriffes »Arbeitsplatz« ohne Weiteres eine Interpretation zu, wonach hierunter nur Stellen zu verstehen sind, die mit eigenen Arbeitnehmern des Betriebsinhabers besetzt werden sollen.

Auch das **systematische Argument** verfängt allenfalls auf den ersten Blick. Zwar besteht zwischen dem Recht des Betriebsrats nach § 93, die Ausschreibung verlangen zu können, und seiner Beteiligung bei der Besetzung der freien Stelle nach § 99 **ein sachlicher Zusammenhang**, wie § 99 Abs. 2 Nr. 5 zeigt. Dieser beschränkt sich aber zunächst darauf, dass das Gesetz die Verweigerung der Zustimmung zu der personellen Maßnahme als Instrument einsetzt, um dem Verlangen nach Ausschreibung Nachdruck zu verleihen und zur Durchsetzung zu verhelfen. Hieraus lässt sich hingegen nicht die Notwendigkeit der Kongruenz der Anwendungsbereiche beider Vorschriften ableiten. So haben die beiden Vorschriften zudem insofern einen unterschiedlichen Anwendungsbereich, als dem Betriebsrat das Recht aus § 93 auch in Unternehmen mit weniger als 20 Arbeitnehmern zusteht, obwohl er bei der späteren Besetzung der Stelle nicht nach § 99 zu beteiligen ist. Der Betriebsrat kann dann zwar die Ausschreibung nicht mit Hilfe eines Vetos durchsetzen. Ihm stehen jedoch andere Rechtsbehelfe zur Verfügung (s. Rdn. 49; s. a. *BAG* 30.01.1979 EzA § 118 BetrVG 1972 Nr. 20 = AP Nr. 11 zu § 118 BetrVG 1972 unter B II 2: »Die innerbetriebliche Ausschreibung behält auch ohne das Mitbestimmungsrecht des § 99 Abs. 2 BetrVG den ihr vom Gesetzgeber zugedachten Sinn und Zweck«; ähnlich *Ulber/zu Dohna-Jaeger* AÜG, § 14 Rn. 118: § 93 gelte bei Besetzung von Stellen mit betriebsfremden Personen unabhängig davon, ob dem Betriebsrat nach § 99 ein Mitbestimmungsrecht zustehe). Ebenso wenig lässt sich aber aus dem systematischen Zusammenhang ableiten, dass dem Betriebsrat das Recht nach § 93 stets zustehen müsse, wenn er anschließend bei der Besetzung der Stelle nach § 99 zu beteiligen sei (so aber *BAG* 27.07.1993 EzA § 99 BetrVG 1972 Nr. 115 unter B II 1c; 01.02.2011 EzA § 93 BetrVG 2001 Nr. 1 Rn. 17; *LAG* Bremen 03.03.2009 – 1 TaBV 21/08 – juris, Rn. 65; *LAG* Schleswig-Holstein 29.02.2012 – 6 TaBV 43/11 – juris, Rn. 40;

Schüren/Hamann AÜG, § 14 Rn. 310). Insofern ist auch der Hinweis darauf, dass der Betriebsrat in beiden Fällen die Interessen der im Betrieb beschäftigten Arbeitnehmer vertrete, eher vordergründig. In Wirklichkeit **dienen beide Beteiligungsrechte** nämlich **unterschiedlichen Interessen** (ähnlich *Rose/HWGNRH* § 93 Rn. 36). Während § 93 dem Interesse der Arbeitnehmer Rechnung trägt, sich auf den freien Arbeitsplatz zu bewerben und die Chance zum beruflichen Aufstieg zu nutzen, geht es im Rahmen der Beteiligung des Betriebsrats nach § 99 nicht um die Wahrung der Interessen der Arbeitnehmer im Hinblick auf den zu besetzenden Arbeitsplatz, sondern darum, die Arbeitnehmer vor Nachteilen auf ihrem bestehenden Arbeitsplatz zu schützen, wenn der freie Arbeitsplatz durch eine andere Person besetzt wird.

10 Schließlich sind auch die **teleologischen Erwägungen** nicht durchschlagend. Dies zeigt sich besonders deutlich am Beispiel der Ausschreibung von Stellen, die nach dem Willen des Arbeitgebers mit Leiharbeitnehmern besetzt werden sollen. In diesem Fall lässt sich § 93 sicher nicht dahin interpretieren, dass der Betriebsrat verlangen könne, dass der Arbeitgeber in der Ausschreibung erklärt, dass er die Stelle mit einem eigenen Arbeitnehmer besetzen will. Das Beteiligungsrecht soll den Arbeitgeber nur dazu zwingen, die in der Ausschreibung liegende Aufforderung auch an die im Betrieb beschäftigten Arbeitnehmer zu richten und damit den Adressatenkreis zu erweitern. Dagegen gibt die Vorschrift keine Handhabe, den Arbeitgeber zu einer Erklärung zu zwingen, die er gar nicht abgeben will. Dem Arbeitgeber wird daher auch durchweg zugestanden, in der »Ausschreibung« darauf hinzuweisen, dass die Stelle mit Leiharbeitnehmern besetzt werden solle (*BAG* 07.06.2016 EzA § 93 BetrVG 2001 Nr. 4 = AP Nr. 12 zu § 93 BetrVG 1972 Rn. 20 f.; *Hess. LAG* 24.04.2007 – 4 TaBV 24/07 – juris, Rn. 39 f.; *LAG Niedersachsen* 19.11.2008 – 15 TaBV 159/07 – juris, Rn. 66; *Schüren/Hamann* AÜG, § 14 Rn. 310). Akzeptiert man einen solchen Zusatz, so handelt es sich der Sache nach aber nicht mehr um eine Ausschreibung, zielt diese doch gerade darauf ab, dass etwaige Bewerber mit dem Ausschreibenden in Vertragsverhandlungen treten. Macht der Arbeitgeber deutlich, dass er die Stelle mit einem Leiharbeitnehmer besetzen will, so erhält die Erklärung einen völlig anderen Sinn. Der Arbeitnehmer, der auf dem freien Arbeitsplatz beschäftigt werden wollte, müsste sich nämlich bei dem in Aussicht genommenen Verleiher um einen Arbeitsplatz bewerben und darauf hoffen, in dem Betrieb an der entsprechenden Stelle eingesetzt zu werden (vgl. *Gussen* NZA 2011, 830 [835]). Der Zweck der »Ausschreibung« wird daher auch eher darin gesehen, die Arbeitnehmer des Einsatzbetriebs darüber zu informieren, dass sie sich bei einem Verleihunternehmen bewerben und unter Umständen als Leiharbeitnehmer bei ihrem jetzigen Arbeitgeber zum Einsatz kommen können (so *Hess. LAG* 24.04.2007 – 4 TaBV 24/07 – juris, Rn. 40; *Schüren/Hamann* AÜG, § 14 Rn. 310). § 93 gibt dem Betriebsrat aber nur das Recht, eine Ausschreibung zu verlangen, nicht dagegen einen Anspruch darauf, dass der Arbeitgeber die Arbeitnehmer über denkbare Beschäftigungsmöglichkeiten im Betrieb unterrichtet (ähnlich *Kaiser/LK* § 93 Rn. 3). Andere stellen darauf ab, dass dem Arbeitgeber durch eine aufgrund der Ausschreibung erfolgende Bewerbung eines eigenen Arbeitnehmers vor Augen geführt werden könne, dass der Einsatz eines Leiharbeitnehmers nicht erforderlich sei (so *Ulrici* jurisPR-ArbR 30/2010 Anm. 3). Auch das ist aber nicht der Sinn der Ausschreibungspflicht. Diese soll den Arbeitnehmern die Möglichkeit geben, bei einer entsprechenden Nachfrage des Arbeitgebers als Anbieter aufzutreten (s. Rdn. 5 f.). Wenn der Betriebsinhaber aber einen Überlassungsvertrag mit einem Verleiher abschließen möchte, also die Nachfrage auf die Verschaffung von Personaldienstleistungen durch einen Dritten gerichtet ist, dann wird diese Nachfrage verfehlt, wenn stattdessen ein Arbeitnehmer anbietet, seine Arbeitskraft auf der zu besetzenden Stelle im Rahmen eines Arbeitsverhältnisses zur Verfügung zu stellen.

11 Ähnliches gilt für den Einwand des *BAG*, dass der Arbeitgeber nach § 81 Abs. 4 Satz 1 Nr. 1 SGB IX, § 9 TzBfG verpflichtet sein könne, entgegen seiner Intention die Stelle mit eigenen (betriebsangehörigen) Arbeitnehmern zu besetzen, man also nicht behaupten könne, dass die Stelle **dem innerbetrieblichen Stellenmarkt** generell **entzogen** sei (*BAG* 01.02.2011 EzA § 93 BetrVG 2001 Nr. 1 Rn. 22 ff.). Auch dies stimmt nur, wenn man den Charakter des Beteiligungsrechts verändert. Zum einen lässt sich von einem »Markt« nur sprechen, wenn Angebot und Nachfrage auf dem autonomen Entschluss der Marktteilnehmer beruhen. Die vom *BAG* genannte Vorschrift des § 81 Abs. 4 Satz 1 Nr. 1 SGB IX schränkt aber gerade die Privatautonomie des Arbeitgebers ein, indem sie ihn zwingt, dem behinderten Arbeitnehmer einen für ihn (besser) geeigneten Arbeitsplatz zuzuweisen und von seinem Direktionsrecht in bestimmter Weise Gebrauch zu machen (*Gutzeit*/BeckOK-SozR § 81

SGB IX Rn. 11 [Stand: 01.12.2014]). Ähnliches gilt für § 9 TzBfG. Dass § 93 ein Instrument zur Durchsetzung solcher individueller Ansprüche einzelner Arbeitnehmer bei der Besetzung freier Stellen darstellen soll, lässt sich der Vorschrift kaum entnehmen. In Wahrheit zielt das Begehren auch gar nicht auf eine Ausschreibung ab. Die Ausschreibung ist vielmehr nur das Vehikel, um Arbeitnehmern, denen bestimmte Vorrechte bei der Besetzung freier Stellen zustehen, die notwendigen Informationen zukommen zu lassen, damit sie diese Rechte geltend machen können. § 93 wird damit zu einem Anspruch des Betriebsrats auf Information der betriebsangehörigen Arbeitnehmer über die vom Arbeitgeber beabsichtigten Maßnahmen zur Deckung eines bestehenden Personalbedarfs umfunktioniert. Nach der gesetzlichen Konzeption ist hierüber aber gem. § 92 Abs. 1 nur der Betriebsrat selbst zu unterrichten, und auch dies nur, wenn der Arbeitgeber tatsächlich eine (strukturierte) Personalplanung betreibt (s. § 92 Rdn. 21). Daneben ist der Arbeitgeber gegenüber bestimmten Arbeitnehmern individualrechtlich verpflichtet, sie über zu besetzende Arbeitsplätze zu informieren (§§ 7 Abs. 2, 18 TzBfG, § 13a AÜG). Wenn man nun über § 93 eine – vom Verlangen des Betriebsrats abhängige – vergleichbare allgemeine Informationspflicht gegenüber allen betriebsangehörigen Arbeitnehmern konstruiert, wird dies weder dem fragmentarischen Charakter der bisherigen Spezialregelungen, noch der ursprünglichen Intention des § 93 gerecht.

Der Anwendungsbereich des § 93 lässt sich demgemäß nur dann sachgerecht bestimmen, wenn man **12** sich auf die Bedeutung der »Ausschreibung von Arbeitsplätzen« besinnt. Voraussetzung ist zunächst, dass der Arbeitgeber überhaupt einen Arbeitsplatz besetzen will. Da die Ausschreibung eine Erklärung ist, mit der der Arbeitgeber andere zu Bewerbungen und damit zum Eintritt in Vertragsverhandlungen auffordert (s. Rdn. 5), kann die »Besetzung eines Arbeitsplatzes« im Kontext des § 93 nur bedeuten, dass der Arbeitgeber **eigenes Personal beschäftigen**, also mit einem der Bewerber ein Beschäftigungsverhältnis eingehen will. Systematische und teleologische Aspekte sprechen überdies dafür, unter »Arbeitsplätzen« nur solche Stellen zu verstehen, deren Stelleninhaber durch den Betriebsrat repräsentiert werden. Dies ist nur der Fall, wenn es sich um **betriebszugehörige Arbeitnehmer** i. S. d. § 7 Satz 1 handelt, was wiederum voraussetzt, dass sie in einem Arbeitsverhältnis zu dem Betriebsinhaber stehen (s. § 7 Rdn. 26 ff.). In Anbetracht der Funktion des Beteiligungsrechtes, den vom Betriebsrat vertretenen Arbeitnehmern eine Chance im Auswahlverfahren bei im Betrieb zu besetzenden Stellen zu verschaffen, wäre es dagegen befremdlich, wenn der Betriebsrat die Ausschreibung von Stellen verlangen könnte, bei deren Besetzung durch betriebsangehörige Arbeitnehmer diese aus seinem Zuständigkeitsbereich herauswachsen würden.

3. Einzelfälle

Nach Ansicht des *BAG* kann der Betriebsrat die Ausschreibung von Arbeitsplätzen verlangen, die der **13** Arbeitgeber mit **freien Mitarbeitern** besetzen will, sofern es sich bei der Beschäftigung dieser Personen um eine Einstellung i. S. d. § 99 handele (vgl. *BAG* 27.07.1993 EzA § 99 BetrVG 1972 Nr. 115 = AP Nr. 3 zu § 93 BetrVG 1972 unter B II 1c; zust. *Buschmann/DKKW* § 93 Rn. 7; *Eylert/Waskow/NK-GA* § 93 BetrVG Rn. 10; *Fitting* § 93 Rn. 5; *Richardi/Thüsing* § 93 Rn. 5 [wo inhaltlich falsch und unter Bezugnahme auf eine unzutreffende Belegstelle behauptet wird, dass sich auch die hiesige Kommentierung der Ansicht der Rspr. angeschlossen habe]; *Ricken/HWK* § 93 BetrVG Rn. 3). Dem ist nicht zu folgen (ebenso *Hromadka* SAE 1994, 133 [135]; *Kaiser/LK* § 93 Rn. 3; *Rose/HWGNRH* § 93 Rn. 36). Freie Mitarbeiter zählen nicht zu dem vom Betriebsrat repräsentierten Personenkreis. Abgesehen davon ist der praktische Anwendungsbereich – selbst wenn man dem *BAG* folgt – allenfalls marginal. So hat das *BAG* selbst eingeräumt, dass sich die Voraussetzungen einer »Eingliederung« i. S. d. Einstellungsbegriffes mit den Voraussetzungen der Arbeitnehmereigenschaft decken, so dass der Beschäftigung freier Mitarbeiter eine Einstellung i. S. d. § 99 »nur bei atypischen Fallgestaltungen« in Betracht komme (vgl. *BAG* 30.08.1994 EzA § 99 BetrVG 1972 Nr. 125 = AP Nr. 6 zu § 99 BetrVG 1972 Einstellung unter B II 2). Der Betriebsrat kann daher allenfalls in seltenen Ausnahmefällen eine Ausschreibung von freien Mitarbeiterstellen verlangen.

Nach **h. M.** findet § 93 Anwendung, wenn der Arbeitgeber einen Arbeitsplatz mit **Leiharbeitneh- 14 mern** besetzen will (*BAG* 01.02.2011 EzA § 93 BetrVG 2001 Nr. 1 Rn. 14 ff. = AP Nr. 9 zu § 93 BetrVG 1972 [zust. *Richardi*]; 01.06.2011 AP Nr. 136 zu § 99 BetrVG 1972 Rn. 27; 15.10.2013 EzA § 93 BetrVG 2001 Nr. 2 Rn. 19 ff.; 07.06.2016 EzA § 93 BetrVG 2001 Nr. 4 = AP Nr. 12 zu

§ 93 BetrVG 1972 Rn. 17; *LAG Bremen* 03.03.2009 – 1 TaBV 21/08 – juris, Rn. 65 f.; 05.11.2009 – 3 TaBV 16/09 – juris, Rn. 58 ff.; *Hess. LAG* 24.04.2007 – 4 TaBV 24/07 – juris, Rn. 39; *Becker* AuR 1982, 369 [375]; *Buschmann/DKKW* § 93 Rn. 7; *Erdlenbruch* Die betriebsverfassungsrechtliche Stellung, S. 168 f.; *Eylert/Waskow/*NK-GA § 93 BetrVG Rn. 10; *Fitting* § 93 Rn. 5; *Gick* Gewerbsmäßige Arbeitnehmerüberlassung, S. 139; *Kania/*ErfK § 93 BetrVG Rn. 2; *Kreuder/*HaKo § 93 Rn. 5; *Richardi/Thüsing* § 93 Rn. 5; *Thüsing* AÜG, § 14 Rn. 150 [außer wenn der Arbeitsplatz dauerhaft mit Leiharbeitnehmern besetzt werden soll]; *Schüren/Hamann* AÜG, § 14 Rn. 310; *Ulber/zu Dohna-Jaeger* AÜG, § 14 Rn. 118). Dasselbe müsste konsequenterweise für Arbeitsplätze gelten, auf denen **Beamte, Soldaten oder Arbeitnehmer des öffentlichen Dienstes** im Rahmen einer Personalgestellung beschäftigt werden sollen (§ 5 Abs. 1 Satz 3; *Löwisch/Mandler* BB 2016, 629 [631]). Dies ist aus den oben dargelegten (s. Rdn. 8 ff.) Gründen **abzulehnen** (ebenso *LAG Niedersachen* 09.08.2006 – 15 TaBV 53/05 – juris, Rn. 151 ff. = EzAÜG BetrVG Nr. 94 [bei dauerhafter Besetzung des Arbeitsplatzes mit Leiharbeitnehmern]; *Gussen* NZA 2011, 830 [834 f.]; *Kaiser/LK* § 93 Rn. 3; *Rose/HWGNRH* § 93 Rn. 35). Das Ziel des § 93, den innerbetrieblichen Stellenmarkt zu aktivieren, kann nur erreicht werden, wenn der Arbeitgeber einen Arbeitsplatz mit eigenem Personal besetzen und damit als Nachfrager auftreten will. Die strukturelle unternehmerische Entscheidung des Arbeitgebers, den Arbeitsplatz nicht mit eigenen Arbeitnehmern zu besetzen, ist dem Betriebsrat aber vorgegeben (zust. *Rose/HWGNRH* § 93 Rn. 35). Der Betriebsrat kann keine Änderung dieser Entscheidung erzwingen, da ihm insoweit lediglich ein Informations- und Beratungsrecht nach § 92 zusteht (s. § 92 Rdn. 14). Steht fest, dass die Nachfrage des Arbeitgebers darauf gerichtet ist, sich der Arbeitskraft von Arbeitnehmern zu bedienen, die von einem anderen Unternehmen überlassen werden, würde das Angebot betriebsangehöriger Arbeitnehmer, auf solchen Arbeitsplätzen zu arbeiten, inhaltlich an der Nachfrage vorbeigehen. In diesem Sinne ist eine Stelle, die der Arbeitgeber mit Leiharbeitnehmern besetzen will, dem innerbetrieblichen Arbeitsmarkt entzogen (so hier bereits in der 8. Aufl. [2005] § 93 Rn. 8; inhaltlich übereinstimmend [wenn auch ohne Bezugnahme auf die vorliegende Kommentierung] *LAG Niedersachen* 09.08.2006 – 15 TaBV 53/05 – juris, Rn. 153 = EzAÜG BetrVG Nr. 94; *Gussen* NZA 2011, 830 [835]; *Kaiser/LK* § 93 Rn. 3). Unterschiedliche Ansichten bestehen darüber, ob – sofern man der h. M. folgt – die Ausschreibungspflicht **nur bei dauerhafter oder auch bei kurzzeitiger Besetzung** von Arbeitsplätzen mit Leiharbeitnehmern besteht. Nachdem das *BAG* eine Ausschreibungspflicht zunächst nur für dauerhaft mit Leiharbeitnehmern zu besetzende Arbeitsplätze bejaht hatte (*BAG* 01.02.2011 EzA § 93 BetrVG 2001 Nr. 1 Rn. 14 ff.), hat es nunmehr eine solche Pflicht auch dann angenommen, »wenn deren Einsatzzeit zumindest vier Wochen betragen soll« (*BAG* 15.10.2013 EzA § 93 BetrVG 2001 Nr. 2 Rn. 25; 07.06.2016 EzA § 93 BetrVG 2001 Nr. 4 = AP Nr. 12 zu § 93 BetrVG 1972 Rn. 17). Dies lässt sich jedoch nicht dahin interpretieren, dass damit eine Ausschreibungspflicht bei kürzeren Einsatzzeiten ausgeschlossen werden soll, da das Gericht hierüber in der Sache nicht entscheiden musste (vgl. die Auslegung des Antrags in *BAG* 15.10.2013 EzA § 93 BetrVG 2001 Nr. 2 Rn. 15; vgl. auch den Orientierungssatz 1 der Entscheidung *BAG* 07.06.2016 EzA § 93 BetrVG 2001 Nr. 4 = AP Nr. 12 zu § 93 BetrVG 1972, wonach sich die Ausschreibungspflicht auf Arbeitsplätze beziehe, die »vorübergehend mit Leiharbeitnehmern besetzt werden sollen«). In der Rechtsprechung der Instanzgerichte (*LAG Bremen* 05.11.2009 – 3 TaBV 16/09 – juris, Rn. 64; *LAG Schleswig-Holstein* 29.02.2012 – 6 TaBV 43/11 – juris, Rn. 38) sowie in der Literatur (*Boemke/Lembke* AÜG, § 14 Rn. 141; *Buschmann/DKKW* § 93 Rn. 7; *Erdlenbruch* Die betriebsverfassungsrechtliche Stellung, S. 169; *Gick* Gewerbsmäßige Arbeitnehmerüberlassung, S. 139; **a. M.** *Müllner* Aufgespaltene Arbeitgeberstellung, S. 88) wird überwiegend angenommen, dass § 93 auch bei nur kurzzeitigem Einsatz von Leiharbeitnehmern Anwendung finde, ohne dass eine Mindestdauer angegeben würde. Dies liegt letztlich in der Konsequenz der herrschenden Meinung. Meint man, dass der Betriebsrat stets die Ausschreibung verlangen kann, wenn er bei der Besetzung nach § 99 zu beteiligen ist, so kann es nicht auf die Dauer des Einsatzes der Leiharbeitnehmer ankommen, weil diese auch für das Mitbestimmungsrecht nach § 14 Abs. 3 AÜG, § 99 Abs. 1 unerheblich ist (*LAG Schleswig-Holstein* 29.02.2012 – 6 TaBV 43/11 – juris, Rn. 38). Und erblickt man den Sinn des § 93 darin, dass betriebsangehörige Arbeitnehmer die Chance auf Beschäftigung auf Stellen erhalten, die mit Leiharbeitnehmern besetzt werden sollen, so ist ebenso wenig einsichtig, warum diese Chance nur bei einer bestimmten Mindestdauer des Arbeitseinsatzes bestehen soll. Umstritten ist, ob der Arbeitgeber nur bei der erstmaligen Besetzung eines Arbeitsplatzes mit Leiharbeitnehmern (so *Fitting* § 93 Rn. 5) oder auch bei jedem **Austausch** des auf dem Arbeitsplatz eingesetzten Leiharbeitnehmers sowie bei einer **Verlängerung** der geplanten Einsatzdauer (so *Buschmann*/*DKKW* § 93 Rn. 7) zur internen Ausschreibung verpflichtet ist. Letzteres wäre an sich konsequent, löst doch die Verlängerung des Einsatzes oder der Austausch des Leiharbeitnehmers zugleich erneut das Beteiligungsrecht nach § 14 Abs. 3 AÜG, § 99 aus (s. § 99 Rdn. 261). Daran wird andererseits deutlich, dass der Grundansatz verfehlt ist.

Weitgehende Einigkeit besteht darüber, dass die Ausschreibung von Stellen für **leitende Angestellte** 15 nicht gefordert werden kann (h. M.; vgl. *Buschmann*/*DKKW* § 93 Rn. 7; *Eylert*/*Waskow*/NK-GA § 93 BetrVG Rn. 9; *Fitting* § 93 Rn. 4; *Kania*/ErfK § 93 BetrVG Rn. 3; *Richardi*/*Thüsing* § 93 Rn. 7; *Rose*/HWGNRH § 93 Rn. 10; vgl. auch BAG 27.07.1993 EzA § 99 BetrVG 1972 Nr. 115 = AP Nr. 3 zu § 93 BetrVG 1972 unter B II 1c). Der Betriebsrat ist gem. § 5 Abs. 3 für die leitenden Angestellten nicht zuständig und hat daher auch bei der Einstellung kein Mitbestimmungsrecht nach § 99 (vgl. § 99 Rdn. 16). Aus demselben Grund kann der Betriebsrat nicht die Ausschreibung von Arbeitsplätzen verlangen, die der Arbeitgeber für die Beschäftigung von sog. **Ein-Euro-Jobbern** vorgesehen hat (*Engels* FS *Richardi*, S. 519 [528]; *ders.* NZA 2007, 8 [10 f.]). Die Personen, die im Rahmen von solchen Arbeitsgelegenheiten beschäftigt werden, zählen nicht zu den vom Betriebsrat vertretenen Arbeitnehmern. Außerdem kommen solche Arbeitsplätze für bereits im Betrieb beschäftigte Arbeitnehmer nicht in Betracht (zur rechtlichen Einordnung der Ein-Euro-Jobs s. § 5 Rdn. 108). Ebenfalls keine Ausschreibungspflicht besteht, wenn eine Aufgabe im Rahmen eines Dienst- oder Werkvertrages an ein **Drittunternehmen** vergeben oder der Arbeitsplatz eines im Betrieb beschäftigten Fremdfirmenarbeitnehmers neu besetzt werden soll (vgl. BAG 27.07.1993 EzA § 99 BetrVG 1972 Nr. 115 = AP Nr. 3 zu § 93 BetrVG 1972 unter B I 2b, B II 1c; *Richardi*/*Thüsing* § 93 Rn. 5).

Eine ähnliche Situation wie im Falle der Beschäftigung von Leiharbeitnehmern ergibt sich, wenn der 16 **Zweck einer personellen Maßnahme durch die Beschäftigung betriebsangehöriger Arbeitnehmer** von vornherein **nicht erreicht werden** kann. Denkbar ist etwa, dass Arbeitnehmer in einen anderen Betrieb des Unternehmens versetzt werden, um mit den dort beschäftigen Arbeitnehmern Erfahrungen auszutauschen, betriebsübergreifende Projekte zu entwickeln oder den dortigen Arbeitnehmern ein besonderes Know-how zu vermitteln. Zwar kann die Beschäftigung solcher Arbeitnehmer aus Sicht des aufnehmenden Betriebes eine Einstellung i. S. des § 99 darstellen (vgl. § 99 Rdn. 121). Dennoch besteht – auch wenn der Betriebsrat die Ausschreibung solcher Arbeitsplätze verlangt hat – keine Ausschreibungspflicht nach § 93 (**a. M.** LAG Chemnitz 13.08.1993 AuA 1994, 26; zust. *Fitting* § 93 Rn. 5). Eine Ausschreibung wäre hier sinnlos, weil betriebsangehörige Arbeitnehmer für die konkrete Aufgabe von vornherein nicht in Betracht kommen. Auch hier steht daher die Stelle dem innerbetrieblichen Arbeitsmarkt nicht zur Verfügung.

In einem **Tendenzbetrieb** kann der Betriebsrat die Ausschreibung auch dann verlangen, wenn es um 17 die Besetzung der Stelle eines Tendenzträgers geht (vgl. BAG 30.01.1979 EzA § 118 BetrVG 1972 Nr. 20 = AP Nr. 11 zu § 118 BetrVG 1972 unter B II 2; 01.02.2011 EzA § 93 BetrVG 2001 Nr. 1 = AP Nr. 9 zu § 93 BetrVG 1972 *[Richardi]* Rn. 27; Hess. LAG 03.09.1996 LAGE § 118 BetrVG 1972 Nr. 18 unter II B 2; *Buschmann*/*DKKW* § 93 Rn. 29; *Fitting* § 93 Rn. 11; *Richardi*/*Thüsing* § 93 Rn. 20; *Ricken*/HWK § 93 BetrVG Rn. 6; *Rose*/HWGNRH § 93 Rn. 12; s. hier *Weber* § 118 Rdn. 206 m. w. N.; **a. M.** *Kraft* Anm. zu BAG AP Nr. 11 zu § 118 BetrVG 1972; *ders.* 7. Aufl., § 93 Rn. 6). Der Tendenzschutz erfordert im Zusammenhang mit der (Wieder-) Besetzung der Stelle vom Tendenzträger nur, dass der Arbeitgeber die persönlichen und fachlichen Anforderungen frei festlegen und darüber entscheiden kann, welcher Bewerber diesen Anforderungen am besten gerecht wird. Durch die Pflicht zur innerbetrieblichen Ausschreibung wird aber die Entscheidungsfreiheit des Arbeitgebers hinsichtlich keiner der beiden Fragen eingeschränkt. Eine Vereitelung oder ernsthafte Beeinträchtigung der Tendenzverwirklichung (s. *Weber* § 118 Rdn. 165) ist hiermit folglich nicht verbunden (**a. M.** *Kraft* Anm. zu BAG AP Nr. 11 zu § 118 BetrVG 1972 Bl. 4 wegen der Möglichkeit des Betriebsrats durch Meinungsäußerungen auf die Besetzung Einfluss zu nehmen). Dem Betriebsrat steht bei der Besetzung der Stelle eines Tendenzträgers kein Zustimmungsverweigerungsrecht zu, so dass er bei Unterbleiben der Ausschreibung die Einstellung auch nicht unter Berufung auf § 99 Abs. 2 Nr. 5 verhindern kann (s. § 99 Rdn. 182 sowie *Weber* § 118 Rdn. 216 m. w. N.). Lediglich das in dem Zustimmungsrecht enthaltene Anhörungsrecht des Betriebsrats bleibt auch bei der Einstellung von Tendenzträgern erhalten (s. *Weber* § 118 Rdn. 217). Der Arbeitgeber muss den Betriebsrat nach § 99 Abs. 1 Satz 1 unter Vorlage der erforderlichen Unterlagen unterrichten; der Betriebsrat ist berechtigt, innerhalb der Frist des § 99 Abs. 3 Bedenken geltend zu machen und sich hierfür auf die in § 99 Abs. 2 genannten Gründe zu stützen (vgl. *BAG* 07.11.1975 EzA § 118 BetrVG 1972 Nr. 7 = AP Nr. 3 zu § 99 BetrVG 1972 *[Kraft/Geppert]* unter III 3; 19.05.1981 EzA § 99 BetrVG 1972 Nr. 32 = AP Nr. 18 zu § 118 BetrVG 1972 *[Meisel]* unter II).

III. Inhalt des Beteiligungsrechts

1. Initiativrecht

18 Der Betriebsrat kann **verlangen**, dass die Arbeitsplätze innerhalb des Betriebes ausgeschrieben werden. Das Ausschreibungsverlangen ist an keine besondere **Form** gebunden. Auch eine mündliche Erklärung ist daher wirksam (vgl. *Buschmann/DKKW* § 93 Rn. 8). In der Praxis ist allerdings eine schriftliche Abfassung schon aus Gründen der Rechtsklarheit empfehlenswert, um etwaigen Streitigkeiten (z. B. darüber, auf welche Arten von Tätigkeiten sich das Verlangen bezieht) von vornherein zu begegnen. Voraussetzung für ein wirksames Ausschreibungsverlangen ist ein entsprechender **Beschluss des Betriebsrats**. Hat der Betriebsrat wirksam die Ausschreibung verlangt, ist der **Arbeitgeber verpflichtet, die Ausschreibung vorzunehmen**. Es handelt sich mithin um ein echtes Initiativrecht. Die Verpflichtung entsteht ab dem Zeitpunkt, in dem dem Arbeitgeber die Mitteilung des Vorsitzenden über die Beschlussfassung **zugeht** (s. § 26 Rdn. 31 f.). Die Betriebspartner können die Ausschreibungspflicht in einer **Vereinbarung** regeln (vgl. *BAG* 14.12.2004 EzA § 99 BetrVG 2001 Einstellung Nr. 1 unter B II 3b; 01.02.2011 EzA § 93 BetrVG 2001 Nr. 1 = AP Nr. 9 zu § 93 BetrVG 1972 *[Richardi]* Rn. 13). Sind dort die Arbeitsplätze, für die eine innerbetriebliche Ausschreibung zu erfolgen hat, näher aufgeführt, so ist dies **im Zweifel als abschließende Aufzählung** anzusehen. Da der Betriebsrat ebenfalls an die Vereinbarung gebunden ist, kann er daher nicht die Ausschreibung solcher Arbeitsplätze verlangen, für die nach dem Inhalt der Vereinbarung keine Ausschreibungspflicht besteht. Dies ist erst möglich, wenn die Vereinbarung (etwa infolge Kündigung) endet.

19 Das Initiativrecht ist an **keine besonderen Voraussetzungen** gebunden. Insbesondere hängt die Pflicht zur Ausschreibung nicht von einer Interessenabwägung oder der Zumutbarkeit für den Arbeitgeber ab. Das Gesetz geht vielmehr davon aus, dass dem Arbeitgeber der mit der Durchführung einer innerbetrieblichen Ausschreibung verbundene Aufwand stets zuzumuten ist. Der Arbeitgeber kann sich der Ausschreibungspflicht auch nicht durch den Einwand entziehen, dass kein Arbeitnehmer des Betriebes für die zu besetzende Stelle geeignet sei oder Interesse an dem Arbeitsplatz habe (vgl. *LAG Berlin-Brandenburg* 14.01.2010 – 26 TaBV 1954/09 – juris, Rn. 30; *Hess. LAG* 02.11.1999 AP Nr. 7 zu § 93 BetrVG 1972; *LAG Köln* 14.09.2012 – 5 TaBV 18/12 – juris, Rn. 50; *Buschmann/DKKW* § 93 Rn. 12; *Richardi/Thüsing* § 93 Rn. 32; *Rose/HWGNRH* § 93 Rn. 17). Demgegenüber deutet das *BAG* in einer neueren Entscheidung an, dass das Ausschreibungsverlangen des Betriebsrats unbegründet sein könne, wenn **mit Bewerbungen von im Betrieb beschäftigten Arbeitnehmern offenkundig nicht zu rechnen** sei (*BAG* 15.10.2013 EzA § 93 BetrVG 2001 Nr. 2 Rn. 25, allerdings ohne wie abweichenden Ansichten in der Rspr. der Instanzgerichte oder der Literatur auch nur zu erwähnen; zust. *Fitting* § 93 Rn. 6). Dies erscheint kaum überzeugend. Vielmehr ist es gerade Sinn der innerbetrieblichen Ausschreibung, das Potential an geeigneten Arbeitskräften im Betrieb auszuloten (vgl. Rdn. 3). Zwar unterliegt auch das Ausschreibungsverlangen des Betriebsrats der allgemeinen Grenze des Rechtsmissbrauchs, die im BetrVG in dem Gebot der vertrauensvollen Zusammenarbeit aufgeht. Doch erscheint es sinnvoller, insoweit nicht an der Berechtigung des Ausschreibungsverlangens, sondern an den Rechtsfolgen einer etwaigen Verletzung der Ausschreibungspflicht im konkreten Einzelfall anzusetzen. Schließlich hängt auch die Frage des Rechtsmissbrauchs von den Umständen des jeweiligen Einzelfalls ab, während das Verlangen des Betriebsrats allgemeiner Natur ist (s. Rdn. 22 f.). So kann eine auf die fehlende Ausschreibung des Betriebsrats gestützte Verweigerung der Zustimmung nach § 99 Abs. 2 Nr. 5 ein individueller Rechtsmissbrauch (hierzu *Schubert/MK-BGB* § 242 Rn. 210) sein, wenn – für den Betriebsrat erkennbar – offenkundig kein geeigneter betriebsangehöriger Arbeitnehmer zur Verfügung steht (s. § 99 Rdn. 226). Außerdem ist zu erwägen, ob in solchen Fällen unter dem Aspekt des institutionellen Rechtsmissbrauchs (hierzu *Schubert/MK-*

BGB § 242 Rn. 211) eine Zustimmungsersetzung durch das Gericht im Verfahren nach § 99 Abs. 4 in Betracht kommt (vgl. hierzu Rdn. 47).

Voraussetzung für die Ausschreibungspflicht ist, dass der Betriebsrat – rechtzeitig (vgl. Rdn. 28 f.) – 20
von seinem Initiativrecht Gebrauch gemacht hat oder dass die Ausschreibung zwischen den Betriebsparteien vereinbart ist (s. a. Rdn. 38). Der Arbeitgeber ist also **nicht verpflichtet**, die interne Ausschreibung **von sich aus** zu veranlassen (vgl. BAG 07.11.1977 EzA § 100 BetrVG 1972 Nr. 1 = AP Nr. 1 zu § 100 BetrVG 1972 Nr. 1 unter III 5a). Fehlt es an einem Verlangen des Betriebsrats oder einer diesbezüglichen, den Arbeitgeber bindenden Vereinbarung, so steht es im freien Ermessen des Arbeitgebers, ob und in welcher Weise er eine Stelle ausschreibt. Dies gilt auch, wenn der Arbeitgeber in der Vergangenheit stets sämtliche oder bestimmte Stellen im Betrieb ausgeschrieben hat und nun von dieser Übung abweichen will (zumindest missverständlich *LAG Berlin* 26.09.2003 – 6 TaBV 609/03 u. a. – juris, Rn. 25 = ArbRB 2004, 43 *[Lunk]*, wonach der Arbeitgeber gegen das Gebot der vertrauensvollen Zusammenarbeit verstoße, wenn er sich in einem solchen Fall auf das Fehlen eines ausdrücklichen Verlangens des Betriebsrats berufe). Der Betriebsrat muss dann seinen Anspruch geltend machen, sobald er von der abweichenden Praxis – sei es durch Unterrichtung durch den Arbeitgeber, sei es auf andere Weise – Kenntnis erlangt.

Hat der Betriebsrat die Ausschreibung verlangt, so hat der Arbeitgeber seine **Pflicht erfüllt**, wenn er 21
den Arbeitsplatz (ordnungsgemäß) innerhalb des Betriebes ausgeschrieben hat. Scheitert die Besetzung der Stelle oder wird der Arbeitsplatz kurze Zeit nach der Besetzung wieder frei, so ist der Arbeitgeber grundsätzlich zu einer **erneuten betriebsinternen Ausschreibung** verpflichtet, weil es sich in der Sache um eine Neubesetzung handelt (*LAG Berlin-Brandenburg* 14.01.2010 – 26 TaBV 1954/09 – juris, Rn. 31; vgl. auch *LAG Berlin* 26.09.2003 – 6 TaBV 609/03 u. a. – juris, Rn. 26 = ArbRB 2004, 43 *[Lunk]*, das diese Frage im Ergebnis offen lässt). Eine Ausnahme sollte hiervon allerdings dann gemacht werden, wenn sich auf die erste Ausschreibung kein (geeigneter) betriebsangehöriger Arbeitnehmer beworben hat und hinsichtlich der maßgeblichen Umstände, insbesondere hinsichtlich der Zusammensetzung der Belegschaft, keine Änderung eingetreten ist. In diesem Falle wäre eine erneute interne Ausschreibung offensichtlich sinnlos. Erst recht ist keine erneute Ausschreibung erforderlich, wenn sich lediglich **die Besetzung hinauszögert**, solange die endgültige Besetzung der Stelle der zuvor erfolgten Stellenausschreibung zugeordnet werden kann, es sich also noch um dasselbe Besetzungsverfahren handelt. Nach Ansicht des *BAG* ist im Regelfall ein zeitlicher **Abstand von einem halben Jahr** zwischen dem in der Ausschreibung genannten Termin über die Aufnahme der Tätigkeit und der tatsächlichen Entscheidung über die Stellenbesetzung unschädlich (*BAG* 30.04.2014 EzA § 93 BetrVG 2001 Nr. 3 Rn. 26 ff.; zust. *Eylert/Waskow*/NK-GA § 93 BetrVG Rn. 2; *Fitting* § 93 Rn. 6; *Richardi/Thüsing* § 93 Rn. 15). Unerheblich ist demgegenüber der Zeitpunkt des tatsächlichen Arbeitsbeginns. So ist eine erneute Ausschreibung nicht erforderlich, wenn zwar die Entscheidung über die Stellenbesetzung innerhalb einer angemessenen Frist erfolgt, sich der Arbeitsbeginn aber aus anderen Gründen – etwa wegen eines Zustimmungsersetzungsverfahrens – verschiebt (*BAG* 30.04.2014 EzA § 93 BetrVG 2001 Nr. 3 Rn. 25).

2. Pflicht zur innerbetrieblichen Ausschreibung

a) Erfasste Arbeitsplätze

Der Betriebsrat kann die Ausschreibung »allgemein oder für bestimmte Arten von Tätigkeiten« ver- 22
langen. Der Umfang der Ausschreibungspflicht richtet sich also nach dem Inhalt der Erklärung des Betriebsrats (*BAG* 01.06.2011 AP Nr. 136 zu § 99 BetrVG 1972 Rn. 27). »**Allgemein**« bedeutet, dass alle freien Stellen auszuschreiben sind, und zwar unabhängig davon, ob sie für die Arbeitnehmer eine Chance zum beruflichen Aufstieg bieten. Mitunter wird eingewandt, dass eine solche generelle Ausschreibungspflicht »sinnlos« sei, weil sie nur ein »Versetzungskarussell« in Gang setze (vgl. *Marienhagen* BB 1971, 1011; zust. *Rose*/HWGNRH § 93 Rn. 32; *Kraft* 7. Aufl., § 93 Rn. 3). Doch kann es zum einen Situationen geben, in denen Arbeitnehmer auch bei gleichwertiger Tätigkeit ein Interesse an einem Wechsel des konkreten Arbeitsplatzes haben (z. B. wegen persönlicher Konflikte mit Kollegen oder weil die Arbeitszeitgestaltung an dem neuen Arbeitsplatz ihren Bedürfnissen eher entspricht). Zum anderen wäre die Frage, ob die Stelle eine Aufstiegschance bietet, aus der Sicht des am

niedrigsten einzustufenden Arbeitsplatzes zu beurteilen, so dass ohnehin nahezu sämtliche Arbeitsplätze erfasst würden. Der Eingrenzungseffekt wäre folglich minimal.

23 »**Für bestimmte Arten von Tätigkeiten**« heißt, dass die Ausschreibungspflicht, wenn der Betriebsrat dies verlangt, auf Gruppen von Arbeitsplätzen beschränkt werden kann, die durch Aufgaben- oder Stellenbeschreibungen definiert werden (z. B. alle Laboranten- oder alle Sekretariatsstellen). Aus der Gesetzesformulierung ergibt sich, dass die Forderung nur generell, d. h. für alle freien Arbeitsplätze, oder gruppenbezogen gestellt werden kann, **nicht** aber von Fall zu Fall **für konkrete einzelne Arbeitsplätze** (*LAG Köln* 01.04.1993 LAGE § 93 BetrVG 1972 Nr. 2; *LAG München* 06.10.2005 – 3 TaBV 24/05 – juris, Rn. 27 ff.; *Eylert/Waskow*/NK-GA § 93 BetrVG Rn. 6; *Fitting* § 93 Rn. 5; *Galperin/Löwisch* § 93 Rn. 9; *Kania*/ErfK § 93 BetrVG Rn. 3; *Matthes*/MünchArbR § 261 Rn. 6; *Richardi/Thüsing* § 93 Rn. 9; *Rose*/HWGNRH § 93 Rn. 33; *Stahlhacke* BlStSozArbR 1972, 51 [52]; *Stege/Weinspach/Schiefer* § 93 Rn. 4; **a. M.** *Buschmann/DKKW* § 93 Rn. 9). Hiergegen lässt sich nicht einwenden, dass auch ein einzelner Arbeitsplatz durch die Zusammenfassung »bestimmter Arten von Tätigkeiten« gekennzeichnet werde (so aber *Buschmann/DKKW* § 93 Rn. 9). Würde man unter »Arten von Tätigkeiten« die Tätigkeiten an einem konkreten Arbeitsplatz und nicht eine durch vergleichbare Tätigkeiten verbundene Gruppe von Arbeitsplätzen verstehen, so verlöre dieses Tatbestandsmerkmal jede begrenzende Funktion und wäre daher obsolet. Gegen die Zulässigkeit eines auf einen konkreten Arbeitsplatz beschränkten Ausschreibungsverlangens spricht zudem der Zweck der Regelung. Der Betriebsrat soll durch das Ausschreibungsverlangen die Möglichkeit haben, den »innerbetrieblichen Arbeitsmarkt« zu aktivieren und insoweit die Personalplanung mitzugestalten (vgl. Rdn. 3). Dies setzt aber voraus, dass dem Verlangen des Betriebsrats strukturelle, über den Einzelfall hinausgehende Erwägungen zugrunde liegen.

24 Gleichgültig ist, ob es sich dabei um neu geschaffene oder um bereits vorhandene, freigewordene Arbeitsplätze handelt (vgl. *Hess. LAG* 03.09.1996 LAGE § 118 BetrVG 1972 Nr. 18 a. E. unter II B 2). Unerheblich ist auch, ob der Arbeitsplatz als Vollzeit- oder Teilzeitbeschäftigung ausgestaltet werden und ob der Arbeitsplatz befristet oder unbefristet besetzt werden soll (vgl. *Fitting* § 93 Rn. 5).

b) Kein Verbot der externen Ausschreibung

25 Der Betriebsrat kann verlangen, dass die Arbeitsplätze »innerhalb des Betriebes« ausgeschrieben werden. Der Arbeitgeber genügt seiner Verpflichtung, wenn er überhaupt eine interne Ausschreibung veranlasst. Ob daneben eine externe Ausschreibung stattfindet, steht in seinem freien Ermessen. Der Arbeitgeber ist nicht verpflichtet, sich auf die interne Ausschreibung zu beschränken, sondern kann **gleichzeitig auch außerhalb des Betriebes** nach geeigneten Bewerbern suchen (h. M.; vgl. *Buschmann/DKKW* § 93 Rn. 26; *Eylert/Waskow*/NK-GA § 93 BetrVG Rn. 11; *Fitting* § 93 Rn. 13; *Richardi/Thüsing* § 93 Rn. 28; *Rose*/HWGNRH § 93 Rn. 41).

c) Zeitpunkt und Dauer der Ausschreibung

26 Die Arbeitsplätze müssen »**vor ihrer Besetzung**« ausgeschrieben werden. Nicht ganz klar ist, was in diesem Zusammenhang mit »Besetzung« gemeint ist. Aus dem Zweck der Vorschrift folgt, dass die Ausschreibung jedenfalls so rechtzeitig zu erfolgen hat, dass etwaige (innerhalb der Ausschreibungsfrist eingehende) Bewerbungen betriebsangehöriger Arbeitnehmer noch bei der Auswahlentscheidung berücksichtigt werden können. Das interne Ausschreibungsverfahren muss also jedenfalls abgeschlossen sein, wenn der Arbeitgeber das Einstellungsverfahren nach § 99 einleitet, weil spätestens mit der Unterrichtung über die beabsichtigte Einstellung die Person des Einzustellenden feststeht. Je nach Ausgestaltung des Besetzungsverfahrens kann aber auch ein früherer Zeitpunkt in Betracht kommen. Insbesondere deutet eine Einstellungszusage gegenüber einem externen Bewerber im Regelfalle darauf hin, dass die Personalentscheidung bereits gefallen ist. Ist zu diesem Zeitpunkt das interne Ausschreibungsverfahren noch nicht beendet, etwa weil die Ausschreibungsfrist noch nicht abgelaufen ist, so liegt keine ordnungsgemäße Ausschreibung nach § 93 vor (vgl. *Buschmann/DKKW* § 93 Rn. 27). Auch hinsichtlich der Dauer der Ausschreibung lassen sich aus dem Gesetz keine konkreten Vorgaben ableiten. Vielmehr obliegt die Festlegung im Einzelnen wiederum dem pflichtgemäßen Ermessen des Arbeitgebers (s. a. Rdn. 31 f.). Allerdings hat sich der Zeitraum am Zweck der Ausschreibungspflicht zu orientieren, internen Bewerbern die Möglichkeit einer Bewerbung und die Chance

zum beruflichen Aufstieg zu bieten (s. Rdn. 3). Der Gestaltungsspielraum des Arbeitgebers endet also dort, wo das Ziel der innerbetrieblichen Ausschreibung in Frage gestellt wird. Legt der Arbeitgeber eine **Ausschreibungsfrist** fest, so muss diese so bemessen werden, dass geeignete Arbeitnehmer innerhalb dieses Zeitraumes die Ausschreibung zur Kenntnis nehmen und eine Bewerbung einreichen können, wobei auch eine gewisse Überlegungsfrist einzuplanen ist (zust. *BAG* 06.10.2010 EzA § 99 BetrVG 2001 Nr. 18 Rn. 18). Eine Ausschreibungsdauer von zwei Wochen dürfte im Regelfall als ausreichend anzusehen sein (*BAG* 17.06.2008 EzA § 81 SGB IX Nr. 16 Rn. 33; 06.10.2010 EzA § 99 BetrVG 2001 Nr. 18 Rn. 18; 30.04.2014 EzA § 93 BetrVG 2001 Nr. 3 Rn. 24; *Eylert/Waskow/ NK-GA* § 93 BetrVG Rn. 2; **a. M.** *Kreuder/*HaKo § 93 Rn. 9: vier Wochen). Ähnliche Grundsätze gelten, wenn der Arbeitgeber in der Ausschreibung keine konkrete Bewerbungsfrist nennt. Auch dann hat er seine Pflicht zur internen Ausschreibung erfüllt, wenn er ausreichend lange auf Bewerbungen gewartet hat, bevor er das Einstellungsverfahren einleitet (*LAG München* 18.12.2008 – 4 TaBV 70/08 – juris, Rn. 31 f.). Allerdings muss sichergestellt werden, dass betriebsangehörige Arbeitnehmer durch die Ungewissheit über den Bewerbungsschluss keine vermeidbaren Nachteile erleiden. Der Arbeitgeber ist daher gehalten, ggf. auch nach Einleitung des Einstellungsverfahrens eingehende Bewerbungen zu berücksichtigen, soweit dies möglich und zumutbar ist. Dies verdeutlicht, dass es im Interesse aller Beteiligten jedenfalls zweckmäßig ist, durch die Angabe eines konkreten Datums als Ausschreibungsschluss insoweit für Klarheit zu sorgen.

Macht der Arbeitgeber von der Möglichkeit der externen Ausschreibung Gebrauch, so ist er hinsichtlich der **Reihenfolge von interner und externer Ausschreibung** frei. Das Gesetz sieht weder einen zeitlichen Vorrang der innerbetrieblichen Ausschreibung vor, noch verlangt es, dass beide Ausschreibungen wenigstens zeitgleich erfolgen müssen. Die externe Ausschreibung kann daher zeitlich auch vorgeschaltet werden, sofern sichergestellt ist, dass die Chancengleichheit für betriebsangehörige Bewerber gewahrt bleibt. 27

d) Zeitpunkt des Ausschreibungsverlangens

Von der Frage, bis zu welchem Zeitpunkt die Ausschreibung durchgeführt worden sein muss, ist die Frage zu unterscheiden, bis **zu welchem Zeitpunkt der Betriebsrat die Ausschreibung verlangt** haben muss, damit dieses Verlangen für ein Besetzungsverfahren rechtliche Bedeutung erlangt. Überwiegend wird angenommen, dass die Ausschreibung nur bis zur Einleitung des Verfahrens nach § 99 verlangt werden könne (vgl. *BAG* 14.12.2004 EzA § 99 BetrVG 2001 Einstellung Nr. 1 unter B II 3b; *Fitting* § 93 Rn. 5; *Galperin/Löwisch* § 93 Rn. 7; *Richardi/Thüsing* § 93 Rn. 15; *Rose/*HWGNRH § 93 Rn. 24). Dem ist insoweit zuzustimmen, als die Einleitung des Zustimmungsverfahrens nach § 99 den spätesten Zeitpunkt markiert, ein zeitlich danach eingehendes Ausschreibungsverlangen also keinesfalls Wirkungen für den Arbeitsplatz haben kann, auf dem der einzustellende Bewerber beschäftigt werden soll. Dies ergibt sich freilich nicht unmittelbar aus dem Gesetz. Dort heißt es nicht, dass der Betriebsrat die Ausschreibung der Arbeitsplätze »vor ihrer Besetzung verlangen« müsse, sondern dass die Arbeitsplätze »vor ihrer Besetzung ... ausgeschrieben werden« müssen, wenn der Betriebsrat dies verlangt. Die Zeitangabe bezieht sich also auf die Ausschreibung, nicht auf das Verlangen des Betriebsrats. Ein späteres Ausschreibungsverlangen ist jedoch zum einen deshalb unbeachtlich, weil spätestens mit Einleitung des Zustimmungsverfahrens nach § 99 feststehen muss, ob ein Zustimmungsverweigerungsgrund nach § 99 Abs. 2 vorliegt, mithin auch, ob eine interne Ausschreibung »erforderlich« i. S. d. § 99 Abs. 2 Nr. 5 war. Könnte der Betriebsrat auch nach Einleitung des Verfahrens nach § 99 eine Ausschreibungspflicht für den zu besetzenden Arbeitsplatz begründen, so hätte er es in der Hand, nachträglich einen Zustimmungsverweigerungsgrund zu schaffen. Zum anderen würde eine solche Befugnis im Ergebnis die Möglichkeit eröffnen, die Ausschreibung ad hoc für einen konkreten einzelnen Arbeitsplatz zu verlangen (vgl. *Richardi/Thüsing* § 93 Rn. 15; vgl. auch Rdn. 23). 28

Im Regelfall wird allerdings das Ausschreibungsverlangen des Betriebsrats noch deutlich früher vorliegen müssen. Könnte ein noch kurz vor Einleitung des Zustimmungsverfahrens nach § 99 erfolgendes Ausschreibungsverlangen Bedeutung für den zu besetzenden Arbeitsplatz erlangen, könnte dies zu einer erheblichen Verzögerung der Einstellung führen. Das wäre mit dem Zweck des § 93 kaum vereinbar. Der Arbeitgeber soll mit Hilfe des Initiativrechtes lediglich veranlasst werden, im Rahmen seiner Personaldeckungsplanung auch die innerbetrieblichen Ressourcen zu berücksichtigen, also im 29

Rahmen des Besetzungsverfahrens durch die interne Ausschreibung auch internen Bewerbern eine Chance zu geben. Voraussetzung hierfür ist aber, dass der Arbeitgeber die Möglichkeit hat, die Notwendigkeit der internen Ausschreibung bei seinen Planungen zu berücksichtigen. Das Ausschreibungsverlangen kann folglich für einen zu besetzenden Arbeitsplatz nur dann Rechtswirkung entfalten, wenn es **so rechtzeitig erfolgt**, dass durch die interne Ausschreibung **keine wesentliche Verzögerung bei der Durchführung der personellen Maßnahme** eintritt. Eine solche Verzögerung kann sich etwa dann ergeben, wenn der Arbeitgeber die Stelle zum Zeitpunkt des Verlangens bereits (extern) zur Besetzung ausgeschrieben hatte.

3. Beschränkung auf den Betrieb

30 Die **Ausschreibung** kann nach § 93 »innerhalb des Betriebs« gefordert werden. Der Betriebsrat kann daher nicht die Ausschreibung im gesamten Unternehmen oder Konzern verlangen (ganz h. M.; vgl. nur *Fitting* § 93 Rn. 10; *Rose/HWGNRH* § 93 Rn. 27). Etwas anderes gilt, wenn ein unternehmenseinheitlicher Betriebsrat nach § 3 Abs. 1 Nr. 1a errichtet wurde oder wenn nach § 3 Abs. 1 Nr. 1b, 2 oder 3 eine betriebsverfassungsrechtliche Organisationseinheit geschaffen wurde, die nach § 3 Abs. 5 als Betrieb gilt (ebenso *Kaiser/LK* § 93 Rn. 4). Die Ausschreibung kann dann für diese Einheit von dem dafür zuständigen Betriebsrat verlangt werden. Nach h. M. ist der **Gesamtbetriebsrat** ausnahmsweise für die Ausübung des Mitbestimmungsrechts zuständig, wenn und soweit eine unternehmenseinheitliche Personalplanung besteht und die auszuschreibenden Arbeitsplätze in mehreren Betrieben des Unternehmens vorhanden sind (*ArbG Hamburg* 20.06.2008 – 27 BV 5/08 – juris, Rn. 21 ff.; *ArbG Ulm* 12.08.2009 NZA-RR 2010, 27 [29]; *Buschmann/DKKW* § 93 Rn. 28; *Fitting* § 93 Rn. 10; *Matthes/*MünchArbR § 261 Rn. 7; *Richardi/Thüsing* § 93 Rn. 17 f.; *Ricken/HWK* § 93 BetrVG Rn. 5; ebenso hier bis zur 10. Aufl. § 93 Rn. 30; offen gelassen von *BAG* 01.02.2011 EzA § 93 BetrVG 2001 Nr. 1 = AP Nr. 9 zu § 93 BetrVG 1972 [*Richardi*] Rn. 26; **a. M.** *LAG München* 08.11.1988 LAGE § 611 BGB Fürsorgepflicht Nr. 17; *Eylert/Waskow/*NK-GA § 93 BetrVG Rn. 7; *Kaiser/LK* § 93 Rn. 4; *Rose/HWGNRH* § 93 Rn. 28 ff.). Der Zuständigkeitsbereich des Gesamtbetriebsrats erstrecke sich – nach der Änderung des § 50 Abs. 1 Satz 1 durch das BetrVerf-ReformG – in diesem Fall nach § 50 Abs. 1 auf alle Betriebe des Unternehmens, auch wenn in diesen kein Betriebsrat bestehe. Bei genauer Betrachtung dürften jedoch die Voraussetzungen des § 50 Abs. 1 nicht vorliegen (*Eylert/Waskow/*NK-GA § 93 BetrVG Rn. 7; *Kaiser/LK* § 93 Rn. 4; *Rose/HWGNRH* § 93 Rn. 28 ff.). Das Beteiligungsrecht bezieht sich auf den Arbeitsplatz. Dieser lässt sich aber stets einem konkreten Betrieb zuordnen. Hieran ändert es nichts, wenn der Arbeitgeber eine unternehmenseinheitliche Personalplanung betreibt. Zwar ist die Ausschreibung ein Instrument der Personaldeckungsplanung (s. Rdn. 4). Mit dem Verlangen, den Arbeitsplatz (auch) innerhalb des Betriebs auszuschreiben, begehrt der Betriebsrat jedoch nicht oder nicht primär eine Beteiligung bei der eigentlichen Personalplanung, sondern will lediglich sicherstellen, dass betriebsangehörige Arbeitnehmer die Chance erhalten, sich auf im Betrieb zu besetzende Arbeitsplätze zu bewerben. Die Entscheidung über eine unternehmenseinheitliche Ausschreibung betrifft die (nachgelagerte) Frage nach der Art und Weise der Ausschreibung, die nicht der Mitbestimmung unterliegt (s. Rdn. 25, 31). Man kann daher schon daran zweifeln, ob es sich überhaupt um eine Angelegenheit handelt, die mehrere Betriebe betrifft. Zumindest ist nicht erkennbar, warum es den einzelnen Betriebsräten nicht möglich sein soll, das Recht, die Ausschreibung zu verlangen, für die ihrem Betrieb zugeordneten Arbeitsplätze auszuüben. Dies gilt selbst dann, wenn der Arbeitnehmer in mehreren Betrieben tätig sein soll und daher sämtlichen Betrieben zuzuordnen wäre (s. § 7 Rdn. 40). Auch in diesem Fall wäre es nicht ausgeschlossen, die einzelnen Betriebsräte über die Notwendigkeit der Ausschreibung entscheiden zu lassen, da die Ausschreibung in dem Betrieb, in dem sie erfolgt, ihren Sinn auch dann erfüllt, wenn der Arbeitgeber zur Ausschreibung in anderen betroffenen Betrieben nicht verpflichtet ist. Die Zuständigkeit des Gesamtbetriebsrats lässt sich auch nicht mit dem Gleichbehandlungsgrundsatz begründen (so aber *ArbG Hamburg* 20.06.2008 – 27 BV 5/08 – juris, Rn. 50; *ArbG Ulm* 12.08.2009 NZA-RR 2010, 27 [29]; hiergegen mit Recht *Kreutz/Franzen* § 50 Rdn. 43 m. w. N.). Aus denselben Gründen dürfte die Zuständigkeit des **Konzernbetriebsrats** für die Forderung nach einer Ausschreibung (§§ 58, 59, 51 Abs. 5; hierzu *Franzen* § 58 Rdn. 17 ff.) nicht gegeben sein (*Eylert/Waskow/*NK-GA § 93 BetrVG Rn. 7; *Rose/HWGNRH* § 93 Rn. 30.). In der Literatur findet sich die Aussage, dass das Beteiligungsrecht bei einer **Stellenausschreibung im Ausland** zu beachten sei, wenn der ausländische Bewerber

einem deutschen Betrieb zugeordnet werde (*Krimphove/Lüke* BB 2014, 2106 [2110]; zust. *Fitting* § 93 Rn. 4). Dies ist mindestens missverständlich. Handelt es sich bei dem zu besetzenden Arbeitsplatz um einen Arbeitsplatz innerhalb des inländischen Betriebs, für den der Betriebsrat gewählt ist, so ist der Arbeitsplatz auf Verlangen des dort gewählten Betriebsrats stets in diesem Betrieb auszuschreiben. Die Frage, ob der Arbeitgeber die Stelle vorher, gleichzeitig oder später auch anderweitig ausschreibt und ob sich auf eine solche externe Ausschreibung auch nicht betriebsangehörige Personen bewerben, ist für § 93 ohne jede Bedeutung. Deshalb spielt es auch keine Rolle, ob die Ausschreibung im Ausland erfolgt. Die externe Ausschreibung unterliegt dagegen ohnehin nicht der Mitbestimmung.

4. Form und Inhalt der Ausschreibung

Nähere Bestimmungen über Form und Inhalt der Ausschreibung enthält das Gesetz nicht. Sofern mit dem Betriebsrat keine näheren, für den Arbeitgeber verbindlichen Vereinbarungen getroffen worden sind (s. Rdn. 38 ff.), steht die nähere Ausgestaltung grundsätzlich im **pflichtgemäßen Ermessen des Arbeitgebers**; ein Mitbestimmungsrecht des Betriebsrats besteht insoweit nicht (*BAG* 23.02.1988 EzA § 93 BetrVG 1972 Nr. 3 = AP Nr. 2 zu § 93 BetrVG 1972 unter B I 2; 27.10.1992 EzA § 95 BetrVG 1972 Nr. 26 = AP Nr. 29 zu § 95 BetrVG 1972 unter B II 2a; 10.03.2009 EzA § 99 BetrVG 2001 Nr. 12 Rn. 46; *Galperin/Löwisch* § 93 Rn. 6; *Kania/*ErfK § 93 BetrVG Rn. 5; *Matthes/*MünchArbR § 261 Rn. 9; *Richardi/Thüsing* § 93 Rn. 22, z. T. anders in Rn. 12; *Schaub/Koch* Arbeitsrechts-Handbuch, § 238 Rn. 15; **a. M.** *Buschmann/*DKKW § 93 Rn. 10; *Fitting* § 93 Rn. 6; vgl. auch Rdn. 38). Gewisse **Mindestanforderungen** ergeben sich jedoch **aus Sinn und Zweck** der Vorschrift (*BAG* 06.10.2010 EzA § 99 BetrVG 2001 Nr. 18 = AP Nr. 132 zu § 99 BetrVG 1972 Nr. 17; 07.06.2016 EzA § 93 BetrVG 2001 Nr. 4 = AP Nr. 12 zu § 93 BetrVG 1972 Rn. 19). Insbesondere muss die Ausschreibung auf eine Art und Weise erfolgen, welche die Chancengleichheit für die innerbetrieblichen Bewerber gewährleistet und diese nicht benachteiligt (vgl. *BAG* 23.02.1988 EzA § 93 BetrVG 1972 Nr. 3 = AP Nr. 2 zu § 93 BetrVG 1972 unter B I 3; 27.10.1992 EzA § 95 BetrVG 1972 Nr. 26 = AP Nr. 29 zu § 95 BetrVG 1972 unter B II 2a; *Hess. LAG* 05.04.2016 – 15 TaBV 153/15 – juris, Rn. 70 f.). Wird die Ausschreibung diesen Anforderungen nicht gerecht, so hat der Arbeitgeber seine Pflicht zur Ausschreibung nicht erfüllt (s. Rdn. 21).

Unter »Ausschreibung einer Stelle« ist die allgemeine **Aufforderung** an alle oder eine bestimmte Gruppe von Arbeitnehmern zu verstehen, sich für einen bestimmten Arbeitsplatz im Betrieb zu bewerben (vgl. *BAG* 23.02.1988 EzA § 93 BetrVG 1972 Nr. 3 = AP Nr. 2 zu § 93 BetrVG 1972 unter B I 1; s. a. Rdn. 5). Bereits die Verwendung des Wortes »aus*schreiben*« im gesetzlichen Tatbestand deutet darauf hin, dass hierunter entsprechend dem allgemeinen Sprachgebrauch eine **schriftliche Bekanntmachung** der offenen Stellen zu verstehen ist (vgl. auch *Rose/*HSWGNR § 93 Rn. 13). Hierfür spricht auch der Zweck der Vorschrift, die zu besetzende Stelle allen in Frage kommenden Arbeitnehmern zur Kenntnis zu bringen (vgl. *BAG* 23.02.1988 EzA § 93 BetrVG 1972 Nr. 3 = AP Nr. 2 zu § 93 BetrVG 1972 unter B I 1). Schriftform i. S. d. §§ 126 ff. BGB ist nicht erforderlich. Die Bekanntmachung muss jedoch so erfolgen, dass alle als Bewerber in Betracht kommenden Arbeitnehmer die **Möglichkeit** haben, von der Ausschreibung **Kenntnis zu nehmen** (zust. *BAG* 17.06.2008 EzA § 81 SGB IX Nr. 16 Rn. 32). **In Frage kommt** z. B.: Bekanntmachung durch Aushang am Schwarzen Brett (*BAG* 17.06.2008 EzA § 81 SGB IX Nr. 16 Rn. 33), durch Aufnahme in eine Betriebszeitung oder eine spezielle Ausschreibungsseite im betrieblichen Intranet, durch Rundschreiben (schriftlich oder auch elektronisch per E-Mail; zust. *BAG* 06.10.2010 EzA § 99 BetrVG 2001 Nr. 18 Rn. 17). Von Bedeutung sind auch die betrieblichen Gepflogenheiten. Der Arbeitgeber handelt jedenfalls dann pflichtgemäß, wenn die Ausschreibung an einem Ort und in einer Art und Weise veröffentlicht wird, in der im Betrieb üblicherweise Bekanntmachungen des Arbeitgebers gegenüber den Arbeitnehmern erfolgen (*BAG* 06.10.2010 EzA § 99 BetrVG 2001 Nr. 18 Rn. 17).

Die Ausschreibung muss einen gewissen **Mindestinhalt** aufweisen. Sie muss die Art der zu besetzenden Stelle und die Qualifikation erkennen lassen, die von einem Bewerber erwartet wird. Erforderlich ist danach eine zumindest schlagwortartige Beschreibung der Arbeitsaufgaben sowie der persönlichen und fachlichen Anforderungen an den Bewerber (*BAG* 23.02.1988 EzA § 93 BetrVG 1972 Nr. 3 = AP Nr. 2 zu § 93 BetrVG 1972 unter B I 1; 10.03.2009 EzA § 99 BetrVG 2001 Nr. 12 Rn. 46). Das **Anforderungsprofil** bestimmt der Arbeitgeber allein. Es obliegt seiner freien Entscheidung, welche fachlichen und persönlichen Voraussetzungen der Bewerber erfüllen muss. Ein Mitbestimmungsrecht des Betriebsrats besteht nicht, und zwar auch nicht aus § 95, da es sich bei der Stellenbeschreibung nicht um Auswahlrichtlinien handelt (vgl. *BAG* 27.10.1992 EzA § 95 BetrVG 1972 Nr. 26 = AP Nr. 29 zu § 95 BetrVG 1972 unter B II 2a; *Richardi/Thüsing* § 93 Rn. 30). Handelt es sich um eine Stelle, die mit Leiharbeitnehmern besetzt werden soll, so kann der Arbeitgeber dies in der Ausschreibung deutlich machen und etwaige Interessenten auf eine Bewerbung bei dem Leiharbeitsunternehmen verweisen. Der Betriebsrat kann dagegen nicht verlangen, dass er die Möglichkeit aufzeigt, die Bewerbung an den Arbeitgeber selbst zu richten mit dem Ziel, mit diesem unmittelbar einen Arbeitsvertrag zu schließen (*BAG* 07.06.2016 EzA § 93 BetrVG 2001 Nr. 4 = AP Nr. 12 zu § 93 BetrVG 1972 Rn. 20 f.). Die in der innerbetrieblichen Ausschreibung genannten Anforderungen dürfen jedoch **nicht zu einer Benachteiligung der internen Bewerber führen**. So darf der Arbeitgeber in einer externen Stellenanzeige, etwa in der Tagespresse, keine geringeren Anforderungen stellen als in der internen Ausschreibung (vgl. *BAG* 23.02.1988 EzA § 93 BetrVG 1972 Nr. 3 = AP Nr. 2 zu § 93 BetrVG 1972 unter B I 3; *Hess. LAG* 05.04.2016 – 15 TaBV 153/15 – juris, Rn. 71; *Buschmann/DKKW* § 93 Rn. 12, 26; *Fitting* § 93 Rn. 13; *Hunold* DB 1989, 1334 [1337]; *Richardi/Thüsing* § 93 Rn. 31).

34 **Zweckmäßig** sind daneben Angaben zu der Höhe des Arbeitsentgelts (bzw. zur Gehalts- oder Tarifgruppe), dem Zeitpunkt des Beginns der Tätigkeit sowie – bei einer beabsichtigten Befristung – zur Dauer der Beschäftigung (zu weiteren denkbaren Angaben in der Ausschreibung vgl. *Buschmann/DKKW* § 93 Rn. 14). Diese sind aber für eine ordnungsgemäße Ausschreibung nicht erforderlich (zust. *LAG Hamm* 18.11.2005 – 13 TaBV 140/05 – juris, Rn. 57 = AuA 2006, 170 [Angabe des Umsetzungsdatums bei innerbetrieblicher Versetzung]). Insbesondere kann der Betriebsrat weder **Angaben zur Entgelthöhe oder zur Eingruppierung** verlangen, noch beim Fehlen solcher Angaben die Zustimmung nach § 99 Abs. 2 Nr. 5 verweigern (*BAG* 10.03.2009 EzA § 99 BetrVG 2001 Nr. 12 Rn. 47; *LAG Berlin* 11.02.2005 – 6 TaBV 2252/04 – LAGReport 2005, 188; *Eylert/Waskow*/NK-GA § 93 BetrVG Rn. 2; **a.M.** *Buschmann/DKKW* § 93 Rn. 14; *Fitting* § 93 Rn. 7). Auch ohne solche Angaben erfüllt die Ausschreibung in vollem Umfang ihre Funktion, die Arbeitnehmer des Betriebs auf zu besetzende Stellen aufmerksam zu machen. Die hierfür wesentliche Information ist die Beschreibung der geforderten Tätigkeit, weil ohne diese Arbeitnehmer ohne diese nicht beurteilen können, ob der Arbeitsplatz für sie überhaupt in Betracht kommt. Sofern sie eine Bewerbung von der Frage der Entgelthöhe abhängig machen wollen, sind sie nicht gehindert, bei den zuständigen Stellen im Betrieb nachzufragen. Auch der Betriebsrat benötigt die Angabe der Vergütung nicht, um seine Beteiligungsrechte wahrnehmen zu können, da ihm die vorgesehene Eingruppierung ohnehin im Einstellungsverfahren nach § 99 Abs. 1 Satz 2 mitzuteilen ist. Deshalb ist es auch unschädlich, wenn der Arbeitgeber in der Ausschreibung mehrere mögliche Tarifgruppen angibt und sich eine endgültige Entscheidung vorbehält, zumal wenn die Eingruppierung maßgeblich von der persönlichen Qualifikation des Arbeitnehmers abhängt (*Hess. LAG* 16.12.2008 – 4 TaBV 166/08 – juris, Rn. 41 f.). Zu den Folgen von **Falschangaben** in Bezug auf die Vergütung s. Rdn. 42, 45.

35 Nicht zu den notwendigen Angaben gehört, ob die ausgeschriebene **Stelle befristet oder unbefristet** zu besetzen ist (*LAG Schleswig-Holstein* 06.03.2012 – 2 TaBV 37/11 – juris, Rn. 20, 22). Der Arbeitgeber kann dies also offenlassen. Macht er hingegen Angaben hierzu, so kann es die Ordnungsmäßigkeit der Ausschreibung in Frage stellen, wenn er hiervon **bei der Besetzung der Stelle abweicht**. Dies gilt insbesondere, wenn eine Stelle zunächst befristet ausgeschrieben, dann aber als unbefristete Stelle besetzt wird. In diesem Fall könnten betriebsangehörige Arbeitnehmer, die in einem unbefristeten Arbeitsverhältnis stehen, von einer Bewerbung abgehalten worden sein, weil sie den hiermit verbundenen Bestandsschutz nicht durch einen Wechsel auf eine befristete Stelle gefährden wollen. Damit würde aber das Ziel der Ausschreibung verfehlt (s. Rdn. 31). Unproblematisch dürfte dagegen der umgekehrte Fall sein, dass der Arbeitgeber eine Stelle explizit als unbefristete ausschreibt, diese dann aber doch nur befristet besetzt. Hier ist nicht erkennbar, dass durch die Abweichung von der Ausschreibung die Chancengleichheit beeinträchtigt sein könnte.

36 Zwingende Vorgaben hinsichtlich des Inhaltes der Ausschreibung können sich außerdem aus anderen Vorschriften ergeben. So darf auch die innerbetriebliche Stellenausschreibung nach **§ 11 AGG** nicht unter Verstoß gegen § 7 Abs. 1 AGG erfolgen, also **keinen diskriminierenden Charakter** haben.

Sie hat daher grds. geschlechtsneutral zu erfolgen, muss also sowohl Frauen als auch Männer in gleicher Weise ansprechen (so der frühere § 611b BGB), sofern der Arbeitsplatz nicht ausnahmsweise nur für Arbeitnehmer eines Geschlechts in Betracht kommt (§ 8 Abs. 1 AGG). Auch das Verbot der Benachteiligung behinderter Bewerber ist – wie schon bisher (vgl. § 81 Abs. 2 SGB IX) – zu beachten, so dass in der Ausschreibung Bewerbungen von Behinderten nur dann ausgeschlossen werden dürfen, wenn die körperlichen oder geistigen Einschränkungen Relevanz für die zu verrichtende Tätigkeit besitzen. Von den durch das AGG neu hinzugekommenen Diskriminierungsverboten kann sich vor allem das Verbot der **Altersdiskriminierung** auf den Inhalt der Ausschreibung auswirken. So sind Anforderungen an ein bestimmtes Lebensalter nur unter den Voraussetzungen des § 10 AGG zulässig (vgl. *BAG* 24.01.2013 EzA § 10 AGG Nr. 6 = AP Nr. 2 zu § 10 AGG Rn. 41 f.: Suche nach »Young Professionells« [orthographisch richtig wohl: Professionals] schließt Bewerber ab einem bestimmten Lebensalter aus; 19.05.2016 EzA § 22 AGG Nr. 17 = AP Nr. 11 zu § 3 AGG Rn. 70 ff.). Höchstaltersgrenzen dürften danach nur in wenigen Fällen gesetzeskonform sein (*Buschmann*/DKKW § 93 Rn. 21). Zu beachten ist weiterhin, dass sich aus – in der Vergangenheit durchaus gebräuchlichen – Wendungen eine mittelbare Benachteiligung (§ 3 Abs. 2 AGG) ergeben kann, die ebenfalls einer besonderen – wenn auch im Vergleich zu § 8 Abs. 1 AGG weniger strengen – Überprüfung auf ihre Rechtfertigung hin unterliegt. So kann die Suche nach einem Mitarbeiter mit Berufserfahrung eine mittelbare Diskriminierung jüngerer Bewerber (*BAG* 18.08.2009 EzA § 17 AGG Nr. 1 Rn. 25 ff.; *Bauer/Krieger* AGG, § 11 Rn. 11), umgekehrt die Suche nach Berufsanfängern oder Personen mit wenig Berufserfahrung eine mittelbare Diskriminierung älterer Bewerber (*BAG* 19.05.2016 EzA § 22 AGG Nr. 17 Rn. 70 ff.), die Forderung nach Kenntnissen der deutschen Sprache eine mittelbare Diskriminierung wegen der ethnischen Herkunft (*Schlachter*/ErfK § 1 AGG Rn. 5) darstellen (zu weiteren Einzelheiten vgl. *Wendeling-Schröder/Stein* AGG, § 11 Rn. 13 ff.). Nach **§ 7 Abs. 1 TzBfG** ist der Arbeitgeber verpflichtet, einen Arbeitsplatz, den er öffentlich oder innerhalb des Betriebes ausschreibt, auch als Teilzeitarbeitsplatz auszuschreiben, wenn dieser sich hierfür eignet. Der Betriebsrat hat das Recht und die Pflicht, die Einhaltung dieser Vorschriften zu überwachen (§ 80 Abs. 1 Nr. 1). Allerdings ist die Frage, ob sich ein Arbeitsplatz für eine Teilzeitbeschäftigung eignet, eine unternehmerische Ermessensentscheidung (hierzu sowie zur Frage der gerichtlichen Überprüfung vgl. *Laux* in: *Laux/Schlachter* TzBfG, § 7 Rn. 22 ff.; *Preis*/ErfK § 7 TzBfG Rn. 3). Auch § 93 gibt dem Betriebsrat nicht die Möglichkeit, die Ausschreibung als Teilzeitarbeitsplatz zu verlangen, wenn der Arbeitgeber sich für eine Besetzung als Vollzeitstelle entscheidet und dies zumindest nicht willkürlich erscheint (*ArbG Hannover* 13.01.2005 DB 2005, 896). Entgegen der Ansicht von *Fischer* (AuR 2005, 255 [256 f.]) lässt sich auch aus dem Zusammenhang von § 93 und § 7 Abs. 1 TzBfG nichts Anderes ableiten. Der mit Einführung des § 7 Abs. 1 TzBfG gestrichene § 93 Satz 2 a. F. gab dem Betriebsrat lediglich das Recht, die Ausschreibung als Teilzeitarbeitsplatz »anzuregen«. Nach Ansicht des Gesetzgebers war diese Regelung mit Einführung des § 7 Abs. 1 TzBfG »gegenstandslos« geworden (*Ausschussbericht* BT-Drucks. 14/4625, S. 21). Dem lässt sich allenfalls entnehmen, dass der Betriebsrat weiterhin die Möglichkeit haben soll, unter Hinweis auf die gesetzliche Regelung im TzBfG eine Ausschreibung als Teilzeitarbeitsplatz anzuregen. Eine Verstärkung der Einflussmöglichkeiten des Betriebsrats hin zu einem Initiativrecht lässt sich hieraus dagegen nicht ableiten (ähnlich *Kania*/ErfK § 93 Rn. 6). Vielmehr wäre dann im Gegenteil zu erwarten gewesen, dass der Gesetzgeber die Regelung über die Ausschreibung von Teilzeitarbeitsplätzen im BetrVG beibehält und die Erweiterung der Mitbestimmung durch eine Änderung des Wortlauts des § 93 zum Ausdruck bringt. Zur Frage, ob dem Betriebsrat bei Nichteinhaltung der Vorschriften der §§ 11 AGG, 7 TzBfG ein Zustimmungsverweigerungsrecht zusteht, s. Rdn. 43 f.

5. Bindung des Arbeitgebers bei der Auswahlentscheidung

Durch das Verlangen, Stellen innerbetrieblich auszuschreiben, ist der **Arbeitgeber nicht gezwungen**, einen **Bewerber aus dem Betrieb** auch **zu berücksichtigen** (vgl. *BAG* 07.11.1977 EzA § 100 BetrVG 1972 Nr. 1 = AP Nr. 1 zu § 100 BetrVG 1972; 30.01.1979 EzA § 118 BetrVG 1972 Nr. 20 = AP Nr. 11 zu § 118 BetrVG 1972; 18.11.1980 EzA § 93 BetrVG 1972 Nr. 1 = AP Nr. 1 zu § 93 BetrVG 1972 unter B II 1). Etwas anderes gilt nur, wenn Auswahlrichtlinien dies vorsehen (vgl. § 95 Rdn. 37 ff.; *BAG* 18.11.1980 EzA § 93 BetrVG 1972 Nr. 1 = AP Nr. 1 zu § 93 BetrVG 1972 unter B II 1; *Buschmann*/DKKW § 93 Rn. 27; *Eylert/Waskow*/NK-GA § 93 BetrVG Rn. 11; *Fitting*

37

§ 93 Rn. 13; *Galperin/Löwisch* § 93 Rn. 11; *Heinze* Personalplanung, Rn. 86; *Richardi/Thüsing* § 93 Rn. 29 f.). Der Arbeitgeber bindet sich jedoch durch die Ausschreibung insofern, als er bei der Auswahl des einzustellenden Bewerbers nicht hinter den Anforderungen der internen Ausschreibung zurückbleiben darf, weil ansonsten die innerbetrieblichen Bewerber benachteiligt würden, die zwar die bei der Einstellung zugrunde gelegten geringeren Anforderungen erfüllen, sich aber deshalb nicht beworben haben, weil sie den in der Ausschreibung genannten höheren Qualifikationskriterien nicht gerecht werden (vgl. *BAG* 23.02.1988 EzA § 93 BetrVG 1972 Nr. 3 = AP Nr. 2 zu § 93 BetrVG 1972 unter B I 3; vgl. auch *BVerwG* 16.08.2001 AP Nr. 8 zu § 93 BetrVG 1972). Will der Arbeitgeber die Anforderungen an die Qualifikation des einzustellenden Arbeitnehmers reduzieren, so muss er die Stelle folglich vor der Besetzung mit den geänderten Angaben erneut innerhalb des Betriebes ausschreiben.

IV. Regelung der Ausschreibungsmodalitäten

38 Da das Gesetz die näheren **Einzelheiten über die Durchführung** einer geforderten Ausschreibung nicht regelt, dürfte es im Interesse der Praktikabilität und auch der Rechtssicherheit zweckmäßig sein, diese Einzelheiten durch eine **Vereinbarung zwischen Arbeitgeber und Betriebsrat** verbindlich festzulegen (vgl. auch *BAG* 07.11.1977 EzA § 100 BetrVG 1972 Nr. 1 = AP Nr. 1 zu § 100 BetrVG 1972 unter III 5a). Als **Regelungsgegenstand** kommen u. a. in Betracht: Art, Inhalt, Form und Ort der Ausschreibung (Schwarzes Brett, Betriebszeitung, Rundschreiben), Bestimmung der Arbeitsplätze, die ausgeschrieben werden (alle oder bestimmte Gruppen), Voraussetzungen für die Bewerbung (z. B. Dauer der Betriebszugehörigkeit), Form der Bewerbung und Stelle, an die sie zu richten ist, sowie eine Frist für die Bewerbung; zur Bedeutung der Frist vgl. Rdn. 40. Hinsichtlich der Auswahl der Arbeitsplätze, die von der Ausschreibungspflicht erfasst werden, muss die Vereinbarung den Vorgaben des Betriebsrats entsprechen, da der Arbeitgeber nach § 93 dem Verlangen des Betriebsrats nachkommen muss. Soweit sich Arbeitgeber und Betriebsrat über die Ausschreibungsmodalitäten einigen, werden mit einer solchen Vereinbarung die Anforderungen an eine ordnungsgemäße betriebsinterne Ausschreibung verbindlich festgelegt. Hält sich der Arbeitgeber an die Abrede, so ist sichergestellt, dass der Betriebsrat die Zustimmung zu der personellen Maßnahme nicht nach § 99 Abs. 2 Nr. 5 verweigern kann. Verstößt der Arbeitgeber andererseits gegen die Vereinbarung, so fehlt es auch dann an einer ordnungsgemäßen Ausschreibung, wenn diese den gesetzlichen Anforderungen genügt (vgl. *Hess. LAG* 13.07.1999 LAGE § 99 BetrVG 1972 Nr. 58 unter II 2b).

39 Ob es sich bei der Vereinbarung um eine förmliche **Betriebsvereinbarung** mit normativer Wirkung oder um eine schlichte **Regelungsabrede** zum Zwecke der Ausübung des Mitbestimmungsrechts handelt, hängt von ihrem Inhalt ab (s. *Kreutz* § 77 Rdn. 9, 12 ff.; generell für Betriebsvereinbarung *Richardi/Thüsing* § 93 Rn. 26; *Rose/HWGNRH* § 93 Rn. 23). Jedenfalls kann der Abschluss einer solchen Vereinbarung nicht erzwungen werden, da es sich um eine freiwillige (Betriebs-)Vereinbarung handelt (vgl. *BAG* 06.10.2010 EzA § 99 BetrVG 2001 Nr. 18 Rn. 17; 01.02.2011 EzA § 93 BetrVG 2001 Nr. 1 = AP Nr. 9 zu § 93 BetrVG 1972 *[Richardi]* Rn. 26; *Galperin/Löwisch* § 93 Rn. 6; *Richardi/Thüsing* § 93 Rn. 26; *Rose/HWGNRH* § 93 Rn. 23; **a. M.** *Buschmann/DKKW* § 93 Rn. 10, 25; *Fitting* § 93 Rn. 6). Kommt eine Einigung nicht zustande, kann die Einigungsstelle eingeschaltet werden (vgl. § 76). Wird die Einigungsstelle eingeschaltet, so kann ihr Spruch allerdings nur nach § 76 Abs. 6 Satz 2 verbindlich werden.

40 Enthält eine Vereinbarung zwischen Arbeitgeber und Betriebsrat über die Ausschreibung **gleichzeitig Auswahlrichtlinien**, so bedarf sie insoweit zwingend der Zustimmung des Betriebsrats nach § 95 Abs. 1. Vom Betriebsrat kann ein solcher Inhalt aber nur in Betrieben bzw. betriebsverfassungsrechtlichen Organisationseinheiten (vgl. § 3 Abs. 5) mit mehr als **500** Arbeitnehmern erzwungen werden (§ 95 Abs. 2 Satz 1). Werden in der Vereinbarung Mindestanforderungen an Bewerber festgelegt, so liegt darin nicht zwingend eine Aufstellung von Auswahlrichtlinien (vgl. § 95 Rdn. 5, 15, 39; s. auch *BAG* 23.02.1988 EzA § 93 BetrVG 1972 Nr. 3 = AP Nr. 2 zu § 93 BetrVG 1972; **a. M.** *Buschmann/DKKW* § 93 Rn. 24; *Richardi/Thüsing* § 93 Rn. 27). Schreibt eine Betriebsvereinbarung vor, dass eine bestimmte **Frist für den Eingang der Bewerbung** einzuhalten ist, so ist der Arbeitgeber nicht gehindert, auch später eingehende Bewerbungen zu berücksichtigen. Eine Auswahlrichtlinie i. S. v. § 95 Abs. 1 liegt insoweit nicht vor (vgl. *BAG* 18.11.1980 EzA § 93 BetrVG 1972 Nr. 1 = AP Nr. 1 zu § 93 BetrVG 1972 unter B II 1; *Richardi/Thüsing* § 93 Rn. 30).

V. Rechtsfolgen fehlender oder fehlerhafter Ausschreibung

Ist eine »**nach § 93 erforderliche Ausschreibung**« **unterblieben**, hat also der Arbeitgeber den Arbeitsplatz entweder gar nicht oder nur extern ausgeschrieben, obwohl der Betriebsrat rechtzeitig eine Ausschreibung solcher Arbeitsplätze innerhalb des Betriebes verlangt hatte, so kann der Betriebsrat der zur Besetzung der freien Stelle erforderlichen **personellen Einzelmaßnahme** i. S. von § 99 Abs. 1 **die Zustimmung verweigern** (§ 99 Abs. 2 Nr. 5). Der Arbeitgeber ist dann gehindert, die personelle Maßnahme (endgültig) durchzuführen (vgl. § 99 Rdn. 160, 234; zur vorläufigen Durchführung vgl. § 100 Rdn. 9 ff.). Gleiches gilt, wenn der Gesamtbetriebsrat oder der Konzernbetriebsrat die Ausschreibung wirksam verlangt hat (vgl. Rdn. 30). Ein Zustimmungsrecht besteht allerdings nur unter den weiteren Voraussetzungen des § 99, also in Unternehmen, in denen in der Regel mehr als 20 Arbeitnehmer beschäftigt sind. 41

Einer gänzlich unterbliebenen Ausschreibung steht eine **fehlerhafte Ausschreibung** gleich, sofern hierdurch der Zweck der Ausschreibung vereitelt oder wesentlich beeinträchtigt, insbesondere die Chancengleichheit für innerbetriebliche Bewerber in Frage gestellt worden ist. Dies ist vor allem dann anzunehmen, wenn zumindest die Möglichkeit besteht, dass interne Bewerber, die für die Stelle geeignet wären, durch den Gesetzesverstoß von einer Bewerbung abgehalten worden sind. Wird hingegen das Ziel der Ausschreibung, geeigneten Arbeitnehmern des Betriebes die Möglichkeit einer Bewerbung zu geben, durch die fehlerhafte Ausschreibung nicht gefährdet, so kann sich der Betriebsrat für eine etwaige Zustimmungsverweigerung nicht auf § 99 Abs. 2 Nr. 5 stützen. Er ist vielmehr darauf beschränkt, die Einhaltung der entsprechenden Vorschriften im Wege des § 80 Abs. 1 Nr. 1 durchzusetzen. 42

Der Betriebsrat kann demnach die Zustimmung zu der personellen Einzelmaßnahme nach § 99 Abs. 2 Nr. 5 verweigern, wenn die **innerbetriebliche Ausschreibung höhere Anforderungen** nennt als eine außerbetriebliche Ausschreibung für die gleiche Stelle, weil hierdurch innerbetriebliche Bewerber, die die Anforderungen der außerbetrieblichen Ausschreibung, nicht aber die höheren Anforderungen der innerbetrieblichen Ausschreibung erfüllen, von einer Bewerbung abgehalten werden können (*BAG* 23.02.1988 EzA § 93 BetrVG 1972 Nr. 3 = AP Nr. 2 zu § 93 BetrVG 1972 unter B I 3, s. Rdn. 33). Dasselbe gilt, wenn die (interne) Ausschreibung gegen **§ 11 AGG** verstößt, weil dies dazu führen kann, dass geeignete Arbeitnehmer nur deshalb von einer Bewerbung abgehalten werden, weil sie die Voraussetzungen des inkriminierten Merkmals nicht erfüllen (*Hess. LAG* 13.07.1999 LAGE § 99 BetrVG 1972 Nr. 58 unter II 1b; *Buschmann/DKKW* § 93 Rn. 20; *Eylert/Waskow/*NK-GA § 93 BetrVG Rn. 12; *Fitting* § 93 Rn. 8; *Soergel/Raab* BGB, 12. Aufl., § 611b Rn. 10; *Staudinger/Richardi/Annuß* BGB § 611b Rn. 8; vgl. auch § 99 Rdn. 226). 43

Dagegen steht dem Betriebsrat kein Zustimmungsverweigerungsrecht zu, wenn der Arbeitgeber einen Arbeitsplatz entgegen **§ 7 Abs. 1 TzBfG** nicht als Teilzeitarbeitsplatz ausschreibt (sehr str.; wie hier *Beckschulze* DB 2000, 2598 [2605]; *Ehler* BB 2001, 1146 [1147] f.; *Mengel* in: *Annuß/Thüsing* TzBfG, § 7 Rn. 5; *Preis/*ErfK § 7 TzBfG Rn. 4; *Preis/Lindemann* NZA 2001, Sonderheft 33 [36 f.]; *Ricken/*HWK § 99 BetrVG Rn. 84; **a. M.** *ArbG Hannover* 13.01.2005 DB 2005, 896 [sofern die Eignung als Teilzeitarbeitsplatz feststeht]; *Buschmann/DKKW* § 93 Rn. 34; *Däubler* ZIP 2001, 217 [218]; *Engels* AuR 2009, 65 [68]; *Eylert/Waskow/*NK-GA § 93 BetrVG Rn. 12; *Fitting* § 93 Rn. 16; *Fischer* AuR 2001, 325 [327]; *Herbert/Hix* DB 2002, 2377 [2381]; *Laux* in: *Laux/Schlachter* TzBfG, § 7 Rn. 39; *Rolfs* RdA 2001, 129 [141]; *Rose/*HWGNRH § 93 Rn. 46). Zwar ist nicht zu bestreiten, dass der Gesetzgeber die Ausschreibung als Teilzeitarbeitsplatz zwingend vorschreibt (vgl. § 7 Abs. 1 TzBfG: »Der Arbeitgeber hat ... auszuschreiben«) und ein Verstoß gegen diese Pflicht diejenigen Arbeitnehmer, die lediglich an einer Teilzeitbeschäftigung interessiert sind, von der Bewerbung abhalten kann. Doch soll der Arbeitgeber nach der Grundkonzeption des TzBfG die Entscheidung darüber, ob er überhaupt Teilzeitarbeitsplätze einrichtet, frei treffen können. Das Gesetz zwingt ihn also nicht dazu, statt einer Vollzeitkraft mehrere Teilzeitbeschäftigte einzustellen, und zwar – insoweit anders als die 44

Regelung zum Verbot der diskriminierenden Ausschreibung in § 11 AGG – auch nicht mittelbar (vgl. *Preis*/ErfK § 7 TzBfG Rn. 4; *Richardi/Annuß* BB 2000, 2201 [2202]). Die Entscheidungsfreiheit des Arbeitgebers im Hinblick auf die Einrichtung von Teilzeitarbeitsplätzen wäre aber stark eingeschränkt, wenn der Betriebsrat bei einem Verstoß gegen § 7 Abs. 1 TzBfG die Einstellung – zumindest vorübergehend – verhindern könnte. Zur Vermeidung von Wertungswidersprüchen ist daher ein Zustimmungsverweigerungsrecht zu verneinen.

45 Nach Ansicht des *BAG* soll die **Angabe einer falschen Vergütungsgruppe** dazu führen können, dass die Ausschreibung als nicht erfolgt anzusehen ist und der Betriebsrat nach § 99 Abs. 2 Nr. 5 die Zustimmung zu der personellen Einzelmaßnahme verweigern kann. Allerdings komme dies nur in Fällen einer offensichtlichen Falschangabe in Betracht, weil ansonsten der Streit über die richtige Eingruppierung in das Einstellungsverfahren vorverlagert und dem Betriebsrat in systemwidriger Weise die Möglichkeit gegeben würde, wegen Bedenken gegen die Eingruppierung die Zustimmung zur Einstellung selbst zu verweigern (*BAG* 10.03.2009 EzA § 99 BetrVG 2001 Nr. 12 Rn. 47). Es ist aber nicht zu erkennen, inwieweit durch die Falschangabe die innerbetriebliche Chancengleichheit in Frage gestellt sein soll. Zum einen geht der wesentliche Anstoß für eine Bewerbung nicht von der Angabe der Vergütungsgruppe, sondern von der Beschreibung des Arbeitsplatzes und der geforderten Qualifikation aus (s. Rdn. 34). Zum anderen kann sich der Hinweis auf die Vergütungsgruppe allenfalls auf die Entscheidung der Arbeitnehmer auswirken, die sich mit dem Vergütungssystem auskennen. Gerade diese werden sich aber durch eine offensichtliche Falschangabe kaum von einer Bewerbung abhalten lassen, weil sie den Fehler erkennen und die Angabe entweder von sich aus als Falschbezeichnung einordnen oder zumindest zum Anlass für eine Nachfrage nehmen werden.

46 An einer ordnungsgemäßen Ausschreibung fehlt es auch, wenn die **mit dem Betriebsrat vereinbarten Modalitäten der Ausschreibung nicht eingehalten** werden (vgl. Rdn. 38). Auch hier kann der Betriebsrat die Zustimmung zu der personellen Einzelmaßnahme aber nur verweigern, wenn der Verstoß zu Nachteilen für etwaige innerbetriebliche Bewerber geführt hat oder zumindest führen konnte und damit das Gebot der Chancengleichheit verletzt worden ist. Ist etwa die Form der Bekanntmachung (z. B. per Aushang, Rundschreiben oder E-Mail) nicht beachtet worden, so kann der Betriebsrat die Zustimmung dennoch nicht verweigern, wenn nachweislich alle als Bewerber in Betracht kommenden Arbeitnehmer rechtzeitig von der Ausschreibung Kenntnis erlangt haben.

47 Hat der Betriebsrat wirksam die Zustimmung wegen der fehlenden Ausschreibung verweigert, so kommt eine **gerichtliche Ersetzung der Zustimmung** durch das Arbeitsgericht im Verfahren nach § 99 Abs. 4 **nicht in Betracht**. Vielmehr ist zunächst die Ausschreibung nachzuholen und sodann erneut die Zustimmung des Betriebsrats zu beantragen (vgl. *Richardi/Thüsing* § 93 Rn. 32; *Ricken*/HWK § 93 BetrVG Rn. 9). Hiervon sollte allerdings eine **Ausnahme** gemacht werden, wenn feststeht, dass es **keine geeigneten innerbetrieblichen Bewerber** gibt (ebenso *Richardi/Thüsing* § 93 Rn. 32 a. E.: wenn »sämtlichen Mitarbeitern des Betriebes offensichtlich die erforderliche Qualifikation fehlt«; **a. M.** *LAG Köln* 14.09.2012 – 5 TaBV 18/12 – juris, Rn. 56 ff.; offen gelassen von *LAG Berlin-Brandenburg* 14.01.2010 – 26 TaBV 1954/09 – juris, Rn. 32: allenfalls in Extremfällen; s. a. § 99 Rdn. 226). Zwar soll der Betriebsrat die Durchführung der Ausschreibung ohne Einschränkungen verlangen können, weswegen der Arbeitgeber sich nicht auf deren Aussichtslosigkeit berufen kann (vgl. Rdn. 19). Doch wäre es eine unverhältnismäßige Einschränkung der unternehmerischen Freiheit und damit eine Form des institutionellen Rechtsmissbrauchs, wenn dem Arbeitgeber die Durchführung der beabsichtigten personellen Einzelmaßnahme auch dann verwehrt werden könnte, wenn durch die Nachholung der innerbetrieblichen Ausschreibung deren Zweck offensichtlich nicht erreicht werden kann. Maßgeblich für die Frage, ob geeignete Arbeitnehmer zur Verfügung stehen, ist dann allerdings der Zeitpunkt der letzten mündlichen Verhandlung über den Zustimmungsersetzungsantrag nach § 99 Abs. 4.

48 Der **Mangel** einer fehlenden oder fehlerhaften Ausschreibung kann durch eine Nachholung oder eine erneute fehlerfreie Ausschreibung **geheilt werden**. Dies kann auch noch nach Einleitung des Zustimmungsverfahrens nach § 99 – ggf. sogar während des Zustimmungsersetzungsverfahrens nach § 99 Abs. 4 – geschehen (vgl. *LAG Berlin* 26.09.2003 – 6 TaBV 609 u. a. – juris, Rn. 27 ff. = ArbRB 2004, 43 [*Lunk*]; *LAG Köln* 14.09.2012 – 5 TaBV 18/12 – juris, Rn. 66 ff.; *Matthes*/MünchArbR 2. Aufl., § 352 Rn. 85; wohl auch *Richardi/Thüsing* § 99 Rn. 265; offen gelassen von *BAG* 01.06.2011 AP

Nr. 136 zu § 99 BetrVG 1972 Rn. 30). Gehen auf die innerbetriebliche Ausschreibung keine Bewerbungen ein, so darf der Betriebsrat die Zustimmung nicht unter Berufung auf § 99 Abs. 2 Nr. 5 verweigern; einem Antrag des Arbeitgebers auf Ersetzung der Zustimmung des Betriebsrates ist in diesem Falle stattzugeben (vgl. Rdn. 47). Melden sich jedoch auf die nachträgliche Ausschreibung innerbetriebliche Bewerber, so ist der Betriebsrat erneut nach § 99 zu beteiligen, damit er diese Bewerbungen bei seiner Stellungnahme berücksichtigen kann (vgl. *Matthes*/MünchArbR 2. Aufl., § 352 Rn. 85). Ein erneutes Ersetzungsverfahren nach § 99 Abs. 4 ist nicht erforderlich. Vielmehr kann das Ergebnis der erneuten Beteiligung des Betriebsrats in ein laufendes Ersetzungsverfahren eingeführt werden (vgl. *LAG Berlin* 26.09.2003 – 6 TaBV 609 u. a. – juris, Rn. 29 = ArbRB 2004, 43 *[Lunk]*). Nach der **Gegenansicht** soll eine Nachholung nur zulässig sein, wenn die Einstellung aus dringenden betrieblichen Erfordernissen nach § 100 vorläufig vorgenommen werden muss und aus diesem Grunde vor der (vorläufigen) Besetzung der Stelle keine Ausschreibung mehr erfolgen kann (*LAG Bremen* 05.11.2009 – 3 TaBV 16/09 – juris, Rn. 71 ff.; *Bachner*/DKKW § 99 Rn. 233; *Fitting* § 99 Rn. 252). Es wäre aber ein übertriebener Formalismus und würde dem Sinn des Beteiligungsrechtes nicht gerecht, wenn der Betriebsrat eine geplante Einstellung wegen unterbliebener Ausschreibung blockieren könnte, obwohl den betriebsangehörigen Arbeitnehmern durch die Nachholung der Ausschreibung keine Nachteile drohen. Dies ist sicherlich der Fall, wenn sich auf die nachträgliche Ausschreibung keine Arbeitnehmer bewerben (*LAG Köln* 14.09.2012 – 5 TaBV 18/12 – juris, Rn. 66). Gleiches gilt aber auch, wenn auf die nachträgliche Ausschreibung noch Bewerbungen eingehen. Dass diese bei einem nachträglichen Auswahlverfahren keine faire Chance mehr haben, lässt sich nicht pauschal behaupten. Zumindest ist nicht erkennbar, dass die Chancen auf eine Berücksichtigung steigen, wenn der Arbeitgeber nach der Ausschreibung das Zustimmungsverfahren erneut durchführen müsste.

VI. Streitigkeiten

§ 93 gibt dem Betriebsrat einen **durchsetzbaren Anspruch auf Vornahme der Ausschreibung**, 49 den dieser im Wege des Leistungsantrages durchsetzen kann (vgl. *Buschmann*/DKKW § 93 Rn. 38; *von Hoyningen-Huene* Betriebsverfassungsrecht, § 4 V 4a; *Konzen* Leistungspflichten, S. 53; *Oetker* § 23 Rdn. 192; *Raab* ZfA 1997, 183 [224]; **a.M.** *Fitting* § 93 Rn. 19 (nur Feststellungsantrag); *Heinze* DB 1983, Beil. Nr. 9, S. 17; *Kraft* 7. Aufl., § 93 Rn. 18). Hierfür spricht nicht nur der Wortlaut (»kann verlangen«). Auch im Hinblick auf den Zweck der Vorschrift erscheint es als unangemessen, den Betriebsrat allein auf die Möglichkeit der Zustimmungsverweigerung nach § 99 Abs. 2 Nr. 5 zu verweisen, weil Chancengleichheit am besten gewährleistet ist, wenn die unterbliebene Ausschreibung noch vor Einleitung des Besetzungsverfahrens nachgeholt wird. Freilich wird ein solcher Antrag im konkreten Streitfall vielfach schon aus Zeitgründen nicht mehr zum Erfolg führen können. Der Betriebsrat kann jedoch dem Arbeitgeber **für die Zukunft** aufgeben lassen, die Ausschreibung pflichtgemäß durchzuführen. Ein solcher Antrag kann zum einen auf **§ 23 Abs. 3** gestützt werden, wenn das Unterbleiben der Ausschreibung als grober Verstoß des Arbeitgebers gegen seine betriebsverfassungsrechtlichen Pflichten anzusehen ist (vgl. *Raab* ZfA 1997, 183 [224]; *Richardi*/*Thüsing* § 93 Rn. 35; vgl. auch *Fitting* § 93 Rn. 19; *Rose*/HWGNRH § 93 Rn. 53, die allgemein auf das Verfahren nach § 23 Abs. 3 verweisen). Es bestehen jedoch keine Bedenken, einen solchen Antrag auch unabhängig von dem Vorliegen eines groben Verstoßes unter den Voraussetzungen des – im Beschlussverfahren anwendbaren (vgl. *BAG* 17.05.1983 EzA § 80 BetrVG 1972 Nr. 25 = AP Nr. 19 zu § 80 BetrVG 1972 unter B II 4; *Matthes*/*Spinner*/GMP ArbGG § 81 Rn. 14) – § 259 ZPO zuzulassen, wenn die Besorgnis besteht, dass der Arbeitgeber auch künftig gegen die Ausschreibungspflicht verstoßen wird. Bei der Vollstreckung sollte allerdings zur Vermeidung von Wertungswidersprüchen nicht auf die allgemeine Regel des § 888 ZPO, sondern auf die im Wege der Gesamtanalogie heranzuziehenden besonderen betriebsverfassungsrechtlichen Zwangsmittelvorschriften (§ 23 Abs. 3, § 98 Abs. 5, § 101, § 104) zurückgegriffen werden (vgl. *Raab* ZfA 1997, 183 [187]). Verstößt die Ausschreibung gegen **§ 11 AGG**, so kann der Betriebsrat einen Unterlassungsantrag auch auf § 17 Abs. 2 AGG i. V. m. § 23 Abs. 3 stützen (*BAG* 18.08.2009 EzA § 17 AGG Nr. 1 Rn. 16 ff.). Die Vorschrift hat allerdings in Betrieben mit Betriebsrat nur für die externe Ausschreibung konstitutive Bedeutung, da der Arbeitgeber bei einem Verstoß gegen § 11 AGG im Rahmen einer internen Ausschreibung zugleich seine

Verpflichtung gegenüber dem Betriebsrat nach § 93 oder – sofern der Betriebsrat die interne Ausschreibung noch nicht verlangt hat – seine Verpflichtung zur Gleichbehandlung der betriebsangehörigen Arbeitnehmer nach § 75 Abs. 1 und somit seine betriebsverfassungsrechtlichen Pflichten verletzt (s. *Oetker* § 23 Rdn. 12 f.).

50 Zur Beilegung von Streitigkeiten über Inhalt und Umfang der Ausschreibungspflicht sowie über die einzuhaltenden Modalitäten der Ausschreibung kommt auch ein **Feststellungsantrag** in Betracht. Allerdings dürfte für einen Feststellungsantrag des Betriebsrats das erforderliche Feststellungsinteresse (§ 256 Abs. 1 Satz 1 ZPO) fehlen, wenn und soweit der Betriebsrat einen Leistungsantrag – ggf. in der Form des Antrages auf zukünftige Leistung nach § 259 ZPO – stellen kann, da der Leistungsantrag zu einer effektiveren Verwirklichung des Rechtsschutzzieles führt (vgl. allgemein zum Vorrang des Leistungsantrages *Greger/Zöller* ZPO § 256 Rn. 7a). Ein Feststellungsantrag des Betriebsrats kommt daher nur in Betracht, wenn dieser für die Zukunft das Bestehen oder die Reichweite der Ausschreibungspflicht geklärt haben will und die Voraussetzungen des § 259 ZPO nicht vorliegen, z. B. weil der Arbeitgeber die Bereitschaft zu erkennen gegeben hat, die gerichtliche Entscheidung zu akzeptieren und sein zukünftiges Verhalten hieran auszurichten. Für einen **Feststellungsantrag des Arbeitgebers** dürfte dagegen regelmäßig ein Rechtsschutzinteresse gegeben sein. Besteht Streit über den Umfang der Ausschreibungspflicht, so wäre es für den Arbeitgeber unzumutbar, diese Frage erst im Zustimmungsersetzungsverfahren nach § 99 Abs. 4 klären zu lassen. Vielmehr muss er die Möglichkeit haben, bereits im Vorfeld eine verbindliche Entscheidung herbeizuführen.

51 Sowohl über einen Leistungsantrag des Betriebsrats als auch über etwaige Feststellungsanträge entscheidet das Arbeitsgericht nach § 2a Abs. 1 Nr. 1, Abs. 2, §§ 80 ff. ArbGG im **Beschlussverfahren**.

VII. Verhältnis zu anderen Vorschriften

52 Der Arbeitgeber kann auch nach anderen Vorschriften verpflichtet sein, über zu besetzende Arbeitsplätze im Betrieb zu unterrichten. Eine solche Pflicht besteht einmal nach **§ 7 Abs. 2 TzBfG** gegenüber Arbeitnehmern, die dem Arbeitgeber den Wunsch nach einer Veränderung der Dauer (Verkürzung oder Verlängerung) und Lage ihrer Arbeitszeit angezeigt haben (zu den Anforderungen an eine solche Anzeige *Laux* in: *Laux/Schlachter* § 7 TzBfG Rn. 46 ff.). Außerdem hat der Arbeitgeber nach **§ 18 TzBfG** befristet beschäftigte Arbeitnehmer von sich aus über zu besetzende unbefristete Arbeitsplätze zu unterrichten. In beiden Fällen handelt es sich zunächst einmal um eine individualrechtliche Verpflichtung gegenüber den konkret erfassten Arbeitnehmern. Außerdem bezieht sich die Unterrichtungspflicht jeweils nur auf »entsprechende« Arbeitsplätze, d. h. solche, auf denen der betroffene Arbeitnehmer nach seinen Vorkenntnissen und Fähigkeiten beschäftigt werden könnte (vgl. nur *Laux* in: *Laux/Schlachter* § 7 TzBfG Rn. 58). Andererseits umfasst die Information nicht nur Arbeitsplätze innerhalb des Betriebs, in dem der Arbeitnehmer beschäftigt ist, sondern solche im gesamten Unternehmen. Nach § 18 Satz 2 TzBfG kann der Arbeitgeber seiner Informationspflicht gegenüber den befristet beschäftigten Arbeitnehmern auch durch eine allgemeine Bekanntgabe im Betrieb und Unternehmen nachkommen. Verlangt der Betriebsrat nach § 93 die Ausschreibung freier Stellen im Betrieb, so erfüllt der Arbeitgeber in Bezug auf diese Stellen mit der Ausschreibung zugleich auch seine Verpflichtung nach § 18 Satz 1 TzBfG gegenüber den im Betrieb beschäftigten Arbeitnehmern. Eine gesonderte Informationspflicht bestünde dann allerdings in Bezug auf Stellen in anderen Betrieben des Unternehmens, deren Ausschreibung der Betriebsrat gerade nicht verlangen kann (s. Rdn. 30). Dagegen reicht eine öffentliche Information zur Unterrichtung nach § 7 Abs. 2 TzBfG nach h. M. nicht aus (vgl. *Laux* in: *Laux/Schlachter* § 7 TzBfG Rn. 60 m. w. N.). Hier bedarf es vielmehr stets einer individuellen Information. Diese kann zwar standardisiert werden, muss aber den einzelnen Arbeitnehmern, die ihren Veränderungswunsch angezeigt haben, zugehen.

53 Eine Pflicht des Betriebsinhabers zur Information über zu besetzende Arbeitsplätze besteht zudem gegenüber Leiharbeitnehmern nach **§ 13a Satz 1 AÜG** (eingeführt durch Art. 1 Nr. 11 des Ersten Gesetzes zur Änderung des Arbeitnehmerüberlassungsgesetzes vom 28.04.2011 BGBl. I, S. 642). Die Unterrichtungspflicht bezieht sich auf alle Arbeitsplätze, gleichgültig ob diese befristet oder unbefristet, in dem Einsatzbetrieb oder einem anderen Betrieb des Unternehmens zu besetzen sind und – da

die Einschränkung »entsprechende Arbeitsplätze« fehlt – ohne Rücksicht darauf, ob der Leiharbeitnehmer die hierfür erforderliche Qualifikation mitbringt (*Hamann* RdA 2011, 321 [334 f.]; *Lembke* NZA 2011, 319 [320 f.]). Leiharbeitnehmer werden damit im Hinblick auf die Information über freie Stellen im Betrieb und im Unternehmen gegenüber der Stammbelegschaft privilegiert, zumal die Pflicht nicht von einem Verlangen des Betriebsrats und nicht einmal von einem entsprechenden Verlangen der Leiharbeitnehmer selbst abhängig ist. Auch hier handelt es sich um eine individualrechtliche Verpflichtung, welche der Arbeitgeber aber nach § 13a Satz 2 AÜG durch einen allgemeinen Aushang im Betrieb und Unternehmen erfüllen kann. Mitunter wird daher angenommen, dass die Regelung zumindest in Betrieben, in denen Leiharbeitnehmer beschäftigt werden, dazu führen könne, dass das Beteiligungsrecht des Betriebsrats nach § 93 an Bedeutung verliere (*Lembke* NZA 2011, 319 [320]).

Eine **Verletzung der** vorstehend genannten **Informationspflichten** hat – entsprechend der schuldrechtlichen Natur der Pflichten – zunächst einmal **individualrechtliche Rechtsfolgen**. So können die betroffenen Arbeitnehmer Ansprüche auf Schadensersatz zumindest aus § 280 Abs. 1 BGB geltend machen. Mitunter wird auch angenommen, dass es sich bei § 13a AÜG um ein Schutzgesetz zugunsten der Leiharbeitnehmer handele, so dass der Schadensersatzanspruch auch auf § 823 Abs. 2 BGB gestützt werden könne (*Hamann* RdA 2011, 321 [335]; *Lembke* NZA 2011, 319 [321]; dagegen wird die Schutzgesetzeigenschaft sowohl des § 7 Abs. 2 TzBfG als auch des § 18 TzBfG ganz überwiegend verneint; vgl. *Laux* in: *Laux/Schlachter* § 7 Rn. 67; *Müller-Glöge*/ErfK § 18 TzBfG Rn. 5; *Preis*/ErfK § 7 TzBfG Rn. 8; *Schlachter* in: *Laux/Schlachter* § 18 Rn. 6). Ob sich aus der Verletzung der Informationspflichten **kollektivrechtliche Rechtsfolgen** ergeben können, insbesondere ob der Betriebsrat einer Einstellung unter Hinweis auf die Verletzung der Informationspflichten die Zustimmung verweigern kann, ist umstritten. Jedenfalls lässt sich die Zustimmungsverweigerung nicht auf § 99 Abs. 2 Nr. 5 stützen, und zwar weder in direkter noch in analoger Anwendung (für § 7 Abs. 2 TzBfG *Laux* in: *Laux/Schlachter* § 7 Rn. 69; **a. M.** *Rolfs* RdA 2001, 129 [141]; für § 13a AÜG *Hamann* RdA 2011, 321 [336]; *Lembke* NZA 2011, 319 [322]). Das Zustimmungsverweigerungsrecht des § 99 Abs. 2 Nr. 5 knüpft an die Verletzung der – gegenüber dem Betriebsrat bestehenden – Verpflichtung zur Ausschreibung im Betrieb an. Die Verletzung der – hinsichtlich Inhalt und Voraussetzungen durchaus verschiedenen – individualrechtlichen Informationspflicht ist hiermit nicht gleichzusetzen. Vielmehr lässt sich eine Zustimmungsverweigerung insoweit allenfalls auf die Tatbestände des § 99 Abs. 2 Nr. 1 oder 3 stützen (s. hierzu § 99 Rdn. 205 ff., 280).

54

§ 94
Personalfragebogen, Beurteilungsgrundsätze

(1) Personalfragebogen bedürfen der Zustimmung des Betriebsrats. Kommt eine Einigung über ihren Inhalt nicht zustande, so entscheidet die Einigungsstelle. Der Spruch der Einigungsstelle ersetzt die Einigung zwischen Arbeitgeber und Betriebsrat.

(2) Absatz 1 gilt entsprechend für persönliche Angaben in schriftlichen Arbeitsverträgen, die allgemein für den Betrieb verwendet werden sollen, sowie für die Aufstellung allgemeiner Beurteilungsgrundsätze.

Literatur
I. Allgemein zum Mitbestimmungsrecht nach § 94:
Annuß Arbeitsrechtliche Aspekte von Zielvereinbarungen in der Praxis, NZA 2007, 290; *Bellgardt* Der Personalfragebogen gem. § 94 Abs. 1 BetrVG als Mitbestimmungsproblem, AiB 1984, 61; *Boewer* Die Bedeutung des § 94 BetrVG für die DV-gestützte Personaldatenverarbeitung, RDV 1988, 13; *Buchner* Freiheit und Bindung des Arbeitgebers bei Einstellungsentscheidungen, NZA 1991, 577; *ders.* Vom »gläsernen Menschen« zum »gläsernen Unternehmen«, ZfA 1988, 449; *Däubler* Gläserne Belegschaften? Das Handbuch zum Arbeitnehmerdatenschutz, 6. Aufl. 2015; *ders.* Zielvereinbarungen als Mitbestimmungsproblem, NZA 2005, 793; *Deich* Arbeitsvertragliche Gestaltung von Zielvereinbarungen, 2006; *Ehmann* Datenverarbeitung und Persönlichkeitsschutz im Arbeitsverhältnis, NZA 1985, Beil. Nr. 1, S. 2; *Franzen* Rechtliche Rahmenbedingungen psychologischer Eignungstests, NZA 2013, 1;

Gennen Das Assessment-Center-Verfahren, ZfA 1990, 495; *Gitter/Henker* Die Beteiligungsrechte des Betriebsrats bei der Gestaltung von Personalfragebogen in sicherheits- und sabotagegefährdeten Unternehmen, ZTR 1990, 403; *Hagenbruck* Beurteilungsgrundsätze, MitbestGespr. 1973, 38; *Heilmann/Thelen* Der werksärztliche Fragebogen, ein Mitbestimmungsproblem, BB 1977, 1556; *v. Hoyningen-Huene* Der psychologische Test im Betrieb, BB 1991 Beil. Nr. 10, S. 1; *Hunold* Aktuelle Rechtsprobleme der Personalauswahl, DB 1993, 224; *Jedzig* Einführung standardisierter Verfahren zur Leistungsbeurteilung von Arbeitnehmern, DB 1991, 753; *ders.* Mitbestimmung bei der Einführung von Verfahren zur Potentialanalyse von Arbeitnehmern, DB 1996, 1337; *Jordan/Bissels/Moritz* Mitbestimmungsrechte des Betriebsrats beim Side-by-Side Listening, BB 2014, 122; *Kehrmann* Personalfragebogen, MitbestGespr. 1973, 47; *Kleinebrink* Einwilligung in die Erhebung von Beschäftigtendaten und Datenschutz, ArbRB 2012, 61; *Leipold* Einstellungsfragebögen und das Recht auf Arbeit, AuR 1971, 161; *Marschner* Rechtsprobleme bei der Anwendung von Intelligenztests zur Bewerberauslese, DB 1971, 2260; *Matthes* Profilabgleich und Mitbestimmung, RDV 1988, 63; *Moll/Roebers* Beteiligungsrechte des Betriebsrats bei Personalumfragen im Unternehmen, DB 2011, 1862; *Oberhofer* Personalfragebogen und Arbeits(anstellungs-)Verträge, BetrR 1980, 353; *Rieble/Gistel* Betriebsratszugriff auf Zielvereinbarungsinhalte?, BB 2004, 2462; *Rüthers* Pflicht zur Offenbarung der Gewerkschaftszugehörigkeit?, BB 1966, 824; *Sandvoss* Das Dilemma der Personalfragebogen, MitbestGespr. 1976, 165; *K. Schmidt* Rechtsprobleme bei der Anwendung von Intelligenztests zur Bewerberauslese, DB 1971, 1420; *ders.* Die rechtliche Zulässigkeit psychologischer Testverfahren im Personalbereich, NJW 1971, 1863; *ders.* Mitbestimmungsrechte des Betriebsrats bei der Verwendung psychologischer Testverfahren, DB 1974, 1910; *Schönfeld/Gennen* Mitbestimmung bei Assessment-Centern. Beteiligungsrechte des Betriebsrats und des Sprecherausschusses, NZA 1989, 543; *Scholz* Schweigepflicht des Berufspsychologen und Mitbestimmung des Betriebsrats bei psychologischen Einstellungsuntersuchungen, NJW 1981, 1987; *Simitis* Zur Mitbestimmung bei der Verarbeitung von Arbeitnehmerdaten – eine Zwischenbilanz, RDV 1989, 49; *Söllner* Zur Beteiligung des Betriebsrats und zur Zuständigkeit der Einigungsstelle bei der Einführung und Anwendung von Personalinformationssystemen, DB 1984, 1243; *Stoltenberg* Fragebögen, Beurteilungsgrundsätze und Auswahlrichtlinien (Diss. Trier), 1984; *Stubbe* Assessment Center (Diss. Bayreuth), 2006; *Trittin/Fischer* Mitbestimmung bei individuellen Zielen?, AuR 2006, 261; *Wiese* Der Persönlichkeitsschutz des Arbeitnehmers gegenüber dem Arbeitgeber, ZfA 1971, 273; *Wietfeld* Der Einsatz psychologischer Testverfahren bei der Personalauswahl – Grundlagen und rechtliche Bewertung, ZfA 2016, 215; *Wohlgemuth* Rechtliche Grenzen der Informationsgewinnung durch den Arbeitgeber, BB 1980, 1530; *ders.* Fragerecht und Erhebungsrecht, AuR 1992, 46; *ders* . Der Zugriff des Betriebsrats auf Personaldaten, CuR 1993, 218; *Wybitul/Böhm* Beteiligung des Betriebsrats bei Ermittlungen durch Unternehmen, RdA 2011, 362; *Zeller* Die arbeitsrechtlichen Aspekte des Personalfragebogens als Mittel der Personalauswahl, BB 1987, 1522; *Zöllner* Daten- und Informationsschutz im Arbeitsverhältnis, 2. Aufl. 1983 (zit.: Daten- und Informationsschutz). Vgl. ferner die Angaben vor § 92.

II. Speziell zum Fragerecht des Arbeitgebers:
Bayreuther Einstellungsuntersuchungen, Fragerecht und geplantes Beschäftigtendatenschutzgesetz, NZA 2010, 679; *Boemke* Die Zulässigkeit der Frage nach Grundwehrdienst und Zivildienst, RdA 2008, 129; *Buchner* Gleichbehandlungsgebot und Mutterschutz, FS Stahlhacke, 1995, S. 83; *Degener* Das Fragerecht des Arbeitgebers gegenüber Bewerbern (Diss. Göttingen), 1975; *Düwell* Die Neuregelung des Verbots der Benachteiligung wegen Behinderung im AGG, BB 2006, 1741; *Ehrich* Fragerecht des Arbeitgebers bei Einstellungen und Folgen der Falschbeantwortung, DB 2000, 421; *Eich* Aids, ein Dauerthema – auch im Arbeitsleben, NZA 1987, Beil. Nr. 2, S. 10; *Ertel* Das Fragerecht des Arbeitgebers, DuD 2012, 126; *Fischinger* Die arbeitsrechtlichen Regelungen des Gendiagnostikgesetzes, NZA 2010, 65; *Geneger* Das neue Gendiagnostikgesetz, NJW 2010, 113; *Giesen* Frage nach der Schwerbehinderung, RdA 2013, 48; *Gola* Die Frage nach dem Verhinderungsfall – ein Versuch zur Umgehung unzulässiger Datenerhebungen?, RDV 2000, 202; *Götz* Zur Zulässigkeit der Befragung von Stellenbewerbern nach Vorstrafen, BB 1971, 1325; *C. S. Hergenröder* Fragerecht des Arbeitgebers und Offenbarungspflicht des Arbeitnehmers, AR-Blattei SD, 715, [2007]; *Hofmann* Zur Offenbarungspflicht des Arbeitnehmers, ZfA 1975, 1; *Hromadka* Die Frage nach der Schwangerschaft – Gedanken zu Diskriminierungsverbot und Mutterschutz, DB 1987, 687; *Hunold* Die Frage des Arbeitgebers nach der Verfügbarkeit des Bewerbers, DB 2000, 573; *Joussen* Si tacuisses – Der aktuelle Stand zum Fragerecht des Arbeitgebers nach einer Schwerbehinderung, NJW 2003, 2857; *ders.* Schwerbehinderung, Fragerecht und positive Diskriminierung nach dem AGG, NZA 2007, 174; *Husemann* Die Information über die Schwerbehinderung im Arbeitsverhältnis, RdA 2014, 16; *Kaehler* Das Arbeitgeberfragerecht im Anbahnungsverhältnis: Kritische Analyse und dogmatische Grundlegung, ZfA 2006, 519; *Kania/Merten* Auswahl und Einstellung von Arbeitnehmern unter Geltung des AGG, ZIP 2007, 8; *Kasper* Abschied vom Fragerecht des Arbeitgebers nach der Schwangerschaft?, FA 2000, 243; *Lichtenberg/Schücking* Stand der arbeitsrechtlichen Diskussion zur HIV-Infektion und Aids-Erkrankung, NZA 1990, 41; *Linnenkohl* Arbeitsverhältnis und Vorstrafen-Fragen, AuR 1983, 129; *Löwisch* Arbeitsrechtliche Fragen von Aids-Erkrankung und Aids-Infektion, DB 1987, 936;

Mallmann Arbeitsrecht gegen HIV/AIDS-Diskriminierung, PersR 2008, 396; *Maurer* Befragung von Stellenbewerbern nach Vorstrafen nach Inkrafttreten des Bundeszentralregistergesetzes, AuR 1972, 9; *Messingschlager* »Sind Sie schwerbehindert?« – Das Ende einer (un)beliebten Frage, NZA 2003, 301; *C. Meyer* Fragrecht nach der Gewerkschaftsmitgliedschaft bei Arbeitsbeginn?, BB 2011, 2362; *Michel/Möller/Peter* Tarifpluralität und die Frage nach der Zugehörigkeit zu einer Gewerkschaft, AuR 2008, 36; *Milthaler* Das Fragerecht des Arbeitgebers nach den Vorstrafen des Bewerbers (Diss. Göttingen), 2006; *Moritz* Fragerecht des Arbeitgebers sowie Auskunfts- und/oder Offenbarungspflicht des Arbeitnehmers bei der Anbahnung von Arbeitsverhältnissen?, NZA 1987, 329; *Pahlen* Die Frage nach der Schwerbehinderteneigenschaft vor der Einstellung und Art. 3 Abs. 3 Satz 2 GG, RdA 2001, 143; *Pallasch* Diskriminierungsverbot wegen Schwangerschaft bei der Einstellung, NZA 2007, 306; *Raab* Das Fragerecht des Arbeitgebers nach schwebenden Strafverfahren und die Unschuldsvermutung des Bewerbers, RdA 1995, 36; *ders.* Europarechtliches Diskriminierungsverbot und Abschlussfreiheit des Arbeitgebers, Festgabe zum 30-Jährigen Bestehen der Juristischen Fakultät Augsburg, 2003, S. 229; *Rieble* Arbeitgeberfrage nach der Gewerkschaftsmitgliedschaft, GS *Heinze*, 2005, S. 687; *Riesenhuber* Kein Fragerecht des Arbeitgebers, NZA 2012, 771; *Rolfs/Feldhaus* Die Frage nach der Schwerbehinderung im bestehenden Arbeitsverhältnis, SAE 2012, 85; *Roos* Die Auskunftspflicht des Stellenbewerbers beim Abschluss eines Arbeitsvertrages, AiB 2000, 211; *Schaub* Ist die Frage nach der Schwerbehinderung zulässig?, NZA 2003, 299; *Sowka* Die Frage nach der Schwangerschaft, NZA 1994, 967; *Stahlhacke* Der Europäische Gerichtshof und die Frage nach der Schwangerschaft, FS *Söllner*, 2000, S. 1095; *Strick* Die Anfechtung von Arbeitsverträgen durch den Arbeitgeber, NZA 2000, 695; *Szech* Die Anfechtung des Arbeitsvertrages durch den Arbeitgeber und das Allgemeine Gleichbehandlungsgesetz (Diss. Düsseldorf), 2012; *Thiel* Inhalt von Personalfragebogen, ZMV 2001, 17; *Thüsing* Gleichbehandlung von Männern und Frauen – Unzulässige Entlassung einer schwangeren Arbeitnehmerin, DB 2001, 2451; *ders.* Arbeitsrechtlicher Diskriminierungsschutz, 2. Aufl. 2013; *Thüsing/Lambrich* Das Fragerecht des Arbeitgebers – aktuelle Probleme zu einem klassischen Thema, BB 2002, 1146; *Walker* Zur Zulässigkeit der Frage nach der Schwangerschaft, DB 1987, 273; *Wedde* Fragen privater Arbeitgeber nach MfS-Tätigkeit, CR 1992, 679; *Wiese* Gendiagnostikgesetz und Arbeitsleben, BB 2009, 2198; *ders.* Genetische Untersuchungen und Analysen zum Arbeitsschutz und Rechtsfolgen bei deren Verweigerung oder Durchführung, BB 2011, 313; *Wisskirchen* Der Umgang mit dem Allgemeinen Gleichbehandlungsgesetz – Ein »Kochrezept« für Arbeitgeber, DB 2006, 1491; *Wisskirchen/Bissels* Das Fragerecht des Arbeitgebers bei Einstellung unter Berücksichtigung des AGG, NZA 2007, 169.

Inhaltsübersicht

	Rdn.
I. Vorbemerkung	1–4
1. Entstehungsgeschichte	1
2. Sinn und Zweck der Vorschrift	2–4
II. Allgemeines	5–15
1. Zustimmungsrecht	5, 6
2. Zuständigkeit	7
3. Persönlicher und betrieblicher Anwendungsbereich	8–11
4. Rechtsnatur der Einigung zwischen Arbeitgeber und Betriebsrat	12–15
III. Mitbestimmung bei der Erstellung von Personalfragebogen	16–51
1. Anwendungsbereich	16–25
a) Allgemeines	16–19
b) Einzelfragen	20–25
2. Inhalt des Fragebogens	26–47
a) Das Fragerecht des Arbeitgebers	26–28
b) Individualrechtliche Zulässigkeit einzelner Fragen	29–47
3. Auswirkungen der Mitbestimmung auf das Fragerecht	48–50
4. Pflicht zur Geheimhaltung	51
IV. Mitbestimmung bei der Gestaltung von Formulararbeitsverträgen	52–54
V. Mitbestimmung bei der Aufstellung allgemeiner Beurteilungsgrundsätze	55–65
1. Anwendungsbereich	55–63
2. Auswirkungen der Mitbestimmung auf das Verhältnis von Arbeitgeber und Arbeitnehmer	64, 65
VI. Streitigkeiten, Sanktionen	66–70

I. Vorbemerkung

1. Entstehungsgeschichte

1   Die Vorschrift wurde erstmals durch das BetrVG 1972 (BGBl. I, S. 13) eingeführt, nachdem es im BetrVG 1952 keine vergleichbare Regelung gegeben hatte. Sie ist seitdem unverändert geblieben.

2. Sinn und Zweck der Vorschrift

2   Die Vorschrift sieht zum einen eine Beteiligung des Betriebsrats bei der **Aufstellung von Personalfragebogen** vor. In vielen Betrieben ist es üblich, vor der Einstellung, gelegentlich auch danach, vom Arbeitnehmer die Beantwortung von Fragen zu verlangen, wobei der Inhalt der Antworten in der Regel für Entschließungen des Arbeitgebers in Bezug auf die Einstellung des befragten Arbeitnehmers oder für die Übertragung anderer Aufgaben an ihn von Bedeutung ist. Der zulässige Inhalt solcher Fragebogen war vor Inkrafttreten des BetrVG 1972 immer wieder Gegenstand von Auseinandersetzungen in der Literatur (z. B. *Brill* AuR 1968, 136 sowie *Bericht vom Frauentreffen des DGB* in AuR 1967, 150 und *Antwort des Bundesarbeitsministers* AuR 1967, 240). Das durch § 94 geschaffene Mitbestimmungsrecht des Betriebsrats bei Aufstellung solcher Fragebogen (einschließlich der persönlichen Angaben in Formulararbeitsverträgen) soll nach der Intention des Gesetzgebers sicherstellen, dass die Fragen auf die Gegenstände und den Umfang beschränkt bleiben, für die ein berechtigtes Auskunftsbedürfnis des Arbeitgebers besteht (amtliche Begründung zum BetrVG 1972, BR-Drucks. 715/70, S. 50 zu § 94). Die Beteiligung des Betriebsrats dient damit dem Persönlichkeitsschutz der Arbeitnehmer. Soweit der Betriebsrat im Zusammenhang mit der Verwendung von Fragebogen eingeschaltet wird, die gegenüber im Betrieb beschäftigten Arbeitnehmern verwendet werden, konkretisiert § 94 die Verpflichtung des Betriebsrats aus § 75 Abs. 2 Satz 1 (vgl. auch *Kreutz/Jacobs* § 75 Rdn. 104). Das Mitbestimmungsrecht erstreckt sich allerdings auch auf Fragebogen, die im Rahmen der Einstellung neuer Arbeitnehmer Verwendung finden (s. Rdn. 16). Insoweit wird der Betriebsrat – entgegen den allgemeinen Grundsätzen – zum Schutz von Personen tätig, die noch nicht der von ihm repräsentierten Belegschaft angehören.

3   Das Mitbestimmungsrecht bezieht sich darüber hinaus auch auf die **Bestimmung der persönlichen Angaben in schriftlichen Arbeitsverträgen**. Die Beteiligung des Betriebsrats dient hier ebenfalls dem Schutz der Persönlichkeitsrechte der Arbeitnehmer. Es bedeutet nämlich für den Arbeitnehmer kaum einen Unterschied, ob er durch einen Fragebogen oder durch Angaben im schriftlichen Arbeitsvertrag zur Offenlegung seiner persönlichen Verhältnisse veranlasst werden soll (vgl. auch den Bericht des Ausschusses für Arbeits- und Sozialordnung BT-Drucks. VI/2729, S. 30, wonach mit der Regelung eine Umgehung der Mitbestimmung bei der Aufstellung von Personalfragebogen verhindert werden soll).

4   Schließlich hat der Betriebsrat bei der **Aufstellung von allgemeinen Beurteilungsgrundsätzen** mitzubestimmen. Solche Grundsätze sind vor allem im Zusammenhang mit der Beurteilung von Leistung und Verhalten der Arbeitnehmer von Bedeutung. Die zukünftigen beruflichen Entwicklungschancen der Arbeitnehmer werden wesentlich durch die Bewertung von Leistung und Verhalten im Betrieb bestimmt. Die Aufstellung abstrakter Kriterien soll dazu beitragen, die Bewertung zu objektivieren und für die beurteilten Arbeitnehmer transparenter zu machen (amtliche Begründung zum BetrVG 1972 BT-Drucks. IV/1786, S. 50). Das Mitbestimmungsrecht gibt dem Betriebsrat zugleich mittelbar Einfluss auf die Beurteilung im konkreten Einzelfall, da mit der Aufstellung der abstrakten Kriterien wesentliche Weichen gestellt werden. Das Gesetz verschafft dem Betriebsrat dadurch die Möglichkeit, die Vorstellungen der Arbeitnehmer von einer objektiven, an sachbezogenen Kriterien orientierten Bewertung in den Entscheidungsprozess einzubringen.

II. Allgemeines

1. Zustimmungsrecht

Die Einführung von Personalfragebogen, die Aufnahme persönlicher Daten in Formulararbeitsverträge und die Aufstellung allgemeiner Beurteilungsgrundsätze bedürfen der **Zustimmung des Betriebsrats**. § 94 statuiert aber **keine Pflicht** zur Einführung von Personalfragebogen usw.; der Betriebsrat kann die Einführung von Personalfragebogen, die Aufnahme persönlicher Angaben in Formulararbeitsverträge und die Aufstellung von Beurteilungsgrundsätzen nicht erzwingen. Er hat insoweit kein Initiativrecht (h. M.; *BAG* 23.03.2010 EzA § 80 BetrVG 2001 Nr. 12 = AP Nr. 72 zu § 80 BetrVG 1972 Rn. 20; 17.03.2015 EzA § 94 BetrVG 2001 Nr. 2 Rn. 25; *LAG Düsseldorf* 24.07.1984 BB 1985, 55; *Fitting* § 94 Rn. 13; *Klebe/DKKW* § 94 Rn. 2; *Richardi/Thüsing* § 94 Rn. 33; *Rose/HWGNRH* § 94 Rn. 59). Selbstverständlich kann der Betriebsrat die Einführung anregen.

Die Zustimmung des Betriebsrats ist erforderlich bei der **Neueinführung**, aber auch bei der **Änderung** bestehender Fragebögen und Beurteilungsgrundsätze. Auch die Weiterverwendung von bereits **vor Inkrafttreten des BetrVG 1972 eingeführten** Personalfragebogen und Beurteilungsgrundsätzen bedarf der Zustimmung des Betriebsrats. Dass sie nach dem BetrVG 1952 ohne Mitwirkung des Betriebsrats eingeführt werden konnten, steht dem nicht entgegen. Das Mitbestimmungsrecht des Betriebsrats greift ein, weil sie nunmehr unter der Geltung des neuen Gesetzes, das ein Mitbestimmungsrecht vorsieht, angewandt werden sollen (*BAG* 22.10.1986 EzA § 23 BDSG Nr. 4 = AP Nr. 2 zu § 23 BDSG; *Hanau* DB 1972, 453; *Klebe/DKKW* § 94 Rn. 6; *Richardi/Thüsing* § 94 Rn. 35; *Rose/HWGNRH* § 94 Rn. 61; *Stahlhacke* BlStSozArbR 1972, 51 [52]; **a. M.** *Stege/Weinspach/Schiefer* § 94 Rn. 4). Dasselbe gilt, wenn im Betrieb **erstmals ein Betriebsrat gewählt** wird. Auch in diesem Falle erstreckt sich das Mitbestimmungsrecht auf die bereits in der Vergangenheit verwendeten Fragebogen und Beurteilungsgrundsätze. Diese dürfen folglich solange nicht herangezogen werden, bis eine Einigung mit dem Betriebsrat – notfalls durch Anrufung der Einigungsstelle – erzielt worden ist (*Hess. LAG* 06.03.1990 DB 1991, 1027; *Fitting* § 94 Rn. 3). Der Betriebsrat kann aber aufgrund des Gebotes der vertrauensvollen Zusammenarbeit nach § 2 Abs. 1 verpflichtet sein, einer vorübergehenden Weiterverwendung zuzustimmen. Ist dem Betriebsrat die Existenz der Fragebogen und der Beurteilungsgrundsätze bekannt und widerspricht er ihrer Weiterverwendung nicht, so kann hierin ein konkludentes Einverständnis mit der (vorübergehenden) Weiterverwendung zu sehen sein (vgl. auch *BAG* 22.10.1986 EzA § 23 BDSG Nr. 4 = AP Nr. 2 zu § 23 BDSG unter B I 1b).

2. Zuständigkeit

Zuständig für die Ausübung des Mitbestimmungsrechts ist nach dem Wortlaut der Vorschrift der **Betriebsrat** bzw. die Arbeitnehmervertretung einer betriebsverfassungsrechtlichen Organisationseinheit nach § 3 Abs. 1 Nr. 1 bis 3 (vgl. § 3 Abs. 5). Sollen einheitliche Fragebogen oder Beurteilungsgrundsätze für mehrere Betriebe eines Unternehmens eingeführt werden, so steht dem **Gesamtbetriebsrat** das Mitbestimmungsrecht zu, wenn seine Zuständigkeit nach § 50 gegeben ist, d. h. wenn eine zwingende, sachliche Notwendigkeit für eine einheitliche Regelung besteht (§ 50 Abs. 1 Satz 1; *BAG* 03.05.1984 EzA § 81 ArbGG 1979 Nr. 6 = AP Nr. 5 zu § 95 BetrVG 1972; *Galperin/Löwisch* § 94 Rn. 19; *Klebe/DKKW* § 94 Rn. 27; s. *Kreutz/Franzen* § 50 Rdn. 38 ff.; *Richardi/Thüsing* § 94 Rn. 48; *Rose/HWGNRH* § 94 Rn. 98; s. a. § 95 Rdn. 31). Besteht die Zuständigkeit des Gesamtbetriebsrats, so erstreckt sie sich nach dem BetrVerf-ReformG auch auf Betriebe ohne Betriebsrat (vgl. § 50 Abs. 1 Satz 1 Halbs. 2). Entsprechendes gilt für den Konzernbetriebsrat (vgl. § 58 Abs. 1 Satz 1 Halbs. 2).

3. Persönlicher und betrieblicher Anwendungsbereich

Die Vorschrift gilt nur für Maßnahmen gegenüber Personen, für die der Betriebsrat – zumindest nach ihrer Einstellung – zuständig ist. Der Betriebsrat hat daher kein Mitbestimmungsrecht bei der Ausgestaltung der Personalfragebogen, der Arbeitsverträge oder der Beurteilungsgrundsätze für **leitende Angestellte** (*Richardi/Thüsing* § 94 Rn. 36) oder **freie Mitarbeiter**.

§ 94　　　　　　　　　　　　　　　　　　　　　　　　　　　IV. 5. Personelle Angelegenheiten

9　In Bezug auf **Leiharbeitnehmer** kommt die Vorschrift im Entleiherbetrieb im Hinblick auf **Personalfragebogen** schon deshalb kaum zur Anwendung, weil Einstellung und Abschluss des Arbeitsvertrages Sache des Verleihers sind und Fragebogen im Regelfall im Zusammenhang mit der Begründung des Leiharbeitsverhältnisses Verwendung finden (*Becker* AuR 1982, 369 [375]; *Schüren / Hamann* AÜG, § 14 Rn. 314). In diesem Fall ist aber allenfalls der Betriebsrat des Verleiherbetriebes zu beteiligen. Doch ist nicht auszuschließen, dass Leiharbeitnehmern während der Dauer ihres Einsatzes im Entleiherbetrieb ebenfalls Personalfragebogen vorgelegt werden. Hier wird ganz überwiegend ein Mitbestimmungsrecht des Entleiherbetriebsrats angenommen (*Boemke / Lembke* AÜG, § 14 Rn. 142; *Erdlenbruch* Die betriebsverfassungsrechtliche Stellung, S. 171; *Müllner* Aufgespaltene Arbeitgeberstellung, S. 89; *Schüren / Hamann* AÜG, § 14 Rn. 314). Insoweit ist jedoch zu beachten, dass Mitwirkungsrechte des Betriebsrats im Entleiherbetrieb in Bezug auf die Leiharbeitnehmer allenfalls dann bestehen, wenn das Mitbestimmungsrecht der Ausübung des (vom Verleiher übertragenen) Direktionsrechts durch den Entleiher Grenzen setzen soll oder die Mitbestimmung nach ihrem Sinn und Zweck nur dort ausgeübt werden kann, wo tatsächlich die Arbeitsleistung erbracht wird (*BAG* 15.12.1992 EzA § 14 AÜG Nr. 3 = AP Nr. 7 zu § 14 AÜG; *Kraft* FS *Pleyer*, 1986, S. 383 [392 ff.]; *Raab* ZfA 2003, 389 [438 f.]). Die Verpflichtung zur Ausfüllung von Personalfragebogen hat aber ihre rechtliche Grundlage in dem Arbeitsverhältnis zum Verleiher. Das hiermit verbundene Fragerecht wird typischerweise wohl kaum im Überlassungsvertrag auf den Entleiher übertragen, da meist kein Bedürfnis nach einer unmittelbaren Befragung des Leiharbeitnehmers besteht, der Entleiher vielmehr seine Informationen vom Verleiher erhält. Das Fragerecht kann auch nicht als immanenter Teil der Befugnis des Entleihers angesehen werden, über den Arbeitseinsatz des Leiharbeitnehmers zu disponieren. Dies spricht dafür, das Mitbestimmungsrecht ausschließlich dem Verleiherbetriebsrat zuzuordnen. Die Zuständigkeit des Entleiherbetriebsrats lässt sich auch nicht mit dem Hinweis begründen, dass das Zustimmungsrecht des § 94 Abs. 1 dem Persönlichkeitsschutz der Betroffenen diene (s. Rdn. 2) und der Betriebsrat des Entleiherbetriebs nach § 75 Abs. 2 die freie Entfaltung der Persönlichkeit der Leiharbeitnehmer zu schützen und zu fördern habe (so *Boemke / Lembke* AÜG, § 14 Rn. 142). Der persönliche Anwendungsbereich des § 75 Abs. 2 ist nämlich auf die »im Betrieb beschäftigten Arbeitnehmer« beschränkt, zu denen die Leiharbeitnehmer nach hier vertretener (wenn auch umstrittener) Ansicht nicht gehören (s. § 7 Rdn. 84 ff. sowie *Kreutz / Jacobs* § 75 Rdn. 16). Im Übrigen ist der Schutz des Leiharbeitnehmers nach dem hier befürworteten Ansatz auf andere Weise gewährleistet. Wenn und soweit der Entleiher Personalfragebogen gegenüber Leiharbeitnehmern verwenden will, bedürfte er nämlich der Zustimmung nicht nur des Verleihers, sondern auch des bei diesem bestehenden Betriebsrats. Liegen diese Voraussetzungen nicht vor, ist der Leiharbeitnehmer nicht verpflichtet, den Fragebogen auszufüllen. Hierüber hätte nach § 80 Abs. 1 Nr. 1 (auch) der Betriebsrat des Entleiherbetriebs zu wachen.

10　Von größerer praktischer Bedeutung ist die Frage, ob ein Mitbestimmungsrecht des Entleiherbetriebsrats nach **§ 94 Abs. 2** besteht, wenn eine **Leistungsbeurteilung der** im Betrieb beschäftigten **Leiharbeitnehmer durch den Entleiher** erfolgt und dieser hierfür allgemeine Grundsätze aufstellt oder die im Betrieb für die Stammbelegschaft geltenden Grundsätze auch bei der Beurteilung der Leiharbeitnehmer zur Anwendung bringt. Überwiegend wird ein solches Mitbestimmungsrecht bejaht (*Boemke / Lembke* AÜG, § 14 Rn. 142; *Erdlenbruch* Die betriebsverfassungsrechtliche Stellung, S. 172; *Gick* Gewerbsmäßige Arbeitnehmerüberlassung, S. 139; *Klebe / DKKW* § 94 Rn. 32; *Schüren / Hamann* AÜG, § 14 Rn. 315; *Thüsing* AÜG, § 14 Rn. 151; *Ulber / zu Dohna-Jaeger* AÜG, § 14 Rn. 122). Doch erscheint dies mindestens in dieser Allgemeinheit verfehlt (gänzlich gegen ein Mitbestimmungsrecht *Rose / HWGNRH* § 94 Rn. 10). Im Regelfall gilt auch für das Mitbestimmungsrecht bei der Aufstellung von Beurteilungsgrundsätzen, dass dieses nach Sinn und Zweck nicht zwingend im Einsatzbetrieb ausgeübt werden muss. Zwar mag die Leistungsbeurteilung selbst nur durch den Entleiher erfolgen können, weil dieser die Arbeitsleistung entgegennimmt. Die abstrakten Grundsätze, auf denen die Beurteilung beruht, können aber ebenso gut vom Verleiher aufgestellt werden. Für eine Zuständigkeit des Verleiherbetriebsrates spricht zudem, dass das Mitbestimmungsrecht eine gleichmäßige Beurteilung aller Arbeitnehmer des Leiharbeitsunternehmens sicherstellen soll. Dies wäre nicht gewährleistet, wenn die Beurteilungsgrundsätze von den Vereinbarungen zwischen Arbeitgeber und Betriebsrat im jeweiligen Einsatzbetrieb abhingen. Die h. M. bleibt denn auch eine Antwort auf die Frage schuldig, ob die mit dem Betriebsrat des Entleiherbetriebs abgestimmten Beurteilungsgrundsätze auch dann Anwendung finden sollen, wenn beim Verleiher eine entsprechende Vereinbarung mit dem dortigen Betriebsrat besteht. Das Problem einer solchen Kollision unterschiedlicher Beurteilungsgrundsätze wird vermieden, wenn man die Zuständigkeit allein dem Verleiherbetriebsrat zuweist. Soll die Leistungsbeurteilung der Leiharbeitnehmer nach den im Entleiherbetrieb geltenden Grundsätzen erfolgen, so setzt dies folglich die Zustimmung des Verleiherbetriebsrats voraus. Soweit im Verleiherbetrieb Beurteilungsgrundsätze zwischen Verleiher und Betriebsrat vereinbart sind, hat auch der Entleiher diese bei der Beurteilung der Leiharbeitnehmer zugrunde zu legen. Ein Mitbestimmungsrecht des Betriebsrats des Entleiherbetriebs kommt allenfalls dann in Betracht, wenn die Beurteilungsgrundsätze die Grundlage für Entscheidungen bilden sollen, die ausschließlich vom Entleiher getroffen werden und dessen Verhältnis zum Leiharbeitnehmer betreffen.

In **Tendenzbetrieben** findet § 94 in Bezug auf Tendenzträger nur eingeschränkt Anwendung. Der Inhalt von Personalfragebogen sowie die persönlichen Angaben in Arbeitsverträgen bedürfen nicht der Zustimmung des Betriebsrats, soweit es um tendenzbezogene Fragen geht (*BAG* 21.09.1993 EzA § 118 BetrVG 1972 Nr. 62 = AP Nr. 4 zu § 94 BetrVG 1972 unter B II 3c; *Fitting* § 118 Rn. 33; *Richardi/Thüsing* § 94 Rn. 37; s. *Weber* § 118 Rdn. 207). Bei der Aufstellung von Beurteilungsgrundsätzen entfällt das Mitbestimmungsrecht vollständig. Für die Beurteilung von Tendenzträgern ist es von zentraler Bedeutung, ob und wie diese den Zweck des Unternehmens fördern und verwirklichen. Nach welchen Kriterien die Beurteilung vorzunehmen ist, muss daher der Arbeitgeber im Tendenzunternehmen frei festlegen können. Eine Einschränkung der Entscheidungsfreiheit in diesem Bereich würde eine ernsthafte Gefahr für die Tendenzverwirklichung bedeuten (vgl. *Galperin/Löwisch* § 118 Rn. 69; *Richardi/Thüsing* § 94 Rn. 64). 11

4. Rechtsnatur der Einigung zwischen Arbeitgeber und Betriebsrat

Die Einführung bestimmter Personalfragebogen, die Aufnahme bestimmter persönlicher Angaben in Formulararbeitsverträge oder die Aufstellung bestimmter Beurteilungsgrundsätze bedarf der Zustimmung des Betriebsrats. Die Zustimmung erfolgt durch **Beschluss** des Betriebsrats nach § 33. Mit Zugang der Erklärung beim Arbeitgeber kommt eine Vereinbarung i. S. d. § 77 Abs. 1 Satz 1 über die geregelten Gegenstände zustande. Bei der Vereinbarung handelt es sich zumeist um eine **Regelungsabrede** (*LAG Frankfurt a. M.* 08.01.1991 LAGE § 94 BetrVG 1972 Nr. 1), da die Abrede den Zweck hat, das Vorgehen des Arbeitgebers betriebsverfassungsrechtlich zu legitimieren (s. *Kreutz* § 77 Rdn. 18 ff.). Eine solche Vereinbarung bedarf keiner besonderen Form. Entsprechend dem Charakter des Beteiligungsrechtes als reines Zustimmungsrecht ist der aus der Vereinbarung folgende **Durchführungsanspruch** des Betriebsrats beschränkt. Der Betriebsrat kann vom Arbeitgeber nicht verlangen, dass er die vereinbarten Fragebögen, Vertragsformulare oder Beurteilungsgrundsätze tatsächlich verwendet (*LAG Frankfurt a. M.* 08.01.1991 LAGE § 94 BetrVG 1972 Nr. 1, S. 7). Haben sich Arbeitgeber und Betriebsrat aber über eine bestimmte Ausgestaltung geeinigt und macht der Arbeitgeber von den Fragebögen, Vertragsformularen oder Beurteilungsgrundsätzen Gebrauch, so ist er verpflichtet, die mit dem Betriebsrat getroffene Vereinbarung zu beachten. 12

Sollen durch die Vereinbarung nach ihrem Inhalt, Sinn und Zweck zugleich Rechte und Pflichten zwischen dem Arbeitgeber und einzelnen Arbeitnehmern begründet werden, so handelt es sich um eine **Betriebsvereinbarung** (*Fitting* § 94 Rn. 3; *Richardi/Thüsing* § 94 Rn. 69). Dies wäre etwa der Fall, wenn mit der Vereinbarung die – individualrechtlich nicht bestehende – Pflicht des Arbeitnehmers begründet werden soll, gegenüber dem Arbeitgeber bestimmte Angaben zu machen oder bei der Beurteilung von Verhalten und Leistung mitzuwirken. Eine solche Vereinbarung bedarf zu ihrer Wirksamkeit der Form des § 77 Abs. 2. Da die Mitwirkungspflicht des Arbeitnehmers nicht Gegenstand des Mitbestimmungsrechts ist, hat die Betriebsvereinbarung insoweit freiwilligen Charakter. Nur soweit in ihr zugleich der Inhalt der Fragebogen oder der Beurteilungsgrundsätze geregelt wird, handelt es sich um eine erzwingbare Betriebsvereinbarung (*Richardi/Thüsing* § 94 Rn. 43). 13

Die Vereinbarung kann, da es sich um eine auf Dauer angelegte Regelung handelt, nach § 77 Abs. 5 entweder in direkter (bei Vorliegen einer Betriebsvereinbarung) oder analoger (bei Vorliegen einer Regelungsabrede) Anwendung mit einer Frist von drei Monaten gekündigt werden (h. M.; *LAG* 14

Frankfurt a. M. 08.01.1991 LAGE § 94 BetrVG 1972 Nr. 1; *Fitting* § 77 Rn. 225; *Galperin/Löwisch* § 77 Rn. 105; *Richardi/Thüsing* § 94 Rn. 46; s. a. *Kreutz* § 77 Rdn. 21).

15 **Streit** besteht darüber, **ob** die getroffene **Vereinbarung** nach Ablauf der Kündigungsfrist gemäß bzw. analog § 77 Abs. 6 **nachwirkt** (verneinend: *Fitting* § 94 Rn. 15; *Galperin/Löwisch* § 94 Rn. 18; *Heinze* Personalplanung, Rn. 102; *Klebe/DKKW* § 94 Rn. 28; bejahend früher: *Fitting/Kaiser/Heither/Engels* § 94 Rn. 3; differenzierend: *Richardi/Thüsing* § 94 Rn. 47: Bei Kündigung durch den Arbeitgeber Nachwirkung, bei Kündigung durch den Betriebsrat nicht). Soweit es sich bei der Vereinbarung um eine Betriebsvereinbarung handelt, scheidet eine Nachwirkung bereits deshalb aus, weil diese nicht erzwingbar ist (*Fitting* § 94 Rn. 15; vgl. auch Rdn. 13). Erzwingbar ist allenfalls die Zustimmung des Betriebsrats zur Verwendung und zum Inhalt der Fragebogen, Vertragsformulare und Beurteilungsgrundsätze in Form einer Regelungsabrede. Eine analoge Anwendung des § 77 Abs. 6 auf die Regelungsabrede ist ebenfalls abzulehnen (s. *Kreutz* § 77 Rdn. 22 m. w. N.). Aber selbst wenn man die grundsätzlichen Bedenken gegen eine Nachwirkung von Regelungsabreden nicht teilt (für eine analoge Anwendung des § 77 Abs. 6 etwa *BAG* 23.06.1992 EzA § 87 BetrVG 1972 Arbeitszeit Nr. 50 = AP Nr. 51 zu § 87 BetrVG 1972 Arbeitszeit), kommt im Falle des § 94 eine Nachwirkung nicht in Betracht. Eine Nachwirkung dergestalt, dass der Arbeitgeber zur Verwendung der vereinbarten Personalfragebogen und Beurteilungsgrundsätze verpflichtet wäre, scheidet schon deshalb aus, weil der Betriebsrat den Arbeitgeber selbst während der Geltung der Vereinbarung nicht hierzu zwingen kann, der Arbeitgeber also jederzeit von der Verwendung absehen könnte (s. Rdn. 12; *LAG Frankfurt a. M.* 08.01.1991 LAGE § 94 BetrVG 1972 Nr. 1, S. 7). Allenfalls könnte dem Arbeitgeber im Wege der Nachwirkung gestattet sein, die Fragebogen und Beurteilungsgrundsätze trotz der Kündigung durch den Betriebsrat weiter zu verwenden. Erfolgt die Kündigung durch den Betriebsrat, so entfällt aber mit Ablauf der Kündigungsfrist seine Zustimmung, so dass der Arbeitgeber nach dem Sinn und Zweck der gesetzlichen Regelung die bisherigen Personalfragebogen und Beurteilungsgrundsätze nicht mehr verwenden darf (*Fitting* § 94 Rn. 15; *Matthes*/MünchArbR § 258 Rn. 19; *Richardi/Thüsing* § 94 Rn. 47). Dies gilt auch, wenn der Betriebsrat mit der Kündigung lediglich eine inhaltliche Änderung erzwingen will (**a. M.** *Klebe/DKKW* § 94 Rn. 28), da der Betriebsrat damit ebenfalls zum Ausdruck bringt, dass er mit der Verwendung in der bisherigen Form nicht mehr einverstanden ist. Anders ist die Situation, wenn der Arbeitgeber die Vereinbarung kündigt. Diese Kündigung berührt nicht die zuvor erteilte Zustimmung des Betriebsrats. Der Arbeitgeber ist daher nicht gehindert, die Fragebögen und Beurteilungsgrundsätze in der vom Betriebsrat konsentierten Gestalt weiter zu verwenden (ebenso i. E. *Richardi/Thüsing* § 94 Rn. 47), sofern nicht der Betriebsrat zum Ausdruck bringt, dass er aufgrund der Kündigung durch den Arbeitgeber an seine Zustimmung ebenfalls nicht mehr gebunden sein will. Um eine Nachwirkung im eigentlichen Sinne handelt es sich dabei allerdings nicht.

III. Mitbestimmung bei der Erstellung von Personalfragebogen

1. Anwendungsbereich

a) Allgemeines

16 Ein **Personalfragebogen** ist eine formularmäßige Zusammenfassung von Fragen über die persönlichen Verhältnisse, Kenntnisse und Fähigkeiten des Befragten (*BAG* 21.09.1993 EzA § 118 BetrVG 1972 Nr. 62 = AP Nr. 4 zu § 94 BetrVG 1972 unter B II 1a; 02.12.1999 EzA § 94 BetrVG 1972 Nr. 4 = AP Nr. 16 zu § 79 BPersVG unter III 4b aa). Hierzu zählt auch ein Erhebungsbogen, mit dem umfangreiche personenbezogene Daten zum Zweck der Berechnung von Ortszuschlag, Sozialzuschlag und Verheiratetenzuschlag abgefragt werden (vgl. *BVerwG* 22.12.1993 AP Nr. 2 zu § 85 LPVG Berlin). Nicht erfasst werden dagegen Fragebogen, die ausschließlich der Erhebung arbeitsplatz- oder betriebsbezogener Daten dienen (**Arbeitsplatzerhebungsbogen**; *Fitting* § 94 Rn. 7; *Moll/Roebers* DB 2011, 1862 [1864]; *Wietfeld* ZfA 2016, 215 [256]). Bei Fragebogen, die sowohl personen- als auch sachbezogene Angaben enthalten, unterliegt nur der personenbezogene Teil der Mitbestimmung (*Wybitul/Böhm* RdA 2011, 362 [365]). Gleichgültig ist, ob die Person, an die sich die Fragen richten, bereits Arbeitnehmer des Betriebes ist. Das Mitbestimmungsrecht bezieht sich daher sowohl auf Fragebogen, die Bewerbern im Rahmen des **Einstellungsverfahrens** vorgelegt werden als auch auf sol-

che, die der Erhebung relevanter Daten in Bezug auf die **im Betrieb beschäftigten** Arbeitnehmer dienen (*LAG Köln* 21.04.1997 NZA-RR 1997, 481; *Fitting* § 94 Rn. 6; *Richardi/Thüsing* § 94 Rn. 6; a. M. früher *Brill* AuR 1968, 136 [137], nach dessen Ansicht nur die nach Abschluss des Arbeitsvertrages vorgelegten, nicht dagegen die Einstellungsfragebogen erfasst sind). Keine Rolle spielt es, ob die standardisierten Fragen **vom Arbeitgeber oder von einem** (von ihm beauftragten) **Dritten** gestellt werden (*ArbG Nürnberg* 04.01.2013 NZA-RR 2013, 363 [365]; *Klebe/DKKW* § 94 Rn. 3). Kein Mitbestimmungsrecht besteht allerdings, wenn die Angaben über persönliche Verhältnisse des Bewerbers oder Arbeitnehmers nicht vom Arbeitgeber, sondern von einer **Aufsichtsbehörde** erhoben werden, wie etwa bei einer behördlich vorgeschriebenen Sicherheitsüberprüfung (vgl. *BAG* 09.07.1991 EzA § 87 BetrVG 1972 Betriebliche Ordnung Nr. 18 = AP Nr. 19 zu § 87 BetrVG Ordnung des Betriebs; krit. *Klebe/DKKW* § 94 Rn. 2; zur Mitbestimmung bei einer sog. beschäftigungsbezogenen Überprüfung von Personal im Luftverkehr nach Anhang 11.1.4 EU-VO Nr. 185/2010 s. *Becker/Barlage-Melber* BB 2012, 3075 [3078]).

Die Beschränkung auf die formularmäßige Zusammenfassung von Fragen entspricht dem Zweck der Vorschrift. Die schematische Datenerhebung begründet in besonderer Weise die Gefahr, dass der Arbeitnehmer Angaben macht, ohne dass auf Seiten des Arbeitgebers ein berechtigtes Interesse an der Auskunft besteht. Entscheidend ist daher, dass es sich um einen **standardisierten Fragenkatalog** handelt (ebenso *ArbG Nürnberg* 04.01.2013 NZA-RR 2013, 363 [365]). Unerheblich ist demgegenüber, auf welche Weise die Daten erhoben werden. Die Vorschrift findet daher auch Anwendung, wenn die Antworten unmittelbar in ein Personalinformationssystem eingegeben werden (*Brill* BlStSozArbR 1978, 163 [165]; *Fitting* § 94 Rn. 8; *Richardi/Thüsing* § 94 Rn. 8; *Zöllner* Daten- und Informationsschutz, S. 83) oder wenn sie **der Fragende** nach den Antworten des Befragten **selbst ausfüllt** (*BAG* 21.09.1993 EzA § 118 BetrVG 1972 Nr. 62 = AP Nr. 4 zu § 94 BetrVG 1972; *Klebe/DKKW* § 94 Rn. 3). Dasselbe gilt für **Tests oder Interviews**, die Antworten auf sonst im Personalfragebogen enthaltene standardisierte Fragen geben sollen, sofern sie vom Bewerber schriftlich beantwortet oder die Antworten von dem Fragenden selbst eingetragen werden (*BAG* 21.09.1993 EzA § 118 BetrVG 1972 Nr. 62 = AP Nr. 4 zu § 94 BetrVG 1972; *Fitting* § 94 Rn. 8; *Galperin/Löwisch* § 94 Rn. 3, 4; *Hanau* DB 1972, 453; *Klebe/DKKW* § 94 Rn. 3, 4; *Richardi/Thüsing* § 94 Rn. 8; *Rose/HWGNRH* § 94 Rn. 6). Zur Frage der datenschutzrechtlichen Zulässigkeit der Erhebung und Speicherung der nach § 94 gewonnenen Arbeitnehmerdaten und der Mitbestimmung nach § 87 Abs. 1 Nr. 6 vgl. *BAG* 22.10.1986 EzA § 23 BDSG Nr. 4 = AP Nr. 2 zu § 23 BDSG; s. a. Rdn. 24 sowie *Franzen* § 83 Rdn. 55 ff. und *Wiese/Gutzeit* § 87 Rdn. 546 ff., 590.

Kennzeichen des Personalfragebogens ist, dass dieser **Informationen über die jeweiligen Personen enthält**, die die Angaben gemacht haben. Beispiele sind standardisierte Fragenkataloge zu den persönlichen Verhältnissen des Arbeitnehmers, aber auch fachliche oder **psychologische Eignungstests** (zu Letzteren *Franzen* NZA 2013, 1 [3]; *Wietfeld* ZfA 2016, 215 ff.). Unerheblich ist, ob der Arbeitgeber gerade darauf abzielt, persönliche Umstände des Arbeitnehmers (etwa den Stand seiner Kenntnisse und Fähigkeiten) zu erfragen (zutr. *LAG Köln* 21.04.1997 NZA-RR 1997, 481). Voraussetzung für das Mitbestimmungsrecht ist andererseits, dass sich die Angaben **einem individualisierbaren Arbeitnehmer zuordnen lassen**. Ist dies nicht der Fall, so mag der Fragebogen einer allgemeinen anonymisierten Erhebung von Beschäftigtendaten dienen, stellt aber keinen Personalfragebogen i. S. d. § 94 dar (*LAG Hamburg* 14.06.2016 – 2 TaBV 2/16 – juris, Rn. 147 ff. [anhängig *BAG* 1 ABR 47/16]; *Richardi/Thüsing* § 94 Rn. 10; zust. *Klasen/Schaefer* BB 2012, 641 [643]). Bei EDV-gestützten Personalumfragen besteht daher unabhängig vom Inhalt der Fragen kein Mitbestimmungsrecht nach § 94, wenn technisch sichergestellt ist, dass die Antworten weder individualisierbar noch rückverfolgbar sind und sich deshalb nicht mit bestimmten Arbeitnehmern in Verbindung bringen lassen (*Moll/Roebers* DB 2011, 1862 [1864 f.]). Gleiches gilt, wenn der Arbeitgeber **in anonymisierter Form Mitarbeiterbefragungen zu Zwecken des Arbeitsschutzes** – etwa im Rahmen einer Gefährdungsbeurteilung nach §§ 3 Abs. 1 Satz 1, 5 Abs. 1 ArbSchG – durchführt oder durch beauftragte Unternehmen durchführen lässt. Hier besteht allenfalls ein Mitbestimmungsrecht nach § 87 Abs. 1 Nr. 7 (*LAG Hamburg* 14.06.2016 – 2 TaBV 2/16 – juris, Rn. 109 ff. [anhängig *BAG* 1 ABR 47/16]).

Personalfragebogen sind eine **Form der Datenerhebung** und damit der »Verarbeitung« von Daten i. S. d. DS-GVO (Art. 4 Nr. 2 DS-GVO [§ 3 Abs. 3 BDSG a. F.]) und unterliegen daher den **Vor-**

schriften des Datenschutzes (s. a. *BAG* 16.02.2012 EzA § 3 AGG Nr. 7 = AP Nr. 9 zu § 85 SGB IX Rn. 25 ff.). Sie entsprechen damit der gesetzlichen Regel, wonach personenbezogene Daten bei dem Betroffenen zu erheben sind (§ 4 Abs. 2 BDSG a. F.; s. a. *Franzen* § 83 Rdn. 62). Die Regelungen des Datenschutzes lassen das Beteiligungsrecht nach § 94 unberührt (§ 26 Abs. 6 BDSG n. F. = § 32 Abs. 3 BDSG a. F.). Sofern die Voraussetzungen des § 94 vorliegen, wird die Zustimmung des Betriebsrats also nicht deshalb entbehrlich, weil die Datenerhebung datenschutzrechtlich zulässig ist. § 94 stellt vielmehr eine zusätzliche kollektivrechtliche Schranke der Datenerhebung dar. Umgekehrt entbindet die Zustimmung des Betriebsrats den Arbeitgeber nicht von der Pflicht zur Einhaltung der datenschutzrechtlichen Bestimmungen. Sofern Arbeitgeber und Betriebsrat die Datenerhebung in einer Betriebsvereinbarung regeln, wird damit aber zugleich die Datenverarbeitung nach Art. 88 Abs. 1 DS-GVO, § 26 Abs. 4 BDSG n. F. legitimiert (s. *Franzen* § 83 Rdn. 60 m. w. N.). Voraussetzung ist natürlich, dass die Betriebsvereinbarung wirksam ist, insbesondere die Persönlichkeitsrechte der Arbeitnehmer nicht unverhältnismäßig einschränkt (s. § 75 Abs. 2). Als **Erlaubnisnorm** kommt daneben vor allem § 26 Abs. 1, 7 BDSG n. F. (§ 32 Abs. 1 und 2 BDSG a. F.) in Betracht. § 26 Abs. 1 BDSG verdrängt – ebenso wie sein Vorgänger § 32 Abs. 1 S. 1 BDSG a. F. – als speziellere Norm den früher einschlägigen Erlaubnistatbestand des § 28 Abs. 1 BDSG (str.; näher *Franzen* § 83 Rdn. 61 sowie *Franzen/ErfK* § 28 BDSG Rn. 2, § 32 BDSG Rn. 3). Die am Zweck des Arbeitsverhältnisses orientierte Grenze der Verarbeitung (§ 26 Abs. 1 Satz 1 BDSG n. F., bisher: § 32 Abs. 1 Satz 1 BDSG a. F.) steht mit dem Recht auf informationelle Selbstbestimmung in Einklang (*BAG* 22.10.1986 EzA § 23 BDSG Nr. 4 = AP Nr. 2 zu § 23 BDSG unter B I 2a). Daneben sind im Kontext des Personalfragebogens vor allem Art. 9 Abs. 2 DS-GVO, § 26 Abs. 3 BDSG n. F. (bisher: § 28 Abs. 6 BDSG a. F.) von Bedeutung, die die Voraussetzungen für die Erhebung von besonderen Arten personenbezogener Daten (Art. 9 Abs. 1 DS-GVO, bisher: § 3 Abs. 9 BDSG a. F.), d. h. von besonders sensiblen personenbezogenen Daten regelt (hierzu näher *BAG* 16.02.2012 EzA § 3 AGG Nr. 7 = AP Nr. 9 zu § 85 SGB IX Rn. 25 ff.). Soweit die Verarbeitung nicht durch Gesetz oder eine andere Rechtsvorschrift erlaubt ist, ist sie nur zulässig, wenn der betroffene Arbeitnehmer eingewilligt hat (Art. 6 Abs. 1 lit. a DS-GVO, bisher: §§ 4 Abs. 1 a. F.; zu den Anforderungen an die Einwilligung Art. 4 Nr. 11, Art. 7 DS-GVO, § 26 Abs. 2 BDSG n. F., bisher: § 4a BDSG a. F.).

b) Einzelfragen

20 Fragen im Rahmen eines **Vorstellungsgespräches** unterliegen nur der Mitbestimmung, wenn es sich dabei um fixierte, **standardisierte** Fragen handelt, deren Beantwortung zur Ausfüllung eines Personalfragebogens dient und dazu verwendet wird (s. Rdn. 17; *Klebe/DKKW* § 94 Rn. 3, 8; *Richardi/Thüsing* § 94 Rn. 8). Dagegen findet die Vorschrift keine Anwendung, wenn es sich um individuelle auf den Arbeitnehmer zugeschnittene Fragen handelt, auch wenn diese nicht spontan aus dem Gespräch entwickelt werden, sondern im Rahmen der Vorbereitung auf das Gespräch von der befragenden Person vorformuliert worden sind. Die individualrechtliche Grenze des Fragerechtes ist allerdings auch im Rahmen eines nicht standardisierten Vorstellungsgespräches zu beachten (*Galperin/Löwisch* § 94 Rn. 4; zu weitgehend *Hanau* BB 1972, 453, der Interviews wohl regelmäßig als vorgelesene Fragebogen ansieht). Dieselben Grundsätze gelten für die Durchführung sog. **Krankengespräche**. Auch hier greift das Mitbestimmungsrecht nur ein, wenn die Angaben in standardisierter Form erhoben werden, nicht dagegen bei einem individuellen Gespräch über Krankheitszeiten des Arbeitnehmers und deren Ursachen (*Eylert/Waskow/NK-GA* § 94 BetrVG Rn. 4; *Fitting* § 94 Rn. 8; *Ricken/HWK* § 94 BetrVG Rn. 4; zur Mitbestimmung bei Krankengesprächen s. a. *Gutzeit* § 87 Rdn. 666 sowie *Raab* NZA 1993, 193 ff.).

21 Keine Personalfragebogen i. S. d. Vorschrift sind **ärztliche Fragebogen für Einstellungsuntersuchungen** (*Boewer* RDV 1988, 13 [15]; *Fitting* § 94 Rn. 24; *Galperin/Löwisch* § 94 Rn. 5; *Heinze* Personalplanung, Rn. 94; *Meisel* Mitwirkung, Rn. 164; *Richardi/Thüsing* § 94 Rn. 9; *Rose/HWGNRH* § 94 Rn. 19; **a. M.** *Heilmann/Thelen* BB 1977, 155 [156]; *Klebe/DKKW* § 94 Rn. 11; allgemein zur Zulässigkeit solcher Einstellungsuntersuchungen *Behrens* NZA 2014, 401 ff.; *Schaub/Linck* Arbeitsrechts-Handbuch, § 26 Rn. 14). Die Formulierung dieser Fragebogen ist vom Weisungsrecht des Arbeitgebers unabhängig, die darauf erteilten Antworten unterliegen der ärztlichen Schweigepflicht. Die Information, die der Arbeitgeber erhält, sofern der Arzt nicht von seiner Schweigepflicht entbunden wurde, lautet nur: Für den Arbeitsplatz geeignet oder nicht geeignet. Dies ist mit den Informationen,

die der Arbeitgeber durch einen ausgefüllten Fragebogen erhält, nicht vergleichbar (**a. M.** *Klebe/ DKKW* § 94 Rn. 11). Unzulässig ist aber die im Auftrag des Arbeitgebers vom Werksarzt gestellte Frage nach der letzten Periode, wenn die Antwort dem Arbeitgeber mitgeteilt wird (*LAG Düsseldorf* 30.09.1971 EzA § 9 MuSchG Nr. 10; s. a. Rdn. 45). Muss der Arbeitnehmer den **Werksarzt** von der Schweigepflicht entbinden, um überhaupt eingestellt zu werden, unterliegt auch ein Fragebogen oder ein standardisierter Fragenkatalog, den der Werksarzt ausfüllen bzw. beantworten lässt, der Mitbestimmung nach § 94 (*Boewer* RDV 1988, 13 [15]). Die Entbindung von der Schweigepflicht ist allein dem Arbeitnehmer zukommende Entscheidung und unterliegt nicht dem Mitbestimmungsrecht des Betriebsrats (**a. M.** *Klebe/DKKW* § 94 Rn. 11; eine Rechtsgrundlage für diese Ansicht besteht nicht). Eine **Aufnahme der ausgefüllten ärztlichen Fragebogen in die Personalakten** ist nicht zulässig (*Galperin/Löwisch* § 94 Rn. 5; *Heinze* Personalplanung, Rn. 94; *Hümmerich* DB 1975, 1893; *Meisel* Mitwirkung, Rn. 164; *Rose/HWGNRH* § 94 Rn. 21; vgl. auch *Richardi/Thüsing* § 94 Rn. 9).

Nicht von § 94 erfasst wird die **Einholung von Auskünften** über Arbeitnehmer oder Bewerber bei Dritten (vgl. *Kania/*ErfK § 94 BetrVG Rn. 3). § 94 zielt nur darauf ab, den Arbeitnehmer davor zu schützen, dass er Fragen zu beantworten hat, die seinen Persönlichkeitsbereich berühren (*BAG* 09.07.1991 EzA § 87 BetrVG 1972 Betriebliche Ordnung Nr. 18 = AP Nr. 19 zu § 87 BetrVG 1972 Ordnung des Betriebs unter B II 2) und vom Zweck des Arbeitsverhältnisses nicht gedeckt sind. Ob der Arbeitgeber Auskünfte einholen und wieweit ein Dritter sie geben darf, ist eine individualrechtliche Frage und gehört nicht in den Bereich des § 94 (**a. M.** *Klebe/DKKW* § 94 Rn. 5). Aus diesem Grund unterliegt auch eine vom Arbeitgeber durchgeführte **Internet-Recherche** (etwa in sozialen Netzwerken) über Arbeitnehmer oder Bewerber nicht der Mitbestimmung nach § 94 (**a. M.** *Klebe/DKKW* § 94 Rn. 3; zur individualrechtlichen Zulässigkeit *Franzen/*ErfK § 32 BDSG Rn. 15). Dem Betriebsrat kommt hier allenfalls eine Kontrollaufgabe im Rahmen des § 80 Abs. 1 Nr. 1 zu. Besondere Beschränkungen gelten in Bezug auf **genetische Untersuchungen und Analysen** des Arbeitnehmers (hierzu näher *Fischinger* NZA 2010, 65; *Genenger* NJW 2010, 113 ff.; *Wiese* BB 2009, 2198 ff.; *ders.* BB 2011, 313 ff.). Der Arbeitgeber darf nach § 19 GenDG (Gendiagnostikgesetz vom 31.07.2009, BGBl. I, S. 2529) weder vom Arbeitnehmer verlangen, dass er solche Untersuchungen oder Analysen vornehmen lässt, noch darf er Ergebnisse solcher genetischen Untersuchungen von Dritten entgegennehmen. Allenfalls im Rahmen arbeitsmedizinischer Vorsorgeuntersuchungen sind – mit Einwilligung des Betroffenen (§ 20 Abs. 4 i. V. m. § 8 GenDG) – unter engen Voraussetzungen auch Maßnahmen gendiagnostischer Art zulässig (§ 20 Abs. 2 und 3 GenDG). Damit ist klargestellt, dass auch die **Frage nach** einer (dem Arbeitnehmer bekannten) **genetischen Veranlagung** unzulässig ist (*Wiese* BB 2009, 2198 [2203]). Aus der gesetzgeberischen Wertentscheidung wird man zudem zu folgern haben, dass das Verbot auch auf **Fragen nach Erkrankungen Familienangehöriger** ausstrahlt, da diese ebenfalls allein dazu dienen, Erkenntnisse über eine genetische Disposition des Betroffenen zu gewinnen. Auch solche Fragen sind daher unzulässig (*Bayreuther* NZA 2010, 679 [681]; *Schaub/Linck* Arbeitsrechts-Handbuch, § 26 Rn. 23a). Weigert sich ein Bewerber, solche genetischen Untersuchungen oder Analysen durchführen zu lassen oder vorliegende Ergebnisse hierüber zu offenbaren, so dürfen ihm nach § 21 GenDG hieraus keine Nachteile entstehen. Anderenfalls steht dem Bewerber ein Entschädigungsanspruch nach § 15 AGG i. V. m. § 21 Abs. 2 GenDG zu. Da nach § 21 Abs. 2 GenDG auch die Regelung des § 22 AGG über die Beweislastumkehr gilt, dürfte es genügen, wenn der Arbeitnehmer im Entschädigungsprozess nachweisen kann, dass der Arbeitgeber eine solche genetische Untersuchung oder Analyse gefordert und er dies abgelehnt hat. Der Arbeitgeber müsste dann den – praktisch kaum möglichen – Beweis führen, dass die Ablehnung sich bei der Auswahlentscheidung in keiner Weise ausgewirkt hat.

Im Zusammenhang mit **Zielvereinbarungen** kann der Arbeitnehmer gehalten sein, Angaben zu persönlichen Leistungszielen, Stärken und Schwächen am Arbeitsplatz oder zur Erreichung der vereinbarten Ziele zu machen. Insoweit wird vielfach ein Mitbestimmungsrecht bejaht, wenn die Angaben vom Arbeitnehmer schriftlich dokumentiert werden, weil die Voraussetzungen eines Personalfragebogens i. S. d. Abs. 1 erfüllt seien (*Annuß* NZA 2007, 290 [296]; *Däubler* NZA 2005, 793 [794]; *Trittin/ Fischer* AuR 2006, 261 [262]; allg. zu den Rechten des Betriebsrats bei der Durchführung von Mitarbeitergesprächen *Kort* NZA 2015, 520 ff.). Doch erscheint eine solche Einordnung zu pauschal. Das Mitbestimmungsrecht dient dem Persönlichkeitsschutz des Arbeitnehmers (s. Rdn. 2). Erfasst werden demnach nur Fragenkataloge, mit denen der Arbeitnehmer Umstände aus seinem persönlichen Lebensumfeld preisgeben soll. Angaben zu Vorgängen im Betrieb oder am Arbeitsplatz unterliegen daher auch dann nicht der Mitbestimmung nach Abs. 1, wenn sie die persönliche Leistung oder Leistungsfähigkeit des Arbeitnehmers betreffen. Angaben des Arbeitnehmers im Rahmen von Zielvereinbarungen sind daher nach § 94 nur zustimmungspflichtig, wenn sie Rückschlüsse auf die Persönlichkeit oder die persönlichen Verhältnisse zulassen (zur Frage der Mitbestimmung nach § 87 Abs. 1 Nr. 1 s. *Wiese* § 87 Rdn. 208, 236).

24 Die **Art und Weise der Verarbeitung von Daten**, die aus einer Datenerhebung gewonnen wurden, etwa die Verarbeitung in einer EDV-Anlage unterliegt ebenfalls nicht der Mitbestimmung nach § 94 (*Rose/HWGNRH* § 94 Rn. 25; *Matthes* RDV 1988, 63; *Stege/Weinspach/Schiefer* § 94 Rn. 29). Die Verarbeitung im Rahmen eines EDV-Systems kann allerdings nach § 87 Abs. 1 Nr. 6 mitbestimmungspflichtig sein (dazu s. *Wiese/Gutzeit* § 87 Rdn. 549 ff.). Wird im Zusammenhang mit einer nach § 94 mitbestimmungspflichtigen Datenerhebung die Frage gestellt, ob der Arbeitnehmer mit der elektronischen Verarbeitung der gewonnenen Daten einverstanden ist, so bedarf diese Frage nicht der Zustimmung des Betriebsrats (ebenso [allerdings ohne Bezugnahme auf die vorliegende Kommentierung] *Kleinebrink* ArbRB 2012, 61 [64]; **a. M.** *Fitting* § 94 Rn. 12; *Klebe/DKKW* § 94 Rn. 31). Die Frage ist nach Maßgabe des § 26 Abs. 2 BDSG n. F. (bisher: §§ 4 Abs. 1, 4a BDSG a. F.) zulässig; ihr Inhalt berührt das Persönlichkeitsrecht des Arbeitnehmers nicht; das Erfordernis der Zustimmung des Betriebsrats lässt sich nicht mit dem Schutzzweck des § 94 begründen.

25 Kein Mitbestimmungsrecht nach § 94 besteht schließlich im Hinblick auf den **Verwendungszweck** der erhobenen Daten (*Boewer* RDV 1988, 13 [17]; *Galperin/Löwisch* § 94 Rn. 16; *Löwisch* § 94 Rn. 5; *Matthes/MünchArbR* § 258 Rn. 22; *Zöllner* Daten- und Informationsschutz, S. 89; **a. M.** *Fitting* § 94 Rn. 9, 10 mit dem rein rechtspolitischen Argument, die Schutzfunktion des § 94 wäre sonst unzureichend; vgl. auch *Jedzig* DB 1996, 1337 [1339]; *Klebe/Schumann* AuR 1983, 42; *Simitis* AuR 1977, 103 und *Klebe/DKKW* § 94 Rn. 7). **Grenzen für die Verwendung** ergeben sich aber aus der arbeitsvertraglichen Fürsorgepflicht (s. *Franzen* vor § 81 Rdn. 12) und aus gesetzlichen Bestimmungen (z. B. Bundesdatenschutzgesetz; s. Rdn. 19). Grenzen können sich auch aus einer Betriebsvereinbarung ergeben (*Fitting* § 94 Rn. 4), die aber nicht erzwungen werden kann. Unterliegt die Verarbeitung dem Mitbestimmungsrecht nach § 87 Abs. 1 Nr. 6, so ist nach dieser Vorschrift auch die weitere Verwendung der bei der Verarbeitung gewonnenen Ergebnisse mitbestimmungspflichtig (*Matthes* RDV 1988, 63).

2. Inhalt des Fragebogens

a) Das Fragerecht des Arbeitgebers

26 Das Gesetz enthält – mit Ausnahme des Katalogs in § 13 Abs. 1 SÜG (Sicherheitsüberprüfungsgesetz vom 20.04.1994 BGBl. I, S. 867) im Rahmen der Überprüfung von Personen, die in sicherheitsrelevanten Bereichen tätig werden – keinen Hinweis auf den zulässigen Inhalt von Fragebögen bzw. auf zulässige persönliche Fragen. Es handelt sich hierbei nicht um ein betriebsverfassungsrechtliches Problem, sondern um ein Problem, das nach individualrechtlichen Grundsätzen zu beurteilen ist. Nach ganz überwiegender Auffassung ist das Fragerecht des Arbeitgebers beschränkt. Zwar ist anzuerkennen, dass der Arbeitgeber vor einer Entscheidung über die Einstellung eines Arbeitnehmers oder auch im Rahmen eines bestehenden Arbeitsverhältnisses ein berechtigtes Interesse an der Kenntnis bestimmter Tatsachen aus den persönlichen Verhältnissen des Arbeitnehmers haben kann. Dieses Informationsinteresse steht aber in einem Spannungsverhältnis zu dem Interesse des Arbeitnehmers an der Wahrung seiner Individual- und Intimsphäre. Daher bedarf es zur Bestimmung des Umfanges des Fragerechts einer **Abwägung zwischen dem Auskunftsbedürfnis des Arbeitgebers und dem Geheimhaltungsinteresse des Arbeitnehmers**. Eine Frage ist deshalb nach überwiegender Auffassung nur zulässig (und verpflichtet den Arbeitnehmer zur wahrheitsgemäßen Beantwortung), wenn der Arbeitgeber ein berechtigtes Interesse an der Beantwortung der Frage gerade im Hinblick auf das Arbeitsverhältnis hat. Ein solches berechtigtes Interesse ist gegeben, wenn das Interesse des Arbeitgebers so gewichtig ist, dass dahinter der Wunsch des Arbeitnehmers, seine persönlichen Lebensumstände zum Schutz seines Persönlichkeitsrechts und zur Sicherung der Unverletzlichkeit seiner Individualsphäre geheim zu halten, zurückzutreten hat (*BAG* 07.06.1984 EzA § 123 BGB Nr. 24 = AP

Nr. 26 zu § 123 BGB unter II 4a; 05.10.1995 EzA § 123 BGB Nr. 41 = AP Nr. 40 zu § 123 BGB unter B II 1; vgl. auch *Fitting* § 94 Rn. 16; *Klebe/DKKW* § 94 Rn. 12 ff.; *Richardi/Thüsing* § 94 Rn. 12 ff.). Das Fragerecht vor der Einstellung erstreckt sich folglich auf alle Umstände, deren Kenntnis erforderlich ist, um über die Beschäftigung des Arbeitnehmers auf dem konkreten Arbeitsplatz, insbesondere dessen Eignung und Befähigung, entscheiden zu können (*Buchner*/MünchArbR 2. Aufl., § 41 Rn. 33). Im bestehenden Arbeitsverhältnis bedarf es zur Begründung eines berechtigten Interesses des Arbeitgebers eines Zusammenhanges mit der Erfüllung der vom Arbeitnehmer geschuldeten Leistung oder mit sonstigen Pflichten des Arbeitnehmers oder des Arbeitgebers aus dem Arbeitsverhältnis (*BAG* 07.09.1995 EzA § 242 BGB Auskunftspflicht Nr. 4 = AP Nr. 24 zu § 242 BGB Auskunftspflicht). Die vorgenannten Grundsätze entsprechen dem Maßstab des § 26 Abs. 1 Satz 1, Abs. 7 BDSG n. F. (bisher: § 32 Abs. 2 i. V. m. Abs. 1 BDSG), der nunmehr die einfachgesetzliche Grundlage für die Beschränkung des Fragerechts darstellt. Für die Frage, wann eine Datenerhebung für die Entscheidung über die Begründung des Beschäftigungsverhältnisses (oder für dessen Durchführung oder Beendigung) »erforderlich« ist, kann also auf die schon bisher anerkannten Maßstäbe zum Fragerecht zurückgegriffen werden (*BAG* 15.11.2012 EzA § 138 BGB 2002 Nr. 9 = AP Nr. 69 zu § 138 BGB Rn. 21; *Franzen* NZA 2013, 1 [3]; i. Erg. auch *Riesenhuber* NZA 2012, 771 [775 f.]).

Eine zusätzliche Grenze erfährt das Fragerecht, wenn und soweit ein ausdrückliches **Diskriminierungsverbot** besteht (§§ 1, 7 Abs. 1 AGG; s. a. *Kreutz/Jacobs* § 75 Rdn. 50). Ziel der Diskriminierungsverbote ist es, Benachteiligungen wegen bestimmter persönlicher Merkmale auszuschließen (hierzu näher *Wiedemann* Die Gleichbehandlungsgebote im Arbeitsrecht, 2001, S. 59). Deshalb genügt nicht jedes, gegenüber den Belangen des Arbeitnehmers vorrangige Informationsinteresse des Arbeitgebers, um eine Diskriminierung auszuschließen. Vielmehr müssen die Interessen des Arbeitgebers ausnahmsweise eine Benachteiligung wegen des inkriminierten Merkmales als zulässig erscheinen lassen (vgl. § 8 AGG). Zwar bedeutet allein die Frage nach dem Vorliegen eines solchen persönlichen Merkmals (und damit auch die Aufnahme einer solchen Frage in einen Fragebogen) für sich genommen noch keine Benachteiligung (ebenso *Schlachter*/ErfK § 2 AGG Rn. 4a; *Wisskirchen* DB 2006, 1491 [1494]; **a. M.** *Preis*/ErfK § 611 BGB Rn. 272 m. w. N.; s. auch *Kreutz/Jacobs* § 75 Rdn. 50 f.). Eine solche liegt erst dann vor, wenn der Arbeitgeber den Arbeitnehmer wegen des Merkmals schlechter behandelt (§ 3 Abs. 1 AGG), etwa ihn für die zu besetzende Stelle nicht berücksichtigt. Jedoch fehlt es an einem schutzwürdigen Informationsinteresse, wenn der Arbeitgeber die Information bei zutreffender Beantwortung der Frage nicht verwerten dürfte (ähnlich *Schlachter*/ErfK § 2 AGG Rn. 4a; i. Erg. ebenso unter Hinweis auf den Präventionsgedanken des AGG *Wisskirchen/Bissels* NZA 2007, 169 [170]). Die Einschränkung des Fragerechts durch Diskriminierungsverbote spielte schon in der Vergangenheit, vornehmlich im Zusammenhang mit dem Verbot der Diskriminierung wegen des Geschlechts (§ 611a BGB a. F.) oder wegen einer Behinderung (§ 81 Abs. 2 SGB IX a. F.), eine erhebliche Rolle (s. Rdn. 34, 36). Nach der Ausweitung des Diskriminierungsschutzes durch das AGG gilt dasselbe nun auch für alle anderen in § 1 AGG genannten Merkmale (ebenso *Riesenhuber* NZA 2012, 771 [772]). Grundlegende Änderungen ergeben sich hieraus nicht, weil eine Benachteiligung von Arbeitnehmern etwa wegen ihrer ethnischen Herkunft, ihrer Religion oder Weltanschauung oder wegen der sexuellen Identität schon früher in besonderer Weise rechtfertigungsbedürftig war und nur in Ausnahmefällen ein vorrangiges Informationsinteresse angenommen wurde (vgl. den Überblick bei *Thüsing* Arbeitsrechtlicher Diskriminierungsschutz, Rn. 672 ff.; *Wisskirchen/Bissels* NZA 2007, 169 ff.). Doch ist nunmehr bei Fragen nach einem der inkriminierten Merkmale stets zu prüfen, ob einer der besonderen Rechtfertigungsgründe der §§ 8 ff. AGG gegeben ist.

Beantwortet der Arbeitnehmer eine zulässigerweise gestellte Frage (bewusst) wahrheitswidrig, so ist hinsichtlich der **individualrechtlichen Folgen** zu unterscheiden. Im bestehenden Arbeitsverhältnis stellt die unrichtige Beantwortung der Frage eine Verletzung der vertraglichen Pflichten dar, die eine (verhaltensbedingte) **Kündigung** rechtfertigen kann (*BAG* 13.06.2002 EzA § 1 KSchG Verhaltensbedingte Kündigung Nr. 57 = AP Nr. 69 zu § 1 KSchG 1969 unter B I 2b m. w. N.). Macht der Arbeitnehmer im Rahmen des Einstellungsverfahrens (bewusst) falsche Angaben, so kann der Arbeitgeber den Arbeitsvertrag nach **§ 123 Abs. 1 BGB anfechten**, wenn der hierdurch erzeugte Irrtum für den Vertragsschluss ursächlich war, er den Arbeitnehmer also bei Kenntnis der wahren Tatsachen nicht eingestellt hätte (st. Rspr.; *BAG* 11.11.1993 EzA § 123 BGB Nr. 40 = AP Nr. 38 zu § 123 BGB unter II 1a; 18.10.2000 EzA § 123 BGB Nr. 56 = AP Nr. 59 zu § 123 BGB unter II 1). War die Frage

§ 94   IV. 5. Personelle Angelegenheiten

hingegen unzulässig, besteht kein Anfechtungsrecht, weil es an der – von § 123 Abs. 1 BGB implizit vorausgesetzten (*Hofmann* ZfA 1975, 1 [61 f.]; *Raab* RdA 1995, 36; *Richardi*/MünchArbR 2. Aufl., § 44 Rn. 39) – Rechtswidrigkeit der Täuschung fehlt (*BAG* 28.05.1998 EzA § 123 BGB Nr. 49 = AP Nr. 46 zu § 123 BGB unter II 1a; 06.02.2003 EzA § 123 BGB 2002 Nr. 2 = AP Nr. 21 zu § 611a BGB unter B I 2; vgl. aber auch *Preis*/ErfK § 611 BGB Rn. 361, wonach bei Unzulässigkeit der Frage die Arglist zu verneinen sei. Diese – dogmatisch verfehlte – Begründung findet sich in der früheren Rechtsprechung, ist aber mittlerweile vom *BAG* aufgegeben worden, wie die angeführten Entscheidungen zeigen. Zur früheren Rechtsprechung vgl. *BAG* 05.12.1957 EzA § 123 BGB Nr. 1; 22.09.1961 EzA § 123 BGB Nr. 4; unentschieden noch *BAG* 21.02.1991 EzA § 123 BGB Nr. 35 = AP Nr. 35 zu § 123 BGB unter II 1b).

b) Individualrechtliche Zulässigkeit einzelner Fragen

29 Die Stellungnahmen in Rechtsprechung und Literatur zum zulässigen Inhalt der Fragen sind zum Teil kontrovers, doch haben sich hinsichtlich einiger Fragen allgemein anerkannte Grundsätze herausgebildet (vgl. zu dem Problem *Buchner*/MünchArbR 2. Aufl., § 41 Rn. 33 ff.; *Hofmann* ZfA 1975, 1; *Leipold* AuR 1971, 161; *Moritz* NZA 1987, 329; *Raab* RdA 1995, 36; *Wiese* ZfA 1971, 273 [300]). Zulässig sind alle Fragen zu **persönlichen Daten**, zum **Wohnort** und zum **beruflichen Werdegang** sowie danach, ob der Bewerber in einem ungekündigten Arbeitsverhältnis steht (vgl. *Richardi*/*Thüsing* § 94 Rn. 22; *Rose*/HWGNRH § 94 Rn. 30; einschränkend *Fitting* § 94 Rn. 19; *Kreuder*/HaKo § 94 Rn. 16: Bewerber dürften »Phantasie-Angaben« machen, um einen lückenlosen Beschäftigungsnachweis zu erbringen, wenn anderenfalls die Beschränkungen des Fragerechts »umgangen« werde könnten). Hieran hat sich auch durch das AGG nichts geändert (ebenso *Wisskirchen*/*Bissels* NZA 2007, 169 [171]). Die Frage nach dem (aktuellen) Wohnort besagt nichts über die ethnische Herkunft und ist deshalb auch unter diesem Gesichtspunkt unproblematisch. Die Zulässigkeit der Frage nach dem **Geburtsdatum** wird mitunter wegen des Verbots der Altersdiskriminierung bezweifelt (*Wisskirchen*/*Bissels* NZA 2007, 169 [172]). Vielfach wird sich jedoch das Lebensalter bereits aus den eingereichten Bewerbungsunterlagen (Zeugnisse) ergeben, so dass in der Praxis schon aus diesem Grunde von einer ausdrücklichen Frage abgesehen werden kann. Doch sind die Bedenken gegen die Zulässigkeit der Frage in der Sache unberechtigt. Unzulässig wäre die Frage nur, wenn Geburtsdatum oder Lebensalter unter keinem Gesichtspunkt bei der Beurteilung der Eignung des Bewerbers relevant wären. Zum einen kann es aber für die Einordnung des beruflichen Werdeganges wichtig sein zu wissen, in welchem Alter ein Bewerber einen bestimmten Ausbildungsabschnitt absolviert hat; zum anderen ist es denkbar, dass das Lebensalter für die Eignung für den konkreten Arbeitsplatz eine Rolle spielt (vgl. § 10 Satz 3 Nr. 2 und 3 AGG). Die Aufnahme der Frage nach dem Lebensalter oder dem Geburtsdatum in einen Fragebogen ist daher als zulässig anzusehen. Die Frage an einen Stellenbewerber nach der bei dem früheren Arbeitgeber bezogenen **Vergütung** ist dagegen nach Auffassung des *BAG* zumindest dann unzulässig, wenn die bisherige Vergütung für die erstrebte Stelle keine Aussagekraft hat und der Bewerber sie auch nicht von sich aus als Mindestvergütung gefordert hat (*BAG* 19.05.1983 EzA § 123 BGB Nr. 23 *[Wank]* = AP Nr. 25 zu § 123 BGB *[Mühl]*; *Fitting* § 94 Rn. 21 a. E.; *Moritz* NZA 1987, 329 [333]; *Richardi*/*Thüsing* § 94 Rn. 28).

30 Frage nach dem **Gesundheitszustand**: Hier ist danach zu unterscheiden, ob die Zulässigkeit der Frage allein davon abhängt, ob das Informationsinteresse des Arbeitgebers gegenüber dem Persönlichkeitsschutz des Arbeitnehmers vorrangig ist oder ob zusätzlich ein Diskriminierungsverbot zu beachten ist. Grundsätzlich ist die Frage nach bestehenden Krankheiten zulässig, sofern diese für den vorgesehenen Arbeitsplatz und die dort zu leistende Arbeit von Bedeutung sind (*BAG* 07.02.1964 EzA § 123 BGB Nr. 5 = AP Nr. 6 zu § 276 BGB Verschulden bei Vertragsschluss; 07.06.1984 EzA § 123 BGB Nr. 24 = AP Nr. 26 zu § 123 BGB zur Frage nach einer Körperbehinderung; *Falkenberg* BB 1970, 1013 [1015]; *Fitting* § 94 Rn. 24; *Galperin*/*Löwisch* § 94 Rn. 8; *Haberkorn* RdA 1962, 416 [417, 418]; *Klebe*/DKKW § 94 Rn. 15; *Meisel* Mitwirkung, Rn. 175; *Richardi*/*Thüsing* § 94 Rn. 18). Auch die Frage nach **schweren oder chronischen Krankheiten** in der jüngeren Vergangenheit ist zulässig, wenn diese Krankheiten noch Einfluss auf die Erfüllung der Arbeitspflicht haben können (*Klebe*/DKKW § 94 Rn. 15; *Preis*/ErfK § 611 BGB Rn. 282; **a. M.** *LAG* Berlin 06.07.1973 DB 1974, 99: Nur gegenwärtiger Gesundheitszustand). Erst recht zulässig ist die Frage nach Krankheiten, die eine Gefahr für andere Arbeitnehmer, Kunden des Arbeitgebers oder sonstige Dritte darstellen, ins-

besondere eine hohe **Ansteckungsgefahr** begründen (ganz h. M.; vgl. nur *Preis*/ErfK § 611 BGB Rn. 282; *Richardi/Thüsing* § 94 Rn. 18).

Führt die Krankheit zu einer Behinderung, so ist zusätzlich das Diskriminierungsverbot nach §§ 1, 7 AGG zu beachten (s. Rdn. 36 f.; *BAG* 17.12.2009 EzA § 15 AGG Nr. 6 Rn. 25). Nach Ansicht des *EuGH* ist unter Behinderung i. S. v. Art. 1 RL 2000/78/EG eine Einschränkung zu verstehen, die insbesondere auf physische, geistige oder psychische Beeinträchtigungen zurückzuführen ist, die in Wechselwirkung mit verschiedenen Barrieren ein Hindernis für die volle und wirksame Teilhabe des Betreffenden am Berufsleben bildet (*EuGH* 11.07.2006 EzA EG-Vertrag 1999 RL 2000/78 Nr. 1 Rn. 39 ff. – *Navas*; 11.04.2013 NZA 2013, 553 [555] Rn. 38 – *Ring u. Werge*). Zwar betont der *EuGH*, dass Behinderung nicht mit Krankheit gleichzusetzen sei. Dies bedeutet jedoch nur, dass nicht jede Krankheit, die zu einer Beeinträchtigung der körperlichen oder geistigen Funktionen führt, automatisch eine Behinderung darstellt (*EuGH* 11.07.2006 EzA EG-Vertrag 1999 RL 2000/78 Nr. 1 Rn. 46 – *Navas*). Da die Ursache der Behinderung gleichgültig ist, findet das Diskriminierungsverbot aber auch dann Anwendung, wenn die Beeinträchtigungen die Folge einer Krankheit sind (*EuGH* 11.04.2013 EzA EG-Vertrag 1999 Richtlinie 2000/78 Nr. 31 = AP Nr. 28 zu Richtlinie 2000/78/EG Rn. 40 – *Ring u. Werge*). Die entscheidende Frage ist daher, unter welchen Voraussetzungen die – mit einer Krankheit regelmäßig verbundenen – physischen, geistigen oder psychischen Beeinträchtigungen ein Hindernis für die Teilhabe am Berufsleben darstellen. Der *EuGH* hält eine Behinderung nur dann für gegeben, wenn wahrscheinlich sei, dass die Einschränkung von »langer Dauer« sei (*EuGH* 11.07.2006 EzA EG-Vertrag 1999 RL 2000/78 Nr. 1 Rn. 45 – *Navas*). Dagegen kommt es für das Vorliegen einer Behinderung nach Ansicht des *EuGH* nicht darauf an, ob die Beeinträchtigungen die Folge einer unheilbaren oder einer (wenn auch nach längerer Therapie) heilbaren Krankheit sind (*EuGH* 11.04.2013 EzA EG-Vertrag 1999 Richtlinie 2000/78 Nr. 31 = AP Nr. 28 zu Richtlinie 2000/78/EG Rn. 34 ff. – *Ring u. Werge*). Die Definition einer Behinderung i. S. d. Richtlinie ist bei der Bestimmung der Reichweite des Diskriminierungsverbotes nach §§ 1, 7 AGG auf Grund des Gebotes **richtlinienkonformer Auslegung** auch dann zu beachten, wenn sie nicht mit der Legaldefinition in § 2 Abs. 1 SGB IX übereinstimmt. Doch dürften sich insoweit kaum Divergenzen ergeben. Nach § 2 Abs. 1 SGB IX kommt es darauf an, ob die Person in ihrer Teilhabe am Leben in der Gesellschaft beeinträchtigt ist, was regelmäßig der Fall sein dürfte, wenn eine Einschränkung hinsichtlich der Teilhabe am Berufsleben vorliegt. Darüber, ob eine solche Einschränkung von Dauer ist, entscheidet nach § 2 SGB IX – wie nach der Auslegung der Richtlinie durch den *EuGH* – eine Prognose. Schließlich dürfte auch die in § 2 Abs. 1 SGB IX angegebene Zeitspanne von sechs Monaten den Anforderungen der Richtlinie hinsichtlich der Dauer genügen, also nicht zu lange bemessen sein (hiervon geht offenbar auch das *BAG* aus; vgl. *BAG* 03.04.2007 EzA § 81 SGB IX Nr. 15 Orientierungssatz 2; 17.12.2009 EzA § 15 AGG Nr. 6 Rn. 25; im Fall *Navas* ging es um eine Kündigung sieben Monate nach Beginn der krankheitsbedingten Arbeitsunfähigkeit).

Im Zusammenhang mit dem Fragerecht ist zu beachten, dass eine unmittelbarer Diskriminierung eines behinderten Bewerbers nur in Betracht kommt, wenn der Arbeitgeber **gezielt nach Krankheiten fragt, die die Voraussetzungen einer Behinderung** erfüllen (zu einem solchen Fall *BAG* 17.12.2009 EzA § 15 AGG Nr. 6 Rn. 25). Die Zulässigkeit der Frage hängt in diesem Fall davon ab, ob ein erkrankter Arbeitnehmer die wesentlichen und entscheidenden Anforderungen an die berufliche Tätigkeit (§ 8 Abs. 1 AGG) erfüllt oder nicht. Die Frage nach Krankheiten, welche die Eignung des Bewerbers für den konkreten Arbeitsplatz in Frage stellen, ist also auch dann ohne Weiteres zulässig, wenn die Krankheit zusätzlich zu einer Behinderung führt (*Giesen* RdA 2013, 47 [50]; s. a. Rdn. 36). Andererseits hat das *BAG* bereits entschieden, dass allein das Interesse des Arbeitgebers, die Anzahl von krankheitsbedingten Arbeitsunfähigkeitszeiten möglichst gering zu halten, keine berufliche Anforderung darstellt (*BAG* 03.04.2007 EzA § 81 SGB IX Nr. 15 Rn. 38). Fragt der Arbeitgeber **allgemein nach Ausfallzeiten infolge Krankheit**, so liegt keine Benachteiligung wegen der Behinderung vor, weil die Frage sämtliche Ausfallzeiten unabhängig davon erfasst, ob die hierfür ursächliche Krankheit zu einer Behinderung führt oder nicht. Ergibt sich aus der Frage ein Nachteil für den Bewerber, so handelt es sich folglich nicht um eine unmittelbare, sondern allenfalls um eine mittelbare Benachteiligung (*EuGH* 11.04.2013 EzA EG-Vertrag 1999 Richtlinie 2000/78 Nr. 31 = AP Nr. 28 zu Richtlinie 2000/78/EG Rn. 72 ff. – *Ring u. Werge*; *BAG* 22.10.2009 EzA § 15 AGG Nr. 4 Rn. 24 f.). Eine mittelbare Benachteiligung nach § 3 Abs. 2 AGG würde voraussetzen, dass Behinderte durch eine solche Frage in besonderer Weise betroffen werden können. Der *EuGH* bejaht dies, weil ein Arbeitnehmer mit Behinderung im Vergleich zu einem nicht behinderten Arbeitnehmer einem höheren Risiko krankheitsbedingter Ausfallzeiten ausgesetzt sei (*EuGH* 11.04.2013 EzA EG-Vertrag 1999 Richtlinie 2000/78 Nr. 31 = AP Nr. 28 zu Richtlinie 2000/78/EG Rn. 76 – *Ring u. Werge*; anders in der Tendenz *BAG* 22.10.2009 EzA § 15 AGG Nr. 4 Rn. 25). Legt man dies zugrunde, wäre die Frage nur dann zulässig, wenn die mittelbare Benachteiligung durch ein rechtmäßiges Ziel sachlich gerechtfertigt wäre. Insofern ist bemerkenswert, dass der *EuGH* eine Regelung, die dem Arbeitgeber eine Kündigung des Arbeitsverhältnisses gestattet, wenn der Arbeitnehmer in erheblichem Umfang Entgeltfortzahlung während Krankheitszeiten erhalten hat (120 Tage in 12 Monaten), in diesem Sinne als gerechtfertigt angesehen hat, weil die Möglichkeit, das Arbeitsverhältnis bei einer Häufung von Ausfallzeiten zu beenden, den Arbeitgeber dazu bewegen könne, Arbeitnehmer trotz eines erhöhten Erkrankungsrisikos einzustellen, und damit die Chancen Behinderter auf Eingliederung in das Erwerbsleben verbessere (*EuGH* 11.04.2013 EzA EG-Vertrag 1999 Richtlinie 2000/78 Nr. 31 = AP Nr. 28 zu Richtlinie 2000/78/EG Rn. 81 f. – *Ring u. Werge*). Aus der Zulässigkeit einer solchen krankheitsbedingten Kündigung wird man aber nicht ohne Weiteres schließen dürfen, dass der Arbeitgeber auch im Stadium der Vertragsanbahnung nach entsprechenden Ausfallzeiten fragen darf (so aber *Bayreuther* NZA 2010, 679 [681]), da die Frage in der Regel darauf abzielt, die Einstellung von Arbeitnehmern mit erhöhtem Krankheitsrisiko zu vermeiden, und damit die Beschäftigungschancen Behinderter eher schmälert. Eine in der Frage liegende mittelbare Benachteiligung behinderter Arbeitnehmer wäre also wohl nur dann zulässig, wenn man das Interesse des Arbeitgebers an der Vermeidung übermäßiger Belastungen durch die Störung der vertraglichen Austauschbeziehung sowie die hiermit verbundenen Kosten ebenfalls als »rechtmäßiges Ziel« i. S. d. § 3 Abs. 2 AGG ansehen könnte. Dies erscheint in Anbetracht der bisher in der Rspr. angelegten Kriterien eher zweifelhaft (vgl. *Schlachter*/ErfK § 3 AGG Rn. 13 f.). Ob die früher als zulässig anerkannte Frage, ob bei Dienstantritt oder in absehbarer Zukunft mit krankheitsbedingten Ausfallzeiten zu rechnen sei, auch weiterhin als unbedenklich anzusehen ist, erscheint daher fraglich (ebenso *Schaub/Linck* Arbeitsrechts-Handbuch, § 26 Rn. 23; wohl auch *Thüsing/HWK* § 123 BGB Rn. 19).

33 Die Frage nach **Suchtkrankheiten** (Alkohol, Drogen, Medikamente) ist dagegen regelmäßig als zulässig anzusehen (*Buchner*/MünchArbR 2. Aufl., § 41 Rn. 70, 99; *Fitting* § 94 Rn. 24; *Preis*/ErfK § 611 BGB Rn. 282; *Richardi/Thüsing* § 94 Rn. 19). Die Suchterkrankung bedeutet im Normalfall eine so starke Beeinträchtigung oder zumindest Gefährdung der Leistungsfähigkeit des Arbeitnehmers, dass ein berechtigtes Informationsinteresse des Arbeitgebers besteht. Zweifelhaft ist, ob die Suchtkrankheit zugleich eine Behinderung darstellt. Dies wird mitunter mit der Begründung verneint, dass Suchterkrankungen trotz der häufig langdauernden und schwierigen Therapie regelmäßig heilbar seien (*Preis*/ErfK § 611 BGB Rn. 274d; ebenso hier in der 9. Aufl. Rn. 27; vorsichtiger *Wisskirchen/Bissels* NZA 2007, 169 [171]). In Anbetracht der neuen Rspr. des *EuGH* (s. Rdn. 32) erscheint die Tragfähigkeit dieser Begründung zweifelhaft. Dennoch dürfte die Suchterkrankung nicht als Behinderung einzuordnen sein, weil – im Unterschied zu typischen Behinderungen – nicht etwa die natürlichen körperlichen oder geistigen Funktionen des Menschen selbst beeinträchtigt sind, sondern die Einschränkung ihre Ursache in der Abhängigkeit von dem (externen) Suchtmittel findet. Selbst wenn man dies anders sieht, dürfte aber das Nichtvorliegen einer Suchtkrankheit zugleich eine wesentliche und entscheidende Anforderung für nahezu alle beruflichen Tätigkeiten darstellen, so dass die Voraussetzungen des § 8 Abs. 1 AGG vorliegen. Bezüglich **AIDS** ist zu unterscheiden: Die Frage, ob der Bewerber bzw. Arbeitnehmer mit dem HI-Virus infiziert ist, ist nur zulässig, wenn auf dem (vorgesehenen) Arbeitsplatz die Gefahr besteht, dass Dritte angesteckt werden, was z. B. bei Heil- und Pflegeberufen der Fall sein kann (*Preis*/ErfK § 611 BGB Rn. 274c; *Richardi* NZA 1988, 73 [75]; *Wisskirchen/Bissels* NZA 2007, 169 [171 f.]; ebenso wohl *Fitting* § 94 Rn. 25; für uneingeschränktes Fragerecht *Eich* NZA 1987 Beil. Nr. 2 S. 10 [11]; **a. M.** *Lichtenberg/Schücking* NZA 1990, 41 [44]). Das Diskriminierungsverbot nach §§ 1, 7 AGG spielt insoweit keine Rolle, weil ein infizierter Arbeitnehmer im Regelfall nicht an der Teilhabe am Berufsleben gehindert ist (*Preis*/ErfK § 611 BGB Rn. 274c; **a. M.** *Mallmann* PersR 2008, 396 [397], der HIV-Infektion und AIDS-Erkrankung ohne Weiteres gleichsetzt). Die Frage nach einer akuten AIDS-Erkrankung wurde bisher als uneingeschränkt zulässig angesehen, da dann mit einer alsbaldigen Arbeitsunfähigkeit zu rechnen ist (*Fitting* § 94 Rn. 25; *Lichtenberg/Schücking* NZA 1990, 41 [44]; *Richardi* NZA 1988, 73 [74]). Im Ergebnis

ist hieran auch nach Inkrafttreten des AGG festzuhalten. Zwar liegen im Falle der AIDS-Erkrankung regelmäßig zugleich die Voraussetzungen einer Behinderung vor, weil die Krankheit zu einer – mangels Erfolg versprechender Therapie – dauerhaften Arbeitsunfähigkeit führt. Ist die erkrankte Person aber dauerhaft nicht auf dem Arbeitsplatz einsetzbar, so fehlt es an wesentlichen beruflichen Anforderungen, so dass eine Nichtberücksichtigung nach § 8 Abs. 1 AGG zulässig wäre. Dann darf der Arbeitgeber aber auch hiernach fragen (*Preis*/ErfK § 611 BGB Rn. 274c).

Schwangerschaft: Uneingeschränkt zulässig ist die Frage nach dem Vorliegen einer Schwangerschaft 34 im **bestehenden Arbeitsverhältnis**, da die schwangere Arbeitnehmerin nach § 5 Abs. 1 MuSchG sogar von sich aus zur Mitteilung verpflichtet ist. Die frühere Rechtsprechung des *BAG* sah die Frage aber auch **vor der Einstellung** als zulässig an. Zur Begründung wies das *BAG* darauf hin, dass der Arbeitgeber im Hinblick auf die mit der Schwangerschaft verbundenen Belastungen, insbesondere den drohenden Arbeitsausfall infolge von Beschäftigungsverboten, ein berechtigtes Interesse an der Kenntnis einer bestehenden Schwangerschaft habe (*BAG* 22.09.1961 EzA § 123 BGB Nr. 4 = AP Nr. 15 zu § 123 BGB). Nach der Rechtsprechung des *EuGH* stellt jedoch die Ablehnung einer Bewerberin wegen einer bestehenden Schwangerschaft eine unzulässige Benachteiligung wegen des Geschlechts und damit einen Verstoß gegen §§ 1, 3 Abs. 1 Satz 2 und 7 AGG (früher § 611a Abs. 1 BGB a. F.) und die diesem zugrunde liegenden Art. 2 Abs. 1, Art. 14 Abs. 1 RL 2006/54/EG (früher Art. 2 Abs. 1, Art. 3 Abs. 1 RL 76/207/EWG) dar. Dies gelte unabhängig davon, ob sich unter den Bewerbern auch Männer oder nur Frauen befinden (*EuGH* 08.11.1990 EzA § 611a BGB Nr. 7 = AP Nr. 23 zu Art. 119 EWG-Vertrag – *Dekker*; anders zuvor *BAG* 20.02.1986 EzA § 123 BGB Nr. 27 = AP Nr. 31 zu § 123 BGB). Darf der Arbeitgeber eine Bewerberin aber nicht wegen der Schwangerschaft ablehnen, so fehlt es auch an einem berechtigten Interesse an der wahrheitsgemäßen Beantwortung der Frage. Das *BAG* hat in der Folgezeit die Frage zunächst dennoch für zulässig erachtet, wenn auf dem ins Auge gefassten Arbeitsplatz ein Beschäftigungsverbot für Schwangere bestehe oder wenn es dem Arbeitgeber nicht um die Vermeidung der mit der Schwangerschaft verbundenen Nachteile, sondern um den Schutz von Mutter und Kind vor Gesundheitsgefahren gehe (*BAG* 15.10.1992 EzA § 123 BGB Nr. 37 = AP Nr. 8 zu § 611a BGB; 01.07.1993 EzA § 123 BGB Nr. 39 = AP Nr. 36 zu § 123 BGB). Nach Ansicht des *EuGH* können jedoch weder die mit der Schwangerschaft verbundenen finanziellen Belastungen noch ein drohender Arbeitsausfall während der Mutterschutzfristen oder infolge eines Beschäftigungsverbotes für Schwangere eine Benachteiligung bei der Einstellung rechtfertigen (*EuGH* 05.05.1994 EzA § 8 MuSchG Nr. 3 = AP Nr. 3 zu EWG-RL 76/207 – *Habermann-Beltermann*; 14.07.1994 EzA Art. 119 EWG-Vertrag Nr. 17 = AP Nr. 21 zu § 9 MuSchG – *Webb*; 03.02.2000 EzA § 611a BGB Nr. 15 = AP Nr. 18 zu § 611a BGB – *Mahlburg*). Dies gelte auch, wenn der Arbeitsvertrag von vornherein nur für eine bestimmte Zeit abgeschlossen worden sei und die Arbeitnehmerin aufgrund der Schwangerschaft während eines wesentlichen Teils der Vertragszeit ihre Arbeitsleistung nicht erbringen könne (*EuGH* 04.10.2001 EzA § 611a BGB Nr. 16 = AP Nr. 27 zu EWG-RL 76/207–*Tele Danmark*; vgl. auch *LAG Köln* 11.10.2012 EzTöD 100 § 2 TVöD-AT Anfechtung Nr. 4 = LAGE § 3 AGG Nr. 3: Unzulässigkeit auch bei beabsichtigter befristeter Beschäftigung als Schwangerschaftsvertretung). Da sonstige Rechtfertigungsgründe für eine Nichtberücksichtigung schwangerer Bewerberinnen nicht erkennbar sind, wird man folglich die Frage nach der Schwangerschaft vor der Einstellung generell als unzulässig ansehen müssen (vgl. aber auch *BAG* 06.02.2003 EzA § 123 BGB 2002 Nr. 2 = AP Nr. 21 zu § 611a BGB unter B I 2c, wo die Unzulässigkeit der Frage zunächst auf unbefristete Einstellungen beschränkt wird; für generelle Unzulässigkeit der Frage dagegen die überwiegende Ansicht in der Literatur, vgl. *Fitting* § 94 Rn. 22; *Klebe*/DKKW § 94 Rn. 14; *Nicolai* SAE 2001, 79 [81]; *Preis*/ErfK § 611 BGB Rn. 274; *Richardi*/*Thüsing* § 94 Rn. 14; *Thüsing*/*Lambrich* BB 2002, 1146 [1147]; **a. M.** *Pallasch* NZA 2007, 306 [307]; ausführlich zur Entwicklung der Rechtsprechung und zur Kritik der Ansicht des *EuGH Raab* Festgabe 30 Jahre Juristische Fakultät Augsburg, S. 229 ff.).

Wehrdienst, Zivildienst: Der Problematik fehlt aktuell die praktische Relevanz, da sowohl der 35 **(Pflicht-)Wehrdienst als auch der Zivildienst ausgesetzt** sind, d. h. nur im Spannungs- und Verteidigungsfall gelten (§ 2 WehrpflichtG i. d. F. des WehrRÄndG vom 28.04.2011 BGBl. I, S. 678; § 1 Abs. 2 KDVG, § 1a ZivildienstG i. d. F. des Gesetzes zur Einführung des Bundesfreiwilligendienstes vom 28.04.2011 BGBl. I, S. 687). Zum Meinungsstand nach der früheren Rechtslage vgl. 10. Aufl., § 94 Rn. 35.

36 **Behinderung**: Die Frage nach dem Vorliegen einer geistigen oder körperlichen Behinderung, die zu einer Minderung der Leistungsfähigkeit auf dem konkreten Arbeitsplatz führt, wurde bislang als uneingeschränkt zulässig angesehen (vgl. *BAG* 07.06.1984 EzA § 123 BGB Nr. 24 = AP Nr. 26 zu § 123 BGB unter II 4). Nunmehr ist insoweit allerdings das besondere Diskriminierungsverbot des § 81 Abs. 2 SGB IX i. V. m. §§ 1, 3, 7 AGG zu beachten, mit dem die RL 2000/78/EG umgesetzt werden sollte. Danach darf ein Schwerbehinderter bei der Begründung eines Arbeitsverhältnisses nicht wegen seiner Behinderung benachteiligt werden. § 81 Abs. 2 SGB IX ist insofern nicht richtlinienkonform, als lediglich Schwerbehinderte, also Personen mit einem Grad der Behinderung von 50 v. H. oder diesen gleichgestellte Personen (§ 2 Abs. 2 und 3 SGB IX), erfasst werden (*BAG* 03.04.2007 EzA § 81 SGB IX Nr. 15 Rn. 18 ff.). Mit dem Inkrafttreten des AGG ist dieses Umsetzungsdefizit beseitigt worden, da nunmehr nach §§ 1, 7 AGG auch Benachteiligungen wegen einfacher Behinderungen untersagt sind. Eine Erstreckung des Anwendungsbereichs des § 81 Abs. 2 SGB IX – in Widerspruch zu seinem eindeutigen Wortlaut – im Wege richtlinienkonformer Auslegung auf alle Behinderten kommt daher nur noch für Sachverhalte vor Inkrafttreten des AGG in Betracht (*BAG* 27.01.2011 EzA § 22 AGG Nr. 3 Rn. 37; für eine solche richtlinienkonforme Auslegung *BAG* 03.04.2007 EzA § 81 SGB IX Nr. 15 Rn. 26 ff.; 18.11.2008 EzA § 81 SGB IX Nr. 19 Rn. 36; im Ergebnis kam es in den Entscheidungen auf die Frage nicht an, weil es sich im konkreten Fall um einen öffentlichen Arbeitgeber handelte, so dass sich der Vorrang der Richtlinie schon aus dem Grundsatz der unmittelbaren Wirkung der Richtlinie, also ihrer direkten Anwendbarkeit im Verhältnis der Bürger zu den Mitgliedstaaten, ergab). Bei der Beurteilung der Zulässigkeit der Frage nach einer Behinderung ist nämlich schon deshalb von den Vorgaben der Richtlinie auszugehen, weil diese nicht ausdrücklich gesetzlich geregelt, vielmehr die Zulässigkeit anhand der allgemeinen rechtlichen Wertungen zu beurteilen ist, was hinreichenden Spielraum für eine europarechtskonforme Interpretation lässt. Dementsprechend ist ein schutzwürdiges Informationsinteresse des Arbeitgebers in Bezug auf jegliche Formen von Behinderungen grundsätzlich nur unter den Voraussetzungen des § 8 Abs. 1 AGG anzuerkennen (vgl. *BAG* 17.12.2009 EzA § 15 AGG Nr. 6 Rn. 24 ff.; *Bayreuther* NZA 2010, 679 [680]). Die Frage ist also zulässig, wenn eine bestimmte körperliche Funktion, geistige Fähigkeit oder seelische Gesundheit wesentliche und entscheidende Voraussetzung für die auszuübende Tätigkeit ist (so die Formulierung in § 81 Abs. 2 SGB IX a. F., die der Sache nach den Anforderungen nach § 8 Abs. 1 AGG entspricht). Hieraus dürfte zu schließen sein, dass ein behinderter Bewerber nicht wegen geringfügiger Beeinträchtigungen der Leistungsfähigkeit abgelehnt werden darf. Dann darf nach vorliegenden Behinderungen aber auch nur gefragt werden, wenn diese eine erhebliche Einschränkung der Leistungsfähigkeit zur Folge haben (*Fitting* § 94 Rn. 23; *Richardi/Thüsing* § 94 Rn. 15 f.; noch strenger *Preis*/ErfK § 611 BGB Rn. 274a: nur wenn die Behinderung die vertragsgemäße Arbeitsleistung dauerhaft unmöglich macht).

37 Für eingeschränkt zulässig erachtet wurde in der Vergangenheit auch die Frage nach der **Schwerbehinderteneigenschaft** oder einer Gleichstellung nach § 2 Abs. 3 SGB IX. Vor allem das *BAG* sah ein berechtigtes Interesse des Arbeitgebers an der Kenntnis der Schwerbehinderteneigenschaft wegen der hiermit verbundenen rechtlichen Verpflichtungen auch dann als gegeben an, wenn die Behinderung »tätigkeitsneutral« war, also keinen Einfluss auf die Leistungsfähigkeit des Arbeitnehmers hatte (*BAG* 05.10.1995 EzA § 123 BGB Nr. 41 = AP Nr. 40 zu § 123 BGB unter B II 2; 03.12.1998 EzA § 123 BGB Nr. 51 = AP Nr. 49 zu § 123 BGB; 18.10.2000 EzA § 123 BGB Nr. 56 = AP Nr. 59 zu § 123 BGB unter II 1, III; vgl. auch 07.06.1984 EzA § 123 BGB Nr. 24 = AP Nr. 26 zu § 123 BGB; 11.11.1993 EzA § 123 BGB Nr. 40 = AP Nr. 38 zu § 123 BGB unter II 1b [Fall tätigkeitsrelevanter Behinderung]; offen gelassen von *BAG* 07.07.2011 EzA § 123 BGB 2002 Nr. 11 Rn. 17). Im Hinblick auf § 81 Abs. 2 SGB IX i. V. m. §§ 1, 7 AGG dürfte diese Rechtsprechung allerdings kaum aufrecht zu erhalten sein (ebenso *Bachmann* ZfA 2003, 43 [66]; *Düwell* BB 2006, 1741 [1743]; *Giesen* RdA 2013, 47 [49]; *Joussen* NJW 2003, 2857 [2860 f.]; *Kania/Merten* ZIP 2007, 9 [11 f.]; *Klebe*/DKKW § 94 Rn. 13; *Messingschlager* NZA 2003, 301; *Pahlen* RdA 2001, 143 [145 ff.]; *Preis*/ErfK § 611 BGB Rn. 274a; *Richardi/Thüsing* § 94 Rn. 15 f.; *Vossen*/APS § 85 SGB IX Rn. 24 f.; **a. M.** *Schaub* NZA 2003, 299 [300]). Zumindest **vor der Einstellung** kann die Frage nach der Schwerbehinderteneigenschaft dazu führen, dass der Bewerber wegen seiner Behinderung nicht berücksichtigt und damit bei der Begründung des Arbeitsverhältnisses benachteiligt wird. Eine solche nachteilige Berücksichtigung der Behinderung ist aber nur gerechtfertigt, wenn sie durch die Anforderungen an die vom Ar-

beitnehmer zu verrichtende Tätigkeit bedingt ist. Zulässig – und vom Arbeitnehmer wahrheitsgemäß zu beantworten – ist daher nur die Frage nach tätigkeitsrelevanten Behinderungen, nicht dagegen die pauschale Frage nach der Schwerbehinderteneigenschaft (ebenso nunmehr *BAG* 13.10.2011 EzA § 15 AGG Nr. 16 Rn. 43; vgl. auch *BAG* 18.09.2014 EzA § 22 AGG Nr. 13 Rn. 40).

Andererseits ist zu berücksichtigen, dass die **Frage nach der Schwerbehinderteneigenschaft** als 38 solche noch nicht zu einer Benachteiligung i. S. d. § 3 Abs. 1 AGG führt und damit für sich genommen auch **keine unzulässige Diskriminierung** darstellt. Der Nachteil entsteht vielmehr erst, wenn der Arbeitgeber Bewerber, die ihre Schwerbehinderung auf Frage angeben (oder deren Behinderung offenkundig ist), nicht berücksichtigt oder im Bewerbungsverfahren benachteiligt (s. bereits Rdn. 27; ebenso *Rieble* Anm. EzA § 123 BGB Nr. 40, S. 13; zust. *Giesen* RdA 2013, 47 [50]). Dies zeigt sich besonders deutlich, wenn es dem Arbeitgeber bei seiner Frage darum geht, seine **Pflichten aus § 71 SGB IX** zu erfüllen oder auf freiwilliger Basis – etwa aufgrund betrieblicher Vereinbarungen – die Beschäftigung Behinderter in besonderer Weise zu fördern. In diesem Fall ist ein berechtigtes Interesse des Arbeitgebers an der Frage nach einer Behinderung oder auch nach der Schwerbehinderteneigenschaft anzuerkennen (*Düwell* BB 2006, 1741 [1743]; *Fitting* § 94 Rn. 23; *Joussen* NZA 2007, 174 [177]; *Richardi / Thüsing* § 94 Rn. 16). Deshalb kann die Frage nicht pauschal als rechtswidrig angesehen werden. Das Diskriminierungsverbot steht in diesem Falle nicht entgegen, weil § 5 AGG solche Fördermaßnahmen ausdrücklich zulässt (*Joussen* NZA 2007, 174 [177 f.]). Eine Missbrauchsgefahr besteht insoweit nicht. Geht es dem Arbeitgeber tatsächlich um die Erfüllung seiner gesetzlichen Pflichten oder um die Förderung Behinderter, so stehen ihm bei einer Falschbeantwortung nur dann rechtliche Reaktionsmöglichkeiten (Anfechtung nach § 123 Abs. 1 bzw. Schadensersatz nach §§ 280 Abs. 1, 311 Abs. 2 BGB) zu Gebote, wenn ein nicht behinderter Bewerber das Vorliegen einer Behinderung durch Bejahung der Frage vorgespiegelt hat (ebenso *Husemann* RdA 2014, 16 [18]). Verschweigt hingegen ein Bewerber auf die Frage hin eine tatsächlich vorliegende Behinderung und wird dennoch eingestellt, so fehlt es an den Voraussetzungen für eine Anfechtung nach § 123 Abs. 1 BGB, weil kein Kausalzusammenhang zwischen der falschen Angabe und der Abgabe der Willenserklärung besteht (der Arbeitgeber hätte den Arbeitsvertrag bei Kenntnis von der Behinderung ja wohl erst recht abgeschlossen; ebenso *BAG* 07.07.2011 EzA § 123 BGB 2002 Nr. 11 Rn. 17; *Husemann* RdA 2014, 16 [17 f.] [jeweils ohne Bezugnahme auf die hier schon in der 9. Aufl. Rn. 31 vertretene Ansicht]). Und auch ein Anspruch aus § 280 Abs. 1 BGB ist nicht gegeben, weil eine etwaige, in der falschen Angabe zu sehende Pflichtverletzung nicht zu einem ersatzfähigen Schaden geführt hat, weil der Arbeitnehmer bei der Quote nach § 71 Abs. 1 SGB IX – entgegen der Annahme des Arbeitgebers – sogar zu berücksichtigen ist. Behauptet der Arbeitgeber hingegen einen solchen Kausalzusammenhang, so macht er nur deutlich, dass die Voraussetzungen für die Zulässigkeit der Frage nicht vorliegen. Dann stellt aber die unrichtige Beantwortung der Frage weder eine rechtswidrige Täuschung noch eine Verletzung (vorvertraglicher) Pflichten dar (dies übersehen *Düwell* BB 2006, 1741 [1743] und *Richardi / Thüsing* § 94 Rn. 16).

Im **bestehenden Arbeitsverhältnis** wird die Frage nach der Schwerbehinderung ganz überwiegend 39 als zulässig angesehen. Hier dient eine solche Frage regelmäßig dazu, dem Arbeitgeber die Erfüllung seiner gesetzlichen Pflichten gegenüber behinderten Arbeitnehmern (§§ 81 Abs. 4 Satz 1 Nr. 1, 125 SGB IX) und damit ein rechtstreues Verhalten zu ermöglichen. In der Frage kann daher schon keine Benachteiligung wegen der Behinderung gesehen werden, weil diese die Wahrung der Rechte und Interessen der behinderten Arbeitnehmer zum Ziel hat (*BAG* 16.02.2012 EzA § 3 AGG Nr. 7 = AP Nr. 9 zu § 85 SGB IX Rn. 21). Hinzu kommt, dass der schwerbehinderte Arbeitnehmer gegen Benachteiligungen gerade durch die besonderen Schutzvorschriften für Schwerbehinderte, insbesondere den Kündigungsschutz der §§ 85, 91 SGB IX, abgesichert ist. Gegen die Zulässigkeit der Frage bestehen daher im bestehenden Arbeitsverhältnis zumindest dann keine Bedenken, sobald der Kündigungsschutz eingreift, also die Wartezeit von sechs Monate nach § 90 Abs. 1 Nr. 1 SGB IX abgelaufen ist (*BAG* 16.02.2012 EzA § 3 AGG Nr. 7 = AP Nr. 9 zu § 85 SGB IX Rn. 11, 24, 43; *Giesen* RdA 2013, 47 [50 f.]; *Preis* / ErfK § 611 BGB Rn. 274a; so auch schon 9. Aufl. Rn. 31; für ein Fragerecht schon in den ersten sechs Monaten des Arbeitsverhältnisses *Rolfs / Feldhaus* SAE 2012, 85 [88]). »Zulässigkeit« der Frage bedeutet zunächst nur, dass der Arbeitnehmer nicht zur Lüge berechtigt ist, ihm im Falle der Falschbeantwortung also Nachteile drohen. Anerkannt ist, dass der Arbeitnehmer, der seine Schwerbehinderung verschwiegen hat, sich **nicht nachträglich auf den Sonderkündi-**

gungsschutz berufen kann, weil dies gegen das Verbot widersprüchlichen Verhaltens verstoßen würde (*BAG* 16.02.2012 EzA § 3 AGG Nr. 7 = AP Nr. 9 zu § 85 SGB IX Rn. 52 ff.; zust. *Giesen* RdA 2013, 47 [50]; *Rolfs/Feldhaus* SAE 2012, 85 [88]). Gleiches muss für sonstige Sonderrechte schwerbehinderter Arbeitnehmer gelten. Hiervon zu unterscheiden ist die Frage, ob den Arbeitnehmer auch eine schuldrechtliche Pflicht zur wahrheitsgemäßen Information trifft, das Verschweigen der Schwerbehinderteneigenschaft also eine Pflichtverletzung darstellt und einen **Anspruch des Arbeitgebers auf Schadensersatz** – etwa auf Erstattung der Ausgleichsabgabe nach § 77 SGB IX – aus § 280 Abs. 1 BGB begründet. Dies wird offenbar vom *BAG* bejaht (*BAG* 16.02.2012 EzA § 3 AGG Nr. 7 Rn. 11; ebenso *Giesen* RdA 2013, 47 [50]; *Husemann* RdA 2014, 16 [20]). Die pauschale Annahme, dass der Arbeitnehmer nach Eingreifen des Sonderkündigungsschutzes aufgrund des Gebots zur Rücksichtnahme gem. § 241 Abs. 2 BGB verpflichtet sei, die Frage nach der Schwerbehinderung wahrheitsgemäß zu beantworten erscheint problematisch. Der Arbeitnehmer kann durchaus ein berechtigtes Interesse daran haben, eine bestehende Behinderung geheim zu halten und dem Arbeitgeber nicht zu offenbaren, solange hierdurch keine Interessen des Arbeitgebers berührt werden. Schließlich geht es dabei um einen Umstand, der zumindest im Grenzbereich zur Intimsphäre als dem Bereich absolut geschützter privater Lebensgestaltung angesiedelt ist. Dass das Interesse des Arbeitgebers an einer Vermeidung der Ausgleichsabgabe demgegenüber stets Vorrang beansprucht, wird man kaum behaupten können. Und den übrigen Interessen des Arbeitgebers wird schon dadurch ausreichend Rechnung getragen, dass der Arbeitnehmer sich nicht nachträglich auf die Schwerbehinderung berufen kann. Deshalb sprechen die besseren Gründe dafür, die wahrheitsgemäße Beantwortung im Regelfall **nur als eine Obliegenheit** des schwerbehinderten Arbeitnehmers anzusehen. Eine solche Obliegenheit erscheint auch in den ersten sechs Monaten vor Eingreifen des Sonderkündigungsschutzes unproblematisch. Hat der Arbeitnehmer hier die Frage nach der Schwerbehinderung verneint, ist er nur gehalten, den Arbeitgeber von sich aus nachträglich zu unterrichten, wenn er die Rechte eines Schwerbehinderten geltend machen möchte. Bis zu diesem Zeitpunkt genießt der Arbeitgeber Vertrauensschutz (i. Erg. ebenso *Giesen* RdA 2013, 47 [52]).

40 Die Frage nach **Vorstrafen** ist zulässig, soweit die Vorstrafen »einschlägig« sind, d. h. soweit die Art des zu besetzenden Arbeitsplatzes die Beantwortung der Frage objektiv erfordert, z. B. Verkehrsdelikte bei Kraftfahrern; Vermögensdelikte bei Buchhaltern oder Kassierern (*BAG* 15.01.1970 EzA § 1 KSchG Nr. 16 = AP Nr. 7 zu § 1 KSchG Verhaltensbedingte Kündigung; 07.02.1964 EzA § 123 BGB Nr. 5 = AP Nr. 6 zu § 276 BGB Verschulden bei Vertragsschluss unter I 1; 20.05.1999 EzA § 123 BGB Nr. 52 = AP Nr. 50 zu § 123 BGB unter B I 1b bb; 20.03.2014 EzA § 123 BGB 2002 Nr. 14 = AP Nr. 73 zu § 123 BGB Rn. 39 *[Kort]*; *Buchner*/MünchArbR 2. Aufl., § 38 Rn. 140 ff.; *Fitting* § 94 Rn. 19; *Hofmann* ZfA 1975, 1 [27 f.]; *Klebe*/DKKW § 94 Rn. 16; *Richardi/Thüsing* § 94 Rn. 25 f.; für unbeschränktes Fragerecht noch: *Neumann-Duesberg* S. 519 und *Meisel* Mitwirkung, Rn. 178). Dies gilt insbesondere, wenn durch die Art der Vorstrafe die Zuverlässigkeit in einem Beruf, welcher einer behördlichen Aufsicht unterliegt, in Frage gestellt ist (s. hierzu auch die Anforderungen an Mitarbeiter in Wertpapierdienstleistungsunternehmen nach § 34d WpHG i. V. m. § 6 WpHG-Mitarbeiteranzeigeverordnung). Nach **tilgungsreifen oder getilgten Strafen** darf dagegen grundsätzlich nicht gefragt werden (§§ 45 ff., 51, 53 Bundeszentralregistergesetz i. d. F. vom 21.09.1984, BGBl. I, S. 1229; ausf. *BAG* 20.03.2014 EzA § 123 BGB 2002 Nr. 14 = AP Nr. 73 zu § 123 BGB Rn. 32 ff. *[Kort]*). Gleiches gilt für die unspezifizierte Frage nach **eingestellten Ermittlungsverfahren**. Da solche Ermittlungsverfahren nicht in ein Führungszeugnis aufzunehmen sind, würde eine Verpflichtung des Arbeitnehmers, hierüber Rechenschaft zu geben, der Wertung des § 53 Abs. 1 BZRG widersprechen (*BAG* 15.11.2012 EzA § 138 BGB 2002 Nr. 9 = AP Nr. 69 zu § 138 BGB Rn. 23; 20.03.2014 EzA § 123 BGB 2002 Nr. 14 = AP Nr. 73 zu § 123 BGB Rn. 49 ff. *[Kort]*). Zur Problematik der Vorlage eines **Führungszeugnisses** s. *Husemann* AuR 2012, 471 ff.; *Joussen* NZA 2012, 776 ff.

41 Nach **schwebenden Strafverfahren** darf zum einen aus denselben Gründen gefragt werden wie nach Vorstrafen, also wenn der Strafvorwurf für die Beurteilung von Eignung, Befähigung und Zuverlässigkeit des Arbeitnehmers von Bedeutung ist (*BAG* 20.05.1999 EzA § 123 BGB Nr. 52 = AP Nr. 50 zu § 123 BGB; 15.11.2012 EzA § 138 BGB 2002 Nr. 9 = AP Nr. 69 zu § 138 BGB Rn. 23; *Fitting* § 94 Rn. 19; *Raab* RdA 1995, 36 [42]; *Richardi/Thüsing* § 94 Rn. 25 f.). Die Frage kann daneben aber auch durch das Interesse des Arbeitgebers an der Verfügbarkeit der Arbeitsleistung des Arbeitnehmers gerechtfertigt sein. Dies ist dann der Fall, wenn das laufende Ermittlungsverfahren die Gefahr mit sich bringt, dass der Arbeitnehmer zumindest vorübergehend – etwa wegen einer Anwesenheitspflicht im Strafprozess, der Verhängung von Untersuchungshaft oder einer im Falle der Verurteilung drohenden Strafhaft bzw. der Anordnung einer Nebenstrafe/Maßregel (z. B. Entzug der Fahrerlaubnis oder Fahrverbot bei einem auf das Kfz angewiesenen Arbeitnehmer) – außerstande sein wird, die geschuldete Arbeitsleistung zu erbringen (*Raab* RdA 1995, 36 [42 f.]; *Preis*/ErfK § 611 BGB Rn. 281). Die Pflicht zur wahrheitsgemäßen Beantwortung der Frage verstößt in diesem Falle nicht gegen die Unschuldsvermutung des Art. 6 Abs. 2 EMRK. Diese hindert nur die Verhängung einer Kriminalstrafe ohne Schuldnachweis, führt so nicht dazu, dass der Eintritt jeglicher Rechtsnachteile vom Nachweis der Tatbegehung abhängig ist (*BAG* 14.09.1994 EzA § 626 BGB Verdacht strafbarer Handlung Nr. 5 = AP Nr. 24 zu § 626 BGB Verdacht strafbarer Handlung unter II 3c; 20.05.1999 EzA § 123 BGB Nr. 52 = AP Nr. 50 zu § 123 BGB unter B I 1b cc; *Belling* FS *Kissel*, 1994, S. 11 [25]; *Raab* RdA 1995, 36 [44 ff.]).

Fragen nach **Vermögensverhältnissen** sind zulässig, wenn wegen der vorgesehenen Tätigkeit ein berechtigtes Interesse des Arbeitgebers an geordneten Vermögensverhältnissen besteht (*Brill* AuR 1968, 143; *Fitting* § 94 Rn. 21; *Klebe*/DKKW § 94 Rn. 19; *Richardi*/*Thüsing* § 94 Rn. 28; *Rose*/HWGNRH § 94 Rn. 52); die Frage nach bestehenden **Lohn- oder Gehaltspfändungen** ist erst **nach Abschluss des Arbeitsvertrages** zulässig. Sie hat mit der Erfüllung der arbeitsvertraglichen Pflichten und der Eignung des Arbeitnehmers für den Arbeitsplatz nichts zu tun (*Fitting* § 94 Rn. 21; *Galperin*/*Löwisch* § 94 Rn. 12; *Klebe*/DKKW § 94 Rn. 19; **a. M.** *Rose*/HWGNRH § 94 Rn. 53). Eine Ausnahme kann für Arbeitnehmer in besonderen Vertrauenspositionen in Betracht kommen (*C. S. Hergenröder* AR-Blattei SD 715, Rn. 23; *Preis*/ErfK § 611 BGB Rn. 280). Fragen, die darauf abzielen, die **berufliche Verfügbarkeit** des Arbeitnehmers zu ermitteln, sind grundsätzlich zulässig. So ist die Frage nach einer bestehenden **Konkurrenzklausel** (Wettbewerbsverbot) zulässig, da solche Vereinbarungen das Risiko beinhalten, dass der Arbeitnehmer auf Unterlassung seiner Tätigkeit bei dem Arbeitgeber in Anspruch genommen und hierdurch an seiner Arbeitsleistung gehindert wird (*Buchner*/MünchArbR 2. Aufl., § 41 Rn. 105; *Galperin*/*Löwisch* § 94 Rn. 8; *Klebe*/DKKW § 94 Rn. 21; *Preis*/ErfK § 611 BGB Rn. 280; *Richardi*/*Thüsing* § 94 Rn. 22). Ebenso hat der Arbeitgeber ein berechtigtes Interesse zu erfahren, ob der Bewerber einer besonderen **Arbeits- oder Aufenthaltserlaubnis** bedarf. Problematisch wäre freilich, wenn der Arbeitgeber in diesem Zusammenhang allgemein nach der Staatsangehörigkeit fragen würde, weil dies eine Differenzierung nach der Rasse oder der ethnischen Herkunft nahe legen könnte. Unproblematisch zulässig ist dagegen die Frage, ob der Bewerber Staatsangehöriger eines Mitgliedstaates der EU ist oder aus dem sonstigen Ausland stammt und wenn ja, woher (näher *Wisskirchen*/*Bissels* NZA 2007, 169 [171], die darauf hinweisen, dass die Gleichstellung der EWR-Staaten und der Schweiz ebenso zu beachten ist wie die Übergangsregelungen in den neuen EU-Beitrittsländern).

Mitarbeit beim MfS, SED-Mitgliedschaft: Die Frage nach einer Tätigkeit für das Ministerium für Staatssicherheit (MfS) oder nach einer Mitgliedschaft in der Sozialistischen Einheitspartei Deutschlands (SED) der früheren DDR ist zulässig (*BVerfG* 08.07.1997 EzA Art. 20 EinigungsV Nr. 57 = AP Nr. 39 zu Art. 2 GG = BVerfGE 96, 171; *BAG* 26.08.1993 EzA Art. 20 EinigungsV Nr. 24 = AP Nr. 8 zu Art. 20 Einigungsvertrag; 28.05.1998 EzA § 123 BGB Nr. 49 = AP Nr. 46 zu § 123 BGB; 02.12.1999 EzA § 94 BetrVG 1972 Nr. 4 = AP Nr. 16 zu § 79 BPersVG; *Fitting* § 94 Rn. 18; *Klebe*/DKKW § 94 Rn. 18). Für den Bereich des öffentlichen Dienstes besteht schon deshalb ein berechtigtes Interesse des Arbeitgebers an der Kenntnis dieser Umstände, weil eine (frühere) Identifikation mit den Zielen der SED oder gar eine Tätigkeit für das MfS geeignet ist, Zweifel an dem Bekenntnis zur freiheitlich demokratischen Grundordnung zu begründen. Die Verfassungstreue ist aber Voraussetzung für die Eignung für eine Tätigkeit im öffentlichen Dienst i. S. d. Art. 33 Abs. 2 GG (*BVerfG* 08.07.1997 EzA Art. 20 EinigungsV Nr. 57 = AP Nr. 39 zu Art. 2 GG unter C II 2b; *BAG* 26.08.1993 EzA Art. 20 EinigungsV Nr. 24 = AP Nr. 8 zu Art. 20 Einigungsvertrag unter B II 5). Aber auch außerhalb des öffentlichen Dienstes kann die Frage zulässig sein, wenn die Verstrickung in das politische System der DDR die berechtigten Interessen des Arbeitgebers tangiert, etwa weil die Beschäftigung solcher Arbeitnehmer zu Störungen des Betriebsfriedens führen oder das Ansehen oder die Glaubwürdigkeit des Unternehmens in der Öffentlichkeit gefährden kann (*BAG* 25.10.2001 EzA § 626 BGB n. F. Nr. 191 unter B I 2b; 13.06.2002 EzA § 1 KSchG Verhaltensbedingte Kündigung Nr. 57 = AP Nr. 69 zu § 1 KSchG 1969 = NZA 2003, 265 unter B I 2b;

Buchner/MünchArbR 2. Aufl., § 41 Rn. 134). Allerdings lässt ein lange zurückliegendes, abgeschlossenes Engagement in der Regel keine Rückschlüsse mehr auf die aktuelle politische Einstellung des Betroffenen zu. Eine allgemein gültige zeitliche Grenze lässt sich kaum festlegen. Nach Ansicht der Rechtsprechung darf aber zumindest nach Vorgängen, die vor 1970 liegen, nicht mehr gefragt werden, weil dies zu einer unverhältnismäßigen Einschränkung des Persönlichkeitsrechtes führen würde (*BVerfG* 08.07.1997 EzA Art. 20 EinigungsV Nr. 57 = AP Nr. 39 zu Art. 2 GG unter C II 2c bb).

44 Bei Fragen nach den **persönlichen Lebensverhältnissen** des Arbeitnehmers ist das Vorliegen eines berechtigten Interesses des Arbeitgebers besonders genau zu prüfen, da hier in der Regel der Kern der Privat- und Intimsphäre berührt ist. Grundsätzlich geben die persönlichen Lebensumstände des Arbeitnehmers keine Anhaltspunkte für dessen persönliche oder fachliche Eignung oder für die Erfüllung seiner vertraglichen Pflichten. Dies gilt etwa für Fragen zum **Personenstand**, d. h. ob der Arbeitnehmer verheiratet oder geschieden ist, in einer Lebenspartnerschaft i. S. d. § 1 LPartG oder in einer nichtehelichen Lebensgemeinschaft mit einem Partner anderen oder gleichen Geschlechts lebt. Solche Fragen sind daher vor der Einstellung unzulässig und müssen auch nach Abschluss des Arbeitsvertrages nur insoweit beantwortet werden, wie der Arbeitgeber die Angaben für die Zwecke des Arbeitsverhältnisses (z. B. für die Gehaltsabrechnung) benötigt (*Fitting* § 94 Rn. 20; *Klebe*/*DKKW* § 94 Rn. 20; *Richardi*/*Thüsing* § 94 Rn. 24). Dies gilt nach Einführung des AGG noch verstärkt, weil solche Fragen den Bewerber oder Arbeitnehmer zur Offenlegung seiner sexuellen Identität veranlassen können und daher im Hinblick auf §§ 1, 7 AGG problematisch, zumindest in besonderer Weise rechtfertigungsbedürftig sind (*Preis*/ErfK § 611 BGB Rn. 275; *Wisskirchen*/*Bissels* NZA 2007, 169 [173]). Unzulässig ist aus denselben Gründen auch die Frage nach einer geplanten Verheiratung (*LAG Baden-Württemberg* 13.05.1957 DB 1957, 972). Dagegen kann die Frage nach betreuungsbedürftigen Familienangehörigen (Kinder, Eltern) zulässig sein, weil dies zu Ausfallzeiten führen kann, wenn der Arbeitnehmer durch seine Betreuungspflicht an der Arbeitsleistung gehindert ist (**a. M.** *Fitting* § 94 Rn. 20).

45 Unzulässig ist die Frage nach der **Familienplanung**, insbesondere einem bestehenden Kinderwunsch (*Brill* AuR 1968, 139), dem Zeitpunkt der letzten Regelblutung (*LAG Düsseldorf* 30.09.1971 LAGE § 123 BGB Nr. 1) sowie danach, ob der Arbeitnehmer Intimverkehr hat (vgl. *LAG Bremen* 24.02.1960 BB 1960, 743; *Galperin*/*Löwisch* § 94 Rn. 8) oder ob der Arbeitnehmer empfängnisverhütende Mittel verwendet. Sofern diese Fragen einer Frau gestellt werden, dienen sie im Regelfall dazu, das Risiko eines schwangerschaftsbedingten Arbeitsausfalles auszuschließen, und stellen daher eine Diskriminierung wegen des Geschlechts i. S. d. §§ 1, 3, 7 AGG dar (vgl. Rdn. 34). Aber auch gegenüber einem Mann sind solche Fragen unzulässig, weil sie die engste Intimsphäre des Arbeitnehmers betreffen und ein überwiegendes Informationsinteresse des Arbeitgebers nicht erkennbar ist.

46 **Unzulässig** sind grundsätzlich Fragen nach der **Partei- oder Religionszugehörigkeit** oder der Zugehörigkeit zu einer Vereinigung mit einer bestimmten **Weltanschauung** (h. M.; *BAG* 12.05.2011 EzA § 123 BGB 2002 Nr. 10 Rn. 34 = AP Nr. 69 zu § 123 BGB; *Fitting* § 94 Rn. 17; *Galperin*/*Löwisch* § 94 Rn. 10; *Klebe*/*DKKW* § 94 Rn. 22; *Rose*/*HWGNRH* § 94 Rn. 49). Dies war schon früher anerkannt und wird nunmehr durch §§ 1, 7 AGG bestätigt (*BAG* 12.05.2011 EzA § 123 BGB 2002 Nr. 10 [*Husemann*] = AP Nr. 69 zu § 123 BGB Rn. 38). Etwas anderes kann zum einen in **Tendenzbetrieben** für Tendenzträger gelten, wenn und soweit die Identifikation mit den inhaltlichen Überzeugungen und Zielen des Unternehmens wesentliche Voraussetzung für die zu verrichtende Tätigkeit ist (vgl. §§ 8 Abs. 1, 9 AGG; zum alten Recht *Buchner*/MünchArbR 2. Aufl., § 41 Rn. 16, 123 ff.; zum AGG *Schlachter*/ErfK § 9 AGG Rn. 1 ff.). Darüber hinaus sind Arbeitnehmer des öffentlichen Dienstes verpflichtet, auf Fragen nach einer Mitgliedschaft oder Mitwirkung in **verfassungsfeindlichen Parteien** wahrheitsgemäß zu antworten, wenn und soweit sie nach ihrer Stellung innerhalb des öffentlichen Dienstes und nach dem ihnen übertragenen Aufgabenkreis zu einer gesteigerten Loyalität mit der verfassungsmäßigen Grundordnung verpflichtet sind (*BAG* 12.05.2011 EzA § 123 BGB 2002 Nr. 10 Rn. 29, 34 = AP Nr. 69 zu § 123 BGB; zur Frage der Mitgliedschaft in Organisationen der früheren DDR s. Rdn. 43). Nach Ansicht des *BAG* muss der Bewerber nach »konkreten Umständen« gefragt werden, die für die Feststellung der Verfassungstreue relevant sind. Dies dürfte im vorliegenden Kontext bedeuten, dass in der Frage konkrete Parteien benannt werden müssen, die von dem Arbeitgeber als verfassungsfeindlich eingestuft werden (ebenso *Rieble* RdA 2012, 241). Die allgemeine Frage nach der Zugehörigkeit zu einer verfassungsfeindlichen Organisation sei dagegen »unzulässig«

(*BAG* 12.05.2011 EzA § 123 BGB 2002 Nr. 10 Rn. 46 = AP Nr. 69 zu § 123 BGB; wie sich aus dem Kontext ergibt, ist wohl gemeint, dass es an der für die Anfechtung nach § 123 Abs. 1 BGB erforderlichen Arglist fehlen kann, wenn der Bewerber auf die allgemeine Frage hin eine Organisation nicht als verfassungsfeindlich einordnet). Problematisch und umstritten ist, ob die Frage nach der Mitgliedschaft bei »**Scientology**« den besonderen Grenzen des § 9 Abs. 1 AGG unterliegt, d. h. ob es sich bei Scientology um eine Religions- oder zumindest um eine Weltanschauungsgemeinschaft handelt (hierzu *Bauer/Krieger* AGG, § 1 Rn. 33; *Schlachter*/ErfK § 1 Rn. 9; *Treber*/KR § 1 AGG Rn. 49; *Wisskirchen/Bissels* NZA 2007, 169 [173]). **Nach Abschluss** des Arbeitsvertrages kann die Frage nach der **Religionszugehörigkeit** dagegen zulässig sein, etwa wegen der Pflicht des Arbeitgebers zur Abführung der Kirchensteuer (*LAG München* 21.03.1951 BB 1951, 923; *LAG Hamm* 30.04.1953 BB 1953, 501; *Fitting* § 94 Rn. 17; *Galperin/Löwisch* § 94 Rn. 12). Die erforderliche Angabe ist allerdings im Normalfall auch der Lohnsteuerkarte zu entnehmen.

Unzulässig ist – zumindest vor der Einstellung – auch die Frage nach der **Gewerkschaftszugehörigkeit**. Da eine Benachteiligung von Gewerkschaftsmitgliedern bei der Personalauswahl eine durch Art. 9 Abs. 3 Satz 2 GG verbotene Verletzung der (individuellen und kollektiven) Koalitionsfreiheit darstellen würde, ist ein schutzwürdiges Informationsinteresse des Arbeitgebers nicht anzuerkennen (heute ganz h. M.; *BAG* 28.03.2000 EzA § 99 BetrVG 1972 Einstellung Nr. 6 = AP Nr. 27 zu § 99 BetrVG 1972 Einstellung unter II 2d cc; *Fitting* § 94 Rn. 17; *Franzen* RdA 2008, 193 [195]; *Richardi/Thüsing* § 94 Rn. 21; *Rieble* GS *Heinze*, S. 687 [690]; *Rose/HWGNRH* § 94 Rn. 50; *Rüthers* BB 1966, 824). Die Frage ist allerdings **nach Abschluss des Arbeitsvertrages zulässig**, wenn ein berechtigtes Interesse des Arbeitgebers besteht. Ein solches kann etwa darin bestehen, dass die Angaben für die Lohnbuchhaltung erforderlich sind, insbesondere, wenn der Arbeitgeber sich verpflichtet hat, die Gewerkschaftsbeiträge abzuführen. Ein Fragerecht besteht aber auch, wenn in dem Betrieb unterschiedliche Regelungen für organisierte und nicht organisierte Arbeitnehmer oder – im Falle der Tarifpluralität – je nach Organisationszugehörigkeit unterschiedliche Tarifverträge für Gewerkschaftsmitglieder gelten (*Fitting* § 94 Rn. 17; *Franzen* RdA 2008, 193 [195 f.]; *Jacobs* NZA 2008, 325 [328]; *Richardi/Thüsing* § 94 Rn. 21; *Rieble* GS *Heinze*, S. 687 [693 ff.]; *Rose/HWGNRH* § 94 Rn. 50; **a. M.** *Klebe*/DKKW § 94 Rn. 22; *Michel/Möller/Peter* AuR 2008, 36 [37 f.]; offen gelassen von *BAG* 18.11.2014 EzA Art. 9 GG Nr. 108 = AP Nr. 150 zu Art. 9 GG Rn. 38). Nach Ansicht des *BAG* ist die Frage aber selbst im tarifpluralen Betrieb unzulässig, wenn sie darauf gerichtet sei, **während laufender Tarifverhandlungen** die Zugehörigkeit zu der Gewerkschaft zu ermitteln, die Gegenspieler der Tarifauseinandersetzung sei, weil dies eine Verletzung der kollektiven Koalitionsfreiheit der Gewerkschaft darstelle (*BAG* 18.11.2014 EzA Art. 9 GG Nr. 108 = AP Nr. 150 zu Art. 9 GG Rn. 28 ff.). Die Zulässigkeit der Frage ist ausschließlich am Maßstab des Schutzes der Koalitionsfreiheit zu messen. Die Vorschriften des AGG spielen dagegen keine Rolle, weil die Gewerkschaftszugehörigkeit **kein Ausdruck einer bestimmten Weltanschauung i. S. d. § 1 AGG** ist (a. M. *Wisskirchen/Bissels* NZA 2007, 169 [172]; die Möglichkeit erwägend *Wendeling-Schröder/Stein* AGG, § 1 Rn. 40). Gewerkschaften mögen für eine gewisse (sozial-)politische Grundhaltung stehen. Dies allein genügt aber nicht, um von einer Weltanschauung zu sprechen (*Rupp/HWK* § 1 AGG Rn. 6). Eine die Deutung der Welt im Ganzen umfassende »subjektive Weltsicht« (vgl. *Schlachter*/ErfK § 1 AGG Rn. 9) ist dagegen kein Merkmal der Gewerkschaften, die – zumal in Deutschland – als parteipolitisch und weltanschaulich neutrale Interessenverbände der Arbeitnehmer organisiert sind.

3. Auswirkungen der Mitbestimmung auf das Fragerecht

Entsprechend dem Zweck des Mitbestimmungsrechts, die Persönlichkeitssphäre des Arbeitnehmers zu schützen und sicherzustellen, dass Fragen und Angaben auf Gegenstände beschränkt bleiben, an deren Kenntnis der Arbeitgeber ein berechtigtes Interesse haben kann (s. Rdn. 2), besteht die Aufgabe des Betriebsrats im Wesentlichen in einer Rechtmäßigkeitskontrolle im Hinblick auf die Zulässigkeit der gestellten Fragen. Es handelt sich folglich um ein **Mitbeurteilungsrecht** (*BAG* 02.12.1999 EzA § 94 BetrVG 1972 Nr. 4 = AP Nr. 16 zu § 79 BPersVG unter III 4b cc; *Raab* ZfA 1997, 183 [226]).

Das Mitgestaltungsrecht des Betriebsrats wird dabei durch das individualrechtrechtliche Fragerecht des Arbeitgebers begrenzt. Unzulässige Fragen verletzen das Persönlichkeitsrecht des Arbeitnehmers, weswegen die Zustimmung des Betriebsrats zur Aufnahme in einen Personalfragebogen eine Verletzung

§ 94   *IV. 5. Personelle Angelegenheiten*

seiner Pflicht aus § 75 Abs. 2 Satz 1 darstellen würde. **Erteilt der Betriebsrat** dennoch **seine Zustimmung**, so wird der Arbeitnehmer hierdurch nicht zur wahrheitsgemäßen Beantwortung verpflichtet (*Buchner* NZA 1991, 577 [588]; *Fitting* § 94 Rn. 16; *Raab* ZfA 1997, 183 [226]; *Richardi/Thüsing* § 94 Rn. 12, 49; dazu, dass eine den Arbeitnehmer zur Antwort verpflichtende Betriebsvereinbarung nur eine freiwillige Betriebsvereinbarung darstellt und sich nicht auf den Inhalt des erzwingbaren Mitbestimmungsrechts nach § 94 bezieht, s. Rdn. 13).

50 Verwendet der Arbeitgeber Personalfragebogen **ohne Zustimmung des Betriebsrats**, so verletzt er seine Pflichten aus dem Betriebsverfassungsgesetz. Hinsichtlich der Folgen für das individualrechtliche Verhältnis von Arbeitgeber und Arbeitnehmer (zu kollektivrechtlichen Folgen s. Rdn. 68) ist zu unterscheiden. Die Datenerhebung und -erfassung ist ohne Zustimmung des Betriebsrats auch im Verhältnis zum Arbeitnehmer unzulässig. Der **Arbeitnehmer** kann die **Ausfüllung des Fragebogens verweigern** (*BAG* 22.10.1986 EzA § 23 BDSG Nr. 4 = AP Nr. 2 zu § 23 BDSG unter B I 1a). Füllt der Arbeitnehmer den Fragebogen dennoch aus und werden die Daten gespeichert, so müssen sie wieder gelöscht werden, weil die Speicherung unzulässig war (vgl. Art. 17 Abs. 1 lit. d DS-GVO, bisher: § 35 Abs. 2 Satz 2 Nr. 1 BDSG; *BAG* 22.10.1986 EzA § 23 BDSG Nr. 4 = AP Nr. 2 zu § 23 BDSG unter B I 1a; *Fitting* § 94 Rn. 34; *Matthes*/MünchArbR § 258 Rn. 25; *Richardi/Thüsing* § 94 Rn. 53 f.). Die **Wirksamkeit des Arbeitsvertrages** wird dagegen von der unzulässigen Verwendung des Fragebogens im Einstellungsverfahren nicht berührt (*Fitting* § 94 Rn. 34; *Rose/HWGNRH* § 94 Rn. 100). Auch auf die **Rechtsfolgen bei wahrheitswidriger Beantwortung** der Frage ist das Fehlen der Zustimmung ohne Einfluss. Ist die Frage unzulässig, so ist der Arbeitnehmer schon individualrechtlich berechtigt, die Antwort zu verweigern bzw. die Frage falsch zu beantworten. Die fehlende Zustimmung ändert hieran nichts. War die Frage hingegen bei rein individualrechtlicher Betrachtung zulässig, so kann der Arbeitnehmer die Beantwortung zwar ablehnen, darf aber hierauf nicht (bewusst) falsch antworten. Der Arbeitgeber behält trotz der fehlenden Zustimmung die ihm bei wahrheitswidriger Beantwortung zustehenden individualrechtlichen Befugnisse, etwa das Recht zur Kündigung oder Anfechtung des Arbeitsvertrages (*BAG* 02.12.1999 EzA § 94 BetrVG 1972 Nr. 4 = AP Nr. 16 zu § 79 BPersVG; 16.02.2012 EzA § 3 AGG Nr. 7 = AP Nr. 9 zu § 85 SGB IX Nr. 51; *Preis*/ErfK § 611 BGB Rn. 286; *Raab* ZfA 1997, 183 [227]; *Richardi/Thüsing* § 94 Rn. 54; **a. M.** *Galperin/Löwisch* § 94 Rn. 15, 17; *Klebe*/DKKW § 94 Rn. 29; *Matthes*/MünchArbR § 258 Rn. 25). Dies ergibt sich aus dem Charakter des § 94 als reines Mitbeurteilungsrecht. Der Betriebsrat darf einer rechtlich zulässigen Frage die Zustimmung nicht ohne Weiteres verweigern, weil er ansonsten dem Arbeitgeber die Möglichkeit abschneiden würde zu überprüfen, ob der Arbeitnehmer dem von ihm – mitbestimmungsfrei – aufgestellten Anforderungsprofil entspricht. Dann wäre es aber ein Wertungswiderspruch, wenn dem Arbeitgeber infolge der fehlenden Zustimmung des Betriebsrats Individualrechte abgeschnitten würden, die ihm ohne das Mitbestimmungsrecht zustünden. Eine solche überschießende Wirkung wäre vom Zweck des Mitbestimmungsrechts nicht gedeckt (*Raab* ZfA 1997, 183 [227]; zust. *BAG* 02.12.1999 EzA § 94 BetrVG 1972 Nr. 4 = AP Nr. 16 zu § 79 BPersVG unter III 4b cc).

4. Pflicht zur Geheimhaltung

51 Soweit der Betriebsrat im Rahmen personeller Einzelmaßnahmen vertrauliche persönliche Angaben von Bewerbern aus ausgefüllten Personalfragebogen erfährt, ist er gemäß § 99 Abs. 1 Satz 3 zum **Stillschweigen** verpflichtet (zur Strafdrohung: § 120 Abs. 2). Soweit Angaben von Fragebogen auf Datenverarbeitungsanlagen übertragen werden, muss sichergestellt werden, dass Unbefugte keinen Zugang zu persönlichen und vertraulichen Angaben über Arbeitnehmer haben (s. *Franzen* § 83 Rdn. 18).

IV. Mitbestimmung bei der Gestaltung von Formulararbeitsverträgen

52 Nach Abs. 2 Alt. 1 bedürfen auch »persönliche Angaben in schriftlichen Arbeitsverträgen« der Zustimmung des Betriebsrats. Die schriftliche Abfassung des Arbeitsvertrages entsprach schon früher verbreiteter Praxis. Seit Inkrafttreten des Nachweisgesetzes (Gesetz über den Nachweis der für ein Arbeitsverhältnis geltenden wesentlichen Bedingungen vom 20.07.1995 BGBl. I, S. 946) ist der Ar-

Personalfragebogen, Beurteilungsgrundsätze § 94

beitgeber verpflichtet, den Inhalt des Arbeitsvertrages schriftlich niederzulegen und dem Arbeitnehmer eine (von ihm unterschriebene) Urkunde hierüber auszuhändigen (vgl. § 2 Abs. 1 NachwG).

Das Mitbestimmungsrecht war im RegE zum BetrVG 1972 noch nicht erwähnt (vgl. BT-Drucks. VI/1786, S. 19) und wurde erst im Laufe des Gesetzgebungsverfahrens auf Vorschlag des Ausschusses für Arbeit und Sozialordnung in das Gesetz eingefügt, um zu verhindern, dass die Mitbestimmung bei der Aufstellung von Personalfragebogen dadurch umgangen wird, dass der Arbeitgeber die entsprechenden Angaben in den schriftlichen Arbeitsvertrag aufnimmt (vgl. zu BT-Drucks. VI/2729, S. 30). Mit »persönlichen Angaben« sind daher die Angaben gemeint, die – wenn sie im Arbeitsvertrag fehlen würden – durch Personalfragebogen ermittelt werden könnten. Das Mitbestimmungsrecht besteht auch dann, wenn die Angaben auf die Antwort des Bewerbers oder Arbeitnehmers hin vom Arbeitgeber selbst eingetragen werden. Erfasst werden allerdings nur Arbeitsverträge, »die allgemein für den Betrieb verwendet werden sollen«. Gemeint sind damit **Formulararbeitsverträge**, **nicht** aber **individuelle Arbeitsverträge** (*Stege/Weinspach/Schiefer* § 94 Rn. 24) und **nicht** Arbeitsverträge für **leitende Angestellte** (*Richardi/Thüsing* § 94 Rn. 36, 56). 53

Hinsichtlich **Inhalt und Umfang des Mitbestimmungsrechts** gelten die Ausführungen zur Mitbestimmung bei der Aufstellung von Personalfragebogen entsprechend. Das Zustimmungsrecht des Betriebsrats bezieht sich darauf, ob und welche persönlichen Angaben in die Vertragsformulare aufgenommen werden sollen. Dagegen wird die Entscheidung darüber, ob der Arbeitgeber überhaupt Formularverträge verwendet, ebenso wenig von dem Mitbestimmungsrecht erfasst, wie der sonstige Inhalt der Formularverträge (*LAG Nürnberg* 21.12.2010 LAGE § 94 BetrVG 2001 Nr. 2 Rn. 26; *Fitting* § 94 Rn. 27; *Heinze* Personalplanung, Rn. 95 Fn. 133; *Meisel* Mitwirkung, Rn. 184; *Richardi/Thüsing* § 94 Rn. 56). Nicht nach § 94 mitbestimmungspflichtig sind auch die Art und Weise der Verarbeitung der erhobenen Daten sowie die Bestimmung des Verwendungszweckes (s. Rdn. 24 f.). Haben Arbeitgeber und Betriebsrat über die persönlichen Angaben in den Arbeitsverträgen eine Einigung erzielt, so kann der Betriebsrat aufgrund des § 80 Abs. 2 die **Vorlage der ausgefüllten Vertragsformulare** nur verlangen, wenn er näher darlegt, weshalb dies zur Wahrung seiner Aufgaben erforderlich ist (*BAG* 19.10.1999 EzA § 80 BetrVG 1972 Nr. 45 = AP Nr. 58 zu § 80 BetrVG 1972; s. a. *Weber* § 80 Rdn. 96 ff.). Allein die Zustimmungspflicht nach § 94 kann einen solchen Aufgabenbezug nicht begründen. 54

V. Mitbestimmung bei der Aufstellung allgemeiner Beurteilungsgrundsätze

1. Anwendungsbereich

Die Mitbestimmung bei der Aufstellung von Beurteilungsgrundsätzen soll der Objektivierung solcher Grundsätze im Interesse der Arbeitnehmer dienen (amtliche Begründung zum BetrVG 1972, BR-Drucks. 715/70, S. 50 zu § 94; *BAG* 23.10.1984 EzA § 94 BetrVG 1972 Nr. 1 = AP Nr. 8 zu § 87 BetrVG 1972 Ordnung des Betriebs). Allgemeine Beurteilungsgrundsätze sind **Regeln** für alle Arbeitnehmer des Betriebs oder für abstrakt umschriebene Gruppen von Arbeitnehmern, die der **Beurteilung von Leistung und Verhalten der Arbeitnehmer** zugrunde gelegt werden (*BAG* 14.01.2014 EzA § 94 BetrVG 2001 Nr. 1 Rn. 13; 17.03.2015 EzA § 94 BetrVG 2001 Nr. 2 Rn. 25). Mit der Aufstellung solcher Regeln soll erreicht werden, dass das Vorgehen bei der Beurteilung vereinheitlicht wird und die gleichen Bewertungsmaßstäbe zugrunde gelegt werden, damit auch die Beurteilungsergebnisse miteinander vergleichbar sind (s. Rdn. 4; *BAG* 23.10.1984 EzA § 94 BetrVG 1972 Nr. 1 = AP Nr. 8 zu § 87 BetrVG 1972 Ordnung des Betriebes; 14.01.2014 EzA § 94 BetrVG 2001 Nr. 1 Rn. 13; 17.03.2015 EzA § 94 BetrVG 2001 Nr. 2 Rn. 25). 55

Voraussetzung für das Mitbestimmungsrecht ist, dass die **Grundsätze verfestigt** sind und nach einer **bestimmten Verfahrensweise angewendet** werden (*Galperin/Löwisch* § 94 Rn. 30; *Jedzig* DB 1996, 1337 [1338]). Die Aufstellung der Grundsätze muss also dazu führen, dass damit wesentliche Vorentscheidungen für die Einzelfallbeurteilung getroffen werden, auch wenn diese hierdurch nicht bis in die Einzelheiten »vorprogrammiert« wird. Nur dann ist nach der Intention des Gesetzes eine Beteiligung des Betriebsrats geboten (s. Rdn. 4). Dagegen besteht kein Mitbestimmungsrecht, wenn es lediglich um die Festlegung allgemeiner Grundsätze und Verfahren zur Ermittlung der Tatsa- 56 chen geht, die Grundlage für die spätere Beurteilung und Bewertung sein sollen (v. *Hoyningen-Huene* DB 1991 Beil. Nr. 10, S. 1 [8]; zust. *Hunold* DB 1993, 224 [228]; *Jedzig* DB 1996, 1337 [1339]). Nicht erforderlich ist, dass die Beurteilungsgrundsätze schriftlich fixiert sind (*LAG Niedersachsen* 06.03.2007 – 11 TaBV 101/06 – juris, Rn. 53 = AuR 2008, 77 [LS]; *Richardi/Thüsing* § 94 Rn. 73; **a. M.** hier bis zur 8. Aufl. § 94 Rn. 47). Es genügt vielmehr, dass der Arbeitgeber erkennbar allgemeine Maßstäbe und Kriterien aufstellt und bei der Beurteilung der Arbeitnehmer danach verfährt. Dies ist etwa dann der Fall, wenn er von den Arbeitnehmern Daten erhebt, die Aussagen über die Arbeitsleistung zulassen, und die Auswertung dieser Daten zum Anlass für eine Leistungsbewertung nimmt (instruktiv hierzu der Sachverhalt in *LAG Niedersachsen* 06.03.2007 – 11 TaBV 101/06 – juris). Ebenfalls erfasst wird die Aufstellung eines Systems zur Auswertung der Bewerbungsunterlagen, insbesondere von Testergebnissen (*Richardi/Thüsing* § 94 Rn. 58; *Rose/HWGNRH* § 94 Rn. 72; *Schmidt* DB 1974, 1910).

57 Ein Mitbestimmungsrecht besteht bei der **Aufstellung** der Grundsätze, also bei der Bestimmung der abstrakten Beurteilungskriterien, die der Bewertung von Leistung und Verhalten zugrunde gelegt werden sollen (*BAG* 17.03.2015 EzA § 94 BetrVG 2001 Rn. 26). Gleichgültig ist die **Art und Weise der Aufstellung**. Das Mitbestimmungsrecht besteht also auch, wenn die Beurteilungsgrundsätze in Form eines Programms für eine automatische Datenverarbeitungsanlage erstellt werden (*Fitting* § 94 Rn. 30; *Richardi/Thüsing* § 94 Rn. 62; *Stege/Weinspach/Schiefer* § 94 Rn. 29; vgl. auch *Zöllner* Daten- und Informationsschutz, S. 94: wenn das Programm eine Bewertungsskala enthält). Das Mitbestimmungsrecht erstreckt sich auch auf die **Grundlage der Beurteilung**, insbesondere auf die Festlegung der Tatsachen, die für die Bewertung des Verhaltens oder der Leistung herangezogen werden sollen, da die Berücksichtigung oder Nichtberücksichtigung bestimmter Kriterien auf die Beurteilung maßgeblichen Einfluss haben kann (zust. *BAG* 14.01.2014 EzA § 94 BetrVG 2001 Nr. 1 Rn. 20). Dies kann etwa die Frage betreffen, ob die Leistungsbeurteilung auf der Grundlage einer Aufgabenbeschreibung erfolgen soll (*BAG* 14.01.2014 EzA § 94 BetrVG 2001 Nr. 1 Rn. 19 ff.). Auch die Frage, ob zur Beurteilung der Leistungsqualität in sog. Call-Centern Kundengespräche mitgehört werden sollen, unterliegt zumindest dann der Mitbestimmung nach § 94 Abs. 2, wenn die Beurteilung anhand standardisierter Bewertungskriterien vorgenommen wird, die einen Vergleich unter den in diesem Bereich eingesetzten Arbeitnehmern ermöglichen (*Jordan/Bissels/Moritz* BB 2014, 122 [124]). Dagegen ist die **Art und Weise der Datenerhebung** (etwa durch die Arbeitnehmer selbst durch Ausfüllen von Tätigkeitsberichten oder durch Vorgesetzte), nicht Gegenstand der Mitbestimmung, da diese der Beurteilung vorgelagert ist (**a. M.** *LAG Niedersachsen* 06.03.2007 – 11 TaBV 101/06 – juris, Rn. 55). Aus diesem Grunde unterliegen auch **psychologische Eignungstests** nicht der Mitbestimmung nach Abs. 2, wenn diese lediglich der tatsächlichen Feststellung der Eigenschaften und Fähigkeiten des Arbeitnehmers dienen (*Franzen* NZA 2013, 1 [3]; *v. Hoyningen-Huene* DB 1991, Beil Nr. 10, S. 1 [7]; *Jedzig* DB 1996, 1337 [1339]; **a. M.** *Wietfeld* ZfA 2016, 215 [257 f.]). Nicht der Mitbestimmung unterliegt zudem die **Anwendung** der allgemeinen Grundsätze **auf konkrete Einzelfälle** (*Fitting* § 94 Rn. 28; *Galperin/Löwisch* § 94 Rn. 31; *Klebe/DKKW* § 94 Rn. 33). Auch über die **Einführung**, also darüber, ob der Bewertung allgemeine Grundsätze zugrunde gelegt werden sollen, entscheidet der Arbeitgeber allein. Dem Betriebsrat steht kein Initiativrecht zu (s. Rdn. 5).

58 Beurteilungsgrundsätze müssen sich stets auf die **Person des Arbeitnehmers** beziehen; es handelt sich dabei um Richtlinien, nach denen Leistung und Verhalten der Arbeitnehmer beurteilt werden (*BAG* 23.10.1984 EzA § 94 BetrVG 1972 Nr. 1 = AP Nr. 8 zu § 87 BetrVG 1972 Ordnung des Betriebs; 14.01.1986 EzA § 95 BetrVG 1972 Nr. 11 = AP Nr. 21 zu § 87 BetrVG 1972 Betriebliche Lohngestaltung; 18.04.2000 EzA § 87 BetrVG 1972 Betriebliche Ordnung Nr. 27 = AP Nr. 33 zu § 87 BetrVG 1972 Überwachung unter B II 3; 14.01.2014 EzA § 94 BetrVG 2001 Nr. 1 Rn. 13; 17.03.2015 EzA § 94 BetrVG 2001 Nr. 2 Rn. 25; vgl. auch *Fitting* § 94 Rn. 28; *Hunold* DB 1989, 1334 [1337]; *Klebe/DKKW* § 94 Rn. 32; *Richardi/Thüsing* § 94 Rn. 58). Gegenstand der Beurteilung ist die Leistung des Arbeitnehmers im Betrieb und sein Verhältnis zu den anderen Mitarbeitern. Ziel der Beurteilungsgrundsätze ist es festzustellen, ob der Arbeitnehmer im Rahmen seiner Aufgaben optimal gearbeitet hat, ob er für andere Aufgaben geeignet ist und ob eine Fort- oder Weiterbildung in Frage kommt (*Klebe/DKKW* § 94 Rn. 36; *Rose/HWGNRH* § 94 Rn. 71). Der Anwendungsbereich der Vorschrift beschränkt sich jedoch nicht auf die Beurteilung der im Betrieb beschäftigten Arbeitnehmer. Vielmehr kommt ein Mitbestimmungsrecht auch in Betracht, wenn der Arbeitgeber allgemeine Grundsätze für die **Beurteilung von Bewerbern** bei der Neu- oder Wiederbesetzung von Arbeitsplätzen (im Wege der Einstellung oder Versetzung) aufstellt (*Richardi/Thüsing* § 94 Rn. 63). Führt der Arbeitgeber zum Zwecke der Bewerberauswahl **Assessment-Center** durch, so dürfte dies regelmäßig mit der Aufstellung solcher allgemeinen Beurteilungsgrundsätze verbunden sein (*Schönfeld/Gennen* NZA 1989, 543 [544]). Ein Assessment-Center wird umschrieben als »ein systematisches Verfahren zur qualifizierten Festlegung von Verhaltensleistungen bzw. Verhaltensdefiziten, das von mehreren Beobachtern gleichzeitig für mehrere Teilnehmer in Bezug auf vorher definierte Anforderungen angewandt wird« (so *BAG* 20.04.1993 EzA § 99 BetrVG 1972 Nr. 114 unter B II 1c aa unter Hinweis auf *Jeserich* Mitarbeiter auswählen und fördern, Assessment-Center-Verfahren, 1981, S. 33). Wenn Anforderungen vorher definiert werden, so erfolgt damit aber zumeist eine wesentliche Weichenstellung für die spätere Bewertung, indem hierfür abstrakte Kriterien festgelegt werden. Die Entscheidung für die Durchführung eines Assessment-Center unterliegt in diesem Fall der Mitbestimmung nach Abs. 2 (*Fitting* § 94 Rn. 30 mit Rn. 26; *Jedzig* DB 1996, 1337 [1339]; *Klebe/DKKW* § 94 Rn. 40; *Preis/WPK* § 94 Rn. 8; *Richardi/Thüsing* § 94 Rn. 68; *Schuster/JRH* Kap. 23 Rn. 41; im Grundsatz auch *Rose/HWGNRH* § 94 Rn. 74; **a. M.** *Hunold* DB 1993, 224 [229]). Manche beschränken allerdings das Mitbestimmungsrecht auf die Fälle, in denen das Assessment-Center als Verfahren im gesamten Betrieb oder zumindest für eine Betriebsabteilung eingesetzt wird. Dagegen seien die Voraussetzungen des Abs. 2 nicht erfüllt, wenn das Verfahren nur bei der Besetzung einer Stelle zur Anwendung komme, da es sich dann nicht um »allgemeine« Grundsätze handele (*Gennen* ZfA 1990, 495 [518 ff.]; zust. *Rose/HWGNRH* § 94 Rn. 74; *Stubbe* Assessment Center, S. 247 f.). Damit wird aber die Bedeutung des Wortes »allgemein« deutlich überstrapaziert. Bei teleologischer Interpretation (s. Rdn. 4) muss es hierfür genügen, dass Kriterien bestimmt werden, welche die Beurteilung einer Mehrzahl von Arbeitnehmern standardisieren und damit eine individuelle Bewertung (wenigstens teilweise) ersetzen.

Kriterien für die **Arbeitsplatzbewertung, Arbeitsplatz-(Stellen-)beschreibungen und sog. Funktionsbeschreibungen** fallen als Bestandsaufnahme für Gruppen von Stellenbewerbern **nicht** unter § 94 (s. Rdn. 63; vgl. auch *BAG* 10.03.1982 AP Nr. 1 zu § 13 BAT; 14.01.1986 EzA § 95 BetrVG 1972 Nr. 11 = AP Nr. 21 zu § 87 BetrVG 1972 Lohngestaltung; 18.04.2000 EzA § 87 BetrVG 1972 Betriebliche Ordnung Nr. 27 = AP Nr. 33 zu § 87 BetrVG 1972 Überwachung unter B II 3; *Fitting* § 94 Rn. 31; *Klebe/DKKW* § 94 Rn. 42; *Meisel* Mitwirkung, Rn. 190; *Richardi/Thüsing* § 94 Rn. 59). An dem erforderlichen Personenbezug fehlt es auch, wenn der Arbeitgeber die Qualität der von dem Personal erbrachten Dienstleistung durch Testkunden überprüfen lässt. Zweck der Maßnahme ist die Ermittlung struktureller Schwächen in der Arbeitsorganisation, nicht dagegen die Bewertung der Leistung einzelner Arbeitnehmer (*BAG* 18.04.2000 EzA § 87 BetrVG 1972 Betriebliche Ordnung Nr. 27 = AP Nr. 33 zu § 87 BetrVG 1972 Überwachung unter B II 3). Die Aufstellung sog. **Fähigkeitsprofile** in Bezug auf die einzelnen Arbeitnehmer aus zulässig erhobenen Fähigkeitsdaten unterliegt ebenfalls **nicht** der Mitbestimmung nach § 94 (*Boewer* RDV 1988, 63; **a. M.** *Fitting* § 94 Rn. 30; *Klebe/DKKW* § 94 Rn. 38). 59

Als **Gegenstand von Beurteilungsgrundsätzen** kommen folgende Gesichtspunkte in Frage: Die Effektivität der Arbeit, d. h. das Arbeitsergebnis; die Sorgfalt bei der Arbeitsausführung, wie Gründlichkeit und Zuverlässigkeit; der Einsatz der Arbeitsleistung, wie etwa Selbständigkeit, Initiative, Belastbarkeit, Einsatzfähigkeit für andere Aufgaben, Denk- und Urteilsfähigkeit; Zusammenarbeit und Anpassungsfähigkeit, Führungsqualitäten (*Klebe/DKKW* § 94 Rn. 36; *Richardi/Thüsing* § 94 Rn. 58). Zu weiteren Kriterien *Rose/HWGNRH* § 94 Rn. 83 ff. Wenn Beurteilungsgrundsätze aufgestellt werden, ist auch der **Beurteilungsmaßstab** anzugeben (vgl. dazu auch *Zander* BUV 1971, 1 [7]). 60

Führungsrichtlinien, in denen geregelt ist, dass Vorgesetzte nachgeordnete Mitarbeiter unter bestimmten Voraussetzungen in Bezug auf die Erfüllung ihrer Arbeitsaufgaben zu kontrollieren haben, sind nur dann Beurteilungsgrundsätze i. S. d. § 94 Abs. 2, wenn nicht nur die Tatsache als solche, dass Mitarbeiter beurteilt werden, geregelt wird, sondern darüber hinaus allgemeine Grundsätze aufgestellt werden, die Maßstäbe für diese Beurteilung näher regeln und gestalten (*BAG* 23.10.1984 EzA § 94 BetrVG 1972 Nr. 1 = AP Nr. 8 zu § 87 BetrVG 1972 Ordnung des Betriebs; *Hunold* DB 1989, 1334 [1337]; *Löwisch/LK* § 94 Rn. 8; *Richardi/Thüsing* § 94 Rn. 60; krit. zu der in der Entscheidung des *BAG* vorgenommenen Einschränkung *Fitting* § 94 Rn. 29; *Klebe/DKKW* § 94 Rn. 44). Werden 61

§ 94

Mitarbeitergespräche als Instrument der Personalführung eingesetzt, so unterliegen diese für sich genommen also nicht der Mitbestimmung nach Abs. 2. Ist dagegen als Gegenstand des Gesprächs zwingend eine Leistungseinschätzung der Arbeitnehmer anhand bestimmter vorgegebener Kriterien vorzunehmen, so handelt es sich um allgemeine Beurteilungsgrundsätze, bei deren Aufstellung der Betriebsrat zu beteiligen ist (*BAG* 17.03.2015 EzA § 94 BetrVG 2001 Nr. 2 Rn. 26; *LAG Rheinland-Pfalz* 06.06.2008 – 6 TaBV 4/08 – juris, Rn. 79). Dies ist etwa dann der Fall, wenn nicht lediglich die Führung von Mitarbeitergesprächen angeordnet wird, sondern den Vorgesetzten in einem »Leitfaden« konkrete standardisierte Fragen vorgegeben werden, die zumindest auch die Leistung und das Verhalten der Arbeitnehmer betreffen, und als Ergebnis des Mitarbeitergesprächs eine Bewertung anhand standardisierter Bewertungsstufen und Bewertungskriterien vorzunehmen ist (hierzu den Sachverhalt in *BAG* 17.03.2015 EzA § 94 BetrVG 2001). Unerheblich ist, ob die Vorgaben für die Beurteilung für die Vorgesetzten verbindlich oder lediglich als Richtungsangaben formuliert sind (zutr. *BAG* 17.03.2015 EzA § 94 BetrVG 2001 Nr. 2 Rn. 27). Auch im letzteren Fall wird die Bewertung durch die allgemeinen Grundsätze vorstrukturiert.

62 **Beurteilungsgrundsätze**, die unmittelbar auf die **Höhe des Entgelts** Einfluss haben, unterliegen nicht der Mitbestimmung nach § 94; sie fallen allenfalls unter das Mitbestimmungsrecht nach § 87 Abs. 1 Nr. 10 oder 11 (*Galperin/Löwisch* § 94 Rn. 36; *Richardi/Thüsing* § 94 Rn. 61; *Rose/HWGNRH* § 94 Rn. 92; s. a. *Wiese/Gutzeit* § 87 Rdn. 852, 1015). Dies gilt etwa für **Zielvereinbarungen**, bei denen sich die Zielerreichung unmittelbar auf das Arbeitsentgelt auswirkt (*Annuß* NZA 2007, 290 [296]; *Däubler* NZA 2005, 793 [796]; *Rieble/Gistel* BB 2004, 2462 [2464]). Bei Zielvereinbarungen ohne Entgeltrelevanz hängt die Frage der Mitbestimmung davon ab, ob im Rahmen solcher Vereinbarungen tatsächlich allgemeine, also überindividuelle und für eine Mehrzahl von Arbeitnehmern gültige Maßstäbe zur Leistungsbeurteilung aufgestellt werden (s. Rdn. 55, 58). Ist dies der Fall, bedürfen diese Grundsätze der Zustimmung des Betriebsrats nach Abs. 2. Werden dagegen die Zielvorgaben und die Bewertungskriterien für jeden Arbeitnehmer individuell definiert, so handelt es sich nicht um allgemeine Grundsätze (ebenso *Rieble/Gistel* BB 2004, 2462 [2464]; a. M. *Däubler* NZA 2005, 793 [795]; *Trittin/Fischer* AuR 2006, 261 [262]).

63 Nicht von § 94 erfasst werden auch **Stellenbeschreibungen, analytische Arbeitsplatzbewertungen sowie Anforderungsprofile**, da sie sich auf den Arbeitsplatz und nicht auf die Person des Arbeitnehmers beziehen (*BAG* 31.01.1984 EzA § 95 BetrVG 1972 Nr. 7 und 14.01.1986 EzA § 95 BetrVG 1972 Nr. 11 = AP Nr. 3 und 21 zu § 87 BetrVG 1972 Lohngestaltung; 14.01.2014 EzA § 94 BetrVG 2001 Nr. 1 Rn. 14 f.; vgl. auch 07.11.1996 EzA § 1 KSchG Betriebsbedingte Kündigung Nr. 88 = AP Nr. 82 zu § 1 KSchG 1969 Betriebsbedingte Kündigung; *Fitting* § 94 Rn. 31; *Galperin/Löwisch* § 94 Rn. 29; *Rose/HWGNRH* § 94 Rn. 89; *Klebe/DKKW* § 94 Rn. 9, 42; *Matthes* RDV 1988, 63; *Richardi/Thüsing* § 94 Rn. 59; *Stege/Weinspach/Schiefer* § 94 Rn. 30). Diese unterliegen nur dann der Mitbestimmung nach § 94 Abs. 2, wenn sie zur Grundlage einer Leistungsbeurteilung gemacht werden sollen (s. Rdn. 57; *BAG* 14.01.2014 EzA § 94 BetrVG 2001 Nr. 1 Rn. 21). Zur Frage, ob Stellenbeschreibungen oder Anforderungsprofile Auswahlrichtlinien i. S. d. § 95 sind, s. § 95 Rdn. 38.

2. Auswirkungen der Mitbestimmung auf das Verhältnis von Arbeitgeber und Arbeitnehmer

64 Stellt der Arbeitgeber ohne Zustimmung des Betriebsrats abstrakte Grundsätze zur Beurteilung der Arbeitnehmer auf und legt er diese – ausschließlich oder neben anderen Kriterien – der Bewertung von Leistung und Verhalten der Arbeitnehmer zugrunde, so verletzt er damit seine betriebsverfassungsrechtlichen Pflichten, handelt also betriebsverfassungswidrig. Darüber hinaus ist ein solches Verhalten aber auch **dem Arbeitnehmer gegenüber unzulässig**. Zwar ist hinsichtlich der Rechtsfolgen mitbestimmungswidrigen Verhaltens zwischen der betriebsverfassungsrechtlichen und der individualrechtlichen Ebene zu unterscheiden. Nicht jede Verletzung von Mitbestimmungsrechten, also jedes rechtswidrige Verhalten auf der kollektiven Ebene, führt zu Rechtsfolgen im Individualarbeitsverhältnis. Solche Rechtsfolgen können sich jedoch – auch ohne ausdrückliche gesetzliche Anordnung – aus dem Mitbestimmungstatbestand im Wege der teleologischen Auslegung ergeben, wenn und soweit dies zur Verwirklichung des Schutzzwecks des Mitbestimmungsrechtes geboten ist (näher *Raab* ZfA 1995, 479 [481 ff., 487, 515]; zust. *BAG* 05.04.2001 EzA § 626 BGB n. F. Nr. 186 = AP Nr. 32 zu

§ 99 BetrVG 1972 Einstellung unter II 2c cc (1); vgl. auch *BAG* 02.12.1999 EzA § 94 BetrVG 1972 Nr. 4 = AP Nr. 16 zu § 79 BPersVG unter II 4b cc). Das Mitbestimmungsrecht des Betriebsrats bei der Aufstellung von Beurteilungsgrundsätzen dient aber gerade dem Schutz des Arbeitnehmers vor einer Leistungs- und Verhaltensbeurteilung, die auf sachlich nicht gerechtfertigten Bewertungskriterien beruht (s. Rdn. 4). Deshalb muss der Arbeitnehmer die Möglichkeit haben, sich auch individualrechtlich gegen eine solche Beurteilung zur Wehr zu setzen.

Der Arbeitnehmer kann daher verlangen, dass eine derartige Beurteilung nicht verwendet und ggf. aus der Personalakte entfernt wird (*Fitting* § 94 Rn. 35; *Matthes*/MünchArbR § 259 Rn. 15; *Richardi/Thüsing* § 94 Rn. 75; einschränkend *Heinze* Personalplanung, Rn. 101: Anspruch auf Entfernung nur, wenn die Beurteilungsgrundsätze »einen unzulässigen Inhalt haben«). Damit ist freilich nicht jede Leistungs- oder Verhaltensbeurteilung ohne Zustimmung des Betriebsrates ausgeschlossen. Der Mitbestimmung unterliegt nur die Aufstellung von Grundsätzen, die abstrakt für alle Arbeitnehmer des Betriebes oder für eine Gruppe von Arbeitnehmern zur Anwendung kommen sollen (s. Rdn. 55 f.). Daneben bleibt die individuelle Beurteilung des Arbeitnehmers aufgrund von situativ entwickelten Kriterien mitbestimmungsfrei zulässig (*Matthes*/MünchArbR 2. Aufl., § 348 Rn. 11; *Stege/Weinspach/Schiefer* § 94 Rn. 32; **a. M.** *Richardi/Thüsing* § 94 Rn. 73, die annehmen, dass auch eine von Fall zu Fall durchgeführte Beurteilung die Voraussetzungen des Mitbestimmungstatbestandes erfüllt, wenn sich der Arbeitgeber dabei nach bestimmten Grundsätzen richtet). 65

VI. Streitigkeiten, Sanktionen

Die **Aufstellung** von Personalfragebogen und Beurteilungsgrundsätzen sowie die Aufnahme von persönlichen Fragen in Formularverträge ist **nicht erzwingbar**; das **Mitbestimmungsrecht** des Betriebsrats setzt erst ein, wenn der Arbeitgeber derartige Fragebogen oder Beurteilungsgrundsätze einführen will (s. Rdn. 5). 66

Streit kann **über** den **Inhalt** der Fragebogen und der Beurteilungsgrundsätze entstehen, wenn eine Einigung nicht zustande kommt. In diesem Fall entscheidet nach Abs. 1 Satz 2 und 3 die Einigungsstelle verbindlich. Hinsichtlich der Bedeutung des Spruches ist zu unterscheiden: Streiten die Betriebspartner darüber, ob die Aufnahme einer rechtlich zulässigen Frage sinnvoll und interessengerecht ist, so handelt es sich um eine Regelungsstreitigkeit. Für das Verfahren gilt § 76 Abs. 5, insbesondere ist der Spruch auf Ermessensüberschreitung nachprüfbar. Geht es darum, ob eine von der Einigungsstelle erzwungene Frage rechtlich zulässig ist, handelt es sich dagegen um eine Rechtsfrage, die uneingeschränkt von den Arbeitsgerichten nachgeprüft werden kann (*Galperin/Löwisch* § 76 Rn. 42; *Richardi/Thüsing* § 94 Rn. 78). Zur Frage der Kündigung und Nachwirkung einer Regelung durch Einigungsstellenspruch s. Rdn. 14 f. 67

Handelt der Arbeitgeber ohne Zustimmung des Betriebsrats, so verletzt er seine betriebsverfassungsrechtlichen Pflichten. Dem Betriebsrat steht gegen ein solches mitbestimmungswidriges Verhalten ein (sog. allgemeiner) **Unterlassungs- und Beseitigungsanspruch** aus § 2 Abs. 1 i. V. m. § 94 zu (*LAG Niedersachsen* 06.03.2007 – 11 TaBV 101/06 – juris, Rn. 58 = AuR 2008, 77 [LS]; *Kania*/ErfK § 94 Rn. 5; *Klebe*/DKKW § 94 Rn. 55; *Matthes*/MünchArbR § 348 Rn. 14; *Oetker* § 23 Rdn. 193; offen gelassen von *LAG Nürnberg* 21.12.2010 LAGE § 94 BetrVG 2001 Nr. 2 Rn. 24; wohl auch *Hess. LAG* 05.07.2001 LAGE § 94 BetrVG 1972 Nr. 2; zur Begründung näher *Raab* ZfA 1997, 183 [225 ff.]). Der Betriebsrat kann also verlangen, dass der Arbeitgeber die Verwendung von Personalfragebogen und von Formulararbeitsverträgen mit Angaben zur Person unterlässt, solange keine Einigung hierüber erzielt und die Einigung auch nicht durch den Spruch der Einigungsstelle ersetzt worden ist (einschränkend *LAG Nürnberg* 21.12.2010 LAGE § 94 BetrVG 2001 Nr. 2 Rn. 27: Der Betriebsrat könne nur die Unterlassung der Abfrage oder Aufnahme persönlicher Angaben verlangen, nicht die Verwendung des Formulars als Ganzes [kaum überzeugend; wenn sich der Antrag gegen ein konkretes Formular richtet, das persönliche Angaben enthält, so greift auch ein Antrag, der auf Unterlassung der Verwendung dieses Formulars lautet, nicht in den mitbestimmungsfreien Bereich ein, weil der Arbeitgeber ein anderes Formular ohne die persönlichen Angaben verwenden könnte]). Das Gleiche gilt, wenn der Arbeitgeber Beurteilungen der Arbeitnehmer aufgrund von mit dem Betriebsrat nicht abgestimmten 68

Grundsätzen vornimmt. Hat der Arbeitgeber bereits Beurteilungen vorgenommen und zur Personalakte genommen, so kann der Betriebsrat die Entfernung aus der Personalakte fordern (zum entsprechenden Anspruch des Arbeitnehmers s. Rdn. 64 f.). Daneben hat der Betriebsrat bei Vorliegen der Voraussetzungen des **§ 23 Abs. 3** die Möglichkeit, für die Zukunft ein solches mitbestimmungswidriges Verhalten untersagen zu lassen (*Heinze* DB 1983, Beil. Nr. 9, S. 18; *Matthes*/MünchArbR § 259 Rn. 14; *Raab* ZfA 1997, 184 [228 f.]; vgl. auch *Fitting* § 94 Rn. 36; *Kania*/ErfK § 94 Rn. 5; *Klebe*/DKKW § 94 Rn. 55; *Richardi*/*Thüsing* § 94 Rn. 74, die allgemein auf § 23 Abs. 3 verweisen).

69 Sowohl der Betriebsrat als auch der Arbeitgeber haben im Streitfalle die Möglichkeit, im Wege eines **Feststellungsantrages** das Bestehen eines Mitbestimmungsrechts nach § 94 gerichtlich klären zu lassen (*Hess. LAG* 08.01.1991 LAGE § 94 BetrVG 1972 Nr. 1).

70 Das Arbeitsgericht entscheidet in allen Fällen nach § 2a Abs. 1 Nr. 1, Abs. 2, §§ 80 ff. ArbGG im **Beschlussverfahren** (*Richardi*/*Thüsing* § 94 Rn. 79).

§ 95
Auswahlrichtlinien

(1) Richtlinien über die personelle Auswahl bei Einstellungen, Versetzungen, Umgruppierungen und Kündigungen bedürfen der Zustimmung des Betriebsrats. Kommt eine Einigung über die Richtlinien oder ihren Inhalt nicht zustande, so entscheidet auf Antrag des Arbeitgebers die Einigungsstelle. Der Spruch der Einigungsstelle ersetzt die Einigung zwischen Arbeitgeber und Betriebsrat.

(2) In Betrieben mit mehr als 500 Arbeitnehmern kann der Betriebsrat die Aufstellung von Richtlinien über die bei Maßnahmen des Absatzes 1 Satz 1 zu beachtenden fachlichen und persönlichen Voraussetzungen und sozialen Gesichtspunkte verlangen. Kommt eine Einigung über die Richtlinien oder ihren Inhalt nicht zustande, so entscheidet die Einigungsstelle. Der Spruch der Einigungsstelle ersetzt die Einigung zwischen Arbeitgeber und Betriebsrat.

(3) Versetzung im Sinne dieses Gesetzes ist die Zuweisung eines anderen Arbeitsbereichs, die voraussichtlich die Dauer von einem Monat überschreitet, oder die mit einer erheblichen Änderung der Umstände verbunden ist, unter denen die Arbeit zu leisten ist. Werden Arbeitnehmer nach der Eigenart ihres Arbeitsverhältnisses üblicherweise nicht ständig an einem bestimmten Arbeitsplatz beschäftigt, so gilt die Bestimmung des jeweiligen Arbeitsplatzes nicht als Versetzung.

Literatur
Bader Das Kündigungsschutzgesetz in neuer (alter) Fassung, NZA 1999, 64; *ders.* Das Gesetz zu Reformen am Arbeitsmarkt: Neues im Kündigungsschutzgesetz und im Befristungsrecht, NZA 2004, 65; *Bauer*/*Krieger* Neue Spielregeln für Punkteschemata bei betriebsbedingten Kündigungen?, FS *Richardi*, 2007, S. 177; *Bengelsdorf* Das gesetzwidrige Verbot der Verwendung von Kündigungsauswahlrichtlinien ohne Betriebsratsbeteiligung, ZfA 2007, 277; *Boewer* Probleme der Sozialauswahl im Kündigungsschutzprozeß unter betriebsverfassungsrechtlichen Aspekten, NZA 1988, 1; *Buchner* Freiheit und Bindung des Arbeitgebers bei Einstellungsentscheidungen, NZA 1991, 577; *Däubler* Neues zur betriebsbedingten Kündigung, NZA 2004, 177; *Dirx*/*Klebe* Die Mitbestimmung des Betriebsrats nach § 95 BetrVG, AiB 1984, 8; *Erdmann* Rechtliche und rechtspolitische Probleme des Betriebsverfassungsgesetzentwurfes der Bundesregierung, BlStSozArbR 1971, 241; *Fenski* Zur Zulässigkeit von Punktetabellen bei der Sozialauswahl im Rahmen einer betriebsbedingten Kündigung, DB 1990, 1917; *Fritz* Die Auswahlrichtlinien bei der Kündigung gemäß § 95 BetrVG (Diss. Gießen), 1978; *Gaul* Betriebsverfassungsrechtliche Aspekte einer Entsendung von Arbeitnehmern ins Ausland, BB 1990, 697; *Gaul*/*Lunk* Gestaltungsspielraum bei Punkteschemata zur betriebsbedingten Kündigung, NZA 2004, 184; *Gaul*/*Bonanni*/*Naumann* Mitbestimmungsrecht des Betriebsrats bei der Anwendung von Punkteschemata für die Sozialauswahl, BB 2006, 549; *Gift* Mitbestimmung und soziale Auswahl zu Entlassender, ZfA 1974, 123; *Gussen* Auswahlrichtlinien nach § 95 BetrVG als Arbeitgeberkorsett für die Einstellung von Leiharbeitnehmern?, NZA 2011, 830; *Hanau* Unklarheiten in dem Regierungsentwurf des Betriebsverfassungsgesetzes, BB 1971, 485; *ders.* Ein Fall von Versetzungsrichtlinien, FS *Beusch*, 1993, S. 361;

Hidalgo/Häberle-Haug/Stubbe (Nicht-)Beteiligung des Betriebsrats bei der Aufstellung eines Punkteschemas zur Sozialauswahl, DB 2007, 914; *Hunold* Die Mitbestimmung des Betriebsrats in allgemeinen personellen Angelegenheiten (§§ 92–95 BetrVG), DB 1976, 98; *ders.* Die Mitwirkung und Mitbestimmung des Betriebsrats in allgemeinen personellen Angelegenheiten (§§ 92–95 BetrVG), DB 1989, 1334; *ders.* Aktuelle Rechtsprobleme der Personalauswahl, DB 1993, 224; *Jacobs/Burger* Punkteschema für soziale Auswahl für konkret bevorstehende Kündigungen als Auswahlrichtlinie i. S. d. § 95 Abs. 1 Satz 1 BetrVG – allgemeiner Unterlassungsanspruch des Betriebsrats, SAE 2006, 256; *Köhler* Keine Mitbestimmung bei der Durchführung von Assessmentcentern, GWR 2013, 132; *Lingemann/Beck* Auswahlrichtlinie, Namensliste, Altersgruppenbildung und Altersdiskriminierung, NZA 2009, 577; *Linnenkohl* Informationsrecht und Arbeitnehmerschutz, AuR 1984, 129; *Löwisch* Neuregelung des Kündigungs- und Befristungsrechts durch das Gesetz zu Reformen am Arbeitsmarkt, BB 2004, 154; *Matthes* Auswahlrichtlinien und Namensliste, FS *Kreutz*, 2010, S. 301; *Martin* Mitbestimmung bei personellen Auswahlrichtlinien (Diss. Regensburg), 2001; *Meisel* Die soziale Auswahl bei betriebsbedingten Kündigungen, DB 1991, 92; *Neyses* Auswahlkriterien, Auswahlschema und Auswahlrichtlinien bei betriebsbedingter Kündigung, DB 1983, 2414; *Niedrig* Die Gestaltung von Auswahlrichtlinien für Einstellungen und Versetzungen gemäß § 95 BetrVG unter Einbeziehung betriebswirtschaftlicher Anforderungen und Erfahrungen (Diss. Köln), 2002; *Quecke* Die Änderung des Kündigungsschutzgesetzes zum 01.01.2004, RdA 2004, 86; *ders.* Punkteschema und Sozialauswahl, RdA 2007, 335; *Rehhahn* Auswahlrichtlinien nach dem Betriebsverfassungsgesetz, BetrR 1972, 491; *Reuter/Streckel* Grundfragen der betriebsverfassungsrechtlichen Mitbestimmung, 1973 (zit.: Grundfragen); *Richardi* Zweifelhafte Lösungen der Mitbestimmung in personellen Angelegenheiten, DB 1970, 880; *ders.* Mitbestimmung des Betriebsrats über Kündigungs- und Versetzungsrichtlinien, FS *Stahlhacke*, 1995, S. 447; *Rossa/Salamon* Personalabbau trotz Nichtbeteiligung des Betriebsrats bei Auswahlrichtlinien?, NJW 2008, 1991; *Schiefer/Worzalla* Neues – altes – Kündigungsrecht, NZA 2004, 345; *K. Schmidt* Mitbestimmungsrecht des Betriebsrates bei Verwendung psychologischer Testverfahren, DB 1974, 1910; *Weller* Betriebliche und tarifliche Regelungen, die sich auf die soziale Auswahl nach § 1 Abs. 3 KSchG auswirken, RdA 1986, 222; *Willemsen/Annuß* Kündigungsschutz nach der Reform, NJW 2004, 177; *Wisskirchen/Jordan/Bissels* Arbeitsrechtliche Probleme bei der Einführung internationaler Verhaltens- und Ethikrichtlinien (Codes of Conduct/Codes of Ethics), DB 2005, 2190; *Wolff* Vorläufiger Bestandsschutz des Arbeitsverhältnisses durch Weiterbeschäftigung nach § 102 Abs. 5 BetrVG (Diss. Rostock), 2000 (zit.: Vorläufiger Bestandsschutz); *Zöllner* Auswahlrichtlinien für Personalmaßnahmen, FS *Gerhard Müller*, 1981, S. 665.

Vgl. ferner die Angaben vor § 92 und § 94; zur Versetzung vgl. auch die Angaben vor § 99.

Inhaltsübersicht Rdn.

I.	Zweck der Vorschrift, Geltungsbereich	1–4
II.	Begriff und Rechtsnatur der Auswahlrichtlinien	5–12
	1. Begriff	5
	2. Rechtsnatur	6–12
III.	Gegenstand der Auswahlrichtlinien	13–24
	1. Allgemeines	13, 14
	2. Regeln für die Auswahl	15
	3. Richtlinien	16–18
	4. Verfahrensregeln	19–21
	5. Entscheidungsspielraum der Einigungsstelle	22, 23
	6. Verhältnis von Abs. 1 und Abs. 2	24
IV.	Mitwirkungsrechte des Betriebsrats	25–33
	1. Vetorecht nach Abs. 1	25
	2. Initiativrecht nach Abs. 2	26–28
	3. Rechtsfolgen eines Verstoßes gegen Auswahlrichtlinien	29
	4. Rechtsfolgen bei Nichtbeachtung des Mitbestimmungsrechts	30
	5. Zuständigkeit des Betriebsrats	31
	6. Verfassungsrechtliche Bedenken	32, 33
V.	Inhalt der Auswahlrichtlinien	34–52
	1. Allgemeine Grenzen	34, 35
	2. Inhalt der Richtlinien bei den einzelnen personellen Maßnahmen	36–52
	a) Allgemeines	36
	b) Einstellung	37–41
	c) Versetzung	42

	d) Umgruppierung	43
	e) Kündigung	44–52
VI.	Versetzungsbegriff	53
VII.	Streitigkeiten	54

I. Zweck der Vorschrift, Geltungsbereich

1 Die Vorschrift umfasst **zwei unterschiedliche Regelungsgegenstände**. Abs. 3 enthält eine **Legaldefinition des Versetzungsbegriffes**, der seine eigentliche Bedeutung im Kontext des Mitbestimmungsrechts aus § 99 entfaltet und daher systematisch besser dort seinen Platz gefunden hätte. Die Voraussetzungen der Versetzung werden dort im Vergleich zu § 60 Abs. 3 BetrVG 1952 weiter gefasst. Nur Abs. 1 und 2 befassen sich mit den in der amtlichen Überschrift allein angesprochenen **Auswahlrichtlinien**. Abs. 1 gibt dem Betriebsrat ein Zustimmungsrecht für den Fall, dass der Arbeitgeber solche Richtlinien für die Auswahl der Arbeitnehmer bei personellen Einzelmaßnahmen einführen will. Abs. 2 sieht darüber hinaus in größeren Betrieben ein Initiativrecht des Betriebsrats vor, mit dem dieser die Einführung solcher Richtlinien erzwingen kann. Hierdurch werden die Mitwirkungsrechte des Betriebsrats bei der Personaldeckungsplanung (hierzu s. § 92 Rdn. 14) erheblich verstärkt (*Galperin/Löwisch* § 95 Rn. 1). Dem Gesetzgeber ging es bei der Einführung des § 95 Abs. 1 und 2 darum, die erforderlichen personellen **Entscheidungen** »im Interesse des Betriebsfriedens und einer gerechteren Behandlung der Arbeitnehmer« **durchschaubarer zu machen und zu versachlichen** (amtliche Begründung zum BetrVG 1972, BR-Drucks. 715/70, S. 32, ähnlich S. 50 zu § 95). Ziel der Mitbestimmung ist es damit zum einen, eine größere Transparenz bei betrieblichen Personalentscheidungen zu erreichen. Der Arbeitnehmer soll erkennen können, warum er und nicht ein anderer Arbeitnehmer von einer belastenden Maßnahme betroffen wird oder warum eine begünstigende Maßnahme nicht ihm, sondern einem anderen zugute kommt (BAG 31.05.1983 EzA § 95 BetrVG 1972 Nr. 6 = AP Nr. 2 zu § 95 BetrVG 1972 *[Löwisch]* unter B II 3; 10.12.2002 EzA § 99 BetrVG 2001 Umgruppierung Nr. 1 = AP Nr. 42 zu § 95 BetrVG 1972 unter B III 3a; 28.03.2006 EzA § 83 ArbGG 1979 Nr. 10 Rn. 31). Zum anderen soll der Betriebsrat die Möglichkeit erhalten, bei der Festlegung der Auswahlkriterien die Vorstellungen der Arbeitnehmer einzubringen und damit auf das Auswahlermessen des Arbeitgebers Einfluss zu nehmen. Solche Richtlinien sind dabei für die Arbeitnehmer durchaus zweischneidig. Einerseits können sie dazu beitragen, die Auswahlentscheidung stärker an objektive, sachbezogene Kriterien zu binden und von persönlicher Zu- oder Abneigung unabhängig zu machen. Andererseits bergen Richtlinien die Gefahr einer schematischen Auswahl, die – zumindest auf der Ebene der Vorauswahl – für eine Berücksichtigung der individuellen Besonderheiten wenig Raum lässt. Beide Aspekte werden in Abs. 1 und 2 in unterschiedlicher Weise akzentuiert. Während im Falle des Abs. 1 der Arbeitgeber selbst dazu übergehen will, bestimmte Richtlinien zu entwickeln, so dass es vor allem um die Mitgestaltung ihres Inhaltes geht, dient vor allem das Initiativrecht dazu, durch Einführung von Richtlinien darauf hinzuwirken, dass die Entscheidung stärker anhand vorgegebener objektiver oder zumindest objektivierbarer Maßstäbe getroffen wird. Allerdings sollen die vom Betriebsrat mitbestimmten Auswahlrichtlinien nach dem Willen des Gesetzgebers nicht die Entscheidung des Arbeitgebers ersetzen, sondern diese lediglich an objektive Kriterien binden (Bericht 10. Ausschuss, zu BT-Drucks. VI/2729, S. 5).

2 Von ihrem **persönlichen Geltungsbereich** her gilt die Vorschrift zunächst für Richtlinien über die personelle Auswahl bei Maßnahmen gegenüber **betriebsangehörigen Arbeitnehmern** i. S. d. §§ 5 Abs. 1, 7 Satz 1. Sie findet daher keine Anwendung auf Richtlinien, die ausschließlich für leitende Angestellte oder für solche Personen gelten, die nach § 5 Abs. 2 nicht als Arbeitnehmer i. S. d. BetrVG anzusehen sind. Im Hinblick auf Auswahlrichtlinien für **Leiharbeitnehmer** ist wiederum deren rechtliche Sondersituation (s. § 5 Rdn. 119, § 7 Rdn. 74, 86 f.) zu berücksichtigen. So kommt ein Mitbestimmungsrecht des Betriebsrats im Entleiherbetrieb hinsichtlich auf Auswahlrichtlinien bei **Umgruppierungen oder Kündigungen** nicht in Betracht, da diese Maßnahmen in die ausschließliche Zuständigkeit des Verleihers als Vertragspartner der Leiharbeitnehmer fallen. Ein Mitbestimmungsrecht steht daher allenfalls dem beim Verleiher gebildeten Betriebsrat zu (*Boemke/Lembke* AÜG, § 14 Rn. 143; *Schüren/Hamann* AÜG, § 14 Rn. 317).

Das Mitbestimmungsrecht in Bezug auf Richtlinien über die personelle Auswahl bei **Einstellungen** 3
kann dagegen im Entleiherbetrieb auch für **Leiharbeitnehmer** Bedeutung erlangen. Dies ist selbstverständlich, wenn sich ein Leiharbeitnehmer um einen Arbeitsplatz beim Entleiher bewirbt, da dann die (für alle Bewerber maßgeblichen) Richtlinien im Entleiherbetrieb Anwendung finden (*Ulber/zu Dohna-Jaeger* AÜG, § 14 Rn. 124). Überwiegend wird angenommen, dass § 95 im Entleiherbetrieb auch Anwendung finde, wenn es darum geht, im Zusammenhang mit der Übernahme von Leiharbeitnehmern nach § 14 Abs. 3 AÜG bestimmte fachliche oder persönliche Anforderungen an die Leiharbeitnehmer aufzustellen, etwa um zu verhindern, dass ungeeignete Leiharbeitnehmer zum Einsatz kommen (*Becker* AuR 1982, 369 [375]; *Boemke/Lembke* AÜG, § 14 Rn. 143; *Erdlenbruch* Die betriebsverfassungsrechtliche Stellung, S. 174 f.; *Gick* Gewerbsmäßige Arbeitnehmerüberlassung, S. 139; *Schüren/Hamann* AÜG, § 14 Rn. 319; *Thüsing* AÜG, § 14 Rn. 152). Dem kann allenfalls mit großen Einschränkungen gefolgt werden. So setzt die Mitbestimmung nach § 95 voraus, dass der Arbeitgeber überhaupt eine Auswahl trifft. Überlässt aber der Entleiher die Auswahl – wie häufig – dem Verleiher, so fehlt es schon an Richtlinien, über die der Betriebsrat nach § 95 Abs. 1 mitentscheiden könnte (*Müllner* Aufgespaltene Arbeitgeberstellung, S. 89). Die Aufstellung solcher Richtlinien kann auch nicht nach § 95 Abs. 2 erzwungen werden. Das Initiativrecht bezweckt, Personalentscheidungen in größeren Betrieben an abstrakte Richtlinien zu binden und damit stärker zu objektivieren (s. Rdn. 26). Es geht also darum, objektive Kriterien für Entscheidungen vorzugeben, die der Arbeitgeber ohnehin trifft. Es ist aber nicht der Sinn der Vorschrift, den Arbeitgeber zu Personalentscheidungen zu zwingen, die er gar nicht selbst treffen, sondern dem Personaldienstleistungsunternehmen überlassen will. Selbst wenn der Verleiher selbst Vorgaben im Hinblick auf die fachlichen und/oder persönlichen Voraussetzungen macht (s. a. § 12 Abs. 1 Satz 3 AÜG), ist zu berücksichtigen, dass es sich dabei zumeist nicht um Auswahlrichtlinien, also Kriterien für die Auswahl zwischen mehreren in Betracht kommenden Personen, sondern um Mindestanforderungen für die jeweilige Stelle handeln dürfte. Diese unterliegen aber nicht der Mitbestimmung (s. Rdn. 37 f.).

Im Hinblick auf Auswahlrichtlinien bei **Versetzungen** ist zu beachten, dass die Zuweisung eines konkreten Arbeitsplatzes bei **Leiharbeitnehmern** häufig schon keine Versetzung darstellt, weil diese üblicherweise nicht ständig an einem Arbeitsplatz beschäftigt werden (§ 95 Abs. 3 Satz 2), so dass der Anwendungsbereich der Vorschrift schon aus diesem Grunde nicht eröffnet ist (*Schüren/Hamann* AÜG, § 14 Rn. 320). Ist dem Leiharbeitnehmer dagegen nach dem Überlassungsvertrag ein konkreter Arbeitsbereich im Entleiherbetrieb zugewiesen, kommt ein Mitbestimmungsrecht des Entleiherbetriebsrats nach § 95 bei der Aufstellung von Auswahlrichtlinien in Betracht, wenn und soweit dem Entleiher zugleich die Befugnis zugestanden wird, dem Leiharbeitnehmer aufgrund des ihm übertragenen Direktionsrechts einen anderen Arbeitsbereich im Entleiherbetrieb zuzuweisen (*Boemke/Lembke* AÜG, § 14 Rn. 143; *Schüren/Hamann* AÜG, § 14 Rn. 321). Da der Entleiher insoweit die maßgeblichen Arbeitgeberfunktionen auch im Verhältnis zu den Leiharbeitnehmern in gleicher Weise wie gegenüber den eigenen Arbeitnehmern ausübt, können allgemeine Grundsätze über die Auswahl der zu versetzenden Arbeitnehmer nur einheitlich für alle Arbeitnehmer getroffen werden, die der Organisationsentscheidung des Arbeitgebers unterliegen. Entsprechende Auswahlrichtlinien bei Versetzungen gelten daher als Betriebsnormen – im Unterschied zu Inhaltsnormen einer Betriebsvereinbarung (s. § 5 Rdn. 129) – auch für die Leiharbeitnehmer (s. Rdn. 8; zur Geltung von tarifvertraglichen Betriebsnormen für Leiharbeitnehmer *Löwisch/Rieble* TVG, § 1 Rn. 467).

II. Begriff und Rechtsnatur der Auswahlrichtlinien

1. Begriff

Auswahlrichtlinien sind Grundsätze, die berücksichtigt werden sollen, wenn bei beabsichtigten personellen Einzelmaßnahmen, für die mehrere Arbeitnehmer oder Bewerber in Frage kommen, zu entscheiden ist, welchem Arbeitnehmer bzw. Bewerber gegenüber sie vorgenommen werden sollen (so schon *Kraft* 7. Aufl. Rn. 2; zust. BAG 10.12.2002 EzA § 99 BetrVG 2001 Umgruppierung Nr. 1 = AP Nr. 42 zu § 95 BetrVG 1972 unter B III 3a; 26.07.2005 EzA § 95 BetrVG 2001 Nr. 1 = AP Nr. 43 zu § 95 BetrVG 1972 unter B II 1a; *Eylert/Waskow*/NK-GA § 95 BetrVG Rn. 3; *Fitting* § 95 Rn. 7; *Rose*/HWGNRH § 95 BetrVG Rn. 7; deutlich weiter *Klebe*/DKKW § 95 Rn. 4 [Bestimmung der

Voraussetzungen, die bei personellen Einzelmaßnahmen vorliegen müssen oder nicht vorliegen dürfen]). Die Auswahlentscheidung selbst bleibt dabei Sache des Arbeitgebers. Die Richtlinien können seinen Ermessensspielraum durch Aufstellung von Entscheidungskriterien nur einschränken, nicht dagegen auf Null reduzieren (*BAG* 27.10.1992 EzA § 95 BetrVG 1972 Nr. 26 = AP Nr. 29 zu § 95 BetrVG 1972; 10.12.2002 EzA § 99 BetrVG 2001 Umgruppierung Nr. 1 = AP Nr. 42 zu § 95 BetrVG 1972 unter B III 3a; 31.05.2005 EzA § 87 BetrVG 2001 Betriebliche Lohngestaltung Nr. 7 unter B III 3a; *Fitting* § 95 Rn. 7 [anders wohl noch die 21. Aufl., § 95 Rn. 6]; *Richardi* FS *Stahlhacke*, S. 450; *Richardi/Thüsing* § 95 Rn. 7, 15; *Rose/HWGNRH* § 95 Rn. 11 f.; *Stege/Weinspach/Schiefer* § 95 Rn. 9d; **a. M.** *Klebe/DKKW* § 95 Rn. 4, 27). Dies ergibt sich bereits aus den Materialien des Gesetzes (Bericht 10. Ausschuss, zu BT-Drucks. VI/2729, S. 5). Hierfür spricht aber auch die Verwendung des Begriffes »Richtlinie«, mit dem auch in anderen Regelungszusammenhängen zum Ausdruck gebracht wird, dass hierdurch lediglich ein Rahmen gesetzt werden soll und dem Richtlinienanwender ein Entscheidungsspielraum bei der Umsetzung der Richtlinie zukommt (vgl. *Zöllner* FS *G. Müller*, S. 665 [668]: »Grundsatzregeln ohne Detailerfassung«). Der Begriff der Richtlinie bringt ebenfalls zum Ausdruck, dass es sich um Grundsätze handeln muss, die losgelöst vom konkreten Einzelfall Geltung beanspruchen. Nötig ist also eine abstrakt generelle Formulierung (auch) für zukünftige Fälle (str., vgl. näher Rdn. 16, 36). Der Mitbestimmung unterliegen außerdem nur solche Richtlinien, die im Rahmen einer **Auswahlentscheidung** zwischen verschiedenen Arbeitnehmern herangezogen werden. Gemeint sind also **Präferenzregeln**, die bestimmen, welchem von mehreren in Betracht kommenden Arbeitnehmern in Bezug auf die personelle Maßnahme der Vorrang gebührt. Nicht erfasst werden daher Grundsätze, mit denen allgemein die Voraussetzungen für die Durchführung einer personellen Maßnahme festgelegt werden (z. B. Mindestanforderungen an die fachliche Qualifikation des Inhabers einer konkreten Stelle) und die daher auch dann zur Anwendung kommen, wenn zu entscheiden ist, ob ein individueller Arbeitnehmer die Anforderungen erfüllt (*BAG* 10.12.2002 EzA § 99 BetrVG 2001 Umgruppierung Nr. 1 = AP Nr. 42 zu § 95 BetrVG 1972 unter B III 3a; *Glock/HSWG* § 95 Rn. 5; *Löwisch* Anm. zu *BAG* AP Nr. 2 zu § 95 BetrVG 1972; *Matthes*/MünchArbR § 260 Rn. 3; *Stege/Weinspach/Schiefer* § 95 Rn. 9c; *Zöllner* FS *G. Müller*, S. 665 [676]; **a. M.** *LAG Baden-Württemberg* 13.12.2002 NZA-RR 2003, 417 [Überprüfung von Stellenbewerbern auf Alkohol- und Drogenmissbrauch unterliegt der Mitbestimmung nach § 95 Abs. 1, wenn von der Bereitschaft zur Testteilnahme und von dem Testergebnis abhängt, ob der Bewerber überhaupt berücksichtigt wird]; *Fitting* § 95 Rn. 7; *Klebe/DKKW* § 95 Rn. 5; *Richardi/Thüsing* § 95 Rn. 20; missverständlich insoweit auch *BAG* 31.05.1983 EzA § 95 BetrVG 1972 Nr. 6 = AP Nr. 2 zu § 95 BetrVG 1972 unter B II 3; s. auch Rdn. 39). Ebenso stellen Förderprogramme zur Personalentwicklung und zur Förderung der beruflichen Aufstiegschancen für sich genommen keine Auswahlrichtlinien dar, solange sie keine Bestimmungen darüber enthalten, nach welchen Kriterien eine spätere Auswahlentscheidung bei der konkreten Stellenbesetzung zu treffen ist (*BAG* 11.10.2016 AP Nr. 150 zu § 99 BetrVG 1972 Rn. 13).

2. Rechtsnatur

6 Bereits **§ 78 Nr. 8 BRG 1920** sah die Möglichkeit vor, Einstellungsrichtlinien zwischen der Arbeitnehmervertretung und dem Arbeitgeber zu vereinbaren; bei einem Verstoß gegen diese kam ein Verfahren nach § 81 BRG 1920 in Frage. Nach überwiegender Auffassung handelte es sich bei derartigen Richtlinien um Betriebsvereinbarungen, wobei allerdings streitig war, ob ihnen nur verpflichtende Wirkung zukam (so *Flatow/Kahn-Freund* Kommentar zum Betriebsrätegesetz, 13. Aufl. 1931, § 81 Rn. 3; *Hueck/Nipperdey*, 3./5. Aufl., S. 372, 403 f.) oder ob sie normativ wirkten (so *Jacobi* Arbeitsrecht, S. 316). Unter der Geltung des **BetrVG 1952**, das derartige Richtlinien nicht ausdrücklich vorsah, finden sich nur sporadische Äußerungen zu ihrer Rechtsnatur und Wirkung, die deshalb für die rechtliche Beurteilung nach dem BetrVG 1972 kaum verwertbar sind, weil einmal die Wirkung von Betriebsvereinbarungen damals nicht im Gesetz geregelt war (anders jetzt § 77 Abs. 4), und weil zum anderen Richtlinien der hier genannten Art meist im Zusammenhang mit der Erweiterung des Mitbestimmungsrechts in personellen Angelegenheiten behandelt wurden. Immerhin konnten nach Ansicht von *Hueck/Nipperdey* (II/2, S. 1268 f.) Kriterien für die Prüfung der Einstellung sowie die Bedingungen für Umgruppierung und Versetzung durch Betriebsvereinbarung festgelegt werden, allerdings nur mit der Wirkung, dass der Betriebsrat bei Verstoß seine Zustimmung zu der Maßnahme verweigern konnte, die Maßnahme selbst jedoch auch bei Verweigerung der Zustimmung nicht nichtig war.

Neumann-Duesberg (S. 568 f.) bezeichnete die Richtlinien (die aber nur partiell mit den hier gemeinten identisch sind) als Betriebsvereinbarungen i. S. v. § 57 BetrVG 1952.

Der Wortlaut des § 95 sowie die Materialien geben keinen Aufschluss über die Rechtsnatur von Auswahlrichtlinien. Die **h. M.** geht davon aus, dass Auswahlrichtlinien **nicht nur Inhalt einer Betriebsvereinbarung**, sondern **auch** im Rahmen einer formlosen **Betriebsabsprache (Regelungsabrede)** vereinbart werden können (*Eylert/Waskow*/NK-GA § 95 BetrVG Rn. 3; *Fitting* § 95 Rn. 6; *Kania*/ErfK § 95 BetrVG Rn. 5; *Kielkowski* Die betriebliche Einigung [Diss. Trier], 2016, S. 181 ff.; *Klebe*/DKKW § 95 Rn. 12; *Richardi* FS *Stahlhacke*, S. 447 [456]; *Richardi/Thüsing* § 95 Rn. 56 f.; *Zöllner* FS *G. Müller*, S. 665 [673]; ebenso noch *Kraft* 7. Aufl., § 95 Rn. 5; offen gelassen von BAG 17.11.2010 EzA § 99 BetrVG 2001 Nr. 20 = AP Nr. 50 zu § 99 BetrVG 1972 Versetzung Rn. 32; **a. M.** *Rose*/HWGNRH § 95 Rn. 8: betriebsverfassungsrechtliche Abrede besonderer Art). Dies hat zur Folge, dass die Vereinbarungen nicht der Schriftform des § 77 Abs. 2 unterliegen, sondern **auch formlos**, insbesondere mündlich zwischen Arbeitgeber und Betriebsrat getroffen werden können, sofern dem ein wirksamer Beschluss des Betriebsrats (vgl. § 33) zugrunde liegt (*Fitting* § 95 Rn. 6; *Kania*/ErfK § 95 BetrVG Rn. 5; *Klebe*/DKKW § 95 Rn. 13; *Richardi* FS *Stahlhacke*, S. 447 [455]; *Richardi/Thüsing* § 95 Rn. 56; *Ricken*/HWK § 95 BetrVG Rn. 2; *Rose*/HWGNRH § 95 Rn. 9; *Zöllner* FS *G. Müller*, S. 665 [673]; **a. M.** *Stege/Weinspach/Schiefer* § 95 Rn. 8: § 77 Abs. 2 analog). Formerfordernisse können sich allerdings aus anderen Vorschriften ergeben, etwa aus § 112 Abs. 1 Satz 1, sofern Auswahlrichtlinien Teil eines Interessenausgleiches sind (*Richardi* FS *Stahlhacke*, S. 447 [455]). Nur für Auswahlrichtlinien bei Kündigungen nach § 1 Abs. 4 KSchG verlangt die h. M. eine Betriebsvereinbarung (s. Rdn. 51 m. w. N.). Mitunter wird die Entscheidung über die Rechtsnatur der Vereinbarung von der Form der jeweiligen Abrede abhängig gemacht. Würden die Auswahlrichtlinien schriftlich vereinbart oder beruhten sie auf dem Spruch der Einigungsstelle, so handele es sich um eine Betriebsvereinbarung. Beruhen die Richtlinien auf einer formlosen Absprache, liege lediglich eine Regelungsabrede vor (so *Fitting* § 95 Rn. 6; *Kraft* 7. Aufl., § 95 Rn. 6; offenbar auch *Richardi* FS *Stahlhacke*, S. 447 [456]; *Richardi/Thüsing* § 95 Rn. 56 f.). Es ist jedoch verfehlt, von der gewählten Form der Vereinbarung auf deren Rechtscharakter zu schließen. Auch Regelungsabreden können schriftlich getroffen werden. Andererseits führt die Nichtbeachtung der für die Betriebsvereinbarung geltenden Formvorschrift des § 77 Abs. 2 zur Unwirksamkeit der Betriebsvereinbarung und nicht dazu, die Vereinbarung als Regelungsabrede anzusehen (s. *Kreutz* § 77 Rdn. 49, 63 f.). Selbst die Umdeutung in eine Regelungsabrede nach § 140 BGB ist nicht ohne weiteres möglich (s. *Kreutz* § 77 Rdn. 145). Die Frage des Formerfordernisses ist daher von der Rechtsnatur der Vereinbarung abhängig und nicht umgekehrt. Die Rechtsnatur einer Vereinbarung wiederum wird durch ihren Inhalt und die von den Parteien intendierten Rechtswirkungen bestimmt.

Einer Betriebsvereinbarung bedarf es stets, wenn der mit der Vereinbarung verfolgte Zweck eine normative Regelung erfordert. Dagegen genügt eine Regelungsabrede, wenn es lediglich darum geht, Rechte und Pflichten zwischen Arbeitgeber und Betriebsrat zu begründen oder wenn das Einvernehmen im Hinblick auf eine konkrete Maßnahme hergestellt werden soll, etwa weil das Gesetz die Zustimmung des Betriebsrats verlangt. Im ersten Fall handelt es sich um eine schuldrechtliche Regelungsabrede, im zweiten Fall um eine Form der Ausübung der Mitbestimmung, mit der die kollektivrechtliche Schranke für die Handlungsfreiheit des Arbeitgebers behoben werden soll. Betrachtet man sich die Wirkungen der Auswahlrichtlinien, so sprechen die besseren Gründe dafür, dass diese **nur Gegenstand einer Betriebsvereinbarung** sein können. Zwar wirken die Richtlinien nicht unmittelbar auf das Arbeitsverhältnis ein, schaffen also keine Rechte und Pflichten zwischen dem Arbeitgeber und dem einzelnen Arbeitnehmer (*Fitting* § 95 Rn. 6; *Kraft* 7. Aufl., § 95 Rn. 9; *Klebe*/DKKW § 95 Rn. 3; *Richardi* FS *Stahlhacke*, S. 447 [456]; *Richardi/Thüsing* § 95 Rn. 7; *Zöllner* FS *G. Müller*, S. 665 [673]). Dies zeigt aber nur, dass es sich nicht um Inhaltsnormen handelt, genügt hingegen nicht, um den Richtlinien jegliche Normwirkung abzusprechen (**a. M.** *Rose*/HWGNRH § 95 Rn. 8; *Zöllner* FS *G. Müller*, S. 665 [673]). Für den Normencharakter der Auswahlrichtlinien spricht, dass diese abstraktgenerelle Regelungen darstellen, die für den Arbeitgeber über den Einzelfall hinaus bei Personalentscheidungen verbindlich sind. Es geht nicht um die Ausübung der Mitbestimmung in einem konkreten Einzelfall, sondern um die Aufstellung einer Regel, die Teil der innerbetrieblichen Rechtsordnung ist und über den Einzelfall hinaus Rechtswirkungen entfaltet. Die Richtlinien haben insoweit den Charakter einer **Betriebsnorm** (*Richardi* FS *Stahlhacke*, S. 447 [456], der sich allerdings dagegen wendet, hieraus die Notwendigkeit einer Betriebsvereinbarung abzuleiten; die Richtlinien begründeten vielmehr nur eine betriebsverfassungsrechtliche Pflicht des Arbeitgebers gegenüber dem Betriebsrat. Sie sind in ihrer Rechtswirkung einer Vereinbarung nach § 102 Abs. 6 vergleichbar, mit der ein Zustimmungsrecht des Betriebsrats bei Kündigungen begründet wird. Mit Recht nimmt die ganz überwiegende Ansicht im Zusammenhang mit dem Zustimmungsrecht nach § 102 Abs. 6 an, dass dieses nur durch Betriebsvereinbarung und nicht durch Regelungsabrede begründet werden könne (s. § 102 Rdn. 244 m. w. N.). Dasselbe muss dann aber für die Richtlinien nach § 95 dieser gelten. Dem lässt sich nicht entgegenhalten, dass sich die Rechtswirkungen nicht aus der Richtlinie selbst, sondern aus dem Gesetz (vgl. § 99 Abs. 2 Nr. 2 bzw. § 102 Abs. 3 Nr. 2 i. V. m. § 1 Abs. 2 Satz 2 Nr. 1a KSchG) ergeben (*Richardi* FS *Stahlhacke*, S. 447 [456]; **a. M.** *Hanau* BB 1972, 451 [452]; s. auch *Kielkowski* Die betriebliche Einigung [Diss. Trier], 2016, S. 183). Die gesetzlichen Vorschriften regeln zwar die Rechtsfolgen, die sich aus einem Verstoß gegen die Richtlinien ergeben. Die maßgebliche, das Soll-Verhalten des Arbeitgebers beschreibende Regel, mit der zugleich dessen Auswahlermessen eingeschränkt wird, ergibt sich aber aus der Richtlinie selbst. Für die Annahme, dass es zur Vereinbarung von Auswahlrichtlinien i. S. d. § 95 Abs. 1 einer Betriebsvereinbarung bedarf, spricht schließlich die Frage der Nachwirkung einer solchen Vereinbarung (s. Rdn. 11 f.). Zumindest in den Fällen, in denen der Betriebsrat die Einführung solcher Auswahlrichtlinien durchgesetzt hat, bedarf es nach dem Sinn und Zweck des Initiativrechts einer solchen Nachwirkung, bis eine neue Vereinbarung zustande gekommen ist (s. Rdn. 12). Will man nicht auf die – dogmatisch verfehlte – Annahme einer analogen Anwendung des § 77 Abs. 6 auf die Regelungsabrede verfallen (hierzu s. *Kreutz* § 77 Rdn. 22 m. w. N.), lässt sich eine solche Nachwirkung nur begründen, wenn die Richtlinien Inhalt einer (erzwingbaren) Betriebsvereinbarung sind.

9 Hieraus ergibt sich als Konsequenz, dass für Auswahlrichtlinien die **Schriftform des § 77 Abs. 2** gilt. Sie sind also schriftlich in einer von Arbeitgeber und Betriebsratsvorsitzenden (nach entsprechendem Beschluss des Betriebsrats) unterzeichneten Urkunde niederzulegen (s. *Kreutz* § 77 Rdn. 49 ff.). Nur unter dieser Voraussetzung können die Richtlinien ein Zustimmungsverweigerungsrecht nach § 99 Abs. 2 Nr. 2 oder ein Widerspruchsrecht nach § 102 Abs. 3 Nr. 2 begründen. Hiervon zu unterscheiden ist die Frage, ob Auswahlrichtlinien schriftlich fixiert werden müssen, um das Mitbestimmungsrecht nach Abs. 1 auszulösen (nicht hinreichend beachtet von *Galperin/Löwisch* § 95 Rn. 18 im Widerspruch zu Rn. 4a). Das Zustimmungsrecht des Betriebsrats besteht immer, wenn der Arbeitgeber bei Personalentscheidungen nach bestimmten Richtlinien verfährt, gleichgültig ob sie schriftlich oder auf andere Weise dokumentiert sind (*Fitting* § 95 Rn. 9). Daher unterfällt auch die Verwendung von **Programmen** für automatische Datenverarbeitungssysteme dem Zustimmungserfordernis nach § 95, wenn und **soweit** hierdurch **Auswahlrichtlinien** aufgestellt werden (*Fitting* § 95 Rn. 11; *Galperin/Löwisch* § 95 Rn. 4a; *Klebe/DKKW* § 95 Rn. 10; *Rose/HWGNRH* § 95 Rn. 9; *Zöllner* FS *G. Müller*, S. 665 [672; zu sog. Bewerbermanagement-Tools *Lützeler/Kopp* ArbRAktuell 2015, 491 [493]).

10 Ist eine Vereinbarung über Auswahlrichtlinien zwischen Arbeitgeber und Betriebsrat getroffen worden, so ist ein **einseitiger Widerruf ausgeschlossen**. Die gilt auch, wenn man entgegen der hier vertretenen Ansicht eine Einigung in der Form der Regelungsabrede für möglich hält (*Richardi/Thüsing* § 95 Rn. 58; *Rose/HWGNRH* § 95 Rn. 78). Sowohl der Betriebsrat als auch der Arbeitgeber haben jedoch die Möglichkeit, die Vereinbarung nach § 77 Abs. 5 (bei Annahme einer Regelungsabrede in analoger Anwendung, s. *Kreutz* § 77 Rdn. 21) ordentlich zu kündigen (*Fitting* § 95 Rn. 6; *Galperin/Löwisch* § 95 Rn. 18; *Heinze* Personalplanung, Rn. 61; *Klebe/DKKW* § 95 Rn. 14; *Richardi/Thüsing* § 95 Rn. 59; *Rose/HWGNRH* § 95 Rn. 79). Bei Vorliegen eines wichtigen Grundes, der eine Bindung an die Vereinbarung selbst für die Dauer der Kündigungsfrist als unzumutbar erscheinen lässt, kommt auch ein Recht zur außerordentlichen (fristlosen) Kündigung in Betracht (vgl. § 314 BGB; zu den Voraussetzungen näher s. *Kreutz* § 77 Rdn. 21, 413). Darüber hinaus hat der **Arbeitgeber** die Möglichkeit, von der Verwendung der Auswahlrichtlinien **jederzeit abzusehen**, sofern die getroffene Vereinbarung keine Pflicht zur Anwendung der Richtlinien enthält. Von einer solchen Anwendungspflicht ist im Regelfalle auszugehen, wenn die Vereinbarung nach Abs. 2 auf Initiative des Betriebsrats zustande gekommen ist (*Richardi/Thüsing* § 95 Rn. 59).

11 Fraglich ist, ob gekündigte Auswahlrichtlinien nach § 77 Abs. 6 **nachwirken**. **Im Falle des § 95 Abs. 1** kommt eine Nachwirkung nicht in Betracht. Die Nachwirkung gemäß § 77 Abs. 6 setzt voraus, dass beide Betriebspartner eine Regelung erzwingen können (s. *Kreutz* § 77 Rdn. 448 ff.). Be-

steht die Befugnis zur Anrufung der Einigungsstelle nur für eine Seite, bestünde im Falle der Nachwirkung die Gefahr, dass die Seite, die die Einigungsstelle nicht anrufen kann (das ist im Rahmen des § 95 Abs. 1 der Betriebsrat), auf Dauer an die einmal vereinbarte Regelung gebunden wäre, da diese nur mit Zustimmung der antragsberechtigten Seite (das ist hier der Arbeitgeber) durch eine andere Abmachung ersetzt werden könnte (§ 77 Abs. 6; vgl. auch *BAG* 21.08.1990 EzA § 77 BetrVG 1972 Nr. 36 = AP Nr. 5 zu § 77 BetrVG 1972 unter B II 2a). Da nach § 95 Abs. 1 nur der Arbeitgeber die Einigungsstelle anrufen kann, scheidet deshalb die Nachwirkung der Regelung aus. Es würde dem Zweck des Mitbestimmungsrechtes widersprechen, dem Arbeitgeber die Weiterverwendung von Auswahlrichtlinien zu ermöglichen, obwohl der Betriebsrat wirksam gekündigt und damit seine Zustimmung zu ihrer Verwendung beseitigt hat (h. M.; *Fitting* § 95 Rn. 6; *Galperin/Löwisch* § 95 Rn. 18; *Heinze* Personalplanung, Rn. 61; *Kania*/ErfK § 95 BetrVG Rn. 5; *Richardi/Thüsing* § 95 Rn. 60; *Zöllner* FS *G. Müller*, S. 665 [674]; **a. M.** z. T. *Klebe*/DKKW § 95 Rn. 14; vgl. auch *Rose*/HWGNRH § 95 Rn. 80 [Nachwirkung generell ausgeschlossen]).

Anders ist die Situation bei Richtlinien, deren Aufstellung der Betriebsrat nach **§ 95 Abs. 2** erzwingen **12** kann (vgl. dazu Rdn. 26 f.). Die Nachwirkung solcher Auswahlrichtlinien wird überwiegend bejaht, solange die Arbeitnehmerzahl des Betriebes nicht unter 501 sinkt (*Fitting* § 95 Rn. 6; *Galperin/Löwisch* § 95 Rn. 25; *Heinze* Personalplanung, Rn. 61; *Kania*/ErfK § 95 BetrVG Rn. 5; *Klebe*/DKKW § 95 Rn. 14; *Richardi/Thüsing* § 95 Rn. 60; *Rose*/HWGNRH § 95 Rn. 80; **a. M.** *Glock*/HSWG § 95 Rn. 39; *Zöllner* FS *G. Müller*, S. 665 [674]). Dem ist zuzustimmen. Die nach § 95 Abs. 2 auf Wunsch des Betriebsrats einvernehmlich oder durch Spruch der Einigungsstelle aufgestellten Auswahlrichtlinien beinhalten auch die Pflicht des Arbeitgebers, sie anzuwenden. Das Initiativrecht soll dem Betriebsrat gerade die Möglichkeit geben, die Auswahlentscheidung stärker an objektivierbare Maßstäbe zu binden (s. Rdn. 1). Mit dieser Zwecksetzung wäre es nicht vereinbar, wenn sich der Arbeitgeber im Wege der Kündigung der Vereinbarung einseitig die Möglichkeit verschaffen könnte, nach Ablauf der Kündigungsfrist zumindest für die Dauer des Einigungsverfahrens wieder nach freiem Ermessen entscheiden zu können. Die Begründung der Nachwirkung fällt allerdings nur dann leicht, wenn man mit der hier vertretenen Ansicht davon ausgeht, dass Auswahlrichtlinien den Abschluss einer Betriebsvereinbarung erfordern. Dann liegen die Voraussetzungen der Nachwirkung gemäß § 77 Abs. 6 ohne weiteres vor. Die h. M. hält demgegenüber eine Regelungsabrede für möglich (s. Rdn. 7), auf die § 77 Abs. 6 – entgegen der Ansicht des *BAG* (vgl. *BAG* 23.06.1992 EzA § 87 BetrVG 1972 Arbeitszeit Nr. 50 = AP Nr. 51 zu § 87 BetrVG 1972 Arbeitszeit) – keine, auch keine analoge, Anwendung findet (s. *Kreutz* § 77 Rdn. 22, 445 m. w. N.). Die Nachwirkung von Auswahlrichtlinien wird daher mitunter auf die Fälle beschränkt, in denen diese Teil einer Betriebsvereinbarung sind (*Fitting* § 95 Rn. 6; *Kraft* 7. Aufl., § 95 Rn. 9). Folgt man dem, so wäre es denkbar, dass eine vom Betriebsrat aufgrund seines Initiativrechts durchgesetzte (wirksame) Vereinbarung von Auswahlrichtlinien infolge einer Kündigung ihre Verbindlichkeit verliert, bevor eine neue Vereinbarung getroffen worden ist. Dies lässt sich mit dem beschriebenen Sinn des Initiativrechts kaum vereinbaren. Auch zur Vermeidung eines solchen Wertungswiderspruches erscheint es daher überzeugender, die wirksame Vereinbarung von Auswahlrichtlinien von einer förmlichen Betriebsvereinbarung abhängig zu machen (s. Rdn. 8).

III. Gegenstand der Auswahlrichtlinien

1. Allgemeines

Auswahlrichtlinien sind Grundsätze, die der Arbeitgeber bei den im Gesetz genannten personellen **13** Maßnahmen berücksichtigen muss, wenn bei seiner Entscheidung über ihre Durchführung eine **Auswahl zwischen mehreren Arbeitnehmern oder Bewerbern** in Frage kommt (dazu auch Rdn. 5). Unerheblich ist, ob der Arbeitgeber die letzte Auswahlentscheidung selbst trifft; es genügt, wenn sie aufgrund der von ihm aufgestellten Richtlinien getroffen wird und ihm zugerechnet werden kann. § 95 greift also auch dann ein, wenn die Personalauswahl **durch einen Dritten**, etwa einen Personaldienstleister, erfolgt, dieser aber an die vom Arbeitgeber aufgestellten Grundsätze gebunden ist (*Neubauer* Einschaltung Dritter ins Stellenbesetzungsverfahren [Diss. Frankfurt/M.], 2011, S. 268; *Ricken*/HWK § 95 BetrVG Rn. 3).

14 Gegenstand der Auswahlrichtlinien sind jedenfalls die für die Auswahl maßgeblichen fachlichen, persönlichen und sozialen Gesichtspunkte (*Heinze* Personalplanung, Rn. 58). Dies gilt sowohl für Auswahlrichtlinien, die nach § 95 Abs. 1, als auch für solche, die nach § 95 Abs. 2 aufgestellt werden (vgl. auch Rdn. 24). Liegen der Feststellung der für die Auswahl maßgeblichen persönlichen oder fachlichen Eignung allgemeine Beurteilungsgrundsätze zugrunde, so gilt für ihre Aufstellung § 94. Ein Mitbestimmungsrecht nach § 95 besteht insoweit nicht (vgl. auch Rdn. 21). Schließlich ist auch die Frage, wie ermittelte Personaldaten zu speichern sind, kein nach § 95 mitbestimmungspflichtiger Regelungsgegenstand (*Zöllner* FS *G. Müller*, S. 665 [682]).

2. Regeln für die Auswahl

15 Der Gegenstand der Auswahlrichtlinien (zum Begriff vgl. Rdn. 5) ist durch die gesetzliche Formulierung nur vage umschrieben; die Konkretisierung bereitet erhebliche Schwierigkeiten. Ausgangspunkt muss jedenfalls der Wortlaut des Gesetzes sein, der von »Richtlinien« über die »Auswahl« spricht. Erforderlich ist also, dass es sich um Grundsätze handelt, die bei einer Mehrzahl potentieller Kandidaten darüber (mit-)entscheiden, gegenüber welcher Person eine der genannten personellen Maßnahmen durchgeführt werden soll. Erfolgt dagegen keine Auswahl, so besteht auch kein Mitbestimmungsrecht (*BAG* 31.05.2005 EzA § 87 BetrVG 2001 Betriebliche Lohngestaltung Nr. 7 unter B III 3a). Dies ist einmal dann der Fall, wenn es für die geplanten Maßnahmen aus tatsächlichen oder rechtlichen Gründen bezüglich der betroffenen Arbeitnehmer bzw. Bewerber keine Auswahlmöglichkeiten des Arbeitgebers gibt, etwa für die Beurteilung der Rechtsfrage, ob ein Kündigungsgrund vorliegt (*LAG Niedersachsen* 18.10.1994 LAGE § 95 BetrVG 1972 Nr. 15 = DB 1995, 2375). Hier kann es auch keine Auswahlrichtlinien geben (*Stahlhacke* BlStSozArbR 1972, 51 [53]; *Zöllner* FS *G. Müller*, S. 665 [675 f.]: nur Präferenzregeln; vgl. auch oben Rdn. 5; weitergehend *Fitting* § 95 Rn. 7; *Klebe/DKKW* § 95 Rn. 4; *Richardi/Thüsing* § 95 Rn. 18). Zum anderen handelt es sich dann nicht um Auswahlrichtlinien, wenn der Arbeitgeber bestimmte Voraussetzungen für konkrete Maßnahmen im Betrieb aufstellt, die Maßnahme bei Vorliegen dieser Voraussetzungen aber gegenüber allen Arbeitnehmern des Betriebs durchführt. Auch hier findet eine Auswahl nicht mehr statt (*BAG* 31.05.2005 EzA § 87 BetrVG 2001 Betriebliche Lohngestaltung Nr. 7 unter B III 3b [Grundsätze über die Zuweisung eines eigenen Büros und eines Mitarbeiters an eine bestimmte Gruppe von Arbeitnehmern]).

3. Richtlinien

16 Richtlinien sind **abstrakt-generelle Grundsätze**, nach denen der Arbeitgeber die Auswahlentscheidung in den genannten personellen Einzelmaßnahmen zu treffen hat (*BAG* 26.07.2005 EzA § 95 BetrVG 2001 Nr. 1 unter II 1). Sie geben vor, welche Kriterien bei der Auswahl von Bewerbern oder Arbeitnehmern im Falle einer Einstellung, Versetzung oder Kündigung maßgeblich sind und wie diese Kriterien im Verhältnis zueinander zu gewichten sind. Umstritten ist, ob eine Richtlinie nur dann vorliegt, wenn sie über den konkreten Einzelfall hinaus **allgemeine Geltung im Betrieb** beansprucht, der Arbeitgeber also Auswahlkriterien aufstellt, die für die Zukunft entweder allgemein oder für bestimmte Fälle bei der Entscheidung in einer der genannten personellen Einzelmaßnahmen zur Anwendung kommen sollen. Dies wurde in der Vergangenheit überwiegend bejaht (*LAG Niedersachsen* 18.10.1994 LAGE § 95 BetrVG 1972 Nr. 15 = DB 1995, 2375; *Etzel/KR* 8. Aufl., § 102 BetrVG Rn. 157; *Kaiser/LK* § 95 Rn. 2; *Kania/ErfK* 8. Aufl., § 95 BetrVG Rn. 4; *Zöllner* FS *G. Müller*, S. 665 [674]; s. auch Rdn. 5). Das **BAG** steht jedoch nunmehr auf dem Standpunkt, dass es sich auch bei abstrakten Grundsätzen, die **aus konkretem Anlass aufgestellt** werden und nur für diesen Fall Anwendung finden sollen, um Auswahlrichtlinien handeln könne. Entscheidend sei nicht, ob die Grundsätze auch für zukünftige Entscheidungen Bedeutung haben sollen, sondern ob durch die Aufstellung von allgemeinen Regeln ein kollektiver Bezug begründet werde, indem aus einer Mehrzahl vergleichbarer, für die jeweilige Maßnahme in Betracht kommender Arbeitnehmer eine Auswahl zu treffen sei (*BAG* 26.07.2005 EzA § 95 BetrVG 2001 Nr. 1 unter B II 1a bb [abw. die Vorinstanz *LAG Niedersachsen* 05.03.2004 – 16 TaBV 45/03 – juris]; 09.11.2006 EzA § 1 KSchG Soziale Auswahl Nr. 71 Rn. 30; 24.10.2013 EzA § 125 InsO Nr. 11 Rn. 34; zust. *Etzel/Rinck/KR* § 102 BetrVG Rn. 218; *Griebeling/Rachor/KR* § 1 KSchG Rn. 695a; *Jacobs/Burger* SAE 2006, 256 ff.; *Klebe/DKKW* § 95 Rn. 4; *Krause* in: von *Hoyningen-Huene/Linck* KSchG, § 1 Rn. 1097; wohl auch *Richardi/Thüsing*

Auswahlrichtlinien § 95

§ 95 Rn. 7; **a. M.** *Bauer/Krieger* FS *Richardi*, S. 177 [186]; *Bengelsdorf* ZfA 2007, 277 ff.; *Gaul/Bonanni/Naumann* BB 2006, 549 [551 f.]; *Quecke* RdA 2007, 335 ff.; krit. Auch *Rose/HWGNRH* § 95 Rn. 68 [»Entscheidung ist bedenklich«]). Sinn und Zweck des Mitbestimmungsrechts sei es – neben der Gewährleistung der Durchschaubarkeit und Sachgerechtigkeit von Personalentscheidungen –, dem Betriebsrat die Möglichkeit zu geben, im Interesse der Arbeitnehmer Einfluss darauf zu nehmen, unter welchen fachlichen und persönlichen Voraussetzungen personelle Einzelmaßnahmen erfolgen sollen. Deshalb sei eine Beteiligung des Betriebsrats unabhängig davon geboten, ob diese Grundsätze allgemein oder nur für eine konkrete Maßnahme (etwa für die Besetzung einer Stelle oder für eine Personalabbaumaßnahme) gelten sollen, sofern nur mehrere Arbeitnehmer betroffen seien. So sei ein von dem Arbeitgeber für die Sozialauswahl nach § 1 Abs. 3 KSchG aufgestelltes Punkteschema auch dann eine Auswahlrichtlinie, wenn sie lediglich für konkret anstehende Kündigungen bestimmt sei (*BAG* 26.07.2005 EzA § 95 BetrVG 2001 Nr. 1 unter II 1a bb).

Diese **Ansicht kann nicht überzeugen**. Die hiermit verbundene Ausweitung der Mitbestimmung 17 widerspricht der Systematik der Beteiligungsrechte und verfehlt daher auch die eigentliche Zwecksetzung der Mitbestimmung nach § 95 Abs. 1 (ebenso *Quecke* RdA 2007, 335 [337]). Die Ansicht des *BAG* führt letztlich dazu, dass eine mitbestimmungsfreie Auswahlentscheidung des Arbeitgebers praktisch ausgeschlossen ist. Mitbestimmungsfrei wäre danach nur noch eine unstrukturierte, rein intuitive und an keinerlei objektiven Maßstäben orientierte Auswahl (ebenso *Gaul/Bonanni/Naumann* BB 2006, 549 [551 f.]; *Quecke* RdA 2007, 335 [337]). Der Arbeitgeber wird aber schon im eigenen Interesse regelmäßig aufgrund vorher festgelegter objektiver oder objektivierbarer Kriterien entscheiden. Bei Einstellungs- oder Versetzungsentscheidungen ist dies schon deshalb geboten, um der Behauptung des Vorliegens einer Diskriminierung nach §§ 1, 7 AGG entgegentreten und in den Fällen des § 22 AGG die entsprechende Vermutung widerlegen zu können (vgl. nur *Bauer/Krieger* AGG, § 22 Rn. 13). Bei Kündigungen muss der Arbeitgeber – trotz § 1 Abs. 3 Satz 2 KSchG – aufgrund der abgestuften Darlegungs- und Beweislast im Kündigungsschutzprozess zunächst die Gründe für die soziale Auswahl darlegen, sofern der Arbeitnehmer die Auswahl beanstandet und die Gründe nicht kennt (vgl. zuletzt etwa *BAG* 31.05.2007 EzA § KSchG Soziale Auswahl Nr. 77 Rn. 34; *Griebeling/Rachor/*KR § 1 KSchG Rn. 684 f. m. w. N.). Macht der Arbeitnehmer geltend, dass die Kündigung einen Diskriminierungstatbestand erfülle, so findet sogar die Vorschrift des § 22 AGG Anwendung (*Griebeling/Rachor/*KR § 1 KSchG Rn. 683), so dass der Arbeitgeber in gleicher Weise wie bei der Einstellung oder Versetzung angehalten ist, die Gründe für die Auswahl zu dokumentieren. Die Auswahlentscheidung wird sich unter diesen Voraussetzungen immer als das Ergebnis der Anwendung der abstrakten Grundsätze darstellen. Hätte der Betriebsrat hier hinsichtlich der Auswahlkriterien stets ein Zustimmungsrecht nach Abs. 1, so könnte er letztlich bei jeder Auswahlentscheidung mitbestimmen. Damit würde einmal die aus dem Verhältnis von Abs. 1 und Abs. 2 zu entnehmende gesetzliche Wertung unterlaufen, wonach der Arbeitgeber in kleineren Betrieben die Möglichkeit haben soll, von der Aufstellung von Richtlinien abzusehen und seine Auswahl mitbestimmungsfrei allein anhand der Umstände des konkreten Einzelfalls zu treffen, und nur in größeren Betrieben dazu gezwungen werden kann, nach Grundsätzen zu entscheiden, die vom Betriebsrat mitgestaltet werden. Des Weiteren würde die Entscheidung des Gesetzes, dem Betriebsrat bei den personellen Einzelmaßnahmen des § 99 kein generelles Mitbestimmungsrecht in Bezug auf die Ausübung des Auswahlermessens des Arbeitgebers, sondern lediglich ein Recht zur Verweigerung der Zustimmung aus den im Gesetz aufgezählten Gründen zu gewähren, konterkariert. Ähnliches gilt bei betriebsbedingten Kündigungen. Ist der Betriebsrat der Ansicht, dass die soziale Auswahl im Einzelfall fehlerhaft ist, so hat er die Möglichkeit, der Kündigung nach § 102 Abs. 3 Nr. 1 zu widersprechen. Die Vorschrift verlöre weitgehend ihren Anwendungsbereich, wenn der Betriebsrat schon bei der Aufstellung der Auswahlkriterien praktisch in jedem Falle zu beteiligen wäre. Dies verdeutlicht, dass § 95 Abs. 1 – entgegen der Ansicht des *BAG* – dem Betriebsrat keineswegs immer dann ein Mitspracherecht geben soll, wenn es darum geht festzulegen, »unter welchen persönlichen oder fachlichen Voraussetzungen personelle Einzelmaßnahmen« erfolgen sollen. Der Sinn der Vorschrift besteht vielmehr darin, eine Beteiligung des Betriebsrats sicherzustellen, wenn im Betrieb »Richtlinien«, also allgemeine Grundsätze aufgestellt werden, die losgelöst vom konkreten Anlass Geltung beanspruchen, die Kriterien für die Auswahlentscheidung in zukünftigen Fällen vorgeben und damit die Auswahl in wesentlicher Hinsicht vorwegnehmen (die tatbestandseingrenzende Funktion des Richtlinienbegriffs betont auch *Quecke* RdA 2007, 335 [337]).

§ 95   IV. 5. Personelle Angelegenheiten

Vor einer unsachgemäßen Auswahl im konkreten Einzelfall sind die Arbeitnehmer dagegen nur nach Maßgabe der Sondervorschriften der §§ 99, 102 geschützt. Soweit diese Vorschriften nicht eingreifen, handelt es sich um eine vom Gesetz im Interesse der unternehmerischen Entscheidungsfreiheit in Kauf genommene »Schutzlücke«, die nicht durch eine extensive Interpretation des § 95 geschlossen werden darf. Deshalb ist daran festzuhalten, dass ein Mitbestimmungsrecht nicht besteht, wenn der Arbeitgeber lediglich anlassbezogen abstrakte Grundsätze für eine Entscheidung in einer personellen Maßnahme aufstellt, um diese zu objektivieren und den Eindruck willkürlicher Auswahl zu vermeiden.

18 Eine weitere Grenze für den Inhalt einer Auswahlrichtlinie ergibt sich aus dem Umstand, dass die Auswahl selbst Sache des Arbeitgebers bleiben muss. Die Richtlinien können nur seinen Ermessensspielraum einengen (vgl. Rdn. 5; *BAG* 27.10.1992 EzA § 95 BetrVG 1972 Nr. 26 = AP Nr. 29 zu § 95 BetrVG 1972; 10.12.2002 EzA § 99 BetrVG 2001 Umgruppierung Nr. 1 = AP Nr. 42 zu § 95 BetrVG 1972 unter B III 3a; *Fitting* § 95 Rn. 7; *Heinze* Personalplanung, Rn. 58; *Meisel* Mitwirkung, Rn. 118; *Richardi* FS *Stahlhacke*, S. 447 [450]; *Richardi/Thüsing* § 95 Rn. 7; **a. M.** *Klebe/DKKW* § 95 Rn. 4, 27; *Matthes/*MünchArbR § 260 Rn. 4; differenzierend nach den verschiedenen Arten von Auswahlentscheidungen *Quecke* RdA 2007, 335 [339]). Deshalb überschreiten Punktwertungssysteme, die dem Arbeitgeber keinen ausreichenden Entscheidungsspielraum belassen, die zulässige Inhaltsgrenze (*BAG* 27.10.1992 EzA § 95 BetrVG 1972 Nr. 26 = AP Nr. 29 zu § 95 BetrVG 1972 unter C I 2; vgl. auch Rdn. 45 ff.). Dies gilt allerdings nur, wenn es sich um eine erzwungene, insbesondere um eine auf einem Spruch der Einigungsstelle beruhende Betriebsvereinbarung handelt. Dagegen kann der Entscheidungsspielraum des Arbeitgebers durch **freiwillige Vereinbarungen** auch so stark eingeschränkt werden, dass der Auswahlspielraum auf Null reduziert wird. So können freiwillig vereinbarte Richtlinien bestimmen, dass von mehreren gleich qualifizierten Bewerbern, unter denen sich ein Belegschaftsmitglied befindet, jedenfalls der Betriebsangehörige zu bevorzugen ist (vgl. auch Rdn. 41).

4. Verfahrensregeln

19 Umstritten ist, ob auch Verfahrensregeln Inhalt von Auswahlrichtlinien sein können. Diese Frage ist hinsichtlich des Mitbestimmungsrechts nach § 95 Abs. 1 zu bejahen, soweit damit Regeln gemeint sind, die das **Auswahlverfahren selbst**, also das Zustandekommen der Auswahlentscheidung des Arbeitgebers betreffen. Solche Regelungen können jedenfalls Inhalt von nach **§ 95 Abs. 1** (freiwillig) aufgestellten Auswahlrichtlinien sein, auch wenn diese Richtlinien inhaltlich auf einem Spruch der Einigungsstelle beruhen, da diese hier nur auf Antrag des Arbeitgebers tätig werden kann (*Fitting* § 95 Rn. 21, *Galperin/Löwisch* § 95 Rn. 11; *Klebe/DKKW* § 95 Rn. 31; *Richardi/Thüsing* § 95 Rn. 11, 14; *Rose/HWGNRH* § 95 Rn. 15, *Zöllner* FS *G. Müller*, S. 665 [681] unter b 1). Die Einführung solcher Verfahrensregeln kann jedoch **nicht nach § 95 Abs. 2** gegen den Willen des Arbeitgebers **erzwungen** werden (*Kaiser/LK* § 95 Rn. 12, 15; *Rose/HWGNRH* § 95 Rn. 15; *Zöllner* FS *G. Müller*, S. 665 [682]; **a. M.** *Fitting* § 95 Rn. 21; *Klebe/DKKW* § 95 Rn. 19; *Gussen* NZA 2011, 830 [831]; *Richardi/Thüsing* § 95 Rn. 14). Das Initiativrecht des Betriebsrats bezieht sich nur auf Richtlinien über die bei der Auswahl zu beachtenden fachlichen und persönlichen Voraussetzungen und sozialen Gesichtspunkte, also auf die materiellen Auswahlkriterien. Insofern ist der Anwendungsbereich des Abs. 2 enger gefasst als der des Abs. 1, der generell von »Richtlinien über die personelle Auswahl« spricht und damit auch Regelungen über das bei der Auswahlentscheidung einzuhaltende Verfahren umfasst (*Zöllner* FS *G. Müller*, S. 665 [682]; vgl. auch Rdn. 24).

20 Zu den nach Abs. 1 mitbestimmungspflichtigen Verfahrensregeln zählt die **Festlegung der Erkenntnisquellen**, aufgrund derer das Vorliegen von Kriterien, die in den Auswahlrichtlinien festgelegt sind, festgestellt werden soll (z. B. Heranziehen von Fragebogen, Schulzeugnissen, Zeugnissen früherer Arbeitgeber, ärztlicher Beurteilungen oder Personalakten; Durchführung von Einstellungsgesprächen oder Einstellungstests [z.B. in Form eines Assessmentcenters; ebenso *Ricken/HWK* § 95 Rn. 4; **a. M.** *Köhler* GWR 2013, 132 f.]). Dasselbe gilt, wenn eine Regelung darüber getroffen werden soll, ob vor der Auswahlentscheidung eine (ansonsten nicht vorgeschriebene) Anhörung der zur Wahl stehenden Arbeitnehmer zu erfolgen hat. Hier handelt es sich um die **Regelung des Auswahlverfahrens selbst**, das Gegenstand der Auswahlrichtlinien **nach § 95 Abs. 1** sein kann (*Kaiser/LK* § 95 Rn. 12; **a. M.** *Zöllner* FS *G. Müller*, S. 665 [681] unter b [2]). Allerdings kann auch insoweit das Auswahlermessen des Arbeitgebers nicht völlig beseitigt werden. Regeln, wonach nur bestimmte Unterlagen zur Fest-

Auswahlrichtlinien **§ 95**

stellung, ob ein Auswahlkriterium vorliegt, herangezogen werden dürfen, können in Auswahlrichtlinien, jedenfalls durch einen Spruch der Einigungsstelle, nicht aufgestellt werden. Sollten die Ausführungen bei *Fitting* (§ 95 Rn. 21) und *Klebe* (DKKW § 95 Rn. 31) in diesem Sinne zu verstehen sein, so kann ihnen nicht gefolgt werden.

Hiervon zu unterscheiden sind Regelungen, welche die **Art und Weise der Erkenntnisgewinnung** 21 und der hierbei anzuwendenden Verfahren und Methoden betreffen. Hierzu zählt etwa das bei einem psychologischen Einstellungstest zugrunde zu legende anzuwendende wissenschaftliche Verfahren. Diese Regelungen betreffen nicht die Art und Weise des Zustandekommens der Auswahlentscheidung selbst, sondern die Ermittlung der maßgeblichen Entscheidungstatsachen und damit das Vorfeld der Entscheidungsfindung. Bei der Frage der Mitbestimmung nach § 95 Abs. 1 ist aber zu beachten, dass die Mitbestimmung bei der Erhebung von Tatsachen, die als Auswahlkriterien in Betracht kommen können, vielfach spezialgesetzlich geregelt ist. So unterliegt die Ermittlung von Daten dem Mitbestimmungsrecht des Betriebsrats, wenn sie mittels Personalfragebogen, mittels Fragen in Formulararbeitsverträgen oder durch allgemeine Beurteilungsgrundsätze i. S. d. § 94, manuell oder mit Hilfe einer technischen Einrichtung i. S. d. § 87 Abs. 1 Nr. 6 erfolgt. Dies könnte dafür sprechen, dass ein Rückgriff auf § 95 versperrt ist, andere Formen der Ermittlung also nicht über § 95 der Mitbestimmung des Betriebsrats unterworfen werden können (*Zöllner* FS *G. Müller*, S. 665 [681]; **a. M.** *Fitting* § 95 Rn. 21; *Klebe/DKKW* § 95 Rn. 19, 31; *Richardi/Thüsing* § 95 Rn. 11, 14).

5. Entscheidungsspielraum der Einigungsstelle

Soweit die Einigungsstelle den Inhalt der Richtlinien festsetzt, ist sie an die durch die Materialien und 22 den Begriff der Richtlinie vorgezeichnete Grenze gebunden, d. h. sie ist nicht befugt, den Entscheidungsspielraum des Arbeitgebers praktisch zu beseitigen (*Zöllner* FS *G. Müller*, S. 665 [670]). Das wäre der Fall, wenn neben den Auswahlkriterien auch deren Gewichtung bindend fixiert wäre, so dass die Personalentscheidung nur mehr das Ergebnis einer Rechenoperation wäre, auf die der Arbeitgeber dann im Grunde keinerlei Einfluss mehr hat (**a. M.** *Klebe/DKKW* § 95 Rn. 27).

Für die **Überprüfung des Spruches** der Einigungsstelle gilt § 76 Abs. 5 Satz 4. Wird die Überschrei- 23 tung der Grenzen des Ermessens gerügt, muss dies innerhalb von zwei Wochen nach Zuleitung der Entscheidung der Einigungsstelle geltend gemacht werden. Wird jedoch ein Rechtsverstoß gerügt, hat etwa die Einigungsstelle die rechtlichen Grenzen ihrer Regelungsbefugnis verkannt oder bei ihrer Regelung gegen gesetzliche Vorschriften verstoßen, so kann der Spruch auch nach Ablauf der im Gesetz genannten Zwei-Wochen-Frist jederzeit angegriffen werden. Diese Frage kann auch, falls sie als Vorfrage in einem anderen Verfahren von Bedeutung wird, dort geprüft werden (*BAG* 11.03.1976 EzA § 95 BetrVG 1972 Nr. 1 = AP Nr. 1 zu § 95 BetrVG 1972; *Richardi/Thüsing* § 95 Rn. 70, 77; *Rose/HWGNRH* § 95 Rn. 98).

6. Verhältnis von Abs. 1 und Abs. 2

Während § 95 Abs. 1 allgemein von »Richtlinien über die personelle Auswahl« spricht, ist in § 95 24 Abs. 2 die Rede von Richtlinien über die bei personellen Maßnahmen zu beachtenden »fachlichen und persönlichen Voraussetzungen und sozialen Gesichtspunkte«. Es ist streitig, ob diese unterschiedliche Formulierung auch einen Unterschied in Bezug auf den möglichen Regelungsgegenstand zur Folge hat. *Richardi* (FS *Stahlhacke*, S. 447 [451]) vertritt die Auffassung, dass es sich bei den Unterschieden in Abs. 1 und 2 nicht um eine Verschiedenheit des Mitbestimmungstatbestandes, sondern lediglich um eine Verschiedenheit des Mitbestimmungsrechtes handelt (vgl. auch *Heinze* Personalplanung, Rn. 68; *Matthes*/MünchArbR § 260 Rn. 22; *Richardi/Thüsing* § 95 Rn. 13). Mit überzeugenden Gründen hat *Zöllner* (FS *G. Müller*, S. 665 [679 f.]) nachgewiesen, dass der vom Gesetz vorgesehene Gegenstand von Richtlinien nach Abs. 1 umfassender ist als derjenige von Richtlinien nach Abs. 2 (so auch *Ascheid* Kündigungsschutzrecht, 1993, Rn. 346; *Galperin/Löwisch* § 95 Rn. 26; *Glock/HSWG* § 95 Rn. 7; *Klebe/DKKW* § 95 Rn. 18 [allerdings ohne hieraus Konsequenzen hinsichtlich der Mitbestimmung bei Verfahrensregeln zu ziehen]; *Weller* RdA 1986, 222 [226]; offen gelassen von *BAG* 31.05.1983 EzA § 95 BetrVG 1972 Nr. 6 = AP Nr. 2 zu § 95 BetrVG 1972 unter B II 3). Dieser Unterschied wirkt sich insofern aus, als in den Fällen, in denen das Auswahlverfahren selbst Gegenstand der Auswahlrichtlinien sein soll, lediglich ein Zustimmungsrecht nach § 95 Abs. 1 besteht, eine Regelung des Auswahlverfahrens aber nicht über § 95 Abs. 2 erzwungen werden kann (s. Rdn. 19).

IV. Mitwirkungsrechte des Betriebsrats

1. Vetorecht nach Abs. 1

25 Das Gesetz geht in Abs. 1 davon aus, dass es im Ermessen des Arbeitgebers steht, ob er für die dort genannten personellen Einzelmaßnahmen Richtlinien erstellen will. Tut er dies, so bedarf er insoweit der Zustimmung des Betriebsrats. Ein Initiativrecht steht dem Betriebsrat dagegen nach Abs. 1 nicht zu. Einigen sich Arbeitgeber und Betriebsrat nicht, so kann **nur der Arbeitgeber** die Einigungsstelle anrufen (*BAG* 10.12.2002 EzA § 99 BetrVG 2001 Umgruppierung Nr. 1 = AP Nr. 42 zu § 95 BetrVG 1972 unter B III 4b; *Fitting* § 95 Rn. 15; *Richardi/Thüsing* § 95 Rn. 65). Ihr Spruch ersetzt die Einigung über den Inhalt der Richtlinie (§ 95 Abs. 1 Satz 2 und 3; zur Nachprüfung des Spruches s. Rdn. 23). Fehlt die Zustimmung des Betriebsrats zu den Auswahlrichtlinien und ist sie auch nicht durch die Einigungsstelle ersetzt, darf der Arbeitgeber die Richtlinien nicht anwenden; tut er dies doch, so verstößt er gegen seine betriebsverfassungsrechtlichen Pflichten. Auch in diesem Fall steht dem Betriebsrat jedoch nicht die Befugnis zu, die Einigungsstelle einzuschalten (*BAG* 10.12.2002 EzA § 99 BetrVG 2001 Umgruppierung Nr. 1 = AP Nr. 42 zu § 95 BetrVG 1972 unter B III 4b; **a. M.** *Klebe/DKKW* § 95 Rn. 17). Er kann aber gegebenenfalls einen Unterlassungsanspruch geltend machen (s. Rdn. 30).

2. Initiativrecht nach Abs. 2

26 Da nach Ansicht des Gesetzgebers in größeren Betrieben »wegen der dort möglichen größeren Zahl gleichartiger personeller Maßnahmen die Aufstellung von objektivierenden Maßstäben sachlich notwendig erscheint« (Bericht 10. Ausschuss, zu BT-Drucks. VI/2729, S. 5; amtliche Begründung zum BetrVG 1972, BR-Drucks. 715/70, S. 50 zu § 95), gibt das Gesetz in Abs. 2 dem Betriebsrat in größeren Betrieben über das Vetorecht des Abs. 1 hinaus ein Initiativrecht, mit dem er die **Aufstellung von Richtlinien** auch gegen den Willen des Arbeitgebers **erzwingen** kann. Soweit dem Betriebsrat das Initiativrecht zusteht, entscheidet, wenn eine Einigung zwischen Arbeitgeber und Betriebsrat nicht zustande kommt, die Einigungsstelle, die sowohl vom Arbeitgeber als auch vom Betriebsrat angerufen werden kann. Ihre Entscheidung ersetzt die Einigung (§ 95 Abs. 2 Satz 2 und 3; zur Überprüfung des Spruches s. Rdn. 23). Zur Nachwirkung einer Regelung nach Abs. 2 s. Rdn. 12.

Im BetrVG 1972 war dieses Initiativrecht für Betriebe mit mehr als 1000 Arbeitnehmern vorgesehen. Durch das BetrVerf-ReformG wurde die Schwellenzahl **auf 500** Arbeitnehmer **gesenkt**. Die Zahl gilt auch für Organisationseinheiten nach § 3 Abs. 1 Nr. 1 bis 3 (vgl. § 3 Abs. 5). Die Herabsetzung der Schwellenzahl wird damit begründet, dass sie dem Umstand Rechnung trage, dass zunehmend die großbetrieblichen Strukturen aufgelöst werden und an ihre Stelle mittelgroße oder kleine Organisationseinheiten treten (*Reg. Begr.* BT-Drucks. 14/5741, S. 49 zu Nr. 61 [§ 95 Abs. 2 Satz 1]). Es geht also offenbar nicht darum, einem sachlichen Bedürfnis in den einzelnen Betrieben Rechnung zu tragen, sondern um eine **Ausweitung des Initiativrechts auf mittlere und kleine Betriebe**. Wenn es nur um die Beibehaltung des Mitbestimmungsrechts bei Aufteilung bisheriger Großbetriebe in kleinere Organisationseinheiten ginge, dann hätte es ausgereicht, die Schwellenzahl auf das Unternehmen zu beziehen, wie es in § 99 Abs. 1 geschehen ist. Bei der jetzigen Regelung ist sicher, dass auch mittlere und kleine Unternehmen mit nur einem Betrieb sich dem Initiativrecht des Betriebsrats ausgesetzt sehen. Ob eine derartig weitgehende Einflussmöglichkeit der Betriebsräte sachlich geboten ist, erscheint zweifelhaft.

27 Bei der Feststellung der erforderlichen Betriebsgröße ist auf die »**regelmäßige**« **Zahl von Arbeitnehmern** des Betriebs abzustellen (*Eyler/Waskow*/NK-GA § 95 BetrVG Rn. 15; *Fitting* § 95 Rn. 15; *Galperin/Löwisch* § 95 Rn. 23; *Klebe/DKKW* § 95 Rn. 15; *Richardi/Thüsing* § 95 Rn. 52, 54; *Rose/HWGNRH* § 95 Rn. 73; vgl. dazu auch *Franzen* § 1 Rdn. 103 f.). Das gilt auch für Organisationseinheiten, die nach § 3 Abs. 5 als Betrieb gelten. Auf die **Größe des Unternehmens kommt es** da-

Auswahlrichtlinien § 95

gegen nach dem eindeutigen Wortlaut **nicht an**. Eine Interpretation des Begriffes »Betrieb« i. S. v. »Unternehmen« ist spätestens seit der Änderung der §§ 99, 111 durch das BetrVerf-ReformG ausgeschlossen. Aus dem Umstand, dass der Gesetzgeber in §§ 99, 111 nunmehr ausdrücklich an das Unternehmen anknüpft, wird man vielmehr zu folgern haben, dass an den Stellen, an denen vom Betrieb die Rede ist, tatsächlich die organisatorische Einheit gemeint ist. Auch in Unternehmen mit mehreren Betrieben, in denen zusammen mehr als 500 Arbeitnehmer beschäftigt sind, besteht das Initiativrecht daher nur in den Betrieben, in denen die Schwellenzahl überschritten wird (*LAG München* 05.05.2010 – 11 TaBV 93/09 – juris, Rn. 45 ff.; *Fitting* § 95 Rn. 17; *Richardi/Thüsing* § 95 Rn. 54; *Rose/HWGNRH* § 95 Rn. 73). Dies muss auch dann gelten, wenn nach § 50 Abs. 1 der **Gesamtbetriebsrat** für die Wahrnehmung des Initiativrechts zuständig sein sollte (*LAG München* 05.05.2010 – 11 TaBV 93/09 – juris, Rn. 54; **a. M.** *Klebe/DKKW* § 95 Rn. 21). Er könnte dann nur für solche Betriebe die Aufstellung von Richtlinien verlangen, welche die erforderliche Arbeitnehmerzahl aufweisen (*ArbG Magdeburg* 22.01.2014 – 3 BV 2/14 – juris, Rn. 33). Im Übrigen dürften die Voraussetzungen des § 50 Abs. 1 in Bezug auf das Initiativrecht kaum jemals vorliegen. Insbesondere lässt sich die Zuständigkeit nicht damit begründen, dass aufgrund des Gleichbehandlungsgrundsatzes im gesamten Unternehmen einheitliche Richtlinien gelten müssten (s. *Kreutz/Franzen* § 50 Rdn. 43; **a. M.** *Klebe/DKKW* § 95 Rn. 21). Die **leitenden Angestellten** i. S. d. § 5 Abs. 3 und 4 bleiben bei der Berechnung der maßgeblichen Arbeitnehmerzahl außer Betracht (vgl. dazu auch § 5 Rdn. 12 f.). Die nach § 5 Abs. 1 Satz 3 als **Arbeitnehmer** des Einsatzbetriebs anzusehenden Beamten, Soldaten, Arbeitnehmer und Auszubildenden des öffentlichen Dienstes sind dagegen mitzuzählen (s. § 5 Rdn. 78, 93).

Umstritten ist, ob nach § 14 Abs. 2 Satz 4 AÜG nunmehr **Leiharbeitnehmer** – zumindest im Fall der Überlassung im Rahmen einer wirtschaftlichen Tätigkeit – mitzurechnen sind. Diejenigen, die keine Ausnahmen außer der im Gesetz ausdrücklich genannten für zulässig erachten (so *Deinert* RdA 2017, 65 [81]), müssen dies ohne Weiteres bejahen (für eine Berücksichtigung bei § 95 Abs. 2 auch *Aszmons/Homborg/Gerum* GmbHR 2017, 130 [132]). Folgt man hingegen der hier vertretenen Ansicht (s. § 7 Rdn. 111 f.), so kommt eine einschränkende Anwendung der Vorschrift in Betracht, wenn eine Berücksichtigung der Leiharbeitnehmer dem Zweck des Schwellenwertes zuwiderlaufen würde. Im Hinblick auf § 95 Abs. 2 sprechen in der Tat die besseren Gründe dafür, die Leiharbeitnehmer nicht zu berücksichtigen (ebenso nach der Rechtslage vor Inkrafttreten des § 14 Abs. 2 Satz 4 AÜG auf der Basis der normzweckorientierten Betrachtung des *BAG* [hierzu § 7 Rdn. 108 f. m. w. N.] *Fitting* § 95 Rn. 15; *Haas/Hoppe* NZA 2013, 294 [298]; *Ricken*/HWK § 95 Rn. 11; **a. M.** *Klebe/DKKW* § 95 Rn. 15; widersprüchlich *Richardi/Thüsing* § 95 Rn. 52 [für Berücksichtigung], Rn. 53 [zählen nicht mit]; unentschieden *Linsenmaier/Kiel* RdA 2014, 135 [147]). Zwar dient der Schwellenwert in § 95 Abs. 2 als Indikator für die Größe der Organisationseinheit (BT-Drucks. 14/5741, S. 49), was dafür sprechen könnte, nicht auf die Zahl der Personen abzustellen, die in einer vertraglichen Beziehung zum Betriebsinhaber stehen, sondern auf die Anzahl der in der Organisationseinheit tätigen und dem Direktionsrecht des Betriebsinhabers unterworfenen abhängigen Beschäftigten. Andererseits ist zu berücksichtigen, dass das Initiativrecht dem Betriebsrat eingeräumt worden ist, um in den Betrieben, in denen wegen der großen Zahl von Arbeitnehmern gleichartige Personalentscheidungen zu treffen sind, durch die Einführung von allgemeinen Richtlinien für eine größere Transparenz und Objektivität zu sorgen (s. Rdn. 26). Deshalb muss es im Rahmen des Schwellenwertes auf die Zahl der Personen ankommen, die von den entsprechenden Auswahlentscheidungen des Betriebsinhabers betroffen sein können (zutr. *Linsenmaier/Kiel* RdA 2014, 135 [147]). Im Verhältnis zu den Leiharbeitnehmern übt der Entleiher aber im Regelfall kein Auswahlermessen in Bezug auf die in § 95 Abs. 1 genannten personellen Maßnahmen aus (s. Rdn. 2 ff.; *Haas/Hoppe* NZA 2013, 294 [298]).

3. Rechtsfolgen eines Verstoßes gegen Auswahlrichtlinien

Bestehen Auswahlrichtlinien i. S. v. § 95 Abs. 1 oder Abs. 2 und verstößt der Arbeitgeber bei den in Abs. 1 genannten konkreten personellen Maßnahmen gegen diese Richtlinien, so kann die zuständige Arbeitnehmervertretung in Unternehmen mit in der Regel mehr als 20 wahlberechtigten Arbeitnehmern seine **Zustimmung** zur Einstellung, Umgruppierung (die Eingruppierung ist in Abs. 1 nicht erwähnt) oder Versetzung **verweigern** (§ 99 Abs. 2 Nr. 2) und in allen Betrieben, in denen ein Betriebsrat besteht, einer geplanten **Kündigung widersprechen** (§ 102 Abs. 3 Nr. 2). Zur Auswirkung einer Zustimmungsverweigerung bzw. eines Widerspruchs auf die personelle Einzelmaßnahme s. § 99 Rdn. 174 ff. und § 102 Rdn. 196 ff., 207 ff. Im Kündigungsschutzprozess muss, wenn der Betriebsrat aus diesem Grunde fristgemäß widersprochen hat, die Unwirksamkeit der Kündigung festgestellt werden, wenn der Arbeitgeber tatsächlich gegen die Auswahlrichtlinien verstoßen hat (§ 1 Abs. 2 Satz 2 Nr. 1a KSchG; s. a. § 102 Rdn. 197).

4. Rechtsfolgen bei Nichtbeachtung des Mitbestimmungsrechts

30 Fraglich ist, ob dem Betriebsrat ein **Unterlassungsanspruch** zusteht, wenn der Arbeitgeber Auswahlrichtlinien anwendet, ohne dass der Betriebsrat seine Zustimmung erteilt hat oder diese nach Abs. 1 Satz 2 durch Spruch der Einigungsstelle ersetzt worden ist. Sofern das Verhalten des Arbeitgebers einen groben Verstoß gegen seine betriebsverfassungsrechtlichen Pflichten darstellt, was insbesondere dann anzunehmen ist, wenn evident ist, dass es sich um zustimmungspflichtige Auswahlrichtlinien handelt, kommt ein Unterlassungsanspruch nach § 23 Abs. 3 in Betracht (*BAG* 10.12.2002 EzA § 99 BetrVG 2001 Umgruppierung Nr. 1 = AP Nr. 42 zu § 95 BetrVG 1972 unter B III 4b; *LAG Berlin* 22.04.1987 LAGE § 23 BetrVG 1972 Nr. 8; *Galperin / Löwisch* § 95 Rn. 16; *Klebe / DKKW* § 95 Rn. 41; *Oetker* § 23 Rdn. 193; *Raab* ZfA 1997, 187 [230]; *Richardi / Thüsing* § 95 Rn. 75). Darüber hinaus steht dem Betriebsrat aber auch bei einfacher Verletzung des Mitbestimmungsrechts ein (sog. Allgemeiner) Unterlassungsanspruch aus § 2 Abs. 1 i. V. m. § 95 Abs. 1 zu (*BAG* 26.07.2005 EzA § 95 BetrVG 2001 Nr. 1 unter II 2b aa; *LAG Berlin* 22.04.1987 LAGE § 23 BetrVG 1972 Nr. 8; *Eylert / Waskow* / NK-GA § 95 BetrVG Rn. 13; *Fitting* § 95 Rn. 31; *Klebe / DKKW* § 95 Rn. 41; *Oetker* § 23 Rdn. 193; *Richardi / Thüsing* § 95 Rn. 75; nicht eindeutig *BAG* 10.12.2002 EzA § 99 BetrVG 2001 Umgruppierung Nr. 1 = AP Nr. 42 zu § 95 BetrVG 1972 unter B III 4b; **a. M.** *Bengelsdorf* ZfA 2007, 277 [292 ff.]; *Jacobs / Burger* SAE 2006, 256 [259]; *Lobinger* ZfA 2004, 101 [155 f.]; *Rose / HWGNRH* § 95 Rn. 92; meine eigene, in ZfA 1997, 187 [229 f.] vertretene abweichende Ansicht habe ich hier in der 8. Aufl. aufgegeben). Ein Bedürfnis für einen solchen ergänzenden negatorischen Rechtsschutz besteht vor allem deshalb, weil der Betriebsrat im Falle des § 95 Abs. 1 nicht die Möglichkeit hat, von sich aus die Einigungsstelle anzurufen und damit eine (für den Arbeitgeber rechtlich verbindliche) Regelung durchzusetzen. Ohne einen solchen Unterlassungsanspruch hätte der Betriebsrat folglich keine Möglichkeit, ein einseitiges Vorgehen des Arbeitgebers zu unterbinden, da er auch der konkreten Maßnahme nur dann nach §§ 99 Abs. 2 Nr. 2, 102 Abs. 3 Nr. 2 widersprechen kann, wenn der Arbeitgeber gegen eine bestehende Richtlinie verstößt. Die fehlende Zustimmung des Betriebsrats hat hingegen – anders als bei der Mitbestimmung in sozialen Angelegenheiten nach § 87 (s. *Wiese* § 87 Rdn. 100) – **keine Auswirkungen auf die individualrechtliche Wirksamkeit** der Maßnahme. Dies hat insbesondere Bedeutung für die Kündigung. Stellt der Arbeitgeber Richtlinien für die soziale Auswahl der aus betrieblichen Gründen zu kündigenden Arbeitnehmer auf, so ist die **Kündigung** nicht allein deshalb unwirksam, weil der Betriebsrat diesen Richtlinien nicht zugestimmt hat (*BAG* 09.11.2006 EzA § 1 KSchG Soziale Auswahl Nr. 71 Rn. 30; 09.11.2006 EzA § 311a BGB 2002 Nr. 1 Rn. 32 ff.). Hiervon zu unterscheiden ist der Fall, dass der Arbeitgeber bei der Kündigung die mit dem Betriebsrat vereinbarten Auswahlrichtlinien nicht beachtet. Hier ist die Kündigung allein aufgrund des Verstoßes gegen die Auswahlrichtlinie nach § 1 Abs. 2 Satz 2 Nr. 1a KSchG sozial ungerechtfertigt und damit unwirksam (s. Rdn. 52; diesen Unterschied verkennt *Rose / HWGNRH* § 95 Rn. 90).

5. Zuständigkeit des Betriebsrats

31 Das Mitbestimmungsrecht nach § 95 ist auch in Unternehmen mit mehreren Betrieben grundsätzlich vom **Betriebsrat** des jeweiligen Betriebes bzw. von der Arbeitnehmervertretung einer nach § 3 Abs. 1 Nr. 1 bis 3 gebildeten Organisationseinheit (vgl. § 3 Abs. 5) auszuüben. Der **Gesamtbetriebsrat** ist nur zuständig, wenn der Arbeitgeber eine einheitliche Regelung für das Gesamtunternehmen wünscht und eine zwingende Notwendigkeit für eine Regelung auf Unternehmensebene besteht (*BAG* 23.09.1975 EzA § 50 BetrVG 1972 Nr. 1; 06.04.1976 EzA § 50 BetrVG 1972 Nr. 2, 16.08.1983 EzA § 50 BetrVG 1972 Nr. 9 = AP Nr. 1, 2, 5 zu § 50 BetrVG 1972, st. Rspr.; aus neuerer Zeit etwa *BAG* 15.01.2002 EzA § 50 BetrVG 1972 Nr. 19 unter B III 3a bb; 10.12.2002 EzA § 99 BetrVG 2001 Umgruppierung Nr. 1 = AP Nr. 42 zu § 95 BetrVG 1972 unter B III 4c; *Fitting* § 95

Rn. 17; *Galperin/Löwisch* § 95 Rn. 19; *Klebe/DKKW* § 95 Rn. 20; *Richardi/Thüsing* § 95 Rn. 62; *Rose/HWGNRH* § 95 Rn. 81; vgl. auch *Kreutz/Franzen* § 50 Rdn. 22 ff.). Bei Auswahlrichtlinien dürften die Voraussetzungen für die originäre Zuständigkeit des Gesamtbetriebsrats nur selten gegeben sein. Insbesondere genügt allein der Umstand, dass die Arbeitnehmer in den verschiedenen Betrieben hinsichtlich ihrer persönlichen Verhältnisse und der ihnen zugewiesenen Aufgaben Ähnlichkeiten aufweisen oder sogar gleichartig sind, nicht, um ein zwingendes Erfordernis für eine betriebsübergreifende Regelung zu begründen (*BAG* 10.12.2002 EzA § 99 BetrVG 2001 Umgruppierung Nr. 1 = AP Nr. 42 zu § 95 BetrVG 1972 unter B III 4b). Die Zuständigkeit des Gesamtbetriebsrats kann allerdings auch nach § 50 Abs. 2 begründet werden (zu den Voraussetzungen s. *Kreutz/Franzen* § 50 Rdn. 63 ff.). Auch wenn der Gesamtbetriebsrat nach § 50 Abs. 1 oder Abs. 2 zuständig ist, steht ihm das Initiativrecht nach § 95 Abs. 2 nur für die Betriebe zu, in denen mehr als 500 Arbeitnehmer beschäftigt sind. Die Zuständigkeit des Gesamtbetriebsrats begründet keine Ausweitung des Mitbestimmungsrechtes (*Fitting* § 95 Rn. 17 [seit 23. Aufl.]; *Galperin/Löwisch* § 95 Rn. 24; *Richardi/Thüsing* § 95 Rn. 63; **a. M.** *Klebe/DKKW* § 95 Rn. 21), das sich nach dem Wortlaut von § 95 Abs. 2 nur auf den einzelnen Betrieb bezieht. Entsprechendes gilt für die Zuständigkeit des **Konzernbetriebsrats** (vgl. § 58). Eine mit dem Gesamtbetriebsrat abgeschlossene Betriebsvereinbarung schließt die Zuständigkeit der Betriebsräte der einzelnen Betriebe nach § 95 nicht generell aus, sofern betriebsbezogene Regelungen in Betracht kommen, für die die Gesamtbetriebsvereinbarung noch Raum lässt (*BAG* 03.05.1984 EzA § 81 ArbGG 1979 Nr. 6 = AP Nr. 5 zu § 95 BetrVG 1972 unter II 2b; *Klebe/DKKW* § 95 Rn. 20; vgl. aber auch *BAG* 14.11.2006 EzA § 50 BetrVG 2001 Rn. 35 [keine Aufspaltung der Zuständigkeiten innerhalb eines Mitbestimmungstatbestandes]).

6. Verfassungsrechtliche Bedenken

Gegen die Einführung des Mitbestimmungsrechtes nach § 95 wurden, insbesondere soweit die Aufstellung von Auswahlrichtlinien nach Abs. 2 erzwingbar ist, bereits während der Gesetzesberatung erhebliche Bedenken geltend gemacht (vgl. z. B. *Hanau* BB 1971, 485; *Richardi* DB 1971, 630). Wegen der darin liegenden Einschränkung der unternehmerischen Handlungsfreiheit halten einige Stimmen in der Literatur die Regelung für verfassungswidrig (*Galperin* Regierungsentwurf, S. 38; *ders.* DB 1971, 1305 [1307]; *Glock/HSWG* § 95 Rn. 2; *Krüger* Der Regierungsentwurf eines Betriebsverfassungsgesetzes vom 29.01.1971 und das Grundgesetz, 1971, S. 40 [66]; *Obermayer* DB 1971, 1715 [1723]); **a. M.** *Hoffmann* AuR 1971, 271 [275]; *Schwerdtner* BlStSozArbR 1972, 33).

Es ist nicht zu bestreiten, dass ein wesentlicher Bereich der Personalpolitik durch die Regelung des Abs. 2 dem Alleinentscheidungsrecht des Unternehmers weitgehend entzogen, der Initiative des Betriebsrats anheimgegeben wird und im Streitfall der Einigungsstelle überantwortet werden kann. Doch ist dieser Eingriff nicht schwerwiegender als der, den § 87 in sozialen Angelegenheiten vorsieht. Zu Recht weisen *Reuter/Streckel* (Grundfragen, S. 40) darauf hin, dass das geltende Recht eine Vielzahl von Einschränkungen der unternehmerischen Freiheit um der mit dem Rentabilitätsinteresse konkurrierenden Ziele willen kennt. In der Regelung des § 95 kommt die gewandelte Auffassung von der Reichweite unternehmerischer Alleinentscheidungsmacht im Bereich des Arbeitsrechtes zum Ausdruck. Ob die **Herabsetzung der Schwellenzahl auf 500** Arbeitnehmer noch auf vertretbaren Überlegungen des Gesetzgebers beruht, so dass von einer Verfassungswidrigkeit unter diesem Aspekt nicht gesprochen werden kann (zur Regelung nach dem BetrVG 1972 *Galperin/Löwisch* § 95 Rn. 2; *Zöllner* FS G. Müller, S. 665 [670]) könnte durchaus in Zweifel gezogen werden. In diesem Zusammenhang wird auch die mögliche Auswirkung des Mitbestimmungsrechtes nach § 95 auf externe Bewerber betont und darin eine Gefahr für deren Grundrecht auf freie Arbeitsplatzwahl gesehen (*Richardi/Thüsing* § 95 Rn. 4 f.; *Reuter/Streckel* Grundfragen, S. 41). Diese Bedenken sind sicher berechtigt. Ob eine Verfassungswidrigkeit der Vorschrift nach der Herabsetzung der Schwellenzahl auf 500 Arbeitnehmer daraus abgeleitet werden kann, muss dennoch bezweifelt werden. Art. 12 GG garantiert nicht das Recht jedes Arbeitsuchenden, dass ihm jeder freiwerdende Arbeitsplatz zumindest theoretisch zugänglich sein müsse. **Erforderlich** ist aber eine **verfassungskonforme Auslegung** des § 95 (*Galperin/Löwisch* § 95 Rn. 2; *Richardi/Thüsing* § 95 Rn. 5; *Rose/HWGNRH* § 95 Rn. 6; *Zöllner* FS G. Müller, S. 665 [670]).

V. Inhalt der Auswahlrichtlinien

1. Allgemeine Grenzen

34 Bei der Vereinbarung von Auswahlrichtlinien müssen sowohl die Betriebspartner bei einer Einigung, aber auch die Einigungsstelle bei einer die Einigung ersetzenden Entscheidung die durch **höherrangiges Recht** gezogenen Grenzen beachten. So sind sie nicht berechtigt, Auswahlkriterien vorzusehen, die gegen gesetzliche **Diskriminierungsverbote** verstoßen. Dazu gehören insbesondere Art. 3 Abs. 3 GG, § 75 Abs. 1 BetrVG, aber auch die einfachgesetzlichen Diskriminierungsverbote in §§ 1, 7 AGG, § 81 Abs. 2 SGB IX (Bericht 10. Ausschuss, zu BT-Drucks. VI/2729, S. 30; *BAG* 13.10.2009 EzA § 10 AGG Nr. 2 = AP Nr. 1 zu § 7 AGG Rn. 46; *Fitting* § 95 Rn. 18; *Galperin/Löwisch* § 95 Rn. 27; *Klebe/DKKW* § 95 Rn. 22; *Rose/HWGNRH* § 95 Rn. 29 ff., 49, 59; vgl. auch *BAG* 28.03.2000 EzA § 99 BetrVG 1972 Einstellung Nr. 6 = AP Nr. 27 zu § 99 BetrVG 1972 Einstellung unter II 2c; vgl. auch die Anti-Diskriminierungsrichtlinien 2000/43/EG sowie 2000/78/EG). Auswahlrichtlinien in Bezug auf Kündigungen müssen sich im Rahmen der Vorgaben des **zwingenden Kündigungsrechts** halten (*Fitting* § 95 Rn. 18; *Klebe/DKKW* § 95 Rn. 22). Eine Regelungsbefugnis kommt den Betriebspartnern nur zu, wenn und soweit auch der Arbeitgeber ein Auswahlermessen ausüben kann oder ihm zumindest ein Bewertungsspielraum zugestanden wird. Außerdem sind die durch § 1 Abs. 4 KSchG gezogenen Grenzen zu beachten (vgl. näher Rdn. 45 ff.).

35 Als weitere inhaltliche Grenze ist zu beachten, dass die Auswahl selbst nach wie vor Sache des Arbeitgebers bleiben muss und sein Auswahlermessen durch Auswahlrichtlinien, jedenfalls wenn sie durch einen Spruch der Einigungsstelle zustande kommen, nicht auf Null reduziert werden darf (s. Rdn. 5, 18).

2. Inhalt der Richtlinien bei den einzelnen personellen Maßnahmen

a) Allgemeines

36 Der Inhalt der Richtlinien hat sich an den Maßnahmen zu orientieren, bei denen sie zu berücksichtigen sind; nur so ist § 95 überhaupt praktikabel. Nach dem eindeutigen Wortlaut des Abs. 1 Satz 1 können Richtlinien aufgestellt werden »über die personelle Auswahl bei Einstellungen, Versetzungen, Umgruppierungen und Kündigungen«. **Nicht erfasst** werden dagegen Entscheidungen, die sich im **Vorfeld der personellen Maßnahmen** bewegen. So handelt es sich bei den Kriterien, nach denen die **Zuweisung von Planstellen** an die einzelnen Betriebe erfolgt, nicht um Auswahlrichtlinien i. S. d. Gesetzes, weil damit noch nicht darüber entschieden wird, mit welcher Person die Planstelle besetzt werden soll (*BAG* 28.03.2006 EzA § 83 ArbGG 1979 Nr. 10). Vgl. zu den einzelnen Maßnahmen die Anmerkungen bei §§ 99 und 102. Richtlinien i. S. v. § 95 liegen nur vor, wenn sie abstrakt-generell formuliert und für die Zukunft, wenn auch nicht unbedingt für eine unbegrenzte Zeit, gelten sollen (näher hierzu Rdn. 5, 16). Gleichgültig ist hingegen, ob die Richtlinien aus konkretem Anlass (Betriebseinschränkung oder Betriebserweiterung) oder unabhängig hiervon aufgestellt werden, sofern sie nur über einen konkreten Einzelfall hinaus Geltung beanspruchen (**a. M.** wohl *Zöllner* FS *G. Müller* S. 665 [674]).

b) Einstellung

37 Auswahlrichtlinien sind zunächst von Stellenbeschreibungen, Funktionsbeschreibungen und Anforderungsprofilen zu unterscheiden. Diese sind Teile der Personalbedarfsplanung und der Organisation des betrieblichen Arbeitsablaufes und unterliegen als solche nicht der Mitbestimmung des Betriebsrats nach § 95 (*BAG* 31.01.1984 EzA § 95 BetrVG 1972 Nr. 7 = AP Nr. 3 zu § 95 BetrVG 1972 unter B II 2 und 3; *Richardi* FS *Stahlhacke*, S. 447 [451]). Die Kompetenz des Arbeitgebers, die Qualifikationsanforderungen an den Inhaber einer Stelle selbst zu bestimmen, wird durch das BetrVG nicht berührt (*Buchner* NZA 1991, 577 [586 ff.]; vgl. auch *BAG* 07.11.1996 EzA § 1 KSchG Betriebsbedingte Kündigung Nr. 88 = AP Nr. 82 zu § 1 KSchG 1969 Betriebsbedingte Kündigung). Die insbesondere von *Klebe* (*DKKW* § 95 Rn. 5 ff.) und *Fitting* (§ 95 Rn. 22) vertretene gegenteilige Auffassung berücksichtigt nicht die klare gesetzliche Beschränkung des Mitbestimmungsrechts auf »Auswahlrichtlinien«. Davon werden Festlegungen des Arbeitgebers, die möglicherweise seine Entscheidung über personelle

Einzelmaßnahmen präjudizieren, als solche nicht erfasst (*BAG* 31.01.1984 EzA § 95 BetrVG 1972 Nr. 7 = AP Nr. 3 zu § 95 BetrVG 1972 unter B II 3). Diese Sicht entspricht auch der erforderlichen verfassungskonformen Interpretation des § 95 (s. Rdn. 33), da sie die Grundrechte des Arbeitgebers nicht weiter einschränkt, als das Betriebsverfassungsgesetz dies vorsieht.

Gegenstand von Auswahlrichtlinien kann grundsätzlich die **Fixierung von fachlichen, persönlichen und sozialen Gesichtspunkten** sein. Im Vordergrund stehen bei der Einstellung sicher die fachlichen Voraussetzungen. Sie können in Auswahlrichtlinien nur sinnvoll fixiert werden, wenn detaillierte **Stellenbeschreibungen** (dazu *Zander* BUV 1971, 1 [3 f.] und hier § 94 Rdn. 63) vorliegen, die sowohl die Tätigkeit und die Aufgabe als auch die Qualifikationserfordernisse enthalten. Diese Stellenbeschreibungen selbst gehören aber nicht zu den Auswahlrichtlinien und **unterliegen nicht dem Mitbestimmungsrecht** nach § 95 (*BAG* 31.01.1984 EzA § 95 BetrVG 1972 Nr. 7 = AP Nr. 3 zu § 95 BetrVG 1972; 27.10.1992 EzA § 95 BetrVG 1972 Nr. 26 = AP Nr. 29 zu § 95 BetrVG 1972; 14.01.2014 EzA § 94 BetrVG 2001 Nr. 1 Rn. 15; *Galperin/Löwisch* § 95 Rn. 7; *Richardi/Thüsing* § 95 Rn. 19, 23; *Rose/HWGNRH* § 95 Rn. 19; **a. M.** *Fitting* § 95 Rn. 22; *Klebe/DKKW* § 95 Rn. 7 f.). Eine Stellenbeschreibung legt die Funktion einer einzelnen, bestimmten Stelle innerhalb des Betriebes fest und definiert den Tätigkeitsbereich und die Kompetenz des Stelleninhabers. Werden mehrere dieser Stellenbeschreibungen gruppenweise zusammengefasst und damit vergleichbare Tätigkeiten und deren Aufgaben allgemein beschrieben, so handelt es sich um **Funktionsbeschreibungen**, die ebenfalls **nicht der Mitbestimmung** des Betriebsrats nach § 95 unterliegen (*BAG* 14.01.1986 EzA § 95 BetrVG 1972 Nr. 11 = AP Nr. 21 zu § 87 BetrVG 1972 Lohngestaltung; 27.10.1992 EzA § 95 BetrVG 1972 Nr. 26 = AP Nr. 29 zu § 95 BetrVG 1972; *Richardi/Thüsing* § 95 Rn. 19; **a. M.** *Fitting* § 95 Rn. 22; *Klebe/DKKW* § 95 Rn. 7). Stellen- und Funktionsbeschreibungen gehören in ihrer Gesamtheit zum Bereich der Personalplanung, so dass der Betriebsrat hierüber gemäß § 92 zu unterrichten ist. Mit Fragen der Personalauswahl haben die jeweiligen Stellenbeschreibungen nichts zu tun. Auf der Grundlage von Stellenbeschreibungen werden vielmehr die Anforderungsprofile erstellt, die festlegen, welche Anforderungen an den Inhaber des zu besetzenden Arbeitsplatzes generell zu stellen sind. Auch die **Anforderungsprofile** stellen aber, solange sie nicht als Gesichtspunkte für die konkrete Auswahl gedacht und bestimmt sind, **keine Auswahlrichtlinien** i. S. d. § 95 dar (*BAG* 31.05.1983 EzA § 95 BetrVG 1972 Nr. 6 = AP Nr. 2 zu § 95 BetrVG 1972; 27.10.1992 EzA § 95 BetrVG 1972 Nr. 26 = AP Nr. 29 zu § 95 BetrVG 1972 unter B II 2a; 07.11.1996 EzA § 1 KSchG Betriebsbedingte Kündigung Nr. 88 = AP Nr. 82 zu § 1 KSchG 1969 Betriebsbedingte Kündigung; *Hunold* DB 1976, 98 [102]; *Richardi/Thüsing* § 95 Rn. 20 f.; *Rose/HWGNRH* § 95 Rn. 21; *Stege/Weinspach/Schiefer* § 95 Rn. 11; *Zöllner* FS G. *Müller*, S. 665 [677]; **a. M.** *Fitting* § 95 Rn. 22; *Klebe/DKKW* § 95 Rn. 5 f.; wohl auch *Galperin/Löwisch* § 95 Rn. 7). Verlangt z. B. der Arbeitgeber bei der Besetzung eines Arbeitsplatzes eine bestimmte Berufsausbildung, ist dies keine Richtlinie i. S. d. § 95, da diese Voraussetzung nicht der Auswahl unter verschiedenen Bewerbern dient, sondern auch dann Gültigkeit hat, wenn sich auf den zu besetzenden Arbeitsplatz nur ein Bewerber meldet (*Zöllner* FS G. *Müller*, S. 665 [677]). Die Erstellung von Anforderungsprofilen ist der Bewerberauswahl vorgelagert. Der Arbeitgeber macht damit von seiner Entscheidungsfreiheit Gebrauch, die Stelle überhaupt nur zu besetzen, wenn der Bewerber gewisse Mindestqualifikationen aufweist. Erfüllen Bewerber diese Mindestanforderungen nicht, so können sie von vornherein bei der Auswahlentscheidung nicht berücksichtigt werden. Deshalb ist auch die Festlegung des Arbeitgebers, künftig keinen Arbeitsplatz mehr mit einem Arbeitnehmer zu besetzen, der die in den Anforderungsprofilen festgelegten Anforderungen nicht erfüllt, keine Auswahlrichtlinie i. S. d. § 95 (dies offen lassend [»allenfalls«] *BAG* 31.05.1983 EzA § 95 BetrVG 1972 Nr. 6 = AP Nr. 2 zu § 95 BetrVG 1972 unter B II 4).

Nach überwiegender Ansicht soll es sich dagegen um Auswahlrichtlinien handeln, wenn der Arbeitgeber **Hintergrundüberprüfungen** im Hinblick auf die fachlichen und persönlichen Voraussetzungen von Bewerbern nach einheitlichen Kriterien und standardisierten Verfahren durchführt oder von Dritten durchführen lässt und hiermit zugleich gewisse **Mindestanforderungen** definiert, die jeder Arbeitnehmer erfüllen muss. So sei etwa die Anordnung der Entnahme von Blut- und Urinproben und der werksärztlichen Untersuchung zur Durchführung von **Drogen- und Alkoholtests** vor der Einstellung (*LAG Baden-Württemberg* 13.12.2002 NZA-RR 2003, 417; *Eylert/Waskow/NK-GA* § 95 BetrVG Rn. 3, 5; *Fitting* § 95 Rn. 10) oder allgemein die Durchführung von **ärztlichen Einstellungsuntersuchungen** (*Fitting* § 95 Rn. 10) oder **psychologischen Eignungstests** (*Wietfeld* ZfA

2016, 215 [258 f.]; s. hierzu auch Rdn. 41) als Teil des Auswahlverfahrens mitbestimmungspflichtig, sofern nur Bewerber Berücksichtigung finden, die sich diesen Untersuchungen unterziehen und aufgrund der Tests und Untersuchungen grundsätzlich als für die Stelle geeignet angesehen werden. Gleiches gelte, wenn der Arbeitgeber vor jeder Einstellung oder Versetzung eine **Regelanfrage an das Landesamt für Verfassungsschutz** stelle und nur solche Personen berücksichtige, bei denen keine Bedenken im Hinblick auf die Verfassungstreue vorliegen (*ArbG München* 22.12.1987 RDV 1988, 204 [205]; *Eylert/Waskow/* NK-GA § 95 BetrVG Rn. 3; *Fitting* § 95 Rn. 10; *Klebe/DKKW* § 95 Rn. 9; **a. M.** *Buchner* NZA 1991, 577 [592]; *Rose/HWGNRH* § 95 Rn. 24). Dies erscheint nicht überzeugend (s. auch Rdn. 5; vgl. andererseits Rdn. 20 zur Frage der Mitbestimmung im Hinblick auf die Heranziehung ärztlicher Beurteilungen als Teil des Auswahlverfahrens). Es handelt sich auch insoweit um die Definition von Mindestanforderungen, die Grundvoraussetzung für die Tätigkeit und damit Teil des Anforderungsprofils der Stelle sind. Erst die Festlegung derjenigen fachlichen und persönlichen Voraussetzungen, die bei einer Auswahl unter mehreren Bewerbern zu berücksichtigen sind, die alle die Mindestanforderungen nach dem Anforderungsprofil erfüllen, stellt eine Auswahlrichtlinie dar und unterliegt dem Mitbestimmungsrecht des Betriebsrats. Soweit die Mindestanforderungen dem Arbeitgeber von außen verbindlich vorgegeben werden, fallen solche Überprüfungen schon deshalb nicht in den Anwendungsbereich der Vorschrift, weil von einer Richtlinie nur dann gesprochen werden kann, wenn der Arbeitgeber hinsichtlich der maßgeblichen Kriterien einen Entscheidungsspielraum besitzt. Darf der Arbeitgeber etwa aufgrund von behördlichen Auflagen bestimmte Unternehmen nur dann betreiben, wenn sein Personal einer besonderen **Sicherheitsüberprüfung** unterzogen worden ist, so handelt es sich insoweit nicht um eine (mitbestimmungspflichtige) Auswahlrichtlinie, wenn der Arbeitgeber Bewerber, die diese Sicherheitsüberprüfung entweder nicht absolvieren oder nicht bestehen, nicht für die Personalauswahl in Betracht zieht (*BAG* 09.07.1991 EzA § 87 BetrVG 1972 Betriebliche Ordnung Nr. 18 = AP Nr. 19 zu § 87 BetrVG 1972 Ordnung des Betriebes unter B II 3). Dasselbe gilt, wenn solche Sicherheitsüberprüfungen zwar nicht generell vorgeschrieben, aber Voraussetzung dafür sind, dass der Arbeitgeber in bestimmter Art und Weise auf dem Markt auftreten kann. So ist etwa für die Anerkennung als »bekannter Versender« im Luftfrachtverkehr nach EU-VO Nr. 185/2010 eine Sicherheitsüberprüfung des Personals, das mit identifizierbarer Luftfracht in Berührung kommt, durch das Luftfahrt-Bundesamt erforderlich. Auch die Entscheidung, die Zulassung als bekannter Versender zu beantragen und deshalb nur noch Arbeitnehmer zu beschäftigen, die diese Sicherheitsüberprüfung bestehen, ist daher keine mitbestimmungspflichtige Auswahlrichtlinie (vgl. *Becker/Barlage-Melber* BB 2012, 3075 [3078]).

40 Mitunter wird die Ansicht vertreten, dass Regelungen, die festlegen, **unter welchen Voraussetzungen Leiharbeitnehmer im Betrieb eingesetzt** werden, ebenfalls Auswahlrichtlinien seien und daher der Mitbestimmung nach § 95 unterlägen. So bedürfe eine Entscheidung, freie Arbeitsplätze zukünftig nur noch mit Leiharbeitnehmern zu besetzen, der Zustimmung des Betriebsrats (*Klebe/DKKW* § 95 Rn. 4). Ebenso könnten Auswahlrichtlinien vorsehen, dass der Einsatz von Leiharbeitnehmern auf bestimmte Arten von Arbeitsplätzen beschränkt sei oder ein bestimmtes Kontingent nicht überschritten werden dürfe, so dass sich hieraus ein Vorrang für die Neueinstellung von eigenen Arbeitnehmern vor der Beschäftigung von Leiharbeitnehmern ergebe (*Ulber/zu Dohna-Jaeger* AÜG, § 14 Rn. 125; ähnlich *Schüren/Hamann* AÜG, § 14 Rn. 319, allerdings mit der Einschränkung, dass eine solche Regelung nicht nach § 95 Abs. 2 erzwingbar sei). Dem kann nicht gefolgt werden (ebenso *Gussen* NZA 2011, 830 [834]). Auch insoweit geht es nicht darum, Richtlinien für die Auswahl der im Betrieb beschäftigten Personen zu ermitteln. Die Regelung zielt vielmehr auf die vorgelagerte unternehmerische Entscheidung, den entsprechenden Personalbedarf nicht durch eigene Arbeitnehmer, sondern durch überlassene Arbeitnehmer eines anderen Unternehmens zu decken (s. a. Rdn. 36). Insoweit steht dem Betriebsrat aber nach § 92 Abs. 1 lediglich ein Informations- und Beratungsrecht zu (s. § 92 Rdn. 14). Das Gleiche gilt für Vorgaben des Arbeitgebers im Hinblick auf den Anteil der Tätigkeiten, die an Dritte vergeben werden sollen (Fremdfirmen, Crowdworker; **a. M.** *Klebe/DKKW* § 95 Rn. 32; *Däubler/Klebe* NZA 2015 1032 [1040]).

41 Als **persönliche Voraussetzungen**, auf die in Auswahlrichtlinien abgestellt werden kann, kämen etwa eine Altersgrenze wegen einer zweckmäßigen Altersschichtung der Belegschaft in Betracht oder, negativ, die Eigenschaft als Jugendliche oder weibliche Arbeitnehmer, wenn Jugendliche oder Frauen für die Arbeit an dem betroffenen Arbeitsplatz nicht geeignet sind. Sofern im Rahmen von Bewerbungsverfahren **psychologische Eignungstests** durchgeführt werden, können diese ebenfalls Teil von Auswahlrichtlinien sein. Im Rahmen des § 95 geht es dabei weniger um Inhalt und Durchführung des Tests, als vielmehr darum, ob und inwieweit das Ergebnis den Ausschlag bei der Auswahl unter mehreren Personen geben oder doch zumindest auf die Auswahl Einfluss nehmen soll (näher *Franzen* NZA 2013, 1 [3 f.]; *Wietfeld* ZfA 2016, 215 [258]; s. a. § 94 Rdn. 18). Eine Auswahlrichtlinie stellt der Test jedenfalls dann dar, wenn die Entscheidung zwischen verschiedenen Bewerbern ausschließlich anhand des Testergebnisses erfolgen soll (*Franzen* NZA 2013, 1 [3 f.]). Auch sog. **Skalen**, d. h. Regelungen über die anteilsmäßige Zusammensetzung der Belegschaft nach gewissen Merkmalen, können Gegenstand der Auswahlrichtlinien sein (*Zöllner* FS *G. Müller*, S. 665 [680]). Bei der Aufstellung der Auswahlrichtlinien sind natürlich die §§ 75, 80 Abs. 1 Nr. 2a, 2b, 4, 6 zu beachten. Soweit dabei **Präferenzregeln** für bestimmte Gruppen von Arbeitnehmern aufgestellt werden, gelten außerdem die besonderen Diskriminierungsverbote der §§ 1, 7 AGG, die zumindest über § 75 Abs. 1 auch für Arbeitgeber und Betriebsrat verbindlich sind. Stellen die Auswahlrichtlinien auf eines der in § 1 AGG genannten Merkmale ab und haben sie damit eine Benachteiligung i. S. v. § 3 AGG zur Folge, so bedarf die Heranziehung dieser Kriterien einer besonderen Rechtfertigung. Richtlinien, die etwa (mittelbar oder unmittelbar) auf ein bestimmtes Geschlecht, die ethnische Herkunft oder eine Behinderung abstellen, sind danach unproblematisch und zulässig, wenn und soweit sie »wesentliche und entscheidende berufliche Anforderungen« i. S. d. § 8 Abs. 1 AGG festlegen. Skalenregelungen, die eine bestimmte Altersstruktur im Betrieb sicherstellen sollen, können nach § 10 Satz 1 und 2 AGG gerechtfertigt sein (vgl. zur Zulässigkeit der Altersgruppenbildung im Rahmen der sozialen Auswahl nach § 1 Abs. 3 KSchG *BAG* 06.11.2008 EzA § 1 KSchG Soziale Auswahl Nr. 81 Rn. 49 ff.; 12.03.2009 EzA § 1 KSchG Interessenausgleich Nr. 17 Rn. 38 ff.). Eine bevorzugte Berücksichtigung bestimmter Arbeitnehmergruppen zum Ausgleich ansonsten bestehender Nachteile kann zudem nach § 5 AGG zulässig sein (vgl. etwa die Beispiele bei *Bauer/Krieger* AGG, § 5 Rn. 18). Dabei ist jedoch zu beachten, dass starre **Quoten und unbedingte Vorrangregelungen** bei gleicher Qualifikation nach Ansicht der Rechtsprechung gegen das Diskriminierungsverbot verstoßen, wenn sie an eines der inkriminierten Merkmale anknüpfen (*EuGH* 17.10.1995 EzA Art. 3 GG Nr. 47 Rn. 16 ff. – *Kalanke*; 11.11.1997 EzA Art. 3 GG Nr. 69 Rn. 22 ff. – *Marschall*; *BAG* 21.01.2003 EzA Art. 33 GG Nr. 26 unter A II 2b cc; vgl. auch *Schlachter*/ErfK § 5 AGG Rn. 4; *Wendeling-Schröder/Stein* AGG, § 5 Rn. 2 f.). Die **Festlegung von Zielgrößen für den Frauenanteil** von Beschäftigten (vgl. das Gesetz für die gleichberechtigte Teilhabe von Frauen und Männern an Führungspositionen in der Privatwirtschaft und im öffentlichen Dienst vom 24.04.2015, BGBl. I, S. 642), zu der bestimmte Unternehmen für die beiden Führungsebenen unterhalb des Vertretungsorgans verpflichtet sind, unterliegt nicht der Mitbestimmung nach § 95, weil diese Zielgrößen keine Auswahlrichtlinien sind. Sie geben lediglich die allgemeine Personalstruktur vor, enthalten aber keine Kriterien für die individuelle Auswahlentscheidung (ebenso *Röder/Arnold* NZA 2015, 1281 [1288]). Insoweit ist der Betriebsrat daher nur nach § 92 zu beteiligen (s. § 92 Rdn. 42). Grundsätzlich zulässig ist es, in Auswahlrichtlinien festzulegen, dass bei gleicher Qualifikation ein betriebsangehöriger Bewerber vorzuziehen ist (*LAG Düsseldorf* 19.03.2008 LAGE § 99 BetrVG 2001 Nr. 6). Eine solche Regelung verstößt nicht gegen §§ 1, 7 AGG, da es sich bei der Betriebszugehörigkeit nicht um ein inkriminiertes Merkmal handelt (ebenso *Rose*/HWGNRH § 95 Rn. 29; vgl. auch *Zöllner* FS *G. Müller*, S. 665 [671]). Eine solche Klausel kann allerdings nicht erzwungen werden (vgl. Rdn. 18). Als sonstige Voraussetzungen, die zum Gegenstand einer Auswahlrichtlinie gemacht werden können, kommen potentiell sämtliche persönlichen Eigenschaften in Betracht, die sich nicht bereits aus dem Anforderungsprofil für die konkrete Stelle ergeben. Hingegen spielen **soziale Gesichtspunkte** für die Auswahl bei der Einstellung kaum eine Rolle. Ihre Berücksichtigung in Auswahlrichtlinien für die Einstellung ist aber keineswegs unzulässig (*BAG* 31.05.1983 EzA § 95 BetrVG 1972 Nr. 6 unter B II 3 a. E.; *Fitting* § 95 Rn. 22; *Klebe*/DKKW § 95 Rn. 32; *Richardi/Thüsing* § 95 Rn. 26; *Rose*/HWGNRH § 95 Rn. 28; *Stege/Weinspach/Schiefer* § 95 Rn. 15).

c) Versetzung

Hier können ebenfalls die **fachlichen und persönlichen Voraussetzungen** (evtl. nach der Arbeitsplatzbeschreibung) in die Richtlinien aufgenommen werden. Zusätzlich kann die **Zusammensetzung einer Arbeitsgruppe** nach persönlichen Kriterien näher umschrieben werden. Soweit eine

Ortsveränderung oder eine Veränderung in der betrieblichen Position mit der Versetzung verbunden ist, können auch soziale Gesichtspunkte wie z. B. Alter, Familienstand, Gesundheitszustand, Dauer der Betriebszugehörigkeit eine Rolle spielen (*Fitting* § 95 Rn. 22; *Richardi/Thüsing* § 95 Rn. 32; *Rose/HWGNRH* § 95 Rn. 52). Auch eine Bewertung der Bewerber nach einem Punktesystem kann vorgesehen werden. Dem Arbeitgeber muss aber ein Entscheidungsspielraum verbleiben (s. Rdn. 18; ebenso *Richardi/Thüsing* § 95 Rn. 34). Ob ein Einigungsstellenspruch, der ein Punktesystem vorsieht, dem Arbeitgeber einen ausreichenden Entscheidungsspielraum belässt, ist im Rahmen des § 76 Abs. 5 von den Arbeitsgerichten zu überprüfen (*BAG* 27.10.1992 EzA § 95 BetrVG 1972 Nr. 26 = AP Nr. 29 zu § 95 BetrVG 1972 unter C II; vgl. auch die Anm. von *Henssler/Holletschek* SAE 1994, 14). Soweit die Richtlinien an aufgrund von **Diskriminierungsverboten** »verpönte« Merkmale anknüpfen, ist stets genau zu untersuchen, ob die hiermit verbundene Benachteiligung bestimmter Gruppen von Arbeitnehmern im Hinblick auf die konkrete personelle Maßnahme gerechtfertigt ist (s. Rdn. 34). So lässt sich etwa ein Punktesystem für Versetzungen, das in ähnlicher Weise wie bei der Sozialauswahl nach § 1 Abs. 3 KSchG Arbeitnehmer mit höherem Lebensalter bevorzugt und dazu führt, dass jüngere Arbeitnehmer eher von Versetzungen betroffen sind, nicht ohne Weiteres damit begründen, dass ältere Arbeitnehmer durch einen Arbeitsplatzwechsel stärker belastet werden (*BAG* 13.10.2009 EzA § 10 AGG Nr. 2 = AP Nr. 1 zu § 7 AGG Rn. 61 ff.; zur abweichenden Beurteilung im Kündigungsrecht s. Rdn. 49).

d) Umgruppierung

43 Im Unterschied zu § 99 nennt § 95 als Gegenstand von Auswahlrichtlinien neben Einstellungen und Versetzungen lediglich Umgruppierungen. Die **Eingruppierung** ist dagegen **nicht erwähnt**. Unter einer Eingruppierung versteht man die Zuordnung der von dem Arbeitnehmer ausgeübten Tätigkeit zu einer Vergütungsgruppe innerhalb eines kollektiven Vergütungsschemas (z. B. einem Entgelttarifvertrag oder einer betrieblichen Vergütungsordnung). Die Eingruppierung hat im Regelfall ausschließlich feststellenden Charakter, da der Arbeitnehmer einen Anspruch auf die Vergütung hat, die sich bei zutreffender Anwendung des für das Arbeitsverhältnis maßgeblichen Vergütungsschemas ergibt. Da es sich letztlich um einen Akt der Normanwendung handelt, dem Arbeitgeber mithin kein Gestaltungsspielraum zusteht, ist die Eingruppierung kein geeigneter Gegenstand von Auswahlrichtlinien (*Fitting* § 95 Rn. 13; *Richardi/Thüsing* § 95 Rn. 9).

Fraglich ist dann allerdings, welche Bedeutung der Erwähnung der **Umgruppierung** zukommt. Unter Umgruppierung ist die Veränderung der Eingruppierung in ein tarifliches oder betriebliches Gehalts- bzw. Lohngruppenschema zu verstehen. Es geht folglich um eine Neuzuordnung der Tätigkeit des Arbeitnehmers aufgrund veränderter Umstände. Die Umgruppierung besteht in der Feststellung, dass die Tätigkeit des Arbeitnehmers nicht oder nicht mehr der bisher maßgeblichen sondern einer anderen Vergütungsgruppe entspricht (*BAG* 11.11.1997 EzA § 99 BetrVG 1972 Eingruppierung Nr. 1 = AP Nr. 17 zu § 99 BetrVG 1972 unter III 1; 10.12.2002 EzA § 99 BetrVG 2001 Umgruppierung Nr. 1 = AP Nr. 42 zu § 95 BetrVG 1972 unter B III 3c cc). Eine Umgruppierung kommt daher im Wesentlichen in drei Fällen in Betracht: bei einer Veränderung der Tätigkeit des Arbeitnehmers, bei einer Veränderung des Vergütungsschemas bei gleich bleibender Tätigkeit oder bei einer Veränderung der Rechtsansichten im Hinblick auf die Voraussetzungen der Vergütungsgruppen (*BAG* 27.07.1993 EzA § 99 BetrVG 1972 Nr. 116 = AP Nr. 110 zu § 99 BetrVG 1972 unter B II 1; 11.11.1997 EzA § 99 BetrVG 1972 Eingruppierung Nr. 1 = AP Nr. 17 zu § 99 BetrVG 1972 unter III 1). In den letzten beiden Fällen ist für die Aufstellung von Auswahlrichtlinien ebenso wenig Raum wie bei der Eingruppierung. Die Merkmale der einzelnen Gruppen und damit die »Richtlinien« für die Umgruppierung sind nämlich bereits im Tarifvertrag oder der entsprechenden betrieblichen Regelung vorgegeben (*Klebe/DKKW* § 95 Rn. 34 a. E.; *Matthes*/MünchArbR § 260 Rn. 17; *Richardi/Thüsing* § 95 Rn. 9, 36; *Rose/HWGNRH* § 95 Rn. 42). In Frage käme allenfalls eine Konkretisierung von allgemeinen Begriffen wie Berufserfahrung, langjährige Betriebszugehörigkeit, soweit sie für eine Umgruppierung maßgeblich sind. Da es hierbei jedoch um eine Auslegung eines Tarifvertrags oder anderer Regelungen, also letztlich um eine Rechtsfrage geht, hätten derartige Richtlinien allenfalls die Bedeutung einer (unverbindlichen) Kommentierung der jeweiligen Vorschriften. Sie würden den Arbeitgeber daher nur binden, wenn und soweit sie der vorgegebenen Regelung entsprechen (*Galperin/Löwisch* § 95 Rn. 14; *Hunold* DB 1976, 1003; *Richardi/Thüsing* § 95 Rn. 36 f.). Wird die Umgruppierung infolge einer Veränderung der Tätigkeit des Arbeitnehmers erforderlich, so kann sich dagegen durchaus die Auswahlfrage stellen, welchen Arbeitnehmern die neue Tätigkeit zugewiesen wird. Im Regelfall handelt es sich dabei dann aber um eine Versetzung i. S. d. § 95 Abs. 3, so dass die Auswahl der Arbeitnehmer schon unter diesem Gesichtspunkt von dem Mitbestimmungsrecht des § 95 erfasst wird. Aus diesem Grunde wurde bisher überwiegend die Ansicht vertreten, dass dem Mitbestimmungsrecht in Bezug auf Auswahlrichtlinien bei der Umgruppierung kein nennenswerter Anwendungsbereich zukomme (*Kania*/ErfK § 95 BetrVG Rn. 16; *Klebe*/DKKW § 95 Rn. 32; *Richardi*/*Thüsing* § 95 Rn. 36 f.; *Rose*/ HWGNRH § 95 Rn. 41 f.; vgl. auch *Kraft* 7. Aufl., § 95 Rn. 34). Die Entscheidung des *BAG* vom 10.12.2002 (EzA § 99 BetrVG 2001 Umgruppierung Nr. 1 = AP Nr. 42 zu § 99 BetrVG 1972) zeigt freilich, dass das Mitbestimmungsrecht in ungewöhnlichen Gestaltungen doch einmal Relevanz gewinnen kann. In diesem Fall ging es darum, unter welchen Voraussetzungen Beamte des Postdienstes auf ihren bisherigen Arbeitsplätzen als Angestellte der privatisierten Postunternehmen bei gleichzeitiger Beurlaubung aus dem Beamtenverhältnis (sog. Insichbeurlaubung) eingesetzt werden können. Wegen der gegenüber der Beamtenbesoldung höheren tariflichen Bruttoentgelte und der sozialversicherungsrechtlichen Sonderbehandlung führte diese Maßnahme zu einer Erhöhung der Nettovergütung der beurlaubten Beamten. In einem solchen Fall entsteht die Notwendigkeit der Zuordnung zu einer anderen, nämlich der tariflichen, Vergütungsgruppe, ohne dass sich die Tätigkeit oder die maßgebliche Vergütungsordnung geändert hätte und obwohl die Arbeitnehmer nach wie vor dieselbe Tätigkeit verrichten und derselben organisatorischen Einheit angehören. Die Maßnahme beschränkt sich folglich nicht auf die Anwendung des vorgegebenen Vergütungsschemas, sondern beinhaltet zugleich die Entscheidung des Arbeitgebers, ob eine bestimmte Vergütungsordnung Anwendung findet, ohne dass hierin eine Einstellung oder Versetzung zu sehen wäre. In solchen Fällen kommt eine Beteiligung des Betriebsrats nach § 95 unter dem Gesichtspunkt der Umgruppierung in Betracht (*BAG* 10.12.2002 EzA § 99 BetrVG 2001 Umgruppierung Nr. 1 = AP Nr. 42 zu § 99 BetrVG 1972 unter B III 3c cc (4); zust. *Fitting* § 95 Rn. 14). Hat der Arbeitgeber bei der Auswahl der von der Maßnahme betroffenen Arbeitnehmer einen Entscheidungsspielraum, so ist der Betriebsrat, sofern der Arbeitgeber nach allgemeinen Grundsätzen verfährt, nach Abs. 1 zu beteiligen; unter den Voraussetzungen des Abs. 2 kann der Betriebsrat auch solche allgemeinen Grundsätze durchsetzen.

e) Kündigung

Soweit Arbeitnehmer Kündigungsschutz genießen, können Auswahlrichtlinien jedenfalls nur in engem Rahmen aufgestellt werden. Sozial gerechtfertigt sind nach § 1 Abs. 2 KSchG u. a. Kündigungen, wenn sie durch Gründe in der Person des Arbeitnehmers oder in seinem Verhalten bedingt sind. Abgestellt wird dabei auf persönliche Verhältnisse oder auf das Verhalten des einzelnen Arbeitnehmers, so dass bei **personen- und verhaltensbedingten Kündigungen** eine Auswahl zwischen mehreren Arbeitnehmern gar nicht in Frage steht und daher ein Mitbestimmungsrecht nach § 95 ausscheidet (*BAG* 29.01.1997 EzA § 1 KSchG Nr. 42 Krankheit = AP Nr. 32 zu § 1 KSchG 1969 Krankheit unter II 1c; *Gumpert* DB 1972, 47 [49]; *Richardi*/*Thüsing* § 95 Rn. 38; *Rose*/HWGNRH § 95 Rn. 54; *Stahlhacke* BlStSozArbR 1972, 51 [54]; *Zöllner* FS G. *Müller*, S. 665 [676]; **a. M.** *Klebe*/DKKW § 95 Rn. 29; *Wolff* Vorläufiger Bestandsschutz, S. 87 ff.; wohl auch *Fitting* § 95 Rn. 24). Soweit das Kündigungsrecht auf bestimmte Gründe beschränkt, in bestimmten Fällen ausgeschlossen oder an bestimmte Voraussetzungen wie etwa eine genau festgelegte Zahl von Abmahnungen gebunden werden soll, handelt es sich nicht um Auswahlrichtlinien i. S. v. § 95, sondern um Beschränkungen des Kündigungsrechts, die nicht Gegenstand von Auswahlrichtlinien sein können und z. B. bei Kündigungen aus wichtigem Grund ohnehin nicht wirksam wären (*Glock*/HSWG § 95 Rn. 29; *Richardi*/*Thüsing* § 95 Rn. 38; *Stahlhacke* BlStSozArbR 1972, 51 [54]; **a. M.** *Fitting* § 95 Rn. 24; *Klebe*/DKKW § 95 Rn. 29 f., 35; *Wolff* Vorläufiger Bestandsschutz, S. 90 f.). Zum Begriff der Auswahlrichtlinie vgl. Rdn. 5, 13 ff.

In Frage kommen Auswahlrichtlinien **nur bei betriebsbedingten Kündigungen** (*Galperin*/*Löwisch* § 95 Rn. 12; *Krause* in: *von Hoyningen-Huene*/*Linck* KSchG, § 1 Rn. 1099; *Richardi* FS Stahlhacke, S. 447 [452]; *Richardi*/*Thüsing* § 95 Rn. 38; *Rose*/HWGNRH § 95 Rn. 54; *Stege*/*Weinspach*/*Schiefer* § 95 Rn. 19; *Zöllner* FS G. *Müller*, S. 665 [676]; vgl. auch *BAG* 29.01.1997 EzA § 1 KSchG Krankheit Nr. 42 = AP Nr. 32 zu § 1 KSchG 1969 Krankheit unter II 1c; **a. M.** *Klebe*/DKKW § 95 Rn. 29 f.). Von Bedeutung sind vor allem Richtlinien im Zusammenhang mit der **Sozialauswahl nach § 1**

§ 95

IV. 5. *Personelle Angelegenheiten*

Abs. 3 KSchG. Dass den Betriebspartnern insoweit eine Regelungskompetenz zusteht, wird durch § 1 Abs. 4 KSchG ausdrücklich anerkannt. Der Inhalt der Auswahlrichtlinien ist aber nicht durch die Voraussetzungen des § 1 Abs. 4 KSchG begrenzt. Diese haben vielmehr nur Bedeutung für die gerichtliche Überprüfbarkeit der Auswahlentscheidung. Schranken für die Vereinbarungsbefugnis ergeben sich vielmehr zum einen aus dem zwingenden Kündigungsrecht (*BAG* 11.03.1976 EzA § 95 BetrVG 1972 Nr. 1 = AP Nr. 1 zu § 95 BetrVG 1972; 15.06.1989 EzA § 1 KSchG Soziale Auswahl Nr. 27 = AP Nr. 18 zu § 1 KSchG 1969 Soziale Auswahl unter B II 2e bb; *LAG Hamm* 26.09.2001 AP Nr. 40 zu § 95 BetrVG 1972 unter B I 2c aa). Soweit dem Arbeitgeber die Auswahlkriterien gesetzlich vorgegeben sind, besteht auch für die Betriebspartner kein Regelungsspielraum. Zum anderen sind auch hier die allgemeinen Grenzen der Mitbestimmung zu beachten, die sich aus den Voraussetzungen des § 95 ergeben. Diese beschränken zwar nicht die Regelungskompetenz der Betriebspartner, wohl aber die Erzwingbarkeit einer solchen Regelung. So dürfen die Richtlinien den Auswahlspielraum des Arbeitgebers nur einschränken, aber nicht vollständig ausschließen (s. Rdn. 5; hierzu auch Rdn. 49). Soll ein eigener Entscheidungsspielraum des Arbeitgebers ganz ausgeschlossen werden, so kann dies nur aufgrund einer freiwilligen Vereinbarung geschehen (s. Rdn. 18).

46 Hinsichtlich des möglichen Inhalts von Auswahlrichtlinien bei betriebsbedingten Kündigungen ist zwischen den **verschiedenen Stufen der Sozialauswahl** zu unterscheiden. Zunächst muss der **Kreis derjenigen Arbeitnehmer** bestimmt werden, **zwischen denen die Auswahl vorzunehmen** ist. Einzubeziehen sind dabei alle Arbeitnehmer des Betriebs mit einer vergleichbaren Tätigkeit und Qualifikation. Maßgeblich ist, ob die Arbeitnehmer wechselseitig austauschbar sind, wovon grundsätzlich nur dann auszugehen ist, wenn der Arbeitgeber dem Arbeitnehmer aufgrund Direktionsrechts die jeweils andere Tätigkeit zuweisen könnte (*BAG* 15.06.1989 EzA § 1 KSchG Soziale Auswahl Nr. 27 *[Hergenröder]* = AP Nr. 18 zu § 1 KSchG 1969 Soziale Auswahl Nr. 18 unter B II 1; 29.03.1990 EzA § 1 KSchG Soziale Auswahl Nr. 29 *[Preis]* = AP Nr. 50 zu § 1 KSchG 1969 Betriebsbedingte Kündigung; 17.02.2000 EzA § 1 KSchG Soziale Auswahl Nr. 43 *[Kittner]* = AP Nr. 46 zu § 1 KSchG Soziale Auswahl *[Kassen]* unter II 1a; 05.12.2002 EzA § 1 KSchG Soziale Auswahl Nr. 52 unter B I 3a). Die Grundsätze über die Bestimmung der Vergleichbarkeit sind den Betriebspartnern vorgegeben. **In den Auswahlrichtlinien kann** daher der **Kreis der vergleichbaren Arbeitnehmer nicht enger gezogen** werden als dies von § 1 Abs. 3 KSchG vorgegeben ist (*BAG* 11.03.1976 EzA § 95 BetrVG 1972 Nr. 1 = AP Nr. 1 zu § 95 BetrVG 1972 unter II 3; 15.06.1989 EzA § 1 KSchG Soziale Auswahl Nr. 27 = AP Nr. 18 zu § 1 KSchG 1969 Soziale Auswahl unter B II 2e bb; 05.06.2008 EzA § 1 KSchG Soziale Auswahl Nr. 81 Rn. 18; *Griebeling/Rachor/*KR § 1 KSchG Rn. 696; *Kiel/APS* § 1 KSchG Rn. 691; *Kaiser/LK* § 95 Rn. 10; *Richardi/Thüsing* § 95 Rn. 41). Allerdings lassen die gesetzlichen Kriterien durchaus einen nicht unerheblichen **Beurteilungsspielraum**. Diesen können die Betriebspartner **durch Auswahlrichtlinien ausfüllen** und dabei insbesondere den betrieblichen Besonderheiten Rechnung tragen (*BAG* 15.06.1989 EzA § 1 KSchG Soziale Auswahl Nr. 27 = AP Nr. 18 zu § 1 KSchG 1969 Soziale Auswahl unter B II 2e bb; *LAG Hamm* 26.09.2001 AP Nr. 40 zu § 95 BetrVG 1972; *Kiel/APS* § 1 KSchG Rn. 692). So können sie beispielsweise einen Zeitraum festlegen, nach dessen Ablauf der Wechsel eines Arbeitnehmers von einer in die andere Tätigkeit trotz vorhandener formaler Qualifikation wegen der hiermit verbundenen Einarbeitungszeit als nicht mehr hinnehmbar anzusehen ist (vgl. *BAG* 15.06.1989 EzA § 1 KSchG Soziale Auswahl Nr. 27 = AP Nr. 18 zu § 1 KSchG 1969 Soziale Auswahl unter B II 2e bb). Auf solche Richtlinien findet jedoch **§ 1 Abs. 4 KSchG keine Anwendung**. Das Gericht kann daher in vollem Umfange überprüfen, ob die Bestimmung des auswahlrelevanten Personenkreises den Anforderungen des § 1 Abs. 3 KSchG entspricht (*Bader* NZA 2004, 65 [75]; *Däubler* NZA 2004, 177 [182]; *Griebeling/Rachor/*KR § 1 KSchG Rn. 696; *Fitting* § 95 Rn. 27; *Gaul/Lunk* NZA 2004, 184 [185]; *Kiel/APS* § 1 KSchG Rn. 691; *Preis/SPV* Rn. 1146; *Richardi/Thüsing* § 95 Rn. 45; *Willemsen/Annuß* NJW 2004, 177 [180]; **a. M.** *LAG Hamm* 26.09.2001 AP Nr. 40 zu § 95 BetrVG 1972; *Schiefer/Worzalla* NZA 2004, 345 [351]; offen gelassen von *BAG* 05.12.2002 EzA § 1 KSchG Soziale Auswahl Nr. 52).

47 Ähnliche Grundsätze gelten für die Bestimmung des Kreises der **Arbeitnehmer**, die nach **§ 1 Abs. 3 Satz 2 KSchG** mit Rücksicht auf betriebliche Interessen **nicht in die Sozialauswahl einzubeziehen** sind. Auch insoweit können die Betriebspartner Richtlinien vereinbaren, die der Konkretisierung des »berechtigten betrieblichen Interesses« dienen. Sie dürfen allerdings den Kreis gegenüber den gesetzlichen Vorgaben nicht ausweiten, weil dadurch u. U. Arbeitnehmer von der Kündigung betroffen

werden können, die sozial schutzwürdiger sind (*Griebeling/Rachor/*KR § 1 KSchG Rn. 696). Außerdem unterliegen die Festlegungen der Betriebspartner der uneingeschränkten Kontrolle im Kündigungsschutzprozess; § 1 Abs. 4 KSchG gilt insoweit nicht (*Bader* NZA 2004, 65 [75]; *Däubler* NZA 2004, 177 [182]; *Fitting* § 95 Rn. 29; *Gaul/Lunk* NZA 2004, 184 [186]; *Glock/HSWG* § 95 Rn. 32; *Kiel/APS* § 1 KSchG Rn. 691; *Preis/SPV* Rn. 1146; *Richardi/Thüsing* § 95 Rn. 45; **a. M.** *Rose/HWGNRH* § 95 Rn. 59). Andererseits bestehen keine Bedenken, wenn die Richtlinien so abgefasst werden, dass Arbeitnehmer in die Sozialauswahl einbezogen werden, an deren Weiterbeschäftigung ein betriebliches Interesse i. S. d. § 1 Abs. 3 Satz 2 KSchG besteht (*Griebeling/Rachor/*KR § 1 KSchG Rn. 696). Die Ausnahmeregelung dient den Interessen des Arbeitgebers und des Betriebes. Sie eröffnet lediglich dem Arbeitgeber die Möglichkeit, sich von der Pflicht zur Sozialauswahl zu befreien, gibt den von dem Stellenabbau betroffenen Arbeitnehmern aber keinen individuellen Anspruch darauf, von der Auswahl nach sozialen Gesichtspunkten ausgenommen zu werden (*Bader* NZA 2004, 65 [74]; *Griebeling/Rachor/*KR § 1 KSchG Rn. 631; *Preis/SPV* Rn. 1103; **a. M.** *Buschmann* AuR 1996, 285 [288]; *Kittner* AuR 1997, 182 [188]).

Nach § 1 Abs. 4 KSchG (in der seit 01.01.2004 geltenden Fassung des Gesetzes zu Reformen am Arbeitsmarkt vom 24.12.2003 BGBl. I, S. 3002; diese entspricht der Fassung nach dem Arbeitsrechtlichen Beschäftigungsförderungsgesetz vom 25.09.1996 BGBl. I, S. 1476, die vom 01.10.1996 bis zum 31.12.1998 galt) kann in Auswahlrichtlinien nach § 95 außerdem festgelegt werden, wie die **sozialen Gesichtspunkte nach § 1 Abs. 3 Satz 1 KSchG** im Verhältnis zueinander zu bewerten sind. Nach § 1 Abs. 3 KSchG hat der Arbeitgeber im Rahmen der Sozialauswahl die Dauer der Betriebszugehörigkeit, das Lebensalter, die Unterhaltspflichten und die Schwerbehinderung des Arbeitnehmers zu berücksichtigen. Dabei genügt es, wenn der Arbeitgeber diese sozialen Gesichtspunkte »ausreichend« berücksichtigt. Das Gesetz beschreibt also lediglich die Maßstäbe, nach denen die Auswahl zu erfolgen hat, gibt aber kein bestimmtes Ergebnis vor, da die Auswahl stets unter Berücksichtigung der Besonderheiten des jeweiligen Einzelfalles erfolgen muss und es objektive, für alle Fälle gleichermaßen verbindliche Kriterien für die Gewichtung der Sozialdaten nicht gibt (*BAG* 15.06.1989 EzA § 1 KSchG Soziale Auswahl Nr. 27 *[Hergenröder]* = AP Nr. 18 zu § 1 KSchG 1969 Soziale Auswahl Nr. 18 unter B II 2e aa). Daher steht dem Arbeitgeber bei der Abwägung der maßgeblichen Kriterien ein Bewertungsspielraum zu, innerhalb dessen mehrere Ergebnisse als vertretbar angesehen werden können, so dass unterschiedliche Kündigungen sozial gerechtfertigt sind (*BAG* 18.10.1984 EzA § 1 KSchG Betriebsbedingte Kündigung Nr. 34 = AP Nr. 6 zu § 1 KSchG Soziale Auswahl unter B II 4a; 15.06.1989 EzA § 1 KSchG Soziale Auswahl Nr. 27 *[Hergenröder]* = AP Nr. 18 zu § 1 KSchG 1969 Soziale Auswahl unter B II 2e aa; 18.01.1990 EzA § 1 KSchG Soziale Auswahl Nr. 28 = AP Nr. 19 zu § 1 KSchG 1969 Soziale Auswahl unter II 4a; 05.12.2002 EzA § 1 KSchG Soziale Auswahl Nr. 49 unter B III 1; *Griebeling/Rachor/*KR § 1 KSchG Rn. 678g; *Kiel/APS* § 1 KSchG Rn. 648; *Preis/SPV* Rn. 1100). Diesen Bewertungsspielraum können die Betriebspartner durch Aufstellung von Richtlinien über die Sozialauswahl gemeinsam ausfüllen (*BAG* 05.06.2008 EzA § 1 KSchG Soziale Auswahl Nr. 81 Rn. 19). Sie können dabei insbesondere die Auswahlentscheidung dadurch objektivieren, dass sie ein **Punkteschema** entwerfen, das eine Gewichtung der unterschiedlichen Sozialdaten enthält (*BAG* 18.01.1990 EzA § 1 KSchG Soziale Auswahl Nr. 28 = AP Nr. 19 zu § 1 KSchG 1969 Soziale Auswahl unter II 4b; 05.12.2002 EzA § 1 KSchG Soziale Auswahl Nr. 49 unter B III 2; 06.11.2008 EzA § 1 KSchG Soziale Auswahl Nr. 82; vgl. auch die Beispiele bei *Gaul/Lunk* NZA 2004, 184 [188]). Machen die Betriebspartner von der Möglichkeit der Aufstellung von Auswahlrichtlinien Gebrauch, so ist die von ihnen vorgenommene Bewertung nach § 1 Abs. 4 KSchG gerichtlich nur noch **eingeschränkt überprüfbar**. Die von den Betriebspartnern gemeinsam aufgestellten Richtlinien bieten nach Ansicht des Gesetzgebers eine größere Gewähr für eine sachlich ausgewogene Berücksichtigung der Sozialdaten, was eine Zurücknahme der gerichtlichen Kontrolle als gerechtfertigt erscheinen lässt (*BAG* 05.12.2002 EzA § 1 KSchG Soziale Auswahl Nr. 49 unter B III 2). Den Betriebspartnern wird damit ein erheblich größerer Bewertungsspielraum eingeräumt als dem Arbeitgeber im Falle der Alleinentscheidung. Die auf der Grundlage der Richtlinie vorgenommene Auswahl der Arbeitnehmer wird als sozial gerechtfertigt angesehen, es sei denn dass die von den Betriebspartnern vorgenommene Bewertung **grob fehlerhaft** ist. Von einer groben Fehlerhaftigkeit ist auszugehen, wenn die im Gesetz genannten sozialen Kriterien entweder gar keine Beachtung gefunden haben oder die Art und Weise ihrer Berücksichtigung jede Ausgewogenheit vermissen lässt. Letzteres ist der

Fall, wenn die Auswahl zwar anhand der Kriterien des § 1 Abs. 3 KSchG erfolgt, jedoch eines oder mehrere der Auswahlkriterien gar nicht oder so gering bewertet werden, dass sie bei der Auswahl entweder niemals oder allenfalls in Ausnahmefällen den Ausschlag geben können (*BAG* 05.12.2002 EzA § 1 KSchG Soziale Auswahl Nr. 52 unter B I 3c aa; 05.06.2008 EzA § 1 KSchG Soziale Auswahl Nr. 81 Rn. 19; 05.11.2009 EzA § 1 KSchG Interessenausgleich Nr. 20 Rn. 29; 18.03.2010 EzA § 1 KSchG Soziale Auswahl Nr. 83 Rn. 13; *Griebeling/Rachor*/KR § 1 KSchG Rn. 697; *Kiel/APS* § 1 KSchG Rn. 697).

49 Voraussetzung für die eingeschränkte Überprüfbarkeit ist zunächst, dass die Richtlinien **nicht gegen zwingendes Gesetzesrecht verstoßen**. Hierfür ist vor allem erforderlich, dass die durch § 1 Abs. 3 KSchG gezogenen Grenzen beachtet werden (s. Rdn. 45). Orientieren sich die Betriebspartner an den dortigen Kriterien, so sind die Auswahlrichtlinien auch mit höherrangigem Recht vereinbar. Insbesondere stellt die **Berücksichtigung des Lebensalters keine unzulässige Altersdiskriminierung** dar, da hierdurch lediglich die je nach Alter unterschiedlichen individuellen Arbeitsmarktchancen berücksichtigt werden, die hiermit verbundene Benachteiligung jüngerer Arbeitnehmer also durch ein legitimes Ziel (§ 10 Satz 1 und 2 AGG) gerechtfertigt ist (*BAG* 19.06.2007 EzA § 1 KSchG Interessenausgleich Nr. 13 Rn. 44 f.; 06.11.2008 EzA § 1 KSchG Soziale Auswahl Nr. 82 Rn. 42 ff.; 05.11.2009 EzA § 1 KSchG Interessenausgleich Nr. 20 Rn. 25; **a. M.** *Kaiser/Dahm* NZA 2010, 473 [480]; ausführlich hierzu *Krause* in: *von Hoyningen-Huene/Linck* KSchG § 1 Rn. 970 ff.; s. aber auch zur Versetzung Rdn. 42). Auch die **Bildung von Altersgruppen**, innerhalb derer sich die Sozialauswahl nach § 1 Abs. 3 KSchG vollzieht, kann (vor allem zur Sicherung einer ausgewogenen Personalstruktur nach § 1 Abs. 3 Satz 2 KSchG) zulässig sein (*BAG* 06.11.2008 EzA § 1 KSchG Soziale Auswahl Nr. 82 Rn. 48 ff.; 22.03.2012 EzA § 1 KSchG Soziale Auswahl Nr. 85 Rn. 29 ff.; 26.03.2015 EzA § 1 KSchG Soziale Auswahl Nr. 88 Rn. 13 ff.). Altersgruppen können daher auch Gegenstand einer Auswahlrichtlinie sein. In der neueren Rechtsprechung sind jedoch die kündigungsrechtlichen Anforderungen an solche Altersgruppenbildungen verschärft worden. Insbesondere verlangt das *BAG*, dass die Altersgruppen nicht auf Betriebsebene, sondern innerhalb der Gruppen der vergleichbaren Arbeitnehmer zu bilden sind (*BAG* 26.03.2015 EzA § 1 KSchG Soziale Auswahl Nr. 88 Rn. 14 f.). Lässt sich die Zahl der auszusprechenden Kündigungen – etwa wegen der geringen Anzahl – nicht proportional auf die so gebildeten Altersgruppen verteilen, so ist eine solche Gruppenbildung zur Vornahme einer gesetzeskonformen Auswahl von vornherein nicht geeignet (*BAG* 22.03.2012 EzA § 1 KSchG Soziale Auswahl Nr. 85 Rn. 33 ff.; 26.03.2015 EzA § 1 KSchG Soziale Auswahl Nr. 88 Rn. 19 ff.; zu den Problemen näher *Kiel/APS* § 1 KSchG Rn. 680 ff.; *Lingemann/Otte* NZA 2016, 65 ff.). Sind die Auswahlrichtlinien aus irgendeinem Grunde unwirksam, so führt dies nicht automatisch zur Unwirksamkeit der Kündigung. Entscheidend ist vielmehr auch hier, ob im Ergebnis die sozialen Kriterien in ausreichendem Maße berücksichtigt worden sind. Die Kündigung ist daher nicht unwirksam, wenn sich Fehler der Auswahlrichtlinien oder Fehler des Arbeitgebers bei deren Anwendung nicht **auf die Kündigungsentscheidung ausgewirkt** haben, der Arbeitnehmer also auch ohne diesen Fehler gekündigt worden wäre (*BAG* 18.10.2006 EzA § 1 KSchG Soziale Auswahl Nr. 70 Rn. 22 ff.; 09.11.2006 EzA § 1 KSchG Soziale Auswahl Nr. 71 Rn. 19 ff.; 10.06.2010 EzA § 1 KSchG Interessenausgleich Nr. 22 Rn. 19 [zu § 1 Abs. 5 Satz 2 KSchG]). Fraglich ist, ob die Vorgaben in den Auswahlrichtlinien so detailliert sein dürfen, dass sie zu einem eindeutigen Ergebnis führen, oder ob sie dem Arbeitgeber eine individuelle Abschlussbewertung ermöglichen müssen. Das *BAG* hatte früher die Zulässigkeit der Sozialauswahl auf der Basis kollektiver Auswahlrichtlinien, insbesondere einer Punktetabelle, davon abhängig gemacht hat, dass die Auswahlkriterien einen Raum lassen für eine abschließende Berücksichtigung der individuellen Besonderheiten des Einzelfalles (*BAG* 20.10.1983 EzA § 1 KSchG Betriebsbedingte Kündigung Nr. 28 = AP Nr. 13 zu § 1 KSchG 1969 Betriebsbedingte Kündigung unter B II 1; 18.01.1990 EzA § 1 KSchG Soziale Auswahl Nr. 28 = AP Nr. 19 zu § 1 KSchG 1969 Soziale Auswahl unter II 4a; 07.12.1995 EzA § 1 KSchG Soziale Auswahl Nr. 35 = AP Nr. 29 zu § 1 KSchG 1969 Soziale Auswahl unter II 3b). Mit der Einführung des § 1 Abs. 4 KSchG hat der Gesetzgeber jedoch bewusst der Rechtssicherheit den Vorrang vor der Einzelfallgerechtigkeit eingeräumt. Aus diesem Grunde sind auch die Vorgaben der Betriebspartner im Rahmen von Auswahlrichtlinien zu akzeptieren und eine auf der Basis solcher Richtlinien vorgenommene Sozialauswahl auch dann nicht für grob fehlerhaft zu erachten, wenn die Richtlinien **keine abschließende Einzelfallprüfung** vorsehen (so jetzt auch *BAG* 09.11.2006 EzA § 1 KSchG Soziale Auswahl Nr. 71 Rn. 29;

Auswahlrichtlinien § 95

24.10.2013 EzA § 125 InsO Nr. 11 Rn. 39; *LAG Düsseldorf* 17.03.2000 LAGE § 1 KSchG Soziale Auswahl Nr. 32; *Gaul/Lunk* NZA 2004, 184 [187 f.]; *Griebeling/Rachor/*KR § 1 KSchG Rn. 699; *Kiel/* APS § 1 KSchG Rn. 699; *Krause* in: *von Hoyningen-Huene/Linck* KSchG, § 1 Rn. 1038; *Löwisch* BB 1999, 102 [103]; *Quecke* RdA 2007, 335 [338 f.]; *Preis/SPV* Rn. 1141, 1164; **a. M.** offenbar *Richardi/Thüsing* § 95 Rn. 42). Führt die Anwendung einer Auswahlrichtlinie zu **keinem eindeutigen Ergebnis**, etwa weil mehrere Arbeitnehmer gleich schutzwürdig sind, aber nicht allen gekündigt werden muss, muss allerdings dem Arbeitgeber das Recht zustehen zu entscheiden, welchen Arbeitnehmern gekündigt wird. Die dann ausgesprochene Kündigung ist nicht nach § 1 Abs. 3 Satz 1 KSchG sozial ungerechtfertigt, da der Arbeitgeber, wenn er zunächst die Bewertung nach Maßgabe der Richtlinie vorgenommen hat, soziale Gesichtspunkte »ausreichend« berücksichtigt hat. Da § 95 das Mitbestimmungsrecht auf die Aufstellung von Richtlinien beschränkt, kann eine Regelung, die dem Arbeitgeber keinerlei eigenen Bewertungsspielraum mehr lässt, allerdings nicht im Wege des Einigungsstellenverfahrens durchgesetzt werden, sondern nur Gegenstand einer freiwillig getroffenen Vereinbarung sein (s. Rdn. 5, 18; **a. M.** hinsichtlich Auswahlrichtlinien für die Sozialauswahl *Quecke* RdA 2007, 335 [339]; diese Frage für Punkteschemata zur Sozialauswahl nunmehr offen lassend *BAG* 26.07.2005 EzA § 95 BetrVG 2001 Nr. 1 unter B II 1a aa).

Eine weitere Frage im Zusammenhang mit den Richtlinien über die soziale Auswahl ist, ob die Betriebspartner darauf beschränkt sind, die Gewichtung der in § 1 Abs. 3 genannten Kriterien festzulegen, oder ob sie auch **im Gesetz nicht erwähnte Kriterien berücksichtigen** können. In der vom 01.01.1999 – 31.12.2003 geltenden Fassung (vgl. Art. 6 des Gesetzes zu Korrekturen in der Sozialversicherung und zur Sicherung der Arbeitnehmerrechte vom 19.12.1998, BGBl. I, S. 3843) war noch davon die Rede gewesen, dass die Betriebspartner festlegen können, welche sozialen Gesichtspunkte zu berücksichtigen sind. Hintergrund war, dass § 1 Abs. 3 Satz 1 KSchG den Arbeitgeber nur allgemein verpflichtete, soziale Gesichtspunkte zu berücksichtigen, ohne diese besonders zu benennen. Die Neufassung spricht nunmehr (wie die bis zum 31.12.1998 geltende Fassung) nur noch davon, dass die Betriebspartner festlegen können, »wie die sozialen Gesichtspunkte nach Absatz 3 Satz 1 im Verhältnis zueinander zu bewerten sind«. Die h. M. folgert hieraus, dass es den Betriebspartnern verwehrt ist, auf andere zusätzliche Kriterien zurückzugreifen, weil die Aufzählung der für die soziale Auswahl maßgeblichen Grunddaten in **§ 1 Abs. 3 KSchG abschließenden Charakter** habe und es daher auch dem Arbeitgeber verwehrt sei, neben den im Gesetz genannten Gesichtspunkten auch noch andere soziale Aspekte zu berücksichtigen. Allenfalls komme eine Ergänzung im Rahmen der Gewichtung der Grunddaten aus § 1 Abs. 3 KSchG in Betracht, soweit die ergänzenden Faktoren einen unmittelbaren Bezug zu diesen Grunddaten hätten (*BAG* 31.05.2007 EzA § 1 KSchG Soziale Auswahl Nr. 77 Rn. 52; 12.08.2010 EzA § 2 KSchG Nr. 79 Rn. 46; *Kiel/APS* § 1 KSchG Rn. 653; *Krause* in: *von Hoyningen-Huene/Linck* KSchG, § 1 Rn. 964 f.; *Preis/SPV* Rn. 1091; aus dem Schrifttum zum BetrVG *Fitting* § 95 Rn. 25; *Rose/HWGNRH* § 95 Rn. 58). Bereits in den Gesetzesmaterialien wird in diesem Zusammenhang darauf verwiesen, dass ergänzend Berücksichtigung finden könne, wenn der Arbeitnehmer an einer Berufskrankheit oder an den Folgen eines von ihm unverschuldeten Arbeitsunfalls leide (Gesetzesbegründung BT-Drucks. 15/1204, S. 11). Nach der (vorzugswürdigen) **Gegenansicht** sind die Betriebsparteien nicht gehindert, zusätzliche Auswahlgesichtspunkte zu berücksichtigen (*Griebeling/Rachor/*KR § 1 KSchG Rn. 678l; *Matthes* FS *Kreutz*, S. 301 [303]; *Richardi/Thüsing* § 95 Rn. 42). Eine Sozialauswahl, die anhand solcher Auswahlrichtlinien erfolgt, wäre danach ordnungsgemäß, solange die Gewichtung der Grunddaten nicht grob fehlerhaft ist, was naturgemäß einschließt, dass den Grunddaten im Verhältnis zu den Zusatzkriterien ein deutlich stärkeres Gewicht beigemessen werden muss. Für diese Lösung spricht einmal, dass § 1 Abs. 3 Satz 1 KSchG lediglich eine »ausreichende« Berücksichtigung der im Gesetz genannten Kriterien verlangt. Dagegen ist nicht davon die Rede, dass »nur« oder »ausschließlich« die dortigen Gesichtspunkte herangezogen werden dürfen. Zudem zielte die Eingrenzung auf im Gesetz genau bezeichnete Sozialdaten darauf ab, »betriebsbedingte Kündigungen für den Arbeitgeber und den Arbeitnehmer rechtssicherer zu gestalten und berechenbarer zu machen« (Gesetzesbegründung BT-Drucks. 15/1204, S. 11). Vor allem der Arbeitgeber sollte darauf vertrauen dürfen, dass die Kündigung schon dann Bestand hat, wenn er sich auf die im Gesetz genannten Kriterien beschränkt, weil diese dann ausreichend berücksichtigt sind. Dass es dem Arbeitgeber (und damit den Betriebsparteien) untersagt sein sollte, im Bemühen um Einzelfallgerechtigkeit noch weitere Sozialdaten heranzuziehen, lässt sich hieraus wohl nicht ableiten.

50

Legt man hingegen die h. M. zum Kündigungsschutzrecht zugrunde, so sind die Betriebsparteien hieran gebunden (s. Rdn. 34). Auswahlrichtlinien, die zusätzliche Kriterien ohne Bezug zu den Grunddaten berücksichtigen, genügen mithin nicht den Anforderungen des § 1 Abs. 4 KSchG. Eine aufgrund dieser Richtlinien erfolgende Auswahl unterliegt folglich der uneingeschränkten Kontrolle am Maßstab des § 1 Abs. 3 KSchG und dürfte regelmäßig zur Sozialwidrigkeit der betriebsbedingten Kündigung führen (s. Rdn. 49).

51 Im Zusammenhang mit Richtlinien über die soziale Auswahl bei Kündigungen steht die h. M. auf dem Standpunkt, dass die Beschränkung der gerichtlichen Kontrolle der Sozialauswahl nach § 1 Abs. 4 KSchG nur gelte, wenn das Bewertungsschema in einer **förmlichen Betriebsvereinbarung** (oder in einem **Tarifvertrag**) festgelegt sei (*BAG* 24.10.2013 EzA § 125 InsO Nr. 11 = AP Nr. 12 zu § 125 InsO Rn. 30; *Bader* NZA 1999, 64 [69]; *Fitting* § 95 Rn. 30; *Gaul/Lunk* NZA 2004, 184 [186]; *Krause* in: *von Hoyningen-Huene/Linck* KSchG, § 1 Rn. 1032; *Kiel/APS* § 1 KSchG Rn. 693; *Preis/SPV* Rn. 1144; *Ricken/HWK* § 95 BetrVG Rn. 7; wohl auch *Richardi/Thüsing* § 95 Rn. 56; *Matthes* FS *Kreutz*, S. 301 [305] meint zwar, dass eine Betriebsvereinbarung erforderlich sei, dass diese aber keine normative Wirkung entfalte). Dies wird insbesondere aus dem Wortlaut des § 1 Abs. 4 KSchG geschlossen. Danach hätte eine formlose Einigung zwischen Arbeitgeber und Betriebsrat über die Gewichtung der sozialen Gesichtspunkte zwar Bedeutung für das Widerspruchsrecht nach § 102 Abs. 3 Nr. 2. Die auf dieser Grundlage vorgenommene Sozialauswahl wäre dagegen in vollem Umfang gerichtlich zu überprüfen. Dies entspricht der hier allgemein für Auswahlrichtlinien vertretenen Ansicht, wonach es sich bei Auswahlrichtlinien stets um normative Regelungen handelt, die daher im Rahmen einer Betriebsvereinbarung getroffen werden müssen (s. Rdn. 8). Im betriebsverfassungsrechtlichen Schrifttum wird dagegen ganz überwiegend auch eine formlose Regelungsabrede für zulässig gehalten (s. Rdn. 7). Folgt man dem, so ist es allerdings kaum überzeugend, nur für Auswahlrichtlinien bei Kündigungen eine Betriebsvereinbarung zu verlangen (vgl. auch *BAG* 05.12.2002 EzA § 1 KSchG Soziale Auswahl Nr. 49 unter B III 2, das offenbar davon ausgeht, dass § 1 Abs. 4 KSchG auch im Falle der Regelungsabrede Anwendung finden könne; zust. *Schiefer/Worzalla* NZA 2004, 345 [351]). Die Berufung auf den vermeintlich eindeutigen Wortlaut des § 1 Abs. 4 KSchG berücksichtigt zu wenig die Entstehungsgeschichte und den Zweck der Regelung. Der Gesetzgeber hat offenbar bei der Endfassung übersehen, dass die Aufstellung von Auswahlrichtlinien nach überwiegender Ansicht auch in Form einer Regelungsabrede möglich ist. Im Regierungsentwurf (vgl. BT-Drucks. 13/4618 S. 8) war in § 1 Abs. 4 noch von einer »Richtlinie nach § 95 des Betriebsverfassungsgesetzes« die Rede. Es ist nicht erkennbar, dass die Umstellung dieser Formulierung auf den Begriff »Betriebsvereinbarung« eine bewusste Entscheidung des Gesetzgebers gegen die Regelungsabrede war. Es ist auch kein sachlicher Grund ersichtlich, die gerichtliche Prüfungskompetenz in Bezug auf Auswahlrichtlinien, die auf einer Regelungsabrede beruhen, gegenüber Auswahlrichtlinien in einer Betriebsvereinbarung auszudehnen. Auch wenn das Schriftformerfordernis des § 77 Abs. 2 nicht erfüllt ist, entsprechen die in einer Regelungsabrede vereinbarten Richtlinien dem gemeinsamen Willen der Betriebspartner, deren Sachnähe, neben der besseren Berechenbarkeit einer betriebsbedingten Kündigung für den Arbeitgeber (vgl. RegE BT-Drucks. 13/4612 S. 8), der Grund für die eingeschränkte Prüfungskompetenz der Gerichte ist.

52 Ein **Mitbestimmungsrecht** bei der sozialen Auswahl im Falle von betriebsbedingten Kündigungen **besteht nur, wenn der Arbeitgeber für die Auswahlentscheidung allgemeine Richtlinien aufstellt**. Dem Arbeitgeber steht es aber frei, die Auswahl individuell anhand der Umstände des jeweiligen Einzelfalls vorzunehmen. Zur Aufstellung der Richtlinien gezwungen werden kann er nur unter den Voraussetzungen des Abs. 2. Zu beachten ist in diesem Zusammenhang, dass nach Ansicht des *BAG* ein vom Arbeitgeber aufgestelltes Punkteschema auch dann eine Auswahlrichtlinie darstellt, wenn dieses nicht generell für betriebsbedingte Kündigungen gelten, sondern nur **für den konkreten Einzelfall**, also die aktuell anstehenden Kündigungen Anwendung finden soll (*BAG* 26.07.2005 EzA § 95 BetrVG 2001 Nr. 1). Legt man dies zugrunde (zur Kritik s. Rdn. 16), so ist fraglich, ob für eine mitbestimmungsfreie Auswahlentscheidung überhaupt noch Raum ist, wenn man von der – im Hinblick auf die Darlegungslast im Kündigungsschutzprozess kaum empfehlenswerten – Möglichkeit einer rein »intuitiven« Auswahl einmal absieht. Erwogen wird, dass ein Mitbestimmungsrecht nur bestehe, wenn der Arbeitgeber die endgültige Auswahlentscheidung auf der Grundlage eines Punkteschemas vornehme. Ein Mitbestimmungsrecht bestehe daher nicht, wenn der Arbeitgeber das Punk-

teschema lediglich als Hilfsmittel im Rahmen einer Vorauswahl verwende, die Auswahlentscheidung selbst dann aber einzelfallbezogen treffe (*Bauer/Krieger* FS *Richardi*, S. 177 [186]; *Gaul/Bonanni/Naumann* BB 2006, 549 [552]; wohl auch *Rossa/Salamon* NJW 2008, 1991 [1993]). Eine solche Trennung erscheint aber gekünstelt und kaum überzeugend, da die endgültige Auswahl durch das anhand des Punkteschemas ermittelte Ergebnis wenn nicht vorgegeben, so doch zumindest wesentlich vorgezeichnet ist. Dann handelt es sich aber – wenn man die Anwendung im Einzelfall für ausreichend hält – um Auswahlrichtlinien für die konkrete Kündigung i. S. d. § 95. Einigen sich Arbeitgeber und Betriebsrat auf Richtlinien über die soziale Auswahl der Arbeitnehmer, so sind diese **für den Arbeitgeber** in jedem Falle **verbindlich** (*BAG* 05.06.2008 EzA § 1 KSchG Soziale Auswahl Nr. 81 Rn. 19; 18.03.2010 EzA § 1 KSchG Soziale Auswahl Nr. 83 Rn. 13). Dies gilt auch, wenn die Richtlinien dem Arbeitgeber eine Auswahlentscheidung vorgeben, zu der er nach den Regeln des Kündigungsschutzes nicht verpflichtet wäre (z. B. wenn die Richtlinien die Möglichkeit, Arbeitnehmer von der Sozialauswahl nach § 1 Abs. 3 Satz 2 KSchG auszunehmen, einschränken, s. Rdn. 47; vgl. auch *Schiefer/Worzalla* NZA 2004, 345 [351]). **Verstößt der Arbeitgeber** durch den Ausspruch der Kündigung **gegen die Richtlinie**, so steht dem Betriebsrat ein **Widerspruchsrecht** nach § 102 Abs. 3 Nr. 2 zu. Widerspricht der Betriebsrat der Kündigung unter Berufung auf den Verstoß, so steht dem Arbeitnehmer zum einen unter den weiteren Voraussetzungen des § 102 Abs. 5 ein Weiterbeschäftigungsanspruch zu (s. § 102 Rdn. 207 ff.). Zum anderen ist die **Kündigung** nach § 1 Abs. 2 Satz 2 Nr. 1a KSchG **sozial ungerechtfertigt und damit unwirksam**, was der Arbeitnehmer im Wege der Kündigungsschutzklage geltend machen kann (*LAG Hamm* 04.05.2011 LAGE § 125 InsO Nr. 14 [zu § 125 Abs. 1 Satz 1 Nr. 2 InsO]; *Griebeling/Rachor/KR* § 1 KSchG Rn. 198; *Kaiser/LK* § 95 Rn. 18; *Krause* in: von *Hoyningen-Huene/Linck* KSchG, § 1 Rn. 1038; *Richardi/Thüsing* § 95 Rn. 46). Hält sich der Arbeitgeber hingegen an die mit dem Betriebsrat vereinbarten Grundsätze, so kann der Betriebsrat der Kündigung nicht nach § 102 Abs. 3 Nr. 1 mit der Begründung widersprechen, dass der Arbeitgeber soziale Gesichtspunkte nicht ausreichend berücksichtigt habe, weil der Betriebsrat mit seiner Zustimmung gerade zum Ausdruck gebracht hat, dass nach seiner Ansicht die Richtlinien die Gewähr für eine ausgewogene Berücksichtigung der Sozialdaten bieten (*Rose/HWGNRH* § 95 Rn. 68; **a. M.** *Weller* RdA 1986, 222 [227]). Entschließt sich der Arbeitgeber zur Aufstellung allgemeiner Richtlinien, bedarf er in jedem Fall der Zustimmung des Betriebsrats (zu den Folgen bei Nichtbeachtung des Zustimmungsrechts s. Rdn. 29). Nimmt der Arbeitgeber die soziale Auswahl anhand von Richtlinien vor, **ohne die Zustimmung des Betriebsrats** eingeholt zu haben, so führt dies für sich genommen nicht zur Unwirksamkeit der Kündigung (s. Rdn. 30). Freilich gilt dann auch nicht der beschränkte Kontrollmaßstab des § 1 Abs. 4 KSchG. Vielmehr ist die soziale Auswahl am Maßstab des § 1 Abs. 3 KSchG zu prüfen. Eine **Änderung der Auswahlrichtlinien** ist jederzeit durch Betriebsvereinbarung möglich. Eine solche Änderung kann auch im Rahmen eines **Interessenausgleichs mit Namensliste** erfolgen, wenn die formalen Anforderungen einer Betriebsvereinbarung erfüllt sind und der Interessenausgleich von denselben Betriebsparteien abgeschlossen worden ist (*BAG* 24.10.2013 EzA § 125 InsO Nr. 11 = AP Nr. 12 zu § 125 InsO Rn. 32 f., 42). In diesem Fall sind im Rahmen des § 1 Abs. 4 KSchG bei der Prüfung der Wirksamkeit der Kündigung die in der Namensliste zugrunde gelegten Auswahlkriterien maßgeblich (*BAG* 24.10.2013 EzA § 125 InsO Nr. 11 Rn. 41 ff.).

VI. Versetzungsbegriff

Der Versetzungsbegriff (vgl. § 95 Abs. 3) wird wegen des Sachzusammenhangs bei § 99 Rdn. 84 ff. erörtert. **53**

VII. Streitigkeiten

Bei Meinungsverschiedenheiten über Inhalt und Umfang der dem Betriebsrat zustehenden Rechte **54** entscheiden die **Arbeitsgerichte** im Beschlussverfahren (§ 2a Abs. 1 Nr. 1, Abs. 2, §§ 80 ff. ArbGG). Kommt eine Einigung zwischen Arbeitgeber und Betriebsrat über die Aufstellung oder den Inhalt der Auswahlrichtlinien nicht zustande, so entscheidet die **Einigungsstelle** verbindlich. Sie wird allerdings im Rahmen des § 95 Abs. 1 nur auf Antrag des Arbeitgebers tätig, während im Rahmen von § 95 Abs. 2 beide Betriebspartner ein eigenständiges Antragsrecht haben. Zur Frage der Überprüfbarkeit von Einigungsstellensprüchen s. Rdn. 23.

Zweiter Unterabschnitt
Berufsbildung

§ 96
Förderung der Berufsbildung

(1) Arbeitgeber und Betriebsrat haben im Rahmen der betrieblichen Personalplanung und in Zusammenarbeit mit den für die Berufsbildung und den für die Förderung der Berufsbildung zuständigen Stellen die Berufsbildung der Arbeitnehmer zu fördern. Der Arbeitgeber hat auf Verlangen des Betriebsrats den Berufsbildungsbedarf zu ermitteln und mit ihm Fragen der Berufsbildung der Arbeitnehmer des Betriebs zu beraten. Hierzu kann der Betriebsrat Vorschläge machen.

(2) Arbeitgeber und Betriebsrat haben darauf zu achten, dass unter Berücksichtigung der betrieblichen Notwendigkeiten den Arbeitnehmern die Teilnahme an betrieblichen oder außerbetrieblichen Maßnahmen der Berufsbildung ermöglicht wird. Sie haben dabei auch die Belange älterer Arbeitnehmer, Teilzeitbeschäftigter und von Arbeitnehmern mit Familienpflichten zu berücksichtigen.

Literatur
Alexander Das weite Verständnis der betrieblichen Berufsbildung, NZA 1992, 1057; *J. F. Beckmann* Rechtsgrundlagen der beruflichen Weiterbildung von Arbeitnehmern (Diss. Köln), 2012; *Birk* Berufsbildung und Arbeitsrecht – Zu einigen arbeitsrechtlichen Fragen der beruflichen Ausbildung, Fortbildung und Umschulung –, FS *Gnade*, 1992, S. 311; *Brill* Die Zusammenarbeit des Betriebsrats mit außerbetrieblichen Stellen, AuR 1981, 202; *Däubler* Betriebliche Weiterbildung als Mitbestimmungsproblem, BB 2000, 1190; *R. Deckers/S. Deckers* Die Beteiligung des Betriebsrats beim Testkauf, NZA 2004, 139; *Eich* Die Beteiligung des Betriebsrates im Ausbildungswesen, DB 1974, 2154; *Fracke* Die betriebliche Weiterbildung (Diss. Göttingen), 2003 (zit.: Weiterbildung); *Gilberg* Die Mitwirkung des Betriebsrats bei der Berufsbildung (Diss. Köln), 1999 (zit.: Berufsbildung); *ders.* Betriebsratsarbeit für die Berufsbildung, AiB 2000, 13; *ders.* Weiterbildung. Pflicht oder Kür?, AuA 2000, 576; *Goos* Betriebsvereinbarungen über Weiterbildung, ZfA 1991, 61; *Hamm* Mitbestimmung und Berufsbildung, AuR 1992, 326; *Hammer* Unternehmensbezogene Information als Grenze des Mitbestimmungsrechts bei betrieblichen Fort- und Weiterbildungsmaßnahmen?, AuR 1985, 210; *ders.* Berufsbildung und Betriebsverfassung, 1990; *ders.* Neuregelung der Berufsbildung im Betriebsverfassungsgesetz, ZRP 1998, 23; *Haßlöcher* Mitarbeiterqualifizierung als Erfolgskonzept (Diss. Mannheim), 2003 (zit.: Mitarbeiterqualifizierung); *Heither* Die Beteiligung des Betriebsrats in personellen Angelegenheiten, AR-Blattei SD, 530.14.3 [2003]; *Hohn* Maßnahmen der betrieblichen Bildung und Wahrung der Intimsphäre des Arbeitnehmers, BB 1979, 1298; *Kallenberg* Die betriebliche Berufsbildung als Beteiligungsgegenstand nach dem Betriebsverfassungsgesetz, ZBVR 2003, 40; *Käufer* Weiterbildung im Arbeitsverhältnis (Diss. Bremen), 2002; *Kleinebrink* Mitbestimmung bei Workshops, Schulungen, Seminaren und Co., ArbRB 2014, 241; *Knigge* Arbeitsrechtliche Vorschriften des Berufsbildungsgesetzes, AR-Blattei SD, 400.2 [1996]; *Kraft* Mitbestimmungsrechte des Betriebsrates bei betrieblichen Berufsbildungs- und sonstigen Bildungsmaßnahmen nach § 98 BetrVG, NZA 1990, 457; *Kraushaar* Betriebliche Berufsfortbildung und Betriebsrat, AuR 1989, 173; *Lachmann* Betriebsverfassungsrechtliche Fragen bei der Einführung eines nach der DIN EN ISO 9001 zertifizierbaren Qualitätsmanagementsystems, RdA 1998, 105; *Malottke/Mencke* Chancen durch Weiterbildung – die Berufsbildungsbedarfsanalyse nach § 96 BetrVG, AiB 2003, 669; *Meisel* Die Mitwirkung und Mitbestimmung des Betriebsrats in personellen Angelegenheiten, 5. Aufl. 1984, Rn. 77 ff. (zit.: Mitwirkung); *Natzel* Berufsbildungsrecht, 3. Aufl. 1982; *Neyses* Mitwirkung und Mitbestimmung des Betriebsrats bei der Berufsbildung, BlStSozArbR 1977, 321; *Oetker* Betriebsverfassungsrechtliche Aspekte des Ausbildungsverbundes, DB 1985, 1739; *ders.* Die Mitbestimmung der Betriebs- und Personalräte bei der Durchführung von Berufsbildungsmaßnahmen (Diss. Kiel), 1986 (zit.: Die Mitbestimmung); *Peterek* Zur Mitbestimmung des Betriebsrats bei der Durchführung der Berufsausbildung, DB 1970, 587; *Rasche* Arbeitnehmerweiterbildung (Diss. Hannover), 2014; *Sandmann* Alter und Leistung: Fördern und Fordern, NZA 2008, Beil. Nr. 1, S. 17; *Sandmann/Schmitt-Rolfes* Arbeitsrechtliche Probleme der Arbeitnehm-

Förderung der Berufsbildung § 96

erweiterbildung, ZfA 2002, 295; *Schmidt/Dobberahn* Betriebsverfassungsrechtliche Fragen bei einem Zertifizierungsverfahren nach DIN ISO 9000 ff., NZA 1995, 1017; *Zwanziger* Die Mitbestimmung des Betriebsrats bei Berufsbildungs- und Qualifizierungsmaßnahmen im Lichte der Rechtsprechung, AuR 2010, 459. Vgl. auch die Angaben vor § 92 und zu § 98.

Inhaltsübersicht Rdn.

I. Vorbemerkung	1–4
1. Sinn und Zweck der Vorschrift	1
2. Entstehungsgeschichte	2
3. Systematik der Beteiligungsrechte	3, 4
II. Geltungsbereich der Vorschrift	5–21
1. Persönlicher Geltungsbereich	5
2. Sachlicher Geltungsbereich – Begriff der Berufsbildung	6–21
a) Gesamter Bereich der beruflichen Bildung	6, 7
b) Berufsausbildung und Berufsausbildungsvorbereitung	8, 9
c) Berufliche Fortbildung und berufliche Umschulung	10
d) Bildungsmaßnahmen außerhalb des BBiG	11
e) Abgrenzung zur Einweisung in den Arbeitsbereich gemäß § 81	12–14
f) Qualitative Anforderungen	15–19
g) Sonstige Maßnahmen	20, 21
III. Inhalt der Vorschrift	22–36
1. Förderungspflicht (Abs. 1 Satz 1)	22–28
2. Anspruch auf Ermittlung des Berufsbildungsbedarfs (Abs. 1 Satz 2)	29–31
3. Beratungsanspruch und Vorschlagsrecht des Betriebsrats (Abs. 1 Satz 2 und 3)	32–34
4. Ermöglichung der Teilnahme an Berufsbildungsmaßnahmen (Abs. 2)	35, 36
IV. Streitigkeiten	37, 38

I. Vorbemerkung

1. Sinn und Zweck der Vorschrift

Berufliche Bildung im weitesten Sinne gewinnt in der heutigen hochtechnisierten und dem ständigem Wandel unterworfenen Wirtschaft zunehmend an Bedeutung (vgl. den Bericht über die Entwicklung in der betrieblichen Praxis bei *Goos* ZfA 1991, 61 ff.). Die Möglichkeit der Teilnahme an berufsbildenden Maßnahmen ist für Arbeitnehmer von essentieller Bedeutung, da sie häufig mit darüber entscheidet, ob der Arbeitnehmer seinen Arbeitsplatz in einer sich in ihren Anforderungen wandelnden Arbeitswelt behalten bzw. an dem beruflichen Aufstieg teilhaben kann (BAG 05.11.1985 EzA § 98 BetrVG 1972 Nr. 2 = AP Nr. 2 zu § 98 BetrVG 1972 *[Natzel]* unter B I 1; 23.04.1991 EzA § 98 BetrVG 1972 Nr. 7 = AP Nr. 7 zu § 98 BetrVG 1972 unter B II 2a). Die Beteiligung des Betriebsrats soll dabei die Berücksichtigung der Interessen der Belegschaft im Rahmen der Berufsbildung sichern, insbesondere eine ordnungsgemäße Durchführung der Bildungsmaßnahme sowie eine gerechte Beteiligung der Arbeitnehmer an den bestehenden Bildungsmöglichkeiten gewährleisten (*Fitting* § 96 Rn. 5; *Matthes*/MünchArbR § 262 Rn. 1 ff.). Das Gesetz rechnet die Fragen der Berufsbildung nunmehr zu den personellen Angelegenheiten und sieht sie, wie sich bereits aus § 92 Abs. 1, aber auch aus § 96 Abs. 1 Satz 1 ergibt, in engem **Zusammenhang mit der Personaldeckungs- und der Personalentwicklungsplanung** (*Galperin/Löwisch* vor § 96 und § 97 Rn. 1; *Richardi/Thüsing* § 96 Rn. 1; *Worzalla*/HWGNRH § 96 Rn. 1). Arbeitgeber und Betriebsrat werden verpflichtet, sich der Berufsbildung der Arbeitnehmer als besondere Aufgabe anzunehmen (amtliche Begründung, BR-Drucks. 715/70, S. 51 zu § 96). 1

2. Entstehungsgeschichte

Die zunehmende Bedeutung der beruflichen Bildung spiegelt sich in der Entwicklung der gesetzlichen Regelung wider. Während das BetrVG 1952 die Berufsausbildung noch als Unterfall und Gegenstand der Mitbestimmung in sozialen Angelegenheiten aufführte (§ 56 Abs. 1 Buchst. d BetrVG 2

1952), widmet das BetrVG 1972 diesem Fragenkomplex einen eigenen Unterabschnitt. Seit Inkrafttreten des BetrVG 1972 hat § 96 zwei Änderungen erfahren. Durch Art. 5 Nr. 7 des Gesetzes zur Durchsetzung der Gleichberechtigung von Frauen und Männern (Zweites Gleichberechtigungsgesetz – 2. GleiBG) vom 24.06.1994 (BGBl. I, S. 1406) wurde § 96 Abs. 2 Satz 2 neu gefasst. Zusätzlich zu der bereits bisher im Gesetz genannten Pflicht, die Belange älterer Arbeitnehmer zu berücksichtigen, werden Arbeitgeber und Betriebsrat nunmehr auch verpflichtet, die Belange teilzeitbeschäftigter Arbeitnehmern und von Arbeitnehmern mit Familienpflichten zu berücksichtigen. Durch das BetrVerf-ReformG vom 23.07.2001 (BGBl. I, S. 1852) wurde § 96 Abs. 1 Satz 2 ergänzt. Der Betriebsrat kann nunmehr vom Arbeitgeber die Ermittlung des Berufsbildungsbedarfs verlangen.

3. Systematik der Beteiligungsrechte

3 Die in den §§ 96 ff. vorgesehenen Beteiligungsrechte sind von unterschiedlicher Intensität. § 96 sieht zunächst neben der allgemeinen Förderungspflicht ein **Beratungs- und Vorschlagsrecht des Betriebsrats** in Bezug auf Fragen der Berufsbildung der betriebsangehörigen Arbeitnehmer vor. Über geplante Maßnahmen der Berufsbildung hat der Arbeitgeber den Betriebsrat an sich schon nach § 92 Abs. 1 Satz 1 zu unterrichten; nach § 92 Abs. 1 Satz 2 hat der Arbeitgeber außerdem Art und Umfang der Maßnahmen mit dem Betriebsrat zu beraten. § 96 Abs. 1 Satz 2 und 3 stellt insoweit eine Ergänzung und Konkretisierung der Befugnisse des Betriebsrats für den Bereich der Berufsbildung dar. Die Vorschrift gibt dem Betriebsrat unabhängig davon, ob der Arbeitgeber konkrete Maßnahmen der Berufsbildung geplant hat, einen Beratungsanspruch und ein Vorschlagsrecht. Dieses Recht besteht auch, wenn der Arbeitgeber keine Personalplanung durchführt, geht also über die dem Betriebsrat nach § 92 Abs. 1 zustehenden Rechte hinaus (s. § 92 Rdn. 21 f. sowie hier Rdn. 32). Außerdem sieht das Gesetz in § 96 Abs. 1 Satz 2 vor, dass der Betriebsrat vom Arbeitgeber **die Ermittlung des Berufsbildungsbedarfs verlangen** kann. Dieser Anspruch hat den Charakter eines **Hilfsanspruches**. Die Kenntnis des Qualifizierungsbedarfs ist von wesentlicher Bedeutung, damit der Betriebsrat von seinem Vorschlagsrecht (§ 96 Abs. 1 Satz 3) und seinem Initiativrecht (§ 97 Abs. 2) sinnvoll Gebrauch machen kann. Auch dieser Anspruch entfaltet seine besondere Bedeutung in den Fällen, in denen der Arbeitgeber bisher von sich aus keine Personalplanung, insbesondere auch keine Personaldeckungs- und Personalentwicklungsplanung (vgl. hierzu § 92 Rdn. 12 ff.) durchgeführt hat.

4 § 97 gibt dem Betriebsrat **Mitwirkungsrechte bei der Einführung** von betrieblichen Einrichtungen der Berufsbildung und betrieblichen Bildungsmaßnahmen. Während § 97 Abs. 1 auch hier lediglich ein Beratungsrecht vorsieht, gewährt § 97 Abs. 2 nunmehr unter bestimmten Voraussetzungen ein echtes Mitbestimmungsrecht bei der Einführung von Berufsbildungsmaßnahmen. § 98 schließlich behandelt die **Mitwirkungsrechte des Betriebsrats bei der Ausgestaltung von konkreten Bildungsmaßnahmen**. Die Vorschrift sieht echte Mitbestimmungsrechte bei der Durchführung der Maßnahme, bei der Bestellung der ausbildenden Personen sowie bei der Auswahl der Teilnehmer an der Maßnahme vor.

II. Geltungsbereich der Vorschrift

1. Persönlicher Geltungsbereich

5 Von § 96 (ebenso von §§ 97 und 98) wird nur die Berufsbildung der **Arbeitnehmer** erfasst, die unter das Betriebsverfassungsgesetz fallen (§ 5 Abs. 1), also nicht die Berufsbildung leitender Angestellter i. S. d. § 5 Abs. 3 und 4 (*Fitting* § 96 Rn. 6; *Galperin/Löwisch* vor § 96 und § 97 Rn. 5; *Worzalla/HWGNRH* § 96 Rn. 3; s. aber auch § 98 Rdn. 51 f.). Darüber hinaus finden die Vorschriften nur Anwendung, wenn es um die Berufsbildung von Arbeitnehmern geht, die **dem Betrieb zuzuordnen** sind (hierzu näher § 7 Rdn. 17 ff.). Nicht erfasst werden daher die **Leiharbeitnehmer** (s. § 7 Rdn. 85 ff.). Für deren berufliche (Weiter-)Bildung ist grds. allein der Verleiher und damit der Betriebsrat des Verleiherbetriebs zuständig (*Fitting* § 96 Rn. 6; s. aber auch § 5 Rdn. 124). Dasselbe gilt grds. für andere Formen des drittbezogenen Personaleinsatzes. Dagegen sind die in **§ 5 Abs. 1 Satz 3 bezeichneten Personen** als Arbeitnehmer des Einsatzbetriebs zu behandeln (s. § 5 Rdn. 78).

Förderung der Berufsbildung § 96

Die Vorschriften der §§ 96 ff. erstrecken sich daher grds.a. auf diesen Personenkreis (zutr. *Fitting* § 96 Rn. 6). Die Mitbestimmung erfährt nur dort eine Grenze, wo das sog. Grundverhältnis betroffen ist (s. § 5 Rdn. 98).

2. Sachlicher Geltungsbereich – Begriff der Berufsbildung

a) Gesamter Bereich der beruflichen Bildung

§ 96 Abs. 1 spricht zunächst nur allgemein von Berufsbildung. Dagegen ist in anderen Vorschriften, **6** etwa § 98 Abs. 1, ausdrücklich von der betrieblichen Berufsbildung die Rede (zum Begriff der betrieblichen Bildungsmaßnahme s. § 98 Rdn. 3 ff.). Hieraus folgt, dass die Förderungspflicht sich auf die Förderung der **Berufsbildung insgesamt**, also auch auf die Förderung außerbetrieblicher Maßnahmen erstreckt. Dies wird durch § 96 Abs. 2 Satz 1 bestätigt.

Eine Bestimmung des Begriffes »Berufsbildung« enthält das Gesetz nicht. Bereits unter der Geltung des **7** § 56 Abs. 1 Buchst. d BetrVG 1952, der nur von der Berufsausbildung sprach, hatte das *BAG* (31.01.1969 AP Nr. 1 zu § 56 BetrVG Berufsausbildung) allerdings neben der Berufsausbildung auch die berufliche Weiterbildung einbezogen (vgl. dazu *Peterek* DB 1970, 587). Durch die Wahl des Wortes »Berufsbildung« wollte das Gesetz klarstellen, dass von der Vorschrift jedenfalls **der gesamte Bereich der Berufsbildung i. S. d. § 1 Abs. 1 BBiG**, also die Berufsausbildung, die berufliche Fortbildung und die berufliche Umschulung, erfasst werden soll (*Alexander* NZA 1992, 1057; *Buschmann*/*DKKW* § 96 Rn. 6 ff.; *Fitting* § 96 Rn. 9; *Galperin*/*Löwisch* vor § 96 und § 97 Rn. 3; *Richardi*/*Thüsing* § 96 Rn. 7; *Worzalla*/*HWGNRH* § 96 Rn. 4). Aufgrund der Aufnahme der Berufsausbildungsvorbereitung in § 1 Abs. 1 BBiG durch das Berufsbildungsreformgesetz (Gesetz zur Reform der beruflichen Bildung vom 23.03.2005, BGBl. I, S. 931) wird man diesen Bereich nunmehr ebenfalls zur Berufsbildung i. S. d. §§ 96 ff. zu zählen haben. Der Inhalt des betriebsverfassungsrechtlichen Begriffes der Berufsbildung ist jedoch nicht hierauf beschränkt, sondern **geht über den in § 1 Abs. 1 BBiG definierten Bereich der Berufsbildung hinaus** (s. Rdn. 11). Voraussetzung für die Beteiligung des Betriebsrats ist allerdings, dass es um die **Berufsbildung der Arbeitnehmer des Betriebs** i. S. d. § 5 geht. Förderungsmaßnahmen der Bundesagentur für Arbeit gem. §§ 56 ff. SGB III fallen daher nicht unter den Begriff der Berufsbildung i. S. d. §§ 96 ff. (*Richardi*/*Thüsing* § 96 Rn. 9; im Ergebnis auch *Gilberg* Berufsbildung, S. 177 ff.).

b) Berufsausbildung und Berufsausbildungsvorbereitung

Kennzeichnend für die Berufsausbildung ist nach der Legaldefinition in § 1 Abs. 3 BBiG, dass dem **8** Auszubildenden eine breit angelegte **berufliche Grundbildung** und die für die Ausübung einer qualifizierten beruflichen Tätigkeit notwendigen fachlichen Fertigkeiten und Kenntnisse in einem geordneten Ausbildungsgang vermittelt werden. Die Berufsausbildung baut also auf der Schulbildung auf und soll das dort erworbene Allgemeinwissen erweitern bzw. vertiefen. Bei der angestrebten Grundbildung handelt es sich allerdings im Unterschied zu der von den allgemeinbildenden Schulen zu vermittelnden Bildung um eine berufliche Grundbildung, bei der bereits auf die Anforderungen des allgemeinen Arbeitsmarktes Rücksicht zu nehmen ist. Darüber hinaus soll die Berufsausbildung die spezifischen Kenntnisse und Fähigkeiten vermitteln, die zur Ausübung des Berufes erforderlich sind, für den der Abschluss der Ausbildung als Qualifikationsnachweis Voraussetzung ist. Gemäß § 1 Abs. 3 Satz 2 BBiG gehört zur Berufsausbildung auch der Erwerb der erforderlichen Berufserfahrungen durch praktische Tätigkeit. Zur Berufsbildung rechnet der Gesetzgeber jetzt auch die Berufsausbildungsvorbereitung als Vorstadium der Berufsausbildung. Die Berufsausbildungsvorbereitung soll gemäß § 1 Abs. 2 BBiG durch die Vermittlung von Grundlagen für den Erwerb beruflicher Handlungsfähigkeit an eine Berufsausbildung in einem anerkannten Ausbildungsberuf heranführen.

Das Recht der Berufsausbildung unterliegt in erheblichem Umfang dem **Einfluss des Staates**; das hat **9** seine Ursache zum einen im Schutz des Auszubildenden und seinem Interesse an einer geordneten Ausbildung, zum anderen aber auch im Interesse der Allgemeinheit und der Wirtschaft an einheitlichen Richtlinien, die eine Vergleichbarkeit und Verlässlichkeit der Ausbildungsabschlüsse gewährleisten sollen. Deshalb können durch Rechtsverordnungen Ausbildungsberufe staatlich anerkannt und für diese Ausbildungsberufe Ausbildungsordnungen erlassen werden (§ 4 Abs. 1 BBiG; zum Inhalt dieser Verordnungen vgl. § 5 BBiG). Die anerkannten Ausbildungsberufe sind in dem vom Bundesinstitut für Berufsbildung (BiBB) nach § 90 Abs. 3 Nr. 3 BBiG geführten Verzeichnis enthalten (vgl. das Verzeichnis der anerkannten Ausbildungsberufe vom 15.06.2016, BAnz. AT 06.07.2016 B7; eine ständig aktualisierte Liste ist auf der Internetseite des BiBB unter https://www.bibb.de/de/759.php abrufbar). Soweit ein Ausbildungsberuf staatlich anerkannt ist, kann sich die Ausbildung nur in dem durch die Verordnung gezogenen Rahmen bewegen (§ 4 Abs. 2 BBiG). Jugendliche unter 18 Jahren dürfen grundsätzlich nur in anerkannten Ausbildungsberufen ausgebildet werden (§ 4 Abs. 3 BBiG; zu Ausnahmen vgl. § 4 Abs. 3 Halbs. 2, § 6 BBiG). Daraus folgt zugleich, dass auch ohne eine solche staatliche Anerkennung eine Berufsausbildung i. S. d. § 1 Abs. 3 BBiG vorliegen kann.

c) Berufliche Fortbildung und berufliche Umschulung

10 Die berufliche **Fortbildung** dient im Unterschied zur Berufsausbildung der Erhaltung, Erweiterung und Anpassung der beruflichen Kenntnisse und Fertigkeiten (§ 1 Abs. 4 BBiG). Sie soll also nicht erst eine berufliche Bildung vermitteln, sondern baut auf einer bereits vorhandenen beruflichen Bildung auf. Die berufliche Fortbildung dient dabei sowohl der Qualifizierung der Arbeitnehmer mit dem Ziel des beruflichen Aufstiegs, als auch der Bewahrung der Qualifikation insofern, als sie der Entwertung bestehender Kenntnisse und Fertigkeiten infolge von Veränderungen in der Arbeitswirklichkeit entgegenwirken soll. Die berufliche **Umschulung** soll zu einer anderen beruflichen Tätigkeit befähigen (§ 1 Abs. 5 BBiG). Während also die berufliche Fortbildung die Bewahrung bzw. Erweiterung der Fähigkeiten in dem erlernten Ausbildungsberuf bezweckt, sollen im Rahmen der Umschulung Fähigkeiten eines Berufes mit anderem Berufsbild vermittelt werden. Sowohl bei Fortbildung wie bei Umschulung können zum Nachweis der erworbenen Fähigkeiten **Prüfungen** durchgeführt werden, wobei diese Prüfungen ebenfalls durch Rechtsverordnung geregelt werden können (§ 53 Abs. 2 Nr. 4, § 58 Nr. 4 BBiG; vgl. hierzu die in BGBl. I, II 800–21–7–1 ff. aufgeführten Verordnungen). Auch soweit dies nicht erfolgt ist, liegt berufliche Fortbildung bzw. Umschulung vor, wenn die Voraussetzungen des § 1 Abs. 4 bzw. 5 BBiG gegeben sind.

d) Bildungsmaßnahmen außerhalb des BBiG

11 Auch Regelungen oder Maßnahmen, die nach der Definition des Berufsbildungsgesetzes weder Berufsausbildung noch berufliche Fortbildung oder berufliche Umschulung darstellen, können unter den Begriff der Berufsbildung i. S. d. §§ 96 ff. fallen. Entscheidend hierfür ist der Zweck der Vorschrift, den Betriebsrat an den Maßnahmen zu beteiligen, die für die berufliche Zukunft, insbesondere die Bewahrung des Arbeitsplatzes sowie den beruflichen Aufstieg, von maßgeblicher Bedeutung sind (s. Rdn. 1). Deshalb ist der **Begriff der Berufsbildung weit auszulegen und nicht auf die Berufsbildung i. S. d. § 1 Abs. 1 BBiG zu beschränken**. Erfasst werden vielmehr alle Maßnahmen, bei denen dem Betreffenden gezielt und in systematischer Form Kenntnisse, Erfahrungen und Fertigkeiten vermittelt werden, die ihn zur Ausfüllung seines Arbeitsplatzes und zur Ausübung seiner beruflichen Tätigkeit befähigen (BAG 05.11.1985 EzA § 98 BetrVG 1972 Nr. 2 = AP Nr. 2 zu § 98 BetrVG 1972 [Natzel] unter B I 1; 05.03.2013 EzA § 98 BetrVG 2001 Nr. 3 Rn. 12, st. Rspr.; zuletzt BAG 26.04.2016 EzA § 98 BetrVG 2001 Nr. 4 Rn. 21; Alexander NZA 1992, 1057 [1060]; Buschmann/DKKW § 96 Rn. 6; Fitting § 96 Rn. 9; Galperin/Löwisch vor § 96 und § 97 Rn. 4; Heither AR-Blattei SD 530.14.3, Rn. 203 f.; Kania/ErfK § 96 BetrVG Rn. 6; Matthes/MünchArbR § 262 Rn. 12; Neyses BlStSozArbR 1977, 321; Oetker Die Mitbestimmung, S. 77 [94]: Kenntnisse für die aktuelle oder zukünftige Tätigkeit des Arbeitnehmers; Richardi/Thüsing § 96 Rn. 9; Worzalla/HWGNRH § 96 Rn. 5 f.; **a. M.** wohl Eich DB 1974, 2154 [2155]). Dazu können auch relativ kurzzeitig durchgeführte **Ausbildungsmaßnahmen für Anlernlinge und Praktikanten** gehören, sofern ihnen ein gewisser Plan zugrunde liegt (Buschmann/DKKW § 96 Rn. 7; Fitting § 96 Rn. 10; Kania/ErfK § 96 Rn. 7; Rumpff/Boewer Mitbestimmung, F Rn. 23; Worzalla/HWGNRH § 96 Rn. 6). Mithin sind grundsätzlich auch Beschäftigungen i. S. d. § 26 BBiG einbezogen. Jedoch dürfte es nicht genügen, wenn die Kenntnisse und Fertigkeiten allein durch die Einbindung in den faktischen Arbeitsablauf vermittelt werden, also in keiner Weise eine geordnete, systematische Vermittlung stattfindet (ebenso Worzalla/HWGNRH § 96 Rn. 6). Eine Beteiligung des Betriebsrats scheidet zudem dann aus, wenn die betroffenen Personen keine Arbeitnehmer sind, etwa weil es an einer Pflicht zur Arbeitsleistung fehlt (vgl. hierzu § 5 Rdn. 58). Nicht zur Berufsbildung zählen auch Maßnahmen der **Arbeitnehmerweiter-**

bildung im Sinne der **Weiterbildungsgesetze** der Länder. Diese zielen auf eine Förderung der Persönlichkeit des Arbeitnehmers durch die Verbindung von beruflicher und politischer Bildung, also nicht in erster Linie auf die Vermittlung berufsspezifischer Kenntnisse und Fähigkeiten. Solche Maßnahmen unterfallen daher auch nicht der Mitbestimmung gemäß §§ 96–98, es sei denn, dass es sich um vom Arbeitgeber selbst veranstaltete »sonstige Bildungsmaßnahmen« gemäß § 98 Abs. 6 handelt (vgl. *Goos* ZfA 1991, 61 [64] sowie § 98 Rdn. 45 ff.).

e) Abgrenzung zur Einweisung in den Arbeitsbereich gemäß § 81

Die Maßnahmen der Berufsbildung sind im Ausgangspunkt zu trennen von der arbeitsplatzbezogenen **12** Unterrichtung i. S. v. § 81 Abs. 1. Nach § 81 Abs. 1 hat der Arbeitgeber den Arbeitnehmer über dessen Aufgabe und Verantwortung sowie über die Art seiner Tätigkeit und ihre Einordnung in den Arbeitsablauf des Betriebs zu unterrichten. Zudem hat er den Arbeitnehmer auf etwaige Unfall- und Gesundheitsgefahren sowie auf Maßnahmen und Einrichtungen zur Abwendung solcher Gefahren hinzuweisen. Diese **Unterrichtung** stellt nach weitgehend unbestrittener Ansicht **keine berufsbildende Maßnahme i. S. d. §§ 96 ff.** dar (*BAG* 05.11.1985 EzA § 98 BetrVG 1972 Nr. 2 = AP Nr. 2 zu § 98 BetrVG 1972 [*Natzel*] unter B I 1; 23.04.1991 EzA § 98 BetrVG 1972 Nr. 7 = AP Nr. 7 zu § 98 BetrVG 1972 unter B II 2a; 05.03.2013 EzA § 98 BetrVG 2001 Nr. 3 Rn. 12; *Fitting* § 96 Rn. 11; *Galperin/Löwisch* vor § 96 und § 97 Rn. 4; *Meisel* Mitwirkung, Rn. 78; *Neyses* BlStSozArbR 1977, 321; *Oetker* Die Mitbestimmung, S. 86 f., 94; *Richardi/Thüsing* § 96 Rn. 15 f.; *Ricken/HWK* § 96 BetrVG Rn. 4; *Worzalla/HWGNRH* § 96 Rn. 7; teilweise abw. *Buschmann/DKKW* § 96 Rn. 10 f.; vgl. auch § 98 Rdn. 47; ausführlich zu der Problematik *Fracke* Weiterbildung, S. 108 ff.; *Gilberg* Berufsbildung, S. 150 ff.). Während Maßnahmen der Berufsbildung dem Arbeitnehmer gezielt Kenntnisse und Erfahrungen vermitteln, die ihn zur Ausübung einer bestimmten Tätigkeit erst befähigen sollen (s. Rdn. 15 ff.), **bezieht sich die Unterrichtung nach § 81 Abs. 1 auf den Einsatz auf dem konkreten Arbeitsplatz** und setzt voraus, dass der Arbeitnehmer die für die Tätigkeit an diesem Arbeitsplatz erforderlichen Kenntnisse und Erfahrungen schon besitzt (*BAG* 10.02.1988 EzA § 98 BetrVG 1972 Nr. 4 = AP Nr. 5 zu § 98 BetrVG 1972 unter B II 1; 23.04.1991 EzA § 98 BetrVG 1972 Nr. 7 = AP Nr. 7 zu § 98 BetrVG 1972 unter B II 2a; 28.01.1992 EzA § 96 BetrVG 1972 Nr. 1 = AP Nr. 1 zu § 96 BetrVG 1972 unter B II 1a; vgl. auch 20.04.1993 EzA § 99 BetrVG 1972 Nr. 114 = AP Nr. 106 zu § 99 BetrVG 1972 unter B II 2). Die Unterrichtung soll den Arbeitnehmer in die Lage versetzen, die konkrete Arbeitsaufgabe im Betrieb ausfüllen zu können. Hierzu ist es, auch wenn er eine abgeschlossene Berufsausbildung oder auch eine gewisse Berufserfahrung vorweisen kann, häufig erforderlich, dass sich der Arbeitnehmer auf die betrieblichen Gegebenheiten einstellt, sich also etwa mit den organisatorischen Abläufen, den verwendeten Gerätschaften, Maschinen oder Materialien und den angefertigten oder vertriebenen Produkten bzw. Dienstleistungen vertraut macht. Nur wenn der Arbeitnehmer die Besonderheiten des konkreten Betriebes oder Unternehmens kennt, kann er seine beruflichen Kenntnisse und Fähigkeiten optimal zur Geltung bringen. Maßnahmen, die ihm das hierzu erforderliche Wissen vermitteln sollen, haben nichts mit beruflicher Bildung zu tun, sondern dienen dazu, Fehler und Reibungsverluste zu vermeiden, die entstehen würden, wenn der Arbeitnehmer während der Einarbeitungs- oder Eingewöhnungsphase auf sich allein gestellt wäre und nach dem Prinzip »trial and error« verfahren müsste. Mitbestimmungsrechte nach §§ 96 ff. bestehen daher nicht, wenn und soweit es sich lediglich um die Einweisung in ein bestimmtes Aufgabengebiet, die Anleitung zur Bedienung von Arbeitsgeräten sowie die unternehmens- oder produktbezogene Unterweisung der Mitarbeiter handelt.

Schwierigkeiten bereitet die Abgrenzung zwischen der Einweisung in den Arbeitsplatz einerseits und **13** beruflicher Bildung andererseits deshalb, weil natürlich auch eine arbeitsplatzbezogene Unterrichtung dem Arbeitnehmer zusätzliche Kenntnisse verschafft (zutr. *BAG* 23.04.1991 EzA § 98 BetrVG 1972 Nr. 7 = AP Nr. 7 zu § 98 BetrVG 1972 unter B II 2b dd). Ansonsten wäre die Maßnahme schließlich überflüssig. Die entscheidende Frage ist daher, ob eine Maßnahme ausschließlich der Arbeitsunterweisung dient. Der nach §§ 96 ff. **mitbestimmungspflichtige Bereich beginnt** also erst, wenn die Maßnahme **über die reine Unterrichtung nach § 81 hinausgeht** (so auch *BAG* 05.03.2013 EzA § 98 BetrVG 2001 Nr. 3 Rn. 12; 26.04.2016 EzA § 98 BetrVG 2001 Nr. 4 Rn. 21). Dies wiederum hängt davon ab, welcher Art die Vermittlung von zusätzlichen Kenntnissen und Erfahrungen sein muss, um der Maßnahme berufsbildenden Charakter beizumessen (hierzu Rdn. 15 ff.).

§ 96

14 Bei den Berufsbildungsmaßnahmen gemäß § 96 und der Einweisung in den Arbeitsbereich gemäß § 81 handelt es sich andererseits nicht um völlig getrennte Bereiche; vielmehr kann es durchaus **Überschneidungen** geben (insoweit zutr. *Hamm* AuR 1992, 326 [334]; zust. *Buschmann/DKKW* § 96 Rn. 10; *Worzalla/HWGNRH* § 96 Rn. 8). Wird z. B. an einem Arbeitsplatz eine neue Technik eingeführt (Umstellung auf EDV oder Arbeit mit Personal-Computern), so stellen vom Arbeitgeber durchgeführte Schulungen grundsätzlich Maßnahmen der Berufsbildung i. S. d. §§ 96 ff. dar (*BAG* 23.04.1991 EzA § 98 BetrVG 1972 Nr. 7 = AP Nr. 7 zu § 98 BetrVG 1972 unter B II 2b aa). Gleichzeitig hat der Arbeitnehmer individualrechtlich einen Anspruch gemäß § 81 Abs. 1 Satz 1 und Abs. 4 Satz 1 auf Unterrichtung und Einweisung in die neue Technik. Auf welche Art und Weise die Unterrichtung erfolgt, bestimmt der Arbeitgeber. Er kann die Unterrichtung auch im Rahmen einer Bildungsmaßnahme gemäß §§ 96 ff. vornehmen. Ist dies der Fall, so erfüllt der Arbeitgeber mit der Teilnahme des Arbeitnehmers an dieser Maßnahme gleichzeitig seine Pflicht aus § 81, auch wenn ein individualrechtlicher Anspruch auf Teilnahme gerade an der Schulung nicht besteht (vgl. auch *Franzen* § 81 Rdn. 9). Die Grenze zwischen mitbestimmungsfreier Unterrichtung und mitbestimmungspflichtiger Bildungsmaßnahme lässt sich also nicht anhand der Frage bestimmen, ob dem Arbeitnehmer ein Unterrichtungsanspruch nach § 81 zusteht. So liegt nicht allein deshalb eine mitbestimmungsfreie arbeitsplatzbezogene Unterrichtung vor, weil der Arbeitgeber nach § 81 Abs. 1 verpflichtet ist, dem Arbeitnehmer die entsprechenden Informationen zukommen zu lassen. Umgekehrt handelt es sich nicht stets um eine (mitbestimmungspflichtige) Bildungsmaßnahme, wenn dem Arbeitnehmer Kenntnisse vermittelt werden, auf die der Arbeitnehmer nach § 81 Abs. 1 keinen Anspruch hat, weil sie für die aktuelle Tätigkeit nicht zwingend erforderlich sind. Vielmehr ist es ebenso denkbar, dass Unterrichtungen über das von § 81 geforderte Maß hinausgehen und trotzdem nicht die Voraussetzungen einer Bildungsmaßnahme erfüllen, mithin mitbestimmungsfrei erfolgen können (*Kraft* NZA 1990, 459 [460]; *Richardi/Thüsing* § 96 Rn. 16; zust. *Alexander* NZA 1992, 1057 [1059]; **a. M.** *Sandmann* NZA 2008, Beil. Nr. 1, S. 17 [24]: Mitbestimmung beginnt, wo das individuelle Recht am § 81 endet; nicht ganz klar insoweit *Fitting* § 96 Rn. 20; *Hammer* Berufsbildung und Betriebsverfassung, S. 91 f.). Im Verhältnis von § 81 zu §§ 96 ff. gilt folglich kein »Entweder-Oder-Prinzip« (zutr. *Alexander* NZA 1992, 1057 [1058]; ebenso *Richardi/Thüsing* § 96 Rn. 16).

f) Qualitative Anforderungen

15 Noch nicht abschließend geklärt ist, welche Voraussetzungen erfüllt sein müssen, damit die Vermittlung von Kenntnissen und Fähigkeiten berufsbildenden Charakter hat. Nach der st. Rspr. liegt eine Maßnahme der Berufsbildung i. S. d. §§ 96 ff. vor, wenn dem Arbeitnehmer dabei die für die Ausfüllung seines Arbeitsplatzes und seiner beruflichen Tätigkeit notwendigen Kenntnisse und Fähigkeiten verschafft werden sollen, indem ihm gezielt Kenntnisse und Erfahrungen vermittelt werden, die ihn zu einer bestimmten Tätigkeit erst befähigen oder es ermöglichen, die beruflichen Kenntnisse oder Fähigkeiten zu erhalten (*BAG* 10.02.1988 EzA § 98 BetrVG 1972 Nr. 4 = AP Nr. 5 zu § 98 BetrVG 1972 unter B II 1; 23.04.1991 EzA § 98 BetrVG 1972 Nr. 7 = AP Nr. 7 zu § 98 BetrVG 1972 unter B II 2a; 28.01.1992 EzA § 96 BetrVG 1972 Nr. 1 = AP Nr. 1 zu § 96 BetrVG 1972 unter B II 1a; vgl. auch 20.04.1993 EzA § 99 BetrVG 1972 Nr. 114 = AP Nr. 106 zu § 99 BetrVG 1972 unter B II 2; zuletzt *BAG* 05.03.2013 EzA § 98 BetrVG 2001 Nr. 3 Rn. 12) Für die Einordnung als Bildungsmaßnahme stellt das *BAG* mitunter auf die **Art und Weise der Wissensvermittlung** ab, also darauf, ob die Kenntnisse und Fähigkeiten in systematischer, lehrplanartiger Weise vermittelt werden (*BAG* 05.11.1985 EzA § 98 BetrVG 1972 Nr. 2 = AP Nr. 2 zu § 98 BetrVG 1972 unter B I 1; 24.08.2004 EzA § 98 BetrVG 2001 Nr. 1 = AP Nr. 12 zu § 98 BetrVG 1972 unter B II 2a; 30.05.2006 EzA § 98 BetrVG 2001 Nr. 2 = AP Nr. 80 zu § 118 BetrVG 1972 Rn. 20). Dies allein ist jedoch als Abgrenzungsmerkmal unzureichend (krit. auch *Hamm* AuR 1992, 326 [333 f.]). Auch die rein arbeitsplatzbezogene Unterrichtung muss schließlich nicht gegenüber jedem Arbeitnehmer einzeln, also sozusagen »spontan und unsystematisch«, sondern kann auch kollektiv in Form eines Kurses für mehrere Arbeitnehmer erfolgen (vgl. *BAG* 23.04.1991 EzA § 98 BetrVG 1972 Nr. 7 = AP Nr. 7 zu § 98 BetrVG 1972 unter B II 2a; *Hammer* Berufsbildung und Betriebsverfassung, S. 73; *Oetker* Die Mitbestimmung, S. 87). Dies bietet sich etwa an, wenn die Unterrichtung für eine Vielzahl von betroffenen Arbeitnehmern gemeinsam durchgeführt werden soll. Die Abgrenzung kann daher sinnvollerweise nur unter Berücksichtigung **der Art der vermittelten Kenntnisse und Fähigkeiten** erfol-

gen. Hierfür spricht vor allem der Zweck der Mitbestimmung. Diese soll bei Maßnahmen eingreifen, die darüber (mit-)entscheiden, ob der Arbeitnehmer seinen Arbeitsplatz behalten oder am beruflichen Aufstieg teilhaben kann (s. Rdn. 1). Dann muss es für die Abgrenzung des Bereiches der mitbestimmten Berufsbildung wesentlich darauf ankommen, ob sich die Maßnahme auf die berufliche Qualifikation des Arbeitnehmers in nicht unerheblicher Weise auswirkt, ihm also Kenntnisse und Fähigkeiten vermittelt werden, die für seine Chancen am Arbeitsmarkt von Bedeutung sind (vgl. *Kraft* NZA 1990, 457 [459]; zust. *Alexander* NZA 1992, 1057 [1061]; *Gilberg* Berufsbildung, S. 160 ff.; *Haßlöcher* Mitarbeiterqualifizierung, S. 82; *Matthes*/MünchArbR § 262 Rn. 12; *Ricken*/HWK § 96 BetrVG Rn. 3; *Worzalla*/HWGNRH § 96 Rn. 7).

Für die **Abgrenzung zur rein arbeitsplatzbezogenen Einweisung** bedeutet dies, dass eine solche mitbestimmungsfreie Einweisung vorliegt, wenn der Arbeitnehmer losgelöst von der Situation an dem konkreten Arbeitsplatz die für die Tätigkeit erforderlichen Kenntnisse und Fertigkeiten mitbringt, so dass es nur noch um den Einsatz dieser Kenntnisse und Erfahrungen an dem konkreten Arbeitsplatz geht (*BAG* 10.02.1988 EzA § 98 BetrVG 1972 Nr. 4 = AP Nr. 5 zu § 98 BetrVG 1972 unter B II 1a; *Kraft* NZA 1990, 457 [459]; *Matthes*/MünchArbR § 262 Rn. 15; ähnlich *Oetker* Die Mitbestimmung, S. 87, der dem § 81 nur die »arbeitsnotwendige« Information zuordnet und als Berufsbildung solche Maßnahmen ansieht, bei denen Kenntnisse vermittelt werden, die für die aktuelle Arbeitsaufgabe nicht unmittelbar erforderlich sind; diesem zust. *Hammer* Berufsbildung und Betriebsverfassung, S. 79; anders *Sandmann*/*Schmitt-Rolfes* ZfA 2002, 295 [305], die danach unterscheiden, ob es sich um einen individuellen [dann mitbestimmungsfreie Unterrichtung nach § 81] oder um einen kollektiven Tatbestand [dann mitbestimmungspflichtige Bildungsmaßnahme] handelt). Dies ist der Fall, wenn der Arbeitnehmer die Voraussetzungen erfüllt, die herkömmlich in einer Stellenbeschreibung des konkreten Arbeitsplatzes zusammengefasst werden, er also dem Anforderungsprofil für die konkrete Beschäftigung genügt (vgl. hierzu § 95 Rdn. 37; zust. *Kania*/ErfK § 96 BetrVG Rn. 9). Dann geht es nämlich tatsächlich nur noch um die Einweisung in die spezifischen Besonderheiten dieses Arbeitsplatzes bzw. der betrieblichen Einheit, der der Arbeitsplatz zugewiesen ist. Dabei ist davon auszugehen, dass der Arbeitnehmer, der die abstrakten Voraussetzungen für die Verrichtung der Tätigkeit mitbringt, sich das für den konkreten Arbeitsplatz notwendige Wissen auch selbst im Wege der praktischen Tätigkeit verschaffen bzw. erarbeiten könnte. Die Einweisung dient also der Beschleunigung bzw. der Vermeidung von Fehlern. Erscheint dagegen der Erwerb der notwendigen Kenntnisse auf diesem Wege ausgeschlossen, ist also die Information notwendige Voraussetzung für die Verrichtung der Tätigkeit, so spricht dies für eine Einstufung als Bildungsmaßnahme, da die Vermittlung von Kenntnissen und Fertigkeiten, die der Arbeitnehmer sich nicht allein aufgrund seiner bestehenden Ausbildung selbst verschaffen kann, eine zusätzliche Qualifizierung darstellt, die Einfluss auf die Bewahrung des Arbeitsplatzes bzw. auf den beruflichen Aufstieg haben kann.

Eine Maßnahme mit berufsbildendem Charakter ist zu bejahen, wenn der Arbeitnehmer durch die Teilnahme eine **Zusatzqualifikation** erwirbt, die ihn in die Lage versetzt, eine andere, **höherwertige Tätigkeit** zu verrichten. Als Anhaltspunkt dafür, ob es sich um eine höherwertige Tätigkeit handelt, können die Vergütungsgruppen in Tarifverträgen dienen. Werden dem Arbeitnehmer Kenntnisse und Fähigkeiten vermittelt, die die Voraussetzungen einer höheren Entgeltgruppe erfüllen, so ist hiermit zugleich die Chance zum beruflichen Aufstieg verbunden. Um eine Zusatzqualifikation kann es sich aber auch handeln, wenn der Arbeitnehmer lediglich in die Lage versetzt wird, eine **andere Tätigkeit** auszuüben, auch wenn diese nicht notwendigerweise höherwertig sein muss. So hat das *BAG* mit Recht eine Berufsbildungsmaßnahme angenommen, wenn eine Fluggesellschaft für Arbeitnehmer der Landbetriebe (also für das Bodenpersonal) Lehrgänge durchführt, in denen diese die Qualifikation für einen aushilfsweisen Einsatz als Flugbegleiter erwerben (*BAG* 10.02.1988 EzA § 98 BetrVG 1972 Nr. 4 = AP Nr. 5 zu § 98 BetrVG 1972 unter B II 1b). Dass die reguläre Tätigkeit der Arbeitnehmer qualitativ höher einzustufen ist als die Aushilfstätigkeit als Flugbegleiter, ist ohne Bedeutung. Entscheidend ist, dass die Arbeitnehmer Kenntnisse und Fähigkeiten erwerben, über die sie bisher nicht verfügen, und dass diese Voraussetzung für die Ausübung einer bestimmten beruflichen Tätigkeit ist. Durch die Teilnahme erweitern die Arbeitnehmer also die Bandbreite ihrer beruflichen Einsatzmöglichkeiten. Weitere **Beispiele** für Maßnahmen der Berufsbildung i. S. d. § 96 sind:
– die Vermittlung der für den Betrieb eines Kernkraftwerks notwendigen Fachkunde an das **Kraftwerkspersonal** (*BAG* 05.11.1985 EzA § 98 BetrVG 1972 Nr. 2 = AP Nr. 2 zu § 98 BetrVG 1972);

- ein **Lehrgang für Pflegepersonal** mit dem Ziel der Qualifikation als Leiter einer Station oder Pflegegruppe im Altenpflegebereich (*BAG* 04.12.1990 EzA § 98 BetrVG 1972 Nr. 6 = AP Nr. 1 zu § 97 BetrVG 1972);
- ein eintägiges **Seminar »PC-Grundlagen«**, in dem Arbeitnehmern, die über keinerlei Erfahrung in der Arbeit mit PC verfügen, die Bedienung des PC, der Peripheriegeräte, die Hauptaufgaben des Betriebssystems und die Beherrschung der wesentlichen Tastaturfunktionen vermittelt werden sollen (*BAG* 23.04.1991 EzA § 98 BetrVG 1972 Nr. 7 = AP Nr. 7 zu § 98 BetrVG 1972);
- ein zweitägiges Seminar zur **Softwareschulung** (hier Lotus 1–2–3, dBase III), in denen in Funktionsweise und Arbeitstechniken der Programme eingeführt werden soll (*BAG* 23.04.1991 EzA § 98 BetrVG 1972 Nr. 7);
- drei- bzw. fünftägige Seminare zur »Immunologie« sowie zur »Blutgerinnung« für **Außendienstmitarbeiter eines Pharmaunternehmens** (*BAG* 23.04.1991 EzA § 98 BetrVG 1972 Nr. 7);
- die Einweisung von **Lehrkräften einer Sprachschule** in eine bestimmte Lehrmethode, deren Kenntnis Voraussetzung für die Erteilung von Sprachunterricht an dieser Schule ist (*BAG* 20.04.1993 EzA § 99 BetrVG 1972 Nr. 114 = AP Nr. 106 zu § 99 BetrVG 1972 *[Natzel]*);
- die Teilnahme von Redakteuren eines Zeitungsverlages an einem **Qualifizierungsprogramm Medien-Manager** mit dem Ziel der Vermittlung umfassender Kompetenzen in Management, Medien und Führung (*BAG* 30.05.2006 EzA § 98 BetrVG 2001 Nr. 2).
- Schulungsveranstaltungen zur Aus- und Fortbildung des **Cockpit-, Kabinen- und Bodenpersonals** einer Fluggesellschaft (*BAG* 05.03.2013 EzA § 98 BetrVG 2001 Nr. 3 [§§ 96 ff. anwendbar aufgrund eines Tarifvertrags nach § 117 Abs. 2]).

Verneint wurde eine Berufsbildungsmaßnahme dagegen bei einer 1 1/2-stündigen **Veranstaltung zu Hygiene für gewerbliche Arbeitnehmer eines Pharmaunternehmens** aus dem Bereich der Produktion, in denen bei Arbeitnehmern, die unter hygienisch sterilen Bedingungen arbeiten müssen, ein Grundverständnis für Hygienemaßnahmen bei der Herstellung von Arzneimitteln geweckt werden sollte (*BAG* 23.04.1991 EzA § 98 BetrVG 1972 Nr. 7).

18 Nicht so eindeutig ist die Einordnung bei Weiterbildungsmaßnahmen, die weniger dem beruflichen Fortkommen als vielmehr der **Anpassung der vorhandenen Kenntnisse und Fähigkeiten an veränderte Umstände** dienen. Ein Informations- oder Schulungsbedarf kann sich etwa aus dem technischen Fortschritt ergeben, z. B. wenn neue Fertigungsmaschinen angeschafft werden (hierzu *LAG Hamm* 08.11.2002 NZA-RR 2003, 543) oder eine neue Software im Unternehmen eingesetzt werden soll. Hier fällt es häufig schwer zu beurteilen, ob die vermittelten Kenntnisse und Fertigkeiten die Chancen des Arbeitnehmers auf dem Arbeitsmarkt erhöhen, also zumindest zum Erhalt des Arbeitsplatzes beitragen, oder ob sie lediglich dazu dienen, dass der Arbeitnehmer seine Kenntnisse (weiterhin) im konkreten Betrieb anwenden kann. Die Einordnung kann letztlich nur für jede Maßnahme individuell unter Berücksichtigung der Besonderheiten des jeweiligen Einzelfalles erfolgen. Doch lassen sich abstrakte Kriterien nennen, denen zumindest eine indizielle Bedeutung beigemessen werden kann. Ein Kriterium ist etwa die Frage, ob die vermittelten Kenntnisse rein betriebsspezifischer Natur sind oder auch in anderen Unternehmen verwertbar wären (vgl. auch *BAG* 23.04.1991 EzA § 98 BetrVG 1972 Nr. 7 [Maßnahme der Berufsbildung verneint bei einer viertägigen Einweisung von Außendienstmitarbeitern eines Pharmaunternehmens in ein neues, vom Arbeitgeber vertriebenes Gerät zur Anwendung der vom Arbeitgeber hergestellten diagnostischen Präparate]). Ist Letzteres der Fall, spricht viel dafür, der Maßnahme berufsbildenden Charakter beizumessen, weil die Teilnahme die Chancen auf einen Arbeitsplatz am Arbeitsmarkt verbessert. Der Umkehrschluss ist freilich nicht ohne Weiteres möglich. Auch Kenntnisse, die ausschließlich im Unternehmen des Arbeitgebers relevant und in anderen Unternehmen nicht verwertbar sind, können berufsbildenden Charakter haben, wenn der Arbeitnehmer ohne sie den gewandelten Anforderungen des Arbeitsplatzes nicht mehr gerecht werden könnte und der Bestand seines Arbeitsverhältnisses daher gefährdet wäre. Ein weiteres Indiz besteht daher in der Kontrollüberlegung, ob die Schulungsmaßnahme deshalb erforderlich ist, weil sich infolge von technischen und/oder organisatorischen Veränderungen das Anforderungsprofil der konkreten Stelle geändert hat oder in absehbarer Zeit ändern wird. Es geht also um die Fälle, in denen der Arbeitgeber nach § 81 Abs. 4 Satz 2 die Frage der Anpassung der beruflichen Kenntnisse und Fähigkeiten mit dem Arbeitnehmer zu erörtern hat bzw. der Betriebsrat nach § 97 Abs. 2 die Einführung von Bildungsmaßnahmen verlangen kann. Ist dies der Fall, so sind Schulungen, die dem Ar-

Förderung der Berufsbildung § 96

beitnehmer die zur Erhaltung der Beschäftigung erforderlichen Kenntnisse und Fähigkeiten vermitteln sollen, berufsbildende Maßnahmen.

Schwierigkeiten bereitet die Einordnung von Maßnahmen, bei denen **Kenntnisse und Fähigkeiten** 19
vermittelt werden, die zwar **für die weitere Tätigkeit nützlich und hilfreich, aber nicht notwendig** sind. Es geht also nicht um einen Fall, in dem die beruflichen Kenntnisse und Fähigkeiten der Arbeitnehmer aufgrund der veränderten Umstände zur Erfüllung der Arbeitsaufgabe nicht mehr ausreichen. Vielmehr dient die Weiterbildung lediglich dazu, den Arbeitnehmern die Erfüllung seiner Arbeitsaufgabe zu erleichtern und Probleme im Betriebsablauf oder Unfallgefahren zu vermeiden. Hier bietet es sich – wiederum (s. Rdn. 16 a. E.) – an darauf abzustellen, ob der Arbeitnehmer sich das notwendige Wissen und die Fertigkeiten aufgrund seiner Berufsausbildung auch selbst erarbeiten könnte. Ist dies der Fall, stellt die Schulung allein eine Hilfestellung dar, erleichtert also dem Arbeitnehmer die Anpassung und dient der Beschleunigung des Einarbeitungsprozesses und der Vermeidung von Fehlern. Eine solche Maßnahme hat keinen berufsbildenden Charakter, sondern hat lediglich zum Ziel, die bestehenden beruflichen Kenntnisse und Fähigkeiten im konkreten betrieblichen Kontext anwenden zu können. Die Unterrichtung steht insoweit qualitativ der Einweisung in den Arbeitsplatz i. S. d. § 81 Abs. 1 gleich (s. Rdn. 12, 16). Dies ist etwa dann anzunehmen, wenn ein Arbeitnehmer ständig an einer Fertigungsmaschine beschäftigt ist und diese durch eine neue ersetzt wird, bei der lediglich die Funktion geringfügig erweitert und die Position der Bedienungselemente verändert sind (*LAG Hamm* 08.11.2002 NZA-RR 2003, 543; krit. [allerdings ohne substantielle Begründung] *Zwanziger* AuR 2010, 459). Der Arbeitnehmer wäre nämlich aufgrund seiner bisherigen Erfahrungen typischerweise in der Lage, sich selbständig die Bedienung der Maschine zu erarbeiten. Die Unterrichtung dient allein dazu, eine schnelle Einarbeitung zu ermöglichen und Fehler zu vermeiden, die bei der eigenständigen Erprobung auftreten könnten. Allerdings gilt dies nur, wenn ohne die Schulungsmaßnahme eine kurzfristige Einarbeitungsphase genügen würde. Bedürfte die eigenständige Aneignung der in der Schulung vermittelten Kenntnisse und Fähigkeiten dagegen einer **längeren Einarbeitungszeit**, so kann man der Maßnahme nicht jegliche Bedeutung für die beruflichen Chancen des Arbeitnehmers absprechen. Für die Wertigkeit am Arbeitsmarkt kann es durchaus von Bedeutung sein, ob ein Arbeitnehmer auf einem bestimmten Arbeitsplatz sofort oder erst nach längerer Einarbeitungsphase einsetzbar ist (zust. *Kaiser/LK* § 96 Rn. 3). Als maßgeblich sollte man einen Zeitraum von zwei bis drei Monaten ansehen (zur Begründung näher *Kraft* NZA 1990, 457 [459 f.]). Ist die für eine eigenständige Aneignung der im Rahmen der Schulung vermittelten Kenntnisse und Fähigkeiten zu veranschlagende Zeit geringer, so hat die Maßnahme keinen berufsbildenden Charakter.

g) Sonstige Maßnahmen
Von § 96 nicht erfasst werden zunächst Maßnahmen, die **keinen konkreten Bezug zu der** nach dem 20
Arbeitsvertrag geschuldeten **Tätigkeit** aufweisen. Aus diesem Grunde zählen sog. **AGG-Schulungen**, also Maßnahmen, mit denen Arbeitnehmer für die Anforderungen diskriminierungsfreien Verhaltens im Betrieb vertraut gemacht werden sollen, typischerweise nicht zu den Berufsbildungsmaßnahmen (*Besgen* BB 2007, 213; *Richardi/Thüsing* § 96 Rn. 10; *Schwering* Das Allgemeine Gleichbehandlungsgesetz als Aufgabe und Instrument des Betriebsrates [Diss. Bonn], 2010, S. 206 f. m. w. N.). Anders mag dies bei Arbeitnehmern zu beurteilen sein, denen spezifische personalrechtliche Aufgaben übertragen sind (*Richardi/Thüsing* § 96 Rn. 10). Ebenfalls nicht erfasst werden **Maßnahmen zur beruflichen Entwicklung einzelner Arbeitnehmer** (*Galperin/Löwisch* § 97 Rn. 18; *Worzalla/HWGNRH* § 96 Rn. 10; s. a. § 98 Rdn. 13). Hier kann § 81 eingreifen. Aus diesem Grunde stellt es keine Berufsbildungsmaßnahme dar, wenn der Inhaber eines Kaufhauses als Reaktion auf Kundenbefragungen, in denen mangelnde Freundlichkeit und Hilfsbereitschaft des Personals beanstandet wird, oder auf eine Häufung konkreter Kundenbeschwerden hin Maßnahmen ergreift, die auf eine **Verbesserung des Verhaltens des Verkaufspersonals** im Umgang mit den Kunden gerichtet sind (*BAG* 28.01.1992 EzA § 96 BetrVG 1972 Nr. 1 = AP Nr. 1 zu § 96 BetrVG 1972 unter B II 1 a; *Kaiser/LK* § 96 Rn. 3; *Matthes/*MünchArbR 2. Aufl., § 351 Rn. 16; *Worzalla/HWGNRH* § 96 Rn. 7; vgl. auch *R. Deckers/S. Deckers* NZA 2004, 139 [142] zur gleichgelagerten Frage der Beteiligung des Betriebsrats bei Durchführung von **Testkäufen**). Ob eine Berufsbildungsmaßnahme auch dann zu verneinen ist, wenn der Arbeitgeber **Maßnahmen zur Behebung eines beanstandeten Mangels an Fachkunde** ergreift, hängt von der Qualität der Maßnahme ab und lässt sich nicht

Raab

pauschal beantworten. Entscheidend dürfte sein, ob der Arbeitgeber damit lediglich Kenntnisse vermitteln oder auffrischen will, die ohnehin nach der Vorbildung vorhanden sein müssten, oder ob er generell eine qualitative Anhebung des Anforderungsprofils anstrebt, um den Wünschen der Kunden nach besserer Beratung Rechnung zu tragen (anders *BAG* 28.01.1992 EzA § 96 BetrVG 1972 Nr. 1 = AP Nr. 1 zu § 96 BetrVG 1972 unter B II 1b, das in tatsächlicher Hinsicht unterstellt, dass sich die Beanstandung fehlender Fachkunde bei Verkäufern nur auf die konkret auszuübende Tätigkeit beziehen und darauf ausgerichtete Maßnahmen somit keine Berufsbildungsmaßnahmen sein könnten). Kein Mitbestimmungsrecht besteht, wenn der Arbeitgeber leitende Mitarbeiter zur Durchführung einer betrieblichen Kostenanalyse von einer Unternehmensberatungsgesellschaft schulen lässt (*ArbG Karlsruhe* 22.08.1985 NZA 1986, 236). Ebenso stellt die bei der **Einführung eines Qualitätsmanagementsystems** erforderliche Einweisung der Arbeitnehmer im Regelfall eine mitbestimmungsfreie Maßnahme gemäß § 81 dar (*Lachmann* RdA 1998, 105 [111 f.]; *Schmidt/Dobberahn* NZA 1995, 1017 [1020]; **a. M.** *Gilberg* Berufsbildung, S. 203 f.).

21 Teilweise wird die Bildung sog. **Qualitätszirkel** als Bildungsmaßnahme angesehen (*Hamm* AuR 1992, 326 [329]; *Hammer* Berufsbildung und Betriebsverfassung, S. 128; *Heither* AR-Blattei SD 530.14.3, Rn. 218; s. a. *Buschmann/DKKW* § 96 Rn. 9; *Fitting* § 96 Rn. 23; einschränkend *Kania/*ErfK § 96 BetrVG Rn. 7: nur soweit sie berufsbildende Elemente haben). Hierunter werden Arbeitskreise verstanden, die in der Regel von Arbeitnehmern unterschiedlicher Abteilungen auf Veranlassung des Arbeitgebers zum Zwecke des gegenseitigen Erfahrungs- und Informationsaustausches gebildet werden. Die Bildung solcher Arbeitskreise wird aber vom Geltungsbereich der §§ 96 ff. nicht erfasst (ebenso *Ricken/HWK* § 96 Rn. 8; *Rumpff/Boewer* Mitbestimmung, F Rn. 49; *Worzalla/HWGNRH* § 96 Rn. 8). Gegen die Qualifizierung als Berufsbildungsmaßnahme i. S. d. §§ 96 ff. spricht zum einen, dass dort Kenntnisse zumindest nicht systematisch vermittelt werden. Entscheidend ist aber, dass die sich hieraus u. U. ergebende Verbesserung der beruflichen Qualifikation ihre Ursache in einem Vorgang hat, der für die berufspraktische Tätigkeit, also für die Verrichtung der konkret geschuldeten Arbeitsaufgabe charakteristisch ist. Auch hier muss der Arbeitnehmer mit Kollegen zusammenarbeiten, von deren Kenntnissen und Berufserfahrung er lernen kann und die ihm ein gesteigertes Verständnis für Problemzusammenhänge vermitteln können. Dadurch wird diese Tätigkeit aber noch nicht zu einer Berufsbildungsmaßnahme. Ansonsten müsste man etwa dem Betriebsrat auch ein Mitbestimmungsrecht bei der Errichtung eines Arbeitsstabes für ein konkretes Projekt zubilligen, für das qualifizierte Mitarbeiter aus allen Abteilungen zusammengezogen werden. Auch die Mitarbeit in einem solchen Stab verbessert u. U. die späteren beruflichen Perspektiven der beteiligten Arbeitnehmer, weil sie die Chance haben, sich Einblicke in andere Fachgebiete zu verschaffen und somit ein besseres Verständnis für die Bedeutung und die Anforderungen an den eigenen Arbeitsbereich zu gewinnen.

III. Inhalt der Vorschrift

1. Förderungspflicht (Abs. 1 Satz 1)

22 Das Gesetz verpflichtet Arbeitgeber und Betriebsrat gemeinsam, im Rahmen der betrieblichen Personalplanung, die Berufsbildung der Arbeitnehmer zu fördern. Dennoch bleiben **Planung** und **Konzeption** der beruflichen Förderung im **Zuständigkeitsbereich des Arbeitgebers**; auch das Beratungsrecht des Betriebsrats (Abs. 1 Satz 2) und sein Vorschlagsrecht (Abs. 1 Satz 3) beeinflussen diese Kompetenzverteilung nicht (vgl. dazu Rdn. 32 ff.). Der Betriebsrat kann insoweit den Arbeitgeber nicht zwingen, seine Ansicht zu akzeptieren und zu realisieren; ein Mitbestimmungsrecht besteht nur im Rahmen der §§ 97 Abs. 2, 98 (*Galperin/Löwisch* § 97 Rn. 10; *Richardi/Thüsing* § 96 Rn. 18; *Worzalla/HWGNRH* § 96 Rn. 12). Ebenso wenig ergibt sich aus der Förderungspflicht eine Pflicht zur Einrichtung von Berufsbildungsmaßnahmen (*Fitting* § 96 Rn. 27; *Richardi/Thüsing* § 96 Rn. 18; *Ricken/HWK* § 96 BetrVG Rn. 10; **a. M.** *Hamm* AuR 1992, 326 [328]). Die Förderungspflicht ist zwar eine gemeinsame betriebsverfassungsrechtliche Aufgabe von Arbeitgeber und Betriebsrat, gibt aber dem einzelnen Arbeitnehmer keinen Rechtsanspruch auf Förderung (*Fitting* § 96 Rn. 24; *Kaiser/LK* § 96 Rn. 6; *Richardi/Thüsing* § 96 Rn. 18; *Worzalla/HWGNRH* § 96 Rn. 12; vgl. dazu auch Rdn. 35).

Sofern eine Personalplanung besteht, hat die Förderung der Berufsbildung in deren Rahmen zu erfolgen, d. h. sich an dem dort ermittelten Bedarf und den eventuell vorgesehenen Maßnahmen zur Bedarfsdeckung zu orientieren (s. § 92 Rdn. 13 f. sowie *Fitting* § 96 Rn. 25; *Galperin/Löwisch* § 97 Rn. 8). 23

Die Förderung ist an die **bestehende rechtliche Ordnung** der Berufsbildung und die dazu erlassenen Vorschriften gebunden. Zu beachten sind insbesondere das BBiG vom 23.03.2005 (BGBl. I, S. 931), die dazu erlassenen Ausbildungsordnungen (s. Rdn. 9) und das Verzeichnis der anerkannten Ausbildungsberufe (BAnz. AT 06.07.2016 B7). Weiter sind zu beachten: das SGB III (§§ 56 ff.) und die Vorschriften über die Berufsschulpflicht (vgl. z. B. § 9 JArbSchG; § 14 Abs. 1 Nr. 4 BBiG). 24

Bei der Förderung haben Arbeitgeber und Betriebsrat **mit den für die Berufsbildung und ihre Förderung zuständigen Stellen zusammenzuarbeiten**. 25

Für die Berufsbildung zuständig sind die Handwerkskammern (§ 71 Abs. 1 BBiG), die Industrie- und Handelskammern (§ 71 Abs. 2 BBiG), die Landwirtschaftskammern (§ 71 Abs. 3 BBiG), sowie die Rechtsanwalts-, Patentanwalts- und Notarkammern (§ 71 Abs. 4 BBiG), die Wirtschaftsprüferkammern (§ 71 Abs. 5 BBiG), die Ärzte-, Zahnärzte- und Apothekerkammern (§ 71 Abs. 6 BBiG), ferner die nach § 72 BBiG durch Rechtsverordnung bestimmten Stellen (vgl. Beil. Nr. 45/83 zum BAnz. vom 27.07.1983) sowie die jeweiligen Landesausschüsse und der Berufsbildungsausschuss (§§ 77 ff., 82 f. BBiG). 26

Für die Förderung der Berufsbildung zuständig ist die Bundesagentur für Arbeit mit ihren regional zuständigen Untergliederungen (Regionaldirektionen, Agenturen für Arbeit; vgl. §§ 56 ff., 81 ff. SGB III). Zuständige Stellen sind auch die berufs- und weiterbildenden Schulen, sowie Arbeitgeberverbände und Gewerkschaften, soweit sie sich mit der Berufsbildung und ihrer Förderung befassen; eine gesetzliche Zuständigkeit für Arbeitgeberverbände und Gewerkschaften besteht aber nicht (*Galperin/Löwisch* §§ 96, 97 Rn. 5 f.; *Worzalla/HWGNRH* § 96 Rn. 15). 27

Zusammenarbeit bedeutet, dass die Betriebspartner, soweit zweckmäßig, Kontakt mit diesen Stellen suchen, deren Anregungen und Vorschläge ernsthaft prüfen und in ihren Planungen auf etwaige Termine für Lehrgänge der zuständigen Stellen Rücksicht nehmen müssen, soweit dem nicht dringende betriebliche Erfordernisse entgegenstehen (*Galperin/Löwisch* § 97 Rn. 7; *Worzalla/HWGNRH* § 96 Rn. 17). 28

2. Anspruch auf Ermittlung des Berufsbildungsbedarfs (Abs. 1 Satz 2)

§ 96 Abs. 1 Satz 2 verpflichtet den Arbeitgeber, auf Verlangen des Betriebsrats den Berufsbildungsbedarf für den Betrieb zu ermitteln. Dieser Anspruch ist insbesondere dann von Bedeutung, wenn der Arbeitgeber von sich aus keine Personalentwicklungsplanung betreibt, also keine Überlegungen darüber anstellt, wie sich der zukünftige Personalbedarf durch Ausbildung, Fortbildung oder Umschulung decken lässt (vgl. zur Personalentwicklungsplanung als Teil der Personaldeckungsplanung § 92 Rdn. 16). Besteht eine solche Personalentwicklungsplanung, so ist der Betriebsrat hierüber gemäß § 92 Abs. 1 Satz 1 zu unterrichten. Fehlt es an einer solchen Planung, so kann es für den Betriebsrat schwierig sein, ein eigenes Konzept zur Weiterbildung der Arbeitnehmer zu entwickeln und konkrete Vorschläge für betriebliche Berufsbildungsmaßnahmen zu machen. Um dem Betriebsrat die Wahrnehmung dieser Rechte zu erleichtern, sieht das Gesetz den Ermittlungsanspruch vor (Begr. RegE BT-Drucks. 14/5741, S. 49). Die Regelung geht dabei deutlich über das Maß an Pflichten hinaus, die das Gesetz dem Arbeitgeber ansonsten im Zusammenhang mit der Unterrichtung des Betriebsrats auferlegt. Während ansonsten der Arbeitgeber allenfalls verpflichtet ist, diejenigen Informationen an den Betriebsrat weiterzugeben, über die er selbst verfügt oder bei Erfüllung seiner gesetzlichen Pflichten verfügen müsste (vgl. etwa für § 80 Abs. 2 *Weber* § 80 Rdn. 82), begründet § 96 Abs. 1 Satz 2 eine **Verpflichtung des Arbeitgebers, sich bestimmte Informationen**, an denen der Betriebsrat ein Interesse hat, überhaupt **erst zu beschaffen**, um diese dem Betriebsrat mitteilen zu können (*LAG Hamburg* 18.01.2012 – 5 TaBV 10/11 – juris, Rn. 41 [auf die hiergegen gerichtete Rechtsbeschwerde hat das *BAG* die Anträge wegen Unbestimmtheit abgewiesen; vgl. *BAG* 09.07.2013 AP Nr. 45 zu § 83 ArbGG 1979]). 29

30 Die **Ermittlung des Berufsbildungsbedarfs** hat in mehreren Schritten zu erfolgen (Begr. RegE BT-Drucks. 14/5741, S. 49): Zunächst muss der Arbeitgeber eine Bestandsaufnahme des Ist-Zustandes vornehmen, indem er die beschäftigten Arbeitnehmer und deren berufliche Qualifikation auflistet (vgl. auch *LAG Hamburg* 18.01.2012 – 5 TaBV 10/11 – juris, Rn. 41 f. Anschließend hat er ein Soll-Konzept zu erstellen, aus dem erkennbar wird, wie viele Arbeitnehmer mit welcher Qualifikation in Zukunft zur Erreichung des Betriebszwecks erforderlich sein werden. Dabei sind auch die zukünftigen unternehmerischen Planungen zu berücksichtigen (*Fitting* § 96 Rn. 34; *Richardi/Thüsing* § 96 Rn. 23; *Rieble* NZA 2001, Sonderheft S. 48 [52]; *Worzalla/HWGNRH* § 96 Rn. 19; Hinweise zur praktischen Umsetzung bei *Malottke/Mencke* AiB 2003, 669 ff.). Aus dem Vergleich zwischen Ist- und Soll-Zustand ergibt sich der Bedarf an Ausbildungs- und Qualifizierungsmaßnahmen. Um den Berufsbildungsbedarf für den konkreten Betrieb zu ermitteln, muss zusätzlich bekannt sein, wie die betrieblichen Bildungsinteressen der im Betrieb beschäftigten Arbeitnehmer gestaltet sind. Da Bildungsmaßnahmen nur sinnvoll sind, wenn eine Bereitschaft zur Weiterbildung besteht, kann der Arbeitgeber sich bei der Erstellung des Soll-Konzeptes auf die Arbeitnehmer beschränken, die ein Bildungsinteresse angezeigt haben (*Ricken/HWK* § 96 BetrVG Rn. 13). Die Art und Weise der Ermittlung der notwendigen Information steht im (pflichtgemäßen) Ermessen des Arbeitgebers (*Fitting* § 96 Rn. 37; *Kaiser/LK* § 96 Rn. 15; *Ricken/HWK* § 96 BetrVG Rn. 13; *Worzalla/HWGNRH* § 96 Rn. 19). Der Betriebsrat kann hierzu Vorschläge machen (Abs. 1 Satz 3), ist aber auch verpflichtet, den Arbeitgeber im Rahmen seiner Möglichkeiten zu unterstützen (Abs. 1 Satz 1).

31 Der Betriebsrat kann vom Arbeitgeber verlangen, dass dieser ihn **über die Ergebnisse** der Bestandsaufnahme und über das von ihm erstellte Soll-Konzept **unterrichtet**. Hierzu hat er etwa die Listen mit den beruflichen Qualifikationen der im Betrieb beschäftigten Arbeitnehmer an den Betriebsrat auszuhändigen (*LAG Hamburg* 18.01.2012 – 5 TaBV 10/11 – juris, Rn. 41 f. sowie die Vorinstanz *ArbG Hamburg* 02.05.2011 – 26 BV 23/09 – juris [Tenor zu 1 und 2]). Sowohl bei der Erhebung als auch bei der Weitergabe hat der Arbeitgeber die Vorschriften über den **Beschäftigtendatenschutz** zu beachten. Doch dürfte im Regelfall die Weitergabe auch ohne Zustimmung der Arbeitnehmer zulässig sein. Nach Ansicht des *BAG* ist die Datenweitergabe i. S. d. § 28 Abs. 6 Nr. 3 BDSG (in der bis zum 25.05.2018 geltenden Fassung) »zur Ausübung rechtlicher Ansprüche erforderlich«, wenn und soweit der Arbeitgeber damit einer gesetzlichen Pflicht zur Information des Betriebsrats nachkommt. Die Weitergabe ist somit, auch wenn es sich um besondere personenbezogene Daten nach § 3 Abs. 9 BDSG handelt, ohne Zustimmung des Betroffenen zulässig, sofern nicht besondere und überwiegende schutzwürdige Interessen der Arbeitnehmer dem entgegenstehen (*BAG* 07.02.2012 AP Nr. 4 zu § 84 SGB IX [*Kort*] = EzA § 84 SGB IX Nr. 9 Rn. 27 ff.; krit. *Brink* jurisPR-ArbR 32/2012 Anm. 5). Nach der ab dem 25.05.2018 geltenden Fassung des BDSG dürfte sich die Zulässigkeit der Weitergabe der vom Arbeitgeber ermittelten Daten aus § 26 Abs. 1 Satz 1 BDSG ergeben, da die Weitergabe zur Erfüllung der sich aus § 96 Abs. 1 ergebenden gesetzlichen Pflichten des Arbeitgebers gegenüber dem Betriebsrat als der Interessenvertretung der im Betrieb beschäftigten Arbeitnehmer erforderlich ist. Sofern hiervon auch personenbezogene Daten betroffen sind – was allerdings kaum jemals der Fall sein dürfte – sind zusätzlich die Voraussetzungen des § 26 Abs. 3 Satz 1 BDSG zu beachten.

3. Beratungsanspruch und Vorschlagsrecht des Betriebsrats (Abs. 1 Satz 2 und 3)

32 Bereits nach § 92 Abs. 1 hat der Arbeitgeber den Betriebsrat über Maßnahmen der Berufsbildung im Rahmen der Personaldeckungsplanung zu unterrichten und über Art und Umfang solcher Maßnahmen mit dem Betriebsrat zu beraten. Auch § 96 gewährt ein solches Beratungsrecht, und zwar unabhängig davon, ob eine Personalplanung existiert oder nicht (*Galperin/Löwisch* § 97 Rn. 11; *Worzalla/HWGNRH* § 96 Rn. 31 ff.). Voraussetzung ist allerdings, dass der Betriebsrat die Beratung fordert.

33 **Gegenstand der Beratung** sind alle mit der Berufsbildung (vgl. dazu oben Rdn. 6 ff.) zusammenhängenden Fragen wie z. B. Ausbildungsart, -dauer, -methoden und Teilnehmer, aber auch die Einführung betrieblicher Berufsbildungsmaßnahmen und Errichtung und Ausstattung von betrieblichen Berufsbildungseinrichtungen (*Fitting* § 96 Rn. 38; *Galperin/Löwisch* § 97 Rn. 16; *Richardi/Thüsing* § 96 Rn. 21; *Worzalla/HWGNRH* § 96 Rn. 33). Das Beratungsrecht erstreckt sich auch auf die **Aus-**

gestaltung individualrechtlicher Vereinbarungen zwischen Arbeitgeber und Arbeitnehmer über die Teilnahme an Bildungsmaßnahmen, z. B. die Gestaltung von Ausbildungsverträgen (*Rumpff/Boewer* Mitbestimmung, F Rn. 93) oder die Frage etwaiger Klauseln über die **Rückzahlung der Kosten** für die Bildungsmaßnahme (*Fitting* § 96 Rn. 38; **a. M.** *Ricken/HWK* § 96 BetrVG Rn. 11; s. a. § 98 Rdn. 16).

Aus dem Beratungsanspruch und dem Vorschlagsrecht des Betriebsrats resultiert die **Pflicht des Arbeitgebers**, die vom Betriebrat gewünschten Themen der Berufsbildung mit diesem zu erörtern und zu versuchen, zu einer Einigung zu kommen. Ein Mitbestimmungsrecht des Betriebsrats besteht allerdings nicht (*Fitting* § 96 Rn. 40; *Galperin/Löwisch* § 97 Rn. 12; *Matthes*/MünchArbR § 262 Rn. 5 f.; *Richardi/Thüsing* § 96 Rn. 22; *Worzalla/HWGNRH* § 96 Rn. 32). Die Einigungsstelle kann eingeschaltet werden, jedoch nur, wenn beide Seiten es beantragen oder mit ihrem Tätigwerden einverstanden sind. Der Spruch ist nur bindend, wenn die Betriebspartner sich ihm im Voraus unterworfen haben oder ihn nachträglich annehmen (§ 76 Abs. 6). 34

4. Ermöglichung der Teilnahme an Berufsbildungsmaßnahmen (Abs. 2)

Abs. 2 legt Arbeitgeber und Betriebsrat die weitere Pflicht auf, den Arbeitnehmern die Teilnahme an betrieblichen oder außerbetrieblichen Berufsbildungsmaßnahmen zu ermöglichen, allerdings unter Berücksichtigung der betrieblichen Notwendigkeiten. Auch hierbei handelt es sich um eine **programmatische Vorschrift** (*Raatz* DB 1972, Beil. Nr. 15, S. 9); ein **Rechtsanspruch einzelner Arbeitnehmer auf Teilnahme und Freistellung** kann daraus nicht hergeleitet werden (h. M.; vgl. *Eich* DB 1974, 2154 [2155]; *Fitting* § 96 Rn. 26; *Galperin/Löwisch* § 97 Rn. 21; *Heither* AR-Blattei SD 530.14.3, Rn. 224; *Richardi/Thüsing* § 96 Rn. 28; *Worzalla/HWGNRH* § 96 Rn. 34). Auch § 81 begründet keinen derartigen Anspruch (s. Rdn. 14; **a. M.** *Buschmann/DKKW* § 96 Rn. 28). Ein Freistellungsanspruch und ein Anspruch auf Fortzahlung der Vergütung ergibt sich aber **für in der Berufsausbildung Stehende** aus §§ 15, 19 Abs. 1 Nr. 1 BBiG für den Besuch der Berufsschule und für die Teilnahme an Prüfungen und an Ausbildungsmaßnahmen außerhalb der Ausbildungsstätte. U. U. kann sich ein Anspruch auf Teilnahme an Bildungsmaßnahmen im Einzelfall aus dem arbeitsrechtlichen Gleichbehandlungsgrundsatz i. V. m. § 75 Abs. 1 ergeben (*Galperin/Löwisch* § 97 Rn. 22; *Worzalla/HWGNRH* § 96 Rn. 34). Darüber hinaus hat der Arbeitgeber seine Pflicht zur Förderung der Berufsbildung (vgl. Abs. 1) bei seiner Entscheidung über ein Gesuch des Arbeitnehmers auf Freistellung zur Teilnahme an solchen Bildungsmaßnahmen zu beachten. Die Pflicht begrenzt sein Ermessen zumindest in dem Sinne, dass er seine gesetzliche Förderungspflicht bei der Entscheidung nicht völlig außer Betracht lassen darf. Im Einzelfall kann sich die Bindung des Ermessens zu einem Freistellungsanspruch verdichten, wenn keine betrieblichen Belange erkennbar sind, die einer Teilnahme entgegenstehen, die Weigerung des Arbeitgebers mithin willkürlich wäre. 35

Abs. 2 Satz 2, der Arbeitgeber und Betriebsrat verpflichtet, auch die **Belange älterer Arbeitnehmer, der Teilzeitbeschäftigten sowie der Arbeitnehmer mit Familienpflichten** zu berücksichtigen, soll sicherstellen, dass auch sie eine Chance insbesondere zur Fortbildung und Umschulung erhalten. Damit wird für die **älteren Arbeitnehmer** das bereits in § 75 Abs. 1 enthaltene Gebot, Arbeitnehmer nicht um ihres Alters willen zu benachteiligen, wiederholt. Für diese Arbeitnehmer ist es besonders wichtig, wegen des größer werdenden zeitlichen Abstandes zur Berufsausbildung ihre Kenntnisse aufzufrischen und zu aktualisieren, unter Umständen aber auch sich im Hinblick auf nachlassende Körperkräfte auf eine dem Alter besser gerecht werdende Tätigkeit umschulen zu lassen, um ihre Chancen am Arbeitsmarkt zu wahren oder zu verbessern. Insoweit sind die Betriebspartner gehalten, im Rahmen der Förderung der Berufsbildung auch besondere Bildungsmaßnahmen für ältere Arbeitnehmer in Erwägung zu ziehen. Ähnliches gilt für die Gruppe der **Teilzeitbeschäftigten** sowie die **Arbeitnehmer mit Familienpflichten**. Nach der Gesetzesbegründung soll deren ausdrückliche Erwähnung bewusst machen, dass auch diese Arbeitnehmer Anspruch auf Berufsbildung haben und Berufsbildungsangebote ihren Belangen unter Umständen auch angepasst werden müssen (BT-Drucks. 12/5468, S. 42). Allerdings dürfte es dabei weniger um inhaltlich auf diesen Personenkreis zugeschnittene Bildungsangebote als vielmehr darum gehen, die (zeitliche) Vereinbarkeit der Teilnahme an Berufsbildungsmaßnahmen mit sonstigen, insbesondere familiären Verpflichtungen zu gewährleisten (*Fitting* § 96 Rn. 31; *Kaiser/LK* § 96 Rn. 5; *Worzalla/HWGNRH* § 96 Rn. 38). Hintergrund ist 36

§ 97 IV. 5. 2. Berufsbildung

die Tatsache, dass Teilzeitarbeit und Familienverpflichtungen in der gesellschaftlichen Wirklichkeit überwiegend von Frauen wahrgenommen werden. Durch diese Bestimmung soll also sichergestellt werden, dass diese Arbeitnehmer an der betrieblichen Berufsbildung und der damit verbundenen Verbesserung der Chancen auf dem Arbeitsmarkt teilhaben können. Sie dient daher der Verwirklichung der Chancengleichheit in der Arbeitswelt und wirkt einer mittelbaren Benachteiligung von Frauen wegen ihrer gesellschaftlichen Rolle entgegen, ergänzt also auch insoweit das Diskriminierungsverbot des § 75 Abs. 1 Satz 1 sowie den ebenfalls durch das Gleichberechtigungsgesetz neu eingefügten § 80 Abs. 1 Nr. 2a, der die Durchsetzung der Gleichstellung von Frauen und Männern zu einer allgemeinen Aufgabe des Betriebsrats erklärt (hierzu s. *Weber* § 80 Rdn. 37).

IV. Streitigkeiten

37 § 96 Abs. 1 Satz 2 gibt dem Betriebsrat einen **durchsetzbaren Anspruch** auf Ermittlung des Berufsbildungsbedarfs sowie auf Beratung von Fragen der Berufsbildung gegen den Arbeitgeber. Weigert sich der Arbeitgeber, diese zu erfüllen, so kann der Betriebsrat seine Ansprüche durch Anrufung des Arbeitsgerichtes durchsetzen. Gleiches gilt, wenn Streit über den Gegenstand des Beratungs- und Vorschlagsrechtes entsteht. Das Arbeitsgericht entscheidet im Beschlussverfahren (§ 2a Abs. 1 Nr. 1 und Abs. 2, §§ 80 ff. ArbGG). Ist zwischen Arbeitgeber und Betriebsrat umstritten, ob bestimmte Maßnahmen von dem Beteiligungsrecht erfasst werden (insbesondere in Abgrenzung zur reinen Arbeitsplatzeinweisung nach § 81) so genügt ein entsprechender Antrag des Betriebsrats nur dann dem Bestimmtheitserfordernis, wenn er die Maßnahmen, für die der Betriebsrat ein Beteiligungsrecht geltend macht, zumindest nach abstrakten Merkmalen näher umschreibt (*BAG* 09.07.2013 AP Nr. 45 zu § 83 ArbGG 1979 Rn. 18).

38 Soweit der Arbeitgeber seine Pflichten zur Förderung der beruflichen Bildung und zur Beratung mit dem Betriebsrat grob verletzt, kommt ein **Antrag gemäß § 23 Abs. 3 BetrVG** in Betracht (*Buschmann/DKKW* § 96 Rn. 39; *Fitting* § 96 Rn. 41; *Heinze* DB 1983, Beil. Nr. 9, S. 18; *Raab* ZfA 1997, 183 [230]; *Ricken/HWK* § 96 BetrVG Rn. 17; *Worzalla/HWGNRH* § 96 Rn. 40; **a. M.** *Oetker* § 23 Rdn. 192 m. w. N.). Ein grober Verstoß liegt etwa vor, wenn der Arbeitgeber auf Dauer jegliche Gespräche mit dem Betriebsrat über berufliche Bildungsmaßnahmen verweigert. Daneben ist für einen sog. allgemeinen Anspruch auf Unterlassung und Beseitigung kein Raum (*Raab* ZfA 1997, 183 [230]). Bei groben Pflichtverletzungen des Betriebsrats kann ein Verfahren nach § 23 Abs. 1 eingeleitet werden (*Buschmann/DKKW* § 96 Rn. 39; *Fitting* § 96 Rn. 41; *Rumpff/Boewer* Mitbestimmung, F Rn. 77).

§ 97
Einrichtungen und Maßnahmen der Berufsbildung

(1) Der Arbeitgeber hat mit dem Betriebsrat über die Errichtung und Ausstattung betrieblicher Einrichtungen zur Berufsbildung, die Einführung betrieblicher Berufsbildungsmaßnahmen und die Teilnahme an außerbetrieblichen Berufsbildungsmaßnahmen zu beraten.

(2) Hat der Arbeitgeber Maßnahmen geplant oder durchgeführt, die dazu führen, dass sich die Tätigkeit der betroffenen Arbeitnehmer ändert und ihre beruflichen Kenntnisse und Fähigkeiten zur Erfüllung ihrer Aufgaben nicht mehr ausreichen, so hat der Betriebsrat bei der Einführung von Maßnahmen der betrieblichen Berufsbildung mitzubestimmen. Kommt eine Einigung nicht zustande, so entscheidet die Einigungsstelle. Der Spruch der Einigungsstelle ersetzt die Einigung zwischen Arbeitgeber und Betriebsrat.

Literatur

Annuß Mitwirkung und Mitbestimmung der Arbeitnehmer im Regierungsentwurf eines Gesetzes zur Reform des BetrVG, NZA 2001, 367; *Burkert* Das neue Mitbestimmungsrecht des Betriebsrats gemäß § 97 Absatz 2 BetrVG (Diss. Gießen), 2005; *Franzen* Das Mitbestimmungsrecht des Betriebsrats bei der Einführung von Maßnahmen der betrieblichen Berufsbildung nach § 97 II BetrVG, NZA 2001, 865; *Habenicht* Die neuen Mitbestimmungsrechte bei der betrieblichen Bildung, AiB 2002, 693; *Herbert / Oberrath* Möglichkeiten und Grenzen der Einführung einer Betriebssprache, MDR 2011, 830; *Kaiser* Kündigungsprävention durch den Betriebsrat, FS *Löwisch*, 2007, S. 153; *Löwisch* Änderung der Betriebsverfassung durch das Betriebsverfassungs-Reformgesetz – Teil II: die neuen Regelungen zur Mitwirkung und Mitbestimmung, BB 2001, 1790; *ders.* Auswirkungen des Betriebsverfassungsrechts-Reformgesetzes auf Mitwirkung und Mitbestimmung des Betriebsrats, NZA 2001, Sonderbeil. zu Heft 24, S. 40; *ders.* Beschäftigungssicherung als Gegenstand von Mitwirkungs- und Mitbestimmungsrechten im europäischen und deutschen Recht, FS *Konzen*, 2006, S. 533; *Preis* Auswirkungen der Reform des Betriebsverfassungsgesetzes auf das Kündigungsschutzrecht, RWS-Forum Arbeitsrecht 2001 (2002), S. 83; *Schneider, S.* Das Mandat des Betriebsrats zur Beschäftigungsförderung und -sicherung im Betrieb (Diss. Köln), 2005; *Zuber / Sprenger* Das Mitbestimmungsrecht des Betriebsrats bei Berufsbildungsmaßnahmen nach § 97 Abs. 2 BetrVG, AiB 2003, 358.

Vgl. außerdem die Angaben vor § 92 und zu § 96 sowie die Literaturangaben zum **BetrVerf-ReformG** vor § 1.

Inhaltsübersicht Rdn.

I.	Vorbemerkung	1–4
II.	Beratungsrecht des Betriebsrats (§ 97 Abs. 1)	5–10
	1. Inhalt des Beratungsrechts	5
	2. Die einzelnen Beratungsgegenstände	6–10
	a) Errichtung und Ausstattung betrieblicher Einrichtungen zur Berufsbildung	6–8
	b) Einführung betrieblicher Berufsbildungsmaßnahmen	9
	c) Teilnahme an außerbetrieblichen Berufsbildungsmaßnahmen	10
III.	Mitbestimmungsrecht des Betriebsrats (§ 97 Abs. 2)	11–24
	1. Inhalt des Mitbestimmungsrechts	11–13
	2. Tarifvorrang	14
	3. Voraussetzungen	15–22
	a) Planung oder Durchführung von Maßnahmen	15–17
	b) Änderung der Tätigkeit	18, 19
	c) Mangelnde Qualifikation der betroffenen Arbeitnehmer	20, 21
	d) Eignung der Bildungsmaßnahme	22
	4. Durchführung der Maßnahme	23, 24
IV.	Streitigkeiten, Sanktionen	25–31
	1. Beratungsrecht	25
	2. Mitbestimmungsrecht	26–31
	a) Entscheidung der Einigungsstelle	26–28
	b) Auswirkungen bei Kündigung des Arbeitsverhältnisses durch den Arbeitgeber	29–31

I. Vorbemerkung

§ 96 befasst sich mit allgemeinen Überlegungen zur Förderung der Berufsbildung und verpflichtet den Arbeitgeber zu Beratungen mit dem Betriebsrat nur, wenn dieser es wünscht. § 97 gibt dem Betriebsrat dagegen Mitwirkungsrechte bei der Einführung konkreter Maßnahmen im Betrieb, die der Förderung der Berufsbildung dienen. Diese Rechte sind durch das BetrVerf-ReformG vom 23.07.2001 (BGBl. I, S. 1852) wesentlich erweitert worden. Hierdurch wurde der frühere Text des § 97 zu Abs. 1; Abs. 2 wurde neu eingefügt. 1

§ 97 Abs. 1 statuiert eine **von dem Verlangen des Betriebsrats unabhängige Beratungspflicht** (*Buschmann / DKKW* § 97 Rn. 3; *Fitting* § 97 Rn. 4; *Worzalla / HWGNRH* § 97 Rn. 2), die einsetzt, sobald der Arbeitgeber beabsichtigt, betriebliche Einrichtungen für die Berufsbildung zu schaffen, betriebliche Berufsbildungsmaßnahmen einzuführen oder sich an außerbetrieblichen Berufsbildungsmaßnahmen zu beteiligen und/oder seinen Arbeitnehmern die Teilnahme an solchen außerbetrieblichen Berufsbildungsmaßnahmen zu ermöglichen. Zum Begriff der Berufsbildung s. § 96 Rdn. 6 ff. **Beratungsgegenstand** ist zum einen die Errichtung und Ausstattung von betrieblichen Einrichtungen zur Berufsbildung. Der Arbeitgeber hat also mit dem Betriebsrat die Art und Form der Einrichtung sowie ihre sachliche und personelle Ausstattung zu beraten. Gegenstände der Beratungspflicht sind außerdem die Einführung von betrieblichen Berufsbildungsmaßnahmen nach Art und Zielset- 2 zung sowie die Frage, ob der Arbeitgeber sich an außerbetrieblichen Berufsbildungsmaßnahmen beteiligen soll und welche Arbeitnehmer zu welcher Zeit und wie lange an welchen außerbetrieblichen Berufsbildungsmaßnahmen selbst teilnehmen sollen.

3   § 97 Abs. 2 sieht darüber hinaus nunmehr ein echtes **erzwingbares Mitbestimmungsrecht** vor, freilich beschränkt auf die Einführung von Maßnahmen der betrieblichen Berufsbildung, also nicht bei der Errichtung und Ausgestaltung betrieblicher Einrichtungen zur Berufsbildung. Obwohl das Gesetz – wie in anderen Tatbeständen (vgl. etwa §§ 87 Abs. 1, 98 Abs. 1) – allgemein davon spricht, dass der Betriebsrat »mitzubestimmen« habe, geht es dabei weniger um ein Vetorecht gegen die Einführung von Bildungsmaßnahmen, sondern um ein **echtes Initiativrecht**, mit dem der Betriebsrat den Arbeitgeber unter bestimmten Voraussetzungen zur Einführung von Bildungsmaßnahmen zwingen kann. Mit der Neuregelung soll die Position des Betriebsrats im Rahmen der beruflichen Weiterbildung gestärkt werden. Der Betriebsrat soll auf eine Anpassung der beruflichen Kenntnisse und Fähigkeiten der Arbeitnehmer an die technische und wirtschaftliche Entwicklung hinwirken können, um hierdurch zu vermeiden, dass Arbeitnehmer wegen mangelnder beruflicher Qualifikation entlassen werden. Während der Betriebsrat bisher darauf beschränkt war, in solchen Fällen der beabsichtigten Kündigung gemäß § 102 Abs. 3 Nr. 4 zu widersprechen, soll er nunmehr in die Lage versetzt werden, »frühzeitig und dadurch präventiv betriebliche Berufsbildungsmaßnahmen zugunsten der betroffenen Arbeitnehmer durchsetzen (zu) können« (*Reg. Begr.* BT-Drucks. 14/5741, S. 49 f.).

4   Der Text des **Abs. 2** hat **im Laufe des Gesetzgebungsverfahrens Änderungen** erfahren. Im Regierungsentwurf hieß es ursprünglich: »Hat der Arbeitgeber technische Anlagen, Arbeitsverfahren und Arbeitsabläufe oder Arbeitsplätze geplant, die dazu führen, dass sich die Tätigkeit der betroffenen Arbeitnehmer ändern wird und ihre beruflichen Kenntnisse und Fähigkeiten zur Erfüllung ihrer Aufgaben nicht mehr ausreichen, so hat der Betriebsrat . . .« (vgl. BT-Drucks. 14/5741, S. 15). Das Gesetz knüpfte damit an die in § 90 Abs. 1 Nr. 2 bis 4 bezeichneten Maßnahmen an. Der Betriebsrat sollte in diesen Fällen nicht nur gemäß § 91 berechtigt sein, Maßnahmen zur Abwendung, Milderung oder zum Ausgleich der mit den Veränderungen der Arbeitsumgebung verbundenen Belastungen durchzusetzen, sondern auch die Weiterbildung der Arbeitnehmer verlangen können. Ein Zusammenhang bestand auch mit § 81 Abs. 4, der dem einzelnen Arbeitnehmer in diesen Fällen einen Anspruch darauf einräumt, dass der Arbeitgeber mit ihm Möglichkeiten einer Anpassung der beruflichen Kenntnisse und Fähigkeiten erörtert. Auf Vorschlag des Ausschusses für Arbeits- und Sozialordnung (BT-Drucks. 14/6352, S. 26) hat der Gesetzgeber die Aufzählung der einzelnen Planungsgegenstände durch den neutralen Begriff »Maßnahmen« ersetzt. Außerdem ist neben der Planung auch die »Durchführung« besonders erwähnt. Schließlich heißt es nun nicht mehr »ändern wird«, sondern »ändert«. Zur Begründung führte der Ausschuss aus, dass die Formulierung, die das Mitbestimmungsrecht davon abhängig mache, dass der Arbeitgeber technische Anlagen und Arbeitsabläufe oder Arbeitsplätze geplant haben müsse, zu eng sei. Ziel müsse es vielmehr sein, dass das Mitbestimmungsrecht des Betriebsrats generell bei vom Arbeitgeber geplanten oder durchgeführten Maßnahmen greife, wenn diese Maßnahmen dazu führten, dass die beruflichen Kenntnisse und Fähigkeiten der Arbeitnehmer nicht mehr ausreichen (BT-Drucks. 14/5741, S. 58 f.).

II. Beratungsrecht des Betriebsrats (§ 97 Abs. 1)

1. Inhalt des Beratungsrechts

5   Der Betriebsrat hat nach § 97 Abs. 1 **nur ein Beratungsrecht**, aber **kein Mitbestimmungs- bzw. Entscheidungsrecht**. Ob der Arbeitgeber eine betriebliche Einrichtung zur Berufsbildung schafft, obliegt allein seiner freien unternehmerischen Entscheidung. Dasselbe gilt für die Einführung betrieblicher Berufsbildungsmaßnahmen, wenn die Voraussetzungen des § 97 Abs. 2 nicht vorliegen. Das Mitbestimmungsrecht setzt in diesen Fällen erst ein, wenn es um die Durchführung betrieblicher Berufsbildungsmaßnahmen und um die Teilnahme von Arbeitnehmern an betrieblichen oder außerbetrieblichen Maßnahmen der Berufsbildung geht (vgl. § 98 Abs. 1 und 3; *Fitting* § 97 Rn. 4 ff.; *Galperin/Löwisch* § 97 Rn. 12, 15; *Neyses* BlStSozArbR 1977, 321 [322]; *Richardi/Thüsing* § 97 Rn. 5; *Worzalla/HWGNRH* § 97 Rn. 1 f.). Auch eine für den Arbeitgeber bindende Entscheidung der Eini-

Einrichtungen und Maßnahmen der Berufsbildung **§ 97**

gungsstelle kann nicht gegen seinen Willen ergehen; es gilt § 76 Abs. 6. Die Beratung mit dem Betriebsrat muss **rechtzeitig** erfolgen, so dass für den Betriebsrat noch die Möglichkeit besteht, die Entscheidung des Arbeitgebers zu beeinflussen. Art und Umfang der Beratung hat sich am Gebot der vertrauensvollen Zusammenarbeit (vgl. § 2 Abs. 1) zu orientieren (*Fitting* § 97 Rn. 4); die Verhandlungen müssen mit dem ernsten Willen zur Einigung geführt werden (§ 74 Abs. 1 Satz 2).

2. Die einzelnen Beratungsgegenstände

a) Errichtung und Ausstattung betrieblicher Einrichtungen zur Berufsbildung

Das Beratungsrecht betrifft zunächst die **Errichtung und Ausstattung** betrieblicher **Einrichtungen** zur Berufsbildung (zum Begriff der Berufsbildung s. § 96 Rdn. 6 ff.). Der Begriff der »Einrichtung« wird im Gesetz nicht näher definiert. In Anlehnung an den Begriff der Sozialeinrichtung gemäß § 87 Abs. 1 Nr. 8 (s. *Wiese/Gutzeit* § 87 Rdn. 707 ff.) ist darunter die Zusammenfassung sachlicher und/oder persönlicher Mittel zu verstehen, deren Zweck die Berufsbildung zumindest auch der betriebsangehörigen Arbeitnehmer ist. Erforderlich ist, dass diese Mittel auf eine gewisse Dauer angelegt sind, da sonst die Abgrenzung zu den ebenfalls in § 97 genannten Bildungsmaßnahmen verwischt würde. Nicht notwendig ist dagegen – anders als bei § 87 Abs. 1 Nr. 8 – eine organisatorische Verselbständigung, da eine Mitbestimmung bei der Verwaltung der Mittel durch § 97 nicht vorgesehen ist (zu dieser Problematik s. *Wiese/Gutzeit* § 87 Rdn. 708; vgl. auch Rdn. 8). Errichtung und Ausstattung betrieblicher Einrichtungen zur Berufsbildung umfasst auch **Änderungen** bestehender Einrichtungen (*Buschmann/DKKW* § 97 Rn. 3; *Fitting* § 97 Rn. 4; *Kaiser/LK* § 97 Rn. 5; *Richardi/Thüsing* § 97 Rn. 6; **a. M.** *Worzalla/HWGNRH* § 97 Rn. 3: eine Beratung über eine geplante Änderung sei zwar in aller Regel zweckmäßig, rechtlich geboten jedoch erst, wenn der Betriebsrat sie gemäß § 96 Abs. 1 Satz 2 verlange). Dagegen löst die Schließung oder **Beseitigung von Bildungseinrichtungen** die Beratungspflicht nicht aus (ebenso *Worzalla/HWGNRH* § 97 Rn. 3; **a. M.** *Buschmann/DKKW* § 97 Rn. 3; *Galperin/Löwisch* § 97 Rn. 17; *Hamm* AuR 1992, 326 [328]; *Kania/*ErfK § 97 BetrVG Rn. 3; *Natzel* Berufsbildungsrecht, S. 521). Die Beratungspflicht soll dem Betriebsrat Gelegenheit geben, seine Vorstellungen von der Ausgestaltung der Einrichtung einzubringen. Im Falle ihrer Abschaffung gibt es aber nichts mehr zu gestalten. Auch der Hinweis von *Löwisch* (*Galperin/Löwisch* § 97 Rn. 17), dass eine Beratungspflicht sinnvoll sei, weil der Betriebsrat ohnehin gemäß § 96 Abs. 1 Satz 3 Vorschläge für die Errichtung einer Einrichtung machen, somit auch eine Initiative zur Wiedereinführung ergreifen könne, über die dann zu beraten sei, überzeugt letztlich nicht. Gemäß § 96 Abs. 1 Satz 2 hat der Arbeitgeber nämlich nur auf Verlangen mit dem Betriebsrat über dessen Vorschläge zu beraten. Man würde dieses Beteiligungsrecht entgegen Wortlaut und Intention des Gesetzes inhaltlich erweitern, wenn man aus § 97 eine Pflicht des Arbeitgebers ableiten würde, über Angelegenheiten, die Maßnahmen der Berufsbildung betreffen und Gegenstand des Vorschlagsrechts gemäß § 96 Abs. 1 Satz 3 sein können, von sich aus mit dem Betriebsrat zu beraten. Bei Beseitigung von Einrichtungen besteht somit lediglich eine Unterrichtungspflicht gemäß § 92 Abs. 1. Soweit der Betriebsrat hiergegen Einwände hat, steht es ihm frei, die Initiative zu einer Beratung zu ergreifen und Vorschläge zu machen.

Beispiele für betriebliche Einrichtungen sind betriebliche Ausbildungsstätten, z. B. Lehrwerkstätten und Unterrichtsräume, Labors für die Aus- und Weiterbildung sowie betriebliche Berufsbildungszentren (amtliche Begründung, BR-Drucks. 715/70, S. 51 zu § 97; *Richardi/Thüsing* § 97 Rn. 6). Die Gründung einer sog. **Qualifizierungsgesellschaft** ist keine Errichtung einer betrieblichen Einrichtung (ebenso *Ricken/HWK* § 97 BetrVG Rn. 2; **a. M.** *Buschmann/DKKW* § 96 Rn. 8; § 97 Rn. 3; *Kaiser/LK* § 97 Rn. 4). Für Einrichtungen zur **Berufsausbildung** sind § 27 BBiG sowie § 21 HandwO zu beachten, die – wenn auch in sehr allgemeiner Form – die Voraussetzungen umschreiben, die für eine Ausbildungsstätte vorliegen müssen. §§ 32, 33 BBiG bzw. §§ 23, 24 HandwO regeln die Überwachung des Vorliegens der nötigen Voraussetzungen (krit. *Zwanziger* AuR 2010, 459 [460], der bei seiner Kritik allerdings verkennt, dass weder hier noch an der von ihm zitierten Stelle bei *Fitting* § 97 Rn. 4 behauptet wird, dass die Anforderungen auch für Einrichtungen der übrigen Bereiche der Berufsbildung gelten).

6

7

8 Beratungsgegenstand ist neben der **sachlichen** und **finanziellen** auch die **personelle Ausstattung der Einrichtung**; in Bezug auf die Bestellung und Abberufung ausbildender Personen besteht hier ein zusätzliches Mitbestimmungsrecht nach § 98 Abs. 2 und 5. Werden ständige Fortbildungseinrichtungen – etwa in Form eines Berufsbildungszentrums – geschaffen, so kommt ferner ein Mitbestimmungsrecht nach § 87 Abs. 1 Nr. 8 in Betracht, sofern die Voraussetzungen dieser Bestimmung gegeben sind (*Richardi/Thüsing* § 97 Rn. 7; vgl. auch Rdn. 6 sowie *Wiese/Gutzeit* § 87 Rdn. 707 ff.). Dieses Mitbestimmungsrecht bezieht sich dann aber nur auf Form, Ausgestaltung und Verwaltung der Sozialeinrichtung, nicht dagegen auf die Errichtung bzw. Beseitigung der Einrichtung selbst und den Dotierungsrahmen, den der Arbeitgeber zur Verfügung stellen will.

b) Einführung betrieblicher Berufsbildungsmaßnahmen

9 Betriebliche Berufsbildungsmaßnahmen sind vor allem **Fortbildungskurse** (RegE BR-Drucks. 715/70, S. 51 zu § 97). Gemeint sind damit Kurse und Lehrgänge, die entweder der Erreichung des Ausbildungszieles (§ 1 Abs. 3 BBiG), der Erhaltung, Erweiterung oder Anpassung der beruflichen Kenntnisse und Fertigkeiten an technische Entwicklungen (§ 1 Abs. 4 BBiG) oder dem Erwerb der Befähigung für andere berufliche Tätigkeiten als der jetzt ausgeübten (§ 1 Abs. 5 BBiG) dienen. Auch die Einführung von **betrieblichem Zusatzunterricht** zur Berufsausbildung fällt unter § 97 (*Worzalla/HWGNRH* § 97 Rn. 6). Hierbei kann etwa eine Möglichkeit gesucht werden, die es den Teilnehmern gestattet, nach Abschluss des Kurses oder Lehrganges eine Prüfung i. S. v. §§ 57, 62 BBiG erfolgreich abzulegen. Hinsichtlich der Einführung solcher Kurse besteht zunächst ein Beratungsrecht. Ein erzwingbares Mitbestimmungsrecht hat der Betriebsrat nur unter den weiteren Voraussetzungen des § 97 Abs. 2. Das Beratungsrecht erstreckt sich auch auf die Auswahl der teilnehmenden Arbeitnehmer. Ein Mitbestimmungsrecht besteht allerdings wiederum nur unter den Voraussetzungen des § 98 Abs. 3. Zum Begriff der »betrieblichen« Berufsbildung s. § 98 Rdn. 3. Ob die Berufsbildungsmaßnahmen während oder außerhalb der Arbeitszeit durchgeführt werden sollen, spielt für die Anwendung des § 97 keine Rolle (*Fitting* § 97 Rn. 5; *Worzalla/HWGNRH* § 97 Rn. 6).

c) Teilnahme an außerbetrieblichen Berufsbildungsmaßnahmen

10 Gedacht ist hier an alle Berufsbildungsmaßnahmen, die **von betriebsfremden Trägern** der Berufsbildung, also von den Kammern oder Arbeitsämtern, von überbetrieblichen Einrichtungen, aber auch von privaten Institutionen (z. B. Gewerkschaften und Arbeitgeberverbänden) veranstaltet werden. **Zu beraten ist die Frage**, ob der Arbeitgeber sich an solchen Maßnahmen beteiligen und welchen Arbeitnehmern er die Teilnahme ermöglichen soll. Auch Zeitpunkt und Dauer der Teilnahme der Arbeitnehmer gehören zu den Beratungsgegenständen. Im Übrigen ist auch hier das weitergehende Mitbestimmungsrecht nach § 98 Abs. 3 und 5 zu beachten (vgl. *Fitting* § 97 Rn. 6; *Worzalla/HWGNRH* § 97 Rn. 7). Bezüglich der Teilnahme der Auszubildenden am Berufsschulunterricht gilt § 15 BBiG.

III. Mitbestimmungsrecht des Betriebsrats (§ 97 Abs. 2)

1. Inhalt des Mitbestimmungsrechts

11 Unter den Voraussetzungen des Abs. 2 hat der Betriebsrat ein erzwingbares Mitbestimmungsrecht bei der Einführung von Maßnahmen der betrieblichen Berufsbildung. Die Einführung solcher Bildungsmaßnahmen bedarf also der **Zustimmung des Betriebsrats (positives Konsensprinzip)**. Vor allem aber gibt die Regelung dem Betriebsrat ein echtes **Initiativrecht** (*Däubler* AuR 2001, 285 [291]; *Fitting* § 97 Rn. 20; *Franzen* NZA 2001, 865 [866]; *Konzen* RdA 2001, 76 [91]; *Löwisch* BB 2001, 1790 [1795]; *Worzalla/HWGNRH* § 97 Rn. 10). Liegen die Voraussetzungen des Abs. 2 vor, kann der Betriebsrat die Durchführung solcher Maßnahmen vom Arbeitgeber verlangen. Kommt der Arbeitgeber dem Verlangen nicht nach, kann der Betriebsrat die Einigungsstelle anrufen, die verbindlich über die Einführung der Bildungsmaßnahme entscheidet (§ 97 Abs. 2 Satz 2 und 3, § 76 Abs. 5).

12 Die Maßnahme, die den Weiterbildungsbedarf auslöst, unterliegt selbst nicht der Mitbestimmung nach § 97 Abs. 2. Der Betriebsrat soll lediglich die Möglichkeit haben, den mit solchen Maßnahmen verbundenen Gefahren für die Arbeitsplätze präventiv entgegenzuwirken und betriebliche Bildungsmaß-

nahmen so rechtzeitig durchzusetzen, dass nach Möglichkeit spätestens im Zeitpunkt der Umsetzung der Planungen das Qualifikationsdefizit der Arbeitnehmer behoben ist. Die Vorschrift verfolgt also ein ähnliches Ziel wie § 91, nämlich die Abwendung oder Milderung von Nachteilen, die sich für die Arbeitnehmer aus der Maßnahme ergeben können. Es handelt sich demnach um ein »**korrigierendes Mitbestimmungsrecht**« (vgl. auch *Weber* § 91 Rdn. 1).

Das Mitbestimmungsrecht bezieht sich **nur** auf die **Einführung von Maßnahmen der betrieblichen Berufsbildung**. Nicht erfasst werden demnach die Errichtung und Ausstattung betrieblicher Einrichtungen zur Berufsbildung. Insoweit besteht lediglich das Beratungsrecht nach § 97 Abs. 1 (*Fitting* § 97 Rn. 24; *Löwisch* BB 2001, 1790 [1795]; *ders.* FS *Konzen*, S. 533 [537]). Der Begriff der Berufsbildung ist im selben Sinne zu verstehen wie in § 96, umfasst also alle Maßnahmen, bei denen den Arbeitnehmern in systematischer Form Fähigkeiten vermittelt werden, die diese zur Ausfüllung ihres Arbeitsplatzes und für ihre berufliche Tätigkeit qualifizieren (vgl. § 96 Rdn. 6 ff., 11). Erzwingbar sind allerdings nur Maßnahmen der betrieblichen Berufsbildung, also solche, die vom Arbeitgeber selbst veranstaltet oder getragen werden (s. § 98 Rdn. 3). Dagegen kann die Teilnahme der Arbeitnehmer an Bildungsmaßnahmen, die von Dritten in eigener Trägerschaft durchgeführt werden, vom Betriebsrat nicht nach § 97 Abs. 2 durchgesetzt werden (vgl. *LAG Hamm* 08.11.2002 NZA-RR 2003, 543 [545]; *Fitting* § 97 Rn. 23; *Franzen* NZA 2001, 865 [866]; *Löwisch* BB 2001, 1790 [1795]). 13

2. Tarifvorrang

§ 97 Abs. 2 enthält – anders als § 87 – keine Regelung, wonach das Mitbestimmungsrecht bei Bestehen einer tariflichen Regelung ausgeschlossen ist. **§ 87 Abs. 1 Eingangssatz** ist jedoch **entsprechend anzuwenden** (*Franzen* NZA 2001, 865 [870]; *Löwisch* NZA 2001, Sonderheft S. 40 [44]; *Worzalla*/*HWGNRH* § 97 Rn. 13; **a. M.** *Fitting* § 97 Rn. 19a mit der Begründung, dass dann im Verhältnis zu § 77 Abs. 3 auch die Vorrangtheorie gelten müsse, so dass bei bloßer Tarifüblichkeit Betriebsvereinbarungen zulässig wären; vgl. auch § 98 Rdn. 13). Das Initiativrecht nach § 97 Abs. 2 soll verhindern, dass der Arbeitgeber Arbeitnehmer, deren Fähigkeiten den geänderten Anforderungen nicht mehr genügen, entlässt, ohne sich um eine Weiterqualifikation zu bemühen. Diese Gefahr ist aber schon dann ausgeschlossen, wenn eine tarifliche Regelung den Arbeitgeber zu entsprechenden Maßnahmen verpflichtet. In diesem Fall hat der Arbeitgeber auch kein Entscheidungsermessen hinsichtlich des Ob der Durchführung mehr, bei dem der Betriebsrat mitzubestimmen hätte. Das Mitbestimmungsrecht ist demnach ausgeschlossen, wenn der Arbeitgeber an einen Tarifvertrag gebunden ist, der die Durchführung von Weiterbildungsmaßnahmen abschließend regelt (vgl. zu den Voraussetzungen näher *Wiese* § 87 Rdn. 54 ff.). Dies bedeutet andererseits nicht, dass in den Fällen, in denen trotz Bestehens eines Tarifvertrags mangels Tarifgebundenheit des Arbeitgebers ein Mitbestimmungsrecht besteht, eine Regelung durch Betriebsvereinbarung stets zulässig wäre (so aber *Fitting* § 98 Rn. 19a). Die Annahme, dass in den Fällen des § 87 eine mitbestimmte Regelung auch in der Form der Betriebsvereinbarung möglich sein muss, findet ihre Rechtfertigung in dem besonderen Charakter der Mitbestimmungsgegenstände und ist nicht ohne Weiteres auf § 97 übertragbar. 14

3. Voraussetzungen

a) Planung oder Durchführung von Maßnahmen

Im Gegensatz zum RegE (s. o. Rdn. 4) werden die Maßnahmen, die das Mitbestimmungsrecht auslösen, nicht näher bezeichnet. Vielmehr ist der Tatbestand bewusst weit gefasst. Maßgeblich ist allein, ob die **Maßnahme einen Weiterbildungsbedarf bei den Arbeitnehmern auslöst** (*LAG Hamm* 08.11.2002 NZA-RR 2003, 543 [544]; 09.02.2009 – 10 TaBV 191/08 – juris, Rn. 51 = AuR 2009, 278 [Änderung der Beratungsstrategie einer Bank]; *Buschmann*/*DKKW* § 97 Rn. 10 ff.; *Fitting* § 97 Rn. 11; *Richardi*/*Thüsing* § 97 Rn. 11; zur Einführung einer Betriebssprache als Maßnahme nach § 97 Abs. 2 *Herbert*/*Oberrath* MDR 2011, 830 [831]). Dies setzt einmal voraus, dass die Maßnahme zu einer Änderung der Tätigkeit der Arbeitnehmer führt. Zum zweiten ist erforderlich, dass die Arbeitnehmer nicht in der Lage sind, die geänderte Tätigkeit mit ihren vorhandenen beruflichen Kenntnissen und Fähigkeiten zu verrichten. Ob ein solcher Weiterbildungsbedarf besteht, mag im Einzelfall schwierig zu beurteilen sein. Dennoch wäre es verfehlt, dem Betriebsrat insoweit einen Beurteilungs- 15 spielraum zuzugestehen (**a. M.** *Buschmann*/*DKKW* § 97 Rn. 21; diesem zust. *LAG Hamm* 09.02.2009 – 10 TaBV 191/08 – juris, Rn. 53 = AuR 2009, 278; *Zwanziger* AuR 2010, 459 [461]). Die Einigungsstelle muss sich vielmehr davon überzeugen, dass die aktuellen Kenntnisse und Fähigkeiten tatsächlich zur Erledigung der Arbeitsaufgaben nicht genügen. Ein anderer Maßstab mag im Verfahren zur Errichtung der Einigungsstelle nach § 98 Abs. 1 ArbGG gelten, da hier der Antrag nur zurückgewiesen werden darf, wenn die Einigungsstelle offensichtlich unzuständig ist. Hier kann es genügen, wenn der Betriebsrat die Voraussetzungen des Abs. 2 plausibel darlegen kann (insoweit zutr. *Buschmann*/*DKKW* § 97 Rn. 21). Ist die Einigungsstelle aber einmal gebildet, so darf sie die Einführung einer Bildungsmaßnahme nur beschließen, wenn die Voraussetzungen objektiv gegeben sind. Die subjektive Einschätzung des Betriebsrats allein – sei sie auch vertretbar – kann die Zuständigkeit nicht begründen.

16 Das Gesetz nennt – anders als im RegE – neben der Planung auch die Durchführung der Maßnahmen und spricht außerdem davon, dass sich die Tätigkeit der Arbeitnehmer »ändert« (statt »ändern wird« wie im RegE). Aus der grammatikalischen Umstellung von der futurischen Form in die des Präsens wird in der Literatur geschlossen, dass das Mitbestimmungsrecht erst bestehe, wenn eine Änderung der Tätigkeit eingetreten sei. Im Planungsstadium entstehe das Mitbestimmungsrecht daher nur, wenn bereits die Planung zu einer Änderung der Tätigkeit führe (*Franzen* NZA 2001, 865 [866]). Dies dürfte aber mit der sprachlichen Umstellung kaum gemeint sein. Hiergegen spricht zum einen, dass die Maßnahmen »dazu führen« müssen, dass sich die Tätigkeit ändert (ebenso *Fracke* Weiterbildung, S. 102). Damit werden sprachlich auch erst **zukünftige Auswirkungen** erfasst. Im Übrigen besteht der Zweck der Vorschrift gerade darin, bereits im Vorfeld der Maßnahme präventiv auf eine Weiterbildung der Arbeitnehmer hinzuwirken, damit es erst gar nicht zu einem Qualifikationsdefizit auf Seiten der Arbeitnehmer kommt (s. Rdn. 3). Dem widerspräche es, wenn der Betriebsrat erst die Änderung der Tätigkeit abwarten müsste. Es muss vielmehr für das Initiativrecht genügen, wenn aufgrund der bestehenden Planungen sicher ist, dass sich die Tätigkeit ändern wird (ebenso *Fitting* § 97 Rn. 19; *Haßlöcher* Mitarbeiterqualifizierung, S. 109 f.; *Löwisch* BB 2001, 1790 [1795]; *Preis*/WPK § 97 Rn. 11; *Richardi*/*Thüsing* § 97 Rn. 18; *Worzalla*/HWGNRH § 97 Rn. 33).

17 **Planung** erfordert allerdings mehr als unverbindliche Vorüberlegungen. Planspiele des Arbeitgebers, mit denen dieser die Möglichkeiten einer Veränderung der technischen Anlagen oder Arbeitsabläufe erkundet, lösen das Initiativrecht noch nicht aus. Vielmehr muss die **Entscheidung für eine bestimmte Maßnahme bereits gefallen sein**, auch wenn diese sich noch in der Planungsphase befindet (*Fitting* § 97 Rn. 18; *Löwisch* FS *Konzen*, S. 533 [536]). Das Mitbestimmungsrecht steht dem Betriebsrat aber auch nach der **Durchführung** der Maßnahme zu. Mit dieser, im Gesetzgebungsverfahren aufgenommenen Ergänzung wird klargestellt, dass das Mitbestimmungsrecht zeitlich nicht auf die Planungsphase begrenzt ist, der Arbeitgeber einem Verlangen des Betriebsrats nach Durchführung von Qualifizierungsmaßnahmen also nicht entgegenhalten kann, dass die Maßnahme bereits vollzogen ist. Vielmehr besteht das Mitbestimmungsrecht so lange, wie ein Qualifikationsdefizit infolge der Maßnahme besteht (*Buschmann*/*DKKW* § 97 Rn. 16; *Fitting* § 97 Rn. 18).

b) Änderung der Tätigkeit

18 Voraussetzung für das Mitbestimmungsrecht ist, dass die Maßnahmen zu einer Änderung der Tätigkeit der betroffenen Arbeitnehmer führen. Für eine Änderung der Tätigkeit genügt nicht jede rein äußerliche Veränderung der Arbeitsvorgänge. Vielmehr muss die **Tätigkeit auch inhaltlich eine andere** sein. Sofern das Mitbestimmungsrecht bereits im Planungsstadium einsetzt, bedarf es einer **Prognose** hinsichtlich der Auswirkungen der beabsichtigten Maßnahmen. Gemeint sind nur **organisatorische Maßnahmen**, die zu einer Änderung der Anforderungen an dem Arbeitsplatz führen, an dem der Arbeitnehmer beschäftigt ist. Nicht erfasst werden daher personelle Einzelmaßnahmen (z. B. Versetzung), auch wenn diese für den betroffenen Arbeitnehmer mit einer Änderung der Tätigkeit verbunden sind (*Haßlöcher* Mitarbeiterqualifizierung, S. 92 ff.; *Kaiser*/LK § 97 Rn. 10; **a. M.** *LAG Hamm* 09.02.2009 – 10 TaBV 191/08 – juris, Rn. 51 = AuR 2009, 278; *Buschmann*/*DKKW* § 97 Rn. 13; *Fitting* § 97 Rn. 13; *Preis*/WPK § 97 Rn. 10).

19 Für die Änderung der Tätigkeit ist auf eine **funktionale Betrachtung** abzustellen. Eine Änderung der Tätigkeit liegt nicht nur dann vor, wenn sich die Anforderungen an einen bestimmten Arbeitsplatz ändern, sondern auch, wenn die Funktion eines bestimmten Arbeitsplatzes von einem anderen Ar-

Einrichtungen und Maßnahmen der Berufsbildung § 97

beitsplatz, auf dem insgesamt höhere Anforderungen an die Qualifikation der Arbeitnehmer gestellt werden, übernommen wird. Eine Änderung der Tätigkeit kann demnach auch dadurch erfolgen, dass infolge der Planungen zunächst neue, zusätzliche Arbeitsplätze mit einem anderen Tätigkeitsprofil geschaffen werden, die zu einem späteren Zeitpunkt die bestehenden Arbeitsplätze ersetzen sollen. Dies ist etwa der Fall, wenn der Arbeitgeber neue Produktionsverfahren einführen und hierfür neue höher qualifizierte Arbeitnehmer einstellen will, daneben aber zur Vermeidung von Engpässen die bisherige, technisch veraltete Produktionslinie aufrechterhält, um nach Abschluss der Anlaufphase die alte Produktion stillzulegen (vgl. auch *Annuß* NZA 2001, 367 [368]; zust. *Buschmann/DKKW* § 97 Rn. 19).

c) Mangelnde Qualifikation der betroffenen Arbeitnehmer

Weitere Voraussetzung ist, dass die beruflichen Kenntnisse und Fähigkeiten der Arbeitnehmer zur Erfüllung der Aufgaben nicht mehr ausreichen. Das **Qualifikationsdefizit** muss dabei gerade die **Folge der Maßnahme** des Arbeitgebers sein. Das Mitbestimmungsrecht dient nicht dazu, mangelnde Kenntnisse und Fähigkeiten auszugleichen, die ihre Ursache in den persönlichen Umständen einzelner Arbeitnehmer finden (*Fitting* § 97 Rn. 12; *Löwisch* BB 2001, 1790 [1795]; *ders.* FS *Konzen*, S. 533 [536 f.]; *Worzalla/HWGNRH* § 97 Rn. 20). Maßgeblich sind also nicht die Kenntnisse und Fähigkeiten der konkreten Arbeitsplatzinhaber, sondern vielmehr, ob ein Arbeitnehmer, der die für die bisherige Tätigkeit erforderlichen Voraussetzungen mitbringt, ohne Zusatzqualifikationen auch die neue Tätigkeit verrichten kann oder nicht (in der Sache ähnlich *Franzen* NZA 2001, 865 [867 f.], der in Anlehnung an § 87 das Vorliegen eines **kollektiven Tatbestandes** in Gestalt eines überindividuellen Bedürfnisses nach Einführung der Bildungsmaßnahme für erforderlich hält; ebenso *Fracke* Weiterbildung, S. 103 f.; *Haßlöcher* Mitarbeiterqualifizierung, S. 89 f.; *Rieble* NZA 2001, Sonderheft S. 48 [53]; *Worzalla/HWGNRH* § 97 Rn. 14; gegen das Erfordernis eines kollektiven Tatbestandes aber *Buschmann/DKKW* § 97 Rn. 11; *Fitting* § 97 Rn. 16; *Preis/WPK* § 97 Rn. 10; *Rasche* Arbeitnehmerweiterbildung, S. 55 ff.). M. E. hilft die Übertragung des Begriffes des kollektiven Tatbestandes aus § 87 angesichts der bereits dort bestehenden Unsicherheit über Inhalt und Tragweite dieser Voraussetzung wenig weiter und birgt lediglich die Gefahr, dass an die Stelle einer notwendigen (teleologischen) Auslegung des § 97 Abs. 2 rein begriffliche Ableitungen treten. Zu dieser Problematik im Kontext des § 87 vgl. *Raab* ZfA 2001, 31 ff. Ein Mitbestimmungsrecht dürfte daher regelmäßig gegeben sein, wenn sich das fachliche Anforderungsprofil des Stelleninhabers ändert. In Ausnahmefällen kann es für die Beurteilung auch auf die Qualifikation des aktuellen Stelleninhabers ankommen, nämlich wenn der betroffene Arbeitnehmer für die konkrete Stelle überqualifiziert ist und daher bereits die nach der Änderung erforderlichen Kenntnisse und Fähigkeiten besitzt. Ist dies bei allen betroffenen Arbeitnehmern der Fall, so besteht kein schutzwürdiges Interesse an der Einführung zusätzlicher Bildungsmaßnahmen. 20

Mitunter wird die Ansicht vertreten, dass das Mitbestimmungsrecht nur bestehe, wenn der Arbeitgeber den betroffenen Arbeitnehmern **infolge des Qualifikationsdefizits kündigen** könnte (*Rieble* NZA 2001, Sonderheft S. 48 [54]; zust. *Kaiser* FS *Löwisch*, S. 153 [162]; *Preis/WPK* § 97 Rn. 12; *Richardi/Thüsing* § 97 Rn. 11). Dies erscheint jedoch zu eng. Zwar dient das Mitbestimmungsrecht auch dazu, durch eine Anpassung der beruflichen Kenntnisse und Fähigkeiten die Beschäftigung zu sichern und Kündigungen zu vermeiden (RegE BT-Drucks. 14/5741, S. 50; s. a. Rdn. 29). Dies ist aber nicht der alleinige Zweck. Vielmehr soll generell verhindert werden, dass Arbeitnehmer infolge des technischen Fortschritts in ihrer beruflichen Entwicklung abgehängt werden, weil sie nicht mehr die für ihren Arbeitsplatz erforderliche Qualifikation mitbringen (RegE BT-Drucks. 14/5741, S. 29). Die Anpassung an neue Erfordernisse dient dabei zugleich der Vermeidung einer Überforderungssituation und damit mittelbar dem Gesundheitsschutz der Arbeitnehmer. Würde man die Mitbestimmung von dem Drohen einer personenbedingten Kündigung abhängig machen, so würde diese zeitlich viel zu spät einsetzen, weil für eine Kündigung wegen Leistungsmängeln im Regelfall erforderlich ist, dass das Leistungsdefizit über einen längeren Zeitraum andauert (*BAG* 11.12.2003 EzA § 1 KSchG Verhaltensbedingte Kündigung Nr. 62 = AP Nr. 48 zu § 1 KSchG 1969 Verhaltensbedingte Kündigung unter B III 2 d; 10.02.2005 EzA § 174 BGB 2002 Nr. 3 = AP Nr. 18 zu § 174 BGB unter B II 2). Während dieses Zeitraumes müsste der Arbeitnehmer folglich einer Tätigkeit nachgehen, der er nicht mehr in vollem Umfang gewachsen ist. Die besseren Gründe sprechen daher dafür, auch Qua- 21 lifikationsdefizite ausreichen zu lassen, die nach Art und Gewicht (noch) keine Kündigung rechtfertigen könnten (*Buschmann/DKKW* § 97 Rn. 20; *Rasche* Arbeitnehmerweiterbildung, S. 48 f.). Voraussetzung ist allerdings, dass sich der Mangel an Kenntnissen und Fähigkeiten nur mit einer Maßnahme der betrieblichen Berufsbildung und nicht auf sonstige Weise beheben lässt (s. Rdn. 22).

d) Eignung der Bildungsmaßnahme

22 Weitere Voraussetzung ist, dass das Qualifikationsdefizit **nur mit Hilfe von Maßnahmen der betrieblichen Berufsbildung behoben** werden kann (zust. *Fitting* § 97 Rn. 15; *Worzalla/HWGNRH* § 97 Rn. 19). Dies ist zwar im Gesetz nicht ausdrücklich erwähnt, ergibt sich aber aus dem Zweck der Regelung. Die Bildungsmaßnahmen müssen also zum einen geeignet sein, den Arbeitnehmern die fehlenden Kenntnisse und Fähigkeiten zu verschaffen. Zum anderen muss hierfür eine Maßnahme der Berufsbildung erforderlich sein. Ein Mitbestimmungsrecht scheidet daher insbesondere dann aus, wenn eine schlichte Unterrichtung der Arbeitnehmer über die geänderten Arbeitsbedingungen und eine Einweisung in die neue Tätigkeit i. S. d. § 81 Abs. 1 genügt (LAG Hamm 08.11.2002 NZA-RR 2003, 543 [545]; *Fitting* § 97 Rn. 14; *Franzen* NZA 2001, 865 [867]; zur Abgrenzung vgl. § 96 Rdn. 12 ff.). Dagegen ist die **Zumutbarkeit der Bildungsmaßnahme** keine Voraussetzung für das Mitbestimmungsrecht des Betriebsrats (wie hier i. E. *Haßlöcher* Mitarbeiterqualifizierung, S. 120 ff.; abw. die ganz h. M.; grdl. *Franzen* NZA 2001, 865 [867] unter Heranziehung des Rechtsgedankens des § 102 Abs. 3 Nr. 4; diesem folgend *Fitting* § 97 Rn. 25; *Kaiser* FS *Löwisch*, S. 153 [162 f.]; *Kania/ErfK* § 97 BetrVG Rn. 6; *Kleinebrink* ArbRB 2014, 241 [243]; *Richardi/Thüsing* § 97 Rn. 15; *Ricken/HWK* § 97 BetrVG Rn. 10; *Worzalla/HWGNRH* § 97 Rn. 18). Auf die Zumutbarkeit für den Arbeitnehmer kann es schon deshalb nicht ankommen, weil die Einführung der Bildungsmaßnahme diesen noch nicht zur Teilnahme verpflichtet (vgl. auch § 102 Rdn. 172). Die Zumutbarkeit für den Arbeitgeber hingegen ist von der Einigungsstelle im Rahmen ihrer Ermessensentscheidung zu berücksichtigen, die wiederum der (fristgebundenen) gerichtlichen Ermessenskontrolle unterliegt (§ 76 Abs. 3 Satz 3 und 4; ebenso *Buschmann/DKKW* § 97 Rn. 22). Wäre die Frage der Zumutbarkeit der Bildungsmaßnahme ein (ungeschriebenes) Merkmal des Mitbestimmungstatbestandes – wie die Gegenansicht annimmt –, so beträfe dies die Zuständigkeit der Einigungsstelle und könnte daher zum Gegenstand eines besonderen Beschlussverfahrens gemacht werden (vgl. *Jacobs* § 76 Rdn. 128 f.). Die Abwägung zwischen dem Interesse der Arbeitnehmer an beruflicher Weiterbildung und den entgegenstehenden Interessen des Arbeitgebers ist aber Teil der von der Einigungsstelle zu treffenden Sachentscheidung und nicht lediglich eine Vorfrage des Einigungsstellenverfahrens.

4. Durchführung der Maßnahme

23 Wird eine Bildungsmaßnahme auf Verlangen des Betriebsrats eingeführt, richten sich die **Rechte des Betriebsrats hinsichtlich der Modalitäten der Durchführung nach § 98** (*Buschmann/DKKW* § 97 Rn. 9; *Franzen* NZA 2001, 865 [868]; *Rasche* Arbeitnehmerweiterbildung, S. 46; **a. M.** *Worzalla/HWGNRH* § 97 Rn. 12, der allerdings im Rahmen des Abs. 2 »partiell auf Aspekte des § 98 zurückgreifen« will [vgl. § 97 Rn. 23]). Allerdings ergeben sich im Einzelnen gegenüber Maßnahmen, die der Arbeitgeber freiwillig durchführt, einige Modifikationen. Während der Arbeitgeber bei freiwilligen Berufsbildungsmaßnahmen den **Adressatenkreis** und die **Zahl der Teilnehmer** mitbestimmungsfrei bestimmen kann (s. § 98 Rdn. 26), ist dieses Ermessen bei erzwungenen Maßnahmen nach § 97 Abs. 2 weitgehend reduziert. So steht der Kreis der potentiellen Teilnehmer aufgrund des Zwecks der Maßnahme fest, nämlich sämtliche Arbeitnehmer, deren Kenntnisse und Fähigkeiten aufgrund der Maßnahme des Arbeitgebers nicht mehr ausreichen, um die von ihnen geforderte Tätigkeit zu verrichten (ebenso *Fitting* § 97 Rn. 27; *Kleinebrink* ArbRB 2014, 241 [243 f.]). Auch über die Zahl der Teilnehmer kann der Arbeitgeber grundsätzlich nicht frei entscheiden. Zwar kann der Betriebsrat nicht verlangen, dass für alle betroffenen Arbeitnehmer Bildungsmaßnahmen durchgeführt werden. Über eine Begrenzung der Teilnehmerzahl hat aber im Streitfalle grundsätzlich die Einigungsstelle eine Ermessensentscheidung unter Berücksichtigung der dem Arbeitgeber entstehenden Kosten zu treffen (s. Rdn. 27). Eine Ausnahme gilt allerdings, wenn sich der Arbeitgeber bereits zu einem Personalabbau entschlossen hat und somit feststeht, dass selbst bei einer Weiterqualifikation nicht alle Arbeitnehmer weiterbeschäftigt werden können. Hier ist die Zahl der Teilnehmer durch den zukünfti-

gen Beschäftigungsbedarf begrenzt. Die Auswahl der weiterzubildenden Arbeitnehmer hat in diesem Fall nach den Grundätzen der Sozialauswahl (§ 1 Abs. 3 KSchG) zu erfolgen (*Kaiser* FS *Löwisch*, S. 153 [164]; i. Erg. wohl ebenso *Franzen* NZA 2001, 865 [869]; *Richardi/Thüsing* § 97 Rn. 16). Ein Auswahlermessen steht dem Arbeitgeber auch dann zu, wenn aufgrund der Einigung mit dem Betriebsrat oder des Spruches der Einigungsstelle die Zahl der betroffenen Arbeitnehmer die Zahl der vorhandenen Plätze übersteigt oder wenn eine gleichzeitige Schulung aller betroffenen Arbeitnehmer nicht möglich oder nicht zumutbar ist und die Weiterbildungsmaßnahme daher zeitlich gestaffelt erfolgt (*Fitting* § 97 Rn. 27). Insoweit besteht dann auch ein Mitbestimmungsrecht des Betriebsrats nach Maßgabe des § 98 Abs. 3 (*Franzen* NZA 2001, 865 [869]).

Abs. 2 enthält keine ausdrückliche Regelung, wer die **Kosten der Bildungsmaßnahme** zu tragen hat. Die Frage der Kostenverteilung ist daher nach allgemeinen Grundsätzen zu beantworten. Die Kosten der **Durchführung der Maßnahme** (z. B. Bereitstellung der Räume und der erforderlichen Sachmittel, Vergütung der Ausbilder) fallen dem Arbeitgeber zur Last (*Buschmann/DKKW* § 97 Rn. 24; *Fitting* § 97 Rn. 30 f.; *Heither* AR-Blattei SD 530.14.3, Rn. 264 ff.; *Preis/WPK* § 97 Rn. 14; *Rasche* Arbeitnehmerweiterbildung, S. 53; **a. M.** *Franzen* NZA 2001, 865 [869]; *Kania/*ErfK § 97 BetrVG Rn. 7; *Richardi/Thüsing* § 97 Rn. 17; *Worzalla/HWGNRH* § 97 Rn. 26 ff.). Die Kostentragungspflicht des Arbeitgebers ergibt sich aus der gesetzlichen Systematik. Das Initiativrecht bezieht sich auf die Einführung von »Maßnahmen der betrieblichen Berufsbildung«, also von Bildungsmaßnahmen, die vom Arbeitgeber selbst veranstaltet oder getragen werden (s. § 98 Rdn. 3). Ist der Arbeitgeber aber Träger und Veranstalter der Maßnahme, so hat er auch die hiermit verbundenen Aufwendungen zu tragen. Dies ist unproblematisch, wenn der Arbeitgeber – wie im Regelfalle des § 98 Abs. 1 – alleine darüber entscheidet, ob er eine betriebliche Bildungsmaßnahme durchführt (s. § 98 Rdn. 10). Der Unterschied zwischen den erzwungenen Maßnahmen nach § 97 Abs. 2 und den freiwilligen Maßnahmen nach § 98 Abs. 1 besteht nun gerade darin, dass der Arbeitgeber über das »Ob« der Maßnahme nicht mehr frei entscheiden kann. Dies ändert aber nichts daran, dass es sich um eine betriebliche Bildungsmaßnahme handelt, die vom Arbeitgeber getragen wird und für die er daher auch die Kosten zu übernehmen hat. Deshalb ist die Kostentragung auch keine Frage, die von den Betriebspartnern im Rahmen des Mitbestimmungsverfahrens im Wege der Annexkompetenz zu regeln wäre (vgl. *Fitting* § 97 Rn. 30; *Worzalla/HWGNRH* § 97 Rn. 28; **a. M.** *Franzen* NZA 2001, 865 [869]; *Kania/*ErfK § 97 BetrVG Rn. 7). Hiervon zu unterscheiden ist die Frage, ob den Arbeitnehmern für die Zeit der Teilnahme ein **Anspruch auf Fortzahlung des Arbeitsentgelts** zusteht. Insoweit gelten dieselben Grundsätze wie für die auf freiwilliger Basis durchgeführten Bildungsmaßnahmen (vgl. hierzu § 98 Rdn. 15). Das Initiativrecht des Betriebsrats rechtfertigt keine unterschiedliche Behandlung. Insbesondere ist mit der Pflicht zur Durchführung der Bildungsmaßnahme nicht automatisch eine Vergütungspflicht verbunden (vgl. *Franzen* NZA 2001, 865 [869]; *Kleinebrink* ArbRB 2014, 241 [244]; *Worzalla/HWGNRH* § 97 Rn. 28; wohl auch *Richardi/Thüsing* § 97 Rn. 17; **a. M.** *Buschmann/DKKW* § 97 Rn. 24; *Fitting* § 97 Rn. 31; *Heither* AR-Blattei SD 530.14.3, Rn. 266). Die bezahlte Freistellung der Arbeitnehmer für die Dauer der Teilnahme oder gar die Vergütung der Teilnahme an der Bildungsmaßnahme bei Veranstaltungen außerhalb der Arbeitszeit kann auch nicht im Wege des Einigungsstellenverfahrens erzwungen werden (ebenso *Franzen* NZA 2001, 865 [869]). Die Vergütungspflicht betrifft das Rechtsverhältnis des Arbeitgebers zu den einzelnen Arbeitnehmern. Die individualrechtlichen Rechtsbeziehungen unterliegen aber ebenso wenig der Mitbestimmung nach § 97 Abs. 2 wie bei den Bildungsmaßnahmen nach § 98 Abs. 1 (vgl. § 98 Rdn. 15). Die Betriebspartner können die Frage der Vergütung der Teilnahme nur in einer freiwilligen Betriebsvereinbarung regeln. Aus demselben Grund sind auch Regelungen über die **Rückzahlung von Ausbildungskosten** für den Fall, dass der Arbeitnehmer die Bildungsmaßnahme vorzeitig abbricht oder kurze Zeit nach deren Abschluss aus dem Betrieb ausscheidet, von dem Mitbestimmungsrecht nicht erfasst (*Franzen* NZA 2001, 865 [870]; **a. M.** *Kania/*ErfK § 97 BetrVG Rn. 7).

IV. Streitigkeiten, Sanktionen

1. Beratungsrecht

25 Streitigkeiten über den Umfang und die Erfüllung der Beratungspflicht werden im arbeitsgerichtlichen Beschlussverfahren entschieden (vgl. § 2a Abs. 1 Nr. 1 und Abs. 2, §§ 80 ff. ArbGG sowie § 96 Rdn. 37). Bei einem Verstoß des Arbeitgebers gegen die Beratungspflicht des § 97 kann § 23 Abs. 3 unter den dort genannten Voraussetzungen eingreifen (*Fitting* § 97 Rn. 38; *Heinze* DB 1983, Beil. Nr. 9, S. 18).

2. Mitbestimmungsrecht

a) Entscheidung der Einigungsstelle

26 Können sich Arbeitgeber und Betriebsrat nicht über die Einführung von Maßnahmen der betrieblichen Berufsbildung einigen, so können beide Seiten die Einigungsstelle anrufen, die auf Antrag einer Seite tätig wird (§ 76 Abs. 5 Satz 1). Relevant wird diese Möglichkeit vor allem dann, wenn der Betriebsrat von seinem Initiativrecht Gebrauch machen und gegen den Willen des Arbeitgebers die Einführung von Bildungsmaßnahmen durchsetzen will. Die **Einigungsstelle entscheidet dann verbindlich über das »Ob« der Bildungsmaßnahme** (§ 97 Abs. 2 Satz 3). Hinsichtlich des »Wie« der Durchführung muss der Arbeitgeber nach Maßgabe des § 98 ebenfalls eine Einigung mit dem Betriebsrat erzielen. Der Arbeitgeber ist verpflichtet, die von der Einigungsstelle bestimmten Maßnahmen der betrieblichen Berufsbildung durchzuführen (§ 77 Abs. 1 S. 1). Unmittelbare **individualrechtliche Folgen** sind mit dem Spruch dagegen nicht verbunden. Insbesondere ergibt sich aus dem Spruch kein unmittelbarer Teilnahmeanspruch der betroffenen Arbeitnehmer (*Franzen* NZA 2001, 865 [868]; *Preis/WPK* § 97 Rn. 8; *Worzalla/HWGNRH* § 97 Rn. 25; **a. M.** *Kania*/ErfK § 97 BetrVG Rn. 8; *Rasche* Arbeitnehmerweiterbildung, S. 70 ff.). Umgekehrt entsteht für diese aber auch keine Teilnahmeverpflichtung (*Franzen* NZA 2001, 865 [868]; *Preis/WPK* § 97 Rn. 8; *Worzalla/HWGNRH* § 97 Rn. 25). Individuelle Rechte und Pflichten der Arbeitnehmer im Zusammenhang mit der Teilnahme an den Bildungsmaßnahmen können sich vielmehr – wie im Falle des § 98 (s. § 98 Rdn. 32) – nur aus anderen Rechtsgrundlagen (Tarifvertrag, [freiwillige] Betriebsvereinbarung, Arbeitsvertrag) ergeben.

27 Die Einigungsstelle hat – bei Anrufung nur durch eine Seite – zunächst als Vorfrage zu prüfen, ob die Voraussetzungen des Mitbestimmungsrechts vorliegen und ihre **Zuständigkeit** begründet ist (hierzu näher *Jacobs* § 76 Rdn. 126 ff.). Bejaht sie ihre Zuständigkeit, so hat sie über die Einführung von Bildungsmaßnahmen unter angemessener Berücksichtigung der Belange des Betriebes und der Arbeitnehmer nach billigem Ermessen zu entscheiden (§ 76 Abs. 5 Satz 3; vgl. auch Rdn. 22). Bei der vorzunehmenden **Abwägung** sind einerseits vor allem die **Kosten der Bildungsmaßnahme**, auf der anderen Seite das **Bestandsschutzinteresse der betroffenen Arbeitnehmer** zu berücksichtigen (ebenso i. E. *Fitting* § 97 Rn. 25; *Richardi/Thüsing* § 97 Rn. 15). Allerdings begründet allein die Tatsache, dass es für den Arbeitgeber einfacher und kostengünstiger ist, andere Arbeitnehmer einzustellen, die bereits über die erforderliche Qualifikation verfügen, kein überwiegendes Interesse des Arbeitgebers an dem Unterbleiben der Bildungsmaßnahme. Insoweit ist auch zu berücksichtigen, dass der Arbeitgeber gemäß § 2 Abs. 2 Satz 2 Nr. 1 und 2 SGB III verpflichtet ist, dafür Sorge zu tragen, dass die berufliche Leistungsfähigkeit der Arbeitnehmer an die sich ändernden Arbeitsbedingungen angepasst und Entlassungen nach Möglichkeit vermieden werden (vgl. auch *Reg. Begr.* BT-Drucks. 14/5741, S. 50). Dieser Verantwortung für die Weiterbildung der Arbeitnehmer darf er sich nicht ohne Weiteres dadurch entziehen, dass er sich auf dem Arbeitsmarkt neue Arbeitskräfte besorgt, die über die erforderliche Qualifikation verfügen.

28 Ein **überwiegendes Interesse des Arbeitgebers** daran, die Bildungsmaßnahme nicht durchführen zu müssen, ist daher vor allem dann anzunehmen, wenn sich die für den Arbeitsplatz erforderlichen beruflichen Kenntnisse und Fähigkeiten so sehr verändern, dass **eine Weiterbildung der betroffenen Arbeitnehmer entweder keinen Erfolg verspricht** oder **einen unverhältnismäßigen Aufwand erfordern würde**, weil die Kosten der Bildungsmaßnahme die Kosten für andere Arbeitskräfte mit der erforderlichen Qualifikation erheblich übersteigen. Eine Grenze ist insbesondere dann er-

reicht, wenn die Kosten der Bildungsmaßnahme die unternehmerische Maßnahme insgesamt in Frage stellen würden. Es würde dem Charakter des § 97 Abs. 2 als korrigierendes Mitbestimmungsrecht (s. Rdn. 12) widersprechen, wenn der Betriebsrat auf diesem Wege die Umsetzung der mitbestimmungsfreien Investitionsentscheidung vereiteln könnte (zur parallel gelagerten Problematik bei § 91 s. *Weber* § 91 Rdn. 28).

b) Auswirkungen bei Kündigung des Arbeitsverhältnisses durch den Arbeitgeber
Das Initiativrecht aus § 97 Abs. 2 soll dem Betriebsrat die Möglichkeit geben, so rechtzeitig für eine 29 Weiterbildung der von den geplanten Maßnahmen betroffenen Arbeitnehmer zu sorgen, dass eine Kündigung entbehrlich wird und der Betriebsrat nicht von seinem Widerspruchsrecht gemäß § 102 Abs. 3 Nr. 4 Gebrauch machen muss (*Reg. Begr.* BT-Drucks. 14/5741, S. 50). Fraglich ist, wie sich das **Verhältnis zwischen § 97 Abs. 2 und § 102 Abs. 3 Nr. 4** darstellt, insbesondere ob der Betriebsrat abwarten kann, bis der Arbeitgeber einem Arbeitnehmer wegen mangelnder Qualifikation kündigen will und den Betriebsrat zu der beabsichtigten Kündigung anhört, um sodann nach § 97 Abs. 2 die Einführung von Berufsbildungsmaßnahmen zu verlangen und der Kündigung unter Hinweis auf die Fortbildungs- oder Umschulungsmöglichkeit nach § 102 Abs. 3 Nr. 4 zu widersprechen. Ein solches Verhalten wäre freilich zumindest dann mit dem Grundsatz der vertrauensvollen Zusammenarbeit gemäß § 2 Abs. 1 unvereinbar, wenn der Arbeitgeber den Betriebsrat – z. B. gemäß § 80 Abs. 2, § 90 Abs. 2 – rechtzeitig und ordnungsgemäß über die geplanten Maßnahmen unterrichtet und mit ihm die Auswirkungen auf die Arbeitnehmer beraten hat. Dann hat der Betriebsrat genügend Anlass, darüber zu entscheiden, ob er von seinem Initiativrecht Gebrauch machen will. Liegen die Voraussetzungen des § 97 Abs. 2 erkennbar vor und will der Betriebsrat die Einführung von Bildungsmaßnahmen verlangen, so wird man ihn als verpflichtet ansehen müssen, dies unverzüglich zu tun und damit nicht bis zum Anhörungsverfahren zu warten, da dies zu einer erheblichen Verzögerung führen und den Arbeitgeber mit den Nachteilen des Weiterbeschäftigungsanspruches belasten würde. Macht der Betriebsrat von seinem Initiativrecht keinen Gebrauch, so kann folglich ein Widerspruch gegen die Kündigung nicht mehr auf § 102 Abs. 3 Nr. 4 gestützt werden. Der **kollektive Schutz** wird **durch § 97 Abs. 2 vorverlagert** (zust. *Worzalla*/HWGNRH § 97 Rn. 40; a. M. *Buschmann*/DKKW § 97 Rn. 28; *Fitting* § 97 Rn. 34; *Haßlöcher* Mitarbeiterqualifizierung, S. 178).

Fraglich ist, ob und inwieweit § 97 Abs. 2 die **individualrechtliche Befugnis des Arbeitgebers be-** 30 **schränkt**, das Arbeitsverhältnis wegen mangelnder Qualifikation des Arbeitnehmers zu kündigen. Im Grundsatz lässt sich aus § 97 Abs. 2 **keine Kündigungssperre** in dem Sinne ableiten, dass der Arbeitgeber zunächst das Verfahren nach § 97 Abs. 2 und gegebenenfalls den Abschluss der Fortbildungsmaßnahme abwarten muss, bevor er das Arbeitsverhältnis kündigen kann. § 97 Abs. 2 regelt nur das Verhältnis zwischen Arbeitgeber und Betriebsrat. Die Zulässigkeit der Kündigung richtet sich dagegen allein nach § 1 Abs. 2 KSchG (ebenso *Fitting* § 97 Rn. 37; *Franzen* NZA 2001, 865 [871]; *Kaiser* FS Löwisch, S. 153 [163]; *Preis* RWS-Forum Arbeitsrecht 2001, S. 83 [89]). Zumindest wenn sich Arbeitgeber und Betriebsrat auf die Einführung von Fortbildungs- und Umschulungsmaßnahmen verständigt haben oder wenn die Einigung durch Spruch der Einigungsstelle ersetzt worden ist, dürfte die Kündigung eines Arbeitnehmers, der an der Bildungsmaßnahme teilnimmt, aber regelmäßig wegen Verstoßes gegen das in § 1 Abs. 2 Satz 3 KSchG kodifizierte kündigungsrechtliche Ultima-ratio-Prinzip unwirksam sein (ebenso *Annuß* NZA 2001, 367 [368]; *Franzen* NZA 2001, 865 [871]; *Kaiser* FS Löwisch, S. 153 [163]; *Kania*/ErfK § 97 BetrVG Rn. 8; *Preis* RWS-Forum Arbeitsrecht 2001, S. 83 [88]; **a. M.** *Richardi*/Thüsing § 97 Rn. 19).

Hat der Betriebsrat unter Berufung auf § 97 Abs. 2 die Einführung einer Maßnahme der betrieblichen 31 Berufsbildung zur Weiterqualifizierung der betroffenen Arbeitnehmer verlangt, und beabsichtigt der Arbeitgeber, noch vor Abschluss des Mitbestimmungsverfahrens einzelnen oder allen betroffenen Arbeitnehmern zu kündigen, so steht dem Betriebsrat **kein Anspruch auf Unterlassung solcher Kündigungen** zu (ebenso *Kaiser* FS Löwisch, S. 153 [163]; *Kania*/ErfK § 97 BetrVG Rn. 8; *Richardi*/Thüsing § 97 Rn. 19; *Rieble* NZA 2001, Sonderheft S. 48 [55]; *Worzalla*/HWGNRH § 97 Rn. 42; vgl. auch *Haßlöcher* Mitarbeiterqualifizierung, S. 165 ff.; **a. M.** *Buschmann*/DKKW § 97 Rn. 28; *Fitting* § 97 Rn. 36; *Franzen* NZA 2001, 865 [871]; vgl. auch *Sandmann*/Schmitt-Rolfes ZfA 2002, 295 [302]). Ein ergänzender Unterlassungsanspruch aus § 2 Abs. 1 i. V. m. § 97 Abs. 2 (vgl. hierzu BAG

03.05.1994 EzA § 23 BetrVG 1972 Nr. 36 *[Raab]* = AP Nr. 23 zu § 23 BetrVG 1972 *[Richardi]*; allgemein hierzu s. *Oetker* § 23 Rdn. 154 ff.) lässt sich nur begründen, wenn dem Betriebsrat hinsichtlich der Maßnahme, deren Unterlassung verlangt wird, ein Mitbestimmungsrecht zusteht, da ansonsten der Unterlassungsanspruch als Sicherungsinstrument weiter reichen würde als das Mitbestimmungsrecht selbst (*Raab* ZfA 1997, 183 [197 ff., 205]). Die Kündigung ist aber nicht Gegenstand des Mitbestimmungsrechts nach § 97 Abs. 2. Im Übrigen besteht auch kein Bedürfnis für einen ergänzenden negatorischen Rechtsschutz. Der Betriebsrat kann nämlich im Rahmen der Anhörung nach § 102 Abs. 1 der Kündigung unter Berufung auf die Möglichkeit der Weiterbeschäftigung nach entsprechenden Umschulungs- oder Fortbildungsmaßnahmen gemäß § 102 Abs. 3 Nr. 4 widersprechen und dadurch die Weiterbeschäftigung des Arbeitnehmers auch für den Zeitraum nach Ausspruch der Kündigung sichern (zum Erfordernis einer Schutzlücke als Voraussetzung des Unterlassungsanspruches *BAG* 06.12.1994 EzA § 23 BetrVG 1972 Nr. 37 = AP Nr. 24 zu § 23 BetrVG 1972 unter B II 1; s. *Oetker* § 23 Rdn. 174, 180; *Raab* ZfA 1997, 183 [204 f., 209 ff.]; entgegen *Haßlöcher* Mitarbeiterqualifizierung, S. 168 ff. bedarf es auch keiner entsprechenden Anwendung des § 102 Abs. 5 im Rahmen des § 97 Abs. 2, die den Arbeitnehmern einen Weiterbeschäftigungsanspruch unabhängig von einer konkreten Kündigung und einem Widerspruch des Betriebsrats gibt). Ein solcher Unterlassungsanspruch lässt sich allenfalls auf § 23 Abs. 3 BetrVG stützen, sofern dessen Voraussetzungen (vor allem ein grober Verstoß des Arbeitgebers) vorliegen (*Fitting* § 97 Rn. 38; *Richardi / Thüsing* § 97 Rn. 19), da im Rahmen dieser Vorschrift auch »überschießende« Anordnungen zulässig sind (vgl. *Raab* ZfA 1997, 183 [189] sowie *Oetker* § 23 Rdn. 191, 208).

§ 98
Durchführung betrieblicher Bildungsmaßnahmen

(1) Der Betriebsrat hat bei der Durchführung von Maßnahmen der betrieblichen Berufsbildung mitzubestimmen.

(2) Der Betriebsrat kann der Bestellung einer mit der Durchführung der betrieblichen Berufsbildung beauftragten Person widersprechen oder ihre Abberufung verlangen, wenn diese die persönliche oder fachliche, insbesondere die berufs- und arbeitspädagogische Eignung im Sinne des Berufsbildungsgesetzes nicht besitzt oder ihre Aufgaben vernachlässigt.

(3) Führt der Arbeitgeber betriebliche Maßnahmen der Berufsbildung durch oder stellt er für außerbetriebliche Maßnahmen der Berufsbildung Arbeitnehmer frei oder trägt er die durch die Teilnahme von Arbeitnehmern an solchen Maßnahmen entstehenden Kosten ganz oder teilweise, so kann der Betriebsrat Vorschläge für die Teilnahme von Arbeitnehmern oder Gruppen von Arbeitnehmern des Betriebs an diesen Maßnahmen der beruflichen Bildung machen.

(4) Kommt im Fall des Absatzes 1 oder über die nach Absatz 3 vom Betriebsrat vorgeschlagenen Teilnehmer eine Einigung nicht zustande, so entscheidet die Einigungsstelle. Der Spruch der Einigungsstelle ersetzt die Einigung zwischen Arbeitgeber und Betriebsrat.

(5) Kommt im Fall des Absatzes 2 eine Einigung nicht zustande, so kann der Betriebsrat beim Arbeitsgericht beantragen, dem Arbeitgeber aufzugeben, die Bestellung zu unterlassen oder die Abberufung durchzuführen. Führt der Arbeitgeber die Bestellung einer rechtskräftigen gerichtlichen Entscheidung zuwider durch, so ist er auf Antrag des Betriebsrats vom Arbeitsgericht wegen der Bestellung nach vorheriger Androhung zu einem Ordnungsgeld zu verurteilen; das Höchstmaß des Ordnungsgeldes beträgt 10 000 Euro. Führt der Arbeitgeber die Abberufung einer rechtskräftigen gerichtlichen Entscheidung zuwider nicht durch, so ist auf Antrag des Betriebsrats vom Arbeitsgericht zu erkennen, dass der Arbeitgeber zur Abberufung durch Zwangsgeld anzuhalten sei; das Höchstmaß des Zwangsgeldes beträgt für jeden Tag der Zuwiderhandlung 250 Euro. Die Vorschriften des Berufsbildungsgesetzes über die Ordnung der Berufsbildung bleiben unberührt.

(6) Die Absätze 1 bis 5 gelten entsprechend, wenn der Arbeitgeber sonstige Bildungsmaßnahmen im Betrieb durchführt.

Literatur
Ehrich Die Mitbestimmung des Betriebsrats bei der Bestellung und Abberufung von betrieblichen Bildungsbeauftragten (§ 98 Abs. 2, 5 BetrVG), RdA 1993, 220; *Kaiser* Auswahl von Teilnehmern für betriebliche Bildungsmaßnahmen, BB 1988, 1183, 2468; *Kraft* Mitbestimmungsrechte des Betriebsrats bei betrieblichen Berufsbildungs- und sonstigen Bildungsmaßnahmen, NZA 1990, 457; *Raab* Betriebliche und außerbetriebliche Bildungsmaßnahmen, NZA 2008, 270; *Rohling* BetrVG, Schulungs- und Bildungsmaßnahmen, ArbGeb. 1972, 425; *Viets* Die Beteiligung des Betriebsrats bei der Auswahl von Arbeitnehmern zur Teilnahme an Berufsbildungsmaßnahmen, DB 1980, 2085; *Wiese* Beteiligungsrechte des Betriebsrats bei Drittbeziehungen des Arbeitgebers, NZA 2003, 1113. Vgl. ferner die Angaben vor § 92, zu § 96 und § 97.

Inhaltsübersicht   Rdn.

I. Anwendungsbereich 1–9
    1. Die verschiedenen Mitbestimmungtatbestände 1
    2. Berufsbildung 2
    3. Betriebliche und außerbetriebliche Maßnahmen der Berufsbildung 3–6
    4. Maßnahmen für Arbeitnehmer des Betriebs 7
    5. Sonstige Bildungsmaßnahmen 8
    6. Ausübung der Mitbestimmung 9
II. Durchführung betrieblicher Berufsbildungsmaßnahmen (Abs. 1) 10–18
III. Bestellung und Abberufung von Personen zur Durchführung der betrieblichen Berufsbildung (Abs. 2) 19–24
IV. Teilnahme von Arbeitnehmern an Berufsbildungsmaßnahmen (Abs. 3) 25–30
V. Streitigkeiten (Abs. 4 und 5) 31–44
    1. Bei Maßnahmen nach Abs. 1 und 3 31–34
    2. Bei Maßnahmen nach Abs. 2 35–40
    3. Sanktionen nach dem Berufsbildungsgesetz 41, 42
    4. Einstellung und Kündigung 43, 44
VI. Sonstige Bildungsmaßnahmen (Abs. 6) 45–50
VII. Leitende Angestellte 51, 52
VIII. Tendenzschutz 53

I. Anwendungsbereich

1. Die verschiedenen Mitbestimmungtatbestände

§ 98 räumt dem Betriebsrat ein Mitbestimmungsrecht bei der **Durchführung** von Maßnahmen der **1** betrieblichen Berufsbildung (Abs. 1), ein Widerspruchsrecht bei der **Bestellung von Ausbildern** im Rahmen der betrieblichen Berufsbildung bzw. ein Recht, ihre **Abberufung** zu verlangen (Abs. 2) und ein Mitbestimmungsrecht bezüglich der **Teilnahme** an Maßnahmen der betrieblichen Berufsbildung (Abs. 3) ein. Die gleichen Rechte hat der Betriebsrat, wenn der Arbeitgeber »sonstige Bildungsmaßnahmen im Betrieb« durchführt (Abs. 6). Die Beteiligungsrechte aus Abs. 1 und Abs. 2 sind dabei in ihrem Anwendungsbereich ausdrücklich auf die Durchführung von betrieblichen Bildungsmaßnahmen beschränkt. Dagegen besteht das Mitspracherecht bei der Auswahl der Teilnehmer nach Abs. 3 auch, wenn der Arbeitgeber Arbeitnehmer für außerbetriebliche Bildungsmaßnahmen freistellt oder die durch die Teilnahme entstehenden Kosten trägt.

2. Berufsbildung

Berufsbildung ist hier wie in den §§ 96 und 97 **umfassend zu verstehen** (s. dazu § 96 Rdn. 6 ff.). **2** Erfasst werden alle Maßnahmen, die Arbeitnehmern in systematischer, lehrplanmäßiger Weise Kenntnisse und Erfahrungen vermitteln, die diese zu ihrer beruflichen Tätigkeit im Allgemeinen befähigen (*BAG* 18.04.2000 EzA § 98 BetrVG 1972 Nr. 9 = AP Nr. 9 zu § 98 BetrVG 1972 unter B I 2a aa;

24.08.2004 EzA § 98 BetrVG 2001 Nr. 1 unter B II 2a; *Kraft* NZA 1990, 457 [460]). Hierzu zählen auch Lehrgänge, die dem Arbeitnehmer die für die am konkreten Arbeitsplatz anfallende Tätigkeit erforderlichen beruflichen Fähigkeiten verschaffen sollen (*BAG* 05.03.2013 EzA § 98 BetrVG 2001 Nr. 3 Rn. 12). So kann etwa ein Lehrgang über Sicherheits- und Notfallmaßregeln eine Maßnahme der Berufsbildung sein, wenn dessen erfolgreicher Abschluss Voraussetzung dafür ist, dass ein Arbeitnehmer als Flugbegleiter eingesetzt werden darf (*BAG* 10.02.1988 EzA § 98 BetrVG 1972 Nr. 4 = AP Nr. 5 zu § 98 BetrVG 1972). Zur Abgrenzung der Maßnahmen der Berufsbildung von sonstigen (mitbestimmungsfreien) Formen der Unterrichtung und Wissensvermittlung s. ausführlich § 96 Rdn. 12 ff.

3. Betriebliche und außerbetriebliche Maßnahmen der Berufsbildung

3   Die Mitbestimmungsrechte bestehen nur bei Maßnahmen der »**betrieblichen Berufsbildung**«. Dieses Merkmal hat **keine räumliche Bedeutung**. Für das Mitbestimmungsrecht ist es also gleichgültig, ob Bildungsmaßnahmen innerhalb der Betriebsstätte oder außerhalb durchgeführt werden. Ebenso wenig genügt es für die Annahme einer betrieblichen Bildungsmaßnahme, wenn die Thematik der Veranstaltung einen Bezug zum Betrieb aufweist. Der Begriff der betrieblichen Berufsbildung ist vielmehr **funktional** zu verstehen (zutr. *BAG* 04.12.1990 EzA § 98 BetrVG 1972 Nr. 6 = AP Nr. 1 zu § 97 BetrVG 1972 unter B II 2c; 12.11.1991 EzA § 98 BetrVG 1972 Nr. 8 = AP Nr. 8 zu § 98 BetrVG 1972 unter B II 2; 18.04.2000 EzA § 98 BetrVG 1972 Nr. 9 = AP Nr. 9 zu § 98 BetrVG 1972 unter B I 2a bb; zuletzt 26.04.2016 EzA § 98 BetrVG 2001 Nr. 4 Rn. 21). Um betriebliche Berufsbildung handelt es sich bei allen Bildungsmaßnahmen, die **vom Arbeitgeber selbst veranstaltet oder getragen werden**. Eine Trägerschaft des Arbeitgebers ist anzunehmen, wenn der Arbeitgeber die Maßnahme allein durchführt oder auf Inhalt und Durchführung der Maßnahme rechtlich oder tatsächlich einen beherrschenden Einfluss hat (*BAG* 04.12.1990 EzA § 98 BetrVG 1972 Nr. 6 = AP Nr. 1 zu § 97 BetrVG 1972; 12.11.1991 EzA § 98 BetrVG 1972 Nr. 8 = AP Nr. 8 zu § 98 BetrVG 1972; 18.04.2000 EzA § 98 BetrVG 1972 Nr. 9 = AP Nr. 9 zu § 98 BetrVG 1972 unter B I 2a bb; zuletzt 05.03.2013 EzA § 98 BetrVG 2001 Nr. 3 Rn. 15; *Eich* DB 1974, 2154 [2156]; *Fitting* § 98 Rn. 6; *Hamm* AuR 1992, 326; *Kraft* NZA 1990, 457 [458]; *Matthes*/MünchArbR § 262 Rn. 16; *Oetker* Die Mitbestimmung, S. 95 f.; *Richardi*/*Thüsing* § 98 Rn. 12; *Stege*/*Weinspach*/*Schiefer* §§ 96–98 Rn. 13). Diese funktionale Betrachtung ergibt sich aus dem Zweck der Mitbestimmung. Das Mitbestimmungsrecht soll dem Betriebsrat die Mitgestaltung der Maßnahme ermöglichen. Eine Mitgestaltung ist aber nur dann angebracht, wenn der Arbeitgeber als Ansprechpartner des Betriebsrats selbst Einfluss auf die Ausgestaltung nimmt.

4   Voraussetzung für das Vorliegen einer betrieblichen Bildungsmaßnahme ist, dass der Arbeitgeber gerade **auf die Entscheidungen Einfluss nimmt, die der Mitbestimmung des Betriebsrats unterliegen** (hierzu näher *Raab* NZA 2008, 270 [273 ff.]). Insoweit ist zu beachten, dass der Arbeitgeber frei über Ziel und Zweck der Bildungsmaßnahme, den Teilnehmerkreis, die Zahl der Teilnehmer sowie die finanziellen Aufwendungen entscheiden kann (hierzu s. Rdn. 12). Beschränkt er sich auf diese mitbestimmungsfreien Vorgaben, so handelt es sich auch dann nicht um eine betriebliche Bildungsmaßnahme, wenn sich hieraus konkrete Konsequenzen für die Art und Weise der Durchführung der Maßnahme ergeben. So lässt sich die Trägerschaft des Arbeitgebers nicht damit begründen, dass er entscheidenden Einfluss auf die (abstrakte) Bestimmung des Teilnehmerkreises nimmt, an den sich die Bildungsmaßnahme richtet (dies andeutend *BAG* 04.12.1990 EzA § 98 BetrVG 1972 Nr. 6 = AP Nr. 1 zu § 97 BetrVG 1972 unter B II 3c). Für die Einordnung als betriebliche Bildungsmaßnahme ist vielmehr ausschlaggebend, ob der Arbeitgeber bestimmenden **Einfluss auf die konkrete Durchführung**, also auf Inhalt und Organisation der Maßnahme nimmt, d. h. nicht nur das Ausbildungsziel, sondern auch den Weg zur Erreichung dieses Ziels vorgibt. Dies ist etwa dann der Fall, wenn er selbst die konkreten Lerninhalte, die Dauer und den Ablauf der Unterrichtseinheiten (*BAG* 04.12.1990 EzA § 98 BetrVG 1972 Nr. 6 = AP Nr. 1 zu § 97 BetrVG 1972 unter B II 3c) oder auch die anzuwendenden didaktischen Methoden (*BAG* 24.08.2004 EzA § 98 BetrVG 2001 Nr. 1 = AP Nr. 12 zu § 98 BetrVG 1972 unter B II 3b aa) festlegt. Von erheblicher Bedeutung im Hinblick auf das Beteiligungsrecht nach Abs. 2 ist auch, ob der Arbeitgeber **die mit der Ausbildung betrauten Personen auswählen** kann (*BAG* 04.12.1990 EzA § 98 BetrVG 1972 Nr. 6 unter B II 3c).

Um eine betriebliche Bildungsmaßnahme handelt es sich zudem nur, wenn der **Arbeitgeber die al-** 5
leinige Verantwortung für Inhalt und Organisation der Maßnahme trägt, d. h. die Planung und
Durchführung der Maßnahme vollständig durch seine eigene Betriebsorganisation erfolgt, z. B.
wenn die Veranstaltung von einer eigenen Abteilung des Betriebs konzipiert und organisiert wird.
Wird die Maßnahme dagegen **von einem Dritten** allein oder in Zusammenarbeit mit dem Arbeitgeber **durchgeführt**, so liegt nur dann eine betriebliche Bildungsmaßnahme vor, wenn der Arbeitgeber auf Inhalt und Organisation der Maßnahme rechtlich oder tatsächlich einen beherrschenden
Einfluss hat (*BAG* 04.12.1990 EzA § 98 BetrVG 1972 Nr. 6 unter B II 3a; 18.04.2000 EzA § 98
BetrVG 1972 Nr. 9 = AP Nr. 9 zu § 98 BetrVG 1972 unter B I 2a). Dies ist der Fall, wenn der Träger
der Maßnahme zwar rechtlich selbständig, mit dem Arbeitgeber aber institutionell derart verflochten
ist, dass der externe Bildungsträger faktisch wie eine eigene Betriebsabteilung des Arbeitgebers geführt
wird, so dass der Arbeitgeber de facto selbst über die Art und Weise der Durchführung der Maßnahme
bestimmen kann (*BAG* 12.11.1991 EzA § 98 BetrVG 1972 Nr. 8 unter B II 2; *Raab* NZA 2008, 270
[274]). Bei einer Schulungsmaßnahme durch selbständige und vom Arbeitgeber unabhängige private
oder öffentlich-rechtliche Einrichtungen der Weiterbildung handelt es sich regelmäßig nicht um betriebliche, sondern um außerbetriebliche Bildungsmaßnahmen (zum Mitbestimmungsrecht bei der
Auswahl der Teilnehmer in diesen Fällen s. Rdn. 26). Hier überlässt der Arbeitgeber typischerweise
die wesentlichen Entscheidungen über die Inhalte, den Ablauf, die didaktischen Methoden und die
ausbildenden Personen dem Schulungsunternehmen, weil es ihm gerade darum geht, von dessen professioneller Erfahrung zu profitieren. Ohne Bedeutung ist es insoweit, wenn der Arbeitgeber den mit
der Durchführung beauftragten Dritten lediglich unterstützt, ohne entscheidenden Einfluss auf Inhalt
und Ablauf der Bildungsmaßnahme zu nehmen. So begründet es keinen »beherrschenden Einfluss«,
wenn der Arbeitgeber Räumlichkeiten zur Verfügung stellt, in denen der Unterricht stattfindet
(*BAG* 04.12.1990 EzA § 98 BetrVG 1972 Nr. 6 = AP Nr. 1 zu § 97 BetrVG 1972 unter B II 2c,
3a). Hieran dürfte sich auch dann nichts ändern, wenn der mit der Durchführung beauftragte Dritte
mit dem Arbeitgeber den zeitlichen Rahmen des Unterrichts absprechen muss um sicherzustellen,
dass die Räume nicht anderweitig belegt sind. Schließlich begründet es keinen beherrschenden Einfluss, wenn der Arbeitgeber dem Dritten betriebsinterne Unterlagen zum Zwecke der Schulung überlässt (z. B. wenn im Rahmen der Fortbildung von Mitarbeitern der Abteilung Personal Fragen der
Arbeitsvertragsgestaltung anhand des vom Arbeitgeber verwendeten Vertragsformulars besprochen
werden). Hierdurch mag der Unterrichtsinhalt in gewisser Weise beeinflusst und das Ausbildungsziel
gefördert werden. Dem mit der Schulung beauftragten Dritten wird hierdurch aber nicht die Verantwortung für den Inhalt und die Gestaltung des Unterrichts genommen. Unerheblich ist auch, ob der
Arbeitgeber aufgrund seiner »Marktmacht« die Möglichkeit hätte, dem Dritten im Rahmen des Vertrages über die Durchführung der Bildungsmaßnahme detaillierte Vorgaben zu machen. Solche Gestaltungsmöglichkeiten dürften etwa dann bestehen, wenn es nicht um eine Schulungsmaßnahme
aus einem bestehenden Programm eines externen Bildungsträgers geht, sondern der Arbeitgeber
einen Bildungsträger mit der Durchführung einer speziellen, auf die Bedürfnisse des Unternehmens
oder Betriebs zugeschnittenen Schulungsmaßnahme beauftragt. Insoweit ist zu beachten, dass der Arbeitgeber – außerhalb des Anwendungsbereiches des § 97 Abs. 2 – mitbestimmungsfrei entscheiden
kann, ob er Bildungsmaßnahmen durchführt. Hierzu gehört auch die Entscheidung, ob der Arbeitgeber die Berufsbildung der bei ihm beschäftigten Arbeitnehmer selbst durchführt, also die Trägerschaft hinsichtlich der Bildungsmaßnahme übernimmt, oder externen Bildungsträgern anvertraut
(*Raab* NZA 2008, 270 [272]). Verzichtet der Arbeitgeber darauf, dem Dritten Vorgaben hinsichtlich
der Durchführung zu machen, so ist dies folglich Ausdruck der Entscheidung, die Bildungsmaßnahme
gerade nicht in eigener Verantwortung durchzuführen. Ein Mitbestimmungsrecht nach Abs. 1 und
Abs. 2 kommt daher allenfalls dann in Betracht, wenn der Arbeitgeber dem Dritten tatsächlich Vorgaben macht. In diesem Fall ist der Betriebsrat vor Abschluss des Vertrages mit dem Dritten zu beteiligen (*Raab* NZA 2008, 270 [275]).

Dieselben Grundsätze gelten, wenn **der Arbeitgeber gemeinsam mit anderen Unternehmen** die 6
Bildungsmaßnahme durchführt. Auch hier besteht nur dann ein Mitbestimmungsrecht bei der Durchführung, wenn der Arbeitgeber die Gestaltung alleine bestimmen kann (*BAG* 18.04.2000 EzA § 98
BetrVG 1972 Nr. 9 = AP Nr. 9 zu § 98 BetrVG 1972 unter B I 2b). Unerheblich ist, in welcher
Rechtsform die Zusammenarbeit erfolgt, also ob die Unternehmen eine neue Vereinigung (z. B.

eine GmbH) gründen, die Träger der Bildungsmaßnahme ist, oder ob eines der Unternehmen die Maßnahme verantwortlich durchführt und die übrigen Unternehmen nach Maßgabe eines besonderen Kooperationsvertrages an der Finanzierung und Ausgestaltung der Maßnahme beteiligt sind. Hat der Arbeitgeber keinen bestimmenden Einfluss, so soll nach Ansicht des BAG der Betriebsrat als Ausgleich für das Entfallen des Mitbestimmungsrechts bei der Durchführung der Maßnahme ein **Mitbestimmungsrecht beim Abschluss des Vertrages** zustehen, der die Grundlage für die gemeinsame Durchführung der Maßnahme bildet (dies kann der besondere Kooperationsvertrag oder – bei Gründung eines rechtlich selbständigen Trägers der Bildungsmaßnahme – das Gründungsstatut sein). Der Betriebsrat habe insoweit in analoger Anwendung des Abs. 1 ein Mitbestimmungsrecht, als in der Vereinbarung Regelungen über die spätere Durchführung der Bildungsmaßnahme getroffen werden. So könne der Betriebsrat dafür sorgen, dass in dem Kooperationsvertrag Beteiligungsrechte des Betriebsrats vorgesehen werden, die der jeweiligen Kooperationsform angepasst seien, etwa durch Vertretung des oder der Betriebsräte in den zur Leitung der Maßnahme vorgesehenen Organen oder durch besondere Mitbestimmungsrechte, die einem von den Betriebsräten gemeinsam gebildeten Gremium gegenüber solchen Leistungsorganen zustünde (BAG 18.04.2000 EzA § 98 BetrVG 1972 Nr. 9 = AP Nr. 9 zu § 98 BetrVG 1972 unter B I 2c; zust. *Buschmann/DKKW* § 98 Rn. 6; *Fitting* § 98 Rn. 6; *Preis/WPK* § 98 Rn. 9). Diese Ansicht ist abzulehnen. Das BAG kreiert damit ein Mitbestimmungsrecht bei der Ausgestaltung einer vom Arbeitgeber gemeinsam mit Dritten gegründeten Bildungseinrichtung, für das im Gesetz jegliche Grundlage fehlt (ebenso *Kaiser/LK* § 98 Rn. 3; *Wiese* NZA 2003, 1113 [1118]; *Worzalla/HWGNRH* § 98 Rn. 8; vgl. auch *Raab* NZA 2008, 270 [275]). Der Betriebsrat erhält hierdurch Einfluss auf Entscheidungen, die außerhalb der internen Sphäre des Arbeitgebers getroffen werden. Zudem erlangt der Betriebsrat durch ein solches Mitbestimmungsrecht Einfluss auf die unternehmerische Entscheidung, ob der Arbeitgeber Bildungsmaßnahmen allein, in Zusammenarbeit mit Dritten oder allein durch Dritte durchführen will. Der Hinweis des BAG, dass sich das Mitbestimmungsrecht auf die Modalitäten der gemeinsamen betrieblichen Ausbildung beschränke, überzeugt nicht, da an den Forderungen des Betriebsrats nach einer Beteiligung in den zu bildenden Organen das gesamte Projekt scheitern kann, wenn die potentiellen Kooperationspartner eine solche Beteiligung ablehnen. Die vom BAG – ohne nähere Begründung – angenommene Gesetzeslücke ist nicht erkennbar. Das Gesetz hat die Mitbestimmung bewusst auf betriebliche Bildungsmaßnahmen beschränkt, also auf die Fälle, in denen der Arbeitgeber selbst beherrschenden Einfluss hat, weil dann die Mitbestimmung im bipolaren Verhältnis von Arbeitgeber und Betriebsrat erfolgen kann. Warum diese Grundentscheidung nur dann gelten soll, wenn der Arbeitgeber die Durchführung der Maßnahme vollständig auf Dritte überträgt, nicht dagegen, wenn der Arbeitgeber mit Dritten kooperiert, leuchtet nicht ein.

4. Maßnahmen für Arbeitnehmer des Betriebs

7   Weitere Voraussetzung neben der Trägerschaft bzw. dem beherrschenden Einfluss des Arbeitgebers ist, dass die **Maßnahme für** die **Arbeitnehmer des Betriebs** durchgeführt wird (BAG 04.12.1990 EzA § 98 BetrVG 1972 Nr. 6 = AP Nr. 1 zu § 97 BetrVG 1972 unter B II 4; 12.11.1991 EzA § 98 BetrVG 1972 Nr. 8 = AP Nr. 8 zu § 98 BetrVG 1972 unter B II 1; 26.04.2016 EzA § 98 BetrVG 2001 Nr. 4 = AP Nr. 16 zu § 98 BetrVG 1972 Rn. 22). Ein Mitbestimmungsrecht besteht daher nicht in Bezug auf Auszubildende eines anderen Arbeitgebers, die in dessen Auftrag im Betrieb unterrichtet werden, auch wenn dem Betriebsinhaber für diesen Zeitraum die Rechte und Pflichten eines Ausbilders übertragen werden (*LAG Niedersachsen* 21.05.2003 – 15 TaBV 2/03 – juris). Ebenso wenig handelt es sich um eine Maßnahme der betrieblichen Berufsbildung, wenn Arbeitnehmer eines anderen Unternehmens zu Schulungs- und Fortbildungszwecken in den Betrieb entsandt werden, um für eine Tätigkeit bei ihrem Vertragsarbeitgeber qualifiziert zu werden. Dies gilt unabhängig davon, ob es sich dabei um einen Fall der Arbeitnehmerüberlassung handelt (BAG 26.04.2016 EzA § 98 BetrVG 2001 Nr. 4 Rn. 23 ff.; s. a. § 5 Rdn. 124). Nicht erforderlich ist, dass die Veranstaltung ausschließlich den Betriebsangehörigen vorbehalten ist. Es genügt vielmehr, wenn diese bei der Auswahl der Teilnehmer vorrangig zu berücksichtigen sind und andere Personen nur zugelassen werden, sofern noch Plätze unbesetzt sind (BAG 04.12.1990 EzA § 98 BetrVG 1972 Nr. 6 = AP Nr. 1 zu § 97 BetrVG 1972 unter B II 4). Das BAG scheint andererseits das Vorliegen einer betrieblichen Maßnahme zu verneinen, wenn der Arbeitgeber sich mit der Veranstaltung an die interessierte (Fach-)Öffentlichkeit wendet (BAG

04.12.1990 EzA § 98 BetrVG 1972 Nr. 6 = AP Nr. 1 zu § 97 BetrVG 1972 unter B II 4), auch wenn sie Arbeitnehmern des Arbeitgebers offen steht. Jedenfalls erfährt in einem solchen Fall das Mitbestimmungsrecht insofern eine Einschränkung, als der Betriebsrat nicht die ausschließliche oder überwiegende Berücksichtigung von Betriebsangehörigen verlangen kann, da damit der (mitbestimmungsfreie, vgl. Rdn. 10) Zweck der Veranstaltung gefährdet wäre. Soweit der Arbeitgeber bei einer Veranstaltung für die Öffentlichkeit die Teilnahmemöglichkeiten Betriebsangehöriger (etwa durch Quoten) konkretisiert, ist der Betriebsrat bei der Bestimmung der Teilnehmer an diese Vorgabe gebunden.

5. Sonstige Bildungsmaßnahmen

Die vorstehenden Grundsätze gelten auch für **die »sonstigen Bildungsmaßnahmen«** i. S. d. Abs. 6. **8**
Die Formulierung »im Betrieb« hat keine andere Bedeutung. Erfasst werden auch davon alle sonstigen Bildungsmaßnahmen, die der Arbeitgeber in seiner Verantwortung für die im Betrieb beschäftigten Arbeitnehmer (innerhalb oder außerhalb des Betriebsgeländes) durchführt (s. dazu Rdn. 45).

6. Ausübung der Mitbestimmung

Zuständig für die Ausübung des Mitbestimmungsrechts ist der **Betriebsrat**. Sofern es um Maßnah- **9**
men der Berufsbildung oder sonstige Bildungsmaßnahmen überwiegend für jugendliche Arbeitnehmer (Arbeitnehmer unter 18 Jahren) oder Auszubildende bis zur Vollendung des 25. Lebensjahres geht, hat die gesamte Jugend- und Auszubildendenvertretung ein Teilnahme- und Stimmrecht an den Sitzungen, in denen über diese Fragen beraten und entschieden wird (vgl. §§ 60, 67 Abs. 1 und 2 sowie *Oetker* § 67 Rdn. 23 ff.). Der Betriebsrat hat die Jugend- und Auszubildendenvertretung unter diesen Voraussetzungen auch zu Besprechungen mit dem Arbeitgeber hinzuzuziehen (§ 68.) Repräsentant der jugendlichen Arbeitnehmer und der Auszubildenden gegenüber dem Arbeitgeber ist aber ausschließlich der Betriebsrat (s. *Oetker* vor § 60 Rdn. 18). Liegen die Voraussetzungen des § 50 vor, so ist der Gesamtbetriebsrat zuständig; an den Sitzungen ist die Gesamt-Jugend- und Auszubildendenvertretung zu beteiligen (vgl. § 73 Abs. 2 i. V. m. § 67 Abs. 1 und 2, § 68).

II. Durchführung betrieblicher Berufsbildungsmaßnahmen (Abs. 1)

Der Betriebsrat hat bei der Durchführung betrieblicher Berufsbildungsmaßnahmen (s. dazu **10**
Rdn. 2 ff.) mitzubestimmen. **Sinn und Zweck** der Betriebsratsbeteiligung ist es, die Interessen der Arbeitnehmer bei der Entscheidung über die konkrete Ausgestaltung der Maßnahme einbringen zu können. Die Interessen der Arbeitnehmer werden insoweit einmal deshalb berührt, weil die Art und Weise der Durchführung der Bildungsmaßnahme wesentlichen Einfluss darauf hat, ob der erstrebte Ausbildungserfolg eintritt, zum anderen deshalb, weil sich aus der konkreten Art der Durchführung Belastungen für die an der Maßnahme teilnehmenden Arbeitnehmer ergeben können. Die mitbestimmungspflichtige Durchführung ist dabei von der Einführung betrieblicher Bildungsmaßnahmen zu unterscheiden, bei der – vorbehaltlich der Voraussetzungen des § 97 Abs. 2 – lediglich ein Beratungsrecht besteht (*BAG* 24.08.2004 EzA § 98 BetrVG 2001 Nr. 1 unter B II 2c; 17.03.2015 EzA § 94 BetrVG 2001 Nr. 2 Rn. 20). Das Mitbestimmungsrecht nach Abs. 1 bezieht sich folglich nur auf das »Wie« der Durchführung, insbesondere die organisatorische Ausgestaltung. **Ob** betriebliche Berufsbildungsmaßnahmen durchgeführt werden, entscheidet dagegen der **Arbeitgeber allein**, soweit er dazu nicht durch Gesetz oder Tarifvertrag verpflichtet ist (*BAG* 24.08.2004 EzA § 98 BetrVG 2001 Nr. 1 unter B II 2c; *LAG Köln* 12.04.1983 EzA § 98 BetrVG 1972 Nr. 1; 11.04.2003 NZA-RR 2004, 360; *Buschmann/DKKW* § 98 Rn. 1; *Eich* DB 1974, 2154 [2155]; *Fitting* § 98 Rn. 2; *Franzen* Anm. AP Nr. 9 zu Art. 5 Abs. 1 GG Pressefreiheit Bl. 6; *Galperin/Löwisch* § 98 Rn. 2; *Kraushaar* AuR 1989, 175; *Matthes/*MünchArbR § 262 Rn. 19; *Richardi/Thüsing* § 98 Rn. 9; *Worzalla/ HWGNRH* § 98 Rn. 10; **a. M.** *Klebe/Roth* DB 1989, 1519). Aus § 96 Abs. 1 Satz 2 kann eine solche Pflicht nicht hergeleitet werden (**a. M.** *Neyses* BlStSozArbR 1977, 321 [322]; ebenso unter Hinweis auf die Förderungspflicht des § 96 Abs. 1 Satz 1 *Hamm* AuR 1992, 326 [328]; vgl. auch § 96 Rdn. 22). Dies ergibt sich nunmehr aus einem Umkehrschluss aus § 97 Abs. 2. Dort ist ausdrücklich unter bestimmten Voraussetzungen ein Initiativrecht des Betriebsrats vorgesehen, mit dem der Betriebsrat

den Arbeitgeber zur Einführung solcher Maßnahmen zwingen kann. Diese Regelung wäre überflüssig, wenn der Betriebsrat hinsichtlich des »Ob« einer solchen Maßnahme schon nach § 98 Abs. 1 mitzubestimmen hätte, zumal dieses Mitbestimmungsrecht dann bei allen Bildungsmaßnahmen, also unabhängig von den besonderen Voraussetzungen des § 97 Abs. 2 bestehen würde. Ein indirekter Zwang zur Durchführung von (zumutbaren) Umschulungs- oder Fortbildungsmaßnahmen für einen einzelnen Arbeitnehmer kann sich allenfalls aus § 102 Abs. 3 Nr. 4 ergeben (*Buschmann/DKKW* § 98 Rn. 1; *Fitting* § 98 Rn. 2; *Galperin/Löwisch* § 98 Rn. 2; *Kania*/ErfK § 98 Rn. 1). Da der Arbeitgeber in der Entscheidung bezüglich des »Ob« der Durchführung von Bildungsmaßnahmen frei ist, kann er auch jederzeit eine einmal geplante Bildungsmaßnahme wieder **absagen**. Hierin liegt keine Umgehung des Mitbestimmungsrechts, und zwar auch dann nicht, wenn die Absage ihre Ursache darin findet, dass mit dem Betriebsrat keine Einigung bezüglich der Teilnehmer erzielt werden konnte (*LAG Rheinland-Pfalz* 12.12.1988 NZA 1989, 943; *Preis/WPK* § 98 Rn. 8; **a. M.** *Hamm* AuR 1992, 326 [330]; *Zwanziger* AuR 2010, 459 [461]). Die Entscheidungsfreiheit im Hinblick auf das »Ob« umfasst auch die Beurteilung, ob und inwieweit **die Durchführung von Bildungsmaßnahmen sinnvoll** ist. Der Betriebsrat kann einer solchen Maßnahme also nicht mit der Begründung widersprechen, dass er keinen Weiterbildungsbedarf erkennen könne, weil die Arbeitnehmer bereits über die erforderlichen Kenntnisse und Fähigkeiten verfügen (*Franzen* Anm. AP Nr. 9 zu Art. 5 Abs. 1 GG Pressefreiheit Bl. 6 [das *BAG* geht hierauf in seiner Entscheidung nicht ein]).

11 Umstritten ist, inwieweit mit der Befugnis zur Alleinentscheidung über die Einführung einer Bildungsmaßnahme das Recht des Arbeitgebers verbunden ist, gewisse **mitbestimmungsfreie Vorgaben hinsichtlich der inhaltlichen Ausgestaltung** der Maßnahme zu machen. Manche lehnen dies ab und plädieren für eine weite Auslegung des Begriffes »Durchführung«. Erfasst und somit der Mitbestimmung unterworfen seien alle Folgeentscheidungen nach der Einführung (*BAG* 24.08.2004 EzA § 98 BetrVG 2001 Nr. 1 = AP Nr. 12 zu § 98 BetrVG 1972 unter B II 2c; *Buschmann/DKKW* § 98 Rn. 1, 7; *Fitting* § 98 Rn. 2). Eine solche, rein negative Definition der Reichweite des Mitbestimmungsrechts ist jedoch zum einen methodisch bedenklich, weil nicht die Mitbestimmungsfreiheit, sondern das Bestehen eines Mitbestimmungsrechts der Begründung bedarf (vgl. *Raab* NZA 2008, 270 [273]). Zum anderen wird damit nicht hinreichend berücksichtigt, dass die Entscheidung über die Einführung der Bildungsmaßnahme nicht abstrakt, sondern typischerweise vor dem Hintergrund eines konkreten Aus- oder Fortbildungsbedarfs getroffen wird. Die Entscheidung über die Einführung lässt sich daher nicht von der Festlegung von Ziel und Zweck der Maßnahme trennen. Könnte der Betriebsrat eine Änderung der Zielsetzung erzwingen, so könnte dies den Charakter der Bildungsmaßnahme grundlegend verändern. Dies liefe letztlich auf ein erzwingbares Mitbestimmungsrecht bei der Einführung solcher Maßnahmen hinaus. Es bedeutet nämlich für den Arbeitgeber keinen Unterschied, ob er gezwungen werden kann, überhaupt betriebliche Bildungsmaßnahmen einzuführen, oder ob er anstelle der von ihm geplanten eine andere Bildungsmaßnahme durchführen muss. Die Konsequenz ist, dass der Arbeitgeber mitbestimmungsfrei Vorgaben machen kann, wenn und soweit dies erforderlich ist, um das von ihm gesteckte Ausbildungsziel zu erreichen (ebenso *Kaiser/LK* § 98 Rn. 4; *Kleinebrink* ArbRB 2014, 241 [242]; *Natzel* SAE 2005, 249 [251 f.]; *Oetker* Die Mitbestimmung, S. 98 ff.; *Raab* NZA 2008, 270 [272 f.]; *Richardi/Thüsing* § 98 Rn. 9; *Worzalla/HWGNRH* § 98 Rn. 13).

12 Einigkeit besteht darüber, dass der Arbeitgeber **mitbestimmungsfrei** über die **Höhe der** für die Maßnahme **zur Verfügung stehenden Mittel** entscheiden kann (*BAG* 24.08.2004 EzA § 98 BetrVG 2001 Nr. 1 = AP Nr. 12 zu § 98 BetrVG 1972 unter B II 3b bb; *Fitting* § 98 Rn. 2; *Kaiser/LK* § 98 Rn. 4; *Preis/WPK* § 98 Rn. 7; *Richardi/Thüsing* § 98 Rn. 9; *Worzalla/HWGNRH* § 98 Rn. 16). Nach dem Gesagten muss der Arbeitgeber aber auch den **Zweck der Bildungsmaßnahme** alleine festlegen können. Dies schließt die Bestimmung des Aus- oder Fortbildungsziels einschließlich des Inhalts und Umfangs der zu vermittelnden Kenntnisse und Fähigkeiten sowie die abstrakte Festlegung des Adressatenkreises, also der Gruppe von Arbeitnehmern, die an der Bildungsmaßnahme teilnehmen sollen, ein (*Kaiser/LK* § 98 Rn. 4; *Matthes*/MünchArbR § 262 Rn. 19; *Oetker* Die Mitbestimmung, S. 101; *Preis/WPK* § 98 Rn. 7 [hinsichtlich des Ziels der Ausbildung]; *Raab* NZA 2008, 270 [273 f.]; *Richardi/Thüsing* § 98 Rn. 9; *Worzalla/HWGNRH* § 98 Rn. 16; **a. M.** *Fitting* § 98 Rn. 2, der die *konkrete* Festlegung des Teilnehmerkreises als mitbestimmungspflichtig erachtet; *Hammer* Berufsbildung und Betriebsverfassung, S. 135 ff., der allein die Investitionsentscheidung als mit-

bestimmungsfrei ansieht). Ebenso unterliegt die **Zahl der Arbeitnehmer**, die der Arbeitgeber für die Teilnahme an der Maßnahme vorsieht, nicht der Mitbestimmung (*Matthes*/MünchArbR § 262 Rn. 19; *Preis/WPK* § 98 Rn. 7; *Worzalla/HWGNRH* § 98 Rn. 16; **a. M.** *Fitting* § 98 Rn. 2). Zum einen hat die Zahl der Teilnehmer Einfluss auf die Höhe der Kosten, so dass eine Mitbestimmung hinsichtlich dieser Frage in Widerspruch dazu stünde, dass der Arbeitgeber über die zur Verfügung gestellten Mittel mitbestimmungsfrei entscheiden können soll. Zum anderen hat die Zahl der Teilnehmer Auswirkungen auf den Charakter einer Bildungsveranstaltung, so dass eine Veränderung das Ausbildungsziel gefährden kann. Der Arbeitgeber kann zudem die **Dauer** einer Bildungsmaßnahme mitbestimmungsfrei festlegen und wieder verändern (*LAG Köln* 11.04.2003 NZA-RR 2004, 360 [361]: Verkürzung eines betrieblichen Ausbildungsgangs; *Natzel* SAE 2005, 249 [251 f.]; *Raab* ZfA 2006, 3 [91]; *Worzalla/HWGNRH* § 98 Rn. 16; **a. M.** *BAG* 24.08.2004 EzA § 98 BetrVG 2001 Nr. 1 unter B II 3b [Aufhebung der Entscheidung des *LAG Köln*]; zust. *Buschmann/DKKW* § 98 Rn. 7; *Fitting* § 98 Rn. 2; *Richardi/Thüsing* § 98 Rn. 9). Auch hier gilt, dass die zeitliche Dauer wegen des untrennbaren Zusammenhanges mit der Höhe der aufzuwendenden Mittel sowie der inhaltlichen Konzeption und damit der Zielsetzung der Maßnahme nicht der Mitbestimmung unterworfen werden kann, ohne die Freiheit der Entscheidung über die Einführung der Maßnahme in Frage zu stellen.

Das Mitbestimmungsrecht bezieht sich **nur** auf **generelle, abstrakte Maßnahmen**. Regelungs- 13 gegenstand sind die Rahmenbedingungen der Bildungsmaßnahme als solcher. Nicht erfasst werden dagegen konkrete Einzelmaßnahmen im Rahmen der Ausbildung des einzelnen Auszubildenden bzw. Arbeitnehmers (*BAG* 24.08.2004 EzA § 98 BetrVG 2001 Nr. 1 unter B II 2c; *Eich* DB 1974, 2154 [2155]; *Fitting* § 98 Rn. 7; *Galperin/Löwisch* § 98 Rn. 7; *Kraushaar* AuR 1989, 175 f.; *Neyses* BlStSozArbR 1977, 321; *Richardi/Thüsing* § 98 Rn. 16; *Worzalla/HWGNRH* § 98 Rn. 11). Für die konkrete Ausbildung des Einzelnen ist der Arbeitgeber allein verantwortlich (vgl. § 14 BBiG). Ausgeschlossen ist das Mitbestimmungsrecht, wenn die Durchführung von Bildungsmaßnahmen durch einen für den Betrieb geltenden **Tarifvertrag** geregelt ist. § 87 Abs. 1 Eingangssatz findet entsprechende Anwendung (*Löwisch* AuR 1978, 97 [106]; *Oetker* Die Mitbestimmung, S. 209; vgl. auch *BAG* 12.11.1991 EzA § 98 BetrVG 1972 Nr. 8 = AP Nr. 8 zu § 98 BetrVG 1972 unter B II 3c sowie § 97 Rdn. 14). Darüber hinaus enthalten das **Berufsbildungsgesetz** und die dazu erlassenen Ausbildungsordnungen weitgehend **zwingende gesetzliche Regelungen für den Arbeitgeber**, so dass für das Mitbestimmungsrecht wenig Raum bleibt (s. Rdn. 17). Das Mitbestimmungsrecht ist insbesondere von Bedeutung bei der Anpassung der bestehenden gesetzlichen Regelungen an die Verhältnisse des Betriebes und bei der Aufstellung allgemeiner Ordnungsvorschriften wie z. B. von Plänen für die Reihenfolge der zu durchlaufenden Stationen, Zeit und Ort der Veranstaltung, Führung und Überwachung von Berichtsheften, Aufstellung von Lehrplänen bei Fortbildung und Umschulung, Einführung von betrieblichen Zwischenprüfungen (*LAG Köln* 12.04.1983 EzA § 98 BetrVG 1972 Nr. 1; *Buschmann/DKKW* § 98 Rn. 3; *Fitting* § 98 Rn. 10; *Galperin/Löwisch* § 98 Rn. 6; *Kraushaar* AuR 1989, 175; *Stege/Weinspach/Schiefer* §§ 96–98 Rn. 9; *Worzalla/HWGNRH* § 98 Rn. 12 ff.; vgl. auch *Peterek* DB 1970, 587 [590]).

Nicht unter Abs. 1 fallen: Die Auswahl der mit der Berufsbildung beauftragten Personen; hier grei- 14 fen als Spezialregeln Abs. 2 und 5 ein. Die Auswahl der als Auszubildende einzustellenden Personen und ihre Einstellung, da es sich dabei um personelle Maßnahmen nach § 99 handelt (*LAG Niedersachsen* 21.05.2003 – 15 TaBV 2/03 – juris; *Fitting* § 98 Rn. 8; *Galperin/Löwisch* § 98 Rn. 5; *Kania/ErfK* § 98 BetrVG Rn. 1). Die Auswahl der Teilnehmer an Bildungsmaßnahmen, da hierfür Abs. 3 als Spezialnorm eingreift (*BAG* 08.12.1987 EzA § 98 BetrVG 1972 Nr. 3 = AP Nr. 4 zu § 98 BetrVG 1972). Die Einzelunterweisung im Rahmen eines auf Ausbildung, Fortbildung oder Umschulung gerichteten Arbeitsverhältnisses (s. Rdn. 13; *Fitting* § 98 Rn. 7).

Vom Mitbestimmungsrecht des Abs. 1 nicht erfasst werden auch die **Rechtsbeziehungen des Ar-** 15 **beitgebers zu den einzelnen Arbeitnehmern**, da diese weder die Durchführung der Bildungsmaßnahme als solche betreffen, noch notwendigerweise im Zusammenhang mit der abstrakten Ausgestaltung der Maßnahme geregelt werden müssen. Dies betrifft etwa die **Pflicht der Arbeitnehmer zur Teilnahme** an den vom Arbeitgeber durchgeführten Bildungsmaßnahmen oder die **Vergütung** der Arbeitnehmer für die Zeit der Teilnahme. Beides kann – im Rahmen der allgemeinen Grenzen der Regelungsautonomie der Betriebspartner (hierzu s. *Kreutz* § 77 Rdn. 329 ff.) – im Wege der freiwilligen Betriebsvereinbarung geregelt werden. Sofern diese Fragen auch im Arbeitsvertrag geregelt sind, sind Abweichungen allerdings nur zugunsten der Arbeitnehmer möglich (s. *Kreutz* § 77 Rdn. 260 ff.). Fehlt es an einer ausdrücklichen Regelung im Arbeitsvertrag oder in einer Betriebsvereinbarung, so ergibt sich bei Anwendung der allgemeinen Regeln folgendes: Eine Teilnahmepflicht des Arbeitnehmers kann sich nur als vertragliche Nebenpflicht aus §§ 241 Abs. 1, 242 BGB ergeben (ebenso *Worzalla/HWGNRH* §§ 96 Rn. 23, 97 Rn. 25; vgl. auch *Zwanziger* AuR 2010, 459 [462]: erforderlich sei eine »grundsätzliche Verbindung mit dem Arbeitsverhältnis«). Insoweit kann eine Verpflichtung des Arbeitnehmers bestehen, seine beruflichen Kenntnisse und Fertigkeiten den sich wandelnden Bedürfnissen anzupassen und sich entsprechend weiterzubilden, um seine Arbeitsleistung erbringen zu können. Hinsichtlich der Pflicht des Arbeitgebers, für die Zeit der Teilnahme das Arbeitsentgelt (weiter) zu zahlen, ist zu unterscheiden. Die Teilnahme an der Bildungsmaßnahme stellt im Regelfalle keine Arbeitsleistung, die Zeit der Teilnahme keine Arbeitszeit dar (**a. M.** *Sandmann/Schmitt-Rolfes* ZfA 2002, 295 [309]; *Sandmann* NZA 2008, Beil. Nr. 1, S. 17). Dies gilt auch dann, wenn der Arbeitnehmer zur Teilnahme verpflichtet ist, da es sich nicht um die Hauptleistungspflicht, sondern um eine Nebenpflicht handelt. Ein Vergütungsanspruch lässt sich daher nicht auf § 611 Abs. 1 BGB stützen. Findet die Maßnahme außerhalb der Arbeitszeit statt, so besteht folglich ein Anspruch auf besondere Vergütung für die Zeit der Teilnahme nur, wenn dies besonders vereinbart ist (str.; **a. M.** konsequenterweise *Sandmann* NZA 2008, Beil. Nr. 1, S. 17 [18] m. w. N. zum Streitstand). Findet die Maßnahme während der Arbeitszeit statt, so stellt sich die Frage, ob dem Arbeitnehmer ein Anspruch auf Vergütung ohne Arbeitsleistung zusteht. Ist der Arbeitnehmer zur Teilnahme verpflichtet oder erfolgt die Teilnahme zumindest auf Wunsch des Arbeitgebers, so bleibt der Anspruch auf das Arbeitsentgelt gemäß § 615 Satz 1 und 3 BGB erhalten (**a. M.** *Franzen* NZA 2001, 865 [869], allerdings noch zur alten Fassung des § 615 BGB; vgl. auch *Worzalla/HWGNRH* § 97 Rn. 29, wonach der Arbeitgeber in den Fällen des § 97 Abs. 2 »den Hauptteil der Lasten (Kosten der Weiterbildung/Zeiteinsatz)« zu tragen habe, wenn die neuen Anforderungen an den Arbeitnehmer über die arbeitsvertraglich geschuldeten Leistungen hinausgehen). Der Grundgedanke der Vorschrift, dass der Arbeitnehmer seinen Vergütungsanspruch nicht wegen Störungen einbüßen soll, die ihre Ursache im Verantwortungsbereich des Arbeitgebers haben, gilt auch hier, weil die Festlegung des Zeitpunktes der Bildungsmaßnahme, die für die Verhinderung des Arbeitnehmers an der Arbeitsleistung ursächlich ist, eine (mitbestimmte, vgl. Rdn. 13) Organisationsentscheidung des Arbeitgebers darstellt. Nimmt der Arbeitnehmer dagegen ausschließlich auf eigenen Wunsch teil, so findet § 615 Satz 1 und 3 BGB keine Anwendung, weil der Arbeitsausfall auf der freien Entscheidung des Arbeitnehmers beruht.

16 Ein Mitbestimmungsrecht besteht auch nicht bei der Ausgestaltung von Klauseln über die **Rückzahlung von Ausbildungskosten** im Falle einer Beendigung des Arbeitsverhältnisses innerhalb bestimmter Zeiträume nach Abschluss der Bildungsmaßnahme (*Fitting* § 98 Rn. 8; *Franzen* NZA 2001, 865 [870]; *Kania*/ErfK § 98 BetrVG Rn. 6; *Richardi/Thüsing* § 98 Rn. 16; *Worzalla/HWGNRH* § 98 Rn. 23; **a. M.** *Buschmann/DKKW* § 98 Rn. 8; zur individualrechtlichen Zulässigkeit solcher Klauseln vgl. BAG 26.10.1994 EzA § 611 BGB Ausbildungsbeihilfe Nr. 11; 11.04.2006 EzA § 307 BGB 2002 Nr. 14; 23.01.2007 EzA § 307 BGB 2002 Nr. 19; 14.01.2009 EzA § 611 BGB 2002 Ausbildungsbeihilfe Nr. 12; 28.05.2013 EzA § 307 BGB 2002 Nr. 62; 06.08.2013 EzA § 307 BGB 2002 Nr. 63; *I. Schmidt* NZA 2004, 1002 ff.). Der Betriebsrat hat gemäß Abs. 1 lediglich bei der Durchführung der Bildungsmaßnahme selbst mitzubestimmen. Dagegen wollte das Gesetz ihm keine Einflussmöglichkeit auf die materiellen Arbeitsbedingungen der auszubildenden Arbeitnehmer geben, auch wenn diese im Zusammenhang mit der Ausbildung stehen (ebenso *Franzen* NZA 2001, 865 [870]). Im Übrigen betrifft die Einführung solcher Rückzahlungsklauseln die Frage, ob und inwieweit der Arbeitgeber zur Übernahme von Ausbildungskosten bereit ist. Über die Einführung einer Bildungsmaßnahme, über Errichtung und Ausstattung einer Bildungseinrichtung und damit über die Übernahme der hierdurch anfallenden Kosten entscheidet aber der Arbeitgeber allein. Der Betriebsrat hat insoweit lediglich ein Beratungsrecht gemäß § 96 Abs. 1 Satz 2, § 97 Abs. 1 (*Fitting* § 98 Rn. 2; s. a. Rdn. 10 sowie § 96 Rdn. 33). Auch Abs. 3 geht erkennbar davon aus, dass die Entscheidung über die Kostentragung der Mitbestimmung vorgelagert ist, da der Betriebsrat Vorschläge für die Teilnahme von Arbeitnehmern erst machen kann, wenn und soweit der Arbeitgeber Maßnahmen der Berufsbildung durchführt oder die Kosten für die Teilnahme an außerbetrieblichen Bildungsmaßnahmen übernimmt.

Durchführung betrieblicher Bildungsmaßnahmen §98

Bei der Durchführung der Berufsausbildung sind insbesondere folgende **Vorschriften** zu beachten: 17
- **Berufsausbildung:** §§ 10 ff. BBiG hinsichtlich des Ausbildungsvertrages, §§ 4 ff. BBiG hinsichtlich der Durchführung der Ausbildung.
- **Berufliche Fortbildung:** §§ 53 ff. BBiG sowie die auf der Grundlage dieser Vorschriften erlassenen Rechtsverordnungen.
- **Berufliche Umschulung:** §§ 58 ff. BBiG sowie die auf der Grundlage dieser Vorschriften erlassenen Rechtsverordnungen und sonstigen Regelungen (z. B. § 59 BBiG).

Das Mitbestimmungsrecht kann durch **Betriebsvereinbarung** oder durch eine **Regelungsabrede** 18
ausgeübt werden (*Fitting* § 98 Rn. 12; *Galperin/Löwisch* § 98 Rn. 8; *Oetker* Die Mitbestimmung, S. 115; *Richardi/Thüsing* § 98 Rn. 17; *Worzalla/HWGNRH* § 98 Rn. 24). Eine Regelungsabrede legitimiert die Durchführung allerdings nur im Verhältnis zum Betriebsrat. Soweit im Zusammenhang mit der Bildungsmaßnahme besondere Rechte und Pflichten der Arbeitnehmer begründet werden sollen, ist es daher zweckmäßig, dies durch Betriebsvereinbarung zu regeln (*Fitting* § 98 Rn. 12; *Richardi/Thüsing* § 98 Rn. 17), weil ansonsten die Vereinbarung mit dem Betriebsrat erst individualrechtlich umgesetzt werden müsste. Einigen sich Arbeitgeber und Betriebsrat nicht, so entscheidet die Einigungsstelle, die von jedem der Betriebspartner angerufen werden kann (s. dazu unten Rdn. 31; zur Zuständigkeit des Betriebsrats s. Rdn. 9).

III. Bestellung und Abberufung von Personen zur Durchführung der betrieblichen Berufsbildung (Abs. 2)

Abs. 2 gibt dem Betriebsrat mehrere Möglichkeiten, auf die Auswahl der Personen, die mit der betrieblichen Berufsbildung betraut werden, Einfluss zu nehmen. Er kann zum einen der Bestellung 19
einer mit der Durchführung der betrieblichen Berufsbildung beauftragten Person widersprechen, wenn diese nicht über die erforderliche persönliche oder fachliche Eignung verfügt. Zum anderen hat der Betriebsrat ein Abberufungsrecht, wenn die ausbildende Person ihre Aufgaben vernachlässigt, also ihren Pflichten als Ausbilder nicht ordnungsgemäß nachkommt oder sonst gegen gesetzliche Vorschriften verstößt. Das **Widerspruchsrecht** ermöglicht eine **präventive**, das **Abberufungsverlangen** eine **nachgelagerte Kontrolle** durch den Betriebsrat. Der **Betriebsrat** wird auf diese Weise als eine Art **Überwachungsorgan** bezüglich der mit der betrieblichen Berufsbildung beauftragten Personen etabliert. Er tritt damit neben die nach §§ 71 ff. BBiG zuständigen Stellen, deren Aufgaben dadurch aber nicht berührt werden, Abs. 5 Satz 4 (*Buschmann/DKKW* § 98 Rn. 21; *Fitting* § 98 Rn. 27; *Kania/ErfK* § 98 BetrVG Rn. 14). Die **Auswahl der Ausbildungsperson** ist allerdings alleine Sache des Arbeitgebers. Der Betriebsrat muss erst beteiligt werden, wenn der Arbeitgeber sich für einen Kandidaten entschieden hat. Er hat insbesondere **keinen Anspruch auf Teilnahme an** etwaigen **Auswahlgesprächen**. Hierfür spricht zum einen, dass dem Betriebsrat ein solches Recht noch nicht einmal im Falle des § 99 bei Einstellung von Arbeitnehmern zusteht (s. § 99 Rdn. 152). Zum anderen wäre eine Anwesenheit nur dann geboten, wenn der Betriebsrat ohne den persönlichen Eindruck nicht in der Lage wäre, über die Eignung der Ausbilder zu befinden. Dies ist aber nicht der Fall. Es ist nicht die Aufgabe des Betriebsrats, den besten Ausbilder zu finden. Er soll nur die Möglichkeit haben, die Bestellung persönlich oder fachlich ungeeigneter Personen zu verhindern. Die Eignung wird aber anhand formaler Kriterien nachgewiesen (s. Rdn. 22). Deshalb genügt es, wenn der Arbeitgeber dem Betriebsrat die erforderlichen Informationen zukommen lässt (§ 80 Abs. 2; vgl. auch *Galperin/Löwisch* § 98 Rn. 15). Hierzu gehört zunächst, dass er **den Betriebsrat** rechtzeitig von der geplanten Bestellung des Ausbilders sowie über das Vorliegen der persönlichen und fachlichen Eignung **unterrichtet**. Auf Verlangen des Betriebsrats hat er ggf. Unterlagen (z. B. Zeugnisse) zur Verfügung zu stellen, aus denen sich die Eignung ergibt.

Das Mitbestimmungsrecht besteht zunächst in Bezug auf die Personen, die im Rahmen der **Berufs-** 20
ausbildung nach § 1 Abs. 3, §§ 4 ff. BBiG eingesetzt werden, d. h. hinsichtlich der **Ausbilder i. S. d. § 14 Abs. 1 Nr. 2 BBiG** oder anderer mit der beruflichen Ausbildung Beauftragter. Gleichgültig ist, ob es sich dabei um einen Arbeitnehmer des Betriebs handelt oder nicht (*BAG* 05.03.2013 EzA § 98 BetrVG 2001 Nr. 3 Rn. 17; *Fitting* § 98 Rn. 13; *Richardi/Thüsing* § 98 Rn. 26; *Stege/Weinspach/Schiefer* §§ 96–98 Rn. 32; *Worzalla/HWGNRH* § 98 Rn. 30). Da es auf die Arbeitnehmereigenschaft des

Ausbilders nicht ankommt, wird das Mitbestimmungsrecht nach Abs. 2 auch nicht dadurch ausgeschlossen, dass ein leitender Angestellter gemäß § 5 Abs. 3 mit der Ausbildung betraut wird. Kein Mitbestimmungsrecht besteht, wenn **der Arbeitgeber selbst** die Ausbildung durchführt. In diesem Falle ist der Betriebsrat darauf beschränkt, ggf. die zuständigen Behörden zum Einschreiten zu veranlassen (*Fitting* § 98 Rn. 19).

21 Der Betriebsrat kann der Bestellung widersprechen bzw. die Abberufung verlangen, wenn die zur Berufsausbildung bestellte Person die **erforderliche persönliche oder fachliche Eignung,** insbesondere die berufs- und arbeitspädagogische Eignung i. S. d. Berufsbildungsgesetzes nicht besitzt. Die Anforderungen an die **persönliche Eignung** werden durch § 29 BBiG konkretisiert. Persönlich nicht geeignet ist nach § 29 Nr. 1 BBiG, wer Kinder und Jugendliche nicht beschäftigen darf. Diese Vorschrift nimmt auf § 25 Abs. 1 JArbSchG Bezug. Danach dürfen Personen, die wegen bestimmter Straftaten (insbesondere wegen eines Verbrechens oder einer Straftat, die sie in Ausübung ihrer Funktion als Arbeitgeber oder Ausbilder zum Nachteil von Kindern und Jugendlichen begangen haben) rechtskräftig verurteilt worden sind, Jugendliche weder beschäftigen, noch diese ausbilden oder anweisen oder beaufsichtigen. Die persönliche Eignung fehlt nach § 29 Nr. 2 BBiG auch demjenigen, der wiederholt oder schwer gegen die Vorschriften des Berufsbildungsgesetzes oder gegen die aufgrund dieses Gesetzes erlassenen Vorschriften und Bestimmungen verstoßen hat. Die Wertung ist in beiden Fällen dieselbe. Auszubildende sollen während ihrer Berufsausbildung nur Personen anvertraut werden, die über ein gewisses Mindestmaß an Zuverlässigkeit und Pflichtbewusstsein verfügen und bei denen davon ausgegangen werden kann, dass sie ihre Aufgabe als Ausbilder im Interesse der Auszubildenden sorgfältig und pflichtgemäß wahrnehmen. Das Gesetz stellt dabei für die Feststellung der Eignung auf **rein formale Kriterien** ab. Die persönliche Eignung muss nicht positiv festgestellt werden, sondern wird durch bestimmte Umstände, insbesondere durch die rechtskräftige Verurteilung wegen einer Straftat oder durch den Verstoß gegen Ausbildungsvorschriften, ausgeschlossen. Liegen solche Gesetzesverstöße nicht vor, geht das Gesetz von der Vermutung aus, dass der Betreffende über die erforderlichen Charaktereigenschaften verfügt, insbesondere seine Pflichten als Ausbilder gewissenhaft erfüllt. Die Anforderungen an die **fachliche Eignung** ergeben sich aus §§ 30, 31 BBiG. Das Gesetz unterscheidet hinsichtlich der erforderlichen Fertigkeiten, Kenntnisse und Fähigkeiten zwischen denen beruflicher und denen berufs- und arbeitspädagogischer Art. Die berufliche Qualifikation wird in erster Linie durch Ablegung einer entsprechenden Abschlussprüfung sowie durch eine angemessene Dauer der praktischen Tätigkeit in dem jeweiligen Beruf nachgewiesen (§ 30 Abs. 2 BBiG). Wie sich aus § 30 Abs. 3 und 4 BBiG ergibt, können die Anforderungen durch Rechtsverordnung weiter konkretisiert werden. Eine Sonderregelung für den Bereich des Handwerkes enthalten §§ 22b f. HandwO (Handwerksordnung i. d. F. der Bekanntmachung vom 24.09.1998, BGBl. I, S. 3074 und BGBl. I, 2006 S. 2095, zuletzt geändert durch Art. 283 des Gesetzes vom 31.08.2015, BGBl. I, S. 1474). Welche berufs- und arbeitspädagogischen Kenntnisse ein Ausbilder nachzuweisen hat, wird – mit Ausnahme der freien Berufe – durch die aufgrund § 30 Abs. 5 BBiG erlassene Ausbilder-Eignungsverordnung (Verordnung vom 21.01.2009, BGBl. I, S. 88) näher festgelegt. Auch hier kommt es darauf an, dass die betreffende Person die besonderen Fähigkeiten durch Ablegen einer Fachprüfung unter Beweis gestellt hat.

22 Umstritten ist, ob das Widerspruchs- bzw. Abberufungsrecht auch in Bezug auf Personen besteht, die als **Ausbilder im Rahmen von Fortbildungs- und Umschulungsmaßnahmen** eingesetzt werden. Nicht zu verkennen ist, dass Abs. 2 hinsichtlich der persönlichen und fachlichen Eignung erkennbar auf Anforderungen an die Ausbilder im Rahmen der Berufsausbildung Bezug nimmt (»im Sinne des Berufsbildungsgesetzes«). Deshalb könnten Zweifel bestehen, ob die Vorschrift bei der Bestellung von Ausbildungspersonen im Rahmen von Fortbildungsmaßnahmen für bereits ausgebildete Arbeitnehmer Anwendung findet. Eine Minderheit in der Literatur lehnt aus diesem Grunde ein Beteiligungsrecht des Betriebsrats nach Abs. 2 bei Mitarbeiterschulungen von vornherein ab (*Galperin/Löwisch* § 98 Rn. 12; *Stege/Weinspach/Schiefer* §§ 96–98 Rn. 31). Dies ist allerdings schon nach dem Wortlaut des Abs. 2 nicht zwingend. Die Bezugnahme auf das Berufsbildungsgesetz lässt sich syntaktisch auch nur auf den mit »insbesondere« eingeleiteten Satzteil begrenzen, so dass lediglich hinsichtlich der berufs- und arbeitspädagogischen Eignung auf die Vorschriften über die Ausbildereignung verwiesen wird. Wegen Fehlens dieser Voraussetzungen könnte also allein ein Ausbilder in der Berufsausbildung abgelehnt werden. Dies erscheint auch sinnvoll, da die pädagogischen Fähigkeiten bei der

(Erst-) Ausbildung für deren Erfolg von gesteigerter Bedeutung sind. Für einen über den Bereich der Berufsausbildung hinausreichenden Anwendungsbereich spricht, dass Abs. 2 von der mit der »betrieblichen Berufsbildung« beauftragten Person spricht. Der Begriff der Berufsbildung umfasst nämlich auch den Bereich der beruflichen Fortbildung und der Umschulung (s. § 96 Rdn. 7). Und vom Zweck der Vorschrift her wäre es nicht gerechtfertigt, dem Betriebsrat bei Fehlen der nach allgemeinen Maßstäben zu fordernden persönlichen und fachlichen Eignung eines Ausbilders das Ablehnungsrecht im Rahmen einer Fortbildungs- oder Umschulungsmaßnahme vorzuenthalten (ebenso *Buschmann/DKKW* § 98 Rn. 19; *Ehrich* RdA 1993, 220 [222]; *Fitting* § 98 Rn. 18; *Hamm* AuR 1992, 326 [330]; *Kania/ErfK* § 98 BetrVG Rn. 11; *Matthes/MünchArbR* § 262 Rn. 31; *Preis/WPK* § 98 Rn. 18; *Richardi/Thüsing* § 98 Rn. 26; *Worzalla/HWGNRH* § 98 Rn. 34). Gerade wenn man dem Betriebsrat eine Überwachungsaufgabe im Interesse der Qualitätssicherung der betrieblichen Berufsbildung neben den hierfür zuständigen staatlichen Stellen zumisst (s. Rdn. 19), gehört die Kontrolle der persönlichen und fachlichen Eignung zu den wesentlichen Funktionen des Mitbestimmungsrechts. Für die **Anforderungen an die persönliche und fachliche Eignung** kann zwar insoweit nicht unmittelbar auf die Vorschriften des Berufsbildungsgesetzes zurückgegriffen werden. Doch lassen sich aus §§ 29 ff. BBiG gewisse Wertentscheidungen entnehmen, die bei der Bestellung sonstiger Ausbildungspersonen entsprechend heranzuziehen sind. Insbesondere wird man an die persönliche und fachliche Eignung keine strengeren Anforderungen stellen dürfen als bei Ausbildern im Rahmen der Berufsausbildung. Auch im Falle einer Bestellung von Ausbildern in der beruflichen Weiterbildung ist daher von einer persönlichen Eignung auszugehen, wenn nicht aufgrund konkreter Tatsachen Anhaltspunkte dafür bestehen, dass die betreffende Person nicht über die erforderliche Zuverlässigkeit verfügt. Hat sich die Person in der Vergangenheit keine schwerwiegenden Gesetzesverstöße, insbesondere keine Straftaten oder Verstöße gegen Verpflichtungen als Ausbilder, zuschulden kommen lassen, darf auch an der persönlichen Eignung als Ausbilder im Rahmen von Weiterbildungsmaßnahmen nicht gezweifelt werden. Auch die fachliche Eignung ist wie im Rahmen der Berufsausbildung anhand formaler Kriterien zu ermitteln. Maßgeblich ist, ob die Person über einen Berufs- oder Bildungsabschluss verfügt, der typischerweise die Fähigkeiten vermittelt, die zur Durchführung der Bildungsmaßnahme erforderlich sind. Soweit zusätzlich eine gewisse berufspraktische Erfahrung erforderlich ist, genügt auch insoweit der formale Nachweis einer entsprechenden beruflichen Tätigkeit (etwa durch Zeugnisse).

Das Widerspruchs- und Abberufungsrecht besteht auch dann, wenn die zur Berufsbildung bestellte Person ihre **Aufgaben vernachlässigt**. In der Regel dürfte hierauf nur ein Abberufungsverlangen gestützt werden können, da die Vernachlässigung der Aufgaben voraussetzt, dass die Person zunächst einmal zum Ausbilder bestellt worden ist. Ein hierauf gestützter Widerspruch ist freilich denkbar, wenn die Person in der Vergangenheit mit Ausbildungsaufgaben betraut war und sich eine Pflichtverletzung hat zuschulden kommen lassen. Voraussetzung ist in jedem Fall, dass die Vernachlässigung der Pflicht so schwerwiegend ist, dass die Erreichung des Zieles der Berufsbildung ebenso gefährdet ist wie im Falle fehlender fachlicher oder persönlicher Eignung (i. E. ebenso *Buschmann/DKKW* § 98 Rn. 18; *Fitting* § 98 Rn. 17; *Galperin/Löwisch* § 98 Rn. 133; *Richardi/Thüsing* § 98 Rn. 33; *Worzalla/HWGNRH* § 98 Rn. 39). Dass die Abberufung nur **aus schwerwiegenden Gründen** erfolgen kann, ergibt sich daraus, dass § 98 Abs. 2 die beiden Gründe »Vernachlässigung der Aufgabe« und »Fehlen persönlicher oder fachlicher Eignung« gleichgewichtig nebeneinander nennt (vgl. *Stahlhacke* BlStSozArbR 1972, 51 [54]). Ein geringfügiges oder einmaliges Fehlverhalten ist daher nicht ausreichend (*Meisel* Mitwirkung, Rn. 95; *Stege/Weinspach/Schiefer* §§ 96–98 Rn. 34; *Worzalla/HWGNRH* § 98 Rn. 39). Der Betriebsrat muss sein Verlangen durch Tatsachen begründen; formelhafte Wendungen, bloße Werturteile genügen nicht (*Fitting* § 98 Rn. 20).

Der Widerspruch bzw. Abberufungsantrag des Betriebsrats setzt einen **Beschluss des Betriebsrats** voraus, der unter Beteiligung der **Jugend- und Auszubildendenvertretung** (sofern eine solche besteht) zu fassen ist, wenn die Voraussetzungen des § 67 Abs. 1 und 2 vorliegen (s. *Oetker* § 67 Rdn. 36 ff.). Die Jugend- und Auszubildendenvertretung kann auch selbst die Initiative ergreifen und beantragen, der Betriebsrat möge Widerspruch erheben bzw. die Abberufung verlangen (vgl. § 70 Abs. 1 Nr. 1 und 3; *Fitting* § 98 Rn. 9 a. E.; *Worzalla/HWGNRH* § 98 Rn. 41; s. a. Rdn. 9).

§ 98

IV. Teilnahme von Arbeitnehmern an Berufsbildungsmaßnahmen (Abs. 3)

25 Nach Abs. 3 i. V. m. Abs. 4 hat der Betriebsrat ein **Mitbestimmungsrecht** hinsichtlich der Arbeitnehmer, die an Maßnahmen der Berufsbildung teilnehmen sollen. Es handelt sich entgegen dem Wortlaut von Abs. 3 um wesentlich mehr als ein Vorschlagsrecht. Das Mitbestimmungsrecht besteht generell für **betriebliche Bildungsmaßnahmen** (zum Begriff Rdn. 2 ff.). Darüber hinaus hat der Betriebsrat aber auch bei der Auswahl der Teilnehmer an **außerbetrieblichen Bildungsmaßnahmen** ein Mitspracherecht, wenn der Arbeitgeber Arbeitnehmer für solche Maßnahmen freistellt oder die den Teilnehmern hierdurch entstehenden Kosten ganz oder teilweise trägt. Hieran wird der **Zweck des Abs. 3** besonders deutlich, für eine Gleichbehandlung der Arbeitnehmer im Betrieb Sorge zu tragen. Soweit der Arbeitgeber durch eigene Aufwendungen, sei es als Träger der Maßnahme oder durch finanzielle Unterstützung in Form von bezahlter Freistellung oder Kostenübernahme, Arbeitnehmern die Chance beruflicher Qualifikation mit ihren Auswirkungen für die Bewahrung des Arbeitsplatzes bzw. den beruflichen Aufstieg gewährt, soll die Beteiligung des Betriebsrates die **innerbetriebliche Verteilungsgerechtigkeit** sicherstellen, also die sachwidrige Bevorzugung oder Benachteiligung einzelner Arbeitnehmer verhindern (*Fitting* § 98 Rn. 28; zu der ähnlichen Zwecksetzung bei § 87 Abs. 1 Nr. 10 vgl. *Wiese/Gutzeit* § 87 Rdn. 833 ff.). Deshalb wird eine Bildungsmaßnahme auch dann von Abs. 3 erfasst, wenn der Arbeitgeber Arbeitnehmer **ohne Fortzahlung des Entgelts** dafür **freistellt** (ebenso *Buschmann/DKKW* § 98 Rn. 27; *Fitting* § 98 Rn. 30; *Matthes*/MünchArbR 2. Aufl., § 351 Rn. 30; *Richardi/Thüsing* § 98 Rn. 58; *Worzalla/HWGNRH* § 98 Rn. 61). Zwar dürfte die Zahl der Interessenten hier deutlich geringer sein, doch handelt es sich auch insoweit um die Gewährung einer Bildungschance, also um einen Vorteil, bei dessen Verteilung der Betriebsrat nach Sinn und Zweck des Abs. 3 die Belange der Belegschaft einbringen können soll.

26 Aus dem Zweck des Mitbestimmungsrechts ergeben sich zugleich dessen Grenzen. Ob der Arbeitgeber Berufsbildungsmaßnahmen durchführt oder ob er Arbeitnehmer für außerbetriebliche Maßnahmen von der Arbeit freistellt und die Kosten dafür übernimmt, unterliegt ausschließlich seiner Entscheidung. Auch die **Festlegung der Ausbildungsziele** und damit die Entscheidung, für **welche Arbeitnehmergruppen** Ausbildungsmaßnahmen durchgeführt werden, entzieht sich der Mitbestimmung des Betriebsrats. Gleiches gilt für die **Zahl der Teilnehmer** (*Galperin/Löwisch* § 98 Rn. 26; *Matthes*/MünchArbR § 262 Rn. 19; *Richardi/Thüsing* § 98 Rn. 62; *Stahlhacke* BlStSozArbR 1972, 51 [55]; *Worzalla/HWGNRH* § 98 Rn. 64; vgl. auch *Kaiser/LK* § 98 Rn. 14; z. T. auch *Fitting* § 98 Rn. 32). In Bezug auf diese Fragen hat der Betriebsrat nur das Beratungsrecht aus § 97 Abs. 1.

27 Soweit es innerhalb der Vorgaben des Arbeitgebers um die **Auswahl der Arbeitnehmer** geht, hat der Betriebsrat ein **echtes Mitbestimmungsrecht**, das über ein bloßes Vorschlagsrecht deutlich hinausgeht. Das Mitbestimmungsrecht setzt allerdings voraus, dass der Betriebsrat konkrete Arbeitnehmer für die Teilnahme an der Bildungsmaßnahme vorschlägt (*Buschmann/DKKW* § 98 Rn. 29; *Fitting* § 98 Rn. 33; *Kaiser/LK* § 98 Rn. 16). Vom Betriebsrat vorgeschlagene Arbeitnehmer können vom Arbeitgeber nicht einseitig abgelehnt werden. Vielmehr entscheidet bei Meinungsverschiedenheiten gemäß Abs. 4 die Einigungsstelle verbindlich. Im Hinblick auf die **vom Betriebsrat vorgeschlagenen** Arbeitnehmer ist also das Mitbestimmungsrecht nach dem positiven Konsensprinzip ausgestaltet (*Richardi/Thüsing* § 98 Rn. 4 f.).

28 Hinsichtlich der **vom Arbeitgeber benannten Arbeitnehmer** hat der Betriebsrat kein originäres Mitbestimmungsrecht, da die Einigungsstelle gemäß Abs. 4 ausdrücklich nur zuständig ist, wenn eine Einigung über die vom Betriebsrat vorgeschlagenen Teilnehmer nicht zustande kommt. Ein Einfluss auf die vom Arbeitgeber bestimmten Teilnehmer resultiert allenfalls als Reflex aus dem Vorschlagsrecht des Betriebsrats, wenn eine Auswahl getroffen werden muss. Schlagen Arbeitgeber und Betriebsrat mehr Teilnehmer vor, als Ausbildungsplätze zur Verfügung stehen, so muss, notfalls durch die Einigungsstelle gemäß Abs. 4, eine Auswahl getroffen werden. In diese Auswahl sind auch die vom Arbeitgeber vorgeschlagenen Arbeitnehmer einzubeziehen, da ansonsten die Beteiligung des Betriebsrats bei der Verteilungsentscheidung dadurch vereitelt werden könnte, dass der Arbeitgeber so viele Teilnehmer benennt wie Plätze vorhanden sind; die Auswahl zwischen allen vorgeschlagenen Arbeitnehmern muss aber nach einheitlichen Kriterien erfolgen (*BAG* 08.12.1987 EzA § 98 BetrVG 1972 Nr. 3 = AP Nr. 4 zu § 98 BetrVG 1972 unter B II 2; *Buschmann/DKKW* § 98 Rn. 29; *Fitting* § 98

Rn. 33; *Galperin/Löwisch* § 98 Rn. 23; *Hamm* AuR 1992, 326 [330]; *Heinze* Personalplanung, Rn. 129; *Kraushaar* AuR 1989, 176; *Matthes*/MünchArbR § 262 Rn. 29; *Richardi/Thüsing* § 98 Rn. 63; *Worzalla/HWGNRH* § 98 Rn. 65; **a. M.** *Meisel* Mitwirkung, Rn. 87). § 98 Abs. 3 sieht aber kein positives Konsensprinzip dergestalt vor, dass Arbeitgeber und Betriebsrat sich über alle Teilnehmer einigen müssten (so aber – zumindest missverständlich – *Fitting* § 98 Rn. 29; *Hammer* Berufsbildung und Betriebsverfassung, S. 159 f.; *Viets* DB 1980, 2086; wohl auch *Kraushaar* AuR 1989, 176). Das Mitbestimmungsrecht gibt dem Betriebsrat also dann keine Einflussmöglichkeit auf die vom Arbeitgeber benannten Teilnehmer, wenn er diese einfach ablehnt, ohne eigene Vorschläge zu machen (BAG 08.12.1987 EzA § 98 BetrVG 1972 Nr. 3 = AP Nr. 4 zu § 98 BetrVG 1972 unter B II 2; 20.04.2010 AP Nr. 9 zu Art. 5 Abs. 1 GG Pressefreiheit *[Franzen]* = EzA § 118 BetrVG 2001 Nr. 9 Rn. 16; *Worzalla/HWGNRH* § 98 Rn. 63; der Sache nach auch *Buschmann*/DKKW § 98 Rn. 29; *Fitting* § 98 Rn. 33). Das Mitbestimmungsrecht soll dem Betriebsrat nur die Möglichkeit geben, für eine gerechte Verteilung der Bildungsangebote zu sorgen. Diesem Zweck würde es zuwiderlaufen, wenn der Betriebsrat durch ein Veto die Teilnahme von Arbeitnehmern blockieren könnte, obwohl anderen Arbeitnehmern hierdurch kein Vorteil entstünde. Im Übrigen könnte der Betriebsrat auf diesem Wege die Veranstaltung als solche verhindern, also in die mitbestimmungsfreie Entscheidung des Arbeitgebers über das »Ob« der Durchführung von Bildungsmaßnahmen eingreifen. Schlagen andererseits Arbeitgeber und Betriebsrat insgesamt weniger oder genauso viele Teilnehmer vor, wie Plätze vorhanden sind, so muss keineswegs eine Einigung über alle Teilnehmer, sondern nur über die vom Betriebsrat benannten erzielt werden. Übersteigt die Zahl der vom Arbeitgeber und Betriebsrat vorgeschlagenen Teilnehmer die Zahl der Plätze, so endet das Mitbestimmungsrecht des Betriebsrats und entsprechend die Spruchkompetenz der Einigungsstelle in dem Moment, in dem Einigkeit über die vom Betriebsrat vorgeschlagenen Teilnehmer erzielt ist. Soweit danach noch Plätze frei sind, liegt deren Vergabe in der freien Entscheidung des Arbeitgebers.

Um Streitigkeiten im Einzelfall möglichst zu vermeiden, kann es sich empfehlen, **Auswahlgesichts-** 29 **punkte** mit dem Betriebsrat zu vereinbaren (*Fitting* § 98 Rn. 35; *Richardi/Thüsing* § 98 Rn. 63; *Worzalla/HWGNRH* § 98 Rn. 68). Dabei kann z. B. auf die Dauer der Betriebszugehörigkeit, aber auch auf die fachliche Eignung abgestellt werden. Erfüllt ein Arbeitnehmer die in solchen mit dem Betriebsrat vereinbarten Richtlinien aufgestellten Voraussetzungen nicht, so kann seine Teilnahme auch nicht über die Einigungsstelle erzwungen werden. Es handelt sich insoweit nicht um Auswahlrichtlinien gemäß § 95 (*Buschmann*/DKKW § 98 Rn. 30; *Fitting* § 98 Rn. 35). Der Arbeitgeber kann folglich auch einseitig Grundsätze über die Auswahl der Teilnehmer aufstellen. Soweit diese nicht die mitbestimmungsfreie Festlegung der in die Bildungsmaßnahme einzubeziehenden Arbeitnehmergruppen (hierzu s. Rdn. 26) betreffen, sind allerdings weder der Betriebsrat noch die Einigungsstelle an die vom Arbeitgeber einseitig aufgestellten Grundsätze gebunden (*Matthes*/MünchArbR 2. Aufl., § 351 Rn. 36; *Richardi/Thüsing* § 98 Rn. 63).

Bei **außerbetrieblichen Berufsbildungsmaßnahmen** besteht das Mitbestimmungsrecht innerhalb 30 der oben aufgezeigten Grenzen nur, wenn der Arbeitgeber
– entweder Arbeitnehmer freistellt, d. h. mit oder ohne Fortzahlung des Entgelts beurlaubt oder
– die Kosten für die Teilnahme ganz oder teilweise trägt. Ob der Arbeitgeber dies tut, unterliegt seiner Entscheidung; insoweit hat der Betriebsrat allerdings nach § 97 Abs. 1 ein Beratungsrecht (s. § 97 Rdn. 10).

V. Streitigkeiten (Abs. 4 und 5)

1. Bei Maßnahmen nach Abs. 1 und 3

Einigen sich Arbeitgeber und Betriebsrat nicht über die Durchführung von Berufsbildungsmaßnah- 31 men (Abs. 1) oder über die Teilnehmer an Berufsbildungsmaßnahmen (Abs. 3), so entscheidet die **Einigungsstelle verbindlich** (Abs. 4). Der Arbeitgeber ist an die Entscheidung gebunden und hat diese durchzuführen (§ 77 Abs. 1 Satz 1), dem Betriebsrat steht ein entsprechender Durchführungsanspruch zu. Im Hinblick auf die Wirkungen des Spruchs der Einigungsstelle ist aber die spezifische Reichweite des Mitbestimmungsrechts zu beachten. Nach Abs. 1 unterliegt der Mitbestimmung lediglich das »Wie«, nicht dagegen das »Ob« der Durchführung (Rdn. 10). Der Spruch der Einigungsstelle begründet daher **keine Verpflichtung des Arbeitgebers, die Bildungsmaßnahme durchzuführen**. Er kann sich vielmehr auch dafür entscheiden, auf die Maßnahme zu verzichten. Nur wenn er sie durchführt, muss er die Vorgaben der Einigungsstelle im Hinblick auf die Art und Weise der Durchführung beachten (ebenso *Richardi/Thüsing* § 98 Rn. 68). Ähnliches gilt für die Entscheidung über die vom Betriebsrat vorgeschlagenen Teilnehmer. Die Einigungsstelle entscheidet nur »über die vom Betriebsrat vorgeschlagenen Teilnehmer« (Abs. 4). Dagegen bestimmt der Arbeitgeber allein über die Gesamtzahl der teilnehmenden Arbeitnehmer (Rdn. 26). Und auch die vom Arbeitgeber als Teilnehmer vorgesehenen Arbeitnehmer werden von dem Spruch nur dann betroffen, wenn die Zahl der nach Ansicht der Einigungsstelle zu berücksichtigenden, vom Betriebsrat benannten Arbeitnehmer so groß ist, dass bei Beibehaltung der Gesamtzahl nicht alle vom Arbeitgeber ausgewählten Arbeitnehmer teilnehmen können (s. Rdn. 28). Dies bedeutet, dass der Arbeitgeber aufgrund des Spruches der Einigungsstelle lediglich verpflichtet ist, die dort benannten, vom Betriebsrat vorgeschlagenen Arbeitnehmer an der Maßnahme teilnehmen zu lassen, sofern er diese tatsächlich durchführt.

32 Dies bedeutet zugleich, dass die **individualrechtlichen Wirkungen** des Spruches begrenzt sind. Aus der Entscheidung über die Art und Weise der Durchführung kann sich schon deshalb kein Anspruch des einzelnen Arbeitnehmers auf Teilnahme ergeben, weil der Arbeitgeber auch kollektivrechtlich nicht zur Durchführung gezwungen werden kann. Aber auch aus der Entscheidung über die vom Betriebsrat vorgeschlagenen Teilnehmer kann sich kein individueller Teilnahmeanspruch ergeben (zutr. *Worzalla/HWGNRH* § 98 Rn. 68; **a. M.** *Fitting* § 98 Rn. 34; *Richardi/Thüsing* § 98 Rn. 68). Anderenfalls hätte der Spruch der Einigungsstelle eine rechtliche Bindung des Arbeitgebers zur Folge, da er nicht mehr frei über das »Ob« der Durchführung entscheiden könnte (ebenso *Rasche* Arbeitnehmererweiterbildung, S. 74 ff., die hieraus allerdings die – nach dem vorstehend Ausgeführten schwerlich begründbare – Konsequenz zieht, dass der Arbeitgeber auch zur Durchführung verpflichtet sei). Eine solche Bindung als Folge der Mitbestimmung ist nach der gesetzlichen Konzeption jedoch gerade nicht intendiert. Folglich führt der Spruch der Einigungsstelle allein dazu, dass der Betriebsrat nach § 77 Abs. 1 Satz 1 vom Arbeitgeber verlangen kann, dass er den in dem Spruch bezeichneten Arbeitnehmern ein Angebot zur Teilnahme an der Bildungsmaßnahme macht (*Worzalla/HWGNRH* § 98 Rn. 68). Da die Arbeitnehmer frei entscheiden können, ob sie das Angebot annehmen, begründet die Entscheidung der Einigungsstelle umgekehrt auch keine individualrechtliche Pflicht des Arbeitnehmers zur Teilnahme; eine solche könnte sich nur aus dem Arbeitsverhältnis (als Teil der vertraglichen Vereinbarung oder aus einer schuldrechtlichen Nebenpflicht) ergeben (s. Rdn. 15).

33 Der Spruch der Einigungsstelle muss sich an die **rechtlichen Grenzen der Mitbestimmung** halten (s. Rdn. 10 und 26). Für das Verfahren und die Überprüfung des Spruches gilt grundsätzlich § 76 Abs. 5. Verkennt die Einigungsstelle allerdings die Reichweite des Mitbestimmungsrechtes oder trifft sie eine unrichtige Rechtsentscheidung, so unterliegt der Spruch in vollem Umfang der gerichtlichen Nachprüfung (§ 76 Abs. 7). Die in § 76 Abs. 5 genannte Frist gilt insoweit nicht. Wenn und soweit einzelnen Arbeitnehmern aus anderen Rechtsgrundlagen (Tarifvertrag, [freiwillige] Betriebsvereinbarung, Arbeitsvertrag) Rechtsansprüche, etwa auf Teilnahme, Kostenübernahme oder vergütete Freistellung für die Dauer der Bildungsmaßnahme, zustehen, werden diese durch den Spruch der Einigungsstelle nicht berührt.

34 Da das Gesetz für beide Bereiche (nach Abs. 3 aber nur bezüglich der vom Betriebsrat vorgeschlagenen Arbeitnehmer, vgl. Rdn. 27 f.) das positive Konsensprinzip vorsieht, kann der Arbeitgeber einseitig weder die Regelungen nach Abs. 1 treffen, noch über die vom Betriebsrat vorgesehenen Bewerber entscheiden. Führt er die Maßnahme vor einer Einigung mit dem Betriebsrat oder vor einem für ihn günstigen Spruch der Einigungsstelle durch, so kann der Betriebsrat beim Arbeitsgericht beantragen, dem Arbeitgeber **die Durchführung zu untersagen**. Dies gilt einmal dann, wenn das Verhalten des Arbeitgebers einen groben Verstoß gegen seine betriebsverfassungsrechtlichen Pflichten i. S. d. § 23 Abs. 3 darstellt (*BAG* 18.03.2014 EzA § 23 BetrVG 2001 Nr. 7 Rn. 13 ff.). Ein Unterlassungsanspruch besteht aber auch dann, wenn die qualifizierten Voraussetzungen des groben Verstoßes nicht vorliegen (ebenso *Fitting* § 98 Rn. 42; *Oetker* § 23 Rdn. 193; s. näher *Raab* ZfA 1997, 183 [231 ff.]; **a. M.** *Hess.* LAG 21.06.2012 – 9 TaBV 75/12 – juris [die Entscheidung in der Rechtsbeschwerdeinstanz *BAG* 18.03.2014 EzA § 23 BetrVG 2001 Nr. 7 geht auf die Frage nicht ein, da das *BAG* die Voraussetzungen

Durchführung betrieblicher Bildungsmaßnahmen § 98

des § 23 Abs. 3 für gegeben hält]; gegen einen solchen Anspruch im Falle des Abs. 3 offenbar auch *Klocke* Der Unterlassungsanspruch in der deutschen und europäischen Betriebs- und Personalverfassung, 2013, S. 270; offen gelassen von *BAG* 20.04.2010 EzA § 118 BetrVG 2001 Nr. 9 Rn. 30; allgemein hierzu *Oetker* § 23 Rdn. 154 ff.). Aus der Tatsache, dass § 98 Abs. 5 eine ausdrückliche Regelung eines Abwehranspruches enthält, lässt sich nicht der (Umkehr-)Schluss ziehen, dass ein ergänzender Unterlassungs- und Beseitigungsanspruch nach § 2 Abs. 1 i. V. m. § 98 Abs. 1 und 3 ausgeschlossen sein soll (so aber *Hess. LAG* 21.06.2012 – 9 TaBV 75/12 – juris, Rn. 24). Abs. 5 trifft – ähnlich wie § 101 – eine Sonderregelung für das (an konkrete rechtliche Voraussetzungen gebundene) Widerspruchsrecht des Abs. 2. Aus dem Umstand, dass der Betriebsrat bei fehlender Eignung des Ausbilders dessen Bestellung gerichtlich unterbinden kann, kann nicht gefolgert werden, dass er eine Verletzung seines völlig anders gearteten Mitbestimmungsrechts nach Abs. 1 und 3 jenseits der Voraussetzungen des § 23 Abs. 3 hinzunehmen hätte (zutr. *Oetker* § 23 Rdn. 193). Besteht Streit darüber, ob ein Mitbestimmungsrecht nach Abs. 1 und 3 besteht, insbesondere ob es sich um eine Maßnahme der betrieblichen Berufsbildung handelt, so kann der Betriebsrat dies im Wege eines **Feststellungsantrags** klären lassen (*BAG* 26.04.2016 EzA § 98 BetrVG 2001 Nr. 4 Rn. 9 ff. [auch zum Erfordernis der Bestimmtheit des Antrags und zum Feststellungsinteresse]; zum Gegenstandswert eines solchen Antrags *LAG Hamburg* 19.05.2016 – 7 Ta 8/16 – juris; s. a. § 96 Rdn. 37).

2. Bei Maßnahmen nach Abs. 2

Einigen sich Arbeitgeber und Betriebsrat über die Bestellung oder Abberufung einer mit der Durchführung der betrieblichen Berufsbildung zu beauftragenden oder beauftragten Person **nicht** (Abs. 2), so sieht Abs. 5 **besondere Sanktionen** vor. Der Betriebsrat hat das Recht, beim Arbeitsgericht den Antrag zu stellen, dem Arbeitgeber aufzugeben, eine bestimmte Person nicht zu bestellen oder abzuberufen (§ 98 Abs. 5 Satz 1). Das Arbeitsgericht entscheidet über diesen Antrag im Beschlussverfahren (§ 2a Abs. 1 Nr. 1, Abs. 2, §§ 80 ff. ArbGG). 35

Umstritten ist, welche **Rechtsfolgen der Widerspruch des Betriebsrats vor einer gerichtlichen Entscheidung** im Verfahren nach § 98 Abs. 5 hat. Manche halten die Bestellung des Ausbilders bis zu einer gerichtlichen Klärung für unwirksam (*Buschmann/DKKW* § 98 Rn. 23; *Fitting* § 98 Rn. 21; *Kania*/ErfK § 98 BetrVG Rn. 12; *Heinze*, Personalplanung, Rn. 124; *Ricken*/HWK § 98 BetrVG Rn. 12). Dem ist nicht zu folgen. Vielmehr wird der Arbeitgeber erst durch eine rechtskräftige Entscheidung, die ihn verpflichtet, die Bestellung zu unterlassen, gehindert, einen Ausbilder zu bestellen. Der bloße Widerspruch des Betriebsrats genügt dazu nicht (*Ehrich* RdA 1993, 220 [223 f.]; *Eich* DB 1974, 2154 [2158]; *Galperin/Löwisch* § 98 Rn. 16; *Matthes*/MünchArbR § 262 Rn. 33; *Raab* ZfA 1997, 183 [234]; *Richardi/Thüsing* § 98 Rn. 37; *Rumpff/Boewer* Mitbestimmung, F Rn. 149 f.; *Worzalla*/HWGNRH § 98 Rn. 43). Das Gesetz geht zwar davon aus, dass der Betriebsrat der Bestellung eines Ausbilders widersprechen kann, dass also eine Bestellung gegen den Widerspruch des Betriebsrats nicht erfolgen darf. Es knüpft andererseits aber den Widerspruch an die Voraussetzung, dass es der zu bestellenden Person an der persönlichen oder fachlichen Eignung fehlt. Ob dies der Fall ist, ist eine Rechtsfrage. Da es sich somit um eine Rechts- und nicht eine Regelungsstreitigkeit handelt, sieht das Gesetz konsequenterweise vor, dass der Dissens im streitigen gerichtlichen Verfahren geklärt werden muss und nicht im Einigungsstellenverfahren. Es handelt sich mithin um einen der Zustimmungsverweigerung im Rahmen des § 99 vergleichbaren Sachverhalt. Anders als bei der Regelung des Mitbestimmungsrechts aus § 99, bei dem das Gesetz gemäß § 99 Abs. 4 dem Arbeitgeber die Initiativlast aufbürdet und damit zu erkennen gibt, dass ohne die Zustimmung des Betriebsrats außer in den Fällen des § 100 die Maßnahme zu unterbleiben hat, obliegt es im Rahmen des § 98 Abs. 5 dem Betriebsrat, das Arbeitsgericht anzurufen. Hieraus wird man im Gegenschluss zu folgern haben, dass bis zur Rechtskraft der gerichtlichen Entscheidung die Bestellung des Ausbilders auch betriebsverfassungsrechtlich zulässig ist (ebenso *Galperin/Löwisch* § 98 Rn. 16). Dazu kommt, dass selbst im Falle des § 99 die fehlende Zustimmung des Betriebsrats die individualrechtliche Wirksamkeit der personellen Einzelmaßnahme nicht berührt. Bei der Bestellung zum Ausbilder handelt es sich aber um eine solche individualrechtliche Vereinbarung mit dem zukünftigen Ausbilder. Nach dem eindeutigen Wortlaut des § 98 Abs. 5 Satz 1 hat der Betriebsrat lediglich das Recht, beim Arbeitsgericht zu beantragen, dem Arbeitgeber aufzugeben, die Bestellung zu unterlassen bzw. bei erfolgter Bestellung, den Ausbil- 36 der abzuberufen. Erst nach Rechtskraft der Entscheidung i. S. d. Antrags des Betriebsrats greifen die im Gesetz genannten Sanktionen ein (vgl. Abs. 5 Satz 2 und 3). Will der Betriebsrat eine Bestellung zum Ausbilder bereits vor Rechtskraft einer entsprechenden Entscheidung verhindern, so käme allenfalls ein Antrag auf einstweilige Verfügung in Betracht, für die aber in der Regel der Verfügungsgrund fehlen dürfte.

37 Von den Wirkungen des Widerspruchs zu trennen ist die Frage, ob auch **dem Arbeitgeber** im Falle eines Widerspruchs des Betriebsrats **ein Antragsrecht zusteht**, also ob der Arbeitgeber – ohne den Antrag des Betriebsrats nach § 98 Abs. 5 abwarten zu müssen – seinerseits zur Klärung der Streitigkeit einen Antrag bei Gericht stellen kann, um die Unbegründetheit des Widerspruchs feststellen zu lassen. Dies ist zu bejahen (*LAG* Berlin 06.01.2000 NZA-RR 2000, 370; *Richardi/Thüsing* § 98 Rn. 37; ebenso auf der Basis der Ansicht, dass die Bestellung unwirksam sei, *Buschmann/DKKW* § 98 Rn. 23; *Fitting* § 98 Rn. 21; *Ricken/HWK* § 98 BetrVG Rn. 12; **a. M.** *Ehrich* RdA 1993, 220 [223 f.]; *Eich*, DB 1974, 2154 [2158]; *Galperin/Löwisch* § 98 BetrVG Rn. 16; *Kraft* 6. Aufl., § 98 Rn. 23; *Worzalla/HWGNRH* § 98 Rn. 43). Es wäre nicht zu rechtfertigen, den Arbeitgeber zum Zwecke der Klärung der Rechtsfrage in ein Verfahren nach § 98 Abs. 5 zu zwingen. Der Arbeitgeber mag mit Rücksicht auf eine konstruktive Zusammenarbeit mit dem Betriebsrat zögern, eine Bestellung gegen den Widerspruch des Betriebsrats zu vollziehen, auch wenn er hierzu berechtigt ist. Dann hat er aber ein schutzwürdiges Interesse daran, die Rechtslage klären und die Berechtigung des Widerspruchs gerichtlich prüfen zu lassen, um wenigstens anschließend die Bestellung vornehmen zu können.

38 Liegt eine **rechtskräftige Entscheidung** vor, die die **Bestellung** einer bestimmten Person untersagt, und handelt der Arbeitgeber dieser Entscheidung zuwider, so hat der Betriebsrat das Recht, die Verurteilung zu einem Ordnungsgeld durch das Arbeitsgericht zu beantragen. Dieser Antrag kann auch bereits zusammen mit dem Antrag, dem Arbeitgeber die Bestellung zu untersagen, gestellt werden (§ 890 Abs. 2 ZPO i. V. m. § 85 Abs. 1 ArbGG). Das Arbeitsgericht hat das Ordnungsgeld zunächst anzudrohen; auch diese Androhung kann, wenn ein entsprechender Antrag des Betriebsrats vorliegt, bereits in dem Beschluss erfolgen, der die Bestellung untersagt (*Fitting* § 98 Rn. 24; *Richardi/Thüsing* § 98 Rn. 42). Handelt der Arbeitgeber der Anordnung, nicht zu bestellen, trotz Androhung des Ordnungsgeldes zuwider, so kann das Gericht den Arbeitgeber, wiederum auf Antrag des Betriebsrats, zu einem Ordnungsgeld verurteilen. Das Höchstmaß des Ordnungsgeldes beträgt 10.000 €. Es handelt sich dabei um eine »**repressive Maßnahme**«; ihre Verhängung setzt daher Verschulden des Arbeitgebers voraus (vgl. *BVerfG* 14.07.1981 NJW 1981, 2457 zu § 890 ZPO; *Fitting* § 98 Rn. 25; *Richardi/Thüsing* § 98 Rn. 41; *Worzalla/HWGNRH* § 98 Rn. 47; **a. M.** *Heinze* Personalplanung, Rn. 138 Fn. 210). Wie sich aus § 85 Abs. 1 ArbGG ergibt, finden die §§ 890, 891 ZPO Anwendung; die Verurteilung zur Haft ist allerdings ausgeschlossen (§ 85 Abs. 1 Satz 3 ArbGG). Trotz des Wortlauts des Gesetzes (»verurteilen«), entscheidet das Arbeitsgericht auch insoweit im **Beschlussverfahren** (h. M., z. B. *Fitting* § 98 Rn. 42; vgl. § 2a Abs. 1 Nr. 1 und Abs. 2, §§ 80 ff. ArbGG). Findet gemäß § 891 ZPO eine mündliche Verhandlung nicht statt, so entscheidet gemäß § 53 Abs. 1 Satz 1 ArbGG der Vorsitzende allein (*Ehrich* RdA 1993, 220 [224]; *Richardi/Thüsing* § 98 Rn. 44).

39 **Beruft der Arbeitgeber** entgegen einer rechtskräftigen Entscheidung eine zur betrieblichen Berufsausbildung bestellte Person **nicht ab**, so ist er, wiederum auf Antrag des Betriebsrats, durch Zwangsgeld zur Abberufung anzuhalten. Das Höchstmaß des Zwangsgeldes beträgt für jeden Tag der Zuwiderhandlung, die erst mit der tatsächlichen Abberufung endet, 250 €. Es handelt sich um eine Beugemaßnahme; gemäß § 85 Abs. 1 ArbGG sind die §§ 888, 891 ZPO anzuwenden. Die Verhängung der **Beugemaßnahme** setzt kein Verschulden voraus; sie kann aber auch nicht mehr verhängt oder vollstreckt werden, sobald der Arbeitgeber der Anordnung des Gerichts nachgekommen ist (*Fitting* § 98 Rn. 26; *Richardi/Thüsing* § 98 Rn. 47; *Worzalla/HWGNRH* § 98 Rn. 49). Das Arbeitsgericht entscheidet auch hier im **Beschlussverfahren** (vgl. § 2a Abs. 1 Nr. 1 und Abs. 2, §§ 80 ff. ArbGG).

40 Bezüglich des Verhältnisses zwischen § 98 Abs. 5 und § 23 Abs. 3 ist zu differenzieren. **§ 98 Abs. 5** geht **in seinem Anwendungsbereich** als **lex specialis** vor. Soweit also dem Arbeitgeber bereits durch gerichtliche Entscheidung im konkreten Einzelfall aufgegeben worden ist, die Bestellung zu unterlassen bzw. die Abberufung durchzuführen, ist für § 23 Abs. 3 kein Raum mehr (*BAG* 22.02.1983 EzA § 23 BetrVG 1972 Nr. 9 = AP Nr. 2 zu § 23 BetrVG 1972 unter B II 5a; vgl. auch 17.03.1987 EzA

§ 23 BetrVG 1972 Nr. 16 = AP Nr. 7 zu § 23 BetrVG 1972; *Fitting* § 98 Rn. 26; *Heinze* Personalplanung, Rn. 138; *Meisel* Mitwirkung, Rn. 98; *Richardi/Thüsing* § 98 Rn. 54; *Stege/Weinspach/Schiefer* §§ 96–98 Rn. 36; *Worzalla/HWGNRH* § 98 Rn. 55). Dadurch wird jedoch ein auf § 23 Abs. 3 gestützter Antrag des Betriebsrats, dem Arbeitgeber aufzugeben, für die Zukunft in vergleichbaren Fällen die Berufung ungeeigneter Personen zu unterlassen, nicht ausgeschlossen (*BAG* 17.03.1987 EzA § 23 BetrVG 1972 Nr. 16 = AP Nr. 7 zu § 23 BetrVG 1972 für das Verhältnis zu einem Antrag gemäß § 101). Ein solcher dürfte allerdings nur in krassen Ausnahmefällen (Beispiel: Bestellung eines Ausbilders aufgrund persönlicher Beziehungen, obwohl dessen fehlende Qualifikation evident ist) Aussicht auf Erfolg haben, da allein die Fehleinschätzung bezüglich der Eignung keine grobe Pflichtverletzung begründen kann. Nimmt der Arbeitgeber die Bestellung ohne Beteiligung des Betriebsrats vor, so kann darin eine grobe Pflichtverletzung i. S. d. § 23 Abs. 3 liegen. § 98 Abs. 5 regelt nur den Fall, dass nach Beteiligung des Betriebsrats keine Übereinkunft erzielt werden kann, so dass nur insoweit Spezialität gegenüber § 23 Abs. 3 gegeben ist. Allerdings ist zu beachten, dass der Arbeitgeber selbst bei einem Widerspruch des Betriebsrats gegen die Person des Ausbilders, also bei ordnungsgemäßer Beteiligung des Betriebsrats, nach dem Gesagten die Bestellung wirksam vornehmen könnte (s. Rdn. 36). Ein Antrag auf Unterlassung der Bestellung wegen fehlender Beteiligung des Betriebsrats würde somit weitergehen als das Mitbestimmungsrecht selbst. Trotzdem wird man dem Betriebsrat bei einem groben Verstoß das Recht geben müssen, zur Wahrung der betriebsverfassungsrechtlichen Ordnung dem Arbeitgeber die Maßnahme im Wege des Verfahrens gemäß § 23 Abs. 3 bis zur Nachholung der Beteiligung des Betriebsrats untersagen zu lassen, da nach der Wertung des Gesetzes solch schwerwiegende Pflichtverletzungen in keinem Fall hingenommen werden müssen (näher hierzu *Raab* Negatorischer Rechtsschutz, S. 90 ff.).

3. Sanktionen nach dem Berufsbildungsgesetz

Nach § 98 Abs. 5 Satz 4 bleiben **daneben die Vorschriften des Berufsbildungsgesetzes** über die Ordnung der Berufsbildung unberührt und damit auch die dort **vorgesehenen Möglichkeiten**, die Berufsausbildung und Umschulung **zu untersagen** (vgl. §§ 33, 60 Satz 2 BBiG; vgl. amtliche Begründung, BR-Drucks. 715/70, S. 51 zu § 98). Soweit nach §§ 32, 33 BBiG die zuständige Behörde das Ausbilden wegen fehlender persönlicher oder fachlicher Eignung untersagen kann, kann sich eine **Überschneidung mit § 98 Abs. 2** ergeben, da diese Bestimmung, wie der Hinweis im Gesetz zeigt, bezüglich der berufs- und arbeitspädagogischen Eignung von den gleichen Voraussetzungen wie § 30 Abs. 1 BBiG ausgeht. Tritt diese Überschneidung ein, so haben u. U. zwei verschiedene Gerichte über die der Sache nach gleichen Fragen zu befinden, und zwar einmal das Arbeitsgericht, zum anderen das Verwaltungsgericht, falls sich der Arbeitgeber gegen einen nach §§ 33, 60 Satz 2 BBiG oder nach anderen einschlägigen Bestimmungen dieses Gesetzes erlassenen Verwaltungsakt zur Wehr setzt. Allerdings befasst sich § 33 BBiG mit der Einstellung und Ausbildung der Auszubildenden und nicht unmittelbar mit der Bestellung oder Abberufung der Ausbilder. Die Untersagung knüpft aber doch an die fehlende persönliche oder fachliche Eignung der Ausbilder an. Soweit das Berufsbildungsgesetz eingreift, ist zu beachten, dass die zuständige Stelle bei Vorliegen der Voraussetzungen von Amts wegen einzugreifen hat, also unabhängig davon, ob der Betriebsrat ein arbeitsgerichtliches Verfahren beantragt hat oder nicht. Der Betriebsrat kann jedoch ein amtliches Einschreiten anregen; er ist dann Beteiligter in diesem Verfahren (*Fitting* § 98 Rn. 27; *Natzel* DB 1971, 1665 [1669]; *Richardi/Thüsing* § 98 Rn. 55; *Worzalla/HWGNRH* § 98 Rn. 59). Auf dieses Anregungsrecht ist der Betriebsrat im Übrigen beschränkt, wenn der Arbeitgeber selbst ausbildet (*Fitting* § 98 Rn. 19, 27 sowie hier Rdn. 20).

Soweit die **Doppelzuständigkeit besteht**, ist sie nicht unbedenklich, weil rechtskräftige Entscheidungen beider Rechtszüge, auch wenn sie sich widersprechen, unabhängig voneinander Bestand haben. Auch wenn der Arbeitgeber also vor dem Verwaltungsgericht Erfolg hat, kann das Arbeitsgericht entgegengesetzt entscheiden und die in § 98 Abs. 5 vorgesehenen Sanktionen verhängen. Eine Bindungswirkung der einen Entscheidung für das andere Verfahren scheidet aus, da der Betriebsrat und auch das Arbeitsgericht nach § 98 eine selbständige und der Verwaltungsbehörde gleichgeordnete Überwachungs- und Prüfungskompetenz haben. Eine **Bindung** besteht also **in keiner Richtung**.

4. Einstellung und Kündigung

43 Bestellung und Abberufung einer mit der Berufsbildung beauftragten Person sind in der Regel mit personellen Einzelmaßnahmen i. S. d. Betriebsverfassungsgesetzes (§§ 99, 102) verbunden, rechtlich aber davon zu unterscheiden (*Fitting* § 98 Rn. 23; *Heinze* Personalplanung, Rn. 127; *Richardi / Thüsing* § 98 Rn. 25; *Worzalla / HWGNRH* § 98 Rn. 56). Die **Bestellung eines Ausbilders** wird, sofern er Arbeitnehmer, aber nicht leitender Angestellter ist bzw. durch die Einstellung wird, regelmäßig mit einer **personellen Einzelmaßnahme** i. S. d. § 99 zusammenfallen (Einstellung oder Versetzung). Der Betriebsrat ist dann nach § 99 Abs. 1 zu unterrichten und um Zustimmung zu bitten. Er kann allerdings die Zustimmung nicht mit der Begründung verweigern, der Ausbilder sei ungeeignet i. S. d. § 98 Abs. 2, und seine Bestellung verstoße deshalb gegen ein Gesetz (§ 99 Abs. 2 Nr. 1). Insoweit stellt § 98 Abs. 2 und 5 eine Sonderregelung gegenüber § 99 dar (vgl. *Buschmann / DKKW* § 98 Rn. 22; *Eich* DB 1974, 2154 [2158]; *Fitting* § 98 Rn. 23; *Galperin / Löwisch* § 98 Rn. 21; *Meisel* Mitwirkung, Rn. 98; nur im Ergebnis zust. *Ehrich* RdA 1993, 220 [227]). Die übrigen in § 99 Abs. 2 genannten Zustimmungsverweigerungsgründe stehen aber, falls sie vorliegen, dem Betriebsrat auch gegen die Einstellung oder Versetzung eines als Ausbilder vorgesehenen Arbeitnehmers zu. In Frage käme etwa eine Zustimmungsverweigerung nach Abs. 2 Nr. 5 (Unterlassen einer nach § 93 erforderlichen Ausschreibung) oder nach Abs. 2 Nr. 6 (Störung des Betriebsfriedens). Dies ergibt sich daraus, dass § 98 Abs. 2 lediglich das Fehlen der persönlichen oder fachlichen Eignung i. S. d. Berufsbildungsgesetzes als Grund für den Widerspruch gegen eine Bestellung nennt, jedoch nicht die anderen in § 99 Abs. 2 aufgeführten Gründe erwähnt. Im Übrigen kann wegen der rechtlichen Trennung der beiden Verfahren in der Zustimmungsverweigerung des Betriebsrats gemäß § 99 Abs. 2 nicht gleichzeitig ein Widerspruch oder Abberufungsverlangen gemäß § 98 Abs. 2 (oder umgekehrt) gesehen werden. Will sich der Betriebsrat sowohl gegen die Bestellung zum Ausbilder als auch gegen die personelle Einzelmaßnahme wenden, so muss er dies deutlich machen und die jeweiligen Verfahrensvorschriften einhalten. (*Ehrich* RdA 1993, 220 [229]).

44 Ist dem Arbeitgeber durch rechtskräftige gerichtliche Entscheidung aufgegeben, eine bestimmte Person als Ausbilder abzuberufen (§ 98 Abs. 5 Satz 1), so wird dadurch eine etwa nötige **(Änderungs-)Kündigung des Vertragsverhältnisses** mit dem Ausbilder nicht ersetzt (*Buschmann / DKKW* § 98 Rn. 22; *Fitting* § 98 Rn. 23; *Galperin / Löwisch* § 98 Rn. 21; *Stege / Weinspach / Schiefer* §§ 96–98 Rn. 37; *Worzalla / HWGNRH* § 98 Rn. 58). Sofern ein Ausbilder Arbeitnehmer ist und nicht zu der Gruppe der leitenden Angestellten gehört, muss der Arbeitgeber den Betriebsrat vor einer Kündigung gemäß § 102 anhören, auch wenn das Arbeitsgericht die Abberufung auf Antrag des Betriebsrats angeordnet hat. Das Abberufungsverlangen des Betriebsrats bezieht sich zunächst einmal auf die Funktion im Rahmen der Bildungsmaßnahme, beinhaltet also nicht notwendig eine (zustimmende) Stellungnahme zur Beendigung des Arbeitsverhältnisses. Der Widerspruch des Betriebsrats gegen die geplante Kündigung kann sich aber allenfalls auf die in § 102 Abs. 3 Nr. 3 und 5 genannten Gründe stützen (*Buschmann / DKKW* § 98 Rn. 22; *Fitting* § 98 Rn. 23; *Worzalla / HWGNRH* § 98 Rn. 58; einschränkend *Eich* DB 1974, 2154 [2158] und wohl auch *Galperin / Löwisch* § 98 Rn. 215, die lediglich einen Widerspruch aus Nr. 5 für möglich halten). Der Widerspruchsgrund des § 102 Abs. 3 Nr. 4 scheidet in der Regel aus, da es dem Arbeitgeber nicht zumutbar ist, dafür zu sorgen, dass der Ausbilder die für seine Tätigkeit erforderliche Qualifikation erlangt (vgl. auch *Eich* DB 1974, 2154 [2158]; *Galperin / Löwisch* § 98 Rn. 21). Auch ein Weiterbeschäftigungsanspruch nach § 102 Abs. 5 kann bei der Kündigung eines Ausbilders nicht in Frage kommen; die Weiterbeschäftigung als Ausbilder würde der gerichtlichen Entscheidung über die Abberufung entgegenstehen (ebenso *Eich* DB 1974, 2154 [2158 f.]; *Fitting* § 98 Rn. 23; *Galperin / Löwisch* § 98 Rn. 21; *Kania* / ErfK § 98 BetrVG Rn. 13; *Worzalla / HWGNRH* § 98 Rn. 58).

VI. Sonstige Bildungsmaßnahmen (Abs. 6)

45 Nach Abs. 6 gelten die Abs. 1 bis 5 entsprechend, wenn der Arbeitgeber »sonstige Bildungsmaßnahmen im Betrieb« durchführt. Das Merkmal »**im Betrieb**« ist auch hier **nicht räumlich, sondern funktional im Sinne einer Trägerschaft des Betriebsinhabers** zu verstehen. Erfasst werden, wie in Abs. 1 und 3, Bildungsmaßnahmen, die durch den Arbeitgeber und unter seiner Verantwortung

veranstaltet werden. Ob sie auf dem Betriebsgelände oder außerhalb stattfinden, ist unerheblich (s. Rdn. 3 sowie *Buschmann/DKKW* § 98 Rn. 35; *Fitting* § 98 Rn. 40; wohl auch *Stege/Weinspach/Schiefer* §§ 96–98 Rn. 46). Dagegen genügt es nicht, wenn der Arbeitgeber lediglich Arbeitnehmer für die Teilnahme an solchen Bildungsmaßnahmen freistellt oder die hierdurch anfallenden Kosten übernimmt (**a. M.** *Matthes*/MünchArbR § 262 Rn. 26). Insoweit kommt allerdings ein Mitbestimmungsrecht bei der Auswahl der Teilnehmer in Betracht (s. Rdn. 50).

Von der Vorschrift erfasst werden **alle Bildungsmaßnahmen, die nicht Berufsbildungsmaßnahmen** sind, d. h. sich nicht auf die aktuelle oder zukünftige berufliche Tätigkeit des Arbeitnehmers beziehen (s. § 96 Rdn. 6 ff.; *Oetker* Die Mitbestimmung, S. 88 ff.). Ob ein Berufsbezug vorliegt, ist anhand der im veranstaltenden Betrieb ausgeübten Tätigkeiten und anhand des angesprochenen Adressatenkreises zu entscheiden (*Oetker* Die Mitbestimmung, S. 93 f.). Eine Bildungsmaßnahme liegt aber nur vor, wenn die Kenntnisse und Fähigkeiten den Arbeitnehmern nach einem Lehrplan auf ein Lernziel hin systematisch vermittelt werden (*Buschmann/DKKW* § 98 Rn. 33; *Fitting* § 98 Rn. 37; *Galperin/Löwisch* § 98 Rn. 27; *Richardi/Thüsing* § 98 Rn. 71; *Stahlhacke* BlStSozArbR 1972, 51 [54]; *Stege/Weinspach/Schiefer* §§ 96–98 Rn. 44; *Worzalla/HWGNRH* § 98 Rn. 72). Als Beispiel nennt die amtliche Begründung (BR-Drucks. 750/70, S. 51 zu § 98) Erste-Hilfe-Kurse. In Frage kommen aber auch Kurse zur Unfallverhütung, Programmiererkurse, Sprachkurse, Lehrgänge über elektronische Datenverarbeitung, REFA-Lehrgänge, Kurzschriftkurse und Ähnliches (*Fitting* § 98 Rn. 37; *Meisel* Mitwirkung, Rn. 102; *Oetker* Die Mitbestimmung, S. 89; *Richardi/Thüsing* § 98 Rn. 71; *Worzalla/HWGNRH* § 98 Rn. 73). Auch Schulungen, die zwar einen Bezug zum Arbeitsverhältnis haben, den Arbeitnehmer aber nicht spezifisch im Hinblick auf die von ihm ausgeübte Tätigkeit fortbilden sollen, können zu den sonstigen Bildungsmaßnahmen zählen. Zu denken ist etwa an allgemeine Kurse zum Arbeits- und Sozialrecht oder auch an Lehrgänge, in denen spezielle Kenntnisse vermittelt werden, wie Kurse zum richtigen Verhalten in den sozialen Medien (*Fuhlrott/Oltmanns* NZA 2016, 785 [790]) oder zur Vermeidung von Diskriminierungen im Betrieb nach § 12 Abs. 2 Satz 2 AGG. Auch Compliance-Schulungen dürften im Regelfall – wenn sie nicht schon unter den Begriff der Berufsbildung fallen – über die reine Arbeitsunterweisung nach § 81 hinausgehen (s. Rdn. 47) und damit den Charakter von Bildungsmaßnahmen i. S. d. Abs. 6 haben (ebenso *Köhler/Häferer* GWR 2015, 159 [160]; *Neufeld/Knitter* BB 2013, 821 [824]; *A. Reinhard* NZA 2016, 1233 [1236]; **a. M.** *Müller-Bonanni/Sagan* BB 2008, Beil. Nr. 5, S. 28 [31]; zur Rechtslage nach BPersVG *Hitzelberger-Kijima* öAT 2015, 45 [47]). **46**

Nicht unter Abs. 6 fallen Informationsveranstaltungen, die **ausschließlich der Unterrichtung der Arbeitnehmer nach § 81 Abs. 1 dienen** (*Fitting* § 98 Rn. 39; *Richardi/Thüsing* § 98 Rn. 71 sowie hier § 96 Rdn. 12 ff.; *Worzalla/HWGNRH* § 98 Rn. 74), sonstige Informationsveranstaltungen im Zusammenhang mit der konkreten Arbeitsaufgabe des Arbeitnehmers, wie z. B. Schulungen für die Einführung oder den Vertrieb neuer Produkte, Einweisungen in die Bedienung neuer technischer Einrichtungen (soweit es sich dabei nicht um systematische Fortbildung oder Umschulung handelt), Informationen über das Unternehmen, Veranstaltungen zum Erfahrungsaustausch unter den Arbeitnehmern (s. § 96 Rdn. 21; *Richardi/Thüsing* § 98 Rn. 71; *Stege/Weinspach/Schiefer* §§ 96–98 Rn. 16, 45; *Worzalla/HWGNRH* § 98 Rn. 74; **a. M.** *Fitting* § 98 Rn. 39). Nicht von Abs. 6 erfasst werden auch alle Veranstaltungen, die der **Freizeitbeschäftigung** oder **Unterhaltung** dienen, z. B. Sportlehrgänge oder die Einrichtung eines Werkorchesters (*Buschmann/DKKW* § 98 Rn. 34; *Fitting* § 98 Rn. 38; *Galperin/Löwisch* § 98 Rn. 27; *Heinze* Personalplanung, Rn. 133; *Richardi/Thüsing* § 98 Rn. 71; *Stege/Weinspach/Schiefer* §§ 96–98 Rn. 45; *Worzalla/HWGNRH* § 98 Rn. 74; **a. M.** *Haßlöcher* Mitarbeiterqualifizierung, S. 83 f. für Veranstaltungen, die geeignet sind, bestimmte Fähigkeiten des Arbeitnehmers wie Kommunikations- oder Teamfähigkeit auszubauen). Aus der Beschränkung des Abs. 6 auf die vom Arbeitgeber (vgl. dazu Rdn. 3, 45) durchgeführten Bildungsmaßnahmen ergibt sich auch, dass der Besuch von Ausstellungen und Messen und der Besuch von Fachkongressen nicht der Mitbestimmung des Betriebsrats unterliegen, zumal es dabei nicht um eine systematische auf ein Lernziel gerichtete Veranstaltung geht (*Stege/Weinspach/Schiefer* §§ 96–98 Rn. 16; *Worzalla/HWGNRH* § 98 Rn. 74; **a. M.** *Gilberg* Berufsbildung, S. 207). **47**

Die **Ausdehnung des Mitbestimmungsrechtes** auf diese sonstigen Bildungsmaßnahmen bedeutet: Auch hier besteht ein unter Einschaltung der Einigungsstelle erzwingbares Mitbestimmungsrecht des **48**

§ 98

Betriebsrats bei Durchführung der Maßnahmen und hinsichtlich der Teilnehmer (Abs. 1 und 3). Allerdings gelten auch insoweit die allgemeinen Grenzen für das Mitbestimmungsrecht (s. Rdn. 10, 26). **Mitbestimmungsfrei** ist also die Entscheidung des Arbeitgebers, ob er solche Maßnahmen durchführen will, wie er die Ziele fixiert und wie er den Personenkreis, der dafür vorzusehen ist, abstrakt umschreibt. Mit anderen Worten: Die **Zulassungsvoraussetzungen** zu solchen Bildungsmaßnahmen setzt der Arbeitgeber mitbestimmungsfrei fest (*Galperin/Löwisch* § 98 Rn. 28, 26). Gleiches gilt für die aufzuwendenden finanziellen Mittel.

49 Ein **Mitbestimmungsrecht** besteht auch hinsichtlich der **Auswahl der Ausbilder**. Wie im Rahmen des Abs. 2 kann trotz des Fehlens konkreter gesetzlicher Maßstäbe, wie sie das Berufsbildungsgesetz für die Berufsausbildung vorgibt, sowohl der Widerspruch als auch das Abberufungsverlangen nicht nur auf die Vernachlässigung der Aufgaben, sondern auch darauf gestützt werden, dass die konkrete Person die für die Bildungsmaßnahmen notwendige persönliche oder fachliche Eignung nicht besitzt (*Buschmann/DKKW* § 98 Rn. 35; *Fitting* § 98 Rn. 41; *Richardi/Thüsing* § 98 Rn. 73; *Worzalla/HWGNRH* § 98 Rn. 76; **a. M.** *Galperin/Löwisch* § 98 Rn. 29). Die Ausübung des Mitbestimmungsrechtes richtet sich nach Abs. 4 und 5.

50 Soweit sonstige **Bildungsveranstaltungen nicht unter der Verantwortung des Arbeitgebers stehen**, scheidet ein Mitbestimmungsrecht bei der Durchführung (Abs. 1) oder bei der Bestellung der ausbildenden Person (Abs. 2) aus. Diese Mitbestimmungsrechte setzen voraus, dass der Arbeitgeber die Ausgestaltung der Maßnahme selbst bestimmen kann. Dagegen besteht ein Mitbestimmungsrecht des Betriebsrats bei der Auswahl der Teilnehmer (Abs. 3) auch in diesen Fällen, sofern der Arbeitgeber die Kosten ganz oder teilweise trägt oder die Arbeitnehmer für die Dauer der Maßnahme freistellt (*Galperin/Löwisch* § 98 Rn. 29; *Heinze* Personalplanung Rn. 134; *Matthes/*MünchArbR § 262 Rn. 26; *Richardi/Thüsing* § 98 Rn. 74; im Ergebnis auch *Rumpff/Boewer* Mitbestimmung, F Rn. 165; **a. M.** *Fitting* § 98 Rn. 40; *Kraft* 6. Aufl., § 98 Rn. 32; *Stege/Weinspach/Schiefer* §§ 96–98 Rn. 46; *Worzalla/HWGNRH* § 98 Rn. 75). Im Rahmen des Abs. 3 geht es um die gerechte Verteilung der vom Arbeitgeber für Bildungsmaßnahmen zur Verfügung gestellten Mittel. Hierfür ist es unerheblich, ob und inwieweit der Arbeitgeber auf die Durchführung der Maßnahme Einfluss nehmen kann. Deshalb findet Abs. 3 bei Maßnahmen der Berufsbildung auch dann Anwendung, wenn der Arbeitgeber – ohne Träger der Maßnahme zu sein – die Kosten (ganz oder teilweise) trägt oder Arbeitnehmer hierfür freistellt (s. Rdn. 25). Dasselbe muss dann aber aufgrund der Verweisung des Abs. 6 bei sonstigen Bildungsmaßnahmen gelten.

VII. Leitende Angestellte

51 Auf Berufsbildungs- und sonstige Bildungsmaßnahmen für leitende Angestellte i. S. v. § 5 Abs. 3 und 4 findet **§ 98 keine Anwendung** (*Fitting* § 98 Rn. 10a; *Heinze* Personalplanung, Rn. 145; *Kraft* NZA 1990, 457 [458]; *Richardi/Thüsing* § 98 Rn. 7; *Stege/Weinspach/Schiefer* §§ 96–98 Rn. 20; *Worzalla/HWGNRH* § 98 Rn. 2). Bezüglich betrieblicher Bildungsmaßnahmen, die dazu dienen, Arbeitnehmern die Qualifikation für die Position eines leitenden Angestellten zu verschaffen, ist zu unterscheiden (zu weitgehend *Fitting* § 98 Rn. 10a; *Hamm* AuR 1992, 326 [330 f.]; *Kania/*ErfK § 96 BetrVG Rn. 4; *Heinze* Personalplanung, Rn. 145; *Rumpff/Boewer* Mitbestimmung, F Rn. 60, die stets ein Mitbestimmungsrecht annehmen): In Bezug auf die **Durchführung** solcher Maßnahmen besteht **kein Mitbestimmungsrecht**. Es muss hier dem Arbeitgeber freistehen, die zukünftigen leitenden Angestellten allein nach seinen Vorstellungen schulen zu lassen. Er allein bestimmt die Anforderungen, die an die Qualifikation zu stellen sind; er muss deshalb auch Lehrmethode, Umfang, Dauer und Stoff solcher Fortbildungskurse allein bestimmen können (ebenso *Eich* DB 1974, 2154 [2159]; *Kraft* NZA 1990, 457 [458]; *Richardi/Thüsing* § 98 Rn. 7; *Worzalla/HWGNRH* § 98 Rn. 4; **a. M.** *Gilberg* Berufsbildung, S. 187 ff.). Die gleichen Überlegungen müssen für die Mitbestimmung bei Bestellung und Abberufung der Ausbilder in solchen Kursen gelten (ebenso *Richardi/Thüsing* § 98 Rn. 7; *Stege/Weinspach/Schiefer* §§ 96–98 Rn. 33; *Worzalla/HWGNRH* § 98 Rn. 5). **Bezüglich des Kreises der teilnehmenden Arbeitnehmer** ist aber bei solchen Bildungsmaßnahmen, die Arbeitnehmern die Qualifikation für leitende Angestellte verschaffen sollen, ein **Mitbestimmungsrecht** des Betriebsrats anzunehmen. Es gehört gerade zu seiner Aufgabe, das berufliche Fortkommen der Arbeitnehmer auch

über den Bereich hinaus zu fördern, indem er selbst noch die Arbeitnehmer zu repräsentieren hat (*Buschmann/DKKW* § 98 Rn. 31; *Fitting* § 98 Rn. 10a; *Heinze* Personalplanung, Rn. 145; *Matthes*/MünchArbR 2. Aufl., § 351 Rn. 19; *Richardi/Thüsing* § 98 Rn. 7; *Stege/Weinspach/Schiefer* §§ 96–98 Rn. 26; **a. M.** *Eich* DB 1974, 2154 [2159]; *Worzalla/HWGNRH* § 98 Rn. 5).

Ein Mitbestimmungsrecht muss darüber hinaus für Veranstaltungen anerkannt werden, die sich **nicht** **52** **ausschließlich an leitende Angestellte richten**, bei denen also auch nichtleitende Angestellte zugelassen sind (*Buschmann/DKKW* § 98 Rn. 31; *Rumpff/Boewer* Mitbestimmung, F Rn. 61). Soweit die Maßnahme nicht der Qualifizierung zum leitenden Angestellten oder der Vermittlung von Kenntnissen, die typischerweise für »leitende« Funktionen Voraussetzung sind, dienen soll, besteht insoweit auch ein Mitbestimmungsrecht in Bezug auf die Durchführung der Maßnahme gemäß Abs. 1 sowie die Bestellung und Abberufung der mit der Durchführung beauftragten Person gemäß Abs. 2. Darüber hinaus können die leitenden Angestellten vom Mitbestimmungsrecht gemäß Abs. 3 betroffen werden, wenn die Plätze nicht für alle vom Arbeitgeber und vom Betriebsrat vorgeschlagenen Arbeitnehmer ausreichen. Die Einigung über die vom Betriebsrat vorgeschlagenen Teilnehmer muss nämlich die leitenden Angestellten erfassen, wenn und soweit eine Berücksichtigung der vom Betriebsrat vorgeschlagenen Personen nur dann möglich ist, wenn hierfür leitende Angestellte aus der Teilnahmeliste herausfallen (*Buschmann/DKKW* § 98 Rn. 31).

VIII. Tendenzschutz

In Tendenzbetrieben können die Beteiligungsrechte – soweit nicht die Anwendbarkeit des Betriebs- **53** verfassungsgesetzes nach § 118 Abs. 2 insgesamt ausgeschlossen ist – nach Maßgabe des § 118 Abs. 1 Satz 1 eingeschränkt sein. Voraussetzung ist, dass die Bildungsmaßnahme Tendenzträger betrifft und die Mitbestimmung die Tendenzverwirklichung ernsthaft beeinträchtigen würde (*BAG* 30.05.2006 EzA § 98 BetrVG 2001 Nr. 2 Rn. 24 m. w. N.; s. a. *BAG* 20.04.2010 EzA § 118 BetrVG 2001 Nr. 9 Rn. 17 ff.). Zu beachten ist, dass das *BAG* zumindest im Hinblick auf die **Auswahl von Tendenzträgern zur Teilnahme an einer Berufsbildungsmaßnahme** davon ausgeht, dass eine **»Vermutung« für einen Tendenzbezug** spricht. Dies gelte jedenfalls bei Maßnahmen der Berufsbildung nach Abs. 3, nicht dagegen bei sonstigen Bildungsmaßnahmen nach Abs. 6 (*BAG* 30.05.2006 EzA § 98 BetrVG 2001 Nr. 2 Rn. 26 f.). Die Folge ist, dass der Betriebsrat, wenn er ein Mitbestimmungsrecht hinsichtlich der Auswahl der Tendenzträger geltend macht, diese Vermutung im gerichtlichen Verfahren widerlegen muss. Zum Tendenzschutz s. a. *Weber* § 118 Rdn. 212.

Dritter Unterabschnitt
Personelle Einzelmaßnahmen

§ 99
Mitbestimmung bei personellen Einzelmaßnahmen

(1) In Unternehmen mit in der Regel mehr als zwanzig wahlberechtigten Arbeitnehmern hat der Arbeitgeber den Betriebsrat vor jeder Einstellung, Eingruppierung, Umgruppierung und Versetzung zu unterrichten, ihm die erforderlichen Bewerbungsunterlagen vorzulegen und Auskunft über die Person der Beteiligten zu geben; er hat dem Betriebsrat unter Vorlage der erforderlichen Unterlagen Auskunft über die Auswirkungen der geplanten Maßnahme zu geben und die Zustimmung des Betriebsrats zu der geplanten Maßnahme einzuholen. Bei Einstellungen und Versetzungen hat der Arbeitgeber insbesondere den in Aussicht genommenen Arbeitsplatz und die vorgesehene Eingruppierung mitzuteilen. Die Mitglieder des Betriebsrats sind verpflichtet, über die ihnen im Rahmen der personellen Maßnahmen nach den Sätzen 1 und 2 bekanntgewordenen persönlichen Verhältnisse und Angelegenheiten der Arbeitnehmer, die ihrer Bedeutung oder ihrem Inhalt nach einer

vertraulichen Behandlung bedürfen, Stillschweigen zu bewahren; § 79 Abs. 1 Satz 2 bis 4 gilt entsprechend.

(2) Der Betriebsrat kann die Zustimmung verweigern, wenn
1. die personelle Maßnahme gegen ein Gesetz, eine Verordnung, eine Unfallverhütungsvorschrift oder gegen eine Bestimmung in einem Tarifvertrag oder in einer Betriebsvereinbarung oder gegen eine gerichtliche Entscheidung oder eine behördliche Anordnung verstoßen würde,
2. die personelle Maßnahme gegen eine Richtlinie nach § 95 verstoßen würde,
3. die durch Tatsachen begründete Besorgnis besteht, dass infolge der personellen Maßnahme im Betrieb beschäftigte Arbeitnehmer gekündigt werden oder sonstige Nachteile erleiden, ohne dass dies aus betrieblichen oder persönlichen Gründen gerechtfertigt ist; als Nachteil gilt bei unbefristeter Einstellung auch die Nichtberücksichtigung eines gleich geeigneten befristet Beschäftigten,
4. der betroffene Arbeitnehmer durch die personelle Maßnahme benachteiligt wird, ohne dass dies aus betrieblichen oder in der Person des Arbeitnehmers liegenden Gründen gerechtfertigt ist,
5. eine nach § 93 erforderliche Ausschreibung im Betrieb unterblieben ist oder
6. die durch Tatsachen begründete Besorgnis besteht, dass der für die personelle Maßnahme in Aussicht genommene Bewerber oder Arbeitnehmer den Betriebsfrieden durch gesetzwidriges Verhalten oder durch grobe Verletzung der in § 75 Abs. 1 enthaltenen Grundsätze, insbesondere durch rassistische oder fremdenfeindliche Betätigung, stören werde.

(3) Verweigert der Betriebsrat seine Zustimmung, so hat er dies unter Angabe von Gründen innerhalb einer Woche nach Unterrichtung durch den Arbeitgeber diesem schriftlich mitzuteilen. Teilt der Betriebsrat dem Arbeitgeber die Verweigerung seiner Zustimmung nicht innerhalb der Frist schriftlich mit, so gilt die Zustimmung als erteilt.

(4) Verweigert der Betriebsrat seine Zustimmung, so kann der Arbeitgeber beim Arbeitsgericht beantragen, die Zustimmung zu ersetzen.

Literatur

I. Allgemein zur Mitbestimmung bei personellen Einzelmaßnahmen
Adomeit Einstellung und Entlassung nach dem neuen BetrVG, DB 1971, 2360; *von Altrock* Zustimmung des Betriebsrats zu befristeten Einstellungen? – Zur Dogmatik des § 99 Abs. 2 Nr. 1 BetrVG –, DB 1987, 785; *Belling* Das Mitbestimmungsrecht des Betriebsrats bei Versetzungen, DB 1985, 335; *Bengelsdorf* Die Umdeutung des Einstellungsbegriffs in § 99 Abs. 1 BetrVG, FA 2009, 70; *ders.* Der Begriff der Einstellung im Sinne des § 99 Abs. 1 S. 1 BetrVG, FS *Kreutz*, 2010, S. 41; *Berkowsky* Aktuelle Probleme der Versetzungs-Änderungskündigung: Der Arbeitgeber im Zangengriff von individuellem und kollektivem Arbeitsrecht, NZA 2010, 250; *Blomeyer* Der Interessenkonflikt zwischen Arbeitnehmer und Betriebsrat bei Individualmaßnahmen, GS für *Dietz*, 1973, S. 147; *Boemke* Das arbeitsgerichtliche Zustimmungsersetzungsverfahren nach § 99 Abs. 4 BetrVG, ZfA 1992, 473; *Boemke-Albrecht* Die Versetzung von Betriebsratsmitgliedern, BB 1991, 541; *Böttcher* Rechte des Betriebsrats bei personellen Einzelmaßnahmen, 5. Aufl. 2013; *Boewer* Die Auswirkungen der §§ 99, 100 BetrVG auf die individualrechtliche Stellung des Arbeitnehmers, RdA 1974, 72; *ders.* Mitbestimmung des Betriebsrats bei Versetzungen, DB 1979, 1035; *Brill* Zur Verlängerung von für den Betriebsrat laufenden Fristen, DB 1975, 930; *ders.* Rechtsprechung zur personellen Mitbestimmung des Betriebsrats, DB 1978, Beil. Nr. 14; *ders.* Betriebsrat und Arbeitskampf, DB 1979, 403; *Brors* Die Reichweite der Mitbestimmung gemäß § 99 BetrVG bei dauernden Arbeitszeitänderungen, SAE 2006, 80; *Brune* Anforderungen an die Zustimmungsverweigerung des Betriebsrats gemäß § 99 II BetrVG bei Eingruppierungen, NZA 1986, 705; *Buschmann* Mitbestimmung bei Teilzeitbeschäftigung, NZA 1986, 177; *Busemann* Der Betriebrat als »Eingruppierungskläger« im Beschlussverfahren, NZA 1996, 681; *Dannhäuser* Die Unbeachtlichkeit der Zustimmungsverweigerung des Betriebsrats bei personellen Einzelmaßnahmen, NZA 1989, 617; *H.-J. Dütz* Einstweiliger Rechts- und Interessenschutz in der Betriebsverfassung, ZfA 1972, 247; *ders.* Mitbestimmungssicherung bei Eingruppierungen, AuR 1993, 33; *Ebert* Zustimmungsverweigerung nach § 99 Abs. 3 BetrVG – Zustimmungsersetzungsverfahren und vorläufige personelle Maßnahmen, ArbRB 2005, 157; *Ehrich* Widerspruchsrecht des Betriebsrats bei Neubesetzung der Stelle eines befristet beschäftigten Arbeitnehmers, BB 1992, 1483; *Eichenhofer* Mitbestimmung des Personalrats bei Schaffung von Arbeitsgelegenheiten

gegen Mehraufwandsentschädigung, RdA 2008, 32; *Engels* Betriebsrat: Kontrollinstanz in Sachen 1-€-Jobs?, FS *Richardi*, 2007, S. 519; *Erdmann* Leistungsstörungen auf betriebsverfassungsrechtlicher Grundlage, AuR 1973, 135; *Fischer* Einseitige Freistellung und Entzug von Arbeitsaufgaben durch den Arbeitgeber als Versetzung nach § 95 Abs. 3 BetrVG, AuR 2004, 253; *Franz* Zur Zustimmungsverweigerung des Betriebsrats (§ 99 Abs. 2 BetrVG) und des Personalrats (§ 77 Abs. 2 BPersVG), DB 1981, 422; *Fritze* Einflussmöglichkeiten des Betriebsrats auf den Wechsel befristet Beschäftigter in die Dauerbeschäftigung (Diss. Jena), 2006; *Frohner* Zum Begriff des sonstigen Nachteils i. S. d. § 99 Abs. 2 Ziff. 3 BetrVG, AuR 1978, 365; *Fuchs* Über die kollektivrechtliche Zustimmungsverweigerung zum individualrechtlich geschützten Dauerarbeitsplatz?, AiB 2002, 510; *Gaul* Mitbestimmungsrechte des Betriebsrates bei Eingruppierungen im übertariflichen Bereich, BB 1981, 193; *ders.* Zur Verlängerung der Wochenfrist nach § 99 Abs. 3 BetrVG, DB 1985, 812; *ders.* Betriebsverfassungsrechtliche Aspekte einer Entsendung von Arbeitnehmern ins Ausland, BB 1990, 697; *van Geldern* Betriebsrat und Arbeitskampf, BUV 1971, 121; *Gerauer* Keine Mitbestimmung bei Versetzung aufgrund einer Umsetzungs- oder Versetzungsklausel, BB 1995, 406; *Griese* Die Mitbestimmung bei Versetzungen, BB 1995, 458; *Grossmann* Hat der Betriebsrat ein Mitwirkungsrecht bei der Bestellung des Datenschutzbeauftragten?, DB 1978, 985; *Halbach* Betriebsverfassungsrechtliche Aspekte des Einsatzes von Leiharbeitnehmern und Unternehmerarbeitern, DB 1980, 2389; *Hartmann* Beschäftigungsanspruch und Zustimmungsersetzung, ZfA 2008, 383; *Hassan* Mitbestimmungsrechtliche Relevanz von »außerbetrieblichen Versetzungen« innerhalb eines Unternehmens nach dem Betriebsverfassungsgesetz, NZA 1989, 373; *Haßlöcher* Mitarbeiterqualifizierung als Erfolgskonzept (Diss. Mannheim), 2003; *Heinze* Personalplanung, Einstellung und Kündigung. Die Mitbestimmung des Betriebsrats bei personellen Einzelmaßnahmen, 1982 (zit. Personalplanung); *ders.* Mitbestimmung des Betriebsrates und Arbeitskampf, DB 1982, Beil. Nr. 23; *ders.* Bestandsschutz durch Beschäftigung trotz Kündigung?, DB 1985, 111; *Heither* Beteiligung des Betriebsrats in personellen Angelegenheiten, AR-Blattei SD, Betriebsverfassung XIV C, 530.14.3 [2003]; *Hexel/Lüders* Mitbestimmung bei personellen Einzelmaßnahmen – BAG weist die Betriebsparteien in ihre Schranken bei Vertragsstrafenvereinbarungen, NZA 2010, 613; *Holzinger* Beweisverwertungsverbote bei mitbestimmungswidrig erlangten Beweisen im arbeitsgerichtlichen Verfahren (Diss. Bayreuth), 2009; *von Hoyningen-Huene* Die Rechtsstellung des Arbeitnehmers bei betriebsverfassungswidrigen personellen Einzelmaßnahmen, RdA 1982, 205; *ders* . Grundlagen und Auswirkungen einer Versetzung, NZA 1993, 145; *von Hoyningen-Huene / Boemke* Die Versetzung, 1991; *Hromadka* Mitbestimmung bei Versetzungen. Zum Begriff der Versetzung nach Betriebsverfassungsrecht, DB 1972, 1532; *Hümmerich* Rechte des Betriebsrats bei der Erfassung von Bewerberdaten, RdA 1979, 143; *Hunold* Die Reaktion des Betriebsrats auf die Mitteilung des Arbeitgebers über Einstellung bzw. Kündigung, DB 1976, 1865; *ders.* Zur Entwicklung des Einstellungsbegriffs in der Rechtsprechung, NZA 1990, 461; *ders* . Fortentwicklung des Einstellungsbegriffs in der Rechtsprechung des BAG, NZA 1998, 1025; *ders.* Die Rechtsprechung zur Mitbestimmung des Betriebsrats bei Versetzungen, NZA-RR 2001, 617; *ders.* Änderung, insbesondere Erhöhung der vertraglichen Arbeitszeit als Einstellung, NZA 2005, 910; *ders.* Abstellung zu innerbetrieblichen »Workshops« als Versetzung, NZA 2008, 342; *ders.* Wichtige Rechtsprechung zum Versetzungsbegriff (§ 95 Abs. 3 BetrVG), *Hromadka*, 2008, S. 157; *Hurlebaus* Das Mitwirkungsrecht des Betriebsrats nach § 99 Abs. 2 Ziff. 4 BetrVG bei verhaltensbedingten Versetzungen, DB 1983, 2137; *Janssen* Ist die Nichtvorlage der Bewerbungsunterlagen ein Zustimmungsverweigerungsgrund i. S. d. § 99 Abs. 2 Nr. 1 BetrVG?, BlStSozArbR 1975, 12; *Jacobs / Frieling* Pflicht zur Eingruppierung in eine nicht auf das Arbeitsverhältnis anwendbare Vergütungsordnung?, FS *von Hoyningen-Huene*, 2014, S. 177; *Kaiser* Kündigungsprävention durch den Betriebsrat, FS *Löwisch*, 2007, S. 153; *Kamp* Die Mitbestimmung des Betriebsrats nach § 99 Absatz 2 BetrVG bei Frauenfördermaßnahmen (Diss. FU Berlin), 2002; *Kappes* Zustimmungsverweigerungsrecht des Betriebsrats bei Höhergruppierungen, DB 1991, 333; *Kliemt* Der neue Teilzeitanspruch – Die gesetzliche Neuregelung der Teilzeitarbeit ab 01.01.2001, NZA 2001, 63; *Knipp* Einstellung des Arbeitnehmers, AR-Blattei SD, Einstellung, 640, [1993]; *Kort* Was ändert sich für Datenschutzbeauftragte, Aufsichtsbehörden und Betriebsrat mit der DS-GVO? Die zukünftige Rolle der Institutionen rund um den Datenschutz, ZD 2017, 3; *Kraft* Vorläufige personelle Maßnahmen nach § 100 BetrVG, BlStSozArbR 1973, 321; *ders* . Mitwirkungs- und Mitbestimmungsrechte des Betriebsrats während des Arbeitskampfes, FS *Gerhard Müller*, 1981, S. 265; *Kreuder* Fremdfirmeneinsatz und Beteiligung des Betriebsrats, AuR 1993, 316; *Löwisch* Arbeits- und sozialrechtliche Hemmnisse einer weiteren Flexibilisierung der Arbeitszeit, RdA 1984, 197; *ders* . Die Befristung einzelner Bedingungen des Arbeitsvertrags, ZfA 1986, 1; *Löwisch / Schüren* Aktuelle arbeitsrechtliche Fragen von Teilzeitarbeit und kürzerer Arbeitszeit, BB 1984, 955; *Maschmann* Zuverlässigkeitstests durch Verführung illoyaler Mitarbeiter?, NZA 2002, 13; *Mathy* Die Mitwirkung des Betriebsrats bei personellen Maßnahmen in Tendenzbetrieben, AfP 1972, 259; *Matthes* Die Rechtsstellung des ohne Zustimmung des Betriebsrats angestellten Arbeitnehmers, DB 1974, 2007; *ders* . Die Rechtsstellung des ohne Zustimmung des Betriebsrats versetzten, eingruppierten und umgruppierten Arbeitnehmers, DB 1975, 1651; *ders* . Verfahrensrechtliche Fragen im Zusammenhang mit Beteiligungsrechten des Betriebsrats bei personellen Einzelmaßnahmen, DB 1989, 1285; *Meier H.-G.* Beteiligung des Betriebsrates bei Versetzung und Änderungskündigungen, NZA 1988, Beil. Nr. 3; *Meisel* Arbeitsrechtliche Probleme bei Versetzung und Umsetzung, BB 1974, 559; *ders.* Die Mitwirkung und Mitbestimmung des Betriebsrats in personellen Angelegenheiten, 5. Aufl. 1984 (zit.: Mitwirkung); *Meusel* Mitbestimmung bei der Eingruppierung von Tendenzträgern, NZA 1987, 658; *Müller E.* Die Mitbestimmung des Betriebsrats bei der Änderungskündigung zur innerbetrieblichen Versetzung (Diss. Marburg), 2007; *Müller G.* Gegenstand und Verwirklichung des betriebsverfassungsrechtlichen Mitbestimmungs- und Mitwirkungsrechts in personellen Angelegenheiten, RdA 1969, 227; *Natzel* Das Eingliederungsverhältnis als Übergang zum Arbeitsverhältnis, NZA 1997, 806; *Neef* Vorlage von Bewerbungsunterlagen an den Betriebsrat, BB 1973, 988; *Neumann* Versetzung des Arbeitnehmers, AR-Blattei SD, 1700, [2003]; *Oetker* Die Reichweite des Amtsschutzes betriebsverfassungsrechtlicher Organträger – am Beispiel der Versetzung von Betriebsratsmitgliedern, RdA 1990, 343; *ders.* Der Schutz befristet Beschäftigter durch das Recht des Betriebsrats zur Verweigerung der Zustimmung bei unbefristeten Einstellungen (§ 99 II Nr. 3 BetrVG), NZA 2003, 937; *Pauly* Zum Umfang der Informationspflicht des Unternehmers bei Einstellungen von Arbeitnehmern gemäß § 99 BetrVG, BB 1981, 501; *Popp* Die erforderlichen Bewerbungsunterlagen i. S. v. § 99 BetrVG, Betriebsverfassung in Recht und Praxis, Gruppe 5, S. 647, 1998; *Preis/Lindemann* Mitbestimmung bei Teilzeitarbeit und befristeter Beschäftigung, NZA 2001, Sonderheft S. 33; *Raab* Individualrechtliche Auswirkungen der Mitbestimmung des Betriebsrats gem. §§ 99, 102 BetrVG, ZfA 1995, 479; *ders.* Die Schriftform in der Betriebsverfassung, FS *Konzen*, 2006, S. 179; *Reichold* Betrieb und/oder Unternehmen – Note mangelhaft für den Reform-Gesetzgeber!, NZA 2005, 622; *Reiserer* Der Umfang der Unterrichtung des Betriebsrats bei Einstellungen, BB 1992, 2499; *Reuter* Die (persönliche und amtliche) Rechtsstellung des Betriebsrats im Arbeitskampf, AuR 1973, 1; *ders.* Betriebsräte an die Front?, ZfA 2006, 459; *Richardi* Das Widerspruchsrecht des Betriebsrats bei personellen Maßnahmen nach §§ 99, 100 BetrVG, (I) DB 1973, 378; (II) DB 1973, 428; *ders.* Änderungskündigung und Versetzung nach dem neuen Betriebsverfassungsrecht, DB 1974, 1285 [1335]; *ders* . Die Mitbestimmung des Betriebsrats in personellen Angelegenheiten, ZfA 1972, Sonderheft S. 1; *ders.* Arbeitskampfrecht und betriebsverfassungsrechtliche Mitbestimmungsordnung in Justiz und Recht, FS aus Anlaß des 10jährigen Bestehens der Deutschen Richterakademie, 1983, S. 111; *ders.* Betriebsverfassungsrechtliche Mitbestimmung und Einzelarbeitsvertrag, 1986; *ders* . Individualrechtsschutz vor Betriebspartnerherrschaft, NZA 1999, 617; *ders.* Die Mitbestimmung bei Einstellungen als Generalklausel einer Beteiligung an Änderungen des Arbeitsvertrags, NZA 2009, 1; *Ricken* Matrixstrukturen und Fremdpersonal als Herausforderungen der Mitbestimmung bei personellen Einzelmaßnahmen, ZfA 2016, 535; *Rieble* Erweiterte Mitbestimmung in personellen Angelegenheiten, NZA 2001, Sonderheft S. 48; *ders.* Rückkehrzusagen an »ausgegliederte« Mitarbeiter und ihre Folgen, NZA 2002, 706; *Rixecker* Die Beendigung kollektivrechtswidriger Arbeitsverhältnisse, AuR 1983, 238; *Rudolf* Aufgaben und Stellung des betrieblichen Datenschutzbeauftragten, NZA 1996, 296; *Rüthers/Bakker* Arbeitnehmerentsendung und Betriebsinhaberwechsel im Konzern, ZfA 1990, 245; *Rummel* Die Beteiligung des Betriebsrats an der Personalplanung und an personellen Einzelmaßnahmen, 1978; *Rumpff* Die mitbestimmungsrechtliche Lage bei Verlegung von Arbeitnehmern von einem Betrieb zu einem anderen Betrieb desselben Unternehmens, BB 1973, 707; *Schaub* Möglichkeiten und Grenzen der Versetzung des Arbeitnehmers unter Einschluß der Mitwirkung des Betriebsrats, DB 1968, 1669; *Schlochauer* Betriebsverfassungsrechtlicher Versetzungsbegriff in der Rechtsprechung des Bundesarbeitsgerichts, FS *Richardi*, 2007, S. 751; *Schmidt K.* Die Rechtsprechung des Siebten Senats des Bundesarbeitsgerichts zur vereinbarten Betriebsverfassung nach dem novellierten BetrVG, JArbR Bd. 49 (2011), 2012, S. 79; *Schmidt V.* (Ersatz-)Einstellungen im Kündigungsschutzprozeß als Fall des § 99 Abs. 2 Ziff. 3 BetrVG, AuR 1986, 97; *Schmitz* Die Mitbestimmung des Betriebsrats bei der Verlängerung und Umwandlung von befristeten Arbeitsverträgen, BlStSozArbR 1983, 273; *Schöne* Der allgemeine Unterlassungsanspruch des Betriebsrats und seine Grenzen, SAE 2010, 218; *Schreiber* Probleme der Mitbestimmung bei personellen Einzelmaßnahmen, RdA 1987, 257; *Schwab/Weicker* Betriebsübergreifende Versetzung im Unternehmen und Mitbestimmung gem. § 99 BetrVG, DB 2012, 976; *Schwarze* Beteiligungsrechte des Betriebsrats im Arbeitskampf, JA 2012, 630; *Schwedes* Einstellung und Entlassung des Arbeitnehmers, 7. Aufl. 1993; *Stahlhacke* Das personelle Mitbestimmungsrecht des Betriebsrats nach dem Betriebsverfassungsgesetz 1972, BlStSozArbR 1972, 51; *Stege* Versetzung und Umsetzung des Arbeitnehmers, DB 1975, 1506; *Veit* Die Sicherung des Mitbestimmungsrechts des Betriebsrats bei Eingruppierungen, RdA 1990, 325; *Wahlers* Einführung und Ausgestaltung eines Assessment-Centers als mitbestimmungs- (mitwirkungs-) pflichtige Maßnahme, ZTR 2005, 185; *Weller* Zur Rechtsstellung des *BAG* zur Beteiligung des Betriebsrats bei personellen Einzelmaßnahmen, JArbR Bd. 28 (1990), 1991, S. 135; *Wenning-Morgenthaler* Zustimmungsverweigerungsrecht des Betriebsrats bei befristeten Einstellungen, BB 1989, 156; *Wiese* Der Ausbau des Betriebsverfassungsrechts, JArbR Bd. 9 (1971), 1972, S. 55; *ders.* Stellung und Aufgaben des Betriebsrats im Arbeitskampf, NZA 1984, 378; *Wiesner* Die Schriftform im Betriebsverfassungsgesetz (Diss. Kiel), 2008. Vgl. ferner die Angaben vor § 92.

II. Speziell zur Mitbestimmung bei aufgespaltener Arbeitgeberstellung (insbesondere Arbeitnehmerüberlassung)

Bayreuther Die Stellung von Leiharbeitnehmern im Einsatzbetrieb nach den jüngsten Tarifabschlüssen in der Zeitarbeitsbranche und der M- und E-Industrie, NZA 2012, Beil. Nr. 4, S. 115; *Becke* Arbeitnehmerüberlassung im Pressebetrieb, FS zur 100. Arbeitstagung der Arbeitsgemeinschaft der Verlagsjustitiare, 2008, S. 121; *Becker, F.* Betriebsverfassungsrechtliche Aspekte beim drittbezogenen Personaleinsatz, AuR 1982, 369; *Böhm* Änderungen für konzerninterne Personalgestellung durch § 1 AÜG n. F., DB 2012, 918; *Bronhofer* Mitbestimmung bei Leiharbeit, AuA 2010, 274; *Dauner-Lieb* Der innerbetriebliche Fremdfirmeneinsatz auf Dienst- oder Werkvertragsbasis im Spannungsfeld zwischen AÜG und BetrVG, NZA 1992, 817; *Deinert* Kernbelegschaften – Randbelegschaften – Fremdbelegschaften, RdA 2014, 65; *Dörner* Der Leiharbeitnehmer in der Betriebsverfassung, FS *Wißmann*, 2005, S. 286; *Düwell/Dahl* Mitbestimmung des Betriebsrats beim Einsatz von Leiharbeitnehmern, NZA-RR 2011, 1; *Freihube/Sasse* Das Ende der kurzfristigen Personalplanung durch Leiharbeit?, BB 2011, 1657; *Giesen* Tarifvertragliche Erweiterung von Betriebsratsrechten beim Leiharbeitseinsatz, ZfA 2012, 143; *Grimm/Brock* Das Gleichbehandlungsgebot nach dem Arbeitnehmerüberlassungsgesetz und die Mitbestimmungsrechte des Betriebsrats des Entleiherbetriebes, DB 2003, 1113; *Haas/Hoppe* Neue Spielregeln zur Berücksichtigung von Leiharbeitnehmern bei der Berechnung der Schwellenwerte im BetrVG?, NZA 2013, 294; *Hamann* Leiharbeitnehmer-Pools, NZA 2008, 1042; *ders.* Leiharbeitnehmer statt eigene Arbeitnehmer, NZA 2010, 1211; *ders.* Die Reform des AÜG im Jahr 2011, RdA 2011, 321; *ders.* Kurswechsel bei der Arbeitnehmer-Überlassung?, NZA 2011, 70; *Hunold* Die Rechtsprechung zu den Beteiligungsrechten des Entleiher-Betriebsrats beim Einsatz von Leiharbeitnehmern, NZA-RR 2008, 281; *ders.* § 99 BetrVG: Die Bedeutung der Personalhoheit bei drittbezogenem Personaleinsatz (Werk- und Dienstverträge), NZA-RR 2012, 113; *Jedzig* Mitbestimmung des Betriebsrats bei der Beschäftigung von Fremdarbeitern aufgrund von Werkverträgen mit Drittfirmen, DB 1989, 978; *Jüttner* Kollektivrechtliche Auswirkungen der gewerbsmäßigen Arbeitnehmerüberlassung im Betriebsverfassungsrecht (Diss. Jena), 2006; *Karthaus/Klebe* Betriebsratsrechte bei Werkverträgen, NZA 2012, 417; *Kim* Die konzerninterne Arbeitnehmerüberlassung durch die Personalführungsgesellschaft und das Betriebsverfassungsrecht (Diss. Leipzig), 2011; *Kraft* Fragen zur betriebsverfassungsrechtlichen Stellung von Leiharbeitnehmern, FS *Pleyer*, 1986, S. 383; *ders.* Betriebsverfassungsrechtliche Probleme bei der Arbeitnehmerüberlassung, FS *Konzen*, 2006, S. 439; *Laber* Leiharbeitnehmer zählen (manchmal) mit, ArbRB 2012, 51; *Leisten* Einstweilige Verfügung zur Sicherung von Mitbestimmungsrechten des Betriebsrats beim Einsatz von Fremdfirmen, BB 1992, 266; *Leitner* Abgrenzung zwischen Werkvertrag und Arbeitnehmerüberlassung, NZA 1991, 293; *Lembke* Die geplanten Änderungen im Recht der Arbeitnehmerüberlassung, DB 2011, 414; *ders.* Neue Rechte von Leiharbeitnehmern gegenüber Entleihern, NZA 2011, 319; *Leuchten* Zur Zustimmung des Betriebsrats bei der Einstellung von Leiharbeitnehmern – insbesondere bei Konzernarbeitsverhältnissen –, FS 25 Jahre Arbeitsgemeinschaft Arbeitsrecht, 2006, S. 927; *Lörcher* Zeitarbeitsverträge als Problem der Mitbestimmung von Betriebs- und Personalräten bei der Einstellung (§ 99 Abs. 1 BetrVG, § 75 Abs. 1 Nr. 1 BPersVG), BlStSozArbR 1981, 177; *Loof* Die Beurteilungsrechte des Betriebsrats bei der Beschäftigung von Leiharbeitnehmern nach neuem Recht (Diss. FU Berlin), 2005; *Plum* Unterrichtung des Betriebsrats bei der Einstellung von Leiharbeitnehmern, DB 2011, 2916; *Raab* Europäische und nationale Entwicklungen im Recht der Arbeitnehmerüberlassung, ZfA 2003, 389; *Rieble* Leiharbeitnehmer zählen doch?, NZA 2012, 485; *Schüren* Kostensenkung durch konzerneigene Verleihunternehmen, BB 2007, 2346; *Seel* Rechtsstellung von Leiharbeitnehmern im Betriebsverfassungsrecht, MDR 2012, 813; *Sieweke* Voraussetzungen und Folgen der missbräuchlichen Ausübung von Mitbestimmungsrechten, NZA 2012, 426; *Teusch/Verstege* Vorübergehend unklar – Zustimmungsverweigerungsrecht des Betriebsrats bei Einstellung von Leiharbeitnehmern?, NZA 2012, 1326; *von Tiling* Beteiligungsrechte beim Einsatz von Leiharbeitnehmern, BB 2009, 2422; *Ulber D.* Erweiterte Mitbestimmungsrechte des Betriebsrats durch Tarifverträge zur Leiharbeit, AuR 2013, 114; *Ulber J.* Rechtliche Grenzen des Einsatzes von betriebsfremden Arbeitnehmern und Mitbestimmungsrechte des Betriebsrats, AuR 1982, 54; *Wagner* Die werkvertragliche Beschäftigung betriebsfremder Arbeitnehmer als Einstellung im Sinne des § 99 BetrVG, AuR 1992, 40; *Walle* Betriebsverfassungsrechtliche Aspekte beim werkvertraglichen Einsatz von Fremdpersonal, NZA 1999, 518; *Wensing/Freise* Beteiligungsrechte des Betriebsrats bei der Übernahme von Leiharbeitnehmern, BB 2004, 2238; *Windbichler* Mitbestimmung des Betriebsrats bei der Beschäftigung von Leiharbeitnehmern, DB 1975, 739. Vgl. ferner die Angaben zu § 7.

Inhaltsübersicht

		Rdn.
I.	Vorbemerkung	1–5
	1. Entstehungsgeschichte	1–3
	2. Erweiterung der Mitbestimmungsrechte	4
	3. Schutzzweck der Norm	5

II.	Mitbestimmung bei personellen Einzelmaßnahmen gegenüber betriebsangehörigen Arbeitnehmern	6–256
	1. Geltungsbereich der Vorschrift	6–26
	a) Zahl der Arbeitnehmer	6–12
	b) Bestehen eines Betriebsrats	13
	c) Maßnahmen gegenüber Arbeitnehmern	14–17
	d) Sachlicher Geltungsbereich	18
	e) Mitbestimmung während eines Arbeitskampfes	19–26
	2. Die einzelnen personellen Maßnahmen	27–131
	a) Einstellung	28–62
	aa) Einstellungsbegriff	28–38
	bb) Ausweitung des Einstellungsbegriffs	39–51
	(1) Rechtsprechung	39–46
	(2) Stellungnahme	47–51
	cc) Weitere Einzelfälle	52–62
	b) Eingruppierung	63–78
	c) Umgruppierung	79–83
	d) Versetzung	84–131
	aa) Legaldefinition	84–89
	bb) Arbeitsbereich	90–114
	(1) Begriff	90–92
	(2) Änderung des Arbeitsorts	93–99
	(3) Änderung der Tätigkeit	100–106
	(4) Änderung der Stellung innerhalb der Betriebsorganisation	107–111
	(5) Sonderfälle	112–114
	cc) Nicht ständiger Arbeitsplatz (Abs. 3 Satz 2)	115
	dd) Dauer der Zuweisung	116
	ee) Erhebliche Änderung der für die Arbeitsleistung maßgeblichen Umstände	117–119
	ff) Versetzung und Direktionsrecht	120
	gg) Versetzung in einen anderen Betrieb	121–130
	hh) Regelungen der Versetzung in Kollektivverträgen	131
	3. Die Regelung der Mitbestimmung	132–256
	a) Mitteilungspflicht des Arbeitgebers; Verschwiegenheitspflicht des Betriebsrats	132–159
	aa) Adressat der Mitteilung	132
	bb) Inhalt der Mitteilung	133–155
	(1) Grundsätze	133–135
	(2) Einstellung	136–152
	(3) Eingruppierung	153
	(4) Umgruppierung	154
	(5) Versetzung	155
	cc) Zeitpunkt der Mitteilung; Form	156
	dd) Verschwiegenheitspflicht des Betriebsrats	157–159
	b) Zustimmungserfordernis	160–181
	aa) Pflicht des Arbeitgebers zur Einholung der Zustimmung	160
	bb) Äußerungsfrist, Zustimmungsfiktion	161–165
	cc) Ordnungsgemäße Verweigerung der Zustimmung	166–173
	dd) Individualrechtliche Bedeutung der fehlenden Zustimmung	174–181
	c) Zustimmungsverweigerungsgründe	182–228
	aa) Abs. 2 Nr. 1: Verstoß gegen Gesetz, Verordnung, Unfallverhütungsvorschrift, Tarifvertrag, Betriebsvereinbarung, gerichtliche Entscheidung oder behördliche Anordnung	183–199
	bb) Abs. 2 Nr. 2: Verstoß gegen Auswahlrichtlinien	200
	cc) Abs. 2 Nr. 3: Nachteile für andere Arbeitnehmer	201–220
	(1) Regelfall: Nachteile für im Betrieb beschäftigte Arbeitnehmer	201–208
	(2) Sonderfall: Benachteiligung befristet Beschäftigter	209–218
	(3) Rechtfertigungsgründe	219, 220
	dd) Abs. 2 Nr. 4: Nachteil für den betroffenen Arbeitnehmer	221–225
	ee) Abs. 2 Nr. 5: Unterbliebene Ausschreibung	226

	ff) Abs. 2 Nr. 6: Störung des Betriebsfriedens	227, 228
	d) Entscheidung des Betriebsrats über die Zustimmung	229–233
	e) Zustimmungsersetzungsverfahren	234–256
	aa) Prozessuales	234–249
	bb) Rechtsstellung des betroffenen Arbeitnehmers	250–256
III.	Besonderheiten der Mitbestimmung bei personellen Einzelmaßnahmen im Falle »aufgespaltener Arbeitgeberstellung«	257–295
	1. Allgemeines	257
	2. Mitbestimmung bei der Beschäftigung von Leiharbeitnehmern	258–281
	a) Mitbestimmungstatbestände	258–267
	aa) Übernahme von Leiharbeitnehmern	258–264
	bb) Eingruppierung und Umgruppierung	265
	cc) Versetzung	266, 267
	b) Mitteilungspflichten	268–274
	c) Zustimmungsverweigerungsgründe	275–281
	3. Personalgestellung im öffentlichen Dienst	282–295
	a) Beamte, Soldaten und Arbeitnehmer des öffentlichen Dienstes in Betrieben privatwirtschaftlich organisierter Unternehmen (§ 5 Abs. 1 Satz 3)	282–287
	b) Sonderregelungen für die bei der Deutsche Bahn AG und den Post-Nachfolgegesellschaften beschäftigten Beamten	288–295
	aa) Rechtslage bei der DB AG	289–292
	bb) Rechtslage bei den Post-Nachfolgegesellschaften	293–295
IV.	Strafvorschriften	296

I. Vorbemerkung

1. Entstehungsgeschichte

§ 99 hat das Mitbestimmungsrecht in personellen Angelegenheiten gegenüber den §§ 60, 61 und 63 BetrVG 1952 erheblich ausgedehnt: **1**

Die Eingruppierung wird als mitbestimmungspflichtige Maßnahme ausdrücklich genannt; die Informations- und Auskunftspflicht des Arbeitgebers ist gegenüber § 61 Abs. 1 BetrVG 1952 verstärkt (Abs. 1). Der Katalog der Zustimmungsverweigerungsgründe wurde gegenüber dem früheren Recht erweitert (Abs. 2). Die Verweigerung der Zustimmung muss allerdings dem Arbeitgeber fristgemäß mitgeteilt werden (Abs. 3). Anders als nach dem BetrVG 1952 ist es nicht mehr Sache des Betriebsrats, das Arbeitsgericht anzurufen, wenn der Arbeitgeber seine Bedenken nicht beachtet (so § 61 Abs. 2 BetrVG 1952), sondern es ist Angelegenheit des Arbeitgebers, beim Arbeitsgericht die Ersetzung der Zustimmung des Betriebsrats zu beantragen, wenn diese verweigert wurde. Damit wird prozessual dem Arbeitgeber auch die Darlegungs- und Beweislast aufgebürdet (amtliche Begründung zum BetrVG 1972, BR-Drucks. 715/70, S. 51 zu § 99; s. a. Rdn. 246 f.). **2**

Durch das **BetrVerf-ReformG** wurde in Abs. 1 Satz 1 das Wort »Betrieb« durch das Wort »**Unternehmen**« ersetzt. Maßgeblich dafür war, dass der zunächst auf den Betrieb bezogene Schwellenwert den Besonderheiten der Kleinbetriebe Rechnung tragen sollte, die von einer engen persönlichen Zusammenarbeit von Arbeitgeber und Arbeitnehmern geprägt werden. In diesen Fällen sollten auch die personellen Einzelmaßnahmen, insbesondere die Entscheidungen über Einstellungen und Versetzungen, ohne die mit der Mitbestimmung verbundenen Beschränkungen getroffen werden können (*Reg. Begr.* BT-Drucks. 14/5741, S. 50). Diese Überlegung trifft aber auf Kleinbetriebe nur dann zu, wenn es sich um den einzigen Betrieb des Unternehmens handelt. Ist der Kleinbetrieb dagegen Teil eines größeren Unternehmens, lässt sich aus der geringen Zahl der dort beschäftigten Arbeitnehmer kein Rückschluss auf eine enge persönliche Beziehung zwischen Arbeitgeber und Arbeitnehmer ziehen. Bei einem Unternehmen mit mehreren Betrieben trifft die ratio des Schwellenwertes daher nur zu, wenn die Zahl der in dem gesamten Unternehmen beschäftigten Arbeitnehmer unterhalb dieser Grenze bleibt. Handelt es sich dagegen um ein größeres Unternehmen mit einer Vielzahl von Arbeitnehmern, würde ein Ausschluss der Mitbestimmung bei personellen Einzelmaßnahmen in Betrieben des Unternehmens, die nur wenige Arbeitnehmer beschäftigen, zu einer Ungleichbehandlung der Ar- **3**

§ 99 IV. 5. 3. Personelle Einzelmaßnahmen

beitnehmer in den verschiedenen Betrieben des Unternehmens führen, obwohl in den Kleinbetrieben im Regelfall keine engere persönliche Beziehung zwischen dem Arbeitgeber und den Arbeitnehmern besteht als in den größeren Einheiten. Eine solche Ungleichbehandlung wäre sachlich nicht zu rechtfertigen und daher unter dem Gesichtspunkt des verfassungsrechtlichen Gleichheitsgrundsatzes zumindest bedenklich (*Reg. Begr.* BT-Drucks. 14/5741, S. 50 unter Hinweis auf die Erwägungen des *BVerfG* zur Kleinbetriebsklausel in § 23 Abs. 1 KSchG, *BVerfG* 27.01.1998 EzA § 23 KSchG Nr. 18 = BVerfGE 97, 169 [176 ff.]).

Zum Bundespersonalvertretungsrecht vgl. § 75 Abs. 1 Nr. 1–4, § 76 Abs. 1 Nr. 1–5, § 77 Abs. 2 BPersVG.

Zum Recht der Sprecherausschüsse vgl. § 31 Abs. 1 SprAuG.

2. Erweiterung der Mitbestimmungsrechte

4   Entgegen einer verbreiteten Meinung im Schrifttum und entgegen der Ansicht des *BAG* ist daran festzuhalten, dass eine Erweiterung des in § 99 vorgesehenen Mitbestimmungsrechts weder durch Tarifvertrag noch durch Betriebsvereinbarung zulässig ist (s. dazu ausführlich vor § 92 Rdn. 13 ff.). Auch die tarifliche Einräumung von Mitbestimmungsrechten nach § 99 in Unternehmen mit weniger als 21 Arbeitnehmern ist nicht zulässig. § 325 Abs. 2 UmwG, auf den die gegenteilige Meinung gestützt wird, dient allein der Erhaltung von vor der Umwandlung bestehenden Mitbestimmungsrechten. Die Schaffung neuer Mitbestimmungsrechte, ein Abweichen von § 99 Abs. 1, kann darauf nicht gestützt werden (**a. M.** *Bachner/DKKW* § 99 Rn. 31; *Fitting* § 99 Rn. 13; *Wlotzke* DB 1994, 40 [46]). Zulässig ist jedoch eine Präzisierung und Konkretisierung der im Gesetz verwandten Begriffe durch Tarifvertrag oder Betriebsvereinbarung (*Huke/HWGNRH* § 99 Rn. 17). Zulässig sind auch Verfahrensregeln, etwa Konkretisierungen der Auskunftspflichten (*BAG* 27.10.2010 EzA § 99 BetrVG 2001 Einstellung Nr. 16 = AP Nr. 61 zu § 99 BetrVG 1972 Einstellung Rn. 33) oder eine Verlängerung der Ausschlussfrist des § 99 Abs. 3 (s. dazu Rdn. 164).

3. Schutzzweck der Norm

5   Überwiegend zielt § 99 auf den **Schutz der vorhandenen Belegschaft** ab (ebenso *BAG* 25.01.2005 EzA § 99 BetrVG 2001 Einstellung Nr. 3 = AP Nr. 114 zu § 87 BetrVG 1972 Arbeitszeit unter B II 2a; 27.10.2010 EzA § 99 BetrVG 2001 Einstellung Nr. 16 = AP Nr. 61 zu § 99 BetrVG 1972 Einstellung Rn. 26). Dies zeigen die Zustimmungsverweigerungsgründe in Abs. 2 Nr. 3, 4 und 6 deutlich. Andererseits ergibt sich aus den Zustimmungsverweigerungsgründen in Abs. 2 Nr. 1 und 4, dass auch die **Individualinteressen der** von einer Maßnahme **betroffenen Arbeitnehmer** vom Betriebsrat zu wahren sind (*BAG* 08.12.2009 EzA § 21b BetrVG 2001 Nr. 1 = AP Nr. 129 zu § 99 BetrVG 1972 Rn. 22; *Bachner/DKKW* § 99 Rn. 4; *Fitting* § 99 Rn. 3; **a. M.** *Heinze* Personalplanung, Rn. 190: nur Wahrung der kollektiven Interessen der Belegschaft). Der Schutz von Personen, die noch nicht der Belegschaft angehören (Bewerber), gehört allerdings nicht zu den Aufgaben des Betriebsrats im Rahmen des § 99. Aus Abs. 2 Nr. 4 kann die gegenteilige Auffassung (so *Bachner/DKKW* § 99 Rn. 4) jedenfalls nicht begründet werden; das Gesetz spricht auch dort vom betroffenen Arbeitnehmer und nicht vom Bewerber.

II. Mitbestimmung bei personellen Einzelmaßnahmen gegenüber betriebsangehörigen Arbeitnehmern

1. Geltungsbereich der Vorschrift

a) Zahl der Arbeitnehmer

6   § 99 gilt, anders als § 102, nur **in Unternehmen** mit »in der Regel« mehr als zwanzig wahlberechtigten Arbeitnehmern. Zu dem Ausdruck »in der Regel« vgl. *Franzen* § 1 Rdn. 103 f., zur Wahlberechtigung vgl. § 7 Rdn. 11 ff. Diese zahlenmäßige Voraussetzung muss zu dem **Zeitpunkt** vorliegen, zu dem die jeweilige personelle Maßnahme tatsächlich durchgeführt wird (*Fitting* § 99 Rn. 12; *Galperin/*

Löwisch § 99 Rn. 4; *Huke/HWGNRH* § 99 Rn. 5; *Matthes*/MünchArbR 2. Aufl., § 352 Rn. 5; *Richardi/Thüsing* § 99 Rn. 14). Die Formulierung des Gesetzes zeigt, dass nicht die zufällige effektive Zahl der wahlberechtigten Arbeitnehmer zu diesem Zeitpunkt entscheidet; maßgebend ist vielmehr die Normalzahl der in einem Unternehmen beschäftigten Arbeitnehmer, d. h. eigentlich die Zahl der Arbeitsplätze, auf die das Unternehmen zu dem maßgeblichen Zeitpunkt ausgerichtet ist (*BAG* 31.07.1986 EzA § 17 KSchG Nr. 3 = AP Nr. 5 zu § 17 KSchG 1969). Zu berücksichtigen sind dabei die Arbeitnehmer des konkreten Unternehmens in seinen Betrieben unter **Einbeziehung etwa vorhandener nicht betriebsratsfähiger Betriebe und Betriebsteile** (§ 4; *Fitting* § 99 Rn. 9). Diese Gesetzesänderung entspricht der Rechtsprechung des *BAG*, das bereits unter der Geltung des BetrVG 1972 auch nicht betriebsratsfähige Kleinbetriebe in die Berechnung der maßgeblichen Zahl von Arbeitnehmern einbezog (*BAG* 16.07.1985 EzA § 99 BetrVG 1972 Nr. 40 = AP Nr. 21 zu § 99 BetrVG 1972).

Arbeitnehmer »des Unternehmens« sind grundsätzlich nur diejenigen, die in einem Arbeitsverhältnis 7 zu dem Betriebsinhaber stehen. In dem Betrieb oder Unternehmen tätige **Arbeitnehmer fremder Unternehmen** zählen daher für den Schwellenwert grds. nicht mit. Dies gilt insbesondere für sog. Fremdfirmenarbeitnehmer (s. § 7 Rdn. 145). Für **Leiharbeitnehmer** trifft § 14 Abs. 2 Satz 4 AÜG allerdings eine Sonderregelung. Danach sind Leiharbeitnehmer auch im Entleiherbetrieb zu berücksichtigen, soweit Bestimmungen des BetrVG eine bestimmte Anzahl von Arbeitnehmern voraussetzen. Sie werden also in Bezug auf die betriebsverfassungsrechtlichen Schwellenwerte den betriebs- oder unternehmenszugehörigen Arbeitnehmern gleichgestellt (s. § 7 Rdn. 110 ff.). Eine Ausnahme im Hinblick auf den Zweck der Regelung (s. § 7 Rdn. 111 f.) ist im Kontext des § 99 nicht angezeigt. Mit dem Schwellenwert sollte der besonderen Interessenlage in Kleinunternehmen Rechnung getragen werden, die durch eine besondere persönliche Beziehung zwischen Arbeitgeber und Arbeitnehmern gekennzeichnet ist (s. Rdn. 3). Für die Intensität der persönlichen Zusammenarbeit ist es aber irrelevant, ob die in dem Betrieb oder Unternehmen beschäftigten Arbeitnehmer aufgrund eines mit dem Inhaber geschlossenen Arbeitsvertrages tätig sind oder dem Betriebsinhaber von ihrem Vertragsarbeitgeber zur Arbeitsleistung überlassen werden (*Zimmermann* DB 2014, 2591 [2593]). Folglich sind nach der Gesetzesänderung auch die in dem Unternehmen beschäftigten Leiharbeitnehmer mitzuzählen (so bereits vor der Gesetzesänderung aufgrund der Aufgabe der Zwei-Komponenten-Lehre durch das *BAG* [s. hierzu § 7 Rdn. 108 f.] *Fitting* § 99 Rn. 8b; *Huke/HWGNRH* § 99 Rn. 5; *Kreuder*/HaKo § 99 Rn. 8; *Linsenmaier/Kiel* RdA 2014, 135 [147 f.]; *Richardi/Thüsing* § 99 Rn. 15; *Ricken/HWK* § 99 Rn. 5; *Zimmermann* DB 2014, 2591 [2593]). Aufgrund des Unternehmensbezugs kommt es nicht darauf an, ob die Leiharbeitnehmer in dem Betrieb eingesetzt werden, in dem die mitbestimmungspflichtige Maßnahme vollzogen werden soll (*Linsenmaier*/Kiel RdA 2014, 135 [148]). Voraussetzung ist allerdings, dass sie zu den »in der Regel Beschäftigten« gehören, d. h. dass sie auf Arbeitsplätzen beschäftigt werden, die nicht nur vorübergehend eingerichtet sind, sondern der Befriedigung eines dauerhaften Personalbedarfs dienen (s. § 7 Rdn. 116 f.; *Linsenmaier/Kiel* RdA 2014, 135 [148]; ebenso zu § 111 Satz 1 *BAG* 18.10.2011 EzA § 111 BetrVG 2001 Nr. 8 = AP Nr. 70 zu § 111 BetrVG 1972 *[Hamann]* Rn. 14 ff.; zu § 9 *BAG* 13.03.2013 EzA § 9 BetrVG 2001 Nr. 6 = AP Nr. 15 zu § 9 BetrVG 1972 Rn. 21 ff.). Zweifelhaft ist, ob Leiharbeitnehmer nur mitzuzählen sind, wenn ihnen das (aktive) Wahlrecht nach § 7 Satz 2 zusteht, d. h. wenn sie mehr als drei Monate im Betrieb eingesetzt werden, da § 99 Abs. 1 Satz 1 von »wahlberechtigten Arbeitnehmern« spricht. Die individuelle Einsatzdauer der Leiharbeitnehmer ist aber typischerweise für die Frage der Unternehmensgröße ebenfalls ohne jeden Aussagegehalt. Dies spricht dafür, die Voraussetzung der »Wahlberechtigung« – wie bei den »Stammarbeitnehmern« – auch bei den Leiharbeitnehmern nur auf das Wahlalter (§ 7 Satz 1) zu beziehen (s. § 7 Rdn. 119).

Beamte, Soldaten und Arbeitnehmer des öffentlichen Dienstes, die in privatrechtlich organi- 8 sierten Unternehmen tätig sind, sind nach der gesetzlichen Fiktion des § 5 Abs. 1 Satz 3 als Arbeitnehmer des Einsatzbetriebs anzusehen. Sie sind deshalb auch bei der Zahl der Arbeitnehmer in § 99 Abs. 1 Satz 1 zu berücksichtigen (s. § 5 Rdn. 93, § 7 Rdn. 138). Der **einzustellende Arbeitnehmer** zählt bei der Berechnung der notwendigen Unternehmensgröße nicht mit (*Fitting* § 99 Rn. 12; *Galperin/Löwisch* § 99 Rn. 4; *Huke/HWGNRH* § 99 Rn. 5; *Richardi/Thüsing* § 99 Rn. 16). Unerheblich sind dagegen der Umfang der Arbeitszeit und die Dauer der Beschäftigung. Zu berücksichtigen sind daher auch **Teilzeitbeschäftigte** (*Richardi/Thüsing* § 99 Rn. 14; **a. M.** *Löwisch* RdA 1984, 197 [207] und *Löwisch/Schüren* BB 1984, 929 ff.) und **vorübergehend Beschäftigte** (*Fitting* § 99 Rn. 11).

9 Schwierigkeiten bereitet die Anwendung des Schwellenwertes, wenn es sich um einen **gemeinsamen Betrieb mehrerer Unternehmen** handelt (näher zum gemeinsamen Betrieb und dessen Voraussetzungen s. *Franzen* § 1 Rdn. 46 ff.). Eindeutig ist lediglich, dass das Mitbestimmungsrecht besteht, wenn jedes der an dem Gemeinschaftsbetrieb beteiligten Unternehmen mehr als zwanzig Arbeitnehmer beschäftigt. Liegt die Arbeitnehmerzahl wenigstens bei einem der beteiligten Unternehmen über dem Schwellenwert, so findet § 99 ebenfalls Anwendung. Richtigerweise ist der Wortlaut der Vorschrift nämlich so zu verstehen, dass das Mitbestimmungsrecht »in Betrieben von Unternehmen mit in der Regel mehr als zwanzig wahlberechtigten Arbeitnehmern« besteht. Ein Gemeinschaftsbetrieb ist aber sämtlichen beteiligten Unternehmen zuzuordnen (*BAG* 29.09.2004 EzA § 99 BetrVG 2001 Nr. 4 = AP Nr. 40 zu § 99 BetrVG 1972 Versetzung unter B III 2a bb). Bereits nach dem Wortlaut muss daher dem Betriebsrat das Mitbestimmungsrecht zumindest in Bezug auf diejenigen Arbeitnehmer des Gemeinschaftsbetriebs zustehen, die in einem Arbeitsverhältnis zu den Unternehmen stehen, die nach der Zahl ihrer Arbeitnehmer den Schwellenwert überschreiten (vgl. *BAG* 29.09.2004 EzA § 99 BetrVG 2001 Nr. 4 = AP Nr. 40 zu § 99 BetrVG 1972 Versetzung; *Fitting* § 99 Rn. 10; *Kania*/ErfK § 99 BetrVG Rn. 1; *Löwisch* BB 2001, 1790 [1795]; *Ricken/HWK* § 99 BetrVG Rn. 6). Freilich wird man dann das Mitbestimmungsrecht auch auf die übrigen Arbeitnehmer des Gemeinschaftsbetriebes erstrecken müssen (so wohl auch *Fitting* § 99 Rn. 10; **a. M.** *Löwisch* BB 2001, 1790 [1795]). Eine gespaltene Zuständigkeit des Betriebsrats des gemeinsamen Betriebs ist mit der Struktur des Mitbestimmungsrechts nicht vereinbar. Der Betriebsrat des Gemeinschaftsbetriebs hat die Interessen aller Arbeitnehmer des Betriebs zu vertreten. Gerade im Bereich der personellen Einzelmaßnahmen gehört es auch zu den Aufgaben des Betriebsrats, für einen angemessenen Ausgleich widerstreitender Interessen innerhalb der Belegschaft zu sorgen. Dies zeigt sich etwa, wenn der Betriebsrat einer für den betroffenen Arbeitnehmer günstigen Maßnahme nach Abs. 2 Nr. 2 wegen Verstoßes gegen eine Auswahlrichtlinie oder nach Abs. 2 Nr. 3 wegen der Benachteiligung anderer im Betrieb beschäftigter Arbeitnehmer widerspricht (vgl. auch *Löwisch* BB 2001, 1790 [1795], der im Rahmen des Abs. 2 Nr. 3 wieder auf den Betrieb abstellen will). Eine partielle Zuständigkeit des Betriebsrats, die sich auf einen Teil der Arbeitnehmer des Betriebs beschränkt, verträgt sich nicht mit dieser Aufgabenstellung. Vielmehr kann das Bestehen des Mitbestimmungsrechts nach § 99 für den Betrieb nur einheitlich beurteilt werden.

10 Fraglich ist die Anwendung des § 99, wenn zwar in dem **Gemeinschaftsbetrieb mehr als zwanzig wahlberechtigte Arbeitnehmer** beschäftigt sind, aber **keines der beteiligten Unternehmen** für sich genommen **den Schwellenwert überschreitet**. Aufgrund der alten Fassung des § 99, nach der es allein auf die Größe des Betriebs ankam, war das Mitbestimmungsrecht ohne weiteres zu bejahen. Nach der Neufassung, die ausschließlich auf das Unternehmen abstellt, ist dieser Fall vom Wortlaut der Vorschrift nicht mehr umfasst (zweifelnd insoweit *Däubler* Anm. AP Nr. 40 zu § 99 BetrVG 1972 Versetzung). § 99 findet jedoch insoweit **analoge Anwendung** (*BAG* 29.09.2004 EzA § 99 BetrVG 2001 Nr. 4 = AP Nr. 40 zu § 99 BetrVG 1972 Versetzung unter B III 2b–d; *Kreuder*/HaKo § 99 Rn. 10; *Richardi/Thüsing* § 99 Rn. 13; ebenso i. E. *Fitting* § 99 Rn. 10; **a. M.** *Feuerborn* RdA 2005, 377 ff.; *Kania*/ErfK § 99 BetrVG Rn. 1; *Löwisch* BB 2001 1790 [1795]; *Reichold* NZA 2005, 622 f.; *Ricken/HWK* § 99 BetrVG Rn. 6). Ziel der Gesetzesänderung war es, die Mitbestimmung auf Kleinbetriebe größerer Unternehmen auszudehnen, weil in solchen Betrieben typischerweise eine enge persönliche Zusammenarbeit zwischen Arbeitgeber und Arbeitnehmern ebenso wenig gegeben ist wie in großen Betrieben (s. Rdn. 3). Dagegen war mit der Umstellung vom Betrieb auf das Unternehmen als Bezugspunkt des Schwellenwertes nicht beabsichtigt, Betriebe, die bisher der Mitbestimmung unterlagen, aus dem Anwendungsbereich herauszunehmen. Würde man im Falle des Gemeinschaftsbetriebes auf die Unternehmensgröße abstellen, würde dies im Übrigen zu Wertungswidersprüchen führen, weil die persönliche Nähe zwischen Arbeitgeber und Arbeitnehmer nicht von der Größe des Unternehmens sondern von der Größe der für den tatsächlichen Arbeitsablauf maßgeblichen Organisationseinheit abhängt (zutr. *BAG* 29.09.2004 EzA § 99 BetrVG 2001 Nr. 4 = AP Nr. 40 zu § 99 BetrVG 1972 Versetzung unter B III 2c). Dem steht nicht entgegen, dass der Gesetzgeber trotz entsprechender Hinweise aus der Literatur, die noch während des Gesetzgebungsverfahrens auf die Problematik des Gemeinschaftsbetriebs aufmerksam gemacht hatten (vgl. *Annuß* NZA 2001, 367 [369] Fn. 19;

Richardi/Annuß DB 2001, 41 [45]), keine Änderungen am Wortlaut der Vorschrift vorgenommen hat. Ein Analogieschluss wäre aus diesem Grunde nur dann ausgeschlossen, wenn dies Ausdruck einer bewussten Entscheidung des Gesetzgebers gegen eine Anwendung der Vorschrift auf den Gemeinschaftsbetrieb wäre. Hierfür gibt es aber keine Hinweise, da sich der Gesetzgeber mit den Bedenken in keiner Weise auseinandergesetzt hat (vgl. auch *BAG* 29.09.2004 EzA § 99 BetrVG 2001 Nr. 4 = AP Nr. 40 zu § 99 BetrVG 1972 Versetzung unter B III 2d; krit. *Feuerborn* RdA 2005, 377 [380 f.]; *Reichold* NZA 2005, 622 f., die eine planwidrige Unvollkommenheit für kaum begründbar halten).

Leitende Angestellte i. S. v. § 5 Abs. 3 und 4 bleiben bei der Berechnung außer Betracht. Das ergibt sich bereits aus § 5 Abs. 3 (s. dazu § 5 Rdn. 12 f., 159), aber auch daraus, dass § 99 von »wahlberechtigten« Arbeitnehmern spricht; h. M. Gleiches gilt für die nach § 5 Abs. 3 Satz 3 gleichgestellten Beamten und Soldaten in privatrechtlich organisierten Unternehmen, wenn und soweit diese dort Aufgaben von leitenden Angestellten wahrnehmen. 11

Ändert sich die Arbeitnehmerzahl während der Amtszeit eines Betriebsrats, so entsteht – bei Erhöhung der regelmäßigen Zahl von Arbeitnehmern des Unternehmens auf mehr als zwanzig – das Mitbestimmungsrecht, während es bei einem Herabsinken unter diese Zahl automatisch entfällt (*Galperin/Löwisch* § 99 Rn. 3; *Huke/HWGNRH* § 99 Rn. 5). Das gilt bezüglich solcher personeller Einzelmaßnahmen, die nach dem jeweils maßgeblichen Zeitpunkt durchgeführt werden (**a. M.** *Bachner/DKKW* § 99 Rn. 9: das Mitbestimmungsrecht bleibe bestehen, wenn es bei Einleitung des Mitbestimmungsverfahrens bestand, auch wenn später die maßgebliche Arbeitnehmerzahl unter einundzwanzig gesunken ist). 12

b) Bestehen eines Betriebsrats

Das Mitbestimmungsrecht besteht nur, wenn zum Zeitpunkt der Durchführung der personellen Einzelmaßnahme **ein Betriebsrat** in dem Betrieb bzw. in der nach § 3 Abs. 1 Nr. 1 bis 3 gebildeten Einheit (§ 3 Abs. 5) **vorhanden** ist, in dem (der) die Maßnahme durchgeführt werden soll (*BAG* 23.08.1984 EzA § 102 BetrVG 1972 Nr. 59 [abl. *Wiese*] = AP Nr. 36 zu § 102 BetrVG 1972 [zust. *Richardi*]; unentschieden *Bachner/DKKW* § 99 Rn. 11). Die Regelung, dass für das Eingreifen des § 99 die Zahl der Arbeitnehmer des Unternehmens maßgeblich ist, ändert nichts daran, dass es in § 99 um betriebsbezogene Maßnahmen geht. Besteht in dem Betrieb, in dem die Maßnahme durchgeführt werden soll, kein Betriebsrat, so ist der Arbeitgeber in seiner Entscheidung über die Durchführung personeller Einzelmaßnahmen dort frei, hat aber bei der Durchführung zwingendes Recht und arbeitsvertragliche Grenzen des Weisungsrechts zu beachten (*Fitting* § 99 Rn. 15; *Galperin/Löwisch* § 99 Rn. 6; *Huke/HWGNRH* § 99 Rn. 6; *Richardi/Thüsing* § 99 Rn. 21; vgl. auch *Bachner/DKKW* § 99 Rn. 11: Das Verhalten des Arbeitgebers steht unter Missbrauchsvorbehalt). Wird nach Durchführung einer personellen Einzelmaßnahme ein Betriebsrat gewählt, so bedarf der Arbeitgeber für bereits durchgeführte Maßnahmen nicht der nachträglichen Genehmigung durch diesen Betriebsrat (*Fitting* § 99 Rn. 15; *Hueck/Nipperdey* II/2, S. 1414 Fn. 7). Zur Frage der Funktionsfähigkeit des Betriebsrats als Mitbestimmungsvoraussetzung s. § 102 Rdn. 10 ff. m. w. N. 13

c) Maßnahmen gegenüber Arbeitnehmern

Das Mitbestimmungsrecht besteht bei den genannten personellen Einzelmaßnahmen grundsätzlich nur, wenn sie sich auf **Arbeitnehmer des Betriebes** (§ 5) beziehen. Arbeitnehmern gleichgestellt sind nach § 5 Abs. 1 Satz 3 **Beamte und Soldaten**, die als solche in privatrechtlich organisierten Unternehmen tätig sind. Damit ist klargestellt, dass ein Mitbestimmungsrecht des in dem privatrechtlich organisierten Unternehmen bestehenden Betriebsrats jedenfalls nicht daran scheitert, dass den Beamten und Soldaten die Tätigkeit in diesem Unternehmen von ihrem Dienstherrn zugewiesen worden ist (vgl. § 29 Abs. 2 BBG, § 20 Abs. 2 BeamtStG, vormals § 123a Abs. 2 BRRG), die Tätigkeit ihre rechtliche Grundlage also in dem öffentlich-rechtlichen Dienstverhältnis zu ihrem Dienstherrn findet (*BAG* 12.12.1995 EzA § 99 BetrVG 1972 Nr. 132 unter B I 1). Die Gleichstellung entbindet allerdings nicht von dem Erfordernis, dass die Voraussetzungen des Mitbestimmungstatbestandes vorliegen müssen. Ein Mitbestimmungsrecht nach § 99 besteht also nur, wenn die gegenüber den Beamten und Soldaten getroffenen Maßnahmen eine Einstellung, Versetzung, Ein- oder Umgruppierung i. S. d. Gesetzes darstellen (s. hierzu Rdn. 282 ff. sowie § 5 Rdn. 96 ff.). 14

§ 99

15 Der Grundsatz, dass die Vorschrift nur Maßnahmen gegenüber Arbeitnehmern des Betriebes erfasst, gilt freilich nicht uneingeschränkt. So unterfällt jedenfalls die Beschäftigung von **Leiharbeitnehmern** der Mitbestimmung nach § 99. Nach der ausdrücklichen gesetzlichen Anordnung in § 14 Abs. 3 AÜG ist der Betriebsrat des Entleiherbetriebs vor der Übernahme eines Leiharbeitnehmers zu beteiligen (s. Rdn. 258 ff.), obwohl der Leiharbeitnehmer für die Dauer seiner Beschäftigung kein Arbeitnehmer des Entleiherbetriebs ist (s. § 7 Rdn. 84 ff.). Auch bei einer Versetzung des Leiharbeitnehmers innerhalb des Entleiherbetriebes kommt ein Mitbestimmungsrecht in analoger Anwendung des § 99 in Betracht (s. § 5 Rdn. 125 sowie hier Rdn. 267). Die Rechtsprechung hat jedoch das **Mitbestimmungsrecht bei Einstellungen** über die Fälle der Leiharbeit hinaus in weitem Umfange auf die Beschäftigung von Personen **ausgedehnt**, die während der Dauer ihrer Beschäftigung im Betrieb nicht als Arbeitnehmer des Betriebes anzusehen sind und daher auch vom Betriebsrat nicht vertreten werden (hierzu näher Rdn. 39 ff.). Die Rechtfertigung hierfür leitet das Gericht aus einer teleologischen Bestimmung des Einstellungsbegriffes ab, indem es darauf verweist, dass die Mitbestimmung bei der Einstellung nicht dem Schutz der einzustellenden Person, sondern den Interessen der bestehenden Belegschaft diene (vgl. nur BAG 02.10.2007 EzA § 99 BetrVG 2001 Einstellung Nr. 7 Rn. 19 m. w. N.; hierauf abstellend bereits BAG 14.05.1974 EzA § 99 BetrVG 1972 Nr. 6 = AP Nr. 2 zu § 99 BetrVG 1972 unter II 4; 18.07.1978 EzA § 99 BetrVG 1972 Nr. 21 = AP Nr. 9 zu § 99 BetrVG 1972 [abl. *Kraft*] unter II 2c). Macht man dies zur (alleinigen) Auslegungsmaxime, so kann in der Tat die Frage, ob die betreffende Person mit der Einstellung Arbeitnehmer des Betriebs wird, keine Rolle spielen. Nicht zu verkennen ist freilich, dass die Rechtsprechung zu einer bedenklichen Ausweitung der Mitbestimmung geführt hat (hierzu Rdn. 47 ff.).

16 Ausgenommen sind Maßnahmen in Bezug auf **leitende Angestellte** i. S. v. § 5 Abs. 3 und 4. Hier besteht lediglich die Unterrichtungspflicht nach § 105 (*Fitting* § 99 Rn. 18; *Galperin/Löwisch* § 99 Rn. 9; *Richardi/Thüsing* § 99 Rn. 20; s. a. die Erl. zu § 105). Dies gilt auch für Maßnahmen, durch die ein Arbeitnehmer **in den Kreis der leitenden Angestellten aufrückt**. Auch in diesem Fall ist der Betriebsrat lediglich nach § 105 zu unterrichten (BAG 03.10.1978 EzA § 5 BetrVG 1972 Nr. 33 = AP Nr. 18 zu § 5 BetrVG 1972; **a. M.** *Bachner/DKKW* § 99 Rn. 14, der lediglich eine Einschränkung bei den Zustimmungsverweigerungsgründen vornehmen will; abw. für den Fall, dass mit der »Beförderung« ein Betriebswechsel verbunden ist, *von Hoyningen-Huene/Boemke* Die Versetzung, X 2b, S. 209, die annehmen, dass dann die Zustimmung des Betriebsrats im abgebenden Betrieb erforderlich sei). Dies gebietet der Zweck des § 5 Abs. 3. Die Herausnahme der leitenden Angestellten aus dem persönlichen Anwendungsbereich ist auch der Tatsache geschuldet, dass eine Beteiligung des Betriebsrats sich nicht mit dem besonderen Vertrauensverhältnis verträgt, das typischerweise für die Beziehung zwischen dem Betriebsinhaber und dem leitenden Angestellten konstitutiv ist (s. § 5 Rdn. 161). Dem würde es widersprechen, wenn dem Betriebsrat bei der Entscheidung, welchen Arbeitnehmer der Arbeitgeber mit den Aufgaben eines leitenden Angestellten betraut, ein Mitspracherecht zukäme. Gleiches gilt für Maßnahmen in Bezug auf die nach § 5 Abs. 3 Satz 3 gleichgestellten Beamten und Soldaten.

17 Zweifelhaft und umstritten ist, ob § 99 Anwendung findet, wenn der leitende Angestellte **zum »nichtleitenden Arbeitnehmer« zurückgestuft** wird, ihm also Aufgaben übertragen werden, die nicht mehr die Voraussetzungen des § 5 Abs. 3 Satz 2 erfüllen. Manche nehmen an, dass es sich dabei um eine Einstellung handele, weil der leitende Angestellte mit dem Verlust seines Status Teil der wahlberechtigten Belegschaft werde (*Bachner/DKKW* § 99 Rn. 14; *Richardi/Thüsing* § 99 Rn. 20; zust. LAG Hamm 12.05.2015 LAGE § 101 BetrVG 2001 Nr. 3 Rn. 46). Andere hingegen meinen, dass auch in diesem Fall lediglich ein Unterrichtungsrecht nach § 105 bestehe (LAG Baden-Württemberg 28.10.2015 – 10 TaBV 3/15, juris, Rn. 82; *Etzel/Rinck*/KR § 105 BetrVG Rn. 18; *Fitting* § 105 Rn. 1; *Huke*/HWGNRH § 105 Rn. 3). Der zuletzt genannten Ansicht ist zumindest für die Fälle zuzustimmen, in denen sich der Status des leitenden Angestellten **innerhalb desselben Betriebs** verändert. Rein terminologisch lässt sich eine solche Maßnahme schon deshalb schwerlich als Einstellung begreifen, weil der leitende Angestellte schon vorher betriebszugehörig war und nicht erstmals in den Betrieb eingegliedert wird. Er war zwar nicht Arbeitnehmer des Betriebs i. S. d. §§ 5, 7, aber leitender Angestellter des Betriebs i. S. d. § 3 Abs. 1 SprAuG. Hieraus ergibt sich zugleich ein entscheidendes systematisches Argument. Besteht in dem Betrieb ein Sprecherausschuss, so vertritt dieser (ausschließlich) die Interessen des leitenden Angestellten (§ 25 Abs. 1 Satz 1 SprAuG; s. a. § 5

Rdn. 160). Im Falle der Herabstufung wäre der Sprecherausschuss nach § 31 Abs. 1 SprAuG zu beteiligen. Diesem soll damit Gelegenheit gegeben werden, die Belange des betroffenen Angestellten vorzubringen und zu der Maßnahme Stellung zu nehmen (*Oetker/ErfK* § 31 SprAuG Rn. 5). Es wäre nicht nur ein Wertungswiderspruch, wenn gleichzeitig der Betriebsrat bei dieser Maßnahme ein Mitbestimmungsrecht nach § 99 und damit eine deutlich stärkere Einflussmöglichkeit hätte. Ein solches Mitbestimmungsrecht würde zugleich einen eklatanten Systembruch darstellen, weil der Betriebsrat zum maßgeblichen Zeitpunkt gar nicht der legitimierte Interessenvertreter des Angestellten ist. Dies gilt auch, wenn in dem Betrieb kein Sprecherausschuss gebildet ist oder nicht gebildet werden kann, da dem Betriebsart keine Reservezuständigkeit zukommt (s. § 5 Rdn. 160). Die Beteiligung des Betriebsrats lässt sich auch nicht damit rechtfertigen, dass dies zur Wahrung der Interessen der übrigen Arbeitnehmer erforderlich sei. Hierauf kann eine Beteiligung zwar gestützt werden, wenn ein betriebsfremder Arbeitnehmer erstmals in den Betrieb eingegliedert werden soll. Geht es aber um eine Maßnahme gegenüber einem im Betrieb beschäftigten Arbeitnehmer, so muss die Einflussnahme des Betriebsrats auch diesem gegenüber hinreichend legitimiert sein. Das Legitimationsargument greift allerdings nicht uneingeschränkt, wenn dem leitenden Angestellten ein Arbeitsbereich **in einem anderen Betrieb des Unternehmens** zugewiesen werden soll und er damit die Zugehörigkeit zum Kreis der leitenden Angestellten verliert. So scheidet zwar wiederum ein Mitbestimmungsrecht des Betriebsrats des abgebenden Betriebs unter dem Gesichtspunkt der Versetzung mangels hinreichender Legitimation aus. Zu beteiligen wäre allenfalls ein dort bestehender Sprecherausschuss. Betrachtet man hingegen allein den aufnehmenden Betrieb, so ergibt sich in der Tat kein Unterschied zu der Situation, in der eine andere betriebsfremde Person den Arbeitsplatz einnehmen soll. Da die Mitbestimmung betriebsbezogen ist, kann es für die Beteiligungsrechte des Betriebsrats des aufnehmenden Betriebs nur darauf ankommen, wie die Tätigkeit in diesem Betrieb einzuordnen ist. Handelt es sich im aufnehmenden Betrieb nicht (mehr) um die Tätigkeit eines leitenden Angestellten, so steht dem dortigen Betriebsrat, wenn ein neuer Arbeitnehmer in den Betrieb eintritt, ein Mitbestimmungsrecht nach § 99 Abs. 1 unter dem Gesichtspunkt der Einstellung zu. Dies muss auch dann gelten, wenn die betreffende Person zuvor in einem anderen Betrieb als leitender Angestellter tätig war.

d) Sachlicher Geltungsbereich
Zur Geltung des § 99 für deutsche Arbeitnehmer **in ausländischen Betrieben** und für ausländische Arbeitnehmer in inländischen Betrieben s. § 5 Rdn. 54, *Franzen* § 1 Rdn. 13, 15 ff. Zur Geltung in **Tendenzbetrieben** s. *Weber* § 118 Rdn. 213 ff. sowie hier Rdn. 182. Zur Geltung für deutsche Arbeitnehmer bei den **Nato-Streitkräften** s. *Franzen* § 1 Rdn. 20 sowie BAG 23.07.1981 AP Nr. 5 zu Art. 56 ZA-Nato-Truppenstatut *[Beitzke]*.

18

e) Mitbestimmung während eines Arbeitskampfes
In Rechtsprechung und Literatur herrscht Einigkeit darüber, dass das **Betriebsratsamt** eines Arbeitnehmers durch einen Arbeitskampf nicht berührt wird, gleichgültig, ob sich das Betriebsratsmitglied am Arbeitskampf beteiligt oder nicht. Ganz überwiegend besteht auch Einigkeit darüber, dass der Betriebsrat während eines Arbeitskampfes seine Funktionsfähigkeit und seine **Mitwirkungsrechte nicht generell verliert** (st. Rspr.; BAG 14.02.1978 EzA Art. 9 GG Arbeitskampf Nr. 22 = AP Nr. 58 zu Art. 9 GG Arbeitskampf; 24.04.1979 EzA Art. 9 GG Arbeitskampf Nr. 34 = AP Nr. 63 zu Art. 9 GG Arbeitskampf; 25.10.1988 EzA Art. 9 GG Arbeitskampf Nr. 89 = AP Nr. 110 zu Art. 9 GG Arbeitskampf; 13.12.2011 EzA Art. 9 GG Arbeitskampf Nr. 145 = AP Nr. 176 zu Art. 9 GG Arbeitskampf Rn. 25; *Berg/DKKW* § 74 Rn. 30; *Fitting* § 74 Rn. 17; *Galperin/Löwisch* § 74 Rn. 13a; *Huke/HWGNRH* § 99 Rn. 19; *Kreutz/Jacobs* § 74 Rdn. 57; *Richardi* § 74 Rn. 23; **a. M.** noch *Kraft* ZfA 1973, 243 [259 f.]; *Meisel* Mitwirkung, Rn. 24). Andererseits wird allgemein eine unbeschränkte Geltung der Mitwirkungsrechte des Betriebsrats im Arbeitskampf verneint; sie sollen nicht bestehen, soweit sie sich auf »arbeitskampfrelevante«, »arbeitskampfbedingte« Maßnahmen des Arbeitgebers beziehen (BAG 14.02.1978 EzA Art. 9 GG Arbeitskampf Nr. 22 = AP Nr. 58 zu Art. 9 GG Arbeitskampf; 13.12.2011 EzA Art. 9 GG Arbeitskampf Nr. 145 = AP Nr. 176 zu Art. 9 GG Arbeitskampf Rn. 26; *Fitting* § 99 Rn. 23 ff.; *Heinze* Personalplanung, Rn. 433 ff.; *Huke/HWGNRH* § 99 Rn. 19; *Kreutz/Jacobs* § 74 Rdn. 69 ff.; *Reuter* AuR 1973, 4; *Richardi/Thüsing* § 99 Rn. 22; gegen eine Einschränkung *Berg/DKKW* § 74 Rn. 31 ff.; differenzierend *Bachner/DKKW* § 99 Rn. 24).

19

20 Gegen die dadurch notwendige Differenzierung könnte sprechen, dass die Abgrenzung arbeitskampfbedingter personeller Einzelmaßnahmen des Arbeitgebers von nicht kampfbedingten sicher schwierig ist (vgl. schon *Seiter* Streikrecht und Aussperrungsrecht, 1975, S. 371). Ein Arbeitgeber könnte auch versuchen, personelle Maßnahmen nur deshalb während eines Arbeitskampfes durchzuführen, um damit dem Mitbestimmungsrecht des Betriebsrats zu entgehen (vgl. z. B. den in *BAG* 06.03.1979 EzA § 102 BetrVG 1972 Nr. 40 = AP Nr. 20 zu § 102 BetrVG 1972 entschiedenen Fall). Andererseits ist nicht zu leugnen, dass die Anerkennung eines Mitbestimmungsrechtes in Bezug auf Einstellungen oder Versetzungen (zu Kündigungen s. § 102 Rdn. 17 ff. und § 103 Rdn. 45 ff.) eine aus seiner Sicht notwendige und arbeitskampfrechtlich zulässige Reaktion des Arbeitgebers auf eine arbeitskampfbedingte Situation unangemessen verzögern, ja sogar praktisch verhindern kann. In diesem Zusammenhang ist die in § 74 Abs. 2 statuierte absolute Friedenspflicht der Betriebspartner, aber auch der arbeitskampfrechtliche Grundsatz der Kampfparität zu beachten. Aus beiden Gesichtspunkten ergibt sich für den Betriebsrat das **Gebot der Neutralität im Arbeitskampf**, das gleichzeitig eine Schranke für die Ausübung der Beteiligungsrechte darstellt (*Heinze* Personalplanung, Rn. 433 ff.; *ders.* DB 1982, Beil. Nr. 23; *Kreutz/Jacobs* § 74 Rdn. 69 ff., 72; *Wiese* NZA 1984, 378 [380]; s. a. § 102 Rdn. 17, § 103 Rdn. 45; anders in der dogmatischen Begründung *BAG* 10.12.2002 EzA § 80 BetrVG 2001 Nr. 1 = AP Nr. 59 zu § 80 BetrVG 1972 unter B II 3; 13.12.2011 EzA Art. 9 GG Arbeitskampf Nr. 145 = AP Nr. 176 zu Art. 9 GG Arbeitskampf Rn. 26 ff.: aus dem übergeordneten Grundsatz der Kampfparität abzuleitende arbeitskampfkonforme Auslegung mit der Folge einer Einschränkung der Beteiligungsrechte des Betriebsrats). Maßgeblich ist, ob die Entscheidung des Betriebsrats, auch wenn sie pflichtgemäß getroffen wird, tatsächlich **Auswirkungen auf das Kampfgeschehen** hat, so dass der Betriebsrat mit der Ausübung des Mitbestimmungsrechts das Kampfgleichgewicht verschieben und damit – wenn auch unbeabsichtigt – zugunsten einer Seite in den Arbeitskampf eingreifen würde. Eine Einschränkung der Beteiligungsrechte ist folglich geboten, wenn und soweit ihre Ausübung dazu führt, dass der vom Arbeitskampf auf den betroffenen Arbeitgeber ausgehende Druck verstärkt wird und die Ausübung des Beteiligungsrechts damit zumindest objektiv als »Maßnahme des Arbeitskampfes« auswirkt (im Ergebnis ebenso *BAG* 10.12.2002 EzA § 80 BetrVG 2001 Nr. 1 = AP Nr. 59 zu § 80 BetrVG 1972 unter B II 3b; 13.12.2011 EzA Art. 9 GG Arbeitskampf Nr. 145 = AP Nr. 176 zu Art. 9 GG Arbeitskampf Rn. 27).

21 Deshalb erfährt das Mitbestimmungsrecht des Betriebsrats Einschränkungen bei solchen personellen Einzelmaßnahmen, mit denen der Arbeitgeber kampfbezogen agiert oder reagiert, die also **arbeitskampfbedingt** und unmittelbar auf das Kampfgeschehen bezogen sind (*BAG* 10.12.2002 EzA § 80 BetrVG 2001 Nr. 1 = AP Nr. 59 zu § 80 BetrVG 1972 unter B II 3b aa; *Wiese* NZA 1984, 378 [381]). Dies gilt grundsätzlich auch für **mittelbar** vom Arbeitskampf betroffene Betriebe (*Bachner/DKKW* § 99 Rn. 27; **a. M.** wohl *Fitting* § 99 Rn. 24). Im Einzelnen bedeutet dies, dass **Versetzungen** für die Dauer des Arbeitskampfes, die dazu dienen, Arbeitsplätze streikender Arbeitnehmer vorübergehend zu besetzen, nicht der Zustimmung des Betriebsrats bedürfen (*BAG* 13.12.2011 EzA Art. 9 GG Arbeitskampf Nr. 145 = AP Nr. 176 zu Art. 9 GG Arbeitskampf Rn. 30 ff.). Dies gilt einmal für Versetzungen innerhalb eines vom Arbeitskampf betroffenen Betriebes. Das Mitbestimmungsrecht entfällt aber auch, wenn ein Arbeitnehmer in einen anderen Betrieb desselben Unternehmens versetzt wird und der aufnehmende Betrieb vom Arbeitskampf betroffen ist. Der Betriebsrat des abgebenden Betriebs hat in diesem Fall selbst dann nicht nach § 99 unter dem Gesichtspunkt der Versetzung mitzubestimmen, wenn der abgebende Betrieb nicht von dem umkämpften Tarifvertrag erfasst wird. Entscheidend ist nämlich, dass die Mitbestimmung die Möglichkeiten des von dem Arbeitskampf betroffenen Unternehmens, auf den Arbeitskampf zu reagieren und dessen Wirkungen abzumildern, einschränken würde (zutr. *BAG* 13.12.2011 EzA Art. 9 GG Arbeitskampf Nr. 145 Rn. 37 ff.). Dagegen wird eine Einschränkung der Mitbestimmung in dem abgebenden Betrieb verneint, wenn Arbeitnehmer in einem von einem Arbeitskampf betroffenen anderen Unternehmen desselben Konzerns eingesetzt werden sollen (*BAG* 19.02.1991 EzA § 95 BetrVG 1972 Nr. 24 = AP Nr. 26 zu § 95 BetrVG 1972 unter B II 1; *LAG Schleswig-Holstein* 28.05.2013 LAGE § 99 BetrVG 2001 Nr. 19). Insoweit ist allerdings zum einen zu beachten, dass in diesen Fällen schon tatbestandlich nicht zwingend eine Versetzung vorliegen muss (s. Rdn. 105). Zum anderen erscheint die Ablehnung einer Einschränkung der Mitbestimmung bei einem konzernbezogenen Personaleinsatz in Arbeitskämpfen wenig konsistent, wenn man berücksichtigt, dass das *BAG* im Kontext der Arbeitskampfrisikolehre die Paritätsrelevanz konzernbedingter Abhängigkeitsverhältnisse bejaht hat (*BAG* 22.12.1980 EzA § 615 BGB Betriebsrisiko Nr. 7 = AP Nr. 70 zu Art. 9 GG Arbeitskampf unter C I 2b (3)).

Kein Zustimmungsrecht besteht auch bei **Einstellungen**, die dazu dienen, den Betrieb trotz des Arbeitskampfes weiter führen zu können und streikende Arbeitnehmer zu ersetzen, auch wenn es sich nicht um befristete Einstellungen handelt. Die Ansicht von *Bachner* (DKKW § 99 Rn. 24), mit der Möglichkeit der vorläufigen Einstellung nach § 100 sei dem Bedürfnis des Arbeitgebers Rechnung getragen, übersieht, dass angesichts des dort vorgesehenen Verfahrens und der Gefahr, die Maßnahme wieder aufheben zu müssen, die Reaktionsfähigkeit des Arbeitgebers doch erheblich eingeschränkt wäre (wie hier *BAG* 13.12.2011 EzA Art. 9 GG Arbeitskampf Nr. 145 Rn. 34; *Fitting* § 99 Rn. 25). Eine Einschränkung der Mitbestimmung ist andererseits nur gerechtfertigt, wenn und soweit eine Einflussnahme auf das Kampfgeschehen zu besorgen ist. Dies ist bei **Eingruppierungen und Umgruppierungen** von Arbeitnehmern, die bereits bei Kampfbeginn dem Betrieb angehörten, nicht der Fall. Diese Maßnahmen unterliegen dem Mitbestimmungsrecht, da es sich bei ihnen nur um Normvollzug handelt und sie deshalb nicht arbeitskampfrelevant sein können. Bei den übrigen Maßnahmen entfällt zudem lediglich das Zustimmungsrecht. Das in § 99 Abs. 1 ebenfalls vorgesehene **Informationsrecht des Betriebsrats** ist dagegen »arbeitskampfneutral« und besteht deshalb auch während eines solchen Kampfes. Der Arbeitgeber hat den Betriebsrat also nach § 99 Abs. 1 über arbeitskampfbedingte Einstellungen oder Versetzungen in dem dort vorgesehenen Umfang zu unterrichten (*Bachner/DKKW* § 99 Rn. 24; *Fitting* § 99 Rn. 27; *Heinze* Personalplanung, Rn. 435; ebenso im Ergebnis *BAG* 13.12.2011 EzA Art. 9 GG Arbeitskampf Nr. 145 Rn. 40, das den Unterrichtungsanspruch jedoch auf § 80 Abs. 2 stützt).

Zweifelhaft ist, wie sich das **Verbot des Leiharbeitnehmereinsatzes** während des Arbeitskampfes (§ 11 Abs. 5 AÜG) auf die Mitbestimmung auswirkt. An sich unterliegt die Beschäftigung von Leiharbeitnehmern der Mitbestimmung nach § 99 (s. § 14 Abs. 3 AÜG). Bisher war jedoch davon auszugehen, dass das Zustimmungsrecht entfällt, wenn der Entleiher Leiharbeitnehmer während des Arbeitskampfes einstellt oder auf Arbeitsplätze streikender Arbeitnehmer versetzt, weil es sich insoweit um arbeitskampfbedingte Maßnahmen handelt (s. Rdn. 22). In ersten Stellungnahmen zu der Neuregelung heißt es nunmehr, dass der Betriebsrat bei einem Verstoß gegen das Verbot des § 11 Abs. 5 AÜG die Zustimmung zur Übernahme der Leiharbeitnehmer nach Abs. 2 Nr. 1 verweigern könne (*Lembke* NZA 2017, 1 [11]; *Wank* RdA 2017, 100 [114]). Dies impliziert, dass dem Betriebsrat ein Zustimmungsrecht zusteht. Eine nähere Auseinandersetzung mit der Frage der arbeitskampfbedingten Einschränkung der Mitbestimmung sucht man vergebens. Der Grund hierfür könnte in der Überlegung bestehen, dass die Zustimmungsverweigerung keine Paritätsrelevanz hat, weil dem Arbeitgeber die Beschäftigung der Leiharbeitnehmer ohnehin untersagt ist. Die Möglichkeit, die Leiharbeitnehmer zur Milderung des Streikdrucks einzusetzen, wird ihm also nicht erst durch die Mitbestimmung genommen. Bei genauer Betrachtung erweist sich der Gedanke aber als zu kurz gegriffen. Zum einen erlaubt § 11 Abs. 5 Satz 2 AÜG unter bestimmten Voraussetzungen nach wie vor den Einsatz von Leiharbeitnehmern in vom Arbeitskampf betroffenen Betrieben (zur zweifelhaften praktischen Relevanz dieser Ausnahme *Deinert* RdA 2017, 65 [78]; *Klein/Leist* AuR 2017, 100 [103]). Besteht zwischen Betriebsrat und Arbeitgeber Streit darüber, ob die Voraussetzungen der Ausnahmebestimmung vorliegen, und verweigert daher der Betriebsrat seine Zustimmung nach Abs. 2 Nr. 1, so dürfte der Arbeitgeber den Leiharbeitnehmer nicht beschäftigen, weil es genügt, dass die Möglichkeit des Vorliegens eines der Verweigerungsgründe des Abs. 2 besteht (s. Rdn. 170). Erweist sich später, dass die Verweigerung unberechtigt war, kommt dies für den Arbeitgeber zu spät. Gleiches gilt, wenn Streit darüber besteht, ob überhaupt ein von § 11 Abs. 5 AÜG erfasster Fall der Arbeitnehmerüberlassung vorliegt. So findet die Vorschrift nur in den Fällen der erlaubnispflichtigen Arbeitnehmerüberlassung Anwendung. Der Betriebsrat ist aber auch in anderen Fällen des Drittpersonaleinsatzes – außerhalb des Arbeitskampfes – nach § 99 zu beteiligen (s. Rdn. 39 ff.). Könnte der Betriebsrat nun in allen Fällen, in denen Streit darüber besteht, ob es sich um einen Fall der erlaubnispflichtigen Arbeitnehmerüberlassung handelt, die Zustimmung nach Abs. 2 Nr. 1 verweigern mit der Folge, dass der Arbeitgeber die Zustimmung erst gerichtlich ersetzen lassen müsste, damit in diesem Verfahren die Frage eines Verstoßes gegen § 11 Abs. 5 AÜG geklärt werden kann, und dürfte er damit die betreffenden Personen ohne Zustimmung des Betriebsrats nicht beschäftigen, so wäre dies durchaus geeignet, das Gleichgewicht zwischen den Kampfparteien zu beeinflussen. Dies spricht dafür, in solchen Fällen das Mitbestimmungsrecht auszuschließen. Ansonsten erhielten die (verfassungsrechtlichen) Bedenken, die ohnehin gegen das Verbot erhoben werden, noch stärkeres Gewicht (s. hierzu *Boemke* ZfA 2017, 1 ff.; *Franzen* RdA 2015, 141 [150 f.]; *Henssler* RdA 2016, 18 [24]; *Lembke* BB 2014, 1333 [1340]; *ders.*, NZA 2017, 1 [11]; *Willemsen/Mehrens* NZA 2015, 897 [901]; hiergegen *Deinert* RdA 2017, 65 [78]; *Klein/Leist* SR 2017, 31 ff.).

24 Ist eine personelle Maßnahme aufgrund der Arbeitskampfsituation ohne Mitwirkung des Betriebsrats zulässigerweise durchgeführt worden, so lebt das Mitbestimmungsrecht des Betriebsrats in Bezug auf diese Maßnahme nicht wieder auf, wenn der Arbeitskampf beendet ist, da insoweit die tatbestandlichen Voraussetzungen für das Mitbestimmungsrecht nicht mehr vorliegen (*Heinze* Personalplanung, Rn. 437; *Kraft* FS Gerhard Müller, S. 283; **a. M.** *Bachner/DKKW* § 99 Rn. 26; *Fitting* § 99 Rn. 28; *Galperin/Löwisch* § 74 Rn. 13; *von Hoyningen-Huene/Boemke* Die Versetzung, X 5 a. E., S. 226; *Richardi/Thüsing* § 99 Rn. 25).

25 Die Reduzierung der Mitbestimmungsrechte des Betriebsrats in dem geschilderten Umfang tritt auch während eines **rechtswidrigen Streikes** ein. Die Vorschrift des BetrVG über die absolute Friedenspflicht der Betriebspartner erfasst auch diese Situation. Auch in diesem Falle muss es dem Betriebsrat verwehrt sein, die arbeitskampfbedingten Reaktionen des Arbeitgebers zu verzögern oder gar zu blockieren (*Fitting* § 99 Rn. 28; *Kraft* FS Gerhard Müller, S. 272; *Richardi/Thüsing* § 99 Rn. 22; **a. M.** *Huke/HWGNRH* § 99 Rn. 20; wohl auch *Bachner/DKKW* § 99 Rn. 25). Die sich aus § 2 Abs. 1 ergebende betriebsverfassungsrechtliche Pflicht des Betriebsrats, auf die Beendigung des rechtswidrigen Streikes hinzuwirken, wird dadurch nicht berührt.

26 Ob die Voraussetzungen für das Fehlen des Mitbestimmungsrechtes zum maßgeblichen Zeitpunkt vorlagen, hat in einem Streitfall der Arbeitgeber darzutun und zu beweisen; die Zweckmäßigkeit der Maßnahme selbst entzieht sich allerdings der gerichtlichen Prüfung.

2. Die einzelnen personellen Maßnahmen

27 Von § 99 erfasst werden vier **abschließend aufgezählte** personelle Einzelmaßnahmen, nämlich Einstellung, Eingruppierung, Umgruppierung und Versetzung. Das Mitbestimmungsrecht des Betriebsrats greift daher nur ein, wenn der Arbeitgeber eine dieser genannten Maßnahmen durchführen will.

a) Einstellung

aa) Einstellungsbegriff

28 Der Begriff »Einstellung« wird – anders als der der Versetzung (vgl. § 95 Abs. 3) – vom Gesetz nicht näher definiert. Nach der mittlerweile **st. Rspr.** des *BAG* liegt eine Einstellung i. S. d. § 99 vor, wenn Personen **in den Betrieb des Arbeitgebers eingegliedert** werden, um zusammen mit den dort schon beschäftigten Arbeitnehmern dessen arbeitstechnischen Zweck durch weisungsgebundene Tätigkeit zu verwirklichen. Auf das Rechtsverhältnis, in dem diese Personen zum Arbeitgeber als Betriebsinhaber stehen, kommt es nicht an. Maßgebend ist, ob die von ihnen zu verrichtenden Tätigkeiten **ihrer Art nach weisungsgebundene Tätigkeiten** sind, die der Verwirklichung des arbeitstechnischen Zwecks des Betriebs zu dienen bestimmt sind und deshalb vom Arbeitgeber organisiert werden müssen (grdl. *BAG* 15.04.1986 EzA § 99 BetrVG 1972 Nr. 50 = AP Nr. 35 zu § 99 BetrVG 1972 unter B II 2a; bestätigt durch *BAG* 18.04.1989 EzA § 99 BetrVG 1972 Nr. 73 = AP Nr. 65 zu § 99 BetrVG 1972 unter II 3; aus neuerer Zeit *BAG* 08.11.2016 AP Nr. 152 zu § 99 BetrVG 1972 Rn. 14; 13.12.2016 NZA 2017, 525 Rn. 24, jeweils m. w. N.). Die Literatur folgt dieser Rechtsprechung weitgehend (vgl. nur *Bachner/DKKW* § 99 Rn. 38 ff.; *Fitting* § 99 Rn. 33; *Preis/WPK* § 99 Rn. 5 ff.; *Richardi* NZA 2009, 1 ff.; *Richardi/Thüsing* § 99 Rn. 33; abl. dagegen *Bengelsdorf* FS *Kreutz*, S. 41 [51 ff.]; *Huke/HWGNRH* § 99 Rn. 24 ff.; *Hunold* NZA 1990, 461 ff.). Aus dieser Begriffsbestimmung lassen sich mehrere grundlegende Weichenstellungen entnehmen. Zum einen sieht das *BAG* den für die Mitbestimmung maßgeblichen Umstand nicht in der Begründung des Arbeitsverhältnisses, welche regelmäßig in dem Abschluss des Arbeitsvertrages liegt, sondern **in der tatsächlichen Beschäftigung** und in der Zuweisung eines Arbeitsbereiches im Betrieb (*BAG* 28.04.1992 EzA § 99 BetrVG 1972 Nr. 106 unter B II 3). Zum anderen besteht das Mitbestimmungsrecht auch dann, wenn

Personen beschäftigt werden, die **in keinem Arbeitsverhältnis zum Betriebsinhaber** stehen (*BAG* 13.05.2014 EzA § 99 BetrVG 2001 Einstellung Nr. 19 Rn. 18). Eine Einstellung setzt also nicht voraus, dass die Person während ihrer Tätigkeit Arbeitnehmer des Betriebes ist (s. a. Rdn. 15). Dies bedeutet einmal, dass die Beschäftigung nicht auf der Grundlage eines Vertragsverhältnisses zwischen diesen Personen und dem Betriebsinhaber erfolgen muss. Es ist vielmehr gleichgültig, ob sich die Befugnis des Arbeitgebers zum Einsatz der Personen im Rahmen der arbeitstechnischen Zwecksetzung des Betriebes aus einer eigenen Vertragsbeziehung zu dem Beschäftigten, aus einer Vertragsbeziehung zu einem Dritten oder aus anderen Rechtsgrundlagen ergibt. Ebenso wenig ist aber erforderlich, dass die beschäftigte Person überhaupt Arbeitnehmer (und sei es auch Arbeitnehmer eines Dritten) ist. Es genügt vielmehr, wenn ein Rechtsverhältnis besteht, kraft dessen der Betriebsinhaber die Person (aus eigenem oder abgeleitetem Recht) im Betrieb im Rahmen weisungsgebundener Tätigkeit beschäftigen kann (näher hierzu Rdn. 39 ff.).

Nach der **früheren ständigen Rechtsprechung** des *BAG* war hingegen unter »Einstellung« i. S. v. **29** § 99 sowohl die **Begründung eines Arbeitsverhältnisses** als auch die zeitlich damit zusammenfallende, vorhergehende oder auch nachfolgende **tatsächliche Arbeitsaufnahme** in einem bestimmten Betrieb zu verstehen (*BAG* 14.05.1974 EzA § 99 BetrVG 1972 Nr. 6, 16.07.1985 EzA § 99 BetrVG 1972 Nr. 40 = AP Nr. 2 [*Kraft*], 21 [*Kraft*] zu § 99 BetrVG 1972; 10.09.1985 EzA § 99 BetrVG 1972 Nr. 41 = AP Nr. 3 zu § 117 BetrVG 1972), wobei das Mitbestimmungsrecht durch die zeitlich erste Maßnahme ausgelöst wurde (*LAG Berlin* 27.09.1982 DB 1983, 776). Diese Auffassung war in der Vergangenheit in der Literatur herrschend (vgl. z. B. *Dietz/Richardi* 5. Aufl. 1973, § 99 Rn. 10; *Hueck/Nipperdey* II/2, S. 1416; wohl auch *Nikisch* III, S. 445) und wird auch heute noch vertreten (*Bengelsdorf* FS *Kreutz*, S. 41 [51 ff.]; *Fitting* § 99 Rn. 30 ff.; *Huke/HWGNRH* § 99 Rn. 22; *Stege/Weinspach/Schiefer* §§ 99–101 Rn. 12). In neuerer Zeit finden sich allerdings auch in der Literatur immer mehr Stimmen, die als Einstellung allein die tatsächliche »Zuweisung des Arbeitsbereiches« (*Richardi/Thüsing* § 99 Rn. 29, 32) oder die tatsächliche Eingliederung in den Betrieb (*Bachner/DKKW* § 99 Rn. 39; *Galperin/Löwisch* § 99 Rn. 10 ff.; *Heinze* Personalplanung, Rn. 192 ff.; *von Hoyningen-Huene* Betriebsverfassungsrecht, S. 313; *Hromadka* Anm. zu AP Nr. 98 zu § 99 BetrVG 1972; *Kaiser/LK* § 99 Rn. 6; *Matthes/*MünchArbR 2. Aufl., § 352 Rn. 7 ff.; vgl. auch *Schmitz* AuR 1983, 273; *von Friesen* BB 1984, 677 [679]) betrachten. Auch das *BAG* hatte bereits 1974 (*BAG* 14.05.1974 EzA § 99 BetrVG 1972 Nr. 6 = AP Nr. 2 zu § 99 BetrVG 1972 [*Kraft*]) in Bezug auf die Beschäftigung von Leiharbeitnehmern nach dem Arbeitnehmerüberlassungsgesetz die Meinung vertreten, entscheidend für die Einstellung i. S. d. Betriebsverfassungsgesetzes sei nicht der Abschluss eines Arbeitsvertrages mit dem Arbeitgeber des Entleiherbetriebs, sondern die Eingliederung in dessen Betrieb.

Für die normale Einstellung von Arbeitnehmern ist jedenfalls **an der früher h. M. zum Begriff der** **30** **Einstellung festzuhalten** (ebenso *Fitting* § 99 Rn. 31 f.; *Preis/WPK* § 99 Rn. 15; *Schlochauer/HSWG* § 99 Rn. 17; *Loritz/ZLH* Arbeitsrecht § 52 Rn. 9). Würde man unter der Einstellung stets die tatsächliche Eingliederung in den Betrieb verstehen, müsste der Betriebsrat konsequenterweise erst beteiligt werden, bevor der Arbeitnehmer seine Tätigkeit im Betrieb aufnimmt. Das *BAG* hat aber zu Recht festgestellt, dass der Betriebsrat bereits vor Abschluss des Arbeitsvertrags zu unterrichten sei, weil mit dem Vertragsabschluss »praktische Zwänge geschaffen (werden), die den Betriebsrat zwar rechtlich nicht hindern, seine Zustimmung zur geplanten Beschäftigung gleichwohl zu verweigern, diesen aber auch mit Rücksicht auf das von ihm zu wahrende Wohl des Betriebes und des einzustellenden, bereits vertraglich gebundenen Arbeitnehmers veranlassen können, von einem gegebenen Zustimmungsverweigerungsrecht keinen Gebrauch zu machen« (*BAG* 28.04.1992 EzA § 99 BetrVG 1972 Nr. 106 = AP Nr. 98 zu § 99 BetrVG 1972 [*Hromadka*] unter III 1). So kann gerade die Tatsache, dass der Arbeitgeber bei einer Verweigerung der Zustimmung nach Abschluss des Arbeitsvertrags vor der Situation steht, den Arbeitnehmer zwar nicht beschäftigen zu können, aber dennoch zur Zahlung der Vergütung verpflichtet zu sein, den Betriebsrat dazu veranlassen, etwaige Bedenken im Interesse des Betriebs zurückzustellen. Eine von solchen Zwängen freie Entscheidung ist daher nur gewährleistet, wenn der Betriebsrat in einem Stadium beteiligt wird, in dem die endgültige Entscheidung noch offen ist und noch keine Fakten geschaffen worden sind, mithin vor Abschluss des Arbeitsvertrags (*Fitting* § 99 Rn. 31). Die Tatsache, dass der ohne Zustimmung des Betriebsrats geschlossene Arbeitsvertrag individualrechtlich wirksam ist (s. dazu Rdn. 176), spricht daher nicht gegen, sondern eher für die Ansicht, bereits in dem Vertragsabschluss die mitbestimmungsauslösende Maßnahme zu sehen, sofern dieser vor der tatsächlichen Arbeitsaufnahme erfolgt (abw. *Hromadka* Anm. zu AP Nr. 98 zu § 99 BetrVG 1972: Einstellung sei die tatsächliche Beschäftigung, der Betriebsrat habe aber ein Recht auf frühzeitige Information und Vorverlegung des Zustimmungszeitpunktes).

31 Die Regelung des § 99 lässt durchaus den Schluss zu, dass **Einstellung grundsätzlich der Abschluss des Arbeitsvertrages** ist, der zwar zeitlich der tatsächlichen Eingliederung vorausgehen, mit ihr aber auch zusammenfallen kann, zumal der Abschluss des Vertrages formfrei möglich ist (ebenso *Fitting* § 99 Rn. 31 f.). Eine Arbeitsaufnahme ohne zumindest gleichzeitigen konkludenten Vertragsschluss, also ohne oder gegen den Willen des Arbeitgebers, ist keine Einstellung (**a. M.** offenbar *Heinze* Personalplanung, Rn. 199). § 99 Abs. 1 spricht von »Bewerbungsunterlagen«, von dem »in Aussicht genommenen Arbeitsplatz« und von der »vorgesehenen Eingruppierung«. § 99 Abs. 2 Nr. 6 differenziert zwischen dem »in Aussicht genommenen Bewerber« und einem »Arbeitnehmer«. All dies deutet darauf hin, dass der Betriebsrat nach der Vorstellung des Gesetzes bereits zu beteiligen ist, noch ehe aus dem Bewerber, der für einen Arbeitsplatz in Aussicht genommen wurde, durch Vertragsschluss ein Arbeitnehmer des Betriebes geworden ist, der – und das ist die Regel – durch den Vertrag für einen bestimmten Arbeitsbereich »eingestellt« wird und dem im Arbeitsvertrag eine bestimmte Vergütung zugesagt ist (jetzt auch *Fitting* § 99 Rn. 31). Diese Sicht entspricht auch dem allgemeinen Sprachgebrauch in der Wirtschaft. Wenn ein Arbeitgeber bereit ist, jemanden einzustellen, ist er bereit, einen Arbeitsvertrag mit ihm abzuschließen und den Arbeitnehmer dann entsprechend zu beschäftigen. Auch der DUDEN (Deutsches Universalwörterbuch, 2011) definiert »einstellen« als »Jemand in ein Arbeitsverhältnis nehmen«.

32 Von **Bedeutung ist die Streitfrage** für den Regelfall, in dem ein Arbeitsverhältnis zum Betriebsinhaber begründet wird, im Übrigen nur, wenn zwischen Vertragsschluss und dem für die Aufnahme der Beschäftigung vorgesehenen Termin ein längerer Zeitraum liegt. Aber auch dann werden bereits durch den Vertragsschluss, der ja den Arbeitgeber auch zur tatsächlichen Beschäftigung verpflichtet, die Interessen berührt, die der Betriebsrat im Rahmen des § 99 zu wahren hat. Schon zum BetrVG 1952 hat deshalb *Nikisch* (III, S. 445) die Meinung vertreten, dass die stärkeren Gründe für eine Unterrichtung des Betriebsrats vor Vertragsschluss sprechen (so auch BAG 28.04.1992 EzA § 99 BetrVG 1972 Nr. 106 = AP Nr. 98 zu § 99 BetrVG 1972 unter B III). Einstellung i. S. v. § 99 ist daher grundsätzlich der Abschluss des Arbeitsvertrages.

33 Zu beachten ist, dass die personellen Maßnahmen im Grundsatz **betriebsbezogen zu bestimmen** sind. Aus diesem Grunde kann eine Einstellung auch dann vorliegen, wenn bereits ein Arbeitsverhältnis zum Inhaber des Betriebs besteht, sofern dieses Arbeitsverhältnis bisher außerhalb der arbeitsorganisatorischen Einheit des Betriebs vollzogen wurde. Richtig am Begriff der Eingliederung ist also, dass eine Einstellung auch bei schon zuvor bestehendem Arbeitsverhältnis zum Betriebsinhaber gegeben ist, wenn dem Arbeitnehmer **erstmals ein Arbeitsplatz in dem Betrieb zugewiesen** wird. Dies ist etwa dann der Fall, wenn ein Arbeitnehmer in einen anderen Betrieb des Unternehmens abgeordnet wird. In diesem Fall stellt sich die Maßnahme aus Sicht des aufnehmenden Betriebs als erstmalige Eingliederung und damit als Einstellung dar, bei der der Betriebsrat nach § 99 zu beteiligen ist (ganz h. M.; vgl. nur BAG 16.12.1986 EzA § 99 BetrVG 1972 Nr. 54 = AP Nr. 40 zu § 99 BetrVG 1972; s. a. Rdn. 121 ff.).

34 Eine erstmalige Eingliederung dürfte vielfach auch dann vorliegen, wenn Arbeitnehmer im Rahmen der Einführung von **Matrix-Strukturen** (hierzu § 7 Rdn. 52 ff.) der jeweiligen steuernden Einheit zugewiesen werden (*Kort* NZA 2013, 1318 [1325]). Diese Einheit ist – sofern sie keinen eigenständigen Betrieb bildet – organisatorisch einem bestimmten Betrieb zugeordnet. Wechselt ein Arbeitnehmer von einem anderen Betrieb in diese operative Einheit, so wird er erstmals in diese eingegliedert, so dass der für diese Einheit zuständige Betriebsrat unter dem Gesichtspunkt der Einstellung zu beteiligen ist. Eine Einstellung wird aber auch dann angenommen, wenn leitenden Mitarbeitern im Zusammenhang mit der Bildung betriebs- oder unternehmensübergreifender Funktions- und Aufgabenbereiche eine **Vorgesetztenstellung** in Bezug auf Arbeitnehmer anderer Betriebe **übertragen** wird (*LAG Baden-Württemberg* 28.05.2014 BB 2014, 2298 [2301 ff.]; *LAG Berlin-Brandenburg* 17.06.2015 LAGE § 99 BetrVG 2001 Nr. 26 Rn. 20; *Bachner/DKKW* § 99 Rn. 39; *Fitting* § 99 Rn. 37a; *Witschen* RdA 2016, 38 [47]). Dies wird damit begründet, dass die Arbeitnehmer operative Aufgaben in dem Betrieb über-

nähmen, in dem die ihnen unterstellten Arbeitnehmer eingesetzt sind, und damit selbst als Arbeitnehmer in diesen Betrieb eingegliedert würden. Daher sei der Betriebsrat dieses Betriebs nach § 99 Abs. 1 zu beteiligen. Dies gelte auch dann, wenn die Mitarbeiter ihre Arbeitsanweisungen aus ihrem bisherigen, räumlich in einer anderen Betriebsstätte befindlichen Büro erteilten (*LAG Baden-Württemberg* 28.05.2014 BB 2014, 2298 [2301 f.]; *LAG Berlin-Brandenburg* 17.06.2015 LAGE § 99 BetrVG 2001 Nr. 26 Rn. 20). Allein die Übertragung der Vorgesetztenstellung dürfte freilich kaum ausreichen, um eine Einstellung annehmen zu können. Voraussetzung für eine Eingliederung ist vielmehr, dass der Arbeitnehmer selbst im Rahmen des arbeitstechnischen Zweckes des Betriebs weisungsgebundene Tätigkeit verrichtet. Man wird daher wohl verlangen müssen, dass der leitende Mitarbeiter ebenfalls den Weisungen des Inhabers des Betriebs unterliegt, dem die ihm unterstellten Arbeitnehmer zuzuordnen sind (zutr. *Ricken* ZfA 2016, 535 [544 ff.]; wohl auch *Witschen* RdA 2016, 38 [47]).

Ob der Arbeitsvertrag **fehlerfrei** geschlossen ist **oder** an **Mängeln** leidet, spielt für die Anwendbarkeit des § 99 keine Rolle. Für die Einstellung genügt, wie für die Annahme eines sog. fehlerhaften Arbeitsverhältnisses, eine zumindest »natürliche« Willenseinigung zwischen Arbeitgeber und Arbeitnehmer (*Fitting* § 99 Rn. 49; *Hergenröder / ZLH* Arbeitsrecht, § 14 Rn. 5; *Huke / HWGNRH* § 99 Rn. 33; *Stege / Weinspach / Schiefer* § 99–101 Rn. 14; vgl. auch *BAG* 16.03.1972 AP Nr. 11 zu § 611 BGB Lehrer, Dozenten). 35

Fraglich ist, ob eine Einstellung i. S. v. § 99 auch vorliegt, wenn ein **befristetes Arbeitsverhältnis verlängert** oder **in ein unbefristetes umgewandelt** wird, das sich ohne Unterbrechung an das befristete Arbeitsverhältnis anschließt. Zwar besteht hier bereits ein Arbeitsverhältnis, der Arbeitnehmer ist auch in den Betrieb eingegliedert. Dennoch wird von der h. M. ein Mitbestimmungsrecht bejaht, weil der Betriebsrat sich zur Zeit der Einstellung nur zur befristeten Einstellung äußern konnte, so dass vom Zweck des § 99 her auch in diesem Falle, in dem sich die zeitliche Dimension und damit unter Umständen die Auswirkungen auf die Belegschaft ändern, eine erneute Zustimmung erforderlich sei (*BAG* 28.10.1986 EzA § 118 BetrVG 1972 Nr. 38 = AP Nr. 32 zu § 118 BetrVG 1972; 07.08.1990 EzA § 99 BetrVG 1972 Nr. 91 = AP Nr. 82 zu § 99 BetrVG 1972; 25.01.2005 EzA § 99 BetrVG 2001 Einstellung Nr. 3 = AP Nr. 114 zu § 87 BetrVG 1972 Arbeitszeit unter B II 1b; zuletzt *BAG* 23.06.2009 EzTöD 100 § 2 TVöD-AT Mitbestimmung Nr. 5 = AP Nr. 59 zu § 99 BetrVG 1972 Einstellung Rn. 32; *Bachner / DKKW* § 99 Rn. 47; *Fitting* § 99 Rn. 38; *Richardi / Thüsing* § 99 Rn. 39; **a. M.** *Heinze* Personalplanung, Rn. 202 Fn. 242; *Stege / Weinspach / Schiefer* §§ 99–101 Rn. 19f, g; krit. auch *Huke / HWGNRH* § 99 Rn. 31). Besonders problematisch erscheint, dass das *BAG* eine Einstellung auch dann annimmt, wenn der Arbeitgeber ein **befristetes Arbeitsverhältnis nach § 16 Satz 1 TzBfG fortsetzt**, nachdem der Arbeitnehmer erfolgreich die Unwirksamkeit der Befristung nach § 17 TzBfG geltend gemacht hat (*BAG* 27.10.2010 EzA § 99 BetrVG 2001 Einstellung Nr. 15 = AP Nr. 133 zu § 99 BetrVG 1972 *[von Hoyningen-Huene]* Rn. 26). Hier fragt sich wobei der Betriebsrat noch mit-bestimmen soll, da der Arbeitgeber gar keine Wahl hat, sondern zur Weiterbeschäftigung verpflichtet ist (s. a. Rdn. 57 f.). Im umgekehrten Fall, d. h. wenn ein **unbefristetes Arbeitsverhältnis in ein befristetes Arbeitsverhältnis umgewandelt** wird, liegt dagegen keine Einstellung vor (*LAG Baden-Württemberg* 04.03.2015 LAGE § 14 TzBfG Nr. 92 Rn. 76; *Fitting* § 99 Rn. 38). Einer erneuten Beteiligung des Betriebsrats bedarf es auch dann nicht, wenn ein befristetes Probearbeitsverhältnis nach Ablauf der Probezeit in ein unbefristetes Arbeitsverhältnis umgewandelt wird und der Betriebsrat über diese Zielsetzung im Verfahren nach § 99 vor Abschluss des Probearbeitsverhältnisses informiert worden war (vgl. *BAG* 07.08.1990 EzA § 99 BetrVG 1972 Nr. 91 = AP Nr. 82 zu § 99 BetrVG 1972; *Bachner / DKKW* § 99 Rn. 47). 36

Das *BAG* hat eine Einstellung auch bejaht, wenn ein **Arbeitsverhältnis, das kraft Tarifvertrag mit dem 65. Lebensjahr endet, verlängert wird** (*BAG* 18.07.1978 EzA § 99 BetrVG 1972 Nr. 21 = AP Nr. 9 zu § 99 BetrVG 1972 [abl. *Kraft*] = DB 1978, 2319; 12.07.1988 EzA § 99 BetrVG 1972 Nr. 59 = AP Nr. 54 zu § 99 BetrVG 1972; zust. *Bachner / DKKW* § 99 Rn. 47; *Fitting* § 99 Rn. 39; *Matthes* / MünchArbR § 263 Rn. 12). Der Ansicht des *BAG* kann nicht zugestimmt werden. Nach allgemeiner Auffassung liegt trotz des vereinbarten Endzeitpunktes von Anfang an ein unbefristetes Arbeitsverhältnis vor. Durch die Verlängerung wird lediglich der ursprünglich vorgesehene Beendigungsgrund im beiderseitigen Einvernehmen aufgehoben. Die Annahme einer auflösenden Bedingung, bei der die Interessenlage ähnlich sei wie bei einer Befristung (so *Weller* JArbR Bd. 28 [1990], 37

1991, S. 135 [159]), trifft die Situation nicht. Dass der Betriebsrat eventuell unter arbeitsmarktpolitischen Gründen ein Interesse daran hat, dass der Arbeitsplatz wie ursprünglich vorgesehen für andere Arbeitnehmer frei wird, kann das Mitbestimmungsrecht nach § 99 nicht begründen (wie hier *Gumpert* BB 1978, 1718; *Heinze* Personalplanung, Rn. 202 Fn. 292; *Huke/HWGNRH* § 99 Rn. 31; *Richardi* NZA 2009, 1 [2] mit zutr. Hinweis auf die Rechtslage im BPersVG; *Richardi/Thüsing* § 99 Rn. 42; *Stege/Weinspach/Schiefer* §§ 99–101 Rn. 19h). Gleiches gilt, wenn eine wirksame einzelvertragliche Regelung über das Ende des Arbeitsverhältnisses (vgl. § 41 Satz 2 SGB VI) durch Aufhebungsvertrag wieder beseitigt oder das Ende des Arbeitsverhältnisses durch eine nachträgliche Vereinbarung hinausgeschoben (§ 41 Satz 3 SGB VI) wird (**a. M.** konsequenterweise *Fitting* § 99 Rn. 39).

38 Dagegen muss bei **Übernahme eines Auszubildenden** in ein Arbeitsverhältnis, auch wenn sie nach § 24 BBiG erfolgt (*Fitting* § 99 Rn. 52), § 99 grundsätzlich angewandt werden, und zwar einmal, weil damit ein zunächst befristetes Vertragsverhältnis (§ 21 Abs. 2 und 3 BBiG) verlängert wird, und zum anderen, weil sich aufgrund der Veränderung der Position des Arbeitnehmers auch die Beurteilungsgesichtspunkte für den Betriebsrat in Bezug auf die Einstellung ganz anders darstellen können als bei der Begründung des Ausbildungsverhältnisses (*Bachner/DKKW* § 99 Rn. 47; *Richardi/Thüsing* § 99 Rn. 46; **a. M.** *Huke/HWGNRH* § 99 Rn. 38; *Stege/Weinspach/Schiefer* §§ 99–101 Rn. 19m). Bei Weiterbeschäftigung nach § 78a besteht hingegen zumindest unter dem Gesichtspunkt der Einstellung kein Mitbestimmungsrecht des Betriebsrats (*Bachner/DKKW* § 99 Rn. 51; *Fitting* § 99 Rn. 52; *Oetker* § 78a Rdn. 97; *Stege/Weinspach/Schiefer* §§ 99–101 Rn. 19m; s. Rdn. 53; zur Frage der Mitbestimmung unter dem Gesichtspunkt der Versetzung s. Rdn. 112).

bb) Ausweitung des Einstellungsbegriffs

(1) Rechtsprechung

39 Ausgehend von der Rechtsprechung zur Anwendung von § 99 bei der Beschäftigung von Leiharbeitnehmern (s. Rdn. 15) vertritt das *BAG* seit der Entscheidung vom 15.04.1986 (EzA § 99 BetrVG 1972 Nr. 50 = AP Nr. 35 zu § 99 BetrVG 1972 [Taxiunternehmer]), die Auffassung, eine **mitbestimmungspflichtige Einstellung** liege immer vor, wenn **Personen in den Betrieb eingegliedert werden**, um zusammen mit den im Betrieb bereits beschäftigten Arbeitnehmern den arbeitstechnischen Zweck des Betriebs durch weisungsgebundene Tätigkeit zu verwirklichen. Eingegliedert sei, wer **ihrer Art nach weisungsgebundene Tätigkeit** verrichte, die der Arbeitgeber organisiere (*BAG* 18.04.1989 EzA § 99 BetrVG 1972 Nr. 73, 01.08.1989 EzA § 99 BetrVG 1972 Nr. 75, 03.07.1990 EzA § 99 BetrVG 1972 Nr. 90 = AP Nr. 65, 68, 81 zu § 99 BetrVG 1972; 19.06.2001 EzA § 99 BetrVG 1972 Einstellung Nr. 9 [*Boch*] = AP Nr. 35 zu § 99 BetrVG Einstellung [*Waas*]; 12.11.2002 EzA § 99 BetrVG 2001 Nr. 2 = AP Nr. 43 zu § 99 BetrVG 1972 Einstellung; zuletzt etwa *BAG* 08.11.2016 AP Nr. 152 zu § 99 BetrVG 1972 Rn. 14; 13.12.2016 NZA 2017, 525 Rn. 24 m. w. N.; s. a. Rdn. 15 und Rdn. 28). Maßgeblich sei, ob der Beschäftigte so in die betriebliche Arbeitsorganisation integriert sei, dass der Arbeitgeber das für ein Arbeitsverhältnis typische Weisungsrecht innehabe und die Entscheidung über den Einsatz nach Inhalt, Ort und Zeit treffe (*BAG* 01.12.1992 EzA § 99 BetrVG 1972 Nr. 110; 08.11.2016 AP Nr. 152 zu § 99 BetrVG 1972 Rn. 14). Dagegen **komme es nicht darauf an**, ob die Personen in einem **Arbeitsverhältnis zu dem Betriebsinhaber** stehen. Das Arbeitsverhältnis könne auch mit einem Dritten bestehen, sofern der Betriebsinhaber das Weisungsrecht ausüben könne. Auch müsse das Rechtsverhältnis kein Arbeitsverhältnis sein, sofern die Personen wie Arbeitnehmer eingesetzt werden könnten. So könne das Rechtsverhältnis zum Betriebsinhaber auch ein Dienst- oder Werkvertrag sein (*BAG* 13.05.2014 EzA § 99 BetrVG 2001 Einstellung Nr. 19 Rn. 18). Das *BAG* stützt diese Ausweitung des Einstellungsbegriffs auf den Zweck des Mitbestimmungsrechts, das vorrangig der Wahrung der Interessen der vom Betriebsrat vertretenen Belegschaft, also im Falle der Einstellung der bereits im Betrieb beschäftigten Arbeitnehmer diene (*BAG* 02.10.2007 EzA § 99 BetrVG 2001 Einstellung Nr. 7 Rn. 19; s. a. Rdn. 15). Dies zeigten etwa die Zustimmungsverweigerungsgründe des Abs. 2 Nr. 3, Nr. 5 und Nr. 6 (*BAG* 09.10.2013 EzA § 99 BetrVG 2001 Versetzung Nr. 11 Rn. 15).

40 Das *BAG* hat mit dieser Begründung zum einen die Beschäftigung von Personen als Einstellung angesehen, die als **Selbständige** im Rahmen eines Dienstvertrages im Betrieb Aufgaben übernehmen. Bejaht wurde ein Mitbestimmungsrecht in einem Fall, in dem selbständige **Taxiunternehmer**, die sich

zu einer Interessengemeinschaft zusammengeschlossen hatten, aufgrund einer Absprache zwischen der Interessengemeinschaft und einem Fahrdienst für Behinderte, der die Fahrten unter anderem durch die Taxiunternehmer durchführen ließ, in der von dem Fahrdienst organisierten und mit eigenen Arbeitnehmern des Fahrdienstes betriebenen Taxizentrale mitarbeiteten, wenn einer der in der Taxizentrale beschäftigten Arbeitnehmer ausfiel (*BAG* 15.04.1986 EzA § 99 BetrVG 1972 Nr. 50 = AP Nr. 35 zu § 99 BetrVG 1972 unter B II 2). Ebenso wurde die Beschäftigung von **Honorarlehrkräften**, die in einer Einrichtung der Erwachsenenbildung neben festangestellten Lehrkräften eingesetzt wurden, als Einstellung eingeordnet. Dabei stellte das *BAG* darauf ab, dass die von den Lehrkräften zu erbringenden Arbeiten vom Arbeitgeber zu organisieren seien. Darauf, ob den Lehrkräften Weisungen erteilt würden, komme es nicht an (*BAG* 03.07.1990 EzA § 99 BetrVG 1972 Nr. 90 = AP Nr. 81 zu § 99 BetrVG 1972 unter B III 2). Mit einer ähnlichen Argumentation hat das Gericht eine Einstellung bei Beschäftigung von **freien Mitarbeitern** an einer Sprachschule bejaht und zum Beleg der Verantwortlichkeit des Arbeitgebers für die Arbeitsorganisation darauf verwiesen, dass alle Lehrkräfte an den Lehrplan gebunden seien und nach einer einheitlichen Methode zu unterrichten hätten (*BAG* 27.07.1993 EzA § 99 BetrVG 1972 Nr. 115 = AP Nr. 3 zu § 93 BetrVG 1972 unter B I 2; s. a. *BAG* 15.12.1998 EzA § 80 BetrVG 1972 Nr. 43 = AP Nr. 56 zu § 80 BetrVG 1972 *[Wank]* unter B II 2 a zu freien Mitarbeitern in einem Verlagsunternehmen). Verneint hat das *BAG* dagegen eine Einstellung im Falle der Beschäftigung von **freien Handelsvertretern** einer Großbank, die sich im Außendienst in enger Abstimmung mit den in den Filialen tätigen angestellten Kundenberatern um die Privatkunden kümmern, die während der Geschäftsöffnungszeiten keine Zeit für ein ausführliches Beratungsgespräch haben (*BAG* 30.08.1994 EzA § 99 BetrVG 1972 Nr. 125 = AP Nr. 6 zu § 99 BetrVG 1972 Einstellung).

Da es auf den Charakter des Rechtsverhältnisses zum Betriebsinhaber nach Ansicht der Rspr. nicht **41** ankommt, wurde eine Einstellung zudem bei einem **ehrenamtlichen Einsatz** von Mitgliedern des **Deutschen Roten Kreuzes** im Rahmen des DRK-eigenen Rettungsdienstes (*BAG* 12.11.2002 EzA § 99 BetrVG 2001 Nr. 2 = AP Nr. 43 zu § 99 BetrVG 1972 Einstellung) angenommen. Eine Einstellung liege außerdem bei einer Beschäftigung von **Vereinsmitgliedern innerhalb der DRK-Schwesternschaft** vor. Die Schwesternschaften sind Vereine des privaten Rechts und beschäftigen außer ihren Mitgliedern auch Arbeitnehmer in regulären Arbeitsverhältnissen, allerdings vielfach nicht in eigenen Einrichtungen, sondern aufgrund von Gestellungsverträgen in Einrichtungen der Kranken- und Altenpflege anderer Träger. Eine Einstellung kann nach Ansicht des *BAG* einmal angenommen werden, wenn ein neues Vereinsmitglied aufgenommen wird, da die Mitglieder im Verhältnis zur Schwesternschaft wie Arbeitnehmer zur Arbeitsleistung verpflichtet seien und deren Weisungsrecht unterlägen. Hier sei daher der in dem Verein gebildete Betriebsrat zu beteiligen (*BAG* 23.06.2010 EzA § 99 BetrVG 2001 Einstellung Nr. 13 = AP Nr. 60 zu § 99 BetrVG 1972 Einstellung *[Hamann]* Rn. 14 ff.; 09.10.2013 EzA § 99 BetrVG 2001 Versetzung Nr. 11 = AP Nr. 54 zu § 99 BetrVG 1972 Versetzung Rn. 15). Werde das Vereinsmitglied aufgrund eines zwischen der Schwesternschaft und dem Träger eines Klinikums geschlossenen Gestellungsvertrages im Pflegedienst des Krankenhauses tätig, sei außerdem auch aus Sicht des Krankenhauses eine Einstellung gegeben, so dass der dort gebildete Betriebsrat zu beteiligen sei (*BAG* 21.02.2017 NZA 2017, 662 Rn. 17). Die Vereinsmitglieder seien dort eingegliedert, weil der Arbeitgeber aufgrund des Gestellungsvertrags ihnen gegenüber die typischen Weisungsbefugnisse ausüben könne, auch wenn sie dadurch nicht zu Arbeitnehmern des Einsatzbetriebs werden (s. § 7 Rdn. 143).

Eine Einstellung kann nach Ansicht des *BAG* auch dann vorliegen, wenn Personen im Rahmen eines **42** besonderen **öffentlich-rechtlichen Dienstverhältnisses** aufgrund einer Zuweisung durch Verwaltungsakt bei einem privatrechtlich organisierten Arbeitgeber tätig werden. So wurde etwa eine Mitbestimmung bei der Beschäftigung von **Zivildienstleistenden** (*BAG* 19.06.2001 EzA § 99 BetrVG 1972 Einstellung Nr. 9 *[Boch]* = AP Nr. 35 zu § 99 BetrVG 1972 Einstellung *[Waas]*) bejaht. Der Betriebsrat sei insoweit vor der Stellung des Antrags auf Zuweisung eines konkreten Zivildienstleistenden zu beteiligen. Dasselbe müsste – wenn man diesen Maßstab überträgt – für den Dienst von Freiwilligen im Rahmen des **Bundesfreiwilligendienstes** gelten (*ArbG Ulm* 18.07.2012 – 7 BV 10/11 – juris, Rn. 20 f. = AiB 2012, 608 ff.; 07.03.2016 – 4 BV 10/15 – juris, Rn. 20; *Bachner/DKKW* § 99 Rn. 56; *Boemke* jurisPR-ArbR 35/2016 Anm. 4; *Fitting* § 99 Rn. 77; **a. M.** *ArbG Magdeburg*

17.12.2015 – 6 BV 77/15 – juris, Rn. 20 ff.; *G. Becker* NZA 2016, 923 ff.), obwohl auch diese keine Arbeitnehmer des Einsatzbetriebs sind (s. § 5 Rdn. 110).

43 Die meisten Fragen werfen die Fälle des **Fremdfirmeneinsatzes** auf. Hierunter versteht man die Beschäftigung von Personen, die als Erfüllungsgehilfen im Rahmen eines zwischen dem Betriebsinhaber und einem Dritten abgeschlossenen Dienst- oder Werkvertrages ihre im Verhältnis zu dem Dritten vertraglich geschuldete Leistung in dem Betrieb des Auftraggebers erbringen. Unproblematisch sind dabei die Fälle, in denen die Fremdfirmenarbeitnehmer eine ausschließlich von ihrem Arbeitgeber im Rahmen eines Dienst- oder Werkvertrags organisierte, von den übrigen Betriebsabläufen gegenständlich oder räumlich getrennte Arbeitsaufgabe erledigen. Als Beispiel zu nennen ist etwa der klassische Bereich der Ausgliederung bestimmter Aufgaben (Beauftragung von Bewachungsunternehmen statt eines eigenen Werkschutzes, Verpachtung der Kantine an einen externen Betreiber). Problematisch sind dagegen vor allem die Fälle, in denen den Fremdfirmen Aufgaben übertragen werden, die in den Arbeits- und Wertschöpfungsprozess des Betriebs eingebunden sind und daher zwingend nach einer unmittelbaren Zusammenarbeit mit den betriebsangehörigen Arbeitnehmern verlangen. Dabei ist zunächst die **Abgrenzung zur Arbeitnehmerüberlassung** von Bedeutung (hierzu s. § 7 Rdn. 74 ff.). Liegt in Wahrheit Arbeitnehmerüberlassung vor, ist der Betriebsrat nach § 14 Abs. 3 AÜG genauso zu beteiligen wie bei der Einstellung eigener Arbeitnehmer (s. Rdn. 258 ff.). Ob die Übernahme der Leiharbeitnehmer die Voraussetzungen der Einstellung erfüllt (was überwiegend bejaht wird, s. Rdn. 260), ist dann nur noch von theoretisch-dogmatischem Interesse. Die Frage, ob der Betriebsrat des Einsatzbetriebs bei einem Fremdfirmeneinsatz nach § 99 zu beteiligen ist, stellt sich also nur, wenn fest steht, dass es sich nicht um Arbeitnehmerüberlassung handelt. Arbeitnehmerüberlassung ist dadurch gekennzeichnet, dass die Arbeitnehmer »in die Arbeitsorganisation des Entleihers eingegliedert sind und seinen Weisungen unterliegen« (§ 1 Abs. 1 Satz 2 AÜG), mithin die Merkmale, die nach Ansicht des *BAG* für die Eingliederung und damit für die Einstellung i. S. d. § 99 konstitutiv sind. Liegen die Voraussetzungen des § 1 Abs. 1 Satz 2 AÜG nicht vor, so erscheint es folglich konstruktiv nur schwer vorstellbar, dass die Beschäftigung unter dem Gesichtspunkt der Einstellung mitbestimmungspflichtig sein soll.

44 Es ist daher nicht verwunderlich, dass die Rspr. eine Einstellung bei einem Fremdfirmeneinsatz in der Vergangenheit zumeist verneint hat. Zwar hatte es das *BAG* in einer frühen Entscheidung für die Annahme einer mitbestimmungspflichtigen Einstellung genügen lassen, wenn dem Betriebsinhaber die Organisation der Tätigkeit der Fremdfirmenarbeitnehmer obliege und die Tätigkeit der Verwirklichung des arbeitstechnischen Zwecks des Betriebes diene. Ob dem Arbeitnehmer tatsächlich zur Ausführung der Tätigkeit Weisungen erteilt würden, sei demgegenüber unerheblich (so in der »Tallymänner-Entscheidung« *BAG* 01.08.1989 EzA § 99 BetrVG 1972 Nr. 75 = AP Nr. 68 zu § 99 BetrVG 1972 unter B II 2 c). Kurz darauf hat das Gericht aber eine deutlich restriktivere Linie eingeschlagen und entschieden, dass eine der Art nach weisungsgebundene Tätigkeit nur vorliege, wenn die von der Fremdfirma beschäftigten Arbeitnehmer so in die Arbeitsorganisation des Beschäftigungsbetriebes eingegliedert seien, dass der Inhaber dieses Betriebes die **für ein Arbeitsverhältnis typischen Entscheidungen** über den Arbeitseinsatz dieser Personen, insbesondere hinsichtlich Inhalt, Zeit und Ort, treffen und damit die **Personalhoheit** ausüben könne (*BAG* 05.03.1991 EzA § 99 BetrVG 1972 Nr. 99 = AP Nr. 90 zu § 99 BetrVG 1972; 09.07.1991 EzA § 99 BetrVG 1972 Nr. 102 = AP Nr. 94 zu § 99 BetrVG 1972; 01.12.1992 EzA § 99 BetrVG 1972 Nr. 110; 13.12.2005 EzA § 99 BetrVG 2001 Einstellung Nr. 4 unter B I 1 m. w. N., st. Rspr.; zuletzt *BAG* 08.11.2016 AP Nr. 152 zu § 99 BetrVG 1972 Rn. 14). In neuerer Zeit hat das *BAG* betont, dass der Betriebsinhaber **die Arbeitgeberfunktion wenigstens im Sinne einer aufgespaltenen Arbeitgeberstellung teilweise ausüben** müsse. Entscheidend sei, ob ihm aufgrund der bestehenden Weisungsbefugnisse eine betriebsverfassungsrechtlich relevante (partielle) Arbeitgeberstellung zukomme (*BAG* 09.10.2013 EzA § 99 BetrVG 2001 Versetzung Nr. 11 Rn. 15; 13.05.2014 EzA § 99 BetrVG 2001 Einstellung Nr. 19 Rn. 18). Hierfür sei nicht ausreichend, dass die Dienst- oder Werkleistung auf dem Betriebsgelände zu erbringen sei und hinsichtlich Art, Umfang, Güte, Zeit und Ort in den betrieblichen Arbeitsprozess eingeplant sei (*BAG* 05.03.1991 EzA § 99 BetrVG 1972 Nr. 99 = AP Nr. 90 zu § 99 BetrVG 1972; 13.12.2005 EzA § 99 BetrVG 2001 Einstellung Nr. 4 unter B I 1; 13.05.2014 EzA § 99 BetrVG 2001 Einstellung Nr. 19 Rn. 21; 08.11.2016 AP Nr. 152 zu § 99 BetrVG 1972 Rn. 15). Ebenso wenig reiche es, dass diese Arbeiten bisher von Arbeitnehmern des Beschäftigungsbetriebes durchgeführt

worden seien (BAG 09.07.1991 EzA § 99 BetrVG 1972 Nr. 102 = AP Nr. 94 zu § 99 BetrVG 1972; 05.05.1992 EzA § 99 BetrVG 1972 Nr. 105 = AP Nr. 97 zu § 99 BetrVG 1972; 08.11.2016 AP Nr. 152 zu § 99 BetrVG 1972 Rn. 15; 13.12.2016 NZA 2017, 525 Rn. 25) oder dass die Tätigkeit zu anderen Zeiten von Arbeitnehmern des Betriebs verrichtet würden (vgl. BAG 28.11.1989 EzA § 14 AÜG Nr. 2 = AP Nr. 5 zu § 14 AÜG). Schließlich werde eine solche Eingliederung nicht allein dadurch bewirkt, dass eine enge räumliche Zusammenarbeit mit Arbeitnehmern des Beschäftigungsbetriebes oder eine Koordination des Fremdfirmeneinsatzes durch Beschäftigte des Betriebsinhabers erforderlich sei (BAG 13.12.2005 EzA § 99 BetrVG 2001 Einstellung Nr. 4 unter B I 1; 08.11.2016 AP Nr. 152 zu § 99 BetrVG 1972 Rn. 15; 13.12.2016 NZA 2017, 525 Rn. 25). Selbst die Ausübung arbeitgebertypischer Weisungsrechte durch das Fremdfirmenpersonal gegenüber den Arbeitnehmern des Betriebs sei nicht maßgeblich (BAG 13.03.2001 EzA § 99 BetrVG 1972 Nr. 8 unter B II 2b; 13.12.2005 EzA § 99 BetrVG 2001 Einstellung Nr. 4 unter B I 1).

Auch die Tatsache, dass der Betriebsinhaber den Fremdfirmenarbeitnehmern **Weisungen erteilen** 45 kann, führt nach der Rspr. nicht automatisch zur Annahme einer Einstellung. Das BAG weist in diesem Zusammenhang darauf hin, dass auch ein Werkbesteller dem Werkunternehmer oder dessen Erfüllungsgehilfen nach § 645 Abs. 1 BGB Anweisungen im Hinblick auf die Ausführung des Werks erteilen könne und dass für den Dienstvertrag Gleiches gelte. Für eine Eingliederung sei daher Voraussetzung, dass es sich nicht um projektbezogene, sondern um arbeitsvertragsspezifische Weisungen handeln müsse (BAG 08.11.2016 AP Nr. 152 zu § 99 BetrVG 1972 Rn. 21; s. a. § 5 Rdn. 41 ff.). In neuerer Zeit hat das BAG allerdings **eine Einstellung** bei Beschäftigung von Fremdfirmenarbeitnehmern in zwei Fällen **bejaht** bzw. für möglich gehalten. Eine Eingliederung des Fremdfirmenpersonals könne einmal dann vorliegen, wenn der Betriebsinhaber nicht nur die Aufgabenerledigung nach Zeit und Ort festlegen könne, sondern auch die Einteilung der einzelnen Arbeitnehmer nicht mehr durch einen Mitarbeiter der Fremdfirma, sondern durch den Betriebsinhaber selbst oder eine von ihm beschäftigte Person erfolge und er damit ein unmittelbares Weisungsrecht im Hinblick auf Inhalt, Ort und Zeit der Arbeitsleistung gegenüber diesen Arbeitnehmern ausübe (BAG 13.05.2014 EzA § 99 BetrVG 2001 Einstellung Nr. 19 Rn. 23; 13.12.2016 NZA 2017, 525 Rn. 31). Zum anderen spreche es für eine Eingliederung, wenn betriebsangehörige Arbeitnehmer bei gemeinsamen Arbeitseinsätzen den Fremdfirmenarbeitnehmern gegenüber unmittelbare arbeitsvertragliche Weisungen erteilen könnten (BAG 13.12.2016 NZA 2017, 525 Rn. 33 f.).

In der **Literatur** wird die Rspr. zur Frage der Mitbestimmung beim Fremdfirmeneinsatz als **zu res-** 46 **triktiv kritisiert** (Bachner/DKKW § 99 Rn. 61 ff.; Deinert RdA 2014, 65 [74 f.]; Fitting § 99 Rn. 65 ff.; Karthaus/Klebe NZA 2012, 417 [420 ff.]; schon früher krit. Leisten BB 1992, 266 ff.). Vor allem das Kriterium der Personalhoheit sowie die Abgrenzung nach der rechtlichen Grundlage der Weisungsbefugnis werden als untauglich angesehen. Für die Einstellung müsse ein **betriebsorganisatorischer Ansatz** gewählt werden. Maßgeblich sei, ob der Betriebsinhaber nach Zeit, Ort und Ablauf über die Einbindung des Arbeitnehmers in den betrieblichen Arbeitsprozess entscheide (so zunächst Karthaus/Klebe NZA 2012, 417 [421]; zust. Bachner/DKKW § 99 Rn. 62b; Deinert RdA 2014, 65 [74]; Fitting § 99 Rn. 67, 69). Unerheblich sei dagegen, ob die hierfür notwendigen Weisungen vom Betriebsinhaber unmittelbar gegenüber den Arbeitnehmern – oder gleichsam »über Bande« – über den »Fremdfirmen-Unternehmer« erfolgten oder ob die Vertragspflichten im Dienst- oder Werkvertrag so detailliert geregelt seien, dass damit die Arbeitsprozesse beim Fremdfirmeneinsatz gleichsam »durchprogrammiert« würden (Fitting § 99 Rn. 70b). Ein solches Verständnis des Einstellungsbegriffs gebiete auch der Schutzzweck. Schließlich könnten sämtliche Zustimmungsverweigerungsgründe auch dann vorliegen, wenn der Betriebsinhaber kein Direktionsrecht ausübe, weil Grundlage der Beschäftigung im Betrieb ein Werkvertrag sei (Karthaus/Klebe NZA 2012, 417 [420]; ähnlich Fitting § 99 Rn. 73). In jüngerer Zeit tendieren auch manche Entscheidungen von Instanzgerichten – trotz Übernahme der vom BAG aufgestellten abstrakten Grundsätze – in diese Richtung (s. etwa LAG Köln 07.06.2011 – 12 TaBV 96/10 – juris; LAG Schleswig-Holstein 05.06.2013 LAGE § 99 BetrVG 2001 Nr. 20 Rn. 68 ff.; mit Recht krit. hierzu Hunold NZA-RR 2012, 113 ff.).

(2) Stellungnahme
Die vorstehend geschilderte Rspr. ist insofern zu kritisieren, als sie mit der ausschließlichen Anknüp- 47 fung an den diffusen Begriff der »Eingliederung« (s. hierzu § 7 Rdn. 22 ff.) jegliche Konturen verloren

und damit zu einer weitgehenden **Auflösung des Einstellungsbegriffes** geführt hat. Die Folge ist eine nahezu uferlose Ausweitung des Mitbestimmungstatbestandes (krit. auch *Bengelsdorf* FS *Kreutz*, S. 41 [51 ff.]; *Hamann* Anm. AP Nr. 60 zu § 99 BetrVG 1972 Einstellung; *Hunold* NZA-RR 2012, 113 ff.; *Wank* ZfA 1996, 535 [542]). Das Mitbestimmungsrecht setzt danach faktisch nur noch voraus, dass Personen innerhalb der Betriebsorganisation eine Tätigkeit ausüben, die auch von Arbeitnehmern des Betriebs verrichtet wird (oder verrichtet werden könnte). Ursache ist, dass das *BAG* zwar auf die Weisungsgebundenheit abstellt, die rechtliche **Grundlage dieser Weisungsbefugnis** aber – mit Ausnahme der Fälle des Fremdfirmeneinsatzes (s. Rdn. 42 ff.) – für irrelevant erklärt (ähnlich *Hamann* Anm. AP Nr. 60 zu § 99 BetrVG 1972 Einstellung Bl. 5 R f.). Der Einstellungsbegriff muss stattdessen im Ausgangspunkt von seinem Begriffskern her bestimmt werden, der zugleich wesentliche Hinweise auf den Zweck des Beteiligungsrechts gibt. Der unstreitige **Begriffskern ist die Begründung eines Arbeitsverhältnisses** mit dem Betriebsinhaber. Hierfür ist nach dem Grundsatz des § 311 Abs. 1 BGB im Regelfall der Abschluss eines Arbeitsvertrags zwischen dem Betriebsinhaber und dem einzustellenden Arbeitnehmer erforderlich. Der Gesetzgeber hielt in diesem Fall eine Beteiligung des Betriebsrats für erforderlich, weil die Interessen der bereits im Betrieb beschäftigten Arbeitnehmer tangiert sein können. Insbesondere könnte die Gefahr bestehen, dass der eingestellte Arbeitnehmer andere Arbeitnehmer von deren Arbeitsplatz verdrängt (Abs. 2 Nr. 3), mithin eine Konkurrenzsituation entsteht (*Kraft/Raab* Anm. AP Nr. 65 zu § 99 BetrVG 1972 Bl. 8). Ausgehend hiervon ließe sich eine Ausweitung des Anwendungsbereiches des § 99 auf die Beschäftigung von Personen, die nicht in einem Arbeitsverhältnis zum Betriebsinhaber stehen, rechtfertigen, wenn deren Beschäftigung eine **vergleichbare Interessenlage** hervorruft. Vergleichbar ist die Situation aber nicht schon dann, wenn der Betriebsinhaber ein irgendwie geartetes Weisungsrecht hat. Weisungsrechte können je nach der Natur des Rechtsverhältnisses völlig unterschiedlichen Inhalt und Bedeutung haben. Darauf weist das *BAG* im Kontext des werkvertraglichen Weisungsrechts nach § 645 Abs. 1 BGB mit Recht hin. Eine mit der Beschäftigung von Arbeitnehmern vergleichbare Interessenlage besteht daher nur, wenn der Betriebsinhaber ein Weisungsrecht hat, das im Arbeitsverhältnis bestehenden und für dieses typusprägenden Weisungsrecht (s. § 611a Abs. 1 BGB) vergleichbar ist, so dass der Einsatz der diesem Weisungsrecht unterliegenden Personen im Betrieb funktional der Beschäftigung eigener Arbeitnehmer gleichwertig ist.

48 Dies ist der maßgebliche Gesichtspunkt, warum die Rechtsfortbildung des *BAG*, das § 99 schon vor Einführung des § 14 Abs. 3 AÜG auf die **Übernahme von Leiharbeitnehmern** angewendet hat, zutreffend war (*BAG* 14.05.1974 EzA § 99 BetrVG 1972 Nr. 6 = AP Nr. 2 zu § 99 BetrVG 1972 [*Kraft*]). Da der Entleiher typischerweise das arbeitgeberseitige Weisungsrecht aus dem mit dem Leiharbeitnehmer geschlossenen Leiharbeitsvertrag ausüben kann, befindet er sich im Hinblick auf die für die Betriebsverfassung wesentlichen Entscheidungen in einer dem Vertragsarbeitgeber vergleichbaren Position. Ebenso hat das Gericht zutreffend eine Einstellung in anderen Fällen bejaht, in denen Personen in den Betrieb eingegliedert wurden, die einem **dem Arbeitsverhältnis vergleichbaren Weisungsrecht** unterlagen (*BAG* 18.04.1989 EzA § 99 BetrVG 1972 Nr. 73 [Dialysezentrum] = AP Nr. 65 zu § 99 BetrVG 1972 [*Kraft/Raab*]). Uneingeschränkt zuzustimmen ist dem *BAG* auch, wenn es für die Frage der Mitbestimmung beim **Fremdfirmeneinsatz** darauf abstellt, ob dem Betriebsinhaber im Verhältnis zu dem Arbeitnehmer eine Arbeitgeberstellung zukommt oder ob er dessen Arbeitseinsatz lediglich mittelbar über seine Gläubigerstellung im Rahmen des Dienst- oder Werkvertrags beeinflussen kann (s. a. *Hunold* NZA-RR 2012, 113 [115 f.]).

49 Nicht zugestimmt werden kann der Rechtsprechung dagegen im Hinblick auf die Aussage, dass eine Einstellung auch vorliegen könne, wenn Personen aufgrund eines Dienst- oder Werkvertrages oder auf vereinsrechtlicher Grundlage tätig werden. Die **Rechtsprechung** ist insoweit schon **in sich nicht widerspruchsfrei**. So lässt sich etwa die Einordnung der Beschäftigung von **freien Mitarbeitern oder selbständigen Taxiunternehmern** als Einstellung (s. Rdn. 40) kaum mit der Aussage in Einklang bringen, dass eine Eingliederung nur bei einer »ihrer Art nach weisungsgebundenen Tätigkeit« (s. Rdn. 39) vorliege. Gemeint ist damit eine Weisungsgebundenheit i. S. d. § 611a Abs. 1 Satz 1 BGB. Liegt eine solche vor, so handelt es sich aber bei den beschäftigten Personen um Arbeitnehmer und nicht um selbständige Dienstnehmer (so auch *Kania*/ErfK § 99 BetrVG Rn. 8). Fehlt es andererseits an der persönlichen Abhängigkeit, so handelt es sich nicht um weisungsgebundene Tätigkeit, so dass eine Einstellung ausgeschlossen ist (deutlich in diesem Sinne auch *BAG* 30.08.1994 EzA § 99 BetrVG

1972 Nr. 125 = AP Nr. 6 zu § 99 BetrVG 1972 Einstellung unter B II 2 a; 15.12.1998 EzA § 80 BetrVG 1972 Nr. 43 = AP Nr. 56 zu § 80 BetrVG 1972 unter B II 2 a; der Senat versucht die Divergenz dadurch zu kaschieren, dass er die den früheren Entscheidungen zugrunde liegenden Fälle als »atypische Sachverhalte« einordnet [s. EzA § 99 BetrVG 1972 Nr. 125 unter B II 2 b]). Nicht überzeugend ist auch, wenn die Tätigkeit von **Vereinsmitgliedern**, die nach der Satzung dem Verein gegenüber zu einer Arbeitsleistung nach Weisung verpflichtet sind, ohne Weiteres als eine der Arbeitsleistung eines Arbeitnehmers vergleichbare Tätigkeit eingeordnet wird (so *BAG* 23.06.2010 EzA § 99 BetrVG 2001 Einstellung Nr. 13 = AP Nr. 60 zu § 99 BetrVG 1972 Einstellung *[Hamann]* Rn. 15 f.; 09.10.2013 EzA § 99 BetrVG 2001 Versetzung Nr. 11 = AP Nr. 54 zu § 99 BetrVG 1972 Versetzung Rn. 15). Das satzungsmäßige Weisungsrecht ist von dem arbeitsrechtlichen Weisungsrecht wesensverschieden. Dies zeigt sich etwa daran, dass die Vereinsmitglieder jederzeit die Möglichkeit haben, den Inhalt der Satzung durch Beschluss der Mitgliederversammlung zu verändern. Aus diesem Grunde sind die Vereinsmitglieder – auch nach Ansicht des *BAG* – keine Arbeitnehmer des Vereins, das Rechtsverhältnis zwischen diesen also nicht als Arbeitsverhältnis i. S. d. § 611a BGB einzuordnen (s. § 5 Rdn. 146; s. aber auch *BAG* 21.02.2017 NZA 2017, 662 Rn. 40 ff.). Deshalb ist auch der Arbeitseinsatz der Vereinsmitglieder bei einem Dritten aufgrund eines mit dem Verein geschlossenen Gestellungsvertrags nicht mit dem Einsatz von Leiharbeitnehmern vergleichbar (s. § 7 Rdn. 142 f.). Der Inhaber des Einsatzbetriebs kann, solange er nicht selbst ein Arbeitsverhältnis zu den Vereinsmitgliedern begründet, nur das auf der Satzung gründende vereinsrechtliche Weisungsrecht ausüben, weil ihm nur (von dem Verein) abgeleitete Befugnisse zustehen. Dann handelt es sich aber nicht um einen Fall der Aufspaltung der Arbeitgeberstellung (s. Rdn. 44), sondern um eine Aufspaltung der Rechtsstellung des Vereins im Rahmen des Mitgliedschaftsverhältnisses. Schließlich lassen auch die Entscheidungen zum **Fremdfirmeneinsatz** die letzte Stringenz vermissen. So verwendet das *BAG* das Kriterium der Personalhoheit (richtigerweise) auch für die Abgrenzung des Fremdfirmeneinsatzes von der Arbeitnehmerüberlassung (s. § 7 Rdn. 74). Dann ist aber nicht vorstellbar, dass ein Einsatz von Fremdfirmenarbeitnehmern eine Einstellung i. S. d. § 99 sein kann. Entweder der »Auftragnehmer« räumt dem »Auftraggeber« das Recht ein, über seine Arbeitnehmer wie über eigene zu disponieren, mithin die Personalhoheit. Dann liegt in der Sache Arbeitnehmerüberlassung vor, so dass § 14 Abs. 3 AÜG gilt (s. § 7 Rdn. 75; *Hamann* NZA 2014 Beil. Nr. 1, S. 3 [8]; *Maschmann* NZA 2013, 1305 [1310]). Oder es handelt sich um einen echten Fremdfirmeneinsatz, bei dem der Inhaber des Fremdunternehmens oder eine von ihm bevollmächtigte Person die maßgeblichen Personalentscheidungen trifft, insbesondere im Verhältnis zu den Arbeitnehmern das spezifische arbeitsvertragliche Weisungsrecht im Hinblick auf Inhalt, Zeit und Ort der Arbeitsleistung (§ 106 GewO) ausübt (s. *Henssler* RdA 2017, 83 [91]). Dann hat der Betriebsinhaber aber keine Personalhoheit, weil er Weisungen nur gegenüber dem Dienst- oder Werkunternehmer erteilen, die Arbeitspflicht der Fremdfirmenarbeitnehmer aber nicht mit unmittelbarer Wirkung gestalten kann.

Soweit sich das *BAG* auf den **Zweck des Mitbestimmungsrechts** beruft, das dem Schutz der Interessen der bestehenden Belegschaft diene, ist zu bedenken, dass das Gesetz selbst davon ausgeht, dass nicht in allen Fällen, in denen die in § 99 Abs. 2 umschriebenen Interessen tangiert sind, ein Mitbestimmungsrecht besteht. Anders ausgedrückt: stellt man allein auf die im Katalog der Zustimmungsverweigerungsgründe zum Ausdruck kommenden Interessen der bereits beschäftigten Arbeitnehmer ab, so müsste man eine Einstellung auch bei Maßnahmen annehmen, die nach der Intention des Gesetzes eindeutig nicht der Mitbestimmung unterworfen werden sollen. So kann eine Auslagerung von Aufgaben auf andere Unternehmen auch dann zum Wegfall von Arbeitsplätzen der im Betrieb beschäftigten Arbeitnehmer führen, wenn diese Aufgaben von den Unternehmen außerhalb der Betriebsorganisation des Auftraggebers in einer eigenen Betriebsstätte erledigt werden (Abs. 2 Nr. 3; bemerkenswert insoweit *Fitting* § 99 Rn. 220b, wo ein Zustimmungsverweigerungsrecht nach dieser Vorschrift beim Fremdfirmeneinsatz bejaht wird, wenn sich der Arbeitgeber im Wege der »unzulässigen Austauschkündigung« von Stammarbeitnehmern trennen wolle). Und die Gefahr der Störung des Betriebsfriedens (Abs. 2 Nr. 6) kann auch bei einer Beschäftigung von leitenden Angestellten oder gar bei selbständigen Dienstleistern, die innerhalb des räumlichen Bereichs der Betriebsstätte ihre Leistung erbringen, bestehen, ohne dass dem Betriebsrat insoweit ein Zustimmungsrecht zustehen würde, da Abs. 2 Nr. 6 verlangt, dass die Störung von einem »Bewerber oder Arbeitnehmer« ausgehen muss. Diejenigen, welche die von Abs. 2 verfolgten Schutzzwecke für den alleinigen Maßstab halten und einen 50

»betriebsorganisatorischen Ansatz« befürworten (s. Rdn. 46), wollen hingegen in der Sache den Anwendungsbereich der Mitbestimmung auf jegliche Beschäftigung von Personen ausdehnen, die auf dem Betriebsgelände tätig sind. Eine solche Ausweitung widerspräche aber dem eindeutigen Willen des Gesetzgebers, der einen entsprechenden Vorschlag einzelner, von der SPD regierter Bundesländer zur Einführung eines neuen § 99a (s. BR-Drucks. 687/13 sowie BT-Drucks. 18/14; hierzu *Maschmann* NZA 2013, 1305 [1311 f.]) gerade nicht aufgegriffen hat.

51 Dies leitet über zu dem maßgeblichen systematisch-teleologischen Gesichtspunkt. Mit der Anknüpfung der Mitbestimmung an konkrete Tatbestände verwirklicht der Gesetzgeber nicht nur die Schutzinteressen der Arbeitnehmer in den entsprechenden Angelegenheiten, sondern markiert zugleich eine **Grenze für die Einflussnahme des Betriebsrats** auf unternehmerische Entscheidungen. In § 99 ist diese Grenze der Einstellungsbegriff (s. a. Rdn. 27). Damit ist zunächst die Einstellung eigener Arbeitnehmer gemeint (zutr. *Wank* ZfA 1996, 535 [542]). Weiterungen im Wege der Analogie sind möglich, wenn und soweit die Interessenlage vergleichbar und eine Nichtanwendung des § 99 einen Wertungswiderspruch darstellen würde. Dort wo dies nicht der Fall ist, der Arbeitgeber also eine Gestaltung wählt, die den Tatbestand nicht erfüllt, aber dennoch Interessen der Arbeitnehmer tangiert, lässt sich ein Mitbestimmungsrecht nicht ohne Verletzung der Gesetzesbindung bejahen. Weitet man die Mitbestimmung durch eine Verabsolutierung des Gesetzeszwecks aus (s. Rdn. 15), schränkt man folglich die unternehmerische Entscheidungsfreiheit ohne rechtliche Grundlage ein (*Hamann* Anm. AP Nr. 60 zu § 99 BetrVG 1972 Einstellung Bl. 6 R f.; *Wank* ZfA 1996, 535 [542]). Es entstehen zudem Wertungswidersprüche. So ist schon früher (*Kraft/Raab* Anm. AP Nr. 65 zu § 99 BetrVG 1972 Bl. 9) darauf hingewiesen worden, dass die Ausgliederung von Aufgaben, die der Betriebsinhaber zuvor durch eigene Arbeitnehmer ausführen ließ, keine Umgehung des Mitbestimmungsrechts des Betriebsrates darstellt. Solche Maßnahmen erfüllen häufig die Voraussetzungen einer Betriebsänderung i. S. d. § 111. Im Rahmen der §§ 111 ff. hat der Betriebsrat aber nur hinsichtlich des Sozialplanes, nicht aber in Bezug auf die Betriebsänderung selbst ein erzwingbares Mitbestimmungsrecht. Dann wäre es befremdlich, wenn die mitbestimmungsfreie Betriebsänderung über § 99 der Mitbestimmung unterworfen würde. Das *BAG* hat sich dieser Argumentation im Kontext des Fremdfirmeneinsatzes angeschlossen (*BAG* 05.03.1991 EzA § 99 BetrVG 1972 Nr. 99 = AP Nr. 90 zu § 99 BetrVG 1972 unter B II 5b; 09.07.1991 EzA § 99 BetrVG 1972 Nr. 102 = AP Nr. 94 zu § 99 BetrVG 1972 unter B I 1c; 18.10.1994 EzA § 99 BetrVG 1972 Nr. 124 = AP Nr. 5 zu § 99 BetrVG 1972 Einstellung unter B I 2; abl. konsequenterweise *Fitting* § 99 Rn. 71; *Karthaus/Klebe* NZA 2012, 417 [421]). Es sollte die dahinter stehende Erkenntnis aber auch bei der Auslegung des § 99 im Übrigen beherzigen.

cc) Weitere Einzelfälle

52 Der **Einsatz von Testkäufern**, mit dem der Arbeitgeber die Beachtung seiner Anordnungen durch das Kassenpersonal kontrollieren will, ist keine Einstellung (*BAG* 13.03.2001 EzA § 99 BetrVG 1972 Einstellung Nr. 8 = AP Nr. 34 zu § 99 BetrVG 1972 Einstellung; anders bei **verdeckt arbeitenden Detektiven**, die »zur Tarnung« wie Arbeitnehmer eingesetzt werden; *BAG* 26.03.1991 EzA § 87 BetrVG 1972 Überwachung Nr. 1 = AP Nr. 21 zu § 87 BetrVG 1972 Überwachung unter B II 1a; hierzu *Maschmann* NZA 2002, 13 [19 f.]). Erhalten Personen im Betrieb eine **Ausbildung** für eine spätere Beschäftigung, liegt grundsätzlich eine Einstellung vor; auf die Rechtsnatur des Vertrages mit dem Betriebsinhaber kommt es nach Meinung des *BAG* nicht an (*BAG* 03.10.1989 EzA § 99 BetrVG 1972 Nr. 79 = AP Nr. 73 zu § 99 BetrVG 1972; 20.04.1993 EzA § 99 BetrVG 1972 Nr. 114 = AP Nr. 106 zu § 99 BetrVG 1972). Dies gilt nicht nur für die Begründung eines Berufsausbildungsverhältnisses, sondern auch für die Beschäftigung von **Praktikanten und Volontären** (*Bachner/DKKW* § 99 Rn. 46; *Fitting* § 99 Rn. 51; *Richardi/Thüsing* § 99 Rn. 44). Der Annahme einer Einstellung steht nach Ansicht des *BAG* auch nicht entgegen, wenn diese Personen in erster Linie zu Ausbildungszwecken beschäftigt werden, sofern sie im Rahmen der Ausbildung den Weisungen der betrieblichen Fachkräfte hinsichtlich Ort und Zeit der Tätigkeit unterworfen seien (*BAG* 30.09.2008 EzA § 99 BetrVG 2001 Einstellung Nr. 10 Rn. 19; s. aber zur Arbeitnehmereigenschaft von Auszubildenden in reinen Ausbildungsbetrieben § 5 Rdn. 60). Keine Einstellung ist dagegen die Aufnahme von **Schülerpraktikanten** (*BAG* 08.05.1990 EzA § 99 BetrVG 1972 Nr. 88 = AP Nr. 80 zu § 99 BetrVG 1972; *Fitting* § 99 Rn. 51a, *Richardi/Thüsing* § 99 Rn. 44). Nach Ansicht des *BAG* hat der Betriebsrat dagegen bei der Beschäftigung von erwerbsfähigen Hilfebedürftigen nach § 16d Abs. 1

Satz 1 SGB II (sog. **Ein-Euro-Jobber**) nach § 99 mitzubestimmen (*BAG* 02.10.2007 EzA § 99 BetrVG 2001 Einstellung Nr. 7 Rn. 12 ff.; ebenso zuvor bereits *Engels* FS *Richardi*, S. 519 [530 ff.]; zust. *Fitting* § 99 Rn. 55; *Bachner*/DKKW § 99 Rn. 40; ebenso für den Bereich der öffentlichen Verwaltung *BVerwG* 21.03.2007 BVerwGE 128, 212 [214 ff.] Rn. 9 ff.). Dem stehe nicht entgegen, dass zwischen dem Betriebsinhaber und dem Hilfebedürftigen kein Arbeitsverhältnis begründet werde (hierzu ausführlich § 5 Rdn. 108 f.). Dass es für das Bestehen des Mitbestimmungsrechts nicht auf die Natur des Rechtsverhältnisses ankommt, ist angesichts des Einstellungsbegriffs der h. M. konsequent (s. Rdn. 28). Problematisch ist die Einordnung der Beschäftigung von Ein-Euro-Jobbern als mitbestimmungspflichtige Einstellung aber – jenseits der allgemeinen Bedenken gegen den Einstellungsbegriff – auch deshalb, weil diese nur zur Erledigung von »im öffentlichen Interesse liegenden zusätzlichen Arbeiten« (vgl. § 16d Abs. 1 Satz 1 SGB II) erfolgen darf, es sich also um Arbeitsaufgaben handelt, für deren Erledigung der Arbeitgeber gar keine eigenen Arbeitnehmer beschäftigen dürfte (zutr. *Eichenhofer* RdA 2008, 32 [34]; *Richardi* NZA 2009, 1 [3]). Das Weisungsrecht ist also nicht auf Erwerbsarbeit, sondern auf »arbeitstherapeutische Verrichtungen« bezogen (*Eichenhofer* RdA 2008, 32 [34]). Dies unterscheidet die Hilfebedürftigen etwa von den Leiharbeitnehmern und stellt sie eher Schülerpraktikanten gleich.

Keine Einstellung i. S. v. § 99 liegt auch vor: 53

Wenn die **Entstehung oder Fortsetzung des Arbeitsverhältnisses** nicht auf einem Entschluss des Arbeitgebers beruht, sondern **vom Gesetz vorgeschrieben** wird (vgl. § 78a BetrVG, s. dazu Rdn. 38 a. E.; § 613a BGB, vgl. dazu *BAG* 07.11.1975 EzA § 118 BetrVG 1972 Nr. 7 = AP Nr. 3 zu § 99 BetrVG 1972). Wo der Arbeitgeber nichts zu bestimmen hat, kommt auch eine Mitbestimmung des Betriebsrats nicht in Frage (h. M.; *Bachner*/DKKW § 99 Rn. 51; *Fitting* § 99 Rn. 52; *Richardi*/*Thüsing* § 99 Rn. 46, 48; *Stege*/*Weinspach*/*Schiefer* §§ 99–101 Rn. 19m).

Wenn ein **gekündigtes Arbeitsverhältnis** vor Ablauf der Kündigungsfrist **in beiderseitigem Einvernehmen fortgesetzt** wird (*LAG Frankfurt a. M.* 12.05.1987 LAGE § 101 BetrVG 1972 Nr. 2; *Fitting* § 99 Rn. 46; *Huke*/HWGNRH § 99 Rn. 38; *Richardi*/*Thüsing* § 99 Rn. 49). In diesem Fall liegt weder ein neuer Vertragsschluss noch eine erneute Eingliederung vor. Von einer »Erneuerung des Arbeitsverhältnisses«, vergleichbar mit der Verlängerung eines befristeten Arbeitsverhältnisses, kann also keine Rede sein (so aber *Bachner*/DKKW § 99 Rn. 48). Gleiches gilt, wenn der Arbeitgeber den Klageanspruch des Arbeitnehmers in einem Kündigungsschutzprozess anerkennt oder die Kündigung aufgrund eines Vergleiches zurücknimmt (*Matthes*/MünchArbR § 263 Rn. 17). Auch in diesem Fall führt die Kündigung nicht zum Ende des Arbeitsverhältnisses (auch insoweit **a. M.** *Bachner*/DKKW § 99 Rn. 48). 54

Wenn ein Arbeitnehmer, dessen **Arbeitsverhältnis geruht** hat, die **Arbeit wieder aufnimmt**, etwa nach Ableistung des Wehrdienstes oder nach Ende eines suspendierenden Arbeitskampfes (h. M.; *Bachner*/DKKW § 99 Rn. 49; *Fitting* § 99 Rn. 44; *Galperin*/*Löwisch* § 99 Rn. 14; *Huke*/HWGNRH § 99 Rn. 41; *Matthes*/MünchArbR § 263 Rn. 16; *Richardi*/*Thüsing* § 99 Rn. 50). Gleiches gilt, wenn der Arbeitnehmer nach Beendigung der **Elternzeit** aus dem ruhenden wieder in das aktive Arbeitsverhältnis zurückkehrt (*Fitting* § 99 Rn. 45). Dies gilt erst recht, wenn der Arbeitnehmer während der Elternzeit weiterhin in Teilzeit tätig war, weil in diesem Fall das (aktive) Arbeitsverhältnis gar nicht unterbrochen wurde, sondern sich lediglich die Arbeitszeit verringert hat (*Fitting* § 99 Rn. 45). Dagegen nimmt die h. M. ein Mitbestimmungsrecht unter dem Gesichtspunkt der Einstellung an, wenn der Arbeitnehmer zunächst in vollem Umfang Elternzeit in Anspruch nimmt und anschließend während der Elternzeit eine Teilzeitbeschäftigung mit dem Arbeitgeber vereinbart (*BAG* 28.04.1998 EzA § 99 BetrVG 1972 Einstellung Nr. 5 = AP Nr. 22 zu § 99 BetrVG 1972 Einstellung unter B II 3; *LAG Köln* 18.04.2012 – 3 TaBV 92/11 – juris, Rn. 41; *Fitting* § 99 Rn. 45; *Gaul*/HWK § 15 BEEG Rn. 24). Plausibel ist dies nicht, vor allem wenn man bedenkt, dass der Arbeitnehmer zunächst (ohne Mitbestimmung) vorzeitig in sein altes Arbeitsverhältnis zurückkehren und anschließend (ebenfalls ohne Mitbestimmung, s. Rdn. 60 a. E.) eine Verkürzung der Arbeitszeit mit dem Arbeitgeber vereinbaren könnte (zutr. *Boemke* jurisPR-ArbR 43/2012 Anm. 1). Die Einordnung als Einstellung lässt sich auch nicht damit begründen, dass der Arbeitnehmer zunächst aus dem Betrieb ausgeschieden (»ausgegliedert worden«) sei und daher die Aufnahme der Teilzeittätigkeit eine (Wieder-)Eingliederung darstelle, da die Betriebszugehörigkeit während der Elternzeit fortbesteht (s. § 7 Rdn. 57). Letztlich 55 läuft die h. M. darauf hinaus, dem Betriebsrat über § 99 ein Mitbestimmungsrecht bei Vereinbarungen über die Änderung des Umfangs der Leistungspflichten in einem bestehenden Arbeitsverhältnis einzuräumen. Diese können nämlich stets »zu einer neuen betrieblichen Situation« führen, auf die man sich zur Begründung der Einordnung als Neueinstellung beruft (*BAG* 28.04.1998 EzA § 99 BetrVG 1972 Einstellung Nr. 5 unter B II 3a). Eine solche Ausweitung der Mitbestimmung zu Lasten individualrechtlicher Gestaltung entspricht jedoch nicht der Intention der Vorschrift (s. a. Rdn. 60).

56 Hinsichtlich des Mitbestimmungsrechts bei **Wiedereinstellung** von bereits früher im Betrieb beschäftigten Arbeitnehmern ist zu unterscheiden. War der Arbeitnehmer lediglich **vorübergehend** – etwa infolge einer Abordnung innerhalb des Unternehmens – aus dem Betrieb **ausgeschieden**, stand also bereits bei Ausscheiden aus dem Betrieb fest, dass der Arbeitnehmer wieder zurückkehren würde, so besteht unter dem Gesichtspunkt der Einstellung kein Mitbestimmungsrecht, gleichgültig ob der Zeitpunkt der Rückkehr des Arbeitnehmers bei Beginn der Abordnung feststeht. Vielmehr kommt lediglich ein Mitbestimmungsrecht hinsichtlich der Abordnung unter dem Gesichtspunkt der Versetzung in Betracht (*BAG* 18.02.1986 EzA § 95 BetrVG 1972 Nr. 12 = AP Nr. 33 zu § 99 BetrVG 1972; s. a. Rdn. 121 ff.). Dasselbe gilt, wenn ein Arbeitnehmer im Rahmen von **vorläufigen Maßnahme nach § 100 Abs. 1 einem anderen Betrieb zugeordnet** wird und die vorläufige Maßnahme nach § 100 Abs. 3 endet, weil der Antrag auf Ersetzung der Zustimmung des Betriebsrats des aufnehmenden Betriebs rechtskräftig abgewiesen worden ist. Kehrt der Arbeitnehmer nunmehr in seinen früheren Betrieb zurück, so ist der dortige Betriebsrat nicht nach § 99 zu beteiligen (*BAG* 15.04.2014 EzA § 99 BetrVG 2001 Nr. 23 Rn. 25). War der Arbeitnehmer dagegen **endgültig aus dem Betrieb ausgeschieden**, war also eine Rückkehr nicht beabsichtigt, so stellt die Wiederaufnahme der Tätigkeit im Betrieb eine Einstellung dar, die grundsätzlich der Zustimmung des Betriebsrats nach § 99 bedarf (*BAG* 05.04.2001 EzA § 626 BGB n. F. Nr. 186 = AP Nr. 32 zu § 99 BetrVG 1972 Einstellung; *Fitting* § 99 Rn. 48). Dies gilt unabhängig davon, ob das Arbeitsverhältnis zu dem Betriebsinhaber zwischenzeitlich fortbestand, etwa weil der Arbeitnehmer in einem anderen Betrieb oder einem anderen Konzernunternehmen beschäftigt war.

57 Eine Einschränkung des Mitbestimmungsrechts kommt jedoch in Betracht, wenn der **Arbeitgeber zur Wiedereinstellung verpflichtet** ist, etwa aufgrund einer vertraglichen Wiedereinstellungszusage oder aufgrund eines gesetzlichen Wiedereinstellungsanspruches (hierzu *Oetker* ZIP 2000, 643 ff.; *Raab* RdA 2000, 147 ff.). Die Mitbestimmung des Betriebsrats setzt nämlich voraus, dass dem Arbeitgeber ein eigener Entscheidungsspielraum zusteht, an dessen Ausfüllung der Betriebsrat beteiligt werden kann (ebenso *BAG* 23.06.2009 EzTöD 100 § 2 TVöD-AT Mitbestimmung Nr. 5 Rn. 23 = AP Nr. 59 zu § 99 BetrVG 1972 Einstellung). Besteht eine Rechtspflicht zur Wiedereinstellung, so kann der Betriebsrat im Regelfall nicht mehr über das Ob der Maßnahme, sondern lediglich über die Modalitäten der Beschäftigung mitentscheiden, wenn und soweit diese dem Arbeitgeber nicht ebenfalls durch die Wiedereinstellungspflicht vorgegeben sind (*Fitting* § 99 Rn. 47; *Richardi/Thüsing* § 99 Rn. 51; dagegen geht *BAG* 05.04.2001 EzA § 626 BGB n. F. Nr. 186 = AP Nr. 32 zu § 99 BetrVG 1972 Einstellung unter B II 2c aa (4) offenbar von einem uneingeschränkten Zustimmungsrecht aus; zust. *Rieble* NZA 2002, 706 [709]). Zur Begründung eines Arbeitsverhältnisses kraft Gesetzes nach § 10 Abs. 1 AÜG s. a. Rdn. 277.

58 Gleiches gilt, wenn der **Arbeitgeber aufgrund Gesetzes oder Verwaltungsakt verpflichtet** ist, einen bestimmten Arbeitnehmer zu beschäftigen (z. B. bei Überleitung von Personal im Zuge der Privatisierung öffentlicher Betriebe oder bei Zuweisung von Beamten an privatisierte Unternehmen s. Rdn. 283). Ohne Einfluss auf das Mitbestimmungsrecht ist es jedoch, wenn durch einen Verwaltungsakt lediglich die rechtliche Grundlage für die Beschäftigung geschaffen wird, ohne den Arbeitgeber zur Beschäftigung zu verpflichten (*BAG* 19.06.2001 EzA § 99 BetrVG 1972 Einstellung Nr. 9 [Einstellung eines Zivildienstleistenden]; 02.10.2007 EzA § 99 BetrVG 2001 Einstellung Nr. 7 [Einstellung von Ein-Euro-Jobbern]; s. hierzu aber auch Rdn. 39).

59 Keine Einstellung liegt vor, wenn ein Arbeitnehmer nach **lösenden Arbeitskampfmaßnahmen wieder beschäftigt** wird (einschränkend *Richardi/Thüsing* § 99 Rn. 50: nur wenn eine Pflicht zur Wiedereinstellung besteht). Auch durch solche Kampfmaßnahmen wird das Vertragsband nicht völlig zerschnitten (*BAG* 15.06.1964 AP Nr. 36 zu Art. 9 GG Arbeitskampf; vgl. auch *BAG* GS 21.04.1971 EzA Art. 9 GG Nr. 6 = AP Nr. 43 zu Art. 9 GG Arbeitskampf; *Galperin/Löwisch* § 99 Rn. 14; *Huke/*

Mitbestimmung bei personellen Einzelmaßnahmen § 99

HWGNRH § 99 Rn. 41; *Matthes/*MünchArbR § 263 Rn. 16). Die gegenteilige Ansicht von *Nikisch* (III, S. 447 und Fn. 24) überzeugt nicht. *Nikisch* begründet seine Auffassung damit, der Betriebsrat müsse die Einhaltung tariflicher Friedensklauseln überwachen können. Dies gehört allenfalls zu den allgemeinen Aufgaben des Betriebsrats, kann aber ein Mitbestimmungsrecht nach § 99 nicht begründen. Gleiches gilt für die eventuell erforderliche Sozialauswahl, auf die *Richardi/Thüsing* (§ 99 Rn. 50) abstellt.

Bei einer **Änderung der Arbeitszeit** ist nach der neueren Rspr. des *BAG* hinsichtlich der Mitbestimmung zu unterscheiden. Die **Verlängerung der Arbeitszeit**, insbesondere der Wechsel von der Teilzeit- in eine Vollzeitbeschäftigung, stellt eine mitbestimmungspflichtige Einstellung dar, wenn die Verlängerung nach Dauer und Umfang so erheblich ist, dass im Hinblick auf die Interessen der übrigen Belegschaft eine erneute Beteiligung des Betriebsrats erforderlich ist (*BAG* 25.01.2005 EzA § 99 BetrVG 2001 Einstellung Nr. 3 *[Thüsing/Fuhlrott]* = AP Nr. 114 zu § 87 BetrVG 1972 Arbeitszeit *[Kort]*; 15.05.2007 EzA § 1 BetrVG 2001 Nr. 5 = AP Nr. 30 zu § 1 BetrVG 1972 Gemeinsamer Betrieb; 09.12.2008 EzA § 99 BetrVG 2001 Einstellung Nr. 11; ebenso für die Mitbestimmung des Personalrats nach § 75 BPersVG *BVerwG* 23.03.1999 AP Nr. 73 zu § 75 BPersVG; *BVerwG* 12.06.2001 EzBAT TV Altersteilzeit Nr. 13 = AP Nr. 1 zu § 1 ATG = BVerwGE 114, 308; anders früher *BAG* 25.10.1994 AuR 2001, 146). Bezüglich des **Umfangs** stellt das BAG auf die in **§ 12 Abs. 1 Satz 3 TzBfG** genannte Grenze von **zehn Wochenstunden** ab (*BAG* 09.12.2008 EzA § 99 BetrVG 2001 Einstellung Nr. 11 Rn. 19; einen Rückgriff auf diese Regelung in Erwägung ziehend, im Ergebnis aber noch offen lassend *BAG* 15.05.2007 EzA § 1 BetrVG 2001 Nr. 5 = AP Nr. 30 zu § 1 BetrVG 1972 Gemeinsamer Betrieb Rn. 55). Hinsichtlich der erforderlichen **Dauer** der Verlängerung zieht das *BAG* die Wertung des **§ 95 Abs. 3** heran, hält also eine Verlängerung dann für erheblich, wenn sie voraussichtlich die Dauer von **einem Monat** übersteigt (*BAG* 25.01.2005 EzA § 99 BetrVG 2001 Einstellung Nr. 3 unter B II 2d cc (3) (b); 15.05.2007 EzA § 1 BetrVG 2001 Nr. 5 Rn. 53; 09.12.2008 EzA § 99 BetrVG 2001 Einstellung Nr. 11 Rn. 18). Auf die – vom *BAG* zunächst für maßgeblich erklärte (*BAG* 25.01.2005 EzA § 99 BetrVG 2001 Einstellung Nr. 3 unter B II 2d cc (3) (c)) – Frage, ob der Arbeitgeber vor der Verlängerung den entsprechenden Arbeitsplatz ausgeschrieben hat oder hätte ausschreiben müssen, kommt es dagegen nach den neueren Entscheidungen nicht an (*BAG* 15.05.2007 EzA § 1 BetrVG 2001 Nr. 5 Rn. 54; 09.12.2008 EzA § 99 BetrVG 2001 Einstellung Nr. 11 Rn. 20). Diese Rspr. hat – neben Zustimmung (für ein Mitbestimmungsrecht bei Verlängerung der Arbeitszeit schon vor der Rechtsprechungsänderung durch das *BAG*: *LAG Niedersachsen* 12.09.2000 LAGE § 99 BetrVG 1972 Einstellung Nr. 2 = AP Nr. 29 zu § 99 BetrVG 1972 Einstellung; *Kaiser/LK* § 99 Rn. 14; *Schüren* AuR 2001, 321 [323]; dem *BAG* zust. auch *Bachner/DKKW* § 99 Rn. 44; *Bepler* NZA 2006, Beil. Nr. 1, S. 45 [46 f.]; *Brors* SAE 2006, 81; *Matthes/*MünchArbR § 263 Rn. 13; *Richardi* NZA 2009, 1 [4 f.]; referierend *Huke/*HWGNRH § 99 Rn. 31) – mit Recht erhebliche **Kritik** erfahren (*Bengelsdorf* FS *Kreutz*, S. 41 [56 f.]; *Fitting* 24. Aufl. § 99 Rn. 41 [ab 25. Aufl. nur noch referierend]; *Hunold* NZA 2005, 910 [911 f.]; *Kania/*ErfK § 99 BetrVG Rn. 6; *Kort* Anm. AP Nr. 114 zu § 87 BetrVG 1972 Arbeitszeit; *Thüsing/Fuhlrott* Anm. EzA § 99 BetrVG 2001 Einstellung Nr. 3; abw. auch *Oetker* NZA 2003, 937 [939]). Sie ist im Hinblick auf den Wortlaut des Gesetzes als Grenze der Auslegung mindestens fragwürdig, vor allem aber unter dem Gesichtspunkt systematisch-teleologischer Auslegung entscheidenden Einwänden ausgesetzt. Die Mitbestimmung bei der Einstellung soll dem Betriebsrat in den Fällen ein Mitbestimmungsrecht geben, in denen Personen neu in den Betrieb eingegliedert werden (zutr. *Hunold* NZA 2005, 910 [912]; *Thüsing/Fuhlrott* Anm. EzA § 99 BetrVG 2001 Einstellung Nr. 3). Die Verlängerung der Arbeitszeit betrifft dagegen einen Arbeitnehmer, der bereits im Betrieb beschäftigt ist. Die vom *BAG* gezogene Parallele zur Mitbestimmung bei der Umwandlung eines befristeten in ein unbefristetes Arbeitsverhältnis (*BAG* 25.01.2005 EzA § 99 BetrVG 2001 Einstellung Nr. 3 unter B II 2b und d aa; hierzu oben Rdn. 36) überzeugt nicht, da im Falle der Befristung das Arbeitsverhältnis zunächst endet und durch Abschluss eines neuen Vertrages wieder begründet werden muss, während es bei der Verlängerung der Arbeitszeit lediglich um eine Inhaltsänderung des fortbestehenden Schuldverhältnisses geht (*Fitting* § 99 Rn. 40; *Thüsing/Fuhlrott* Anm. EzA § 99 BetrVG 2001 Einstellung Nr. 3). Letztlich führt die Einordnung der Arbeitszeitverlängerung als Einstellung zu einer Mitbestimmung des Betriebsrats bei der Umgestaltung von materiellen Arbeitsbedingungen in einem bestehenden Arbeitsverhältnis. Dies ist nicht nur deshalb bedenklich, weil das *BAG* ansonsten mit Recht betont, dass § 99 kein Instrument der Vertragsinhaltskontrolle ist (vgl. nur *BAG* 14.12.2004 EzA § 99 BetrVG 2001 Einstellung Nr. 1 unter B II 3a aa m. w. N.), sondern auch, weil ein solches Beteiligungsrecht in Widerspruch zu der bewussten gesetzgeberischen Entscheidung in § 87 Abs. 1 Nr. 3 steht, die dauerhafte Veränderung der Arbeitszeit gerade nicht der Mitbestimmung zu unterwerfen (zutr. *Kort* Anm. AP Nr. 114 zu § 87 BetrVG 1972 Arbeitszeit; ebenso *Bengelsdorf* FS *Kreutz*, S. 41 [56 f.]; dem Gewicht dieses Arguments wird der formale Hinweis in *BAG* 09.12.2008 EzA § 99 BetrVG 2001 Einstellung Nr. 11 Rn. 17, dass Gegenstand der Mitbestimmung nach § 99 nicht die Änderung der Arbeitszeit, sondern personelle Einzelmaßnahmen seien, kaum gerecht). Es mag sein, dass durch die Arbeitszeitverlängerung »mitbestimmungsrechtlich bedeutsame Fragen aufgeworfen« werden, die der Betriebsrat bei der »Ersteinstellung« noch nicht bedenken konnte, auch dass der Betriebsrat hiergegen Einwände erheben könnte, die sich unter den Katalog der Zustimmungsverweigerungsgründe subsumieren lassen (*BAG* 25.01.2005 EzA § 99 BetrVG 2001 Einstellung Nr. 3 unter B II 2d cc (2)). Dies allein genügt jedoch nicht, um ein Mitbestimmungsrecht nach § 99 zu begründen. Die Argumentation zeigt aber, dass es methodisch fragwürdig ist und zu bedenklichen bis unvertretbaren Weiterungen führt, wenn man die Frage, ob durch eine Maßnahme Interessen der Belegschaft berührt werden können, zum alleinigen Auslegungsmaßstab für den Mitbestimmungstatbestand erhebt (s. Rdn. 15). Eindeutig nicht unter dem Gesichtspunkt einer Einstellung mitbestimmungspflichtig ist dagegen die **Verkürzung der Arbeitszeit**, insbesondere die Umwandlung eines Vollzeitarbeitsverhältnisses in ein Teilzeitarbeitsverhältnis (*BAG* 25.01.2005 EzA § 99 BetrVG 2001 Einstellung Nr. 3 unter B III 2; *Fitting* § 99 Rn. 42; *Kania*/ErfK § 99 Rn. 6; *Preis/Lindemann* NZA Sonderheft 2001 S. 33 [43 f.]; *Richardi/Thüsing* § 99 Rn. 52; **a. M.** *Schüren* AuR 2001, 321 [325]).

61 Bei der **Anwerbung von Arbeitnehmern im Ausland** besteht allenfalls ein Informationsrecht des Betriebsrats nach § 92. Das Mitbestimmungsrecht setzt erst ein, wenn ein Angeworbener eingestellt wird (*BAG* 18.07.1978 EzA § 99 BetrVG 1972 Nr. 22 = AP Nr. 7 zu § 99 BetrVG 1972; *Huke/HWGNRH* § 99 Rn. 43).

62 Nach traditioneller Ansicht liegt keine Einstellung vor, wenn **Strafgefangene** aufgrund eines Vertrages der Strafanstalt mit einem privaten Betrieb dort beschäftigt werden. Sie sind keine Arbeitnehmer i. S. d. BetrVG (*BAG* 03.10.1978 EzA § 5 BetrVG 1972 Nr. 33 = AP Nr. 18 zu § 5 BetrVG 1972; *Huke/HWGNRH* § 99 Rn. 42; **a. M.** *Bachner/DKKW* § 99 Rn. 55). Angesichts der Ausweitung des Einstellungsbegriffs (s. Rdn. 28 ff.) ist es allerdings fraglich, ob das *BAG* an dieser Ansicht festhalten wird (vgl. auch *Bachner/DKKW* § 99 Rn. 55), da es nach der nunmehr herrschenden Definition auf das Rechtsverhältnis zum Betriebsinhaber nicht mehr ankommt.

b) Eingruppierung

63 Bei der Einstellung wird in der Regel auch die Vergütung festgelegt, die nach § 611 Abs. 1 BGB vom Arbeitgeber zu zahlen ist. In der Praxis geschieht dies häufig durch Festlegung einer anderweitig fixierten Entgeltgruppe, nach der der Arbeitnehmer entlohnt werden soll. Obwohl § 60 Abs. 2 BetrVG 1952 diese erste Eingruppierung nicht erwähnte, erstreckte sich das Mitwirkungsrecht und Mitbestimmungsrecht des Betriebsrats schon nach damals herrschender Meinung auch auf diesen Vorgang (*BAG* 14.03.1967 AP Nr. 3 zu § 61 BetrVG; *Dietz* § 60 Rn. 11; *Fitting/Kraegeloh/Auffarth* § 60 Rn. 11; *Mager/Wisskirchen* BetrVG 1952, §§ 60–64 Rn. 18; vgl. auch BT-Drucks. I/3585, S. 11 sowie *Kraft/Kreutz* ZfA 1971, 47 [70/71]). Das BetrVG 1972 trägt dieser Ansicht Rechnung und führt die Eingruppierung in § 99 Abs. 1 ausdrücklich als mitbestimmungspflichtige personelle Einzelmaßnahme auf.

64 Eingruppierung ist (wie auch die Umgruppierung) ein Begriff des Tarifrechts und der Tarifpraxis. Unter Eingruppierung versteht man die (erstmalige oder erneute) **Einreihung eines Arbeitnehmers in eine im Betrieb geltende Vergütungsordnung** (*BAG* 11.09.2013 EzA § 101 BetrVG 2001 Nr. 1 = AP Nr. 63 zu § 99 BetrVG 1972 Eingruppierung Rn. 19; 14.04.2015 EzA § 99 BetrVG 2001 Eingruppierung Nr. 11 = AP Nr. 143 zu § 99 BetrVG 1972 Rn. 23). Die **Rechtsgrundlage der Vergütungsordnung** ist dabei unerheblich. Zumeist wird es sich dabei um einen Tarifvertrag handeln. Denkbar ist aber auch, dass ein solches kollektives System durch Betriebsvereinbarung (vorbehaltlich des § 77 Abs. 3), durch vertragliche Vereinbarung oder einseitig durch den Arbeitgeber geschaffen wird (*BAG* 14.04.2015 EzA § 99 BetrVG 2001 Eingruppierung Nr. 11 Rn. 24; s. näher Rdn. 65).

Die Eingruppierung erfolgt durch die Einordnung einzelner Arbeitnehmer in ein kollektives Entgeltschema, typischerweise durch Zuordnung zu einer tarifvertraglich festgelegten Lohn- oder Gehaltsgruppe, die im Allgemeinen durch bestimmte Tätigkeitsmerkmale, teilweise auch durch persönliche Merkmale wie die Dauer der Berufstätigkeit (Berufserfahrung) umschrieben wird (st. Rspr.; *BAG* 12.10.1955 AP Nr. 1 zu § 63 BetrVG; 17.03.2005 EzA § 4 TVG Eingruppierung Nr. 10 unter II 2; 28.06.2006 EzA § 99 BetrVG 2001 Eingruppierung Nr. 1 Rn. 12; zuletzt etwa 14.04.2015 EzA § 99 BetrVG 2001 Eingruppierung Nr. 11 Rn. 24; *Fitting* § 99 Rn. 79 f.; *Huke/HWGNRH* § 99 Rn. 45; *Richardi/Thüsing* § 99 Rn. 67). Im Unterschied zu den anderen personellen Einzelmaßnahmen Einstellung, Versetzung und Kündigung steht dem Arbeitgeber im Falle der Ein- oder Umgruppierung keine Gestaltungsfreiheit und damit kein Entscheidungsspielraum zu, bei welchem dem Betriebsrat ein Mitentscheidungsrecht zugebilligt werden könnte. Vielmehr handelt es sich bei der Entscheidung über die Einordnung in das kollektive Entgeltschema in Wahrheit um einen **Akt des Normvollzuges** (*BAG* 10.02.1976 EzA § 99 BetrVG 1972 Nr. 9 = AP Nr. 4 zu § 99 BetrVG 1972; 22.03.1983 EzA § 101 BetrVG 1972 Nr. 5 = AP Nr. 6 zu § 101 BetrVG 1972 unter B II 1; 20.09.1990 EzA § 99 BetrVG 1972 Nr. 96 = AP Nr. 83 zu § 99 BetrVG 1972 unter II 2, st. Rspr.; zuletzt etwa *BAG* 11.09.2013 EzA § 101 BetrVG 2001 Nr. 1 Rn. 18; *Bachner/DKKW* § 99 Rn. 66; *Fitting* § 99 Rn. 79, 96; *Galperin/Löwisch* § 99 Rn. 29; *Huke/HWGNRH* § 99 Rn. 48; *Richardi/Thüsing* § 99 Rn. 88; *Söllner* FS 25 Jahre Bundesarbeitsgericht, 1979, S. 608). Das Recht des Betriebsrats ist deshalb insoweit kein Mitgestaltungsrecht, sondern nur ein **Mitbeurteilungsrecht**. Es geht um eine Richtigkeitskontrolle beim Normvollzug bzw. bei der Anwendung des Gleichbehandlungsgrundsatzes (h. M. und st. Rspr.; *BAG* 27.06.2000 EzA § 99 BetrVG 1972 Eingruppierung Nr. 3 = AP Nr. 23 zu § 99 BetrVG 1972 Eingruppierung unter II 1c; 28.06.2006 EzA § 99 BetrVG 2001 Eingruppierung Nr. 1 Rn. 12; 11.09.2013 EzA § 101 BetrVG 2001 Nr. 1 Rn. 18, 27; *Bachner/DKKW* § 99 Rn. 66; *Fitting* § 99 Rn. 96; *Galperin/Löwisch* § 99 Rn. 29; *Huke/HWGNRH* § 99 Rn. 48; *Richardi/Thüsing* § 99 Rn. 89). Hintergrund für die Beteiligung des Betriebsrats ist, dass die Umschreibungen der Entgeltgruppen notwendigerweise sehr abstrakt gehalten sind, was zwangsläufig zu einem nicht unerheblichen Beurteilungsspielraum bei der Anwendung des Schemas auf einen konkreten Arbeitsplatz im Betrieb führt (s. a. *Jacobs/Frieling* FS *von Hoyningen-Huene*, S. 177 [184 f.]). Das Beteiligungsrecht soll insoweit dazu beitragen, dass bei der Einordnung möglichst zutreffende, vor allem keine den Arbeitnehmer zu Unrecht benachteiligende Ergebnisse erzielt werden. Es dient zugleich der einheitlichen und gleichmäßigen Anwendung der Vergütungsordnung sowie der Transparenz der Vergütungspraxis (*BAG* 17.06.2008 EzA § 99 BetrVG 2001 Eingruppierung Nr. 3 Rn. 16; 11.11.2008 EzA § 87 BetrVG 2001 Betriebliche Lohngestaltung Nr. 17 Rn. 24 = AP Nr. 35 zu § 99 BetrVG 1972 Eingruppierung; 14.04.2015 EzA § 99 BetrVG 2001 Eingruppierung Nr. 11 Rn. 25). Die Einbeziehung der Eingruppierung in § 99 ist freilich **nicht unproblematisch**. Der zutreffenden Anwendung einer durch Tarifvertrag oder Betriebsvereinbarung geschaffenen Vergütungsordnung dient bereits das Kontrollrecht des Betriebsrats nach § 80 Abs. 1 Nr. 1; einer Aufnahme der Eingruppierung in § 99 Abs. 1 hätte es unter diesem Aspekt nicht bedurft.

Ein- und Umgruppierungen sind stets personelle Einzelmaßnahmen in Bezug auf einen konkreten **65** Arbeitnehmer. Sie sind insoweit zu unterscheiden von nicht personenbezogenen **Bewertungen von Stellen, Arbeitsplätzen oder Tätigkeiten**. Diese unterliegen nicht der Mitbestimmung nach § 99 (*BAG* 12.01.2011 EzA § 99 BetrVG 2001 Eingruppierung Nr. 8 = AP Nr. 52 zu § 99 BetrVG 1972 Eingruppierung Rn. 17; 01.06.2011 AP Nr. 139 zu § 99 BetrVG 1972 Rn. 32). Mitbestimmungspflichtig ist zunächst die **(erstmalige) Einordnung in eine konkrete Entgeltgruppe** innerhalb des kollektiven Vergütungsschemas. Wird die für den Arbeitgeber maßgebliche **Vergütungsordnung ausgetauscht** und durch eine neue ersetzt, so ist der Betriebsrat bei der Überleitung der Arbeitnehmer in das neue Vergütungsschema ebenfalls zu beteiligen (*BAG* 22.04.2009 EzA § 3 TVG Bezugnahme auf Tarifvertrag Nr. 41 = AP Nr. 38 zu § 99 BetrVG 1972 Eingruppierung [Überleitung in die Entgeltordnung des TVöD]). Weist die Entgeltgruppe **mehrere Fallgruppen** auf, so ist auch die Zuordnung dazu Eingruppierung, wenn mit den Fallgruppen unterschiedliche Rechtsfolgewirkungen verbunden sind (*BAG* 27.07.1993 EzA § 99 BetrVG 1972 Nr. 116 = AP Nr. 110 zu § 99 BetrVG 1972; *Richardi/Thüsing* § 99 Rn. 75). Ist die Vergütungsordnung in einem Tarifvertrag geregelt, so ist es für das Mitbestimmungsrecht **gleichgültig, worauf die Geltung des Tarifvertrags beruht**, also ob das tarifvertragliche Entgeltschema für den einzugruppierenden

Arbeitnehmer wegen Tarifgebundenheit der Parteien des Arbeitsvertrages (§ 3 Abs. 1 TVG, § 4 Abs. 1 TVG), wegen Allgemeinverbindlicherklärung des Tarifvertrages (§ 5 Abs. 1 und 4 TVG) oder deshalb gilt, weil die tarifliche Regelung aufgrund Inbezugnahme im Arbeitsvertrag oder aufgrund betrieblicher Übung auf den Arbeitnehmer anzuwenden ist (*BAG* 03.12.1985 EzA § 118 BetrVG 1972 Nr. 37 = AP Nr. 31 zu § 99 BetrVG 1972; 23.11.1993 EzA § 99 BetrVG 1972 Nr. 119 = AP Nr. 111 zu § 99 BetrVG 1972; 12.12.2000 EzA § 87 BetrVG 1972 Betriebliche Lohngestaltung Nr. 20; *Bachner/DKKW* § 99 Rn. 67; *Fitting* § 99 Rn. 85; *Galperin/Löwisch* § 99 Rn. 30; *Huke/HWGNRH* § 99 Rn. 51; *Richardi/Thüsing* § 99 Rn. 76; s. aber auch Rdn. 70). Im Geltungsbereich eines ungekündigten Tarifvertrags gilt eine in Bezug genommene Gehaltsgruppenregelung eines anderen Tarifvertrages auch dann unmittelbar und zwingend, wenn der in Bezug genommene Tarifvertrag in seinem Geltungsbereich nur **nachwirkt** (*BAG* 30.01.1990 EzA § 99 BetrVG 1972 Nr. 86 = AP Nr. 78 zu § 99 BetrVG 1972). Eingruppierung i. S. v. § 99 Abs. 1 liegt auch vor, wenn der Arbeitnehmer einer in einer **Betriebsvereinbarung festgelegten Entgeltgruppe** zugewiesen wird. Wegen der Sperrklausel des § 77 Abs. 3 kommt eine derartige Regelung aber nur für Entgeltbestandteile in Frage, die nicht tariflich geregelt sind, etwa besondere Zulagen, oder für das Entgelt von außertariflichen Angestellten, die nicht leitende Angestellte sind (*BAG* 22.01.1980 EzA § 87 BetrVG 1972 Lohn und Arbeitsentgelt Nr. 11 = AP Nr. 3 zu § 87 BetrVG 1972 Lohngestaltung; *Fitting* § 99 Rn. 94; *Galperin/Löwisch* § 99 Rn. 30; *Huke/HWGNRH* § 99 Rn. 46, 52; *Lieb* ZfA 1978, 179; *Richardi/Thüsing* § 99 Rn. 80, 82). Auch die Einordnung eines Arbeitnehmers in ein **betriebliches Entgeltschema**, das nicht in einer Betriebsvereinbarung festgelegt, sondern vom Arbeitgeber (mit Zustimmung des Betriebsrats, § 87 Abs. 1 Nr. 10) aufgestellt wurde, ist Eingruppierung (*BAG* 28.01.1986 EzA § 99 BetrVG 1972 Nr. 47 = AP Nr. 32 zu § 99 BetrVG 1972; 28.04.2009 EzA § 99 BetrVG 2001 Eingruppierung Nr. 4 = AP Nr. 40 zu § 99 BetrVG 1972 Eingruppierung Rn. 17 ff.; *Bachner/DKKW* § 99 Rn. 70; *Fitting* § 99 Rn. 85; *Richardi/Thüsing* § 99 Rn. 80; einschränkend *Galperin/Löwisch* § 99 Rn. 29a; *Huke/HWGNRH* § 99 Rn. 51).

66 Eingruppierung setzt außerdem die Einordnung in ein Schema voraus, das die Vergütung für eine konkrete Tätigkeit bestimmt. Daher stellt die Zuordnung zu einer allein für **freiwillige betriebliche Sozialleistungen** gebildeten Gruppe, die nicht von dem Inhalt der Arbeitsleistung abhängt, keine Eingruppierung i. S. v. § 99 Abs. 1 dar (*Galperin/Löwisch* § 99 Rn. 29a; *Richardi/Thüsing* § 99 Rn. 73). Hingegen kann die Entscheidung über die Gewährung einer **Zulage zum Entgelt** Ein- oder Umgruppierung sein. Voraussetzung ist, dass sich die Zulage als eine Zwischenstufe zwischen Vergütungsgruppen darstellt und die Gewährung etwas über die Stellung des Arbeitnehmers innerhalb der maßgeblichen Vergütungsordnung aussagt. Erschwerniszulagen z. B. erfüllen diese Voraussetzung nicht. Die Zulage muss in das Vergütungsgruppensystem eingebunden und aufgrund ihrer Ausformung als Bestandteil eines gestuften Entgeltschemas anzusehen sein (*BAG* 02.04.1996 EzA § 99 BetrVG 1972 Nr. 137 = AP Nr. 7 zu § 99 BetrVG 1972 Eingruppierung; 24.06.1986 EzA § 99 BetrVG 1972 Nr. 51 = AP Nr. 37 zu § 99 BetrVG 1972). Auch die Zuordnung der verschiedenen Arbeitsgänge in der **Heimarbeit** in nach § 19 HAG vorgebene Entgeltgruppen und die Zuweisung der Tätigkeiten ist als Eingruppierung anzusehen, sofern es sich um Heimarbeitnehmer i. S. v. § 5 handelt (*BAG* 20.09.1990 EzA § 99 BetrVG 1972 Nr. 96 = AP Nr. 83 zu § 99 BetrVG 1972 [zu § 6 BetrVG 1972]). Keine Frage der Eingruppierung stellt auch die **Festlegung der Höhe der Leistungen** innerhalb eines bestehenden Vergütungsschemas dar (*BAG* 28.04.2009 EzA § 99 BetrVG 2001 Eingruppierung Nr. 4 = AP Nr. 40 zu § 99 BetrVG 1972 Eingruppierung Rn. 31 f.).

67 Das Mitbeurteilungsrecht des Betriebsrats kann eingeschränkt sein, wenn und soweit die **Urheber des Vergütungssystems** (etwa die Tarifvertragsparteien) **selbst eine Zuordnung vorgenommen** und damit die nach § 99 Abs. 1 von den Betriebspartnern gemeinsam zu treffende Entscheidung vorweggenommen haben (*BAG* 03.05.2006 EzA § 99 BetrVG 2001 Umgruppierung Nr. 3 = AP Nr. 31 zu § 99 BetrVG 1972 Eingruppierung Rn. 26 f.; 14.04.2015 EzA § 99 BetrVG 2001 Eingruppierung Nr. 11 = AP Nr. 143 zu § 99 BetrVG [*B. Schmidt*] Rn. 27). Dies ist der Fall, wenn in der Regelung selbst bestimmte Stellen konkreten Entgeltgruppen zugeordnet werden (so im Fall *BAG* 03.05.2006 EzA § 99 BetrVG 2001 Umgruppierung Nr. 3 = AP Nr. 31 zu § 99 BetrVG 1972 Eingruppierung) oder wenn die Zuordnung aufgrund einer Bewertung der einzelnen Arbeitsaufgaben auf der Basis eines Punktesystems erfolgt und die Zuordnung zu den Entgeltgruppen von der in der Regelung angegebenen Punktezahl abhängt (so im Fall *BAG* 12.01.2011 EzA § 99 BetrVG 2001 Eingruppierung

Nr. 8 = AP Nr. 52 zu § 99 BetrVG 1972 Eingruppierung). Hierdurch wird die Beteiligung des Betriebsrats bei der Eingruppierung aber nicht stets gänzlich überflüssig. Zum einen kann es sein, dass die Vorgaben noch einen eigenen Beurteilungsspielraum lassen. Zum anderen hat immer noch die Einordnung des konkreten Arbeitnehmers in das Entgeltschema zu erfolgen. Dass die Betriebsparteien insoweit keinen Gestaltungsspielraum haben, ist unerheblich, da die Eingruppierung stets reiner Normvollzug im Wege der Subsumtion eines Lebenssachverhaltes unter die anzuwendende Norm ist (BAG 06.04.2011 EzA § 99 BetrVG 2001 Umgruppierung Nr. 8 = AP Nr. 135 zu § 99 BetrVG 1972 *[von Hoyningen-Huene/Kneip]* Rn. 21, 29). Wird etwa in einem Tarifvertrag jede Stelle einer konkreten Entgeltgruppe zugeordnet, so muss der Arbeitgeber entscheiden, ob der einzelne Arbeitnehmer die im Tarifvertrag bezeichnete Stelle innehat und die dort erbrachten Tätigkeiten der Stellenbezeichnung entsprechen. Insoweit besteht dann auch ein Mitbeurteilungsrecht des Betriebsrats (*BAG* 12.01.2011 EzA § 99 BetrVG 2001 Umgruppierung Nr. 7 = AP Nr. 50 zu § 99 BetrVG 1972 Eingruppierung Rn. 27; 12.01.2011 EzA § 99 BetrVG 2001 Eingruppierung Nr. 8 Rn. 23). Das Mitbeurteilungsrecht entfällt allerdings, wenn die Urheber des Vergütungssystems selbst konkrete Arbeitnehmer einer bestimmten Vergütungsgruppe zugeordnet haben (*BAG* 12.01.2011 EzA § 99 BetrVG 2001 Eingruppierung Nr. 8 Rn. 18; 06.04.2011 EzA § 99 BetrVG 2001 Umgruppierung Nr. 8 Rn. 21; 14.04.2015 EzA § 99 BetrVG 2001 Eingruppierung Nr. 11 Rn. 34).

Der Arbeitgeber ist **zu einer Ein- oder Umgruppierungsentscheidung verpflichtet**, wenn er anlässlich der Einstellung oder einer Versetzung dem Arbeitnehmer erstmals eine Tätigkeit oder eine andere Tätigkeit zuweist (*BAG* 18.06.1991 EzA § 99 BetrVG 1972 Nr. 100 = AP Nr. 105 zu § 99 BetrVG 1972 = SAE 1992, 169 *[von Hoyningen-Huene]*; 12.12.2006 EzA § 99 BetrVG 2001 Eingruppierung Nr. 2 = AP Nr. 32 zu § 99 BetrVG 1972 Eingruppierung Rn. 14). Eine Eingruppierung entfällt daher, wenn zwar eine Einstellung vorliegt, sich an der Tätigkeit aber nichts ändert, weil der Arbeitnehmer seine bisherige Tätigkeit fortsetzt. Dies ist etwa bei einer Entfristung des Arbeitsverhältnisses bei ansonsten unveränderten Arbeitsbedingungen der Fall (*BAG* 01.07.2009 EzTöD 320 TVÜ-VKA Anlage 3 Entgeltgruppe 1 Nr. 11 unter B I 1 = AP Nr. 39 zu § 99 BetrVG 1972 Eingruppierung Rn. 12 ff.; zur Einordnung der Umwandlung eines befristeten in ein unbefristetes Arbeitsverhältnis als Einstellung s. Rdn. 36). 68

Voraussetzung für die Verpflichtung zur Ein- oder Umgruppierung ist außerdem, dass der **Arbeitgeber an die kollektive Vergütungsordnung**, in die der Arbeitnehmer eingeordnet werden soll, **gebunden** ist. Das *BAG* formuliert in seinen neueren Entscheidungen, dass die Verpflichtung zur Einleitung eines Verfahrens nach § 99 Abs. 1 »eine im Betrieb geltende Vergütungsordnung« voraussetze (*BAG* 11.09.2013 EzA § 101 BetrVG 2001 Nr. 1 = AP Nr. 63 zu § 99 BetrVG 1972 Eingruppierung Rn. 20; 14.04.2015 EzA § 99 BetrVG 2001 Eingruppierung Nr. 11 = AP Nr. 143 zu § 99 BetrVG 1972 *[B. Schmidt]* Rn. 22). Bei genauerer Betrachtung liegt hierin nicht nur eine sprachliche Nuance, sondern eine nicht ganz unwesentliche inhaltliche Abweichung. So genügt es für die »Geltung« einer Vergütungsordnung, wenn der Arbeitgeber diese wenigstens gegenüber einem Teil der Arbeitnehmer – sei es freiwillig, sei es weil er rechtlich hierzu verpflichtet ist – zur Anwendung bringt. Dies ist etwa der Fall, wenn ein Tarifvertrag nur noch nachwirkt (§ 4 Abs. 5 TVG) oder im Falle des Betriebsübergangs nach § 613a Abs. 1 Satz 2 BGB für die übernommenen Arbeitnehmer als Inhalt des Arbeitsverhältnisses weiter gilt. Damit wird freilich die Geltung des Vergütungssystems im Betrieb von der normativen Geltungsgrundlage weitgehend entkoppelt (mit Recht krit. daher *Jacobs/Frieling* FS *von Hoyningen-Huene*, S. 177 [187 f.]; s. a. Rdn. 70 sowie bereits 10. Aufl. § 101 Rn. 10). 69

Da es für die Pflicht des Arbeitgebers zur Eingruppierung und damit zur Beteiligung des Betriebsrats nach der neueren Rspr. des *BAG* nur noch auf die »Geltung« der Vergütungsordnung im Betrieb ankommt, ist das Mitbestimmungsrecht nicht davon abhängig, dass die Vergütungsordnung auch **für den konkreten Arbeitnehmer gilt** (*BAG* 04.05.2011 EzA § 99 BetrVG 2001 Eingruppierung Nr. 9 = AP Nr. 55 zu § 99 BetrVG 1972 Eingruppierung Rn. 21 ff.; 14.04.2015 EzA § 99 BetrVG 2001 Eingruppierung Nr. 11 = AP Nr. 143 zu § 99 BetrVG 1972 *[B. Schmidt]* Rn. 31 f.; 23.08.2016 EzA § 87 BetrVG 2001 Betriebliche Lohngestaltung Nr. 35 = AP Nr. 148 zu § 99 BetrVG 1972 Rn. 18; anders noch *BAG* 23.09.2003 EzA § 99 BetrVG 2001 Nr. 3 = AP Nr. 28 zu § 99 BetrVG 1972 Eingruppierung). Es komme vielmehr nur darauf an, dass der Tarifvertrag im Betrieb gelte. Ziel der Mitbestimmung sei nicht die Prüfung individueller Vergütungsansprüche, sondern die Beachtung der kollektiv 70

§ 99   IV. 5. 3. Personelle Einzelmaßnahmen

geltenden Vergütungsordnung. Dies bedeutet zum einen, dass der Betriebsrat von einem tarifgebundenen Arbeitgeber auch die Eingruppierung **nicht tarifgebundener Arbeitnehmer** ohne Rücksicht darauf verlangen kann, ob er diesen Tarifvertrag auf die Außenseiter – etwa durch vertragliche Bezugnahme – zur Anwendung bringt (BAG 04.05.2011 EzA § 99 BetrVG 2001 Eingruppierung Nr. 9 Rn. 22; 23.08.2016 EzA § 87 BetrVG 2001 Betriebliche Lohngestaltung Nr. 35 Rn. 18; s. a. BAG 18.10.2011 EzA § 87 BetrVG 2001 Betriebliche Lohngestaltung Nr. 26 = AP Nr. 141 zu § 87 BetrVG 1972 Lohngestaltung Rn. 16). Eine Pflicht zur Eingruppierung besteht zum anderen, wenn ein Tarifvertrag im Betrieb nur noch **kraft Nachwirkung (§ 4 Abs. 5 TVG) gilt**. Die Nachwirkung erstreckt sich zwar nicht auf die Arbeitnehmer, deren Arbeitsverhältnis erst nach der Beendigung des Tarifvertrags begründet wird (BAG 22.07.1998 EzA § 4 TVG Nachwirkung Nr. 27). Dennoch bleibt der Arbeitgeber verpflichtet, die neu eingestellten Arbeitnehmer in das Entgeltschema des ausgelaufenen Tarifvertrages einzuordnen, solange dieser im Betrieb noch Anwendung findet, mithin bis die Nachwirkung insgesamt endet (BAG 02.03.2004 EzA § 87 BetrVG 2001 Betriebliche Lohngestaltung Nr. 4 = AP Nr. 31 zu § 3 TVG unter IV 1). Die Rspr. hat schließlich Auswirkungen im Falle der **Tarifpluralität**, d. h. wenn im Betrieb mehrere Tarifverträge zu Anwendung kommen. Hier hat der Arbeitgeber die Arbeitnehmer unter Beteiligung des Betriebsrats in sämtliche, für den Betrieb geltenden Vergütungssysteme einzuordnen. Die betriebsverfassungsrechtlichen Pflichten des Arbeitgebers werden folglich durch die Existenz einer Mehrzahl unterschiedlicher Entgeltsysteme erweitert (so BAG 14.04.2015 EzA § 99 BetrVG 2001 Eingruppierung Nr. 11 Rn. 32; 23.08.2016 EzA § 87 BetrVG 2001 Betriebliche Lohngestaltung Nr. 35 Rn. 19; zust. Fitting § 99 Rn. 81a). Eine solche Mehrheit von unterschiedlichen tariflichen Vergütungsordnungen ist aufgrund des § 4a Abs. 2 Satz 2 TVG vor allem dann denkbar, wenn sich die (persönlichen) Geltungsbereiche der Tarifverträge nicht überschneiden, d. h. wenn für unterschiedliche Berufsgruppen jeweils eigene Tarifverträge geschlossen werden (s. Schaub/Treber Arbeitsrechts-Handbuch § 203 Rn. 54). In diesen Fällen wird man aber – selbst wenn man dem BAG folgt – den Arbeitgeber kaum für verpflichtet ansehen können, den Arbeitnehmer in ein tarifliches Vergütungssystem einzugruppieren, das für seine berufliche Tätigkeit gar nicht geschaffen worden ist und daher wohl auch keine passende Entgeltgruppe enthält. Die neue Rspr. ist jedoch auch insgesamt nicht überzeugend (mit Recht krit. Jacobs/Frieling FS von Hoyningen-Huene, S. 177 ff.; Reichold RdA 2013, 108 ff.; B. Schmidt Anm. AP Nr. 143 zu § 99 BetrVG 1972 Bl. 8R f.; Wiese/Gutzeit § 87 Rdn. 967 ff. m. w. N.). § 99 regelt die Mitbestimmung bei personellen Einzelmaßnahmen, nicht bei der Auslegung eines kollektiven Entgeltschemas. Dies spricht dafür, dass ein Mitbeurteilungsrecht nur im Hinblick auf kollektive Vergütungssysteme besteht, die für den Arbeitnehmer – aufgrund Tarifvertrag, Betriebsvereinbarung oder Individualvertrag – konkret zur Anwendung kommen können. Eine »Pflicht zur hypothetischen Eingruppierung« lässt sich auch unter Berücksichtigung von Sinn und Zweck der Regelung nicht begründen (zutr. Jacobs/Frieling FS von Hoyningen-Huene, S. 177 [182 ff.]).

71 In einem **Gemeinschaftsbetrieb mehrerer Unternehmen** kann der für den Betrieb zuständige Betriebsrat nicht verlangen, dass sämtliche Arbeitnehmer in eine Vergütungsordnung eingruppiert werden, die nur für eines der Unternehmen maßgeblich ist. Vielmehr besteht eine solche Pflicht nur für die Arbeitnehmer, die in einem Arbeitsverhältnis zu dem Unternehmen stehen, für das die Vergütungsordnung gilt (BAG 12.12.2006 EzA § 87 BetrVG 2001 Betriebliche Lohngestaltung Nr. 13 = AP Nr. 27 zu § 1 BetrVG 1972 Gemeinsamer Betrieb Rn. 21). Werden Arbeitnehmer in **Matrix-Strukturen** beschäftigt (näher hierzu § 7 Rdn. 52 ff.), so ist zu unterscheiden. Bildet die hierdurch geschaffene »hybride Einheit« betriebsverfassungsrechtlich einen eigenständigen Betrieb (s. § 7 Rdn. 53 f.), so kommt es darauf an, ob in diesem Betrieb eine Vergütungsordnung gilt. Dann ist der dort gebildete Betriebsrat für die Beurteilung der Eingruppierung zuständig. Komplexer ist die Problematik, wenn der Arbeitnehmer mehreren Betrieben zuzuordnen ist, weil die Arbeitgeberstellung aufgespalten ist (s. § 7 Rdn. 55). Hier ist die Situation mit derjenigen des Einsatzes von Leiharbeitnehmern vergleichbar. Da für die Frage der Vergütung das jeweilige Vertragsverhältnis maßgeblich ist, ist folglich bei Ein- und Umgruppierungen der Betriebsrat des »Stammbetriebs« zu beteiligen, also des Betriebs, zu dessen Inhaber eine arbeitsvertragliche Beziehung besteht (s. Rdn. 265; ebenso Fitting § 99 Rn. 84a; Maywald Matrixstrukturen, S. 159 f.).

72 Nach Ansicht des BAG muss der Arbeitgeber den Betriebsrat auch beteiligen, wenn er die **Eingruppierung nicht ändern will** (BAG 21.03.1995 EzA § 99 BetrVG 1972 Nr. 127 = AP Nr. 4 zu § 99

BetrVG 1972 Eingruppierung [zum Personalvertretungsrecht]). Gleiches soll gelten, wenn der Arbeitgeber bei einer Versetzung zu dem Ergebnis kommt, dass eine Eingruppierung in das geltende Entgeltschema nicht mehr in Frage kommt, weil die zu bewertende neue Tätigkeit des Arbeitnehmers Anforderungen stellt, die die Qualifikationsmerkmale der obersten Vergütungsgruppe übersteigen, oder auch, wenn der Arbeitgeber bei einer Versetzung eines bisher **außertariflich vergüteten Arbeitnehmers** der Ansicht ist, dass auch die neue Tätigkeit qualitativ die Merkmale der obersten tariflichen Vergütungsgruppe übersteigt (*BAG* 31.10.1995 EzA § 99 BetrVG 1972 Nr. 131 = AP Nr. 5 zu § 99 BetrVG 1972 Eingruppierung; 26.10.2004 EzA § 99 BetrVG 2001 Umgruppierung Nr. 2 unter B II 2a; 12.12.2006 EzA § 99 BetrVG 2001 Eingruppierung Nr. 2 Rn. 15 f.; *Bachner/DKKW* § 99 Rn. 72; *Fitting* § 99 Rn. 113).

Bei einer **individuellen Lohn- oder Gehaltsvereinbarung** liegt keine Eingruppierung vor; ein Mitbestimmungsrecht des Betriebsrats scheidet insoweit aus (h. M.; *Fitting* § 99 Rn. 95; *Galperin/Löwisch* § 99 Rn. 30; *Richardi/Thüsing* § 99 Rn. 81; vgl. auch *BAG* 31.05.1985 EzA § 118 BetrVG 1972 Nr. 36 = AP Nr. 27 zu § 118 BetrVG 1972). Ein Mitbestimmungsrecht besteht danach auch dann nicht, wenn die übertarifliche Entgeltfestsetzung im Einzelfall durch eine gegenüber der Regelung im Tarifvertrag bzw. der Betriebsvereinbarung bewusste Höher»gruppierung« erfolgt, da es sich dabei trotz der Formulierung um eine rein individualrechtliche Vergütungsvereinbarung handelt (*Huke/HWGNRH* § 99 Rn. 54; *Richardi/Thüsing* § 99 Rn. 83 a. E.; s. a. Rdn. 83; **a. M.** *Matthes*/MünchArbR § 266 Rn. 13 mit der wenig überzeugenden Begründung, auch bei der »übertariflichen« Eingruppierung gehe es um die »richtige« Eingruppierung). 73

Die **Zuweisung des ersten Arbeitsplatzes**, die aufgrund des Direktionsrechts des Arbeitgebers erfolgt, ist für sich betrachtet keine Eingruppierung i. S. v. § 99. Der in Aussicht genommene Arbeitsplatz ist aber dem Betriebsrat mitzuteilen (§ 99 Abs. 1 Satz 2; *Fitting* § 99 Rn. 103). 74

Wie bereits angedeutet (s. Rdn. 64), erscheint die **Einbeziehung der Eingruppierung in das Mitbestimmungsrecht des § 99 fragwürdig** (zust. *Jacobs/Frieling* FS *von Hoyningen-Huene*, S. 177 [183 f.]. Die dem Betriebsrat insoweit zukommenden rechtlichen Möglichkeiten sind sehr beschränkt. Aus dem Katalog der Zustimmungsverweigerungsgründe des § 99 Abs. 2 können nur die Nr. 1 und 4 in Betracht kommen; Nr. 2 scheidet aus, da § 95 die Eingruppierung nicht erwähnt. Ein Verstoß gegen Tarifvertrag oder Betriebsvereinbarung i. S. v. Abs. 2 Nr. 1 oder eine Benachteiligung des Arbeitnehmers i. S. v. Abs. 2 Nr. 4 können nur vorliegen, wenn ein Arbeitnehmer zu niedrig eingestuft wird, da bei »Höhergruppierungen« im Verhältnis zum Tarifvertrag das Günstigkeitsprinzip eingreift, der Arbeitnehmer nicht benachteiligt ist und ein Mitbestimmungsrecht bei individualrechtlich vereinbarter Besserstellung nicht besteht (s. Rdn. 73). Wird ein Arbeitnehmer zu niedrig eingruppiert, so hat er, infolge der normativen Wirkung des kollektivrechtlichen Entgeltschemas oder aufgrund des Gleichbehandlungsgrundsatzes bei betrieblicher Entgeltregelung, die nicht auf Betriebsvereinbarung beruht, einen unmittelbaren Anspruch gegen seinen Arbeitgeber auf richtige Eingruppierung und Bezahlung. Die falsche Eingruppierung ist nichtig, berührt aber die Gültigkeit des Arbeitsvertrages im Übrigen nicht (*Bachner/DKKW* § 99 Rn. 257; *Fitting* § 99 Rn. 101; *Galperin/Löwisch* § 99 Rn. 32d; *Huke/HWGNRH* § 99 Rn. 49; *Richardi/Thüsing* § 99 Rn. 91, 94, 339). 75

Es bleibt deshalb **unklar, was das Mitbestimmungsrecht nach § 99** gegenüber dieser Rechtslage **verbessern soll**. Verweigert der Betriebsrat trotz Falscheingruppierung seine Zustimmung nicht, so wird dadurch der individualrechtliche Anspruch des Eingestellten nicht berührt. Verweigert der Betriebsrat seine Zustimmung, so darf der Arbeitgeber die vorgesehene Eingruppierung nicht vornehmen. Da aber der Betriebsrat die Zustimmung zur Einstellung nicht mit der Begründung verweigern kann, die Eingruppierung sei unrichtig (*BAG* 20.12.1988 EzA § 99 BetrVG 1972 Nr. 70 = AP Nr. 62 zu § 99 BetrVG 1972), kann der Arbeitnehmer aufgrund des Arbeitsvertrags und der ihm zugewiesenen Tätigkeit die ihm nach dem Entgeltschema zustehende Vergütung verlangen und gerichtlich durchsetzen (*BAG* 16.01.1991 EzA § 24 BAT Nr. 4 = AP Nr. 3 zu § 24 MTA). 76

Nur wenn der Arbeitgeber das Arbeitsgericht anruft mit dem Antrag, die Zustimmung des Betriebsrats zu ersetzen (s. dazu Rdn. 234 ff.), ergibt sich ein Unterschied. Der Streit um die »richtige« Eingruppierung wird dann nämlich zwischen Arbeitgeber und Betriebsrat und nicht mehr zwischen Arbeitgeber und Arbeitnehmer ausgetragen. Ob dieser Unterschied die Einbeziehung der Eingruppierung 77 in den Mitbestimmungsbereich rechtfertigt, erscheint fraglich, zumal die Entscheidung im Beschlussverfahren keine präjudizielle Wirkung für den Eingruppierungsstreit des Arbeitnehmers mit seinem Arbeitgeber hat (*BAG* 13.05.1981 EzA § 59 HGB Nr. 2 = AP Nr. 24 zu § 59 HGB; 09.02.1993 EzA § 99 BetrVG 1972 Nr. 111 = AP Nr. 103 zu § 99 BetrVG 1972; *Fitting* § 99 Rn. 84; **a. M.** *Dütz* AuR 1993, 33 [38]). Im Bereich des Normvollzugs hätte die allgemeine Überwachungsaufgabe des Betriebsrats nach § 80 Abs. 1 Nr. 1 völlig ausgereicht, um die Interessen der betroffenen Arbeitnehmer zu wahren.

78 Nimmt der Arbeitgeber eine **Eingruppierung** vor, **ohne die Zustimmung des Betriebsrats** einzuholen, oder hält er eine von ihm vorgenommene Eingruppierung aufrecht, ohne das Ersetzungsverfahren einzuleiten, so lässt dies nach dem Gesagten (s. Rdn. 75) den individualrechtlichen Entgeltanspruch des Arbeitnehmers unberührt. Gleiches gilt, wenn **der Arbeitgeber** trotz Geltung eines kollektiven Entgeltschemas **die Eingruppierung unterlässt**. Der Betriebsrat kann aber nach § 101 beim Arbeitsgericht beantragen, dem Arbeitgeber aufzugeben, dass er den Arbeitnehmer eingruppiert und dazu die Zustimmung des Betriebsrats beantragt (*BAG* 20.12.1988 EzA § 99 BetrVG 1972 Nr. 70 = AP Nr. 62 zu § 99 BetrVG 1972; 09.02.1993 EzA § 99 BetrVG 1972 Nr. 111 = AP Nr. 103 zu § 99 BetrVG 1972; hierzu näher § 101 Rdn. 9 ff.). Dem Betriebsrat steht aber kein Anspruch auf Zuordnung des Arbeitnehmers zu einer bestimmten Vergütungsgruppe zu (*BAG* 25.08.2010 EzTöD 400 Eingruppierung BAT Allgemein Nr. 1 unter B II 2a = AP Nr. 37 zu § 1 TVG Tarifverträge: Deutsche Bahn Rn. 43).

c) Umgruppierung

79 Umgruppierung i. S. v. § 99 bedeutet die **Änderung der Einstufung eines Arbeitnehmers** innerhalb des für ihn maßgeblichen tariflichen oder betrieblichen Entgeltschemas, und zwar nach oben oder nach unten (h. M.; *BAG* 10.12.2002 EzA § 99 BetrVG 2001 Umgruppierung Nr. 1 = AP Nr. 42 zu § 95 BetrVG 1972 unter B III 3c cc (1); 26.10.2004 EzA § 99 BetrVG 2001 Umgruppierung Nr. 2 = AP Nr. 29 zu § 99 BetrVG 1972 Eingruppierung unter B II 2a; in neuerer Zeit etwa 11.09.2013 EzA § 101 BetrVG 2001 Nr. 1 = AP Nr. 63 zu § 99 BetrVG 1972 Eingruppierung Rn. 19; *Bachner/ DKKW* § 99 Rn. 84; *Fitting* § 99 Rn. 104; *Huke/HWGNR* § 99 Rn. 58; *Richardi/Thüsing* § 99 Rn. 95; *Stege/Weinspach/Schiefer* §§ 99–101 Rn. 126, 126a). Auch die Änderung der **Einstufung innerhalb einer Entgeltgruppe** (sog. Stufenzuordnung) stellt eine Umgruppierung dar (*BAG* 06.04.2011 EzA § 99 BetrVG 2001 Umgruppierung Nr. 8 = AP Nr. 135 zu § 99 BetrVG 1972 Rn. 24 ff.). Grundlage für die Umgruppierung ist die Feststellung, dass die Tätigkeit des Arbeitnehmers nicht oder nicht mehr der Vergütungsgruppe entspricht, in die der Arbeitnehmer bisher eingruppiert war (*BAG* 26.10.2004 EzA § 99 BetrVG 2001 Umgruppierung Nr. 2 unter B II 2a; die gegenteilige Auffassung von *Nikisch* [III, S. 451; *ders.* DB 1952, 844], wonach Umgruppierung die Veränderung der hierarchischen Stellung des Arbeitnehmers im Betrieb bedeutet, hat sich zu Recht nicht durchgesetzt; s. dazu *Kraft/Kreutz* ZfA 1971, 47 [53 ff.]).

80 Ob eine Umgruppierung vorzunehmen ist, richtet sich nach den für die Zuordnung eines Arbeitnehmers maßgeblichen **Gruppenmerkmalen**. Das kann, muss aber nicht die ausgeübte Tätigkeit sein; auch die zunehmende Berufserfahrung kann ein Gruppenmerkmal bilden.

81 Für den mitbestimmungspflichtigen Vorgang der Umgruppierung ist es ohne Bedeutung, warum sie erforderlich wird. Eine neue Eingruppierungsentscheidung ist einmal dann zu treffen, wenn dem Arbeitnehmer eine **neue Tätigkeit zugewiesen** wird, die nicht mehr die Merkmale der bisherigen Vergütungsgruppe erfüllt (*BAG* 06.04.2011 EzA § 99 BetrVG 2001 Umgruppierung Nr. 8 = AP Nr. 135 zu § 99 BetrVG 1972 Rn. 20). Nach Ansicht des *BAG* gilt dies selbst dann, wenn trotz der Versetzung die bisherige Eingruppierung beibehalten wird (*BAG* 18.06.1991 EzA § 99 BetrVG 1972 Nr. 100 = AP Nr. 105 zu § 99 BetrVG 1972 unter B II 2c; 21.03.1995 EzA § 99 BetrVG 1972 Nr. 127 = AP Nr. 4 zu § 99 BetrVG 1972 Eingruppierung). Zum anderen wird im Falle einer **Veränderung der Vergütungsordnung** eine Umgruppierung erforderlich. Dies gilt nicht nur dann, wenn ein vollständig neues Vergütungsschema an die Stelle des alten tritt, sondern auch, wenn sich die Gruppenmerkmale oder das Gruppenschema innerhalb der Vergütungsordnung ändern. In allen Fällen bedarf es der Überprüfung der Zuordnung und einer »Neueingruppierung«, d. h. einer erneuten Zuweisung auf der Grundlage des geltenden Vergütungssystems (*BAG* 12.01.1993 EzA § 99 BetrVG 1972 Nr. 112

= AP Nr. 101 zu § 99 BetrVG 1972; 09.03.1993 EzA § 99 BetrVG 1972 Nr. 113 = AP Nr. 104 zu § 99 BetrVG 1972; 11.09.2013 EzA § 101 BetrVG 2001 Nr. 1 Rn. 19; *Fitting* § 99 Rn. 109; *Richardi/ Thüsing* § 99 Rn. 97). Auch wenn ein Arbeitnehmer »lediglich« aufgrund sich **ändernder persönlicher Merkmale** (bisher vor allem wegen eines höheren Lebensalters) in eine andere Entgeltgruppe fällt, ist die damit erforderlich werdende Zuordnung zu dieser Entgeltgruppe Umgruppierung i. S. d. Gesetzes. Die Zuordnung zur maßgeblichen Entgeltgruppe ist immer »deklaratorisch«, das Mitbestimmungsrecht in Wahrheit ein Mitbeurteilungsrecht, das keinen Einfluss auf den individualrechtlichen Anspruch des Arbeitnehmers auf »richtige« Eingruppierung hat (so zu Recht *BVerwG* 17.04.1970 BVerwGE 35, 164 = AP Nr. 10 zu § 71 PersVG; *BVerwG* 13.02.1976 BVerwGE 50, 186). Schließlich stellt auch die **Berichtigung** einer bislang unrichtigen Eingruppierung eine mitbestimmungspflichtige Umgruppierung dar (*BAG* 20.03.1990 EzA § 99 BetrVG 1972 Nr. 87 *[von Hoyningen-Huene]* = AP Nr. 79 zu § 99 BetrVG 1972; 30.05.1990 EzA § 99 BetrVG 1972 Nr. 89 = AP Nr. 31 zu § 75 BPersVG; 09.03.2011 EzA § 99 BetrVG 2001 Nr. 22 = AP Nr. 51 zu § 99 BetrVG 1972 Eingruppierung Rn. 13; *Fitting* § 99 Rn. 111; *Richardi/Thüsing* § 99 Rn. 98).

Ob die Umgruppierung individualrechtlich einseitig durch den Arbeitgeber vorgenommen werden kann oder ob sie eine Änderungskündigung voraussetzt, ist für das Mitbestimmungsrecht nach § 99 ohne Belang. Sollte mit der Umgruppierung eine Änderungskündigung einhergehen, so ist zusätzlich zu § 99 das Mitbestimmungsrecht nach § 102 zu beachten (*BAG* 03.11.1977 AP Nr. 1 zu § 75 BPersVG; 28.01.1986 EzA § 99 BetrVG 1972 Nr. 47 = AP Nr. 32 zu § 99 BetrVG 1972; vgl. auch *Bachner/DKKW* § 99 Rn. 85; *Galperin/Löwisch* § 99 Rn. 40; *Huke/HWGNRH* § 99 Rn. 69; *Stege/ Weinspach/Schiefer* §§ 99–101 Rn. 130 ff.). 82

Kein Mitbestimmungsrecht besteht jedoch bei einer **Änderung** des Entgelts **auf individualvertraglicher Basis**, auch wenn sie aus Zweckmäßigkeitsgründen als freiwillige Gewährung einer höheren Tarifgruppe, als sie dem Arbeitnehmer nach seiner Tätigkeit zukommt, bezeichnet wird (s. Rdn. 73; *Fitting* § 99 Rn. 117; *Galperin/Löwisch* § 99 Rn. 36; *Huke/HWGNRH* § 99 Rn. 66; *Hueck/ Nipperdey* II/2, S. 1420 Fn. 28; *Richardi/Thüsing* § 99 Rn. 106; *Stege/Weinspach/Schiefer* §§ 99–101 Rn. 129a). Gleiches gilt, wenn ein Angestellter zum AT-Angestellten wird, wenn es für diese Arbeitnehmergruppe **kein kollektives Gehaltsschema** gibt (*Huke/HWGNRH* § 99 Rn. 67; *Stege/Weinspach/Schiefer* §§ 99–101 Rn. 129b). Allerdings hat der Betriebsrat nach Ansicht des *BAG* ein Mitbeurteilungsrecht hinsichtlich der Frage, ob die Tätigkeit des Arbeitnehmers tatsächlich nach der Änderung nicht mehr von dem kollektiven Vergütungssystem erfasst wird (*BAG* 31.10.1995 EzA § 99 BetrVG 1972 Nr. 131 = AP Nr. 5 zu § 99 BetrVG 1972 Eingruppierung; 17.06.2008 EzA § 99 BetrVG 2001 Umgruppierung Nr. 4 Rn. 19; 04.05.2011 EzA § 99 BetrVG 2001 Eingruppierung Nr. 9 = AP Nr. 55 zu § 99 BetrVG 1972 Eingruppierung Rn. 18; s. a. Rdn. 72). Kein Mitbestimmungsrecht besteht hingegen, wenn ein Angestellter zum **leitenden Angestellten** wird und sich dementsprechend seine Vergütung ändert; in diesem Fall besteht nur eine Informationspflicht des Arbeitgebers nach § 105 (*BAG* 08.02.1977 EzA § 5 BetrVG 1972 Nr. 27 = AP Nr. 16 zu § 5 BetrVG 1972; 29.01.1980 AP Nr. 24 zu § 5 BetrVG 1972 = SAE 1981, 24 *[Hromadka]*; *Fitting* § 99 Rn. 93; *Huke/HWGNRH* § 99 Rn. 68; *Richardi/Thüsing* § 105 Rn. 5). Wird jedoch ein Angestellter aus dem AT-Bereich in das höchste Tarifgehalt zurückgestuft, liegt eine Umgruppierung vor (*BAG* 28.01.1986 EzA § 99 BetrVG 1972 Nr. 47 = AP Nr. 32 zu § 99 BetrVG 1972; *Bachner/DKKW* § 99 Rn. 72; *Fitting* § 99 Rn. 113; *Richardi/Thüsing* § 99 Rn. 103). 83

d) Versetzung

aa) Legaldefinition

Nach der Legaldefinition in § 95 Abs. 3 ist die Versetzung die Zuweisung eines anderen Arbeitsbereiches, die voraussichtlich die Dauer von einem Monat überschreitet oder mit einer erheblichen Änderung der Umstände verbunden ist, unter denen die Arbeit zu leisten ist. Der Versetzungsbegriff besteht also aus **zwei Elementen**, die **kumulativ** vorliegen müssen. Voraussetzung ist in jedem Fall die Zuweisung eines anderen Arbeitsbereiches. Hinzu treten muss jedoch eine zweite Voraussetzung, die alternativ entweder in einem Zeitmoment (Dauer der Maßnahme länger als einen Monat) oder in einem Umstandsmoment (Änderung der Umstände der Arbeitsleistung) liegen kann. Gleichgültig ist, ob der zugewiesene Arbeitsbereich höhere, niedrigere oder gleichwertige Anforderungen an 84 den Arbeitnehmer stellt, von ihm als angenehmer oder unangenehmer empfunden wird oder ob die Zuweisung mit Vor- oder Nachteilen verbunden ist (*BAG* 28.08.2007 EzA § 95 BetrVG 2001 Nr. 6 = AP Nr. 53 zu § 95 BetrVG 1972 Rn. 16; *Fitting* § 99 Rn. 123; *Huke/HWGNRH* § 99 Rn. 71).

85 Während § 60 Abs. 3 BetrVG 1952 von dem allgemeinen arbeitsvertraglichen Versetzungsbegriff ausging und lediglich bestimmte Versetzungsfälle im Wege der Fiktion der Mitbestimmung entzog (*Kraft/Kreutz* ZfA 1971, 47 [65]), gibt § 95 Abs. 3 jedenfalls seinem Wortlaut nach **eine eigene betriebsverfassungsrechtliche Definition der Versetzung**, die nicht ohne Weiteres auf andere Bereiche übertragen werden kann (*BAG* 06.02.1985 EzA § 4 TVG Textilindustrie Nr. 1 S. 5 = AP Nr. 3 zu § 1 TVG Tarifverträge: Textilindustrie). Ziel dieser Neuformulierung war es, den Mitbestimmungsbereich des Betriebsrats zu erweitern, u. a. dadurch, dass auch personelle Maßnahmen, die man als **Umsetzung** bezeichnet, d. h. Versetzungen innerhalb des gleichen Betriebes oder der gleichen Betriebsabteilung, von der Definition erfasst werden können (amtliche Begründung zum BetrVG 1972, BR-Drucks. 715/70, S. 50 zu § 95; *Richardi/Thüsing* § 99 Rn. 112). Nicht als Versetzung gilt – wie schon nach § 60 Abs. 3 Satz 2 BetrVG 1952 – die Bestimmung des jeweiligen Arbeitsplatzes bei Arbeitnehmern, die nach der Eigenart ihres Arbeitsverhältnisses üblicherweise nicht ständig an einem bestimmten Arbeitsplatz beschäftigt werden (§ 95 Abs. 3 Satz 2). Durch die Neufassung sind allerdings die bis dahin bestehenden Auslegungsprobleme nicht beseitigt, vielmehr neue geschaffen worden. Dies zeigt sich bereits bei der Interpretation des Ausdrucks »Arbeitsbereich«. Der RegE sprach noch von **Arbeitsplatz**; der Ausschuss für Arbeit und Sozialordnung hat stattdessen den Ausdruck **Arbeitsbereich** eingefügt, ohne dass aus dem schriftlichen Bericht (zu BT-Drucks. VI/2729, S. 5, 30) die Gründe für diese Änderung ersichtlich sind. Insbesondere bleibt unklar, ob die Beibehaltung des Ausdrucks »Arbeitsplatz« in Satz 2 von Abs. 3 beabsichtigt war oder auf einem Redaktionsversehen beruht, ob mit anderen Worten »Arbeitsplatz« und »Arbeitsbereich« synonym verwendet werden oder eine unterschiedliche Bedeutung haben (*Richardi/Thüsing* § 99 Rn. 113, 135). Bereits unter dem BetrVG 1952 wurden allerdings die Begriffe Arbeitsplatz, Arbeitsbereich, Tätigkeitsbereich weitgehend synonym gebraucht (*BAG* 11.06.1958, 20.01.1960, 08.10.1962, 14.07.1965, 28.02.1968 AP Nr. 2, 8, 18, 19, 22 zu § 611 BGB Direktionsrecht; 12.07.1957 AP Nr. 5 zu § 242 BGB Gleichbehandlung; *Fitting/Kraegeloh/Auffarth* § 60 Rn. 14; *Hueck/Nipperdey* II/2, S. 1420 ff.). Es ist nicht anzunehmen, dass der Gesetzgeber in § 95 Abs. 3 eine andere Bedeutung vor Augen hatte (*Weller* JArbR Bd. 28 [1990], 1991, S. 135 [140]).

86 Im Hinblick auf die Konkretisierung des Mitbestimmungstatbestandes ist es zunächst wichtig, zwischen den **unterschiedlichen Ebenen** zu unterscheiden, die bei dem sprachlich als Versetzung bezeichneten Vorgang zusammenspielen (s. hierzu *von Hoyningen-Huene/Boemke* Die Versetzung, S. 34 ff.; *von Hoyningen-Huene* NZA 1993, 145 f.). Um dem Arbeitnehmer »einen anderen Arbeitsbereich« zuweisen zu können, muss der Arbeitgeber zunächst den Inhalt der vom Arbeitnehmer geschuldeten Arbeitsleistung verändern. Die Versetzung setzt daher eine Umgestaltung des Arbeitsverhältnisses voraus. Dieser Aspekt betrifft die **individualrechtliche Ebene**, das Schuldverhältnis zum einzelnen Arbeitnehmer. Der Arbeitgeber kann die gewünschte Veränderung einmal im Wege des Direktionsrechts nach § 106 Satz 1 GewO erreichen, wenn und soweit sich die entsprechende Weisung im Rahmen dessen bewegt, was im Arbeitsvertrag im Hinblick auf die Art der Tätigkeit, den Arbeitsort oder die Arbeitszeit geregelt ist (vgl. § 2 Abs. 1 Satz 2 Nr. 4, 5, 7 NachwG). Ist dies nicht möglich, weil die Tätigkeit in dem anderen Arbeitsbereich nach dem Inhalt des Arbeitsvertrages außerhalb des Spektrums der vom Arbeitnehmer geschuldeten Leistung liegt, so bedarf es einer Anpassung der individualrechtlichen Grundlage, nämlich einer Änderung des Inhalts des Schuldverhältnisses im Wege des Änderungsvertrages (§ 311 Abs. 1 BGB). Dieser Änderungsvertrag kann einvernehmlich (durch Angebot und Annahme) zustande kommen. Denkbar ist aber auch, dass der Arbeitgeber eine Änderungskündigung ausspricht, also das Angebot zur Vertragsänderung mit einer Kündigung verknüpft, um den Arbeitnehmer zu veranlassen, das Angebot zur Vermeidung einer Beendigung des Arbeitsverhältnisses zumindest unter Vorbehalt anzunehmen (die Änderungskündigung gibt dem Arbeitgeber also – entgegen immer wieder zu findenden Darstellungen – nicht die Möglichkeit zur einseitigen Veränderung des Schuldverhältnisses; s. *Raab* FS *Birk*, S. 659 [667]).

87 Von der individualrechtlichen Ebene ist **die betriebsorganisatorische Ebene** zu trennen, mit der die individualrechtliche Absprache in die betriebliche Praxis umgesetzt und tatsächlich vollzogen

wird (zutr. *von Hoyningen-Huene* NZA 1993, 145 [146]). So wie der Arbeitnehmer zu Beginn des Arbeitsverhältnisses eine bestimmte Aufgabe im Rahmen der arbeitstechnischen Zwecksetzung des Betriebs übernimmt und hierfür in die betriebliche Organisation und die dortigen Arbeitsabläufe »eingegliedert« wird, so führt die Versetzung dazu, dass sich die tatsächliche Aufgabe des Arbeitnehmers und seine Funktion im betrieblichen Gesamtgefüge verändert. Insoweit handelt es sich allerdings um einen rein tatsächlichen Vorgang.

Damit stellt sich die Frage, **was gemeint ist, wenn § 99 Abs. 1 von »Versetzung« spricht**: die individualrechtliche Ebene, die betriebsorganisatorische Ebene oder beides. Bereits der Wortlaut des § 95 Abs. 3, der von der »Zuweisung eines anderen Arbeitsbereiches« spricht, deutet darauf hin, dass es um die tatsächliche Beschäftigung des Arbeitnehmers in geänderter Funktion, also um die **betriebsorganisatorische Ebene** geht (*von Hoyningen-Huene/Boemke* Die Versetzung, S. 36 f., 197 f.; *von Hoyningen-Huene* NZA 1993, 145 [150]; zust. *Fitting* § 99 Rn. 120; s. a. *Raab* ZfA 1995, 479 [496]). Hierfür sprechen auch systematische und teleologische Argumente. Wäre mit der Versetzung (zumindest auch) die individualrechtliche Gestaltung gemeint, so müsste die Tatsache, dass die Versetzung nach § 99 Abs. 1 der Zustimmung des Betriebsrats unterliegt, dazu führen, dass die Zustimmung – wie bei § 103 Abs. 1 im Falle der Kündigung – individualrechtliche Wirksamkeitsvoraussetzung wäre. Dann wäre aber die Regelung in § 101 unverständlich. Es gäbe nämlich gar keine Maßnahme mehr, die aufgehoben werden könnte. Die Vorschrift ergibt also nur dann einen Sinn, wenn mit der personellen Maßnahme i. S. d. § 101 die faktische Beschäftigung gemeint ist (*Raab* ZfA 1995, 479 [497]; s. a. § 101 Rdn. 8). Unter dem Gesichtspunkt des Zwecks der Mitbestimmung ist zu beachten, dass die Interessen der bestehenden Belegschaft allein durch die tatsächliche Änderung der Arbeitsaufgabe berührt werden, sei es dass sie ihrerseits Versetzungen oder Kündigungen infolge der Maßnahme befürchten müssen, sei es dass aufgrund des Fehlens des Arbeitnehmers an dem bisherigen Arbeitsplatz ein Mangel an Arbeitskräften entsteht, der zu einer Mehrbelastung für die verbliebenen Arbeitnehmer führt. Auch für die Wahrung der Interessen des von der Versetzung Betroffenen kommt es auf dessen Einsatz im Rahmen der Betriebsorganisation an. Es geht auch hier nicht um eine (Rechts-)Kontrolle der schuldrechtlichen Gestaltung (s. zum Parallelproblem bei der Einstellung Rdn. 185), sondern darum, den Arbeitnehmer vor den tatsächlichen Belastungen und Nachteilen durch die Veränderung der Arbeitsaufgabe zu schützen. Für die Mitbestimmung ist es daher auch gleichgültig, ob und auf welcher Grundlage der Arbeitgeber individualrechtlich im Rahmen des bestehenden Arbeitsverhältnisses berechtigt ist, dem Arbeitnehmer die entsprechende Tätigkeit zuzuweisen (s. Rdn. 120). Hiervon zu unterscheiden ist die Frage, ob ein tatsächlicher Vollzug der Maßnahme ohne die erforderliche Zustimmung des Betriebsrats auch individualrechtliche Folgen hat. Auch wenn man dies – wie hier (s. Rdn. 178 ff. m. w. N.) – bejaht, bedeutet es aber nicht, dass die individualrechtliche Gestaltung selbst Gegenstand der Mitbestimmung wäre.

Versetzung meint dabei grds. die Zuweisung eines anderen Arbeitsbereiches gegenüber einem **Arbeitnehmer des Betriebes**. Eine entsprechende Anwendung kommt in Betracht, wenn **Leiharbeitnehmern** innerhalb des Entleiherunternehmens ein anderer Arbeitsplatz zugewiesen wird (s. Rdn. 267). Neuerdings vertritt allerdings das *BAG* die Ansicht, dass es für das Bestehen des Mitbestimmungsrechts bei der Versetzung weder darauf ankomme, ob es sich bei den von der Personalmaßnahme betroffenen Beschäftigten um Arbeitnehmer handele, noch ob diese von dem Betriebsrat repräsentiert würden, der das Mitbestimmungsrecht für sich reklamiert (*BAG* 09.10.2013 EzA § 99 BetrVG 2001 Versetzung Nr. 11 = AP Nr. 54 zu § 99 BetrVG 1972 Versetzung Rn. 13). So seien die Voraussetzungen des § 95 Abs. 3 auch dann erfüllt, wenn **Mitglieder der Schwesternschaft des Roten Kreuzes** auf der Grundlage eines Gestellungsvertrags in Kliniken anderer Träger eingesetzt würden und ihnen innerhalb des Einsatzbetriebs ein anderer Arbeitsplatz zugewiesen werde. Dem stehe nicht entgegen, dass diese ihre Arbeitsleistung im Rahmen einer Vereinsmitgliedschaft erbrächten, zur Schwesternschaft also kein Arbeitsverhältnis bestehe. Maßgeblich sei allein, dass sie im Einsatzbetrieb weisungsgebundene Tätigkeiten verrichten und der Personalhoheit des dortigen Betriebsinhabers unterlägen, dieser also zumindest einen Teil der Arbeitgeberstellung wahrnehme (*BAG* 09.10.2013 EzA § 99 BetrVG 2001 Versetzung Nr. 11 Rn. 15). Das Gericht setzt damit seine zum Mitbestimmungstatbestand der Einstellung verfolgte Linie (s. Rdn. 39 ff.) konsequent fort. Die hiermit verbundene Ausweitung der Mitbestimmung ist freilich auch aus denselben Gründen abzulehnen (s. Rdn. 49 ff.). Nach Sinn und Zweck der Regelung kommt ein Mitbestimmungsrecht bei Versetzungen nur im Hinblick auf Personen in Betracht, denen gegenüber der Betriebsinhaber ein Arbeitgeberweisungsrecht hat. Besonders befremdlich ist dabei die Annahme, dass dem bei der Schwesternschaft gebildeten Betriebsrat ein Mitbestimmungsrecht zukommen soll, wenn und soweit die Schwesternschaft über die Änderung der Tätigkeit im Einsatzbetrieb entscheidet (s. a. Rdn. 267). Damit übt der dortige Betriebsrat ein Mitbestimmungsrecht über Personen aus, die im Stammbetrieb nicht zu den Arbeitnehmern zählen (weil es sich um Vereinsmitglieder handelt, s. § 5 Rdn. 146) und denen daher dort auch kein Wahlrecht zusteht. In der Logik der neuen Rspr. läge es, eine Versetzung auch dann anzunehmen, wenn Personen, die aufgrund eines **selbständigen Dienstvertrags** im Betrieb tätig sind, ein anderer Arbeitsbereich zugewiesen wird (s. Rdn. 40). Dagegen dürfte – zumindest nach derzeitigem Stand – eine Mitbestimmung beim Einsatz von **Fremdfirmenarbeitnehmern** auch unter dem Gesichtspunkt der Versetzung ausscheiden (s. Rdn. 44).

bb) Arbeitsbereich

(1) Begriff

90 Das *BAG* definiert den Arbeitsbereich in st. Rspr. folgendermaßen (vgl. zuletzt *BAG* 11.12.2007 EzA § 95 BetrVG 2001 Nr. 7 Rn. 22; 17.06.2008 EzA § 95 BetrVG 2001 Nr. 8 Rn. 21). Der »Arbeitsbereich« i. S. d. § 95 Abs. 3 Satz 1 werde in § 81 Abs. 2 i. V. m. Abs. 1 Satz 1 durch die Aufgabe und Verantwortung des Arbeitnehmers sowie die Art seiner Tätigkeit und ihre Einordnung in den Arbeitsablauf des Betriebs umschrieben. Der Begriff sei demnach **räumlich und funktional** zu verstehen. Er umfasse neben dem Ort der Arbeitsleistung auch die Art der Tätigkeit und den gegebenen Platz in der betrieblichen Organisation (*BAG* 10.04.1984 EzA § 95 BetrVG 1972 Nr. 8 = AP § 95 BetrVG 1972 Nr. 4 unter B 1; 23.06.2009 EzA § 99 BetrVG 2001 Nr. 13 = AP Nr. 48 zu § 99 BetrVG 1972 Versetzung Rn. 28). Arbeitsbereich sei danach der konkrete Arbeitsplatz und seine Beziehung zur betrieblichen Umgebung in räumlicher, technischer und organisatorischer Hinsicht (*BAG* 21.09.1999 EzA § 95 BetrVG 1972 Nr. 30 = AP Nr. 21 zu § 99 BetrVG 1972 Versetzung unter B II 1; 27.06.2006 EzA § 95 BetrVG 2001 Nr. 3 = AP Nr. 47 zu § 95 BetrVG 1972 Rn. 11). Die Zuweisung eines anderen Arbeitsbereichs liege vor, wenn sich das **Gesamtbild der bisherigen Tätigkeit des Arbeitnehmers** so **verändere**, dass die neue Tätigkeit vom Standpunkt eines mit den betrieblichen Verhältnissen vertrauten Beobachters als eine »andere« anzusehen sei. Die Veränderung des Gesamtbildes könne sich aus dem Wechsel des **Inhalts der Arbeitsaufgaben** und der mit ihnen verbundenen Verantwortung ergeben, aber auch aus einer Änderung der Art und Weise folgen, in der die Arbeitsaufgabe zu erledigen sei. Schließlich könne die Zuweisung eines anderen Arbeitsbereiches in der Änderung der Stellung und des **Platzes des Arbeitnehmers innerhalb der betrieblichen Organisation** durch Zuordnung zu einer anderen betrieblichen Einheit begründet sein (*BAG* 10.04.1984 EzA § 95 BetrVG 1972 Nr. 8 = AP Nr. 4 zu § 95 BetrVG 1972 unter B 2, 4). Der Arbeitsbereich wird danach im Wesentlichen durch **drei Elemente** geprägt: den Inhalt der Arbeitsleistung, die organisatorische Einordnung innerhalb des Betriebes sowie den konkreten Ort der Arbeitsleistung. Änderungen in einem dieser drei Elemente können daher eine Versetzung begründen, sofern sie wesentlich sind, also das Gesamtbild der Tätigkeit in erheblicher Weise verändern.

91 Das Erfordernis einer wesentlichen Veränderung des Gesamtbildes der Tätigkeit hat seinen Sinn in dem Bemühen, eine für die Betriebspraxis unerwünschte Ausweitung des Mitbestimmungsrechtes auf »**Bagatellfälle**« zu vermeiden (so auch *Belling* DB 1985, 335 [337]). Dies ist im Ausgangspunkt zutreffend. So entspräche es nicht der Intention der Regelung, jede Zuweisung eines anderen Zimmers in ein und demselben Gebäude oder eines anderen Schreibtisches in ein und demselben Großraumbüro als mitbestimmungspflichtige Versetzung zu qualifizieren. Andererseits wäre eine **einschränkende Interpretation** dahingehend, dass eine Versetzung nur vorliege, »wenn schutzwürdige Interessen des zu versetzenden Arbeitnehmers berührt werden« (*Huke*/HWGNRH § 99 Rn. 78; ähnlich *Hromadka* DB 1972, 1532 [1533]), eine dem Zweck der Vorschrift kaum gerecht werdende Verkürzung des Anwendungsbereiches. Zum einen ist zu berücksichtigen, dass das Mitbestimmungsrecht dem Betriebsrat auch zur Wahrung kollektiver Interessen eingeräumt ist, mithin nicht nur deshalb ausgeschlossen werden darf, weil die Interessen des betroffenen Arbeitnehmers nicht tangiert werden. Dies zeigt sich auch daran, dass das Mitbestimmungsrecht grundsätzlich auch dann besteht, wenn der Arbeitnehmer sich mit der Versetzung einverstanden erklärt hat (s. Rdn. 120). Zum anderen ist

die Frage, ob und inwieweit Interessen des Arbeitnehmers tangiert werden, gerade Gegenstand des Beteiligungsverfahrens nach § 99. Aus diesem Grunde wäre es ebenso verfehlt darauf abzustellen, ob Änderungen des Arbeitsbereiches zu einem der »in § 99 befürchteten Nachteile« führen können, also das Zustimmungserfordernis immer dann zu leugnen, wenn kein Zustimmungsverweigerungsgrund i. S. v. § 99 Abs. 2 gegeben ist (so auch im Ergebnis *LAG Bremen* 21.07.1978 BB 1978, 1263).

Die Änderung des **Arbeitsbereiches** ist zudem im Ausgangspunkt strikt **zu trennen von der** ebenfalls in § 95 Abs. 3 Satz 1 genannten **Änderung der Umstände, unter denen die Arbeitsleistung zu erbringen ist**. Das *BAG* hat zwar in einer Entscheidung (26.05.1988 EzA § 95 BetrVG 1972 Nr. 13 [krit. *Peterek*] = AP Nr. 13 zu § 95 BetrVG 1972) die Meinung vertreten, der andere Arbeitsbereich i. S. v. § 95 Abs. 3 könne auch durch die Umstände bestimmt werden, unter denen die Arbeit zu leisten ist (zust. *Matthes*/MünchArbR 2. Aufl., § 353 Rn. 13). In den folgenden Entscheidungen kehrte das Gericht aber zu seiner früheren Auffassung (*BAG* 10.04.1984 EzA § 95 BetrVG 1972 Nr. 8 = AP Nr. 4 zu § 95 BetrVG 1972) zurück, wonach die Umstände, unter denen die Arbeit zu leisten ist, nicht den Arbeitsbereich bestimmen. Sie sind also nur zu berücksichtigen, wenn ein anderer Arbeitsbereich für weniger als einen Monat zugewiesen wird (*BAG* 11.12.2007 EzA § 95 BetrVG 2001 Nr. 7 Rn. 23). Die Änderung der für die Arbeitsleistung maßgeblichen Umstände muss in diesem Fall zu der Änderung des Arbeitsbereiches hinzutreten, um eine Versetzung begründen zu können (*BAG* 18.10.1988 EzA § 95 BetrVG 1972 Nr. 15 = AP Nr. 56 zu § 99 BetrVG 1972 unter B II 2b; zuletzt *BAG* 28.08.2007 EzA § 95 BetrVG 2001 Nr. 6 Rn. 19; **a. M.** *Bachner*/DKKW § 99 Rn. 114; *Fitting* § 99 Rn. 135). Nur wenn die Umstände, unter denen die Arbeit zu leisten ist, so bestimmend sind, dass bei ihrer Änderung das Gesamtbild der Tätigkeit ein anderes wird, kann eine Änderung dieser Umstände zugleich eine Änderung des Arbeitsbereichs und damit eine Versetzung begründen (*BAG* 23.11.1993 EzA § 95 BetrVG 1972 Nr. 28 = AP Nr. 33 zu § 95 BetrVG 1972 unter B 1a; vgl. auch *Preis*/WPK § 99 Rn. 32; *Richardi*/*Thüsing* § 99 Rn. 116).

(2) Änderung des Arbeitsorts
Nach Ansicht des BAG hat der Arbeitsbereich auch eine räumliche Komponente. Dies wirft die Frage auf, welche Bedeutung dem Ort der Arbeitsleistung zukommt, insbesondere ob der **reine Ortswechsel**, der weder mit einer Änderung der Arbeitsaufgabe, noch mit einer Veränderung der Stellung des Arbeitnehmers innerhalb der Betriebsorganisation verbunden ist, bereits die Zuweisung eines anderen Arbeitsbereiches darstellt und damit im Falle eines länger dauernden Arbeitseinsatzes die Voraussetzungen einer Versetzung erfüllt. Das *BAG* (10.04.1984 EzA § 95 BetrVG 1972 Nr. 8 = AP Nr. 4 zu § 95 BetrVG 1972) hat diese Frage zunächst ausdrücklich offen gelassen. Mittlerweile vertritt das Gericht jedoch in st. Rspr. die Ansicht, dass die Zuweisung eines anderen Arbeitsortes – von Bagatellfällen abgesehen – für sich genommen als Zuweisung eines anderen Arbeitsbereiches i. S. d. § 95 Abs. 3 anzusehen sei (grundlegend *BAG* 18.02.1986 EzA § 95 BetrVG 1972 Nr. 12 = AP Nr. 33 zu § 99 BetrVG 1972 unter B II 1b; nachdrücklich bestätigt durch *BAG* 21.09.1999 EzA § 95 BetrVG 1972 Nr. 30 = AP Nr. 21 zu § 99 BetrVG 1972 Versetzung unter B II 1 m. w. N.; zuletzt *BAG* 27.06.2006 EzA § 95 BetrVG 2001 Nr. 3 = AP Nr. 47 zu § 95 BetrVG 1972). Die Literatur folgt dem weitgehend (*Bachner*/DKKW § 99 Rn. 106; *Fitting* § 99 Rn. 143; *von Hoyningen-Huene*/*Boemke* Die Versetzung, VII 4a, S. 130; *Huke*/HWGNRH § 99 Rn. 75, 86; *Matthes*/MünchArbR § 264 Rn. 11 f.; *Preis*/WPK § 99 Rn. 27 f.; *Richardi*/*Thüsing* § 99 Rn. 121; *Schlochauer* FS *Richardi* S. 751 [754 f.]). Allerdings finden sich unterschiedliche Aussagen dazu, was den Arbeitsort i. S. d. § 95 Abs. 3 Satz 1 ausmacht. *Bachner* (DKKW § 99 Rn. 100) spricht von dem konkreten Arbeitsplatz und seiner Beziehung zur betrieblichen Umgebung in räumlicher, technischer und organisatorischer Hinsicht. *Fitting* (§ 99 Rn. 143) sehen einen Ortswechsel stets als Versetzung an, wenn der Arbeitnehmer seine Arbeitsleistung in einer anderen geographischen Gemeinde oder in einem räumlich weit vom bisherigen Beschäftigungsbetrieb entfernten Betriebsteil erbringen soll. Ein bloßer Zimmertausch oder ein Wechsel der Fabrikhalle genüge dagegen nicht. Ähnlich äußert sich *Huke* (HWGNRH § 99 Rn. 86). *Von Hoyningen-Huene*/*Boemke* (Die Versetzung, VII 4a, S. 131) sprechen davon, dass das räumliche Gebiet, innerhalb dessen der Arbeitnehmer nach dem Eigenart des Arbeitsverhältnisses eingesetzt werden soll, verändert werden muss. Dieses räumliche Gebiet stimme regelmäßig mit dem Betrieb überein. Innerbetriebliche Umsetzungen bewirkten zwar eine räumliche Veränderung, hätten jedoch einen Wechsel des Arbeitsorts nicht zur Folge. *Matthes* (MünchArbR § 264 Rn. 11 f.) meint, dass die räumliche Änderung

erheblich sein müsse, auch wenn der neue Arbeitsplatz aber nicht unbedingt in einer anderen politischen Gemeinde liegen müsse, um eine Versetzung bejahen zu können.

94 Zur **Begründung** seiner Ansicht (vgl. vor allem *BAG* 18.02.1986 EzA § 95 BetrVG 1972 Nr. 12 = AP Nr. 33 zu § 99 BetrVG 1972 unter B II 1b) verweist das *BAG* zunächst auf den **allgemeinen Sprachgebrauch**, der mit dem Begriff »Versetzung« die Zuweisung eines anderen Dienst- oder Arbeitsortes bezeichne. Es sei nicht erkennbar, dass § 95 Abs. 3 hiervon habe abweichen wollen. Gegen eine solche einschränkende Auslegung spreche auch die **Entstehungsgeschichte** des Gesetzes. Schon nach § 60 Abs. 3 BetrVG 1952 habe eine Versetzung vorgelegen, wenn ein anderer Arbeitsplatz an einem anderen Ort zugewiesen wurde. Durch die Neufassung des § 95 Abs. 3 habe der Versetzungsbegriff erweitert werden und die landläufig als »Umsetzung« bezeichnete personelle Maßnahme nunmehr auch als Versetzung gelten sollen (näher *BAG* 18.02.1986 EzA § 95 BetrVG 1972 Nr. 12 = AP Nr. 33 zu § 99 BetrVG 1972 unter B II 1b). Für eine Einbeziehung der reinen Ortsveränderung in den Versetzungsbegriff sprächen schließlich auch **systematische und teleologische Erwägungen**. Nach § 95 Abs. 3 Satz 2 gelte für Arbeitnehmer, die nach der Eigenart ihres Arbeitsverhältnisses üblicherweise nicht ständig an einem bestimmten Arbeitsplatz beschäftigt sind, die Bestimmung des jeweiligen Arbeitsplatzes nicht als Versetzung. Arbeitsplatz bedeute hier nichts anderes als Arbeitsbereich in Satz 1. Durch den Begriff Arbeitsplatz werde der örtliche Bezug des Begriffs Arbeitsbereich besonders deutlich. So werde allgemein die Vorschrift des § 95 Abs. 3 Satz 2 primär auf die wechselnde Bestimmung des Ortes der Arbeitsleistung bezogen und eine Versetzung für ausgeschlossen gehalten, wenn ein Arbeitnehmer an ständig wechselnden Orten zu arbeiten habe (Monteure, Außendienstmitarbeiter). Dann folge aus dieser Ausnahmebestimmung zugleich, dass die Zuweisung eines anderen Ortes bei Arbeitnehmern, die nach der Eigenart ihres Arbeitsverhältnisses üblicherweise ständig an einem bestimmten Arbeitsplatz beschäftigt sind, als Zuweisung eines anderen Arbeitsbereiches anzusehen sei (*BAG* 01.08.1989 EzA § 95 BetrVG 1972 Nr. 16 = AP Nr. 17 zu § 95 BetrVG 1972 unter B II 2a; 08.08.1989 EzA § 95 BetrVG 1972 Nr. 18 = AP Nr. 18 zu § 95 BetrVG 1972 unter B II 1). Ebenso sei es vom **Schutzzweck der Norm** her geboten, die bloße Veränderung des Arbeitsortes als Versetzung anzusehen. Die Beteiligung des Betriebsrats bei Versetzungen diene auch dem Schutz des von der Versetzung betroffenen Arbeitnehmers. Der Ort der Arbeitsleistung sei aber für den Arbeitnehmer von entscheidender Bedeutung. Von daher sei es gerechtfertigt, das Beteiligungsrecht des Betriebsrats zum Schutz des Arbeitnehmers auch dann eingreifen zu lassen, wenn lediglich der Arbeitsort geändert werden soll, und diesen Schutz nicht davon abhängig zu machen, ob sich mit der Veränderung des Arbeitsortes auch die Arbeitsaufgaben änderten oder der Arbeitnehmer in eine andere organisatorische Einheit eingegliedert werde (*BAG* 18.02.1986 EzA § 95 BetrVG 1972 Nr. 12 = AP Nr. 33 zu § 99 BetrVG 1972 unter B II 1b).

95 Um die Bedeutung der Frage zu beurteilen, ist es zunächst wichtig sich zu verdeutlichen, in welchen **Fallgruppen** sich eine personelle Maßnahme auf den reinen Wechsel des Arbeitsortes beschränkt. In den meisten Gestaltungen, in denen sich für den Arbeitnehmer eine räumliche Veränderung ergibt, geht der Ortswechsel nämlich zumindest mit einer Veränderung der Stellung des Arbeitnehmers innerhalb der Betriebsorganisation, insbesondere mit einem Ausscheiden aus der bisherigen und einer Eingliederung in eine neue organisatorische Einheit einher. Dies gilt etwa für die Fälle der Versetzung in einen anderen Betrieb des Unternehmens (hierzu auch Rdn. 121 ff.) oder eine andere – räumlich entfernte – Abteilung desselben Betriebes. Hier kommt dem Ortswechsel für das Vorliegen einer Versetzung – auch nach Ansicht des *BAG* – keine konstitutive Bedeutung zu (vgl. etwa *BAG* 29.02.2000 EzA § 95 BetrVG 1972 Nr. 31 = AP Nr. 36 zu § 95 BetrVG 1972 unter B II 2b; 16.01.2007 EzA § 99 BetrVG 2001 Versetzung Nr. 3 = AP Nr. 52 zu § 99 BetrVG 1972 Einstellung Rn. 30). Bedeutung erlangt die Frage der räumlichen Komponente des Arbeitsbereiches in folgenden Konstellationen. Einmal geht es um die Fälle, in denen **Arbeitnehmer** vorübergehend **außerhalb der eigentlichen Betriebsstätte tätig** werden. Dies betraf etwa die Entsendung von Arbeitnehmern, die im Rahmen einer Kooperation mehrerer Unternehmen in einen Betrieb des Partnerunternehmens entsandt wurden, um dort gemeinsam mit den dortigen Arbeitnehmern neue Produkte zu entwickeln (*BAG* 18.02.1986 EzA § 95 BetrVG 1972 Nr. 12 = AP Nr. 33 zu § 99 BetrVG 1972) oder um mit ihrem Know-how die Produktionsabläufe zu organisieren und zu überwachen und die Qualität der Produkte, die von dem Partnerunternehmen in Auftragsfertigung für den Arbeitgeber hergestellt wurden, zu sichern (*BAG* 08.08.1989 EzA § 95 BetrVG 1972 Nr. 18 = AP Nr. 18 zu § 95 BetrVG 1972). Auf die reine Ortsveränderung abgestellt hat das *BAG* auch im Falle der Auslandsreise eines Mitarbeiters eines Vereins, der sich die Festigung der Beziehungen zwischen Deutschland und dem Ausland sowie die Förderung des Verständnisses für Deutschland im Ausland zum Ziel gesetzt hatte. Der Arbeitnehmer sollte für den Arbeitgeber einen viermonatigen Sprachkurs im Ausland betreuen (*BAG* 21.09.1999 EzA § 95 BetrVG 1972 Nr. 30 = AP Nr. 21 zu § 99 BetrVG 1972 Versetzung). Eine Versetzung wurde ebenfalls in einem Fall angenommen, in dem der Arbeitgeber eine Vereinbarung über die Beendigung **alternierender Telearbeit** kündigte, so dass der Arbeitnehmer seine Arbeitsleistung nicht mehr zeitweise in der eigenen Wohnung, sondern nur noch innerhalb der Betriebsstätte erbringen konnte (*LAG Düsseldorf* 10.09.2014 LAGE § 307 BGB 2002 Nr. 44 Rn. 100 ff.; *Fitting* § 99 Rn. 138a). Sind Arbeitnehmer im **Außendienst** an wechselnden Orten beschäftigt, so stellt sich ebenfalls die Frage, ob jede Veränderung des Zuschnitts des Zuständigkeitsbereichs die Zuweisung eines anderen Arbeitsbereichs bedeutet mit der Folge, dass eine Versetzung nur mit dem Hinweis darauf verneint werden könnte, dass in einem solchen Fall der Arbeitnehmer üblicherweise nicht ständig an einem bestimmten Arbeitsort beschäftigt wird (§ 95 Abs. 3 Satz 2; s. hierzu die Kontroverse über die Mitbestimmung beim »Smartphone-Arbeitsverhältnis« zwischen *Möller* ArbRAktuell 2015, 215 und *Kalck* ArbRAktuell 2015, 472).

Eine weitere Fallgruppe, in der es entscheidend auf den Ortswechsel ankommt, ist die **Verlegung** 96 **ganzer Betriebe oder Betriebsteile**, also die räumliche Veränderung der Betriebsstätte ohne Änderung der Betriebsorganisation, insbesondere der Arbeitsabläufe und der Einteilung der organisatorischen Einheiten. Die Frage, ob hier allein in dem mit der Verlegung verbundenen Ortswechsel die Zuweisung eines anderen Arbeitsbereiches gesehen werden kann, hat das *BAG* – gerade in neuerer Zeit – ausdrücklich offen gelassen (*BAG* 27.06.2006 EzA § 95 BetrVG 2001 Nr. 3 = AP Nr. 47 zu § 95 BetrVG 1972 Rn. 12 f.; 16.01.2007 EzA § 99 BetrVG 2001 Versetzung Nr. 3 = AP Nr. 52 zu § 99 BetrVG 1972 Einstellung Rn. 30). Es hat allerdings klargestellt, wann es sich bei der räumlichen Verlagerung um einen »Bagatellfall« handelt. **Maßgeblicher Bezugspunkt** ist nach Ansicht des *BAG* die **politische Gemeinde**. Solange sich die räumliche Verlagerung innerhalb der Grenzen der politischen Gemeinde bewegt, ist die Veränderung des Arbeitsortes nicht so wesentlich, dass sie allein die Zuweisung eines anderen Arbeitsbereiches begründet (*BAG* 27.06.2006 EzA § 95 BetrVG 2001 Nr. 3 = AP Nr. 47 zu § 95 BetrVG 1972 Rn. 13; 17.06.2008 EzA § 95 BetrVG 2001 Nr. 8 = AP Nr. 47 zu § 99 BetrVG 1972 Versetzung Rn. 24). Hieraus folgt zugleich, dass eine **Verlagerung des Arbeitsplatzes innerhalb des Betriebsgebäudes** erst recht nicht die Voraussetzungen an eine relevante Veränderung des Arbeitsortes erfüllt (*BAG* 29.02.2000 EzA § 95 BetrVG 1972 Nr. 31 unter B II 2b; 17.06.2008 EzA § 95 BetrVG 2001 Nr. 8 = AP Nr. 47 zu § 99 BetrVG 1972 Versetzung Rn. 24).

Die besseren Gründe sprechen dafür, die **reine Ortsveränderung** – entgegen der h. M. – **nicht als** 97 **Versetzung** anzusehen. Der Ort der Arbeitsleistung ist lediglich ein Element des Arbeitsbereiches, dessen Veränderung aber für sich genommen regelmäßig keine Versetzung begründen kann. Eine Versetzung liegt folglich nur dann vor, wenn eine Ortsveränderung entweder mit einer Änderung der Tätigkeit oder einer Änderung der Stellung des Arbeitnehmers in der betrieblichen Organisation verbunden ist (so wohl auch *Dietz/Richardi* § 99 Rn. 74; *Galperin/Löwisch* § 99 Rn. 18; *Heinze* Personalplanung, Rn. 207 f.; *Stege/Weinspach/Schiefer* §§ 99–101 Rn. 159). Nur dies wird dem funktionalen Verständnis des Versetzungsbegriffs gerecht und vermeidet Wertungswidersprüche im System der Beteiligungsrechte. Die Entstehungsgeschichte, auf die sich das *BAG* beruft, ist nicht eindeutig (s. Rdn. 85). Der Hinweis des *BAG*, dass die Zuweisung eines Arbeitsplatzes an einem anderen Ort schon nach BetrVG 1952 als Versetzung angesehen wurde (*BAG* 18.02.1986 EzA § 95 BetrVG 1972 Nr. 12 = AP Nr. 33 zu § 99 BetrVG 1972 unter B II 1b) besagt nicht, dass die räumliche Komponente für den Arbeitsbereich von konstitutiver Bedeutung ist. Wie gezeigt, ist die Zuweisung eines Arbeitsplatzes an einem anderen Ort vielfach mit einer Veränderung der Stellung des Arbeitnehmers in der Betriebsorganisation verbunden. Deshalb ist es ebenso denkbar, dass dieser Aspekt für die damalige Ansicht der ausschlaggebende war. Auch der systematische Zusammenhang von § 95 Abs. 3 Satz 1 und 2 lässt sich nicht für eine bestimmte Auslegung heranziehen. So spricht zwar viel dafür, Arbeitsbereich und Arbeitsplatz synonym zu verstehen. Doch bedeutet dies nicht, dass für beide Begriffe der räumliche Arbeitsort konstitutive Bedeutung hat. Vielmehr ließe sich auch der Begriff des Arbeitsplatzes so interpretieren, dass damit die Arbeitsaufgabe und/oder die Zuordnung des Arbeitnehmers innerhalb der Betriebsorganisation zu verstehen ist. Die vom BAG angestellten Schutzzwecküberlegungen sind zwar legitim. Doch rechtfertigen sie nicht, die Ortsveränderung zum maßgeblichen Kriterium zu erklären, da den schützenswerten Interessen auch mit der hier befürworteten Auslegung des Begriffes des Arbeitsbereiches Rechnung getragen werden kann (hierzu sogleich Rdn. 98 f.).

98 Entscheidend gegen ein Abstellen auf den Arbeitsort sprechen vor allem die Fälle der **Verlegung ganzer Betriebe oder Betriebsteile**. Macht man mit der Aussage ernst, dass eine länger dauernde oder dauerhafte Verlagerung des Arbeitsortes in eine andere politische Gemeinde eine Versetzung darstellt (s. Rdn. 95), so hat der Betriebsrat in diesen Fällen ein Mitbestimmungsrecht nach § 99. Dies stünde aber in krassem **Wertungswiderspruch zur Regelung in §§ 111 f.** Die Verlegung des ganzen Betriebs oder von wesentlichen Betriebsteilen stellt eine Betriebsänderung dar (vgl. § 111 Satz 3 Nr. 2). Im Falle der Betriebsänderung kann der Betriebsrat mit dem Arbeitgeber über einen Interessenausgleich verhandeln und in diesem Rahmen versuchen, die Betriebsänderung zu verhindern oder doch zumindest so zu modifizieren, dass die Folgen für die Arbeitnehmer gemildert werden. Er kann aber seine Vorstellungen nicht gegen den Willen des Arbeitgebers durchsetzen, weil es in Bezug auf den Interessenausgleich keine Zwangsschlichtung im Einigungsstellenverfahren gibt (vgl. § 112 Abs. 4, der einen verbindlichen Spruch der Einigungsstelle nur für den Sozialplan vorsieht; hierzu *Oetker* §§ 112, 112a Rdn. 39). Sähe man in der Verlegung zugleich eine Versetzung, so erhielte der Betriebsrat über das Mitbestimmungsrecht des § 99 entgegen der Wertung des § 112 doch ein Instrument, um die Maßnahme zu verhindern oder zumindest zu verzögern. Die Verlegung des Betriebs ist für den Arbeitgeber nämlich sinnlos, wenn er die Arbeitnehmer nicht an dem neuen Sitz der Betriebsstätte einsetzen kann, weil der Betriebsrat die Zustimmung nach § 99 Abs. 2 verweigert. Dies zeigt im Übrigen, dass die Interessen der Arbeitnehmer im Falle der (dauerhaften) Verlagerung ihres Arbeitsortes durch die Regelung in §§ 111 f., insbesondere durch die Erzwingbarkeit eines Sozialplanes zum Ausgleich der mit der Verlagerung verbundenen Belastungen, gewahrt werden. Gerade systematisch-teleologische Erwägungen sprechen also dagegen, eine Veränderung des Arbeitsortes genügen zu lassen.

99 Die Fälle der **Dienstreisen** lassen sich ebenfalls mit der hier vertretenen Auslegung angemessen lösen. Muss sich der Arbeitnehmer – wie häufig – am Ort seiner Tätigkeit in die dortige Betriebsorganisation einordnen und in seinen Arbeitsabläufen nach den dortigen Regeln richten, so ändert sich durch die auswärtige Tätigkeit bereits seine Stellung in Bezug auf die Betriebsorganisation (s. hierzu Rdn. 107). Mindestens in einem der Fälle, in denen das *BAG* für die Versetzung auf die Änderung des Arbeitsortes abgestellt hat, hätte sich dasselbe Ergebnis also auch ohne die räumliche Komponente begründen lassen (so in der Entscheidung *BAG* 18.02.1986 EzA § 95 BetrVG 1972 Nr. 12 = AP Nr. 33 zu § 99 BetrVG 1972). Ist eine solche Einordnung in eine andere, an dem zugewiesenen Arbeitsort bestehende Organisation nicht erforderlich, ist der Arbeitnehmer (oder eine entsandte Gruppe von Arbeitnehmern) also am Einsatzort weitgehend unabhängig tätig (so wohl in dem Fall *BAG* 21.09.1999 EzA § 95 BetrVG 1972 Nr. 30 = AP Nr. 21 zu § 99 BetrVG 1972 Versetzung), so kann trotzdem eine Versetzung vorliegen, wenn sich aufgrund der Rahmenbedingungen das Gesamtbild der Tätigkeit wesentlich ändert. Wie dargelegt, kann in Ausnahmefällen auch eine Veränderung der Umstände, unter denen die Arbeitsleistung zu erbringen ist, dazu führen, dass der Arbeitsbereich nicht mehr derselbe ist (s. Rdn. 92). So kann die Tatsache, dass der Arbeitnehmer in einer fremden Stadt oder sogar in einem fremden Land mit anderer Sprache und Kultur tätig ist, eine so wesentliche Umstellung bedeuten, dass dies im Vergleich zu der Tätigkeit am eigentlichen Beschäftigungsort als »aliud« anzusehen ist. In den übrigen Fällen von Dienstreisen, wenn sich also die Rahmenbedingungen der Arbeitsleistung nicht wesentlich von denen am Standort des Betriebs unterscheiden, ist hingegen nicht einzusehen, warum allein die räumliche Entfernung das von der gesetzlichen Regelung unterstellte Schutzbedürfnis begründen soll, zumal eine Mitbestimmung des Betriebsrats über das »Ob« einer Dienstreise einen nicht unerheblichen Eingriff in die Berufsfreiheit des Arbeitgebers darstellen (zur Mitbestimmung bei Dienstreisen auch *Loritz* NZA 1997, 1188). Nach denselben Grundsätzen sind auch die Fälle der alternierenden Telearbeit und des Außendienstes zu lösen. Die Aufnahme oder Beendigung der **Telearbeit** stellt im Regelfall keine Zuweisung eines anderen Arbeitsbereiches dar. Es verändern sich insoweit lediglich die Umstände, unter denen die Arbeitsleistung zu erbringen ist (**a. M.** *LAG Düsseldorf* 10.09.2014 LAGE § 307 BGB 2002 Nr. 44 Rn. 101). Die Tatsache, dass der Arbeitnehmer seine Arbeitsleistung nur noch innerhalb der Betriebsstätte erbringen kann, ist insoweit mit einer Veränderung der Lage der Arbeitszeit vergleichbar (z. B. mit einem Wechsel von einer fünf in eine sechs-Tage-Woche oder dem

Wechsel in den Schichtdienst; s. a. Rdn. 104). Nach der Begriffsbestimmung kann eine solche Veränderung der Umstände bei kurzfristigen Maßnahmen Bedeutung erlangen, wenn sie zu der Zuweisung eines anderen Arbeitsbereiches hinzutritt. Sie kann aber im Regelfall für sich alleine eine Versetzung nicht begründen (s. Rdn. 84). Bei einer Tätigkeit im **Außendienst** stellt zunächst der gesamte räumliche Zuständigkeitsbereich den »Arbeitsort« dar. Der Wechsel zwischen verschiedenen Einsatzorten ist daher noch nicht einmal ein Wechsel des »Arbeitsortes« (dies verkennt *Möller* ArbRAktuell 2015, 215 [216]). Eine Änderung des Arbeitsortes könnte allenfalls dann vorliegen, wenn der räumliche Zuständigkeitsbereich neu zugeschnitten wird. Sofern es nur darum geht, dass einzelne geographische Orte hinzukommen oder wegfallen, dürfte es sich typischerweise um Bagatellfälle handeln, die keine Änderung des Gesamtbilds der Tätigkeit zur Folge haben (s. Rdn. 91). Etwas anderes mag dann gelten, wenn dem Außendienstmitarbeiter ein völlig neuer Bezirk zugewiesen wird. Sofern hiermit eine Änderung der Stellung in der Betriebsorganisation verbunden ist, etwa weil der Arbeitnehmer damit einer anderen Abteilungsleitung untersteht, kann dies einen Wechsel des Arbeitsbereiches begründen. Ist dies nicht der Fall, handelt es sich zunächst ebenfalls nur um eine Änderung der Arbeitsumstände, die das Gesamtbild der Tätigkeit unberührt lässt.

(3) Änderung der Tätigkeit
Die Zuweisung eines anderen Arbeitsbereiches kann vorliegen, wenn sich der Inhalt der vom Arbeitnehmer zu erbringenden Arbeitsleistung verändert (*BAG* 23.06.2009 EzA § 99 BetrVG 2001 Nr. 13 = AP Nr. 48 zu § 99 BetrVG 1972 Versetzung Rn. 28). Dies kann auch dadurch geschehen, dass dem Arbeitnehmer **einzelne Aufgaben entzogen** und im Gegenzug andere Aufgaben übertragen werden (*LAG* Düsseldorf 17.02.2011 – 11 TaBV 80/10 – juris, Rn. 32). Dabei ist zu berücksichtigen, dass jede einem Arbeitnehmer zugewiesene Tätigkeit normale **Schwankungsbereiche** enthält, die etwa durch Produktionsumstellung oder Modernisierungsmaßnahmen (neue Geräte) bedingt sind (*BAG* 10.04.1984 EzA § 95 BetrVG 1972 Nr. 8, 02.04.1996 EzA § 95 BetrVG 1972 Nr. 29 = AP Nr. 4, 34 zu § 95 BetrVG 1972; *LAG München* 18.11.1987 LAGE § 95 BetrVG 1972 Nr. 4; *Bachner/DKKW* § 99 Rn. 101; *Galperin/Löwisch* § 99 Rn. 18; *Huke/HWGNRH* § 99 Rn. 80, 83; *Meisel* BB 1974, 562). Dementsprechend nimmt das BAG eine Änderung nur dann an, wenn der Gegenstand der geschuldeten Arbeitsleistung, der Inhalt der Arbeitsaufgabe, ein anderer (aliud) wird und sich deshalb **das Gesamtbild der Tätigkeit des Arbeitnehmers ändert** (st. Rspr.; *BAG* 10.04.1984 EzA § 95 BetrVG 1972 Nr. 8 = AP Nr. 4 zu § 95 BetrVG 1972; 30.09.1993 EzA § 99 BetrVG 1972 Nr. 118 = AP Nr. 33 zu § 2 KSchG 1969 unter B I 2; 29.09.2004 EzA § 99 BetrVG 2001 Nr. 4 = AP Nr. 40 zu § 99 BetrVG 1972 Versetzung unter B III 1; 28.08.2007 EzA § 95 BetrVG 2001 Nr. 6 = AP Nr. 53 zu § 99 BetrVG 1972 Rn. 16). Maßgeblich ist ein Vergleich der bisher ausgeübten Tätigkeit mit den aufgrund der Anweisung des Arbeitgebers zukünftig zu verrichtenden Arbeitsaufgaben. Bei der Beurteilung, ob die zukünftigen Aufgaben ein »aliud« darstellen, ist auf die Sicht eines mit den betrieblichen Verhältnissen vertrauten Beobachters abzustellen (*BAG* 30.09.1993 EzA § 99 BetrVG 1972 Nr. 118 = AP Nr. 33 zu § 2 KSchG 1969 unter B I 2; 28.08.2007 EzA § 95 BetrVG 2001 Nr. 6 = AP Nr. 53 zu § 99 BetrVG 1972 Rn. 16). Keine Versetzung liegt vor, wenn der einem neu eingestellten Arbeitnehmer zugewiesene **Arbeitsbereich nicht mit demjenigen übereinstimmt, der dem Betriebsrat mitgeteilt worden** ist. Hierin liegt nicht die Zuweisung eines »anderen Arbeitsbereichs«, weil das Tätigkeitsbild von Anfang an dasselbe und damit unverändert ist. Die falschen Angaben können allenfalls dazu führen, dass es an einer ordnungsgemäßen Zustimmung zur Einstellung fehlt (*BAG* 08.11.2016 EzA § 99 BetrVG 2001 Versetzung Nr. 12 = AP Nr. 151 zu § 99 BetrVG 1972 Rn. 14 ff.).

Für die Annahme einer Versetzung ist es weder notwendig noch hinreichend, wenn sich infolge einer Änderung der Tätigkeit auch die Eingruppierung ändert. Die Tätigkeitsbeschreibungen der **tariflichen Entgeltgruppen** können jedoch insoweit eine Hilfestellung bieten (*BAG* 09.10.2013 EzA § 99 BetrVG 2001 Versetzung Nr. 11 = AP Nr. 54 zu § 99 BetrVG 1972 Versetzung Rn. 33; *Bachner/DKKW* § 99 Rn. 105; *Fitting* § 99 Rn. 130). Erfüllt die zukünftig zu verrichtende Arbeitsaufgabe die Voraussetzungen einer anderen Entgeltgruppe, ist also eine Umgruppierung erforderlich, so wird vielfach auch eine wesentliche Änderung des Gesamtgepräges der Tätigkeit vorliegen. Dies gilt allerdings nur, wenn der Arbeitnehmer zuvor ausschließlich mit Aufgaben betraut war, die seiner aktuellen Eingruppierung entsprechen. Maßgeblich für die Frage der Versetzung ist nämlich der **Vergleich der vorher und nachher tatsächlich ausgeübten Tätigkeit**. Ist der Arbeitnehmer – ggf. in Widerspruch zu dem Entgeltschema – immer schon mit Aufgaben betraut worden, die einer anderen Entgeltgruppe zuzurechnen sind, so begründet es keine Versetzung, wenn er diese Aufgaben auch weiterhin wahrnehmen soll (*BAG* 13.03.2007 EzA § 95 BetrVG 2001 Nr. 5 = AP Nr. 52 zu § 95 BetrVG 1972 Rn. 34).

102 Bejaht wird die Zuweisung eines anderen Arbeitsbereiches etwa bei **Bestellung eines Arbeitnehmers zum Datenschutzbeauftragten** (*BAG* 22.03.1994 EzA § 99 BetrVG 1972 Nr. 121 = AP Nr. 4 zu § 99 BetrVG 1972 Versetzung; *Bachner/DKKW* § 99 Rn. 111; *Fitting* § 99 Rn. 131; *Galperin/Löwisch* § 99 Rn. 9b; *Huke/HWGNRH* § 99 Rn. 83; *Rudolf* NZA 1997, 296 [298]), zum **Compliance-Officer** (*Neufeld/Knitter* BB 2013, 821 f.) oder zum **Umweltgutachter** (*Fitting* § 99 Rn. 132 m. w. N.), nicht dagegen bei Bestellung zum Zivildienstbeauftragten, sofern hiermit keine weiteren Veränderungen der Tätigkeit verbunden sind (*BAG* 12.09.1996 EzBAT § 8 BAT Direktionsrecht Nr 31 = AP Nr. 1 zu § 30 ZDG unter 4b; *Fitting* § 99 Rn. 132). Die gleichen Grundsätze gelten spiegelbildlich beim Entzug der genannten Aufgaben. Eine Versetzung liegt ebenfalls bei **Übertragung höherqualifizierter Aufgaben** vor, etwa wenn ein Arbeiter als Materialverwalter, eine Stenotypistin als Sachbearbeiterin oder ein Hilfsarbeiter nunmehr als angelernter Arbeiter an einer Maschine eingesetzt werden soll (*Galperin/Löwisch* § 99 Rn. 18; *Huke/HWGNRH* § 99 Rn. 83; *Richardi/Thüsing* § 99 Rn. 117). Hier geht es nicht um Beförderung (die als solche nicht als Versetzung anzusehen ist), sondern um Zuweisung eines neuen Aufgabengebietes (*Hromadka* DB 1972, 1532 [1534]). Ob die Maßnahme für den Arbeitnehmer vorteilhaft oder nachteilig ist, ist unerheblich (s. Rdn. 84). Eine Änderung des Arbeitsbereiches dürfte auch bei Übertragung der Aufgaben eines Flugkapitäns an einen bisher ausschließlich als Copiloten eingesetzten Arbeitnehmer vorliegen (*BAG* 11.12.2007 EzA § 95 BetrVG 2001 Nr. 7 = AP Nr. 45 zu § 99 BetrVG 1972 Versetzung Rn. 27, allerdings im Ergebnis offen lassend). Auch die **Entziehung eines wesentlichen Teils der bisherigen Aufgaben** stellt eine Versetzung des betroffenen Arbeitnehmers dar, wenn sich dadurch das Gesamtbild seiner Tätigkeit ändert. Maßgeblich ist, ob die entzogene Tätigkeit den gesamten bisherigen Tätigkeitsbereich so prägte, dass mit ihrem Wegfall eine andersartige Tätigkeit vorliegt, oder die neu übertragenen Aufgaben nunmehr bei qualitativer und/oder quantitativer Betrachtung die Gesamttätigkeit prägen (*BAG* 02.04.1996 EzA § 95 BetrVG 1972 Nr. 29 = AP Nr. 34 zu § 95 BetrVG 1972; vgl. auch *BAG* 27.03.1980 EzA § 611 BGB Direktionsrecht Nr. 2 = AP Nr. 26 zu § 611 BGB Direktionsrecht; 30.09.1993 EzA § 99 BetrVG 1972 Nr. 118 = AP Nr. 33 zu § 2 KSchG 1969; *Bachner/DKKW* § 99 Rn. 111; *Fitting* § 99 Rn. 128 ff.). Nach Meinung des *BAG* (22.04.1997 EzA § 99 BetrVG 1972 Versetzung Nr. 2 = AP Nr. 14 zu § 99 BetrVG 1972 Versetzung) kann auch der **Wechsel eines Arbeitnehmers vom Einzel- in den Gruppenakkord** eine mitbestimmungspflichtige Versetzung sein. Ein solcher Wechsel könne zu einer Änderung des Arbeitsbereichs führen, auch wenn sich der technische Inhalt der Arbeitsleistung nicht verändere. Die Änderung der Arbeitsaufgabe könne sich aus der durch den Gruppenakkord entstehenden Abhängigkeit vom Arbeitsergebnis der gesamten Gruppe und dem damit verbundenen Zwang zur Kooperation in der Gruppe ergeben. Damit wird der Begriff Arbeitsbereich unzulässig ausgeweitet. Das BAG sieht auch in der **Entsendung von Arbeitnehmern in einen unternehmenseigenen »workshop«**, in dem sich die Teilnehmer Gedanken über eine Optimierung von Arbeitsabläufen machen sollen, die Zuweisung eines anderen Arbeitsbereiches (*BAG* 28.08.2007 EzA § 95 BetrVG 2001 Nr. 6 = AP Nr. 53 zu § 95 BetrVG 1972 Rn. 17). Dies erscheint mindestens problematisch, wird doch damit unterstellt, dass die Arbeitsaufgabe von Arbeitnehmern in der Produktion ausschließlich in der Mitwirkung in den betrieblichen Produktionsabläufen besteht, die Beschäftigung mit Verbesserungsmöglichkeiten also nicht zum Gesamtbild der Tätigkeit gehört (mit Recht krit. deshalb *Hunold* NZA 2008, 342 f.).

103 **Keine Versetzung** liegt vor, wenn sich die **Tätigkeit nur unwesentlich verändert**. Dies ist der Fall, wenn in einem Textilkaufhaus Verkäufer aus der Abteilung Damenoberbekleidung in der Abteilung Herren- oder Kinderbekleidung eingesetzt werden (*BAG* 17.06.2008 EzA § 95 BetrVG 2001 Nr. 8 = AP Nr. 47 zu § 99 BetrVG 1972), ein Arbeitnehmer in einem Automobilwerk an einem neuen Modell beschäftigt wird, die Arbeitnehmer Schreibarbeiten an Bildschirmgeräten statt an Kugelkopfschreibmaschinen zu verrichten haben (*BAG* 10.04.1984 EzA § 95 BetrVG 1972 Nr. 8 = AP Nr. 4 zu § 95 BetrVG 1972) oder der räumliche und sachliche Zuständigkeitsbereich eines Vertriebsbeauftragten geringfügig verändert wird (*LAG München* 18.11.1987 LAGE § 95 BetrVG 1972 Nr. 4). Auch die **Teilnahme an innerbetrieblichen Qualifizierungsmaßnahmen** stellt für sich genommen

Keine Versetzung ist auch die **bloße Änderung der materiellen Arbeitsbedingungen**, wie etwa 104
der Vergütung oder der Lage der Arbeitszeit oder ihrer Dauer (*Bachner/DKKW* § 99 Rn. 115; *Fitting*
§ 99 Rn. 149; *Galperin/Löwisch* § 99 Rn. 26; *Huke/HWGNRH* § 99 Rn. 81, 82; *Richardi/Thüsing*
§ 99 Rn. 125; *Stege/Weinspach/Schiefer* §§ 99–101 Rn. 158a ff.). Auch das *BAG* hat inzwischen klargestellt, dass die **Lage der Arbeitszeit** regelmäßig nicht den Arbeitsbereich i. S. v. § 95 Abs. 3 Satz 1 bestimmt, so dass der Übergang von Arbeit in Normalschicht zur Arbeit in Wechselschicht oder die Umsetzung eines Arbeitnehmers von der Tagschicht in die Nachtschicht keine Versetzung darstellt, aber möglicherweise das Mitbestimmungsrecht nach § 87 Abs. 1 Nr. 2 auslöst (*BAG* 27.06.1989 EzA § 87 BetrVG 1972 Arbeitszeit Nr. 36 = AP Nr. 35 zu § 87 BetrVG 1972 Arbeitszeit; 19.02.1991 EzA § 95 BetrVG 1972 Nr. 23 = AP Nr. 25 zu § 95 BetrVG 1972; 23.11.1993 EzA § 95 BetrVG 1972 Nr. 28 = AP Nr. 33 zu § 95 BetrVG 1972; s. *Wiese/Gutzeit* § 87 Rdn. 335 ff., 341; **a. M.** *Bachner/DKKW* § 99 Rn. 115 für »individuelle« Änderung). Gleiches gilt für die **Verlängerung oder Verkürzung der Arbeitszeit** (*BAG* 16.07.1991 EzA § 95 BetrVG 1972 Nr. 25 = AP Nr. 28 zu § 95 BetrVG 1972; 25.01.2005 EzA § 95 BetrVG 2001 Einstellung Nr. 3 = AP Nr. 114 zu § 87 BetrVG 1972 Arbeitszeit Nr. 19; *Fitting* § 99 Rn. 149; *Kliemt* NZA 2001, 63 [70] für die einvernehmliche Absenkung der Arbeitszeit nach § 8 TzBfG; **a. M.** *Bachner/DKKW* § 99 Rn. 116, 117 für Wechsel zwischen Teilzeit- und Vollzeitarbeit, wenn damit eine wesentliche Änderung der Umstände verbunden ist; zur Frage, ob hierin eine Einstellung zu sehen ist, s. Rdn. 60). Hierdurch mögen sich die Umstände ändern, unter denen die Arbeit zu leisten ist. Die Änderung der Arbeitsumstände stellt aber für sich betrachtet keine Versetzung dar (*BAG* 10.04.1984 EzA § 95 BetrVG 1972 Nr. 8 = AP Nr. 4 zu § 95 BetrVG 1972; 01.08.1989 EzA § 95 BetrVG 1972 Nr. 16 = AP Nr. 17 zu § 95 BetrVG 1972 unter II 2b; s. Rdn. 92).

Die **Freistellung von der Arbeit** (Suspendierung) stellt ebenfalls keine Versetzung dar (*BAG* 105
19.02.1991 EzA § 95 BetrVG 1972 Nr. 24 = AP Nr. 26 zu § 95 BetrVG 1972 unter B II 2b bb; 28.03.2000 EzA § 95 BetrVG 1972 Nr. 33 = AP Nr. 39 zu § 95 BetrVG 1972 unter II 2; *Fitting* § 99 Rn. 134; *Richardi/Thüsing* § 99 Rn. 119; *Sibben* NZA 1998, 1266 [1267 ff.]). Zum einen handelt es sich der Sache nach um eine Reduzierung der Arbeitszeit auf »null« bei gleichzeitigem Fortbestand des Arbeitsverhältnisses und damit um eine Änderung der materiellen Arbeitsbedingungen. Zum anderen setzt § 95 Abs. 3 Satz 1 die »Zuweisung eines anderen Arbeitsbereichs« voraus. Der bisherige Arbeitsbereich muss also durch einen anderen Arbeitsbereich ersetzt werden. Im Falle der schlichten Freistellung, d. h. wenn die Freistellung nicht mit der Zuweisung von Arbeit in einem anderen Betrieb verbunden ist, wird dem Arbeitnehmer aber lediglich der bisherige Arbeitsbereich entzogen (zutr. *BAG* 28.03.2000 EzA § 95 BetrVG 1972 Nr. 33 unter II 2; **a. M.** *Bachner/DKKW* § 99 Rn. 121 für den Fall, dass die Suspendierung nur vorübergehender Natur ist, dem Arbeitnehmer also später ein anderer Arbeitsplatz zugewiesen werden solle; dann handele es sich um eine einheitliche Maßnahme, die insgesamt als Versetzung zu beurteilen sei). Die Mitbestimmungspflichtigkeit lässt sich auch nicht damit begründen, dass die Freistellung zu einer Mehrbelastung anderer Arbeitnehmer führen könnte. Zwar soll die Mitbestimmung bei der Versetzung auch den Interessen der übrigen Arbeitnehmer dienen. Doch würde eine Verabsolutierung des Schutzzwecks zu einer Auflösung der gesetzlichen Mitbestimmungtatbestände führen. Der Betriebsrat hat daher nicht unter dem Gesichtspunkt der Versetzung mitzubestimmen, wenn der Arbeitgeber den Arbeitnehmer nach Ausspruch einer Kündigung **bis zum Ablauf der Kündigungsfrist von der Arbeitsleistung freistellt** (*BAG* 28.03.2000 EzA § 95 BetrVG 1972 Nr. 33 unter II 2). Eine Versetzung liegt dagegen vor, wenn dem Arbeitnehmer gleichzeitig **mit der Freistellung vorübergehend ein anderer Arbeitsbereich zugewiesen** wird. Dies ist etwa dann denkbar, wenn der Arbeitnehmer in demselben Betrieb oder in einem anderen Betrieb des Unternehmens aufgrund einer gesonderten Vereinbarung mit dem Arbeitgeber eine neue Funktion übernimmt und für die Dauer des Arbeitsplatzwechsels die Hauptleistungspflichten in dem bestehenden Arbeitsverhältnis suspendiert werden. Sofern diese Zuweisung länger als einen Monat dauert oder mit einer erheblichen Änderung der Arbeitsumstände verbunden ist, steht dem Betriebsrat des Betriebes, in dem der Arbeitnehmer bisher beschäftigt war, ggf. ein Mitbestimmungsrecht nach §§ 99 Abs. 1, 95 Abs. 3 zu (s. Rdn. 121 ff.). Eine Versetzung kann unter diesen Voraussetzungen

auch vorliegen, wenn der Arbeitnehmer während der Freistellung eine **Tätigkeit in einem anderen Konzernunternehmen** übernimmt. Voraussetzung ist jedoch, dass die Arbeitsleistung in dem anderen Unternehmen dem Arbeitgeber zuzurechnen ist. Dies ist etwa dann der Fall, wenn die Übernahme der neuen Funktion in dem anderen Konzernunternehmen auf Initiative des Arbeitgebers erfolgt und (zumindest auch) in dessen Interesse liegt (*BAG* 19.02.1991 EzA § 95 BetrVG 1972 Nr. 24 unter B II 2b bb, das auch zu Recht betont, dass die Tätigkeit in dem Konzernunternehmen nicht mit der bisherigen Arbeitsleistung identisch sein muss; zu eng deshalb *Richardi/Thüsing* § 99 Rn. 127). Nicht ausreichend ist dagegen, dass die Tätigkeit dem Interesse des Gesamtkonzerns oder des Konzernunternehmens dient, in dem der Arbeitnehmer tätig wird (*LAG Schleswig-Holstein* 12.04.2007 – 4 TaBV 66/06 – juris, Rn. 28 ff.).

106 Fällt die **Versetzung mit einer nach § 87 Abs. 1 mitbestimmungspflichtigen Maßnahme zusammen**, so hängt die Wirksamkeit der personellen Einzelmaßnahme zusätzlich von der Zustimmung des Betriebsrats zu der kollektiven Maßnahme i. S. v. § 87 Abs. 1 ab. Fraglich ist, ob die personelle Einzelmaßnahme trotz fehlender Zustimmung des Betriebsrats sowohl nach § 99 Abs. 4 als auch nach § 87 als **vorläufige Maßnahme nach § 100** durchgeführt werden darf. Dies ist zu verneinen. Wenn eine Arbeitgebermaßnahme unter verschiedenen Aspekten der Mitwirkung des Betriebsrats unterliegt, ist sie nur zulässig und wirksam, wenn der Betriebsrat unter allen einschlägigen Aspekten ordnungsgemäß beteiligt war und – falls erforderlich – seine Zustimmung gegeben hat. Soweit in der vorläufigen personellen Einzelmaßnahme gleichzeitig eine vorläufige Maßnahme nach § 87 liegen würde, hat die personelle Einzelmaßnahme zu unterbleiben. § 87 kennt »vorläufige« Maßnahmen nicht (*LAG Frankfurt a. M.* 11.08.1987 BB 1988, 68).

(4) Änderung der Stellung innerhalb der Betriebsorganisation

107 Zu klären ist weiter, wann eine **Änderung der Einordnung eines Arbeitnehmers innerhalb der betrieblichen Organisation** eine Versetzung darstellt. Gedacht ist hier an die Fälle, in denen jemand aus einer betrieblichen Einheit herausgenommen und einer anderen zugewiesen wird (*BAG* 10.04.1984 EzA § 95 BetrVG 1972 Nr. 8 = AP Nr. 4 zu § 95 BetrVG 1972 unter B 4; 17.06.2008 EzA § 95 BetrVG 2001 Nr. 8 Rn. 27; *Bachner/DKKW* § 99 Rn. 113; *Richardi/Thüsing* § 99 Rn. 124). Die **maßgeblichen Kriterien** einer solchen Einheit werden **unterschiedlich formuliert**. Ausgehend von der Überlegung, dass die Mitbestimmung eingreifen soll, wenn die schutzwürdigen Interessen des betroffenen Arbeitnehmers berührt sind, nimmt das *BAG* an, dass von einer wesentlichen Veränderung immer dann auszugehen sei, wenn für den Arbeitnehmer aufgrund des angeordneten Wechsels im konkreten Arbeitsalltag spürbar ein »**anderes Arbeitsregime**« gelte (*BAG* 17.06.2008 EzA § 95 BetrVG 2001 Nr. 8 = AP Nr. 47 zu § 99 BetrVG 1972 Rn. 29). Eine solche, rein an der Interessenlage des Betroffenen orientierte Auslegung erscheint allerdings problematisch, zumal wenn dabei eher an ein subjektives Empfinden (»spürbar«) als an objektive Gegebenheiten angeknüpft wird (ähnlich *Huke/HWGNRH* § 99 Rn. 85: Einheit, die bis zu einem gewissen Grad eine in sich geschlossene Gemeinschaft mit einem gewissen Zusammengehörigkeitsgefühl darstellt). Dies birgt die Gefahr, dass der objektive Mitbestimmungstatbestand, der zugleich eine Grenze der Einflussnahme des Betriebsrats markiert und damit der Sicherung des verbleibenden Bereiches unternehmerischer Entscheidungsfreiheit dient, aufgelöst und durch reine Billigkeitserwägungen ersetzt wird. Ausgangspunkt der Auslegung sollte daher sein, dass ein Arbeitsbereich i. S. eines Platzes des Arbeitnehmers innerhalb der betrieblichen Organisation nur anhand bestehender Strukturen ermittelt werden kann. Von einer für den Versetzungsbegriff relevanten organisatorischen Einheit sollte daher nur dann ausgegangen werden, wenn an ihrer Spitze ein auch zu Personalentscheidungen befugter Vorgesetzter steht, wie dies z. B. bei einer Betriebsabteilung meist der Fall ist (ähnlich *Fitting* § 99 Rn. 139: kleinste organisatorische Einheit eines Betriebs, der eine Leitung mit arbeitsrechtlichen Weisungsbefugnissen vorsteht).

108 Ausgehend hiervon ist die **Zuweisung einer anderen Funktionsstelle in derselben betrieblichen Einheit** keine Versetzung, so z. B. die Zuweisung einer Sekretariatskraft zu einem anderen Sachbearbeiter der gleichen Abteilung (*Galperin/Löwisch* § 99 Rn. 17; *Huke/HWGNRH* § 99 Rn. 85). Dagegen dürfte der Wechsel einer Sekretariatskraft von der Verkaufs- in die Einkaufsabteilung – abhängig von der betrieblichen Organisationsstruktur – vielfach eine Versetzung darstellen (*Hromadka* DB 1972, 1532 [1534, 1535]). Ein **Wechsel der Arbeitskollegen** reicht zumindest nicht

ohne weiteres, um eine Versetzung zu bejahen (*BAG* 23.11.1993 EzA § 95 BetrVG 1972 Nr. 28 = AP Nr. 33 zu § 99 BetrVG 1972 unter B 3b; problematisch deshalb *Huke/HWGNRH* § 99 Rn. 84; **a. M.** *Bachner/DKKW* § 99 Rn. 113). Aus diesem Grunde stellt die Zuweisung zu einer anderen Arbeitskolonne oder Arbeitsgruppe nicht ohne weiteres eine Versetzung dar (*Fitting* § 99 Rn. 139b; **a. M.** *LAG Köln* 26.07.1996 NZA 1997, 280). Die verschiedenen Arbeitsgruppen sind in der Regel keine i. S. d. § 95 Abs. 3 relevanten organisatorischen Einheiten, da für sie meist ein und derselbe disziplinarrechtliche Vorgesetzte zuständig ist. Das *BAG* nimmt an, dass ein Wechsel des »Arbeitsregimes« auch bei Veränderungen im Kreise der Arbeitskollegen eintreten könne, wenn es wegen der erforderlichen intensiven Zusammenarbeit wesentlich auf die Zusammensetzung des Personenkreises ankomme (*BAG* 17.06.2008 EzA § 95 BetrVG 2001 Nr. 8 = AP Nr. 47 zu § 99 BetrVG 1972 Rn. 28). Dies könne etwa bei Gruppen- oder Teamarbeit (*BAG* 23.11.1993 EzA § 95 BetrVG 1972 Nr. 28 = AP Nr. 33 zu § 99 BetrVG 1972 unter B 3b; zust. *Fitting* § 99 Rn. 140) oder bei einem Wechsel des Arbeitnehmers vom Einzel- in den Gruppenakkord (*BAG* 22.04.1997 EzA § 99 BetrVG 1972 Versetzung Nr. 2 unter B I 3) vorkommen. Ähnlich differenziert das Gericht bei einem **Wechsel des Vorgesetzten**. Der Wechsel allein ohne Änderung der Einordnung des Arbeitnehmers in die betriebliche Organisation stelle keine Änderung des Arbeitsbereiches dar (*BAG* 10.04.1984 EzA § 95 BetrVG 1972 Nr. 8 = AP Nr. 4 zu § 95 BetrVG 1972 unter B 4; *Richardi/Thüsing* § 99 Rn. 115). Anders sei dies aber, wenn der Vorgesetzte über die Befugnis zur Erteilung bloßer Arbeitsanweisungen hinaus relevante Personalbefugnisse, etwa die Kompetenz zur Ausübung von Disziplinaraufgaben oder zur Leistungsbeurteilung besitze und eigenverantwortlich wahrnehme (*BAG* 17.06.2008 EzA § 95 BetrVG 2001 Nr. 8 = AP Nr. 47 zu § 99 BetrVG 1972 Versetzung Rn. 29; zust. *LAG Hessen* 10.04.2012 – 4 TaBV 172/11 – juris, Rn. 28 f.; *Fitting* § 99 Rn. 139b; *Huke/HWGNRH* § 99 Rn. 81, 85; unklar *Bachner/DKKW* § 99 Rn. 113). Dies erscheint problematisch, da dann der Austausch eines Abteilungsleiters mit entsprechenden Befugnissen als Versetzung sämtlicher dort beschäftigter Arbeitnehmer anzusehen wäre. Auf diese Weise könnte etwa die Mitbestimmungsfreiheit der Aufgabenübertragung an leitende Angestellte konterkariert werden.

Zweifelhaft kann sein, wie **die betrieblichen Einheiten abzugrenzen** sind, insbesondere welche Befugnisse die Leitung der Einheit haben muss, damit ein Wechsel des Arbeitnehmers von einer Einheit in eine andere als Versetzung angesehen werden kann. Die Rechtsprechung ist insoweit nicht frei von Widersprüchen. So hat das *BAG* die einzelnen Stationen eines Altenpflegeheims als eigenständige betriebliche Einheiten angesehen (*BAG* 29.02.2000 EzA § 95 BetrVG 1972 Nr. 31 = AP Nr. 36 zu § 95 BetrVG 1972). Begründet wurde dies einerseits mit der Eigenständigkeit der einzelnen Stationen, die sich darin zeige, dass die Dienstpläne durch die jeweilige Stationsleitung aufgestellt werden und zum anderen damit, dass auf der neuen Station andere Heimbewohner zu betreuen seien. Diese Begründung überzeugt nicht. Die Stationsleitung ist offenbar nicht zu arbeitsrechtlich relevanten Personalentscheidungen befugt und ein Wechsel der zu betreuenden Personen, der auch innerhalb einer Station eintreten kann, macht die Arbeit auf der neuen Station nicht zu einem »aliud« gegenüber der Arbeit auf der bisherigen Station. Andererseits wurde in dem Wechsel aus dem Tages- in den Nachtdienst eines Dialysezentrums, in dem für beide Dienste eine gemeinsame Pflegedienstleitung zuständig war, keine relevante Veränderung der betriebsorganisatorischen Umgebung gesehen, obwohl den Diensten jeweils eine andere Gruppenschwester unmittelbar vorstand und die Tätigkeit mit anderen Kollegen zu verrichten war (*BAG* 23.11.1993 EzA § 95 BetrVG 1972 Nr. 28 = AP Nr. 33 zu § 99 BetrVG 1972 unter B 3b). 109

Der Einsatz von Arbeitnehmern in **Matrix-Strukturen** (hierzu näher § 7 Rdn. 52 ff.) wird vielfach mit einem Wechsel der betriebsorganisatorischen Einheit verbunden sein. Kennzeichen solcher Matrix-Strukturen ist, dass Arbeitnehmer verschiedener Betriebe oder Konzernunternehmen nach Aufgabenbereichen zu operativen Einheiten, sog. steuernden Einheiten, zusammengefasst werden. Die leitenden Mitarbeiter dieser steuernden Einheiten üben typischerweise zumindest einen Teil der Arbeitgeberfunktionen, insbesondere das »fachliche Weisungsrecht« (zu dieser Terminologie § 7 Rdn. 52) aus. Wird ein Arbeitnehmer einer solchen steuernden Einheit zugewiesen, geht damit im Regelfall ein Wechsel der operativen Einheit und damit ein Wechsel des »Arbeitsregimes« einher, der als Zuweisung eines Arbeitsbereiches bezeichnet werden kann (*Fitting* § 99 Rn. 139c; *Kort* NZA 2013, 1318 [1325]; s. a. *Maywald* Matrixstrukturen, S. 161 ff.; *Witschen* RdA 2016, 38 [47]). Al- 110 lein der Austausch des Vorgesetzten genügt aber auch hier nicht, um die Versetzung zu begründen (s. Rdn. 108; ebenso *Ricken* ZfA 2016, 535 [546 f.]).

111 Werden **Betriebe oder Betriebsteile verlegt**, so liegt unter dem Aspekt der Änderung in der betrieblichen Organisation keine Versetzung vor, wenn die organisatorische Einheit selbst und die bisherige organisatorische Zuordnung der Arbeitnehmer nicht verändert werden (*LAG Berlin* 22.11.1991 LAGE § 95 BetrVG 1972 Nr. 12; vgl. auch *Fitting* § 99 Rn. 144). Zum Aspekt der Ortsveränderung s. Rdn. 93 ff.

(5) Sonderfälle

112 Der Versetzungsbegriff des § 95 Abs. 3 gilt auch für **Auszubildende**. In einem Betrieb mit mehreren Filialen (Betriebsteilen) ist die Zuweisung einer Ausbildungsstätte in einer anderen Filiale Versetzung i. S. d. BetrVG, da damit der Ort der Ausbildung, der Gegenstand der Ausbildung und die organisatorische Einordnung des Auszubildenden in den Betriebsablauf geändert werden (*BAG* 03.12.1985 EzA § 95 BetrVG 1972 Nr. 10 = AP Nr. 8 zu § 95 BetrVG 1972; *Bachner/DKKW* § 99 Rn. 113). Eine Versetzung liegt aber nicht vor, wenn es sich um eine ausbildungsbedingte turnusmäßige Zuweisung des Auszubildenden zu einer anderen Filiale handelt (*Bachner/DKKW* § 99 Rn. 112; *Fitting* § 99 Rn. 156; s. a. Rdn. 115). Dem ist zuzustimmen, wenn auch die Bedeutung des Ortswechsels für den Versetzungsbegriff durch das *BAG* überbetont wird (s. a. Rdn. 97 ff.). Die **Übernahme des Auszubildenden in ein Arbeitsverhältnis** nach Abschluss der Ausbildung stellt dagegen **keine Versetzung** dar. Das Berufsausbildungsverhältnis ist kein Arbeitsverhältnis, da der Erwerb der für den Beruf erforderlichen Kenntnisse und Fähigkeiten und nicht die (fremdnützige) Arbeitsleistung im Mittelpunkt steht. Wird der Auszubildende übernommen, so wird ihm daher erstmalig ein Arbeitsbereich zugewiesen. Eine Versetzung liegt folglich auch dann nicht vor, wenn dieser Arbeitsbereich im Hinblick auf die inhaltliche Tätigkeit oder die organisatorische Zuordnung von dem letzten Ausbildungsplatz abweicht. Ein Mitbestimmungsrecht kommt vielmehr nur unter dem Gesichtspunkt der Einstellung in Betracht (s. Rdn. 38). In diesem Kontext ist der Betriebsrat auch im Hinblick auf die Entscheidung über den in Aussicht genommenen Arbeitsplatz zu beteiligen (s. § 99 Abs. 1 Satz 2). Scheidet insoweit ein Mitbestimmungsrecht aus, weil der Arbeitgeber rechtlich zur Übernahme verpflichtet ist (etwa im Falle des § 78a), so lässt sich ein Mitbestimmungsrecht nach § 99 auch nicht unter dem Gesichtspunkt der Versetzung begründen (**a. M.** *Fitting* § 99 Rn. 52).

113 Zur sog. Versetzung eines Arbeitnehmers **von einem Betrieb in einen anderen** Betrieb des gleichen Unternehmens, wenn nicht beide Betriebe zu einer Organisationseinheit nach § 3 Abs. 1 Nr. 1 bis 3 gehören, s. Rdn. 121 ff. Wird ein Arbeitnehmer von einem Betrieb in einen anderen Betrieb des Unternehmens versetzt und sind beide Betriebe **Teile einer betriebsverfassungsrechtlichen Organisationseinheit i. S. v. § 3 Abs. 5**, so ist die für diese Organisationseinheit, die als Betrieb gilt, gebildete Arbeitnehmervertretung zuständig für die Ausübung des Mitbestimmungsrechts nach § 99. Das Problem einer unterschiedlichen Ausübung des Mitbestimmungsrechts im abgebenden und aufnehmenden Betrieb stellt sich hier nicht.

114 Ob bei der **Versetzung von Betriebsratsmitgliedern** von einem Betrieb in einen anderen neben § 99 auch § 103 anzuwenden ist, war umstritten. Durch das **BetrVerf-ReformG** ist die Frage nunmehr geklärt. Nach dem neuen Abs. 3 des § 103 bedarf die Versetzung der in § 103 Abs. 1 genannten Personen der Zustimmung des Betriebsrats, wenn die Versetzung zum Verlust des Amtes oder der Wählbarkeit führt und der Arbeitnehmer damit nicht einverstanden ist (§ 103 Abs. 3 Satz 1). Eine verweigerte Zustimmung kann durch das Arbeitsgericht ersetzt werden (s. § 103 Rdn. 3, 36 ff., 51).

cc) Nicht ständiger Arbeitsplatz (Abs. 3 Satz 2)

115 Nicht als Versetzung gilt die Zuweisung eines anderen Arbeitsbereiches bzw. Arbeitsplatzes, wenn ein Arbeitnehmer der Eigenart seines Arbeitsverhältnisses entsprechend üblicherweise die Arbeitsbereiche wechselt. Gemeint sind hier etwa Arbeitnehmer, die, wie **Montagekolonnen**, stets für wechselnde Aufgaben oder an verschiedenen Orten eingesetzt werden müssen, oder Arbeitnehmer nicht stationär arbeitender Betriebe wie etwa Arbeitnehmer im Baugewerbe oder sog. **Springer** (*BAG* 09.10.2013 EzA § 99 BetrVG 2001 Versetzung Nr. 11 = AP Nr. 54 zu § 99 BetrVG 1972 Versetzung Rn. 30; *LAG Düsseldorf* 10.12.1973 BB 1974, 1250; *Bachner/DKKW* § 99 Rn. 124; *Fitting* § 99 Rn. 156, 159; *Gal-*

perin/Löwisch § 99 Rn. 21; Hueck/Nipperdey II/2, S. 1422 Fn. 35; Nikisch III, S. 457; Richardi/Thüsing § 99 Rn. 135 f.). »Arbeitsplatz« ist hier gleichbedeutend mit dem »Arbeitsbereich« i. S. d. § 95 Abs. 3 Satz 1 (s. Rdn. 85). Der rein räumliche Ortswechsel ist folglich nicht entscheidend. Gehört es zum regulären Tätigkeitsbild eines Arbeitnehmers, dass er außerhalb der Betriebsstätte an wechselnden Einsatzorten tätig ist (etwa im Bereich der externen Kundenbetreuung), so stellen die verschiedenen Einsatzorte keine selbständigen »Arbeitsplätze« dar, so dass es des § 95 Abs. 3 Satz 2 nicht bedarf, um eine Versetzung auszuschließen (s. Rdn. 99). Die Abordnung eines Arbeitnehmers am Bau zu einer Arbeitsgemeinschaft (ARGE) stellt allerdings eine Versetzung dar, da dann die Arbeit im Rahmen einer anderen organisatorischen Einheit erbracht wird (Fitting § 99 Rn. 158), sofern nicht dieser Einsatz zum üblichen Geschäftsgebaren des Arbeitgebers gehört (Bachner/DKKW § 99 Rn. 125). Bringt andererseits die Tätigkeit des Arbeitnehmers die Notwendigkeit von **Dienstreisen** mit sich, so dass diese das Gesamtbild der Tätigkeit prägen, so begründet die Anordnung einer Dienstreise nach § 95 Abs. 3 Satz 2 selbst in den Fällen, in denen sie ansonsten als Zuweisung eines anderen Arbeitsbereiches anzusehen wäre (s. Rdn. 98), keine Versetzung. Erfasst werden von dieser Ausnahmebestimmung auch Arbeitnehmer, die **innerhalb des Betriebes üblicherweise an wechselnden Arbeitsplätzen** eingesetzt werden. Dazu gehören z. B. Hofkolonnen, die im ganzen Betriebsgelände tätig sind, ungelernte Arbeiter, die je nach Bedarf eingesetzt werden, aber auch Facharbeiter, die üblicherweise an verschiedenen Maschinen oder Geräten tätig werden, sofern hier überhaupt eine Änderung des Arbeitsbereiches vorliegt (Fitting § 99 Rn. 159; Hromadka DB 1972, 1532 [1535]; Huke/HWGNRH § 99 Rn. 91). Die Vorschrift findet nach ihrem Sinn und Zweck aber dann keine Anwendung, wenn die gelegentliche Übernahme anderer Aufgaben zum Wesen der übertragenen Tätigkeit gehört. Gelegentliche Wechsel kommen fast in jedem Arbeitsverhältnis vor. Würden diese dazu führen, dass ein »nicht ständiger Arbeitsplatz« vorläge, gäbe es praktisch keine mitbestimmungspflichtige Versetzung mehr (BAG 09.10.2013 EzA § 99 BetrVG 2001 Versetzung Nr. 11 Rn. 30; missverständlich 10. Aufl. Rn. 100). Die Ausnahmebestimmung gilt auch für **Auszubildende**, bei denen der planmäßige Wechsel des Arbeitsbereichs bzw. des Arbeitsplatzes üblich und für die Erreichung des Ausbildungsziels erforderlich ist (s. Rdn. 112; Bachner/DKKW § 99 Rn. 112; Fitting § 99 Rn. 156). Ist das ständige Wechseln des Arbeitsortes für das Arbeitsverhältnis nicht »typisch«, so beseitigt eine **vertragliche Versetzungsbefugnis** das Mitbestimmungsrecht des Betriebsrats nicht (Bachner/DKKW § 99 Rn. 124; Fitting § 99 Rn. 160; Galperin/Löwisch § 99 Rn. 21; Huke/HWGNRH § 99 Rn. 91; Richardi/Thüsing § 99 Rn. 136; s. a. Rdn. 120; **a. M.** Gerauer DB 1995, 406). Maßgeblich für die Frage, ob sich der zugewiesene Arbeitsbereich ändert, ist nicht der gesamte Bereich der Tätigkeiten, die dem Arbeitnehmer nach dem Vertrag zugewiesen werden können. Vielmehr kommt es auf den Vergleich der Tätigkeiten an, die der Arbeitnehmer vor und nach der Zuweisung tatsächlich verrichtet (s. Rdn. 90). Eine Versetzungsklausel ändert also nichts daran, dass dem Arbeitnehmer ein anderer Arbeitsbereich zugewiesen wird, wenn sich das Gesamtbild der Tätigkeit ändert. Die Klausel ermöglicht es dem Arbeitgeber lediglich, dem Arbeitnehmer den anderen Arbeitsbereich einseitig zuzuweisen. Der Normzweck gebietet die Anwendung des § 99 gerade in solchen Fällen.

dd) Dauer der Zuweisung

Überschreitet die Zuweisung eines anderen Arbeitsbereiches **voraussichtlich die Dauer eines Monats nicht**, so entfällt grundsätzlich (Ausnahme s. Rdn. 117 f.) das Mitbestimmungsrecht des Betriebsrats. Damit wird der vorübergehende aushilfsweise Einsatz von Arbeitskräften außerhalb ihres angestammten Arbeitsbereiches ohne Mitwirkung des Betriebsrats möglich. Entscheidend ist, dass bei Zuweisung des anderen Arbeitsbereiches eine längere Dauer nicht beabsichtigt ist und auch nicht vorhersehbar ist. Kürzere Überschreitungen der Frist, die sich nach Zuweisung als notwendig herausstellen, begründen kein Mitbestimmungsrecht (Fitting § 99 Rn. 155; Heinze Personalplanung, Rn. 210; Hromadka DB 1972, 1532 [1535]; **a. M.** wohl Bachner/DKKW § 99 Rn. 122). Wird jedoch die Monatsfrist wesentlich überschritten, dann ist, um Umgehungen des Mitbestimmungsrechts zu verhindern, die Zustimmung des Betriebsrats einzuholen. Die in der Literatur vertretene Meinung, bei Fristüberschreitung entstehe das Mitbestimmungsrecht nur, wenn sich zu diesem Zeitpunkt voraussehen lässt, dass die Versetzung nunmehr noch länger als einen Monat dauert (Fitting § 99 Rn. 155; Galperin/Löwisch § 99 Rn. 19; Huke/HWGNRH § 99 Rn. 87; Richardi/Thüsing § 99 Rn. 131), kann gerade

116

wegen der damit ermöglichten Umgehung des Mitbestimmungsrechtes des Betriebsrats nicht überzeugen (wie hier *Bachner/DKKW* § 99 Rn. 122).

ee) Erhebliche Änderung der für die Arbeitsleistung maßgeblichen Umstände

117 Auch Zuweisungen eines anderen Arbeitsbereiches, die voraussichtlich für **kürzere Zeit als einen Monat** gedacht sind, sind Versetzungen i. S. d. Gesetzes, **wenn** damit eine **erhebliche Änderung der Umstände** verbunden ist, unter denen die Arbeit geleistet werden muss. Diese Formulierung wurde anstelle des Ausdrucks »Arbeitsbedingungen« gewählt, um klarzustellen, dass nicht die materiellen Arbeitsbedingungen, wie sie sich aus dem Arbeitsvertrag oder aus Tarifverträgen oder aus Betriebsvereinbarungen ergeben (vgl. zum früheren Recht *Dietz* § 60 Rn. 20; *Hueck/Nipperdey* II/2, S. 1423; *Neumann-Duesberg* S. 517; *Nikisch* III, S. 458), sondern die Bedingungen gemeint sind, »unter denen die Arbeit zu verrichten ist« (so Bericht 10. Ausschuss, zu BT-Drucks. VI/2729, S. 30 zu § 95; vgl. *Bachner/DKKW* § 99 Rn. 114; *Fitting* § 99 Rn. 136, 146; *Galperin/Löwisch* § 99 Rn. 20; *Huke/HWGNRH* § 99 Rn. 88; *Matthes/*MünchArbR § 264 Rn. 13; *Richardi/Thüsing* § 99 Rn. 132).

118 Gemeint sind also alle **äußeren Umstände** wie die Gestaltung des Arbeitsplatzes, die Ausstattung mit technischen Hilfsmitteln, die Mitarbeiter und Vorgesetzten, die Entfernung zur Wohnung (vgl. BAG 18.10.1988 EzA § 95 BetrVG 1972 Nr. 15 = AP Nr. 56 zu § 99 BetrVG 1972; 01.08.1989 EzA § 95 BetrVG 1972 Nr. 16 = AP Nr. 17 zu § 95 BetrVG 1972; 23.06.2009 EzA § 99 BetrVG 2001 Nr. 13 = AP Nr. 48 zu § 99 BetrVG 1972 Versetzung Rn. 29) und zu den Sozialeinrichtungen, wie z. B. zur Kantine, die Lage der Arbeitszeit (BAG 28.08.2007 EzA § 95 BetrVG 2001 Nr. 6 Rn. 19), Lärm, Schmutz, Hitze oder Nässe (BAG 23.06.2009 EzA § 99 BetrVG 2001 Nr. 13 = AP Nr. 48 zu § 99 BetrVG 1972 Versetzung Rn. 29; *Bachner/DKKW* § 99 Rn. 114; *Galperin/Löwisch* § 99 Rn. 203; *Huke/HWGNRH* § 99 Rn. 88; *Richardi/Thüsing* § 99 Rn. 132 f.). Veränderungen im Bereich der Arbeitsaufgaben oder der hierarchischen Struktur können dagegen allenfalls die Annahme begründen, dass dem Arbeitnehmer ein anderer Arbeitsbereich zugewiesen wurde, spielen aber für die Frage, ob sich die Umstände der Arbeitsleistung ändern, keine Rolle (BAG 11.12.2007 EzA § 95 BetrVG 2001 Nr. 7 = AP Nr. 45 zu § 99 BetrVG 1972 Versetzung Rn. 30). Die Änderungen dieser Umstände müssen »**erheblich**« sein, um von einer Versetzung i. S. v. § 95 Abs. 3 sprechen zu können, d. h. sie müssen so sein, dass sie nach Auffassung eines vernünftigen Arbeitnehmers als bedeutsam im Vergleich zur bisherigen Situation betrachtet werden müssen. Die mit der Zuweisung eines anderen Arbeitsbereichs, etwa mit der Eingliederung in einen anderen Betrieb, verbundenen normalen Belastungen wie die Unterstellung unter einen anderen Vorgesetzten oder die Zusammenarbeit mit anderen Arbeitnehmern reichen nicht (BAG 28.09.1988 EzA § 95 BetrVG 1972 Nr. 14 = AP Nr. 55 zu § 99 BetrVG 1972 unter B II 3b; 19.02.1991 EzA § 95 BetrVG 1972 Nr. 24 = AP Nr. 26 zu § 95 BetrVG 1972 unter B II 2c aa; 13.03.2007 EzA § 95 BetrVG 2001 Nr. 5 = AP Nr. 52 zu § 95 BetrVG 1972 Rn. 36).

119 Nach einer in der Literatur vertretenen Auffassung ist es für die betriebsverfassungsrechtliche Beurteilung ohne Belang, ob die Änderung zum Besseren oder zum Schlechteren erfolgt (*Fitting* § 99 Rn. 137; *Heinze* Personalplanung, Rn. 211 Fn. 307; grundsätzlich auch *Huke/HWGNRH* § 99 Rn. 90; *Richardi/Thüsing* § 99 Rn. 134: anders nur bei eindeutiger Verbesserung; *Weiss/Weyand* § 99 Rn. 16). Gestützt wird diese Ansicht letztlich auf den Wortlaut des Gesetzes, das nur von »Änderung« spricht. Nach einer anderen Auffassung greift das Mitbestimmungsrecht **bei kurzzeitiger Versetzung** nur ein, wenn sie mit einer **Verschlechterung** der Arbeitsumstände verbunden ist. Begründet wird dies mit dem Schutzzweck der Norm, die, anders als bei langzeitigen Versetzungen, nur den Individualinteressen des betroffenen Arbeitnehmers diene (*Galperin/Löwisch* § 99 Rn. 20; *Huke/HWGNRH* § 99 Rn. 90; *Richardi/Thüsing* § 99 Rn. 134; *Stege/Weinspach/Schiefer* §§ 99–101 Rn. 165). Bei der Entscheidung über die Streitfrage ist zunächst festzuhalten, dass bei kurzzeitigen Versetzungen das Interesse des Betriebes bzw. des Arbeitgebers an einer raschen und von der Mitbestimmung des Betriebsrats nicht beeinträchtigten Dispositionsfreiheit durch das Gesetz grundsätzlich der Vorrang eingeräumt wird (BAG 28.09.1988 EzA § 95 BetrVG 1972 Nr. 14 = AP Nr. 55 zu § 99 BetrVG 1972 unter B II 3b; 01.08.1989 EzA § 95 BetrVG 1972 Nr. 16, 19.02.1991 EzA § 95 BetrVG 1972 Nr. 24 = AP Nr. 17, 26 zu § 95 BetrVG 1972 unter B II 2c aa). Diese Interessen haben nur zurückzutreten, wenn die Interessen des zu versetzenden Arbeitnehmers durch die erhebliche Änderung der Arbeitsumstände berührt werden können; dann hat der Betriebsrat wieder ein Mitbestimmungs-

recht im Interesse des betroffenen Arbeitnehmers. Bei einer Verbesserung der Arbeitsumstände für eine ohnehin nur kurz dauernde Versetzung ist ein Schutzbedürfnis des betroffenen Arbeitnehmers nicht zu erkennen, das das berechtigte Interesse des Arbeitgebers an mitbestimmungsfreiem Handeln überspielen könnte. Dies rechtfertigt eine teleologische Reduktion des Wortes »Änderung« in »verschlechternde Änderung« (*BAG* 28.09.1988 EzA § 95 BetrVG 1972 Nr. 14 = AP Nr. 55 zu § 99 BetrVG 1972 unter B II 3b; *Otto* SAE 1987, 154; *Richardi/Thüsing* § 99 Rn. 134).

ff) Versetzung und Direktionsrecht
Ohne Bedeutung für den betriebsverfassungsrechtlichen Begriff der Versetzung ist es, **ob** der Arbeitgeber **kraft Direktionsrechtes** einseitig dazu in der Lage ist, **oder** ob es einer **Änderung des** bestehenden **Arbeitsvertrages** bedarf (*BAG* 26.05.1988 EzA § 95 BetrVG 1972 Nr. 13 = AP Nr. 13 zu § 95 BetrVG 1972 unter B 1; 14.11.1989 EzA § 99 BetrVG 1972 Nr. 85 = AP Nr. 76 zu § 99 BetrVG 1972 unter B I 2b cc; 30.09.1993 EzA § 99 BetrVG 1972 Nr. 118 = AP Nr. 33 zu § 2 KSchG 1969; *Bachner/DKKW* § 99 Rn. 98; *Fitting* § 99 Rn. 152; *Galperin/Löwisch* § 99 Rn. 27; *Huke/HWGNRH* § 99 Rn. 96; *Richardi/Thüsing* § 99 Rn. 128; *Stege/Weinspach/Schiefer* §§ 99–101 Rn. 151 ff.). Die kollektivrechtliche Mitbestimmung und die Frage der individualrechtlichen Gestaltung des Arbeitsverhältnisses liegen auf zwei verschiedenen Ebenen (s. Rdn. 88). Das bedeutet freilich, dass eine Versetzung auch dann nicht ohne Zustimmung des Betriebsrats zulässig ist, wenn der **Arbeitnehmer** sich mit ihr **einverstanden** erklärt (h. M.; *BAG* 14.11.1989 EzA § 99 BetrVG 1972 Nr. 85 = AP Nr. 76 zu § 99 BetrVG 1972; *LAG Hamm* 11.05.1979 EzA § 99 BetrVG 1972 Nr. 27; *Richardi/Thüsing* § 99 Rn. 128; offen gelassen jetzt von *BAG* 13.12.2011 EzA Art. 9 GG Arbeitskampf Nr. 145 Rn. 22 f.). Die Aussage, das Mitbestimmungsrecht entfalle bei einer auf Dauer angelegten Versetzung, die mit Einverständnis des Arbeitnehmers erfolgt (*Fitting* § 99 Rn. 152; *Richardi/Thüsing* § 99 Rn. 128), trifft nur bei Versetzungen in einen anderen Betrieb zu (s. dazu Rdn. 121 ff.). Bedarf es zu einer Versetzung einer **Änderungskündigung**, so greift **zusätzlich § 102** ein (*BAG* 03.11.1977 AP Nr. 1 zu § 75 BPersVG; 30.09.1993 EzA § 99 BetrVG 1972 Nr. 118 = AP Nr. 33 zu § 2 KSchG 1969; vgl. auch *LAG Düsseldorf* 14.06.1984 AuR 1985, 162). Die beiden Mitbestimmungsverfahren stehen rechtlich getrennt nebeneinander; sie können allerdings dadurch gekoppelt werden, dass die Unterrichtung des Betriebsrats unter beiden Gesichtspunkten erfolgt (*Bachner/DKKW* § 99 Rn. 254; *Galperin/Löwisch* § 99 Rn. 27, 28; *Huke/HWGNRH* § 99 Rn. 99; *Richardi/Thüsing* § 102 Rn. 284 ff.; vgl. auch *LAG Frankfurt a. M.* 18.03.1987 NZA 1988, 260 LS; s. Rdn. 180). Das Erfordernis einer Änderungskündigung führt nicht dazu, dass bis zur endgültigen Entscheidung über deren Wirksamkeit dem Betriebsrat ein Zustimmungsverweigerungsrecht nach Abs. 2 Nr. 1 zusteht. Umgekehrt führt die fehlende Zustimmung des Betriebsrats nach § 99 nicht zur Unwirksamkeit der Änderungskündigung (*BAG* 30.09.1993 EzA § 99 BetrVG 1972 Nr. 118 = AP Nr. 33 zu § 2 KSchG 1969; *Bachner/DKKW* § 99 Rn. 254; *Kreft/KR* § 2 KSchG Rn. 236 f.; *Richardi/Thüsing* § 102 Rn. 290; s. Rdn. 180). Der Arbeitgeber darf aber, solange die Zustimmung fehlt, die Versetzung tatsächlich nicht durchführen (*BAG* 30.09.1993 EzA § 99 BetrVG 1972 Nr. 118 = AP Nr. 33 zu § 2 KSchG 1969).

gg) Versetzung in einen anderen Betrieb
Die Frage, wie der **Wechsel** eines Arbeitnehmers von einem Betrieb **in einen anderen Betrieb** desselben Unternehmens oder Konzerns (zur Versetzung innerhalb einer betriebsverfassungsrechtlichen Organisationseinheit i. S. v. § 3 Abs. 5 s. Rdn. 113) betriebsverfassungsrechtlich zu behandeln ist, beschäftigt Rechtsprechung und Literatur seit langer Zeit. Einigkeit besteht darüber, dass der Wechsel **für den aufnehmenden Betrieb regelmäßig eine Einstellung** darstellt, so dass der dortige Betriebsrat unter diesem Gesichtspunkt nach § 99 zu beteiligen ist (*BAG* 30.04.1981 EzA § 95 BetrVG 1972 Nr. 4 = AP Nr. 12 zu § 99 BetrVG 1972 unter III 6; 20.09.1990 EzA § 99 BetrVG 1972 Nr. 95 = AP Nr. 84 zu § 99 BetrVG 1972 unter B II 2a; 26.01.1993 EzA § 99 BetrVG 1972 Nr. 109 = AP Nr. 102 zu § 99 BetrVG 1972 unter II 1c; *Fitting* § 99 Rn. 170; *Huke/HWGNRH* § 99 Rn. 92; *Richardi/Thüsing* § 99 Rn. 139; s. a. Rdn. 33). **Umstritten** ist, ob und inwieweit dem **Betriebsrat des abgebenden Betriebs** ebenfalls ein **Mitbestimmungsrecht** zusteht. Denkbar wäre insoweit einmal, in dem Wechsel des Arbeitnehmers in den anderen Betrieb eine Versetzung zu sehen, so dass der Betriebsrat vor dem Ausscheiden des Arbeitnehmers nach § 99 zu beteiligen wäre. Lehnt man eine Versetzung ab, so kommt ein Mitbestimmungsrecht nur in Betracht, wenn der Arbeitnehmer wieder

§ 99　　　　　　　　　　　　　　　　　　　　　　IV. 5. 3. Personelle Einzelmaßnahmen

in den Betrieb zurückkehrt, weil es sich dann aus Sicht dieses Betriebes um eine Einstellung handelt. Scheidet der Arbeitnehmer endgültig aus dem Betrieb aus, wäre der Betriebsrat nach dieser Lösung gar nicht zu beteiligen.

122　Das *BAG* hatte sich bereits 1981 mit einer »Versetzung« **auf Dauer** von einem Betrieb eines Unternehmens in einen anderen Betrieb dieses Unternehmens zu befassen (*BAG* 30.04.1981 EzA § 95 BetrVG 1972 Nr. 4 = AP Nr. 12 zu § 99 BetrVG 1972). Es kam zu dem Ergebnis, dass dem Betriebsrat des abgebenden Betriebs kein Beteiligungsrecht nach § 99 zusteht, wenn der betroffene Arbeitnehmer mit dieser Maßnahme einverstanden ist. Wie die Vorinstanz ging das BAG davon aus, dass der zu beurteilende Vorgang rechtlich in **zwei getrennt zu beurteilende Vorgänge** aufzuspalten sei, nämlich ein (endgültiges) Ausscheiden des Arbeitnehmers aus dem bisherigen Beschäftigungsbetrieb, das der Betriebsrat, wenn der Arbeitnehmer damit einverstanden ist, nicht verhindern könne und eine Aufnahme in den neuen Betrieb. Im Jahre 1986 hatte das *BAG* den Fall einer nur **vorübergehenden Abordnung** eines Arbeitnehmers in einen anderen Betrieb zu beurteilen (*BAG* 18.02.1986 EzA § 95 BetrVG 1972 Nr. 12 = AP Nr. 33 zu § 99 BetrVG 1972; vgl. auch 18.10.1988 EzA § 95 BetrVG 1972 Nr. 15 = AP Nr. 56 zu § 99 BetrVG 1972; 14.11.1989 EzA § 99 BetrVG 1972 Nr. 85 = AP Nr. 76 zu § 99 BetrVG 1972). Das Gericht legt seiner Entscheidung den Versetzungsbegriff des § 95 Abs. 3 zugrunde und stellte fest, auch die vorübergehende Beschäftigung eines Arbeitnehmers in einem anderen Betrieb sei eine Versetzung i. S. dieser Norm. Es handle sich um einen **einheitlichen Vorgang**, der nicht in Ausscheiden aus dem abgebenden Betrieb und Einstellung im aufnehmenden Betrieb aufgespalten werden könne. Der Vorgang löse das Mitbestimmungsrecht des Betriebsrats im abgebenden Betrieb nach § 99 Abs. 1 aus, das auch bei Einverständnis des betroffenen Arbeitnehmers nicht entfalle. Auf die Frage, ob § 95 Abs. 3 und § 99 nicht doch nur bezogen auf einen Betrieb zu sehen sind, ging das Gericht nicht ein. Den zumindest vorläufigen Schlusspunkt der Rechtsprechung stellt die Entscheidung aus dem Jahre 1990 dar (*BAG* 20.09.1990 EzA § 99 BetrVG 1972 Nr. 95 = AP Nr. 84 zu § 99 BetrVG 1972). Das Gericht vertritt dort die Auffassung, der Wortlaut des § 95 Abs. 3 sei eindeutig und erfasse auch Versetzungen von einem Betrieb in einen anderen. Deshalb bedürfe **auch** die **auf Dauer** angelegte »Versetzung« eines Arbeitnehmers in einen anderen Betrieb des Unternehmens grundsätzlich der Zustimmung des Betriebsrats des bisherigen Beschäftigungsbetriebs. Dieses Erfordernis entfalle nur, wenn der betroffene Arbeitnehmer die Maßnahme selbst gewünscht habe oder sie seinen Wünschen und seiner freien Entscheidung entspreche (bestätigt durch *BAG* 26.01.1993 EzA § 99 BetrVG 1972 Nr. 109 = AP Nr. 102 zu § 99 BetrVG 1972; 22.11.2005 EzA § 99 BetrVG 2001 Versetzung Nr. 1 = AP Nr. 7 zu § 117 BetrVG 1972 unter B I 2d aa; 08.12.2009 EzA § 21b BetrVG 2001 Nr. 1 = AP Nr. 129 zu § 99 BetrVG 1972 Rn. 19 ff.; 13.12.2011 EzA Art. 9 GG Arbeitskampf Nr. 145 Rn. 23). Der Arbeitgeber sei aber nach § 99 Abs. 1 verpflichtet, den Betriebsrat davon zu unterrichten. Erfolge die Maßnahme aufgrund einer zulässigen Weisung des Arbeitgebers, so bestehe ein Mitbestimmungsrecht des Betriebsrats des bisherigen Beschäftigungsbetriebs.

123　Die **Ansichten in der Literatur** sind hinsichtlich der Beteiligung des Betriebsrats des abgebenden Betriebs immer noch geteilt, wenngleich mittlerweile in vielen Punkten Übereinstimmung herrscht. Soweit eine nur **vorübergehende Abordnung** in Frage steht, wird überwiegend eine Versetzung i. S. d. § 95 Abs. 3 aus der Sicht des abgebenden Betriebs und damit ein Mitbestimmungsrecht des dortigen Betriebsrats nach § 99 (bei einer erforderlichen Änderungskündigung zusätzlich ein Mitbestimmungsrecht nach § 102) bejaht, auch wenn der Arbeitnehmer einverstanden ist. Der Betriebsrat des aufnehmenden Betriebs habe ein Mitbestimmungsrecht nach § 99 unter dem Gesichtspunkt der Einstellung (*Bachner/DKKW* § 99 Rn. 107; *Fitting* § 99 Rn. 173; *Richardi/Thüsing* § 99 Rn. 140; *Schlochauer/HSWGNR* 7. Aufl. § 99 Rn. 90). Z. T. wird die Anwendung der §§ 95 Abs. 3, 99 abgelehnt, da es sich nicht um eine Versetzung i. S. d. BetrVG handle, so dass beim abgebenden Betrieb allenfalls, wenn eine (Änderungs-)Kündigung ausgesprochen werden soll, § 102 zu beachten sei und beim aufnehmenden Betrieb § 99, wenn eine Einstellung i. S. dieser Vorschrift vorliegt (*Stege/Weinspach/Schiefer* § 99–101 Rn. 171). Auch bei einer **Versetzung auf Dauer** wird ein Mitbestimmungsrecht des abgebenden Betriebsrats überwiegend bejaht. Dies gelte aber nur, wenn die Maßnahme nicht im Einvernehmen mit dem Arbeitnehmer erfolge (*Fitting* § 99 Rn. 171; *Galperin/Löwisch* § 99 Rn. 23; *Huke/HWGNRH* § 99 Rn. 91; *Richardi/Thüsing* § 99 Rn. 141; *Stege/Weinspach/Schiefer* §§ 99–101 Rn. 171; krit. *Bachner/DKKW* § 99 Rn. 107).

Bei der Lösung des Problems ist zunächst davon auszugehen, dass § 99 **personelle Einzelmaßnah-** 124
men bezogen auf einen bestimmten Betrieb erfasst (vgl. *BAG* 30.04.1981 EzA § 95 BetrVG 1972
Nr. 4 = AP Nr. 12 zu § 99 BetrVG 1972; s. a. Rdn. 33). Das ergibt sich zwar nicht aus der Umschreibung der Versetzung in § 95 Abs. 3 (*Dietz/Richardi* § 99 Rn. 95; *Galperin/Löwisch* § 99 Rn. 22; *Heinze*
Personalplanung, Rn. 215), wohl aber aus dem »Gesamtzusammenhang der Organisationseinheit des
Betriebsverfassungsgesetzes und der Beteiligungsrechte des Betriebsrats« bei personellen Einzelmaßnahmen. Das Gesetz geht in den §§ 99–105 vom einzelnen Betrieb und vom Betriebsrat dieses Betriebes aus (*BAG* 30.04.1981 EzA § 95 BetrVG 1972 Nr. 4 = AP Nr. 12 zu § 99 BetrVG 1972; vgl. auch
Huke/HWGNRH § 99 Rn. 92; *Schlochauer* FS *Richardi*, S. 751 [754]; *Stege/Weinspach/Schiefer*
§§ 99–101 Rn. 171; vgl. zur Versetzung innerhalb einer betriebsverfassungsrechtlichen Organisationseinheit Rdn. 113). Die nur subsidiäre Zuständigkeit des Gesamtbetriebsrats (§ 50 Abs. 1) und
des Konzernbetriebsrats (§ 58 Abs. 1) unterstreicht diese Konzeption. Vor diesem Hintergrund
muss unter Versetzung zunächst die Zuweisung eines anderen Arbeitsbereiches in demselben Betrieb
verstanden werden. Andererseits ist der **Wortlaut hierauf nicht beschränkt** (zutr. *BAG* 20.09.1990
EzA § 99 BetrVG 1972 Nr. 95 unter B II 1d). Wenn und soweit also Maßnahmen mit betriebsübergreifendem Charakter auch die Interessen der betriebsangehörigen Arbeitnehmer in gleicher Weise
betreffen wie eine innerbetriebliche Versetzung, würde ein genereller Ausschluss der Mitbestimmung
bei der Versetzung in einen anderen Betrieb dem Zweck der Vorschrift nicht gerecht.

Der Tatbestand der Versetzung berührt typischerweise sowohl individuelle Interessen des Betroffenen 125
als auch kollektive Interessen der übrigen Belegschaft (s. Rdn. 5). Da sich aus der Sicht des abgebenden
Betriebes der **auf Dauer** gedachte Wechsel des Arbeitnehmers in einen anderen Betrieb als Ausscheiden darstellt, bestehen kollektive Interessen in erster Linie im Hinblick darauf, dass die Arbeitskraft des
Arbeitnehmers im Betrieb nicht mehr zur Verfügung steht und dies Auswirkungen auf die übrigen Arbeitnehmer haben könnte. Eine vergleichbare Interessenlage besteht bei der innerbetrieblichen Versetzung auf Seiten der Arbeitnehmer der betrieblichen Einheit (Abteilung), in der der Arbeitnehmer
bisher beschäftigt war. Andererseits ist zu berücksichtigen, dass das Gesetz diese Interessen nicht umfassend schützt. So besteht kein generelles Mitbestimmungsrecht beim Ausscheiden des Arbeitnehmers aus dem Betrieb (ebenso *BAG* 20.09.1990 EzA § 99 BetrVG 1972 Nr. 95 unter B II 4). Vielmehr
setzt dieses erst ein, wenn es hierzu einer (Änderungs-)Kündigung seitens des Arbeitgebers bedarf
(§ 102). Es bleiben damit die Individualinteressen des Betroffenen. Dieser mag ein berechtigtes Interesse an der Erhaltung seiner bisherigen Tätigkeit haben. Dieses Interesse wird durch eine Versetzung
in einen anderen Betrieb sogar meist noch stärker betroffen als bei einer innerbetrieblichen Versetzung.
Die Aufgabe, den Betroffenen vor ungerechtfertigten Nachteilen zu schützen, kann nur der Betriebsrat des abgebenden Betriebs wahrnehmen (zutr. *BAG* 20.09.1990 EzA § 99 BetrVG 1972 Nr. 95 unter
B II 3a bb). Andererseits ist der Betriebsrat nicht berufen, den Arbeitnehmer gegen seinen Willen zu
einem Verbleib im Betrieb zu zwingen. Für einen Schutz des von der Versetzung Betroffenen ist daher
kein Raum, wenn dieser mit der Maßnahme einverstanden ist oder sie sogar selbst beantragt hat. Insofern ist dem *BAG* uneingeschränkt zuzustimmen, dass bei einer Versetzung auf Dauer in einen anderen Betriebs **das Zustimmungsrecht entfällt**, wenn die Versetzung **mit Einverständnis des Betroffenen** erfolgt (*BAG* 20.09.1990 EzA § 99 BetrVG 1972 Nr. 95 unter B II 4; 08.12.2009 EzA
§ 21b BetrVG 2001 Nr. 1 = AP Nr. 129 zu § 99 BetrVG 1972 Rn. 23; anders bei der innerbetrieblichen Versetzung, weil es hier stets auch um die kollektiven Interessen geht; s. Rdn. 120).

Ein Mitbestimmungsrecht bei Versetzung in einen anderen Betrieb entfällt ebenfalls, wenn der **bishe-** 126
rige Betrieb stillgelegt wird. Dies gilt auch dann, wenn noch ein Betriebsrat besteht oder der alte
Betriebsrat nach § 21b ein Restmandat wahrnimmt. Kollektive Interessen sind nicht mehr betroffen,
weil die früher bestehende Betriebsgemeinschaft aufgelöst wird. Die individuellen Interessen der betroffenen Arbeitnehmer hingegen werden im Rahmen der Beteiligung des Betriebsrats nach §§ 111 ff.
berücksichtigt (zutr. *BAG* 08.12.2009 EzA § 21b BetrVG 2001 Nr. 1 = AP Nr. 129 zu § 99 BetrVG
1972 Rn. 24 ff.).

Die Interessenlage ist anders, wenn das Ausscheiden aus dem Betrieb **nur vorübergehenden Cha-** 127
rakter hat, etwa wenn der Arbeitnehmer zu seiner weiteren Aus- oder Fortbildung oder zur Arbeitsleistung in einen anderen Betrieb auf Zeit abgeordnet wird, um dann wieder in seinen früheren
Betrieb zurückzukehren. In diesem Falle kann die Tätigkeit in bestimmten Fällen sogar dem Stamm-

betrieb zuzuordnen sein, so dass unter diesem Aspekt die Zuweisung eines anderen Arbeitsbereiches innerhalb desselben Betriebes, also eine Versetzung i. S. v. § 95 Abs. 3 Satz 1 vorliegt (s. § 7 Rdn. 40, 47). Vor allem aber sind hier auch die kollektiven Interessen berührt. Zwar mag zweifelhaft sein, ob man hierfür die Gefahr von Nachteilen für die verbleibenden Arbeitnehmer infolge Erschwerung der Arbeitsbedingungen anführen kann (so *BAG* 20.09.1990 EzA § 99 BetrVG 1972 Nr. 95 unter B II 3a aa), wenn diese bei einer Versetzung auf Dauer keine Berücksichtigung finden. Entscheidend ist jedoch, dass die Interessen der verbliebenen Arbeitnehmer aufgrund der geplanten Rückkehr des Arbeitnehmers in den Betrieb in gleicher Weise betroffen sind wie bei einer innerbetrieblichen Versetzung. Es ist dem *BAG* zuzustimmen, dass es wenig sinnvoll wäre, den Betriebsrat des abgebenden Betriebs erst zu beteiligen, wenn der Arbeitnehmer erneut in die Arbeitsorganisation eingegliedert werden soll (s. Rdn. 122). Aus diesem Grunde besteht in diesen Fällen stets das Mitbestimmungsrecht des Betriebsrats des abgebenden Betriebs, d. h. auch wenn der Arbeitnehmer mit der Maßnahme einverstanden ist (vgl. *Fitting* § 99 Rn. 173; *Richardi/Thüsing* § 99 Rn. 140). Andererseits ist der Betriebsrat des abgebenden Betriebes dann bei der Rückkehr des Arbeitnehmers nicht erneut unter dem Gesichtspunkt der Einstellung zu beteiligen.

128 Die **Aufnahme in dem neuen Betrieb** stellt in der Regel eine **Einstellung** dar, weil der versetzte Arbeitnehmer, auch wenn die Maßnahme nur vorübergehend ist, neu in den aufnehmenden Betrieb eingegliedert wird. Er wird dort, wie die schon beschäftigten Arbeitnehmer, weisungsgebunden tätig. Deshalb ist der Betriebsrat des aufnehmenden Betriebes in jedem Fall nach § 99 zu beteiligen (s. Rdn. 33, 121; *Bachner/DKKW* § 99 Rn. 107; *Fitting* § 99 Rn. 173, 170; *Richardi/Thüsing* § 99 Rn. 140). Im Ergebnis ist die vorübergehende Versetzung in einen anderen Betrieb daher nur möglich, wenn beide Betriebsräte zustimmen. Für die Rechtslage im aufnehmenden Betrieb ist es auch unerheblich, ob der Arbeitnehmer nach der Eigenart seines Arbeitsverhältnisses üblicherweise nicht ständig in einem Betrieb beschäftigt wird. § 95 Abs. 3 Satz 2 kann allenfalls das Mitbestimmungsrecht des Betriebsrats in dem abgebenden Betrieb unter dem Aspekt der Versetzung ausschließen (*BAG* 30.09.2008 EzA § 99 BetrVG 2001 Einstellung Nr. 10 Rn. 20). Der Betriebsrat des aufnehmenden Betriebs kann die Zustimmung zur Einstellung nach Abs. 2 Nr. 1 auch dann verweigern, wenn der Betriebsrat des abgebenden Betriebs bei der dortigen Einstellung des Arbeitnehmers sein Zustimmungsverweigerungsrecht nicht ausgeübt hatte, obwohl derselbe Zustimmungsverweigerungsgrund schon damals vorgelegen hatte (*BAG* 22.01.1991 EzA § 99 BetrVG 1972 Nr. 98 = AP Nr. 86 zu § 99 BetrVG 1972).

129 Eine Sonderkonstellation ergibt sich, wenn der Arbeitnehmer mit seinem Einverständnis auf Dauer in einen anderen Betrieb versetzt werden soll, der **Betriebsrat des aufnehmenden Betriebs der Einstellung die Zustimmung verweigert** und der Arbeitgeber die Maßnahme nach § 100 vorläufig durchführt. Lehnt das Arbeitsgericht rechtskräftig die Ersetzung der Zustimmung ab, so darf der Arbeitgeber den Arbeitnehmer nicht mehr auf der neuen Position beschäftigen. In diesem Falle hat der Betriebsrat des abgebenden Betriebes kein Mitbestimmungsrecht unter dem Gesichtspunkt der Einstellung, wenn der **Arbeitnehmer an seinen alten Arbeitsplatz zurückkehrt**. Der Grund hierfür ist nicht, dass es sich um einen Fall der Wiederaufnahme der Arbeit nach Ruhen des Arbeitsverhältnisses handeln würde (s. Rdn. 55; so aber *LAG Hamm* 26.10.2012 – 10 TaBV 35/12 – juris, Rn. 48 [Vorinstanz zu *BAG* 15.04.2014 EzA § 99 BetrVG 2001 Nr. 23]). Das Arbeitsverhältnis bestand schließlich uneingeschränkt weiter. Außerdem war der Arbeitnehmer für die Dauer des Einsatzes in dem anderen Betrieb nicht mehr dem bisherigen Betrieb, sondern dem Einsatzbetrieb zugeordnet, also »ausgegliedert« (s. § 7 Rdn. 45; ebenso *BAG* 15.04.2014 EzA § 99 BetrVG 2001 Nr. 23 Rn. 23). Der Grund ist vielmehr, dass der Arbeitgeber – wie im Falle des Wiedereinstellungsanspruches – zur Fortsetzung des Arbeitsverhältnisses in dem bisherigen Betrieb verpflichtet und daher für eine Mitbestimmung kein Raum ist (s. Rdn. 57; i. E. ebenso *BAG* 15.04.2014 EzA § 99 BetrVG 2001 Nr. 23 Rn. 17 ff., 21 mit der Begründung, dass sich die Beteiligung des Betriebsrats bei vorläufigen personellen Maßnahmen ausschließlich nach § 100 Abs. 2 richte).

130 Soweit bei einem Wechsel des Arbeitnehmers von einem Betrieb in einen anderen nicht die Betriebsräte beider Betriebe zu beteiligen sind, scheidet eine Zuständigkeit des Gesamtbetriebsrats schon aus diesem Grund aus (*BAG* 30.04.1981 EzA § 95 BetrVG 1972 Nr. 4 = AP Nr. 12 zu § 99 BetrVG 1972). Aber auch soweit beiden Betriebsräten ein Mitbestimmungsrecht zusteht, kommt die **Zuständigkeit**

des Gesamtbetriebsrats nicht in Betracht, da die einzelnen Betriebsräte die Angelegenheit jeweils für ihren Betrieb selbst regeln können; § 50 Abs. 1 Satz 1 (*BAG* 20.09.1990 EzA § 99 BetrVG 1972 Nr. 95 = AP Nr. 84 zu § 99 BetrVG 1972 unter B II 3b bb; 26.01.1993 EzA § 99 BetrVG 1972 Nr. 109 = AP Nr. 102 zu § 99 BetrVG 1972; *Fitting* § 99 Rn. 20, 173; *Galperin/Löwisch* § 99 Rn. 24; *Heinze* Personalplanung, Rn. 443; *Huke/HWGNRH* § 99 Rn. 95; *Stege/Weinspach/Schiefer* §§ 99–101 Rn. 171). Zur Versetzung innerhalb einer Organisationseinheit i. S. v. § 3 Abs. 5 s. Rdn. 113.

hh) Regelungen der Versetzung in Kollektivverträgen

131 § 60 Abs. 3 Satz 2 BetrVG 1952 sah ausdrücklich die Möglichkeit vor, mit dem Versetzungsbegriff zusammenhängende Fragen durch Tarifvertrag oder Betriebsvereinbarung näher zu regeln (vgl. dazu *Dietz* § 60 Rn. 23; *Fitting/Kraegeloh/Auffarth* § 60 Rn. 22). Einigkeit bestand allerdings darüber, dass diese Regelungen die gesetzlichen Bestimmungen nicht verändern, sondern nur konkretisieren konnten (*Dietz* § 60 Rn. 23; *Fitting/Kraegeloh/Auffarth* § 60 Rn. 22). Obwohl § 95 Abs. 3 eine derartige Möglichkeit nicht mehr vorsieht, bestehen keine Bedenken, dass durch Tarifvertrag oder freiwillige Betriebsvereinbarung die **unbestimmten Begriffe** der Vorschrift wie »erheblich« oder »Umständen, unter denen die Arbeit zu leisten ist«, **konkretisiert** werden oder festgelegt wird, welche Arbeitnehmer eines Betriebes unter § 95 Abs. 3 Satz 2 fallen. Derartige Vereinbarungen sind allerdings nur deklaratorischer Natur, d. h. wenn sie den Rechtsbegriff verkennen, können sie bei einer gerichtlichen Entscheidung keinen Bestand haben (*Richardi/Thüsing* § 99 Rn. 144).

3. Die Regelung der Mitbestimmung

a) Mitteilungspflicht des Arbeitgebers; Verschwiegenheitspflicht des Betriebsrats

aa) Adressat der Mitteilung

132 Der Arbeitgeber hat nach § 99 Abs. 1 vor jeder der dort genannten personellen Einzelmaßnahmen den **Betriebsrat** des Betriebes bzw. die Arbeitnehmervertretung einer betriebsverfassungsrechtlichen Einheit (vgl. § 3 Abs. 5), in dem (der) die personelle Maßnahme getroffen werden soll, zu unterrichten. Dies geschieht grundsätzlich durch Unterrichtung des Vorsitzenden oder, falls dieser verhindert ist, seines Stellvertreters (§ 26 Abs. 2 Satz 2). Das gilt auch, wenn nach § 27 Abs. 2 Satz 2 der **Betriebsausschuss** mit der Wahrnehmung der Mitbestimmungsrechte im personellen Bereich beauftragt ist, da der Vorsitzende und sein Stellvertreter nach § 27 Abs. 1 kraft Gesetzes Mitglieder des Betriebsausschusses sind und diesen vertreten (s. § 27 Rdn. 53). Ist nach § 28 ein **Ausschuss** gebildet und diesem – zulässigerweise (s. § 27 Rdn. 71 ff., § 28 Rdn. 27 ff.) – die Mitbestimmungsrechte in personellen Angelegenheiten nach Maßgabe von § 28 Abs. 1 Satz 2, § 27 Abs. 2 Satz 2 und 3 übertragen, so genügt die Mitteilung an den **Vorsitzenden dieses Ausschusses**, auch wenn er nicht der Betriebsratsvorsitzende oder sein Stellvertreter ist (*Fitting* § 99 Rn. 166; *Galperin/Löwisch* § 99 Rn. 55; *Richardi/Thüsing* § 99 Rn. 180). Eine besondere Form für die Unterrichtung (z. B. Schriftform) ist nicht vorgesehen (s. aber Rdn. 156). Die Unterrichtung anderer Betriebsratsmitglieder genügt grundsätzlich nicht (so für § 102 *BAG* 28.02.1974 EzA § 102 BetrVG 1972 Nr. 8 *[Kraft]* = AP Nr. 2 zu § 102 BetrVG 1972; 03.04.1986 EzA § 102 BetrVG 1972 Nr. 63 = AP Nr. 18 zu § 626 BGB Verdacht strafbarer Handlung). Der Betriebsrat kann aber ein Mitglied ermächtigen, derartige Erklärungen entgegenzunehmen. Ist der Vorsitzende des Betriebsrats und sein Stellvertreter verhindert und sind für diesen Fall keine Vorkehrungen über die Empfangnahme von Erklärungen des Arbeitgebers getroffen, so ist jedes andere Betriebsratsmitglied berechtigt und verpflichtet, die Mitteilung entgegenzunehmen (*LAG* Frankfurt a. M. 23.03.1976 BB 1977, 1048; s. § 26 Rdn. 69).

bb) Inhalt der Mitteilung

(1) Grundsätze

133 Der Arbeitgeber hat den Betriebsrat zu **unterrichten** und im Rahmen der Unterrichtung **Unterlagen** vorzulegen und **Auskünfte** zu erteilen. Umfang und Inhalt dieser Pflichten richten sich nach der personellen Maßnahme, um die es jeweils geht. Dabei ist auch der Zweck der Beteiligung des Betriebs-

§ 99   *IV. 5. 3. Personelle Einzelmaßnahmen*

rats an der jeweiligen personellen Maßnahme zu berücksichtigen. Das *BAG* betont in neuerer Zeit stets, dass dem Betriebsrat **sämtliche Auskünfte zu geben und Unterlagen vorzulegen sind**, die er benötigt, um sachgerecht zu der Maßnahme Stellung nehmen, insbesondere **das Vorliegen von Zustimmungsverweigerungsrechten prüfen** zu können (*BAG* 27.10.2010 EzA § 99 BetrVG 2001 Einstellung Nr. 16 = AP Nr. 61 zu § 99 BetrVG 1972 Einstellung Rn. 25; 01.06.2011 EzA § 99 BetrVG 2001 Einstellung Nr. 18 = AP Nr. 64 zu § 99 BetrVG 1972 Einstellung Rn. 18; 30.09.2014 EzA § 34 BetrVG 2001 Nr. 2 = AP Nr. 144 zu § 99 BetrVG 1972 Rn. 24; 21.10.2014 EzA § 99 BetrVG 2001 Einstellung Nr. 21 Rn. 28). Diese teleologische Bestimmung der Informationspflicht ist im Ausgangspunkt sicher zutreffend. Sie kann andererseits aber nicht bedeuten, dass der Zweck der Unterrichtung und damit der Katalog der denkbaren Verweigerungsgründe zum (alleinigen) Maßstab für den Umfang der Unterrichtung gemacht werden (so aber offenbar *LAG Bremen* 11.03.2010 – 3 TaBV 24/09 – juris, Rn. 62). Das **Gesetz** nennt **in § 99 Abs. 1 Satz 1 und 2** konkrete Tatsachen, die der Arbeitgeber mitzuteilen hat, und **konkretisiert** damit, was mit »unterrichten« gemeint ist. Dies sind jedenfalls Angaben zu der Person der Beteiligten, zu den Auswirkungen der geplanten Maßnahme sowie bei Einstellungen und Versetzungen die Mitteilung des in Aussicht genommenen Arbeitsplatzes sowie der vorgesehenen Eingruppierung. Diese Angaben dürften vielfach nicht genügen, um dem Betriebsrat in jedem Einzelfall ohne weitere eigene Nachforschungen eine umfassende und vollständige Prüfung aller denkbaren Verweigerungsgründe zu ermöglichen. Man denke insoweit nur an Abs. 2 Nr. 1 und 3. Andererseits kann es nicht Aufgabe der Unterrichtung sein, den Arbeitgeber dazu zu zwingen darzulegen, dass er alle in Betracht kommenden gesetzlichen oder tariflichen Vorschriften eingehalten und alle denkbaren Nachteile für im Betrieb beschäftigte Arbeitnehmer vermieden hat. Gerade im Hinblick darauf, dass die ordnungsgemäße Information Voraussetzung für den Beginn der Frist für die Stellungnahme Betriebsrats (s. Rdn. 161) sowie für einen etwaigen späteren Ersetzungsantrag (s. Rdn. 242) ist, entspricht es dem Gebot der Rechtssicherheit, dass der Arbeitgeber klar erkennen kann, welche Angaben hierfür erforderlich sind. Auch aus diesem Grunde ist im Grundsatz davon auszugehen, dass der Arbeitgeber ordnungsgemäß informiert hat, wenn er die in § 99 Abs. 1 Satz 1 und 2 aufgeführten Angaben gemacht und die erforderlichen Unterlagen vorgelegt hat. Dies muss für die Vollständigkeit der Unterrichtung genügen. Die Rspr. versucht dieses Problem dadurch zu lösen, dass sie dem Betriebsrat eine Rügeobliegenheit auferlegt, wenn der Arbeitgeber davon ausgehen durfte, den Betriebsrat vollständig unterrichtet zu haben (s. Rdn. 162). Eine andere Frage ist die der **Richtigkeit der Angaben**. Selbstverständlich müssen die nach dem Gesetz erforderlichen Angaben zutreffend sein. Dasselbe gilt aber auch, wenn der Arbeitgeber darüber hinaus dem Betriebsrat Informationen gibt, die für die sachgemäße Ausübung des Zustimmungsrechts von Bedeutung sind. Entsprechen diese Angaben nicht den wahren Tatsachen, so ist die Unterrichtung ebenfalls fehlerhaft und setzt die Frist des Abs. 3 Satz 1 nicht in Gang (*BAG* 01.06.2011 AP Nr. 136 zu § 99 BetrVG 1972 Rn. 25 ff.).

134   Die Mitteilung insgesamt muss sich auf eine **konkrete Maßnahme** beziehen (*BAG* 01.06.2011 AP Nr. 139 zu § 99 BetrVG 1972 Rn. 32 [für die Ein- und Umgruppierung]; *Bachner/DKKW* § 99 Rn. 140; *Galperin/Löwisch* § 99 Rn. 57; *Huke/HWGNRH* § 99 Rn. 101; *Richardi/Thüsing* § 99 Rn. 152; *Stege/Weinspach/Schiefer* §§ 99–101 Rn. 28). Aus der Unterrichtung muss deutlich werden, dass der Arbeitgeber die Zustimmung des Betriebsrats zu einer der in Abs. 1 genannten Maßnahmen (und zu welcher) einholen will (*BAG* 10.11.2009 EzA § 25 BetrVG 2001 Nr. 2 = AP Nr. 43 zu § 99 BetrVG 1972 Eingruppierung Rn. 19). Unterliegt ein und dieselbe personelle Maßnahme dem Mitbestimmungsrecht unter mehreren Gesichtspunkten (z. B. Versetzung §§ 99, 102), so kann die Unterrichtung des Betriebsrats in Bezug auf alle in Frage kommenden Vorschriften des Betriebsverfassungsgesetzes verbunden werden (s. Rdn. 120; *Bachner/DKKW* § 99 Rn. 140; *Huke/HWGNRH* § 99 Rn. 101). Da über die Frage der Zustimmungsbedürftigkeit stets unter Berücksichtigung der aktuellen Tatsachen zu entscheiden ist, kann der Arbeitgeber den **Antrag** nach abgeschlossenem Zustimmungs- oder Zustimmungsersetzungsverfahren **auch erneut stellen** (*BAG* 22.04.2010 EzA § 2 KSchG Nr. 77 Rn. 18). Er ist dann allerdings wiederum verpflichtet den Betriebsrat in vollem Umfang und unter Vorlage sämtlicher erforderlichen Unterlagen zu unterrichten (*LAG München* 24.02.2011 – 3 TaBV 60/10 – juris, Rn. 22 ff.).

135   Dem Betriebsrat steht auch im Rahmen eines Verfahrens nach § 99 **kein Einsichtsrecht in die Personalakte** eines innerbetrieblichen Bewerbers zu (h. M.; *Bachner/DKKW* § 99 Rn. 160; *Fitting* § 99

Rn. 184; *Huke/HWGNRH* § 99 Rn. 113; *Richardi/Thüsing* § 99 Rn. 170; s. *Franzen* § 83 Rdn. 30). Hat der Arbeitgeber vorhandene Unterlagen zum Bestandteil der Personalakte gemacht und gehören sie zu den nach § 99 Abs. 1 dem Betriebsrat vorzulegenden Unterlagen, kann er allerdings die Vorlage nicht unter Berufung auf § 83 verweigern (*Bachner/DKKW* § 99 Rn. 160; ähnlich wohl *Fitting* § 99 Rn. 184). Das Einsichtsrecht in die Personalakte selbst steht nach § 83 ausschließlich dem Arbeitnehmer zu, der allerdings ein Mitglied des Betriebsrats bei der Einsichtnahme hinzuziehen, nicht aber dem Betriebsrat als Gremium ein Einsichtsrecht einräumen kann (*Galperin/Löwisch* § 99 Rn. 45; *Huke/HWGNRH* § 99 Rn. 113; *Richardi/Thüsing* § 99 Rn. 170; **a. M.** *Fitting* § 99 Rn. 184: § 83 analog). Will der Arbeitnehmer, dass der Betriebsrat Kenntnis von Teilen seiner Personalakte erhält, muss er diese Teile als Bewerbungsunterlagen beim Arbeitgeber einreichen.

(2) Einstellung

Bei der Einstellung (zum Begriff s. Rdn. 28 ff.) sind die erforderlichen Bewerbungsunterlagen vorzulegen; ferner ist Auskunft zu erteilen »über die Person der Beteiligten«, über den in Aussicht genommenen Arbeitsplatz und die vorgesehene Eingruppierung. Bei der Konkretisierung dieser Pflichten spielt das Vorverständnis von **Sinn und Zweck der Beteiligung** im Einstellungsverfahren eine zentrale Rolle. Einigkeit besteht darüber, dass der Betriebsrat die Informationen erhalten muss, die erforderlich sind, damit er sein Zustimmungsrecht sachgerecht ausüben kann. Hierzu gehören sicherlich alle Umstände, die für die **Prüfung des Vorliegens eines der Katalogtatbestände des Abs. 2** relevant sind. Nach Ansicht des *BAG* soll die Beteiligung dem Betriebsrat aber auch die Möglichkeit geben, **Anregungen für die Auswahl der Bewerber** zu geben und Gesichtspunkte vorzubringen, die aus seiner Sicht für die Berücksichtigung eines anderen als des vom Arbeitgeber ausgewählten Stellenbewerbers sprechen. Dies gelte unabhängig davon, ob hierauf eine Zustimmungsverweigerung gestützt werden könne (*BAG* 19.05.1981 EzA § 99 BetrVG 1972 Nr. 32 = AP Nr. 18 zu § 118 BetrVG 1972 unter B I 1; 28.06.2005 EzA § 99 BetrVG 2001 Nr. 8 unter B II 2 b aa (2); 21.10.2014 EzA § 99 BetrVG 2001 Einstellung Nr. 21 Rn. 28). Bei diesem Ansatz hat § 99 Abs. 1 zumindest auch den Sinn, den Betriebsrat bei der Ausübung des Auswahlermessens zu beteiligen. Ihm steht zwar bei der Auswahlentscheidung kein echtes Mitbestimmungsrecht zu, weil der Betriebsrat für sein Zustimmungsrecht auf die Katalogtatbestände des Abs. 2 beschränkt, der Einwand, dass ein anderer Bewerber besser geeignet sei als der vom Arbeitgeber ausgewählte, dort aber nicht erwähnt ist. Er erhält hierdurch aber eine Art Anhörungsrecht, das nicht mit dem Zustimmungsrecht identisch ist, sondern darüber hinausgeht. So betont das *BAG* – wie dargelegt – ausdrücklich, dass es auf die Frage, ob die Einwände des Betriebsrats einen Zustimmungsverweigerungsgrund bilden könnten, nicht ankomme. Diese Zweckbestimmung hat weitreichende Konsequenzen. Die wichtigste ist sicher, dass sämtliche Bewerber auf eine konkrete Stelle als »Beteiligte« anzusehen sind (s. Rdn. 146) und daher dem Betriebsrat auch die Unterlagen sämtlicher Bewerber vorzulegen sind (s. Rdn. 143). 136

Der vorstehend beschriebene Ansatz entspricht inzwischen der st. Rspr. und wird auch in der Literatur kaum noch in Frage gestellt (zur früher geäußerten Kritik s. *Hanau* BB 1972, 451 [453]; *Kraft* 7. Aufl. § 99 Rn. 85 f.; *Meisel* Anm. AP Nr. 18 zu § 118 BetrVG 1972). Die Entkoppelung der Informationspflicht von dem Katalog der Zustimmungsverweigerungsgründe und damit von dem Mitbestimmungsrecht, dessen Wahrnehmung sie dienen soll, kann allerdings nach wie vor **nicht überzeugen**. Zur Begründung verweist das *BAG* vor allem darauf, dass mit der Auswahl des einzustellenden Bewerbers durch den Arbeitgeber das Einstellungsverfahren noch nicht abgeschlossen sei. Schließlich sei der Arbeitgeber nach § 2 Abs. 1 verpflichtet, ernsthaft zu prüfen, ob nicht der vom Betriebsrat gewünschte Bewerber vorzuziehen sei. Dass der Betriebsrat das Recht hat, derartige Vorschläge zu machen, ist sicher zutreffend. Doch lässt sich dem § 99 Abs. 1 nicht entnehmen, dass der Arbeitgeber ihm die Informationen zukommen lassen muss, die ihn hierzu in die Lage versetzen. Die Unterrichtungspflicht hat vielmehr Hilfsfunktion im Hinblick auf das Zustimmungsrecht, so dass sich Inhalt und Umfang an dem Mitbestimmungsrecht und nicht an den allgemeinen Befugnissen, etwa einem aus § 2 Abs. 1 folgenden Vorschlagsrecht, auszurichten haben. Im Übrigen ist die Rspr. im Hinblick auf die Mitwirkung des Betriebsrats bei der Bewerberauswahl **nicht widerspruchsfrei**. So wird in manchen Entscheidungen betont, dass die Auswahl unter den Stellenbewerbern dem Arbeitgeber obliege (*BAG* 28.06.2005 EzA § 99 BetrVG 2001 Nr. 8 unter B II 2 b aa (2)) und dieser nicht verpflichtet sei, seine Auswahl zu rechtfertigen (*BAG* 14.04.2015 EzA § 99 BetrVG 2001 Nr. 26 Rn. 21). Auch die Betei- 137 ligung und Unterrichtung des Betriebsrats bei den vom Arbeitgeber durchgeführten Bewerbungsgesprächen scheinen nicht ganz zu den abstrakten Aussagen im Hinblick auf eine Mitwirkung bei der Personalauswahl zu passen. So lehnt das *BAG* – in der Sache zutreffend – ein Teilnahmerecht des Betriebsrats an solchen Bewerbungsgesprächen ab (s. Rdn. 152). Nach Ansicht des Gerichts ist der Arbeitgeber – auch dies im Ergebnis zutreffend – zudem nicht verpflichtet, schriftliche Aufzeichnungen über die Vorstellungsgespräche anzufertigen, um sie dem Betriebsrat vorlegen zu können (s. Rdn. 141). Dies steht in gewissem Kontrast dazu, dass das Gericht an anderer Stelle betont, dass der Betriebsrat sein Recht, für die zu treffende Auswahl Anregungen zu geben, sachangemessen nur ausüben könne, wenn er die vom Arbeitgeber ermittelten und von diesem für auswahlrelevant gehaltenen Daten und Unterlagen kenne (*BAG* 28.06.2005 EzA § 99 BetrVG 2001 Nr. 8 unter B II 2 b aa (2)). Solche »Daten« dürften sich aber nicht zuletzt aus den Bewerbungsgesprächen ergeben.

138 Die besseren Gründe sprechen nach wie vor dafür, die **Unterrichtungspflicht** ausschließlich **an der gesetzlichen Konkretisierung in Abs. 1 Satz 1 und 2** sowie an dem **Katalog der Zustimmungsverweigerungsgründe des Abs. 2** auszurichten. Nimmt man dies zum Maßstab, so lässt sich etwa eine generelle Pflicht zur Vorlage der Unterlagen aller Bewerber nicht begründen. Eine solche Pflicht würde vielmehr voraussetzen, dass der Betriebsrat seine Zustimmungsverweigerung auf Fehler bei der Bewerberauswahl stützen könnte. Dies ist aber nicht ohne weiteres der Fall. Insbesondere lässt hierfür nicht auf § 99 Abs. 2 Nr. 3 verweisen. Erfolgt die Auswahlentscheidung ausschließlich unter Bewerbern, die neu eingestellt werden sollen, also noch keine Arbeitnehmer des Betriebs sind, so scheidet dieser Tatbestand von vornherein aus. In Betracht käme er also nur, wenn sich (auch) Arbeitnehmer des Betriebs auf die zu besetzende Stelle beworben haben. Selbst in diesem Fall liegen die Voraussetzungen jedoch zumeist nicht vor, weil der Widerspruch des Betriebsrats nur darauf gestützt werden kann, dass der Arbeitnehmer einen »Nachteil« erleidet, damit aber nur die Beeinträchtigung einer bestehenden Stellung und nicht der Verlust einer Chance bei der Besetzung einer anderen Stelle gemeint ist (s. Rdn. 204 f.). Etwas anderes würde nur in dem Fall gelten, dass sich ein befristet beschäftigter Arbeitnehmer auf eine unbefristete Beschäftigung bewirbt (s. Abs. 2 Nr. 3 Hs. 2). Die Kenntnis aller Bewerbungen dürfte daneben im Regelfall erforderlich sein, wenn es im Betrieb Auswahlrichtlinien für die Entscheidung über Einstellungen gibt (Abs. 2 Nr. 2; s. Rdn. 144). In allen anderen Fällen benötigt der Betriebsrat hingegen nur die Informationen über den vom Arbeitgeber ausgewählten Bewerber, um sein Mitbestimmungsrecht wahrnehmen zu können. Da sich jedoch auf der Basis der st. Rspr. des *BAG* die entgegenstehende Ansicht verfestigt hat, wird diese der folgenden Kommentierung zugrunde gelegt.

139 Vorzulegen sind nach § 99 die erforderlichen **Bewerbungsunterlagen**; dies gilt auch bei der Einstellung von Tendenzträgern (*BAG* 19.05.1981 EzA § 99 BetrVG 1972 Nr. 32 = AP Nr. 18 zu § 118 BetrVG 1972). Bewerbungsunterlagen sind zunächst einmal alle **von dem Stellenbewerber eingereichten Unterlagen** (z. B. Bewerbungsschreiben, Lebenslauf, Zeugnisse, Teilnahmebestätigungen, Lichtbild; *BAG* 14.12.2004 EzA § 99 BetrVG 2001 Nr. 6 unter B II 2b aa). Vorzulegen sind aber auch diejenigen Unterlagen, die **vom Arbeitgeber im Rahmen des Einstellungsverfahrens erstellt** worden sind (*BAG* 28.06.2005 EzA § 99 BetrVG 2001 Nr. 8 = AP Nr. 49 zu § 99 BetrVG 1972 Einstellung unter B II 2b aa; 17.06.2008 EzA § 81 SGB IX Nr. 16 = AP Nr. 46 zu § 99 BetrVG 1972 Versetzung Rn. 15; 14.04.2015 EzA § 99 BetrVG 2001 Nr. 26 Rn. 18; *Fitting* § 99 Rn. 181; *Galperin / Löwisch* § 99 Rn. 45; *Richardi / Thüsing* § 99 Rn. 166). Hierzu zählen etwa vom Bewerber ausgefüllte Personalfragebögen sowie Ergebnisse von standardisierten Interviews, Tests oder Einstellungsprüfungen (*BAG* 14.12.2004 EzA § 99 BetrVG 2001 Nr. 6 unter B II 2b aa; 28.06.2005 EzA § 99 BetrVG 2001 Nr. 8 = AP Nr. 49 zu § 99 BetrVG 1972 Einstellung unter B II 2b aa; 17.06.2008 EzA § 81 SGB IX Nr. 16 = AP Nr. 46 zu § 99 BetrVG 1972 Versetzung Rn. 15; **a. M.** *Huke / HWGNRH* § 99 Rn. 115). Vorzulegen sind nach Ansicht des *BAG* auch vom Arbeitgeber gefertigte schriftliche **Protokolle über Bewerbungsgespräche** (*BAG* 28.06.2005 EzA § 99 BetrVG 2001 Nr. 8 = AP Nr. 49 zu § 99 BetrVG 1972 Einstellung unter B II 2b aa; 17.06.2008 EzA § 81 SGB IX Nr. 16 = AP Nr. 46 zu § 99 BetrVG 1972 Versetzung Rn. 15; abl. *Huke / HWGNRH* § 99 Rn. 115). Vorzulegen jedoch nicht nur Unterlagen, die einen Aussagegehalt in Bezug auf die Leistungen, Fähigkeiten und Persönlichkeit des Bewerbers haben und für die Auswahlentscheidung des Arbeitgebers von Bedeutung sind (*BAG* 14.04.2015 EzA § 99 BetrVG 2001 Nr. 26 Rn. 18 f.). Nicht vorzulegen sind dagegen Unterlagen, die der Arbeitgeber **zur internen Vorbereitung** seiner eigenen Auswahlentscheidung

anfertigt, etwa anlässlich der Bewerbungsgespräche vom Arbeitgeber erstellte Aufzeichnungen ohne Protokollcharakter (*BAG* 17.06.2008 EzA § 81 SGB IX Nr. 16 = AP Nr. 46 zu § 99 BetrVG 1972 Versetzung Rn. 14 ff.). Hierzu zählen **Gesprächsnotizen**, die lediglich als Gedächtnisstütze für Besprechungen mit Vorgesetzten oder für die Abfassung der Unterrichtung des Betriebsrats dienen sollen (*BAG* 14.04.2015 EzA § 99 BetrVG 2001 Nr. 26 Rn. 19).

Nicht zu den Bewerbungsunterlagen gehört auch der evtl. bereits abgeschlossene **Arbeitsvertrag** 140 oder der Entwurf eines solchen Vertrages, der die individualrechtlichen Rechtsbeziehungen zwischen Arbeitgeber und Arbeitnehmer regelt bzw. regeln soll, soweit es sich nicht um Vereinbarungen über Art und Dauer der vorgesehenen Beschäftigung und die beabsichtigte Eingruppierung handelt (*BAG* 18.10.1988 EzA § 99 BetrVG 1972 Nr. 69 = AP Nr. 57 zu § 99 BetrVG 1972; *Bachner/DKKW* § 99 Rn. 156; *Fitting* § 99 Rn. 184; *Huke/HWGNRH* § 99 Rn. 113; *Richardi/Thüsing* § 99 Rn. 166). Der Arbeitgeber ist auch nicht verpflichtet, dem Betriebsrat **Auskünfte über den Inhalt der Vereinbarungen** mit dem Arbeitnehmer, etwa individuelle Abreden über das **Entgelt oder die Arbeitszeit**, zu geben. Es ist nicht die Aufgabe des Betriebsrats im Rahmen des § 99, solche Vereinbarungen auf ihre Rechtmäßigkeit hin zu überprüfen (*BAG* 27.10.2010 EzA § 99 BetrVG 2001 Einstellung Nr. 16 = AP Nr. 61 zu § 99 BetrVG 1972 Einstellung Rn. 27 ff.). Ebenso wenig kann der Betriebsrat bei einer befristeten Einstellung verlangen, dass der Arbeitgeber ihm mitteilt, ob die **Befristung** mit oder ohne Sachgrund erfolgt bzw. wie die Befristung sachlich begründet wird, um die Wirksamkeit der Befristung zu prüfen (*BAG* 27.10.2010 EzA § 99 BetrVG 2001 Einstellung Nr. 15 = AP Nr. 133 zu § 99 BetrVG 1972 *[von Hoyningen-Huene]*). Das *BAG* betont in neuerer Zeit zu Recht, dass die Mitbestimmung kein Instrument zur umfassenden Vertragsinhaltskontrolle ist (*BAG* 27.10.2010 EzA § 99 BetrVG 2001 Einstellung Nr. 16 = AP Nr. 61 zu § 99 BetrVG 1972 Einstellung Rn. 26; s. a. Rdn. 185).

Vorzulegen sind darüber hinaus nur **die dem Arbeitgeber zur Verfügung stehenden Unterlagen**. 141 Ihn trifft grundsätzlich keine besondere Nachforschungspflicht, um weitere Unterlagen zu erhalten (*BAG* 18.12.1990 EzA § 99 BetrVG 1972 Nr. 97 = AP Nr. 85 zu § 99 BetrVG 1972; *LAG Bremen* 11.03.2010 – 3 TaBV 24/09 – juris, Rn. 65; *LAG Hamm* 01.08.2003 NZA-RR 2004, 84 [86]; *Bachner/DKKW* § 99 Rn. 146; *Fitting* § 99 Rn. 175a; *Galperin/Löwisch* § 99 Rn. 47; *Huke/HWGNRH* § 99 Rn. 115; *Weiss/Weyand* § 99 Rn. 25). Der Arbeitgeber ist auch nicht verpflichtet, eigens besondere Unterlagen zu erstellen, um etwaige Informationsdefizite des Betriebsrats auszugleichen. So ist der Arbeitgeber insbesondere nicht verpflichtet, **Protokolle von den mit den Bewerbern geführten Gesprächen anzufertigen** oder deren wesentlichen Inhalt zu dokumentieren (*BAG* 28.06.2005 EzA § 99 BetrVG 2001 Nr. 8 unter B II 2 b bb (2); 14.04.2015 EzA § 99 BetrVG 2001 Nr. 26 Rn. 21). Zur Vorlagepflicht vorhandener Protokolle s. Rdn. 139. Maßgeblich ist, ob die Unterlagen dem »Arbeitgeber« vorliegen, d. h. der natürlichen oder juristischen Person, mit der das Arbeitsverhältnis begründet werden soll. Unerheblich ist dagegen, über welche Unterlagen die Person verfügt, die unternehmensintern über die Einstellung entscheidet. Wird etwa die konkrete Auswahlentscheidung von dem Betriebsleiter vorgenommen, erfolgt aber zuvor eine interne Vorauswahl durch eine im Unternehmen gebildete Stelle mit dem Ziel, ungeeignete Bewerbungen vorher auszusortieren, so sind dem Betriebsrat – sofern mit diesem nichts Abweichendes vereinbart ist – trotzdem alle beim Arbeitgeber eingegangenen und nicht nur die Unterlagen vorzulegen, die an den für die Einstellungsentscheidung verantwortlichen Mitarbeiter weitergeleitet worden sind (*BAG* 21.10.2014 EzA § 99 BetrVG 2001 Einstellung Nr. 21 Rn. 34 f.; s. a. zum Beteiligtenbegriff Rdn. 146).

Ist ein **Unternehmensberater** eingeschaltet, so unterscheidet das *BAG* (18.12.1990 EzA § 99 142 BetrVG 1972 Nr. 97 = AP Nr. 85 zu § 99 BetrVG 1972 unter B I 3 c; 21.10.2014 EzA § 99 BetrVG 2001 Einstellung Nr. 21 Rn. 32) zwei mögliche Gestaltungen. Beauftragt der Arbeitgeber ein Personalberatungsunternehmen, ihm geeignete Bewerber vorzuschlagen, so beschränkt sich die Unterrichtungspflicht des Arbeitgebers gegenüber dem Betriebsrat auf die innerbetrieblichen Bewerber und die Personen, deren Bewerbungsunterlagen ihm das Beratungsunternehmen übermittelt hat (*Fitting* § 99 Rn. 169; *Galperin/Löwisch* § 99 Rn. 54; *Heinze* Personalplanung, Rn. 236; *Richardi/Thüsing* § 99 Rn. 157, 169; differenzierend *Bachner/DKKW* § 99 Rn. 144). Beauftragt der Arbeitgeber ein Personalberatungsunternehmen, mittels Anzeige einen Arbeitnehmer mit bestimmter Qualifikation zu suchen, so lässt es das *BAG* unentschieden, ob der Arbeitgeber dem Betriebsrat gegenüber ver-

§ 99 IV. 5. 3. *Personelle Einzelmaßnahmen*

pflichtet ist, von dem Beratungsunternehmen die Unterlagen aller Personen zu verlangen, die sich auf die Anzeige gemeldet haben. Das Gericht neigt dazu, diese Frage zu bejahen (*BAG* 18.12.1990 EzA § 99 BetrVG 1972 Nr. 97 unter B I 3 c; so auch *Bachner/DKKW* § 99 Rn. 144). Dem kann zugestimmt werden, wenn die Auswahlentscheidung nicht dem Beratungsunternehmen übertragen ist, sondern vom Arbeitgeber selbst getroffen wird. Ist dem Beratungsunternehmen dagegen die Auswahl übertragen, ist Bewerber i. S. v. § 99 nur die Person, die dem Arbeitgeber genannt wird.

143 **Erforderlich** sind die Bewerbungsunterlagen, die der Betriebsrat braucht, um seine Entscheidung darüber, ob er die Zustimmung verweigern will, treffen zu können. Der Arbeitgeber muss dem Betriebsrat diejenigen Informationen verschaffen, die dieser benötigt, um zu der Einstellung Stellung nehmen, insbesondere prüfen zu können, ob Gründe für eine Zustimmungsverweigerung nach Abs. 2 vorliegen (*BAG* 14.12.2004 EzA § 99 BetrVG 2001 Nr. 6 unter B II 2b bb; 28.06.2005 EzA § 99 BetrVG 2001 Nr. 8 = AP Nr. 49 zu § 99 BetrVG 1972 Einstellung unter B II 2b aa (1); *Matthes/*MünchArbR § 263 Rn. 31; *Popp* Betriebsverfassung in Recht und Praxis, Bewerbungsunterlagen, Gruppe 5 S. 647; *Richardi/Thüsing* § 99 Rn. 167). Nach **h. M.** hat der Arbeitgeber im Falle der Einstellung die **Unterlagen aller Bewerber** und nicht nur die Unterlagen desjenigen Bewerbers vorzulegen, der eingestellt werden soll (*BAG* 06.04.1973 EzA § 99 BetrVG 1972 Nr. 4 = AP Nr. 1 zu § 99 BetrVG 1972; 19.05.1981 EzA § 99 BetrVG 1972 Nr. 32 = AP Nr. 18 zu § 118 BetrVG 1972; zuletzt *BAG* 21.10.2014 EzA § 99 BetrVG 2001 Einstellung Nr. 21 Rn. 29; *Adomeit* DB 1971, 2360; *Bachner/ DKKW* § 99 Rn. 143; *Fitting* § 99 Rn. 167; *Galperin/Löwisch* § 99 Rn. 43; *Matthes/*MünchArbR § 263 Rn. 28; *Richardi/Thüsing* § 99 Rn. 168; *Stahlhacke* BlStSozArbR 1972, 67 [71]; s. aber auch Rdn. 138). Vorzulegen sind aber nur die Unterlagen von **Bewerbern für den konkreten Arbeitsplatz**. Unterlagen von Personen, die sich auf andere Stellen beworben haben, sind ebenso ausgenommen wie die Unterlagen von im Betrieb beschäftigten Arbeitnehmern, die lediglich einen Versetzungswunsch geäußert haben, ohne sich auf die Stelle zu bewerben (vgl. *BAG* 10.11.1992 EzA § 99 BetrVG 1972 Nr. 108 = AP Nr. 100 zu § 99 BetrVG 1972 unter B I 2b; 01.06.2011 EzA § 99 BetrVG 2001 Einstellung Nr. 18 = AP Nr. 64 zu § 99 BetrVG 1972 Einstellung Rn. 26). Ebenso wenig sind Unterlagen von Bewerbern vorzulegen, die aus eigenem Entschluss ihre **Bewerbung vorher zurückgezogen** haben (*Bachner/DKKW* § 99 Rn. 143; *Fitting* § 99 Rn. 168; *Richardi/Thüsing* § 99 Rn. 156; vgl. auch *BAG* 18.07.1978 EzA § 99 BetrVG 1972 Nr. 22 = AP Nr. 7 zu § 99 BetrVG 1972). Nach – kaum überzeugender – Ansicht des *BAG* ist die Frage der Eignung der Bewerber für die konkrete Stelle für die Vorlagepflicht ohne jegliche Bedeutung. So seien auch die Unterlagen solcher Bewerber zu berücksichtigen, die **offensichtlich** die für den Arbeitsplatz **geforderte Qualifikation nicht besitzen** (*BAG* 21.10.2014 EzA § 99 BetrVG 2001 Einstellung Nr. 21 Rn. 29; *Bachner/DKKW* § 99 Rn. 143; *Fitting* § 99 Rn. 168; *Weiss/Weyand* § 99 Rn. 23; **a. M.** *Galperin/Löwisch* § 99 Rn. 44; *Richardi/Thüsing* § 99 Rn. 156; *Stege/Weinspach/Schiefer* §§ 99–101 Rn. 33b; *Wiedemann* Anm. zu *BAG* AP Nr. 1 zu § 99 BetrVG 1972).

144 Die Notwendigkeit der Vorlage sämtlicher Bewerbungsunterlagen besteht im Regelfall – auch wenn man der grds. Konzeption der h. M. nicht folgt (s. Rdn. 136 ff.) –, wenn Arbeitgeber und Betriebsrat **Auswahlrichtlinien nach § 95** im Hinblick auf die Entscheidung über die Einstellung vereinbart haben. Hier muss der Betriebsrat die Möglichkeit haben, einen Vergleich zwischen mehreren Bewerbern vorzunehmen, und benötigt daher die Unterlagen aller Bewerber, um festzustellen, ob insoweit gegen die Richtlinien verstoßen wurde (Abs. 2 Nr. 2; vgl. auch *Huke/HWGNRH* § 99 Rn. 112). Vorzulegen sind alle Unterlagen, aus denen sich Angaben entnehmen lassen, die für die Beurteilung des Betriebsrats von Bedeutung sind, also insbesondere die, aus denen sich die Einhaltung der Auswahlrichtlinien ersehen lässt (*Hanau* BB 1972, 451 [453]).

145 Die Angaben in den Bewerbungsunterlagen werden sich häufig mit der ebenfalls geforderten **Auskunft über die Person der Beteiligten** überschneiden. Selbständige Bedeutung kann die Auskunftspflicht vor allem dann erlangen, wenn der Arbeitgeber über Erkenntnisse verfügt, die sich nicht aus den vorhandenen Bewerbungsunterlagen ergeben. In diesen Fällen ist der Arbeitgeber verpflichtet, den Betriebsrat über die ihm bekannten Tatsachen zu unterrichten (*LAG Hamm* 01.08.2003 NZA-RR 2004, 84 [86]). Gemeint sind damit Angaben über die Person der Bewerber (*BAG* 28.06.2005 EzA § 99 BetrVG 2001 Nr. 8 = AP Nr. 49 zu § 99 BetrVG 1972 Einstellung unter B II 2b aa (1); zur Auskunftspflicht bei der Übernahme von Leiharbeitnehmern s. Rdn. 268 ff.), und

zwar wiederum soweit sie für die Entscheidung des Betriebsrats von Bedeutung sein können. Dazu gehören neben den **üblichen Personalien** vor allem Angaben zur **persönlichen oder fachlichen Eignung** des Bewerbers sowie (wegen Abs. 2 Nr. 1) auch die **Schwerbehinderteneigenschaft** und eine etwaige **Schwangerschaft**, soweit sie dem Arbeitgeber bekannt sind (*BAG* 27.02.1968 EzA § 54 BetrVG Nr. 1 = AP Nr. 1 zu § 58 BetrVG; *Bachner/DKKW* § 99 Rn. 146; *Fitting* § 99 Rn. 175a; *Galperin/Löwisch* § 99 Rn. 49; *Huke/HWGNRH* § 99 Rn. 109; *Neumann-Duesberg* DB 1963, 1218; **a. M.** hinsichtlich der Schwangerschaft, außer wenn die Schwangere den vorgesehenen Arbeitsplatz nicht übernehmen kann *Richardi/Thüsing* § 99 Rn. 164; *ders.* DB 1973, 378 [380]; vgl. auch *Weber* § 80 Rdn. 87 f.). Auskunft über **Vorstrafen** ist ebenfalls zu erteilen, wenn sich daraus ein Zustimmungsverweigerungsrecht nach Abs. 2, oder eine fehlende Eignung für den vorgesehenen Arbeitsplatz ergeben kann (*Hueck/Nipperdey* II/2, S. 1425 Fn. 50; *Richardi/Thüsing* § 99 Rn. 164; ähnlich: *Huke/HWGNRH* § 99 Rn. 110; *Fitting* § 99 Rn. 176 und *Nikisch* III, S. 462). Die **Zugehörigkeit zu einer Gewerkschaft** gehört nicht hierher, da sie keine Bedeutung für die Entscheidung des Betriebsrats haben darf (vgl. § 75 Abs. 1). Tatsachen aus der Privatsphäre des Arbeitnehmers, die für seine Tätigkeit im Betrieb keine Bedeutung haben, werden von der Auskunftspflicht nicht erfasst (*Galperin/Löwisch* § 99 Rn. 49; wohl auch *Fitting* § 99 Rn. 174). Das *BAG* erachtet außerdem den Arbeitgeber – auf der Basis seiner Konzeption konsequent – für verpflichtet, den Betriebsrat über den **wesentlichen Inhalt von Bewerbungs- und Vorstellungsgesprächen** zu unterrichten (*BAG* 28.06.2005 EzA § 99 BetrVG 2001 Nr. 8 = AP Nr. 49 zu § 99 BetrVG 1972 Einstellung unter B II 2b aa [2] und [3]).

»**Beteiligte**« i. S. d. Abs. 1 Satz 1 sind jedenfalls – nach dem Verständnis der h. M. – alle Bewerber, d. h. **146** diejenigen, die durch Abgabe der Bewerbung ihr Interesse an dem konkreten Arbeitsplatz zum Ausdruck gebracht haben (*BAG* 01.06.2011 EzA § 99 BetrVG 2001 Einstellung Nr. 18 = AP Nr. 64 zu § 99 BetrVG 1972 Einstellung Rn. 26). Voraussetzung ist demnach, dass ein »Anbahnungsverhältnis« (im Sinne eines vorvertraglichen Schuldverhältnisses nach § 311 Abs. 2 Nr. 2 BGB) zum Arbeitgeber besteht (*BAG* 21.10.2014 EzA § 99 BetrVG 2001 Einstellung Nr. 21 Rn. 32). Unklar ist, wer sonst zu den Beteiligten zu rechnen sein könnte. In Betracht kommen etwa innerbetriebliche Stellenbewerber, die einen Rechtsanspruch auf diese Stelle haben, die unmittelbar Betroffenen i. S. v. § 99 Abs. 2 Nr. 3 und 4 sowie solche Arbeitnehmer, die nach betrieblichen Auswahlrichtlinien für den Arbeitsplatz in Frage kommen. Es handelt sich also um solche Personen, deren materiellrechtliche Rechtsposition durch die Entscheidung über die Einstellung betroffen werden kann (so auch *Huke/HWGNRH* § 99 Rn. 105, 106 mit einer interessanten Parallele zum Begriff des Beteiligten im Beschlussverfahren; vgl. auch *Bachner/DKKW* § 99 Rn. 145).

Der Arbeitgeber hat dem Betriebsrat auch den **in Aussicht genommenen Arbeitsplatz** mitzuteilen, **147** d. h. die Stelle und die Stellung im Betrieb anzugeben, die der Betroffene nach seiner Einstellung einnehmen soll. Unter Arbeitsplatz sind der Ort, an dem der Bewerber arbeiten, aber auch die Funktion, die er erfüllen soll, zu verstehen (*Fitting* § 99 Rn. 180; *Huke/HWGNRH* § 99 Rn. 119; *Richardi/Thüsing* § 99 Rn. 175; *Stege/Weinspach/Schiefer* §§ 99–101 Rn. 40). Zudem ist die **geplante Eingruppierung** mitzuteilen, was sich im Grunde schon daraus ergibt, dass der Arbeitgeber den Arbeitnehmer eingruppieren muss und dem Betriebsrat auch insoweit ein Mitbestimmungsrecht zusteht (*BAG* 11.11.2008 NZA 2009, 450 Rn. 24). Keinesfalls mitzuteilen sind einzelvertragliche Abreden über die Gehaltshöhe (*BAG* 18.10.1988 EzA § 99 BetrVG 1972 Nr. 69, 03.10.1989 EzA § 99 1972 Nr. 77 = AP Nr. 57, 74 zu § 99 BetrVG 1972; *LAG* Frankfurt a. M. 10.03.1987 LAGE § 99 BetrVG 1972 Nr. 13; *Fitting* § 99 Rn. 180b; *Huke/HWGNRH* § 99 Rn. 120; *Richardi/Thüsing* § 99 Rn. 191; *Stege/Weinspach/Schiefer* §§ 99–101 Rn. 41; **a. M.** wohl *Bachner/DKKW* § 99 Rn. 155; s. a. Rdn. 140).

Schließlich ist unter Vorlage der erforderlichen Unterlagen Auskunft über die **Auswirkungen der** **148** **geplanten Maßnahme** zu geben. Dies gilt vor allem für Einstellungen und Versetzungen. Hier muss der Arbeitgeber beispielsweise darlegen, wie sich die Maßnahmen auf das Personalgefüge, die Verteilung der anfallenden Arbeitsaufgaben oder auch auf die Arbeitsbelastung auswirken. Als Unterlagen kommen hier die im § 92 genannten Unterlagen über die Personalplanung in Frage, aus denen sich auch die Auswirkungen der geplanten Einstellung ergeben werden. Soweit darüber hinaus Auswirkungen zu erwarten sind, die dem Betriebsrat ein Zustimmungsverweigerungsrecht geben könnten (Abs. 2 Nr. 3 und 4), sind auch diese zu nennen, wie etwa der Abbau von Überstunden (*Bachner/DKKW* § 99 Rn. 157; *Galperin/Löwisch* § 99 Rn. 51; *Huke/HWGNRH* § 99 Rn. 118; *Richardi/*

Thüsing § 99 Rn. 173). Nicht zu den erforderlichen Angaben gehört nach Ansicht des *BAG* die Information darüber, welche **teilzeitbeschäftigten Arbeitnehmer** nach § **9 TzBfG** einen Wunsch nach Verlängerung der Arbeitszeit angezeigt haben und welche hiervon für die betreffende Stelle in Betracht kommen (*BAG* 01.06.2011 EzA § 99 BetrVG 2001 Einstellung Nr. 18 = AP Nr. 64 zu § 99 BetrVG 1972 Einstellung Rn. 27 ff.). Dies liegt weniger daran, dass diese Information für die Stellungnahme ohne Bedeutung wäre (s. Rdn. 205 f.). Vielmehr handelt es sich bei den Teilzeitarbeitnehmern weder um Beteiligte, noch kann man eine etwaige Benachteiligung der Teilzeitbeschäftigung als Auswirkung der Maßnahme ansehen, über die der Arbeitgeber von sich aus zu unterrichten hätte (s. Rdn. 133). Aus diesem Grunde geht es zu weit, vom Arbeitgeber im Rahmen der Information über die Einstellung die Vorlage eines »nach objektiven Kriterien überprüfbaren Organisationskonzepts« zu verlangen, wenn er vorhandene Arbeitsplätze mit Leiharbeitnehmern besetzen will, ohne Verlängerungswünsche bereits beschäftigter Arbeitnehmer zu berücksichtigen (*LAG Bremen* 11.03.2010 – 3 TaBV 24/09 – juris, Rn. 83 ff.). Der Betriebsrat mag in einem solchen Fall der Einstellung der Leiharbeitnehmer nach Abs. 2 Nr. 3 widersprechen. In diesem Fall müsste der Arbeitgeber spätestens in dem Ersetzungsverfahren nach Abs. 4 darlegen, warum die Beschäftigung von Leiharbeitnehmern als unternehmerisches Konzept aus dringenden betrieblichen Gründen geboten und daher die Nichtberücksichtigung der Veränderungswünsche der Teilzeitarbeitnehmer gerechtfertigt ist (vgl. § 9 TzBfG; s. etwa *Laux* in: *Laux/Schlachter* TzBfG § 9 Rn. 65). Es entspricht aber weder dem Wortlaut noch dem Zweck der Regelung des Abs. 1, diese Darlegungen bereits zur Voraussetzung einer ordnungsgemäßen Unterrichtung zu machen (s. a. Rdn. 133).

149 Nicht ganz eindeutig zu beantworten ist die Frage, ob **Angaben zu einer innerbetrieblichen Ausschreibung** erforderlich sind, sofern der Betriebsrat eine solche nach § 93 verlangt hat (bejaht von *LAG Bremen* 11.03.2010 – 3 TaBV 24/09 – juris, Rn. 64, das sich aber zu Unrecht auf die Kommentierung in *Fitting* beruft; nicht ganz klar insoweit *BAG* 01.06.2011 AP Nr. 136 zu § 99 BetrVG 1972 Rn. 25 ff., da der Arbeitgeber im konkreten Fall Angaben gemacht hatte, die aber nicht zutrafen). In § 99 Abs. 1 Satz 1 und 2 ist die Ausschreibung nicht erwähnt. Andererseits kann der Betriebsrat nach Abs. 2 Nr. 5 die Zustimmung verweigern, wenn eine erforderliche Ausschreibung unterblieben ist. Wenn der Arbeitgeber von sich aus keine Angaben macht, aus denen sich ergibt, dass eine Ausschreibung stattgefunden hat, so wird der Betriebsrat mitunter nicht in der Lage sein festzustellen, ob seinem Verlangen entsprochen worden ist. Da es für eine ordnungsgemäße Verweigerung genügt, wenn die Möglichkeit besteht, dass ein Grund nach Abs. 2 vorliegt (s. Rdn. 170), dürfte es zumindest zweckmäßig sein, den Betriebsrat auch über die erfolgte Ausschreibung zu unterrichten.

150 Die **Bewerbungsunterlagen** und die Unterlagen in Bezug auf Auswirkungen der geplanten Maßnahme sind dem Betriebsrat **vorzulegen**, d. h. sie sind ihm zur Einsicht zugänglich zu machen, müssen ihm jedoch nicht ausgehändigt werden. § 99 stellt insoweit eine einschränkende Spezialnorm gegenüber § 80 Abs. 2 dar, der bestimmt, dass gewisse Unterlagen zur Verfügung zu stellen sind (*Galperin/Löwisch* § 99 Rn. 48; *Huke/HWGNRH* § 99 Rn. 116; *Stege/Weinspach/Schiefer* §§ 99–101 Rn. 38). Das *BAG* hat sich allerdings der Meinung von *Gnade/Kehrmann/Schneider/Blanke* (§ 99 Rn. 53) und des *LAG Frankfurt a. M.* (09.01.1973 ARST 1973, 180) angeschlossen und vertritt die Auffassung, der Arbeitgeber sei bei der Einstellung verpflichtet, dem Betriebsrat die Bewerbungsunterlagen aller Bewerber »**auszuhändigen** und bis zur Beschlussfassung über den Antrag auf Zustimmung, längstens für eine Woche, **zu überlassen**« (*BAG* 03.12.1985 EzA § 99 BetrVG 1972 Nr. 46 = AP Nr. 29 zu § 99 BetrVG 1972 *[Meisel]*; zust. *Bachner/DKKW* § 99 Rn. 162; *Fitting* § 99 Rn. 181; *Richardi/Thüsing* § 99 Rn. 172). Die dafür vorgebrachten Argumente können nicht überzeugen. Sicher ist, dass der Ausdruck »zur Verfügung stellen« die Überlassung der Unterlagen, der Ausdruck »Einsicht nehmen« nur die Gelegenheit, Kenntnis zu nehmen, meint. Dass der Ausdruck »vorlegen« weniger eindeutig sei, trifft aber nicht zu. Nach der Definition bei DUDEN (Deutsches Universalwörterbuch, 2011) bedeutet »vorlegen«, jemand etwas zur Ansicht, Begutachtung, Bearbeitung o. Ä. hinlegen. Auch die Vorlage nach §§ 809, 811 Abs. 1 BGB geschieht »zur Besichtigung« und umfasst ein Aushändigen allenfalls für kurze Zeit und im Beisein des zur Vorlegung Verpflichteten. Auch die Vorlage nach § 420 ZPO bedeutet nicht Übergabe an die andere Partei, schon gar nicht für längere Zeit. Die Wortwahl des Gesetzes, das zwischen »zur Verfügung stellen« und »Einsicht nehmen« unterscheidet, spricht eher für die bislang h. M. Einsichtnahme auch i. S. d. § 80 Abs. 2 Satz 2 setzt Vorlage voraus, das zur Verfügungstellen i. S. v. 80 Abs. 2 Satz 1 aber Übergabe und Belassen der Unterlagen beim Betriebsrat.

Die Einschaltung des Betriebsrats führt dazu, dass die dem Arbeitgeber übermittelten persönlichen **151**
Daten des Arbeitnehmers einem deutlich größeren Kreis von Personen bekannt werden. Die Einschränkung der Vorlagepflicht auf die »erforderlichen« Unterlagen, verbunden mit der Verschwiegenheitspflicht des Betriebsrats (s. Rdn. 157 ff.) lässt die Regelung trotz gewisser Bedenken auch im Hinblick auf das **Persönlichkeitsrecht des Arbeitnehmers** und den Datenschutz als verfassungskonform erscheinen (*Wiese* JArbR Bd. 9 [1971], 1972, S. 55 ff. Fn. 128). Die Mitbestimmungsregelung rechtfertigt nach § 26 Abs. 1 Satz 1 BDSG (in der ab 25.05.2018 maßgeblichen Fassung) die Weitergabe und Verarbeitung der Daten an den Betriebsrat im Rahmen des Beteiligungsverfahrens (*Gola / Pötters* RDV 2017, 111 [115]; s. näher *Weber* § 80 Rdn. 90 m. w. N.). Dem Bewerber steht daher grds. auch nicht das Recht zu, die Vorlage der Unterlagen an den Betriebsrat zu verbieten (*Bachner / DKKW* § 99 Rn. 146 a. E.; *Fitting* § 99 Rn. 175a, 182; *Galperin / Löwisch* § 99 Rn. 47; *Huke / HWGNRH* § 99 Rn. 117; **a. M.** *Adomeit* DB 1971, 2360; *Heinze* Personalplanung, Rn. 239 ff.; *Richardi / Thüsing* § 99 Rn. 171). Bedenklich ist in diesem Zusammenhang allerdings, dass nach Auffassung des *BAG* auch die Unterlagen derjenigen Bewerber vorzulegen sind, die der Arbeitgeber gar nicht zur Einstellung bzw. zur Vornahme der sonstigen personellen Einzelmaßnahme vorgesehen hat. Hier sollte erwogen werden, den Bewerbern zumindest die Möglichkeit einzuräumen, durch einen **Vorbehalt in ihrem Bewerbungsschreiben** für den Fall, dass sie nicht zur Einstellung ausgewählt werden, die Weitergabe ihrer Bewerbungsunterlagen an den Betriebsrat zu verhindern (*Richardi / Thüsing* § 99 Rn. 171).

Ein Anspruch des Betriebsrats auf **persönliche Vorstellung** des Bewerbers **beim Betriebsrat** be- **152**
steht nicht, ebenso wenig ein Anspruch des Betriebsrats auf **Teilnahme an den Einstellungsgesprächen**, die der Arbeitgeber mit dem Bewerber führt (*BAG* 18.07.1978 EzA § 99 BetrVG 1972 Nr. 22 = AP Nr. 7 zu § 99 BetrVG 1972; 14.04.2015 EzA § 99 BetrVG 2001 Nr. 26 Rn. 21; *Bachner / DKKW* § 99 Rn. 163; *Fitting* § 99 Rn. 183; *Galperin / Löwisch* § 99 Rn. 50; *Huke / HWGNRH* § 99 Rn. 114; *Richardi / Thüsing* § 99 Rn. 165).

(3) Eingruppierung

Da die Eingruppierung mit der Einstellung zusammenfällt, sind ohnehin alle in Rdn. 136 ff. genann- **153**
ten Unterlagen vorzulegen und Auskünfte zu erteilen. Dazu kommt die Mitteilung der Entgeltgruppe, der der Einzustellende zugeordnet werden soll, sofern sich sein Entgelt nach einem kollektiven Entgeltschema richtet (s. Rdn. 64 ff.). Die Sozialdaten sind dem Betriebsrat typischerweise im Kontext der Einstellung ohnehin bekannt. Eine spezifische Informationspflicht im Hinblick auf die Eingruppierung besteht jedoch im Regelfall nicht (s. Rdn. 154). Der Arbeitgeber hat den Betriebsrat auch über die Tatsachen zu unterrichten, die ihn zu der geplanten Eingruppierung veranlassen (*ArbG Regensburg* 15.07.1992 EzA § 99 BetrVG 1972 Nr. 107). Da der Betriebsrat hier nur nachzuprüfen hat, ob die vorgesehene Eingruppierung den Merkmalen der maßgeblichen Gruppengliederung entspricht, kann aufgrund des § 99 Abs. 1 die Vorlage der betrieblichen Lohn- und Gehaltslisten nicht gefordert werden (*Richardi / Thüsing* § 99 Rn. 193; zu diesem Recht vgl. auch *Weber* § 80 Rdn. 107 ff. sowie *Kraft / Kreutz* ZfA 1971, 47 ff.).

(4) Umgruppierung

Auch bei einer Umgruppierung sind die nach § 99 Abs. 1 erforderlichen Auskünfte zu geben. Die Vor- **154**
lage von Bewerbungsunterlagen scheidet hier allerdings aus. Auch Informationen des Betriebsrats über Auswirkungen der geplanten Maßnahme kommen nicht in Frage. Mitzuteilen sind hingegen die **bisherige und die vorgesehene Vergütungsgruppe** sowie die **Gründe**, weshalb der Arbeitnehmer anders als bisher in das Vergütungsschema einzuordnen ist (*BAG* 09.12.2008 EzA § 99 BetrVG 2001 Nr. 11 = AP Nr. 36 zu § 99 BetrVG 1972 Eingruppierung Rn. 22). Erforderlich ist regelmäßig die Angabe der vom Arbeitnehmer ausgeübten Tätigkeit, da die Zuordnung zu einer Vergütungsgruppe zumeist anhand solcher Tätigkeitsmerkmale erfolgt (*BAG* 30.09.2014 EzA § 34 BetrVG 2001 Nr. 2 Rn. 25). Mitzuteilen sind außerdem alle sonstigen, für die Einordnung relevanten Umstände (etwa Berufserfahrung). Sonstige Sozialdaten des betroffenen Arbeitnehmers (fachliche und persönliche Eignung, Dauer der Betriebszugehörigkeit, Lebensalter etc.) sind im Regelfall nicht mitzuteilen, da die Vergütungsmerkmale – zumindest in tariflichen Vergütungsschemata – hierauf nicht abstellen (*BAG* 13.03.2013 – 7 ABR 39/11 – juris, Rn. 36 f. = AP Nr. 61 zu § 99 BetrVG 1972 Ein-

gruppierung [nur red. Leitsatz]). Sollte dies ausnahmsweise doch einmal der Fall sein, wären natürlich auch diese Angaben erforderlich. Wird dem Arbeitnehmer eine neue Tätigkeit zugewiesen, sind die dort zu erfüllenden Arbeitsaufgaben zu umschreiben und darzulegen, ob und inwiefern die Veränderung eine Neubewertung erforderlich macht. Hält der Arbeitgeber bei unveränderter Tätigkeit und identischer Rechtsgrundlage eine Umgruppierung für erforderlich, so muss er die Beurteilungskriterien benennen, die der Neueinstufung zugrunde liegen (BAG 09.03.2011 EzA § 99 BetrVG 2001 Nr. 22 = AP Nr. 51 zu § 99 BetrVG 1972 Eingruppierung Rn. 18). Außerdem sind alle Angaben zu machen, die dem Betriebsrat die Überprüfung der Umgruppierung unter dem Aspekt von Abs. 2 Nr. 1 und ggf. Nr. 2 ermöglichen (also etwa über Tätigkeit und Berufserfahrung). Nach Ansicht des BAG hat der Arbeitgeber auch über alle ihm bekannten Umstände zu informieren, welche die Wirksamkeit der Vergütungsordnung betreffen (BAG 06.10.2010 EzA § 99 BetrVG 2001 Nr. 19 = AP Nr. 45 zu § 99 BetrVG 1972 Eingruppierung Rn. 27).

(5) Versetzung

155 Bei der Versetzung gelten die gleichen Grundsätze wie bei der Einstellung. Dem Betriebsrat sind, soweit vorhanden, Bewerbungsunterlagen vorzulegen, es ist ihm der in Aussicht genommene Arbeitsplatz und die vorgesehene Eingruppierung zu nennen. Über Umstände, die im Betrieb allgemein bekannt sind, braucht der Betriebsrat hingegen nicht mehr informiert zu werden. Im Einzelfall kann sich die Unterrichtung des Betriebsrats auf die Mitteilung der Tatsache beschränken, die zu der Versetzung führt (*Galperin/Löwisch* § 99 Rn. 60; *Richardi/Thüsing* § 99 Rn. 186). Wird etwa ein Arbeitnehmer mit den Aufgaben eines Kollegen betraut, weil dessen Krankheit voraussichtlich länger als einen Monat dauert, so genügt es, wenn der Arbeitgeber die Gründe der Verhinderung sowie die Notwendigkeit der anderweitigen Besetzung der Stelle darlegt.

cc) Zeitpunkt der Mitteilung; Form

156 Die in Rdn. 132 ff. genannten Pflichten hat der Arbeitgeber **vor der Durchführung der personellen Maßnahme** zu erfüllen. Das bedeutet, wie sich aus Abs. 3 ergibt, **mindestens eine Woche**, ehe die Maßnahme durchgeführt werden soll (vgl. *Bachner/DKKW* § 99 Rn. 135; *Galperin/Löwisch* § 99 Rn. 58; *Huke/HWGNRH* § 99 Rn. 102; s. a. Rdn. 161). Für die **Einstellung** bedeutet dies grundsätzlich: Informationspflicht rechtzeitig **vor Abschluss des Arbeitsvertrages** (vgl. BAG 28.04.1992 EzA § 99 BetrVG 1972 Nr. 106 = AP Nr. 98 zu § 99 BetrVG 1972; vgl. auch *Richardi/Thüsing* § 99 Rn. 178). Ist dies aus Rechtsgründen nicht möglich, so genügt auch die Unterrichtung vor der beabsichtigten Arbeitsaufnahme (vgl. BAG 18.07.1978 EzA § 99 BetrVG 1972 Nr. 22 = AP Nr. 7 zu § 99 BetrVG 1972). Gleiches gilt bei einer **Verlängerung der Arbeitszeit** (sofern man hierin eine Einstellung sieht, hierzu s. Rdn. 60). In diesem Fall ist der Betriebsrat **vor Abschluss des Änderungsvertrages**, spätestens vor Aufnahme der zeitlich verlängerten Beschäftigung zu beteiligen (BAG 09.12.2008 EzA § 99 BetrVG 2001 Einstellung Nr. 11 Rn. 24). In der Praxis kann die Einhaltung der Wochenfrist in besonderen Fällen Schwierigkeiten bereiten; in solchen Situationen kann in einer erst unmittelbar vor oder bei Durchführung der Maßnahme vorgenommenen Unterrichtung keine Pflichtverletzung des Arbeitgebers gesehen werden; allerdings beginnt die Wochenfrist erst mit ordnungsgemäßer Unterrichtung des Betriebsrats zu laufen; eine Einstellung ist vorher nach § 100 zulässig (vgl. *Fitting* § 99 Rn. 165; *Galperin/Löwisch* § 99 Rn. 58; *Huke/HWGNRH* § 99 Rn. 103; *Stege/Weinspach/Schiefer* §§ 99–101 Rn. 23). Zur individualrechtlichen Wirksamkeit solcher Maßnahmen s. Rdn. 174 ff. Eine bestimmte **Form** für die Unterrichtung schreibt das Gesetz nicht vor; aus Beweisgründen empfiehlt sich allerdings schriftliche Mitteilung (*Bachner/DKKW* § 99 Rn. 138; *Fitting* § 99 Rn. 181; *Galperin/Löwisch* § 99 Rn. 55; *Stege/Weinspach/Schiefer* §§ 99–101 Rn. 25; vgl. auch LAG Hamm 28.05.1973 DB 1973, 1407).

dd) Verschwiegenheitspflicht des Betriebsrats

157 Entsprechend der Empfehlung des Bundesrats sieht das Gesetz in § 99 Abs. 1 Satz 3 ausdrücklich eine Verschwiegenheitspflicht des Betriebsrats nach näherer Maßgabe von § 79 Abs. 1 Satz 2 bis 4 vor (vgl. *Oetker* § 79 Rdn. 11 ff.). Dadurch soll sichergestellt werden, dass »der Schutz der Intimsphäre der Arbeitnehmer auch im Rahmen der Beteiligung des Betriebsrats bei personellen Einzelmaßnahmen ge-

währleistet bleibt« (Bericht 10. Ausschuss, zu BT-Drucks. VI/2729, S. 31 zu § 99; vgl. auch Rdn. 151).

Die Geheimhaltungspflicht gilt für **alle Mitglieder des Betriebsrats**. Sie umfasst **alle persönlichen** **158** **Verhältnisse und Angelegenheiten der Arbeitnehmer**, die ihrem Inhalt oder ihrer Bedeutung nach einer vertraulichen Behandlung bedürfen. Für die Abgrenzung der vertraulich zu behandelnden von anderen Angaben können die Grundsätze des Bundesdatenschutzgesetzes herangezogen werden (vgl. *Huke/HWGNRH* § 99 Rn. 117; *Richardi/Thüsing* § 99 Rn. 196; *Stege/Weinspach/Schiefer* §§ 99–101 Rn. 35b). Dass sie ausdrücklich als geheim oder vertraulich bezeichnet werden, ist nicht erforderlich (vgl. *Fitting* § 79 Rn. 32; *Huke/HWGNRH* § 99 Rn. 117; *Richardi/Thüsing* § 99 Rn. 197; *Stege/Weinspach/Schiefer* § 99–101 Rn. 35b; *Weiss/Weyand* § 99 Rn. 28). Entscheidend ist allein, ob es sich um Dinge handelt, die nach vernünftiger Anschauung und im wohlverstandenen Interesse des Arbeitnehmers der Allgemeinheit nicht zugänglich werden sollen. Gleichgültig ist, ob der Betriebsrat seine Kenntnisse aufgrund der Mitteilung des Arbeitgebers oder auf sonstige Weise im Rahmen seiner Beteiligung erlangt hat (vgl. *Galperin/Löwisch* § 99 Rn. 63; *Richardi/Thüsing* § 99 Rn. 196). Die Schweigepflicht bleibt auch nach dem Ausscheiden aus dem Betriebsrat bestehen (§ 99 Abs. 1 Satz 3 i. V. m. § 79 Abs. 1 Satz 2). Der Arbeitnehmer hat allerdings die Möglichkeit, die Betriebsratsmitglieder **von ihrer Geheimhaltungspflicht zu entbinden** (h. M.).

Die Verschwiegenheitspflicht gilt nach § 79 Abs. 1 Satz 3 **nicht gegenüber Mitgliedern des Be-** **159** **triebsrats**. Nach § 79 Abs. 1 Satz 4 gilt sie auch nicht u. a. gegenüber dem Gesamtbetriebsrat, dem Konzernbetriebsrat, den Arbeitnehmervertretern im Aufsichtsrat sowie in Verfahren vor der Einigungsstelle, der tariflichen Schlichtungsstelle nach § 76 Abs. 8 oder den Beschwerdestelle nach § 86. Diese pauschale Verweisung ist bedenklich. Für ein Mitteilungsrecht an den Gesamtbetriebsrat, den Konzernbetriebsrat oder die Arbeitnehmervertreter im Aufsichtsrat, das im Gesetz vorgesehen ist, besteht in Bezug auf die hier in Frage stehenden persönlichen Dinge einzelner Arbeitnehmer kein Bedürfnis (vgl. *Richardi/Thüsing* § 99 Rn. 198). Im Hinblick auf den Persönlichkeitsschutz des Arbeitnehmers ist insoweit eine teleologische Reduktion der Verweisung geboten. Bei **Verletzung der Verschwiegenheitspflicht** steht dem Arbeitnehmer ein Schadenersatzanspruch gegen das Betriebsratsmitglied, das die Verschwiegenheitspflicht verletzt hat, nach § 823 Abs. 2 BGB zu (*Buchner FS G. Müller*, 1981, S. 112; *Richardi/Thüsing* § 99 Rn. 199). Bei groben Verstößen kommt zudem ein Ausschluss aus dem Betriebsrat nach § 23 Abs. 1 in Betracht (*LAG Düsseldorf* 09.01.2013 – 12 TaBV 93/12 – juris). Zur strafrechtlichen Sanktion bei Verletzungen der Verschwiegenheitspflicht vgl. § 120.

b) Zustimmungserfordernis

aa) Pflicht des Arbeitgebers zur Einholung der Zustimmung

Nach § 99 Abs. 1 Satz 1 hat der Arbeitgeber »die Zustimmung des Betriebsrats« bzw. des nach § 27 **160** Abs. 2, § 28 zuständigen Ausschusses (s. Rdn. 132) zu der geplanten Maßnahme einzuholen. Dies gilt grundsätzlich nur, wenn er die personelle Maßnahme auch tatsächlich durchführen will. Unter bestimmten Voraussetzungen kann der Arbeitgeber aber zur Einholung der Zustimmung im Verhältnis zu dem betroffenen Arbeitnehmer verpflichtet sein (s. Rdn. 251 ff.). Der Arbeitgeber hat zugleich mit der in Abs. 1 vorgeschriebenen Information und wenigstens eine Woche vor Durchführung der geplanten Maßnahme (vgl. Abs. 3 und Rdn. 156) den Betriebsrat um seine Zustimmung zu ersuchen. Dies braucht jedoch nicht ausdrücklich zu geschehen, sondern kann sich auch aus den Umständen ergeben, insbesondere daraus, dass die Mitteilung die für eine Unterrichtung nach Abs. 1 erforderlichen Angaben enthält (*BAG* 05.04.2001 EzA § 626 BGB n. F. Nr. 186 unter II 2c bb; *LAG Hessen* 16.12.2008 – 4 Ta BV 166/08 – juris, Rn. 46). In der Unterrichtung des Betriebsrats liegt dann für den Betriebsrat erkennbar zugleich die Bitte um Zustimmung. Dies ergibt sich aus Abs. 3, wo eine von der Bitte um Zustimmung unabhängige Frist für die Verweigerung der Zustimmung statuiert wird, die von der Unterrichtung an läuft (*Galperin/Löwisch* § 99 Rn. 56; *Huke/HWGNRH* § 99 Rn. 99; *Matthes/MünchArbR* § 263 Rn. 43; *Richardi/Thüsing* § 99 Rn. 181, 188; **a. M.** wohl *Bachner/DKKW* § 99 Rn. 133). Beabsichtigt der Arbeitgeber, mehrere Maßnahmen durchzuführen (z. B. neben einer Einstellung oder Versetzung auch eine Ein- oder Umgruppierung), so muss sich aus der Mitteilung hinreichend deutlich ergeben, dass die Zustimmung zu sämtlichen Maßnahmen erbeten wird (*LAG Hessen* 16.12.2008 – 4 Ta BV 166/08 – juris, Rn. 46 ff.). Der Betriebsrat kann die Einholung der Zustimmung zu einer bereits vorgenommenen Maßnahme nicht verlangen. Im Hinblick auf § 101 ist ein solcher Antrag unzulässig (*BAG* 20.02.2001 EzA § 99 BetrVG 1972 Einstellung Nr. 7 = AP Nr. 23 zu § 101 BetrVG 1972; s. a. § 101 Rdn. 8).

bb) Äußerungsfrist, Zustimmungsfiktion

161 Aus Abs. 3 ergibt sich, dass der Betriebsrat seine Zustimmung nur innerhalb einer Frist von einer Woche nach Unterrichtung durch den Arbeitgeber verweigern kann. Für die Fristberechnung gelten § 187 Abs. 1, § 188 Abs. 2, § 193 BGB. Die Frist **beginnt erst zu laufen**, wenn **die Unterrichtung dem Gesetz entsprechend** (s. dazu Rdn. 132 ff.) erfolgt ist (h. M.; *BAG* 28.01.1986 EzA § 99 BetrVG 1972 Nr. 48, 15.04.1986 EzA § 99 BetrVG 1972 Nr. 49, 14.03.1989 EzA § 99 BetrVG 1972 Nr. 71 = AP Nr. 34, 36, 64 zu § 99 BetrVG 1972, st. Rspr.; zuletzt *BAG* 09.12.2008 EzA § 99 BetrVG 2001 Nr. 11 = AP Nr. 36 zu § 99 BetrVG 1972 Eingruppierung Rn. 22; *Bachner/DKKW* § 99 Rn. 129, 130; *Fitting* § 99 Rn. 268; *Galperin/Löwisch* § 99 Rn. 106; *Huke/HWGNRH* § 99 Rn. 143; *Richardi/Thüsing* § 99 Rn. 202). Erhält der Betriebsrat auf andere Weise als durch Unterrichtung seitens des Arbeitgebers Kenntnis von der geplanten Maßnahme, so wird dadurch die Äußerungsfrist nicht in Lauf gesetzt (*BAG* 17.05.1983 EzA § 99 BetrVG 1972 Nr. 36 = AP Nr. 18 zu § 99 BetrVG 1972; *Fitting* § 99 Rn. 269; *Galperin/Löwisch* § 99 Rn. 106; *Huke/HWGNRH* § 99 Rn. 143; *Richardi/Thüsing* § 99 Rn. 284; **a. M.** *Meisel* Mitwirkung, Rn. 242). Auch eine Unterrichtung nur nach § 100 Abs. 1 reicht nicht aus, um die Frist des § 99 Abs. 3 in Lauf zu setzen.

162 Ausnahmsweise kann die Frist zur Stellungnahme auch schon mit Zugang der unvollständigen oder fehlerhaften Unterrichtung beginnen, wenn der Betriebsrat dies erkennt. Nach dem Grundsatz der vertrauensvollen Zusammenarbeit ist der Betriebsrat nämlich verpflichtet, den Arbeitgeber innerhalb der Wochenfrist zu informieren, wenn er die Information nicht für vollständig hält (*BAG* 28.01.1986 EzA § 99 BetrVG 1972 Nr. 48 = AP Nr. 34 zu § 99 BetrVG 1972; 14.03.1989 EzA § 99 BetrVG 1972 Nr. 71 = AP Nr. 64 zu § 99 BetrVG 1972; 28.06.2005 EzA § 99 BetrVG 2001 Nr. 8 = AP Nr. 49 zu § 99 BetrVG 1972 Einstellung Rn. 36; *Bachner/DKKW* § 99 Rn. 131; *Huke/HWGNRH* § 99 Rn. 144; *Richardi/Thüsing* § 99 Rn. 284). Diese **Rügeobliegenheit** besteht allerdings nach Ansicht des *BAG* nur, wenn der Arbeitgeber von einer ordnungsgemäßen und vollständigen Unterrichtung ausgehen durfte (*BAG* 28.06.2005 EzA § 99 BetrVG 2001 Nr. 8 = AP Nr. 49 zu § 99 BetrVG 1972 Einstellung Rn. 36; 05.05.2010 EzA § 99 BetrVG 2001 Nr. 16 = AP Nr. 130 zu § 99 BetrVG 1972 Rn. 25; 01.06.2011 AP Nr. 136 zu § 99 BetrVG 1972 Rn. 21). Die Formulierung wirft die Frage auf, ob der Arbeitgeber schon bei leichter Fahrlässigkeit nicht mehr von einer fehlerfreien Information ausgehen »darf«. Dies wäre problematisch. Das Gebot der vertrauensvollen Zusammenarbeit verpflichtet die Betriebsparteien auch, den jeweils anderen vor den Folgen leichter, im betrieblichen Alltag jederzeit möglicher Fehler zu bewahren und nicht »ins offene Messer laufen« zu lassen. Aus diesem Grund wird man in den Fällen, in denen der Betriebsrat die Unvollständigkeit der Unterrichtung erkennt, eine Rügeobliegenheit nur dann verneinen können, wenn diese offensichtlich ist, der Betriebsrat also davon ausgehen musste, dass der Fehler dem Arbeitgeber bewusst war. Dies könnte gemeint sein, wenn das *BAG* davon spricht, dass die Frist auch dann nicht in Lauf gesetzt werde, wenn es »der Betriebsrat unterlässt, den Arbeitgeber auf die offenkundige Unvollständigkeit hinzuweisen« (vgl. *BAG* 01.06.2011 AP Nr. 136 zu § 99 BetrVG 1972 Rn. 21), was im Umkehrschluss hieße, dass bei nicht offenkundiger Unvollständigkeit die Frist wegen Nichterfüllung der Rügeobliegenheit beginnt.

163 **Besteht die Rügeobliegenheit** und **versäumt es der Betriebsrat**, innerhalb der Wochenfrist ergänzende Informationen zu verlangen, so **beginnt die Frist** folglich mit der (nicht ordnungsgemäßen) Unterrichtung durch den Arbeitgeber. Liegt bei Fristablauf keine ordnungsgemäße Zustimmungsverweigerung des Betriebsrats vor, so greift die Zustimmungsfiktion des Abs. 3 Satz 2 ein (*BAG* 14.03.1989 EzA § 99 BetrVG 1972 Nr. 71 = AP Nr. 64 zu § 99 BetrVG 1972). **Fordert der Betriebsrat frist- und ordnungsgemäß weitere Angaben** und ergänzt der Arbeitgeber daraufhin die Information, so beginnt die Frist erst mit Zugang dieser Informationen zu laufen (*BAG* 28.01.1986 EzA § 99 BetrVG 1972 Nr. 48 = AP Nr. 34 zu § 99 BetrVG 1972; *Bachner/DKKW* § 99 Rn. 131). Eine Zustimmungsfiktion tritt daher erst eine Woche nach Eingang der nachgeholten Information ein. Der Arbeitgeber muss allerdings dem Betriebsrat gegenüber zu erkennen geben, dass

es sich um eine Ergänzung einer zunächst unvollständigen Information handelt. Hierfür genügt es, wenn sich dies aus den Umständen der nachgereichten Informationen ergibt. Es ist weder erforderlich – wenn auch sicher im Interesse der Klarstellung hilfreich –, dass der Arbeitgeber erneut um Zustimmung ersucht, noch dass er darauf hinweist, dass jetzt die Frist des § 99 Abs. 3 erneut zu laufen beginnt (*BAG* 05.05.2010 EzA BetrVG 2001 § 99 Nr. 16 Rn. 34; 12.01.2011 EzA § 99 BetrVG 2001 Nr. 21 = AP Nr. 48 zu § 99 BetrVG 1972 Eingruppierung Rn. 45). Stellt sich der Arbeitgeber auf den Standpunkt, dass die Rüge des Betriebsrats unberechtigt, die Information also bereits vollständig sei, so trägt er das **Risiko einer Fehleinschätzung**. Da die Frist nicht zu laufen beginnt, wäre die Durchführung der Maßnahme rechtswidrig. Der Betriebsrat könnte hiergegen nach § 101, ggf. auch nach § 23 Abs. 3 (s. § 101 Rdn. 24), vorgehen. In dem Beschlussverfahren wäre als Vorfrage zu klären, ob die Unterrichtung tatsächlich vollständig war (dann gälte die Zustimmung als erteilt, die Maßnahme wäre also zulässig) oder nicht. Die **Beweislast** für die ordnungsgemäße Unterrichtung trägt auch in einem solchen Verfahren der Arbeitgeber. Zur Ergänzung der Informationen durch den Arbeitgeber während des Zustimmungsersetzungsverfahrens s. Rdn. 243.

Eine **Verlängerung der Ausschlussfrist des Abs. 3** ist ebenso zulässig wie ein Hinausschieben des Fristbeginns. Beides kann sowohl durch Vereinbarung zwischen Arbeitgeber und Betriebsrat als auch durch Tarifvertrag erfolgen (für Verlängerung durch die Betriebspartner *BAG* 17.05.1983 EzA § 99 BetrVG 1972 Nr. 36 = AP Nr. 18 zu § 99 BetrVG 1972; 16.11.2004 EzA § 99 BetrVG 2001 Einstellung Nr. 2 = AP Nr. 44 zu § 99 BetrVG 1972 Einstellung unter B II 2 m. w. N.; für Verlängerung durch Tarifvertrag *BAG* 22.10.1985 EzA § 99 BetrVG 1972 Nr. 43 = AP Nr. 24 zu § 99 BetrVG 1972 *[Kraft]*; 22.10.1985 EzA § 99 BetrVG 1972 Nr. 44 = AP Nr. 23 zu § 99 BetrVG 1972; zuletzt 12.01.2011 EzA § 99 BetrVG 2001 Nr. 21 = AP Nr. 48 zu § 99 BetrVG 1972 Eingruppierung Rn. 40 m. w. N.; ebenso *Bachner/DKKW* § 99 Rn. 175; *Fitting* § 99 Rn. 266 f.; *Kaiser/LK* § 99 Rn. 121; **a. M.** *Gaul* DB 1985, 812; *Huke/HWGNRH* § 99 Rn. 145; *Richardi/Thüsing* § 99 Rn. 286 f.; *Stege/Weinspach/Schiefer* §§ 99–101 Rn. 92). Es handelt sich nicht um eine Ausweitung des Mitbestimmungsrechts des Betriebsrats, sondern nur um eine Regelung des Verfahrens bei Ausübung des gesetzlich vorgesehenen Mitbestimmungsrechts. Der Charakter als Ausschlussfrist steht einer Verlängerung oder einer Modifikation des Fristbeginns nicht entgegen. Diese dient in erster Linie dem Schutz des Arbeitgebers. Dieser soll nicht auf unbestimmte Zeit in Unsicherheit darüber gehalten werden, ob er die Maßnahme nur nach einem gerichtlichen Zustimmungsersetzungsverfahren durchführen kann (ähnlich *BAG* 17.11.2010 EzA § 99 BetrVG 2001 Nr. 20 = AP Nr. 50 zu § 99 BetrVG 1972 Versetzung Rn. 34, das allerdings annimmt, dass die Frist auch dem Schutz des von der Maßnahme betroffenen Arbeitnehmers diene). Insbesondere bei Einstellungen und Versetzungen verträgt sich ein längerer Schwebezustand nicht mit den Bedürfnissen des betrieblichen Personaleinsatzes. Wenn die Frist dem Interesse des Arbeitgebers an Beschleunigung dient, muss er aber auch die Möglichkeit haben, hierüber zumindest teilweise zu disponieren und dem Betriebsrat mehr Zeit einzuräumen. Bei Ein- und Umgruppierungen ist eine Fristverlängerung ohnehin unproblematisch, weil es nicht um eine gestaltende Entscheidung, sondern nur um die richtige Normanwendung geht. Vor allem bei umfangreichen Umgruppierungen, wenn sämtliche Arbeitnehmer in die Struktur eines neuen Vergütungssystems eingeordnet werden müssen, ist die gesetzliche Wochenfrist evident zu kurz bemessen (s. etwa *BAG* 12.01.2011 EzA § 99 BetrVG 2001 Nr. 21). Auch schutzwürdige Interessen des Arbeitnehmers stehen einer abweichenden Regelung der Äußerungsfrist nicht entgegen (**a. M.** *Huke/HWGNRH* § 99 Rn. 145; *Richardi/Thüsing* § 99 Rn. 287), da dieser ohnehin keine Kenntnis davon hat, wann der Arbeitgeber das Mitbestimmungsverfahren einleitet und ob er es endgültig durchführt hat (vgl. *Kraft* Anm. zu AP Nr. 23 und 24 zu § 99 BetrVG 1972). Allerdings ist die Wirksamkeit einer solchen Vereinbarung an gewisse Voraussetzungen geknüpft. Zum einen muss das **Fristende** wegen der Bedeutung der Zustimmungsfiktion anhand der getroffenen Abreden **eindeutig bestimmbar** sein (*BAG* 05.05.2010 EzA § 99 BetrVG 2001 Nr. 16 = AP Nr. 130 zu § 99 BetrVG 1972 Rn. 30; 12.01.2011 EzA § 99 BetrVG 2001 Nr. 21 Rn. 40). Zum anderen muss die **Verlängerung vor Ablauf der Frist** erfolgen. Nach Ablauf der Frist kann die damit eingetretene Zustimmungsfiktion (§ 99 Abs. 3 Satz 2) nicht mehr durch Fristverlängerung beseitigt werden (*BAG* 29.06.2011 AP Nr. 137 zu § 99 BetrVG 1972 Rn. 28; *LAG Berlin* 22.09.1986 LAGE § 99 BetrVG 1972 Nr. 11; *Bachner/DKKW* § 99 Rn. 175; *Fitting* § 99 Rn. 266; s. a. Rdn. 165). Die Betriebspartner würden ansonsten für sich die Kompetenz zur Regelung des gerichtlichen Verfahrens beanspruchen, da nunmehr die gerichtliche

§ 99   *IV. 5. 3. Personelle Einzelmaßnahmen*

Ersetzung der Zustimmung beantragt werden könnte, obwohl diese aufgrund der Fiktion bereits als erteilt gilt. Dies liegt genauso außerhalb der Regelungskompetenz der Betriebspartner wie die Vereinbarung einer Zustimmungsverweigerungsfiktion nach Ablauf der Frist (*BAG* 18.08.2009 EzA § 99 BetrVG 2001 Nr. 14 = AP Nr. 128 zu § 99 BetrVG 1972 Rn. 24; s. a. Rdn. 165, vor § 92 Rdn. 17). Aus diesem Grund kann auch ein **erneutes Ersuchen des Arbeitgebers um Zustimmung** nach erklärter Zustimmungsverweigerung die Frist nicht nochmals in Gang setzen (*BAG* 09.10.2013 EzA § 99 BetrVG 2001 Versetzung Nr. 10 Rn. 29). Auch eine **völlige Aufhebung der Frist** ist unzulässig, weil ansonsten zugleich der Eintritt der Zustimmungsfiktion ausgeschlossen werden könnte (*BAG* 03.05.2006 EzA § 99 BetrVG 2001 Umgruppierung Nr. 3 = AP Nr. 31 zu § 99 BetrVG 1972 Eingruppierung Rn. 21; 23.08.2016 AP Nr. 149 zu § 99 BetrVG 1972 Rn. 40). Hieraus wird man zusätzlich schließen müssen, dass die **Dauer der Frist** nicht völlig in das Belieben der Betriebspartner gestellt ist, da dies je nach Länge der Frist in der praktischen Wirkung einer völligen Beseitigung jeglicher zeitlichen Bindung gleichkommen könnte. Für umfangreiche Verfahren bei tariflichen Ein- oder Umgruppierungen hat das *BAG* eine Fristverlängerung um mehr als sieben Monate noch als zulässig angesehen (*BAG* 06.10.2010 EzA § 99 BetrVG 2001 Nr. 19 = AP Nr. 45 zu § 99 BetrVG 1972 Eingruppierung Rn. 36; 12.01.2011 EzA § 99 BetrVG 2001 Nr. 21 = AP Nr. 48 zu § 99 BetrVG 1972 Eingruppierung Rn. 42). Dies mag man für solche Verfahren, bei denen es um die schlichte Normanwendung geht, akzeptieren können. Für die übrigen personellen Maßnahmen dürfte die tolerable Grenze deutlich niedriger liegen.

165 Geht die Zustimmungsverweigerung dem Arbeitgeber nicht innerhalb der gesetzlichen oder durch Vereinbarung mit dem Betriebsrat oder durch Tarifvertrag verlängerten Frist zu, so **gilt die Zustimmung als erteilt**. Dass bei Verlängerung der Frist die nach Ablauf der gesetzlichen Frist aber vor Ablauf der vereinbarten Frist zugegangene Zustimmungsverweigerung nicht zur Zustimmungsfiktion führen kann, hat das *BAG* bereits in seiner Entscheidung vom 20.06.1978 (EzA § 99 BetrVG 1972 Nr. 20 = AP Nr. 8 zu § 99 BetrVG 1972 unter B II 2) ausgesprochen. Eine **Zustimmungsverweigerungsfiktion** gibt es nicht; sie kann auch nicht zwischen Arbeitgeber und Betriebsrat vereinbart werden (*BAG* 18.08.2009 EzA § 99 BetrVG 2001 Nr. 14 = AP Nr. 128 zu § 99 BetrVG 1972 Rn. 24; 05.05.2010 EzA § 99 BetrVG 2001 Nr. 16 = AP Nr. 130 zu § 99 BetrVG 1972 Rn. 19; s. a. vor § 92 Rdn. 17). Hält der Betriebsrat die maßgebliche **Frist unverschuldet nicht ein**, z. B. weil der Arbeitgeber ihn daran, auch unbeabsichtigt, gehindert hat, so kann der Arbeitgeber nach der Rechtsprechung des *BAG* zum BetrVG 1952 aus der Fristversäumnis keine Rechte herleiten (*BAG* 05.02.1971 AP Nr. 6 zu § 61 BetrVG; *Bachner/DKKW* § 99 Rn. 175). Diese Ansicht ist nicht haltbar. Wenn die Frist ordnungsgemäß in Lauf gesetzt wurde, so tritt nach ihrem Ablauf die Wirkung der Zustimmungsfiktion kraft Gesetzes zwingend ein. Eine nach Fristablauf durchgeführte personelle Einzelmaßnahme ist wirksam (*Fitting* § 99 Rn. 272a [aber Ausnahme bei höherer Gewalt]; *Huke/HWGNRH* § 99 Rn. 145; *Richardi/Thüsing* § 99 Rn. 289). Möglicherweise hat der Arbeitgeber allerdings durch sein Verhalten betriebsverfassungsrechtliche Pflichten, etwa das Gebot zur vertrauensvollen Zusammenarbeit, § 2 Abs. 1, oder das Behinderungsverbot, § 78, verletzt. Eine **Hemmung oder Unterbrechung der Ausschlussfrist** tritt auch nicht ein, wenn der Beschluss des Betriebsrats nach § 35 auf Antrag der Jugend- und Auszubildendenvertretung oder der Schwerbehindertenvertretung ausgesetzt wird (*Fitting* § 99 Rn. 274; *Galperin/Löwisch* § 35 Rn. 12a; *Huke/HWGNRH* § 99 Rn. 147; *Richardi/Thüsing* § 35 Rn. 24, § 99 Rn. 291; s. a. § 35 Rdn. 22). Abs. 3 Satz 2 findet dagegen keine Anwendung, wenn der Arbeitgeber nach ordnungsgemäßer Zustimmungsverweigerung durch den Betriebsrat **erneut (vorsorglich) die Zustimmung des Betriebsrats beantragt** und dieser sich hierzu nicht äußert. Voraussetzung ist allerdings, dass es sich um dieselbe personelle Maßnahme handelt (*BAG* 14.12.2004 EzA § 99 BetrVG 2001 Einstellung Nr. 1 = AP Nr. 121 zu § 99 BetrVG 1972 unter B II 2; s. a. Rdn. 238).

cc) Ordnungsgemäße Verweigerung der Zustimmung

166 Die Verweigerung der Zustimmung durch den Betriebsrat ist nur wirksam, wenn sie auf einem **wirksam gefassten Beschluss** des Betriebsrats bzw. des zuständigen Ausschusses beruht (h. M.; *BAG* 03.08.1999 EzA § 33 BetrVG 1972 Nr. 1 = AP Nr. 7 zu § 25 BetrVG 1972; 30.09.2014 EzA § 34 BetrVG 2001 Nr. 2 Rn. 35; *Bachner/DKKW* § 99 Rn. 172; *Fitting* § 99 Rn. 272; *Galperin/Löwisch* § 99 Rn. 103; *Huke/HWGNRH* § 99 Rn. 129, 135), schriftlich unter Angabe der Verweigerungsgründe erfolgt und dem Arbeitgeber innerhalb der Äußerungsfrist (s. Rdn. 161) zugeht. Zustimmungsverweigerung und die Begründung dafür können getrennt vorgebracht werden; das Schriftformerfordernis gilt dann für beide (*BAG* 05.02.1971 EzA § 63 BetrVG Nr. 4 = AP Nr. 6 zu § 61 BetrVG; *Fitting* § 99 Rn. 260 f.; *Huke/HWGNRH* § 99 Rn. 141; *Richardi/Thüsing* § 99 Rn. 292, 295). Die Einhaltung des **Formerfordernisses ist Wirksamkeitsvoraussetzung** für die Zustimmungsverweigerung (*Galperin/Löwisch* § 99 Rn. 109; *Heinze* Personalplanung, Rn. 293; *Huke/HWGNRH* § 99 Rn. 141; *Richardi/Thüsing* § 99 Rn. 282, 292; vgl. auch *BAG* 24.07.1979 EzA § 99 BetrVG 1972 Nr. 26 = AP Nr. 11 zu § 99 BetrVG 1972).

Umstritten ist, was im Kontext des Abs. 3 unter einer »schriftlichen« Mitteilung zu verstehen ist. Nach Ansicht des *BAG* ist damit **nicht die gesetzliche Schriftform** des § 126 Abs. 1 BGB gemeint (anders noch *BAG* 24.07.1979 EzA § 99 BetrVG 1972 Nr. 26 = AP Nr. 11 zu § 99 BetrVG 1972). Das Gericht hat insoweit zunächst darauf abgestellt, dass es genüge, wenn die Mitteilung des Betriebsrats über die Zustimmungsverweigerung einschließlich der Gründe schriftlich abgefasst sei. Dagegen sei nicht erforderlich, dass die dem Arbeitgeber zugegangene Mitteilung die Originalunterschrift des Vorsitzenden des Betriebsrats oder seines Stellvertreters bzw. des Vorsitzenden des zuständigen Ausschusses oder dessen Stellvertreter (s. dazu Rdn. 132) trage. Deshalb sei es ausreichend, wenn das von der vertretungsberechtigten Person unterzeichnete Schreiben dem Arbeitgeber per Telekopie (Telefax) übermittelt werde (*BAG* 11.06.2002 EzA § 99 BetrVG 1972 Nr. 139 = AP Nr. 118 zu § 99 BetrVG 1972 *[Oetker]* unter B IV 1b; 06.08.2002 EzA § 99 BetrVG 1972 Umgruppierung Nr. 2 = AP Nr. 27 zu § 99 BetrVG 1972 Eingruppierung unter B I 2a). Hierdurch entstand der Eindruck, dass eine Urkunde ohne Unterschrift nicht die Anforderungen erfüllt. Eine Zustimmungsverweigerung per E-Mail wäre danach ausgeschlossen gewesen (so auch *LAG Baden-Württemberg* 01.08.2008 ZTR 2009, 105; *LAG Hessen* 18.09.2007 – 4 TaBV 83/07 – juris Rn. 48 ff.; *LAG Thüringen* 05.08.2004 LAGE § 99 BetrVG 2001 Nr. 2; *ArbG Bielefeld* 15.01.2003 NZA-RR 2004, 88 [89]; *Becker* juris PR-ArbR 26/2003 Anm. 6; *Oetker* Anm. zu *BAG* AP Nr. 118 zu § 99 BetrVG 1972 [Bl. 14R]; vgl. auch *Kraft/Raab* 8. Aufl., § 99 Rn. 117). Inzwischen hat das *BAG* entschieden, dass für die Erfüllung des Schriftlichkeitserfordernisses die **Textform des § 126b BGB genügt**. Damit ist klargestellt, dass auch eine Zustimmungsverweigerung per E-Mail möglich ist (*BAG* 09.12.2008 EzA § 99 BetrVG 2001 Nr. 11 = AP Nr. 36 zu § 99 BetrVG 1972 Eingruppierung Rn. 26 f.; 10.03.2009 EzA § 99 BetrVG 2001 Nr. 12 = AP Nr. 127 zu § 99 BetrVG 1972 Rn. 29 f.; 01.06.2011 AP Nr. 139 zu § 99 BetrVG 1972 Rn. 48 ff.). Erforderlich sei darüber hinaus, dass das Ende des Textes – etwa durch eine Grußformel oder eine maschinenschriftliche Namenswiedergabe – formal kenntlich gemacht werde und die Stellungnahme damit für den Arbeitgeber offensichtlich vollständig und abschließend sei (*BAG* 01.06.2011 AP Nr. 139 zu § 99 BetrVG 1972 Rn. 48 ff.). Die Literatur hat sich dem überwiegend angeschlossen (*Bachner/DKKW* § 99 Rn. 181; *Fischer* AiB 1999, 390 [392 f.]; *Fitting* § 99 Rn. 260a f.; *Kania/ErfK* § 99 BetrVG Rn. 39; *Oetker* Anm. zu *BAG* AP Nr. 118 zu § 99 BetrVG 1972 [trotz Kritik an der Begründung des *BAG*]; *Ricken/HWK* § 99 BetrVG Rn. 89; *Wiesner* Die Schriftform im Betriebsverfassungsgesetz, S. 113 ff.; zusammenfassend S. 152; referierend *Huke/HWGNRH* § 99 Rn. 141).

Auch wenn mit den letzten Entscheidungen des BAG die Frage als für die Praxis abschließend geklärt angesehen werden muss, kann die **Ansicht des *BAG* weder in der Begründung noch im Ergebnis überzeugen** (abl. auch *ArbG Bielefeld* 15.01.2003 NZA-RR 2004, 88; *Gotthardt/Beck* NZA 2002, 876 [882]; *Raab* FS Konzen, S. 719 [750 ff.]; *Richardi/Thüsing* § 99 Rn. 292 f.; vgl. auch § 102 Rdn. 137). Für die Frage, was unter »schriftlich« zu verstehen ist, kommt es nicht auf die rechtsgeschäftliche Einordnung der Zustimmungsverweigerung, sondern wesentlich auf Sinn und Zweck der Form an (näher *Raab* FS Konzen, S. 719 [752 ff.]). Das Schriftlichkeitserfordernis soll aber zumindest auch gewährleisten, dass der Empfänger die Identität des Ausstellers feststellen (Identitätsfunktion) und überprüfen kann. Dem wird nicht hinreichend Rechnung getragen, wenn man die Textform genügen lässt. Vielmehr sprechen die besseren Gründe dafür, unter »schriftlich« die Schriftform des § 126 Abs. 1 BGB zu verstehen. Da sich der Meinungsstand verfestigt hat, sei an dieser Stelle auf eine Wiederholung der Argumente verzichtet und zur näheren Begründung auf die Vorauflage (10. Aufl. Rn. 152) verwiesen.

Der Betriebsrat muss **die Gründe** für seine Zustimmungsverweigerung **nennen**. Diese müssen sich auf die konkrete, vom Arbeitgeber beabsichtigte Maßnahme beziehen. Bezieht sich die Verweigerung

§ 99 IV. 5. 3. Personelle Einzelmaßnahmen

auf mehrere Maßnahmen, so muss die Verweigerung **für jede einzelne Maßnahme** begründet werden (*BAG* 13.05.2014 EzA § 99 BetrVG 2001 Nr. 24 = AP Nr. 55 zu § 99 BetrVG 1972 Versetzung Rn. 21). Nach Ansicht des *BAG* ist der Betriebsrat nicht in allen Fällen verpflichtet, die Gründe durch **konkrete Tatsachen** zu substantiieren. Vielmehr sei dies **nur in den Fällen des Abs. 2 Nr. 3 und 6** erforderlich, wo das Gesetz selbst die eine »durch Tatsachen begründete Besorgnis« verlangt (*BAG* 21.07.2009 EzA § 99 BetrVG 2001 Einstellung Nr. 12 = AP Nr. 4 zu § 3 AÜG Rn. 12; 17.11.2010 EzA § 99 BetrVG 2001 Nr. 20 = AP Nr. 50 zu § 99 BetrVG 1972 Versetzung Rn. 21; 30.09.2014 EzA § 34 BetrVG 2001 Nr. 2 Rn. 32; ähnlich *Richardi / Thüsing* § 99 Rn. 299: Angabe von konkreten Tatsachen nur bei Nr. 3, 4 und 6, nicht bei Nr. 1, 2 und 5). Eine Zustimmungsverweigerung unter Einhaltung der Schriftform, aber ohne Angabe von Gründen ist wirkungslos (*BAG* 24.07.1979 EzA § 99 BetrVG 1972 Nr. 26 = AP Nr. 11 zu § 99 BetrVG 1972; 25.01.2005 EzA § 99 BetrVG 2001 Nr. 7 = AP Nr. 48 zu § 99 BetrVG 1972 Einstellung unter B II 3). Es reicht auch nicht, wenn der Betriebsrat **lediglich den Gesetzeswortlaut wiederholt** oder pauschal, formelhaft auf die gesetzlichen Gründe Bezug nimmt (*BAG* 18.07.1978 EzA § 99 BetrVG 1972 Nr. 23 *[Ehmann]* = AP Nr. 1 zu § 101 BetrVG 1972 *[Meisel]*; 24.07.1979 EzA § 99 BetrVG 1972 Nr. 26, 16.07.1985 EzA § 99 BetrVG 1972 Nr. 40 = AP Nr. 11 *[Kraft]*, 21 *[Kraft]* zu § 99 BetrVG 1972; *Fitting* § 99 Rn. 262; *Galperin / Löwisch* § 99 Rn. 110; *Huke / HWGNRH* § 99 Rn. 138; *Stege / Weinspach / Schiefer* §§ 99–101 Rn. 94; vgl. auch *Bachner / DKKW* § 99 Rn. 184). Gleiches muss gelten, wenn nur pauschal erklärt wird, die Einstellung verstoße gegen »Recht und Billigkeit« (vgl. dazu *Ehmann* Anm. zu BAG EzA § 99 BetrVG 1972 Nr. 23; *Koller* Anm. zu BAG SAE 1978, 232 [234]) oder die Versetzung werde »als nicht adäquat abgelehnt« (*LAG Hessen* 15.05.2012 – 4 TaBV 219/11 – juris, Rn. 13 f.). Für die Frage, auf welche Gründe der Betriebsrat seine Zustimmungsverweigerung stützt, ist **nicht allein auf den Wortlaut**, sondern auf alle für den Arbeitgeber erkennbaren Umstände abzustellen (so für die Parallelfrage im Personalvertretungsrecht *OVG Münster* 21.12.2015 NZA-RR 2016, 279 Rn. 30). Voraussetzung ist allerdings, dass diese einen irgendwie gearteten Niederschlag in der (formgerechten) Erklärung gefunden haben.

170 Problematisch ist, ob eine ordnungsgemäße Zustimmungsverweigerung vorliegt, wenn der Betriebsrat zwar Gründe nennt, diese aber **keinen der Tatbestände des Katalogs des Abs. 2 erfüllen**. Einerseits entspräche es nicht dem Sinn und Zweck der Regelung, jegliche Begründung genügen zu lassen. Der Betriebsrat soll die personelle Maßnahme nur dann verhindern können, wenn einer der in Abs. 2 genannten Fälle vorliegt. Dem würde es widersprechen, wenn der Betriebsrat den Arbeitgeber mit jeder noch so abwegigen Begründung in ein gerichtliches Ersetzungsverfahren nach Abs. 4 zwingen könnte (zutr. *BAG* 26.01.1988 EzA § 99 BetrVG 1972 Nr. 58 [zust. *Weber*] = AP Nr. 50 zu § 99 BetrVG 1972 unter II 2d bb). Andererseits würde es der gesetzlichen Rollenverteilung ebenso wenig gerecht, eine Zustimmungsverweigerung schon deshalb für unbeachtlich zu erklären, weil sie unbegründet ist, also die vom Betriebsrat vorgebrachten Tatsachen in Wirklichkeit nicht vorliegen oder nicht die Voraussetzungen eines der Gründe des Abs. 2 erfüllen. Die Prüfung, ob die vom Betriebsrat vorgebrachten Gründe zutreffen oder nicht, ist gerade Aufgabe des Gerichts im Ersetzungsverfahren nach Abs. 4, soll also gerichtlich geklärt sein, bevor der Arbeitgeber die personelle Maßnahme durchführt. Würde man dem Arbeitgeber eine Art »Vorprüfungsrecht« einräumen, könnte er dadurch, dass er die Verweigerung wegen Unbegründetheit für unbeachtlich erklärt, den Betriebsrat in die Rolle des Antragstellers nach § 101 zwingen (*BAG* 21.11.1978 EzA § 101 BetrVG 1972 Nr. 3 = AP Nr. 3 zu § 101 BetrVG 1972; *Bachner / DKKW* § 99 Rn. 185; *Fitting* § 99 Rn. 263; *Heinze* Personalplanung, Rn. 298; *Kraft* Anm. AP Nr. 21 zu § 99 BetrVG 1972 [Bl. 9]). Zur Lösung des Konflikts beschreitet die Rechtsprechung einen Mittelweg. Danach soll die gesetzliche Voraussetzung einer wirksamen Zustimmungsverweigerung bereits dann erfüllt sein, wenn die vom Betriebsrat für die Verweigerung seiner Zustimmung vorgetragene **Begründung es als möglich** erscheinen lässt, dass **ein Zustimmungsverweigerungsgrund des § 99 Abs. 2 geltend gemacht** wird. Nur eine Begründung, die **offensichtlich auf keinen der Verweigerungsgründe Bezug nimmt**, ist nach Ansicht des *BAG* **unbeachtlich** mit der Folge, dass die Zustimmung des Betriebsrats als erteilt gilt (vgl. *BAG* 26.01.1988 EzA § 99 BetrVG 1972 Nr. 58 [zust. *Weber*] = AP Nr. 50 zu § 99 BetrVG 1972; 06.08.2002 EzA § 99 BetrVG 1972 Umgruppierung Nr. 2 = AP Nr. 27 zu § 99 BetrVG 1972 Eingruppierung unter B I 2b, st. Rspr.; zuletzt *BAG* 17.11.2010 EzA § 99 BetrVG 2001 Nr. 20 = AP Nr. 50 zu § 99 BetrVG 1972 Versetzung Rn. 21; 30.09.2014 EzA § 34 BetrVG 2001 Nr. 2 Rn. 32;

zur früheren, geringfügig abweichenden Rspr. vgl. *Kraft/Raab* 8. Aufl., Rn. 118 sowie *BAG* 16.07.1985 EzA § 99 BetrVG 1972 Nr. 40 = AP Nr. 21 zu § 99 BetrVG 1972 *[Kraft]* unter II 2). Die Begründung ist danach sicher einmal dann unbeachtlich, wenn die Gründe völlig sachfremd oder willkürlich sind (etwa: der Arbeitnehmer sei nicht Gewerkschaftsmitglied). Gleiches gilt, wenn der Betriebsrat in gleichgelagerten Fällen die Zustimmung aus Gründen verweigert, von denen »allgemein anerkannt« ist, dass sie ein Zustimmungsverweigerungsrecht nicht tragen (*BAG* 16.07.1985 EzA § 99 BetrVG 1972 Nr. 40 = AP Nr. 21 zu § 99 BetrVG 1972 *[Kraft]*). Dies gilt insbesondere, wenn insoweit eine gefestigte Rechtsprechung besteht. Ist nämlich bereits hinreichend geklärt, dass die Zustimmungsverweigerung nicht auf die vom Betriebsrat vorgebrachten Gründe gestützt werden kann, so ist es dem Arbeitgeber nicht mehr zuzumuten, dies (nochmals) in einem Ersetzungsverfahren (Abs. 4) feststellen zu lassen. So wäre etwa die Verweigerung der Zustimmung zu einer Einstellung mit der Begründung, die Bestimmungen im Arbeitsvertrag verstießen gegen ein Gesetz oder einen Tarifvertrag, unbeachtlich, weil seit langem geklärt ist, dass ein rechtswidriger Vertragsinhalt keinen Gesetzesverstoß i. S. d. Abs. 2 Nr. 1 darstellt (s. Rdn. 185; *BAG* 10.02.1988 EzA § 72a ArbGG 1979 Nr. 50 = AP Nr. 6 zu § 92a ArbGG 1979). Beachtlich ist die Zustimmungsverweigerung folglich, wenn der Betriebsrat Gründe vorbringt, die nicht von vornherein unerheblich, unsachlich, willkürlich oder in Abs. 2 überhaupt nicht aufgeführt sind. Ob die Gründe die Zustimmungsverweigerung materiell rechtfertigen, kann nur das Arbeitsgericht im Zustimmungsersetzungsverfahren nach Abs. 4 prüfen und entscheiden (*Bachner/DKKW* § 99 Rn. 185; *Fitting* § 99 Rn. 263; *Galperin/Löwisch* § 99 Rn. 110; *Huke/HWGNRH* § 99 Rn. 139; *Richardi/Thüsing* § 99 Rn. 302; krit. zur Terminologie des BAG *Stege/Weinspach/Schiefer* §§ 99–101 Rn. 96).

Hat der Betriebsrat ordnungsgemäß die Zustimmung verweigert, so ist er nach h. M. **auf die dem Arbeitgeber mitgeteilten Gründe beschränkt**. Maßgeblich ist insoweit, welche Gründe dem Arbeitgeber in der (formgerechten) Mitteilung über die Zustimmungsverweigerung von dem Vertretungsberechtigten – im Regelfall also vom Vorsitzenden des Betriebsrats (§ 26 Abs. 2 Satz 1) – benannt worden sind (*BAG* 30.09.2014 EzA § 34 BetrVG 2001 Nr. 2 = AP Nr. 144 zu § 99 BetrVG 1972 Rn. 54; s. a. § 26 Rdn. 35). Er kann also in einem anschließenden Zustimmungsersetzungsverfahren **keine neuen Gründe mehr nachschieben** (*BAG* 03.07.1984 EzA § 99 BetrVG 1972 Nr. 37 *[Dütz]* = AP Nr. 20 zu § 99 BetrVG 1972; 15.04.1986 EzA § 99 BetrVG 1972 Nr. 49 = AP Nr. 36 zu § 99 BetrVG 1972; 17.11.2010 EzA § 99 BetrVG 2001 Nr. 20 = AP Nr. 50 zu § 99 BetrVG 1972 Versetzung Rn. 34; 14.04.2015 EzA § 99 BetrVG 2001 Nr. 26 Rn. 24; *LAG Rheinland-Pfalz* DB 1982, 652; *Fitting* § 99 Rn. 291 [abw. bis 25. Aufl.]; *Huke/HWGNRH* § 99 Rn. 148; *Matthes/MünchArbR* § 263 Rn. 87; *Richardi/Thüsing* § 99 Rn. 322; *Stege/Weinspach/Schiefer* §§ 99–101 Rn. 91; **a. M.** *Bachner/DKKW* § 99 Rn. 187 außer bei Einstellung; *Galperin/Löwisch* § 99 Rn. 110a; s. a. Rdn. 247) werden können. Dem ist zuzustimmen, soweit dem Betriebsrat die Gründe bereits während der Wochenfrist bekannt waren. Erfährt er von diesen Gründen erst später, so sollte ihm das Nachschieben gestattet sein (*Bachner/DKKW* § 99 Rn. 187; *Dütz* Anm. zu *BAG* EzA § 99 BetrVG 1972 Nr. 37 unter IV 2; *Fitting* § 99 Rn. 291; **a. M.** *Huke/HWGNRH* § 99 Rn. 148; *Richardi/Thüsing* § 99 Rn. 322). Die zeitliche Begrenzung gilt im Übrigen nur für Gründe tatsächlicher Art, nicht dagegen für rechtliche Argumente und sonstige Umstände, die allein die Normanwendung betreffen (vgl. *BAG* 06.08.2002 EzA § 99 BetrVG 1972 Umgruppierung Nr. 2 = AP Nr. 27 zu § 99 BetrVG 1972 Eingruppierung unter B II 3a).

Die Zustimmungsverweigerung muss **dem Arbeitgeber** selbst, einem vertretungsberechtigten Organ oder einem sonst zum Empfang bevollmächtigten Vertreter **zugehen** (*Bachner/DKKW* § 99 Rn. 182, der allerdings zu Unrecht »Aushändigung« verlangt; *Huke/HWGNRH* § 99 Rn. 136 ungenau: mitzuteilen). Bei den in § 99 aufgeführten Maßnahmen handelt es sich um vier rechtlich völlig selbständige personelle Maßnahmen, die jeweils getrennt der Zustimmung bedürfen (*Bachner/DKKW* § 99 Rn. 140). Die Verweigerung der Zustimmung zu einer Eingruppierung kann z. B. nicht die Einstellung blockieren (vgl. *BAG* 10.02.1976 AP Nr. 4 zu § 99 BetrVG 1972 *[Kraft]*; 20.12.1988 EzA § 99 BetrVG 1972 Nr. 70 = AP Nr. 62 zu § 99 BetrVG 1972 unter B III 1b; *Galperin/Löwisch* § 99 Rn. 38; *Huke/HWGNRH* § 99 Rn. 140).

Verweigert der Betriebsrat seine Zustimmung zu einer Einstellung, so kann es zweckmäßig sein, die Verhandlungen mit dem Bewerber abzubrechen oder zumindest den **Bewerber auf die Sachlage**

§ 99   *IV. 5. 3. Personelle Einzelmaßnahmen*

hinzuweisen, um eine Haftung aus culpa in contrahendo (§§ 280 Abs. 1, 241 Abs. 2, 311 Abs. 2 Nr. 2 BGB) auszuschließen (*Huke/HWGNRH* § 99 Rn. 192). Der Rechtsgedanke des § 100 Abs. 1 Satz 2 gilt hier analog. Will der Arbeitgeber die Zustimmungsverweigerung nicht hinnehmen, so muss er das Zustimmungsersetzungsverfahren nach Abs. 4 einleiten (s. dazu Rdn. 234 ff.). Er ist auch zur vorläufigen Durchführung der Maßnahme nach Maßgabe des § 100 berechtigt (s. dazu die Erl. zu § 100).

dd) Individualrechtliche Bedeutung der fehlenden Zustimmung

174 Führt der Arbeitgeber eine personelle Einzelmaßnahme i. S. v. § 99 ohne Zustimmung des Betriebsrats durch, sei es, dass er den Betriebsrat nicht unterrichtet hat, sei es, dass der Betriebsrat nach Unterrichtung die Zustimmung noch nicht erteilt hat und die Frist des Abs. 3 noch nicht abgelaufen ist, sei es, dass der Betriebsrat die Zustimmung bereits verweigert hat, so handelt er – sofern nicht die Voraussetzungen des § 100 Abs. 1 und 2 vorliegen – auf jeden Fall betriebsverfassungswidrig, verstößt also gegen die Pflichten, die ihm im Verhältnis zum Betriebsrat obliegen und verletzt dessen Mitbestimmungsrecht. Der Betriebsrat kann hierauf mit einem Antrag nach § 101 reagieren, um den Arbeitgeber zur Aufhebung der Maßnahme zu zwingen. Daneben stellt sich aber die Frage, ob und welche Auswirkungen der Verstoß auf die individualrechtlichen Beziehungen zwischen Arbeitgeber und Arbeitnehmer hat, insbesondere ob individualrechtliche Gestaltungen, die zum Zwecke der Umsetzung der Maßnahme vorgenommen werden, unwirksam sind, die **Zustimmung des Betriebsrats** hierfür also **Wirksamkeitsvoraussetzung** ist (vgl. hierzu *Raab* ZfA 1995, 479 ff.). Eindeutig zu verneinen ist diese Frage nur für die Fälle der **vorläufigen Durchführung** der Maßnahme **nach § 100**. Hier hat die fehlende Zustimmung des Betriebsrats schon deshalb keine Folgen für die individualrechtlichen Rechte und Pflichten, weil der Arbeitgeber rechtmäßig handelt, solange er das vorgeschriebene Verfahren beachtet (s. § 100 Rdn. 18; *Raab* ZfA 1995, 479 [505 ff.]; vgl. auch *H. Hanau* Anm. zu *BAG* AP Nr. 49 zu § 2 KSchG 1969 unter C II 2b).

175 Einen Ansatzpunkt für individualrechtliche Folgen der fehlenden Zustimmung könnte ein **Vergleich mit § 103** bieten. Dort wird die Kündigung eines Amtsträgers an die Zustimmung des Betriebsrats geknüpft. Die Zustimmung ist damit Voraussetzung für die individualrechtliche Wirksamkeit der Kündigung. Doch lassen sich hieraus keine Rückschlüsse für die Bedeutung der Zustimmung bei § 99 ziehen (ebenso i. E. *Huke/HWGNRH* § 99 Rn. 14, 124; wohl auch *BAG* 02.07.1980 AP Nr. 5 zu § 101 BetrVG 1972 = SAE 1982, 149 *[Martens]*; 02.07.1980 EzA § 99 BetrVG 1972 Nr. 28 = AP Nr. 9 zu Art. 33 Abs. 2 GG). § 103 unterwirft die Kündigung, also die rechtsgeschäftliche Erklärung des Arbeitgebers, dem Zustimmungserfordernis. Dann liegt es in der Konsequenz der Regelung, das Rechtsgeschäft für unwirksam zu erachten, wenn die Zustimmung fehlt. Im Falle des § 99 ist die individualrechtliche Gestaltung des Arbeitsverhältnisses aber gerade kein Gegenstand der Mitbestimmung. Dies gilt vor allem für die Mitbestimmung bei Einstellung und Versetzung. Diese zielt nur darauf ab, die tatsächliche Beschäftigung des Arbeitnehmers an dem konkreten Arbeitsplatz der Zustimmung des Betriebsrats zu unterwerfen (s. Rdn. 88). Bei Ein- und Umgruppierung geht es sogar nicht einmal um ein Mitgestaltungs-, sondern nur um ein Mitbeurteilungsrecht (s. Rdn. 64). Hier kann sich aus der Zustimmungsbedürftigkeit allein erst recht nichts für die Wirksamkeit der Zuordnung ergeben. Andererseits bedeutet dies nicht, dass individualrechtliche Folgen im Bereich des § 99 ausgeschlossen wären. So ist etwa im Rahmen der Mitbestimmung in sozialen Angelegenheiten anerkannt, dass die fehlende Zustimmung des Betriebsrats zur Unwirksamkeit einer individualrechtlichen Gestaltung, etwa einer Vereinbarung oder einer Weisung des Arbeitgebers führen kann, wenn ansonsten das Mitbestimmungsrecht seiner Wirkung beraubt würde (s. *Wiese* § 87 Rdn. 100, 121 ff.). Dieser Gedanke ist verallgemeinerungsfähig und auf die Mitbestimmung in personellen Angelegenheiten übertragbar. Die entscheidende Frage ist also, ob die im Gesetz vorgesehenen kollektivrechtlichen Instrumente einer Ergänzung durch individualrechtliche Rechtsfolgen bedürfen. Eine individualrechtliche Unwirksamkeit personeller Einzelmaßnahmen lässt sich daher im Wege teleologischer Auslegung aus dem konkreten Mitbestimmungstatbestand ableiten, wenn Sinn und Zweck des Mitbestimmungsrechts ein Durchschlagen der Rechtswidrigkeit von der kollektiven auf die individualrechtliche Ebene zwingend erfordern (*Raab* ZfA 1995, 479 [486 ff., 515]; zust. *BAG* 05.04.2001 EzA § 626 BGB n. F. Nr. 186 = AP Nr. 32 zu § 99 BetrVG 1972 Einstellung unter II 2c cc (1); vgl. auch *BAG* 02.12.1999 EzA § 94 BetrVG 1972 Nr. 4 = AP Nr. 16 zu § 79 BPersVG unter II 4b cc).

Geht man hiervon aus, so ist die Frage nach individualrechtlichen Folgen bei den personellen Einzelmaßnahmen des § 99 nicht einheitlich zu beantworten. Vielmehr gelangt man ausgehend vom Schutzzweck des Mitbestimmungsrechts zu unterschiedlichen Ergebnissen (ebenso *BAG* 05.04.2001 EzA § 626 BGB n. F. Nr. 186 = AP Nr. 32 zu § 99 BetrVG 1972 Einstellung unter B II 2c cc (1)). Weitgehende Einigkeit besteht darüber, dass die Zustimmung des Betriebsrats bei der **Einstellung nicht** als zivilrechtliche **Wirksamkeitsvoraussetzung für den abgeschlossenen Arbeitsvertrag** anzusehen ist (*BAG* 02.07.1980 AP Nr. 5 zu § 101 BetrVG 1972 = SAE 1982, 149 *[Martens]*; 02.07.1980 EzA § 99 BetrVG 1972 Nr. 28 = AP Nr. 9 zu Art. 33 Abs. 2 GG; 28.04.1992 EzA § 99 BetrVG 1972 Nr. 106 = AP Nr. 98 zu § 99 BetrVG 1972; 05.04.2001 EzA § 626 BGB n. F. Nr. 186 = AP Nr. 32 zu § 99 BetrVG 1972 Einstellung unter B II 2c cc (3); 21.02.2017 NZA 2017, 740 Rn. 22; *Bachner/DKKW* § 99 Rn. 250; *Galperin/Löwisch* § 99 Rn. 11; *Heinze* Personalplanung, Rn. 340; *von Hoyningen-Huene* Betriebsverfassungsrecht, § 14 Rn. 69; *Huke/HWGNRH* § 99 Rn. 14; *Matthes/*MünchArbR § 265 Rn. 24; *Preis/WPK* § 99 Rn. 81; *Raab* ZfA 1995, 479 [489 ff.]; *Richardi/Thüsing* § 99 Rn. 329: Einstellung ist nicht Abschluss des Arbeitsvertrags; jetzt auch *Fitting* § 99 Rn. 278 [abw. bis 27. Aufl.]). Der Unwirksamkeit des Arbeitsvertrages bedarf es zur Sicherung des Zwecks der Mitbestimmung bei der Einstellung nicht. Das Mitbestimmungsrecht dient in erster Linie dem Schutz der bestehenden Belegschaft (vgl. nur *BAG* 14.05.1974 EzA § 99 BetrVG 1972 Nr. 6 = AP Nr. 2 zu § 99 BetrVG 1972 unter II 4; 18.07.1978 EzA § 99 BetrVG 1972 Nr. 21 = AP Nr. 9 zu § 99 BetrVG 1972 unter II 2c). Deren Interessen werden aber nicht durch den Abschluss des Arbeitsvertrages, sondern allenfalls durch die tatsächliche Beschäftigung des Arbeitnehmers berührt. Um die Beschäftigung zu verhindern, stellt das Gesetz dem Betriebsrat das Instrument des Beseitigungsanspruches nach § 101 zur Verfügung. Etwaige Schwächen dieses Anspruches (hierzu § 101 Rdn. 23) könnten durch die Unwirksamkeit des Vertrages nicht kompensiert werden. Die Nichtigkeit des Vertrages würde daher ohne rechtfertigenden Grund in die Privatautonomie des eingestellten Arbeitnehmers eingreifen und ihm seine vertraglichen Rechte nehmen. Allerdings ist für den Arbeitnehmer mit der Wirksamkeit des Vertrages weder ein Anspruch auf tatsächliche Beschäftigung noch der Fortbestand des Arbeitsverhältnisses gesichert. Wird dem Arbeitgeber nach § 101 aufgegeben, die Maßnahme aufzuheben, so ist er verpflichtet, den Arbeitnehmer nicht weiter zu beschäftigen. Die kollektivrechtliche Unzulässigkeit der Maßnahme hat also insofern individualrechtliche Auswirkungen, als sie zu einem **Beschäftigungsverbot** führt (*BAG* 05.04.2001 EzA § 626 BGB n. F. Nr. 186 = AP Nr. 32 zu § 99 BetrVG 1972 Einstellung unter B II 2c cc (3); 21.02.2017 NZA 2017, 740 Rn. 22; *LAG Baden-Württemberg* 31.07.2009 LAGE § 101 BetrVG 2001 Nr. 2 Rn. 13; *LAG Hamm* 12.05.2015 LAGE § 101 BetrVG 2001 Nr. 3 Rn. 36 ff.; *Raab* ZfA 1995, 479 [492]; *Richardi/Thüsing* § 99 Rn. 330; s. § 101 Rdn. 8). Auf Seiten des Arbeitgebers liegt eine Pflichtenkollision vor, die zugunsten der betriebsverfassungsrechtlichen Verpflichtung aus § 101 aufzulösen ist. Diese hat nach der gesetzlichen Wertung den Vorrang vor der individualrechtlichen Beschäftigungspflicht aus dem Arbeitsverhältnis (*Raab* ZfA 1995, 479 [492]; i. E. ähnlich, aber in der rechtlichen Begründung abw. *Czerny* Rechtskraft, S. 62 ff. die bei rechtskräftiger Abweisung des Zustimmungsersetzungsantrags rechtliche Unmöglichkeit nach § 275 Abs. 1 BGB annimmt und im Übrigen von einem Leistungsverweigerungsrecht des Arbeitgebers nach § 275 Abs. 3 BGB ausgeht, wenn der Betriebsrat den Anspruch aus § 101 geltend macht). Dies gilt nicht erst, wenn eine rechtskräftige gerichtliche Entscheidung im Verfahren nach § 101 vorliegt oder das Gericht die Ersetzung der Zustimmung rechtskräftig abgelehnt hat, sondern schon dann, wenn der Betriebsrat die Aufhebung verlangt (*BAG* 05.04.2001 EzA § 626 BGB n. F. Nr. 186 = AP Nr. 32 zu § 99 BetrVG 1972 unter B II 2c cc (3)). Der Arbeitgeber handelt rechtswidrig, wenn er den Arbeitnehmer ohne die erforderliche Zustimmung des Betriebsrats beschäftigt. Es wäre daher mit der Wertung des Gesetzes unvereinbar, den Arbeitgeber für verpflichtet zu erachten, die Beschäftigung und damit den Rechtsverstoß fortzusetzen und ihn damit gleichsam in ein Beschlussverfahren nach § 101 zu zwingen (*Raab* ZfA 1995, 479 [492 Fn. 43]). Er ist auch – abgesehen von Ausnahmefällen – gegenüber dem Arbeitnehmer **nicht verpflichtet**, bei verweigerter Zustimmung ein **Ersetzungsverfahren nach § 99 Abs. 4 durchzuführen** (*BAG* 21.02.2017 NZA 2017, 740 Rn. 13 ff.; s. Rdn. 251 ff.). Dem Arbeitnehmer steht allerdings ein Anspruch auf die vereinbarte Vergütung aus **Annahmeverzug** zu, solange das Arbeitsverhältnis fortbesteht (§ 615 Satz 1 BGB; *BAG* 21.02.2017 NZA 2017, 740 Rn. 22).

Hat der Betriebsrat die Zustimmung verweigert, so ist der Arbeitgeber zumindest berechtigt, das Arbeitsverhältnis durch ordentliche Kündigung aufzulösen. Soweit der Arbeitnehmer noch nicht sechs

Monate im Betrieb beschäftigt ist, steht dies nicht in Widerspruch zum allgemeinen Kündigungsschutz. Die besonderen Kündigungsschutzvorschriften des SGB IX und des Mutterschutzgesetzes sind allerdings zu beachten. War der Arbeitnehmer bereits länger als sechs Monate im Betrieb, so **rechtfertigt** zumindest **eine nach § 101** gegen den Arbeitgeber **ergangene Entscheidung grundsätzlich die Kündigung** (*Boemke* ZfA 1992, 473 [508]; *Bachner/DKKW* § 100 Rn. 41; *Czerny* Rechtskraft, S. 73 ff.; *Matthes* DB 1974, 2007 [2011]; *Raab* ZfA 1995, 479 [492]; **a. M.** *Richardi/Thüsing* § 99 Rn. 322). Etwas anderes kann dann gelten, wenn die Möglichkeit besteht, den Arbeitnehmer innerhalb des Betriebs anderweitig einzusetzen. Hier kann der Arbeitgeber nach dem kündigungsrechtlichen ultima-ratio-Grundsatz (§ 1 Abs. 2 KSchG) gehalten sein, von dieser Möglichkeit Gebrauch zu machen und eine ggf. hierzu erforderliche Zustimmung des Betriebsrats einzuholen, sofern dies nicht im Hinblick auf das vorangegangene Beteiligungsverfahren aussichtslos erscheint (in diesem Sinne wohl auch *BAG* 21.02.2017 NZA 2017, 740 Rn. 22; s. a. Rdn. 255). Eine Kündigung ist zudem dann nicht gerechtfertigt, wenn der Betriebsrat sein Recht nach § 101 verwirkt hat; dann kann aber auch eine den Arbeitgeber zur Aufhebung der Maßnahme verpflichtende Entscheidung nicht ergehen (*Fitting* § 99 Rn. 279). Nach der Rechtsprechung des *BAG* ist es zulässig, den Arbeitsvertrag unter der **auflösenden Bedingung** abzuschließen, dass er mit Ablauf von zwei Wochen nach Rechtskraft einer die Zustimmung des Betriebsrats nicht ersetzenden gerichtlichen Entscheidung endet (*BAG* 17.02.1983 EzA § 620 BGB Nr. 62 *[Kraft]* = AP Nr. 74 zu § 620 BGB Befristeter Arbeitsvertrag *[Richardi]*; **a. M.** *von Friesen* DB 1984, 677). Solange der Betriebsrat nicht die Aufhebung der Einstellung verlangt, ist die fehlende Zustimmung dagegen für die individualrechtlichen Rechte und Pflichten zwischen Arbeitgeber und Arbeitnehmer ohne Bedeutung. Insbesondere kann der Arbeitnehmer nicht unter Berufung auf die fehlende Zustimmung die Arbeitsleistung verweigern (*BAG* 05.04.2001 EzA § 626 BGB n. F. Nr. 186 = AP Nr. 32 zu § 99 BetrVG 1972 Einstellung unter B II 2c cc (3)).

178 Umstritten ist die individualrechtliche Folge einer fehlenden Zustimmung des Betriebsrats bei einer **Versetzung**. Das *BAG* steht auf dem Standpunkt, dass der Verstoß des Arbeitgebers gegen seine betriebsverfassungsrechtliche Pflicht, den Arbeitnehmer nicht ohne Zustimmung des Betriebsrats zu versetzen, zugleich die Folge habe, dass die Versetzung im Verhältnis zum Arbeitnehmer »entsprechend § 134 BGB« unwirksam sei (*BAG* 26.01.1988 EzA § 99 BetrVG 1972 Nr. 58 *[Weber]* = AP Nr. 50 zu § 99 BetrVG 1972 = SAE 1989, 73, 76 *[Kraft]*; 30.09.1993 EzA § 99 BetrVG 1972 Nr. 118 = AP Nr. 33 zu § 2 KSchG 1969 unter B I 3e ff.; 02.04.1996 EzA § 95 BetrVG 1972 Nr. 29 = AP Nr. 34 zu § 95 BetrVG 1972; 05.04.2001 EzA § 626 BGB n. F. Nr. 186 = AP Nr. 32 zu § 99 BetrVG 1972 Einstellung unter B II 2c cc (2)). Die Literatur vertritt zum Teil undifferenziert die gleiche Meinung (*Bachner/DKKW* § 99 Rn. 252; *Fitting* § 99 Rn. 283). Zuzustimmen ist dem *BAG* zunächst insofern, als auch hier nach dem Schutzzweck des Mitbestimmungsrechts zu differenzieren ist. Wenn und soweit das Mitbestimmungsrecht bei der Versetzung allein den Interessen der übrigen Arbeitnehmer dient, lassen sich keine individualrechtlichen Konsequenzen der fehlenden Mitbestimmung begründen, da es wiederum genügt, wenn der Betriebsrat die tatsächliche Beschäftigung auf dem anderen Arbeitsplatz unterbinden kann. Der Schutzzweck verlangt nur dann nach Rechtsfolgen im Individualarbeitsverhältnis, wenn und soweit die Mitbestimmung dem Schutz des Betroffenen dient. Dies ist aber nur dann der Fall, wenn die Versetzung für den Arbeitnehmer objektiv nachteilig ist, der Betriebsrat die Zustimmung zur Versetzung verweigert und sich hierfür auf Gründe nach Abs. 2 Nr. 4 beruft, also geltend macht, dass der von der Versetzung betroffene Arbeitnehmer hierdurch ungerechtfertigt benachteiligt werde. Es genügt also nicht, dass der Betriebsrat solche Gründe geltend machen könnte, das Mitbestimmungsrecht sich also potentiell zum Schutz des Arbeitnehmers auswirken kann (so aber offenbar *BAG* 26.01.1988 EzA § 99 BetrVG 1972 Nr. 58 = AP Nr. 50 zu § 99 BetrVG 1972 unter II 4b). Vielmehr muss der Betriebsrat das Mitbestimmungsrecht auch tatsächlich zum Schutz des Arbeitnehmers eingesetzt haben (so zuerst *Weber* Anm. EzA § 99 BetrVG 1972 Nr. 58; zust. *Raab* ZfA 1995, 479 [495 ff.]). Trotz Zustimmungsverweigerung ist die Versetzung aber individualrechtlich wirksam, wenn der Arbeitnehmer in Kenntnis der Stellungnahme des Betriebsrats der Maßnahme zugestimmt hat (*Raab* ZfA 1995, 479 [503]). Das Mitbestimmungsrecht dient als zusätzliche Schranke, soll also die auf individualrechtlicher Ebene typischerweise bestehende Unterlegenheit des Arbeitnehmers ausgleichen. Von einer solchen Imparität kann aber nicht mehr ausgegangen werden, wenn der Arbeitnehmer weiß, dass der Betriebsrat der Maßnahme widersprochen hat und auch die hierfür angeführten Gründe kennt. Das Einverständnis ändert somit zwar nichts an der Mitbestimmungspflichtigkeit der Maßnahme (s. Rdn. 120), wohl aber kann es individualrechtliche Folgen bei Nichtbeachtung der Mitbestimmung ausschließen.

Liegen die genannten Voraussetzungen vor, so ist es zur Verwirklichung des Schutzzwecks der Mitbestimmung geboten, dass der Arbeitnehmer einer Weisung des Arbeitgebers, mit der ihm der andere Arbeitsbereich zugewiesen wird, die Versetzung also individualrechtlich umgesetzt werden soll, keine Folge leisten muss. Vielfach wird angenommen, dass die fehlende Mitbestimmung nicht zur Unwirksamkeit der Maßnahme führe, sondern lediglich zugunsten des Arbeitnehmers ein **Leistungsverweigerungsrecht** begründe (*Galperin/Löwisch* § 99 Rn. 119; *Kraft* 7. Aufl. § 99 Rn. 124; *Richardi/Thüsing* § 99 Rn. 335 f., 258; ähnlich *Ehrich* NZA 1992, 731 [734]; **a. M.** keine individualrechtlichen Folgen: *Czerny* Rechtskraft, S. 90 ff.; *v. Hoyningen-Huene* NZA 1993, 145 [150]; *Meisel* Mitwirkung, Rn. 371; *Stege/Weinspach/Schiefer* §§ 99–101 Rn. 152a; zumindest gegen die vom BAG angenommene Nichtigkeit auch *Huke/HWGNRH* § 99 Rn. 96). Hieran ist richtig, dass die vom BAG angenommene Nichtigkeit »entsprechend § 134 BGB« über das Ziel hinausschießt. Abgesehen davon, dass § 99 kein Verbotsgesetz ist, weil er nicht die personelle Maßnahme an sich untersagt, sondern diese lediglich an die Zustimmung des Betriebsrats knüpft, hätte die Nichtigkeit zur Folge, dass ein zur Umsetzung der Versetzung vorgenommenes Rechtsgeschäft des Arbeitgebers endgültig unwirksam wäre. Dies würde bedeuten, dass in den Fällen, in denen sich Arbeitgeber und Arbeitnehmer vertraglich geeinigt haben, weil der Arbeitgeber den anderen Arbeitsplatz nicht per Direktionsrecht zuweisen kann, der Vertrag nach Ersetzung der Zustimmung neu geschlossen werden müsste, der Arbeitnehmer also nunmehr die Maßnahme durch seine Weigerung vereiteln könnte. Ein solches »Reurecht« wird vom Zweck der Mitbestimmung nicht gefordert. Andererseits hat die Annahme eines Leistungsverweigerungsrechts den Nachteil, dass sich der Arbeitnehmer explizit hierauf berufen muss. Systematisch überzeugender erscheint es daher, wie in den vergleichbaren Fällen bei § 87 von einer **vorläufigen (schwebenden) Unwirksamkeit** auszugehen. Eine Weisung oder vertragliche Abrede ist so lange unwirksam, wie die Zustimmung des Betriebsrats nicht vorliegt. Wird sie erteilt oder ersetzt, wird das Rechtsgeschäft wirksam, ohne dass es einer erneuten Vornahme bedarf, allerdings ohne Rückwirkung, sondern mit Wirkung ex nunc (*Raab* ZfA 1995, 479 [504]).

179

Erfordert die Versetzung eine **Änderungskündigung**, so ist neben § 99 auch § 102 zu beachten. Wird die Änderungskündigung ohne Anhörung des Betriebsrats ausgesprochen, so ist sie schon aus diesem Grund unwirksam (§ 102 Abs. 1 Satz 3); der Arbeitnehmer ist nicht verpflichtet, auf dem neuen Arbeitsplatz zu arbeiten. Ist der Betriebsrat dagegen nach § 102 ordnungsgemäß angehört worden, führt die **fehlende Zustimmung zur Versetzung** nach § 99 **nicht zur Unwirksamkeit der Änderungskündigung** (BAG 30.09.1993 EzA § 99 BetrVG 1972 Nr. 118 = AP Nr. 33 zu § 2 KSchG 1969 unter B I 3; 22.04.2010 EzA § 2 KSchG Nr. 77 = AP Nr. 145 zu § 2 KSchG 1969 Rn. 16 ff.; *Fitting* § 99 Rn. 122; *Künzl/APS* § 2 KSchG Rn. 147; *Linck* in: *von Hoyningen-Huene/Linck* KSchG § 2 Rn. 199; *Raab* ZfA 1995, 479 [509 f.]). Der »Kündigungsteil« der Änderungskündigung unterliegt nicht der Mitbestimmung nach § 99, weil er gar nicht der individualrechtlichen Umsetzung der Versetzung dient. Die Änderungskündigung ist auch dann nicht unwirksam, wenn der Antrag des Arbeitgebers auf Ersetzung der Zustimmung zur Versetzung rechtskräftig abgewiesen worden ist, und zwar schon deshalb nicht, weil der Arbeitgeber einen neuen Antrag stellen könnte, über den nach Maßgabe der dann gegebenen Umstände zu entscheiden wäre (zutr. BAG 22.04.2010 EzA § 2 KSchG Nr. 77 = AP Nr. 145 zu § 2 KSchG 1969 Rn. 16 ff.; s. a. Rdn. 240). Ob der Arbeitnehmer bis zur Entscheidung über den Kündigungsschutzprozess individualrechtlich **verpflichtet** ist, **auf der neuen Stelle zu arbeiten**, wenn er das Änderungsangebot unter dem Vorbehalt des § 2 KSchG angenommen hat, hängt davon ab, ob man der fehlenden Zustimmung des Betriebsrats auch Bedeutung für die individualrechtliche Wirksamkeit der Änderungsvereinbarung beimisst (s. hierzu Rdn. 175). Hier wird ebenfalls überwiegend angenommen, dass eine Weigerung des Arbeitnehmers – zumindest wenn der Betriebsrat der Versetzung nach Abs. 2 Nr. 4 widersprochen hat – nicht als Verletzung der vertraglichen Pflichten angesehen werden könne (*Fitting* § 99 Rn. 122; *Künzl/APS* § 2 KSchG Rn. 150; *Linck* in: *von Hoyningen-Huene/Linck* KSchG § 2 Rn. 199; *Richardi/Thüsing* § 99 Rn. 335; *Zwanziger/KDZ* § 2 KSchG Rn. 202). Dabei ist freilich zu beachten, dass eine – zumindest unter dem Vorbehalt des § 2 Satz 1 KSchG erklärte – Annahme des Änderungsangebotes zur Umgestaltung des Vertragsinhalts führt (ebenso *Kreft/KR* § 2 KSchG Rn. 237; *Linck* in: *von Hoyningen-Huene/Linck* KSchG § 2 Rn. 201; *Oetker/ErfK* § 2 KSchG Rn. 26; verfehlt daher BAG 30.09.1993 EzA § 99

180

BetrVG 1972 Nr. 118 = AP Nr. 33 zu § 2 KSchG 1969 unter B I 3e cc, wonach die Änderungskündigung auf eine Erweiterung des Direktionsrechts abziele). Ist die bisherige Tätigkeit nach der Vertragsänderung nicht mehr von der geschuldeten Arbeitsleistung umfasst, so ist der Arbeitnehmer zur Arbeitsleistung an seinem alten Arbeitsplatz weder berechtigt noch verpflichtet (denkbar wäre, eine Pflicht aus § 242 BGB zu bejahen, weil es widersprüchlich wäre, wenn der Arbeitnehmer sich der Rückkehr auf seinen alten Arbeitsplatz verweigerte, die er doch mit der Änderungsschutzklage erreichen will; zutr. *Kreft/KR* § 2 KSchG Rn. 237). Aus diesem Grunde lässt sich auch hier das eigentliche Ziel, nämlich dem Arbeitnehmer zu ermöglichen, im Falle der Zustimmungsverweigerung weiterhin auf seinem bisherigen Arbeitsplatz arbeiten zu können, konstruktiv am besten erreichen, wenn man davon ausgeht, dass die Änderungsvereinbarung – und nicht nur die auf diese Vereinbarung gründende Versetzungsweisung – bis zur Ersetzung der Zustimmung (schwebend) unwirksam ist (*Raab* ZfA 1995, 479 [511 ff.]). In jedem Fall ist der Arbeitgeber im Verhältnis zum Betriebsrat nicht berechtigt, den Arbeitnehmer an dem neuen Arbeitsplatz zu beschäftigen, solange die Zustimmung zu der Versetzung fehlt (*BAG* 22.04.2010 EzA § 2 KSchG Nr. 77 = AP Nr. 145 zu § 2 KSchG 1969 Rn. 22). Erhebt der Arbeitnehmer rechtzeitig Änderungsschutzklage und ist das Zustimmungsersetzungsverfahren eingeleitet, so kann das Kündigungsschutzverfahren analog § 148 ZPO ausgesetzt werden, wenn die Zustimmungsverweigerungsgründe Bedeutung für die soziale Rechtfertigung der Änderungskündigung haben können (*von Hoyningen-Huene/Boemke* Die Versetzung, IX 3c, S. 200). Zu dem Problem, das entsteht, wenn der Arbeitgeber im Änderungsschutzprozess obsiegt, die Ersetzung der Zustimmung des Betriebsrats zur Versetzung aber rechtskräftig abgelehnt worden ist, s. *Berkowsky* NZA 2010, 250 ff.; *Kreft/KR* § 2 KSchG Rn. 238 ff.; *Linck* in: *von Hoyningen-Huene/Linck* KSchG § 2 Rn. 202 f.; *Schmitt-Rolfes* AuA 2011, 135.

181 Auch im Falle der Eingruppierung und Umgruppierung sind unterschiedliche Fallgestaltungen denkbar.

Die **Eingruppierung** ist Rechtsanwendung, nicht Rechtsgestaltung. Ein Verstoß gegen das Mitbestimmungsrecht des Betriebsrats hat keine individualrechtlichen Auswirkungen (s. Rdn. 64 sowie *BAG* 22.03.1983 EzA § 101 BetrVG 1972 Nr. 5 = AP Nr. 6 zu § 101 BetrVG 1972; 26.01.1988 EzA § 99 BetrVG 1972 Nr. 58 = AP Nr. 50 zu § 99 BetrVG 1972). Ist die Eingruppierung zutreffend, so steht dem Arbeitnehmer, auch wenn die Zustimmung des Betriebsrats fehlt, ein Entgeltanspruch gemäß der vom Arbeitgeber vorgenommenen Eingruppierung zu. Ist diese Eingruppierung unrichtig, weil sie gegen eine normativ wirkende Gruppenregelung verstößt, so hat der Arbeitnehmer Anspruch auf die »richtige« Vergütung. Daneben kann der Betriebsrat nach § 101 vorgehen (vgl. dazu *BAG* 22.03.1983 EzA § 101 BetrVG 1972 Nr. 5 = AP Nr. 6 zu § 101 BetrVG 1972; 09.02.1993 EzA § 99 BetrVG 1972 Nr. 111 = AP Nr. 103 zu § 99 BetrVG 1972 sowie § 101 Rdn. 9 ff.). Ist der Arbeitnehmer mit der Eingruppierung nicht einverstanden, so hat er die Möglichkeit, das ihm nach seiner Meinung zustehende Entgelt einzuklagen. Der Betriebsrat hat auch hier die Möglichkeit, nach § 101 gegen den Arbeitgeber vorzugehen, wenn die Eingruppierung ohne seine Zustimmung erfolgt ist (h. M.; *Bachner/DKKW* § 99 Rn. 257; *Richardi/Thüsing* § 99 Rn. 339, § 101 Rn. 13). Für die **Umgruppierung** gilt im Prinzip das Gleiche. War die neue Eingruppierung zu hoch, so ist allerdings weiter zu prüfen, ob es sich dabei nicht um die Zusage eines »übertariflichen« Entgelts handelt, auf das der Arbeitnehmer arbeitsvertraglich unbeschadet einer korrekten Eingruppierung Anspruch hat. Dies kann allerdings nur angenommen werden, wenn dem Angebot des Arbeitgebers aus der Sicht des Arbeitnehmers ein entsprechender Wille zu entnehmen ist. Ist zur Umgruppierung individualrechtlich eine Änderungskündigung erforderlich, so ist § 102 zu beachten. Die fehlende Zustimmung des Betriebsrats zur Umgruppierung nach § 99 führt aber nicht zur Unwirksamkeit der Änderungskündigung (*BAG* 30.09.1993 EzA § 99 BetrVG 1972 Nr. 118 = AP Nr. 33 zu § 2 KSchG 1969; 28.08.2006 EzA § 2 KSchG Nr. 73 Rn. 33; s. a. Rdn. 180).

c) Zustimmungsverweigerungsgründe

182 § 99 Abs. 2 zählt die Gründe **abschließend** auf, aus denen der Betriebsrat seine Zustimmung mit Erfolg verweigern kann (vgl. amtliche Begründung zum BetrVG 1972, BR-Drucks. 715/70, S. 51). Auf andere Gründe kann der Betriebsrat nur »Bedenken« gegen die personelle Maßnahme stützen, auf die dann u. U. der Arbeitgeber nach den Grundsätzen einer vertrauensvollen Zusammenarbeit einzugehen hat (§ 2 Abs. 1, § 74 Abs. 2 Satz 2). Eine Pflicht, darüber in Verhandlungen mit dem Betriebsrat einzutreten, sieht das Gesetz nicht vor (**a.M.** *Bachner*/DKKW § 99 Rn. 192). Auch das *BAG* (03.12.1985 EzA § 99 BetrVG 1972 Nr. 46 = AP Nr. 29 zu § 99 BetrVG 1972; auf diese Entscheidung verweist *BAG* 03.10.1989 EzA § 99 BetrVG 1972 Nr. 77 = AP Nr. 74 zu § 99 BetrVG 1972) spricht nur von der Pflicht, die Anregungen ernsthaft in Erwägung zu ziehen und zu prüfen. Bei tendenzbedingten personellen Maßnahmen **in Tendenzbetrieben** in Bezug auf Tendenzträger, d. h. bei deren Einstellung und Versetzung, entfällt das Zustimmungserfordernis ohnehin; der Betriebsrat kann hier auch aus den in Abs. 2 genannten Gründen nur Bedenken erheben (*BAG* 07.11.1975 EzA § 118 BetrVG 1972 Nr. 7 = AP Nr. 3 zu § 99 BetrVG 1972 *[Kraft/Geppert]*; 19.05.1981 EzA § 118 BetrVG 1972 Nr. 30 = AP Nr. 21 zu § 118 BetrVG 1972; 01.09.1987 EzA § 118 BetrVG 1972 Nr. 41 = AP Nr. 11 zu § 101 BetrVG 1972 *[Fabricius]*; 27.07.1993 EzA § 118 BetrVG 1972 Nr. 61 = AP Nr. 51 zu § 118 BetrVG 1972; vgl. auch *Weber* § 118 Rdn. 216 f.). Hat der Arbeitgeber den Betriebsrat vor der Maßnahme nicht so rechtzeitig unterrichtet, dass er noch binnen einer Woche Stellung nehmen kann, so kann der Betriebsrat nach § 101 Satz 1 verlangen, dass der Arbeitgeber die Maßnahme aufhebt (*BAG* 01.09.1972 EzA § 118 BetrVG 1972 Nr. 40 = AP Nr. 10 zu § 101 BetrVG 1972). Eingruppierung und Umgruppierung als solche sind jedoch keine tendenzbedingten Maßnahmen und unterliegen daher voll dem Mitbestimmungsrecht (*BAG* 31.05.1983 EzA § 118 BetrVG 1972 Nr. 36 = AP Nr. 27 zu § 118 BetrVG 1972; 09.02.1993 EzA § 99 BetrVG 1972 Nr. 111 = AP Nr. 103 zu § 99 BetrVG 1972).

aa) Abs. 2 Nr. 1: Verstoß gegen Gesetz, Verordnung, Unfallverhütungsvorschrift, Tarifvertrag, Betriebsvereinbarung, gerichtliche Entscheidung oder behördliche Anordnung

Der Betriebsrat kann die Zustimmung verweigern, wenn die personelle Maßnahme gegen eine Rechtsnorm oder eine verbindliche gerichtliche oder behördliche Entscheidung verstößt. Hierzu muss der Betriebsrat die konkrete Vorschrift nicht ausdrücklich benennen. Das *BAG* verlangt jedoch, dass der Betriebsrat **auf die Vorschriften »mit hinreichender Deutlichkeit Bezug« nehmen** müsse (*BAG* 09.10.2013 EzA § 99 BetrVG 2001 Versetzung Nr. 10 Rn. 37; 30.09.2014 EzA § 34 BetrVG 2001 Nr. 2 Rn. 32). Für den Arbeitgeber muss also jedenfalls erkennbar sein, dass der Betriebsrat gerade einen Rechtsverstoß rügt. Außerdem muss der Inhalt der Regelungen, gegen die die Maßnahme verstoßen soll, zumindest angedeutet werden (*BAG* 09.10.2013 EzA § 99 BetrVG 2001 Versetzung Nr. 10 Rn. 37; 30.09.2014 EzA § 34 BetrVG 2001 Nr. 2 Rn. 32). **183**

Voraussetzung ist, dass die Norm **gerade der personellen Einzelmaßnahme entgegensteht** (st. Rspr.; *BAG* 16.07.1985 EzA § 99 BetrVG 1972 Nr. 40 = AP Nr. 21 zu § 99 BetrVG 1972 *[Kraft]*; 28.01.1986 EzA § 99 BetrVG 1972 Nr. 48 = AP Nr. 34 zu § 99 BetrVG 1972 *[Dütz]*; 09.07.1996 EzA § 99 BetrVG 1972 Einstellung Nr. 1 = AP Nr. 9 zu § 99 BetrVG 1972 Einstellung; 28.06.1994 EzA § 99 BetrVG 1972 Nr. 123 = AP Nr. 4 zu § 99 BetrVG 1972 Einstellung; 30.08.1995 EzA § 99 BetrVG 1972 Nr. 130 = AP Nr. 5 zu § 99 BetrVG 1972 Versetzung; 17.06.1997 EzA § 99 BetrVG 1972 Einstellung Nr. 4 = AP Nr. 2 zu § 3 TVG Betriebsnormen; 28.03.2000 EzA § 99 BetrVG 1972 Einstellung Nr. 6 = AP Nr. 27 zu § 99 BetrVG 1972 Einstellung unter II 2; zuletzt etwa 30.09.2014 EzA § 99 BetrVG 2001 Einstellung Nr. 20 = AP Nr. 141 zu § 99 BetrVG 1972 Rn. 14; *Bachner*/DKKW § 99 Rn. 193; *Fitting* § 99 Rn. 189; *Galperin/Löwisch* § 99 Rn. 74; *Huke/HWGNRH* § 99 Rn. 149; *Matthes*/MünchArbR § 263 Rn. 48; *Richardi/Thüsing* § 99 Rn. 211). Hierfür ist nicht erforderlich, dass es sich bei der Norm um ein Verbotsgesetz i. S. d. § 134 BGB handelt. Voraussetzung ist allerdings, dass der Zweck der Norm darin besteht, die konkrete personelle Maßnahme selbst zu verhindern (*BAG* 25.01.2005 EzA § 99 BetrVG 2001 Nr. 7 = AP Nr. 48 zu § 99 BetrVG 1972 Einstellung unter 4b bb (3) (a); 17.06.2008 EzA § 81 SGB IX Nr. 16 = AP Nr. 46 zu § 99 BetrVG 1972 Versetzung Rn. 23). Im Falle der **Einstellung** muss also gerade die Begründung eines Arbeitsverhältnisses mit dem ausgewählten Arbeitnehmer bzw. dessen Beschäftigung auf dem konkreten Arbeitsplatz gegen die Norm verstoßen. Ein Verstoß gegen ein Gesetz (oder eine Verordnung) kommt daher insbesondere bei Arbeitsschutzbestimmungen wie z. B. gesetzlichen **Einstellungs- oder Beschäftigungsverboten** in Betracht, wie sie etwa das MuSchG in §§ 3 ff., das JArbSchG in §§ 22 ff. enthalten, aber auch bei Verstoß gegen die Beschäftigungsverbote für ausländische Arbeitnehmer ohne Arbeitserlaubnis aus Nicht-EU-Staaten (vgl. §§ 17, 18 AufenthG) und **184**

§ 99　　　　　　　　　　　　　　　　　　　　　　　　IV. 5. 3. Personelle Einzelmaßnahmen

aus bestimmten EU-Staaten (vgl. § 284 SGB III; vgl. zum AFG *BAG* 22.01.1991 EzA § 99 BetrVG 1972 Nr. 98 = AP Nr. 86 zu § 99 BetrVG 1972).

185 Dagegen kann der Betriebsrat die Zustimmung zur Einstellung nicht verweigern, wenn lediglich **einzelne Bestimmungen des Arbeitsvertrages** gegen (zwingende) gesetzliche oder tarifliche Vorschriften verstoßen (*BAG* 18.10.1988 EzA § 99 BetrVG 1972 Nr. 69 = AP Nr. 57 zu § 99 BetrVG 1972; 28.06.1994 EzA § 99 BetrVG 1972 Nr. 123 = AP Nr. 4 zu § 99 BetrVG 1972 Einstellung unter B II 1; *Fitting* § 99 Rn. 210; *Galperin/Löwisch* § 99 Rn. 74; *Huke/HWGNRH* § 99 Rn. 156; *Matthes*/MünchArbR § 263 Rn. 49; *Stege/Weinspach/Schiefer* §§ 99–101 Rn. 56; krit. *Bachner/ DKKW* § 99 Rn. 193, 194 für Vertragsbedingungen, die sich auf den Arbeitseinsatz beziehen; **a. M.** *LAG Baden-Württemberg* 09.08.1985 BB 1985, 2321; *Lörcher* BlStSozArbR 1981, 177; *ders.* Personalrat, 1985, 9; *Plander* AuR 1984, 161; *Richardi/Thüsing* § 99 Rn. 220 f.). Das Mitbestimmungsrecht ist **kein Instrument der Vertragsinhaltskontrolle** (so zutr. *BAG* 28.03.2000 EzA § 99 BetrVG 1972 Einstellung Nr. 6 = AP Nr. 27 zu § 99 BetrVG 1972 Einstellung unter II 2a; 12.11.2002 EzA § 99 BetrVG 2001 Nr. 1 = AP Nr. 41 zu § 99 BetrVG 1972 Einstellung unter B II 1). Eine Zustimmungsverweigerung würde vielfach den mit den zwingenden Normen regelmäßig verbundenen Zweck des Arbeitnehmerschutzes geradezu vereiteln. Wird der Arbeitnehmer eingestellt und der Arbeitsvertrag abgeschlossen, so kann sich der Arbeitnehmer typischerweise auf die jeweilige Norm berufen und trotz abweichenden Vertragsinhalts die sich hieraus ergebenden Ansprüche geltend machen. Diese Möglichkeit würde ihm genommen, wenn der Betriebsrat unter Hinweis auf den Gesetzesverstoß bereits die Einstellung verhindern könnte. Die Zustimmungsverweigerung kann also weder darauf gestützt werden, dass der Arbeitgeber den Arbeitnehmer oder Auszubildenden zu **untertariflichen Arbeitsbedingungen** beschäftigen will (*BAG* 09.07.1996 EzA § 99 BetrVG 1972 Einstellung Nr. 1 = AP Nr. 9 zu § 99 BetrVG 1972 Einstellung; 28.03.2000 EzA § 99 BetrVG 1972 Einstellung Nr. 6; 14.12.2004 EzA § 99 BetrVG 2001 Einstellung Nr. 1 unter B II 3a bb (1)), noch dass er ein unterhalb des gesetzlichen **Mindestlohns** (§ 1 Abs. 2 MiLoG) liegendes Arbeitsentgelt (*Fitting* § 99 Rn. 190) oder mit einem Auszubildenden eine unangemessen niedrige Vergütung (§ 17 Abs. 1 BBiG) vereinbart (*BAG* 28.03.2000 EzA § 99 BetrVG 1972 Einstellung Nr. 6 unter II 2c [zu § 10 Abs. 1 BBiG a. F.]). Ebenso wenig verstößt die Einstellung eines Arbeitnehmers im Rahmen eines befristeten Arbeitsverhältnisses gegen ein Gesetz, wenn die vorgesehene **Befristung unwirksam** ist (*BAG* 20.06.1978 EzA § 99 BetrVG 1972 Nr. 20 *[Löwisch]* = AP Nr. 8 zu § 99 BetrVG 1972; 16.07.1985 EzA § 99 BetrVG 1972 Nr. 40 = AP Nr. 21 zu § 99 BetrVG 1972 *[Kraft]*; 27.10.2010 EzA § 99 BetrVG 2001 Einstellung Nr. 15 = AP Nr. 133 zu § 99 BetrVG 1972 *[von Hoyningen-Huene]* Rn. 23; **a. M.** *Richardi/Thüsing* § 99 Rn. 220 f.). Die Befristungsvorschriften sollen nicht die Begründung, sondern die willkürliche Beendigung von Arbeitsverhältnissen einschränken. Eine **falsche Eingruppierung** begründet ebenfalls keinen Zustimmungsgrund bezüglich der Einstellung oder der Versetzung (sondern allenfalls in Bezug auf die Eingruppierung; *BAG* 18.03.2008 EzA § 99 BetrVG 2001 Einstellung Nr. 9 Rn. 29; 10.03.2009 EzA § 99 BetrVG 2001 Nr. 12 Rn. 41).

186 Problematisch ist, ob der Betriebsrat die Zustimmung zu der Einstellung eines Arbeitnehmers als **Datenschutzbeauftragter** oder zur Versetzung eines Arbeitnehmers auf einen Arbeitsplatz als Datenschutzbeauftragter mit der Begründung verweigern kann, der Bewerber habe nicht die erforderliche Qualifikation. Die h. M. hat dies unter der Geltung des § 4f BDSG a. F. bejaht (*BAG* 22.03.1994 EzA § 99 BetrVG 1972 Nr. 121 = AP Nr. 4 zu § 99 BetrVG 1972 Versetzung; *Bachner/DKKW* § 99 Rn. 198; *Fitting* § 99 Rn. 203; *Simitis* in: *Simitis* (Hrsg.) Kommentar zum Bundesdatenschutzgesetz, 7. Aufl. 2011, § 4f Rn. 79; **a. M.** *Brill* BlStSozArbR 1978, 164; *Dörr/Schmidt* Neues Bundesdatenschutzgesetz, 2. Aufl. 1992, § 36 Rn. 11; *Huke/HWGNRH* § 99 Rn. 155; *Stege/Weinspach/Schiefer* §§ 99–101 Rn. 55; gegen ein Zustimmungsverweigerungsrecht auf der Basis der früheren Rechtslage auch hier, 10. Aufl. Rn. 168). Dies dürfte nach der ab 25.05.2018 geltenden Neufassung des BDSG kaum aufrechtzuerhalten sein. Zum einen fehlt es an einer dem § 4f BDSG entsprechenden Nachfolgeregelung. Der neue § 38 BDSG nimmt nicht einmal Bezug auf die sehr allgemein gehaltenen Voraussetzungen für die Benennung des Datenschutzbeauftragten öffentlicher Stellen in § 5 Abs. 3 BDSG. Das Gesetz definiert daher keine Qualifikationsanforderungen an den betrieblichen Datenschutzbeauftragten mehr. Zum anderen betont die DS-GVO in besonderer Weise die Unabhängigkeit des Datenschutzbeauftragten auch im Verhältnis zum Betriebsrat. Damit ist ein Zustimmungsverweigerungsrecht nach Abs. 2 Nr. 1 kaum zu vereinbaren (*Kort* ZD 2017, 3 [6]).

Nach ganz h. M. kann der Betriebsrat die Zustimmung zu der Einstellung (oder Versetzung) nach **187**
Abs. 2 Nr. 1 auch dann verweigern, wenn der Arbeitgeber dabei gegen seine Verpflichtung aus **§ 9
TzBfG** verstoßen hat, den Teilzeitarbeitnehmer bevorzugt zu berücksichtigen, weil durch die Einstellung der Anspruch des Teilzeitarbeitnehmers vereitelt werde (vgl. *Kliemt* NZA 2001, 63 [70]; *Laux* in: *Laux/Schlachter* TzBfG § 9 TzBfG Rn. 95; *Schüren/AR* § 9 TzBfG Rn. 30; *Richardi/Thüsing* § 99 Rn. 222 m. w. N.). Diese Ansicht findet sich auch in den Gesetzesmaterialien (BT-Drucks. 14/4625, S. 20). Das *BAG* scheint demgegenüber anzunehmen, dass der Betriebsrat nur nach Abs. 2 Nr. 3 die Zustimmung verweigern könne (*BAG* 01.06.2011 EzA § 99 BetrVG 2001 Einstellung Nr. 18 = AP Nr. 64 zu § 99 BetrVG 1972 Einstellung Rn. 31; wohl auch *Fitting* § 99 Rn. 218). Für die (alleinige) Anwendung des Abs. 2 Nr. 3 könnte sprechen, dass nicht die Beschäftigung des bevorzugten Arbeitnehmers gegen das Gesetz verstößt, sondern die Nichtberücksichtigung des Teilzeitbeschäftigten bei der Auswahlentscheidung. Im Vordergrund steht also der erlittene Nachteil. Diese Konstellation wird aber eher von Abs. 2 Nr. 3 erfasst (s. Rdn. 205). Zur Frage des Zustimmungsverweigerungsrechts bei Verstoß gegen **§ 7 Abs. 1 TzBfG** s. § 93 Rdn. 44, gegen **§ 7 Abs. 2 TzBfG** s. Rdn. 206 sowie § 93 Rdn. 54, gegen **§ 18 TzBfG** s. Rdn. 207.

Fraglich ist, ob der Betriebsrat die Zustimmung zu der Maßnahme auch dann nach Abs. 2 Nr. 1 ver- **188**
weigern kann, wenn das **Auswahlverfahren** oder die **Auswahlentscheidung** des Arbeitgebers gegen ein Gesetz oder eine sonstige Rechtsnorm verstößt. Das *BAG* nimmt in mittlerweile st. Rspr. an, dass ein Gesetzesverstoß nicht nur vorliege, wenn durch die Norm die tatsächliche Beschäftigung verhindert werden soll, sondern auch, wenn bei der Einstellung ein Auswahlverfahren nicht beachtet worden sei, das zugunsten besonders schutzwürdiger Mitbewerber vorgeschrieben sei (*BAG* 14.11.1989 EzA § 99 BetrVG 1972 Nr. 84 [zust. *von Maydell*] = AP Nr. 77 zu § 99 BetrVG 1972; 10.11.1992 EzA § 99 BetrVG 1972 Nr. 108 [zust. *v. Hoyningen-Huene*] = AP Nr. 100 zu § 99 BetrVG 1972 [krit. *Loritz*]; 28.03.2000 EzA § 99 BetrVG 1972 Einstellung Nr. 6 unter II 2a). Ausgehend hiervon wird ein Zustimmungsverweigerungsrecht angenommen, wenn der Arbeitgeber gegen seine Pflicht aus **§ 164 Abs. 1 Satz 1 und 2 SGB IX** (bis 01.01.2018: § 81 Abs. 1 Satz 1 und 2 SGB IX) verstößt, die Besetzung eines Arbeitsplatzes mit einem Schwerbehinderten zu prüfen und zu diesem Zweck Kontakt mit den zuständigen Stellen aufzunehmen (*BAG* 14.11.1989 EzA § 99 BetrVG 1972 Nr. 84; 17.06.2008 EzA § 81 SGB IX Nr. 16 = AP Nr. 46 zu § 99 BetrVG 1972 Versetzung Rn. 25). Der Arbeitgeber hat allerdings seine Prüfpflicht erfüllt, wenn er der Agentur für Arbeit sowie der Schwerbehindertenvertretung die zur Besetzung anstehende Stelle angezeigt hat. Werden dann für die konkrete Stelle keine geeigneten Bewerber vorgeschlagen, ist er nicht verpflichtet zu prüfen, ob behinderte Menschen, die sich auf andere Arbeitsplätze beworben haben, auch für den konkret zu besetzenden Arbeitsplatz in Betracht kommen (*BAG* 10.11.1992 EzA § 99 BetrVG 1972 Nr. 108 = AP Nr. 100 zu § 99 BetrVG 1972 unter B II 2 a). Umstritten ist, ob und inwieweit die Prüfpflicht besteht, wenn sich der Arbeitgeber im Hinblick auf die Besetzung einer freien Stelle auf eine interne Stellenbesetzung festgelegt hat (gegen eine Pflicht im Hinblick auf mögliche externe Bewerber *LAG Köln* 08.02.2010 – 5 TaBV 73/09 – juris, Rn. 33 ff.; *LAG Saarland* 13.02.2008 LAGE § 82 SGB IX Nr. 2; *Gutzeit*/Beck OK-SozR § 81 SGB IX Rn. 3 [Stand: 01.12.2014]; **a. M.** *LAG Hamm* 23.01.2015 LAGE § 81 SGB IX Nr. 16 Rn. 73 f. m. w. N.; *Bachner*/DKKW § 99 Rn. 197; offen gelassen von *BAG* 17.06.2008 EzA § 81 SGB IX Nr. 16 = AP Nr. 46 zu § 99 BetrVG 1972 Versetzung Rn. 20). Ein Zustimmungsverweigerungsrecht soll dem Betriebsrat bei Verstoß gegen § 164 SGB IX zudem nur in Bezug auf die Einstellung zustehen. Dagegen könne der Betriebsrat einer Versetzung nicht mit dieser Begründung die Zustimmung verweigern, weil davon auszugehen sei, dass der Grund für die Nichtberücksichtigung nicht etwa die Behinderung, sondern die Tatsache sei, dass der Arbeitgeber der Versetzung des ihm bekannten betriebsinternen Bewerbers gegenüber einer Neueinstellung den Vorzug gebe (*BAG* 17.06.2008 EzA § 81 SGB IX Nr. 16 = AP Nr. 46 zu § 99 BetrVG 1972 Versetzung Rn. 26).

Im Falle der **Versetzung eines schwerbehinderten Arbeitnehmers** soll der Betriebsrat die Zustim- **189**
mung nach Abs. 2 Nr. 1 verweigern können, wenn die Schwerbehindertenvertretung nicht nach § 178 Abs. 2 SGB IX (bis 01.01.2018: § 95 Abs. 2 SGB IX) beteiligt worden sei (*LAG Rheinland-Pfalz* 05.10.2011 – 8 TaBV 9/11 – juris, Rn. 25). Zur Begründung wird angeführt, dass der Zweck der Beteiligung der Schwerbehindertenvertretung sich nur erreichen lasse, wenn die Maßnahme unterbleibe, solange die Schwerbehindertenvertretung nicht angehört worden sei. Dabei wird übersehen, dass dies

§ 99   *IV. 5. 3. Personelle Einzelmaßnahmen*

schon dadurch sichergestellt ist, dass nach § 178 Abs. 2 Satz 2 SGB IX eine ohne Beteiligung der Schwerbehindertenvertretung getroffene Maßnahme auf deren Antrag auszusetzen ist; die Anhörung ist sodann innerhalb von sieben Tagen nachzuholen. Während der Aussetzung ist die Maßnahme auch individualrechtlich (schwebend) unwirksam (*Gutzeit*/Beck OK-SozR § 95 SGB IX Rn. 5a [Stand: 01.12.2014]). Dies muss als abschließende Sicherung der Beteiligung nach § 178 Abs. 2 SGB IX und der Rechte der Schwerbehinderten angesehen werden. Würde man daneben einen gesetzlichen Verstoß nach Abs. 2 Nr. 1 annehmen, könnte der Betriebsrat die Zustimmung verweigern, obwohl die Schwerbehindertenvertretung die Aussetzung nicht verlangt hat. Eine solche Einmischung des Betriebsrats widerspräche der gesetzlichen Aufgabenverteilung.

190   Ein Gesetzesverstoß nach Abs. 2 Nr. 1 wird auch angenommen, wenn ein Arbeitnehmer wegen seiner **Gewerkschaftszugehörigkeit** benachteiligt und deshalb nicht eingestellt wird, weil nur so gewährleistet werden könne, dass der Bewerber die Chance auf ein diskriminierungsfreies (neues) Auswahlverfahren erhalte (*BAG* 28.03.2000 EzA § 99 BetrVG 1972 Einstellung Nr. 6 = AP Nr. 27 zu § 99 BetrVG 1972 Einstellung unter II 2d). Führt man den Gedanken konsequent fort, so müsste der Betriebsrat sich auch im Falle der diskriminierenden Bewerberauswahl, also bei einem **Verstoß gegen §§ 1, 3, 7 AGG** auf Abs. 2 Nr. 1 berufen können (so in der Tat *Bachner*/DKKW § 99 Rn. 197; *Fitting* § 99 Rn. 198; angedeutet auch von *BAG* 17.06.2008 EzA § 81 SGB IX Nr. 16 = AP Nr. 46 zu § 99 BetrVG 1972 Versetzung Rn. 25; **a. M.** *Eich* NJW 1980, 2334; *Huke*/HWGNRH § 99 Rn. 157; *Matthes*/MünchArbR § 263 Rn. 52; *Richardi*/*Thüsing* § 99 Rn. 217 [bei Einstellungen]; *Soergel*/*Raab* BGB, 12. Aufl., § 611a Rn. 75; *Stege*/*Weinspach*/*Schiefer* §§ 99–101 Rn. 59). Auch Verstöße gegen den **Gleichbehandlungsgrundsatz des § 75 Abs. 1** sollen generell – also auch bei Einstellung – ein Zustimmungsverweigerungsrecht begründen (*Bachner*/DKKW § 99 Rn. 197; *Fitting* § 99 Rn. 196; *Galperin*/*Löwisch* § 99 Rn. 74; wohl auch *Richardi*/*Thüsing* § 99 Rn. 217; **a. M.** *Huke*/HWGNRH § 99 Rn. 151; *Stege*/*Weinspach*/*Schiefer* §§ 99–101 Rn. 58; wohl auch *BAG* 14.12.2004 EzA § 99 BetrVG 2001 Einstellung Nr. 1 = AP Nr. 121 zu § 99 BetrVG 1972 unter B II 3a bb (2) für die Einstellung).

191   Richtigerweise wird man wohl zwischen den unterschiedlichen Maßnahmen **differenzieren** müssen. Im Falle der **Einstellung** kann ein Verstoß gegen Vorschriften, die das Auswahlverfahren regeln oder das Auswahlermessen beschränken, kein Zustimmungsverweigerungsrecht begründen. Der Betriebsrat ist aufgrund seines Mandates nicht zur Interessenvertretung des Bewerbers berufen, sondern hat die Interessen der von ihm vertretenen Arbeitnehmer wahrzunehmen (zutr. *Loritz* Anm. AP Nr. 100 zu § 99 BetrVG 1972 [Bl. 6R]). Diese werden aber durch einen Verstoß gegen diese Normen nicht tangiert. Man könnte allenfalls argumentieren, dass der Betriebsrat die Aufgabe hat, dafür zu sorgen, dass die Bewerberauswahl gesetzeskonform erfolgt. Dem steht jedoch entgegen, dass sich die Mitbestimmung gerade nicht auf die Auswahlentscheidung erstreckt (vgl. *BAG* 18.07.1978 EzA § 99 BetrVG 1972 Nr. 22 = AP Nr. 7 zu § 99 BetrVG 1972 unter B II 1a). Die Einstellung des »Bevorzugten« hingegen wird vom Gesetz nicht verboten (so auch *Richardi*/*Thüsing* § 99 Rn. 217). Soweit infolge des Rechtsverstoßes im Auswahlverfahren oder in der Auswahlentscheidung betriebsangehörige Arbeitnehmer einen Nachteil erleiden, ließe sich dem im Rahmen des Abs. 2 Nr. 3 hinreichend Rechnung tragen (hierzu Rdn. 208). Eine Ausnahme mag insoweit für den Verstoß gegen Art. 9 Abs. 3 Satz 2 GG gelten. Die Vorschrift könnte nämlich durchaus dahin verstanden werden, dass nicht nur die Ablehnung des Gewerkschaftsmitglieds, sondern auch die Bevorzugung des Nichtorganisierten rechtswidrig ist. Der Verstoß gegen § 75 Abs. 1 rechtfertigt dagegen im Falle der Einstellung nicht die Verweigerung der Zustimmung, da die Norm nach ihrem klaren Wortlaut nur für bereits im Betrieb tätige Arbeitnehmer gilt. Schließlich kann auch darauf, dass ein Gesetz die Verpflichtung zur Einstellung von bestimmten Personen enthält und der in Aussicht Genommene diese Voraussetzungen nicht erfüllt (z. B. Mindestzahl von schwerbehinderten Arbeitnehmern nach § 154 SGB IX (bis 01.01.2018: § 71 SGB IX), die Verweigerung der Zustimmung nicht gestützt werden (ebenso *ArbG Lüneburg* 27.05.1986 NZA 1987, 67; *Nikisch* III, S. 467; *Stege*/*Weinspach*/*Schiefer* §§ 99–101 Rn. 57; **a. M.** *BAG* 14.11.1989 EzA § 99 BetrVG 1972 Nr. 84; *Richardi*/*Thüsing* § 99 Rn. 215). Etwas anderes mag gelten, wenn ein Tarifvertrag solchen Personen bestimmte Arbeitsplätze vorbehält (s. Rdn. 193; ebenso *Huke*/HWGNRH § 99 Rn. 159). Verstöße gegen den Gleichbehandlungsgrundsatz des § 75 Abs. 1 oder gegen die Diskriminierungsverbote der §§ 1, 7 AGG bei **Versetzung, Ein- und Umgruppierung** können hingegen durchaus ein Zustimmungsverweigerungsrecht auslösen (*BAG*

20.09.2006 – 10 ABR 57/05 – juris Rn. 36 [bzgl. Umgruppierung]; *Galperin/Löwisch* § 75 Rn. 21b, § 99 Rn. 74; *von Hoyningen-Huene/Boemke* Die Versetzung, VIII 4b, S. 172; *Matthes/*MünchArbR § 263 Rn. 52). Benachteiligt wird in diesen Fällen ein im Betrieb beschäftigter Arbeitnehmer. Es gehört daher zu den Aufgaben des Betriebsrats, solche Benachteiligungen zu verhindern.

Umstritten war, ob ein **Verstoß gegen die in § 99 vorgesehene Unterrichtungspflicht** seitens des Arbeitgebers den Widerspruch des Betriebsrats nach § 99 Abs. 2 Nr. 1 tragen kann. Das *BAG* hat dies ursprünglich für möglich gehalten (*BAG* 24.09.1968 EzA § 61 BetrVG Nr. 1); in einer späteren Entscheidung hat das *BAG* die Frage dahinstehen lassen. Es hat darauf hingewiesen, dass jedenfalls dann kein Gesetzesverstoß vorliege, wenn der Arbeitgeber seine Unterrichtungspflicht nicht vorsätzlich verletzt habe (vgl. *BAG* 06.04.1973 EzA § 99 BetrVG 1972 Nr. 4 = AP Nr. 1 zu § 99 BetrVG 1972). In der Entscheidung vom 28.01.1986 (*BAG* EzA § 99 BetrVG 1972 Nr. 48 = AP Nr. 34 zu § 99 BetrVG 1972) hat das Gericht klargestellt, dass die Verletzung der Unterrichtungspflicht kein Gesetzesverstoß i. S. v. Abs. 2 Nr. 1 ist (so auch *BAG* 10.08.1993 NZA 1994, 187). Dem ist zuzustimmen (vgl. *Bachner*/DKKW § 99 Rn. 197; *von Hoyningen-Huene/Boemke* Die Versetzung, VIII 4b, S. 172; *Galperin/Löwisch* § 99 Rn. 70; *Huke*/HWGNRH § 99 Rn. 127; *Matthes/*MünchArbR § 263 Rn. 49; *Richardi/Thüsing* § 99 Rn. 223; *Stege/Weinspach/Schiefer* §§ 99–101 Rn. 57; *Weiss/Weyand* § 99 Rn. 35; krit. *Fitting* § 99 Rn. 206, 207). Hierfür kommt es auch nicht darauf an, ob der Arbeitgeber bewusst oder unbewusst gegen seine betriebsverfassungsrechtlichen Pflichten verstoßen hat. Die Verfahrensvorschriften des § 99 sind keine Bestimmungen, die gerade der personellen Maßnahme, sei es Einstellung, Versetzung, Umgruppierung oder Eingruppierung entgegenstehen. Gleiches gilt für andere Vorschriften, die lediglich das Verfahren im Vorfeld der Maßnahme betreffen. So kann der Betriebsrat die Zustimmungsverweigerung nicht darauf stützen, dass der Arbeitgeber gegen das Gebot der **diskriminierungsfreien Ausschreibung nach § 11 AGG** (früher § 611b BGB) verstoßen habe (*Huke*/HWGNRH § 99 Rn. 157; *Soergel/Raab* BGB, 12. Aufl., § 611b Rn. 10; *Stege/Weinspach/Schiefer* §§ 99–101 Rn. 59; zum Zustimmungsverweigerungsrecht nach Abs. 2 Nr. 5 in diesen Fällen s. Rdn. 226, § 93 Rdn. 43).

192

Auch **bei Verstößen gegen den Tarifvertrag** setzt das Zustimmungsverweigerungsrecht voraus, dass die tarifliche Verbotsnorm sich gegen die personelle Maßnahme selbst richtet, der Zweck der Tarifnorm also nur dadurch erreicht werden kann, dass die Maßnahme unterbleibt. Bei **Einstellungen** kommt hier nur ein Verstoß gegen **Abschlussverbote bzw. Abschlussgebote** in Betracht (z. B. *BAG* 28.01.1992 EzA § 99 BetrVG 1972 Nr. 103 [i.E. zust. *Dauner-Lieb*] = AP Nr. 95 zu § 99 BetrVG 1972: Verbot der Beschäftigung von Arbeitnehmern mit einer Arbeitszeit von weniger als zwanzig Stunden). Zu denken ist vor allem auch an **qualitative Besetzungsregeln**, die aus Gründen der Überforderung, der Förderung der Arbeitsqualität sowie des Schutzes bestimmter Fachkräfte die Beschäftigung von Arbeitnehmern, die bestimmte Anforderungen nicht erfüllen, auf bestimmten Arbeitsplätzen verbieten (*BAG* 18.03.2008 EzA § 99 BetrVG 2001 Einstellung Nr. 9 Rn. 29). Bei tariflichen **Regelungen der Arbeitszeit** ist zu unterscheiden. Soll durch den Tarifvertrag eine Höchstarbeitszeit vorgegeben werden, so handelt es sich um eine Inhaltsnorm, nicht um eine Abschlussnorm, welche bei Überschreitung der Arbeitszeit eine Beschäftigung generell unterbinden will. Das Ziel der Tarifnorm, der Arbeitszeitschutz, kann nämlich nur im bestehenden Arbeitsverhältnis erreicht werden (*BAG* 27.10.2010 EzA § 99 BetrVG 2001 Einstellung Nr. 16 = AP Nr. 61 zu § 99 BetrVG 1972 Einstellung Rn. 32). Anders ist es, wenn eine Mindestarbeitszeit festgelegt wird, um zu verhindern, dass Arbeitsverträge mit kürzeren Arbeitszeiten vereinbart werden. Hier gebietet es der Zweck der Regelung, dass die Einstellung insgesamt unterbleibt (*BAG* 28.01.1992 EzA § 99 BetrVG 1972 Nr. 103 = AP Nr. 95 zu § 99 BetrVG 1972). Eine Tarifnorm, die befristete Arbeitsverträge nur bei Vorliegen eines sachlichen Grundes oder bei in der Person des Arbeitnehmers gegebenen Gründen zulässt, kann bei ihrer Verletzung in der Regel kein Zustimmungsverweigerungsrecht des Betriebsrats begründen (vgl. *BAG* 28.06.1994 EzA § 99 BetrVG 1972 Nr. 123 = AP Nr. 4 zu § 99 BetrVG 1972 Einstellung; vgl. auch Rdn. 183 f.).

193

Bei **Eingruppierung** und **Umgruppierung** hat dieser Zustimmungsverweigerungsgrund große Bedeutung. Hier liegt ein Verstoß i. S. v. Abs. 2 Nr. 1 nicht nur vor, wenn der Arbeitnehmer und der Arbeitgeber tarifgebunden sind (*Richardi/Thüsing* § 99 Rn. 228), sondern auch dann, wenn das tarifliche Gruppenschema nur kraft betrieblicher Übung oder vertraglicher Inbezugnahme gilt, da sonst auch

194

§ 99   IV. 5. 3. Personelle Einzelmaßnahmen

das Zustimmungsverweigerungsrecht selbst in diesen Fällen keinen Sinn haben würde (s. Rdn. 63 ff.; *Bachner/DKKW* § 99 Rn. 67, 200; *Fitting* § 99 Rn. 212; *Galperin/Löwisch* § 99 Rn. 76; *Huke/HWGNRH* § 99 Rn. 160; *Stege/Weinspach/Schiefer* §§ 99–101 Rn. 64; vgl. auch BAG 03.12.1985 EzA § 118 BetrVG 1972 Nr. 37 = AP Nr. 31 zu § 99 BetrVG 1972). Macht der Betriebsrat eine falsche Eingruppierung geltend, so muss er in seiner Begründung deutlich machen, welche Vergütungsgruppe er für zutreffend erachtet (*BAG* 30.09.2014 EzA § 34 BetrVG 2001 Nr. 2 Rn. 33). Der Betriebsrat kann seine Zustimmung zu einer **Eingruppierung** auch mit der Begründung verweigern, die vom Arbeitgeber angewendete Vergütungsgruppenordnung sei nicht diejenige, die im Betrieb angewendet werden müsse (*BAG* 27.01.1987 EzA § 99 BetrVG 1972 Nr. 55 = AP Nr. 42 zu § 99 BetrVG 1972; 22.03.2005 EzA § 77 BetrVG 2001 Nr. 10 unter B II 2a) oder der Arbeitnehmer werde zu hoch eingruppiert (*BAG* 28.04.1998 EzA § 99 BetrVG 1972 Eingruppierung Nr. 2 = AP Nr. 18 zu § 99 BetrVG 1972 Eingruppierung = SAE 2000, 188 [zust. *Gutzeit*]). Wird eine bisher einheitliche Gehaltsgruppe durch zwei neue Gehaltsgruppen ersetzt, so kann der Betriebsrat der Neueingruppierung eines Arbeitnehmers, der mit seiner Zustimmung in die aufgelöste Gehaltsgruppe eingruppiert war, in eine der neu geschaffenen beiden Gehaltsgruppen nicht mit der Begründung die Zustimmung verweigern, der Arbeitnehmer erfülle – bei gleich bleibender Tätigkeit – die Voraussetzungen einer höheren, unveränderten Gehaltsgruppe (*BAG* 18.01.1994 EzA § 99 BetrVG 1972 Nr. 120 = AP Nr. 1 zu § 99 BetrVG 1972 Eingruppierung). Bei **rein betrieblichen Gehaltsschemata**, die nicht auf tarifliche Regelungen Bezug nehmen und nicht in einer Betriebsvereinbarung niedergelegt sind, kommt als Grund für die Zustimmungsverweigerung nur ein Verstoß gegen § 75 und den dort verankerten Gleichbehandlungsgrundsatz in Betracht.

195 Ein Verstoß gegen einen Tarifvertrag kann auch im Zusammenhang mit einer **Versetzung** vorliegen, wenn ein Tarifvertrag entsprechende Regelungen für die Besetzung des Arbeitsplatzes enthält, auf den der Arbeitnehmer versetzt werden soll (Besetzungsregeln; *BAG* 13.09.1983 EzA § 4 TVG Druckindustrie Nr. 1 = AP Nr. 1 zu § 1 TVG Tarifverträge: Druckindustrie [*Reuter*]; 26.04.1990 EzA § 4 TVG Druckindustrie Nr. 20 [*Kittner*] = AP Nr. 57 zu Art. 9 GG). Hier ist allerdings zu unterscheiden: Handelt es sich um **betriebsverfassungsrechtliche** bzw. **betriebliche Normen**, so kommt es auf die Tarifbindung des versetzten Arbeitnehmers nicht an (vgl. § 3 Abs. 2 TVG). Handelt es sich um **Inhaltsnormen**, dann kommt ein Verstoß i. S. v. Abs. 2 Nr. 1 nur in Frage, wenn beiderseitige Tarifbindung besteht (vgl. § 3 Abs. 1 TVG, § 4 TVG), oder wenn der Tarifvertrag kraft einzelvertraglicher Inbezugnahme oder betrieblicher Übung auf das konkrete Arbeitsverhältnis zur Anwendung kommt (*Bachner/DKKW* § 99 Rn. 200; offen gelassen von *BAG* 14.12.2004 EzA § 99 BetrVG 2001 Einstellung Nr. 1 = AP Nr. 121 zu § 99 BetrVG 1972 unter B II 3a bb (1)). Selbst wenn der Tarifvertrag danach auf das Arbeitsverhältnis Anwendung findet, dürfte freilich eine Zustimmungsverweigerung kaum jemals gerechtfertigt sein. Bei Abweichungen zugunsten des Arbeitnehmers kommt eine Zustimmungsverweigerung von vornherein nicht in Betracht, weil solche Vereinbarungen nach dem Günstigkeitsprinzip des § 4 Abs. 3 TVG zulässig sind und damit keinen Verstoß gegen den Tarifvertrag darstellen. Weichen die vertraglichen Vereinbarungen zu Ungunsten des Arbeitnehmers vom (zwingenden) Tarifvertrag ab, kann der Arbeitnehmer jederzeit seine tariflichen Rechte geltend machen (*BAG* 14.12.2004 EzA § 99 BetrVG 2001 Einstellung Nr. 1 = AP Nr. 121 zu § 99 BetrVG 1972 unter B II 3a bb (1)). Um den Zweck der Tarifnorm zu erreichen, ist es daher nicht erforderlich, dass die Versetzung insgesamt unterbleibt. Ist ein Tarifvertrag gekündigt und gelten seine Regelungen nur kraft Nachwirkung, so kann ein Zustimmungsverweigerungsrecht gegen eine einzelvertragliche Neueingruppierung auf die Verletzung dieser Bestimmungen nicht mehr gestützt werden (*Galperin/Löwisch* § 99 Rn. 76; *Huke/HWGNRH* § 99 Rn. 163; *Stege/Weinspach/Schiefer* §§ 99–101 Rn. 64; vgl. auch *BAG* 03.12.1985 EzA § 1 TVG Auslegung Nr. 16 = AP Nr. 1 zu § 74 BAT; 03.12.1985 EzA § 1 TVG Nr. 21 = AP Nr. 2 zu § 74 BAT).

196 Ein **Verstoß gegen eine Betriebsvereinbarung** kann in den gleichen Fällen in Betracht kommen wie ein Verstoß gegen einen Tarifvertrag (vgl. *BAG* 10.03.1992 EzA § 99 BetrVG 1972 Nr. 104 = AP Nr. 96 zu § 99 BetrVG 1972; *Fitting* § 99 Rn. 216; *Galperin/Löwisch* § 99 Rn. 77; *Huke/HWGNRH* § 99 Rn. 164; *Richardi/Thüsing* § 99 Rn. 229). Voraussetzung ist allerdings, dass die Betriebsvereinbarung nach §§ 77 Abs. 3, 87 Abs. 1 Eingangssatz zulässig ist (*Bachner/DKKW* § 99 Rn. 201; *Richardi/Thüsing* § 99 Rn. 229).

Verstöße gegen gerichtliche Entscheidungen kommen vor allem in Frage, wenn personelle Maß- 197
nahmen durch rechtskräftige Entscheidungen des Arbeitsgerichts beendet sind bzw. ihre Aufhebung
angeordnet ist (vgl. § 100 Abs. 3, § 101), wenn ein Gericht den Arbeitgeber zu einer bestimmten Eingruppierung rechtskräftig verurteilt hat, aber auch, wenn ein einschlägiges Berufsverbot ausgesprochen ist (vgl. §§ 69, 70 StGB; *Bachner/DKKW* § 99 Rn. 202; *Fitting* § 99 Rn. 217; *Galperin/Löwisch*
§ 99 Rn. 78; *Huke/HWGNRH* § 99 Rn. 166; *Richardi/Thüsing* § 99 Rn. 230;; unklar in Bezug auf
die §§ 100 und 101 *Heinze* Personalplanung, Rn. 305). Der Ausspruch eines Fahrverbotes nach § 44
StGB reicht nicht aus, um der Einstellung als Kraftfahrer die Zustimmung zu verweigern (**a. M.** *Bachner/DKKW* § 99 Rn. 202; *Fitting* § 99 Rn. 217; *Huke/HWGNRH* § 99 Rn. 166; *Richardi/Thüsing*
§ 99 Rn. 230). Wird der Arbeitgeber rechtskräftig verurteilt, den Arbeitnehmer zu unveränderten Bedingungen weiterzubeschäftigen, so verstößt eine Versetzung nur dann gegen die gerichtliche Entscheidung, wenn das Gericht sich mit dem Inhalt der Arbeitspflicht befasst hat (vgl. *BAG* 26.10.2004
EzA § 99 BetrVG 2001 Nr. 5 = AP Nr. 41 zu § 99 BetrVG 1972 Versetzung unter B I 3a).

Behördliche Anordnungen können sich z. B. aus dem Berufsbildungsgesetz (§§ 27, 33), der Hand- 198
werksordnung (§§ 21, 24) und dem Jugendarbeitsschutzgesetz (§ 27) ergeben (*Bachner/DKKW* § 99
Rn. 203; *Fitting* § 99 Rn. 218; *Richardi/Thüsing* § 99 Rn. 231).

Unfallverhütungsvorschriften werden nach § 15 SGB VII von den Berufsgenossenschaften als au- 199
tonomes Recht erlassen. Auf sie kann die Zustimmungsverweigerung nur gestützt werden, wenn sie
einer konkreten personellen Einzelmaßnahme entgegenstehen.

bb) Abs. 2 Nr. 2: Verstoß gegen Auswahlrichtlinien
Sind in einem Betrieb Auswahlrichtlinien durch Vereinbarung zwischen Arbeitgeber und Betriebsrat 200
oder durch Spruch der Einigungsstelle wirksam zustande gekommen, so rechtfertigt ein Verstoß gegen
diese Richtlinien bei Durchführung einer personellen Einzelmaßnahme i. S. v. § 99 Abs. 1 die Zustimmungsverweigerung des Betriebsrats (zu Einzelheiten s. § 95 Rdn. 25 ff.). Darauf, ob die Zustimmungsverweigerung »unangemessen« ist, kommt es nicht an (*Fitting* § 99 Rn. 219; *Galperin/Löwisch*
§ 99 Rn. 81; *Huke/HWGNRH* § 99 Rn. 168; *Richardi/Thüsing* § 99 Rn. 233; **a. M.** *Blomeyer* Gedächtnisschrift für *Dietz*, S. 147 [165]). Die Auswahlrichtlinie muss allerdings **bis zum Ablauf der
Frist des Abs. 3 Satz 1 wirksam zustande gekommen** sein. Dies ist nicht der Fall, wenn es an
dem erforderlichen (wirksamen) Beschluss des Betriebsrats fehlt, der Vorsitzende mithin bei der Vereinbarung der Richtlinien mit dem Arbeitgeber keine Vertretungsmacht nach § 26 Abs. 1 hatte und
damit als Vertreter ohne Vertretungsmacht (§ 177 Abs. 1 BGB) gehandelt hat. Auch eine etwaige Genehmigung durch den Betriebsrat müsste noch innerhalb der Frist erfolgen. Eine spätere Genehmigung entfaltet – entgegen § 184 Abs. 1 BGB – keine Rückwirkung (*BAG* 17.11.2010 EzA § 99
BetrVG 2001 Nr. 20 = AP Nr. 50 zu § 99 BetrVG 1972 Versetzung Rn. 37 f.; s. a. § 26 Rdn. 40).
Im Zustimmungsersetzungsverfahren ist einmal zu prüfen, ob die **Auswahlrichtlinie wirksam**
oder ob sie wegen Verstoßes gegen zwingendes Recht nichtig ist (*Galperin/Löwisch* § 99 Rn. 81; *Huke/HWGNRH* § 99 Rn. 170; *Richardi/Thüsing* § 99 Rn. 234; *Stege/Weinspach/Schiefer* §§ 99–101
Rn. 66) und weiter, ob die vorgesehene personelle Maßnahme gegen die Richtlinie verstößt. Die **Ermessensfehlerhaftigkeit eines Spruches der Einigungsstelle**, die die Richtlinie aufgestellt hat,
kann nur berücksichtigt werden, wenn der Arbeitgeber die Entscheidung der Einigungsstelle nach
§ 76 Abs. 5 Satz 4 angegriffen hat (*Bachner/DKKW* § 99 Rn. 204; *Huke/HWGNRH* § 99 Rn. 170;
Richardi/Thüsing § 99 Rn. 234; *Stege/Weinspach/Schiefer* §§ 99 –101 Rn. 67).

cc) Abs. 2 Nr. 3: Nachteile für andere Arbeitnehmer

(1) Regelfall: Nachteile für im Betrieb beschäftigte Arbeitnehmer
Bei diesem Zustimmungsverweigerungsgrund geht es um die Nichtbeachtung berechtigter Belange 201
von im Betrieb beschäftigten Arbeitnehmern, die von einer personellen Maßnahme in Bezug auf
einen anderen Arbeitnehmer betroffen werden können (vgl. amtliche Begründung zum BetrVG 1972,
BR-Drucks. 715/70, S. 51). Im Zusammenhang mit **Eingruppierungen** und **Umgruppierungen**
spielt dieser Zustimmungsverweigerungsgrund **keine Rolle** (*Galperin/Löwisch* § 99 Rn. 83; *Huke/
HWGNRH* § 99 Rn. 171; *Richardi/Thüsing* § 99 Rn. 236), wohl **aber** bei **Einstellungen und Ver-**

setzungen. Voraussetzung für eine wirksame Verweigerung der Zustimmung ist eine »**durch Tatsachen**« **begründete** Besorgnis, wobei diese Besorgnis aufgrund der vorgetragenen konkreten Fakten objektiv als begründet erscheinen muss. Bloße Vermutungen reichen nicht aus (*BAG* 11.06.2002 EzA § 99 BetrVG 1972 Nr. 139 = AP Nr. 118 zu § 99 BetrVG 1972 *[Oetker]* unter B IV 2b bb; *Bachner/DKKW* § 99 Rn. 207; *Fitting* § 99 Rn. 220; *Galperin/Löwisch* § 99 Rn. 85; *Huke/HWGNRH* § 99 Rn. 171; *Meisel* Mitwirkung, Rn. 252; *Richardi/Thüsing* § 99 Rn. 237 f.; anschauliches Beispiel für eine unzureichende Begründung in *BAG* 09.10.2013 EzA § 99 BetrVG 2001 Versetzung Nr. 10 Rn. 45 f.). Nicht erforderlich ist allerdings, dass die personelle Maßnahme die Benachteiligung bezweckt (*Bachner/DKKW* § 99 Rn. 208; *Huke/HWGNRH* § 99 Rn. 171). Die Beschränkung auf konkrete Tatsachen als Begründung für die Besorgnis ist erforderlich, um eine vom Gesetzgeber sicher nicht gewollte uferlose Ausweitung dieses Zustimmungsverweigerungsgrundes zu vermeiden (*Richardi* DB 1971, 612; *ders.* JZ 1978, 486).

202 Es muss die Besorgnis bestehen, dass im Betrieb beschäftigte Arbeitnehmer »infolge« der personellen Maßnahme Nachteile erleiden. Voraussetzung ist danach ein **Ursachenzusammenhang** zwischen der Maßnahme und dem befürchteten Nachteil (amtliche Begründung zum BetrVG 1972, BR-Drucks. 715/70, S. 51; st. Rspr.; vgl. z. B. *BAG* 30.08.1995 EzA § 99 BetrVG 1972 Nr. 130 = AP Nr. 5 zu § 99 BetrVG 1972 Versetzung unter II A II 3a). In Rechtsprechung und Literatur wird z. T. gefordert, der Nachteil müsse »unmittelbare« Folge der personellen Maßnahme sein (*BAG* 07.11.1977 EzA § 100 BetrVG 1972 Nr. 1 = AP Nr. 1 zu § 100 BetrVG 1972; *LAG Düsseldorf* 19.10.1976 EzA § 99 BetrVG 1972 Nr. 11; *Huke/HWGNRH* § 99 Rn. 171; *Stege/Weinspach/Schiefer* §§ 99–101 Rn. 71). Dem ist zuzustimmen, soweit damit zum Ausdruck gebracht werden soll, dass Nachteile, »die erst durch weitere, zusätzliche Umstände eintreten«, für die die Maßnahme also nicht ursächlich ist, nicht ausreichen (vgl. *Stege/Weinspach/Schiefer* §§ 99–101 Rn. 71; ähnlich *Huke/HWGNRH* § 99 Rn. 171). Festzuhalten ist aber, dass die personelle Maßnahme nur mitursächlich für die befürchteten Nachteile sein muss; sie muss weder die einzige noch die maßgebliche Ursache darstellen (*BAG* 09.07.1996 EzA § 99 BetrVG 1972 Einstellung Nr. 1 = AP Nr. 9 zu § 99 BetrVG 1972 Einstellung unter B III; 15.09.1987 EzA § 99 BetrVG 1972 Nr. 56 = AP Nr. 45 zu § 99 BetrVG 1972; *Bachner/DKKW* § 99 Rn. 208). Versetzung und Kündigung sind in der Regel ursächlich verbunden, wenn beide Maßnahmen Folgen derselben Betriebsänderung sind und diese eine Auswahlentscheidung nach § 1 Abs. 3 KSchG erforderlich gemacht hat (*BAG* 30.08.1995 EzA § 99 BetrVG 1972 Nr. 130 [abl. *Löwisch*] = AP Nr. 5 zu § 99 BetrVG 1972 Versetzung unter II A II 3a; zust. *Richardi/Thüsing* § 99 Rn. 250).

203 Der Zustimmungsverweigerungsgrund ist gegeben, wenn zu befürchten ist, dass als Folge der personellen Maßnahme einem anderen Arbeitnehmer **gekündigt** wird. Insoweit dient das Zustimmungsverweigerungsrecht dem Arbeitsplatzschutz und ergänzt den Kündigungsschutz (*BAG* 30.08.1995 EzA § 99 BetrVG 1972 Nr. 130 unter II A II 3a; *Bachner/DKKW* § 99 Rn. 209; *Matthes*/MünchArbR 2. Aufl., § 352 Rn. 76; *Richardi/Thüsing* § 99 Rn. 239). Es genügt, wenn Neueinstellungen angesichts der bestehenden wirtschaftlichen Lage des Betriebes über kurz oder lang zu Kündigungen vorhandener Arbeitnehmer führen können (*Hanau* BB 1972, 451 [452]). Wird ein Arbeitnehmer, dessen Arbeitsplatz wegfällt, auf einen noch besetzten Arbeitsplatz versetzt, so begründet dies die Besorgnis, dass dem Inhaber dieses Arbeitsplatzes gekündigt werden wird. Die Verweigerung der Zustimmung kann auch dann auf Nr. 3 gestützt werden, wenn die Versetzung eines Arbeitnehmers auf einen freien Arbeitsplatz dazu führt, dass der versetzte Arbeitnehmer bei im Rahmen der Umorganisation anschließend erforderlichen Änderungskündigungen nicht mehr in die zwischen mehreren Arbeitnehmern zu treffende Sozialauswahl einzubeziehen ist. Der dadurch für die zur Auswahl verbleibenden Arbeitnehmer eintretende Nachteil ist nur gerechtfertigt i. S. v. Nr. 3, wenn bereits bei der Auswahl vor der Versetzung eine ordnungsgemäße Sozialauswahl stattgefunden hat und der Versetzte sozial schutzwürdiger ist als die Arbeitnehmer, die danach in die Sozialauswahl bezüglich der erforderlichen Änderungskündigung einbezogen werden. Die ablehnende Ansicht von *Löwisch* (Anm. zu *BAG* 30.08.1995 EzA § 99 BetrVG 1972 Nr. 130; ähnlich *Kaiser* FS *Löwisch*, S. 153 [158 ff.]) überzeugt nicht. Sie gäbe dem Arbeitgeber die Möglichkeit, den Kreis der in die Sozialauswahl vor geplanten Änderungskündigungen einzubeziehenden Arbeitnehmer durch eine vorweg durchgeführte Versetzung einseitig einzuschränken. Dass die Sozialauswahl zunächst in Bezug auf die geplante Versetzung und danach erneut in Bezug auf die geplanten Änderungskündigungen vorzunehmen ist, kompliziert zwar die Situation für den Arbeitgeber (*Löwisch* Anm. zu *BAG* 30.08.1995 EzA § 99 BetrVG 1972 Nr. 130), ist aber sachgerecht. Zur fehlenden Sozialauswahl bei einer Versetzung als Zustimmungsverweigerungsgrund nach Nr. 3 vgl. auch *LAG Köln* 15.08.1996 NZA 1997, 887. Die Zustimmungsverweigerung ist unbegründet, wenn aufgrund ordnungsgemäßer Sozialauswahl die Kündigung gegenüber dem Arbeitnehmer erfolgen kann, auf dessen Arbeitsplatz der andere Arbeitnehmer versetzt werden soll (*BAG* 15.09.1987 EzA § 99 BetrVG 1972 Nr. 56 = AP Nr. 45 zu § 99 BetrVG 1972 [*Streckel*]; *Matthes*/MünchArbR § 263 Rn. 58). Ist die Kündigung bereits ausgesprochen, der Bestand des Arbeitsverhältnisses aber noch im Streit, so kann der Einstellung eines Arbeitnehmers, der den Arbeitsplatz des gekündigten Arbeitnehmers einnehmen soll, nicht unter Hinweis auf Abs. 2 Nr. 3 die Zustimmung verweigert werden, es sei denn, die Kündigung wurde wegen Wegfalls des Arbeitsplatzes ausgesprochen (*ArbG Offenbach* 24.06.1981 BB 1981, 1462; *ArbG Ludwigshafen* 03.07.1984 ARSt. 1985, S. 83; *ArbG Wiesbaden* 05.09.1985 NZA 1986, 170; *Galperin/Löwisch* § 99 Rn. 86a; *Huke*/HWGNRH § 99 Rn. 175; **a. M.** *Bachner*/DKKW § 99 Rn. 216; *Schmidt* AuR 1986, 97).

Der Zustimmungsverweigerungsgrund besteht auch, wenn infolge der personellen Maßnahme »**sonstige Nachteile**« für Arbeitnehmer des Betriebes eintreten können. Welcher Art die Nachteile sind, ist nicht ausschlaggebend. Auch tatsächliche Nachteile, wie etwa die Erschwerung der Arbeit für andere Arbeitnehmer, reichen aus (*BAG* 15.09.1987 EzA § 99 BetrVG 1972 Nr. 57 = AP Nr. 46 zu § 99 BetrVG 1972 [*Streckel*]). Die Gleichstellung mit der Kündigung im Gesetz zeigt aber, dass es sich um **erhebliche Verschlechterungen der bisherigen Position** des betroffenen Arbeitnehmers handeln muss. Bloße Chancen (z. B. auf eine Beförderung) können nicht berücksichtigt werden, solange sie sich nicht zu einem Rechtsanspruch oder zu einer rechtlich gesicherten Anwartschaft verdichtet haben (*BAG* 07.11.1977 EzA § 100 BetrVG 1972 Nr. 1 = AP Nr. 1 zu § 100 BetrVG 1972 unter III 5c; 18.07.1978 EzA § 99 BetrVG 1972 Nr. 23 = AP Nr. 1 zu § 101 BetrVG 1972 unter II 3; st. Rspr., zuletzt *BAG* 09.10.2013 EzA § 99 BetrVG 2001 Versetzung Nr. 10 = AP Nr. 52 zu § 99 BetrVG 1972 Versetzung Rn. 55; *Adomeit* DB 1971, 2360; *Fitting/Auffarth/Kaiser/Heither* § 99 Rn. 171; *Galperin/Löwisch* § 99 Rn. 88; *Hanau* BB 1972, 451 [453]; *Huke*/HWGNRH § 99 Rn. 174; *Matthes*/MünchArbR § 263 Rn. 60; *Richardi/Thüsing* § 99 Rn. 244; *Richardi* DB 1973, 378 [381], der zu Recht als Schutzzweck des § 99 Abs. 2 Nr. 3 die Erhaltung des betrieblichen Status quo der anderen Arbeitnehmer ansieht; **a. M.** *Bachner*/DKKW § 99 Rn. 210). Die Behauptung des Betriebsrats, ein im Betrieb vorhandener Arbeitnehmer sei geeigneter für die neu zu besetzende Stelle, rechtfertigt die Zustimmungsverweigerung daher nicht (*Fitting* § 99 Rn. 237; *Richardi/Thüsing* § 99 Rn. 243). 204

Ein Nachteil i. S. d. Abs. 2 Nr. 3 kann auch darin liegen, dass einem Arbeitnehmer eine **rechtlich gesicherte Chance auf bevorzugte Berücksichtigung bei einer Stellenbesetzung** verloren geht. In Betracht kommt dies vor allem in den Fällen, in denen der Arbeitgeber im Hinblick auf einen vom Arbeitnehmer angezeigten Veränderungswunsch verpflichtet ist, diesen über zu besetzende Arbeitsplätze, die für den Arbeitnehmer in Betracht kommen, zu unterrichten (§ 7 Abs. 2 TzBfG). Kommt der Arbeitgeber seinen Informationspflichten nicht nach und versäumt es daher der Arbeitnehmer, sich um einen Arbeitsplatz zu bewerben, so könnte dies als Nachteil i. S. d. Gesetzes zu bewerten sein. Eine solche rechtlich gesicherte Chance ist sicher anzunehmen, wenn der Arbeitnehmer nach **§ 9 TzBfG** einen konkreten Wunsch nach Verlängerung der vereinbarten Arbeitszeit geäußert und dies mit einem annahmefähigen Angebot auf Abschluss eines Änderungsvertrages verbunden hat (zum Erfordernis eines solchen Angebots *BAG* 15.08.2006 EzA § 9 TzBfG Nr. 1 = AP Nr. 1 zu § 9 TzBfG Rn. 21; 01.06.2011 EzA § 99 BetrVG 2001 Einstellung Nr. 18 = AP Nr. 64 zu § 99 BetrVG 1972 Einstellung Rn. 29). In diesem Falle ist der Arbeitgeber verpflichtet, das Änderungsangebot im Zusammenhang mit der Besetzung einer freien Stelle anzunehmen, wenn es keine besser geeigneten Bewerber gibt und weder betriebliche Gründe noch vorrangige Wünsche anderer Teilzeitbeschäftigter dem entgegenstehen (*BAG* 16.09.2008 EzA § 9 TzBfG Nr. 4 Rn. 32 ff., 41). Kommt der Arbeitgeber seiner Verpflichtung zur bevorzugten Berücksichtigung des Teilzeitarbeitnehmers nicht nach, so kann der Betriebsrat nach Abs. 2 Nr. 3 die Zustimmung zu der Einstellung des anderen Bewerbers verweigern (*BAG* 01.06.2011 EzA § 99 BetrVG 2001 Einstellung Nr. 18 = AP Nr. 64 zu § 99 BetrVG 1972 Einstellung Rn. 31; *Fitting* § 99 Rn. 218; *Laux* in: *Laux/Schlachter* TzBfG § 14 Rn. 95; *Richardi/Thüsing* § 99 Rn. 245; *Schüren*/AR § 9 TzBfG Rn. 30; zur Frage, ob daneben auch Abs. 2 Nr. 1 eingreift, s. Rdn. 187). Der Unterschied zu einer Behandlung als Gesetzesverstoß i. S. d. Abs. 2 Nr. 1 ist eher 205

§ 99   IV. 5. 3. Personelle Einzelmaßnahmen

marginal. Dass der Nachteil durch betriebliche oder persönliche Gründe gerechtfertigt sein könnte, ist angesichts der Anspruchsvoraussetzungen des § 9 TzBfG (gleiche Eignung, keine entgegenstehenden dringenden betrieblichen Gründe) kaum denkbar (ähnlich *Hamann* NZA 2010, 1211 [1212] für den Spezialfall der Besetzung des Arbeitsplatzes mit einem Leiharbeitnehmer).

206 Hiervon zu unterscheiden ist die Frage, ob dem Betriebsrat auch dann ein Zustimmungsverweigerungsrecht zusteht, wenn der Arbeitnehmer lediglich den generellen Wunsch nach einer Verlängerung der Arbeitszeit angezeigt hat, ohne ein konkretes Angebot vorzulegen. Nach Ansicht des *BAG* begründet eine solche Anzeige eines Veränderungswunsches nicht die Pflicht des Arbeitgebers, dem Arbeitnehmer ein Änderungsangebot vorzulegen. Dies sei vielmehr Sache des Arbeitnehmers. Der Arbeitgeber sei nach **§ 7 Abs. 2 TzBfG** lediglich verpflichtet, den Arbeitnehmer über den freien Arbeitsplatz zu unterrichten (*BAG* 15.08.2006 EzA § 9 TzBfG Nr 1 = AP Nr 1 zu § 9 TzBfG Rn. 21; 16.01.2008 EzA § 14 TzBfG Nr. 44 = AP Nr. 5 zu § 9 TzBfG Rn. 17). In der Verletzung der Informationspflicht wird ganz überwiegend ebenfalls ein Grund gesehen, der die Besorgnis der Benachteiligung des Arbeitnehmers begründet, die einen Verlängerungswunsch angezeigt haben, so dass ein Zustimmungsverweigerungsrecht nach Abs. 2 Nr. 3 Halbs. 1 eröffnet ist (*Laux* in: *Laux / Schlachter* TzBfG § 7 Rn. 68; *Rolfs* RdA 2001, 129 [141]; *Schüren/AR* § 7 TzBfG Rn. 15; nicht ganz eindeutig *BAG* 01.06.2011 EzA § 99 BetrVG 2001 Einstellung Nr. 18 = AP Nr. 64 zu § 99 BetrVG 1972 Einstellung Rn. 27 ff.). Dem ist zuzustimmen. Zwar entgeht den Arbeitnehmern nur die Chance, in einem Bewerbungsverfahren berücksichtigt zu werden. Diese Chance ist aber durch § 7 Abs. 2 TzBfG rechtlich gesichert, so dass es als Rechtsnachteil anzusehen ist, wenn infolge eines Rechtsverstoßes die Möglichkeit der Bewerbung nicht wahrgenommen werden kann. Voraussetzung ist dann allerdings, dass ein Ursachenzusammenhang zwischen der Verletzung der Informationspflicht und dem Unterbleiben der Bewerbung besteht. Eine Benachteiligung infolge der anderweitigen Besetzung der Stelle ist also dann ausgeschlossen, wenn der Arbeitnehmer auf anderem Wege in gleichwertiger Weise von der zu besetzenden Stelle erfahren hat oder wenn er sich auch im Falle ordnungsgemäßer Unterrichtung nicht beworben hätte. Liegt danach die Besorgnis der Benachteiligung vor, so dürfte diese kaum einmal aus betrieblichen oder persönlichen Gründen gerechtfertigt sein. Als persönlicher Grund käme etwa eine offensichtlich fehlende Eignung in Betracht. Da § 7 Abs. 2 TzBfG die Informationspflicht aber auf »entsprechende Arbeitsplätze« beschränkt, scheidet eine Rechtfertigung mit dieser Begründung aus. Betriebliche Gründe hingegen können allenfalls die Bevorzugung eines besseren Kandidaten rechtfertigen, nicht dagegen die Vereitelung der Chance der Bewerbung. Dem Arbeitgeber ist es demnach zuzumuten, dem benachteiligten Bewerber diese Chance nachträglich zu gewähren. Falls der Arbeitsplatz aus betrieblichen Gründen dringend besetzt werden muss, steht dem Arbeitgeber immer noch der Weg des § 100 offen.

207 Die soeben zu § 7 Abs. 2 TzBfG skizzierten Grundsätze müssen entsprechend gelten, wenn der Arbeitgeber entgegen **§ 18 TzBfG** die befristet beschäftigten Arbeitnehmer nicht über die Besetzung entsprechender unbefristeter Arbeitsplätze informiert. Auch hier steht dem Betriebsrat ein Zustimmungsverweigerungsrecht bereits nach Abs. 2 Nr. 3 Halbs. 1 zu. Die überwiegende Ansicht geht dagegen davon aus, dass sich die Zustimmungsverweigerung nur auf Abs. 2 Nr. 3 Halbs. 2 stützen lasse (*Bader*/KR § 18 TzBfG Rn. 12; *Schlachter* in: *Laux / Schlachter* TzBfG § 18 Rn. 7; unklar *Bayreuther*/Beck-OK § 18 TzBfG Rn. 10 [Stand: 01.06.2016]). Der Unterschied besteht darin, dass der Betriebsrat die Zustimmung nach Abs. 2 Nr. 3 Halbs. 1 auch dann verweigern kann, wenn der befristet Beschäftigte nicht gleich geeignet ist, sofern er nur die Grundqualifikation für die zu besetzende Stelle mitbringt und das Unterbleiben der Information ursächlich dafür gewesen ist, dass er sich nicht beworben hat (s. Rdn. 206).

208 Nach den gleichen Grundsätzen müsste das Zustimmungsverweigerungsrecht nach Abs. 2 Nr. 3 auch dann ausgelöst werden, wenn der Arbeitgeber bei der Besetzung von Stellen zu Lasten betriebsangehöriger Arbeitnehmer **gegen Diskriminierungsverbote verstößt** (etwa § 75 Abs. 1, §§ 1, 3, 7 AGG). Diese Verbote sollen ebenfalls Chancengleichheit gewährleisten. Ihre Verletzung kann daher einen rechtlichen Nachteil für den Betroffenen zur Folge haben. Voraussetzung ist allerdings, dass die betroffenen Arbeitnehmer grds. für den Arbeitsplatz geeignet sind (so auch früher für den Begriff der Benachteiligung in § 3 Abs. 1 AGG *BAG* 19.08.2010 EzA § 15 AGG Nr. 12 Rn. 34 ff.; anders jetzt *BAG* 19.05.2016 EzA § 22 AGG Nr. 17 = AP Nr. 11 zu § 3 AGG Rn. 24 ff.). Außerdem er-

scheint es – anders als bei § 7 Abs. 2 TzBfG – in einem solchen Fall nicht ausgeschlossen, dass der Nachteil durch betriebliche oder persönliche Gründe gerechtfertigt ist. Typischerweise hat sich hier der Arbeitnehmer auf eine konkrete Stelle beworben, ist aber (unter anderem) aus einem der in § 1 AGG genannten Gründe nicht berücksichtigt worden. Ist der berücksichtigte Bewerber eindeutig besser qualifiziert (was sowohl einen persönlichen als auch einen betrieblichen Grund darstellen kann), so wäre es kaum gerechtfertigt, den Arbeitgeber zu einem erneuten Auswahlverfahren zu zwingen. Dies widerspräche im Übrigen auch der Wertung des § 15 Abs. 6 AGG.

(2) Sonderfall: Benachteiligung befristet Beschäftigter
Nach der durch das **BetrVerf-ReformG** ergänzten Nr. 3 »gilt« bei unbefristeter Einstellung »auch die Nichtberücksichtigung eines gleichgeeigneten befristet Beschäftigten« als Nachteil. Damit wird für einen befristet Beschäftigten ein **Nachteil** i. S. v. Nr. 3 Halbs. 1 **fingiert**, wenn ein Bewerber unbefristet auf einen Arbeitsplatz eingestellt wird, für den der befristet Beschäftigte **gleichgeeignet** ist. Das Gesetz weicht damit von dem allgemeinen Grundsatz ab, dass als Nachteil nur der Verlust einer gesicherten Rechtsposition, nicht dagegen die Enttäuschung von (sei es auch noch so berechtigten) Chancen oder Erwartungen anzusehen ist. Man wird dennoch hierin keine Abkehr von der grundsätzlichen gesetzlichen Wertung, sondern die Regelung eines **eng begrenzten Sonderfalles** sehen müssen, die zum Ziel hat, möglichst viele Arbeitnehmer aus der im Hinblick auf den Bestandsschutz weniger gesicherten befristeten in eine unbefristete Beschäftigung zu bringen (*Huke/HWGNRH* § 99 Rn. 177; *Oetker* NZA 2003, 937 [938]; *Richardi/Thüsing* § 99 Rn. 246). Dies zeigt sich nicht zuletzt daran, dass der Gesetzgeber diesen Fall nicht als Regelbeispiel ausgestaltet, sondern zu dem methodischen Instrument der Fiktion greift. Das verdeutlicht, dass die Nichtberücksichtigung des befristet Beschäftigten gerade kein Nachteil i. S. d. Abs. 2 Nr. 3 Halbs. 1 ist, sondern einem solchen nur hinsichtlich der Rechtsfolgen gleichzuerachten sein soll. Das Zustimmungsverweigerungsrecht steht dabei in sachlichem Zusammenhang zu der allgemeinen Aufgabe des Betriebsrats, die Beschäftigung der im Betrieb beschäftigten Arbeitnehmer zu sichern und zu fördern (vgl. § 80 Abs. 1 Nr. 8, § 92a; *Oetker* NZA 2003, 937 [938]). Nicht zu verkennen ist freilich, dass diese Fürsorge zu Lasten der »Außenseiter«, d. h. der (noch) nicht Betriebsangehörigen, geht (krit. zu der Regelung daher *Buchner* NZA 2001, 633 [638]).

209

Voraussetzung ist, dass eine **Einstellung** beabsichtigt ist. Das Zustimmungsverweigerungsrecht ist daher nur für Einstellungen, nicht dagegen für Versetzungen, Ein- oder Umgruppierungen von Bedeutung. Die Vorschrift findet (auf der Basis des Einstellungsbegriffes der Rspr., vgl. Rdn. 28, 39) Anwendung, wenn eine Person (neu) in den Betrieb eingegliedert wird, um gemeinsam mit den übrigen Arbeitnehmern weisungsgebundene Tätigkeit zu verrichten. Dies ist einmal dann der Fall, wenn der Betriebsinhaber mit einem neuen Arbeitnehmer ein Arbeitsverhältnis eingeht; um eine Einstellung handelt es sich aber auch, wenn ein Arbeitnehmer, mit dem bereits ein Arbeitsverhältnis besteht, neu in den Betrieb eintritt, etwa im Falle der **Versetzung aus einem anderen Betrieb** des Unternehmens (*Fitting* § 99 Rn. 230; *Huke/HWGNRH* § 99 Rn. 176; *Oetker* NZA 2003, 937 [939]; **a. M.** *Kania/ErfK* § 99 BetrVG Rn. 31a; *Kaiser/LK* § 99 Rn. 88; *Rieble* NZA 2001, Sonderheft S. 48 [56 f.]). Wenn demgegenüber darauf verwiesen wird, dass die Versetzung nicht erwähnt sei (vgl. *Rieble* NZA 2001, Sonderheft S. 48 [56 f.]), so wird dabei übersehen, dass der Wechsel eines Arbeitnehmers in einen anderen Betrieb des Unternehmens nur aus Sicht des abgebenden Betriebs eine Versetzung, aus Sicht des aufnehmenden Betriebs dagegen eine Einstellung ist. Eine Anwendung der Vorschrift fügt sich auch durchaus in die ratio der Norm ein, da der Betriebsrat ausschließlich die Interessen der bereits im Betrieb beschäftigten Arbeitnehmer wahrnimmt und der Schutz vor Konkurrenz aus dem Rest des Unternehmens – wenn man denn die protektionistische Tendenz der Vorschrift akzeptiert – durchaus in der Intention der Regelung liegt. Hieraus folgt andererseits, dass der Wortlaut einer Einschränkung bedarf, wenn die Übernahme betriebsangehöriger Arbeitnehmer keine Einstellung i. S. d. § 99 darstellt (*Fitting* § 99 Rn. 235; *Hanau* ZIP 2001, 1981 [1987]; *Huke/HWGNRH* § 99 Rn. 177). Es entspräche nicht dem Zweck der Regelung, wenn der Betriebsrat sich im Wettbewerb von betriebsinternen Bewerbern einmischen und auf die Seite eines betriebsangehörigen Arbeitnehmers schlagen könnte. Abs. 2 Nr. 3 Halbs. 2 findet daher keine Anwendung, wenn **ein befristetes Arbeitsverhältnis** mit einem betriebsangehörigen Arbeitnehmer **in ein unbefristetes Arbeitsverhältnis umgewandelt** werden soll (vgl. zu der Einordnung dieses Vorganges als Einstellung Rdn. 36).

210

Hier wird der Zweck der Vorschrift, nämlich die Beschäftigungssicherung befristet Beschäftigter, bereits durch die Maßnahme selbst verwirklicht; die Auswahl zwischen mehreren befristet Beschäftigten soll dagegen nicht reglementiert werden (zutr. *Oetker* NZA 2003, 937 [939]). Zum anderen steht dem Betriebsrat das Zustimmungsverweigerungsrecht nicht zu, wenn ein **Auszubildender in ein unbefristetes Arbeitsverhältnis übernommen** wird (vgl. *Fitting* § 99 Rn. 235; *Kaiser/LK* § 99 Rn. 89; **a. M.** *Oetker* NZA 2003, 937 [939]).

211 Um eine Einstellung i. S. d. Abs. 2 Nr. 3 Halbs. 2 handelt es sich auch, wenn der Arbeitgeber einen Arbeitsplatz mit einem **Leiharbeitnehmer** besetzt (s. Rdn. 258). Zwar kommt hierdurch kein unbefristeter Arbeitsvertrag zwischen dem Leiharbeitnehmer und dem Betriebsinhaber zustande. Abs. 2 Nr. 3 spricht aber auch nicht von einem unbefristeten Arbeitsvertrag, sondern von der unbefristeten Einstellung. Ausreichend ist daher, dass der Arbeitgeber einen bestimmten Arbeitsplatz ohne zeitliche Begrenzung durch eine nicht betriebsangehörige Person besetzen will, über die er die Personalhoheit ausüben und die er daher wie einen Arbeitnehmer einsetzen kann. Zumindest wenn der konkrete Leiharbeitnehmer **unbefristet in dem Entleiherbetrieb beschäftigt** werden soll, muss der Betriebsrat daher zugunsten gleich geeigneter betriebsangehöriger Arbeitnehmer von seinem Zustimmungsverweigerungsrecht nach Abs. 2 Nr. 3 Halbs. 2 Gebrauch machen können (zutr. *H.-J. Dörner* FS *Wißmann*, S. 286 [300]; zust. *Schüren/Hamann* AÜG, § 14 Rn. 207; wohl auch *Fitting* § 99 Rn. 232; **a. M.** *BAG* 25.01.2005 EzA § 99 BetrVG 2001 Nr. 7 unter B II 4c aa; *Hunold* NZA-RR 2008, 281 [284] vgl. hierzu auch *Hamann* NZA 2010, 1211, 1212 f.). Ein solcher unbefristeter Einsatz ist allerdings nach der Wiedereinführung der Überlassungshöchstdauer von 18 Monaten in § 1 Abs. 1b Satz 1 AÜG ausgeschlossen. Darüber hinaus wird man die Vorschrift auch anwenden müssen, wenn der einzelne Leiharbeitnehmer zwar nur **befristet zum Einsatz** kommt, der Arbeitsplatz aber zeitlich unbeschränkt mit Leiharbeitnehmern besetzt werden soll. Hier könnte der Arbeitsbedarf nämlich ebenso gut durch die unbefristete Beschäftigung eines betriebsangehörigen Arbeitnehmers gedeckt werden. Dagegen besteht kein Zustimmungsverweigerungsrecht, wenn der Arbeitgeber bestimmte Arbeiten (zeitlich unbefristet) durch Fremdunternehmen ausführen lässt, da es in diesem Falle an einer Einstellung fehlt (s. Rdn. 43 ff.).

212 Fragen wirft das **Verhältnis** des Abs. 2 Nr. 3 Halbs. 2 **zu den Schutzvorschriften für Teilzeitbeschäftigte** auf. Nach § 9 TzBfG ist der Arbeitgeber verpflichtet, einen teilzeitbeschäftigten Arbeitnehmer, der eine Vollzeitstelle anstrebt, bei gleicher Eignung bei der Besetzung einer solchen freien Stelle bevorzugt zu berücksichtigen. Hier stellt sich einmal die Frage, ob der Betriebsrat in einem solchen Fall der personellen Maßnahme widersprechen kann, weil er der Ansicht ist, dass der Arbeitsplatz nicht mit dem teilzeitbeschäftigten, sondern mit einem befristet beschäftigten Arbeitnehmer besetzt werden soll. Ein solches Zustimmungsverweigerungsrecht steht dem Betriebsrat allenfalls dann zu, wenn der Teilzeitbeschäftigte bisher in einem anderen Betrieb des Arbeitgebers beschäftigt war (was wiederum voraussetzt, dass der Anspruch aus § 9 TzBfG sich auf sämtliche Arbeitsplätze im Unternehmen bezieht; vgl. hierzu *Oetker* NZA 2003, 937 [939] m. w. N.). Ist der Teilzeitarbeitnehmer (ebenfalls) Arbeitnehmer des Betriebs, liegt nämlich schon keine Einstellung vor (*Oetker* NZA 2003, 937 [939]; *Richardi/Thüsing* § 99 Rn. 248; str., s. Rdn. 60). Aber auch wenn die Beschäftigung des Teilzeitbeschäftigten als Einstellung anzusehen ist, kommt eine Verweigerung der Zustimmung zugunsten eines betriebsangehörigen befristet Beschäftigten nicht in Betracht, wenn und soweit der Arbeitgeber aufgrund § 9 TzBfG verpflichtet ist, den Arbeitsplatz mit dem Teilzeitbeschäftigten zu besetzen. Wo der Arbeitgeber nichts »bestimmen« kann, ist auch kein Raum für eine »Mitbestimmung« des Betriebsrats (*Fitting* § 99 Rn. 235; *Oetker* NZA 2003, 937 [939 f.]). Eine andere Frage ist, ob der Betriebsrat nach Abs. 2 Nr. 3 Halbs. 2 zugunsten des Teilzeitbeschäftigten intervenieren kann, wenn der Arbeitgeber einen freien Vollzeitarbeitsplatz nicht mit dem Teilzeitarbeitnehmer besetzt (hierfür *Reichold* NZA 2001, 857 [864]; **a. M.** *Kaiser/LK* § 99 Rn. 88; *Oetker* NZA 2003, 937 [942]; *Richardi/Thüsing* § 99 Rn. 248). Zwar kann die Einstellung eines externen Arbeitnehmers für den nicht berücksichtigten innerbetrieblichen Bewerber einen Nachteil i. S des Abs. 3 darstellen. Da die Vorschrift nur die Benachteiligung befristet Beschäftigter erwähnt, also keine entsprechende Fiktion für Teilzeitbeschäftigte enthält, käme jedoch nur eine analoge Anwendung in Betracht. Eine Gesetzeslücke ist freilich nicht erkennbar, da der Schutz des Teilzeitbeschäftigten bereits durch § 9 TzBfG (abschließend) gewährleistet ist. Verstößt eine vom Arbeitgeber beabsichtigte personelle Einzelmaßnahme gegen § 9 TzBfG, berechtigt dies den Betriebsrat, seine Zustimmung nach Abs. 2 Nr. 3 Halbs. 1 zu ver-

weigern (s. Rdn. 187, 205). Außerdem steht es dem Arbeitnehmer frei, seinen individualrechtlichen Anspruch aus § 9 TzBfG durchzusetzen (gegen eine Analogie auch *Oetker* NZA 2003, 937 [942]; *Richardi / Thüsing* § 99 Rn. 248).

Abs. 2 Nr. 3 Halbs. 2 greift nur ein, wenn eine **unbefristete Einstellung beabsichtigt** ist, nicht dagegen, wenn auch der neu einzustellende Bewerber lediglich befristet beschäftigt werden soll (*ArbG Bielefeld* 15.01.2003 NZA-RR 2004, 88 [90]). In der Literatur ist zu Recht darauf hingewiesen worden, dass die Regelung deshalb leicht ausgehebelt werden kann, wenn der Arbeitgeber den von ihm bevorzugten Bewerber zunächst nur befristet einstellt und erst später in ein unbefristetes Arbeitsverhältnis übernimmt (*Huke / HWGNRH* § 99 Rn. 177; *Oetker* NZA 2003, 937 [940]; *Richardi / Thüsing* § 99 Rn. 249; *Rieble* NZA 2001, Sonderheft S. 48 [57]). Ist allerdings die Umwandlung in ein unbefristetes Arbeitsverhältnis von vornherein geplant, so wird man auch dann eine unbefristete Einstellung annehmen können, wenn zunächst eine Befristung vereinbart wird (*Oetker* NZA 2003, 937 [940]). Dies ist etwa dann der Fall, wenn der Arbeitnehmer zunächst auf Probe befristet eingestellt wird, im Falle der Bewährung aber in ein unbefristetes Arbeitsverhältnis übernommen werden soll. 213

Die Einstellung muss dazu führen, dass ein **befristet Beschäftigter keine Berücksichtigung** findet. Befristet beschäftigt ist ein Arbeitnehmer stets, wenn im Arbeitsvertrag eine Befristung vereinbart ist. Auf die **Wirksamkeit der Befristung** kommt es dagegen nicht an. Das Zustimmungsverweigerungsrecht besteht also auch, wenn die Wirksamkeit der Befristung in Streit steht, solange die Unwirksamkeit der Befristung nicht rechtskräftig festgestellt ist (*LAG Düsseldorf* 19.03.2008 LAGE § 99 BetrVG 2001 Nr. 6 unter B II 2c bb; *Fitting* § 99 Rn. 234; *Oetker* NZA 2003, 937 [941]; *Preis / Lindemann* NZA 2001, Sonderheft S. 33 [47]; *Rieble* NZA 2001, Sonderheft S. 48 [57]). Nach der Wertung des § 21 TzBfG muss die Vorschrift entsprechend gelten, wenn das Arbeitsverhältnis des nicht berücksichtigten Arbeitnehmers **auflösend bedingt** ist (*Oetker* NZA 2003, 937 [942]). 214

»Beschäftigte« in diesem Sinne sind **alle betriebsangehörigen Arbeitnehmer** i. S. d. §§ 5, 7 (s. zur Arbeitnehmereigenschaft § 5 Rdn. 15 ff.; zur Frage der Betriebszugehörigkeit s. § 7 Rdn. 17 ff.). Dies ergibt sich aus der systematischen Stellung der Vorschrift. Nr. 3 Halbs. 2 fingiert lediglich das Vorliegen eines Nachteils, bezieht aber ansonsten auf die Voraussetzungen der Nr. 3 Halbs. 1. Bei dem »befristet Beschäftigten« muss es sich daher um einen »im Betrieb beschäftigten Arbeitnehmer« i. S. d. Nr. 3 Halbs 1 handeln. Hierzu zählen etwa auch in der Ausbildung befindliche Personen (s. § 5 Rdn. 55 ff.). Die Vorschrift findet auch Anwendung, wenn statt der Übernahme eines geeigneten Auszubildenden ein externer Arbeitnehmer eingestellt wird (*Oetker* NZA 2003, 937 [940]). Dagegen kann der Betriebsrat die Zustimmung nicht mit der Begründung verweigern, dass für den Arbeitsplatz ein (im Betrieb befristet eingesetzter) Leiharbeitnehmer in Betracht käme, da die Leiharbeitnehmer trotz des Wahlrechts nach § 7 Satz 2 keine Arbeitnehmer des Entleiherbetriebes sind (vgl. *Oetker* NZA 2003, 937 [940]; allgemein zur Betriebszugehörigkeit der Leiharbeitnehmer s. § 7 Rdn. 84 ff.). Fraglich ist, auf welchen **Zeitpunkt** es **für die Betriebszugehörigkeit** ankommt. Mitunter wird die Ansicht vertreten, dass das Zustimmungsverweigerungsrecht nur zugunsten von Arbeitnehmern ausgeübt werden könne, deren Arbeitsverhältnis im Zeitpunkt der geplanten Einstellung noch bestehe (*ArbG Frankfurt* 05.12.2001 NZA-RR 2002, 473 [474]; *Rieble* NZA 2001, Sonderheft S. 48 [57]; zust. *ArbG Bielefeld* 15.01.2003 NZA-RR 2004, 88 [90]). Dies würde dazu führen, dass der Betriebsrat nicht zugunsten von Arbeitnehmern intervenieren könnte, deren Befristung bereits vor dem geplanten Einstellungstermin endet. Dies lässt sich aber weder aus dem Wortlaut noch aus dem Zweck der Regelung entnehmen. Zwar kann der Betriebsrat von seinem Zustimmungsverweigerungsrecht nur zugunsten von Arbeitnehmern Gebrauch machen, die er repräsentiert. Er kann daher die Zustimmung nicht verweigern, um die Wiedereinstellung von Arbeitnehmern zu verlangen, die bereits seit längerer Zeit ausgeschieden sind. Doch muss es für die Anwendung der Vorschrift genügen, wenn das Arbeitsverhältnis noch besteht, wenn der Arbeitgeber die Zustimmung des Betriebsrats beantragt (ähnlich *Oetker* NZA 2003, 937 [941]: maßgeblich sei der Zeitpunkt der Zustimmungsverweigerung). 215

Die Nichtberücksichtigung setzt voraus, dass der befristet Beschäftigte überhaupt **an dem unbefristet zu besetzenden Arbeitsplatz interessiert** ist. Hierfür ist regelmäßig erforderlich, dass er sich auf die Stelle beworben hat (*Fitting* § 99 Rn. 236; *Oetker* NZA 2003, 937 [942]; jetzt auch *BAG* 25.01.2005 EzA § 99 BetrVG 2001 Nr. 7 = AP Nr. 48 zu § 99 BetrVG 1972 Einstellung unter B II 4c aa). Dafür, dass befristet Beschäftigte Kenntnis von freien, unbefristeten Stellen erhalten, sorgt 216 die in § 18 TzBfG angeordnete Informationspflicht des Arbeitgebers. Ist diese Information unterblieben, so kann der Betriebsrat der Maßnahme nach Abs. 2 Nr. 3 Halbs. 1 die Zustimmung verweigern (s. Rdn. 207).

217 Nach dem Wortlaut der Vorschrift besteht das Zustimmungsverweigerungsrecht unabhängig davon, wie lange das Arbeitsverhältnis mit dem befristet beschäftigten Arbeitnehmer besteht. In der Literatur wird jedoch verbreitet eine **teleologische Reduktion** der Vorschrift auf die Fälle befürwortet, in denen der befristet Beschäftigte noch keinen besonderen Bestandsschutz genießt (*Hanau* RdA 2001, 65 [73]; *Konzen* RdA 2001, 76 [92]; *Preis/Lindemann* NZA 2001, Sonderheft S. 33 [47]; *Rieble* NZA 2001, Sonderheft S. 48 [57]; *Stege/Weinspach/Schiefer* §§ 99–101 Rn. 73a; **a. M.** *Kaiser/LK* § 99 Rn. 88 [abw. bis zur 5. Aufl.]; *Oetker* NZA 2003, 937 [941]; *Richardi/Thüsing* § 99 Rn. 247). Dabei geht es zum einen um die Fälle, in denen die **Dauer der Befristung sechs Monate nicht überschreitet**. Gleich zu behandeln wären die Fälle längerer Befristung, in denen sich der Arbeitgeber das Recht zur Kündigung auch für die Dauer der Befristung vorbehalten hat (§ 15 Abs. 3 TzBfG) und noch keine sechs Monate verstrichen sind, der Arbeitnehmer also noch keinen Bestandsschutz nach § 1 KSchG genießt. Für eine solche Einschränkung spricht in der Tat, dass es gerade der Zweck der Erprobungsphase ist, dass der Arbeitgeber nach deren Ablauf frei und ohne Einschränkungen über die Weiterbeschäftigung bzw. Übernahme des Arbeitnehmers entscheiden kann. Dem würde es zuwiderlaufen, wenn der Betriebsrat über das Zustimmungsverweigerungsrecht nach § 99 mittelbar die Weiterbeschäftigung des befristet Beschäftigten erzwingen könnte. Zwar bietet das Erfordernis gleicher Eignung ein gewisses Korrektiv (*Oetker* NZA 2003, 937 [941]), aber doch wohl kein Äquivalent, weil die fehlende Eignung nicht allein durch die freie, nicht näher durch objektive Umstände belegte Entscheidung des Arbeitgebers begründet werden kann, den Arbeitnehmer nicht übernehmen zu wollen. **Entscheidend gegen eine teleologische Reduktion** spricht allerdings, dass sich ihr Umfang kaum so begrenzen lässt, dass für Abs. 2 Nr. 3 Halbs. 2 noch ein sinnvoller Anwendungsbereich verbleibt. Konsequenterweise müsste die Einschränkung nämlich zumindest für sämtliche sachgrundlosen Befristungen gelten, weil diese gerade dazu dienen sollen, die Privatautonomie des Arbeitgebers hinsichtlich der Beendigung des Arbeitsverhältnisses wiederherzustellen, um damit die Hemmschwelle für die Einstellung neuer Arbeitnehmer zu senken (vgl. etwa Reg. Begr. zum Ersten Gesetz über moderne Dienstleistungen am Arbeitsmarkt, BT-Drucks. 15/25, S. 40). Auch insoweit könnte man also argumentieren, dass der Arbeitgeber die Möglichkeit haben müsse, bei Ablauf der Befristung frei über eine Weiterbeschäftigung zu entscheiden. Das Zustimmungsverweigerungsrecht dürfte aber wohl auch dazu geschaffen worden sein, in den Fällen sachgrundloser Befristung den zunächst befristet Beschäftigten zu einem unbefristeten Arbeitsplatz zu verhelfen. Damit wird der Arbeitgeber nicht verpflichtet, den befristet Beschäftigten zu übernehmen. Er muss aber, wenn er eine Verlängerung der Beschäftigung nicht wünscht, von seinen rechtlichen Möglichkeiten (etwa der vorbehaltenen Kündigung) Gebrauch machen (*Oetker* NZA 2003, 937 [941]; *Richardi/Thüsing* § 99 Rn. 247). Ist der zunächst befristet Beschäftigte aufgrund der Kündigung oder der Nichtverlängerung ausgeschieden, entfällt nämlich auch das Zustimmungsverweigerungsrecht nach Abs. 2 Nr. 3 Halbs. 2 (s. Rdn. 215).

218 Voraussetzung für die Zustimmungsverweigerung nach Abs. 2 Nr. 3 Halbs. 2 ist schließlich, dass der befristet Beschäftigte »**gleich geeignet**« ist. Unklar ist, welches der Bezugspunkt des Vergleiches sein soll. In Betracht kommen zum einen der zu besetzende Arbeitsplatz und das hierfür bestehende Anforderungsprofil (hierfür *Oetker* NZA 2003, 937 [942]; wohl auch *Richardi/Thüsing* § 99 Rn. 246), zum anderen aber auch die um die Stelle konkurrierenden (externen) Bewerber (unklar insoweit überwiegend die sonstigen Stellungnahmen in der Literatur; vgl. etwa *Fitting* § 99 Rn. 231, 233; *Stege/Weinspach/Schiefer* §§ 99–101 Rn. 73b). Verlangt man, dass der Arbeitnehmer über dieselben Qualifikationen wie die übrigen Bewerber verfügt, so könnte eine gleiche Eignung auch dann zu verneinen sein, wenn die externen Bewerber überqualifiziert sind, also Fähigkeiten mitbringen, die auf dem Arbeitsplatz nicht gefordert werden. Andererseits kann es für das Zustimmungsverweigerungsrecht ebenso wenig genügen, wenn der befristet Beschäftigte lediglich die Mindestanforderungen der zu besetzenden Stelle erfüllt. Vielmehr muss dem Arbeitgeber die Möglichkeit zustehen, sich für den besten Bewerber zu entscheiden. Aus diesem Grund ist für den Vergleich auf die Kenntnisse und Fähigkeiten der übrigen Bewerber abzustellen, die auf der in Aussicht genommenen Stelle verwertbar sind, auch wenn diese nicht notwendig, sondern nur nützlich sind (anders *Oetker* NZA 2003, 937 [943], der etwaige nützliche Zusatzqualifikationen lediglich als Rechtfertigungsgrund berücksichtigen will). Gleiche Eignung liegt also dann vor, wenn der befristet Beschäftigte – im Hinblick auf die für den Arbeitsplatz relevanten Anforderungen – über dieselbe oder eine gleichwertige Qualifikation verfügt wie der ausgewählte Bewerber. Die Beurteilung hat – soweit möglich – aufgrund objektiver Tatsachen zu erfolgen. Allein die Entscheidung des Arbeitgebers, den befristet Beschäftigten nicht auf die unbefristete Stelle übernehmen zu wollen, genügt nicht (*Fitting* § 99 Rn. 233; *Preis/Lindemann* NZA 2001, Sonderheft S. 33 [35]; *Richardi/Thüsing* § 99 Rn. 246). Allerdings steht dem Arbeitgeber bei der Bewertung der Qualifikation ein **Beurteilungsspielraum** zu (*Däubler* AuR 2001, 285 [290]; *Fitting* § 99 Rn. 233; *Hanau* RdA 2001, 65 [73]; *Konzen* RdA 2001, 76 [92]; *Kaiser/LK* § 99 Rn. 90; *Oetker* NZA 2003, 937 [943]; *Richardi/Thüsing* § 99 Rn. 246; *Stege/Weinspach/Schiefer* § 99 Rn. 73a). Nach Sinn und Zweck der Vorschrift soll die Mitbestimmung dem Betriebsrat nur die Möglichkeit geben, dem Arbeitnehmer zu einem unbefristeten und damit (besser) gesicherten Arbeitsverhältnis zu verhelfen, nicht dagegen, ihm eine **Beförderungsstelle** zu verschaffen. Ungeschriebene Voraussetzung des Zustimmungsverweigerungsrechts ist daher, dass der zu besetzende Arbeitsplatz der Stelle, auf der der befristet Beschäftigte bisher eingesetzt war, vergleichbar ist (*Oetker* NZA 2003, 937 [942]; *Preis/Lindemann* NZA 2001, Sonderheft S. 33 [47]; *Rieble* NZA 2001, Sonderheft S. 48 [57]; *Stege/Weinspach/Schiefer* §§ 99–101 Rn. 73b).

(3) Rechtfertigungsgründe
Soweit **persönliche** oder **betriebliche** Gründe die Kündigung oder den Eintritt der sonstigen Nachteile rechtfertigen, entfällt das Recht des Betriebsrats, die Zustimmung zu verweigern. Das bedeutet letzten Endes, dass die Zweckmäßigkeit der unternehmerischen Entscheidung im Zustimmungsersetzungsverfahren hinzunehmen ist (*Galperin/Löwisch* § 99 Rn. 87; vgl. auch *Huke/HWGNRH* § 99 Rn. 175). Die Formulierung lehnt sich offenbar an § 1 Abs. 2 KSchG an. Nicht erforderlich ist aber, dass die zu befürchtende Kündigung des vorhandenen Arbeitnehmers sozial gerechtfertigt i. S. d. KSchG ist (*Bachner/DKKW* § 99 Rn. 222; *Huke/HWGNRH* § 99 Rn. 175; *Richardi/Thüsing* § 99 Rn. 252; nicht ganz klar insoweit *Fitting* § 99 Rn. 238). Zu den Nachteilen i. S. v. § 99 Abs. 2 Nr. 3 kann auch der Abbau von Überstunden gehören (a. M. *Bachner/DKKW* § 99 Rn. 215; *Fitting* § 99 Rn. 237; *Huke/HWGNRH* § 99 Rn. 173; *Richardi/Thüsing* § 99 Rn. 245). Allerdings werden diese Nachteile sehr häufig betrieblich begründet sein und deshalb die Zustimmungsverweigerung letzten Endes nicht tragen (so auch *Galperin/Löwisch* § 99 Rn. 90, 91). In den Fällen des Abs. 2 Nr. 3 Halbs. 2 kann die Nichtberücksichtigung des befristet Beschäftigten bei der Besetzung der neuen Stelle auch dadurch gerechtfertigt sein, dass der Arbeitgeber in erheblichem Umfang Zeit und Geld in die Einarbeitung des befristet Beschäftigten investiert hat und diese Aufwendungen bei einer Übernahme auf die unbefristete Stelle verloren wären (*Löwisch* BB 2001, 1790 [1796]; zust. *Oetker* NZA 2003, 937 [943]). Denkbar ist auch, dass die Bevorzugung des externen Bewerbers aus persönlichen Gründen gerechtfertigt ist, etwa wenn der Arbeitgeber dem Bewerber bereits früher eine Einstellungszusage gegeben hat (sofern dann überhaupt noch ein Mitbestimmungsrecht besteht, vgl. Rdn. 57) oder wenn soziale Gesichtspunkte für den externen Bewerber sprechen (*Kania/*ErfK § 99 BetrVG Rn. 31a; *Oetker* NZA 2003, 937 [943]).

Für das Vorliegen des Widerspruchsgrundes aus Nr. 3 ist der Betriebsrat **darlegungs- und beweispflichtig**; dafür, dass die Nachteile durch betriebliche oder persönliche Gründe des betroffenen Arbeitnehmers gerechtfertigt sind, trägt der Arbeitgeber die Darlegungs- und Beweislast (*Galperin/Löwisch* § 99 Rn. 92; *Huke/HWGNRH* § 99 Rn. 178; *Richardi/Thüsing* § 99 Rn. 254).

dd) Abs. 2 Nr. 4: Nachteil für den betroffenen Arbeitnehmer
Der Betriebsrat kann die Zustimmung verweigern, wenn **der betroffene Arbeitnehmer** durch die personelle Maßnahme benachteiligt wird, sofern dies nicht aus betrieblichen oder in der Person des Arbeitnehmers liegenden Gründen gerechtfertigt ist. Ein relevanter Nachteil kann auch darin liegen, dass bei der Entscheidung, einen Arbeitnehmer auf einen niedriger einzustufenden Arbeitsplatz zu versetzen, ein anderer Arbeitnehmer durch seine Versetzung auf einen anderen freien Arbeitsplatz nicht mehr in die soziale Auswahl bei der zweiten Versetzung einbezogen wird (*BAG* 02.04.1996 EzA § 99 BetrVG 1972 Versetzung Nr. 1 = AP Nr. 9 zu § 99 BetrVG 1972 Versetzung; s. a. Rdn. 203). Der Zustimmungsverweigerungsgrund der Nr. 4 dient der **Wahrung der Individualinteressen des Arbeitnehmers**, den die personelle Maßnahme selbst betrifft (*BAG* 06.10.1978 EzA § 99 BetrVG

1972 Nr. 24 = AP Nr. 10 zu § 99 BetrVG 1972; 02.04.1996 EzA § 99 BetrVG 1972 Versetzung Nr. 1 = AP Nr. 9 zu § 99 BetrVG 1972 Versetzung unter B I 2a; *Hartmann* ZfA 2008, 383 [405]; *Huke/ HWGNRH* § 99 Rn. 179; *Richardi/Thüsing* § 99 Rn. 255; **a. M.** *Heinze* Personalplanung, Rn. 326). Da es hier nicht um den Schutz kollektiver Interessen der Belegschaft geht und der Betriebsrat nicht die Stellung eines Vormundes gegenüber den Arbeitnehmern hat, kann dieser Zustimmungsverweigerungsgrund bei personellen Maßnahmen, mit denen der Arbeitnehmer einverstanden ist, nicht eingreifen (*Galperin/Löwisch* § 99 Rn. 94; *Huke/HWGNRH* § 99 Rn. 179; **a. M.** *Bachner/DKKW* § 99 Rn. 225; *Fitting* § 99 Rn. 246; *Heinze* Personalplanung, Rn. 324). Es entspräche nicht der Intention der Regelung, dem Betriebsrat das Recht zuzugestehen, eine Einstellung oder Versetzung, die der Arbeitnehmer wünscht, aus seinem angeblich »wohlverstandenen Interesse« zu verhindern (*BAG* 02.04.1996 EzA § 99 BetrVG 1972 Versetzung Nr. 1 = AP Nr. 9 zu § 99 BetrVG 1972 Versetzung; *BAG* 05.04.2001 AP Nr. 32 zu § 99 BetrVG 1972 Einstellung unter II 2c cc (2); **a. M.** *Fitting* § 99 Rn. 246; *Heinze* Personalplanung, Rn. 324; wohl auch *Bachner/DKKW* § 99 Rn. 225). Zumindest in den Fällen, in denen der Arbeitnehmer die beabsichtigte personelle Maßnahme selbst angestrebt hat oder er sich doch zumindest aus freien Stücken **mit der personellen Maßnahme einverstanden** erklärt, kann der Betriebsrat daher die Zustimmung nicht unter Berufung auf Abs. 2 Nr. 4 verweigern (*BAG* 02.04.1996 EzA § 99 BetrVG 1972 Versetzung Nr. 1 = AP Nr. 9 zu § 99 BetrVG 1972 Versetzung unter B I 2; 09.10.2013 EzA § 99 BetrVG 2001 Versetzung Nr. 10 = AP Nr. 52 zu § 99 BetrVG 1972 Versetzung Rn. 53).

222   Für die **Einstellung** ist demgemäß der Zustimmungsverweigerungsgrund **ohne Bedeutung** (*BAG* 06.10.1978 EzA § 99 BetrVG 1972 Nr. 24 = AP Nr. 10 zu § 99 BetrVG 1972 unter III 1b; 05.04.2001 AP Nr. 32 zu § 99 BetrVG 1972 Einstellung unter II 2c cc (2); *Huke/HWGNRH* § 99 Rn. 180; *Matthes*/MünchArbR § 263 Rn. 62 f.; *Richardi/Thüsing* § 99 Rn. 256; jetzt auch *Fitting* § 99 Rn. 245 [abw. bis 22. Aufl.]; **a. M.** *Heinze* Personalplanung, Rn. 322). Für den Normalfall der Einstellung, nämlich die Begründung eines Arbeitsverhältnisses mit dem Betriebsinhaber, ergibt sich dies schon daraus, dass das Arbeitsverhältnis nur im Einvernehmen von Arbeitgeber und Arbeitnehmer zustande kommen kann (§ 311 Abs. 1 BGB). Aber auch im Übrigen ist kaum vorstellbar, dass dem Arbeitnehmer durch die Einstellung ein Nachteil entstehen kann, da er regelmäßig besser steht, wenn das Arbeitsverhältnis zustande kommt, da er sich dann gegenüber dem Arbeitgeber auf die zwingenden gesetzlichen Schutznormen und ggf. auf tarifliche Rechte berufen kann (*BAG* 21.07.2009 EzA § 99 BetrVG 2001 Einstellung Nr. 12 = AP Nr. 4 zu § 3 AÜG Rn. 31). Ebenso wenig ist es ein Nachteil, wenn mit dem Neueingestellten schlechtere Arbeitsbedingungen vereinbart werden als mit vergleichbaren vorhandenen Arbeitnehmern (*BAG* 21.07.2009 EzA § 99 BetrVG 2001 Einstellung Nr. 12 Rn. 31). Vergleichsmaßstab ist nicht die Lage der bereits Beschäftigten, sondern die Situation, die bestehen würde, wenn die Einstellung unterbliebe. Ein Zustimmungsverweigerungsrecht kann in diesen Fällen auch nicht auf Abs. 2 Nr. 1 gestützt werden (s. Rdn. 185, 191).

223   Eine **Ein- oder Umgruppierung** kann zu einer Benachteiligung des betroffenen Arbeitnehmers führen, und zwar, wenn eine zu niedrige Eingruppierung erfolgt oder die Umgruppierung zu einer Herabgruppierung führt. Dies gilt aber nur, wenn die Zuordnung objektiv »falsch« ist. Ist die (neue) Eingruppierung »richtig«, d. h. entspricht sie dem maßgeblichen Entgeltschema, fehlt es nämlich bereits an einem Nachteil (*BAG* 06.08.2002 EzA § 99 BetrVG 1972 Umgruppierung Nr. 2 = AP Nr. 27 zu § 99 BetrVG 1972 Eingruppierung unter B II 5). Entspricht sie dem geltenden Schema nicht, so ist die Zustimmungsverweigerung bereits nach Abs. 2 Nr. 1 gerechtfertigt. Der Zustimmungsverweigerungsgrund der Nr. 4 hat daher auch in diesem Fall keine eigenständige Bedeutung (*BAG* 06.08.2002 EzA § 99 BetrVG 1972 Umgruppierung Nr. 2 = AP Nr. 27 zu § 99 BetrVG 1972 Eingruppierung unter B II 5; *Galperin/Löwisch* § 99 Rn. 93; *Huke/HWGNRH* § 99 Rn. 180; *Stege/Weinspach/Schiefer* §§ 99–101 Rn. 143d). Führt die Zuweisung einer anderen Tätigkeit dazu, dass der Arbeitnehmer nunmehr einer niedrigeren Entgeltgruppe zuzuordnen ist, dann greift das Zustimmungsverweigerungsrecht der Nr. 4 nur, wenn mit der Zuweisung der neuen Tätigkeit eine **Versetzung** verbunden ist (*Huke/HWGNRH* § 99 Rn. 181; *Richardi/Thüsing* § 99 Rn. 258).

224   Wesentliche Bedeutung kann der Zustimmungsverweigerungsgrund der Nr. 4 bei der **Versetzung** gewinnen (h. M.; *Bachner/DKKW* § 99 Rn. 226; *Fitting* § 99 Rn. 242; *Galperin/Löwisch* § 99 Rn. 93; *Huke/HWGNRH* § 99 Rn. 181; *Matthes*/MünchArbR § 263 Rn. 62; *Richardi/Thüsing* § 99

Rn. 257). Auch insoweit ist aber zu beachten, dass bei **Versetzungen mit Einverständnis** des Arbeitnehmers dieser Zustimmungsverweigerungsgrund nicht geltend gemacht werden kann (s. Rdn. 221; *BAG* 02.04.1996 EzA § 99 BetrVG 1972 Versetzung Nr. 1 = AP Nr. 9 zu § 99 BetrVG 1972 Versetzung; *Bachner/DKKW* § 99 Rn. 225; *Fitting* § 99 Rn. 246; *Richardi/Thüsing* § 99 Rn. 259). Dies gilt insbesondere, wenn der Arbeitnehmer **sich selbst um die Stelle beworben hat**, die ihm zugewiesen werden soll. Der Betriebsrat kann auch nicht einwenden, dass dem Arbeitnehmer ein Nachteil drohe, weil ihn die neue Stelle fachlich oder persönlich überfordere (*BAG* 09.10.2013 EzA § 99 BetrVG 2001 Versetzung Nr. 10 = AP Nr. 52 zu § 99 BetrVG 1972 Versetzung Rn. 53). Da es nur um die individuellen Interessen des betroffenen Arbeitnehmers geht, ist es seine Sache zu entscheiden, ob er sie als gewahrt ansieht oder nicht (*Matthes/MünchArbR* § 263 Rn. 63).

Worin die **Benachteiligung** bei der Versetzung liegt, ist gleichgültig. Sie kann in der mit der Versetzung verbundenen Änderung der materiellen Arbeitsbedingungen bestehen oder in der Verschlechterung der Umstände, unter denen die Arbeit zu leisten ist (Lärm, Schmutz) oder auch in der Erschwernis beim Erreichen des Arbeitsplatzes (längerer Weg; vgl. dazu *LAG Berlin* 31.01.1983 – 12 TaBV 3/82 – juris; *LAG Baden-Württemberg* 07.05.2014 NZA-RR 2014, 542 Rn. 30; *Bachner/DKKW* § 99 Rn. 226; *Fitting* § 99 Rn. 242; *Huke/HWGNRH* § 99 Rn. 181; *Richardi/Thüsing* § 99 Rn. 258). Das Zustimmungsverweigerungsrecht entfällt, wenn die Versetzung und die damit verbundenen Nachteile **durch betriebliche oder in der Person des Arbeitnehmers liegende Gründe gerechtfertigt** sind (vgl. dazu Rdn. 219). Handelt es sich um betriebliche Gründe, so ist die der Maßnahme zugrunde liegende **unternehmerische Entscheidung** nicht auf ihre Zweckmäßigkeit hin zu überprüfen (*BAG* 10.08.1993 NZA 1994, 187; 16.01.2007 EzA § 99 BetrVG 2001 Versetzung Nr. 3 = AP Nr. 52 zu § 99 BetrVG 1972 Einstellung Rn. 47). Selbst eine Abwägung mit den entgegenstehenden Interessen des Arbeitnehmers findet nicht statt (*LAG Baden-Württemberg* 07.05.2014 NZA-RR 2014, 542 Rn. 32). Maßgeblich ist allein, ob die Versetzung zur Umsetzung der unternehmerischen Entscheidung erforderlich ist. Die Beschränkung auf betriebliche oder in der Person des Arbeitnehmers liegende Gründe schließt die Anwendung der Nr. 4 bei verhaltensbedingten Gründen für die Versetzung nicht generell aus (vgl. *Hurlebaus* DB 1983, 2137). Stellt die Benachteiligung einen Verstoß gegen den arbeitsrechtlichen Gleichbehandlungsgrundsatz oder gegen § 75 dar, kann die Zustimmungsverweigerung auch auf Abs. 2 Nr. 1 gestützt werden (*Bachner/DKKW* § 99 Rn. 226; *Fitting* § 99 Rn. 196 ff.; vgl. auch Rdn. 190 f.). **225**

ee) Abs. 2 Nr. 5: Unterbliebene Ausschreibung

Der Betriebsrat kann die Zustimmung verweigern, wenn eine **nach § 93 erforderliche Ausschreibung** (vgl. dazu § 93 Rdn. 7 ff., 22 ff.) unterblieben ist. Dies ist nur der Fall, wenn der Betriebsrat vor dem Antrag des Arbeitgebers auf Zustimmung zu der personellen Maßnahme die Ausschreibung verlangt hat. Macht der Betriebsrat erst nach Eingang des Antrages des Arbeitgebers von seinem Initiativrecht Gebrauch, kann er die Zustimmung zu der beantragten Maßnahme nicht mehr nach Abs. 2 Nr. 5 verweigern (*BAG* 14.12.2004 EzA § 99 BetrVG 2001 Einstellung Nr. 1 = AP Nr. 121 zu § 99 BetrVG 1972 unter B II 3b aa; s. a. § 93 Rdn. 28 f.). Das Zustimmungsverweigerungsrecht führt nicht zu einer Bindung des Arbeitgebers an die Bewerber aus dem Betrieb (s. § 93 Rdn. 37; *BAG* 07.11.1977 EzA § 100 BetrVG 1972 Nr. 1 = AP Nr. 1 zu § 100 BetrVG 1972; 30.01.1979 EzA § 118 BetrVG 1972 Nr. 20 = AP Nr. 11 zu § 118 BetrVG 1972 *[Kraft]*; 18.11.1980 EzA § 93 BetrVG 1972 Nr. 1 = AP Nr. 1 zu § 93 BetrVG 1972 unter B II 1; *Frey* BB 1963, 1139 [1140]; *Richardi/Thüsing* § 99 Rn. 264). Erforderlich ist eine Ausschreibung stets, wenn der Betriebsrat diese nach Maßgabe des § 93 verlangt hat, auch wenn mit Bewerbungen von im Betrieb beschäftigten Arbeitnehmern nicht zu rechnen ist (abw. offenbar *BAG* 15.10.2013 EzA § 93 BetrVG 2001 Nr. 2 Rn. 25; hierzu näher § 93 Rdn. 19). Unterlässt der Arbeitgeber aus diesem Grund die innerbetriebliche Ausschreibung und verweigert der Betriebsrat deshalb seine Zustimmung, so kann die Verweigerung allerdings **rechtsmissbräuchlich** sein (s. § 93 Rdn. 19; ebenso *Galperin/Löwisch* § 99 Rn. 99; *Huke/HWGNRH* § 99 Rn. 185; *Richardi/Thüsing* § 99 Rn. 266; *Ricken/HWK* § 99 Rn. 85; **a. M.** *LAG Köln* 14.09.2012 – 5 TaBV 18/12 – juris, Rn. 59; *Bachner/DKKW* § 99 Rn. 234; *Fitting* § 99 Rn. 248; offen gelassen von *LAG Berlin-Brandenburg* 14.01.2010 – 26 TaBV 1954/09 – juris, Rn. 32; 05.09.2013 – 21 TaBV 843/13 – juris, Rn. 50). Voraussetzung ist, dass – für den Betriebsrat erkennbar – mit Sicherheit feststeht, dass kein geeigneter betriebsangehöriger Arbeitnehmer Interesse an der zu besetzenden Stelle **226** hat (zutr. *LAG Berlin-Brandenburg* 05.09.2013 – 21 TaBV 843/13 – juris, Rn. 50). Außerdem kommt eine Zustimmungsersetzung nach § 99 Abs. 4 in Betracht, wenn eine nachträgliche Ausschreibung offensichtlich sinnlos wäre (s. § 93 Rdn. 47). Das Recht, die Zustimmung zu verweigern, besteht auch, wenn die Ausschreibung nicht in der Form erfolgt ist, die mit dem Betriebsrat verbindlich vereinbart wurde (*Bachner/DKKW* § 99 Rn. 231, *Fitting* § 99 Rn. 251). **Fehlt eine verbindliche Vereinbarung**, so bestimmt der Arbeitgeber Inhalt und Form der Ausschreibung. Nennt der Arbeitgeber in einer externen Ausschreibung geringere Anforderungen für eine Bewerbung als in der innerbetrieblichen Ausschreibung, so liegt allerdings keine ordnungsgemäße innerbetriebliche Ausschreibung i. S. v. § 93 vor (*BAG* 23.02.1988 EzA § 93 BetrVG 1972 Nr. 3 = AP Nr. 2 zu § 93 BetrVG 1972; s. a. § 93 Rdn. 43). Dasselbe gilt, wenn der Arbeitgeber bei der internen Ausschreibung das Gebot der diskriminierungsfreien Ausschreibung nach § 11 AGG (früher: § 611b BGB a. F.) nicht beachtet (*Bachner/DKKW* § 99 Rn. 231; *Fitting* § 99 Rn. 250; *Kania/ErfK* § 99 BetrVG Rn. 34; *Rose/HWGNRH* § 93 Rn. 22; **a. M.** *Kraft* 7. Aufl., § 99 Rn. 150; *Matthes/* MünchArbR § 263 Rn. 65; *Richardi/Thüsing* § 99 Rn. 263; *Stege/Weinspach/Schiefer* §§ 99–101 Rn. 82; s. a. § 93 Rdn. 43). Ist eine vorläufige Einstellung (vgl. § 100) so dringend, dass die vorherige innerbetriebliche Ausschreibung nicht oder nicht mehr ordnungsgemäß (Bewerbungsfrist) möglich ist, hat der Arbeitgeber die Ausschreibung unverzüglich vorzunehmen (*Bachner/DKKW* § 99 Rn. 233; *Fitting* § 99 Rn. 252; *Richardi/Thüsing* § 99 Rn. 265). Zur Frage der Zustimmungsverweigerung in diesen Fällen s. § 93 Rdn. 48.

ff) Abs. 2 Nr. 6: Störung des Betriebsfriedens

227 Diese Vorschrift entspricht im Wesentlichen § 61 Abs. 3 Buchst. d BetrVG 1952. Der dort genannte Zustimmungsverweigerungsgrund, die Gefahr der Störung des Betriebsfriedens durch den Bewerber, kann vornehmlich bei Einstellungen, u. U. auch bei Versetzungen, eine Rolle spielen. Die Regelung steht im **sachlichen Zusammenhang mit § 104** (*BAG* 16.11.2004 EzA § 99 BetrVG 2001 Einstellung Nr. 2 unter B II 5a; *Fitting* § 99 Rn. 255; *Richardi/Thüsing* § 99 Rn. 268). Sie hat präventiven Charakter, soll also dem Betriebsrat die Möglichkeit geben zu verhindern, dass eine Situation eintritt, in der er von dem Arbeitgeber die Entlassung oder Versetzung des Arbeitnehmers verlangen muss, weil der Arbeitnehmer durch sein rechtswidriges Verhalten den Betriebsfrieden gestört hat. In der Vorschrift ist, anders als im BetrVG 1952, nicht von »bestimmten« Tatsachen die Rede. Es müssen aber jedenfalls **Tatsachen** vorliegen, die die Besorgnis objektiv begründen, dass der in Aussicht genommene Bewerber oder Arbeitnehmer den Betriebsfrieden an der Stelle im Betrieb, an der er nunmehr eingesetzt werden soll, durch gesetzwidriges Verhalten oder durch grobe Verletzung des Diskriminierungsverbotes (§ 75 Abs. 1) stören wird. Allein die subjektive Einschätzung des Betriebsrates, dass ein solches rechtswidriges Verhalten zu befürchten sei, genügt nicht (h. M.; vgl. etwa *BAG* 16.11.2004 EzA § 99 BetrVG 2001 Einstellung Nr. 2 unter B II 4c). Maßgeblich ist daher eine **Prognose des zukünftigen Verhaltens** des Arbeitnehmers. Diese wird sich im Regelfall nur auf ein in der Vergangenheit liegendes Verhalten stützen können. Dabei ist nicht zwingend erforderlich, dass schon das bisherige Verhalten die Voraussetzungen des Abs. 2 Nr. 6 erfüllt. Nicht das vergangene tatsächliche, sondern das zukünftig zu erwartende Verhalten muss gesetzwidrig sein oder in grober Weise gegen die Grundsätze des § 75 Abs. 1 verstoßen (*BAG* 16.11.2004 EzA § 99 BetrVG 2001 Einstellung Nr. 2 unter B II 4c aa). Allerdings wird zumindest ein rechtmäßiges Verhalten in der Vergangenheit kaum eine negative Prognose begründen können. Stützt sich die Prognose darauf, dass sich das in der Vergangenheit liegende Verhalten wiederholen werde, so kommt es ganz auf die Beurteilung des bisherigen Verhaltens an (*BAG* 16.11.2004 EzA § 99 BetrVG 2001 Einstellung Nr. 2 unter B II 4c aa). Fraglich ist, ob der Betriebsrat der **Wiedereinstellung** eines Arbeitnehmers die Zustimmung verweigern kann, wenn dieser sich im Rahmen seiner früheren Beschäftigung gesetzwidrig verhalten hat, jedoch für die Zukunft nicht mit einer Wiederholung dieses Verhaltens zu rechnen ist. Hier könnte sich im Einzelfall ein Wertungswiderspruch zu § 104 ergeben, da es für das Verlangen des Betriebsrats nach Entlassung des Arbeitnehmers nicht zwingend erforderlich ist, dass mit einem weiteren Fehlverhalten zu rechnen ist, sondern es allein auf die tatsächlich eingetretene Störung des Betriebsfriedens ankommt (s. § 104 Rdn. 8 f.). Das *BAG* meint, dass dem Betriebsrat hier ein Zustimmungsverweigerungsrecht nach Abs. 2 Nr. 1 wegen Umgehung des § 104 zustehen könne (*BAG* 16.11.2004 EzA § 99 BetrVG 2001 Einstellung Nr. 2 unter B II 5a; zust. *Fitting* § 99 Rn. 255). Überzeugender erscheint es jedoch, in solchen Fällen im Wege der teleologischen Auslegung für den Grund aus Abs. 2 Nr. 6 das in der

Vergangenheit liegende Fehlverhalten genügen zu lassen. Das Gesetz stellt schließlich nur deshalb auf die Prognose ab, weil zumindest vor der Einstellung typischerweise gar keine tatsächliche Störung des Betriebsfriedens eintreten kann. Ist dies ausnahmsweise doch der Fall, kann es nach Sinn und Zweck der Vorschrift nicht mehr darauf ankommen, ob der Arbeitnehmer sich auch in Zukunft gesetzwidrig verhalten wird. Voraussetzung ist allerdings, dass die begründete Sorge besteht, dass die Wiedereinstellung aufgrund des früheren Fehlverhaltens zu einer Störung des Betriebsfriedens führen wird. Durch das **BetrVerf-ReformG** wurde die Nr. 6 durch den Zusatz »insbesondere durch rassistische oder fremdenfeindliche Betätigung« ergänzt. Diesem Zusatz kommt freilich allenfalls erläuternde, aber keine eigenständige Bedeutung zu. Personen, die sich im Betrieb rassistisch oder fremdenfeindlich gegenüber anderen Arbeitnehmern verhalten, verstoßen nämlich ohne Zweifel gegen die in § 75 enthaltenen Grundsätze (s. a. § 104 Rdn. 7). Das Beispiel macht jedoch – ebenso wie das Erfordernis einer »groben« Verletzung – deutlich, dass nicht jeder noch so geringfügige Verstoß ein Zustimmungsverweigerungsrecht begründen kann. Da durch eine Verweigerung der Zustimmung die Interessen des betroffenen Arbeitnehmers erheblich beeinträchtigt werden können, sind vielmehr an die Voraussetzungen der Nr. 6 strenge Anforderungen zu stellen (*Galperin/Löwisch* § 99 Rn. 100; *Huke/HWGNRH* § 99 Rn. 188; vgl. auch *Fitting* § 99 Rn. 254, 255; vgl. auch die Erl. zu § 104).

Tatsachen, die die Besorgnis i. S. d. Nr. 6 begründen, können einschlägige Vorstrafen oder ein Verhalten am bisherigen Arbeitsplatz sein (*Fitting* § 99 Rn. 259; *Galperin/Löwisch* § 99 Rn. 100). Die Störung des Betriebsfriedens ist nur zu befürchten, wenn ein Verhalten zu besorgen ist, das in besonders schwerwiegender Weise gegen die Voraussetzungen verstößt, die an die Art des Umgangs zwischen Arbeitnehmern gestellt werden müssen. **Außerbetriebliches Verhalten** kann nur dann die Verweigerung der Zustimmung rechtfertigen, wenn es entsprechende Rückwirkungen auf den Betrieb und das Verhältnis der Arbeitnehmer zueinander hat (*Fitting* § 99 Rn. 259; *Huke/HWGNRH* § 99 Rn. 189; *Richardi/Thüsing* § 99 Rn. 271). Die (befürchtete) Störung des Betriebsfriedens muss zudem gerade die **Folge des gesetzwidrigen oder diskriminierenden Verhaltens** des Arbeitnehmers sein. Es genügt also nicht, wenn zu erwarten ist, dass die Einstellung oder Versetzung aus anderen Gründen, etwa wegen Vorbehalten der übrigen Belegschaft gegen die Person des Arbeitnehmers, zu einer Beeinträchtigung des Betriebsfriedens führen wird (BAG 16.11.2004 EzA § 99 BetrVG 2001 Einstellung Nr. 2 unter B II 4c bb (3)). Die politische Überzeugung eines Bewerbers, seine Weltanschauung, sein religiöses Bekenntnis reichen daher in der Regel nicht aus, ein Zustimmungsverweigerungsrecht zu begründen (*Huke/HWGNRH* § 99 Rn. 188; *Richardi/Thüsing* § 99 Rn. 272; *Stege/Weinspach/Schiefer* §§ 99–101 Rn. 86; vgl. aber *Polzer/Powietzka* NZA 2000, 970 unter II).

d) Entscheidung des Betriebsrats über die Zustimmung

Zuständig für die Entscheidung über die Zustimmung oder ihre Verweigerung ist der Betriebsrat, der Betriebsausschuss oder ein sonstiger Ausschuss unter den Voraussetzungen der §§ 28 Abs. 1, 27 Abs. 2 (s. dazu Rdn. 132). Die Entscheidung erfolgt **durch Beschluss in einer Sitzung** (§ 33; s. Rdn. 166). Ein **Betriebsratsmitglied** ist nur dann von der **Abstimmung ausgeschlossen** und damit an der Amtsausübung verhindert, wenn es selbst individuell und unmittelbar von der personellen Einzelmaßnahme betroffen ist (BAG 06.11.2013 EzA § 25 BetrVG 2001 Nr. 5 = AP Nr. 2 zu § 33 BetrVG 1972 Rn. 29; s. a. *Oetker* § 25 Rn. 29 ff.). Dies ist nicht der Fall, wenn das Betriebsratsmitglied lediglich zu einer Gruppe von Mitbewerbern gehört, aus welcher der Arbeitgeber eine andere Person ausgewählt hat (BAG 24.04.2013 EzA § 25 BetrVG 2001 Nr. 4 Rn. 16 = AP Nr. 11 zu § 25 BetrVG 1972; vgl. auch BAG 10.11.2009 EzA § 25 BetrVG 2001 Nr. 2 = AP Nr. 43 zu § 99 BetrVG 1972 Eingruppierung Rn. 22 ff.). Nach Ansicht des *BAG* liegt eine individuelle und unmittelbare Betroffenheit auch dann nicht vor, wenn der Betriebsrat über die Einleitung eines Beschlussverfahrens mit dem Ziel der Aufhebung (§ 101) einer das Betriebsratsmitglied betreffenden personellen Maßnahme (hier: Versetzung) beschließt, da es insoweit nicht um die individuelle Maßnahme selbst, sondern um die Frage der Sicherung des gremienbezogenen Beteiligungsrechts gehe (BAG 06.11.2013 EzA § 25 BetrVG 2001 Nr. 5 Rn. 30). Zur Bedeutung von fehlerhaften, unwirksamen Beschlüssen s. Rdn. 166 und Rdn. 231 f. Zur Möglichkeit der Genehmigung einer Zustimmung des Vorsitzenden durch den Betriebsrat und deren Wirkungen s. § 26 Rdn. 39 f.

230 Lautet der Beschluss auf **Zustimmung**, ist er wirksam und dem Arbeitgeber ordnungsgemäß mitgeteilt (vgl. § 26 Abs. 3 Satz 1), wobei eine bestimmte Form nicht vorgeschrieben ist, so kann der Arbeitgeber die geplante personelle Maßnahme durchführen, auch wenn die Wochenfrist des § 99 Abs. 3 Satz 1 noch nicht abgelaufen ist. Die wirksam erteilte Zustimmung ist für den Betriebsrat bindend und kann nicht nachträglich widerrufen oder in eine Zustimmungsverweigerung umgewandelt werden (h. M.; *Fitting* § 99 Rn. 272; *Galperin/Löwisch* § 99 Rn. 111; *Huke/HWGNRH* § 99 Rn. 131; *Matthes*/MünchArbR § 263 Rn. 77; *Richardi/Thüsing* § 99 Rn. 279; **a. M.** *Hueck/Nipperdey* II/2, S. 1427 Fn. 54a; *Neumann-Duesberg* S. 524 für den Fall, dass innerhalb der Wochenfrist ein neuer Zustimmungsverweigerungsgrund hinzutritt oder dem Betriebsrat bekannt wird; diesen zust. *Bachner/DKKW* § 99 Rn. 177). Hat der Betriebsrat die Zustimmung erteilt, kann er auch nicht nachträglich geltend machen, er sei nicht vollständig informiert gewesen. Dies hätte nur Bedeutung für die Zustimmungsfiktion (**a. M.** *Bachner/DKKW* § 99 Rn. 177). Fraglich ist, ob der Betriebsrat die Zustimmung unter einer **Bedingung** erteilen kann (bejahend *LAG Hessen* 12.12.2002 NZA-RR 2003, 545 [546]). Hiergegen bestehen Bedenken, weil der Arbeitgeber die Maßnahme dann erst mit Eintritt der Bedingung und nicht bereits mit Abgabe der Erklärung durch den Betriebsrat durchführen könnte, ihm andererseits aber der Weg ins Zustimmungsersetzungsverfahren verwehrt ist, wenn man die Erklärung als Zustimmung einordnet. Sofern der Betriebsrat der Maßnahme nicht uneingeschränkt zustimmt, muss der Arbeitgeber aber ohne weitere Voraussetzungen die Möglichkeit haben, die Entscheidung des Betriebsrats gerichtlich überprüfen und die Zustimmung ersetzen zu lassen. Eine bedingte Zustimmung ist demnach ebenso zu behandeln wie eine Zustimmungsverweigerung.

231 Da Betriebsratsbeschlüsse als solche nicht **angefochten** werden können (*Fitting* § 99 Rn. 272; *Richardi/Thüsing* § 99 Rn. 279; s. a. § 33 Rdn. 50) kommt allenfalls eine Anfechtung der Stimmabgabe eines einzelnen Betriebsratsmitglieds nach §§ 119, 123 BGB in Frage. Ob damit die Wirksamkeit des Beschlusses entfällt, hängt davon ab, ob dieser Beschluss auch ohne die angefochtene Stimme zustande gekommen wäre oder nicht. Ist der zunächst gefasste zustimmende Beschluss dem Arbeitgeber bereits mitgeteilt, so bleibt dieser im Außenverhältnis wirksam, sofern der Arbeitgeber die Anfechtbarkeit oder die Anfechtung der Stimmabgabe weder kannte noch kennen musste (vgl. § 142 Abs. 2 BGB sowie § 33 Rdn. 49). Abgesehen davon könnte die Anfechtung nur dann zur Zustimmungsverweigerung führen, wenn sie innerhalb der Wochenfrist erfolgt, ordnungsgemäßer, die Zustimmung verweigernder Beschluss gefasst und dem Arbeitgeber vor Ablauf der Frist bekannt gemacht würde. Dies dürfte praktisch nicht möglich sein (vgl. auch *Richardi/Thüsing* § 99 Rn. 279; *Schreiber* RdA 1987, 257).

232 Ist der **zustimmende Beschluss unwirksam** (s. dazu § 33 Rdn. 49), dem Arbeitgeber aber bereits als wirksam gefasst mitgeteilt, so ist die Frage, ob die danach durchgeführte personelle Einzelmaßnahme dennoch betriebsverfassungsrechtlich wirksam ist. Sicher ist, dass in diesen Fällen die nach § 99 erforderliche Zustimmung nicht vorliegt (**a. M.** *Matthes*/MünchArbR 2. Aufl., § 352 Rn. 104: Der Beschluss muss nicht wirksam sein). Dies hätte allerdings im Rahmen des § 99 nur dann rechtliche Auswirkungen, wenn der Arbeitgeber die personelle Maßnahme vor Ablauf der Wochenfrist durchgeführt hätte oder wenn dem Arbeitgeber ein erneuter, die Zustimmung verweigernder und begründeter Beschluss innerhalb der Wochenfrist des § 99 Abs. 3 Satz 1 mitgeteilt würde, da ja sonst die Zustimmungsfiktion eingreift. Wird dem Arbeitgeber die Zustimmungsverweigerung noch innerhalb der gesetzlichen Frist mitgeteilt und war der erste zustimmende Beschluss unwirksam, so darf die personelle Maßnahme nicht durchgeführt werden. Hat der Arbeitgeber die Maßnahme vor Ablauf der Wochenfrist aufgrund der Mitteilung des (unwirksamen) Zustimmungsbeschlusses durchgeführt, so ist nach den Grundsätzen des Vertrauensschutzes davon auszugehen, dass der Arbeitgeber auf die Wirksamkeit des Beschlusses des Betriebsrats vertrauen durfte, es sei denn, ihm waren Tatsachen bekannt oder er musste Tatsachen kennen, aus denen die Unwirksamkeit des Beschlusses folgt. Nur in diesen Fällen könnte der Betriebsrat nach § 101 vorgehen (vgl. zu der gleichgelagerten Problematik bei § 103 *BAG* 23.08.1984 EzA § 103 BetrVG 1972 Nr. 30 = AP Nr. 17 zu § 103 BetrVG 1972).

233 Lautet der Beschluss auf **Verweigerung der Zustimmung** und ist er dem Arbeitgeber form- und fristgerecht mitgeteilt (s. dazu Rdn. 133 ff.), so ist der Betriebsrat nicht gehindert, diesen **Beschluss zu ändern** und der Maßnahme **durch einen neuen Beschluss förmlich zuzustimmen**. Dies ist zulässig, da dadurch nicht in fremde schutzwürdige Rechtspositionen eingegriffen wird (*Bachner/*

DKKW § 99 Rn. 191; *Boemke* ZfA 1992, 473 [480]; *Fitting* § 99 Rn. 276; *Galperin/Löwisch* § 99 Rn. 112; *von Hoyningen-Huene* NZA 1993, 145 [149]; *Huke/HWGNRH* § 99 Rn. 131; *Richardi/Thüsing* § 99 Rn. 303). Der abändernde Beschluss kann auch nach Ablauf der Wochenfrist des § 99 Abs. 3 Satz 1 ergehen (*Galperin/Löwisch* § 99 Rn. 112). In diesem Falle wird die personelle Maßnahme mit der nachträglichen Zustimmung betriebsverfassungsrechtlich zulässig (*Fitting* § 99 Rn. 276). Hat der Arbeitgeber die personelle Maßnahme bereits vorher durchgeführt, ohne dass die Voraussetzungen des § 100 Abs. 1 und 2 vorliegen, so ändert die nachträgliche Zustimmung allerdings nichts an der Rechtswidrigkeit der Maßnahme für die Vergangenheit. Der Mangel fehlender Zustimmung wird also nicht rückwirkend geheilt. Dies ist vor allem für etwaige individualrechtliche Folgen der fehlenden Zustimmung von Bedeutung. So wird etwa eine Leistungsverweigerung des Arbeitnehmers, die sich auf die fehlende Zustimmung des Betriebsrats zur Versetzung stützt (s. Rdn. 179), nicht nachträglich rechtswidrig, weil der Betriebsrat die Zustimmung zu der Versetzung erteilt hat. Der Betriebsrat kann **seinen ursprünglich ablehnenden Beschluss auch aufheben**, ohne einen neuen, zustimmenden Beschluss zu fassen (*Boemke* ZfA 1992, 473 [480]; *Fitting* § 99 Rn. 276; *von Hoyningen-Huene* NZA 1993, 145 [149]). Geschieht dies noch innerhalb der Wochenfrist des § 99 Abs. 3 Satz 1 und geht dem Arbeitgeber vor Ablauf der Frist keine neue (ordnungsgemäße) Zustimmungsverweigerung zu, so gilt die Zustimmung nach § 99 Abs. 3 Satz 2 als erteilt. Gleiches muss aber auch gelten, wenn der Betriebsrat seinen auf Zustimmungsverweigerung lautenden Beschluss erst nach Ablauf der Frist schlicht aufhebt (ebenso i. E. *Boemke* ZfA 1992, 473 [480]; *von Hoyningen-Huene* NZA 1993, 145 [149]). Der Arbeitgeber ist in diesem Fall nämlich gehindert, die Zustimmung nach Abs. 4 gerichtlich ersetzen zu lassen, weil Streitgegenstand der Berechtigung der vom Betriebsrat geltend gemachten Verweigerungsgründe ist (s. Rdn. 238). Hat der Betriebsrat seinen Beschluss aufgehoben, gibt es aber keine Verweigerungsgründe mehr, die zur Überprüfung gestellt werden könnten. Da dies nicht zu einer dauerhaften Blockade der personellen Maßnahme führen darf, muss § 99 Abs. 3 Satz 2 analoge Anwendung finden. Die Zustimmung des Betriebsrats gilt daher als erteilt.

e) Zustimmungsersetzungsverfahren

aa) Prozessuales

Ist die Zustimmung wirksam verweigert, so hat der Arbeitgeber nach § 99 Abs. 4 bei allen in Abs. 1 genannten personellen Einzelmaßnahmen, also auch bei Ein- und Umgruppierung die Möglichkeit, das Zustimmungsversetzungsverfahren einzuleiten; daneben besteht u. U. die Möglichkeit der vorläufigen Durchführung der Maßnahme nach § 100. Eine **Frist für die Anrufung des Gerichts** nach § 99 Abs. 4 schreibt das Gesetz nicht vor (BAG 15.09.1987 EzA § 99 BetrVG 1972 Nr. 57 = AP Nr. 46 zu § 99 BetrVG 1972), jedoch ist angesichts des § 101 ein rasches Handeln für den Arbeitgeber geboten, will er eine ihm negative Entscheidung des Gerichts vermeiden (*Huke/HWGNRH* § 99 Rn. 194, 199), oder verhindern, dass der Arbeitnehmer sich um einen anderen Arbeitsplatz bemüht (*Stege/Weinspach/Schiefer* §§ 99–101 Rn. 99c). Das Arbeitsgericht entscheidet im **Beschlussverfahren** (§ 2a Abs. 1 Nr. 1, Abs. 2, §§ 80 ff. ArbGG). Der Antrag des Arbeitgebers lautet auf Ersetzung der verweigerten Zustimmung. 234

Gegenstand des Beschlussverfahrens ist das durch das Mitbestimmungsrecht begründete **Rechtsverhältnis zwischen Arbeitgeber und Betriebsrat**. Das Gericht hat darüber zu entscheiden, ob der Arbeitgeber im Verhältnis zum Betriebsrat befugt ist, die beabsichtigte personelle Maßnahme endgültig durchzuführen (BAG 25.01.2005 EzA § 99 BetrVG 2001 Nr. 7 = AP Nr. 48 zu § 99 BetrVG 1972 Einstellung unter B I 1; 28.02.2006 EzA § 99 BetrVG 2001 Nr. 10 = AP Nr. 51 zu § 99 BetrVG 1972 Einstellung Rn. 23; 16.01.2007 EzA § 99 BetrVG 2001 Versetzung Nr. 3 = AP Nr. 52 zu § 99 BetrVG 1972 Einstellung Rn. 18). Voraussetzung für den Antrag ist zunächst, dass überhaupt ein **Mitbestimmungsrecht des Betriebsrats nach § 99 besteht**, der Arbeitgeber also der Zustimmung des Betriebsrats bedarf. Ist dies nicht der Fall, fehlt es am erforderlichen Rechtsschutzinteresse; der Antrag ist unzulässig (BAG [Siebter Senat] 15.08.2012 AP Nr. 15 zu § 76 BPersVG Rn. 9, 12; wohl auch BAG [Erster Senat] 14.04.2015 EzA § 99 BetrVG 2001 Nr. 26 Rn. 14: Frage des Rechtsschutzbedürfnisses; anders BAG [Erster Senat] 08.12.2009 EzA § 21b BetrVG 2001 Nr. 1 = AP Nr. 129 zu § 99 BetrVG 1972 Rn. 14: Antrag ist unbegründet; widersprüchlich BAG [Erster Senat] 21.02.2017 NZA 2017, 662 Rn. 16 f., wo die Frage im Rahmen der Begründetheit, aber unter dem Aspekt 235 des Rechtsschutzbedürfnisses geprüft wird). Außerdem muss der Arbeitgeber beabsichtigen, die personelle Maßnahme im Falle der Ersetzung der Zustimmung durchzuführen. **Gibt er dieses Vorhaben endgültig auf**, entfällt das Rechtsschutzinteresse; der Antrag wird unzulässig. Der Arbeitgeber kann in diesem Fall das Verfahren für **erledigt erklären** (*BAG* 08.12.2010 EzA § 83a ArbGG 1979 Nr. 10 Rn. 12 ff.).

236 Das Gericht hat die Zustimmung zu ersetzen, wenn die **Zustimmungsverweigerung** zwar form- und fristgerecht dem Arbeitgeber mitgeteilt worden war, aber **nicht begründet** ist (*Richardi / Thüsing* § 99 Rn. 316 f.). Eine Korrektur der vom Arbeitgeber getroffenen Maßnahme oder die Durchführung einer anderen anstelle der getroffenen Maßnahme kann das Gericht nicht anordnen (*BAG* 10.02.1976 EzA § 99 BetrVG 1972 Nr. 9 = AP Nr. 4 zu § 99 BetrVG 1972; 27.05.1982 EzA § 83 ArbGG 1979 Nr. 1 = AP Nr. 3 zu § 80 ArbGG 1979; vgl. auch *Huke / HWGNRH* § 99 Rn. 196; *Stege / Weinspach / Schiefer* §§ 99–101 Rn. 101).

237 Da die Entscheidung sich auf die gegenwärtige und zukünftige Zulässigkeit der Maßnahme bezieht, ist aufgrund der **Sach- und Rechtslage im Zeitpunkt der gerichtlichen Entscheidung** über den Antrag zu befinden. Dagegen kommt es nach dem Verfahrensgegenstand nicht darauf an, ob die Maßnahme zum Zeitpunkt der Antragstellung durch den Arbeitgeber zulässig war. Sowohl neue Tatsachen als auch Änderungen der Rechtslage sind daher bis zur letzten Anhörung in der Tatsacheninstanz zu berücksichtigen (*BAG* 25.01.2005 EzA § 99 BetrVG 2001 Nr. 7 = AP Nr. 48 zu § 99 BetrVG 1972 Einstellung unter B I 1; 16.01.2007 EzA § 99 BetrVG 2001 Versetzung Nr. 3 = AP Nr. 52 zu § 99 BetrVG 1972 Einstellung Rn. 18). Ersetzt das Gericht die Zustimmung, so hat die Entscheidung **rechtsgestaltende Wirkung** (*BAG* 15.09.1987 EzA § 99 BetrVG 1972 Nr. 57 = AP Nr. 46 zu § 99 BetrVG 1972 unter B I 2a). Die Maßnahme wird endgültig – also nicht nur nach Maßgabe des § 100 – zulässig, ohne dass es einer erneuten Entscheidung des Betriebsrats bedarf.

238 **Streitgegenstand** ist die Berechtigung des Arbeitgebers zur Durchführung einer individualisierten personellen Maßnahme in Anbetracht eines konkreten Zustimmungsersuchens und der im Hinblick auf dieses Ersuchen vom Betriebsrat geltend gemachten Verweigerungsgründe. Leitet der Arbeitgeber ein **neues Zustimmungsverfahren** ein und verweigert der Betriebsrat wiederum die Zustimmung, so hat ein vom Arbeitgeber gestellter Antrag auf Zustimmungsersetzung auch dann einen anderen Streitgegenstand, wenn es sich um dieselbe Art von personeller Maßnahme gegenüber demselben Arbeitnehmer handelt (*BAG* 28.02.2006 EzA § 99 BetrVG 2001 Nr. 10 = AP Nr. 51 zu § 99 BetrVG 1972 Einstellung Rn. 23; 16.01.2007 EzA § 99 BetrVG 2001 Versetzung Nr. 3 = AP Nr. 52 zu § 99 BetrVG 1972 Einstellung Rn. 19 ff.). Dies ist die Konsequenz des zweigliedrigen Streitgegenstandsbegriffs, wonach für die Identität des prozessualen Anspruchs nicht nur auf das Rechtsschutzziel, sondern auch auf die den Anspruch begründenden Tatsachen abzustellen ist. Im Falle des Abs. 4 bildet den Streitgegenstand aber nicht allein die Zulässigkeit der beabsichtigten personellen Maßnahme, sondern die Zulässigkeit aufgrund des vorangegangenen Zustimmungsverfahrens (*BAG* 28.02.2006 EzA § 99 BetrVG 2001 Nr. 10 = AP Nr. 51 zu § 99 BetrVG 1972 Einstellung Rn. 23). Um unterschiedliche Maßnahmen handelt es sich allerdings nicht bereits dann, wenn der Arbeitgeber den Betriebsrat – etwa nach einer fristgerechten Zustimmungsverweigerung – **erneut um Zustimmung** zu derselben Maßnahme gebeten hat (*BAG* 09.10.2013 EzA § 99 BetrVG 2001 Versetzung Nr. 10 Rn. 28 f.; 11.10.2016 EzA § 99 BetrVG 2001 Nr. 30 = AP Nr. 150 zu § 99 BetrVG 1972 Rn. 11). Im Regelfall ist davon auszugehen, dass das Ersuchen nur dazu dient, den Betriebsrat umzustimmen und nachträglich die Zustimmung zu der Maßnahme zu erlangen. Dann liegt eine **einheitliche Maßnahme** vor. Insbesondere wird durch die erneute Bitte um Zustimmung die Frist des § 99 Abs. 3 nicht nochmals in Gang gesetzt (s. Rdn. 164). Etwas anderes gilt nur, wenn der Arbeitgeber zunächst erkennbar seinen Entschluss zur Durchführung der Maßnahme aufgegeben und diesen zu einem späteren Zeitpunkt erneut gefasst hat (*BAG* 09.10.2013 EzA § 99 BetrVG 2001 Versetzung Nr. 10 Rn. 28).

239 Aus diesem Grunde sind im Zustimmungsersetzungsverfahren auch **nur die vom Betriebsrat form- und fristgerecht geltend gemachten Gründe** für die Zustimmungsverweigerung zu berücksichtigen (s. Rdn. 171, 247). Diese Begrenzung des Streitgegenstandes kann nicht durch eine Abrede der Betriebsparteien unterlaufen werden. Diese können insbesondere nicht vereinbaren, dass die Zustimmung des Betriebsrats auch dann als verweigert gilt, wenn er sich nicht fristgemäß geäußert hat. Die Folge wäre, dass das gerichtliche Prüfprogramm sich nicht auf die vom Betriebsrat vorgebrachten

Gründe beschränken könnte, sondern auf den gesamten Katalog der Zustimmungsverweigerungsgründe des Abs. 2 erstrecken müsste. Der Gegenstand des gerichtlichen Verfahrens liegt aber außerhalb der Regelungsmacht der Betriebsparteien (*BAG* 18.08.2009 EzA § 99 BetrVG 2001 Nr. 14 = AP Nr. 128 zu § 99 BetrVG 1972 Rn. 24).

Wegen des unterschiedlichen Streitgegenstandes ist der Arbeitgeber nicht gehindert, nach **rechtskräftiger Abweisung des Ersetzungsantrages** den Betriebsrat erneut um Zustimmung zu einer inhaltsgleichen personellen Maßnahme zu bitten und – nach wirksamer Zustimmungsverweigerung – den Antrag auf Ersetzung der Zustimmung zu stellen. Die Rechtskraft der ersten Entscheidung steht dem mangels Identität des Streitgegenstandes nicht entgegen (*BAG* 28.02.2006 EzA § 99 BetrVG 2001 Nr. 10 = AP Nr. 51 zu § 99 BetrVG 1972 Einstellung Rn. 26; 18.03.2008 EzA § 99 BetrVG 2001 Einstellung Nr. 9 = AP Nr. 56 zu § 99 BetrVG 1972 Einstellung Rn. 20; s. a. *BAG* 22.04.2010 EzA § 2 KSchG Nr. 77 = AP Nr. 145 zu § 2 KSchG 1969 Rn. 17). Eine **rechtskräftige Entscheidung über eine Ein- und Umgruppierung** entfaltet aber solange Bindungswirkung, wie die für die Einordnung des Arbeitnehmers in das Vergütungsschema maßgeblichen Umstände unverändert bleiben (*BAG* 20.03.2014 EzA § 2 KSchG Nr. 90 = AP Nr. 160 zu § 2 KSchG Rn. 24). Ein **während des Zustimmungsersetzungsverfahrens gestellter erneuter Antrag** nach Abs. 4 ist nicht wegen anderweitiger Rechtshängigkeit unzulässig, sofern der Arbeitgeber zuvor erneut erfolglos um die Zustimmung des Betriebsrats ersucht hat (*BAG* 28.02.2006 EzA § 99 BetrVG 2001 Nr. 10 = AP Nr. 51 zu § 99 BetrVG 1972 Einstellung Rn. 26; 22.04.2010 EzA § 2 KSchG Nr. 77 = AP Nr. 145 zu § 2 KSchG 1969 Rn. 18). **240**

Aus der Bestimmung des Streitgegenstandes ergeben sich konkrete **Anforderungen an den Antrag** nach § 253 Abs. 2 Nr. 2 ZPO. Der Antrag muss nämlich so gefasst sein, dass die eigentliche Streitfrage zwischen den Beteiligten mit Rechtskraft entschieden werden kann (*BAG* 30.05.2006 EzA § 98 BetrVG 2001 Nr. 2 = AP Nr. 80 zu § 118 BetrVG 1972 Rn. 15; 23.01.2008 EzA § 99 BetrVG 2001 Einstellung Nr. 8 = AP Nr. 14 zu § 14 AÜG Rn. 17). Hierzu sind die Art der personellen Maßnahme (Einstellung, Versetzung, Ein- oder Umgruppierung) sowie die Person des hiervon betroffenen Arbeitnehmers anzugeben. In Zweifelsfällen kann es erforderlich sein, den Lebenssachverhalt anhand konkreter Tatsachen zu umschreiben (*BAG* 23.01.2008 EzA § 99 BetrVG 2001 Einstellung Nr. 8 = AP Nr. 14 zu § 14 AÜG Rn. 17). Zur prozessualen Behandlung mehrerer, vom Arbeitgeber wegen derselben personellen Maßnahme gleichzeitig gestellter Anträge (Eventualhäufung, Verbindung [§ 147 ZPO] oder Aussetzung [§ 148 ZPO] des Verfahrens) vgl. näher *BAG* 16.01.2007 EzA § 99 BetrVG 2001 Versetzung Nr. 3 = AP Nr. 52 zu § 99 BetrVG 1972 Einstellung Rn. 23 ff. **241**

Stellt sich heraus, dass das Verfahren nach § 99 Abs. 1 **vom Arbeitgeber nicht ordnungsgemäß eingeleitet** wurde, weil die Unterrichtung unvollständig oder fehlerhaft war, so ist sein **Antrag** auf Ersetzung der Zustimmung **abzuweisen**, da die Frist zur Stellungnahme für den Betriebsrat nach Abs. 3 Satz 1 noch gar nicht begonnen hat (s. Rdn. 161). Der Antrag auf Ersetzung der Zustimmung nach Abs. 4 kann aber nur gestellt werden, wenn der Betriebsrat über die Zustimmung hätte entscheiden müssen. Die Rspr. nimmt an, dass ein solcher Antrag unbegründet sei (*BAG* 21.07.2009 EzA § 99 BetrVG 2001 Einstellung Nr. 12 = AP Nr. 4 zu § 3 AÜG Rn. 18; 09.03.2011 EzA § 99 BetrVG 2001 Nr. 22 = AP Nr. 51 zu § 99 BetrVG 1972 Eingruppierung Rn. 16 f.; 01.06.2011 AP Nr. 136 zu § 99 BetrVG 1972 Rn. 16, 30); in der Lit. wird überwiegend – ohne nähere Begründung – von der Unzulässigkeit ausgegangen (*Matthes*/MünchArbR § 263 Rn. 83; *Richardi*/*Thüsing* § 99 Rn. 319). Die besseren Gründe sprechen für die Lösung des *BAG*. Der Antrag scheitert nämlich nicht an dem fehlenden Rechtsschutzinteresse, sondern an dem Nichtbestehen des prozessualen Anspruchs. Gegenstand des Ersetzungsverfahrens ist die Frage, ob der Betriebsrat die Zustimmung zu Recht verweigert hat oder ob der Arbeitgeber im Verhältnis zum Betriebsrat befugt ist, die beabsichtigte personelle Maßnahme endgültig durchzuführen (s. Rdn. 235). Hat der Arbeitgeber den Betriebsrat nicht ordnungsgemäß unterrichtet, so musste der Betriebsrat auch noch gar nicht Stellung nehmen, Damit steht fest, dass der Arbeitgeber noch nicht zur Durchführung der Maßnahme berechtigt ist. Demgemäß ist der Antrag als (derzeit) unbegründet abzuweisen. **242**

Der Arbeitgeber kann, falls der Betriebsrat trotz nicht vollständiger oder fehlerhafter Unterrichtung die Zustimmung verweigert hat, noch im Zustimmungsersetzungsverfahren die **fehlende Unterrichtung des Betriebsrats nachholen** (s. a. zur nachträglichen Information im Zustimmungsver- **243**

§ 99 IV. 5. 3. *Personelle Einzelmaßnahmen*

fahren Rdn. 162 f.). Mit Vorliegen der vollständigen Informationen beginnt die Frist des Abs. 3 Satz 1 neu; der Betriebsrat kann also innerhalb einer Woche weitere Zustimmungsverweigerungsgründe geltend machen (vgl. *BAG* 28.03.2000 EzA § 99 BetrVG 1972 Einstellung Nr. 6 = AP Nr. 27 zu § 99 BetrVG 1972 Einstellung unter II 1; 01.06.2011 AP Nr. 136 zu § 99 BetrVG 1972 Rn. 21). Voraussetzung für den Fristbeginn ist allerdings, dass der Arbeitgeber dem Betriebsrat gegenüber **deutlich gemacht** hat, dass mit der zusätzlichen Information **die fehlerhafte Unterrichtung geheilt** werden soll. Zwar muss der Arbeitgeber nicht ausdrücklich erneut um Zustimmung ersuchen. Doch muss für den Betriebsrat erkennbar sein, dass er nunmehr Gelegenheit erhält, auf der Basis der neuen oder veränderten Tatsachen erneut über die Erteilung der Zustimmung zu entscheiden (*BAG* 01.06.2011 AP Nr. 136 zu § 99 BetrVG 1972 Rn. 21). Dies kann auch in einem Schriftsatz geschehen, wenn deutlich wird, dass der Arbeitgeber nicht nur eine Prozesshandlung vornehmen will (näher zu den Anforderungen *BAG* 09.03.2011 EzA § 99 BetrVG 2001 Nr. 22 = AP Nr. 51 zu § 99 BetrVG 1972 Eingruppierung Rn. 25 f.). Geschieht dies nicht oder nicht mit der hinreichenden Klarheit, so beginnt die Frist nicht zu laufen; der Antrag des Arbeitgebers auf Ersetzung der Zustimmung ist dann als unbegründet abzuweisen (s. Rdn. 242). Hat der Arbeitgeber während des Verfahrens die ordnungsgemäße Unterrichtung des Betriebsrats bewirkt und damit dem Betriebsrat eine abschließende Stellungnahme innerhalb einer Woche ermöglicht und hat dieser erneut die Zustimmung verweigert, so hat das Gericht über den Zustimmungsersetzungsantrag des Arbeitgebers zu entscheiden (*BAG* 20.12.1988 EzA § 99 BetrVG 1972 Nr. 70 = AP Nr. 62 zu § 99 BetrVG 1972; *Bachner/DKKW* § 99 Rn. 131; *Fitting* § 99 Rn. 271).

244 Hat der Betriebsrat die Zustimmung zu einer geplanten personellen Einzelmaßnahme verweigert, ist der Arbeitgeber aber der Auffassung, die **Zustimmungsverweigerung sei unwirksam**, die Zustimmung gelte deshalb als erteilt (s. Rdn. 170), so stellt sich die Frage, auf welche Weise der Arbeitgeber eine gerichtliche Klärung herbeiführen kann. Ein **Zustimmungsersetzungsantrag** nach § 99 Abs. 4 wäre **unzulässig**, weil es für einen solchen Antrag an dem erforderlichen Rechtsschutzinteresse fehlt (*BAG* 22.10.1985 EzA § 99 BetrVG 1972 Nr. 43 = AP Nr. 24 zu § 99 BetrVG 1972 [*Kraft*]; 17.11.2010 EzA § 99 BetrVG 2001 Nr. 20 = AP Nr. 50 zu § 99 BetrVG 1972 Versetzung Rn. 20). Die gerichtliche Gestaltung ist überflüssig, weil die vom Arbeitgeber begehrte Rechtslage bereits besteht. Der Arbeitgeber hätte dann jedenfalls die Möglichkeit, den Antrag auf Feststellung, dass die Zustimmung als erteilt gelte, mit dem Hilfsantrag nach § 99 Abs. 4, die verweigerte Zustimmung zu ersetzen, zu verbinden (*BAG* 28.01.1986 EzA § 99 BetrVG 1972 Nr. 48 = AP Nr. 34 zu § 99 BetrVG 1972). Einen solchen **doppelten Antrag** muss der Arbeitgeber aber **nicht ausdrücklich stellen**. Beantragt der Arbeitgeber eine vom Betriebsrat verweigerte Zustimmung zu ersetzen und stellt sich im Verfahren heraus, dass die Zustimmungsverweigerung unbeachtlich ist, so hat das Gericht auch ohne einen ausdrücklich darauf gerichteten Antrag des Arbeitgebers festzustellen, dass die Zustimmung als erteilt gilt, da dies dem Rechtsschutzziel des Arbeitgebers entspricht (*BAG* 18.10.1988 EzA § 99 BetrVG 1972 Nr. 69 = AP Nr. 57 zu § 99 BetrVG 1972; ebenso *Bachner/DKKW* § 99 Rn. 240; *Fitting* § 99 Rn. 285; *Richardi/Thüsing* § 99 Rn. 321; krit. *von Hoyningen-Huene* Anm. EzA § 99 BetrVG 1972 Nr. 69).

245 Ein Antrag auf Erlass einer **einstweiligen Verfügung** zur Ersetzung der verweigerten Zustimmung ist unzulässig, da § 100 eine erschöpfende Regelung für die zulässige Vornahme personeller Maßnahmen ohne Zustimmung des Betriebsrats enthält (*Bachner/DKKW* § 99 Rn. 241; *Boemke* ZfA 1992, 473 [522 f.]; *Dütz* ZfA 1972, 253; *Fitting* § 99 Rn. 284 zur Versetzung; *von Hoyningen-Huene/Boemke* Die Versetzung, IX 1c, S. 191 f.; *Huke/HWGNRH* § 99 Rn. 321; *Richardi/Thüsing* § 99 Rn. 344).

246 Der Betriebsrat hat seine Weigerung, der Maßnahme zuzustimmen, zu substantiieren, d. h. durch konkrete Tatsachen zu untermauern. Die **Darlegungs- und Beweislast** dafür, dass **kein Verweigerungsgrund** besteht, trägt aber nach h. M. der Arbeitgeber (amtliche Begründung zum BetrVG 1972, BR-Drucks. 715/70, S. 51; *Bachner/DKKW* § 99 Rn. 244; *Buchner* ArbGeb. 1971, 188 [198]; *Fitting* § 99 Rn. 290; *Heinze* Personalplanung, Rn. 358; *Huke/HWGNRH* § 99 Rn. 197; zweifelnd *Adomeit* DB 1971, 2360; *Stahlhacke* BlStSozArbR 1972, 71; **a. M.** *Galperin/Löwisch* § 99 Rn. 116; *Prütting/GMP* ArbGG, § 58 Rn. 91 unter »Betriebsverfassung«: Beweislast dafür, dass Gründe nach § 99 Abs. 2 vorliegen, trägt der Betriebsrat; *Matthes/*MünchArbR § 263 Rn. 88; *Richardi/Thüsing* § 99 Rn. 324; vgl. auch *Boemke* ZfA 1992, 473 [513]). Die h. M. stützt sich vornehmlich darauf, dass es ja der Arbeitgeber sei, der in dem Beschlussverfahren die Ersetzung der verweigerten Zustimmung begehrt. Er müsse deshalb die für sein Begehren günstigen Tatsachen, das ist eben das Nichtvorliegen eines Zustimmungsverweigerungsgrundes, dartun und notfalls beweisen. *Galperin/Löwisch* (§ 99 Rn. 116) vertreten demgegenüber den Standpunkt, es komme nicht auf die Ausgestaltung des Verfahrens und darauf an, wem die Rolle des Antragstellers zuerkannt wird, sondern lediglich auf die materielle Norm. Die aber besage in § 99 Abs. 2, dass dem Betriebsrat ein Zustimmungsverweigerungsrecht nur zusteht, wenn bestimmte Gründe vorliegen (zust. *Richardi/Thüsing* § 99 Rn. 324). Dem ist entgegenzuhalten, dass gerade die Umkehrung der prozessualen Rolle, wie sie das BetrVG 1972 gegenüber dem BetrVG 1952 vorgenommen hat, auch Auswirkungen für den Fall haben muss, wenn sich im Verfahren ein *non liquet* ergibt (s. a. Rdn. 2). Zur **Darlegungs- und Beweislast** im Hinblick auf die **wirksame Beschlussfassung** des Betriebsrats s. *BAG* 30.09.2014 EzA § 34 BetrVG 2001 Nr. 2 Rn. 36 sowie § 33 Rdn. 70.

Das Gericht hat wegen des im Beschlussverfahren geltenden **Amtsermittlungsprinzips** (§ 83 ArbGG) den Sachverhalt von Amts wegen vollständig aufzuklären. Das Gericht ist dabei allerdings an den Streitgegenstand gebunden. Da es im Zustimmungsersetzungsverfahren um die Frage geht, ob der Arbeitgeber im Hinblick auf die vom Betriebsrat geltend gemachten Gründe an der Durchführung der konkreten Maßnahme gehindert ist (s. Rdn. 238), ist es dem Gericht verwehrt, unter Berufung auf § 83 ArbGG Gründe für die Zustimmungsverweigerung zu berücksichtigen, die sich zwar aus dem Sachvortrag der Parteien ergeben, vom Betriebsrat aber nicht rechtzeitig dem Arbeitgeber mitgeteilt worden waren (vgl. *Fitting* § 99 Rn. 290; *Galperin/Löwisch* § 99 Rn. 115; *Huke/HWGNRH* § 99 Rn. 197; **a. M.** *Heinze* Personalplanung, Rn. 353). Ebenso wenig kann der Betriebsrat **neue Gründe für die Zustimmungsverweigerung im Verfahren** nachschieben (s. dazu Rdn. 171; *BAG* 03.07.1984 EzA § 99 BetrVG 1972 Nr. 37 = AP Nr. 20 zu § 99 BetrVG 1972; 15.04.1986 EzA § 99 BetrVG 1972 Nr. 49 = AP Nr. 36 zu § 99 BetrVG 1972; st. Rspr., zuletzt *BAG* 17.11.2010 EzA § 99 BetrVG 2001 Nr. 20 = AP Nr. 50 zu § 99 BetrVG 1972 Versetzung Rn. 34; *Heinze* Personalplanung, Rn. 353; *Fitting* § 99 Rn. 291 [abw. bis 25. Aufl.]; krit. zur Rechtsprechung *Bachner/DKKW* § 99 Rn. 187, 245). Veränderungen tatsächlicher Art, welche die vom Betriebsrat geltend gemachten Gründe betreffen, sind bis zum Schluss der Anhörung der letzten Tatsacheninstanz zu berücksichtigen (*BAG* 22.04.2010 EzA § 2 KSchG Nr. 77 = AP Nr. 145 zu § 2 KSchG 1969 Rn. 17).

Hinsichtlich der das **betriebliche Zustimmungsverfahren** betreffenden Tatsachen trägt jede Seite die **Darlegungs- und Beweislast** für die von ihr zu verantwortenden Verfahrensabschnitte. So trägt der Arbeitgeber die Darlegungs- und Beweislast für die ordnungsgemäße Unterrichtung des Betriebsrats und deren Zeitpunkt (*BAG* 28.01.1986 EzA § 99 BetrVG 1972 Nr. 48 = AP Nr. 34 zu § 99 BetrVG 1972 unter B II 1c; *Matthes*/MünchArbR § 263 Rn. 88; *Richardi/Thüsing* § 99 Rn. 324). Der Betriebsrat trägt die Darlegungs- und Beweislast dafür, dass er form- und fristgerecht die Zustimmung verweigert hat (*Bachner/DKKW* § 99 Rn. 244; *Fitting* § 99 Rn. 290; *Huke/HWGNRH* § 99 Rn. 198).

Hat sich die streitige personelle Maßnahme vor Abschluss des Zustimmungsersetzungsverfahrens erledigt, so ist das Verfahren wegen **Erledigung der Hauptsache** gemäß § 83a Abs. 2 ArbGG einzustellen, auch wenn der Betriebsrat der Erledigung widerspricht (*BAG* 26.04.1990 EzA § 83a ArbGG 1979 Nr. 1, 10.02.1999 EzA § 83a ArbGG 1979 Nr. 5, 10.02.1999 EzA § 83a ArbGG 1979 Nr. 6 = AP Nr. 3, 6, 5 zu § 83a ArbGG 1979; 28.02.2006 EzA § 99 BetrVG 2001 Nr. 10 = AP Nr. 51 zu § 99 BetrVG 1972 Einstellung Rn. 18). Das erledigende Ereignis kann auch darin bestehen, dass der **Betriebsrat nicht mehr existiert**, da der Arbeitgeber in diesem Fall die Maßnahme auch ohne Zustimmung durchführen darf (*BAG* 19.02.2008 AP Nr. 11 zu § 83a ArbGG 1979 Rn. 14: wirksame Anfechtung der Neuwahl des Betriebsrats). Erledigung tritt ebenfalls ein, wenn der Arbeitgeber sein **Zustimmungsersuchen gegenüber dem Betriebsrat zurücknimmt**. Hieran ist er durch die Einleitung des gerichtlichen Verfahrens nicht gehindert (*BAG* 28.02.2006 EzA § 99 BetrVG 2001 Nr. 10 = AP Nr. 51 zu § 99 BetrVG 1972 Einstellung Rn. 17 ff.). Schließlich liegt ein Fall der Erledigung vor, wenn der Betriebsrat der Maßnahme **nachträglich zustimmt** oder seinen früheren Beschluss mit der Folge der Zustimmungsfiktion aufhebt (s. Rdn. 233).

bb) Rechtsstellung des betroffenen Arbeitnehmers

250 Die Stellung des von der Verweigerung der Zustimmung durch den Betriebsrat betroffenen Arbeitnehmers ist rechtlich nicht gesichert (zu dieser »Schutzlücke« *Richardi* NZA 1999, 617 [620 unter 3.]. Die fehlende Zustimmung kann – vor allem im Falle der Einstellung – für ihn nachteilige individualrechtliche Folgen haben (s. Rdn. 176 f.). Dennoch ist er **nicht Beteiligter** und hat insbesondere kein eigenes Antragsrecht im arbeitsgerichtlichen Beschlussverfahren, da er nicht in seiner betriebsverfassungsrechtlichen Rechtsstellung betroffen ist (*BAG* 27.05.1982 EzA § 83 ArbGG 1979 Nr. 1 = AP Nr. 3 zu § 80 ArbGG 1979; 22.03.1983 EzA § 101 BetrVG 1972 Nr. 5 = AP Nr. 6 zu § 101 BetrVG 1972; 23.09.2003 EzA § 99 BetrVG 2001 Nr. 3 = AP Nr. 28 zu § 99 BetrVG 1972 Eingruppierung unter B I 1d; 12.12.2006 EzA § 87 BetrVG 2001 Betriebliche Lohngestaltung Nr. 13 Rn. 10; *Bachner/DKKW* § 99 Rn. 243, 247; *Fitting* § 99 Rn. 288; *Galperin/Löwisch* § 99 Rn. 114; *Hanau* RdA 1973, 283; *Heinze* Personalplanung, Rn. 352: Beteiligter ohne Antragsbefugnis; *Huke/HWGNRH* § 99 Rn. 196; *Matthes*/MünchArbR § 263 Rn. 89; **a. M.** *Buchner* GS Dietz, S. 173; *Dütz* AuR 1992, 33 [38 f.]; *Hanau* RdA 1973, 283; *Hartmann* ZfA 2008, 383 [408 ff.]; *Richardi/Thüsing* § 99 Rn. 311 ff., 345 vor allem soweit es um die Einstellung geht). Er kann also insbesondere nicht selbst einen Antrag auf Ersetzung der Zustimmung nach Abs. 4 stellen.

251 Fraglich ist, ob und unter welchen Voraussetzungen der Arbeitnehmer wenigstens **vom Arbeitgeber verlangen** kann, zur Durchsetzung der personellen Maßnahme ein **Zustimmungsersetzungsverfahren nach § 99 Abs. 4 durchzuführen**. Ein solcher Anspruch und eine korrespondierende Verpflichtung des Arbeitgebers ergeben sich **nicht aus den Vorschriften des BetrVG**. Diese regeln nämlich ausschließlich das kollektivrechtliche Verhältnis zwischen Arbeitgeber und Betriebsrat (*BAG* 21.02.2017 NZA 2017, 740 Rn. 21). Soweit sie den Betriebsrat an bestimmte formale Regeln (Form und Frist der Stellungnahme) binden und die Zustimmungsverweigerung vom Vorliegen bestimmter Gründe abhängig machen, dient dies nicht den Interessen des betroffenen Arbeitnehmers, sondern dem Schutz der unternehmerischen Freiheit des Arbeitgebers. Das Recht des Arbeitgebers, von den ihm zur Verfügung stehenden personalrechtlichen Instrumenten Gebrauch zu machen, soll nur im Rahmen der gesetzlich definierten Grenzen der Mitbestimmung eingeschränkt werden (in der Sache ebenso *BAG* 21.02.2017 NZA 2017, 740 Rn. 21: Kompetenzbestimmung und -abgrenzung zwischen Arbeitgeber und Betriebsrat). Die im Falle der Zustimmungsverweigerung bestehenden Rechtsbehelfe des Arbeitgebers haben daher – zumindest in erster Linie – den Schutz seiner Rechte und Interessen zum Ziel. **Grundlage** für einen Anspruch kann daher nur die **individualrechtliche Beziehung** des Arbeitgebers zu dem betroffenen Arbeitnehmer sein (*BAG* 16.03.2010 EzA § 106 GewO Nr. 5 = AP Nr. 8 zu § 106 GewO Rn. 28). Insoweit ist aber zu beachten, dass der **Arbeitgeber** aus vielerlei Gründen ein **berechtigtes Interesse** daran haben kann, von seinen Rechten im Verhältnis zum Betriebsrat keinen Gebrauch zu machen und von einer Auseinandersetzung oder gar einem Rechtsstreit abzusehen. Ein solches Beschlussverfahren verursacht einmal einen erheblichen Zeit- und Kostenaufwand (*BAG* 21.02.2017 NZA 2017, 740 Rn. 20). Es führt darüber hinaus typischerweise zu einer konfrontativen Auseinandersetzung, die das Verhältnis und die Zusammenarbeit der Betriebspartner belasten und damit dem Interesse des Arbeitgebers an einer reibungslosen Umsetzung seiner unternehmerischen Ziele entgegenstehen kann (ähnlich *BAG* 21.02.2017 NZA 2017, 740 Rn. 20). Schließlich kann es sein, dass der Arbeitgeber die vom Betriebsrat gegen die Maßnahme vorgebrachten Einwände für mindestens bedenkenswert hält, auch wenn sie sich nicht unter den Katalog des Abs. 2 subsumieren lassen, und sich deshalb über die Erwägungen nicht einfach hinwegsetzen möchte. Auch ein solches Verhalten ist legitim, ja entspricht geradezu dem Gedanken der vertrauensvollen Zusammenarbeit (§ 2 Abs. 1) und damit einem Grundprinzip der Betriebsverfassung. Eine Rechtspflicht und damit einen schuldrechtlichen Anspruch des betroffenen Arbeitnehmers wird man daher nur annehmen können, wenn es **überwiegende schutzwürdige Belange des Arbeitnehmers** gibt, die es rechtlich geboten erscheinen lassen, dass der Arbeitgeber seine eigenen Interessen an der Vermeidung einer rechtlichen Auseinandersetzung zurückstellt.

252 Von den in § 99 Abs. 1 genannten Maßnahmen kommt eine solche Rechtspflicht im Falle der **Ein- oder Umgruppierung** von vornherein nicht in Betracht. Hält der Arbeitnehmer die vom Betriebsrat befürwortete Eingruppierung für falsch, hat er die Möglichkeit, diese Frage in einem Rechtsstreit klären zu lassen und seinen Anspruch auf die »richtige« Vergütung durchzusetzen (s. Rdn. 75 f.). Relevanz hat die Frage daher nur für die Fälle der Einstellung oder der Versetzung. Eine Verpflichtung des Arbeitgebers kann sich insoweit zum einen aus einer **Selbstbindung** ergeben (*BAG* 16.03.2010 EzA § 106 GewO Nr. 5 = AP Nr. 8 zu § 106 GewO Rn. 25 ff.; 21.02.2017 NZA 2017, 740 Rn. 14; ähnlich *Fitting* § 99 Rn. 289; *Huke/HWGNRH* § 99 Rn. 196 [bei verbindlicher Zusage]). Eine solche ist sicherlich dann anzunehmen, wenn sich der Arbeitgeber dem Arbeitnehmer gegenüber vertraglich verpflichtet hat, alle notwendigen und rechtlich möglichen Schritte einzuleiten, um die Einstellung oder Versetzung tatsächlich durchzuführen (s. § 100 Rdn. 22). Existiert weder eine ausdrückliche Vereinbarung, noch eine gesetzliche Verpflichtung, wird man eine Selbstbindung jedoch nur mit großer Zurückhaltung annehmen können, da der Arbeitgeber typischerweise kein Interesse hat, sich in eine gerichtliche Auseinandersetzung zwingen zu lassen. Insbesondere lässt sich eine solche Selbstbindung nicht alleine aus der Bereitschaft ableiten, den Arbeitnehmer unter bestimmten (etwa fachlichen und persönlichen) Voraussetzungen auf einem anderen Arbeitsplatz zu beschäftigen (*BAG* 16.03.2010 EzA § 106 GewO Nr. 5 Rn. 27). Ausgeschlossen ist eine Selbstbindung regelmäßig, wenn der Arbeitgeber den Arbeitnehmer auf das Zustimmungserfordernis hinweist und über die hieraus folgende Sach- und Rechtslage aufklärt, da er damit deutlich macht, dass die Durchführung der Maßnahme unter dem Vorbehalt der kollektivrechtlichen Zulässigkeit steht (s. § 100 Rdn. 22). Zu einem solchen Hinweis ist er im Falle der vorläufigen Durchführung rechtlich verpflichtet (§ 100 Abs. 1 Satz 2).

Ist der Arbeitgeber **gesetzlich zur Durchführung der personellen Maßnahme verpflichtet** 253 (etwa im Falle eines Wiedereinstellungsanspruchs), so dürfte sich hieraus im Regelfall die Verpflichtung ergeben, die kollektivrechtlichen Voraussetzungen für die Durchführung zu schaffen. Das *BAG* bejaht dies auch, wenn und soweit der Arbeitgeber nach **§ 164 Abs. 4 Satz 1 Nr. 1 SGB IX** (bis 01.01.2018: § 81 Abs. 4 Satz 1 Nr. 1 SGB IX) gegenüber einem schwerbehinderten Arbeitnehmer verpflichtet ist, ihn entsprechend seinen Fähigkeiten und Kenntnissen zu beschäftigen (*BAG* 03.12.2002 EzA § 81 SGB IX Nr. 1 = AP Nr. 2 zu § 81 SGB IX unter A II 3a). Allerdings steht die Pflicht unter dem Vorbehalt der Zumutbarkeit (§ 164 Abs. 4 Satz 3 SGB IX). Ob dem Arbeitgeber – wie das *BAG* annimmt – eine gerichtliche Erzwingung der Zustimmung nur dann unzumutbar ist, wenn feststeht, dass die vom Betriebsrat geltend gemachten Zustimmungsverweigerungsgründe objektiv vorliegen und die Zustimmungsverweigerung rechtlich tragen (so *BAG* 03.12.2002 EzA § 81 SGB IX Nr. 1 unter A II 3b), scheint eher zweifelhaft (s. Rdn. 255).

Liegt keine Selbstbindung vor, so kann sich eine Verpflichtung zur Durchführung des Zustimmungs- 254 ersetzungsverfahrens aus der allgemeinen **Pflicht zur Rücksichtnahme** auf die Interessen des anderen Teils in einem bestehenden Schuldverhältnis ergeben (**§ 241 Abs. 2 BGB**; *BAG* 21.02.2017 NZA 2017, 740 Rn. 15). Allerdings stellt das *BAG* mit Recht fest, dass diese Pflicht vom Arbeitgeber nicht verlangt, unter Hintanstellung eigener berechtigter Interessen ein ihm zustehendes Recht notfalls im Rahmen eines Rechtsstreits durchzusetzen, wenn dies den subjektiven Interessen des Arbeitnehmers dient (*BAG* 21.02.2017 NZA 2017, 740 Rn. 17; s. a. *BAG* 19.05.2010 EzA § 615 BGB 2002 Nr. 33 = AP Nr. 10 zu § 106 GewO Rn. 31). Eine solche Pflicht lässt sich insbesondere im Kontext der **Einstellung** nicht begründen, solange der Arbeitsvertrag nicht geschlossen worden ist. Im Rahmen des vorvertraglichen Schuldverhältnisses sind die Parteien lediglich zu einem Verhalten verpflichtet, das den Schutz der bestehenden Rechtsgüter und Interessen sicherstellt. Dagegen ergibt sich hieraus nicht die Pflicht, für das Zustandekommen oder gar die Erfüllung des (beabsichtigten) Vertrags zu sorgen. Aber auch wenn der Arbeitgeber ohne Zustimmung des Betriebsrats den Arbeitsvertrag geschlossen und den Arbeitnehmer beschäftigt hat, genügt dies für sich genommen nicht, um eine Pflicht zur Durchführung eines Ersetzungsverfahrens zu begründen (so aber *Fitting* § 99 Rn. 289; *Huke/HWGNRH* § 99 Rn. 196; *Richardi/Thüsing* § 99 Rn. 312). In Betracht kommt allenfalls eine Pflicht zum Schadensersatz, wenn der Arbeitgeber den Arbeitnehmer nicht auf die Rechtslage hingewiesen hat (s. § 100 Rdn. 20). Handelt es sich bei der personellen Maßnahme um eine **Versetzung**, so ergibt sich aus der Rücksichtnahmepflicht im Regelfalle nur, dass der Arbeitgeber die zur Zuweisung eines anderen Arbeitsbereiches erforderliche Zustimmung beim Betriebsrat beantragen muss, nicht dagegen, dass er gehalten ist, diese gegen den (begründeten) Widerspruch des Betriebsrats durchzusetzen, um dem Arbeitnehmer eine andere Beschäftigung zu ermöglichen (*BAG* 19.05.2010 EzA § 615 BGB 2002 Nr. 33 Rn. 32; 21.02.2017 NZA 2017, 740 Rn. 20). Aus diesem Grunde scheiden regelmäßig auch Schadenersatzansprüche des Arbeitnehmers wegen Verletzung einer solchen Pflicht aus § 280 Abs. 1 BGB aus.

255 Fraglich könnte sein, ob der Arbeitgeber unter dem Gesichtspunkt des **kündigungsrechtlichen ultima-ratio-Grundsatzes** gehalten ist, ein Zustimmungsersetzungsverfahren durchzuführen, wenn er im Falle der Unmöglichkeit der personellen Maßnahme gezwungen wäre, das Arbeitsverhältnis zu kündigen (hierzu *BAG* 22.09.2005 EzA § 81 SGB IX Nr. 10 = AP Nr. 42 zu § 99 BetrVG 1972 Versetzung unter II 2 e). Praktisch könnte dies vor allem werden, wenn der Arbeitnehmer aus persönlichen oder betrieblichen Gründen nicht mehr auf seinem bisherigen Arbeitsplatz beschäftigt werden kann, der Betriebsrat aber die Zustimmung zur Versetzung auf einem anderen Arbeitsplatz verweigert. Auch insoweit ist jedoch zu berücksichtigen, dass der ultima-ratio-Grundsatz den Arbeitgeber nur dazu verpflichtet, vor einer Kündigung von den ihm zur Verfügung stehenden und zumutbaren Instrumenten Gebrauch zu machen, mit denen eine Weiterbeschäftigung – ggf. zu geänderten Bedingungen – ermöglicht werden könnte. Hier wäre zunächst zu fragen, ob eine Beschäftigung, die nicht mehr allein in der Entscheidungsgewalt des Arbeitgebers liegt, überhaupt noch uneingeschränkt zu den ihm »möglichen« Maßnahmen zählt (s. *BAG* 19.05.2010 EzA § 615 BGB 2002 Nr. 33 Rn. 32 [im Kontext des § 615 Satz 1 BGB]). Zumindest dürfte es dem Arbeitgeber regelmäßig nicht mehr zumutbar sein, sich hierfür in einen Rechtsstreit mit dem Betriebsrat einzulassen, und zwar selbst dann, wenn den Arbeitgeber – wie im Falle des § 164 Abs. 4 SGB IX – eine **besondere Beschäftigungspflicht** trifft. So hat das *BAG* zutreffend festgestellt, dass der Arbeitgeber sich zwar in diesem Fall nach Kräften um die Zustimmung des Betriebsrats bemühen und bei einer Ablehnung den Versuch unternehmen muss, diesen umzustimmen (*BAG* 29.01.1997 EzA § 1 KSchG Krankheit Nr. 42 = AP Nr. 32 zu § 1 KSchG 1969 Krankheit unter II 1d; 22.09.2005 EzA § 81 SGB IX Nr. 10 unter II 2 e dd). Gelinge dies nicht, sei er aber nicht verpflichtet, die Zustimmung des Betriebsrats gerichtlich durchzusetzen. Dies gelte zumindest dann, wenn das Integrationsamt eine Weiterbeschäftigungsmöglichkeit auf dem ins Auge gefassten Arbeitsplatz verneint und die Zustimmung zur Kündigung erteilt habe (*BAG* 22.09.2005 EzA § 81 SGB IX Nr. 10 unter II 2 e aa). Ist dies nicht der Fall, muss der Arbeitgeber trotzdem jedenfalls dann von einem Ersetzungsverfahren absehen können, wenn die Begründung des Betriebsrats schlüssig und nachvollziehbar ist, da der Arbeitgeber sich nicht auf ein Verfahren mit ungewissem Ausgang und hohem Prozessrisiko einlassen muss (ebenso *BAG* 29.01.1997 EzA § 1 KSchG Krankheit Nr. 42 unter II 1 d; wohl auch *BAG* 03.12.2002 EzA § 81 SGB IX Nr. 1 unter A II 3b). Aber selbst wenn die Verweigerung des Betriebsrats offensichtlich unbegründet ist, erschiene es verfehlt, ein Ersetzungsverfahren als »milderes Mittel« stets für zumutbar zu erachten (dies erwägend *BAG* 22.09.2005 EzA § 81 SGB IX Nr. 10 unter II 2 e cc; zust. *Richardi/Thüsing* § 99 Rn. 312). Das ultima-ratio-Prinzip verpflichtet den Arbeitgeber nur dazu, Mittel einzusetzen, mit denen seinen Interessen in gleicher, wenn auch für den Arbeitnehmer schonenderer Weise Rechnung getragen werden kann. Voraussetzung ist also, dass die Nachteile, deren Abwendung die Kündigung dienen soll, ebenfalls vermieden werden. Ein Verfahren nach § 99 Abs. 4 wäre aber für den Arbeitgeber ebenfalls mit Nachteilen verbunden (s. Rdn. 251). Mitunter würden sogar gerade die Nachteile eintreten, die durch die Kündigung abgewendet werden sollen. Ist etwa der Arbeitnehmer zur Arbeitsleistung auf dem bisherigen Arbeitsplatz außerstande und soll er deshalb auf einen anderen Arbeitsplatz versetzt werden, so würde das Verfahren die Umsetzung der personellen Maßnahme zumindest verzögern mit der Folge, dass der Arbeitgeber den Arbeitnehmer für diesen Zeitraum nicht oder nur eingeschränkt beschäftigen könnte.

256 Erwogen wird eine Pflicht zur Erzwingung der Zustimmung schließlich in den Fällen, in denen der Widerspruch des Betriebsrats auf einem »**kollusiven Zusammenwirken« von Arbeitgeber und Betriebsrat** beruht (*BAG* 22.09.2005 EzA § 81 SGB IX Nr. 10 unter II 2 e cc; 21.02.2017 NZA 2017, 740 Rn. 14; *Huke/HWGNRH* § 99 Rn. 196; *Richardi/Thüsing* § 99 Rn. 312). Auch hier erscheint freilich Zurückhaltung angebracht. Wenn und soweit die Verweigerung der Zustimmung vom Betriebsrat mit Gründen aus dem Katalog des Abs. 2 gerechtfertigt wird, ist sie auch dann beachtlich, wenn der Arbeitgeber zuvor hat erkennen lassen, dass ihm eine solche Ablehnung willkommen wäre. Der Arbeitgeber handelt also nicht rechtswidrig (und damit im Verhältnis zum Arbeitnehmer auch nicht pflichtwidrig), wenn er einem begründeten Einspruch des Betriebsrats nachgibt. Liegt dagegen objektiv keiner der im Gesetz genannten Gründe für die Verweigerung vor und widerspricht der Betriebsrat lediglich, weil dies mit dem Arbeitgeber vorher entsprechend vereinbart war, so wäre zu überlegen, ob man den Umweg über eine Erzwingung des Zustimmungsersetzungsverfahren im Wege eines individualrechtlichen Anspruches überhaupt gehen muss. Hier stellt sich nämlich die

Frage, ob in einem solchen Fall nicht von einer unbeachtlichen Verweigerung auszugehen ist mit der Folge, dass die Zustimmung nach Abs. 3 Satz 2 als erteilt gilt (s. Rdn. 170).

III. Besonderheiten der Mitbestimmung bei personellen Einzelmaßnahmen im Falle »aufgespaltener Arbeitgeberstellung«

1. Allgemeines

§ 99 findet zunächst Anwendung auf personelle Einzelmaßnahmen des Betriebsinhabers gegenüber Personen, die zu ihm in einem Arbeitsverhältnis stehen oder zu denen – wie bei der Einstellung – ein Arbeitsverhältnis begründet werden soll. Daneben gibt es aber Personen, die tatsächlich im Betrieb beschäftigt sind, ohne dass ein Arbeitsverhältnis zum Betriebsinhaber besteht, und für die das Mitbestimmungsrecht ebenfalls von Relevanz sein kann. Zu dem Personenkreis zählen einmal die **Leiharbeitnehmer**. Für diese trifft § 14 AÜG eine eigenständige Regelung. Nach § 14 Abs. 1 AÜG bleiben sie auch während der Zeit ihrer Arbeitsleistung beim Entleiher Angehörige des entsendenden Betriebs. Wenn und soweit dort ein Betriebsrat besteht, werden sie also jedenfalls von diesem vertreten. Dagegen sind sie – zumindest nach der hier vertretenen, bisher herrschenden Ansicht (§ 7 Rdn. 84 ff.) – keine Arbeitnehmer des Entleiherbetriebs, so dass der dortige Betriebsrat nicht umfassend für sie zuständig ist. Dennoch ist denkbar, dass der Betriebsrat im Entleiherbetrieb einzelne Mitbestimmungsrechte auch in Bezug auf die Leiharbeitnehmer geltend machen kann (s. § 5 Rdn. 120 ff.). Häufig ist die entscheidende Frage der Mitbestimmung bei Leiharbeitnehmern folglich nicht, ob die Maßnahme überhaupt mitbestimmungspflichtig ist, sondern welcher Arbeitnehmervertretung das Mitbestimmungsrecht zusteht. Etwas anders ist die Situation für **die in § 5 Abs. 1 Satz 3 genannten Beschäftigten des öffentlichen Dienstes**, die in Betrieben privatrechtlich organisierter Unternehmen tätig sind. Diese gelten kraft gesetzlicher Fiktion als Arbeitnehmer des Einsatzbetriebes (s. näher § 5 Rdn. 74 ff.). Sie werden von dem dortigen Betriebsrat vertreten. Diesem kommt auch grds. eine umfassende Zuständigkeit in Mitbestimmungsfragen zu. Allerdings können sich zum einen auch hier Grenzen der Mitbestimmung im Hinblick auf die Aufspaltung der Arbeitgeberstellung ergeben. Zum anderen gibt es einzelne gesetzliche Sonderregelungen, die zu beachten sind. Außerdem besteht bei diesem Personenkreis die Möglichkeit, dass sie aufgrund gesonderter gesetzlicher Regelung personalvertretungsrechtlich der abgebenden Dienststelle zugeordnet bleiben, so dass der dortige Personalrat weiterhin für sie zuständig ist (s. § 5 Rdn. 92). Dann kann sich auch bei diesen die Frage stellen, für welche der Vertretungen ein Mitbestimmungsrecht besteht.

2. Mitbestimmung bei der Beschäftigung von Leiharbeitnehmern

a) Mitbestimmungstatbestände

aa) Übernahme von Leiharbeitnehmern

Nach § 14 Abs. 3 AÜG ist der Betriebsrat des Entleiherbetriebs vor der »Übernahme des Leiharbeitnehmers zur Arbeitsleistung« nach § 99 zu beteiligen. Damit ist die früher umstrittene Frage der Beteiligung des Betriebsrats bei der Beschäftigung von Leiharbeitnehmern gesetzlich geregelt. Die Beschäftigung des Leiharbeitnehmers aufgrund des zwischen dem Verleiher und dem Entleiher bestehenden Überlassungsvertrages wird kraft Gesetzes einer Einstellung gleichgestellt (BAG 23.01.2008 EzA § 99 BetrVG 2001 Einstellung Nr. 8 Rn. 22 f.). Der Arbeitgeber hat **den Betriebsrat** also nach Maßgabe des § 99 Abs. 1 **vor der Übernahme des Leiharbeitnehmers zu unterrichten und dessen Zustimmung einzuholen** (so auch die Rechtsprechung vor Inkrafttreten des § 14 Abs. 3 AÜG; BAG 14.05.1974 EzA § 99 BetrVG 1972 Nr. 6 und 06.06.1978 EzA § 99 BetrVG 1972 Nr. 19 = AP Nr. 2 [Kraft] und 6 [Löwisch] zu § 99 BetrVG 1972). Dies gilt unabhängig davon, ob es sich um erlaubnispflichtige (früher: gewerbsmäßige) oder erlaubnisfreie Arbeitnehmerüberlassung handelt, da in Bezug auf die Interessenlage bei der Beschäftigung von Leiharbeitnehmern kein Unterschied besteht (BAG 25.01.2005 EzA § 99 BetrVG 2001 Nr. 7 = AP Nr. 48 zu § 99 BetrVG 1972 Einstellung unter B II 1; 21.07.2009 EzA § 99 BetrVG 2001 Einstellung Nr. 12 = AP Nr. 4

zu § 3 AÜG Rn. 10; *Fitting* § 99 Rn. 57; *Kraft* FS *Pleyer*, S. 383 [389, 394]; *Matthes*/MünchArbR § 263 Rn. 20; *Richardi/Thüsing* § 99 Rn. 55; s. a. § 5 Rdn. 125).

259 Umstritten ist, ob für die Beteiligung des Betriebsrats der **in § 99 genannte Schwellenwert von 20 Arbeitnehmern** gilt. Mitunter wird die Ansicht vertreten, dass § 14 Abs. 3 AÜG eine reine Rechtsfolgenverweisung sei, die Pflicht zur Beteiligung also allein von den dort genannten Voraussetzungen abhänge (so *Marschall*/MünchArbR 2. Aufl., § 175 Rn. 107; *Ulber/zu Dohna-Jaeger* AÜG, § 14 Rn. 186; *Wank*/ErfK § 14 AÜG Rn. 18). Da § 14 Abs. 3 AÜG zu der erforderlichen Anzahl der Arbeitnehmer schweigt, bestünde das Mitbestimmungsrecht daher in jedem Betrieb mit Betriebsrat, in dem Leiharbeitnehmer beschäftigt werden sollen. Richtigerweise ist § 14 Abs. 3 AÜG aber als Rechtsgrundverweisung anzusehen. Hierfür spricht vor allem, dass der Gesetzgeber mit der Einführung des § 14 Abs. 3 AÜG lediglich die Ansicht der Rspr. auf eine klare gesetzliche Grundlage stellen wollte, die schon zuvor die Beschäftigung von Leiharbeitnehmern als mitbestimmungspflichtige Einstellung i. S. d. § 99 angesehen hatte (s. Rdn. 258; BT-Drucks. 9/800, S. 7 f.). Voraussetzung ist also, dass das Entleiherunternehmen in den Anwendungsbereich des § 99 fällt, d. h. mehr als zwanzig wahlberechtigte Arbeitnehmer beschäftigt (*LAG Niedersachsen* 26.11.2007 – 6 TaBV 33/07 – juris, Rn. 34 f.; *Boemke* in: *Boemke/Lembke* AÜG, § 14 Rn. 101; *Kraft* FS *Konzen*, S. 439 [446]; *Schüren/Hamann* AÜG, § 14 Rn. 141 ff.; *Thüsing* AÜG, § 14 Rn. 147).

260 Fraglich ist, was unter der **Übernahme** des Leiharbeitnehmers zu verstehen ist. Auch insoweit wird man – entsprechend der Genese der Vorschrift – die zum Mitbestimmungstatbestand der Einstellung entwickelten Grundsätze zu übertragen haben. Das *BAG* sieht sogar nach wie vor in der Übernahme eine Einstellung i. S. d. § 99 Abs. 1 (*BAG* 23.01.2008 EzA § 99 BetrVG 2001 Einstellung Nr. 8 = AP Nr 14 zu § 14 AÜG Rn. 22; 09.03.2011 EzA § 99 BetrVG 2001 Einstellung Nr. 17 = AP Nr. 63 zu § 99 BetrVG 1972 Einstellung Rn. 26; s. a. *Linsenmaier/Kiel* RdA 2014, 135 [151]). Unabhängig davon, ob Übernahme und Einstellung deckungsgleich sind, genügt allein der Abschluss des Überlassungsvertrags zwischen dem Verleiher und dem Entleiher jedenfalls nicht. Dies ist selbstverständlich, wenn man – wie hier – für die Einstellung auf den Abschluss des Arbeitsvertrags abstellt (s. Rdn. 29 f.). Durch den Überlassungsvertrag werden nämlich keinerlei rechtliche Beziehungen zwischen dem Leiharbeitnehmer und dem Entleiher als Betriebsinhaber begründet. Die h. M. geht – entsprechend ihrer Definition des Einstellungsbegriffs – davon aus, dass es auf die Eingliederung des Leiharbeitnehmers in den Entleiherbetrieb ankomme. Mitbestimmungspflichtig sei also erst der tatsächliche Einsatz des Leiharbeitnehmers im Entleiherbetrieb (*BAG* 23.01.2008 EzA § 99 BetrVG 2001 Einstellung Nr. 8 Rn. 24; 09.03.2011 EzA § 99 BetrVG 2001 Einstellung Nr. 17 Rn. 26; *Boemke* in: *Boemke/Lembke* AÜG, § 14 Rn. 102; *Schüren/Hamann* AÜG, § 14 Rn. 149). Dem ist auch nach der hier vertretenen Konzeption zuzustimmen. Mangels unmittelbarer Rechtsbeziehungen zwischen dem Entleiher und dem Leiharbeitnehmer kommt als mitbestimmungspflichtige Maßnahme nur die Zuweisung und die Übernahme einer Tätigkeit im Rahmen der Organisation des Entleiherbetriebs in Betracht (s. a. Rdn. 33).

261 Mitbestimmungspflichtig ist einmal die erstmalige Beschäftigung des Leiharbeitnehmers. Auf die **Dauer des Einsatzes** kommt es nicht an (*BAG* 09.03.2011 EzA § 99 BetrVG 2001 Einstellung Nr. 17 Rn. 26). Erfolgen mehrere befristete Einsätze, so bedarf nach h. M. jeder einzelne Einsatz und damit **jede Verlängerung** grundsätzlich der Zustimmung des Betriebsrats nach § 99 (*BAG* 23.01.2008 EzA § 99 BetrVG 2001 Einstellung Nr. 8 Rn. 24; 09.03.2011 EzA § 99 BetrVG 2001 Einstellung Nr. 17 Rn. 26; 01.06.2011 AP Nr. 136 zu § 99 BetrVG 1972 Rn. 17; *Schüren/Hamann* AÜG, § 14 Rn. 149, 152 m. w. N.). Dies ist konsequent, weil hier dasselbe gelten muss wie bei der Verlängerung eines befristeten Arbeitsverhältnisses (s. Rdn. 36). Mitbestimmungspflichtig ist auch der **Austausch eines Leiharbeitnehmers** (*BAG* 09.03.2011 EzA § 99 BetrVG 2001 Einstellung Nr. 17 Rn. 27; *Boemke* in: *Boemke/Lembke* AÜG, § 14 Rn. 105; *Schüren/Hamann* AÜG, § 14 Rn. 154 m. w. N.). Da es sich um eine personelle Einzelmaßnahme handelt, deckt die Zustimmung des Betriebsrats jeweils nur die Beschäftigung des Leiharbeitnehmers ab, für den sie erteilt worden ist. Wird der Arbeitseinsatz des Leiharbeitnehmers im Rahmen des Überlassungsverhältnisses beendet (etwa weil er vom Verleiher abgezogen wird), so bedarf die Beschäftigung eines Ersatzarbeitnehmers des Verleihers der erneuten Zustimmung des Betriebsrats im Entleiherbetrieb.

Wird durch Absprache zwischen Verleiher und Entleiher ein **Leiharbeitnehmer-Pool** gebildet, aus dem jeweils auf Abruf durch den Entleiher die Arbeitnehmer für den konkreten Arbeitseinsatz im Betrieb ausgewählt werden, so liegt die Einstellung ebenfalls nicht in der Aufnahme in den Leiharbeitnehmer-Pool, sondern in dem erstmaligen Arbeitseinsatz im Entleiherbetrieb (*BAG* 23.01.2008 EzA § 99 BetrVG 2001 Einstellung Nr. 8 Rn. 24; zust. *Hamann* NZA 2008, 1042 ff.). Der Arbeitgeber hat folglich nicht die Möglichkeit, die Durchführung des Verfahrens nach § 99 im konkreten Einzelfall dadurch zu ersetzen, dass er die Zustimmung des Betriebsrats zur Bildung des Pools und zur Aufnahme konkreter Arbeitnehmer beantragt und – im Falle der Verweigerung – nach § 99 Abs. 4 ersetzen lässt. Eine sachgemäße Ausübung des Mitbestimmungsrechts setzt nämlich voraus, dass der Betriebsrat nicht nur Kenntnis von der Person des einzustellenden Arbeitnehmers, sondern auch von dem konkret ins Auge gefassten Arbeitsplatz sowie von Dauer und zeitlichem Umfang des Arbeitseinsatzes hat (insoweit zutr. *BAG* 23.01.2008 EzA § 99 BetrVG 2001 Einstellung Nr. 8 Rn. 25). Dies ergibt sich nicht zuletzt aus Inhalt und Umfang der Informationspflicht nach § 99 Abs. 1 Satz 1 und 2. Diese Details stehen zum Zeitpunkt der Aufnahme in den Leiharbeitnehmer-Pool aber noch gar nicht fest. **262**

Doch steht es den Betriebsparteien frei, im Rahmen einer (freiwilligen) Betriebsvereinbarung eine **Rahmenregelung** zu treffen, die dem Arbeitgeber das Recht einräumt, Leiharbeitnehmer aus einem bestimmten Kontingent einzusetzen, ohne dass er der Zustimmung nach § 99 im jeweiligen Einzelfall bedarf. Dies muss zumindest dann möglich sein, wenn in dieser Vereinbarung näher bestimmt wird, wie viele Arbeitnehmer in welchen Bereichen eingesetzt werden sollen, der Betriebsrat der Aufnahme bestimmter Leiharbeitnehmer in ein solches Kontingent zugestimmt hat und der Arbeitgeber verpflichtet ist, jeden konkreten Arbeitseinsatz anzuzeigen (*Boemke* in: *Boemke/Lembke* AÜG, § 14 Rn. 104; noch stärker einschränkend *Hamann* NZA 2008, 1042 [1043 f.]). Die Zulässigkeit einer solchen Rahmenregelung, die dem Arbeitgeber in gewissem Umfang ein Alleinentscheidungsrecht einräumt, ist für die Mitbestimmung nach § 87 anerkannt (s. *Wiese* § 87 Rdn. 6). Für § 99 kann nichts Anderes gelten. Insbesondere entfällt das Bedürfnis für solche Regelungen nicht aufgrund der Eilfallregelung des § 100 (so aber *Hamann* NZA 2008, 1042). Es muss den Betriebsparteien möglich sein, einvernehmlich Regelungen zu treffen, die dem Arbeitgeber ein einseitiges Vorgehen unabhängig von den engen Voraussetzungen und ohne Bindung an das strikte Verfahren des § 100 gestatten. Nicht zulässig ist dagegen eine Vereinbarung, die den Einsatz von Leiharbeitnehmern ohne Bindung an irgendwelche mit dem Betriebsrat abgestimmten Voraussetzungen pauschal für zulässig erklärt. Dies gilt etwa für eine Regelung in einer Betriebsvereinbarung, die es dem Arbeitgeber erlaubt, bis zu 30 % der Arbeitsplätze jederzeit und dauerhaft ohne Zustimmung des Betriebsrats mit Leiharbeitnehmern zu besetzen (*LAG Hessen* 03.11.2011 – 5 TaBV 70/11 – juris, Rn. 26 ff.). Eine solche Regelung stellt der Sache nach einen (unzulässigen, s. vor § 92 Rdn. 9) Teilverzicht auf das Mitbestimmungsrecht dar. Zur Möglichkeit **tariflicher Regelungen der Mitbestimmung** beim Einsatz von Leiharbeitnehmern s. *Bayreuther* NZA 2012, Beil. Nr. 4, S. 114 ff.; *Giesen* ZfA 2012, 143 ff.; *Krause* NZA 2012, 830 ff.; *D. Ulber* AuR 2013, 114 ff. **263**

Soll ein im Entleiherbetrieb beschäftigter **Leiharbeitnehmer übernommen**, d. h. soll ein Arbeitsverhältnis zum Entleiher begründet werden, so ist der Betriebsrat (erneut) zu beteiligen (h. M.; *Bachner/DKKW* § 99 Rn. 159; *Boemke* in: *Boemke/Lembke* AÜG, § 14 Rn. 106; *Schüren/Hamann* AÜG, § 14 Rn. 56; *Thüsing* AÜG, § 14 Rn. 161). Allerdings handelt es sich dann nicht um eine Übernahme i. S. d. § 14 Abs. 3 AÜG, sondern (nur) um eine Einstellung i. S. d. § 99 (zutr. *Schüren/Hamann* AÜG, § 14 Rn. 156; *Thüsing* AÜG, § 14 Rn. 161). Der Arbeitnehmer ist schließlich bereits in den Betrieb »eingegliedert«, d. h. er erfüllt eine Aufgabe im Rahmen der arbeitstechnischen Einheit. Das Neue ist, dass dies nunmehr im Rahmen eines Arbeitsverhältnisses mit dem Betriebsinhaber erfolgt. Insofern ist es auch sinnvoll und systematisch geboten, die Übernahme (die in der Eingliederung besteht) von der Einstellung (die in der Begründung des Arbeitsverhältnisses besteht) zu unterscheiden (anders offenbar das *BAG*, s. Rdn. 260). Ansonsten würde sich nämlich die Frage stellen, ob der Betriebsrat vor der Übernahme in ein Arbeitsverhältnis zustimmen muss, wenn der Leiharbeitnehmer zuvor auf unbestimmte Zeit überlassen worden war und der Betriebsrat sich damit einverstanden erklärt hatte. Richtigerweise ist dies zu bejahen (ebenso für den Parallelfall der Personalgestellung *LAG Niedersachsen* 23.04.2012 LAGE § 99 BetrVG 2001 Nr. 14; **a. M.** *Boemke* in: *Boemke/Lembke* AÜG, § 14 Rn. 106). **Endet der Arbeitseinsatz** und kehrt der Leiharbeitnehmer zum Verleiher zurück, so löst dies dagegen (selbstverständlich) kein Mitbestimmungsrecht des Verleiherbetriebsrats unter dem Gesichtspunkt **264** der Einstellung aus, da sich hierdurch an der Funktion im Verleiherunternehmen nichts ändert (Bachner/DKKW § 99 Rn. 59).

bb) Eingruppierung und Umgruppierung

265 Ein- und Umgruppierung bedeuten die Einordnung in eine vom Arbeitgeber als Vertragspartner im Verhältnis zu seinen Arbeitnehmern verwendete Vergütungsordnung bzw. deren Änderung (s. Rdn. 63 ff.). Da das (Leih-)Arbeitsverhältnis des Leiharbeitnehmers ausschließlich zum Verleiher besteht, daher auch allein dieser Schuldner der Vergütung ist, fehlt es von vornherein an einer Grundlage für eine Eingruppierung durch den Entleiher. Bei der Eingruppierung von Leiharbeitnehmern steht daher das Mitbestimmungsrecht ausschließlich **dem Betriebsrat des Verleiherbetriebs** zu (BAG 17.06.2008 EzA § 99 BetrVG 2001 Eingruppierung Nr. 3 = AP Nr. 34 zu § 99 BetrVG 1972 Eingruppierung Rn. 17 ff.). Dies gilt auch dann, wenn der Leiharbeitnehmer Anspruch auf die Vergütung hat, die für vergleichbare Arbeitnehmer im Entleiherbetrieb gilt (sog. equal-pay-Grundsatz; § 8 Abs. 1 AÜG [bisher: §§ 3 Abs. 1 Nr. 3, 9 Nr. 2 AÜG]; ebenso LAG Niedersachsen 26.11.2007 – 6 TaBV 33/07 – juris, Rn. 5; Bachner/DKKW § 99 Rn. 73; Boemke in: Boemke/Lembke AÜG, § 14 Rn. 145; Fitting § 99 Rn. 83; Linsenmaier/Kiel RdA 2014, 135 [152]; Schüren/Hamann AÜG, § 14 Rn. 326; **a. M.** Ulber/zu Dohna-Jaeger AÜG, § 14 Rn. 199; s. auch Jacobs/Frieling FS von Hoyningen-Huene, S. 177 [181 f.], die die Frage aufwerfen, ob sich eine Beteiligung des Entleiherbetriebsrats als Konsequenz aus der neueren Rspr. zur Frage der »Geltung« der Vergütungsordnung ergeben könnte; s. hierzu Rdn. 69 f.). Das Gesetz ordnet die Leiharbeitnehmer betriebsverfassungsrechtlich grds. dem Verleiherbetrieb zu (§ 14 Abs. 1 AÜG). Mitbestimmungsrechte im Entleiherbetrieb kommen daher, soweit das AÜG schweigt, nur in analoger Anwendung betriebsverfassungsrechtlicher Vorschriften in Betracht, wenn und soweit dies erforderlich ist, um zu verhindern, dass den Leiharbeitnehmern (oder den im Entleiherbetrieb Beschäftigten) durch die Spaltung der Arbeitgeberstellung der durch die Betriebsverfassung gewährleistete Schutz entzogen wird (s. § 5 Rdn. 120; so auch LAG Niedersachsen 26.11.2007 – 6 TaBV 33/07 – juris, Rn. 53). Dies ist aber nicht der Fall, da die Überprüfung der ordnungsgemäßen Eingruppierung nach Maßgabe des beim Entleiher bestehenden Vergütungssystems auch durch den Verleiherbetriebsrat erfolgen kann. Dieser kann vom Verleiher die Weitergabe der erforderlichen Informationen verlangen (s. § 12 Abs. 1 Satz 4 AÜG; zutr. Schüren/Hamann AÜG, § 14 Rn. 326)

cc) Versetzung

266 Ein Mitbestimmungsrecht **im Verleiherbetrieb** unter dem Gesichtspunkt der Versetzung scheidet regelmäßig aus. Unter der Zuweisung eines anderen Arbeitsbereiches könnte man allenfalls die Entscheidung des Verleihers verstehen, bei welchem Entleiherunternehmen der Arbeitnehmer seine Arbeitsleistung zu erbringen hat. Der Wechsel der Einsatzbetriebe ist aber gerade das Wesen der Tätigkeit des Leiharbeitnehmers, so dass nach **§ 95 Abs. 3 Satz 2** schon begrifflich keine Versetzung vorliegt (BAG 19.06.2001 EzA § 87 BetrVG 1972 Arbeitszeit Nr. 63 = AP Nr. 1 zu § 87 BetrVG 1972 Leiharbeitnehmer unter B II 2; Boemke in: Boemke/Lembke AÜG, § 14 Rn. 52; Linsenmaier/Kiel RdA 2014, 135 [152]; Schüren/Hamann AÜG, § 14 Rn. 418; Thüsing AÜG, § 14 Rn. 43). Durch die Novelle des AÜG, mit der die Dauer des Arbeitseinsatzes des Leiharbeitnehmers bei demselben Entleiher auf 18 Monate begrenzt worden ist (§ 1 Abs. 1b Satz 1 AÜG), ist dieser Umstand bestätigt worden. Zu beachten ist allerdings, dass das BAG § 99 auch auf **Vereinsmitglieder** anwendet, die aufgrund eines zwischen dem Verein und einem Unternehmen geschlossenen **Gestellungsvertrags** in dem fremden Unternehmen tätig werden (s. Rdn. 89). Für diese gilt die zeitliche Begrenzung des § 1 Abs. 1b Satz 1 AÜG nicht. Werden diese Gestellungskräfte dem Einsatzbetrieb auf Dauer überlassen, so liegen die Voraussetzungen des § 95 Abs. 3 Satz 2 nicht vor. Wenn und soweit ihnen durch den Verein ein anderer Arbeitsbereich zugewiesen wird – sei es innerhalb des Einsatzbetriebs (s. hierzu auch Rdn. 267), sei es in einem neuen Einsatzbetrieb oder in einer eigenen Einrichtung des Vereins – so kommt nach Ansicht des BAG ein Mitbestimmungsrecht des bei dem Verein gebildeten Betriebsrats unter dem Gesichtspunkt der Versetzung in Betracht (BAG 09.10.2013 EzA § 99 BetrVG 2001 Versetzung Nr. 11 = AP Nr. 54 zu § 99 BetrVG 1972 Versetzung Rn. 29 ff.).

267 Wird einem Leiharbeitnehmer **innerhalb des Betriebs des Entleihers ein anderer Arbeitsbereich zugewiesen**, so ist der Betriebsrat des Entleiherbetriebs zu beteiligen, sofern die sonstigen

Voraussetzungen des § 95 Abs. 3 vorliegen (*Boemke* in: *Boemke/Lembke* AÜG, § 14 Rn. 147; *Linsenmaier/Kiel* RdA 2014, 135 [152]; *Schüren/Hamann* AÜG, § 14 Rn. 327; *Thüsing* AÜG, § 14 Rn. 160; s. a. § 5 Rdn. 125). Dies gilt allerdings nur, wenn die Entscheidung über die Versetzung von dem Entleiher aufgrund des ihm vom Verleiher übertragenen Direktionsrechts erfolgt. Wenn und soweit sich der Verleiher die Entscheidung über die Zuweisung eines anderen Arbeitsbereichs vorbehalten hat, kommt daneben auch eine Zuständigkeit des im Verleiherbetrieb gebildeten Betriebsrats in Betracht. In diesem Falle bedarf die Versetzung der Zustimmung beider Betriebsräte (*BAG* 09.10.2013 EzA § 99 BetrVG 2001 Versetzung Nr. 11 = AP Nr. 54 zu § 99 BetrVG 1972 Versetzung Rn. 17 ff.). Das Mitbestimmungsrecht scheidet dagegen aus, wenn der Leiharbeitnehmer auch im Entleiherbetrieb i. S. d. § 95 Abs. 3 Satz 2 üblicherweise nicht an einem bestimmten Arbeitsplatz beschäftigt ist (s. Rdn. 115). Dies ist der Fall, wenn entweder die Arbeitsaufgabe des Leiharbeitnehmers nur allgemein umschrieben, er also für keinen konkreten Arbeitsplatz vorgesehen ist, oder die Beschäftigung ausdrücklich zum Zwecke des Einsatzes an verschiedenen Arbeitsplätzen erfolgt und die Art und Weise des Arbeitseinsatzes dem Betriebsrat schon bei Übernahme des Leiharbeitnehmers (§ 14 Abs. 3 AÜG) bekannt war (ähnlich *Schüren/Hamann* AÜG, § 14 Rn. 328 ff.). Geht man davon aus, dass zumindest die vorübergehende Versetzung in einen anderen Betrieb desselben Unternehmens der Mitbestimmung nach § 99 sowohl im abgebenden als auch im aufnehmenden Betrieb unterliegt (s. Rdn. 121 ff.), so muss im Übrigen dasselbe gelten, wenn einem Leiharbeitnehmer durch den Entleiher **eine Tätigkeit in einem anderen Betrieb zugewiesen** wird (*LAG Düsseldorf* 02.10.2012 NZA 2012, 1378 Rn. 53).

b) Mitteilungspflichten

268 Da der Betriebsrat des Entleiherbetriebs bei der Übernahme von Leiharbeitnehmern nach § 99 zu beteiligen ist, hat der Entleiher den bei ihm bestehenden Betriebsrat grds. **in gleicher Weise zu unterrichten wie bei der Einstellung eigener Arbeitnehmer**. Aus der Besonderheit des Leiharbeitsverhältnisses können sich aber Einschränkungen für den Umfang der Unterrichtungspflicht ergeben (*BAG* 14.05.1974 EzA § 99 BetrVG 1972 Nr. 6 = AP Nr. 2 zu § 99 BetrVG 1972; 06.06.1978 EzA § 99 BetrVG 1972 Nr. 19 = AP Nr. 6 zu § 99 BetrVG 1972 [jeweils Erster Senat]; anders jetzt *BAG* [Erster Senat] 23.01.2008 EzA § 99 BetrVG 2001 Einstellung Nr. 8 = AP Nr. 14 zu § 14 AÜG Rn. 25; offen gelassen wieder von *BAG* [Siebter Senat] 09.03.2011 EzA § 99 BetrVG 2001 Einstellung Nr. 17 = AP Nr. 63 zu § 99 BetrVG 1972 Einstellung Rn. 34).

269 Der Umfang der Unterrichtung richtet sich zunächst – wie im Falle der Einstellung nach § 99 – nach deren **Zweck**, dem Betriebsrat die Informationen zu geben, die er zur Ausübung seines Zustimmungsrechts, insbesondere zur Beurteilung des Vorliegens von Gründen für die Verweigerung der Zustimmung nach § 99 Abs. 2, benötigt (*BAG* 09.03.2011 EzA § 99 BetrVG 2001 Einstellung Nr. 17 = AP Nr. 63 zu § 99 BetrVG 1972 Einstellung Rn. 32; 01.06.2011 EzA § 99 BetrVG 2001 Einstellung Nr. 18 = AP Nr. 64 zu § 99 BetrVG 1972 Einstellung Rn. 18; 01.06.2011 AP Nr. 136 zu § 99 BetrVG 1972 Rn. 20). Mitzuteilen sind danach zunächst die Personalien der Leiharbeitnehmer, der Einstellungstermin und die Einsatzdauer, die vorgesehenen Arbeitsplätze und die Auswirkungen auf die bereits beschäftigten Arbeitnehmer (*BAG* 01.06.2011 AP Nr. 136 zu § 99 BetrVG 1972 Rn. 24; *LAG Köln* 12.06.1987 DB 1987, 2106; *Fitting* § 99 Rn. 178; *Hunold* NZA-RR 2008, 281 [282]). Nach § 14 Abs. 3 Satz 2 AÜG hat der Entleiher außerdem die Erklärung des Verleihers nach § 12 Abs. 1 Satz 3 AÜG, also die Erklärung über das Vorliegen der Erlaubnis zur Arbeitnehmerüberlassung nach § 1 AÜG, vorzulegen (die redaktionelle Anpassung der Verweisung in § 14 Abs. 3 Satz 2 AÜG [dort wird unverändert auf § 12 Abs. 1 Satz 2 AÜG verwiesen] ist im Gesetzgebungsverfahren offenbar übersehen worden; s. a. *Hess. LAG* 29.01.2013 NZA-RR 2013, 359 [360]: unterbliebene Vorlage sei eine offensichtliche Unvollständigkeit, die dazu führe, dass die Frist des § 99 Abs. 3 auch ohne Rüge des Betriebsrats [s. Rdn. 162 f.] nicht zu laufen beginne). Nach § 14 Abs. 3 Satz 3 AÜG ist der Entleiher auch verpflichtet, eine Mitteilung des Verleihers über den Wegfall der Erlaubnis dem Betriebsrat bekannt zu geben.

270 Nach überwiegender Ansicht ist der Entleiher verpflichtet, den Namen und damit die **Identität des Leiharbeitnehmers** mitzuteilen. Dies entspricht dem Wortlaut des § 99 Abs. 1, der den Arbeitgeber verpflichtet, Auskunft über die Person der Beteiligten zu geben. Zweifelhaft ist, ob der Arbeitgeber die Identität des Leiharbeitnehmers auch dann zu offenbaren hat, wenn er die konkrete Person noch gar nicht kennt. Dies ist denkbar, wenn der Entleiher – wie regelmäßig – mit dem Verleiher lediglich abstrakt vereinbart, welchen Qualifikationsanforderungen der Arbeitnehmer genügen muss, die individuelle Auswahl aber dem Verleiher überlässt. Für den Verleiher hat eine solche Vorgehensweise den Vorteil, sein Personal flexibel je nach dem akuten Bedarf einsetzen zu können. Verlangt man nun, dass der Entleiher dem Betriebsrat den Namen stets mitteilt, so stellt sich zum einen die Frage, ob die Unterrichtungspflicht des § 99 Abs. 1 auch Umstände erfasst, von denen der Betriebsinhaber selbst keine Kenntnis hat, anders ausgedrückt ob es sich lediglich um eine Informations- oder (auch) um eine Informationsbeschaffungspflicht handelt. Zum anderen wäre zu überlegen, ob hier nicht den Besonderheiten der Arbeitnehmerüberlassung Rechnung getragen werden muss, zumal § 14 Abs. 3 AÜG lediglich auf § 99 verweist, also Vieles dafür spricht, dass es um eine entsprechende Anwendung der Vorschrift geht (s. a. Rdn. 260). Müsste der Entleiher aber stets die Identität des Leiharbeitnehmers offenlegen, so müsste der Verleiher die Entscheidung, welchen Leiharbeitnehmer er für den Arbeitseinsatz einplant, im Hinblick auf die Frist des § 99 Abs. 3 mehr als eine Woche vor Beginn des Arbeitseinsatzes treffen. Dies dürfte vor allem bei kurzzeitigen Einsätzen, die entsprechend kurzfristig geplant werden, erhebliche Probleme aufwerfen und manches Geschäftsmodell im Bereich der Arbeitnehmerüberlassung in Frage stellen. Kann der Verleiher dem Entleiher den Namen nicht mitteilen, so liefe andererseits die Frist des § 99 Abs. 3 nicht. Der Entleiher wäre folglich gehindert, den Leiharbeitnehmer zu beschäftigen, solange der Betriebsrat nicht ordnungsgemäß unterrichtet ist (vgl. *BAG* 09.03.2011 EzA § 99 BetrVG 2001 Einstellung Nr. 17 = AP Nr. 63 zu § 99 BetrVG 1972 Einstellung Rn. 37).

271 Dies könnte für eine gewisse **Modifikation der Unterrichtungspflicht** in dem Sinne sprechen, dass der Entleiher das Verfahren nach § 99 schon vor Kenntnis der Person des Leiharbeitnehmers wirksam einleiten kann, die Angaben aber unverzüglich nach ihrem Vorliegen nachliefern muss (so *LAG Hessen* 16.01.2007 EzAÜG, § 14 AÜG Betriebsverfassung Nr. 66; *LAG Hamm* 25.09.2009 – 10 TaBV 21/09 – juris, Rn. 61 ff. [Vorinstanz zu *BAG* 09.03.2011]; *Hunold* NZA-RR 2008, 281 [282]; *Schüren/Hamann* AÜG, § 14 Rn. 162 f.; *Thüsing* AÜG, § 14 Rn. 165). Die **h. M. lehnt eine solche Einschränkung ab** (*BAG* 09.03.2011 EzA § 99 BetrVG 2001 Einstellung Nr. 17 = AP Nr. 63 zu § 99 BetrVG 1972 Einstellung Rn. 34 ff.; *Bachner*/DKKW § 99 Rn. 147; *Boemke* in: *Boemke/Lembke* AÜG, § 14 Rn. 107; *Boemke* Anm. AP Nr. 63 zu § 99 BetrVG 1972 Einstellung; *Düwell/Dahl* NZA-RR 2011, 1 [3]; *Fitting* § 99 Rn. 178c; *Linsenmaier/Kiel* RdA 2014, 135 [152]; *Ulber/zu Dohna-Jaeger* AÜG, § 14 Rn. 205). Ohne Kenntnis der Person könne der Betriebsrat sein Zustimmungsrecht nicht sachgemäß ausüben. So sei es ihm etwa nicht möglich zu beurteilen, ob ein Verweigerungsgrund nach Abs. 2 Nr. 6 vorliege. Überzeugend ist dies nicht. Dass § 99 Abs. 1 Angaben zur Person der Beteiligten verlangt, erklärt sich zwanglos daraus, dass das Gesetz vom Regelfall der Einstellung ausgeht, in dem der Arbeitgeber selbst die Personalauswahl trifft und damit natürlich auch die Namen der Betroffenen kennt. Die Arbeitnehmerüberlassung ist hingegen gerade dadurch gekennzeichnet, dass der Überlassungsvertrag ein Dienstverschaffungsvertrag ist, es dem Entleiher also häufig in erster Linie um die Qualität der Dienstleistung und weniger um die Person des Leiharbeitnehmers geht. Dies entspricht offensichtlich zumindest in den Fällen, in denen er die Personalauswahl dem Verleiher überlässt, der Interessenlage. Die h. M. führt dazu, dass ein bestimmtes Vertragsmodell, das vom AÜG zumindest erlaubt wird (s. *Hamann* jurisPR-ArbR 27/2007 Anm. 4), praktisch nicht vollzogen werden kann (deutlich *BAG* 09.03.2011 EzA § 99 BetrVG 2001 Einstellung Nr. 17 = AP Nr. 63 zu § 99 BetrVG 1972 Einstellung Rn. 37: vom Arbeitgeber werde nichts Unmögliches verlangt, da er die Einstellung unterlassen könne, solange er den Namen nicht kenne). Bei einem Konflikt zwischen unterschiedlichen Regelungen muss es jedoch die Aufgabe der Auslegung sein, beiden Regelungsbereichen optimal gerecht zu werden und diese zu einem möglichst schonenden Ausgleich zu bringen. Die h. M. hingegen postuliert den unbedingten Primat des BetrVG vor den Wertungen des AÜG. Dies ist deshalb bedenklich, weil die Gegenansicht nicht mit gravierenden Einschränkungen für die betriebliche Interessenvertretung verbunden ist. So dürfte die Gefahr, dass ein Leiharbeitnehmer den Betriebsfrieden stören wird, nicht zu den vordringlichsten Sorgen des Betriebsrats gehören. Im Übrigen könnte der Betriebsrat, wenn sich eine solche Situation einstellen würde, immer noch analog § 104 die Entlassung des Leiharbeitnehmers (also dessen Abberufung) verlangen (s. § 104 Rdn. 4; zutr. *Hamann* jurisPR-ArbR 10/2010 Anm. 2). Zwar wäre damit ein präventives Eingreifen nicht mehr möglich. Doch dürfte der präventive Effekt ohnehin gering sein, wird doch allein die Kenntnis des Namens

des Leiharbeitnehmers dem Betriebsrat vielfach auch nicht viel mehr Aufschluss über dessen zukünftiges Verhalten geben. Jedenfalls erscheinen die Abstriche im Bereich der Informationspflicht im Vergleich zu der mit einer generellen Verpflichtung zur Namensnennung verbundenen Einschränkung der Vertragsgestaltung in der Arbeitnehmerüberlassung als der deutlich weniger intensive Eingriff.

Nach ganz h. M. hat der Entleiher dem Betriebsrat den **mit dem Verleiher geschlossenen Überlassungsvertrag** vorzulegen (*BAG* 06.06.1978 EzA § 99 BetrVG 1972 Nr. 19 = AP Nr. 6 zu § 99 BetrVG 1972; *Boemke* in: *Boemke/Lembke* AÜG, § 14 Rn. 109; *Düwell/Dahl* NZA-RR 2011, 1 [3]; *Fitting* § 99 Rn. 178a; *Schüren/Hamann* AÜG, § 14 Rn. 167; *Ulrici/*NK-GA § 14 AÜG Rn. 26; **a. M.** *Hunold* NZA-RR 2008, 281 [283]; *Matthes/*MünchArbR § 263 Rn. 34). Zur Begründung wird darauf verwiesen, dass der Überlassungsvertrag wesentliche Informationen enthalte, auf die der Betriebsrat Anspruch habe, insbesondere die Erklärung des Verleihers nach § 12 Abs. 1 Satz 3 AÜG sowie die Angaben des Entleihers nach § 12 Abs. 1 Satz 4 AÜG. Das erklärt aber nicht, warum zwingend der gesamte Überlassungsvertrag vorzulegen ist. Sicher könnte der Entleiher seiner Unterrichtungspflicht durch die schlichte Vorlage genügen und sich damit eine gesonderte Information ersparen. Aus der gesetzlichen Regelung ergibt sich aber nicht, dass er sich nicht ebenso gut für die Lösung entscheiden könnte, dem Betriebsrat die notwendigen Informationen auf anderem Wege zukommen zu lassen, um den genauen Inhalt des Vertrages nicht preisgeben zu müssen. Dies macht insbesondere dann einen Unterschied, wenn der Überlassungsvertrag Vereinbarungen enthält, welche die Interessen der Arbeitnehmer im Entleiherbetrieb nicht betreffen und die daher auch nicht offenzulegen sind. 272

Der Entleiher ist nicht verpflichtet, dem Betriebsrat **Auskunft über die Arbeitsverhältnisse der Leiharbeitnehmer mit dem Verleiher** zu geben. Weder muss er den Betriebsrat über die im Leiharbeitsvertrag vereinbarten Arbeitsbedingungen, insbesondere die Höhe des Arbeitsentgelts informieren, noch sind die mit dem Verleiher abgeschlossenen Arbeitsverträge vorzulegen (*BAG* 06.06.1978 EzA § 99 BetrVG 1972 Nr. 19 = AP Nr. 6 zu § 99 BetrVG 1972; 01.06.2011 EzA § 99 BetrVG 2001 Einstellung Nr. 18 = AP Nr. 64 zu § 99 BetrVG 1972 Einstellung Rn. 22; 01.06.2011 AP Nr. 136 zu § 99 BetrVG 1972 Rn. 24; *Fitting* § 99 Rn. 178; *Matthes/*MünchArbR § 263 Rn. 34; *Schüren/Hamann* AÜG, § 14 Rn. 168 m. w. N.). Das Mitbestimmungsrecht nach § 99 ist auch im Zusammenhang mit der Übernahme von Leiharbeitnehmern kein Instrument der Vertragsinhaltskontrolle (zutr. *BAG* 01.06.2011 EzA § 99 BetrVG 2001 Einstellung Nr. 18 Rn. 22; s. a. Rdn. 185). Deshalb lässt sich eine Pflicht zur Information über die **Höhe des Arbeitsentgelts** auch nicht mit dem Gleichstellungsgrundsatz (Gebot des »**equal pay**«, § 8 Abs. 1 AÜG) begründen (*BAG* 01.06.2011 EzA § 99 BetrVG 2001 Einstellung Nr. 18 Rn. 22; *Linsenmaier/Kiel* RdA 2014, 135 [152]; **a. M.** für den Fall der sog. Drehtürklausel nach § 8 Abs. 3 AÜG *Bachner/*DKKW § 99 Rn. 197). Ebenso entfällt die Pflicht zur Vorlage von **Bewerbungsunterlagen**, da die Leiharbeitnehmer nicht aufgrund einer eigenen Bewerbung beim Entleiher beschäftigt werden (*Boemke* in: *Boemke/Lembke* AÜG, § 14 Rn. 110; *Schüren/Hamann* AÜG, § 14 Rn. 170; offen gelassen allerdings jetzt von *BAG* 01.06.2011 EzA § 99 BetrVG 2001 Einstellung Nr. 18 = AP Nr. 64 zu § 99 BetrVG 1972 Einstellung Rn. 24). 273

Zu einer vollständigen Information gehört nach einer in der Rspr. vertretenen Auffassung die Angabe, ob und auf welche Weise der zu besetzende Arbeitsplatz **im Betrieb ausgeschrieben** worden ist, sofern der Betriebsrat nach § 93 eine solche Ausschreibung verlangt hat (*LAG* Bremen 11.03.2010 – 3 TaBV 24/09 – juris, Rn. 64; nicht ganz eindeutig *BAG* 01.06.2011 AP Nr. 136 zu § 99 BetrVG 1972 Rn. 25 ff.). Hintergrund ist, dass das *BAG* – entgegen der hier vertretenen Ansicht (s. § 93 Rdn. 7 ff.) – die Ausschreibungspflicht für Stellen, die mit Leiharbeitnehmern besetzt werden sollen, bejaht. Allerdings bedarf es auch nach Ansicht der Rspr. keiner Angaben über die Zahl der eingegangenen Bewerbungen (*BAG* 01.06.2011 EzA § 99 BetrVG 2001 Einstellung Nr. 18 = AP Nr. 64 zu § 99 BetrVG 1972 Einstellung Rn. 23 [obiter, da es im konkreten Fall keine Bewerbungen gab]). Haben betriebsangehörige Arbeitnehmer dem Arbeitgeber den **Wunsch nach einer Verlängerung der Arbeitszeit** lediglich **nach § 9 TzBfG angezeigt**, ohne bereits einen konkreten Anspruch auf Verlängerung geltend gemacht zu haben, so bedarf es ebenfalls keiner Information des Betriebsrats darüber, ob und wenn ja welche Arbeitnehmer einen solchen Änderungswunsch geäußert haben (*BAG* 274

§ 99   IV. 5. 3. Personelle Einzelmaßnahmen

01.06.2011 EzA § 99 BetrVG 2001 Einstellung Nr. 18 = AP Nr. 64 zu § 99 BetrVG 1972 Einstellung Rn. 27 ff.). Zur Frage des Umfangs der Unterrichtungspflicht bei Einsatz von Leiharbeitnehmern, wenn betriebsangehörige Arbeitnehmer einen Verlängerungswunsch nach § 9 TzBfG angezeigt haben, s. a. Rdn. 148.

c) Zustimmungsverweigerungsgründe

275 Hinsichtlich der Gründe für die Zustimmungsverweigerung gelten wiederum im Ausgangspunkt die Vorschriften des **§ 99**, hier der **Abs. 2**. Die Aufzählung ist **abschließend**. Insbesondere lassen sich aus den Besonderheiten der Leiharbeit keine eigenen, in den Einzeltatbeständen nicht enthaltenen Verweigerungsgründe ableiten (*Schüren/Hamann* AÜG, § 14 Rn. 182 m. w. N.). Allerdings gibt es bestimmte Fragen, die sich ausschließlich oder vornehmlich in der spezifischen Konstellation der Arbeitnehmerüberlassung stellen.

276 Nach Abs. 2 Nr. 1 kann der Betriebsrat die Zustimmung verweigern, wenn die Maßnahme, d. h. die Übernahme des Leiharbeitnehmers, **gegen ein Gesetz** verstößt. Auch hier ist danach zu fragen, ob die jeweilige Norm gerade der Beschäftigung des Leiharbeitnehmers im Entleiherbetrieb entgegensteht (s. Rdn. 183; *BAG* 21.07.2009 EzA § 99 BetrVG 2001 Einstellung Nr. 12 = AP Nr. 4 zu § 3 AÜG Rn. 21; 23.06.2010 EzA § 99 BetrVG 2001 Einstellung Nr. 14 = AP Nr. 17 zu § 81 SGB IX Rn. 23). Dies ist zu verneinen, wenn das aus § 8 AÜG folgende **Gebot der Gleichstellung** der Leiharbeitnehmer (»equal treatment«) verletzt wird (*BAG* 25.01.2005 EzA § 99 BetrVG 2001 Nr. 7 = AP Nr. 48 zu § 99 BetrVG 1972 Einstellung unter B II 4b bb; 21.07.2009 EzA § 99 BetrVG 2001 Einstellung Nr. 12 = AP Nr. 4 zu § 3 AÜG Rn. 28; *Bachner/DKKW* § 99 Rn. 197; *Fitting* § 99 Rn. 191 f.; *Hamann* NZA 2003, 526 [533]; *Kraft* FS *Konzen*, S. 439 [446 f.]; *Linsenmaier/Kiel* RdA 2014, 135 [153]; *Raab* ZfA 2003, 389 [440]; *Richardi/Thüsing* § 99 Rn. 212; *Wensing/Freise* BB 2004, 2238 [2242]; **a. M.** *Grimm/Brock* DB 2003, 1113 [1115]). Dieses wendet sich nur gegen unterschiedliche Arbeitsbedingungen für die Leiharbeitnehmer und die Stammbelegschaft, sofern die Abweichung nicht durch eine tarifliche Regelung legitimiert wird. Damit der Leiharbeitnehmer in den Genuss der gleichen Arbeitsbedingungen kommt, muss er aber tatsächlich beim Entleiher eingesetzt werden. Wird dies verhindert, ist dem Anspruch auf Gleichbehandlung die Grundlage entzogen. Eine Zustimmungsverweigerung würde daher das Ziel der gesetzlichen Regelung geradezu vereiteln.

277 Ebenso wenig kann der Betriebsrat seine Zustimmungsverweigerung darauf stützen, dass die **Vermutung des § 1 Abs. 2 AÜG** eingreift, weil der Verleiher nicht das typische Arbeitgeberrisiko übernimmt. Zumindest seit der Neufassung des AÜG lässt sich aus dieser Norm nicht die Wertung entnehmen, dass die Beschäftigung zu unterbleiben hätte (*BAG* 25.01.2005 EzA § 99 BetrVG 2001 Nr. 7 = AP Nr. 48 zu § 99 BetrVG 1972 Einstellung unter B II 4b bb (3) (b); s. a. § 7 Rdn. 137). Verfügt der Verleiher nicht über die **erforderliche Erlaubnis nach § 1 Abs. 1 AÜG**, so steht dem Betriebsrat hingegen ein Zustimmungsverweigerungsrecht nach Abs. 2 Nr. 1 zu (so jetzt auch *BAG* 10.07.2013 EzA § 1 AÜG Nr. 17 = AP Nr. 33 zu § 1 AÜG Rn. 51). Zwar wird der Schutz des Arbeitnehmers durch § 10 Abs. 1 AÜG gewährleistet. Doch zielt die gesetzliche Regelung primär darauf ab, die Betätigung nicht zugelassener Verleiherunternehmen generell zu unterbinden. Der Mitbestimmung unterliegt aber gerade die »Übernahme« des Leiharbeitnehmers, also die Überlassung durch den Verleiher (ebenso im Ergebnis *Schüren/Hamann* AÜG, § 14 Rn. 186). Eine andere Frage ist, ob der Betriebsrat **nach § 101 die Aufhebung der Maßnahme** verlangen kann, wenn der Arbeitgeber den Leiharbeitnehmer beschäftigt, obwohl der Betriebsrat die Zustimmung wegen der fehlenden Erlaubnis verweigert hat oder bevor er Gelegenheit hatte, Stellung zu nehmen. Das Fehlen der Erlaubnis führt dazu, dass der Arbeitsvertrag zwischen Verleiher und Leiharbeitnehmer nichtig ist (§ 9 Abs. 1 Nr. 1 AÜG). Zum Ausgleich wird ein Arbeitsverhältnis mit dem Entleiher fingiert (§ 10 Abs. 1 AÜG). Damit soll sichergestellt werden, dass der Arbeitnehmer nicht ohne Beschäftigungsverhältnis dasteht. Dieser Intention würde es zuwiderlaufen, wenn der Betriebsrat den Anspruch aus § 101 geltend machen und damit regelmäßig einen Grund für die Kündigung des (fingierten) Arbeitsverhältnisses schaffen könnte (s. § 99 Rdn. 177). Das Recht zum Widerspruch bei illegaler Arbeitnehmerüberlassung ist ihm ja gerade deshalb verliehen worden, um im Interesse des Schutzes der Arbeitnehmer vor unzuverlässigen Verleihern eine Überlassung zu verhindern und dem Verleiher damit seine wirtschaftliche Basis zu entziehen. Kommt es dennoch zu einer Überlassung, soll aber nach der Wertung des Gesetzes der Arbeit-

nehmerschutz durch die Begründung eines Beschäftigungsverhältnisses zum Entleiher verwirklicht werden. Deshalb wird man einen Aufhebungsanspruch in diesem Fall aus systematischen Erwägungen (Vorrang der Arbeitnehmerschutzregelung des § 10 Abs. 1 AÜG) für ausgeschlossen erachten müssen (ebenso *Bachner* § 99 Rn. 51; *Fitting* § 99 Rn. 60; s. a. Rdn. 57). Dies gilt aber nur, wenn der Betriebsrat seine Zustimmung gerade wegen der fehlenden Erlaubnis des Verleihers verweigert. Stützt der Betriebsrat die Verweigerung auf andere Gründe (etwa Abs. 2 Nr. 3 oder 6), so lässt sich dem Gesetz nicht entnehmen, dass die Schutzinteressen der im Betrieb beschäftigten Arbeitnehmer hinter den Interessen der Leiharbeitnehmer zurückzustehen hätten. Die Leiharbeitnehmer können insoweit keinen stärkeren Schutz genießen als Arbeitnehmer, die vom Arbeitgeber aufgrund eines mit ihnen geschlossenen Arbeitsvertrags ohne Zustimmung des Betriebsrats im Betrieb beschäftigt werden. Dieselben Grundsätze müssten im Falle eines Verstoßes gegen das **Verbot des »Kettenverleihs«** (§ 1 Abs. 1 Satz 3 AÜG) bzw. bei einem Verstoß gegen die **Offenlegungspflicht** (§ 1 Abs. 1 Satz 5 und 6 AÜG) gelten. Auch hier steht dem Betriebsrat vor der Übernahme ein Zustimmungsverweigerungsrecht zu (*Lembke* NZA 2017, 1 [3, 9]). Ist der Arbeitnehmer bereits – ohne Beteiligung des Betriebsrats oder gegen dessen Widerspruch – übernommen und damit nach §§ 10 Abs. 1, 10a AÜG ein Arbeitsverhältnis mit dem Betriebsinhaber begründet worden, kann der Betriebsrat aber nur dann die Aufhebung der Maßnahme verlangen, wenn er sich nicht lediglich gegen die Unzulässigkeit der Arbeitnehmerüberlassung wendet, sondern Gründe geltend macht, die den Schutz der Interessen der übrigen Arbeitnehmer zum Ziel haben. Zur Zustimmungsverweigerung bei einem Verstoß gegen das Verbot der **Beschäftigung von Leiharbeitnehmern im Arbeitskampf** nach § 11 Abs. 5 AÜG s. Rdn. 23.

Umstritten war lange Zeit, ob der Betriebsrat die Zustimmung zur Beschäftigung eines Leiharbeitnehmers verweigern kann, wenn die **Überlassung nicht nur »vorübergehend«** (§ 1 Abs. 1 Satz 4) AÜG erfolgt. Unter der Geltung des § 3 Abs. 1 Nr. 6 AÜG a. F., der die zulässige Dauer der Überlassung von Leiharbeitnehmern auf einen bestimmten Zeitraum (der kontinuierlich erweitert wurde) begrenzte, bestand weitgehend Einigkeit darüber, dass der Betriebsrat des Entleiherbetriebs bei Überschreitung des gesetzlichen Überlassungszeitraumes die Zustimmung zu der Übernahme des Leiharbeitnehmers nach Abs. 2 Nr. 1 wegen Gesetzesverstoßes verweigern könne (*BAG* 28.09.1988 EzA § 99 BetrVG 1972 Nr. 68 = AP Nr. 60 zu § 99 BetrVG 1972 unter B II 2; 12.11.2002 EzA § 99 BetrVG 2001 Nr. 1 = AP Nr. 41 zu § 99 BetrVG 1972 Einstellung unter B II 2; s. näher 8. Aufl. § 99 Rn. 130). In der Tat musste man die Vorschrift so interpretieren, dass sie generell gegen die längerfristige Beschäftigung von Leiharbeitnehmern wandte und damit die personelle Maßnahme selbst unterbinden wollte. Ein Verstoß gegen diese Vorschrift wurde aber nur angenommen, wenn ein bestimmter Leiharbeitnehmer länger als gesetzlich zulässig im Entleiherbetrieb eingesetzt werden soll, nicht dagegen, wenn der Arbeitsplatz wiederholt mit verschiedenen Leiharbeitnehmern besetzt werden soll und die Gesamtdauer der Überlassungen die im Gesetz vorgesehene zeitliche Grenze überschreitet (vgl. *BAG* 12.11.2002 EzA § 99 BetrVG 2001 Nr. 1 = AP Nr. 41 zu § 99 BetrVG 1972 Einstellung unter B II 3). Nach der Aufhebung der Regelung durch Art. 6 Nr. 3b des Ersten Gesetzes für moderne Dienstleistungen am Arbeitsmarkt vom 23.12.2002 (BGBl. I, S. 4607) war einem solchen Zustimmungsverweigerungsrecht zunächst die rechtliche Grundlage entzogen. Die Diskussion über ein Zustimmungsverweigerungsrecht bei länger dauernder Überlassung entbrannte erneut, nachdem im Jahre 2011 die Neufassung des § 1 Abs. 1 Satz 2 AÜG a. F. (jetzt § 1 Abs. 1 Satz 4 AÜG) vorsah, dass die Überlassung an den Entleiher »vorübergehend« erfolgt (Art. 1 Nr. 2a bb des Ersten Gesetzes zur Änderung des Arbeitnehmerüberlassungsgesetzes vom 28.04.2011 BGBl. I, S. 642; zum Streitstand 10. Aufl. § 7 Rn. 65 ff.). Eine verbreitete Ansicht, der sich auch das *BAG* angeschlossen hatte, sah hierin ein Verbot dauernder Überlassung, und leitete hieraus ab, dass der Betriebsrat des Entleiherbetriebs der Übernahme eines Leiharbeitnehmers nach **Abs. 2 Nr. 1 die Zustimmung verweigern** könne (*BAG* 10.07.2013 EzA § 1 AÜG Nr. 17 = AP Nr. 33 zu § 1 AÜG Rn. 28 ff. m. w. N.; 30.09.2014 EzA § 99 BetrVG 2001 Einstellung Nr. 20 = AP Nr. 141 zu § 99 BetrVG 1972 Rn. 20 ff.; zum Meinungsstand auch 10. Aufl. § 99 Rn. 253). Dies muss nach der Neuregelung des AÜG (Gesetz zur Regelung des Arbeitnehmerüberlassungsgesetzes und anderer Gesetze vom 21.02.2017, BGBl. I, S. 258) erst recht gelten. Der Gesetzgeber hat nunmehr die Dauer der »vorübergehenden« Überlassung in § 1 Abs. 1b Satz 1 AÜG auf 18 Monate konkretisiert und mit einem ausdrücklichen Verbot einer längerfristigen Beschäftigung verbunden (»darf nicht«). Wie nach der bis 2002 geltenden Regelung wird man hierin eine Norm sehen müssen, die sich gegen die Überlassung selbst richtet, auf die also eine Zustim-

278

mungsverweigerung nach Abs. 2 Nr. 1 gestützt werden kann (so auch *Lembke* NZA 2017, 1 [6]; *Talkenberg* NZA 2017, 473 [478]). Hieran dürfte sich auch dadurch nichts ändern, dass der Gesetzgeber nunmehr bei Überschreitung der Höchstdauer ein Arbeitsverhältnis zum Entleiher fingiert (§§ 9 Abs. 1 Nr. 1b, 10 Abs. 1 AÜG; s. a. § 7 Rdn. 134; allerdings begründen *Linsenmaier/Kiel* RdA 2014, 135 [154] die Notwendigkeit eines Zustimmungsverweigerungsrechts des Entleiherbetriebsrats gerade mit dem Fehlen einer solchen Regelung). Die Intention des Gesetzgebers geht dahin, längerfristige Überlassungen in erster Linie von vornherein zu verhindern und nicht durch die Fiktion eines Arbeitsverhältnisses mit dem Leiharbeitnehmer zu sanktionieren. Eine solche präventive Wirkung geht aber gerade von einer Zustimmungsverweigerung des Betriebsrats aus. Zu beachten ist allerdings, dass die Frage, ob die Überlassung vorübergehend oder auf Dauer erfolgt, nur arbeitnehmerbezogen und nicht arbeitsplatzbezogen beantwortet werden kann (s. § 7 Rdn. 134).

279 Verstößt der Arbeitgeber bei der Besetzung von Arbeitsplätzen gegen seine zugunsten von Schwerbehinderten bestehenden **Prüf- und Konsultationspflichten nach § 164 Abs. 1 Satz 1 und 2 SGB IX** (bis 01.01.2018: § 81 Abs. 1 Satz 1 und 2 SGB IX), so stellt dies nach h. M. ebenfalls einen Gesetzesverstoß nach Abs. 2 Nr. 1 dar, auf den die Verweigerung der Zustimmung zu der Einstellung gestützt werden kann (s. Rdn. 188). Nach Ansicht des *BAG* gilt dies auch, wenn der Arbeitgeber beabsichtigt, den Arbeitsplatz mit einem Leiharbeitnehmer zu besetzen (*BAG* 23.06.2010 EzA § 99 BetrVG 2001 Einstellung Nr. 14 = AP Nr. 17 zu § 81 SGB IX Rn. 27 ff.). Überzeugend ist dies nicht (ebenso *Böhm* RdA 2013, 193 [207]; *Schüren/Hamann* AÜG, § 14 Rn. 196; drastisch *Rieble/AR* § 99 BetrVG Rn. 50: »Absurdität«). Die entsprechenden Verpflichtungen haben den Sinn, die Personalpolitik des Arbeitgebers zu beeinflussen und Schwerbehinderten im Auswahlverfahren eine Chance zu geben. Sie setzen damit aber voraus, dass der Arbeitgeber selbst die Personalauswahl vornimmt. Bei einem Geschäftsmodell, bei dem der Arbeitgeber hierauf bewusst verzichtet, weil er sich auf den Personaldienstleister verlässt, geraten die Pflichten zu einer leeren Förmelei. Im Falle der Leiharbeit kann die Pflicht sinnvollerweise nur den Verleiher treffen, wenn er neue Arbeitnehmer einstellt (zutr. *Schüren/Hamann* AÜG, § 14 Rn. 196). Im Zusammenhang mit der Übernahme von Leiharbeitnehmern in den Entleiherbetrieb ist sie dagegen sinnlos. Wenn das *BAG* darauf verweist, dass es möglich sei, dass der Arbeitgeber nach einer § 164 Abs. 1 Satz 1 und 2 SGB IX entsprechenden Prüfung von der zunächst beabsichtigten Besetzung des Arbeitsplatzes mit einem Leiharbeitnehmer Abstand nehme und stattdessen einen geeigneten schwerbehinderten Bewerber selbst einstelle, so gleicht diese Argumentation derjenigen, mit der das Gericht begründet hat, dass der Arbeitgeber solche Stellen auf Verlangen des Betriebsrats nach § 93 innerbetrieblich ausschreiben müsse. Sie begegnet daher auch denselben Einwänden (s. § 93 Rdn. 7 ff.).

280 Nach **§ 13a Satz 1 AÜG** hat der Entleiher die im Betrieb beschäftigten Leiharbeitnehmer über die in seinem Betrieb zu besetzenden Arbeitsplätze zu informieren. Kommt er dieser Pflicht nicht nach, stellt sich die Frage, ob der Betriebsrat die Zustimmung zu der Einstellung eines anderen Arbeitnehmers verweigern kann. Weitgehende Einigkeit besteht darüber, dass sich ein solches Verweigerungsrecht nicht aus Abs. 2 Nr. 5, und zwar weder in direkter noch in analoger Anwendung, ableiten lässt (s. § 93 Rdn. 54 m. w. N.). Überwiegend wird ein Verweigerungsrecht nach **Abs. 2 Nr. 1** bejaht (*Hamann* RdA 2011, 321 [335 f.]; *Lembke* NZA 2011, 319 [322]; *Thüsing/Kock* AÜG, § 13a Rn. 32; **a. M.** *Reineke/Beck/AR* § 13a AÜG Rn. 7). Hierfür wird vor allem auf die Parallele zu § 164 Abs. 1 und 2 SGB IX verwiesen (s. Rdn. 279). Überzeugender scheint es hingegen, entsprechend der oben (Rdn. 191, 206 f.) skizzierten Konzeption einen Verweigerungsgrund nach **Abs. 2 Nr. 3** anzunehmen (vgl. auch *Hamann* RdA 2011, 321 [335 f.]; *Lembke* NZA 2011, 319 [322], die Abs. 2 Nr. 3 neben Abs. 2 Nr. 1 für gegeben halten). Informationspflichten wie § 13a AÜG haben typischerweise nicht den Sinn, die Beschäftigung des ausgewählten Bewerbers zu unterbinden. Sie sollen vielmehr dem Begünstigten – hier dem Leiharbeitnehmer – eine Chance im Bewerbungsverfahren sichern. Die Nichterfüllung der Pflicht kann also zum Verlust der Bewerbungschance und damit zu einem rechtlichen Nachteil führen. Eine solche Betrachtung fügt sich auch ansonsten deutlich stimmiger in das Gesamtsystem ein. Sieht man den wesentlichen Grund für die Zustimmungsverweigerung in dem durch die Verletzung der Rechtspflicht entstandenen Nachteil, so ist die Zustimmungsverweigerung nämlich nur dann berechtigt, wenn der Leiharbeitnehmer überhaupt eine Chance gehabt hätte, also wenn er grds. für die Stelle geeignet ist, da es ansonsten an einem Nachteil fehlt (s. Rdn. 208). Stellt man hingegen allein auf den Gesetzesverstoß ab, so könnte der Betriebsrat im Falle der Verletzung der In-

formationspflicht die Zustimmung auch dann verweigern, wenn keiner der im Betrieb beschäftigten Leiharbeitnehmer das Anforderungsprofil erfüllt. Hier ließe sich allenfalls mit dem Einwand des Rechtsmissbrauchs helfen. Fraglich könnte nur sein, ob und inwieweit die Leiharbeitnehmer zu den »im Betrieb beschäftigten Arbeitnehmern« i. S. d. Abs. 2 Nr. 3 zu zählen sind (bejahend *Hamann* RdA 2011, 321 [336]; *Lembke* in: *Boemke/Lembke* AÜG, § 13a Rn. 31; **a. M.** *Reineke/Beck/AR* § 13a AÜG Rn. 7). Nach der hier vertretenen Ansicht zählen die Leiharbeitnehmer zwar nicht zu den Arbeitnehmern des Entleiherbetriebs (s. § 7 Rdn. 84 ff.). Allerdings stehen dem Betriebsrat im Entleiherbetrieb Mitbestimmungsrechte auch in Bezug auf die dort beschäftigten Leiharbeitnehmer zu, wenn und soweit diese nur dort ausgeübt werden können (s. § 5 Rdn. 120 ff.). Da die Pflicht aus § 13a AÜG den Entleiher trifft, kann insoweit auch nur der bei diesem gebildete Betriebsrat die Interessen der Leiharbeitnehmer wahrnehmen. Dies spricht dafür, sie zumindest in diesem Kontext (anders als im Zusammenhang mit Abs. 2 Nr. 3 Halbs. 2, s. Rdn. 215) den betriebsangehörigen Arbeitnehmern gleichzustellen.

Hinsichtlich weiterer Fragen im Zusammenhang mit Zustimmungsverweigerungsgründen ist auf die entsprechenden Kommentierungen zu verweisen; zur Nichtbeachtung von Auswahlrichtlinien nach **Abs. 2 Nr. 2** s. § 95 Rdn. 3 f.; zu **Abs. 2 Nr. 3** s. Rdn. 211, 215; zur Ausschreibungspflicht bei Besetzung von Stellen mit Leiharbeitnehmern (**Abs. 2 Nr. 5**) s. § 93 Rdn. 7 ff. **281**

3. Personalgestellung im öffentlichen Dienst

a) Beamte, Soldaten und Arbeitnehmer des öffentlichen Dienstes in Betrieben privatwirtschaftlich organisierter Unternehmen (§ 5 Abs. 1 Satz 3)

Werden **Beamte** oder **Soldaten** von ihrem Dienstherrn – regelmäßig im Zusammenhang mit der Privatisierung von Bereichen des öffentlichen Dienstes – einem privatrechtlich organisierten Unternehmen zugewiesen, so hat der dort gebildete Betriebsrat ein Mitbestimmungsrecht unter dem Gesichtspunkt der Einstellung, wenn diese in dem Einsatzbetrieb weisungsgebundene Tätigkeit im Rahmen der arbeitstechnischen Zwecksetzung des Betriebs verrichten, der Betriebsinhaber also ihnen gegenüber ein arbeitgeberähnliches Weisungsrecht hat und somit (zumindest teilweise) die Personalhoheit ausüben kann (*BAG* 23.06.2009 EzTöD 100 § 2 TVöD-AT Mitbestimmung Nr. 5 = AP Nr. 59 zu § 99 BetrVG 1972 Einstellung Rn. 21, 29; *Bachner/DKKW* § 99 Rn. 57; *Fitting* § 99 Rn. 78). Das Gleiche gilt, wenn ein Beamter, der schon bisher in dem Betrieb eines privatrechtlich organisierten Unternehmens tätig war, nunmehr **einem anderen Betrieb zugewiesen** werden soll. Die Zuweisung stellt dann für den aufnehmenden Betrieb eine Einstellung dar (*BAG* 12.12.1995 EzA § 99 BetrVG 1972 Nr. 132 unter B I 2; zur Frage der Versetzung in diesen Fällen s. Rdn. 287). Aus Sicht des *BAG* ergibt sich dies schon aus dem Umstand, dass es für die Frage der Einstellung ausschließlich auf die Eingliederung in die Betriebsorganisation ankommt, so dass es gleichgültig ist, ob und wenn ja welches Rechtsverhältnis zum Betriebsinhaber besteht (*BAG* 23.06.2009 EzTöD 100 § 2 TVöD-AT Mitbestimmung Nr. 5 = AP Nr. 59 zu § 99 BetrVG 1972 Einstellung Rn. 21). Aber auch nach der hier vertretenen Ansicht ist ein solches Mitbestimmungsrecht zu bejahen. Die Personalgestellung im öffentlichen Dienst weist weitreichende Parallelen zur Arbeitnehmerüberlassung auf (s. a. § 5 Rdn. 103 f.). Es wäre ein Wertungswiderspruch, wenn man hier – anders als bei der Übernahme von Leiharbeitnehmern – ein Mitbestimmungsrecht verneinen würde, zumal die Personen während der Dauer des Arbeitseinsatzes nach § 5 Abs. 1 Satz 3 sogar als betriebsangehörige Arbeitnehmer gelten. **282**

Ein Mitbestimmungsrecht wäre nur dann ausgeschlossen, wenn das privatwirtschaftliche Unternehmen **aufgrund Gesetzes oder Verwaltungsakt verpflichtet** wäre, den Beamten, Soldaten oder Arbeitnehmer zu beschäftigen. Das Mitbestimmungsrecht bleibt jedoch auch in einem solchen Fall bestehen, wenn und soweit dem Arbeitgeber die Möglichkeit verbleibt, auf die Einstellung Einfluss zu nehmen. Nach Ansicht des *BAG* ist es hierfür ausreichend, wenn der Arbeitgeber die Person des Einzustellenden bestimmen oder den Arbeitsplatz auswählen kann, auf dem der Betreffende beschäftigt werden soll (*BAG* 23.06.2009 EzTöD 100 § 2 TVöD-AT Mitbestimmung Nr. 5 = AP Nr. 59 zu § 99 BetrVG 1972 Einstellung Rn. 23, 31). **283**

284 Ein Mitbestimmungsrecht besteht darüber hinaus auch dann, wenn die zunächst im Wege der Personalgestellung tätigen Personen **von dem Betriebsinhaber in ein Arbeitsverhältnis übernommen** werden (i. E. zutr. *LAG Niedersachsen* 23.04.2012 LAGE § 99 BetrVG 2001 Nr. 14; **a. M.** für den Fall der Insichbeurlaubung nach § 4 Abs. 2 (= § 4 Abs. 3 a. F.) PostPersRG *BAG* 10.12.2002 EzA § 99 BetrVG 2001 Umgruppierung Nr. 1 unter B III 3c aa). Die h. M., die auf die Eingliederung abstellt, tut sich insoweit mit der Begründung schwer, weil die Personen bereits im Einsatzbetrieb eingegliedert sind (vgl. *LAG Niedersachsen* 23.04.2012 LAGE § 99 BetrVG 2001 Nr. 14 Rn. 24, das zur Begründung auf eine grundlegende Veränderung der Umstände verweist, die einer Neueingliederung gleichkomme; s. a. zur Parallelproblematik bei der Leiharbeit Rdn. 264). Versteht man unter Einstellung grds. die Begründung eines Arbeitsverhältnisses, fällt die Begründung leicht, weil allein durch den Arbeitseinsatz in dem Betrieb kein Arbeitsverhältnis entsteht, also mit der Übernahme erstmals ein Arbeitsverhältnis begründet wird.

285 Für eine Beteiligung des Betriebsrats des Einsatzbetriebs unter dem Gesichtspunkt der **Ein- oder Umgruppierung** ist von vornherein kein Raum, da es sich dabei um die Zuordnung innerhalb der vom Betriebsinhaber als Arbeitgeber verwendeten Vergütungsordnung handelt. Für die Vergütungsfragen sind aber ausschließlich die Verhältnisse des Dienstherrn bzw. öffentlichen Arbeitgebers maßgeblich. Deshalb scheidet eine Mitbestimmung des Betriebsrats bei der Einordnung der in § 5 Abs. 1 Satz 3 den Arbeitnehmern gleichgestellten Beamten und Soldaten in eine bestimmte Laufbahn oder Besoldungsgruppe aus (*LAG München* 11.10.2007 – 3 TaBV 47/07 – juris, Rn. 22 f.), abgesehen davon, dass diese Entscheidung wohl schon begrifflich nicht erfasst wird (s. § 5 Rdn. 99). Die **tarifliche Bewertung der Arbeitsplätze** von zugewiesenen Beamten ist ebenfalls keine Eingruppierung (*LAG Hamm* 08.01.2010 – 10 TaBV 35/09 – juris). Die Eingruppierung ist eine personelle Einzelmaßnahme, bedarf also eines Bezugs zu einem konkreten Arbeitnehmer (s. Rdn. 69 f., dort auch zur abw. Ansicht des *BAG*). Die abstrakte Bewertung der Tätigkeit ist davon nicht erfasst, auch wenn sie sich auf die Vergütung (etwa auf Zulagen) auswirkt (*LAG Hamm* 08.01.2010 – 10 TaBV 35/09 – juris, Rn. 43 f.). Gleiches gilt für die dem Betrieb zugewiesenen Arbeitnehmer öffentlicher Unternehmen, da auf deren Arbeitsverhältnisse die beim öffentlichen Arbeitgeber geltenden Vergütungsordnungen Anwendung finden. Hier besteht allenfalls ein Beteiligungsrecht des zuständigen Personalrats. Dagegen besteht im Falle der **Insichbeurlaubung** von dem Betrieb zugewiesenen Beamten ein Mitbestimmungsrecht, weil diese im Rahmen des mit dem Betriebsinhaber begründeten Arbeitsverhältnisses (erstmals) in das bestehende betriebliche Vergütungsschema eingeordnet werden müssen (*BAG* 10.12.2002 EzA § 99 BetrVG 2001 Umgruppierung Nr. 1 unter B III 3c cc, das freilich keine Eingruppierung, sondern eine Umgruppierung annimmt).

286 Ein Mitbestimmungsrecht nach § 99 besteht auch bei einer **innerbetrieblichen Versetzung** von Beamten, Soldaten oder Arbeitnehmern des öffentlichen Dienstes. Voraussetzung ist, dass ihnen von dem Inhaber des Einsatzbetriebs aufgrund des diesem übertragenen Direktionsrechts im Rahmen der dortigen organisatorischen Einheit ein anderer Arbeitsbereich zugewiesen wird (*BAG* 04.05.2011 EzA § 99 BetrVG 2001 Versetzung Nr. 9 = AP Nr. 138 zu § 99 BetrVG 1972 Rn. 24 ff. [für den Bereich des BwKoopG]). Dem steht nach Ansicht des *BAG* auch ein etwa daneben bestehendes Beteiligungsrecht des Personalrats der Dienststelle nicht entgegen, da es auch um die Wahrnehmung der Interessen der übrigen Belegschaft im Einsatzbetrieb geht, die allein von dem dort bestehenden Betriebsrat vertreten werden (*BAG* 04.05.2011 EzA § 99 BetrVG 2001 Versetzung Nr. 9 Rn. 45 ff.). Dagegen stellt die Entscheidung über einen **Laufbahnwechsel eines Beamten oder Soldaten**, also die Übernahme in die nächst höhere Laufbahn, für sich genommen keine mitbestimmungspflichtige Maßnahme dar, weil sie allein den beamtenrechtlichen Status betrifft (*LAG München* 11.10.2007 – 3 TaBV 47/07 – juris). Insoweit kommt allenfalls ein Beteiligungsrecht des bei dem Dienstherrn gebildeten Personalrats (etwa nach § 76 Abs. 1 Nr. 2 BPersVG) in Betracht.

287 Wird eine der in § 5 Abs. 1 Satz 3 genannten Personen **in einen anderen Betrieb versetzt**, so steht dem Betriebsrat des bisherigen Beschäftigungsbetriebs kein Mitbestimmungsrecht zu, wenn die Maßnahme auf einer Entscheidung des öffentlich-rechtlichen Dienstherrn beruht. Beteiligungsrechte stehen nämlich stets dem Vertretungsorgan zu, das für die Einheit gebildet ist, dessen Rechtsträger entscheidungsbefugt ist (vgl. auch BT-Drucks. 16/1336, S. 18 zu § 6). Ein Mitbestimmungsrecht kommt daher nur in Betracht, wenn der öffentlich-rechtliche Dienstherr die Befugnis zur Versetzung des Be-

amten oder Soldaten dem privatrechtlich organisierten Unternehmen, dem dieser zugewiesen ist, übertragen hat und der Beamte oder Soldat vorübergehend oder ohne sein Einverständnis auf Dauer in einen anderen Betrieb desselben Unternehmens versetzt wird (s. Rdn. 121 ff.). Dagegen scheidet ein Mitbestimmungsrecht des Betriebsrats vor allem dann aus, wenn der Beamte, Soldat oder Arbeitnehmer **auf Weisung seines Dienstherrn wieder aus dem privatwirtschaftlich organisierten Unternehmen abgezogen** wird, um in einer Behörde oder einer anderen öffentlich-rechtlich organisierten Einrichtung tätig zu sein. Hier kann ggf. der Personalrat zu beteiligen sein. Zur Frage der Mitbestimmung nach § 103 in diesen Fällen s. § 103 Rdn. 11. Auch im umgekehrten Fall, also wenn der **Inhaber des Einsatzbetriebs den Gestellungsvertrag** mit dem öffentlich-rechtlichen Dienstherrn oder Arbeitgeber **kündigt** mit der Folge, dass der Arbeitseinsatz bei dem privatwirtschaftlich organisierten Arbeitgeber endet, liegt aus Sicht des Einsatzbetriebs keine Versetzung vor, so dass der dort gebildete Betriebsrat nicht nach § 99 Abs. 1 zu beteiligen ist (*BAG* 17.02.2015 EzA § 95 BetrVG 2001 Nr. 9 = AP Nr. 56 zu § 99 BetrVG 1972 Versetzung Rn. 28 ff.).

b) Sonderregelungen für die bei der Deutsche Bahn AG und den Post-Nachfolgegesellschaften beschäftigten Beamten

Nach § 5 Abs. 1 Satz 3 gelten die Beamten, Soldaten und Arbeitnehmer des öffentlichen Dienstes, die im Zuge der Privatisierung in privatrechtlich organisierten Unternehmen eingesetzt werden, als Arbeitnehmer des Betriebs, in dem sie tätig sind. Der für den Beschäftigungsbetrieb zuständige Betriebsrat vertritt grundsätzlich ihre Interessen und ist zur Ausübung aller Beteiligungsrechte auch in Bezug auf diesen Personenkreis befugt (s. § 5 Rdn. 78, 96 ff. sowie § 7 Rdn. 16, 138). Daneben gelten die Sonderregelungen fort, die bei der Privatisierung von Post und Bahn für die bei der Deutschen Bahn AG bzw. den Post-Nachfolgegesellschaften und deren Tochterunternehmen beschäftigten Beamten geschaffen worden sind. Diese sind teilweise deckungsgleich mit der Regelung in § 5 Abs. 1 Satz 3. So gelten die der DB AG nach § 12 Abs. 2 und 3 DBGrG zugewiesenen und die in den Post-Nachfolgegesellschaften beschäftigten Beamten für die Anwendung des BetrVG und des SprAuG als Arbeitnehmer der neuen Gesellschaften (vgl. §§ 19 DBGrG, 24 Abs. 2 PostPersRG; s. a. *Franzen* § 1 Rdn. 23 f.). Teilweise enthalten die Vorschriften aber Sonderregelungen hinsichtlich der Ausübung der Mitbestimmungsrechte, die auch nach der Gleichstellung der Beamten mit den Arbeitnehmern des Beschäftigungsbetriebes durch § 5 Abs. 1 Satz 3 zu berücksichtigen sind und den allgemeinen Regelungen des BetrVG als leges speciales vorgehen. So sind bei personellen Einzelmaßnahmen etwa die Spezialbestimmungen im DBGrG (§ 17 Abs. 2) und im PostPersRG (§ 28) zu beachten. Ob personelle Einzelmaßnahmen gegenüber Beamten dem Mitbestimmungsrecht nach § 99 unterliegen, oder ob und inwieweit die besondere Personalvertretung nach § 17 Abs. 2 DBGrG bzw. die Beamten im Betriebsrat nach § 28 PostPersRG befugt sind, das Mitbestimmungsrecht auszuüben, lässt sich diesen Vorschriften nicht eindeutig entnehmen. **288**

aa) Rechtslage bei der DB AG

Nach § 17 Abs. 1 DBGrG werden »zur Wahrung der Interessen« der der DB AG zugewiesenen Beamten besondere Personalvertretungen beim Bundeseisenbahnvermögen (BEV) gebildet, die in den der DB AG übertragenen, in § 76 Abs. 1 BPersVG genannten Personalangelegenheiten »ein« Mitbestimmungsrecht haben (vgl. § 17 Abs. 2 DBGrG). Soweit die in § 76 Abs. 1 BPersVG genannten Angelegenheiten auch personelle Einzelmaßnahmen i. S des § 99 Abs. 1 sind, ist fraglich, ob das Mitbestimmungsrecht des Betriebsrats neben dem Mitbestimmungsrecht der besonderen Personalvertretung besteht oder durch dieses verdrängt wird. **289**

§ 19 Abs. 1 DBGrG ordnet an, dass die der DB AG zugewiesenen Beamten als Arbeitnehmer i. S. d. Betriebsverfassungsgesetzes gelten. Damit ist der jeweils zuständige Betriebsrat grundsätzlich zur Ausübung der Mitbestimmungsrechte auch bei personellen Einzelmaßnahmen gegenüber diesen Beamten zuständig. Aus dem Wortlaut des § 17 Abs. 2 DBGrG ergibt sich kein Ausschluss dieses Mitbestimmungsrechts. Die besondere Personalvertretung hat nach dem Gesetzestext **ein** Mitbestimmungsrecht, **nicht das alleinige** Mitbestimmungsrecht in den dort genannten Personalangelegenheiten (*BAG* 12.12.1995 EzA § 99 BetrVG 1972 Nr. 132 = AP Nr. 8 zu § 99 BetrVG Versetzung; *Kraft* FS *Wiese*, **290**

1998, S. 219 [227 f.]; *Richardi / Thüsing* § 99 Rn. 145; ebenso jetzt *Fitting* § 99 Rn. 306 f. [unter Aufgabe der früheren abw. Ansicht]).

291 Da die besondere Personalvertretung nach § 17 Abs. 1 DBGrG die **Interessen der Beamten** bei den sie betreffenden Entscheidungen und Maßnahmen des BEV zu wahren hat, ist nach Meinung des *BAG* (12.12.1995 EzA § 99 BetrVG 1972 Nr. 132 = AP Nr. 8 zu § 99 BetrVG Versetzung) die Anwendung des § 99 auch bei den personellen Einzelmaßnahmen, die § 17 Abs. 1 DBGrG nennt, sachlich geboten, da nur so die **Interessen der nicht beamteten** betroffenen Beschäftigten sichergestellt werden können. Allerdings könnte gegen dieses Argument eingewendet werden, auch § 77 Abs. 2 Nr. 2 BPersVG, der nach § 17 Abs. 2 DBGrG auf die Mitbestimmungsrechte der besonderen Personalvertretung analog anzuwenden ist, schreibe die Berücksichtigung der Belange der anderen Beschäftigten, die nicht Beamte sind, vor. Dem *BAG* ist aber zuzustimmen, dass der besonderen Personalvertretung die Legitimation zur Wahrung der Interessen der nicht beamteten Beschäftigten und wohl auch die dazu erforderliche Sachnähe fehlen.

292 Bei personellen Einzelmaßnahmen, die sowohl unter § 99 Abs. 1 als auch unter § 76 Abs. 1 BPersVG fallen, sind daher die **besondere Personalvertretung und der Betriebsrat** nach Maßgabe der beiden Bestimmungen zu beteiligen (**a. M.** wohl *Engels / Müller / Mauß* DB 1994, 473 [478]; *Lorenzen* PersV 1994, 145 [154 f.]; *Fitting* § 99 Rn. 305, die allerdings einen Informationsanspruch des Betriebsrats nach § 99 Abs. 1 und ein Recht des Betriebsrats zur Stellungnahme bei Einstellung befürworten; bei einer Versetzung soll das Mitbestimmungsrecht nach § 99 ff. uneingeschränkt bestehen, soweit die Maßnahme nicht von § 76 Abs. 1 BPersVG erfasst wird, *Fitting* § 99 Rn. 312). Diese Doppelzuständigkeit kann in der Praxis die Durchführung bestimmter personeller Einzelmaßnahmen erschweren. Dies ist aber mit Rücksicht auf die Belange der betroffenen Arbeitnehmer in Kauf zu nehmen, wie auch in anderen Fällen, in denen eine Maßnahme des Arbeitgebers der Zustimmung mehrerer Stellen bedarf (*BAG* 12.12.1995 EzA § 99 BetrVG 1972 Nr. 132 = AP Nr. 8 zu § 99 BetrVG Versetzung unter B I 1b).

bb) Rechtslage bei den Post-Nachfolgegesellschaften

293 Für bestimmte Angelegenheiten, die Beamte betreffen, enthält § 28 PostPersRG mit Rücksicht auf die besondere, verfassungsrechtlich durch Art. 33 Abs. 5 GG gesicherte Stellung der Beamten eine Sonderregelung. Diese Vorschrift erweitert einerseits die Beteiligungsrechte des Betriebsrats. Er ist nach §§ 76 Abs. 1, 78 Abs. 1 Nr. 3–5 und 79 Abs. 3 BPersVG zu beteiligen, auch soweit das Betriebsverfassungsgesetz für die dort genannten Angelegenheiten keine Beteiligungsrechte vorsieht (vgl. z. B. § 76 Abs. 1 Nr. 6–9, § 78 Abs. 1 Nr. 3–5 BPersVG). Andererseits werden die Rechte des Betriebsrats als Gremium insofern eingeschränkt, als diese Angelegenheiten nach § 28 Abs. 1 Satz 2 PostPersRG zwar von ihm zu beraten, zur Beschlussfassung aber nur die dem Betriebsrat angehörenden Beamten befugt sind. Nur wenn dem Betriebsrat keine Beamten angehören, entscheidet der gesamte Betriebsrat.

294 Auch hier stellt sich die Frage, ob diese Regelung das Mitbestimmungsrecht des gesamten Betriebsrats nach § 99 verdrängt. Nach einer Meinung gilt § 28 PostPersRG nur, soweit die dort genannten Maßnahmen den Status der betroffenen Beamten berühren. Soweit es um den Einsatz der Beamten in einer der Aktiengesellschaften geht, gelte § 99 uneingeschränkt (*Hummel* PersR 1996, 228 ff.; *Wehner* ZTR 1995, 207 [209]). Nach Meinung des *BAG* ist den §§ 28, 29 PostPersRG der Vorrang gegenüber den §§ 99 ff. einzuräumen, wenn es um Sachverhalte geht, die der Mitbestimmung nach § 76 Abs. 1 BPersVG unterliegen. Sofern nach diesen Vorschriften ein Mitbestimmungsrecht besteht, seien die §§ 99 ff. nicht anwendbar, so dass auch das Mitbestimmungsverfahren sich nicht nach dem BetrVG, sondern nach § 29 PostPersRG richtet (weswegen bei Verweigerung der Zustimmung ein Antrag nach § 99 Abs. 4 unzulässig wäre). Bei anderen Maßnahmen, die nicht von § 76 Abs. 1 BPersVG, aber von § 99 Abs. 1 erfasst werden, gelten dagegen die §§ 99 ff. uneingeschränkt (vgl. *BAG* 12.08.1997 EzA § 99 BetrVG 1972 Versetzung Nr. 3 = AP Nr. 15 zu § 99 BetrVG 1972 Versetzung; 15.08.2012 AP Nr. 15 zu § 76 BPersVG Rn. 14; zust. *Fitting* § 99 Rn. 321, 323 f.). Nach einer anderen Auffassung unterliegen der Mitbestimmung des Betriebsrats nur die personellen Maßnahmen gegenüber Beamten, die in § 28 Abs. 1 Satz 1 PostPersRG genannt sind; § 99 finde keine Anwendung

(*Kraft* FS *Wiese*, 1998, S. 219 [231]; *Pielsticker* ZTR 1996, 101 [104]; *Richardi* NZA 1996, 953 [955]; widersprüchlich *Richardi / Thüsing* § 99 Rn. 146).

Die zuletzt genannte Auffassung erscheint überzeugender. Durch § 28 PostPersRG hat der Gesetzgeber für die bei den Nachfolgeunternehmen beschäftigten Beamten den mitbestimmungsrechtlichen Status hinsichtlich der in den dort genannten Vorschriften geregelten Personalangelegenheiten erhalten wollen. In diesem Bereich sollten also die personalvertretungsrechtlichen Regeln nicht nur hinsichtlich des zu beachtenden Verfahrens, sondern auch hinsichtlich der Mitbestimmungtatbestände an die Stelle der funktional äquivalenten Vorschriften des BetrVG treten. Das gegenständlich über § 99 hinausgehende Mitbestimmungsrecht des § 28 PostPersRG verdrängt daher als Spezialnorm den § 99. Die vom BAG vertretene Ansicht führt hingegen zu einer gegenständlichen Erweiterung der Mitbestimmungsrechte für die Beamten, indem § 99 neben dem § 28 PersPersRG zur Anwendung kommt, wenn und soweit ein Mitbestimmungsrecht nur nach der betriebsverfassungsrechtlichen Vorschrift besteht (eine »best of both worlds-Lösung«). Dass dies beabsichtigt war, ist nicht erkennbar. Gleiches gilt für Maßnahmen des Bundesministeriums der Finanzen bezüglich der bei den Post-Nachfolgegesellschaften beschäftigten Beamten; § 31 PostPersRG ordnet die entsprechende Anwendung der §§ 28–30 PostPersRG für diese Fälle an. Dass bei der Beschlussfassung der Beamten im Betriebsrat auch die Interessen der nicht beamteten Beschäftigten berücksichtigt werden müssen, wie es dem Zweck des § 99 entspricht (s. Rdn. 5) wird durch die von § 28 Abs. 1 Satz 1 PostPersRG vorgeschriebene Beratung im Plenum und weiter dadurch sichergestellt, dass nach dem entsprechend anwendbaren § 77 Abs. 2 Nr. 2 BPersVG die Zustimmung zu der beabsichtigten Maßnahme verweigert werden kann, wenn andere Beschäftigte dadurch ungerechtfertigt benachteiligt werden.

295

IV. Strafvorschriften

Hier ist auf § 121 zu verweisen (vgl. die Erl. dort).

296

§ 100
Vorläufige personelle Maßnahmen

(1) Der Arbeitgeber kann, wenn dies aus sachlichen Gründen dringend erforderlich ist, die personelle Maßnahme im Sinne des § 99 Abs. 1 Satz 1 vorläufig durchführen, bevor der Betriebsrat sich geäußert oder wenn er die Zustimmung verweigert hat. Der Arbeitgeber hat den Arbeitnehmer über die Sach- und Rechtslage aufzuklären.

(2) Der Arbeitgeber hat den Betriebsrat unverzüglich von der vorläufigen personellen Maßnahme zu unterrichten. Bestreitet der Betriebsrat, dass die Maßnahme aus sachlichen Gründen dringend erforderlich ist, so hat er dies dem Arbeitgeber unverzüglich mitzuteilen. In diesem Fall darf der Arbeitgeber die vorläufige personelle Maßnahme nur aufrechterhalten, wenn er innerhalb von drei Tagen beim Arbeitsgericht die Ersetzung der Zustimmung des Betriebsrats und die Feststellung beantragt, dass die Maßnahme aus sachlichen Gründen dringend erforderlich war.

(3) Lehnt das Gericht durch rechtskräftige Entscheidung die Ersetzung der Zustimmung des Betriebsrats ab oder stellt es rechtskräftig fest, dass offensichtlich die Maßnahme aus sachlichen Gründen nicht dringend erforderlich war, so endet die vorläufige personelle Maßnahme mit Ablauf von zwei Wochen nach Rechtskraft der Entscheidung. Von diesem Zeitpunkt an darf die personelle Maßnahme nicht aufrechterhalten werden.

Literatur
von Friesen Zustimmungsverweigerung des Betriebsrats / Personalrats als auflösende Bedingung des Arbeitsvertrages, BB 1984, 677; *Hahn* Die Rechtsfolgen mangelnder Beteiligung des Betriebsrats bei Einstellungen (Diss. Köln), 1975; *Gillen / Vahle* Vorläufige Personalmaßnahmen nach § 100, BB 2010, 761; *Hoppe / Marcus* Die vorläufige Durchführung personeller Maßnahmen: Das Verfahren gemäß § 100 BetrVG, ArbR 2011, 367; *Kania* Schweigen

des Betriebsrats auf eine Unterrichtung nach § 100 II 1 BetrVG, NZA 2016, 614; *Lahusen* Zur Durchsetzung vorläufiger personeller Einzelmaßnahmen, NZA 1989, 869; *Lipke* Einstweiliger Rechtsschutz des Betriebsrats bei Mißachtung betriebsverfassungsrechtlicher Beteiligungsrechte nach § 99 BetrVG?, DB 1980, 2239; *Matthes* Verfahrensrechtliche Fragen im Zusammenhang mit Beteiligungsrechten des Betriebsrats bei personellen Einzelmaßnahmen, DB 1989, 1285; *ders.* Vorläufige Personalmaßnahmen ohne sachlichen Grund, BB 2010, 2109; *Schlicht* Wiedereinsetzung nach Versäumnis der Dreitagefrist im betriebsverfassungsrechtlichen Zustimmungsverfahren, BB 1980, 632. Vgl. auch oben die Angaben vor § 99.

Inhaltsübersicht

	Rdn.
I. Vorbemerkung	1–4
1. Änderung gegenüber dem früheren Recht	1
2. Zweck der Vorschrift	2–4
II. Die Regelung im Einzelnen	5–51
1. Von der Vorschrift erfasste Maßnahmen	5–8
2. Voraussetzungen für die Zulässigkeit der vorläufigen Durchführung	9–17
a) Dringende Erforderlichkeit	9–14
b) Verweigerung der Zustimmung, Fehlen einer Äußerung des Betriebsrats	15–17
3. Rechte und Pflichten des Arbeitgebers; Möglichkeiten für den Betriebsrat	18–33
a) Vorläufige Durchführung der Maßnahme	18
b) Information von Arbeitnehmern und Betriebsrat	19–25
c) Verhalten des Betriebsrats	26–33
4. Gerichtliche Entscheidungen und ihre Folgen	34–51
a) Der Antrag des Arbeitgebers	34–37
b) Verfahren und Entscheidungen	38–43
c) Folgen einer ablehnenden rechtskräftigen Entscheidung	44–51

I. Vorbemerkung

1. Änderung gegenüber dem früheren Recht

1 Nach der Regelung im **BetrVG 1952** hatte der Arbeitgeber, wenn über eine geplante personelle Einzelmaßnahme zwischen ihm und dem Betriebsrat keine Einigung zu erzielen war, **stets das Recht, die Maßnahme durchzuführen**. Es war Sache des Betriebsrats, das Arbeitsgericht anzurufen mit dem Ziel, die Maßnahme, die der Arbeitgeber getroffen hatte, rückgängig zu machen (vgl. § 61 Abs. 2, § 63 BetrVG 1952). Demgegenüber beschränkt § 100 die Zulässigkeit personeller Maßnahmen ohne Zustimmung des Betriebsrats auf Ausnahmefälle und verpflichtet den Arbeitgeber, der die Maßnahme trotz (ordnungsgemäßer) Zustimmungsverweigerung durch den Betriebsrat als vorläufige aufrechterhalten will, die Entscheidung des Arbeitsgerichts herbeizuführen. § 100 fügt sich damit in die neue Grundkonzeption der Mitbestimmung bei personellen Einzelmaßnahmen ein, wie sie in § 99 niedergelegt ist (s. dazu § 99 Rdn. 2).

2. Zweck der Vorschrift

2 Da der Arbeitgeber die in § 99 genannten personellen Einzelmaßnahmen nur nach vorheriger Zustimmung des Betriebsrats endgültig durchführen darf, besteht die Gefahr, dass auch dringende personelle Maßnahmen nur mit einer gewissen Verzögerung und dadurch u. U. aus betrieblicher Sicht nicht mehr rechtzeitig durchgeführt werden können. Im Hinblick auf diese Gefahr soll § 100 die mit dem grundsätzlichen Zustimmungserfordernis verbundenen **Folgen mildern** und etwa zu befürchtende **Nachteile vermeiden**, indem personelle Maßnahmen, die aus sachlichen Gründen nicht aufgeschoben werden können, sofort vorgenommen werden können (amtliche Begründung zum BetrVG 1972, BR-Drucks. 715/70, S. 52 zu § 100; *Bachner/DKKW* § 100 Rn. 1; *Fitting* § 100 Rn. 1; *Richardi/Thüsing* § 100 Rn. 1; *Richardi* DB 1973, 378 f.; *ders.* ZfA 1972, Sonderheft S. 17).

3 Die Vorschrift des § 100 schafft einen **von der Zustimmung des Betriebsrats unabhängigen Geltungsgrund** für die vorübergehende Beschäftigung des Arbeitnehmers (*BAG* 15.04.2014 EzA § 99

BetrVG 2001 Nr. 23 = AP Nr. 140 zu § 99 BetrVG 1972 Rn. 23). Der Arbeitgeber handelt also – bei Wahrung des vorgeschriebenen Verfahrens (s. Rdn. 18) – rechtmäßig und verstößt nicht gegen seine betriebsverfassungsrechtlichen Pflichten, wenn er die Maßnahme trotz fehlender Zustimmung des Betriebsrats durchführt oder aufrechterhält. Allerdings ist diese Befugnis nach Maßgabe des § 100 Abs. 3 »auflösend bedingt« (*BAG* 15.04.2014 EzA § 99 BetrVG 2001 Nr. 23 Rn. 23). Der Gesetzgeber nimmt auf diese Weise für die Dauer des Schwebezustandes bis zur endgültigen gerichtlichen Klärung der Berechtigung einer Zustimmungsverweigerung des Betriebsrats eine Abwägung zwischen dem Interesse des Arbeitgebers an der Durchführung der Maßnahme und dem Interesse des Betriebsrats an der Wahrung seines Mitentscheidungsrechts vor. Die Vorschrift hat damit eine ähnliche Funktion wie die Regelung des Weiterbeschäftigungsanspruchs in § 102 Abs. 5 (s. § 102 Rdn. 223) und stellt wie diese für die rechtliche Behandlung eilbedürftiger personeller Maßnahmen eine **Sonderregelung gegenüber § 85 Abs. 2 ArbGG** (einstweilige Verfügung) dar. Vorläufiger Rechtsschutz nach dieser Vorschrift scheidet also in den in §§ 99, 100 genannten Fällen aus (h. M.; *BAG* 13.12.2001 EzA Art. 9 GG Arbeitskampf Nr. 145 Rn. 34; *Bachner/DKKW* § 100 Rn. 1; *Dütz* ZfA 1972, 253; *Fitting* § 100 Rn. 1; *Galperin/Löwisch* § 100 Rn. 2; *Huke/HWGNRH* § 100 Rn. 2; *Richardi/Thüsing* § 100 Rn. 1; s. a. § 101 Rdn. 23).

Ob das gesetzgeberische Ziel, den Betrieben in allen notwendigen Fällen Hilfe zu geben, tatsächlich erreicht werden kann, ist allerdings angesichts der Tatsache, dass der Betriebsrat durch schlichtes Bestreiten der dringenden Erforderlichkeit den Arbeitgeber zwingen kann, entweder die Maßnahme aufzuheben oder das Gericht anzurufen, zweifelhaft. **Zweifel an der Praktikabilität** der Vorschrift bestehen jedenfalls in Bezug auf Einstellungen auch deshalb, weil der Arbeitgeber den Arbeitnehmer nach § 100 Abs. 1 Satz 2 über die Sach- und Rechtslage aufzuklären, d. h. ihn darauf hinzuweisen hat, dass die Einstellung jedenfalls nur als vorläufige durchgeführt werden kann und ihr Bestand letzten Endes von der Zustimmung des Betriebsrats zur endgültigen Einstellung bzw. von der Ersetzung der Zustimmung des Betriebsrats durch das Arbeitsgericht abhängt. 4

II. Die Regelung im Einzelnen

1. Von der Vorschrift erfasste Maßnahmen

Nach dem Wortlaut der Vorschrift gilt sie für alle in § 99 Abs. 1 genannten personellen Einzelmaßnahmen. Nach der Rechtsprechung gilt § 100 eindeutig für Einstellungen und Versetzungen. Nach dem Leitsatz 6 der Entscheidung des *BAG* vom 27.01.1987 (EzA § 99 BetrVG 1972 Nr. 55 = AP Nr. 42 zu § 99 BetrVG 1972) hat der erkennende Senat aber »Bedenken, die Vorschrift des § 100 BetrVG auch auf **Ein- und Umgruppierungen** anzuwenden«. Nach Meinung des Gerichts ergeben sich diese Bedenken aus der Rechtsnatur von Ein- und Umgruppierung, die nur »ein gedanklicher Vorgang, ein Akt der Rechtsanwendung bzw. die Kundgabe des bei dieser Rechtsanwendung gefundenen Ergebnisses« sind (*BAG* 27.01.1987 EzA § 99 BetrVG 1972 Nr. 55 = AP Nr. 42 zu § 99 BetrVG 1972 unter B IV 2; offen gelassen jetzt von *BAG* 11.10.2016 EzA § 99 BetrVG 2001 Nr. 30 = AP Nr. 150 zu § 99 BetrVG 1972 Rn. 17). Da Ein- und Umgruppierung keine »nach außen wirkende Maßnahme« seien, könne auch ihre »Aufhebung« nicht verlangt werden, sie könnten mithin auch i. S. des § 100 vorläufig durchgeführt werden. Das *BAG* führt damit seine Rechtsprechung zu § 101 konsequent fort. Bereits in früheren Entscheidungen (*BAG* 22.03.1983 EzA § 101 BetrVG 1972 Nr. 5 = AP Nr. 6 zu § 101 BetrVG 1972; 31.05.1983 EzA § 118 BetrVG 1972 Nr. 36 = AP Nr. 27 zu § 118 BetrVG 1972) hatte das Gericht die Meinung vertreten, dass bei einer ohne Zustimmung des Betriebsrats vorgenommenen Eingruppierung eine Aufhebung im wörtlichen Sinn ausscheide und deshalb nach § 101 auch nicht verlangt werden könne (s. dazu § 101 Rdn. 9). 5

Es ist unstreitig, dass Ein- und Umgruppierung keine konstitutiven Arbeitgeberentscheidungen sind, sondern Akte des Normvollzuges, die auf die materielle Rechtsposition des Arbeitnehmers, d. h. seinen Anspruch auf das richtige Entgelt, keinen Einfluss haben können. Das Mitbestimmungsrecht des Betriebsrats ist deshalb auch kein Mitgestaltungs-, sondern nur ein Mitbeurteilungsrecht (s. § 99 Rdn. 64). Andererseits muss der Arbeitgeber sich jedenfalls bei der Einstellung eine Meinung über die seiner Ansicht nach richtige Eingruppierung bilden, danach verfahren und die Lohnbuchhaltung 6

§ 100　　　　　　　　　　　　　　　　　　　　*IV. 5. 3. Personelle Einzelmaßnahmen*

entsprechend unterrichten (*BAG* 31.05.1983 EzA § 118 BetrVG 1972 Nr. 36 = AP Nr. 27 zu § 118 BetrVG 1972 unter B II 1b bb). Damit trifft er aber eine »nach außen wirkende Maßnahme«, die auch »aufgehoben«, d. h. rückgängig gemacht werden kann (*Kraft* SAE 1984, 66 [67]; s. a. § 101 Rdn. 10). Da sich der Gesetzgeber zur Einräumung eines »Mitbeurteilungsrechts« des Betriebsrats auch bei Ein- und Umgruppierung entschieden hat (zu den Bedenken s. § 99 Rdn. 64), ist der Arbeitgeber, wenn die Voraussetzungen des § 101 vorliegen, nicht berechtigt, seine Entscheidung über die zutreffende Eingruppierung ohne Zustimmung des Betriebsrats endgültig aufrechtzuerhalten. Warum dann die notwendige Mitteilung an den Arbeitnehmer über die nach Ansicht des Arbeitgebers zutreffende Eingruppierung keine »vorläufige«, d. h. bis zur endgültigen Entscheidung über die Zustimmung des Betriebsrats betriebsverfassungsrechtlich nicht gesicherte Maßnahme sein soll (*BAG* 27.01.1987 EzA § 99 BetrVG 1972 Nr. 55 = AP Nr. 42 zu § 99 BetrVG 1972 unter B IV 2; *Bachner/DKKW* § 100 Rn. 7), ist nicht einzusehen (für die Umgruppierung wie hier *Stege/Weinspach/Schiefer* §§ 99–101 Rn. 145a). Dass diese »vorläufige« Eingruppierung bei der Einstellung eines Arbeitnehmers stets aus sachlichen Gründen dringend erforderlich i. S. d. § 100 Abs. 1 Satz 1 ist, wenn die Zustimmung des Betriebsrats noch nicht vorliegt, ergibt sich aus der auch vom *BAG* anerkannten Notwendigkeit, mit der Einstellung auch die Vergütung des eingestellten Arbeitnehmers festzulegen (s. Rdn. 13; *Meisel* Mitwirkung, Rn. 308). Bei der Umgruppierung besteht diese Notwendigkeit nicht ohne weiteres. Offen bleibt nach der vom *BAG* vertretenen Auffassung im Übrigen, wie zu verfahren ist, wenn im Zustimmungsersetzungsverfahren die Zustimmung des Betriebsrats rechtskräftig nicht ersetzt wird, der Arbeitgeber aber die seiner Meinung nach richtige Ein- bzw. Umgruppierung aufrechterhält. Soll das Mitbeurteilungsrecht nicht völlig leerlaufen, muss spätestens dann der Arbeitgeber zur »Aufhebung« seiner Eingruppierung und damit zu einer neuen Eingruppierung gezwungen werden können. Warum dies dann bei einer vorläufigen Eingruppierung nicht möglich sein soll, ist nicht ersichtlich. Zum gleichen Ergebnis kommt *Bachner* (*DKKW* § 100 Rn. 7), der stets eine endgültige Eingruppierung annimmt, wenn nicht eine bloße »Information« vorliegt.

7　Geht man nicht den radikalen Weg, durch teleologische Reduktion die §§ 100, 101 auf Ein- und Umgruppierungen für nicht anwendbar zu erklären, so muss es dabei bleiben, dass sich § 100 auf alle in § 99 Abs. 1 genannten personellen Einzelmaßnahmen bezieht (ebenso *Sächs. LAG* 18.07.2014 – 2 TaBV 11/14 – juris, Rn. 92 ff.; *Dütz* AuR 1992, 33 [35]; **a. M.** *Fitting* § 100 Rn. 5; *Matthes/*MünchArbR § 266 Rn. 21 a. E.; *Richardi/Thüsing* § 100 Rn. 4 für § 100 in Bezug auf Ein- und Umgruppierung).

8　Bei **tendenzbedingten** Einstellungen und Versetzungen bedarf der Arbeitgeber aufgrund des § 118 nicht der Zustimmung des Betriebsrats. Der Betriebsrat ist aber nach § 99 Abs. 1 zu informieren; er hat dann eine Woche Zeit, Stellung zu nehmen. Erst nach Ablauf dieser Woche darf der Arbeitgeber die personelle Einzelmaßnahme endgültig durchführen (st. Rspr.; *BAG* 01.09.1987 EzA § 118 BetrVG 1972 Nr. 40 = AP Nr. 10 zu § 101 BetrVG 1972; 08.05.1990 EzA § 118 BetrVG 1972 Nr. 52 = AP Nr. 46 zu § 118 BetrVG 1972; s. a. *Weber* § 118 Rdn. 217). § 100 hat daher in diesen Fällen nur dann Bedeutung, wenn die Maßnahme vor Unterrichtung des Betriebsrats, vor Ablauf der Wochenfrist oder vor der endgültigen Stellungnahme des Betriebsrats durchgeführt werden soll (*Bachner/DKKW* § 100 Rn. 13). Führt der Arbeitgeber eine Maßnahme als vorläufige durch, so hat er den Betriebsrat gemäß § 100 Abs. 1 zu unterrichten. Bestreitet der Betriebsrat die Erforderlichkeit, so muss der Arbeitgeber innerhalb von drei Tagen beim Arbeitsgericht die Feststellung beantragen, dass die Maßnahme aus sachlichen Gründen dringend erforderlich war. Den Antrag, die Zustimmung des Betriebsrats zu ersetzen, braucht er nicht zu stellen (*BAG* 08.05.1990 EzA § 118 BetrVG 1972 Nr. 52 = AP Nr. 46 zu § 118 BetrVG 1972 unter B IV). An die sachliche Erforderlichkeit sind besonders strenge Anforderungen zu stellen (*BAG* 08.05.1990 EzA § 118 BetrVG 1972 Nr. 52 = AP Nr. 46 zu § 118 BetrVG 1972 unter B IV 2; *Bachner/DKKW* § 100 Rn. 13).

2. Voraussetzungen für die Zulässigkeit der vorläufigen Durchführung

a) Dringende Erforderlichkeit

9　§ 100 kommt nur zur Anwendung, wenn die vorläufige Maßnahme in Bezug auf den Arbeitnehmer durchgeführt wird, für den **auch ihre endgültige Durchführung geplant** ist (*LAG* Saarland

13.05.1987 LAGE § 100 BetrVG 1972 Nr. 2). Die vorläufige Durchführung der Maßnahme muss »aus sachlichen Gründen dringend erforderlich«, d. h. **unaufschiebbar** (amtliche Begründung zum BetrVG 1972, BR-Drucks. 715/70, S. 52 zu § 100) sein. Dies ist der Fall, wenn ohne die sofortige Durchführung der Maßnahme spürbare Nachteile für den Betrieb eintreten oder ihm spürbare Vorteile entgehen würden, wenn die Maßnahme im Interesse des Betriebes also keinen Aufschub duldet (*LAG Hamm* 31.07.2009 – 10 TaBV 9/09 – juris, Rn. 166; *Bachner/DKKW* § 100 Rn. 5 f.; *Fitting* § 100 Rn. 4; *Galperin/Löwisch* § 100 Rn. 3; *Huke/HWGNRH* § 100 Rn. 7, 9; *Richardi/Thüsing* § 100 Rn. 8). Die Formulierung »dringend erforderlich« ist inhaltlich nicht identisch mit der Formulierung »aus dringenden betrieblichen Erfordernissen« in § 1 Abs. 2 KSchG. Die Anforderungen nach dem Kündigungsschutzgesetz sind strenger (**a. M.** offenbar *Meisel* Mitwirkung, Rn. 229). Allerdings sind im Rahmen des § 100 soziale Gesichtspunkte in der Person des betroffenen Arbeitnehmers nicht zu berücksichtigen (*BAG* 07.11.1977 EzA § 100 BetrVG 1972 Nr. 1 = AP Nr. 1 zu § 100 BetrVG 1972 unter III 3; 18.07.1978 EzA § 99 BetrVG 1972 Nr. 22 = AP Nr. 7 zu § 99 BetrVG 1972; *Bachner/DKKW* § 100 Rn. 3; *Fitting* § 100 Rn. 4a; *Galperin/Löwisch* § 100 Rn. 5d; *Meisel* Mitwirkung, Rn. 229; *Stege/Weinspach/Schiefer* §§ 99–101 Rn. 108). Keine Rolle spielt es im Rahmen des § 100 auch, ob etwa **andere Arbeitnehmer den zu besetzenden Arbeitsplatz vorläufig hätten ausfüllen können** (*BAG* 07.11.1977 EzA § 100 BetrVG 1972 Nr. 1 = AP Nr. 1 zu § 100 BetrVG 1972 unter III 4; *Bachner/DKKW* § 100 Rn. 5; *Stege/Weinspach/Schiefer* §§ 99–101 Rn. 108). Die Entscheidung darüber obliegt im Rahmen der vorläufigen Durchführung einer personellen Maßnahme dem Arbeitgeber. Deshalb lässt sich das dringende Erfordernis zur Beschäftigung von Leiharbeitnehmern nicht mit der Begründung verneinen, dass der Arbeitgeber den Bedarf durch die Einstellung eigener Arbeitnehmer decken könne (so aber *LAG Hamburg* 23.09.2014 LAGE § 1 AÜG Nr. 15 Rn. 57). Zu entscheiden ist nur über die Dringlichkeit der beabsichtigten Maßnahme. Der entscheidende Maßstab ist daher, welche Nachteile drohen würden, wenn die vom Arbeitgeber geplante Maßnahme nicht vorläufig durchgeführt werden könnte. Ob die Nachteile durch andere personelle Maßnahmen abwendbar wären, ist dagegen unerheblich.

10 Ob sachliche Gründe vorliegen und deshalb die Durchführung der Maßnahme dringend erforderlich ist, ist **nach objektiven Gesichtspunkten** zu entscheiden, also aus der Sicht eines objektiven Betrachters unter verständiger Würdigung der Belange des Betriebs (*von Hoyningen-Huene/Boemke* Die Versetzung, VIII 6, S. 185; *Huke/HWGNRH* § 100 Rn. 9; *Stege/Weinspach/Schiefer* §§ 99–101 Rn. 106). Maßgeblich ist der **Zeitpunkt der Durchführung** der Maßnahme; entfallen die Voraussetzungen später, so braucht die Maßnahme nicht deshalb wieder aufgehoben zu werden (*BAG* 07.11.1977 EzA § 100 BetrVG 1972 Nr. 1 = AP Nr. 1 zu § 100 BetrVG 1972 unter III 4; 06.10.1978 EzA § 99 BetrVG 1972 Nr. 24 = AP Nr. 10 zu § 99 BetrVG 1972; *LAG Hamm* 31.07.2009 – 10 TaBV 9/09 – juris, Rn. 166; *Fitting* § 100 Rn. 4a; *Galperin/Löwisch* § 100 Rn. 5b; *von Hoyningen-Huene/Boemke* Die Versetzung, VIII 6, S. 185; *Huke/HWGNRH* § 100 Rn. 11; *Meisel* Mitwirkung Rn. 229; *Stege/Weinspach/Schiefer* §§ 99–101 Rn. 106; zweifelnd *Bachner/DKKW* § 100 Rn. 8).

11 Es spielt für die Anwendung des § 100 keine Rolle, ob das betriebliche Erfordernis **vom Arbeitgeber zu verantworten** ist, insbesondere vorhersehbar und durch anderweitige unternehmerische Maßnahmen zu beheben oder zu vermeiden war (*Galperin/Löwisch* § 100 Rn. 4; *Huke/HWGNRH* § 100 Rn. 8). Auch wenn die betrieblichen Erfordernisse durch unternehmerisches Fehlverhalten entstanden sind, greift § 100 ein. Es **kommt** nur auf das Vorliegen der Gründe, **nicht auf ihre Ursache** an (*Galperin/Löwisch* § 100 Rn. 5a; *Huke/HWGNRH* § 100 Rn. 8; *Meisel* Mitwirkung, Rn. 229; *Richardi/Thüsing* § 100 Rn. 9; *Stege/Weinspach/Schiefer* §§ 99–101 Rn. 107; **a. M.** *LAG Berlin-Brandenburg* 14.01.2010 – 26 TaBV 1954/09 – juris, Rn. 35; *LAG Hamburg* 29.08.2013 – 1 TaBV 3/13 – juris, Rn. 41; *LAG Hamm* 12.08.2014 – 7 TaBV 29/14 – juris, Rn. 90; *Bachner/DKKW* § 100 Rn. 3; *Fitting* § 100 Rn. 4; *Heinze* Personalplanung, Rn. 364). Die Gegenansicht verweist darauf, dass der Arbeitgeber sich nicht selbst in Zugzwang bringen dürfe. Richtig ist insoweit, dass es elementar gegen den Grundsatz der vertrauensvollen Zusammenarbeit des § 2 Abs. 1 verstoßen und einen Rechtsmissbrauch darstellen würde, wenn der Arbeitgeber zielgerichtet oder zumindest bedingt vorsätzlich die Gründe herbeiführen würde, auf die er das dringende Erfordernis stützt. Der Rechtsmissbrauch ist eine allgemeine Grenze der Rechtsausübung, die für den Arbeitgeber genauso gelten muss wie für den Betriebsrat bei der Ausübung seiner Mitbestimmungsrechte. In solchen Fällen wäre in der Tat die Ursache auch im Rahmen des § 100 zu berücksichtigen. Ein solches Verhalten würde im Übrigen

§ 100 *IV. 5. 3. Personelle Einzelmaßnahmen*

einen Anspruch des Betriebsrats nach § 23 Abs. 3 auslösen (s. § 101 Rdn. 24). In Zugzwang bringen kann man sich aber auch durch Versäumnisse und mangelnde Sorgfalt (ungenau insoweit *LAG Hamburg* 29.08.2013 – 1 TaBV 3/13 – juris, Rn. 41: beruhe die Dringlichkeit auf voraussehbaren Umständen, bringe sich der Arbeitgeber »bewusst« in Zugzwang). Ein bloß fahrlässiges Verhalten des Arbeitgebers darf andererseits nicht dazu führen, dass betrieblich notwendige Maßnahmen für die Dauer des Zustimmungsersetzungsverfahrens blockiert wären. Das Ziel der Regelung des § 100 Abs. 1 ist zukunftsgerichtet. Es geht darum, Schaden vom Betrieb und Nachteile für die betroffenen Arbeitnehmer abzuwenden (s. Rdn. 2). Dem würde es widersprechen, wenn man solche (vermeidbaren) Nachteile bewusst in Kauf nehmen würde, um ein Fehlverhalten des Arbeitgebers zu sanktionieren. Dies würde nicht zuletzt dem Grundsatz widersprechen, dass der Betriebsrat sein Verhalten (auch) am Wohl des Betriebs auszurichten hat (§ 2 Abs. 1).

12 Bei der **Einstellung** ist entscheidend, ob das längere Freibleiben des Arbeitsplatzes mit dem ordnungsgemäßen, geregelten Ablauf des Betriebes vereinbar ist (*BAG* 07.11.1977 EzA § 100 BetrVG 1972 Nr. 1 = AP Nr. 1 zu § 100 BetrVG 1972; 06.10.1978 EzA § 99 BetrVG 1972 Nr. 24 = AP Nr. 10 zu § 99 BetrVG 1972; *Huke/HWGNRH* § 100 Rn. 10; *Richardi/Thüsing* § 100 Rn. 8; *Stege/Weinspach/Schiefer* §§ 99–101 Rn. 106, Beispiele in Rn. 108; Beispiele auch bei *Galperin/Löwisch* § 100 Rn. 4). Dabei können auch Gründe in der Person des Bewerbers eine Rolle spielen, insbesondere wenn er eine für den Betrieb entscheidende Qualifikation besitzt und nur bei sofortiger Einstellung gewonnen werden kann, d. h. wenn die Gefahr besteht, dass er sich sonst für einen anderen Arbeitgeber entscheiden könnte (zust. *LAG Hamm* 31.07.2009 – 10 TaBV 9/09 – juris, Rn. 171; *Galperin/Löwisch* § 100 Rn. 4; *Huke/HWGNRH* § 100 Rn. 8; *Richardi/Thüsing* § 100 Rn. 8; *Stege/Weinspach/Schiefer* §§ 99–101 Rn. 109). Auch in einem solchen Fall muss aber eine betriebliche Notwendigkeit für die Gewinnung gerade dieses Arbeitnehmers bestehen; das rein persönliche Interesse einer oder beider Parteien des Arbeitsverhältnisses an der Aufnahme der Tätigkeit reicht nicht aus (*Bachner/DKKW* § 100 Rn. 3; *Fitting* § 100 Rn. 4a; *Galperin/Löwisch* § 100 Rn. 4; *Huke/HWGNRH* § 100 Rn. 8; *Richardi/Thüsing* § 100 Rn. 8).

13 Da bei der Einstellung eines Arbeitnehmers stets auch das Entgelt festgesetzt werden muss, dürfte für die **Eingruppierung** in diesem Fall stets ein dringendes Erfordernis für die vorläufige Durchführung bestehen (s. Rdn. 6; **a. M.** *Bachner/DKKW* § 100 Rn. 7; *Fitting* § 100 Rn. 5; *Galperin/Löwisch* § 100 Rn. 9; *Heinze* Personalplanung, Rn. 368; *Huke/HWGNRH* § 100 Rn. 10). Bei einer **Umgruppierung** während eines bestehenden Arbeitsverhältnisses dürfte hingegen dieses Bedürfnis normalerweise nicht vorliegen (h. M.; *LAG Hamm* 31.07.2009 – 10 TaBV 9/09 – juris, Rn. 167 [allerdings ohne Unterscheidung zwischen Ein- und Umgruppierung]; vgl. aber *Stege/Weinspach/Schiefer* §§ 99–101 Rn. 145).

14 Auch bei der **Versetzung** ist entscheidend, ob ohne sie der betriebliche Arbeitsablauf ernsthaft gefährdet wäre, etwa wenn in einem Bereich wegen momentaner besonderer Nachfrage nach den dort gefertigten Produkten ein vorübergehender Mehrbedarf an Arbeitskräften entsteht (zust. *LAG Hamm* 31.07.2009 – 10 TaBV 9/09 – juris, Rn. 168; *Galperin/Löwisch* § 100 Rn. 5; *Meisel* Mitwirkung, Rn. 362 ff.; *Richardi/Thüsing* § 100 Rn. 8; vgl. auch *BAG* 07.11.1977 EzA § 100 BetrVG 1972 Nr. 1 = AP Nr. 1 zu § 100 BetrVG 1972). Auch für vorläufige kurzfristige Versetzungen müssen die Voraussetzungen des § 100 vorliegen (*Bachner/DKKW* § 100 Rn. 6). Die Kurzfristigkeit für sich stellt kein Indiz für die objektive Erforderlichkeit dar (*Bachner/DKKW* § 100 Rn. 6; **a. M.** *von Hoyningen-Huene/Boemke* Die Versetzung, VIII 6, S. 185; wohl auch *Galperin/Löwisch* § 100 Rn. 5; *Huke/HWGNRH* § 100 Rn. 10; *Kaiser/LK* § 100 Rn. 3; *Richardi/Thüsing* § 100 Rn. 8: Tatsächliche Vermutung für dringende Erforderlichkeit).

b) Verweigerung der Zustimmung, Fehlen einer Äußerung des Betriebsrats

15 Die vorläufige Durchführung einer personellen Maßnahme kommt einmal in Frage, wenn der Betriebsrat gemäß § 99 Abs. 1 unterrichtet wurde, aber seine **Zustimmung ordnungsgemäß verweigert** hat (s. dazu § 99 Rdn. 166 ff.). Wurde allerdings in der Zwischenzeit ein Antrag des Arbeitgebers, die verweigerte Zustimmung zu einer endgültigen Maßnahme zu ersetzen, rechtskräftig abgewiesen, so ist auch die vorläufige Durchführung dieser Maßnahme nach § 100 nicht mehr zulässig (*BAG* 27.01.1987 EzA § 99 BetrVG 1972 Nr. 55 = AP Nr. 42 zu § 99 BetrVG 1972 unter B IV 3; *Bachner/*

DKKW § 100 Rn. 34; *Fitting* § 100 Rn. 3; *Huke/HWGNRH* § 100 Rn. 5; *Richardi/Thüsing* § 100 Rn. 7).

Die vorläufige Durchführung einer personellen Maßnahme kommt weiter in Betracht, wenn der **Betriebsrat sich noch nicht geäußert** hat. Sicher erfasst ist damit der Fall, dass der Betriebsrat vorher nach § 99 Abs. 1 ordnungsgemäß unterrichtet wurde und die Frist des § 99 Abs. 3 noch nicht abgelaufen ist (*BAG* 07.11.1977 EzA § 100 BetrVG 1972 Nr. 1 = AP Nr. 1 zu § 100 BetrVG 1972). Ist die **Frist abgelaufen** und hat der Betriebsrat die Zustimmung nicht verweigert, gilt die Zustimmung nach § 99 Abs. 3 Satz 2 als erteilt; die Maßnahme kann endgültig durchgeführt werden. Ein bereits anhängiges Verfahren nach § 100 Abs. 2 Satz 3, Abs. 3 ist damit erledigt (*Fitting* § 100 Rn. 12; s. a. Rdn. 29). Eine vorläufige Maßnahme darf aber auch durchgeführt werden, wenn der Betriebsrat über die beabsichtigte endgültige Maßnahme gemäß § 99 Abs. 1 **noch nicht ordnungsgemäß unterrichtet** ist. Nach der amtlichen Begründung zum BetrVG 1972 (BR-Drucks. 715/70, S. 52 zu § 100) soll § 100 sicherstellen, dass unaufschiebbare personelle Maßnahmen »trotz fehlender Zustimmung des Betriebsrats« einstweilen durchgeführt werden können. Diese Formulierung deckt ebenso wie der Wortlaut des § 100 Abs. 1 auch den Fall, in dem der Betriebsrat vorher überhaupt noch nicht unterrichtet worden war (*Galperin/Löwisch* § 100 Rn. 7; *Huke/HWGNRH* § 100 Rn. 6; *Matthes* DB 1989, 1285 [1287]; *Richardi/Thüsing* § 100 Rn. 6; *Stege/Weinspach/Schiefer* §§ 99–101 Rn. 104; **a. M.** *Bachner/DKKW* § 100 Rn. 12; in den dort zitierten Entscheidungen *BAG* 06.04.1973 EzA § 99 BetrVG 1972 Nr. 4 = AP Nr. 1 zu § 99 BetrVG 1972 und 08.05.1990 EzA § 118 BetrVG 1972 Nr. 52 = AP Nr. 46 zu § 118 BetrVG 1972 spielte diese Frage keine Rolle). Um zu gewährleisten, dass der Betriebsrat auch in solchen Fällen jedenfalls Kenntnis von der Durchführung der personellen Maßnahme erhält, erlegt § 100 Abs. 2 Satz 1 dem Arbeitgeber eine entsprechende Informationspflicht über die vorläufige Durchführung auf (vgl. auch amtliche Begründung zum BetrVG 1972, BR-Drucks. 715/70, S. 52 zu § 100).

Das Gesetz hat offensichtlich **unaufschiebbare Eilfälle** vor Augen, die einen sehr raschen Entschluss des Arbeitgebers erfordern und u. U. eine vorhergehende Unterrichtung des Betriebsrats nicht zulassen. Es bestehen angesichts der Zielsetzung und des Wortlautes der Norm keine Bedenken, § 100 auch auf Fälle anzuwenden, in denen die Unterrichtung des Betriebsrats noch aussteht. Auch das *BAG* geht davon aus, dass der Arbeitgeber nach § 100 Abs. 2 Satz 1 den Betriebsrat »von« der vorläufigen personellen Maßnahme zu unterrichten hat und dass dazu eine Unterrichtung entweder unmittelbar vor oder sofort nach der Durchführung der Maßnahme genügt (*BAG* 07.11.1977 EzA § 100 BetrVG 1972 Nr. 1 = AP Nr. 1 zu § 100 BetrVG 1972; *Bachner/DKKW* § 100 Rn. 14; *Fitting* § 100 Rn. 8; *Richardi/Thüsing* § 100 Rn. 15). Eine Gefahr, dass der Betriebsrat übergangen wird, besteht nicht, da ihm, wie erwähnt, die vorläufige Durchführung der personellen Maßnahme unverzüglich mitzuteilen ist (s. Rdn. 24). Da eine vorläufige personelle Maßnahme nur zulässig ist, wenn der Arbeitgeber auch die endgültige Durchführung dieser Maßnahme beabsichtigt (s. Rdn. 9), enthält die Mitteilung über die bevorstehende oder durchgeführte vorläufige personelle Maßnahme implizit auch die Mitteilung an den Betriebsrat von ihrer beabsichtigten endgültigen Durchführung (s. aber auch Rdn. 25). Deshalb kann der Betriebsrat, sobald er die Mitteilung erhält, sowohl von seinem Zustimmungsverweigerungsrecht nach § 99 Abs. 2 und 3 als auch von seinem Widerspruchsrecht nach § 100 Abs. 2 Satz 2 und den Rechtsschutzmöglichkeiten des § 101 Gebrauch machen. Zu beachten ist allerdings, dass die Unterrichtung nach § 100 Abs. 2 Satz 1 die Frist des § 99 Abs. 3 nur dann in Lauf setzt, wenn die Information gleichzeitig den Erfordernissen des § 99 Abs. 1 entspricht (*Huke/HWGNRH* § 100 Rn. 6 sowie hier § 99 Rdn. 133 ff.).

3. Rechte und Pflichten des Arbeitgebers; Möglichkeiten für den Betriebsrat

a) Vorläufige Durchführung der Maßnahme

Der Arbeitgeber darf die Maßnahme, wenn die in Rdn. 9 ff. genannten Voraussetzungen vorliegen, »vorläufig« durchführen. Dies gilt unabhängig davon, ob tatsächlich Gründe vorliegen, die ein dringendes Erfordernis nach Abs. 1 begründen. Das Gesetz knüpft die Befugnis zur vorläufigen Durchführung **allein an die Einhaltung des vorgeschriebenen Verfahrens** (*BAG* 18.10.1988 EzA § 100 BetrVG 1972 Nr. 4 unter B I; 23.06.2009 EzA § 99 BetrVG 2001 Nr. 13 = AP Nr. 48 zu § 99 BetrVG

§ 100

1972 Versetzung Rn. 18; 15.04.2014 EzA § 99 BetrVG 2001 Nr. 23 = AP Nr. 140 zu § 99 BetrVG 1972 Rn. 18; *Matthes* DB 1975, 1651 [1652]; *Raab* ZfA 1995, 479 [506 f.]; *Richardi* DB 1973, 428 [429 f.]). Dies ergibt sich aus Abs. 3 Satz 1, wonach die vorläufige Maßnahme nur endet, wenn das Gericht feststellt, dass sie »offensichtlich« nicht dringend erforderlich war. Hieraus folgt, dass die Maßnahme selbst bei offensichtlichem Fehlen der sachlichen Voraussetzungen des Abs. 1 bis zu diesem Zeitpunkt zulässig ist. Sie ist dann als solche sowohl gegenüber dem Betriebsrat als auch individualrechtlich im Verhältnis zum betroffenen Arbeitnehmer **rechtmäßig und wirksam** (*Raab* ZfA 1995, 479 [507]). Letzteres ist vor allem für die Versetzung von Bedeutung (s. § 99 Rdn. 178 f.). Eine Bestandsgarantie ist hiermit allerdings nicht verbunden. Die vorläufige personelle Maßnahme kann vielmehr durch gerichtliche Entscheidung »beendet« werden (§ 100 Abs. 3; s. dazu Rdn. 44 ff.). Die Maßnahme muss auch tatsächlich beseitigt werden. Dazu kann der Arbeitgeber durch Zwangsgeld angehalten werden (vgl. § 101 sowie § 101 Rdn. 8, 20).

b) Information von Arbeitnehmern und Betriebsrat

19 Der Arbeitgeber hat den betroffenen Arbeitnehmer über die Sach- und Rechtslage aufzuklären (§ 100 Abs. 1 Satz 2) sowie den Betriebsrat unverzüglich von der vorläufigen personellen Maßnahme zu unterrichten (§ 100 Abs. 2 Satz 1).

20 Die **Informationspflicht dem Arbeitnehmer gegenüber** dient dem Schutz der Interessen des von der Maßnahme Betroffenen (amtliche Begründung zum BetrVG 1972, BR-Drucks. 715/70, S. 52 zu § 100). Der Arbeitgeber hat den Arbeitnehmer über die Vorläufigkeit der Maßnahme sowie darüber aufzuklären, dass sie möglicherweise wieder rückgängig gemacht werden muss (h. M.). Auch über die Gründe, die den Betriebsrat veranlasst haben, seine Zustimmung zur Durchführung der personellen Maßnahme zu verweigern, sofern eine Äußerung des Betriebsrats bereits vorliegt, und über den jeweiligen Stand des Verfahrens ist der betroffene Arbeitnehmer bzw. Bewerber zu unterrichten (*Bachner/DKKW* § 100 Rn. 17; *Fitting* § 100 Rn. 7; *Huke/HWGNRH* § 100 Rn. 12; *Richardi/Thüsing* § 100 Rn. 10;). Unterlässt der Arbeitgeber diese Information schuldhaft und entsteht dem Arbeitnehmer daraus ein Schaden, so kann der Arbeitgeber aus **culpa in contrahendo** (§§ 280 Abs. 1, 241 Abs. 2, 311 Abs. 2 BGB), möglicherweise auch aus Verletzung der Rücksichtnahmepflicht bei schon bestehendem Arbeitsverhältnis (§§ 280 Abs. 1, 241 Abs. 2 BGB), schadensersatzpflichtig werden (*Bachner/DKKW* § 100 Rn. 18; *Fitting* § 100 Rn. 7; *Galperin/Löwisch* § 100 Rn. 9; *Hueck/Nipperdey* I/2, S. 1433; *Huke/HWGNRH* § 100 Rn. 15; *Neumann-Duesberg* S. 528; *Richardi/Thüsing* § 100 Rn. 12;). Inwieweit der Arbeitnehmer sich ein **Mitverschulden** nach § 254 BGB anrechnen lassen muss, weil er die gesetzliche Regelung kannte oder kennen musste, hängt von der Situation des einzelnen Falles ab. Angesichts der vom Gesetz ausdrücklich dem Arbeitgeber auferlegten Informationspflicht, dürfte ein Mitverschulden des Arbeitnehmers, falls diese Information unterbleibt, nur in Ausnahmefällen anzunehmen sein (zum früheren Recht *Dietz* § 61 Rn. 17; *Nikisch* III, S. 465 Fn. 18; *Thiele* AuR 1954, 346 [347]). In Ausnahmefällen kann auch eine **Aufklärungspflicht des Arbeitnehmers** hinsichtlich solcher persönlicher Umstände bestehen, die zu einem Zustimmungsverweigerungsrecht des Betriebsrats führen können. Die Verletzung dieser Aufklärungspflicht kann zu einer Minderung des Schadensersatzanspruches nach § 254 BGB führen (*Fitting* § 100 Rn. 7a; *Galperin/Löwisch* § 100 Rn. 10; *Huke/HWGNRH* § 100 Rn. 15). § 100 Abs. 1 Satz 2 ist außerdem Schutzgesetz i. S. v. § 823 Abs. 2 BGB (*Bleistein* § 100 Rn. 461; *Richardi/Thüsing* § 100 Rn. 12). Will der Arbeitgeber rechtliche Schwierigkeiten vermeiden, so empfiehlt es sich, den Arbeitsvertrag unter der auflösenden Bedingung der Nichterteilung der Zustimmung des Betriebsrates bzw. der rechtskräftigen Abweisung des Zustimmungsersetzungsantrags abzuschließen (BAG 17.02.1983 EzA § 620 BGB Nr. 62 [*Kraft*] = AP Nr. 74 zu § 620 BGB Befristeter Arbeitsvertrag; vgl. auch *Bachner/DKKW* § 100 Rn. 41; *Fitting* § 100 Rn. 7; *Galperin/Löwisch* § 100 Rn. 8; *Huke/HWGNRH* § 100 Rn. 15; krit. dazu *von Friesen* BB 1984, 677).

21 Die ordnungsgemäße und rechtzeitige Information des Arbeitnehmers ist **keine Wirksamkeitsvoraussetzung** für die vorläufige Durchführung der personellen Maßnahme (LAG Hamm 17.03.2016 LAGE § 106 GewO 2003 Nr. 26, Rn. 189; *Bachner/DKKW* § 100 Rn. 17; *Fitting* § 100 Rn. 7a; *Huke/HWGNRH* § 100 Rn. 14; *Richardi/Thüsing* § 100 Rn. 11; *Stege/Weinspach/Schiefer* §§ 99–101 Rn. 110a).

Vorläufige personelle Maßnahmen § 100

Die Frage, ob der **Arbeitgeber verpflichtet** ist, bei seiner Ansicht nach unbegründeter Zustim- 22
mungsverweigerung des Betriebsrats **das Arbeitsgericht anzurufen**, um eine Ersetzung der Zustimmung zu erreichen, kann nicht generell beantwortet werden. Eine solche Pflicht könnte sich aus der Pflicht zur Rücksichtnahme auf die Interessen des Arbeitnehmers (§ 241 Abs. 2 BGB) ergeben, und zwar entweder aus dem bestehenden Arbeitsverhältnis, sofern ein Arbeitnehmer des Betriebes betroffen ist, oder aus dem durch die Aufnahme der Verhandlungen entstehenden vorvertraglichen Schuldverhältnis (§ 311 Abs. 2 Nr. 1 BGB, sofern ein betriebsfremder Bewerber in Frage steht (s. § 99 Rdn. 251 f.). Es wird dabei entscheidend darauf ankommen, ob der **Arbeitgeber sich** hinsichtlich des weiteren Vorgehens **gegenüber dem Arbeitnehmer gebunden** hat (s. § 99 Rdn. 252), insbesondere wie der Arbeitgeber den Arbeitnehmer über die »Sach- und Rechtslage« aufgeklärt hat. Hat er dabei zum Ausdruck gebracht, dass er alles tun werde, um die Maßnahme durchführen zu können, so wird man die Pflicht, auch das Arbeitsgericht einzuschalten, bejahen können, nicht dagegen, wenn der Arbeitgeber zu erkennen gegeben hat, er wollte die Maßnahme nur dann durchführen, wenn der Betriebsrat sie billigt. Steht in Ausnahmefällen einem Arbeitnehmer bereits ein Rechtsanspruch auf die Durchführung der vom Arbeitgeber beabsichtigten personellen Einzelmaßnahme zu, wird man allerdings bereits aus dieser Verpflichtung auch die Pflicht des Arbeitgebers, notfalls das Arbeitsgericht einzuschalten, ableiten müssen (s. a. § 99 Rdn. 253).

Die **Unterrichtung des Betriebsrats** hat den Zweck, ihn in die Lage zu versetzen, nachzuprüfen, ob 23
die Voraussetzungen für die vorläufige Durchführung der personellen Maßnahme gegeben sind und, falls er vorher von der Maßnahme noch nicht in Kenntnis gesetzt wurde, ihm überhaupt Kenntnis von der beabsichtigten oder bereits erfolgten vorläufigen bzw. beabsichtigten endgültigen personellen Maßnahme zu verschaffen. Deshalb muss der Arbeitgeber dem Betriebsrat die sachlichen Gründe nennen, die die vorläufige Durchführung dringend erforderlich machen (*Bachner/DKKW* § 100 Rn. 16; *Fitting* § 100 Rn. 8a; *Galperin/Löwisch* § 100 Rn. 11; *Richardi/Thüsing* § 100 Rn. 15). Eine **Nichterfüllung dieser Pflicht** ist allerdings unmittelbar von keiner Sanktion bedroht (*Huke/HWGNRH* § 100 Rn. 16; **a. M.** *Bachner/DKKW* § 100 Rn. 16). § 100 ist in § 121 nicht erwähnt. Aus § 100 Abs. 2 ergibt sich aber, dass eine zulässige vorläufige personelle Einzelmaßnahme jedenfalls die entsprechende Information vor oder unverzüglich nach ihrer Durchführung voraussetzt. Erfüllt der Arbeitgeber diese Informationspflicht nicht, so handelt es sich um eine betriebsverfassungsrechtlich unzulässige Maßnahme, gegen die der Betriebsrat zumindest analog § **101** vorgehen kann (s. § 101 Rdn. 4; *LAG Frankfurt a. M.* 16.09.1986 NZA 1987, 645; *Bachner/DKKW* § 100 Rn. 16; *Matthes* DB 1989, 1285 [1287]: Verfahrensmäßige Voraussetzung für die Berechtigung der vorläufigen Durchführung; **a. M.** *Stege/Weinspach/Schiefer* § 100 Rn. 110b). Nach einer in der Rspr. der Instanzgerichte vertretenen Ansicht soll die unterbliebene Information zudem dazu führen, dass der Antrag auf Feststellung der Erforderlichkeit in diesem Falle als unbegründet abzuweisen sei, weil der Arbeitgeber das Verfahren nicht ordnungsgemäß eingeleitet habe (*LAG Berlin-Brandenburg* 05.09.2013 – 21 TaBV 843/13 – juris Rn. 52 ff.; *Hess. LAG* 07.11.2006 – 4 TaBV 108/06 – juris, Rn. 52; zust. *Fitting* § 100 Rn. 11b).

Die Unterrichtung des Betriebsrats hat **vor oder unverzüglich**, d. h. ohne schuldhaftes Zögern 24
(§ 121 BGB), **nach Durchführung** der personellen Maßnahme zu erfolgen (s. Rdn. 17; *BAG* 07.11.1977 EzA § 100 BetrVG 1972 Nr. 1 = AP Nr. 1 zu § 100 BetrVG 1972 unter III 2; *Bachner/DKKW* § 100 Rn. 14; *Fitting* § 100 Rn. 8; *Galperin/Löwisch* § 100 Rn. 7; *Huke/HWGNRH* § 100 Rn. 16; *Richardi/Thüsing* § 100 Rn. 15;). Dies ergibt sich einmal aus der unterschiedlichen Fassung von § 99 Abs. 1 (»vor jeder...«) und § 100 Abs. 2 (»von der...«); weiter daraus, dass dem Arbeitgeber nach § 100 Abs. 2 und 3 nur die Aufrechterhaltung der Maßnahme untersagt werden kann. Der Arbeitgeber ist auch nicht verpflichtet, dem Betriebsrat vor Durchführung der vorläufigen Maßnahme Gelegenheit zu geben, zu ihrer Dringlichkeit gesondert Stellung zu nehmen (*BAG* 07.11.1977 EzA § 100 BetrVG 1972 Nr. 1 = AP Nr. 1 zu § 100 BetrVG 1972 unter III 2; *Bachner/DKKW* § 100 Rn. 14; *Huke/HWGNRH* § 100 Rn. 16; *Stege/Weinspach/Schiefer* §§ 99–101 Rn. 110b). Die Einhaltung einer bestimmten **Form** für die Unterrichtung schreibt das Gesetz nicht vor. Nach Ansicht des *BAG* hat der Arbeitgeber den Betriebsrat auch über das **Ende der vorläufigen Maßnahme** zu unterrichten, damit dieser prüfen kann, ob er nach rechtskräftigem Abschluss des Verfahrens nach § 99 Abs. 4 einen Aufhebungsantrag nach § 101 stellen soll (*BAG* 15.04.2014 EzA § 99 BetrVG 2001 Nr. 23 = AP Nr. 140 zu § 99 BetrVG 1972 Rn. 20). Es erscheint allerdings zweifelhaft, ob sich dies aus § 100 Abs. 2 Satz 1 ergibt; dieser meint wohl eher die Unterrichtung über die Durchführung

§ 100 IV. 5. 3. *Personelle Einzelmaßnahmen*

der personellen Maßnahme, nicht über deren Aufhebung. Eine Informationspflicht dürfte sich aber aus § 2 Abs. 1 ergeben.

25 Die Unterrichtung nach § 100 Abs. 2 ist rechtlich **nicht identisch mit der nach § 99 Abs. 1** (*Bachner/DKKW* § 100 Rn. 12; *Richardi/Thüsing* § 100 Rn. 14; **a. M.** wohl *Fitting* § 100 Rn. 8). Letztere hat immer vor der endgültigen Durchführung der personellen Maßnahme zu erfolgen (**a. M.** *Bachner/DKKW* § 100 Rn. 12: schon vor der vorläufigen Durchführung; s. dazu Rdn. 16). Für den Inhalt ist § 99 Abs. 1 maßgeblich. Dagegen schreibt § 100 keine **Vorlage von Unterlagen** vor. Eine solche Pflicht kann auch nicht aus § 80 Abs. 2 hergeleitet werden (s. *Weber* § 80 Rdn. 58; **a. M.** *Bachner/DKKW* § 100 Rn. 15 a. E.). Zeitlich können jedoch **beide Unterrichtungen** durchaus **zusammenfallen**; sie können auch in einem Schriftstück vorgenommen werden (s. Rdn. 17). Sie bilden dann aber nur tatsächlich eine Einheit und sind rechtlich getrennt zu betrachten (*Galperin/Löwisch* § 100 Rn. 12; *Huke/HWGNRH* § 100 Rn. 6 und 16; *Richardi/Thüsing* § 100 Rn. 14). Im Zweifel enthält die Mitteilung nach § 100 Abs. 2 Satz 1 implizit auch die Mitteilung von der beabsichtigten endgültigen Durchführung (s. Rdn. 17). Auch wenn der Betriebsrat bereits nach § 99 Abs. 1 von der geplanten Maßnahme unterrichtet wurde, ist der Arbeitgeber verpflichtet, den Betriebsrat noch einmal nach § 100 Abs. 2 zu informieren, wenn er später die Maßnahme vorläufig durchführt (*BAG* 07.11.1977 EzA § 100 BetrVG 1972 Nr. 1 = AP Nr. 1 zu § 100 BetrVG 1972; *Fitting* § 100 Rn. 8a; *Richardi/Thüsing* § 100 Rn. 14).

c) Verhalten des Betriebsrats

26 Hat der Arbeitgeber den Betriebsrat gemäß § 100 Abs. 2 Satz 1 von der vorläufigen Maßnahme unterrichtet, so sind in Bezug auf die vorläufige Durchführung drei unterschiedliche Reaktionen des Betriebsrats denkbar:
– der Betriebsrat stimmt der vorläufigen Durchführung zu;
– der Betriebsrat bestreitet die Erforderlichkeit der sofortigen Durchführung;
– der Betriebsrat äußert sich nicht oder nicht »unverzüglich«.

27 **Stimmt der Betriebsrat** der vorläufigen Durchführung **zu**, so kann der Arbeitgeber die Maßnahme als vorläufige aufrechterhalten, bis das in § 99 vorgeschriebene Verfahren bezüglich der endgültigen Durchführung abgeschlossen ist.

28 **Bestreitet der Betriebsrat**, dass die Maßnahme aus sachlichen Gründen dringend erforderlich ist, so hat er dies wegen des Interesses aller Beteiligten an rascher Klärung dem Arbeitgeber unverzüglich mitzuteilen (§ 100 Abs. 2 Satz 2). Der Zugang dieser Mitteilung bewirkt, dass der Arbeitgeber die Maßnahme auch als vorläufige nur aufrechterhalten darf, wenn er innerhalb von drei Tagen das Arbeitsgericht anruft (s. Rdn. 31 sowie *Fitting* § 100 Rn. 11; *Richardi/Thüsing* § 100 Rn. 23). Das Bestreiten der sachlichen Notwendigkeit der vorläufigen Durchführung bedeutet nicht automatisch, dass der Betriebsrat auch die Zustimmung zur endgültigen Durchführung verweigert (*Bachner/DKKW* § 100 Rn. 21; *Huke/HWGNRH* § 100 Rn. 22; *Richardi/Thüsing* § 100 Rn. 18).

29 Hat der Arbeitgeber den Betriebsrat über die vorläufige Durchführung nach § 100 Abs. 2 Satz 1, aber **auch über die geplante endgültige Durchführung** nach § 99 Abs. 1 ordnungsgemäß unterrichtet, so gilt Folgendes: **Bestreitet der Betriebsrat nur**, dass die Maßnahme aus sachlichen Gründen **dringend erforderlich** ist (§ 100 Abs. 2 Satz 2), versäumt es aber, die Zustimmung zur endgültigen Durchführung nach § 99 Abs. 3 in der dort vorgesehenen Form und Frist zu verweigern (sofern die Mitteilung des Arbeitgebers den Erfordernissen des § 99 Abs. 1 entsprochen hat) oder stimmt er der endgültigen Durchführung zu, so wird die personelle Maßnahme damit endgültig wirksam (*LAG Hamm* 16.05.1984 NZA 1985, 130; *Bachner/DKKW* § 100 Rn. 23; *Galperin/Löwisch* § 100 Rn. 19; *Huke/HWGNRH* § 100 Rn. 22; *Richardi/Thüsing* § 100 Rn. 32; *Stege/Weinspach/Schiefer* §§ 99–101 Rn. 113). Das Bestreiten richtet sich in diesem Fall nur gegen die vorläufige Durchführung und ist also streng von der Zustimmungsverweigerung des Betriebsrats zu unterscheiden, die sich gegen die personelle Maßnahme als endgültige richtet und für die § 99 maßgeblich ist (*Bachner/DKKW* § 100 Rn. 23; *Matthes* DB 1989, 1285 [1288]; *Richardi/Thüsing* § 100 Rn. 32). Ein evtl. bereits anhängiges **Verfahren nach § 100 Abs. 2 Satz 3, Abs. 3** ist, wenn die Maßnahme als endgültige durchgeführt werden darf, in der Hauptsache **erledigt** (*Fitting* § 100 Rn. 12; *Galperin/Löwisch* § 100 Rn. 3:

»hinfällig«; *Huke/HWGNRH* § 100 Rn. 22; *Richardi/Thüsing* § 100 Rn. 32); das Verfahren ist einzustellen (*BAG* 18.10.1988 EzA § 100 BetrVG 1972 Nr. 4 = AP Nr. 4 zu § 100 BetrVG 1972; *Bachner/DKKW* § 100 Rn. 23; s. a. Rdn. 40 f.).

Bestreitet der Betriebsrat zwar **nicht die Erforderlichkeit** der vorläufigen Maßnahme, **verweigert** er aber rechtzeitig seine **Zustimmung zur endgültigen Durchführung** nach § 99 Abs. 3 – Nichtbestreiten der Dringlichkeit bedeutet nicht Zustimmung nach § 99 Abs. 1 (s. Rdn. 28) –, so kann der Arbeitgeber die Maßnahme als vorläufige aufrechterhalten und nach § 99 Abs. 4 bei Gericht beantragen, die Zustimmung des Betriebsrats zur endgültigen Durchführung zu ersetzen (*Bachner/DKKW* § 100 Rn. 19; *Fitting* § 100 Rn. 10; zur Frist für diese Antragstellung s. Rdn. 32). Ein Antrag nach § 100 Abs. 2 Satz 3 wäre hier unzulässig, da die Notwendigkeit der vorläufigen Maßnahme gar nicht bestritten ist. Die Maßnahme bleibt also als vorläufige zunächst wirksam. **Ruft der Arbeitgeber** in diesem Fall **das Arbeitsgericht nicht gemäß § 99 Abs. 4 an** ergibt sich freilich ein vom Gesetz nicht ausdrücklich gelöstes Problem. Es fehlt nämlich an einer Regelung, die den Arbeitgeber dazu verpflichtet, die Berechtigung des Widerspruchs des Betriebsrats überprüfen zu lassen und der Maßnahme mit der gerichtlichen Ersetzung der Zustimmung ihre endgültige Legitimation zu verschaffen. Das Recht zur vorläufigen Durchführung steht dem Arbeitgeber aber nur zu, wenn er die Maßnahme auch als endgültige durchführen möchte (s. Rdn. 9). Daher wird man annehmen müssen, dass der Arbeitgeber in diesem Fall die personelle Maßnahme nur dann aufrechterhalten darf, wenn er in einem angemessenen Zeitraum das Ersetzungsverfahren nach § 99 Abs. 4 einleitet. Hält der Arbeitgeber an der Maßnahme fest, ohne den Antrag zu stellen, hat der Betriebsrat die Möglichkeit, entsprechend § 101 vorzugehen (s. § 101 Rdn. 5; *LAG Hamm* 29.03.1976 EzA § 99 BetrVG 1972 Nr. 10; *Bachner/DKKW* § 100 Rn. 19; *Fitting* § 100 Rn. 10; *Galperin/Löwisch* § 100 Rn. 15; *Huke/HWGNRH* § 100 Rn. 23; *Richardi/Thüsing* § 100 Rn. 21). Allerdings ist der Betriebsrat nach § 2 Abs. 1 verpflichtet, zuvor deutlich zu machen, dass er die unverzügliche Einleitung des Zustimmungsersetzungsverfahrens erwartet (zutr. *Hess. LAG* 25.06.2013 – 4 TaBV 285/12 – juris, Rn. 24; zur Frage der Verwirkung s. § 101 Rdn. 7). Der Anspruch auf Aufhebung nach § 101 steht dem Betriebsrat selbstverständlich auch zu, wenn der Antrag auf Ersetzung der Zustimmung rechtskräftig abgewiesen wird.

Bestreitet der Betriebsrat unverzüglich, dass die **Maßnahme dringend erforderlich** ist **und verweigert** er rechtzeitig die erforderliche **Zustimmung zur endgültigen Durchführung** nach § 99 Abs. 2 und 3 (das Bestreiten i. S. v. § 100 ersetzt nicht die Zustimmungsverweigerung nach § 99 Abs. 3; s. Rdn. 28; *Bachner/DKKW* § 100 Rn. 21; *Meisel* Mitwirkung, Rn. 269; *Stege/Weinspach/Schiefer* §§ 99–101 Rn. 119 f.), so muss der Arbeitgeber, wenn er die vorläufige Maßnahme aufrechterhalten will, innerhalb von drei Tagen das Arbeitsgericht anrufen und die Ersetzung der Zustimmung und die Feststellung beantragen, dass die Maßnahme aus sachlichen Gründen dringend erforderlich war. Es handelt sich also um einen **doppelten Antrag**. Der Feststellungsantrag muss in jedem Fall innerhalb der Drei-Tage-Frist gestellt werden. Der Antrag auf Ersetzung der Zustimmung ist im Regelfall mit diesem Antrag zu verbinden, weil einem isolierten Feststellungsantrag das Rechtsschutzbedürfnis fehlt (s. Rdn. 35). Eine Ausnahme gilt, wenn die Verweigerung der Zustimmung zur endgültigen Durchführung noch nicht vorliegt und auch die Frist des § 99 Abs. 3 noch nicht abgelaufen ist. In diesem Zeitpunkt müsste ein Antrag nach § 99 Abs. 4 als unzulässig abgewiesen werden (*Stege/Weinspach/Schiefer* §§ 99–101 Rn. 118b). Der Antrag kann daher auch erst nach Verweigerung der Zustimmung gestellt werden (zur Frage der Antragsfrist s. Rdn. 34). Stellt der Arbeitgeber den Antrag nach § 100 Abs. 2 Satz 3, so darf er die **Maßnahme bis zum rechtskräftigen Abschluss des Verfahrens aufrechterhalten** (s. Rdn. 18).

Hat der Betriebsrat die Zustimmung zur endgültigen Durchführung der Maßnahme verweigert und liegt auch das Bestreiten des Betriebsrats nach § 100 Abs. 2 Satz 2 bereits vor, so ist der Arbeitgeber **nicht gezwungen, den Doppelantrag zu stellen**. Er kann auch von dem Feststellungsantrag absehen und im Wege des regulären Zustimmungsersetzungsverfahrens nach § 99 Abs. 4 vorgehen. Dieser Antrag ist an keine Frist gebunden (s. Rdn. 34 sowie § 99 Rdn. 234; *BAG* 15.09.1987 EzA § 99 BetrVG 1972 Nr. 57 = AP Nr. 46 zu § 99 BetrVG 1972). Der Arbeitgeber darf dann aber die Maßnahme bis zur rechtskräftigen Ersetzung der Zustimmung nicht durchführen bzw. muss diese – wenn mit ihrer Durchführung bereits begonnen wurde – wieder aufheben.

§ 100

33 Für den Fall, dass der **Betriebsrat sich nicht oder nicht unverzüglich äußert**, sieht § 100 keine dem § 99 Abs. 3 Satz 2 entsprechende Regelung vor. Welche Regeln in diesem Fall gelten sollen, ist daher umstritten (zum Meinungsstand *Kania* NZA 2016, 614 ff.). Die Zustimmungsfiktion des § 99 Abs. 3 Satz 2 lässt sich mangels vergleichbarer Regelung nicht einfach übertragen (zutr. *Kania* NZA 2016, 614 [616]; **a. M.** *LAG Hamm* 17.03.2016 LAGE § 106 GewO 2003 Nr. 26 Rn. 191 f. [anhängig *BAG* 10 AZR 330/16, aktuell Anfragebeschluss vom 14.06.2017]; *Bachner/DKKW* § 100 Rn. 22; *Fitting* § 100 Rn. 9). Dies bedeutet allerdings nicht, dass der Arbeitgeber gehindert wäre, die personelle Maßnahme als vorläufige Maßnahme durchzuführen oder aufrechtzuerhalten. Wenn das Gesetz dem Arbeitgeber die vorläufige Durchführung sogar trotz ausdrücklichen Widerspruchs des Betriebsrats erlaubt, so kann sie bei einem Schweigen des Betriebsrats nicht verboten sein. Andererseits macht § 100 Abs. 2 Satz 3 die vorläufige Durchführung oder Aufrechterhaltung der Maßnahme nur dann von einer Anrufung des Arbeitsgerichts und der Stellung des Doppelantrags abhängig, wenn der Betriebsrat fristgemäß die Dringlichkeit der Maßnahme bestreitet. Aus dieser Systematik wird man zu schließen haben, dass der Arbeitgeber im Falle des Schweigens oder des verspäteten Widerspruchs **die Maßnahme vorläufig aufrechterhalten kann**, ohne das Arbeitsgericht nach § 100 Abs. 2 Satz 3 anrufen zu müssen (*Heinze* Personalplanung, Rn. 375; *Huke/HWGNRH* § 100 Rn. 18; *Kania* NZA 2016, 614 [616]; *Richardi/Thüsing* § 100 Rn. 20; i. E. ebenso *Bachner/DKKW* § 100 Rn. 22; *Fitting* § 100 Rn. 9). Damit stellt sich freilich wiederum die Anschlussfrage, ob der Arbeitgeber danach untätig bleiben darf. Die Situation ist mit derjenigen vergleichbar, wenn der Betriebsrat zwar die Zustimmung zur endgültigen Durchführung verweigert, jedoch das dringende Erfordernis nicht bestreitet (s. Rdn. 30). Folglich müssen auch dieselben Regeln gelten. Dies bedeutet, dass der Betriebsrat **analog § 101 die Aufhebung der vorläufigen Maßnahme** verlangen kann, wenn der Arbeitgeber das Ersetzungsverfahren ungebührlich hinauszögert (s. § 101 Rdn. 5; *Kania* NZA 2016, 614 [617]). Die **Frist des § 100 Abs. 2 Satz 3** ist hier allerdings nicht entsprechend anwendbar (*Hess. LAG* 25.06.2013 – 4 TaBV 285/12 – juris, Rn. 23 f.; *Kania* NZA 2016, 614 [616 f.]; **a. M.** für den Fall des verspäteten Bestreitens *Fitting* § 100 Rn. 9; s. a. Rdn. 37; ebenso für den Fall, dass der Betriebsrat der vorläufigen Durchführung zustimmt, *Matthes*/MünchArbR § 263 Rn. 106; zum Fehlen einer Antragsfrist bei § 99 Abs. 4 s. § 99 Rdn. 234). Die kurze Drei-Tage-Frist beruht auf der Wertung, dass in den Fällen, in denen der Betriebsrat (rechtzeitig) die Eilbedürftigkeit der Maßnahme bestreitet, der Arbeitgeber eine möglichst rasche gerichtliche Klärung herbeiführen muss, wenn er die Maßnahme aufrechterhalten will. An einem solchen Bestreiten fehlt es aber gerade.

4. Gerichtliche Entscheidungen und ihre Folgen

a) Der Antrag des Arbeitgebers

34 Bestreitet der Betriebsrat rechtzeitig die Notwendigkeit der vorläufigen Maßnahme, so hat der Arbeitgeber, will er die Maßnahme aufrechterhalten, die Pflicht, innerhalb von **drei Kalendertagen** nach Zugang der Mitteilung das Arbeitsgericht anzurufen. Für die Fristberechnung gelten die §§ 186 ff. BGB. Diese Frist ist eine **Ausschlussfrist**; wird sie versäumt, so kann die Maßnahme unter keinen Umständen als vorläufige aufrechterhalten werden (*Bachner/DKKW* § 100 Rn. 29; *Huke/HWGNRH* § 100 Rn. 25; *Richardi/Thüsing* § 100 Rn. 28). Wiedereinsetzung bei Fristversäumnis hält *Schlicht* (BB 1980, 632) für möglich; dafür bietet das Gesetz aber keinen Anhaltspunkt. Zuzugeben ist allerdings, dass die kurze Frist (drei Tage, nicht drei Werktage) dem Arbeitgeber erhebliche Schwierigkeiten bereiten kann (*Huke/HWGNRH* § 100 Rn. 25 f.). Außerdem ist diese kurze Frist bei bestimmten Fallgestaltungen nicht zweckmäßig. Hat der Arbeitgeber die Zustimmung des Betriebsrats zur endgültigen Durchführung der Maßnahme bereits beantragt und damit die Frist des § 99 Abs. 3 in Gang gesetzt, **läuft die Drei-Tage-Frist des § 100 Abs. 2 Satz 3 aber vor der Frist nach § 99 Abs. 3 ab**, so beginnt die Frist für den Zustimmungsersetzungsantrag erst mit der Zustimmungsverweigerung. Der Antrag auf Ersetzung der Zustimmung ist dann also binnen drei Tagen nach Zugang der Mitteilung des Betriebsrats über die Verweigerung der Zustimmung zur endgültigen Durchführung nach § 99 Abs. 3 zu stellen. Für den Antrag auf Feststellung des dringenden Erfordernisses bleibt es jedoch bei der Frist von drei Tagen, nachdem der Betriebsrat das Vorliegen des dringenden Erfordernisses bestritten hat (*Bachner/DKKW* § 100 Rn. 27; *Richardi/Thüsing* § 100 Rn. 30; abw. noch hier bis zur 8. Aufl., § 100 Rn. 34; noch weitergehend *Matthes* DB 1989, 1285 [1287], der die Drei-Tage-

Frist auch hinsichtlich des Antrages auf Feststellung des dringenden Erfordernisses erst mit Verweigerung der Zustimmung zur endgültigen Maßnahme beginnen lassen will).

Der Antrag hat sich nach dem Wortlaut des Gesetzes sowohl auf die Ersetzung der Zustimmung des 35 Betriebsrats als auch auf die Feststellung zu richten, dass die Maßnahme dringend erforderlich war. Es handelt sich dabei um **zwei verschiedene Streitgegenstände** (*Richardi* Anm. AP Nr. 1 zu § 100 BetrVG 1972). **Streitgegenstand des Feststellungsantrages** ist die (betriebsverfassungsrechtliche) Befugnis des Arbeitgebers, die personelle Maßnahme trotz fehlender Zustimmung des Betriebsrats durchzuführen, bis gerichtlich über die Rechtmäßigkeit der Zustimmungsverweigerung und damit über die Berechtigung zur endgültigen Durchführung entschieden ist (*BAG* 16.01.2007 EzA § 99 BetrVG 2001 Versetzung Nr. 3 = AP Nr. 52 zu § 99 BetrVG 1972 Einstellung Rn. 53). Wird **nur der Feststellungsantrag** gestellt, ist er als **unzulässig** abzuweisen. Ein berechtigtes Interesse an der isolierten Feststellung des dringenden Erfordernisses ist nicht anzuerkennen. Das Gesetz bringt mit der Verbindung der beiden Anträge zum Ausdruck, dass ein schutzwürdiges Interesse an der vorläufigen Durchführung nur besteht, wenn sich der Arbeitgeber gleichzeitig um eine Klärung der endgültigen Zulässigkeit der Maßnahme bemüht und diese Frage nicht in der Schwebe lässt (*BAG* 15.09.1987 EzA § 99 BetrVG 1972 Nr. 57 = AP Nr. 46 zu § 99 BetrVG 1972 unter II 1 unter Hinweis auf *Richardi* Anm. AP Nr. 1 zu § 100 BetrVG 1972 [Bl. 6R]; *Fitting* § 100 Rn. 11a; *Heinze* Personalplanung, Rn. 374). Wird der Ersetzungsantrag nicht gestellt, so darf folglich die Maßnahme auch nicht als vorläufige durchgeführt oder aufrechterhalten werden (*BAG* 15.09.1987 EzA § 99 BetrVG 1972 Nr. 57 = AP Nr. 46 zu § 99 BetrVG 1972 unter II 2). Eine **Ausnahme** vom Erfordernis der gleichzeitigen Antragstellung gilt nur, wenn der Arbeitgeber den Ersetzungsantrag noch nicht stellen kann, weil die Frist des § 99 Abs. 3 noch nicht abgelaufen ist. In diesem Fall ist (zunächst) ein isolierter Feststellungsantrag zulässig. Der Ersetzungsantrag ist dann aber (innerhalb der Frist des § 100 Abs. 2 Satz 3) nachzuholen, sobald die Zustimmungsverweigerung vorliegt (s. Rdn. 34).

Stellt der Arbeitgeber **zugleich den Zustimmungsersetzungsantrag**, so ist hierin das Begehren zu 36 sehen, die endgültige Durchführung der Maßnahme für zulässig zu erklären. Der Antrag bezieht sich nicht nur auf eine vorläufige Regelung, sondern ist **mit dem Antrag nach § 99 Abs. 4 identisch** (h. M.; *BAG* 15.09.1987 EzA § 99 BetrVG 1972 Nr. 57 = AP Nr. 46 zu § 99 BetrVG 1972 unter I 2a; *Bachner/DKKW* § 100 Rn. 26; *Fitting* § 100 Rn. 11a; *Galperin/Löwisch* § 100 Rn. 18; *Heinze* Personalplanung, Rn. 376; *Richardi/Thüsing* § 100 Rn. 25; *Huke/HWGNRH* § 100 Rn. 27; **abw.** die von *Kraft* vertretene und hier in der 8. Aufl. § 100 Rn. 35 ff. fortgeführte Ansicht; zum Streitgegenstand des Antrages nach § 99 Abs. 4 s. § 99 Rdn. 235 ff.). Eines gesonderten Antrages nach § 99 Abs. 4 bedarf es nicht.

Die Frist des § 100 Abs. 2 Satz 3 hat nur Bedeutung für die Frage, ob der Arbeitgeber die Maßnahme 37 vorläufig durchführen darf. Sie führt aber **nicht zu einer generellen Befristung des Zustimmungsersetzungsantrages** in den Fällen, in denen der Arbeitgeber von der Möglichkeit der vorläufigen Durchführung Gebrauch gemacht hat. Es bleibt vielmehr dabei, dass der Antrag nach § 99 Abs. 4 nicht fristgebunden ist (*BAG* 15.09.1987 EzA § 99 BetrVG 1972 Nr. 57 = AP Nr. 46 zu § 99 BetrVG 1972 unter I 2a). Führt der Arbeitgeber die Maßnahme vorläufig durch, stellt er aber den Antrag auf Zustimmungsersetzung nicht innerhalb der Frist des § 100 Abs. 2 Satz 3, obwohl der Betriebsrat nicht nur die Zustimmung verweigert, sondern auch das dringende Erfordernis bestritten hat, so kann der Arbeitgeber den Ersetzungsantrag auch später noch stellen. Er darf allerdings die Maßnahme bis zur endgültigen Entscheidung im Ersetzungsverfahren nicht mehr aufrechterhalten (*BAG* 15.09.1987 EzA § 99 BetrVG 1972 Nr. 57 = AP Nr. 46 zu § 99 BetrVG 1972 unter I 2a).

b) Verfahren und Entscheidungen

Das Arbeitsgericht entscheidet im Beschlussverfahren (§ 2a Abs. 1 Nr. 1, Abs. 2, §§ 80 ff. ArbGG). 38 Antragsberechtigt ist der Arbeitgeber, der betroffene **Arbeitnehmer** ist nicht antragsberechtigt, auch **nicht Beteiligter** i. S. v. § 83 ArbGG (h. M.; *Bachner/DKKW* § 100 Rn. 30; *Fitting* § 100 Rn. 13; *Meisel* Mitwirkung, Rn. 277; s. § 99 Rdn. 250). Der Antrag ist nur zulässig, wenn die Maßnahme bereits durchgeführt ist; für eine vorsorgliche Anrufung des Gerichtes besteht kein Bedürfnis. Hat der Arbeitgeber die Maßnahme noch nicht durchgeführt, so kann wohl auch die nach § 100 Abs. 1 Satz 1 notwendige dringende Erforderlichkeit nicht gegeben sein (so für §§ 62, 61 Abs. 2 Satz 3

BetrVG 1952; *Dietz* § 62 Rn. 1; *Fitting/Kraegeloh/Auffarth* § 61 Rn. 24; *Hueck/Nipperdey* II/2, S. 1431; **a. M.** *Neumann-Duesberg* S. 535).

39 **Gibt das Gericht beiden Anträgen statt**, also sowohl dem Antrag auf Ersetzung der Zustimmung als auch auf Feststellung, dass die Maßnahme aus sachlichen Gründen dringend erforderlich war, so steht fest, dass der Arbeitgeber die Maßnahme endgültig durchführen kann.

40 Hält das Gericht die **vorläufige Maßnahme** für **gerechtfertigt, lehnt aber die Ersetzung der Zustimmung nach § 99 Abs. 4 ab**, so endet die personelle Maßnahme gemäß § 100 Abs. 3 Satz 1 Alt. 1 mit Ablauf von zwei Wochen nach Rechtskraft; danach darf die Maßnahme auch als vorläufige nicht mehr aufrechterhalten werden. Der Antrag nach § 100 Abs. 2 Satz 3 hat sich damit erledigt (*BAG* 26.10.2004 EzA § 99 BetrVG 2001 Nr. 5 = AP Nr. 41 zu § 99 BetrVG 1972 Versetzung unter B II 1; *Bachner/DKKW* § 100 Rn. 34; *Fitting* § 100 Rn. 13; *Galperin/Löwisch* § 100 Rn. 23; *Richardi/Thüsing* § 100 Rn. 49; *Huke/HWGNRH* § 100 Rn. 35; *Stege/Weinspach/Schiefer* §§ 99–101 Rn. 123b).

41 Denkbar ist auch, dass das Gericht **die vorläufige Maßnahme nicht für gerechtfertigt** hält, aber gleichzeitig **die Zustimmung** zur endgültigen Vornahme **nach § 99 Abs. 4 ersetzt**. Eine solche Entscheidung kann freilich nach § 100 Abs. 3 Satz 1 nur ergehen, wenn die vorläufige Maßnahme »offensichtlich« aus dringenden Gründen nicht erforderlich war, d. h. wenn der Arbeitgeber die Situation grob verkannt hat, die vorläufige Durchführung der Maßnahme leichtfertig war (*BAG* 07.11.1977 EzA § 100 BetrVG 1972 Nr. 1 = AP Nr. 1 zu § 100 BetrVG 1972; *Bachner/DKKW* § 100 Rn. 32; *Fitting* § 100 Rn. 13, 14; *Galperin/Löwisch* § 100 Rn. 21; *Richardi/Thüsing* § 100 Rn. 40 f.; *Stege/Weinspach/Schiefer* §§ 99–101 Rn. 124; **a. M.** *LAG Hamburg* 29.08.2013 – 1 TaBV 3/13 – juris, Rn. 42: Abweisung schon dann, wenn dringendes Erfordernis nicht festgestellt werden kann; *Heinze* Personalplanung, Rn. 383: »offensichtlich« bedeutet nur »summarische Prüfung« durch das Gericht). Mit Rechtskraft dieser Entscheidung endet die Rechtshängigkeit des Feststellungsantrags; der Arbeitgeber kann die Maßnahme endgültig durchführen (*BAG* 18.10.1988 EzA § 100 BetrVG 1972 Nr. 4 = AP Nr. 4 zu § 100 BetrVG 1972; 26.10.2004 EzA § 99 BetrVG 2001 Nr. 5 = AP Nr. 41 zu § 99 BetrVG 1972 Versetzung unter B II 1; *Meisel* Mitwirkung, Rn. 283; *Richardi/Thüsing* § 100 Rn. 51; krit. *Bachner/DKKW* § 100 Rn. 35; *Fitting* § 100 Rn. 15). Die vorläufige Maßnahme endet mit Rechtskraft der Entscheidung über die endgültige Zustimmung; der Betriebsrat kann die Aufhebung nicht nach § 101 Satz 1 verlangen (*LAG Hamm* 16.05.1984 NZA 1985, 130). Der Auffassung von *Fitting* (§ 100 Rn. 15), die Maßnahme dürfe nicht aufrechterhalten werden, wenn die vorläufige Durchführung offensichtlich nicht dringend erforderlich war, die Verweigerung der Zustimmung zur endgültigen Maßnahme aber sich als unberechtigt erwiesen hat und die Zustimmung deshalb ersetzt wird, kann nicht gefolgt werden (gegen diese Ansicht auch *BAG* 26.10.2004 EzA § 99 BetrVG 2001 Nr. 5 = AP Nr. 41 zu § 99 BetrVG 1972 Versetzung unter B II 3). Ganz abgesehen davon, dass die Interessen des betroffenen Arbeitnehmers dabei völlig außer Acht gelassen werden, wäre es kaum zu rechtfertigen, wenn den Arbeitgeber nur deshalb eine Sanktion treffen würde, weil der Betriebsrat der Maßnahme zu Unrecht widersprochen hat. Hätte er nicht widersprochen, hätte es der vorläufigen Durchführung in den meisten Fällen überhaupt nicht bedurft (wie hier wohl *Adomeit* DB 1971, 2360 [2361]; *Galperin/Löwisch* § 100 Rn. 22; *Lieb/Jacobs* Arbeitsrecht, Rn. 871, 872; *Richardi/Thüsing* § 100 Rn. 51; *Richardi* DB 1973, 378 [384]; *Huke/HWGNRH* § 100 Rn. 36; *Stahlhacke* BlStSozArbR 1972, 57; *Stege/Weinspach/Schiefer* §§ 99–101 Rn. 123e; *Loritz/Z/L/H* Arbeitsrecht, § 52 Rn. 32).

42 Hat das Gericht die **Zustimmung** zu der Maßnahme **rechtskräftig ersetzt**, bevor eine Entscheidung über den Feststellungsantrag ergangen ist, so wird der **Feststellungsantrag unzulässig**, weil es nunmehr an einem berechtigten Interesse an der begehrten Feststellung fehlt (*BAG* 18.10.1988 EzA § 100 BetrVG 1972 Nr. 4 = AP Nr. 4 zu § 100 BetrVG 1972 unter B II; 16.11.2004 EzA § 99 BetrVG 2001 Einstellung Nr. 2 unter B III 1; 16.01.2007 EzA § 99 BetrVG 2001 Versetzung Nr. 3 = AP Nr. 52 zu § 99 BetrVG 1972 Einstellung Rn. 53; 01.06.2011 AP Nr. 136 zu § 99 BetrVG 1972 Rn. 32). Die Frage des dringenden Erfordernisses der vorläufigen Durchführung kann nach einer rechtskräftigen Entscheidung über den Ersetzungsantrag unter keinem denkbaren Gesichtspunkt mehr relevant sein. Hat das Gericht die Zustimmung rechtskräftig ersetzt, so steht fest, dass der Arbeitgeber die Maßnahme nicht mehr nur vorläufig, sondern dauerhaft durchführen darf. Deshalb kommt es auf die Frage, ob schon ihre vorläufige Vornahme gerechtfertigt war, nicht mehr an. Selbst wenn eine vorläufige Durchführung nicht aus sachlichen Gründen dringend geboten gewesen

Vorläufige personelle Maßnahmen § 100

sein sollte, hat der Arbeitgeber sich nicht betriebsverfassungswidrig verhalten. Er durfte die Maßnahme bei Einhaltung des Verfahrens nach § 100 Abs. 2 und 3 bis zu einer gerichtlichen Entscheidung in jedem Fall aufrechterhalten (s. Rdn. 18). Hat das Gericht die Ersetzung der Zustimmung dagegen rechtskräftig abgelehnt, steht zugleich fest, dass die Maßnahme selbst als vorläufige nach Ablauf von zwei Wochen nicht länger aufrechterhalten werden darf. Auch hierfür bedarf es keiner Bescheidung des Feststellungsantrags nach Abs. 2 Satz 3 der Vorschrift mehr. Der Feststellungsantrag hat somit seine objektive Erledigung gefunden (*BAG* 16.11.2004 EzA § 99 BetrVG 2001 Einstellung Nr. 2 unter B III 1; 10.03.2009 EzA § 99 BetrVG 2001 Nr. 12 = AP Nr. 127 zu § 99 BetrVG 1972 Rn. 49). Gleiches muss wohl für den Fall der **Rücknahme des Ersetzungsantrages** durch den Arbeitgeber gelten. Das *BAG* geht allerdings davon aus, dass der Feststellungsantrag ohnehin so zu verstehen ist, dass er nur für die Dauer des Verfahrens über den Zustimmungsersetzungsantrag gestellt ist. Legt man dies zugrunde, so entfällt die Rechtshängigkeit des Feststellungsantrages automatisch, sobald rechtskräftig über den Antrag auf Ersetzung der Zustimmung entschieden worden oder die Rechtshängigkeit des Ersetzungsantrages auf andere Weise beendet worden ist. Das auf Feststellung gerichtete Verfahren ist dann – in analoger Anwendung der §§ 81 Abs. 2 Satz 2, 83a Abs. 2 Satz 1 ArbGG – durch Beschluss einzustellen (*BAG* 26.10.2004 EzA § 99 BetrVG 2001 Nr. 5 unter B II 4; 16.11.2004 EzA § 99 BetrVG 2001 Einstellung Nr. 2 unter B III 3; 16.01.2007 EzA § 99 BetrVG 2001 Versetzung Nr. 3 = AP Nr. 52 zu § 99 BetrVG 1972 Einstellung Rn. 54; 10.03.2009 EzA § 99 BetrVG 2001 Nr. 12 = AP Nr. 127 zu § 99 BetrVG 1972 Rn. 51).

Die **Feststellung** des Gerichts, die Dringlichkeit für die vorläufige Maßnahme habe offensichtlich **43** nicht vorgelegen, kann **selbständige rechtliche Bedeutung** also nur gewinnen, wenn sie rechtskräftig wird und wenn die **Entscheidung über die Zustimmungsersetzung** trotz einheitlicher Antragstellung erst **später**, d. h. nach Ablauf der Zwei-Wochen-Frist des § 100 Abs. 3, in Rechtskraft erwächst. Dies ist denkbar, wenn über den Feststellungsantrag eine Vorabentscheidung getroffen wurde, da diese als selbständig anfechtbare Teilentscheidung (vgl. § 80 Abs. 2, § 46 Abs. 2 ArbGG i. V. m. § 301 ZPO) vor der Entscheidung über die Zustimmungsersetzung in Rechtskraft erwachsen kann (*Dütz* ZfA 1972, 247 [254]; *Galperin/Löwisch* § 100 Rn. 21; *Matthes* DB 1989, 1285 [1288]; *Richardi/Thüsing* § 100 Rn. 47). Das Arbeitsgericht hat in der Regel über den Feststellungsantrag des Arbeitgebers alsbald zu entscheiden und im Tenor festzustellen, ob die vorläufige Maßnahme aus sachlichen Gründen erforderlich oder offensichtlich nicht erforderlich war (*BAG* 18.10.1988 EzA § 100 BetrVG 1972 Nr. 4 = AP Nr. 4 zu § 100 BetrVG 1972).

c) Folgen einer ablehnenden rechtskräftigen Entscheidung

Stellt das Gericht rechtskräftig fest, dass die vorläufige personelle Maßnahme offensichtlich nicht drin- **44** gend erforderlich war (eine bloße Abweisung des Feststellungsantrags genügt nicht, *BAG* 18.10.1988 EzA § 100 BetrVG 1972 Nr. 4 = AP Nr. 4 zu § 100 BetrVG 1972; *Fitting* § 100 Rn. 13 a. E.; *Matthes* DB 1989, 1285 [1287]; *Richardi/Thüsing* § 100 Rn. 43) oder wird der gleichzeitig oder später gestellte Antrag auf Ersetzung der Zustimmung nach § 99 Abs. 4 rechtskräftig abgewiesen (zu diesen beiden Anträgen und ihrem Verhältnis zueinander s. Rdn. 35 ff.), so »**endet« die vorläufige personelle Maßnahme** mit Ablauf von zwei Wochen nach Rechtskraft der Entscheidung. Wie sich aus § 100 Abs. 3 Satz 2 ergibt, ist es dem Arbeitgeber ab diesem Zeitpunkt verboten, die Maßnahme aufrechtzuerhalten. Zur Unterrichtungspflicht des Arbeitgebers s. Rdn. 24.

Welche **Bedeutung** die Formulierung »endet die vorläufige personelle Maßnahme« hat, ist **umstrit- 45 ten**. Zum Teil wird die Auffassung vertreten, mit Ablauf der in Abs. 3 genannten Frist von zwei Wochen ende automatisch die rechtsgeschäftliche Grundlage für die vorläufige Maßnahme, einer rechtsgeschäftlichen Gestaltungserklärung des Arbeitgebers bedürfe es nicht (*Fitting* § 100 Rn. 18). Zum Teil wird die Ansicht vertreten, es ende nur die Berechtigung zur Aufrechterhaltung der vorläufigen Maßnahme. Ihre rechtsgeschäftliche Grundlage müsse durch eine entsprechende Gestaltungserklärung des Arbeitgebers oder durch eine Vereinbarung zwischen Arbeitgeber und Arbeitnehmer beseitigt werden (*Bachner/DKKW* § 100 Rn. 40 f.; *Galperin/Löwisch* § 100 Rn. 26; *Heinze* Personalplanung, Rn. 391; *Loritz/ZLH* Arbeitsrecht, § 52 Rn. 39; *Matthes* DB 1989, 1285 [1287]; *Rixecker* AuR 1983, 238). Es wird auch die Auffassung vertreten, das Arbeitsverhältnis eines vorläufig eingestellten Arbeitnehmers ende nach Maßgabe von Abs. 3 kraft Gesetzes, wenn der Arbeitgeber seine Auf-

§ 100

klärungspflicht nach Abs. 1 Satz 2 erfüllt hat, wenn nicht, bedürfe es einer Kündigung (*Richardi/Thüsing* § 100 Rn. 57).

46 Die Formulierung in der **amtlichen Begründung** zum BetrVG 1972 (BR-Drucks. 715/70, S. 52 zu § 100), wonach die Maßnahme zwei Wochen nach Rechtskraft der Entscheidung »rechtlich« ende und dem Arbeitgeber auch die tatsächliche Aufrechterhaltung untersagt sei, spricht für die **rechtsgestaltende Wirkung** der Entscheidung. Angesichts der zwischenzeitlich gefestigten Rechtsprechung, wonach der Arbeitsvertrag auch bei einer betriebsverfassungswidrigen Einstellung wirksam ist (s. § 99 Rdn. 176), der Regelung in § 100 Abs. 3 Satz 2, wonach die Maßnahme nicht aufrechterhalten werden darf, und der Regelung in § 101 Satz 1, wonach dem Arbeitgeber die Aufhebung der Maßnahme aufgegeben werden kann, spricht allerdings vieles dafür, die rechtsgestaltende Wirkung nicht allgemein auf das individualrechtliche Verhältnis zwischen Arbeitgeber und Arbeitnehmer zu beziehen, sondern auch bei § 100 davon auszugehen, dass der Arbeitgeber die Berechtigung, aber auch die Verpflichtung verliert, die Maßnahme weiterhin aufrechtzuerhalten.

47 Für die **vorläufige Einstellung** bedeutet dies, dass der Arbeitgeber den Arbeitnehmer nicht mehr im Betrieb beschäftigen darf, ihn aber auch nicht mehr beschäftigen muss, d. h. dass er ihn von der Arbeitsleistung zu suspendieren hat. Der Arbeitsvertrag kann, wenn er nicht unter der auflösenden Bedingung des Wegfalls der betriebsverfassungsrechtlichen Zulässigkeit geschlossen war (*BAG* 17.02.1983 EzA § 620 BGB Nr. 62 *[Kraft]* = AP Nr. 74 zu § 620 BGB Befristeter Arbeitsvertrag; *Matthes*/MünchArbR § 265 Rn. 33), **nur** durch **Kündigung oder Aufhebungsvertrag** beendet werden (s. § 99 Rdn. 177). In Frage kommt grundsätzlich eine ordentliche Kündigung. Ein wichtiger Grund zur Kündigung liegt nur vor, wenn die Rechtskraft der Entscheidung als Grund für eine außerordentliche Kündigung vereinbart war. Dies kann sich aus den Umständen bei Abschluss des Vertrages ergeben, kann aber nicht in jedem Falle angenommen werden, wenn der Arbeitgeber den Arbeitnehmer nach § 100 Abs. 1 Satz 2 informiert hatte (zu weitgehend *Fitting* § 100 Rn. 19: Der verbotswidrig beschäftigte Arbeitnehmer habe keinen Anspruch auf Einhaltung einer Kündigungsfrist; *Bachner/DKKW* § 100 Rn. 41 und *Huke/HWGNRH* § 100 Rn. 41: Wenn der Arbeitnehmer entsprechend aufgeklärt wurde, ist stets fristlose Kündigung zulässig; vgl. auch *Richardi/Thüsing* § 100 Rn. 57). Bis zur Beendigung des Arbeitsvertrages behält der Arbeitnehmer seinen Entgeltanspruch nach § 615 BGB (*BAG* 21.02.2017 NZA 2017, 740 Rn. 22; *Bachner/DKKW* § 100 Rn. 40; *Rixecker* AuR 1983, 238). War der neu eingestellte **Arbeitnehmer zuvor in einem anderen Betrieb beschäftigt**, so ist der Arbeitgeber betriebsverfassungsrechtlich ebenfalls verpflichtet, die Beschäftigung des Arbeitnehmers in dem neuen Betrieb zu beenden. Individualrechtlich dürfte der Arbeitnehmer zumindest dann keinen Anspruch auf die Beschäftigung in dem neuen Betrieb haben, wenn der Arbeitgeber ihn – pflichtgemäß – nach § 100 Abs. 1 Satz 2 über die Sach- und Rechtslage aufgeklärt hat (*BAG* 15.04.2014 EzA § 99 BetrVG 2001 Nr. 23 = AP Nr. 140 zu § 99 BetrVG 1972 Rn. 19). Im Regelfall wird der Arbeitgeber aber verpflichtet sein, den Arbeitnehmer wieder auf seinem früheren Arbeitsplatz zu beschäftigen. Im Einzelnen hängt auch dies von dem Inhalt der individualrechtlichen Absprachen und Gestaltungen ab, die der Maßnahme zugrunde liegen. Kehrt der Arbeitnehmer in den alten Betrieb zurück, so steht dem dortigen Betriebsrat kein Mitbestimmungsrecht nach § 99 unter dem Gesichtspunkt der Einstellung zu (*BAG* 15.04.2014 EzA § 99 BetrVG 2001 Nr. 23 Rn. 23).

48 Bei einer **vorläufigen Versetzung** darf der Arbeitnehmer von dem in § 100 Abs. 3 Satz 1 genannten Zeitpunkt an nicht mehr an dem neuen Arbeitsplatz beschäftigt werden (s. a. § 99 Rdn. 88). Der Arbeitnehmer ist auch nicht verpflichtet, an dem neuen Arbeitsplatz weiterzuarbeiten (*Bachner/DKKW* § 100 Rn. 40; *Galperin/Löwisch* § 100 Rn. 26; *Matthes*/MünchArbR § 265 Rn. 32; *Richardi/Thüsing* § 100 Rn. 58; *Stege/Weinspach/Schiefer* §§ 99–101 Rn. 186). Beruht die Versetzung auf einer einseitigen Weisung des Arbeitgebers, so hat dieser sie zurückzunehmen. Beruht die Versetzung auf einer Vertragsänderung, deren Wirksamkeit nicht auflösend bedingt war, so ist der Arbeitgeber verpflichtet, sie im Einvernehmen mit dem Arbeitnehmer oder durch Änderungskündigung rückgängig zu machen. Bis zur Rückgängigmachung behält der Arbeitnehmer den Entgeltanspruch, der ihm auf dem neuen Arbeitsplatz zustünde. (**a. M.** *Richardi/Thüsing* § 100 Rn. 58 wenn der Arbeitnehmer dem Gesetz entsprechend aufgeklärt wurde). § 615 Satz 2 BGB ist jedoch zu beachten. Erst mit der rechtlichen Beendigung des Versetzungsvertrages ist der Arbeitnehmer wieder verpflichtet, am alten Arbeitsplatz zu arbeiten. Bei nur vorübergehend, d. h. für kurze Zeit, durchgeführten Versetzungen,

bei denen der Arbeitgeber das in § 100 vorgeschriebene Verfahren eingehalten hat, läuft das Mitbestimmungsrecht allerdings häufig leer, jedenfalls dann, wenn die ablehnende gerichtliche Entscheidung nicht vor dem Ende der vorübergehenden Versetzung ergeht. In diesem Falle erledigt sich das eingeleitete Zustimmungsersetzungsverfahren automatisch mit Rückkehr des Arbeitnehmers an den alten Arbeitsplatz (*BAG* 26.04.1990 EzA § 83a ArbGG 1979 Nr. 1 = AP Nr. 3 zu § 83a ArbGG 1979). Dennoch muss der Arbeitgeber das Verfahren durchführen; tut er es nicht, so kann darin eine grobe Pflichtverletzung i. S. v. § 23 Abs. 3 liegen (*Matthes*/MünchArbR § 264 Rn. 34, 35).

Bei **vorläufiger Eingruppierung und Umgruppierung** gilt folgendes: Ein- und Umgruppierung **49** sind Akte des Normvollzugs. Der Vergütungsanspruch des Arbeitnehmers nach der »richtigen« Entgeltgruppe ist unabhängig von seiner Eingruppierung (s. Rdn. 5 f.). Auch die fehlende Zustimmung des Betriebsrats ändert daran nichts (s. § 99 Rdn. 76). Wird ein Arbeitnehmer vorläufig eingestellt und gilt für ihn ein kollektives Entgeltschema, so ist der Arbeitgeber verpflichtet, ihn entsprechend einzugruppieren. Diese Eingruppierung muss aber so erfolgen, wie sie erfolgen müsste, wenn die Einstellung von Anfang an als endgültige vorgenommen worden wäre. Der Betriebsrat hat daher nicht die Möglichkeit, die dringende Erforderlichkeit für die Eingruppierung zu bestreiten, sondern nur die Möglichkeit, seine Zustimmung zu der Eingruppierung zu verweigern. Wird die verweigerte Zustimmung nicht ersetzt, so muss der Arbeitgeber die unzutreffende Eingruppierung zurücknehmen und die Zustimmung des Betriebsrats zu einer neuen Eingruppierung herbeiführen (*BAG* 27.01.1987 EzA § 99 BetrVG 1972 Nr. 55; 20.12.1988 EzA § 99 BetrVG 1972 Nr. 70 = AP Nr. 42, 62 zu § 99 BetrVG 1972). Gleiches gilt für die Umgruppierung. Ob der Arbeitnehmer individualrechtlich einen Anspruch auf das Entgelt nach der falschen Eingruppierung hat, hängt davon ab, ob mit ihm dieses Entgelt vertraglich vereinbart wurde, oder ob der Arbeitgeber den Arbeitnehmer nur von der aus Sicht das Arbeitgebers zutreffenden Eingruppierung informiert, aber auf die Notwendigkeit der Zustimmung des Betriebsrats hingewiesen hatte (*Bachner*/DKKW § 100 Rn. 42). War die Entgelthöhe vertraglich vereinbart, so kann sie nur im Einvernehmen mit dem Arbeitnehmer oder durch Änderungskündigung verändert werden.

Hält der Arbeitgeber entgegen der Entscheidung des Gerichts die Maßnahme weiter aufrecht, so greift **50** § 101 ein (s. dazu § 101 Rdn. 3).

Musste der Arbeitgeber nach § 100 Abs. 3 Satz 2 die vorläufige Maßnahme aufheben, ehe über die **51** endgültige Durchführung entschieden wurde, weil das Gericht vorab festgestellt hat, dass die vorläufige Durchführung der Maßnahme offensichtlich nicht erforderlich war, so kann er bis zur Entscheidung nach § 99 Abs. 4 die **vorläufige Maßnahme erneut durchführen**, wenn sich die Sachlage geändert hat und nunmehr aus sachlichen Gründen ein dringendes Bedürfnis besteht. Der Arbeitgeber muss dann aber erneut nach § 100 Abs. 2 verfahren (*Bachner*/DKKW § 100 Rn. 36; *Matthes* DB 1989, 1285 [1288]).

§ 101
Zwangsgeld

Führt der Arbeitgeber eine personelle Maßnahme im Sinne des § 99 Abs. 1 Satz 1 ohne Zustimmung des Betriebsrats durch oder hält er eine vorläufige personelle Maßnahme entgegen § 100 Abs. 2 Satz 3 oder Abs. 3 aufrecht, so kann der Betriebsrat beim Arbeitsgericht beantragen, dem Arbeitgeber aufzugeben, die personelle Maßnahme aufzuheben. Hebt der Arbeitgeber entgegen einer rechtskräftigen gerichtlichen Entscheidung die personelle Maßnahme nicht auf, so ist auf Antrag des Betriebsrats vom Arbeitsgericht zu erkennen, dass der Arbeitgeber zur Aufhebung der Maßnahme durch Zwangsgeld anzuhalten sei. Das Höchstmaß des Zwangsgeldes beträgt für jeden Tag der Zuwiderhandlung 250 Euro.

Literatur
Busemann Der Betriebsrat als »Eingruppierungskläger« im Beschlußverfahren?, NZA 1996, 681; *Dütz* Mitbestimmungssicherung bei Eingruppierungen, AuR 1993, 33; *Hanau* Der neue Erste Senat, NZA 1996, 841; *von Hoyningen-Huene* Die Rechtsstellung des Arbeitnehmers bei betriebsverfassungswidrigen personellen Einzelmaßnahmen,

§ 101

RdA 1982, 205; *Matthes* Verfahrensrechtliche Fragen im Zusammenhang mit Beteiligungsrechten des Betriebsrats bei personellen Einzelmaßnahmen, DB 1989, 1285; *ders.* Die Aufhebung von Einstellungen und Versetzungen nach § 101 BetrVG, FS *Richardi*, 2007, S. 685; *Oberthür* Kein allgemeiner Unterlassungsanspruch bei personellen Maßnahmen, ArbRB 2010, 30; *Pohl* Unterlassungsansprüche des Betriebsrates, FS 25 Jahre Arbeitsgemeinschaft Arbeitsrecht, 2006, S. 987; *Raab* Der Unterlassungsanspruch des Betriebsrats, ZfA 1997, 183; *Richardi* Der Beseitigungs- und Unterlassungsanspruch des Betriebsrats in der Dogmatik des Betriebsverfassungsrechts, FS *Wlotzke*, 1996, S. 407; *Rixecker* Die Beendigung kollektivrechtswidriger Arbeitsverhältnisse, AuR 1983, 238; *Veit* Die Sicherung des Mitbestimmungsrechts des Betriebsrats bei Eingruppierungen, RdA 1990, 325. Vgl. auch oben die Angaben zu § 23, § 99 und § 100.

Inhaltsübersicht Rdn.

I. Vorbemerkung	1
II. Voraussetzungen	2–7
III. Verfahren	8–23
1. Verpflichtung zur Aufhebung einer personellen Maßnahme	8–19
2. Festsetzung eines Zwangsgeldes	20–22
3. Vorläufiger Rechtsschutz	23
IV. Sonstige Rechtsbehelfe und Sanktionen	24–26

I. Vorbemerkung

1 § 101 entspricht weitgehend § 64 BetrVG 1952. Die Voraussetzungen sind der neuen Rechtslage angepasst; für das Zwangsgeld ist ein Tageshöchstsatz festgelegt. Die Regelung in § 101 dient der Sicherung des Mitbestimmungsrechtes des Betriebsrats bei personellen Einzelmaßnahmen nach den §§ 99 und 100 (BAG 18.07.1978 EzA § 99 BetrVG 1972 Nr. 23 = AP Nr. 1 zu § 101 BetrVG 1972). Die Vorschrift gibt dem Betriebsrat einen Anspruch auf Beseitigung des durch die einseitige Durchführung der Maßnahme herbeigeführten betriebsverfassungswidrigen Zustandes und stellt damit die gesetzliche Regelung eines negatorischen Abwehranspruches dar (*Matthes* FS *Richardi*, S. 685; *Raab* ZfA 1997, 183 [235]; *Richardi* FS *Wlotzke*, S. 407 [410 f.]; *Richardi/Thüsing* § 101 Rn. 4).

II. Voraussetzungen

2 Der Betriebsrat kann die Aufhebung einer personellen Maßnahme i. S. v. § 99 Abs. 1 Satz 1 einmal dann verlangen, wenn diese **ohne Zustimmung** des Betriebsrats **endgültig** durchgeführt wird. Dabei ist es gleichgültig, ob die Zustimmung ausdrücklich verweigert wurde und das Arbeitsgericht sie nicht ersetzt hat, oder ob eine Äußerung des Betriebsrats nicht vorliegt, weil der Arbeitgeber seiner Unterrichtungspflicht nicht nachgekommen und die Zustimmungsfiktion nach § 99 Abs. 3 Satz 2 deshalb nicht eingetreten ist (h. L.; *Fitting* § 101 Rn. 3; *Huke/HWGNRH* § 101 Rn. 3, 4; vgl. auch § 99 Rdn. 161 ff.). Gleiches gilt nach Meinung des *BAG*, wenn eine Einstellung aufgrund einer tarifvertraglichen Regelung einer erweiterten Mitbestimmung unterliegt und dieses Mitbestimmungsrecht nicht beachtet wurde (BAG 01.08.1989 EzA § 99 BetrVG 1972 Nr. 75 = AP Nr. 68 zu § 99 BetrVG 1972). Falls der Betriebsrat seine Zustimmung formell ordnungsgemäß verweigert hat (s. dazu § 99 Rdn. 166 ff.), ist es unerheblich, ob die Zustimmungsverweigerung zu Recht erfolgte, solange die Zustimmung nicht gemäß § 99 Abs. 4 ersetzt ist (*Huke/HWGNRH* § 101 Rn. 3, 4). Der Antrag nach § 101 wird auch nicht dadurch unbegründet, dass der Grund für die Zustimmungsverweigerung nachträglich weggefallen ist (BAG 20.11.1990 EzA § 118 BetrVG 1972 Nr. 57 = AP Nr. 47 zu § 118 BetrVG 1972).

3 Ein Aufhebungsanspruch besteht zudem, wenn der Arbeitgeber eine **vorläufige** personelle **Maßnahme aufrechterhält**, obwohl der Betriebsrat die Erforderlichkeit nach § 100 Abs. 2 Satz 2 bestritten und der Arbeitgeber das Gericht nicht innerhalb von drei Tagen angerufen hat (§ 100 Abs. 2 Satz 3), oder wenn der Arbeitgeber die Maßnahme länger als zwei Wochen aufrechterhält, nachdem die Anträge des Arbeitgebers rechtskräftig abgewiesen wurden (§ 100 Abs. 3 Satz 1).

Gleiches muss gelten, wenn der Arbeitgeber eine **vorläufige Maßnahme ohne Unterrichtung des** 4
Betriebsrats i. S. v. § 100 Abs. 2 Satz 1 durchgeführt hat. Dieser Fall ist im Gesetz zwar nicht ausdrücklich geregelt, muss jedoch gleich behandelt werden, da sich der Arbeitgeber sonst der Sanktion nach § 101 einfach dadurch entziehen könnte, dass er seiner Unterrichtungspflicht nach § 100 Abs. 2 Satz 1 nicht nachkommt (s. § 100 Rdn. 23; *Bachner*/DKKW § 101 Rn. 4; *Fitting* § 101 Rn. 3 unter b); *Heinze* Personalplanung, Rn. 373, 396; *Huke*/HWGNRH § 101 Rn. 7). Man könnte sich auch auf den Standpunkt stellen, dass eine personelle Maßnahme, von deren vorläufiger Durchführung der Arbeitgeber den Betriebsrat nicht unterrichtet hat, als endgültige zu betrachten ist, für die die Zustimmung des Betriebsrats fehlt. Das Ergebnis ist das gleiche, da dann die erste Alternative von § 101 Satz 1 eingreift (s. Rdn. 2).

Führt der Arbeitgeber eine Maßnahme nach **§ 100 Abs. 1 vorläufig durch** und **stimmt der Be-** 5
triebsrat der vorläufigen Maßnahme zu oder **äußert er sich** trotz ordnungsgemäßer Unterrichtung durch den Arbeitgeber nach § 100 Abs. 2 Satz 1 **nicht oder verspätet**, so findet § 101 ebenfalls keine unmittelbare Anwendung. Die zweite Alternative, also die Aufrechterhaltung einer vorläufigen Maßnahme entgegen § 100 Abs. 2 Satz 3 und Abs. 3, liegt schon deshalb nicht vor, weil der Arbeitgeber mangels Rechtsschutzinteresses das Verfahren gar nicht betreiben kann. Aber auch die Voraussetzungen der ersten Alternative, also die Durchführung einer personellen Maßnahme trotz Zustimmungsverweigerung, liegen nicht vor, und zwar selbst dann nicht, wenn der Betriebsrat der endgültigen Durchführung nach § 99 Abs. 3 die Zustimmung verweigert oder bereits verweigert hat. Wie sich aus dem systematischen Zusammenhang ergibt, findet die erste Alternative nur außerhalb des Verfahrens des § 100 Anwendung, also wenn der Arbeitgeber die Maßnahme »als endgültige« durchführt. Macht er hingegen deutlich, dass er lediglich von der Eilkompetenz des § 100 Gebrauch machen will, so besteht der Aufhebungsanspruch nur unter den Voraussetzungen der zweiten Alternative. Wie das *BAG* zutreffend feststellt, schafft die Vorschrift des § 100 bei Wahrung des vorgeschriebenen Verfahrens einen von der Zustimmung des Betriebsrats unabhängigen Geltungsgrund für die vorübergehende Beschäftigung des Arbeitnehmers (*BAG* 15.04.2014 EzA § 99 BetrVG 2001 Nr. 23 Rn. 23; s. a. § 100 Rdn. 3). Bedarf es aber der Zustimmung nicht, so kann der Aufhebungsanspruch nicht mit dem Fehlen der Zustimmung begründet werden. Damit entsteht freilich eine Regelungslücke. Es fehlt nämlich an einer Vorschrift, die den Arbeitgeber dazu verpflichtet, die Berechtigung des Widerspruchs des Betriebsrats überprüfen zu lassen und mit der gerichtlichen Ersetzung der Zustimmung der Maßnahme ihre endgültige Legitimation zu verschaffen. Der Gesetzgeber ging offensichtlich davon aus, dass es nur zwei Möglichkeiten gibt: entweder der Arbeitgeber sieht zumindest zunächst von der Durchführung der Maßnahme ab und leitet das Ersetzungsverfahren ein, oder er führt die Maßnahme vorläufig durch und stellt den Doppelantrag nach § 100 Abs. 2 Satz 3. In beiden Fällen ist sichergestellt, dass die Maßnahme zumindest auf Dauer nur aufrechterhalten bleiben kann, wenn das Gericht die Zustimmung ersetzt (s. a. § 100 Rdn. 35). Lehnt es dies ab, kann der Betriebsrat nach § 101 die Aufhebung verlangen. Der Fall, dass der Arbeitgeber die Maßnahme zulässigerweise (nämlich als vorläufige) durchführen kann, ohne dass ein gerichtliches Ersetzungsverfahren eingeleitet wird, ist nicht bedacht worden. Dies birgt die Gefahr, dass aus dem Provisorium ein Dauerzustand wird. Das Gesetz erlaubt aber die Durchführung der Maßnahme nur als »vorläufige«. Diese planwidrige Unvollständigkeit ist dadurch auszugleichen, dass der Arbeitgeber in diesem Fall die personelle Maßnahme nur dann aufrechterhalten darf, wenn er das Ersetzungsverfahren nach § 99 Abs. 4 einleitet (s. § 100 Rdn. 30, 33). Hält der Arbeitgeber an der Maßnahme fest, ohne den Antrag zu stellen, muss der Betriebsrat die Möglichkeit haben, **analog § 101** die Aufhebung zu verlangen und die vorläufige Beschäftigung damit zu beenden (*LAG* Hamm 29.03.1976 EzA § 99 BetrVG 1972 Nr. 10; *Bachner*/DKKW § 100 Rn. 19; *Fitting* § 100 Rn. 10; *Galperin*/*Löwisch* § 100 Rn. 15; *Huke*/HWGNRH § 100 Rn. 23; *Kania* NZA 2016, 614 [617]; *Richardi*/*Thüsing* § 100 Rn. 21).

Bei **tendenzbedingten** personellen Einstellungen oder Versetzungen kann der Betriebsrat nach 6
§ 101 vorgehen, wenn der Arbeitgeber ihn nicht nach § 99 unterrichtet hat oder die Maßnahme vor Ablauf der Wochenfrist des § 99 Abs. 3 durchführt. Gegen die vorläufige Durchführung kann der Betriebsrat nach § 101 vorgehen, wenn der Arbeitgeber den Feststellungsantrag nach § 100 Abs. 2 Satz 3 nicht rechtzeitig stellt (s. § 100 Rdn. 8; *BAG* 01.09.1987 EzA § 118 BetrVG 1972 Nr. 40; 01.09.1987 EzA § 118 BetrVG 1972 Nr. 41 = AP Nr. 10, 11 zu § 101 BetrVG 1972).

7 Der Anspruch des Betriebsrats auf Aufhebung der Maßnahme, den er an sich nach § 101 durchsetzen kann, kann **verwirkt** werden (dazu *LAG Frankfurt a. M.* 24.01.1984 NZA 1984, 97; *Bachner/DKKW* § 101 Rn. 8; *Fitting* § 99 Rn. 279; *Kania* NZA 2016, 614 [618]). In der Literatur wird die Ansicht vertreten, dass im Falle der Einstellung stets von einer Verwirkung auszugehen sei, wenn der Betriebsrat in Kenntnis der Tatsache, dass der Arbeitnehmer trotz fehlender Zustimmung beschäftigt wird, länger als 6 Monate schweige mit der Folge, dass der Arbeitnehmer nunmehr Kündigungsschutz genieße (so *Fitting* § 99 Rn. 279). Dies erscheint zweifelhaft. Insoweit ist zu berücksichtigen, dass der Arbeitgeber, der einen Arbeitnehmer trotz fehlender oder verweigerter Zustimmung des Betriebsrats beschäftigt, auf eigenes Risiko handelt. Sein Vertrauen in ein weiteres Stillhalten des Betriebsrats ist ohne Vorliegen besonderer Anhaltspunkte nicht ohne Weiteres schutzwürdig. Deshalb dürfte es auch hier auf die Umstände des Einzelfalls ankommen. Etwas anderes mag gelten, wenn der Arbeitgeber die Maßnahme **vorläufig durchführt und den Betriebsrat ordnungsgemäß nach § 100 beteiligt**, der Betriebsrat die Dringlichkeit der Maßnahme anerkennt oder zumindest nicht (rechtzeitig) bestreitet, der Arbeitgeber aber das Ersetzungsverfahren nicht einleitet. Hier gilt zwar § 101 entsprechend (s. Rdn. 5, § 100 Rdn. 30, 33). Nimmt der Betriebsrat jedoch in einem solchen Fall hin, dass der Arbeitgeber untätig bleibt, obwohl er die Maßnahme aufrechterhält, wäre es treuwidrig, wenn er erst nach Eingreifen des Kündigungsschutzes die Aufhebung der Maßnahme verlangen würde (*Kania* NZA 2016, 614 [618]). Eine Verwirkung unter Hinweis auf den zwischenzeitlich erworbenen Kündigungsschutz scheidet dagegen typischerweise aus, wenn es um den Einsatz eines seit längerem im Unternehmen beschäftigten Arbeitnehmers in einem anderen Betrieb geht (*LAG Hamm* 12.05.2015 LAGE § 101 BetrVG 2001 Nr. 3 Rn. 40). Hier führt die Aufhebung der Maßnahme lediglich dazu, dass der Arbeitnehmer wieder in seinem früheren Arbeitsbereich eingesetzt werden muss (zur Entbehrlichkeit der Zustimmung des Betriebsrats in diesen Fällen s. § 99 Rdn. 56, 129, § 100 Rdn. 47).

III. Verfahren

1. Verpflichtung zur Aufhebung einer personellen Maßnahme

8 Liegt eine der in Rdn. 2 bis 6 genannten Voraussetzungen vor, so kann der Betriebsrat beim Arbeitsgericht beantragen, **den Arbeitgeber zu verpflichten**, die personelle Maßnahme aufzuheben. Gemeint ist damit die Verpflichtung zur Beseitigung der tatsächlichen Situation (bezüglich der Auswirkungen auf die individualrechtliche Vertragssituation s. § 100 Rdn. 44 ff.). Der Betriebsrat kann aber nicht beantragen, dass der Arbeitgeber zu einer bereits vorgenommenen Maßnahme die Zustimmung des Betriebsrats einholt (*BAG* 20.02.2001 EzA § 99 BetrVG 1972 Einstellung Nr. 7 = AP Nr. 23 zu § 101 BetrVG 1972; 02.03.2004 AP Nr. 87 zu § 256 ZPO 1977 unter II 3). Auch ein **Antrag auf Feststellung**, dass dem Betriebsrat in Bezug auf die vom Arbeitgeber durchgeführte Maßnahme ein Mitbestimmungsrecht zusteht, ist **unzulässig**. Es fehlt an dem nach § 256 ZPO erforderlichen Feststellungsinteresse, weil der Betriebsrat sein Rechtsschutzziel im Wege des Leistungsantrages nach § 101 verfolgen kann (*BAG* 15.04.2008 AP Nr. 54 zu § 95 BetrVG 1972 Rn. 17 f.; 22.03.2016 EzA § 256 ZPO 2002 Nr. 21 = AP Nr. 147 zu § 99 BetrVG 1972 Rn. 15). Gibt das Gericht dem Antrag des Betriebsrats, dem Arbeitgeber die Aufhebung der Maßnahme aufzugeben, statt, so bedeutet dies bezüglich der **Einstellung**, dass der Arbeitgeber den Arbeitnehmer nicht mehr beschäftigen darf (*BAG* 02.07.1980 EzA § 99 BetrVG 1972 Nr. 28 = AP Nr. 9 zu Art. 33 Abs. 2 GG; 23.06.2009 EzTöD 100 § 2 TVöD-AT Mitbestimmung Nr. 5 = AP Nr. 59 zu § 99 BetrVG 1972 Einstellung Rn. 17). Das hieraus folgende betriebsverfassungsrechtliche Beschäftigungsverbot hat Vorrang vor dem Beschäftigungsanspruch des Arbeitnehmers (s. § 99 Rdn. 176). Das Beschäftigungsverbot führt außerdem dazu, dass der Arbeitgeber das Arbeitsverhältnis im Regelfall durch ordentliche (personenbedingte) Kündigung beenden kann, wenn es keine Möglichkeit gibt, den Arbeitnehmer – ggf. mit Zustimmung des Betriebsrats – anderweitig zu beschäftigen (s. § 99 Rdn. 177, § 100 Rdn. 47 und § 102 Rdn. 26 unter g). Gleiches gilt für die **Versetzung**. Mit Rechtskraft der Entscheidung darf der Arbeitgeber den Arbeitnehmer nicht mehr in dem neuen, ihm zugewiesenen Arbeitsbereich beschäftigen (s. § 100 Rdn. 48). Rein kollektivrechtlich ist eine Beschäftigung auf dem vor der Versetzung zugewiesenen Arbeitsplatz möglich. Ob der Arbeitgeber hierzu im Verhältnis zum betroffenen Arbeitnehmer befugt ist, hängt wiederum von der individualrechtlichen Situation ab. Erfolgte die Versetzung im Wege des Direktionsrechts, dürfte eine »Rückversetzung« unproblematisch sein. Ist dagegen ein Änderungsvertrag zustande gekommen, kann es sein, dass der Arbeitnehmer auf der Beschäftigung zu den geänderten Bedingungen bestehen kann, so dass eine Rückkehr auf den alten Arbeitsplatz nur mit seinem Einverständnis möglich wäre (s. § 100 Rdn. 48).

Bei **Ein- bzw. Umgruppierungen** besteht die Besonderheit, dass die personelle Maßnahme in 9 einem Akt der Rechtsanwendung besteht, so dass sich die Frage stellt, ob und inwieweit dem Arbeitgeber aufgegeben werden kann die personelle Maßnahme »aufzuheben«, wie dies § 101 vorsieht. Die Rspr. verneint dies und interpretiert den § 101 aus diesem Grunde abweichend vom Wortlaut. Nimmt der Arbeitgeber die Ein- oder Umgruppierung vor, **ohne die Zustimmung des Betriebsrats einzuholen**, so könne der Betriebsrat verlangen, dass der Arbeitgeber ein Beteiligungsverfahren nach § 99 einleitet, das eine Eingruppierung in eine Entgeltgruppe zum Gegenstand hat, und, falls der Betriebsrat seine Zustimmung verweigert, die Ersetzung seiner Zustimmung beim Arbeitsgericht beantragt (*BAG* 22.03.1983 EzA § 101 BetrVG 1972 Nr. 5 = AP Nr. 6 zu § 101 BetrVG 1972 = SAE 1984, 59 *[Kraft]* unter B II 3; 31.05.1983 EzA § 118 BetrVG 1972 Nr. 36 = AP Nr. 27 zu § 118 BetrVG 1972 unter B II 1b bb; 26.10.2004 EzA § 99 BetrVG 2001 Umgruppierung Nr. 2 = AP Nr. 29 zu § 99 BetrVG 1972 Eingruppierung unter B II 1; st. Rspr., zuletzt *BAG* 14.04.2015 EzA § 99 BetrVG 2001 Eingruppierung Nr. 11 = AP Nr. 143 zu § 99 BetrVG 1972 *[B. Schmidt]* Rn. 20). Hat der Arbeitgeber den Betriebsrat beteiligt, hat dieser aber seine **Zustimmung verweigert** und hält der Arbeitgeber die von ihm für richtig gehaltene Eingruppierung aufrecht, so könne der Betriebsrat nach § 101 zunächst beim Arbeitsgericht beantragen, dem Arbeitgeber aufzugeben, ein Zustimmungsersetzungsverfahren einzuleiten (*BAG* 03.10.1989 EzA § 99 BetrVG 1972 Nr. 83 = AP Nr. 75 zu § 99 BetrVG 1972). Hält der Arbeitgeber **nach** (freiwillig eingeleitetem oder erzwungenem) **erfolglosem Zustimmungsersetzungsverfahren** an der von ihm vorgenommenen Eingruppierung fest, sei der Antrag nach § 101 darauf gerichtet, das Zustimmungsverfahren und ggf. das Zustimmungsersetzungsverfahren zu wiederholen und dabei eine andere (ggf. die vom Gericht für zutreffend erachtete) Vergütungsgruppe zugrunde zu legen (*BAG* 03.05.1994 EzA § 99 BetrVG 1972 Nr. 122 *[zust. Rieble]* = AP Nr. 2 zu § 99 BetrVG 1972 Eingruppierung unter B II 2b). Die überwiegende Ansicht in der Literatur ist dieser korrigierenden Auslegung des § 101 gefolgt (*Bachner*/DKKW § 101 Rn. 6; *Fitting* § 101 Rn. 8; *Kaiser*/LK § 101 Rn. 3; *Matthes*/MünchArbR § 266 Rn. 22 ff.; *Richardi*/*Thüsing* § 101 Rn. 12; *Richardi* FS *Wlotzke* S. 404 [411]; *Ricken*/HWK § 101 Rn. 2).

Die von der h. M. vorgenommene Korrektur des § 101 ist freilich **weder logisch zwingend, noch** 10 **vom Zweck des Mitbestimmungsrechts her geboten**. Bei zutreffender Bestimmung der mitbestimmungspflichtigen Maßnahme ist nicht einzusehen, warum dem Arbeitgeber nicht aufgegeben werden kann, eine betriebsverfassungswidrige Eingruppierung rückgängig zu machen (*Heinze* Personalplanung, Rn. 399; *Kraft* Anm. zu *BAG* 22.03.1983 SAE 1984, 59; *Huke*/HWGNRH § 101 Rn. 9; vgl. auch *Hanau* NZA 1996, 841 [845]; krit. auch *Busemann* NZA 1996, 681 [682]). Das *BAG* beruft sich vor allem auf die fehlende Gestaltungswirkung der Eingruppierung. Aufheben lasse sich nur etwas, das in der Außenwelt irgendwelche Wirkungen hervorgerufen und den bisherigen Zustand verändert habe. Die vom Arbeitgeber vorgenommene Eingruppierung äußere dagegen als bloßer Normenvollzug keinerlei rechtliche Wirkungen. Sie habe nur deklaratorische Bedeutung und lasse die Rechtsstellung des betreffenden Arbeitnehmers völlig unberührt. Dies ist in der Sache sicher richtig. Doch geht es bei der Mitbestimmung im Falle der Eingruppierung auch gar nicht um eine Beteiligung bei der Gestaltung des Rechtsverhältnisses zum Arbeitnehmer, sondern darum, dass die Betriebspartner gemeinsam über die Normanwendung im Betrieb entscheiden sollen. Die konkrete Normanwendung zeitigt aber durchaus Folgen in der Außenwelt, da sich die (tatsächliche) Behandlung der Arbeitnehmer nach der mit der Eingruppierung verbundenen Einordnung in das Vergütungssystem richtet und der Arbeitgeber diese bei der Gewährung seiner Leistungen zugrunde legt. Durch eine fehlerhafte Eingruppierung mag sich die rechtliche Situation und der Vergütungsanspruch des Arbeitnehmers nicht ändern. Sie hat aber Einfluss auf die tatsächlich vom Arbeitgeber erbrachten Leistungen. Und diese tatsächliche Behandlung lässt sich sehr wohl gestalten und damit auch verändern. Im Übrigen passt die Argumentation der h. M. nicht recht zu dem Umstand, dass der Anspruch aus § 101 auch bei einer mitbestimmungswidrigen Einstellung oder Versetzung nicht oder nicht in erster Linie auf die Umgestaltung des Rechtsverhältnisses zu dem betroffenen Arbeitnehmer, sondern auf das Unterbleiben der tatsächlichen Beschäftigung (auf dem anderen Arbeitsplatz) gerichtet ist (s. Rdn. 8).

§ 101   IV. 5. 3. Personelle Einzelmaßnahmen

Richtig ist, dass das Rechtsschutzziel des § 101 allein mit der Aufhebung der bisherigen (unzutreffenden) Eingruppierung nicht erreicht wäre. Vielmehr müsste der Arbeitgeber den Arbeitnehmer dann neu eingruppieren und den Betriebsrat dabei (erneut oder erstmalig) nach § 99 beteiligen. Dies ließe sich aber durch einen entsprechenden – neben dem Aufhebungsantrag zu stellenden – zusätzlichen Antrag (s. Rdn. 11) sicherstellen, der dann allerdings wohl nur unter den Voraussetzungen des § 259 ZPO zulässig wäre, nämlich wenn zu besorgen ist, dass der Arbeitgeber dieser Verpflichtung nicht nachkommt. Im Übrigen wäre ein Antrag auf Aufhebung der ohne Zustimmung des Betriebsrats vorgenommenen Eingruppierung nur dann begründet, wenn das Gericht zu dem Ergebnis kommt, dass die Eingruppierung unzutreffend ist, da dem Arbeitgeber eine richtige Normanwendung nicht gerichtlich untersagt werden kann.

11 Hat der Arbeitgeber eine **erforderliche Eingruppierung unterlassen**, so fehlt es im Prinzip an einer Maßnahme, hinsichtlich der der Betriebsrat ein Zustimmungsrecht reklamieren könnte. Andererseits wäre es ein merkwürdiger Wertungswiderspruch, wenn der Arbeitgeber das dem Betriebsrat eingeräumte Mitbeurteilungsrecht ins Leere laufen lassen könnte, indem er schlicht keine Eingruppierung vornimmt. Wenn das Gesetz in § 99 Abs. 1 zum Ausdruck bringt, dass die Einordnung des Arbeitnehmers in ein bestehendes kollektives Vergütungssystem nur im Einvernehmen zwischen Arbeitgeber und Betriebsrat erfolgen soll, so muss zugleich eine Verpflichtung des Arbeitgebers gegenüber dem Betriebsrat bestehen, eine solche Eingruppierung vorzunehmen (*BAG* 20.12.1988 EzA § 99 BetrVG 1972 Nr. 70 = AP Nr. 62 zu § 99 BetrVG 1972 unter B III 2d). Aus diesem Grunde nimmt die Rspr. an, dass der Betriebsrat in **analoger Anwendung des § 101** den Antrag stellen könne, **dem Arbeitgeber aufzugeben, die Eingruppierung vorzunehmen**, die Zustimmung des Betriebsrats dazu zu beantragen und, falls sie verweigert wird, den Zustimmungsersetzungsantrag zu stellen (*BAG* 20.12.1988 EzA § 99 BetrVG 1972 Nr. 70 = AP Nr. 62 zu § 99 BetrVG 1972 unter B III 2c, d; 18.06.1991 EzA § 99 BetrVG 1972 Nr. 101 = AP Nr. 15 zu § 99 BetrVG 1972 Eingruppierung). Voraussetzung ist, dass der Arbeitgeber überhaupt zu einer Eingruppierung verpflichtet ist (*BAG* 26.10.2004 EzA § 99 BetrVG 2001 Umgruppierung Nr. 2 = AP Nr. 29 zu § 99 BetrVG 1972 Eingruppierung unter B II 1). Dies wiederum ist nur dann der Fall, wenn und soweit in dem Betrieb eine (kollektive) Vergütungsordnung gilt (*BAG* 04.05.2011 EzA § 99 BetrVG 2001 Eingruppierung Nr. 9 = AP Nr. 55 zu § 99 BetrVG 1972 Eingruppierung Rn. 21; 18.10.2011 EzA § 87 BetrVG 2001 Betriebliche Lohngestaltung Nr. 26 = AP Nr. 141 zu § 87 BetrVG 1972 Lohngestaltung Rn. 13). Das *BAG* hatte insoweit früher verlangt, dass das Arbeitsverhältnis des betroffenen Arbeitnehmers von der Vergütungsordnung erfasst werden müsse (*BAG* 23.09.2003 EzA § 99 BetrVG 2001 Nr. 3 = AP Nr. 28 zu § 99 BetrVG 1972 Eingruppierung unter B II 2a; so auch noch *BAG* 18.10.2011 EzA § 87 BetrVG 2001 Betriebliche Lohngestaltung Nr. 26 = AP Nr. 141 zu § 87 BetrVG 1972 Lohngestaltung Rn. 13). Hiervon ist das Gericht in seiner neueren Rspr. abgerückt und geht nunmehr davon aus, dass der Betriebsrat die Vornahme der Eingruppierung in ein kollektives, insbesondere tarifliches Entgeltschema **ohne Rücksicht auf die Anwendbarkeit im konkreten Arbeitsverhältnis** verlangen könne, solange diese Vergütungsordnung im Betrieb Geltung beanspruche (*BAG* 14.04.2010 EzA § 99 BetrVG 2001 Eingruppierung Nr. 5 = AP Nr. 44 zu § 99 BetrVG 1972 Eingruppierung Rn. 14; 04.05.2011 EzA § 99 BetrVG 2001 Eingruppierung Nr. 9 = AP Nr. 55 zu § 99 BetrVG 1972 Eingruppierung Rn. 21 ff.; zuletzt *BAG* 23.08.2016 EzA § 87 BetrVG 2001 Betriebliche Lohngestaltung Nr. 35 = AP Nr. 148 zu § 99 BetrVG 1972 Rn. 23; s. hierzu § 99 Rdn. 70). Diese Ansicht hängt unmittelbar zusammen mit der (neueren) Rechtsprechung zur Entgeltmitbestimmung, wonach die Entscheidung des Arbeitgebers darüber, ob er ein tarifliches Vergütungssystem auch im Verhältnis zu den nicht tarifgebundenen Arbeitnehmern zur Anwendung bringt, der Mitbestimmung nach § 87 Abs. 1 Nr. 10 unterliegt (*BAG* 18.10.2011 EzA § 87 BetrVG 2001 Betriebliche Lohngestaltung Nr. 26 = AP Nr. 141 zu § 87 BetrVG 1972 Lohngestaltung; hierzu mit Recht krit. *Wiese/Gutzeit* § 87 Rdn. 967 ff. m. w. N.).

12 Das zur Eingruppierung Gesagte gilt entsprechend für die **Umgruppierung**. Ändern sich die maßgeblichen Kriterien für die Vergütungsgruppen oder findet im Betrieb eine völlig neue Vergütungsordnung Anwendung, so ist der Arbeitgeber zur Umgruppierung verpflichtet. Denkbar ist auch, dass sich die Notwendigkeit zur Umgruppierung aus einer Änderung der Tätigkeit des Arbeitnehmers ergibt. Der Betriebsrat kann dann analog § 101 verlangen, dass der Arbeitgeber die Umgruppierung vornimmt, seine Zustimmung einholt und im Falle der Zustimmungsverweigerung das Verfahren nach

§ 99 Abs. 4 durchführt (*BAG* 03.10.1989 EzA § 99 BetrVG 1972 Nr. 83 = AP Nr. 75 zu § 99 BetrVG 1972; 26.10.2004 EzA § 99 BetrVG 2001 Umgruppierung Nr. 2 = AP Nr. 29 zu § 99 BetrVG 1972 Eingruppierung unter B II 1; 04.05.2011 EzA § 99 BetrVG 2001 Eingruppierung Nr. 9 = AP Nr. 55 zu § 99 BetrVG 1972 Eingruppierung Rn. 16 ff.).

Gegenstand des Verfahrens nach § 101 ist die Verpflichtung des Arbeitgebers, eine von ihm ohne Zustimmung des Betriebsrats durchgeführte Maßnahme »aufzuheben«. Der Antrag ist also **zukunftsgerichtet**. Es geht darum, einen betriebsverfassungswidrigen Zustand zu beenden, nicht dagegen um die Feststellung, dass der Arbeitgeber in der Vergangenheit rechtswidrig gehandelt hat (*BAG* 03.05.1994 EzA § 99 BetrVG 1972 Nr. 122 *[Rieble]* = AP Nr. 2 zu § 99 BetrVG 1972 Eingruppierung unter B II 3 a; 11.09.2013 EzA § 101 BetrVG 2001 Nr. 1 = AP Nr. 63 zu § 99 BetrVG 1972 Eingruppierung Rn. 24). Voraussetzung für einen solchen Aufhebungsantrag ist daher, dass **die entsprechende Maßnahme** überhaupt **noch vollzogen** wird. Dies ist nicht mehr der Fall, wenn der ohne Zustimmung des Betriebsrats eingestellte Arbeitnehmer gar nicht mehr im Betrieb beschäftigt wird oder der ohne Zustimmung versetzte Arbeitnehmer zwischenzeitlich auf seinen früheren Arbeitsplatz zurückgekehrt oder auf einen anderen Arbeitsplatz versetzt worden ist. Ist die im Antrag bezeichnete **personelle Einzelmaßnahme** im Zeitpunkt der letzten mündlichen Verhandlung **beendet**, so wird der Antrag nach § 101 unbegründet (*BAG* 14.05.2013 EzA § 118 BetrVG 2001 Nr. 13 = AP Nr. 86 zu § 118 BetrVG 1972 Rn. 33; 11.09.2013 EzA § 101 BetrVG 2001 Nr. 1 Rn. 24; 14.04.2015 EzA § 99 BetrVG 2001 Eingruppierung Nr. 11 = AP Nr. 143 zu § 99 BetrVG 1972 *[B. Schmidt]* Rn. 21; zust. *Bachner/DKKW* § 101 Rn. 10; *Fitting* § 101 Rn. 4a; *Rieble/AR* § 101 BetrVG Rn. 1, 3). Der Betriebsrat kann den Antrag auch nicht umstellen und die **Feststellung beantragen**, dass die Maßnahme seiner Zustimmung bedurft hätte, weil es einem solchen, allein in die Vergangenheit gerichteten Antrag am erforderlichen Feststellungsinteresse fehlt (*BAG* 15.04.2008 AP Nr. 54 zu § 95 BetrVG 1972 Rn. 17). Der Betriebsrat kann allenfalls sein Begehren dahingehend umstellen, dass das Bestehen des Mitbestimmungsrechts bei einer näher beschriebenen Maßnahme abstrakt und losgelöst vom konkreten Einzelfall für die Zukunft festgestellt wird. Ein Feststellungsinteresse besteht aber auch in diesem Falle nur, wenn die streitige Maßnahme häufiger im Betrieb auftritt und sich auch künftig jederzeit wiederholen kann (*BAG* 22.03.2016 EzA § 256 ZPO 2002 Nr. 21 = AP Nr. 147 zu § 99 BetrVG 1972 Rn. 18 ff.).

Dies gilt **auch für Ein- und Umgruppierungen**. Wenn und soweit das kollektive Entgeltschema, in das der Arbeitnehmer eingeordnet werden soll, im Betrieb keine Geltung mehr beansprucht, kann der Betriebsrat nicht mehr verlangen, dass der Arbeitgeber die Zustimmung einholt und diese im Ablehnungsfalle ersetzen lässt (so *BAG* [Siebter Senat] 11.09.2013 EzA § 101 BetrVG 2001 Nr. 1 Rn. 22 ff. unter ausdrücklicher Aufgabe der entgegenstehenden Rspr. des Ersten Senats, *BAG* 03.05.1994 EzA § 99 BetrVG 1972 Nr. 122 unter B II 3b). Die Zustimmung des Betriebsrats zur Ein- und Umgruppierung ist betriebsverfassungsrechtlich nur solange von Bedeutung, wie der betroffene Arbeitnehmer im Betrieb beschäftigt ist und die streitige Ein- und Umgruppierung nicht durch eine andere Ein- und Umgruppierung beendet worden ist. Ist der Arbeitnehmer aus dem Betrieb ausgeschieden oder ist das im Antrag vom Betriebsrat bezeichnete Vergütungssystem durch ein anderes ersetzt worden, so entfaltet die streitige Eingruppierung für die Zukunft keine Wirkung mehr, so dass auch das Aufhebungsverlangen des § 101 seinen Gegenstand verloren hat. Es geht dann nur noch um die Frage, ob der Arbeitnehmer in der Vergangenheit richtig eingruppiert war. Diese Frage hat aber lediglich Bedeutung für etwaige individualrechtliche Ansprüche des Arbeitnehmers, etwa auf Zahlung der Vergütungsdifferenz, die sich bei »richtiger« Eingruppierung ergibt. Das von § 101 verfolgte Rechtsschutzziel ist jedoch nicht die Klärung individualrechtlicher Ansprüche, sondern die Sicherung der Beteiligungsrechte des Betriebsrats, also der kollektivrechtliche Rechtsschutz im Verhältnis des Betriebsrats zum Arbeitgeber (zutr. *BAG* 11.09.2013 EzA § 101 BetrVG 2001 Nr. 1 Rn. 28 f.).

Hat der Arbeitgeber einmal **mit Zustimmung des Betriebsrats eine Ein- oder Umgruppierung vorgenommen** oder ist die Zustimmung des Betriebsrats durch das Arbeitsgericht ersetzt worden, so ist die Einordnung des Arbeitnehmers in das betriebliche Vergütungssystem betriebsverfassungsrechtlich legitimiert. Hält der Betriebsrat die mit seiner Zustimmung erfolgte Eingruppierung nicht oder nicht mehr für zutreffend, so kann er nicht verlangen, dass der Arbeitgeber ihn erneut nach § 99 beteiligt. Er ist vielmehr darauf verwiesen, von seinem Recht nach § 80 Abs. 1 Nr. 1 Gebrauch zu machen

§ 101 IV. 5. 3. Personelle Einzelmaßnahmen

und auf eine zutreffende Anwendung der normativen Grundlagen der Vergütungsordnung hinzuwirken (*BAG* 18.06.1991 EzA § 99 BetrVG 1972 Nr. 100 = AP Nr. 105 zu § 99 BetrVG 1972).

16 Hat der Arbeitgeber ein **Verfahren nach § 100 Abs. 2 Satz 3** eingeleitet, so kann der Betriebsrat bereits **in diesem Verfahren beantragen**, das Arbeitsgericht möge, falls es dem Antrag des Arbeitgebers nicht entspricht, diesen verpflichten, die durchgeführte Maßnahme aufzuheben (*Bachner/DKKW* § 101 Rn. 11; *Fitting* § 101 Rn. 6; *Galperin/Löwisch* § 101 Rn. 4; *Huke/HWGNRH* § 101 Rn. 11; *Richardi/Thüsing* § 101 Rn. 15; **a. M.** *LAG Hamm* 23.01.2015 LAGE § 81 SGB IX Nr. 16 Rn. 85 ff.). Dies war in § 64 Abs. 1 BetrVG 1952 ausdrücklich ausgesprochen, muss aber, obwohl eine entsprechende Regelung in § 101 fehlt, schon aus Gründen der Prozessökonomie auch nach dem geltenden Gesetz gelten. Im Verfahren nach § 99 Abs. 4 kann der Antrag noch nicht gestellt werden, es sei denn, die personelle Maßnahme ist bereits vorläufig durchgeführt und das Verfahren nach § 100 eingeleitet oder der Betriebsrat von der vorläufigen Durchführung nicht unterrichtet worden (s. Rdn. 4; vgl. auch *Bachner/DKKW* § 101 Rn. 11; *Galperin/Löwisch* § 101 Rn. 5).

17 Der **Arbeitgeber** kann in dem Verfahren seinerseits einen **Antrag auf Feststellung** stellen, dass dem Betriebsrat das Mitbestimmungsrecht, auf den sich der Aufhebungsantrag stützt, nicht zusteht. Für einen solchen Antrag besteht ein Rechtsschutzinteresse, weil eine Abweisung des Aufhebungsantrags auch aus anderen Gründen erfolgen kann und daher nicht notwendigerweise die begehrte Feststellung einschließt (*LAG Baden-Württemberg* 07.07.2011 – 21 TaBV 1/11 – juris, Rn. 51). Dagegen kann der Arbeitgeber dem Antrag des Betriebsrats, ihm aufzugeben, eine personelle Maßnahme aufzuheben, **nicht mit dem Hilfsantrag** begegnen, die **fehlende Zustimmung zu ersetzen** (*BAG* 18.07.1978 EzA § 99 BetrVG 1972 Nr. 23, 21.11.1978 EzA § 101 BetrVG 1972 Nr. 3 = AP Nr. 1 und 3 zu § 101 BetrVG 1972; *LAG Hamm* 28.05.1973 DB 1973, 1407; *LAG Niedersachsen* 28.01.2010 – 5 TaBV 65/09 – juris, Rn. 43; *Bachner/DKKW* § 101 Rn. 12; *Fitting* § 101 Rn. 4; *Galperin/Löwisch* 101 Rn. 4; *Heinze* Personalplanung, Rn. 401; *Huke/HWGNRH* § 101 Rn. 11; *Richardi/Thüsing* § 101 Rn. 16). Hat er den Betriebsrat gar nicht beteiligt, kann der Arbeitgeber diesen Antrag ohnehin erst stellen, wenn er das Verfahren nach § 99 Abs. 1 nachgeholt und der Betriebsrat die Zustimmung ordnungsgemäß verweigert hat. Ein solcher Hilfsantrag ist aber im Aufhebungsverfahren auch dann unzulässig, wenn der Arbeitgeber den Betriebsrat zwar um Zustimmung gebeten, sich aber über eine (ordnungsgemäße) Zustimmungsverweigerung hinweggesetzt hat. Eine Ausnahme gilt, wenn der Betriebsrat erklärt hat, aus Beschlüssen im Aufhebungsverfahren nach § 101 ohnehin keine Zwangsvollstreckung zu betreiben, solange über die Zustimmungsverweigerung nicht rechtskräftig entschieden sei, da in diesem Falle durch eine Entscheidung über den Ersetzungsantrag keine, dem Zweck des Aufhebungsverfahrens widersprechende Verzögerung zu befürchten ist (*LAG Berlin* 11.02.2005 – 6 TaBV 2252/04 – juris, Rn. 27). Der Antrag des Betriebsrats, der darauf gestützt ist, dass der Arbeitgeber die Maßnahme trotz einer verweigerten Zustimmung durchgeführt hat, wird nicht dadurch unbegründet, dass der Grund, auf den der Betriebsrat seine Zustimmungsverweigerung gestützt hat, im Laufe des Verfahrens nach § 101 wegfällt (*BAG* 20.11.1990 EzA § 118 BetrVG 1972 Nr. 57 = AP Nr. 47 zu § 118 BetrVG 1972). Sofern der Betriebsrat den Antrag nach § 101 darauf stützt, dass der Arbeitgeber eine konkrete Maßnahme ohne seine Zustimmung durchgeführt habe, kann der Arbeitgeber allerdings einwenden, die **Zustimmung des Betriebsrats gelte nach § 99 Abs. 3 Satz 2 als erteilt**, weil die Zustimmungsverweigerung, etwa wegen fehlender Begründung, nicht rechtswirksam sei (*Richardi/Thüsing* § 101 Rn. 18).

18 Das Arbeitsgericht entscheidet im **Beschlussverfahren** (§ 2a Abs. 1 Nr. 1, Abs. 2; §§ 80 ff. ArbGG). Da es sich hierbei noch nicht um eine Maßnahme der Zwangsvollstreckung handelt, gilt nicht § 85 ArbGG, sondern §§ 83 und 84 ArbGG, wonach die Kammer **aufgrund mündlicher Verhandlung** zu entscheiden hat. Die unter dem BetrVG 1952 bestehende Streitfrage, ob nicht der Vorsitzende allein entscheidungsbefugt sei (so etwa *Hueck/Nipperdey* II/2, S. 1432 gegen *Dietz* § 64 Rn. 5c; *Fitting/Kraegeloh/Auffarth* § 64 Rn. 7), war darauf zurückzuführen, dass die den Arbeitgeber verpflichtende Entscheidung häufig mit der Zwangsvollstreckungsmaßnahme verquickt wurde. Der **Arbeitnehmer** ist in diesem Verfahren **nicht beteiligt** (h. M.; *BAG* 31.05.1983 EzA § 118 BetrVG 1972 Nr. 36 = AP Nr. 27 zu § 118 BetrVG 1972; 27.05.1982 EzA § 83 ArbGG 1979 Nr. 1 = AP Nr. 3 zu § 80 ArbGG 1979; *Bachner/DKKW* § 101 Rn. 9; *Busemann* NZA 1996, 681 [683]; *Fitting* § 101 Rn. 6; **a. M.** *Dütz* AuR 1993, 33 [38 f.] für Eingruppierungsstreitigkeiten). Gegen den Beschluss ist nach § 87 ArbGG die

Eine **Frist**, innerhalb derer der Arbeitgeber **die Maßnahme aufzuheben** hat, ist in § 101 nicht genannt. Es bestehen jedoch keine Bedenken, hier im Interesse des Arbeitnehmers § 100 Abs. 3 entsprechend anzuwenden. Der Arbeitgeber ist danach verpflichtet, die Maßnahme spätestens zwei Wochen nach Rechtskraft der Entscheidung aufzuheben (h. M.; *ArbG Göttingen* 05.01.1973 BB 1973, 193; *Fitting* § 101 Rn. 7; *Galperin/Löwisch* § 101 Rn. 7; *Huke/HWGNRH* § 101 Rn. 12; *Richardi/Thüsing* § 101 Rn. 26; *Richardi* ZfA 1972, Sonderheft S. 22; **a. M.** *Bachner/DKKW* § 101 Rn. 13: unverzüglich; *Matthes*/MünchArbR § 265 Rn. 18). 19

2. Festsetzung eines Zwangsgeldes

Erst wenn der Arbeitgeber zur Aufhebung einer personellen Maßnahme **rechtskräftig** verpflichtet ist und der Verpflichtung nicht innerhalb der Frist von zwei Wochen nachkommt (s. Rdn. 19), kann der Betriebsrat beantragen, den Arbeitgeber zur Aufhebung der Maßnahme durch Zwangsgeld anzuhalten (*Fitting* § 101 Rn. 10). Der Antrag kann also nicht bereits in dem Verfahren gestellt werden, das das Ziel hat, den Arbeitgeber zur Aufhebung zu verpflichten (*von Hoyningen-Huene/Boemke* Die Versetzung, IX 1c, S. 191; *Richardi/Thüsing* § 101 Rn. 25; **a. M.** *Bachner/DKKW* § 101 Rn. 14). Das Arbeitsgericht muss, wenn die gesetzlichen Voraussetzungen vorliegen, dem Antrag entsprechen (»so ist ... zu erkennen«) und kann dabei bis zu 250 Euro pro Tag der Zuwiderhandlung als Zwangsgeld festsetzen. 20

Die Festsetzung ist eine Zwangsvollstreckungsmaßnahme zur **Erzwingung einer unvertretbaren Handlung i. S. v. § 888 ZPO**. Das Zwangsgeld kann nur solange festgesetzt oder vollstreckt werden, als der Arbeitgeber die personelle Maßnahme und der Betriebsrat seinen Antrag aufrechterhält (*Fitting* § 101 Rn. 11; *Galperin/Löwisch* § 101 Rn. 8; *Huke/HWGNRH* § 101 Rn. 14; *Richardi/Thüsing* § 101 Rn. 24; vgl. auch *Bachner/DKKW* § 101 Rn. 16; **a. M.** *Matthes*/MünchArbR § 265 Rn. 15; *ders.* FS *Richardi*, S. 685 ff.). Die zu § 64 Abs. 2 BetrVG 1952 vertretene gegenteilige Ansicht, wonach es sich um eine »Ungehorsamsfolge« i. S. v. § 890 ZPO handele, die nach Festsetzung auch noch vollstreckt werden könne, wenn der Arbeitgeber inzwischen seiner Verpflichtung nachgekommen ist (*Dietz* § 64 Rn. 9; *Fitting/Kraegeloh/Auffarth* § 64 Rn. 13; *Hueck/Nipperdey* II/2, S. 1432), war angesichts der Formulierung des § 64 Abs. 2 BetrVG 1952, die von der Erzwingung einer Unterlassung ausging (vgl. § 890 ZPO), vielleicht verständlich; sie ist angesichts der geänderten Fassung heute nicht mehr vertretbar. Allerdings setzt die Festsetzung und Vollstreckung des Zwangsgeldes auch kein Verschulden des Arbeitgebers voraus (h. M.; *Fitting* § 101 Rn. 11; *Richardi/Thüsing* § 101 Rn. 24). 21

Für die Zwangsvollstreckung **gilt § 85 ArbGG**, der auf die Vorschriften der Zivilprozessordnung verweist. § 101 bringt lediglich insoweit eine Spezialregelung, als gegen den Arbeitgeber keine Zwangshaft verhängt werden kann (§ 85 Abs. 1 Satz 3 ArbGG; *Fitting* § 101 Rn. 10; *Huke/HWGNRH* § 101 Rn. 15; *Richardi/Thüsing* § 101 Rn. 32). Aus § 891 ZPO ergibt sich, dass die Entscheidung nach Anhörung des Arbeitgebers (als Schuldner, § 85 Abs. 1 ArbGG) ohne mündliche Verhandlung ergehen kann. Ergeht sie ohne mündliche Verhandlung, so ist nach § 80 Abs. 2, § 53 Abs. 1 ArbGG der Vorsitzende allein zur Entscheidung befugt (*Bachner/DKKW* § 101 Rn. 15; *Galperin/Löwisch* § 101 Rn. 8; *Richardi/Thüsing* § 101 Rn. 29). Die Vollstreckung des festgesetzten Zwangsgeldes richtet sich nach §§ 803 ff. ZPO (§ 85 Abs. 1 Satz 3 ArbGG). 22

3. Vorläufiger Rechtsschutz

Eine **einstweilige Verfügung** auf Aufhebung einer personellen Maßnahme nach § 101 ist nicht zulässig (*LAG Frankfurt a. M.* 15.12.1987 NZA 1989, 232; *Boemke* ZfA 1992, 473 [523]; *Dütz* ZfA 1972, 247 [253 f.]; *Huke/HWGNRH* § 101 Rn. 17; *Matthes/GMPM* ArbGG, § 85 Rn. 39; *Preis/WPK* § 101 Rn. 4; *Raab* ZfA 1995, 479 [507]; *ders.* ZfA 1997, 183 [236 ff.]; *Walker* Der einstweilige Rechtsschutz im Zivilprozeß und im arbeitsgerichtlichen Verfahren, 1993, Rn. 767, 869 ff.; **a. M.** *Bachner/DKKW* § 101 Rn. 19, 23; anders wohl auch *LAG Köln* 13.08.2002 AP Nr. 37 zu § 99 BetrVG 1972 Einstellung; s. a. *BAG* 23.06.2009 EzA § 99 BetrVG 2001 Nr. 13 = AP Nr. 48 zu § 99 BetrVG 1972 23

Versetzung Rn. 26: eine einstweilige (Leistungs-)Verfügung zur Sicherung des gesetzlichen Aufhebungsanspruchs aus § 101 Satz 1 BetrVG scheine nicht ausgeschlossen). Zwar handelt es sich bei § 101 um einen materiellen Beseitigungsanspruch, der als Grundlage einer einstweiligen Verfügung in Betracht kommt. Auch schließt die Tatsache, dass § 101 eine rechtskräftige Entscheidung verlangt, einen einstweiligen Rechtsschutz noch nicht zwingend aus (näher *Raab* ZfA 1997, 183 [237]). Die vorläufige Durchsetzung des Aufhebungsanspruches im Wege einer einstweiligen Verfügung stünde jedoch in Widerspruch zu der Wertentscheidung der §§ 100, 101 (*Raab* ZfA 1997, 183 [238]; *Walker* Der einstweilige Rechtsschutz im Zivilprozeß und im arbeitsgerichtlichen Verfahren, 1993, Rn. 767). Wie sich aus § 100 ergibt, kann der Arbeitgeber, solange nicht endgültig über die Zustimmungsverweigerung entschieden ist, bei Einhaltung des dort vorgeschriebenen Verfahrens die Maßnahme auch ohne Zustimmung des Betriebsrats aufrechterhalten, und zwar selbst dann, wenn es objektiv an einem dringenden Erfordernis i. S. d. § 100 Abs. 1 fehlt (s. § 100 Rdn. 18). Mit dieser Regelung sollte offenbar erreicht werden, dass sowohl der Streit über das Mitbestimmungsrecht selbst als auch derjenige über die Berechtigung des Arbeitgebers zur vorläufigen Durchführung der Maßnahme allein im Hauptsacheverfahren ausgetragen wird. Die Regelung trägt damit auch der Tatsache Rechnung, dass es dem betroffenen Arbeitnehmer nicht zuzumuten ist, dass die Frage, ob und an welchem Arbeitsplatz er seine Arbeitsleistung zu erbringen hat, aufgrund wechselnder gerichtlicher Entscheidungen ständigen Veränderungen unterworfen ist (zutr. *Walker* Der einstweilige Rechtsschutz im Zivilprozeß und im arbeitsgerichtlichen Verfahren, 1993, Rn. 767). Nimmt das Gesetz im Interesse dieser Friedensregelung bewusst in Kauf, dass trotz fehlender Zustimmung des Betriebsrats und obwohl objektiv kein Eilfall vorliegt eine personelle Maßnahme nicht verhindert werden kann, so spricht alles dafür, dass auch außerhalb der Regelung des § 100 eine Aufhebung nur aufgrund einer endgültigen Entscheidung verlangt werden kann, das Erfordernis der rechtskräftigen Entscheidung in § 101 also ernst zu nehmen ist, zumal der Betriebsrat bei gravierenden Verstößen eine Wiederholung im Wege des § 23 Abs. 3 verhindern kann (s. Rdn. 24).

IV. Sonstige Rechtsbehelfe und Sanktionen

24 § 101 stellt insofern eine **Sondervorschrift zu § 23 Abs. 3** dar, als die rechtswidrige Durchführung oder Aufrechterhaltung einer personellen Maßnahme nur die Folgen des § 101 auslöst, auch wenn der Arbeitgeber hiermit in grober Weise gegen seine betriebsverfassungsrechtlichen Pflichten verstößt (BT-Drucks. VI/2729 S., 21; *BAG* 17.03.1987 EzA § 23 BetrVG 1972 Nr. 16 = AP Nr. 7 zu § 23 BetrVG 1972 *[v. Hoyningen-Huene]* = SAE 1989, 24 *[Hönn]*; *Fitting* § 101 Rn. 12; *Huke/HWGNRH* § 101 Rn. 16). § 101 geht dem § 23 Abs. 3 aber nur insoweit vor, wie sein eigener Anwendungsbereich reicht, also nur **in Bezug auf die** Beseitigung des mitbestimmungswidrigen Zustandes hinsichtlich der **konkreten personellen Maßnahme**. Der Betriebsrat kann also auch im Falle eines groben Verstoßes nicht nach § 23 Abs. 3 verlangen, dass der Arbeitgeber die im Streit stehende personelle Maßnahme aufhebt. Ein auf § 23 Abs. 3 gestützter Anspruch auf künftige Beachtung des Mitbestimmungsrechts, also auf Unterlassung mitbestimmungswidrigen Verhaltens bei personellen Maßnahmen in der Zukunft, wird hierdurch hingegen nicht ausgeschlossen (*BAG* 17.03.1987 EzA § 23 BetrVG 1972 Nr. 16 = AP Nr. 7 zu § 23 BetrVG 1972 unter B II; 07.08.1990 EzA § 99 BetrVG 1972 Nr. 91 = AP Nr. 82 zu § 99 BetrVG 1972 unter B I 2; 23.06.2009 EzA § 99 BetrVG 2001 Nr. 13 = AP Nr. 48 zu § 99 BetrVG 1972 Versetzung Rn. 25; 19.01.2010 EzA § 99 BetrVG 2001 Nr. 4 = AP Nr. 47 zu § 23 BetrVG 1972 Rn. 23 ff.; *Fitting* § 101 Rn. 12; *Raab* ZfA 1997, 183 [240 f.]; *Richardi/Thüsing* § 101 Rn. 5; *Walker* Der einstweilige Rechtsschutz im Zivilprozeß und im arbeitsgerichtlichen Verfahren, 1993, Rn. 872). Voraussetzung ist, dass das in der Vergangenheit liegende bzw. aktuelle Verhalten des Arbeitgebers einen »groben Verstoß« i. S. d. § 23 Abs. 3 darstellt und eine Wiederholungsgefahr besteht.

25 Neben § 101 steht dem Betriebsrat kein sog. **allgemeiner Unterlassungsanspruch** aus § 2 Abs. 1 i. V. m. § 99 zu. Er hat also nicht die Möglichkeit, von dem Arbeitgeber die Unterlassung oder die Aufhebung einer personellen Maßnahme zu verlangen, solange er seine Zustimmung nicht erteilt hat oder die Zustimmung ersetzt worden ist und der Arbeitgeber auch nicht nach § 100 Abs. 1 und 2 zur vorläufigen Durchführung befugt ist (so jetzt auch *BAG* 23.06.2009 EzA § 99 BetrVG 2001 Nr. 13 = AP

Nr. 48 zu § 99 BetrVG 1972 Versetzung Rn. 16 ff.; bestätigt durch *BAG* 09.03.2011 EzA § 99 BetrVG 2001 Einstellung Nr. 17 = AP Nr. 63 zu § 99 BetrVG 1972 Einstellung Rn. 13; offen gelassen noch von *BAG* 06.12.1994 EzA § 23 BetrVG 1972 Nr. 37 = AP Nr. 24 zu § 23 BetrVG 1972 unter B II 1; 27.06.2006 EzA § 95 BetrVG 2001 Nr. 3 = AP Nr. 47 zu § 95 BetrVG 1972 Rn. 15 a. E.; s. a. *Oetker* § 23 Rdn. 195 f. m. w. N.). Ein solcher ergänzender negatorischer Rechtsschutz ist im Bereich der personellen Einzelmaßnahmen schon deshalb zu verneinen, weil das Gesetz selbst mit § 101 einen Anspruch auf Beseitigung der mitbestimmungswidrigen Maßnahme vorsieht, so dass es eine materiellrechtliche Schutzlücke – anders als bei § 87 Abs. 1 – gar nicht gibt. Die »Lücke« besteht vielmehr darin, dass in Bezug auf den Beseitigungsanspruch aus § 101 der Weg des einstweiligen Rechtsschutzes nicht eröffnet ist (s. Rdn. 23). Dies ist aber eine bewusste gesetzgeberische Entscheidung, die nicht durch die Konstruktion eines (weiteren) Unterlassungs- oder Beseitigungsanspruches ausgehebelt werden darf (näher *Raab* ZfA 1997, 183 [235 ff.]).

Eine Vereinbarung zwischen Arbeitgeber und Betriebsrat, welche für den Fall der Durchführung einer personellen Maßnahme ohne Zustimmung des Betriebsrats und ohne Vorliegen der Voraussetzungen des § 100 eine **Verpflichtung des Arbeitgebers zur Zahlung einer Vertragsstrafe** vorsieht, ist unwirksam (*BAG* 19.01.2010 EzA § 23 BetrVG 2001 Nr. 3 = AP Nr. 49 zu § 99 BetrVG 1972 Rn. 9 ff.). Soweit die Vertragsstrafe an den Betriebsrat zu zahlen wäre, scheitert eine solche Abrede bereits an dessen fehlender allgemeiner Vermögensfähigkeit (s. *Franzen* § 1 Rdn. 72 ff.). Soweit die Vertragsstrafe an einen Dritten zu leisten wäre, widerspricht sie nach Ansicht des *BAG* der gesetzlichen Konzeption, weil sie kein Zwangsmittel zur Durchsetzung der Mitbestimmungsrechte des Betriebsrats darstellt und damit nicht zur Wiederherstellung der betriebsverfassungsrechtlichen Ordnung beiträgt (s. näher *BAG* 19.01.2010 EzA § 23 BetrVG 2001 Nr. 3 = AP Nr. 49 zu § 99 BetrVG 1972 Rn. 11 ff.). Auch insoweit stellt sich allerdings die Frage, ob eine solche Vereinbarung, die nicht oder nicht primär der Durchsetzung der betriebsverfassungsmäßigen Rechte dient, nicht ebenfalls schon deshalb unwirksam ist, weil ihr Inhalt außerhalb des dem Betriebsrat zugewiesenen Rechtskreises liegt, es ihm also an der erforderlichen Rechtsfähigkeit für eine solche Vereinbarung fehlt (s. *Oetker* § 23 Rdn. 9).

26

§ 102
Mitbestimmung bei Kündigungen

(1) Der Betriebsrat ist vor jeder Kündigung zu hören. Der Arbeitgeber hat ihm die Gründe für die Kündigung mitzuteilen. Eine ohne Anhörung des Betriebsrats ausgesprochene Kündigung ist unwirksam.

(2) Hat der Betriebsrat gegen eine ordentliche Kündigung Bedenken, so hat er diese unter Angabe der Gründe dem Arbeitgeber spätestens innerhalb einer Woche schriftlich mitzuteilen. Äußert er sich innerhalb dieser Frist nicht, gilt seine Zustimmung zur Kündigung als erteilt. Hat der Betriebsrat gegen eine außerordentliche Kündigung Bedenken, so hat er diese unter Angabe der Gründe dem Arbeitgeber unverzüglich, spätestens jedoch innerhalb von drei Tagen, schriftlich mitzuteilen. Der Betriebsrat soll, soweit dies erforderlich erscheint, vor seiner Stellungnahme den betroffenen Arbeitnehmer hören. § 99 Abs. 1 Satz 3 gilt entsprechend.

(3) Der Betriebsrat kann innerhalb der Frist des Absatzes 2 Satz 1 der ordentlichen Kündigung widersprechen, wenn
1. **der Arbeitgeber bei der Auswahl des zu kündigenden Arbeitnehmers soziale Gesichtspunkte nicht oder nicht ausreichend berücksichtigt hat,**
2. **die Kündigung gegen eine Richtlinie nach § 95 verstößt,**
3. **der zu kündigende Arbeitnehmer an einem anderen Arbeitsplatz im selben Betrieb oder in einem anderen Betrieb des Unternehmens weiterbeschäftigt werden kann,**
4. **die Weiterbeschäftigung des Arbeitnehmers nach zumutbaren Umschulungs- oder Fortbildungsmaßnahmen möglich ist oder**

5. eine Weiterbeschäftigung des Arbeitnehmers unter geänderten Vertragsbedingungen möglich ist und der Arbeitnehmer sein Einverständnis hiermit erklärt hat.

(4) Kündigt der Arbeitgeber, obwohl der Betriebsrat nach Absatz 3 der Kündigung widersprochen hat, so hat er dem Arbeitnehmer mit der Kündigung eine Abschrift der Stellungnahme des Betriebsrats zuzuleiten.

(5) Hat der Betriebsrat einer ordentlichen Kündigung frist- und ordnungsgemäß widersprochen, und hat der Arbeitnehmer nach dem Kündigungsschutzgesetz Klage auf Feststellung erhoben, dass das Arbeitsverhältnis durch die Kündigung nicht aufgelöst ist, so muss der Arbeitgeber auf Verlangen des Arbeitnehmers diesen nach Ablauf der Kündigungsfrist bis zum rechtskräftigen Abschluss des Rechtsstreits bei unveränderten Arbeitsbedingungen weiterbeschäftigen. Auf Antrag des Arbeitgebers kann das Gericht ihn durch einstweilige Verfügung von der Verpflichtung zur Weiterbeschäftigung nach Satz 1 entbinden, wenn

1. die Klage des Arbeitnehmers keine hinreichende Aussicht auf Erfolg bietet oder mutwillig erscheint oder
2. die Weiterbeschäftigung des Arbeitnehmers zu einer unzumutbaren wirtschaftlichen Belastung des Arbeitgebers führen würde oder
3. der Widerspruch des Betriebsrats offensichtlich unbegründet war.

(6) Arbeitgeber und Betriebsrat können vereinbaren, dass Kündigungen der Zustimmung des Betriebsrats bedürfen und dass bei Meinungsverschiedenheiten über die Berechtigung der Nichterteilung der Zustimmung die Einigungsstelle entscheidet.

(7) Die Vorschriften über die Beteiligung des Betriebsrats nach dem Kündigungsschutzgesetz bleiben unberührt.

Literatur

I. Allgemein zu § 102

Adomeit Einstellung und Entlassung nach dem neuen BetrVG, DB 1971, 2360; *ders.* Kündigung nach dem neuen BetrVG, DB 1972, 392; *Annuß* Die Alternativanhörung des Betriebsrats beim Betriebs(teil)übergang, FS *Buchner*, 2009, S. 8; *Auffarth* Mitbestimmung und Kündigung JArbR Bd. 10 (1972), 1973, S. 71; *Bader* Die Anhörung des Betriebsrats – eine Darstellung anhand der neueren Rechtsprechung, NZA-RR 2000, 57; *ders.* Die Anwendung des § 102 BetrVG im Spiegel der Etzelschen Kommentierung im KR, FS *Etzel*, 2011, S. 1; *ders.* Die Betriebsratsanhörung subjektiv determiniert – was folgt daraus?, NJW 2015, 1420; *Barwasser* Anhörung des Betriebsrats nach § 102 BetrVG bei Verhinderung des ersatzmannlosen Betriebsobmanns, DB 1976, 914; *ders.* Zeitweilige Tätigkeit im Betriebsrat und nachwirkender Kündigungsschutz, AuR 1977, 74; *ders.* Anhörung des Betriebsrats vor Kündigungen, BB 1972, 174; *Bayer* Anforderungen an den Arbeitgeber bei der Anhörung des Betriebsrats zu einer Kündigung, BB 1992, 782; *Beck* Betriebliche Mitbestimmung und Kündigungsschutz (Diss. Köln), 2004; *Becker-Schaffner* Zum Anhörungsrecht des Betriebsrats bei einer Kündigung aus dringenden betrieblichen Erfordernissen (§ 1 Abs. 2 S. 1 KSchG), BlStSozArbR 1977, 193; *ders.* Einzelfragen zum Anhörungsverfahren vor Ausspruch einer Kündigung (§ 102 BetrVG), BlStSozArbR 1974, 209; *ders.* Die Rechtsprechung zum Umfang der Pflicht zur Mitteilung der Kündigungsgründe gem. § 102 Abs. 1 BetrVG, DB 1996, 426; *Benecke* Beteiligungsrechte des BR bei der Umdeutung von Kündigungen, AuR 2005, 48; *Berdecki* Ungleicher Kündigungsschutz bei Wohnungen und Arbeitsplätzen, BB 1973, 806; *Birk* Umschulung statt Kündigung, FS *Kissel*, 1994, S. 51; *Berkowsky* Die Beteiligung des Betriebsrats bei Kündigungen, 1996; *ders.* Die Unterrichtung des Betriebsrats bei Kündigungen durch den Arbeitgeber, NZA 1996, 1065; *Bitter* Zum Umfang und Inhalt der Informationspflicht des Arbeitgebers gegenüber dem Betriebsrat bei der betriebsbedingten Kündigung, insbesondere bei der Sozialauswahl, NZA 1991, Beil. Nr. 3, S. 1; *Bitter/Kiel* Von angeblichen und wirklichen Wertungswidersprüchen, von Mindest- und Höchststandards: Die BAG-Rechtsprechung zur außerordentlichen Kündigung sog. unkündbarer Arbeitnehmer, FS *Schwerdtner*, 2003, S. 13; *Blank* Widerspruch des Betriebsrats bei der Verhaltenskündigung, BB 1972, 536; *Böhm* Die Weiterbeschäftigungspflicht nach § 102 Abs. 5 BetrVG, BB 1974, 1641; *Bösche* Die Rechte des Betriebsrats bei Kündigungen, 1979; *Bopp* Beteiligung des Betriebsrats bei Kündigungen, 3. Aufl. 1991; *Bopp/Goller* Beteiligung des Betriebs- und Personalrats bei Kündigungen, 1979; *Bram* Relativierung des kollektivrechtlichen Kündigungsschutzes? – Die Entwicklung der Rechtsprechung des BAG zu § 102 BetrVG, FA 2014, 130; *Brede* Die Beendigung des Arbeitsverhältnisses im Lichte des neuen BetrVG, BlStSozArbR 1973, 17; *Brill* Die Anhörung des Betriebsrats vor der Kündigung, AuR 1975, 15; *ders.* Kündigungseinspruch trotz Anhörung des Betriebsrats?, AuR 1977, 109; *ders.* Zur Verlängerung von für den Betriebsrat laufenden Fristen, DB 1975, 930; *Buchner* »Ordnungsmäßigkeit« der Anhörung i. S. d. § 102 BetrVG trotz fehlender Anhörung?, DB 1976, 532; *Busemann* Die arbeitsgerichtliche Prüfung der Anhörung des Betriebsrats gemäß § 102 BetrVG, NZA 1987, 581; *Dammann* Mitbestimmung bei Kündigung und Kündigungsschutz, BlStSozArbR 1976, 321; *Diller* Wie oft muss man den Betriebsrat anhören? Von gescheiterten, zurückgewiesenen und wiederholten Kündigungen, SAE 2009, 1; *Dütz* Einstweiliger Rechts- und Interessenschutz in der Betriebsverfassung, ZfA 1972, 247; *ders.* Effektiver Bestandsschutz im Arbeitsverhältnis, DB 1978, Beil. Nr. 13; *Düwell* § 102 IV BetrVG – eine noch zu entdeckende Formvorschrift, NZA 1988, 866; *Ebert* Die Anhörung des Betriebsrates bei der Umdeutung einer fristlosen in eine fristgemäße Kündigung, BB 1976, 1132; *Eich* Das Anhörungsverfahren nach § 102 BetrVG, DB 1975, 1603; *ders.* Der Einfluß eines Antrags auf Aussetzung eines Beschlusses des Betriebsrates auf den Lauf der Frist des § 626 II BGB im Zustimmungsverfahren nach § 103 BetrVG, DB 1978, 586; *Ettwig* Typische Probleme bei der Betriebsratsanhörung nach § 102 BetrVG, FA 1998, 234; *ders.* Mögliche Verhaltensweisen des Betriebsrats bei einer Anhörung nach § 102 BetrVG und deren Folgen, FA 1998, 274; *Etzel* Die außerordentliche Kündigung nach dem neuen BetrVG, AuR 1972, 321; *ders.* Die außerordentliche Kündigung nach dem neuen Betriebsverfassungsgesetz, DB 1973, 1017; *Feichtinger* Die Betriebsratsanhörung bei Kündigung, 1994; *ders./Danko* Die Anhörung des Betriebsrates bei Kündigung, 2. Aufl. 2009; *Fischer* Weiterbeschäftigungsanspruch nach § 102 Abs. 5 BetrVG und seine Durchsetzung, FA 1999, 310; *Freese* Muss eine ohne Anhörung des Betriebsrats ausgesprochene Kündigung in der Frist nach § 4 KSchG angefochten werden?, BB 1973, 665; *Frey, E.* Zwei Probleme der Änderungskündigung, AuR 1958, 97; *Fuchs* Kündigungsschutz von Wahlbewerbern, Wahlvorstandsmitgliedern und Vertrauensleuten der Schwerbehinderten in betriebsratslosen Betrieben, DB 1976, 677; *Gamillscheg* Betriebsrat und Kündigung, FS 25 Jahre Bundesarbeitsgericht, 1979, S. 117; *Gaul, B.* Die Weiterbeschäftigung nach zumutbaren Umschulungs- oder Fortbildungsmaßnahmen, BB 1995, 2422; *ders.* Aktuelle Rechtsprechung zur Betriebsratsanhörung nach § 102 BetrVG, DStR 1998, 422; *Gaul, D.* Der Widerruf einer Zustimmungserklärung des Betriebsrats bei Kündigungen, RdA 1979, 267; *Gättling/Hoentges/Zepp* Fragen zur Kündigung nach dem BetrVG 1972, RdA 1972, 282; *Gehlhaar* Darlegungslast des Arbeitgebers im Kündigungsschutzprozess bei Interessenausgleich mit Namensliste – § 1 Abs. 5 KSchG versus § 102 BetrVG, DB 2008, 1496; *Gester/Zachert* Betriebsverfassungsrechtliche Elemente des allgemeinen Kündigungsschutzes, JArbR Bd. 12 (1974), 1975, S. 87; *Gift* Mitbestimmung und soziale Auswahl zu Entlassender, ZfA 1974, 123; *Griebeling, J.* Bestreiten der Betriebsratsanhörung mit Nichtwissen – Rechtsprechungsänderung im Stillen?, NZA 2007, 540; *Griesam* Der Beschäftigungsanspruch des Arbeitnehmers unter besonderer Berücksichtigung des § 102 Abs. 5 S. 1 BetrVG 1972 (Diss. Konstanz), 1978; *Griese* Neuere Tendenzen bei der Anhörung des Betriebsrats vor der Kündigung, BB 1990, 1899; *Grimmer* Erweiterung betrieblicher Mitbestimmungsrechte bei der außerordentlichen Kündigung, AuR 1971, 179; *Güntner* Der Bestandsschutz des Arbeitsverhältnisses und seine Rechtsverwirklichung, AuR 1974, 135; *Gumpert* Kündigung und Mitbestimmung, BB 1972, 47; *Hager* Die Umdeutung der außerordentlichen in eine ordentliche Kündigung, BB 1989, 693; *Halberstadt* Mitbestimmung und Kündigung – Probleme einer Betriebsvereinbarung nach § 102 Abs. 6 BetrVG, BB 1973, 1442; *Hanau* Praktische Fragen zur Neuregelung der Mitbestimmung in personellen Angelegenheiten, BB 1972, 451; *Heinze* Personalplanung, Einstellung und Kündigung, 1982 (zit.: *Heinze* Personalplanung); *Henssler* Die Entscheidungskompetenz der betriebsverfassungsrechtlichen Einigungsstelle in Rechtsfragen, RdA 1991, 268; *Herschel* Zur Frage der Teilkündigung, BB 1958, 160; *Heß* Die Kündigung in der Betriebsverfassung, Diss. Würzburg 1975; *Hillebrecht* Ausgewählte Fragen zur Kündigungsrechtsprechung des BAG, BlStSozArbR 1978, 113; *Hoechst* Das Widerspruchsrecht des Betriebsrats bei der Kündigung, AuR 1973, 318; *Hohmeister* Die ordnungsgemäße Anhörung des Betriebsrats gem. § 102 BetrVG als Wirksamkeitsvoraussetzung für eine Kündigung, NZA 1991, 209; *ders.* Die Beteiligung des Betriebsrats bei unter Vorbehalt angenommener Änderungskündigung, BB 1994, 1777; *Hueck, G.* Kündigungsschutz und Mitwirkung des Betriebsrats in der Rechtsprechung des BAG, FS 25 Jahre Bundesarbeitsgericht, 1979, S. 243; *Hümmerich* Neue BAG-Rechtsprechung zur Anhörung des Betriebsrats bei Kündigung, DB 1997, 165; *ders.* Verfestigte Rechtsprechung zur Betriebsratsanhörung nach § 102 BetrVG, RdA 2000, 345; *Hunold* Die Reaktion des Betriebsrates auf die Mitteilung des Arbeitgebers über Einstellung bzw. Kündigung, DB 1976, 1865; *ders.* § 102 BetrVG: Abschließende Stellungnahme des Betriebsrats, NZA 2010, 797; *Isenhardt* § 102 BetrVG auf dem Prüfstand – neue Zeiten, andere Rechtsprechung?, 50 Jahre Bundesarbeitsgericht, 2004, S. 943; *Kaiser* Kündigungsprävention durch den Betriebsrat, FS *Löwisch*, 2007, S. 153; *Kallmeyer* Änderungskündigung und Mitbestimmung des Betriebsrats, DB 1973, 970; *Kaup* Das Nachschieben von Kündigungsgründen im Kündigungsschutzprozeß, DB 1974, 2302; *Keppeler* Der Aufhebungsvertrag – wirklich ein mitbestimmungsfreier Raum?, AuR 1996, 263; *Kitzelmann* Die ordentliche (fristgemäße) Kündigung und die Anhörung des Betriebsrats, BUV 1971, 29; *ders.* Die Mitwirkung des Betriebsrates bei Kündigungen nach dem neuen BetrVG, BUV 1972, 209; *ders.* Schränkt das neue Betriebsverfassungsgesetz den individuellen Kündigungsschutz ein?, AuR 1973, 303; *Klebe* Widerspruchsrecht des Betriebsrats bei personen- und verhaltensbedingten Kündigungen, BB 1980, 838; *Kleiner/Wittke* Die Beteili-

§ 102 IV. 5. 3. Personelle Einzelmaßnahmen

gungsrechte des Betriebsrats im personellen Bereich, 1978; *Kliemt* § 102 IV BetrVG – keine unentdeckte Formvorschrift!, NZA 1993, 921; *Kohls* Notwendigkeit einer Betriebsratsanhörung bei Umsetzung der Einzelmaßnahmen aus einem Interessenausgleich nach § 125 InsO?, ZInsO 1998, 220; *Kraft* Die Mitwirkungs- und Mitbestimmungsrechte des Betriebsrats während des Arbeitskampfes, FS *Gerhard Müller*, 1981, S. 265; *ders.* Das Anhörungsverfahren gemäß § 102 BetrVG und die »subjektive Determinierung« der Mitteilungspflicht, FS *Kissel*, 1994, S. 611; *Kutzki* Fehler bei der Betriebsratsanhörung und deren Vermeidung anhand von praktischen Anwendungsfällen, ZTR 1999, 491; *ders.* Betriebsratsanhörung – Was muss der Arbeitgeber beachten?, AuA 2000, 52; *Lerch / Weinbrenner* Vertragliche Ausweitung von Mitbestimmungsrechten des Betriebsrats, NZA 2011, 664; *Liebisch* Die Beteiligung des Betriebsrats an Kündigungen und ihre Auswirkungen auf die kündigungsrechtliche Stellung des Arbeitnehmers (Diss. Freiburg), 2004; *Lingemann / Beck* Wiederholungskündigung und Wiederholungsauflösungsantrag, NZA-RR 2007, 225; *Löwisch* Die Verknüpfung von Kündigungsschutz und Betriebsverfassung nach dem BetrVG 1972, DB 1975, 349; *ders.* Tarifliche Regelung von Arbeitgeberkündigungen, DB 1998, 877; *Lunk* Auflösungsantrag (§ 9 KSchG) und Betriebsratsanhörung, NZA 2000, 807; *Mauer / Schüßler* Gestaltung von Betriebsvereinbarungen nach § 102 Abs. 6 BetrVG, BB 2000, 2518; *Maurer* Kündigung von Mitgliedern einer Betriebsvertretung, BB 1972, 971; *Meisel* Die Anhörung des Betriebsrats vor einer ordentlichen Kündigung nach dem neuen BetrVG, DB 1972, 1627, 1675; *ders.* Die Mitwirkung und Mitbestimmung des Betriebsrats bei Änderungskündigungen, BB 1973, 944; *Mühlhausen* Das Bestreiten der Betriebsratsanhörung mit Nichtwissen, NZA 2002, 644; *ders.* Nochmals – Zulässiges Bestreiten der Betriebsratsanhörung mit Nichtwissen, NZA 2006, 967; *Müller, H.-P.* Die Bedeutung der Einschaltung des Betriebsrates für den Beginn der Ausschlußfrist des § 626 Abs. 2 BGB, DB 1975, 1363; *Nause* Sphärentheorie und Rechtsschein – »Vertrauensschutz« der Arbeitgeberin bei §§ 102, 103 BetrVG, FS *Etzel*, 2011, S. 271; *Oetker* Anforderungen an eine abschließende Stellungnahme des Betriebsrats im Verfahren nach § 102 Abs. 1 BetrVG, BB 1984, 1433; *ders.* Die Anhörung des Betriebsrats vor Kündigungen und die Darlegungs- und Beweislast im Kündigungsschutzprozeß, BB 1989, 417; *ders.* Die zivilrechtliche Unwirksamkeit der Kündigung wegen einer Verletzung der Mitteilungspflichten im Rahmen der Betriebsratsanhörung nach § 102 BetrVG – eine geglückte richterliche Rechtsfortbildung?, FS *Kraft*, 1998, S. 429; *Oppertshäuser* Anhörung des Betriebsrats zur Kündigung und Mitteilung der Sozialdaten, NZA 1997, 920; *Otten* Die Anhörung gem. § 102 BetrVG: Der Gesetzgeber muss handeln, FS *Stege*, 1997, S. 57; *Otto* Nochmals: Kündigung nach dem neuen BetrVG, DB 1972, 15, 731; *ders.* Einschränkung des individuellen Kündigungsschutzes zugunsten der Mitwirkung des Betriebsrats?, DB 1973, 671; *Ottow* Anhörung des Betriebsrats zum Kündigungstermin, BB 1978, 1527; *Philipp* Ordentliche Kündigung und Auswahlrichtlinien, BB 1972, 219; *Raab* Individualrechtliche Auswirkungen der Mitbestimmung des Betriebsrats gem. §§ 99, 102 BetrVG, ZfA 1995, 479; *Reiter* Kündigung vor Ablauf der Anhörungsfrist nach § 102 BetrVG, NZA 2003, 954; *Rewolle* Änderungskündigung und Mitbestimmung des Betriebsrates, DB 1973, 185; *Richardi* Ersetzung der Zustimmung des Betriebsrats durch Beschluß des Arbeitsgerichts, RdA 1975, 73; *ders.* Die Mitbestimmung des Betriebsrats in personellen Angelegenheiten, ZfA 1972, Sonderheft S. 1; *ders.* Änderungskündigung und Versetzung nach dem Betriebsverfassungsrecht, DB 1974, 1285, 1335; *Rieble* § 102 Abs. 6 BetrVG – eine funktionslose Vorschrift?, AuR 1993, 39; *Rinke* Anhörung des Betriebsrats: Vorgezogenes Kündigungsschutzverfahren?, NZA 1998, 77; *Rothe* Die Anhörung des Betriebsrates vor Kündigungen, Personal 1973, 290; *Rummel* Die Anhörung des Betriebsrats vor krankheitsbedingten Kündigungen, NZA 1984, 76; *Sasse / Freihube* Die Anhörung bei der Verdachtskündigung, ArbRB 2006, 15; *Schlochauer* Zum Mitbestimmungsrecht des Betriebsrats bei der ordentlichen Kündigung nach § 102 BetrVG 1972, RdA 1973, 157; *Schütte* Pflichten des Betriebsrats und des Arbeitgebers im Anhörungsverfahren nach § 102 II 4 BetrVG und § 102 IV BetrVG, NZA 2011, 263; *Schumann* Zur Anhörung des Betriebsrats bei einer Kündigung wegen häufiger Kurzerkrankungen, DB 1984, 1878; *Schwedes* Einstellung und Entlassung des Arbeitnehmers, 7. Aufl. 1993; *Schwerdtner* Betriebsverfassungsrechtliches Anhörungsverfahren und Nachschieben von Kündigungsgründen, ZIP 1981, 809; *ders.* Grenzen der Zulässigkeit des Nachschiebens von Kündigungsgründen im Kündigungsschutzprozeß, NZA 1987, 361; *Spinti* Der allgemeine Kündigungsschutz, AR-Blattei SD, Kündigungsschutz I, 1020.1, [1999] *Spitzweg / Lücke* Die Darlegungs- und Beweislast gemäß § 102 BetrVG im Kündigungsschutzprozeß, NZA 1995, 406; *Stahlhacke* Das personelle Mitbestimmungsrecht des Betriebsrats nach dem Betriebsverfassungsgesetz 1972, BlStSozArbR 1972, 51; *ders.* Das Nachschieben von Kündigungsgründen, BlStSozArbR 1974, 295; *Stege* Umfang und Grenzen des Widerspruchsrechts des Betriebsrats bei Kündigungen nach § 102 Abs. 3 BetrVG, RdA 1978, 74; *Stück* Kündigung durch den Arbeitgeber – Die häufigsten Fehler bei der Betriebsratsanhörung, MDR 2000, 1053; *Tschöpe* Die Betriebsratsanhörung, in: Kündigung und Kündigungsschutz in der betrieblichen Praxis (Kölner Tage des Arbeitsrechts 1999), 2000, S. 185; *Wagener* Schränkt das neue BetrVG den individuellen Kündigungsschutz ein?, BB 1972, 1373; *Wendeling-Schröder* Das Arbeitsrecht in Betrieben ohne Betriebsrat, DB 2002, 206; *Winterstein* Nachschieben von Kündigungsgründen im Kündigungsschutzprozeß (Diss. Gießen), 1987; *ders.* Nachschieben von Kündigungsgründen – Hinweise für die betriebliche Praxis, NZA 1987, 728; *Zeuner* Zur Bestimmung des für die Rechte nach § 102 BetrVG zuständigen Betriebsrates bei aufgespaltener Arbeitgeberstellung im Konzern, FS *Hilger* und *Stumpf*, 1983,

S. 771; *Zöllner* Sind im Interesse einer gerechteren Verteilung der Arbeitsplätze Begründung und Beendigung der Arbeitsverhältnisse neu zu regeln, Gutachten D zum 52. Deutschen Juristentag, 1978; *Zumkeller* Die Anhörung des Betriebsrats bei der Kündigung von Ersatzmitgliedern, NZA 2001, 823. Vgl. ferner die Angaben vor § 92.

II. Zum Weiterbeschäftigungsanspruch (§ 102 Abs. 5)

Bächle Der Weiterbeschäftigungsanspruch während des Kündigungsschutzprozesses, NJW 1979, 1693; *Barton / Hönsch* Die Fortentwicklung des Weiterbeschäftigungsanspruches in der Praxis, NZA 1987, 721; *Bauer, J. H.* Rechtliche und taktische Konsequenzen des Weiterbeschäftigungsanspruchs, BB 1986, 799; *Becker-Schaffner* Der Anspruch des Arbeitnehmers auf Weiterbeschäftigung nach § 102 Abs. 5 BetrVG, BlStSozArbR 1974, 281; *Berkowsky* »Wasch mir den Pelz, aber mach mich nicht naß«. Eine Anmerkung zum »Weiterbeschäftigungsbeschluß« des Großen Senats vom 27. Februar 1985, BB 1986, 795; *Bötticher* Zum »allgemeinen« Weiterbeschäftigungsanspruch des Arbeitnehmers während des Kündigungsschutzprozesses, BB 1981, 1954; *Boewer* Nochmals: Zum Weiterbeschäftigungsanspruch aus § 102 Abs. 5 BetrVG bei verhaltensbedingten Kündigungsgründen, DB 1978, 251; *Böhm* Der Beschäftigungsanspruch des Arbeitnehmers (Diss. Siegen), 2007; *Borrmann* Die Entbindung von der Weiterbeschäftigungspflicht nach § 102 Abs. 5 BetrVG, DB 1975, 882; *Brinkmeier* Ende des Weiterbeschäftigungsanspruchs nach § 102 Abs. 5 BetrVG bei nachfolgender Kündigung ohne Widerspruch des Betriebsrats?, AuR 2005, 46; *Dänzer-Vanotti* Das Arbeitsverhältnis während des Kündigungsschutzprozesses, DB 1985, 2610; *Dütz* Der Beschäftigungsanspruch in der Rechtsprechung des Bundesarbeitsgerichts, FS 25 Jahre Bundesarbeitsgericht, 1979, S. 71; *Dudzus / Frohner* Weiterbeschäftigungsanspruch und »nicht zu ersetzender Nachteil« i. S. v. § 62 Arbeitsgerichtsgesetz, BB 1979, 482; *Eich* Verfassungsrechtliche Implikationen des Weiterbeschäftigungsbeschlusses des Großen Senats des BAG vom 27.02.1985, DB 1986, 692; *Fuchs* Zur vorläufigen Weiterbeschäftigung des Arbeitnehmers nach § 102 Abs. 5 BetrVG, AuR 1973, 174; *Grossmann* Widerspruchsrecht des Betriebsrats und einstweilige Verfügung zur Befreiung des Arbeitgebers von der Weiterbeschäftigungspflicht bei verhaltensbedingter Kündigung, DB 1977, 1363; *Grund* Der Weiterbeschäftigungsanspruch des Tendenzträgers, FS zur 100. Arbeitstagung der Arbeitsgemeinschaft der Verlagsjustitiare, 2008, S. 181; *Grunsky* Der Anspruch des gekündigten Arbeitnehmers auf Beschäftigung, NJW 1979, 86; *Gussone* Weiterbeschäftigungsanspruch des Arbeitnehmers und Gegenantrag des Arbeitgebers nach § 102 Abs. 5 BetrVG, AuR 1994, 245; *Haas* Der vorläufige Weiterbeschäftigungsanspruch des Arbeitnehmers nach § 102 Abs. 5 BetrVG im Lichte der Rechtsprechung, NZA-RR 2008, 57; *Hinz* Die einstweilige Verfügung nach § 102 Abs. 5 BetrVG – eine Entscheidung im Urteils- und Beschlußverfahren?, BB 1974, 1253; *Hoehn* Beschäftigungsanspruch und Zahlungsansprüche des Arbeitnehmers im gekündigten Arbeitsverhältnis (Diss. Mainz), 1989; *Kehrmann* Der Beschäftigungsanspruch des gekündigten Arbeitnehmers, AuR 1979, 267; *Kempff* Weiterbeschäftigungsanspruch des gekündigten Arbeitnehmers ohne Widerspruch des Betriebsrats, DB 1976, 2111; *Kempter / Steinat* Der (Weiter-)Beschäftigungsanspruch – Voraussetzungen, Rechtsfolgen und taktische Fragestellungen, NZA 2016, 913; *Klebe* Der Weiterbeschäftigungsanspruch des Arbeitnehmers gemäß § 102 Abs. 5 BetrVG bei verbundener Kündigung, BlStSozArbR 1980, 161; *Klebe / Schumann* Das Recht auf Beschäftigung im Kündigungsschutzprozeß, 1981 (zit.: Das Recht auf Beschäftigung); *Kraft* Beschäftigungsanspruch und Weiterbeschäftigungsanspruch, ZfA 1979, 123; *Krause* Nach der Kündigung: Weiterbeschäftigung, Freistellung, Annahmeverzug, NZA 2005, Beil. Nr. 1, S. 51; *Künzl* Der Beschäftigungsanspruch des Arbeitnehmers, AuR 1993, 389; *Lepke* Zum Inhalt der sog. Weiterbeschäftigungspflicht nach § 102 Abs. 5 Satz 1 BetrVG 1972, DB 1975, 498; *Leydecker / Heider* Die Vollstreckung des Weiterbeschäftigungsanspruchs – ein Wegweiser, BB 2009, 2703; *Lingemann / Steinhauser* Der Kündigungsschutzprozess in der Praxis – Weiterbeschäftigungsanspruch, NJW 2015, 844; *Löwisch* Die Weiterbeschäftigung des Arbeitnehmers während des Kündigungsrechtsstreits, DB 1978, Beil. Nr. 7; *Marcus* Die einstweilige Verfügung auf Weiterbeschäftigung während des Kündigungsschutzprozesses, RdA 1975, 340; *Mareck* Die Weiterbeschäftigung im Kündigungsschutzverfahren nach § 102 Abs. 5 BetrVG – ein steiniger Weg?, BB 2000, 2042; *Matthes* Der betriebsverfassungsrechtliche Weiterbeschäftigungsanspruch, FS *Gnade*, 1992, S. 225; *Mayer-Maly* Weiterbeschäftigung nach Kündigung, DB 1976, 1601; *Nungeßer* Weiterbeschäftigungsanspruch, AR-Blattei SD 1805, [2007]; *Pallasch* Der Beschäftigungsanspruch des Arbeitnehmers (Diss. Regensburg), 1993; *ders.* Noch einmal: Das Weiterbeschäftigungsverhältnis und seine Rückabwicklung, BB 1993, 2225; *Pietsch / Schlingmann* Der Weiterbeschäftigungsanspruch des Arbeitnehmers auf Grundlage des § 102 Abs. 5 BetrVG, in: *Mittag / Ockenga / Schierle / Vorbau / Westermann / Wischnath*, Aspekte der Beendigung von Arbeitsverhältnissen, 2010, S. 199; *Ramrath* Die Weiterbeschäftigung des Arbeitnehmers während des Kündigungsschutzprozesses – rechtliche Grundlagen und wirtschaftliche Rahmenbedingungen –, FS *Leinemann*, 2006, S. 347; *Reidel* Die Weiterbeschäftigungsverfügung nach § 102 Abs. 5 Satz 1 BetrVG (Diss. Erlangen), 1999; *dies.* Die einstweilige Verfügung auf (Weiter-)Beschäftigung – eine vom Verschwinden bedrohte Rechtsschutzform, NZA 2000, 454; *Rieble* Entbindung von der Weiterbeschäftigungspflicht nach § 102 Abs. 5 Satz 2 Nr. 2 BetrVG, BB 2003, 844; *Schaub* Vorläufiger Rechtsschutz bei der Kündigung von Arbeitsverhältnissen, NJW 1981, 1807; *Schrader / Straube* Die tatsächliche Beschäftigung während des Kündigungsrechtsstreites, RdA 2006, 98; *Schukai* Praktische Konsequenzen des Beschlusses des Großen Senats des BAG zum Weiterbeschäftigungsanspruch vom 27.02.1985, DB 1986, 482; *Schumann* Das Recht auf Beschäftigung im Kündigungsschutzprozeß, NZA 1985, 688; *Schwerdtner* Kündigungsschutzrechtliche Probleme der Änderungskündigung, FS 25 Jahre Bundesarbeitsgericht, S. 555; *Ulrich, Ch.* Das Weiterbeschäftigungsverhältnis nach § 102 Abs. 5 BetrVG und vereinbarte Weiterbeschäftigung (Diss. Köln), 1998; *Walker* Der einstweilige Rechtsschutz im Zivilprozeß und im arbeitsgerichtlichen Verfahren, 1993; *Weber* Die Verpflichtung zur Weiterbeschäftigung eines gekündigten Arbeitnehmers gem. § 102 Abs. 5 BetrVG, BB 1974, 698; *Wenzel* Der Weiterbeschäftigungsanspruch im Kündigungsschutzprozeß unter rechtspolitischen und rechtsgrundsätzlichen Aspekten, AuR 1980, 97; *Willemsen/Hohenstatt* Weiterbeschäftigung und Entbindungsmöglichkeiten nach § 102 Abs. 5 BetrVG, insbesondere bei Massenentlassungen, DB 1995, 215; *Wlotzke/Lorenz* Weiterbeschäftigung während des Kündigungsschutzprozesses – Eine Regelungsaufgabe für den Gesetzgeber, AuR 1980, 1; *Wolff* Vorläufiger Bestandsschutz des Arbeitsverhältnisses durch Weiterbeschäftigung nach § 102 Abs. 5 BetrVG (Diss. Rostock), 2000 (zit.: Vorläufiger Bestandsschutz).

III. Zur Beteiligung der Schwerbehindertenvertretung
Bayreuther Der neue Kündigungsschutz schwerbehinderter Arbeitnehmer nach § 95 II SGB IX, NZA 2017, 87; *Klein* Der Kündigungsschutz schwerbehinderter Arbeitnehmer nach dem Bundesteilhabegesetz, NJW 2017, 852; *Kleinebrink* Bundesteilhabegesetz: Stärkung der Rechte der Schwerbehindertenvertretung, DB 2017, 126; *Mühlmann* Beteiligung der Schwerbehindertenvertretung bei Kündigungen durch den Arbeitgeber, NZA 2017, 884; *Richter* Erweiterung des Sonderkündigungsschutzes für schwerbehinderte Arbeitnehmer: Der neue § 95 II 3 SGB IX, ArbRAktuell 2017, 84; *Schnelle* Die Schwerbehindertenvertretung: Was ändert sich durch das Bundesteilhabegesetz?, NZA 2017, 880.

Inhaltsübersicht Rdn.

I. Vorbemerkung	1, 2
II. Zweck des Anhörungsverfahrens	3
III. Geltungsbereich	4–32
1. Sachlicher Geltungsbereich	4–19
a) Bestehen eines Betriebsrats	4–9
b) Funktionsfähigkeit des Betriebsrats	10–14
c) Betriebe mit Auslandsbezug	15
d) Tendenzbetriebe	16
e) Geltung im Arbeitskampf	17–19
2. Persönlicher Geltungsbereich	20–23
3. Geltung bei Kündigungen	24–32
IV. Anhörung (Abs. 1)	33–127
1. Überblick	33–42
a) Einleitung des Anhörungsverfahrens – Mitteilung der Kündigungsabsicht	34–41
aa) Zuständige Person	34–38
bb) Inhalt der Mitteilung	39–41
b) Abschluss des Anhörungsverfahrens	42
2. Zeitpunkt der Anhörung	43–49
a) Grundsatz	43
b) Vorherige Willensbildung	44
c) Zeitlicher Zusammenhang zwischen Anhörung und Kündigung	45, 46
d) Bedeutung des § 626 Abs. 2 BGB	47
e) Koordination mit behördlichen Zustimmungserfordernissen	48
f) Nachträgliche Zustimmung	49
3. Adressat der Mitteilung des Arbeitgebers	50–54
a) Träger des Mitbestimmungsrechts	50, 51
b) Zum Empfang ermächtigte Personen	52–54
4. Ort und Zeit der Mitteilung	55
5. Inhalt der Mitteilung	56–100
a) Allgemeines	56–58
b) Person des zu Entlassenden	59–61
c) Kündigungsart	62–65
d) Kündigungsfrist und Beendigungstermin	66–72

	e)	Gründe	73–100
		aa) Allgemeines	73–87
		bb) Einzelne Kündigungsgründe	88–100
		(1) Betriebliche Gründe	88–91
		(2) Kündigung wegen Krankheit	92
		(3) Gründe im Verhalten des Arbeitnehmers	93–98
		(4) Änderungskündigung	99, 100
6.	Form der Mitteilung		101
7.	Mängel der Anhörung		102–105
	a) Im Bereich des Arbeitgebers		103
	b) Im Bereich des Betriebsrats		104, 105
8.	Folgen bei Mängeln der Anhörung		106–127
	a) Fehlende Anhörung		106
	b) Fehlerhafte Anhörung		107–116
	c) Geltendmachung von Mängeln der Anhörung		117
	d) Verzicht auf die Anhörung		118–121
	e) Darlegungs- und Beweislast		122–127

V. Stellungnahme des Betriebsrats (Abs. 2, 3 und 4) — 128–199
 1. Überblick — 128–146
  a) Pflicht zur Stellungnahme — 128
  b) Anhörung des Arbeitnehmers — 129
  c) Zuständiges Gremium — 130
  d) Fehlverhalten des Vorsitzenden — 131
  e) Inhalt und Form der Stellungnahme — 132–137
   aa) Inhalt — 132–136
   bb) Form — 137
  f) Frist — 138–145
  g) Mitteilung an den Arbeitgeber — 146
 2. Widerspruchsrecht — 147–181
  a) Nur bei ordentlicher Kündigung — 147, 148
  b) Form — 149
  c) Begründung und Rücknahme — 150–152
  d) Die Widerspruchsgründe im Einzelnen — 153–181
   aa) Fehlende oder fehlerhafte Sozialauswahl (Abs. 3 Nr. 1) — 153–157
   bb) Verstoß gegen Auswahlrichtlinie (Abs. 3 Nr. 2) — 158
   cc) Möglichkeit der Weiterbeschäftigung auf einem anderen Arbeitsplatz (Abs. 3 Nr. 3) — 159–166
   dd) Möglichkeit der Weiterbeschäftigung nach Umschulung oder Fortbildung (Abs. 3 Nr. 4) — 167–176
   ee) Möglichkeit der Weiterbeschäftigung zu geänderten Vertragsbedingungen (Abs. 3 Nr. 5) — 177–181
 3. Kündigung nach Einlegung eines Widerspruchs – Übermittlung der Stellungnahme des Betriebsrats (Abs. 4) — 182–187
 4. Bedeutung der Anhörung, Nachschieben von Kündigungsgründen und Bedeutung des Widerspruchs im Kündigungsschutzprozess — 188–199
  a) Bedeutung der Anhörung — 188, 189
  b) Nachschieben von Gründen — 190–195
  c) Bedeutung des Widerspruchs — 196–199

VI. Besonderheiten bei der außerordentlichen Kündigung — 200–206
 1. Inhalt der Stellungnahme, Kündigungserklärungsfrist, Zustimmungsfiktion — 200–203
 2. Lohnzahlungspflicht — 204, 205
 3. Umdeutung einer außerordentlichen Kündigung — 206

VII. Weiterbeschäftigungspflicht (Abs. 5) — 207–240
 1. Voraussetzungen — 208–218
  a) Ordentliche Kündigung — 208–211
  b) Widerspruch des Betriebsrats — 212
  c) Kündigungsschutzklage — 213–216
  d) Verlangen des Arbeitnehmers — 217, 218
 2. Inhalt und Rechtsnatur des Weiterbeschäftigungsanspruches — 219–223

a) Tatsächliche Beschäftigung	219, 220
b) Unveränderte Arbeitsbedingungen	221, 222
c) Rechtsnatur	223
3. Beendigung des Weiterbeschäftigungsverhältnisses	224–226
4. Änderungskündigung und Weiterbeschäftigungsanspruch	227–229
5. Verfahren	230, 231
6. Beseitigung der Weiterbeschäftigungspflicht	232–238
a) Gerichtliche Entscheidung	232–234
b) Gesetzliche Gründe	235–238
7. Allgemeiner Weiterbeschäftigungsanspruch	239, 240
VIII. Erweiterung des Mitbestimmungsrechtes (Abs. 6)	241–258
1. Vorbemerkung	241
2. Geltungsbereich	242, 243
3. Erweiterung nur durch Betriebsvereinbarungen	244–247
4. Zustimmungsverfahren	248–252
5. Einschaltung der Einigungsstelle	253–256
6. Stellung des Arbeitnehmers	257, 258
IX. Beteiligung des Betriebsrats nach anderen Vorschriften (Abs. 7)	259–262
X. Beteiligung der Schwerbehindertenvertretung	263–270

I. Vorbemerkung

1 Während sich § 66 Abs. 1 BetrVG 1952 darauf beschränkte anzuordnen, dass der Betriebsrat vor jeder Kündigung zu hören sei, ohne die Rechtsfolgen der Nichtanhörung festzulegen, bringt § 102 eine detaillierte Regelung des Mitbestimmungsrechts des Betriebsrats bei Kündigungen. Wegen der einschneidenden Bedeutung der Kündigung durch den Arbeitgeber für den Arbeitnehmer hat das Gesetz die Rechtsstellung des Betriebsrats und damit seine kollektive Schutzfunktion erheblich verstärkt (amtliche Begründung, BR-Drucks. 715/70, S. 32) und gleichzeitig den kollektiven mit dem individualrechtlichen Schutz verknüpft (vgl. § 1 Abs. 2 Satz 2 KSchG).

2 Im Einzelnen sind die folgenden wesentlichen Änderungen gegenüber dem BetrVG 1952 zu verzeichnen:
a) Eine ohne Anhörung des Betriebsrats ausgesprochene Kündigung ist unwirksam (Abs. 1 Satz 2).
b) Die Gründe, aus denen einer ordentlichen Kündigung widersprochen werden kann, sind erschöpfend aufgezählt (Abs. 3).
c) Der gekündigte Arbeitnehmer ist unter bestimmten Voraussetzungen weiterzubeschäftigen (Abs. 5).
d) Die Zustimmung des Betriebsrats kann durch Betriebsvereinbarung zur Wirksamkeitsvoraussetzung für jede Kündigung gemacht werden (Abs. 6).

II. Zweck des Anhörungsverfahrens

3 Sinn und Zweck des Anhörungsverfahrens ist es, dem Betriebsrat Gelegenheit zu geben, aus seiner Sicht zu der Kündigung und deren Begründung Stellung zu nehmen, damit der Arbeitgeber bei seiner Entscheidung den Widerspruch oder etwaige Bedenken des Betriebsrats berücksichtigen kann (*BAG* 13.07.1978 EzA § 102 BetrVG 1972 Nr. 35 = AP Nr. 17 zu § 102 BetrVG 1972 unter III 2a; 24.11.1983 EzA § 102 BetrVG 1972 Nr. 54 = AP Nr. 30 zu § 102 BetrVG 1972 unter B I 1). Es geht folglich darum, **auf den Willensbildungsprozess des Arbeitgebers im Vorfeld der Kündigung einzuwirken**, damit es ggf. gar nicht zu einer Kündigung kommt (*BAG* 02.11.1983 EzA § 102 BetrVG 1972 Nr. 53, 16.09.1993 EzA § 102 BetrVG 1972 Nr. 84 = AP Nr. 29, 62 zu § 102 BetrVG 1972; zuletzt *BAG* 22.09.2016 EzA § 85 SGB IX Nr. 10 Rn. 25; *Bachner/DKKW* § 102 Rn. 3; *Heinze* Personalplanung, Rn. 458; *Matthes/* MünchArbR § 267 Rn. 1; *Meisel* Mitwirkung, Rn. 376). Die Rspr. betont andererseits, dass die Anhörung nicht zum Ziel habe, dem Betriebsrat eine objektive Rechtmäßigkeitsprüfung der beabsichtigten Kündigung zu ermöglichen (*BAG* 23.10.2014 EzA § 102 BetrVG 2001 Nr. 31 Rn. 22; 22.09.2016 EzA § 85 SGB IX Nr. 10 Rn. 25). Hieran ist richtig, dass das

Anhörungsverfahren kein dem Kündigungsschutzprozess vorgeschaltetes Verfahren der Rechtskontrolle darstellt. Es geht vielmehr darum, vor der endgültigen Entscheidung über die Kündigung den Betriebsrat als »Fürsprecher« der Arbeitnehmer des Betriebs zu Wort kommen zu lassen und in den Entscheidungsprozess einzubinden. Dies wirkt sich vor allem im Hinblick auf die Anforderungen an die Information des Betriebsrats durch den Arbeitgeber aus (s. Rdn. 56 ff.). Andererseits ist aber nicht zu leugnen, dass die Einschaltung des Betriebsrats als eine Art »präventiver Kündigungsschutz« (*Preis/SPV* Rn. 280) dem **Individualinteresse des Arbeitnehmers an der Erhaltung seines Arbeitsplatzes** dient und insoweit eine kollektive Verstärkung des individualrechtlichen Kündigungsschutzes darstellt (*Raab* ZfA 1995, 479 [517]). Hierzu kann der Betriebsrat einmal versuchen auf den Arbeitgeber einzuwirken, damit dieser von einem an sich gegebenen Recht zur Kündigung keinen Gebrauch macht. Die Anhörung soll dem Betriebsrat aber ebenso die Möglichkeit geben, rechtliche Bedenken gegen die Kündigung geltend zu machen und den Arbeitnehmer vor unberechtigten Kündigungen zu schützen (*Raab* ZfA 1995, 479 [520]). Dies ergibt sich nicht zuletzt daraus, dass bei Vorliegen eines der Widerspruchsgründe des § 102 Abs. 3 die Kündigung zugleich sozial ungerechtfertigt und damit nach § 1 Abs. 2 KSchG unwirksam ist. Wie sich insbesondere aus § 102 Abs. 3 Nr. 2 ersehen lässt, soll das Anhörungsrecht zugleich dem Betriebsrat einen Einfluss auf die Zusammensetzung der Belegschaft verschaffen, dient demnach auch einem **kollektiven Interesse** (*BAG* 13.07.1978 EzA § 102 BetrVG 1972 Nr. 35 = AP Nr. 17 zu § 102 BetrVG 1972 unter III 2b; *Matthes/*MünchArbR § 267 Rn. 1; *Meisel* Mitwirkung, Rn. 375; krit. *Isenhardt* 50 Jahre Bundesarbeitsgericht, S. 943 [950 f.]; zum Ganzen auch *Kraft* FS Kissel, S. 611 ff.).

III. Geltungsbereich

1. Sachlicher Geltungsbereich

a) Bestehen eines Betriebsrats

§ 102 gilt grundsätzlich **für alle Betriebe**, in denen ein **Betriebsrat** aufgrund wirksamer Wahl existiert und funktionsfähig (s. dazu Rdn. 10 ff.) ist (h. M.; zur Frage, ob in Betrieben ohne Betriebsrat eine Anhörung des betroffenen Arbeitnehmers zu erfolgen hat, vgl. *Wendeling-Schröder* DB 2002, 206 [207 f.]). Eine Mindestbeschäftigtenzahl ist, anders als in § 99, nicht erforderlich. Maßgeblich ist, ob für den Betrieb oder Betriebsteil, in dem **der Arbeitnehmer** beschäftigt und dem er deshalb **betriebsverfassungsrechtlich zuzuordnen** ist (s. § 7 Rdn. 17 ff.), ein Betriebsrat besteht (*BAG* 03.06.2004 EzA § 1 KSchG Soziale Auswahl Nr. 55 = AP Nr. 141 zu § 102 BetrVG 1972 unter B; 24.05.2012 EzA § 1 KSchG Betriebsbedingte Kündigung Nr. 168 = AP Nr. 194 zu § 1 KSchG 1969 Betriebsbedingte Kündigung Rn. 42; *Etzel/Rinck/*KR § 102 BetrVG Rn. 54). Ist der Arbeitnehmer einem Betriebsteil zuzuordnen, der **nach § 4 Abs. 1 als selbständiger Betrieb gilt**, so besteht die Anhörungspflicht nur, wenn für diesen Betriebsteil ein Betriebsrat gewählt ist. Besteht in dem selbständigen Betriebsteil kein Betriebsrat, so ist der Betriebsrat des Hauptbetriebes nur zu beteiligen, wenn die Arbeitnehmer des Betriebsteils von dem Optionsrecht des § 4 Abs. 1 Satz 2 Gebrauch gemacht und sich an der Wahl des Betriebsrats im Hauptbetrieb beteiligt haben. Nur in diesem Falle ist der Betriebsrat des Hauptbetriebs für sie zuständig. Haben die Arbeitnehmer des Betriebsteiles den Betriebsrat des Hauptbetriebes nicht mitgewählt und besteht für den Betriebsteil auch kein eigener Betriebsrat, so besteht keine Anhörungspflicht. Dem Betriebsrat des Hauptbetriebes steht insoweit keine Hilfs- oder Ersatzzuständigkeit zu. Dies gilt auch, wenn es sich in Wahrheit nicht um einen selbständigen Betriebsteil handelt, die Arbeitnehmer des Betriebsteils also bei der Wahl des Betriebsrats hätten beteiligt werden müssen, die Betriebsratswahl aber nicht angefochten worden ist (*BAG* 03.06.2004 EzA § 1 KSchG Soziale Auswahl Nr. 55 = AP Nr. 141 zu § 102 BetrVG 1972 unter B; **a. M.** *Bachner/*DKKW § 102 Rn. 28, 141; *Fitting* § 102 Rn. 20c). Es wäre mit dem Zweck der Anfechtungsfrist, Rechtssicherheit hinsichtlich des Vorliegens von die Anfechtbarkeit begründenden Mängeln zu schaffen, unvereinbar, wenn nachträglich die Zuständigkeit des Betriebsrats aus Anlass eines konkreten Streitfalles in Frage gestellt werden könnte. Dies gilt auch im umgekehrten Fall, also wenn eine gemeinsame Betriebsratswahl stattgefunden hat, obwohl es sich um selbständige organisatorische Einheiten handelt, für die getrennte Betriebsräte hätten gewählt werden müssen (z. B. bei der Wahl eines einheitlichen Betriebsrats für die Arbeitnehmer mehrerer Unternehmen, obwohl die

§ 102

Voraussetzungen eines Gemeinschaftsbetriebs nicht vorliegen; BAG 19.11.2003 EzA § 22 BetrVG 2001 Nr. 1 = AP Nr. 19 zu § 1 BetrVG 1972 Gemeinsamer Betrieb). Allgemein gilt also, dass in den Fällen, in denen die Betriebsratswahl nicht angefochten worden ist, der Betriebsrat daher bei Kündigungen von allen Arbeitnehmern anzuhören ist, die in den organisatorischen Einheiten beschäftigt sind, deren Belegschaft den Betriebsrat mit gewählt hat (*Etzel/Rinck*/KR § 102 BetrVG Rn. 54).

5 Ein Betriebsrat existiert nicht, wenn seine Wahl **nichtig** war, was allerdings nur in seltenen Fällen anzunehmen ist (s. dazu *Kreutz* § 19 Rdn. 144 ff.). Der Betrieb ist in einem solchen Fall rechtlich betriebsratslos; eine Anhörungspflicht des Arbeitgebers nach § 102 besteht nicht (s. *Kreutz* § 19 Rdn. 153). Die Nichtigkeit der Wahl kann von jedermann zu jeder Zeit z. B. auch vom Arbeitgeber in einem Prozess gegenüber einem klagenden Arbeitnehmer, der sich auf die Nichtanhörung des Betriebsrats beruft, geltend gemacht werden. Gesichtspunkte des Vertrauensschutzes stehen dem nicht entgegen (BAG 27.04.1976 EzA § 19 BetrVG 1972 Nr. 8 = AP Nr. 4 zu § 19 BetrVG 1972; *Etzel-Rinck*/KR § 102 BetrVG Rn. 19; s. *Kreutz* § 19 Rdn. 154). Ist die **Wahl** des Betriebsrats lediglich **anfechtbar**, so amtiert der (fehlerhaft gewählte) Betriebsrat bis zur Rechtskraft der Entscheidung, mit der die Wahl für unwirksam erklärt wird (s. *Kreutz* § 19 Rdn. 136). Für Kündigungen, die vor Rechtskraft der Entscheidung erfolgen, besteht daher auch die Anhörungspflicht nach § 102 Abs. 1 (BAG 09.06.2011 EzA § 102 BetrVG 2001 Nr. 27 Rn. 13). Diese entfällt erst mit der Rechtskraft der Entscheidung über die Unwirksamkeit der Wahl, weil dann die Amtszeit des Betriebsrats, und die Mitgliedschaft aller seiner Mitglieder erlischt und auch keine Befugnis zur Weiterführung der Geschäfte bis zur Neuwahl besteht (s. *Kreutz* § 19 Rdn. 136), so dass der Betrieb bis zur Neuwahl eines Betriebsrats und zum Beginn von dessen Amtszeit betriebsratslos ist. Führt die Anfechtung lediglich zur Berichtigung des Wahlergebnisses oder zur Unwirksamkeit der Wahl einzelner Betriebsratsmitglieder, ist dies für den Bestand des Betriebsrats und damit für das Anhörungserfordernis ohnehin ohne Bedeutung (s. *Kreutz* § 19 Rdn. 135, 142).

6 Ein Betriebsrat existiert ferner nicht (mehr), wenn seine **Amtszeit gemäß § 21 Satz 1 BetrVG abgelaufen** ist und ein neuer Betriebsrat noch nicht gewählt wurde (h. M.; *Etzel/Rinck*/KR § 102 BetrVG Rn. 20; *Fitting* § 21 Rn. 19; *Galperin/Löwisch* § 21 Rn. 8; *Kreutz* § 21 Rdn. 24; **a. M.** *Richardi/Thüsing* § 21 Rn. 13). Der Betrieb ist auch in einem solchen Falle betriebsratslos; § 102 ist in dieser Zeit nicht anwendbar. Gleiches gilt, wenn die Mitgliedschaft aller Betriebsratsmitglieder im Betriebsrat nach § 24 Abs. 1 erloschen ist.

7 Die Anhörungspflicht nach § 102 besteht auch in der Zeit, in der ein Betriebsrat **nach § 22 die Geschäfte weiterführt** (*Etzel/Rinck*/KR § 102 BetrVG Rn. 21). Diese Möglichkeit hat das Gesetz jedoch nur in den Fällen des § 13 Abs. 2 Nr. 1 bis 3 eingeräumt (zumindest missverständlich *Bachner/DKKW* § 102 Rn. 32: In allen Fällen des Ablaufs; *Galperin/Löwisch* § 102 Rn. 3). § 22 dehnt die Geschäftsführungsbefugnis aber nicht über den Zeitpunkt hinaus aus, in dem die Amtszeit des Betriebsrats regelmäßig geendet hätte (s. *Kreutz* § 22 Rdn. 19).

8 Bei einer **Spaltung des Betriebs** (s. hierzu *Kreutz* § 21a Rdn. 17 ff.) ist wie folgt zu unterscheiden: Die Arbeitnehmer bleiben grundsätzlich dem Betriebsteil zugeordnet, dem sie bisher angehörten. Wird ein abgespaltener Betriebsteil als selbständiger Betrieb fortgeführt, so ist bis zur Wahl eines Betriebsrats in dem neu gebildeten Betrieb, längstens für die Dauer von 6 Monaten, der Betriebsrat des aufgespaltenen Betriebs anzuhören, dem gemäß § 21a Abs. 1 ein Übergangsmandat zusteht. Wird der abgespaltene Betriebsteil in einen anderen Betrieb eingegliedert, so bestehen weder ein Übergangs- noch ein Restmandat des alten Betriebsrats. Sofern in dem aufnehmenden Betrieb kein Betriebsrat besteht, entfällt die Anhörungspflicht (näher zu den Voraussetzungen *Kreutz* § 21a Rdn. 55 ff.). Wird der abgespaltene Betriebsteil dagegen in einen Betrieb mit Betriebsrat eingegliedert, so ist der Betriebsrat des aufnehmenden Betriebs auch für die Arbeitnehmer des abgespaltenen Betriebsteils zuständig und nach § 102 anzuhören. Werden bisher **selbständige Betriebe oder (unselbständige) Betriebsteile** (letztere nach Spaltung des Betriebs) **zu einem neuen Betrieb zusammengelegt**, so besteht bis zur Wahl eines Betriebsrats in dem neu gebildeten Betrieb ein Übergangsmandat für den Betriebsrat, der bisher für den Betrieb oder Betriebsteil mit der größten Zahl der wahlberechtigten Arbeitnehmer zuständig war (§ 21a Abs. 2; zu der Frage des Übergangsmandats in den Fällen, in denen in dem größten Betrieb oder Betriebsteil kein Betriebsrat besteht, s. *Kreutz* § 21a Rdn. 69, 74). Dieser ist dann auch nach § 102 anzuhören. Für ein (zeitlich unbegrenztes) Restmandat des alten Be-

triebsrats nach § 21b ist im Zusammenhang mit § 102 kein Raum. Dagegen ist im Falle der **Betriebsstilllegung** stets der bisherige Betriebsrat nach § 102 anzuhören, da dieser gemäß § 21b bis zur Abwicklung des gesamten Betriebes und bis zur Erledigung aller mitwirkungspflichtigen Angelegenheiten im Amt bleibt (*BAG* 25.10.2007 EzA § 613a BGB 2002 Nr. 82 Rn. 49).

Bei einem **Betriebsübergang** auf einen neuen Inhaber gemäß § 613a BGB bleibt der Betrieb in seiner Identität erhalten und der Betriebsrat im Amt (s. *Kreutz* § 21 Rdn. 39). Will der neue Arbeitgeber einem Arbeitnehmer des Betriebs kündigen, muss er den fortbestehenden Betriebsrat nach § 102 anhören. **Widerspricht ein Arbeitnehmer dem Übergang seines Arbeitsverhältnisses** auf den neuen Inhaber, so endet seine Betriebszugehörigkeit. Der Betriebsrat des übergegangenen Betriebes ist für den Arbeitnehmer nicht mehr zuständig. Will der Veräußerer dem Arbeitnehmer kündigen, so ist folglich der Betriebsrat des übergegangenen Betriebes nicht nach § 102 anzuhören (*BAG* 21.03.1996 EzA § 102 BetrVG 1972 Nr. 91 = AP Nr. 81 zu § 102 BetrVG 1972; 24.05.2005 EzA § 613a BGB 2002 Nr. 35 unter IV; zuletzt 08.05.2014 EzA § 1 KSchG Betriebsbedingte Kündigung Nr. 180 Rn. 33). Ein Übergangsmandat nach § 21a Abs. 1 Satz 1 in direkter oder analoger Anwendung scheidet aus. Auch ein Restmandat des Betriebsrats nach § 21b besteht insoweit nicht (*BAG* 24.05.2012 EzA § 1 KSchG Betriebsbedingte Kündigung Nr. 168 = AP Nr. 194 zu § 1 KSchG 1969 Betriebsbedingte Kündigung Rn. 47 ff.; 08.05.2014 EzA § 1 KSchG Betriebsbedingte Kündigung Nr. 180 Rn. 35 ff.; s. näher *Kreutz* § 21a Rdn. 87 ff., § 21b Rdn. 29 m. w. N.). Hat der Veräußerer außer dem übergegangenen keinen weiteren Betrieb oder besteht in keinem seiner Betriebe ein Betriebsrat, so entfällt die Anhörung (*BAG* 08.05.2014 EzA § 1 KSchG Betriebsbedingte Kündigung Nr. 180 Rn. 33). Wird der Arbeitnehmer einem anderen Betrieb des Veräußerers zugeordnet, in dem ein Betriebsrat besteht, so ist dieser nach § 102 anzuhören. Erfolgt dagegen keine Zuordnung zu einem anderen Betrieb des Veräußerers, so bedarf es auch dann keiner Anhörung, wenn in einem oder in mehreren Betrieben des Veräußerers ein Betriebsrat besteht. Es gibt keine Reservezuständigkeit der Einzelbetriebsräte für Arbeitnehmer des Unternehmens, die keinem oder keinem betriebsratsfähigen Betrieb zuzuordnen sind (*BAG* 21.03.1996 EzA § 102 BetrVG 1972 Nr. 91 = AP Nr. 81 zu § 102 BetrVG 1972). Auch ein bestehender Gesamt- oder Konzernbetriebsrat ist nicht nach § 102 zu beteiligen (s. Rdn. 51). Wird nur **ein Teil des Betriebs veräußert**, kommt es zu einer Betriebsspaltung, so dass die hierfür maßgeblichen Regeln (s. Rdn. 8) gelten. Im Regelfall ist also der im bisherigen Betrieb bestehende Betriebsrat anzuhören, der entweder (bei Erhaltung der Identität des Betriebs trotz Spaltung) im Amt bleibt oder dem zumindest ein Übergangsmandat nach § 21a zusteht (s. *Kreutz* § 21a Rdn. 92). Eine Ausnahme gilt wiederum, wenn der veräußerte Betriebsteil in einen bestehenden Betrieb des Erwerbers eingegliedert wird. Besteht in diesem Betrieb ein Betriebsrat, so ist dieser anzuhören; ein Übergangsmandat des alten Betriebsrats besteht nicht (s. § 21a Abs. 1 Satz 1). Besteht dort kein Betriebsrat, entfällt die Anhörungspflicht für Kündigungen durch den Erwerber (str.; s. *Kreutz* § 21a Rdn. 63 f. m. w. N.).

b) Funktionsfähigkeit des Betriebsrats

Das **Anhörungsrecht besteht nicht**, wenn der Betriebsrat zu der Zeit, zu der die Kündigung auszusprechen ist, nicht funktionsfähig ist (*Etzel/Rinck/KR* § 102 BetrVG Rn. 27; *Huke/HWGNRH* § 102 Rn. 17; *Koch/APS* § 102 BetrVG Rn. 46; *Meisel* Mitwirkung, Rn. 21; *Richardi/Thüsing* § 102 Rn. 32). Funktionsunfähig ist der Betriebsrat, wenn alle Mitglieder und Ersatzmitglieder gleichzeitig an der Ausübung ihres Amtes nicht nur kurzzeitig verhindert sind (*Etzel/Rinck/KR* § 102 BetrVG Rn. 274a; *Koch/APS* § 102 BetrVG Rn. 46; *Richardi/Thüsing* § 102 Rn. 321). Teilweise wird angenommen, dass bei einer **vorübergehenden Funktionsunfähigkeit** des Betriebsrats die Anhörungsfristen nicht liefen, der Arbeitgeber also mit der Kündigung warten müsse, bis der Betriebsrat seine Funktionsfähigkeit wieder erlangt habe. Dies gelte insbesondere im Falle vereinbarter Betriebsferien (s. Rdn. 13). Auch eine Wahrnehmung der Mitbestimmungsrechte durch die anwesenden Mitglieder gemäß § 22 analog komme nicht in Betracht (*Bachner/DKKW* § 102 Rn. 36; *Fitting* § 102 Rn. 7). Für eine solche »**Hemmung**« **der Anhörungsfrist**, die auf einen Ausschluss der Kündigung während bestimmter Zeiträume, etwa während der Betriebsferien, hinausliefe, **bietet das Gesetz keinen Anhaltspunkt**. Ebenso wenig lässt sich aus dem Gebot der vertrauensvollen Zusammenarbeit gemäß § 2 Abs. 1 eine Pflicht des Arbeitgebers herleiten, mit der Kündigung bis zur Wiederherstellung der Funktionsfähigkeit des Betriebsrats zu warten, da es Sache des Betriebsrats ist, für seine Funktionsfähigkeit zu sorgen (i. E. ebenso *Etzel/Rinck/*KR § 102 BetrVG Rn. 29 und *Koch/APS* § 102 BetrVG Rn. 50 mit dem Argument, dass die Herstellung der Funktionsfähigkeit in der Verantwortungssphäre des Betriebsrats liege). Der Arbeitgeber ist allerdings nicht berechtigt, die vorübergehende Funktionsunfähigkeit **rechtsmissbräuchlich** auszunutzen. Liegt kein zwingender Grund für den sofortigen Ausspruch der Kündigung vor, so ist es dem Arbeitgeber im allgemeinen zumutbar, bis zur Wiederherstellung der Funktionsfähigkeit des Betriebsrats zu warten, sofern diese in absehbarer Zeit wieder eintreten wird. Gibt es jedoch sachliche Gründe für eine alsbaldige Kündigung, droht insbesondere die Versäumung der Frist des § 626 Abs. 2 BGB, kann der Arbeitgeber ohne Anhörung des Betriebsrats kündigen (zust. für den Fall der fristlosen Kündigung *Pauken* GWR 2015, 199 [201]). Die Anhörungspflicht entfällt zudem dann nicht, wenn der Arbeitgeber selbst die Funktionsunfähigkeit des Betriebsrats in vertretbarer Weise herbeigeführt hat, etwa um sich der Anhörungspflicht zu entziehen (*Etzel/Rinck/*KR § 102 BetrVG Rn. 29; *Koch/APS* § 102 BetrVG Rn. 50). Auch in diesem Falle wäre eine Berufung auf die Funktionsunfähigkeit rechtsmissbräuchlich. Es ist dem Arbeitgeber daher zuzumuten mit der Kündigung zu warten, bis der Betriebsrat sein Beteiligungsrecht ausüben kann.

11 Problematisch ist, ob von einer Funktionsunfähigkeit auszugehen ist, wenn das **einzige Betriebsratsmitglied arbeitsunfähig erkrankt** und kein Ersatzmitglied vorhanden ist. Die Funktionsunfähigkeit setzt voraus, dass das Betriebsratsmitglied infolge der Krankheit i. S. d. § 25 Abs. 1 zeitweilig verhindert ist. Ebenso wie bei der Definition der Verhinderung im Entgeltfortzahlungsrecht ist hierfür maßgeblich, ob das Betriebsratsmitglied an der konkreten Tätigkeit, hier also an der Amtsausübung, gehindert ist (ebenso wohl *BAG* 15.11.1984 EzA § 102 BetrVG 1972 Nr. 58 unter B IV 2 = AP Nr. 2 zu § 25 BetrVG 1972). Es lassen sich aber ohne Weiteres Fälle denken, in denen das Betriebsratsmitglied zwar aufgrund der Krankheit zur Verrichtung der Arbeitsleistung, nicht aber zur Verrichtung der Amtsgeschäfte außerstande ist, Arbeitsunfähigkeit und **Amtsunfähigkeit** folglich nicht zusammenfallen. Deshalb besteht die Anhörungspflicht zumindest dann, wenn der Arbeitgeber das erkrankte Betriebsratsmitglied wenige Tage vor Ausspruch der Kündigung in einer anderen Angelegenheit beteiligt hat (*BAG* 15.11.1984 EzA § 102 BetrVG 1972 Nr. 58; *ArbG Gießen* 26.02.1986 NZA 1986, 614; *Barwasser* DB 1976, 914; *Fitting* § 102 Rn. 7). In diesem Fall ist nämlich die Amtsunfähigkeit für den Arbeitgeber erkennbar nicht gegeben. Soweit solche Anhaltspunkte nicht vorhanden sind, scheint es problematisch, bei einer Arbeitsunfähigkeit stets von der Vermutung einer gleichzeitigen Amtsunfähigkeit auszugehen (vgl. *BAG* 15.11.1984 EzA § 102 BetrVG 1972 Nr. 58, das die Frage allerdings im Ergebnis offen lässt). Vielmehr dürfte es dem Arbeitgeber zumutbar sein, bei der ersten Beteiligungsangelegenheit sich mit dem Betriebsratsmitglied in Verbindung zu setzen und sich zu erkundigen, ob der Betroffene zur Ausübung der Amtsgeschäfte imstande ist, es sei denn, dass die Verhinderung aufgrund der Schwere der Erkrankung offenkundig ist. Sofern das Betriebsratsmitglied seine Amtsfähigkeit verneint, kann der Arbeitgeber aber in der Tat bis zum Ende der Arbeitsunfähigkeit vom Fortbestehen der Verhinderung ausgehen, sofern ihm das Betriebsratsmitglied nichts Gegenteiliges mitteilt.

12 In einem **mehrköpfigen Betriebsrat** ist zumindest nach dessen Konstituierung (zu dem Zeitraum vor Konstituierung s. Rdn. 14) eine Funktionsunfähigkeit kaum denkbar. Ein Adressat für die Unterrichtung des Arbeitgebers ist stets vorhanden. Ist der Vorsitzende verhindert, ist der Stellvertreter zur Entgegennahme der Erklärung berechtigt (§ 26 Abs. 2 Satz 2). Sind beide verhindert, hat der Betriebsrat – notfalls ad hoc durch Beschluss (s. § 26 Rdn. 69) – einen Vertreter zu bestimmen, der auch die Sitzung einberufen kann (s. § 29 Rdn. 23). Ist ein **Teil der Betriebsratsmitglieder** an der Teilnahme **verhindert**, rücken die Ersatzmitglieder nach (§ 25 Abs. 1 Satz 2), so dass im Regelfall Beschlussfähigkeit (§ 33 Abs. 2) vorliegt (s. § 33 Rdn. 13, 28), der Betriebsrat also handlungsfähig ist (die von *Pauken* GWR 2015, 199 [201] diskutierten Fälle der Entsendung, der Abordnung, der Teilnahme an Schulungen, des Urlaubs oder der Arbeitsunfähigkeit einzelner Betriebsratsmitglieder dürften daher kaum praktisch werden). Ist der Betriebsrat trotz Einrückens der verfügbaren Ersatzmitglieder nicht beschlussfähig, so tritt dennoch keine Funktionsunfähigkeit ein; der Restbetriebsrat nimmt dann analog § 22 die Mitbestimmungsrechte wahr, wenn die Verhinderung der anderen Mitglieder bis nach Ablauf der Frist des Abs. 2 andauert (*Bachner/DKKW* § 102 Rn. 39; vgl. auch *BAG* 18.08.1982 EzA § 102 BetrVG 1972 Nr. 48 [zust. *Heinze*] = AP Nr. 24 zu § 102 BetrVG 1972).

13 Ob der Betriebsrat während der **Betriebsferien** funktionsunfähig ist, hängt vom Einzelfall ab (ähnlich *Bader* FA 2015, 258 [260]; differenzierend auch *Pauken* GWR 2015, 199 [200], der danach unterschei-

det, ob die Betriebsferien vom Arbeitgeber »einseitig angeordnet« werden [was an sich wegen § 87 Abs. 1 Nr. 5 ausgeschlossen ist] oder mit dem Betriebsrat vereinbart sind; **a. M.** *Huke/HWGNRH* § 102 Rn. 17; *Meisel*, Mitwirkung, Rn. 22; *Stege/Weinspach/Schiefer* § 102 Rn. 43c, die während der Betriebsferien generell von einer Funktionsunfähigkeit des Betriebsrats ausgehen; ähnlich *Fitting* § 102 Rn. 7 [Anhörungsfristen laufen nicht]; dagegen nimmt *Richardi/Thüsing* § 102 Rn. 32 an, dass während der Betriebsferien generell keine Funktionsunfähigkeit eintrete). Entscheidend ist wiederum, ob die Betriebsferien zu einer Verhinderung aller Betriebsrats- und Ersatzmitglieder an ihrer Amtsführung führen. Es kann nicht davon ausgegangen werden, dass mit der Abwesenheit vom Betrieb zugleich automatisch die Fähigkeit zur Ausübung des Amtes verloren geht, da der Betriebsrat zumindest mit den Mitgliedern zusammentreten kann, die nicht verreist sind. Allerdings führt die Abwesenheit vom Betrieb dazu, dass der Arbeitgeber den Betriebsrat nicht über dessen Büro erreichen kann. Es ist ihm auch nicht zuzumuten, alle Mitglieder unter deren Privatadresse zu unterrichten. Jedoch dürfte es zumutbar sein, die Anhörung des Betriebsrats dadurch zu ermöglichen, dass der Arbeitgeber versucht, sich mit dem Vorsitzenden, dessen Stellvertreter oder einem anderen vom Betriebsrat benannten Mitglied in Verbindung zu setzen. Hierzu wird man ihn als verpflichtet ansehen müssen, wenn der Betriebsrat seiner Organisationsverantwortlichkeit nachkommt, indem er dem Arbeitgeber für die Dauer der Betriebsferien eine bestimmte Kontaktperson bzw. Kontaktadresse benennt (ebenso – allerdings ohne die vorliegende Kommentierung zu zitieren – *Bader* FA 2015, 258 [260]). Scheitert die Kontaktaufnahme mit den gesetzlichen oder den bestellten Vertretern des Betriebsrats, so ist der Betriebsrat für die Dauer der Betriebsferien als funktionsunfähig anzusehen, so dass die Kündigung ohne Anhörung des Betriebsrats erfolgen kann (ebenso *Koch/APS* § 102 BetrVG Rn. 50). Hat der Arbeitgeber eine empfangszuständige Person informiert, so kann die Kündigung nach Ablauf der Frist des § 102 Abs. 2 ausgesprochen werden. Ist infolge der Betriebsferien eine ordnungsgemäße Beschlussfassung nicht möglich oder kommt es zu Mängeln in der Willensbildung, so fällt dies in die Organisationsverantwortung und den Risikobereich des Betriebsrats (s. Rdn. 104 f.). Ist nur ein Teil der Betriebsrats- bzw. Ersatzmitglieder im Betrieb, so nehmen sie die Mitbestimmungsrechte analog § 22 wahr (s. Rdn. 12).

14 Nach der Rechtsprechung des Sechsten Senats des *BAG* (*BAG* 23.08.1984 EzA § 102 BetrVG 1972 Nr. 59 [abl. *Wiese*] = AP Nr. 36 zu § 102 BetrVG 1972 *[Richardi]*) ist ein Betriebsrat erst dann funktions- bzw. handlungsfähig, wenn er in der **konstituierenden Sitzung** gemäß § 29 Abs. 1, § 26 den Vorsitzenden und seinen Stellvertreter gewählt und damit die Amtsausübungsbefugnis begründet hat. Zuvor bestehe ein Anhörungsrecht nach § 102 nicht, da der Betriebsrat nur durch seinen Vorsitzenden oder seinen Stellvertreter handeln könne (ebenso *LAG Düsseldorf* 24.06.2009 – 12 Sa 336/09 – juris, Rn. 10 ff.; *Fitting* § 102 Rn. 7; *Preis/SPV* Rn. 290; *Richardi/Thüsing* § 102 Rn. 31). Diese Auffassung ist abzulehnen (s. a. § 26 Rdn. 6, *Kreutz* § 21 Rdn. 19). Sobald die **Amtszeit des neuen Betriebsrats** begonnen hat, und zwar entweder durch Bekanntgabe des Wahlergebnisses oder mit Ablauf der Amtszeit des Vorgängers (§ 21 Abs. 1), ist dieser neue Betriebsrat entsprechend dem BetrVG zu beteiligen (ebenso der Siebte Senat *BAG* 28.09.1983 EzA § 102 BetrVG 1972 Nr. 56 = AP Nr. 1 zu § 21 BetrVG 1972; *Bachner/DKKW* § 102 Rn. 31; *Koch/APS* § 102 BetrVG Rn. 45). Ein Betriebsrat ist daher nach Beginn seiner Amtszeit bis zur konstituierenden Sitzung nur dann funktionsunfähig, wenn alle Betriebsrats- und Ersatzmitglieder gleichzeitig an der Ausübung ihres Amtes verhindert sind (s. dazu Rdn. 10). Steht fest, dass der Betriebsrat während der Äußerungsfrist von 3 Tagen bei der außerordentlichen Kündigung bzw. 1 Woche bei der ordentlichen Kündigung in jedem Falle funktionsunfähig bleibt, so kann der Arbeitgeber eine Kündigung aussprechen, ohne das Anhörungsverfahren durchführen zu müssen. Kann diese Frage dagegen nicht beantwortet werden, muss er das Anhörungsverfahren einleiten, etwa indem er gegenüber allen Betriebsratsmitgliedern die betriebsverfassungsrechtlich relevanten Erklärungen abgibt (*BAG* 28.09.1983 EzA § 102 BetrVG 1972 Nr. 56 = AP Nr. 1 zu § 21 BetrVG 1972). Anders als im Falle der Betriebsferien (s. Rdn. 13) ist ihm dies auch zumutbar, weil die Betriebsratsmitglieder im Betrieb erreichbar sind. Äußert sich der Betriebsrat innerhalb der Fristen des § 102 Abs. 2 nicht, so gilt seine Zustimmung als erteilt. Hat der Arbeitgeber das Anhörungsverfahren ordnungsgemäß eingeleitet, so sind Mängel in der Willensbildung des Betriebsrats unerheblich, wenn der Arbeitgeber mit dem Ausspruch der Kündigung bis zum Ablauf der jeweiligen Äußerungsfrist wartet (*BAG* 28.03.1974 EzA § 102 BetrVG 1972 Nr. 9 = AP Nr. 3 zu § 102 BetrVG 1972). Dies gilt auch, wenn sich der Betriebsrat entgegen der Vorschrift des § 29 Abs. 1 Satz 1 nicht innerhalb einer Woche nach dem Wahltag konstituiert hat (vgl. auch *Wiese* Anm. zu *BAG* EzA § 102 BetrVG 1972 Nr. 59).

c) Betriebe mit Auslandsbezug

15 Zur Geltung des § 102 für Betriebe im Ausland und für inländische Betriebe ausländischer Unternehmen s. *Franzen* § 1 Rdn. 4, 9 sowie *Huke/HWGNRH* § 102 Rn. 4. Ob der Betriebsrat des inländischen Betriebes vor der Kündigung eines **im Ausland beschäftigten Arbeitnehmers** anzuhören ist, hängt davon ab, ob der Arbeitnehmer noch als Arbeitnehmer des inländischen Betriebes angesehen werden kann, berührt also die allgemeine Problematik des persönlichen Geltungsbereichs des BetrVG (ebenso *Reiter* NZA 2014, Beil. Nr. 1, S. 22 [27]; s. a. Rdn. 21, *Franzen* § 1 Rdn. 15 sowie § 7 Rdn. 48 ff.).

d) Tendenzbetriebe

16 Bei Kündigungen in **Tendenzbetrieben** gegenüber Tendenzträgern aus tendenzbedingten Gründen findet § 102 Anwendung, wenn und soweit die Anhörung nicht zu einer Beeinträchtigung der Tendenzverwirklichung führt (hierzu näher *Weber* § 118 Rdn. 221 m. w. N.). Keine Einschränkung erfährt die Unterrichtungspflicht gemäß § 102 Abs. 1. Das Alleinentscheidungsrecht des Arbeitgebers darüber, ob ein bestimmter Arbeitnehmer für die konkrete Tendenzverwirklichung geeignet ist, wird hierdurch nicht berührt. Der Arbeitgeber hat also den Betriebsrat unter Angabe der Gründe über die Kündigung zu informieren. Dies gilt auch dann, wenn die Gründe für die Kündigung in einem Zusammenhang mit der Tendenzverfolgung stehen (*BVerfG* 06.11.1979 EzA § 118 BetrVG 1972 Nr. 23 = AP Nr. 14 zu § 118 BetrVG 1972; *BAG* 07.11.1975 EzA § 118 BetrVG 1972 Nr. 9 = AP Nr. 4 zu § 118 BetrVG 1972). Umstritten ist dagegen, welche Möglichkeiten der Stellungnahme der Betriebsrat hat, insbesondere ob ihm ein Widerspruchsrecht zusteht. Nach Ansicht des *BAG* soll der Betriebsrat darauf beschränkt sein, aus sozialen Gesichtspunkten Einwendungen gegen die Kündigung zu erheben (*BAG* 07.11.1975 EzA § 118 BetrVG 1972 Nr. 9 = AP Nr. 4 zu § 118 BetrVG 1972). Dies erscheint nicht überzeugend, da die Geltendmachung von Bedenken durch den Betriebsrat – gleichgültig welchen Inhalt sie haben – das Recht des Arbeitgebers zur Auflösung des Arbeitsverhältnisses nicht beeinträchtigen (s. *Weber* § 118 Rdn. 222). Aus demselben Grund ist auch ein Widerspruch des Betriebsrats nicht generell ausgeschlossen (s. *Weber* § 118 Rdn. 222; *Richardi/Forst* § 118 Rn. 166; **a. M.** *Etzel/Rinck/KR* § 102 Rn. 13; *Fitting* § 118 Rn. 38; *Kraft* 6. Aufl., § 102 Rn. 15). Vielmehr ist zu differenzieren. Der Widerspruch darf keine Rechtsfolgen auslösen, die ein über die individualrechtlichen Schranken hinausgehendes, zusätzliches Hindernis für die Auflösung des Arbeitsverhältnisses darstellen und den Arbeitgeber dazu zwingen, den Tendenzträger länger zu beschäftigen. Die Entscheidung darüber, mit welchen Personen der Arbeitgeber den konkreten Tendenzzweck verfolgt, zählt nämlich zu den Grundentscheidungen, die § 118 Abs. 1 von der Mitbestimmung ausnehmen will. Deshalb finden § 102 Abs. 5 und § 1 Abs. 2 Satz 2 KSchG keine Anwendung (s. *Weber* § 118 Rdn. 222; *Galperin/Löwisch* § 118 Rn. 79; *Richardi/Forst* § 118 Rn. 166; **a. M.** *Wedde/DKKW* § 118 Rn. 108 ff. mit der unzutreffenden Behauptung, bei Kündigungen handle es sich »grundsätzlich« nicht um tendenzbedingte Maßnahmen). Dies gilt auch bei sog. tendenzneutralen Kündigungen, die ihren Grund nicht in Umständen finden, die mit der Tendenzverfolgung in Zusammenhang stehen (*Richardi/Forst* § 118 Rn. 166; **a. M.** *Weber* § 118 Rdn. 222 m. w. N.). Dagegen bestehen im Übrigen gegen die Zulässigkeit eines Widerspruchs keine Bedenken. Ohne die Rechtsfolgen der § 102 Abs. 5, § 1 Abs. 2 Satz 2 KSchG lässt der Widerspruch das Alleinentscheidungsrecht ebenso unberührt wie die Geltendmachung von Bedenken durch den Betriebsrat. Der Widerspruch hat allerdings zur Folge, dass der Arbeitgeber verpflichtet ist, dem Arbeitnehmer gemäß § 102 Abs. 4 die Stellungnahme des Betriebsrats zuzuleiten.

e) Geltung im Arbeitskampf

17 Die Frage, ob und ggf. inwieweit § 102 **während eines Arbeitskampfes** anwendbar ist, ist nach wie vor umstritten (s. a. § 99 Rdn. 19 ff.). Teilweise wird die Anwendbarkeit uneingeschränkt bejaht (so wohl *Bachner/DKKW* § 102 Rn. 43). Die h. M. nimmt hingegen eine teleologische Reduktion der Mitbestimmungsrechte vor und unterscheidet zwischen arbeitskampfbedingten, d. h. mitbestimmungsfreien und nicht arbeitskampfbedingten und daher mitbestimmungspflichtigen Kündigungen

(*BAG* 14.02.1978 EzA Art. 9 GG Arbeitskampf Nr. 22 [abl. *Herschel*], 14.02.1978 EzA Art. 9 GG Arbeitskampf Nr. 24 = AP Nr. 58, 59 zu Art. 9 GG Arbeitskampf *[Konzen]*; 14.02.1978 EzA § 15 KSchG n. F. Nr. 19 = AP Nr. 57 zu Art. 9 GG Arbeitskampf *[Konzen]*; 06.03.1979 EzA § 102 BetrVG 1972 Nr. 40 = AP Nr. 20 zu § 102 BetrVG 1972; 10.12.2002 EzA § 80 BetrVG 2001 Nr. 1; *LAG Frankfurt a. M.* 07.07.1977 AuR 1978, 155; *Etzel/Rinck*/KR § 102 BetrVG Rn. 31; *Fitting* § 102 Rn. 16; *Galperin/Löwisch* § 74 Rn. 13a; *Koch/APS* § 102 BetrVG Rn. 15; *Kraft* 6. Aufl., § 102 Rn. 16 f.; *Richardi/Thüsing* § 102 Rn. 49 f.). Das *BAG* stützt sich dabei in Zusammenhang mit der Einschränkung der Mitbestimmung in personellen Angelegenheiten vor allem auf das Argument, dass der Betriebsrat wegen der Auswirkungen auf das Kampfgeschehen überfordert wäre, wenn er unter Berücksichtigung des Neutralitätsgebotes Entscheidungen über Einstellungen, Versetzungen oder Kündigungen treffen müsste (*BAG* 14.02.1978 EzA Art. 9 GG Arbeitskampf Nr. 22 unter 7; 10.12.2002 EzA § 80 BetrVG 2001 Nr. 1 unter B III 3b aa = AP Nr. 59 zu § 80 BetrVG 1972). Richtig ist, dass sich Schranken für die Ausübung der Beteiligungsrechte allein aus dem Neutralitätsgebot des § 74 Abs. 2 Satz 1 ergeben (vgl. *Kreutz/Jacobs* § 74 Rdn. 69 ff. m. w. N., s. a. § 99 Rdn. 19 ff.). Allerdings kommt es nicht darauf an, ob die Mitglieder des Betriebsrats subjektiv in der Lage sind, ohne Rücksicht auf die Auswirkungen im Arbeitskampf zu entscheiden (ebenso jetzt *BAG* 13.12.2011 EzA Art. 9 GG Arbeitskampf Nr. 145 = AP Nr. 176 zu Art. 9 GG Arbeitskampf Rn. 29). Maßgeblich ist vielmehr, ob die Entscheidung des Betriebsrats, auch wenn sie pflichtgemäß getroffen wird, tatsächlich Auswirkungen auf das Kampfgeschehen und die Kampfparität hat, so dass der Betriebsrat – wenn auch unbeabsichtigt – zugunsten einer Seite in das Geschehen eingreifen würde (*BAG* 13.12.2011 EzA Art. 9 GG Arbeitskampf Nr. 145 = AP Nr. 176 zu Art. 9 GG Arbeitskampf Rn. 27 ff.). Eine Einschränkung der Beteiligungsrechte ist folglich geboten, wenn und soweit ihre Ausübung dazu führt, dass der vom Arbeitskampf auf den betroffenen Arbeitgeber ausgehende Druck verstärkt wird und sich die Ausübung des Beteiligungsrechts damit zumindest objektiv als »Maßnahme des Arbeitskampfes« auswirkt.

Eine Einschränkung der Anhörungspflicht lässt sich aus dem Neutralitätsgebot des § 74 Abs. 2 nicht **18** ableiten. Die Pflicht zur Anhörung als solche schränkt die Reaktionsmöglichkeiten des Arbeitgebers in keiner Weise ein, sondern führt allenfalls zu einer zeitlichen Verzögerung des Ausspruchs der Kündigung. **Die Anhörungspflicht besteht daher ohne Einschränkungen auch während des Arbeitskampfes** (*Bachner*/DKKW § 102 Rn. 43; *Heinze* Personalplanung, Rn. 722; *Hanau* Anm. AR-Blattei Betriebsverfassung X, Entsch. 37; *Reuter* AuR 1973, 1 ff.; **a. M.** *BAG* 10.12.2002 EzA § 80 BetrVG 2001 Nr. 1 = AP Nr. 59 zu § 80 BetrVG 1972; *Braasch*/HaKo § 102 Rn. 21; *Etzel/Rinck*/KR § 102 BetrVG Rn. 31; *Fitting* § 102 Rn. 16; *Huke*/HWGNRH § 102 Rn. 9; *Koch/APS* § 102 BetrVG Rn. 15; *Kraft* 6. Aufl., § 102 Rn. 16; *Richardi/Thüsing* § 102 Rn. 50). Kündigungen während des Arbeitskampfes bedürfen daher stets der vorherigen Anhörung des Betriebsrats, auch wenn sie mit dem Kampfgeschehen in Zusammenhang stehen, sei es, dass sie eine Maßnahme des Arbeitgebers im Arbeitskampf ermöglichen, sei es, dass sie eine Reaktion auf (rechtswidrige) Kampfmaßnamen der Arbeitnehmer darstellen. Einer Einschränkung bedarf dagegen das Recht des Betriebsrats, durch den Widerspruch einen Weiterbeschäftigungsanspruch des Arbeitnehmers zu begründen, sofern die Kündigung als Reaktion auf das Kampfgeschehen und damit zur Abwehr oder Milderung des kampfbedingten Drucks erfolgt (ebenso *Heinze* Personalplanung, Rn. 722). **§ 102 Abs. 5 ist daher nicht anwendbar** bei Kündigungen, mit denen der Arbeitgeber auf (rechtmäßige oder rechtswidrige) Arbeitskampfmaßnahmen der Arbeitnehmerschaft reagiert. Dazu gehören einmal Kündigungen gegenüber streikenden Arbeitnehmern, deren Entlassung dazu dient, entweder den frei werdenden Arbeitsplatz durch arbeitswillige Arbeitnehmer zu besetzen oder einer durch den Arbeitskampf verursachten Einschränkung des Betriebs Rechnung zu tragen. Zum anderen gehören dazu Kündigungen wegen eines Streikexzesses eines Arbeitnehmers während eines legitimen Streiks oder wegen der Arbeitsniederlegung während eines wilden Streiks. Hier würde die Kündigung als Instrument des Arbeitgebers zur Abwehr rechtswidriger Kampfhandlungen entwertet, wenn der Arbeitgeber gezwungen werden könnte, den Arbeitnehmer bis zum Abschluss des Kündigungsschutzprozesses weiter zu beschäftigen (zur parallelen Problematik bei Kündigung von Amtsträgern s. § 103 Rdn. 45 f.). Bei betriebsbedingten Kündigungen gegenüber arbeitswilligen Arbeitnehmern infolge eines arbeitskampfbedingten Arbeitsausfalles entfällt die Weiterbeschäftigungspflicht, wenn die Weiterbeschäftigung nach den Grundsätzen der Arbeitskampfrisikolehre (*BAG* 22.12.1980, 22.12.1980 AP Nr. 70, 71 zu Art. 9

§ 102 GG Arbeitskampf) den Binnendruck auf Arbeitgeberseite verstärken und ihr damit Paritätsrelevanz zukommen würde. Dies ist stets der Fall, wenn der Arbeitsausfall sich in einem Betrieb ereignet, der selbst bestreikt wird oder zum umkämpften Tarifgebiet gehört. Den Beweis für die Tatsachen, die den Ausschluss der Weiterbeschäftigungspflicht begründen, hat im Streitfall der Arbeitgeber zu erbringen.

19 **§ 102 findet dagegen uneingeschränkte Anwendung auf Kündigungen während eines Arbeitskampfes**, wenn sich **die Kündigung nicht als Reaktion auf Kampfmaßnahmen der Gegenseite** darstellt (*BAG* 06.03.1979 EzA § 102 BetrVG 1972 Nr. 40 = AP Nr. 20 zu § 102 BetrVG 1972). In diesen Fällen besteht nicht nur die Anhörungspflicht, sondern im Falle des Widerspruches des Betriebsrats auch ein Weiterbeschäftigungsanspruch nach Abs. 5. Dazu gehören z. B. Kündigungen aus Gründen in der Person eines Arbeitnehmers oder aus Gründen im Verhalten bei Arbeitnehmern, die während des Arbeitskampfes arbeiten, sowie aus betriebsbedingten Gründen, die nichts mit dem Arbeitskampf zu tun haben (*BAG* 17.04.1979 EzA Art. 9 GG Arbeitskampf Nr. 33). **Kündigungen**, die **nach Beendigung des Arbeitskampfes** ausgesprochen werden, unterliegen, gleichgültig wie sie motiviert und begründet sind, ohnehin dem Mitbestimmungsrecht nach § 102 (h. M.; z. B. *Fitting* § 102 Rn. 16).

2. Persönlicher Geltungsbereich

20 § 102 gilt für Kündigungen **gegenüber allen Arbeitnehmern** im Sinne des Betriebsverfassungsgesetzes **unabhängig vom Eingreifen des individualrechtlichen Kündigungsschutzes**. Ob der Arbeitnehmer, dem gekündigt werden soll, unter das Kündigungsschutzgesetz fällt oder nicht, spielt grundsätzlich keine Rolle (*BAG* 13.07.1978 EzA § 102 BetrVG 1972 Nr. 35, 13.07.1978 EzA § 102 BetrVG 1972 Nr. 36, 28.09.1978 EzA § 102 BetrVG 1972 Nr. 39, 08.09.1988 EzA § 102 BetrVG 1972 Nr. 73, 11.07.1991 EzA § 102 BetrVG 1972 Nr. 81 = AP Nr. 17, 18, 19, 49, 57 zu § 102 BetrVG 1972; zuletzt etwa *BAG* 12.09.2013 EzA § 102 BetrVG 2001 Nr. 30 Rn. 19; *Bachner/DKKW* § 102 Rn. 6; *Etzel/Rinck/KR* § 102 BetrVG Rn. 10, 28; *Fitting* § 102 Rn. 6; *Galperin/Löwisch* § 102 Rn. 13; *Berkowsky/*MünchArbR § 125 Rn. 6; *Richardi/Thüsing* § 102 Rn. 15). Hierfür spricht bereits der Wortlaut, wonach der Betriebsrat vor »jeder« Kündigung zu hören ist. Darüber hinaus ergibt sich die Anwendbarkeit des § 102 Abs. 1 aus dem gegenüber dem Kündigungsschutzprozess unterschiedlichen Zweck der Anhörung, die einen präventiven Kündigungsschutz darstellen und zugleich der Wahrung der kollektiven Interessen der Belegschaft dienen soll (s. Rdn. 3). Die Anhörungspflicht besteht daher auch vor der Kündigung eines **Arbeitnehmers eines Kleinbetriebs** i. S. v. § 23 Abs. 1 KSchG (sofern dieser die Voraussetzungen des § 1 erfüllt) oder vor einer **Kündigung in der sog. Wartezeit**, d. h. innerhalb der ersten sechs Monate des Beschäftigungsverhältnisses (§ 1 Abs. 1 KSchG). § 102 gilt dagegen nicht für Kündigungen **gegenüber leitenden Angestellten** (*BAG* 06.12.2001 EzA § 5 BetrVG 1972 Nr. 65 = AP Nr. 3 zu § 263 ZPO). Hier besteht lediglich die Informationspflicht gemäß § 105. Soweit in Betrieben ein gesetzlicher Sprecherausschuss gewählt ist, ist dieser gemäß § 31 Abs. 2 SprAuG zu hören. Die Regelung in § 31 Abs. 2 SprAuG ist inhaltlich identisch mit § 102 Abs. 1 und 2. Die Anhörung des Sprecherausschusses ist zivilrechtliche Wirksamkeitsvoraussetzung für die Kündigung (§ 31 Abs. 2 Satz 3 SprAuG). Für Inhalt und Umfang der Unterrichtungspflicht des Arbeitgebers gegenüber dem Sprecherausschuss gelten dieselben Grundsätze wie bei § 102 (s. hierzu Rdn. 56 ff. sowie *Hromadka/Sieg* SprAuG, 3. Aufl. 2014, § 31 Rn. 16 ff.; *Löwisch* SprAuG § 31 Rn. 20 ff.; s. a. § 5 Rdn. 280). Keine Anwendung findet § 102 auch bei Kündigung von Personen, die nach § 5 Abs. 2 keine Arbeitnehmer sind (*BAG* 25.10.2007 EzA § 14 KSchG Nr. 8 Rn. 13 [GmbH-Geschäftsführer]). Bei der Kündigung **gegenüber betriebsverfassungsrechtlichen Amtsträgern** ist zusätzlich § 103 zu beachten (*Galperin/Löwisch* § 102 Rn. 7). Zur Anwendung des § 102 bei Kündigungen **gegenüber Tendenzträgern** in Tendenzbetrieben s. Rdn. 16.

21 § 102 gilt **unabhängig von dem Arbeitsvertragsstatut des betroffenen Arbeitnehmers**. Das Anhörungsrecht besteht daher auch, wenn im Arbeitsvertrag mit dem von der Kündigung betroffenen Arbeitnehmer die Geltung ausländischen Arbeitsvertragsrechts vereinbart worden ist (*BAG* 09.11.1977 EzA § 102 BetrVG 1972 Nr. 31 = AP Nr. 13 zu Internat. Privatrecht, Arbeitsrecht; *Fitting* § 102 Rn. 6; *Huke/HWGNRH* § 102 Rn. 5). Der präventive, kollektivrechtliche Kündigungsschutz (s. Rdn. 3) ist zwar mit dem individualrechtlichen Kündigungsschutz teilweise verzahnt (vgl. ins-

besondere § 102 Abs. 3 Nr. 3 bis 5), in seinem Bestand aber unabhängig davon, wie der individualrechtliche Kündigungsschutz ausgestaltet ist, insbesondere ob das Kündigungsschutzgesetz Anwendung findet. Die Anhörungspflicht besteht daher stets, wenn der Betrieb, in dem der Arbeitnehmer beschäftigt ist, im räumlichen Geltungsbereich des Gesetzes liegt (s. Rdn. 15 sowie *Franzen* § 1 Rdn. 4). Dies gilt selbst dann, wenn für alle im Betrieb beschäftigten Arbeitnehmer die Geltung ausländischen Vertragsrechts vereinbart ist (offen gelassen von *BAG* 09.11.1977 EzA § 102 BetrVG 1972 Nr. 31 = AP Nr. 13 zu Internat. Privatrecht, Arbeitsrecht).

Als Arbeitnehmer i. S. d. Betriebsverfassungsgesetzes gelten auch **die in Heimarbeit Beschäftigten**, die in der Hauptsache für den Betrieb arbeiten (§ 5 Abs. 1 Satz 2). Auch deren Kündigung bedarf einer vorherigen Anhörung des Betriebsrats (*BAG* 07.11.1995 EzA § 102 BetrVG 1972 Nr. 88 = AP Nr. 74 zu § 102 BetrVG 1972; *Bachner/DKKW* § 102 Rn. 8; *Etzel/Rinck/KR* § 102 BetrVG Rn. 11; *Fitting* § 102 Rn. 8; *Meisel* Mitwirkung, Rn. 389). Einen Weiterbeschäftigungsanspruch nach § 102 Abs. 5 können sie allerdings nicht geltend machen, da sie keinen Kündigungsschutz nach dem Kündigungsschutzgesetz genießen (s. Rdn. 213). 22

Bei **Leiharbeitnehmern** ist nur der Betriebsrat im Betrieb des Verleihers nach § 102 anzuhören, da das Kündigungsrecht nur dem Verleiher zusteht. Eine Kündigung durch den Entleiher ist dagegen ausgeschlossen, weil die Leiharbeitnehmer nicht in einem durch Arbeitsvertrag begründeten Arbeitsverhältnis zu diesem stehen (vgl. § 14 AÜG; s. § 5 Rdn. 126; *BAG* 25.05.2000 EzA § 613a BGB Nr. 190; *Etzel/Rinck/KR* § 102 BetrVG Rn. 12; *Fitting* § 102 Rn. 15). Die Beendigung des Einsatzes im Entleiherbetrieb löst daher auch kein Anhörungsrecht des dortigen Betriebsrats aus. Der Betriebsrat im Entleiherbetrieb ist allerdings nach § 102 zu beteiligen, wenn gemäß § 10 Abs. 1 AÜG ein Arbeitsverhältnis zwischen Entleiher und Leiharbeitnehmer fingiert wird und dieses Arbeitsverhältnis durch Kündigung beendet werden soll. Keine Anwendung findet § 102 auch auf **Beamte** und **Soldaten** sowie **Arbeitnehmer und Auszubildende des öffentlichen Dienstes**, die in Betrieben privatrechtlich organisierter Unternehmen tätig sind. Diese gelten zwar nach § 5 Abs. 1 Satz 3 als Arbeitnehmer des Einsatzbetriebes. Bei Beamten und Soldaten besteht eine Anhörungspflicht des im Einsatzbetrieb bestehenden Betriebsrats nach § 102 jedoch schon deshalb nicht, weil diese in einem öffentlich-rechtlichen Dienstverhältnis stehen und daher eine Kündigung ausgeschlossen ist. Bei den in § 5 Abs. 1 Satz 3 genannten Arbeitnehmern und Auszubildenden ist zwar eine Kündigung möglich, aber nur durch den Vertragsarbeitgeber und nicht durch den Betriebsinhaber. Eine Pflicht zur Anhörung des in dem Einsatzbetrieb gebildeten Betriebsrats besteht daher ebenso wenig wie bei der Kündigung von Leiharbeitnehmern (*BAG* 09.06.2011 EzA § 102 BetrVG 2001 Nr. 27 Rn. 28, 32; 31.07.2014 EzTöD 100 § 34 Abs. 2 TVöD-AT Verhaltensbedingte Kündigung Nr. 60 = AP Nr. 251 zu § 626 BGB Rn. 50 ff.; s. a. § 5 Rdn. 98). 23

3. Geltung bei Kündigungen

Nach § 102 ist der Betriebsrat vor jeder **Kündigung** zu hören. Dies gilt selbstverständlich nur bei Kündigungen seitens des Arbeitgebers und nur dann, wenn das Arbeitsverhältnis nicht aus anderen Gründen endet (h. M.; *Bachner/DKKW* § 102 Rn. 11 ff., 19 ff.; *Fitting* § 102 Rn. 5, 15; *Galperin/Löwisch* § 102 Rn. 9, 15; *Huke/HWGNRH* § 102 Rn. 14; *Richardi/Thüsing* § 102 Rn. 11, 16). Ebenso wenig ist der Betriebsrat nach § 102 Abs. 1 zu beteiligen, wenn es um Handlungen geht, die allenfalls der Vorbereitung einer späteren Kündigung dienen, ohne dass zum aktuellen Zeitpunkt bereits eine konkrete Kündigungsabsicht besteht. Dies gilt insbesondere für die Erteilung von **Abmahnungen** (*BAG* 17.09.2013 EzA § 80 BetrVG 2001 Nr. 17 Rn. 15). 24

Demnach greift das Mitbestimmungsrecht **nicht ein bei folgenden Beendigungstatbeständen**: 25
a) Zeitablauf oder Zweckerreichung bei befristeten Arbeitsverhältnissen (§ 620 Abs. 1 BGB, § 15 Abs. 1, 2 TzBfG), Eintritt einer auflösenden Bedingung (§ 158 Abs. 2 BGB, § 21 TzBfG), oder wenn ein beendetes Ausbildungsverhältnis nicht in ein Arbeitsverhältnis umgewandelt wird (beachte allerdings § 78a). Auch eine tarifvertraglich bei befristeten Arbeitsverhältnissen vorgeschriebene Nichtverlängerungsanzeige ist keine Kündigung (*BAG* 28.10.1986 EzA § 118 BetrVG 1972 Nr. 38 = AP Nr. 32 zu § 118 BetrVG 1972);

b) Einvernehmliche Auflösung des Arbeitsverhältnisses, insbesondere durch **Aufhebungsvertrag** (*BAG* 28.06.2005 EzA § 102 BetrVG 2001 Nr. 14 = AP Nr. 146 zu § 102 BetrVG 1972 unter B II 1; *Bachner/DKKW* § 102 Rn. 19; *Etzel/Rinck/KR* § 102 BetrVG Rn. 50; *Fitting* § 102 Rn. 15; *Koch/APS* § 102 BetrVG Rn. 33; *Richardi/Thüsing* § 102 Rn. 22; **a. M.** [§ 102 analog] ohne Rücksicht auf den Wortlaut der Norm und ohne tragfähige dogmatische Begründung *Keppeler* AuR 1996, 263 [265 f.]). Vom Aufhebungsvertrag ist der **Abwicklungsvertrag** zu unterscheiden. Beim Abwicklungsvertrag einigen sich Arbeitgeber und Arbeitnehmer lediglich auf die Modalitäten der Beendigung des Arbeitsverhältnisses. Beendigungstatbestand ist aber nicht der Vertrag, sondern eine Kündigung des Arbeitgebers (*Rolfs/APS* AufhebVtr Rn. 25). Der Betriebsrat ist daher vor der Kündigung zu hören (*BAG* 28.06.2005 EzA § 102 BetrVG 2001 Nr. 14 = AP Nr. 146 zu § 102 BetrVG 1972 unter B II 2; *Fitting* § 102 Rn. 15; *Grunewald* NZA 1994, 441; *Hümmerich* NZA 1994, 833 f.; *Richardi/Thüsing* § 102 Rn. 23). Dies gilt auch, wenn Arbeitgeber und Arbeitnehmer **über** den Ausspruch der **Kündigung** selbst **Einvernehmen** erzielen. Sofern die Absprache nur dazu dient, sich darüber zu verständigen, wie im Zuge der Beendigung des Arbeitsverhältnisses verfahren werden soll, das Arbeitsverhältnis aber nach dem Willen der Parteien nicht durch die getroffene Vereinbarung, sondern durch die Kündigung herbeigeführt werden soll, handelt es sich bei der Kündigung auch nicht um ein Scheingeschäft (*BAG* 28.06.2005 EzA § 102 BetrVG 2001 Nr. 14 = AP Nr. 146 zu § 102 BetrVG 1972 unter B II 2; **a. M.** *LAG Hamm* 19.07.2002 NZA-RR 2002, 642; *Koch/APS* § 102 BetrVG Rn. 33);
c) Kündigung seitens des Arbeitnehmers;
d) Anfechtung (*BAG* 11.11.1993 EzA § 123 BGB Nr. 40 = AP Nr. 38 zu § 123 BGB; krit. *Bachner/DKKW* § 102 Rn. 21) und Geltendmachung der Nichtigkeit des Arbeitsvertrages.

26 Kein Anhörungsrecht besteht auch,
a) wenn das Arbeitsverhältnis nur suspendiert wird oder sein Ruhen kraft Vereinbarung oder kraft Gesetzes eintritt (ebenso *Fitting* § 102 Rn. 15);
b) wenn der Arbeitgeber den Arbeitnehmer für die Dauer der Kündigungsfrist von der Arbeit freistellt (*BAG* 22.01.1998 EzA § 174 BGB Nr. 13 = AP Nr. 11 zu § 174 BGB);
c) wenn eine lösende Aussperrung rechtmäßig durchgeführt wird (*Etzel/Rinck/KR* § 102 BetrVG Rn. 53; *Fitting* § 102 Rn. 16; *Huke/HWGNRH* § 102 Rn. 10; *Richardi/Thüsing* § 102 Rn. 25);
d) wenn **der Betriebsrat** nach § 104 **die Kündigung verlangt hat** und der Arbeitgeber diesem Verlangen entspricht (*LAG München* 06.08.1974 BB 1975, 968; *Bachner/DKKW* § 102 Rn. 25; *Fitting* § 102 Rn. 15; *Galperin/Löwisch* § 102 Rn. 19; *Huke/HWGNRH* § 102 Rn. 17; *Richardi/Thüsing* § 102 Rn. 25; einschränkend *Etzel/Rinck/KR* § 102 BetrVG Rn. 32). Gleiches gilt, wenn der Betriebsrat, ohne dass die Voraussetzungen des § 104 vorliegen, die Kündigung angeregt hat (§ 80 Abs. 1 Nr. 2) und der Arbeitgeber dem Wunsch des Betriebsrats aus den von diesem genannten Gründen entspricht (*BAG* 15.05.1997 EzA § 102 BetrVG 1972 Nr. 99 = AP Nr. 1 zu § 104 BetrVG 1972; *Raab* SAE 1999, 16 [17 f.]; **a. M.** *Bachner/DKKW* § 102 Rn. 25; *Etzel/Rinck/KR* § 102 BetrVG Rn. 32; s. a. § 104 Rdn. 25 f.);
e) bei Kündigung eines Betriebsratsmitgliedes, das nach Verweigerung der Zustimmung des Betriebsrats gemäß § 103 aus dem Betriebsrat ausscheidet. Da hier der Betriebsrat bereits im Rahmen des Zustimmungsverfahrens Gelegenheit zur Stellungnahme hatte, ist eine erneute Anhörung vor Ausspruch der (nunmehr ohne Zustimmung des Betriebsrats zulässigen) Kündigung nicht erforderlich (*BAG* 08.06.2000 EzA § 102 BetrVG 1972 Nr. 106);
f) wenn eine **Teilkündigung** ausgesprochen wird, da sie – sofern sie überhaupt zulässig ist (vgl. hierzu *BAG* 14.11.1990 EzA § 622 BGB Teilkündigung Nr. 5 = AP Nr. 25 zu § 611 BGB Arzt-Krankenhaus-Vertrag) – nicht, wie möglicherweise die Änderungskündigung, zur Beendigung des Arbeitsverhältnisses führt, sondern in Wahrheit nur eine Ausübung eines Widerrufsvorbehalts darstellt (*BAG* 07.10.1982 EzA § 315 BGB Nr. 28; *Fitting* § 102 Rn. 5; *Frey* AuR 1958, 100; *Galperin/Löwisch* § 102 Rn. 12; *Herschel* BB 1958, 162; *Huke/HWGNRH* § 102 Rn. 16; *Meisel* Mitwirkung, Rn. 385; *Richardi/Thüsing* § 102 Rn. 13; **a. M.** *Koch/APS* § 102 BetrVG Rn. 29; krit. auch *Bachner/DKKW* § 102 Rn. 14, der aber den Unterschied zwischen Änderungs- und Teilkündigung außer Acht lässt);
g) wenn **der Arbeitgeber mit der Kündigung einer Rechtspflicht** nachkommt. Dies ist insbesondere in den Fällen von Bedeutung, in denen der Arbeitgeber zum Zwecke der (vorläufigen)

oder endgültigen) Beschäftigung einen Arbeitsvertrag mit dem Bewerber ohne vorherige Zustimmung des Betriebsrats abgeschlossen hat. Die fehlende Zustimmung führt nicht zur individualrechtlichen Unwirksamkeit des Vertrages (s. § 99 Rdn. 176), so dass es einer Kündigung bedarf, um das Arbeitsverhältnis zu beenden. Dies gilt auch für die vorläufige Einstellung gemäß § 100, da § 100 Abs. 3 Satz 1 mit der »personellen Maßnahme« die faktische Beschäftigung, nicht dagegen den Arbeitsvertrag meint, so dass das Arbeitsverhältnis nach gerichtlicher Entscheidung nicht kraft Gesetzes sein Ende findet (s. § 100 Rdn. 45 ff.), sofern nicht der Arbeitgeber die Zustimmungsverweigerung des Betriebsrats bzw. die Ablehnung der Zustimmungsersetzung durch das Gericht zur auflösenden Bedingung gemacht hat (*Bachner/DKKW* § 100 Rn. 41; *Matthes/*MünchArbR 2. Aufl., § 354 Rn. 35). Ist dem Arbeitgeber die Beschäftigung des Arbeitnehmers aufgrund der Zustimmungsverweigerung des Betriebsrats nicht erlaubt oder wird sie ihm auf Antrag des Betriebsrats gemäß § 101 sogar gerichtlich untersagt, so bedarf es keiner Anhörung mehr, wenn der Arbeitgeber hierauf eine Kündigung stützt. Der Betriebsrat hat seine Meinung zur Beschäftigung des Arbeitnehmers hinreichend zum Ausdruck gebracht. Eine erneute Anhörung ist also von ihrem Sinn her, dem Betriebsrat erst die Möglichkeit zur Stellungnahme zu verschaffen, überflüssig. Darüber hinaus wäre eine Anhörung auch deshalb sinnwidrig, weil der Betriebsrat auf den Willensbildungsprozess Einfluss nehmen können soll, in den genannten Fällen der Arbeitgeber aber selbst keinen Entscheidungsspielraum besitzt. § 102 Abs. 1 ist daher aufgrund einer teleologischen Reduktion bei Kündigungen in den Fällen der §§ 100 Abs. 3, 101 nicht anzuwenden (zust. *LAG Baden-Württemberg* 31.07.2009 LAGE § 101 BetrVG 2001 Nr. 2 unter I 2b; *Bachner/DKKW* § 102 Rn. 24; *Etzel/Rinck/KR* § 102 BetrVG Rn. 52).

Der Betriebsrat ist vor **jeder** Kündigung anzuhören. Insoweit ist insbesondere zu beachten, dass es sich bei der außerordentlichen und der ordentlichen Kündigung um jeweils rechtlich selbständige Kündigungen handelt, selbst wenn diese (als außerordentliche, hilfsweise ordentliche Kündigung) gleichzeitig ausgesprochen werden. **Die Anhörung zur außerordentlichen Kündigung ersetzt ebenso wenig die Anhörung zur (hilfsweisen) ordentlichen Kündigung wie umgekehrt** (*BAG* 12.08.1976 EzA § 102 BetrVG 1972 Nr. 25, 16.03.1978 EzA § 102 BetrVG 1972 Nr. 32 = AP Nr. 10, 15 zu § 102 BetrVG 1972; *Bachner/DKKW* § 102 Rn. 71; *Fitting* § 102 Rn. 63; *Richardi/Thüsing* § 102 Rn. 59, 123). Die Anhörung entfaltet außerdem Wirksamkeit nur für die **Kündigung, für die sie eingeleitet** worden ist (*BAG* 18.09.1975 EzA § 102 BetrVG 1972 Nr. 17, 11.10.1989 EzA § 102 BetrVG 1972 Nr. 78 [*Kraft*], 16.09.1993 EzA § 102 BetrVG 1972 Nr. 84, 31.01.1996 EzA § 102 BetrVG 1972 Nr. 90 = AP Nr. 6, 55, 62, 80 zu § 102 BetrVG 1972, st. Rspr., zuletzt *BAG* 03.04.2008 EzA § 102 BetrVG 2001 Nr. 21 = AP Nr. 159 zu § 102 BetrVG 1972 Rn. 26). Hat der Arbeitgeber nach Abschluss des Anhörungsverfahrens die Kündigung ausgesprochen, so ist die Anhörung – so die plastische Formulierung des *BAG* – »verbraucht« (*BAG* 03.04.2008 EzA § 102 BetrVG 2001 Nr. 21 = AP Nr. 159 zu § 102 BetrVG 1972 Rn. 26). Will der Arbeitgeber nach einer bereits erklärten Kündigung **weitere Kündigungen »nachschieben«**, handelt es sich um rechtlich selbständige Kündigungen, für die wiederum die vorherige Anhörung des Betriebsrats Wirksamkeitsvoraussetzung ist. Die Anhörung zu der neuen Kündigung kann auch dann nicht durch die Anhörung zu einer vorangegangenen Kündigung ersetzt werden, wenn die Kündigung auf denselben Sachverhalt gestützt wird. Maßgeblich für die Frage auf welche Kündigung sich die Anhörung bezieht, ist, wie der Betriebsrat die Mitteilung des Arbeitgebers verstehen durfte. Auf die Frage des Empfängerhorizonts kommt es allerdings nicht an, wenn der Betriebsrat die Mitteilung tatsächlich als Bitte um Stellungnahme zu einer beabsichtigten Kündigung verstanden oder doch zumindest so behandelt hat. Hat der Arbeitgeber nach Einleitung des Anhörungsverfahrens eine Kündigung ausgesprochen, ergibt sich aber aus der Mitteilung des Betriebsrats, dass er – unabhängig von der bereits erfolgten Kündigung – die Anhörung auf eine erst nach Abschluss des Anhörungsverfahrens auszusprechende Kündigung bezogen hat und hierzu Stellung nehmen wollte, so ist eine daraufhin erklärte zweite Kündigung daher nicht wegen fehlender Anhörung unwirksam (*BAG* 03.04.2008 EzA § 102 BetrVG 2001 Nr. 21 = AP Nr. 159 zu § 102 BetrVG 1972 Rn. 27 ff.).

Problematisch ist die Behandlung von sog. **wiederholenden Kündigungen**. Für diese ist kennzeichnend, dass sie der Sache nach keinen neuen eigenen Beendigungstatbestand setzen, sondern lediglich die Wirksamkeit einer bereits nach Anhörung des Betriebsrats ausgesprochenen Kündigung herbeiführen, etwa deren formale Mängel heilen sollen. Hauptbeispiele sind die Fälle, in denen die Kündigung daran scheitert, dass diese mangels Zugangs nicht wirksam wird (oder der Zugang zumindest nicht zweifelsfrei nachweisbar ist), die Kündigungserklärung nicht der gesetzlichen Schriftform genügt (§§ 623, 126 BGB) oder die Vertretungsmacht nicht nachgewiesen ist und der Arbeitnehmer der Kündigung widerspricht (§ 174 BGB; vgl. auch die Beispiele aus der Rechtsprechung bei *Diller* SAE 2009, 1 sowie die Fallbeispiele bei *Lingemann/Beck* NZA-RR 2007, 225). Das *BAG* hält auch in diesen Fällen eine erneute Anhörung stets für erforderlich, wenn die Kündigungserklärung dem Arbeitnehmer zugegangen sei und der Arbeitgeber damit seinen **Kündigungswillen verwirklicht** habe. Das Gestaltungsrecht und die damit zusammenhängende Anhörung seien mit Zugang der Kündigung »verbraucht«. Beabsichtige der Arbeitgeber, nach Zugang der ersten Kündigung eine weitere Kündigung auszusprechen, so müsse der Betriebsrat auch bei unverändertem Sachverhalt erneut zu dieser Kündigung gehört werden. Ein Verzicht auf eine erneute Anhörung komme nur in Betracht, wenn der Arbeitgeber seinen Kündigungsentschluss noch nicht verwirklicht habe. So könne von einer erneuten Anhörung abgesehen werden, wenn eine Kündigung, zu der der Betriebsrat ordnungsgemäß angehört worden sei und der er ausdrücklich und vorbehaltlos zugestimmt habe, wegen fehlenden Zugangs an den Kündigungsgegner unwirksam sei, sofern die erneute Kündigung in engem zeitlichen Zusammenhang ausgesprochen und auf denselben Sachverhalt gestützt werde (*BAG* 11.10.1989 EzA § 102 BetrVG 1972 Nr. 78 *[Kraft]* = AP Nr. 55 zu § 102 BetrVG 1972; 16.09.1993 EzA § 102 BetrVG 1972 Nr. 84 unter B II 2 b; 10.11.2005 EzA § 626 BGB 2002 Nr. 11 unter B I 2 a). Dagegen müsse der Betriebsrat erneut angehört werden, wenn der Arbeitgeber bei Zweifeln an der Wirksamkeit einer Kündigung durch einen Vertreter vorsorglich eine weitere Kündigungserklärung abgebe (*BAG* 31.01.1996 EzA § 102 BetrVG 1972 Nr. 90 = AP Nr. 80 zu § 102 BetrVG 1972; 12.01.2006 EzA § 1 KSchG Verhaltensbedingte Kündigung Nr. 68; ebenso *LAG Schleswig-Holstein* 05.03.2014 – 6 Sa 354/13 – juris, Rn. 28 ff.: erneute Anhörung erforderlich, wenn eine erneute Kündigung erfolgt, um den Mangel der fehlenden Schriftform zu heilen). Das Gleiche gelte, wenn der Arbeitgeber einem schwerbehinderten Arbeitnehmer nach ordnungsgemäßer Anhörung des Betriebsrats außerordentlich und (hilfsweise) ordentlich kündige, obwohl das Integrationsamt nur der außerordentlichen Kündigung zugestimmt habe. Wolle der Arbeitgeber nach Zustimmung des Integrationsamtes zur ordentlichen Kündigung eine ordentliche Kündigung erklären, müsse er den Betriebsrat zuvor erneut anhören (*BAG* 10.11.2005 EzA § 626 BGB 2002 Nr. 11 unter B I 2).

29 Richtigerweise sollte für die Frage, zu welcher Kündigung der Betriebsrat angehört worden ist, **nicht auf die Identität der Willenserklärung, sondern auf die Identität des Willensbildungsprozesses** des Arbeitgebers abgestellt werden. Dem Betriebsrat soll mit der Anhörung die Möglichkeit gegeben werden, auf den Kündigungsentschluss des Arbeitgebers einzuwirken. Dagegen liegt der Vollzug des Kündigungsentschlusses außerhalb der Einflussphäre des Betriebsrats. Aus diesem Grunde erscheint es gerechtfertigt, auch bei mehreren selbständigen Kündigungserklärungen von einer einheitlichen Kündigung i. S. d. § 102 Abs. 1 auszugehen, wenn diese auf demselben Kündigungsentschluss beruhen (*Kraft* Anm. EzA § 102 BetrVG 1972 Nr. 78; zust. *Diller* SAE 2009, 1 [5]; *Koch/APS* § 102 BetrVG Rn. 26; s. a. hier Rdn. 45). Als indiziell für eine solche Identität des Kündigungsentschlusses ist es anzusehen, wenn die Kündigung unverzüglich nach Kenntnis von dem Fehlschlagen der ersten Kündigung wiederholt wird und sich auf denselben Sachverhalt stützt. Mehr als ein Indiz stellt der enge zeitliche Zusammenhang freilich nicht dar (anders wohl das *BAG* 11.10.1989 EzA § 102 BetrVG 1972 Nr. 78 *[Kraft]* = AP Nr. 55 zu § 102 BetrVG 1972; 06.02.1997 EzA § 102 BetrVG 1972 Nr. 95; zust. *Etzel/Rinck*/KR § 102 BetrVG Rn. 71). Völlig unerheblich ist es, ob der Betriebsrat der ersten Kündigung, die wegen fehlenden Zugangs nicht wirksam geworden war, zugestimmt hatte (entgegen *BAG* 11.10.1989 EzA § 102 BetrVG 1972 Nr. 78 *[Kraft]* = AP Nr. 55 zu § 102 BetrVG 1972 unter III 4b).

30 Anzuhören ist der Betriebsrat auch vor **jeder Änderungskündigung** (h. M.), da sie u. U. zur Beendigung des Arbeitsverhältnisses führt. Beinhaltet das vom Arbeitgeber im Zusammenhang mit einer Änderungskündigung ausgesprochene Änderungsangebot eine Versetzung oder Umgruppierung, so besteht in Betrieben mit in der Regel mehr als 20 wahlberechtigten Arbeitnehmern auch ein Mitbestimmungsrecht nach § 99 (h. M.; *BAG* 03.11.1977 AP Nr. 1 zu § 75 BPersVG; 30.09.1993 EzA § 99 BetrVG 1972 Nr. 118 = AP Nr. 33 zu § 2 KSchG 1969; s. § 99 Rdn. 82, 120; *Bachner/DKKW* § 102 Rn. 13; *Etzel/Rinck*/KR § 102 BetrVG Rn. 37; *Richardi/Thüsing* § 102 Rn. 284 ff.; **a. M.** *Fitting* § 102 Rn. 11: Nur § 99, wenn der Arbeitnehmer das Änderungsangebot unter Vorbehalt ange-

nommen hat; hiergegen *Hohmeister* BB 1994, 1777 [1780 ff.]; differenzierend nach der Reaktion des Arbeitnehmers auch *Huke/HWGNRH* § 102 Rn. 18 f.). In diesem Fall sind **§ 99 und § 102 nebeneinander anzuwenden**. Das Erfordernis einer Doppelanhörung des Betriebsrats in diesen Fällen ergibt sich aus der unterschiedlichen Bedeutung des Zustimmungs- und des Anhörungsverfahrens. Beide Verfahren können allerdings miteinander verbunden werden, wobei der Arbeitgeber deutlich machen muss, er höre den Betriebsrat sowohl wegen der Änderungskündigung als auch wegen der Versetzung bzw. der Umgruppierung an. Der Arbeitgeber muss in diesem Fall die nach § 102 und nach § 99 erforderlichen Informationen an den Betriebsrat geben. Die beiden Verfahren müssen jedoch nicht verbunden werden. Die Zustimmung des Betriebsrats zur Versetzung ist keine Wirksamkeitsvoraussetzung für die Änderungskündigung (*BAG* 30.09.1993 EzA § 99 BetrVG 1972 Nr. 118 = AP Nr. 33 zu § 2 KSchG 1969; s. § 99 Rdn. 180 m. w. N.; vgl. auch *Raab* ZfA 1995, 479 [509 ff.]). Die Änderungskündigung kann folglich nach Abschluss des Anhörungsverfahrens gemäß § 102 auch dann wirksam ausgesprochen werden, wenn das Verfahren nach § 99 noch nicht eingeleitet oder abgeschlossen worden ist. Zielt die Änderungskündigung auf eine Änderung von Arbeitsbedingungen ab, die zu den sozialen Angelegenheiten i. S. d. § 87 Abs. 1 zählen, so kann die Wirksamkeit der Maßnahme auch von der Zustimmung des Betriebsrats gemäß § 87 abhängen, wenn die sonstigen Voraussetzungen des Mitbestimmungsrechts gegeben sind (s. hierzu *Wiese* § 87 Rdn. 123).

Erklärt der Arbeitgeber, ein **zeitlich befristetes Arbeitsverhältnis nicht verlängern** zu wollen, so **31** gilt hinsichtlich der Anhörungspflicht folgendes: Ist die Befristung zulässig, so endet das Arbeitsverhältnis mit Zeitablauf, so dass keine Kündigung vorliegt und es einer Anhörung nicht bedarf (s. Rdn. 25). Ist die Befristung dagegen unzulässig und damit unwirksam, so endet das Arbeitsverhältnis nicht mit dem bloßen Ablauf des vereinbarten Zeitraumes, sondern der Arbeitsvertrag gilt als auf unbestimmte Zeit abgeschlossen. Das Arbeitsverhältnis kann in diesem Fall nur mittels einer Kündigung gelöst werden (vgl. § 16 TzBfG, so auch zuvor *BAG* 12.10.1960 EzA § 620 BGB Nr. 2 [GS], 26.04.1979 EzA § 620 BGB Nr. 39, 24.10.1979 EzA § 620 BGB Nr. 41 = AP Nr. 16 [GS], 47, 49 zu § 620 BGB Befristeter Arbeitsvertrag). Auf diese Kündigung findet dann aber § 102 uneingeschränkt Anwendung. Ob die Erklärung der Nichtverlängerung der Anhörung des Betriebsrats bedarf, hängt demnach allein davon ab, ob die Erklärung als Kündigung zu verstehen ist. Dies ist in der Regel zu verneinen, da der Arbeitgeber durch die Berufung auf die Befristung lediglich seine Rechtsauffassung zum Ausdruck bringt, dass das Arbeitsverhältnis aufgrund der Befristung sein Ende finde (*BAG* 26.04.1979 EzA § 620 BGB Nr. 39 = AP Nr. 47 zu § 620 BGB Befristeter Arbeitsvertrag). Fehlt es mithin bereits am Tatbestand einer Willenserklärung, weil der Arbeitgeber durch die Erklärung das Rechtsverhältnis nicht gestalten will, so kommt auch eine Umdeutung gemäß § 140 BGB nicht in Betracht (ebenso im Ergebnis *Etzel/Rinck/KR* § 102 BetrVG Rn. 47; *Richardi/Thüsing* § 102 Rn. 19). Besteht dagegen Streit über die Wirksamkeit der Befristung und hält der Arbeitgeber an seinem Standpunkt fest, so kann dieses Verhalten als zumindest vorsorgliche Kündigung verstanden werden (*BAG* 26.04.1979 EzA § 620 BGB Nr. 39, 24.10.1979 EzA § 620 BGB Nr. 41 = AP Nr. 47, 49 zu § 620 BGB Befristeter Arbeitsvertrag; *Galperin/Löwisch* § 102 Rn. 16; *Preis/SPV* Rn. 308). Diese bedarf dann allerdings zu ihrer Wirksamkeit der vorherigen Anhörung des Betriebsrats (*Bachner/DKKW* § 102 Rn. 23; *Etzel/Rinck/KR* § 102 BetrVG Rn. 47; *Fitting* § 102 Rn. 17; *Huke/HWGNRH* § 102 Rn. 15; *Preis/SPV* Rn. 308; *Richardi/Thüsing* § 102 Rn. 19).

Eine Anhörungspflicht besteht auch, wenn der **Insolvenzverwalter gemäß § 113 InsO kündigt** **32** (vgl. zu § 22 KO *BAG* 16.09.1993 EzA § 102 BetrVG 1972 Nr. 84 = AP Nr. 62 zu § 102 BetrVG 1972; *Bachner/DKKW* § 102 Rn. 17; *Etzel/Rinck/KR* § 102 BetrVG Rn. 40; *Fitting* § 102 Rn. 16; *Galperin/Löwisch* § 102 Rn. 14; *Huke/HWGNRH* § 102 Rn. 15; *Stege/Weinspach/Schiefer* § 102 Rn. 8). Einer vorherigen Anhörung bedarf es ebenfalls, wenn die Kündigung der Durchführung einer Betriebsänderung i. S. d. § 111 dient und zwischen dem Arbeitgeber bzw. dem Insolvenzverwalter und dem Betriebsrat ein **Interessenausgleich mit einer Namensliste der zu kündigenden Arbeitnehmer** (§ 1 Abs. 5 KSchG, § 125 InsO) vereinbart worden ist. Die Zustimmung zu der Namensliste macht die Anhörung nach § 102 nicht entbehrlich (*BAG* 20.05.1999 EzA § 102 BetrVG 1972 Nr. 101; 20.05.1999 EzA § 102 BetrVG Nr. 102; 28.08.2003 EzA § 102 BetrVG 2001 Nr. 4 = AP Nr. 134 zu § 102 BetrVG 1972; *Bachner/DKKW* § 102 Rn. 17; *Däubler/DKKW* Anh. §§ 111–113, § 125 InsO Rn. 25; *Griebeling/Rachor/KR* § 1 KSchG Rn. 705a; *Fischermeier* NZA 1997, 1089 [1100]; *Fitting* § 102 Rn. 35b, 37; *Kohte* BB 1998, 946 [950]; *Richardi/Thüsing* § 102 Rn. 46; **a. M.**

§ 102   *IV. 5. 3. Personelle Einzelmaßnahmen*

Giesen ZfA 1997, 145 [150]; *Schrader* NZA 1997, 70 [75]; *Warrikoff* BB 1994, 2338 [2342]). Hierfür spricht zum einen der Umkehrschluss aus § 1 Abs. 5 Satz 4 KSchG, § 125 Abs. 2 InsO, wonach der Interessenausgleich die Stellungnahme des Betriebsrats nach § 17 Abs. 3 Satz 2 KSchG ersetzt. Außerdem sind die Vereinbarungen über den Interessenausgleich funktional auf das Gesamtkonzept der unternehmerischen Maßnahme ausgerichtet, während bei der Anhörung die Kündigung als Individualmaßnahme im Vordergrund steht. Beide Verfahren können jedoch verbunden werden (*BAG* 20.05.1999 EzA § 102 BetrVG 1972 Nr. 102; zu Einzelheiten s. Rdn. 40, 46, 90 f.). In diesem Falle bedarf es vor Ausspruch der konkreten Kündigung keiner erneuten Anhörung des Betriebsrats. Kommt ein Interessenausgleich nicht zustande, stellt aber das Arbeitsgericht auf **Antrag des Insolvenzverwalters nach § 126 InsO** fest, dass die Kündigung bestimmter Arbeitnehmer durch betriebliche Erfordernisse bedingt und sozial gerechtfertigt ist, so muss der Betriebsrat vor Ausspruch der konkreten Kündigung nach § 102 angehört werden. Weder der Beschluss des Gerichts, noch die Beteiligung des Betriebsrats im Beschlussverfahren machen eine Anhörung entbehrlich (*Fitting* § 102 Rn. 38; *Richardi/Thüsing* § 102 Rn. 47; *Warrikoff* BB 1994, 2338 [2342]).

IV. Anhörung (Abs. 1)

1. Überblick

33   § 102 schreibt vor, dass der Betriebsrat vor jeder Kündigung zu hören und eine ohne Anhörung des Betriebsrats ausgesprochene Kündigung unwirksam ist. Das bedeutet, dass eine Kündigung erst dann wirksam ausgesprochen werden kann (vorbehaltlich der Nachprüfung auf andere Unwirksamkeitsgründe), wenn das Anhörungsverfahren seitens des Arbeitgebers ordnungsgemäß eingeleitet wurde und wenn es ordnungsgemäß abgeschlossen ist.

a) Einleitung des Anhörungsverfahrens – Mitteilung der Kündigungsabsicht

aa) Zuständige Person

34   Das Anhörungsverfahren ist nur dann ordnungsgemäß eingeleitet, wenn der Arbeitgeber die in Abs. 1 vorgesehene **Unterrichtung des Betriebsrats** rechtzeitig und vollständig vorgenommen hat. Die Verpflichtung trifft den Arbeitgeber als Organ der Betriebsverfassung, d. h. die natürliche oder juristische Person oder die rechtsfähige Personengesamtheit, die Inhaber des Betriebs ist (s. *Franzen* § 1 Rdn. 92). Im Falle des **Arbeitgeberwechsels** kann sich die Frage stellen, inwieweit ein von dem bisherigen Arbeitgeber eingeleitetes Anhörungsverfahren auch für den Nachfolger wirkt. Erfolgt der Arbeitgeberwechsel im Wege des **Betriebsübergangs** nach § 613a BGB, so muss die Anhörung ab Wirksamwerden des Betriebsübergangs durch den Betriebserwerber erfolgen, weil dieser mit dem Übergang kraft Gesetzes zugleich in die betriebsverfassungsrechtliche Arbeitgeberstellung einrückt.

35   Im Falle der **Insolvenz** tritt der Insolvenzverwalter mit Insolvenzeröffnung in die Arbeitgeberstellung des Gemeinschuldners ein. Ab diesem Zeitpunkt ist er für die Anhörung alleine zuständig (*BAG* 22.09.2005 EzA § 113 InsO Nr. 18 unter II 4a). Ist zum Zeitpunkt des Arbeitgeberwechsels die Unterrichtung schon erfolgt oder hat der Betriebsrat bereits Stellung genommen, ist fraglich, ob nunmehr eine erneute Anhörung erforderlich ist, weil die Kündigung nur durch den Erwerber bzw. Insolvenzverwalter erfolgen kann und dem Betriebsrat Gelegenheit gegeben werden muss, auf dessen Kündigungsentschluss einzuwirken. Das *BAG* hat bisher lediglich entschieden, dass im Falle der Insolvenz eine gemeinsam vom Schuldner und dem späteren Insolvenzverwalter verantwortete Anhörung jedenfalls dann genügt, wenn die Kündigung im Zuge einer Stilllegung des Betriebs erfolgt, die wiederum auf einem von dem späteren Insolvenzverwalter erstatteten Gutachten beruhte (*BAG* 22.09.2005 EzA § 113 InsO Nr. 18 unter II 4a). Überzeugender erscheint es allerdings anzunehmen, dass eine Anhörung im Falle der Rechtsnachfolge generell Wirkungen für und gegen den neuen Betriebsinhaber entfaltet. Spricht dieser genau die Kündigung aus, zu der der Betriebsrat angehört wurde, gibt es keinen Anlass für eine erneute Anhörung, da er sich damit den Kündigungsentschluss des Rechtsvorgängers zu eigen macht und daher die Stellungnahme des Betriebsrats seinen Entschluss in gleicher Weise beeinflussen kann.

Der Arbeitgeber kann sich – wie stets im Rahmen der Betriebsverfassung (s. hierzu *Franzen* § 1 Rdn. 94) – von anderen Personen **vertreten lassen**. Soweit für juristische Personen oder rechtsfähige Personengesellschaften die vertretungsbefugten Organe oder Gesellschafter die Anhörung vornehmen, liegt allerdings schon kein Vertretungsfall vor, weil durch diese Personen der rechtsfähige Verband selbst handelt. Vor allem in größeren Unternehmen wird es aber häufig vorkommen, dass die Anhörung durch **betriebsangehörige Arbeitnehmer** (vor allem leitende Angestellte) erfolgt, denen die entsprechenden Aufgaben, insbesondere die Befugnis zur selbständigen Entlassung übertragen sind (s. § 5 Abs. 3 Satz 2 Nr. 1). Voraussetzung für eine ordnungsgemäße Anhörung ist in diesem Fall, dass die Unterrichtung dem Arbeitgeber zurechenbar ist. Die Erklärung, mit welcher der Arbeitgeber das Anhörungsverfahren einleitet, stellt eine rechtsgeschäftsähnliche Handlung dar (*BAG* 13.12.2012 EzA § 174 BGB 2002 Nr. 8 = AP Nr. 166 zu § 102 BetrVG 1972 Rn. 72 ff.). Mit der (ordnungsgemäßen) Unterrichtung wird die Frist für die Stellungnahme des Betriebsrats nach § 102 Abs. 2 in Gang gesetzt und damit eine Rechtsfolge herbeigeführt. Da es für den Beginn der Frist nur auf die tatsächliche Vornahme der Handlung ankommt, nicht dagegen darauf, dass die Herbeiführung dieser Rechtsfolge vom Willen des Arbeitgebers umfasst ist, handelt es sich nicht um eine Willenserklärung. Auf rechtsgeschäftsähnliche Handlungen finden aber grds. die für Rechtsgeschäfte maßgeblichen Vorschriften Anwendung. Deshalb wirkt die Mitteilung nur dann gemäß § 164 Abs. 1 Satz 1 BGB für und gegen den Arbeitgeber, wenn der Dritte Vertretungsmacht hatte. Die Vertretungsmacht wiederum ergibt sich typischerweise aus einer entsprechenden Bevollmächtigung (§ 167 BGB). Diese muss nicht ausdrücklich erklärt werden, sondern kann (konkludent) mit der Übertragung einer entsprechenden Position im Betrieb verbunden sein. Der Arbeitgeber kann aber auch **betriebsfremde Dritte** (etwa einen Rechtsanwalt) mit der Anhörung beauftragen (dies stillschweigend zugrunde legend *BAG* 13.12.2012 EzA § 174 BGB 2002 Nr. 8 Rn. 72 ff.). Der Sinn und Zweck des Anhörungsrechts gebietet es nicht, dass die Information durch eine im Betrieb beschäftigte Person erfolgt (enger *Franzen* § 1 Rdn. 94).

Übernimmt ein Dritter die Unterrichtung, **ohne vom Arbeitgeber bevollmächtigt zu sein**, so stellt dies keine ordnungsgemäße Anhörung dar. Insbesondere wird die Frist für die Stellungnahme des Betriebsrats hierdurch nicht in Gang gesetzt (§ 180 Satz 1 BGB analog). Dies gilt zumindest, wenn der Betriebsrat die Mitteilung aus diesem Grunde zurückweist (§ 180 Satz 2 BGB analog). Der Betriebsrat ist also nicht gezwungen, zu einer vom Arbeitgeber nicht autorisierten Kündigungsabsicht Stellung zu beziehen. Beanstandet der Betriebsrat das Fehlen der Vertretungsmacht nicht, so kann der Arbeitgeber die **Unterrichtung durch den Dritten allerdings genehmigen** (§ 180 Satz 2, § 177 Abs. 1 BGB analog). Fraglich erscheint, ob eine solche Genehmigung – wie sonst (vgl. § 184 Abs. 1 BGB) – **Rückwirkung** entfalten kann. Dies würde bedeuten, dass die Frist zur Stellungnahme nach § 102 Abs. 2 mit Zugang der Unterrichtung beginnen würde. Dies müsste wohl selbst in den Fällen gelten, in denen die Genehmigung erst nach Ablauf der Frist erfolgt. Zwar kann die Genehmigung bei fristgebundenen Geschäften nur bis zum Fristablauf erfolgen (vgl. *BAG* 26.03.1986 EzA § 626 BGB n. F. Nr. 99). Hier ist aber nicht die Unterrichtung des Betriebsrats, sondern dessen Stellungnahme fristgebunden. Die Rückwirkung bedarf jedoch im Hinblick auf den Grundgedanken des Anhörungsverfahrens Einschränkungen. Sie ist unproblematisch, wenn der Betriebsrat bis zum Ablauf der Frist keinen Zweifel an der Bevollmächtigung gehegt, insbesondere fristgerecht Stellung genommen hat. Dann muss der Arbeitgeber die Anhörung auch nachträglich autorisieren können. Problematisch wäre die Rückwirkung für den Fall, dass der Betriebsrat vor Ablauf der Frist gegenüber dem Arbeitgeber Bedenken im Hinblick auf die Vollmacht äußert und sich herausstellt, dass die betreffende Person gar nicht autorisiert war. Würde man hier ebenfalls eine rückwirkende Genehmigung für möglich halten, wäre der Betriebsrat für den Fall, dass er die Unterrichtung nicht rechtzeitig (d. h. sofort oder zumindest unverzüglich; str. vgl. *Schubert*/MK-BGB § 180 Rn. 11 m. w. N.) wegen mangelnder Vollmacht zurückgewiesen hat, gezwungen, vorsorglich für den Fall der Genehmigung durch den Arbeitgeber zur Kündigung Stellung zu nehmen (die analoge Anwendung des § 177 Abs. 2 Satz 2 BGB hilft ihm angesichts der dort bestimmten Frist von zwei Wochen nicht weiter). Da es der Sinn der Anhörung ist, dem Betriebsrat die Möglichkeit zur Einflussnahme auf den Kündigungsentschluss des Arbeitgebers zu geben (s. Rdn. 3), ist es ihm aber kaum zuzumuten, sich zu einer Kündigung zu äußern, solange der Kündigungswille des Arbeitgebers noch nicht feststeht. In solchen Fällen muss der Betriebsrat warten dürfen, bis der Arbeitgeber die Unterrichtung genehmigt, wobei die

Erklärung gemäß § 177 Abs. 2 BGB analog gegenüber dem Betriebsrat zu erfolgen hat. Die Frist beginnt dann mit Zugang der Genehmigung zu laufen. I. S. d. § 184 Abs. 1 BGB wird hier also durch das BetrVG »ein anderes« bestimmt.

38 Auch eine **analoge Anwendung des § 174 BGB** ist mit dem Zweck des Anhörungsverfahrens nicht vereinbar. Ist der Dritte tatsächlich vom Arbeitgeber autorisiert, verfügt er also über die erforderliche Vertretungsmacht, so kann der Betriebsrat die Unterrichtung nicht allein deshalb zurückweisen, weil der Dritte keine entsprechende Vollmachtsurkunde vorlegt (*BAG* 13.12.2012 EzA § 174 BGB 2002 Nr. 8 = AP Nr. 166 zu § 102 BetrVG 1972 Rn. 75 ff.; bestätigt durch 25.04.2013 AP Nr. 1 zu § 343 InsO Rn. 129 ff.; ebenso *LAG* Hessen 25.07.2011 – 17 Sa 120/11 – juris, Rn. 80 ff.; **a. M.** *LAG* Baden-Württemberg 11.03.2011 – 7 Sa 109/10 – juris, Rn. 19; *LAG* Berlin-Brandenburg 27.05.2011 – 8 Sa 2653/10 – juris, Rn. 68 ff.; 29.06.2011 – 15 Sa 735/11 – juris, Rn. 57 f.). Könnte der Betriebsrat auf der Vorlage einer solchen schriftlichen Bevollmächtigung bestehen, stünde dies in Widerspruch dazu, dass der Gesetzgeber das Anhörungsverfahren nicht streng formalisiert, insbesondere für die Mitteilung keine besondere Form vorgesehen hat (s. Rdn. 101). Der Betriebsrat hat auch kein den Fällen des § 174 BGB vergleichbares Interesse an einem Nachweis der Bevollmächtigung. Hat er Zweifel, so lassen diese sich durch eine entsprechende Rückfrage beim Arbeitgeber ausräumen. Es ist dem Betriebsrat zumutbar und entspricht dem Grundsatz der vertrauensvollen Zusammenarbeit, wenn der Betriebsrat hiervon Gebrauch macht, statt die Unterrichtung zurückzuweisen (zutr. *BAG* 13.12.2012 EzA § 174 BGB 2002 Nr. 8 Rn. 79). Zudem hat er auch schon vor der Klärung der Vertretungsmacht jederzeit die Möglichkeit, zu der Kündigungsabsicht Stellung zu beziehen (*BAG* 13.12.2012 EzA § 174 BGB 2002 Nr. 8 Rn. 80). Anders als in den Fällen der fehlenden Vertretungsmacht besteht hier auch nicht die Gefahr, dass die Stellungnahme sinnlos ist, weil der Arbeitgeber den Kündigungsentschluss noch gar nicht gefasst hat. Die Frage dürfte ohnehin hauptsächlich dann auftreten, wenn die Unterrichtung durch einen betriebsfremden Dritten erfolgt. Wird die Anhörung durch eine im Betrieb beschäftigte Person vorgenommen, dürfte der Betriebsrat im Regelfall Kenntnis davon haben, dass diese vom Arbeitgeber entsprechend autorisiert ist, so dass eine Zurückweisung nach § 174 Satz 2 BGB ohnehin ausgeschlossen ist. Hierfür genügt es, wenn dem Betriebsrat bekannt ist, dass die Person im Betrieb eine Position bekleidet, der üblicherweise die Aufgabe der Anhörung des Betriebsrats übertragen ist (vgl. hierzu im Kontext der Vertretungsmacht bei Ausspruch der Kündigung *BAG* 20.09.2006 EzA § 174 BGB 2002 Nr. 5 Rn. 49).

bb) Inhalt der Mitteilung

39 Voraussetzung für eine wirksame Anhörung ist, dass der Betriebsrat erkennen kann, dass er zu einer beabsichtigten Kündigung Stellung nehmen soll. **Nicht erforderlich** ist, dass der Arbeitgeber den Betriebsrat bzw. ein anderes zur Mitwirkung berufenes Gremium (s. dazu Rdn. 50 f.) **zu einer Stellungnahme ausdrücklich auffordert**. Das Gesetz enthält in Abs. 2 eine Obliegenheit für den Betriebsrat, sich zu äußern. Die Folgen einer evtl. Nichtäußerung hängen nicht von einer Aufforderung seitens des Arbeitgebers ab. Der Betriebsrat kennt seine rechtlichen Möglichkeiten, so dass die ordnungsgemäße Mitteilung über eine beabsichtigte Kündigung durch den Arbeitgeber ihm eine Stellungnahme ermöglicht (*BAG* 28.02.1974 EzA § 102 BetrVG 1972 Nr. 8, 18.09.1975 EzA § 102 BetrVG 1972 Nr. 17 = AP Nr. 2, 6 zu § 102 BetrVG 1972; *Bachner/DKKW* § 102 Rn. 55; *Etzel/Rinck*/KR § 102 BetrVG Rn. 110; *Huke/HWGNRH* § 102 Rn. 59; *Richardi/Thüsing* § 102 Rn. 93; *Stege/Weinspach/Schiefer* § 102 Rn. 65).

40 Aufgrund der Mitteilungen muss allerdings **für den Betriebsrat klar sein, dass die Mitteilung seine Anhörung im Sinne von § 102 bezweckt** (*BAG* 26.05.1977 EzA § 102 BetrVG 1972 Nr. 29, 07.12.1979 EzA § 102 BetrVG 1972 Nr. 42 = AP Nr. 13, 21 zu § 102 BetrVG 1972; *ArbG Frankfurt a. M.* 13.12.1977 AuR 1979, 188; *Etzel/Rinck*/KR § 102 BetrVG Rn. 67, 110; *Fitting* § 102 Rn. 22). Dies ist nicht der Fall, wenn der Betriebsrat die Mitteilung verständigerweise als Mitteilung über die personelle Veränderung eines leitenden Angestellten i. S. d. § 105 auffassen durfte. Die Information gemäß § 105 beinhaltet nicht ohne Weiteres zugleich die Mitteilung gemäß § 102, da beide Handlungen aufgrund der unterschiedlichen Ausgestaltung der Beteiligung des Betriebsrats verschiedene Zwecke verfolgen (*BAG* 19.08.1975 EzA § 102 BetrVG 1972 Nr. 16 *[Meisel]* = AP Nr. 1 zu § 105 BetrVG 1972; *Fitting* § 102 Rn. 22; *Galperin/Löwisch* § 102 Rn. 27; *Huke/HWGNRH* § 102 Rn. 32, 59). Ob

eine Anhörung oder lediglich eine Mitteilung vorliegt, ist eine Frage der Auslegung der Erklärung des Arbeitgebers. Von einer Anhörung gemäß § 102 ist in der Regel auszugehen, wenn die Information den gegenüber § 105 gesteigerten inhaltlichen Anforderungen gerecht wird, insbesondere die Darlegung von Kündigungsgründen enthält. Für die Praxis empfiehlt es sich jedenfalls, bei Zweifeln über die Zuordnung eines Arbeitnehmers zur Gruppe der leitenden Angestellten stets ausdrücklich klarzustellen, dass die Information – zumindest vorsorglich – zugleich die Einleitung des Anhörungsverfahrens gemäß § 102 bezweckt. Will der Arbeitgeber die Verhandlungen über einen Interessenausgleich mit Namensliste mit einer Anhörung nach § 102 verknüpfen, so muss er dies ebenfalls bei Einleitung des Verfahrens deutlich zu erkennen geben (*BAG* 20.05.1999 EzA § 102 BetrVG 1972 Nr. 102 = AP Nr. 5 zu § 1 KSchG 1969 Namensliste). Leitet der Arbeitgeber in der Annahme, dass es sich bei dem Arbeitnehmer um einen Amtsträger handelt, ein **Zustimmungsverfahren nach § 103** ein, so erfüllt die Mitteilung normalerweise zugleich die Anforderungen an eine Anhörung nach § 102. Stellt sich nachträglich heraus, dass der Arbeitnehmer den besonderen Kündigungsschutz nicht oder nicht mehr genießt, so ist daher regelmäßig eine erneute Anhörung entbehrlich (*BAG* 17.03.2005 EzA § 28 BetrVG 2001 Nr. 1 = AP Nr. 6 zu § 27 BetrVG 1972 unter C III 3a; *Etzel/Rinck/KR* § 103 Rn. 72; hierzu näher § 103 Rdn. 50).

Bei der Beurteilung, ob das Anhörungsverfahren ordnungsgemäß eingeleitet und auch durchgeführt wurde, ist zu beachten, dass **Anhörung** i. S. d. Gesetzes **mehr ist als bloße Information**, jedoch weniger als Beratung (*Bachner/DKKW* § 102 Rn. 53; *Galperin/Löwisch* § 102 Rn. 40; *Huke/HWGNRH* § 102 Rn. 31; *Richardi/Thüsing* § 102 Rn. 54). Der Arbeitgeber braucht das Für und Wider der Kündigung zwar nicht mit dem Betriebsrat zu erörtern (*Etzel/Rinck/KR* § 102 BetrVG Rn. 105). Er ist allerdings verpflichtet, etwaige Bedenken des Betriebsrats, die dieser rechtzeitig vorbringt, zur Kenntnis zu nehmen, sie in seine Überlegungen einzubeziehen, sie zu erwägen und auf ihre Begründetheit zu überprüfen (s. a. Rdn. 44). Einen Wunsch des Betriebsrats nach einem Gespräch vor Abgabe seiner Stellungnahme darf der Arbeitgeber nicht grundlos ablehnen; diese Pflicht zur grundsätzlichen Gesprächsbereitschaft ergibt sich aus dem Gebot der vertrauensvollen Zusammenarbeit (§ 2 Abs. 1; *Bachner/DKKW* § 102 Rn. 53; *Hueck/Nipperdey* II/2, S. 1434 Fn. 75; **a. M.** *Galperin/Löwisch* § 102 Rn. 40). Lehnt der Arbeitgeber ein solches Gespräch grundlos ab, so führt dies jedoch nicht zur Unwirksamkeit der Kündigung (ebenso wohl *Preis/SPV* Rn. 312).

b) Abschluss des Anhörungsverfahrens

Die Anhörung entspricht nur dann den gesetzlichen Erfordernissen, wenn sie **nach ordnungsgemäßer Einleitung** auch **ordnungsgemäß abgeschlossen** ist. Dies ist der Fall, wenn der Betriebsrat
– sich innerhalb der in Abs. 2 Satz 1 und 3 genannten Fristen überhaupt nicht geäußert hat,
– bereits vorher, wenn dem Arbeitgeber eine **endgültige, abschließende Stellungnahme** durch den Vorsitzenden oder, im Falle seiner Verhinderung, durch den Stellvertreter oder ausnahmsweise durch ein anderes bevollmächtigtes Betriebsratsmitglied übermittelt worden ist (ganz h. M.; *BAG* 12.03.1987 EzA § 102 BetrVG 1972 Nr. 71 *[Kraft]* = AP Nr. 47 zu § 102 BetrVG 1972 unter B I 1 b-d; 25.05.2016 EzA § 102 BetrVG 2001 Nr. 37 = AP Nr. 170 zu § 102 BetrVG 1972 Rn. 24; *LAG Berlin-Brandenburg* 22.10.2009 LAGE § 102 BetrVG 2001 Nr. 9 unter 2.2.2; *LAG Hamm* 17.08.1982 DB 1983, 48; *LAG Köln* 04.09.1998 AiB 1999, 107; *Bachner/DKKW* § 102 Rn. 176; *Etzel/Rinck/KR* § 102 BetrVG Rn. 151; *Fitting* § 102 Rn. 65; *Huke/HWGNRH* § 102 Rn. 96; *Richardi/Thüsing* § 102 Rn. 106).

Eine solche abschließende Stellungnahme kann eine Zustimmung, allgemeine Bedenken oder einen förmlichen Widerspruch beinhalten (s. dazu Rdn. 132 ff.). Entscheidend ist, dass der Betriebsrat damit zum Ausdruck bringt, dass es von seiner Seite aus keine weitere Äußerung in der Angelegenheit geben wird (*BAG* 24.06.2004 EzA § 102 BetrVG 2001 Nr. 9 = AP Nr. 22 zu § 620 BGB Kündigungserklärung unter B II 2 b bb; 25.05.2016 EzA § 102 BetrVG 2001 Nr. 37 Rn. 26). Eine abschließende Stellungnahme liegt auch vor, wenn der Betriebsrat zu der Kündigungsabsicht des Arbeitgebers **nicht sachlich Stellung nimmt**, sondern lediglich erklärt, er wolle sich nicht äußern, sofern er damit zum Ausdruck bringt, er wolle von seiner gesetzlichen Möglichkeit, den Entschluss des Arbeitgebers zu beeinflussen, keinen Gebrauch machen (*BAG* 12.03.1987 EzA § 102 BetrVG 1972 Nr. 71 *[Kraft]* unter B I 1 d aa). Ist der Wille des Betriebsrats, die Angelegenheit als abgeschlossen zu betrachten, nicht ausdrücklich erklärt, so ist durch Auslegung seiner Äußerung zu ermitteln, ob sie diesen Inhalt hat. Die Auslegung erfolgt nach den §§ 133, 157 BGB. Dabei ist der bisherigen Übung des Betriebsrats in solchen Fällen maßgebliches Gewicht beizumessen (*BAG* 12.03.1987 EzA § 102 BetrVG 1972 Nr. 71 *[Kraft]* unter B I 1 d bb; 25.05.2016 EzA § 102 BetrVG 2001 Nr. 37 Rn. 24; *Fitting* § 102 Rn. 65; zu Beispielen aus der Rspr. s. a. Rdn. 136). Das *BAG* stellt in neuerer Zeit allerdings **hohe Anforderungen** an das Vorliegen einer solchen abschließenden Stellungnahme vor Ablauf der Äußerungsfrist (*BAG* 25.05.2016 EzA § 102 BetrVG 2001 Nr. 37 Rn. 24 ff.). Es müsse sich »eindeutig« aus der Äußerung ergeben, dass der Betriebsrat sich bis zum Fristablauf nicht noch einmal äußern wolle. Hierfür bedürfe es »besonderer Anhaltspunkte«. Diese lägen zwar vor, wenn der Vorsitzende dem Arbeitgeber mitgeteilt habe, dass der Betriebsrat der Kündigung ausdrücklich und vorbehaltlos zustimme oder erkläre, von einer Äußerung absehen zu wollen. Allein die Mitteilung des Ergebnisses der Beschlussfassung durch den Vorsitzenden reiche aber nicht aus, da dies die Möglichkeit einer erneuten Beschlussfassung oder einer Ergänzung der mitgeteilten Gründe offen lasse. Dies erscheint überzogen (krit. auch *Nägele* Anm. AP Nr. 170 zu § 102 BetrVG 1972 Bl. 6 R). Teilt der Vorsitzende oder ein anderer ermächtigter Vertreter des Betriebsrats dem Arbeitgeber das Ergebnis einer Beschlussfassung über die Stellungnahme zur Kündigung mit, so darf der Arbeitgeber im Regelfall davon ausgehen, dass es sich dabei um die endgültige und abschließende Stellungnahme handelt, sofern der Betriebsrat sich nicht erkennbar eine weitere Befassung vorbehält. Das Regel-Ausnahme-Prinzip ist also in diesen Fällen umgekehrt als vom *BAG* angenommen. Es bedarf besonderer Anhaltspunkte, um in der Übermittlung des Beschlusses keine abschließende Stellungnahme zu sehen. Eine nach Eingang einer abschließenden Stellungnahme des Betriebsrats ausgesprochene Kündigung ist jedenfalls nicht wegen Nichtanhörung des Betriebsrats unwirksam. Solange keine abschließende Äußerung des Betriebsrats vorliegt, kann der Arbeitgeber andererseits erst kündigen, wenn die im Gesetz genannten Fristen abgelaufen sind. Zur Möglichkeit der Abkürzung und Verlängerung dieser Fristen und zur Kündigung in sog. Eilfällen s. Rdn. 139 ff.

2. Zeitpunkt der Anhörung

a) Grundsatz

43 Der Betriebsrat ist **vor der Kündigung** zu hören. Hinsichtlich des Zeitpunktes für die Einleitung des Anhörungsverfahrens ergeben sich hieraus – abgesehen von den durch § 626 Abs. 2 BGB entstehenden Zwängen (s. Rdn. 47) – keine Vorgaben. Aus dem Erfordernis, dass die Anhörung vor der Kündigung erfolgen muss, ergibt sich allerdings, dass die **Anhörung abgeschlossen** sein muss (s. hierzu Rdn. 42), bevor die Kündigung erklärt wird. Maßgeblich ist insoweit bei einer Erklärung unter Anwesenden der Ausspruch der Kündigung, bei einer Erklärung gegenüber Abwesenden der Zeitpunkt, in dem die Erklärung den Machtbereich des Arbeitgebers verlassen hat. Auf den Zeitpunkt des Zuganges kommt es nicht an (*BAG* 13.11.1975 EzA § 102 BetrVG 1972 Nr. 20 = AP Nr. 7 zu § 102 BetrVG 1972; 11.07.1991 EzA § 102 BetrVG 1972 Nr. 81 *[Kraft]* = AP Nr. 57 zu § 102 BetrVG 1972; 08.04.2003 EzA § 102 BetrVG 2001 Nr. 3 = AP Nr. 133 zu § 102 BetrVG 1972; ebenso die ganz h. M. in der Kommentarliteratur; vgl. nur *Etzel / Rinck /* KR § 102 BetrVG Rn. 244; *Fitting* § 102 Rn. 20; *Richardi / Thüsing* § 102 Rn. 122; **a. M.** *Reiter* NZA 2003, 954 ff.). Soll die Kündigung an einem bestimmten Termin erklärt werden, so muss das Anhörungsverfahren folglich so rechtzeitig eingeleitet werden, dass es noch vor diesem Zeitpunkt abgeschlossen werden kann. In Abs. 2 wird die Zeitspanne noch näher konkretisiert, die der Arbeitgeber grundsätzlich zwischen Unterrichtung des Betriebsrats und Ausspruch der Kündigung abwarten muss. Bei ordentlichen Kündigungen hat der Betriebsrat eine **Überlegungsfrist** von einer Woche, bei außerordentlichen Kündigungen eine solche von längstens drei Tagen zur Verfügung. Für die Berechnung des Fristendes gilt § 188 Abs. 1 und 2 BGB (*BAG* 08.04.2003 EzA § 102 BetrVG 2001 Nr. 3 = AP Nr. 133 zu § 102 BetrVG 1972). Dass nach Vorstellung des Gesetzgebers der Ausspruch der Kündigung erst nach Ablauf dieser Frist erfolgen soll, ergibt sich auch aus Abs. 3. Nach dieser Bestimmung ist bei fristgemäßem Widerspruch durch den Betriebsrat dem Arbeitnehmer eine Abschrift der Stellungnahme des Betriebsrats »mit der Kündigung« zuzuleiten. Hierfür spricht außerdem, dass der Betriebsrat durch die Anhörung Gelegenheit erhalten soll, auf den Willensentschluss des Arbeitgebers einzuwirken. Dies setzt aber voraus, dass der Arbeitgeber selbst noch Einfluss darauf nehmen kann, ob es zu einer Kündigung kommt. Da der

Betriebsrat grundsätzlich für seine Entscheidung und für die Mitteilung seiner Entscheidung an den Arbeitgeber die Frist ausschöpfen kann, muss der Arbeitgeber mit der Abgabe der Kündigungserklärung bis zum Ablauf der Frist warten. Eine Ausnahme erscheint allerdings dann gerechtfertigt, wenn der Arbeitgeber die Kündigung am letzten Tag der Frist nach Dienstschluss zu dem Arbeitnehmer auf den Weg bringt, sofern gewährleistet ist, dass er den Zugang noch verhindern kann, wenn wider Erwarten doch noch eine Stellungnahme des Betriebsrats vor Ablauf der Frist eingehen sollte (*BAG* 08.04.2003 EzA § 102 BetrVG 2001 Nr. 3 = AP Nr. 133 zu § 102 BetrVG 1972).

b) Vorherige Willensbildung

Aus dem Sinn und Zweck des § 102 ergibt sich, dass der Betriebsrat die Möglichkeit haben soll, durch seine Stellungnahme auf den Willen des Arbeitgebers einzuwirken und ihn durch Darlegung von etwaigen Gegengründen u. U. von seinem Plan, einen Arbeitnehmer zu entlassen, abzubringen (*BAG* 28.02.1974 EzA § 102 BetrVG 1972 Nr. 8 *[Kraft]* = AP Nr. 2 zu § 102 BetrVG 1972 *[Richardi]* sowie oben Rdn. 3). Daraus kann entgegen einer zum BetrVG 1952 weithin vertretenen Auffassung (vgl. etwa *BAG* 18.01.1962, 14.10.1965, 18.01.1968 AP Nr. 20, 26, 28 zu § 66 BetrVG) nicht geschlossen werden, der Arbeitgeber dürfe seinen Kündigungswillen in dem Zeitpunkt, in dem er den Betriebsrat unterrichtet, noch nicht abschließend gebildet haben. Im Gegenteil setzt eine Anhörung voraus, dass der **Arbeitgeber seine Willensbildung abgeschlossen** hat, weil nur dann für den Betriebsrat erkennbar ist, wozu er Stellung nehmen soll (s. a. Rdn. 46; so auch *BAG* 22.04.2010 EzA § 102 BetrVG 2001 Nr. 26 = AP Nr. 163 zu § 102 BetrVG 1972 Rn. 17; 17.03.2016 EzA § 1 KSchG Interessenausgleich Nr. 26 Rn. 17). Für eine ordnungsgemäße Anhörung genügt es daher, wenn der Betriebsrat im Verlauf des Anhörungsverfahrens immer noch **die Chance hat, den Arbeitgeber umzustimmen** (*BAG* 28.02.1974 EzA § 102 BetrVG 1972 Nr. 8 = AP Nr. 2 zu § 102 BetrVG 1972; 25.04.2013 AP Nr. 1 zu § 343 InsO Rn. 140; *Bachner/DKKW* § 102 Rn. 64; *Etzel/Rinck/*KR § 102 BetrVG Rn. 69; *Galperin/Löwisch* § 102 Rn. 40; *Heinze* Personalplanung, Rn. 460; *Huke/HWGNRH* § 102 Rn. 27; *Richardi/Thüsing* § 102 Rn. 82). Eine ordnungsgemäße Anhörung liegt allerdings nicht mehr vor, wenn der Arbeitgeber vom Betriebsrat erhobene Einwände gegen die Kündigung ignoriert und ohne erneute Prüfung an seinem Kündigungsentschluss festhält. Hierfür spricht eine tatsächliche Vermutung, wenn der Arbeitgeber dem Betriebsrat ein fertiges Kündigungsschreiben vorlegt und es, ohne auf Gegenvorstellungen einzugehen, abschickt (*BAG* 18.01.1962 AP Nr. 20 zu § 66 BetrVG; *Fitting* § 102 Rn. 58; *Galperin/Siebert* § 66 Rn. 7a; *Hueck/Nipperdey* II/2, S. 1422).

c) Zeitlicher Zusammenhang zwischen Anhörung und Kündigung

§ 102 sieht – anders als §§ 171 Abs. 3, 174 Abs. 5 SGB IX (bis 01.01.2018: §§ 88 Abs. 3, 91 Abs. 5 SGB IX) – **keine bestimmte Frist** für den Ausspruch der Kündigung nach Abschluss der Anhörung vor. Deshalb ist eine Kündigung nicht allein deshalb wegen fehlender Anhörung unwirksam, weil der Arbeitgeber nach Eingang der Stellungnahme des Betriebsrats bzw. nach Ablauf der Frist des § 102 Abs. 2 Satz 1 und 3 einen längeren Zeitraum verstreichen lässt, bevor er kündigt (so aber *LAG Frankfurt a. M.* 18.03.1976 DB 1977, 125; *LAG Hamm* 18.02.1975 AuR 1975, 250; *Bachner/DKKW* § 102 Rn. 125; *Etzel/Rinck/*KR § 102 BetrVG Rn. 164). Maßgeblich ist vielmehr, ob die ausgesprochene Kündigung noch auf demselben Kündigungsentschluss beruht, der Grundlage für die Anhörung des Betriebsrats war (s. Rdn. 28 f.; *Richardi/Thüsing* § 102 Rn. 125). Eine **erneute Anhörung** ist daher regelmäßig nur erforderlich, wenn sich der **Kündigungssachverhalt seit der Anhörung verändert** hat, insbesondere wenn weitere Gründe eingetreten sind, auf die die Kündigung nunmehr gestützt werden soll oder auf die ein Widerspruch des Betriebsrats gestützt werden kann (*BAG* 26.05.1977 EzA § 102 BetrVG 1972 Nr. 30 *[Käppler]* = AP Nr. 14 zu § 102 BetrVG 1972; 20.01.2000 EzA § 1 KSchG Krankheit Nr. 47 unter B II 2; *Fitting* § 102 Rn. 60; *Heinze* Personalplanung, Rn. 503; *Huke/HWGNRH* § 102 Rn. 28; *Meisel* Mitwirkung, Rn. 451; s. a. Rdn. 82; zur Bedeutung des zeitlichen Zusammenhanges bei der sog. wiederholenden Kündigung s. Rdn. 28 f.). Eine zeitliche Grenze bilden zudem die Grundsätze über die Verwirkung.

Die Anhörung darf andererseits auch nicht zu lange vor dem Ausspruch der Kündigung erfolgen. Voraussetzung für eine ordnungsgemäße Anhörung ist, dass sich der Kündigungsentschluss des Arbeitgebers bereits so konkretisiert hat, dass der Betriebsrat sinnvoll zu der Kündigung Stellung nehmen kann. Hieran fehlt es, wenn der Arbeitgeber noch keinen festen Kündigungsentschluss gefasst hat oder diesen Entschluss noch nicht verwirklichen will oder kann (s. a. Rdn. 44). Eine solche »**Anhörung auf Vorrat**« ist keine ordnungsgemäße Anhörung nach § 102 Abs. 1 (*BAG* 16.09.1993 EzA § 102 BetrVG 1972 Nr. 84 = AP Nr. 62 zu § 102 BetrVG 1972 unter B II 2a; 27.11.2003 EzA § 102 BetrVG 2001 Nr. 6 = AP Nr. 136 zu § 102 BetrVG 1972 unter B I; 17.03.2016 EzA § 1 KSchG Interessenausgleich Nr. 26 = AP Nr. 26 zu § 1 KSchG 1969 Namensliste *[Salamon]* Rn. 17). Will der Arbeitgeber dagegen lediglich vor Ausspruch der Kündigung den Eintritt bestimmter Umstände abwarten, stehen aber sowohl der Kündigungsentschluss als auch die Modalitäten der Kündigung (z. B. Person des zu kündigenden Arbeitnehmers, Kündigungsgründe) bereits fest, so kann auch eine Anhörung erfolgen, weil der Betriebsrat in der Lage ist, die Beweggründe für die Kündigung zu erkennen und auf die Willensbildung Einfluss zu nehmen (*BAG* 22.04.2010 EzA § 102 BetrVG 2001 Nr. 26 = AP Nr. 163 zu § 102 BetrVG 1972 Rn. 16 f.; *Annuß* FS *Buchner*, S. 8 [10 ff.]). Dies ist etwa dann der Fall, wenn der Arbeitgeber im Zusammenhang mit einem Betriebsübergang entschlossen ist, entweder eine Änderungs- oder eine Beendigungskündigung auszusprechen, und die Frage, welche Variante zum Tragen kommt, nur noch davon abhängig ist, ob der Arbeitnehmer dem Betriebsübergang widerspricht (dann Beendigungskündigung) oder nicht (dann Änderungskündigung auf der Basis des zukünftigen Unternehmenskonzeptes). Es handelt sich letztlich um einen Fall, welcher der Anhörung zu einer unter einer Rechtsbedingung stehenden Kündigung (vorsorgliche weitere Kündigung für den Fall der Rechtsunwirksamkeit der früheren Kündigung) vergleichbar ist (*BAG* 22.04.2010 EzA § 102 BetrVG 2001 Nr. 26 = AP Nr. 163 zu § 102 BetrVG 1972 Rn. 17 ff.; 17.03.2016 EzA § 1 KSchG Interessenausgleich Nr. 26 Rn. 19 ff.; *Annuß* FS *Buchner*, S. 8 [13]; anders offenbar *LAG Hamm* 25.02.2015 – 3 Sa 431/14 – juris, Rn. 118 ff.). Gleiches gilt, wenn als Folge einer **Betriebsänderung** (z. B. Stilllegung des gesamten Betriebs oder von wesentlichen Betriebsteilen) die Kündigung von Arbeitnehmern beabsichtigt ist, der Arbeitgeber aber im Hinblick auf seine Pflicht, einen Interessenausgleich zu versuchen (vgl. § 113 Abs. 3), das Ergebnis der Verhandlungen mit dem Betriebsrat abwarten will. Hier kann er den Betriebsrat bereits **vor Abschluss des Interessenausgleichsverfahrens vorsorglich** zu den beabsichtigten Kündigungen **anhören** (so wohl auch *BAG* 27.11.2003 EzA § 102 BetrVG 2001 Nr. 6 = AP Nr. 136 zu § 102 BetrVG 1972; *LAG Hamm* 06.06.2014 – 18 Sa 1686/13 – juris, Rn. 71 ff.). Macht der Arbeitgeber in seinem Anhörungsschreiben deutlich, dass die Kündigung erst zu einem späteren Zeitpunkt, etwa erst nach Abschluss eines Interessenausgleichs und eines Sozialplans erfolgen soll, so ist nach Ansicht des *BAG* eine vorzeitig ausgesprochene Kündigung von der Anhörung nicht mehr gedeckt und deshalb mangels ordnungsgemäßer Anhörung unwirksam (*BAG* 27.11.2003 EzA § 102 BetrVG 2001 Nr. 6 = AP Nr. 136 zu § 102 BetrVG 1972). Eine solche Bindung des Arbeitgebers erscheint jedoch allenfalls dann gerechtfertigt, wenn sich die zeitliche Vorverlagerung auf die sachliche Beurteilung der Kündigung auswirken kann.

d) Bedeutung des § 626 Abs. 2 BGB

47 Bei der außerordentlichen Kündigung ist zu beachten, dass die Anhörung so rechtzeitig einzuleiten ist, dass die Kündigung noch innerhalb der Frist des § 626 Abs. 2 BGB zugehen kann (*BAG* 18.08.1977 EzA § 103 BetrVG 1972 Nr. 20 unter II 3b aa; *Becker-Schaffner* BlStSozArbR 1974, 210; *Bachner/DKKW* § 102 Rn. 184; *Etzel/Rinck/KR* § 102 BetrVG Rn. 117; *Fitting* § 102 Rn. 62; *Huke/HWGNRH* § 102 Rn. 22; a. M. *Meisel* Mitwirkung, Rn. 487 f., 489 ff.; *Müller* DB 1975, 1363). Die Ausschlussfrist des § 626 Abs. 2 BGB wird **weder um die Frist des § 102 Abs. 2 Satz 3 verlängert**, noch ist der Fristablauf **bis zum Abschluss der Anhörung gehemmt**. Berücksichtigt man, dass die Anhörung vor der Kündigung abgeschlossen sein muss und dem Betriebsrat eine Überlegungsfrist von drei Tagen eingeräumt ist (Abs. 2 Satz 3), so bedeutet dies für die Praxis, dass die (vollständige, s. Rdn. 56 ff.) Mitteilung, die das Anhörungsverfahren einleitet, spätestens am 10. Tag nach Kenntnis von den die Kündigung begründenden Tatsachen dem Betriebsrat zugegangen sein muss, sofern sichergestellt ist, dass am letzten Tag der Frist nicht nur die Kündigungserklärung, sondern auch deren Zugang erfolgt.

e) Koordination mit behördlichen Zustimmungserfordernissen

48 Die Frage des Zeitpunktes der Anhörung stellt sich auch, wenn der Arbeitgeber vor Ausspruch der Kündigung die Zustimmung einer externen Stelle, insbesondere einer Behörde einholen muss.

Dies betrifft vor allem die Kündigung von schwerbehinderten Arbeitnehmern (§§ 168 ff. SGB IX [bis 01.01.2018: §§ 85 ff. SGB IX]) sowie von Frauen während oder nach der Schwangerschaft (§ 17 MuSchG [bis 01.01.2018: § 9 MuSchG]) oder von Eltern während der Elternzeit (§ 18 BEEG). Aus dem Gesetz lässt sich für die Abfolge der Verfahren keine bestimmte Reihenfolge ableiten. Es steht dem Arbeitgeber daher grds. frei, ob er die Anhörung vor oder nach dem behördlichen Zustimmungsverfahren oder parallel dazu durchführt. So kann etwa im Falle der **Kündigung eines Schwerbehinderten** die Anhörung des Betriebsrats schon vor der Durchführung des Zustimmungsverfahrens beim Integrationsamt erfolgen (*BAG* 18.05.1994 EzA § 611 BGB Abmahnung Nr. 31 unter B II 2a; 20.01.2000 EzA § 1 KSchG Krankheit Nr. 47 unter B II 2; 25.04.2013 AP Nr. 1 zu § 343 InsO Rn. 143). In diesem Fall bedarf es auch dann keiner erneuten Anhörung, wenn die Zustimmung des Integrationsamtes gem. §§ 168, 174 SGB IX (bis 01.01.2018: §§ 85, 91 SGB IX) erst nach jahrelangem verwaltungsgerichtlichem Verfahren erteilt wird (*BAG* 18.05.1994 EzA § 611 BGB Abmahnung Nr. 31 = AP Nr. 3 zu § 108 BPersVG; 20.01.2000 EzA § 1 KSchG Krankheit Nr. 47; 25.04.2013 AP Nr. 1 zu § 343 InsO Rn. 143). Dies gilt allerdings nur bei unverändertem Sachverhalt. Hat sich im Hinblick auf die dem Betriebsrat mitzuteilenden Tatsachen eine Veränderung ergeben, hat etwa der Arbeitgeber von neuen Kündigungstatsachen erfahren, die seinen Kündigungsentschluss beeinflussen oder hat sich – etwa im Rahmen des behördlichen Verfahrens – herausgestellt, dass die dem Betriebsrat gegebenen Informationen unrichtig oder unvollständig waren, so muss der Arbeitgeber den Betriebsrat vor Ausspruch der Kündigung erneut auf der Grundlage der dann gegebenen Tatsachen anhören (*BAG* 22.09.2016 EzA § 85 SGB IX Nr. 10 Rn. 33). Zur Frage der erneuten Anhörung im Falle einer wiederholenden Kündigung nach Erteilung der behördlichen Zustimmung s. Rdn. 28. Zur Koordination mit der Beteiligung der Schwerbehindertenvertretung nach § 178 Abs. 2 SGB IX s. Rdn. 270.

f) Nachträgliche Zustimmung

Wird die Kündigung ausgesprochen, bevor die Stellungnahme des Betriebsrats vorliegt oder die Frist zur Stellungnahme abgelaufen ist, so ist die Kündigung unheilbar nichtig (§ 102 Abs. 1 Satz 3). Selbst eine nachträgliche Zustimmung des Betriebsrats zu einer bereits ausgesprochenen Kündigung vermag den Mangel einer fehlenden Anhörung nicht zu heilen (*BAG* 28.02.1974 EzA § 102 BetrVG 1972 Nr. 8, 18.09.1975 EzA § 102 BetrVG 1972 Nr. 16 = AP Nr. 2, 6 zu § 102 BetrVG 1972; *Bachner/DKKW* § 102 Rn. 187; *Fitting* § 102 Rn. 59; *Galperin/Löwisch* § 102 Rn. 49; *Huke/HWGNRH* § 102 Rn. 20; *Meisel* Mitwirkung, Rn. 449; *Richardi/Thüsing* § 102 Rn. 120 [anders noch *Dietz/Richardi* § 102 Rn. 100 ff.]; **a. M.** *Adomeit* DB 1971, 2362; s. a. Rdn. 106).

49

3. Adressat der Mitteilung des Arbeitgebers

a) Träger des Mitbestimmungsrechts

Träger des Mitbestimmungsrechts und daher vor der Kündigung zu beteiligen ist **der Betriebsrat oder eine andere nach dem Betriebsverfassungsgesetz insoweit zuständige Vertretung der Arbeitnehmer** (vgl. auch § 1 Abs. 2 Satz 2 Nr. 1 KSchG), sofern diese gem. § 3 Abs. 1 Nr. 1–3, Abs. 2 und 3 aufgrund eines Tarifvertrages, einer Betriebsvereinbarung oder aufgrund Abstimmung der Arbeitnehmer an die Stelle des Betriebsrats tritt. Zuständig ist der **Betriebsrat des Betriebes, dem der Arbeitnehmer angehört** (*BAG* 12.05.2005 EzA § 102 BetrVG 2001 Nr. 13 unter B I 1a; s. auch Rdn. 4 ff.; zur Frage der Betriebszugehörigkeit s. § 7 Rdn. 17 ff.). Arbeitnehmer sind grds. dem Betrieb zuzuordnen, in dem sie tätig sind. Im Falle einer vorübergehenden Abordnung in einen anderen Betrieb ist grds. der Betriebsrat des Stammbetriebs anzuhören, auch wenn der Arbeitnehmer für die Dauer der Abordnung zugleich als Arbeitnehmer des Einsatzbetriebs anzusehen ist. Dies gilt zumindest dann, wenn die maßgeblichen, das Statusverhältnis betreffenden Entscheidungen nach wie vor in dem Stammbetrieb getroffen werden. Gleiches gilt, wenn ein Auszubildender im Rahmen des Ausbildungsverhältnisses Ausbildungsabschnitte in unterschiedlichen Betrieben des Unternehmens absolviert. Wird der zur Ausbildung Beschäftigte in diesem Fall nur vorübergehend und partiell in den Ausbildungsbetrieb eingegliedert und bleibt auch bei einer solchen Stationsausbildung der Schwerpunkt seines Ausbildungsverhältnisses beim »Stammbetrieb«, so ist der Betriebsrat des Stammbetriebs in den Angelegenheiten zu beteiligen, die das Grundverhältnis des zur Berufsausbildung

50

§ 102 IV. 5. 3. Personelle Einzelmaßnahmen

Beschäftigten betreffen, also auch im Falle der Kündigung des Ausbildungsverhältnisses (*BAG* 12.05.2005 EzA § 102 BetrVG 2001 Nr. 13 unter B I 1b; s. a. § 7 Rdn. 64). Scheidet der Arbeitnehmer – etwa infolge einer auf Dauer angelegten Versetzung in einen anderen Betrieb – aus dem bisherigen Betrieb aus und wird in einen neuen Betrieb eingegliedert, ist der Betriebsrat des neuen Betriebs anzuhören. Auf die individualrechtliche Wirksamkeit der Versetzung kommt es insoweit nicht an (s. § 7 Rdn. 45 f.; i. E. ebenso, jedoch mit nicht überzeugender Begründung, *LAG Köln* 13.01.2014 – 2 Sa 614/13 – juris, Rn. 12 f.; krit. – zu Recht – *Boemke* jurisPR-ArbR 23/2014 Anm. 5). Der Betriebsrat kann unter bestimmten Voraussetzungen das Anhörungsrecht **auf einen Ausschuss übertragen**. Nach § 27 Abs. 2, § 28 Abs. 1 und 2 können in Betrieben, in denen ein Betriebsausschuss gebildet worden ist, also in denen der Betriebsrat aus neun oder mehr Betriebsratsmitgliedern besteht, dem Betriebsausschuss, einem anderen vom Betriebsrat gebildeten Ausschuss oder den Mitgliedern in einem von Betriebsrat und Arbeitgeber gemeinsam gebildeten Ausschuss Aufgaben des Betriebsrats zur selbständigen Erledigung übertragen werden. Zu den übertragbaren Aufgaben zählt auch das Anhörungsrecht nach § 102 (s. § 27 Rdn. 71). Dagegen ist eine **Übertragung auf eine Arbeitsgruppe gemäß § 28a** auch dann nicht möglich, wenn es um die Anhörung zu Kündigungen geht, die ein Mitglied der Arbeitsgruppe betreffen, da die Kündigung nicht die von der Arbeitsgruppe zu erledigenden Tätigkeiten, sondern den Bestand des individuellen Arbeitsverhältnisses berührt (§ 28a Abs. 1 Satz 2). Ist eine Übertragung erfolgt, so ist im Rahmen von § 102 der zuständige Ausschuss (Personalausschuss) anzuhören (amtliche Begründung, BR-Drucks. 715/70, S. 39; *BAG* 01.06.1976 EzA § 28 BetrVG 1972 Nr. 3 = AP Nr. 1 zu § 28 BetrVG 1972; 22.04.1975 EzA § 102 BetrVG 1972 Nr. 14, 12.07.1984 EzA § 102 BetrVG 1972 Nr. 57 = AP Nr. 4, 32 zu § 102 BetrVG 1972; *Bachner/DKKW* § 102 Rn. 144; *Etzel/Rinck/KR* § 102 BetrVG Rn. 137; *Galperin/Löwisch* § 102 Rn. 22; *Huke/HWGNRH* § 102 Rn. 60, 66 ff.; *Richardi/Thüsing* § 102 Rn. 95 f.) Ohne eine solche Übertragung genügt die Anhörung des Betriebsausschusses nicht, da die Ausübung des Mitbestimmungsrechts des Betriebsrats nicht zu dessen laufenden Geschäften gehört (s. § 27 Rdn. 66; *Etzel/Rinck/KR* § 102 BetrVG Rn. 137; *Galperin/Löwisch* § 102 Rn. 23; *Huke/HWGNRH* § 102 Rn. 66; *Richardi/Thüsing* § 102 Rn. 95 f.). Ebenso wenig genügt in den Fällen des § 27 Abs. 3 die Anhörung des Vorsitzenden oder des anderen Betriebsratsmitglieds, dem die laufenden Geschäfte übertragen worden sind.

51 **Gesamt- und Konzernbetriebsrat** sind grundsätzlich nicht Träger des Mitbestimmungsrechtes nach § 102. Eine originäre Zuständigkeit nach § 50 Abs. 1 scheidet daher für personelle Einzelmaßnahmen im Regelfall aus. Eine Zuständigkeit dieser Gremien kann sich vielmehr nur ergeben, wenn ein Betriebsrat ihnen die Zuständigkeit ausdrücklich übertragen hat (*BAG* 21.03.1996 EzA § 102 BetrVG 1972 Nr. 91 = AP Nr. 81 zu § 102 BetrVG 1972; 16.12.2010 EzA § 2 KSchG Nr. 81 = AP Nr. 150 zu § 2 KSchG 1969 Rn. 15; *Etzel/Rinck/KR* § 102 BetrVG Rn. 57). Eine derartige Delegation kann jedoch nur im Einzelfall erfolgen (*LAG Köln* 20.12.1983 DB 1984, 937; *Bachner/DKKW* § 102 Rn. 151; s. *Kreutz/Franzen* § 50 Rdn. 75). Dem Gesamt- und Konzernbetriebsrat kommt auch keine Reservezuständigkeit zu, wenn kein für den Arbeitnehmer zuständiger Betriebsrat existiert, etwa weil in dem Betrieb, dem der Arbeitnehmer angehört, kein Betriebsrat gewählt worden ist oder weil der Arbeitnehmer im Falle des Betriebsüberganges dem Übergang des Arbeitsverhältnisses widersprochen hat und auch keinem anderen Betrieb mit Betriebsrat zugeordnet worden ist (*BAG* 21.03.1996 EzA § 102 BetrVG 1972 Nr. 91 = AP Nr. 81 zu § 102 BetrVG 1972; s. *Kreutz/Franzen* § 50 Rdn. 53). Eine originäre Zuständigkeit des Gesamtbetriebsrats kommt nur dann in Betracht, wenn der Arbeitnehmer keinem bestimmten Betrieb, sondern mehreren Betrieben gleichzeitig zuzuordnen ist (*BAG* 21.03.1996 EzA § 102 BetrVG 1972 Nr. 91). Da es zum Pflichtenkreis des Arbeitgebers gehört, den zuständigen Betriebsrat zu beteiligen, ist eine Kündigung unwirksam, wenn der Arbeitgeber nur den nicht zuständigen Gesamtbetriebsrat anhört (*LAG Köln* 20.03.1983 DB 1984, 937).

b) Zum Empfang ermächtigte Personen

52 Da der Betriebsrat als Kollektivorgan Träger des Mitbestimmungsrechtes ist, muss die Mitteilung gegenüber solchen Personen erfolgen, die allgemein oder im Einzelfall berechtigt sind, für den Betriebsrat Erklärungen entgegenzunehmen, also als Empfangsorgan oder -vertreter zu fungieren (s. dazu § 26 Rdn. 53 ff., 71 ff.). Nur wenn die Mitteilung diesen Personen gegenüber vorgenommen wird, kann die Kenntnis der mitgeteilten Tatsachen dem Betriebsrat zugerechnet werden (*BAG* 27.06.1985 EzA

§ 102 BetrVG 1972 Nr. 60 = AP Nr. 37 zu § 102 BetrVG 1972; 26.09.1991 EzA § 1 KSchG Personenbedingte Kündigung Nr. 10 *[Raab]* = AP Nr. 28 zu § 1 KSchG 1969 Krankheit). Die nach § 102 dem Betriebsrat zu übermittelnden **Informationen** sind grundsätzlich **dem Betriebsratsvorsitzenden**, bei seiner Verhinderung **dem Stellvertreter** zu geben (§ 26 Abs. 2 Satz 2; vgl. *BAG* 28.02.1974 EzA § 102 BetrVG 1972 Nr. 8 = AP Nr. 2 zu § 102 BetrVG 1972; 27.06.1985 EzA § 102 BetrVG 1972 Nr. 60 = AP Nr. 37 zu § 102 BetrVG 1972; 26.09.1991 EzA § 1 KSchG Personenbedingte Kündigung Nr. 10 = AP Nr. 28 zu § 1 KSchG 1969 Krankheit; 06.10.2005 EzA § 102 BetrVG 2001 Nr. 15 unter B I 2a aa; 07.07.2011 EzA § 26 BetrVG 2001 Nr. 3 Rn. 12 ff.; *Bachner/DKKW* § 102 Rn. 156; *Fitting* § 102 Rn. 21; *Galperin/Löwisch* § 102 Rn. 33; *Huke/HWGNRH* § 102 Rn. 60; *Richardi/Thüsing* § 102 Rn. 86). Die Voraussetzungen der Verhinderung des Vorsitzenden sind allerdings stets genau zu prüfen (s. § 26 Rdn. 65 f.). So liegt eine Verhinderung nicht schon dann vor, wenn der Arbeitgeber die Übergabe des Anhörungsschreibens außerhalb des Betriebs rechtzeitig angekündigt hat, der Betriebsrat dem nicht widerspricht und zu dem angekündigten Termin der Vorsitzende an dem Ort der Übergabe nicht anwesend ist. Dies schließt nämlich die Übergabe an den Vorsitzenden im Betrieb regelmäßig nicht aus (s. Rdn. 55 sowie § 26 Rdn. 66; **a. M.** *BAG* 07.07.2011 EzA § 26 BetrVG 2001 Nr. 3 Rn. 17). Ist ein **Ausschuss** zuständig, so ist die Mitteilung an dessen Vorsitzenden, bei seiner Verhinderung ebenfalls an den Stellvertreter zu richten.

Der Betriebsrat oder der zuständige Ausschuss können auch **ein anderes Mitglied zur Entgegennahme** der Mitteilung des Arbeitgebers **ermächtigen**; dann genügt die Information dieses Betriebsratsmitgliedes (*BAG* 27.06.1985 EzA § 102 BetrVG 1972 Nr. 60 = AP Nr. 37 zu § 102 BetrVG 1972; 26.09.1991 EzA § 1 KSchG Personenbedingte Kündigung Nr. 10 = AP Nr. 28 zu § 1 KSchG 1969 Krankheit; *Bachner/DKKW* § 102 Rn. 157; *Galperin/Löwisch* § 102 Rn. 33; *Huke/HWGNRH* § 102 Rn. 60; *Richardi/Thüsing* § 102 Rn. 86). Diese Ermächtigung muss nicht ausdrücklich, sondern kann auch konkludent erfolgen (*BAG* 26.09.1991 EzA § 1 KSchG Personenbedingte Kündigung Nr. 10 = AP Nr. 28 zu § 1 KSchG 1969 Krankheit, insoweit klarstellend gegenüber *BAG* 27.06.1985 EzA § 102 BetrVG 1972 Nr. 60 = AP Nr. 37 zu § 102 BetrVG 1972). Von einer solchen Ermächtigung durch schlüssiges Verhalten wird man regelmäßig ausgehen können, wenn ein Betriebsratsmitglied mit Aufgaben betraut wird, die erkennbar für eine in naher Zukunft erfolgende Kündigung von Bedeutung sein können (etwa bei Entsendung zu einem der Vorbereitung der Kündigung eines schwerbehinderten Arbeitnehmers dienenden Gespräch bei dem Integrationsamt; *BAG* 26.09.1991 EzA § 1 KSchG Personenbedingte Kündigung Nr. 10 = AP Nr. 28 zu § 1 KSchG 1969 Krankheit). Im Übrigen gelten auch die Grundsätze über die **Duldungsvollmacht**. Hat der Betriebsrat die Mitteilung an ein Betriebsratsmitglied unwidersprochen genügen lassen, so kann er sich daher, wenn der Arbeitgeber auch in späteren Fällen dieses Mitglied informiert, nicht auf dessen mangelnde Ermächtigung berufen (*Huke/HWGNRH* § 102 Rn. 60; *Meisel* Mitwirkung, Rn. 446; *Richardi/Thüsing* § 102 Rn. 88; **a. M.** *Koch/APS* § 102 BetrVG Rn. 78; anders auch *Etzel/Rinck/KR* § 102 BetrVG Rn. 126: einmalige Duldung genügt nicht). Dagegen dürften die Grundsätze über die **Anscheinsvollmacht** keine Anwendung finden können, da es hierbei nicht um eine Zurechnung rechtserheblichen Verhaltens, sondern um Haftung für einen begründeten Rechtsschein geht (zu diesem umstrittenen Problem etwa *Wolf/Neuner* Allgemeiner Teil des Bürgerlichen Rechts, 11. Aufl. 2016, § 50 Rn. 94 ff.; *Medicus/Petersen* Allgemeiner Teil des BGB, 11. Aufl. 2016, Rn. 969 ff., jeweils m. w. N.). Nur wenn Vorsitzender und Stellvertreter verhindert sind, Mitteilungen entgegenzunehmen und wenn der Betriebsrat für diesen Fall keine Vorkehrungen getroffen hat, ist der Arbeitgeber berechtigt, die Informationen nach § 102 einem anderen Betriebsratsmitglied zu übermitteln (*BAG* 27.06.1985 EzA § 102 BetrVG 1972 Nr. 60 = AP Nr. 37 zu § 102 BetrVG 1972; *LAG* Frankfurt a. M. 23.03.1976 BB 1977, 1048; *LAG* Niedersachsen 23.10.2014 ZIP 2015, 243 [245]; *Bachner/DKKW* § 102 Rn. 158; *Etzel/Rinck/KR* § 102 BetrVG Rn. 123; *Fitting* § 102 Rn. 21; *Richardi/Thüsing* § 102 Rn. 89).

Gibt der Arbeitgeber die Information an ein nicht zur Empfangnahme berechtigtes Mitglied, so ist dieses lediglich **Bote des Arbeitgebers**; er trägt also das Übermittlungsrisiko. Die Fristen des § 102 Abs. 2 beginnen erst zu laufen, wenn die Mitteilung dem empfangsberechtigten Betriebsratsmitglied zugeht (s. § 26 Rdn. 56; *BAG* 27.06.1985 EzA § 102 BetrVG 1972 Nr. 60 = AP Nr. 37 zu § 102 BetrVG 1972; 26.09.1991 EzA § 1 KSchG Personenbedingte Kündigung Nr. 10 = AP Nr. 28 zu § 1 KSchG 1969 Krankheit; 16.10.1991 EzA § 102 BetrVG 1972 Nr. 83; *Etzel/Rinck/KR* § 102 BetrVG Rn. 125; *Fitting* § 102 Rn. 21; *Huke/HWGNRH* § 102 Rn. 60; *Richardi/Thüsing* § 102

Rn. 88). Dies gilt auch, wenn der Arbeitgeber das Anhörungsschreiben an den stellvertretenden Vorsitzenden des Betriebsrats übergibt, obwohl kein Fall der Verhinderung des Vorsitzenden vorliegt. Hat der Arbeitgeber **mit dem Vorsitzenden einen Zeitpunkt und einen Ort für die Übergabe verabredet**, erscheint der Vorsitzende aber nicht und übergibt der Arbeitgeber das Anhörungsschreiben daher dem Stellvertreter oder einem anderen anwesenden Mitglied des Betriebsrats, so muss sich der Betriebsrat aber nach dem Grundsatz der vertrauensvollen Zusammenarbeit (§ 2 Abs. 1) etwaige Verzögerungen zurechnen und so behandeln lassen, als sei das Schreiben dem Betriebsrat mit Übergabe an den Boten zugegangen. Der Arbeitgeber trägt in diesem Falle zwar weiterhin das Übermittlungs-, aber nicht das Verspätungsrisiko (s. § 26 Rdn. 66).

4. Ort und Zeit der Mitteilung

55 Grundsätzlich hat die Unterrichtung des Betriebsratsvorsitzenden **während der Arbeitszeit** und **in den Betriebsräumen** stattzufinden. Der Betriebsratsvorsitzende ist berechtigt, aber nicht verpflichtet, eine Mitteilung des Arbeitgebers nach § 102 Abs. 1 auch außerhalb der Arbeitszeit und außerhalb der Betriebsräume entgegenzunehmen. Nimmt er eine solche Mitteilung widerspruchslos entgegen, wird die Wochenfrist des § 102 Abs. 2 Satz 1 in Lauf gesetzt (*BAG* 27.08.1982 EzA § 102 BetrVG 1972 Nr. 49 = AP Nr. 25 zu § 102 BetrVG 1972).

5. Inhalt der Mitteilung

a) Allgemeines

56 Das Gesetz äußert sich selbst nicht näher dazu, welche Informationen der Arbeitgeber dem Betriebsrat im Rahmen der Anhörung zu geben hat. In Abs. 1 Satz 2 ist lediglich geregelt, dass er dem Betriebsrat die Gründe für die Kündigung mitzuteilen hat. Andererseits ist offensichtlich, dass sich die Information nicht hierauf beschränken darf, sondern sich auf Umstände erstrecken muss, die nichts mit den eigentlichen Kündigungsgründen zu tun haben. So ist selbstverständlich, dass der Betriebsrat wissen muss, welchem Arbeitnehmer gekündigt werden soll (Rdn. 59). Aus der Tatsache, dass das Gesetz die Anhörung vor jeder, d. h. vor jeder rechtlich selbständigen Kündigung verlangt, ergibt sich zugleich, dass für den Betriebsrat erkennbar werden muss, zu welcher Art von Kündigung er Stellung nehmen soll (s. Rdn. 62). Mangels konkreter gesetzlicher Vorgaben lassen sich **Inhalt und Umfang der erforderlichen Informationen in erster Linie aus dem Zweck der Anhörung ableiten**. Der Arbeitgeber muss dem Betriebsrat die Informationen zukommen lassen, die erforderlich sind, damit das Verfahren sein Ziel erreichen kann, nämlich dem Betriebsrat Gelegenheit zu geben, aus seiner Sicht zu der Kündigung und deren Begründung Stellung zu nehmen und damit auf die Willensbildung des Arbeitgebers, konkret auf dessen Kündigungsentschluss, Einfluss zu nehmen (s. Rdn. 3).

57 Diese, am Zweck der Anhörung orientierte Konkretisierung der Unterrichtungspflicht wirkt sich bereits bei der gesetzlich geregelten Pflicht zur Angabe der **Gründe für die Kündigung** aus. Diese dient dazu, dass der Betriebsrat erkennen kann, welche Beweggründe für den Kündigungsentschluss des Arbeitgebers ursächlich sind. Entsprechend ist die Mitteilungspflicht insoweit aus der Perspektive des Arbeitgebers zu bestimmen, d. h. »**subjektiv determiniert**« (s. Rdn. 74 ff.). Es kommt nicht darauf an, welche Gründe ein Dritter bei objektiver Betrachtung zum Anlass für die Kündigung nehmen könnte, sondern welche Gründe gerade für den Arbeitgeber leitend sind. Auf den **sonstigen Inhalt der Mitteilung** lässt sich dies **nicht ohne Weiteres übertragen**. Zwar ist auch insoweit der Zweck der Anhörung für Art und Umfang der Information maßgeblich. Hieraus kann sich aber ergeben, dass eine bestimmte Information objektiv notwendig ist, damit der Betriebsrat sinnvoll Stellung beziehen kann, ohne dass es darauf ankommen kann, ob der Arbeitgeber diesem Umstand besonderes Gewicht beigemessen hat. Dies gilt etwa für die Frage, ob der Arbeitgeber eine ordentliche oder eine außerordentliche Kündigung beabsichtigt (s. Rdn. 62), ggf. auch für die Angabe der Sozialdaten des Arbeitnehmers (s. Rdn. 60). Hierin liegt keine Einschränkung des Grundsatzes der subjektiven Determinierung (so aber *BAG* 23.10.2014 EzA § 102 BetrVG 2001 Nr. 31 Rn. 15; *Koch/APS* § 102 BetrVG Rn. 91). Vielmehr führt eine teleologische Konkretisierung der Informationspflicht eben nur in Bezug auf die Mitteilung der Kündigungsgründe zu einer subjektiven Betrachtung.

Auch hinsichtlich der **Art und Weise der Unterrichtung** enthält das Gesetz keine näheren Vorgaben. 58
Daher ist wiederum maßgeblich auf den Sinn und Zweck der Anhörung abzustellen. Dabei ist einerseits zu berücksichtigen, dass der Betriebsrat im Regelfall sowohl den Arbeitnehmer als auch die Verhältnisse im Betrieb kennt, so dass ihm nicht alle Details eigens geschildert werden müssen. Andererseits hat der Betriebsrat für seine Stellungnahme auch nur einen begrenzten Zeitraum zur Verfügung. Bedenkt man, dass der Betriebsrat über die Stellungnahme in einer Sitzung beraten und beschließen (s. Rdn. 130) und diese dann auch noch innerhalb der Frist schriftlich abgefasst werden (s. Rdn. 137) und dem Arbeitgeber zugehen muss (s. Rdn. 146), so verbleibt dem Betriebsrat nicht viel Zeit für eigene Nachforschungen. Das *BAG* verlangt daher mit Recht, dass der Arbeitgeber dem Betriebsrat den für die Kündigung maßgeblichen Sachverhalt unter Angabe von Tatsachen so zu beschreiben habe, dass der Betriebsrat ohne zusätzliche eigene Nachforschungen in die Lage versetzt werde, die Stichhaltigkeit der Kündigungsgründe zu prüfen und sich über eine Stellungnahme schlüssig zu werden (s. etwa *BAG* 23.10.2008 EzA § 1 KSchG Interessenausgleich Nr. 16 = AP Nr. 18 zu § 1 KSchG 1969 Namensliste Rn. 18; 26.03.2015 EzA § 1 KSchG Betriebsbedingte Kündigung Nr. 183 = AP Nr. 208 zu § 1 KSchG 1969 Betriebsbedingte Kündigung Rn. 46). Das Gericht betont allerdings auch, dass die Mitteilungspflicht **nicht so weit** reiche **wie die Darlegungslast des Arbeitgebers in einem Kündigungsschutzprozess** (*BAG* 23.10.2014 EzA § 102 BetrVG 2001 Nr. 31 Rn. 22; 26.03.2015 EzA § 1 KSchG Betriebsbedingte Kündigung Nr. 183 = AP Nr. 208 zu § 1 KSchG 1969 Betriebsbedingte Kündigung Rn. 46). Auch dem ist beizupflichten. Der Sinn des Anhörungsverfahrens besteht eben nicht in einer vorgeschalteten Rechtskontrolle (s. Rdn. 3). Es ist daher nicht erforderlich, dass der Betriebsrat sämtliche Tatsachen kennt, die erforderlich sind, um die Rechtswirksamkeit einer Kündigung im Sinne einer Schlüssigkeitsprüfung beurteilen zu können. Es ist vielmehr völlig ausreichend, wenn er sich aufgrund der Angaben des Arbeitgebers ein eigenes Bild von der geplanten Kündigung und den Beweggründen des Arbeitgebers machen und hierzu substantiiert eine eigene Einschätzung und Bewertung abgeben kann.

b) Person des zu Entlassenden

Der Arbeitgeber hat den Betriebsrat **über die Person** des zu entlassenden Arbeitnehmers unter An- 59
gabe seiner Personalien (Name, Dienst- oder Stellenbezeichnung, Geburtsdatum) zu unterrichten. Das bedeutet, die Anhörung muss sich auf die beabsichtigte Kündigung eines bestimmten oder mehrerer bestimmter Arbeitnehmer beziehen. Nur dann kann der Arbeitgeber die Kündigungsgründe mitteilen und der Betriebsrat konkret Stellung nehmen (*BAG* 16.09.1993 EzA § 102 BetrVG 1972 Nr. 84 = AP Nr. 62 zu § 102 BetrVG 1972; 16.03.2000 EzA § 108 BPersVG Nr. 2 unter II 2b cc; *Bachner/DKKW* § 102 Rn. 65; *Etzel/Rinck/KR* § 102 BetrVG Rn. 72; *Huke/HWGNRH* § 102 Rn. 32; *Richardi/Thüsing* § 102 Rn. 57). Der Hinweis auf »eventuell« notwendig werdende Entlassungen genügt nicht (*LAG Düsseldorf* 01.08.1974 DB 1974, 1917 f.; *LAG Hamm* 09.12.1976 DB 1977, 1515). Ebenso wenig reicht die Mitteilung über die beabsichtigte Kündigung einer bestimmten Zahl von Arbeitnehmern aus einer genau umschriebenen Gruppe innerhalb eines bestimmten Zeitraumes aus, wenn der Arbeitgeber hinsichtlich der konkret auszuwählenden Personen vom Betriebsrat selbst Vorschläge erbittet (*Bachner/DKKW* § 102 Rn. 66; *Huke/HWGNRH* § 102 Rn. 33; *LAG Berlin* 14.09.1981 EzA § 102 BetrVG 1972 Nr. 46 für den Fall, dass der Arbeitgeber nur einem Teil der vom Betriebsrat ausgewählten Arbeitnehmer kündigt). Hier ist eine Identifizierung der beabsichtigten Kündigung nicht möglich, im Grunde liegt nicht einmal ein konkreter Kündigungsentschluss des Arbeitgebers vor, zu dem der Betriebsrat Stellung nehmen kann. Selbst wenn man berücksichtigt, dass der Betriebsrat Vorschläge für die Auswahl der Betroffenen machen kann, so ist damit die Kündigung noch nicht bestimmt, da ja nicht sicher ist, dass der Arbeitgeber die Auswahl tatsächlich entsprechend den Vorgaben durchführt. Die genaue Bezeichnung der konkret zu kündigenden Personen ist grundsätzlich auch bei **Massenentlassungen** gemäß § 17 KSchG zur ordnungsgemäßen Anhörung erforderlich (*BAG* 16.09.1993 EzA § 102 BetrVG 1972 Nr. 84 = AP Nr. 62 zu § 102 BetrVG 1972 unter B II 3). Das **Datenschutzrecht** steht der Mitteilung der personenbezogenen Daten nicht entgegen. Nach § 26 Abs. 1 Satz 1 BDSG (in der ab dem 25.05.2018 geltenden Fassung) ist die Verarbeitung personenbezogener Daten von Beschäftigten zulässig, wenn und soweit dies zur Erfüllung der Rechte und Pflichten einer Interessenvertretung der Beschäftigten erforderlich ist. Da der Betriebsrat eine solche

Interessenvertretung ist, ist die Weitergabe und Verarbeitung von Daten zulässig, soweit dies durch das Anhörungsverfahren geboten ist (s. näher *Weber* § 80 Rdn. 90 ff. m. w. N.).

60 Nach Ansicht des *BAG* sind dem Betriebsrat bei jeder Kündigung – unabhängig von einer erforderlichen Sozialauswahl – bestimmte **Sozialdaten des Arbeitnehmers** wie Alter, Dauer der Betriebszugehörigkeit sowie ein eventuell bestehender Sonderkündigungsschutz mitzuteilen (*BAG* 16.03.2000 EzA § 108 BPersVG Nr. 2 unter II 2b cc (1); 18.10.2006 EzA § 1 KSchG Soziale Auswahl Nr. 73 Rn. 36; anders nunmehr für die Angabe des Lebensalters bei Kündigungen während der Wartezeit des § 1 Abs. 1 KSchG *BAG* 23.04.2009 EzA § 102 BetrVG 2001 Nr. 25 = AP Nr. 161 zu § 102 BetrVG 1972 *[Benecke]* Rn. 20; einschränkend auch *BAG* 15.11.1995 EzA § 102 BetrVG 1972 Nr. 89 unter II 1b [außerordentliche verhaltensbedingte Kündigung]; 20.09.2006 AP Nr. 24 zu § 17 KSchG 1969 unter II 1b [Kündigung durch den Insolvenzverwalter in der Frist des § 113 Satz 2 InsO]). Lediglich Angaben zum Familienstand und zu Unterhaltspflichten seien entbehrlich, wenn diese bei vernünftiger Betrachtung weder aus der Sicht des Arbeitgebers noch aus der des Betriebsrats für die Beurteilung der Wirksamkeit einer Kündigung eine Rolle spielen könnten (*BAG* 16.03.2000 EzA § 108 BPersVG Nr. 2 unter II 2b cc (1); 13.05.2004 EzA § 102 BetrVG 2001 Nr. 7 unter II 4b bb; 23.04.2009 EzA § 102 BetrVG 2001 Nr. 25 Rn. 21 ff.; *LAG Rheinland-Pfalz* 30.01.2014 – 2 Sa 243/13 – juris, Rn. 41 [bei verhaltensbedingter Kündigung wegen eines vorsätzlichen Vermögensdelikts]). Diese Ansicht kann nicht überzeugen (krit. auch *Benecke* Anm. AP Nr. 161 zu § 102 BetrVG 1972 Bl. 8 R). Soweit der Arbeitgeber eine Sozialauswahl zwischen verschiedenen Arbeitnehmern vorgenommen hat oder die Kenntnis der Sozialdaten zur Beurteilung des Kündigungssachverhaltes wichtig sind, hat der Arbeitgeber diese sicherlich mitzuteilen (s. Rdn. 73 f., 90). Soweit dies nicht der Fall ist, gehören die Sozialdaten dagegen insgesamt nicht zum Inhalt der erforderlichen Information. Dies gilt etwa, wenn allen Arbeitnehmern gekündigt werden soll (*LAG Hessen* 24.01.2000 NZA-RR 2001, 34 [35]). Ist die **Stilllegung des Betriebes** beabsichtigt, so genügt die Angabe, dass der Betrieb zu einem bestimmten Termin stillgelegt werden soll, wenn aus der Erklärung erkennbar wird, dass allen Arbeitnehmern zu dem Stilllegungstermin gekündigt werden soll, der Arbeitgeber also nicht einzelne Arbeitnehmer noch mit Abwicklungsarbeiten weiterbeschäftigen will (*LAG Hamm* 21.07.1975 DB 1975, 1899; **a. M.** *Etzel/Rinck*/KR § 102 BetrVG Rn. 80, 85). Die abweichende Auffassung des *BAG* (16.09.1993 EzA § 102 BetrVG 1972 Nr. 84 = AP Nr. 62 zu § 102 BetrVG 1972; 18.10.2006 EzA § 1 KSchG Soziale Auswahl Nr. 73 Rn. 36), wonach auch in einem solchen Fall zumindest das Lebensalter und die Dauer der Betriebszugehörigkeit des Arbeitnehmers mitzuteilen sind, kann nicht überzeugen. Es ist nicht erkennbar, inwieweit diese Daten bei einer vollständigen Stilllegung und der daraus resultierenden Entlassung aller Arbeitnehmer für die Identifizierung des betroffenen Arbeitnehmer und für die Stellungnahme des Betriebsrats von Relevanz sein könnten. Sie könnten allenfalls Aufschluss über die Dauer der Kündigungsfrist geben (hierauf stützt nunmehr *BAG* 23.04.2009 EzA § 102 BetrVG 2001 Nr. 25 Rn. 24 die Mitteilungspflicht; s. hierzu aber Rdn. 66 f.).

61 Bedarf die Kündigung der **Zustimmung einer Behörde** (z. B. § 17 MuSchG [bis 01.01.2018: § 9 MuSchG], § 18 BEEG, §§ 168, 174 SGB IX [bis 01.01.2018: §§ 85, 91 SGB IX]) oder einer anderen Stelle, so gehören der Verlauf und das Ergebnis des Verfahrens nicht zu den Tatsachen, die dem Betriebsrat im Rahmen der Anhörung mitzuteilen sind. Soweit der Arbeitgeber sich (zulässigerweise, s. Rdn. 48) dafür entscheidet, den Antrag auf Zustimmung bei der Behörde erst nach Abschluss der Anhörung des Betriebsrats zu stellen, ergibt sich dies schon daraus, dass nach Erteilung der Zustimmung keine erneute Anhörung erfolgen muss (s. Rdn. 48). Aber auch wenn der Arbeitgeber das Anhörungsverfahren nachschaltet, bedarf es keiner Unterrichtung des Betriebsrats über das Zustimmungsverfahren, dessen Ergebnis oder etwaige Ermessenserwägungen der Behörde (*BAG* 23.10.2008 EzA § 1 KSchG Interessenausgleich Nr. 16 = AP Nr. 18 zu § 1 KSchG 1969 Namensliste Rn. 32). Sinn des Anhörungsverfahrens ist, dass der Betriebsrat aus seiner Perspektive zur Kündigung Stellung nehmen und die für ihn maßgeblichen Aspekte in den Entscheidungsprozess einbringen kann. Hierzu bedarf es aber nicht der Kenntnis der Gründe für die behördliche Entscheidung.

c) Kündigungsart

62 Der Arbeitgeber hat die **Art der beabsichtigten Kündigung** (ordentliche oder außerordentliche Kündigung) anzugeben (*BAG* 28.02.1974 EzA § 102 BetrVG 1972 Nr. 8, 12.08.1976 EzA § 102

BetrVG 1972 Nr. 25, 29.01.1986 EzA § 102 BetrVG 1972 Nr. 64, 29.08.1991 EzA § 102 BetrVG 1972 Nr. 82 = AP Nr. 2, 10, 42, 58 zu § 102 BetrVG 1972; zuletzt 26.03.2015 EzA § 626 BGB 2002 Nr. 49 Rn. 18). Falls der Arbeitgeber bei einer außerordentlichen Kündigung **hilfsweise ordentlich kündigen** will, so hat er dem Betriebsrat auch dies mitzuteilen, ebenso wenn er eine evtl. unwirksame außerordentliche Kündigung jedenfalls als ordentliche Kündigung aufrechterhalten will. Die Anhörung zu einer außerordentlichen Kündigung ersetzt die Anhörung zu der hilfsweise ausgesprochenen ordentlichen Kündigung nicht (h. M.; *BAG* 12.08.1976 EzA § 102 BetrVG 1972 Nr. 25, 16.03.1978 EzA § 102 BetrVG 1972 Nr. 32 = AP Nr. 10, 15 zu § 102 BetrVG 1972; *Fitting* § 102 Rn. 63; *Galperin/Löwisch* § 102 Rn. 26a; *Richardi/Thüsing* § 102 Rn. 58 f.; *Stege/Weinspach/ Schiefer* § 102 Rn. 47; s. a. Rdn. 27). Dies gilt auch, wenn die außerordentliche Kündigung im Kündigungsschutzprozess in eine ordentliche Kündigung **umgedeutet** wird. War der Betriebsrat nur zur außerordentlichen Kündigung angehört worden, fehlt es für die ordentliche Kündigung an der nach § 102 Abs. 1 erforderlichen Anhörung (*BAG* 16.03.1978 EzA § 102 BetrVG 1972 Nr. 32 = AP Nr. 15 zu § 102 BetrVG 1972; *Bachner/DKKW* § 102 Rn. 71; *Galperin/Löwisch* § 102 Rn. 26a; *Richardi/ Thüsing* § 102 Rn. 59). Die Möglichkeiten des Betriebsrats sind bei den beiden Kündigungsarten unterschiedlich ausgestaltet. Dies gilt einmal hinsichtlich der Äußerungsfrist (drei Tage bzw. eine Woche), weiter im Hinblick auf die mögliche Wirkung eines Widerspruches nach § 102 Abs. 5 und nach § 1 Abs. 2 Satz 2 Nr. 1 KSchG, die nur bei ordentlicher Kündigung eintritt. Abgesehen davon können die Überlegungen des Betriebsrats im Zusammenhang mit einer außerordentlichen Kündigung andere sein als bei einer ordentlichen Kündigung. Nur wenn der Betriebsrat klar erkennen kann, welche Art von Kündigung beabsichtigt ist, kann er seine Aufgabe im Rahmen des Anhörungsverfahrens optimal erfüllen. Der Arbeitgeber wird umgekehrt durch das vom *BAG* aufgestellte Erfordernis nicht unangemessen belastet. Spricht im umgekehrten Fall der Arbeitgeber **nach einer Anhörung zur ordentlichen Kündigung eine außerordentliche Kündigung** aus, so ist zwar die außerordentliche Kündigung wegen fehlender Anhörung gemäß Abs. 1 Satz 3 nichtig (*Etzel/Rinck/*KR § 102 Rn. 253; *Richardi/Thüsing* § 102 Rn. 123). Sofern die Voraussetzungen einer Umdeutung in eine ordentliche Kündigung vorliegen, scheitert diese Kündigung aber zumindest nicht an der fehlenden Anhörung des Betriebsrats. Die Rechte des Betriebsrats werden hierdurch nicht verkürzt. Dieser hatte vielmehr ausreichend Gelegenheit, sich zu der ordentlichen Kündigung zu äußern (*Etzel/Rinck/*KR § 102 BetrVG Rn. 253; *Galperin/Löwisch* § 102 Rn. 26a; *Hager* BB 1989, 693 [696]; *Kreutz* ZfA 1977, 447 [480]; *von Maydell* SAE 1978, 82; **a. M.** *BAG* 12.08.1976 EzA § 102 BetrVG 1972 Nr. 25 = AP Nr. 10 zu § 102 BetrVG 1972 *[Pfarr]*; zust. *Richardi/Thüsing* § 102 Rn. 123. In dem der Entsch. des *BAG* zugrunde liegenden Fall musste die Umdeutung allerdings bereits daran scheitern, dass die Kündigung auf neue, dem Betriebsrat nicht mitgeteilte Gründe gestützt wurde, die Anhörung also bereits deshalb fehlerhaft war).

Von dem Grundsatz, dass die Anhörung zur außerordentlichen Kündigung die Anhörung zur ordentlichen Kündigung nicht ersetzt, lässt das *BAG* nur dann eine **Ausnahme** zu, wenn der Betriebsrat im Anhörungsverfahren der außerordentlichen Kündigung »**ausdrücklich und vorbehaltlos zugestimmt hat** und auch aus den Umständen nicht zu ersehen ist, dass der Betriebsrat der umgedeuteten ordentlichen Kündigung entgegengetreten wäre« (*BAG* 16.03.1978 EzA § 102 BetrVG 1972 Nr. 32, 11.10.1989 EzA § 102 BetrVG 1972 Nr. 78 = AP Nr. 15, 55 zu § 102 BetrVG 1972, zust. *Bachner/ DKKW* § 102 Rn. 71; *Etzel/Rinck/*KR § 102 BetrVG Rn. 251; *Richardi/Thüsing* § 102 Rn. 123 f.; *Stege/Weinspach/Schiefer* § 102 Rn. 47). Diese Auffassung setzt sich aber in Widerspruch zum Zweck des Anhörungsverfahrens. Dieses soll dem Betriebsrat Gelegenheit geben, sich selbst eine Meinung zu der konkreten Kündigung zu bilden und ggf. durch seine Stellungnahme Einfluss auf die Willensbildung des Arbeitgebers zu nehmen. Soll der Betriebsrat seine Sicht einbringen können, so verbietet sich aber jede hypothetische Ersatzbetrachtung, die danach fragt, wie der Betriebsrat sich geäußert hätte, weil damit die Einschätzung des Betriebsrats letztlich durch eine solche des Gerichts ersetzt wird (*Raab* Anm. EzA § 1 KSchG Personenbedingte Kündigung Nr. 10; ähnlich *Hager* BB 1989, 693 [696]; abl. auch *Kraft* Anm. EzA § 102 BetrVG 1972 Nr. 78; *Löwisch/Schreiner* Anm. EzA § 102 BetrVG 1972 Nr. 25; *Benecke* AuR 2005, 48 [50 f.]). Im Übrigen ist in der Praxis schwer zu entscheiden, wann und ob die vom *BAG* genannten Voraussetzungen vorliegen (*Heckelmann* SAE 1979, 8 [10]). Es empfiehlt sich daher, in jedem Fall dem Betriebsrat klar mitzuteilen, wenn eine außerordentliche Kündigung hilfsweise als ordentliche Kündigung aufrechterhalten werden soll (so auch *Ebert* BB 1976, 1135;

Huke/HWGNRH § 102 Rn. 33.). Eine Ausnahme von dem Grundsatz, wonach die Anhörung zur außerordentlichen Kündigung nicht die Anhörung zu einer ordentlichen Kündigung ersetzen kann, erscheint jedoch dann gerechtfertigt, wenn der Betriebsrat bei der Anhörung zu einer wegen desselben Kündigungsgrundes beabsichtigten außerordentlichen Kündigung desselben Arbeitnehmers erklärt hat, er könne nur einer ordentlichen Kündigung zustimmen (*LAG Baden-Württemberg* 03.11.1976 DB 1977, 777; *Bitter* NZA 1991, Beil. Nr. 3, S. 16 [18]; **a. M.** *LAG Berlin* 23.11.1982 NJW 1983, 1631). In diesem Fall ist eine Anhörung zu einer ordentlichen Kündigung nicht mehr erforderlich, da der Betriebsrat hierzu (wenn auch ungefragt) bereits Stellung genommen hat, der Zweck der Anhörung also bereits erreicht ist, so dass auch einer Umdeutung der außerordentlichen Kündigung in eine ordentliche nichts mehr entgegensteht (s. dazu auch Rdn. 62).

64 Kann **einem Arbeitnehmer** aufgrund Tarifvertrag oder sonstiger Vorschriften **nicht ordentlich gekündigt werden**, so muss der Arbeitgeber, wenn er den Betriebsrat zu einer außerordentlichen Kündigung anhört, auch mitteilen, ob aus seiner Sicht die außerordentliche Kündigung nur wegen des Ausschlusses der ordentlichen Kündigung gerechtfertigt ist oder ob auch bei Zulässigkeit der ordentlichen Kündigung ein wichtiger Grund gegeben wäre, da hiervon die Zulässigkeit eines förmlichen Widerspruchs des Betriebsrats gegen die Kündigung abhängt (s. hierzu Rdn. 133).

65 Das Gebot, die Art der Kündigung mitzuteilen, gilt auch für das Verhältnis von **Änderungs- und Beendigungskündigung**. Die Anhörung zu einer Änderungskündigung kann die Anhörung zur Beendigungskündigung ebenso wenig ersetzen wie umgekehrt (*BAG* 30.11.1989 EzA § 102 BetrVG 1972 Nr. 77 = AP Nr. 53 zu § 102 BetrVG 1972; *Etzel/Rinck*/KR § 102 BetrVG Rn. 100 f.; *Huke/HWGNRH* § 102 Rn. 33), da für beide Kündigungen unterschiedliche Aspekte von Bedeutung sein können. Hört der Arbeitgeber den Betriebsrat vor Ausspruch einer Änderungskündigung lediglich zu einer Beendigungskündigung an, so ist das Verfahren bereits deshalb fehlerhaft und folglich die Änderungskündigung gemäß Abs. 1 Satz 3 nichtig, weil der Betriebsrat nicht zu dem Änderungsangebot Stellung nehmen konnte. Im umgekehrten Fall ist allerdings zu beachten, dass die Änderungskündigung nur bei Ablehnung des Änderungsangebotes durch den Arbeitnehmer zur Beendigung des Arbeitsverhältnisses führt. Es ist daher zu differenzieren (anders *BAG* 30.11.1989 EzA § 102 BetrVG 1972 Nr. 77 = AP Nr. 53 zu § 102 BetrVG 1972, das in jedem Fall eine eigene Anhörung zur Beendigungskündigung verlangt). Hat der Arbeitgeber dem Arbeitnehmer das Änderungsangebot bereits mitgeteilt und hat dieser zu erkennen gegeben, dass er das Angebot auch nicht unter Vorbehalt annehmen wird, so hat der Betriebsrat – sofern er hiervon unterrichtet ist – ausreichend Anlass, auch zu einer möglichen Beendigung des Arbeitsverhältnisses Stellung zu nehmen, so dass der Arbeitgeber nach Abschluss der Anhörung auch eine Beendigungskündigung ohne Verstoß gegen § 102 Abs. 1 aussprechen kann. Liegen diese Voraussetzungen jedoch nicht vor, so geht der Betriebsrat bei einer Anhörung zu einer Änderungskündigung grundsätzlich davon aus, dass das Arbeitsverhältnis – wenn auch möglicherweise zu geänderten Bedingungen – fortbesteht (zutr. *BAG* 30.11.1989 EzA § 102 BetrVG 1972 Nr. 77). Will der Arbeitgeber sich die Möglichkeit offen halten, ggf. eine Beendigungskündigung auszusprechen, so muss er dies dem Betriebsrat gegenüber zum Ausdruck bringen.

d) Kündigungsfrist und Beendigungstermin

66 Nicht einheitlich beurteilt wird die Frage, ob der Arbeitgeber dem Betriebsrat die Kündigungsfrist und/oder den Beendigungstermin (auch – etwas unpräzise – Kündigungstermin genannt) mitteilen muss. Während die Kündigungsfrist grundsätzlich aufgrund der gesetzlichen, tarif- oder individualvertraglichen Vereinbarung feststeht, hängt der Beendigungstermin außer von der Kündigungsfrist zusätzlich vom Zeitpunkt des Zugangs der Kündigung ab. In der Literatur wird angenommen, dass sowohl Kündigungsfrist als auch Beendigungstermin anzugeben seien (*Bachner*/DKKW § 102 Rn. 70, 72; *Bayer* BB 1992, 782 [784]; *Etzel*/KR 10. Aufl. § 102 BetrVG Rn. 59; *Fitting* § 102 Rn. 25; *Oetker* SAE 1989, 302 [303]; ähnlich noch *BAG* 28.02.1974 EzA § 102 BetrVG 1972 Nr. 8 = AP Nr. 2 zu § 102 BetrVG 1972 wonach »ggf.« der mögliche Kündigungstermin [Kündigungsfrist, Auslauffrist] anzugeben sei). Das *BAG* äußert sich dagegen in neuerer Zeit deutlich zurückhaltender und differenzierter. Voraussetzung für eine ordnungsgemäße Anhörung sei, dass die beabsichtigte Kündigung hinsichtlich ihrer zeitlichen Dimension konkretisiert werde und der **Betriebsrat das ungefähre Vertragsende abschätzen** könne. Der Arbeitgeber dürfe deshalb das Vertragsende nicht gänzlich offen

lassen (*BAG* 15.12.1994 EzA § 1 KSchG Betriebsbedingte Kündigung Nr. 75 = AP Nr. 67 zu § 1 KSchG 1969 Betriebsbedingte Kündigung unter B I 3 a (3); 20.06.2013 EzA § 622 BGB 2002 Nr. 9 Rn. 38; zust. jetzt *Etzel/Rinck/*KR § 102 BetrVG Rn. 77). Andererseits könne eine Angabe des Endtermins regelmäßig nicht erwartet werden, weil dieser auch von zukünftigen Umständen abhänge, die vom Arbeitgeber nicht oder nur bedingt zu beeinflussen seien (*BAG* 29.01.1986 EzA § 102 BetrVG 1972 Nr. 64 = AP Nr. 42 zu § 102 BetrVG 1972 unter I 2 c aa). Insbesondere könne er häufig nicht sicher beurteilen, wann eine Kündigung zugehen werde (*BAG* 25.04.2013 AP Nr. 1 zu § 343 InsO Rn. 143; 20.06.2013 EzA § 622 BGB 2002 Nr. 9 Rn. 38). Nach Ansicht des Gerichts ist die Anhörung deshalb jedenfalls dann ordnungsgemäß, wenn der Arbeitgeber dem Betriebsrat die Kündigungsfrist mitteilt oder diese dem Betriebsrat bekannt ist und der Arbeitgeber deutlich macht, dass die Kündigung alsbald nach Abschluss der Anhörung oder in naher Zukunft erklärt werden soll (*BAG* 29.01.1986 EzA § 102 BetrVG 1972 Nr. 64 unter I 2 c aa; 15.12.1994 EzA § 1 KSchG Betriebsbedingte Kündigung Nr. 75 unter B I 3 a (3); 20.06.2013 EzA § 622 BGB 2002 Nr. 9 Rn. 38). Sofern der Betriebsrat von den für die Berechnung der Frist maßgeblichen tatsächlichen Umständen Kenntnis habe, könne der Arbeitgeber von besonderen Ausführungen über die Dauer der einzuhaltenden Frist auch ganz absehen, wenn sich aus der Mitteilung ergebe, dass eine ordentliche Kündigung zum nächst zulässigen Termin beabsichtigt sei (*BAG* 29.03.1990 EzA § 102 BetrVG 1972 Nr. 79 unter II 2 b aa; 15.12.1994 EzA § 1 KSchG Betriebsbedingte Kündigung Nr. 75 unter B I 3 a (3); 20.06.2013 EzA § 622 BGB 2002 Nr. 9 Rn. 38).

Die **Angabe der Kündigungsfrist** ist nach Meinung des *BAG* außerdem zumindest dann erforderlich, wenn der Betriebsrat nur bei deren Kenntnis die Auswirkungen der Kündigung beurteilen und sachgerecht zu der Kündigung Stellung nehmen kann (*BAG* 29.03.1990 EzA § 102 BetrVG 1972 Nr. 79, 16.09.1993 EzA § 102 BetrVG 1972 Nr. 84 = AP Nr. 56, 62 zu § 102 BetrVG 1972). 67

Ist danach die Kündigungsfrist und der Beendigungstermin mitzuteilen, so führt nach Ansicht des *BAG* **nur das völlige Fehlen der Angaben, nicht dagegen deren sachliche Unrichtigkeit zur Nichtigkeit** der Kündigung gemäß § 102 Abs. 1 Satz 3 (*BAG* 29.01.1986 EzA § 102 BetrVG 1972 Nr. 64 unter I 2 c bb; 15.12.1994 EzA § 1 KSchG Betriebsbedingte Kündigung Nr. 75 unter B I 3 a (3); *Fitting* § 102 Rn. 25). So könne der Arbeitgeber etwa in den Fällen, in denen die Kündigung der vorherigen Zustimmung einer Behörde bedürfe (§ 17 MuSchG [bis 01.01.2018: § 9 MuSchG], § 18 BEEG, §§ 168, 174 [bis 01.01.2018: §§ 85, 91 SGB IX]) zum Zeitpunkt der Anhörung noch gar nicht verlässlich beurteilen, zu welchem Zeitpunkt die Kündigung erfolgen könne. Sofern der Betriebsrat die für die Berechnung der Kündigungsfrist und des Beendigungstermins maßgeblichen Tatsachen kenne, sei die Angabe eines Termins, der sich nachträglich als unzutreffend herausstelle, unschädlich und führe nicht zur Fehlerhaftigkeit der Anhörung (*BAG* 25.04.2013 AP Nr. 1 zu § 343 InsO Rn. 142 ff.). 68

Der Rspr. ist zunächst in der Aussage zuzustimmen, dass es der **Angabe eines konkreten Beendigungstermins nicht bedarf** (ebenso *Etzel/Rinck/*KR § 102 BetrVG Rn. 77; *Huke/*HWGNRH § 102 Rn. 33; *Koch/*APS § 102 BetrVG Rn. 103). Insoweit ist zu berücksichtigen, dass der Arbeitgeber dem Betriebsrat ohnehin mitteilen muss, ob eine ordentliche oder eine außerordentliche Kündigung beabsichtigt ist (s. Rdn. 62). Erklärt der Arbeitgeber gegenüber dem Betriebsrat, das Arbeitsverhältnis ordentlich kündigen zu wollen, so ist dies im Regelfall dahin zu verstehen, dass die Kündigung unter Einhaltung der für das Arbeitsverhältnis geltenden Kündigungsfrist alsbald nach Vorliegen aller notwendigen Voraussetzungen erfolgen soll. Die zusätzliche Angabe des Beendigungstermins wirft – worauf das *BAG* zutr. hinweist – bereits deshalb erhebliche Probleme auf und ist zumindest zuverlässig kaum möglich, weil das Wirksamwerden der Kündigung, insbesondere der Zugang der Kündigungserklärung, von Umständen abhängig sein kann, die außerhalb des Einwirkungsbereiches des Arbeitgebers liegen (*BAG* 29.01.1986 EzA § 102 BetrVG 1972 Nr. 64; 25.04.2013 AP Nr. 1 zu § 343 InsO Rn. 142 ff.). Verlangt werden könnte folglich allenfalls die Angabe des voraussichtlichen Beendigungstermins. Der Informationsgehalt einer solchen Prognose wäre aber nicht höher als die Angabe, dass eine ordentliche Kündigung beabsichtigt ist. 69

Im Hinblick auf die **Angabe der Kündigungsfrist** ist im Ausgangspunkt festzuhalten, dass diese nicht zu den »Gründen für die Kündigung« zählt, die nach Abs. 1 Satz 2 stets mitzuteilen sind. Bei der Kündigungsfrist (und auch beim Beendigungstermin) geht es nicht um den Grund, sondern ledig- 70 lich um den Zeitpunkt der Beendigung des Arbeitsverhältnisses (zutr. *Marhold* Anm. EzA § 102 BetrVG 1972 Nr. 79). Die Pflicht zu deren Angabe im Rahmen der Mitteilung gemäß § 102 Abs. 1 ließe sich mithin nur begründen, wenn dies durch den Zweck der Anhörung zwingend geboten wäre (s. Rdn. 56; ähnlich *Marhold* Anm. EzA § 102 BetrVG 1972 Nr. 79). Insoweit ist zu unterscheiden. So kann die Kenntnis der Kündigungsfrist im Einzelfall erforderlich sein, um die **Auswirkungen der Kündigung** beurteilen zu können (s. a. zur außerordentlichen Kündigung Rdn. 72). Hängt beispielsweise bei einer Änderungskündigung zum Zwecke der Entgeltkürzung in wirtschaftlichen Krisenzeiten der Umfang der Einsparungen davon ab, zu welchem Zeitpunkt die inhaltliche Umgestaltung der Arbeitsverträge wirksam werden kann (in dem der Entscheidung BAG 29.03.1990 EzA § 102 BetrVG 1972 Nr. 79 zugrunde liegenden Sachverhalt war dies zumindest zweifelhaft; krit. auch *Rinke* NZA 1998, 77, [79]), so geht es um Tatsachen, die das betriebliche Erfordernis i. S. d. § 1 Abs. 2 KSchG begründen. Sofern der Betriebsrat die für den Arbeitnehmer maßgebliche Kündigungsfrist nicht ohnehin kennt oder ohne Probleme aus den ihm verfügbaren Unterlagen (etwa dem für den Betrieb geltenden Tarifvertrag) ermitteln kann (s. a. Rdn. 58, 86), wäre in einem solchen Fall die Dauer der Kündigungsfrist vom Arbeitgeber mitzuteilen.

71 Soweit dies nicht der Fall ist, ist die Angabe der Kündigungsfrist nach Sinn und Zweck der Anhörung nicht erforderlich. So **bedarf es der Angabe der Kündigungsfrist** (und des Beendigungstermins) – im Unterschied zur Angabe der Person des Arbeitnehmers und der Art der Kündigung – **nicht**, um die **Kündigung zu individualisieren**, also dem Betriebsrat erkennbar zu machen, um welche Kündigung es sich handelt (anders BAG 15.12.1994 EzA § 1 KSchG Betriebsbedingte Kündigung Nr. 75 = AP Nr. 67 zu § 1 KSchG 1969 Betriebsbedingte Kündigung). Die Kenntnis der Kündigungsfrist ist auch nicht erforderlich, um auf die **Willensbildung des Arbeitgebers und dessen Kündigungsentschluss einzuwirken**. Die Dauer der Kündigungsfrist steht nicht zur Disposition des Arbeitgebers, sondern ist diesem typischerweise (durch Gesetz, Tarifvertrag oder Arbeitsvertrag) vorgegeben. Sie ist daher auch nicht notwendiger Bestandteil des rechtsgeschäftlichen Gestaltungswillens des Arbeitgebers, da die Kündigung in jedem Fall das Arbeitsverhältnis frühestens zum Ablauf der Kündigungsfrist beendet (*Raab* RdA 2004, 321 [325 f.]; zust. BAG 15.12.2005 EzA § 4 KSchG n. F. Nr. 72 [*Thüsing/Heßeler*] = AP Nr. 55 zu § 4 KSchG 1969 [*Schreiber*] unter B I 2f ee; s. a. 01.09.2010 EzA § 4 KSchG n. F. Nr. 90 [*Nord*] = AP Nr. 71 zu § 4 KSchG 1969 [*Schwarze*] Rn. 20 ff.). Ist der Beendigungszeitpunkt somit unabhängig von Willensbildung und -entschluss des Arbeitgebers, so bedarf es keiner Einwirkungsmöglichkeit des Betriebsrats. Außerdem dürfte die Länge der Kündigungsfrist für die Beurteilung der Kündigungsgründe im Regelfall keine Rolle spielen, da es bei der ordentlichen Kündigung darum geht, ob dem Arbeitgeber die Fortsetzung des Arbeitsverhältnisses auf Dauer zuzumuten ist. Für diese Abwägung dürfte es weitgehend unerheblich sein, ob die Kündigungsfrist zwei, drei oder vier Monate beträgt. Ebenso wenig lässt sich die Mitteilung damit begründen, dass der Betriebsrat die Möglichkeit haben müsse, die **Einhaltung der Kündigungsfrist zu überprüfen** (anders *Oetker* SAE 1989, 302 [303]). Zum einen hat das Anhörungsverfahren nicht den Zweck einer umfassenden Rechtskontrolle (s. Rdn. 3). Zum anderen ist eine solche Überprüfungsmöglichkeit zum Schutz des Arbeitnehmers auch gar nicht notwendig. Wählt der Arbeitgeber eine zu kurze Kündigungsfrist, so wirkt die Kündigung nicht zu dem genannten, sondern zu dem nächst zulässigen Termin. Hierauf kann der Betriebsrat den Arbeitnehmer auch nach Zugang der Kündigung hinweisen. Geht der Arbeitgeber hingegen von einer zu langen Kündigungsfrist aus, so gereicht dies dem Arbeitnehmer zum Vorteil, so dass der Betriebsrat sich in seiner Stellungnahme wohl kaum dagegen wenden würde.

72 Im Falle der **außerordentlichen Kündigung** ist eine Mitteilung von Kündigungsfrist und Beendigungstermin zumindest für die beabsichtigte Kündigung entbehrlich, da sich bereits aus der Art der Kündigung sowie der Ausschlussfrist des § 626 Abs. 2 BGB ergibt, dass sie unverzüglich nach Abschluss des Anhörungsverfahrens ausgesprochen werden und das Arbeitsverhältnis mit Zugang der Kündigung beenden soll, sofern der Arbeitgeber nichts Gegenteiliges angibt (zutr. *Oetker* SAE 1989, 302 [303]; ebenso BAG 23.10.2014 EzA § 102 BetrVG 2001 Nr. 31 Rn. 21; *Etzel/Rinck*/KR § 102 BetrVG 1972 Rn. 77). Die Kenntnis der Frist für die ordentliche Kündigung kann aber erforderlich sein, um die Frage der Zumutbarkeit der Fortsetzung des Arbeitsverhältnisses bis zum Ablauf der Kündigungsfrist beurteilen zu können. Die Zumutbarkeit wird umso eher zu bejahen sein, je kürzer die Kündigungsfrist bemessen ist. Ohne Kenntnis der für den betroffenen Arbeitnehmer geltenden Frist kann der Betriebsrat daher kaum sachgerecht eine eigene Abwägung vornehmen und zu der außerordentlichen Kündigung Stellung nehmen. Sofern dem Betriebsrat die Frist nicht ohnehin bekannt ist oder er diese aufgrund der ihm vorliegenden Informationen ohne Weiteres ermitteln kann, ist sie daher vom Arbeitgeber im Rahmen der Anhörung zur außerordentlichen Kündigung mitzuteilen (hiervon geht wohl auch *BAG* 23.10.2014 EzA § 102 BetrVG 2001 Nr. 31 Rn. 22 aus). Gibt der Arbeitgeber versehentlich eine falsche Kündigungsfrist an, so führt dies allerdings nicht zwangsläufig zur Unwirksamkeit der Kündigung, wenn die Abweichung für die Beurteilung der Zumutbarkeit nicht wesentlich ins Gewicht fällt. Das *BAG* geht in einem solchen Fall offenbar davon aus, dass die Anhörung trotz des Fehlers ordnungsgemäß sei (*BAG* 23.10.2014 EzA § 102 BetrVG 2001 Nr. 31 Rn. 18). Überzeugender erscheint es allerdings, die Folgen solcher fehlerhafter Angaben auf das Anhörungsverfahren bei der Reichweite der Nichtigkeitssanktion nach Abs. 1 Satz 3 zu berücksichtigen (s. Rdn. 109 ff.).

e) Gründe

aa) Allgemeines

Nach Abs. 1 Satz 2 hat der Arbeitgeber dem Betriebsrat die Gründe für die geplante Kündigung mitzuteilen. Um diese Pflicht zu erfüllen, muss der Arbeitgeber den Betriebsrat über alle ihm **bekannten Tatsachen** informieren, auf die er die Kündigung stützen will und die **für seinen Kündigungsentschluss maßgeblich** waren (*BAG* 13.07.1978 EzA § 102 BetrVG 1972 Nr. 36 = AP Nr. 18 zu § 102 BetrVG 1972 unter II 2a; 08.09.1988 EzA § 102 BetrVG 1972 Nr. 73 = AP Nr. 49 zu § 102 BetrVG 1972; 11.07.1991 EzA § 102 BetrVG 1972 Nr. 81 = AP Nr. 57 zu § 102 BetrVG 1972; 18.05.1994 EzA § 102 BetrVG 1972 Nr. 85 = AP Nr. 64 zu § 102 BetrVG 1972; st. Rspr.; zuletzt *BAG* 22.09.2016 EzA § 85 SGB IX Nr. 10 Rn. 26). Eine Ausnahme gilt für **Umstände, die den mitgeteilten Kündigungssachverhalt lediglich erläutern und illustrieren**, ohne selbst einen eigenständigen Kündigungsgrund zu bilden oder dem mitgeteilten Sachverhalt erst das Gewicht eines Kündigungsgrundes zu geben (*BAG* 18.12.1980 EzA § 102 BetrVG 1972 Nr. 44, 11.07.1991 EzA § 102 BetrVG 1972 Nr. 81 = AP Nr. 22, 57 zu § 102 BetrVG 1972; 27.02.1997 EzA § 1 KSchG Verhaltensbedingte Kündigung Nr. 51 = AP Nr. 36 zu § 1 KSchG 1969 Verhaltensbedingte Kündigung). Werden solche Umstände nicht mitgeteilt, so ist die Anhörung deswegen nicht mangelhaft. Unerheblich für den Umfang der Mitteilungspflicht ist, ob die dem Betriebsrat mitgeteilten Tatsachen ausreichen, um die Rechtmäßigkeit der Kündigung, insbesondere die soziale Rechtfertigung gemäß § 1 Abs. 2 KSchG oder den »wichtigen Grund« gemäß § 626 Abs. 1 BGB, zu begründen (*BAG* 24.03.1977 EzA § 102 BetrVG 1972 Nr. 28, 18.12.1980 EzA § 102 BetrVG 1972 Nr. 44 = AP Nr. 12, 22 zu § 102 BetrVG 1972, st. Rspr.; zuletzt etwa *BAG* 10.04.2014 EzA § 1 KSchG Personenbedingte Kündigung Nr. 33 Rn. 22). Enthält der Arbeitgeber dem Betriebsrat ihm bekannte Tatsachen vor, die zwar objektiv geeignet sind, eine Kündigung zu begründen, die jedoch für seinen Kündigungsentschluss nicht maßgeblich waren, so kann dies allenfalls dazu führen, dass der Arbeitgeber nach Abschluss der Anhörung gehindert ist, diese Tatsachen zur Rechtfertigung der Kündigung (etwa in einem Kündigungsschutzprozess) nachzuschieben (s. hierzu Rdn. 190 ff.).

Wie sich aus den vorstehenden Grundsätzen ergibt, bestimmt sich der Umfang der anzugebenden Tatsachen aus der subjektiven Sicht des Arbeitgebers. Der **Umfang der Mitteilungspflicht ist** mithin im Ausgangspunkt **subjektiv determiniert** (h. M. *BAG* 08.09.1988 EzA § 102 BetrVG 1972 Nr. 73 = AP Nr. 49 zu § 102 BetrVG 1972; 11.07.1991 EzA § 102 BetrVG 1972 Nr. 81 = AP Nr. 57 zu § 102 BetrVG 1972; 22.09.1994 EzA § 102 BetrVG 1972 Nr. 86 = AP Nr. 68 zu § 102 BetrVG 1972; st. Rspr., zuletzt etwa *BAG* 22.09.2016 EzA § 85 SGB IX Nr. 10 Rn. 26 m. w. N.; *Bachner/DKKW* § 102 Rn. 78 ff.; *Etzel/Rinck/KR* § 102 BetrVG Rn. 81; *Fitting* § 102 Rn. 41; *Preis/SPV* Rn. 336; *Richardi/Thüsing* § 102 Rn. 63). Dies folgt letztlich aus Sinn und Zweck des Anhörungsverfahrens. Wenn dem Betriebsrat Gelegenheit gegeben werden soll, auf die Willensbildung des Arbeitgebers einzuwirken, so muss er vornehmlich die Beweggründe kennen, die den Arbeitgeber zur Kündigung veranlasst haben. »Gründe« i. S. d. Abs. 1 Satz 2 sind daher die Umstände, die aus der subjektiven Sicht des Arbeitgebers für den Kündigungsentschluss ursächlich sind (s. Rdn. 57).

Der Grundsatz der subjektiven Determinierung gerät jedoch in **Schwierigkeiten**, wenn man ihn konsequent auch auf alle Einzeltatsachen des Kündigungssachverhaltes bezieht. Aus der Vielzahl von Sachverhaltselementen werden typischerweise nur diejenigen für den Kündigungsentschluss

§ 102   IV. 5. 3. Personelle Einzelmaßnahmen

des Arbeitgebers ursächlich sein, die er als für sich besonders belastend oder nachteilig empfindet. Könnte der Arbeitgeber gleichsam eine Vorauswahl der aus seiner Sicht relevanten Tatsachen vornehmen, so bestünde folglich die Gefahr, dass dem Betriebsrat ein mindestens unvollständiges, häufig sogar verfälschtes Bild des maßgeblichen Sachverhalts vermittelt wird. Dies zeigt sich insbesondere bei den Arbeitnehmer **entlastenden bzw. gegen die Kündigung sprechenden Umständen**. Würde man den Grundsatz der subjektiven Determinierung auf die Einzeltatsachen erstrecken, so wären solche Umstände nie mitzuteilen, weil diese für den Kündigungsentschluss des Arbeitgebers nicht kausal gewesen sein können und er die Kündigung hierauf gerade nicht stützen will (in diesem Sinne wohl *Isenhardt* 50 Jahre Bundesarbeitsgericht, S. 943 [946]; *Rinke* NZA 1998, 77 [83 f.]; vgl. auch *LAG Schleswig-Holstein* 19.01.2010 – 5 Sa 210/09 – juris, Rn. 45). Dies wäre freilich mit dem Zweck der Anhörung unvereinbar. Wenn dem Betriebsrat die Möglichkeit gegeben werden soll, auf die Willensbildung des Arbeitgebers Einfluss zu nehmen, so kann dies sinnvoll nur geschehen, wenn der Betriebsrat in Bezug auf den konkreten Kündigungssachverhalt denselben Kenntnisstand hat wie der Arbeitgeber selbst (zust. jetzt *BAG* 16.07.2015 EzA § 102 BetrVG 2001 Nr. 32 Rn. 17; zur Kritik an der [früheren] Rechtsprechung vor allem *Kraft* FS *Kissel*, S. 611 [613 ff.]; vgl. auch *Boecken* SAE 1996, 28; *Bram* FA 2014, 130 [131]; *Raab* Anm. EzA § 102 BetrVG 1972 Nr. 96, S. 8 ff.; *ders.* ZfA 1995, 479 [526 f.]; *Schwerdtner* Anm. EzA § 102 BetrVG 1972 Nr. 73; vermittelnd *Berkowsky* NZA 1996, 1065 ff.). In der Literatur wurde daher vorgeschlagen, den Grundsatz der subjektiven Determinierung **durch eine objektive Komponente zu ergänzen**. Subjektiv determiniert ist die Mitteilungspflicht nach dieser Lösung insoweit, als der Arbeitgeber darüber entscheidet, welcher Lebenssachverhalt den Grund für die Kündigung i. S. d. § 102 Abs. 1 Satz 2 BetrVG bildet. Der Arbeitgeber braucht also dem Betriebsrat nicht alle Geschehnisse mitzuteilen, die kündigungsrechtlich relevant sein könnten. Soweit der Arbeitgeber aber einen Lebenssachverhalt zum Anlass für eine Kündigung nimmt, muss er dem Betriebsrat den Sachverhalt richtig und vollständig schildern und alle zugehörigen Tatsachen mitteilen, soweit sie ihm bekannt sind (*Kraft* FS *Kissel*, S. 611 [618]; *Raab* Anm. EzA § 102 BetrVG 1972 Nr. 96, S. 9 f.).

76 Das *BAG* hat es zunächst abgelehnt die Mitteilungspflicht auch objektiv zu bestimmen (*BAG* 22.09.1994 EzA § 102 BetrVG 1972 Nr. 86 = AP Nr. 68 zu § 102 BetrVG 1972 unter II 3 b). In neuerer Zeit hat das **BAG seine Rspr.** jedoch **modifiziert** und eingeräumt, dass die subjektive Überzeugung des Arbeitgebers von der Relevanz oder Irrelevanz bestimmter Umstände für den Umfang der Unterrichtung nach § 102 Abs. 1 Satz 2 nicht maßgeblich sein könne, wenn dadurch der Zweck der Betriebsratsanhörung verfehlt würde. Der Arbeitgeber dürfe daher ihm bekannte Umstände, die sich bei objektiver Betrachtung zugunsten des Arbeitnehmers auswirken könnten, dem Betriebsrat nicht deshalb vorenthalten, weil sie für seinen eigenen Kündigungsentschluss nicht von Bedeutung seien (*BAG* 23.10.2014 EzA § 102 BetrVG 2001 Nr. 31 Rn. 15; 16.07.2015 EzA § 102 BetrVG 2001 Nr. 32 = AP Nr. 169 zu § 102 BetrVG 1972 Rn. 19). So gehöre zu einer vollständigen und wahrheitsgemäßen Information auch die Unterrichtung über Tatsachen, die für eine Stellungnahme des Betriebsrats möglicherweise bedeutsam seien, weil sie den Arbeitnehmer entlasten und deshalb gegen eine Kündigung sprechen könnten (*BAG* 23.10.2014 EzA § 102 BetrVG 2001 Nr. 31 Rn. 14). In diesem Sinne sei die Betriebsratsanhörung – ausgehend vom subjektiven Kenntnisstand des Arbeitgebers – auch objektiv determiniert (so unter Bezugnahme auf die vorliegende Kommentierung *BAG* 16.07.2015 EzA § 102 BetrVG 2001 Nr. 32 Rn. 19; 22.09.2016 EzA § 85 SGB IX Nr. 10 Rn. 27).

77 Schon seit längerem vertritt das *BAG* daher die Ansicht, dass der Arbeitgeber seine Mitteilungspflicht auch dann verletze, wenn er dem Betriebsrat den Sachverhalt **bewusst und gewollt unrichtig oder unvollständig schildere**, um die Kündigungsgründe möglichst überzeugend darzustellen. Die bewusst irreführende und unvollständige Mitteilung stehe einer fehlenden Anhörung gleich (grdl. *BAG* 22.09.1994 EzA § 102 BetrVG 1972 Nr. 86 = AP Nr. 68 zu § 102 BetrVG 1972 unter II 3 a; 15.11.1995 EzA § 102 BetrVG 1972 Nr. 89 = AP Nr. 73 zu § 102 BetrVG 1972; in neuerer Zeit 03.11.2011 EzA § 1 KSchG Verhaltensbedingte Kündigung Nr. 79 Rn. 38; 16.07.2015 EzA § 102 BetrVG 2001 Nr. 32 Rn. 16; 22.09.2016 EzA § 85 SGB IX Nr. 10 Rn. 26).

78 Nicht ganz klar ist, ob nach Ansicht des *BAG* auch **versehentliche Fehler oder Unvollständigkeiten** der Unterrichtung einen Anhörungsmangel begründen können. Einerseits betont das Gericht, dass eine unbewusste, bloß objektive Fehlinformation für sich genommen nicht zur Unwirksamkeit

der Kündigung führe, solange der Inhalt der Unterrichtung dem tatsächlichen Kenntnisstand des Arbeitgebers entspreche und der Betriebsrat daher auf derselben Tatsachenbasis entscheide (*BAG* 16.07.2015 EzA § 102 BetrVG 2001 Nr. 32 Rn. 17). In anderen Entscheidungen stellt das Gericht jedoch fest, dass eine vermeidbare oder unbewusste Fehlinformation »für sich alleine« noch nicht zur Unwirksamkeit der Betriebsratsanhörung führe (*BAG* 26.03.2015 EzA § 1 KSchG Betriebsbedingte Kündigung Nr. 183 Rn. 45). Entscheidend sei vielmehr, ob der »Kern des Kündigungsvorwurfs« zutreffend dargestellt werde (so *BAG* 21.11.2013 EzA § 1 KSchG Verdachtskündigung Nr. 5 Rn. 26; 26.03.2015 EzA § 1 KSchG Betriebsbedingte Kündigung Nr. 183 Rn. 47). Sei dies der Fall, so sei die Anhörung ordnungsgemäß. Eine andere Beurteilung komme aber dann in Betracht, wenn die Angabe der richtigen oder vollständigen Tatsachen für die Einschätzung des Betriebsrats von erheblicher Bedeutung hätte sein können, die Abweichung des tatsächlichen vom mitgeteilten Sachverhalt also geeignet war, beim Betriebsrat eine unzutreffende Vorstellung hervorzurufen und er deshalb von gänzlich falschen Annahmen ausgehen musste (*BAG* 23.10.2014 EzA § 102 BetrVG 2001 Nr. 31 Rn. 22; 26.03.2015 EzA § 1 KSchG Betriebsbedingte Kündigung Nr. 183 Rn. 47). Als unerhebliche Abweichung wurde es etwa angesehen, dass der Arbeitgeber bei einer Anhörung zu einer außerordentlichen Kündigung eine geringfügig längere Frist für die ordentliche Kündigung angegeben hatte (sieben statt fünf Monate; *BAG* 23.10.2014 EzA § 102 BetrVG 2001 Nr. 31 Rn. 22). Im Hinblick auf die Sozialdaten (Lebensalter, Dauer der Betriebszugehörigkeit, Unterhaltspflichten), die üblicherweise im Rahmen der Interessenabwägung von Bedeutung sind, stehe eine unvollständige oder fehlerhafte Information einer ordnungsgemäßen Anhörung nicht entgegen, wenn es dem Arbeitgeber auf die genauen Daten ersichtlich nicht ankomme und der Betriebsrat die ungefähren Daten sowieso kenne und daher die Kündigungsabsicht des Arbeitgebers ausreichend beurteilen könne (*BAG* 15.11.1995 EzA § 102 BetrVG 1972 Nr. 89 unter II 1 b; 26.09.2002 EzA § 626 BGB 2002 Verdacht strafbarer Handlung Nr. 1 unter B II 3 a). Ebenso liege noch kein Anhörungsmangel vor, wenn bei einer beabsichtigten betriebsbedingten Kündigung infolge einer Ausgliederung von Aufgabenbereichen auf Drittunternehmen zur Begründung des Wegfalls der Beschäftigungsmöglichkeit angegeben werde, dass bestimmte Aufgaben innerhalb des Betriebs von anderen Arbeitnehmern des Betriebs wahrgenommen würden, obwohl diese ebenfalls auf das Drittunternehmen übertragen werden sollen (*BAG* 26.03.2015 EzA § 1 KSchG Betriebsbedingte Kündigung Nr. 183 Rn. 47; zu geringfügigen Abweichungen bei der Schilderung des Sachverhalts im Falle einer verhaltensbedingten Kündigung [Veruntreuung/Unterschlagung von Kassenbeständen] *BAG* 21.11.2013 EzA § 1 KSchG Verdachtskündigung Nr. 5 Rn. 26). Auch wenn das Gericht dies noch nicht ausdrücklich festgestellt hat, wird man hieraus im Umkehrschluss zu folgern haben, dass nach seiner Ansicht auch eine unbewusst falsche oder unvollständige Information einen Anhörungsmangel begründet, wenn diese bei dem Betriebsrat eine Fehlvorstellung hervorruft, die geeignet ist, den Zweck der Anhörung zu vereiteln.

Diese neuere Rechtsprechung ist insofern zu begrüßen, als sie anerkennt, dass der Grundsatz der subjektiven Determinierung einer Ergänzung durch objektive Kriterien bedarf. **Nicht überzeugend** ist jedoch zum einen, wenn das Gericht die **Ordnungsmäßigkeit der Anhörung von subjektiven Voraussetzungen auf Seiten des Arbeitgebers abhängig** machen will. Dies ist insofern verfehlt, weil es um die Erfüllung einer im Verhältnis zum Betriebsrat bestehenden Handlungspflicht, also in der schuldrechtlichen Terminologie einer »Leistungspflicht« geht, für die es nur darauf ankommen kann, ob der geschuldete »Leistungserfolg« eingetreten ist, mithin ob der Betriebsrat die nach Sinn und Zweck der Anhörung notwendigen Informationen erhalten hat. Das Abstellen auf subjektive Voraussetzungen ist zudem ein gewisser Systembruch, weil es nach einhelliger Ansicht außerhalb der Problematik der Mitteilung der Kündigungsgründe für die Rechtsfolgen der fehlerhaften Anhörung auf ein Verschulden des Arbeitgebers nicht ankommt (s. Rdn. 107; wie hier *ArbG Berlin* 24.11.2000 NZA-RR 2001, 198 [199 ff.]; vgl. zur Kritik an der Rspr. *Oetker* FS *Kraft*, S. 429 [444]; *Raab* Anm. EzA § 102 BetrVG 1972 Nr. 96). So ist eine ohne Anhörung des Betriebsrats ausgesprochene Kündigung auch dann unwirksam, wenn der Arbeitgeber irrigerweise annahm, dass es einer Anhörung nicht bedürfe, und dieser Irrtum für ihn (subjektiv) unvermeidbar war. Warum dies alleine für Fehler bei der Unterrichtung anders zu beurteilen sein soll, erschließt sich nicht. Teilt der Arbeitgeber ihm bekannte Tatsachen nicht oder unrichtig mit, so ist die Anhörung daher fehlerhaft, ohne dass es darauf ankommt, ob der Arbeitgeber den Betriebsrat bewusst in die Irre führen wollte oder ob die falsche oder unvollständige Information auf einem Irrtum oder Versehen des Arbeitgebers beruht (ebenso *ArbG Berlin* 24.11.2000 NZA-RR 2001, 198 [201]; krit. zu der Differenzierung auch *Bram* FA 2014, 130). Die neuere Rspr. scheint dies offenbar ähnlich zu sehen, wenn sie bei einer versehentlichen Falschinformation einen Anhörungsmangel für möglich hält. **Zuzustimmen** ist dieser Rspr. auch insofern, als solche **Fehler nur dann zur Unwirksamkeit** der Kündigung führen, wenn sie geeignet sind, den **Zweck der Anhörung zu vereiteln**. Mit dieser Differenzierung auf der Basis einer teleologischen Bewertung der Verfahrensfehler nähert sich die Rspr. ebenfalls der in diesem Kommentar seit langem vertretenen Auffassung an (s. a. *Raab* ZfA 1995, 479 [522 ff.]). Allerdings erscheint es nach wie vor überzeugender, die Lösung nicht in der Bestimmung der Anforderungen an eine fehlerfreie Anhörung, also auf der Tatbestandsseite, sondern bei der Einschränkung der Nichtigkeitssanktion, d. h. auf der Rechtsfolgenseite, zu suchen (s. Rdn. 107 ff.).

80 Soweit der Arbeitgeber einen Kündigungssachverhalt mitzuteilen hat, genügt nur die **Angabe der konkreten Tatumstände**, die so detailliert sein muss, dass der Betriebsrat sich klar darüber werden kann, ob es sinnvoll ist, Bedenken geltend zu machen oder Widerspruch nach § 102 Abs. 3 zu erheben. Der Arbeitgeber muss dem Betriebsrat eine nähere Umschreibung des für die Kündigung maßgeblichen Sachverhalts geben. Diese Umschreibung muss so genau und umfassend sein, dass der Betriebsrat ohne eigene zusätzliche Nachforschungen in der Lage ist, die Stichhaltigkeit der Kündigungsgründe zu prüfen und sich über seine Stellungnahme schlüssig zu werden. Daher genügt eine pauschale, schlagwort- oder stichwortartige Bezeichnung der Kündigungsgründe nicht, es sei denn, dass der Betriebsrat die Kündigungsgründe kennt (*BAG* 13.07.1978 EzA § 102 BetrVG 1972 Nr. 35 = AP Nr. 16 zu § 102 BetrVG 1972; 11.07.1991 EzA § 102 BetrVG 1972 Nr. 81 = AP Nr. 57 zu § 102 BetrVG 1972; 15.11.1995 EzA § 102 BetrVG 1972 Nr. 89 = AP Nr. 73 zu § 102 BetrVG 1972; 27.09.2001 EzA § 2 KSchG Nr. 44 unter B II 1, st. Rspr.; zuletzt etwa *BAG* 22.04.2010 EzA § 102 BetrVG 2001 Nr. 26 Rn. 13; *Galperin/Löwisch* § 102 Rn. 28a; *Richardi/Thüsing* § 102 Rn. 62, 67; s. a. Rdn. 86). Der Arbeitgeber ist dagegen **nicht verpflichtet, eine rechtliche Beurteilung des mitgeteilten Sachverhaltes abzugeben**. So muss er bei einer verhaltensbedingten Kündigung wegen eines strafrechtlich relevanten Verhaltens eines Arbeitnehmers das Verhalten nicht strafrechtlich einordnen (*BAG* 29.01.1997 EzA § 611 BGB Aufhebungsvertrag Nr. 27 = AP Nr. 131 zu § 626 BGB). Soweit es um Detailinformationen geht, kann der Arbeitgeber den Betriebsrat auch **auf beigefügte Unterlagen verweisen**, aus denen sich die entsprechenden Tatsachen ergeben. So braucht der Arbeitgeber bei einer Kündigung wegen Krankheit die Krankheitsursache und den Krankheitsverlauf nicht in allen Einzelheiten zu schildern, wenn sich beides aus einem, der Mitteilung beigefügten Auszug aus der Personalakte ergibt (*Rinke* NZA 1998, 77 [82]). Bei einer betriebsbedingten Kündigung genügt der Arbeitgeber seiner Mitteilungspflicht hinsichtlich der Sozialauswahl, wenn er dem Betriebsrat einen EDV-Ausdruck mit den Sozialdaten der in die Auswahl einbezogenen Arbeitnehmer überlässt, sofern sich hieraus – gegebenenfalls zusammen mit einer zusätzlichen Erläuterung – ergibt, warum der Arbeitgeber den zu kündigenden Arbeitnehmer für weniger schutzwürdig hält.

81 Hat der Arbeitgeber den Betriebsrat zunächst unvollständig unterrichtet, so kann er **die ordnungsgemäße Information nachholen** und dem Betriebsrat die maßgeblichen Umstände nachträglich mitteilen. Ein etwaiger Mangel der Anhörung wird hierdurch geheilt. Dies gilt auch, wenn die nachträgliche Information erst auf Nachfrage des Betriebsrats hin erfolgt. Die Frist des § 102 Abs. 2 beginnt mit der nachgeholten Information neu zu laufen (*BAG* 17.02.2000 EzA § 102 BetrVG 1972 Nr. 103 *[Raab]*). Der Arbeitgeber ist andererseits nicht gehindert, **Gründe**, die er dem Betriebsrat mitgeteilt hat, **später fallen zu lassen** und nicht zum Gegenstand der Kündigung zu machen. Die Anhörung wird hierdurch nicht fehlerhaft, es sei denn dass es sich um eine bewusste Irreführung des Betriebsrats handelt (*BAG* 27.11.2008 EzA § 1 KSchG Verdachtskündigung Nr. 4 Rn. 34 f.; s. a. Rdn. 107, 115).

82 Eine erneute Anhörung ist auch dann erforderlich, wenn der Arbeitgeber den Betriebsrat auf Basis seines eigenen Kenntnisstandes vollständig und zutreffend unterrichtet hat, jedoch noch **vor Ausspruch der Kündigung von neuen Tatsachen erfährt**, aus denen sich entweder ergibt, dass seine Angaben unrichtig waren, oder die dazu führen, dass der mitgeteilte Sachverhalt in einem anderen Licht erscheint, so dass deren Kenntnis für die Stellungnahme des Betriebsrats als wesentlich anzusehen ist (*BAG* 22.09.2016 EzA § 85 SGB IX Nr. 10 Rn. 33). Der Arbeitgeber muss dann den Betriebsrat von der neuen Tatsachengrundlage unterrichten und die Stellungnahme des Betriebsrats abwarten.

Auch in diesem Fall werden die Fristen des Abs. 2 Satz 1 und 3 mit der Ergänzung der Angaben erneut in Gang gesetzt. Dies gilt selbst dann, wenn der Betriebsrat zu der Kündigung bereits abschließend Stellung genommen hatte (*BAG* 22.09.2016 EzA § 85 SGB IX Nr. 10 Rn. 33).

Die Anhörungspflicht gilt auch bei der Kündigung von Arbeitnehmern, die nicht dem Kündigungsschutzgesetz unterliegen, d. h. bei **Kündigungen während der Wartezeit** (§ 1 Abs. 1 KSchG) oder in Betrieben, die zwar betriebsratsfähig sind und einen Betriebsrat haben, aber die **Zahlengrenzen des § 23 Abs. 1 KSchG** nicht überschreiten (s. Rdn. 20). Nach ganz h. M. sind im Rahmen der Anhörung in solchen Fällen grundsätzlich keine geringeren Anforderungen an die Pflicht des Arbeitgebers zur Mitteilung der Kündigungsgründe zu stellen (*BAG* 13.07.1978 EzA § 102 BetrVG 1972 Nr. 36 = AP Nr. 18 zu § 102 BetrVG 1972 unter II 2; 08.09.1988 EzA § 102 BetrVG 1972 Nr. 73 = AP Nr. 49 zu § 102 BetrVG 1972 unter II 2; 11.07.1991 EzA § 102 BetrVG 1972 Nr. 81 = AP Nr. 57 zu § 102 BetrVG 1972 unter II 3; zuletzt 12.09.2013 EzA § 102 BetrVG 2001 Nr. 30 Rn. 19). Gleiches gilt für Kündigungen des Berufsausbildungsverhältnisses während der Probezeit nach § 22 Abs. 1 BBiG (*BAG* 19.11.2015 EzA § 20 BBiG 2005 Nr. 2 Rn. 31). Als Problem erweist sich jedoch in diesem Zusammenhang, dass der Arbeitgeber außerhalb des Anwendungsbereiches des Kündigungsschutzgesetzes und während der Probezeit des Ausbildungsverhältnisses weitestgehende Kündigungsfreiheit genießt (zum Kündigungsschutz außerhalb des Kündigungsschutzgesetzes *Oetker* AuR 1997, 41 ff.; *Otto* FS *Wiese*, S. 353 ff.; *Preis* NZA 1997, 1256 ff.). Er kann also grundsätzlich auch unabhängig vom Vorliegen objektiver Tatsachen, etwa aufgrund seiner negativen Bewertung der Leistung oder des Verhaltens des Arbeitnehmers während der Probezeit, wirksam kündigen (*BAG* 23.04.2009 EzA § 102 BetrVG 2001 Nr. 25 Rn. 23). Aus diesem Grunde stellt sich die Frage, wie der Arbeitgeber in solchen Fällen seiner Pflicht zur substantiierten, durch Tatsachen belegten Darlegung der Kündigungsgründe nachkommen soll (s. Rdn. 80). Würde man hier von dem Arbeitgeber die Angabe konkreter Tatsachen verlangen, so würde dies die Wertung des § 1 Abs. 1 KSchG, wonach eine Lösung des Arbeitsverhältnisses während dieses Zeitraumes ohne objektiv rechtfertigende Gründe möglich sein soll, konterkarieren und zu einer zeitlichen Vorverlagerung des Kündigungsschutzes führen (*BAG* 12.09.2013 EzA § 102 BetrVG 2001 Nr. 30 Rn. 24 ff.; *Schwerdtner* Anm. EzA § 102 BetrVG 1972 Nr. 73).

Die **Rspr.** versucht diesem scheinbaren Wertungswiderspruch dadurch Rechnung zu tragen, dass sie den Grundsatz der subjektiven Determinierung betont, wonach der Arbeitgeber nur die Gründe mitzuteilen habe, die nach seiner subjektiven Sicht die Kündigung rechtfertigen und die für seinen Kündigungsentschluss maßgeblich seien. Für die Kündigungen, für die es keiner besonderen Rechtfertigung bedürfe, seien deshalb **zwei Fallgruppen** zu unterscheiden (s. hierzu die gleichsam »authentische Interpretation« durch den Vorsitzenden des für Kündigungsstreitigkeiten zuständigen Zweiten Senats *Koch*/APS § 102 BetrVG Rn. 106 ff.). Wenn und soweit die Kündigung **auf substantiierbare Tatsachen gestützt** werde, gälten die allgemeinen Grundsätze. Der Arbeitgeber müsse dem Betriebsrat daher die zugrunde liegenden »Tatsachen bzw. Ausgangsgrundlagen« mitteilen (*BAG* 12.09.2013 EzA § 102 BetrVG 2001 Nr. 30 Rn. 22; 19.11.2015 EzA § 20 BBiG 2005 Nr. 2 Rn. 31). Der Arbeitgeber verletze seine Unterrichtungspflicht, wenn er diese Tatsachen dem Betriebsrat verschweige und sich auf ein pauschales Werturteil beschränke (*BAG* 08.09.1988 EzA § 102 BetrVG 1972 Nr. 73 = AP Nr. 49 zu § 102 BetrVG 1972 unter II 2c cc, dd; 11.07.1991 EzA § 102 BetrVG 1972 Nr. 81 = AP Nr. 57 zu § 102 BetrVG 1972 unter II 3; 18.05.1994 EzA § 102 BetrVG 1972 Nr. 85 = AP Nr. 64 zu § 102 BetrVG 1972 unter II 4b; 01.07.1999 EzA § 242 BGB Nr. 42 unter III 2c). Anders sei dies bei Kündigungen, die **auf personenbezogenen Werturteilen beruhten**. Diese Bewertungen ließen sich in vielen Fällen durch Tatsachen nicht näher belegen. Hier reiche es aus, wenn der Arbeitgeber dem Betriebsrat das Werturteil selbst, also das Ergebnis seines Entscheidungsprozesses, mitteile, da dies den eigentlichen Kündigungsgrund darstelle (*BAG* 21.07.2005 EzA § 102 BetrVG 2001 Nr. 15 unter II 2a; 12.09.2013 EzA § 102 BetrVG 2001 Nr. 30 Rn. 22, 27; 19.11.2015 EzA § 20 BBiG 2005 Nr. 2 Rn. 31). Dies gelte selbst dann, wenn das Werturteil seinerseits auf konkreten Vorfällen und Verhaltensweisen und damit auf objektiven Tatsachen beruhe. Auch dann müsse der Arbeitgeber den Betriebsrat über diesen Tatsachenkern bzw. über die Ansatzpunkte des Werturteils nicht informieren (*BAG* 12.09.2013 EzA § 102 BetrVG 2001 Nr. 30 Rn. 23, 27 ff.). Zudem ist der Arbeitgeber nach Ansicht des *BAG* bei sog. Wartezeitkündigungen – anders als in anderen Fällen (s. Rdn. 60) – nicht verpflichtet, dem Betriebsrat stets und ohne Rücksicht auf seine Beweggründe die für den Ar-

beitnehmer maßgeblichen Sozialdaten mitzuteilen (*BAG* 23.04.2009 EzA § 102 BetrVG 2001 Nr. 25 Rn. 20 ff.). In der Vergangenheit hat das *BAG* folgende Angaben als Werturteil im Rahmen der Anhörung als ausreichend erachtet:
- Nach unserer allgemeinen, subjektiven Einschätzung genügt der Arbeitnehmer unseren Anforderungen nicht (*BAG* 03.12.1998 EzA § 102 BetrVG 1972 Nr. 100 = AP Nr. 99 zu § 102 BetrVG 1972);
- unüberbrückbare, als gravierend einzuschätzende Beziehungsstörungen, welche die produktive Aufgabenerfüllung in den festgelegten Aufgabenbereichen in erheblichem Umfang beeinträchtigen würden (*BAG* 21.07.2005 EzA § 102 BetrVG 2001 Nr. 15 unter II 2a);
- Der Arbeitnehmer hat sich während ihrer Probezeit nicht bewährt. Er ist nicht geeignet, die ihm übertragenen Aufgaben ordnungsgemäß zu erfüllen. Das für die dauerhafte Zusammenarbeit notwendige Vertrauensverhältnis hat aufgrund der mangelnden persönlichen Eignung nicht aufgebaut werden können (*BAG* 22.04.2010 EzTöD 100 § 34 Abs. 1 TVöD-AT Wartezeit Nr. 3 = AP Nr. 2 zu Art. 77 LPVG Bayern);
- Eine Fortsetzung des Arbeitsverhältnisses liegt nicht in unserem Interesse (*BAG* 12.09.2013 EzA § 102 BetrVG 2001 Nr. 30; anders noch die Vorinstanz *LAG Düsseldorf* 22.11.2011 – 17 Sa 961/11 – juris, Rn. 38);
- Der Arbeitnehmer (Auszubildende) hat unseren Erwartungen aufgrund fehlender Eigeninitiative nicht entsprochen (*BAG* 19.11.2015 EzA § 20 BBiG 2005 Nr. 2).

85 Das Grundanliegen der Rspr., eine Vorverlagerung des materiellen Kündigungsschutzes über den Weg der Anforderungen an die Begründung der Kündigung im Rahmen der Betriebsratsanhörung zu vermeiden, ist berechtigt. Allerdings erscheint die vorgenommene **Differenzierung fragwürdig**. Warum dem Arbeitgeber in dem einen Fall die Angabe konkreter Tatsachen abverlangt wird, in dem anderen aber ein pauschales Werturteil selbst dann genügen soll, wenn dies auf konkreten Tatsachen beruht, leuchtet nicht ein (ähnliche Kritik bei *Bram* FA 2014, 130 [131 f.], der allerdings – anders als die hier vertretene Ansicht – als Konsequenz jegliche Abstriche im Hinblick auf die Anhörung während der Wartezeit ablehnt). Sie führt in der Praxis dazu, dass sich der Arbeitgeber in der Regel im Rahmen der Anhörung auf ein pauschales Werturteil beschränken und im Kündigungsschutzprozess auf den (kaum widerlegbaren) Standpunkt stellen wird, dass sein Kündigungsentschluss allein durch subjektive, nicht durch Tatsachen belegbare Beweggründe bestimmt worden sei (vgl. etwa den Sachverhalt in *BAG* 03.12.1988 EzA § 102 BetrVG 1972 Nr. 100). Gibt der Arbeitgeber nämlich zu erkennen, dass objektive Tatsachen für seine Entscheidung maßgeblich waren, so riskiert er die Unwirksamkeit der Kündigung, wenn das Gericht der Ansicht ist, dass die Mitteilung unrichtig oder unvollständig war (anschauliches Beispiel bei *LAG Düsseldorf* 22.11.2011 – 17 Sa 961/11 – juris, Rn. 41 [Vorinstanz zu *BAG* 12.09.2013 EzA § 102 BetrVG 2001 Nr. 30]). Die Lösung des *BAG* begünstigt also den gedankenlosen Arbeitgeber, der sachliche Gründe für die Kündigung ohnehin für entbehrlich hält und deshalb gar nicht erst erwägt, sowie den »cleveren« oder gut beratenen Arbeitgeber, der vorsichtig genug ist, seine wahren Beweggründe zu keinem Zeitpunkt zu offenbaren, und sich stets darauf beruft, dass allein nicht objektivierbare Umstände für seine Entscheidung maßgeblich gewesen seien (*Kraft* FS *Kissel*, S. 611 [621 ff.]; *Schwerdtner* Anm. EzA § 102 BetrVG 1972 Nr. 73; krit. auch *Huke*/HWGNRH § 102 Rn. 48; *Isenhardt* 50 Jahre Bundesarbeitsgericht, S. 943 [946]). Dies lässt sich vermeiden, wenn man im Wege der **teleologischen Reduktion des § 102 Abs. 1 Satz 3** die Nichtigkeitssanktion bei einer Kündigung in den ersten sechs Monaten auf die Fälle beschränkt, in denen der Arbeitgeber den Betriebsrat überhaupt nicht beteiligt oder sonstige, für die Anhörung notwendige Angaben (etwa in Bezug auf die Person des zu kündigenden Arbeitnehmers oder die Art der Kündigung) unterlässt und nicht auf die unvollständige oder unrichtige Mitteilung der Gründe ausdehnt (vgl. näher *Raab* ZfA 1995, 479 [528 ff.]; abl. *Koch*/APS § 102 BetrVG Rn. 106b). Abs. 1 Satz 3 stärkt in erster Linie die individualrechtliche Position des Arbeitnehmers. Dies zeigt sich daran, dass die Nichtigkeitssanktion sich nur dann auswirkt, wenn der Arbeitnehmer den Mangel der Anhörung in einem Kündigungsprozess geltend macht. Dann kann aber die Nichtigkeitssanktion in ihrer Reichweite nicht völlig von der Ausgestaltung des individualrechtlichen Kündigungsschutzes isoliert werden. Angesichts der Tatsache, dass nach der Wertung des Kündigungsschutzgesetzes die Kündigung in den ersten sechs Monaten eines Arbeitsverhältnisses und in Kleinbetrieben sogar bei Fehlen von sachlichen Gründen wirksam ist, erscheint es systemwidrig, die Kündigung daran scheitern zu lassen, dass der Arbeitgeber dem Betriebsrat (objektiv gar nicht erforderliche) Kündigungsgründe nicht mitgeteilt hat. Die – auch bei Kündigungen außerhalb des Kündigungsschutzgesetzes bestehende – Pflicht zur Mitteilung der Kündigungsgründe wird dadurch nicht entwertet. Zum einen begründet sie einen durchsetzbaren Anspruch des Betriebsrats auf entsprechende Unterrichtung. Zum anderen kann der Betriebsrat im Verfahren gemäß § 23 Abs. 3 gegen den Arbeitgeber vorgehen, wenn dieser tatsächlich vorliegende und für den Kündigungsentschluss maßgebliche Umstände unterschlägt (krit. zu dieser Lösung *Isenhardt* 50 Jahre Bundesarbeitsgericht, S. 943 [960 f.]; *Benecke* Anm AP Nr. 161 zu § 102 BetrVG 1972 Bl. 6 R).

Einer **Mitteilung der Kündigungsgründe** im Rahmen der Information des Betriebsrats gemäß Abs. 1 **bedarf es ausnahmsweise dann nicht, wenn der Betriebsrat bei Einleitung des Anhörungsverfahrens über die erforderlichen Kenntnisse verfügt**, um zu der beabsichtigten Kündigung Stellung nehmen zu können (h. M.; *BAG* 27.06.1985 EzA § 102 BetrVG 1972 Nr. 60 = AP Nr. 37 zu § 102 BetrVG 1972; 26.09.1991 EzA § 1 KSchG Personenbedingte Kündigung Nr. 10 [*Raab*] = AP Nr. 28 zu § 1 KSchG 1969 Krankheit; 15.12.1994 EzA § 1 KSchG Betriebsbedingte Kündigung Nr. 75 = AP Nr. 67 zu § 1 KSchG 1969 Betriebsbedingte Kündigung unter B I 3a; 11.12.2003 EzA § 102 BetrVG 2001 Nr. 5 = AP Nr. 65 zu § 1 KSchG 1969 Soziale Auswahl unter B II 3b; *Bachner*/DKKW § 102 Rn. 162; *Etzel*/Rinck/KR § 102 BetrVG Rn. 106; **a. M.** nur *Hohmeister* NZA 1991, 209 [213]; gegen diesen zu Recht *Henssler* ZfA 1993, 23 [106]). Soweit dem Betriebsrat Teile des Kündigungssachverhaltes bekannt sind, beschränkt sich die Mitteilungspflicht auf die dem Betriebsrat noch nicht bekannten Umstände. Man wird allerdings im Hinblick auf die Kündigungsgründe neben der Kenntnis des Betriebsrats zusätzlich verlangen müssen, dass der Arbeitgeber bei Einleitung des Anhörungsverfahrens zu erkennen gibt, dass die dem Betriebsrat bekannten Umstände für seinen Kündigungsentschluss von Bedeutung gewesen sind, weil der Betriebsrat nur so den Willensbildungsprozess des Arbeitgebers nachvollziehen und auf diesen einwirken kann (*BAG* 02.04.1987 EzA § 626 BGB n. F. Nr. 108 = AP Nr. 96 zu § 626 BGB; 11.12.2003 EzA § 102 BetrVG 2001 Nr. 5 unter B II 3c; *Raab* Anm. EzA § 1 KSchG Personenbedingte Kündigung Nr. 10). Grundsätzlich muss sich der Betriebsrat nur das Wissen eines gemäß § 26 Abs. 2 Satz 2 oder aufgrund einer (ausdrücklichen oder konkludenten) Ermächtigung zur Entgegennahme von Erklärungen berechtigten Betriebsratsmitglieds zurechnen lassen (*BAG* 27.06.1985 EzA § 102 BetrVG 1972 Nr. 60 = AP Nr. 37 zu § 102 BetrVG 1972; 26.09.1991 EzA § 1 KSchG Personenbedingte Kündigung Nr. 10 = AP Nr. 28 zu § 1 KSchG 1969 Krankheit; 23.10.2008 EzA § 1 KSchG Interessenausgleich Nr. 16 = AP Nr. 18 zu § 1 KSchG 1969 Namensliste Rn. 22; 23.10.2014 EzA § 286 ZPO 2002 Nr. 4 Rn. 62; *Bitter* NZA 1991, Beil. Nr. 3, S. 16 [21]; s. a. Rdn. 52).

Erlangt der Betriebsrat nach Einleitung des Anhörungsverfahrens Kenntnis von Tatsachen, die vom Arbeitgeber mitzuteilen gewesen wären, so wird der Mangel der Unterrichtung geheilt. Mit Erlangung der Kenntnis beginnen allerdings die Fristen des § 102 Abs. 2 Satz 1 und 3 neu zu laufen. Für die Heilung des Unterrichtungsmangels macht es keinen Unterschied, ob der Betriebsrat die Umstände durch eine nachträgliche Information des Arbeitgebers, durch eigene Nachforschungen oder auf sonstige Weise erfährt (*Mummenhoff* SAE 1986, 315; *Raab* Anm. EzA § 102 BetrVG 1972 Nr. 96; *Streckel* Anm. EzA § 102 BetrVG 1972 Nr. 53; s. a. Rdn. 103). Die gegenteilige Auffassung des *BAG* (*BAG* 02.11.1983 EzA § 102 BetrVG 1972 Nr. 53, 27.06.1985 EzA § 102 BetrVG 1972 Nr. 60, 06.02.1997 EzA § 102 BetrVG 1972 Nr. 96 = AP Nr. 29, 37, 85 zu § 102 BetrVG 1972; zust. *Etzel*/Rinck/KR § 102 BetrVG Rn. 167 f.), wonach ein Mangel bei der Einleitung des Verfahrens nur dadurch geheilt werden könne, dass der Arbeitgeber selbst dem Betriebsrat – wenn auch auf Nachfrage – die notwendigen Informationen erteilt, berücksichtigt zu wenig den Sinn und Zweck der Nichtigkeitsfolge. Diese soll keine repressive Sanktion für Pflichtverletzungen des Arbeitgebers sein, sondern lediglich verhindern, dass eine Kündigung wirksam ausgesprochen werden kann, ohne dass der Betriebsrat ausreichend Gelegenheit zur Stellungnahme hatte. Diesem Zweck wird das Anhörungsverfahren aber auch dann gerecht, wenn der Betriebsrat auf andere Weise als durch Mitteilung des Arbeitgebers von den Kündigungstatsachen erfährt, sofern dies so rechtzeitig erfolgt, dass der Betriebsrat diese Umstände bei seiner Stellungnahme berücksichtigen kann.

bb) Einzelne Kündigungsgründe

(1) Betriebliche Gründe

88 Bei **betriebsbedingten Kündigungen** sind die Umstände mitzuteilen, die zum Wegfall des Arbeitsplatzes führen, die Kündigung also i. S. d. § 1 Abs. 2 KSchG »bedingen«. Zu nennen sind somit die **inner- und außerbetrieblichen Ursachen** und deren Auswirkungen auf die Beschäftigung im Rahmen der unternehmerischen Organisationsentscheidung (zu Einzelheiten der betriebsbedingten Kündigung vgl. *Griebeling/Rachor*/KR § 1 KSchG Rn. 514 ff.; *Krause* in: *von Hoyningen-Huene/Linck* KSchG, § 1 Rn. 713 ff.; *Preis/SPV* Rn. 904 ff.). Auch hier genügt es nicht, wenn der Arbeitgeber lediglich schlagwortartige Begründungen liefert – etwa »Auftragsmangel« oder »Umsatzrückgang« oder »Gewinnverfall« (*Bachner*/DKKW § 102 Rn. 101; *Etzel/Rinck*/KR § 102 BetrVG Rn. 85). Der Arbeitgeber ist daher in seinem eigenen Interesse gehalten, sowohl bei außerbetrieblichen als auch bei innerbetrieblichen Gründen die Auswirkungen auf die betriebliche Beschäftigungslage konkret darzulegen (zur Mitteilungspflicht bei Rationalisierungsmaßnahmen im Wege der Umverteilung oder Personalverdichtung *LAG Hessen* 30.08.2012 – 14 Sa 683/11 – juris, Rn. 44; zur Begründung eines Personalüberhanges *LAG Rheinland-Pfalz* 08.07.2016 – 1 Sa 538/15 – juris, Rn. 35 f.). Soll eine Kündigung durch Rentabilitätserwägungen und einen Sanierungsbedarf gerechtfertigt werden, so ist zu beachten, dass nach Ansicht des *BAG* die Kündigung nur auf die wirtschaftliche Situation des Gesamtbetriebs, nicht dagegen lediglich auf diejenige der Betriebsabteilung, in der der Arbeitnehmer beschäftigt ist, gestützt werden kann (*BAG* 11.10.1989 EzA § 1 KSchG Betriebsbedingte Kündigung Nr. 64 = AP Nr. 47 zu § 1 KSchG 1969 Betriebsbedingte Kündigung), so dass der Arbeitgeber auch dem Betriebsrat die Lage des Gesamtbetriebs schildern muss, will er hiermit nicht später präkludiert werden (zum Nachschieben von Gründen s. Rdn. 190 ff.). Eine Information über die wirtschaftlichen Hintergründe und Auswirkungen einer Maßnahme ist dagegen im Rahmen der Anhörung nach § 102 Abs. 1 nicht erforderlich (*BAG* 21.09.2000 EzA § 1 KSchG Betriebsbedingte Kündigung Nr. 107 = AP Nr. 111 zu § 1 KSchG 1969 Betriebsbedingte Kündigung).

89 Dringende betriebliche Gründe, die einer Weiterbeschäftigung des Arbeitnehmers entgegenstehen, liegen nur vor, wenn eine **Weiterbeschäftigungsmöglichkeit auf einem anderen Arbeitsplatz** nicht besteht. Das Fehlen eines solchen Arbeitsplatzes ist demnach Teil der Gründe für die Kündigung und dem Betriebsrat mitzuteilen. Sofern aus Sicht des Arbeitgebers kein freier und für den Arbeitnehmer geeigneter Arbeitsplatz vorhanden ist, braucht der Arbeitgeber jedoch zunächst keine konkreten Angaben über andere Arbeitsplätze zu machen. Er genügt vielmehr seiner Informationspflicht durch den allgemeinen Hinweis auf die fehlende Möglichkeit der Weiterbeschäftigung, wobei die Mitteilung der Kündigungsabsicht konkludent die Erklärung enthält, dass eine Weiterbeschäftigung nicht in Betracht kommt (*BAG* 26.01.1995 EzA § 1 KSchG Verhaltensbedingte Kündigung Nr. 46 = AP Nr. 34 zu § 1 KSchG 1969 Verhaltensbedingte Kündigung unter B II 1; 29.03.1990 EzA § 1 KSchG Soziale Auswahl Nr. 29; 17.02.2000 EzA § 102 BetrVG 1972 Nr. 103; s. a. 22.10.2015 EzA § 102 BetrVG 2001 Nr. 35 Rn. 26 f.). Hat der Betriebsrat dagegen schon vor Einleitung des Anhörungsverfahrens auf eine Weiterbeschäftigungsmöglichkeit hingewiesen, so muss der Arbeitgeber konkret darlegen, warum aus seiner Sicht eine Beschäftigung des Arbeitnehmers auf diesem Arbeitsplatz ausgeschlossen ist (*BAG* 17.02.2000 EzA § 102 BetrVG 1972 Nr. 103 *[Raab]*; *Etzel/Rinck*/KR § 102 BetrVG Rn. 86; *Preis/SPV* Rn. 342). Darüber hinaus hat der Arbeitgeber den Betriebsrat über die Möglichkeit anderweitiger Beschäftigung zu unterrichten, wenn eine solche Alternative vom Arbeitgeber selbst ernsthaft geprüft oder sogar mit dem Arbeitnehmer besprochen worden ist, damit der Betriebsrat denselben Kenntnisstand hat und die Willensbildung des Arbeitgebers nachvollziehen kann.

90 Notwendiger Inhalt der Information ist die Unterrichtung über die **Gründe für die soziale Auswahl** gemäß § 1 Abs. 3 KSchG. Der Arbeitgeber hat daher von sich aus mitzuteilen, welche Gesichtspunkte ihn zu der Auswahl des konkreten Arbeitnehmers bestimmt haben, mithin die Namen der von ihm in die Auswahl einbezogenen Arbeitnehmer sowie deren von ihm berücksichtigten sozialen Daten (vgl. § 1 Abs. 3 Satz 1 KSchG; *BAG* 29.03.1984 EzA § 102 BetrVG 1972 Nr. 55 = AP Nr. 31 zu § 102 BetrVG 1972; 16.01.1987 EzA § 1 KSchG Betriebsbedingte Kündigung Nr. 48; 15.12.1994 EzA § 1 KSchG Betriebsbedingte Kündigung Nr. 75 = AP Nr. 67 zu § 1 KSchG 1969 Betriebsbedingte Kündigung; vgl. auch *BAG* 05.10.1995 EzA Art. 20 EinigungsV Nr. 48, 26.10.1995 EzA Art. 20 EinigungsV Nr. 51 = AP Nr. 35, 55 zu Art. 20 EinigungsV; *Bachner*/DKKW § 102 Rn. 104;

*Etzel/Rinck/*KR § 102 BetrVG Rn. 87 ff.; *Fitting* § 102 Rn. 30; *Heinze* Personalplanung, Rn. 476; *v. Hoyningen-Huene* Anm. AP Nr. 31 zu § 102 BetrVG 1972; **a. M.** früher das *BAG* 06.07.1978 EzA § 102 BetrVG 1972 Nr. 37 = AP Nr. 16 zu § 102 BetrVG 1972, wonach die Gründe für die soziale Auswahl nur auf Verlangen des Betriebsrats mitzuteilen seien; so auch *Huke/*HWGNRH § 102 Rn. 43; *Isenhardt* 50 Jahre Bundesarbeitsgericht, S. 943 [954 f.]). Hierzu zählen nach der Neufassung des § 1 Abs. 3 KSchG (vgl. Art. 1 Nr. 1a des Gesetzes zu Reformen am Arbeitsmarkt vom 24.12.2003, BGBl. I S. 3002) die Dauer der Betriebszugehörigkeit, das Lebensalter, die Unterhaltspflichten und eine etwaige Schwerbehinderung (*Griebeling/Rachor/*KR § 1 KSchG Rn. 656 ff.). Dafür, dass der Arbeitgeber die Sozialdaten von sich aus mitzuteilen hat, spricht zum einen, dass die richtige Sozialauswahl Voraussetzung für eine wirksame betriebsbedingte Kündigung ist, also zu den Kündigungsgründen gehört. Zum anderen ist der Betriebsrat auf die Mitteilung der Gründe für die Sozialauswahl angewiesen, um sein Widerspruchsrecht nach § 102 Abs. 3 Nr. 1 geltend machen zu können. Da die Mitteilungspflicht subjektiv zu bestimmen ist, genügt es, wenn der Arbeitgeber die **ihm bekannten Sozialdaten** angibt, auch wenn diese objektiv nicht zutreffen. So darf sich der Arbeitgeber etwa hinsichtlich der Zahl unterhaltspflichtiger Kinder auf die ihm zugänglichen Angaben auf der Lohnsteuerkarte verlassen. Eine Obliegenheit, sich nach der Richtigkeit der Angaben zu erkundigen, besteht nicht (*BAG* 24.11.2005 EzA § 1 KSchG Krankheit Nr. 51 unter B I 1 und 2b; 06.07.2006 EzA § 1 KSchG Soziale Auswahl Nr. 68 Rn. 21 f.). Die Anhörung ist zudem nach Ansicht des *BAG* nur dann mangelhaft, wenn der Arbeitgeber bestimmte Angaben bewusst verschweigt oder verfälscht (*BAG* 06.07.2006 EzA § 1 KSchG Soziale Auswahl Nr. 68 Rn. 22; s. hierzu auch Rdn. 76 ff.). Die Sozialdaten sind dem Betriebsrat im Übrigen nur dann mitzuteilen, **wenn Gesichtspunkte der sozialen Auswahl den Kündigungsentschluss des Arbeitgebers beeinflusst haben** (s. Rdn. 74). Einer Mitteilung der Sozialdaten des zu kündigenden Arbeitnehmers bedarf es daher nicht, wenn der Arbeitgeber bei einer Kündigung aus betrieblichen Gründen keine Auswahl nach sozialen Kriterien vornimmt (*BAG* 24.02.2000 EzA § 102 BetrVG 1972 Nr. 104; 24.02.2000 EzA § 1 KSchG Interessenausgleich Nr. 7; 21.09.2000 EzA § 1 KSchG Betriebsbedingte Kündigung Nr. 107 = AP Nr. 111 zu § 1 KSchG 1969 Betriebsbedingte Kündigung; 27.09.2001 EzA § 2 KSchG Nr. 44 unter B II 2b; 13.05.2004 EzA § 102 BetrVG 2001 Nr. 7 unter II 4b bb) oder wenn er eine verhaltensbedingte Kündigung wegen der Schwere der Pflichtverletzung ohne Rücksicht auf die persönlichen Umstände des Arbeitnehmers aussprechen will (*BAG* 15.11.1995 EzA § 102 BetrVG 1972 Nr. 89 = AP Nr. 73 zu § 102 BetrVG 1972). Dagegen besteht die Mitteilungspflicht in den Fällen, in denen für den Arbeitgeber soziale Gesichtspunkte entscheidend waren, auch dann, wenn die individualrechtliche Wirksamkeit der Kündigung nicht von einer ordnungsgemäßen Sozialauswahl abhängt, etwa bei der Kündigung eines Arbeitnehmers ohne Kündigungsschutz oder bei der Kündigung eines Heimarbeiters (*BAG* 07.11.1995 EzA § 102 BetrVG 1972 Nr. 88 = AP Nr. 74 zu § 102 BetrVG 1972).

Ist die betriebsbedingte Kündigung die Folge einer Betriebsänderung und haben Arbeitgeber bzw. In- **91** solvenzverwalter und Betriebsrat sich auf einen **Interessenausgleich mit Namensliste** der zu kündigenden Arbeitnehmer verständigt, so gelten grds. keine geringeren Anforderungen an die Mitteilungspflicht des Arbeitgebers. Der Arbeitgeber kann sich nicht darauf beschränken, den Betriebsrat auf die Existenz des Interessenausgleichs sowie auf den Umstand hinzuweisen, dass der Arbeitnehmer dort namentlich aufgeführt ist. Vielmehr muss er dem Betriebsrat die betrieblichen Gründe für den Wegfall der Beschäftigungsmöglichkeit sowie die für ihn maßgebenden Gesichtspunkte bei der Sozialauswahl so umfassend mitteilen, dass der Betriebsrat in der Lage ist, zu der Kündigung substantiiert Stellung zu nehmen und über die Ausübung seines Widerspruchsrechts zu entscheiden (*BAG* 20.05.1999 EzA § 102 BetrVG 1972 Nr. 102 = AP Nr. 5 zu § 1 KSchG 1969 Namensliste; 28.08.2003 EzA § 102 BetrVG 2001 Nr. 4 = AP Nr. 134 zu § 102 BetrVG 1972; *Griebeling/Rachor/*KR § 1 KSchG Rn. 705a; *Fitting* § 102 Rn. 35d). Allerdings muss der Arbeitgeber nicht über die Umstände informieren, die dem Betriebsrat bekannt sind (s. Rdn. 86). Einer detaillierten Darlegung der Kündigungsgründe bedarf es daher nicht mehr, wenn der Betriebsrat bereits im Rahmen der Verhandlungen über den Interessenausgleich die für eine ordnungsgemäße Anhörung notwendigen Informationen erhalten hat und damit über einen ausreichenden Kenntnisstand verfügt (*BAG* 20.05.1999 EzA § 102 BetrVG 1972 Nr. 102 = AP Nr. 5 zu § 1 KSchG 1969 Namensliste; 28.08.2003 EzA § 102 BetrVG 2001 Nr. 4 = AP Nr. 134 zu § 102 BetrVG 1972). Möglich ist auch, die **Anhörung mit den Verhandlungen über den Interessenausgleich zu verbinden** (s. Rdn. 32). Der Arbeitgeber muss

§ 102 IV. 5. 3. *Personelle Einzelmaßnahmen*

in diesem Falle deutlich machen, dass die Beratungen gleichzeitig der Anhörung zu den infolge der Betriebsänderung erfolgenden Kündigungen dienen sollen (s. Rdn. 40). Die Anhörung ist dann ordnungsgemäß, wenn für den Betriebsrat deutlich wird, welchen Arbeitnehmern gekündigt werden soll, und er im Rahmen der Verhandlungen die notwendigen Informationen erhält. Zu beachten ist, dass der Arbeitgeber dem Betriebsrat im Zusammenhang mit der Sozialauswahl auch die Sozialdaten der nicht auf der Namensliste aufgeführten Arbeitnehmer mitteilen muss, die in die Sozialauswahl einbezogen worden sind (*BAG* 20.05.1999 EzA § 102 BetrVG 1972 Nr. 102 = AP Nr. 5 zu § 1 KSchG 1969 Namensliste).

(2) Kündigung wegen Krankheit

92 Bei einer Kündigung wegen **Krankheit** hat der Arbeitgeber im Anhörungsverfahren nach § 102 BetrVG dem Betriebsrat die bisherigen Fehlzeiten und (soweit bekannt) die Art der Erkrankung mitzuteilen. Dabei genügt es, wenn der Arbeitgeber die jährliche Krankheitsdauer durch die Anzahl der Kalendertage bezeichnet. Eine genaue Aufschlüsselung ist nicht erforderlich (*BAG* 07.11.2002 EzA § 1 KSchG Krankheit Nr. 50; 07.11.2002 EzA § 174 BGB 2002 Nr. 1). Soweit Fehlzeiten die Folge eines Arbeitsunfalles sind, ist auch dies grds. anzugeben, sofern der Betriebsrat hiervon keine Kenntnis hat, es sei denn, dass es sich nur um einen geringen Teil der Fehlzeiten handelt und die unfallbedingten Krankheitszeiten daher für das Gesamtbild ohne Bedeutung sind (*BAG* 07.11.2002 EzA § 1 KSchG Krankheit Nr. 50). Außerdem muss der Arbeitgeber angeben, welche wirtschaftlichen Belastungen und Betriebsbeeinträchtigungen entstanden sind bzw. mit welchen Fehlzeiten und Störungen in Zukunft gerechnet werden muss (sog. negative Prognose; *BAG* 24.11.1983 EzA § 102 BetrVG 1972 Nr. 54 = AP Nr. 30 zu § 102 BetrVG 1972; *Bachner/DKKW* § 102 Rn. 92 ff.; *Etzel/Rinck/*KR § 102 BetrVG Rn. 94 ff.; *Fitting* § 102 Rn. 23.). Dabei gelten für eine Kündigung wegen häufiger Kurzerkrankungen im Prinzip dieselben Grundsätze wie bei Langzeiterkrankungen. Allerdings bezieht sich bei Kurzerkrankungen die Prognose auf die Wiederholung von krankheitsbedingten Fehlzeiten, während bei einer Langzeiterkrankung die Frage der Wiedergenesung im Vordergrund steht. Bei häufigen kurzen Krankheitszeiten bestehen die wirtschaftlichen Belastungen zumeist in den Kosten für die Entgeltfortzahlung. Auch insoweit genügt es, wenn der Arbeitgeber die Anzahl der Kalendertage, für die Entgeltfortzahlung geleistet worden ist, sowie den Gesamtbetrag der Entgeltfortzahlungskosten angibt (*BAG* 07.11.2002 EzA § 1 KSchG Krankheit Nr. 50 = AP Nr. 40 zu § 1 KSchG 1969 Krankheit; 07.11.2002 EzA § 174 BGB 2002 Nr. 1). Bei einer Kündigung wegen krankheitsbedingter Leistungsminderung ergeben sich die betrieblichen Beeinträchtigungen aus der Störung des Äquivalenzverhältnisses zwischen Arbeitsleistung und Entgelt, so dass hier der Grad der Leistungsminderung gegenüber einem durchschnittlichen Arbeitnehmer anzugeben ist (hierzu *LAG Hamm* 08.12.1975 EzA § 1 KSchG Krankheit Nr. 1; *BAG* 26.09.1991 EzA § 1 KSchG Personenbedingte Kündigung Nr. 10 = AP Nr. 28 zu § 1 KSchG 1969 Krankheit).

(3) Gründe im Verhalten des Arbeitnehmers

93 Bei einer **verhaltensbedingten Kündigung** muss der Arbeitgeber das Verhalten, das ihn zur Kündigung veranlasst, genau bezeichnen, ggf. auch mitteilen, ob und wie oft der Arbeitnehmer bereits abgemahnt wurde (*Bachner/DKKW* § 102 Rn. 98; *Etzel/Rinck/*KR § 102 BetrVG Rn. 97). Auch kann der Betriebsrat zu einem Verhalten, das bei Einleitung des Anhörungsverfahrens objektiv noch nicht vorgelegen hat, sondern vom Arbeitnehmer lediglich angedroht wurde, nicht wirksam angehört werden (*BAG* 19.01.1983 EzA § 102 BetrVG 1972 Nr. 50 = AP Nr. 28 zu § 102 BetrVG 1972). Diese Einschränkung gilt nicht, wenn bereits in der Androhung eines bestimmten Verhaltens selbst die Pflichtverletzung liegt (zu einem solchen Fall *BAG* 05.11.1992 EzA § 626 BGB n. F. Nr. 143 *[Kraft]* = AP Nr. 2 zu § 626 BGB Krankheit). Die Darstellung des maßgeblichen Sachverhalts muss **vollständig** sein. Insbesondere darf der Arbeitgeber nicht durch Weglassen wesentlicher Tatsachen einen falschen Eindruck von dem Umfang und der Schwere der Pflichtverletzungen hervorrufen (s. den Fall *LAG Hamm* 21.10.2011 – 7 Sa 912/11 – juris, Rn. 43 f.). Der Arbeitgeber kann ferner im Einzelfall verpflichtet sein, dem Betriebsrat den Arbeitnehmer **entlastende** oder in sonstiger Weise gegen die Kündigung sprechende **Umstände** mitzuteilen, sofern sie zum nach Meinung des Arbeitgebers relevanten Kündigungssachverhalt gehören (*BAG* 02.11.1983 EzA § 102 BetrVG 1972 Nr. 53 = AP Nr. 29 zu § 102 BetrVG 1972; 22.09.1994 EzA § 102 BetrVG 1972 Nr. 86 = AP Nr. 68 zu § 102 BetrVG 1972; 06.02.1997 EzA § 102 BetrVG 1972 Nr. 96 = AP Nr. 85 zu § 102 BetrVG 1972;

31.08.1989 EzA § 102 BetrVG 1972 Nr. 75 = AP Nr. 1 zu § 77 LPVG Schleswig-Holstein; 03.11.2011 EzA § 1 KSchG Verhaltensbedingte Kündigung Nr. 79 = NZA 2012, 607 Rn. 38; *Bachner/DKKW* § 102 Rn. 97; *Etzel/Rinck/KR* § 102 BetrVG Rn. 97; *Huke/HWGNRH* § 102 Rn. 37; *Kraft FS Kissel*, S. 611 [618]; **a. M.** *Bayer* BB 1992, 782 [783]; *Isenhardt* 50 Jahre Bundesarbeitsgericht, S. 943 [945 ff.]). Eine Informationspflicht besteht etwa, wenn der einzige in Betracht kommende Tatzeuge den von einem anderen Zeugen vom Hörensagen erhobenen Vorwurf einer schweren Pflichtverletzung, die den Kündigungsgrund darstellt, nicht bestätigt (*BAG* 02.11.1983 EzA § 102 BetrVG 1972 Nr. 53 = AP Nr. 29 zu § 102 BetrVG 1972), bei einer beabsichtigten Kündigung wegen längerer Fehlzeiten aufgrund einer Untersuchungshaft die Haft aufgehoben wird (*LAG Hamm* 30.08.1984 ARSt. 1986, 30 [Nr. 1026]) oder wenn dem Arbeitgeber eine Gegendarstellung des Arbeitnehmers zu einer Abmahnung oder dem für den Kündigungsentschluss maßgeblichen Sachverhalt zugeht (*BAG* 31.08.1989 EzA § 102 BetrVG 1972 Nr. 75 = AP Nr. 1 zu § 77 LPVG Schleswig-Holstein; 06.02.1997 EzA § 102 BetrVG 1972 Nr. 96 [*Raab*] = AP Nr. 85 zu § 102 BetrVG 1972; s. a. *LAG Schleswig-Holstein* 19.01.2010 – 5 Sa 210/09 – juris, Rn. 46 ff.). Enthält die Gegendarstellung des Arbeitnehmers keine zusätzlichen Tatsachen, so genügt es, wenn der Arbeitgeber dem Betriebsrat mitteilt, dass der Arbeitnehmer den vom Arbeitgeber erhobenen Vorwürfen entgegengetreten ist. Dagegen ist nicht erforderlich, dass der Arbeitgeber dem Betriebsrat den Inhalt der Gegendarstellung mitteilt (*Raab* Anm. EzA § 102 BetrVG 1972 Nr. 96; offen gelassen von *BAG* ebenda). Die Mitteilungspflicht hinsichtlich der entlastenden Tatsachen besteht unabhängig davon, ob das Anhörungsverfahren bereits eingeleitet oder sogar abgeschlossen ist, sofern nur der Arbeitgeber vor Ausspruch der Kündigung Kenntnis von den maßgeblichen Tatsachen erhält (s. Rdn. 82).

Bei einer **Verdachtskündigung** ist zu beachten, dass die Rechtsprechung diese hinsichtlich ihrer Voraussetzungen von der Kündigung wegen einer erwiesenen Tat unterscheidet. Eine Verdachtskündigung liegt danach nur dann vor, wenn der Arbeitgeber die Kündigung damit begründet, dass gerade der Verdacht eines strafbaren bzw. vertragswidrigen Verhaltens das für die Fortsetzung des Arbeitsverhältnisses erforderliche Vertrauensverhältnis zerstört habe (*BAG* 03.04.1985 EzA § 102 BetrVG 1972 Nr. 63 = AP Nr. 18 zu § 626 BGB Verdacht strafbarer Handlung; 26.03.1992 EzA § 626 BGB Verdacht strafbarer Handlung Nr. 4 = AP Nr. 23 zu § 626 BGB Verdacht strafbarer Handlung; 02.03.1989 EzA § 626 BGB n. F. Nr. 118 = AP Nr. 101 zu § 626 BGB; 03.04.1986 EzA § 102 BetrVG 1972 Nr. 63 = AP Nr. 18 zu § 626 BGB Verdacht strafbarer Handlung). Der Arbeitgeber muss deshalb auch in seiner Mitteilung gegenüber dem Betriebsrat zum Ausdruck bringen, dass er **die Kündigung auf den Verdacht stützen will**, und die aus seiner Sicht maßgeblichen Verdachtsmomente nennen (*BAG* 23.04.2008 EzA § 103 BetrVG 2001 Nr. 6 = AP Nr. 56 zu § 103 BetrVG 1972 Rn. 24; 20.06.2013 EzA § 611 BGB 2002 Persönlichkeitsrecht Nr. 14 Rn. 39). Nicht erforderlich ist, dass er die Kündigung in der Erklärung gegenüber dem Betriebsrat ausdrücklich als Verdachtskündigung bezeichnet. Es genügt vielmehr, wenn der Betriebsrat aus den geschilderten Gesamtumständen erkennen kann, dass der Arbeitgeber vom Vorliegen solcher Verdachtsmomente ausgeht und diese für den Kündigungsentschluss bestimmend sind (*BAG* 20.06.2013 EzA § 611 BGB 2002 Persönlichkeitsrecht Nr. 14 Rn. 41 ff.; 12.02.2015 EzA § 22 BBiG 2005 Nr. 1 Rn. 100). Wird die Absicht, gerade eine Verdachtskündigung aussprechen zu wollen, nicht hinreichend deutlich, so ist eine trotzdem ausgesprochene Verdachtskündigung bereits gemäß § 102 Abs. 1 Satz 3 wegen fehlerhafter Anhörung nichtig. 94

Damit stellt sich freilich die Frage, welche Auswirkungen es hat, wenn der Arbeitgeber sich im Rahmen der Anhörung bereits festlegt, indem er den Betriebsrat entweder nur zu einer Tatkündigung oder zu einer Verdachtskündigung anhört. Insbesondere ist von Bedeutung, ob dann in einem Kündigungsschutzprozess die Kündigung im Lichte der Beweislage **nachträglich auf eine Verdachts- oder eine Tatkündigung gestützt** werden kann. Teilt der Arbeitgeber dem Betriebsrat mit, er beabsichtige, dem Arbeitnehmer wegen einer erwiesenen Straftat zu kündigen, und **stützt er später die Kündigung** bei unverändertem Sachverhalt **auf den Verdacht** dieser Straftat, so ist zwar in der Regel das Anhörungsverfahren nicht fehlerhaft, soweit der Arbeitgeber auch bei Ausspruch der Kündigung subjektiv von einer erwiesenen Tat ausging. Er ist aber gehindert, den Verdacht als Kündigungsgrund im Kündigungsschutzprozess nachzuschieben (*BAG* 03.04.1986 EzA § 102 BetrVG 1972 Nr. 63 = AP Nr. 18 zu § 626 BGB Verdacht strafbarer Handlung; 23.04.2008 EzA § 103 BetrVG 2001 Nr. 6 = AP Nr. 56 zu § 103 BetrVG 1972 Rn. 24; 20.06.2013 EzA § 611 BGB 2002 Persönlichkeitsrecht 95

§ 102   IV. 5. 3. Personelle Einzelmaßnahmen

Nr. 14 Rn. 40; *Bachner/DKKW* § 102 Rn. 117; *Etzel/Rinck*/KR § 102 BetrVG Rn. 99; allgemein zum Nachschieben von Gründen s. Rdn. 190 ff.). Es empfiehlt sich daher für die Praxis, bei einer Kündigung wegen einer Straftat den Betriebsrat stets vorsorglich zugleich zu einer Verdachtskündigung anzuhören (vgl. aber auch *Rüthers* Anm. EzA § 102 BetrVG 1972 Nr. 63, der darauf hinweist, dass ein Nachschieben des Verdachts meistens zulässig sei, weil der Arbeitgeber bei unverändertem Sachverhalt regelmäßig erst nach Ausspruch der Kündigung von dem Verdacht »erfahre«, wenn sich nämlich bei ihm Zweifel an der Nachweisbarkeit der Straftat ergäben; zust. *Preis/SPV* Rn. 350).

96 Wird der Betriebsrat **zunächst nur zu einer Verdachtskündigung angehört**, so ist zu unterscheiden. Hat der Arbeitgeber tatsächlich eine Verdachtskündigung ausgesprochen, so kann die Kündigung trotzdem später unter dem Gesichtspunkt der erwiesenen Begehung der Tat als wirksam angesehen werden. Dies ist vor allem dann von Bedeutung, wenn die Verdachtskündigung an ihren spezifischen Voraussetzungen (etwa der Anhörung des Arbeitnehmers) scheitert. Der Behandlung der Kündigung als Tatkündigung steht in diesem Falle nicht entgegen, dass der Betriebsrat nur zu einer Verdachtskündigung angehört worden ist, sofern dem Betriebsrat sämtliche Tatsachen bekannt waren, auf die der Tatvorwurf gestützt wird (*BAG* 23.09.2009 EzA § 626 BGB 2002 Verdacht strafbarer Handlung Nr. 8 = AP Nr. 47 zu § 626 BGB Verdacht strafbarer Handlung Rn. 59 im Anschluss an den Vorsitzenden des Senats *Fischermeier*/KR § 626 BGB Rn. 231; 21.11.2013 EzA § 1 KSchG Verdachtskündigung Nr. 5 = AP Nr. 53 zu § 626 BGB Verdacht strafbarer Handlung Rn. 41; ebenso *Bachner/DKKW* § 102 Rn. 117; *Bayer* DB 1992, 784; *Griese* BB 1990, 1901; *Koch/APS* § 102 BetrVG Rn. 128 [abw. bis 3. Aufl.]; ebenso jetzt *Etzel/Rinck*/KR § 102 BetrVG Rn. 99; abw. hier bis zur 9. Aufl. Rn. 69). Mit Recht weist das *BAG* darauf hin, dass unter diesen Voraussetzungen die Tatsache, dass der Betriebsrat lediglich von einem Verdacht ausgeht, nicht dazu führt, dass die Anhörung in eine völlig falsche Richtung gelenkt wird und ihre Funktion nicht erfüllen könnte (hierzu Rdn. 114). Es wäre daher ein kaum verständlicher und vom Zweck des § 102 Abs. 1 nicht gebotener Formalismus, wenn man die Kündigung wegen fehlender Anhörung nach § 102 Abs. 1 Satz 3 für unwirksam erachten würde, zumal der Arbeitgeber zumindest im Falle der außerordentlichen Kündigung an einer erneuten (Tat-)Kündigung meist durch § 626 Abs. 2 BGB gehindert wäre (s. Rdn. 106). Spricht der Arbeitgeber dagegen nach Abschluss der Anhörung zu einer Verdachtskündigung – eventuell aufgrund neuer Tatsachen – eine Kündigung wegen erwiesener Tat aus, so erschiene es problematisch, die vorherige Anhörung zur Verdachtskündigung bereits als ausreichend anzusehen. Wird die Kündigung gegenüber dem Betriebsrat mit dem Verdacht begründet, so besteht die Gefahr, dass sich der Betriebsrat auf die Frage der Begründetheit des Verdachts und weniger auf die sonstigen Aspekte (Schwere der Pflichtverletzung, Interessenabwägung) konzentriert. Dies mag zwar einer späteren Berücksichtigung als Tatkündigung nicht entgegenstehen. Doch erschiene es fragwürdig, wenn der Arbeitgeber eine Tatkündigung aussprechen könnte, ohne dem Betriebsrat zuvor vor dem Hintergrund der veränderten Umstände Gelegenheit zu einer erneuten Stellungnahme zu geben, obwohl ihm dies noch möglich wäre. Der Zweck des § 102 Abs. 1 gebietet in diesem Falle wohl, dass der Arbeitgeber den Betriebsrat zumindest auf die neue Lage hinweist und anfragt, ob dieser seine Stellungnahme ergänzen möchte. Falls der Betriebsrat dies bejaht, würden erneut die Fristen des § 102 Abs. 2 laufen. Falls er dies verneint, wäre dies als abschließende Stellungnahme (auch) zu einer Tatkündigung zu behandeln.

97 Im Übrigen gilt für die Mitteilungspflicht hinsichtlich der Verdachtskündigung das zur verhaltensbedingten Kündigung Gesagte (s. Rdn. 93) entsprechend. Der Arbeitgeber hat insbesondere **die Tatsachen** mitzuteilen, **auf die sich der Verdacht stützt**. Dabei genügt es im Hinblick auf die Besonderheiten der Verdachtskündigung nicht, wenn der Arbeitgeber mitteilt, welcher Tat der Arbeitnehmer verdächtig ist. Vielmehr muss er auch angeben, aus welchen Erkenntnissen er den Verdacht ableitet. Zudem ist der Arbeitgeber hier in besonderer Weise gehalten, auch die Umstände, die Zweifel an dem geäußerten Verdacht begründen könnten, mitzuteilen und nicht zu verschweigen (*LAG Köln* 27.01.2010 LAGE § 102 BetrVG 2001 Nr. 11 unter II 1; *LAG Nürnberg* 22.06.2010 – 5 Sa 820/08 – juris, Rn. 14 f.). Nicht von der Mitteilungspflicht umfasst ist die Frage der **Verwertbarkeit von Informationen oder Beweismitteln**, aus denen der Arbeitgeber den Verdacht ableitet (*BAG* 21.11.2013 EzA § 1 KSchG Verdachtskündigung Nr. 5 = AP Nr. 53 zu § 626 BGB Verdacht strafbarer Handlung Rn. 27; 22.09.2016 EzA § 32 BDSG Nr. 3 = AP Nr. 259 zu § 626 BGB Rn. 47, jeweils zur Frage der Videoüberwachung). Deshalb muss sich der Arbeitgeber dem Betriebsrat gegenüber auch nicht zur Rechtmäßigkeit von Überwachungsmaßnahmen äußern.

Neben den den Kündigungsgrund bildenden Tatsachen sind außerdem stets die Umstände mitzuteilen, die für die gemäß §§ 626 Abs. 1 BGB, 1 KSchG vorzunehmende **Interessenabwägung** bedeutsam sind (*BAG* 02.03.1989 EzA § 626 BGB n. F. Nr. 118 = AP Nr. 101 zu § 626 BGB unter I 2b dd). Bei einer **außerordentlichen Kündigung** zählt hierzu typischerweise die Angabe der Frist für die ordentliche Kündigung bzw. des Zeitpunktes einer vereinbarten Beendigung des Arbeitsverhältnisses (aufgrund Befristung oder auflösender Bedingung; hiervon geht auch *BAG* 23.10.2014 EzA § 102 BetrVG 2001 Nr. 31 Rn. 20 ff. aus; zu den Folgen bei Angabe einer falschen Kündigungsfrist s. Rdn. 72, 109 ff.). Zudem wird überwiegend angenommen, dass bei einer außerordentlichen Kündigung zum notwendigen Inhalt der Information auch die Tatsachen zählen, aus denen sich der Beginn der **Frist des § 626 Abs. 2 BGB** ergibt, damit der Betriebsrat prüfen könne, ob die Ausschlussfrist noch eingehalten werden oder der konkrete Sachverhalt schon wegen Fristablaufs nicht mehr zum Anlass für eine außerordentliche Kündigung genommen werden kann (*LAG Hamm* 19.05.2008 – 8 Sa 288/08 – juris, Rn. 22 ff.; 29.05.2009 – 13 Sa 1452/08 – juris, Rn. 61; *LAG Köln* 22.03.2012 – 7 Sa 1022/11 – juris, Rn. 24; *Koch/APS* § 102 BetrVG Rn. 129). Dies erscheint problematisch. Zum einen hängt es mitunter gerade vom Verhalten des Betriebsrats ab, ob der Arbeitgeber die Frist des § 626 Abs. 2 BGB noch einhalten kann (s. Rdn. 47). Zum anderen ist nicht erkennbar, warum der Betriebsrat diese Informationen benötigt, um zu der Kündigung Stellung zu nehmen. Die Anhörung soll dem Betriebsrat die Möglichkeit geben, inhaltliche Einwände gegen die Kündigung geltend zu machen. Dagegen ist es nicht die Aufgabe des Betriebsrats im Anhörungsverfahren, die rechtliche Zulässigkeit der Kündigung im Hinblick auf formale Wirksamkeitsvoraussetzungen zu überprüfen (s. Rdn. 3).

(4) Änderungskündigung
Bei einer **Änderungskündigung** ist neben den (personen-, verhaltens- oder betriebsbedingten) Gründen für die Kündigung auch das Änderungsangebot mitzuteilen (*BAG* 10.03.1982 EzA § 2 KSchG Nr. 3, 20.03.1986 EzA § 2 KSchG Nr. 6 = AP Nr. 2, 14 zu § 2 KSchG 1969; 11.10.1989 EzA § 1 Betriebsbedingte Kündigung Nr. 64 = AP Nr. 47 zu § 1 KSchG 1969 Betriebsbedingte Kündigung; 30.11.1989 EzA § 102 BetrVG 1972 Nr. 77, 29.03.1990 EzA § 102 BetrVG 1972 Nr. 79 = AP Nr. 53, 56 zu § 102 BetrVG 1972; zuletzt 19.07.2012 EzA § 2 KSchG Nr. 86 Rn. 29; *Bachner/DKKW* § 102 Rn. 110; *Bekowsky*/MünchArbR § 125 Rn. 84; *Etzel/Rinck*/KR § 102 BetrVG Rn. 100; *Huke*/HWGNRH § 102 Rn. 33; *Preis*/SPV Rn. 351). Sofern dies für die Beurteilung der Zumutbarkeit der geänderten Arbeitsbedingungen notwendig ist, umfasst die Informationspflicht auch die bisherigen Arbeitsbedingungen, wenn die entsprechenden Tatsachen dem Betriebsrat nicht ohnehin bekannt sind (offen gelassen von *BAG* 25.05.2016 EzA § 102 BetrVG 2001 Nr. 37 = AP Nr. 170 zu § 102 BetrVG 1972 Rn. 34 [Höhe des bisherigen Jahresbruttogehalts]). Ergibt sich die Tragweite der Änderung und damit das Gewicht des Kündigungsgrundes erst aus der Kündigungsfrist, ist auch deren Dauer mitzuteilen (insoweit zutr. *BAG* 29.03.1990 EzA § 102 BetrVG 1972 Nr. 79 = AP Nr. 56 zu § 102 BetrVG 1972; s. a. Rdn. 70).

Eine Pflicht des Arbeitgebers, die nach seiner Meinung für die Kündigung maßgebenden Tatsachen zu beweisen, besteht nicht (*BAG* 24.03.1977 EzA § 102 BetrVG 1972 Nr. 28, 15.11.1995 EzA § 102 BetrVG 1972 Nr. 89 = AP Nr. 12, 69 zu § 102 BetrVG 1972; *Galperin/Löwisch* § 102 Rn. 29; *Huke/HWGNRH* § 102 Rn. 46; *Richardi/Thüsing* § 102 Rn. 85; s. a. Rdn. 101). Erst im Kündigungsschutzprozess ist nachzuprüfen, ob die vom Arbeitgeber vorgetragenen Gründe die Kündigung rechtfertigen. Stellen sie sich nicht als ausreichend heraus, so ändert dies an der Wirksamkeit der Anhörung nichts. Zur Möglichkeit, **Kündigungsgründe** im Kündigungsschutzprozess **nachzuschieben**, s. Rdn. 190 ff.

6. Form der Mitteilung

Das Gesetz enthält **keine Formvorschrift**; die Mitteilung an den Betriebsrat kann deshalb schriftlich oder mündlich erfolgen (h. M.; *BAG* 06.02.1997 EzA § 102 BetrVG 1972 Nr. 96; 23.10.2008 EzA § 1 KSchG Interessenausgleich Nr. 16 = AP Nr. 18 zu § 1 KSchG 1969 Namensliste Rn. 18; 13.12.2012 EzA § 174 BGB 2002 Nr. 8 = NZA 2013, 669 Rn. 76; *Bachner/DKKW* § 102 Rn. 48; *Etzel/Rinck*/KR § 102 BetrVG Rn. 114; *Fitting* § 102 Rn. 21; *Huke/HWGNRH* § 102 Rn. 57; *Richardi/*

Thüsing § 102 Rn. 84; *Stege/Weinspach/Schiefer* § 102 Rn. 63). Allerdings ist schriftliche Unterrichtung, möglichst verbunden mit einer Empfangsbestätigung seitens des Betriebsrats, im Hinblick auf evtl. Beweisschwierigkeiten, z. B. im Zusammenhang mit dem Ablauf der Fristen des § 102 Abs. 2, zweckmäßig. Der Arbeitgeber ist auch nicht verpflichtet (wenngleich berechtigt s. Rdn. 80), dem Betriebsrat **Unterlagen** zur Verfügung zu stellen, aus denen sich die für die Kündigung maßgeblichen Tatsachen ergeben; § 80 Abs. 2 ist insoweit nicht anwendbar (h. M.; *BAG* 26.01.1995 EzA § 102 BetrVG 1972 Nr. 87, 06.02.1997 EzA § 102 BetrVG 1972 Nr. 96 *[Raab]* = AP Nr. 69, 85 zu § 102 BetrVG 1972; *Etzel/Rinck*/KR § 102 BetrVG Rn. 105; *Huke*/HWGNRH § 102 Rn. 57; *Richardi/Thüsing* § 102 Rn. 85; vgl. auch *Weber* § 80 Rdn. 58; **a. M.** *Bachner*/DKKW § 102 Rn. 50; *Fitting* § 102 Rn. 26; zur Frage, ob der Arbeitgeber eine nach § 26 Abs. 1 Satz 2 BDSG n. F. [= § 32 Abs. 1 Satz 2 BDSG a. F.] vorgeschriebene Dokumentation vorzulegen hat, *Brink/Wybitul* ZD 2014, 225 [230], die die Problematik jedoch nur anreißen, die Antwort aber offen lassen).

7. Mängel der Anhörung

102 Wie bereits dargelegt (s. Rdn. 33), ist die Anhörung i. S. d. § 102 nur dann erfolgt, wenn sie seitens des Arbeitgebers ordnungsgemäß eingeleitet und wenn sie auch ordnungsgemäß abgeschlossen wurde. Im Rahmen beider Stufen können Mängel auftreten.

a) Im Bereich des Arbeitgebers

103 Erfüllt der **Arbeitgeber** die oben (Rdn. 34 ff.) dargelegten Voraussetzungen für die ordnungsgemäße Einleitung des Anhörungsverfahrens nicht, so wirkt sich dieser Mangel dahin aus, dass eine Anhörung i. S. d. Gesetzes überhaupt nicht vorliegt; die Frist des Abs. 2 beginnt nicht zu laufen. Eine dennoch ausgesprochene Kündigung ist nach § 102 Abs. 1 Satz 3 unwirksam. Unerheblich für die Beurteilung der Wirksamkeit der Kündigung ist, ob und mit welchem Inhalt der Betriebsrat trotz fehlerhafter Unterrichtung zur Kündigung Stellung nimmt (*BAG* 28.09.1978 EzA § 102 BetrVG 1972 Nr. 39, 02.11.1983 EzA § 102 BetrVG 1972 Nr. 53 = AP Nr. 19, 29 zu § 102 BetrVG 1972; zust. *Etzel/Rinck*/KR § 102 BetrVG Rn. 168). Ein Mangel bei der Einleitung des Anhörungsverfahrens wird also nicht dadurch geheilt, dass der Betriebsrat der Kündigung zustimmt oder in sonstiger Weise hierzu abschließend Stellung nimmt (s. a. Rdn. 106). **Ein Mangel in der Einleitung** der Anhörung liegt vor, wenn der Arbeitgeber die Mitteilung überhaupt unterlassen, wenn er sie zu spät oder nicht mit dem im Gesetz vorgeschriebenen Inhalt gemacht hat (s. a. Rdn. 107 ff.; zum Nachschieben von Kündigungsgründen s. Rdn. 190 ff.). Dieser **Mangel wird jedoch geheilt**, wenn der Betriebsrat während des Anhörungsverfahrens, sei es aufgrund eigener Nachforschungen oder aufgrund einer nachträglichen Mitteilung des Arbeitgebers, von den notwendigen Tatsachen Kenntnis erlangt (s. Rdn. 87).

b) Im Bereich des Betriebsrats

104 Soweit **Mängel** im **Verantwortungsbereich des Betriebsrats** entstehen, geht die Rechtsprechung davon aus, dass diese grundsätzlich nicht zur Unwirksamkeit der Kündigung wegen fehlender Anhörung führen, und zwar auch dann nicht, wenn der Arbeitgeber Kenntnis von den Mängeln hat (*BAG* 04.08.1975 EzA § 102 BetrVG 1972 Nr. 14; 02.04.1976 EzA § 102 BetrVG 1972 Nr. 21 = AP Nr. 9 zu § 102 BetrVG 1972; 13.06.1996 NZA 1997, 545 [546] unter II 3a; 16.01.2003 EzA § 102 BetrVG 2001 Nr. 2 = AP Nr. 129 zu § 102 BetrVG 1972; 24.06.2004 EzA § 102 BetrVG 2001 Nr. 9 = AP Nr. 22 zu § 620 BGB Kündigungserklärung; 06.10.2005 EzA § 102 BetrVG 2001 Nr. 15 unter B I 1a; zuletzt etwa 26.09.2013 EzA § 626 BGB 2002 Ausschlussfrist Nr. 4 Rn. 40 f.). Das *BAG* begründet dies damit, dass hinsichtlich der Folgen von Verfahrensmängeln **nach Zuständigkeits- und Verantwortungsbereichen zu unterscheiden** sei. Der Arbeitgeber habe seine Verpflichtung bereits durch die ordnungsgemäße Einleitung des Verfahrens erfüllt. Es sei dann Aufgabe des Betriebsrats, eine ordnungsgemäße Beschlussfassung herbeizuführen. Mängel bei der internen Willensbildung könnten schon deshalb nicht zu Lasten des Arbeitgebers gehen, weil dieser sich nicht in die Amtsführung des Betriebsrats einmischen dürfe und daher den Betriebsrat nicht selbst dazu anhalten könne, seine Stellungnahme aufgrund einer ordnungsgemäßen Beschlussfassung abzugeben. In diesem Zusammenhang sind von der Rechtsprechung folgende Fehlermöglichkeiten angesprochen worden: Stellungnahme des Betriebsratsvorsitzenden ohne entsprechende Beschlussfassung des Betriebsrats

(*BAG* 28.02.1974 EzA § 102 BetrVG 1972 Nr. 8 = AP Nr. 2 zu § 102 BetrVG 1972; 16.01.2003 EzA § 102 BetrVG 2001 Nr. 2 = AP Nr. 129 zu § 102 BetrVG 1972; 06.10.2005 EzA § 102 BetrVG 2001 Nr. 16 unter B I 2 b; 22.11.2012 EzA § 626 BGB 2002 Ausschlussfrist Nr. 2 Rn. 42 ff.); Fehler bei der Einladung zur Sitzung (*BAG* 24.06.2004 EzA § 102 BetrVG 2001 Nr. 9 = AP Nr. 22 zu § 620 BGB Kündigungserklärung; 26.09.2013 EzA § 626 BGB 2002 Ausschlussfrist Nr. 4 Rn. 39 ff.), Fehler bei der Beschlussfassung (falsche Besetzung, nicht erfolgte Ladung von Ersatzmitgliedern, Beschlussfassung im Umlaufverfahren [*BAG* 04.08.1975 EzA § 102 BetrVG 1972 Nr. 14, 02.04.1976 EzA § 102 BetrVG 1972 Nr. 21 = AP Nr. 4, 9 zu § 102 BetrVG 1972; 24.06.2004 EzA § 102 BetrVG 2001 Nr. 9 = AP Nr. 22 zu § 620 BGB Kündigungserklärung]), Anwesenheit des Arbeitgebers während der Beschlussfassung (*BAG* 24.03.1977 EzA § 102 BetrVG 1972 Nr. 28 = AP Nr. 12 zu § 102 BetrVG 1972). Eine **Ausnahme** gelte, wenn **dem Arbeitgeber der Verfahrensfehler zuzurechnen** sei. Dies sei einmal dann der Fall, wenn für den Arbeitgeber erkennbar nicht eine Stellungnahme des Gremiums, sondern nur eine persönliche Äußerung des Vorsitzenden oder eines anderen Mitglieds vorliege (*BAG* 06.10.2005 EzA § 102 BetrVG 2001 Nr. 16 unter B I 2 b; 22.11.2012 EzA § 626 BGB 2002 Ausschlussfrist Nr. 2 Rn. 44; 26.09.2013 EzA § 626 BGB 2002 Ausschlussfrist Nr. 4 Rn. 41). Zuzurechnen sei der Verfahrensfehler dem Arbeitgeber zum anderen, wenn er ihn selbst veranlasst habe (*BAG* 22.11.2012 EzA § 626 BGB 2002 Ausschlussfrist Nr. 2 Rn. 44 f.; 26.09.2013 EzA § 626 BGB 2002 Ausschlussfrist Nr. 4 Rn. 41). Das sei etwa der Fall, wenn der in der Betriebsratssitzung anwesende Arbeitgeber versuche, die Beschlussfassung zu beeinflussen, oder den Betriebsrat davon abhalte, sich zu einer getrennten Sitzung ohne den Arbeitgeber zurückzuziehen (*BAG* 24.03.1977 EzA § 102 BetrVG 1972 Nr. 28 = AP Nr. 12 zu § 102 BetrVG 1972), oder wenn der Arbeitgeber den Betriebsratsvorsitzenden auffordere, den Beschluss im Umlaufverfahren herbeizuführen, oder wenn er bewusst auf eine fehlerhafte Zusammensetzung des Betriebsrats bei der Beschlussfassung hinwirke (*BAG* 22.11.2012 EzA § 626 BGB 2002 Ausschlussfrist Nr. 2 Rn. 45; *LAG Düsseldorf* 07.03.1975 EzA § 102 BetrVG 1972 Nr. 12). Unter diesen Voraussetzungen führten auch Fehler im Verantwortungsbereich des Betriebsrats zur Fehlerhaftigkeit der Anhörung.

Die von der Rechtsprechung vorgenommene Differenzierung nach Verantwortungssphären ist **dog-** 105 **matisch nicht überzeugend** und daher abzulehnen (*Buchner* DB 1976, 532 ff.; *Nause* FS *Etzel*, S. 271 [275 ff.]; *Richardi/Thüsing* § 102 Rn. 131 f.; s. hier § 26 Rdn. 44). Die Anhörung soll dem Betriebsrat als Gremium die Möglichkeit geben, zu der Kündigung Stellung zu nehmen und den Kündigungsentschluss des Arbeitgebers zu beeinflussen (s. Rdn. 3). Daher wird das Anhörungsverfahren durch eine Stellungnahme des Betriebsrates nur dann abgeschlossen, wenn dem **ein wirksamer Beschluss** zugrunde liegt. Hiergegen lässt sich entgegen der Ansicht des *BAG* (*BAG* 02.04.1976 EzA § 102 BetrVG 1972 Nr. 21 = AP Nr. 9 zu § 102 BetrVG 1972) nicht einwenden, dass es sich bei § 102 lediglich um ein Anhörungsrecht und nicht – wie bei § 103 – um ein Zustimmungsrecht handelt. Immer wenn das Gesetz eine Entscheidung des Gremiums verlangt, ist ein wirksamer Beschluss erforderlich. Welcher Art die geforderte Entscheidung ist, ist dagegen unerheblich (zutr. *Buchner* Anm. zu *BAG* EzA § 102 BetrVG 1972 Nr. 21). Auch dass der Arbeitgeber auf das Verfahren keinen Einfluss nehmen kann, ändert nichts an dem Erfordernis einer wirksamen Beschlussfassung. Da das Anhörungsverfahren auch mit Ablauf der Fristen, § 102 Abs. 2 Satz 1 und 3, abgeschlossen wird (s. Rdn. 42), braucht der Arbeitgeber lediglich den Ablauf der Frist abzuwarten. Sofern bis zu diesem Zeitpunkt keine wirksame Stellungnahme vorliegt, kann der Arbeitgeber die Kündigung aussprechen. Ein besonderes Schutzbedürfnis für den Arbeitgeber besteht lediglich insofern, als er häufig keinen Einblick in das Verfahren des Betriebsrats hat und daher Verfahrensmängel nicht erkennen kann. Insofern greifen aber die allgemeinen **Grundsätze des Vertrauensschutzes** ein (s. hierzu § 26 Rdn. 45 ff.; ebenso *Nause* FS *Etzel*, S. 271 [277 ff.], der allerdings hinsichtlich der Voraussetzungen des Vertrauensschutzes von der hier vertretenen Ansicht teilweise abweicht). Sofern also der Betriebsratsvorsitzende oder ein sonst bevollmächtigtes Mitglied des Betriebsrats dem Arbeitgeber mitteilt, dass der Betriebsrat abschließend zur Kündigung Stellung genommen habe, und der Arbeitgeber keinerlei Hinweise auf Verfahrensmängel hat, ist sein Vertrauen schutzwürdig, eine daraufhin ausgesprochene Kündigung nicht wegen mangelnder Anhörung unwirksam. Dagegen gibt es keinen Grund, von den allgemeinen Grundsätzen der Behandlung von Beschlussmängeln abzuweichen und dem Arbeitgeber selbst bei Kenntnis von dem Verfahrensfehler die Kündigung vor Ablauf der Anhörungsfrist zu gestatten (ebenso *Buchner* Anm. zu *BAG* EzA § 102 BetrVG 1972 Nr. 21; *Richardi/Thüsing* § 102 Rn. 131 f.). Das *BAG* hat da-

§ 102   IV. 5. 3. Personelle Einzelmaßnahmen

her richtigerweise eine Kündigung wegen mangelnder Anhörung als unwirksam angesehen, wenn der Arbeitgeber, nachdem er den anwesenden (stellvertretenden) Betriebsratsvorsitzenden von dem Sachverhalt unterrichtet und dieser der Kündigung zugestimmt hat, sofort die Kündigung ausspricht, da der Arbeitgeber in diesem Falle weiß, dass der Betriebsrat sich mit der Kündigung noch nicht befasst haben kann (*BAG* 28.02.1974 EzA § 102 BetrVG 1972 Nr. 8 = AP Nr. 2 zu § 102 BetrVG 1972; vgl. aber auch *BAG* 16.01.2003 EzA § 102 BetrVG 2001 Nr. 2 = AP Nr. 129 zu § 102 BetrVG 1972: Eingang der Stellungnahme des Betriebsrats zwölf Minuten nach Absendung des Anhörungsschreibens begründet keine Evidenz für das Fehlen einer Befassung des Betriebsrats).

8. Folgen bei Mängeln der Anhörung

a) Fehlende Anhörung

106 Gemäß § 102 Abs. 1 Satz 3 ist eine ohne Anhörung des Betriebsrats ausgesprochene Kündigung unwirksam. An einer Anhörung fehlt es nicht nur, wenn der Arbeitgeber den Betriebsrat vollständig übergeht, sondern auch, wenn der Arbeitgeber vor ordnungsgemäßem Abschluss des Verfahrens kündigt, also bevor eine Stellungnahme des Betriebsrats vorliegt oder bevor die Äußerungsfrist abgelaufen ist (s. Rdn. 43 ff.). Die Anhörung ist also für alle Arten von Kündigungen **zivilrechtliche Wirksamkeitsvoraussetzung** (amtliche Begründung, BR-Drucks. 715/70, S. 52), gleichgültig, ob der zu kündigende Arbeitnehmer unter das Kündigungsschutzgesetz fällt oder nicht. Der Mangel der fehlenden Anhörung kann nicht durch eine nachträgliche Anhörung des Betriebsrats geheilt werden, und zwar auch dann nicht, wenn **der Betriebsrat der Kündigung nachträglich zustimmt** (*BAG* 28.02.1974 EzA § 102 BetrVG 1972 Nr. 8, 18.09.1975 EzA § 102 BetrVG 1972 Nr. 17, 27.06.1985 EzA § 102 BetrVG 1972 Nr. 60 = AP Nr. 2, 6, 37 zu § 102 BetrVG 1972; *Bachner/DKKW* § 102 Rn. 46; *Etzel/Rinck/*KR § 102 BetrVG Rn. 168; *Fitting* § 102 Rn. 59; *Galperin/Löwisch* § 102 Rn. 49; *Matthes/*MünchArbR 2. Aufl., § 356 Rn. 38; *Richardi/Thüsing* § 102 Rn. 120). Der gegenteiligen Auffassung (*Adomeit* DB 1971, 2360 [2362]) steht bereits der Gesetzeswortlaut entgegen, wonach die Anhörung vor der Kündigung zu erfolgen hat. Darüber hinaus kann aber auch der Zweck der Anhörung, dem Betriebsrat die Chance zur Einflussnahme auf den Kündigungsentschluss zu gewähren, nach Ausspruch der Kündigung nicht mehr erreicht werden. Dem Arbeitgeber bleibt somit bei fehlender oder fehlerhafter Anhörung nur die Möglichkeit, nach ordnungsgemäßer Anhörung des Betriebsrats erneut zu kündigen, wobei für die Wirksamkeit der Kündigung auf den Zeitpunkt der erneuten Kündigung abzustellen ist, was insbesondere im Falle der außerordentlichen Kündigung wegen der Frist des § 626 Abs. 2 BGB zum Ausschluss des Kündigungsrechts führen kann.

b) Fehlerhafte Anhörung

107 Die h. M. stellt darüber hinaus die **fehlerhafte Anhörung** der fehlenden Anhörung gleich. Die Kündigung ist danach auch dann gemäß Abs. 1 Satz 3 unwirksam, wenn die Anhörung an Mängeln leidet, also wenn das Verfahren nicht ordnungsgemäß eingeleitet oder durchgeführt worden ist (*BAG* 04.08.1975 EzA § 102 BetrVG 1972 Nr. 14 = AP Nr. 4 zu § 102 BetrVG 1972; 13.07.1978 EzA § 102 BetrVG 1972 Nr. 35 = AP Nr. 17 zu § 102 BetrVG 1972; 02.11.1983 EzA § 102 BetrVG 1972 Nr. 53 = AP Nr. 29 zu § 102 BetrVG 1972; 27.06.1985 EzA § 102 BetrVG 1972 Nr. 60 = AP Nr. 37 zu § 102 BetrVG 1972; 16.09.1993 EzA § 102 BetrVG 1972 Nr. 84 = AP Nr. 62 zu § 102 BetrVG 1972; 26.01.1995 EzA § 102 BetrVG 1972 Nr. 87 = AP Nr. 69 zu § 102 BetrVG 1972; zuletzt etwa 22.09.2016 EzA § 85 SGB IX Nr. 10 Rn. 25 m. w. N.; *Bachner/DKKW* § 102 Rn. 254; *Etzel/Rinck/*KR § 102 BetrVG Rn. 160 ff.; *Fitting* § 102 Rn. 56; *Richardi/Thüsing* § 102 Rn. 128). Darauf, ob den Arbeitgeber ein **Verschulden** trifft, kommt es nicht an (*Etzel/Rinck/*KR § 102 BetrVG Rn. 160; *Fitting* § 102 Rn. 56; *Preis/SPV* Rn. 366). Von besonderer Bedeutung sind in diesem Zusammenhang **Fehler des Arbeitgebers bei der Unterrichtung des Betriebsrats**, insbesondere bei der Mitteilung der Gründe für die Kündigung. Nach dem Grundsatz der subjektiven Determinierung liegt eine fehlerhafte Unterrichtung des Betriebsrats hinsichtlich der Kündigungsgründe allerdings nur dann vor, wenn der Arbeitgeber den Betriebsrat über die Gründe, die für seinen Kündigungsentschluss bestimmend waren, nicht oder unzureichend informiert (s. Rdn. 73 ff.). Soweit der Arbeitgeber dem Betriebsrat Tatsachen nicht mitteilt, die zwar objektiv eine Kündigung rechtfertigen können, auf die er aber die Kündigung nicht stützen will, ist die Anhörung nicht fehlerhaft. Der

Arbeitgeber ist lediglich gehindert, solche Gründe im Kündigungsschutzprozess vorzubringen (s. Rdn. 190 ff.). Darüber hinaus ist die Anhörung nach Ansicht des *BAG* stets fehlerhaft, wenn der Arbeitgeber den Betriebsrat bewusst unrichtig und unvollständig informiert und hierdurch beim Betriebsrat eine falsche Vorstellung von dem Kündigungssachverhalt hervorruft (*BAG* 22.09.1994 EzA § 102 BetrVG 1972 Nr. 86 = AP Nr. 68 zu § 102 BetrVG 1972 unter II 3; 03.11.2011 EzA § 1 KSchG Verhaltensbedingte Kündigung Nr. 79 Rn. 38; zuletzt *BAG* 16.07.2015 EzA § 102 BetrVG 2001 Nr. 32 Rn. 16). Die neuere Rspr. deutet zudem an, dass auch bei einer unbewussten, versehentlichen Unrichtigkeit oder Unvollständigkeit der Information ein Anhörungsmangel vorliegen kann, wenn diese dazu führt, dass der Betriebsrat von völlig falschen Annahmen ausgeht und daher eine Stellungnahme zu den wahren Kündigungsgründen unmöglich gemacht wird (*BAG* 23.10.2014 EzA § 102 BetrVG 2001 Nr. 31 Rn. 22; 26.03.2015 EzA § 1 KSchG Betriebsbedingte Kündigung Nr. 183 Rn. 47; s. Rdn. 78).

108 Während die Ausdehnung der Nichtigkeitssanktion des § 102 Abs. 1 Satz 3 auf die Fälle fehlerhafter Anhörung im Grundsatz unbestritten ist, ist deren **methodische Herleitung** noch nicht abschließend geklärt. Das *BAG* begründet dies mit einer analogen Anwendung des § 102 Abs. 1 Satz 3 auf die Fälle der fehlerhaften Anhörung (*BAG* 16.09.1993 EzA § 102 BetrVG 1972 Nr. 84 = AP Nr. 62 zu § 102 BetrVG 1972; 22.09.1994 EzA § 102 BetrVG 1972 Nr. 86 = AP Nr. 68 zu § 102 BetrVG 1972, offenbar unter dem Einfluss von *Bitter* NZA 1991, Beil. Nr. 3, S. 16 [21]; allerdings spricht das Gericht gleichzeitig – terminologisch verwirrend – von einer »teleologischen Auslegung« sowie einer »ausdehnenden Interpretation des Begriffes Anhörung«). Überzeugender scheint es dagegen, im Wege der teleologischen Auslegung gewisse essentialia zum notwendigen Bestandteil der Anhörung zu zählen, so dass es bei ihrem Fehlen insgesamt an einer Anhörung i. S. d. Abs. 1 fehlt, Abs. 1 Satz 3 mithin unmittelbar anwendbar ist (*Etzel*/KR 10. Aufl. § 102 BetrVG Rn. 106 [in *Etzel/Rinck*/KR § 102 Rn. 160 ff. nicht übernommen]; *Raab* ZfA 1995, 479 [520 ff.]; *Wank* RdA 1987, 129 [133]; **a. M.** *Oetker* FS *Kraft*, S. 429 [436 ff.]: Rechtsfortbildung in Form einer teleologischen Extension).

109 Umstritten ist zudem die **Reichweite der Nichtigkeitssanktion**. Würde jede unrichtige oder unvollständige Information zur Nichtigkeit der Kündigung führen, so würden die Anforderungen an den Arbeitgeber eindeutig überspannt und die Anhörungspflicht würde zu einer nicht mehr zu rechtfertigenden Beschränkung der Beendigungsfreiheit führen. Nach dem Gesetzeswortlaut ist lediglich die »ohne Anhörung des Betriebsrats ausgesprochene Kündigung« unwirksam. Dies spricht dafür, die Nichtigkeit nicht bei jedem, sondern nur bei solchen **Verfahrensfehlern** anzunehmen, die eine sachgerechte Stellungnahme des Betriebsrats völlig unmöglich machen und deshalb **einer Nichtanhörung gleichstehen**. Die Nichtigkeitsfolge ist zudem keine reine Sanktion für Pflichtverletzungen des Arbeitgebers. Sie soll vielmehr sicherstellen, dass eine Kündigung erst dann wirksam ausgesprochen werden kann, wenn der Betriebsrat zuvor Gelegenheit hatte, zu der Kündigung und den maßgeblichen Gründen Stellung zu nehmen. Dann darf diese Rechtsfolge bei Verfahrensfehlern nur dann eintreten, wenn infolge des Fehlers das Ziel der Anhörung nicht erreicht wird. Voraussetzung ist also, dass die Anhörung infolge des Mangels, etwa der fehlerhaften Information über die Kündigungsgründe, ihren Zweck nicht erfüllen kann und damit ihrer Funktion beraubt ist (*Raab* ZfA 1995, 479 [522 ff.]; zust. *Huke*/HWGNRH § 102 Rn. 69; vgl. auch *Oetker* SAE 1989, 302, [305]; *ders.* FS *Kraft*, S. 429 [444 ff.]).

110 Die **neuere Rechtsprechung** versucht ebenfalls, die Reichweite der Nichtigkeitsfolge aus dem Zweck der Anhörung zu entwickeln. So nimmt sie im Kontext der Unterrichtungspflicht des Abs. 1 Satz 2 eine fehlerhafte Anhörung in zwei Fällen an: einmal, wenn der Arbeitgeber dem Betriebsrat einen aus seiner eigenen Sicht unrichtigen oder unvollständigen Sachverhalt schildert und diesen daher bewusst in die Irre führt (s. Rdn. 77); zum anderen auch im Falle der unbewussten oder versehentlichen Falschinformation, wenn die Angabe der richtigen oder vollständigen Tatsachen für die Einschätzung des Betriebsrats von erheblicher Bedeutung hätte sein können, die Abweichung des tatsächlichen vom mitgeteilten Sachverhalt also geeignet war, beim Betriebsrat eine unzutreffende Vorstellung hervorzurufen und er deshalb von gänzlich falschen Annahmen ausgehen musste (s. Rdn. 78). In der ganz überwiegenden Mehrzahl dürfte sie damit zu denselben Ergebnissen gelangen wie die vorstehend dargelegte Ansicht.

111 **Konzeptionell** bestehen **gegen den von der Rspr. gewählten Ansatz** aber zwei **Einwände**. Zum einen überzeugt es nicht, die Fehlerhaftigkeit der Anhörung von einer bewussten Falschinformation durch den Arbeitgeber und damit von einem Verschulden abhängig zu machen (*Oetker* FS *Kraft*, S. 429 [444 f.]; *Raab* ZfA 1995, 479 [520 ff.]; *ders.* Anm. EzA § 102 BetrVG 1972 Nr. 96). Dies widerspricht nicht nur der bislang ganz h. M. (s. Rdn. 107). Es fehlt hierfür auch jeglicher Anhaltspunkt im Gesetz. Insbesondere ist es mit dem Zweck der Vorschrift nicht zu vereinbaren. Dem Betriebsrat soll Gelegenheit gegeben werden, auf den Kündigungsentschluss des Arbeitgebers einzuwirken. Maßstab für die Ordnungsmäßigkeit der Anhörung kann daher nur sein, ob der Arbeitgeber dem Betriebsrat die Informationen gegeben hat, die er für seine Stellungnahme zu der beabsichtigten Kündigung benötigt, nicht dagegen, ob der Arbeitgeber sich der Unrichtigkeit oder Unvollständigkeit der Information bewusst war (ebenso *Oetker* FS *Kraft*, S. 429 [444]). Zum anderen erscheint es nicht zutreffend, bei einer unrichtigen oder unvollständigen Information einen Anhörungsmangel allein deshalb zu leugnen, weil die Angaben einen eher untergeordneten Aspekt betreffen, der »Kern des Kündigungsvorwurfs« (*BAG* 21.11.2013 EzA § 1 KSchG Verdachtskündigung Nr. 5 Rn. 26; 26.03.2015 EzA § 1 KSchG Betriebsbedingte Kündigung Nr. 183 Rn. 47) also zutreffend dargestellt ist. So dürfte kein Zweifel daran bestehen, dass der Arbeitgeber objektiv zu einer vollständig wahrheitsgemäßen und nicht nur zu einer im Wesentlichen wahrheitsgemäßen Unterrichtung verpflichtet ist. Objektiv falsche Aussagen stellen folglich einen Verfahrensmangel dar (s. Rdn. 79). Die Frage kann nur sein, ob der Mangel die Nichtigkeit der Kündigung zur Folge hat.

112 Berücksichtigt man den Zweck der Anhörung, so ist die Nichtigkeit als Folge einer lediglich fehlerhaften Anhörung nur zu rechtfertigen, wenn der Fehler die Stellungnahme des Betriebsrats entscheidend beeinflussen konnte, insbesondere geeignet war, dem Betriebsrat ein in wesentlicher Hinsicht verfälschtes Bild von dem maßgeblichen Kündigungssachverhalt zu vermitteln. Insofern trifft die Formulierung des *BAG*, dass es darauf ankomme, ob der »Kern des Kündigungssachverhalts« zutreffend und vollständig dargestellt werde, durchaus zu. Es geht dabei aber nicht um die Frage, ob ein Verfahrensfehler vorliegt oder nicht, sondern darum, welche Auswirkungen dieser Verfahrensfehler hat, insbesondere ob er einer unterbliebenen Anhörung wertungsmäßig entspricht und deshalb die Nichtigkeit der Kündigung nach Abs. 1 Satz 3 zur Folge haben muss. Dies ist nur anzunehmen, wenn durch den Fehler die Chance des Betriebsrats, den Kündigungsentschluss des Arbeitgebers zu beeinflussen, vereitelt oder wesentlich beeinträchtigt wird. Erforderlich ist folglich ein **ursächlicher Zusammenhang zwischen dem Verfahrensfehler und der Beeinträchtigung der Meinungsbildung auf Seiten des Betriebsrats**. Insofern drängt sich eine Parallele zum Schadensrecht auf. Auch hier führt die Verletzung einer (schuldrechtlichen) Pflicht nur dann zu einem Anspruch auf Ersatz des entstandenen Schadens, wenn der Schaden ohne die Pflichtverletzung nicht eingetreten wäre (hierzu etwa *Oetker*/MK-BGB § 249 Rn. 103 ff.).

113 Folgt man dem, so gelangt man bei einer versehentlichen, unbewussten Falschinformation durch den Arbeitgeber mindestens weithin zu denselben Ergebnissen wie die Rspr. des *BAG*, da es sich im praktischen Resultat nicht auswirkt, ob man in den Fällen, in denen die fehlerhafte oder unvollständige Information nur ein unwesentliches Detail oder einen Nebenaspekt betrifft, bereits einen Verfahrensfehler verneint oder feststellt, dass sich der Verfahrensfehler nicht nachteilig auf die Möglichkeiten des Betriebsrats zur sachgemäßen Stellungnahme ausgewirkt habe. Unterschiede könnten sich aber insoweit ergeben, als nach dem hier vertretenen Ansatz eine Falschinformation **auch dann nicht zur Nichtigkeit** führen dürfte, **wenn der Arbeitgeber bewusst bestimmte Tatsachen unterschlägt**, sofern dies **ohne negative Folgen** bleibt, insbesondere die Stellungnahme des Betriebsrats bei ordnungsgemäßer Unterrichtung nicht wesentlich anders hätte ausfallen können (Einwand des rechtmäßigen Alternativverhaltens). Teilt etwa im Falle einer Kündigung wegen häufiger Kurzerkrankungen der Arbeitgeber dem Betriebsrat mit, dass der Arbeitnehmer eine Therapie grundlos abgelehnt oder abgebrochen habe, so ist dies zwar geeignet, den Betriebsrat von einer sachgerechten Stellungnahme abzuhalten, insbesondere den Einwand zu erheben, dass man vor einer Kündigung erst das Ergebnis einer etwaigen Behandlung abwarten müsse, eine negative Prognose im Hinblick auf zukünftige Krankheitszeiten also noch nicht zulässig sei (so zutr. *BAG* 16.07.2015 EzA § 102 BetrVG 2001 Nr. 32 Rn. 11). Stellt sich jedoch heraus, dass die entsprechende Krankheit gar nicht therapierbar ist, so erschiene es nicht gerechtfertigt, die Kündigung allein wegen der bewussten Falschinformation nach Abs. 1 Satz 3 für nichtig zu halten, da der Betriebsrat den Einwand auch bei Kenntnis der wahren

Tatsachen nicht hätte erheben können. Vielmehr käme allenfalls eine Sanktion nach § 119 Abs. 1 Nr. 2 wegen (vorsätzlicher) Behinderung der Tätigkeit des Betriebsrats (§ 78 Satz 1) in Betracht.

Eine objektiv unrichtige oder unvollständige Information macht die Anhörung zudem nur dann fehlerhaft, wenn **der Arbeitgeber den wahren Sachverhalt kennt** (*BAG* 15.11.1995 EzA § 102 BetrVG 1972 Nr. 89 unter II 1 a; 16.07.2015 EzA § 102 BetrVG 2001 Nr. 32 Rn. 17). Insoweit geht es allerdings in der Tat um die Frage des Vorliegens eines Verfahrensfehlers, nicht um die sich hieraus ergebenden Folgen. Der Zweck der Anhörung gebietet nur, dass der Betriebsrat weiß, von welchem Sachverhalt der Arbeitgeber ausgegangen ist. Es liegt daher kein Anhörungsmangel vor und die Kündigung ist nicht wegen fehlerhafter Anhörung unwirksam, wenn sich erst im Kündigungsschutzprozess der vom Arbeitgeber unterstellte Sachverhalt als unrichtig oder unvollständig erweist. Erfährt der Arbeitgeber dagegen nach Unterrichtung des Betriebsrats, aber vor Ausspruch der Kündigung, dass er im Hinblick auf den dem Betriebsrat mitgeteilten Kündigungssachverhalt von falschen Annahmen ausgegangen ist, so muss er den Betriebsrat nachträglich hiervon unterrichten und ihm erneut Gelegenheit zur Stellungnahme geben (*BAG* 22.09.2016 EzA § 85 SGB IX Nr. 10 Rn. 33; s. a. Rdn. 82). 114

Danach ist **die Kündigung wegen fehlerhafter Anhörung nichtig**, 115
– wenn der Arbeitgeber dem Betriebsrat die Umstände nicht oder unzutreffend mitteilt, die für die Individualisierung der Kündigung notwendig sind (also die Person des zu kündigenden Arbeitnehmers, die Art der Kündigung, s. Rdn. 56 ff.);
– wenn der Arbeitgeber dem Betriebsrat gar keine Gründe für die Kündigung nennt;
– wenn die Darstellung der Kündigungsgründe so unvollständig oder unrichtig ist, dass sie dem Betriebsrat eine völlig irrige Vorstellung von dem zugrunde liegenden Sachverhalt vermittelt, weil der Betriebsrat dann bei eigenen Nachforschungen in einer ganz anderen Richtung ermitteln würde oder seine Stellungnahme an den für den Arbeitgeber maßgeblichen Beweggründen notwendig vorbeigehen müsste. Dies ist insbesondere dann anzunehmen, wenn der Arbeitgeber nur Gründe nennt, die für seinen Kündigungsentschluss gar nicht maßgeblich waren (*Etzel/Rinck*/KR § 102 BetrVG Rn. 166; *Oetker* FS *Kraft*, S. 429 [445]);
– wenn der Betriebsrat den Arbeitgeber um zusätzliche Informationen gebeten hat und der Arbeitgeber diesem (berechtigten) Verlangen nicht oder nur unzureichend nachkommt (*BAG* 17.02.2000 EzA § 102 BetrVG 1972 Nr. 103 *[Raab]*; *Oetker* SAE 1989, 302 [305]; *Raab* ZfA 1995, 479 [528]).

Dagegen tritt die Nichtigkeitssanktion nicht ein, wenn der Arbeitgeber **einen von mehreren Sachverhalten, auf die er die Kündigung stützen will, dem Betriebsrat nicht mitteilt** (ebenso *Etzel/Rinck*/KR § 102 BetrVG Rn. 166). Gleiches gilt, wenn der Arbeitgeber aus einem Lebenssachverhalt einzelne (ihm bekannte) Tatsachen nicht erwähnt, sofern dadurch der Sachverhalt nicht in einem völlig anderen Licht erscheint. Zwar verletzt der Arbeitgeber damit seine Mitteilungspflicht. Der Arbeitgeber ist nach § 102 Abs. 1 Satz 2 verpflichtet, sämtliche Sachverhalte, auf die er die Kündigung stützen will, so umfassend zu schildern, dass der Betriebsrat ohne weitere Nachforschungen in der Lage ist, die Stichhaltigkeit der Kündigungsgründe zu prüfen (s. Rdn. 80), da nur so der Betriebsrat den Willensbildungsprozess des Arbeitgebers nachvollziehen und innerhalb der relativ kurzen Fristen des Abs. 2 Satz 1 und 3 über eine Stellungnahme beschließen kann. Zur Absicherung dieser Pflicht ist es aber nicht erforderlich, an jede Verletzung die Nichtigkeitsfolge zu knüpfen. Vielmehr genügt es, wenn der Arbeitgeber in einem späteren Kündigungsschutzprozess die Kündigung nur auf solche Umstände stützen kann, die er dem Betriebsrat mitgeteilt hat (*Oetker* SAE 1989, 302 [305]; *Raab* ZfA 1995, 479 [524 ff.]; zur Problematik des Nachschiebens von Gründen im Kündigungsschutzprozess s. Rdn. 190 ff.). Der Arbeitgeber wird daher schon aus eigenem Interesse den Betriebsrat möglichst vollständig über die ihm bekannten Gründe informieren. Würde man hingegen die Kündigung in solchen Fällen wegen fehlerhafter Anhörung als nichtig ansehen, obwohl die Kündigung individualrechtlich bereits aufgrund des mitgeteilten Sachverhalts gemäß § 1 Abs. 2 KSchG bzw. § 626 Abs. 1 BGB gerechtfertigt ist, so würde sich die Anhörung im Ergebnis als zusätzliche Hürde sachlicher Rechtfertigung der Kündigung auswirken. Im Übrigen hat der Betriebsrat die Möglichkeit, im Falle einer groben Pflichtverletzung gemäß § 23 Abs. 3 gegen den Arbeitgeber vorzugehen. Zu den Folgen fehlerhafter Unterrichtung bei einer ordentlichen **Kündigung außerhalb des Anwendungsbereichs des KSchG** s. Rdn. 83 ff. 116

c) Geltendmachung von Mängeln der Anhörung

117 Ist die Kündigung wegen unterbliebener oder fehlerhafter Anhörung nach Abs. 1 S. 3 nichtig, so handelt es sich um eine Unwirksamkeit »aus anderen Gründen« i. S. d. § 13 Abs. 3 KSchG. Nach früher geltendem Recht konnte der Arbeitnehmer diesen Unwirksamkeitsgrund ohne zeitliche Begrenzung geltend machen (vgl. hierzu 7. Aufl., § 102 Rn. 83). Durch die Erweiterung des Anwendungsbereiches der **Klagefrist des § 4 Satz 1 KSchG** (vgl. Art. 1 Nr. 3 bis 7 des Gesetzes zu Reformen am Arbeitsmarkt vom 24.12.2003, BGBl. I S. 3002) hat sich die Rechtslage grundlegend geändert (*Raab* RdA 2004, 321 ff. m. w. N.). Nunmehr muss der Arbeitnehmer auch die Unwirksamkeit der Kündigung aus anderen Gründen als der fehlenden sozialen Rechtfertigung nach §§ 1, 2 KSchG innerhalb der Drei-Wochen-Frist des § 4 Satz 1 KSchG im Wege der Kündigungsschutzklage geltend machen (§ 13 Abs. 3 KSchG). Dies gilt folglich auch für die Unwirksamkeit wegen fehlender oder fehlerhafter Anhörung des Betriebsrats (*Reg. Begr.* BT-Drucks. 15/1204, S. 13; *Etzel/Rinck/KR* § 102 BetrVG Rn. 254; *Fitting* § 102 Rn. 63a; *Koch/APS* § 102 BetrVG Rn. 162; *Richardi/Thüsing* § 102 Rn. 140), und zwar selbst in Betrieben, die ansonsten nicht unter den Anwendungsbereich des KSchG fallen (vgl. § 23 Abs. 1 Satz 2 und 3 KSchG; dies kann wegen der unterschiedlichen Schwellenwerte in § 1 Abs. 1 Satz 1 BetrVG einer- und § 23 Abs. 1 Satz 3 KSchG andererseits durchaus praktische Bedeutung erlangen). Erhebt der Arbeitnehmer nicht fristgemäß Klage, so gilt die Kündigung gem. § 7 KSchG auch hinsichtlich der Anhörung als wirksam. Gemäß § 13 Abs. 3 KSchG finden allerdings die übrigen Vorschriften des Gesetzes auf die aus anderen Gründen unwirksame Kündigung unverändert keine Anwendung. Aus diesem Grunde ist ein **Auflösungsantrag nach §§ 9, 10 KSchG unzulässig**, wenn der Arbeitnehmer ausschließlich die Unwirksamkeit wegen fehlender oder fehlerhafter Anhörung rügt; vielmehr kann ein solcher Antrag nur gestellt werden, wenn zusätzlich die Sozialwidrigkeit der Kündigung geltend gemacht wird (Ausschussbericht BT-Drucks. 15/1587, S. 27 zu Art. 1 Nr. 6; *Biebl/APS* § 13 KSchG Rn. 66; *Etzel/Rinck/KR* § 102 BetrVG Rn. 266; *von Hoyningen-Huene* in: *von Hoyningen-Huene/Linck* KSchG, § 13 Rn. 70; *Richardi/Thüsing* § 102 Rn. 144; **a.M.** *Friedrich/Treber/KR* § 13 KSchG Rn. 250).

d) Verzicht auf die Anhörung

118 Der **Betriebsrat** kann auf das Anhörungsrecht **nicht verzichten** (*LAG Hamm* 09.09.1974 DB 1974, 2063; *Bachner/DKKW* § 102 Rn. 52; *Etzel/Rinck/KR* § 102 BetrVG Rn. 113; *Galperin/Löwisch* § 102 Rn. 51; *Huke/HWGNRH* § 102 Rn. 74). Ein Verzicht setzt voraus, dass die jeweilige Rechtsposition zur Disposition des Verzichtenden steht. Dies wiederum ist nur dann der Fall, wenn es sich um ein subjektives Recht handelt, das dem Verzichtenden ausschließlich in seinem eigenen Interesse eingeräumt worden ist. Die Beteiligungsrechte des Betriebsrats sind aber keine subjektiven, im eigenen Interesse des Betriebsrats auszuübenden Rechte, sondern Kompetenzen, die diesem im Interesse und zum Schutze der von ihm repräsentierten Arbeitnehmer vom Gesetz verliehen worden sind. Schon deshalb ist ein Verzicht des Betriebsrats auf die Ausübung eines Mitbestimmungsrechtes nicht zulässig. **§ 102 Abs. 1 Satz 3** ist daher jedenfalls insoweit **zwingendes Recht** (*Wiese* RdA 1968, 455 ff.).

119 Die Pflicht zur Anhörung des Betriebsrats entfällt auch nicht dadurch, dass **der zu kündigende Arbeitnehmer auf die Anhörung verzichtet**. Der Arbeitnehmer kann nicht über eine Rechtsposition verfügen, die ihm gar nicht selbst zusteht. Zwar dient das Anhörungsrecht primär dem Schutz des betroffenen Arbeitnehmers (vgl. amtliche Begründung, BR-Drucks. 715/70, S. 32, 52), doch sind die Beteiligungsrechte vom Gesetzgeber dem Betriebsrat zugewiesen und somit dem Einfluss der betroffenen Arbeitnehmer entzogen worden. Außerdem hat der Betriebsrat bei der Ausübung des Anhörungsrechtes nicht allein die Interessen des betroffenen Arbeitnehmers, sondern zugleich diejenigen der übrigen Belegschaft und des Betriebes zu berücksichtigen (§ 2 Abs. 1). Diese Möglichkeit darf ihm nicht durch einen einseitigen Verzicht des Arbeitnehmers oder durch Vereinbarung zwischen Arbeitgeber und Arbeitnehmer entzogen werden (*Bachner/DKKW* § 102 Rn. 52; *Etzel/Rinck/KR* § 102 BetrVG Rn. 113; *Huke/HWGNRH* § 102 Rn. 74; *Raab* ZfA 1995, 479 [532 f.]; *Richardi/Thüsing* § 102 Rn. 43).

120 Von diesem Grundsatz macht die wohl h. M. eine Ausnahme, wenn **der gekündigte Arbeitnehmer die Nichtanhörung** des Betriebsrats **ausdrücklich gefordert** hat. Greife der Arbeitnehmer die Kündigung dann wegen fehlender Anhörung des Betriebsrats an, so stelle dies einen Verstoß gegen

das Verbot widersprüchlichen Verhaltens gemäß § 242 BGB (venire contra factum proprium) dar (*Etzel/Rinck*/KR § 102 BetrVG Rn. 113; *Galperin/Löwisch* § 102 Rn. 47; *Koch/APS* § 102 BetrVG Rn. 21; *Meisel* Mitwirkung, Rn. 624; *Richardi/Thüsing* § 102 Rn. 142). Kann aber der Arbeitnehmer auf die Anhörung nicht verzichten, weil diese auch kollektiven Interessen dient, so kann auch das Eingreifen der an die Verletzung des Anhörungsrechts anknüpfenden Sanktion nicht vom Verhalten des Arbeitnehmers abhängig sein, weil die Nichtigkeitssanktion mittelbar auch die Wahrung der Rechte des Betriebsrats bezweckt (*Raab* ZfA 1995, 479 [532 ff.]; ebenso im Ergebnis *Bachner/DKKW* § 102 Rn. 52). Eine teleologische Reduktion der Unwirksamkeitssanktion des Abs. 1 Satz 3 käme daher allenfalls dann in Betracht, wenn die Sanktion des § 102 Abs. 1 Satz 3 zur Wahrung der kollektiven Zwecksetzung des Anhörungsverfahrens nicht erforderlich ist. Dies wird man aber nur dann annehmen können, wenn der Betriebsrat der Kündigung nachträglich zustimmt. Eine Beeinträchtigung kollektiver Interessen erscheint insoweit ausgeschlossen. Hat folglich der Arbeitnehmer die Nichtanhörung des Betriebsrats verlangt und stimmt der Betriebsrat der Kündigung nach deren Ausspruch zu, so ist die Kündigung nicht nach Abs. 1 Satz 3 unwirksam.

Auch **durch Kollektivvereinbarung** kann die vorherige Anhörung des Betriebsrats nicht als Wirksamkeitsvoraussetzung ausgeschaltet werden. Das gilt sowohl für die Betriebsvereinbarung als auch für den Tarifvertrag (*Galperin/Löwisch* § 102 Rn. 51, 52). **121**

e) Darlegungs- und Beweislast

Ist streitig, ob die Anhörung des Betriebsrats vor Ausspruch der Kündigung ordnungsgemäß erfolgt ist, so gilt eine **abgestufte Darlegungs- und Beweislast** (im Ausgangspunkt ganz h. M.; *BAG* 16.03.2000 EzA § 626 BGB n. F. Nr. 179; 23.06.2005 EzA § 102 BetrVG 2001 Nr. 12 unter II 1; 18.05.2006 EzA § 1 KSchG Betriebsbedingte Kündigung Nr. 148 Rn. 49 f.; 24.04.2008 EzA § 613a BGB 2002 Nr. 92 Rn. 30; *Bitter* NZA 1991, Beil. Nr. 3, S. 16 [21]; *Busemann* NZA 1987, 581 [582 f.]; *Etzel/Rinck*/KR § 102 BetrVG Rn. 267; *Fitting* § 102 Rn. 57; *Galperin/Löwisch* § 102 Rn. 48; *Huke/HWGNRH* § 102 Rn. 75; *Oetker* BB 1989, 417 [420]; *Richardi/Thüsing* § 102 Rn. 143). Danach muss zunächst der Arbeitnehmer darlegen und beweisen, dass überhaupt eine Pflicht zur Anhörung bestand. Voraussetzung hierfür ist, dass der Arbeitnehmer einem Betrieb angehört, in dem ein **Betriebsrat besteht**, dessen Anhörung zur Wirksamkeit der Kündigung erforderlich war (erste Stufe; *BAG* 23.06.2005 EzA § 102 BetrVG 2001 Nr. 12 unter II 1; 08.05.2014 EzA § 1 KSchG Betriebsbedingte Kündigung Nr. 180 Rn. 32). Anschließend hat der Arbeitgeber (zweite Stufe) die Tatsachen vorzutragen, aus denen sich ergibt, dass der Betriebsrat **ordnungsgemäß angehört** worden ist (*BAG* 23.06.2005 EzA § 102 BetrVG 2001 Nr. 12 unter II 1; 18.05.2006 EzA § 1 KSchG Betriebsbedingte Kündigung Nr. 148 Rn. 49 f.; 24.04.2008 EzA § 613a BGB 2002 Nr. 92 Rn. 30). Im Einzelnen ergibt sich hieraus für die Darlegungs- Beweislast Folgendes: **122**

Auf der **ersten Stufe** ist zunächst zu klären, ob § 102 überhaupt **Anwendung findet**. Hierfür ist Voraussetzung, dass der Arbeitnehmer einem Betrieb angehört, für den ein Betriebsrat gewählt worden ist. Insoweit ist der Arbeitnehmer darlegungs- und beweispflichtig (*BAG* 23.06.2005 EzA § 102 BetrVG 2001 Nr. 12 unter II 1 b; 24.05.2012 EzA § 1 KSchG Betriebsbedingte Kündigung Nr. 168 Rn. 43 ff.; 08.05.2014 EzA § 1 KSchG Betriebsbedingte Kündigung Nr. 180 Rn. 32). Beruft sich der Arbeitnehmer darauf, dass ein Übergangs- oder Restmandat besteht, so ist er auch hierfür darlegungs- und beweispflichtig (*BAG* 08.05.2014 EzA § 1 KSchG Betriebsbedingte Kündigung Nr. 180 Rn. 34 ff.). Weitere Voraussetzung für die Anhörungspflicht ist, dass der Arbeitnehmer zu dem vom Betriebsrat repräsentierten Personenkreis zählt, insbesondere kein leitender Angestellter ist (*BAG* 05.06.2014 EzA § 2 KSchG Nr. 91 Rn. 49 f.). Auch dies ist vom Arbeitnehmer darzulegen und im Streitfalle zu beweisen. **123**

Ist die Anwendbarkeit des § 102 unstreitig oder erwiesen, steht also fest, dass ein Betriebsrat hätte angehört werden müssen, so muss der Arbeitgeber auf der **zweiten Stufe** im Einzelnen darlegen und ggf. beweisen, dass er die Anhörungspflicht erfüllt hat. Unklar ist, ob er dies von sich aus tun muss oder ob hierfür **ein Bestreiten des Arbeitnehmers erforderlich** ist. In der älteren Judikatur hatte das *BAG* stets betont, dass der Arbeitnehmer im Kündigungsschutzprozess die ordnungsgemäße Anhörung zunächst bestreiten müsse, damit die entsprechende Darlegungs- und Beweislast des Arbeitgebers ausgelöst werde, wobei in der Regel ein Bestreiten mit Nichtwissen gemäß § 138 Abs. 4 ZPO genüge, **124**

§ 102

da die Anhörung außerhalb der Einflusssphäre des Arbeitnehmers ablaufe und er deshalb häufig keine Kenntnis von der Durchführung des Verfahrens habe (*BAG* 16.03.2000 EzA § 626 BGB n. F. Nr. 179; *Busemann* NZA 1987, 581 [584]; *Oetker* BB 1989, 417 [419]; **a. M.** *Eich* DB 1975, 1603 [1606]; *Spitzweg/Lücke* NZA 1995, 406 ff.). Tue er dies nicht, so sei den Gerichten eine Nachprüfung der Kündigung unter dem Gesichtspunkt der Nichtanhörung des Betriebsrats verwehrt (*BAG* 23.06.1983 EzA § 1 KSchG Krankheit Nr. 12 *[Kraft]* = AP Nr. 10 zu § 1 KSchG 1969 Krankheit; 20.05.1988 EzA § 1 KSchG Personenbedingte Kündigung Nr. 3 = AP Nr. 9 zu § 1 KSchG 1969 Personenbedingte Kündigung). In neueren Entscheidungen stellt das Gericht verstärkt darauf ab, dass der Arbeitgeber die Darlegungs- und Beweislast für die ordnungsgemäße Anhörung trage, weil die Betriebsratsanhörung Wirksamkeitsvoraussetzung für die Kündigung sei (*BAG* 23.06.2005 EzA § 102 BetrVG 2001 Nr. 12 unter II 1; 18.05.2006 EzA § 1 KSchG Betriebsbedingte Kündigung Nr. 148 Rn. 49 f.; 20.06.2013 EzA § 611 BGB 2002 Persönlichkeitsrecht Nr. 14 Rn. 45). Darüber, wie diese Äußerung zu interpretieren ist, besteht offenbar selbst unter den (aktuellen und ehemaligen) Richtern des *BAG* kein Konsens. Während manche meinen, dass die Darlegungs- und Beweisobliegenheit bereits ausgelöst werde, wenn das Bestehen eines funktionsfähigen Betriebsrats feststehe (so *Etzel/Rinck/*KR § 102 BetrVG Rn. 267), widerspricht dem der Vorsitzende des zuständigen Senats und meint, dass der Arbeitnehmer die ordnungsmäßige Beteiligung rügen bzw. bezweifeln müsse (so unter Hinweis auf die frühere Rspr. *Koch/*APS § 102 BetrVG Rn. 163; s. a. *BAG* 20.06.2013 EzA § 611 BGB 2002 Persönlichkeitsrecht Nr. 14 Rn. 45, wo verlangt wird, dass sich der Arbeitnehmer »auf die Unwirksamkeit der Kündigung nach § 102 Abs. 1 Satz 3 berufen« haben müsse). Im Ergebnis ist der zweiten Ansicht zu folgen. Zweifel bestehen schon daran, ob den Arbeitgeber die originäre Darlegungs- und Beweislast trifft. Die fehlende Anhörung führt zur (anfänglichen) Nichtigkeit der Kündigung. Es handelt sich systematisch also um eine rechtshindernde Einwendung, für die nach allgemeinen Grundsätzen derjenige die Beweislast trägt, der sich auf sie beruft, hier also der Arbeitnehmer. Die Verschiebung der Darlegungslast auf den Arbeitgeber lässt sich also nur damit begründen, dass der Arbeitnehmer nicht über die notwendigen Informationen verfügt und der Arbeitgeber daher näher daran ist, die Ordnungsmäßigkeit der Anhörung zu belegen. Es handelt sich also um einen Fall der sekundären Behauptungslast (hierzu *Prütting/*MK-ZPO § 286 Rn. 131, 136 m. w. N.). Aus diesem Grunde muss der Arbeitnehmer mindestens zunächst die Ordnungsmäßigkeit der Anhörung mit Nichtwissen bestreiten.

125 Hat der Arbeitnehmer gerügt, dass der Betriebsrat nicht oder nicht ordnungsgemäß angehört worden sei, so muss der **Arbeitgeber den Ablauf des Anhörungsverfahrens** im Einzelnen **darlegen**. Er hat insbesondere anzugeben, welche Umstände er dem Betriebsrat mitgeteilt hat und ob und ggf. wie der Betriebsrat Stellung genommen hat. Lag eine (abschließende) Stellungnahme vor Ausspruch der Kündigung nicht vor, muss er die Umstände darlegen, aus denen sich der Fristablauf (Abs. 2 Satz 1 und 3) ergibt. Hierzu zählt insbesondere die Tatsache, dass und wann die Unterrichtung dem Vorsitzenden oder einem empfangsberechtigten Mitglied zugegangen ist. Sofern man mit dem *BAG* der Ansicht ist, dass die Anhörung bei objektiv unvollständiger und unrichtiger Information dann fehlerhaft ist, wenn der Arbeitgeber den Betriebsrat hierdurch bewusst in die Irre führen wollte (s. hierzu Rdn. 107 ff.), trägt der Arbeitgeber in den Fällen, in denen die objektiven Tatsachen von dem abweichen, was der Arbeitgeber dem Betriebsrat mitgeteilt hat, außerdem die Beweislast dafür, dass keine bewusste Irreführung vorliegt (*BAG* 22.09.1994 EzA § 102 BetrVG 1972 Nr. 86 = AP Nr. 68 zu § 102 BetrVG 1972).

126 Trägt der Arbeitgeber auf das Bestreiten des Arbeitnehmers hin Tatsachen vor, die eine ordnungsgemäße Anhörung belegen, so muss der Arbeitnehmer nunmehr näher spezifizieren, ob und wenn ja welche der vorgetragenen Tatsachen er für unzutreffend hält bzw. inwieweit die Anhörung aufgrund der vorgetragenen (und nicht bestrittenen) Tatsachen mangelhaft ist. Ein **pauschales Bestreiten mit Nichtwissen genügt dann nicht mehr** (*BAG* 16.03.2000 EzA § 626 BGB n. F. Nr. 179 unter II 2; 20.01.2000 EzA § 1 KSchG Krankheit Nr. 47 unter B II 1; 23.06.2005 EzA § 102 BetrVG 2001 Nr. 12 unter II 1 b). Auch ein Bestreiten einzelner Tatsachen mit Nichtwissen ist in diesem Stadium nicht mehr zulässig, wenn der Arbeitnehmer – etwa auch aufgrund des Tatsachenvortrags des Arbeitgebers und von diesem vorgelegter Urkunden – Kenntnis von dem maßgeblichen Sachverhalt hat (*BAG* 23.06.2005 EzA § 102 BetrVG 2001 Nr. 12 unter II 1 c). Umstritten ist, ob ein Bestreiten mit Nichtwissen zulässig ist, wenn sich der Arbeitnehmer in zumutbarer Weise – etwa durch Nachfrage beim Betriebsrat – Kenntnis von dem wahren Sachverhalt verschaffen kann (für Unzulässigkeit

LAG Köln 07.08.1998 NZA-RR 2000, 32; *Kraft* Anm. EzA § 626 BGB n. F. Nr. 179; *Spitzweg/Lücke* NZA 1995, 406; vgl. auch *Kern*: in Stein/Jonas ZPO, § 138 Rn. 43; für eine Informationspflicht ohne Rücksicht auf den Sachvortrag des Arbeitgebers *Mühlhausen* NZA 2002, 644 [647 ff.]; **a. M.** *Etzel/ Rinck*/KR § 102 Rn. 268; *J. Griebeling* NZA 2007, 540 [542 f.]; *Koch/APS* § 102 BetrVG Rn. 165).

Die Parteien können die Wirksamkeit der Kündigung im Hinblick auf die Anhörung auch **außer Streit stellen**. Hierdurch wird der dem Gericht vorliegende Prozessstoff begrenzt. Dem Arbeitsgericht ist es daher verwehrt, die Wirksamkeit der Kündigung unter dem Aspekt des § 102 Abs. 1 zu prüfen, selbst wenn sich aus dem Sachvortrag des Arbeitgebers Hinweise auf Verfahrensfehler ergeben (*BAG* 20.06.2013 EzA § 611 BGB 2002 Persönlichkeitsrecht Nr. 14 Rn. 46 unter Hinweis auf § 6 KSchG; zust. *Etzel/Rinck*/KR § 102 BetrVG Rn. 271; *Koch/APS* § 102 BetrVG Rn. 165b). Hierin liegt kein (unzulässiger, s. Rdn. 119) Verzicht auf die Anhörung, da der Arbeitnehmer nur sein (individuelles) Recht aufgibt, die Rechtsfolgen einer unterbliebenen oder fehlerhaften Anhörung auf die Wirksamkeit der Kündigung geltend zu machen.

127

V. Stellungnahme des Betriebsrats (Abs. 2, 3 und 4)

1. Überblick

a) Pflicht zur Stellungnahme

§ 102 gibt dem Betriebsrat die Möglichkeit, zu einer beabsichtigten Kündigung Stellung zu nehmen und eventuell Einwendungen gegen sie vorzubringen. Er kann der Kündigung auch zustimmen oder keine Stellungnahme abgeben, so dass die Zustimmung als erteilt gilt. Es gehört jedoch zu den **gesetzlichen Pflichten** des Betriebsrats, innerhalb der Äußerungsfristen über eine Stellungnahme zu der beabsichtigten Kündigung zu beraten und zu beschließen. Verletzt der Betriebsrat diese betriebsverfassungsrechtliche Amtspflicht, so kann dies die Sanktionen nach § 23 Abs. 1 auslösen. Einen **einklagbaren Anspruch** auf Tätigwerden des Betriebsrats hat der einzelne Arbeitnehmer jedoch nicht (*Bachner*/DKKW § 102 Rn. 173; *Etzel/Rinck*/KR § 102 BetrVG Rn. 71; *Fitting* § 102 Rn. 71). Erst recht kommt eine **Strafbarkeit** im Falle pflichtwidrigen Verhaltens des Betriebsrats unter dem Gesichtspunkt der Untreue zum Nachteil des Arbeitnehmers (§ 266 StGB) nicht in Betracht (insoweit zutr. *Lobinger* in: *Rieble/Junker/Giesen* Arbeitsstrafrecht im Umbruch, ZAAR-Schriftenreihe Bd. 13, 2009, § 5 Rn. 32 ff., der – trotz seiner problematischen Grundannahmen [hierzu die Beiträge von *Reichold* und *Clemenz* in der anschließenden Diskussion, Rn. 54 und 56 ebd.] – eine Vermögensbetreuungspflicht im Falle des § 102 richtigerweise verneint; **a. M.** – in Verkennung der arbeits-, insbesondere der betriebsverfassungsrechtlichen Zusammenhänge – *K. Cosack* Untreue von Betriebsräten gegenüber Arbeitnehmern [Diss. Trier], 2015, S. 128 ff.).

128

b) Anhörung des Arbeitnehmers

Um die Interessen des betroffenen Arbeitnehmers möglichst wirkungsvoll berücksichtigen zu können, soll der Betriebsrat bzw. der zuständige Ausschuss vor seiner Stellungnahme den Arbeitnehmer hören, »soweit dies erforderlich erscheint« (Abs. 2 Satz 4). Über die Erforderlichkeit hat der Betriebsrat **nach pflichtgemäßem Ermessen** zu entscheiden. Eine Anhörung dürfte sich in jedem Fall empfehlen. Notwendig ist sie, wenn die Kündigung nur durch Versetzung (unter Änderung des Arbeitsvertrages), Umschulung oder sonstige Änderung von Vertragsbedingungen vermieden werden kann, da dazu das Einverständnis des Arbeitnehmers nötig ist (vgl. Abs. 3 Nr. 3, 4 und 5 sowie Rdn. 159 ff.). Die Nichtanhörung des Arbeitnehmers hat allerdings weder Einfluss auf die Wirkung der Äußerung oder Nichtäußerung des Betriebsrats gegenüber dem Arbeitgeber noch auf die **Wirksamkeit der Kündigung** (*BAG* 02.04.1976 EzA § 102 BetrVG 1972 Nr. 21 = AP Nr. 9 zu § 102 BetrVG 1972; *Fitting* § 102 Rn. 69; *Huke*/HWGNRH § 102 Rn. 78; *Meisel* Mitwirkung, Rn. 461). Zu beachten ist aber, dass unter Umständen ein wirksamer Widerspruch nur mit Zustimmung des Arbeitnehmers erhoben werden kann (s. Rdn. 172, 177). Wenn der Betriebsrat bzw. der Ausschuss den Arbeitnehmer gehört hat, ist er über persönliche und vertrauliche Informationen, die ihm der Arbeitnehmer gegeben hat, zur **Verschwiegenheit** verpflichtet; § 99 Abs. 1 Satz 3 und damit auch § 79 Abs. 1 Satz 2 bis 4 gelten analog (§ 102 Abs. 2 Satz 5).

129

c) Zuständiges Gremium

130 Befugt zur Stellungnahme ist **der Betriebsrat** als Gremium bzw. **der zuständige Ausschuss** (s. Rdn. 50 f.). Die Anhörung des Vorsitzenden oder einzelner anderer Mitglieder genügt nicht (*BAG* 28.02.1974, 28.03.1974 AP Nr. 2 und 3 zu § 102 BetrVG 1972). Die Entscheidung des Betriebsrats bzw. des zuständigen Ausschusses, eine Stellungnahme abzugeben oder sich zur Kündigung nicht zu äußern, erfolgt durch Beschluss (§ 33); der Vorsitzende ist lediglich befugt, den gefassten Beschluss dem Arbeitgeber mitzuteilen (§ 26 Abs. 2). Die **Beschlussfassung** hat **in einer Sitzung** des zuständigen Gremiums zu erfolgen. Dies gilt auch, wenn ein Ausschuss für die Entscheidung zuständig ist. Die Beschlussfassung im **Umlaufverfahren** genügt diesen Erfordernissen nicht (*Etzel/Rinck*/KR § 102 BetrVG Rn. 142; *Fitting* § 102 Rn. 50; *Galperin/Löwisch* § 102 Rn. 21; *Huke*/HWGNRH § 102 Rn. 80; *Richardi/Thüsing* § 102 Rn. 98; vgl. hier § 33 Rdn. 10; **a. M.** *LAG Hamm* 27.05.1974 DB 1974, 1343 und *LAG München* 06.08.1974 BB 1975, 968 bei einfach gelagerten Sachverhalten, die keine eingehende Aussprache erfordern und schon vorberaten sind; zum Meinungsstand unter der Geltung des BetrVG 1952 vgl. auch *Kraft* 6. Aufl., § 102 Rn. 86).

d) Fehlverhalten des Vorsitzenden

131 Handelt der Vorsitzende eigenmächtig und schaltet den Betriebsrat nicht ein oder gibt er eine Äußerung dem Arbeitgeber gegenüber ab, die nicht dem gefassten Beschluss entspricht, so liegt eine ordnungsgemäße Stellungnahme, die das Anhörungsverfahren abschließen könnte, nicht vor. Spricht der Arbeitgeber die Kündigung dennoch vor Ablauf der Fristen des Abs. 2 aus, wäre die Kündigung i. S. d. Abs. 1 Satz 3 ohne Anhörung des Betriebsrats erfolgt. Hat der Arbeitgeber keine Kenntnis von dem Mangel im Anhörungsverfahren, der in die **Risikosphäre des Betriebsrats** fällt, wird er in seinem Vertrauen auf die Ordnungsmäßigkeit des Zustandekommens der Stellungnahme geschützt (s. Rdn. 104 f.). Der Vorsitzende kann durch ein solches Verhalten allerdings eine grobe Pflichtverletzung i. S. d. § 23 Abs. 1 begehen. Einen Schaden, der einem gekündigten Arbeitnehmer etwa dadurch entsteht, dass der Vorsitzende einen beschlossenen Widerspruch dem Arbeitgeber nicht form- und fristgerecht mitgeteilt hat, kann der Arbeitnehmer nur nach den Vorschriften des Deliktsrechts (§ 823 Abs. 2, § 826 BGB; nicht nach § 823 Abs. 1 BGB, da ein absolut geschütztes »Recht am Arbeitsplatz« nicht anzuerkennen ist; *BAG* 04.06.1998 EzA § 823 BGB Nr. 9 = AP Nr. 7 zu § 823 BGB) ersetzt verlangen. Vertragliche Schadensersatzansprüche scheiden demgegenüber aus, weil eine schuldrechtliche Beziehung zwischen dem einzelnen Arbeitnehmer und dem Betriebsrat bzw. dessen Vorsitzendem nicht besteht (**a. M.** *Belling* Haftung des Betriebsrats, S. 132 ff., 207 f., der in Anlehnung an die Vorschriften über die Haftung bei der Ausübung privater Ämter einen Schadenersatzanspruch des Arbeitnehmers bei Verletzung der Amtspflicht bejaht; hiergegen mit Recht *von Hoyningen-Huene* RdA 1992, 355 [362]). Gleiches gilt, wenn nach Meinung des gekündigten Arbeitnehmers der Betriebsrat hätte widersprechen müssen, dies aber aufgrund ordnungsgemäßen Beschlusses unterlassen hat.

e) Inhalt und Form der Stellungnahme

aa) Inhalt

132 Der Betriebsrat kann **Bedenken** gegen die geplante Kündigung aus allen ihm wichtig erscheinenden Gründen erheben, und zwar auch aus solchen, die weder dem Katalog des Abs. 3 zu entnehmen sind, noch die Kündigung als sozial ungerechtfertigt oder aus sonstigen Gründen rechtsunwirksam erscheinen lassen (*Etzel/Rinck*/KR § 102 BetrVG Rn. 190; *Fitting* § 102 Rn. 70). Die Möglichkeit, allgemeine Bedenken geltend zu machen, besteht im Zusammenhang mit jeder geplanten Kündigung, d. h. auch im Zusammenhang mit einer geplanten außerordentlichen Kündigung (*Fitting* § 102 Rn. 67; *Huke*/HWGNRH § 102 Rn. 81). Vom Betriebsrat geäußerte Bedenken begründen keine Rechte des Arbeitnehmers im Kündigungsschutzprozess. Allenfalls können sie mittelbar die Stellung des Arbeitnehmers verbessern (*Fitting* § 102 Rn. 70; *Heinze* Personalplanung, Rn. 530 ff.; *Matthes*/MünchArbR 2. Aufl., § 356 Rn. 27).

133 Gemäß § 102 Abs. 3 kann der Betriebsrat **Widerspruch** aus den dort genannten Gründen erheben. Die Möglichkeit eines solchen förmlichen Widerspruchs mit der Rechtsfolge der Weiterbeschäftigungspflicht gemäß § 102 Abs. 5 besteht allerdings nur im Zusammenhang mit einer geplanten **ordentlichen Kündigung**. Widerspricht der Betriebsrat einer außerordentlichen Kündigung, so hat dieser Widerspruch der Sache nach die Bedeutung der Äußerung von Bedenken (im Ergebnis ebenso *Etzel/Rinck/*KR § 102 BetrVG Rn. 195; *Kania/Kramer* RdA 1995, 287 [296]). Eine Ausnahme gilt in den Fällen, in denen der Arbeitgeber nur deshalb eine außerordentliche Kündigung aussprechen will, weil die ordentliche Kündigung des Arbeitnehmers, etwa aufgrund einer tariflichen Regelung, ausgeschlossen ist. Hier steht dem Betriebsrat auch ein förmliches Widerspruchsrecht zu (BAG 05.02.1998 EzA § 626 BGB Unkündbarkeit Nr. 2 *[Walker]* = AP Nr. 143 zu § 626 BGB *[Höland]*).

Der Betriebsrat kann der Kündigung auch **zustimmen**, wie sich aus § 102 Abs. 2 Satz 2 ergibt. Der **134** Betriebsrat kann die einmal beschlossene **Zustimmung** nur solange wieder aufheben, bis diese dem Arbeitgeber mitgeteilt worden ist. Es handelt sich also um eine **unwiderrufliche Erklärung** (*Etzel/ Rinck/*KR § 102 BetrVG Rn. 184; *Galperin/Löwisch* § 102 Rn. 85; *Huke/*HWGNRH § 102 Rn. 82). Dies ergibt sich aus dem allgemeinen Grundsatz, dass der Betriebsrat seine Beschlüsse nicht mehr aufheben oder abändern kann, wenn diese Rechtswirkungen im Außenverhältnis zu Dritten, insbesondere gegenüber dem Arbeitgeber entfaltet haben (s. § 33 Rdn. 43 f.). Die Zustimmung stellt allerdings nur als innerorganisatorischer Akt ein Rechtsgeschäft dar. Im Außenverhältnis zum Arbeitgeber handelt es sich wie bei der Information des Betriebsrats durch den Arbeitgeber um eine rechtsgeschäftsähnliche Handlung, da die Rechtsfolge des Abschlusses des Verfahrens unabhängig davon eintritt, ob der Betriebsrat mit seiner Erklärung diese Folge herbeiführen wollte (s. a. Rdn. 36; vgl. zum Begriff des Rechtsgeschäfts etwa *Flume* Allgemeiner Teil des Bürgerlichen Rechts, Bd. II, 4. Aufl. 1992, § 2, 2). Daher sind auch die Vorschriften über den Zugang von Willenserklärungen auf die Stellungnahme des Betriebsrats nur entsprechend anwendbar.

Eine **Anfechtung** des zustimmenden Beschlusses ist nicht möglich (*Etzel/Rinck/*KR § 102 BetrVG **135** Rn. 185; s. § 33 Rdn. 50; **a. M.** *Galperin/Löwisch* § 102 Rn. 85; *Huke/*HWGNRH § 102 Rn. 82; *Schlochauer* RdA 1973, 160). Zum einen handelt es sich bei der Zustimmung – wie dargelegt – nicht um ein Rechtsgeschäft, so dass allenfalls eine entsprechende Anwendung der §§ 119 ff., 142 BGB in Betracht käme. Eine Analogie hätte jedoch zur Folge, dass mit der Anfechtung auch die tatsächliche Wirkung der Erklärung, nämlich die Beendigung des Anhörungsverfahrens, rückwirkend wieder beseitigt würde. Dies wäre unvereinbar mit dem Grundsatz, dass die Wirkungen des Beschlusses im Außenverhältnis nicht mehr rückgängig gemacht werden können. Nicht ausgeschlossen ist hingegen, dass ein Betriebsratsmitglied seine Stimmabgabe anficht, wenn die Voraussetzungen der §§ 119, 123 BGB gegeben sind (**a. M.** *Etzel/Rinck/*KR § 102 BetrVG Rn. 185). Entfällt infolge der Anfechtung die für einen zustimmenden Beschluss erforderliche Mehrheit, so liegt ein zustimmender Beschluss in Wahrheit nicht vor. Ist dem Arbeitgeber aber die Zustimmung des Betriebsrats bereits ordnungsgemäß mitgeteilt worden, so hat auch eine derartige Anfechtung ihm gegenüber keine Wirkung (s. § 33 Rdn. 50).

Außer durch Zustimmung, Widerspruch oder die Äußerung von Bedenken kann der Betriebsrat auch **136** **in sonstiger Weise abschließend zu der Kündigung Stellung nehmen**, etwa indem er erklärt, sich zu der Kündigung in der Sache nicht äußern zu wollen. Sofern dies als »letztes Wort« des Betriebsrats zu verstehen ist, wird damit ebenfalls das Anhörungsverfahren abgeschlossen. Der Arbeitgeber kann also ohne Verletzung der Anhörungspflicht kündigen, auch wenn die Fristen des § 102 Abs. 2 Satz 1 und 3 noch nicht abgelaufen sind (BAG 12.03.1987 EzA § 102 BetrVG 1972 Nr. 71 = AP Nr. 47 zu § 102 BetrVG 1972; s. Rdn. 42). Hinsichtlich der Frage, wann einer Erklärung des Betriebsrats, die weder eine Zustimmung noch einen Widerspruch noch eine Geltendmachung von Bedenken zum Inhalt hat, abschließender Charakter zukommt, lassen sich keine allgemeingültigen Grundsätze aufstellen. Vielmehr bedarf es stets der Ermittlung der Bedeutung der Erklärung unter Berücksichtigung der (für den Arbeitgeber erkennbaren) Umstände des jeweiligen Einzelfalls, wobei der bisherigen betrieblichen Praxis besondere Bedeutung zukommt (s. a. Rdn. 42; zu Einzelfällen *Hunold* NZA 2010, 797 [798 f.]). Eine abschließende Erklärung ist von den Gerichten etwa angenommen worden, wenn der Betriebsrat das Anhörungsformular versehen mit der Unterschrift des Betriebsratsvorsitzenden ohne weiteren Kommentar zurück gibt (LAG Baden-Württemberg 29.04.1986 LAGE § 1 KSchG Krankheit Nr. 6; LAG Berlin-Brandenburg 22.10.2009 LAGE § 102 BetrVG 2001 Nr. 9). Dies setzt allerdings voraus, dass die Rückgabe nicht lediglich die Bedeutung einer Eingangsbestätigung haben sollte (zutr. *Hunold* NZA 2011, 797 [798]). Dagegen sei eine Erklärung des Betriebsrats, dass er die Frist zur Stellungnahme »verstreichen lassen« wolle, regelmäßig nicht als abschließende Stellungnahme anzusehen (*LAG Berlin-Brandenburg* 22.10.2009 LAGE § 102 BetrVG 2001 Nr. 9; *LAG Hessen* 21.11.1986 LAGE § 102 BetrVG 1972 Nr. 21). Ebenso wenig könne es ohne Weiteres als eine abschließende Stellungnahme angesehen werden, wenn der Betriebsrat erkläre, dass der Kündigung »nicht widersprochen« werde (*LAG Berlin-Brandenburg* 22.10.2009 LAGE § 102 BetrVG 2001 Nr. 9 unter 2.3).

bb) Form

137 **Bedenken** und **Widerspruch** sind **schriftlich** unter Angabe von Gründen dem Arbeitgeber mitzuteilen (Abs. 2 Satz 1 und 3). Umstritten ist, ob insoweit die Schriftform des § 126 Abs. 1 BGB gilt. Die mittlerweile wohl h. M. verneint dies (*Bachner/DKKW* § 102 Rn. 201, § 99 Rn. 181; *Etzel/Rinck/KR* § 102 BetrVG Rn. 200; *Fischer* AiB 1999, 390 [392 f.]; *Fitting* § 102 Rn. 64; *Koch/APS* § 102 BetrVG Rn. 188; *Lunk/JRH* Kap. 24 Rn. 81; *Mareck* BB 2000, 2042 [2043]; *Oetker* Anm. zu *BAG* AP Nr. 118 zu § 99 BetrVG 1972; **a. M.** *Gotthardt/Beck* NZA 2002, 876 [882]; *Richardi/Thüsing* § 102 Rn. 103, § 99 Rn. 292 f.). Auch das *BAG* vertritt zur gleichgelagerten Problematik der Zustimmungsverweigerung nach § 99 Abs. 3 in mittlerweile st. Rspr. die Ansicht, dass zur Wahrung des Schriftlichkeitserfordernisses die Textform gemäß § 126b BGB genüge (*BAG* 09.12.2008 EzA § 99 BetrVG 2001 Nr. 11 = AP Nr. 36 zu § 99 BetrVG 1972 Eingruppierung Rn. 26 ff.; 10.03.2009 EzA § 99 BetrVG 2001 Nr. 12 = AP Nr. 127 zu § 99 BetrVG 1972 Rn. 25 ff.; vgl. auch *BAG* 11.06.2002 EzA § 99 BetrVG 1972 Nr. 139 = AP Nr. 118 zu § 99 BetrVG 1972 [*Oetker*] unter B IV 1b und 06.08.2002 EzA § 99 BetrVG 2001 Umgruppierung Nr. 2 = AP Nr. 27 zu § 99 BetrVG 1972 Eingruppierung unter B I 2a, wo das *BAG* bereits entschieden hatte, dass § 126 Abs. 1 BGB keine Anwendung findet, sich jedoch noch nicht auf die Textform festgelegt hatte; vgl. auch die Entscheidung *BAG* 16.01.2003 EzA § 102 BetrVG 2001 Nr. 2 = AP Nr. 129 zu § 102 BetrVG 1972, die allerdings die Zustimmung des Betriebsrats zur Kündigung betraf; s. zur Gesamtproblematik auch § 99 Rdn. 167 f.). Diese Ansicht vermag – wie zu § 99 Abs. 3 – nicht zu überzeugen (näher *Raab* FS *Konzen*, 2006, S. 719 [756 ff.] m. w. N.). Der Arbeitgeber hat vor allem im Falle des Widerspruchs des Betriebsrats ein erhebliches Interesse daran zu wissen, ob die Mitteilung authentisch ist (*Gotthardt/Beck* NZA 2002, 876 [882]). Diesem Interesse wird man nur gerecht, wenn man an der Schriftform i. S. d. § 126 Abs. 1 BGB als Wirksamkeitsvoraussetzung für den Widerspruch festhält (ebenso *Gotthardt/Beck* NZA 2002, 876 [882]; *Preis/WPK* § 102 Rn. 88). Angesichts der Verfestigung der Rspr. zu § 99 wird man jedoch in der Praxis auch für § 102 davon auszugehen haben, dass eine Erklärung in Textform nach § 126b BGB die gebotene Form wahrt. Zu beachten ist zudem, dass die Bedeutung des Formerfordernisses geringer ist als bei § 99 Abs. 3. So ist die **Einhaltung der Form keine Voraussetzung für den Abschluss des Anhörungsverfahrens**. Für die Zustimmung oder eine sonstige abschließende Stellungnahme schreibt das Gesetz ohnehin keine Form vor (vgl. auch *BAG* 16.01.2003 EzA § 102 BetrVG 2001 Nr. 2 = AP Nr. 129 zu § 102 BetrVG 1972: Zustimmung per Telefax); dies ist konsequent, da ja die Zustimmung sogar dann als erteilt gilt, wenn innerhalb der im Gesetz vorgesehenen Frist dem Arbeitgeber keine Stellungnahme des Betriebsrats zugeht (s. Rdn. 138). Dann muss aber auch im Falle des Widerspruchs oder der Geltendmachung von Bedenken eine formlose Mitteilung genügen, um das Verfahren abzuschließen. Kündigt etwa der Arbeitgeber, nachdem der Vorsitzende des Betriebsrats ihn mündlich von dem Widerspruch des Betriebsrats und dem Inhalt der Stellungnahme in Kenntnis gesetzt hat, so ist die Kündigung nicht wegen mangelnder Anhörung nach Abs. 1 Satz 3 nichtig, da die Schriftform nur dem Interesse des Arbeitgebers an Klarheit und Rechtssicherheit dient (*Raab* FS *Konzen*, 2006, S. 719 [759]). Dies ändert freilich nichts daran, dass es aus Sicht des Arbeitgebers aus Gründen der Beweissicherung ratsam erscheint, sich die abschließende Stellungnahme des Betriebsrats schriftlich bestätigen zu lassen, insbesondere wenn noch vor Ablauf der Äußerungsfristen des § 102 Abs. 2 gekündigt werden soll (*Huke/HWGNRH* § 102 Rn. 82).

f) Frist

138 Hat der Betriebsrat gegen eine geplante Kündigung Bedenken, so hat er diese, wenn es sich um eine **ordentliche Kündigung** handelt, spätestens innerhalb einer Woche, sofern es sich um eine **außerordentliche Kündigung** handelt, unverzüglich, spätestens innerhalb von drei Tagen dem Arbeitgeber mitzuteilen (Abs. 2 Satz 1 und 3). Eine Ausnahme gilt nach Ansicht des *BAG*, wenn der Arbeitgeber nur deshalb aus wichtigem Grund kündigen will, weil die ordentliche Kündigung (durch

Tarifvertrag oder einzelvertragliche Vereinbarung) ausgeschlossen ist. Hier sollen hinsichtlich der Anhörung des Betriebsrats generell die für die ordentliche Kündigung geltenden Vorschriften Anwendung finden (*BAG* 05.02.1998 EzA § 626 BGB Unkündbarkeit Nr. 2 *[Walker]* = AP Nr. 143 zu § 626 BGB *[Höland]*; 18.10.2000 EzA § 626 BGB Krankheit Nr. 3 = AP Nr. 9 zu § 626 BGB Krankheit; bestätigt durch *BAG* 12.01.2006 EzA § 626 BGB 2002 Unkündbarkeit Nr. 9 = AP Nr. 13 zu § 626 BGB Krankheit unter B I). Deshalb stehe dem Betriebsrat hier die Frist von einer Woche zur Stellungnahme zu. Dies ist bedenklich. Die kurze Frist im Fall der außerordentlichen Kündigung soll dem Arbeitgeber die Einhaltung der Frist des § 626 Abs. 2 BGB ermöglichen (s. Rdn. 47). Diese Frist gilt aber auch bei einer außerordentlichen Kündigung gegenüber einem ordentlichen nicht kündbaren Arbeitnehmer. Die besseren Gründe sprechen daher für eine Anwendung der Drei-Tages-Frist des § 102 Abs. 2 Satz 3 (ebenso *Bitter/Kiel* FS *Schwerdtner*, S. 13 [28 ff.]; *Kania/Kramer* RdA 1995, 287 [296]).

Die Fristen sind **Ausschlussfristen** (amtliche Begründung, BR-Drucks. 715/70, S. 52). Wird die Äußerungsfrist bei der ordentlichen Kündigung versäumt, so gilt die Zustimmung des Betriebsrats als erteilt (Abs. 2 Satz 2). Das Gesetz schießt damit über den notwendigen Inhalt der Regelung hinaus. Da es im Anhörungsverfahren nur darum geht, dem Betriebsrat überhaupt Gelegenheit zur Stellungnahme zu geben, ohne dass es für die Möglichkeit des Ausspruches der Kündigung auf den Inhalt der Äußerung ankommt, eine Zustimmung also anders als in § 103 nicht erforderlich ist, stellt die Zustimmungsfiktion im Grunde einen systematischen Widerspruch dar. Die Vorschriften über die Hemmung und den Neubeginn der Verjährungsfristen (§§ 203 ff. BGB) finden auf diese Frist keine Anwendung (*BAG* 14.08.1986 EzA § 102 BetrVG 1972 Nr. 69 = AP Nr. 43 zu § 102 BetrVG 1972). Auch eine Wiedereinsetzung in den vorigen Stand bei Fristversäumung ist nicht möglich (*Etzel/Rinck*/KR § 102 BetrVG Rn. 131). Wie sich bereits aus dem Wortlaut (»spätestens«), aber auch aus dem Zweck der Frist, eine zeitliche Grenze für die Beschränkung der Kündigungsmöglichkeit zu ziehen, ergibt, handelt es sich um Höchstfristen. Der Betriebsrat ist durch sie nicht gehindert, bereits zu einem früheren Zeitpunkt eine verfahrensbeendende abschließende Stellungnahme abzugeben.

Eine **einseitige Verkürzung der Frist** durch den Arbeitgeber kommt nicht in Betracht. Dies gilt **139** auch in sog. **Eilfällen** (*BAG* 13.11.1975 EzA § 102 BetrVG 1972 Nr. 20, 29.03.1977 EzA § 102 BetrVG 1972 Nr. 27 = AP Nr. 7, 11 zu § 102 BetrVG 1972; *Etzel/Rinck*/KR § 102 BetrVG Rn. 129; *Fitting* § 102 Rn. 20; *Hanau* DB 1972, 453; *Koch*/APS § 102 BetrVG Rn. 131; *Richardi/Thüsing* § 102 Rn. 112; **a. M.** *Galperin/Löwisch* § 102 Rn. 37; *Huke*/HWGNRH § 102 Rn. 23). Gegen die Verkürzung der Frist in Eilfällen spricht insbesondere der Aspekt der Rechtssicherheit (zutr. *BAG* 13.11.1975 EzA § 102 BetrVG 1972 Nr. 20). Man würde die Grundentscheidung des Gesetzgebers, den Abschluss des Anhörungsverfahrens und damit die kollektivrechtliche Zulässigkeit der Kündigung an einen klaren, für jedermann erkennbaren Zeitpunkt zu knüpfen, konterkarieren, wenn man Ausnahmen hiervon zulassen und von dem in hohem Maße interpretationsbedürftigen und unbestimmten Begriff des »Eilfalles« abhängig machen würde. Deshalb ist auch die Tendenz des *BAG* (*BAG* 13.11.1975 EzA § 102 BetrVG 1972 Nr. 20, 29.03.1977 EzA § 102 BetrVG 1972 Nr. 27 = AP Nr. 7, 11 zu § 102 BetrVG 1972), eine Ausnahme von dem Grundsatz der Verbindlichkeit der Fristen zuzulassen, wenn sich die wirtschaftliche Lage des Arbeitgebers plötzlich unvorhergesehen ändert und dadurch Kündigungen erforderlich werden, abzulehnen. Im Übrigen wird man aus der Tatsache, dass der Gesetzgeber in § 100 eine Befugnis des Arbeitgebers zur einseitigen Durchführung der Maßnahme vor Abschluss des Mitbestimmungsverfahrens in Eilfällen ausdrücklich vorgesehen hat, den Umkehrschluss ziehen müssen, dass im Rahmen des § 102 eine solche Möglichkeit gerade nicht bestehen soll.

Aus dem Gebot der vertrauensvollen Zusammenarbeit gemäß § 2 Abs. 1 kann sich im Einzelfall **die 140 Pflicht des Betriebsrats** ergeben, die **Fristen des Abs. 2 nicht auszuschöpfen**, wenn der Arbeitgeber erkennbar ein besonderes Interesse an der Einhaltung eines bestimmten Kündigungstermins hat, für dessen Einhaltung die vorzeitige Stellungnahme erforderlich ist, und eine solche vorzeitige Stellungnahme für den Betriebsrat zumutbar, er also ohne wesentliche Beeinträchtigungen seiner Tätigkeit hierzu in der Lage ist (ähnlich *Etzel/Rinck*/KR § 102 BetrVG Rn. 129; *Galperin/Löwisch* § 102 Rn. 37a; *Huke*/HWGNRH § 102 Rn. 24; *Richardi/Thüsing* § 102 Rn. 112; *Stege/Weinspach/Schiefer* § 102 Rn. 34). Für die außerordentliche Kündigung ergibt sich dies bereits aus dem Gesetzeswortlaut, wonach der Betriebsrat Bedenken »unverzüglich« schriftlich mitzuteilen hat. Ein besonderes Interesse des Arbeitgebers an einer vorzeitigen Stellungnahme des Betriebsrats ist etwa dann anzunehmen,

§ 102   IV. 5. 3. Personelle Einzelmaßnahmen

wenn bei Versäumung eines Kündigungstermins die Kündigung erst wieder zu einem sehr viel späteren Zeitpunkt möglich wäre, wobei dieses Interesse allerdings nur dann schutzwürdig ist, wenn der Arbeitgeber seinerseits alles ihm Zumutbare getan hat, um die Kündigung zu dem gewünschten Termin zu ermöglichen, insbesondere also den Betriebsrat unverzüglich informiert hat. Auch diese Fälle rechtfertigen es aber nicht, von dem Grundsatz abzugehen, dass für den Abschluss des Verfahrens die Fristen des Abs. 2 maßgeblich sind, und damit von dem Gebot der Rechtssicherheit Abstriche zu machen. Da es sich bei der Pflicht zur vertrauensvollen Zusammenarbeit um eine Pflicht im Verhältnis zwischen Arbeitgeber und Betriebsrat handelt, sollte vielmehr eine Verletzung dieser Pflicht auch allein in diesem Verhältnis sanktioniert werden, nämlich im Rahmen des Verfahrens gemäß § 23 Abs. 1 (ebenso *Etzel/Rinck*/KR § 102 BetrVG Rn. 129). Eine Grenze bildet freilich die missbräuchliche Ausnutzung der Frist. Da insoweit der Rechtsmissbrauch des Betriebsrats zu Lasten des Arbeitnehmers, also eines Dritten durchschlägt, sollte dies allerdings weder aus dem Gedanken des § 162 BGB (so *Etzel/Rinck*/KR § 102 BetrVG Rn. 129; *Galperin/Löwisch* § 102 Rn. 37a), noch aus einer vermeintlichen Pflicht des Betriebsrats zur zweckgerechten Ausübung der Beteiligungsrechte im Rahmen eines schuldrechtsähnlichen Austauschverhältnisses (so *Belling* Haftung des Betriebsrats, S. 325 ff.) hergeleitet werden. Maßgeblich ist vielmehr, dass die Anhörung den Arbeitgeber in der privatautonomen Ausübung seines Gestaltungsrechts zur Beendigung des Arbeitsverhältnisses einengt. Mag eine solche Beschränkung seiner gemäß Art. 12 Abs. 1 GG geschützten Position zum Zwecke der Beteiligung des Betriebsrats hinzunehmen sein, so wäre es andererseits ein nicht zu rechtfertigender unverhältnismäßiger Eingriff, wenn diese Beschränkung auch gelten würde, wenn der Betriebsrat sein Mitbestimmungsrecht zweck- und funktionswidrig ausübt und dem Arbeitgeber hierdurch irreparabler Schaden droht (*Raab* Negatorischer Rechtsschutz, S. 45 ff. [51]). Ein solcher Fall läge etwa dann vor, wenn der Betriebsrat die Angelegenheit bereits abschließend beraten hat, seine Stellungnahme jedoch dem Arbeitgeber nicht zuleitet, um diesem die Einhaltung eines Beendigungstermins unmöglich zu machen (*Etzel/Rinck*/KR § 102 BetrVG Rn. 129; *Richardi/Thüsing* § 102 Rn. 112). Spricht der Arbeitgeber in einem solchen Fall vor Ablauf der Frist des Abs. 2 die Kündigung aus, so ist diese nicht gemäß Abs. 1 Satz 3 unwirksam.

141 Eine **einvernehmliche Verkürzung** im Wege einer Vereinbarung zwischen Arbeitgeber und Betriebsrat ist unbedenklich möglich (*Matthes*/MünchArbR 2. Aufl., § 356 Rn. 30; *Richardi/Thüsing* § 102 Rn. 111; **a. M.** *Berkowsky*/MünchArbR § 125 Rn. 56). So wie der Betriebsrat im Einzelfall die Möglichkeit hat, auf das Ausschöpfen der Frist durch eine vorzeitige Stellungnahme zu verzichten, muss ihm dies auch durch eine allgemeine Regelung in Form der Betriebsvereinbarung oder der Regelungsabrede möglich sein. Der Einwand, dass eine Verkürzung unzulässig sei, weil der Betriebsrat nicht auf seine Mitbestimmungsrechte verzichten dürfe (*Etzel/Rinck*/KR § 102 BetrVG Rn. 130; *Galperin/Löwisch* § 102 Rn. 51; zur Unwirksamkeit des Verzichts vgl. Rdn. 118), geht insofern fehl, als es bei der Verkürzung (ebenso wenig wie bei der Verlängerung der Frist, s. Rdn. 142) nicht um eine Einschränkung des Mitbestimmungsrechtes, sondern lediglich um eine Regelung des Verfahrens bei der Ausübung des Mitbestimmungsrechtes geht. Allerdings darf die Verkürzung nicht so gravierend sein, dass dem Betriebsrat eine sachgerechte Stellungnahme praktisch unmöglich gemacht wird, da dies einem (unzulässigen) Verzicht auf das Mitbestimmungsrecht selbst gleichkäme.

142 Arbeitgeber und Betriebsrat können durch Regelungsabrede oder Betriebsvereinbarung eine **Verlängerung der Wochenfrist** vereinbaren (h. M.; *BAG* 17.05.1983 EzA § 99 BetrVG 1972 Nr. 36 = AP Nr. 18 zu § 99 BetrVG 1972; 14.08.1986 EzA § 102 BetrVG 1972 Nr. 69 = AP Nr. 43 zu § 102 BetrVG 1972; *Bachner*/DKKW § 102 Rn. 198; *Etzel/Rinck*/KR § 102 BetrVG Rn. 128; *Fitting* § 102 Rn. 64; *Galperin/Löwisch* § 102 Rn. 39; *Meisel* Mitwirkung, Rn. 479; *Richardi/Thüsing* § 102 Rn. 111; **a. M.** *Heinze* Personalplanung, Rn. 491; *Huke*/HWGNRH § 102 Rn. 85). Die Fristverlängerung ist zulässig, da dadurch keine Rechtsfolgen zu Lasten des betroffenen Arbeitnehmers eintreten können (*BAG* 14.08.1986 EzA § 102 BetrVG 1972 Nr. 69 = AP Nr. 43 zu § 102 BetrVG 1972). Zur Fristverlängerung durch Tarifvertrag vgl. *BAG* 22.10.1985 EzA § 99 BetrVG 1972 Nr. 43 = AP Nr. 24 zu § 99 BetrVG 1972 *[Kraft]* sowie § 99 Rdn. 164. Entgegen der Ansicht von *Etzel/Rinck* (KR § 102 BetrVG Rn. 128) handelt es sich bei der Verlängerung der Äußerungsfrist jedoch nicht um eine Erweiterung der Mitwirkungsrechte des Betriebsrats, sondern lediglich um eine Regelung des Verfahrens bei der Ausübung des Mitbestimmungsrechtes.

Eine automatische Verlängerung der **Äußerungsfrist bei Massenkündigungen** lässt sich dagegen 143
aus dem Gesetz nicht begründen (*BAG* 14.08.1986 EzA § 102 BetrVG 1972 Nr. 69 = AP Nr. 43
zu § 102 BetrVG 1972; *Etzel/Rinck*/KR § 102 BetrVG Rn. 128; *Huke*/HWGNRH § 102 Rn. 85;
a. M. *Bösche* Die Rechte des Betriebsrats bei Kündigungen, S. 38). Der Betriebsrat hat auch bei Massenentlassungen keinen Anspruch auf eine Vereinbarung über die Verlängerung der Äußerungsfrist
(*BAG* 14.08.1986 EzA § 102 BetrVG 1972 Nr. 69 = AP Nr. 43 zu § 102 BetrVG 1972). Die Berufung
des Arbeitgebers auf den Ablauf der Wochenfrist kann jedoch rechtsmissbräuchlich sein, wenn der Betriebsrat erkennbar in der Wahrnehmung seiner Beteiligungsrechte beeinträchtigt wird, ohne dass ein
berechtigtes Interesse des Arbeitgebers an der Einhaltung der Frist ersichtlich ist. Die Zahl der beabsichtigten Kündigungen allein rechtfertigt aber den Missbrauchseinwand nicht. Es müssen vielmehr
zusätzliche Umstände vorliegen. Maßgeblich ist insbesondere das Vorverhalten der Betriebspartner.
Überrascht der Arbeitgeber den Betriebsrat etwa mit der Information über Massenentlassungen,
ohne ihn zuvor ordnungsgemäß nach § 92 beteiligt zu haben, so wird in der Regel die Berufung
auf die Einhaltung der Frist rechtsmissbräuchlich sein (*Etzel/Rinck*/KR § 102 BetrVG Rn. 132).
Hat andererseits der Betriebsrat die notwendigen Maßnahmen zum Personalabbau, etwa im Rahmen
der Verhandlungen über einen Interessenausgleich, verzögert, so kommt der Vorwurf des Rechtsmissbrauchs gegenüber dem Arbeitgeber kaum in Betracht (*BAG* 14.08.1986 EzA § 102 BetrVG 1972
Nr. 69 = AP Nr. 43 zu § 102 BetrVG 1972). Stellt sich die Berufung des Arbeitgebers auf die Frist
des Abs. 2 als missbräuchlich dar, so ist eine nach Ablauf der Frist ausgesprochene Kündigung, solange
keine Stellungnahme des Betriebsrats vorliegt, gemäß Abs. 1 Satz 3 unwirksam.

Auch ein **Aussetzungsverlangen** der Jugend- und Auszubildendenvertretung oder der Schwerbe- 144
hindertenvertretung **verlängert die Frist nicht** (s. § 35 Rdn. 22 f.; *Etzel/Rinck*/KR § 102 BetrVG
Rn. 146).

Für die **Berechnung der Fristen** gelten die §§ 187 ff. BGB (*BAG* 08.04.2003 EzA § 102 BetrVG 145
2001 Nr. 3 = AP Nr. 133 zu § 102 BetrVG 1972 unter II 1b). Gemäß § 187 Abs. 1 BGB wird der
Tag, an dem die Mitteilung durch den Arbeitgeber erfolgt, nicht mitgerechnet. Informiert der Arbeitgeber also den Betriebsrat an einem Dienstag ordnungsgemäß über die beabsichtigte Kündigung, so
läuft die Frist des Abs. 1 Satz 2 gemäß § 188 Abs. 2 BGB am Dienstag der folgenden Woche, die Frist
des Abs. 2 Satz 3 gemäß § 188 Abs. 1 BGB am Freitag derselben Woche – jeweils um 24.00 Uhr – ab
(*BAG* 08.04.2003 EzA § 102 BetrVG 2001 Nr. 3 = AP Nr. 133 zu § 102 BetrVG 1972). Das Wochenende sowie Feiertage werden bei der Berechnung der Dauer der Frist mitgezählt. Fällt jedoch das Ende
der Frist auf einen Samstag, Sonntag oder Feiertag, so endet die Frist gemäß § 193 BGB erst am darauf
folgenden nächsten Werktag.

g) Mitteilung an den Arbeitgeber

Bedenken und Widerspruch sind nur dann rechtzeitig erhoben, wenn sie **innerhalb der im Gesetz** 146
genannten Fristen dem Arbeitgeber zugehen. Ermächtigt zur Mitteilung an den Arbeitgeber ist
grundsätzlich der Vorsitzende des Betriebsrats bzw. des Ausschusses (§ 26 Abs. 2 Satz 1; *BAG*
25.05.2016 EzA § 102 BetrVG 2001 Nr. 37 = AP Nr. 170 zu § 102 BetrVG 1972 Rn. 23; *Etzel/
Rinck*/KR § 102 BetrVG Rn. 155; *Fitting* § 102 Rn. 51; *Huke*/HWGNRH § 102 Rn. 88). Der Arbeitgeber ist grundsätzlich nicht verpflichtet zu prüfen, ob die ihm zugegangene Mitteilung dem gefassten Beschluss entspricht (*BAG* 04.08.1975 EzA § 102 BetrVG 1972 Nr. 14 = AP Nr. 4 zu § 102
BetrVG 1972; *Fitting* § 102 Rn. 51; *Galperin/Löwisch* § 102 Rn. 41; *Huke*/HWGNRH § 102
Rn. 88). Etwas anderes gilt, wenn der Arbeitgeber selbst veranlasst hat, dass die ihm nunmehr zugegangene Mitteilung nicht in einem ordnungsgemäßen Verfahren beschlossen wurde, etwa wenn er
den Vorsitzenden aufgefordert hatte, die Stellungnahme im Umlaufverfahren einzuholen (*BAG*
04.08.1975 EzA § 102 BetrVG 1972 Nr. 14 = AP Nr. 4 zu § 102 BetrVG 1972 sowie Rdn. 103 ff.).
Äußert sich der Betriebsrat innerhalb der gesetzlichen Frist oder innerhalb der durch Vereinbarung mit
dem Betriebsrat verlängerten Frist nicht, so **gilt bei einer geplanten ordentlichen Kündigung die**
Zustimmung als erteilt (Abs. 2 Satz 2). Warum eine Äußerung des Betriebsrats nicht erfolgt ist, ist
für die Fiktion ohne Bedeutung. Eine Anfechtung der Nichtäußerung mit der Folge, dass die gesetzliche Fiktion nicht eingreift, ist nicht möglich. Der Betriebsrat kann nach Ablauf der Frist einen inhaltlich abweichenden Beschluss fassen. Dieser hat jedoch keine Auswirkungen auf die Wirksamkeit einer

§ 102   IV. 5. 3. Personelle Einzelmaßnahmen

zwischenzeitlich ausgesprochenen Kündigung (s. Rdn. 134). Zur Wirkung der Versäumung der Äußerungsfrist bei einer außerordentlichen Kündigung vgl. Rdn. 203.

2. Widerspruchsrecht

a) Nur bei ordentlicher Kündigung

147 Die Möglichkeit eines förmlichen Widerspruchs gegen die geplante Kündigung nach Abs. 3 besteht grundsätzlich (zu Ausnahmen s. Rdn. 133) **nur im Zusammenhang mit ordentlichen Kündigungen**. Der Widerspruch muss innerhalb der im Gesetz genannten Wochenfrist oder der wirksam verlängerten Frist (s. Rdn. 142) dem Arbeitgeber zugehen.

148 Während Bedenken gegen die Kündigung aus allen dem Betriebsrat geeignet erscheinenden Gründen geltend gemacht werden können (s. Rdn. 132), kann ein formeller Widerspruch nur wegen der in Abs. 3 erschöpfend (h. M.; *Bachner/DKKW* § 102 Rn. 207; *Etzel/Rinck/KR* § 102 BetrVG Rn. 209; *Fitting* § 102 Rn. 71; *Richardi/Thüsing* § 102 Rn. 157; krit. dazu *Brox* FS 25 Jahre Bundesarbeitsgericht, S. 37 [39 ff.]; *Gamillscheg* FS 25 Jahre Bundesarbeitsgericht, S. 117 [129]; *Heinze* Personalplanung, Rn. 538) aufgezählten Gründe erhoben werden. Widerspricht der Betriebsrat aus anderen Gründen, so ist dies allerdings nicht völlig unbeachtlich. Vielmehr ist eine solche Stellungnahme als Geltendmachung von Bedenken gemäß Abs. 2 Satz 1 und 3 zu behandeln. Ein solcher »Widerspruch« begründet jedoch keine Rechtsfolgen nach Abs. 5 (*Bachner/DKKW* § 102 Rn. 190). Wegen der besonderen Rechtsfolgen des Widerspruchs (Abs. 5) muss sich aus dem Inhalt der Stellungnahme – aus Sicht eines verständigen Empfängers – **klar ergeben, dass der Betriebsrat von seinem Widerspruchsrecht Gebrauch machen** und nicht lediglich Bedenken gegen die Kündigung erheben will (*LAG Frankfurt a. M.* 20.10.1976 AuR 1978, 57; *Etzel/Rinck/KR* § 102 BetrVG Rn. 194; *Richardi/Thüsing* § 102 Rn. 190). Die Verwendung des Begriffes »Widerspruch« ist nicht erforderlich. Es genügt vielmehr, wenn der Betriebsrat zu erkennen gibt, dass er die Kündigung als nicht gerechtfertigt ansieht, und das Vorliegen eines der in Abs. 3 genannten Gründe geltend macht (*Gussone* AuR 1994, 245 [246]; *Richardi/Thüsing* § 102 Rn. 190; weitergehend *LAG Düsseldorf* 23.05.1975 EzA § 102 BetrVG 1972 Beschäftigungspflicht Nr. 4; *Bachner/DKKW* § 102 Rn. 193; *Etzel/Rinck/KR* § 102 BetrVG Rn. 194; *Klebe/Schumann* Das Recht auf Beschäftigung, S. 66, die eine eindeutige Ablehnung verlangen).

b) Form

149 Das Gesetz schreibt in Abs. 2 Satz 1, der auch für den Widerspruch gilt, **Schriftform** vor (zu den Anforderungen vgl. oben Rdn. 137); diese Formvorschrift erstreckt sich auch auf die Begründung (h. M.; vgl. z. B. *Bachner/DKKW* § 102 Rn. 200; *Etzel/Rinck/KR* § 102 BetrVG Rn. 200; *Fitting* § 102 Rn. 71; *Galperin/Löwisch* § 102 Rn. 80, 82; *Huke/HWGNRH* § 102 Rn. 100; *Richardi/Thüsing* § 102 Rn. 189).

c) Begründung und Rücknahme

150 Der Widerspruch muss, um wirksam zu sein, **mit Gründen versehen** werden. Erforderlich dazu ist zum einen die Angabe konkreter Tatsachen, aus denen sich das Vorliegen einer der im Gesetz aufgezählten Gründe ergibt. Zum anderen muss der Betriebsrat zu erkennen geben, inwiefern diese Umstände zumindest erhebliche rechtliche Zweifel an der Zulässigkeit der Kündigung begründen. Dem Arbeitgeber soll mit dem Widerspruch nämlich auch Gelegenheit gegeben werden, seinen Kündigungsentschluss zu überprüfen. Eine nur formelhafte Bezugnahme auf eine oder mehrere der Nummern des Abs. 3 genügt daher nicht, ebenso wenig die Wiederholung des Gesetzestextes (h. M.; *LAG Düsseldorf* 23.05.1975 EzA § 102 BetrVG 1972 Beschäftigungspflicht Nr. 4; *LAG Niedersachsen* 22.08.1975 DB 1975, 1898; *LAG Düsseldorf* 15.03.1978 BB 1978, 810; *LAG München* 02.03.1994 BB 1994, 1287 [Leitsatz]; *Bachner/DKKW* § 102 Rn. 204; *Etzel/Rinck/KR* § 102 BetrVG Rn. 202; *Fitting* § 102 Rn. 71; *Galperin/Löwisch* § 102 Rn. 82; *Huke/HWGNRH* § 102 Rn. 102). Nicht erforderlich ist jedoch, dass die vom Betriebsrat vorgebrachten Tatsachen auch zutreffen. Es gelten hier ähnliche Grundsätze wie bei der Begründung der Zustimmungsverweigerung gemäß § 99 Abs. 2 (hierzu s. § 99 Rdn. 169 ff.). Es genügt also, dass die Ausführungen es **als möglich erscheinen lassen, dass**

ein Widerspruchsgrund vorliegt. Ein unzulässiger und damit unwirksamer Widerspruch ist nur anzunehmen, wenn die Begründung offensichtlich auf keinen der Tatbestände des Abs. 3 Bezug nimmt (vgl. zu § 99 *BAG* 26.01.1988 EzA § 99 BetrVG 1972 Nr. 58 = AP Nr. 50 zu § 99 BetrVG 1972; *LAG Hessen* 15.02.2013 LAGE § 102 BetrVG 2001 Beschäftigungspflicht Nr. 6 Rn. 8; *LAG München* 02.03.1994 BB 1994, 1287; *Bachner/DKKW* § 102 Rn. 205; *Etzel/Rinck/KR* § 102 BetrVG Rn. 203; *Fitting* § 102 Rn. 71; *Huke/HWGNRH* § 102 Rn. 102; *Matthes* FS Gnade, S. 225 [226]). Nach der gesetzlichen Wertung soll bereits die Tatsache, dass der Betriebsrat der Kündigung aus einem der im Gesetz genannten Gründe widerspricht, so starke Bedenken gegen die Kündigung begründen, dass dem Arbeitnehmer zumindest für die Dauer des Kündigungsschutzprozesses die Weiterbeschäftigung im Betrieb gewährleistet wird. Die Überprüfung der sachlichen Berechtigung des Widerspruches ist dann Sache der Gerichte im Kündigungsschutzprozess, denn sämtliche in Abs. 3 aufgeführten Gründe sind für die soziale Rechtfertigung gemäß § 1 Abs. 2, 3 KSchG von Bedeutung. Für ein Vorprüfungsrecht des Arbeitgebers, sei es auch im Wege der Evidenzkontrolle, besteht umso weniger Anlass, als er bei offensichtlicher Unbegründetheit gerade die Entbindung von der Weiterbeschäftigungspflicht durch einstweilige Verfügung gemäß Abs. 5 Satz 2 Nr. 3 beantragen kann. Hieraus folgt andererseits, dass die Begründung des Betriebsrates so substantiiert sein muss, dass eine Überprüfung der Berechtigung des Widerspruches im Rahmen des einstweiligen Rechtsschutzes möglich ist, der Arbeitgeber also die Möglichkeit hat darzulegen, warum der Widerspruch offensichtlich unbegründet ist (vgl. *BAG* 09.07.2003 EzA § 102 BetrVG 2001 Beschäftigungspflicht Nr. 1 = AP Nr. 14 zu § 102 BetrVG 1972 Weiterbeschäftigung unter I 2b [wo die hier vertretene Ansicht zu Unrecht als abweichende Auffassung zitiert wird, s. a. Rdn. 154 ff.]).

Umstritten ist, ob eine **Rücknahme des** dem Arbeitgeber bereits mitgeteilten **Widerspruchs** möglich ist. Für jederzeitige Rücknahme: *Brede* BlStSozArbR 1973, 19; *Stahlhacke* BlStSozArbR 1972, 58; gegen jede Rücknahmemöglichkeit: *Huke/HWGNRH* § 102 Rn. 109 und *Schlochauer* RdA 1973, 160. Grundsätzlich bestehen keine Bedenken dagegen, dass der Betriebsrat den in einem ordnungsgemäßen Verfahren beschlossenen Widerspruch in einer zweiten ordnungsgemäßen Sitzung durch wirksamen Beschluss wieder aufhebt. Allerdings kann diese nachträgliche Aufhebung und der danach ausgesprochene Widerruf des ursprünglichen Widerspruchs keine Wirkung mehr zum Nachteil des Arbeitnehmers entfalten. Es bleibt bei dem Grundsatz, dass ein Beschluss des Betriebsrats dann nicht mehr geändert werden kann, wenn er im Außenverhältnis gegenüber Dritten verbindlich geworden ist (s. Rdn. 134 f. sowie § 33 Rdn. 43). Deshalb ist eine Rücknahme des Widerspruchs ausgeschlossen, wenn für den Arbeitnehmer eine unentziehbare Rechtsposition geschaffen worden ist. Dies ist allerdings erst der Fall, wenn die Kündigungserklärung wirksam geworden, also dem Arbeitnehmer zugegangen ist (ebenso *LAG Berlin* 20.03.1978 AuR 1979, 253; *Etzel/Rinck/KR* § 102 BetrVG Rn. 197 ff.; *Fitting* § 102 Rn. 99; *Galperin/Löwisch* § 102 Rn. 86; *Koch/APS* § 102 BetrVG Rn. 150; *Meisel* Mitwirkung, Rn. 498; *Richardi/Thüsing* § 102 Rn. 197; *Wolff* Vorläufiger Bestandsschutz, S. 71 f.). Ab diesem Zeitpunkt hängt der Weiterbeschäftigungsanspruch allein von der Erhebung der Kündigungsschutzklage durch den Arbeitnehmer ab. Aus diesem Grunde sollte auch nicht darauf abgestellt werden, ob dem Arbeitnehmer gemäß Abs. 4 mit dem Kündigungsschreiben eine Abschrift der Stellungnahme des Betriebsrats zugeleitet worden und damit ein Vertrauenstatbestand entstanden ist (so aber *Etzel/Rinck/KR* § 102 BetrVG Rn. 199). Der Weiterbeschäftigungsanspruch gemäß Abs. 5 setzt lediglich das objektive Vorliegen eines Widerspruchs und die Erhebung der Kündigungsschutzklage, nicht dagegen die Erhebung der Kündigungsschutzklage in Kenntnis des Widerspruches voraus.

Der Widerspruch muss sich **nicht notwendig auf eine betriebsbedingte Kündigung** beziehen, sondern kann **grundsätzlich auch bei personen- und verhaltensbedingten Kündigungen** wirksam erhoben werden (*BAG* 22.07.1982 EzA § 1 KSchG Verhaltensbedingte Kündigung Nr. 10 = AP Nr. 5 zu § 1 KSchG 1969 Verhaltensbedingte Kündigung; *Etzel/Rinck/KR* § 102 BetrVG Rn. 207; *Fitting* § 102 Rn. 77; *Richardi/Thüsing* § 102 Rn. 155; *a. M. Huke/HWGNRH* § 102 Rn. 108 [für verhaltensbedingte Kündigung]; *Stege/Weinspach/Schiefer* § 102 Rn. 110 ff.). Die Widerspruchsgründe dürften zwar bei personen- und verhaltensbedingten Kündigungen seltener vorliegen. Ausgeschlossen ist dies aber nicht (s. Rdn. 161).

§ 102   IV. 5. 3. Personelle Einzelmaßnahmen

d) Die Widerspruchsgründe im Einzelnen

aa) Fehlende oder fehlerhafte Sozialauswahl (Abs. 3 Nr. 1)

153 Der Betriebsrat kann den Widerspruch darauf stützen, dass der Arbeitgeber bei Auswahl des zu kündigenden Arbeitnehmers **soziale Gesichtspunkte nicht oder nicht ausreichend berücksichtigt** hat. In Frage kommt ein solcher Widerspruch nur im Zusammenhang mit einer betriebsbedingten Kündigung (*LAG Düsseldorf* 12.06.1975 DB 1975, 1995; *Bachner/DKKW* § 102 Rn. 209; *Etzel/Rinck/KR* § 102 BetrVG Rn. 210; *Galperin/Löwisch* § 102 Rn. 56; *Huke/HWGNRH* § 102 Rn. 110; *Richardi/Thüsing* § 102 Rn. 159; *Stege* RdA 1978, 74 [75]; *Stege/Weinspach/Schiefer* § 102 Rn. 115). Der Widerspruchsgrund nach Abs. 3 Nr. 1 ist auch dann einschlägig, wenn der Betriebsrat den Widerspruch darauf stützt, dass die Weiterbeschäftigung des Arbeitnehmers auf einem anderen freien Arbeitsplatz möglich sei und der Arbeitgeber bei der Auswahl der Arbeitnehmer, die um den freien Arbeitsplatz konkurrieren, die sozialen Belange nicht ausreichend berücksichtigt habe (vgl. hierzu *BAG* 21.09.2000 EzA § 1 KSchG Betriebsbedingte Kündigung Nr. 107 = AP Nr. 111 zu § 1 KSchG 1969 Betriebsbedingte Kündigung). Unmittelbare Wirkung kommt einem solchen Widerspruch im Kündigungsschutzverfahren nicht zu, da dieser Widerspruchsgrund in § 1 Abs. 2 Satz 2 und 3 KSchG nicht aufgeführt ist. Allerdings ist die Richtigkeit der sozialen Auswahl nach § 1 Abs. 3 KSchG ohnehin im Kündigungsschutzprozess durch das Gericht nachzuprüfen (vgl. zu den Auswahlkriterien im einzelnen *Griebeling/Rachor/KR* § 1 KSchG Rn. 670 ff.). Haben sich Arbeitgeber und Betriebsrat im Rahmen **einer Richtlinie nach § 95** über die Grundsätze der Sozialauswahl und die Gewichtung der sozialen Kriterien geeinigt, so besteht ein Widerspruchsrecht nur im Falle des Abs. 3 Nr. 2, also wenn der Arbeitgeber gegen die Auswahlrichtlinie verstößt. Hält sich der Arbeitgeber dagegen an die mit dem Betriebsrat vereinbarten Grundsätze, so kann der Betriebsrat der Kündigung nicht nach § 102 Abs. 3 Nr. 1 mit der Begründung widersprechen, dass der Arbeitgeber soziale Gesichtspunkte nicht ausreichend berücksichtigt habe, weil er sich damit zu seinem eigenen Verhalten in Widerspruch setzen würde (i. E. ebenso *Rose/HWGNRH* § 95 Rn. 70; *Stege/Weinspach/Schiefer* § 102 Rn. 128; **a. M.** *Weller* RdA 1986, 222 [227]; *Wolff* Vorläufiger Bestandsschutz, S. 92 f.; s. a. § 95 Rdn. 52).

154 Umstritten ist, welche Anforderungen an die **Substantiierung des Widerspruches** zu stellen sind, wenn der Betriebsrat diesen mit einer fehlerhaften Sozialauswahl begründet. Nach Ansicht des *BAG* setzt ein ordnungsgemäßer Widerspruch voraus, dass der Betriebsrat aufzeigt, welcher vom Arbeitgeber bei der sozialen Auswahl nicht berücksichtigte Arbeitnehmer sozial weniger schutzwürdig ist. Dies gelte unabhängig vom Umfang der Mitteilung des Arbeitgebers (*BAG* 09.07.2003 EzA § 102 BetrVG 2001 Beschäftigungspflicht Nr. 1 = AP Nr. 14 zu § 102 BetrVG 1972 Weiterbeschäftigung unter I 2b; ähnlich hohe oder noch weitergehende Anforderungen an die Begründungspflicht bei *Etzel/Rinck/KR* § 102 BetrVG Rn. 212; *Huke/HWGNRH* § 102 Rn. 121; *Preis/WPK* § 102 Rn. 92; *Richardi/Thüsing* § 102 Rn. 195; *Ricken/HWK* § 102 BetrVG Rn. 70; *Stege/Weinspach/Schiefer* § 102 Rn. 126). Andere lassen es dagegen genügen, wenn sich aus der Begründung ergibt, warum der Betriebsrat die vom Arbeitgeber vorgenommene Sozialauswahl für fehlerhaft hält, ohne dass sich hieraus die Verpflichtung ergäbe darzulegen, wie das Ergebnis der Sozialauswahl aus Sicht des Betriebsrats hätte ausfallen müssen (*LAG Brandenburg* 15.12.1992 LAGE § 102 BetrVG 1972 Beschäftigungspflicht Nr. 13; *LAG Düsseldorf* 23.05.1975 EzA § 102 BetrVG 1972 Beschäftigungspflicht Nr. 4; *LAG Niedersachsen* 22.08.1975 DB 1975, 1898; *LAG Rheinland-Pfalz* 19.01.1982 AuR 1982, 323; *Bachner/DKKW* § 102 Rn. 211 f.; *Fitting* § 102 Rn. 81; *Gussone* AuR 1994, 245 [248]; *Koch/APS* § 102 BetrVG Rn. 194; *Kaiser/LK* § 102 Rn. 55). Mitunter wird auch dafür plädiert, die Anforderungen an die Begründungsintensität von Inhalt und Umfang der Information durch den Arbeitgeber abhängig zu machen (*LAG Schleswig-Holstein* 22.11.1999 BB 2000, 203; *Etzel/Rinck/KR* § 102 BetrVG Rn. 213; *Koch/APS* § 102 BetrVG Rn. 194; *Richardi/Thüsing* § 102 Rn. 195; *Ricken/HWK* § 102 BetrVG Rn. 70; **a. M.** *Bachner/DKKW* § 102 Rn. 213).

155 Die Anforderungen an die Begründung lassen sich nur durch Rückgriff auf den Zweck der Begründungspflicht bestimmen. Diese soll sowohl dem Arbeitgeber im Anhörungsverfahren als auch dem Gericht im einstweiligen Verfügungsverfahren die Möglichkeit geben zu überprüfen, ob und inwieweit die vom Betriebsrat gegen die Sozialauswahl erhobenen Einwände stichhaltig sind und ob diese so erheblich Bedenken gegen die Wirksamkeit einer Kündigung begründen, dass dem Arbeitnehmer ein

Anspruch auf Weiterbeschäftigung bis zur rechtlichen Klärung des Fortbestandes des Arbeitsverhältnisses zustehen soll (s. Rdn. 150). Erforderlich, aber auch ausreichend ist es daher, wenn der Betriebsrat **anhand von Tatsachen** darlegt, warum aus seiner Sicht der Arbeitgeber bei seinem Entschluss zur Kündigung des konkreten Arbeitnehmers **soziale Gesichtspunkte noch nicht ausreichend berücksichtigt** hat. Dagegen braucht der Betriebsrat **keine eigene Sozialauswahl** vorzunehmen. Hierzu ist er schon deshalb kaum in der Lage, weil die Kürze der Frist des Abs. 2 eine eigenständige Auswertung oder – bei fehlender Mitteilung durch den Arbeitgeber – Ermittlung der Sozialdaten nicht zulässt.

Die Anforderungen an die Darlegungen des Betriebsrats hängen daher maßgeblich davon ab, womit er die mangelhafte Sozialauswahl begründet, und damit mittelbar auch **von den ihm mitgeteilten Erwägungen des Arbeitgebers** (zutr. *LAG Schleswig-Holstein* 22.11.1999 BB 2000, 203; *Koch/APS* § 102 BetrVG Rn. 194; *Richardi/Thüsing* § 102 Rn. 195). Sieht der Arbeitgeber von einer Auswahl nach sozialen Gesichtspunkten ab, weil es nach seiner Ansicht keine vergleichbaren Arbeitnehmer im Betrieb gibt, so muss der Betriebsrat begründen, dass und warum eine Sozialauswahl vorzunehmen ist, und den Kreis der vergleichbaren Arbeitnehmer entweder konkret durch Namensnennung oder zumindest anhand abstrakter Merkmale, die eine Individualisierung des Personenkreises ermöglichen, bezeichnen (*BAG* 09.07.2003 EzA § 102 BetrVG 2001 Beschäftigungspflicht Nr. 1 = AP Nr. 14 zu § 102 BetrVG 1972 Weiterbeschäftigung; *Bachner/DKKW* § 102 Rn. 211; *Etzel/Rinck/KR* § 102 BetrVG Rn. 212; *Fitting* § 102 Rn. 81; *Heinze* Personalplanung, Rn. 578; wohl auch *Koch/APS* § 102 BetrVG Rn. 194). Ergibt sich aus der Mitteilung des Arbeitgebers, dass er den benannten Arbeitnehmer als sozial am wenigsten schutzwürdig ansieht, so muss der Betriebsrat begründen, warum die Abwägung der maßgeblichen Sozialdaten aus seiner Sicht zu einem anderen Ergebnis führt. Hierfür genügt es nicht, wenn der Betriebsrat angibt, welche sozialen Gesichtspunkte nicht oder nicht ausreichend berücksichtigt sind (so aber *Koch/APS* § 102 BetrVG Rn. 194; wohl auch *Bachner/DKKW* § 102 Rn. 211). Vielmehr muss der Betriebsrat auch in diesem Fall zusätzlich zu den vernachlässigten Sozialkriterien einen Kreis vergleichbarer Arbeitnehmer abstrakt oder konkret bezeichnen, die bei zutreffender Abwägung der sozialen Gesichtspunkte als weniger schutzwürdig anzusehen sind (*BAG* 09.07.2003 EzA § 102 BetrVG 2001 Beschäftigungspflicht Nr. 1 = AP Nr. 14 zu § 102 BetrVG 1972 Weiterbeschäftigung; *Etzel/Rinck/KR* § 102 BetrVG Rn. 212; *Fitting* § 102 Rn. 81; *Richardi/Thüsing* § 102 Rn. 195; *Ricken/HWK* § 102 BetrVG Rn. 70; **a. M.** *Kaiser/LK* § 102 Rn. 55).

Nicht erforderlich ist dagegen, dass der Betriebsrat unter Darlegung und Abwägung der maßgeblichen Sozialdaten angibt, **welchem Arbeitnehmer** anstelle des vom Arbeitgeber ausgewählten Arbeitnehmers **gekündigt werden sollte** (*Etzel/Rinck/KR* § 102 BetrVG Rn. 213; *Fitting* § 102 Rn. 81; *Kaiser/LK* § 102 Rn. 55; **a. M.** *LAG Düsseldorf* 05.01.1976 DB 1976, 1065; *LAG München* 02.08.1983 ARSt. 1985, 125; *Huke/HWGNRH* § 102 Rn. 121; *Stege/Weinspach/Schiefer* § 102 Rn. 126; nicht ganz klar insoweit *BAG* 09.07.2003 EzA § 102 BetrVG 2001 Beschäftigungspflicht Nr. 1 = AP Nr. 14 zu § 102 BetrVG 1972 Weiterbeschäftigung: Der Betriebsrat müsse nicht die einzelnen Sozialdaten aufführen, aber aufzeigen, welche Gründe zu einer anderen Bewertung der sozialen Schutzwürdigkeit führen). Überzogen erscheint es auch zu verlangen, dass der Betriebsrat bei mehreren zur gleichen Zeit beabsichtigten Kündigungen für jede Kündigung jeweils andere weniger schutzwürdige Arbeitnehmer angibt (so aber *BAG* 09.07.2003 EzA § 102 BetrVG 2001 Beschäftigungspflicht Nr. 1 = AP Nr. 14 zu § 102 BetrVG 1972 Weiterbeschäftigung; mit Recht abl. *Fitting* § 102 Rn. 81 a. E.). Andererseits sind die Anforderungen an die Begründung durch den Betriebsrat unabhängig davon, ob der Arbeitgeber dem Betriebsrat die Sozialdaten, auf deren unzureichende Berücksichtigung dieser den Widerspruch stützt, mitgeteilt hat (*Bachner/DKKW* § 102 Rn. 213; *Etzel/Rinck/KR* § 102 BetrVG Rn. 214; **a. M.** *Koch/APS* § 102 BetrVG Rn. 194). Ob die vom Arbeitgeber vorgenommene Sozialauswahl fehlerhaft ist, lässt sich nur auf der Basis konkreter Sozialdaten beurteilen. Könnte der Betriebsrat der Kündigung wegen mangelnder Sozialauswahl widersprechen, ohne die aus seiner Sicht nicht oder nicht ausreichend berücksichtigten Kriterien sowie den Kreis vergleichbarer Arbeitnehmer zu benennen, so könnte der Betriebsrat den Widerspruch auf rein spekulative Erwägungen stützen und gleichsam »ins Blaue hinein« erheben (*BAG* 09.07.2003 EzA § 102 BetrVG 2001 Beschäftigungspflicht Nr. 1 = AP Nr. 14 zu § 102 BetrVG 1972 Weiterbeschäftigung).

bb) Verstoß gegen Auswahlrichtlinie (Abs. 3 Nr. 2)

158 Der Betriebsrat kann widersprechen, wenn die Kündigung gegen eine Auswahlrichtlinie nach § 95 verstößt (s. dazu § 95 Rdn. 44 ff.). Er muss dabei sowohl die **Richtlinie bezeichnen** als auch die **Tatsachen angeben**, aus denen sich der Verstoß gegen die Auswahlrichtlinie ergibt (*Bachner/DKKW* § 102 Rn. 214; *Etzel/Rinck/*KR § 102 BetrVG Rn. 217). Umstritten ist, ob Auswahlrichtlinien nur für betriebsbedingte Kündigungen in Betracht kommen, oder **auch für personen- und verhaltensbedingte Kündigungen** (s. dazu § 95 Rdn. 44 ff.). Der Widerspruchsgrund des Abs. 3 Nr. 2 kann mit dem aus Abs. 3 Nr. 1 zusammenfallen, wenn Arbeitgeber und Betriebsrat Richtlinien für die Sozialauswahl bei Kündigungen aufgestellt haben (zur Zulässigkeit solcher Richtlinien vgl. BAG 18.01.1990 EzA § 1 KSchG Soziale Auswahl Nr. 28 = AP Nr. 19 zu § 1 KSchG 1969 Soziale Auswahl = SAE 1991, 118 *[v. Hoyningen-Huene]*; s. a. § 95 Rdn. 44 ff.).

cc) Möglichkeit der Weiterbeschäftigung auf einem anderen Arbeitsplatz (Abs. 3 Nr. 3)

159 Der Widerspruch kann auch darauf gestützt werden, dass der Arbeitnehmer **an einem anderen Arbeitsplatz** im selben Betrieb oder in einem anderen Betrieb des gleichen Unternehmens **weiterbeschäftigt** werden kann. Kein Widerspruchsgrund in diesem Sinne ist die Möglichkeit der Weiterbeschäftigung auf demselben Arbeitsplatz (BAG 12.09.1985 EzA § 102 BetrVG 1972 Nr. 61 = AP Nr. 7 zu § 102 BetrVG 1972 Weiterbeschäftigung; 11.05.2000 EzA § 102 BetrVG 1972 Beschäftigungspflicht Nr. 11; *Bachner/DKKW* § 102 Rn. 225; *Etzel/Rinck/*KR § 102 BetrVG Rn. 226; *Gamillscheg* FS 25 Jahre Bundesarbeitsgericht, S. 117 [129]; *Huke/*HWGNRH § 102 Rn. 129; *Richardi/Thüsing* § 102 Rn. 173; **a. M.** *Fitting* § 102 Rn. 90; *Heinze* Personalplanung, Rn. 541, 550; *Klebe/Schumann* Das Recht auf Beschäftigung, S. 157). Ein Widerspruch mit dieser Begründung bestreitet das Vorliegen dringender betrieblicher Erfordernisse i. S. d. § 1 Abs. 2 KSchG für die Kündigung, letztlich also den Kündigungsgrund selbst. Ein solcher Widerspruchsgrund ist in Abs. 3 nicht vorgesehen. Zulässig ist es aber, wenn der Widerspruch damit begründet wird, der Arbeitnehmer könne in einer anderen Schicht weiterbeschäftigt werden (*Bachner/DKKW* § 102 Rn. 225; *Fitting* § 102 Rn. 90; *Galperin/Löwisch* § 102 Rn. 62; *Huke/*HWGNRH § 102 Rn. 129; *Richardi/Thüsing* § 102 Rn. 175).

160 Die Möglichkeit der Weiterbeschäftigung muss **in demselben Unternehmen** bestehen. Kein ordnungsgemäßer Widerspruch liegt demnach vor, wenn der Betriebsrat geltend macht, dass der Arbeitnehmer auf einem freien Arbeitsplatz in einem anderen Unternehmen beschäftigt werden könne. Dies gilt auch dann, wenn gemäß § 3 Abs. 1 Nr. 2 oder 3 **aufgrund Tarifvertrag ein einheitlicher Betriebsrat** für diese Unternehmen gebildet worden ist. Die Fiktion des § 3 Abs. 5 Satz 1 soll lediglich gewährleisten, dass die jeweilige Einheit hinsichtlich der spezifisch betriebsverfassungsrechtlichen Vorschriften als ein Betrieb behandelt wird. § 102 Abs. 3 hingegen ist wegen der Verzahnung mit § 1 Abs. 3 KSchG der Sache nach eine Regelung des Kündigungsschutzes. Eine Ausweitung des Kündigungsschutzes war aber mit der Regelung des § 3 Abs. 5 Satz 1 sicher nicht intendiert. Nicht ausreichend für einen Widerspruch ist es auch, wenn es sich um einen Arbeitsplatz bei einem Unternehmen handelt, das im Auftrag des Arbeitgebers Arbeiten auf dem Betriebsgelände ausführt (BAG 11.05.2000 EzA § 102 BetrVG 1972 Beschäftigungspflicht Nr. 11). Ebenso wenig kann der Widerspruch darauf gestützt werden, dass die Weiterbeschäftigung in einem anderen **Konzernunternehmen** möglich sei (BAG 14.10.1982 EzA § 15 n. F. KSchG Nr. 29 = AP Nr. 1 zu § 1 KSchG 1969 Konzern; *Bachner/DKKW* § 102 Rn. 219; *Fitting* § 102 Rn. 87; *Galperin/Löwisch* § 102 Rn. 63; *Koch/APS* § 102 BetrVG Rn. 197; *Huke/*HWGNRH § 102 Rn. 131; *Richardi/Thüsing* § 102 Rn. 177). Sofern allerdings ausnahmsweise der Kündigungsschutz konzernbezogen ist, sollte auch dem Betriebsrat ein auf Abs. 3 Nr. 3 gestütztes Widerspruchsrecht zugestanden werden. Ein solcher konzernbezogener Kündigungsschutz wird angenommen, wenn der Arbeitnehmer von vornherein für den Konzernbereich eingestellt worden ist oder sich mit einer konzernweiten Versetzung einverstanden erklärt hat, dem Arbeitnehmer die Übernahme in ein anderes Konzernunternehmen in Aussicht gestellt oder in sonstiger Weise ein Vertrauenstatbestand geschaffen worden ist (näher hierzu BAG 14.10.1982 AP Nr. 1 zu § 1 KSchG 1969 Konzern = EzA § 15 n. F. KSchG Nr. 29; 22.05.1986 EzA § 1 KSchG Soziale Auswahl Nr. 22 = AP Nr. 4 zu § 1 KSchG 1969 Konzern; 27.11.1991 EzA § 1 KSchG Betriebsbedingte Kündigung Nr. 72 = AP Nr. 6 zu § 1 KSchG 1969 Konzern; 18.10.2012 EzA § 1 KSchG Betriebsbedingte Kündigung Nr. 170 = AP Nr. 196 zu § 1 KSchG 1969 Betriebsbedingte

Kündigung Rn. 57; *Kiel/APS* § 1 KSchG Rn. 550 f.; s. a. *Bachner/DKKW* § 102 Rn. 219; *Fitting* § 102 Rn. 87).

In der Regel kommt ein Widerspruch aus Nr. 3 nur bei betriebsbedingten Kündigungen in Betracht; **161** in besonderen Fällen allerdings auch bei **personenbedingten und verhaltensbedingten Kündigungen** (*BAG* 27.09.1984 EzA § 2 KSchG Nr. 5 *[Kraft]* = AP Nr. 8 zu § 2 KSchG; 31.03.1993 EzA § 626 BGB Ausschlussfrist Nr. 5 unter III 2c = AP Nr. 32 zu § 626 BGB Ausschlussfrist; *Fitting* § 102 Rn. 77; *Galperin/Löwisch* § 102 Rn. 64; *Richardi/Thüsing* § 102 Rn. 156; **a. M.** *Huke/ HWGNRH* § 102 Rn. 104 f.; *Stege/Weinspach/Schiefer* § 102 Rn. 114: nur bei personenbedingter Kündigung). Voraussetzung ist jedoch jeweils, dass die Umstände, die den Grund für die Kündigung bilden, auf dem neuen Arbeitsplatz entfallen (*LAG Hamburg* 06.04.2010 – 1 SaGa 2/10 – juris, Rn. 55; *LAG Schleswig-Holstein* 19.05.2010 – 6 SaGa 9/10 – juris, Rn. 43). So ist etwa bei einer Kündigung wegen krankheitsbedingter Fehlzeiten oder krankheitsbedingter Leistungsminderung, die auf Einwirkungen der Arbeitsumgebung oder der konkreten Tätigkeit beruhen (etwa Allergien, bestimmte krankheitsfördernde körperliche Belastungen), denkbar, dass diese Einflüsse auf einem anderen Arbeitsplatz nicht bestehen, eine Beschäftigung auf diesem Arbeitsplatz die Gründe für die Kündigung also beseitigen würde (*BAG* 05.07.1990 EzA § 1 KSchG Krankheit Nr. 32 = AP Nr. 26 zu § 1 KSchG 1969; 07.02.1991 EzA § 1 KSchG Personenbedingte Kündigung Nr. 9 *[Kraft/Raab]* = AP Nr. 1 zu § 1 KSchG 1969 Umschulung; 26.09.1991 EzA § 1 KSchG Personenbedingte Kündigung Nr. 10 *[Raab]* = AP Nr. 28 zu § 1 KSchG 1969 Krankheit; *Bachner/DKKW* § 102 Rn. 229; *Etzel/Rinck/KR* § 102 BetrVG Rn. 224). Bei verhaltensbedingten Kündigungen ist es allerdings nur ausnahmsweise vorstellbar, dass durch den Einsatz auf einem anderen Arbeitsplatz der Kündigungsgrund entfällt, etwa wenn der Arbeitnehmer unverschuldet schlechte Leistungen erbringt, auf einem anderen Arbeitsplatz aber zu Normalleistungen imstande wäre (i. E. ebenso *Huke/HWGNRH* § 102 Rn. 105; *Preis/SPV* Rn. 1211, die allerdings in diesem Fall eine personenbedingte Kündigung annehmen). Bei einer schuldhaften Vertragsverletzung werden sich die Zweifel hinsichtlich der zukünftigen Vertragstreue durch einen Einsatz auf einem anderen Arbeitsplatz in den seltenen Fällen beseitigen lassen, in denen das Fehlverhalten »rein arbeitsplatzbedingt ist« (so *BAG* 31.03.1993 EzA § 626 BGB Ausschlussfrist Nr. 5 = AP Nr. 32 zu § 626 BGB Ausschlussfrist; s. a. *LAG Hamburg* 06.04.2010 – 1 SaGa 2/10 – juris, Rn. 57; *LAG Schleswig-Holstein* 19.05.2010 – 6 SaGa 9/10 – juris, Rn. 43; *Krause* in: *von Hoyningen-Huene/Linck* KSchG, § 1 Rn. 500). Dies schließt die grundsätzliche Anwendbarkeit des Widerspruchsgrunds der Nr. 3 auf verhaltensbedingte Kündigungen allerdings nicht aus.

Als andere **Arbeitsplätze** kommen nur solche in Frage, **die tatsächlich vorhanden und frei sind** **162** (*BAG* 03.02.1977 EzA § 1 KSchG Betriebsbedingte Kündigung Nr. 7 = AP Nr. 4 zu § 1 KSchG 1969 Betriebsbedingte Kündigung) und die von dem zu kündigenden Arbeitnehmer ohne Umschulungs- und Fortbildungsmaßnahmen besetzt werden können (s. dazu Rdn. 167 ff.). Eine Pflicht des Arbeitgebers, dem Betriebsrat genaue Unterlagen über alle im Unternehmensbereich offenen vergleichbaren Arbeitsplätze zu unterbreiten, kann aus Nr. 3 allerdings nicht abgeleitet werden (**a. M.** *Hanau* BB 1971, 485 [489]). Vom Arbeitgeber kann auch nicht verlangt werden, dass er neue Arbeitsplätze schafft (*BAG* 11.05.2000 EzA § 102 BetrVG 1972 Beschäftigungspflicht Nr. 11) oder dass er einen bereits besetzten Arbeitsplatz frei macht, um den jetzt zu kündigenden Arbeitnehmer dort zu beschäftigen (*BAG* 07.02.1985 EzA § 1 KSchG Soziale Auswahl Nr. 20 = AP Nr. 9 zu § 1 KSchG 1969 Soziale Auswahl; 29.03.1990 EzA § 1 KSchG Soziale Auswahl Nr. 29 = AP Nr. 50 zu § 1 KSchG 1969 Betriebsbedingte Kündigung; 07.02.1991 EzA § 1 KSchG Personenbedingte Kündigung Nr. 9 = AP Nr. 1 zu § 1 KSchG 1969 Umschulung). Ebenso wenig ist der Arbeitgeber verpflichtet, den Arbeitnehmer auf einem freien höherwertigen Arbeitsplatz zu günstigeren Konditionen zu beschäftigen. § 1 Abs. 2 Satz 2 Nr. 1b KSchG, dem Abs. 3 Nr. 3 entspricht, bezweckt allein einen Schutz des bestehenden Arbeitsverhältnisses; dagegen will das Gesetz dem Arbeitnehmer keinen Anspruch auf Beförderung gewähren (*BAG* 29.03.1990 EzA § 1 KSchG Soziale Auswahl Nr. 29 = AP Nr. 50 zu § 1 KSchG 1969 Betriebsbedingte Kündigung). Als freie Arbeitsplätze kommen somit **nur solche mit gleichen oder schlechteren Bedingungen** in Betracht. Als »frei« ist ein Arbeitsplatz anzusehen, wenn er z. Zt. des Zugangs der Kündigung unbesetzt ist. Dem steht es jedoch gleich, wenn bei Ausspruch der Kündigung abzusehen ist, dass ein Arbeitsplatz **bis zum Ablauf der Kündigungsfrist verfügbar** sein wird (*BAG* 18.01.1990 EzA § 1 KSchG Soziale Auswahl Nr. 28 = AP Nr. 19 zu § 1 KSchG Soziale Auswahl; 07.02.1991 EzA § 1 KSchG Personenbedingte Kündigung Nr. 9 [teil-

§ 102   IV. 5. 3. Personelle Einzelmaßnahmen

weise krit. *Kraft/Raab*] = AP Nr. 1 zu § 1 KSchG 1969 Umschulung). Dies soll nach Ansicht des *BAG* auch dann gelten, wenn feststeht, dass in absehbarer Zeit nach Ablauf der Kündigungsfrist ein Arbeitsplatz frei wird, sofern dem Arbeitgeber die Überbrückung dieses Zeitraums zumutbar ist (*BAG* 15.12.1994 EzA § 1 KSchG Betriebsbedingte Kündigung Nr. 75 *[v. Hoyningen-Huene]* = AP Nr. 67 zu § 1 KSchG 1969 Betriebsbedingte Kündigung).

163 Widerspricht der Betriebsrat unter Berufung auf Nr. 3, so **muss er einen bestimmten (zumindest bestimmbaren), konkreten freien Arbeitsplatz nennen** (*BAG* 17.06.1999 EzA § 102 BetrVG 1972 Beschäftigungspflicht Nr. 10; 11.05.2000 EzA § 102 BetrVG 1972 Beschäftigungspflicht Nr. 11; *Hess. LAG* 15.02.2013 LAGE § 102 BetrVG 2001 Beschäftigungspflicht Nr. 6 Rn. 8 f.; *LAG Köln* 28.08.2015 – 4 SaGa 14/15 – juris, Rn. 21 ff. *Etzel/Rinck*/KR § 102 BetrVG Rn. 224; *Huke/HWGNRH* § 102 Rn. 132; *Richardi/Thüsing* § 102 Rn. 176; *Stege/Weinspach/Schiefer* § 102 Rn. 133; **a. M.** *LAG Hamm* 01.07.1986 LAGE § 102 BetrVG 1972 Beschäftigungspflicht Nr. 8; *Bachner/DKKW* § 102 Rn. 226: Es genüge die Bezeichnung des Bereiches bzw. der Art der anderweitigen Tätigkeit; *Gussone* AuR 1994, 245 [249]; die für diese Ansicht meist zitierte Entscheidung *BAG* 31.08.1978 EzA § 102 BetrVG 1972 Beschäftigungspflicht Nr. 7 = AP Nr. 1 zu § 102 BetrVG 1972 Weiterbeschäftigung dürfte aufgrund der unzureichenden tatsächlichen Angaben überinterpretiert sein). Dies gilt auch in den Fällen, in denen der Betriebsrat den Widerspruch – ausnahmsweise – darauf stützen kann, dass eine Weiterbeschäftigung auf einem freien Arbeitsplatz in einem anderen Unternehmen des Konzerns möglich ist (s. Rdn. 160).

164 Wenn **die Weiterbeschäftigung eine Umgruppierung oder Versetzung im selben Betrieb erfordert**, liegt im Widerspruch des Betriebsrats gegen die Kündigung, die er auf Nr. 3 stützt, zumindest dann die Zustimmung nach § 99 zu der erforderlichen personellen Einzelmaßnahme, wenn der Arbeitgeber einem konkreten Vorschlag des Betriebsrats folgt (*Etzel/Rinck*/KR § 102 BetrVG Rn. 227; *Huke/HWGNRH* § 102 Rn. 134; *Richardi/Thüsing* § 102 Rn. 178; i. E. ebenso *Galperin/Löwisch* § 102 Rn. 67: Zustimmung ist nicht erforderlich; *Fitting* § 102 Rn. 84: Zustimmungsverweigerung wäre rechtsmissbräuchlich; **a. M.** *Gussone* AuR 1994, 245 [249 f.]; vgl. auch *BAG* 15.05.1997 EzA § 102 BetrVG 1972 Nr. 99 = SAE 1999, 13 *[Raab]*).

165 Bei **Weiterbeschäftigung in einem anderen Betrieb** desselben Unternehmens ist die Zustimmung von dessen Betriebsrat unter dem Aspekt der Einstellung erforderlich. Überwiegend wird angenommen, ein Widerspruch des Betriebsrats des Betriebs, in dem der Arbeitnehmer jetzt beschäftigt ist, sei nur dann ordnungsgemäß begründet, wenn dargelegt werde, dass der Betriebsrat des in Aussicht genommenen Beschäftigungsbetriebes mit der Übernahme des betreffenden Arbeitnehmers einverstanden sei (*Etzel/Rinck*/KR § 102 BetrVG Rn. 228; *Meisel* Mitwirkung, Rn. 528; *Huke/HWGNRH* § 102 Rn. 134; *Richardi/Thüsing* § 102 Rn. 178). Diese Ansicht kann nicht überzeugen. Zwar ist es richtig, dass die Beschäftigung in dem anderen Betrieb nur möglich ist, wenn der dortige Betriebsrat zustimmt. Es ist aber Sache des Arbeitgebers, nach § 99 die Zustimmung dieses Betriebsrats zur Einstellung herbeizuführen (zust. *Koch/APS* § 102 BetrVG Rn. 201). Der Widerspruch des zur Kündigung angehörten Betriebsrats ist schon dann begründet, wenn er einen konkreten freien Arbeitsplatz nennt, auf dem der Arbeitnehmer weiterbeschäftigt werden könnte. Besteht diese Möglichkeit (unabhängig von der Stellungnahme des dortigen Betriebsrats) nicht, so ist die Kündigung nicht gemäß § 1 Abs. 2 Satz 2 Nr. 1b KSchG sozialwidrig. Besteht die Beschäftigungsmöglichkeit aber grundsätzlich, so ist der Arbeitgeber verpflichtet, die Zustimmung des dortigen Betriebsrats einzuholen. Verweigert dieser Betriebsrat die Zustimmung, so ist der Arbeitgeber allerdings nicht verpflichtet, das Zustimmungsersetzungsverfahren nach § 99 Abs. 4 einzuleiten. Mit der Zustimmungsverweigerung entfällt die rechtliche Möglichkeit, den Arbeitnehmer auf dem neuen Arbeitsplatz zu beschäftigen; die Kündigung ist nicht nach § 1 Abs. 2 Satz 2 Nr. 1b KSchG sozialwidrig. Hat der Arbeitnehmer nach § 102 Abs. 5 Weiterbeschäftigung auf seinem bisherigen Arbeitsplatz verlangt, so kann das Gericht den Arbeitgeber von der Pflicht zur Weiterbeschäftigung gemäß § 102 Abs. 5 Satz 2 Nr. 3 entbinden. Mit der Zustimmungsverweigerung durch den Betriebsrat des aufnehmenden Betriebes entfällt der Grund für den Widerspruch. Sofern der Betriebsrat seinen Widerspruch nicht zusätzlich auf andere Gründe gestützt hat, wird damit der Widerspruch offensichtlich unbegründet.

166 Ist die Weiterbeschäftigung des Arbeitnehmers nicht ohne Umschulungsmaßnahme oder ohne Änderung des Arbeitsvertrages möglich, so gehen die **Widerspruchsgründe aus Nr. 4 und 5 als leges**

speciales vor (*Huke*/HWGNRH § 102 Rn. 133; wohl auch *Etzel*/*Rinck*/KR § 102 BetrVG Rn. 229). Der Betriebsrat kann in diesen Fällen der Kündigung also nur dann wirksam widersprechen, wenn der Arbeitnehmer sich mit der Umschulungs- oder Fortbildungsmaßnahme bzw. mit den geänderten Vertragsbedingungen einverstanden erklärt hat (**a. M.** *Heinze* Personalplanung, Rn. 558; *Richardi*/*Thüsing* § 102 Rn. 179).

dd) Möglichkeit der Weiterbeschäftigung nach Umschulung oder Fortbildung (Abs. 3 Nr. 4)

Der Betriebsrat kann widersprechen, wenn der zu entlassende Arbeitnehmer **nach zumutbaren** **167** **Umschulungs- oder Fortbildungsmaßnahmen weiterbeschäftigt** werden könnte. Dieser Widerspruchsgrund kommt im Wesentlichen im Zusammenhang mit betriebs- und personenbedingten Kündigungen in Frage (*Galperin*/*Löwisch* § 102 Rn. 72; *Huke*/HWGNRH § 102 Rn. 136; **a. M.** *Richardi*/*Thüsing* § 102 Rn. 156: auch bei verhaltensbedingter Kündigung). Voraussetzung für diesen Widerspruchsgrund ist nämlich, dass durch die Umschulungs- oder Fortbildungsmaßnahme der Kündigungsgrund entfällt. Dies ist bei verhaltensbedingten Kündigungen nur denkbar, wenn dem Arbeitnehmer wegen einer unverschuldeten Leistungsschwäche gekündigt werden soll, da bei schuldhaften Vertragsverletzungen nur eine Verhaltensänderung, nicht aber eine Weiterbildung Abhilfe schaffen kann (*Galperin*/*Löwisch* § 102 Rn. 72; *Huke*/HWGNRH § 102 Rn. 137, die dies allerdings als personenbedingte Kündigung einordnen; s. a. Rdn. 161).

Anders als im Falle des Abs. 3 Nr. 3 kann der Widerspruch auch darauf gestützt werden, dass nach der **168** Umschulungs- oder Fortbildungsmaßnahme die **Weiterbeschäftigung auf demselben Arbeitsplatz** möglich wäre (*Bachner*/DKKW § 102 Rn. 240; *Etzel*/*Rinck*/KR § 102 BetrVG Rn. 232; *Richardi*/*Thüsing* § 102 Rn. 181). Hier ist nämlich dieser Einwand nicht gleichbedeutend mit dem (in Abs. 3 nicht vorgesehenen) Bestreiten des Kündigungsgrundes selbst. Führt etwa der Arbeitgeber im Rahmen eines Rationalisierungskonzeptes neue Arbeitsgeräte ein und sind die Arbeitnehmer aufgrund ihrer Vorbildung zur Bedienung dieser Geräte nicht in der Lage, so kann der Arbeitgeber nicht einfach diesen Arbeitnehmern kündigen und neue Kräfte mit adäquater Vorbildung einstellen, sondern muss der bestehenden Belegschaft die Chance geben, sich die notwendigen Kenntnisse in Umschulungs- und Fortbildungsveranstaltungen zu verschaffen, sofern dies zumutbar ist (*Fitting* § 102 Rn. 91; *Huke*/HWGNRH § 102 Rn. 137).

Soll die Weiterbeschäftigung auf einem anderen Arbeitsplatz erfolgen, so muss es sich um einen **freien** **169** **Arbeitsplatz** handeln. Auch im Rahmen der Nr. 4 ist der Arbeitgeber nicht verpflichtet, die Weiterbeschäftigung dadurch erst zu ermöglichen, dass er neue Arbeitsplätze schafft oder einem anderen Arbeitnehmer kündigt (*BAG* 07.02.1991 EzA § 1 KSchG Personenbedingte Kündigung Nr. 9 [*Kraft*/*Raab*] = AP Nr. 1 zu § 1 KSchG 1969 Umschulung; *Etzel*/*Rinck*/KR § 102 BetrVG Rn. 231; *Huke*/HWGNRH § 102 Rn. 136). Probleme ergeben sich insofern dadurch, dass z. Z. der Entscheidung über die Kündigung nicht immer mit Gewissheit feststehen wird, ob bei Abschluss der Bildungsmaßnahme ein freier Arbeitsplatz zur Verfügung stehen wird. Das *BAG* ist der Ansicht, dass eine Weiterbeschäftigungsmöglichkeit mit »hinreichender Wahrscheinlichkeit« bestehen müsse, eine nur »gewisse Wahrscheinlichkeit« genüge dagegen nicht (*BAG* 07.02.1991 EzA § 1 KSchG Personenbedingte Kündigung Nr. 9 unter B II 2b). Besser als diese terminologisch alles andere als klare Unterscheidung dürfte es sein, bei einer solchen Prognoseentscheidung eine Interessenabwägung im Einzelfall vorzunehmen und hierfür die für die Zumutbarkeit der Umschulungs- oder Fortbildungsmaßnahme entwickelten Kriterien heranzuziehen (*Kraft*/*Raab* Anm. EzA § 1 KSchG Personenbedingte Kündigung Nr. 9; *Preis* Prinzipien des Kündigungsrechts bei Arbeitsverhältnissen, 1987, S. 303 f.; vgl. auch *Birk* FS Kissel, S. 51 [63 ff.]). So dürfte etwa dem Arbeitgeber bei einem langjährigen Beschäftigten, der infolge eines Betriebsunfalls oder einer Berufskrankheit seine Tätigkeit nicht mehr verrichten kann, ein größeres Maß an Unsicherheit zuzumuten sein als bei einem erst kurze Zeit Beschäftigten, der aufgrund eines selbst verschuldeten privaten Unfalls auf dem bisherigen Arbeitsplatz nicht mehr eingesetzt werden kann.

Von einer Weiterbeschäftigungsmöglichkeit ist stets auszugehen, wenn nach Abschluss der Umschu- **170** lungs- oder Fortbildungsmaßnahme ein entsprechender **freier Arbeitsplatz in demselben Betrieb oder in einem anderen Betrieb desselben Unternehmens** zur Verfügung steht (*Birk* FS Kissel,

S. 51 [63]; *Etzel/Rinck*/KR § 102 BetrVG Rn. 231; *Fitting* § 102 Rn. 91; *Richardi/Thüsing* § 102 Rn. 181; **a. M.** *Huke/HWGNRH* § 102 Rn. 136; *Meisel* Mitwirkung, Rn. 529). Abs. 3 Nr. 3 ist insoweit als allgemeine Definition des Begriffes »Weiterbeschäftigung« zu verstehen, an die Abs. 3 Nr. 4 und 5 mit der Verwendung desselben Begriffes lediglich anknüpfen. Auch unter teleologischen Gesichtspunkten gibt es keinen Grund, im Falle der Weiterbildung oder Vertragsänderung die Weiterbeschäftigungsmöglichkeit auf den Bereich des Beschäftigungsbetriebes zu beschränken, zumal von einer strengen Betriebsbezogenheit des Kündigungsschutzes angesichts des eindeutigen Wortlauts des Abs. 3 Nr. 3 sowie des § 1 Abs. 2 Satz 2 Nr. 1b KSchG keine Rede sein kann (so aber *Huke/HWGNRH* § 102 Rn. 136; *Meisel* Mitwirkung, Rn. 529).

171 Eine **Fortbildungsmaßnahme** liegt dann vor, wenn die Kenntnisse und Fertigkeiten des Arbeitnehmers in seinem erlernten Beruf erhalten, erweitert oder der technischen Entwicklung angepasst werden sollen (§ 1 Abs. 4 BBiG). Unter **Umschulung** versteht das Gesetz gewöhnlich die Vermittlung der für eine andere berufliche Tätigkeit notwendigen Kenntnisse und Fertigkeiten (§ 1 Abs. 5 BBiG; s. a. § 96 Rdn. 10 sowie *Birk* FS *Kissel*, S. 51 [56 ff.]). Dies wirft die Frage auf, ob Umschulung in Abs. 3 Nr. 4 in diesem Sinne verstanden werden kann. Die Zuweisung einer anderen Tätigkeit ist regelmäßig nur zu geänderten Vertragsbedingungen möglich. Die Weiterbeschäftigung zu geänderten Vertragsbedingungen ist aber nur in Abs. 3 Nr. 5 erwähnt. Dennoch ist Abs. 3 Nr. 4 auch in den Fällen anzuwenden, in denen für eine Weiterbeschäftigung nach einer Umschulung eine Vertragsänderung erforderlich ist. Wäre hier ausschließlich Abs. 3 Nr. 5 anzuwenden, wäre der Widerspruch des Betriebsrats schon dann begründet, wenn ein solcher freier Arbeitsplatz z. Z. des Abschlusses der Maßnahme vorhanden ist und der Arbeitnehmer sein Einverständnis mit den geänderten Bedingungen erklärt hat. Die Zumutbarkeit der Umschulungsmaßnahme bliebe dagegen außer Betracht. Dies entspräche nicht dem Sinn der Vorschrift. Der Betriebsrat kann daher einer Kündigung nur dann mit der Begründung widersprechen, dass die Weiterbeschäftigung nach einer Umschulung möglich ist, wenn sich der Arbeitnehmer mit der Umschulungsmaßnahme einverstanden erklärt hat (s. Rdn. 172) und die Maßnahme für den Arbeitgeber zumutbar ist. Sofern die Weiterbeschäftigung nur zu geänderten Vertragsbedingungen erfolgen kann und diese Bedingungen bereits feststehen, bedarf es zusätzlich des Einverständnisses des Arbeitnehmers mit der Vertragsänderung. Die Voraussetzungen des Abs. 3 Nr. 5 müssen hier zusätzlich zu denen aus Abs. 3 Nr. 4 vorliegen (ebenso *BAG* 07.02.1991 EzA § 1 KSchG Personenbedingte Kündigung Nr. 9 = AP Nr. 1 zu § 1 KSchG 1969 Umschulung). Die Umschulungs- oder Fortbildungsmaßnahme muss auf eine zwar andersgeartete, aber gleichwertige, auf derselben Ebene der Betriebshierarchie angesiedelte Tätigkeit ausgerichtet sein. Nr. 4 gewährt ebenso wie Nr. 3 nur einen Bestandsschutz, keinen Anspruch auf Beförderung (*BAG* 07.02.1991 EzA § 1 KSchG Personenbedingte Kündigung Nr. 9 = AP Nr. 1 zu § 1 KSchG 1969 Umschulung; s. a. Rdn. 162).

172 Voraussetzung für den Widerspruch gemäß Abs. 3 Nr. 4 ist außerdem das **Einverständnis des Arbeitnehmers mit der Fortbildung oder Umschulungsmaßnahme** (*Birk* FS *Kissel*, S. 51 [68]; *Etzel/Rinck*/KR § 102 BetrVG Rn. 234; *Fitting* § 102 Rn. 91; *Galperin/Löwisch* § 102 Rn. 71; *Huke/HWGNRH* § 102 Rn. 140; *Richardi/Thüsing* § 102 Rn. 182), da der Arbeitnehmer hierzu nicht gezwungen werden kann. Außerdem wäre eine solche Maßnahme ohne die Bereitschaft des Arbeitnehmers sinnlos und dem Arbeitgeber ein Absehen von der sofortigen Kündigung kaum zuzumuten. Der Betriebsrat hat das Einverständnis des Arbeitnehmers vor Erhebung des Widerspruchs einzuholen, ansonsten ist der Widerspruch unbeachtlich (*Bachner*/DKKW § 102 Rn. 239; *Etzel/Rinck*/KR § 102 BetrVG Rn. 234; *Huke/HWGNRH* § 102 Rn. 140; *Richardi/Thüsing* § 102 Rn. 182; **a. M.** *Galperin/Löwisch* § 102 Rn. 71; *Klebe/Schumann* Das Recht auf Beschäftigung, S. 148 ff.).

173 Die Umschulungs- oder Fortbildungsmaßnahme muss **für den Arbeitgeber zumutbar** sein. Die **Zumutbarkeit für den Arbeitnehmer** braucht nicht gesondert geprüft zu werden (*BAG* 26.03.2015 EzA § 1 KSchG Betriebsbedingte Kündigung Nr. 183 = AP Nr. 208 zu § 1 KSchG 1969 Betriebsbedingte Kündigung Rn. 28 [zu § 1 Abs. 2 Satz 3 KSchG]; *Etzel/Rinck*/KR § 102 BetrVG Rn. 231; *Galperin/Löwisch* § 102 Rn. 71; i. E. auch *Bachner*/DKKW § 102 Rn. 239; **a. M.** *Huke/HWGNRH* § 102 Rn. 139; *Stege/Weinspach/Schiefer* § 102 Rn. 144). Da der Arbeitnehmer sein Einverständnis erklären muss, kann eine mit seinem Willen durchgeführte Maßnahme für ihn nicht unzumutbar sein. Bei der Beurteilung der Zumutbarkeit für den Arbeitgeber ist eine **Interessenabwägung** erforderlich, für die ähnliche Kriterien heranzuziehen sind wie bei der Interessen-

abwägung im Rahmen des § 1 Abs. 2 Satz 2 und 3 KSchG (*Bachner/DKKW* § 102 Rn. 233 ff.; *Birk* FS *Kissel*, S. 51 [59 ff.]; *Griebeling/Rachor/*KR § 1 KSchG Rn. 722 ff.; *Preis* Prinzipien des Kündigungsrechts bei Arbeitsverhältnissen, 1987, S. 164 ff., 303 f.). Maßgeblich ist also einerseits das Interesse des Arbeitnehmers an dem Fortbestand des Arbeitsverhältnisses, andererseits die für den Arbeitgeber mit der Fortbildung oder Umschulung verbundenen Belastungen. Dabei hängt das Gewicht des Bestandsschutzinteresses des Arbeitnehmers wesentlich von den auch sonst maßgeblichen Sozialdaten (insbesondere Alter, Dauer der Betriebszugehörigkeit, Unterhaltspflichten und Schwerbehinderung, vgl. § 1 Abs. 3 Satz 1 KSchG) ab.

Bei den auf Seiten des Arbeitgebers zu berücksichtigenden Belastungen ist zu unterscheiden zwischen den (finanziellen) Lasten der Maßnahme selbst und den Belastungen, die sich aus der Aufrechterhaltung des Arbeitsverhältnisses während der Maßnahme ergeben. Hinsichtlich der durch die Maßnahme selbst entstehenden Lasten ist zu beachten, dass Nr. 4 keine Aussage über die **Finanzierung von Fortbildung bzw. Umschulung** enthält. Soweit betriebliche Maßnahmen ausreichen und zumutbar sind, treffen die Kosten den Arbeitgeber; außerbetriebliche Maßnahmen sind jedoch vom Arbeitnehmer bzw. der öffentlichen Hand zu finanzieren (*Huke/*HWGNRH § 102 Rn. 142; **a. M.** offenbar *Hanau* BB 1971, 485 [489], der generell eine Finanzierungspflicht des Arbeitgebers annimmt, und *Galperin/Löwisch* § 102 Rn. 70, der für die Kostentragungspflicht des Arbeitgebers nur die Zumutbarkeit als Grenze annimmt; ebenso *Etzel/Rinck/*KR § 102 BetrVG Rn. 233). Führt der Arbeitgeber ohnehin geeignete betriebliche Bildungsmaßnahmen durch, so wird es ihm in der Regel zumutbar sein, den Arbeitnehmer hieran zu beteiligen. Die Unzumutbarkeit der Umschulungs- oder Fortbildungsmaßnahme kann sich in solchen Fällen mithin allenfalls aus sonstigen Belastungen ergeben (s. hierzu Rdn. 175). Dagegen kann der Arbeitgeber nicht unbegrenzt durch Nr. 4 verpflichtet werden, Bildungsmaßnahmen erst einzuführen. Ein Zwang zur Einführung von Umschulungs- oder Fortbildungsmaßnahmen kann sich aber ergeben, wenn der Betriebsrat von seinem Initiativrecht nach § 97 Abs. 2 Gebrauch macht (s. § 97 Rdn. 11 ff.). Auch wenn dessen Voraussetzungen vorliegen, ist die Zumutbarkeit der Einführung solcher Maßnahmen zur Sicherung der Weiterbeschäftigung von Arbeitnehmern abhängig von der Größe und der wirtschaftlichen Leistungsfähigkeit des Unternehmens (ebenso *Birk* FS *Kissel*, S. 51 [61]). Aber auch bei einem großen und leistungsfähigen Unternehmen müssen die Aufwendungen noch in einem vernünftigen Verhältnis zum erwarteten Ertrag stehen (ähnlich *Griebeling/Rachor/*KR § 1 KSchG Rn. 724). So dürfte es kaum zumutbar sein, eine aufwendige Umschulungsmaßnahme durchzuführen, um einem einzelnen Arbeitnehmer die Weiterbeschäftigung zu ermöglichen. Langdauernde und kostenintensive Bildungsmaßnahmen kommen folglich meist nur zur Vermeidung betriebsbedingter Kündigungen in Betracht, wenn einer Mehrzahl von Arbeitnehmern, die von der Rationalisierung oder der Einführung neuer Techniken betroffen sind, die für eine Weiterbeschäftigung notwendigen Kenntnisse verschafft werden sollen. Ist der Arbeitgeber aufgrund einer Einigung mit dem Betriebsrat nach § 97 Abs. 2 oder aufgrund des Spruches der Einigungsstelle verpflichtet, eine Umschulungs- oder Fortbildungsmaßnahme durchzuführen, so ist es dem Arbeitgeber regelmäßig zuzumuten, den Abschluss der Bildungsmaßnahme abzuwarten, bevor er kündigt. Einer vorherigen Kündigung kann der Betriebsrat gemäß Abs. 3 Nr. 4 widersprechen (s. a. § 97 Rdn. 30).

Ebenfalls bei der Abwägung auf Seiten des Arbeitgebers zu berücksichtigen sind die **Belastungen, die durch die Aufrechterhaltung des Arbeitsverhältnisses entstehen**. Dies können auch **Entgeltfortzahlungskosten** sein. Ob der Arbeitgeber während der Maßnahme zur Fortzahlung des Entgelts verpflichtet ist, hängt allein davon ab, ob der Arbeitnehmer seine Arbeitsleistung noch erbringen kann, also weder durch die zeitliche Beanspruchung infolge der Umschulungs- oder Fortbildungsmaßnahme selbst, noch durch sonstige Umstände an der Erbringung seiner Arbeitsleistung gehindert ist (**a. M.** *Huke/*HWGNRH § 102 Rn. 142, die pauschal eine Pflicht zur Fortzahlung des Arbeitsentgelts verneinen). Ist etwa der Arbeitsplatz des betroffenen Arbeitnehmers infolge betriebsbedingter Gründe weggefallen und kann der Arbeitnehmer allein aus diesem Grunde während der Dauer der außerhalb seiner betrieblichen Arbeitszeit stattfindenden Umschulungs- oder Fortbildungsmaßnahme nicht beschäftigt werden, so hat der Arbeitnehmer nach den Grundsätzen der Betriebsrisikolehre einen Entgeltanspruch aus § 615 Satz 3 BGB, da das Arbeitsverhältnis während der Maßnahme fortbesteht. Auch eine Leistungsminderung des Arbeitnehmers führt nicht automatisch zum Verlust des Entgeltanspruches für die Dauer einer Fortbildung oder Umschulung, sofern der Arbeitnehmer neben der

§ 102

Maßnahme weiterarbeiten kann. Ist die Erbringung der Arbeitsleistung neben der Umschulungs- oder Fortbildungsmaßnahme nicht möglich, so liegt in einer Abrede über die Durchführung einer solchen Maßnahme grundsätzlich zugleich die Vereinbarung des Ruhens des (Haupt-)Arbeitsverhältnisses für deren Dauer (*Birk* FS *Kissel*, S. 51 [70]). Ein Anspruch des Arbeitnehmers auf Vergütung kann sich dann nur aus einer Umschulungsvereinbarung mit dem Arbeitgeber ergeben. Soll der Arbeitnehmer nach der Maßnahme auf einem anderen freien Arbeitsplatz eingesetzt werden, können sich Belastungen weiterhin daraus ergeben, dass der Arbeitgeber **den Arbeitsplatz bis zum Abschluss der Maßnahme »freihalten«** muss. Entscheidend ist insoweit, ob dem Arbeitgeber Überbrückungsmaßnahmen, etwa durch befristete Einstellung von Ersatzkräften oder durch andere Verteilung der Arbeit, möglich und zumutbar sind. **Auf keinen Fall zumutbar** ist die Durchführung einer Umschulungs- oder Fortbildungsmaßnahme für den Arbeitgeber, wenn **die Maßnahme** (etwa aufgrund des Alters, der Vorbildung oder der fehlenden Bereitschaft des Arbeitnehmers) **keine hinreichende Aussicht auf Erfolg** bietet (*Etzel/Rinck*/KR § 102 BetrVG Rn. 231; *Fitting* § 102 Rn. 91; *Huke/HWGNRH* § 102 Rn. 138; vgl. auch *Bachner/DKKW* § 102 Rn. 233). Auch aus diesem Grunde ist ein ohne das vorherige Einverständnis des Arbeitnehmers erhobener Widerspruch des Betriebsrats unbeachtlich (s. Rdn. 172). Zumindest eine länger dauernde Fortbildungs- oder Umschulungsmaßnahme dürfte für den Arbeitgeber auch dann unzumutbar sein, wenn **der Betriebsrat von seinem Initiativrecht nach § 97 Abs. 2 keinen Gebrauch** gemacht hat, obwohl die Notwendigkeit einer solchen Bildungsmaßnahme ohne Weiteres erkennbar war. Es wäre mit dem Grundsatz der vertrauensvollen Zusammenarbeit gemäß § 2 Abs. 1 kaum vereinbar, wenn der Betriebsrat zunächst untätig bleiben, dann aber der bevorstehenden Kündigung mit dem Hinweis auf die Weiterbildungsmöglichkeit widersprechen könnte (s. a. § 97 Rdn. 29).

176 Die Beschäftigung in einem anderen Tätigkeitsbereich nach Fortbildung bzw. Umschulung setzt in der Regel eine personelle Maßnahme i. S. v. § 99 oder sogar eine Vertragsänderung bzw. Änderungskündigung voraus. Widerspricht der Betriebsrat der Kündigung gemäß Nr. 4 unter Hinweis darauf, der Arbeitnehmer könne nach Abschluss der Maßnahme auf einem bestimmten Arbeitsplatz weiterbeschäftigt werden, so liegt hierin zugleich die Zustimmung zu der hierfür notwendigen innerbetrieblichen Versetzung (*Etzel/Rinck*/KR § 102 BetrVG Rn. 235; *Galperin/Löwisch* § 102 Rn. 67; *Huke/HWGNRH* § 102 Rn. 143). Ist eine Änderungskündigung erforderlich, so greift insoweit Nr. 5 ein. Der Betriebsrat muss also den Widerspruch kumulativ auf Nr. 4 und Nr. 5 stützen (s. Rdn. 171).

ee) Möglichkeit der Weiterbeschäftigung zu geänderten Vertragsbedingungen (Abs. 3 Nr. 5)

177 Soweit eine **Weiterbeschäftigung** des Arbeitnehmers **unter geänderten Vertragsbedingungen** möglich ist, kann der Betriebsrat einer geplanten Kündigung widersprechen, wenn der Arbeitnehmer mit der Vertragsänderung einverstanden ist. Auch dieser Widerspruchsgrund kommt bei betriebs-, personen- oder verhaltensbedingter Kündigung in Betracht (s. Rdn. 152). Soweit eine Vertragsänderung für die Weiterbeschäftigung nötig ist, geht Nr. 5 der Nr. 3 vor. Der Betriebsrat muss sich in diesem Fall vor Erhebung des Widerspruchs der Zustimmung des Arbeitnehmers versichern (*Hess. LAG* 15.02.2013 LAGE § 102 BetrVG 2001 Beschäftigungspflicht Nr. 6 Rn. 11; *Etzel/Rinck*/KR § 102 BetrVG Rn. 239; *Fitting* § 102 Rn. 95; *Richardi/Thüsing* § 102 Rn. 186; **a. M.** *Bachner/DKKW* § 102 Rn. 246; *Klebe/Schumann* Das Recht auf Beschäftigung, S. 164).

178 Das **Einverständnis** des Arbeitnehmers kann **unter** dem **Vorbehalt** erteilt werden, dass die Änderung der Arbeitsbedingungen sozial gerechtfertigt ist (*Bachner/DKKW* § 102 Rn. 247; *Etzel/Rinck*/KR § 102 BetrVG Rn. 240; *Fitting* § 102 Rn. 96; *Heinze* Personalplanung, Rn. 563; *Richardi/Thüsing* § 102 Rn. 187; **a. M.** *Galperin/Löwisch* § 102 Rn. 77; *Huke/HWGNRH* § 102 Rn. 147; vgl. auch *BAG* 27.09.1984 EzA § 2 KSchG Nr. 5 *[Kraft]* = AP Nr. 8 zu § 2 KSchG zum grundsätzlichen Vorrang der Änderungskündigung vor der Beendigungskündigung). Hat der Arbeitnehmer sein Einverständnis unter diesem Vorbehalt dem Arbeitgeber gegenüber erklärt, muss der Arbeitgeber eine Änderungskündigung aussprechen. Weiterbeschäftigung nach Abs. 5 zu den bisherigen Bedingungen kann der Arbeitnehmer, gestützt auf den Widerspruch des Betriebsrats, nur verlangen, wenn der Arbeitgeber trotz des Widerspruchs des Betriebsrats und der – unter Vorbehalt erklärten – Zustimmung des Arbeitnehmers zu den geänderten Arbeitsbedingungen eine Beendigungskündigung ausspricht

(*Bachner*/DKKW § 102 Rn. 247; *Etzel/Rinck*/KR § 102 BetrVG Rn. 240). Der Weiterbeschäftigungsanspruch besteht dagegen nicht, wenn der Arbeitgeber auf den Widerspruch des Betriebsrats hin anstelle der beabsichtigten Beendigungskündigung eine Änderungskündigung ausspricht, da der Betriebsrat die geplante Vertragsänderung selbst vorgeschlagen, ihr also nicht widersprochen hat (*Bachner*/DKKW § 102 Rn. 247; *Etzel/Rinck*/KR § 102 BetrVG Rn. 240).

Wenn der Arbeitnehmer einer vom Betriebsrat für nötig erachteten Vertragsänderung nur diesem gegenüber zustimmt, hat diese Erklärung dem Arbeitgeber gegenüber keine Wirkung, weil der Betriebsrat dem Arbeitnehmer kein für den Arbeitgeber bindendes Änderungsangebot unterbreiten kann (*Heinze* Personalplanung, Rn. 562 f.). Praktikabel kann diese Vorschrift daher nur dann sein, wenn Arbeitgeber, Arbeitnehmer und Betriebsrat sich über die Weiterbeschäftigung und die veränderten Bedingungen einigen. Dann entfällt die Kündigung, und in der Zustimmung des Betriebsrats zur Änderung der Arbeitsbedingungen ist gleichzeitig eine etwa nach § 99 nötige Zustimmung zu der erforderlichen personellen Maßnahme zu sehen. **179**

Kommt eine solche Einigung mit dem Arbeitgeber nicht zustande, **kündigt** also **der Arbeitgeber trotz des Widerspruchs des Betriebsrats**, weil er die Weiterbeschäftigung unter der vom Betriebsrat vorgeschlagenen und vom Arbeitnehmer angenommenen Änderung des Arbeitsvertrages nicht für zumutbar hält, und erhebt der Arbeitnehmer Kündigungsschutzklage, so sind zwei Fälle denkbar: Tritt das Arbeitsgericht der Ansicht des Arbeitgebers bei, dann wird die Kündigungsschutzklage abgewiesen; das Arbeitsverhältnis ist durch die Kündigung beendet. Hält das Arbeitsgericht den Widerspruch für begründet und die vorgeschlagene Änderung für zumutbar, dann gibt es der Kündigungsschutzklage statt, da ein begründeter Widerspruch die Sozialwidrigkeit der Kündigung zwingend zur Folge hat (vgl. § 1 Abs. 2 Satz 2 KSchG). Das Arbeitsverhältnis bleibt zu den bisherigen Bedingungen bestehen, da ja der Arbeitgeber sich mit der Vertragsänderung nicht einverstanden erklärt hat. Dem Arbeitgeber bleibt dann praktisch keine andere Wahl, als der vom Betriebsrat vorgeschlagenen Änderung zuzustimmen und eine entsprechende Änderungskündigung auszusprechen (s. Rdn. 178). **180**

Für eine Weiterbeschäftigung gemäß Nr. 5 kommt sowohl der bisherige, als auch ein freier anderer Arbeitsplatz in demselben Betrieb oder in einem anderen Betrieb desselben Unternehmens in Betracht (*Etzel/Rinck*/KR § 102 BetrVG Rn. 237; **a. M.** *Huke*/HWGNRH § 102 Rn. 145; s. a. Rdn. 168, 170). Die geänderten Vertragsbedingungen können für den Arbeitnehmer auch eine **Verschlechterung** (Kürzung von übertariflichen Entgeltbestandteilen, Wechsel der Schicht, Reduzierung der zu vergütenden Arbeitszeit) bringen. Dies gilt allerdings nur, soweit Arbeitsbedingungen nicht in Tarifverträgen oder Betriebsvereinbarungen gemäß § 4 Abs. 1, 3 TVG, § 77 Abs. 4 zwingend geregelt sind (*Etzel/Rinck*/KR § 102 BetrVG Rn. 238; *Richardi/Thüsing* § 102 Rn. 185). Der Betriebsrat kann der Kündigung jedoch nicht mit der Begründung widersprechen, dass diese durch die kollektive **Einführung von Kurzarbeit** vermieden werden könne (LAG Düsseldorf 21.06.1983 DB 1984, 565; LAG Hamm 08.03.1983 BB 1983, 1349; *Fitting* § 102 Rn. 97; *Huke*/HWGNRH § 102 Rn. 146; *Wank* RdA 1987, 129 [142]; **a. M.** *Bachner*/DKKW § 102 Rn. 245; *Etzel/Rinck*/KR § 102 BetrVG Rn. 238; *Richardi/Thüsing* § 102 Rn. 185). Selbst wenn man ein Initiativrecht des Betriebsrats im Rahmen des § 87 Abs. 1 Nr. 3 bejahen würde (hierzu ausführlich *Wiese/Gutzeit* § 87 Rdn. 388 ff. m. w. N.), käme doch nur eine vorübergehende Verkürzung der Arbeitszeit in Betracht, während Nr. 5 eine **auf Dauer angelegte Änderung** der Arbeitsbedingungen meint. Im Übrigen läuft eine solche Argumentation auf den Einwand hinaus, dass der Abbau von Arbeitsplätzen durch vorherige befristete Einführung von Kurzarbeit vermieden werden könne, die Kündigung also nicht durch betriebliche Erfordernisse »bedingt« in dem Sinne sei, dass es kein anderes, milderes Mittel gäbe. Damit wird der Kündigungsgrund selbst bestritten. Hierauf kann aber ein Widerspruch gemäß Abs. 3 gerade nicht gestützt werden (vgl. auch BAG 11.09.1986 EzA § 1 KSchG Betriebsbedingte Kündigung Nr. 54; 15.06.1989 EzA § 1 KSchG Betriebsbedingte Kündigung Nr. 63 = AP Nr. 45 zu § 1 KSchG 1969 Betriebsbedingte Kündigung). **181**

3. Kündigung nach Einlegung eines Widerspruchs – Übermittlung der Stellungnahme des Betriebsrats (Abs. 4)

182 Auch bei ordnungsgemäßem Widerspruch des Betriebsrats ist der Arbeitgeber nicht gehindert, die geplante Kündigung auszusprechen. Sie ist wirksam, sofern sie nicht nach § 1 KSchG sozial ungerechtfertigt oder nach anderen Vorschriften unwirksam ist.

183 Um die Position des gekündigten Arbeitnehmers in einem etwaigen Kündigungsschutzprozess zu verbessern, schreibt Abs. 4 vor, dass der Arbeitgeber dem Arbeitnehmer mit der Kündigung **eine Abschrift der Stellungnahme des Betriebsrats zuzuleiten** hat, sofern dieser der Kündigung ordnungsgemäß gemäß Abs. 3 widersprochen hat. Nach der Intention des Gesetzgebers sollte es dadurch einerseits dem Arbeitgeber erschwert werden, trotz des Widerspruchs des Betriebsrats eine Kündigung auszusprechen, andererseits sollte der Arbeitnehmer in die Lage versetzt werden, die Erfolgsaussichten eines Kündigungsschutzprozesses besser abzuschätzen und sich im Prozess selbst zur Begründung der Unwirksamkeit der Kündigung auf den Widerspruch stützen zu können (amtliche Begründung, BR-Drucks. 715/70, S. 52). Trotz dieser eindeutigen Motivation ergibt sich aus dem Wortlaut der Norm nicht, dass sie nur für die unter das Kündigungsschutzgesetz fallenden Arbeitnehmer gelten soll. Die Abschrift der Stellungnahme des Betriebsrats ist daher der Kündigung in jedem Fall beizufügen, wenn die Voraussetzungen des Abs. 4 vorliegen.

184 Verletzt der Arbeitgeber diese Mitteilungspflicht, so führt dies nicht zur Unwirksamkeit der Kündigung (*LAG Köln* 19.10.2000 LAGE § 102 BetrVG 1972 Nr. 75; *LAG Schleswig-Holstein* 29.03.2007 – 4 Sa 545/06 – juris, Rn. 31; s. a. *BAG* 25.10.2012 EzA § 125 BGB 2002 Nr. 3 Rn. 32 [die h. M. referierend]; *Etzel/Rinck*/KR § 102 BetrVG Rn. 248; *Fitting* § 102 Rn. 100; *Galperin/Löwisch* § 102 Rn. 84; *Heinze* Personalplanung, Rn. 580; *Huke/HWGNRH* § 102 Rn. 152; *Kliemt* NZA 1993, 921 [923 ff.]; *Preis/SPV* Rn. 384; *Richardi/Thüsing* § 102 Rn. 200; zweifelnd offenbar *Bachner/DKKW* § 102 Rn. 251; **a. M.** *Berkowsky*/MünchArbR § 125 Rn. 66; *Düwell* NZA 1988, 866; *Schütte* NZA 2011, 263 [265 f.]). Bei Abs. 4 handelt es sich **nicht um eine Formvorschrift** i. S. d. § 125 Satz 1 BGB, weil es nicht um die Form der Kündigungserklärung, sondern um die Übermittlung einer hiervon zu unterscheidenden Erklärung, nämlich des Widerspruchs des Betriebsrats geht. Abs. 4 ist also keine Formvorschrift, sondern eine verfahrensregelnde Norm. Da das Gesetz in Abs. 1 Satz 3 für bestimmte Verfahrensfehler die Unwirksamkeit der Kündigung angeordnet hat, muss man aus dem Fehlen einer entsprechenden Regelung in Abs. 4 den Umkehrschluss ziehen, dass die fehlende Mitteilung der Stellungnahme die Wirksamkeit der Kündigung unberührt lässt. Im Übrigen würde es einen Wertungswiderspruch darstellen, wenn zwar der Widerspruch des Betriebsrats die Wirksamkeit der Kündigung nicht hindern könnte, wohl aber die fehlende Mitteilung des Widerspruchs gegenüber dem Arbeitnehmer.

185 Unterlässt der Arbeitgeber die Übermittlung der Stellungnahme, so begründet dies u. U. einen **Schadensersatzanspruch des Arbeitnehmers** aus § 280 Abs. 1 i. V. m. § 241 Abs. 2 BGB (positive Vertragsverletzung; *Etzel/Rinck*/KR § 102 BetrVG Rn. 248; *Fitting* § 102 Rn. 100; *Galperin/Löwisch* § 102 Rn. 84; *Huke/HWGNRH* § 102 Rn. 152; *Richardi/Thüsing* § 102 Rn. 200). Unterlässt der Arbeitnehmer die Erhebung einer Kündigungsschutzklage, weil er infolge Unkenntnis von dem Widerspruch des Betriebsrats die Klage für aussichtslos hält, und wird die Kündigung dadurch gemäß § 7 KSchG wirksam, so kann der zu ersetzende Schaden in Extremfällen auch in dem **Verlust des Arbeitsplatzes** bestehen (*Bösche* Die Rechte des Betriebsrats bei Kündigungen, S. 136; *Kliemt* NZA 1993, 921 [923]). Voraussetzung ist allerdings zum einen, dass die Pflichtverletzung für den Schaden kausal war, der Arbeitnehmer also bei Kenntnis von dem Widerspruch Klage erhoben hätte, zum anderen, dass ein Zurechnungszusammenhang zwischen der unterlassenen Mitteilung des Widerspruchs und dem Wirksamwerden der Kündigung besteht, die Kündigung also gerade aus dem Grunde unwirksam war, aus dem der Betriebsrat widersprochen hat. Selbst wenn beides zu bejahen ist, ist zu berücksichtigen, dass es zunächst Aufgabe des Arbeitnehmers ist, sich gegen die Kündigung zur Wehr zu setzen, um in den Genuss des kündigungsschutzrechtlichen Bestandsschutzes zu gelangen. In der Regel wird er sich hierfür rechtlichen Rat einholen müssen. Handelt er dieser in seinem eigenen Interesse bestehenden Obliegenheit zuwider, so liegt hierin ein gemäß § 254 Abs. 1 BGB zu berücksichtigendes überwiegendes Mitverschulden, das grundsätzlich einen Schadenersatzanspruch gegen den Arbeitgeber ausschließt. Eine Pflicht zum Ersatz des durch den Arbeitsplatzverlust entstandenen Schadens kommt mithin nur in Betracht, wenn der Arbeitnehmer auch nach rechtlicher Beratung die Kündigungsschutzklage mit Sicherheit für aussichtslos halten musste, weil er von dem Widerspruch des Betriebsrats nichts wusste, eine Erfolgsaussicht also allein bei Kenntnis des Widerspruchs gegeben gewesen wäre. Berücksichtigt man, dass insbesondere bei betriebsbedingten Kündigungen die Kündigungsgründe regelmäßig erst im Prozess im Detail offen gelegt werden, dem Arbeitnehmer also normalerweise ohnehin zugemutet wird, über die Erhebung einer Kündigungsschutzklage ohne umfassende Kenntnis des Sachverhalts zu entscheiden, wird ein solcher Fall in der Praxis kaum vorkommen, da bei Unkenntnis der Kündigungsgründe die Prognose der Aussichtslosigkeit des Kündigungsschutzprozesses nicht zu rechtfertigen ist.

Hat der Arbeitnehmer Kündigungsschutzklage erhoben und hat er nur, weil er von dem Widerspruch des Betriebsrats nichts weiß, von der Geltendmachung seines Weiterbeschäftigungsanspruches abgesehen (s. hierzu Rdn. 207 ff.), so kann er den **Verdienstausfall** im Wege des Schadenersatzes geltend machen. Dagegen sind die im Falle des Unterliegens im Kündigungsschutzprozess entstehenden Prozess- und Rechtsanwaltskosten nicht zu ersetzen (**a. M.** *Fitting* § 102 Rn. 100; *Galperin/Löwisch* § 102 Rn. 84; wohl auch *Etzel/Rinck/*KR § 102 BetrVG Rn. 248). Insoweit fehlt es bereits an der Kausalität der Pflichtverletzung. Es ist kaum davon auszugehen, dass der Arbeitnehmer, der ohne Kenntnis von dem Widerspruch des Betriebsrats Kündigungsschutzklage erhoben hat, von dieser Klage abgesehen hätte, wenn der Arbeitgeber ihm ordnungsgemäß den Widerspruch zur Kenntnis gebracht hätte. Der Arbeitnehmer trägt grundsätzlich die **Darlegungs- und Beweislast** für die anspruchsbegründenden Tatsachen. Dies gilt vorliegend allerdings insofern nur eingeschränkt, als der Arbeitnehmer das Unterlassen der Übermittlung der Stellungnahme durch den Arbeitgeber, also das Nichtbestehen einer Tatsache, nicht beweisen kann. Es genügt folglich, wenn er die Übermittlung bestreitet. Der Arbeitgeber muss sodann darlegen und beweisen, dass der Arbeitnehmer die Stellungnahme dennoch erhalten hat. In vollem Umfange darlegungs- und beweispflichtig ist der Arbeitnehmer für die Kausalität sowie für den Eintritt des Schadens in Form des Verdienstausfalles oder des Verlustes des Arbeitsplatzes. Der Arbeitgeber trägt nach § 280 Abs. 1 Satz 2 BGB die Beweislast dafür, dass die Übermittlung ohne sein Verschulden unterblieben ist, sowie für ein Mitverschulden des Arbeitnehmers gemäß § 254 Abs. 1 BGB. Insoweit genügt aber zunächst, dass sich der Arbeitgeber auf ein Mitverschulden wegen unterlassener Erhebung der Kündigungsschutzklage beruft. Der Arbeitnehmer muss dann dartun, dass er ohne Verschulden von einer Klageerhebung absehen durfte.

Handelt der Arbeitgeber seiner Verpflichtung gemäß Abs. 4 ständig und fortgesetzt zuwider, so kommt neben dem (individualrechtlichen) Schadenersatzanspruch ein (kollektivrechtliches) Vorgehen im Wege des Zwangsverfahrens gemäß § 23 Abs. 3 in Betracht (*Fitting* § 102 Rn. 100; *Richardi/Thüsing* § 102 Rn. 200; **a. M.** *Etzel/Rinck/*KR § 102 BetrVG Rn. 248). Der Antrag kann im Falle eines solchen groben Verstoßes gegen die betriebsverfassungsrechtlichen Pflichten auch darauf lauten, dem Arbeitgeber aufzugeben, Kündigungen ohne ordnungsgemäße Mitteilung der Stellungnahme des Betriebsrats zu unterlassen (vgl. hierzu *Raab* Negatorischer Rechtsschutz, S. 86, 90 ff.). Außerdem kann der Arbeitnehmer seinen Anspruch auf Überlassung der Stellungnahme im Klagewege durchsetzen, und zwar auch im Zusammenhang mit dem Kündigungsschutzprozess (*Fitting* § 102 Rn. 100).

4. Bedeutung der Anhörung, Nachschieben von Kündigungsgründen und Bedeutung des Widerspruchs im Kündigungsschutzprozess

a) Bedeutung der Anhörung

Eine **ohne Anhörung** ausgesprochene Kündigung ist **unwirksam** (Abs. 1 Satz 3). Die Berücksichtigung dieses Unwirksamkeitsgrundes bzw. dessen Geltendmachung im Prozess ist von der Einhaltung der Klagefrist des § 4 KSchG abhängig (s. Rdn. 117). Im Falle einer **Änderungskündigung** kann der Arbeitnehmer die Unwirksamkeit wegen mangelnder Anhörung auch dann geltend machen, wenn er das Änderungsangebot unter dem in § 2 KSchG bezeichneten Vorbehalt angenommen hat (*BAG* 28.05.1998 EzA § 2 KSchG Nr. 29 = AP Nr. 48 zu § 2 KSchG 1969; 20.02.2014 EzA § 17 KSchG Nr. 31 = AP Nr. 46 zu § 17 KSchG 1969 Rn. 38; zur Diskussion um die Folgen der Bestimmung des Streitgegenstandes der Änderungsschutzklage bei Annahme des Änderungsangebots unter Vorbehalt im Hinblick auf die Geltendmachung von Gründen für die Unwirksamkeit der Kündigung vgl. einerseits *Kreft*/KR § 2 KSchG Rn. 111 ff., andererseits *Preis* NZA 2015, 1 [8 ff.]).

189 Zivilrechtliche Wirksamkeitsvoraussetzung ist die ordnungsgemäße Einleitung und der ordnungsgemäße Abschluss des Anhörungsverfahrens (s. Rdn. 106). Da auch die **Art der beabsichtigten Kündigung** dem Betriebsrat mitzuteilen ist, muss der Arbeitgeber, wenn er aus wichtigem Grund, hilfsweise aber auch ordentlich kündigen will, den Betriebsrat auch darüber unterrichten. Eine Anhörung nur zu einer außerordentlichen Kündigung ersetzt grundsätzlich die Anhörung zu der hilfsweise ausgesprochenen ordentlichen Kündigung nicht (*BAG* 16.03.1978 EzA § 102 BetrVG 1972 Nr. 32 = AP Nr. 15 zu § 102 BetrVG 1972); ebenso wenig genügt die Anhörung zu einer ordentlichen Kündigung für eine dann eventuell erfolgende außerordentliche Kündigung (*BAG* 12.08.1976 EzA § 102 BetrVG 1972 Nr. 25 = AP Nr. 10 zu § 102 BetrVG 1972). Vgl. dazu Rdn. 62 f.

b) Nachschieben von Gründen

190 Dem Betriebsrat sind im Rahmen der Anhörung auch die Kündigungsgründe zu nennen (s. Rdn. 73 ff.). Fraglich ist, ob und inwieweit Gründe, die dem Betriebsrat nicht genannt wurden, im Kündigungsschutzprozess noch nachgeschoben werden können. Hierbei ist zunächst zu beachten, dass die **Mitteilung der Kündigungsgründe** gemäß Abs. 1 Satz 2 **Voraussetzung für die ordnungsgemäße Einleitung des Anhörungsverfahrens** ist. Teilt der Arbeitgeber dem Betriebsrat ihm bekannte Tatsachen, auf die er die Kündigung stützen will und die seinen Kündigungsentschluss tatsächlich bestimmen (zur Bestimmung des Umfangs der Mitteilungspflicht s. Rdn. 73 ff.), nicht mit, so ist die Kündigung nach Auffassung der Rechtsprechung stets bereits wegen fehlender Anhörung gemäß Abs. 1 Satz 3 unheilbar nichtig, so dass es auf die Frage, ob diese Gründe zur Rechtfertigung der Kündigung noch nachgeschoben werden können, nicht mehr ankommt (*BAG* 08.09.1988 EzA § 102 BetrVG 1972 Nr. 73, 81 = AP Nr. 49, 57 zu § 102 BetrVG 1972; 11.10.1989 EzA § 1 KSchG Betriebsbedingte Kündigung Nr. 64 = AP Nr. 47 zu § 1 KSchG 1969 Betriebsbedingte Kündigung, st. Rspr.; zu der hier vertretenen differenzierenden Auffassung s. Rdn. 107 ff.). Vom Nachschieben zu unterscheiden ist die **Erläuterung oder Konkretisierung der bereits mitgeteilten Gründe**; sie ist zulässig (*BAG* 18.12.1980 EzA § 102 BetrVG 1972 Nr. 44 = AP Nr. 22 zu § 102 BetrVG 1972; 27.02.1997 EzA § 1 KSchG Verhaltensbedingte Kündigung Nr. 51 = AP Nr. 36 zu § 1 KSchG 1969 Verhaltensbedingte Kündigung unter II 5; *Huke*/HWGNRH § 102 Rn. 51; *Richardi*/*Thüsing* § 102 Rn. 135; krit. *Bachner*/DKKW § 102 Rn. 127; *Schwerdtner* ZIP 1981, 809 [815 ff.]). Hat der Arbeitgeber dem Betriebsrat etwa mitgeteilt, dass dem Arbeitnehmer wegen häufigen Zuspätkommens gekündigt werden soll, so kann der Arbeitnehmer die hierdurch verursachten Störungen im Betriebsablauf auch dann in den Kündigungsschutzprozess einführen, wenn er diese dem Betriebsrat im Anhörungsverfahren nicht näher geschildert hat, sofern es sich um Störungen handelt, die mit solchen Verspätungen typischerweise verbunden sind. Mit solchen Störungen wird der Betriebsrat ohnehin rechnen (*BAG* 27.02.1997 EzA § 1 KSchG Verhaltensbedingte Kündigung Nr. 51 = AP Nr. 36 zu § 1 KSchG 1969 Verhaltensbedingte Kündigung). Eine Erläuterung liegt nicht mehr vor, wenn die nachgeschobenen Tatsachen einen eigenständigen Kündigungssachverhalt darstellen oder dem bisherigen Vortrag erst das Gewicht eines Kündigungsgrundes geben. Das gilt z. B. für den Vortrag des Arbeitgebers im Kündigungsschutzprozess, der Arbeitnehmer habe wegen einer gleichartigen Vertragsverletzung bereits eine Abmahnung erhalten, wenn dem Betriebsrat dies nicht mitgeteilt worden war (*BAG* 18.12.1980 EzA § 102 BetrVG 1972 Nr. 44 = AP Nr. 22 zu § 102 BetrVG 1972; vgl. auch *BAG* 03.04.1986 EzA § 102 BetrVG 1972 Nr. 63 = AP Nr. 18 zu § 626 BGB Verdacht strafbarer Handlung: Anhörung zu einer Kündigung wegen einer Straftat, dann Verdachtskündigung). Die Frage nach der Zulässigkeit des Nachschiebens von Gründen stellt sich also, wenn der Arbeitgeber Tatsachen in den Kündigungsschutzprozess einführen will, die über eine – jederzeit zulässige – Erläuterung des mitgeteilten Sachverhaltes hinausgehen und deren Verschweigen gegenüber dem Betriebsrat die Anhörung nicht fehlerhaft macht, weil der Arbeitgeber die Kündigung hierauf nicht stützen wollte, etwa weil er der (irrigen) Ansicht war, dass die dem Betriebsrat mitgeteilten Gründe für die Rechtfertigung der Kündigung genügten.

191 **Individualrechtlich** können Kündigungsgründe, die im Zeitpunkt der Kündigung bereits bestanden, im Kündigungsschutzprozess uneingeschränkt nachgeschoben werden (*BAG* 11.04.1985 EzA

§ 102 BetrVG 1972 Nr. 62 = AP Nr. 39 zu § 102 BetrVG 1972; 06.09.2007 EzA § 626 BGB 2002 Nr. 18 Rn. 21; *Fitting* § 102 Rn. 43; *Huke/HWGNRH* § 102 Rn. 50). Die Ausschlussfrist des § 626 Abs. 2 BGB gilt insoweit nicht, so dass Gründe für die außerordentliche Kündigung auch nach Ablauf von zwei Wochen in den Prozess eingebracht werden können (*BAG* 04.06.1997 EzA § 626 BGB n. F. Nr. 167 = AP Nr. 5 zu § 626 BGB Nachschieben von Kündigungsgründen). Ausgeschlossen sind allerdings **Gründe, die erst nach Zugang der Kündigung entstanden sind** (*BAG* 18.06.2015 EzA § 102 BetrVG 2001 Nr. 33 = AP Nr. 74 zu § 1 KSchG 1969 Verhaltensbedingte Kündigung Rn. 46; *Galperin/Löwisch* § 102 Rn. 31; *Huke/HWGNRH* § 102 Rn. 56), da für die Beurteilung der Rechtmäßigkeit der Kündigung der Zeitpunkt des Zuganges maßgeblich ist (*BAG* 10.10.1996 EzA § 1 KSchG Betriebsbedingte Kündigung Nr. 87 = AP Nr. 81 zu § 1 KSchG 1969 Betriebsbedingte Kündigung; 27.02.1997 EzA § 1 KSchG Wiedereinstellungsanspruch Nr. 1 = AP Nr. 1 zu § 1 KSchG 1969 Wiedereinstellung; *Griebeling/Rachor/KR* § 1 KSchG Rn. 235, 246; *Preis/SPV* Rn. 891). Will der Arbeitgeber seine Kündigung auf diese neuen Tatsachen stützen, so muss er nach Anhörung des Betriebsrats eine neue Kündigung aussprechen.

Ein Ausschluss des Nachschiebens von Gründen aus **betriebsverfassungsrechtlichen** Erwägungen kommt in Betracht, um auf der Sanktionsebene die Lücke zu schließen, die dadurch entsteht, dass nicht jegliches Verschweigen objektiv kündigungsrelevanter Tatsachen zur Nichtigkeit der Kündigung führt. Könnte nämlich der Arbeitgeber die eigentlich maßgeblichen Gründe ohne Risiko für einen nachfolgenden Kündigungsschutzprozess gegenüber dem Betriebsrat zurückhalten, würde das Anhörungsverfahren weitgehend entwertet, weil der wirkliche Willensbildungsprozess des Arbeitgebers dem Betriebsrat verschlossen bliebe. Der Arbeitgeber kann daher Gründe, die ihm bei der Anhörung bekannt waren und die er dem Betriebsrat nicht mitgeteilt hat, nicht im Kündigungsschutzprozess nachschieben, wenn diese über eine reine Erläuterung des dem Betriebsrat mitgeteilten Sachverhaltes hinausgehen (*BAG* 18.12.1980 EzA § 102 BetrVG 1972 = AP Nr. 22 zu § 102 BetrVG 1972 Nr. 22 unter B II 3, st. Rspr.; vgl. zuletzt *BAG* 18.06.2015 EzA § 102 BetrVG 2001 Nr. 33 = AP Nr. 74 zu § 1 KSchG 1969 Verhaltensbedingte Kündigung Rn. 47). Das Anhörungsverfahren entfaltet insoweit also eine Präklusionswirkung (*BAG* 18.12.1980 EzA § 102 BetrVG 1972 Nr. 44 unter B II 2c, Nr. 62 unter B I 2 = AP Nr. 22, 39 zu § 102 BetrVG 1972). Diese Präklusionswirkung gilt allerdings nur für die Begründung der Kündigung, nicht für die Begründung eines **Auflösungsantrages gemäß § 9 KSchG**. Dieser kann stets auch auf Tatsachen gestützt werden, die dem Betriebsrat nicht mitgeteilt worden sind (*Linck* in: *von Hoyningen-Huene/Linck* KSchG, § 9 Rn. 64; *Kiel/ErfK* § 9 KSchG Rn. 20; *Lunk* NZA 2000, 807 ff.; *Spinner/LSW* KSchG, § 9 Rn. 51; *Vossen/SPV* Rn. 2120; *Zwanziger/Callsen/DDZ* KSchR, § 9 KSchG Rn. 23; a. M. *Spilger/KR* § 9 KSchG Rn. 71; offen gelassen von *BAG* 18.12.1980 EzA § 102 BetrVG 1972 Nr. 44 = AP Nr. 22 zu § 102 BetrVG 1972).

Im Einzelnen gilt für das Nachschieben von Gründen folgendes: **Nicht nachgeschoben werden können alle Gründe**, die dem Arbeitgeber **bei Einleitung des Anhörungsverfahrens bekannt** waren, die er aber dem Betriebsrat nicht mitgeteilt hatte (*BAG* 18.12.1980 EzA § 102 BetrVG 1972 Nr. 44, 19.01.1983 EzA § 102 BetrVG 1972 Nr. 50, 11.04.1985 EzA § 102 BetrVG 1972 Nr. 62 = AP Nr. 22, 28, 39 zu § 102 BetrVG 1972; 18.06.2015 EzA § 102 BetrVG 2001 Nr. 33 Rn. 47; *Bachner/DKKW* § 102 Rn. 130 f.; *Etzel/Rinck/KR* § 102 BetrVG Rn. 259; *Fitting* § 102 Rn. 44; *Richardi/Thüsing* § 102 Rn. 135; a. M. *Galperin/Löwisch* § 102 Rn. 30; *Huke/HWGNRH* § 102 Rn. 54). Sie dürfen auch nicht verwendet werden, wenn der Betriebsrat der Kündigung zugestimmt hatte (*BAG* 01.04.1981 EzA § 102 BetrVG 1972 Nr. 45 = AP Nr. 23 zu § 102 BetrVG 1972; 26.09.1991 EzA § 1 KSchG Personenbedingte Kündigung Nr. 10 [zust. *Raab*] = AP Nr. 28 zu § 1 KSchG 1969 Krankheit; a. M. *Isenhardt* 50 Jahre Bundesarbeitsgericht, S. 943 [956 f.]). Der Arbeitgeber kann den Betriebsrat in diesem Fall auch nicht nachträglich wirksam beteiligen (*BAG* 01.04.1981 EzA § 102 BetrVG 1972 Nr. 45 = AP Nr. 23 zu § 102 BetrVG 1972). Bei juristischen Personen oder rechtsfähigen Personengesamtheiten kommt es für die Frage der Kenntnis regelmäßig auf die für die Kündigung zuständigen Organvertreter an; bei Gesamtvertretung genügt die Kenntnis eines der Vertretungsberechtigten (*BAG* 18.06.2015 EzA § 102 BetrVG 2001 Nr. 33 Rn. 48). Nur wenn das danach zuständige Organmitglied selbst in den Kündigungssachverhalt »verstrickt« ist, kann dem Arbeitgeber nach Ansicht des *BAG* das Wissen dieser Person nicht zugerechnet werden, da eine Weitergabe der Information nicht zu erwarten ist. In diesem Fall sei auf die Kenntnis eines »undolosen« Vertreters oder Organmitglieds abzustellen (*BAG* 18.06.2015 EzA § 102 BetrVG 2001 Nr. 33 Rn. 50). Gründe, die der

Arbeitgeber dem Betriebsrat im Anhörungsverfahren auf dessen Verlangen mitgeteilt hat, können im Prozess verwendet werden, wenn der Arbeitgeber nach der Mitteilung nochmals die Frist des Abs. 2 oder eine endgültige Stellungnahme des Betriebsrats abwartet (*BAG* 06.02.1997 EzA § 102 BetrVG 1972 Nr. 96 [*Raab*]). Umgekehrt ist der Arbeitgeber aber nicht verpflichtet, alle Gründe, die er dem Betriebsrat mitgeteilt hat, im Kündigungsschutzprozess zum Verhandlungsgegenstand zu machen. Vielmehr kann der Arbeitgeber den **Prozessstoff auf einzelne Gründe beschränken**, insbesondere wenn er die übrigen Gründe, die ebenfalls Gegenstand der Anhörung waren, nicht (mehr) für beweisbar oder für ungeeignet hält, die Kündigung zu rechtfertigen (*BAG* 27.11.2008 NZA 2009, 604 Rn. 34; s. a. Rdn. 81).

194 Gründe, die nach Einleitung des Anhörungsverfahrens, aber **vor Ausspruch der Kündigung bekannt werden**, müssen dem Betriebsrat unverzüglich mitgeteilt werden. Sofern es sich tatsächlich um neue Gründe und nicht lediglich um eine Erläuterung des dem Betriebsrat bereits als Grund bekannt gegebenen Sachverhalts handelt, beginnen die Fristen des § 102 Abs. 2 neu zu laufen. Dem Betriebsrat muss wegen sämtlicher ihm mitgeteilter Kündigungsgründe der dort genannte Zeitraum für eine Stellungnahme zur Verfügung stehen (*Etzel/Rinck*/KR § 102 BetrVG Rn. 260; *Galperin/Löwisch* § 102 Rn. 30; *Richardi/Thüsing* § 102 Rn. 137). Kündigt der Arbeitgeber, ohne den Betriebsrat zu unterrichten oder ohne dessen Stellungnahme bzw. den Fristablauf abzuwarten, können die entsprechenden Gründe nicht nachgeschoben werden. Auch eine erneute **Anhörung** des Betriebsrats wegen dieser Gründe **nach Ausspruch der Kündigung** führt nicht dazu, dass sie im Prozess verwertet werden können (*BAG* 01.04.1981 EzA § 102 BetrVG 1972 Nr. 45 = AP Nr. 23 zu § 102 BetrVG 1972).

195 **Gründe, die** bei der Abgabe der Kündigungserklärung vorlagen, dem Arbeitgeber aber **nicht bekannt waren**, können im Prozess nachgeschoben werden. Eine Verletzung der Anhörungspflicht liegt in diesem Falle nicht vor; der Arbeitgeber kann den Betriebsrat vor Ausspruch der Kündigung nur über die Tatsachen informieren, von denen er selbst Kenntnis hat. Nach h. M. ist ein Nachschieben aber nur zulässig, wenn der **Arbeitgeber den Betriebsrat zu den nachträglich bekannt gewordenen Gründen anhört** (*BAG* 11.04.1985 EzA § 102 BetrVG 1972 Nr. 62 = AP Nr. 39 zu § 102 BetrVG 1972; 18.06.2015 EzA § 102 BetrVG 2001 Nr. 33 Rn. 47; *Etzel/Rinck*/KR § 102 BetrVG Rn. 262 ff.; *Fitting* § 102 Rn. 43; *Huke*/HWGNRH § 102 Rn. 53; *Richardi/Thüsing* § 102 Rn. 138 f.; generell gegen die Möglichkeit des Nachschiebens von nachträglich bekannt gewordenen Gründen *Bachner*/DKKW § 102 Rn. 132 f.; *Matthes*/MünchArbR 2. Aufl., § 348 Rn. 56; *Schwerdtner* ZIP 1981, 809 [818]; *ders.* ZIP 1981, 1122; *ders.* NZA 1987, 361 [362 ff.]). Sofern der Arbeitgeber mehrere Kündigungen ausgesprochen hat, müsse er zudem dem Betriebsrat gegenüber deutlich machen, bezüglich welcher Kündigung die Gründe nachgeschoben werden sollen (*LAG Hessen* 20.09.1999 NZA-RR 2000, 413). Es erscheint aber zweifelhaft, ob es sich mit dem Zweck des § 102 in Einklang bringen lässt, das Nachschieben von einer nachgeholten Anhörung abhängig zu machen. Mit dem Anhörungsverfahren soll dem Betriebsrat Gelegenheit gegeben werden, im Vorfeld der Kündigung auf den Willensbildungsprozess des Arbeitgebers einzuwirken. Eine solche Einflussmöglichkeit ist aber ausgeschlossen, nachdem die Kündigung ausgesprochen und damit die Willensbildung abgeschlossen ist. Der Betriebsrat könnte in einem erneuten Anhörungsverfahren nicht mehr darauf hinwirken, dass die Kündigung unterbleibt, sondern allenfalls darauf, dass die Kündigung nicht auf weitere Gründe gestützt wird. Welche Gründe zur Rechtfertigung der Kündigung angeführt werden und hierfür erforderlich sind, ist aber eine Frage der Rechtmäßigkeit der Kündigung, die allein im Kündigungsschutzprozess zu überprüfen ist. Folglich ist für ein nachgeholtes Anhörungsverfahren kein Raum, wenn die Kündigungsentscheidung einmal gefallen ist. Somit kann der Arbeitgeber Tatsachen, die ihm erst nach Ausspruch der Kündigung bekannt werden, ohne Weiteres in den Kündigungsschutzprozess einführen (*Kraft* FS *Kissel*, S. 611 [626]; zust. *Koch*/APS § 102 BetrVG Rn. 173 f.; *Rinke* NZA 1998, 77 [81]; ähnlich *Galperin/Löwisch* § 102 Rn. 30b; vgl. auch *Etzel/Rinck*/KR § 102 BetrVG Rn. 264: Anhörung zu nachgeschobenen Gründen sei entbehrlich, wenn der Betriebsrat der Kündigung zugestimmt habe und die nachgeschobenen Gründe die bisherigen Kündigungsgründe nicht in einem anderen Licht erscheinen ließen). In Betracht käme allenfalls, dass dem Betriebsrat Gelegenheit gegeben wird, sich über das Bestehen eines Widerspruchsrechtes gemäß Abs. 3 Klarheit zu verschaffen. Eine solche Beteiligung des Betriebsrats könnte jedoch parallel erfolgen, müsste also nicht vor Einführung der Tatsachen in den Prozess abgeschlossen sein. Da der Betriebsrat hierdurch die Möglichkeit des nachträglichen Widerspruchs erhält, ist es jedenfalls nicht gerechtfertigt, das Nach-

schieben von Gründen, auf die ein Widerspruch gestützt werden könnte, gänzlich zu versagen (so aber *ArbG Berlin* BB 1979, 990; *G. Hueck* FS 25 Jahre Bundesarbeitsgericht, S. 243 [263]; *Kaup* DB 1974, 2302). Zu der Frage, ob der Arbeitgeber beim Nachschieben von Gründen für eine außerordentliche Kündigung die Frist des § 626 Abs. 2 BGB wahren muss vgl. *BAG* 18.01.1980 EzA § 626 BGB n. F. Nr. 71 = AP Nr. 1 zu § 626 BGB Nachschieben von Kündigungsgründen; *Preis/SPV* Rn. 541 ff.

c) Bedeutung des Widerspruchs

Durch die im Kontext des BetrVG 1972 erfolgte Änderung des Kündigungsschutzgesetzes (vgl. § 123 sowie § 114 Abs. 1 BPersVG) wurde eine **Verzahnung des kollektivrechtlichen Kündigungsschutzes des BetrVG mit dem individualrechtlichen Kündigungsschutz nach dem KSchG** herbeigeführt. Nach § 1 Abs. 2 Satz 2 Nr. 1 und Satz 3 KSchG ist eine Kündigung »auch« sozial ungerechtfertigt, wenn einer der in § 102 Abs. 3 Nr. 2 bis 5 genannten Widerspruchsgründe vorliegt und der Betriebsrat bzw. ein anderes nach dem Betriebsverfassungsgesetz zuständiges Gremium »aus einem dieser Gründe« form- und fristgerecht (vgl. § 102 Abs. 2 Satz 1, Abs. 3 sowie Rdn. 132 ff.) widersprochen hat. Neben der formalen Voraussetzung, dem Vorliegen eines ordnungsgemäßen Widerspruchs, hat das Gericht selbständig zu prüfen, ob der im Widerspruch genannte Grund tatsächlich vorliegt. Die Darlegungs- und Beweislast dafür, dass die Widerspruchsgründe nicht stichhaltig, die Kündigung also nicht wegen des Widerspruchs sozial ungerechtfertigt ist, trifft nach § 1 Abs. 2 Satz 4 den Arbeitgeber. **196**

Widerspricht der Betriebsrat der Kündigung aus einem der in Abs. 3 genannten Gründen, so ist hinsichtlich der **Auswirkungen des Widerspruchs auf den Kündigungsschutzprozess** zu unterscheiden. Soweit der Betriebsrat seinen Widerspruch auf **mangelnde soziale Auswahl** bei betriebsbedingter Kündigung stützt (§ 102 Abs. 3 Nr. 1), bleibt das Gericht nach § 1 Abs. 3 KSchG zur vollen Nachprüfung verpflichtet. Die Darlegungs- und Beweislast trifft insoweit den Arbeitnehmer (§ 1 Abs. 3 Satz 3 KSchG). Zu den Anforderungen an die Darlegungslast des Arbeitnehmers vgl. *BAG* 08.08.1985 EzA § 1 KSchG Soziale Auswahl Nr. 21, 21.07.1988 EzA § 1 KSchG Soziale Auswahl Nr. 26, 15.06.1989 EzA § 1 KSchG Soziale Auswahl Nr. 27 = AP Nr. 10, 17, 18 zu § 1 KSchG 1969 Soziale Auswahl. Macht der Betriebsrat geltend, dass die Kündigung **gegen eine Auswahlrichtlinie verstößt** (§ 102 Abs. 3 Nr. 2), so hat das Gericht ebenfalls die Vereinbarkeit mit der Richtlinie zu überprüfen. Allein die Tatsache, dass der Betriebsrat einen Verstoß geltend macht, führt nicht zur Unwirksamkeit der Kündigung. Da es sich typischerweise um Richtlinien zur sozialen Auswahl der Arbeitnehmer handeln wird (vgl. § 1 Abs. 4 KSchG), hat das Gericht zu prüfen, ob die vom Arbeitgeber vorgenommene Auswahlentscheidung mit den in der Richtlinie aufgestellten Kriterien übereinstimmt. Der Arbeitgeber trägt die Darlegungs- und Beweislast dafür, dass bei der Kündigung die Auswahlkriterien der Richtlinie beachtet worden sind (vgl. näher *Griebeling/Rachor/*KR § 1 KSchG Rn. 713 m. w. N.). Widerspricht der Betriebsrat **aus einem der in Abs. 3 Nr. 3 bis 5 genannten Gründe** und gelangt das Gericht im Kündigungsschutzprozess zu dem Ergebnis, dass der Widerspruch begründet ist, so begründet dies nach Ansicht der Rechtsprechung einen **absoluten Grund für die Sozialwidrigkeit** der Kündigung mit der Folge, dass eine besondere Interessenabwägung nicht mehr stattfindet (*BAG* 13.09.1973 EzA § 102 BetrVG 1972 Nr. 7; zweifelhaft, vgl. etwa *Griebeling/Rachor/*KR § 1 KSchG Rn. 199). **197**

Hat **der Betriebsrat der Kündigung nicht oder aus anderen als den in Abs. 3 genannten Gründen widersprochen**, so ist das Gericht nicht gehindert, die Wirksamkeit der Kündigung auch unter den in § 1 Abs. 2 Satz 2 und Abs. 3 genannten Gesichtspunkten zu überprüfen. Dies gilt z. B. für die Frage, ob nicht durch eine Weiterbeschäftigung an einem anderen Arbeitsplatz oder nach Umschulung die Kündigung vermieden werden kann. Könnten diese Gesichtspunkte nur bei Vorliegen eines ordnungsgemäßen Widerspruchs des Betriebsrats geprüft werden, so würden diejenigen Arbeitnehmer, die in Betrieben ohne Betriebsrat beschäftigt sind oder bei denen der Betriebsrat von seinem Widerspruchsrecht keinen Gebrauch gemacht hat, benachteiligt. Dies wäre mit Sinn und Zweck der Regelung nicht vereinbar. Mit der Neuregelung sollte der Kündigungsschutz für die Arbeitnehmer in Betrieben mit Betriebsrat verbessert, nicht dagegen der bestehende Rechtsschutz geschmälert werden. Das Gericht hat daher im Rahmen des § 1 Abs. 2 Satz 1 KSchG bei allen Arbeitnehmern, die dem Kündigungsschutzgesetz unterliegen, die Sozialgemäßheit der Kündigung unter **198**

§ 102

allen Gesichtspunkten unabhängig vom Vorliegen eines Widerspruchs zu prüfen (h. M.; *BAG* 13.09.1973 EzA § 102 BetrVG 1972 Nr. 7 = AP Nr. 2 zu § 1 KSchG 1969; *Bachner/DKKW* § 102 Rn. 208; *Birk* FS *Kissel,* S. 51 [55]; *Fitting* § 102 Rn. 75; *Galperin/Löwisch* § 102 Rn. 93; *Griebeling/ Rachor/*KR § 1 KSchG Rn. 196 ff.; 706 ff.; *Hanau* BB 1972, 451; *Otto* DB 1972, 731; *Huke/ HWGNRH* § 102 Rn. 155; *Richardi/Thüsing* § 102 Rn. 208; *Stahlhacke* NJW 1973, 782 [784]; **a. M.** *LAG Hamm* 08.11.1972 EzA § 102 BetrVG 1972 Nr. 6; *Gumpert* BB 1972, 47 [49]; *Meisel* Mitwirkung, Rn. 619). Dies gilt im Grundsatz auch für den in § 1 Abs. 2 Satz 2 Nr. 1a KSchG genannten Verstoß gegen eine Auswahlrichtlinie (*Deinert/DDZ* KSchR § 1 KSchG Rn. 387; *Löwisch* DB 1975, 349 [351]; **a. M.** *Griebeling/Rachor/*KR § 1 KSchG Rn. 198 [abw. Voraufl.]). Allerdings kann es sich hier zu Ungunsten des Arbeitnehmers auswirken, wenn der Betriebsrat der Kündigung nicht widerspricht und damit zu erkennen gibt, dass auch nach seiner Ansicht kein Verstoß gegen die Richtlinie vorliegt. In Anbetracht der Bedeutung einer gemeinsamen Rechtsansicht von Arbeitgeber und Betriebsrat für die Auslegung der Richtlinie dürfte das Gericht nur in seltenen Fällen zu einem abweichenden Ergebnis gelangen.

199 Für die **außerordentliche Kündigung** bleibt es bei der grundsätzlichen Trennung zwischen individualrechtlichem und kollektivrechtlichem Kündigungsschutz. Eine institutionalisierte Bedeutung etwaiger Bedenken des Betriebsrats im Kündigungsschutzprozess ist nicht vorgesehen. Die Stellungnahme des Betriebsrats kann jedoch, sofern sie im Prozess vorgelegt wird, bei der Prüfung des Gerichtes, ob ein wichtiger Grund vorliegt, von Bedeutung sein.

VI. Besonderheiten bei der außerordentlichen Kündigung

1. Inhalt der Stellungnahme, Kündigungserklärungsfrist, Zustimmungsfiktion

200 Auch im Falle einer geplanten außerordentlichen Kündigung ist die Anhörung vor Ausspruch der Kündigung zivilrechtliche Wirksamkeitsvoraussetzung. Die Anhörung muss, ebenso wie bei der ordentlichen Kündigung, ordnungsgemäß erfolgt sein (s. Rdn. 24, 27).

201 Es sind jedoch folgende Besonderheiten zu beachten: Der Betriebsrat hat die Möglichkeit, Bedenken geltend zu machen; ein **Widerspruchsrecht** i. S. v. Abs. 3 ist **nicht vorgesehen**; an die Geltendmachung von Bedenken sind deshalb auch nicht die Folgen geknüpft, die sich aus der Erhebung eines ordnungsgemäßen Widerspruchs ergeben (vgl. Abs. 5 und § 1 Abs. 2 Satz 2 KSchG; s. a. Rdn. 196 ff.). Bezüglich Form und Inhalt der Bedenken gilt das zur ordentlichen Kündigung Gesagte entsprechend (s. Rdn. 132 ff.).

202 Um dem Arbeitgeber den Ausspruch der Kündigung, die ja aus wichtigem Grund erfolgen soll, in einer Situation, in der die Einhaltung der Kündigungsfrist unzumutbar ist (vgl. § 626 Abs. 1 BGB), rasch zu ermöglichen, legt Abs. 2 Satz 2 dem Betriebsrat die Verpflichtung auf, etwaige **Bedenken unverzüglich**, d. h. ohne schuldhaftes Zögern (§ 121 BGB), spätestens jedoch innerhalb von drei Tagen dem Arbeitgeber **mitzuteilen**. Die Frist zur Äußerung rechnet von dem Tag, an dem der Arbeitgeber den Betriebsrat von der geplanten Kündigung ordnungsgemäß (s. dazu Rdn. 56 ff.) unterrichtet hat. Die **Frist des § 626 Abs. 2 BGB** wird durch die Anhörung **nicht verlängert** (*BAG* 18.08.1977 EzA § 103 BetrVG 1972 Nr. 20 unter II 3b aa; *Becker-Schaffner* BlStSozArbR 1974, 210; *Etzel/ Rinck/*KR § 102 BetrVG Rn. 117; *Fitting* § 102 Rn. 62; *Huke/HWGNRH* § 102 Rn. 22). Dies bedeutet für den Arbeitgeber, dass die Mitteilung an den Betriebsrat, die das Anhörungsverfahren einleitet, spätestens am 10. Tag nach Kenntnis von den für die Kündigung maßgeblichen Tatsachen beim Betriebsrat eingegangen sein muss, da nur dann die Möglichkeit besteht, unter Einrechnung der Drei-Tage-Frist zur Stellungnahme noch am vierzehnten Tag zu kündigen. Wird dieser Termin vom Arbeitgeber versäumt, so kann die Kündigung nur noch wirksam ausgesprochen werden, wenn der Betriebsrat vor Ablauf der Frist eine Stellungnahme abgibt, da ansonsten entweder ein Verstoß gegen § 102 Abs. 1 (Kündigung vor Abschluss des Anhörungsverfahrens) vorläge oder die Kündigung wegen Versäumung der Ausschlussfrist des § 626 Abs. 2 BGB unwirksam wäre. Eine Verlängerung der Frist des § 626 Abs. 2 BGB dergestalt, dass zur Fristwahrung die rechtzeitige Einleitung des Anhörungsverfahrens genügt, kommt nicht in Betracht, da die Frist für den betroffenen Arbeitnehmer innerhalb kurzer Zeit Klarheit über den Ausspruch einer außerordentlichen Kündigung schaffen soll,

die Mitteilung gegenüber dem Betriebsrat also den Ausspruch der Kündigung gegenüber dem Arbeitnehmer nicht ersetzen kann. Zur Möglichkeit einer Fristverkürzung vgl. Rdn. 139 ff. Durch Vereinbarung zwischen Arbeitgeber und Betriebsrat kann die **Frist zur Stellungnahme verlängert** werden (s. Rdn. 142; *Richardi / Thüsing* § 102 Rn. 111). Allerdings ist dies nicht empfehlenswert, da durch eine Fristverlängerung bei außerordentlichen Kündigungen die Einhaltung der Zwei-Wochen-Frist des § 626 Abs. 2 BGB für den Arbeitgeber zusätzlich erschwert wird.

Anders als bei der ordentlichen Kündigung (vgl. § 102 Abs. 2 Satz 2) sieht das Gesetz bei der außerordentlichen Kündigung **keine Zustimmungsfiktion** als Folge der Fristversäumnis vor. Soweit angenommen wird, dass Abs. 2 Satz 2 bei einer außerordentlichen Kündigung analog anzuwenden sei (*Richardi / Thüsing* § 102 Rn. 114), ist dies ohne Bedeutung, weil die Zustimmung des Betriebsrats zur Kündigung – wie auch bei der ordentlichen Kündigung – nicht zivilrechtliche Wirksamkeitsvoraussetzung ist. Verstreicht die Frist, ohne dass dem Arbeitgeber eine Stellungnahme des Betriebsrats zugeht, so ist jedenfalls das Anhörungsverfahren ordnungsgemäß abgeschlossen. Die Kündigung kann nunmehr ausgesprochen werden. Falls der Arbeitnehmer Klage erhebt, hat das Gericht, gleichgültig, ob Bedenken erhoben wurden oder nicht, ohne jede Bindung an eine etwaige Stellungnahme des Betriebsrats darüber zu befinden, ob ein wichtiger Grund für die Kündigung vorlag. Auch eine Zustimmung des Betriebsrats im Rahmen des Anhörungsverfahrens kann an dieser Prüfungspflicht und -befugnis nichts ändern. 203

2. Lohnzahlungspflicht

Die **Lohnzahlungspflicht endet** erst **mit Zugang der wirksamen Kündigung**. Sollte der Kündigungsgrund so schwerwiegend sein, dass eine Weiterbeschäftigung nicht einmal bis zur Anhörung des Betriebsrats und dem darauf folgenden Ausspruch der Kündigung zumutbar ist, so hat der Arbeitgeber jedoch die **Möglichkeit**, den Arbeitnehmer von der Arbeitspflicht **zu suspendieren**. Während der Suspendierung ist grundsätzlich das **Arbeitsentgelt weiterzuzahlen**. Nur unter besonderen Umständen kann auch die Lohnzahlungspflicht entfallen, wobei das Vorliegen eines wichtigen Grundes allein dafür nicht ausreicht (*BAG* 19.08.1975 EzA § 102 BetrVG 1972 Nr. 15 = AP Nr. 5 zu § 102 BetrVG 1972; *Huke / HWGNRH* § 102 Rn. 159). 204

Für die Befugnis des Arbeitgebers zur Suspendierung wird überwiegend darauf abgestellt, ob dem Arbeitgeber die Annahme der Leistung schlechthin unzumutbar ist (*BAG* 19.08.1975 EzA § 102 BetrVG 1972 Nr. 15 = AP Nr. 5 zu § 102 BetrVG 1972; 11.11.1976 EzA § 103 BetrVG 1972 Nr. 17 *[Kraft]* = AP Nr. 8 zu § 103 BetrVG 1972; *Galperin / Löwisch* § 102 Rn. 50; *Hanau* BB 1971, 485 [490]; *Huke / HWGNRH* § 102 Rn. 159; *Meisel* Mitwirkung, Rn. 482). Die Annahme einer vertragsgemäßen Leistung kann aber für den Gläubiger kaum unzumutbar sein. Entscheidend ist daher, ob der Arbeitnehmer überhaupt in der Lage ist, seine Arbeitsleistung vertragsgemäß und damit in Annahmeverzug begründender Weise anzubieten, oder ob er i. S. v. § 297 BGB zur Leistungsbewirkung außerstande ist. Nur wenn letzteres der Fall ist, kann der Annahmeverzug und damit die Pflicht zur Entgeltzahlung gemäß § 615 Satz 1 BGB entfallen (vgl. auch *Etzel / Rinck*/ KR § 102 BetrVG 1972 Rn. 177). Davon wird auszugehen sein, wenn mit der Annahme der Leistung eine erhebliche Gefährdung der Rechtsgüter des Arbeitgebers, seiner Familienangehörigen oder anderer Arbeitnehmer verbunden ist (*BAG* GS 26.04.1956 EzA § 615 BGB Nr. 1 = AP Nr. 5 zu § 9 MuSchG). Voraussetzung für die Leistungsfähigkeit des Arbeitnehmers ist nämlich ein Mindestmaß an Zuverlässigkeit. Lässt das Verhalten des Arbeitnehmers den Schluss zu, dass die erneute Beschäftigung erhebliche Gefahren, z. B. die hohe Wahrscheinlichkeit von (weiteren) Schädigungen mit sich bringt, so ist ein solcher Arbeitnehmer als zur Leistungsbewirkung außerstande anzusehen. 205

3. Umdeutung einer außerordentlichen Kündigung

Unter den Voraussetzungen des § 140 BGB ist eine Umdeutung einer wegen Fehlens des wichtigen Grundes unwirksamen außerordentlichen Kündigung in eine ordentliche Kündigung grundsätzlich möglich (h. M.; vgl. auch *BAG* 12.08.1976 EzA § 102 BetrVG 1972 Nr. 25 = AP Nr. 10 zu § 102 BetrVG 1972; *von Hoyningen-Huene* in: *von Hoyningen-Huene / Linck* KSchG, § 13 Rn. 32 ff.). Eine zulässigerweise umgedeutete ordentliche Kündigung ist aber nur dann wirksam, wenn der Betriebsrat 206

§ 102   IV. 5. 3. Personelle Einzelmaßnahmen

auch zu einer ordentlichen Kündigung angehört worden ist. Zu dieser Problematik s. Rdn. 62 f. und Rdn. 189.

VII. Weiterbeschäftigungspflicht (Abs. 5)

207 Auf Anregung des Ausschusses für Arbeit und Sozialordnung hat der Gesetzgeber einen Vorschlag des *CDU/CSU*-Entwurfs aufgegriffen und den Bestandsschutz des Arbeitsverhältnisses auch während eines schwebenden Kündigungsschutzprozesses durch Einführung einer Weiterbeschäftigungspflicht in Abs. 5 verstärkt (vgl. Bericht 10. Ausschuss, zu BT-Drucks. VI/2729, S. 7). Eine gesetzliche Bestätigung des durch Richterrecht entwickelten sog. allgemeinen Beschäftigungsanspruches kann in § 102 Abs. 5 dagegen nicht gesehen werden (vgl. dazu *Kraft* ZfA 1979, 123 [124]; *Pallasch* BB 1993, 2225 f.).

1. Voraussetzungen

a) Ordentliche Kündigung

208 Der Weiterbeschäftigungsanspruch besteht grundsätzlich nur **bei ordentlicher Kündigung.** Eine Ausnahme gilt bei einer **außerordentlichen Kündigung eines nicht ordentlich kündbaren Arbeitnehmers**. Es wäre mit dem Sinn und Zweck des Ausschlusses der ordentlichen Kündbarkeit nicht zu vereinbaren, wenn dem Arbeitnehmer hierdurch der Schutz des § 102 Abs. 5 genommen und er damit schlechter gestellt würde als Arbeitnehmer ohne diesen erweiterten Kündigungsschutz. Deshalb muss dem Betriebsrat bei einer solchen außerordentlichen Kündigung zumindest dann ein förmliches Widerspruchsrecht zustehen, wenn der Arbeitgeber nur wegen des Ausschlusses der ordentlichen Kündigung eine außerordentliche Kündigung ausspricht, also ohne den erweiterten Kündigungsschutz allenfalls eine ordentliche Kündigung gerechtfertigt wäre. Widerspricht der Betriebsrat in diesem Fall der außerordentlichen Kündigung aus einem der in § 102 Abs. 3 genannten Gründe, so findet auch § 102 Abs. 5 analoge Anwendung (BAG 05.02.1998 EzA § 626 BGB Unkündbarkeit Nr. 2 *[Walker]* = AP Nr. 143 zu § 626 BGB *[Höland]*; *Etzel*/Rinck/KR § 102 BetrVG Rn. 279 ff.; *Kania/Kramer* RdA 1995, 287 [296]; krit. *Bitter/Kiel* FS *Schwerdtner*, S. 13 [32 f.]).

209 Umstritten ist, ob der Weiterbeschäftigungsanspruch auch gegeben ist, wenn **neben einer außerordentlichen Kündigung zugleich (hilfsweise) eine ordentliche Kündigung** ausgesprochen wird. **Für** das Bestehen des Anspruches in diesem Falle: *Bachner*/DKKW § 102 Rn. 278; *Fitting* § 102 Rn. 104; *Klebe* BlStSozArbR 1980, 161; unklar: ArbG Aalen 31.05.1972 EzA § 102 BetrVG 1972 Nr. 2; **gegen** das Bestehen des Anspruches: LAG Frankfurt a. M. 28.05.1973 EzA § 102 BetrVG 1972 Beschäftigungspflicht Nr. 1; LAG Hamm 18.05.1982 DB 1982, 1679; *Galperin/Löwisch* § 102 Rn. 106; *Etzel*/Rinck/KR § 102 BetrVG Rn. 278; *Heinze* Personalplanung, Rn. 592; *Koch*/APS § 102 BetrVG Rn. 186; *Matthes* FS *Gnade*, S. 225 [227]; *Huke*/HWGNRH § 102 Rn. 164; *Richardi/Thüsing* § 102 Rn. 218; *Schlochauer* RdA 1973, 157 [161]; *Stahlhacke* BlStSozArbR 1972, 59; *Stege/Weinspach/Schiefer* § 102 Rn. 167; *Wank*/MünchArbR 2. Aufl., § 121 Rn. 8 f. Keine der vorgeschlagenen Lösungen kann vollends überzeugen. Auszugehen ist von der gesetzgeberischen Wertentscheidung, die in der Beschränkung des Weiterbeschäftigungsanspruches auf die Fälle der ordentlichen Kündigung zum Ausdruck gekommen ist. Das Gesetz wollte offenbar von dem erweiterten Bestandsschutz bei schwerwiegenden Vertragsverletzungen eine Ausnahme machen, da hier – wie dies § 626 Abs. 1 BGB voraussetzt – die Beschäftigung selbst für die Dauer der Kündigungsfrist unzumutbar ist, somit die Weiterbeschäftigung für die Dauer des Kündigungsschutzprozesses erst recht regelmäßig eine unzumutbare Belastung für den Arbeitgeber darstellen würde (*Etzel/Rinck*/KR § 102 BetrVG Rn. 278). Deshalb kann man einen Weiterbeschäftigungsanspruch gemäß Abs. 5 nicht allein deshalb bejahen, weil neben der außerordentlichen Kündigung hilfsweise eine ordentliche Kündigung ausgesprochen wird, insbesondere wenn man berücksichtigt, dass jeder Arbeitgeber grundsätzlich gut beraten sein wird, im Hinblick auf die unbestimmten, wertausfüllungsbedürftigen Tatbestandselemente des § 626 Abs. 1 BGB und die hieraus resultierende Ungewissheit über die Beurteilung der Kündigung im Kündigungsschutzprozess zu einer solchen hilfsweisen ordentlichen Kündigung zu greifen, um in jedem Fall das Arbeitsverhältnis zumindest zum Ablauf der ordentlichen Kündigungsfrist zu beenden. Entschärft wird die Problematik freilich dadurch, dass eine außerordentliche Kündi-

gung zumeist nur bei schwerwiegenden Vertragsverletzungen, also aus verhaltensbedingten Gründen ausgesprochen wird, so dass ein Widerspruch des Betriebsrats aus den in Abs. 3 genannten Gründen nur in seltenen Ausnahmefällen in Betracht kommt (s. Rdn. 152, 161). Trotzdem würde eine Lösung, die den Arbeitgeber darauf verweist, eben nur außerordentlich zu kündigen, wenn er die Weiterbeschäftigung vermeiden wolle (so *Fitting* § 102 Rn. 104; *Gester/Zachert* JArbR Bd. 12 [1974], 1975, S. 87 [104]), dieser Situation nicht gerecht.

Andererseits ist nicht zu verkennen, dass die hilfsweise ordentliche Kündigung ihre Bedeutung namentlich dann erlangt, wenn die vom Arbeitgeber vorgebrachten Gründe für eine außerordentliche Kündigung nicht ausreichen, nach der Wertung des Gesetzes der Bestandsschutz des Abs. 5 also gerade eingreifen sollte. Schließlich ist auch der Einwand nicht von der Hand zu weisen, dass der Arbeitgeber die Regelung des Abs. 5 dadurch leerlaufen lassen könnte, dass er jeweils auch eine außerordentliche Kündigung ausspricht. Hier hilft es nicht, danach zu unterscheiden, ob die Kündigung vom Arbeitgeber nur »vorgeschoben« sei, um die Weiterbeschäftigung zu vermeiden (so *Galperin/Löwisch* § 102 Rn. 106; *Huke/HWGNRH* § 102 Rn. 164). Abgesehen davon, dass sich dies kaum jemals feststellen lassen wird, weil es sich um eine innere Tatsache handelt, begegnet dieser Ansatz dem Einwand, dass eine tatsächlich ausgesprochene außerordentliche Kündigung, die zum Gegenstand des Kündigungsschutzprozesses gemacht wurde, als »vorgeschoben« und damit als quasi nicht existent qualifiziert werden kann. Diese Gesichtspunkte sprechen dafür, einen Weiterbeschäftigungsanspruch auch dann zu bejahen, wenn die ordentliche Kündigung nur hilfsweise neben einer außerordentlichen Kündigung ausgesprochen wird. Die h. M. erkennt einen solchen Anspruch hingegen erst an, wenn das Gericht durch Teilurteil (rechtskräftig) die Unwirksamkeit der außerordentlichen Kündigung festgestellt hat (*Etzel/Rinck*/KR § 102 BetrVG Rn. 278; *Richardi/Thüsing* § 102 Rn. 219; für einen Weiterbeschäftigungsanspruch bereits vor Rechtskraft des Teilurteils über die außerordentliche Kündigung *Bachner*/DKKW § 102 Rn. 278; *Heinze* Personalplanung, Rn. 592; *Koch*/APS § 102 BetrVG Rn. 186; *Wolff* Vorläufiger Bestandsschutz, S. 32 ff.).

Entscheidend ist, dass nach der Teleologie der Regelung der Weiterbeschäftigungsanspruch nur dann entfallen soll, wenn tatsächlich Gründe für eine außerordentliche Kündigung vorliegen, die eine Weiterbeschäftigung selbst für die Dauer der Kündigungsfrist unzumutbar machen, ohne dass allerdings das Gesetz insoweit für die Dauer des Kündigungsschutzprozesses eine Überprüfungsmöglichkeit vorgesehen hätte. Die gesetzliche Regelung ist deshalb lückenhaft, weil davon auszugehen ist, dass der Gesetzgeber die Problematik eigens geregelt hätte, wenn sie ihm bei der Schaffung des Gesetzes bewusst gewesen wäre. Die im Wege der Rechtsfortbildung zu schaffende Lösung sollte in Anlehnung an die gesetzliche Regelung dadurch erfolgen, dass dem Arbeitnehmer bei Ausspruch einer hilfsweisen ordentlichen Kündigung zwar ein Weiterbeschäftigungsanspruch gewährt wird, gleichzeitig aber die Möglichkeiten des Arbeitgebers, sich von der Pflicht zur Weiterbeschäftigung gemäß Abs. 5 Satz 2 durch einstweilige Verfügung entbinden zu lassen, erweitert werden. Hat der Betriebsrat einer hilfsweisen ordentlichen Kündigung widersprochen, der Arbeitnehmer Kündigungsschutzklage erhoben und Weiterbeschäftigung verlangt, so kann der Arbeitgeber sich durch eine einstweilige Verfügung von der Pflicht zur Weiterbeschäftigung entbinden lassen, wenn er Tatsachen vorträgt und glaubhaft (§ 294 ZPO) macht, die das Vorliegen eines wichtigen Grundes i. S. v. § 626 Abs. 1 BGB zumindest als möglich erscheinen lassen. Zu prüfen ist also anders als in Abs. 5 Satz 2 Nr. 1 nicht die Erfolgsaussicht der Kündigungsschutzklage mit der Folge, dass eine Entbindung von der Weiterbeschäftigung nur bei offensichtlicher Wirksamkeit der Kündigung in Betracht käme, sondern die Wirksamkeit der außerordentlichen Kündigung im Wege einer Evidenzkontrolle, so dass dem Antrag des Arbeitgebers bereits dann stattzugeben ist, wenn sich die außerordentliche Kündigung nicht als offensichtlich unwirksam erweist.

b) Widerspruch des Betriebsrats

Nötig ist weiter, dass **der Betriebsrat** fristgemäß und ordnungsgemäß aus einem der im Gesetz genannten Gründe der ordentlichen Kündigung **widersprochen** hat. Ein Widerspruch, der auf keinen der in § 102 Abs. 3 genannten Gründe Bezug nimmt, begründet keinen Weiterbeschäftigungsanspruch (h. M.; *BAG* 17.06.1999 EzA § 102 BetrVG 1972 Beschäftigungspflicht Nr. 10; 11.05.2000 EzA § 102 BetrVG 1972 Beschäftigungspflicht Nr. 11; *LAG Düsseldorf* 21.06.1974 EzA § 102 BetrVG

§ 102   IV. 5. 3. Personelle Einzelmaßnahmen

1972 Beschäftigungspflicht Nr. 3; 09.01.1976 BB 1976, 1462; zu den Erfordernissen vgl. Rdn. 147 ff.). Gleiches gilt, wenn der Betriebsrat einen Widerspruchsgrund geltend macht, der für die vom Arbeitgeber beabsichtigte Kündigung nicht zur Verfügung steht (*Hess. LAG* 03.02.2015 – 15 SaGa 1727/14 – juris, Rn. 35 f.: Rüge fehlender Sozialauswahl bei ausschließlich verhaltensbedingter Kündigung). Ein etwaiger späterer Widerruf des Widerspruches durch den Betriebsrat wirkt sich auf den Weiterbeschäftigungsanspruch nicht aus (s. Rdn. 151). Es genügt auch für den Weiterbeschäftigungsanspruch, dass die Gründe möglicherweise den Widerspruch rechtfertigen, ob sie vorliegen, kann nur vom Gericht im Verfahren über die Entbindung von der Beschäftigungspflicht bzw. im Kündigungsschutzprozess geprüft werden. Erforderlich ist außerdem eine wirksame Beschlussfassung des Betriebsrats. Leidet der Beschluss an Mängeln, die zu seiner Nichtigkeit führen (s. § 33 Rdn. 47 ff.), fehlt es bereits an einer Voraussetzung für den Weiterbeschäftigungsanspruch (*Etzel/Rinck*/KR § 102 BetrVG Rn. 205, 289; *Klebe/Schumann* Das Recht auf Beschäftigung, S. 67; **a. M.** *Gussone* AuR 1994, 245 [246]; *Matthes* FS Gnade, S. 225 [226, 231]). Die Gegenauffassung, die die Nichtigkeit nur im Rahmen des Abs. 5 Satz 2 Nr. 3 berücksichtigen will, setzt sich zum einen über das Tatbestandsmerkmal der »Ordnungsmäßigkeit« des Widerspruchs hinweg und übersieht zum anderen, dass formale Fehler nicht die »Unbegründetheit« des Widerspruchs i. S. d. Abs. 5 Satz 2 Nr. 3 zur Folge haben, von der Vorschrift also nur die Fälle erfasst sind, in denen die vom Betriebsrat genannten Gründe offensichtlich in Wirklichkeit nicht vorliegen. Besteht kein Betriebsrat, entfällt mangels eines Widerspruches der Weiterbeschäftigungsanspruch (*Etzel/Rinck*/KR § 102 BetrVG Rn. 288; *Huke/HWGNRH* § 102 Rn. 171).

c) Kündigungsschutzklage

213 Weitere Voraussetzung ist, dass der Arbeitnehmer Klage **nach dem Kündigungsschutzgesetz** erhoben hat. Es muss sich also um eine Kündigungsschutzklage nach § 4 Satz 1 KSchG handeln. Ein Anspruch auf Weiterbeschäftigung ist daher nur gegeben, wenn der Arbeitnehmer eine solche Klage erheben kann. Aufgrund der Erweiterung des Anwendungsbereiches der Klagefrist ist dies zwar auch vor Ablauf der Frist des § 1 Abs. 1 KSchG und bei Kündigungen in Kleinbetrieben (§ 23 Abs. 1 Satz 2 KSchG) der Fall. Da der Arbeitnehmer aber mit seiner Klage zumindest auch die Sozialwidrigkeit der Kündigung geltend machen muss (Rdn. 214), steht Arbeitnehmern, bei denen dies wegen der Nichterfüllung der **Voraussetzungen des Kündigungsschutzes nach dem KSchG** ausgeschlossen ist, der Anspruch auf Weiterbeschäftigung nicht zu (*BAG* 13.07.1978 EzA § 102 BetrVG 1972 Nr. 36 = AP Nr. 18 zu § 102 BetrVG 1972 unter II 2b; *Fitting* § 102 Rn. 107; *Richardi/Thüsing* § 102 Rn. 225). Ein Weiterbeschäftigungsanspruch kommt daneben bei Kündigung von **in Heimarbeit Beschäftigten** nicht in Betracht, weil das KSchG auf diese keine Anwendung findet (*Fitting* § 102 Rn. 107).

214 Der Arbeitnehmer muss mit seiner Klage zumindest auch **die Sozialwidrigkeit der Kündigung nach § 4 KSchG geltend machen**. Stützt der Arbeitnehmer die Unwirksamkeit dagegen allein auf sonstige Unwirksamkeitsgründe (§§ 17 MuSchG [bis 01.01.2018: § 9 MuSchG], 168, 174, 178 Abs. 2 Satz 3 SGB IX [bis 01.01.2018: §§ 85, 91, 95 Abs. 2 Satz 3 SGB IX], 102 Abs. 1), so besteht kein Weiterbeschäftigungsanspruch gemäß Abs. 5 (h. M.; *Bachner*/DKKW § 102 Rn. 286; *Galperin/Löwisch* § 102 Rn. 101 ff., 107). Hieran hat sich durch die Erweiterung des Anwendungsbereiches der Klagefrist des § 4 Satz 1 KSchG nichts geändert (i. E. ebenso *Huke/HWGNRH* § 102 Rn. 167; **a. M.** *Etzel/Rinck*/KR § 102 BetrVG Rn. 292; *Koch*/APS § 102 BetrVG Rn. 205; *Richardi/Thüsing* § 102 Rn. 227). Zwar muss der Arbeitnehmer nunmehr auch die Unwirksamkeit der Kündigung aus »anderen Gründen« als der Sozialwidrigkeit im Wege der Kündigungsschutzklage, also durch eine Klage auf Feststellung, dass das Arbeitsverhältnis durch die konkrete Kündigung nicht aufgelöst ist (§ 102 Abs. 5 Satz 1), geltend machen (*Raab* RdA 2004, 321 [333]). Der Weiterbeschäftigungsanspruch ist aber an den Widerspruch des Betriebsrats gekoppelt. Der Betriebsrat wiederum kann nur aus Gründen widersprechen, die die Sozialwidrigkeit der Kündigung begründen. Nach der alten Rechtslage war klar, dass auch die Kündigungsschutzklage die fehlende soziale Rechtfertigung zum Gegenstand haben musste. Der Gesetzgeber wollte damit eine Kongruenz zwischen individualrechtlichem und kollektivrechtlichem Kündigungsschutz herstellen. Dass diese Verknüpfung mit der Erweiterung der Klagefrist zumindest gelockert oder gar aufgelöst werden sollte, lässt sich den Materialien nicht entnehmen. Vielmehr sind die Auswirkungen auf § 102 Abs. 5 gar nicht bedacht worden (dies räumt

auch *Koch/APS* § 102 BetrVG Rn. 205 ein). Deshalb sollte auch nach der Gesetzesänderung im Wege der systematisch-teleologischen Auslegung daran festgehalten werden, dass eine »Klage auf Feststellung« nach dem Kündigungsschutzgesetz i. S. d. Abs. 5 nur dann als erhoben gilt, wenn der Arbeitnehmer mit der Klage (auch) die Sozialwidrigkeit der Kündigung rügt.

Hat der Arbeitnehmer innerhalb der Frist des § 4 Satz 1 KSchG Klage erhoben und die Unwirksamkeit der Kündigung zunächst nicht auf die Sozialwidrigkeit, sondern auf andere Gründe gestützt, so kann er gemäß § 6 KSchG die Unwirksamkeit gemäß § 1 Abs. 2 und 3 KSchG noch bis zum Schluss der mündlichen Verhandlung in erster Instanz geltend machen. Ein Weiterbeschäftigungsanspruch besteht allerdings erst ab dem Zeitpunkt, in dem die Klage auch auf die Sozialwidrigkeit gestützt wird, weil erst dies die Klage zu einer »Klage nach dem Kündigungsschutzgesetz« i. S. v. Abs. 5 macht (*Galperin/Löwisch* § 102 Rn. 104; *Vossen/SPV* Rn. 2231; *Wank/*MünchArbR 2. Aufl., § 121 Rn. 17). Wird die **Klage zurückgenommen** oder ein **Auflösungsantrag nach § 9 KSchG** gestellt, so entfällt der Weiterbeschäftigungsanspruch (h. M.; *Etzel/Rinck/*KR § 102 BetrVG Rn. 259; *Fitting* § 102 Rn. 107, 110; *Koch/APS* § 102 BetrVG Rn. 205; *Richardi/Thüsing* § 102 Rn. 228; *Wank/*MünchArbR 2. Aufl., § 121 Rn. 17). **215**

Die **Klage** muss so rechtzeitig erhoben worden sein, dass der Arbeitnehmer die Sozialwidrigkeit der Kündigung geltend machen kann, d. h. **innerhalb der Drei-Wochen-Frist des § 4 Satz 1 KSchG** (*Bachner/*DKKW § 102 Rn. 287; *Koch/APS* § 102 BetrVG Rn. 205; *Richardi/Thüsing* § 102 Rn. 226; *Wank/*MünchArbR 2. Aufl., § 121 Rn. 15). Ist streitig, ob die Kündigungsschutzklage rechtzeitig erhoben worden ist, so besteht zunächst ein Weiterbeschäftigungsanspruch nach Abs. 5 bis rechtskräftig (ggf. durch Teilurteil) festgestellt wird, dass die Kündigungsschutzklage verspätet war. Von diesem Zeitpunkt an entfällt der Weiterbeschäftigungsanspruch. Wird dagegen rechtskräftig festgestellt, dass die Kündigungsschutzklage rechtzeitig erhoben wurde, besteht der Weiterbeschäftigungsanspruch unverändert fort. Anders ist die Rechtslage, wenn der Arbeitnehmer die Drei-Wochen-Frist unstrittig versäumt hat und er jetzt die **nachträgliche Zulassung der Kündigungsschutzklage** beantragt. In diesem Falle hat der Arbeitnehmer zunächst keinen Anspruch auf Weiterbeschäftigung. Erst wenn die Kündigungsschutzklage durch rechtskräftigen Beschluss nachträglich zugelassen wurde, ist die infolge der Fristversäumnis eingetretene Ausschlusswirkung beseitigt, so dass dann ein Anspruch auf Weiterbeschäftigung besteht (*Etzel/Rinck/*KR § 102 BetrVG Rn. 294; *Galperin/Löwisch* § 102 Rn. 102; *Huke/*HWGNRH § 102 Rn. 165; *Koch/APS* § 102 BetrVG Rn. 205; *Richardi/Thüsing* § 102 Rn. 226; *Wank/*MünchArbR 2. Aufl., § 121 Rn. 16; **a. M.** *Fitting* § 102 Rn. 109; *Klebe/Schumann* Das Recht auf Beschäftigung, S. 174; wohl auch *Bachner/*DKKW § 102 Rn. 287). **216**

d) Verlangen des Arbeitnehmers

Der Arbeitnehmer ist »auf Verlangen« weiterzubeschäftigen, d. h. der Weiterbeschäftigungsanspruch ist vom Arbeitnehmer geltend zu machen. Eine bestimmte **Form für die Geltendmachung** sieht das Gesetz nicht vor. Der Arbeitnehmer muss allerdings dem Arbeitgeber gegenüber deutlich zu erkennen geben, dass er von seinem Recht Gebrauch machen will, trotz der Kündigung Weiterbeschäftigung zu verlangen (BAG 17.06.1999 EzA § 102 BetrVG 1972 Beschäftigungspflicht Nr. 10; *Fitting* § 102 Rn. 106; *Etzel/Rinck/*KR § 102 BetrVG Rn. 296; *Huke/*HWGNRH § 102 Rn. 172; *Meisel* Mitwirkung, Rn. 546; *Stege/Weinspach/Schiefer* § 102 Rn. 171). Hierfür ist regelmäßig erforderlich, dass der Arbeitnehmer sich zur Begründung seines Verlangens auf den Widerspruch des Betriebsrats stützt (BAG 17.06.1999 EzA § 102 BetrVG 1972 Beschäftigungspflicht Nr. 10). Die Erhebung der Kündigungsschutzklage allein reicht nicht aus. Dies ergibt sich bereits aus dem klaren Wortlaut der Vorschrift, wonach das Verlangen auf Weiterbeschäftigung als zusätzliche Voraussetzung neben der Erhebung der Kündigungsschutzklage erforderlich ist (BAG 31.08.1978 AP Nr. 1 zu § 102 BetrVG 1972 Weiterbeschäftigung = EzA § 102 BetrVG 1972 Beschäftigungspflicht Nr. 7). In dem Angebot der Arbeitsleistung durch den Arbeitnehmer gem. § 293 BGB kann auch nicht ohne Weiteres ein Verlangen nach Weiterbeschäftigung gesehen werden (Hess. LAG 13.07.2016 – 18 Sa 1498/15 – juris, Rn. 92 [in ZIP 2016, 2493 nicht abgedruckt]; *Matthes/*MünchArbR 2. Aufl., § 357 Rn. 9; **a. M.** *Richardi/Thüsing* § 102 Rn. 229). Während das (tatsächliche oder wörtliche) Angebot nur für das bestehende Arbeitsverhältnis, also im Falle der Unwirksamkeit der Kündigung, Bedeutung hat, begründet Abs. 5 einen Weiterbeschäftigungsanspruch gerade unabhängig von Wirksamkeit oder Unwirksamkeit der **217**

Kündigung. Ist die Kündigung wirksam, werden für die Zeit der Weiterbeschäftigung also nicht nur die ohnehin geschuldeten vertraglichen Leistungen erbracht, sondern es wird durch das Weiterbeschäftigungsverlangen ein schuldrechtliches Austauschverhältnis erst begründet. Handelt es sich mithin um ein Gestaltungsrecht des Arbeitnehmers, so gebietet bereits der Gedanke der Rechtssicherheit und -klarheit, dass dieses Gestaltungsrecht **eindeutig und unmissverständlich** ausgeübt wird. Die Erhebung der Kündigungsschutzklage reicht allerdings in der Regel aus, um den Arbeitgeber in Annahmeverzug zu setzen, so dass dieser, falls der Arbeitnehmer im Kündigungsschutzprozess obsiegt, zur Zahlung des Arbeitsentgelts nach Maßgabe des § 615 BGB verpflichtet ist (*Bachner/DKKW* § 102 Rn. 306; *Fitting* § 102 Rn. 112; *Galperin/Löwisch* § 102 Rn. 108; *Heinze* Personalplanung, Rn. 623; *Huke/HWGNRH* § 102 Rn. 184).

218 Umstritten ist, ob es eine **zeitliche Grenze** für das Weiterbeschäftigungsverlangen gibt. Teilweise wird angenommen, dass der Arbeitnehmer **spätestens bei Ablauf der Kündigungsfrist** die Weiterbeschäftigung gegenüber dem Arbeitgeber verlangt haben müsse. Sei die Kündigungsfrist kürzer als die Drei-Wochen-Frist des § 4 Satz 1 KSchG, so müsse das Weiterbeschäftigungsverlangen **unverzüglich nach fristgerechter Klageerhebung** erklärt werden (*LAG Hamm* 28.04.1976 BB 1976, 1462; *Etzel/Rinck/KR* § 102 BetrVG Rn. 296; *Huke/HWGNRH* § 102 Rn. 172; *Koch/APS* § 102 BetrVG Rn. 207; *Matthes* FS *Gnade*, S. 225 [228 f.]; *Wank*/MünchArbR 2. Aufl., § 121 Rn. 20 f. und *Fitting* § 102 Rn. 106, die bei kürzerer Frist eine Geltendmachung spätestens mit Klageerhebung verlangen; zust. jetzt – wenn auch obiter – *BAG* 17.06.1999 EzA § 102 BetrVG 1972 Beschäftigungspflicht Nr. 10; *BAG* 11.05.2000 EzA § 102 BetrVG 1972 Beschäftigungspflicht Nr. 11: spätestens bei Auslaufen der Kündigungsfrist; s. a. *Hess. LAG* 13.07.2016 – 18 Sa 1498/15 – juris, Rn. 92 [in ZIP 2016, 2493 nicht abgedruckt]: Geltendmachung im Rahmen der Anschlussberufung ist verspätet). Dem kann **nicht gefolgt** werden. Dem Gesetz ist für eine zeitliche Begrenzung des Weiterbeschäftigungsverlangens nichts zu entnehmen. Die Etablierung einer materiellen Ausschlussfrist bedarf aber grundsätzlich einer eindeutigen gesetzgeberischen Wertentscheidung. Selbst wenn man die hieraus resultierenden Bedenken überwinden könnte, sind ebenso wenig überzeugende Normzwecküberlegungen erkennbar, die eine teleologische Reduktion des Abs. 5 rechtfertigen würden. Soweit angeführt wird, dass der Arbeitgeber rechtzeitig Klarheit über seine Pflicht zur Weiterbeschäftigung haben müsse, um für die Zukunft disponieren zu können (so *Huke/HWGNRH* § 102 Rn. 172; *Stege/Weinspach/Schiefer* § 102 Rn. 172), rechtfertigt dies nicht, dem Arbeitnehmer ohne Rücksicht auf die Interessenlage des Arbeitgebers im jeweiligen Einzelfall den Weiterbeschäftigungsanspruch zu versagen. Hat der Arbeitgeber vor dem Weiterbeschäftigungsverlangen bereits Dispositionen getroffen, etwa einen neuen Arbeitnehmer eingestellt, so kann dieser Situation im Rahmen des vorläufigen Rechtsschutzes des Abs. 5 Satz 2 Nr. 2 Rechnung getragen werden. Der Arbeitnehmer ist somit im eigenen Interesse gehalten, den Weiterbeschäftigungsanspruch rechtzeitig, d. h. vor Ablauf der Kündigungsfrist geltend zu machen. Die einzige materiell-rechtliche Grenze für den Weiterbeschäftigungsanspruch ist aber die der Verwirkung (wie hier *BAG* 31.08.1978 EzA § 102 BetrVG 1972 Beschäftigungspflicht Nr. 7 = AP Nr. 1 zu § 102 BetrVG 1972 Weiterbeschäftigung; *Galperin/Löwisch* § 102 Rn. 107a; *Gussone* AuR 1994, 245 [250]; *Heinze* Personalplanung, Rn. 617 Fn. 931; *Reidel* NZA 2000, 454 [460]; *Richardi/Thüsing* § 102 Rn. 230; *Schaub* NJW 1981, 1807 [1811]).

2. Inhalt und Rechtsnatur des Weiterbeschäftigungsanspruches

a) Tatsächliche Beschäftigung

219 Der Arbeitnehmer kann unter den oben genannten Voraussetzungen **tatsächliche Beschäftigung**, nicht nur Fortzahlung des Entgelts, verlangen (*BAG* 26.05.1977 EzA § 611 BGB Beschäftigungspflicht Nr. 2 = AP Nr. 5 zu § 611 BGB Beschäftigungspflicht; *Bachner/DKKW* § 102 Rn. 304; *Etzel/Rinck/KR* § 102 BetrVG Rn. 302; *Fitting* § 102 Rn. 114; *Galperin/Löwisch* § 102 Rn. 110; *Koch/APS* § 102 BetrVG Rn. 209; *Richardi/Thüsing* § 102 Rn. 238; **a. M.** *Adomeit* DB 1971, 2360 [2363]). Ein Anspruch auf tatsächliche Beschäftigung besteht freilich nur unter denselben Voraussetzungen und **in denselben Grenzen wie im ungekündigten Arbeitsverhältnis** (*BAG* 15.03.2001 EzA § 4 KSchG n. F. Nr. 61 = AP Nr. 46 zu § 4 KSchG 1969 unter B V 4). Wäre der Arbeitgeber ohne die Kündigung berechtigt, die tatsächliche Beschäftigung des Arbeitnehmers zu verweigern, so entfällt die Beschäftigungspflicht auch im Rahmen des Weiterbeschäftigungsverhältnisses (*Etzel/Rinck/KR*

§ 102 BetrVG Rn. 303; *Fitting* § 102 Rn. 114; *Richardi/Thüsing* § 102 Rn. 239). Die Beschäftigungspflicht entfällt deshalb z. B. im Falle der Aussperrung durch den Arbeitgeber. Der Anspruch auf tatsächliche Beschäftigung besteht auch dann nicht, wenn der Arbeitgeber den Arbeitnehmer aus tatsächlichen Gründen nicht beschäftigen kann, wie etwa bei Stillstand des Betriebes oder wenn der Arbeitsplatz des Arbeitnehmers weggefallen ist. In diesen Fällen bleibt freilich die Pflicht zur Zahlung des Arbeitsentgelts unberührt. Zum Wegfall der Weiterbeschäftigungspflicht bei erneuter Kündigung des Arbeitgebers s. Rdn. 225.

Wird der Arbeitnehmer, obwohl die Voraussetzungen des Abs. 5 Satz 1 vorliegen, nicht beschäftigt, so gerät der Arbeitgeber regelmäßig in **Annahmeverzug** (*BAG* 12.09.1985 EzA § 102 BetrVG 1972 Nr. 61 unter B II 3b und C = AP Nr. 7 zu § 102 BetrVG 1972 Weiterbeschäftigung; 07.03.1996 EzA § 102 BetrVG 1972 Beschäftigungspflicht Nr. 9 = AP Nr. 9 zu § 102 BetrVG 1972 Weiterbeschäftigung). Wird der Arbeitgeber gemäß Abs. 5 Satz 2 von der Weiterbeschäftigungspflicht entbunden, bleibt der bis zur Rechtskraft dieser Entscheidung angefallene Vergütungsanspruch unberührt (*BAG* 07.03.1996 EzA § 102 BetrVG 1972 Beschäftigungspflicht Nr. 9 [abl. *Beninca*] = AP Nr. 9 zu § 102 BetrVG 1972 Weiterbeschäftigung). 220

b) Unveränderte Arbeitsbedingungen
Der Arbeitnehmer hat Anspruch auf Weiterbeschäftigung **zu unveränderten Arbeitsbedingungen**. Grundsätzlich gelten daher die Bedingungen weiter, die zur Zeit des Ablaufes der Kündigungsfrist das Arbeitsverhältnis bestimmten. Auch im betriebsverfassungsrechtlichen Sinne ist der Arbeitnehmer während seiner Weiterbeschäftigung nach Abs. 5 Arbeitnehmer i. S. d. Gesetzes (s. § 7 Rdn. 43 f., s. a. § 8 Rdn. 20). Umstritten ist, ob dies gleichzeitig bedeutet, dass der Arbeitnehmer dieselben Leistungen verlangen kann, die ihm im regulären Arbeitsverhältnis zustünden. Bedeutung hat dies vor allem, wenn Leistungszusagen an ein ungekündigtes Arbeitsverhältnis anknüpfen oder eine bestimmte Dauer der Betriebszugehörigkeit voraussetzen. Hier ist zu unterscheiden. Das Weiterbeschäftigungsverhältnis ist kein eigenständiges, neues Rechtsverhältnis, sondern setzt das bestehende Arbeitsverhältnis fort (s. Rdn. 223). Der Weiterbeschäftigungsanspruch kann aber die Kündigung als rechtsgeschäftlichen Tatbestand nicht aus der Welt schaffen, sondern verhindert nur für die Dauer des Kündigungsschutzprozesses, dass das Arbeitsverhältnis infolge der Kündigung sein Ende findet. Wenn und soweit Ansprüche ein ungekündigtes Arbeitsverhältnis voraussetzen, stehen diese dem Arbeitnehmer daher ebensowenig zu wie einem Arbeitnehmer während des Laufes der Kündigungsfrist (*Etzel/Rinck/KR* § 102 BetrVG Rn. 307; *Huke/HWGNRH* § 102 BetrVG Rn. 176; *Lingemann/Steinhauser* NJW 2015, 844 [845]; **a. M.** *Bachner/DKKW* § 102 Rn. 302; *Koch/APS* § 102 BetrVG Rn. 210). Hängen Rechte oder Ansprüche des Arbeitnehmers von einer bestimmten Dauer der Betriebszugehörigkeit ab, ist dagegen die Dauer des Weiterbeschäftigungsverhältnisses im Sinne von Abs. 5 mit zu berücksichtigen, da es lediglich auf die tatsächliche Betriebszugehörigkeit ankommt und diese auch während der Weiterbeschäftigung erhalten bleibt (*Bachner/DKKW* § 102 Rn. 303; *Etzel/Rinck/KR* § 102 BetrVG Rn. 308; *Gussone* AuR 1994, 245 [251]; *Klebe/Schumann* Das Recht auf Beschäftigung, S. 197 ff.; *Koch/APS* § 102 BetrVG Rn. 210; *Richardi/Thüsing* § 102 Rn. 242; *Schaub* NJW 1981, 1807 [1811]; *Wank/MünchArbR* 2. Aufl., § 121 Rn. 25, 29; **a. M.** *Fitting* § 102 Rn. 115; *Galperin/Löwisch* § 102 Rn. 109; *Huke/HWGNRH* § 102 BetrVG Rn. 176; *Kraft* 6. Aufl., § 102 Rn. 167). 221

Die Geltung unveränderter Arbeitsbedingungen bedeutet nicht zwingend, dass der Arbeitnehmer die Beschäftigung auf dem bisherigen Arbeitsplatz verlangen kann. Der Arbeitgeber kann dem Arbeitnehmer zum einen im Rahmen seines (in dem ungekündigten Arbeitsverhältnis bestehenden) Direktionsrechts auch einen **anderen Arbeitsplatz zuweisen** (*BAG* 15.03.2001 EzA § 4 KSchG n. F. Nr. 61 = AP Nr. 46 zu § 4 KSchG 1969 unter B V 2). Grenzen für die Beschäftigungspflicht können sich zum anderen aus allgemeinen Grundsätzen ergeben (§§ 275, 297, 242 BGB). So besteht kein Anspruch auf Beschäftigung, wenn diese **dem Arbeitgeber unmöglich oder unzumutbar** ist (§ 275 Abs. 1 und 2 BGB), weil in dem Betrieb keine oder keine vergleichbaren Arbeitsplätze (mehr) existieren (etwa nach einer Betriebsveräußerung, wenn ein Arbeitnehmer dem Übergang des Arbeitsverhältnisses nach § 613a Abs. 6 BGB widersprochen hat; vgl. *LAG München* 08.09.2011 LAGE § 102 BetrVG 2001 Beschäftigungspflicht Nr. 5 Rn. 24). Gleiches gilt, wenn und soweit ein Beschäftigungsanspruch auch im ungekündigten Arbeitsverhältnis nicht gegeben wäre, weil der Weiterbeschäftigung 222

§ 102

zwingende betriebliche oder persönliche Gründe entgegenstehen, die Vorrang vor dem Interesse des Arbeitnehmers an tatsächlicher (Weiter-)Beschäftigung beanspruchen (BAG 15.03.2001 EzA § 4 KSchG n. F. Nr. 61 = AP Nr. 46 zu § 4 KSchG 1969 unter B V 4). Wenn und soweit einer Beschäftigung Hindernisse entgegenstehen, ist der Arbeitgeber allerdings zunächst gehalten, das ihm Mögliche und Zumutbare zu tun, um die Weiterbeschäftigung (etwa durch Umorganisation oder Versetzung des Arbeitnehmers) zu ermöglichen. Dies gilt etwa, wenn eine Weiterbeschäftigung auf dem alten Arbeitsplatz aus gesundheitlichen Gründen nicht möglich ist. Ist dem Arbeitgeber die Beschäftigung unmöglich oder nicht zumutbar, so entfällt aber zunächst nur der Beschäftigungsanspruch. Ob und inwieweit der Arbeitgeber zur Entgeltfortzahlung verpflichtet ist, richtet sich wiederum nach denselben Regeln wie im ungekündigten Arbeitsverhältnis (z. B. § 615 BGB, § 3 EFZG). **Ändern sich die Arbeitsbedingungen nachträglich** durch Gesetz, Tarifvertrag oder Betriebsvereinbarung bis zur Rechtskraft des Urteils, so wird auch das Weiterbeschäftigungsverhältnis von der Änderung erfasst.

c) Rechtsnatur

223 Der Weiterbeschäftigungsanspruch des § 102 Abs. 5 ist der Sache nach eine **Regelung des vorläufigen Rechtsschutzes** in Bezug auf das gekündigte Arbeitsverhältnis. Das Gesetz regelt in Gestalt eines materiellen Anspruches die Frage der Fortsetzung des Arbeitsverhältnisses für die Dauer des Schwebezustandes während des Kündigungsschutzprozesses. Es nimmt dabei eine Abwägung vor zwischen dem Interesse des Arbeitnehmers an der Beschäftigung und Erhaltung des Arbeitsplatzes einerseits und dem Interesse des Arbeitgebers, einen wirksam gekündigten Arbeitnehmer nicht beschäftigen zu müssen, andererseits. Nach der Wertung des Gesetzes gebührt unter den Voraussetzungen des Abs. 5 Satz 1 dem Beschäftigungsinteresse des Arbeitnehmers für die Dauer des Kündigungsschutzprozesses der Vorrang. Andererseits bringt das Gesetz durch die Möglichkeit der Entbindung von der Pflicht zur Weiterbeschäftigung gemäß Abs. 5 Satz 2 zum Ausdruck, dass es bei Vorliegen eines der dort genannten Gründe die Interessen des Arbeitgebers höher bewertet als das Beschäftigungsinteresse des Arbeitnehmers. Diese Interessenabwägung wäre ohne die Regelung in Abs. 5 in einem Verfahren des einstweiligen Rechtsschutzes vom Gericht vorzunehmen, nämlich im Rahmen einer Entscheidung gem. §§ 935, 940 ZPO über einen Antrag des Arbeitnehmers auf Erlass einer einstweiligen Verfügung zur Sicherung oder vorläufigen Durchsetzung seiner Ansprüche aus dem gekündigten (und nach seiner Ansicht fortbestehenden) Arbeitsverhältnis. Sinn der Regelung ist es, die Frage der Weiterbeschäftigung für die Dauer des Kündigungsschutzprozesses von den Voraussetzungen der §§ 935, 940 ZPO zu lösen, die Interessenabwägung durch Schaffung eines materiellen Weiterbeschäftigungsanspruches zumindest in den Grundzügen im Gesetz selbst vorzunehmen und den Weiterbeschäftigungsanspruch an einfach feststellbare Voraussetzungen zu binden. **Abs. 5 trifft** somit in Gestalt eines materiell-rechtlichen Anspruches **eine vorläufige Regelung in Bezug auf ein streitiges Rechtsverhältnis i. S. d. § 940 ZPO** (ähnlich *Walker* Einstweiliger Rechtsschutz, Rn. 693). Geht es somit in Abs. 5 um die Sicherung oder vorläufige Durchsetzung der Rechte des Arbeitnehmers aus dem gekündigten Arbeitsverhältnis, so **handelt es sich auch bei dem Weiterbeschäftigungsverhältnis um das bisherige Arbeitsverhältnis**, das ohne Rücksicht auf die Wirksamkeit der ausgesprochenen Kündigung fortbesteht und durch die rechtskräftige Abweisung der Kündigungsschutzklage kraft Gesetzes auflösend bedingt ist (BAG 12.09.1985 EzA § 102 BetrVG 1972 Nr. 61; 10.03.1987 EzA § 611 BGB Beschäftigungspflicht Nr. 28; *Etzel/Rinck/*KR § 102 BetrVG Rn. 304; *Koch/APS* § 102 BetrVG Rn. 208; *Richardi/Thüsing* § 102 Rn. 235; *Rieble* BB 2003, 844; *Wank/*MünchArbR 2. Aufl., § 121 Rn. 23; **a. M.** *Fitting* § 102 Rn. 103; *Huke/HWGNRH* § 102 Rn. 173; *Klebe/Schumann* Das Recht auf Beschäftigung, S. 186, die von einem selbständigen, von dem ursprünglichen Arbeitsverhältnis zu unterscheidenden Rechtsverhältnis ausgehen).

3. Beendigung des Weiterbeschäftigungsverhältnisses

224 Das gemäß Abs. 5 begründete Weiterbeschäftigungsverhältnis endet zunächst mit der **rechtskräftigen Abweisung der Kündigungsschutzklage**. Das Weiterbeschäftigungsverhältnis endet aber auch mit dem rechtskräftigen Obsiegen des Arbeitnehmers. In diesem Fall hat das Arbeitsverhältnis ohnehin während des Kündigungsschutzprozesses fortbestanden. Es ist mit der gerichtlichen Entschei-

dung daher klargestellt, dass Grundlage der Beschäftigung der ursprüngliche Arbeitsvertrag und nicht der Weiterbeschäftigungsanspruch gemäß § 102 Abs. 5 ist.

Da das Weiterbeschäftigungsverhältnis mit dem gekündigten Arbeitsverhältnis eine Einheit bildet, verhält es sich quasi akzessorisch zu diesem. Jede (erneute) Beendigung des Arbeitsverhältnisses führt zum Wegfall des Weiterbeschäftigungsanspruches. Dies gilt einmal, wenn Arbeitgeber und Arbeitnehmer das Arbeitsverhältnis **einvernehmlich aufheben.** Außerdem kann jede der Vertragsparteien das Arbeitsverhältnis auch während des Weiterbeschäftigungszeitraumes **ordentlich oder außerordentlich kündigen** (*Etzel/Rinck*/KR § 102 BetrVG Rn. 337; *Huke*/HWGNRH § 102 Rn. 179; *Koch*/APS § 102 BetrVG Rn. 228; *Richardi/Thüsing* § 102 Rn. 246). Kündigt der Arbeitgeber ordentlich, so entfällt mit Ablauf der Kündigungsfrist der Weiterbeschäftigungsanspruch, wenn nicht die Voraussetzungen des Abs. 5 erneut vorliegen, also der Betriebsrat wiederum ordnungsgemäß der Kündigung widersprochen und der Arbeitnehmer gegen die erneute Kündigung Kündigungsschutzklage erhoben sowie die Weiterbeschäftigung verlangt hat (*Etzel/Rinck*/KR § 102 BetrVG Rn. 338; *Fitting* § 102 Rn. 110; *Huke*/HWGNRH § 102 Rn. 179; *Koch*/APS § 102 BetrVG Rn. 228; *Richardi/Thüsing* § 102 Rn. 246 f.; **a. M.** *Brinkmeier* AuR 2005, 46 f.). Kündigt der Arbeitgeber aus wichtigem Grund gemäß § 626 BGB, so endet das Weiterbeschäftigungsverhältnis in jedem Fall mit Zugang der Kündigung, da hier ein erneuter Widerspruch gemäß Abs. 5 nicht in Betracht kommt (*Etzel/Rinck*/KR § 102 BetrVG Rn. 338; *Richardi/Thüsing* § 102 Rn. 246). Der Arbeitgeber muss selbstverständlich vor der erneuten (ordentlichen oder außerordentlichen) Kündigung den Betriebsrat gemäß § 102 Abs. 1 hören.

Auch der Arbeitnehmer kann sich nicht ohne Weiteres von dem Weiterbeschäftigungsverhältnis und der hierdurch begründeten Arbeitspflicht lösen. Eine isolierte Kündigung des »Weiterbeschäftigungsverhältnisses« ist nicht möglich, da es sich nicht um ein selbständiges Rechtsverhältnis handelt (s. Rdn. 221, 223; *Etzel/Rinck*/KR § 102 BetrVG Rn. 337; *Koch*/APS § 102 BetrVG Rn. 228; widersprüchlich *Richardi/Thüsing*, der einerseits annimmt, dass die Kündigung sich nur auf den »mit der Weiterbeschäftigungspflicht verbundenen vorläufigen Bestandsschutz beziehen« könne [§ 102 Rn. 248], andererseits aber davon ausgeht, dass das Weiterbeschäftigungsverhältnis mit dem durch Arbeitsvertrag begründeten Schuldverhältnis identisch sei [§ 102 Rn. 235]). Hat der **Arbeitnehmer** Weiterbeschäftigung verlangt, so muss er folglich, will er die Arbeit nun doch nicht fortsetzen, **das Arbeitsverhältnis kündigen**. Hat er keinen Grund zur außerordentlichen Kündigung, so muss er die gesetzlichen, tariflichen oder vertraglichen Kündigungsfristen einhalten (*Fitting* § 102 Rn. 111; *Huke*/HWGNRH § 102 Rn. 179 f.). Das Weiterbeschäftigungsverhältnis endet schließlich, wenn der Arbeitnehmer seine **Kündigungsschutzklage zurücknimmt** oder einen **Auflösungsantrag gemäß § 9 KSchG stellt** (s. Rdn. 215).

4. Änderungskündigung und Weiterbeschäftigungsanspruch

Zweifelhaft ist, ob Abs. 5 auch bei Änderungskündigungen anwendbar ist. Hier ist zu differenzieren, je nachdem wie der Arbeitnehmer auf eine solche Kündigung, die jedenfalls nur nach Anhörung des Betriebsrats ausgesprochen werden darf (s. Rdn. 30), reagiert. **Lehnt der Arbeitnehmer das Änderungsangebot ab** und besteht auf der Weiterbeschäftigung zu unveränderten Bedingungen, so kann er, wenn der Betriebsrat der Kündigung frist- und ordnungsgemäß widersprochen und er selbst Kündigungsschutzklage erhoben hat, die Weiterbeschäftigung gemäß Abs. 5 verlangen (*Etzel/Rinck*/KR § 102 BetrVG Rn. 284; *Fitting* § 102 Rn. 14; *Matthes* FS Gnade, S. 225 [228]; *Richardi/Thüsing* § 102 Rn. 291; *Schwerdtner* FS 25 Jahre Bundesarbeitsgericht, S. 555 [577]).

Nimmt der Arbeitnehmer das Änderungsangebot unter dem Vorbehalt an, dass die Änderung nicht sozial ungerechtfertigt ist, und geht seine Kündigungsschutzklage nach § 2 KSchG nur dahin, diese Frage vom Gericht prüfen zu lassen, so kann er nicht gleichzeitig Weiterbeschäftigung zu den bisherigen Bedingungen verlangen (h. M.; *LAG München* 31.07.1986 LAGE § 611 BGB Beschäftigungspflicht Nr. 18; *Etzel/Rinck*/KR § 102 BetrVG Rn. 282 f.; *Fitting* § 102 Rn. 13; *Galperin/Löwisch* § 102 Rn. 105; *Hanau* BB 1972, 451 [455]; *Huke*/HWGNRH § 102 Rn. 187; *Koch*/APS § 102 BetrVG Rn. 187; *Matthes* FS Gnade, S. 225 [227]; *Meisel* BB 1973, 944 [947]; *Richardi/Thüsing* § 102 Rn. 292; *Schwerdtner* FS 25 Jahre Bundesarbeitsgericht, S. 555 [577]; *Wank*/MünchArbR 2. Aufl.,

§ 121 Rn. 11; **a. M.** *Bachner/DKKW* § 102 Rn. 280; *Bösche* Das Recht des Betriebsrats bei Kündigungen, S. 142 ff.; *Enderlein* ZfA 1992, 21 [50]; *Klebe/Schumann* Das Recht auf Beschäftigung, S. 78 ff.; *Weiss/Weyand* § 102 Rn. 45; *Wolff* Vorläufiger Bestandsschutz, S. 46 ff.). Dies ergibt sich aus dem eindeutigen Wortlaut des Abs. 5 Satz 1, wonach Voraussetzung für einen Weiterbeschäftigungsanspruch ist, dass der Arbeitnehmer mit seiner Klage die Feststellung begehrt, dass das Arbeitsverhältnis nicht aufgelöst ist. Der Antrag nach § 2 KSchG geht hingegen nur dahin, zu prüfen, ob die Änderung der Arbeitsbedingungen nicht sozial ungerechtfertigt ist. Ein Weiterbeschäftigungsanspruch nach § 102 Abs. 5 besteht auch dann nicht, wenn mit der Änderung der Arbeitsbedingungen eine Versetzung herbeigeführt wird, zu der der Betriebsrat nach § 99 seine Zustimmung bereits verweigert hat. Eine Pflicht des Arbeitgebers zur Weiterbeschäftigung des Arbeitnehmers auf dem alten Arbeitsplatz kann sich in solchen Fällen aber aus den Vorschriften über die Versetzung ergeben (s. § 99 Rdn. 180; *Richardi/Thüsing* § 102 Rn. 293). Hat **der Arbeitnehmer im Änderungsschutzverfahren Erfolg**, stellt also das Gericht fest, die Änderung der Arbeitsbedingungen sei sozial nicht gerechtfertigt, so bleibt das Arbeitsverhältnis zu den ursprünglichen Bedingungen bestehen. Der Arbeitgeber ist dann verpflichtet, den Arbeitnehmer zu den bisherigen Bedingungen weiterzubeschäftigen.

229 **Streiten die Parteien** im Rahmen einer Änderungsschutzklage **um die Wirksamkeit des vom Arbeitnehmer erklärten Vorbehalts**, so ist nicht nur der Inhalt, sondern der Bestand des Arbeitsverhältnisses streitig. In diesem Fall kann der Arbeitnehmer Weiterbeschäftigung nach Abs. 5 verlangen (*BAG* 28.03.1985 EzA § 767 ZPO Nr. 1 = AP Nr. 4 zu § 767 ZPO zu den Voraussetzungen für die Verurteilung des Arbeitgebers zur Weiterbeschäftigung bei einer Änderungsschutzklage).

5. Verfahren

230 Der Anspruch auf Weiterbeschäftigung ist im **Urteilsverfahren** geltend zu machen. Die Zwangsvollstreckung aus einem Beschäftigungsurteil erfolgt nach § 888 ZPO (*LAG Berlin* 05.07.1985 NZA 1986, 36; hierzu näher *Leydecker/Heider* BB 2009, 2703 ff.). Zur Zwangsvollstreckung aus einem Urteil auf Beschäftigung an einem bestimmten Arbeitsplatz vgl. *LAG Rheinland-Pfalz* 07.01.1986 NZA 1986, 196. Der Arbeitgeber kann eine einstweilige Einstellung der Zwangsvollstreckung verlangen, wenn die Voraussetzungen des § 62 Abs. 1 Satz 2 und 3 ArbGG vorliegen (*LAG Hamm* 14.01.1986 NZA 1986, 197).

231 Der Arbeitnehmer kann zur vorläufigen Durchsetzung des Weiterbeschäftigungsanspruches auch eine **einstweilige Verfügung** beantragen (§ 62 Abs. 2 ArbGG; §§ 935, 940 ZPO; h. M.; *LAG Hamburg* 06.08.1985 DB 1985, 2463 und 06.05.1986 DB 1986, 1629; *LAG Köln* 26.11.1985 NZA 1986, 136; *Bachner/DKKW* § 102 Rn. 295; *Brox* FS 25 Jahre Bundesarbeitsgericht, S. 52; *Dütz* DB 1978, Beil. Nr. 13, S. 8 f.; *Etzel/Rinck/KR* § 102 BetrVG Rn. 311; *Fitting* § 102 Rn. 116; *Galperin/Löwisch* § 102 Rn. 113; *Huke/HWGNRH* § 102 Rn. 181; *Richardi/Thüsing* § 102 Rn. 249). Hinsichtlich des **Verfügungsanspruchs** muss der Arbeitnehmer die Voraussetzungen des Abs. 5 Satz 1 darlegen und glaubhaft machen. Der Arbeitnehmer muss also darlegen und glaubhaft machen, dass ihm gegenüber eine ordentliche Kündigung ausgesprochen worden ist, der Betriebsrat dieser Kündigung aus einem der in Abs. 3 genannten Gründe widersprochen und er selbst gegen diese Kündigung Kündigungsschutzklage erhoben und vom Arbeitgeber die Weiterbeschäftigung erfolglos verlangt hat. Nicht erforderlich ist die Glaubhaftmachung der Fristwahrung des Widerspruches, weil die Einhaltung dieser Frist weder aus der dem Arbeitnehmer gemäß Abs. 4 zu übermittelnden Abschrift, noch aus sonstigen, dem Arbeitnehmer zugänglichen Unterlagen ersichtlich ist und auch kein Gegenstand einer eidesstattlichen Versicherung des Arbeitnehmers sein kann (*Gussone* AuR 1994, 245 [255]). Der Darlegung eines besonderen **Verfügungsgrundes** i. S. d. §§ 935, 940 ZPO bedarf es nicht (so jedenfalls im Ergebnis *LAG Berlin* 15.09.1980 DB 1980, 2449; *LAG Berlin-Brandenburg* 25.03.2010 – 2 Ta 387/10 – juris, Rn. 36; *LAG Hamburg* 14.09.1992 NZA 1993, 140; *LAG Köln* 5. Kammer 02.08.1984 NZA 1984, 300; 26.11.2012 – 5 SaGa 14/12 – juris, Rn. 38; *LAG Sachsen* 01.08.2014 – 2 SaGa 10/14 – juris, Rn. 22 ff.; *Bachner/DKKW* § 102 Rn. 297; *Dütz* DB 1978, Beil. Nr. 13, S. 9; *Gussone* AuR 1994, 245 [255]; *Koch/APS* § 102 BetrVG Rn. 213; *Matthes* FS Gnade, S. 225 [231]; *Walker* Einstweiliger Rechtsschutz, Rn. 690; *Wank/MünchArbR* 2. Aufl., § 121 Rn. 32; **a. M.** *LAG Baden-Württemberg* 30.08.1993 NZA 1995, 683; *LAG Köln* 7. Kammer 18.01.1984 NZA 1984, 57; *LAG Köln* 3. Kammer 10.03.2010 – 3 SaGa 26/09 – juris, Rn. 19; *LAG Frankfurt a. M.* 07.05.1976 AuR 1977, 59;

Feichtinger DB 1983, 942; *Hertzfeld* FA 2013, 328 ff.; *Lingemann / Steinhauser* NJW 2015, 844 [846]). Sinn des § 102 Abs. 5 ist es, dem Arbeitnehmer für die Dauer der Ungewissheit über den Fortbestand des Arbeitsverhältnisses die Weiterarbeit und damit die Anwesenheit im Betrieb zu sichern, weil sich dadurch die Chancen des Arbeitnehmers auf den Erhalt des Arbeitsplatzes auch nach erfolgreichem Kündigungsschutzverfahren erhöhen. Das Gesetz geht also davon aus, dass der Fortbestand des Arbeitsverhältnisses allein durch das tatsächliche Ausscheiden des Arbeitnehmers aus dem Betrieb gefährdet wird. Es wäre mit dem Zweck der Regelung nicht vereinbar, wenn man verlangen würde, dass der Arbeitnehmer bei einer Weigerung des Arbeitgebers, ihn während des Kündigungsschutzprozesses weiterzubeschäftigen, ein über das Interesse an der Beschäftigung hinausgehendes Interesse an der Durchsetzung der Weiterbeschäftigung dartun müsste. Etwas anderes kann sich ergeben, wenn der Arbeitnehmer durch sein Prozessverhalten zu erkennen gibt, gar kein Interesse an einer Weiterbeschäftigung zu haben (*LAG Rheinland-Pfalz* 26.02.2015 – 5 SaGa 7/14 – juris, Rn. 32 f.: kein Verfügungsgrund, wenn Arbeitnehmer gleichzeitig die unwiderrufliche Freistellung beantragt). Im Rahmen des einstweiligen Verfügungsverfahrens des Arbeitnehmers kann sich der Arbeitgeber andererseits auch **auf Gründe für die Entbindung von der Weiterbeschäftigungspflicht berufen** (*Dütz* DB 1978, Beil. 13, S. 9; *Fitting* § 102 Rn. 117; *Heinze* Personalplanung, Rn. 639; **a. M.** ArbG Düsseldorf 27.09.1983 BB 1984, 675; *Bachner/DKKW* § 102 Rn. 298; *Etzel/Rinck*/KR § 102 BetrVG Rn. 312; *Galperin/Löwisch* § 102 Rn. 113; *Klebe/Schumann* Das Recht auf Beschäftigung, S. 209; *Richardi/Thüsing* § 102 Rn. 251; *Wank*/MünchArbR § 99 Rn. 31).

6. Beseitigung der Weiterbeschäftigungspflicht

a) Gerichtliche Entscheidung

Der Arbeitgeber kann auf seinen Antrag hin von der nach Abs. 5 Satz 1 bestehenden Weiterbeschäftigungspflicht **durch einstweilige Verfügung** des Arbeitsgerichtes befreit werden. Die Entscheidung ergeht nicht im Beschlussverfahren nach § 2a Abs. 1 Nr. 1, Abs. 2, §§ 80 ff., § 85 Abs. 2 ArbGG, sondern im Urteilsverfahren (*LAG Düsseldorf* 21.06.1974 EzA § 102 BetrVG 1972 Beschäftigungspflicht Nr. 3 und 4; *Bachner/DKKW* § 102 Rn. 309; *Fitting* § 102 Rn. 117; *Galperin/Löwisch* § 102 Rn. 123; *Richardi/Thüsing* § 102 Rn. 260). Es handelt sich nicht um eine betriebsverfassungsrechtliche Streitigkeit, sondern um die Regelung individualrechtlicher Beziehungen zwischen Arbeitgeber und Arbeitnehmer. Der Antrag ist gemäß § 937 Abs. 1 ZPO beim **Gericht der Hauptsache** zu stellen. Dies ist das Gericht, bei dem die Kündigungsschutzklage anhängig ist (*Bachner/DKKW* § 102 Rn. 310; *Richardi/Thüsing* § 102 Rn. 261; *Wank*/MünchArbR 2. Aufl., § 118 Rn. 43). Der Antrag kann nicht erst dann gestellt werden, wenn feststeht, dass der Anspruch auf Weiterbeschäftigung gegeben ist, da ansonsten der mit dem Entbindungsantrag intendierte Rechtsschutz regelmäßig zu spät käme. Vielmehr muss es für den Antrag genügen, dass die **Möglichkeit** besteht, dass die **Voraussetzungen für den Weiterbeschäftigungsanspruch vorliegen**, dieser also nicht von vornherein ausgeschlossen werden kann. Dies ist dann der Fall, wenn der Betriebsrat der Kündigung widersprochen, der Arbeitnehmer Kündigungsschutzklage erhoben und Weiterbeschäftigung vom Arbeitgeber verlangt hat (*LAG Düsseldorf* 24.04.2013 LAGE § 102 BetrVG 2001 Beschäftigungspflicht Nr. 7 unter B I; *LAG Hamburg* 09.04.2014 – 6 SaGa 2/14 – juris Rn. 45 ff.; ähnlich *LAG Schleswig-Holstein* 19.05.2010 – 6 SaGa 9/10 – juris, Rn. 48: Anspruch müsse zwischen den Parteien umstritten sein; s. a. Rdn. 238). Der Antrag unterliegt **keiner Frist**, kann daher zu jedem Zeitpunkt bis zum rechtskräftigen Abschluss des Kündigungsschutzprozesses gestellt werden (*Bachner/DKKW* § 102 Rn. 312; *Etzel/Rinck*/KR § 102 BetrVG Rn. 317). Der Antrag kann auch **wiederholt** werden, nachdem der Arbeitgeber mit seinem Begehren einmal rechtskräftig abgewiesen worden ist. Allerdings kann ein solcher Antrag nur auf neue Tatsachen gestützt werden, da einer Berücksichtigung der bereits während der Dauer des früheren Verfahrens objektiv vorliegenden Gründe die Rechtskraft der früheren Entscheidung entgegensteht (*Etzel/Rinck*/KR § 102 BetrVG Rn. 218; *Wank*/MünchArbR 2. Aufl., § 121 Rn. 43).

§ 945 ZPO findet im Verfahren nach Abs. 5 Satz 2 **keine Anwendung** (ebenso wohl BAG 31.08.1978 EzA § 102 BetrVG 1972 Beschäftigungspflicht Nr. 7 = AP Nr. 1 zu § 102 BetrVG 1972 Weiterbeschäftigung, das die Frage jedoch im Ergebnis offen lässt; *Richardi/Thüsing* § 102 Rn. 268; *Wank*/MünchArbR 2. Aufl., § 121 Rn. 45; **a. M.** *Etzel/Rinck*/KR § 102 BetrVG Rn. 317; *Klebe/Schumann* Das Recht auf Beschäftigung, S. 247; *Beninca* Anm. zu BAG EzA § 102 BetrVG 1972

Beschäftigungspflicht Nr. 9). Abs. 5 Satz 2 ist Bestandteil einer einheitlichen Regelung des einstweiligen Rechtsschutzes im Hinblick auf den schwebenden Kündigungsschutzprozess (s. Rdn. 223). Für eine Anwendung des § 945 ZPO ist deswegen kein Raum, weil der Arbeitgeber mit der Anordnung gemäß Abs. 5 Satz 2 nicht die Durchsetzung eines eigenen Anspruches, sondern die Ablehnung einstweiligen Rechtsschutzes gegenüber dem Arbeitnehmer erstrebt. Der Arbeitgeber kann die Gründe des Abs. 5 Satz 2 auch in einem Verfahren des Arbeitnehmers auf Erlass einer einstweiligen Verfügung auf Weiterbeschäftigung geltend machen (s. Rdn. 231). Schließlich bedarf es für den Antrag auch keines gesonderten **Verfügungsgrundes**, da das Gesetz selbst vorsieht, dass über den Antrag durch einstweilige Verfügung zu entscheiden ist (*Koch/APS* § 102 BetrVG Rn. 225; *Richardi/Thüsing* § 102 Rn. 261; *Wank*/MünchArbR 2. Aufl., § 121 Rn. 42).

234 Ist nach Ansicht des Gerichts dem Arbeitgeber die Weiterbeschäftigung nicht zuzumuten und wird der Arbeitgeber deshalb von der Pflicht zur Weiterbeschäftigung entbunden, so **erlöschen die beiderseitigen Rechte und Pflichten** zwischen Arbeitgeber und Arbeitnehmer, soweit sie auf dem besonderen Weiterbeschäftigungsanspruch nach Abs. 5 beruhen. Der Arbeitgeber ist insbesondere nicht mehr verpflichtet, den Arbeitnehmer zu beschäftigen. Mit der Entbindung von der Weiterbeschäftigungspflicht entfällt zugleich der Vergütungsanspruch des Arbeitnehmers, soweit dieser nach Abs. 5 unabhängig vom Fortbestand des Arbeitsverhältnisses allein aufgrund des Widerspruches des Betriebsrats und des Weiterbeschäftigungsverlangens des Arbeitnehmers bestand (*BAG* 18.09.2003 EzA § 102 BetrVG 2001 Nr. 2 = AP Nr. 15 zu § 102 BetrVG 1972 Weiterbeschäftigung unter B VI 1; *Etzel/Rinck*/KR § 102 BetrVG Rn. 330). Dies gilt auch, wenn der Arbeitgeber eine **weitere Kündigung** ausspricht und der Betriebsrat erneut Widerspruch gegen die Kündigung erhebt. Der Arbeitnehmer kann einen auf den zweiten Widerspruch gestützten Weiterbeschäftigungsanspruch nur geltend machen, wenn die einstweilige Verfügung gemäß §§ 936, 927 ZPO wegen veränderter Umstände aufgehoben wird (*BAG* 18.09.2003 EzA § 102 BetrVG 2001 Nr. 2 = AP Nr. 15 zu § 102 BetrVG 1972 Weiterbeschäftigung unter B VI 1; vgl. auch *Bachner*/DKKW § 102 Rn. 314). Die Entbindung von der Weiterbeschäftigungspflicht beseitigt allerdings nicht den infolge der Unwirksamkeit der Kündigung entstandenen Annahmeverzug des Arbeitgebers (s. Rdn. 217 und *Etzel/Rinck*/KR § 102 BetrVG Rn. 330). Bei Obsiegen des Arbeitnehmers im Kündigungsschutzprozess steht diesem also der Anspruch auf das Arbeitsentgelt nach Maßgabe des § 615 BGB zu. Entbindet das Gericht den Arbeitgeber von der Pflicht zur Weiterbeschäftigung nach Abs. 5, so ist auch ein **individualrechtlicher Weiterbeschäftigungsanspruch** ausgeschlossen (a. M. *LAG Rheinland-Pfalz* 11.01.1980 BB 1980, 415; zust. *Fitting* § 102 Rn. 123). In einem solchen Fall ist nämlich ein überwiegendes Interesse des Arbeitgebers an der Nichtbeschäftigung im Sinne der Rechtsprechung des Großen Senats des *BAG* (*BAG* 27.02.1985 AP Nr. 14 zu § 611 BGB Beschäftigungspflicht; *Etzel/Rinck*/KR § 102 BetrVG Rn. 320) anzunehmen.

b) Gesetzliche Gründe

235 Die **Gründe**, aus denen das Arbeitsgericht die einstweilige Verfügung erlassen kann, sind **im Gesetz** – allerdings durch generalklauselartige Formulierungen – umschrieben. Der – von dem in Rdn. 211 beschriebenen Sonderfall abgesehen – **erschöpfende Katalog** umfasst folgende Gesichtspunkte:

(1) Die Klage bietet **keine hinreichende Aussicht** auf **Erfolg** oder erscheint **mutwillig**. Das Gericht muss also die Gründe, die zur Kündigung geführt haben, summarisch auf ihre Stichhaltigkeit prüfen und kann die Weiterbeschäftigungspflicht nur aufheben, wenn diese Prüfung ergibt, dass die Kündigungsschutzklage entweder offensichtlich oder doch mit hinreichender Wahrscheinlichkeit keinen Erfolg haben wird. Es sind hier dieselben Grundsätze maßgebend, wie sie im Rahmen des § 114 ZPO für die Prozesskostenhilfe entwickelt wurden (*Bachner*/DKKW § 102 Rn. 317; *Etzel/Rinck*/KR § 102 BetrVG Rn. 321; *Fitting* § 102 Rn. 118; *Huke*/HWGNRH § 102 Rn. 191; *Koch/APS* § 102 BetrVG Rn. 220; *Richardi/Thüsing* § 102 Rn. 255). Da in diesem Verfahren eine summarische Prüfung der Kündigungsschutzklage erfolgt, richtet sich die Darlegungs- und Beweislast nach den für den Kündigungsschutzprozess geltenden Grundsätzen. Die Beweislastverteilung ist keine Frage der Parteistellung im Verfahren, sondern bestimmt sich allein nach materiellem Recht (*Rosenberg/Schwab/Gottwald* Zivilprozessrecht, 17. Aufl. 2010, § 115 Rn. 9f.; *Greger/Zöller* ZPO, vor § 284 Rn. 15, 17). Der Arbeitgeber macht aber mit dem Antrag gemäß Abs. 5 Satz 2 keinen eigenständigen Anspruch

geltend, für dessen Voraussetzungen er im Ganzen die Beweislast tragen würde, sondern es geht um einstweiligen Rechtsschutz im Hinblick auf den im Kündigungsschutzprozess streitigen Fortbestand des Arbeitsverhältnisses (s. Rdn. 223). Grundsätzlich trägt also der Arbeitgeber gemäß § 1 Abs. 2 Satz 4 KSchG die Darlegungs- und Beweislast für die Kündigungsgründe, d. h. er muss die Tatsachen glaubhaft machen, die die Kündigung rechtfertigen sollen (*Etzel/Rinck*/KR § 102 BetrVG Rn. 322; *Galperin/Löwisch* § 102 Rn. 119; *Huke*/HWGNRH § 102 Rn. 191; *Richardi/Thüsing* § 102 Rn. 263). Stützt der Arbeitnehmer bei einer betriebsbedingten Kündigung die Sozialwidrigkeit auf Fehler bei der Sozialauswahl, so trägt er gemäß § 1 Abs. 3 Satz 3 KSchG die Beweislast (**a. M.** *Etzel/Rinck*/KR § 102 BetrVG Rn. 322; *Richardi/Thüsing* § 102 Rn. 263).

(2) Die Weiterbeschäftigung würde den Arbeitgeber **wirtschaftlich unzumutbar** belasten. Wirtschaftlich unzumutbar ist die Weiterbeschäftigung vor allem dann, wenn der mit der Beschäftigung verbundenen Pflicht zur Entgeltzahlung kein oder kein annähernd gleichwertiger wirtschaftlicher Vorteil gegenübersteht (*Richardi/Thüsing* § 102 Rn. 257). Zu denken ist insbesondere an Fälle, in denen der Arbeitgeber den Arbeitnehmer wegen der Einschränkung des Betriebes oder wegen Rationalisierungsmaßnahmen nicht beschäftigen kann (LAG Berlin 20.03.1978 AuR 1979, 253; *Fitting* § 102 Rn. 119). Maßgeblich ist ob das **Äquivalenzverhältnis im einzelnen Arbeitsverhältnis gestört ist**. Wirtschaftliche Unzumutbarkeit ist daher nicht erst dann gegeben, wenn der Lohnaufwand für den gekündigten Arbeitnehmer im Verhältnis zu den gesamten Lohnkosten zu einer unzumutbaren Mehrbelastung führt (**a. M.** ArbG Solingen 24.02.1976 DB 1976, 1385; *Etzel/Rinck*/KR § 102 BetrVG Rn. 323). Bei der Bestimmung der zumutbaren Belastung kommt es nicht auf die Verhältnisse des Betriebes, sondern auf die des Unternehmens an (*Bachner*/DKKW § 102 Rn. 320; *Etzel/Rinck*/KR § 102 BetrVG Rn. 323; *Gussone* AuR 1994, 245 [253]; *Richardi/Thüsing* § 102 Rn. 257; *Wolff* Vorläufiger Bestandsschutz, S. 199; **a. M.** *Rieble* BB 2003, 844 [845 f.]). Hierfür spricht zum einen der Wortlaut (»Belastung des Arbeitgebers«). Zum anderen geht es bei der Frage der Weiterbeschäftigung – trotz der betriebsverfassungsrechtlichen Verankerung – nicht etwa um Interessen des Betriebes, sondern um eine Abwägung der Interessen der beiden Parteien des Arbeitsverhältnisses. An die Unzumutbarkeit dürfen allerdings keine allzu hohen Anforderungen gestellt werden. So geht es zu weit, wenn gefordert wird, dass die wirtschaftlichen Belastungen zu einer Gefährdung der Existenz des Betriebes bzw. des Unternehmens führen müssten (so aber *Bachner*/DKKW § 102 Rn. 322; *Fitting* § 102 Rn. 119). Vielmehr kann es ausreichen, wenn die mit der Weiterbeschäftigung verbundenen Belastungen sich in erheblicher Weise auf das wirtschaftliche Ergebnis oder die weiteren unternehmerischen Planungen auswirken (*Wank*/MünchArbR § 99 Rn. 39: Beeinträchtigung der Zahlungs- und Wettbewerbsfähigkeit; zu weitgehend allerdings *Richardi/Thüsing* § 102 Rn. 257, der genügen lässt, dass die Ertragslage tangiert ist). Dies ist jedenfalls dann anzunehmen, wenn die Liquidität oder die Wettbewerbsfähigkeit des Unternehmens als Folgen der Weiterbeschäftigung beeinträchtigt wären (LAG Hamburg 16.05.2001 LAGE § 102 BetrVG 1972 Beschäftigungspflicht Nr. 24 unter II 2b aa; *Etzel/Rinck*/KR § 102 BetrVG Rn. 323; *Rieble* BB 2003, 844 [848]). Im Einzelfall kann jedoch auch unterhalb dieser Schwelle Unzumutbarkeit anzunehmen sein. Wird von mehreren Arbeitnehmern die Weiterbeschäftigung verlangt, so ist für die hierdurch verursachten finanziellen Belastungen auf die für das Unternehmen entstehende Gesamtbelastung, nicht dagegen für den Anspruch jedes einzelnen Arbeitnehmers auf die für ihn selbst entstehenden Entgeltfortzahlungskosten abzustellen (*Etzel/Rinck*/KR § 102 BetrVG Rn. 324; *Galperin/Löwisch* § 102 Rn. 120; *Gussone* AuR 1994, 245 [253]; *Rieble* BB 2003, 844 [847]; *Richardi/Thüsing* § 102 Rn. 257; *Vossen*/SPV Rn. 2249; *Wank*/MünchArbR § 121 Rn. 39; **a. M.** ArbG Siegburg 04.03.1975 DB 1975, 700; *Bachner*/DKKW § 102 Rn. 323; *Klebe/Schumann* Das Recht auf Beschäftigung, S. 229 f.).

Nach der Wertung des Gesetzes gebührt dem Beschäftigungsinteresse des Arbeitnehmers nur dann der Vorrang, wenn sich der Arbeitgeber mit der Kündigung über die vom Betriebsrat erhobenen Einwände gegen die Kündigung hinweggesetzt hat. Unzumutbar ist daher dem Arbeitgeber die Weiterbeschäftigung, wenn der Betriebsrat der Kündigung widerspricht, weil der Arbeitnehmer auf einem anderen Arbeitsplatz eingesetzt werden könne, und der Arbeitnehmer sein individualrechtlich erforderliches Einverständnis verweigert (*Richardi/Thüsing* § 102 Rn. 257; krit. hierzu *Gussone* AuR 1994, 245 [253 f.]). Hier kann der Arbeitgeber dem Verlangen des Betriebsrats gar nicht nachkommen. **Kündigt der Arbeitgeber einer Vielzahl von Arbeitnehmern** aus betrieblichen Gründen und widerspricht der Betriebsrat in mehreren Fällen der betriebsbedingten Kündigung gemäß Abs. 3 Nr. 1

wegen **fehlerhafter Sozialauswahl**, so ist dem Arbeitgeber zumindest die Weiterbeschäftigung sämtlicher Arbeitnehmer unzumutbar, weil dies zu einer Doppelbesetzung von Arbeitsplätzen führen müsste, der Arbeitgeber also für die Entgeltzahlung keinen wirtschaftlichen Gegenwert erhielte. Ist nur die Weiterbeschäftigung einzelner Arbeitnehmer zumutbar, so muss der Arbeitgeber allerdings im Rahmen seines Antrages nach Abs. 5 Satz 2 darlegen, welche Arbeitnehmer hierfür in Betracht kommen. Geschieht dies nicht, ist der Antrag gegenüber jedem einzelnen Arbeitnehmer als unbegründet abzuweisen. Die Auswahl steht im (pflichtgemäßen) Ermessen des Arbeitgebers, eine Bindung an die Grundsätze des § 1 Abs. 3 KSchG (so *Etzel/Rinck*/KR § 102 BetrVG Rn. 324) ist abzulehnen, da die hiermit verbundenen rechtlichen Unsicherheiten und Verzögerungen bei der Tatsachenfeststellung dem Zweck des Abs. 5 Satz 2 zuwiderlaufen, eine rasche Klärung der Weiterbeschäftigungspflicht herbeizuführen (ebenso *Wolff* Vorläufiger Bestandsschutz, S. 212 f.; i. E. auch *Rieble* BB 2003, 844 [848]). Der **Arbeitgeber hat die Tatsachen**, die die wirtschaftliche Unzumutbarkeit begründen, **glaubhaft zu machen** (*Etzel/Rinck*/KR § 102 BetrVG Rn. 326; *Huke/HWGNRH* § 102 Rn. 194; *Richardi/Thüsing* § 102 Rn. 263).

237 **(3)** Der Widerspruch des Betriebsrats war **offensichtlich**, d. h. ohne detaillierte Nachprüfung für das Gericht erkennbar, **unbegründet**. Solche **Evidenzfälle** liegen etwa vor, wenn der Betriebsrat bei einer personen- oder verhaltensbedingten Kündigung gemäß Abs. 3 Nr. 1 die soziale Auswahl rügt, bei einem Widerspruch gemäß Abs. 3 Nr. 2 gar keine betrieblichen Auswahlrichtlinien existieren oder der Arbeitgeber die bestehenden Richtlinien offenkundig beachtet hat oder im Falle des Abs. 3 Nr. 3 der vom Betriebsrat genannte Arbeitsplatz bereits besetzt ist (*LAG Düsseldorf* 12.06.1975 DB 1975, 1995; *Fitting* § 102 Rn. 120; *Etzel/Rinck*/KR § 102 BetrVG Rn. 327 f.; *Richardi/Thüsing* § 102 Rn. 258). Wiederum hat der **Arbeitgeber die Tatsachen glaubhaft zu machen**, aus denen sich die Unbegründetheit des Widerspruchs ergibt (*Etzel/Rinck*/KR § 102 BetrVG Rn. 329; *Huke/HWGNRH* § 102 Rn. 197; *Richardi/Thüsing* § 102 Rn. 263).

238 Nicht unmittelbar anwendbar ist Abs. 5 Satz 2 Nr. 3, wenn es **an einem ordnungsgemäßen Widerspruch fehlt**, etwa weil der Widerspruch verspätet eingelegt worden ist oder der Betriebsrat den Widerspruch nicht ordnungsgemäß begründet hat. Hier besteht von vornherein kein Weiterbeschäftigungsanspruch, so dass es an sich auch keiner Entbindung von der Weiterbeschäftigungspflicht bedarf. Dennoch ist ein Antrag des Arbeitgebers zulässig und nicht wegen mangelnden Rechtsschutzbedürfnisses zurückzuweisen (*LAG Baden-Württemberg* 15.05.1974 BB 1975, 43; *LAG Hamburg* 09.04.2014 – 6 SaGa 2/14 – juris, Rn. 55; *LAG Hamm* 08.11.1972 EzA § 102 BetrVG 1972 Beschäftigungspflicht Nr. 6; *LAG Hamm* 01.07.1986 LAGE § 102 BetrVG 1972 Beschäftigungspflicht Nr. 8; *Hess. LAG* 15.02.2013 LAGE § 102 BetrVG 2001 Beschäftigungspflicht Nr. 6 Rn. 13; *Etzel/Rinck*/KR § 102 BetrVG Rn. 329; *Fitting* § 102 Rn. 121; *Galperin/Löwisch* § 102 Rn. 122; *Huke/HWGNRH* § 102 Rn. 197; *Koch/APS* § 102 BetrVG Rn. 224; *Richardi/Thüsing* § 102 Rn. 262; *Wank/MünchArbR* 2. Aufl., § 121 Rn. 41; **a. M.** *LAG Berlin* 11.06.1974 BB 1974, 1024; *LAG Düsseldorf* 05.01.1976 BB 1976, 1462). Angesichts der Tatsache, dass es u. U. für den Arbeitgeber schwierig ist nachzuprüfen, ob kein ordnungsgemäßer oder nur ein sachlich unbegründeter Widerspruch vorliegt, muss im Interesse der Rechtssicherheit dem Arbeitgeber auch in einem solchen Fall die Möglichkeit gegeben werden, sich durch eine gerichtliche Entscheidung risikolos von der Weiterbeschäftigungspflicht entbinden zu lassen. Der Antrag des Arbeitgebers ist dann auf Feststellung, dass ein Weiterbeschäftigungsanspruch nicht besteht, hilfsweise auf Entbindung von der Weiterbeschäftigungspflicht zu richten (*Fitting* § 102 Rn. 121; **a. M.** *Matthes* FS *Gnade*, S. 225 [232]).

7. Allgemeiner Weiterbeschäftigungsanspruch

239 Nach Ansicht des *BAG* (GS 27.02.1985 EzA § 611 BGB Beschäftigungspflicht Nr. 9 = AP Nr. 14 zu § 611 BGB Beschäftigungspflicht; bestätigt durch *BAG* 02.04.1987 EzA § 626 n. F. BGB Nr. 108 = AP Nr. 96 zu § 626 BGB) steht dem Arbeitnehmer **unabhängig von den Voraussetzungen des § 102 Abs. 5 ein Weiterbeschäftigungsanspruch bis zum rechtskräftigen Abschluss des Kündigungsrechtsstreits** zu, wenn die Kündigung unwirksam ist und überwiegende schutzwerte Interessen des Arbeitgebers einer Beschäftigung nicht entgegenstehen. Das *BAG* stützt sich hierfür auf den Anspruch des Arbeitnehmers auf tatsächliche Beschäftigung aus §§ 611, 613 BGB i. V. m. § 242 BGB, Art. 1, 2 GG, der für die Dauer des unangefochtenen Bestehens des Arbeitsverhältnisses entwickelt

worden ist (vgl. z. B. *BAG* 10.11.1955 AP Nr. 2 zu § 611 BGB Beschäftigungspflicht; 19.08.1976 EzA § 611 BGB Beschäftigungspflicht Nr. 1 = AP Nr. 4 zu § 611 BGB Beschäftigungspflicht). Danach hat der Arbeitgeber den Arbeitnehmer tatsächlich zu beschäftigen, sofern ihm dies möglich und bei Abwägung der beiderseitigen Interessen zuzumuten ist. Für das gekündigte Arbeitsverhältnis geht das Gericht zunächst davon aus, dass die Ungewissheit über den Ausgang des Kündigungsschutzprozesses ein schützenswertes Interesse des Arbeitgebers an der Nichtbeschäftigung des gekündigten Arbeitnehmers für die Dauer des Kündigungsschutzprozesses begründe. Die Interessenlage ändere sich jedoch, wenn im Kündigungsschutzprozess ein die Instanz abschließendes Urteil ergehe, das die Unwirksamkeit der Kündigung und damit den Fortbestand des Arbeitsverhältnisses feststelle. Von diesem Zeitpunkt an überwiege daher das Beschäftigungsinteresse des Arbeitnehmers, wenn nicht zusätzliche Umstände hinzukämen, aus denen sich im Einzelfall ein überwiegendes Interesse des Arbeitgebers ergebe, den Arbeitnehmer nicht zu beschäftigen. Dem Arbeitnehmer steht danach der allgemeine Weiterbeschäftigungsanspruch zu,
– wenn die Kündigung offensichtlich unwirksam ist oder
– wenn das Arbeitsgericht der Kündigungsschutzklage in 1. Instanz stattgegeben hat und nicht ausnahmsweise überwiegende Interessen des Arbeitgebers einer Weiterbeschäftigung entgegenstehen.

Die Ansicht der Rechtsprechung ist abzulehnen (zur Kritik an der Entscheidung *Heinze* DB 1985, 111 ff.; *Wank*/MünchArbR 2. Aufl., § 121 Rn. 64 ff. jeweils m. w. N.; vgl. auch *Kraft* ZfA 1979, 123 ff.; *Mayer-Maly* DB 1979, 1601 ff.). Bei dem Anspruch auf Weiterbeschäftigung nach Ausspruch einer Kündigung geht es der Sache nach um ein Problem des vorläufigen Rechtsschutzes, nämlich um die Sicherung und ggf. um die vorläufige Durchsetzung der Ansprüche des Arbeitnehmers aus dem (vermeintlich) fortbestehenden Arbeitsverhältnis (*Richardi/Thüsing* § 102 Rn. 276; *Wank*/MünchArbR 2. Aufl., § 121 Rn. 47). Vor der erstinstanzlichen Entscheidung über die Kündigungsschutzklage sowie eine in diesem Zusammenhang erhobene Leistungsklage (z. B. auf tatsächliche Beschäftigung) kann eine Verpflichtung des Arbeitgebers zur tatsächlichen Beschäftigung nur durch eine einstweilige Verfügung unter den Voraussetzungen der §§ 935, 940 ZPO begründet werden. Nach einer Entscheidung des Arbeitsgerichts in der 1. Instanz geht es um die Frage der vorläufigen Vollstreckbarkeit eines entsprechenden Leistungsurteils. Das *BAG* verlagert durch die Anerkennung eines materiellen Anspruches auf Weiterbeschäftigung diese rein prozessuale Problematik auf die Ebene des materiellen Rechts, folgt damit also dem vom Gesetzgeber in § 102 Abs. 5 gewählten Modell (s. Rdn. 223). Für eine solche Rechtsfortbildung gibt es keine tragfähige Grundlage. Mit der Regelung in § 102 Abs. 5 hat der Gesetzgeber vielmehr für genau umschriebene Fälle den Bestandsschutz gegenüber dem allgemeinen Kündigungsschutz ausgedehnt. Eine Ausdehnung dieses Schutzes auf alle übrigen Bestandsstreitigkeiten kann nicht im Wege der richterlichen Rechtsfortbildung erfolgen, sondern bedürfte einer erneuten Entscheidung des Gesetzgebers. Zu den Auswirkungen der Entscheidung des Großen Senates, vgl. *Bauer* BB 1986, 799; *Berkowsky* BB 1986, 795; *Dänzer-Vanotti* DB 1985, 2610; *Fich* DB 1986, 692; *Schukai* DB 1986, 482; *Schumann* NZA 1985, 688. Zu den »Folgewirkungen« der Entscheidung, insbesondere zu den Konsequenzen einer rechtskräftigen Abweisung der Kündigungsschutzklage für die Rückabwicklung des Weiterbeschäftigungsverhältnisses, *BAG* 10.03.1987 EzA § 611 BGB Beschäftigungspflicht Nr. 28, 17.01.1991 EzA § 611 BGB Beschäftigungspflicht Nr. 51, 12.02.1992 EzA § 611 BGB Beschäftigungspflicht Nr. 52 = AP Nr. 1, 8, 9 zu § 611 BGB Weiterbeschäftigung. Zum Weiterbeschäftigungsanspruch bei Streit über die Wirksamkeit einer Befristung *BAG* 13.06.1985 EzA § 611 BGB Beschäftigungspflicht Nr. 16 = AP Nr. 19 zu § 611 BGB Beschäftigungspflicht *[Belling]*. Zur Bedeutung einer Aufforderung des Arbeitgebers an den Arbeitnehmer, die Arbeit bis zur rechtskräftigen Entscheidung über die Kündigungsschutzklage fortzusetzen, vgl. *BAG* 15.01.1986 EzA § 1 LZG Nr. 79 = AP Nr. 66 zu § 1 LohnFG.

VIII. Erweiterung des Mitbestimmungsrechtes (Abs. 6)

1. Vorbemerkung

Arbeitgeber und Betriebsrat können in einer Vereinbarung vorsehen, dass Kündigungen der Zustimmung des Betriebsrats bedürfen, die Zustimmung somit **zivilrechtliche Wirksamkeitsvoraussetzung** ist. Eine ohne die Zustimmung des Betriebsrats ausgesprochene Kündigung ist dann unheilbar

§ 102   IV. 5. 3. Personelle Einzelmaßnahmen

nichtig (*Bachner/DKKW* § 102 Rn. 340; *Etzel/Rinck*/KR § 102 BetrVG Rn. 347; *Huke/ HWGNRH* § 102 Rn. 209; *Richardi/Thüsing* § 102 Rn. 308). Die Betriebspartner können auch anstelle der Zustimmung eine über § 102 Abs. 1 hinausgehende **Beratungspflicht** vorsehen. Sofern die Nichtbeachtung der Beratungspflicht zur Unwirksamkeit der Kündigung führen soll, muss dies aber aus der entsprechenden Vereinbarung eindeutig hervorgehen (*BAG* 06.02.1997 EzA § 102 BetrVG 1972 Nr. 97 = AP Nr. 86 zu § 102 BetrVG 1972).

2. Geltungsbereich

242 Das Gesetz spricht allgemein von »Kündigungen«. Bezweckt ist eine kollektivrechtliche Verstärkung des Kündigungsschutzes des Arbeitnehmers. Deshalb ist die Regelung trotz des weitergehenden Wortlauts ebenso wie Abs. 1 **nur auf Kündigungen des Arbeitgebers** anwendbar (*Richardi/Thüsing* § 102 Rn. 295).

243 Vom Gesetz ohne Weiteres erfasst werden Vereinbarungen, die die Wirksamkeit der **ordentlichen Kündigung** von der Zustimmung des Betriebsrats abhängig machen. Fraglich ist, ob ein Zustimmungserfordernis auch für die **außerordentliche Kündigung** durch Betriebsvereinbarung eingeführt werden kann (abl. früher *Dietz* § 66 Rn. 12d; *Hueck/Nipperdey* II/2, S. 1454; *Neumann-Duesberg*, S. 578; differenzierend *Fitting/Kraegeloh/Auffarth* § 66 Rn. 20, die eine Erschwerung der außerordentlichen Kündigung auch durch Erweiterung der Rechte des Betriebsrats in gewissen Fällen für zulässig hielten; zur schwankenden Rechtsprechung vgl. *BAG* 06.11.1956 AP Nr. 14 zu § 626 BGB; 18.12.1961, 08.08.1963 AP Nr. 1, 2 zu § 626 BGB Kündigungserschwerung). Da das Gesetz neutral von »Kündigungen« spricht, werden vom Wortlaut auch Kündigungen aus wichtigem Grund erfasst. Einzuräumen ist, dass eine solche, das Recht zur außerordentlichen Kündigung einschränkende Vereinbarung im Hinblick auf den zwingenden Charakter des § 626 Abs. 1 BGB nicht völlig unbedenklich ist. Andererseits hat sich der Gesetzgeber selbst in § 103 über diese Bedenken hinweggesetzt und in besonderen Fällen die Zustimmung des Betriebsrats als Wirksamkeitsvoraussetzung einer außerordentlichen Kündigung eingeführt. Allerdings ist dort in Abs. 2 dem Arbeitgeber die Möglichkeit eingeräumt, bei Verweigerung der Zustimmung das Arbeitsgericht anzurufen, das dann die Berechtigung der Kündigung, d. h. das Vorliegen eines wichtigen Grundes nachprüfen kann. In § 102 Abs. 6 ist hingegen nur die Entscheidung der Einigungsstelle vorgesehen; könnte sie, wie § 76 Abs. 5 Satz 4 vorsieht, nur auf Ermessensüberschreitung nachgeprüft werden, so wäre die Entscheidung über eine Kündigung aus wichtigem Grund dem Arbeitgeber letztlich aus der Hand genommen und dritten Personen übertragen. Eine Vereinbarung, die die Wirksamkeit der außerordentlichen Kündigung an die Zustimmung des Betriebsrats bindet, ist daher **nur dann zulässig, wenn die Möglichkeit einer sachlichen gerichtlichen Nachprüfung** besteht. Da ein die Zustimmung verweigernder Beschluss des Betriebsrats oder der Einigungsstelle vom Arbeitsgericht in vollem Umfang dahingehend nachgeprüft werden kann, ob der Begriff des wichtigen Grundes verkannt wurde (§ 76 Abs. 7; s. Rdn. 256), bestehen gegen eine Erweiterung des Zustimmungserfordernisses auf die außerordentliche Kündigung keine Bedenken (*Etzel/Rinck*/KR § 102 BetrVG Rn. 351; *Fitting* § 102 Rn. 124, 127; *Galperin/Löwisch* § 102 Rn. 136, 142; *Henssler* RdA 1991, 268 [273 f.]; *Huke/ HWGNRH* § 102 Rn. 205; *Löwisch* DB 1998, 877 [882]; *Richardi/Thüsing* § 102 Rn. 297, 310; *Richardi* ZfA 1972, Sonderheft. 1 [33]; *Rieble* AuR 1993, 39 [42]; **a. M.** *Matthes/*MünchArbR 2. Aufl., § 358 Rn. 3). Soweit die außerordentliche Kündigung gegenüber einem Arbeitnehmer erfolgen soll, der gleichzeitig zu dem durch **§ 103** geschützten Personenkreis gehört, geht diese Regelung als **lex specialis** vor (*Etzel/Rinck*/KR § 102 BetrVG Rn. 351; *Fitting* § 102 Rn. 124; *Galperin/Löwisch* § 102 Rn. 137; *Huke/HWGNRH* § 102 Rn. 208; **a. M.** wohl *Rieble* AuR 1993, 39 [43]).

3. Erweiterung nur durch Betriebsvereinbarungen

244 Eine Vereinbarung gemäß Abs. 6 kann nur im Rahmen einer Betriebsvereinbarung erfolgen; eine Regelungsabrede genügt hierfür nicht (*BAG* 14.02.1978 EzA Art. 9 GG Arbeitskampf Nr. 22, 31.01.1978 EzA Art. 9 GG Arbeitskampf Nr. 33 = AP Nr. 58, 60 zu Art. 9 GG Arbeitskampf; *Bachner/DKKW* § 102 Rn. 347; *Etzel/Rinck*/KR § 102 BetrVG Rn. 343; *Fitting* § 102 Rn. 124; *Huke/ HWGNRH* § 102 Rn. 204; *Kielkowski* Die betriebliche Einigung [Diss. Trier], 2016, S. 193; *Richardi/*

Thüsing § 102 Rn. 298; *Schmeisser* Regelungsabreden der Betriebsparteien als Mittel und Grundlage einer Abweichung von Gesetzesrecht [Diss. Heidelberg], 2015, S. 245 ff.; krit. *Jacobs* NZA 2000, 69 [76]). Die Formvorschrift des § 77 Abs. 2 ist deshalb zu beachten, eine mündlich abgeschlossene Vereinbarung ist unwirksam. Es handelt sich um eine **freiwillige Betriebsvereinbarung**, die vom Betriebsrat nicht gemäß § 76 Abs. 5 erzwungen werden kann. Die Einigungsstelle kann über die Einführung eines Zustimmungsrechts nur unter den Voraussetzungen des § 76 Abs. 6 verbindlich entscheiden (*Fitting* § 102 Rn. 124; h. M.). Eine Regelung nach Abs. 6 stellt eine echte Erweiterung der Mitbestimmungsrechte dar; an die Stelle der Beteiligung in Form der Anhörung tritt aufgrund der Betriebsvereinbarung das positive Konsensprinzip, wodurch eine qualitative Verstärkung des Mitwirkungsrechts des Betriebsrats bewirkt wird.

Allerdings bietet Abs. 6 **keine Grundlage für eine** materielle Einschränkung der individualrechtlichen Kündigungsmöglichkeit i. S. einer echten **paritätischen Mitbestimmung über das »Ob« der Kündigung**, also bei der Betätigung des Kündigungsermessens. Bezweckt ist vielmehr lediglich eine verfahrensmäßige Absicherung des individuellen Kündigungsschutzes auf der kollektiven Ebene (ebenso *Galperin/Löwisch* § 102 Rn. 128; *Henssler* RdA 1991, 268 [273 f.]; *Huke/HWGNRH* § 102 Rn. 204; *Kania*/ErfK § 102 BetrVG Rn. 43; wohl auch *Koch/APS* § 102 BetrVG Rn. 178, 183; **a. M.** *Bachner*/DKKW § 102 Rn. 341; *Matthes*/MünchArbR 2. Aufl., § 358 Rn. 9; *Richardi/Thüsing* § 102 Rn. 302; *Rieble* AuR 1993, 39 [41 ff.] für personen- und verhaltensbedingte Kündigungen). Hierfür spricht insbesondere der systematische Zusammenhang mit Abs. 3. Das Gesetz sieht quasi eine Stufenfolge bei der Verstärkung des Mitbestimmungsrechtes vor. Während Abs. 1 die Mitwirkung des Betriebsrats darauf beschränkt, dass dieser die Möglichkeit erhält, den Willensentschluss des Arbeitgebers durch die Überzeugungskraft seiner Argumente zu beeinflussen, wird der Einfluss in Abs. 3 und 5 durch einen erweiterten Bestandsschutz verstärkt. Abs. 6 schafft nun noch insofern eine weitere Verstärkung, als er nicht nur in bestimmten Einzelfällen und nach Ausspruch der Kündigung dem Arbeitnehmer für die Dauer des Kündigungsschutzprozesses den Arbeitsplatz erhält, sondern von vornherein die Kündigung an die Zustimmung des Betriebsrats bindet, einen Verlust des Arbeitsplatzes damit vor Zustimmung des Betriebsrats bzw. deren Ersetzung durch die Einigungsstelle oder das Gericht von vornherein ausschließt. Schon Abs. 3 knüpft aber den Widerspruch an Gründe, die gleichzeitig zur Sozialwidrigkeit der Kündigung gemäß § 1 Abs. 2 KSchG führen und vom Arbeitnehmer auch ohne Widerspruch des Betriebsrats geltend gemacht werden können, stellt also ein Stück Rechtmäßigkeitskontrolle und keine Ermessensausübung dar. Es würde einen systematischen Bruch darstellen, wenn Abs. 6 die Einführung eines echten Mitbestimmungsrechtes bei der Ausübung des Kündigungsermessens vorsehen würde und der Betriebsrat eine Entscheidung des Arbeitgebers, von der Kündigung Abstand zu nehmen, selbst in den Fällen erzwingen könnte, in denen ein Kündigungsgrund gemäß § 626 Abs. 1 BGB, § 1 Abs. 2 KSchG vorliegt, die Kündigung also individualrechtlich zulässig ist (ähnlich *Henssler* RdA 1991, 268 [274]). Für einen solchen qualitativen Sprung bedürfte es einer eindeutigen gesetzgeberischen Wertentscheidung, an der es vorliegend fehlt. Der Betriebsrat muss daher die Zustimmung erteilen, wenn der Arbeitgeber individualrechtlich zur Kündigung befugt ist. Zur Durchsetzung dieser Verpflichtung s. Rdn. 250 ff. Zu der Frage, ob die Betriebspartner die Nachwirkung einer solchen freiwilligen Betriebsvereinbarung vorsehen können, *BAG* 28.04.1998 EzA § 77 BetrVG 1972 Nachwirkung Nr. 1 [*Krause*] sowie *Kreutz* § 77 Rdn. 469 ff.

245

Problematisch ist, ob durch **Tarifvertrag** die Mitwirkungsrechte des Betriebsrats über § 102 hinaus erweitert werden können; insbesondere ist die Frage umstritten, ob durch Tarifvertrag die Zulässigkeit von Kündigungen an die Zustimmung des Betriebsrats geknüpft werden kann. Das *BAG* hält eine solche tarifliche Regelung in Übereinstimmung mit großen Teilen des Schrifttums für zulässig (*BAG* 21.06.2000 EzA § 1 TVG Betriebsverfassungsnorm Nr. 1 = AP Nr. 121 zu § 102 BetrVG 1972 [*Kraft*] unter II 4a; *Bachner*/DKKW § 102 Rn. 348; *Etzel/Rinck*/KR § 102 BetrVG Rn. 344; *Fitting* § 102 Rn. 132; *Galperin/Löwisch* vor § 92 Rn. 9; *Löwisch* DB 1998, 877 [882]). Andere lehnen die Einführung eines Zustimmungsrechts durch Tarifvertrag generell ab (*Heinze* Personalplanung, Rn. 734; wohl auch *Richardi/Thüsing* § 102 Rn. 316). Letztlich geht es dabei um die allgemeine Frage, ob und in welchem Umfang Mitbestimmungsrechte durch Tarifvertrag erweitert werden können (s. hierzu vor § 92 Rdn. 13 ff.). Zur Frage der Außenseiterwirkung einer solchen Tarifnorm s. *M. Schneider* Die Auswirkungen von Tarifmehrheiten im Betriebs auf die Betriebsverfassung (Diss. Nürnberg-Erlangen), 2014,

246

S. 387 f. Zur Zulässigkeit eines gewerkschaftlichen Zustimmungsvorbehalts in Tarifverträgen s. *G. Berger* NZA 2015, 208 ff.

247 Nach Ansicht des *BAG* kann ein Zustimmungsrecht nicht durch **einzelvertragliche Vereinbarung** begründet werden. Es widerspreche dem auf die Bipolarität von Arbeitgeber und Betriebsrat bezogenen System der Mitbestimmung, besondere Mitbestimmungsrechte für einzelne Arbeitnehmer zu begründen (*BAG* 23.04.2009 EzA § 102 BetrVG 2001 Nr. 24 = AP Nr. 160 zu § 102 BetrVG 1972 *[Rieble]* Rn. 13 ff.; zust. *Lerch/Weinbrenner* NZA 2011, 664 [667]). Dem ist insoweit zuzustimmen, als die Parteien des Arbeitsverhältnis nur schuldrechtlich wirkende Vereinbarungen treffen und damit das zwischen ihnen bestehende (individualrechtliche) Rechtsverhältnis näher ausgestalten können. Dagegen steht es nicht in der Regelungskompetenz der Parteien des Arbeitsverhältnisses, das gesetzliche System der Betriebsverfassung und damit die (kollektivrechtlichen) Rechtsverhältnisse in der organisatorischen Einheit des Betriebs zu verändern. Hierzu bedarf es vielmehr einer normativen Regelung (zutr. *Rieble* Anm. AP Nr. 160 zu § 102 BetrVG 1972 Bl. 3 R). Insbesondere können sie nicht für den Betriebsrat neue Aufgaben begründen und ihn auf diese Weise ggf. in ein Einigungsverfahren (vor Gericht oder vor der Einigungsstelle) zwingen. Dies schließt freilich rein individualrechtlich wirkende Vereinbarungen nicht aus (a. M. *Rieble* Anm. AP Nr. 160 zu § 102 BetrVG 1972 Bl. 4). So ist anerkannt, dass die Wirksamkeit eines Rechtsgeschäfts durch privatautonome Vereinbarung an die Zustimmung eines Dritten gekoppelt werden kann. Die Zustimmung des Dritten stellt dann eine Bedingung i. S. d. § 158 Abs. 1 BGB dar (vgl. etwa *Flume* Allgemeiner Teil des Bürgerlichen Rechts, Band II, § 54, 4; *Wolf/Neuner* Allgemeiner Teil des Bürgerlichen Rechts, 11. Aufl. 2016, § 54 Rn. 1). Der Betriebsrat wäre in diesem Fall frei, ob er die Zustimmung erteilt, ja sogar ob er sich mit der Angelegenheit überhaupt befasst, so dass hiermit kein Eingriff in das Kompetenzgefüge verbunden wäre. Ebenso wenig hindert die Tatsache, dass dem Betriebsrat keine umfassende Rechtsfähigkeit zukommt (s. *Franzen* § 1 Rdn. 72 ff.), eine solche Vertragsgestaltung (so aber *Rieble* Anm. AP Nr. 160 zu § 102 BetrVG 1972 Bl. 4: zulässig sei nur die Bindung an die Zustimmung eines privatautonom geschaffenen Gremiums [unter Hinweis auf *BAG* 19.06.2001 EzA § 118 BetrVG 1972 Nr. 3 = AP Nr. 3 zu § 3 BetrVG 1972]; ebenso wohl *Lerch/Weinbrenner* NZA 2011, 664 [667]. Dem Betriebsrat wird kein Recht im Verhältnis zum Arbeitgeber verliehen. Vielmehr wird die Wirksamkeit der Kündigung an ein unbestimmtes Ereignis, hier also an die Zustimmung des Betriebsrats, geknüpft. Im Rahmen der Privatautonomie steht es den Parteien aber frei, von welchem Ereignis sie den Eintritt der Rechtswirkungen in dem zwischen ihnen bestehenden Rechtsverhältnis abhängig machen wollen. Der Arbeitgeber würde sich damit zwar vollständig in die Hand des Betriebsrats begeben. Da die Parteien das Recht des Arbeitgebers zur ordentlichen Kündigung ganz ausschließen können (*BAG* 25.03.2004 EzA § 626 BGB 2002 Unkündbarkeit Nr. 3 = AP Nr. 60 zu § 138 BGB unter B I 2), müsste aber auch eine Koppelung der Wirksamkeit der Kündigung an die Zustimmung des Betriebsrats möglich sein. Ob eine solche Vereinbarung sich mit dem Grundsatz der Bedingungsfeindlichkeit der Kündigung vereinbaren lässt, mag fraglich sein (vgl. *BAG* 10.11.1994 EzA § 9 KSchG n. F. Nr. 43 = AP Nr. 24 zu § 9 KSchG 1969 unter II 1; s. a. *BAG* 28.04.1994 EzA § 37 GmbHG Nr. 1 unter IV 2). Das BetrVG steht der Zulässigkeit solcher rein individualrechtlich wirkender Vereinbarungen jedenfalls nicht entgegen.

4. Zustimmungsverfahren

248 Wird durch eine Betriebsvereinbarung das Zustimmungserfordernis bei Kündigungen gemäß Abs. 6 eingeführt, so tritt **dieses Verfahren an die Stelle des Anhörungsverfahrens gemäß § 102 Abs. 1**. Eine Anhörung neben diesem Verfahren ist daher nicht erforderlich. Ebenso wenig kommt ein Widerspruch gemäß Abs. 3 oder eine Weiterbeschäftigungspflicht gemäß Abs. 5 in Betracht (*BAG* 07.12.2000 EzA § 1 KSchG Betriebsbedingte Kündigung = AP Nr. 113 zu § 1 KSchG 1969 Betriebsbedingte Kündigung unter B II 2; *Etzel/Rinck*/KR § 102 BetrVG Rn. 357; *Fitting* § 102 Rn. 125; *Galperin/Löwisch* § 102 Rn. 133; *Huke/HWGNRH* § 102 Rn. 211; *Richardi/Thüsing* § 102 Rn. 313 ff.; **a. M.** bezüglich der Weiterbeschäftigungspflicht *Bachner/DKKW* § 102 Rn. 346). Eine Verschlechterung der Situation des Arbeitnehmers ergibt sich hierdurch nicht, da die Kündigung nur mit Zustimmung des Betriebsrats wirksam ausgesprochen werden kann.

249 Da es sich um ein eigenständiges Verfahren handelt, richtet sich dessen **Ausgestaltung** in erster Linie **nach dem Inhalt der Betriebsvereinbarung**. Dies gilt insbesondere für den Umfang der Mittei-

lungspflicht des Arbeitgebers und die Festlegung von Fristen, innerhalb deren der Betriebsrat über seine Zustimmung zur Kündigung entschieden haben muss. Treffen die Betriebspartner keine Regelung, so gelten die Vorschriften der Abs. 1 und 2 entsprechend (*BAG* 12.03.1987 AP Nr. 47 zu § 102 BetrVG 1972 = EzA § 102 BetrVG 1972 Nr. 71). Keine Anwendung findet dagegen die **Zustimmungsfiktion** des Abs. 2 Satz 2. Nimmt der Betriebsrat also innerhalb der Frist zu der Kündigung keine Stellung, so fehlt es an der erforderlichen Zustimmung, so dass diese erst ersetzt werden muss, um wirksam kündigen zu können (*Etzel/Rinck*/KR § 102 BetrVG Rn. 353; *Richardi/Thüsing* § 102 Rn. 306; offen gelassen von *BAG* 12.03.1987 AP Nr. 47 zu § 102 BetrVG 1972 = EzA § 102 BetrVG 1972 Nr. 71). Die Betriebspartner können jedoch eine Zustimmungsfiktion nach Ablauf der Äußerungsfrist vorsehen (*BAG* 21.06.2000 EzA § 1 TVG Betriebsverfassungsnorm Nr. 1 = AP Nr. 121 zu § 102 BetrVG 1972).

Im Falle einer außerordentlichen Kündigung gelten hinsichtlich der **Wahrung der Frist des § 626 Abs. 2 BGB** die zu § 103 entwickelten Grundsätze (s. § 103 Rdn. 94 ff.) entsprechend. Erforderlich und ausreichend ist, dass der Arbeitgeber innerhalb der Frist des § 626 Abs. 2 BGB den Antrag auf Zustimmung beim Betriebsrat stellt und, falls dieser ihn ablehnt, innerhalb der Frist auch noch die Einigungsstelle anruft (*Etzel/Rinck*/KR § 102 BetrVG Rn. 369 f.; *Galperin/Löwisch* § 102 Rn. 140; *Huke/HWGNRH* § 102 Rn. 210; *Kania/ErfK* § 102 BetrVG Rn. 45; a. M. *Fitting* § 102 Rn. 124 und § 103 Rn. 46: Frist beginnt erst zu laufen, wenn die Zustimmung vorliegt). Hieraus folgt zugleich, dass die Betriebspartner, wenn sie hinsichtlich der Frist zur Stellungnahme eine von § 102 Abs. 2 abweichende Regelung treffen, diese Frist nicht so lange bemessen dürfen, dass dem Arbeitgeber die rechtzeitige Einschaltung der Einigungsstelle unmöglich wird, weil dies einer Beseitigung des Rechts zur außerordentlichen Kündigung gleichkäme (*Etzel/Rinck*/KR § 102 BetrVG Rn. 352; *Koch/APS* § 102 BetrVG Rn. 181). Ersetzt die Einigungsstelle die Zustimmung des Betriebsrats, so muss der Arbeitgeber unverzüglich die Kündigung aussprechen (§ 174 Abs. 5 SGB IX [bis 01.01.2018: § 91 Abs. 5 SGB IX] analog), um die Ausschlussfrist des § 626 Abs. 2 BGB zu wahren. Die Frist beginnt nach der Entscheidung der Einigungsstelle also nicht erneut zu laufen (*Galperin/Löwisch* § 102 Rn. 141; *Huke/HWGNRH* § 102 Rn. 210). Lehnt die Einigungsstelle die Ersetzung der Zustimmung ab, muss der Arbeitgeber unverzüglich den Spruch der Einigungsstelle vor dem Arbeitsgericht angreifen. Ersetzt nunmehr das Gericht die Zustimmung, so ist die Ausschlussfrist gewahrt, wenn der Arbeitgeber unverzüglich nach Rechtskraft der gerichtlichen Entscheidung kündigt (s. a. § 103 Rdn. 99).

In der Regel wird die **Zustimmung vor Ausspruch der Kündigung** vorliegen müssen. Die Betriebspartner können jedoch in der Betriebsvereinbarung vorsehen, dass die Zustimmung auch **nachträglich** erteilt werden kann (*Galperin/Löwisch* § 102 Rn. 129; *Etzel/Rinck*/KR § 102 BetrVG Rn. 356; *Huke/HWGNRH* § 102 Rn. 209; *Koch/APS* § 102 BetrVG Rn. 182; *Richardi/Thüsing* § 102 Rn. 307; a. M. *Matthes*/MünchArbR 2. Aufl., § 358 Rn. 6; *Rieble* AuR 1993, 39 [43 f.], dessen Bedenken jedoch durch eine Beschränkung der Wirkung der Genehmigung Rechnung getragen werden kann). Eine vorher ausgesprochene Kündigung ist bis zur Stellungnahme des Betriebsrats schwebend unwirksam. Stimmt der Betriebsrat nachträglich zu, so wird die Kündigung wirksam. Fraglich ist, ob diese Zustimmung gemäß § 184 Abs. 1 BGB auf den Zeitpunkt der Vornahme des Rechtsgeschäfts, also den Zeitpunkt des Zugangs der Kündigung zurückwirkt. Eine Heilung des Zustimmungsmangels ex tunc würde wesentlichen Prinzipien des Kündigungsrechts zuwiderlaufen. Da die Kündigung als einseitige Gestaltungserklärung das Vertragsverhältnis beenden soll, muss aus Gründen der Rechtssicherheit für den Vertragspartner bei Zugang der Kündigung diese Beendigungswirkung erkennbar sein, damit er sich während der Kündigungsfrist auf das Ende der Vertragsbeziehung einstellen kann. Hieraus wird beispielsweise abgeleitet, dass die Kündigung bedingungsfeindlich ist, wenn für den Kündigungsgegner Unsicherheit im Hinblick auf den Eintritt der Bedingung besteht (*Preis/SPV* Rn. 162 f.). Dem würde es widersprechen, wenn die Beendigungswirkung durch spätere Ereignisse auf einen Zeitpunkt vorverlagert werden könnte, in dem offensichtlich noch nicht alle Wirksamkeitsvoraussetzungen gegeben waren. Die nachträgliche Zustimmung führt daher zur Wirksamkeit der **Kündigung nur mit Wirkung ex nunc**; die Kündigungsfrist beginnt mit der Zustimmung zu laufen (*Etzel/Rinck*/KR § 102 BetrVG Rn. 356; *Koch/APS* § 102 BetrVG Rn. 182; *Larenz* Anm. AP Nr. 1 zu § 184 BGB; *Richardi/Thüsing* § 102 Rn. 308; **a. M.** *BAG* 23.11.1955 AP Nr. 1 zu § 184 BGB; *Galperin/Löwisch* § 102 Rn. 129). Allerdings gilt dies nur, wenn die Zustimmung dem Arbeitnehmer zeitgleich zugeht, weil ansonsten die Kündigungsfrist ihre Schutzwirkung gegenüber dem Empfänger nicht entfalten könnte. Geht die Zustimmung dem Arbeitnehmer erst später zu, ist dieser Zeitpunkt für den Beginn der Kündigungsfrist maßgeblich (zutr. *Koch/APS* § 102 BetrVG Rn. 182). Für die Klagefrist gilt insoweit § 4 Satz 4 KSchG entsprechend (*Etzel/Rinck*/KR § 102 BetrVG Rn. 356; *Koch/APS* § 102 BetrVG Rn. 182). Sieht die Betriebsvereinbarung die Möglichkeit der nachträglichen Zustimmung vor, so tritt auch diese an die Stelle des Anhörungsverfahrens des Abs. 1, eine vorherige Anhörung ist also nicht erforderlich (a. M. *Meisel* Mitwirkung, Rn. 635; *Richardi/Thüsing* § 102 Rn. 307). Die Gegenauffassung übersieht, dass hierdurch das Mitbestimmungsrecht nicht beschnitten wird, weil § 102 Abs. 6 die Beteiligung des Betriebsrats nicht in Form der Beeinflussung der Willensentscheidung des Arbeitgebers, sondern durch das positive Konsensprinzip vorsieht. Der Betriebsrat hat aber auch nach Ausspruch der Kündigung ohne jede Einschränkung die Möglichkeit, das Wirksamwerden der Kündigung durch die Verweigerung seiner Zustimmung zu verhindern.

252 **Kommt der Arbeitgeber seinen Mitteilungspflichten nicht ordnungsgemäß nach oder verletzt er in sonstiger Weise Verfahrensvorschriften**, so gelten die für das Verfahren nach § 103 geltenden Grundsätze entsprechend (s. § 103 Rdn. 66). Durch eine mangelhafte Unterrichtung wird die Äußerungsfrist für den Betriebsrat nicht in Gang gesetzt. Stimmt der Betriebsrat trotz unzureichender Unterrichtung durch den Arbeitgeber der Kündigung zu, so ist die Zustimmung unwirksam. Eine dennoch ausgesprochene Kündigung des Arbeitgebers ist nichtig. Der Arbeitgeber kann bis zum Abschluss des Zustimmungs- bzw. Zustimmungsersetzungsverfahrens noch neue Tatsachen vorbringen, auf die er die Kündigung stützen will, sowie eine etwa unterbliebene Information nachholen (*BAG* 07.12.2000 EzA § 1 KSchG Betriebsbedingte Kündigung Nr. 108 = AP Nr. 113 zu § 1 KSchG 1969 Betriebsbedingte Kündigung unter B II 2, 3b).

5. Einschaltung der Einigungsstelle

253 Die Bindung des Arbeitgebers an die Zustimmung des Betriebsrats bei Ausspruch einer Kündigung bedeutet eine erhebliche Einschränkung seiner personalpolitischen Entscheidungsfreiheit. Als Ausgleich muss daher die Möglichkeit geschaffen werden, ein Nein des Betriebsrats auf seine Berechtigung hin nachprüfen zu können, da sonst der Gefahr des Rechtsmissbrauches nicht begegnet werden könnte. Eine **Betriebsvereinbarung**, die zwar das Zustimmungsrecht für den Betriebsrat einführt, aber **keine Überprüfung seiner Entscheidung ermöglicht, wäre unwirksam** (*Etzel/Rinck*/KR § 102 BetrVG Rn. 360, 364; *Galperin/Löwisch* § 102 Rn. 130; *Hanau* BB 1971, 485 [490]; *v. Hoyningen-Huene* SAE 1999, 213 [214]; *Huke*/HWGNRH § 102 Rn. 215; **a. M.** *Matthes*/MünchArbR 2. Aufl., § 358 Rn. 5; vgl. auch *Richardi/Thüsing* § 102 Rn. 303 f.; offen gelassen von *BAG* 28.04.1998 EzA § 77 BetrVG 1972 Nachwirkung Nr. 1 *[Krause]* = AP Nr. 11 zu § 77 BetrVG 1972 Nachwirkung *[Rech]*, das aber annimmt, dass eine Betriebsvereinbarung, die eine Zustimmungspflicht vorsieht, mangels anderweitiger Bestimmung dahin auszulegen ist, dass die Zustimmung durch die Einigungsstelle ersetzt werden kann.

254 Zu Recht geht § 102 Abs. 6 daher davon aus, dass die Betriebsvereinbarung über die Erweiterung des Mitbestimmungsrechts auch vorsehen muss, dass über die Berechtigung der Nichterteilung der Zustimmung die Einigungsstelle entscheidet. Obgleich nicht ausdrücklich bestimmt ist, dass der Spruch die Einigung zwischen Arbeitgeber und Betriebsrat ersetzt, gilt für dieses Verfahren § 76 Abs. 5, d. h. der Arbeitgeber kann allein den Antrag auf Entscheidung stellen. Betriebsrat und Arbeitgeber können auch vereinbaren, dass über die Ersetzung der Zustimmung **allein das Arbeitsgericht** zu entscheiden hat, die Einigungsstelle also nicht eingeschaltet wird (*BAG* 21.06.2000 EzA § 1 TVG Betriebsverfassungsnorm Nr. 1 = AP Nr. 121 zu § 102 BetrVG 1972 *[Kraft]* unter II 4b; *Etzel/Rinck*/KR § 102 BetrVG Rn. 358, 362; *Galperin/Löwisch* § 102 Rn. 132; *Kania*/ErfK § 102 BetrVG Rn. 44; *Koch/APS* § 102 BetrVG Rn. 183; *Heinze* Personalplanung, Rn. 730; *Richardi* ZfA 1972, Sonderheft S. 1 [30]; *Richardi/Thüsing* § 102 Rn. 305; **a. M.** *Fitting* § 102 Rn. 126; *Gumpert* BB 1972, 48). Die Entscheidung ergeht im Beschlussverfahren.

255 Kommt die Einigungsstelle zu dem Ergebnis, dass die Zustimmung zu Unrecht verweigert wurde, **ersetzt der Spruch die Zustimmung**, so dass die Kündigung wirksam ausgesprochen werden kann. Bestätigt die Einigungsstelle die Auffassung des Betriebsrats, der die Zustimmung verweigert hat, so ist

eine dennoch ausgesprochene Kündigung unwirksam. Für die Geltendmachung dieses Unwirksamkeitsgrundes gilt die Frist des § 4 Satz 1 KSchG; es gilt das Gleiche wie in Bezug auf die fehlende Anhörung (s. dazu Rdn. 117).

Die Einigungsstelle hat die Zustimmung des Betriebsrats zu ersetzen, wenn bei einer außerordentlichen Kündigung ein wichtiger Grund i. S. d. § 626 Abs. 1 BGB vorliegt bzw. wenn eine ordentliche Kündigung sozial gerechtfertigt i. S. d. § 1 Abs. 2 KSchG ist. Das Zustimmungserfordernis soll nicht das Kündigungsrecht des Arbeitgebers über die individualrechtlichen Kündigungsregelungen hinaus materiell einschränken, sondern lediglich eine zusätzliche verfahrensmäßige Absicherung schaffen, damit diese Vorschriften auch eingehalten werden. Entsprechend hat die Einigungsstelle – wie der Betriebsrat – bei der Entscheidung über die Zustimmung keinen Ermessens-, sondern nur einen Beurteilungsspielraum (*Etzel/Rinck*/KR § 102 BetrVG Rn. 363; *Galperin/Löwisch* § 102 Rn. 131; *Koch/APS* § 102 BetrVG Rn. 183; *Richardi/Thüsing* § 102 Rn. 310; **a. M.** für verhaltens- und personenbedingte Kündigungen *Rieble* AuR 1993, 39 [41 ff.]; anders wohl auch *Bachner/DKKW* § 102 Rn. 341, 349; *Matthes*/MünchArbR 2. Aufl., § 358 Rn. 9 f.). Da die Einigungsstelle über eine Rechtsfrage entscheidet, ist ihr Spruch vom Arbeitsgericht in vollem Umfang darauf zu überprüfen, ob die Zustimmung zur Kündigung zu erteilen ist oder nicht (s. a. Rdn. 243, 253; *Etzel/Rinck*/KR § 102 BetrVG Rn. 365; *Fitting* § 102 Rn. 127; *Huke/HWGNRH* § 102 Rn. 218; *Richardi/Thüsing* § 102 Rn. 310; **a. M.** *Gamillscheg* ZfA 1977, 254 ff.; *Matthes*/MünchArbR 2. Aufl., § 358 Rn. 9 f.). Die Frist des § 76 Abs. 5 Satz 4 gilt hier nicht (*Richardi/Thüsing* § 102 Rn. 310). Das Arbeitsgericht entscheidet gemäß §§ 2a Abs. 1 Nr. 1, Abs. 2, §§ 80 ff. ArbGG im Beschlussverfahren. Antragsberechtigt ist bei Erteilung der Zustimmung der Betriebsrat, bei Verweigerung der Zustimmung der Arbeitgeber. Hat die Einigungsstelle die Zustimmung zur Kündigung erteilt, kann der Arbeitgeber kündigen, selbst wenn der Betriebsrat die Entscheidung mit Rechtsbehelfen angreift (*Etzel/Rinck*/KR § 102 BetrVG Rn. 363; *Galperin/Löwisch* § 102 Rn. 130a).

6. Stellung des Arbeitnehmers

Im Verfahren vor der Einigungsstelle ist der Arbeitnehmer nicht zu beteiligen (*Fitting* § 102 Rn. 128; *Heinze* Personalplanung, Rn. 732). Ebenso wenig kann er gegen die Erteilung der Zustimmung zur Kündigung durch den Betriebsrat oder durch den Spruch der Einigungsstelle gerichtlich vorgehen (*Bachner/DKKW* § 102 Rn. 349; *Etzel/Rinck*/KR § 102 BetrVG Rn. 364; *Fitting* § 102 Rn. 128; *Galperin/Löwisch* § 102 Rn. 134; *Huke/HWGNRH* § 102 Rn. 212). Entgegen der h. M. ist er in dem vom Arbeitgeber oder Betriebsrat eingeleiteten Beschlussverfahren über die Erteilung oder Verweigerung der Zustimmung zur Kündigung auch **nicht Beteiligter i. S. d. § 83 Abs. 3 ArbGG** (zust. *Etzel/Rinck*/KR § 102 BetrVG Rn. 267; *Rieble* AuR 1993, 39 [46 f.]; **a. M.** *Bachner/DKKW* § 102 Rn. 349; *Fitting* § 102 Rn. 128; *Galperin/Löwisch* § 102 Rn. 134; *Heinze* Personalplanung, Rn. 732; *Koch/APS* § 102 BetrVG Rn. 184). Beteiligter eines Beschlussverfahrens über betriebsverfassungsrechtliche Fragen ist nur, wer von der zu erwartenden Entscheidung in seiner betriebsverfassungsrechtlichen Stellung unmittelbar betroffen sein kann (*BAG* 25.08.1981 AP Nr. 2 zu § 83 ArbGG 1979; 22.01.1980 EzA § 87 BetrVG 1972 Lohn und Arbeitsentgelt Nr. 11 = AP Nr. 3 zu § 87 BetrVG 1972 Lohngestaltung; 18.04.1989 EzA § 99 BetrVG 1972 Nr. 73 = AP Nr. 65 zu § 99 BetrVG 1972; st. Rspr.). Anders als im Falle des Zustimmungsersetzungsverfahrens gemäß § 103 Abs. 2, bei dem der Arbeitnehmer zugleich in seiner Amtsstellung als Betriebsratsmitglied betroffen ist, wird im Rahmen des Abs. 6 durch den Streit über die Erteilung der Zustimmung allein seine individualrechtliche Position tangiert.

Fehlt die Zustimmung des Betriebsrats und ist sie auch nicht durch die Einigungsstelle oder das Arbeitsgericht ersetzt, ist die Kündigung unwirksam (s. Rdn. 241). Der Arbeitnehmer kann die Unwirksamkeit unter Wahrung der Frist des § 4 Satz 1 KSchG geltend machen (s. Rdn. 255, 117). Hat der Betriebsrat der Kündigung zugestimmt oder ist die Zustimmung – sei es durch den Spruch der Einigungsstelle, sei es durch gerichtliche Entscheidung – ersetzt worden, so hat dies auf die Rechtsstellung des Arbeitnehmers keinen unmittelbaren Einfluss. Es bleibt dem Arbeitnehmer unbenommen, Kündigungsschutzklage zu erheben und geltend zu machen, die Kündigung sei trotz Zustimmung des Betriebsrats sozial nicht gerechtfertigt (*Fitting* § 102 Rn. 129; *Richardi/Thüsing* § 102 Rn. 312). Der Arbeitnehmer kann sich für die Begründung der Sozialwidrigkeit der Kündigung auch auf die in § 1

Abs. 2 Satz 2 und 3 genannten Gründe stützen (*Huke/HWGNRH* § 102 Rn. 216; wohl auch *Etzel/Rinck/*KR § 102 BetrVG Rn. 372; **a. M.** *Fitting* § 102 Rn. 129), da es sich hierbei um Umstände handelt, die auch ohne Widerspruch des Betriebsrats im Rahmen der Prüfung der sozialen Rechtfertigung zu berücksichtigen wären (s. Rdn. 198). Da der Arbeitnehmer im Beschlussverfahren über die Erteilung der Zustimmung des Betriebsrats nicht Beteiligter ist, kommt insoweit eine Präjudizialität der rechtskräftigen gerichtlichen Entscheidung dergestalt, dass der Arbeitnehmer nur noch Unwirksamkeitsgründe vorbringen könnte, die nicht Gegenstand des Beschlussverfahrens waren, nicht in Betracht (ebenso *Rieble* AuR 1993, 39 [47]; **a. M.** konsequent die h. M., die die Beteiligteneigenschaft des betroffenen Arbeitnehmers bejaht; *Fitting* § 102 Rn. 128; *Galperin/Löwisch* § 102 Rn. 134; ebenso trotz Ablehnung der Beteiligung des Arbeitnehmers *Etzel/Rinck/*KR § 102 BetrVG Rn. 371).

IX. Beteiligung des Betriebsrats nach anderen Vorschriften (Abs. 7)

259 Nach Abs. 7 bleiben die Vorschriften über die Beteiligung des Betriebsrats nach dem Kündigungsschutzgesetz unberührt. Der frühere Hinweis in Abs. 7 auf § 8 Abs. 1 AFG wurde durch Art. 52 des Arbeitsförderungsreformgesetzes vom 24.03.1997 (BGBl. I S. 594 [712]) mit Wirkung ab 01.01.1998 gestrichen.

260 Nach § 3 KSchG hat ein gekündigter Arbeitnehmer das Recht, binnen einer Woche nach der Kündigung Einspruch beim Betriebsrat einzulegen, der dann – sofern er den Einspruch für begründet hält – den Versuch einer Verständigung mit dem Arbeitgeber zu machen hat. Diese Vorschrift gilt weiter, dürfte aber im Hinblick auf § 102 für Arbeitnehmer, die dem Betriebsverfassungsgesetz unterliegen, keine besondere Bedeutung mehr haben. Es wäre allenfalls denkbar, dass der Arbeitnehmer damit eine Revision der Stellungnahme des Betriebsrats, sofern dieser der Kündigung zugestimmt hat oder jedenfalls nicht widersprochen hat, erreichen will.

261 Der Betriebsrat ist gemäß **§ 17 Abs. 2 bis 3a KSchG** auch bei beabsichtigten nach § 17 Abs. 1 KSchG anzeigepflichtigen Entlassungen zu beteiligen. Der Arbeitgeber muss den Betriebsrat gemäß § 17 Abs. 2 KSchG über die beabsichtigten Entlassungen unterrichten und gemäß § 17 Abs. 3 Satz 2 KSchG der Entlassungsanzeige an die Agentur für Arbeit die Stellungnahme des Betriebsrats beifügen. Die Stellungnahme des Betriebsrats ist grds. Wirksamkeitsvoraussetzung für die Anzeige (vgl. § 17 Abs. 3 Satz 3 KSchG). Das Beteiligungsverfahren hat in den letzten Jahren aufgrund einer vom *EuGH* erzwungenen Änderung der Rspr. des *BAG* erheblich an Bedeutung gewonnen. Wegen des sachlichen Zusammenhanges mit der Beteiligung des Betriebsrats bei Betriebsänderungen werden die Einzelheiten im Kontext des § 111 erläutert (s. die ausführliche Kommentierung von *Oetker* § 111 Rdn. 291 ff.).

262 Nach **§ 170 Abs. 2 SGB IX [bis 01.01.2018: § 87 Abs. 2 SGB IX]** holt das Integrationsamt, wenn der Arbeitgeber die Zustimmung zu einer Kündigung beantragt hat, auch eine Stellungnahme des Betriebsrats ein.

X. Beteiligung der Schwerbehindertenvertretung

263 Nach § 95 Abs. 2 Satz 1 SGB IX a. F. (inhaltlich unverändert der ab 01.01.2018 geltende § 178 Abs. 2 Satz 1 SGB IX) hat der Arbeitgeber die Schwerbehindertenvertretung in allen Angelegenheiten, die einen einzelnen schwerbehinderten Arbeitnehmer betreffen, unverzüglich und umfassend zu unterrichten und vor einer Entscheidung anzuhören; außerdem hat er die getroffene Entscheidung unverzüglich mitzuteilen. Der Begriff der »Angelegenheiten« ist weit zu verstehen und umfasst neben Einstellungen und Versetzungen auch Kündigungen eines schwerbehinderten Arbeitnehmers (*BAG* 17.08.2010 EzA § 95 SGB IX Nr. 3 Rn. 14). Schon nach **bisheriger Rechtslage** war daher vor der Kündigung eines schwerbehinderten Arbeitnehmers die Schwerbehindertenvertretung zusätzlich zum Betriebsrat anzuhören. Unterblieb diese Beteiligung, so hatte dies allerdings keine Auswirkungen auf die zivilrechtliche Wirksamkeit der vom Arbeitgeber ausgesprochenen Kündigung, da § 95 Abs. 2 SGB IX a. F. keine dem § 102 Abs. 1 Satz 3 entsprechende Regelung enthielt (ganz h. M.; s. nur *Pah-*

len/*NPM* SGB IX, § 95 Rn. 9). Auch im Rahmen der **Reform des SGB IX durch das Bundesteilhabegesetz** (Gesetz zur Stärkung der Teilhabe und Selbstbestimmung von Menschen mit Behinderungen vom 23.12.2016 – BTHG – BGBl. I, S. 3234) war eine solche Rechtsfolge zunächst nicht vorgesehen (s. RegE BT-Drucks. 18/9522, S. 109, 140). Erst im Verlauf der Beratungen im Bundestag wurde der Vorschlag gemacht, dem § 95 Abs. 2 SGB IX folgenden neuen Satz 3 anzufügen: »Die Kündigung eines schwerbehinderten Menschen, die der Arbeitgeber ohne eine Beteiligung nach Satz 1 ausspricht, ist unwirksam.« (Ausschussbericht BT-Drucks. 18/10523, S. 18). Zur Begründung wurde angeführt, dass von Seiten der Vertrauenspersonen schwerbehinderter Menschen beklagt werde, dass sie vom Arbeitgeber oftmals nicht beteiligt würden. Die Informationen erreichten die Schwerbehindertenvertretung häufig erst über den Betriebsrat. Gerade im Zusammenhang der Beendigung des Arbeitsverhältnisses sei aber die Beteiligung der Schwerbehindertenvertretung besonders wichtig. Um die Beteiligung der Schwerbehindertenvertretung zu sichern, werde daher festgelegt, dass eine ohne deren Beteiligung ausgesprochene Kündigung das Arbeitsverhältnis nicht beenden könne (Ausschussbericht BT-Drucks. 18/10523, S. 67). Die Regelung ist in den neuen, ab 01.01.2018 geltenden § 178 Abs. 2 Satz 3 SGB IX übernommen worden. Die Änderung des § 95 Abs. 2 SGB IX trat jedoch bereits zum 30.12.2016 in Kraft (Art. 2 Nr. 7, Art. 26 Abs. 2 BTHG) und gilt damit für alle Kündigungen, die ab diesem Zeitpunkt ausgesprochen worden sind bzw. ausgesprochen werden.

Hinsichtlich des **Anwendungsbereiches** stellt sich zunächst die Frage, ob und inwieweit die für den Sonderkündigungsschutz der §§ 168 ff. SGB IX (bis 01.01.2018: §§ 85 ff. SGB IX) geltenden Beschränkungen auch auf das Beteiligungsverfahren nach § 178 Abs. 2 SGB IX übertragbar sind. Einigkeit besteht darüber, dass § 173 Abs. 1 Nr. 1 SGB IX (bis 01.01.2018: § 90 Abs. 1 Nr. 1 SGB IX) keine, auch keine entsprechende, Anwendung findet (*Bayreuther* NZA 2017, 87 [88]; *Kleinebrink* DB 2017, 126 [128]; *Richter* ArbRAktuell 2017, 84 [85]). § 178 Abs. 2 Satz 1 spricht allgemein von »Angelegenheiten«, unterscheidet also nicht zwischen den unterschiedlichen Maßnahmen. Wenn aber die Schwerbehindertenvertretung schon bei der Einstellung eines schwerbehinderten Arbeitnehmers nach dieser Vorschrift zu beteiligen ist (s. Rdn. 263), so lässt es sich schwerlich begründen, gerade die Anhörung vor der Kündigung von einer bestimmten Beschäftigungsdauer abhängig zu machen. 264

Schwieriger zu beantworten ist die Frage, ob es für die Anhörungspflicht genügt, wenn der Arbeitnehmer objektiv zum Kreis der Schwerbehinderten gehört, oder ob zumindest die **Voraussetzungen des § 173 Abs. 3 SGB IX** (bis 01.01.2018: § 90 Abs. 2a SGB IX) vorliegen müssen. Danach gilt das behördliche Zustimmungserfordernis unter zwei alternativen Voraussetzungen. Die Kündigung eines schwerbehinderten Arbeitnehmers bedarf zu ihrer Wirksamkeit einmal dann der Zustimmung, wenn die Schwerbehinderung zum Zeitpunkt des Zugangs der Kündigungserklärung nachgewiesen ist. Dies ist der Fall, wenn entweder die Behinderung behördlich festgestellt worden ist (§ 152 Abs. 1 SGB IX [bis 01.01.2018: § 69 Abs. 1 SGB IV]) oder offenkundig und damit für den Arbeitgeber auch ohne behördliche Feststellung erkennbar ist (*Gallner*/KR §§ 85–90 SGB IX Rn. 47 f.; *Vossen*/APS § 90 SGB IX Rn. 10a m. w. N.). Liegt ein solcher Nachweis noch nicht vor, so greift der Sonderkündigungsschutz nur ein, wenn »das Versorgungsamt nach Ablauf der Frist des § 152 Abs. 1 Satz 3 eine Feststellung wegen fehlender Mitwirkung nicht treffen konnte«. Dies bedeutet konkret, dass der Arbeitnehmer spätestens drei Wochen vor Zugang der Kündigung den Antrag auf Anerkennung beim Versorgungsamt gestellt haben muss (*BAG* 29.11.2007 EzA § 90 SGB IX Nr. 3 Rn. 17 ff.; 09.06.2011 EzA § 85 SGB IX Nr. 7 Rn. 18). Die Wertung des § 173 Abs. 3 SGB IX ist also, dass ein Arbeitnehmer sich nicht auf den Sonderkündigungsschutz berufen kann, wenn er bis kurz vor der Kündigung keine Anstrengungen unternommen hat, die Behinderung behördlich und damit rechtssicher feststellen zu lassen. Diese Wertung wird man auf § 178 Abs. 2 SGB IX übertragen können (ebenso *Bayreuther* NZA 2017, 87 [88 f.]; zust. *Schnelle* NZA 2017, 880 [881]). Für den Arbeitgeber ist es unzumutbar, die besonderen Beteiligungsverfahren, die ausschließlich dem Schutz einer bestimmten Gruppe von Beschäftigten dienen, durchzuführen, ohne zu wissen, ob der Arbeitnehmer überhaupt dieser Gruppe angehört. Würde man anders entscheiden, würde dies bedeuten, dass der Arbeitgeber die Schwerbehindertenvertretung auf den bloßen Verdacht des Vorliegens einer Schwerbehinderung hin – und damit in Anbetracht der Probleme der Erkennbarkeit praktisch immer – beteiligen müsste. Bei einer entsprechenden Anwendung des § 173 Abs. 3 SGB IX sprechen allerdings gute Gründe dafür, eine Anhörungspflicht nur bei Vorliegen eines Nachweises der Schwerbehinderung zu bejahen, also abzulehnen, wenn die Feststellung später, wenn auch innerhalb der Frist des § 152 Abs. 1 265

§ 102   IV. 5. 3. Personelle Einzelmaßnahmen

SGB IX, getroffen wird (anders offenbar *Bayreuther* NZA 2017, 87 [89], der eine Antragstellung drei Wochen vor Zugang der Kündigung genügen lassen will). Die Interessenlage des Arbeitgebers unterscheidet sich nämlich im Hinblick auf das Zustimmungserfordernis des § 168 SGB IX in einem wesentlichen Punkt von derjenigen im Hinblick auf die Anhörung der Schwerbehindertenvertretung. Weiß der Arbeitgeber, dass der Arbeitnehmer einen Antrag auf Anerkennung gestellt hat, oder erfährt er hiervon nach Zugang der Kündigung (s. Rdn. 266), so kann er vorsorglich einen Antrag beim Integrationsamt auf Zustimmung zur Kündigung stellen, über den dann nach Feststellung der Schwerbehinderung direkt zu entscheiden wäre (*Schaub/Koch* Arbeitsrechts-Handbuch § 179 Rn. 13). Eine »vorsorgliche Beteiligung« der Schwerbehindertenvertretung gibt es aber nicht. Und eine Pflicht zur Beteiligung nach behördlicher Feststellung würde das Verfahren weiter verzögern. Ein solcher Schwebezustand ist dem Arbeitgeber kaum zuzumuten.

266   Eine weitere Frage ist, ob die Anhörungspflicht davon abhängt, dass der Arbeitgeber Kenntnis vom Vorliegen der Schwerbehinderung hat. Im Kontext des § 168 SGB IX ist anerkannt, dass der Arbeitnehmer den Arbeitgeber im Falle der Kündigung innerhalb einer angemessenen Frist, die in der Regel drei Wochen ab Zugang beträgt, auf den besonderen Kündigungsschutz hinweisen muss, sofern der Arbeitgeber bis dahin keine Kenntnis von der Behinderung hatte. Kommt er dieser Obliegenheit nicht nach, so kann er sich nicht mehr auf die Zustimmungspflicht berufen (*BAG* 09.06.2011 EzA § 85 SGB IX Nr. 7 Rn. 22; näher *Gallner*/KR §§ 85–90 SGB IX Rn. 18; *Vossen*/APS § 85 SGB IX Rn. 15 ff.). Gleiches gilt, wenn der Arbeitnehmer die **Schwerbehinderung** auf eine nach Ablauf der Wartezeit des § 173 Abs. 1 Nr. 1 SGB IX gestellte **Frage des Arbeitgebers** hin bewusst verschweigt (*BAG* 16.02.2012 EzA § 3 AGG Nr. 7 = AP Nr. 9 zu § 85 SGB IX Rn. 52 ff.; s. a. § 94 Rdn. 39). Im Rahmen des § 178 Abs. 2 SGB IX muss ein vergleichbarer Vertrauensschutz gewährleistet sein. Hat der Arbeitgeber keine Kenntnis von der Schwerbehinderung und ist diese auch nicht offenkundig, so kann sich der Arbeitnehmer folglich auf die Unwirksamkeit einer Kündigung wegen unterbliebener Anhörung der Schwerbehindertenvertretung nur berufen, wenn er dem Arbeitgeber das Vorliegend der Schwerbehinderung innerhalb der Frist des § 4 Satz 1 KSchG mitteilt. Außerdem ist der Arbeitnehmer verpflichtet, auf eine vom Arbeitgeber gestellte Frage nach dem Vorliegen einer Schwerbehinderung wahrheitsgemäß zu antworten, wenn er auf den Schutz wert legt, der ihm durch die Beteiligung der Schwerbehindertenvertretung zuteil werden soll. Verschweigt er die Behinderung, so kann er die Unwirksamkeit nach § 178 Abs. 2 Satz 3 SGB IX ebenfalls nicht geltend machen (*Bayreuther* NZA 2017, 87 [89]; *Schnelle* NZA 2017, 880 [882]). Zu beachten ist allerdings, dass die Anhörungspflicht – im Unterschied zum Zustimmungserfordernis der §§ 168, 174 SGB IX – bereits in den ersten sechs Monaten des Arbeitsverhältnisses besteht. Deshalb wird man eine Obliegenheit, auf die Frage des Arbeitgebers nach der Schwerbehinderteneigenschaft wahrheitsgemäß zu antworten, ebenfalls bereits während der Wartezeit, d. h. mit dem wirksamen Abschluss des Arbeitsvertrages, annehmen müssen (ebenso *Richter* ArbR Aktuell 2017, 84 [85 f.]).

267   Nach § 178 Abs. 2 Satz 1 SGB IX hat der Arbeitgeber die Schwerbehindertenvertretung umfassend zu unterrichten und anzuhören. Hinsichtlich des **Zeitpunktes** ist das Gesetz nicht ganz eindeutig. Es spricht einerseits von »unverzüglicher« Unterrichtung, andererseits davon, dass der Arbeitgeber die Schwerbehindertenvertretung »vor einer Entscheidung« anhören müsse. In der Literatur wird hieraus gefolgert, dass das Gesetz damit auf einen früheren Zeitpunkt abstelle als bei der Anhörung des Betriebsrats, für die ausreichend ist, dass der Betriebsrat vor Ausspruch der Kündigung gehört wird. Insbesondere müsse die Anhörung nach § 178 Abs. 2 SGB IX abgeschlossen sein, bevor der Arbeitgeber den Antrag auf Zustimmung beim Integrationsamt stelle, da mit diesem Antrag die »Entscheidung« über die Kündigung gefallen sei (*Klein* NJW 2017, 852 [854]). Dies erscheint zumindest nicht zwingend. Schließlich bringt der Arbeitgeber erst mit Abgabe der Kündigungserklärung seinen Willen zur Beendigung des Arbeitsverhältnisses verbindlich zum Ausdruck, so dass man auch dies als »Entscheidung« i. S. d. § 178 Abs. 2 Satz 1 SGB IX ansehen könnte (ebenso *Mühlmann* NZA 2017, 884 [886]). Nähere Einzelheiten zu **Inhalt und Umfang der Unterrichtung** regelt das Gesetz nicht. Unterschiedlich beurteilt wird, ob hierfür die zu § 102 Abs. 1 entwickelten Grundsätze herangezogen werden können (s. Rdn. 56 ff.). Einigkeit besteht darüber, dass der Arbeitgeber seiner Unterrichtungspflicht jedenfalls nachgekommen ist, wenn er der Schwerbehindertenvertretung die Informationen zukommen lässt, die für die Anhörung des Betriebsrats verlangt werden (*Bayreuther* NZA 2017, 87 [89]; *Klein* NJW 2017, 852 [854]; *Kleinebrink* DB 2017, 126 [129]; *Richter* ArbR Aktuell 2017, 84 [86]).

Vieles spricht im Übrigen dafür, insoweit auch den besonderen Zweck der Anhörung der Schwerbehindertenvertretung zu berücksichtigen. Diese soll gerade die Möglichkeit haben, die Interessen des Arbeitnehmers, die im Zusammenhang mit der Behinderung stehen, in den Entscheidungsprozess einzubringen. Aus diesem Grunde wird angenommen, dass der Arbeitgeber auch nur solche Tatsachen mitzuteilen habe, die wenigstens einen mittelbaren Bezug zur Behinderung aufweisen (*Bayreuther* NZA 2017, 87 [89]; *Richter* ArbRAktuell 2017, 84 [86]). Ob dies tatsächlich zu einer Einschränkung der Unterrichtungspflicht im Vergleich zu § 102 Abs. 1 führt (so *Richter* ArbRAktuell 2017, 84 [86]), scheint allerdings zweifelhaft, da die besonderen Belange des behinderten Arbeitnehmers stets gegenüber den Interessen des Arbeitgebers abgewogen werden müssen. Hierfür bedarf es aber typischerweise der Kenntnis des vollständigen Kündigungssachverhaltes.

Die Pflicht zur **Anhörung** bedeutet – wie bei § 102 Abs. 1 –, dass der Arbeitgeber der Schwerbehindertenvertretung die Möglichkeit geben muss, sich zu der Frage der Kündigung eine eigene Meinung zu bilden und hierzu eine Stellungnahme abzugeben (*Kleinebrink* DB 2017, 126 [129]; *Richter* ArbRAktuell 2017, 84 [86]). Dem Anhörungserfordernis ist daher jedenfalls dann Genüge getan, wenn eine abschließende Stellungnahme bei dem Arbeitgeber eingegangen ist. Eine gravierende gesetzgeberische Fehlleistung ist freilich, dass das Gesetz im Unterschied zu § 102 Abs. 2 keine **Frist für die Stellungnahme** vorsieht. Hier wird man wohl die – ohne Zweifel bestehende – Gesetzeslücke durch eine analoge Anwendung der Vorschriften des BetrVG zu füllen haben (*Bayreuther* NZA 2017, 87 [90]; *Klein* NJW 2017, 852 [855]; *Kleinebrink* DB 2017, 126 [129]; *Richter* ArbRAktuell 2017, 84 [86]; *Schnelle* NZA 2017, 880 [882]; für kürzere Frist *Mühlmann* NZA 2017, 884 [887]). Insbesondere kann man wegen der völlig unterschiedlichen Zwecksetzung nicht auf die Sieben-Tage-Frist des § 178 Abs. 2 Satz 2 SGB IX zurückgreifen (*Bayreuther* NZA 2017, 87 [89]; *Klein* NJW 2017, 852 [855]). Dies bedeutet, dass die Schwerbehindertenvertretung bei einer außerordentlichen Kündigung analog § 102 Abs. 2 Satz 3 drei Tage, bei einer ordentlichen Kündigung analog § 102 Abs. 2 Satz 1 eine Woche zur Verfügung hat, um sich zu der Kündigungsabsicht zu äußern. Eine besondere **Form** ist nicht vorgesehen; man wird das Schriftlichkeitserfordernis des § 102 Abs. 2 Satz 1 und 3 auch nicht analog heranziehen können, da auch eine mündliche Äußerung den Zweck der Anhörung erfüllen kann, so dass es sich nicht um eine planwidrige Unvollständigkeit handelt.

268

Kündigt der Arbeitgeber, ohne die Schwerbehindertenvertretung zuvor beteiligt zu haben, so ist die **Kündigung** nach § 178 Abs. 2 Satz 3 SGB IX **unwirksam**. Geht man davon aus, dass das Integrationsamt eine nach §§ 168, 174 SGB IX erforderliche Zustimmung ohne Nachweis der Beteiligung nicht erteilen darf (s. sogleich Rdn. 270), so entfaltet die Vorschrift im Hinblick auf die unterbliebene Beteiligung ihre größte Bedeutung bei den Kündigungen, die – vor allem wegen der Nichterfüllung der Wartezeit des § 173 Abs. 1 Nr. 1 SGB IX – nicht der Zustimmungspflicht unterliegen (*Bayreuther* NZA 2017, 87 [90]). Im Übrigen wird man – schon wegen der engen Anlehnung an den Wortlaut des § 102 Abs. 1 Satz 3 – davon auszugehen haben, dass mit der Unwirksamkeitsanordnung die gleichen Rechtsfolgen verbunden sein sollen wie im Falle der unterbliebenen Anhörung des Betriebsrats (ebenso *Kleinebrink* DB 2017, 126 [130]). Dies bedeutet einmal, dass die Kündigung **unheilbar nichtig** ist. Eine Nachholung der Beteiligung führt daher nicht dazu, dass die bereits ausgesprochene Kündigung wirksam wird, sondern kann lediglich Grundlage für eine erneute Kündigung sein (*Bayreuther* NZA 2017, 87 [90]; *Klein* NJW 2017, 852 [855]; s. Rdn. 49, 106). Die schon bisher vorgesehene Möglichkeit, eine Aussetzung der getroffenen Entscheidung zu verlangen (§ 178 Abs. 2 Satz 2 SGB IX), verliert damit für die Kündigung weitgehend, wenn nicht sogar vollständig, ihre Bedeutung (*Bayreuther* NZA 2017, 87 [90]; *Klein* NJW 2017, 852 [856]; s. aber auch *Kleinebrink* DB 2017, 126 [130 f.]). Ebenso wird man dem Arbeitgeber das **Nachschieben von Gründen**, die er der Schwerbehindertenvertretung pflichtwidrig nicht mitgeteilt hat, versagen müssen (*Klein* NJW 2017, 852 [854]; s. Rdn. 192 ff.). Schließlich dürfte die Nichtigkeitsfolge nicht nur bei einer vollständig unterbliebenen, sondern auch bei einer **fehlerhaften Beteiligung** eintreten (*Klein* NJW 2017, 852 [856]; s. a. Rdn. 107 ff.).

269

Wie im Falle der Anhörung des Betriebsrats (s. Rdn. 48) stellt sich die Frage, ob sich aus dem Gesetz eine bestimmte **Reihenfolge der Beteiligungsverfahren** ableiten lässt (ausführlich zu den verschiedenen Konstellationen *Mühlmann* NZA 2017, 884 [887 ff.]). Bereits zum bisher geltenden Recht ist die Ansicht vertreten worden, dass das Integrationsamt im Zustimmungsverfahren darauf zu achten

270

habe, dass der Arbeitgeber seiner Pflicht zur Beteiligung der Schwerbehindertenvertretung nachkomme. Sei dies nicht geschehen, müsse der Arbeitgeber auf das Versäumnis hingewiesen und aufgefordert werden, die Beteiligung innerhalb der Frist des § 178 Abs. 2 Satz 2 SGB IX nachzuholen (so *Vossen/ APS* § 87 SGB IX Rn. 13 m. w. N.). Ganz zweifelsfrei erscheint dies nicht. Letztlich wäre der Arbeitgeber gezwungen, mit dem Antrag beim Integrationsamt die Stellungnahme der Schwerbehindertenvertretung zum Nachweis der Beteiligung vorzulegen. Dann stellt sich aber die Frage, welche Bedeutung der in § 170 Abs. 2 SGB IX geregelten Pflicht des Integrationsamtes zur Einholung einer Stellungnahme der Schwerbehindertenvertretung in dem behördlichen Verfahren noch zukommen soll (ähnlich *Richter* ArbRAktuell 2017, 84 [86 f.]). Dennoch wird im Kontext der Neuregelung angenommen, dass der Arbeitgeber die Schwerbehindertenvertretung vor Einleitung des Zustimmungsverfahrens beim Integrationsamt angehört haben müsse (*Bayreuther* NZA 2017, 87 [90]; *Klein* NJW 2017, 852 [854, 856]; **a. M.** *Mühlmann* NZA 2017, 884 [886 f.]; abw. auch *Kleinebrink* DB 2017, 126 [128], wonach die Schwerbehindertenvertretung spätestens gleichzeitig mit dem Antrag beim Integrationsamt einzuschalten sei; s. hierzu auch Rdn. 267). Für die Abfolge der Beteiligung von Schwerbehindertenvertretung und Betriebsrat ergibt sich dagegen aus dem Gesetz keine verbindliche Abfolge (ebenso *Bayreuther* NZA 2017, 87 [90]). Insbesondere ist der Arbeitgeber nicht verpflichtet, die Schwerbehindertenvertretung spätestens zeitgleich mit dem Betriebsrat zu unterrichten (so aber *Kleinebrink* DB 2017, 126 [128]; ebenso *Klein* NJW 2017, 852 [856] wegen der Pflicht zur »unverzüglichen« Unterrichtung). Ein solcher Zwang zur Simultaneität beider Verfahren ergibt sich nicht aus der Regelungsintention des Gesetzgebers. Dieser wollte zwar verhindern, dass die Schwerbehindertenvertretung erst über den Betriebsrat (aufgrund ihres Teilnahmerechts nach § 178 Abs. 4 SGB IX) von der Kündigungsabsicht erfährt (s. Rdn. 263). Mit der Neuregelung will der Gesetzgeber aber vor allem sicherstellen, dass die Schwerbehindertenvertretung überhaupt als eigenständige Interessenvertretung gehört wird. Dagegen dürfte sich hieraus nicht ableiten lassen, dass auf jeden Fall vermieden werden soll, dass ihre Mitglieder zuvor auf anderem Wege von der Kündigungsabsicht erfahren (so aber *Kleinebrink* DB 2017, 126 [128]). Gleichwohl dürfte es sich in der Praxis empfehlen, die Anhörung zeitgleich durchzuführen, um nicht durch hintereinander geschaltete Verfahren zu viel Zeit zu verlieren. Dies gilt insbesondere für die außerordentliche Kündigung, da die Fristen der § 626 Abs. 2 BGB, § 174 Abs. 2 SGB IX ohne Rücksicht auf die Beteiligung der Gremien innerhalb von zwei Wochen ab dem Zeitpunkt der Kenntnis von den Kündigungsgründen ablaufen (s. Rdn. 202).

§ 103
Außerordentliche Kündigung und Versetzung in besonderen Fällen

(1) Die außerordentliche Kündigung von Mitgliedern des Betriebsrats, der Jugend- und Auszubildendenvertretung, der Bordvertretung und des Seebetriebsrats, des Wahlvorstands sowie von Wahlbewerbern bedarf der Zustimmung des Betriebsrats.

(2) Verweigert der Betriebsrat seine Zustimmung, so kann das Arbeitsgericht sie auf Antrag des Arbeitgebers ersetzen, wenn die außerordentliche Kündigung unter Berücksichtigung aller Umstände gerechtfertigt ist. In dem Verfahren vor dem Arbeitsgericht ist der betroffene Arbeitnehmer Beteiligter.

(3) Die Versetzung der in Absatz 1 genannten Personen, die zu einem Verlust des Amtes oder der Wählbarkeit führen würde, bedarf der Zustimmung des Betriebsrats; dies gilt nicht, wenn der betroffene Arbeitnehmer mit der Versetzung einverstanden ist. Absatz 2 gilt entsprechend mit der Maßgabe, dass das Arbeitsgericht die Zustimmung zu der Versetzung ersetzen kann, wenn diese auch unter Berücksichtigung der betriebsverfassungsrechtlichen Stellung des betroffenen Arbeitnehmers aus dringenden betrieblichen Gründen notwendig ist.

Außerordentliche Kündigung und Versetzung in besonderen Fällen § 103

Literatur
Ascheid Zustimmungsersetzung nach § 103 BetrVG und Individualprozeß, FS *Peter Hanau*, 1999, S. 685; *Bader* Zur Zustimmungsbedürftigkeit der Kündigung von Betriebsratsmitgliedern bei Betriebsstillegung, BB 1978, 616; *Belling* Die Beteiligung des Betriebsrats bei der Kündigung von Amtsträgern wegen der Stillegung des Betriebs oder einer Betriebsabteilung, NZA 1985, 481; *Bernstein* Die Kündigung von Betriebsratsmitgliedern bei Stillegung einer Betriebsabteilung nach § 15 V KSchG, NZA 1993, 728; *Besgen* Besonderheiten des Zustimmungsersetzungsverfahrens nach § 103 BetrVG, NZA 2011, 133; *Bieback* Arbeitsverhältnis und Betriebsratsamt bei der außerordentlichen Kündigung von Betriebsratsmitgliedern, RdA 1978, 82; *Boemke-Albrecht* Die Versetzung von Betriebsratsmitgliedern, BB 1991, 541; *Bröhl* Die außerordentliche Kündigung mit notwendiger Auslauffrist (Diss. Gießen), 2005; *ders.* Aktuelle Tendenzen der BAG-Rechtsprechung zu ordentlich unkündbaren Arbeitnehmern, RdA 2010, 170; *Diller* § 103 BetrVG – Der Wahnsinn hat Methode, NZA 1998, 1163; *ders.* Der Wahnsinn hat Methode (Teil II), NZA 2004, 579; *Eisenbeis* Die Ausschlußfrist im Zustimmungsersetzungsverfahren nach § 103 BetrVG oder der »sichere«Weg in die Fristversäumnis?, FA 1997, 34; *Eylert / Sänger* Der Sonderkündigungsschutz im 21. Jahrhundert, RdA 2010, 24; *Etzel* Der besondere Kündigungsschutz für Betriebsratsmitglieder und andere Arbeitnehmer, die Aufgaben der Betriebsverfassung wahrnehmen, BlStSozArbR 1972, 86; *Eylert / Fenski* Untersuchungsgrundsatz und Mitwirkungspflichten im Zustimmungsersetzungsverfahren nach § 103 Abs. 2 BetrVG, BB 1990, 2401; *Fischermeier* Die Beteiligung des Betriebsrats bei außerordentlichen Kündigungen gegenüber Betriebsratsmitgliedern und anderen Funktionsträgern, ZTR 1998, 433; *Grau / Schaut* Aktuelle Fragen zum Sonderkündigungsschutz von Wahlbewerbern bei den Betriebsratswahlen, BB 2014, 757; *Haas* Betriebsratsbeteiligung bei außerordentlicher Kündigung seiner Mitglieder, FA 2010, 358; *Hilbrandt* Sonderkündigungsschutz von Betriebsratsmitgliedern bei Massenänderungskündigungen, NZA 1997, 465; *ders.* Neue Entwicklungen beim Sonderkündigungsschutz von Mandatsträgern, NZA 1998, 1258; *Klebe / Schumann* Unwirksamkeit der Kündigung von Organen der Betriebsverfassung bei fehlerhafter Zustimmung des Betriebsrats?, DB 1978, 1591; *Kleinebrink* Versetzung von Mitgliedern des Betriebsrats, ArbRB 2002, 81; *Konzen* Privatrechtssystem und Betriebsverfassung, ZfA 1985, 469; *Kreft* Kontinuität und Wandel beim Bestandsschutz, NZA-Beil. 2012, 58; *Kutsch* Schutz des Betriebsrats und seiner Mitglieder (Diss. Mannheim), 1994; *Lelley* Die entgeltlose Suspendierung von Betriebs- und Personalräten während des Zustimmungs- und Zustimmungsersetzungsverfahrens – Zulässigkeit und Voraussetzungen einer umstrittenen Handlungsoption des Arbeitgebers, FS *Leinemann*, 2006, S. 543; *Lepke* Zustimmung des Betriebsrats zu außerordentlichen Kündigungen des Arbeitgebers in besonderen Fällen, BB 1973, 894; *Löwisch* Änderung der Betriebsverfassung durch das Betriebsverfassungs-Reformgesetz – Teil II: die neuen Regelungen zur Mitwirkung und Mitbestimmung, BB 2001, 1790; *Matthes* Probleme des Kündigungsschutzes von Betriebsratsmitgliedern, DB 1980, 1165; *Müller, K.* Die Kündigung von Amtsträgern (Diss. Münster), 2005; *Nägele-Berkner* Das Nachschieben von Kündigungsgründen bei zustimmungspflichtigen Kündigungen am Beispiel der Kündigung von Betriebsratsmitgliedern und Schwerbehinderten (Diss. Tübingen), 2015 (zit.: Nachschieben); *Naendrup* Kündigungsschutz von Arbeitnehmervertretern in mitbestimmten Aufsichtsräten, AuR 1979, 161, 204; *Oetker* Außerordentliche Kündigung von Betriebsratsmitgliedern – Aktuelle Probleme des Stimmrechtsausschlusses wegen Interessenkollision, AuR 1987, 224; *ders.* Die Reichweite des Amtsschutzes betriebsverfassungsrechtlicher Organmitglieder – am Beispiel der Versetzung von Betriebsratsmitgliedern, RdA 1990, 343; *Powietzka* Nachschieben von Kündigungsgründen in den Fällen des § 103 BetrVG, FS *von Hoyningen-Huene*, 2014, S. 375; *Prütting* Prozessuale Koordinierung von kollektivem und Individualarbeitsrecht, RdA 1991, 257; *Rieble* Erweiterte Mitbestimmung in personellen Angelegenheiten, NZA 2001, Sonderheft S. 48; *Roos* Schutz der Betriebsratsmitglieder vor Maßnahmen des Arbeitgebers, AiB 1998, 610, AiB 1999, 12; *Säcker* Betriebsratsamt und Arbeitsverhältnis. Ein Beitrag zum Problem der Sicherung der Unabhängigkeit des Amtswalters, RdA 1965, 372; *ders.* Rechtsfragen der außerordentlichen Kündigung von Betriebsratsmitgliedern, DB 1967, 2027, 2072; *Schmidt* Die Kündigung gegenüber Betriebsratsmitgliedern, RdA 1973, 294; *Schulz* Erlöschen der betriebsverfassungsrechtlichen Amtsträgereigenschaft während des Zustimmungsersetzungsverfahrens, NZA 1995, 1130; *Stahlhacke* Außerordentliche betriebsbedingte Änderungskündigungen von Betriebsratsmitgliedern, FS *Peter Hanau*, 1999, S. 281; *Stein* Kündigungsschutz von Bewerbern um betriebsverfassungsrechtliche Ämter, AuR 1975, 201; *Treber* Präjudizialität rechtskräftiger Entscheidungen im arbeitsgerichtlichen Beschlussverfahren, NZA 2016, 744; *Uhmann* Kündigungsschutz von Ersatzmitgliedern des Betriebsrats, NZA 2000, 576; *Weber* Die Kündigung eines Betriebsratsmitglieds aus wichtigem Grund, NJW 1973, 787; *Weber / Lohr* Der Sonderkündigungsschutz von Betriebsratsmitgliedern, BB 1999, 2350; *Weinspach* Zuständigkeit des Betriebsausschusses für die Zustimmung zur außerordentlichen Kündigung eines Betriebsratsmitglieds, SAE 2005, 320; *Weisemann* Neue Aspekte bei der außerordentlichen Kündigung von Betriebsratsmitgliedern, DB 1974, 2476; *Wenzel* Der Kündigungsschutz des Arbeitnehmers, MDR 1978, 455 und 541; *Witt* Kündigungsschutz im Rahmen der Betriebsverfassung und Personalvertretung, AR-Blattei SD, Betriebsverfassung IX, 530.9, (1996). Vgl. ferner die Angaben vor § 92 und bei § 102.

Inhaltsübersicht Rdn.

I. Vorbemerkung	1–3
1. Schutz vor Kündigungen	1, 2
2. Schutz vor Versetzungen	3
II. Geltungsbereich	4–49
1. Geschützter Personenkreis	4–14
2. Zeitliche Dauer des Schutzes	15–28
a) Mitglieder des Betriebsrats, der Jugend- und Auszubildendenvertretung, der Bordvertretung, des Seebetriebsrats sowie der Schwerbehindertenvertretung	16–18
b) Ersatzmitglieder	19, 20
c) Mitglieder des Wahlvorstandes, Wahlbewerber	21–23
d) Maßgeblicher Zeitpunkt der Amtsträgereigenschaft	24, 25
e) Nachwirkender Kündigungsschutz	26–28
3. Sachliche Reichweite	29–44
a) Kündigung	29–35
b) Versetzung	36–44
4. Geltung des § 103 im Arbeitskampf	45–47
5. Fehlen eines Betriebsrats	48, 49
III. Zustimmungserfordernis	50–93
1. Verhältnis von § 103 Abs. 1 und 2 zu § 102	50
2. Verhältnis von § 103 Abs. 3 zu § 99	51
3. Bedeutung der Zustimmung	52–55
a) Dogmatische Einordnung	52
b) Zustimmung zur Kündigung	53, 54
c) Zustimmung zur Versetzung	55
4. Erteilung der Zustimmung durch den Betriebsrat	56–66
a) Unterrichtung durch den Arbeitgeber	56
b) Beschluss des Betriebsrats	57–61
c) Entscheidung über die Kündigung	62
d) Entscheidung über die Versetzung	63
e) Form und Frist	64, 65
f) Folgen fehlerhafter Unterrichtung durch den Arbeitgeber	66
5. Ersetzung der Zustimmung durch das Gericht	67–93
a) Zulässigkeit des Antrages	67, 68
b) Voraussetzungen der Ersetzung der Zustimmung zur Kündigung	69–76
c) Voraussetzungen der Ersetzung der Zustimmung zur Versetzung	77–81
d) Verfahren	82–86
e) Erledigung des Verfahrens	87, 88
f) Entscheidung des Gerichts	89–92
g) Beteiligung des betroffenen Arbeitnehmers	93
IV. Auswirkungen des Zustimmungserfordernisses auf die Rechtsstellung des Arbeitnehmers	94–109
1. Verhältnis zum individualrechtlichen Kündigungsschutz	94–106
a) Wahrung der Frist des § 626 Abs. 2 BGB	94–101
b) Kündigungsschutzklage des Arbeitnehmers	102–106
2. Auswirkungen bei der Versetzung	107–109
V. Beschäftigungspflicht und Amtsstellung des gekündigten Arbeitnehmers im Rahmen des § 103	110–113

I. Vorbemerkung

1. Schutz vor Kündigungen

1 Das Betriebsverfassungsgesetz 1952 enthielt keine besondere Vorschrift über die Kündigung von Betriebsratsmitgliedern; der spezielle Kündigungsschutz für diesen Personenkreis war rein individualrechtlich ausgestaltet und in den §§ 15, 16 KSchG abschließend geregelt. Um eine stärkere Sicherung dieses Personenkreises auch gegen unberechtigte außerordentliche Kündigungen zu erreichen, wurde

durch das Betriebsverfassungsgesetz 1972 § 103 Abs. 1 und 2 neu geschaffen, der für eine solche Kündigung die Zustimmung des Betriebsrats verlangt. Nach der amtlichen Begründung (BR-Drucks. 715/70, S. 53 zu § 103) soll es dadurch unmöglich gemacht werden, Betriebsratsmitglieder oder die anderen im Gesetz genannten Amtsträger durch willkürliche außerordentliche Kündigungen aus dem Betrieb zu entfernen und durch Ausnutzung der möglichen Rechtsmittel das Verfahren so lange zu verschleppen, dass inzwischen das Betriebsratsmitglied dem Betrieb entfremdet wird und keine Aussicht auf Wiederwahl hat. Außerdem soll erreicht werden, dass der Arbeitgeber bei groben Amtspflichtverletzungen eines Betriebsratsmitglieds sich der hierfür vorgesehenen Möglichkeit des Ausschlusses aus dem Betriebsrat (§ 23 Abs. 1) bedient und nicht auf die außerordentliche Kündigung ausweicht (vgl. amtliche Begründung, BR-Drucks. 715/70, S. 53 zu § 103). **Zweck der Regelung** ist daher in erster Linie **die Sicherung der Funktionsfähigkeit der betriebsverfassungsrechtlichen Organe und der Kontinuität der Amtsführung** durch Wahrung der personellen Zusammensetzung des Gremiums. Wäre der Schutz der Amtsträger auf den Ausschluss der ordentlichen Kündigung beschränkt, könnte der Arbeitgeber nach Ausspruch der außerordentlichen Kündigung die Weiterbeschäftigung des Amtsträgers verweigern und damit eine Amtsausübung unmöglich machen. Das Zustimmungserfordernis gewährleistet dagegen, dass der Amtsträger bis zu einer gerichtlichen Klärung der Zulässigkeit einer außerordentlichen Kündigung im Zustimmungsersetzungsverfahren (s. dazu Rdn. 67 ff.) seine betriebsverfassungsrechtlichen Funktionen ausüben kann. Die Vorschrift dient damit dem Schutz vor einer Ausschaltung der gewählten Vertreter der Arbeitnehmer (*BAG* 17.09.1981 EzA § 103 BetrVG 1972 Nr. 28 = AP Nr. 14 zu § 103 BetrVG 1972; 23.08.1984 EzA § 103 BetrVG 1972 Nr. 30 = AP Nr. 17 zu § 103 BetrVG 1972; 21.09.1989 EzA § 99 BetrVG 1972 Nr. 76 = AP Nr. 72 zu § 99 BetrVG 1972; *Bachner/DKKW* § 103 Rn. 1; *Oetker* RdA 1990, 343 [354]; *Richardi/Thüsing* § 103 Rn. 2; *Vossen/SPV* Rn. 1665 ff.). Gleichzeitig wirkt das Zustimmungserfordernis der Gefahr entgegen, dass der Amtsträger aufgrund einer unberechtigten außerordentlichen Kündigung für die Dauer des Kündigungsschutzprozesses nicht beschäftigt wird und damit zumindest vorübergehend seinen Arbeitsplatz verliert. Das Mitbestimmungsrecht verstärkt also den in § 15 KSchG geregelten individualrechtlichen Kündigungsschutz und sichert wie dieser die **Unabhängigkeit der Amtsausübung**, weil die Arbeitnehmer ihr Amt unbefangen und ohne Furcht vor Konsequenzen für ihr Arbeitsverhältnis ausüben können (*BAG* 18.09.1997 EzA § 15 KSchG n. F. Nr. 46 *[Kraft]* = AP Nr. 35 zu § 103 BetrVG 1972 *[Hilbrandt]*).

Der Gesetzgeber hat den geschützten Personenkreis gegenüber § 15 KSchG a. F. wesentlich erweitert und diese Bestimmung des Kündigungsschutzgesetzes auch im Übrigen der neuen Rechtslage angepasst (vgl. amtliche Begründung, BR-Drucks. 715/70, S. 59/60 zu § 124 sowie § 15 KSchG i. d. F. vom 15.01.1972). Nach dem Gesetz zur Bildung von Jugend- und Auszubildendenvertretungen in den Betrieben vom 19.07.1988 (BGBl. I, S. 1034) nennt das Gesetz an Stelle der Mitglieder der Jugendvertretung die Mitglieder der Jugend- und Auszubildendenvertretung. **2**

2. Schutz vor Versetzungen

§ 103 Abs. 3 ist durch das BetrVerf-ReformG vom 23.07.2001 (BGBl. I, S. 1852) eingefügt worden. Zuvor war umstritten, ob § 103 auch auf Versetzungen von Betriebsratsmitgliedern oder sonstigen, in Abs. 1 genannten Personen (analoge) Anwendung findet, sofern diese hierdurch aus dem Betrieb und damit auch aus ihrem Amt ausscheiden. Eine analoge Anwendung wurde insbesondere deshalb erwogen, weil die Versetzung die Kontinuität der Amtsausübung in ähnlicher Weise beeinträchtigen könne wie eine Kündigung (*LAG Hamm* 01.04.1977 EzA § 103 BetrVG 1972 Nr. 19; i. E. offen gelassen von *BAG* 21.09.1989 EzA § 99 BetrVG 1972 Nr. 76). In der Literatur wurde eine solche Analogie überwiegend abgelehnt (zum Streitstand vgl. die Nachweise bei *Kraft* 6. Aufl., § 103 Rn. 19 sowie hier Rdn. 36). Mit der Einfügung des Abs. 3 hat der Gesetzgeber die Frage ausdrücklich geregelt und sich für ein Zustimmungsrecht des Betriebsrats entschieden. Nach Ansicht des Gesetzgebers soll hierdurch verhindert werden, dass der Arbeitgeber durch solche Versetzungen auf die betriebsverfassungsrechtliche Stellung Einfluss nehmen oder die Unabhängigkeit der Amtsführung beeinträchtigen kann (Reg. Begr. BT-Drucks. 14/5741, S. 53). **3**

II. Geltungsbereich

1. Geschützter Personenkreis

4 Das Zustimmungserfordernis besteht bei jeder Maßnahme gegenüber **Mitgliedern des Betriebsrats**. **Ersatzmitglieder** genießen den besonderen Amtsschutz, wenn sie für ein verhindertes oder ausgeschiedenes Betriebsratsmitglied vorübergehend oder auf Dauer nachrücken (s. näher unten Rdn. 19). Voraussetzung des besonderen Kündigungs- und Versetzungsschutzes für Betriebsratsmitglieder ist, dass die Wahl nicht an Mängeln leidet, die zur Nichtigkeit führen. Ist die Wahl nichtig, so hat von Anfang an kein Betriebsrat bestanden, so dass auch für einen besonderen Amtsschutz kein Raum ist (*BAG* 27.04.1976 EzA § 19 BetrVG 1972 Nr. 8 = AP Nr. 4 zu § 19 BetrVG 1972; *LAG Hamm* 25.06.2004 – 10 TaBV 61/04 – juris; *Huke/HWGNRH* § 103 Rn. 11; s. *Kreutz* § 19 Rdn. 153; zur Behandlung des Nichtigkeitseinwandes im Verfahren des einstweiligen Rechtsschutzes *LAG Köln* 24.04.2015 LAGE § 103 BetrVG 2001 Nr. 20 Rn. 14 ff.).

5 Hinsichtlich des Schutzes von Mitgliedern **anderer Vertretungen** ist zu differenzieren. Den Mitgliedern des Betriebsrats gleichgestellt sind die Mitglieder von Vertretungen, die gem. § 3 Abs. 1 Nr. 1 bis 3 aufgrund eines Tarifvertrages an die Stelle des gesetzlichen Betriebsrats treten. Für sie gilt daher uneingeschränkt der durch § 103 gewährte Amtsschutz (§ 3 Abs. 5 Satz 2, s. *Franzen* § 3 Rdn. 67; ebenso *Etzel/Rinck*/KR § 103 BetrVG Rn. 12; *Fitting* § 103 Rn. 5; *Richardi/Thüsing* § 103 Rn. 5. Dies sind die unternehmenseinheitlichen oder für mehrere Betriebe gebildeten Betriebsräte (§ 3 Abs. 1 Nr. 1), die Spartenbetriebsräte (§ 3 Abs. 1 Nr. 2) und die Vertretungen, denen im Falle des § 3 Abs. 1 Nr. 3 die Funktion eines Betriebsrats zukommt. Dasselbe gilt, wenn die in § 3 Abs. 1 Nr. 1 bis 3 genannten Gremien nicht durch Tarifvertrag, sondern gemäß § 3 Abs. 2 aufgrund einer Betriebsvereinbarung oder gemäß § 3 Abs. 3 durch Abstimmung gebildet werden und an die Stelle des Betriebsrats treten. Keine Anwendung findet § 103 dagegen auf die Mitglieder von Gremien, die zusätzlich zum Betriebsrat gebildet werden, um die Zusammenarbeit zwischen den Arbeitnehmervertretungen oder zwischen Betriebsrat und Arbeitnehmern zu erleichtern (§ 3 Abs. 1 Nr. 4 und 5; s. *Franzen* § 3 Rdn. 68 f.; so auch für die Mitglieder zusätzlich gebildeter Vertretungen gemäß § 3 Abs. 1 Nr. 4 *Richardi/Thüsing* § 103 Rn. 5). Für sie gilt allerdings das Behinderungs- und Benachteiligungsverbot des § 78, das sich als relativer Kündigungs- und Versetzungsschutz auswirken kann. Außerdem können die Tarifparteien oder die Betriebspartner im Tarifvertrag oder in der Betriebsvereinbarung für diese Personen einen dem § 103 vergleichbaren Kündigungsschutz vereinbaren (vgl. *LAG Berlin-Brandenburg* 05.09.2013 NZA-RR 2014, 68 [69]: Kündigungsschutz bei Bildung einer Auszubildendenvertretung im reinen Ausbildungsbetrieb [hierzu auch § 5 Rdn. 60]).

6 Ausdrücklich genannt werden in § 103 neben den Mitgliedern des Betriebsrats die Mitglieder der **Jugend- und Auszubildendenvertretung** (§§ 60 ff.), die Mitglieder der **Bordvertretung** und des **Seebetriebsrats** (§§ 115, 116) und die Mitglieder des **Wahlvorstandes** für die Wahlen zu einem der genannten Gremien. Das Zustimmungserfordernis erfasst auch die gemäß § 16 Abs. 1 Satz 7 von der Gewerkschaft entsandten nicht stimmberechtigten Mitglieder des Wahlvorstandes (*Fitting* § 16 Rn. 53 f.; s. *Kreutz* § 16 Rdn. 57; **a. M.** *Bachner/DKKW* § 103 Rn. 10; *Engels/Natter* BB 1989, Beil. Nr. 8, S. 21). Der Schutz erstreckt sich außerdem auf die **Wahlbewerber**. Wahlbewerber sind die Personen, die auf einem ordnungsgemäß erstellten Wahlvorschlag (s. Rdn. 22) als solche bezeichnet sind. Es ist daher eine formale Betrachtung anzustellen (s. a. *BAG* 31.07.2014 EzA § 15 KSchG n. F. Nr. 73 Rn. 29). In der Literatur wird erwogen, ob der Berufung auf den besonderen Kündigungsschutz der Einwand des **Rechtsmissbrauchs** entgegengesetzt werden könne, wenn die formale Kandidatur ausschließlich zu dem Zweck erfolge, den Schutz als Wahlbewerber zu erlangen (*Grau/Schaut* BB 2014, 757; *Kania*/ErfK § 103 BetrVG Rn. 4). Eine Grenze wäre sicher überschritten, wenn alle wählbaren Arbeitnehmer zu Kandidaten erhoben würden; doch auch unterhalb dieser Schwelle sind Fälle denkbar, in denen anzunehmen ist, dass die Kandidatur lediglich der Erlangung des formalen Wahlbewerberstatus dient (*Grau/Schaut* BB 2014, 757 und *Kania*/ErfK § 103 BetrVG Rn. 4 halten einen Rechtsmissbrauch bereits bei einer Kandidatur von 80 % der Belegschaft [so in dem Fall *LAG Köln* 29.03.2001 MDR 2001, 1176] für gegeben; soweit darauf verwiesen wird, dass das *LAG Köln* einen Rechtsmissbrauch verneint habe, ist dies mindestens missverständlich, da das Gericht lediglich über einen Antrag auf Abbruch der Wahl im einstweiligen Rechtsschutz zu entscheiden hatte). Indi-

ziell hierfür könnte sein, wenn für eine Vorschlagsliste mehr als doppelt so viele Kandidaten aufgestellt werden wie Mitglieder in den Betriebsrat zu wählen sind. In diesem Falle hätten die Kandidaten auf den hinteren Listenplätzen bei keinem denkbaren Wahlergebnis die realistische Aussicht, als Mitglieder gewählt zu werden oder als Ersatzmitglieder nachzurücken. Ansonsten ist aber – auch aus Gründen der Rechtssicherheit – Zurückhaltung geboten, wenn es darum geht, die formale Anknüpfung durch materiale Voraussetzungen anzureichern. Methodisch erscheint zweifelhaft, ob es des Rückgriffs auf den Einwand des (institutionellen) Rechtsmissbrauchs bedarf. Sollte sich im Einzelfall ergeben, dass es an einem tatsächlichen Willen zur Kandidatur fehlt, und ist dies denjenigen, die den Wahlvorschlag aufstellen, bekannt, dürfte es sich bei der erforderlichen Zustimmungserklärung des »Bewerbers« (§ 6 Abs. 3 Satz 2 WO) um ein Scheingeschäft handeln, das nach § 117 Abs. 1 BGB nichtig ist und daher den Bewerberstatus nicht begründen kann (*LAG Köln* 29.03.2001 MDR 2001, 1176). § 103 gilt **nicht für Bewerber für den Wahlvorstand** (so jetzt auch *BAG* 31.07.2014 EzA § 15 KSchG n. F. Nr. 73 Rn. 20 ff. m. ausf. Begründung; ebenso zuvor die h. M.; *LAG Baden-Württemberg* 31.05.1974 BB 1974, 885; *Fischermeier* ZTR 1998, 433 [434]; *Fitting* § 103 Rn. 8; *Galperin/Löwisch* § 103 Rn. 11; *Huke/HWGNRH* § 103 Rn. 13; *Richardi/Thüsing* § 103 Rn. 8; dem *BAG* folgend jetzt auch *Etzel/Rinck*/KR § 103 BetrVG Rn. 15; **a. M.** *Stein* AuR 1975, 202). Diese genießen lediglich einen relativen Kündigungs- und Versetzungsschutz nach Maßgabe des § 20 Abs. 1 Satz 2 (s. *Kreutz* § 20 Rdn. 20; *BAG* 31.07.2014 EzA § 15 KSchG n. F. Nr. 73 Rn. 37). Keine Anwendung findet § 103 auch auf Arbeitnehmer, die die Bestellung eines Wahlvorstandes beantragen oder zu einer Wahlbetriebsversammlung einladen. Für sie besteht nunmehr aber ein individualrechtlicher Kündigungsschutz gemäß § 15 Abs. 3a KSchG.

Vertrauenspersonen der Schwerbehinderten und Mitglieder der Gesamtschwerbehindertenvertretung besitzen gegenüber dem Arbeitgeber die gleiche Rechtsstellung wie Betriebsratsmitglieder (§§ 179 Abs. 3, 180 Abs. 7 SGB IX [bis 01.01.2018: §§ 96 Abs. 3, 97 Abs. 7 SGB IX]). Für sie gilt also ebenfalls der besondere Amtsschutz des § 103. Streitig ist, ob § 103 auch auf **Mitglieder des Wahlvorstands** und auf die **Wahlbewerber für das Amt der Schwerbehindertenvertreter** Anwendung findet. Dies ist zu bejahen, da § 103 eine Vorschrift über »den Wahlschutz« darstellt, die nach § 177 Abs. 6 SGB IX (bis 01.01.2018: § 94 Abs. 6 SGB IX) sinngemäß anzuwenden ist (*Bachner/DKKW* § 103 Rn. 11; *Etzel/Rinck*/KR § 103 BetrVG Rn. 13, 17; *Fitting* § 103 Rn. 6; *Heinze* Personalplanung, Rn. 661; *Pahlen/NPM* SGB IX, § 94 Rn. 41; *Richardi/Thüsing* § 103 Rn. 12; **a. M.** *Galperin/Löwisch* § 103 Rn. 6; *Huke/HWGNRH* § 103 Rn. 14 f.). Zuständig für die Erteilung der Zustimmung ist auch hier der Betriebsrat, nicht das Integrationsamt (*Etzel/Rinck*/KR § 103 BetrVG Rn. 17; *Fitting* § 103 Rn. 6; *Richardi/Thüsing* § 103 Rn. 11; **a. M.** *Huke/HWGNRH* § 103 Rn. 14 f.; *Pahlen/NPM* SGB IX, § 94 Rn. 41). Die Einschaltung des Integrationsamtes gemäß §§ 168 ff. SGB IX (bis 01.01.2018: §§ 85 ff. SGB IX) dient dem Schutz der Schwerbehinderten vor Benachteiligungen wegen ihrer Behinderung. Dagegen soll die Verweisung auf § 103 als Vorschrift des Wahlschutzes in § 177 Abs. 6 Satz 2 SGB IX (bis 01.01.2018: § 94 Abs. 6 Satz 2 SGB IX) zum einen verhindern, dass der Arbeitgeber durch die Kündigung Einfluss auf die Zusammensetzung der Interessenvertretung der Arbeitnehmer nimmt, zum anderen die Wahlbewerber und -vorstände davor schützen, wegen ihrer Mitwirkung im Rahmen der kollektiven Interessenvertretung der Schwerbehinderten Nachteile zu erleiden. Sie verfolgt also denselben Zweck wie die Gleichstellung der Vertrauenspersonen mit den Betriebsratsmitgliedern hinsichtlich ihrer persönlichen Rechtsstellung in §§ 179 Abs. 3, 180 Abs. 7 SGB IX (bis 01.01.2018: §§ 96 Abs. 3, 97 Abs. 7 SGB IX). Deshalb muss auch hinsichtlich der Zustimmung zu einer Kündigung dasselbe Gremium zuständig sein wie bei der Kündigung von Betriebsratsmitgliedern. Soweit ein Mitglied des Wahlvorstandes bzw. ein Wahlbewerber gleichzeitig selbst Schwerbehinderter ist, ist die Zustimmung des Integrationsamtes gemäß §§ 168, 174 Abs. 1 SGB IX (bis 01.01.2018: §§ 85, 91 Abs. 1 SGB IX) zusätzlich zu der Zustimmung des Betriebsrats gemäß § 103 erforderlich (*Richardi/Thüsing* § 103 Rn. 11).

Auch im Falle der Kündigung oder Versetzung einer gewählten **Vertrauensperson der Schwerbehinderten** oder eines Mitglieds der Gesamtschwerbehindertenvertretung steht das Zustimmungsrecht dem **Betriebsrat** und **nicht der Schwerbehindertenvertretung** zu (*BAG* 19.07.2012 EzA § 15 KSchG n. F. Nr. 72 = AP Nr. 3 zu § 96 SGB IX *[Powietzka]* Rn. 18 ff.; **a. M.** *LAG Hamm* 21.01.2011 LAGE § 96 SGB IX Nr. 2 Rn. 54 ff.; *Düwell* in: *Dau/Düwell/Joussen* SGB IX, 4. Aufl. 2014, § 96 Rn. 60 f.). Nach § 179 Abs. 3 SGB IX (bis 01.01.2018: § 96 Abs. 3 SGB IX) besitzen die Vertrauenspersonen »die gleiche persönliche Rechtsstellung« wie ein Mitglied des Betriebsrats. Schon dies deutet darauf hin, dass nicht nur der individualrechtliche Kündigungsschutz dem des § 15 Abs. 1 KSchG entsprechen, sondern auch hinsichtlich des kollektivrechtlichen Schutzes dieselben Vorschriften, in privatrechtlichen Betrieben mithin § 103 Abs. 1, Anwendung finden sollen (zutr. *BAG* 19.07.2012 EzA § 15 KSchG n. F. Nr. 72 = NZA 2013, 143 Rn. 19). Damit fällt aber das Zustimmungsrecht eindeutig in die Zuständigkeit des Betriebsrats. Ansonsten hätte § 179 Abs. 3 SGB IX (bis 01.01.2018: § 96 Abs. 3 SGB IX) vorsehen müssen, dass an die Stelle der nach den allgemeinen Vorschriften für die Amtspersonen zuständigen Gremien die Schwerbehindertenvertretung tritt. Dem lässt sich nicht entgegenhalten, dass die Entscheidung stets von dem Gremium getroffen werden müsse, dessen Amtskontinuität infolge der Maßnahme beeinträchtigt werde (so *LAG Hamm* 21.01.2011 LAGE § 96 SGB IX Nr. 2 Rn. 61). Zum einen gibt es gute Gründe, das Zustimmungsrecht auch für Mitglieder der Schwerbehindertenvertretung dem Betriebsrat zu übertragen, da er für die Wahrnehmung der Interessen aller betriebsangehörigen Arbeitnehmer zuständig ist und der Schutz der Vertreter der Schwerbehinderten ein Anliegen der gesamten Belegschaft und nicht nur der von ihr vertretenen Arbeitnehmergruppe ist (*BAG* 19.07.2012 EzA § 15 KSchG n. F. Nr. 72 = NZA 2013, 143 Rn. 29). Zum anderen wäre es ein erheblicher Wertungswiderspruch, wenn für die Erteilung der Zustimmung bei Maßnahmen gegenüber den Vertrauenspersonen der Schwerbehinderten die Schwerbehindertenvertretung zuständig wäre, während gleichzeitig der Amtsschutz für die Mitglieder der Jugend- und Auszubildendenvertretung nach dem eindeutigen Gesetzeswortlaut dem Betriebsrat anvertraut ist. Dies lässt sich auch nicht mit dem Argument entkräften, dass die Schwerbehindertenvertretung eine eigenständige Interessenvertretung sei (so aber *LAG Hamm* 21.01.2011 LAGE § 96 SGB IX Nr. 2 Rn. 65 f.). In Wahrheit unterscheiden sich die Beteiligungsrechte und Einflussmöglichkeiten der beiden Gremien nicht wesentlich. So hat auch die Schwerbehindertenvertretung keine eigenständigen Mitbestimmungsrechte im Verhältnis zum Arbeitgeber, sondern ist weitgehend darauf verwiesen, ihren Einfluss über die Willensbildung im Betriebsrat geltend zu machen (s. § 32 Rdn. 11 ff.; hierauf weist *LAG Hamm* 21.01.2011 LAGE § 96 SGB IX Nr. 2 Rn. 66 selbst hin). Was für eine Zuständigkeit der Schwerbehindertenvertretung sprechen könnte wäre allenfalls der Gesichtspunkt, dass ihre Mitglieder allein von den schwerbehinderten Arbeitnehmern des Betriebs gewählt worden sind (§ 177 Abs. 2 SGB IX [bis 01.01.2018: § 94 Abs. 2 SGB IX]) und deshalb der von allen Arbeitnehmern gewählte Betriebsrat nicht ausreichend legitimiert sei, über die Wahrung der Amtskontinuität in diesem Gremium zu entscheiden. Jedoch werden auch die Vertreter der Jugend- und Auszubildendenvertretung allein von den jugendlichen Arbeitnehmern und den Auszubildenden gewählt (§ 61 Abs. 1; s. a. *Oetker* § 61 Rdn. 5 ff.). Hier ergäbe sich also das gleiche Legitimationsdefizit. Eine unterschiedliche Behandlung lässt sich hierauf also nicht stützen.

9 Die in **Heimarbeit Beschäftigten** sind gemäß § 5 Abs. 1 Satz 2 Arbeitnehmer i. S. d. Gesetzes. Sie sind also zum Betriebsrat und auch zu den übrigen, in § 103 genannten Gremien wählbar. Sofern sie zu dem in § 103 genannten Personenkreis gehören, erstreckt sich der Schutz des § 103 auch auf die in Heimarbeit Beschäftigten. Dies wird durch § 29a HAG, der für den individuellen Kündigungsschutz eine dem § 15 KSchG entsprechende Regelung trifft und auf das Erfordernis der Zustimmung des Betriebsrats nach § 103 verweist, lediglich bestätigt.

10 **Beamte und Soldaten** sowie **Arbeitnehmer des öffentlichen Dienstes** einschließlich der zu ihrer Berufsausbildung Beschäftigten, die in Betrieben privatrechtlich organisierter Unternehmen tätig sind, gelten nach § 5 Abs. 1 Satz 3 als Arbeitnehmer und sind daher nach § 8 Abs. 1 Satz 1 für den Betriebsrat des Einsatzbetriebes wählbar (s. § 5 Rdn. 91, § 8 Rdn. 18). Sind sie dort Mitglieder einer der in § 103 Abs. 1 genannten Vertretungen, Mitglieder des Wahlvorstands oder Wahlbewerber, kommt also grds. ein Amtsschutz nach Maßgabe der Vorschrift in Betracht. Allerdings scheidet ein **Zustimmungsrecht** des Betriebsrats des Einsatzbetriebes nach **Abs. 1** aus. Bei Beamten und Soldaten greift die Vorschrift schon deshalb nicht ein, weil es im öffentlich-rechtlichen Dienstverhältnis keine Kündigung gibt, es also an einer Tatbestandsvoraussetzung fehlt. Aber auch bei den Arbeitnehmern und Auszubildenden ist ein Kündigungsschutz nach Abs. 1 ausgeschlossen. Zwar ist diesen gegenüber eine (außerordentliche) Kündigung möglich. Eine solche kann aber nur durch den Vertragsarbeitgeber erfolgen, der wiederum mit dem Betriebsinhaber nicht identisch ist. Insoweit kommt also nur eine Mitbestimmung des bei dem öffentlichen Dienstherrn bzw. Arbeitgeber gebildeten Personalrats in Be-

Außerordentliche Kündigung und Versetzung in besonderen Fällen § 103

tracht (s. § 5 Rdn. 98; *BAG* 09.06.2011 EzA § 102 BetrVG 2001 Nr. 27 = AP Nr. 164 zu § 102 BetrVG 1972 Rn. 28, 32).

Denkbar wäre ein **Amtsschutz nach Abs. 3**, wenn eine der in § 5 Abs. 1 Satz 3 genannten Personen eines der genannten Ämter ausübt, gegen ihren Willen versetzt wird und hierdurch ihr Amt oder ihre Wählbarkeit im Einsatzbetrieb verlieren würde. Voraussetzung ist jedoch, dass dem Amtsträger der andere Arbeitsbereich gerade durch den Betriebsinhaber zugewiesen wird. § 103 beschränkt nur die Gestaltungsmöglichkeiten des betriebsverfassungsrechtlichen Arbeitgebers, also des Rechtsträgers, für dessen Betrieb der Betriebsrat gewählt ist (zum Arbeitgeberbegriff s. *Franzen* § 1 Rdn. 92 ff.). Ein Versetzungsschutz im Einsatzbetrieb besteht demgemäß nicht, wenn die Versetzung die Folge einer Entscheidung des öffentlich-rechtlichen Dienstherrn bzw. Arbeitgebers ist (s. a. § 5 Rdn. 98, § 99 Rdn. 287 sowie *BAG* 17.02.2010 EzA § 8 BetrVG 2001 Nr. 2 Rn. 28). Wird die Zuweisung oder Personalgestellung dadurch beendet, dass der Beamte, Soldat oder Arbeitnehmer **von seinem Dienstherrn oder Arbeitgeber abberufen wird**, um wieder in seinem früheren oder in einem anderen Arbeitsbereich eingesetzt zu werden, so bedarf eine solche Maßnahme nicht der Zustimmung des im Einsatzbetrieb bestehenden Betriebsrats nach Abs. 3. Weder die Abberufung selbst, noch ein entsprechendes Abberufungsersuchen oder eine Kündigung des Gestellungsvertrags durch das privatwirtschaftliche Unternehmen, in dem der Beschäftigte tätig ist, stellen eine nach Abs. 3 im Einsatzbetrieb mitbestimmungspflichtige Maßnahme dar (*BAG* 17.02.2015 EzA § 95 BetrVG 2001 Nr. 9 Rn. 29 f.; s. a. § 99 Rdn. 287). Die Vorschrift findet daher auf solche Fälle keine direkte Anwendung (s. bereits 9. Aufl. § 103 Rn. 8; ebenso jetzt *LAG Schleswig-Holstein* 14.06.2012 – 5 TaBV 3/12 – juris, Rn. 58 ff.). Aber auch eine analoge Anwendung scheidet aus. Die »Schutzlücke« ist die Folge der vom Gesetzgeber in § 5 Abs. 1 Satz 3 gewählten Konstruktion, Personen, die nicht in einem Beschäftigungsverhältnis zum Betriebsinhaber stehen, aufgrund einer gesetzlichen Fiktion dennoch das passive Wahlrecht in diesem Betrieb zuzuerkennen. Die hieraus folgende Schwäche des Amtsschutzes ist somit systembedingt und systemimmanent nicht behebbar (zutr. *LAG Schleswig-Holstein* 14.06.2012 – 5 TaBV 3/12 – juris, Rn. 71 ff.). Eine Anwendung des § 103 Abs. 3 im Einsatzbetrieb ist daher nur denkbar, wenn dem privatrechtlich organisierten Unternehmen, in dem der Beschäftigte tätig ist, das Recht zusteht, dem Beschäftigten einen anderen Arbeitsbereich zuzuweisen, und als Folge hiervon der Verlust des Amtes oder der Wählbarkeit eintritt. Allerdings dürfte der praktische Anwendungsbereich eher schmal sein, da dies nur bei Versetzungen in einen anderen Betrieb des Unternehmens der Fall ist (s. Rdn. 38 f.). In den übrigen Fällen, in denen die Versetzung oder eine vergleichbare Maßnahme durch den öffentlich-rechtlichen Dienstherrn oder Arbeitgeber verantwortet wird, kommt nur ein Mitbestimmungsrecht der bei diesem gebildeten Personalvertretung in Betracht (etwa gem. §§ 75 Abs. 1 Nr. 3 bis 4a, 76 Abs. 1 Nr. 4 bis 5a BPersVG). Ein Mitbestimmungsrecht nach § 47 Abs. 2 BPersVG (der Parallelnorm zu § 103 Abs. 3) oder vergleichbaren Vorschriften der Landespersonalvertretungsgesetze würde allerdings voraussetzen, dass der betroffene Beschäftigte zugleich Mitglied des dortigen Personalrats ist (was möglich ist, s. § 5 Rdn. 92) und infolge der Maßnahme außerhalb der Dienststelle eingesetzt wird (näher *Treber/RDW* § 47 Rn. 70 ff.). 11

In den **Nachfolgeunternehmen der Deutschen Bundespost** findet § 103 Abs. 3 – sofern seine Voraussetzungen vorliegen (s. Rdn. 10 f.) – auch auf die dort eingesetzten Beamten Anwendung. Die Vorschrift wird insbesondere nicht durch §§ 28, 29 PostPersRG verdrängt. Die Ausschlusswirkung dieser Vorschriften bezieht sich nämlich nur auf die in § 28 Abs. 1 Satz 1 PostPersRG bezeichneten Mitbestimmungstatbestände, insbesondere § 76 Abs. 1 BPersVG (vgl. auch *BAG* 12.08.1997 EzA § 99 BetrVG 1972 Versetzung Nr. 3 = AP Nr. 15 zu § 99 BetrVG 1972 Versetzung unter B I 2b und c). Diese regeln die Mitbestimmung bei Maßnahmen, die das individuelle Verhältnis des Dienstherrn zu dem einzelnen Beamten betreffen. § 28 PostPersRG verdrängt daher als Spezialnorm die Regelung des § 99 (str.; s. § 99 Rdn. 294 f.) Hiervon zu unterscheiden sind die Mitbestimmungsrechte, die den Schutz von Amtsträgern zum Ziel haben. Der besondere Versetzungsschutz von Amtsträgern wird aber im BPersVG nicht in § 76 Abs. 1, sondern in § 47 Abs. 2 BPersVG geregelt (zutr. *Fitting* § 103 Rn. 77). Dieser wird daher von § 28 Abs. 1 Satz 1 PostPersRG nicht verdrängt. Gehören Beamte in einem der Nachfolgeunternehmen der Deutschen Bundespost oder bei einem Tochterunternehmen zu dem in § 103 Abs. 3 genannten Personenkreis und werden sie innerhalb des Unternehmens versetzt, so dass sie ihr Amt oder ihre Wählbarkeit verlieren, so ist folglich der Betriebsrat des 12

§ 103

Einsatzbetriebes nach Maßgabe des in § 103 Abs. 3 vorgesehen Verfahrens zu beteiligen (*Fitting* § 103 Rn. 77).

13 Nach § 40 des Europäischen Betriebsräte-Gesetzes vom 28.10.1996 (BGBl. I, S. 1548) gelten die §§ 15 Abs. 1 und 3 bis 5 KSchG, 103 BetrVG entsprechend für **Mitglieder eines Europäischen Betriebsrats**, für die **Mitglieder des Besonderen Verhandlungsgremiums** (§§ 8 ff. EBRG) und für die **Arbeitnehmervertreter im Rahmen eines Verfahrens zur Unterrichtung und Anhörung** (§§ 17 ff. EBRG). Zu beteiligen ist in diesem Fall der Europäische Betriebsrat (str.; s. *Oetker* § 40 EBRG Rdn. 6).

14 **Die** gesetzlichen **Bestimmungen** über den nach § 103 geschützten Personenkreis **sind abschließend** und einer ausdehnenden Auslegung nicht zugänglich (*von Hoyningen-Huene* in: *von Hoyningen-Huene/Linck* KSchG, § 15 Rn. 12; *Huke/HWGNRH* § 103 Rn. 13). **§ 103 gilt** daher **nicht** für Mitglieder des Wirtschaftsausschusses, der Einigungsstelle, einer tariflichen Schlichtungsstelle, einer betrieblichen Beschwerdestelle (*Etzel/Rinck*/KR § 103 BetrVG Rn. 23; *Fitting* § 103 Rn. 8; *Galperin/Löwisch* § 103 Rn. 5; *Huke/HWGNRH* § 103 Rn. 13; *Kania*/ErfK § 103 BetrVG Rn. 2; *Richardi/Thüsing* § 103 Rn. 4). Diese genießen, ebenso wie die Mitglieder zusätzlicher Vertretungen gemäß § 3 Abs. 1 Nr. 4 und 5, nur einen **relativen Schutz** gemäß § 78 (*Etzel/Rinck*/KR § 103 BetrVG Rn. 23; *Fitting* § 103 Rn. 8; *Bachner/DKKW* § 103 Rn. 12). Eine Kündigung oder Versetzung ist demnach unzulässig, wenn hierdurch die Tätigkeit des Organs, dem der Arbeitnehmer angehört, in rechtswidriger Weise behindert wird oder wenn die Maßnahme den betroffenen Arbeitnehmer wegen der Amtstätigkeit benachteiligt (hierzu näher *Kreutz* § 78 Rdn. 40, 43, 65 ff.). Keine Anwendung findet § 103 auch auf Arbeitnehmervertreter in den Aufsichtsräten (*BAG* 04.04.1974 EzA § 15 KSchG n. F. Nr. 1 = AP Nr. 1 zu § 626 BGB Arbeitnehmervertreter im Aufsichtsrat; *Etzel/Rinck*/KR § 103 BetrVG Rn. 23; *Fitting* § 103 Rn. 8; *Huke/HWGNRH* § 103 Rn. 13; *Oetker*/ErfK § 26 MitbestG Rn. 7; *Richardi/Thüsing* § 103 Rn. 13; *Wißmann/WWKK* MitbestR, § 26 Rn. 17 ff.). Auch für diese besteht ein relativer Schutz nach Maßgabe der Sonderregelungen der § 26 MitbestG, § 9 DrittelbG. Nicht erfasst werden schließlich die **Mitglieder von Arbeitsgruppen** gemäß § 28a, denen vom Betriebsrat bestimmte Aufgaben übertragen worden sind. Auch § 78 gilt für diese Arbeitnehmer nicht. Soweit sie wegen der Wahrnehmung der ihnen übertragenen Aufgaben und Befugnisse benachteiligt werden, kommt eine Anwendung des § 612a BGB in Betracht.

2. Zeitliche Dauer des Schutzes

15 Der Zeitraum, während dessen der verstärkte kollektivrechtliche Schutz besteht, ergibt sich **aus § 103 i. V. m. § 15 Abs. 1 Satz 1, Abs. 3 Satz 1 KSchG**, für die **Schwerbehindertenvertretung** über § 179 Abs. 3 SGB IX (bis 01.01.2018: § 96 Abs. 3 SGB IX), für **Heimarbeiter** aus § 29a Abs. 1 und 2 HAG.

a) Mitglieder des Betriebsrats, der Jugend- und Auszubildendenvertretung, der Bordvertretung, des Seebetriebsrats sowie der Schwerbehindertenvertretung

16 Für **Mitglieder** des Betriebsrats (auch wenn es sich um in Heimarbeit beschäftigte Personen handelt), einer dem Betriebsrat gleichgestellten anderen Vertretung i. S. v. § 3 Abs. 1 Nr. 1–3, der Jugend- und Auszubildendenvertretung, der Bordvertretung und des Seebetriebsrats und für Vertrauenspersonen der Schwerbehinderten besteht der Schutz für die **Dauer ihrer Amtszeit** (§ 21, § 64 Abs. 2, § 115 Abs. 3, § 116 Abs. 2; § 177 SGB IX [bis 01.01.2018: § 94 SGB IX]; § 29a Abs. 1 Satz 2 HAG). Die **Amtszeit des Betriebsrats beginnt**, sofern ein Betriebsrat nicht besteht, mit der Bekanntgabe des Wahlergebnisses (s. *Kreutz* § 21 Rdn. 12; abw. *LAG Hamm* 23.06.2014 – 13 TaBVGa 21/14 – juris, Rn. 32 f., wonach auf den Beginn der Mitgliedschaft abzustellen sei, die auch schon vor der förmlichen Bekanntgabe des Wahlergebnisses [§ 18 Satz 1, § 3 Abs. 4 Satz 1 WO] beginnen könne, wenn die öffentliche Stimmenauszählung ergeben habe, dass ein bestimmter Kandidat gewählt sei). Unterbleibt die Bekanntgabe, so beginnt die Amtszeit des neu gewählten Betriebsrats spätestens, sobald dieser zu seiner konstituierenden Sitzung zusammentritt (*BAG* 05.11.2009 EzA § 15 KSchG n. F. Nr. 64 = AP Nr. 65 zu § 15 KSchG 1969 Rn. 18 ff.). In den übrigen Fällen beginnt die Amtszeit des neu gewählten Betriebsrats mit dem Ende der Amtszeit des alten Betriebsrats (§ 21 Satz 2, s. *Kreutz*

§ 21 Rdn. 10 ff.). Wird **die Wahl angefochten**, so endet die Mitgliedschaft mit Rechtskraft des Beschlusses, der die Unwirksamkeit der Wahl bzw. die Nichtwählbarkeit des Betriebsratsmitglieds feststellt (*BAG* 29.09.1983 EzA § 15 KSchG n. F. Nr. 32 = AP Nr. 15 zu § 15 KSchG 1969; 12.03.2009 AP Nr. 59 zu § 103 BetrVG 1972 Rn. 25; s. *Kreutz* § 19 Rdn. 136 ff.). Zur Situation bei Nichtigkeit der Betriebsratswahl s. Rdn. 4. Während der Amtszeit des Betriebsrats endet der Amtsschutz des einzelnen Mitglieds mit dem **Verlust der Mitgliedschaft im Betriebsrat** (vgl. § 24 sowie *Oetker* § 24 Rdn. 74).

Die Bindung des Amtsschutzes an die Amtszeit bedarf einer Ausnahme, wenn der Beginn der Amtszeit nicht mit der Bekanntgabe des Wahlergebnisses zusammenfällt. Dies ist der Fall, wenn schon ein Betriebsrat besteht und dessen Amtszeit bei Bekanntgabe des Wahlergebnisses noch nicht abgelaufen ist. Hier kommt den **gewählten, aber noch nicht amtierenden Betriebsratsmitgliedern** der Schutz als Wahlbewerber gemäß § 15 Abs. 3 Satz 1 KSchG nicht mehr zu, da dieser mit der Bekanntgabe des Wahlergebnisses endet. Andererseits gibt das Gesetz durch die Erstreckung des Kündigungsschutzes auf die Wahlbewerber eindeutig zu erkennen, dass ein nahtloser Schutz für den gesamten Zeitraum, beginnend mit der Kandidatur und endend mit der Amtszeit des Betriebsrats, beabsichtigt ist. Auch die vom Gesetz unterstellte Gefährdungslage dürfte nach Bekanntgabe des Ergebnisses mindestens in gleicher Weise vorliegen wie im Bewerbungsstadium. Da mithin eine Versagung des Kündigungsschutzes für den Zeitraum bis zum Amtsantritt mit Sinn und Zweck der Vorschrift nicht in Einklang zu bringen wäre, müssen die gewählten, aber noch nicht amtierenden Mitglieder zumindest i. S. d. §§ 15 KSchG, 103 als Betriebsratsmitglieder angesehen werden (*Etzel/Rinck*/KR § 103 BetrVG Rn. 25; *Fitting* § 103 Rn. 5; *Kreutz* § 21 Rdn. 20; *von Hoyningen-Huene* in: *von Hoyningen-Huene/Linck* KSchG, § 15 Rn. 39; *Bachner/DKKW* § 103 Rn. 15; *Richardi/Thüsing* § 21 Rn. 10, § 103 Rn. 17; *Vossen/SPV* Rn. 1681; **a. M.** *Galperin/Löwisch* § 103 Rn. 7; *Worzalla/Huke/HWGNRH* § 21 Rn. 9; *Huke/HWGNRH* § 103 Rn. 20). Zuständig für die Zustimmungserteilung ist der amtierende Betriebsrat. Die gleichen Grundsätze gelten für den Kündigungsschutz der Mitglieder der Schwerbehindertenvertretung (§ 177 Abs. 7 SGB IX [bis 01.01.2018: § 94 Abs. 7 SGB IX]).

Der Schutz für Mitglieder des Betriebsrats nach § 103 besteht weiter, solange der Betriebsrat gemäß **§ 22 die Geschäfte weiter führt**. Dies ergibt sich in den Fällen des § 13 Abs. 2 Nr. 1 und 2 schon daraus, dass hier die Amtszeit des Betriebsrats fortdauert und erst mit Bekanntgabe des Wahlergebnisses des neu gewählten Betriebsrates endet (§ 21 Satz 5; s. *Kreutz* § 21 Rdn. 31). Der **Rücktritt des Betriebsrats** gemäß § 13 Abs. 2 Nr. 3 führt hingegen zur Beendigung der Amtszeit (s. *Kreutz* § 21 Rdn. 33). Da § 103 die Funktionsfähigkeit des Betriebsrats sicherstellen will, muss aber der Amtsschutz über das Ende der Amtszeit hinaus fortbestehen, solange der zurückgetretene Betriebsrat die Geschäfte gemäß § 22 weiterführt (*BAG* 12.03.2009 AP Nr. 59 zu § 103 BetrVG 1972 Rn. 26; 05.11.2009 EzA § 15 KSchG n. F. Nr. 64 = AP Nr. 65 zu § 15 KSchG 1969 Rn. 17; *Etzel/Rinck*/KR § 103 BetrVG Rn. 26; *Huke/HWGNRH* § 103 Rn. 21; *Vossen/SPV* Rn. 1683). Der Amtsschutz endet in diesem Fall ebenfalls mit der Bekanntgabe des Wahlergebnisses (s. a. Rdn. 16), spätestens aber mit Ablauf der vierjährigen Amtszeit des zurückgetretenen Betriebsrats, auch wenn kein neuer Betriebsrat gewählt wird (s. *Kreutz* § 21 Rdn. 33). In den Fällen des **Übergangsmandates gemäß § 21a** »bleibt der Betriebsrat im Amt«, besteht also als Organ fort (s. *Kreutz* § 21a Rdn. 33 f.). Folglich ist eine außerordentliche Kündigung eines Betriebsratsmitglieds weiterhin nur mit Zustimmung des Betriebsrats möglich, der das Übergangsmandat wahrnimmt. Etwas anderes gilt in den Fällen des § 21a Abs. 2 für die Mitglieder des Betriebsrats des kleineren Betriebs. Deren Amtszeit endet – wie die Amtszeit des Betriebsrats selbst – mit der Zusammenlegung der beiden Betriebe (s. *Kreutz* § 21a Rdn. 70). Ab diesem Zeitpunkt genießen sie zwar noch den nachwirkenden Kündigungsschutz des § 15 Abs. 1 Satz 2 KSchG. Das Zustimmungserfordernis nach § 103 entfällt jedoch (*LAG Mecklenburg-Vorpommern* 18.12.2014 – 5 TaBV 7/14 – EzTöD 100 § 34 Abs. 2 TVöD-AT Arbeitnehmervertreter Nr. 18 Rn. 36). Im Falle des **Arbeitgeberwechsels**, also insbesondere bei Betriebsveräußerung oder Umwandlung des Unternehmensträgers, gilt die Kündigungsbeschränkung gegenüber dem neuen Arbeitgeber. Hinsichtlich des **Schutzes vor Versetzungen** ist zu beachten, dass § 103 Abs. 3 die Zustimmungspflicht davon abhängig macht, dass der Verlust des Amtes oder der Wählbarkeit Folge einer Versetzung ist. Dies dürfte im Falle des Übergangsmandates kaum jemals der Fall sein (s. näher Rdn. 40). Dasselbe gilt für die Fälle des **Restmandates gemäß § 21b**. Auch hier besteht der ursprüngliche Betriebsrat trotz Unterganges des Betriebes fort, so dass den Betriebsratsmitgliedern im

§ 103

Grundsatz auch der Kündigungsschutz des § 103 zukommt. Ist der Untergang des Betriebes die Folge einer Stilllegung, so sind Kündigungen nicht zustimmungspflichtig, wenn es sich um ordentliche Kündigungen gemäß § 15 Abs. 4 und 5 KSchG handelt (s. Rdn. 31). Versetzungen wiederum dürften kaum zum Verlust der Mitgliedschaft in dem Betriebsrat des untergegangenen Betriebes führen.

b) Ersatzmitglieder

19 Ersatzmitglieder als solche genießen den besonderen Kündigungs- und Versetzungsschutz nicht. § 103 findet allerdings **während ihrer Mitgliedschaft im Betriebsrat** auf sie Anwendung, d. h. sobald und solange sie für ein ausgeschiedenes Betriebsratsmitglied in den Betriebsrat nachrücken oder ein zeitweilig verhindertes Betriebsratsmitglied vertreten (BAG 18.05.2006 EzA § 69 ArbGG 1979 Nr. 5 = AP Nr. 2 zu § 15 KSchG 1969 Ersatzmitglied Rn. 25). Dies gilt nicht nur für den besonderen Kündigungsschutz, sondern auch für den Schutz vor Versetzungen nach Abs. 3 (Etzel/Rinck/KR § 103 BetrVG Rn. 18, 176; einschränkend Rieble NZA 2001, Sonderheft S. 48 [59]; Stege/Weinspach/Schiefer § 103 Rn. 40: nur wenn das Ersatzmitglied für längere Zeit nachrückt; offen gelassen von ArbG Düsseldorf 26.03.2003 DB 2003, 1688). Während der Dauer der Vertretung sind die Ersatzmitglieder vollwertige Mitglieder des Betriebsrats mit den gleichen Rechten und Pflichten wie ein ordentliches Betriebsratsmitglied (BAG 09.11.1977 EzA § 15 KSchG n. F. Nr. 13 = AP Nr. 3 zu § 15 KSchG 1969 [G. Hueck]; 17.01.1979 EzA § 15 KSchG n. F. Nr. 21 [Dütz] = AP Nr. 5 zu § 15 KSchG 1969 [G. Hueck]; 06.09.1979 EzA § 15 KSchG n. F. Nr. 23 [Kraft] = AP Nr. 7 zu § 15 KSchG 1969 [Löwisch/Mikosch]; zuletzt 08.09.2011 EzA § 25 BetrVG 2001 Nr. 3 = AP Nr. 70 zu § 15 KSchG 1969 Rn. 22 ff., 34; Etzel/Rinck/KR § 103 BetrVG Rn. 45 ff.). Der Amtsschutz hängt deshalb auch – im Unterschied zum nachwirkenden Kündigungsschutz nach § 15 Abs. 1 Satz 2 KSchG (s. Rdn. 27 a. E.) – nicht davon ab, ob das Ersatzmitglied während der Vertretungszeit konkrete Betriebsratsaufgaben wahrnimmt. Es genügt vielmehr die Möglichkeit, dass solche Aufgaben anfallen können (BAG 08.09.2011 EzA § 25 BetrVG 2001 Nr. 3 = AP Nr. 70 zu § 15 KSchG 1969 Rn. 35). Zu Einzelheiten s. Oetker § 25 Rdn. 73 ff.).

20 Die zeitliche Dauer des Amtsschutzes richtet sich auch bei Ersatzmitgliedern nach dem Beginn und Ende ihrer Amtszeit. **Scheidet ein Betriebsratsmitglied endgültig aus** (§ 25 Abs. 1 Satz 1), so beginnt die Amtszeit des Ersatzmitgliedes in dem Zeitpunkt, in dem sämtliche Voraussetzungen des Ausscheidens vorliegen. Das Ersatzmitglied rückt kraft Gesetzes an die Stelle des ausgeschiedenen Betriebsratsmitglieds (s. Oetker § 25 Rdn. 39, 69 f.). Bei einer **zeitweiligen Verhinderung eines Betriebsratsmitglieds** (§ 25 Abs. 1 Satz 2) beginnt die Amtszeit des Ersatzmitglieds mit dem Eintritt des Verhinderungsfalles, also dem Zeitpunkt, zu dem das verhinderte Betriebsratsmitglied (z. B. wegen Krankheit oder Urlaub) erstmals nicht in der Lage ist, seiner Betriebsratstätigkeit nachzukommen. Eine förmliche Benachrichtigung des Ersatzmitglieds ist nicht erforderlich (BAG 17.01.1979 EzA § 15 KSchG n. F. Nr. 21 = AP Nr. 5 zu § 15 KSchG 1969). Regelmäßig beginnt die Amtszeit mit Arbeitsbeginn an dem Tag, an dem das ordentliche Betriebsratsmitglied verhindert ist. Tritt der Verhinderungsfall im Lauf eines Arbeitstages ein, etwa aufgrund eines Arbeitsunfalls, so ist der Zeitpunkt des Eintritts des Verhinderungsfalls maßgeblich. Fällt **in den Vertretungszeitraum eine Betriebsratssitzung**, so ist für den Beginn der Amtszeit des Ersatzmitgliedes **die Dauer der Vorbereitung** auf die Sitzung zu berücksichtigen, sofern das Ersatzmitglied hierzu vorher geladen worden war (BAG 17.01.1979 EzA § 15 KSchG n. F. Nr. 21; zust. Bachner/DKKW § 103 Rn. 21; Etzel/Rinck/KR § 103 BetrVG Rn. 48; Fitting § 103 Rn. 9; Huke/HWGNRH § 103 Rn. 22; Uhmann NZA 2000, 576 [578]; s. a. Oetker § 25 Rdn. 78). Das BAG geht pauschal von einer Vorbereitungszeit von drei Tagen aus, so dass auch der besondere Kündigungs- und Versetzungsschutz drei Tage vor der Sitzung einsetzt, auch wenn der Verhinderungsfall noch nicht eingetreten ist (BAG 17.01.1979 EzA § 15 KSchG n. F. Nr. 21). Sofern das Ersatzmitglied für ein urlaubsbedingt verhindertes Betriebsratsmitglied nachrückt und das reguläre Mitglied seinen Urlaub am Tag einer Betriebsratssitzung antritt, würde somit der Amtsschutz zugunsten des Ersatzmitglieds schon drei Tage vor der Betriebsratssitzung einsetzen, wenn das Ersatzmitglied bereits zu der Sitzung geladen wurde. Gleiches müsste wohl konsequenterweise auch für die Wahrnehmung anderer Aufgaben durch das Ersatzmitglied gelten (zutr. Oetker § 25 Rdn. 78). Die Heranziehung der Vorbereitungszeit als maßgebliches Kriterium erscheint allerdings vor dem Hintergrund anderer Entscheidungen überdenkenswert, in denen das BAG für den Beginn des Amtsschutzes auf das Entstehen der Gefährdungslage abstellt, welcher der besondere Amts-

schutz Rechnung tragen soll (*BAG* 26.11.2009 EzA § 15 KSchG n. F. Nr. 65 = AP Nr. 64 zu § 15 KSchG 1969 Rn. 21; 07.07.2011 EzA § 15 KSchG n. F. Nr. 68 = AP Nr. 69 zu § 15 KSchG 1969 Rn. 23). Diese entsteht bei Ersatzmitgliedern in dem Moment, in dem feststeht, dass sie Betriebsratsaufgaben übernehmen werden. Im Fall der urlaubsbedingten Verhinderung eines Mitglieds wäre dies schon dann der Fall, wenn sicher ist, dass während des Urlaubs eine Betriebsratssitzung stattfinden wird und das Ersatzmitglied bereits zu dieser Sitzung geladen wurde, auch wenn die Ladung – wie häufig (s. § 29 Rdn. 35) – früher als drei Tage vor der Sitzung erfolgt. Ist das Ersatzmitglied nachgerückt, so besteht der Kündigungsschutz **für die Dauer des gesamten Zeitraumes, für den das ersetzte Betriebsratsmitglied verhindert ist**, nicht nur während der Vornahme konkreter Amtsgeschäfte durch das Ersatzmitglied (*BAG* 09.11.1977 EzA § 15 KSchG n. F. Nr. 13; 17.01.1979 EzA § 15 KSchG n. F. Nr. 21). Dies gilt auch dann, wenn das nachgerückte Ersatzmitglied seinerseits verhindert ist, sofern die zeitliche Dauer der Verhinderung im Vergleich zum Vertretungszeitraum als unerheblich anzusehen ist oder die Verhinderung nur einzelne Betriebsratsaufgaben betrifft (*BAG* 09.11.1977 EzA § 15 KSchG n. F. Nr. 13; 08.09.2011 EzA § 25 BetrVG 2001 Nr. 3 = AP Nr. 70 zu § 15 KSchG 1969 Rn. 48; *Bachner/DKKW* § 103 Rn. 21; *Fitting* § 103 Rn. 9; *Huke/HWGNRH* § 103 Rn. 22; *Uhmann* NZA 2000, 576 [581]; krit. *Etzel/Rinck/KR* § 103 BetrVG Rn. 51, die den Kündigungsschutz unabhängig von der Dauer der Verhinderung des Ersatzmitgliedes bejahen; s. auch oben *Oetker* § 25 Rdn. 75). Für Ersatzmitglieder gilt hinsichtlich des **Endes des Kündigungsschutzes** das für ordentliche Betriebsratsmitglieder Gesagte entsprechend (s. Rdn. 16 ff. sowie *Oetker* § 24 Rdn. 76 ff.). Für Ersatzmitglieder gemäß § 25 Abs. 1 Satz 2 endet die Amtszeit mit dem Ende des Verhinderungsfalles. Nach dem Ausscheiden findet § 103 keine Anwendung mehr; vielmehr genießen Ersatzmitglieder dann nur noch den nachwirkenden (individualrechtlichen) Kündigungsschutz nach § 15 Abs. 1 Satz 2 KSchG (*BAG* 18.05.2006 EzA § 69 ArbGG 1979 Nr. 5 = AP Nr. 2 zu § 15 KSchG 1969 Ersatzmitglied Rn. 25; zum nachwirkenden Kündigungsschutz s. a. Rdn. 26 ff.)

c) Mitglieder des Wahlvorstandes, Wahlbewerber
Bei **Mitgliedern des Wahlvorstandes** besteht der Schutz vom Zeitpunkt der Bestellung an (§§ 16, 17, 17a, § 63 Abs. 2 und 3, § 115 Abs. 2, § 116 Abs. 2) bis zur Bekanntgabe des endgültigen Wahlergebnisses (§ 18 Abs. 3, § 64 Abs. 2, § 115 Abs. 2, § 116 Abs. 2; *LAG Düsseldorf* 21.02.1974 DB 1974, 2164; *LAG Baden-Württemberg* 31.05.1974 NJW 1975, 232; *Bachner/DKKW* § 103 Rn. 17; *Etzel/Rinck/KR* § 103 BetrVG Rn. 28; *Fitting* § 103 Rn. 10; *Galperin/Löwisch* § 103 Rn. 10; *von Hoyningen-Huene* in: *von Hoyningen-Huene/Linck* KSchG, § 15 Rn. 21, 47; *Huke/HWGNRH* § 103 Rn. 23; *Richardi/Thüsing* § 103 Rn. 22). Wird der Wahlvorstand **durch das Gericht bestellt**, so kommt es auf den Zeitpunkt der Verkündung, nicht auf denjenigen der Rechtskraft der gerichtlichen Entscheidung an (*BAG* 26.11.2009 EzA § 15 KSchG n. F. Nr. 65 = AP Nr. 64 zu § 15 KSchG 1969 Rn. 13 ff.; *Kreutz* § 16 Rdn. 94; *Linck/APS* § 15 KSchG Rn. 62). Unabhängig davon, ob der Wahlvorstand vor Eintritt der Rechtskraft bereits tätig werden kann (s. *Kreutz* § 16 Rdn. 73), entsteht die besondere Gefährdungslage und das hieraus folgende besondere Schutzbedürfnis, dem § 103 und § 15 KSchG Rechnung tragen wollen, sobald der Arbeitgeber erkennen kann, wer als Mitglied des Wahlvorstands in Betracht kommt (zutr. *BAG* 26.11.2009 EzA § 15 KSchG n. F. Nr. 65 Rn. 21). Wird der Wahlvorstand **durch den Betriebsrat bestellt** (§ 16 Abs. 1) oder im Rahmen einer **Betriebsversammlung gewählt** (§ 17 Abs. 2), so beginnt der Amtsschutz, sobald die mit Beschluss des Betriebsrats bestellten bzw. die in der Betriebsversammlung gewählten Personen der Bestellung zugestimmt bzw. die Wahl angenommen haben (s. *Kreutz* § 16 Rdn. 30, § 17 Rdn. 50). Eine Ausnahme gilt nur, wenn der Beschluss bzw. die Wahl an so schwerwiegenden Mängeln leidet, dass diese nichtig sind (*BAG* 07.05.1986 EzA § 17 BetrVG 1972 Nr. 5 = AP Nr. 18 zu § 15 KSchG 1969). Leidet der Beschluss bzw. die Wahl an Mängeln, die zwar nicht zur Nichtigkeit, wohl aber zur Anfechtbarkeit führen, so besteht der Amtsschutz bis zur Rechtskraft der Entscheidung, mit der die Unwirksamkeit der Bestellung festgestellt wird (*BAG* 26.11.2009 EzA § 15 KSchG n. F. Nr. 65 Rn. 22 im Anschluss an *Linck/APS* § 15 KSchG Rn. 64). **Besteht noch kein Betriebsrat**, so muss der Arbeitgeber direkt den Antrag auf gerichtliche Ersetzung der Zustimmung analog § 103 Abs. 2 stellen (h. M.; *BAG* 12.08.1976 EzA § 15 KSchG n. F. Nr. 9 = AP Nr. 2 zu § 15 KSchG 1969; 30.05.1978 EzA § 102 BetrVG 1972 Nr. 34 = AP Nr. 4 zu § 15 KSchG 1969; s. a. Rdn. 48 f.).

22 Bei **Wahlbewerbern** besteht der Schutz von der Aufstellung des Wahlvorschlages an bis zur Bekanntgabe des Wahlergebnisses (§ 15 Abs. 3 Satz 1 KSchG). Umstritten ist, **wann ein Wahlvorschlag aufgestellt** ist. Nach Ansicht des *BAG* ist dies der Fall, sobald ein Wahlvorstand für die Wahl bestellt ist und für den betreffenden Wahlbewerber ein Wahlvorschlag vorliegt, der die nach dem Betriebsverfassungsgesetz erforderliche Mindestzahl von Stützunterschriften aufweist (§ 14 Abs. 4). Auf die Einreichung des Wahlvorschlages beim Wahlvorstand soll es dagegen nicht ankommen (*BAG* 04.03.1976 EzA § 15 KSchG n. F. Nr. 8 = AP Nr. 1 zu § 15 KSchG 1969 Wahlbewerber; 07.07.2011 EzA § 15 KSchG n. F. Nr. 68 = AP Nr. 69 zu § 15 KSchG 1969 Rn. 14 ff. mit ausführlicher Begründung; die Frage offen lassend zwischenzeitlich *BAG* 17.03.2005 EzA § 28 BetrVG 2001 Nr. 1 = AP Nr. 6 zu § 27 BetrVG 1972 unter C III 2a; zust. *Bachner*/DKKW § 103 Rn. 18; *Fitting* § 103 Rn. 10a; *Galperin/Löwisch* § 103 Rn. 9; *Huke*/HWGNRH § 103 Rn. 24; *Kania*/ErfK § 103 BetrVG Rn. 4; *Vossen*/SPV Rn. 1687). Dem wird entgegengehalten, dass sich der Zeitpunkt der letzten erforderlichen Stützunterschrift nur schwer feststellen lasse. Aus Gründen der Rechtssicherheit sei daher auf den Zeitpunkt der Einreichung des Wahlvorschlages beim Wahlvorstand abzustellen (*von Hoyningen-Huene* in: *von Hoyningen-Huene/Linck* KSchG, § 15 Rn. 22 f.; *Linck*/APS § 15 KSchG Rn. 70; *Richardi/Thüsing* § 103 Rn. 19; *Weinspach* SAE 2005, 320 [322]; ebenso hier bis 9. Aufl. Rn. 17). Entgegen der hier früher vertretenen Ansicht ist dem *BAG* zu folgen (vgl. die überzeugende Argumentation in *BAG* 07.07.2011 EzA § 15 KSchG n. F. Nr. 68 = AP Nr. 69 zu § 15 KSchG 1969 Rn. 14 ff., auf die sich die folgenden Ausführungen beziehen). Hierfür spricht zum einen, dass das Gesetz deutlich zwischen der Aufstellung (§ 2 Abs. 5, § 3 Abs. 3 WO) und der Einreichung des Wahlvorschlags beim Wahlvorstand (§ 6 Abs. 1 Satz 2, § 7 Abs. 1, § 33 Abs. 1 Satz 2 WO) unterscheidet. § 15 Abs. 3 Satz 1 KSchG stellt aber eindeutig auf den Zeitpunkt der Aufstellung des Wahlvorschlags ab. Dies lässt sich auch durch den Zweck der Regelung erklären. Das besondere Schutzbedürfnis für Wahlbewerber entsteht nämlich bereits in dem Zeitpunkt, in dem für andere, insbesondere für den Arbeitgeber, erkennbar ist, dass ein Arbeitnehmer als zukünftiges Mitglied eines Gremiums in Betracht kommt. Dies ist aber schon dann der Fall, wenn die erforderliche Zahl an Stützunterschriften vorliegt. Möglichen Schwierigkeiten bei der Feststellung des maßgeblichen Zeitpunktes lässt sich dadurch Rechnung tragen, dass dieser hinreichend deutlich dokumentiert werden kann und im Übrigen der Bewerber in einem etwaigen Kündigungsschutzprozess im Falle eines non liquet die (objektive) Beweislast dafür trägt, dass der Wahlvorschlag zum maßgeblichen Zeitpunkt des Zugangs der Kündigung (s. Rdn. 24) bereits wirksam aufgestellt war. Allerdings kann nur dann von der Aufstellung eines Wahlvorschlags gesprochen werden, wenn dieser im Rahmen eines konkreten Wahlverfahrens erfolgt. Voraussetzung für den Beginn des Amtsschutzes ist daher – neben der Benennung der Bewerber auf einem Wahlvorschlag mit der genügenden Zahl von Unterschriften – die wirksame Bestellung eines Wahlvorstandes. Unerheblich ist dagegen, ob die Frist zur Einreichung von Wahlvorschlägen (§ 6 Abs. 1 Satz 2 WO) bereits begonnen hat (*BAG* 07.07.2011 EzA § 15 KSchG n. F. Nr. 68 Rn. 25 ff.; **a. M.** *Etzel/Rinck*/KR § 103 BetrVG Rn. 31). Nach Ansicht des *BAG* ist der Kündigungsschutz auch nicht davon abhängig, dass zum Zeitpunkt der Aufstellung des Wahlvorschlags alle für eine Kandidatur erforderlichen Förmlichkeiten gewahrt sind. So stünden **Mängel der Vorschlagslisten** der Anwendung des § 15 Abs. 3 KSchG, § 103 nicht entgegen, solange diese behebbar seien (§ 8 Abs. 2 WO; *BAG* 17.03.2005 EzA § 28 BetrVG 2001 Nr. 1 = AP Nr. 6 zu § 27 BetrVG 1972 unter C III 2b; 07.07.2011 EzA § 15 KSchG n. F. Nr. 68 Rn. 26). Dies erscheint im Hinblick auf die notwendige Zustimmung des Bewerbers (§ 6 Abs. 3 Satz 2, § 8 Abs. 2 Nr. 2 WO) bedenklich, da dies dazu führt, dass sich ein Arbeitnehmer nach Zugang der Kündigung den besonderen Kündigungsschutz durch die nachträgliche Zustimmung zu einem ohne seine Mitwirkung aufgestellten Wahlvorschlag verschaffen könnte. Der Kündigungsschutz der § 15 KSchG, § 103 würde dann rückwirkend eingreifen; die bereits ausgesprochene Kündigung wäre (bis zur Zustimmung des Betriebsrats) schwebend unwirksam (*Etzel/Rinck*/KR § 103 BetrVG Rn. 38). Nach verbreiteter Ansicht soll der Kündigungsschutz ebenfalls erhalten bleiben, wenn ein Wahlvorschlag ungültig wird, weil der Wahlvorstand **Stützunterschriften** nachträglich aufgrund einer Mehrfachzeichnung **wieder streicht** (§ 6 Abs. 5 WO) und damit der Vorschlag nicht mehr über die nach § 14 Abs. 4 notwendige Zahl an Stützunterschriften (§ 8 Abs. 2 Nr. 3 WO) verfügt (*BAG* 05.12.1980 EzA § 15 KSchG n. F. Nr. 25 [abl. *Löwisch/Arnold*] = AP Nr. 9 zu § 15 KSchG 1969; *Deinert*/DDZ KSchR § 15 KSchG Rn. 22; *Eylert* AuR 2014, 300 [303]; *Fitting* § 103 Rn. 10a). Dies erscheint kaum überzeugend, da in diesem Fall objektiv zu keinem Zeitpunkt ein wirksamer Wahlvorschlag vorlag (zutr. *von Hoyningen-Huene* in: *von Hoyningen-Huene/Linck*

KSchG, § 15 Rn. 24; *Kiel/ErfK* § 15 KSchG Rn. 19; *Linck/APS* § 15 KSchG Rn. 71; zust. *Grau/ Schaut* BB 2014, 757 [759]). Schließlich muss der in Betracht kommende Bewerber überhaupt **wählbar** sein. Der besondere Schutz der Wahlbewerber soll verhindern, dass durch Maßnahmen des Arbeitgebers die Wahl eines solchen Bewerbers in den Betriebsrat vereitelt wird. Der Schutz kann daher nur dann eingreifen, wenn die konkrete Möglichkeit der Wahl dieses Kandidaten besteht (*BAG* 26.09.1996 EzA § 15 KSchG n. F. Nr. 45; *Etzel/Rinck/KR* § 103 BetrVG Rn. 29 ff.).

Der besondere **Amtsschutz endet** für den **Wahlvorstand** und die **nicht gewählten Wahl- 23 bewerber** mit der Bekanntgabe des Wahlergebnisses durch den Wahlvorstand (§ 18 WO). Von diesem Zeitpunkt an kann der Arbeitgeber einem Mitglied des Wahlvorstandes oder einem nicht gewählten Wahlbewerber außerordentlich kündigen oder diesen versetzen, ohne das Verfahren nach § 103 durchführen zu müssen. Im Fall der Kündigung ist der neu gewählte Betriebsrat gemäß § 102 Abs. 1 anzuhören (*BAG* 30.05.1978 EzA § 102 BetrVG 1972 Nr. 34 = AP Nr. 4 zu § 15 KSchG 1969). Im Falle der Versetzung muss der Arbeitgeber die Zustimmung des Betriebsrats gemäß § 99 einholen. Dies gilt auch, wenn sich der Betriebsrat noch nicht konstituiert hat (vgl. § 102 Rdn. 14; *Kreutz* § 21 Rdn. 19 ff.; **a. M.** *BAG* 23.08.1984 EzA § 102 BetrVG 1972 Nr. 59 = AP Nr. 36 zu § 102 BetrVG 1972 [abl. *Wiese*]). Zum Schutz der gewählten Wahlbewerber vgl. Rdn. 17. Vor Bekanntgabe des Wahlergebnisses erlischt der besondere Amtsschutz für Mitglieder des Wahlvorstandes mit deren Ausscheiden aus dem Wahlvorstand (zu den Fällen des Ausscheidens s. *Kreutz* § 16 Rdn. 97 ff.), für Wahlbewerber mit der Rücknahme ihrer Kandidatur (*BAG* 17.03.2005 EzA § 28 BetrVG 2001 Nr. 1 = AP Nr. 6 zu § 27 BetrVG 1972 unter C III 2c aa; *Richardi/Thüsing* § 103 Rn. 23).

d) Maßgeblicher Zeitpunkt der Amtsträgereigenschaft

Der besondere Amtsschutz nach § 103 besteht für die von Abs. 1 erfassten Personen (s. Rdn. 4 ff.) **24 während der Amtszeit**. Für den besonderen **Kündigungsschutz** gemäß § 103 Abs. 1 und 2 kommt es auf den **Zeitpunkt des Zugangs der Kündigung** an (*BAG* 27.09.2012 EzA § 626 BGB 2002 Nr. 42 = AP Nr. 74 zu § 15 KSchG 1969 Rn. 20 ff.; s. a. 26.11.2009 EzA § 15 KSchG n. F. Nr. 65 = AP Nr. 64 zu § 15 KSchG 1969 Nr. 10; *Etzel/Rinck/KR* § 103 BetrVG Rn. 65 [abw. *Etzel* bis 10. Aufl.]; *Fischermeier* ZTR 1998, 433; *Fitting* § 103 Rn. 9 [abw. bis 26. Aufl.]; *Huke/HWGNRH* § 103 Rn. 19; *Richardi/Thüsing* § 103 Rn. 16; *Stege/Weinspach/Schiefer* § 103 Rn. 8; **a. M.** *LAG Düsseldorf* 09.11.2011 – 12 Sa 956/11 – juris, Rn. 66, das auf den Zeitpunkt des Absendens bzw. des »Herausgehens« der Kündigungserklärung abstellt). Eine außerordentliche Kündigung bedarf also der Zustimmung des Betriebsrats, wenn der betroffene Arbeitnehmer bei Zugang der Kündigung zu dem in Abs. 1 bezeichneten Personenkreis gehört. Das Abstellen auf den Zeitpunkt des Zuganges und damit des Wirksamwerdens der Kündigungserklärung rechtfertigt sich aus dem Zweck der Vorschrift, die in erster Linie der Erhaltung des Amtes dienen soll (s. Rdn. 1). Dieser Zweck kann aber nicht mehr erreicht werden, wenn die Kündigung das Amt gar nicht beeinflussen kann, weil dieses entweder noch nicht begonnen oder bereits aus anderen Gründen geendet hat (ebenso *BAG* 27.09.2012 EzA § 626 BGB 2002 Nr. 42 Rn. 24). Hieraus folgt zugleich, dass eine (außerordentliche) Kündigung, die dem Betriebsratsmitglied erst nach Ablauf der Amtszeit zugeht, auch dann nicht der Zustimmung des Betriebsrates bedarf, wenn sie auf Umstände gestützt wird, die in die Amtszeit fallen. Der Schutz des einzelnen Mitglieds vor Kündigungen wegen oder aus Anlass seiner Betriebsratstätigkeit soll in erster Linie durch § 15 Abs. 1 Satz 2 KSchG gewährleistet werden, der den Kündigungsschutz auf einen Zeitraum nach Ablauf der Amtszeit erstreckt (s. Rdn. 26 ff.; auch insoweit zust. *BAG* 27.09.2012 EzA § 626 BGB 2002 Nr. 42 Rn. 26). Zu den verfahrensrechtlichen Folgen, wenn das **Amt im Laufe des Zustimmungsersetzungsverfahrens** endet, s. Rdn. 88.

Versetzung ist nach der Legaldefinition des § 95 Abs. 3 die Zuweisung eines anderen Arbeitsbereiches. **25** Mitbestimmungspflichtig ist also die tatsächliche Beschäftigung des Arbeitnehmers auf einem anderen Arbeitsplatz (s. Rdn. 36). Der **Versetzungsschutz** des § 103 Abs. 3 greift daher stets dann ein, **wenn dem Amtsträger für einen in seine Amtszeit fallenden Zeitraum ein anderer Arbeitsbereich zugewiesen wird**. Gleichgültig ist dagegen, zu welchem Zeitpunkt der Arbeitgeber die Maßnahmen ergreift, die individualrechtlich im Verhältnis zu dem Arbeitnehmer erforderlich sind, um dem Arbeitnehmer den anderen Arbeitsbereich zuweisen zu können. Bedarf es hierzu einer Änderungskündigung, sind freilich die § 15 KSchG, § 103 Abs. 1 zu beachten. Kann der Arbeitgeber den Arbeitnehmer im Wege des Direktionsrechts versetzen, so kommt es für die Zustimmungspflicht nicht auf den Zeitpunkt der arbeitgeberseitigen Weisung, sondern darauf an, zu welchem Zeitpunkt der Arbeitnehmer in dem neuen Arbeitsbereich eingesetzt werden soll. Ist zu diesem Zeitpunkt die Amtszeit abgelaufen, entfällt das Zustimmungserfordernis nach § 103 Abs. 3. Die Beteiligung des Betriebsrats richtet sich dann nach § 99. Einen nachwirkenden Versetzungsschutz für den Zeitraum nach Ablauf der Amtszeit sieht das Gesetz nicht vor (*ArbG Düsseldorf* 26.03.2003 DB 2003, 1688; *Etzel/Rinck*/KR § 103 BetrVG Rn. 176; *Fitting* § 103 Rn. 76; *Huke/HWGNRH* § 103 Rn. 34; *Rieble* NZA 2001, Sonderheft S. 48 [59]).

e) Nachwirkender Kündigungsschutz

26 Der besondere kollektive Kündigungsschutz durch das Zustimmungserfordernis in § 103 ist auf die Amtszeit des in Abs. 1 genannten Personenkreises beschränkt. Kündigungen, die dem Arbeitnehmer nach dem Ablauf der Amtszeit zugehen, bedürfen nicht mehr der Zustimmung, sondern lediglich der Anhörung des Betriebsrats gemäß § 102. § 15 Abs. 1 und 2 KSchG sowie § 29a Abs. 1 und 2 HAG sehen aber vor, dass der **individualrechtliche Kündigungsschutz nach dem Ende der Amtszeit fortbesteht**. Dem dort genannten Personenkreis darf auch nach Ablauf der Amtszeit für einen begrenzten Zeitraum grundsätzlich nur aus wichtigem Grund, d. h. außerordentlich gekündigt werden (zu den Ausnahmeregelungen der § 15 Abs. 4 und 5 KSchG, § 29a Abs. 3 HAG s. Rdn. 31 ff.). Dieser nachwirkende individualrechtliche Kündigungsschutz gilt bei Mitgliedern des Betriebsrats, der Jugend- und Auszubildendenvertretung, des Seebetriebsrats, der Schwerbehindertenvertretung (§ 179 Abs. 3 SGB IX [bis 01.01.2018: § 96 Abs. 3 SGB IX]) für Kündigungen innerhalb eines Jahres, bei Mitgliedern der Bordvertretung für Kündigungen innerhalb von sechs Monaten nach Beendigung der Amtszeit. Der nachwirkende Kündigungsschutz besteht nicht, wenn die Beendigung der Mitgliedschaft auf einer gerichtlichen Entscheidung beruht (§ 15 Abs. 1 Satz 2, Abs. 3 Satz 2 KSchG), also wenn der Betriebsrat durch gerichtliche Entscheidung gemäß § 23 Abs. 1 aufgelöst worden (§ 15 Abs. 1 a. E. KSchG) oder die Betriebsratswahl nichtig oder erfolgreich angefochten worden ist (*Fitting* § 103 Rn. 56).

27 Der verlängerte Schutz gilt nicht nur, wenn die Amtszeit des Kollektivorgans endet (so *Huke/HWGNRH* § 103 Rn. 26), sondern auch im Falle des **Ausscheidens eines einzelnen Arbeitnehmers** aus dem Gremium (*BAG* 05.07.1979 EzA § 15 KSchG n. F. Nr. 22, 06.09.1979 EzA § 15 KSchG n. F. Nr. 23 = AP Nr. 6, 7 zu § 15 KSchG 1969 *[Kraft]*; 21.08.1979 EzA § 78a BetrVG 1972 Nr. 6 = AP Nr. 6 zu § 78a BetrVG 1972 *[Kraft]*; *Barwasser* AuR 1977, 74; *Bachner*/DKKW § 103 Rn. 16; *Fitting* § 103 Rn. 57; *Galperin/Löwisch* § 103 Rn. 42; *Richardi/Thüsing* § 103 Anh. Rn. 9 f.; s. *Oetker* § 24 Rdn. 75 m. w. N.). Der Wortlaut des Gesetzes zwingt nicht zu einer Beschränkung auf die Fälle der Beendigung der Amtszeit des gesamten Organs. Das Gesetz spricht nämlich in § 15 Abs. 1 Satz 2 Halbs. 2 auch von der Beendigung der Mitgliedschaft. Sinn und Zweck der Regelung sprechen eindeutig für die Einbeziehung des Ausscheidens eines einzelnen Mitgliedes in den nachwirkenden Kündigungsschutz. Der verlängerte Kündigungsschutz dient einer »Abkühlung« des möglicherweise durch Konflikte während der Amtstätigkeit »erhitzten« persönlichen Verhältnisses und dem Abbau der entstandenen Spannungen zwischen Amtsträger und Arbeitgeber. Eine solche »Abkühlungsphase« ist auch nötig, wenn ein Organmitglied vorzeitig ausscheidet. Unter Beendigung der Amtszeit i. S. d. § 15 Abs. 1 Satz 2 Halbs. 1 KSchG ist daher auch die Beendigung der persönlichen Mitgliedschaft zu verstehen (anders noch *Kraft* 6. Aufl., § 103 Rn. 26: nur analoge Anwendung). Dies entspricht den Intentionen des Gesetzgebers. Der Gesetzgeber des Arbeitsrechtlichen EG-Anpassungsgesetzes hatte eine entsprechende Klarstellung beabsichtigt (BT-Drucks. 8/3317) und diese nur mit Rücksicht auf die zwischenzeitlich ergangene Entscheidung des *BAG* (05.07.1979 EzA § 15 KSchG n. F. Nr. 22) zurückgezogen (*Wiese* 6. Aufl., § 37 Rn. 117). Der nachwirkende Kündigungsschutz besteht also, wenn die Mitgliedschaft des Arbeitnehmers in dem Organ durch Niederlegung des Amtes oder Verlust der Wählbarkeit (z. B. bei dauerndem Ausscheiden aus dem Betrieb) endet. Aus denselben Überlegungen gilt der nachwirkende Kündigungsschutz auch für **Ersatzmitglieder**, die lediglich als Stellvertreter für ein verhindertes Betriebsratsmitglied vorübergehend nachrücken (§ 25 Abs. 1 Satz 2), nach dem Ende der Vertretungszeit. Voraussetzung ist allerdings, dass sie für das verhinderte Betriebsratsmitglied Aufgaben wahrgenommen haben (*BAG* 19.04.2012 EzTöD 100 § 34 Abs. 2 TVöD-AT Arbeitnehmervertreter Nr. 6 = AP Nr. 34 zu § 1 KSchG 1969 Personenbedingte Kündigung Rn. 41; s. näher

Außerordentliche Kündigung und Versetzung in besonderen Fällen § 103

Oetker § 25 Rdn. 81 f. m. w. N.). Die Frist für den nachwirkenden Kündigungsschutz beginnt in diesem Fall mit dem Ende des Verhinderungsfalles.

Ein nachwirkender Kündigungsschutz besteht gemäß § 15 Abs. 3 Satz 2 KSchG auch für die **Mitglieder des Wahlvorstandes und für Wahlbewerber** (nach Ansicht des *LAG Düsseldorf* 24.08.1978 BB 1979, 575 auch, wenn die anschließende Wahl nichtig ist) innerhalb von sechs Monaten nach Bekanntgabe des Wahlergebnisses; dies gilt nicht für Mitglieder des Wahlvorstandes, die nach § 18 Abs. 1 Satz 2 aufgrund gerichtlicher Entscheidung durch einen anderen Wahlvorstand ersetzt wurden. 28

3. Sachliche Reichweite

a) Kündigung

Die Zustimmung nach § 103 ist grundsätzlich **in allen Fällen der außerordentlichen Kündigung** erforderlich (zu Ausnahmen s. Rdn. 34). Gemeint sind damit Kündigungen aus wichtigem Grund im Sinne des § 626 Abs. 1 BGB. Dies gilt zunächst für die außerordentliche **Beendigungskündigung**, da diese (individualrechtliche Wirksamkeit vorausgesetzt) zur Beendigung des Arbeitsverhältnisses und damit zum Verlust der Mitgliedschaft im Betriebsrat führt (§ 24 Abs. 1 Nr. 3). Erfasst wird aber auch die außerordentliche **Änderungskündigung**, da diese bei Ablehnung des Änderungsangebotes durch den Arbeitnehmer ebenfalls die Beendigung des Arbeitsverhältnisses zur Folge hat (*BAG* 29.01.1981 EzA § 15 KSchG n. F. Nr. 26, 06.03.1986 EzA § 15 KSchG n. F. Nr. 34 = AP Nr. 10, 19 zu § 15 KSchG 1969). Das Zustimmungserfordernis gilt für **jede selbständige Kündigung**. Hat der Arbeitgeber nach (unwirksamer) Zustimmung des Betriebsrats eine (unwirksame) Kündigung ausgesprochen, so muss er vor einer erneuten Kündigung wiederum zunächst die Zustimmung des Betriebsrats einholen (*BAG* 24.10.1996 EzA § 103 BetrVG 1972 Nr. 37 = AP Nr. 32 zu § 103 BetrVG 1972). 29

Zweifelhaft ist, ob und inwieweit der besondere Amtsschutz auch bei **Massenänderungskündigungen** eingreift. Dies ist deshalb problematisch, weil § 15 KSchG, § 103 die Amtsträger davor schützen soll, dass sie infolge ihrer Amtsausübung Nachteile erleiden. Dagegen entspricht es nicht dem Sinn der Vorschriften, die Amtsträger von Anpassungen der Arbeitsbedingungen auszunehmen, die sämtliche Arbeitnehmer oder zumindest alle vergleichbaren Arbeitnehmer des Betriebes treffen. Dies lief vielmehr auf eine (unzulässige) Begünstigung im Sinne von § 78 Satz 2 hinaus, weil die Arbeitnehmer ohne ihre betriebsverfassungsrechtliche Funktion mit Sicherheit ebenfalls von einer solchen Maßnahme betroffen wären, also allein die Eigenschaft als Amtsträger zu einer Besserstellung gegenüber allen anderen vergleichbaren Arbeitnehmern führt. Im Übrigen zeigen gerade die Regelungen in § 15 Abs. 4 und 5 KSchG, dass der besondere Kündigungsschutz nicht eingreifen soll, wenn die Kündigung der Umsetzung einer den gesamten Betrieb oder eine Betriebsabteilung betreffenden unternehmerischen Maßnahme dient, der Amtsträger also von der Kündigung nicht als Einzelperson, sondern lediglich als Teil der Belegschaft betroffen ist. Aus diesem Grunde befürwortet eine breite Ansicht in der Literatur in den Fällen der Massen- oder Gruppenänderungskündigung eine teleologische Reduktion des § 15 KSchG (*Fitting* § 103 Rn. 12; *Galperin/Löwisch* § 103 Rn. 49; *Hilbrandt* NZA 1997, 465 ff.; *ders.* NZA 1998, 1258 [1260 f.]; *Huke/HWGNRH* § 103 Rn. 36; *Kiel/Koch* Die betriebsbedingte Kündigung, Rn. 206; *Meisel* Mitwirkung, Rn. 664; *Oetker* Anm. zu *BAG* EzA § 15 KSchG n. F. Nr. 43; *Richardi/Thüsing* § 78 Rn. 29 ff.; *Stahlhacke* FS Peter Hanau, S. 281 [284 ff.]; *Vossen/SPV* Rn. 1699). Das *BAG* lehnt hingegen eine solche Einschränkung des Sonderkündigungsschutzes ab (*BAG* 07.10.2004 EzA § 15 KSchG n. F. Nr. 57 [zust. *Löwisch/Kraus*] = AP Nr. 56 zu § 15 KSchG 1969 in ausführlicher Auseinandersetzung mit den Argumenten der Gegenansicht; *BAG* 24.04.1969 EzA § 13 KSchG Nr. 2 = AP Nr. 18 zu § 13 KSchG [zust. *Wiese*]; 29.01.1981 EzA § 15 KSchG n. F. Nr. 26, 06.03.1986 EzA § 15 KSchG n. F. Nr. 34 = AP Nr. 10, 19 zu § 15 KSchG 1969; zust. *Bachner/DKKW* § 103 Rn. 4; *Etzel/Kreft/KR* § 15 KSchG Rn. 31; *Etzel/Rinck/KR* § 103 BetrVG Rn. 62; *von Hoyningen-Huene* in: *von Hoyningen-Huene/Linck* KSchG, § 15 Rn. 68 f.; *Kania/ErfK* § 103 BetrVG Rn. 6; *Kreutz* § 78 Rdn. 68, 77; *Linck/APS* § 15 KSchG Rn. 10; *Weber/Lohr* BB 1999, 2350 [2351]). Das Gericht reduziert stattdessen die Anforderungen an den wichtigen Grund für eine außerordentliche betriebsbedingte Änderungskündigung (*BAG* 21.06.1995 EzA § 15 KSchG n. F. Nr. 43 = AP Nr. 36 zu § 15 KSchG 1969; 07.10.2004 EzA § 15 KSchG n. F. Nr. 57 = AP Nr. 56 30

§ 103　　　　　　　　　　　　　　　　　　　　　IV. 5. 3. Personelle Einzelmaßnahmen

zu § 15 KSchG 1969 [unter II 6]; s. näher hierzu Rdn. 69 ff.). Bei dieser Lösung bleibt freilich der kollektivrechtliche Amtsschutz in Gestalt des Zustimmungserfordernisses des § 103 erhalten, obwohl es hierfür keinen sachlichen Grund gibt, weil es bei den typischen Massenänderungskündigungen lediglich um eine inhaltliche Umgestaltung und nicht um eine Beendigung des Arbeitsverhältnisses des Amtsträgers geht, so dass eine Gefahr für die Kontinuität der Amtsführung, der mit dem Zustimmungserfordernis begegnet werden sollte, nicht besteht, wie das BAG selbst einräumt (BAG 21.06.1995 EzA § 15 KSchG n. F. Nr. 43 = AP Nr. 36 zu § 15 KSchG 1969 [unter B II 2b]). Der Zwang zur Durchführung des Zustimmungsverfahrens ist daher in den Fällen der betriebsbedingten Massenänderungskündigung nach Sinn und Zweck der Vorschrift nicht zu rechtfertigen, die hiermit verbundene Kündigungserschwerung mithin für den Arbeitgeber unzumutbar (a. M. *Etzel/Rinck/*KR § 103 BetrVG Rn. 62: die Durchführung des Zustimmungsverfahrens sei dem Arbeitgeber in jedem Falle zumutbar). Auch dies spricht für eine teleologische Reduktion des § 15 KSchG. Lässt man bei Umstrukturierungsmaßnahmen eine ordentliche betriebsbedingte Kündigung auch gegenüber Amtsträgern zu, sofern diesen damit lediglich dieselben Änderungen zugemutet werden wie anderen vergleichbaren Arbeitnehmern, so entfällt automatisch das Zustimmungserfordernis.

31　Die **ordentliche Kündigung** des in § 103 genannten Personenkreises ist wegen ihrer betriebsverfassungsrechtlichen Funktion während der Amtszeit (s. hierzu Rdn. 15 ff.) regelmäßig ausgeschlossen (§ 15 Abs. 1 und 3 KSchG). Eine **Ausnahme** hiervon gilt nur für betriebsbedingte Kündigungen aus Anlass der Stilllegung des ganzen Betriebes oder einer Betriebsabteilung (**§ 15 Abs. 4 und 5 KSchG**) sowie für in Heimarbeit Beschäftigte, wenn die Vergabe der Heimarbeit eingestellt wird (§ 29a Abs. 3 HAG). In beiden Fällen handelt es sich um eine ordentliche Kündigung. Die Kündigung bedarf daher keiner Zustimmung gemäß § 103, sondern nur der Anhörung des Betriebsrats nach § 102 (h. M.; BAG 29.03.1977 EzA § 102 BetrVG 1972 Nr. 27 = AP Nr. 11 zu § 102 BetrVG 1972; 14.10.1982 EzA § 15 KSchG n. F. Nr. 29 = AP Nr. 1 zu § 1 KSchG 1969 Konzern; 20.01.1984 EzA § 15 KSchG n. F. Nr. 33 = AP Nr. 16 zu § 15 KSchG 1969; 18.09.1997 EzA § 15 KSchG n. F. Nr. 46 = AP Nr. 35 zu § 103 BetrVG 1972 [unter C II 2a]; *Etzel/Rinck/*KR § 103 BetrVG Rn. 60; *Fitting* § 103 Rn. 14; *Galperin/Löwisch* § 103 Rn. 50 ff.; *Huke/HWGNRH* § 103 Rn. 37; *Linck/APS* § 103 BetrVG Rn. 2; *Richardi/Thüsing* § 103 Rn. 25). Auch eine analoge Anwendung des § 103 kommt nicht in Betracht (*Bernstein* NZA 1993, 728 [729]; *Etzel/Kreft/*KR § 15 KSchG Rn. 120, 162; *Stahlhacke/SPV* [9. Aufl.] Rn. 1638 Fn. 65; **a. M.** *Bader* BB 1978, 616 ff.; *Belling* NZA 1985, 481 [483 ff.]). Im Rahmen des § 15 Abs. 4 und 5 KSchG kommt auch eine **Änderungskündigung** in Betracht, etwa wenn im Falle der Betriebsstilllegung die Weiterbeschäftigung in einem anderen Betrieb des Unternehmens (zur Berücksichtigung der Weiterbeschäftigungsmöglichkeit BAG 22.09.2005 EzA § 1 KSchG Betriebsbedingte Kündigung Nr. 141 unter B III 1; *Linck/APS* § 15 KSchG Rn. 146 m. w. N.) oder im Falle der Schließung einer Betriebsabteilung die in Abs. 5 vorgeschriebene Übernahme in eine andere Betriebsabteilung eine Änderung des Vertragsinhalts voraussetzt. Spricht hier der Arbeitgeber eine (ordentliche) Änderungskündigung aus, um seiner Pflicht zur Weiterbeschäftigung nachzukommen, so handelt es sich ebenfalls um eine Kündigung nach § 15 Abs. 4 oder 5 KSchG, auf die § 103 weder direkt noch entsprechend anwendbar ist (*LAG Nürnberg* 31.01.2014 LAGE § 103 BetrVG 2001 Nr. 16 Rn. 35 ff.; wohl auch BAG 12.03.2009 EzA § 15 KSchG n. F. Nr. 63 Rn. 25 f.).

32　Eine **Betriebsstilllegung** setzt nach Ansicht des BAG den ernstlichen und endgültigen Entschluss des Unternehmers voraus, die Betriebs- und Produktionsgemeinschaft für einen seiner Dauer nach unbestimmten, wirtschaftlich nicht unerheblichen Zeitraum aufzugeben (BAG 27.09.1984 EzA § 613a BGB Nr. 40 = AP Nr. 39 zu § 613a BGB [unter B III 2]; 21.06.2001 EzA § 15 KSchG n. F. Nr. 53 = AP Nr. 50 zu § 15 KSchG 1969 [unter II 1a]; 13.02.2003 EzA § 613a BGB 2002 Nr. 2 = AP Nr. 24 zu § 611 BGB Organvertreter [unter II 3a]). In diesem Fall ist die Kündigung regelmäßig frühestens **zum Zeitpunkt der Stilllegung zulässig**. Eine Ausnahme gilt, wenn zwingende betriebliche Erfordernisse die Kündigung zu einem früheren Zeitpunkt bedingen. Dies ist etwa dann anzunehmen, wenn für den Amtsträger keinerlei Beschäftigungsmöglichkeit mehr vorhanden ist (BAG 21.06.2001 EzA § 15 KSchG Nr. 53 = AP Nr. 50 zu § 15 KSchG 1969; *Etzel/Kreft/*KR § 15 KSchG Rn. 129; *Linck/APS* § 15 KSchG Rn. 151). Soll lediglich eine Betriebsabteilung stillgelegt werden, so sind die dort beschäftigten Amtsträger grundsätzlich **in eine andere Betriebsabteilung zu übernehmen** (§ 15 Abs. 5 KSchG). Soweit in einer anderen Betriebsabteilung ein gleichwertiger Arbeitsplatz vorhanden, aber nicht frei, sondern mit einem anderen Arbeitnehmer besetzt ist, muss der Arbeitgeber versuchen, diesen durch geeignete Maßnahmen (Umverteilung der Arbeit, Versetzung im Wege des Direktionsrechts, ggf. Kündigung) frei zu machen. Ist auch dies nicht möglich, ist der Arbeitgeber – soweit möglich – gehalten, dem Amtsträger eine geringerwertige Beschäftigung anzubieten und ggf. eine Änderungskündigung auszusprechen. Dagegen ist er nicht verpflichtet, den Amtsträger auf einen höherwertigen Arbeitsplatz in einer anderen Abteilung zu übernehmen (*BAG* 23.02.2010 EzA § 15 KSchG n. F. Nr. 66 = AP Nr. 66 zu § 15 KSchG 1969 Rn. 37 ff. m. w. N.). Nur wenn die Übernahme des Amtsträgers in eine andere Abteilung aus betrieblichen Gründen nicht möglich ist, gilt § 15 Abs. 4 KSchG entsprechend (zu den Voraussetzungen i. E. *Etzel/Kreft*/KR § 15 KSchG Rn. 154 ff.). Voraussetzungen für die Annahme einer derartigen **Betriebsabteilung** sind das Vorliegen einer personellen Einheit, organisatorische Abgrenzbarkeit, eigene technische Betriebsmittel und eigener Betriebszweck (*BAG* 20.01.1984 EzA § 15 KSchG n. F. Nr. 33 = AP Nr. 16 zu § 15 KSchG 1969; 11.10.1989 EzA § 1 KSchG Betriebsbedingte Kündigung Nr. 64 = AP Nr. 47 zu § 1 KSchG 1969 Betriebsbedingte Kündigung; 23.02.2010 EzA § 15 KSchG n. F. Nr. 66 = AP Nr. 66 zu § 15 KSchG 1969 Rn. 29). Liegen diese Voraussetzungen nicht vor, handelt es sich bei dem Betriebsteil also nicht um eine Betriebsabteilung, so scheidet eine ordentliche Kündigung gemäß § 15 Abs. 5 KSchG aus (*Etzel/Kreft*/KR § 15 KSchG Rn. 152; *Fitting* § 103 Rn. 20). Die Vorschrift des § 15 Abs. 5 KSchG gilt im Übrigen nur für die Stilllegung einer Betriebsabteilung ohne eigenen Betriebsrat (*Etzel/Kreft*/KR § 15 KSchG Rn. 149; *Fitting* § 103 Rn. 20). Ist der Betriebsteil gemäß § 4 Abs. 1 als selbständiger Betrieb anzusehen und haben die Arbeitnehmer für den Betriebsteil einen eigenen Betriebsrat gewählt (also nicht von der Möglichkeit des § 4 Abs. 1 Satz 2 Gebrauch gemacht), so richtet sich die Kündigung von Amtsträgern ausschließlich nach § 15 Abs. 4.

In den Fällen der **Betriebsveräußerung** kommt eine Kündigung gemäß § 15 Abs. 4 und 5 KSchG nicht in Betracht. Vielmehr gehen bei Veräußerung des gesamten Betriebs die Arbeitsverhältnisse sämtlicher Arbeitnehmer und damit auch die der in Abs. 1 genannten Personen gemäß § 613a Abs. 1 BGB auf den neuen Betriebsinhaber über (vgl. auch *Oetker* § 111 Rdn. 75). Dasselbe gilt bei Veräußerung eines Betriebsteils für die dort beschäftigten Arbeitnehmer. Die Frage der Kündigung stellt sich jedoch, wenn **ein Betriebsratsmitglied dem Übergang seines Arbeitsverhältnisses widerspricht**. Hier muss der Arbeitgeber analog § 15 Abs. 4, 5 KSchG das Arbeitsverhältnis kündigen können, wenn er keine anderweitige Beschäftigungsmöglichkeit hat (i. E. ganz h. M.; *BAG* 18.09.1997 EzA § 15 KSchG n. F. Nr. 46 = AP Nr. 35 zu § 103 BetrVG 1972; 07.10.2004 EzA § 15 KSchG n. F. Nr. 57 = AP Nr. 56 zu § 15 KSchG 1969 [unter II 1]; wie hier für analoge Anwendung *Grauer* BB 1990, 1127; *Kraft* Anm. zu *BAG* EzA § 15 KSchG n. F. Nr. 46; *Weber/Lohr* BB 1999, 2350 [2352]; für unmittelbare Anwendung mit unterschiedlicher Argumentation *Etzel/Kreft*/KR § 15 KSchG Rn. 153; *von Hoyningen-Huene* in: *von Hoyningen-Huene/Linck* KSchG, § 15 Rn. 162; diese Frage offen lassend *BAG* 18.09.1997 EzA § 15 KSchG n. F. Nr. 46 = AP Nr. 35 zu § 103 BetrVG 1972 [unter C II 2 B cc]; *Fitting* § 103 Rn. 17; vgl. aber jetzt *BAG* 07.10.2004 EzA § 15 KSchG n. F. Nr. 57 = AP Nr. 56 zu § 15 KSchG 1969 [unter II 1]: »§ 15 V KSchG entsprechend angewandt«). Da es sich um eine ordentliche Kündigung handelt, bedarf diese nicht der Zustimmung des Betriebsrats gemäß § 103, sondern nur der vorherigen Anhörung gemäß § 102. Ist der Arbeitgeber zum – für die Wirksamkeit der Kündigung maßgeblichen – Zeitpunkt des Zugangs der Kündigung entschlossen, den Betrieb stillzulegen, kommt es aber **nachträglich** doch **zu einem Übergang des Betriebs** auf einen neuen Inhaber, soll nach Ansicht des *BAG* die ordentliche Kündigung des Amtsträgers gegenstandslos werden, weil das Arbeitsverhältnis auf den Erwerber übergegangen sei (*BAG* 23.04.1980 EzA § 15 KSchG n. F. Nr. 24 = AP Nr. 8 zu § 15 KSchG 1969 unter III 1; zust. *Fitting* § 103 Rn. 19). Dies ist freilich ungenau. Die Kündigung wird nicht einfach »gegenstandslos«. Der Erwerber tritt nämlich in das Arbeitsverhältnis in dem Zustand ein, in dem es bei Übergang besteht. Ist es zu diesem Zeitpunkt wirksam gekündigt, so beendet die Kündigung das Arbeitsverhältnis, auch wenn es zum Betriebsübergang kommt. Richtigerweise steht dem Amtsträger aber in diesem Fall ein **Anspruch auf Wiedereinstellung zu** (*BAG* 25.10.2007 EzA § 613a BGB 2002 Nr. 80 Rn. 18 ff.; 25.09.2008 EzA § 613a BGB 2002 Nr. 98 Rn. 33; näher *Treber*/KR § 613a Rn. 132 ff.).

Liegen die Voraussetzungen des § 15 Abs. 4 oder 5 KSchG vor, so ist dennoch nur eine außerordentliche Kündigung zulässig, wenn **in einem Tarifvertrag die ordentliche Kündigung ausgeschlossen** ist und diese Tarifklausel auf das Arbeitsverhältnis des Amtsträgers Anwendung findet (sog. Unkündbarkeit). Eine solche außerordentliche Kündigung bedarf jedoch nicht der Zustimmung des Betriebsrats gemäß § 103 Abs. 1 (*BAG* 18.09.1997 EzA § 15 KSchG n. F. Nr. 46 *[Kraft]* = AP Nr. 35 zu § 103 BetrVG 1972 *[Hilbrandt]*; *Etzel/Kreft/*KR § 15 KSchG Rn. 100, 125; *Hilbrandt* NZA 1998, 1258 [1260 f.]). Nach der Wertung des § 15 Abs. 4 und 5 KSchG soll der Arbeitgeber bei Stilllegung des gesamten Betriebes oder einer Betriebsabteilung das Arbeitsverhältnis ohne die Einschränkungen des Amtsschutzes beenden können. In solchen Fällen erscheint es nämlich ausgeschlossen, dass der Arbeitgeber die Möglichkeit der Kündigung zur Beeinflussung der Tätigkeit der Amtsträger einsetzt oder die Kündigung dazu benutzt, sich unbequemer Mandatsträger zu entledigen, da von der Kündigung nicht nur der einzelne Amtsträger, sondern sämtliche Arbeitnehmer des Betriebs oder der Betriebsabteilung betroffen sind. Der Schutz der Kontinuität der Amtsführung findet seine Grenze in der Entscheidung des Arbeitgebers, den gesamten Betrieb oder eine Betriebsabteilung stillzulegen. Da die Gefahrenlage, der das Zustimmungserfordernis des § 103 Rechnung tragen soll (s. Rdn. 1) nicht besteht, muss die Zustimmungspflicht auch dann entfallen, wenn aufgrund einer tariflichen Kündigungsbeschränkung bei Stilllegung des Betriebs oder einer Betriebsabteilung ausnahmsweise nur eine außerordentliche Kündigung zulässig ist. § 103 bedarf insoweit einer teleologischen Reduktion.

35 **Endet das Arbeitsverhältnis aus einem anderen Grund** (Befristung, Aufhebungsvertrag, Kündigung des Arbeitnehmers oder ähnliches), so ist § 103 nicht anwendbar (h. M.; s. nur *LAG Schleswig-Holstein* 14.06.2012 – 5 TaBV 3/12 – juris, Rn. 74; *Fitting* § 103 Rn. 13). Auch individualrechtlich gelten für die übrigen Beendigungstatbestände keine strengeren Anforderungen, wenn diese zum Ausscheiden eines Amtsträgers führen. So ist – entgegen einer in der Instanzrechtsprechung vertretenen Ansicht (*ArbG München* 08.10.2010 AiB 2011, 267) – für eine Einschränkung der nach § 14 Abs. 2 TzBfG zulässigen sachgrundlosen Befristung kein Raum. Eine solche ist auch nicht unionsrechtlich im Hinblick auf den Amtsschutz des Art. 7 RL 2002/14/EG im Wege der richtlinienkonformen Auslegung geboten (*BAG* 05.12.2012 EzA § 14 TzBfG Nr. 89 = AP Nr. 102 zu § 14 TzBfG Rn. 36 ff.; *LAG Berlin-Brandenburg* 04.11.2011 LAGE § 14 TzBfG Nr. 67a Rn. 31; *LAG Niedersachsen* 08.08.2012 LAGE § 14 TzBfG Nr. 71b = BB 2012, 2760 Rn. 73 ff.; *Benecke* EuZA 2016, 34 [39]). Die **Nichtverlängerung eines befristeten Arbeitsverhältnisses** mit einem Amtsträger oder die Nichtübernahme in ein unbefristetes Arbeitsverhältnis kann aber gegen das Benachteiligungsverbot des § 78 Satz 2 verstoßen, wenn sie gerade wegen der Amtstätigkeit erfolgt (*BAG* 05.12.2012 EzA § 14 TzBfG Nr. 89 Rn. 47; s. a. Rdn. 5 sowie *Kreutz* § 78 Rdn. 75). Die Folge eines solchen Verstoßes kann ein Anspruch des benachteiligten Amtsträgers auf Abschluss eines (befristeten oder unbefristeten) Arbeitsvertrages sein (*LAG Berlin-Brandenburg* 04.11.2011 LAGE § 14 TzBfG Nr. 67a Rn. 26; *LAG Niedersachsen* 08.08.2012 LAGE § 14 TzBfG Nr. 71b Rn. 88; *Benecke* EuZA 2016, 34 [43 f.]). Im Falle eines **Auflösungsantrages** des Arbeitgebers nach **§ 9 Abs. 1 S. 2 KSchG** kommt eine entsprechende Anwendung des § 103 Abs. 1 in Betracht, wenn zwar die Kündigung vor Eintritt des besonderen Kündigungsschutzes zugegangen ist, die Auflösung aber zu einem Zeitpunkt wirksam würde, in dem der Amtsschutz besteht, und der Auflösungsantrag auf Gründe gestützt wird, die erst nach Eintritt des Amtsschutzes entstanden sind (*LAG Berlin* 27.05.2004 LAGE § 9 KSchG Nr. 36; *Biebl/APS* § 9 KSchG Rn. 58; *Kiel/*ErfK § 9 KSchG Rn. 20; s. a. *Spilger/*KR § 9 KSchG Rn. 76, der annimmt, dass § 15 KSchG, § 103 leges speciales im Verhältnis zu § 9 KSchG seien mit der Folge, dass während der Dauer des Sonderkündigungsschutzes generell nur eine Kündigung und keine gerichtliche Auflösung möglich sei). Eine solche Analogie scheidet allerdings aus, wenn zum Zeitpunkt der Entscheidung über den Auflösungsantrag der Sonderkündigungsschutz nicht mehr besteht, und zwar unabhängig davon, ob der Antrag auf Vorgänge während oder außerhalb der Zeit des Sonderkündigungsschutzes gestützt wird (*BAG* 29.08.2013 EzA § 9 KSchG n. F. Nr. 65 Rn. 27 f.). Zu dem besonderen Schutz der Auszubildenden, die Amtsträger waren, vgl. § 78a.

b) Versetzung

36 Gemäß § 103 Abs. 3 bedarf auch die Versetzung eines Arbeitnehmers, der zu dem in Abs. 1 genannten Personenkreis gehört, der Zustimmung des Betriebsrats. Maßgeblich für den Versetzungsbegriff ist wie in § 99 die Legaldefinition des § 95 Abs. 3 (*Fitting* § 103 Rn. 65; *Richardi/Thüsing* § 103 Rn. 31). Versetzung im betriebsverfassungsrechtlichen Sinne ist danach die **Zuweisung eines anderen Arbeitsbereichs als rein tatsächlicher Vorgang**. Gegenstand der Mitbestimmung ist die Frage, ob der Arbeitgeber den Arbeitnehmer in dem anderen Arbeitsbereich tatsächlich beschäftigen darf (*Fitting* § 99

Rn. 118 ff.; *v. Hoyningen-Huene/Boemke* Die Versetzung, S. 36 f.; *v. Hoyningen-Huene* NZA 1993, 145 [146, 150]; *Raab* ZfA 1995, 479 [496 f.]). Ohne Bedeutung für das Eingreifen des Mitbestimmungsrechts ist dagegen, ob und unter welchen Voraussetzungen der Arbeitgeber individualrechtlich befugt ist, dem Arbeitnehmer einen anderen Arbeitsbereich zuzuweisen. Die individualrechtlichen Maßnahmen des Arbeitgebers, mit denen er eine entsprechende Verpflichtung des Arbeitnehmers begründen will, unterliegen als solche nicht der Mitbestimmung. Für § 103 Abs. 3 gilt insoweit dasselbe wie für § 99 (s. § 99 Rdn. 120). Ist individualrechtlich eine (außerordentliche) Änderungskündigung erforderlich, so bedarf schon diese gemäß § 103 Abs. 1 der Zustimmung des Betriebsrats. Die Zustimmungspflichtigkeit der Versetzung ist demgegenüber ohne eigenständige Bedeutung. Erfolgt die **Versetzung wegen der Stilllegung des Betriebs oder einer Betriebsabteilung** und spricht der Arbeitgeber zu diesem Zweck eine (ordentliche) Änderungskündigung aus (§ 15 Abs. 4 und 5 KSchG), so ist die Kündigung nicht nach § 103 Abs. 1 mitbestimmungspflichtig (s. Rdn. 31). Auch § 103 Abs. 3 findet in diesen Fällen keine Anwendung (*LAG Nürnberg* 31.01.2014 LAGE § 103 BetrVG 2001 Nr. 16 Rn. 37 ff.; zust. *Bachner/DKKW* § 103 Rn. 72; *Etzel/Rinck/KR* § 103 BetrVG Rn. 178). Ansonsten ergäbe sich der Wertungswiderspruch, dass der Amtsträger im Falle der Versetzung durch Änderungskündigung stärker geschützt würde als bei einer Beendigungskündigung, obwohl letztere den viel stärkeren Eingriff in die Rechtsposition des Amtsträgers darstellt. Für eine Ungleichbehandlung fehlt im Übrigen jegliche Rechtfertigung, liegen doch die Gründe, die den Gesetzgeber in § 15 Abs. 4 und 5 KSchG zu einer Sonderregelung veranlasst haben, bei einer Änderungskündigung zum Zwecke der Versetzung in gleicher Weise vor. Die Regelung des Abs. 3 hat ihren Anwendungsbereich also in den Fällen, in denen der Arbeitgeber dem Arbeitnehmer individualrechtlich **kraft Direktionsrecht** einen anderen Arbeitsbereich zuweisen kann (*LAG Nürnberg* 31.01.2014 LAGE § 103 BetrVG 2001 Nr. 16 Rn. 38 ff.; *Bachner/DKKW* § 103 Rn. 72; *Etzel/Rinck/KR* § 103 BetrVG Rn. 178; *Fitting* § 103 Rn. 65; *Richardi/Thüsing* § 103 Rn. 30). Hier schließt der Abs. 3 eine aus Sicht des Gesetzgebers bestehende Lücke (vgl. auch *Richardi/Annuß* DB 2001, 41 [45]), da solche Versetzungen zuvor allenfalls von § 99 erfasst wurden, der dem Betriebsrat nur ein (an die Gründe des § 99 Abs. 2) gebundenes Zustimmungsverweigerungsrecht gibt und außerdem dem Arbeitgeber die Möglichkeit der vorläufigen Durchführung der Versetzung gemäß § 100 offen lässt, eine analoge Anwendung des § 103 Abs. 1 aber vom BAG abgelehnt worden war (*BAG* 11.07.2000 EzA § 103 BetrVG 1972 Nr. 42 = AP Nr. 44 zu § 103 BetrVG 1972; zum früheren Streitstand s. 10. Aufl. Rn. 36). Zu den Anforderungen an die Zuweisung eines anderen Arbeitsbereiches im Einzelnen s. § 99 Rdn. 84 ff.

Zustimmungspflichtig nach Abs. 3 sind nur Versetzungen, die zu einem **Verlust des Amtes oder der Wählbarkeit** führen. Bei Mitgliedern des Betriebsrats, der Jugend- und Auszubildendenvertretung, der Bordvertretung und des Seebetriebsrats führt der Verlust der Wählbarkeit automatisch auch zur Beendigung der Mitgliedschaft in dem jeweiligen Gremium, also zum Verlust des Amtes (§ 24 Abs. 1 Nr. 4, § 65 Abs. 1, § 115 Abs. 3, § 116 Abs. 2). Dasselbe gilt für die Mitglieder des Wahlvorstandes (s. *Kreutz* § 16 Rdn. 99). Die besondere Erwähnung des Verlustes der Wählbarkeit erklärt sich aus der Einbeziehung der Wahlbewerber, die noch kein Amt innehaben (*Richardi/Thüsing* § 103 Rn. 32; *Rieble* NZA 2001, Sonderheft S. 48 [59]). Da die in § 24 Abs. 1 neben dem Verlust der Wählbarkeit erwähnten Gründe für einen Amtsverlust für Abs. 3 ohne praktische Relevanz sind, da sie nicht die Folge einer Versetzung sein können, hätte es also zur Herbeiführung der gewünschten Rechtsfolge genügt, allein auf den Verlust der Wählbarkeit abzustellen. Der Gesetzgeber wollte jedoch auch im Wortlaut zum Ausdruck bringen, dass es bei dem Zustimmungserfordernis um die Sicherung und den Schutz der Amtsausübung geht (*Richardi/Thüsing* § 103 Rn. 32). 37

Der Verlust des Amtes und der Wählbarkeit kann zunächst bei einer **Versetzung in einen anderen Betrieb** desselben Unternehmens eintreten. Voraussetzung ist jedoch, dass die **Versetzung auf Dauer** erfolgt. Eine vorübergehende Abordnung lässt hingegen die Wählbarkeit in dem entsendenden Betrieb unberührt (s. § 7 Rdn. 45, § 8 Rdn. 21; *Oetker* § 24 Rdn. 57; ebenso *Etzel/Rinck/KR* § 103 BetrVG Rn. 180; *Fitting* § 24 Rn. 34, § 103 Rn. 66; *Richardi/Thüsing* § 24 Rn. 22). Schwierig zu beantworten ist, nach welchen Kriterien die Unterscheidung zwischen einer dauernden und einer vorübergehenden Versetzung erfolgen soll. Da die Wählbarkeit von der Betriebszugehörigkeit abhängt (s. § 7 Rdn. 17 ff.), kommt es darauf an, ob der Arbeitnehmer trotz des Einsatzes in dem aufnehmenden Betrieb die Zugehörigkeit zum entsendenden Betrieb behält. Allein die Tatsache, dass bereits 38 bei der Versetzung die Rückkehr des Arbeitnehmers in den entsendenden Betrieb geplant ist, dürfte kaum genügen, um ein Fortbestehen der Betriebszugehörigkeit während der Tätigkeit in dem anderen Betrieb anzunehmen. Eine Rückkehr kann auch bei länger dauernden Versetzungen von einem oder mehreren Jahren vorkommen. Die Dauer der Versetzung ist als Abgrenzungskriterium ebenfalls ungeeignet, da sich dem Gesetz keine verlässlichen Maßstäbe entnehmen lassen, ab welcher Zeitspanne eine die Wählbarkeit im entsendenden Betrieb ausschließende Versetzung vorliegt. Die Monatsfrist des § 95 Abs. 3 Satz 1 kann nicht herangezogen werden. Hiermit bringt das Gesetz lediglich zum Ausdruck, dass es die Zuweisung eines anderen Arbeitsbereiches für die Dauer von mehr als einem Monat als für den betroffenen Arbeitnehmer so belastend ansieht, dass es zur Begründung des Mitbestimmungsrechts nicht noch zusätzlich einer erheblichen Änderung der Umstände der Arbeitsleistung bedarf. Es geht also in erster Linie um die Bewertung der individuellen Interessen des betroffenen Arbeitnehmers, nicht um die Kontinuität der Amtsausübung. Maßgeblich für die Betriebszugehörigkeit dürfte vielmehr sein, ob dem Arbeitnehmer auch im entsendenden Betrieb nach wie vor ein Arbeitsbereich zugewiesen ist (*Richardi/Thüsing* § 7 Rn. 34). Die Zugehörigkeit zum entsendenden Betrieb und damit die Wählbarkeit kann daher auch bei einer über den in § 95 Abs. 3 bezeichneten Zeitraum von einem Monat hinausgehenden Versetzung bestehen bleiben. Dagegen dürfte eine Versetzung mit einer Dauer von weniger als einem Monat kaum jemals die Zugehörigkeit zum entsendenden Betrieb entfallen lassen. Ein Indiz für die fortbestehende Betriebszugehörigkeit kann es sein, wenn der Arbeitsplatz des Arbeitnehmers im entsendenden Betrieb während seiner Abwesenheit nur befristet und nicht auf Dauer mit einem anderen Arbeitnehmer besetzt wird. Greift der besondere Versetzungsschutz des Abs. 3 nicht ein, weil die Versetzung nur vorübergehender Natur ist, so ist der Betriebsrat nach § 99 zu beteiligen, sofern die übrigen Voraussetzungen des § 95 Abs. 3 vorliegen.

39 Bleibt die Zugehörigkeit zum entsendenden Betrieb und damit die Wählbarkeit bestehen, so kann dennoch die Tätigkeit in dem aufnehmenden Betrieb der Wahrnehmung der Amtsaufgaben, etwa wegen zu großer räumlicher Entfernung, entgegenstehen. Die Versetzung führt damit zu einer **vorübergehenden Verhinderung** gemäß § 25 Abs. 1 Satz 2, so dass für das Betriebsratsmitglied (oder einen anderen Funktionsträger) ein Ersatzmitglied nachrückt. Auch eine solche Versetzung kann folglich die Funktionsfähigkeit des Organs und die Kontinuität der Amtsführung beeinträchtigen. Nach dem eindeutigen Wortlaut, der die Zustimmungsbedürftigkeit an den Verlust des Amtes knüpft, wird dieser Fall jedoch nicht erfasst. Hier bleibt es bei dem **relativen Amtsschutz** durch das **Behinderungsverbot des § 78 Satz 1**. Je größer die Störung der Tätigkeit des Betriebsverfassungsorgans ist, umso gravierender müssen die betrieblichen Gründe sein, die die Versetzung bedingen (vgl. auch *Kreutz* § 78 Rdn. 39). So dürfte beispielsweise die vorübergehende Versetzung eines Mitglieds des Wahlvorstandes während der entscheidenden Phase der Betriebsratswahl in der Regel unzulässig sein.

40 Auch die **Ausgliederung des Betriebsteils**, in dem der Amtsträger beschäftigt ist, führt zum Verlust der Wählbarkeit. Eine Ausnahme gilt nur dann, wenn der ausgegliederte Betriebsteil mangels Betriebsratsfähigkeit dem Hauptbetrieb zuzuordnen ist (§ 4 Abs. 2). Wird der ausgegliederte Betriebsteil als selbständiger (betriebsratsfähiger) Betrieb fortgeführt, so bleibt der bisherige Betriebsrat gemäß § 21a Abs. 1 auch für den ausgegliederten Betriebsteil zuständig. Der Verlust der Wählbarkeit führt also in diesem Fall ausnahmsweise nicht zum Verlust des Amtes. Dasselbe gilt, wenn der ausgegliederte Betriebsteil in einen anderen Betrieb eingegliedert wird, in dem kein Betriebsrat besteht. Auch hier bleibt der Betriebsrat gemäß § 21a in seiner bisherigen Besetzung, also mit den in dem ausgegliederten Betriebsteil beschäftigten Mitgliedern, im Amt. Der Fortbestand des Amtes schließt allerdings den Versetzungsschutz nicht aus, da nach dem Gesetz auch der Verlust der Wählbarkeit allein die Zustimmungspflicht auslöst. Dennoch ist die Maßnahme nicht nach Abs. 3 zustimmungspflichtig, weil die Ausgliederung des Betriebsteiles keine Versetzung darstellt (ebenso i. E. *Annuß* NZA 2001, 367 [369]; *Fitting* § 103 Rn. 67; *Rieble* NZA 2001, Sonderheft S. 48 [58]; **a. M.** *Etzel/Rinck*/KR § 103 BetrVG Rn. 180). Dies gilt auch dann, wenn mit der Ausgliederung eine räumliche Verlegung des Betriebsteils verbunden ist und man hier für eine Versetzung i. S. d. § 95 Abs. 3 die reine Ortsveränderung genügen lässt (s. hierzu § 99 Rdn. 93 ff.). Ansonsten würde nämlich die Wertentscheidung des § 111 Satz 3 Nr. 3, der dem Betriebsrat hinsichtlich des »Ob« der Durchführung einer Betriebsspaltung ein Mitbestimmungsrecht versagt, auf dem Umweg über §§ 99, 103 Abs. 3 ausgehebelt. Abs. 3 findet jedoch Anwendung, wenn dem Betriebsratsmitglied ein Arbeitsplatz in dem ausgegliederten Betriebsteil zugewiesen wird.

Zum Verlust der Wählbarkeit führt eine Versetzung auch dann, wenn **dem Amtsträger die Stelle eines leitenden Angestellten i. S. d. § 5 Abs. 3 und 4 zugewiesen wird**. Allerdings ist dieser Fall wohl nur von theoretischer Bedeutung, da die Beförderung zum leitenden Angestellten praktisch stets mit Einverständnis des Arbeitnehmers (s. dazu Rdn. 42) erfolgen wird, so dass aus diesem Grunde Abs. 3 keine Anwendung findet (*Etzel/Rinck*/KR § 103 BetrVG Rn. 180; *Kaiser*/LK § 103 Rn. 2, 18; *Linck*/APS § 103 BetrVG Rn. 53; *Rieble* NZA 2001, Sonderheft S. 48 [58]). 41

Die Versetzung unterliegt nicht der Zustimmung nach Abs. 3, wenn sie mit **Einverständnis des betroffenen Arbeitnehmers** erfolgt (s. a. § 47 Abs. 2 Satz 1 BPersVG). Damit trägt das Gesetz der Tatsache Rechnung, dass die Kontinuität der Amtsführung nicht gegen den Willen des Amtsträgers gesichert werden kann, weil dieser jederzeit sein Amt niederlegen könnte (s. *Oetker* § 24 Rdn. 10). Es handelt sich um dieselbe Erwägung, die im Rahmen des § 99 dazu führt, ein Mitbestimmungsrecht zu verneinen, wenn ein Arbeitnehmer mit seinem Einverständnis auf Dauer in einen anderen Betrieb versetzt wird (s. § 99 Rdn. 121 ff.; hierzu BAG 20.09.1990 EzA § 99 BetrVG 1972 Nr. 95 = AP Nr. 84 zu § 99 BetrVG 1972; 26.01.1993 EzA § 99 BetrVG 1972 Nr. 109 = AP Nr. 102 zu § 99 BetrVG 1972; *Fitting* § 99 Rn. 171; *Richardi/Thüsing* § 99 Rn. 141). Deshalb sind auch hinsichtlich der Anforderungen an das Einverständnis dieselben Maßstäbe anzulegen. Die Zustimmungspflichtigkeit entfällt nur dann, wenn die Zuweisung des anderen Arbeitsbereiches auf Wunsch des Arbeitnehmers erfolgt oder seine Zustimmung Ergebnis einer freien Entscheidung ist (BAG 20.09.1990 EzA § 99 BetrVG 1972 Nr. 95 = AP Nr. 84 zu § 99 BetrVG 1972; ebenso *Bachner*/DKKW § 103 Rn. 75, *Huke*/HWGNRH § 103 Rn. 30). Letzteres dürfte nicht einfach festzustellen sein. Insbesondere schließt nicht jeder, im Falle der Ablehnung eintretende Nachteil die Freiheit des Willensentschlusses aus. Da das Einverständnis als Ausnahmetatbestand formuliert ist, trägt der Arbeitgeber im Prozess die (objektive) Beweislast. Lässt sich nicht klären, ob das Einverständnis Ergebnis eines freien Willensentschlusses ist, so bedarf die Versetzung der Zustimmung. 42

Voraussetzung für das Entfallen des Zustimmungsrechtes ist, dass der Arbeitnehmer sein Einverständnis »mit der Versetzung«, also mit der Beschäftigung in dem konkreten anderen Arbeitsbereich i. S. d. § 95 Abs. 3, erklärt hat. Erforderlich ist demnach die **Zustimmung** des Arbeitnehmers **im jeweiligen Einzelfall**. Es genügt folglich nicht, dass der Arbeitnehmer durch Abschluss des Arbeitsvertrages einer Versetzungsklausel zugestimmt hat, die den Arbeitgeber zum Einsatz auf dem anderen Arbeitsplatz kraft einseitiger Weisung ermächtigt (*Fitting* § 103 Rn. 70; *Kaiser*/LK § 103 Rn. 19; *Linck*/APS § 103 BetrVG Rn. 54; *Richardi/Thüsing* § 103 Rn. 33; *Ricken*/HWK § 103 BetrVG Rn. 28). Gleichgültig ist dagegen, zu welchem **Zeitpunkt** das Einverständnis erklärt wird. Wird die Versetzung zunächst ohne Zustimmung des Arbeitnehmers durchgeführt, erklärt dieser aber nachträglich sein Einverständnis, so entfällt das Zustimmungsrecht des Betriebsrats (*Fitting* § 103 Rn. 70; *Huke*/HWGNRH § 103 Rn. 30; *Kania*/ErfK § 103 BetrVG Rn. 6; *Richardi/Thüsing* § 103 Rn. 33; zu den Auswirkungen auf die Wirksamkeit der Versetzung s. Rdn. 107). 43

Fraglich ist, ob und inwieweit der Arbeitnehmer **an ein** einmal **erteiltes Einverständnis gebunden** ist. Ist die Versetzung nicht vom Direktionsrecht gedeckt, so hat das Einverständnis die Bedeutung der Zustimmung zu einem schuldinhaltsändernden Vertrag i. S. d. § 311 Abs. 1 BGB. Auch wenn man die Versetzung als tatsächlichen Vorgang von ihrer individualrechtlichen Grundlage unterscheiden muss (s. Rdn. 36), schließt die Einwilligung in eine Änderung der vertraglichen Leistungspflicht doch zugleich das Einverständnis mit dem tatsächlichen Einsatz auf dem anderen Arbeitsplatz ein. Da der Arbeitnehmer an die vertragliche Vereinbarung gebunden ist, kann er auch das Einverständnis mit der Versetzung nicht einseitig widerrufen (*Rieble* NZA 2001, Sonderheft S. 48 [59]). Könnte der Arbeitgeber dem Arbeitnehmer den anderen Arbeitsplatz aufgrund seines Direktionsrechts einseitig zuweisen, so ist die Zustimmung individualrechtlich nicht erforderlich. Der Arbeitgeber ist aber nicht gehindert, stattdessen eine einvernehmliche vertragliche Regelung mit dem Arbeitnehmer zu treffen. Eine solche Vereinbarung kommt zustande, wenn er die Zustimmung des Arbeitnehmers zu der Versetzung einholt. Hierdurch soll nicht zuletzt Rechtssicherheit geschaffen und die Wirksamkeit der Versetzung außer Zweifel gestellt werden. Deshalb ist der Arbeitnehmer auch in diesem Fall an die einmal getroffene Absprache gebunden (ebenso i. E. *Richardi/Thüsing* § 103 Rn. 33, *Rieble* NZA 2001, Sonderheft S. 48 [59]). 44

4. Geltung des § 103 im Arbeitskampf

45 Während eines Arbeitskampfes erfahren die Mitbestimmungsrechte des Betriebsrats Einschränkungen (näher hierzu *Kreutz/Jacobs* § 74 Rdn. 69 ff. mit umfassender Darstellung des Meinungsstandes). Zwar wird der Betriebsrat während des Arbeitskampfes keineswegs funktionsunfähig. Auch ein genereller oder auf arbeitskampfrelevante Maßnahmen beschränkter Ausschluss der Beteiligungsrechte lässt sich nicht begründen (*BAG* 10.12.2002 EzA § 80 BetrVG 2001 Nr. 1 = AP Nr. 59 zu § 80 BetrVG 1972 unter B III 2 m. w. N.). Jedoch **ergeben sich aus dem Neutralitätsgebot des § 74 Abs. 2 Satz 1 Schranken für die Ausübung der Beteiligungsrechte** (zutr. *Kreutz/Jacobs* § 74 Rdn. 72; s. a. § 102 Rdn. 17 ff.; **a. M.** hinsichtlich der dogmatischen Begründung *BAG* 10.12.2002 EzA § 80 BetrVG 2001 Nr. 1 = AP Nr. 59 zu § 80 BetrVG 1972 unter B III 3c: Einschränkung der Mitbestimmungsrechte im Wege der verfassungskonformen Auslegung in Form der teleologischen Reduktion, soweit dies zur Sicherung der Kampfmittelparität erforderlich ist). Eine Einschränkung der Beteiligungsrechte ist folglich geboten, wenn und soweit ihre Ausübung dazu führt, dass der vom Arbeitskampf auf den betroffenen Arbeitgeber ausgehende Druck verstärkt wird und sich die Ausübung des Beteiligungsrechts damit zumindest objektiv als »Maßnahme des Arbeitskampfes« auswirkt.

46 Danach bedürfen außerordentliche **Kündigungen** gegenüber besonders geschützten Arbeitnehmern wegen Teilnahme an rechtswidrigen Arbeitsniederlegungen nicht der Zustimmung des Betriebsrats gemäß § 103 Abs. 1 (*BAG* 14.02.1978 EzA § 15 KSchG n. F. Nr. 19 = AP Nr. 57 zu Art. 9 GG Arbeitskampf; 10.12.2002 EzA § 80 BetrVG 2001 Nr. 1 = AP Nr. 59 zu § 80 BetrVG 1972 unter B III 3b aa; vgl. auch *von Hoyningen-Huene* in: *von Hoyningen Huene/Linck* KSchG, § 15 Rn. 111; *Huke/HWGNRH* § 103 Rn. 4 ff.; *Richardi/Thüsing* § 103 Rn. 28; ebenso jetzt *Etzel/Rinck*/KR § 103 BetrVG Rn. 64 [abw. *Etzel* bis 10. Aufl.]). Gleiches gilt für außerordentliche Kündigungen gegenüber geschützten Amtsträgern während eines rechtmäßigen Streiks, sofern diese Kündigungen auf ein rechtswidriges Verhalten des Amtsträgers während des Arbeitskampfes – etwa die Teilnahme an Streikausschreitungen – gestützt werden. Dies ist nachgerade zwingend, wenn man dem Arbeitgeber als Reaktion auf rechtswidrige Kampfmaßnahmen das Mittel der Aussperrung versagt und ihn mit dem Argument, dass Rechtsbrüche mit den Mitteln des Rechts bekämpft werden müssen, auf die Kündigung verweist (zu dieser Problematik *Otto* Arbeitskampf- und Schlichtungsrecht, § 10 Rn. 87 ff.). Aber auch wenn man eine Abwehraussperrung gegen rechtswidrige Streiks für zulässig erachtet, darf die außerordentliche Kündigung als Verteidigungsinstrument nicht entwertet werden, weil man ansonsten den Arbeitgeber zu einer Ausweitung des Arbeitskampfes zwingen würde. Bei Bestehen der Zustimmungspflicht wäre eine Kündigung – da mit einer Zustimmung des Betriebsrats kaum zu rechnen ist – regelmäßig erst nach rechtskräftiger Ersetzung der Zustimmung, also u. U. erst nach 2 bis 3 Jahren möglich. Zumindest für die Dauer des Arbeitskampfes hätten die Amtsträger also keine Nachteile zu befürchten. Die Kündigung wäre damit als Instrument, um während des Arbeitskampfes Rechtsbrüche zu sanktionieren und damit andere Arbeitnehmer von solchen Rechtsverletzungen abzuhalten, untauglich, weil sie ihre Wirkung nur dann entfalten kann, wenn sie zur sofortigen Auflösung des Arbeitsverhältnisses führt und dem Arbeitgeber damit eine rasche Reaktion ermöglicht. Aus diesem Grunde ist auch der Ansicht des *BAG* zu widersprechen, wonach in den Fällen, in denen infolge des Arbeitskampfes das Zustimmungsrecht entfällt, die Kündigung erst ausgesprochen werden darf, wenn der Arbeitgeber – ebenso wie in einem betriebsratslosen Betrieb – in entsprechender Anwendung des § 103 Abs. 2 alsbald die Erteilung der Zustimmung beim Arbeitsgericht beantragt (*BAG* 14.02.1978 EzA § 15 n. F. KSchG Nr. 19 = AP Nr. 57 zu Art. 9 GG Arbeitskampf [zust. *Konzen*]; krit. dazu *Huke/HWGNRH* § 103 Rn. 4; *Kraft* FS *Gerhard Müller*, S. 264 [276]).

47 Die Interessenlage bei **Versetzung** eines Amtsträgers während des Arbeitskampfes unterscheidet sich wesentlich von der im Falle der Kündigung. Die Versetzung unterliegt nur dann der Zustimmung nach Abs. 3, wenn der Amtsträger auf Dauer in einen anderen Betrieb des Unternehmens versetzt werden soll. Anders als bei betriebsinternen Versetzungen, die im Rahmen eines Arbeitskampfes erforderlich werden können, um den Ausfall streikender Arbeitnehmer zu kompensieren (s. hierzu im Zusammenhang mit dem Mitbestimmungsrecht aus § 99 hier § 99 Rdn. 21), ist bei einer solchen dauernden Versetzung in einen anderen Betrieb kaum denkbar, dass sie zur Abwendung von arbeitskampfbedingten Folgen notwendig ist. Es dürfte daher vom Arbeitskampf ausgehenden Druck auf den Arbeitgeber nicht oder allenfalls geringfügig erhöhen, wenn er die Versetzung bei Verweigerung der Zustimmung des Betriebsrats frühestens nach einem erfolgreichen Zustimmungsersetzungsverfahren (und damit regelmäßig erst nach Beendigung des Arbeitskampfes) durchführen kann. Andererseits würde der Amtsträger, wenn der Arbeitgeber die Versetzung ohne die Zustimmung des Betriebsrats durchführen könnte, auf Dauer aus dem Amt ausscheiden. Bei Abwägung der beiderseitigen Interessen gebührt daher dem Schutz der Kontinuität der Amtsführung der Vorrang, so dass das Zustimmungsrecht des Abs. 3 auch im Falle des Arbeitskampfes uneingeschränkte Geltung beansprucht.

5. Fehlen eines Betriebsrats

Probleme bereitet die Anwendung des § 103, wenn in einem **betriebsratslosen Betrieb** Wahlbewerbern, Mitgliedern des Wahlvorstandes oder der Schwerbehindertenvertretung gekündigt werden soll. Nach dem Wortlaut des § 103 Abs. 1 setzt der betriebsverfassungsrechtliche besondere Kündigungs- und Versetzungsschutz die Existenz eines Betriebsrats voraus. Teilweise wird daher die Ansicht vertreten, dass die oben genannten Personen in betriebsratslosen Betrieben den besonderen Schutz nach § 103 nicht erhalten können (*Huke/HWGNRH* § 103 Rn. 76 f.). Indessen wird diese Meinung dem Sinn und Zweck der Vorschrift nicht gerecht. Ziel der Regelung ist es nämlich, das mit dem Ausscheiden aus dem Betrieb verbundene Ende der Tätigkeit dieser Personen u. a. im Interesse der Funktionsfähigkeit der Betriebsverfassung nicht allein von der Entscheidung des Arbeitgebers abhängig zu machen. Dieses gesetzgeberische Ziel kann in den Fällen, in denen in einem Betrieb ein Betriebsrat noch nicht oder nicht mehr existiert, durch Einschaltung dieses Gremiums offensichtlich nicht erreicht werden. Aus diesem Grunde nehmen das *BAG* (*BAG* 12.08.1976 EzA § 15 KSchG n. F. Nr. 9 = AP Nr. 2 zu § 15 KSchG 1969; 30.05.1978 EzA § 102 BetrVG 1972 Nr. 34 = AP Nr. 4 zu § 15 KSchG 1969; 16.12.1982 EzA § 103 BetrVG 1972 Nr. 29 = AP Nr. 13 zu § 15 KSchG 1969 [zust. *Kraft*]) und die h. M. in der Literatur (*Bachner/DKKW* § 103 Rn. 40; *Etzel/Rinck/KR* § 103 BetrVG Rn. 55 f.; *Galperin/Löwisch* § 103 Rn. 33; *von Hoyningen-Huene* in: *von Hoyningen-Huene/Linck* KSchG, § 15 Rn. 115; *Lepke* BB 1973, 895; *Richardi/Thüsing* § 103 Rn. 38; i. E. auch *Fitting* § 103 Rn. 11) zu Recht eine planwidrige Regelungslücke an, die durch analoge Anwendung des § 103 Abs. 2 zu schließen ist. Demzufolge ist in betriebsratslosen Betrieben die außerordentliche Kündigung oder Versetzung eines Mitgliedes des Wahlvorstandes oder eines Wahlbewerbers oder auch der Schwerbehindertenvertretung erst zulässig, wenn das Arbeitsgericht die Zustimmung rechtskräftig ersetzt hat (*BAG* 30.05.1978 EzA § 102 BetrVG 1972 Nr. 34 = AP Nr. 4 zu § 15 KSchG 1969).

Diese Grundsätze gelten wegen der gleichen Interessenlage auch dann, wenn es um die Kündigung oder Versetzung eines Amtsträgers in einem Betrieb geht, dessen **Betriebsrat nicht funktionsfähig** ist, (*BAG* 16.12.1982 EzA § 103 BetrVG 1972 Nr. 29 = AP Nr. 13 zu § 15 KSchG 1969 unter II 3 m. w. N.) und wenn der Betriebsrat nur aus dem von der Maßnahme betroffenen Arbeitnehmer besteht und ein Ersatzmitglied nicht vorhanden ist (*BAG* 14.09.1994 EzA § 103 BetrVG 1972 Nr. 36; *Bachner/DKKW* § 103 Rn. 40; *Fitting* § 103 Rn. 11; s. a. Rdn. 60). Sie gelten allerdings nicht für die Kündigung oder Versetzung von Betriebsratsmitgliedern, wenn die Betriebsratswahl nichtig ist. In diesem Fall können sich die gewählten Arbeitnehmer nicht auf § 103 berufen, da sie nie die Rechtsstellung von Betriebsratsmitgliedern erlangt haben (*BAG* 27.04.1976 EzA § 19 BetrVG 1972 Nr. 8 = AP Nr. 4 zu § 19 BetrVG 1972 unter 5 und 6).

III. Zustimmungserfordernis

1. Verhältnis von § 103 Abs. 1 und 2 zu § 102

§ 102 statuiert bereits eine Anhörungspflicht vor jeder außerordentlichen Kündigung; § 103 erklärt zusätzlich die Zustimmung des Betriebsrats zur zivilrechtlichen Wirksamkeitsvoraussetzung für Kündigungen gegenüber den dort genannten Personen (s. Rdn. 53). § 103 ist also als **Ergänzung zu § 102** zu sehen. Daraus folgt, dass der Arbeitgeber auch bei einer geplanten außerordentlichen Kündigung gegenüber einem Amtsträger den Betriebsrat so zu **informieren** hat, wie bei einer geplanten außerordentlichen Kündigung gegenüber anderen Arbeitnehmern. Er hat insbesondere dem Betriebsrat alle Gründe zu nennen, auf die er die Kündigung zu stützen beabsichtigt und gleichzeitig die Zustimmung des Betriebsrats zu beantragen (h. M.; *BAG* 23.04.2008 EzA § 103 BetrVG 2001 = AP Nr. 56 zu § 103 BetrVG 1972 Rn. 23; *Etzel/Rinck*/KR § 103 BetrVG Rn. 71 ff.; *Fitting* § 103 Rn. 33; *von Hoyningen-Huene* in: *von Hoyningen-Huene/Linck* KSchG, § 15 Rn. 117). Zum Nachschieben von Gründen s. Rdn. 84, 103 f. Leitet der Arbeitgeber ein Zustimmungsverfahren ein, so erfüllt er damit (bei ordnungsgemäßer Unterrichtung) **zugleich die Anforderungen einer Anhörung nach § 102 Abs. 1**. Eine selbständige Anhörung zu der Kündigung neben dem Zustimmungsverfahren ist nicht erforderlich. Spricht der Arbeitgeber während des Zustimmungsverfahrens oder eines gerichtlichen Ersetzungsverfahrens eine weitere (vorsorgliche) Kündigung aus, so wird hierdurch die in der Beteiligung nach § 103 Abs. 1 liegende Anhörung nicht verbraucht (s. hierzu § 102 Rdn. 27). Wird die Zustimmung vom Betriebsrat erteilt oder durch das Gericht ersetzt, kann der Arbeitgeber also die außerordentliche Kündigung aussprechen, ohne den Betriebsrat (erneut) anhören zu müssen (*BAG* 27.01.2011 EzA § 103 BetrVG 2001 Nr. 8 = AP Nr. 68 zu § 15 KSchG 1969 Rn. 27). Stellt sich heraus, dass der Arbeitnehmer den besonderen Kündigungsschutz nicht oder nicht mehr genießt, bedarf es ebenfalls keiner erneuten Anhörung zu einer außerordentlichen Kündigung (*BAG* 05.11.2009 EzA § 15 KSchG n. F. Nr. 64 = AP Nr. 65 zu § 15 KSchG 1969 Rn. 28; s. a. 17.03.2005 EzA § 28 BetrVG 2001 Nr. 1 = AP Nr. 6 zu § 27 BetrVG 1972 unter C III 3a). Liegt noch keine Stellungnahme des Betriebsrats vor, muss der Arbeitgeber den Betriebsrat nicht erneut informieren. Hat der Betriebsrat bereits eine abschließende Stellungnahme abgegeben, ist damit das Anhörungsverfahren abgeschlossen. Dies gilt unabhängig davon, ob der Betriebsrat die Zustimmung erteilt oder verweigert hat, weil dem Betriebsrat im Falle der außerordentlichen Kündigung im Rahmen des § 102 ohnehin keine spezifischen Mitwirkungsrechte zur Verfügung stehen, er insbesondere der Kündigung nicht nach § 102 Abs. 3 widersprechen kann (s. § 102 Rdn. 147). Will der Arbeitgeber zusätzlich (hilfsweise) ordentlich kündigen, so bedarf es der erneuten Anhörung zumindest dann nicht, wenn der Betriebsrat der (außerordentlichen) Kündigung im Rahmen von § 103 zugestimmt hat (s. § 102 Rdn. 63). Im umgekehrten Fall, also wenn der Arbeitgeber zunächst nur ein Anhörungsverfahren nach § 102 durchgeführt hat, kann dies dagegen die Beteiligung des Betriebsrats nach § 103 nicht ersetzen. Etwas anderes gilt freilich, wenn der Betriebsrat nach Einleitung des Verfahrens in Kenntnis des Sonderkündigungsschutzes die erforderliche Zustimmung nach § 103 erteilt (*BAG* 17.03.2005 EzA § 28 BetrVG 2001 Nr. 1 = AP Nr. 6 zu § 27 BetrVG 1972 unter C III 3b und c; zust. *Weinspach* SAE 2005, 320 [321]).

2. Verhältnis von § 103 Abs. 3 zu § 99

51 § 103 Abs. 3 erfasst von seinem Tatbestand auf Dauer angelegte Versetzungen in einen anderen Betrieb des Arbeitgebers ohne Einverständnis des betroffenen Arbeitnehmers. Handelt es sich bei dem betroffenen Arbeitnehmer nicht um einen Amtsträger, so besteht in solchen Fällen nach h. M. ein Zustimmungsrecht nach § 99 (*BAG* 20.09.1990 EzA § 99 BetrVG 1972 Nr. 95 = AP Nr. 84 zu § 99 BetrVG 1972; 26.01.1993 EzA § 99 BetrVG 1972 Nr. 109 = AP Nr. 102 zu § 99 BetrVG 1972; *Fitting* § 99 Rn. 138, 170 f.; *Richardi/Thüsing* § 99 Rn. 141; s. hierzu auch § 99 Rdn. 121 ff. m. w. N.). In den Fällen, in denen es um die Versetzung eines Amtsträgers geht, tritt das Zustimmungsverfahren des **§ 103 Abs. 3 als lex specialis** an die Stelle des Verfahrens nach § 99 (*BAG* 27.07.2016 EzA § 103 BetrVG 2001 Nr. 10 Rn. 48 ff.; *Fitting* § 103 Rn. 71; *Kaiser*/LK § 103 Rn. 51; *Richardi/Thüsing* § 103 Rn. 37; **a. M.** *Bachner*/DKKW § 103 Rn. 82; *Ricken*/HWK § 103 BetrVG Rn. 32). Die Regelung will den durch § 99 gewährten allgemeinen Versetzungsschutz im Interesse der Kontinuität der Amtsführung verstärken. Im Rahmen der systematisch-teleologischen Auslegung ist daher zu berücksichtigen, dass das Zustimmungsrecht nach Abs. 3 nach Inhalt und Umfang nicht hinter § 99 zurückbleiben darf. Soweit das Gesetz keine besonderen Regelungen enthält, kommt bei der Ausgestaltung des Mitbestimmungsrechts gegebenenfalls ein Rückgriff auf die in § 99 geregelten Grundsätze in Betracht (ebenso *Etzel/Rinck*/KR § 103 BetrVG Rn. 183; *Linck*/APS § 103 BetrVG Rn. 55; i. E. ähnlich *Bachner*/DKKW § 103 Rn. 82; *Ricken*/HWK § 103 BetrVG Rn. 32, die § 99 neben § 103 Abs. 3 für anwendbar halten).

3. Bedeutung der Zustimmung

a) Dogmatische Einordnung

Bei der Zustimmung des Betriebsrats handelt es sich um eine **Willenserklärung**. Die intendierte Rechtsfolge besteht in der Beseitigung der kollektivrechtlichen Kündigungsschranke. Die Zustimmung stellt daher ein einseitiges Rechtsgeschäft dar, das von der Kündigung zu trennen ist. Die Zustimmung ist nicht etwa Teil der Kündigung, sondern verhilft dieser lediglich zur zivilrechtlichen Wirksamkeit. In dieser Bedeutung als Hilfsrechtsgeschäft gleicht die Zustimmung nach § 103 der Zustimmung nach §§ 182 ff. BGB (zur Bedeutung der Zustimmung nach § 182 BGB *Bork* Allgemeiner Teil des Bürgerlichen Gesetzbuchs, 4. Aufl. 2016, Rn. 1695; *Staudinger/Gursky* BGB [2014] vor § 182 ff. Rn. 37). Dennoch sind die Vorschriften der **§§ 182 ff. BGB** auf die Zustimmung nach § 103 **nicht anwendbar** (*BAG* 04.03.2004 EzA § 103 BetrVG 2001 Nr. 3 = AP Nr. 50 zu § 103 BetrVG 1972; *Etzel/Rinck*/KR § 103 BetrVG Rn. 97 [abw. *Etzel* bis 10. Aufl.]; *Linck/APS* § 103 BetrVG Rn. 26; *Nägele-Berkner* Nachschieben, S. 104 f.; **a. M.** *LAG Hamm* 22.07.1998 LAGE § 103 BetrVG 1972 Nr. 13; *Fitting* § 103 Rn. 31; *Richardi/Thüsing* § 103 Rn. 49). Entgegen der Ansicht des *BAG* lässt sich dies allerdings nicht damit begründen, dass die Zustimmung nach § 103 stets vorher erteilt werden müsse. Dem ist zwar für die Kündigung i. E. zuzustimmen. Doch ergibt sich dies weniger aus § 103, als aus dem systematischen Zusammenhang mit § 15 Abs. 1 KSchG (s. Rdn. 53). Entscheidend ist, dass die §§ 182 ff. BGB nicht auf das kollektivrechtliche Zustimmungserfordernis passen. So kann die Zustimmung nach Sinn und Zweck des § 103 entgegen § 182 Abs. 1 BGB nur gegenüber dem Arbeitgeber erteilt werden. Auch eine freie Widerruflichkeit der vorherigen Zustimmung nach § 183 BGB wäre mit den Besonderheiten des Verfahrens unvereinbar (s. Rdn. 64). Schließlich würde eine Anwendung der §§ 182 Abs. 3, 111 Satz 2 und 3 BGB der Interessenlage kaum gerecht (*BAG* 04.03.2004 EzA § 103 BetrVG 2001 Nr. 3 = AP Nr. 50 zu § 103 BetrVG 1972; **a. M.** *LAG Hamm* 22.07.1998 LAGE § 103 BetrVG 1972 Nr. 13;; *Fitting* § 103 Rn. 31; *Richardi/Thüsing* § 103 Rn. 49). Das Zurückweisungsrecht bei einem zustimmungsbedürftigen einseitigen Rechtsgeschäft soll dem gesteigerten Bedürfnis nach Rechtssicherheit auf Seiten des Adressaten des Rechtsgeschäfts Rechnung tragen und einen für diesen unzumutbaren Schwebezustand vermeiden (vgl. etwa *Staudinger/Knothe* BGB [2012] § 111 Rn. 1). Eine vergleichbare Rechtsunsicherheit entsteht für den Arbeitnehmer im Falle des § 103 typischerweise nicht, da davon auszugehen ist, dass der Betriebsrat den betroffenen Amtsträger im Regelfalle zeitnah informiert und dieser vielfach bereits vor dem Arbeitgeber Kenntnis von dem Inhalt des Beschlusses erlangen wird (zust. *Nägele-Berkner* Nachschieben, S. 105). Außerdem ergäbe sich eine kaum zu rechtfertigende Ungleichbehandlung gegenüber den Fällen, in denen die Kündigung der Zustimmung einer Behörde bedarf (§ 17 Abs. 1 MuSchG [bis 01.01.2018: § 9 MuSchG], §§ 168 ff SGB IX [bis 01.01.2018: §§ 85 ff. SGB IX]). So kann die Kündigung des Schwerbehinderten nach Zustellung der Zustimmung des Integrationsamtes wirksam erfolgen (*Gallner*/KR §§ 85–90 SGB IX Rn. 112). Hier kann der Arbeitnehmer die Kündigung nicht zurückweisen, wenn ihm die Zustimmung nicht nachgewiesen wird. Vielmehr trägt das Gesetz der Ungewissheit über die Zustimmungserteilung im Rahmen der Regelung über die Klagefrist in § 4 Satz 4 KSchG Rechnung (*Friedrich/Klose*/KR § 4 KSchG Rn. 250 ff.; *Raab* RdA 2004, 321 [330]). Dann ist aber nicht einzusehen, warum dem betroffenen Arbeitnehmer bei der Zustimmung nach § 103 ein Zurückweisungsrecht nach §§ 182 Abs. 3, 111 Satz 2 BGB mit der Folge der Nichtigkeit der Kündigung bei fehlender Vorlage der Zustimmungserklärung zustehen sollte. Dies gilt umso mehr, als für die Entscheidung des Betriebsrats – anders als für die Entscheidung des Integrationsamtes (vgl. § 171 Abs. 2 SGB IX [bis 01.01.2018: § 88 Abs. 2 SGB IX]) – keine besondere Form vorgeschrieben ist, der Arbeitgeber also erst eine schriftliche Erteilung erzwingen müsste, was zu einer weiteren Verzögerung und damit Erschwerung der Kündigung führen würde (zutr. *BAG* 04.03.2004 EzA § 103 BetrVG 2001 Nr. 3 = AP Nr. 50 zu § 103 BetrVG 1972).

b) Zustimmung zur Kündigung

Die Zustimmung des Betriebsrats ist nach ganz herrschender Meinung **Voraussetzung für die zivilrechtliche Wirksamkeit** der Kündigung (*BAG* 22.08.1974 EzA § 103 BetrVG 1972 Nr. 6 *[Schlüter]* = AP Nr. 1 zu § 103 BetrVG 1972 unter C I 1; *Etzel/Rinck*/KR § 103 BetrVG Rn. 109; *Fitting* § 103 Rn. 24; *Huke/HWGNRH* § 103 Rn. 51). Zur Begründung der Unwirksamkeit der Kündigung bedarf es keines Rückgriffs auf § 134 BGB (so aber *BAG* 22.08.1974 EzA § 103 BetrVG 1972 Nr. 6 unter C I 1). Indem das Gesetz die Kündigung und damit das Rechtsgeschäft selbst zum Gegenstand der Mitbestimmung macht, beschränkt es die rechtsgeschäftliche Gestaltungsmacht des Arbeitgebers. Ein Handeln des Arbeitgebers ohne die Zustimmung ist daher rechtsgeschäftlich von vornherein wirkungslos (zutr. *Nägele-Berkner* Nachschieben, S. 103 f.; im selben Sinne bereits *Raab* ZfA 1995, 479 [486]). Hieraus folgt zugleich, dass die Zustimmung des Betriebsrats **vor Ausspruch der Kündigung** vorliegen muss (*BAG* 22.08.1974 EzA § 103 BetrVG 1972 Nr. 6 *[Schlüter]* = AP Nr. 1 zu § 103 BetrVG 1972 *[G. Hueck]*; 20.03.1975 EzA § 103 BetrVG 1972 Nr. 7 = AP Nr. 2 zu § 103 BetrVG 1972; *Bachner/DKKW* § 103 Rn. 28; *Etzel/Rinck/KR* § 103 BetrVG Rn. 117; *Fitting* § 103 Rn. 24; *Galperin/Löwisch* § 103 Rn. 12; *von Hoyningen-Huene* in: *von Hoyningen-Huene/Linck* KSchG, § 15 Rn. 102; *Huke/HWGNRH* § 103 Rn. 51; *Richardi/Thüsing* § 103 Rn. 55 f.). Eine nachträglich erteilte Zustimmung führt demnach nicht zur Wirksamkeit der bereits ausgesprochenen Kündigung, sondern beseitigt lediglich für die Zukunft die Kündigungssperre. Der Arbeitgeber kann nunmehr (unverzüglich, s. Rdn. 99) kündigen. Der **Mangel der fehlenden Zustimmung kann also nicht nachträglich geheilt werden**. Dies lässt sich allerdings bei § 103 – anders als beim Anhörungsverfahren gemäß § 102 (s. dazu § 102 Rdn. 49, 106) – nicht mit dem Zweck der Regelung begründen (nicht überzeugend insoweit *BAG* 22.08.1974 EzA § 103 BetrVG 1972 Nr. 6 = AP Nr. 1 zu § 103 BetrVG 1972 unter C I 2). Die Unabhängigkeit der Amtsführung des einzelnen Betriebsratsmitglieds wäre ebenso wenig beeinträchtigt wie die Kontinuität der Tätigkeit des Betriebsrats als Gremium, wenn man der Zustimmung Rückwirkung für eine bereits ausgesprochene Kündigung zubilligen würde. Bis zur Erteilung der Zustimmung bzw. ihrer Ersetzung durch eine gerichtliche Entscheidung bestünde das Arbeitsverhältnis fort und der Arbeitnehmer bliebe im Amt. Der Arbeitgeber könnte folglich nicht – wie vom *BAG* befürchtet – durch Ausspruch der Kündigung vollendete Tatsachen schaffen und den Arbeitnehmer aus dem Betrieb entfernen. Würde man im Rahmen des § 103 die nachträgliche Zustimmung zulassen, hinge vielmehr die Wirksamkeit der (schwebend unwirksamen) Kündigung auch nach ihrem Ausspruch allein von der Zustimmung des Betriebsrates ab, so dass dieser ohne jede Einschränkung die Wirksamkeit durch seine Zustimmungsverweigerung verhindern könnte (vgl. auch die Einwände von *Richardi* RdA 1975, 73 [78]). Dennoch ist der h. M. zu folgen. Im Rahmen einer systematischen Auslegung muss nämlich berücksichtigt werden, dass § 15 Abs. 1 KSchG ausdrücklich davon spricht, dass die außerordentliche Kündigung nur dann zulässig ist, wenn »die nach § 103 des Betriebsverfassungsgesetzes erforderliche Zustimmung vorliegt oder durch gerichtliche Entscheidung ersetzt ist«. Hieraus muss man den Schluss ziehen, dass die Zustimmung z. Z. des Ausspruches der Kündigung erteilt oder durch gerichtliche Entscheidung ersetzt sein muss. Gleiches gilt für die übrigen Regelungen, bei denen das Gesetz die Wirksamkeit an die Zustimmung einer anderen Stelle knüpft (vgl. § 17 Abs. 1 und 2 MuSchG [bis 01.01.2018: § 9 Abs. 1 und 3 MuSchG], § 168 SGB IX [bis 01.01.2018: § 85 SGB IX]; *Schlüter* Anm. EzA § 103 BetrVG 1972 Nr. 6).

54 Verweigert der Betriebsrat die Zustimmung und beantragt der Arbeitgeber die Ersetzung der Zustimmung durch das Arbeitsgericht, so kann die Kündigung erst erfolgen, wenn die **die Zustimmung ersetzende Entscheidung rechtskräftig** ist (*BAG* 11.11.1976 EzA § 103 BetrVG 1972 Nr. 17 = AP Nr. 8 zu § 103 BetrVG 1972; 24.10.1996 EzA § 103 BetrVG 1972 Nr. 37 = AP Nr. 32 zu § 103 BetrVG 1972; 09.07.1998 EzA § 103 BetrVG 1972 Nr. 39 = AP Nr. 36 zu § 103 BetrVG 1972; *Etzel/Rinck/KR* § 103 BetrVG Rn. 147; *Fitting* § 103 Rn. 46; *Galperin/Löwisch* § 103 Rn. 26; *von Hoyningen-Huene* in: *von Hoyningen-Huene/Linck* KSchG, § 15 Rn. 103; *Huke/HWGNRH* § 103 Rn. 75). Eine vor Rechtskraft ausgesprochene Kündigung ist grundsätzlich unwirksam (hierzu näher Rdn. 100).

c) Zustimmung zur Versetzung

55 Für die nach Abs. 3 zustimmungspflichtige Versetzung gelten ähnliche Grundsätze wie für die Kündigung. Die **Zustimmung des Betriebsrats** muss demnach **vor der Versetzung vorliegen** oder durch eine rechtskräftige Entscheidung des Gerichts ersetzt worden sein. Erst danach ist der Arbeitgeber befugt, dem Arbeitnehmer den anderen Arbeitsbereich zuzuweisen, d. h. ihn auf dem Arbeitsplatz tatsächlich zu beschäftigen. Anders als bei der Kündigung ist aber eine **nachträgliche Zustimmung des Betriebsrats** möglich, wenn der Arbeitgeber die Versetzung schon vor Erteilung der Zustimmung bzw. vor Rechtskraft durchführt, d. h. den Arbeitnehmer auf dem anderen Arbeitsplatz

einsetzt. Die Versetzung ist im Unterschied zur Kündigung kein punktueller rechtsgeschäftlicher Gestaltungsakt, sondern ein tatsächlicher Vorgang mit Dauercharakter. Die nachträgliche Zustimmung zur Versetzung kann zwar den Rechtsverstoß für die Vergangenheit nicht beseitigen, wohl aber den rechtswidrig herbeigeführten tatsächlichen Zustand mit Wirkung für die Zukunft legitimieren. Unklar ist, welche **Rechte dem Betriebsrat bei einer einseitigen Durchführung der Versetzung zustehen**. Diese Frage ist offensichtlich im Gesetzgebungsverfahren nicht bedacht worden; zumindest schweigt sich die Gesetzesbegründung hierzu aus. Zu denken ist an eine **analoge Anwendung des § 101** (ebenso *Fitting* § 103 Rn. 71b; zust. *LAG Berlin* 22.12.2004 – 9 TaBV 2175/04 – juris, Rn. 32; *Huke/HWGNRH* § 103 Rn. 32 [abw. Voraufl.]; *Linck/APS* § 103 BetrVG Rn. 56; wohl auch *LAG Nürnberg* 31.01.2014 LAGE § 103 BetrVG 2001 Nr. 16 Rn. 28, allerdings ohne § 101 konkret als Rechtsgrundlage zu benennen; **a. M.** *LAG Nürnberg* 11.10.2010 – 7 TaBVGa 7/10 – juris, Rn. 43 ff.). Eine solche Analogie wird man zumindest für die Fälle anzunehmen haben, in denen der Betriebsrat bei einem Arbeitnehmer, der kein betriebsverfassungsrechtliches Amt bekleidet, eine Aufhebung der Maßnahme verlangen könnte. Ansonsten hätte nämlich die Neuregelung des Abs. 3, die den Schutz vor Versetzungen verstärken wollte, den gegenteiligen Effekt. Aber auch in den Fällen, in denen dem Betriebsrat bei einem Nichtamtsträger der Anspruch aus § 101 nicht zustünde (z. B. weil er die Zustimmung aus einem Grund verweigert hat, der nicht unter den Katalog des § 99 Abs. 2 fällt), ist eine Analogie berechtigt. Voraussetzung für eine solche Analogie ist, dass der Zweck des Zustimmungserfordernisses durch eine betriebsverfassungsrechtlich unzulässige Versetzung in gleicher Weise gefährdet oder vereitelt wird wie im Falle des § 99. Dies ist zu bejahen. So besteht auch bei einer rechtswidrigen Versetzung die Gefahr, dass der Amtsträger seine Wählbarkeit und damit sein Amt verliert (s. § 8 Rdn. 21) oder zumindest de facto an der Ausübung des Amtes insgesamt gehindert oder in der Ausübung einzelner Befugnisse behindert wird. Daher muss der Betriebsrat die Möglichkeit haben, im Interesse der Kontinuität der Amtsführung die Aufhebung der Maßnahme zu verlangen. Mit dem vom Gesetz bezweckten Amtsschutz ist auch eine **vorläufige Durchführung** der Maßnahme **nach § 100** unvereinbar, da der Amtsträger zumindest bis zur endgültigen Entscheidung an der Amtsausübung gehindert wäre (ebenso jetzt *BAG* 27.07.2016 EzA § 103 BetrVG 2001 Nr. 10 Rn. 50; *Bachner/DKKW* § 103 Rn. 84; **a. M.** *Etzel/Rinck/KR* § 103 BetrVG Rn. 215; *Linck/APS* § 103 BetrVG Rn. 56 mit dem Argument, dass der Schutz des § 103 Abs. 3 nicht vereitelt werde, weil die vorläufige Durchführung nicht zum Verlust der Wählbarkeit führe). Der Arbeitgeber hat nur die Möglichkeit, die Versetzung zeitlich so zu begrenzen, dass sie nicht zum Verlust des Amtes führt und damit die Zustimmungspflicht nach § 103 Abs. 3 entfällt (s. Rdn. 38). Hält man die Vorschrift des § 100 für unanwendbar, so ist es im Übrigen konsequent – anders als im unmittelbaren Anwendungsbereich des § 101 (s. § 101 Rdn. 23) – auch eine **einstweilige Verfügung** auf Aufhebung der Maßnahme für zulässig zu erachten. Die Ansicht des *LAG Nürnberg* (11.10.2010 – 7 TaBVGa 7/10 – juris, Rn. 43 ff. = BeckRS 2010, 75520; zust. *Kania/ErfK* § 103 BetrVG Rn. 17), das (ohne jegliche Erwähnung oder gar Auseinandersetzung mit der vorliegenden Rspr. und Literatur) in Anlehnung an die Rspr. des *BAG* u. a. zu § 87 (s. hierzu *Oetker* § 23 Rdn. 164 ff.) einen »allgemeinen Unterlassungsanspruch« des Betriebsrats gegen die Durchführung der Versetzung bejaht, der im Wege des einstweiligen Rechtsschutzes durchgesetzt werden könne, gelangt zwar zu ähnlichen Ergebnissen, lässt aber jegliche dogmatische Fundierung vermissen und ist mit der gesetzlichen Systematik unvereinbar. Zur individualrechtlichen Wirksamkeit einer vor Zustimmung ausgesprochenen Versetzungsweisung s. Rdn. 107.

4. Erteilung der Zustimmung durch den Betriebsrat

a) Unterrichtung durch den Arbeitgeber

Damit der Betriebsrat über die Zustimmung zur außerordentlichen Kündigung oder zur Versetzung des Amtsträgers entscheiden kann, bedarf er der Kenntnis der Gründe, die für die Maßnahme ursächlich sind. Im Falle der **außerordentlichen Kündigung ist** der Arbeitgeber daher verpflichtet, dem Betriebsrat die Gründe für die Kündigung mitzuteilen. Hinsichtlich Art und Umfang der Unterrichtung gelten **dieselben Grundsätze wie für die Anhörung gemäß § 102** (vgl. auch *BAG* 18.08.1977 EzA § 103 BetrVG 1972 Nr. 20 *[Herschel]* = AP Nr. 10 zu § 103 BetrVG 1972 *[G. Hueck]*; 23.04.2008 EzA § 103 BetrVG 2001 Nr. 6 = AP Nr. 56 zu § 103 BetrVG 1972 Rn. 23; *Etzel/*

56

Rinck/KR § 103 BetrVG Rn. 71 ff.; *Linck*/APS § 103 BetrVG Rn. 17; *Richardi*/*Thüsing* § 103 Rn. 41; s. hierzu näher § 102 Rdn. 56 ff.). Bei **Versetzungen** richtet sich der Umfang der Unterrichtungspflicht **nach § 99 Abs. 1** (ebenso *BAG* 27.07.2016 EzA § 103 BetrVG 2001 Nr. 10 Rn. 25). Der Arbeitgeber muss dem Betriebsrat daher die Tatsachen mitteilen, deren Kenntnis erforderlich ist, um über die Erteilung der Zustimmung zu entscheiden (s. Rdn. 63; zu den Einzelheiten s. § 99 Rdn. 155 ff.). Zu den Folgen fehlender oder unvollständiger Unterrichtung s. Rdn. 66, 107. Der Arbeitgeber ist befugt, auch nach erfolgter Unterrichtung noch vor Abschluss des betrieblichen Beteiligungsverfahrens **weitere Gründe nachzuschieben**. Die entscheidende Frage ist dabei, ob die Fristen des § 102 Abs. 2 und § 99 Abs. 3 (s. Rdn. 65) in diesem Falle erneut zu laufen beginnen. Insoweit ist zu unterscheiden. Dient die nachträgliche Information der Heilung eines Unterrichtungsmangels, weil die ursprüngliche Information unvollständig war, so beginnt die Frist ohnehin erst mit Eingang der nachgeschobenen Information, weil nur die ordnungsgemäße Information die Äußerungsfrist in Gang setzt (s. Rdn. 66). Aber auch wenn die ursprüngliche Unterrichtung ordnungsgemäß war, der Arbeitgeber also nachträglich, neue, erst später bekannt gewordene Gründe nachschieben möchte, beginnt die Frist neu zu laufen, weil man ansonsten den dem Betriebsrat gesetzlich eingeräumten Zeitraum für eine Abwägung der unterschiedlichen Interessen verkürzen würde (*Nägele-Berkner* Nachschieben, S. 120 f.). Soweit es um die Zustimmung zu einer Kündigung geht, kann dies den Arbeitgeber allerdings in Schwierigkeiten bringen, weil er nach Abschluss des Beteiligungsverfahrens noch innerhalb der Frist des § 626 Abs. 2 BGB entweder die Kündigung aussprechen oder das Ersetzungsverfahren einleiten muss (Rdn. 94 ff.). Deshalb ist zu erwägen, die Kündigung zunächst nur auf die bereits mitgeteilten Gründe zu stützen und bei Bekanntwerden neuer Tatsachen ein neues Verfahren auf Zustimmung zu einer weiteren außerordentlichen Kündigung einzuleiten (*Nägele-Berkner* Nachschieben, S. 121). Zum Nachschieben von Gründen im Zustimmungsersetzungsverfahren sowie im nachfolgenden Kündigungsschutzprozess s. Rdn. 84 f. und 103 f.

b) Beschluss des Betriebsrats

57 Über den Antrag des Arbeitgebers auf Erteilung der Zustimmung entscheidet der **Betriebsrat**. Der Betriebsrat kann einen nach §§ 27, 28 **zuständigen Ausschuss** mit der Wahrnehmung des Mitbestimmungsrechtes im Rahmen des § 103 beauftragen, sofern diese Beauftragung in der vorgeschriebenen Form und mit der vorgesehenen qualifizierten Mehrheit erfolgt (*BAG* 17.03.2005 EzA § 28 BetrVG 2001 Nr. 1 = AP Nr. 6 zu § 27 BetrVG 1972 unter B I; *Etzel*/*Rinck*/KR § 103 BetrVG Rn. 82; *Fitting* § 103 Rn. 32; *Huke*/HWGNRH § 103 Rn. 53; *Kania*/ErfK § 103 BetrVG Rn. 7; *Linck*/APS § 103 BetrVG Rn. 12; *Richardi*/*Thüsing* § 103 Rn. 43; *Weinspach* SAE 2005, 320 f.; **a. M.** *LAG* Berlin 16.10.1979 AuR 1980, 29; *LAG* Köln 28.08.2001 LAGE § 103 BetrVG 1972 Nr. 18; *Galperin*/*Löwisch* § 103 Rn. 13; *Heinze* Personalplanung, Rn. 667). Außerdem muss die Aufgabenübertragung **ausdrücklich** erfolgen, d. h. sich klar und eindeutig aus dem Übertragungsbeschluss ergeben (s. § 27 Rdn. 76; *BAG* 17.03.2005 EzA § 28 BetrVG 2001 Nr. 1 = AP Nr. 6 zu § 27 BetrVG 1972 unter B II m. w. N.). Den Betriebsratsmitgliedern muss deutlich werden, welche Kompetenzen auf den Ausschuss verlagert werden sollen. Für eine Übertragung des Zustimmungsrechts nach § 103 genügt es daher nicht, wenn in dem Beschluss nur allgemein von Mitwirkungsrechten bei Kündigungen durch den Arbeitgeber die Rede ist (*Linck*/APS § 103 BetrVG Rn. 12), wohl aber, wenn als Übertragungsgegenstand »alle mitbestimmungsrelevanten Personalmaßnahmen der §§ 99–103 BetrVG« bezeichnet werden (*BAG* 17.03.2005 EzA § 28 BetrVG 2001 Nr. 1 = AP Nr. 6 zu § 27 BetrVG 1972 unter B II 2). Dagegen kann der Betriebsrat das Zustimmungsrecht **nicht auf eine Arbeitsgruppe nach § 28a übertragen**, weil die Kündigung eines Amtsträgers die Interessen der gesamten Belegschaft berührt und nicht im Zusammenhang mit der von der Arbeitsgruppe zu erledigenden Tätigkeit steht (s. § 28a Rdn. 35; zust. *Linck*/APS § 103 BetrVG Rn. 12; ebenso i. E. *Fitting* § 103 Rn. 32). Die Zustimmung des Betriebsrats bzw. eines zuständigen Ausschusses ist auch dann erforderlich, wenn einem Mitglied der Jugend- und Auszubildendenvertretung gekündigt oder dieses versetzt werden soll. Bei der Beschlussfassung haben die übrigen Mitglieder der Jugend- und Auszubildendenvertretung ein Stimmrecht (§ 67 Abs. 2; vgl. auch *Fitting* § 103 Rn. 32). Im Bereich der **Seeschifffahrt** ist für die Erteilung der Zustimmung die Bordvertretung zuständig, sofern die außerordentliche Kündigung oder Versetzung ein Besatzungsmitglied des Schiffes betrifft und der Ausspruch der Kündigung oder die Anordnung der Versetzung in den Kompetenzbereich des Kapitäns des Schiffes fällt (§ 115

Abs. 1 Satz 2, Abs. 7 Nr. 1). In allen anderen Fällen entscheidet der Seebetriebsrat (§ 116 Abs. 1 Satz 2, Abs. 6 Nr. 1c).

Die Entscheidung des zuständigen Gremiums hat **durch Beschluss** zu erfolgen; es gilt das zu § 102 Gesagte (s. § 102 Rdn. 130). Der Beschluss muss **wirksam** sein, um die Kündigungssperre entfallen zu lassen. Eine Übertragung der zum Anhörungsverfahren gemäß § 102 entwickelten sog. Sphärentheorie, wonach Fehler im Bereich des Betriebsrates zu Lasten des Arbeitnehmers gehen (s. § 102 Rdn. 104 f.) und der Wirksamkeit der Kündigung nicht entgegenstehen, ist ausgeschlossen. Anders als bei der Anhörung, die dem Betriebsrat nur die Möglichkeit einer eigenen Stellungnahme gleich welchen Inhalts verschaffen soll, bedarf es für § 103 der Zustimmung, also einer Willenserklärung bestimmten Inhalts und somit auch einer entsprechenden wirksamen Beschlussfassung (*BAG* 23.08.1984 EzA § 103 BetrVG 1972 Nr. 30 = AP Nr. 17 zu § 103 BetrVG 1972; **a. M.** *Heinze* Personalplanung, Rn. 667; *Matthes*/MünchArbR 2. Aufl., § 358 Rn. 26). Ein nichtiger Betriebsratsbeschluss und die daraus resultierende rechtsunwirksame Zustimmungserklärung können daher grundsätzlich die durch § 103 errichtete Schranke für eine wirksame Kündigung oder Versetzung nicht beseitigen (*BAG* 23.08.1984 EzA § 103 BetrVG 1972 Nr. 30 = AP Nr. 17 zu § 103 BetrVG 1972 [teilweise abl. *van Venrooy*]; ebenso *Bachner*/DKKW § 103 Rn. 36; *Fitting* § 103 Rn. 38; vgl. auch *Etzel*/*Rinck*/KR § 103 BetrVG Rn. 114 f., die bei Unkenntnis des Arbeitgebers eine wirksame Zustimmung annehmen; **a. M.** *Galperin*/*Löwisch* § 103 Rn. 15; *Huke*/HWGNRH § 103 Rn. 58; *Richardi*/*Thüsing* § 103 Rn. 54). Zur Frage einer (rückwirkenden) **Genehmigung** durch erneuten Beschluss und deren Rechtswirkungen s. § 26 Rdn. 39 f.

Aus Gründen des **Vertrauensschutzes** kann ein unwirksamer Beschluss des Betriebsrats ausnahmsweise als wirksam anzusehen sein, wenn der für die Außenvertretung des Betriebsrats zuständige Betriebsratsvorsitzende bzw. sein Stellvertreter dem Arbeitgeber mitteilt, die Zustimmung sei erteilt. Hier muss sich der Arbeitgeber grundsätzlich auf die Aussage des berufenen Vertreters des Betriebsrats verlassen dürfen. Auch wenn ein Beschluss nicht oder nicht wirksam gefasst worden ist, ist daher für die Beurteilung der Kündigung oder Versetzung von der Wirksamkeit der Zustimmung auszugehen, es sei denn, dass der Arbeitgeber zum Zeitpunkt der Kündigung oder Versetzung weiß oder hätte wissen müssen, dass der Beschluss unwirksam ist (*BAG* 23.08.1984 EzA § 103 BetrVG 1972 Nr. 30 = AP Nr. 17 zu § 103 BetrVG 1972 [insoweit abl. *van Venrooy*]; 17.03.2005 EzA § 28 BetrVG 2001 Nr. 1 = AP Nr. 6 zu § 27 BetrVG 1972 unter C II; *Etzel*/*Rinck*/KR § 103 BetrVG Rn. 114 f.; *Linck*/APS § 103 BetrVG Rn. 24; *Richardi*/*Thüsing* § 103 Rn. 54; einschränkend *Lelley* FS Leinemann, S. 543 [548 f.]). Den Arbeitgeber trifft allerdings keine Nachforschungspflicht. Schuldhafte Unkenntnis des Arbeitgebers von der Unwirksamkeit liegt also nur dann vor, wenn er sich entweder der Unwirksamkeit des Beschlusses bewusst ist oder die für die Unwirksamkeit maßgeblichen Tatsachen kennt, hieraus aber rechtlich falsche Schlüsse zieht und deshalb die Zustimmung für wirksam hält (*BAG* 23.08.1984 EzA § 103 BetrVG 1972 Nr. 30 = AP Nr. 17 zu § 103 BetrVG 1972).

Das von der Maßnahme betroffene Betriebsratsmitglied darf an der Beratung und Beschlussfassung nicht teilnehmen, da es insoweit an der Ausübung seines Betriebsratsamtes zeitweilig verhindert ist. An seine Stelle tritt das Ersatzmitglied (§ 25 Abs. 1 Satz 2; vgl. *BAG* 25.03.1976 EzA § 103 BetrVG 1972 Nr. 12 = AP Nr. 6 zu § 103 BetrVG 1972; 26.08.1981 EzA § 103 BetrVG 1972 Nr. 27 = AP Nr. 13 zu § 103 BetrVG 1972; 23.08.1984 EzA § 103 BetrVG 1972 Nr. 12 = AP Nr. 30 zu § 103 BetrVG 1972; *Etzel*/*Rinck*/KR § 103 BetrVG Rn. 86; *Fitting* § 103 Rn. 31; *Galperin*/*Löwisch* § 103 Rn. 14; *Huke*/HWGNRH § 103 Rn. 57; *Lepke* BB 1973, 985; *Oetker* § 25 Rdn. 29 f.; *Richardi*/*Thüsing* § 103 Rn. 47). Geht es um die **Kündigung oder Versetzung des einzigen Betriebsratsmitglieds**, entscheidet ebenfalls ein Ersatzmitglied (*Bachner*/DKKW § 103 Rn. 40; *Fitting* § 103 Rn. 31; *Galperin*/*Löwisch* § 103 Rn. 14; *Oetker* AuR 1987, 224 ff.; *Richardi*/*Thüsing* § 103 Rn. 44; **a. M.** ArbG Siegen 06.12.1985 NZA 1986, 267; *Lepke* BB 1973, 985; *Schmidt* RdA 1973, 294 [296]). Ist kein Ersatzmitglied vorhanden, so hat der Arbeitgeber das gerichtliche Zustimmungsverfahren analog Abs. 2 einzuleiten (*BAG* 26.08.1981 EzA § 103 BetrVG 1972 Nr. 27 = AP Nr. 13 zu § 15 KSchG 1969; *Fitting* § 103 Rn. 31; s. a. Rdn. 48 f.). Ist der **Betriebsratsvorsitzende** von der Kündigung **betroffen**, so ist er zwar von der Beratung und Abstimmung ausgeschlossen, jedoch nicht gehindert, dem Arbeitgeber die Entscheidung des Betriebsrats über die Zustimmung zur Kündigung mitzuteilen. Der Vorsitzende **vertritt** auch insoweit **den Betriebsrat nach § 26 Abs. 2 Satz 1 gegenüber dem Ar-

beitgeber. Ein Verhinderungsgrund liegt nicht vor, weil der Vorsitzende die Entscheidung lediglich übermittelt, eine Beeinflussung durch Wahrnehmung eigener Interessen nach Beschlussfassung also ausgeschlossen ist (*BAG* 19.03.2003 EzA § 40 BetrVG 2001 Nr. 3 = AP Nr. 77 zu § 40 BetrVG 1972 unter II 2b; s. a. § 26 Rdn. 65).

61 Auch **wenn alle Betriebsratsmitglieder von der Kündigung oder Versetzung betroffen sind**, muss – solange ein beschlussfähiger Betriebsrat vorhanden ist – dessen Zustimmung eingeholt werden; keines der Mitglieder darf sich allerdings an der Beratung und Beschlussfassung über die Zustimmung zur Kündigung des eigenen Arbeitsverhältnisses beteiligen (*BAG* 25.03.1976 EzA § 103 BetrVG 1972 Nr. 12 = AP Nr. 6 zu § 103 BetrVG 1972; vgl. auch *Fitting* § 103 Rn. 31; *Huke/HWGNRH* § 103 Rn. 57; *Oetker* AuR 1987, 224 [227 ff.]; *Richardi/Thüsing* § 103 Rn. 45).

c) Entscheidung über die Kündigung

62 Liegt ein wichtiger Grund für die Kündigung vor, so ist der Betriebsrat verpflichtet, seine Zustimmung zu erteilen; **ein Ermessensspielraum steht ihm insoweit nicht zu** (*BAG* 25.03.1976 EzA § 103 BetrVG 1972 Nr. 12 = AP Nr. 6 zu § 103 BetrVG 1972; *Etzel/Rinck*/KR § 103 BetrVG Rn. 93; *Galperin/Löwisch* § 103 Rn. 17; *von Hoyningen-Huene* in: *von Hoyningen-Huene/Linck* KSchG, § 15 Rn. 123; *Huke/HWGNRH* § 103 Rn. 59; *Richardi/Thüsing* § 103 Rn. 48; **a. M.** *Gamillscheg* ZfA 1977, 239 [294]; wohl auch *Bieback* RdA 1978, 82 [83]). Dies folgt bereits daraus, dass die Gerichte im Zustimmungsersetzungsverfahren die Entscheidung des Betriebsrats nicht auf Ermessensfehler überprüfen, sondern die Zustimmung dann ersetzen, wenn die außerordentliche Kündigung unter Berücksichtigung aller Umstände gerechtfertigt ist (*Etzel/Rinck*/KR § 103 BetrVG Rn. 93).

d) Entscheidung über die Versetzung

63 Da das Zustimmungsverfahren nach Abs. 3 an die Stelle des Verfahrens nach § 99 tritt (s. Rdn. 51), kann der Betriebsrat in jedem Falle aus den **in § 99 Abs. 2 genannten Gründen** die Zustimmung zur Versetzung verweigern (*BAG* 27.07.2016 EzA § 103 BetrVG 2001 Nr. 10 Rn. 48, 50; *Etzel/Rinck*/KR § 103 BetrVG Rn. 193; *Fitting* § 103 Rn. 71). Der Betriebsrat ist jedoch **nicht an diese Gründe gebunden** (so auch *BAG* 27.07.2016 EzA § 103 BetrVG 2001 Nr. 10 Rn. 50). Er hat freilich bei der Entscheidung über seine Zustimmung den besonderen Zweck der Vorschrift zu beachten, die Kontinuität der Amtsführung zu sichern. Eine Zustimmungsverweigerung kommt deshalb – außer in den Fällen des § 99 Abs. 2 – vor allem dann in Betracht, wenn die Versetzung des Amtsträgers eine Störung der Tätigkeit des Gremiums zur Folge hätte oder aus anderen Gründen ein berechtigtes Interesse an der Aufrechterhaltung des Gremiums in seiner personellen Zusammensetzung besteht. Andererseits muss der Betriebsrat die Interessen des Arbeitgebers berücksichtigen. Ist die Versetzung auch unter Berücksichtigung der Kontinuität der Amtsausübung aus dringenden betrieblichen Gründen notwendig, liegen also die Voraussetzungen für eine gerichtliche Zustimmungsersetzung nach § 103 Abs. 3 Satz 2 vor, so darf der Betriebsrat die Zustimmung nicht verweigern (*Etzel/Rinck*/KR § 103 BetrVG Rn. 193; *Richardi/Thüsing* § 103 Rn. 34 f.; *Ricken/HWK* § 103 BetrVG Rn. 30; **a. M.** offenbar *Fitting* § 103 Rn. 71; s. a. Rdn. 77 ff.). Auch bei der Entscheidung über die Zustimmung zur Versetzung handelt es sich folglich um eine rechtlich gebundene Entscheidung.

e) Form und Frist

64 Die Mitteilung des Betriebsrats an den Arbeitgeber über Erteilung oder Verweigerung der Zustimmung ist an **keine Form** gebunden. Aus dem Gebot der vertrauensvollen Zusammenarbeit (§ 2 Abs. 1) kann sich im Einzelfall die Pflicht des Betriebsrats ergeben, die Zustimmung in einer bestimmten Form (z. B. Schrift- oder Textform) zu erteilen. Eine solche Pflicht lässt sich allerdings nicht daraus ableiten, dass der Arbeitnehmer die Kündigung des Arbeitgebers nach §§ 182 Abs. 3, 111 Satz 2 BGB zurückweisen könnte (s. Rdn. 52). Verweigert der Betriebsrat seine Zustimmung, so muss diese Verweigerung **keine Begründung** enthalten. Eine dem § 99 Abs. 3 vergleichbare Vorschrift fehlt sowohl für die Zustimmung zur außerordentlichen Kündigung als auch für die Zustimmung zur Versetzung. Sie wäre auch wenig sinnvoll, weil ein Fehlen der Begründung allenfalls die Konsequenz haben könnte, dass die unbegründete Verweigerung einem Schweigen gleich gestellt wird (s. § 99 Rdn. 169 f.). Da die Zustimmungsfiktion des § 102 Abs. 2 Satz 2 hier keine entsprechende Anwendung findet (s.

Rdn. 65), muss der Arbeitgeber in jedem Falle den Antrag auf Ersetzung der Zustimmung bei Gericht stellen, bevor er die Kündigung aussprechen oder die Versetzung vornehmen kann (s. Rdn. 65). Eine dem Arbeitgeber zugegangene **Zustimmungserklärung ist unwiderruflich** (s. § 102 Rdn. 134; *Bachner/DKKW* § 103 Rn. 38; *Fitting* § 103 Rn. 37; *Huke/HWGNRH* § 103 Rn. 61; *Linck/APS* § 103 BetrVG Rn. 22; *Richardi/Thüsing* § 103 Rn. 52). Die Zustimmung muss jedoch abschließend und endgültig sein. Dies ist nicht der Fall, wenn der Betriebsrat »an sich« zustimmt, aber noch weitere Angaben fordert (*BAG* 01.12.1977 EzA § 103 BetrVG 1972 Nr. 21 = AP Nr. 11 zu § 103 BetrVG 1972). Die Zustimmung kann auch unter einer **aufschiebenden Bedingung** erteilt werden (ebenso *Etzel/Rinck/KR* § 103 BetrVG Rn. 101; offen gelassen von *BAG* 01.12.1977 EzA § 103 BetrVG 1972 Nr. 21 = AP Nr. 11 zu § 103 BetrVG 1972). Mit Eintritt der Bedingung wird die Zustimmung ohne weitere Beschlussfassung wirksam. Kündigt der Arbeitgeber, trägt er aber das Risiko, dass entgegen seiner Meinung die Bedingung noch nicht eingetreten ist.

Eine **Äußerungsfrist** ist in § 103 **nicht vorgesehen**. Für die **Zustimmung zur außerordentlichen Kündigung** ist jedoch **§ 102 Abs. 2 Satz 3 analog** anzuwenden. Der Betriebsrat hat also unverzüglich, spätestens innerhalb von drei Tagen über die Zustimmung zur Kündigung zu entscheiden (*BAG* 17.09.1981 EzA § 103 BetrVG 1972 Nr. 28 = AP Nr. 14 zu § 103 BetrVG 1972; *Etzel/Rinck/KR* § 103 BetrVG Rn. 84; *Galperin/Löwisch* § 103 Rn. 19; *Richardi/Thüsing* § 103 Rn. 46). Das **Schweigen des Betriebsrats** gilt hier allerdings – entgegen § 102 Abs. 2 Satz 2 – nicht als Zustimmung (*BAG* 18.08.1977 EzA § 103 BetrVG 1972 Nr. 20 = AP Nr. 10 zu § 103 BetrVG 1972; *Fitting* § 103 Rn. 33; *Galperin/Löwisch* § 103 Rn. 19; *von Hoyningen-Huene* in: *von Hoyningen-Huene/Linck* KSchG, § 15 Rn. 121; *Huke/HWGNRH* § 103 Rn. 56; *Richardi/Thüsing* § 103 Rn. 46; **a. M.** *Lelley* FS Leinemann, S. 543 [547 f.]). Sofern der Betriebsrat nicht ausdrücklich zustimmt, muss der Arbeitgeber stets die Ersetzung der Zustimmung beim Arbeitsgericht beantragen. Für die **Zustimmung zur Versetzung** gilt **§ 99 Abs. 3 analog** (*Etzel/Rinck/KR* § 103 BetrVG Rn. 183, 187; *Fitting* § 103 Rn. 71a; *Kaiser/LK* § 103 Rn. 36; *Linck/APS* § 103 BetrVG Rn. 55). Der Betriebsrat kann also innerhalb einer Woche zu der beabsichtigten Versetzung des Amtsträgers Stellung nehmen. Dass der Betriebsrat hier länger Zeit zur Stellungnahme hat, ist gerechtfertigt, weil die kurze Frist zur Stellungnahme bei der außerordentlichen Kündigung durch die Frist des § 626 Abs. 2 BGB bedingt ist (s. hierzu Rdn. 94 ff.), die für die Versetzung kraft Direktionsrecht keine Rolle spielt. Auch im Falle der Versetzung gilt das Schweigen des Betriebsrats nicht als Zustimmung (*Etzel/Rinck/KR* § 103 BetrVG Rn. 195; *Fitting* § 103 Rn. 71a; *Linck/APS* § 103 BetrVG Rn. 55). Die Zustimmungsfiktion des § 99 Abs. 3 Satz 2 findet keine (analoge) Anwendung (ebenso *Etzel/Rinck/KR* § 103 BetrVG Rn. 195; *Linck/APS* § 103 BetrVG Rn. 55). Dadurch, dass der Gesetzgeber die Versetzung von Amtsträgern in § 103 geregelt hat, bringt er zum Ausdruck, dass der Versetzungsschutz im Prinzip denselben Grundsätzen folgen soll wie der Schutz vor Kündigungen. Damit wäre es nicht vereinbar, wenn der Arbeitgeber die Versetzung eines Amtsträgers durchführen könnte, obwohl weder eine Zustimmung des Betriebsrats noch eine diese ersetzende rechtskräftige Entscheidung des Gerichts vorliegt.

f) Folgen fehlerhafter Unterrichtung durch den Arbeitgeber

Hat der Arbeitgeber den Betriebsrat über die für die Kündigung maßgeblichen Tatsachen fehlerhaft oder unvollständig unterrichtet, so ist hinsichtlich der Rechtsfolgen zu unterscheiden. Durch eine mangelhafte Unterrichtung wird die **Äußerungsfrist für den Betriebsrat** (gemäß § 102 Abs. 2 Satz 3 oder § 99 Abs. 3 analog) **nicht in Gang gesetzt**. Rügt der Betriebsrat zu Recht die fehlerhafte oder unvollständige Information, so kann der Arbeitgeber auch nach Ablauf der Frist das Zustimmungsersetzungsverfahren nicht wirksam einleiten. Ein entsprechender Antrag wäre unzulässig (s. Rdn. 67). Der Arbeitgeber kann den Antrag auf Ersetzung der Zustimmung erst stellen, wenn er die fehlende Unterrichtung nachgeholt und anschließend die Drei-Tage-Frist oder die Wochenfrist abgelaufen ist (für das Verfahren nach § 99 *BAG* 28.01.1986 EzA § 99 BetrVG 1972 Nr. 48 = AP Nr. 34 zu § 99 BetrVG 1972). Im Falle der Kündigung riskiert der Arbeitgeber also bei unvollständiger Information, die Frist des § 626 Abs. 2 BGB nicht einhalten zu können. Hat der Betriebsrat auf der Basis der mangelhaften Unterrichtung durch den Arbeitgeber seine Zustimmung erteilt, so ist diese **Zustimmung unwirksam**, weil das Zustimmungsverfahren nicht wirksam eingeleitet worden war. Spricht der Arbeitgeber daraufhin die außerordentliche Kündigung aus, so ist diese ebenfalls unwirksam (*BAG* 05.02.1981 EzA § 102 BetrVG 1972 Nr. 47 = AP Nr. 1 zu § 72 LPVG NW; *Etzel/*

Rinck/KR § 103 BetrVG Rn. 109 f.; *Fitting* § 103 Rn. 33; *Galperin/Löwisch* § 103 Rn. 16; *Heinze* Personalplanung, Rn. 668 f.; *Richardi/Thüsing* § 103 Rn. 53). Führt der Arbeitgeber die Versetzung durch, kann der Betriebsrat trotz der Zustimmung die Aufhebung der Maßnahme analog § 101 verlangen (s. Rdn. 55).

5. Ersetzung der Zustimmung durch das Gericht

a) Zulässigkeit des Antrages

67 Verweigert der Betriebsrat die Zustimmung zur Kündigung bzw. zur Versetzung oder äußert sich der Betriebsrat nicht rechtzeitig (s. Rdn. 65), so kann der Arbeitgeber beim Arbeitsgericht den Antrag stellen, die Zustimmung zu ersetzen. Damit soll ausgeschlossen werden, dass der Betriebsrat die beabsichtigte Maßnahme grundlos verhindert (amtliche Begründung, BR-Drucks. 715/70, S. 53 zu § 103). Die Entscheidung des Gerichts ergeht im **Beschlussverfahren** (§ 2a Abs. 1 Nr. 1, Abs. 2, §§ 80 ff. ArbGG). Der Antrag kann erst gestellt werden, wenn der **Arbeitgeber erfolglos versucht** hat, **die Zustimmung des Betriebsrats zu der Maßnahme zu erlangen**. Dies ist der Fall, wenn der Arbeitgeber den Betriebsrat um Zustimmung zu der Kündigung oder Versetzung gebeten und dieser entweder die Zustimmung durch (wirksamen, s. Rdn. 58) Beschluss verweigert oder innerhalb der Frist (s. Rdn. 65) keine Erklärung abgegeben hat. Ein vor der Entscheidung des Betriebsrats oder vor Fristablauf gestellter (vorsorglicher) Ersetzungsantrag ist unzulässig; er wird auch nicht mit der Zustimmungsverweigerung des Betriebsrats zulässig (*BAG* 07.05.1986 EzA § 103 BetrVG 1972 Nr. 31 = AP Nr. 18 zu § 103 BetrVG 1972; 24.10.1996 EzA § 103 BetrVG 1972 Nr. 37 = AP Nr. 32 zu § 103 BetrVG 1972; *Richardi/Thüsing* § 103 Rn. 66; **a. M.** *Matthes/Spinner/GMP* ArbGG, § 81 Rn. 38; *von Hoyningen-Huene* in: *von Hoyningen-Huene/Linck* KSchG, § 15 Rn. 127 für den Fall, dass der Arbeitgeber das Zustimmungsverfahren rechtzeitig eingeleitet hat). Dasselbe gilt, wenn der Arbeitgeber den Antrag stellt, obwohl der Betriebsrat zu Recht eine unzureichende Unterrichtung durch den Arbeitgeber moniert (s. Rdn. 66). Unzulässig ist ein Zustimmungsantrag nach Abs. 2 auch, wenn er **unter der Bedingung** gestellt wird, dass der Betriebsrat die Zustimmung zu der außerordentlichen Kündigung verweigert. Aus Gründen der Rechtssicherheit darf der Ersetzungsantrag als Prozesshandlung nicht von außerprozessualen Bedingungen abhängig gemacht werden (*BAG* 07.05.1986 EzA § 103 BetrVG 1972 Nr. 31 = AP Nr. 18 zu § 103 BetrVG 1972).

68 Ein **Antrag auf Ersetzung der Zustimmung zu einer bereits ausgesprochenen Kündigung** ist unzulässig (vgl. *BAG* 24.10.1996 EzA § 103 BetrVG 1972 Nr. 37 = AP Nr. 32 zu § 103 BetrVG 1972 unter II 4c für einen vor Zustimmungsverweigerung durch den Betriebsrat gestellten Antrag; anders [Antrag unbegründet] *BAG* 22.08.1974 EzA § 103 BetrVG 1972 Nr. 6, 20.03.1975 EzA § 103 BetrVG 1972 Nr. 7 = AP Nr. 1, 2 zu § 103 BetrVG 1972). Zur Wirksamkeit der Kündigung muss die Zustimmung des Betriebsrats vor Ausspruch der Kündigung vorliegen oder durch eine rechtskräftige gerichtliche Entscheidung ersetzt sein. Die bereits ausgesprochene Kündigung ist deshalb unheilbar nichtig. Die Ersetzung der Zustimmung zu einer unwirksamen Kündigung kann der Arbeitgeber aber nicht verlangen. Einem solchen Antrag fehlt bereits das notwendige Rechtsschutzinteresse. Hinsichtlich der bereits ausgesprochenen Kündigung könnte selbst eine stattgebende Entscheidung die angestrebte Wirkung nicht mehr entfalten. Aber auch für eine neue Kündigung wäre eine die Zustimmung ersetzende Entscheidung ohne Bedeutung, weil der Arbeitgeber zunächst einmal die Zustimmung des Betriebsrats zu der neuen Kündigung beantragen müsste (*BAG* 24.10.1996 EzA § 103 BetrVG 1972 Nr. 37 = AP Nr. 32 zu § 103 BetrVG 1972). Der Arbeitgeber kann jedoch auch nach Ausspruch der Kündigung die Frage, ob die Kündigung der Zustimmung des Betriebsrates bedurfte, zum Gegenstand eines Feststellungsantrages machen, sofern ein über den Einzelfall hinausreichendes Klärungsbedürfnis besteht (*BAG* 28.08.2003 AP Nr. 49 zu § 103 BetrVG 1972). Anders ist die Situation, wenn der Arbeitgeber **die Zustimmung zu einer Versetzung eines Amtsträgers beantragt, den er bereits auf dem neuen Arbeitsplatz beschäftigt**. Hier ist zu berücksichtigen, dass eine nachträglich erteilte Zustimmung des Betriebsrats die bereits erfolgte Versetzung mit Wirkung für die Zukunft legitimieren kann (s. Rdn. 55). Dann muss auch eine die Zustimmung ersetzende Entscheidung mit derselben Wirkung möglich sein. Daher besteht für einen solchen Antrag ein Rechtsschutzbedürfnis.

b) Voraussetzungen der Ersetzung der Zustimmung zur Kündigung

Das Gericht ist verpflichtet, die Zustimmung zur Kündigung zu ersetzen, »wenn die außerordentliche **69** Kündigung unter Berücksichtigung aller Umstände gerechtfertigt ist« (Abs. 2 Satz 1). Das bedeutet, dass die Frage, ob **ein wichtiger Grund i. S. v. § 626 Abs. 1 BGB vorliegt**, von dem Gericht in vollem Umfang zu prüfen ist (h. M.; *BAG* 22.08.1974 EzA § 103 BetrVG 1972 Nr. 6 *[Schlüter]* = AP Nr. 1 zu § 103 BetrVG 1972; 23.04.2008 EzA § 103 BetrVG 2001 Nr. 6 = AP Nr. 56 zu § 103 BetrVG 1972 Rn. 17; *Etzel/Rinck/KR* § 103 BetrVG Rn. 126; *Fitting* § 103 Rn. 43; *Galperin/Löwisch* § 103 Rn. 23; *Huke/HWGNRH* § 103 Rn. 71; *Richardi/Thüsing* § 103 Rn. 69). Dabei ist im Ausgangspunkt zu berücksichtigen, dass die Eigenschaft als Amtsträger in der Betriebsverfassung dem betroffenen Arbeitnehmer nach § 78 Satz 2 weder zum Vorteil noch zum Nachteil gereichen darf (*BAG* 10.02.1999 EzA § 15 KSchG n. F. Nr. 47 = AP Nr. 42 zu § 15 KSchG 1969 unter B II 3a; 27.09.2001 EzA § 15 KSchG n. F. Nr. 54 unter II 2b; *von Hoyningen-Huene* in: *von Hoyningen-Huene/Linck* KSchG § 15 Rn. 94; *Linck/APS* § 15 KSchG Rn. 104). Aus diesem Grunde ist eine Kündigung nach §§ 75, 78 Satz 2 i. V. m. § 134 BGB nichtig, wenn an einem Vorfall mehrere Arbeitnehmer beteiligt sind, der Arbeitgeber aber nur den beteiligten Betriebsratsmitgliedern kündigt (*BAG* 22.02.1979 EzA § 103 BetrVG 1972 Nr. 23). Das Privilegierungsverbot schließt nicht aus, im Rahmen der dem Gericht obliegenden umfassenden Interessenabwägung neben den individuellen Belangen des Arbeitgebers und des zu kündigenden Arbeitnehmers auch die möglichen **kollektiven Interessen** des Betriebsrats und der Belegschaft an diesem Arbeitnehmer in seiner betriebsverfassungsrechtlichen Funktion in die Betrachtung mit einzubeziehen (*BAG* 03.04.1979 EzA § 40 BetrVG 1972 Nr. 43 = AP Nr. 16 zu § 40 BetrVG 1972; 22.08.1974 EzA § 103 BetrVG 1972 Nr. 6 = AP Nr. 1 zu § 103 BetrVG 1972 unter C III 2; **a. M.** *Czerny* Rechtskraft, S. 222 ff. m. w. N.). Auch diese gehören zu den »Umständen des Einzelfalles« i. S. d. § 626 Abs. 1. Aus der Regelung in Abs. 3 Satz 2, wonach für die Entscheidung über die Ersetzung der Zustimmung zu einer Versetzung auch die betriebsverfassungsrechtliche Stellung des Arbeitnehmers zu berücksichtigen ist, darf nicht der Gegenschluss gezogen werden, dass dieser Aspekt bei der Entscheidung über die Zustimmung zur Kündigung keine Beachtung finden dürfe. Andererseits stehen bei der Gesamtabwägung nach der Vorgabe des Gesetzes »die Interessen der beiden Vertragsteile« im Vordergrund (§ 626 Abs. 1 BGB). Kollektive Interessen können daher wohl eher ergänzend Berücksichtigung finden. Außerdem wird man, um eine Bevorzugung des Amtsträgers zu vermeiden, konsequenterweise nicht nur das Interesse der Belegschaft an der Fortsetzung der Amtsführung, sondern umgekehrt auch die für den Arbeitgeber aus einer weiteren Tätigkeit im Betriebsrat folgenden Belastungen (etwa für eine vertrauensvolle Zusammenarbeit nach § 2 Abs. 1) berücksichtigen müssen.

Im Prinzip kommen für eine außerordentliche Kündigung alle für eine Kündigung aus wichtigem **70** Grund auch ansonsten relevanten und in § 1 Abs. 2 KSchG genannten Gründe in Betracht, also Gründe in der Person oder im Verhalten des Arbeitnehmers oder dringende betriebliche Erfordernisse (*Fischermeier/KR* § 626 BGB Rn. 135 ff.; zu Einzelfällen *Huke/HWGNRH* § 103 Rn. 48 f.; *Linck/APS* § 15 KSchG Rn. 114 f.). Eine **verhaltensbedingte Kündigung** eines Mitgliedes des Betriebsrats setzt dabei **einen Verstoß gegen arbeitsvertragliche Pflichten** voraus. Stellt das Verhalten **lediglich einen Verstoß gegen die Amtspflichten** des Betriebsratsmitgliedes dar, kommt ausschließlich § 23 Abs. 1 mit der Möglichkeit des Ausschlusses aus dem Betriebsrat zur Anwendung (*BAG* 22.08.1974 EzA § 103 BetrVG 1972 Nr. 6 = AP Nr. 1 zu § 103 BetrVG 1972 *[G. Hueck]* = SAE 1975, 213 *[Kraft]*; 16.10.1986 AP Nr. 95 zu § 626 BGB; 23.10.2008 EzA § 626 BGB 2002 Nr. 25 = AP Nr. 58 zu § 103 BetrVG 1972 Rn. 19; 12.05.2010 EzA § 15 KSchG n. F. Nr. 67 = AP Nr. 67 zu § 15 KSchG 1969 Rn. 15; *Fitting* § 103 Rn. 30; *von Hoyningen-Huene* in: *von Hoyningen-Huene/Linck* KSchG, § 15 Rn. 98; *Huke/HWGNRH* § 103 Rn. 44; *Richardi/Thüsing* § 103 Anh. Rn. 20). Liegt hingegen **nur eine Verletzung arbeitsvertraglicher** Pflichten vor, so gebietet es schon das Begünstigungsverbot des § 78 Satz 2, dass eine außerordentliche Kündigung unter den gleichen Voraussetzungen ausgesprochen werden kann, unter denen gegenüber anderen Arbeitnehmern eine Kündigung aus wichtigem Grunde möglich ist (§ 626 Abs. 1 BGB; *BAG* 23.10.2008 EzA § 626 BGB 2002 Nr. 25 Rn. 19; *LAG Köln* 28.11.1996 LAGE § 15 KSchG Nr. 14; *LAG Nürnberg* 25.03.1999 NZA-RR 1999, 413; *Quecke/HWK* § 15 KSchG Rn. 40; *Vossen/SPV* Rn. 1734; einschränkend *Bieback* RdA 1978, 82, der an die Unzumutbarkeit i. S. v. § 626 Abs. 1 BGB einen »um kollektivrechtliche Elemente erweiterten Maßstab« anlegen will und *Konzen* ZfA 1985, 469 [483], der nur ein Verfahren

§ 103　　　　　　　　　　　　　　　　　　　　IV. 5. 3. Personelle Einzelmaßnahmen

nach § 23 Abs. 1 für zulässig hält). Als verletzte Pflicht kommen auch Nebenpflichten aus dem Arbeitsverhältnis in Frage; dies spielt eine besondere Rolle bei freigestellten Betriebsratsmitgliedern (*BAG* 22.08.1974 EzA § 103 BetrVG 1972 Nr. 6 = AP Nr. 1 zu § 103 BetrVG 1972).

71 Sofern eine Handlung **gleichzeitig eine Amtspflichtverletzung und eine Verletzung vertraglicher Pflichten** darstellt, ist eine außerordentliche Kündigung möglich, wenn die Vertragsverletzung für sich betrachtet einen wichtigen Grund i. S. v. § 626 Abs. 1 BGB darstellt (so die herrschende sog. Simultantheorie; s. *Oetker* § 23 Rdn. 29 ff. m. w. N.; krit. zur Simultantheorie *Bieback* RdA 1978, 82 [84]). Gleiches gilt, wenn ein **Betriebsratsmitglied** daneben **Mitglied eines Unternehmensorgans** (insb. des Aufsichtsrats) ist und gegen seine aus der Organmitgliedschaft entstehenden Pflichten verstößt. Stellt das Handeln nicht nur einen Verstoß gegen die organschaftlichen, sondern zugleich eine Verletzung arbeitsvertraglicher Pflichten dar, so kann hierauf ebenfalls eine außerordentliche Kündigung gestützt werden (*BAG* 23.10.2008 EzA § 626 BGB 2002 Nr. 25 Rn. 20). Nach h. M. ist in solchen Fällen bei der Prüfung des wichtigen Grundes zur Kündigung eines Amtsträgers ein »**strengerer Maßstab**« anzulegen als bei einem Arbeitnehmer, der nicht zu dem Kreis der Amtsträger gehört (*BAG* 20.12.1961 AP Nr. 16 zu § 13 KSchG; 23.10.1969 EzA § 13 KSchG Nr. 3 = AP Nr. 19 zu § 13 KSchG; 16.10.1986 EzA § 626 BGB n. F. Nr. 105 = AP Nr. 95 zu § 626 BGB unter B II 4a; 23.10.2008 EzA § 626 BGB 2002 Nr. 25 = AP Nr. 58 zu § 103 BetrVG 1972 Rn. 19; 12.05.2010 EzA § 15 KSchG n. F. Nr. 67 = AP Nr. 67 zu § 15 KSchG 1969 Rn. 15; *von Hoyningen-Huene* in: *von Hoyningen-Huene/Linck* KSchG, § 15 Rn. 100; *Kiel*/ErfK § 15 KSchG Rn. 24; *Vossen/SPV* Rn. 1734). Dies wird vor allem bei der Kündigung eines Betriebsratsmitglieds für erforderlich gehalten, um dessen freie Betätigung in seinem Amt zu gewährleisten (*BAG* 16.10.1986 EzA § 626 BGB n. F. Nr. 105 = AP Nr. 95 zu § 626 BGB unter B II 4a). Im Hinblick auf das Privilegierungsverbot des § 78 Satz 2 erscheint dies allerdings fragwürdig. Bei genauer Betrachtung ist eine solche **Einschränkung** auch gar **nicht erforderlich**, um den Schutz des Amtsträgers zu verwirklichen (mit Recht krit. daher *Kraft* SAE 1975, 219 [220] zu der Entsch. des *BAG* 22.08.1974 EzA § 103 BetrVG 1972 Nr. 6 = AP Nr. 1 zu § 103 BetrVG 1972). So verweist die Rspr. zur Rechtfertigung darauf, dass eine Verletzung der Pflichten aus dem Arbeitsvertrag, die im Rahmen einer Amtstätigkeit begangen wird, aus einer Konfliktsituation entstehen könne, in die ein Arbeitnehmer, der nicht Betriebsratsmitglied sei, gar nicht geraten könne, etwa wenn es bei Verhandlungen zwischen Arbeitgeber und Betriebsrat im Verlauf längerer schwieriger und erregter Auseinandersetzungen je nach der Persönlichkeitsstruktur der Teilnehmer zu verbalen Beleidigungen komme (*BAG* 16.10.1986 EzA § 626 BGB n. F. Nr. 105 = AP Nr. 95 zu § 626 BGB unter B II 4a). Letztlich geht es aber bei diesen – durchaus zutreffenden – Erwägungen darum, bei der Gewichtung der Pflichtverletzung die konkrete Verhandlungssituation, die hiermit verbundene Anspannung, kurz die mit der Tätigkeit des Amtsträgers verbundene Gefährdungslage, zu berücksichtigen, so wie auch sonst »alle Umstände des Einzelfalles« in die Abwägung einzubeziehen sind (ebenso *Linck*/APS § 15 KSchG Rn. 118; in diesem Sinne jetzt auch *Etzel/Kreft*/KR § 15 KSchG Rn. 43). So wäre etwa auch bei einem Nichtamtsträger in Rechnung zu stellen, wenn es in einer Situation hoher psychischer oder physischer Belastung zu einer Pflichtverletzung kommt. Dies gilt umso mehr, wenn die Belastung die Folge der Übertragung besonderer Verantwortung im Beruf ist. Solche Begleitumstände können stets das Gewicht der Pflichtverletzung mindern und das Verhalten in einem milderen Licht erscheinen lassen. Mit einer Veränderung des Prüfungsmaßstabs hat dies nichts zu tun. Zu den Umständen des Einzelfalles zählt im Übrigen auch die Tatsache, dass dem Arbeitgeber bei Handlungen, die auch gegen Amtspflichten verstoßen, neben der Kündigung auch das **Amtsenthebungsverfahren nach § 23 Abs. 1** zur Verfügung steht. Wenn die Interessen des Arbeitgebers hierdurch ausreichend gewahrt werden können, so ist es denkbar, dass dieses Verfahren unter dem Aspekt des **ultima-ratio-Grundsatzes** Vorrang vor der außerordentlichen Kündigung hat und deshalb die Fortsetzung des Arbeitsverhältnisses in Fällen als zumutbar anzusehen ist, in denen bei einem Nichtamtsträger (mangels Alternative) eine außerordentliche Kündigung als gerechtfertigt erachtet würde (zutr. *Etzel/Kreft*/KR § 15 KSchG Rn. 44; s. a. *Oetker* § 23 Rdn. 36). Letztlich geht es darum, sämtliche für die Interessenabwägung und die Beurteilung der Zumutbarkeit relevanten Gesichtspunkte im konkreten Einzelfall einzubeziehen. Der Arbeitgeber kann Handlungen, die zumindest auch eine Verletzung arbeitsvertraglicher Pflichten darstellen, auch zum Gegenstand einer **Abmahnung** machen (*BAG* 15.07.1992 EzA § 611 BGB Abmahnung Nr. 26).

Maßstab für den wichtigen Grund zur außerordentlichen Kündigung ist gemäß § 626 Abs. 1 BGB, **72** dass dem Arbeitgeber die Fortsetzung des Arbeitsverhältnisses bis zum Ablauf der Kündigungsfrist (bei Zulässigkeit der ordentlichen Kündigung) oder bis zur vereinbarten Beendigung des Arbeitsverhältnisses (bei Beendigung durch Zeitablauf) nicht mehr zugemutet werden kann. Im Rahmen der hier vorzunehmenden **Interessenabwägung** wird die Unzumutbarkeit umso eher anzunehmen sein, je schwerer die aus dem Fortbestehen des Arbeitsverhältnisses erwachsenden Nachteile wiegen und je länger der Zeitraum bis zur ordentlichen Beendigung des Arbeitsverhältnisses andauert. Da bei dem in Abs. 1 genannten Personenkreis die ordentliche Kündigung gemäß § 15 KSchG ausgeschlossen ist, müsste man an sich für die noch ausstehende Dauer der Vertragsbindung auf das Ende des besonderen Kündigungsschutzes zuzüglich der dann geltenden Frist für die ordentliche Kündigung abstellen. Ist ein Ende des Kündigungsschutzes nicht abzusehen (z. B. bei einem Mitglied des Betriebsrats wegen der Möglichkeit der Wiederwahl), wäre das voraussichtliche Ende des Arbeitsverhältnisses der maßgebliche Zeitpunkt. Dies würde freilich dazu führen, dass bei Amtsträgern die Schwelle der Unzumutbarkeit zum Teil deutlich früher überschritten wäre als bei anderen Arbeitnehmern, eine außerordentliche Kündigung also unter erleichterten Voraussetzungen erfolgen könnte. Hierdurch würde der Sinn des Amtsschutzes in sein Gegenteil verkehrt. Die h. M. nimmt daher mit Recht an, dass für die außerordentliche (fristlose) Kündigung von Arbeitnehmern, bei denen nach § 15 KSchG die ordentliche Kündigung ausgeschlossen ist, hinsichtlich der Zumutbarkeit der Fortsetzung des Arbeitsverhältnisses dennoch auf die Dauer der **(fiktiven) Frist für eine ordentliche Kündigung** abzustellen ist, die für die ordentliche Kündigung gelten würde, wenn diese nicht kraft Gesetzes ausgeschlossen wäre (st. Rspr.; *BAG* 08.08.1968 EzA § 13 KSchG Nr. 1 = AP Nr. 57 zu § 626 BGB; 14.11.1984 EzA § 626 BGB n. F. Nr. 93 = AP Nr. 83 zu § 626 BGB; 06.03.1986 EzA § 15 KSchG n. F. Nr. 34 = AP Nr. 19 zu § 15 KSchG 1969; 10.02.1999 EzA § 15 KSchG n. F. Nr. 47 *[Auer]* unter II 3a; zuletzt 21.06.2012 EzA § 15 KSchG n. F. Nr. 71 Rn. 11 m. w. N.; *Fitting* § 103 Rn. 26 f.; *Eylert/Sänger* RdA 2010, 24 [28]; *von Hoyningen-Huene* in: *von Hoyningen-Huene/Linck* KSchG § 15 Rn. 97; *Kiel/ErfK* § 15 KSchG Rn. 22; *Linck/APS* § 15 KSchG Rn. 107; *Quecke/HWK* § 15 KSchG Rn. 42; *Vossen/SPV* Rn. 1733).

Umstritten ist, ob gegenüber Amtsträgern eine **außerordentliche Kündigung mit notwendiger** **73** **Auslauffrist** zulässig ist. Im Falle des (tarif-)vertraglichen Ausschlusses der ordentlichen Kündigung hat die Rspr. in der Vergangenheit eine solche Kündigungsmöglichkeit angenommen. Hier könne sich der besondere Schutz gegen ordentliche Kündigungen auch zu Lasten des Arbeitnehmers auswirken. Liege etwa ein betriebsbedingter Kündigungsgrund vor, der bei einem ordentlich kündbaren Arbeitnehmer nur eine ordentliche Kündigung rechtfertigen würde, so könne gerade die lange Bindungsdauer durch die (tarifliche) »Unkündbarkeit« dazu führen, dass die Weiterbeschäftigung des Arbeitnehmers dem Arbeitgeber unzumutbar und eine außerordentliche Kündigung nach § 626 Abs. 1 BGB deshalb gerechtfertigt sei (*BAG* 15.11.2001 EzA § 626 BGB n. F. Nr. 192 = AP Nr. 175 zu § 626 BGB unter II 5a). In gleicher Weise hat das *BAG* angenommen, dass eine außerordentliche Kündigung bei Krankheit des Arbeitnehmers (nur) dann in Betracht komme, wenn die ordentliche Kündigung ausgeschlossen sei, da ansonsten die Möglichkeit der fristgemäßen Kündigung ausreiche, um den Interessen des Arbeitgebers Rechnung zu tragen (*BAG* 18.10.2000 EzA § 626 BGB Krankheit Nr. 3 = AP Nr. 9 zu § 626 BGB Krankheit unter II 3). Ähnliches gelte für eine verhaltensbedingte Kündigung. Auch hier könne sich ein wichtiger Grund zur außerordentlichen Kündigung gerade aufgrund der langen Bindungsdauer ergeben, wenn einem vergleichbaren Arbeitnehmer ohne gesteigerten Kündigungsschutz bei vergleichbarem Kündigungssachverhalt zwar nicht nach § 626 BGB außerordentlich, jedoch fristgerecht gekündigt werden könnte (*BAG* 13.04.2000 EzA § 626 BGB n. F. Nr. 180 unter II 3d cc; 15.11.2001 EzA § 626 BGB n. F. Nr. 192 = AP Nr. 175 zu § 626 BGB unter II 5a). Erweise sich die außerordentliche Kündigung aber nur wegen der infolge der Unkündbarkeit längeren Bindungsdauer als gerechtfertigt, so dürfe der Arbeitgeber nicht fristlos kündigen, sondern müsse zur Vermeidung von Wertungswidersprüchen zwingend eine soziale Auslauffrist einhalten, die der (fiktiven) Frist einer ordentlichen Kündigung entspreche (*BAG* 11.03.1999 EzA § 626 BGB n. F. Nr. 177 = AP Nr. 150 zu § 626 BGB unter B II 3b; 15.11.2001 EzA § 626 BGB n. F. Nr. 192 = AP Nr. 175 zu § 626 BGB unter II 5b). Im Ergebnis bedeutet diese Rspr., dass im Falle des Ausschlusses der ordentlichen Kündigung **nur bei der außerordentlichen fristlosen Kündigung auf die fiktive Kündigungsfrist** für die Beurteilung der Unzumutbarkeit der Fortsetzung des Arbeitsverhältnisses abzustellen ist.

§ 103

Für die außerordentliche Kündigung mit sozialer Auslauffrist kommt es dagegen auf die tatsächliche Bindungsdauer an (s. a. *BAG* 17.01.2008 EzA § 15 KSchG n. F. Nr. 62 = AP Nr. 62 zu § 15 KSchG 1969 Nr. 62 Rn. 17; *Bröhl* RdA 2010, 170 [172]).

74 Fraglich ist, ob die Konstruktion einer solchen außerordentlichen Kündigung mit Auslauffrist **auf die Kündigung von Amtsträgern in der Betriebsverfassung übertragbar** ist. Hierfür könnte der Umstand sprechen, dass das *BAG* das Abstellen auf die fiktive Kündigungsfrist gerade damit begründet, dass die Amtsträger ansonsten ggü. anderen Arbeitnehmern benachteiligt würden. Würde man nämlich der Abwägung die tatsächliche Bindungsdauer zugrunde legen, könnte bei einer gemeinschaftlich begangenen Pflichtverletzung eines Betriebsratsmitglieds und eines sonstigen Arbeitnehmers bei im Übrigen vergleichbaren Tatumständen und gleichgelagerten Arbeitgeber- und Arbeitnehmerinteressen die fristlose Kündigung gegenüber dem Betriebsratsmitglied allein wegen der absehbar langen Bindungsdauer (zumindest ein Jahr nach Ende des Betriebsratsamts) für wirksam, die fristlose Kündigung gegenüber dem anderen Arbeitnehmer dagegen mit der Begründung für unwirksam erachtet werden, dass dessen Weiterbeschäftigung bis zum Ablauf der ordentlichen Kündigungsfrist dem Arbeitgeber zumutbar sei (so etwa *BAG* 10.02.1999 EzA § 15 KSchG n. F. Nr. 47 *[Auer]* unter B II 3a). Dies hat den naheliegenden Einwand provoziert, dass die generelle Heranziehung der fiktiven Kündigungsfrist andererseits auch nicht dazu führen dürfe, dass die Amtsträger entgegen dem Verbot des § 78 Satz 2 im Vergleich zu anderen Arbeitnehmern günstiger gestellt würden. In Anlehnung an die Rspr. zum tariflichen Ausschluss der ordentlichen Kündigung wird daher in der Literatur die Ansicht vertreten, dass eine außerordentliche Kündigung zwar nicht als fristlose, wohl aber als solche mit notwendiger Auslauffrist zulässig sein müsse, bei der für die Zumutbarkeit der Fortsetzung des Arbeitsverhältnisses im Rahmen des § 626 Abs. 1 BGB auf das voraussichtliche Ende des Kündigungsschutzes, nämlich auf den erstmöglichen Entlassungstermin aufgrund einer ein Jahr nach Ablauf der Amtszeit des Betriebsrats erklärten Kündigung abzustellen sei (*Etzel*/KR 10. Aufl., § 15 KSchG Rn. 22 f.; *Quecke*/HWK § 15 KSchG Rn. 43; *Thüsing* in: *Thüsing/Laux/Lembke* KSchG, 3. Aufl. 2014, § 15 KSchG Rn. 53 f.). Die **h. M. lehnt** dagegen **bei Amtsträgern** eine außerordentliche Kündigung mit sozialer Auslauffrist zumindest **für die verhaltensbedingte Kündigung mit Recht ab** (*BAG* 17.01.2008 EzA § 15 KSchG n. F. Nr. 62 = AP Nr. 62 zu § 15 KSchG 1969 Nr. 62 Rn. 25 ff.; 12.05.2010 EzA § 15 KSchG n. F. Nr. 67 = AP Nr. 67 zu § 15 KSchG 1969 Rn. 17; 21.06.2012 EzA § 15 KSchG n. F. Nr. 71 Rn. 12 ff.; offen gelassen noch von *BAG* 10.02.1999 EzA § 15 KSchG n. F. Nr. 47 unter B II 3b; 27.09.2001 EzA § 15 KSchG n. F. Nr. 54 unter II 2b bb; *Vossen/SPV* Rn. 1733). Letztlich läuft eine solche Kündigung darauf hinaus, die Beendigung des Arbeitsverhältnisses unter den Voraussetzungen der ordentlichen Kündigung zuzulassen, wenn auch »im Gewand« der außerordentlichen Kündigung. Die hiermit verbundene Lockerung des Kündigungsschutzes für Amtsträger würde jedoch die Ziele der gesetzlichen Regelung konterkarieren. Im Falle der verhaltensbedingten Kündigung liegt der wesentliche Unterschied zwischen den Anforderungen an die soziale Rechtfertigung nach § 1 Abs. 2 KSchG und an den wichtigen Grund zur außerordentlichen Kündigung in der Schwere der Pflichtverletzung (*BAG* 21.06.2012 EzA § 15 KSchG n. F. Nr. 71 Rn. 20). Der Ausschluss der ordentlichen Kündigungsmöglichkeit bei Amtsträgern soll daher gewährleisten, dass diese nur bei besonders schwerwiegenden Pflichtverletzungen mit einer Gefährdung ihres Arbeitsplatzes rechnen müssen. Dagegen bleiben leichtere Vergehen, die bei anderen Arbeitnehmern zur Kündigung führen könnten, ohne Konsequenzen für den Bestand des Arbeitsverhältnisses. Die Sicherheit, dass nicht jeder Pflichtverstoß vom Arbeitgeber zum Anlass für eine Kündigung genommen werden kann, ist eine wesentliche Voraussetzung für die Unabhängigkeit der Amtsausübung (s. Rdn. 1). Würde man die Schwelle für die Kündigung dadurch wieder absenken, dass man für die Zumutbarkeit der Fortsetzung des Arbeitsverhältnisses auf das Ende des besonderen Kündigungsschutzes abstellt, und damit eine außerordentliche Kündigung in Fällen zulassen, die bei Arbeitnehmern ohne besonderen Kündigungsschutz nur eine ordentliche Kündigung rechtfertigen würden, würde man genau die Gefährdungslage schaffen, welche der Gesetzgeber bei der Schaffung der § 103, § 15 KSchG ausschalten wollte. Gerade bei verhaltensbedingten Kündigungen bedarf es also des vollen Schutzes des § 15 Abs. 1 KSchG (so zutr. *BAG* 17.01.2008 EzA § 15 KSchG n. F. Nr. 62 = AP Nr. 62 zu § 15 KSchG 1969 Nr. 62 Rn. 28; 21.06.2012 EzA § 15 KSchG n. F. Nr. 71 Rn. 13, 21 im Anschluss an *Bröhl* Die außerordentliche Kündigung mit notwendiger Auslauffrist, S. 45). Aus ähnlichen Erwägungen tendiert der 2. Senat des *BAG* inzwischen auch für den tarifvertraglichen Ausschluss der ordent-

lichen Kündigung deutlich zu der Ansicht, die außerordentliche Kündigung mit notwendiger Auslauffrist aus Gründen im Verhalten des Arbeitnehmers als mit dem Zweck der Unkündbarkeit unvereinbar und damit unzulässig anzusehen (*BAG* 21.06.2012 EzA § 15 KSchG n. F. Nr. 71 Rn. 13, 21; s. a. Rdn. 76).

Eine Ausnahme von der Maßgeblichkeit der fiktiven Kündigungsfrist für die Frage der Rechtfertigung **75** der außerordentlichen Kündigung hat das *BAG* dagegen für die betriebsbedingte Kündigung gemacht. Für die wichtigsten Fälle der betriebsbedingten Kündigung enthalten § 15 Abs. 4 und 5 KSchG ohnehin eine Regelung, die dem Arbeitgeber die betriebsbedingte Beendigungskündigung ohne Rücksicht auf die Voraussetzungen des § 626 Abs. 1 BGB gestattet. Von praktischer Relevanz ist die Durchbrechung daher vornehmlich in den Fällen der **außerordentlichen betriebsbedingten Änderungskündigung** (*BAG* 21.06.1995 EzA § 15 KSchG Nr. 43 *[Bernstein, Oetker]* = AP Nr. 36 zu § 15 KSchG 1969 *[Preis]*; 07.10.2004 EzA § 15 KSchG n. F. Nr. 57 = AP Nr. 56 zu § 15 KSchG 1969 [unter II 6]; vgl. auch *BAG* 20.01.2000 EzA § 15 KSchG n. F. Nr. 49 = AP Nr. 40 zu § 103 BetrVG 1972). Hier soll nach Ansicht des *BAG* für die Beurteilung der Zumutbarkeit der Fortsetzung des Arbeitsverhältnisses zu den bisherigen Bedingungen die verbleibende Dauer des Sonderkündigungsschutzes maßgeblich sein. Zur Begründung verweist das Gericht darauf, dass ansonsten strukturelle unternehmerische Entscheidungen an dem Sonderkündigungsschutz scheitern könnten, weil solche Umstrukturierungen nach einem einheitlichen unternehmerischen Konzept erfolgen müssten und daher die vom Sonderkündigungsschutz erfassten Organträger nicht ausnehmen könnten. Die Regelung des § 15 Abs. 4 und 5 KSchG lasse erkennen, dass der Gesetzgeber in derartigen speziellen betriebsbedingten Situationen Handlungsbedarf gesehen habe. Der besondere Zweck des Amtsschutzes stehe einer erleichterten Möglichkeit der außerordentlichen Kündigung in diesen Fällen nicht entgegen, weil es lediglich um eine inhaltliche Umgestaltung und nicht um eine Beendigung des Arbeitsverhältnisses gehe, der Fortbestand und die Stetigkeit der jeweiligen Arbeitnehmervertretung daher gesichert sei. Den Argumenten, die das *BAG* für die Zulässigkeit einer Änderung der Arbeitsbedingungen von Amtsträgern bei generellen Umstrukturierungsmaßnahmen anführt, ist uneingeschränkt zuzustimmen. Diese sprechen jedoch nicht für eine Änderung des Maßstabes der Interessenabwägung bei der außerordentlichen Kündigung, sondern für die Zulässigkeit einer ordentlichen betriebsbedingten Massenänderungskündigung durch teleologische Reduktion des § 15 Abs. 1 KSchG (s. hierzu Rdn. 30). Das *BAG* versucht mit der Modifikation der Zumutbarkeitsbetrachtung bei § 626 Abs. 1 BGB die Probleme zu mildern, die es durch die uneingeschränkte Anwendung des Sonderkündigungsschutzes auf Massenänderungskündigungen selbst geschaffen hat (mit Recht krit. daher *Hilbrandt* NZA 1997, 465 ff.; *ders.* NZA 1998, 1258 [1260 f.]; *Stahlhacke* FS *Peter Hanau*, S. 281 [292 ff.]; krit. insoweit auch *Oetker* Anm. zu *BAG* EzA § 15 KSchG n. F. Nr. 43, der jedoch der Abkehr von dem Maßstab der fiktiven Kündigungsfrist zustimmt). Da die neue Rechtsprechung nicht auf Massenänderungskündigungen beschränkt ist, erleichtert sie auch betriebsbedingte Kündigungen, die allein auf die Änderung der Arbeitsbedingungen des einzelnen Amtsträgers abzielen. Dies ist problematisch, weil die Möglichkeit einer Verschlechterung der Arbeitsbedingungen durchaus eine Gefahr für die Unabhängigkeit der Amtsführung darstellen kann.

Unklar ist die Situation derzeit für die **personenbedingte Kündigung**. Das *BAG* hatte hier zunächst **76** die Möglichkeit einer außerordentlichen Kündigung mit notwendiger Auslauffrist in gleicher Weise ausgeschlossen wie für die verhaltensbedingte Kündigung (*BAG* 18.02.1993 EzA § 15 KSchG n. F. Nr. 40 unter II 3b aa; offen gelassen in 15.03.2001 EzA § 15 KSchG n. F. Nr. 52 unter II 2; so auch *Bröhl* RdA 2010, 170 [172]; *Eylert / Sänger* RdA 2010, 24, [28 f.]). In seiner letzten Entscheidung differenziert das Gericht dagegen deutlich zwischen der Kündigung aus verhaltensbedingten Gründen auf der einen und der Kündigung aus personen- und betriebsbedingten Gründen auf der anderen Seite. Während die Berücksichtigung der tatsächlichen Bindungsdauer im Falle der verhaltensbedingten Kündigung mit dem Zweck des besonderen Kündigungsschutzes kaum zu vereinbaren sei, gehe es in den beiden anderen Fällen bei der Beurteilung der Zumutbarkeit weiterer Beschäftigung weniger um die Schwere eines Vergehens, sondern um die Belastungen, die sich für den Arbeitgeber aus dem weiteren Bestand des Arbeitsverhältnisses ergäben, weil er den Arbeitnehmer aus betrieblichen oder persönlichen Gründen nicht mehr beschäftigen könne (*BAG* 21.06.2012 EzA § 15 KSchG n. F. Nr. 71 Rn. 18 f.). Dies deutet darauf hin, dass der Senat künftig auch für die personenbedingte Kündigung von Amtsträgern seine Rspr. zur betriebsbedingten (Änderungs-)Kündigung anwenden will. In der

Tat sprechen gute Gründe dafür, im Rahmen der Interessenabwägung des § 626 Abs. 1 BGB bei personenbedingten Gründen auf die tatsächliche zukünftige Dauer des Arbeitsverhältnisses und damit bei Amtsträgern auf das voraussichtliche Ende des (nachwirkenden) Kündigungsschutzes abzustellen und nicht eine fiktive Laufzeit zugrunde zu legen, welche die wirkliche Belastung nicht abbilden könnte (ebenso *Linck/APS* § 15 KSchG Rn. 110 f.). Dies stünde nicht in einem Widerspruch zum Zweck des Amtsschutzes, da im Falle der personenbedingten Kündigung die Gründe vom Arbeitnehmer ohnehin nicht zu steuern sind und deshalb nicht die Gefahr besteht, dass sich der Arbeitnehmer von der Sorge um seinen Arbeitsplatz in seiner Amtsführung beeinflussen lässt. Und dass das Interesse an der Amtskontinuität nach der gesetzlichen Wertung nicht stets und uneingeschränkt Vorrang vor dem Beschäftigungsinteresse des Arbeitgebers beanspruchen kann, kommt in § 15 Abs. 4 und 5 KSchG deutlich zum Ausdruck. Vor diesem Hintergrund gibt es – anders als bei der verhaltensbedingten Kündigung – keine Rechtfertigung dafür, die Amtsträger gegenüber anderen Arbeitnehmern in vergleichbarer Position (nämlich den tariflich »unkündbaren« Arbeitnehmern) zu bevorzugen. Da der Gesetzgeber – anders als in § 15 Abs. 4 und 5 KSchG für die betriebsbedingte Kündigung – der Sonderkonstellation nicht durch eine eigene Regelung Rechnung getragen hat, bleibt nur der Weg, der besonderen Interessenlage im Rahmen des § 626 Abs. 1 BGB durch die Zulassung einer außerordentlichen Kündigung mit notwendiger Auslauffrist Rechnung zu tragen. Der besondere Amtsschutz entfällt damit nicht vollständig. Auch eine solche Kündigung mit Auslauffrist ist nämlich – im Unterschied zu der Kündigung nach § 15 Abs. 4 und 5 KSchG – eine außerordentliche Kündigung und bedarf daher der Zustimmung des Betriebsrats nach § 103 Abs. 1 (*Linck/APS* § 15 KSchG Rn. 110).

c) Voraussetzungen der Ersetzung der Zustimmung zur Versetzung

77 Für die gerichtliche Entscheidung über die Ersetzung der Zustimmung zur Versetzung gibt es keinen, dem § 626 Abs. 1 BGB vergleichbaren Maßstab. Vielmehr hat das Gericht im Rahmen einer **umfassenden Interessenabwägung** die individuellen Interessen des betroffenen Arbeitnehmers und die kollektiven Interessen der Belegschaft einerseits und die Interessen des Arbeitgebers an der Versetzung des Arbeitnehmers andererseits zu berücksichtigen. Eine Bindung an bestimmte Gründe besteht im Gegensatz zu dem Verfahren nach § 99 Abs. 4 nicht, da auch der Betriebsrat bei der Verweigerung der Zustimmung – in den Grenzen des Rechtsmissbrauchs – frei darin ist, aus welchen Gründen er die Zustimmung verweigert. Insbesondere ist das Gericht nicht darauf beschränkt zu prüfen, ob die Versetzung individualrechtlich im Verhältnis zu dem betroffenen Arbeitnehmer wirksam ist. Ist freilich die Versetzung schon **individualrechtlich unzulässig**, so ist kaum ein berechtigtes Interesse des Arbeitgebers an der Versetzung denkbar. Das Gericht hat also zunächst zu prüfen, ob die Versetzung nach § 106 GewO von dem Weisungsrecht des Arbeitgebers gedeckt ist und sich im Rahmen der Grenzen des billigen Ermessens bewegt. Ist dies nicht der Fall, ist die Ersetzung der Zustimmung schon aus diesem Grunde abzulehnen (*BAG* 27.07.2016 EzA § 103 BetrVG 2001 Nr. 10 Rn. 31; *Etzel/Rinck/KR* § 103 BetrVG Rn. 193; *Fitting* § 103 Rn. 72; *Huke/HWGNRH* § 103 Rn. 33). Dasselbe gilt, wenn der Betriebsrat die Zustimmungsverweigerung auf einen der **in § 99 Abs. 2 genannten Gründe** stützt und das Gericht zu der Auffassung gelangt, dass die vom Betriebsrat vorgebrachten Gründe zutreffen (s. Rdn. 51).

78 Ist die Versetzung individualrechtlich zulässig und liegt keiner der in § 99 Abs. 2 genannten Gründe vor, hängt die Ersetzung der Zustimmung davon ab, ob die Versetzung »**aus dringenden betrieblichen Gründen notwendig ist**«. Es bedarf daher einer Abwägung der maßgeblichen Umstände im Einzelfall. Im Rahmen der Abwägung ist insbesondere die betriebsverfassungsrechtliche Stellung des betroffenen Arbeitnehmers zu berücksichtigen (Abs. 3 Satz 2). Gemeint ist damit die Bedeutung, die eine Weiterführung des Amtes durch den Arbeitnehmer für das Gremium und damit für die Belegschaft insgesamt hat, also das kollektive Interesse an der Kontinuität der Amtsführung (*BAG* 03.04.1979 EzA § 40 BetrVG 1972 Nr. 43 = AP Nr. 16 zu § 40 BetrVG 1972; 22.08.1974 EzA § 103 BetrVG 1972 Nr. 6 = AP Nr. 1 zu § 103 BetrVG 1972). Außerdem sind auch die individuellen Interessen des Arbeitnehmers in die Betrachtung mit einzubeziehen (s. Rdn. 77). Wegen dieser Vermischung von kollektiven und individuellen Interessen erscheint es wenig hilfreich, sich für die Konkretisierung an dem Begriff der »betrieblichen Notwendigkeiten« i. S. d. § 30 Satz 2 als Maßstab zu orientieren (so aber *Bachner/DKKW* § 103 Rn. 80; *Fitting* § 103 Rn. 74; zust. *LAG Köln* 20.09.2013 – 4 TaBV 23/13 – juris, Rn. 31). Abzuwägen sind diese Interessen gegen die betrieblichen Interessen

des Arbeitgebers. Notwendig ist die Versetzung, wenn sie erforderlich ist, um den betrieblichen Bedürfnissen Rechnung zu tragen, es also keine gleich geeigneten und für die Kontinuität der Amtsführung weniger einschneidenden Maßnahmen gibt. Selbst wenn danach die Erforderlichkeit der Versetzung zu bejahen ist, müssen die betrieblichen Gründe zusätzlich »unter Berücksichtigung der betriebsverfassungsrechtlichen Stellung des betroffenen Arbeitnehmers dringend« sein, um ein überwiegendes Interesse an der Versetzung zu begründen. Die betrieblichen Gründe müssen demnach zu den kollektiven und individuellen Interessen in Relation gesetzt werden und Vorrang vor diesen beanspruchen (*BAG* 27.07.2016 EzA § 103 BetrVG 2001 Nr. 10 Rn. 31). Je größer das kollektive Interesse an einer Fortsetzung des Amtes durch den Arbeitnehmer ist, umso schwerer müssen die betrieblichen Interessen wiegen, um eine die Zustimmung ersetzende Entscheidung begründen zu können (zust. *Fitting* § 103 Rn. 72). **§ 1 Abs. 5 KSchG** findet insoweit **keine entsprechende Anwendung**. Auch wenn der betroffene Arbeitnehmer auf einer im Rahmen eines Interessenausgleichs erstellten Namensliste aufgeführt ist, begründet dies folglich nicht die Vermutung, dass die Versetzung aus dringenden betrieblichen Gründen erforderlich ist (*BAG* 27.07.2016 EzA § 103 BetrVG 2001 Nr. 10 Rn. 34 ff.).

Dringende betriebliche Gründe für die Versetzung können einmal dann vorliegen, wenn eine **Be-** 79 **schäftigung** des Funktionsträgers **auf dem bisherigen Arbeitsplatz nicht mehr möglich** ist, etwa weil der Arbeitsplatz weggefallen ist (*BAG* 27.07.2016 EzA § 103 BetrVG 2001 Nr. 10 Rn. 29; *Bachner/DKKW* § 103 Rn. 81; *Etzel/Rinck/*KR § 103 BetrVG Rn. 204; *Fitting* § 103 Rn. 74; *Richardi/Thüsing* § 103 Rn. 34) oder sich die Anforderungen an die Tätigkeit wesentlich verändert haben und der Arbeitnehmer aus diesem Grunde nicht mehr über die erforderlichen Kenntnisse und Fähigkeiten verfügt (*Huke/HWGNRH* § 103 Rn. 33; *Löwisch* BB 2001, 1790 [1796]; **a. M.** *Etzel/Rinck/*KR § 103 BetrVG Rn. 205; *Fitting* § 103 Rn. 74a). Da § 103 Abs. 3 nur Versetzungen erfasst, die zum Verlust des Amtes führen, d. h. Versetzungen in einen anderen Betrieb, ist die Ersetzung der Zustimmung zu verweigern, wenn der Arbeitnehmer auf einem anderen Arbeitsplatz in demselben Betrieb **weiterbeschäftigt werden kann**, da es sich dabei um eine für die Amtsausübung weniger einschneidende Maßnahme handelt (*BAG* 27.07.2016 EzA § 103 BetrVG 2001 Nr. 10 Rn. 30; *Etzel/Rinck/*KR § 103 BetrVG Rn. 204; *Fitting* § 103 Rn. 74a; *Kaiser/LK* § 103 Rn. 25). Könnte der Arbeitnehmer nur nach Durchführung von **Fortbildungs- oder Umschulungsmaßnahmen** in dem bisherigen Betrieb (auf einem anderen oder sogar auf dem bisherigen Arbeitsplatz) weiterbeschäftigt werden, so hängt die Erforderlichkeit der Versetzung davon ab, ob und inwieweit diese Maßnahmen und die hiermit verbundene Verzögerung bei der Besetzung der entsprechenden Stellen dem Arbeitgeber zuzumuten ist. Insoweit ist auch die »betriebsverfassungsrechtliche Stellung« des betroffenen Arbeitnehmers, also dessen Bedeutung für die Tätigkeit des Betriebsrats, zu berücksichtigen. Handelt es sich um den langjährigen Betriebsratsvorsitzenden, so sind dem Arbeitgeber größere Anstrengungen zuzumuten als bei einem einfachen, erst kürzlich gewählten Betriebsratsmitglied (*Fitting* § 103 Rn. 73; *Löwisch* BB 2001, 1790 [1796]; *Richardi/Thüsing* § 103 Rn. 36; **a. M.** *Rieble* NZA 2001, Sonderheft S. 48 [60]).

Beruht der Wegfall der Beschäftigungsmöglichkeit auf einer **unternehmerischen Entscheidung** 80 des Arbeitgebers, so ist diese nicht auf ihren Sinn und ihre Zweckmäßigkeit, sondern lediglich hinsichtlich ihrer Folgen für die Organisation des Betriebes zu überprüfen. Es gelten insoweit dieselben Grundsätze wie für die Kontrolle einer betriebsbedingten Kündigung (ebenso *BAG* 27.07.2016 EzA § 103 BetrVG 2001 Nr. 10 Rn. 29; zur Unternehmerentscheidung bei betriebsbedingter Kündigung *BAG* 17.06.1999 EzA § 1 KSchG Betriebsbedingte Kündigung Nr. 101; 17.06.1999 EzA § 1 KSchG Betriebsbedingte Kündigung Nr. 102 [*Rieble*]; aus neuerer Zeit 20.11.2014 EzA § 1 KSchG Betriebsbedingte Kündigung Nr. 181 Rn. 15). Insbesondere ist der Arbeitgeber nicht gehalten, seine unternehmerischen Maßnahmen so zu gestalten, dass eine Versetzung der Amtsträger und damit ein Verlust des Mandats vermieden wird. Ebenso wenig ist er verpflichtet, zu diesem Zweck Weiterbeschäftigungsmöglichkeiten zu schaffen, die bei Umsetzung seiner unternehmerischen Organisationsentscheidung nicht bestehen würden (*BAG* 27.07.2016 EzA § 103 BetrVG 2001 Nr. 10 Rn. 30). Handelt es sich um ein **freigestelltes Betriebsratsmitglied**, so besteht allerdings zumindest für die Dauer der Freistellung selbst dann kein Bedürfnis für eine Versetzung, wenn feststeht, dass der Arbeitsplatz aufgrund der unternehmerischen Maßnahme wegfällt, da der Arbeitnehmer ohnehin nicht auf dem Arbeitsplatz beschäftigt wird (*Etzel/Rinck/*KR § 103 BetrVG Rn. 206; *Fitting* § 103 Rn. 74; *Kai-*

ser/LK § 103 Rn. 35; *Rieble* NZA 2001, Sonderheft S. 48 [60]). Dagegen lässt sich das Versetzungserfordernis nicht mit der Begründung verneinen, dass bei Wegfall des Arbeitsplatzes der Verzicht auf die Versetzung keine Probleme für den betrieblichen Ablauf auslöse, sondern lediglich ein Kostenproblem darstelle (so *Bachner/DKKW* § 103 Rn. 81). Mit »betrieblichen Gründen« i. S. d. Abs. 3 sind – entgegen dem insoweit missverständlichen Wortlaut – bei teleologischer Auslegung nicht nur Beeinträchtigungen des Betriebes als organisatorische Einheit, sondern sämtliche berechtigten Interessen des Arbeitgebers zu verstehen, die mit dem Betrieb als Einheit zur Verwirklichung der unternehmerischen Zwecksetzung in Zusammenhang stehen (vgl. auch *Richardi/Thüsing* § 103 Rn. 35: »sachliche Gründe«). Aus diesem Grunde ist die Zustimmung des Betriebsrats auch dann zu ersetzen, wenn die Versetzung aus Gründen in der Person oder im Verhalten des Arbeitnehmers als erforderlich anzusehen ist (*Löwisch* BB 2001, 1790 [1796]; *Richardi/Thüsing* § 103 Rn. 35; **a. M.** *Etzel/Rinck/*KR § 103 BetrVG Rn. 205; *Fitting* § 103 Rn. 74).

81 Ein dringendes betriebliches Bedürfnis für eine Versetzung kann sich auch dadurch ergeben, dass die **Arbeitskraft des Amtsträgers in einem anderen Betrieb benötigt** wird, etwa weil der Arbeitnehmer über besondere Kenntnisse und Fähigkeiten verfügt oder weil eine bestimmte Arbeitsaufgabe nicht mehr dezentral in mehreren, sondern nur noch in einem Betrieb erledigt wird (*Bachner/DKKW* § 103 Rn. 81; *Fitting* § 103 Rn. 74a; *Richardi/Thüsing* § 103 Rn. 35; **a. M.** *Etzel/Rinck/*KR § 103 BetrVG Rn. 203 mit der Begründung, dass »betriebliche Gründe« nur solche sein könnten, die sich auf den Betrieb beziehen, in dem der Amtsträger beschäftigt ist). Auch hier ist die Versetzung nur erforderlich, wenn der Beschäftigungsbedarf nicht durch andere zumutbare Maßnahmen gedeckt werden kann. Welche Maßnahmen zumutbar sind, insbesondere ob der Arbeitgeber gehalten ist, im Interesse des Amtsschutzes auch eine Lösung zu akzeptieren, die seinen Interessen nicht in gleicher Weise gerecht wird wie eine Versetzung, bedarf wiederum einer Abwägung, bei der neben den betrieblichen Interessen die Bedeutung des Amtsträgers für die Aufgabenerfüllung des Betriebsrats zu berücksichtigen ist. Das betriebliche Erfordernis zur Versetzung lässt sich in diesem Fall aber nicht mit der Begründung verneinen, dass die Betriebsratsmitglieder ohnehin wegen ihrer Betriebsratstätigkeit nicht ständig zur Verfügung stünden, da die Notwendigkeit der Freistellung am neuen Standort wegen des Mandatsverlustes gerade entfällt (zutr. *BAG* 27.07.2016 EzA § 103 BetrVG 2001 Nr. 10 Rn. 42).

d) Verfahren

82 Das Arbeitsgericht ist aufgrund des im Beschlussverfahren geltenden **Untersuchungsgrundsatzes** (§ 83 Abs. 1 ArbGG) verpflichtet, den Sachverhalt von Amts wegen aufzuklären. Dies bedeutet nicht, dass das Gericht sämtliche, für die Entscheidung über die Zustimmung zur Kündigung oder zur Versetzung maßgeblichen Tatsachen von Amts wegen zu erforschen hätte. Der Untersuchungsgrundsatz steht in einem Spannungsfeld zur Mitwirkungspflicht gemäß § 83 Abs. 1 Satz 2 ArbGG. Er soll sicherstellen, dass in den Verfahren, die nicht nur die Beteiligten selbst berühren, sondern an denen ein wesentliches Interesse der übrigen Betriebsangehörigen besteht, nach Möglichkeit der wirkliche Sachverhalt ermittelt wird und dies nicht dem Vorbringen der Beteiligten überlassen bleibt (*Greiner/GWBG* ArbGG, § 83 Rn. 2; *Matthes/Spinner/GMP* ArbGG, § 83 Rn. 82). Der Untersuchungsgrundsatz tritt daher umso weiter zurück, je stärker die subjektiven Interessen der Beteiligten im Vordergrund stehen (*Dütz* Anm. zu *BAG* AP Nr. 1 zu § 20 BetrVG 1972; *Eylert/Fenski* BB 1990, 2401 [2404]; *Streckel* SAE 1976, 232 [233]). Der Untersuchungsgrundsatz wirkt sich allerdings in der Weise aus, dass das Gericht bei einem Sachverhalt, der von den Beteiligten zum Gegenstand des Verfahrens gemacht worden ist, auch dann verpflichtet sein kann, über diese Tatsachen Beweis zu erheben, wenn sie nicht ausdrücklich bestritten werden. Das Gericht ist auch nicht an einen übereinstimmenden Tatsachenvortrag der Beteiligten gebunden. §§ 138 Abs. 3, 288 ZPO finden im Beschlussverfahren keine Anwendung (*BAG* 10.12.1992 EzA § 103 BetrVG 1972 Nr. 33 = AP Nr. 30 zu § 103 BetrVG 1972; *Bepler/Treber/*HWK § 83 ArbGG Rn. 5; *Koch/*ErfK § 83 ArbGG Rn. 1; *Matthes/Spinner/GMP* ArbGG, § 83 Rn. 92). Einer Beweisaufnahme bedarf es ausnahmsweise nicht, wenn die Beteiligten einen Sachverhalt übereinstimmend vortragen oder das substantiierte Vorbringen eines Beteiligten von anderen nicht bestritten wird und sich an dessen Richtigkeit keine Zweifel aufdrängen (*BAG* 10.12.1992 EzA § 103 BetrVG 1972 Nr. 33 = AP Nr. 30 zu § 103 BetrVG 1972; 17.06.1998 EzA § 40 BetrVG 1972 Nr. 84 unter B 5a cc; *Matthes/Spinner/GMP* ArbGG, § 83 Rn. 93).

Soweit es um die **Zustimmung zu einer außerordentlichen Kündigung** geht, wird im Beschluss- 83
verfahren praktisch der Kündigungsschutzprozess vorweggenommen (s. Rdn. 105). An die **Darlegungs- und Substantiierungspflicht des Arbeitgebers** im Zustimmungsersetzungsverfahren sind daher vergleichbare Anforderungen zu stellen wie im Kündigungsschutzprozess (*LAG Rheinland-Pfalz* 04.04.2011 – 5 TaBV 42/09 – juris, Rn. 51 f.; wohl auch *LAG Düsseldorf* 29.11.1993 BB 1994, 793 [794]; *Eylert/Fenski* BB 1990, 2401 [2406]). Das Gericht hat Tatsachen, die für die Kündigung sprechen, nur dann von Amts wegen aufzuklären, wenn sich der Arbeitgeber auf einen bestimmten Sachverhalt beruft (*BAG* 27.01.1977 EzA § 103 BetrVG 1972 Nr. 16 = AP Nr. 7 zu § 103 BetrVG 1972; 10.12.1992 EzA § 103 BetrVG 1972 Nr. 33 = AP Nr. 30 zu § 103 BetrVG 1972; *Etzel/Rinck/*KR § 103 BetrVG Rn. 126; *Fitting* § 103 Rn. 43; *Richardi/Thüsing* § 103 Rn. 71; vgl. auch *Bachner/*DKKW § 103 Rn. 46; zu den Anforderungen an die Substantiierungspflicht und zur Aufklärungspflicht bei Kündigung wegen einer Straftat nach rechtskräftiger Verurteilung im Strafprozess *BAG* 08.06.2000 EzA § 15 KSchG n. F. Nr. 50 = AP Nr. 3 zu § 2 BeschSchG).

Während des Zustimmungsersetzungsverfahrens kann der Arbeitgeber grundsätzlich **neue** 84 **Gründe** vorbringen, die nach seiner Meinung die Kündigung stützen können. Da es anders als bei § 102 um Gründe für eine erst auszusprechende Kündigung geht, können nicht nur solche Tatsachen nachgeschoben werden, die bei Einleitung des Zustimmungsersetzungsverfahrens bereits vorlagen, sondern auch Umstände, die erst im Laufe des Verfahrens bis zu dessen rechtskräftigen Abschluss eintreten (*BAG* 22.08.1974 EzA § 103 BetrVG 1972 Nr. 6 = AP Nr. 1 zu § 103 BetrVG 1972; 23.04.2008 EzA § 103 BetrVG 2001 Nr. 6 = AP Nr. 56 zu § 103 BetrVG 1972 Rn. 25; *Etzel/Rinck/*KR § 103 BetrVG Rn. 129 ff.; *Fitting* § 103 Rn. 42; *von Hoyningen-Huene* in: *von Hoyningen-Huene/Linck* § 15 Rn. 134; *Nägele-Berkner* Nachschieben, S. 145 f.; *Richardi/Thüsing* § 103 Rn. 72). Ebenso können bereits bei Einleitung des Verfahrens vorliegende Tatsachen ohne Rücksicht darauf nachgeschoben werden, ob sie dem Arbeitgeber bekannt waren oder nicht (*Etzel/Rinck/*KR § 103 BetrVG Rn. 129; so jetzt auch *BAG* 23.04.2008 EzA § 103 BetrVG 2001 Nr. 6 = AP Nr. 56 zu § 103 BetrVG 1972 Rn. 25). Der Zweck des Zustimmungsverfahrens, die Unbefangenheit der Amtsführung durch den Schutz vor unberechtigten Kündigungen zu gewährleisten, wird durch das nachträgliche Vorbringen weiterer Kündigungsgründe in keiner Weise beeinträchtigt, weil der Betriebsrat nach wie vor frei über seine Zustimmung entscheiden und die Wirksamkeit einer Kündigung verhindern kann (zur abweichenden Lage bei der Anhörung gem. § 102 s. § 102 Rdn. 190; abw. *Nägele-Berkner* Nachschieben, S. 145 f., die ein Nachschieben von dem Arbeitgeber bekannten Tatsachen nur dann zulassen will, wenn der Arbeitgeber die Kündigung ursprünglich nicht auf diese Gründe stützen wollte, die Unterrichtung des Betriebsrats also nach dem Maßstab der »subjektiven Determinierung« ordnungsgemäß war). Da das gerichtliche Verfahren grundsätzlich nur im Falle der Zustimmungsverweigerung einzuleiten, mithin dem betrieblichen Zustimmungsverfahren nachgeordnet ist, muss der Arbeitgeber aber **dem Betriebsrat zuvor Gelegenheit geben**, seine Stellungnahme **im Lichte der neuen Tatsachen zu überprüfen.** Lehnt der Betriebsrat auch jetzt ab, die Zustimmung zu erteilen, so kann der Arbeitgeber diese Gründe nunmehr in das Zustimmungsersetzungsverfahren einführen (*BAG* 22.08.1974 EzA § 103 BetrVG 1972 Nr. 6 = AP Nr. 1 zu § 103 BetrVG 1972; 27.05.1975 EzA § 103 BetrVG 1972 Nr. 9 = AP Nr. 4 zu § 103 BetrVG 1972; 23.04.2008 EzA § 103 BetrVG 2001 Nr. 6 = AP Nr. 56 zu § 103 BetrVG 1972 Rn. 25 m. w. N.; *Etzel/Rinck/*KR § 103 BetrVG Rn. 129 ff.; *Fitting* § 103 Rn. 42; *Nägele-Berkner* Nachschieben, S. 142 f.; *Richardi/Thüsing* § 103 Rn. 72; **a. M.** *Dütz* Anm. zu BAG EzA § 103 BetrVG 1972 Nr. 9; *Schlüter* Anm. zu BAG EzA § 103 BetrVG 1972 Nr. 6, die annehmen, dass es genüge, wenn der Betriebsrat im gerichtlichen Verfahren Stellung nehmen könne). Die Behandlung neuer Gründe durch den Betriebsrat wird nicht dadurch ersetzt, dass der Vorsitzende des Betriebsrats durch Teilnahme am Beschlussverfahren davon erfährt (*BAG* 27.05.1975 EzA § 103 BetrVG 1972 Nr. 9 = AP Nr. 4 zu § 103 BetrVG 1972).

Die Mitteilung der neuen Gründe an den Betriebsrat hat **innerhalb der Frist des § 626 Abs. 2 BGB** 85 zu erfolgen, da sonst die Kündigung nicht mehr darauf gestützt werden kann (*BAG* 22.08.1974 EzA § 103 BetrVG 1972 Nr. 6, 27.05.1975 EzA § 103 BetrVG 1972 Nr. 9, 27.01.1977 EzA § 103 BetrVG 1972 Nr. 16 = AP Nr. 1, 4, 7 zu § 103 BetrVG 1972). Die Gründe müssen aber nicht innerhalb dieser Frist in das Beschlussverfahren eingeführt werden (*BAG* 22.08.1974 EzA § 103 BetrVG 1972 Nr. 6 = AP Nr. 1 zu § 103 BetrVG 1972 unter C IV 2c; *Galperin/Löwisch* § 103 Rn. 24; *Huke/*HWGNRH § 103 Rn. 68; *Nägele-Berkner* Nachschieben, S. 147 ff.; **a. M.** *Etzel/Rinck/*KR § 103 BetrVG

Rn. 134; *Richardi / Thüsing* § 103 Rn. 73). Sinn der Ausschlussfrist des § 626 Abs. 2 BGB ist es, dem Arbeitnehmer baldmöglichst Klarheit darüber zu verschaffen, ob der Arbeitgeber ein bestimmtes Verhalten zum Anlass für eine außerordentliche Kündigung nehmen wird. Darüber hinaus soll verhindert werden, dass der Arbeitgeber sich Kündigungsgründe quasi »aufspart«, um den Arbeitnehmer durch die Drohung mit der außerordentlichen Kündigung im weiteren Verlauf des Arbeitsverhältnisses unter Druck setzen zu können (*BAG* 28.10.1971 EzA § 626 BGB n. F. Nr. 8 = AP Nr. 1 zu § 626 BGB Ausschlussfrist; 18.01.1980 EzA § 626 BGB n. F. Nr. 71 = AP Nr. 1 zu § 626 BGB Nachschieben von Kündigungsgründen). Dieser Zweck wird aber bereits erreicht, wenn der Arbeitgeber die Gründe innerhalb der Frist gegenüber dem Betriebsrat vorbringen muss, weil damit feststeht, dass er die beabsichtigte Kündigung hierauf stützen will.

86 Im Verfahren betreffend **die Zustimmung zur Versetzung** hat das Gericht die vom Arbeitgeber gegenüber dem Betriebsrat für die Versetzung vorgebrachten betrieblichen Umstände sowie die Gründe aufzuklären, auf die der Betriebsrat seine Verweigerung gestützt hat. Da der Betriebsrat seine Verweigerung nicht zu begründen braucht (s. Rdn. 64), kann das Gericht auch Gesichtspunkte berücksichtigen, die erst während des Verfahrens vom Betriebsrat eingebracht werden (s. zur abweichenden Rechtslage bei § 99 hier § 99 Rdn. 171, 247). Dasselbe gilt umgekehrt für den Arbeitgeber. Auch dieser kann im Ersetzungsverfahren neue Tatsachen vorbringen, die die Notwendigkeit der Versetzung begründen. Darüber hinaus ist die Ermittlung und Beweiserhebung nach dem Untersuchungsgrundsatz auf sämtliche Umstände zu erstrecken, die auf andere Weise als durch den Vortrag der Beteiligten zur Kenntnis des Gerichts gelangen und für die Abwägung zwischen den betrieblichen Interessen und dem kollektiven Interesse an der Kontinuität der Amtsführung von Bedeutung sind.

e) Erledigung des Verfahrens

87 Durch nach Antragstellung eintretende Umstände kann hinsichtlich des Ersetzungsverfahrens eine Erledigung der Hauptsache eintreten. Von einer Erledigung der Hauptsache spricht man, wenn ein ursprünglich zulässiger und begründeter Antrag infolge eines nachträglichen Ereignisses unzulässig oder unbegründet wird (*Vollkommer / Zöller* ZPO, § 91a Rn. 3). Das Verfahren ist dann gemäß § 83a Abs. 2 ArbGG **durch Beschluss einzustellen**. Hinsichtlich der Voraussetzungen der Einstellung ist jedoch zu unterscheiden. Erklären die Beteiligten das Verfahren **übereinstimmend** für erledigt, so ist dieses allein aufgrund der entsprechenden Prozesserklärungen aufgrund der Dispositionsmaxime nach § 83a Abs. 2 ArbGG einzustellen. Hierfür bedarf es aber des Einvernehmens aller Beteiligten. Es genügt also nicht, dass Arbeitgeber und Betriebsrat die Erledigungserklärung abgeben. Vielmehr muss auch der betroffene Arbeitnehmer zustimmen, da er nach Abs. 2 Satz 2 Beteiligter ist (*BAG* 03.06.2015 EzA § 83a ArbGG 1979 Nr. 11 Rn. 13 ff.). Wenn nicht alle Beteiligten das Verfahren gemäß § 83a Abs. 1 ArbGG für erledigt erklären, sondern **ein Beteiligter der Erledigung widerspricht**, wird geprüft, ob das erledigende Ereignis tatsächlich eingetreten ist. Ist dies der Fall wird das Verfahren eingestellt, und zwar ohne Rücksicht darauf, ob der Antrag auf Zustimmungsersetzung ursprünglich zulässig und begründet war (*BAG* 23.06.1993 EzA § 103 BetrVG 1972 Nr. 34 = AP Nr. 2 zu § 83a ArbGG 1979; vgl. auch *BAG* 26.04.1990 EzA § 83a ArbGG 1979 Nr. 1 = AP Nr. 3 zu § 83a ArbGG 1979; 10.02.1999 EzA § 83a ArbGG Nr. 5, 6).

88 Erledigung der Hauptsache tritt im Zustimmungsersetzungsverfahren ein, wenn der Betriebsrat **nach Einleitung des Zustimmungsersetzungsverfahrens seine Zustimmung erteilt** (*BAG* 17.09.1981 EzA § 103 BetrVG 1972 Nr. 28 = AP Nr. 14 zu § 103 BetrVG 1972; 23.06.1993 EzA § 103 BetrVG 1972 Nr. 34 = AP Nr. 2 zu § 83a ArbGG 1979). Der Arbeitgeber kann dann die Kündigung – analog § 174 Abs. 5 SGB IX (bis 01.01.2018: § 91 Abs. 5 SGB IX) – unverzüglich nach Zugang der Zustimmungserklärung (hierzu Rdn. 99) – aussprechen; einer gerichtlichen Ersetzung der Zustimmung bedarf es nicht mehr, so dass der Antrag des Arbeitgebers, auch wenn er ursprünglich begründet war, nunmehr unbegründet ist. Das Gleiche gilt, wenn die **Voraussetzungen für die Zustimmungspflichtigkeit der Maßnahme entfallen**. Dies ist einmal dann der Fall, wenn das Arbeitsverhältnis des Arbeitnehmers aus anderen Gründen endet (*BAG* 27.06.2002 EzA § 103 BetrVG 1972 Nr. 43 = AP Nr. 47 zu § 103 BetrVG 1972). Mit der Beendigung des Arbeitsverhältnisses endet zugleich die Amtsträgereigenschaft (§ 24 Abs. 1 Nr. 3; *BAG* 10.02.1977 EzA § 103 BetrVG 1972 Nr. 18 = AP Nr. 9 zu § 103 BetrVG 1972). Dasselbe gilt, wenn der Arbeitnehmer aus anderen Grün-

den aus dem in § 103 Abs. 1 genannten Personenkreis (z. B. wegen Beendigung der Amtszeit oder wegen Bekanntgabe des Wahlergebnisses) ausscheidet. Hier gilt allenfalls der nachwirkende individualrechtliche Kündigungsschutz des § 15 KSchG. Dagegen bedarf die (außerordentliche) Kündigung nicht mehr der Zustimmung gemäß § 103, sondern nur noch der Anhörung gemäß § 102 (*BAG* 30.05.1978 EzA § 102 BetrVG 1972 Nr. 34 = AP Nr. 4 zu § 15 KSchG 1969). Entfällt die Zustimmungspflichtigkeit der Kündigung, so wird der **Zustimmungsersetzungsantrag** des Arbeitgebers – sofern er diesen nicht für erledigt erklärt – **unzulässig** (*BAG* 27.06.2002 EzA § 103 BetrVG 1972 Nr. 43 = AP Nr. 47 zu § 103 BetrVG 1972; 12.03.2009 AP Nr. 59 zu § 103 BetrVG 1972 Rn. 23; 27.01.2011 EzA § 103 BetrVG 2001 Nr. 8 = AP Nr. 68 zu § 15 KSchG 1969 Rn. 18). Der Arbeitgeber kann jedoch ggf. auf einen Feststellungsantrag umstellen, wenn ein besonderes Interesse an der Klärung des Bestehens des Zustimmungsrechts oder der Pflicht des Betriebsrats zur Zustimmung zu der konkreten Kündigung besteht (*BAG* 28.08.2003 AP Nr. 49 zu § 103 BetrVG 1972). Schließt sich an das Ende der Amtszeit des Amtsträgers eine **weitere Amtszeit** an, so bleibt der einmal gestellte Ersetzungsantrag dagegen zulässig. Es tritt keine Erledigung ein; vielmehr kann das ursprüngliche Verfahren fortgeführt werden (*BAG* 12.03.2009 AP Nr. 59 zu § 103 BetrVG 1972 Rn. 24; 27.01.2011 EzA § 103 BetrVG 2001 Nr. 8 Rn. 18). Tritt während des gerichtlichen Ersetzungsverfahrens **zu dem bestehenden Amtsschutz ein weiterer hinzu** (z. B. das amtierende Betriebsratsmitglied kandidiert für die nächste Betriebsratswahl), so spricht vieles dafür, dass in diesem Fall eine Erweiterung des Gegenstandes des bereits eingeleiteten Verfahrens auf den zusätzlichen Kündigungsschutz im Wege der Antragserweiterung (§§ 80 Abs. 2, 46 Abs. 2 ArbGG, § 264 Nr. 2 ZPO) zulässig ist (*Besgen* NZA 2011, 133 [136]). Eine Erledigung tritt auch dann nicht ein, wenn der Arbeitgeber **während des Ersetzungsverfahrens eine weitere (vorsorgliche) Kündigung** ausspricht. Sofern kein entgegenstehender Wille erkennbar ist, ist davon auszugehen, dass der Arbeitgeber in solchen Fällen an dem ursprünglichen Antrag auf Ersetzung der Zustimmung festhält (*BAG* 27.01.2011 EzA § 103 BetrVG 2001 Nr. 8 Rn. 23 f.).

f) Entscheidung des Gerichts

Gelangt das Gericht zu dem Ergebnis, dass ein wichtiger Grund für eine außerordentliche Kündigung vorliegt bzw. dass die Versetzung aus dringenden betrieblichen Gründen notwendig ist, so **ersetzt es die Zustimmung zu der Kündigung oder Versetzung**. Nach Rechtskraft der die Zustimmung ersetzenden Entscheidung kann der Arbeitgeber die Kündigung aussprechen und die Versetzung vornehmen. Entscheidungen der Landesarbeitsgerichte im Beschlussverfahren werden erst nach Ablauf der Rechtsbeschwerdefrist (§§ 92 Abs. 2, 74 Abs. 1 ArbGG) rechtskräftig. Ist die Rechtsbeschwerde nicht zugelassen worden, tritt Rechtskraft mit Ablauf der Frist für die Nichtzulassungsbeschwerde ein (*Matthes/Schlewing/GMP* ArbGG, § 91 Rn. 16). Dies gilt auch, wenn eine Nichtzulassungsbeschwerde offensichtlich keinerlei Aussicht auf Erfolg hat (ebenso *Richardi/Thüsing* § 103 Rn. 84). Die vom *BAG* früher vertretene, inzwischen aber aufgegebene Ansicht, wonach die Aussichtslosigkeit einer weiteren Rechtsverfolgung der aus dem Eintritt der formellen Rechtskraft folgenden Unanfechtbarkeit der Entscheidung gleichzusetzen sei (*BAG* 25.01.1979 EzA § 103 BetrVG 1972 Nr. 22 = AP Nr. 12 zu § 103 BetrVG 1972), ist aus Gründen der Rechtssicherheit abzulehnen. Näher zu dieser, vor allem im Zusammenhang mit der Wahrung der Frist des § 626 Abs. 2 BGB relevanten Frage s. Rdn. 100.

89

Gelangt das Gericht zu dem Ergebnis, dass die Kündigung oder Versetzung nicht nach Maßgabe der § 626 Abs. 1 BGB, § 103 Abs. 3 BetrVG gerechtfertigt ist, so **lehnt es die Ersetzung der Zustimmung ab**. Der Arbeitgeber kann in diesem Fall nicht wirksam kündigen und darf den Arbeitnehmer nicht versetzen. Eventuell ergriffene vorläufige Maßnahmen (Suspendierung; s. dazu Rdn. 110 ff.) sind mit Rechtskraft der Entscheidung rückgängig zu machen. Auch eine nachträgliche Zustimmung des Betriebsrats zur Kündigung ist nunmehr ausgeschlossen. Mit Rechtskraft der Entscheidung steht nämlich zwischen den Beteiligten verbindlich fest, dass ein wichtiger Grund zur außerordentlichen Kündigung nicht vorliegt (*Etzel/Rinck*/KR § 103 BetrVG Rn. 107; *Galperin/Löwisch* § 103 Rn. 20). Da dem Betriebsrat im Rahmen des § 103 lediglich ein Mitbeurteilungsrecht hinsichtlich der Wirksamkeit der außerordentlichen Kündigung, nicht dagegen ein Ermessensspielraum eingeräumt ist (s. Rdn. 62), ist er insoweit gebunden. Eine Zustimmung des Betriebsrats zu einer späteren Kündigung sowie – im Falle der Verweigerung – ein erneutes Ersetzungsverfahren sind jedoch möglich, wenn die

90

§ 103

Kündigung auf neue Tatsachen gestützt werden soll (*BAG* 16.09.1999 EzA § 103 BetrVG 1972 Nr. 40 = AP Nr. 38 zu § 103 BetrVG 1972; 08.06.2000 EzA § 15 KSchG n. F. Nr. 50 = AP Nr. 3 zu § 2 BeschSchG). Eine neue Tatsache ist auch die nachträgliche rechtskräftige strafgerichtliche Verurteilung des Arbeitnehmers wegen der Vorwürfe, die Gegenstand des ersten Zustimmungsersetzungsverfahrens waren (*BAG* 16.09.1999 EzA § 103 BetrVG 1972 Nr. 40 = AP Nr. 38 zu § 103 BetrVG 1972).

91 Ist das Gericht der Ansicht, dass **die Kündigung oder Versetzung einer Zustimmung des Betriebsrats nicht bedarf**, so ist der **Antrag als unbegründet abzuweisen**. Das Gericht hat jedoch darüber hinaus **festzustellen, dass die konkrete Maßnahme nicht zustimmungspflichtig ist**. Dies gilt auch dann, wenn der Arbeitgeber einen entsprechenden (Hilfs-)Antrag nicht ausdrücklich stellt (*BAG* 18.09.1997 EzA § 15 KSchG Nr. 46 [*Kraft*] = AP Nr. 35 zu § 103 BetrVG 1972 [*Hilbrandt*]). Der Antrag auf Zustimmungsersetzung umfasst nach dem Inhalt des Rechtsschutzbegehrens auch diese Feststellung. Der Sache nach geht es dem Arbeitgeber nämlich um eine gerichtliche Entscheidung, die es ihm ermöglicht, die beabsichtigte Maßnahme gegenüber dem Arbeitnehmer ohne Einschränkungen durch die Bestimmungen des kollektiven Rechts wirksam vornehmen zu können. Bedarf die Maßnahme keiner Zustimmung, so wird dieses Rechtsschutzziel nur erreicht, wenn dieser Umstand ausdrücklich festgestellt wird, weil ansonsten die Frage der Zustimmungspflicht in einem späteren Individualprozess wiederum zum Prüfungsgegenstand gemacht und abweichend beurteilt werden könnte (zur Präjudizialität einer solchen Entscheidung für den Individualprozess s. Rdn. 106).

92 Eine Ersetzung der Zustimmung durch **einstweilige Verfügung** ist nicht möglich, da damit die Entscheidung in der Hauptsache in vollem Umfang vorweggenommen würde (*Etzel/Rinck*/KR § 103 BetrVG Rn. 142; *Fitting* § 103 Rn. 44; *Huke/HWGNRH* § 103 Rn. 74; *Richardi/Thüsing* § 103 Rn. 82). Auf diese Weise kann allenfalls eine Suspendierung des Gekündigten bis zur rechtskräftigen Entscheidung im Zustimmungsverfahren erreicht werden (s. dazu Rdn. 110 ff. sowie *Etzel/Rinck*/KR § 103 BetrVG Rn. 142).

g) Beteiligung des betroffenen Arbeitnehmers

93 Der betroffene Arbeitnehmer ist Beteiligter (§ 103 Abs. 2 Satz 2) und hat deshalb auch bei Ersetzung der Zustimmung ein **selbständiges Beschwerderecht** (*BAG* 10.12.1992 EzA § 103 BetrVG 1972 Nr. 33 = AP Nr. 4 zu § 87 ArbGG 1979; 23.06.1993 EzA § 103 BetrVG 1972 Nr. 34 = AP Nr. 2 zu § 83a ArbGG 1979; *LAG Hamm* 13.02.1975 BB 1975, 968; *Etzel/Rinck*/KR § 103 BetrVG Rn. 138; *Fitting* § 103 Rn. 43; *Galperin/Löwisch* § 103 Rn. 28; *Huke/HWGNRH* § 103 Rn. 69). Zieht das von der Kündigung bedrohte Betriebsratsmitglied einen Anwalt bei, so besteht kein **Anspruch auf Kostenerstattung** nach § 40, da das betreffende Betriebsratsmitglied durch seine Beteiligung an diesem Beschlussverfahren keine Betriebsratstätigkeit ausübt (*BAG* 03.04.1979 EzA § 40 BetrVG 1972 Nr. 43 = AP Nr. 16 zu § 40 BetrVG 1972; 31.01.1990 EzA § 40 BetrVG 1972 Nr. 64 = AP Nr. 28 zu § 103 BetrVG 1972; vgl. auch *ArbG Hamburg* 24.01.1997 EzA § 40 BetrVG 1972 Nr. 78). Andererseits dürfen aufgrund des Benachteiligungsverbotes gemäß § 78 Satz 2 die in § 103 Abs. 1 genannten Personen infolge des Zustimmungsersetzungsverfahrens auch nicht schlechter gestellt werden als ein Arbeitnehmer ohne diesen besonderen Kündigungsschutz. Insoweit ist zu berücksichtigen, dass die Amtsträger aufgrund der Präklusionswirkung des Beschlussverfahrens für einen nachfolgenden Kündigungsschutzprozess ihre Interessen bereits im Zustimmungsersetzungsverfahren wahrnehmen müssen, wenn sie das Vorliegen der Voraussetzungen des § 626 BGB bestreiten wollen. Mit rechtskräftiger Ersetzung der Zustimmung steht nämlich für den nachfolgenden Kündigungsschutzprozess verbindlich fest, dass die außerordentliche Kündigung unter Berücksichtigung aller Umstände gerechtfertigt ist (s. Rdn. 105). Der Amtsträger muss also in dem Verfahren wegen der Zustimmung zu einer außerordentlichen Kündigung zumindest unter den Voraussetzungen und in dem Umfang einen Anspruch auf Erstattung der Kosten für das Beschlussverfahren haben, unter denen auch im Kündigungsschutzprozess ein solcher Anspruch gegeben wäre. Ein Anspruch auf Kostenerstattung bestünde in diesem Falle zwar gemäß § 12a Abs. 1 ArbGG nicht für die erste Instanz, wohl aber gemäß § 91 ZPO für das Berufungs- und das Revisionsverfahren, wenn der Arbeitnehmer mit der Kündigungsschutzklage obsiegt. Entsprechend muss dem Arbeitnehmer aufgrund des § 78 Satz 2 ein Kostenerstattungsanspruch für das Beschwerde- oder Rechtsbeschwerdeverfahren zustehen, wenn der Zustimmungsersetzungsantrag des Arbeitgebers rechtskräftig abgewiesen wird (*BAG*

31.01.1990 EzA § 40 BetrVG 1972 Nr. 64 = AP Nr. 28 zu § 103 BetrVG 1972, allerdings beschränkt auf den Fall, dass der Zustimmungsersetzungsantrag des Arbeitgebers, dem das Arbeitsgericht stattgegeben hat, auf die Beschwerde des Arbeitnehmers hin vom *LAG* rechtskräftig abgewiesen wird. Gleiches muss aber auch dann gelten, wenn eine Beschwerde oder eine Rechtsbeschwerde des Arbeitgebers gegen einen den Zustimmungsersetzungsantrag abweisenden Beschluss des Arbeitsgerichts erfolglos bleibt). Die vorstehenden Grundsätze gelten entsprechend für das Verfahren wegen Zustimmung des Betriebsrats zur Versetzung, da auch hier die Entscheidung des Gerichts präjudizielle Wirkung für einen späteren Individualprozess entfaltet (s. Rdn. 109). Dem Arbeitnehmer steht also zumindest dann ein Anspruch auf Kostenerstattung zu, wenn der Antrag des Arbeitgebers wegen der individualrechtlichen Unzulässigkeit der Versetzung abgewiesen wird und der Arbeitnehmer in einem entsprechenden Urteilsverfahren einen Anspruch auf Kostenerstattung hätte. Betriebsrat und betroffener Arbeitnehmer können sich in dem Verfahren durch denselben Rechtsanwalt vertreten lassen. Ein Verstoß gegen § 43a Abs. 4 BRAO liegt nicht vor, da Betriebsrat und Arbeitnehmer dasselbe Ziel verfolgen (*BAG* 25.08.2004 AP Nr. 1 zu § 43a BRAO; *LAG Niedersachsen* 01.07.2003 DB 2004, 144). Dies gilt allerdings nur so lange, wie der Betriebsrat an der Zustimmungsverweigerung festhält (*BAG* 25.08.2004 AP Nr. 1 zu § 43a BRAO).

IV. Auswirkungen des Zustimmungserfordernisses auf die Rechtsstellung des Arbeitnehmers

1. Verhältnis zum individualrechtlichen Kündigungsschutz

a) Wahrung der Frist des § 626 Abs. 2 BGB

Nach § 626 Abs. 2 BGB muss eine Kündigung aus wichtigem Grund innerhalb von zwei Wochen, **94** nachdem der Arbeitgeber von den für die Kündigung maßgeblichen Tatsachen Kenntnis erlangt hat, dem Arbeitnehmer zugehen (*BAG* 09.03.1976 EzA § 626 BGB n. F. Nr. 63 *[Kraft]* = AP Nr. 12 zu § 626 BGB Ausschlussfrist). Nach ständiger Rechtsprechung des *BAG* gilt diese **Ausschlussfrist** auch im Regelungsbereich des § 103; sie beginnt wie auch sonst zu laufen, sobald der Arbeitgeber von den maßgeblichen Tatsachen Kenntnis erlangt hat (*BAG* 18.08.1977 EzA § 103 BetrVG 1972 Nr. 20, 07.05.1986 EzA § 103 BetrVG 1972 Nr. 31, 24.10.1996 EzA § 103 BetrVG 1972 Nr. 37 = AP Nr. 10, 18, 32 zu § 103 BetrVG 1972; ebenso zur analogen Problematik im Personalvertretungsrecht *BAG* 08.06.2000 EzA § 626 BGB Ausschlussfrist Nr. 15 = AP Nr. 164 zu § 626 BGB).

Verweigert der Betriebsrat die Zustimmung zur außerordentlichen Kündigung, so kann die Kündi- **95** gung erst nach Rechtskraft des Ersetzungsbeschlusses ausgesprochen werden (s. Rdn. 54 sowie Rdn. 100). In diesem Fall ist es praktisch ausgeschlossen, die Frist des § 626 Abs. 2 BGB durch den Ausspruch der Kündigung zu wahren. Dies rechtfertigt jedoch nicht, die Zwei-Wochen-Frist des § 626 Abs. 2 BGB im Regelungsbereich des § 103 erst mit der Erteilung der Zustimmung durch den Betriebsrat oder ihrer rechtskräftigen Ersetzung durch das Arbeitsgericht beginnen zu lassen (*Müller* DB 1975, 1363 [1366]). Vielmehr kommt es auch hier für den **Fristbeginn** auf die **Kenntnis des Arbeitgebers von den maßgeblichen Kündigungstatsachen** an (*BAG* 24.10.1996 EzA § 103 BetrVG 1972 Nr. 37 = AP Nr. 32 zu § 103 BetrVG 1972). Ebenso wenig ist es gerechtfertigt, für die Dauer des Zustimmungsverfahrens beim Betriebsrat eine Hemmung (*Meisel* Mitwirkung, Rn. 690; *Weisemann* DB 1974, 2476 [2478]) oder sogar einen Neubeginn der Ausschlussfrist analog § 212 BGB (*Huke/HWGNRH* § 103 Rn. 64 f.) anzunehmen. Vielmehr ergibt sich die Lösung aus einer **analogen Anwendung des § 174 Abs. 2 und 5 SGB IX** (bis 01.01.2018: § 91 Abs. 2 und 5 SGB IX). Im Falle der außerordentlichen Kündigung eines schwerbehinderten Arbeitnehmers hat der Gesetzgeber der Tatsache, dass für die Kündigung die Zustimmung des Integrationsamtes nach § 174 Abs. 1, § 168 SGB IX (bis 01.01.2018: § 91 Abs. 1, § 85 SGB IX) erforderlich ist, dadurch Rechnung getragen, dass die außerordentliche Kündigung auch noch nach Ablauf der Frist des § 626 Abs. 2 BGB erfolgen kann, wenn der Antrag innerhalb der Zwei-Wochen-Frist ab Kenntnis von den Kündigungstatsachen gestellt und die Kündigung unverzüglich nach Erteilung der Zustimmung durch das Integrationsamt erklärt wird (§ 174 Abs. 2, 5 SGB IX [bis 01.01.2018: § 91 Abs. 2, 5 SGB IX]). Das Gesetz verändert also weder den Fristbeginn, noch sieht es eine Hemmung oder einen Neubeginn

§ 103   IV. 5. 3. Personelle Einzelmaßnahmen

der Frist vor. Eine Modifikation ergibt sich alleine hinsichtlich des für die Wahrung der Frist maßgeblichen Umstandes. Hier tritt der Antrag bei der Behörde an die Stelle der Kündigung. Die Situation bei Kündigung eines Betriebsratsmitgliedes ist wegen des Zustimmungserfordernisses mit derjenigen bei Kündigung eines Schwerbehinderten vergleichbar. Die im Rahmen des § 103 bestehende Regelungslücke ist daher durch analoge Anwendung der Vorschriften des SGB IX zu schließen (*BAG* 22.01.1987 EzA § 103 BetrVG 1972 Nr. 32 = AP Nr. 24 zu § 103 BetrVG 1972; 08.06.2000 EzA § 626 BGB Ausschlussfrist Nr. 15 = AP Nr. 164 zu § 626 BGB).

96 Offen ist danach noch, **welche Handlung zur Wahrung der Zwei-Wochen-Frist erforderlich** ist, welche Handlung also bei einer analogen Anwendung des § 174 Abs. 2 SGB IX (bis 01.01.2018: § 91 Abs. 2 SGB IX) im Rahmen des § 103 an die Stelle des Antrages bei dem Integrationsamt tritt. Früher wurde die Ansicht vertreten, dass zur Fristwahrung genüge, wenn der Arbeitgeber innerhalb der Frist den Antrag beim Betriebsrat auf Erteilung der Zustimmung zur Kündigung stellt (*Gamillscheg* FS 25 Jahre Bundesarbeitsgericht, S. 126 [127]; *Herschel* Anm. EzA § 103 BetrVG 1972 Nr. 20; *Lepke* BB 1973, 894 [898]). Das *BAG* und die h. M. in der Literatur sind dagegen der Auffassung, dass der Arbeitgeber **innerhalb der Ausschlussfrist bereits das Zustimmungsersetzungsverfahren einleiten muss**, um sein Kündigungsrecht nicht zu verlieren (*BAG* 18.08.1977 EzA § 103 BetrVG 1972 Nr. 20, 07.05.1986 EzA § 103 BetrVG 1972 Nr. 31, 24.10.1996 EzA § 103 BetrVG 1972 Nr. 37 = AP Nr. 10, 18, 32 zu § 103 BetrVG 1972; 10.12.1992 EzA § 103 BetrVG 1972 Nr. 33 = AP Nr. 4 zu § 87 ArbGG 1979; 21.06.1995 EzA § 15 KSchG n. F. Nr. 43 = AP Nr. 36 zu § 15 KSchG 1969; *Etzel / Rinck /* KR § 103 BetrVG Rn. 123; *Fitting* § 103 Rn. 33; *von Hoyningen-Huene* in: *von Hoyningen-Huene / Linck* KSchG, § 15 Rn. 130; *Kraft* SAE 1975, 219 f.; *Richardi / Thüsing* § 103 Rn. 59 f.; *Vossen / SPV* Rn. 1751).

97 Der **letztgenannten Auffassung ist zuzustimmen**. Zwar ist nicht zu verkennen, dass hierdurch die von § 626 Abs. 2 BGB eingeräumte Überlegungsfrist des Arbeitgebers nicht unerheblich verkürzt wird. Da die Äußerungsfrist des § 102 Abs. 2 Satz 3 entsprechend gilt (s. Rdn. 65), muss der Arbeitgeber spätestens am 10. Tag nach Kenntnis von den maßgeblichen Kündigungstatsachen das Zustimmungsverfahren beim Betriebsrat einleiten, um bei Ausschöpfung der Drei-Tage-Frist durch den Betriebsrat noch am 14. Tag nach Kenntnis das Zustimmungsersetzungsverfahren einleiten zu können (krit. deshalb *Huke / HWGNRH* § 103 Rn. 65). Andererseits steht der Arbeitgeber vor derselben Situation, wenn er den Betriebsrat vor der außerordentlichen Kündigung lediglich gemäß § 102 anhören muss, da in Bezug auf das Anhörungsverfahren Einigkeit besteht, dass die Anhörungsfrist die Überlegungsfrist des § 626 Abs. 2 BGB nicht verlängert, das Anhörungsverfahren also innerhalb dieser Frist abgeschlossen sein muss (s. § 102 Rdn. 47, 195). Das *BAG* weist mit Recht darauf hin, dass das Zustimmungsverfahren gegenüber dem Anhörungsverfahren keine Unterschiede aufweist, die eine Verlängerung der Frist gebieten würden (*BAG* 18.08.1977 EzA § 103 BetrVG 1972 Nr. 20 = AP Nr. 10 zu § 103 BetrVG 1972; vgl. auch *BAG* 08.06.2000 EzA § 626 BGB Ausschlussfrist Nr. 15 unter II 2b). Ebenso wenig steht die Analogie zu § 174 Abs. 2 SGB IX (bis 01.01.2018: § 91 Abs. 2 SGB IX) dieser Lösung entgegen. Zwar stellt diese Vorschrift für die Fristwahrung auf den Zeitpunkt des Antragseinganges bei der Stelle ab, deren Zustimmung für die Kündigung erforderlich ist. Dies wäre hier der Betriebsrat. Andererseits ist dem Integrationsamt aber gemäß § 174 Abs. 3 SGB IX (bis 01.01.2018: § 91 Abs. 3 SGB IX) eine Frist von zwei Wochen zur Entscheidung eingeräumt, so dass allein deshalb die Zustimmung nicht innerhalb der Frist des § 626 Abs. 2 BGB eingeholt werden kann. Insoweit ist also die Situation mit derjenigen im Falle des § 103 nicht vergleichbar.

98 Entscheidend für die Lösung der h. M. spricht der **Zweck des § 626 Abs. 2 BGB**, dem Arbeitnehmer baldmöglichst Klarheit darüber zu verschaffen, ob der Arbeitgeber ein bestimmtes Verhalten zum Anlass für eine außerordentliche Kündigung nimmt. Dieser Zweck gebietet es grundsätzlich, dass die Kündigung dem Arbeitnehmer innerhalb der Zwei-Wochen-Frist zugeht. Eine Ausnahme von diesem Grundsatz ist im Rahmen des § 103 nur zu rechtfertigen, wenn wegen der Notwendigkeit eines Zustimmungsersetzungsverfahrens die Einhaltung dieser Frist ausgeschlossen ist. Dagegen wäre es nicht gerechtfertigt, den Ausspruch der Kündigung auch dann nach Ablauf der Frist zuzulassen, wenn der Betriebsrat seine Zustimmung erteilt. Dies wäre aber zumindest möglich, wenn man mit den verschiedenen Gegenauffassungen für die Fristwahrung auf den Zeitpunkt des Antragseinganges beim Betriebsrat abstellen, eine Hemmung der Frist während des Verfahrens annehmen oder gar den

Fristbeginn auf einen Zeitpunkt nach Abschluss des Verfahrens verlegen würde. Der Arbeitgeber muss daher den Antrag auf Zustimmung beim Betriebsrat so rechtzeitig stellen, dass er im Falle der Zustimmung des Betriebsrats noch innerhalb der Frist des § 626 Abs. 2 BGB die Kündigung aussprechen und den Zugang herbeiführen kann. Dann ist es aber folgerichtig, für den Fall der Zustimmungsverweigerung die Einleitung des Zustimmungsersetzungsverfahrens innerhalb der Zwei-Wochen-Frist zu verlangen.

Hieraus ergeben sich folgende **Konsequenzen**.

99

(1) **Erteilt der Betriebsrat** innerhalb der Frist von drei Tagen **die Zustimmung**, so muss die außerordentliche Kündigung innerhalb der Zwei-Wochen-Frist des § 626 Abs. 2 BGB erklärt werden (h. M.; *BAG* 18.08.1977 EzA § 103 BetrVG 1972 Nr. 20, 07.05.1986 EzA § 103 BetrVG 1972 Nr. 31 = AP Nr. 10, 12 zu § 103 BetrVG 1972; *Etzel/Kreft*/KR § 15 KSchG Rn. 55; *Fitting* § 103 Rn. 39; *von Hoyningen-Huene* in: *von Hoyningen-Huene/Linck* KSchG, § 15 Rn. 141; *Huke/HWGNRH* § 103 Rn. 62; *Richardi/Thüsing* § 103 Rn. 62).

(2) **Verweigert der Betriebsrat fristgemäß seine Zustimmung** oder äußert er sich nicht, so muss der Arbeitgeber innerhalb der Zwei-Wochen-Frist das Zustimmungsersetzungsverfahren einleiten. Maßgeblich ist der Eingang des Antrags beim Gericht. Allerdings wirkt nur ein zulässiger Zustimmungsersetzungsantrag fristwahrend (*BAG* 24.10.1996 EzA § 103 BetrVG Nr. 37 = AP Nr. 32 zu § 103 BetrVG 1972; zu den Zulässigkeitsvoraussetzungen s. Rdn. 67 f.). Ein nach Ablauf der Frist gestellter Antrag ist unbegründet, da die Voraussetzungen für eine Zustimmungsersetzung nicht (mehr) vorliegen (*BAG* 18.08.1977 EzA § 103 BetrVG 1972 Nr. 20 = AP Nr. 10 zu § 103 BetrVG 1972; 07.05.1986 EzA § 103 BetrVG 1972 Nr. 31 unter B II 3c).

(3) Wird die **Zustimmung** des Betriebsrats **durch das Gericht ersetzt**, so muss der Arbeitgeber die Kündigung analog § 174 Abs. 5 SGB IX (bis 01.01.2018: § 91 Abs. 5 SGB IX) unverzüglich, d. h. ohne schuldhaftes Zögern (§ 121 BGB), nach Rechtskraft der Entscheidung aussprechen. Der Arbeitgeber bedarf nach rechtskräftigem Abschluss des von ihm selbst betriebenen Zustimmungsersetzungsverfahrens keiner erneuten Überlegungsfrist mehr (*BAG* 24.04.1975 EzA § 103 BetrVG 1972 Nr. 8, 22.01.1987 EzA § 103 BetrVG 1972 Nr. 32 = AP Nr. 3, 24 zu § 103 BetrVG 1972; 21.10.1983 AP Nr. 16 zu § 626 BGB Ausschlussfrist; *Etzel/Rinck*/KR § 103 BetrVG Rn. 149; *Galperin/Löwisch* § 103 Rn. 27; *von Hoyningen-Huene* in: *von Hoyningen-Huene/Linck* KSchG, § 15 Rn. 143 f.; *Vossen/SPV* Rn. 1752; **a. M.** *Fitting* § 103 Rn. 46).

(4) Dasselbe gilt, wenn der Betriebsrat **nach Einleitung des Zustimmungsersetzungsverfahrens seine Zustimmung erteilt**. Auch dann muss der Arbeitgeber unverzüglich nach Kenntnis von der Zustimmung kündigen (*BAG* 17.09.1981 EzA § 103 BetrVG 1972 Nr. 28 = AP Nr. 14 zu § 103 BetrVG 1972). Er darf insbesondere nicht die (rechtskräftige) gerichtliche Entscheidung über die Erledigung des Verfahrens (Rdn. 88) abwarten, da mit Zugang der Zustimmungserklärung für ihn Klarheit darüber besteht, dass die Kündigungsschranke entfallen ist (*LAG Brandenburg* 23.03.1999 LAGE § 626 BGB Ausschlußfrist Nr. 12). Ein weiteres Zuwarten wäre daher »schuldhaft« (s. § 121 Abs. 1 BGB). Einer Anhörung des Betriebsrats nach § 102 bedarf es allerdings nicht mehr (s. Rdn. 50).

(5) **Entfällt das Zustimmungserfordernis** nach Einleitung des Zustimmungsersetzungsverfahrens **aus anderen Gründen** (etwa weil der Arbeitnehmer nicht mehr zu dem in Abs. 1 genannten Personenkreis zählt), so gilt im Grundsatz ebenfalls, dass die Frist des § 626 Abs. 2 BGB nicht erneut beginnt, sondern der Arbeitgeber nach § 174 Abs. 5 SGB IX (bis 01.01.2018: § 91 Abs. 5 SGB IX) unverzüglich die Kündigung erklären muss (*Etzel/Rinck*/KR § 103 BetrVG Rn. 143; *Linck/APS* § 103 BetrVG Rn. 34). Allerdings sind Fälle denkbar, in denen die bloße Kenntnis von den maßgeblichen Tatsachen dem Arbeitgeber nicht die Sicherheit verschafft, die erforderlich ist, um ein weiteres Abwarten als schuldhaft anzusehen (man denke etwa an das Erlöschen der Mitgliedschaft im Betriebsrat in den Fällen des § 21a Abs. 2, s. Rdn. 18). Hier muss der Arbeitgeber das Recht haben, die gerichtliche Entscheidung über die Erledigung des Verfahrens abzuwarten (anders offenbar *Etzel/Rinck*/KR § 103 BetrVG Rn. 143, die meinen, dass der Arbeitgeber den Beschluss des Gerichts generell nicht abwarten dürfe). Die Kündigung hat dann unverzüglich nach Rechtskraft des die Erledigung feststellenden Beschlusses zu erfolgen. Eine erneute Anhörung des Betriebsrats nach § 102 ist wiederum entbehrlich (s. Rdn. 50).

100 Wird die Zustimmung des Betriebsrats durch gerichtliche Entscheidung ersetzt, so beginnt die Frist (§ 174 Abs. 5 SGB IX analog [bis 01.01.2018: § 91 Abs. 5 SGB IX]) mit **Eintritt der formellen Rechtskraft**, also mit Ablauf der jeweiligen Rechtsmittelfrist zu laufen (*Richardi/Thüsing* § 103 Rn. 84). Die Frist des § 626 Abs. 2 BGB ist gewahrt, wenn der Arbeitgeber unverzüglich nach Eintritt der formellen Rechtskraft der die Zustimmung ersetzenden Entscheidung kündigt. Den Arbeitgeber trifft die Obliegenheit, sich nach Ablauf der Rechtsmittelfrist durch Nachfrage beim Gericht Kenntnis über den Eintritt der formellen Rechtskraft zu verschaffen. Eine Kündigung vor Eintritt der formellen Rechtskraft ist hingegen (unheilbar) nichtig (s. Rdn. 54). Allerdings hat das *BAG* in einem Fall, in dem das *LAG* in einem Beschluss die Zustimmung ersetzt und die Rechtsbeschwerde nicht zugelassen hatte, eine vor Eintritt der formellen Rechtskraft ausgesprochene Kündigung nicht wegen Fehlens der Zustimmungsersetzung als unwirksam angesehen, weil die Entscheidung des *LAG* »**unanfechtbar**« gewesen und diese Unanfechtbarkeit der formellen Rechtskraft gleich zu erachten sei. Eine unanfechtbare Ersetzung der Zustimmung liegt nach Auffassung des Gerichts dann vor, wenn das Rechtsmittel gegen diese Entscheidung offensichtlich unzulässig ist (*BAG* 25.01.1979 EzA § 103 BetrVG 1972 Nr. 22 = AP Nr. 12 zu § 103 BetrVG 1972; s. a. Rdn. 89). Die vom *BAG* vorgenommene Gleichstellung der »Unanfechtbarkeit« mit der formellen Rechtskraft kann aber keinesfalls bedeuten, dass der Arbeitgeber unverzüglich nach Verkündung des die Zustimmung ersetzenden Beschlusses des *LAG* die Kündigung aussprechen muss, sofern die Rechtsbeschwerde nicht zugelassen ist und eine Nichtzulassungsbeschwerde offensichtlich keine Aussicht auf Erfolg hat. Ob ein Fall der »Unanfechtbarkeit« vorliegt, kann nämlich für den Arbeitgeber u. U. nur schwer zu beurteilen sein (zu den praktischen Problemen vgl. die Glosse von *Diller* NZA 1998, 1163 f.). Es kann dem Arbeitgeber daher schon aus Gründen der Rechtssicherheit nicht verwehrt sein, den Ablauf der Frist für die Nichtzulassungsbeschwerde abzuwarten und erst unverzüglich nach formeller Rechtskraft zu kündigen. Selbst wenn man die »Unanfechtbarkeit« der formellen Rechtskraft gleichstellt, gibt dies dem Arbeitgeber also allenfalls die Möglichkeit, bereits vor Ablauf der Frist wirksam zu kündigen, zwingt ihn aber nicht dazu (so jetzt auch *BAG* 09.07.1998 EzA § 103 BetrVG 1972 Nr. 39 = AP Nr. 36 zu § 103 BetrVG 1972). Freilich sind die Risiken für den Arbeitgeber, der von dieser Möglichkeit Gebrauch machen will und bereits nach Verkündung der Entscheidung des *LAG* in der – irrigen – Annahme der »Unanfechtbarkeit« kündigt, beträchtlich. Selbst wenn die Entscheidung des *LAG* rechtskräftig wird, weil kein Rechtsmittel eingelegt oder die Nichtzulassungsbeschwerde als unbegründet zurückgewiesen wird, muss er nach Ansicht des *BAG* nochmals unverzüglich nach Eintritt der formellen Rechtskraft kündigen. Hat die Nichtzulassungsbeschwerde hingegen Erfolg, soll die bereits ausgesprochene Kündigung mangels rechtskräftiger Ersetzung der Zustimmung unheilbar nichtig sein. Außerdem werde der Zustimmungsersetzungsantrag nun sogar unzulässig, weil der Arbeitgeber das Verfahren durch Ausspruch der Kündigung gegenstandslos gemacht habe (*BAG* 09.07.1998 EzA § 103 BetrVG 1972 Nr. 39 = AP Nr. 36 zu § 103 BetrVG 1972 unter Bezugnahme auf *BAG* 24.10.1996 EzA § 103 BetrVG 1972 Nr. 37 = AP Nr. 32 zu § 103 BetrVG 1972; s. hierzu Rdn. 67 f.). Der Arbeitgeber müsste also erneut die Zustimmung des Betriebsrats einholen und – nach Ablehnung der Zustimmung – einen Antrag auf Ersetzung der Zustimmung bei Gericht stellen (krit. hierzu *Richardi/Thüsing* § 103 Rn. 84; vgl. auch *Diller* NZA 2004, 579 [581]). Unabhängig davon, ob den Schlussfolgerungen des *BAG* beizutreten ist, zeigt dies, dass allein das Abstellen auf die formelle Rechtskraft die nötige Rechtssicherheit verbürgt. Dies gilt umso mehr, seit im Zuge der Änderung des ArbGG zum 01.01.2005 die Beschwerde gegen die Nichtzulassung der Revision bzw. der Rechtsbeschwerde auch auf die grundsätzliche Bedeutung der Rechtssache gestützt werden kann (§ 92a Satz 1 i. V. m. § 92 Abs. 1 Satz 2, § 72 Abs. 2 Nr. 1 ArbGG; s. a. *Matthes/Schlewing/GMP* ArbGG § 92a Rn. 2 f.). Eine der formellen Rechtskraft gleichgestellte »Unanfechtbarkeit« ist daher – zumindest im Zusammenhang mit § 103 – nicht anzuerkennen; die gegenteilige Rechtsprechung sollte aufgegeben werden (s. a. *LAG Niedersachsen* 22.01.2010 LAGE § 103 BetrVG 2001 Nr. 10 unter II 2 b: Rspr. beziehe sich »auf die alte Rechtslage« [vor Änderung des ArbGG]).

101 Besteht zugunsten des Amtsträgers ein **weiterer Sonderkündigungsschutz**, so sind neben den Vorschriften des Amtsschutzes auch die für den weiteren Kündigungsschutz maßgeblichen Vorschriften zu beachten. Dies gilt insbesondere für den Kündigungsschutz **Schwerbehinderter** (§§ 168 ff. SGB IX [bis 01.01.2018: §§ 85 ff. SGB IX]). Ist der Amtsträger gleichzeitig schwerbehindert, so bedarf die außerordentliche Kündigung zu ihrer Wirksamkeit nicht nur der Zustimmung des Betriebsrats, sondern zusätzlich der Zustimmung des Integrationsamtes nach §§ 168, 174 SGB IX (bis 01.01.2018: §§ 85, 91 SGB IX). Dabei stellt sich die Frage, was der Arbeitgeber hinsichtlich der Koordination der beiden Verfahren zu beachten hat, um die Frist des § 626 Abs. 2 BGB zu wahren. Insoweit ist zu unterscheiden (hierzu auch *Besgen* NZA 2011, 133 [135 f.]; *Linck/APS* § 103 BetrVG Rn. 60 ff.). Die Frist des § 626 Abs. 2 BGB wird in jedem Fall gewahrt, wenn der Arbeitgeber **die Zustimmungsverfahren parallel betreibt**, also innerhalb der Frist des § 626 Abs. 2 BGB sowohl nach § 103 Abs. 1 den Antrag beim Betriebsrat (und – bei Ablehnung – nach § 103 Abs. 2 beim Arbeitsgericht) als auch den Antrag beim Integrationsamt auf Zustimmung zur außerordentlichen Kündigung stellt. Die Kündigung muss dann unverzüglich nach Vorliegen der letzten erforderlichen Zustimmung (bzw. nach Rechtskraft der die Zustimmung ersetzenden gerichtlichen Entscheidung) erfolgen. Die Frist wird nach h. M. aber auch gewahrt, wenn der Arbeitgeber **zunächst** – innerhalb der Frist des § 626 Abs. 2 BGB – **den Antrag beim Integrationsamt** stellt. In diesem Fall muss er unverzüglich nach Vorliegen der (ggf. fingierten, § 174 Abs. 3 Satz 2 SGB IX [bis 01.01.2018: § 91 Abs. 3 Satz 2 SGB IX]) Zustimmung des Integrationsamtes den Betriebsrat um Zustimmung ersuchen und – im Falle der Ablehnung – unverzüglich den Antrag nach § 103 Abs. 2 stellen (§ 174 Abs. 5 SGB IX [bis 01.01.2018: § 91 Abs. 5 SGB IX] analog; *BAG* 22.01.1987 EzA § 103 BetrVG 1972 Nr. 32 = AP Nr. 24 zu § 103 BetrVG 1972 unter III 2 c [für den Antrag nach § 103 Abs. 2]; *Bachner/DKKW* § 103 BetrVG Rn. 34; *Fitting* § 103 Rn. 40; *Linck/APS* § 103 BetrVG Rn. 61; *Ricken/HWK* § 103 BetrVG Rn. 16). Dagegen wird im umgekehrten Fall, also wenn der Arbeitgeber **als erstes das Verfahren nach § 103** betreibt, die Frist des § 174 Abs. 2 SGB IX (bis 01.01.2018: § 91 Abs. 2 SGB IX) nicht durch die Einschaltung des Betriebsrats verlängert. Die (zivilrechtliche) Frist des § 626 Abs. 2 BGB und die (verwaltungsverfahrensrechtliche) Frist des § 174 Abs. 2 SGB IX für den Antrag beim Integrationsamt stehen nebeneinander (*BAG* 02.03.2006 EzA § 91 SGB IX Nr. 3 Rn. 16 ff.). Der Arbeitgeber ist zwar nicht gehindert, zunächst das Zustimmungsverfahren beim Betriebsrat durchzuführen und erst anschließend den Antrag beim Integrationsamt zu stellen. Er muss dann aber trotzdem die Frist des § 174 Abs. 2 SGB IX beachten (*BAG* 11.05.2000 EzA § 103 BetrVG 1972 Nr. 41 = AP Nr. 42 zu § 103 BetrVG 1972 unter II 2 b cc; *Linck/APS* § 103 BetrVG Rn. 62). Ist die Frist nicht gewahrt, muss das Integrationsamt die Zustimmung zur außerordentlichen Kündigung verweigern. Fraglich ist allein, ob die Kündigung wegen der Versäumung der Ausschlussfrist des § 626 Abs. 2 BGB auch dann unwirksam ist, wenn das Integrationsamt die Zustimmung trotz Verspätung des Antrags erteilt und der Arbeitgeber die Kündigung unverzüglich nach der Zustimmung erklärt (so *LAG Hamm* 20.04.2016 – 3 Sa 1689/15 – juris, Rn. 47 ff.). Hat der Arbeitgeber zunächst das Zustimmungsverfahren beim Betriebsrat durchgeführt, so bedarf es – wie bei der Anhörung nach § 102 (s. § 102 Rdn. 45) – keiner erneuten Beteiligung des Betriebsrats, sofern die Kündigung sich nach wie vor auf denselben Lebenssachverhalt stützt, selbst wenn die Zustimmung des Integrationsamtes erst nach einem längeren verwaltungsgerichtlichen Verfahren erteilt wird (*BAG* 18.05.1994 EzA § 611 BGB Abmahnung Nr. 31 = AP Nr. 3 zu § 108 BPersVG; 20.01.2000 EzA § 1 KSchG Krankheit Nr. 47; *Linck/APS* § 103 BetrVG Rn. 62).

b) Kündigungsschutzklage des Arbeitnehmers
Wie im Rahmen des § 102, so steht auch bei § 103 **das individualrechtliche Kündigungsschutzverfahren** grundsätzlich **unabhängig neben den kollektivrechtlichen Schutzbestimmungen**. Sofern der Arbeitgeber eine Kündigung ausspricht, kann der Arbeitnehmer also unabhängig vom Ausgang des Zustimmungs- und des Zustimmungsersetzungsverfahrens Kündigungsschutzklage erheben und die Wirksamkeit der Kündigung unter allen denkbaren Gesichtspunkten überprüfen lassen. Kündigt der Arbeitgeber, obwohl der Betriebsrat die Zustimmung nicht erteilt hat und die Zustimmung auch noch nicht durch eine rechtskräftige gerichtliche Entscheidung ersetzt ist, so ist die Kündigung unheilbar nichtig (s. Rdn. 50, 53 f.). Aufgrund der Erweiterung der Klagefrist des § 4 Satz 1 KSchG auf die Unwirksamkeit »aus anderen Gründen« (Art. 1 Nr. 3 des Gesetzes zu Reformen am Arbeitsmarkt vom 24.12.2003 BGBl. I, S. 3002) muss die **Unwirksamkeit der Kündigung wegen Fehlens der Zustimmung** vom Arbeitnehmer innerhalb der Drei-Wochen-Frist geltend gemacht werden (§ 13 Abs. 1 KSchG). Hat der **Betriebsrat der Kündigung zugestimmt**, kann der Arbeitnehmer ebenfalls Kündigungsschutzklage erheben und in diesem Verfahren ohne Einschränkung die (individualrechtliche) Unwirksamkeit der Kündigung, insbesondere das Fehlen des wichtigen Grun-

des, geltend machen (§ 13 Abs. 1, § 4 KSchG; *Etzel/Rinck/*KR § 103 BetrVG Rn. 119; *Fitting* § 103 Rn. 39, 47; *Richardi/Thüsing* § 103 Rn. 92).

103 Hat der **Betriebsrat die Zustimmung zu der Kündigung erteilt**, so ist umstritten, ob der Arbeitgeber in dem Kündigungsschutzprozess weitere, **dem Betriebsrat nicht mitgeteilte Gründe nachschieben** kann, etwa wenn sich im Kündigungsschutzprozess die im Zustimmungsverfahren erhobenen Vorwürfe als unzutreffend erweisen (hierzu ausf. *Nägele-Berkner* Nachschieben, S. 169 ff.). Fraglich ist insbesondere, inwieweit sich die für das Anhörungsverfahren nach § 102 entwickelten Grundsätze über das Nachschieben von Gründen (s. § 102 Rdn. 190 ff.) auf das Zustimmungsverfahren übertragen lassen. Eine Ansicht bejaht dies. So soll der Arbeitgeber Kündigungsgründe nachschieben können, wenn der Betriebsrat zuvor Gelegenheit hatte, zu diesen Gründen Stellung zu nehmen. Der Arbeitgeber sei also gehalten, entsprechend § 103 Abs. 1 die Zustimmung des Betriebsrats zu den neuen Gründen einzuholen (*LAG Rheinland-Pfalz* 26.04.2007 – 4 Sa 851/06 – juris, Rn. 43; *Etzel/Kreft/*KR § 15 KSchG Rn. 65 f.; offen gelassen von *BAG* 12.05.2010 EzA § 15 KSchG n. F. Nr. 67 = AP Nr. 67 zu § 15 KSchG 1969 Rn. 32). Verweigere der Betriebsrat seine Zustimmung, sei dagegen kein gesondertes Zustimmungsersetzungsverfahren erforderlich, da der Arbeitgeber bereits aufgrund einer erteilten Zustimmung die Kündigung erklärt habe (*Etzel/Kreft/*KR § 15 KSchG Rn. 66). Auch *Meisel* (Mitwirkung, Rn. 696) unterscheidet nicht zwischen der Anhörung nach § 102 und dem Zustimmungsverfahren nach § 103 und hält in beiden Fällen ein Nachschieben auch ohne erneute Beteiligung des Betriebsrats für zulässig, sofern dieser zuvor ordnungsgemäß unterrichtet worden sei. Eine dritte Ansicht meint hingegen, dass ein Nachschieben generell ausgeschlossen sei. Eine analoge Anwendung des § 103 Abs. 1 i. S. einer »Zustimmung zum Nachschieben« sei nicht möglich. Die Zustimmung des Betriebsrats beseitige die Kündigungssperre nur im Hinblick auf die dem Betriebsrat mitgeteilten Gründe. Wolle der Arbeitgeber das Arbeitsverhältnis mit dem Amtsträger aus anderen Gründen (außerordentlich) kündigen, müsse der Betriebsrat hierüber neu entscheiden. Selbst wenn der Betriebsrat erneut seine Zustimmung erteile, könne diese aber nicht rückwirkend die bereits erklärte Kündigung legitimieren, sondern schaffe nur die Voraussetzungen für eine weitere, auf die neuen Gründe gestützte Kündigung (*Nägele-Berkner* Nachschieben, S. 183 ff.).

104 Die besseren Gründe sprechen dafür, dem Arbeitgeber **ein Nachschieben von nachträglich bekannt gewordenen Kündigungstatsachen ohne erneute Beteiligung des Betriebsrats** zu ermöglichen. Im Ausgangspunkt müssen für das Nachschieben dieselben Grenzen gelten wie im Fall der Anhörung nach § 102, da das Zustimmungsverfahren zugleich die Funktion der Anhörung erfüllt (s. Rdn. 50). Ein Nachschieben neuer, eigenständiger Kündigungsgründe kommt daher nur in Betracht, wenn es um dem Arbeitgeber bis zum Abschluss des Zustimmungsverfahrens nicht bekannte Tatsachen oder um Sachverhalte geht, die dem Arbeitgeber zwar bekannt waren, auf die er die Kündigung jedoch zunächst nicht stützen wollte (§ 102 Rdn. 193 ff.). Der letzte Fall dürfte freilich praktisch kaum relevant werden, da der Arbeitgeber ihm bekannte Tatsachen, die eine außerordentliche Kündigung rechtfertigen können, wohl stets mitteilen wird, um die Wahrscheinlichkeit der Zustimmung zu erhöhen. Es geht also im Wesentlichen um die Fälle, in denen der Arbeitgeber nachträglich von neuen Kündigungstatsachen erfährt. Ein vollständiger Ausschluss des Nachschiebens solcher Gründe erscheint nicht gerechtfertigt und würde die Bedeutung des Zustimmungsverfahrens überdehnen. Dieses soll sicherstellen, dass eine Kündigung nur wirksam erfolgen und der hiermit verbundene Verlust des Amtes nur eintreten kann, wenn der Betriebsrat vorher sein Einverständnis erklärt hat. Der Arbeitgeber soll also nicht einseitig vollendete Tatsachen schaffen können. Hieraus lässt sich aber nicht ableiten, dass nach Sinn und Zweck der Regelung die Frage der (individualrechtlichen) Rechtfertigung der Kündigung ausschließlich am Maßstab der dem Betriebsrat mitgeteilten Gründe zu beurteilen sein soll. Eine solche Präklusionswirkung lässt sich auch nicht damit rechtfertigen, den Arbeitgeber zur Offenlegung sämtlicher Gründe zu zwingen. Dieser hat – wie dargelegt – vielmehr ein eigenes Interesse, dem Betriebsrat sämtliche kündigungsrelevanten Tatsachen mitzuteilen. Eine vorherige Zustimmung des Betriebsrats analog § 103 Abs. 1 erscheint ebenfalls nicht angezeigt. Dass der Arbeitgeber den Betriebsrat vor dem Einbringen neuer Gründe in das Zustimmungsersetzungsverfahren erneut beteiligen muss (s. Rdn. 84), rechtfertigt sich daraus, dass hier das Gericht darüber zu entscheiden hat, ob der Betriebsrat die Zustimmung hätte erteilen müssen (s. Rdn. 62, 69). Bevor das Gericht darüber auf einer neuen Tatsachengrundlage befindet, sollte aber der Betriebsrat die Gelegenheit erhalten, sich selbst erneut eine Meinung zu bilden und seine Entscheidung gegebenenfalls

abzuändern. Im Kündigungsschutzprozess geht es dagegen nicht (mehr) darum, ob der Betriebsrat die Zustimmung zu Recht verweigert hat, sondern ob das Arbeitsverhältnis durch die streitgegenständliche Kündigung beendet worden ist. In diesem Rahmen prüft das Gericht zugleich die Frage, ob ein wichtiger Grund nach § 626 Abs. 1 BGB vorliegt, also das, worüber auch der Betriebsrat bei einer erneuten Beteiligung zu befinden hätte (Rdn. 62, 69). Eine vorherige Befassung des Betriebsrats ergibt daher keinen Sinn, weil ihm weder ein Entscheidungsermessen zukommt, noch das Zustimmungsverfahren dem Betriebsrat Gelegenheit geben soll, durch Rechtsausführungen die Entscheidung des Gerichts in einem laufenden Verfahren zu beeinflussen. Es gibt daher keinen Grund, warum der Arbeitgeber die neuen Tatsachen nicht unmittelbar in den Prozess sollte einführen können.

Kündigt der Arbeitgeber, nachdem **die Zustimmung des Betriebsrats durch eine arbeits- 105 gerichtliche Entscheidung rechtskräftig ersetzt worden** ist, ist die Kündigungsschutzklage ebenfalls zulässig (BR-Drucks. 715/70, S. 53 zu § 103; *BAG* 24.04.1975 EzA § 103 BetrVG 1972 Nr. 8 [ausführlich *Dütz*] = AP Nr. 3 zu § 103 BetrVG 1972 = SAE 1977, 3 *[Rüthers]*; ebenso *Etzel/Rinck/KR* § 103 BetrVG Rn. 150 f.; *Fitting* § 103 Rn. 47; *Galperin/Löwisch* § 103 Rn. 29; *von Hoyningen-Huene* in: *von Hoyningen-Huene/Linck* KSchG, § 15 Rn. 151; *Huke/HWGNRH* § 103 Rn. 79; *Richardi/Thüsing* § 103 Rn. 87). Das **Rechtsschutzinteresse** für eine solche Kündigungsschutzklage entfällt nicht bereits mit der Entscheidung im Zustimmungsersetzungsverfahren. Auch steht die Rechtskraft der Entscheidung im Beschlussverfahren der Kündigungsschutzklage nicht als negative Prozessvoraussetzung entgegen (*BAG* 24.04.1975 EzA § 103 BetrVG 1972 Nr. 8 = AP Nr. 3 zu § 103 BetrVG 1972). Zu beachten ist allerdings, dass das Gericht schon im Zustimmungsersetzungsverfahren über wesentliche Wirksamkeitsvoraussetzungen der Kündigung, insbesondere über das Vorliegen eines wichtigen Grundes zu entscheiden hat. Da auch im Kündigungsschutzprozess über das Vorliegen eines wichtigen Grundes zu befinden ist, würde die völlig unabhängige Durchführung des Kündigungsschutzprozesses zu einer Verdoppelung des Verfahrens führen und die Gefahr divergierender Entscheidungen heraufbeschwören. Die Entscheidung des Arbeitsgerichts im Beschlussverfahren nimmt praktisch den Kündigungsschutzprozess vorweg (*BAG* 22.08.1974 EzA § 103 BetrVG 1972 Nr. 6 = AP Nr. 1 zu § 103 BetrVG 1972). Aus diesem Grunde entfaltet die die Zustimmung ersetzende rechtskräftige Entscheidung in den subjektiven Grenzen der Rechtskraft (hierzu näher *Matthes/Spinner/GMP* ArbGG, § 84 Rn. 27 ff.; *Prütting* RdA 1991, 257 [260]; s. a. § 5 Rdn. 252) **präjudizielle Wirkung** im anschließenden Kündigungsschutzprozess. Soweit der Arbeitnehmer im Beschlussverfahren tatsächlich beteiligt worden ist (wobei eine ordnungsgemäße Ladung genügt, wenn der Arbeitnehmer nicht erschienen ist), ist er in die materielle Rechtskraft der Entscheidung im Beschlussverfahren einbezogen. Dann stellt die die Zustimmung ersetzende Entscheidung auch für den Arbeitnehmer im Kündigungsschutzprozess bindend fest, dass die außerordentliche Kündigung nach dem Stand am Ende der mündlichen Verhandlung im Zustimmungsersetzungsverfahren unter Berücksichtigung aller Umstände gerechtfertigt war. Der Arbeitnehmer kann daher keine Gesichtspunkte mehr vorbringen, die er im Beschlussverfahren bereits geltend gemacht hat oder hätte geltend machen können (*BAG* 24.04.1975 EzA § 103 BetrVG 1972 Nr. 8 *[Dütz]* = AP Nr. 3 zu § 103 BetrVG 1972 = SAE 1977, 3 *[Rüthers]*; 31.01.1990 EzA § 40 BetrVG 1972 Nr. 64 = AP Nr. 28 zu § 103 BetrVG 1972; 11.05.2000 EzA § 103 BetrVG 1972 Nr. 41 = AP Nr. 42 zu § 103 BetrVG 1972; 15.08.2002 EzA § 103 BetrVG 1972 Nr. 44; *Bachner/DKKW* § 103 Rn. 60; *Czerny* Rechtskraft, S. 218 ff. [236]; *Etzel/Rinck/KR* § 103 BetrVG Rn. 152; *Fitting* § 103 Rn. 47; *Galperin/Löwisch* § 103 Rn. 29; *von Hoyningen-Huene* in: *von Hoyningen-Huene/Linck* KSchG, § 15 Rn. 152 f.; *Huke/HWGNRH* § 103 Rn. 79; *Richardi/Thüsing* § 103 Rn. 89; *Treber* NZA 2016, 744 [746]; **a. M.** *Ascheid* Kündigungsschutzrecht, Rn. 697 ff.; *ders.* FS Peter Hanau, S. 685 [698 ff.], der die Grundsätze über die Nebenintervention anwenden will; *Schlüter* Anm. zu *BAG* EzA § 103 BetrVG 1972 Nr. 6 unter III 3; krit. auch *Heinze* Personalplanung, Rn. 673 Fn. 1000). **Nachträglich eingetretene Umstände** (z. B. formelle Mängel der nach Rechtskraft ausgesprochenen Kündigung, nachträglicher Wegfall des wichtigen Grundes, Verwirkung des Kündigungsrechts) können aber immer noch vorgebracht werden. Dasselbe gilt für das Fehlen von **Kündigungsvoraussetzungen**, deren Vorliegen **im Zustimmungsersetzungsverfahren nicht geprüft** werden, weil der Arbeitgeber diese Voraussetzungen auch noch nach Abschluss des Beschlussverfahrens herbeiführen kann (*BAG* 11.05.2000 EzA § 103 BetrVG 1972 Nr. 41 = AP Nr. 42 zu § 103 BetrVG 1972: Fehlen der Zustimmung der Hauptfürsorgestelle [jetzt: Integrationsamt] bei Kündigung eines schwerbehinderten Amtsträgers; vgl. aber auch *LAG*

Rheinland-Pfalz 09.10.2003 ZTR 2004, 268: Berufung des Arbeitnehmers auf den Sonderkündigungsschutz nach Abschluss des Zustimmungsersetzungsverfahrens ist rechtsmissbräuchlich, wenn er die Schwerbehinderteneigenschaft arglistig verschwiegen hat). Nach Ansicht des *BAG* entfaltet die rechtskräftige Entscheidung über die Ersetzung der Zustimmung dagegen keine Bindungswirkung für einen späteren Kündigungsschutzprozess, der die Sozialwidrigkeit einer auf denselben Sachverhalt gestützten ordentlichen Kündigung zum Gegenstand hat (*BAG* 15.08.2002 EzA § 103 BetrVG 1972 Nr. 44).

106 **Stellt das Gericht fest, dass die Kündigung nicht zustimmungspflichtig ist**, und weist es den weitergehenden Antrag des Arbeitgebers auf Ersetzung der Zustimmung als unbegründet zurück, so entfaltet diese Entscheidung ebenfalls **präjudizielle Wirkung für einen späteren Kündigungsschutzprozess**, sofern der Arbeitnehmer im Beschlussverfahren beteiligt worden ist. Der Arbeitnehmer kann dann im Kündigungsschutzprozess nicht mehr geltend machen, dass die Kündigung wegen fehlender Zustimmung des Betriebsrats unwirksam sei (*BAG* 18.09.1997 EzA § 15 KSchG n. F. Nr. 46 *[Kraft]* = AP Nr. 35 zu § 103 BetrVG 1972 *[Hilbrandt]*; vgl. auch *BAG* 03.07.1996 NZA 1997, 713 [715], wo das *BAG* eine präjudizielle Bindung auch ohne Beteiligung des betroffenen Arbeitnehmers im vorangegangenen Beschlussverfahren bejaht; einschränkend *Czerny* Rechtskraft, S. 236 ff.: nur wenn einem vom Arbeitgeber gestellten Feststellungsantrag stattgegeben wird).

2. Auswirkungen bei der Versetzung

107 Führt der Arbeitgeber eine nach § 103 Abs. 3 zustimmungspflichtige **Versetzung ohne Zustimmung des Betriebsrats** durch, so ist diese Maßnahme zunächst betriebsverfassungsrechtlich unwirksam (s. Rdn. 55). Darüber hinaus stellt sich – wie bei der Versetzung nach § 99 – die weitere Frage, ob damit auch das der Versetzung zugrunde liegende Rechtsgeschäft unwirksam ist. Sofern der Arbeitgeber zur Durchführung der Versetzung eine Änderungskündigung ausspricht, ist diese schon gemäß § 103 Abs. 1 unwirksam (s. Rdn. 29). Erfolgt die Versetzung im Wege des Direktionsrechts, so bedarf § 103 Abs. 3 wiederum einer Abstimmung mit § 99. Der Schutz für den Amtsträger im Falle des § 103 Abs. 3 darf also nicht hinter dem zurückbleiben, was das Zustimmungsrecht aus § 99 gewährt. Eine Arbeitgeberweisung, die der individualrechtlichen Umsetzung einer Versetzung i. S. d. § 99 dient, ist aber für den Arbeitnehmer unverbindlich, wenn sie ohne Zustimmung des Betriebsrats erfolgt (*BAG* 26.01.1988 EzA § 99 BetrVG 1972 Nr. 58 *[C. Weber]*, 26.01.1993 EzA § 99 BetrVG 1972 Nr. 109 = AP Nr. 50, 102 zu § 99 BetrVG 1972; *Raab* ZfA 1995, 479 [495 ff.]; *Richardi / Thüsing* § 99 Rn. 335, 336; s. a. § 99 Rdn. 178 f. m. w. N.). Dies gilt zumindest dann, wenn die Versetzung für den Arbeitnehmer nachteilig ist, der Arbeitnehmer sich nicht mit der Versetzung freiwillig einverstanden erklärt und der Betriebsrat wegen der Benachteiligung des Arbeitnehmers die Zustimmung verweigert hat (*Raab* ZfA 1995, 479 [501 ff.]). Daher ist auch eine nach § 103 Abs. 3 zustimmungspflichtige Versetzung für den Arbeitnehmer unverbindlich, wenn der Betriebsrat nicht zugestimmt und der betroffene Amtsträger nicht sein Einverständnis erklärt hat (*Czerny* Rechtskraft, S. 109 f. [im Unterschied zur »normalen« Versetzung nach §§ 99, 95 Abs. 3, s. S. 90 ff.]; *Fitting* § 103 Rn. 71; *Linck / APS* § 103 BetrVG Rn. 56). Stimmt der Arbeitnehmer der Versetzung nachträglich zu (s. Rdn. 43), so wird die Weisung wirksam.

108 **Hat der Betriebsrat der Versetzung zugestimmt**, so entfällt die kollektivrechtliche Schranke für die Versetzung. Der Arbeitnehmer ist hierdurch aber nicht gehindert, eine Versetzungsweisung des Arbeitgebers gerichtlich daraufhin überprüfen zu lassen, ob die Zuweisung des anderen Arbeitsplatzes sich im Rahmen der durch den Arbeitsvertrag gezogenen Grenzen des Direktionsrechts hält oder ob der Arbeitgeber bei der Ausübung des Direktionsrechts die Grenzen billigen Ermessens (§ 106 Satz 1 GewO) eingehalten hat.

109 Ist die **Zustimmung des Betriebsrats zur Versetzung durch rechtskräftige gerichtliche Entscheidung ersetzt** worden, so steht es dem Arbeitnehmer wiederum wie im Falle der Ersetzung der Zustimmung zur Kündigung frei, die individualrechtliche Wirksamkeit der Zuweisung des anderen Arbeitsplatzes gerichtlich überprüfen zu lassen. Fraglich ist, inwieweit die rechtskräftige Entscheidung im Beschlussverfahren im Rahmen des Individualprozesses zu berücksichtigen ist. Gegenstand des Zustimmungsrechts und damit zugleich des Beschlussverfahrens ist die Versetzung als tatsächliche Maß-

nahme (s. Rdn. 36) und nicht die Wirksamkeit einer entsprechenden Weisung des Arbeitgebers. Das Arbeitsgericht darf andererseits die Zustimmung zur Versetzung nur dann ersetzen, wenn diese aus dringenden betrieblichen Interessen notwendig ist. Ein berechtigtes betriebliches Interesse an einer individualrechtlich unzulässigen Versetzung kann aber nicht anerkannt werden (s. Rdn. 77). Das Arbeitsgericht kann also zwar trotz individualrechtlicher Zulässigkeit die Ersetzung der Zustimmung verweigern. Die Ersetzung der Zustimmung zu einer individualrechtlich unzulässigen Versetzung ist jedoch ausgeschlossen. Aus diesem Grunde beinhaltet die die Zustimmung ersetzende rechtskräftige Entscheidung des Gerichts zugleich die Feststellung, dass der Arbeitgeber im Verhältnis zum Arbeitnehmer befugt ist, diesem den anderen Arbeitsplatz zuzuweisen. Sofern der Arbeitnehmer im Beschlussverfahren beteiligt worden ist, entfaltet demnach die die Zustimmung ersetzende rechtskräftige Entscheidung für den Individualprozess präjudizielle Wirkung (zust. *Czerny* Rechtskraft, S. 240 ff.). Die für das Verhältnis von Beschlussverfahren und Kündigungsschutzprozess angestellten Erwägungen gelten hier in gleicher Weise (s. Rdn. 105).

V. Beschäftigungspflicht und Amtsstellung des gekündigten Arbeitnehmers im Rahmen des § 103

Bis zum Zugang der außerordentlichen Kündigung besteht das Arbeitsverhältnis fort. Der Arbeitnehmer hat daher grundsätzlich bei entsprechendem Interesse einen Anspruch auf tatsächliche Beschäftigung (*LAG Hamm* 12.12.2001 NZA-RR 2003, 311 [312]; *Galperin/Löwisch* § 103 Rn. 34; *Huke/HWGNRH* § 103 Rn. 82; *Linck/APS* § 103 BetrVG Rn. 48; *Richardi/Thüsing* § 103 Rn. 93). Eine **Suspendierung** von der Arbeitspflicht ist aber auch in dieser Zeit nach allgemeinen Grundsätzen **möglich**. Maßgebend ist, ob der Arbeitgeber ein überwiegendes Interesse an der Freistellung hat, etwa wenn bei Weiterbeschäftigung erhebliche Gefahren für den Betrieb oder die dort tätigen Personen bestehen (*LAG Hamm* 12.12.2001 NZA-RR 2003, 311 [313]; *LAG Sachsen* 14.04.2000 NZA-RR 2000, 588 [589]; *Fischermeier* ZTR 1998, 433 [437]; *Fitting* § 103 Rn. 44; *Lelley* FS Leinemann, S. 543 [554 ff.]; *Linck/APS* § 103 BetrVG Rn. 48; *Richardi/Thüsing* § 103 Rn. 93). Diese Situation kann sich bereits aus dem Grund ergeben, der auch die außerordentliche Kündigung tragen soll. So kann der dringende Verdacht einer strafbaren Handlung des Arbeitnehmers dem Arbeitgeber die tatsächliche Beschäftigung unzumutbar machen (*LAG Hamm* 12.12.2001 NZA-RR 2003, 311 [313]). Es kann aber auch erforderlich sein, dass zusätzlich zu dem wichtigen Grund weitere Gesichtspunkte hinzutreten. 110

Der **Zutritt** zum Betrieb **zur Wahrung der betriebsverfassungsrechtlichen Aufgaben** kann dem zu kündigenden Organmitglied grundsätzlich nicht verwehrt werden. Das Zutrittsrecht findet seine Grenzen allenfalls im Einzelfall, wenn von dem Zugangsrecht rechtsmissbräuchlich Gebrauch gemacht wird (*LAG Düsseldorf* 22.02.1977 DB 1977, 1053; *LAG Hamm* 27.04.1972 EzA § 103 BetrVG 1972 Nr. 1; *LAG München* 19.03.2003 NZA-RR 2003, 641; *Etzel/Rinck/KR* § 103 BetrVG Rn. 167; *Fitting* § 103 Rn. 44; *Galperin/Löwisch* § 103 Rn. 35; *Huke/HWGNRH* § 103 Rn. 82; *Richardi/Thüsing* § 103 Rn. 96). So ist eine Verweigerung des Zutritts etwa dann zulässig, wenn der begründete Verdacht besteht, dass der Arbeitnehmer seine Anwesenheit im Betrieb dazu nutzen wird, auf andere Mitarbeiter einzuwirken, damit diese eine für ihn günstige Aussage machen, oder Beweismittel zu vernichten, um dem Arbeitgeber den Nachweis der Tatsachen, die zur Kündigung geführt haben, zu erschweren (*LAG München* 19.03.2003 NZA-RR 2003, 641). 111

Die **Entgeltzahlungspflicht** des Arbeitgebers wird durch die Freistellung grundsätzlich nicht berührt. Durch die Suspendierung kommt der Arbeitgeber in Annahmeverzug (§ 615 BGB), ohne dass es eines neuerlichen ausdrücklichen oder auch stillschweigenden Angebotes des Arbeitnehmers bedürfte. Eine Ausnahme kann allenfalls dann gelten, wenn der Arbeitgeber wegen des Verhaltens des Arbeitnehmers und unter Berücksichtigung der Gepflogenheiten des Arbeitslebens die Annahme der Leistung zu Recht ablehnt (*BAG* 11.11.1976 EzA § 103 BetrVG 1972 Nr. 17 *[Kraft]* = AP Nr. 8 zu § 103 BetrVG 1972; vgl. auch *Lelley* FS Leinemann, S. 543 [557]: Maßstab sei allein das Vorliegen eines wichtigen Grundes, also keine weitergehende Interessenabwägung [kaum praktikabel, da der wichtige Grund gerade durch das Ergebnis der Interessenabwägung bestimmt wird]; zu weitgehend *Etzel/Rinck/KR* § 103 BetrVG Rn. 161: Fortfall der Vergütungspflicht bei Suspendierung nur mit Zustim- 112 mung des Betriebsrats). Die Annahme der Arbeitsleistung ist dem Arbeitgeber nicht schon dann unzumutbar, wenn ein Gericht dem Zustimmungsersetzungsantrag (noch nicht rechtskräftig) stattgegeben hat (*BAG* 11.11.1976 EzA § 103 BetrVG 1972 Nr. 17 = AP Nr. 8 zu § 103 BetrVG 1972).

113 Hat der Arbeitgeber das Arbeitsverhältnis – nach Zustimmung des Betriebsrats oder Ersetzung der Zustimmung durch das Gericht – gekündigt, so ist das Betriebsratsmitglied an der Ausübung seines Amtes verhindert; an seine Stelle tritt das Ersatzmitglied (*Bachner/DKKW* § 103 Rn. 50; *Etzel/Rinck*/KR § 103 BetrVG Rn. 169; *Fischermeier* ZTR 1998, 433 [438]; *Fitting* § 103 Rn. 45; *Galperin/Löwisch* § 103 Rn. 39; *Huke/HWGNRH* § 103 Rn. 80). Da es sich um eine außerordentliche Kündigung handelt, besteht kein Anspruch auf Weiterbeschäftigung nach § 102 Abs. 5 während dieser Zeit (s. § 102 Rdn. 201, 208; zum sog. allgemeinen Weiterbeschäftigungsanspruch s. § 102 Rdn. 239 f.).

§ 104
Entfernung betriebsstörender Arbeitnehmer

Hat ein Arbeitnehmer durch gesetzwidriges Verhalten oder durch grobe Verletzung der in § 75 Abs. 1 enthaltenen Grundsätze, insbesondere durch rassistische oder fremdenfeindliche Betätigungen, den Betriebsfrieden wiederholt ernstlich gestört, so kann der Betriebsrat vom Arbeitgeber die Entlassung oder Versetzung verlangen. Gibt das Arbeitsgericht einem Antrag des Betriebsrats statt, dem Arbeitgeber aufzugeben, die Entlassung oder Versetzung durchzuführen, und führt der Arbeitgeber die Entlassung oder Versetzung einer rechtskräftigen gerichtlichen Entscheidung zuwider nicht durch, so ist auf Antrag des Betriebsrats vom Arbeitgericht zu erkennen, dass er zur Vornahme der Entlassung oder Versetzung durch Zwangsgeld anzuhalten sei. Das Höchstmaß des Zwangsgeldes beträgt für jeden Tag der Zuwiderhandlung 250 Euro.

Literatur
Bulla Die Kündigung des Arbeitsverhältnisses unter Druck, FS *Alfred Hueck* 1959, S. 25; *Diekhoff* Druckkündigung auf Drängen von Belegschaftsmitgliedern, DB 1963, 1574; *Herschel* Druckkündigung und Schadensausgleich, FS *Lehmann* II. Band, 1956, S. 662; *von Hoyningen-Huene* Belästigungen und Beleidigungen von Arbeitnehmern durch Vorgesetzte, BB 1991, 2215; *Kleinebrink* Unter Druck – Arbeitgeberkündigung wider Willen, FA 2014, 98; *Kollmer* Mobbing im Arbeitsverhältnis, AR-Blattei SD, Mobbing, 1215, [2002]; *Kreitner* Mobbing am Arbeitsplatz, DStR 1997, 1292; *Lange* Die Handhabung des Phänomens »Mobbing« im Arbeitsrecht, SAE 2008, 285; *Löwisch* Änderungen der Betriebsverfassung durch das Betriebsverfassungs-Reformgesetz Teil II, BB 2001, 1790; *G. Müller* Einflüsse des kollektiven Arbeitsrechts auf das Arbeitsverhältnis, DB 1967, 903 [948]; *Opolony* Ausländerfeindlichkeit – Wie eignet sich Arbeitsrecht dagegen?, AuA 2001, 456; *Rieble* Die Betriebsverfassungsgesetz-Novelle 2001 in ordnungspolitischer Sicht, ZIP 2001, 133; *Rieble/Klumpp* Mobbing und die Folgen, ZIP 2002, 369; *Schimana* Entlassung und Versetzung auf Verlangen des Betriebsrats, AR-Blattei, Kündigung XII, [1980]; *D. Schultz* Die Druckkündigung im Arbeitsverhältnis; kritische Betrachtung zu einer scheinbar gefestigten Rechtsprechung, RdA 1963, 81; *Zimmer* Fremdenfeindlichkeit und Rassismus im Betrieb, AiB 2001, 256. Vgl. ferner die Angaben vor § 92.

Inhaltsübersicht

	Rdn.
I. Vorbemerkung	1, 2
II. Voraussetzungen und Inhalt des Verlangens	
1. Voraussetzungen	3–17
a) Betroffener Personenkreis, formelle Voraussetzungen	3–10
b) Gesetzwidriges Verhalten	4
c) Grobe Verletzung der in § 75 Abs. 1 enthaltenen Grundsätze	5
d) Insbesondere: Rassistische und fremdenfeindliche Betätigungen	6
e) Störung des Betriebsfriedens	7
f) Verschulden	8, 9
2. Das Verlangen des Betriebsrats	10
III. Durchführung der Maßnahmen auf Verlangen des Betriebsrats	11–17
1. Durchführung der Maßnahmen	18–26
	18–24

2. Beteiligung des Betriebsrats	25, 26
IV. Erzwingung der Maßnahmen durch gerichtliche Entscheidung	27–30
1. Antrag	27, 28
2. Entscheidung des Gerichts	29, 30
V. Schutz des betroffenen Arbeitnehmers	31–36
1. Maßnahme allein auf Verlangen des Betriebsrats	32–34
2. Maßnahme aufgrund rechtskräftiger Entscheidung des Arbeitsgerichts	35, 36

I. Vorbemerkung

Die Vorschrift entspricht in ihrem sachlichen Gehalt § 66 Abs. 4 BetrVG 1952. Der dort verwendete **1** Begriff »unsoziales Verhalten« ist durch die Verweisung auf § 75 Abs. 1 ersetzt und damit konkretisiert worden. Die Regelung in einem selbständigen Paragraphen wird mit ihrer Bedeutung und ihrem sachlich eigenständigen Inhalt begründet (vgl. amtliche Begründung, BR-Drucks. 715/70, S. 53 zu § 104). Durch das BetrVerf-ReformG vom 25.09.2001 (BGBl. I, S. 2518) sind – wie in § 99 Abs. 2 Nr. 6 – rassistische und fremdenfeindliche Betätigungen als Fälle gesetzwidrigen oder gegen die Grundsätze des § 75 Abs. 1 verstoßenden Verhaltens besonders hervorgehoben worden, um zu betonen, dass »in Betrieben kein Raum für Rassismus und Fremdenfeindlichkeit« sei (Reg. Begr., BT-Drucks. 14, S. 5741). Eine sachliche Änderung ist hiermit nicht verbunden (ebenso *Linck/APS* § 104 BetrVG Rn. 1).

Die Vorschrift stellt eine Ergänzung zu § 99 Abs. 2 Nr. 6 dar (Ausschussbericht BT-Drucks. 1/3585, **2** S. 13 [zu § 66 Abs. 4 BetrVG 1952]; s. a. *BAG* 28.03.2017 – 2 AZR 551/16 – Rn. 30). Danach kann der Betriebsrat die Zustimmung zu einer personellen Maßnahme des Arbeitgebers verweigern, wenn die durch Tatsachen begründete Besorgnis besteht, dass der für die personelle Maßnahme in Aussicht genommene Bewerber oder Arbeitnehmer den Betriebsfrieden durch gesetzwidriges Verhalten oder durch grobe Verletzung der in § 75 Abs. 1 enthaltenen Grundsätze stören würde. Nach § 104 kann der Betriebsrat die »Entlassung oder Versetzung« solcher Arbeitnehmer verlangen, wenn sie den Betriebsfrieden wiederholt ernsthaft gestört haben. Während das Zustimmungsverweigerungsrecht des § 99 Abs. 2 Nr. 6 darauf abzielt, jegliche Störung des Betriebsfriedens von vornherein zu unterbinden, soll das Recht aus § 104 eine Wiederholung eines solchen Verhaltens verhindern. Dabei spielt es keine Rolle, ob eine solche Besorgnis in Bezug auf den betroffenen Arbeitnehmer bereits einmal geltend gemacht worden war oder nicht. Die Vorschrift ist eine Art Konkretisierung der dem Betriebsrat nach § 2 Abs. 1 obliegenden Pflicht zur Wahrung des Betriebsfriedens (*Etzel/Rinck/KR* § 104 BetrVG Rn. 4; *Galperin/Löwisch* § 104 Rn. 1).

II. Voraussetzungen und Inhalt des Verlangens

1. Voraussetzungen

Das Verlangen des Betriebsrats (s. Rdn. 11) ist nur begründet, wenn es sich auf eine von der Norm **3** erfasste Person bezieht und wenn die im Gesetz genannten Voraussetzungen (s. Rdn. 4 ff.) erfüllt sind.

a) Betroffener Personenkreis, formelle Voraussetzungen

Das Verlangen kann sich auf **Arbeitnehmer des Betriebes** beziehen ohne Rücksicht auf ihre Stel- **4** lung in der Betriebshierarchie. Hierzu zählen aufgrund der gesetzlichen Fiktion in § 5 Abs. 1 Satz 3 auch die Beamten, Soldaten und Arbeitnehmer des öffentlichen Dienstes einschließlich der zur Berufsausbildung Beschäftigten, die in einem Betrieb eines privatrechtlich organisierten Unternehmens tätig sind, obwohl sie nicht in einem unmittelbaren Dienstverhältnis zum Betriebsinhaber stehen (s. § 5 Rdn. 28, 78, § 7 Rdn. 16, 138, 65). Die Vorschrift erfasst darüber hinaus auch **Leiharbeitnehmer**. Diese sind zwar – im Unterschied zu dem vorstehend genannten Personenkreis – keine Arbeitnehmer des Entleiherbetriebes (s. § 7 Rdn. 84 ff.). Doch findet § 104 auf Leiharbeitnehmer Anwendung, weil der Vorschrift Komplementärfunktion gegenüber § 99 Abs. 2 Nr. 6 zukommt. Bei systematisch-teleologischer Auslegung muss dem Betriebsrat daher das Initiativrecht aus § 104 in Bezug auf sämtliche

Personen zustehen, bei deren Einstellung er ein Mitbestimmungsrecht gemäß § 99 hat (*Linck/APS* § 104 BetrVG Rn. 4; *Matthes*/MünchArbR 2. Aufl., § 359 Rn. 5; *Richardi/Thüsing* § 104 Rn. 13; *Schüren/Hamann* AÜG, § 14 Rn. 338; i. E. ebenso *Bachner/DKKW* § 104 Rn. 7; **a. M.** *Fitting* § 104 Rn. 3; *Kraft* 6. Aufl., § 104 Rn. 3; zum Anwendungsbereich des § 99, insbesondere zur Anwendbarkeit auf die Beschäftigung von freien Mitarbeitern, s. § 99 Rdn. 39 ff.). Es wäre ein Wertungswiderspruch, wenn der Betriebsrat zwar bei einer bloßen Gefährdung des Betriebsfriedens die Zustimmung zur Einstellung verweigern, im Falle einer tatsächlichen Störung des Betriebsfriedens aber nicht die Entlassung des Arbeitnehmers verlangen könnte. Arbeitnehmer i. S. d. § 104 sind daher alle Personen, deren Beschäftigung als Einstellung i. S. d. § 99 anzusehen ist. Allerdings ist im Rahmen des § 104 ggf. zu berücksichtigen, dass dem Betriebsinhaber im Hinblick auf Personen, mit denen er in keinem unmittelbaren Vertragsverhältnis steht, nicht dieselben rechtlichen Möglichkeiten zur Verfügung stehen wie gegenüber eigenen Arbeitnehmern (s. Rdn. 15). Ausgeschlossen ist ein Verlangen in Bezug auf die **in § 5 Abs. 2 genannten Personen** und auf **leitende Angestellte** i. S. v. § 5 Abs. 3 und 4 (*LAG Hamm* 02.08.2016 ZIP 2016, 1991 f. [für den Geschäftsführer der Komplementär-GmbH einer GmbH & Co KG]; *Bachner/DKKW* § 104 Rn. 7; *Etzel/Rinck*/KR § 104 BetrVG Rn. 5; *Fitting* § 104 Rn. 3; *Huke/HWGNRH* § 104 Rn. 2; unklar *Richardi/Thüsing* § 104 Rn. 13, der zwar die hier vorgenommene Einschränkung ablehnt, dann aber die Anwendbarkeit des § 104 auf leitende Angestellte ebenfalls verneint; zur Frage des maßgeblichen Zeitpunktes für die Arbeitnehmereigenschaft *LAG Nürnberg* 22.01.2002 NZA-RR 2002, 524). Die Beschränkung des Anwendungsbereichs auf Arbeitnehmer i. S. d. BetrVG ist **mit dem Unionsrecht vereinbar** (*LAG Hamm* 02.08.2016 ZIP 2016, 1991 [1992]). Zum einen verweist das Unionsrecht in der maßgeblichen RL 2002/14/EG auf den nationalen Arbeitnehmerbegriff, so dass die Ausnahmetatbestände des § 5 Abs. 2 und 3 keinen Verstoß gegen die Umsetzungspflicht darstellen (näher § 5 Rdn. 18 ff.). Zum anderen schreibt die Richtlinie keinen dem § 104 vergleichbaren Beteiligungstatbestand vor (s. § 5 Rdn. 23; *LAG Hamm* 02.08.2016 ZIP 2016, 1991 [1992]). Im Hinblick auf die in § 5 Abs. 2 genannten Personen und die leitenden Angestellten ist der Betriebsrat darauf beschränkt, etwaige Maßnahmen, mit denen diese von ihren Funktionen im Betrieb entfernt werden, nach § 80 Abs. 1 Nr. 2 anzuregen (*Etzel/Rinck*/KR § 104 BetrVG Rn. 5; *Fitting* § 104 Rn. 3; *Huke/HWGNRH* § 104 Rn. 2). Formale Voraussetzung für ein Verlangen nach § 104 ist ein **ordnungsgemäßer Beschluss** des zuständigen Gremiums nach § 33 (*Etzel/Rinck*/KR § 104 BetrVG Rn. 11; *Galperin/Löwisch* § 104 Rn. 8; *Huke/HWGNRH* § 104 Rn. 8; *Richardi/Thüsing* § 104 Rn. 14). Folgt der Arbeitgeber dem Verlangen des Betriebsrats nicht, weil er den erforderlichen Beschluss des Betriebsrats für unwirksam hält, handelt er auf eigenes Risiko (so sind wohl auch *Stege/Weinspach/Schiefer* § 104 Rn. 4 und *Etzel/Rinck*/KR § 104 BetrVG Rn. 11 zu verstehen). Stellt der Betriebsrat einen Antrag nach Satz 2, so prüft das Arbeitsgericht auch, ob dem Verlangen des Betriebsrats ein wirksamer Beschluss zugrunde liegt (s. Rdn. 29).

b) Gesetzwidriges Verhalten

5   Gesetzwidriges Verhalten setzt einen **Verstoß gegen Rechtsnormen** voraus. Dazu gehören Gesetze, wie z. B. das Strafgesetzbuch, aber auch Arbeitsschutzgesetze, Verordnungen und Tarifverträge (*Etzel/Rinck*/KR § 104 BetrVG Rn. 12; *Galperin/Löwisch* § 104 Rn. 3; *Richardi/Thüsing* § 104 Rn. 3). Beispiele gesetzwidrigen Verhaltens sind Verleumdungen oder Beleidigungen von Vorgesetzten oder Arbeitskollegen, Betrügereien oder Tätlichkeiten. Erfasst werden auch Verstöße gegen Rechtsnormen des Privatrechts (z. B. § 823 Abs. 1 BGB, § 826 BGB). Von Bedeutung sind insoweit auch Verstöße gegen das **Benachteiligungsverbot der §§ 1, 7 AGG**. Wie sich aus der passivischen Form, aber auch aus § 7 Abs. 3 AGG ergibt, richtet sich das Verbot nicht nur an den Arbeitgeber, sondern ebenso an andere Beschäftigte, also Mitarbeiter und Kollegen (*Bauer/Krieger* AGG, § 7 Rn. 6; *Schlachter*/ErfK § 7 AGG Rn. 2). Regelmäßig wird im Falle eines Verstoßes gegen ein Diskriminierungsverbot zugleich eine Verletzung der in § 75 Abs. 1 enthaltenen Grundsätze vorliegen (s. Rdn. 6). Eigenständige Bedeutung hat das Verbot allerdings im Falle der sexuellen Belästigung nach § 3 Abs. 4 AGG, die nicht notwendigerweise mit einer Benachteiligung wegen eines der Merkmale des § 1 AGG verbunden sein muss (das BeschSchG von 1994 ist mit Inkrafttreten des AGG aufgehoben worden). Das Gesetz stellt eine solche Belästigung aber unter bestimmten Voraussetzungen einer Benachteiligung gleich. Ein Verstoß gegen das Benachteiligungsverbot nach §§ 1, 7 AGG ist nach § 7 Abs. 3 AGG eine Verletzung vertraglicher Pflichten. Eine solche Benachteiligung verstößt aber eben zugleich gegen eine Norm des

objektiven Gesetzesrechts und ist daher ein gesetzwidriges Verhalten i. S. d. § 104. Dagegen ist die **Verletzung ausschließlich arbeitsvertraglicher Pflichten**, die nicht gleichzeitig einen Normverstoß darstellt, kein gesetzwidriges Verhalten i. S. d. § 104 (*Etzel/Rinck*/KR § 104 BetrVG Rn. 12; *Linck/APS* § 104 BetrVG Rn. 7). Das **Verhalten selbst muss gesetzwidrig sein**; der bloß bekundete Wille zur Missachtung der gesetzlichen Regeln genügt nicht (*Etzel/Rinck*/KR § 104 BetrVG Rn. 12; **a. M.** *Fitting* § 104 Rn. 4). Aus diesem Grunde kann der Betriebsrat sein Verlangen auch nicht auf bloße Vorbereitungshandlungen stützen, die für sich genommen (noch) keinen Gesetzesverstoß darstellen (*Kleinebrink* FA 2014, 98 [99]). Das gesetzwidrige Verhalten kann sich **auch außerhalb des Betriebes** abspielen, es muss sich aber auf den Betriebsfrieden unmittelbar störend auswirken (s. Rdn. 8; *LAG Köln* 15.10.1993 NZA 1994, 431; *Huke/HWGNRH* § 104 Rn. 6; *Linck/APS* § 104 BetrVG Rn. 13; *Richardi/Thüsing* § 104 Rn. 3). Dies kann insbesondere bei Rechtsverstößen der Fall sein, die sich zwar außerhalb der betrieblichen Tätigkeit ereignen, von denen aber andere im Betrieb beschäftigte Arbeitnehmer betroffen sind. Auch ansonsten kann ein gesetzwidriges Verhalten außerhalb des Betriebes für ein Verlangen nach § 104 ausreichen, wenn dieses geeignet ist, bei anderen Arbeitnehmern die für jedes Zusammenleben und Zusammenarbeiten im Betrieb erforderliche Vertrauensgrundlage zu zerstören, wie etwa bei Diebstählen, unsittlichen Handlungen oder Gewalttaten (*LAG Hamm* 23.10.2009 – 10 TaBV 39/09 – juris, Rn. 66). Dagegen dürften bei Verkehrsdelikten oder Steuerstraftaten die Voraussetzungen des § 104 kaum jemals vorliegen.

c) Grobe Verletzung der in § 75 Abs. 1 enthaltenen Grundsätze

Neben dem gesetzwidrigen Verhalten nennt die Vorschrift die grobe Verletzung der in § 75 Abs. 1 enthaltenen Grundsätze als Grund für das Verlangen des Betriebsrats. Die besondere Erwähnung ist deshalb erforderlich, weil ein Verstoß durch einen Arbeitnehmer nicht zwingend einen Gesetzesverstoß darstellt, da Arbeitgeber und Betriebsrat Normadressaten des § 75 Abs. 1 sind. § 75 Abs. 1 untersagt jede **Benachteiligung** von Personen wegen der dort genannten Kriterien. Die Vorschrift ist durch Art. 3 Abs. 3 des Gesetzes zur Umsetzung europäischer Richtlinien zur Verwirklichung des Grundsatzes der Gleichbehandlung vom 14.08.2006 (BGBl. I, S. 1897) geändert und an die Benachteiligungsverbote des mit Art. 1 des Gesetzes eingeführten Allgemeinen Gleichbehandlungsgesetzes angeglichen worden (hierzu näher *Kreutz/Jacobs* § 75 Rdn. 1). Damit wurde zugleich der Anwendungsbereich des § 104 aufgrund der Verweisung – wenn auch geringfügig – modifiziert. Durch die Umstellung von »unterschiedliche Behandlung« auf »Benachteiligung« sind nunmehr alle Formen der Benachteiligung i. S. d. § 3 AGG erfasst, also auch mittelbare Benachteiligungen oder Belästigungen (§ 3 Abs. 2 und 3 AGG). Als Benachteiligung anzusehen ist nach § 3 Abs. 5 AGG auch eine Anweisung, die einen Dritten dazu bestimmen soll, eine im Betrieb beschäftigte Person aus einem der in § 1 AGG genannten Gründen zu diskriminieren. Aufgrund der Neufassung des § 75 Abs. 1 kann das Verlangen des Betriebsrats nunmehr auch auf Diskriminierungen wegen der Weltanschauung, des Alters oder der Behinderung gestützt werden (*Fitting* § 104 Rn. 5). Ebenfalls in § 75 Abs. 1 zusätzlich erwähnt sind nunmehr Benachteiligungen aus Gründen der Rasse oder der ethnischen Herkunft (in § 75 Abs. 1 a. F. war nur von Abstammung, Nationalität und Herkunft die Rede). Für § 104 ist diese Änderung praktisch ohne Bedeutung, weil ein solches Verhalten regelmäßig die Voraussetzungen einer »rassistischen und fremdenfeindlichen Betätigung« erfüllt (s. Rdn. 7). Ein Verstoß gegen § 75 Abs. 1 ist einmal dann gegeben, wenn Arbeitnehmer die ihnen verliehene Regelungskompetenz dazu missbrauchen, um andere Personen zu diskriminieren, z. B. wenn ein Vorgesetzter Arbeitnehmer wegen ihrer gewerkschaftlichen Betätigung bei der Festlegung des Erholungsurlaubs ständig benachteiligt. Die Verweisung auf § 75 Abs. 1 ist aber nicht so zu verstehen, dass stets eine Benachteiligung in Form einer Regelung vorliegen müsste mit der Folge, dass das Verlangen des Betriebsrat nur auf ein Verhalten von Arbeitnehmern gestützt werden könnte, denen nach ihrer Stellung im Betriebe eine Regelungskompetenz gegenüber anderen Arbeitnehmern zukommt (so aber *Richardi/Thüsing* § 104 Rn. 4). Erfasst wird vielmehr **jedes Verhalten, das sich in Widerspruch zu der in § 75 Abs. 1 zum Ausdruck gekommenen Werteordnung setzt**. Eine Verletzung der dort genannten Grundsätze kann daher auch in einem andere Arbeitnehmer herabwürdigenden oder ehrverletzenden tatsächlichen Verhalten bestehen, z. B. wenn ein Arbeitnehmer gegenüber Kollegen wegen deren Religionszugehörigkeit selbst die einfachsten Regeln der Höflichkeit missachtet. Der Verstoß muss **grob**, d. h. besonders schwerwiegend sein (s. § 99 Rdn. 227 f.; *Etzel/Rinck*/KR § 104 BetrVG Rn. 13; *Fit-*

§ 104   IV. 5. 3. Personelle Einzelmaßnahmen

ting § 104 Rn. 5). Diese Einschränkung ist auch dann zu beachten, wenn das Verhalten – wie meist – zugleich eine Verletzung des Benachteiligungsverbotes der §§ 1, 7 AGG darstellt. Obwohl in diesem Fall ein gesetzwidriges Verhalten vorliegt und § 104 das Erfordernis des groben Verstoßes grundsätzlich nur auf die Verletzung der Grundsätze des § 75 Abs. 1 bezieht, wird man in Bezug auf den Verstoß gegen Diskriminierungsverbote eine Ausnahme machen und ebenfalls einen groben Gesetzesverstoß verlangen müssen, weil ansonsten die Begrenzung in Bezug auf die Grundsätze des § 75 Abs. 1 leer liefe. Nötig ist eine besonders auffällige Diskriminierung oder offensichtliche Benachteiligung anderer Arbeitnehmer ohne jeden sachlichen Grund. Unruhestiftung und allgemeine Störung des Betriebsfriedens reicht, sofern nicht gleichzeitig ein Verstoß gegen § 75 vorliegt, nicht aus. Kritische Äußerungen über den Betriebsrat sind durch die Freiheit der Meinungsäußerung gedeckt, sofern die Mitglieder des betriebsverfassungsrechtlichen Organs nicht persönlich verunglimpft werden (*Etzel/Rinck*/KR § 104 BetrVG Rn. 14; *Galperin/Löwisch* § 104 Rn. 3; *Heinze* Personalplanung, Rn. 689; *Huke/HWGNRH* § 104 Rn. 3).

d) Insbesondere: Rassistische und fremdenfeindliche Betätigungen

7   Besonders hervorgehoben werden vom Gesetz **rassistische und fremdenfeindliche Betätigungen**. Gemeint ist damit ein Verhalten, das andere Menschen wegen ihrer Zugehörigkeit zu einer bestimmten Rasse oder wegen ihrer Herkunft in ihrer Würde herabsetzt, verächtlich macht oder eine feindliche, aggressiv ablehnende Haltung zum Ausdruck bringt. Betätigung verlangt nicht notwendigerweise eine körperliche Aktivität, sondern erfasst in gleicher Weise verbale Äußerungen, u. U. auch ein Unterlassen. Wie sich aus dem Wort »insbesondere« ergibt, sind Betätigungen gemeint, die entweder ein gesetzwidriges Verhalten oder einen Verstoß gegen die in § 75 Abs. 1 enthaltenen Grundsätze darstellen. Beispiele für gesetzwidriges Verhalten sind Beleidigungen (§§ 185 ff. StGB), Volksverhetzung (§ 130 StGB) oder Körperverletzungen (§§ 223 ff. StGB). Soweit besondere gesetzliche Vorschriften nicht eingreifen, liegt bei einem rassistischen Verhalten regelmäßig ein Verstoß gegen die Grundsätze des § 75 Abs. 1, nämlich eine Benachteiligung von Personen wegen ihrer Rasse oder ihrer ethnischen Herkunft vor (s. *Kreutz/Jacobs* § 75 Rdn. 53 ff.). Fremdenfeindliche Betätigungen richten sich gegen andere Personen entweder wegen ihrer anderen Nationalität oder wegen ihrer regionalen Herkunft (zu Beispielen fremdenfeindlichen Verhaltens vgl. BAG 01.07.1999 EzA § 15 BBiG Nr. 13 = AP Nr. 11 zu § 15 BBiG; *Berkowsky* NZA-RR 2001, 1 [17 f.]; *Krummel/Küttner* NZA 1996, 67 ff. jeweils m. w. N. zur Rechtsprechung der Instanzgerichte) und fallen somit ebenfalls unter die von § 75 Abs. 1 untersagten Verhaltensweisen (s. *Kreutz/Jacobs* § 75 Rdn. 57 ff.).

e) Störung des Betriebsfriedens

8   Infolge des Verhaltens des Arbeitnehmers muss eine Störung des Betriebsfriedens eingetreten sein. Allein eine entsprechende Prognose, also die Wahrscheinlichkeit einer (zukünftigen) Störung genügt – im Unterschied zu § 99 Abs. 2 Nr. 6 – nicht (s. § 99 Rdn. 227; BAG 16.11.2004 EzA § 99 BetrVG 2001 Einstellung Nr. 2 unter B II 5a). Eine Störung des Betriebsfriedens setzt voraus, dass die **Basis für die Zusammenarbeit** mit den Arbeitskollegen oder zwischen Arbeitnehmer und Arbeitgeber **erschüttert** ist. Diese Erschütterung muss objektiv, d. h. nach Ansicht vernünftig Denkender, ernst zu nehmen sein; eine bloße Gefährdung des Betriebsfriedens reicht nicht aus (*LAG Hamm* 23.10.2009 – 10 TaBV 39/09 – juris, Rn. 68; *LAG Köln* 15.10.1993 NZA 1994, 431; *Bachner/DKKW* § 104 Rn. 2; *Fitting* § 104 Rn. 7; *Galperin/Löwisch* § 104 Rn. 5; *Huke/HWGNRH* § 104 Rn. 5; *Linck/APS* § 104 BetrVG Rn. 13; *Richardi/Thüsing* § 104 Rn. 7; zu eng LAG Berlin-Brandenburg 28.07.2016 – 10 TaBV 367/16 – juris, Rn. 57, das eine Orientierung an § 2 ArbSchG befürwortet und für erforderlich hält, dass »die physische oder psychische Gesundheit« mindestens eines Teiles der Belegschaft betroffen ist). Die Störung muss außerdem »ernstlich« sein. Nötig ist daher eine **erhebliche Beunruhigung einer beachtlichen Zahl von Arbeitnehmern**, die eine gewisse Zeit andauert (*LAG Hamm* 23.10.2009 – 10 TaBV 39/09 – juris, Rn. 68; *Etzel/Rinck*/KR § 104 BetrVG Rn. 16). Die Störung muss **Ursache** schließlich gerade in der Gesetzesverletzung oder der groben Verletzung der in § 75 Abs. 1 niedergelegten Grundsätze finden, um das Verlangen des Betriebsrats zu rechtfertigen. Tritt eine Störung aus anderem Grund ein, wie etwa durch Eigenarten oder Absonderlichkeiten des Arbeitnehmers, durch seine fehlende Gewerkschaftszugehörigkeit, durch die Geltendmachung von Ansprüchen oder Rechten oder durch Opposition gegen den Betriebsrat, so reicht dies nicht (*Etzel/*

Rinck/KR § 104 BetrVG Rn. 15; *Fitting* § 104 Rn. 7; *Galperin/Löwisch* § 104 Rn. 5; *Huke/HWGNRH* § 104 Rn. 4; *Richardi/Thüsing* § 104 Rn. 11 f.).

Der Betriebsfrieden muss **wiederholt** gestört worden sein. Es müssen also **mindestens zwei störende Handlungen** bereits vorliegen, ohne dass zwischen ihnen ein innerer Zusammenhang zu bestehen braucht (*BAG* 16.11.2004 EzA § 99 BetrVG 2001 Einstellung Nr. 2 unter B II 5a; *Etzel/Rinck*/KR § 104 BetrVG Rn. 17; *Fitting* § 104 Rn. 7; *Galperin/Löwisch* § 104 Rn. 6; *Hueck/Nipperdey* II/2, S. 1448; *Huke/HWGNRH* § 104 Rn. 6; *Linck/APS* § 104 BetrVG Rn. 12; *Richardi/Thüsing* § 104 Rn. 8). Die Ansicht von *Bachner* (DKKW § 104 Rn. 2), auch ein einmaliges, schweres Fehlverhalten könne genügen, ist mit dem Wortlaut des Gesetzes nicht vereinbar. Angesichts der Schwere des Eingriffs in die Interessensphäre des betroffenen Arbeitnehmers, können die vom Gesetz geforderten Voraussetzungen nicht herabgesetzt werden. Im Hinblick auf die u. U. schwerwiegenden Folgen für den Arbeitnehmer muss auch die Gefahr weiterer Störungen bestehen. Das bedeutet nicht, dass unbedingt weitere Handlungen zu befürchten sind; die Störung des Betriebsfriedens muss aber andauern und das reibungslose Zusammenarbeiten mit der Belegschaft beeinträchtigen (*LAG Baden-Württemberg* 24.01.2002 – 4 TaBV 1/01 – juris, Rn. 19 ff. = AuR 2002, 116 [nur Ls.]; *Schimana* AR-Blattei, Kündigung XII, B II; *Etzel/Rinck*/KR § 104 BetrVG Rn. 18; *Fitting* § 104 Rn. 7).

f) Verschulden

Das Verhalten des Arbeitnehmers, das das Verlangen des Betriebsrats und damit die Versetzung oder Kündigung rechtfertigen kann, muss grundsätzlich verschuldet i. S. eines objektiv sorgfaltswidrigen und subjektiv vorwerfbaren Verhaltens sein (h. M.; *Bachner/DKKW* § 104 Rn. 6; *Fitting* § 104 Rn. 8; *Huke/HWGNRH* § 104 Rn. 7; *Linck/APS* § 104 BetrVG Rn. 14; *Richardi/Thüsing* § 104 Rn. 9; **a. M.** *Heinze* Personalplanung Rn. 690). Fahrlässigkeit genügt (**a. M.** *Neumann-Duesberg* S. 558: Grobe Fahrlässigkeit erforderlich, leichte Fahrlässigkeit reicht nicht aus). Liegt beim Arbeitnehmer Schuldunfähigkeit vor, so genügt ausnahmsweise auch die objektiv pflichtwidrige Herbeiführung der Störung des Betriebsfriedens (vgl. *Etzel/Rinck*/KR § 104 BetrVG Rn. 20; *Fitting* § 104 Rn. 8; *Galperin/Löwisch* § 104 Rn. 4; *Huke/HWGNRH* § 104 Rn. 7; *Richardi/Thüsing* § 104 Rn. 9; ebenso jetzt *Bachner/DKKW* § 104 Rn. 6 [unter Aufgabe der früher vertretenen Ansicht]).

2. Das Verlangen des Betriebsrats

Unter den im Gesetz näher bezeichneten Voraussetzungen (s. Rdn. 4 ff.) kann der Betriebsrat die Entlassung oder Versetzung eines Arbeitnehmers verlangen. Das Gesetz gibt dem Betriebsrat demnach einen **durchsetzbaren, kollektivrechtlichen Anspruch** gegen den Arbeitgeber, der wie andere Ansprüche aus dem BetrVG (etwa §§ 40 Abs. 2, 80 Abs. 2) das Rechtsverhältnis zwischen Arbeitgeber und Betriebsrat näher ausgestaltet und schuldrechtsähnlichen Charakter hat (hierzu *BAG* 03.05.1994 EzA § 23 BetrVG 1972 Nr. 36 = AP Nr. 23 zu § 23 BetrVG 1972 unter B III 1; *Raab* Negatorischer Rechtsschutz, S. 39 ff.). Soweit die gesetzlichen Voraussetzungen vorliegen, verpflichtet das Verlangen des Betriebsrats den Arbeitgeber zu einem aktiven Tun (§ 194 Abs. 1 BGB). Neben dem Betriebsrat kann auch ein nach §§ 27, 28 dazu ermächtigter **Ausschuss** den Anspruch geltend machen (*Bachner/DKKW* § 104 Rn. 8; *Etzel/Rinck*/KR § 104 BetrVG Rn. 9; *Fitting* § 104 Rn. 9; *Galperin/Löwisch* § 104 Rn. 8; *Richardi/Thüsing* § 104 Rn. 15).

In Rechtsprechung und Literatur besteht keine Einigkeit darüber, welchen Inhalt der Anspruch hat, welche Handlung also vom Arbeitgeber verlangt werden kann, wenn von »**Entlassung**« und »**Versetzung**« die Rede ist. Nach einer insbesondere vom *BAG* vertretenen Ansicht ist unter Entlassung die (ordentliche) Kündigung des Arbeitsverhältnisses zu verstehen (*BAG* 28.03.2017 – 2 AZR 551/16 – Rn. 14 ff.; *Etzel/Rinck*/KR § 104 BetrVG Rn. 36 ff.; *Fitting* § 104 Rn. 9; *Ricken/HWK* § 104 BetrVG Rn. 6; wohl auch *Bachner/DKKW* § 104 Rn. 8, wenn er von »Kündigung oder Versetzung« spricht). Lägen die Voraussetzungen vor, so könne der Betriebsrat vom Arbeitgeber die individualrechtliche Beendigung des zwischen ihm und dem Arbeitnehmer bestehenden Schuldverhältnisses verlangen. Versetzung würde demnach die Weiterbeschäftigung des Arbeitnehmers auf einen anderen Arbeitsplatz in demselben oder einem anderen Betrieb des Unternehmens bedeuten (*Etzel/Rinck*/KR § 104 BetrVG Rn. 32). Nach der Gegenansicht ist mit »Entlassung« eine Maßnahme gemeint, durch die der Arbeitnehmer aus dem Betrieb entfernt wird (*Braasch*/HaKo § 104 Rn. 10; *Linck/APS* § 104 BetrVG Rn. 17; *Richardi/Thüsing* § 104 Rn. 16). Das ist zwar in der Regel die (ordentliche) Beendigungskündigung; denkbar wäre aber ebenso eine Versetzung in einen anderen Betrieb (*Matthes*/MünchArbR 2. Aufl., § 359 Rn. 8). Auch diese beendet, wenn sie auf Dauer erfolgt, die Zugehörigkeit des Arbeitnehmers zum Betrieb (s. § 7 Rdn. 45). Der Anspruch ist daher nach dieser Ansicht nicht auf die Vornahme einer konkreten rechtsgeschäftlichen Handlung durch den Arbeitgeber gerichtet, sondern auf ein Ergebnis, nämlich das Ausscheiden des Arbeitnehmers aus der Gemeinschaft der im Betrieb beschäftigten Arbeitnehmer. »Versetzung« meint bei diesem Ansatz folglich eine Maßnahme, bei der die Betriebszugehörigkeit des Arbeitnehmers bestehen bleibt und diesem lediglich eine andere Aufgabe innerhalb der Betriebsorganisation zugewiesen wird.

13 Während die Stimmen in der Literatur, die Entlassung und Kündigung gleichsetzen, dies nicht näher begründen, hat das *BAG* sich bemüht, diese Position argumentativ zu untermauern (BAG 28.03.2017 – 2 AZR 551/16 – Rn. 14 ff.). Das Gericht beruft sich dabei zum einen auf den **Wortlaut**. »Entlassung« werde im allgemeinen, aber auch im arbeitsrechtlichen Sprachgebrauch mit »Kündigung« gleichgesetzt. Diese These überrascht, hat das Gericht doch selbst im Kontext des § 17 KSchG jahrzehntelang die gegenteilige Ansicht vertreten und diese nur aus unionsrechtlichen Gründen aufgegeben (hierzu *Oetker* § 111 Rdn. 317 ff. m. w. N.). Auch im Kontext des § 112a Abs. 1 Satz 1 werden unter Entlassungen ohne Weiteres auch andere Beendigungstatbestände als die Kündigung durch den Arbeitgeber verstanden (s. *Oetker* § 112a Rdn. 322). Dies zeigt, dass der Inhalt des Begriffs »Entlassung« keineswegs sprachlich so eindeutig determiniert ist, dass er keiner kontextspezifischen Auslegung zugänglich wäre. So räumt auch das *BAG* ein, dass der Arbeitgeber dem Entlassungsverlangen durch den Abschluss eines Aufhebungsvertrages nachkommen könne (BAG 28.03.2017 – 2 AZR 551/16 – Rn. 17). Das Gericht verweist außerdem auf die **Gesetzesmaterialien**. In der Tat spricht die Gesetzesbegründung des BetrVG 1972 davon, dass § 104 das Recht des Betriebsrats betreffe, »die Kündigung oder die Versetzung von Arbeitnehmern« zu verlangen (RegE BT-Drucks. VI/1786, S. 53). Andererseits ist diese Passage wenig aussagekräftig, übernimmt das BetrVG 1972 doch lediglich – in wesentlichen Teilen unverändert – die Vorgängerregelung in § 66 Abs. 4 BetrVG 1952, so dass sich die Begründung nicht näher mit Inhalt und Struktur der Vorschrift beschäftigt. Aufschlussreicher sind daher die Materialien zum BetrVG 1952. Dort heißt es in der Dokumentation der Ausschussberatungen, dass der Betriebsrat »die Entfernung des Arbeitnehmers aus dem Betrieb oder seine Versetzung an einen anderen Arbeitsplatz« betreiben könne (BT-Drucks. 1/3585, S. 13). Dies deutet eher darauf hin, dass der Gesetzgeber unter Entlassung nicht nur die Kündigung, sondern jede Beendigung der Betriebszugehörigkeit des Arbeitnehmers verstanden hat, während mit Versetzung nur die innerbetriebliche Versetzung gemeint sein sollte.

14 Gegen die Gleichsetzung von Entlassung und Kündigung sprechen entscheidend **systematische und teleologische Gründe**. Schon der Gesetzgeber des BetrVG 1952 hat auf den Zusammenhang des § 104 mit den Rechtsschutzmöglichkeiten bei der Einstellung eines betriebsstörenden Arbeitnehmers hingewiesen (hierzu Rdn. 2). Durch die Regelung des § 66 Abs. 4 BetrVG 1952 (jetzt: § 104) solle der Betriebsrat »die Entfernung des Arbeitnehmers aus dem Betrieb oder seine Versetzung an einen anderen Arbeitsplatz in der gleichen Weise betreiben (können) wie die Rückgängigmachung einer vorläufigen Einstellung bzw. einer vorläufig vorgenommenen Versetzung (Untersagung der Weiterbeschäftigung durch das Arbeitsgericht, Verhängung von Ordnungsstrafen gegen den Arbeitgeber)« (BT-Drucks. 1/3585, S. 13). Stellt der Arbeitgeber einen Arbeitnehmer ein, obwohl der Betriebsrat nach § 99 Abs. 2 Nr. 6 der Einstellung widersprochen hat, so kann der Betriebsrat aber nach § 101 nicht die Kündigung des Arbeitsverhältnisses verlangen. Vielmehr ist der Arbeitgeber lediglich verpflichtet, die weitere Beschäftigung des Arbeitnehmers zu unterlassen (s. § 99 Rdn. 176, § 101 Rdn. 8). Es wäre ein grundlegender Wertungswiderspruch, wenn man dies für § 104 anders sehen würde. Ein solcher Eingriff in die Rechtsbeziehung von Arbeitgeber und Arbeitnehmer und damit in deren Privatautonomie wäre zudem durch den Zweck des Mitbestimmungsrechts nicht zu rechtfertigen. Dieses zielt offensichtlich auf den Schutz der übrigen Arbeitnehmer ab. Um sie vor weiteren Störungen des Betriebsfriedens zu bewahren, ist es aber vollkommen ausreichend, wenn der Arbeitnehmer nicht mehr im Betrieb beschäftigt werden darf (so überzeugend BAG 02.07.1980 EzA § 99 BetrVG 1972 Nr. 28 = AP Nr. 9 zu Art. 33 Abs. 2 GG unter A III 3 e; s. a. *Raab* ZfA 1995, 479 [491 f.]). Die Frage, ob

das Arbeitsverhältnis zum Arbeitgeber fortbesteht, d. h. ob und welche Rechte und Pflichten die Parteien des Schuldverhältnisses wechselseitig treffen, ist hierfür ohne Bedeutung.

Geht es um Personen, die keinen Arbeitsvertrag mit dem Arbeitgeber im betriebsverfassungsrechtlichen Sinne, also dem Betriebsinhaber, geschlossen haben und daher zu diesem allenfalls in einem unvollständigen Arbeitsverhältnis stehen (s. § 7 Rdn. 26 ff.), muss der Arbeitgeber die ihm zur Verfügung stehenden rechtlichen Möglichkeiten nutzen, um eine Weiterbeschäftigung in dem Betrieb zu vermeiden. Dies betrifft vor allem **Leiharbeitnehmer** (s. Rdn. 4). Im Falle des Fehlverhaltens eines Leiharbeitnehmers muss der Arbeitgeber diesem entweder innerhalb des Betriebs einen anderen Arbeitsplatz zuweisen (sofern er hierzu die Befugnis hat) oder die Beschäftigung des Leiharbeitnehmers gegenüber dem Verleiher verweigern (ähnlich *Schüren/Hamann* AÜG, § 14 Rn. 339). Bei Beamten, Soldaten oder Arbeitnehmern des öffentlichen Dienstes, die in dem Betrieb tätig sind (§ 5 Abs. 1 Satz 3), muss der Arbeitgeber versuchen, eine Abberufung dieser Personen durch ihren Dienstherrn bzw. Vertragsarbeitgeber zu erreichen. Auch eine Versetzung in einen anderen Betrieb des Unternehmens durch den Betriebsinhaber selbst ist denkbar, wenn ihm hierzu die Befugnis übertragen worden ist. 15

Der Arbeitgeber ist nur verpflichtet, dem Verlangen des Betriebsrats nachzukommen, wenn er hierzu **rechtlich und tatsächlich in der Lage** ist. Das *BAG* scheint auch insoweit anderer Ansicht zu sein. So meint das Gericht, dass der Arbeitgeber dem Betriebsrat gegenüber verpflichtet sei, das Arbeitsverhältnis zu kündigen, wenn die Voraussetzungen des § 104 vorlägen, ohne dass es darauf ankomme, ob eine solche Kündigung im Anwendungsbereich des KSchG nach § 1 Abs. 2 KSchG sozial gerechtfertigt oder im Falle der ordentlichen Unkündbarkeit des Arbeitnehmers ein wichtiger Grund i. S. d. § 626 Abs. 1 BGB gegeben sei (*BAG* 28.03.2017 – 2 AZR 551/16 – Rn. 27). Dies kann nicht überzeugen. Was der Arbeitgeber rechtlich nicht möglich ist, schuldet er auch nicht gegenüber dem Betriebsrat (ebenso *Etzel/Rinck*/KR § 104 BetrVG Rn. 19). Hierfür muss man nicht auf § 275 Abs. 1 BGB verweisen. Gerade im Betriebsverfassungsrecht ist anerkannt, dass die Mitbestimmung dort endet, wo dem Arbeitgeber aufgrund verbindlicher gesetzlicher Vorgaben der Handlungsspielraum fehlt (s. nur zu der Einschränkung der Mitbestimmung durch den Gesetzes- und Tarifvorbehalt des § 87 Eingangssatz *Wiese* § 87 Rdn. 57). Mitbestimmung setzt erst dort ein, wo es für den Arbeitgeber etwas zu entscheiden gibt, ihm mithin ein Entschließungsermessen zukommt. In diesem Sinne ist auch § 104 zu verstehen. In den Fällen, in denen der Arbeitgeber Handlungsmöglichkeiten hat, soll der Betriebsrat ihn unter den im Gesetz genannten Voraussetzungen dazu zwingen können, hiervon Gebrauch zu machen. Hierfür spricht nicht zuletzt die Regelung in § 66 Abs. 4 Satz 3 BetrVG 1952. Danach hat der Arbeitgeber in den Fällen, in denen das Gericht dem Antrag des Betriebsrats stattgegeben hat, die beantragte Maßnahme »unverzüglich unter Berücksichtigung der Kündigungsfristen« durchzuführen. Dies macht deutlich, dass die Verpflichtung gegenüber dem Betriebsrat den Arbeitgeber bei der Durchführung der Maßnahme nicht von den im Individualarbeitsverhältnis zu dem betroffenen Arbeitnehmer bestehenden Beschränkungen seiner Gestaltungsmacht befreit. In der Praxis dürfte der Anspruch des Betriebsrats freilich selten daran scheitern, dass der Arbeitgeber dem Verlangen des Betriebsrats aus rechtlichen Gründen nicht nachkommen kann. Hat ein Arbeitnehmer durch ein gesetzwidriges Verhalten oder gar durch eine grobe Verletzung der in § 75 Abs. 1 enthaltenen Grundsätze den Betriebsfrieden »wiederholt ernstlich gestört«, so dürfte nahezu stets zumindest eine ordentliche (Änderungs-)Kündigung gerechtfertigt sein, so dass der Arbeitgeber den Arbeitnehmer entweder aus dem Betrieb entfernen oder zumindest auf einen anderen Arbeitsplatz versetzen kann (s. Rdn. 19; ebenso *BAG* 28.03.2017 – 2 AZR 551/16 – Rn. 26). 16

Einigkeit besteht darüber, dass der Betriebsrat bei seinem Verlangen den **Grundsatz der Verhältnismäßigkeit** zu beachten hat. Er kann also nur die für den Arbeitnehmer am wenigsten einschneidende Maßnahme fordern, die ausreicht, um die Störung des Betriebsfriedens zu beseitigen (*BAG* 28.03.2017 – 2 AZR 551/16 – Rn. 31; *Bachner*/DKKW § 104 Rn. 10; *Etzel/Rinck*/KR § 104 BetrVG Rn. 28; *Fitting* § 104 Rn. 9; *Galperin/Löwisch* § 104 Rn. 7; *Heinze* Personalplanung, Rn. 692 *Huke*/HWGNRH § 104 Rn. 9; *Richardi/Thüsing* § 104 Rn. 15). Sofern dem durch eine (betriebsinterne) Versetzung Rechnung getragen werden kann, ist folglich ein Entlassungsverlangen unberechtigt (*BAG* 28.03.2017 – 2 AZR 551/16 – Rn. 31). 17

III. Durchführung der Maßnahmen auf Verlangen des Betriebsrats

1. Durchführung der Maßnahmen

18 Grundsätzlich steht es im **Ermessen des Arbeitgebers**, auf welche Art und Weise er einem (berechtigten) Verlangen des Betriebsrats nachkommt. Wenn der Betriebsrat zu Recht die Entlassung fordert, so ist der Arbeitgeber nach der hier vertretenen Ansicht (s. Rdn. 12 ff.) lediglich verpflichtet, Maßnahmen zu ergreifen, um den Arbeitnehmer aus dem Betrieb zu entfernen. Es ist aber Sache des Arbeitgebers zu entscheiden, ob er zu diesem Zweck eine außerordentliche oder eine ordentliche Beendigungskündigung ausspricht oder ob er den Arbeitnehmer in einen anderen Betrieb versetzt und eine dazu erforderliche Änderungskündigung erklärt (*Galperin/Löwisch* § 104 Rn. 8; *Huke/HWGNRH* § 104 Rn. 11; vgl. auch Rdn. 30). Nach Ansicht des *BAG* (*BAG* 28.03.2017 – 2 AZR 551/16 – Rn. 13 ff.) kann dagegen der Betriebsrat vom Arbeitgeber die Kündigung des Arbeitsverhältnisses verlangen, wenn eine Versetzung als mildere Maßnahmen nicht in Betracht kommt (s. Rdn. 12 ff.). Auch nach Ansicht des Gerichts ist der Betriebsrat dagegen nicht berechtigt, die fristlose Kündigung zu fordern (*BAG* 28.03.2017 – 2 AZR 551/16 – Rn. 13, 19; **a. M.** *Linck/APS* § 104 BetrVG Rn. 17). Fordert der Betriebsrat eine konkrete Form der Entlassung, so hat dies aber Bedeutung für die Frage, inwieweit der Arbeitgeber bei Durchführung der von ihm gewählten Maßnahme den Betriebsrat erneut zu beteiligen hat (s. Rdn. 25 f.).

19 Verlangt der Betriebsrat die **Entlassung** eines Arbeitnehmers, so stellt sich für den Arbeitgeber die Frage, ob und auf welche Weise er dem Verlangen des Betriebsrats entsprechen kann (s. Rdn. 16; zu den Sonderfällen der Beschäftigung von durch einen öffentlichen Arbeitgeber überlassenen Personen sowie von Leiharbeitnehmern s. Rdn. 15). Zumindest wenn das Verlangen einen Arbeitnehmer betrifft, der Kündigungsschutz nach dem Kündigungsschutzgesetz genießt, müsste daher der Arbeitgeber prüfen, inwieweit eine Kündigung sozial gerechtfertigt wäre oder gar die Voraussetzungen für eine außerordentliche Kündigung vorliegen. Bisher wurde aus diesem Grunde in Rspr. und Literatur einhellig die Ansicht vertreten, dass **§ 104 keinen neuen Kündigungsgrund schafft**, sondern einen solchen voraussetzt (*BAG* 15.05.1997 EzA § 102 BetrVG 1972 Nr. 99 = AP Nr. 1 zu § 104 BetrVG 1972 unter II 3; *Bachner/DKKW* § 104 Rn. 8; *Etzel/Rinck/KR* § 104 BetrVG Rn. 19; *Fitting* § 104 Rn. 10; *Galperin/Löwisch* § 104 Rn. 8; *Huke/HWGNRH* § 104 Rn. 11; *Kania/ErfK* § 104 BetrVG Rn. 4; *Linck/APS* § 104 BetrVG Rn. 23). Gemeint war damit nicht nur die Selbstverständlichkeit, dass das Verlangen des Betriebsrats für sich genommen die Kündigung nicht rechtfertigen kann (so *Richardi/Thüsing* § 104 Rn. 16). Vielmehr bedeutete dies auch, dass für die Rechtfertigung der Kündigung allein die kündigungsrechtlichen Vorschriften gelten, diese also nicht durch § 104 überlagert werden, so dass selbst bei Vorliegen der Voraussetzungen des § 104 eine Kündigung nicht automatisch gerechtfertigt ist (*Etzel/Rinck/KR* § 104 BetrVG Rn. 19).

20 Demgegenüber vertritt nunmehr das *BAG* die Ansicht, dass ein **berechtigtes Entlassungsverlangen des Betriebsrats** zur Folge habe, dass eine (ordentliche) **Kündigung durch dringende betriebliche Erfordernisse i. S. d. § 1 Abs. 2 Satz 1 KSchG bedingt sei** bzw. – bei einem ordentlich unkündbaren Arbeitnehmer – ein wichtiger Grund i. S. d. § 626 Abs. 1 BGB vorliege (*BAG* 28.03.2017 – 2 AZR 551/16 – Rn. 23 ff.; ebenso zuvor bereits *Czerny* Rechtskraft, S. 114 f.; *Richardi/Thüsing* § 104 Rn. 16). Werde dem Antrag des Betriebsrats rechtskräftig entsprochen, sei der Arbeitgeber gezwungen, seiner Verpflichtung zur Kündigung des Arbeitsverhältnisses nachzukommen. Damit sei das Beschäftigungsbedürfnis für den konkreten Arbeitnehmer entfallen. Auf die Frage, ob der Arbeitgeber ohne ein solches Verlangen individualrechtlich zur Kündigung berechtigt sei, komme es dann nicht mehr an (*BAG* 28.03.2017 – 2 AZR 551/16 – Rn. 24 f., 27). Dies gebiete auch der Zweck der Regelung. Diese gebe dem Betriebsrat einen eigenen Anspruch auf Entlassung des Arbeitnehmers, der stets unter den in § 104 genannten Voraussetzungen und unabhängig von der individualrechtlichen Situation eingeräumt sei (*BAG* 28.03.2017 – 2 AZR 551/16 – Rn. 30). Das Gericht hat dies lediglich für den Fall eines zuvor rechtskräftig abgeschlossenen Beschlussverfahrens entschieden. Dasselbe müsste aber in gleicher Weise gelten, wenn der Arbeitgeber aufgrund eines Entlassungsverlangens des Betriebsrats kündigt. In dem anschließenden Kündigungsschutzprozess wäre vom Gericht nicht zu prüfen, ob die Kündigung nach § 1 Abs. 2 KSchG sozial gerechtfertigt ist, sondern lediglich,

ob die Voraussetzungen des § 104 vorliegen und der Arbeitgeber daher im Verhältnis zum Betriebsrat zur Kündigung verpflichtet war.

Diese **neue Rspr. vermag nicht zu überzeugen**. Sie macht aus einem Beteiligungsrecht des Betriebsrats eine Eingriffsnorm, die eine Beendigung des Arbeitsverhältnisses in Fällen ermöglicht, in denen bei rein individualrechtlicher Betrachtung eine Kündigung ausgeschlossen wäre. Wie bereits dargelegt (s. Rdn. 16), wird dies dem Sinn und Zweck der Vorschrift nicht gerecht. Sie will den Arbeitgeber nicht im Interesse des Betriebsrats von seinen individualrechtlichen Bindungen befreien. Vielmehr soll der Betriebsrat lediglich im Wege eines betriebsverfassungsrechtlichen Leistungsanspruchs verlangen können, dass der Arbeitgeber von bestehenden rechtlichen Möglichkeiten Gebrauch macht. Richtig ist, dass die Vorschrift dem Betriebsrat einen durchsetzbaren Anspruch gibt. Dem würde es nicht gerecht, wenn der Arbeitgeber zwar im Verhältnis zum Betriebsrat zur Entlassung verpflichtet wäre, diese Verpflichtung jedoch aufgrund individualrechtlicher Hindernisse nicht erfüllen könnte. Die notwendige Kongruenz zwischen kollektivrechtlicher und individualrechtlicher Ebene ist allerdings nicht dadurch herzustellen, dass das berechtigte Verlangen individualrechtlich einen eigenständigen Kündigungsgrund darstellt. Vielmehr sind die individualrechtlichen Möglichkeiten des Arbeitgebers umgekehrt auf der kollektivrechtlichen Ebene bei der Frage der Berechtigung des Verlangens des Betriebsrats zu berücksichtigen (s. Rdn. 16). 21

Folgt man der hier vertretenen Ansicht, so wird der Arbeitgeber, wenn der Betriebsrat vom Arbeitgeber die Entlassung verlangt, **zunächst eine Versetzung in einen anderen Betrieb** zu erwägen haben, weil nach dem kündigungsrechtlichen Verhältnismäßigkeitsprinzip die Kündigung nur als **ultima ratio** zulässig ist (vgl. näher *Griebeling/Rachor*/KR § 1 KSchG Rn. 214 ff.) und eine solche Versetzung in gleicher Weise geeignet ist, die Verpflichtung zu erfüllen (i. E. ebenso *BAG* 28.03.2017 – 2 AZR 551/16 – Rn. 31 unter Hinweis auf das dem § 104 immanente Verhältnismäßigkeitsprinzip). Eine Versetzung kommt nur unter den Voraussetzungen des § 1 Abs. 2 Satz 2 Nr. 1b KSchG in Betracht. Voraussetzung ist also, dass in dem anderen Betrieb ein geeigneter freier Arbeitsplatz vorhanden ist. Besteht in dem anderen Betrieb ein Betriebsrat, so scheidet eine Versetzung auch dann aus, wenn dieser einer Einstellung des Arbeitnehmers widersprochen hat (vgl. auch *BAG* 29.01.1997 EzA § 1 KSchG n. F. Krankheit Nr. 42 *[Streckel]* = AP Nr. 32 zu § 1 KSchG 1969 Krankheit). Will der Arbeitgeber dem Verlangen durch Kündigung entsprechen, so hat er zu prüfen, ob die Voraussetzungen für eine ordentliche oder außerordentliche Kündigung vorliegen. Ist die **Versetzung** des Arbeitnehmers **in einen anderen Betrieb nicht möglich**, so kann der Betriebsrat folglich nur dann die Entlassung des Arbeitnehmers verlangen, wenn der Arbeitgeber individualrechtlich berechtigt ist, das Arbeitsverhältnis zu kündigen (**a. M.** *BAG* 28.03.2017 – 2 AZR 551/16 – Rn. 23 ff.: Verlangen ist schon dann berechtigt, wenn die Voraussetzungen des § 104 vorliegen; s. Rdn. 20 f.). Kommt der Arbeitgeber zu dem Ergebnis, dass das Verlangen des Betriebsrats gerechtfertigt ist und ein Kündigungsgrund besteht, so hat er die Kündigung auszusprechen. Welche **Art der Kündigung** der Arbeitgeber wählt, liegt dann aber in seinem Ermessen. So kann er eine ordentliche Kündigung aussprechen, selbst wenn Gründe für eine außerordentliche Kündigung vorliegen (*BAG* 28.03.2017 – 2 AZR 551/16 – Rn. 18 ff.). Entschließt sich der Arbeitgeber zur ordentlichen Kündigung, obwohl ein wichtiger Grund i. S. v. § 626 Abs. 1 BGB vorliegt, so kann sich aus dem Grundsatz der vertrauensvollen Zusammenarbeit mit dem Betriebsrat die Verpflichtung ergeben, den Arbeitnehmer bis zum Ablauf der Kündigungsfrist unter Fortzahlung der Bezüge von der Arbeit freizustellen (*Galperin/Löwisch* § 104 Rn. 9; *Huke*/HWGNRH § 104 Rn. 12). Will der Arbeitgeber den Weg der **außerordentlichen Kündigung** wählen, so ist die **Ausschlussfrist des § 626 Abs. 2 BGB** zu beachten (s. Rdn. 30). 22

Verlangt der Betriebsrat die **Versetzung** des Arbeitnehmers, so kommt der Arbeitgeber seiner Verpflichtung nach, wenn er den Arbeitnehmer nicht mehr auf dem bisherigen Arbeitsplatz beschäftigt. Er hat daher, sofern das Verlangen berechtigt ist, die geeigneten Maßnahmen zu ergreifen, um dem Arbeitnehmer einen anderen Arbeitsbereich zuzuweisen. Kann der Arbeitgeber dies aufgrund seines **Direktionsrechtes** tun, so hat er dem Arbeitnehmer eine entsprechende Weisung zu erteilen. Kann die Versetzung nur mit Hilfe einer Vertragsänderung erreicht werden und ist der Arbeitnehmer damit nicht einverstanden, so muss der Arbeitgeber eine **Änderungskündigung** aussprechen (*Etzel/Rinck*/KR § 104 BetrVG Rn. 26). Auch diese Verpflichtung besteht freilich nur, wenn der Arbeitgeber im Verhältnis zum Arbeitnehmer zu einer solchen Änderungskündigung berechtigt ist. Im Üb- 23 rigen ist es wiederum der freien Entscheidung des Arbeitgebers überlassen, auf welche Art und Weise er dem Verlangen des Betriebsrats nachkommt. Dem Verlangen des Betriebsrats nach Versetzung ist schon dann Genüge getan, wenn der Arbeitnehmer an seinem bisherigen Arbeitsplatz nicht mehr beschäftigt wird. Der Betriebsrat kann insbesondere nicht verlangen, dass dem Arbeitnehmer ein bestimmter anderer Arbeitsplatz zugewiesen wird. Er kann insoweit lediglich Vorschläge machen; der Arbeitgeber ist hieran jedoch nicht gebunden (*Bachner/DKKW* § 104 Rn. 9; *Etzel/Rinck*/KR § 104 BetrVG Rn. 28; *Fitting* § 104 Rn. 9; *Galperin/Löwisch* § 104 Rn. 12; *Huke/HWGNRH* § 104 Rn. 9; *Richardi/Thüsing* § 104 Rn. 15, 19 f.). Der Arbeitgeber kann dem Verlangen des Betriebsrats auch dadurch nachkommen, dass er gegenüber dem Arbeitnehmer eine (ordentliche oder sogar außerordentliche) Beendigungskündigung ausspricht, da hierdurch das Ziel des Betriebsrats, den Arbeitnehmer von dem konkreten Arbeitsplatz zu entfernen, in gleicher Weise erreicht wird (*Richardi/Thüsing* § 104 Rn. 19 f.; zur Beteiligung des Betriebsrats nach §§ 102, 103 s. Rdn. 26).

24 Hält der Arbeitgeber das **Verlangen des Betriebsrats** für **unbegründet**, so gebietet es die Fürsorgepflicht, dass er sich schützend vor den Arbeitnehmer stellt und ihm mit rechtlichen und tatsächlichen Mitteln zu Hilfe kommt (BAG 04.10.1990 EzA § 626 BGB Druckkündigung Nr. 2 = AP Nr. 12 zu § 626 BGB Druckkündigung; *Bachner/DKKW* § 104 Rn. 11; *Fitting* § 104 Rn. 10; *Galperin/Löwisch* § 104 Rn. 10; *Kania/*ErfK § 104 BetrVG Rn. 4; *Linck/APS* § 104 BetrVG Rn. 23; **a. M.** *Kleinebrink* FA 2014, 98 [100]). Er muss insbesondere versuchen, den Betriebsrat zur Rücknahme des Verlangens zu veranlassen; ggf. muss er es auf eine gerichtliche Entscheidung ankommen lassen (*Etzel/Rinck*/KR § 104 BetrVG Rn. 37; *Huke/HWGNRH* § 104 Rn. 14). Nur in Ausnahmefällen, wenn es dem Arbeitgeber wegen der sonst drohenden Gefährdung des Betriebes nicht zumutbar ist, dem Verlangen des Betriebsrats nicht zu entsprechen, kann eine aus Gründen in der Person oder im Verhalten nicht gerechtfertigte Kündigung als ordentliche (Druck-)Kündigung, u. U. sogar als außerordentliche Kündigung gerechtfertigt sein (*Etzel/Rinck*/KR § 104 BetrVG Rn. 37, 40; *Fitting* § 104 Rn. 10; *Galperin/Löwisch* § 104 Rn. 11; *Huke/HWGNRH* § 104 Rn. 15; *Richardi/Thüsing* § 104 Rn. 18). Gedacht ist an Fälle, in denen die Kündigung der einzige Ausweg ist, unzumutbare Schäden vom Arbeitgeber bzw. von seinem Betrieb abzuwenden (vgl. BAG 18.09.1975 EzA § 626 BGB Druckkündigung Nr. 1, 04.10.1990 EzA § 626 BGB Druckkündigung Nr. 2 = AP Nr. 10, 12 zu § 626 BGB Druckkündigung). In diesem Zusammenhang ist allerdings auch der Arbeitnehmer verpflichtet, unzumutbare Nachteile für den Arbeitgeber nach Möglichkeit – und soweit dem Arbeitnehmer dies zumutbar ist – zu vermeiden, etwa durch Annahme eines anderen, gleichwertigen Arbeitsplatzes (BAG 11.02.1960 EzA § 611 BGB Nr. 2 = AP Nr. 3 zu § 626 BGB Druckkündigung; *Bachner/DKKW* § 104 Rn. 11; *Fitting* § 104 Rn. 10; *Huke/HWGNRH* § 104 Rn. 14). Auf eine selbst verschuldete Drucksituation kann der Arbeitgeber eine Kündigung grundsätzlich nicht stützen (BAG 26.01.1962 AP Nr. 8 zu § 626 BGB Druckkündigung; ArbG Berlin 16.06.1987 NZA 1987, 637). Ganz ausgeschlossen werden kann eine Kündigung aber auch in diesen Fällen nicht (**a. M.** *Bachner/DKKW* § 104 Rn. 11; *Fitting* § 104 Rn. 10), da in Extremfällen dem Arbeitgeber eine dauerhafte schwerwiegende Störung des Betriebsfriedens selbst dann nicht zugemutet werden kann, wenn er diese selbst durch eigene Pflichtverletzung herbeigeführt hat. Spricht der Arbeitgeber in einem solchen Extremfall trotz schuldhafter (Mit-)Verursachung des Konflikts eine (wirksame) Kündigung aus, so kann dem Arbeitnehmer allerdings ein Schadensersatzanspruch wegen Verletzung der vertraglichen Rücksichtnahmepflicht (§ 241 Abs. 2 BGB) zustehen (s. auch Rdn. 33). In der Regel wird der Arbeitgeber auch verpflichtet sein, den Arbeitnehmer vor Ausspruch der Kündigung zu den vom Betriebsrat erhobenen Vorwürfen zu hören. Anders als bei der Verdachtskündigung ist die vorherige Anhörung aber keine formelle Voraussetzung für die Wirksamkeit einer Druckkündigung (BAG 04.10.1990 EzA § 626 BGB Druckkündigung Nr. 2 = AP Nr. 12 zu § 626 BGB Druckkündigung; *Etzel/Rinck*/KR § 104 BetrVG Rn. 31).

2. Beteiligung des Betriebsrats

25 Ob der Arbeitgeber verpflichtet ist, vor Durchführung der »Entlassung« den Betriebsrat nach §§ 99, 102, 103 erneut zu beteiligen, hängt vom Inhalt des Verlangens des Betriebsrats und von der vom Arbeitgeber beabsichtigten Maßnahme ab. Entspricht die vom Arbeitgeber beabsichtigte Maßnahme genau dem Verlangen des Betriebsrats, so ist eine nochmalige Beteiligung des Betriebsrats vor der Durchführung der Maßnahme entbehrlich (vgl. auch § 102 Rdn. 26; BAG 15.05.1997 EzA § 102 BetrVG

1972 Nr. 99 = AP Nr. 1 zu § 104 BetrVG 1972; 28.03.2017 – 2 AZR 551/16 – Rn. 36; *Bachner/ DKKW* § 104 Rn. 9; *Etzel/Rinck/*KR § 104 BetrVG Rn. 36; *Fitting* § 104 Rn. 9; *Raab* SAE 1999, 16 [17]; *Richardi/Thüsing* § 104 Rn. 17). Das Verlangen hat in diesem Fall die Bedeutung einer antizipierten Zustimmung. Hat der Betriebsrat allgemein die »**Entlassung**« verlangt, so ist vor einer (ordentlichen oder außerordentlichen) Kündigung weder eine Anhörung nach § 102 noch eine Zustimmung des Betriebsrats nach § 103 erforderlich. Durch das Verlangen nach Entlassung sind betriebsverfassungsrechtlich alle Maßnahmen legitimiert, die zur Entfernung des Arbeitnehmers aus dem Betrieb führen. Hat der Betriebsrat ausdrücklich die **ordentliche Kündigung verlangt**, will der Arbeitgeber aber außerordentlich kündigen, so ist der Betriebsrat nach § 102 anzuhören und ggf. die Zustimmung des Betriebsrats nach § 103 einzuholen (*Etzel/Rinck/*KR § 104 BetrVG Rn. 36; *Bachner/DKKW* § 104 Rn. 9). Dagegen ist im umgekehrten Fall, wenn der Betriebsrat die **außerordentliche Kündigung verlangt** hat, der Arbeitgeber aber lediglich eine ordentliche Kündigung ausspricht, die erneute Anhörung nach § 102 entbehrlich, da das Verlangen nach einer außerordentlichen Kündigung stets die Zustimmung zu einer ordentlichen Kündigung als »minus« einschließt.

Auch im Falle der **Versetzung** ist eine Beteiligung des Betriebsrats entbehrlich, wenn der Arbeitgeber 26 mit der Versetzung lediglich dem Verlangen des Betriebsrats nachkommt (*BAG* 15.05.1997 EzA § 102 BetrVG 1972 Nr. 99 = SAE 1999, 13 *[Raab]*). Dies ist der Fall, wenn der Betriebsrat die Versetzung auf einen konkreten Arbeitsplatz gefordert hat und der Arbeitgeber die Versetzung wie gewünscht durchführt. Der Betriebsrat hat in diesem Fall weder ein Zustimmungsrecht nach § 99, noch ist er vor einer eventuell erforderlichen Änderungskündigung nach §§ 102, 103 zu beteiligen. Hat der Betriebsrat nur allgemein die Versetzung verlangt, so bedarf der Arbeitgeber für eine **Versetzung in einen anderen Betrieb** ebenfalls keiner erneuten Zustimmung nach § 99. Die Maßnahme hat für den abgebenden Betrieb nur insofern Bedeutung, als der Arbeitnehmer nicht mehr auf seinem bisherigen Arbeitsplatz beschäftigt wird. Dies ist aber genau das, was der Betriebsrat verlangt hat. Ist zur Durchführung der Versetzung eine Änderungskündigung erforderlich, so ist der Betriebsrat allerdings nach §§ 102, 103 zu beteiligen. Will der Arbeitgeber dem Arbeitnehmer **innerhalb des Betriebes einen anderen Arbeitsbereich** zuweisen, so bedarf die Versetzung der Zustimmung nach § 99 und – sofern hierfür eine Änderungskündigung erforderlich ist – der Anhörung bzw. Zustimmung nach §§ 102, 103 (*Fitting* § 104 Rn. 13; *Galperin/Löwisch* § 104 Rn. 13; *Huke/*HWGNRH § 104 Rn. 9; *Linck/APS* § 104 BetrVG Rn. 26; *Richardi/Thüsing* § 104 Rn. 21). Das Verlangen nach Versetzung beinhaltet nämlich nicht das Einverständnis mit der Beschäftigung des Arbeitnehmers auf dem konkreten Arbeitsplatz. Dasselbe gilt, wenn der Betriebsrat die Versetzung auf einen konkreten Arbeitsplatz verlangt hat, der Arbeitgeber dem Arbeitnehmer aber einen anderen Arbeitsplatz in demselben Betrieb zuweisen möchte. Schließlich ist der Betriebsrat gemäß §§ 102, 103 zu beteiligen, wenn er die Versetzung verlangt hat, der Arbeitgeber aber eine (ordentliche oder außerordentliche) Beendigungskündigung aussprechen möchte (s. Rdn. 23).

IV. Erzwingung der Maßnahmen durch gerichtliche Entscheidung

1. Antrag

Weigert sich der Arbeitgeber, dem Wunsch des Betriebsrats zu entsprechen, so hat dieser die Möglich- 27 keit, beim Arbeitsgericht zu beantragen, dem Arbeitgeber aufzugeben, die beantragte Maßnahme (Entlassung oder Versetzung) durchzuführen. Das Gericht entscheidet im Beschlussverfahren nach § 2a Abs. 1 Nr. 1, Abs. 2, §§ 80 ff. ArbGG. Der betroffene **Arbeitnehmer** ist in dem Verfahren **nicht Beteiligter** i. S. d. § 83 Abs. 3 ArbGG, da er lediglich in seiner individualrechtlichen Stellung als Vertragspartner, nicht dagegen in einer betriebsverfassungsrechtlichen Rechtsposition betroffen ist (s. § 102 Rdn. 257; *Hauck* in: *Hauck/Helml/Biebl* ArbGG, § 83 Rn. 13; *Matthes/*MünchArbR 2. Aufl., § 359 Rn. 16; *Rieble* AuR 1993, 39 [47]; **a. M.** die h. M.; *BAG* 28.03.2017 – 2 AZR 551/16 – Rn. 34; *LAG Baden-Württemberg* 24.01.2002 – 4 TaBV 1/01 – juris = AuR 2002, 116 [LS]; *LAG Hamm* 23.10.2009 – 10 TaBV 39/09 – juris, Rn. 62; *Bachner/DKKW* § 104 Rn. 30; *Linck/*APS § 104 Rn. 30; *Etzel/Rinck/*KR § 104 BetrVG Rn. 48; *Fitting* § 104 Rn. 14; *Galperin/Löwisch* § 104 Rn. 15; *Huke/*HWGNRH § 104 Rn. 18; *Richardi/Thüsing* § 104 Rn. 22; i. E. ebenso *Czerny* Rechtskraft, S. 254 ff., 279 f., da sie eine Betroffenheit in individualrechtlichen Positionen genügen lässt). Die abweichende h. M. steht zum einen in einem gewissen Widerspruch zum Meinungsstand im Zustimmungsersetzungsverfahren nach § 99, wo eine Beteiligung des Arbeitnehmers ganz überwiegend abgelehnt wird, obwohl auch die dortige Entscheidung dazu führen kann, dass der Arbeitgeber das Arbeitsverhältnis kündigt (etwa wenn die Ersetzung der Zustimmung zur Einstellung oder zu einer Versetzung rechtskräftig abgelehnt wird und aus diesem Grunde die Beschäftigungsmöglichkeit entfällt; s. § 99 Rdn. 250 m. w. N.; konsequent dagegen *Czerny* Rechtskraft, S. 244 ff., die auch in diesen Fällen eine Beteiligung bejaht). Das *BAG* begründet die Beteiligtenstellung des Arbeitnehmers damit, dass dieser in dem Verfahren nach § 104 als Betriebsangehöriger in seiner betriebsverfassungsrechtlichen Stellung betroffen sei (*BAG* 28.03.2017 – 2 AZR 551/16 – Rn. 34). Daran ist richtig, dass der Arbeitnehmer seine Stellung als betriebsangehöriger Arbeitnehmer und damit als Teil der Belegschaft des Betriebs verliert, wenn rechtskräftig feststeht, dass der Arbeitgeber ihn zu entlassen, d. h. aus der Betriebsgemeinschaft zu »entfernen« hat. Mit dieser Begründung müsste man eine Beteiligung des Arbeitnehmers aber auch in allen anderen Fällen annehmen, in denen ein Streit zwischen Arbeitgeber und Betriebsrat zum Verlust der Betriebszugehörigkeit führen könnte. Dies dürfte kaum der Intention des § 83 Abs. 3 ArbGG entsprechen (zutr. *Czerny* Rechtskraft, S. 255).

28 Eine **Frist** für die Stellung des Antrages **besteht nicht**. Jedoch ergibt sich eine zeitliche Grenze einmal daraus, dass bei Verzögerung der Antragstellung die Störung des Betriebsfriedens inzwischen entfallen sein kann (*Hueck/Nipperdey* II/2, S. 1449 Fn. 93; *Huke/HWGNRH* § 104 Rn. 19; *Matthes*/MünchArbR 2. Aufl., § 359 Rn. 15; *Richardi/Thüsing* § 104 Rn. 23; einschränkend *Galperin/Löwisch* § 104 Rn. 16). In diesem Fall fehlt es bereits an einer materiellen Voraussetzung für den Antrag. Im Übrigen gelten die allgemeinen Verwirkungsgrundsätze. Von manchen wird als »Richtlinie« für die Verwirkung des Antragsrechts die für die Stellung von Strafanträgen maßgebliche Frist von drei Monaten herangezogen (*Etzel/Rinck*/KR § 104 BetrVG Rn. 46; *Fitting* § 104 Rn. 15; *Huke/HWGNRH* § 104 Rn. 19). Dabei kann es sich allerdings in der Tat allenfalls um einen Richtwert handeln. Im Einzelfall kann die Frist kürzer oder auch länger sein (gegen eine Regelfrist auch *Linck/APS* § 104 BetrVG Rn. 21, der sogar die Heranziehung des § 77b StGB als Richtwert ablehnt; *Galperin/Löwisch* § 104 Rn. 16).

2. Entscheidung des Gerichts

29 Das Gericht hat, wenn der Betriebsrat beantragt, dem Arbeitgeber die Durchführung der vom Betriebsrat geforderten Maßnahme aufzugeben, das Vorliegen der Voraussetzungen für die Berechtigung dieses Verlangens in vollem Umfang von Amts wegen zu prüfen. Dazu gehört auch die Prüfung, ob ein wirksamer Beschluss des Betriebsrats oder des zuständigen Ausschusses vorliegt (s. Rdn. 4). Das Gericht hat auch zu prüfen, ob die verlangte Maßnahme von § 104 gedeckt ist. Das Gesetz sieht nur ein Verlangen des Betriebsrats auf »Entlassung oder Versetzung« vor. Ein Antrag des Betriebsrats, dem Arbeitgeber aufzugeben, einem Arbeitnehmer nach § 626 BGB fristlos zu kündigen, ist unbegründet, wenn er nicht dahin ausgelegt werden kann, dass lediglich generell die »Entlassung« begehrt wird, da der Betriebsrat keinen Anspruch darauf hat, dass die Entlassung auf bestimmte Art und Weise, etwa durch fristlose Kündigung, durchgeführt wird (s. Rdn. 18; *Richardi/Thüsing* § 104 Rn. 22, 25; a. M. *Etzel/Rinck*/KR § 104 BetrVG Rn. 41). **Weist das Gericht** den Antrag des Betriebsrats **rechtskräftig ab**, so ist damit festgestellt, dass das Verlangen des Betriebsrats unbegründet war und der Arbeitgeber ihm nicht zu entsprechen braucht. **Gibt das Gericht** dem Antrag des Betriebsrats **statt**, dann ist der Arbeitgeber verpflichtet, die verlangte Entlassung oder Versetzung durchzuführen (vgl. dazu Rdn. 18 ff.). Führt er die Maßnahme entgegen einer rechtskräftigen Entscheidung nicht durch, so kann der Betriebsrat beim Arbeitsgericht den weiteren Antrag stellen, den Arbeitgeber durch **Zwangsgeld** anzuhalten, die Maßnahme vorzunehmen. Das Höchstmaß des Zwangsgeldes beträgt Euro 250,– für jeden Tag der Zuwiderhandlung, bis die Maßnahme durchgeführt ist. Es handelt sich um ein Zwangsgeld i. S. v. § 888 ZPO und nicht um eine Strafe, so dass ein Verschulden des Arbeitgebers nicht erforderlich ist (*Etzel/Rinck*/KR § 104 BetrVG Rn. 69; *Fitting* § 104 Rn. 19; *Galperin/Löwisch* § 104 Rn. 18; *Huke/HWGNRH* § 104 Rn. 23; *Linck/APS* § 104 BetrVG Rn. 36); auch eine vorherige Androhung ist deshalb nicht nötig. Die Festsetzung von Ordnungs- oder Zwangshaft ist nach § 85 Abs. 1 Satz 3 ArbGG ausgeschlossen, und zwar auch dann, wenn das Zwangsgeld uneinbringlich ist. Neben diesem Zwangsverfahren scheidet ein Vorgehen gemäß § 23 Abs. 3 aus, da **§ 104**

als **lex specialis** vorgeht (*Fitting* § 104 Rn. 19; *Heinze* DB 1983, Beil. Nr. 9, S. 19; *Raab* ZfA 1997, 183 [243]). Die Regelung entspricht im Übrigen der in § 101; auf die Anmerkungen dort wird verwiesen.

Ist der Arbeitgeber durch gerichtliche Entscheidung **verpflichtet, einen Arbeitnehmer zu entlassen**, so hat der Arbeitgeber die Kündigung auszusprechen oder den Arbeitnehmer in einen anderen Betrieb zu versetzen. Welche Maßnahme er ergreift, liegt in seinem Ermessen (s. Rdn. 18; zum Schutz des Arbeitnehmers in diesen Fällen s. Rdn. 35 f.). Eine Verpflichtung des Arbeitgebers, das Arbeitsverhältnis unverzüglich durch (ggf. außerordentliche) Kündigung zu beenden, besteht nicht und kann auch nicht durch eine entsprechende gerichtliche Entscheidung begründet werden (*Richardi/Thüsing* § 104 Rn. 25; **a. M.** *Bachner/DKKW* § 104 Rn. 15; *Etzel/Rinck/KR* § 104 BetrVG Rn. 52; *Fitting* § 104 Rn. 17). Die gerichtliche Entscheidung dient lediglich der Durchsetzung des Anspruchs des Betriebsrats. Sie kann daher inhaltlich nicht über das hinausgehen, was der Betriebsrat verlangen kann. Eine außerordentliche Kündigung dürfte nach Durchführung des gerichtlichen Verfahrens praktisch ausgeschlossen sein, weil sie nur innerhalb der Ausschlussfrist des § 626 Abs. 2 BGB zulässig ist (zust. *LAG Hamm* 23.10.2009 – 10 TaBV 39/09 – juris, Rn. 70; ebenso jetzt *BAG* 28.03.2017 – 2 AZR 551/16 – Rn. 21) und die Frist durch das gerichtliche Verfahren weder gehemmt noch neu in Gang gesetzt wird (*Fitting* § 104 Rn. 17; *Galperin/Löwisch* § 104 Rn. 17; *Huke/HWGNRH* § 104 Rn. 20; *Linck/APS* § 104 BetrVG Rn. 32). Die Auffassung von *Etzel/Rinck* (vgl. *Etzel/Rinck/KR* § 104 BetrVG Rn. 52 ff.), wonach die Zwei-Wochen-Frist des § 626 Abs. 2 BGB erst mit Rechtskraft der den Arbeitgeber verpflichtenden gerichtlichen Entscheidung beginne, ist abzulehnen. Sie verkennt, dass die kurze Frist des § 626 Abs. 2 BGB dem Arbeitnehmer möglichst rasch Klarheit darüber verschaffen soll, ob der Arbeitgeber ihm fristlos kündigen will. Dann muss diese Gewissheit aber entweder durch die Kündigungserklärung selbst oder wenigstens – wie in den Fällen des § 17 MuSchG (bis 01.01.2018: § 9 MuSchG), § 168 SGB IX (bis 01.01.2018: § 85 SGB IX), § 103 BetrVG – durch einen Antrag des Arbeitgebers beim Gericht innerhalb dieses Zeitraumes hergestellt worden sein. Durch diese Anforderung werden die Rechte des Betriebsrats nicht verkürzt, da der Betriebsrat gemäß § 104 nur einen Anspruch darauf hat, dass der Arbeitnehmer überhaupt entlassen wird. Ist der Arbeitgeber durch gerichtliche Entscheidung **verpflichtet, einen Arbeitnehmer zu versetzen**, hat er die dazu erforderlichen Maßnahmen durchzuführen, also eine entsprechende Weisung zu erteilen oder eine Änderungskündigung auszusprechen. Der Arbeitgeber kann aber auch dann noch statt der Versetzung eine Beendigungskündigung aussprechen. Zu der Frage, ob vor Durchführung der zur Entlassung oder Versetzung führenden Maßnahmen erneut das Mitbestimmungsrecht des Betriebsrats nach §§ 99, 102, 103 zu beachten ist, s. Rdn. 25 f.

V. Schutz des betroffenen Arbeitnehmers

Führt der Arbeitgeber die Maßnahme durch, so ist bezüglich der Stellung des Arbeitnehmers zu unterscheiden, ob der Arbeitgeber dies bereits auf Verlangen des Betriebsrats hin oder erst auf eine rechtskräftige Entscheidung des Arbeitsgerichts hin tut.

1. Maßnahme allein auf Verlangen des Betriebsrats

Bei Kündigung (auch bei Änderungskündigung) hat der Arbeitnehmer die Möglichkeit, Kündigungsschutzklage nach dem Kündigungsschutzgesetz zu erheben. Das Gericht hat zu prüfen, ob die Kündigung wirksam ist, d. h. bei ordentlicher Kündigung – und bei Vorliegen der Voraussetzungen der §§ 1 Abs. 1, 23 Abs. 1 KSchG – ob die Kündigung oder die angebotene Änderung sozial gerechtfertigt nach §§ 1, 2, 4 KSchG ist, bei außerordentlicher Kündigung, ob ein wichtiger Grund nach § 626 Abs. 1 BGB vorliegt, sowie ob der Kündigung sonstige Unwirksamkeitsgründe entgegenstehen; §§ 13, 4 KSchG (h. M.; vgl. z. B. *BAG* 28.03.2017 – 2 AZR 551/16 – Rn. 22 ff. [nach dessen Ansicht allerdings ein Grund nach § 1 Abs. 2 KSchG schon dann vorliegt, wenn der Betriebsrat nach § 104 zu Recht die Entlassung verlangt hat]; *Etzel/Rinck/KR* § 104 BetrVG Rn. 78; *Fitting* § 104 Rn. 12; *Richardi/Thüsing* § 104 Rn. 18). Soweit § 102 in Bezug auf die konkrete Kündigung nicht anwendbar ist

§ 104   IV. 5. 3. Personelle Einzelmaßnahmen

(s. Rdn. 25 f.), scheidet ein Weiterbeschäftigungsanspruch nach § 102 Abs. 5 aus. Auch kann die Kündigung nicht unter Hinweis auf die fehlende Anhörung des Betriebsrats angegriffen werden.

33 Ist die Kündigung **nur wegen des Drucks sozial gerechtfertigt** (s. Rdn. 24), die Druckausübung selbst aber rechtswidrig und schuldhaft, so kann dem Arbeitnehmer gegen die Mitglieder des Betriebsrats und gegen die Arbeitnehmer, die den Druck ausgeübt haben, ein Anspruch auf Schadenersatz nach § 826 BGB zustehen (*Etzel/Rinck*/KR § 104 BetrVG Rn. 81; *Fitting* § 104 Rn. 11; *Huke/HWGNRH* § 104 Rn. 17). Ein Schadensersatzanspruch lässt sich dagegen nicht auf § 823 Abs. 1 BGB stützen, da es kein absolut geschütztes Recht am Arbeitsplatz als »sonstiges Recht« gibt (BAG 04.06.1998 EzA § 823 BGB Nr. 9 = AP Nr. 7 zu § 823 BGB; **a. M.** *Bachner/DKKW* § 104 Rn. 12; *Bulla* FS *Alfred Hueck*, S. 41; *Fitting* § 104 Rn. 11; *Galperin/Löwisch* § 104 Rn. 11; *Hueck/Nipperdey* II/2, S. 1449; *Huke/HWGNRH* § 104 Rn. 17; *Neumann-Duesberg* S. 567). Erst recht gibt es für einen verschuldensunabhängigen Aufopferungsanspruch gegen den Arbeitgeber (so *Galperin/Löwisch* § 104 Rn. 11 und *Herschel* FS *Lehmann*, S. 662) keine Grundlage (h. M.; *Etzel/Rinck*/KR § 104 BetrVG Rn. 81; *Hueck/Nipperdey* II/2, S. 1449; *Huke/HWGNRH* § 104 Rn. 17). Kündigt der Arbeitgeber, obwohl er die Forderung des Betriebsrats für unbegründet hält und ohne dass er sich ordnungsgemäß bemüht hat, den Betriebsrat von seinem Verlangen abzubringen oder sonst sich schützen vor den Arbeitnehmer zu stellen, so kann sich daraus ein Schadensersatzanspruch des Arbeitnehmers wegen Verletzung der Pflicht zur Rücksichtnahme auf die Interessen des Arbeitnehmers (§§ 280 Abs. 1, 241 Abs. 2 BGB, Fürsorgepflicht) ergeben (*Galperin/Löwisch* § 104 Rn. 10; *Huke/HWGNRH* § 104 Rn. 14; vgl. auch BAG 24.10.1974 EzA § 276 BGB Nr. 32 = AP Nr. 2 zu § 276 BGB Vertragsverletzung).

34 Gegen eine **Versetzung**, die der Arbeitgeber **kraft Direktionsrechts** vornehmen kann, kann der Arbeitnehmer sich nicht wehren. Allenfalls steht ihm auch hier ein Schadensersatzanspruch nach § 826 BGB gegen die Betriebsratsmitglieder und/oder die Arbeitnehmer zu, die das unberechtigte Verlangen durch widerrechtlichen Druck durchgesetzt haben. Ist zur Versetzung eine Änderungskündigung erforderlich, so kann der Arbeitnehmer sich mit einer Änderungsschutzklage nach §§ 2, 4 KSchG zur Wehr setzen (s. Rdn. 32).

2. Maßnahme aufgrund rechtskräftiger Entscheidung des Arbeitsgerichts

35 Hat das Gericht den Arbeitgeber zur »Entlassung« verpflichtet und spricht der Arbeitgeber eine ordentliche oder außerordentliche Kündigung aus, so kann der Arbeitnehmer auch gegen diese Kündigung **Kündigungsschutzklage** erheben. Gleiches gilt, wenn das Gericht nur eine Versetzung anordnet, der Arbeitgeber aber eine (ordentliche oder außerordentliche) Beendigungskündigung ausspricht (s. Rdn. 23). Die Wirksamkeit der Kündigung ist vom Arbeitsgericht im Kündigungsschutzprozess in vollem Umfang nachzuprüfen. Die rechtskräftige **Entscheidung im Beschlussverfahren hat keine präjudizielle Wirkung für den Kündigungsschutzprozess** (vgl. *Heinze* Personalplanung, Rn. 702; *Rieble* AuR 1993, 39 [47]; wohl auch BAG 28.03.2017 – 2 AZR 551/16 – Rn. 34; **a. M.** *Bachner/DKKW* § 104 Rn. 12; *Etzel/Rinck*/KR § 104 BetrVG Rn. 85; *Fitting* § 104 Rn. 17; *Galperin/Löwisch* § 104 Rn. 19; *Linck/APS* § 104 BetrVG Rn. 38; *Richardi/Thüsing* § 104 Rn. 27). Zum einen betrifft das Beschlussverfahren allein die Frage, ob der Betriebsrat vom Arbeitgeber die Entlassung, also die Entfernung aus dem Betrieb verlangen kann, mithin eine Rechtsfrage, die für den Kündigungsschutzprozess nicht vorgreiflich ist (*Czerny* Rechtskraft, S. 183, 278; *Heinze* Personalplanung Rn. 702 [Fn. 1022]; *K. Tappe* Möglichkeiten der Entscheidungsharmonisierung zwischen arbeitsgerichtlichem Urteils- und Beschlussverfahren [Diss. FU Berlin], 1998, S. 98 ff.). Die Frage der individualrechtlichen Rechtfertigung der Kündigung ist dagegen gerade kein Gegenstand des Beschlussverfahrens (BAG 28.03.2017 – 2 AZR 551/16 – Rn. 34; nach der hier vertretenen Ansicht ist sie allerdings u. U. eine Vorfrage, s. Rdn. 16). Zum anderen ist der Arbeitnehmer – zumindest nach hier vertretener Ansicht – im Beschlussverfahren zwischen Betriebsrat und Arbeitgeber über die Berechtigung des Entlassungs- bzw. Versetzungsverlangens nicht Beteiligter (s. Rdn. 27). Der Arbeitnehmer kann sich daher im Kündigungsschutzprozess für die Unwirksamkeit der Kündigung auch auf Umstände stützen, die bereits Gegenstand des Beschlussverfahrens waren. Hieraus kann sich für den Arbeitgeber die Situation ergeben, dass er aufgrund divergierender Entscheidungen zwar verpflichtet ist, den Arbeitnehmer zu entlassen, er dieser Verpflichtung aber nicht nachkommen kann, weil das Ge-

richt im Kündigungsschutzprozess die Kündigung als unwirksam ansieht. Der richtige Weg, um diesem Problem Rechnung zu tragen, besteht aber nicht in einer Ausweitung des Beteiligtenbegriffes. Vielmehr sollte im Beschlussverfahren für den Arbeitgeber die Möglichkeit eröffnet werden, dem Arbeitnehmer den Streit zu verkünden (zur – weitgehend ungeklärten – Frage der Zulässigkeit der Streitverkündung im Beschlussverfahren vgl. *Matthes/Spinner/GMP* ArbGG, § 83 Rn. 23 ff.; *Wéth* in: *Schwab/Wéth* ArbGG, § 83 Rn. 94 ff.; s. a. *Czerny* Rechtskraft, S. 284 ff. m. w. N.). Darüber hinaus hat die rechtskräftige Entscheidung im Beschlussverfahren **mittelbare Bedeutung für die materielle Rechtslage im Kündigungsschutzprozess**. Lautet der Beschluss, dass der Arbeitgeber den Arbeitnehmer zu entlassen hat, so steht fest, dass der Arbeitgeber diesen zumindest in diesem Betrieb nicht mehr beschäftigen darf. Die Unmöglichkeit der tatsächlichen Beschäftigung ist dann aber im Rahmen der Interessenabwägung für die Frage der Zumutbarkeit der Fortsetzung des Arbeitsverhältnisses (sowohl für § 1 Abs. 2 KSchG als auch für § 626 Abs. 1 BGB) zu berücksichtigen (ähnlich *Konzen* FS *Zeuner*, S. 401 [414]; s. a. *Czerny* Rechtskraft, S. 246 f., die von einer Art »Tatbestandswirkung« spricht).

Hat das Gericht die **Versetzung** angeordnet und ist die Versetzung vom **Direktionsrecht des Arbeitgebers** gedeckt, so kann sich der Arbeitnehmer gegen die Maßnahme nicht zur Wehr setzen. Schadensersatzansprüche gegenüber dem Arbeitgeber scheiden ebenfalls aus, weil die entsprechende Weisung rechtmäßig und dem Arbeitgeber nicht zuzumuten ist, sich gegen die gerichtliche Entscheidung zu stellen. Ist zur Durchführung der Versetzung eine **Änderungskündigung** erforderlich, stehen dem Arbeitnehmer hiergegen die Möglichkeiten der §§ 2, 4 KSchG zur Verfügung. Er kann also insbesondere das Änderungsangebot unter Vorbehalt annehmen und Kündigungsschutzklage erheben. Hinsichtlich der Überprüfung der Wirksamkeit der Kündigung gilt das zur Beendigungskündigung Gesagte entsprechend. Schadensersatzansprüche gegenüber Mitgliedern des Betriebsrats oder gegenüber Arbeitnehmern, die den Druck ausgeübt haben, können unter den genannten Voraussetzungen (s. Rdn. 33) in Frage kommen. Diese dürften freilich nur ausnahmsweise vorliegen. **36**

§ 105
Leitende Angestellte

Eine beabsichtigte Einstellung oder personelle Veränderung eines in § 5 Abs. 3 genannten leitenden Angestellten ist dem Betriebsrat rechtzeitig mitzuteilen.

Literatur
Junker Der Kündigungsschutz leitender Angestellter in rechtsvergleichender Perspektive, FS *Birk*, 2008, S. 265; *Kaiser* Leitende Angestellte, AR-Blattei SD, Angestellte II, 70.2 [2004]; vgl. auch die Angaben vor § 92.

Inhaltsübersicht Rdn.

I.	Vorbemerkung	1
II.	Personenkreis	2–4
III.	Mitteilungspflicht	5–14
	1. Adressat der Mitteilung	5
	2. Gegenstand der Mitteilung	6–9
	3. Zeitpunkt	10, 11
	4. Zweifel über die Eigenschaft als leitender Angestellter	12–14
IV.	Sanktionen	15

I. Vorbemerkung

Die Vorschrift entspricht inhaltlich dem § 65 BetrVG 1952. Vor Einführung des Sprecherausschussgesetzes war § 105 das einzige Beteiligungsrecht, das in Personalangelegenheiten von leitenden Angestellten zu beachten war. Gemäß § 31 SprAuG hat nunmehr der Sprecherausschuss ebenfalls Informa- **1** tions- und Anhörungsrechte bei personellen Maßnahmen gegenüber leitenden Angestellten (zu den Mitwirkungsrechten des Sprecherausschusses s. a. § 5 Rdn. 279 f.).

II. Personenkreis

2 Die Vorschriften der §§ 92 bis 104 finden mangels ausdrücklicher Bestimmung im Gesetz auf leitende Angestellte keine Anwendung (vgl. § 5 Abs. 3 Satz 1). Andererseits ist nicht zu verkennen, dass gerade personelle Veränderungen in diesem Bereich, wie z. B. die Einstellung eines leitenden Angestellten, für die Belegschaft sowie für die Arbeit des Betriebsrats von Bedeutung sein können. Nach der Legaldefinition des § 5 Abs. 3 Satz 2 nehmen leitende Angestellte unternehmerische Aufgaben wahr und treffen daher auch Entscheidungen, die wesentliche Auswirkungen auf die Arbeitnehmer haben können. Soweit der Betriebsrat bei solchen Entscheidungen zu beteiligen ist, kommen sie zugleich als Ansprech- und Verhandlungspartner des Betriebsrats in Betracht. Der Betriebsrat ist folglich für eine effiziente Arbeit auf die Kenntnis der Funktionsaufteilung in Unternehmen und Betrieben angewiesen. Daraus rechtfertigt sich die in § 105 niedergelegte Informationspflicht des Arbeitgebers (*Etzel/Rinck*/KR § 105 BetrVG Rn. 2; *Fitting* § 105 Rn. 2, 4; *Galperin/Löwisch* § 105 Rn. 1). Die Mitteilung hat aber nicht ausschließlich eine Informationsfunktion. Vielmehr soll der Betriebsrat nach der Intention des Gesetzgebers auch die Möglichkeit erhalten, vor Durchführung der Maßnahme etwaige Bedenken vorzutragen (BT-Drucks. 1/3585, S. 13).

3 Unter die Vorschrift fallen einmal Maßnahmen, die **Arbeitnehmer** betreffen, **die schon leitende Angestellte** i. S. v. § 5 Abs. 3 und 4 **sind**. Erfasst werden aber auch **Beförderungen**, durch die ein Arbeitnehmer erst zum leitenden Angestellten wird. In Bezug auf solche Maßnahmen hat der Betriebsrat ebenfalls nur ein Informationsrecht nach § 105 und kein Mitbestimmungsrecht nach § 99 (s. § 99 Rdn. 16; BAG 08.02.1977 EzA § 5 BetrVG 1972 Nr. 27 und 29.01.1980 EzA § 5 BetrVG 1972 Nr. 35 *[Kraft]* = AP Nr. 16 und 24 *[Martens]* zu § 5 BetrVG 1972; *Bachner*/DKKW § 105 Rn. 2; *Etzel/Rinck*/KR § 105 BetrVG Rn. 17; *Fitting* § 105 Rn. 1; *Galperin/Löwisch* § 105 Rn. 4; *Huke*/HWGNRH § 105 Rn. 3). Gleiches gilt, wenn einem Arbeitnehmer die **Funktionen eines leitenden Angestellten wieder entzogen** werden, er also wieder zum Arbeitnehmer wird, der durch den Betriebsrat repräsentiert wird. Auch in diesem Fall ist der Betriebsrat lediglich nach § 105 zu unterrichten (*LAG Baden-Württemberg* 28.10.2015 – 10 TaBV 3/15 – juris, Rn. 82; *Etzel/Rinck*/KR § 105 BetrVG Rn. 18; *Fitting* § 105 Rn. 1; *Galperin/Löwisch* § 104 Rn. 4; *Huke*/HWGNRH § 105 Rn. 3; **a. M.** *Bachner*/DKKW § 99 Rn. 14; *Richardi/Thüsing* § 99 Rn. 20; s. a. § 99 Rdn. 16). Zur Frage der Mitbestimmung bei Zuweisung von »nichtleitenden« Tätigkeiten in einem anderen Betrieb s. § 99 Rdn. 17. § 105 findet auch Anwendung, wenn mit einem leitenden Angestellten eine **Probezeit** vereinbart wird, sofern er bereits während der Probezeit alle Aufgaben und Funktionen eines leitenden Angestellten wahrnimmt (BAG 25.03.1976 EzA § 5 BetrVG 1972 Nr. 23 = AP Nr. 13 zu § 5 BetrVG 1972; *Etzel/Rinck*/KR § 105 BetrVG Rn. 12; *Huke*/HWGNRH § 105 Rn. 4).

4 **Nicht von § 105 erfasst** werden Veränderungen bei Einstellungen von Personen, die nicht als Arbeitnehmer i. S. des Gesetzes gelten (§ 5 Abs. 2). Eine Informationspflicht kann sich aber aus dem Grundsatz der vertrauensvollen Zusammenarbeit ergeben, insbesondere wenn es sich um den in § 5 Abs. 2 Nr. 1 und 2 aufgeführten Personenkreis handelt (h. M.; *Etzel/Rinck*/KR § 105 BetrVG Rn. 3; *Fitting* § 105 Rn. 2; *Galperin/Löwisch* § 105 Rn. 2; i. E. ebenso *Bachner*/DKKW § 105 Rn. 3, der die Informationspflicht aus § 80 Abs. 2 ableitet).

III. Mitteilungspflicht

1. Adressat der Mitteilung

5 Die nach § 105 erforderliche Information ist dem **Betriebsrat** oder einem nach den §§ 27, 28 für personelle Angelegenheiten **zuständigen Ausschuss** zu geben. Bezieht sich der Aufgabenbereich des leitenden Angestellten auf mehrere Betriebe eines Unternehmens, so sind sowohl die Betriebsräte der Einzelbetriebe als auch der Gesamtbetriebsrat entsprechend zu informieren (*Bachner*/DKKW

§ 105 Rn. 8; *Fitting* § 105 Rn. 8; *Linck/APS* § 105 BetrVG Rn. 5; *Richardi/Thüsing* § 105 Rn. 16; **a. M.** *Etzel/Rinck/*KR § 105 BetrVG Rn. 33; *Galperin/Löwisch* § 105 Rn. 3; *Huke/*HWGNRH § 105 Rn. 14: Der Gesamtbetriebsrat sei nur zu unterrichten, wenn der leitende Angestellte ausschließlich Funktionen auf Unternehmensebene und nicht in einzelnen Betrieben wahrnehme). Da es vorliegend um eine Informationspflicht und nicht um die Ausübung von Beteiligungsrechten geht, steht die Zuständigkeitsabgrenzung des § 50 Abs. 1 einer Unterrichtung auch des Gesamtbetriebsrats nicht entgegen, da ein Kompetenzkonflikt insoweit ausgeschlossen ist. Vom Zweck der Regelung, den Betriebsrat über Veränderungen in dem Personenkreis zu unterrichten, der als Ansprechpartner auf Arbeitgeberseite in Betracht kommt, scheint andererseits eine Information geboten, wenn der leitende Angestellte Funktionen in mehreren Betrieben wahrnimmt, weil es denkbar ist, dass von diesem überbetriebliche Angelegenheiten entschieden werden, die die Zuständigkeit des Gesamtbetriebsrats gemäß § 50 Abs. 1 begründen. Hierfür ist es nicht erforderlich, dass es sich um eine Entscheidung auf der Ebene des Gesamtunternehmens handelt (vgl. *Kreutz/Franzen* § 50 Rdn. 23 f.). Erstreckt sich der Tätigkeitsbereich eines leitenden Angestellten auf mehrere Unternehmen eines Konzerns, so ist grundsätzlich neben den zuständigen Betriebs- und Gesamtbetriebsräten auch der **Konzernbetriebsrat** zu unterrichten (*Bachner/*DKKW § 105 Rn. 8; *Linck/APS* § 105 BetrVG Rn. 5; *Richardi/Thüsing* § 105 Rn. 17). Voraussetzung für die Informationspflicht ist wie stets, dass zum Zeitpunkt der Maßnahme ein Betriebsrat besteht (*Etzel/Rinck/*KR § 105 BetrVG Rn. 21). Wird nachträglich ein Betriebsrat gewählt, so muss der Arbeitgeber diesen also nicht über frühere Einstellungen oder personelle Veränderungen unterrichten. Eine Informationspflicht besteht auch dann nicht, wenn der **Betriebsrat funktionsunfähig** ist. Anders als bei Nichtbestehen des Betriebsrats fehlt es hier jedoch nicht an einer Tatbestandsvoraussetzung des Informationsanspruches. Vielmehr fehlt es lediglich an einem geeigneten Adressaten für die Mitteilung, so dass die Erfüllung der Informationspflicht (vorübergehend) unmöglich ist. Deshalb muss die Information nachgeholt werden, sobald die Funktionsfähigkeit des Betriebsrats wiederhergestellt ist (*Etzel/Rinck/*KR § 105 BetrVG Rn. 20; zu den Voraussetzungen der Funktionsunfähigkeit s. § 102 Rdn. 10 ff.).

2. Gegenstand der Mitteilung

Die **Einstellung** eines leitenden Angestellten (§ 5 Abs. 3 und 4) ist dem zuständigen Gremium mitzuteilen. Einstellung bedeutet hier grundsätzlich das gleiche wie in § 99 (s. § 99 Rdn. 28 ff.). Der Betriebsrat ist über die Person des betroffenen Arbeitnehmers und über seine betriebliche Funktion, insbesondere seine Stellung in der Betriebshierarchie zu informieren. Über den Inhalt des Arbeitsvertrages, insbesondere über die vereinbarten Arbeitsbedingungen, braucht der Betriebsrat nicht unterrichtet zu werden, ebenso wenig über persönliche Verhältnisse des Arbeitnehmers, wie etwa seinen beruflichen Werdegang (*Galperin/Löwisch* § 105 Rn. 5; *Heinze* Personalplanung, Rn. 706; *Huke/*HWGNRH § 105 Rn. 12; *Richardi/Thüsing* § 105 Rn. 12; weitergehend bezüglich der Angaben zur Person *Bachner/*DKKW § 105 Rn. 4; *Fitting* § 105 Rn. 5). **6**

Das zuständige Gremium ist ferner über **personelle Veränderungen** in Bezug auf einen leitenden Angestellten oder über Veränderungen, die einen Arbeitnehmer zum leitenden Angestellten machen, zu informieren. Der Begriff »personelle Veränderung« ist nicht identisch mit dem der personellen Einzelmaßnahmen i. S. von § 99. Insbesondere werden hiervon die **Eingruppierung** und die **Umgruppierung** nicht erfasst (*Huke/*HWGNRH § 105 Rn. 11; *Richardi/Thüsing* § 105 Rn. 6; **a. M.** *Bachner/*DKKW § 105 Rn. 5; *Etzel/Rinck/*KR § 105 BetrVG Rn. 24). Eine Informationspflicht hinsichtlich der (erstmaligen) Eingruppierung scheidet schon nach dem Wortlaut aus, weil eine personelle Veränderung die Änderung eines schon bestehenden Zustandes voraussetzt und die Eingruppierung – anders als die Einstellung – nicht besonders erwähnt ist. Aber auch bei Umgruppierungen greift § 105 nach seinem Sinn und Zweck nicht ein. Für die Wahrnehmung seiner Aufgaben und Befugnisse ist der Betriebsrat nicht auf die Kenntnis der für die leitenden Angestellten maßgeblichen Vergütungsgruppe angewiesen. Für dieses Ergebnis spricht zudem die systematische Erwägung, dass der Gesetzgeber in § 30 Nr. 1 SprAuG die Gehaltsgestaltung bei leitenden Angestellten besonders erwähnt, also offenbar nicht zu den »personellen Veränderungen« i. S. des § 31 Abs. 1 SprAuG zählt (*Richardi/Thüsing* § 105 Rn. 6). Im Übrigen kommen Eingruppierung und Umgruppierung, wie sie die herrschende Meinung versteht (s. § 99 Rdn. 63 ff.), bei leitenden Angestellten praktisch nicht vor, da ihre Vergütung **7**

§ 105

typischerweise individuell festgelegt wird und sich nicht an einem kollektiven Schema orientiert (*Etzel/Rinck/*KR § 105 BetrVG Rn. 24).

8 Die **Versetzung** stellt hingegen eine personelle Veränderung i. S. d. § 105 dar, weil damit häufig die Übertragung von Leitungsbefugnissen über andere Arbeitnehmer verbunden ist. Das Informationsrecht des Betriebsrats besteht in diesem Fall, weil er wissen soll, wer welche Funktionen an welcher Stelle im Betrieb ausübt. Aus demselben Grund gehören auch andere **Veränderungen in den Funktionen**, sei es horizontal wie die Zuweisung einer neuen Abteilung, sei es vertikal wie eine Beförderung, die Erteilung von Prokura oder Generalvollmacht, zu den Maßnahmen, über die der Betriebsrat informiert werden muss. Gleiches gilt im Übrigen für die Entziehung von Funktionen, wie etwa den Widerruf der Prokura oder auch das Ausscheiden aus dem Betrieb durch Entlassung (*Bachner/ DKKW* § 105 Rn. 5; *Etzel/Rinck/*KR § 105 BetrVG Rn. 25; *Fitting* § 105 Rn. 4; *Huke/HWGNRH* § 105 Rn. 11; *Richardi/Thüsing* § 105 Rn. 7 f.). Die personelle Veränderung muss allerdings vom Arbeitgeber ausgehen. Aus diesem Grunde fallen insbesondere die **Kündigung durch den Angestellten** selbst und die **einvernehmliche Aufhebung des Arbeitsverhältnisses** nicht in den Anwendungsbereich der Vorschrift (*Etzel/Rinck/*KR § 105 BetrVG Rn. 26; *Galperin/Löwisch* § 105 Rn. 2; *Huke/HWGNRH* § 105 Rn. 2; *Linck/APS* § 105 BetrVG Rn. 3; **a. M.** *Bachner/DKKW* § 105 Rn. 5; *Fitting* § 105 Rn. 4; *Kaiser/LK* § 105 Rn. 1; *Ricken/HWK* § 105 BetrVG Rn. 2). Wenn § 105 von »beabsichtigten« Veränderungen spricht, können hiermit nur vom Arbeitgeber beabsichtigte Maßnahmen gemeint sein, da nur er, nicht aber der leitende Angestellte Adressat der betriebsverfassungsrechtlichen Pflichten ist. Freilich wird der Arbeitgeber aus dem Gebot der vertrauensvollen Zusammenarbeit gemäß § 2 Abs. 1 gehalten sein, den Betriebsrat auch über solche Veränderungen zu informieren, die auf Initiative bzw. mit Einverständnis des Angestellten erfolgen (*Etzel/Rinck/*KR § 105 BetrVG Rn. 26). Ein Unterschied besteht jedoch im Hinblick auf den Zeitpunkt. So muss etwa das einvernehmliche Ausscheiden des Angestellten dem Betriebsrat nicht bereits vor Abschluss des Aufhebungsvertrages mitgeteilt werden; es genügt vielmehr, wenn die Information spätestens zum Zeitpunkt des Eintritts der Veränderung, hier also des Ausscheidens, erfolgt (s. dagegen zur Mitteilung gemäß § 105 hier Rdn. 10).

9 Die beabsichtigte Maßnahme ist **mitzuteilen**. Damit ist der Betriebsrat auf ein reines Informationsrecht beschränkt, das weniger bedeutet als ein Anhörungsrecht (*Richardi/Thüsing* § 105 Rn. 10). § 105 verpflichtet daher den Arbeitgeber nicht, die beabsichtigte Maßnahme mit dem Betriebsrat zu erörtern (*Bachner/DKKW* § 105 Rn. 6; *Etzel/Rinck/*KR § 105 BetrVG Rn. 35; *Heinze* Personalplanung, Rn. 707; *Linck/APS* § 105 BetrVG Rn. 4). Trägt der Betriebsrat allerdings Bedenken vor, so ergibt sich schon aus den allgemeinen Grundsätzen der §§ 2 und 74 Abs. 1, dass der Arbeitgeber die Bedenken nicht einfach übergehen darf; er muss sie in seine eigenen Überlegungen mit einbeziehen. Er muss aber, anders als bei einer vom Gesetz vorgeschriebenen »Anhörung«, nicht sachlich auf die Bedenken oder Gegenvorstellungen des Betriebsrats eingehen (*Etzel/Rinck/*KR § 105 BetrVG Rn. 35; **a. M.** offenbar *Fitting* § 105 Rn. 7, wo diese Auffassung zu Unrecht als »herrschende Meinung« bezeichnet wird; zu weitgehend in der Formulierung auch *Richardi/Thüsing* § 105 Rn. 10). Erst recht ist der Arbeitgeber nicht verpflichtet, hinsichtlich der beabsichtigten Maßnahme den Wünschen des Betriebsrats nachzukommen. Er ist vielmehr in seiner Entscheidung, ob und welche Maßnahme er treffen will, völlig frei (allg. M.; *Bachner/DKKW* § 105 Rn. 6; *Galperin/Löwisch* § 105 Rn. 6; *Huke/HWGNRH* § 105 Rn. 1; *Richardi/Thüsing* § 105 Rn. 10).

3. Zeitpunkt

10 Die beabsichtigte Maßnahme ist **rechtzeitig** mitzuteilen. Das bedeutet einmal, dass die Information vor der Durchführung der personellen Maßnahme erfolgen muss, und zwar so frühzeitig, dass der Betriebsrat noch die Möglichkeit hat, Bedenken geltend zu machen, und der Arbeitgeber diese Bedenken noch bei seiner Entscheidung berücksichtigen kann (h. M.; vgl. etwa *Hess. LAG* 23.05.2012 – 9 TaBV 288/12 – juris, Rn. 23; s. a. Rdn. 2). Dies gilt auch bei der Einstellung; hier ist der Betriebsrat grundsätzlich rechtzeitig vor Abschluss des Arbeitsvertrages zu unterrichten, auch wenn dieser, wie meist, zeitlich vor der effektiven Eingliederung in den Betrieb liegt (*Fitting* § 105 Rn. 6; *Galperin/ Löwisch* § 105 Rn. 8; *Huke/HWGNRH* § 105 Rn. 13). § 99 Abs. 3 findet dagegen keine analoge Anwendung (*Bachner/DKKW* § 105 Rn. 7; *Fitting* § 105 Rn. 7; *Huke/HWGNRH* § 105 Rn. 13;

Richardi/Thüsing § 105 Rn. 14; **a. M.** *Etzel/Rinck/*KR § 105 BetrVG Rn. 31, 32). Der Arbeitgeber ist also nicht verpflichtet, den Betriebsrat spätestens eine Woche vor Abschluss des Vertrages zu unterrichten. Die Wochenfrist des § 99 Abs. 3 soll dem Betriebsrat Gelegenheit geben, das Vorliegen von Gründen für die Verweigerung der Zustimmung nach § 99 Abs. 2 zu prüfen. Einer solchen Frist bedarf es bei § 105, der lediglich einen Informationsanspruch des Betriebsrats vorsieht, nicht. Dasselbe gilt für die Fristen des § 102 Abs. 2 im Falle der Beendigung des Arbeitsverhältnisses. Auch diese können für die Bestimmung des Zeitpunktes der Mitteilung nach § 105 nicht entsprechend herangezogen werden. Andererseits lässt sich hieraus schließen, dass eine Mitteilung eine Woche vor der Maßnahme jedenfalls »rechtzeitig« ist (argumentum a maiore ad minus; ebenso *Hess. LAG* 23.05.2012 – 9 TaBV 288/12 – juris, Rn. 23; *Richardi/Thüsing* § 105 Rn. 14).

In besonderen Fällen kann es sein, dass dem Arbeitgeber eine Information vor Vertragsabschluss nicht **11** zuzumuten ist, etwa wenn die Gefahr besteht, dass dann der Vertrag nicht zustande kommt, oder schutzwürdige Interessen des Arbeitgebers oder des Stellenbewerbers an Geheimhaltung bestehen, zumal in § 105, anders als in § 99 Abs. 1 Satz 3, nicht auf § 79 verwiesen ist (vgl. *Heinze* Personalplanung, Rn. 706). In diesen Fällen reicht es, wenn der Arbeitgeber den Betriebsrat nach Vertragsschluss, aber vor Arbeitsaufnahme unterrichtet (*Hueck/Nipperdey* II/2, S. 1415 Fn. 12; *Huke/*HWGNRH § 105 Rn. 13; *Nikisch* II, S. 478; *Richardi/Thüsing* § 105 Rn. 15; *Ricken/*HWK § 105 BetrVG Rn. 3; **a. M.** *Etzel/Rinck/*KR § 105 BetrVG Rn. 32).

4. Zweifel über die Eigenschaft als leitender Angestellter

Schwierigkeiten können entstehen, wenn **Streit darüber besteht, ob ein Arbeitnehmer leitender** **12** **Angestellter ist**. Ist der Betriebsrat der Meinung, der betroffene Arbeitnehmer sei nicht leitender Angestellter, so ist er aufgrund des Gebots zur vertrauensvollen Zusammenarbeit verpflichtet, den Arbeitgeber darauf hinzuweisen. Beharrt der Arbeitgeber auf seinem Standpunkt, so trägt er das Risiko, dass die personelle Maßnahme unwirksam ist, weil der Betriebsrat nicht gemäß §§ 99, 102 beteiligt war, wenn sich im Prozess herausstellt, dass der Betroffene nicht leitender Angestellter ist.

Auch wenn **zwischen Arbeitgeber und Betriebsrat Einigkeit** darüber besteht, dass es sich bei dem **13** Arbeitnehmer um einen leitenden Angestellten handelt, führt dies nicht dazu, dass eine bestehende Anhörungspflicht entfällt. Vielmehr ist die Frage, ob es sich bei dem Arbeitnehmer um einen leitenden Angestellten handelt, im Kündigungsschutzprozess als Vorfrage zu prüfen. Ist das Gericht – entgegen der Ansicht der Betriebsparteien – der Ansicht, dass es sich nicht um einen leitenden Angestellten, sondern um einen sonstigen Arbeitnehmer handelt, so ist die Kündigung wegen fehlender Anhörung des Betriebsrats nach § 102 Abs. 1 Satz 3 nichtig (*BAG* 19.08.1975 EzA § 102 BetrVG 1972 Nr. 16 *[Meisel]* = AP Nr. 1 zu § 105 BetrVG 1972; 26.05.1977 EzA § 102 BetrVG 1972 Nr. 29, 07.12.1979 EzA § 102 BetrVG 1972 Nr. 42 = AP Nr. 13, 21 zu § 102 BetrVG 1972). Die Information nach § 105 kann auch nicht ohne Weiteres in eine Anhörung nach § 102 »umgedeutet« werden (s. § 102 Rdn. 40 sowie *BAG* 19.08.1975 EzA § 102 BetrVG 1972 Nr. 16 = AP Nr. 1 zu § 105 BetrVG 1972; *Etzel/ Rinck/*KR § 105 BetrVG Rn. 37; *Fitting* § 105 Rn. 1; *Galperin/Löwisch* § 105 Rn. 27; *Heinze* Personalplanung, Rn. 707; *Huke/*HWGNRH § 105 Rn. 7; *Kania/*ErfK § 105 BetrVG Rn. 2; *Richardi/ Thüsing* § 105 Rn. 11). Ebenso wenig kann die Anhörung des Betriebsrats gemäß § 102 durch die Anhörung des Sprecherausschusses gemäß § 31 Abs. 2 SprAuG ersetzt werden. Um sicher zu sein, muss der Arbeitgeber im Zweifelsfall bei einer beabsichtigten Kündigung – bei Bestehen eines Sprecherausschusses hilfsweise neben dem Anhörungsverfahren nach § 31 Abs. 2 SprAuG – ein Anhörungsverfahren nach § 102 einleiten (s. § 102 Rdn. 40; ähnlich *Etzel/Rinck/*KR § 105 Rn. 40, die dann allerdings auch in diesem Fall – etwas missverständlich – von einer »Umdeutung« sprechen). Damit hat er zugleich seine Informationspflicht aus § 105 erfüllt. Teilt der Betriebsrat daraufhin mit, dass aus seiner Sicht eine Anhörung nach § 102 nicht erforderlich sei, sondern die Mitteilung nach § 105 genüge, so scheitert die Kündigung nicht mehr an der fehlenden Anhörung, weil hierin eine abschließende Stellungnahme des Betriebsrats zu der Kündigung zu sehen ist, so dass eine ordnungsgemäße Anhörung erfolgt ist (s. § 102 Rdn. 42; *LAG Rheinland-Pfalz* 11.01.2008 – 9 Sa 489/07 – juris, Rn. 70). Der betroffene Arbeitnehmer ist im Falle der Kündigung auch nicht gehindert, erst im Kündigungsschutzverfahren geltend zu machen, er sei nicht leitender Angestellter. Angesichts des zwingenden Charakters des § 102 kann dem Arbeitnehmer grundsätzlich nicht entgegengehalten werden, er habe sich verspätet auf die fehlende Eigenschaft als leitender Angestellter berufen. Die Situation ist hier anders als beim Sonderkündigungsschutz Schwerbehinderter. Der Schwerbehinderte verwirkt sein Recht zur Berufung auf den besonderen Kündigungsschutz, wenn der Arbeitgeber keine Kenntnis von der Schwerbehinderteneigenschaft hat und der Schwerbehinderte den Arbeitgeber nicht innerhalb einer angemessenen Frist (i. d. R. drei Wochen, vgl. *BAG* 12.01.2006 EzA § 85 SGB IX Nr. 5 Rn. 24) nach Zugang der Kündigung hiervon unterrichtet (*BAG* 05.07.1990 EzA § 15 SchwbG 1986 Nr. 3 = AP Nr. 1 zu § 15 SchwbG 1986; zuletzt *BAG* 09.06.2011 EzA § 85 SGB IX Nr. 7 Rn. 22; vgl. auch *Gallner*/KR §§ 85–90 SGB IX Rn. 16 ff. m. w. N.). Bei der Einstufung als leitender Angestellter handelt es sich aber – anders als bei der Schwerbehinderteneigenschaft – nicht um einen Umstand, der allein in der Sphäre des Arbeitnehmers liegt, sondern um eine objektive, letztlich im Risikobereich des Arbeitgebers liegende Tatsache (**a. M.** *Huke/HWGNRH* § 105 Rn. 8). Denkbar ist allenfalls der Einwand des Rechtsmissbrauches, wenn der Arbeitnehmer sich bisher stets als leitender Angestellter geriert hat und sich nunmehr plötzlich im Prozess auf die fehlende Eigenschaft als leitender Angestellter beruft (*Meisel* Anm. EzA § 102 BetrVG 1972 Nr. 16; enger *Etzel/Rinck*/KR § 105 BetrVG Rn. 39: wenn der Arbeitnehmer den Arbeitgeber veranlasst hat, dem Betriebsrat nur die Information nach § 105 zu geben).

14 War der betroffene Arbeitnehmer nicht leitender Angestellter, so gelten in Bezug auf **andere personelle Einzelmaßnahmen** als die Kündigung die §§ 99, 101. Die Information nach § 105 ersetzt auch insoweit nicht die nach § 99 vorgeschriebene Unterrichtung des Betriebsrats.

IV. Sanktionen

15 Ein Verstoß gegen § 105 führt **nicht zur Unwirksamkeit** der Maßnahme gegenüber einem leitenden Angestellten. Er ist auch nicht unter Strafe gestellt, da § 105 in dem Katalog des § 121 Abs. 1 nicht erwähnt ist. Der Betriebsrat kann aber die zukünftige Erfüllung der Pflicht in einem **Verfahren nach § 23 Abs. 3** durchsetzen (*Hess. LAG* 23.05.2012 – 9 TaBV 288/12 – juris, Rn. 22 ff.; *Bachner/DKKW* § 105 Rn. 12; *Etzel/Rinck*/KR § 105 BetrVG Rn. 44; *Heinze* Personalplanung, Rn. 708; *Huke/HWGNRH* § 105 Rn. 15; *Linck/APS* § 105 BetrVG Rn. 9; *Richardi/Thüsing* § 105 Rn. 19). Der Antrag kann nicht nur auf die Erfüllung der Mitteilungspflicht, also ein Handeln des Arbeitgebers, sondern auch darauf gerichtet sein, die Durchführung der Maßnahme bis zur ordnungsgemäßen Mitteilung des Betriebsrats zu unterlassen (*Hess. LAG* 23.05.2012 – 9 TaBV 288/12 – juris; s. a. *Raab* ZfA 1997, 183 [188 f.]). Erforderlich dazu ist ein grober Verstoß des Arbeitgebers. Dieser ist jedenfalls bei einer wiederholten und fortgesetzten, für den Arbeitgeber erkennbaren Verletzung der Pflicht aus § 105 anzunehmen (*Hess. LAG* 23.05.2012 – 9 TaBV 288/12 – juris, Rn. 24 ff.: viermaliger Verstoß).

Sechster Abschnitt
Wirtschaftliche Angelegenheiten

Einführung

Literatur
I. Beteiligung des Betriebsrats nach dem UmwG und dem WpÜG:
Blechmann Die Zuleitung des Umwandlungsvertrags an den Betriebsrat, NZA 2005, 1143; *Boecken* Unternehmensumwandlungen im Arbeitsrecht, 1996 (zit.: Unternehmensumwandlungen); *Dzida* Die Unterrichtung des »zuständigen« Betriebsrats bei innerstaatlichen und grenzüberschreitenden Verschmelzungen, GmbHR 2009, 459; *Effer-Uhe* Die Berechnung von Rückwärtsfristen – zugleich eine Stellungnahme zur Dogmatik des Zugangs von Willenserklärungen, JZ 2016, 770; *Engels* Fortentwicklungen des Betriebsverfassungsrechts außerhalb des Betriebsverfassungsgesetzes, AuR 2009, 10, 65; *Grobys* Arbeitsrechtliche Aspekte des Wertpapiererwerbs- und Übernahmegesetzes, NZA 2002, 1; *Hausch* Arbeitsrechtliche Pflichtangaben nach dem UmwG, RNotZ 2007, 308; *Henssler* Arbeitnehmerinformation bei Umwandlungen und ihre Folgen im Gesellschaftsrecht, FS *Kraft*, 1998, S. 219; *Joost* Arbeitsrechtliche Angaben im Umwandlungsvertrag, ZIP 1995, 976; *ders.* Arbeitsrecht im Umwandlungsgesetz, in: *Preis/Willemsen* (Hrsg.), Kölner Tage des Arbeitsrechts, 1999, S. 61; *Kinzelmann* Zur Wirksamkeit des Verzichts des Betriebsrats auf die Einhaltung der Monatsfrist des § 5 Abs. 3 UmwG, GmbHR 2000, 622; *Krause* Wie lang ist ein Monat? – Fristberechnung am Beispiel des § 5 III UmwG, NJW 1999, 1448; *Melchior* Die Beteiligung von Betriebsräten an Umwandlungsvorgängen aus Sicht des Handelsregisters, GmbHR 1996, 833; *Mengel* Umwandlungen im Arbeitsrecht (Diss. Köln), 1997 (zit.: Umwandlungen); *Müller* Die Zuleitung des Verschmelzungsvertrages an den Betriebsrat nach § 5 Abs. 3 Umwandlungsgesetz, DB 1997, 713; *Müller-Eising/Bert* § 5 Abs. 3 UmwG: Eine Norm, eine Frist, drei Termine, DB 1996, 1398; *Nießen* Die Zuleitung von Umwandlungsverträgen an den Betriebsrat, Der Konzern 2009, 321; *Pfaff* Die Reichweite arbeitsrechtlicher Angaben im Umwandlungsvertrag (Diss. Dresden), 2001 (zit.: Umwandlungsvertrag); *ders.* Dispositivität der Betriebsratsunterrichtung im Umwandlungsverfahren, DB 2002, 686; *ders.* Angaben zu den arbeitsrechtlichen Folgen einer Umwandlung sind auch bei fehlendem Betriebsrat erforderlich, BB 2002, 1604; *Repgen* Der Sonntag und die Berechnung rückwärtslaufender Fristen im Aktienrecht, ZGR 2006, 121; *Schädle* Die Beteiligung des Betriebsrats bei grenzüberschreitenden Verschmelzungen von Kapitalgesellschaften nach dem Umwandlungsgesetz (Diss. Erlangen 2013), 2014 (zit.: Verschmelzungen); *Scharff* Beteiligungsrechte von Arbeitnehmervertretungen bei Umstrukturierungen auf Unternehmens- und Betriebsebene, BB 2016, 437; *Seibt* Arbeitsrechtliche Aspekte des Wertpapiererwerbs- und Übernahmegesetzes, DB 2002, 529; *Simon/Hinrichs* Unterrichtung der Arbeitnehmer und ihrer Vertretungen bei grenzüberschreitenden Verschmelzungen NZA 2008, 391; *Steigelmann* Die Information des Betriebsrats bei der Umwandlung und Übernahme von Unternehmen (Diss. Jena 2003), 2004 (zit.: Information des Betriebsrats); *Stohlmeier* Zuleitung der Umwandlungsdokumentation und Einhaltung der Monatsfrist: Verzicht des Betriebsrats?, BB 1999, 1394; *Willemsen* Die Beteiligung des Betriebsrats im Umwandlungsverfahren, RdA 1998, 23.

II. Europäische Betriebsräte:
Zum **Gesetz über Europäische Betriebsräte** s. Bd. I Anhang 2 und die dort angegebene Literatur. Zum **SE-Betriebsrat:** *Blanke* Erweiterung der Beteiligungsrechte des SE-Betriebsrats durch Vereinbarung, 2006; *Cannistra* Das Verhandlungsverfahren zur Regelung der Mitbestimmung der Arbeitnehmer bei Gründung einer Societas Europaea und bei grenzüberschreitender Verschmelzung (Diss. Köln 2013), 2014; *Calle Lambach* Die Beteiligung der Arbeitnehmer in der Europäischen Gesellschaft (SE) (Diss. Hannover), 2004; *Enke* Beteiligungsvereinbarungen nach § 21 SEBG (Diss. München 2014), 2015; *Ernst* Ein Überblick über die Europäische Aktiengesellschaft (SE) in Deutschland, BB 2005, Special Nr. 3, S. 1; *Forst* Die Beteiligungsvereinbarung nach § 21 SEBG (Diss. Bonn), 2010; *Grobys* Das geplante Umsetzungsgesetz zur Beteiligung von Arbeitnehmervertretern in der Europäischen Aktiengesellschaft, NZA 2004, 779; *ders.* SE-Betriebsrat und Mitbestimmung in der Europäischen Aktiengesellschaft, NZA 2005, 84; *Heinze* Die Vertretung der Führungskräfte in der Europäischen Aktiengesellschaft, FS *Schwerdtner*, 2003, S. 741; *Herfs-Röttgen* Arbeitnehmerbeteiligung in der Europäischen Aktiengesellschaft, NZA 2001, 424; *dies.* Probleme der Arbeitnehmerbeteiligung in der Europäischen Aktiengesellschaft, NZA 2002, 358; *Hoops* Die Mitbestimmungsvereinbarung in der Europäischen Aktiengesellschaft (Diss. Bucerius Law School 2008), 2009; *Joost* Mitbestimmung in der Europäischen Aktiengesellschaft, in: *Oetker/Preis* (Hrsg.), Europäisches Arbeits- und Sozialrecht, Teil B 8200, 2006; *Kiehn* Die betriebliche Beteiligung der Arbeitnehmer in der Societas Europea (SE) – Das Nebeneinander von europäischem und nationalem Betriebsverfassungsrecht (Diss. FU Berlin 2010), 2011; *Kleinsorge* Europäische Gesellschaft und Beteiligungsrechte der Arbeitnehmer, RdA 2002, 343; *Kuffner* Die Beteiligung der Arbeitnehmer in der Europäischen Aktiengesellschaft (Diss. Regensburg), 2003; *Mävers* Die Mitbestimmung der Arbeitnehmer in der Europäischen Aktiengesellschaft (Diss. Köln 2000), 2002; *Müller-Bonanni/Melot de*

Beauregard Mitbestimmung in der Societas Europaea, GmbHR 2005, 195; *Nagel* Verschlechternde Regelungen und Vereinbarungen zur Mitbestimmung in der Europäischen Aktiengesellschaft, AuR 2001, 406; *ders.* Die Europäische Aktiengesellschaft (SE) und die Beteiligung der Arbeitnehmer, AuR 2004, 281; *ders./Freis/Kleinsorge* Beteiligung der Arbeitnehmer in Unternehmen auf der Grundlage des Europäischen Rechts, 2. Aufl. 2009; *Niklas* Beteiligung der Arbeitnehmer in der Europäischen Gesellschaft (SE) – Umsetzung in Deutschland, NZA 2004, 1200; *Oetker* Die Beteiligung der Arbeitnehmer in der Europäischen Aktiengesellschaft (SE) unter besonderer Berücksichtigung der leitenden Angestellten, BB 2005, Special Nr. 1, S. 2; *ders.* Beteiligung der Arbeitnehmer in der Europäischen Aktiengesellschaft (SE) im Überblick, ZESAR 2005, 3; *Thüsing* SE-Betriebsrat durch Vereinbarung, ZIP 2006, 1469; *ders./Forst* Kündigung und Kündigungsschutz von Arbeitnehmervertretern in der SE, FS *Reuter*, 2010, S. 851; *Veelken* Zur Mitbestimmung bei der Europäischen Aktiengesellschaft, Gedächtnisschrift für *W. Blomeyer*, 2004, S. 491; *Wirtz* Der SE-Betriebsrat: Anwendungsvoraussetzungen und Ausgestaltung der betrieblichen Mitbestimmung durch den SE-Betriebsrat kraft Vereinbarung und kraft Gesetzes (Diss. Düsseldorf), 2013; *Wisskirchen/Prinz* Das Gesetz über die Beteiligung der Arbeitnehmer in einer Europäischen Gesellschaft (SE), DB 2004, 2638; *Wißmann* »Deutsche« Europäische Aktiengesellschaft und Mitbestimmung, FS *Wiedemann*, 2002, S. 685.

Inhaltsübersicht

		Rdn.
I.	Die Beteiligung des Betriebsrats in wirtschaftlichen Angelegenheiten aus historischer Sicht	1–7
II.	Die Beteiligung der Arbeitnehmer in wirtschaftlichen Angelegenheiten als Gegenstand der Betriebsverfassung und der Unternehmensmitbestimmung	8, 9
III.	»Arbeitgeber« und »Unternehmer«	10, 11
IV.	Dispositivität der §§ 106 bis 113	12–19
	1. Ausgangspunkt	12
	2. Rechtsstellung des Wirtschaftsausschusses	13–17
	3. Rechtsstellung des Betriebsrats	18, 19
V.	Beteiligung des Betriebsrats bei Unternehmensumwandlungen i. S. d. UmwG	20–45
	1. Ausgangslage im BetrVG	20–22
	2. Unterrichtung des Betriebsrats nach dem UmwG	23–45
	a) Die Sonderregelungen des UmwG im Überblick	23, 24
	b) Zuleitung umwandlungsrechtlicher Dokumente bei innerstaatlichen Verschmelzungen	25–39
	aa) Vorzulegende Unterlagen	25
	bb) Adressat der Unterlagen	26–30
	cc) Anforderungen an die »Zuleitung«	31
	dd) Frist für die »Zuleitung«	32–34
	ee) Änderungen der Unterlagen	35, 36
	ff) Eintragung der Umwandlung	37–39
	c) Grenzüberschreitende Verschmelzungen	40–45
VI.	Beteiligung des Betriebsrats nach dem Wertpapiererwerbs- und Übernahmegesetz (WpÜG)	46–50
VII.	Errichtung und Kompetenzen Europäischer Betriebsräte	51–60
	1. Überblick	51, 52
	2. Europäischer Betriebsrat (EBRG)	53
	3. SE-Betriebsrat (SEBG)	54–59
	4. SCE-Betriebsrat (SCEBG)	60

I. Die Beteiligung des Betriebsrats in wirtschaftlichen Angelegenheiten aus historischer Sicht

1 Die in den §§ 106 bis 113 ausgestaltete Beteiligung der betrieblichen Arbeitnehmervertretungen an den Entscheidungen in wirtschaftlichen Angelegenheiten weicht von dem tradierten Konzept des Betriebsverfassungsrechts ab, die Mitbestimmung der Arbeitnehmer bei dem jeweiligen Entscheidungsträger auf betrieblicher Ebene anzusiedeln. Bereits die veränderte Terminologie in den §§ 106 bis 113 bringt dies zum Ausdruck, da nicht der Arbeitgeber, sondern der »Unternehmer« verpflichtet ist, den Betriebsrat bzw. Wirtschaftsausschuss zu beteiligen (s. a. Rdn. 10).

2 Eine Beteiligung des Betriebsrats in wirtschaftlichen Angelegenheiten wurde erstmals im **Betriebsrätegesetz** verankert, das sich jedoch weitgehend auf Unterrichtungsrechte beschränkte (dazu

noch *Fabricius* 6. Aufl., vor § 106 Rn. 34 ff.). So verpflichtete § 71 Abs. 2 BRG den Arbeitgeber zu einem vierteljährlichen Bericht über »die Lage und den Gang des Unternehmens und des Gewerbes im allgemeinen und über die Leistungen des Betriebs und den zu erwartenden Arbeitsbedarf im besonderen«. Ferner erlegte § 72 BRG dem Arbeitgeber in größeren Betrieben (300 Arbeitnehmer) die Pflicht auf, dem Betriebsrat eine Betriebsbilanz sowie eine Betriebs-Gewinn- und Verlustrechnung vorzulegen und zu erläutern. Während die vorgenannten Beteiligungsrechte heute in den Rechten des Wirtschaftsausschusses wiederkehren (§§ 106 Abs. 3 Nr. 1, 108 Abs. 5), geht der Grundtatbestand der Betriebsänderung in § 111 auf § 74 BRG zurück. Dieser knüpfte an die Erweiterung, Einschränkung oder Stilllegung des Betriebs sowie die Einführung neuer Techniken bzw. Betriebs- oder Arbeitsmethoden an und verpflichtete den Arbeitgeber zu einem »Benehmen« mit dem Betriebsrat, wenn infolge der vorgenannten Sachverhalte die Einstellung oder Entlassung einer größeren Zahl von Arbeitnehmern erforderlich wurde, wobei sich das Benehmen nicht nur auf Art und Umfang der personellen Auswirkungen, sondern auch auf die Vermeidung von Härten bei Entlassungen bezog.

Die regelungstechnische Zusammenfassung der Beteiligungsrechte in wirtschaftlichen Angelegenheiten in einem eigenständigen Gesetzesabschnitt geht auf das **BetrVG 1952** zurück (Vierter Abschnitt: §§ 67 bis 75), das insbesondere den **Wirtschaftsausschuss** als besonderes Beratungsgremium schuf (s. a. *Fabricius* 6. Aufl., vor § 106 Rn. 41). Im Unterschied zu § 107, der den Wirtschaftsausschuss als Ausschuss des Betriebsrats verfasst (s. § 106 Rdn. 10), war der Wirtschaftsausschuss i. S. d. §§ 67 ff. BetrVG 1952 ein auf Unternehmensebene gebildeter gemeinsamer Ausschuss (s. § 106 Rdn. 1 m. w. N.), dessen Mitglieder zur Hälfte von dem Betriebsrat bzw. Gesamtbetriebsrat sowie zur Hälfte von dem Unternehmer bestimmt wurden (§ 68 Abs. 2 und 3 BetrVG 1952). Die Beteiligung des Wirtschaftsausschusses beschränkte sich zudem auf eine **Unterrichtung** über die wirtschaftlichen Angelegenheiten des Unternehmens; ein eigenständiges Beratungsrecht – wie es § 106 Abs. 1 Satz 1 enthält – sah § 67 Abs. 2 BetrVG 1952 nicht vor. 3

Das zuvor in § 74 BRG normierte Beteiligungsrecht bei **Einstellungen und Entlassungen größeren Ausmaßes** (s. Rdn. 2) wurde im BetrVG 1952 aufgespalten. Während Einstellungen und Entlassungen, die eine größere Zahl von Arbeitnehmern betrafen, im Rahmen der **Mitbestimmung in personellen Angelegenheiten** zu einem Beratungsrecht über Art und Umfang sowie die Vermeidung von Härten verselbständigt wurden (§ 66 Abs. 2 BetrVG 1952), dienten die in § 74 BRG genannten Tatbestände einer Betriebsänderung als Anknüpfungspunkt für ein eigenständiges, auf den **Abschluss eines Interessenausgleichs** abzielendes Mitbestimmungsrecht (§ 72 BetrVG 1952). Wich der Unternehmer von einer im Vermittlungsverfahren zustande gekommenen Einigung oder von einem Einigungsvorschlag der Vermittlungsstelle ohne zwingenden Grund ab, so konnten die infolge dessen rechtswirksam gekündigten Arbeitnehmer beim Arbeitsgericht die Verurteilung des Unternehmers zur Zahlung einer Abfindung beantragen (§ 74 BetrVG 1952). 4

Das im Jahre 1972 **novellierte Betriebsverfassungsgesetz** knüpfte zwar an die Systematik der §§ 67 bis 75 BetrVG 1952 an, gestaltete die Beteiligung der Arbeitnehmervertretung in wirtschaftlichen Angelegenheiten aber zum Teil grundlegend um. Dies betraf in erster Linie den **Wirtschaftsausschuss**, der seinen Charakter als gemeinsames Organ von Unternehmer und Betriebsrat verlor und in einen ausschließlich vom Betriebsrat gebildeten Ausschuss umgewandelt wurde (§ 107 sowie § 106 Rdn. 10). Zudem erweiterte der Gesetzgeber die Verpflichtung des Unternehmers um die Beratung und dehnte in § 106 Abs. 3 den Katalog der wirtschaftlichen Angelegenheiten aus, in denen die Beteiligung unabhängig davon eingreift, ob im jeweiligen Einzelfall die Interessen der Arbeitnehmer des Unternehmens wesentlich berührt sind (s. § 106 Rdn. 58 f.). Verfeinert wurden darüber hinaus die Beteiligungsrechte des Betriebsrats bei **Betriebsänderungen**, indem § 112 präzise zwischen dem **Interessenausgleich** über das »Ob« und »Wie« der Betriebsänderung sowie dem **Sozialplan** zum Ausgleich oder zur Milderung wirtschaftlicher Nachteile infolge der Betriebsänderung differenziert. Während sich die **Kompetenz der Einigungsstelle** bezüglich des **Interessenausgleichs** auf einen Einigungsversuch beschränkt, kann diese bezüglich des **Sozialplans** die Einigung zwischen Arbeitgeber und Betriebsrat durch einen Spruch ersetzen (§ 112 Abs. 3 und 4). 5

Das **BetrVerf-ReformG** vom 23.07.2001 (BGBl. I, S. 1852) ließ die §§ 106 bis 113 im Wesentlichen unangetastet und beschränkte sich auf kleinere Änderungen. So wurde der Katalog der **wirtschaftlichen Angelegenheiten** in § 106 Abs. 3 um die Fragen des **betrieblichen Umweltschutzes** er- 6 weitert (§ 106 Abs. 3 Nr. 5a sowie näher § 106 Rdn. 79). Eine einschneidende Umgestaltung erfuhr § 111, bei dem der **Maßstab für den Schwellenwert** (mehr als 20 wahlberechtigte Arbeitnehmer) vom Betrieb auf das Unternehmen umgestellt wurde (dazu § 111 Rdn. 9 ff.). Darüber hinaus räumt § 111 Satz 2 dem Betriebsrat ein Recht auf **Hinzuziehung eines Beraters** ein, ohne dass der Betriebsrat hierfür auf ein Einvernehmen mit dem Arbeitgeber angewiesen ist (näher dazu § 111 Rdn. 207 ff.). Die noch im Referentenentwurf vorgesehene Pflicht zur Bildung eines **Konzernwirtschaftsausschusses** (*Däubler* AuR 2001, 1 [3]; *Richardi/Annuß* DB 2001, 41 [45]; *Rieble* ZIP 2001, 133 [140]; *Schiefer/Korte* NZA 2001, 71 [87]) ließ bereits der Regierungsentwurf fallen (s. a. § 106 Rdn. 26 ff.). Zur **Richtlinie 2002/14/EG** s. *Wiese* Einl. Rdn. 35 sowie § 106 Rdn. 8, § 111 Rdn. 4; ferner *Franzen* FS *Birk*, 2008, S. 97 ff. sowie *Gerdom* Gemeinschaftsrechtliche Unterrichtungs- und Anhörungspflichten und ihre Auswirkungen auf das Betriebsverfassungs-, Personalvertretungs- und Mitarbeitervertretungsrecht (Diss. Bonn), 2009; *Müller-Bonanni/Jenner* in: *Preis/Sagan* Europ. ArbR, § 12 Rn. 201 ff.; *Oetker/Schubert* EAS B 8300, Rn. 286 ff.; *Riesenhuber* Europäisches Arbeitsrecht, 2009, § 27; *Spreer* Die Richtlinie 2002/14/EG zur Festlegung eines allgemeinen Rahmens für die Unterrichtung und Anhörung der Arbeitnehmer in der Europäischen Gemeinschaft (Diss. Bielefeld), 2005; *Weber/*EuArbR Art. 4 RL 2002/14/EG Rn. 4 ff.

7 Zuletzt wurden die §§ 106 bis 110 durch **Art. 4 des Risikobegrenzungsgesetzes** im Jahre 2008 im Hinblick auf Unternehmensübernahmen geändert (s. näher § 106 Rdn. 4 ff.). Soweit mit einem beabsichtigten Wechsel des Gesellschafters zugleich der Erwerb der Kontrolle über das Unternehmen verbunden ist, muss der Unternehmer hierüber den Wirtschaftsausschuss nach dem neu eingefügten § 106 Abs. 3 Nr. 9a (s. näher § 106 Rdn. 91 ff.) unterrichten; zugleich wurden die in diesem Fall vorzulegenden Unterlagen durch eine Ergänzung in § 106 Abs. 2 konkretisiert (s. § 106 Abs. 2 Satz 2 und 3, dazu § 106 Rdn. 125 f.). Darüber hinaus fügte Art. 4 Nr. 2 des Risikobegrenzungsgesetzes für Unternehmen ohne Wirtschaftsausschuss ein eigenständiges Beteiligungsrecht des Betriebsrats ein (s. § 109a sowie näher § 109a Rdn. 1 ff.).

II. Die Beteiligung der Arbeitnehmer in wirtschaftlichen Angelegenheiten als Gegenstand der Betriebsverfassung und der Unternehmensmitbestimmung

8 Die Beteiligungsrechte des Betriebsrats in wirtschaftlichen Angelegenheiten zeichnen sich strukturell dadurch aus, dass sie die unternehmerische Entscheidung zumindest in dem Sinne unberührt lassen, dass das Letztentscheidungsrecht bei dem Unternehmer verbleibt. Die Beteiligungsrechte des Betriebsrats bzw. des Wirtschaftsausschusses beschränken sich auf eine argumentative Einflussnahme durch Unterrichtung und Beratung, die ihre betriebsverfassungsrechtliche Legitimation vor allem aus der präjudizierenden Wirkung unternehmerischer Entscheidungen für die sozialen und personellen Angelegenheiten bezieht. Wegen des betrieblichen Anknüpfungspunkts der Betriebsverfassung ist diese konzeptionelle Weichenstellung zutreffend und würde systemwidrig durchbrochen, wenn der auf Unternehmensebene gebildete Gesamtbetriebsrat zu einer Interessenvertretung bei unternehmerischen Entscheidungen aufgewertet wird.

9 Das bei isolierter Betrachtung des BetrVG verbleibende Beteiligungsdefizit zumindest teilweise durch die **Unternehmensmitbestimmung** ausgeglichen, die der Gesetzgeber für größere Kapitalgesellschaften (aber auch nur für diese) im **Mitbestimmungsgesetz**, im **Drittbeteiligungsgesetz** sowie im **Montan-Mitbestimmungsgesetz** festlegt. Die Wahl von Vertretern der Arbeitnehmer in den Aufsichtsrat stellt sicher, dass die Mitbestimmung der Arbeitnehmer bei unternehmerischen Entscheidungen mit den gesellschaftsrechtlichen Rahmenbedingungen harmoniert und zudem dort angesiedelt ist, wo die unternehmerischen Entscheidungen getroffen werden. Die im Rahmen des dualistischen Modells bestehenden Beteiligungsrechte des Betriebsrats bzw. des Wirtschaftsausschusses in wirtschaftlichen Angelegenheiten werden deshalb durch die Unternehmensmitbestimmung ergänzt, der ein Integrationsmodell zugrunde liegt (s. a. *Wiese* Einl. Rdn. 41 ff.).

Einführung vor § 106

III. »Arbeitgeber« und »Unternehmer«

Abweichend von der im BetrVG üblichen Terminologie knüpfen die §§ 106 bis 113 nicht an den »Arbeitgeber«, sondern an den »Unternehmer« an; lediglich bezüglich des Spruchs der Einigungsstelle über die Aufstellung eines Sozialplans legt § 112 Abs. 4 Satz 2 fest, dass dieser die Einigung zwischen Betriebsrat und »Arbeitgeber« ersetzt. Der sachliche Unterschied ist marginal, die differenzierende Terminologie bringt lediglich zum Ausdruck, dass die Beteiligungsrechte in personellen und sozialen Angelegenheiten vornehmlich solche Entscheidungen beeinflussen, die den Vertragspartner des Arbeitnehmers betreffen und insbesondere die Ausübung seines Direktionsrechts beschränken sollen. Die Mitbestimmung in wirtschaftlichen Angelegenheiten zielt demgegenüber nicht auf die arbeitsvertraglichen Beziehungen, sondern die Entscheidungsgewalt hinsichtlich der arbeitstechnischen Organisation des Betriebs ab, so dass sich die Beteiligungsrechte auf dessen **Rechtsträger** beziehen müssen; nur diesem obliegt es, die unternehmerischen Entscheidungen für die arbeitstechnische Organisation zu treffen (*Richardi/Annuß* vor § 106 Rn. 12). 10

»**Unternehmer**« i. S. d. §§ 106 bis 113 ist deshalb grundsätzlich die natürliche oder juristische Person bzw. rechtsfähige Personengesellschaft, die Eigentümer des Betriebs ist, in dem der Betriebsrat gewählt wurde; sie ist **Rechtsträger** des Betriebs und berechtigt, die den Betrieb betreffenden unternehmerischen Entscheidungen zu fällen (*BAG* 23.08.1989 EzA § 106 BetrVG 1972 Nr. 9 S. 4 = AP Nr. 7 zu § 106 BetrVG 1972 Bl. 2 R *[Wiedemann]*; 01.08.1990 EzA § 106 BetrVG 1972 Nr. 16 S. 5 *[Rüthers/Franke]* = AP Nr. 8 zu § 106 BetrVG 1972 Bl. 2 R). Ob eine juristische Person ihrerseits wirtschaftlich unabhängig entscheiden kann, ist demgegenüber unerheblich; die Einbindung eines Unternehmens in einen Konzern beseitigt nicht die rechtliche Selbständigkeit des abhängigen Unternehmens (arg. e § 15 AktG: »rechtlich selbständige Unternehmen«). 11

IV. Dispositivität der §§ 106 bis 113

1. Ausgangspunkt

Unstreitig gehören die §§ 106 bis 113 insoweit dem zwingenden Gesetzesrecht an als die dort begründeten Rechte des Betriebsrats bzw. des Wirtschaftsausschusses weder durch Betriebsvereinbarung noch durch Tarifvertrag beseitigt oder beeinträchtigt werden dürfen (*Däubler/DKKW* § 111 Rn. 187; *Friese* Koalitionsfreiheit, S. 281 f.; *Krause* in: *Jacobs/Krause/Oetker/Schubert* Tarifvertragsrecht, 2. Aufl. 2013, § 4 Rn. 73; *Rose/HWGNRH* Einl. Rn. 283 ff. sowie *Wiese* Einl. Rdn. 107, m. w. N.). Umstritten ist die Rechtslage jedoch bezüglich solcher Regelungen in Betriebsvereinbarungen und Tarifverträgen, die die Rechte des Wirtschaftsausschusses bzw. des Betriebsrats über das Gesetz hinaus erweitern. Dabei verneinen diejenigen Autoren, die generell für abweichende betriebliche und tarifliche Regelungen eine Öffnungsklausel im BetrVG verlangen, auch für die §§ 106 bis 113 die Rechtswirksamkeit abweichender Regelungen durch Betriebsvereinbarung und Tarifvertrag (*Richardi/Annuß* vor § 106 Rn. 13; *Rose/HWGNRH* Einl. Rn. 297 ff.; s. a. *Giesen* Tarifvertragliche Rechtsgestaltung für den Betrieb, 2002, S. 360 ff.). Dieses restriktive Verständnis überspannt jedoch den Aussagegehalt der im BetrVG enthaltenen Öffnungsklauseln, aus denen allenfalls für die organisatorischen Fragen entsprechende Rückschlüsse zugunsten einer abschließenden Regelung abgeleitet werden können (s. *Wiese* Einl. Rdn. 105 sowie *Friese* Koalitionsfreiheit, S. 280 f.; *Säcker/Oetker* Grundlagen und Grenzen der Tarifautonomie, 1992, S. 195 ff.). Für die §§ 106 bis 113 ist deshalb ein eigenständiger Lösungsweg vorzugswürdig, der nach den jeweils betroffenen Beteiligungsrechten und den abweichenden Regelungsinhalten differenziert. Auch bei diesem Ansatz wird eine Erweiterung der Beteiligungsrechte des Betriebsrats in wirtschaftlichen Angelegenheiten z. T. generell als unzulässig angesehen (*Beuthien* ZfA 1986, 131 [141 ff.]; *Galperin/Löwisch* vor § 106 Rn. 10; *Gamillscheg* I, § 15 VII 6e; *Wiedemann/Thüsing* TVG, § 1 Rn. 771 f.; *Wiedemann/Stumpf* TVG, § 1 Rn. 256). 12

2. Rechtsstellung des Wirtschaftsausschusses

Bezüglich des Wirtschaftsausschusses sind über das Gesetz hinausgehende ergänzende Regelungen vorstellbar, die die Errichtung eines Wirtschaftsausschusses auf weiteren Ebenen (Konzern, Teilkon- 13 zern) vorsehen bzw. die Zusammensetzung des Wirtschaftsausschusses abweichend vom Gesetz ausgestalten oder dessen Rechtsstellung gegenüber dem Unternehmer betreffen. Bei den Letztgenannten ist wiederum zu unterscheiden zwischen solchen, die den Wirtschaftsausschuss zu einem echten Mitbestimmungsorgan aufwerten und solchen, die den Katalog der wirtschaftlichen Angelegenheiten über die in § 106 Abs. 3 Nr. 1 bis 9a genannten Sachverhalte erweitern und die mit den Katalogtatbeständen in § 67 Abs. 1 BetrVG 1952 eingeleitete und deren Ausdehnung in § 106 Abs. 3 fortgesetzte Entwicklung weiterführen.

14 Da es sich bei dem Wirtschaftsausschuss um einen Ausschuss des Betriebsrats handelt (s. § 106 Rdn. 10), wird die freiwillige Bildung eines **Konzernwirtschaftsausschusses** auf der Grundlage einer zwischen Konzernbetriebsrat und herrschendem Unternehmen (Konzernobergesellschaft) abgeschlossenen **Betriebsvereinbarung** verbreitet als zulässig erachtet (s. a. § 106 Rdn. 30). Hiergegen spricht, dass § 3 ausdrücklich festlegt, unter welchen Voraussetzungen die Betriebspartner vom BetrVG abweichende organisatorische Regelungen treffen dürfen. Allerdings lässt sich die Bildung eines Konzernwirtschaftsausschusses durch die Organisationsautonomie des Konzernbetriebsrats rechtfertigen, der jedoch nicht die Rechtsstellung eines Wirtschaftsausschusses i. S. d. §§ 106 ff. hat und dessen Zuständigkeit zudem nicht über diejenige des Konzernbetriebsrats hinausgeht (s. § 106 Rdn. 29 f.). Einer tarifvertraglichen Regelung ist diese Materie jedoch nicht zugänglich, da diese unmittelbar die Rechtsstellung und Organisation des Betriebsrats betrifft (*Däubler* Tarifvertragsrecht, Rn. 1080; *Däubler/DKKW* § 106 Rn. 4; *Löwisch/Rieble* TVG, 3. Aufl. 2012, § 1 Rn. 446; **a. M.** *Däubler/Heuschmid/Klein* TVG, § 1 Rn. 991, 1020). Kein Betriebsrat kann per Tarifvertrag gezwungen werden, Ausschüsse zu bilden. Ferner würden sich die Tarifvertragsparteien mit einer entsprechenden Regelung außerhalb des Gestaltungsspielraums bewegen, den § 3 ihnen eröffnet.

15 Weder durch Tarifvertrag noch durch Betriebsvereinbarung ist die **Organisation des Wirtschaftsausschusses** regelbar (*Däubler* Tarifvertragsrecht, Rn. 1080). Insoweit gelten dieselben Erwägungen, die auch im Allgemeinen dazu führen, dass die organisatorischen Bestimmungen des BetrVG nur dann zur Disposition der Betriebspartner bzw. der Tarifvertragsparteien stehen, wenn das Gesetz eine entsprechende Öffnungsklausel enthält (*Wiedemann/Thüsing* TVG, § 1 Rn. 763 f. sowie *Wiese* Einl. Rdn. 105 und hier Rdn. 12). Dies ist bezüglich des Wirtschaftsausschusses nicht geschehen.

16 Differenzierter ist die Rechtslage im Hinblick auf die **Rechtsstellung des Wirtschaftsausschusses**. Solange dessen Rechte lediglich **konkretisiert** werden, z. B. durch prozedurale Regelungen für die Unterrichtung (Form, Häufigkeit, Umfang), steht der zwingende Charakter der §§ 106 bis 109 einer Vereinbarung zwischen **Unternehmer und Betriebsrat** nicht entgegen. Das gilt auch für den **Katalog der wirtschaftlichen Angelegenheiten** in § 106 Abs. 3, insbesondere sind die Betriebspartner berechtigt, die Generalklausel in § 106 Abs. 3 Nr. 10 zu konkretisieren, sofern sie hierbei keine abschließende Regelung treffen. Zweifelhaft ist jedoch, ob sich Unternehmer und Betriebsrat mit derartigen Abreden noch im Rahmen ihrer durch das BetrVG eröffneten und zugleich begrenzten Vereinbarungsbefugnis bewegen (s. *Kreutz* § 77 Rdn. 14 [Regelungsabrede], 93 [Betriebsvereinbarung]). Wird dies verneint, dann ist die Rechtsverbindlichkeit derartiger Abreden schon deshalb in Frage gestellt, weil der Betriebsrat als Organ der Betriebsverfassung nur in den durch das BetrVG gezogenen Grenzen (partiell) rechtsfähig ist (s. *Franzen* § 1 Rdn. 72 ff.) und nicht an der aus der allgemeinen Handlungsfreiheit (Art. 2 Abs. 1 GG) abzuleitenden Vertragsfreiheit partizipiert

17 Eine **tarifvertragliche Regelung** ist demgegenüber ausgeschlossen, weil die wirtschaftlichen Angelegenheiten nicht dem Kreis der betriebsverfassungsrechtlichen Fragen zuzurechnen sind (im Grundsatz auch *Meier-Krenz* Die Erweiterung von Beteiligungsrechten des Betriebsrats durch Tarifvertrag [Diss. Heidelberg], 1988, S. 188 ff.; **a. M.** *Däubler/DKKW* § 106 Rn. 4; *Däubler/Heuschmid/Klein* TVG, § 1 Rn. 1020; *Fabricius* 6. Aufl., vor § 106 Rn. 91). Ferner überschreiten die Betriebspartner sowie die Tarifvertragsparteien ihre Regelungsmacht, wenn sie den Wirtschaftsausschuss zu einem **Mitbestimmungsorgan** aufwerten, indem sie diesen in wirtschaftlichen Angelegenheiten mit echten Mitbestimmungsrechten ausstatten (*Fabricius* 6. Aufl., vor § 106 Rn. 92; *Meier-Krenz* Die Erweiterung von Beteiligungsrechten des Betriebsrats durch Tarifvertrag [Diss. Heidelberg], 1988, S. 192 f.). Hierdurch würde der Wirtschaftsausschuss seinen rechtlichen Charakter als Ausschuss des Betriebsrats verlieren und zu einem eigenständigen, neben dem Betriebsrat stehenden Mitbestimmungsorgan umgeformt und damit in die Grundstruktur des BetrVG eingegriffen.

3. Rechtsstellung des Betriebsrats

Bezüglich der Beteiligungsrechte des Betriebsrats bei Betriebsänderungen kommen vor allem tarifvertragliche Regelungen in Betracht, die die Beteiligungsrechte des Betriebsrats erweitern. Denkbar ist insoweit die Begründung eines echten Mitbestimmungsrechts, das sich sowohl auf das »Ob« und das »Wie« der Betriebsänderung beziehen als auch die in § 112a normierten Ausnahmetatbestände einschränken kann, in denen ein Sozialplan nicht erzwingbar ist. Die Beteiligungsrechte des Betriebsrats können zudem auch durch eine Ausdehnung des Katalogs der Sachverhalte, die nach § 111 Satz 3 als Betriebsänderung gelten, erweitert werden. 18

Die Einbeziehung der in Rdn. 18 aufgezählten Regelungen in den Kreis der betriebsverfassungsrechtlichen Normen erscheint auf den ersten Blick nicht ausgeschlossen zu sein, da zu diesem Typus von Tarifnormen diejenigen Regelungen gehören, die die Rechtsstellung des Betriebsrats betreffen (*Wiedemann/Thüsing* TVG, § 1 Rn. 754). Andererseits haben die betriebsverfassungsrechtlichen Normen die betriebliche Entscheidungsebene im Blick, so dass durch eine qualitative Aufwertung der Beteiligungsrechte in wirtschaftlichen Angelegenheiten der vom Gesetzgeber bewusst etablierte Dualismus von betrieblicher und unternehmerischer Mitbestimmung (s. *Wiese* Einl. Rn. 40 ff.) durchbrochen wird. Deshalb würden die Tarifvertragsparteien ihre Tarifmacht überschreiten, wenn sie die **paritätische Mitbestimmung** auf den Interessenausgleich ausdehnen (ebenso *Friese* Koalitionsfreiheit, S. 287 f.; *Gamillscheg* I, § 15 VII 6e; *Säcker/Oetker* Grundlagen und Grenzen der Tarifautonomie, 1992, S. 130 ff.; *Wiedemann/Thüsing* TVG, § 1 Rn. 771 f.; *Löwisch/Rieble* TVG, § 1 Rn. 523, 787; *Richardi* Kollektivgewalt und Individualwille, S. 265; *ders./Annuß* § 111 Rn. 17 f.; **a. M.** *Biedenkopf* Grenzen der Tarifautonomie, S. 295; *Däubler* Tarifvertragsrecht, Rn. 1081; *Däubler/DKKW* § 111 Rn. 185; *ders./Heuschmid/Klein* TVG, § 1 Rn. 1021; *Freund* Die Mitbestimmung des Betriebsrates in wirtschaftlichen Angelegenheiten als Gegenstand tariflicher Abmachungen [Diss. Köln] 1966, S. 106 ff.; *Jahnke* Tarifautonomie und Mitbestimmung, S. 197; *Kempen/Zachert* TVG, 3. Aufl. 1997, § 1 Rn. 293; *Rumpff/Boewer* Wirtschaftliche Angelegenheiten, Kap. I Rn. 136; *Weyand* Die tarifvertragliche Mitbestimmung unternehmerischer Personal- und Sachentscheidungen [Diss. Frankfurt a. M.], 1989, S. 190 f.; mit Einschränkungen auch *Meier-Krenz* Die Erweiterung von Beteiligungsrechten des Betriebsrats durch Tarifvertrag [Diss. Heidelberg], 1988, S. 194 f., bezüglich der Betriebsanlagen und Arbeitsmethoden). Dieser Einwand greift jedoch nicht gegenüber solchen Tarifbestimmungen durch, die den **Katalog der beteiligungspflichtigen Betriebsänderungen** i. S. d. § 111 Satz 3 erweitern und sich darauf beschränken, die Generalklausel in § 111 Satz 1 zu konkretisieren (*Säcker/Oetker* Grundlagen und Grenzen der Tarifautonomie, 1992, S. 132 f.; *Wiedemann/Thüsing* TVG, § 1 Rn. 772; wohl auch *Friese* Koalitionsfreiheit, S. 288 f.). 19

V. Beteiligung des Betriebsrats bei Unternehmensumwandlungen i. S. d. UmwG

1. Ausgangslage im BetrVG

Umwandlungen des Unternehmens, die ausschließlich die gesellschaftsrechtliche Struktur des Rechtsträgers betreffen, insbesondere die Verschmelzung mit einem anderen Rechtsträger (§§ 2 ff. UmwG) sowie die Spaltung im Wege einer partiellen Gesamtrechtsnachfolge (§§ 123 ff. UmwG), sind für sich genommen **keine Betriebsänderung i. S. d. § 111**. Sie beziehen sich auf die gesellschaftsrechtlichen Grundlagen des Unternehmens und lassen als solche die Betriebsorganisation zunächst unberührt, so dass diesbezüglich weder § 111 Satz 3 Nr. 3 noch der Auffangtatbestand in § 111 Satz 1 eingreift (s. § 111 Rdn. 139 ff.). 20

Die nach Maßgabe des UmwG vollzogene Umwandlung des Rechtsträgers des Unternehmens kann jedoch mit einer **beteiligungspflichtigen Betriebsänderung** einhergehen oder eine solche zur Folge haben, wenn bei Durchführung der Umwandlung Betriebe zusammengeschlossen oder gespalten werden (§ 111 Satz 3 Nr. 3) oder in anderer Weise in die Betriebsorganisation eingegriffen wird. Das kommt insbesondere bei der Spaltung von Unternehmen nach den §§ 123 ff. UmwG in Betracht, wenn in diesem Zusammenhang ein Betrieb des übertragenden Rechtsträgers mit einem Betrieb des übernehmenden Rechtsträgers zusammengeschlossen wird oder Teile eines Betriebs abgespalten und auf den übernehmenden Rechtsträger übertragen werden (s. näher § 111 Rdn. 139 ff.). 21

22 Anders ist die **Rechtsstellung des Wirtschaftsausschusses** wegen seiner konzeptionellen Ausrichtung auf das Unternehmen. Zu den wirtschaftlichen Angelegenheiten i. S. d. § 106 Abs. 3, über die der Wirtschaftsausschuss unter Vorlage der erforderlichen Unterlagen zu unterrichten ist, zählt § 106 Abs. 3 Nr. 8 auch den Zusammenschluss und die Spaltung von Unternehmen. Dieser Tatbestand umfasst insbesondere die **Verschmelzung** des Unternehmens (§§ 2 ff. UmwG) und dessen **Spaltung** nach den §§ 123 ff. UmwG (s. § 106 Rdn. 86 f.). Den **Rechtsformwechsel** erfasst hingegen nicht § 106 Abs. 3 Nr. 8 (s. § 106 Rdn. 88), sondern allenfalls § 106 Abs. 3 Nr. 10. Der Wechsel der Rechtsform berührt jedoch für sich allein die Interessen der Arbeitnehmer zumeist nicht wesentlich (s. § 106 Rdn. 109).

2. Unterrichtung des Betriebsrats nach dem UmwG

a) Die Sonderregelungen des UmwG im Überblick

23 Obwohl der Wirtschaftsausschuss den Betriebsrat nach § 108 Abs. 4 über die gesellschaftsrechtlichen Strukturveränderungen unter Vorlage der erforderlichen Unterlagen zu unterrichten hat, sieht das UmwG zusätzlich eine parallele Unterrichtung des zuständigen Betriebsrats über die gesellschaftsrechtlichen Grundlagen der beabsichtigten Umwandlung vor, ohne die hiernach vorgesehene Beteiligung in den Rang eines Anhörungs- oder Beratungsrechts zu erheben. Der gesellschaftsrechtliche Vorgang der Umwandlung zählt zwar nicht zu dem originären Zuständigkeitsbereich der Betriebsräte, die Unterrichtung durch Vorlage der umwandlungsrechtlichen Dokumente ist aber gleichwohl gerechtfertigt, weil der **Verschmelzungsvertrag** nach § 5 Abs. 1 Nr. 9 UmwG auch die Folgen der Verschmelzung für die Arbeitnehmer und ihre Vertretungen angeben muss (näher zu den notwendigen Angaben z. B. *Blechmann* NZA 2005, 1143 [1145 ff.]; *Henssler* FS *Kraft*, S. 219 [223 ff.]; *Hohenstatt/Schramm* Kölner Komm. UmwG, § 5 Rn. 139 ff.; *Joost* ZIP 1995, 976 ff.; *ders.* in: Kölner Tage des Arbeitsrechts, S. 61 [64 ff.]; *Oetker*/ErfK § 5 UmwG Rn. 2 ff.; *Pfaff* Umwandlungsvertrag, S. 87 ff., 114 ff.; *Steigelmann* Information des Betriebsrats, S. 24 ff.; *Willemsen/WHSS* Kap. C Rn. 446 ff.). Entsprechendes gilt nach § 126 Abs. 1 Nr. 11 UmwG für den **Spaltungs- und Übernahmevertrag** bei der Spaltung zur Aufnahme (bzw. den **Spaltungsplan** bei der Spaltung zur Neugründung) sowie nach § 194 Abs. 1 Nr. 7 UmwG für den **Umwandlungsbeschluss** bei der formwechselnden Umwandlung.

24 Um die Einhaltung dieser Mindestangaben sicherzustellen und deren Überprüfung zu ermöglichen, schreiben die §§ 5 Abs. 3, 126 Abs. 3 (135 Abs. 1), 194 Abs. 2 UmwG die **Zuleitung** des Verschmelzungsvertrags, des Spaltungs- und Übernahmevertrags (Spaltungsplans) oder des Umwandlungsbeschlusses **an den zuständigen Betriebsrat** vor und sichern die hiernach vorgeschriebene Unterrichtung dadurch ab, dass der Anmeldung beim Registergericht ein Nachweis über die rechtzeitige Zuleitung der vorgenannten Dokumente beizufügen ist (§ 17 Abs. 1 UmwG, § 125 UmwG i. V. m. § 17 Abs. 1 UmwG, § 199 UmwG; s. a. Rdn. 37 f.). Dies gilt jedoch ausschließlich für **innerstaatliche Verschmelzungen**; bei **grenzüberschreitenden Verschmelzungen** war der Gesetzgeber wegen der für ihn verbindlichen unionsrechtlichen Vorgaben zur Aufnahme einer abweichenden Konzeption gezwungen (s. Rdn. 40 ff.).

b) Zuleitung umwandlungsrechtlicher Dokumente bei innerstaatlichen Verschmelzungen

aa) Vorzulegende Unterlagen

25 Gegenstand der Zuleitung ist grundsätzlich der **Verschmelzungsvertrag** bzw. der **Spaltungs- und Übernahmevertrag**. Liegt dieser noch nicht vor, so ist dem Betriebsrat der jeweilige **Entwurf** zuzuleiten. Bei der formwechselnden Umwandlung genügt stets der Entwurf des **Umwandlungsbeschlusses**. Die genannten Umwandlungsdokumente sind dem Betriebsrat **vollständig** und nicht nur auszugsweise im Hinblick auf die Angaben nach den §§ 5 Abs. 1 Nr. 9, 126 Abs. 1 Nr. 11, 194 Abs. 1 Nr. 7 UmwG zuzuleiten (*Hohenstatt/Schramm* Kölner Komm. UmwG, § 5 Rn. 238; *Kallmeyer/Willemsen* UmwG, § 5 Rn. 74; *Langner/SHS* UmwG, § 5 Rn. 117; *Melchior* GmbHR 1996, 833 [835]; *Scharff* BB 2016, 437 [438]; *Schröer* in: *Semler/Stengel* UmwG, § 5 Rn. 141; *Willemsen/WHSS* Kap. C Rn. 439). Gegebenenfalls zählt hierzu auch der Gesellschaftsvertrag eines neu gegründeten Rechtsträgers (§ 37 UmwG; *Schröer* in: *Semler/Stengel* UmwG, § 5 Rn. 141). Wird in den zuzuleiten-

den Verträgen auf **Anlagen** Bezug genommen, dann sind diese ebenfalls vollständig zuzuleiten (a. M. Mayer in: *Widmann/Mayer* Umwandlungsrecht, § 5 UmwG Rn. 251: nur hinsichtlich der Angaben nach § 5 Abs. 1 Nr. 9 UmwG; ebenso *Blechmann* NZA 2005, 1143 [1148]; *Schröer* in: *Semler/Stengel* UmwG, § 5 Rn. 141). Die genannten umwandlungsrechtlichen Dokumente müssen dem Betriebsrat nicht im Original übersendet werden, es genügt eine Abschrift, die wegen ihrer Authentizität jedoch **beglaubigter Form** bedarf (*Melchior* GmbHR 1996, 833 [835]).

bb) Adressat der Unterlagen
Als Adressaten der zuzuleitenden Unterlagen benennen die §§ 5 Abs. 3, 126 Abs. 3, 194 Abs. 2   26
UmwG den »**zuständigen**« Betriebsrat. Die Zuständigkeit des Betriebsrats beurteilt sich nach den betriebsverfassungsrechtlichen Vorschriften, also den §§ 50, 58 (*Bermel/Hannappel* in: *Goutier/Knopf/Tulloch* UmwG, § 5 Rn. 125; *Blechmann* NZA 2005, 1143 [1147]; *Boecken* Unternehmensumwandlungen, Rn. 332; *Hausch* RNotZ 2007, 308 [312]; *Henssler* FS *Kraft*, S. 219 [238 ff.]; *Hohenstatt/Schramm* Kölner Komm. UmwG, § 5 Rn. 251; *Joost* ZIP 1995, 976 [984]; *ders.* in: Kölner Tage des Arbeitsrechts, S. 61 [80 ff.]; *Kallmeyer/Willemsen* UmwG, § 5 Rn. 75; *Langner/SHS* UmwG, § 5 Rn. 121; *Lutter/Drygala* UmwG, § 5 Rn. 144; *Mayer* in: *Widmann/Mayer* Umwandlungsrecht, § 5 UmwG Rn. 252; *Müller* DB 1997, 713 [715]; *Scharff* BB 2016, 437 [437 f.]; *Schröer* in: *Semler/Stengel* UmwG, § 5 Rn. 142; *Willemsen/WHSS* Kap. C Rn. 440). Die Zuleitung an den »**unzuständigen**« **Betriebsrat** genügt nicht den gesetzlichen Anforderungen, so dass das Registergericht die **Anmeldung zurückweisen** muss (s. a. Rdn. 37 f.), weil eine Zuleitung an den zuständigen Betriebsrat nicht nachgewiesen werden kann.

Zuständig ist bei der Verschmelzung grundsätzlich der Betriebsrat, dessen Betrieb Gegenstand der   27
Umwandlung ist. Etwas anderes gilt, wenn für das Unternehmen des übertragenden Rechtsträgers ein **Gesamtbetriebsrat** gebildet wurde, da zu dessen Gunsten regelmäßig eine originäre Zuständigkeit eingreift (§ 50 Abs. 1; *Hausch* RNotZ 2007, 308 [312]; *Hohenstatt/Schramm* Kölner Komm. UmwG, 2009, § 5 Rn. 251; *Scharff* BB 2016, 437 [438]; *Schröer* in: *Semler/Stengel* UmwG, § 5 Rn. 142; *Stratz/SHS* UmwG, § 5 Rn. 121; **a. M.** *Blechmann* NZA 2005, 1143 [1147]). In diesem Fall verdrängt die Zuständigkeit des Gesamtbetriebsrats diejenige der auf betrieblicher Ebene gebildeten Betriebsräte. Es besteht deshalb keine gesetzliche Verpflichtung, die umwandlungsrechtlichen Dokumente sowohl dem Gesamtbetriebsrat als auch den auf betrieblicher Ebene gebildeten Betriebsräten zuzuleiten (*Boecken* Unternehmensumwandlungen, Rn. 333; *Dehmer* UmwG, § 5 Rn. 54; *Dzida* GmbHR 2009, 459 [460 f.]; *Gaul* Betriebs- und Unternehmensspaltung, § 29 Rn. 169; *Kallmeyer/Willemsen* UmwG, § 5 Rn. 75; *Langner/SHS* UmwG, § 5 Rn. 121; *Lutter/Drygala* UmwG, § 5 Rn. 144; *Müller* DB 1997, 713 [715]; *Mayer* in: *Widmann/Mayer* Umwandlungsrecht, § 5 UmwG Rn. 252; *Steigelmann* Information des Betriebsrats, S. 15 ff.; **a. M.** *Mengel* Umwandlungen, S. 138 f.; *Wlotzke* DB 1995, 40 [45]).

Für eine **originäre Zuständigkeit des Konzernbetriebsrats** fehlen regelmäßig die Voraussetzun-   28
gen des § 58 Abs. 1 Satz 1 (*Blechmann* NZA 2005, 1143 [1148]; *Däubler* RdA 1995, 136 [138]; *Gaul* Betriebs- und Unternehmensspaltung, § 29 Rn. 168; *Hausch* RNotZ 2007, 308 [312 f.]; *Joost* ZIP 1995, 976 [985]; *Kallmeyer/Willemsen* UmwG, § 5 Rn. 75; *Langner/SHS* UmwG, § 5 Rn. 122; *Lutter/Drygala* UmwG, § 5 Rn. 144; *Müller* DB 1997, 713 [715]; *Schröer* in: *Semler/Stengel* UmwG, § 5 Rn. 142; *Willemsen* RdA 1998, 23 [32]; **a. M.** *Mayer* in: *Widmann/Mayer* Umwandlungsrecht, § 5 UmwG Rn. 255). Darüber hinaus kommt die Zuleitung an den Konzernbetriebsrat auch deshalb nicht in Betracht, weil die §§ 5 Abs. 3, 126 Abs. 3, 194 Abs. 2 UmwG die Zuleitungspflicht auf einen bei dem jeweiligen Rechtsträger gebildeten Betriebsrat beschränken (*Boecken* Unternehmensumwandlungen, Rn. 334; *Dzida* GmbHR 2009, 459 [461 f.]; *Henssler* FS *Kraft*, S. 219 [239]; *Hohenstatt/Schramm* Kölner Komm. UmwG, § 5 Rn. 252; *Pfaff* Umwandlungsvertrag, S. 224; *Scharff* BB 2016, 437 [438]; *Steigelmann* Information des Betriebsrats, S. 20; *Willemsen/WHSS* Kap. C Rn. 440; zurückhaltend *Hausch* RNotZ 2007, 308 [313]). Hierbei kann es sich nur um den Betriebs- oder Gesamtbetriebsrat, nicht aber einen Konzernbetriebsrat handeln.

Im Hinblick auf die Rechtsfolgen bei einer Zuleitung an den unzuständigen Betriebsrat (s. Rdn. 26)   29
sollte die Zuleitung in Zweifelsfällen vorsorglich an jede Arbeitnehmervertretung erfolgen, die zuständig sein könnte. Das gilt insbesondere, wenn die originäre Zuständigkeit des Gesamtbetriebsrats für die

jeweilige Umwandlung zweifelhaft ist oder entgegen der in Rdn. 27 befürworteten Auffassung eine kumulative Übermittlungspflicht gegenüber Gesamtbetriebsrat und Betriebsrat bejaht wird. Einer Zuleitung der umwandlungsrechtlichen Dokumente sowohl an den Gesamtbetriebsrat als auch an die auf betrieblicher Ebene gebildeten Betriebsräte stehen Rechtsgründe nicht entgegen (*Bermel/ Hannappel* in: Goutier/Knopf/Tulloch, UmwG, § 5 Rn. 125; *Boecken* Unternehmensumwandlungen, Rn. 335; *Kallmeyer/Willemsen* UmwG, § 5 Rn. 75; *Langner/SHS* UmwG, § 5 Rn. 121; *Mayer* in: *Widmann/Mayer* Umwandlungsrecht, § 5 UmwG Rn. 255; *Scharff* BB 2016, 437 [438]; *Schröer* in: *Semler/Stengel* UmwG, § 5 Rn. 143).

30 Besteht bei einem betroffenen Rechtsträger **kein Betriebsrat**, dann entfällt das Zuleitungserfordernis nach § 5 Abs. 3 UmwG bzw. den §§ 126 Abs. 3, 194 Abs. 2 UmwG (*Bermel/Hannappel* in: Goutier/ Knopf/Tulloch UmwG, § 5 Rn. 129; *Boecken* Unternehmensumwandlungen, Rn. 336; *Hausch* RNotZ 2007, 308 [315]; *Henssler* FS *Kraft*, S. 219 [240]; *Hohenstatt/Schramm* Kölner Komm. UmwG, § 5 Rn. 254; *Joost* ZIP 1995, 976 [985]; *Kallmeyer/Willemsen* UmwG, § 5 Rn. 78; *Langner/SHS* UmwG, § 5 Rn. 119; *Lutter/Drygala* UmwG, § 5 Rn. 145; *Lutter/Priester* UmwG, § 126 Rn. 13; *Mayer* in: *Widmann/Mayer* Umwandlungsrecht, § 5 UmwG Rn. 262; *Melchior* GmbHR 1996, 833 [834]; *Mengel* Umwandlungen, S. 337; *Müller* DB 1997, 713 [716]; *Pfaff* Umwandlungsvertrag, S. 230 f.; *Schröer* in: *Semler/Stengel* UmwG, § 5 Rn. 148; *Stohlmeier* BB 1999, 1394 [1395]; *Willemsen* RdA 1998, 23 [32]; *ders./WHSS* Kap. C Rn. 441). Das gilt auch, wenn ein Betriebsrat erst während der in § 5 Abs. 3 UmwG genannten Zuleitungsfrist gebildet wird (*Pfaff* Umwandlungsvertrag, S. 231 f.; *Steigelmann* Information des Betriebsrats, S. 11 f.). Entscheidend ist, dass im Zeitpunkt des Fristbeginns (s. Rdn. 32 f.) ein Betriebsrat bzw. Gesamtbetriebsrat besteht.

cc) Anforderungen an die »Zuleitung«

31 Die von den §§ 5 Abs. 3, 126 Abs. 3, 194 Abs. 2 UmwG verlangte »Zuleitung« erfordert nicht nur die Absendung der umwandlungsrechtlichen Dokumente, sondern deren **Zugang** bei dem zuständigen Betriebsrat (*Boecken* Unternehmensumwandlungen, Rn. 338; *Hohenstatt/Schramm* Kölner Komm. UmwG, 2009, § 5 Rn. 247; *Joost* ZIP 1995, 976 [986]; *Pfaff* Umwandlungsvertrag, S. 226; *Schröer* in: *Semler/Stengel* UmwG, § 5 Rn. 141). Für die **Entgegennahme** ist nach § 26 Abs. 2 Satz 2 der Vorsitzende des Betriebsrats, bei dessen Verhinderung sein Stellvertreter zuständig (*Bermel/Hannappel* in: Goutier/Knopf/Tulloch UmwG, § 5 Rn. 127; *Boecken* Unternehmensumwandlungen, Rn. 339; *Henssler* FS *Kraft*, S. 219 [243]; *Hohenstatt/Schramm* Kölner Komm. UmwG, § 5 Rn. 247; *Mayer* in: *Widmann/Mayer* Umwandlungsrecht, § 5 UmwG Rn. 258; *Melchior* GmbHR 1996, 833 [836]; *Müller* DB 1997, 713 [717]; *Schröer* in: *Semler/Stengel* UmwG, § 5 Rn. 141; *Willemsen/WHSS* Kap. C Rn. 444). Ist auch der Stellvertreter des Vorsitzenden verhindert, dann ist jedes Betriebsratsmitglied berechtigt und verpflichtet, die Dokumente entgegenzunehmen, sofern die Geschäftsordnung des Betriebsrats keine abweichende Regelung trifft (*Gaul* Betriebs- und Unternehmensspaltung, § 29 Rn. 166; *Hohenstatt/Schramm* Kölner Komm. UmwG, § 5 Rn. 247; *Schröer* in: *Semler/Stengel* UmwG, § 5 Rn. 141 sowie allgemein *Raab* § 26 Rdn. 69). Praktisch bedeutsam ist der Zugang bei dem empfangszuständigen Betriebsratsmitglied insbesondere für die Frage, ob die Frist für die Zuleitung gewahrt wurde. Ist das Betriebsratsmitglied nicht empfangszuständig, dann beginnt die Frist erst zu laufen, wenn die Unterlagen dem empfangszuständigen Betriebsratsmitglied zugegangen sind.

dd) Frist für die »Zuleitung«

32 Die Zuleitung muss spätestens **einen Monat vor dem Tag** erfolgen, an dem der Rechtsträger den Verschmelzungsbeschluss fasst bzw. die Zustimmung zum Spaltungs- und Übernahmevertrag beschließt. Damit soll sichergestellt werden, dass dem Betriebsrat ein Zeitraum von einem Monat zur Verfügung steht, um die umwandlungsrechtlichen Dokumente zu prüfen. Für die Fristberechnung sind die §§ 187 bis 193 BGB maßgebend (*Hausch* RNotZ 2007, 308 [314]; *Hohenstatt/Schramm* Kölner Komm. UmwG, § 5 Rn. 255; *Kallmeyer/Willemsen* UmwG, § 5 Rn. 76; *Lutter/Drygala* UmwG, § 5 Rn. 147; *Melchior* GmbHR 1997, 833 [836]; *Müller* DB 1997, 713 [716]; *Schröer* in: *Semler/Stengel* UmwG, § 5 Rn. 144; *Willemsen/WHSS* Kap. C Rn. 443 sowie allgemein *Effer-Uhe* JZ 2016, 770 ff.; *Repgen* ZGR 2006, 121 ff.). Wegen des Gesetzeswortlauts (»vor dem Tage«) und nicht wegen § 187 Abs. 1 BGB ist der Tag der Beschlussfassung – wie auch in § 123 Abs. 2 Satz 4 AktG ausdrücklich an-

Einführung vor § 106

geordnet – nicht in die Fristberechnung einzubeziehen (*Kallmeyer/Willemsen* UmwG, § 5 Rn. 76; *Krause* NJW 1999, 1448; *Langner/SHS* UmwG, § 5 Rn. 126; *Lutter/Drygala* UmwG, § 5 Rn. 148; *Müller* DB 1997, 713 [717]; *Schröer* in: *Semler/Stengel* UmwG, § 5 Rn. 144; *Stohlmeier* BB 1999, 1394 [1395]; **a. M.** *Hausch* RNotZ 2007, 308 [314]; *Hohenstatt/Schramm* Kölner Komm. UmwG, § 5 Rn. 255; *Steigelmann* Information des Betriebsrats, S. 60, die auf § 187 Abs. 1 BGB abstellen).

Da für die Rückwärtsberechnung § 188 Abs. 2 BGB analog anzuwenden ist, müssen die umwandlungsrechtlichen Dokumente zu Beginn (0.00 Uhr) des Tages des Vormonats vorliegen, der dem Tag der Beschlussfassung entspricht (*Hohenstatt/Schramm* Kölner Komm. UmwG, § 5 Rn. 255; *Steigelmann* Information des Betriebsrats, S. 58). Bereits dies gewährleistet, dass dem Betriebsrat ein voller Monat zur Verfügung steht, um die umwandlungsrechtlichen Dokumente zu prüfen. Ist für den Beschluss der 31.08. vorgesehen, dann muss die Zuleitung bis spätestens am 31.07. um 0.00 Uhr erfolgt sein, kann also bis zum 30.07. um 24.00 Uhr geschehen (ebenso *Hohenstatt/Schramm* Kölner Komm. UmwG, § 5 Rn. 255; *Schröer* in: *Semler/Stengel* UmwG, § 5 Rn. 144 Fn. 370). Ein früherer Tag ist erforderlich, wenn der letzte Tag der Ein-Monats-Frist (im gegebenen Beispiel der 31.07.) auf einen Sonnabend, Sonntag oder gesetzlichen Feiertag fällt (*Bermel/Hannappel* in: *Goutier/Knopf/Tulloch* UmwG, § 5 Rn. 124; *Hausch* RNotZ 2007, 308 [314]; *Hohenstatt/Schramm* Kölner Komm. UmwG, § 5 Rn. 255; *Mayer* in: *Widmann/Mayer* Umwandlungsrecht, § 5 UmwG Rn. 256; *Müller* DB 1997, 713 [717]; *Müller-Eising/Bert* DB 1996, 1398 [1399 f.]; *Pfaff* Umwandlungsvertrag, S. 253; *Scharff* BB 2016, 437 [438]; *Schröer* in: *Semler/Stengel* UmwG, § 5 Rn. 144 Fn. 370; **a. M.** *Steigelmann* Information des Betriebsrats, S. 60 f.). In diesem Fall tritt an Stelle dieses Tages analog § 193 BGB der zeitlich vorhergehende Werktag (ebenso *Hausch* RNotZ 2007, 308 [314]; *Hohenstatt/Schramm* Kölner Komm. UmwG, § 5 Rn. 255; *Scharff* BB 2016, 437 [438]). 33

§ 5 Abs. 3 UmwG bzw. die §§ 126 Abs. 3, 194 Abs. 2 UmwG enthalten insoweit dispositives Recht als der »zuständige« Betriebsrat im Einzelfall auf die **Einhaltung der Frist verzichten** kann (*OLG Naumburg* 17.03.2003 AP Nr. 2 zu § 5 UmwG Bl. 1 R; *Gaul* Betriebs- und Unternehmensspaltung, § 29 Rn. 173; *Hausch* RNotZ 2007, 308 [315]; *Hohenstatt/Schramm* Kölner Komm. UmwG, § 5 Rn. 256; *Kallmeyer/Willemsen* UmwG, § 5 Rn. 76; *Langner/SHS* UmwG, § 5 Rn. 125; *Lutter/Drygala* UmwG, § 5 Rn. 148; *Lutter/Priester* UmwG, § 126 Rn. 15; *Mayer* in: *Widmann/Mayer* Umwandlungsrecht, § 5 UmwG Rn. 259, 266; *Melchior* GmbHR 1996, 833 [836 f.]; *Müller* DB 1997, 713 [717]; *Pfaff* Umwandlungsvertrag, S. 260 ff.; *ders.* DB 2002, 686 [688 f.]; *Scharff* BB 2016, 437 [438]; *Schröer* in: *Semler/Stengel* UmwG, § 5 Rn. 145; *Steigelmann* Information des Betriebsrats, S. 61 ff.; *Willemsen* RdA 1998, 23 [33]; *ders./WHSS* Kap. C Rn. 443; **a. M.** *Joost* in: Kölner Tage des Arbeitsrechts, S. 61 [83 f.]). Er kann sich deshalb z. B. damit einverstanden erklären, dass ihm der Verschmelzungsvertrag bzw. dessen Entwurf erst drei Wochen vor der Beschlussfassung zugeleitet wird. Bedeutsam ist dies insbesondere im Hinblick auf die Meinungsunterschiede zur korrekten Rückwärtsberechnung der Zuleitungsfrist, bei Übergabe der Unterlagen an ein nicht empfangszuständiges Betriebsratsmitglied oder bei Änderungen bzw. Ergänzungen der Unterlagen nach der Zuleitung. In diesen Konstellationen kann der »zuständige« Betriebsrat (s. dazu Rdn. 26 ff.) von der vollständigen Wahrung der Frist absehen, im Hinblick auf die Registereintragung und den dafür notwendigen Nachweis einer ordnungsgemäßen Zuleitung der Umwandlungsdokumente (s. Rdn. 37 f.) sollte sich der gesetzliche Vertreter des zur Zuleitung verpflichteten Rechtsträgers einen derartigen »Verzicht« des Betriebsrats jedoch schriftlich bestätigen lassen. Ein **vollständiger Verzicht auf die Zuleitung** ist dem Betriebsrat jedoch nicht gestattet (*OLG Naumburg* 17.03.2003 AP Nr. 2 zu § 5 UmwG Bl. 1 R; *Hausch* RNotZ 2007, 308 [314]; *Kallmeyer/Willemsen* UmwG, § 5 Rn. 76; *Lutter/Drygala* UmwG, § 5 Rn. 148; *Müller* DB 1997, 713 [717 Fn. 59]; *Pfaff* Umwandlungsvertrag, S. 254 ff.; *ders.* DB 2002, 686 [686 ff.]; *Scharff* BB 2016, 437 [438]; *Steigelmann* Information des Betriebsrats, S. 63 f.; *Willemsen* RdA 1998, 23 [33]; *ders./WHSS* Kap. C Rn. 444; **a. M.** *Langner/SHS* UmwG, § 5 Rn. 125; *Mayer* in: *Widmann/Mayer* Umwandlungsrecht, § 5 UmwG Rn. 266; *Schröer* in: *Semler/Stengel* UmwG, § 5 Rn. 146; *Stohlmeier* BB 1999, 1394 [1396 f.]). 34

ee) Änderungen der Unterlagen
Spätere Änderungen des Verschmelzungsvertrags bzw. seines Entwurfs lösen nicht stets eine erneute Pflicht zur Zuleitung sowie den Lauf der Ein-Monats-Frist aus. Das gilt zumindest für rein redaktio- 35

nelle Änderungen und solche, die auf die künftige Unternehmensstruktur und die Belegschaft keinerlei Auswirkungen haben können (*OLG Naumburg* 06.02.1997 DB 1997, 466 [467]; *Blechmann* NZA 2005, 1143 [1148]; *Hohenstatt / Schramm* Kölner Komm. UmwG, 2009, § 5 Rn. 250; *Kallmeyer / Willemsen* UmwG, § 5 Rn. 77; *Schröer* in: *Semler / Stengel* UmwG, § 5 Rn. 147; *Willemsen* RdA 1998, 22 [33]; *ders. / WHSS* Kap. C Rn. 445; **a. M.** wohl *OLG Naumburg* 17.03.2003 AP Nr. 2 zu § 5 UmwG Bl. 1 R: keine Unterscheidung zwischen wichtigen und unwichtigen Bestandteilen).

36 Anders ist zu entscheiden, wenn die Änderungen die nach den §§ 5 Abs. 1 Nr. 9, 122c Abs. 2 Nr. 4, 126 Abs. 1 Nr. 11, 194 Abs. 1 Nr. 7 UmwG erforderlichen Angaben betreffen und nicht gänzlich unwesentlich sind (*Bermel / Hannappel* in: *Goutier / Knopf / Tulloch* UmwG, § 5 Rn. 131; *Blechmann* NZA 2005, 1143 [1148]; *Dzida* GmbHR 2009, 459 [463]; *Hausch* RNotZ 2007, 308 [316]; *Hohenstatt / Schramm* Kölner Komm. UmwG, § 5 Rn. 250; *Joost* in: Kölner Tage des Arbeitsrechts, S. 61 [84]; *Langner / SHS* UmwG, § 5 Rn. 120; *Mayer* in: *Widmann / Mayer* Umwandlungsrecht, § 5 UmwG Rn. 261; *Müller* DB 1997, 713 [713 f.]; *Pfaff* Umwandlungsvertrag, S. 247 ff.; *Scharff* BB 2016, 437 [439]; *Schröer* in: *Semler / Stengel* UmwG, § 5 Rn. 147; *Willemsen / WHSS* Kap. C Rn. 445; **a. M.** *Gaul* Betriebs- und Unternehmensspaltung, § 29 Rn. 163 f.; *Steigelmann* Information des Betriebsrats, S. 65 f., die unabhängig von dem Gegenstand der Änderung eine erneute Zuleitung befürworten). Soll in derartigen Fällen die Ein-Monats-Frist nicht erneut zu laufen beginnen, so ist der gesetzliche Vertreter des Rechtsträgers darauf angewiesen, dass der Betriebsrat auf die Wahrung der Frist (s. Rdn. 34), verzichtet, andernfalls erfordert die Fristwahrung eine Verschiebung der Beschlussfassung über die Umwandlung.

ff) Eintragung der Umwandlung

37 Die **rechtzeitige Zuleitung** ist dem zuständigen Registergericht nachzuweisen (§ 17 Abs. 1 UmwG, § 125 UmwG i. V. m. § 17 Abs. 1 UmwG, § 199 UmwG). Sie ist **Eintragungsvoraussetzung** für die Umwandlung (*Bermel / Hannappel* in: *Goutier / Knopf / Tulloch* UmwG, § 5 Rn. 118, 132; *Boecken* Unternehmensumwandlungen, Rn. 340; *Dehmer* UmwG, § 5 Rn. 58; *Gaul* Betriebs- und Unternehmensspaltung, § 29 Rn. 177; *Hausch* RNotZ 2007, 308 [317]; *Hohenstatt / Schramm* Kölner Komm. UmwG, § 5 Rn. 257; *Kallmeyer / Willemsen* UmwG, § 5 Rn. 74; *Langner / SHS* UmwG, § 5 Rn. 128; *Lutter / Drygala* UmwG, § 5 Rn. 150; *Mayer* in: *Widmann / Mayer* Umwandlungsrecht, § 5 UmwG Rn. 264; *Mengel* Umwandlungen, S. 346 f.; *Müller* DB 1997, 713 [717]; *Willemsen* RdA 1998, 23 [32]). Das Registergericht kann dementsprechend wegen unvollständiger Anmeldeunterlagen die Eintragung der Umwandlung verweigern. Vor einer Zurückweisung des Eintragungsantrags ist der anmeldende Rechtsträger jedoch nach § 26 Abs. 2 der Handelsregisterverfügung unter Fristsetzung aufzufordern, die Unterlagen nachzureichen (*Pfaff* Umwandlungsvertrag, S. 229). Eine Aussetzung des Verfahrens nach § 381 FamFG soll hingegen nicht in Betracht kommen (*Melchior* GmbHR 1996, 833 [838]); ebenso steht dem Betriebsrat kein Anspruch auf Unterlassung der Eintragung zu (*Gaul* Betriebs- und Unternehmensspaltung, § 29 Rn. 180; *Steigelmann* Information des Betriebsrats, S. 104 ff.; s. auch *Blechmann* NZA 2005, 1143 [1149]). Wurde die Eintragung trotz fehlender Zuleitung der umwandlungsrechtlichen Dokumente vorgenommen, so kommt eine Löschung der Eintragung in Betracht, die aber im Ermessen des Registergerichts steht (*Melchior* GmbHR 1996, 833 [838]); das Informationsdefizit berührt zudem nicht die Wirksamkeit der Umwandlungsmaßnahme als solche (*Gaul* Betriebs- und Unternehmensspaltung, § 29 Rn. 177; *Henssler* FS *Kraft*, S. 219 [241]).

38 Für den **Nachweis der Zuleitung** bietet sich regelmäßig ein **Empfangsbekenntnis** des Betriebsratsvorsitzenden an (*Bermel / Hannappel* in: *Goutier / Knopf / Tulloch* UmwG, § 5 Rn. 121; *Boecken* Unternehmensumwandlungen, Rn. 341; *Hausch* RNotZ 2007, 308 [314]; *Henssler* FS *Kraft*, S. 219 [244]; *Hohenstatt / Schramm* Kölner Komm. UmwG, § 5 Rn. 257; *Joost* ZIP 1995, 976 [986]; *Kallmeyer / Willemsen* UmwG, § 5 Rn. 74; *Lutter / Drygala* UmwG, § 5 Rn. 150; *Mayer* in: *Widmann / Mayer* Umwandlungsrecht, § 5 UmwG Rn. 258; *Melchior* GmbHR 1996, 833 [837]; *Mengel* Umwandlungen, S. 346; *Müller* DB 1997, 713 [717]; *Schröer* in: *Semler / Stengel* UmwG, § 5 Rn. 141; *Willemsen* RdA 1998, 23 [32]; *ders. / WHSS* Kap. C Rn. 444). Andere Formen des Nachweises für den Zugang sind hierdurch nicht ausgeschlossen. Die **Vorlage eines Übersendungsschreibens** genügt jedoch nicht, da dieses lediglich die Absendung an den Betriebsrat belegt (*Bermel / Hannappel* in: *Goutier / Knopf / Tulloch* UmwG, § 5 Rn. 121; *Boecken* Unternehmensumwandlungen, Rn. 341; *Gaul* Betriebs- und

Unternehmensspaltung, § 29 Rn. 175; *Hausch* RNotZ 2007, 308 [314]; *Henssler* FS *Kraft*, S. 219 [243 f.]; *Joost* ZIP 1995, 976 [986]; *Pfaff* Umwandlungsvertrag, S. 228; *Schröer* in: *Semler/Stengel* UmwG, § 5 Rn. 141; zweifelnd auch *Müller* DB 1997, 713 [717]; **a. M.** *Lutter/Drygala* UmwG, § 5 Rn. 150; *Mayer* in: *Widmann/Mayer* Umwandlungsrecht, § 5 UmwG Rn. 258).

Entfällt die Zuleitungspflicht wegen des **Fehlens eines Betriebsrats**, dann ist dieser Umstand gegenüber dem Registergericht nachzuweisen (*Hausch* RNotZ 2007, 308 [316]; *Hohenstatt/Schramm* Kölner Komm. UmwG, § 5 Rn. 258; *Kallmeyer/Willemsen* UmwG, § 5 Rn. 78; *Langner/SHS* UmwG, § 5 Rn. 119; *Lutter/Drygala* UmwG, § 5 Rn. 150; *Mayer* in: *Widmann/Mayer* Umwandlungsrecht, § 5 UmwG Rn. 263; *Melchior* GmbHR 1996, 833 [834]; *Schröer* in: *Semler/Stengel* UmwG, § 5 Rn. 148; *Willemsen* RdA 1998, 23 [32]); zum Teil wird hierfür eine eidesstattliche Versicherung der gesetzlichen Vertreter verlangt (so *AmtsG* Duisburg 04.01.1996 GmbHR 1996, 372; **a. M.** *Hausch* RNotZ 2007, 308 [316]; *Hohenstatt/Schramm* Kölner Komm. UmwG, § 5 Rn. 258; *Langner/SHS* UmwG, § 5 Rn. 119; *Lutter/Drygala* UmwG, § 5 Rn. 150; *Mayer* in: *Widmann/Mayer* Umwandlungsrecht, § 5 UmwG Rn. 263; *Pfaff* Umwandlungsvertrag, S. 246 f.; *Schröer* in: *Semler/Stengel* UmwG, § 5 Rn. 148; *Steigelmann* Information des Betriebsrats, S. 14; *Stohlmeier* BB 1999, 1394 [1395]). Entsprechendes gilt, wenn der Betriebsrat auf die vollständige Wahrung der Ein-Monats-Frist verzichtet hat (*Hohenstatt/Schramm* Kölner Komm. UmwG, § 5 Rn. 258; *Schröer* in: *Semler/Stengel* UmwG, § 5 Rn. 141). Unterbleibt in einem derartigen Fall der Nachweis, dann kann das Registergericht die Eintragung der Umwandlung allein wegen der Nichtbeachtung der Frist verweigern.

c) Grenzüberschreitende Verschmelzungen

Von dem in Rdn. 23 skizzierten Mechanismus weichen die Vorschriften über **grenzüberschreitende Verschmelzungen** (§§ 122a bis 122l UmwG) ab (s. dazu *Dzida* GmbHR 2009, 459 [464 f.]; *Simon/Hinrichs* NZA 2008, 391 [393 ff.]), was auch den Vorgaben durch Art. 7 der Richtlinie 2005/56/EG (ABl. EU Nr. L 310 v. 25.11.2005, S. 1) beruht und vom deutschen Gesetzgeber zwingend umzusetzen war. Danach sind in den Verschmelzungsplan oder seinen Entwurf zwar auch die voraussichtlichen Auswirkungen der Verschmelzung auf die Beschäftigten aufzunehmen (§ 122c Abs. 2 Nr. 4 UmwG), dieser ist aber entgegen den §§ 5 Abs. 3, 126 Abs. 3 (135 Abs. 1), 194 Abs. 2 UmwG dem zuständigen Betriebsrat nicht zuzuleiten.

Der Versuch im Schrifttum, die Anwendung von **§ 5 Abs. 3 UmwG** über § 122a Abs. 2 UmwG oder eine **entsprechende Anwendung** zu begründen (für eine entsprechende Anwendung von § 5 Abs. 3 UmwG *Engels* AuR 2009, 10 [27 f.]; *Hausch* RNotZ 2007, 308 [311]; *Herrler* EuZW 2007, 295 [296]; *Kiem* WM 2006, 1091 [1096]; *Krause/Kulpa* ZHR Bd. 171 [2007], 38 [60 f.]; *Müller* ZIP 2007, 1081 [1083]), ist nicht überzeugend und **abzulehnen** (ebenso *Drinhausen* in: *Semler/Stengel* UmwG, § 122c UmwG Rn. 44 [abweichend noch *Drinhausen/Keinath* BB 2006, 725, 727]; *Dzida* GmbHR 2009, 459 [465]; *Heckschen* in: *Widmann/Mayer* Umwandlungsrecht, § 122c UmwG Rn. 29; *Hörtnagl/SHS* UmwG, § 122c Rn. 38; *Kallmeyer/Willemsen* UmwG § 122c Rn. 18; *Lutter/Bayer* UmwG, § 122c Rn. 32; *Polley* in: *Henssler/Strohn* Gesellschaftsrecht, 3. Aufl. 2016, § 122c Rn. 28; *Schädle* Verschmelzungen, S. 105 ff.; *Simon/Hinrichs* NZA 2008, 391 [392]; *Simon/Rubner* Der Konzern 2006, 835 [837]; *dies.* Kölner Komm. UmwG, § 122c Rn. 16), da der Rückgriff auf das Recht für innerstaatliche Verschmelzungen nach § 122a Abs. 2 UmwG ausdrücklich unter dem Vorbehalt steht, dass sich aus den §§ 122b ff. UmwG etwas anderes ergibt. Eine derartige abweichende Regelung liegt mit § 122e UmwG vor, der ersichtlich von dem Bestreben geleitet ist, den unionsrechtlichen Vorgaben durch die Richtlinie 2005/56/EG (ABl. EU Nr. L 310 v. 25.11.2005, S. 1) Rechnung zu tragen. Nach den Art. 5 und 7 dieser Richtlinie ist die Beteiligung des Betriebsrats ausschließlich bezüglich des Verschmelzungsberichts eröffnet, in dem – abweichend von § 8 UmwG – ausdrücklich auch die Auswirkungen der grenzüberschreitenden Verschmelzung auf die Arbeitnehmer der an der grenzüberschreitenden Verschmelzung beteiligten Unternehmen zu erläutern sind. Abweichend von der Konzeption der §§ 5, 8 UmwG erfolgt die Information der Arbeitnehmer und ihrer Vertretungen nach der Richtlinie 2005/56/EG nicht über den Verschmelzungsplan, sondern über den Verschmelzungsbericht. Der Verzicht im Rahmen der §§ 122a ff. UmwG auf eine mit § 5 Abs. 3 UmwG vergleichbare Bestimmung beruht deshalb auf einer unmittelbaren Übernahme der unionsrechtlichen Vorgaben, so dass der Rückgriff auf § 122a Abs. 2 UmwG nicht nur zu dem Regelungsplan des Gesetzgebers, sondern auch zu den für den Gesetzgeber verbindlichen Vorgaben der Richtlinie 2005/56/EG im Widerspruch steht.

42 Aus den vorstehenden Gründen hat sich der Gesetzgeber dafür entschieden, dass die Auswirkungen der grenzüberschreitenden Verschmelzung auf die Arbeitnehmer der an der Verschmelzung beteiligten Gesellschaften – anders als nach § 8 UmwG – zusätzlich in den **Verschmelzungsbericht** aufzunehmen und in diesem zu erläutern sind (§ 122e Satz 1 UmwG). Auch der Verschmelzungsbericht ist dem zuständigen Betriebsrat jedoch nicht zuzuleiten, sondern es genügt, wenn ihm dieser durch Auslage **in den Geschäftsräumen der Gesellschaft zugänglich** gemacht wird (§ 122e Satz 2 UmwG i. V. m. § 63 Abs. 1 Nr. 4 UmwG). Dies muss einen Monat vor der Versammlung der Anteilseigner geschehen, die nach § 13 UmwG über die Zustimmung zu dem Verschmelzungsplan beschließt.

43 Hinsichtlich der Bestimmung des zur Einsicht berechtigten **zuständigen Betriebsrats** gelten die Grundsätze zur inländischen Verschmelzung entsprechend (s. Rdn. 26 ff.; *Dzida* GmbHR 2009, 459 [464]; *Lutter/Bayer* UmwG, § 122e Rn. 16; *Simon/Hinrichs* NZA 2008, 391 [393]; ausführlich *Schädle* Verschmelzungen, S. 66 ff.). Das gilt ebenfalls für die Frage, ob der zuständige Betriebsrat auf die Einhaltung der Frist verzichten kann (s. Rdn. 34; dazu auch *Schädle* Verschmelzungen, S. 95 ff.; *Simon/Hinrichs* NZA 2008, 391 [394]; *Simon/Rubner* Kölner Komm. UmwG, § 122e Rn. 13). Einem Verzicht auf den Verschmelzungsbericht steht § 122e Satz 3 UmwG entgegen, für eine teleologische Reduktion der Norm und die Möglichkeit eines Verzichts durch den Betriebsrat (so *Drinhausen* in: *Semler/Stengel* UmwG, § 122e Rn. 13; *Schädle* Verschmelzungen, S. 94 f.; ähnlich *Hörtnagl/SHS* UmwG, § 122e Rn. 14) fehlen die methodischen Voraussetzungen, da der Gesetzgeber einen derartigen Verzicht ausdrücklich ausgeschlossen hat (ebenso im Ergebnis *Simon/Rubner* KölnerKomm. UmwG, § 122e Rn. 13).

44 Die Einhaltung der in Rdn. 42 skizzierten Beteiligung des zuständigen Betriebsrats ist Voraussetzung für die grenzüberschreitende Verschmelzung i. S. d. § 122k Abs. 2 UmwG und vom **Registergericht** vor Erteilung der **Verschmelzungsbescheinigung** zu prüfen. Deshalb muss das Vertretungsorgan einer übertragenden Gesellschaft dokumentieren, dass dem Betriebsrat der Verschmelzungsbericht in den Geschäftsräumen der Gesellschaft zugänglich gemacht wurde und er hiervon unter Wahrung der Monatsfrist unterrichtet wurde (s. *Simon/Hinrichs* NZA 2008, 391 [393]). Für den **Nachweis** gelten die Grundsätze zur Zuleitung des Verschmelzungsplans bei einer inländischen Verschmelzung (s. Rdn. 38) entsprechend.

45 Die auf eine Zugänglichmachung des Verschmelzungsberichts eingeschränkte Beteiligung des Betriebsrats ist in formaler Hinsicht jedoch durch die in **§ 63 Abs. 4 UmwG** eröffnete Option erleichtert, wenn der Verschmelzungsbericht über die **Internetseiten der Gesellschaft** zugänglich ist. In diesem Fall entfällt die Pflicht, den Verschmelzungsbericht in dem Geschäftsraum zur Einsicht auszulegen. In § 122e UmwG wird zwar nicht ausdrücklich auf § 63 Abs. 4 UmwG Bezug genommen, dessen Anwendbarkeit folgt aber aus § 122a Abs. 2 UmwG. Aus § 122e UmwG lassen sich keine Anhaltspunkte dafür entnehmen, dass die Erleichterungen durch § 63 Abs. 4 UmwG bei einer grenzüberschreitenden Verschmelzung versperrt sein sollen (ebenso *Hörtnagl/SHS* UmwG, § 122e Rn. 18; *Lutter/Bayer* UmwG, § 122e Rn. 20; *Kallmeyer/Marsch-Barner* UmwG, § 122e Rn. 6; *Polley* in: *Henssler/Strohn* Gesellschaftsrecht, 3. Aufl. 2016, § 122e UmwG Rn. 16; *Schmidt* NZG 2008, 734 [736]; *Schädle* Verschmelzungen, S. 62 ff.; **a. M.** wohl *Simon/Rubner* Kölner Komm. UmwG, § 122e Rn. 16 Fn. 25). Auch Art. 7 der Richtlinie 2005/56/EG erzwingt kein gegenteiliges Verständnis, da dieser die Modalitäten für die Zugänglichmachung nicht vorgibt und der Verschmelzungsbericht von dem zuständigen Betriebsrat ohne Schwierigkeiten eingesehen werden kann, wenn dieser über die Internetseite zugänglich ist (treffend *Schädle* Verschmelzungen, S. 64).

VI. Beteiligung des Betriebsrats nach dem Wertpapiererwerbs- und Übernahmegesetz (WpÜG)

46 Die **Beteiligung des Betriebsrats** einer Gesellschaft, deren Wertpapiere zum Handel an einem organisierten Markt zugelassen sind (§ 1 WpÜG), und einem **Angebot zum Erwerb** der von ihr (Zielgesellschaft) ausgegebenen Wertpapiere ist spezialgesetzlich im Wertpapiererwerbs- und Übernahme-

Einführung vor § 106

gesetz (WpÜG) geregelt, ohne hierdurch das Unterrichtungs- und Beratungsrecht des **Wirtschaftsausschusses** nach § 106 zu verdrängen. Dieser ist unabhängig von der im WpÜG vorgesehenen Beteiligung des Betriebsrats nach § 106 Abs. 3 Nr. 9a zu beteiligen, wenn die Übernahme von gesellschaftsrechtlichen Beteiligungen zu einer Kontrolle über das Unternehmen führt (s. näher § 106 Rdn. 94). Allerdings ist die systematisch ohnehin zweifelhafte (s. § 106 Rdn. 6 f.) Beteiligung des Betriebsrats nur schwach ausgeprägt. Sie beschränkt sich auf eine **Unterrichtung** sowie die Berechtigung des Betriebsrats, eine **Stellungnahme** zu dem **Übernahmeangebot** abzugeben. Ergänzt wird dieses in Unternehmen ohne Wirtschaftsausschuss durch § 109a. In systematischer Hinsicht ist für die Beteiligung des Betriebsrats nach dem WpÜG zu unterscheiden zwischen dem Betriebsrat der **Zielgesellschaft** (dazu Rdn. 47 f.) und dem bei dem **Bieter** bestehenden Betriebsrat (dazu Rdn. 49 f.).

Zunächst hat der **Vorstand der Zielgesellschaft** die **Entscheidung des Bieters** zur Abgabe eines 47 Angebots, das diesem schriftlich mitgeteilt worden ist, unverzüglich dem »zuständigen« Betriebsrat mitzuteilen (§ 10 Abs. 5 Satz 2 WpÜG; s. dazu *Assmann* in: *Assmann/Pötzsch/Schneider* [Hrsg.], WpÜG, 2. Aufl. 2013, § 10 Rn. 74 f.; *Engels* AuR 2009, 65 [65]; *Hirte* Kölner Komm. zum WpÜG, 2003, § 10 Rn. 85 ff.; *Noack/Holzborn* in: *Schwark/Zimmer* [Hrsg.], Kapitalmarktrechts-Kommentar, 4. Aufl. 2010, § 10 WpÜG Rn. 35 ff.; *Steigelmann* Information des Betriebsrats, S. 132 ff.; *Wackerbarth*/MK-AktG, § 10 WpÜG Rn. 73 ff.). Eine entsprechende Pflicht trifft den Vorstand der Zielgesellschaft nach § 14 Abs. 4 Satz 2 WpÜG hinsichtlich der vom Bieter übermittelten **Angebotsunterlage** (*Engels* AuR 2009, 65 [65]; *Steigelmann* Information des Betriebsrats, S. 153 ff.), da sich deren Angaben auch auf die Absichten des Bieters im Hinblick auf die Arbeitnehmer und deren Vertretungen beziehen (§ 11 Abs. 2 Satz 3 Nr. 2 WpÜG). Auf dieser Grundlage kann der Betriebsrat zu dem Übernahmeangebot Stellung nehmen, allerdings nicht unmittelbar gegenüber dem Bieter, sondern gegenüber dem Vorstand der Zielgesellschaft, der diese seiner eigenen Stellungnahme an den Bieter beizufügen hat (§ 27 Abs. 2 WpÜG; s. *Assmann* in: *Assmann/Pötzsch/Schneider* [Hrsg.], WpÜG, 2. Aufl. 2013, § 14 Rn. 49; *Engels* AuR 2009, 65 [66]; *Hirte* Kölner Komm. WpÜG, 2003, § 27 Rn. 56 ff.; *Noack/Holzborn* in: *Schwark/Zimmer* [Hrsg.], Kapitalmarktrechts-Kommentar, 4. Aufl. 2010, § 27 WpÜG Rn. 22 ff.; *Krause/Pötzsch* in: *Assmann/Pötzsch/Schneider* [Hrsg.], WpÜG, 2. Aufl. 2013, § 27 Rn. 104 ff.; *Seibt*/HWK WpÜG Rn. 20 f.; *Wackerbarth*/MK-AktG, § 27 WpÜG Rn. 29 ff.); zugleich haben Vorstand und Aufsichtsrat der Zielgesellschaft ihre eigene Stellungnahme zu dem Angebot dem »zuständigen« Betriebsrat zu übermitteln (§ 27 Abs. 3 Satz 2 WpÜG; s. näher *Steigelmann* Information des Betriebsrats, S. 179 ff.).

Soweit die vorgenannten Bestimmungen des WpÜG auf den »**zuständigen**« Betriebsrat abstellen, 48 sind die Grundsätze zu § 5 Abs. 3 UmwG maßgebend (s. Rdn. 26 ff. sowie *Engels* AuR 2009, 65 [66 f.]; *Seibt*/HWK WpÜG Rn. 9). Die Unterrichtungspflichten nach dem WpÜG sollen dem Betriebsrat frühzeitig von der beabsichtigten Übernahme Kenntnis verschaffen, ohne dass jedoch die **Einhaltung der** entsprechenden **Pflichten** Voraussetzung für ein rechtswirksames Übernahmeangebot ist. Dem Betriebsrat steht allerdings ein gegebenenfalls im arbeitsgerichtlichen Beschlussverfahren durchsetzbarer **Anspruch auf Zuleitung des Übernahmeangebots** zu. Dieses zählt zudem zu den Unterlagen, die dem **Wirtschaftsausschuss** nach § 106 Abs. 2 Satz 2 vorzulegen sind, sofern ein entsprechendes Übernahmeangebot in aller Regel nach § 106 Abs. 3 Nr. 9a zu den »wirtschaftlichen Angelegenheiten« zählt (s. näher § 106 Rdn. 87 ff.).

Ergänzend zu den an den Vorstand der Zielgesellschaft adressierten Unterrichtungspflichten im Hin- 49 blick auf den bei der Zielgesellschaft bestehenden Betriebsrat trifft auch den **Bieter** eine Unterrichtungspflicht gegenüber dem bei ihm bestehenden »zuständigen« Betriebsrat (s. *Engels* AuR 2009, 65 [66]). Diesem ist von dem Bieter nicht nur die Entscheidung zur Abgabe eines Angebots mitzuteilen (§ 10 Abs. 5 Satz 3 WpÜG; s. *Assmann* in: *Assmann/Pötzsch/Schneider* [Hrsg.], WpÜG, 2. Aufl. 2013, § 10 Rn. 76a; *Seibt*/HWK WpÜG Rn. 35; *Wackerbarth*/MK-AktG, § 10 WpÜG Rn. 79a), sondern ebenso hat er einem bei ihm bestehenden »zuständigen« Betriebsrat die dem Vorstand der Zielgesellschaft zugeleitete Angebotsunterlage zu übermitteln (§ 14 Abs. 4 Satz 3 WpÜG; *Assmann* in: *Assmann/Pötzsch/Schneider* [Hrsg.], WpÜG, 2. Aufl. 2013, § 14 Rn. 49a; *Seibt*/HWK WpÜG Rn. 38).

50 Die Rechtsstellung des »zuständigen« Betriebsrats beim Bieter beurteilt sich nicht nach dem WpÜG, sondern ausschließlich nach den Bestimmungen des BetrVG. Bezüglich der Entscheidung des Bieters zur Abgabe eines Übernahmeangebots kommt allenfalls eine Unterrichtung des Wirtschaftsausschusses in Betracht, jedoch werden die Interessen der beim Bieter beschäftigten Arbeitnehmer von der beabsichtigten Übernahme der Zielgesellschaft nicht stets wesentlich berührt sein (§ 106 Abs. 3 Nr. 10 BetrVG).

VII. Errichtung und Kompetenzen Europäischer Betriebsräte

1. Überblick

51 Die Beteiligung des Betriebsrats bzw. des Wirtschaftsausschusses in wirtschaftlichen Angelegenheiten wird ergänzt durch Europäische Betriebsräte, die auf verschiedenen Rechtsgrundlagen errichtet werden können. In allgemeiner Form sieht dies das **Europäische Betriebsräte-Gesetz (EBRG)** in gemeinschaftsweit tätigen Unternehmen und gemeinschaftsweit tätigen Unternehmensgruppen vor, wenn diese die in § 3 EBRG normierten Schwellenwerte überschreiten. Keine Anwendung findet das EBRG jedoch grundsätzlich bei der **Europäischen (Aktien-)Gesellschaft (SE)** sowie bei der **Europäischen Genossenschaft (SCE)**, da die dort für die Beteiligung der Arbeitnehmer maßgebenden spezialgesetzlichen Bestimmungen die Errichtung eines SE-Betriebsrats (s. Rdn. 54 ff.) bzw. eines SCE-Betriebsrats (s. Rdn. 60) mit vergleichbaren Kompetenzen eröffnen.

52 Konzeptionell gehen die Rechtsgrundlagen für den Europäischen Betriebsrat, den SE-Betriebsrat sowie den SCE-Betriebsrat übereinstimmend von dem Vorrang einer Vereinbarung aus, in der die Errichtung einer Arbeitnehmervertretung sowie das Verfahren zu deren Unterrichtung und Anhörung flexibel ausgestaltet werden kann (s. § 18 Abs. 1 EBRG, § 21 Abs. 1 SEBG, § 21 Abs. 1 SCEBG). Zu diesem Zweck ist von den Arbeitnehmern jeweils ein besonderes Verhandlungsgremium zu bilden (§§ 9 ff. EBRG, §§ 4 ff. SEBG, §§ 4 ff. SCEBG), das nicht nur eine Beteiligungsvereinbarung abschließen kann, sondern auch berechtigt ist, mit qualifizierter Mehrheit den Verzicht auf eine Beteiligung der Arbeitnehmer zu beschließen (§ 15 Abs. 1 EBRG, § 16 Abs. 1 SEBG, § 16 Abs. 1 SCEBG). Kommt es nicht zu einem derartigen Beschluss und liegt nach Ablauf einer unterschiedlich bemessenen Verhandlungsdauer keine Vereinbarung vor, dann kommt es kraft Gesetzes zur Errichtung eines Europäischen Betriebsrats bzw. SE-Betriebsrats oder SCE-Betriebsrats, dem die in den §§ 29, 30 EBRG, §§ 28 ff. SEBG oder § 28 ff. SCEBG näher ausgeformten und inhaltlich weitgehend übereinstimmenden Kompetenzen zustehen, die ihrerseits tatbestandlich den wirtschaftlichen Angelegenheiten i. S. d. § 106 Abs. 3 sowie den Betriebsänderungen in § 111 angenähert sind. Über die Ergebnisse der Unterrichtung und Anhörung sind die örtlichen Arbeitnehmervertretungen von dem Europäischen Betriebsrat bzw. dem SE-Betriebsrat oder dem SCE-Betriebsrat jeweils zu informieren (§ 36 EBRG, § 30 SEBG, § 30 SCEBG).

2. Europäischer Betriebsrat (EBRG)

53 Zu Errichtung und Kompetenzen des Europäischen Betriebsrats nach Maßgabe des EBRG s. im Einzelnen die Erläuterungen zu diesem Gesetz in **Anhang 2 zu Bd. I** dieses Kommentars.

3. SE-Betriebsrat (SEBG)

54 Die Errichtung Europäischer Betriebsräte sieht das EBRG in allen gemeinschaftsweit tätigen Unternehmen und Unternehmensgruppen vor, in denen die von § 3 EBRG geforderten Schwellenwerte hinsichtlich der Zahl der Arbeitnehmer überschritten werden. Hiervon sind jedoch solche Unternehmen ausgenommen, die als **Europäische (Aktien-)Gesellschaft (SE)** verfasst sind (dazu Verordnung [EG] Nr. 2157/2001 [ABl. EG Nr. L 294 vom 10.11.2001, S. 1 = EAS A 2130] sowie das SE-Ausführungsgesetz [SEAG] vom 22.12.2004 BGBl. I, S. 3675), da die Beteiligung der Arbeitnehmer in einer SE in dem **Gesetz über die Beteiligung der Arbeitnehmer in einer Europäischen Gesellschaft (SEBG)** geregelt ist (s. a. die Richtlinie 2001/86/EG [ABl. EG Nr. L 294 vom 10.11.2001, S. 22 = EAS A 3670]) und dieses gem. § 47 Abs. 1 Nr. 2 SEBG grundsätzlich den Vorrang gegenüber

Einführung vor § 106

der Beteiligung der Arbeitnehmer nach dem EBRG genießt (s. aber auch Rdn. 56). Im Unterschied zu dem EBRG greift die Beteiligung der Arbeitnehmer nach dem SEBG allein aufgrund der **Rechtsform** und unabhängig von der **Zahl** der bei der SE oder den beteiligten Gesellschaften bzw. Tochtergesellschaften beschäftigten **Arbeitnehmer** ein. Die **Anwendung des BetrVG** in den Betrieben der SE bzw. den beteiligten Gesellschaften und Tochtergesellschaften der SE stellt das SEBG jedoch nicht in Frage (§ 47 Abs. 1 Einleitungssatz SEBG), sofern das BetrVG aufgrund seines räumlichen Geltungsbereichs (dazu *Franzen* § 1 Rdn. 4 ff. sowie *Kreutz/Franzen* § 47 Rdn. 8 f.) für den Betrieb bzw. das Unternehmen gilt (s. näher *Habersack/UHH* § 47 SEBG Rn. 4; *Jacobs*/MK-AktG, § 47 SEBG Rn. 3; *Oetker/LHT* SE-Kommentar, § 47 SEBG Rn. 7, jeweils m. w. N.).

In ihrer Grundstruktur ähnelt die in dem SEBG vorgesehene Beteiligung der Arbeitnehmer dem Modell des EBRG, es geht jedoch über dieses hinaus, indem es zusätzlich Bestimmungen zur Mitbestimmung der Arbeitnehmer in den Organen der Gesellschaft enthält (im Überblick *Grobys* NZA 2004, 779 ff.; *ders.* NZA 2005, 84 ff.; *Nagel* AuR 2004, 281 ff.; *Niklas* NZA 2004, 1200 ff.; *Oetker* BB 2005, Special Nr. 1, S. 2 ff.; *ders.* ZESAR 2005, 3 ff.; *Wisskirchen/Prinz* DB 2004, 2638 ff.). Gemeinsam ist der Grundsatz eines Vorrangs für **Vereinbarungslösungen**. Um diesen zu verwirklichen, sieht § 1 Abs. 2 SEBG die Errichtung eines **besonderen Verhandlungsgremiums** vor (§§ 4 bis 20 SEBG; dazu näher im Überblick *Oetker* BB 2005, Special Nr. 1, S. 2 [5 ff.]), dessen Aufgabe darin besteht, mit der Leitung der Gesellschaft eine Vereinbarung abzuschließen, die auch die **Bildung eines SE-Betriebsrats**, dessen **Befugnisse** sowie das Verfahren zur **Unterrichtung** und **Anhörung** des SE-Betriebsrats umfasst (§ 21 Abs. 1 Nr. 2 bis 5 SEBG). Bezüglich des **SE-Betriebsrats kraft Vereinbarung** sind die gesetzlichen Vorgaben nahezu identisch mit denen, die § 18 EBRG für einen kraft Vereinbarung errichteten Europäischen Betriebsrat vorsieht (s. z. B. *Joost* in: *Oetker/Preis* [Hrsg.], Europäisches Arbeits- und Sozialrecht [EAS], B 8200, Rn. 116 ff. sowie hier § 18 EBRG Rdn. 1 ff.).

55

Das besondere Verhandlungsgremium trifft keine Pflicht, eine Beteiligung der Arbeitnehmer nach dem SEBG zu installieren. Vielmehr eröffnet § 16 SEBG auch die Möglichkeit, mit qualifizierter Mehrheit zu beschließen, **keine Verhandlungen** aufzunehmen oder bereits aufgenommene **Verhandlungen abzubrechen**. Dieser Beschluss, für den eine Mehrheit von zwei Drittel der Mitglieder erforderlich ist, die zudem mindestens zwei Drittel der Arbeitnehmer in mindestens zwei Mitgliedstaaten vertreten (§ 16 Abs. 1 Satz 2 SEBG), steht auch der Errichtung eines SE-Betriebsrats kraft Gesetzes entgegen (§ 16 Abs. 2 SEBG). Sofern ein Beschluss i. S. d. § 16 Abs. 1 Satz 1 SEBG gefasst worden ist, beurteilt sich die Beteiligung der Arbeitnehmer nach den allgemeinen Vorschriften (§ 16 Abs. 1 Satz 3 SEBG), was auch dazu führen kann, dass in der SE nach den Bestimmungen des EBRG ein **Europäischer Betriebsrat** zu bilden ist (*Jacobs*/MK-AktG, § 47 SEBG Rn. 5; *Habersack/UHH* § 47 Rn. 5; *Oetker/LHT* SE-Kommentar, § 47 SEBG Rn. 9). Hierfür ist allerdings eigenständig zu prüfen, ob die SE die Voraussetzungen für die Errichtung eines Europäischen Betriebsrats erfüllt (*Oetker/LHT* SE-Kommentar, § 47 SEBG Rn. 9), insbesondere also eine gemeinschaftsweite Tätigkeit entfaltet und den notwendigen Schwellenwert hinsichtlich der Arbeitnehmerzahl überschreitet. Das EBRG hat deshalb nicht den Charakter einer subsidiär eingreifenden Beteiligung; § 47 Abs. 1 Nr. 2 SEBG verhindert lediglich, dass zwischen der Beteiligung der Arbeitnehmer nach dem SEBG und der nach dem EBRG eine Konkurrenz entsteht.

56

Wie das EBRG sieht das SEBG als Auffanglösung einen **SE-Betriebsrat kraft Gesetzes** vor (§§ 22 bis 33 SEBG). Dieser ist abgesehen von einer Vereinbarung der Parteien (§ 22 Abs. 1 Nr. 1 SEBG) insbesondere für den Fall vorgesehen, dass innerhalb des Verhandlungszeitraums von regelmäßig sechs Monaten (§ 20 SEBG; s. aber auch die einvernehmlich mögliche Verlängerung auf maximal ein Jahr, § 20 Abs. 2 SEBG) keine Vereinbarung zwischen den Parteien zustande kommt und das besondere Verhandlungsgremium keinen Abbruch der Verhandlungen beschließt (§ 22 Abs. 1 Nr. 2 SEBG sowie vorstehend Rdn. 56). Die Organisationsverfassung des SE-Betriebsrats kraft Gesetzes sowie seine Rechtsstellung gestalten die §§ 23 bis 33 näher aus (s. dazu *Joost* in: *Oetker/Preis* [Hrsg.], Europäisches Arbeits- und Sozialrecht [EAS], B 8200 Rn. 131 ff.).

57

Neben den Vorschriften zur **Geschäftsführung** (§§ 24 ff. SEBG), die weitgehend denen für den Europäischen Betriebsrat kraft Gesetzes entsprechen, stehen vor allem die Rechte des SE-Betriebsrats auf **Unterrichtung und Anhörung** im Mittelpunkt (§§ 28, 29 SEBG), die bei **Tendenzunternehmen** eine Einschränkung erfahren (§ 39 Abs. 2 SEBG). Inhaltlich entsprechen die §§ 28, 29 SEBG den

58

Parallelbestimmungen in den §§ 32, 33 EBRG. Über die Ergebnisse des Unterrichtungs- und Anhörungsverfahrens unterrichtet der SE-Betriebsrat die Arbeitnehmervertreter (§ 30 SEBG), was mit der Parallelregelung in § 36 EBRG für den Europäischen Betriebsrat übereinstimmt.

59 Den Mitgliedern des SE-Betriebsrats kraft Gesetzes steht entsprechend den Voraussetzungen in § 37 Abs. 6 Satz 1 – ebenso wie den Mitgliedern des Europäischen Betriebsrats (s. § 38 EBRG) – ein Anspruch auf Teilnahme an **Schulungs- und Bildungsveranstaltungen** zu, wenn die dort vermittelten Kenntnisse für die Arbeit des SE-Betriebsrats erforderlich sind (§ 31 SEBG). Ferner kann sich der SE-Betriebsrat kraft Gesetzes durch **Sachverständige** unterstützen lassen (§ 32 SEBG; s. ebenso § 39 Abs. 2 EBRG), zu denen auch **Vertreter von Gewerkschaften** gehören können. Die für die Geschäftsführung des SE-Betriebsrats erforderlichen **Kosten** hat die SE zu tragen (§ 33 Satz 1 SEBG sowie die Parallelnorm in § 39 Abs. 1 EBRG). Das gilt auch für Räume, Büropersonal sowie Reise- und Aufenthaltskosten (§ 33 Satz 2 SEBG i. V. m. § 19 Satz 2 SEBG). Im Übrigen trifft die Mitglieder des SE-Betriebsrats einerseits eine umfassende **Verschwiegenheitspflicht** (§ 41 Abs. 2 und 3 SEBG; s. auch § 35 EBRG), andererseits steht ihnen ein den Arbeitnehmervertretern der jeweiligen Mitgliedstaaten entsprechender **Kündigungsschutz** sowie ein **Recht auf Entgeltfortzahlung** zu (§ 42 Satz 2 SEBG; s. auch § 40 Abs. 1 EBRG). Ebenso sieht § 44 SEBG einen **Errichtungs- und Tätigkeitsschutz** vor, der inhaltlich der Parallelvorschrift in § 42 EBRG entspricht.

4. SCE-Betriebsrat (SCEBG)

60 Für Unternehmen, die als **Europäische Genossenschaft (SCE)** verfasst sind (dazu Verordnung [EG] Nr. 1435/2003 [ABl. EU Nr. L 207 vom 18.08.2003, S. 1 = EAS A 2160] sowie das SCE-Ausführungsgesetz [SCEAG] vom 14.08.2006 BGBl. I, S. 1911), ist die Beteiligung der Arbeitnehmer in dem **Gesetz über die Beteiligung der Arbeitnehmer und Arbeitnehmerinnen in einer Europäischen Genossenschaft (SCEBG)** geregelt (s. auch die Richtlinie 2003/72/EG [ABl. EU Nr. L 207 vom 18.08.2003, S. 25 = EAS A 3720]). Hinsichtlich der Regelungen zum SCE-Betriebsrat stimmen die Bestimmungen des SCEBG mit denjenigen für den SE-Betriebsrat überein, so dass auf die dortigen Erläuterungen verwiesen werden kann (s. Rdn. 54 ff.).

Erster Unterabschnitt
Unterrichtung in wirtschaftlichen Angelegenheiten

§ 106
Wirtschaftsausschuss

(1) In allen Unternehmen mit in der Regel mehr als einhundert ständig beschäftigten Arbeitnehmern ist ein Wirtschaftsausschuss zu bilden. Der Wirtschaftsausschuss hat die Aufgabe, wirtschaftliche Angelegenheiten mit dem Unternehmer zu beraten und den Betriebsrat zu unterrichten.

(2) Der Unternehmer hat den Wirtschaftsausschuss rechtzeitig und umfassend über die wirtschaftlichen Angelegenheiten des Unternehmens unter Vorlage der erforderlichen Unterlagen zu unterrichten, soweit dadurch nicht die Betriebs- und Geschäftsgeheimnisse des Unternehmens gefährdet werden, sowie die sich daraus ergebenden Auswirkungen auf die Personalplanung darzustellen. Zu den erforderlichen Unterlagen gehört in den Fällen des Absatzes 3 Nr. 9a insbesondere die Angabe über den potentiellen Erwerber und dessen Absichten im Hinblick auf die künftige Geschäftstätigkeit des Unternehmens sowie die sich daraus ergebenden Auswirkungen auf die Arbeitnehmer; Gleiches gilt, wenn im Vorfeld der Übernahme des Unternehmens ein Bieterverfahren durchgeführt wird.

(3) Zu den wirtschaftlichen Angelegenheiten im Sinne dieser Vorschrift gehören insbesondere
1. die wirtschaftliche und finanzielle Lage des Unternehmens;

2. die Produktions- und Absatzlage;
3. das Produktions- und Investitionsprogramm;
4. Rationalisierungsvorhaben;
5. Fabrikations- und Arbeitsmethoden, insbesondere die Einführung neuer Arbeitsmethoden;
5a. Fragen des betrieblichen Umweltschutzes;
6. die Einschränkung oder Stilllegung von Betrieben oder von Betriebsteilen;
7. die Verlegung von Betrieben oder Betriebsteilen;
8. der Zusammenschluss oder die Spaltung von Unternehmen oder Betrieben;
9. die Änderung der Betriebsorganisation oder des Betriebszwecks;
9a. die Übernahme des Unternehmens, wenn hiermit der Erwerb der Kontrolle verbunden ist, sowie
10. sonstige Vorgänge und Vorhaben, welche die Interessen der Arbeitnehmer des Unternehmens wesentlich berühren können.

Literatur
Anders Die Informationsrechte des Wirtschaftsausschusses in einer Aktiengesellschaft, Diss. Köln 1979; *Birk* »Tendenzbetrieb« und Wirtschaftsausschuß, JZ 1973, 753; *Bobke* Wirtschaftsausschuß, AiB 1982, 133; *Bösche/Grimberg* Vorlage des Wirtschaftsprüferberichtes im Wirtschaftsausschuß, AuR 1987, 133; *dies.* Der Wirtschaftsausschuß – Informationsorgan des Betriebsrates, AiB 1989, 108; *dies.* Der Wirtschaftsausschuß, AiB 1990, 507; *Boldt* Organisation und Aufgaben des Wirtschaftsausschusses nach dem Betriebsverfassungsgesetz, Die AG 1972, 299; *Bruder* Die Weitergabe von Insiderinformationen durch Arbeitnehmervertreter (Diss. München 2007), 2008 (zit.: Insiderinformationen); *Cox/Grimberg* Rechtsprechungsübersicht-Wirtschaftsausschuß, AiB 2003, 26; *dies.* Wirtschaftsausschuss – Aktuelle Entscheidungen im Überblick, AiB 2006, 173; *Daeglins/Düwell* Die Arbeit des Wirtschaftsausschusses, 1995; *Dahl* Der Wirtschaftsausschuß nach dem Betriebsverfassungsgesetz vom 15. Januar 1972, Diss. Köln 1981; *Disselkamp* Praxis im Wirtschaftsausschuss von A-Z, 3. Aufl. 2015; *Edenfeld* Der Wirtschaftsausschuss in komplexen Unternehmensstrukturen, DB 2015, 679; *Eisbach/Rybka* Die Absatzpolitik: Ein Thema für den Wirtschaftsausschuß, AiB 1999, 8; *Federlin* Die Ad-hoc-Publizitätspflicht von Insiderinformationen und die Unterrichtungspflichten nach dem Betriebsverfassungsgesetz, FS *Hromadka*, 2008, S. 69; *Fischer* Betriebsverfassungsrechtliche Informationsansprüche bei Börsennotierung des Unternehmens in den USA, DB 1998, 2606; *Fleischer* Reichweite und Grenzen der Unterrichtungspflicht des Unternehmens gegenüber dem Wirtschaftsausschuß nach §§ 106 Abs. 2 Satz 2, Abs. 3 Nr. 9a, 109a BetrVG, ZfA 2009, 787; *Föhr* Vorlage von Unterlagen des Arbeitgebers an Betriebsrat und Wirtschaftsausschuß, DB 1976, 1378; *Fricke/Grimberg/Wolter* Der Wirtschaftsausschuss – gezielt eingesetzt, 7. Aufl. 2014; *B. Gaul* Beteiligungsrechte von Wirtschaftsausschuß und Betriebsrat bei Umwandlung und Betriebsübergang, DB 1995, 2265; *D. Gaul* Gesamtbetriebsrat und Wirtschaftsausschuß bei Unternehmen mit Sitz im Ausland, AWD 1974, 471; *Gege* Die Funktion des Wirtschaftsausschusses im Rahmen der wirtschaftlichen Mitbestimmung (Diss. Bremen), 1977 (zit.: Funktion des Wirtschaftsausschusses); *ders.* Die Funktion des Wirtschaftsausschusses im Rahmen der wirtschaftlichen Mitbestimmung, DB 1979, 647; *Gerdom* Gemeinschaftsrechtliche Unterrichtungs- und Anhörungspflichten und ihre Auswirkungen auf das Betriebsverfassungs-, Personalvertretungs- und Mitarbeitervertretungsrecht (Diss. Bonn), 2009 (zit.: Unterrichtungs- und Anhörungspflichten); *Grauvogel/Hase/Röhricht* Wirtschaftsausschuß und Betriebsrat, 1996; *Grimberg* Wirtschaftsausschuß, AiB 1993, 177; *Grundmann* Der Wirtschaftsausschuss, 3. Aufl. 2016; *Gutzmann* Die Unterrichtung des Wirtschaftsausschusses gemäß §§ 106 Abs. 2 und 108 Abs. 5 BetrVG, DB 1989, 1083; *Hartung* Muß der Wirtschaftsausschuß über die eingeplante Tariferhöhung unterrichtet werden?, DB 1975, 885; *Hase* Arbeit im Wirtschaftsausschuß, AiB 2012, 112; *Heinze* Zur rechtzeitigen Information von Betriebsrat und Wirtschaftsausschuß über geplante Betriebsänderungen, NZA 1985, 555; *Heither* Wirtschaftsausschuß, AR-Blattei SD, Betriebsverfassung XIV E, 530.14.4, 1998; *Hercher* Vereinbarungen über die Information des Wirtschaftsausschusses, AiB 1992, 5; *Hommelhoff* Abschlußprüfer-Berichte an den Wirtschaftsausschuß?, ZIP 1990, 218; *Joost* Wirtschaftliche Angelegenheiten als Kompetenzbereich des Wirtschaftsausschusses, FS *Kissel*, 1994, S. 433; *ders.* Die Mitwirkung des Wirtschaftsausschusses bei Unternehmensübernahmen, FS *Kreutz*, 2010, S. 161; *Kappes* Weitergabe von Insidertatsachen, NJW 1995, 2832; *Kehrmann/Schneider* Die wirtschaftliche Mitbestimmung nach dem neuen Betriebsverfassungsgesetz, BlStSozArbR 1972, 60; *Keim* Wann ist die Einschaltung des Wirtschaftsausschusses rechtzeitig?, BB 1980, 1330; *Kolbe* Arbeitnehmer-Beteiligung nach der geplanten Richtlinie über die Verwalter alternativer Inventmentfonds, DB 2009, 1874; *Krack/Gauer* Der Wirtschaftsausschuss – Zusammenarbeit effektiv organisieren!, AiB 2006, 430; *Krack/Strauss-Fehlberg* Der Wirtschaftsausschuß als Teil gewerkschaftlicher Interessenvertretung, BetrR 1981, 70; *Krack/Strauss-Wieczorek* Der Wirtschaftsausschuß als Teil gewerkschaftlicher Interessenvertretung, 1982; *F. W. Kraft* Der Wirtschaftsaus-

schuß, 4. Aufl. 1978; *Lahusen* Streitigkeiten zwischen Unternehmer und Wirtschaftsausschuß, BB 1989, 1399; *Laßmann/Rupp* Handbuch Wirtschaftsausschuss, 10. Aufl. 2016; *Lerch/Weinbrenner* Auskunftsanspruch des Wirtschaftsausschusses bei Konzernbezug, NZA 2013, 355; *Lerche* Der Europäische Betriebsrat und der deutsche Wirtschaftsausschuß (Diss. Göttingen), 1997 (zit.: Europäischer Betriebsrat); *Liebers/Erren/Weiß* Die Unterrichtungspflichten des Risikobegrenzungsgesetzes und der Geheimnisgefährdungstatbestand im transaktionsbegleitenden Arbeitsrecht, NZA 2009, 1061; *Löw* Arbeitsrechtliche Regelungen im Risikobegrenzungsgesetz, DB 2008, 758; *Martens* Die Vorlage des Jahresabschlusses und des Prüfungsberichts gegenüber dem Wirtschaftsausschuß, DB 1988, 1229; *U. Mayer* Wirtschaftliche Informationen in Kleinunternehmen, AuR 1991, 14; *Nebendahl* Zulässigkeit der Bildung eines Wirtschaftsausschusses im Konzern?, DB 1991, 384; *Nagel/Hopfe* Informationspflichten beim Kontrollerwerb an nicht-börsennotierten Gesellschaften und der Schutz von Betriebs- und Geschäftsgeheimnissen, ZIP 2010, 817; *Neuerburg* Die Rolle des Wirtschaftsausschusses bei einer Unternehmensübernahme vor und nach Einführung des RisikobG (Diss. Münster), 2012 (zit.: Unternehmensübernahme); *v. Neumann-Cosel* Der Wirtschaftsausschuß in der Mitbestimmungspraxis, 1986; *v. Neumann-Cosel/Teppich* Die Arbeit des Wirtschaftsausschusses bei Verschmelzungsplanungen, DMitbest. 1987, 253; *Oetker* Verschwiegenheitspflichten des Unternehmers als Schranke für die Unterrichtungspflichten gegenüber Wirtschaftsausschuß und Betriebsrat in wirtschaftlichen Angelegenheiten, FS *Wißmann*, 2005, S. 396; *ders.* Übernahme von Unternehmen und Beteiligung von Wirtschaftsausschuß und Betriebsrat im Zielunternehmen, FS *Bauer*, 2010, S. 791; *Oetker/Lunk* Der Betriebsrat – ein Ersatzorgan für den Wirtschaftsausschuß?, DB 1990, 2320; *Ohlendorf/Salamon* Beteiligung des Wirtschaftsausschusses vor Unterrichtung des Betriebsrats bei Betriebsänderungen, FA 2007, 340; *Rentsch* Die rechtzeitige Unterrichtung betrieblicher Arbeitnehmervertretungen (Diss. Göttingen 2014), 2015 (zit.: Unterrichtung); *Ritter* Der Wirtschaftsausschuss nach dem Betriebsverfassungsgesetz und die Rahmenrichtlinie 2002/14/EG (Diss. Bonn), 2006 (zit.: Wirtschaftsausschuss); *Röder* Unterrichtungspflichten bei Transaktionen, FS Bauer, 2010, S. 885; *Röder/Göpfert* Unterrichtung des Wirtschaftsausschusses bei Unternehmenskauf und Umwandlung, BB 1997, 2105; *Röder/Merten* Ad-hoc-Publizitätspflicht bei arbeitsrechtlich relevanten Maßnahmen, NZA 2005, 268; *Schleifer/Kliemt* Einschränkung betriebsverfassungsrechtlicher Unterrichtungspflichten durch Insiderrecht?, DB 1995, 2214; *Schubert* Der Unternehmensbegriff im Rahmen der betrieblichen Mitbestimmung in wirtschaftlichen Angelegenheiten, ZfA 2004, 253; *Schröder/Falter* Die Unterrichtung des Wirtschaftsausschusses bei Unternehmensübernahmen nach Inkrafttreten des Risikobegrenzungsgesetzes, NZA 2008, 1097; *Simon/Dobel* Das Risikobegrenzungsgesetz – Neue Unterrichtungspflichten bei Unternehmensübernahmen, BB 2008, 1855; *Steigelmann* Die Information des Betriebsrats bei der Umwandlung und Übernahme von Unternehmen (Diss. Jena), 2004 (zit.: Information des Betriebsrats); *Thüsing* Beteiligungsrechte von Wirtschaftsausschuss und Betriebsrat bei Unternehmensübernahmen, ZIP 2008, 106; *Vogt* Zur Vorlagepflicht von Unterlagen bei der Erteilung wirtschaftlicher Informationen an Wirtschaftsausschuß und Betriebsrat, BB 1978, 1125; *Vogt/Bedkowski* Risikobegrenzungsgesetz – arbeitsrechtliche Auswirkungen auf M & A Transaktionen, NZG 2008, 725; *Wiese* Sitzungen des Wirtschaftsausschusses und die Behandlung geheimhaltungsbedürftiger, vertraulicher sowie sonstiger Tatsachen, FS *K. Molitor*, 1988, S. 365; *ders.* Zur rechtzeitigen Unterrichtung der Betriebsräte und der Wirtschaftsausschüsse von Konzernunternehmen über Investitionsrahmenpläne eines Unterordnungskonzerns, FS *Wiedemann*, 2002, S. 617; *Winstel* Unterrichtung der Belegschaftsvertretung der Tochtergesellschaft im (grenzüberschreitenden) Aktienkonzern (Diss. Mannheim), 2011 (zit.: Unterrichtung); *Wisskirchen* Der Wirtschaftsausschuß nach dem Betriebsverfassungsgesetz 1972, JArbR Bd. 13 (1975), 1976, S. 73.

Inhaltsübersicht   **Rdn.**

I.	Vorbemerkung	1–9
II.	Rechtsnatur	10–13
III.	Voraussetzungen für die Errichtung eines Wirtschaftsausschusses	14–50
	1. Anwendbarkeit der §§ 106 ff. für das Unternehmen	14–16
	2. Unternehmensbegriff	17–30
	a) Allgemeines	17, 18
	b) Gemeinschaftsbetrieb	19–23
	c) Inländische Betriebe ausländischer Unternehmen	24, 25
	d) Konzern	26–30
	3. Unternehmensgröße	31–48
	a) Allgemeines	31–38
	b) Gemeinschaftsbetriebe	39–42
	c) Ausländische Betriebe inländischer Unternehmen	43
	d) Inländische Betriebe ausländischer Unternehmen	44

	e) Kleinunternehmen	45–48
	4. Anzahl der Wirtschaftsausschüsse im Unternehmen	49
	5. Errichtungspflicht	50
IV.	Aufgaben und Kompetenzen des Wirtschaftsausschusses	51–55
V.	Unterrichtspflicht des Unternehmers gegenüber dem Wirtschaftsausschuss	56–155
	1. Gegenstand der Unterrichtung	56–111
	a) Allgemeines	56–65
	aa) Regelungstechnik des § 106 Abs. 3	57
	bb) Bedeutung der Angelegenheit für die Interessen der Arbeitnehmer	58, 59
	cc) Das »Unternehmen« als Anknüpfung	60–62
	dd) Auswirkungen auf die Personalplanung	63–65
	b) Wirtschaftliche und finanzielle Lage des Unternehmens (§ 106 Abs. 3 Nr. 1)	66–70
	c) Produktions- und Absatzlage (§ 106 Abs. 3 Nr. 2)	71, 72
	d) Produktions- und Investitionsprogramm (§ 106 Abs. 3 Nr. 3)	73, 74
	e) Rationalisierungsvorhaben (§ 106 Abs. 3 Nr. 4)	75
	f) Fabrikations- und Arbeitsmethoden, insbesondere die Einführung neuer Arbeitsmethoden (§ 106 Abs. 3 Nr. 5)	76–78
	g) Fragen des betrieblichen Umweltschutzes (§ 106 Abs. 3 Nr. 5a)	79–81
	h) Einschränkung oder Stilllegung von Betrieben oder von Betriebsteilen (§ 106 Abs. 3 Nr. 6)	82, 83
	i) Verlegung von Betrieben oder Betriebsteilen (§ 106 Abs. 3 Nr. 7)	84
	j) Zusammenschluss oder Spaltung von Unternehmen oder Betrieben (§ 106 Abs. 3 Nr. 8)	85–88
	k) Änderung der Betriebsorganisation oder des Betriebszwecks (§ 106 Abs. 3 Nr. 9)	89, 90
	l) Übernahme des Unternehmens (§ 106 Abs. 3 Nr. 9a)	91–102
	m) Sonstige Vorgänge und Vorhaben (§ 106 Abs. 3 Nr. 10)	103–111
	2. Art und Weise der Unterrichtung	112–129
	a) Allgemeines	112
	b) Zeitpunkt	113–122
	c) Umfang	123–126
	d) Form	127, 128
	e) Meinungsverschiedenheiten	129
	3. Vorlage von Unterlagen	130–140
	a) Unterlagen i. S. d. § 106 Abs. 2	131
	b) Erforderlichkeit der Unterlage	132–136
	c) »Vorlage« der Unterlagen	137–140
	4. Gefährdung von Betriebs- und Geschäftsgeheimnissen	141–147
	5. Adressat der Unterrichtungs- und Vorlagepflicht	148–154
	6. Verletzung der Unterrichtungspflicht	155
VI.	Streitigkeiten	156–158

I. Vorbemerkung

Mit dem in den §§ 106 bis 109 näher ausgestalteten Wirtschaftsausschuss greift das BetrVG auf ein Organ zurück, das bereits im **BetrVG 1952** enthalten war (s. §§ 67 ff. BetrVG 1952). Trotz zahlreicher regelungstechnischer Übernahmen in das novellierte BetrVG und unveränderter Bezeichnung sind grundsätzliche **dogmatische Strukturunterschiede** unverkennbar. Vergleichbar mit einem gemeinsamen Ausschuss i. S. d. § 28 Abs. 2 (s. *Hueck/Nipperdey* II/2, S. 1464 f.: »gemeinsamer ständiger Arbeitsausschuß der Betriebspartner«) war der Wirtschaftsausschuss nach früherem Recht ein paritätisch aus Vertretern des Unternehmens und des Betriebsrats gebildetes Organ (§ 68 Abs. 2 Satz 1 BetrVG 1952). Wegen der auf Integration ausgerichteten Zusammensetzung sowie des selbständigen Aufgabenbereichs handelte es sich bei diesem um ein eigenständiges Organ der Betriebsverfassung (*Dietz* § 67 Rn. 2: »Organ der Unternehmensgemeinschaft«; *Neumann-Duesberg* S. 584: »Hilfseinrichtung des Unternehmens«). 1

Die in die Schaffung des Wirtschaftsausschusses gesetzten Erwartungen (s. *Dietz* § 67 Rn. 1: »Integration der Unternehmens- und Betriebsgemeinschaft«; *Neumann-Duesberg* S. 584: »Integrationsfunk- 2 tion«) blieben unter der früheren Rechtslage unerfüllt (s. *Gege* Funktion des Wirtschaftsausschusses, S. 111 ff., mit zusammenfassender Darstellung zu rechtstatsächlichen Erhebungen; plastisch *Bericht der Sachverständigenkommission* Mitbestimmung im Unternehmen, 1970, S. 92: »Entleerung der gesetzlich vorgesehenen Funktion«). Deshalb wurde bei der **Novellierung des BetrVG** im Jahre **1972** nicht nur der Aufgabenbereich des Wirtschaftsausschusses erweitert, sondern wegen der Umstellung zu einer unmittelbaren Kooperation zwischen Unternehmen und Betriebsrat auch seine Zusammensetzung grundlegend umgestaltet (*BT-Ausschuss für Arbeit und Sozialordnung* zu BT-Drucks. VI/2729, S. 7 f.; krit. *Böhm* RdA 2013, 193 [199 f.]). Der Wirtschaftsausschuss wird seitdem ausschließlich durch vom Betriebsrat bzw. Gesamtbetriebsrat bestimmte Mitglieder gebildet (§ 107 Abs. 2 Satz 1, s. dazu § 107 Rdn. 22 ff.). Zudem ist der Betriebsrat bzw. Gesamtbetriebsrat berechtigt, die Aufgaben des Wirtschaftsausschusses auf einen Ausschuss des Betriebsrats bzw. Gesamtbetriebsrats zu übertragen (§ 107 Abs. 3, s. näher § 107 Rdn. 47 ff.); ihm ist es aber verwehrt, die Aufgaben selbst zu übernehmen (s. § 107 Rdn. 47, 60). **Verfassungsrechtliche Bedenken** gegen die Einrichtung eines Wirtschaftsausschusses, die im Hinblick auf **Art. 12 Abs. 1 GG** formuliert wurden, hat das *BVerfG* zu Recht verworfen, da der mit dessen Errichtung verbundene Eingriff lediglich von geringer Intensität sei und das unternehmerische Letztentscheidungsrecht unangetastet bleibe, so dass angesichts der gegenüberstehenden sachgerechten und vernünftigen Erwägungen des Gemeinwohls keine unzumutbare Beeinträchtigungen vorliegen (*BVerfG* 30.04.2015 EzA § 118 BetrVG 2001 Nr. 12a Rn. 17 = AP Nr. 88 zu § 118 BetrVG 1972 = NZA 2015, 820).

3 Die Vorschriften zum Wirtschaftsausschuss standen lange Zeit außerhalb der rechtspolitischen Diskussion (s. aber Rdn. 86). Dies änderte sich erst im Vorfeld der im Jahre 1998 einsetzenden Überlegungen zu einer Reform des Gesetzes (s. auch *Wiese* Einl. Rdn. 36 ff.). Dabei gingen die im Jahre **1998** unterbreiteten Vorschläge des DGB für eine **Novellierung des BetrVG** weit über das geltende Recht hinaus, da sie die *de lege lata* dem Wirtschaftsausschuss zugewiesene Unterrichtung und Beratung vollständig auf den Betriebsrat verlagern wollten (s. a. *Däubler/DKKW* § 106 Rn. 1, zu gleichgerichteten älteren Vorschlägen). Dementsprechend wurde auf eine dem Wirtschaftsausschuss vergleichbare Einrichtung verzichtet (hierfür auch *de lege ferenda Böhm* RdA 2013, 193 [200]); dem Betriebsrat sollte jedoch die Möglichkeit verbleiben, die Unterrichtung und Beratung in wirtschaftlichen Angelegenheiten auf einen Ausschuss des Betriebsrats zu übertragen. Bereits der Referentenentwurf zum **BetrVerf-ReformG** griff diese Vorstellungen nicht auf, sondern beschränkte sich auf kleinere Korrekturen. Darüber hinaus sah dieser jedoch abweichend vom geltenden Recht (s. Rdn. 26 ff.) die obligatorische Bildung eines **Konzernwirtschaftsausschusses** vor (§ 109a des Referentenentwurfs). Dieses Vorhaben wurde aber bereits im Regierungsentwurf wieder fallengelassen (s. *Schiefer/Korte* NZA 2001, 71 [87] sowie *Richardi/Annuß* § 106 Rn. 9); es verblieb bei einer Ergänzung der Katalogtatbestände in § 106 Abs. 3 durch die zusätzliche Aufnahme des **betrieblichen Umweltschutzes** (§ 106 Abs. 3 Nr. 5a sowie dazu Rdn. 79).

4 Zuletzt wurde § 106 durch Art. 4 des Gesetzes zur Begrenzung der mit Finanzinvestitionen verbundenen Risiken (**Risikobegrenzungsgesetz**) vom 12.08.2008 (BGBl. I, 1666) geändert. Dieser erweiterte § 106 Abs. 3 um die neu eingefügte Nr. 9a und bezieht hierdurch die Übernahme des Unternehmens in den Kreis der wirtschaftlichen Angelegenheiten ein (dazu näher Rdn. 91 ff.). Ergänzend wurden speziell im Hinblick auf den in § 106 neu geschaffenen Tatbestand die dem Wirtschaftsausschuss vorzulegenden Unterlagen in § 106 Abs. 2 durch Anfügung von Satz 2 konkretisiert (s. Rdn. 125, 136). Die in das BetrVG aufgenommenen Änderungen waren bereits in dem Entwurf der Bundesregierung (BT-Drucks. 16/7438, S. 14 f.) enthalten und wurden von dem Finanzausschuss des Deutschen Bundestags unverändert in dessen Beschlussempfehlung übernommen (s. BT-Drucks. 16/9778, S. 17 f.; BT-Drucks. 16/9821, S. 8).

5 Die in § 106 neu aufgenommenen Bestimmungen knüpfen ausweislich der Regierungsbegründung an die übernahmerechtlichen Vorschriften des **Wertpapiererwerbs- und Übernahmegesetzes (WpÜG)** (s. näher vor § 106 Rdn. 46 ff. sowie im Überblick *Fleischer* ZfA 2009, 787 [790 ff.]) und die dortigen Informationspflichten gegenüber dem zuständigen Betriebsrat (s. insbesondere § 14 Abs. 4 Satz 2 WpÜG) an und sollen diese auf solche Unternehmen ausdehnen, die nicht börsennotiert sind. Die Regierungsbegründung hebt insoweit ausdrücklich hervor, dass die Belegschaften in diesen Unternehmen in gleicher Weise über eine Übernahme informiert werden sollen, wie in börsennotier-

ten Gesellschaften (*Reg. Begr.* BT-Drucks. 16/7438, S. 9). Diese Zweckbestimmung ist von entscheidender Bedeutung für die Konkretisierung der neu aufgenommenen Bestimmungen, da der Gesetzgebers nicht beabsichtigte, hinsichtlich der Qualität der Beteiligung der Arbeitnehmervertretung über das bisherige Niveau nach dem WpÜG hinauszugehen.

Die Ausdehnung der Beteiligung des Wirtschaftsausschusses auf die Übernahme des Unternehmens stieß im Schrifttum überwiegend auf z. T. scharfe **Kritik**. Das gilt vor allem für die pauschale Einbeziehung der Unternehmensübernahme in den Katalog der wirtschaftlichen Angelegenheiten, da sich die Verpflichtung des Unternehmers hierdurch nicht auf eine Information beschränke, sondern zugleich auch eine Beratung zwischen Wirtschaftsausschuss und Unternehmer umfasse. Dies sei verfehlt, da die Entscheidung über die Unternehmensübernahme nicht von dem Unternehmer, sondern zwischen dem Eigentümer des Unternehmens und dem potentiellen Erwerber getroffen wird (s. z. B. *Fleischer* ZfA 2009, 787 [790 ff.]; *Neuerburg* Unternehmensübernahme, S. 91 f.; *Richardi/Annuß* § 106 Rn. 26e; *Thüsing* ZIP 2008, 106 [107]; *Vogt/Bedkowski* NZG 2008, 725 [728]; ähnlich auch *Däubler/DKKW* § 106 Rn. 87; *Joost* FS *Kreutz*, S. 161 [168 f.]; *Rentsch* Unterrichtung, S. 164 f.; *Schweibert/WHSS* Kap. C Rn. 430; *Spirolke/NK-GA* § 106 BetrVG Rn. 8, 10; **a. M.** jedoch *Löwisch/LK* § 106 Rn. 45). Dementsprechend handele es sich bei der Unternehmensübernahme entgegen den anderen Katalogtatbeständen nicht um eine (wirtschaftliche) Angelegenheit des Unternehmens, sondern eine solche des Eigentümers (*Thüsing* ZIP 2008, 106 [107]). Kritisiert wird zudem die eingrenzende Voraussetzung in § 106 Abs. 3 Nr. 9a, dass mit der Übernahme die Kontrolle über das Unternehmen erworben werden muss. Dieses Kriterium ist – wie die Regierungsbegründung ausdrücklich festhält – der Definition der Unternehmenskontrolle in § 29 Abs. 2 WpÜG entnommen (s. *Reg. Begr.* BT-Drucks. 16/7438, S. 15), die jedoch auf börsennotierte Gesellschaften und damit die Aktiengesellschaft zugeschnitten ist. Bei anderen Rechtsformen des Unternehmens sei diese Definition hingegen ungeeignet (*Thüsing* ZIP 2008, 106 [108]; *Vogt/Bedkowski* NZG 2008, 725 [727 f.]).

Der in Rdn. 6 wiedergegebenen Kritik ist teilweise **zuzustimmen**. Die vom Gesetzgeber bezweckte Gleichstellung der nicht börsennotierten Unternehmen im Hinblick auf die Informationsinteressen der Arbeitnehmer ist indes ein legitimes und zu begrüßendes Anliegen. Angesichts des Zwecks der Unterrichtung, die nach dem WpÜG gegenüber dem zuständigen Betriebsrat bezüglich des Übernahmeangebots sowie der Absichten des Erwerbers hinsichtlich des Unternehmens und der Arbeitnehmer geschuldet ist, lässt sich eine Differenzierung zwischen börsennotierten Unternehmen und solchen, bei denen diese Voraussetzung nicht erfüllt ist, nicht überzeugend begründen. Die regelungstechnische Umsetzung dieser Absicht ist allerdings missglückt (s. z. B. *Joost* FS *Kreutz*, S. 161 [162 ff.]; ferner *Neuerburg* Unternehmensübernahme, S. 147 ff.). Das betrifft bereits die erfassten Tatbestände einer Unternehmensübernahme, da § 106 Abs. 3 Nr. 9a durch die Voraussetzung des Erwerbs der Kontrolle über das Unternehmen deutlich hinter dem Tatbestand des WpÜG zurückbleibt, der die Unterrichtungspflichten gegenüber dem Betriebsrat auslöst. Soweit im Schrifttum beanstandet wird, dass eine Beratung der Angelegenheit im Wirtschaftsausschuss angesichts des Beratungsgegenstandes sowie des Zwecks der Beratung teleologisch verfehlt ist, trifft dies zumindest dann zu, wenn diese ausschließlich im Hinblick auf den Entscheidungsträger gesehen wird (*Richardi/Annuß* § 106 Rn. 26e; *Röder* FS *Bauer*, S. 885 [894]). Andererseits ist nicht zu verkennen, dass sich der Gesetzgeber bereits durch die Einbeziehung der Spaltung und der Verschmelzung von Unternehmen durch § 106 Abs. 3 Nr. 8 von dem früheren Konzept gelöst hat (s. a. *Rentsch* Unterrichtung, S. 166 ff.; *Winstel* Unterrichtung, S. 47 f.). Zudem führt die Einfügung in § 106 Abs. 3 Nr. 9a die Rechtsprechung des *BAG* fort, nach der zumindest die Veräußerung sämtlicher Geschäftsanteile einer GmbH dem Wirtschaftsausschuss nach § 106 Abs. 3 Nr. 10 mitzuteilen ist (s. Rdn. 109). Der Einbeziehung des Gesellschafterwechsels in den Tatbestand des § 106 Abs. 3 Nr. 10 war zuzustimmen, wenn der neue Gesellschafter maßgeblichen Einfluss auf das Unternehmen ausüben kann (s. Rdn. 109). Dies entspricht sachlich dem nunmehr in § 106 Abs. 3 Nr. 9a neu aufgenommenen Tatbestand. Kritisch anzumerken ist, dass der Geheimnisschutz nicht aufeinander abgestimmt ist. Während die nach dem WpÜG unterrichteten Betriebsräte den insiderrechtlichen Verbotsbestimmungen unterliegen (s. Art. 14 Buchst. c MAR), ist die Systematik des BetrVG eine andere. Ungeachtet der kontrovers diskutierten Reichweite des Geheimnisschutzes (s. Rdn. 141 ff.) werden die Mitglieder des Wirtschaftsausschusses durch die Unterrichtung bei nicht börsennotierten Unternehmen nicht zu Insidern i. S. d. Art. 14 Buchst. c MAR, so dass bei diesen Unternehmen ein geringerer Geheimnisschutz besteht.

8 Zum Teil wird eine Korrektur des Gesetzes im Hinblick auf die Umsetzung der **Richtlinie 2002/14/EG** (zu dieser *Wiese* Einl. Rdn. 35) gefordert, da die Unterrichtung des Wirtschaftsausschusses zwar den inhaltlichen Vorgaben in Art. 4 Abs. 2 Buchst. a der Richtlinie genüge, der Schwellenwert in § 106 von 100 Arbeitnehmern aber wegen des Anwendungsbereichs der Richtlinie auf 50 Arbeitnehmer (Art. 3 Abs. 1 Buchst. a Richtlinie 2002/14/EG) abgesenkt werden müsse (hierfür *Bonin* AuR 2004, 321 [324]; s. a. *Gerdom* Unterrichtungs- und Anhörungspflichten, S. 180 ff.; *Giesen* RdA 2000, 298 [301]; *Franzen* FS *Birk*, 2008, S. 97 [105]; *Reichold* NZA 2003, 289 [299]; *Rentsch* Unterrichtung, S. 139 f., 141 ff.; *Riesenhuber* Europäisches Arbeitsrecht, 2009, § 27 Rn. 35 f.; *Ritter* Wirtschaftsausschuss, S. 228 ff., 241 ff.; *Spreer* Die Richtlinie 2002/14/EG zur Festlegung eines allgemeinen Rahmens für die Unterrichtung und Anhörung der Arbeitnehmer in der Europäischen Gemeinschaft [Diss. Bielefeld], 2005, S. 94 ff., 150 f., 153 f.; *Weber*/EuArbR Art. 4 RL 2002/14/EG Rn. 24; weitergehend *Spirolke*/NK-GA § 106 BetrVG Rn. 3: Absenkung auf 20 Arbeitnehmer, was aber schon deshalb verfehlt ist, weil die Richtlinie 2002/14/EG nicht dazu zwingt, auf den für Betriebe aufgenommenen Schwellenwert zurückzugreifen). Dem steht jedoch entgegen, dass die Unterrichtung auf der Betriebsversammlung (§ 43 Abs. 2 Satz 3) sowie im Rahmen des § 110 auch gegenüber dem Betriebsrat erfolgt, so dass primär eine unionsrechtlich gebotene Auslegung der vorgenannten Unterrichtungspflichten in Betracht zu ziehen ist (s. näher *Oetker/Schubert* EAS B 8300, Rn. 350 ff. sowie *Gerdom* Unterrichtungs- und Anhörungspflichten, S. 185 ff., 190 ff.; **a. M.** jedoch *Franzen* FS *Birk*, 2008, S. 97 [105]; *Rentsch* Unterrichtung S. 139 f.; *Ritter* Wirtschaftsausschuss, S. 228 ff., 241 ff.). Wird dieser Weg nicht beschritten, dann liegt de lege ferenda als Alternative zu einer Absenkung des Schwellenwertes in § 106 Abs. 1 eine Fortentwicklung des mit § 109a eingeleiteten Ansatzes nahe (i. d. S. *Weber*/EuArbR Art. 4 RL 2002/14/EG Rn. 25; kritisch dazu aber § 109a Rdn. 2).

9 Das **BPersVG** kennt keine mit dem Wirtschaftsausschuss vergleichbare Beteiligung in wirtschaftlichen Angelegenheiten. Entsprechendes gilt grundsätzlich auch für die **Landespersonalvertretungsgesetze**; lediglich die Personalvertretungsgesetze in Nordrhein-Westfalen (§ 65a), Baden-Württemberg (§ 72), Hamburg (§ 79) und Niedersachsen (§ 60a) haben mit einem Wirtschaftsausschuss ein eigenständiges Gremium zur Beteiligung in wirtschaftlichen Angelegenheiten etabliert und sich dabei in der Grundstruktur an den §§ 106 ff. orientiert (s. näher dazu *Gerdom* öAT 2012, 123 ff.; *Schäfer* PersV 2016, 290 [293 ff.]; *Schwill* ZfPR 2012, 120 ff.; *Weimer/Schwarting* PersV 2014, 164 ff.; *Welkoborsky/Baumgarten* ZTR 2014, 520 ff.). Das **Mitarbeitervertretungsrecht** kennt zwar die Bildung eines »Ausschuss für Wirtschaftsfragen« (§ 23a Abs. 2 Satz 1 MVG; ähnlich § 27a Abs. 4 Satz 1 MAVO), sieht diesen aber nur als eine Option für die Mitarbeitervertretungen an, die ansonsten eigenständig in wirtschaftlichen Angelegenheiten zu beteiligen sind (s. § 34 Abs. 2 MVG, § 27a Abs. 1 bis 3 MAVO).

II. Rechtsnatur

10 Wegen der gegenüber dem BetrVG 1952 geänderten personellen Zusammensetzung sowie der abweichenden Modalitäten für die Bestellung der Mitglieder (s. Rdn. 2) kann die zum damaligen Gesetz entwickelte Dogmatik zur **Rechtsnatur des Wirtschaftsausschusses** nicht fortgeschrieben werden. Durch die grundlegend geänderte Konzeption des Wirtschaftsausschusses rückt dessen enge Anbindung an den Betriebsrat bzw. Gesamtbetriebsrat in den Mittelpunkt. Da ausschließlich diese Organe über die personelle Zusammensetzung des Wirtschaftsausschusses entscheiden und das Gesetz einen unmittelbaren Informationsaustausch mit dem Bestellungsorgan sicherstellt (§§ 106 Abs. 1 Satz 2, 108 Abs. 4), hat der Wirtschaftsausschuss eine **Hilfsfunktion für den Betriebsrat bzw. Gesamtbetriebsrat** (so bereits BAG 18.07.1978 EzA § 108 BetrVG 1972 Nr. 3 S. 24 [*Richardi*] = AP Nr. 1 zu § 108 BetrVG 1972 Bl. 2 [*Boldt*] sowie BAG 15.03.2006 EzA § 118 BetrVG 2001 Nr. 5 Rn. 23 = AP Nr. 79 zu § 118 BetrVG 1972; ebenso im Schrifttum z. B. *Heither* AR-Blattei SD 530.14.4, Rn. 5; *Rumpff/Boewer* Wirtschaftliche Angelegenheiten, Kap. G Rn. 1).

11 Der Wirtschaftsausschuss wurde bewusst als ein **Organ des Betriebsrats bzw. Gesamtbetriebsrats** geschaffen, das in die Kommunikation mit dem Unternehmer zwischengeschaltet ist. Deshalb ist der Wirtschaftsausschuss **kein Unternehmensorgan**, sondern ein **Hilfsorgan des Betriebsrats bzw.**

Gesamtbetriebsrats (*BAG* 01.02.1989 EzA § 108 BetrVG 1972 Nr. 4 S. 51 *[Wohlgemuth]* = AP Nr. 2 zu § 108 BetrVG 1972 Bl. 3; 23.08.1989 AP Nr. 7 zu § 106 BetrVG 1972 Bl. 2 *[Wiedemann]*; 01.08.1990 EzA § 106 BetrVG 1972 Nr. 16 S. 7 = AP Nr. 8 zu § 106 BetrVG 1972 Bl. 3; 05.02.1991 EzA § 106 BetrVG 1972 Nr. 15 S. 11 = AP Nr. 10 zu § 106 BetrVG 1972 Bl. 5; 09.05.1995 EzA § 106 BetrVG 1972 Nr. 18 S. 3 = AP Nr. 12 zu § 106 BetrVG 1972 Bl. 2 R; 07.04.2004 EzA § 106 BetrVG 2001 Nr. 1 S. 4 = AP Nr. 17 zu § 106 BetrVG 1972 Bl. 2; *LAG Berlin-Brandenburg* 19.03.2015 – 14 TaBV 1813/14 – BeckRS 2015, 70076; *Däubler/DKKW* § 106 Rn. 2; *Fitting* § 106 Rn. 2; *Gamillscheg* II, § 52, 2a [1]; *Hess/HWGNRH* § 106 Rn. 24; *v. Hoyningen-Huene* Betriebsverfassungsrecht, § 6 VI 1; *Joost/MünchArbR* § 231 Rn. 1; *Kania/ErfK* § 106 BetrVG Rn. 1; *Löwisch/LK* § 106 Rn. 1; *Richardi/Annuß* vor § 106 Rn. 3, § 106 Rn. 4; *Rumpff/Boewer* Wirtschaftliche Angelegenheiten, Kap. G Rn. 1; *Schweibert/WHSS* Kap. C Rn. 477; *Spirolke/NK-GA* § 106 BetrVG Rn. 1; *Steffan/HaKo* § 106 Rn. 12; *Wiese* FS *K. Molitor*, S. 365 [369]; *ders.* FS Wiedemann, S. 617 [624]; **a. M.** *Stege/Weinspach/Schiefer* §§ 106–109 Rn. 7a: »eigenständiges Organ«; ähnlich *Loritz/ZLH* Arbeitsrecht, § 49 Rn. 72: »Organ der Unternehmensverfassung«), dessen Aufgaben und Kompetenzen allerdings nicht autonom von dem Bestellungsorgan, sondern heteronom durch die §§ 106 bis 109 ausgestaltet werden.

Das konzeptionelle Verständnis in Rdn. 11 schließt es nicht aus, den Wirtschaftsausschuss als eine **Arbeitnehmervertretung** i. S. d. Art. 4 Abs. 2 Buchst. a der **Richtlinie 2002/14/EG** zu qualifizieren (*Reichold* NZA 2003, 289 [299] sowie ausführlich *Gerdom* Unterrichtungs- und Anhörungspflichten, S. 175 f.; *Franzen* FS Birk, 2008, S. 97 [104 f.]; *Ritter* Wirtschaftsausschuss, S. 225 ff.; *Spreer* Die Richtlinie 2002/14/EG zur Festlegung eines allgemeinen Rahmens für die Unterrichtung und Anhörung der Arbeitnehmer in der Europäischen Gemeinschaft [Diss. Bielefeld], 2005, S. 149 f.; **a. M.** *Riesenhuber* Europäisches Arbeitsrecht, 2009, § 27 Rn. 36). 12

Der Wirtschaftsausschuss ist wegen seiner vom Willen des Betriebsrats bzw. Gesamtbetriebsrats abhängigen Existenz und dessen Einflusses auf die Zusammensetzung ein **Ausschuss des Betriebsrats bzw. Gesamtbetriebsrats** (*BAG* 18.11.1980 EzA § 108 BetrVG 1972 Nr. 4 S. 50 *[Wohlgemuth]* = AP Nr. 2 zu § 108 BetrVG 1972 Bl. 3; 04.06.1987 EzA § 108 BetrVG 1972 Nr. 6 S. 2 = AP Nr. 2 zu § 22 SchwbG Bl. 2; *OLG Karlsruhe* 07.06.1985 AP Nr. 1 zu § 121 BetrVG 1972 Bl. 2 R; *Däubler/DKKW* § 106 Rn. 2; *Galperin/Löwisch* § 108 Rn. 4; *Küchenhoff* § 107 Rn. 6; *Rumpff/Boewer* Wirtschaftliche Angelegenheiten, Kap. G Rn. 1; in dieser Richtung auch *Joost/MünchArbR* § 231 Rn. 1: einem Ausschuss des Betriebsrats vergleichbar; **a. M.** *Loritz/ZLH* Arbeitsrecht, § 49 Rn. 73), dem allerdings nicht ausschließlich Mitglieder des Betriebsrats bzw. Gesamtbetriebsrats angehören müssen (s. näher § 107 Rdn. 12 ff.). Zudem sind dem Wirtschaftsausschuss die vom Gesetz zugewiesenen Aufgaben wegen der umfassenden Berichtspflicht gegenüber dem Betriebsrat (§ 108 Abs. 4) nicht zur selbständigen Erledigung übertragen (*Wiese* FS *K. Molitor*, S. 365 [371]). Diese Besonderheiten rechtfertigen es, den Wirtschaftsausschuss als **Sonderausschuss** des Betriebsrats bzw. Gesamtbetriebsrats zu qualifizieren (*Wiese* FS *K. Molitor*, S. 365 [369]; **a. M.** *Stege/Weinspach/Schiefer* §§ 106–109 Rn. 7a). 13

III. Voraussetzungen für die Errichtung eines Wirtschaftsausschusses

1. Anwendbarkeit der §§ 106 ff. für das Unternehmen

Ein Wirtschaftsausschuss ist in allen Unternehmen zu errichten, für die die §§ 106 bis 109 anwendbar sind. Die **Rechtsform** des Unternehmens ist hierfür ohne Bedeutung; auch ein **nach ausländischem Recht** errichtetes Unternehmen kommt als Normadressat in Betracht. Wegen des **Territorialitätsprinzips** muss sich jedoch der (Verwaltungs-)Sitz grundsätzlich im Gebiet der Bundesrepublik Deutschland befinden (s. aber auch Rdn. 24 f.). 14

Ausgeschlossen ist die Errichtung eines Wirtschaftsausschusses in **Tendenzunternehmen**. Für diese etabliert § 118 Abs. 1 Satz 2 im Hinblick auf den Wirtschaftsausschuss einen mit § 1 Abs. 4 MitbestG und § 1 Abs. 2 Satz 1 Nr. 2 DrittelbG vergleichbaren **absoluten Tendenzschutz**, so dass die Bildung eines Wirtschaftsausschusses in Tendenzunternehmen nicht erzwungen werden kann (exemplarisch *BAG* 15.03.2006 EzA § 118 BetrVG 2001 Nr. 5 Rn. 25 ff. = AP Nr. 79 zu § 118 BetrVG 1972; 22.07.2014 EzA § 118 BetrVG 2001 Nr. 14 Rn. 18 = AP Nr. 87 zu § 118 BetrVG 1972 = NZA 2014, 15

1417). Dem Betriebsrat bzw. Gesamtbetriebsrat steht in diesen Unternehmen jedoch das allgemeine Unterrichtungsrecht aus § 80 Abs. 2 zu (s. dazu *Weber* § 118 Rdn. 188), das sich auch auf wirtschaftliche Angelegenheiten erstrecken kann. Hinter den Informationsrechten des Wirtschaftsausschusses bleibt dieses aber deutlich zurück, weil es einen Bezug zu konkreten Beteiligungsrechten und Aufgaben des Betriebsrats bzw. Gesamtbetriebsrats voraussetzt (*BAG* 05.02.1991 EzA § 106 BetrVG 1972 Nr. 15 S. 2 ff. = AP Nr. 10 zu § 106 BetrVG 1972 Bl. 1 R ff., zu der insoweit vergleichbaren Rechtslage in Kleinunternehmen [dazu auch Rdn. 45 ff.]; allgemein *Weber* § 80 Rdn. 57 ff.). In Betracht kommt die Errichtung eines Wirtschaftsausschusses jedoch, wenn das Unternehmen im Rahmen eines Firmentarifvertrages auf den durch § 118 Abs. 1 gewährleisteten Tendenzschutz verzichtet (dazu *Weber* § 118 Rdn. 40 ff.; s. auch *Fischer* ZStV 2014, 226 [226 f.]).

16 Bei **Luftfahrtunternehmen** ist ein Wirtschaftsausschuss zu bilden, der jedoch ausschließlich für die Landbetriebe zuständig ist (*Hess/HWGNRH* § 106 Rn. 6; **a. M.** *Däubler/DKKW* § 106 Rn. 33, da er die Arbeitnehmer des Flugbetriebs bei der Unternehmensgröße berücksichtigt). Auch in **Schifffahrtsunternehmen** ist, wenn die übrigen Voraussetzungen vorliegen, ein Wirtschaftsausschuss zu bilden.

2. Unternehmensbegriff

a) Allgemeines

17 Den Begriff des »Unternehmens« definiert § 106 Abs. 1 Satz 1 nicht. Eine eigenständige und dem Zweck der §§ 106 bis 109 angepasste Begriffsbildung ist aus methodischer Sicht deshalb nicht ausgeschlossen (hierfür *Konzen* AuR 1985, 341 [349 f.]). Dem neigte anfänglich auch das *BAG* zu, da es jeden »Zusammenschluss mehrerer Betriebe in einer ihnen übergeordneten Organisation« als ausreichend ansah, um diesen als »Unternehmen im Sinne des Betriebsverfassungsgesetzes« zu bewerten (so noch *BAG* 01.10.1974 EzA § 106 BetrVG 1972 Nr. 1 S. 7 *[Buchner]* = AP Nr. 1 zu § 106 BetrVG 1972 Bl. 2 R *[Hinz]* = SAE 1976, 144 *[Schlüter]*; 31.10.1975 EzA § 106 BetrVG 1972 Nr. 2 S. 24 = AP Nr. 2 zu § 106 BetrVG 1972 Bl. 2 R *[Hinz]*).

18 Das *BAG* korrigierte dieses weite Verständnis jedoch später und lehnt sich für den »Unternehmensbegriff des Betriebsverfassungsgesetzes« nunmehr an die handelsrechtliche Gesetzgebung an. Deshalb soll ein Unternehmen nur vorliegen, wenn es einem **einheitlichen Rechtsträger** zugeordnet werden kann (so *BAG* 23.08.1989 EzA § 106 BetrVG 1972 Nr. 9 S. 4 = AP Nr. 7 zu § 106 BetrVG 1972 Bl. 2 R *[Wiedemann]*; 01.08.1990 EzA § 106 BetrVG 1972 Nr. 16 S. 5 *[Rüthers/Franke]* = AP Nr. 8 zu § 106 BetrVG 1972 Bl. 2 R; ebenso jüngst *Hess. LAG* 07.02.2017 – 4 TaBV 155/16 – BeckRS 2017, 109504). Im Grundsatz ist dieser Ansicht zuzustimmen (s. *Kreutz/Franzen* § 47 Rdn. 14 ff. sowie *Schubert* ZfA 2004, 253 [255 ff.]), ohne jedoch eine analoge Anwendung der §§ 106 ff. auszuschließen, wenn ein Zusammenschluss mehrerer Betriebe vorliegt, für diesen aber ein einheitlicher Rechtsträger fehlt. Praktische Bedeutung hat dies für die Bildung eines Wirtschaftsausschusses bei **Gemeinschaftsbetrieben** (dazu Rdn. 19 f.) sowie inländischen Betrieben von **Unternehmen mit Sitz im Ausland** (näher Rdn. 24 f.).

b) Gemeinschaftsbetrieb

19 Der Gemeinschaftsbetrieb zeichnet sich dadurch aus, dass sich mehrere rechtlich selbständige Unternehmen über die **einheitliche Leitung** eines Betriebs verständigt haben (s. näher *Franzen* § 1 Rdn. 46 f.). Die Errichtung eines Wirtschaftsausschusses ist in diesem Fall unproblematisch, wenn die Verständigung der Trägerunternehmen soweit reicht, dass sie zur Führung des gemeinsamen Betriebs einen rechtlich selbständigen Unternehmensträger (z. B. BGB-Außengesellschaft) gebildet haben (s. *BAG* 01.08.1990 EzA § 106 BetrVG 1972 Nr. 16 S. 5 *[Rüthers/Franke]* = AP Nr. 8 zu § 106 BetrVG 1972 Bl. 2 R). Überschreitet die Arbeitnehmerzahl im Gemeinschaftsbetrieb in dieser Konstellation den Schwellenwert des § 106 Abs. 1 Satz 1, dann ist in dem für den Gemeinschaftsbetrieb gebildeten Unternehmen ein Wirtschaftsausschuss zu errichten.

20 Unterbleibt die Bildung eines eigenständigen Unternehmensträgers, dann scheidet eine unmittelbare Anwendung der §§ 106 bis 109 aus, da diese nicht auf den Betrieb, sondern das Unternehmen abstel-

len. Wegen des Zwecks der §§ 106 bis 109 befürwortet die h. M. gleichwohl eine entsprechende Anwendung der Vorschriften, wenn der Gemeinschaftsbetrieb die nach § 106 Abs. 1 Satz 1 notwendige Arbeitnehmerzahl überschreitet und bei den beteiligten Trägerunternehmen kein Wirtschaftsausschuss besteht (hierfür *BAG* 01.08.1990 EzA § 106 BetrVG 1972 Nr. 16 S. 6 f. *[Rüthers/Franke]* = AP Nr. 8 zu § 106 BetrVG 1972 Bl. 2 R f.; 22.03.2016 EzA § 106 BetrVG 2001 Nr. 2 Rn. 12 = AP Nr. 19 zu § 106 BetrVG 1972 = NZA 2016, 969; *Bonanni* Der gemeinsame Betrieb mehrerer Unternehmen [Diss. Köln 2002], 2003, S. 162 ff.; *Däubler/DKKW* § 106 Rn. 20; *Etzel* Rn. 942; *Fitting* § 106 Rn. 18; *Hess/HWGNRH* § 106 Rn. 14; *Joost/*MünchArbR § 231 Rn. 5; *Kania/*ErfK § 106 BetrVG Rn. 2; *Konzen* AuR 1985, 341 [354]; *Löwisch/LK* § 106 Rn. 4; *Schaub/Koch* Arbeitsrechts-Handbuch, § 243 Rn. 2; *Schubert* ZfA 2004, 253 [264 ff., 267 ff.]; *Schweibert/WHSS* Kap. C Rn. 479; *Spirolke/*NK-GA § 106 BetrVG Rn. 4; *Willemsen/Lembke/HWK* § 106 BetrVG Rn. 27; *Windbichler* Arbeitsrecht im Konzern, 1989, S. 295; in der Tendenz auch *LAG Niedersachsen* 19.02.2013 – 1 TaBV 155/12 – BeckRS 2013, 67263; **a. M.** *Reich* § 106 Rn. 1; *Richardi/Annuß* § 106 Rn. 8; *Rieble/*AR § 106 Rn. 2; zust. wohl auch *Lunk* NZA 2005, 841 [845 f.]). Verfolgt der Gemeinschaftsbetrieb unmittelbar und überwiegend einen Tendenzzweck i. S. d. § 118 Abs. 1 **(Tendenzgemeinschaftsbetrieb)**, dann scheidet bei diesem wegen § 118 Abs. 1 Satz 2 eine analoge Anwendung der §§ 106 bis 109 aus (treffend *Lunk* NZA 2005, 841 [845]).

Im Hinblick auf den Zweck der §§ 106 ff. ist der h. M. beizutreten, da die vom Gesetz intendierte und 21 über den Wirtschaftsausschuss vermittelte Unterrichtung des Betriebsrats in wirtschaftlichen Angelegenheiten nicht von der Zahl der Rechtsträger des Betriebs abhängen darf. Die mit dem BetrVerf-ReformG eingefügten Sonderbestimmungen zum Gemeinschaftsbetrieb (§ 1 Abs. 1 Satz 2 und Abs. 2; §§ 47 Abs. 9, 55 Abs. 4 i. V. m. § 47 Abs. 9) stehen einer Rechtsfortbildung nicht entgegen (so aber *Richardi/Annuß* § 106 Rn. 8). Mit diesen wollte der Gesetzgeber lediglich die Bildung von Betriebsräten in Gemeinschaftsbetrieben erleichtern, ohne zugleich die Fragen zu beantworten, die sich wegen der gemeinsamen Trägerschaft durch mehrere Unternehmen bei der Anwendung der Beteiligungsrechte stellen. Trotz entsprechender Hinweise in der Reformdiskussion (z. B. *Annuß* NZA 2001, 367 [369]) hat sich der Gesetzgeber einer Regelung enthalten, ohne dass hieraus der Schluss gezogen werden kann, er habe einer bislang praktizierten und nahezu allgemein konsentierten Rechtsfortbildung die Grundlage entziehen wollen (*Schubert* ZfA 2004, 253 [268]; *Schweibert/WHSS* Kap. C Rn. 479).

Die mit der h. M. zu bejahende analoge Anwendung der §§ 106 ff. gilt auch, wenn die Trägerunter- 22 nehmen **mehrere Gemeinschaftsbetriebe** führen (*Windbichler* Arbeitsrecht im Konzern, 1989, S. 295; ebenso nachfolgend *Edenfeld* DB 2015, 679 [681]). Da zwischen den Trägerunternehmen der Gemeinschaftsbetriebe aber keine Unternehmenseinheit besteht (s. jedoch *Kreutz/Franzen* § 47 Rdn. 21), kann in dieser Konstellation nur eine Rechtsfortbildung ein Schutzdefizit vermeiden. Schwierigkeiten bereitet in dieser Konstellation allerdings die Bestellung der Mitglieder für den Wirtschaftsausschuss, da das *BAG* den in den Gemeinschaftsbetrieben bestehenden Betriebsräten die Errichtung eines gemeinsamen Gesamtbetriebsrats verwehrt (s. *BAG* 13.02.2007 EzA § 47 BetrVG 2001 Nr. 4 Rn. 4 = AP Nr. 17 zu § 47 BetrVG 1972 = NZA 2007, 825; 17.03.2010 EzA § 47 BetrVG 2001 Nr. 5 Rn. 18 = AP Nr. 18 zu § 47 BetrVG 1972); **a. M.** *Kreutz/Franzen* § 47 Rdn. 22). Die Notwendigkeit einer Rechtsfortbildung entfällt jedoch stets dann, wenn bei den Trägerunternehmen ggf. aufgrund der Zurechnung der in den Gemeinschaftsbetrieben beschäftigten Arbeitnehmer (s. Rdn. 39 ff.) ein eigener Wirtschaftsausschuss gebildet werden kann (s. Rdn. 23), da diesen die in § 108 Abs. 4 normierte Pflicht zur Unterrichtung der in den Gemeinschaftsbetrieben bestehenden Betriebsräte trifft und hierdurch dem Zweck der §§ 106 ff. ausreichend entsprochen wird. Im Extremfall, dass die Trägerunternehmen ausschließlich mehrere Gemeinschaftsbetriebe führen, kann dies jedoch zu einer auch aus teleologischer Sicht unzweckmäßigen betriebsverfassungsrechtlichen Parallelstruktur führen (s. *Kreutz/Franzen* § 47 Rdn. 22).

Ist bei einem **Trägerunternehmen**, gegebenenfalls erst aufgrund einer Zurechnung der im Gemein- 23 schaftsbetrieb beschäftigten Arbeitnehmer (s. Rdn. 39 ff.), ein **Wirtschaftsausschuss zu bilden**, dann entfällt die Notwendigkeit einer analogen Anwendung der §§ 106 ff. bei dem Gemeinschaftsbetrieb, da der bei dem Trägerunternehmen gebildete Wirtschaftsausschuss auch für den Gemeinschaftsbetrieb zuständig ist (*Schubert* ZfA 2004, 253 [263 f.]; *Schweibert/WHSS* Kap. C Rn. 497;

ebenso nunmehr auch *BAG* 22.03.2016 EzA § 106 BetrVG 2001 Nr. 2 Rn. 23 = AP Nr. 19 zu § 106 BetrVG 1972 = NZA 2016, 969). Der **Tendenzcharakter** eines Gemeinschaftsbetriebes steht der Bildung des Wirtschaftsausschusses bei dem Trägerunternehmen grundsätzlich nicht entgegen. Eine Ausnahme ist allenfalls zu erwägen, wenn aufgrund des Tendenzgemeinschaftsbetriebes auch das Trägerunternehmen unmittelbar und überwiegend einen Tendenzcharakter i. S. d. § 118 Abs. 1 aufweist (unklar insoweit *Lunk* NZA 2005, 841 [845]; näher allgemein *Weber* § 118 Rdn. 53).

c) Inländische Betriebe ausländischer Unternehmen

24 Wegen des **Territorialitätsprinzips** unterliegen Unternehmen mit Sitz im Ausland nicht dem deutschen Betriebsverfassungsrecht (s. *Franzen* § 1 Rdn. 6). Da § 106 Abs. 1 Satz 1 für die Errichtung des Wirtschaftsausschusses auf das Unternehmen und nicht auf den Betrieb abstellt, führt dies bei ausländischen Unternehmen mit inländischen Betriebsstätten an sich dazu, dass für diese kein Wirtschaftsausschuss gebildet werden kann (s. *Franzen* § 1 Rdn. 7 f.). Diese Konsequenz zieht die h. M. indessen nicht, sondern hält die Bildung eines Wirtschaftsausschusses auch dann für möglich, wenn die im Inland gelegenen Betriebe den Schwellenwert von 100 Arbeitnehmern übersteigen (*BAG* 01.10.1974 EzA § 106 BetrVG 1972 Nr. 1 S. 5 ff. *[Buchner]* = AP Nr. 1 zu § 106 BetrVG 1972 Bl. 2 R ff. *[Hinz]* = SAE 1976, 144 *[Schlüter]*; 31.10.1975 EzA § 106 BetrVG 1972 Nr. 2 S. 24 f. = AP Nr. 2 zu § 106 BetrVG 1972 Bl. 2 R *[Hinz]*; *Däubler*/DKKW § 106 Rn. 28, 29; *Fitting* § 106 Rn. 19; *Heither* AR-Blattei SD 530.14.4, Rn. 25; *Joost*/MünchArbR § 231 Rn. 8 f.; *Kania*/ErfK § 106 BetrVG Rn. 2; *Löwisch*/LK § 106 Rn. 2; *Preis*/WPK § 106 Rn. 3; *Richardi*/Annuß § 106 Rn. 14; *Rumpff*/Boewer Wirtschaftliche Angelegenheiten, Kap. G Rn. 12; *Schaub*/Koch Arbeitsrechts-Handbuch, § 243 Rn. 3; *Schubert* ZfA 2004, 253 [271 ff.]; *Schweibert*/WHSS Kap. C Rn. 480; *Spirolke*/NK-GA § 106 BetrVG Rn. 4; *Stege*/Weinspach/Schiefer §§ 106–109 Rn. 4; **a. M.** *D. Gaul* AWD 1974, 471 [479] *Rieble*/AR § 106 BetrVG Rn. 2). Das ist konsequent, da in dieser Konstellation auch die Bildung eines Gesamtbetriebsrats möglich ist (s. *Kreutz*/Franzen § 47 Rdn. 9; dies verkennend *Rieble*/AR § 106 BetrVG Rn. 2), so dass sich die Hilfsfunktion des Wirtschaftsausschusses entfalten kann und dessen Errichtung auch vom Zweck der §§ 106 bis 109 geboten ist.

25 Entgegen der früheren Auffassung des *BAG* (s. Rdn. 17) folgt dies jedoch nicht aus einer unmittelbaren Gesetzesanwendung, da für den Zusammenschluss mehrerer Betriebe kein einheitlicher Rechtsträger existiert (s. Rdn. 18 sowie *Schubert* ZfA 2004, 253 [271]). In Betracht kommt – wie beim Gemeinschaftsbetrieb (s. Rdn. 20) – lediglich eine **analoge Anwendung der §§ 106 ff.** Unter diesem Vorbehalt ist der älteren Rechtsprechung des *BAG* jedoch darin zuzustimmen, dass die Errichtung eines Wirtschaftsausschusses für mehrere Betriebe nur in Betracht kommt, wenn für diese ein nach außen zum Ausdruck kommender, auf **Einheit bedachter Organisationswille** vorliegt, der einen über die einzelnen Betriebszwecke hinausgehenden Unternehmenszweck der inländischen Betriebe dokumentiert (*BAG* 01.10.1974 EzA § 106 BetrVG 1972 Nr. 1 S. 7 *[Buchner]* = AP Nr. 1 zu § 106 BetrVG 1972 Bl. 3 R *[Hinz]* = SAE 1976, 144 *[Schlüter]*; *Stege*/Weinspach/Schiefer §§ 106–109 Rn. 4; **a. M.** *Däubler*/DKKW § 106 Rn. 29; *Joost*/MünchArbR § 231 Rn. 9; *Schubert* ZfA 2004, 253 [272 f.]; *Schweibert*/WHSS Kap. C Rn. 480; *Weiss*/Weyand § 106 Rn. 2; *Ziegler*/Wolff/JRH Kap. 27 Rn. 4; im Ergebnis ebenfalls ablehnend *Preis*/WPK § 106 Rn. 3). Das wiederum setzt eine in der Bundesrepublik Deutschland angesiedelte **Organisation** voraus, die die einzelnen Betriebe zusammenfasst (*Fitting* § 106 Rn. 19; *Willemsen*/Lembke/HWK § 106 BetrVG Rn. 26; **a. M.** *Schubert* ZfA 2004, 253 [272 ff.]). Nur unter dieser Voraussetzung ist der legislativen Grundkonzeption des Wirtschaftsausschusses ausreichend Rechnung getragen, diesen auf der Unternehmens- und nicht auf der Betriebsebene anzusiedeln. Allerdings kann dieser Ansatz auch dazu führen, dass nicht alle inländischen Betriebe, sondern nur einzelne Teile des ausländischen Unternehmens für die analoge Anwendung der §§ 106 ff. zusammenzufassen sind (*BAG* 01.10.1974 EzA § 106 BetrVG 1972 Nr. 1 S. 7 *[Buchner]* = AP Nr. 1 zu § 106 BetrVG 1972 Bl. 3 R f. *[Hinz]* = SAE 1976, 144 *[Schlüter]*). Damit ist gewährleistet, dass dem Wirtschaftsausschuss die erforderlichen Auskünfte gegeben werden können, denn die ausländische Unternehmensleitung ist hierzu wegen des Territorialitätsprinzips nicht verpflichtet (*Schlüter* SAE 1976, 147 [148]).

Wirtschaftsausschuss § **106**

d) Konzern

Mit dem Unternehmen stellt das BetrVG auf den Rechtsträger der bzw. des Betriebe(s) ab. Der **Kon-** 26
zern ist kein Unternehmen i. S. d. § 106 Abs. 1 Satz 1, da ein einheitlicher Unternehmensträger fehlt
(s. *Kreutz/Franzen* § 47 Rdn. 27). Die bewusste Anknüpfung an den aktienrechtlichen Konzernbegriff in § 54 Abs. 1 (s. *Franzen* § 54 Rdn. 13 ff.) strahlt ebenfalls auf den Unternehmensbegriff in § 106 Abs. 1 Satz 1 aus (*Hess. LAG* 07.02.2017 – 4 TaBV 155/16 – BeckRS 2017, 109504). Der Konzern ist auch im Rahmen der letztgenannten Vorschrift die Zusammenfassung mehrerer rechtlich selbständiger Unternehmen unter einheitlicher Leitung. Aus diesem Grunde ist der Konzernbetriebsrat nicht berechtigt, einen **Konzernwirtschaftsausschuss** mit den Kompetenzen der §§ 106 bis 109 zu errichten (*BAG* 23.08.1989 EzA § 106 BetrVG 1972 Nr. 9 S. 3 f. = AP Nr. 7 zu § 106 BetrVG 1972 Bl. 2 f. *[Wiedemann]*; *Gamillscheg* II, § 52, 2a [3]; *Heither* AR-Blattei SD 530.14.4, Rn. 8; *Hess/HWGNRH* § 106 Rn. 8; *v. Hoyningen-Huene* Betriebsverfassungsrecht, § 6 VI 1; *Joost/MünchArbR* § 231 Rn. 4; *Kania/ErfK* § 106 BetrVG Rn. 2; *Löwisch/LK* § 106 Rn. 1; *Preis/WPK* § 106 Rn. 3; *Richardi/Annuß* § 106 Rn. 9; *Rumpff/Boewer* Wirtschaftliche Angelegenheiten, Kap. G Rn. 7; *Schaub/Koch* Arbeitsrechts-Handbuch, § 243 Rn. 10; *Spirolke/NK-GA* § 106 BetrVG Rn. 4; *Stege/Weinspach/Schiefer* §§ 106–109 Rn. 1).

Für eine **entsprechende Anwendung der §§ 106 bis 109** fehlen die methodischen Voraussetzungen 27
(*BAG* 23.08.1989 EzA § 106 BetrVG 1972 Nr. 9 S. 4 f. = AP Nr. 7 zu § 106 BetrVG 1972 Bl. 2 R f. *[Wiedemann]*; *Preis/WPK* § 106 Rn. 3; *Richardi/Annuß* § 106 Rn. 9; *Wiedemann* Anm. zu *BAG* 23.08.1989 AP Nr. 7 zu § 106 BetrVG 1972; *Willemsen/Lembke/HWK* § 106 BetrVG Rn. 17; **a. M.** *Nebendahl* DB 1991, 384 [385 ff.]; wohl auch *Däubler/DKKW* § 106 Rn. 18; *Fabricius* 6. Aufl., § 106 Rn. 20 ff.). Der Gesetzgeber hat mit der Ermöglichung einer konzerndimensionalen Arbeitnehmervertretung (§§ 54 ff.) zu erkennen gegeben, dass ihm die aus der Konzernbildung resultierenden Problemlagen bewusst waren. Wenn er angesichts dessen den Anwendungsbereich der §§ 106 bis 109 auf das »Unternehmen« beschränkt, dann ist dies als eine bewusste Entscheidung des Gesetzgebers zu akzeptieren, die den Weg zu einer lückenschließenden Fortbildung der §§ 106 bis 109 versperrt. Die Entstehungsgeschichte des BetrVerf-ReformG hat die bereits zuvor vorherrschende Ansicht zusätzlich bestätigt (zust. *Preis/WPK* § 106 Rn. 3; *Richardi/Annuß* § 106 Rn. 9; *Wiese* FS *Wiedemann*, S. 617 [638]), da die noch in dem Referentenentwurf vorgesehene obligatorische Errichtung eines Konzernwirtschaftsausschusses bereits im Rahmen des Regierungsentwurfs aufgegeben wurde (s. a. Rdn. 3). Auch für einen Zusammenschluss oder eine Zusammenkunft der in den Konzernunternehmen bestehenden Wirtschaftsausschüsse fehlt eine Rechtsgrundlage.

Andererseits ist bei der **Konzernobergesellschaft** ein Wirtschaftsausschuss zu bilden, wenn dieses 28
Unternehmen für sich genommen die übrigen Voraussetzungen des § 106 Abs. 1 Satz 1 erfüllt, ihm selbst also mehr als 100 Arbeitnehmer angehören (*Winstel* Unterrichtung, S. 35). Die Zuständigkeit eines bei der Konzernobergesellschaft gebildeten Wirtschaftsausschusses ist jedoch auf dieses Unternehmen beschränkt, insbesondere die Berichtspflicht nach § 108 Abs. 4 besteht nicht gegenüber den Betriebsräten bzw. Gesamtbetriebsräten der abhängigen Unternehmen oder gegenüber dem Konzernbetriebsrat (zust. *Wiese* FS *Wiedemann*, S. 617 [638] sowie hier Rdn. 54).

De lege lata kann der **Konzernbetriebsrat** die verbleibenden Defizite teilweise dadurch kompensie- 29
ren, dass er nach § 59 Abs. 1 i. V. m. § 28 einen eigenständigen **Ausschuss** für die wirtschaftlichen Angelegenheiten im Konzern bildet (*Däubler/DKKW* § 106 Rn. 18; *Fitting* § 106 Rn. 4; *Fuchs* Der Konzernbetriebsrat, 1974, S. 147; *Galperin/Löwisch* § 106 Rn. 8; *Nebendahl* DB 1991, 384 [384]; *Rumpff/Boewer* Wirtschaftliche Angelegenheiten, Kap. G Rn. 7 sowie *Franzen* § 59 Rdn. 22 ff.) und in diesen Mitglieder des Konzernbetriebsrats entsendet, die zugleich den Wirtschaftsausschüssen angehören, die bei den abhängigen Unternehmen bestehen. Die in den §§ 106 bis 109 für den Wirtschaftsausschuss begründeten Rechte stehen einem derartigen Ausschuss des Konzernbetriebsrats – mag er sich auch als »Wirtschaftsausschuss« bezeichnen – jedoch nicht zu (*Fuchs* Der Konzernbetriebsrat, 1974, S. 147; *Nebendahl* DB 1991, 384 [384]; **a. M.** *Fitting* § 106 Rn. 4). Voraussetzung ist darüber hinaus stets die Zuständigkeit des Konzernbetriebsrats (*Wiese* FS *Wiedemann*, S. 617 [639 f.]; s. a. *Lerch/Weinbrenner* NZA 2013, 355 [356]).

Nach vorherrschender Ansicht ist auf der Grundlage einer zwischen dem Konzernbetriebsrat und der 30
Konzernobergesellschaft **freiwillig abgeschlossenen Vereinbarung** die Errichtung eines Wirt-

schaftsausschusses auf Konzernebene zulässig (hierfür *Däubler/DKKW* § 106 Rn. 19; *Fabricius* 6. Aufl., § 106 Rn. 23; *Heither* AR-Blattei SD 530.14.4, Rn. 9; *Schaub/Koch* Arbeitsrechts-Handbuch, § 243 Rn. 10; **a. M.** *Galperin/Löwisch* § 106 Rn. 8; *Richardi/Annuß* § 106 Rn. 9). Dies setzt allerdings denknotwendig eine allgemeine Vereinbarungsbefugnis zur autonomen Schaffung betriebsverfassungsrechtlicher Organisationsstrukturen voraus. Angesichts der Regelungen in § 3 Abs. 2 sowie der einzelnen Öffnungsklausel in den organisationsrechtlichen Bestimmungen (s. § 21a Abs. 1 Satz 4, § 38 Abs. 1 Satz 5, § 47 Abs. 4, § 55 Abs. 4) ist eine derartige, der Privatautonomie entlehnte Vereinbarungsbefugnis jedoch zweifelhaft, da der betriebsverfassungsrechtliche Ordnungsrahmen die Rechtsmacht des Betriebsrats nicht nur begründet, sondern auch begrenzt. Ungeachtet dieses Einwandes ist jedoch auch auf der Grundlage der h. M. die **Rechtsstellung** eines derartigen »Konzernwirtschaftsausschusses« ausschließlich anhand der getroffenen Vereinbarung zu bestimmen; die Rechte aus den §§ 106 bis 109 stehen ihm nicht zu (*Stege/Weinspach/Schiefer* §§ 106–109 Rn. 1; *Wiese* FS *Wiedemann*, S. 617 [638]), es sei denn, diese sind in die Vereinbarung aufgenommen worden. Das gilt entsprechend, wenn der **Konzernbetriebsrat** einen **Ausschuss** für wirtschaftliche Angelegenheiten des Konzerns installiert hat (s. Rdn. 29). Unmittelbare Rechtspositionen gegenüber der Konzernobergesellschaft, insbesondere mit den §§ 106 ff. vergleichbare Informations- und Beratungsrechte, stehen dem Ausschuss erst aufgrund und nach Maßgabe einer zwischen Konzernbetriebsrat und Konzernobergesellschaft auf freiwilliger Basis abgeschlossenen Vereinbarung zu. Darüber hinaus kann durch **Tarifvertrag** oder gegebenenfalls **Betriebsvereinbarung** nach **§ 3 Abs. 1 Nr. 4** ein zusätzliches betriebsverfassungsrechtliches Gremium gebildet werden, das dem konzerninternen Informationsaustausch in wirtschaftlichen Angelegenheiten dient (*Däubler/DKKW* § 106 Rn. 19, jedoch ohne Rückgriff auf § 3 Abs. 1 Nr. 4).

3. Unternehmensgröße

a) Allgemeines

31 Die Errichtung eines Wirtschaftsausschusses setzt nach § 106 Abs. 1 Satz 1 voraus, dass in dem Unternehmen in der Regel mehr als 100 Arbeitnehmer ständig beschäftigt sind (s. aber auch Rdn. 8 a. E.). Für die **Ermittlung der Arbeitnehmerzahl** gelten zunächst die allgemeinen Grundsätze (dazu näher *Franzen* § 1 Rdn. 100 ff., 103 ff. sowie *BAG* 07.04.2004 EzA § 106 BetrVG 2001 Nr. 1 S. 4 = AP Nr. 17 zu § 106 BetrVG 1972 Bl. 1 R; *LAG* Berlin 25.04.1988 LAGE § 106 BetrVG 1972 Nr. 1). Die **Wahlberechtigung** ist hierfür ebenso wenig von Bedeutung (*Däubler/DKKW* § 106 Rn. 5; *Fitting* § 106 Rn. 15; *Galperin/Löwisch* § 106 Rn. 13; *Heither* AR-Blattei SD 530.14.4, Rn. 37; *Reich* § 106 Rn. 1; *Richardi/Annuß* § 106 Rn. 11; *Schaub/Koch* Arbeitsrechts-Handbuch, § 243 Rn. 2; *Weiss/Weyand* § 106 Rn. 1) wie die **Betriebszugehörigkeit**. Es genügt, wenn die Arbeitnehmer **dem Unternehmen angehören**. Zum Sonderfall des Gemeinschaftsbetriebs s. Rdn. 39 ff.

32 **Sinkt die Zahl der Arbeitnehmer** nach der Bildung des Wirtschaftsausschusses nicht nur vorübergehend unter den Schwellenwert, so entfällt eine gesetzliche Errichtungsvoraussetzung; die Mitgliedschaft im Wirtschaftsausschuss endet vorzeitig (*BAG* 07.04.2004 EzA § 106 BetrVG 2001 Nr. 1 S. 4 = AP Nr. 17 zu § 106 BetrVG 1972 Bl. 2 f.; *Joost*/MünchArbR § 231 Rn. 3; *Richardi/Annuß* § 106 Rn. 11; *Spirolke*/NK-GA § 106 Rn. 4; *Willemsen/Lembke/HWK* § 106 BetrVG Rn. 22 sowie hier § 107 Rdn. 30; **a. M.** *Däubler/DKKW* § 106 Rn. 14).

33 Beruht das Herabsinken der Arbeitnehmerzahl auf einer **Spaltung des Unternehmens**, dann kann nach § 325 Abs. 2 UmwG auch bezüglich des Wirtschaftsausschusses durch Betriebsvereinbarung oder Tarifvertrag eine **Sicherungsvereinbarung** getroffen werden, die den Fortbestand des Organs festlegt (*Däubler* RdA 1995, 136 [145]; *B. Gaul* DB 1995, 2265 [2265]; *Joost*/MünchArbR § 231 Rn. 3; *Lutter/Joost* UmwG, § 325 Rn. 31, 40); ein **Übergangsmandat** i. S. d. § 21a für die nicht mehr dem Unternehmen angehörenden Arbeitnehmer steht dem Wirtschaftsausschuss bei unternehmensübergreifenden Umstrukturierungen nicht zu (*Au* Das Übergangsmandat der Arbeitnehmervertretungen [Diss. Erlangen], 2014, S. 195 f.; *Bischoff* Das Übergangsmandat des Betriebsrats [Diss. Jena], 2004, S. 180 f.; *Rieble* NZA 2003, Sonderbeilage, S. 62 [66]; *Schlenker-Rehage* Das Übergangsmandat des Betriebs- und Personalrates und die Bedeutung der Richtlinie 2001/23/EG [Diss. Halle 2009],

2010, S. 159). Auch für ein **Restmandat (§ 22b)** fehlt eine tragfähige Rechtsgrundlage (*Buschbaum* Das Restmandat des Betriebsrats nach § 21b BetrVG [Diss. Gießen 2010], 2011, S. 229 f.).

Für die Unternehmensgröße sind die **Arbeitnehmer aller Betriebe** zu berücksichtigen, unabhängig 34 davon, ob in diesen ein Betriebsrat gebildet werden konnte oder errichtet wurde (*LAG Köln* 21.02.2001 AuR 2001, 281 [LS]; *Däubler/DKKW* § 106 Rn. 17; *Fitting* § 106 Rn. 16; *Heither* AR-Blattei SD 530.14.4, Rn. 20; *Löwisch/LK* § 106 Rn. 4; *Preis/WPK* § 106 Rn. 2; *Richardi/Annuß* § 106 Rn. 11; *Rieble/AR* § 106 BetrVG Rn. 3; *Schaub/Koch* Arbeitsrechts-Handbuch, § 243 Rn. 2; *Weber/Ehrich/Hörchens/Oberthür* Kap. B Rn. 387). In einem der Betriebe des Unternehmens muss jedoch **ein Betriebsrat bestehen**, da andernfalls das nach § 107 Abs. 1 Satz 1 notwendige Bestellungsorgan nicht existiert (*Däubler/DKKW* § 106 Rn. 17; *Fitting* § 106 Rn. 16; *Galperin/Löwisch* § 106 Rn. 14; *Gamillscheg* II, § 52, 2a [3]; *v. Hoyningen-Huene* Betriebsverfassungsrecht, § 6 VI 1; *Joost/*MünchArbR § 231 Rn. 3; *Preis/WPK* § 106 Rn. 2; *Richardi/Annuß* § 106 Rn. 11; *Rumpff/Boewer* Wirtschaftliche Angelegenheiten, Kap. G Rn. 15; *Stege/Weinspach/Schiefer* §§ 106–109 Rn. 3). **Zahl und Größe der Betriebe** sind im Übrigen jedoch unerheblich (*Etzel* Rn. 942; *Fitting* § 106 Rn. 16, 17; *Galperin/Löwisch* § 106 Rn. 14; *Heither* AR-Blattei SD 530.14.4, Rn. 20; *v. Hoyningen-Huene* Betriebsverfassungsrecht, § 6 VI 1; *Kania/ErfK* § 106 BetrVG Rn. 2; *Preis/WPK* § 106 Rn. 2).

Für die Ermittlung der Unternehmensgröße sind nur **Arbeitnehmer i. S. d. BetrVG** (§ 5 Abs. 1) zu 35 berücksichtigen (*Däubler/DKKW* § 106 Rn. 5; *Fitting* § 106 Rn. 16; *Kania/ErfK* § 106 BetrVG Rn. 2). Neben den durch § 5 Abs. 2 herausgenommenen Personen sind deshalb auch die **leitenden Angestellten** i. S. d. § 5 Abs. 3 bei der Ermittlung der Unternehmensgröße **nicht mitzuzählen** (*Däubler/DKKW* § 106 Rn. 5; *Fitting* § 106 Rn. 15; *Heither* AR-Blattei SD 530.14.4, Rn. 31 f.; *Hess/HWGNRH* § 106 Rn. 19; *Joost/*MünchArbR § 231 Rn. 3; *Kania/ErfK* § 106 BetrVG Rn. 2; *Preis/WPK* § 106 Rn. 2; *Richardi/Annuß* § 106 Rn. 11; *Schweibert/WHSS* Kap. C Rn. 478; *Stege/Weinspach/Schiefer* §§ 106–109 Rn. 3c; *Ziegler/Wolff/JRH* Kap. 27 Rn. 2; **a. M.** *Küchenhoff* § 106 Rn. 6; *Schaub/Koch* Arbeitsrechts-Handbuch, § 243 Rn. 2). Wenn der Gesetzgeber die Gruppe der leitenden Angestellten im Rahmen der §§ 106 bis 109 berücksichtigen wollte, dann hat er dies ausdrücklich angeordnet (s. § 107 Abs. 1 Satz 2, § 107 Abs. 3 Satz 3, § 108 Abs. 2 Satz 2). Für die Ermittlung der notwendigen Arbeitnehmerzahl fehlt eine derartige Regelung. Andererseits sind **Auszubildende** ebenso wie **jugendliche Arbeitnehmer** (§ 60) bei der Unternehmensgröße zu berücksichtigen (*Däubler/DKKW* § 106 Rn. 5; *Fitting* § 106 Rn. 15; *Preis/WPK* § 106 Rn. 2), da die Wahlberechtigung zum Betriebsrat hierfür ohne Bedeutung ist (s. Rdn. 31).

Zur Arbeitsleistung an das Unternehmen **überlassene Arbeitnehmer** sind jedenfalls dann zu be- 36 rücksichtigen, wenn es sich um die in **§ 5 Abs. 1 Satz 3** genannten Arbeitnehmern handelt, da diese kraft Fiktion den Arbeitnehmern des Unternehmens gleichgestellt werden (s. dazu *BAG* 15.12.2011 EzA § 5 BetrVG 2001 Nr. 7 Rn. 20 = AP Nr. 77 zu § 5 BetrVG 1972 = NZA 2012, 519, das sich allerdings ausdrücklich auf die organisatorischen Bestimmungen des Gesetzes beschränkt; s. allgemein *Raab* § 5 Rdn. 74 ff.). Wegen § 14 Abs. 2 Satz 4 AÜG sind für die Berechnung des Schwellenwertes im entleihenden Unternehmen auch die dort eingesetzten **Leiharbeitnehmer** zu berücksichtigen; der Ausnahmetatbestand in § 14 Abs. 2 Satz 4 AÜG ist auf die Schwellenwerte in § 112a Abs. 1 beschränkt, so dass für eine generelle Herausnahme der Leiharbeitnehmer bei anderen betriebsverfassungsrechtlichen Schwellenwerten die methodischen Voraussetzungen fehlen (s. näher *Raab* § 7 Rdn. 111 ff., 114). Die Vorgabe durch § 14 Abs. 2 Satz 4 AÜG entbindet allerdings nicht von der zusätzlichen Voraussetzung in § 106 Abs. 1 Satz 1, dass für den Schwellenwert nur die »ständig beschäftigten Arbeitnehmer« zu berücksichtigen sind (*Raab* § 7 Rdn. 115; s. ferner Rdn. 38).

Bei **Luftfahrtunternehmen** sind ausschließlich die im **Landbetrieb** beschäftigten Arbeitnehmer für 37 die Unternehmensgröße zu berücksichtigen, da sich die Tätigkeit des Wirtschaftsausschusses nicht auf den **Flugbetrieb** erstreckt (*Fitting* § 117 Rn. 1; *Galperin/Löwisch* § 117 Rn. 4; *Richardi/Thüsing* § 117 Rn. 14 sowie *Franzen* § 117 Rdn. 6; **a. M.** *Däubler/DKKW* § 106 Rn. 33). Der Wirtschaftsausschuss übt eine Hilfsfunktion für den Betriebsrat bzw. Gesamtbetriebsrat aus (s. Rdn. 10), dessen Zuständigkeit bei Luftfahrtunternehmen jedoch auf die Landbetriebe beschränkt ist. Deshalb kommt es für das Erreichen der notwendigen Arbeitnehmerzahl nur auf die in dem Landbetrieb beschäftigten Arbeitnehmer an. Bei **Schifffahrtsunternehmen** bemisst sich die Unternehmensgröße demgegenüber nach allen Arbeitnehmern, einschließlich der Besatzungsmitglieder.

38 Abweichend von anderen Schwellenwerten im BetrVG knüpft § 106 Abs. 1 Satz 1 nicht ausschließlich an die Anzahl der regelmäßig beschäftigten Arbeitnehmer an, sondern verlangt – wie auch § 1 Abs. 1 S. 1 – zusätzlich, dass es sich bei diesen um »**ständig beschäftigte Arbeitnehmer**« handeln muss. Der Sinngehalt dieser Voraussetzung neben dem Erfordernis einer regelmäßigen Zahl von Arbeitnehmern ist allerdings unklar, da über die letztgenannte Voraussetzung bereits kurzzeitig im Unternehmen tätige Arbeitnehmer ausgeklammert werden (s. *Franzen* § 1 Rn. 100). Problematisch ist das Erfordernis einer »ständigen« Beschäftigung insbesondere bei im Unternehmen eingesetzten **Leiharbeitnehmern** (s. *Raab* § 7 Rdn. 118; ferner *Löwisch / Wegmann* BB 2017, 373 [375]). Zu weit geht es in diesem Kontext, wenn unter Hinweis auf eine fehlende »ständige« Beschäftigung Leiharbeitnehmer generell aus dem Schwellenwert in § 106 Abs. 1 Satz 1 ausgeklammert werden (hierfür aber *Aszmons / Homborg / Gerum* GmbHR 2017, 130 [132 f.]). Auch die Forderung nach einer sechsmonatigen Einsatzzeit kann nicht in das Merkmal einer »ständigen« Beschäftigung hineingelesen werden, da § 14 Abs. 2 Satz 6 AÜG diese Voraussetzung ausdrücklich nur für die Gesetze zur Unternehmensmitbestimmung aufstellt; für eine entsprechende Anwendung der Norm im Rahmen der in § 14 Abs. 2 Satz 4 AÜG genannten Schwellenwerte fehlen deshalb die methodischen Voraussetzungen. Leiharbeitnehmer zählen jedenfalls dann nicht zu den »ständig« Beschäftigten, wenn sie lediglich kurzzeitig eingesetzt werden, um einen vorübergehenden Arbeitskräftebedarf abzudecken (ebenso *Raab* § 7 Rdn. 118 a. E.).

b) Gemeinschaftsbetriebe

39 Gemeinschaftsbetriebe werfen im Hinblick auf die Unternehmensgröße zwei unterschiedlich gelagerte Probleme auf. Erstens ist zu erörtern, ob für die durch die Trägergruppe gebildete Einheit ausschließlich die Arbeitnehmer der oder des Gemeinschaftsbetriebe(s) zu berücksichtigen sind (s. Rdn. 40). Zweitens ist klärungsbedürftig, ob die in dem Gemeinschaftsbetrieb zusammengefassten Arbeitnehmer bei den jeweiligen Trägerunternehmen die Arbeitnehmerzahl erhöhen (s. Rdn. 41 f.), so dass bei diesen unter Umständen erst aufgrund der zugerechneten Arbeitnehmer der Schwellenwert von 100 Arbeitnehmern überschritten wird.

40 Bilden mehrere Unternehmen einen Gemeinschaftsbetrieb, dann entsteht hierdurch eine **selbständige Einheit**, die einem »Unternehmen« i. S. d. § 106 Abs. 1 Satz 1 gleichzustellen ist (s. Rdn. 19 f.). Wenn der Wirtschaftsausschuss nur für diese Einheit zu bilden ist, bemisst sich die für seine Errichtung notwendige Zahl der Arbeitnehmer ausschließlich nach den Verhältnissen in dem oder den Gemeinschaftsbetrieb(en). Sie muss dort den in § 106 Abs. 1 Satz 1 festgelegten Schwellenwert überschreiten (*BAG* 01.08.1990 EzA § 106 BetrVG 1972 Nr. 16 S. 6 f. *[Rüthers / Franke]* = AP Nr. 8 zu § 106 BetrVG 1972 Bl. 3; *LAG Baden-Württemberg* 09.10.2013 – 10 TaBV 2/13 – BeckRS 2014, 67294; *Däubler / DKKW* § 106 Rn. 22; *Fitting* § 106 Rn. 18; *Heither* AR-Blattei SD 530.14.4, Rn. 21; *Hess / HWGNRH* § 106 Rn. 7; *Konzen* AuR 1985, 341 [354]; *Löwisch / LK* § 106 Rn. 4; *Preis / WPK* § 106 Rn. 3; *Richardi* 7. Aufl., § 106 Rn. 13; *Windbichler* Arbeitsrecht im Konzern, 1989, S. 295; **a. M.** *Richardi / Annuß* § 106 Rn. 8, 12; mit Bedenken *Stege / Weinspach / Schiefer* §§ 106–109 Rn. 3d). Die Zahl der bei **dem jeweiligen Trägerunternehmen beschäftigten Arbeitnehmer** ist hierfür bedeutungslos (*BAG* 01.08.1990 EzA § 106 BetrVG 1972 Nr. 16 S. 6 *[Rüthers / Franke]* = AP Nr. 8 zu § 106 BetrVG 1972 Bl. 2 R; *Richardi* 7. Aufl., § 106 Rn. 13; *Schaub / Koch* Arbeitsrechts-Handbuch, § 243 Rn. 2). Für den von den Trägerunternehmen gebildeten Gemeinschaftsbetrieb ist deshalb auch dann ein Wirtschaftsausschuss zu bilden, wenn die Trägerunternehmen für sich allein den Schwellenwert des § 106 Abs. 1 Satz 1 nicht erreichen (*BAG* 01.08.1990 EzA § 106 BetrVG 1972 Nr. 16 S. 6 *[Rüthers / Franke]* = AP Nr. 8 zu § 106 BetrVG 1972 Bl. 2 R).

41 Bei der umgekehrten und auf das jeweilige Trägerunternehmen bezogenen Fragestellung wird überwiegend die gegenteilige Auffassung vertreten und die im Gemeinschaftsbetrieb beschäftigten Arbeitnehmer insgesamt **zusätzlich jedem Trägerunternehmen zugerechnet** (*Bonanni* Der gemeinsame Betrieb mehrerer Unternehmen [Diss. Köln 2002], 2003, S. 164 f.; *Fitting* § 106 Rn. 18; *Heither* AR-Blattei SD 530.14.4, Rn. 22; *Joost /* MünchArbR § 231 Rn. 5; *Preis / WPK* § 106 Rn. 3; *Richardi* 7. Aufl., § 106 Rn. 12; *Schweibert / WHSS* Kap. C Rn. 479; **a. M.** *Konzen* AuR 1985, 341 [354]; *Richardi / Annuß* § 106 Rn. 12). Das kann dazu führen, dass in den jeweiligen Trägerunternehmen jeweils ein Wirtschaftsausschuss zu bilden ist, obwohl diese in den von ihnen allein geführten Betrieben für sich genommen weniger als 100 Arbeitnehmer beschäftigen. Im Ansatz ist dies konsequent, wenn die Prämisse geteilt wird, dass die Trägerunternehmen durch die Führung des Gemeinschaftsbetriebs kein eigenständiges »Unternehmen« i. S. d. § 106 Abs. 1 Satz 1 errichten. Bei einem gegenteiligen Verständnis (für dieses *Konzen* AuR 1985, 341 [349 ff.]) scheidet die Zurechnung der im Gemeinschaftsbetrieb beschäftigten Arbeitnehmer zu den Trägerunternehmen zwangsläufig aus (s. *Konzen* AuR 1985, 341 [354]).

Auf der Grundlage des engen Unternehmensbegriffs (s. Rdn. 18) sprechen die besseren Gründe für 42 eine Zurechnung der in dem Gemeinschaftsbetrieb beschäftigten Arbeitnehmer. Der Schwellenwert in § 106 Abs. 1 Satz 1 soll sicherstellen, dass in Unternehmen ein Wirtschaftsausschuss gebildet werden kann, wenn die unternehmerischen Entscheidungen eine größere Zahl von Arbeitnehmern betrifft. Da entsprechende Entscheidungen des Trägerunternehmens auch den Gemeinschaftsbetrieb berühren können, gebietet es der Zweck der §§ 106 ff., zumindest diejenigen Arbeitnehmer des Gemeinschaftsbetriebs für die Ermittlung der Arbeitnehmerzahl bei dem Trägerunternehmen mitzuzählen, die trotz ihrer Tätigkeit im Gemeinschaftsbetrieb unverändert in einer Vertragsbeziehung zu dem Trägerunternehmen stehen (ähnlich *Richardi/Annuß* § 106 Rn. 12). Führt die Zurechnung von im Gemeinschaftsbetrieb beschäftigten Arbeitnehmern allerdings dazu, dass bei dem Trägerunternehmen ein Wirtschaftsausschuss gebildet werden kann, dann ist für einen ausschließlich für den Gemeinschaftsbetrieb gebildeten Wirtschaftsausschuss die methodische Grundlage entzogen (s. Rdn. 23).

c) Ausländische Betriebe inländischer Unternehmen

Wegen des auf das Staatsgebiet der Bundesrepublik Deutschland beschränkten Geltungsbereichs des 43 Betriebsverfassungsgesetzes (Territorialitätsprinzip; dazu *Franzen* § 1 Rdn. 4 f.) kann der Wirtschaftsausschuss nicht für die ausländischen Betriebe eines inländischen Unternehmens tätig werden. Da der Gesamtbetriebsrat nicht die Arbeitnehmer der im Ausland gelegenen Betriebe vertritt (s. *Kreutz/Franzen* § 47 Rdn. 8), beschränkt sich auch die Hilfsfunktion des Wirtschaftsausschusses auf den begrenzten Zuständigkeitsbereich des Gesamtbetriebsrats. Ob in dem Unternehmen ein Wirtschaftsausschuss zu errichten ist, bestimmt sich deshalb ausschließlich nach der Zahl der Arbeitnehmer, die den inländischen Betrieben angehören (*Etzel* Rn. 943; *Fitting* § 106 Rn. 20; *Heither* AR-Blattei SD 530.14.4, Rn. 23; *Hess/HWGNRH* § 106 Rn. 10; *Joost*/MünchArbR § 231 Rn. 10; *Kania*/ErfK § 106 BetrVG Rn. 2; *Löwisch/LK* § 106 Rn. 5; *Preis/WPK* § 106 Rn. 3; *Richardi/Annuß* § 106 Rn. 13; *Rumpff/Boewer* Wirtschaftliche Angelegenheiten, Kap. G Rn. 12; *Schaub/Koch* Arbeitsrechts-Handbuch, § 243 Rn. 3; *Schweibert/WHSS* Kap. C Rn. 480; *Spirolke*/NK-GA § 106 BetrVG Rn. 4; *Steffan*/HaKo § 106 Rn. 5; *Stege/Weinspach/Schiefer* §§ 106–109 Rn. 3e; **a. M.** *Birk* FS Schnorr v. Carolsfeld, 1972, S. 61 [82]; *Däubler* RabelsZ Bd. 39 [1975], 444 [466]; *ders./DKKW* § 106 Rn. 28; *Fabricius* 6. Aufl., § 106 Rn. 46; *Grasmann* ZGR 1973, 317 [324]; *Simitis* FS Kegel, 1977, S. 153 [178 f.]; *Weiss/Weyand* § 106 Rn. 3). Zur Frage, ob der Betriebsrat Arbeitnehmer zu Mitgliedern des Wirtschaftsausschusses bestimmen darf, die in ausländischen Betrieben beschäftigt sind, s. § 107 Rdn. 7.

d) Inländische Betriebe ausländischer Unternehmen

Sofern für inländische Betriebe eines ausländischen Unternehmens ein Wirtschaftsausschuss gebildet 44 werden kann (s. Rdn. 24 f.), beschränkt sich dessen Zuständigkeit auf die im Inland gelegenen Betriebe (*BAG* 01.10.1974 EzA § 106 BetrVG 1972 Nr. 1 S. 6 *[Buchner]* = AP Nr. 1 zu § 106 BetrVG 1972 Bl. 3 *[Hinz]* sowie *Franzen* § 1 Rdn. 8; zust. *Preis/WPK* § 106 Rn. 3; **a. M.** *Fabricius* 6. Aufl., § 106 Rn. 31 ff.). Deshalb sind nur die in den inländischen Betrieben beschäftigten Arbeitnehmer bei dem Schwellenwert des § 106 Abs. 1 Satz 1 zu berücksichtigen (*Etzel* Rn. 943; *Fitting* § 106 Rn. 20; *Galperin/Löwisch* § 106 Rn. 11; *Kania*/ErfK § 106 BetrVG Rn. 2; *Löwisch/LK* § 106 Rn. 4; *Richardi/Annuß* § 106 Rn. 14; *Schweibert/WHSS* Kap. C Rn. 480; **a. M.** *Däubler/DKKW* § 106 Rn. 29).

e) Kleinunternehmen

Nach § 106 Abs. 1 Satz 1 ist in Unternehmen, die den Schwellenwert für die Arbeitnehmerzahl nicht 45 erreichen, **kein Wirtschaftsausschuss** zu bilden. Die Rechte des Wirtschaftsausschusses können in Kleinunternehmen auch **nicht unmittelbar durch den Betriebsrat** bzw. Gesamtbetriebsrat aufgrund einer entsprechenden Gesetzesanwendung ausgeübt werden. Das Gesetz weist diese einem be-

§ 106   *IV. 6. 1. Unterrichtung in wirtschaftlichen Angelegenheiten*

stimmten Organ zu und verpflichtet die Unternehmen erst dann zu einer intensivierten Information, wenn die wirtschaftlichen Angelegenheiten aufgrund Unternehmensgröße und Komplexität eine gesteigerte Bedeutung für den Betriebsrat haben. Er kann deshalb weder aufgrund einer unmittelbaren noch einer analogen Gesetzesanwendung die Unterrichtung nach § 106 Abs. 2 oder die Erläuterung des Jahresabschlusses nach § 108 Abs. 5 an sich selbst verlangen (*BAG* 05.02.1991 EzA § 106 BetrVG 1972 Nr. 15 S. 7 ff. = AP Nr. 10 zu § 106 BetrVG 1972 Bl. 3 R ff. = BetrR 1991, 275 [abl. *Meißner*]; 07.04.2004 EzA § 106 BetrVG 2001 Nr. 1 S. 5 = AP Nr. 17 zu § 106 BetrVG 1972 Bl. 2 R; *LAG Düsseldorf* 14.02.1990 BB 1990, 994; *LAG Hamm* 13.02.1990 LAGE § 106 BetrVG 1972 Nr. 4 S. 5 ff.; 15.05.1990 LAGE § 106 BetrVG 1972 Nr. 6 S. 5 ff. = AuR 1990, 296 [abl. *Bösche-Moderegger/Grimberg*]; *LAG Köln* 08.09.1987 NZA 1988, 210; *Däubler/DKKW* § 106 Rn. 26; *Etzel* Rn. 941; *Fitting* § 106 Rn. 21; *Heither* AR-Blattei SD 530.14.4, Rn. 27; *Hess/HWGNRH* § 106 Rn. 2; *v. Hoyningen-Huene* Betriebsverfassungsrecht, § 6 VI 1; *Joost*/MünchArbR § 231 Rn. 6; *Kania*/ErfK § 106 BetrVG Rn. 2; *Löwisch/LK* § 106 Rn. 7; *Oetker/Lunk* DB 1990, 2320 [2321]; *Richardi/Annuß* § 106 Rn. 15 f.; *Rumpff/Boewer* Wirtschaftliche Angelegenheiten, Kap. G Rn. 19; *Schweibert/WHSS* Kap. C Rn. 481; *Spirolke*/NK-GA § 106 BetrVG Rn. 5; *Steffan*/HaKo § 106 Rn. 7; *Stege/Weinspach/Schiefer* §§ 106–109 Rn. 4b; *Weiss/Weyand* § 106 Rn. 4; *Wlotzke* § 106 Rn. 2a; **a. M.** *Bösche-Moderegger/Grimberg* AuR 1990, 298 [298 ff.]; *Fabricius* 6. Aufl., § 106 Rn. 15 f.; *U. Mayer* AuR 1991, 14 [16 ff.]; *Wendeling-Schröder* AiB 1986, 226; *Wetzling* Der Konzernbetriebsrat, 1978, S. 186).

46   Das Defizit kompensiert – wenn auch nur begrenzt – **§ 80 Abs. 2**, da sich die dortigen Informationsansprüche des Betriebsrats auch auf wirtschaftliche Angelegenheiten erstrecken können (*BAG* 05.02.1991 EzA § 106 BetrVG 1972 Nr. 15 S. 2 = AP Nr. 10 zu § 106 BetrVG 1972 Bl. 2; *LAG Düsseldorf* 14.02.1990 BB 1990, 994; *LAG Hamm* 13.02.1990 LAGE § 106 BetrVG 1972 Nr. 4 S. 7 f.; 15.05.1990 LAGE § 106 BetrVG 1972 Nr. 6 S. 7; *LAG Köln* 08.09.1987 NZA 1988, 210; *Däubler/DKKW* § 106 Rn. 26; *Fitting* § 106 Rn. 22; *Heither* AR-Blattei SD 530.14.4, Rn. 29; *Joost*/MünchArbR § 231 Rn. 7; *Löwisch/LK* § 106 Rn. 7; *U. Mayer* AuR 1991, 14 [19 f.]; *Oetker/Lunk* DB 1990, 2320 [2323 f.]; *Richardi/Annuß* § 106 Rn. 16; *Schaub/Koch* Arbeitsrechts-Handbuch, § 243 Rn. 4; *Schweibert/WHSS* Kap. C Rn. 481; *Spirolke*/NK-GA § 106 BetrVG Rn. 5). Bekräftigt wird dieses Verständnis durch Art. 4 Abs. 2 Buchst. a der Richtlinie 2002/14/EG (vgl. *Reichold* NZA 2003, 289 [299] sowie Rdn. 8). Im Rahmen einer nach § 80 Abs. 2 Satz 1 erfolgenden Unterrichtung soll der Unternehmer nicht berechtigt sein, die Preisgabe von Informationen über wirtschaftliche Angelegenheiten wegen einer **Gefährdung von Betriebs- und Geschäftsgeheimnissen** zu verweigern (*BAG* 05.02.1991 EzA § 106 BetrVG 1972 Nr. 15 S. 5 f. = AP Nr. 10 zu § 106 BetrVG 1972 Bl. 2 R f.; *Däubler/DKKW* § 106 Rn. 26; *Simitis* FS Riesenfeld, 1983, S. 257 [263 ff.]; **a. M.** *Galperin/Löwisch* § 80 Rn. 32; *Oetker/Lunk* DB 1990, 2320 [2324]; *Pramann* BB 1975, 519 [520]). Allerdings besteht das Informationsrecht des Betriebsrats nach § 80 Abs. 2 nur, wenn ein Zusammenhang mit seinen Aufgaben vorliegt (s. *Weber* § 80 Rdn. 68 ff.). Das ist weder für den **Wirtschaftsprüferbericht** zum Jahresabschluss (s. *BAG* 05.02.1991 EzA § 106 BetrVG 1972 Nr. 15 S. 6 f. = AP Nr. 10 zu § 106 BetrVG 1972 Bl. 3 f.) noch bezüglich des **Jahresabschlusses** (s. *LAG Hamm* 13.02.1990 LAGE § 106 BetrVG 1972 Nr. 4 S. 7 f.; *LAG Köln* 08.09.1987 NZA 1988, 210) generell zu bejahen. Partiell mildern die handelsrechtlichen **Publizitätsvorschriften** (§§ 325 ff., 339 ff. HGB) die Informationsdefizite ab (*Oetker/Lunk* DB 1990, 2320 [2324 f.]).

47   Die in Rdn. 45 und Rdn. 46 dargelegte Konzeption wird in Kleinunternehmen von § 109a durchbrochen (s. § 109a Rdn. 2), da dieser für die Übernahme von Unternehmen zugunsten des Betriebsrats die entsprechende Anwendung von § 106 Abs. 1 und 2 insbesondere in Kleinunternehmen anordnet (s. § 109a Rdn. 6). Einer generellen entsprechenden Anwendung der §§ 106 ff. für den in Kleinunternehmen bestehenden (Gesamt-)Betriebsrat ist hierdurch zusätzlich die tragfähige methodische Grundlage für eine Rechtsfortbildung entzogen worden. Erstens ist § 109a nur vor dem Hintergrund der in Rdn. 45 wiedergegebenen h. M. verständlich. Zweitens führt die Beschränkung des § 109a auf den Sonderfall der Unternehmensübernahme i. S. d. § 106 Abs. 3 Nr. 9a dazu, dass eine Ausweitung der Norm auf die anderen in § 106 Abs. 3 aufgezählten Sachverhalte ebenso mit dem Regelungsplan des Gesetzgebers unvereinbar ist wie eine analoge Anwendung der §§ 106 ff. zugunsten des im Kleinunternehmen bestehenden (Gesamt-)Betriebsrats.

Eine verbreitete Ansicht lässt in Kleinunternehmen die Errichtung eines Wirtschaftsausschusses auf- **48** grund einer **freiwilligen Vereinbarung** zwischen Betriebsrat und Unternehmer zu (hierfür *Fitting* § 106 Rn. 21; *Gamillscheg* II, § 52, 2a [3]; *Heither* AR-Blattei SD 530.14.4, Rn. 28; *Kania*/ErfK § 106 BetrVG Rn. 2; *Preis/WPK* § 106 Rn. 2; *Richardi/Annuß* § 106 Rn. 15; *Schaub/Koch* Arbeitsrechts-Handbuch, § 243 Rn. 4; **a. M.** *Däubler/DKKW* § 106 Rn. 4). Dessen **Kompetenzen** bestimmen sich jedoch ausschließlich nach dem Inhalt der freiwillig abgeschlossenen Vereinbarung (*Fitting* § 106 Rn. 21; *Heither* AR-Blattei SD 530.14.4, Rn. 28; *Kania*/ErfK § 106 BetrVG Rn. 2; *Preis/WPK* § 106 Rn. 2; *Richardi/Annuß* § 106 Rn. 15; *Schaub/Koch* Arbeitsrechts-Handbuch, § 243 Rn. 4). Die gegenüber vergleichbaren Vereinbarungen auf Konzernebene im Hinblick auf die Vereinbarungsbefugnis formulierten Einwände (s. Rdn. 30) beanspruchen jedoch auch im Kleinunternehmen Gültigkeit. Wegen des fehlenden unternehmensübergreifenden Bezugs scheidet der durch § 3 Abs. 1 Nr. 4 eröffnete Ausweg in Kleinunternehmen aus.

4. Anzahl der Wirtschaftsausschüsse im Unternehmen

Der Wirtschaftsausschuss ist stets für das gesamte Unternehmen zu errichten. Das gilt unabhängig von **49** dessen Größe und der Zahl der Betriebe. Die **Bildung mehrerer Wirtschaftsausschüsse** in einem Unternehmen nach regionalen oder fachlichen Gesichtspunkten ist nicht statthaft (*Däubler/DKKW* § 106 Rn. 16; *Fitting* § 106 Rn. 17; *Galperin/Löwisch* § 106 Rn. 5; *Hess/HWGNRH* § 106 Rn. 7; *Löwisch/LK* § 106 Rn. 1; *Richardi/Annuß* § 106 Rn. 6; *Rumpff/Boewer* Wirtschaftliche Angelegenheiten, Kap. G Rn. 7; *Stege/Weinspach/Schiefer* §§ 106–109 Rn. 2; s. auch LAG Berlin-Brandenburg 19.03.2015 – 14 TaBV 1813/14 – BeckRS 2015, 70076).

5. Errichtungspflicht

Die Errichtung des Wirtschaftsausschusses steht nicht im Ermessen des Betriebsrats bzw. Gesamt- **50** betriebsrats. Das Gesetz begründet für das zuständige Bestellungsorgan eine Rechtspflicht zur Errichtung (*Reg. Begr.* BT-Drucks. VI/1786, S. 53; *Däubler/DKKW* § 106 Rn. 15; *Fitting* § 106 Rn. 3; *Hess/HWGNRH* § 106 Rn. 2; *Preis/WPK* § 106 Rn. 2; *Richardi/Annuß* § 106 Rn. 17; *Rumpff/Boewer* Wirtschaftliche Angelegenheiten, Kap. G Rn. 18; *Stege/Weinspach/Schiefer* §§ 106–109 Rn. 5); die Errichtung eines Wirtschaftsausschusses ist in gleicher Weise obligatorisch wie die Bildung eines Gesamtbetriebsrats. Allerdings kreiert § 106 keinen damit korrespondierenden Anspruch des Unternehmers oder der Arbeitnehmer gegen den Betriebsrat bzw. Gesamtbetriebsrat. Die Nichterrichtung eines Wirtschaftsausschusses, obwohl hierfür die gesetzlichen Voraussetzungen vorliegen, ist jedoch eine Verletzung gesetzlicher Pflichten i. S. d. § 23 Abs. 1 (*Däubler/DKKW* § 106 Rn. 15; *Preis/WPK* § 106 Rn. 2; *Richardi/Annuß* § 106 Rn. 17; *Rumpff/Boewer* Wirtschaftliche Angelegenheiten, Kap. G Rn. 18; *Weiss/Weyand* § 106 Rn. 1) bzw. i. S. d. § 48, wobei allerdings eine Auflösung des Gesamtbetriebsrats ausscheidet (s. *Kreutz/Franzen* § 48 Rdn. 2).

IV. Aufgaben und Kompetenzen des Wirtschaftsausschusses

Der Wirtschaftsausschuss ist kein eigenständiges Vertretungsorgan der Arbeitnehmer für die wirt- **51** schaftlichen Angelegenheiten des Unternehmens (*Däubler/DKKW* § 106 Rn. 35). Er ist ein Hilfsorgan des Betriebsrats bzw. Gesamtbetriebsrats (s. Rdn. 13), das an dessen Stelle mit dem Unternehmer regelmäßig über die wirtschaftlichen Angelegenheiten des Unternehmens berät; § 106 Abs. 1 Satz 2 hält diese Aufgabe ausdrücklich fest. Allerdings belässt es das Gesetz bezüglich der Beratung bei einer abstrakten Aufgabenumschreibung, ohne zugleich eine damit korrespondierende Pflicht des Unternehmers zur Beratung mit dem Wirtschaftsausschuss zu normieren. Damit gleicht § 106 Abs. 1 Satz 2 der allgemeinen Regelung in § 80 Abs. 1. Von einer ausdrücklichen Verpflichtung des Unternehmers zur Beratung mit dem Wirtschaftsausschuss, wie dies ansonsten für Beratungsrechte charakteristisch ist (s. §§ 90 Abs. 2 Satz 1, 92 Abs. 1 Satz 2, 92a Abs. 2 Satz 1, 96 Abs. 1 Satz 2, 97 Abs. 1, 111 Satz 1), sieht das Gesetz allerdings ab und beschränkt sich auf eine Pflicht des Unternehmers zur Unterrichtung des Wirtschaftsausschusses (§ 106 Abs. 2), an den Sitzungen des Wirtschaftsausschusses teilzunehmen (§ 108 Abs. 2 Satz 1) sowie den Jahresabschluss zu erläutern (§ 108 Abs. 5).

Gleichwohl korrespondiert nach verbreiteter Auffassung mit der an den Wirtschaftsausschuss adressierten Aufgabe einer Beratung eine Pflicht des Unternehmers zur Beratung mit dem Wirtschaftsausschuss (*Rentsch* Unterrichtung, S. 138 f., m. w. N.). Trotz des weitgezogenen Aufgabenbereichs des Wirtschaftsausschusses ist dieser kein dem Aufsichtsrat vergleichbares Kontroll- und Überwachungsorgan im Hinblick auf die Geschäftsführung des Unternehmens (*BAG* 08.08.1989 EzA § 106 BetrVG 1972 Nr. 8 S. 15 *[Henssler]* = AP Nr. 6 zu § 106 BetrVG 1972 Bl. 8: »kein Kontrollorgan«; *Joost* FS *Kissel*, S. 433 [447]; *ders.*/MünchArbR § 231 Rn. 21).

52 Eine dem Gesetzeszweck entsprechende **Beratung** mit dem Unternehmer ist dem Wirtschaftsausschuss nur auf der Basis einer ausreichenden Informationsgrundlage möglich (*Däubler*/*DKKW* § 106 Rn. 36; *Joost*/MünchArbR § 231 Rn. 40; *Spirolke*/NK-GA § 106 BetrVG Rn. 6). Deshalb verpflichtet § 106 Abs. 2 den Unternehmer zur rechtzeitigen und umfassenden Unterrichtung sowie zur Vorlage der hierfür erforderlichen Unterlagen. Ergänzend berechtigt § 108 Abs. 3 den Wirtschaftsausschuss zur Einsicht in die vorzulegenden Unterlagen (dazu § 108 Rdn. 51 f.) und erlegt dem Unternehmer auf, den Jahresabschluss nicht nur vorzulegen, sondern darüber hinaus dazu, diesen gegenüber dem Wirtschaftsausschuss zu erläutern (§ 108 Abs. 5; dazu § 108 Rdn. 61 ff.). Gegenstand der Beratung ist die Abwägung des Für und Wider der wirtschaftlichen Angelegenheit im Rahmen eines Dialogs (*Rumpff*/*Boewer* Wirtschaftliche Angelegenheiten, Kap. G Rn. 39).

53 Gegebenenfalls umfasst die Beratung auch die **Erörterung von Alternativen**, so dass der Wirtschaftsausschuss eigene Vorschläge einbringen kann (*Däubler*/*DKKW* § 106 Rn. 37; *Fitting* § 106 Rn. 24; *Joost*/MünchArbR § 231 Rn. 39; *Kania*/ErfK § 106 BetrVG Rn. 3; *Küchenhoff* § 106 Rn. 10; *Löwisch*/LK § 106 Rn. 16; *Preis*/WPK § 106 Rn. 4; *Rumpff*/*Boewer* Wirtschaftliche Angelegenheiten, Kap. G Rn. 25; *Steffan*/HaKo § 106 Rn. 13; *Woitascheck*/GTAW § 106 Rn. 6; *Ziegler*/*Wolff*/JRH Kap. 27 Rn. 15). Dadurch darf jedoch der Beratungsgegenstand nicht verfälscht werden. Diesen bestimmt der Unternehmer mit der von ihm beabsichtigten wirtschaftlichen Angelegenheit; über diese hat der Unternehmer zu unterrichten und sich mit dem Wirtschaftsausschuss zu beraten. Der Wirtschaftsausschuss ist kein Organ, zu dessen Aufgaben es gehört, eine alternative Unternehmenspolitik zu entwickeln (zust. *Preis*/WPK § 106 Rn. 4).

54 Die Bindung der Unterrichtungspflicht an die wirtschaftlichen Angelegenheiten des Unternehmens wirkt sich im **Konzernverbund** dahin aus, dass die Vorgaben des herrschenden Unternehmens nicht in den Zuständigkeitsbereich des Wirtschaftsausschusses fallen, der bei dem abhängigen Unternehmen errichtet wurde (ebenso *LAG Niedersachsen* 03.11.2009 NZA-RR 2010, 142 [143]). Andererseits entfällt die Unterrichtungspflicht des abhängigen Unternehmens nicht bereits deshalb, weil die Planung auf das herrschende Unternehmen zurückgeht oder von diesem vorgegeben wird, so dass für das abhängige Unternehmen lediglich ein auf die Umsetzung beschränkter Gestaltungsspielraum verbleibt (*Kania*/ErfK § 106 BetrVG Rn. 2; s. ferner Rdn. 126, 148 ff.).

55 Wegen seiner Hilfsfunktion für den Betriebsrat (s. Rdn. 10) tritt als zweiter Aufgabenkreis des Wirtschaftsausschusses die **Unterrichtung des Betriebsrats** hinzu, obwohl dieser in dem Wirtschaftsausschuss mit einem Mitglied vertreten ist (§ 107 Abs. 1 Satz 1), so dass der Betriebsrat denselben Informationsstand wie die anderen Mitglieder des Wirtschaftsausschusses besitzen kann. Die Unterrichtungsaufgabe bezieht sich nur dann auf den Betriebsrat, wenn in dem Unternehmen kein Gesamtbetriebsrat besteht. Andernfalls nimmt der Wirtschaftsausschuss die Hilfsfunktion für den Gesamtbetriebsrat wahr, so dass dieser von dem Wirtschaftsausschuss zu unterrichten ist (**a. M.** *Fitting* § 106 Rn. 27; *Heither* AR-Blattei SD 530.14.4, Rn. 76, die nach der Zuständigkeit für die jeweilige Angelegenheit differenzieren und eine Zuständigkeit des Gesamtbetriebsrats nur bejahen, wenn dieser nach § 50 für die Angelegenheit zuständig ist; näher dazu § 108 Rdn. 59). Eine Konkretisierung erfährt die Unterrichtungsaufgabe des Wirtschaftsausschusses in § 108 Abs. 4; die Unterrichtung des Betriebsrats muss umfassend sowie vollständig sein und ist nicht nur gelegentlich, sondern stets unverzüglich nach jeder Sitzung durchzuführen (s. § 108 Rdn. 56).

V. Unterrichtungspflicht des Unternehmers gegenüber dem Wirtschaftsausschuss

1. Gegenstand der Unterrichtung

a) Allgemeines

Um eine dem Zweck des Gesetzes entsprechende Beratung zwischen Wirtschaftsausschuss und Unternehmer zu ermöglichen, verpflichtet § 106 Abs. 2 Satz 1 diesen zu einer rechtzeitigen und umfassenden Unterrichtung über die »wirtschaftlichen Angelegenheiten«. Den mit diesem Terminus umschriebenen Gegenstand der Unterrichtung konkretisiert § 106 Abs. 3, dessen weit gefasster und nur schwer konkretisierbarer Katalog auflistet, welche Materien zu den wirtschaftlichen Angelegenheiten i. S. d. § 106 zählen (dazu Rdn. 66 ff.). Die Unterrichtungspflicht des Unternehmers bezieht sich nur auf die von ihm geplanten wirtschaftlichen Angelegenheiten (s. a. Rdn. 53). Er ist deshalb nicht verpflichtet, im Hinblick auf **vom Wirtschaftsausschuss vorgeschlagene Alternativen** Auskünfte zu erteilen (**a. M.** *Däubler/DKKW* § 106 Rn. 37) oder vom Wirtschaftsausschuss aufgestellte sog. **Kennziffernkataloge** auszufüllen (*Hess/HWGNRH* § 106 Rn. 27; *Stege/Weinspach/Schiefer* §§ 106–109 Rn. 35a; **a. M.** *Däubler/DKKW* § 106 Rn. 53). Ebenso ist der Wirtschaftsausschuss nicht über **Maßnahmen** der **laufenden Geschäftsführung** zu unterrichten (*Fitting* § 106 Rn. 49; *Heither* AR-Blattei SD 530.14.4, Rn. 96; *Hess/HWGNRH* § 106 Rn. 43; *Kania/ErfK* § 106 BetrVG Rn. 7; *Richardi/Annuß* § 106 Rn. 38; *Stege/Weinspach/Schiefer* §§ 106–109 Rn. 48b). 56

aa) Regelungstechnik des § 106 Abs. 3

Die Regelungstechnik des § 106 Abs. 3 ist nicht restlos geglückt. Mit dem Wort »insbesondere« deutet das Gesetz an, dass § 106 Abs. 3 die **Tatbestände** lediglich beispielhaft und **nicht abschließend** aufzählt und damit weitere (unbenannte) Sachverhalte zu den wirtschaftlichen Angelegenheiten i. S. d. § 106 Abs. 3 gehören können (für die nahezu allgemeine Ansicht *Däubler/DKKW* § 106 Rn. 66; *Fitting* § 106 Rn. 48; *Gamillscheg* II, § 52, 2d [2]; *Heither* AR-Blattei SD 530.14.4, Rn. 94; *Hess/HWGNRH* § 106 Rn. 32; *Joost* FS Kissel, S. 433 [435]; *ders./MünchArbR* § 231 Rn. 23; *Kania/ErfK* § 106 BetrVG Rn. 7; *Loritz/ZLH* Arbeitsrecht § 53 Rn. 3; *Preis/WPK* § 106 Rn. 9; *Richardi/Annuß* § 106 Rn. 37; *Rumpff/Boewer* Wirtschaftliche Angelegenheiten, Kap. G Rn. 23; *Schaub/Koch* Arbeitsrechts-Handbuch, § 243 Rn. 15; *Schweibert/WHSS* Kap. C Rn. 482; *Spirolke/NK-GA* § 106 BetrVG Rn. 12; *Stege/Weinspach/Schiefer* §§ 106–109 Rn. 48; **a. M.** *Galperin/Löwisch* § 106 Rn. 42). Andererseits ist die (beschränkte) Generalklausel in § 106 Abs. 3 Nr. 10 (zu dieser näher Rdn. 103 ff.) derart offen formuliert (»sonstige Vorgänge und Vorhaben«), dass praktisch keine Fälle denkbar sind, die zu den wirtschaftlichen Angelegenheiten i. S. d. § 106 Abs. 3 zählen, aber weder von § 106 Abs. 3 Nr. 1 bis 9a noch von § 106 Abs. 3 Nr. 10 erfasst werden (*Galperin/Löwisch* § 106 Rn. 42; *Joost/*MünchArbR § 231 Rn. 23; *Richardi/Annuß* § 106 Rn. 37; *Steffan/HaKo* § 106 Rn. 21 sowie *Rumpff/Boewer* Wirtschaftliche Angelegenheiten, Kap. G Rn. 23, die treffend betonen, dass dem Gesetzgeber ein Pleonasmus unterlaufen sei). 57

bb) Bedeutung der Angelegenheit für die Interessen der Arbeitnehmer

Ob die in § 106 Abs. 3 genannten Angelegenheiten die **Interessen der Arbeitnehmer** wesentlich berühren können, ist ausschließlich im Rahmen der Generalklausel des § 106 Abs. 3 Nr. 10 zu prüfen. Bei den Tatbeständen in § 106 Abs. 3 Nr. 1 bis 9a fehlt für eine eigenständige Prüfung die Grundlage (*Däubler/DKKW* § 106 Rn. 66; *Reich* § 106 Rn. 4; *Richardi* 7. Aufl., § 106 Rn. 38; *Rumpff/Boewer* Wirtschaftliche Angelegenheiten, Kap. G Rn. 24; *Schaub/Koch* Arbeitsrechts-Handbuch, § 243 Rn. 15; *Schweibert/WHSS* Kap. C Rn. 482; **a. M.** *Hess/HWGNRH* § 106 Rn. 43; *Richardi/Annuß* § 106 Rn. 38; *Rieble/*AR § 106 BetrVG Rn. 4; *Stege/Weinspach/Schiefer* §§ 106–109 Rn. 33, 48a). Die Regelungssystematik des § 106 Abs. 3 bringt zum Ausdruck, dass das Gesetz die Sachverhalte in § 106 Abs. 3 Nr. 1 bis 9a für die Interessen der Arbeitnehmer stets als so bedeutsam ansieht, dass sie diese in jedem Fall wesentlich berühren können (*Rumpff/Boewer* Wirtschaftliche Angelegenheiten, Kap. G Rn. 24: unwiderlegbare Unterstellung des Gesetzgebers). Deshalb handelt es sich nicht um eine Fiktion (**a. M.** *Däubler/DKK* 8. Aufl., § 106 Rn. 62). 58

Oetker

59 Mit der Gesetzessystematik in § 106 Abs. 3 ist eine **immanente Schranke der Unterrichtungspflicht** unvereinbar, welche die Angelegenheiten in § 106 Abs. 3 Nr. 1 bis 9a unter den (ungeschriebenen) Vorbehalt stellt, dass diese die Interessen der Arbeitnehmer wesentlich berühren können (ebenfalls ablehnend *Däubler/DKKW* § 106 Rn. 66; *Fitting* § 106 Rn. 48; *Gamillscheg* II, § 52, 2d [2]; *Preis/WPK* § 106 Rn. 9; *Schweibert/WHSS* Kap. C Rn. 482; **a. M.** *OLG Karlsruhe* 07.06.1985 AP Nr. 1 zu § 121 BetrVG 1972 Bl. 1 R; *Hess/HWGNRH* § 106 Rn. 43; *Reich* § 106 Rn. 4; *Richardi/Annuß* § 106 Rn. 38; *Rieble/AR* § 106 BetrVG Rn. 4; *Stege/Weinspach/Schiefer* §§ 106–109 Rn. 33, 48a; missverständlich noch *BAG* 01.10.1974 EzA § 106 BetrVG 1972 Nr. 1 S. 6 *[Buchner]* = AP Nr. 1 zu § 106 BetrVG 1972 Bl. 3 *[Hinz]*). Auch für eine teleologische Reduktion der Tatbestände in § 106 Abs. 3 Nr. 1 bis 9a in Fällen, in denen eine wesentliche Berührung der Interessen der Arbeitnehmer ausgeschlossen ist (in diesem Sinne *Richardi/Annuß* § 106 Rn. 38), fehlt angesichts der Systematik des § 106 Abs. 3 die methodische Grundlage. Die Anwendung des § 106 Abs. 3 Nr. 1 bis 9a hängt erst recht nicht davon ab, ob die dort aufgezählten wirtschaftlichen Angelegenheiten für die Arbeitnehmer mit Nachteilen verbunden sein können. Das verlangt nicht einmal die Generalklausel in § 106 Abs. 3 Nr. 10 (s. Rdn. 111).

cc) Das »Unternehmen« als Anknüpfung

60 Betrifft eine Angelegenheit nicht das gesamte Unternehmen, sondern lediglich einzelne Betriebe oder Betriebsteile (§ 106 Abs. 3 Nr. 6 bis 9 und 10), dann wird das Vorliegen einer wirtschaftlichen Angelegenheit i. S. d. § 106 Abs. 3 nicht allein dadurch in Frage gestellt (vgl. *Joost* FS *Kissel*, S. 433 [436 f.]), dass diese gegebenenfalls ausschließlich **betriebsratslose Betriebe** betrifft (*BAG* 09.05.1995 EzA § 106 BetrVG 1972 Nr. 18 S. 3 f. = AP Nr. 12 zu § 106 BetrVG 1972 Bl. 2 R = EWiR 1995, 1053 *[Wank]* = WiB 1995, 953 *[Boemke]*; *LAG Frankfurt a. M.* 07.11.1989 LAGE § 106 BetrVG 1972 Nr. 5 S. 3 f.; *Däubler/DKKW* § 106 Rn. 66; *Löwisch/LK* § 106 Rn. 11; *Richardi/Annuß* § 106 Rn. 50). Für diese ist der Gesamtbetriebsrat nicht nur zuständig (s. *Kreutz/Franzen* § 50 Rdn. 55 ff.), sondern zudem entspricht dies der Hilfsfunktion des Wirtschaftsausschusses für den Gesamtbetriebsrat, da es zu seinen Aufgaben zählt, mit dem Unternehmer Bedeutung und Tragweite einer derartigen Maßnahme für das Gesamtunternehmen zu beraten (*BAG* 09.05.1995 EzA § 106 BetrVG 1972 Nr. 18 S. 4 = AP Nr. 12 zu § 106 BetrVG 1972 Bl. 2 R; s. a. *Joost* FS *Kissel*, S. 433 [436 f.]).

61 Wegen ihrer Bedeutung für das Gesamtunternehmen ist der Wirtschaftsausschuss auch über solche wirtschaftlichen Angelegenheiten zu unterrichten, die ausschließlich die **ausländischen Betriebe** eines **inländischen Unternehmens** betreffen. In der **umgekehrten Konstellation** (inländische Betriebe eines ausländischen Unternehmens) beschränkt sich die Unterrichtungspflicht hingegen auf »wirtschaftliche Angelegenheiten« der im Inland gelegenen Betriebe (*Däubler* RabelsZ Bd. 39 [1975], 444 [474]; *Richardi/Annuß* § 106 Rn. 14; **a. M.** *Fabricius* 6. Aufl., § 106 Rn. 44; *Weiss/Weyand* § 106 Rn. 13; zweifelnd jetzt auch *Däubler/DKKW* § 106 Rn. 28, 29). Nur für diese darf wegen des Territorialprinzips ein Wirtschaftsausschuss gebildet werden (s. Rdn. 24 f.), so dass sich auch sein Zuständigkeitsbereich auf diese beschränkt.

62 Das »Unternehmen« bildet zugleich die äußere Grenze für die Unterrichtungspflicht. Das wirkt sich insbesondere im **Konzernverbund** aus. Die Unterrichtungspflicht gegenüber einem Wirtschaftsausschuss, der bei einem abhängigen Unternehmen gebildet ist, beschränkt sich auf die »wirtschaftlichen Angelegenheiten«, die das abhängige Unternehmen betreffen. »Wirtschaftliche Angelegenheiten« des Konzernverbunds gehören hierzu grundsätzlich ebensowenig wie diejenigen anderer abhängiger Unternehmen desselben Konzerns (*Wiese* FS *Wiedemann*, S. 617 [641 f.]). Eine andere Beurteilung kommt nur in Betracht, wenn »Vorhaben oder Vorgänge« der Konzernobergesellschaft auch das abhängige Unternehmen betreffen. In diesem Fall ist der dort gebildete Wirtschaftsausschuss aber ebenfalls lediglich über die Auswirkungen auf das abhängige Unternehmen zu unterrichten (*Lerch/Weinbrenner* NZA 2013, 355 [356]). Näher zum Adressaten der Unterrichtungspflicht s. Rdn. 148 ff.

dd) Auswirkungen auf die Personalplanung

63 Gemeinsam für alle wirtschaftlichen Angelegenheiten i. S. d. § 106 Abs. 3 schreibt § 106 Abs. 2 Satz 1 vor, dass der Unternehmer über diese nicht nur unterrichten und in eine **Beratung** mit dem Wirtschaftsausschuss eintreten muss. Zusätzlich ist er gegenüber dem Wirtschaftsausschuss verpflichtet,

Wirtschaftsausschuss § 106

die **Auswirkungen** der jeweiligen wirtschaftlichen Angelegenheit auf die **Personalplanung** darzustellen. Damit trägt das Gesetz dem Umstand Rechnung, dass der Betriebsrat nach § 92 Abs. 1 Satz 1 rechtzeitig und umfassend über die Personalplanung zu unterrichten ist, diese jedoch ihrerseits unternehmerische Planungen und Vorgaben umsetzt, die von den in § 106 Abs. 3 genannten wirtschaftlichen Angelegenheiten beeinflusst werden oder selbst zu diesen gehören (z. B. Rationalisierungsvorhaben).

Im Interesse der systematischen Geschlossenheit klammert § 92 Abs. 1 die unternehmerischen Determinanten für die Personalplanung aus der Unterrichtungspflicht gegenüber dem Betriebsrat aus (s. *Raab* § 92 Rdn. 9) und weist diese aufgrund deren Nähe zu den wirtschaftlichen Angelegenheiten dem Aufgabenkreis des Wirtschaftsausschusses zu. Wegen des Zusammenspiels mit der gegenüber dem Betriebsrat nach § 92 Abs. 1 Satz 1 geschuldeten Unterrichtung beschränkt sich die im Rahmen des § 106 Abs. 2 vorzunehmende Darstellung auf die »Auswirkungen«, umfasst hingegen nicht die **Personalplanung** selbst (*Kania*/ErfK § 106 BetrVG Rn. 5; *Richardi/Annuß* § 106 Rn. 22; *Rumpff/Boewer* Wirtschaftliche Angelegenheiten, Kap. G Rn. 21, 37; *Steffan*/HaKo § 106 Rn. 14; **a. M.** *Däubler*/DKKW § 106 Rn. 58; *Ziegler/Wolff/JRH* Kap. 27 Rn. 49). Über diese ist nicht das Hilfsorgan, sondern das Hauptorgan (Betriebsrat bzw. Gesamtbetriebsrat) nach § 92 Abs. 1 Satz 1 zu unterrichten. Gegenüber dem Wirtschaftsausschuss hängt die Unterrichtungspflicht des Unternehmers nicht davon ab, dass in dem Unternehmen eine **formalisierte Personalplanung** existiert (*Weiss/Weyand* § 106 Rn. 12). 64

Mitzuteilen sind stets die **allgemeinen Auswirkungen** der wirtschaftlichen Angelegenheit auf die in dem Unternehmen beschäftigten Arbeitnehmer, also z. B. notwendig werdende Veränderungen in der Zahl der beschäftigten Arbeitnehmer oder erforderliche Versetzungen bzw. Umschulungen (*Hess/HWGNRH* § 106 Rn. 31). Zudem beschränkt das Gesetz die Verpflichtung des Unternehmers auf die »Darstellung« und klammert damit die »Auswirkungen auf die Personalplanung« aus den potentiellen **Themen der Beratung** im Wirtschaftsausschuss aus (*Rumpff/Boewer* Wirtschaftliche Angelegenheiten, Kap. G Rn. 37). Diese umfasst ausschließlich die konkrete wirtschaftliche Angelegenheit. Andernfalls würde die Personalplanung selbst zum Gegenstand der Beratungen. 65

b) Wirtschaftliche und finanzielle Lage des Unternehmens (§ 106 Abs. 3 Nr. 1)

Die wirtschaftliche und finanzielle Lage des Unternehmens wird vor allem von dessen Vermögens- und Kreditlage geprägt (*OLG Karlsruhe* 07.06.1985 AP Nr. 1 zu § 121 BetrVG 1972 Bl. 2; *Heither* AR-Blattei SD 530.14.4, Rn. 98; *Richardi/Annuß* § 106 Rn. 40; *Schaub/Koch* Arbeitsrechts-Handbuch, § 243 Rn. 16; *Stege/Weinspach/Schiefer* §§ 106–109 Rn. 49). Während die **wirtschaftliche Lage** des Unternehmens insbesondere durch den Auftragsbestand (*Fitting* § 106 Rn. 53; *Galperin/Löwisch* § 106 Rn. 40; *Hess/HWGNRH* § 106 Rn. 45) und die Kosten (z. B. Vertriebs-, Personal-, Entwicklungskosten) wiedergegeben wird, betrifft die **finanzielle Lage** in erster Linie das Verhältnis von Einnahmen und Ausgaben, wozu auch der Umfang des in Anspruch genommenen Fremdkapitals (Kreditverhältnisse) zählt. 66

Anhaltspunkte zu den Faktoren mit Einfluss auf die finanzielle Lage des Unternehmens geben die nach § 266 HGB in die Bilanz aufzunehmenden Posten (*BAG* 08.08.1989 EzA § 106 BetrVG 1972 Nr. 8 S. 14 *[Henssler]* = AP Nr. 6 zu § 106 BetrVG 1972 Bl. 7 R), da die Buchführung einem Dritten einen Überblick über die »Lage des Unternehmens« vermitteln soll (§ 238 Abs. 1 Satz 2 HGB). Die wirtschaftliche und finanzielle Lage des Unternehmens wird ferner durch solche Tatsachen abgebildet, die im Rahmen der **ad-hoc-Publizität** nach Art. 17 Abs. 1 MAR mitzuteilen sind; allerdings setzt die Unterrichtungspflicht nach § 106 Abs. 2 jedenfalls im Hinblick auf § 106 Abs. 3 Nr. 1 früher ein (s. a. Rdn. 111). Eine exakte Abgrenzung zwischen der wirtschaftlichen und der finanziellen Lage ist nur schwer möglich und von § 106 Abs. 3 Nr. 1 auch nicht gefordert (s. aber § 110 Abs. 1: »wirtschaftliche Lage und Entwicklung«). 67

»Lage« des Unternehmens meint nicht nur den Status quo, sondern auch die **zukünftige Entwicklung** (*Richardi/Annuß* § 106 Rn. 40; *Rumpff/Boewer* Wirtschaftliche Angelegenheiten, Kap. G Rn. 49; *Stege/Weinspach/Schiefer* §§ 106–109 Rn. 49; **a. M.** *Reich* § 106 Rn. 5). Die ausdrückliche Erwähnung der »Entwicklung« neben der »Lage« in § 110 Abs. 1 rechtfertigt nicht den Umkehrschluss, 68 dass die zukünftige Entwicklung im Rahmen von § 106 Abs. 3 Nr. 1 auszuklammern ist. Ungeachtet der Generalklausel in § 106 Abs. 3 Nr. 10 spricht hiergegen, dass die »Lage« eines Unternehmens auch von den in Zukunft zu erwartenden »Entwicklungen« geprägt wird. Zwischen »Lage« und »Entwicklung« besteht eine teleologische Sinneinheit, so dass die ausdrückliche Benennung der »Entwicklung« in § 110 Abs. 1 lediglich klarstellende Bedeutung hat (s. näher zur »Entwicklung« § 110 Rdn. 10).

69 Stets muss sich die wirtschaftliche und finanzielle Lage auf das **Unternehmen** beziehen. Bei Einzelkaufleuten und Personengesellschaften ist diese von den **privaten finanziellen Verhältnissen** des Einzelkaufmanns bzw. des (persönlich haftenden) Gesellschafters abzugrenzen. Über diese ist der Wirtschaftsausschuss nicht zu unterrichten (*Fitting* § 106 Rn. 52; *Föhr* DB 1976, 1378 [1382]; *Hess/HWGNRH* § 106 Rn. 47; *Joost*/MünchArbR § 231 Rn. 24; *Löwisch/LK* § 106 Rn. 20; *Preis/WPK* § 106 Rn. 10; *Richardi/Annuß* § 106 Rn. 40; *Rumpff/Boewer* Wirtschaftliche Angelegenheiten, Kap. G Rn. 25, 50; *Schaub/Koch* Arbeitsrechts-Handbuch, § 243 Rn. 16; *Steffan*/HaKo § 106 Rn. 21; *Stege/Weinspach/Schiefer* §§ 106–109 Rn. 50; **a. M.** *Däubler/DKKW* § 106 Rn. 68 bei einer persönlichen Haftung des Privatvermögens für die Verbindlichkeiten des Unternehmens).

70 Die Unterrichtungspflicht nach § 106 Abs. 3 Nr. 1 besteht auch im Hinblick auf eine **Insolvenz des Unternehmens**, da ein Insolvenzverfahren unmittelbare Folge der finanziellen Lage des Unternehmens ist. Deshalb ist der Wirtschaftsausschuss davon zu unterrichten, wenn der **Unternehmer** beabsichtigt, die Eröffnung eines Insolvenzverfahrens zu beantragen (§ 13 Abs. 1 Satz 2 InsO; ebenso *Däubler/DKKW* § 106 Rn. 69; *Fitting* § 106 Rn. 54; *Gottwald/Bertram* Insolvenzrechts-Handbuch, § 108 Rn. 5; *Heither* AR-Blattei SD 530.14.4, Rn. 99; *Hess/HWGNRH* § 106 Rn. 46; *Joost*/MünchArbR § 231 Rn. 24; *Kania*/ErfK § 106 BetrVG Rn. 8; *Löwisch/LK* § 106 Rn. 18; *Preis/WPK* § 106 Rn. 10; *Richardi/Annuß* § 106 Rn. 41; *Rumpff/Boewer* Wirtschaftliche Angelegenheiten, Kap. G Rn. 51; *Spirolke*/NK-GA § 106 BetrVG Rn. 14; im Ergebnis auch *Stege/Weinspach/Schiefer* §§ 106–109 Rn. 63, die jedoch auf § 106 Abs. 3 Nr. 10 abstellt; **a. M.** *Reich* § 106 Rn. 5). Das gilt entsprechend, wenn ein **Gläubiger des Unternehmens** den Antrag stellt (§ 13 Abs. 1 Satz 2 InsO; *Gottwald/Bertram* Insolvenzrechts-Handbuch, § 108 Rn. 8). In diesem Fall ist allerdings nicht der Gläubiger verpflichtet, den Wirtschaftsausschuss über den gestellten Antrag zu unterrichten, diese Pflicht trifft vielmehr unverändert den Unternehmer (treffend *Hess/HWGNRH* § 106 Rn. 46; *Löwisch/LK* § 106 Rn. 18; *Richardi/Annuß* § 106 Rn. 41). Die vorstehenden Erwägungen gelten entsprechend für den Antrag auf Durchführung eines sog. **Schutzschirmverfahrens** nach § 270b InsO (s. *Krolop* ZfA 2015, 287 [293]).

c) Produktions- und Absatzlage (§ 106 Abs. 3 Nr. 2)

71 Die Unterrichtung über die **Produktionslage** umfasst vor allem den gegenwärtigen Umfang der Produktion und zwar sowohl hinsichtlich der Höhe als auch bezüglich der Art (*Fitting* § 106 Rn. 56; *Löwisch/LK* § 106 Rn. 21; *Richardi/Annuß* § 106 Rn. 42). Ferner ist die Produktionskapazität und ihre derzeitige Auslastung anzugeben (*Fitting* § 106 Rn. 56; *Heither* AR-Blattei SD 530.14.4, Rn. 100; *Joost*/MünchArbR § 231 Rn. 25; *Kania*/ErfK § 106 BetrVG Rn. 9; *Löwisch/LK* § 106 Rn. 21; *Preis/WPK* § 106 Rn. 11; *Richardi/Annuß* § 106 Rn. 42; *Rumpff/Boewer* Wirtschaftliche Angelegenheiten, Kap. G Rn. 52; *Steffan*/HaKo § 106 Rn. 22). Bei **Dienstleistungsunternehmen** gilt dies entsprechend (OLG Karlsruhe 07.06.1985 AP Nr. 1 zu § 121 BetrVG 1972 Bl. 2; *Fitting* § 106 Rn. 48, 56; *Hess/HWGNRH* § 106 Rn. 48; *Kania*/ErfK § 106 BetrVG Rn. 7; *Schaub/Koch* Arbeitsrechts-Handbuch, § 243 Rn. 17; *Schweibert/WHSS* Kap. C Rn. 484); es ist das Dienstleistungsangebot nach Art und Umfang sowie der tatsächlichen Inanspruchnahme mitzuteilen.

72 Die **Absatzlage** betrifft das Außenverhältnis des Unternehmens im Hinblick auf die von diesem am Markt angebotenen Waren und Dienstleistungen. Mitzuteilen sind die Marktverhältnisse (OLG Karlsruhe 07.06.1985 AP Nr. 1 zu § 121 BetrVG 1972 Bl. 2; *Fitting* § 106 Rn. 55; *Heither* AR-Blattei SD 530.14.4, Rn. 100; *Joost*/MünchArbR § 231 Rn. 25; *Richardi/Annuß* § 106 Rn. 42; *Steffan*/HaKo § 106 Rn. 23), insbesondere die Marktanteile der von dem Unternehmen angebotenen Waren und Dienstleistungen. Dazu gehört auch die Auftragslage (*Hess/HWGNRH* § 106 Rn. 48; *Löwisch/LK* § 106 Rn. 21; *Rumpff/Boewer* Wirtschaftliche Angelegenheiten, Kap. G Rn. 53; *Schaub/Koch* Arbeitsrechts-Handbuch, § 243 Rn. 17).

d) Produktions- und Investitionsprogramm (§ 106 Abs. 3 Nr. 3)

Das **Produktionsprogramm** betrifft die Planung zu **Art** und **Umfang** der in dem Unternehmen 73
hergestellten Güter (*Heither* AR-Blattei SD 530.14.4, Rn. 102; *Hess/HWGNRH* § 106 Rn. 49;
Joost/MünchArbR § 231 Rn. 28; *Kania*/ErfK § 106 BetrVG Rn. 10; *Löwisch/LK* § 106 Rn. 22;
Richardi/Annuß § 106 Rn. 43; *Rumpff/Boewer* Wirtschaftliche Angelegenheiten, Kap. G Rn. 54;
Stege/Weinspach/Schiefer §§ 106–109 Rn. 52). Bei **Dienstleistungen** gilt dies entsprechend
(*Joost*/MünchArbR § 231 Rn. 26; *Kania*/ErfK § 106 BetrVG Rn. 10).

Das **Investitionsprogramm** betrifft die Planungen bezüglich des Einsatzes von Kapital, um in dem 74
Unternehmen die Voraussetzungen für die unternehmerische Tätigkeit am Markt zu schaffen bzw. zu
verbessern (*Hess/HWGNRH* § 106 Rn. 50; *Joost*/MünchArbR § 231 Rn. 26; *Preis/WPK* § 106
Rn. 12; *Richardi/Annuß* § 106 Rn. 44; *Rumpff/Boewer* Wirtschaftliche Angelegenheiten, Kap. G
Rn. 55; *Steffan*/HaKo § 106 Rn. 24; *Stege/Weinspach/Schiefer* §§ 106–109 Rn. 54). Vor allem ist
über beabsichtigte Investitionen zur Verwirklichung der Produktionsplanung zu unterrichten (z. B.
Anschaffungen von Maschinen). Zur Investitionsrahmenplanung in einem Konzern s. *Wiese* FS *Wiedemann*, S. 617 ff.

e) Rationalisierungsvorhaben (§ 106 Abs. 3 Nr. 4)

Die **Rationalisierung** i. S. d. § 106 Abs. 3 Nr. 4 bezieht sich auf die Gestaltung der Arbeitsvorgänge, 75
mit dem Ziel, die Wirtschaftlichkeit des Unternehmens zu erhöhen (*Däubler/DKKW* § 106 Rn. 74;
Fitting § 106 Rn. 59; *Heither* AR-Blattei SD 530.14.4, Rn. 104; *Joost*/MünchArbR § 231 Rn. 27;
Kania/ErfK § 106 BetrVG Rn. 11; *Löwisch/LK* § 106 Rn. 23; *Preis/WPK* § 106 Rn. 13; *Richardi/
Annuß* § 106 Rn. 45; *Spirolke*/NK-GA § 106 BetrVG Rn. 17; *Steffan*/HaKo § 106 Rn. 25). Regelmäßig wird die Rationalisierung mit der Einführung neuer **Arbeitsmethoden** verbunden sein, die
in § 106 Abs. 3 Nr. 5 zusätzlich genannt werden.

f) Fabrikations- und Arbeitsmethoden, insbesondere die Einführung neuer Arbeitsmethoden (§ 106 Abs. 3 Nr. 5)

Der Tatbestand des § 106 Abs. 3 Nr. 5 ähnelt dem Sachverhalt einer **Betriebsänderung** i. S. d. **§ 111** 76
Satz 3 Nr. 5 (dazu § 111 Rdn. 172 ff.). Im Gegensatz dazu knüpft die Beteiligung des Wirtschaftsausschusses jedoch nicht lediglich an Änderungen an, die »grundlegenden« Charakter besitzen.

Die **Fabrikationsmethoden** beziehen sich in erster Linie auf die **technischen Methoden** für die 77
Produktion (*Däubler/DKKW* § 106 Rn. 77; *Fitting* § 106 Rn. 61; *Heither* AR-Blattei SD 530.14.4,
Rn. 106; *Joost*/MünchArbR § 231 Rn. 28; *Kania*/ErfK § 106 BetrVG Rn. 12; *Löwisch/LK* § 106
Rn. 24; *Richardi/Annuß* § 106 Rn. 46; *Rumpff/Boewer* Wirtschaftliche Angelegenheiten, Kap. G
Rn. 57; *Schaub/Koch* Arbeitsrechts-Handbuch, § 243 Rn. 20; *Spirolke*/NK-GA § 106 BetrVG
Rn. 18; *Steffan*/HaKo § 106 Rn. 26) und sind identisch mit den in § 111 Satz 3 Nr. 5 genannten **Fertigungsverfahren** (BAG 22.03.2016 EzA § 111 BetrVG 2001 Nr. 9 Rn. 20 = AP Nr. 71 zu § 111
BetrVG 1972 = NZA 2016, 894 sowie § 111 Rdn. 175). Diese sind dem Wirtschaftsausschuss vor allem wegen deren Ausstrahlung auf die Arbeitsorganisation mitzuteilen.

Die **Arbeitsmethoden** beziehen sich demgegenüber auf den **Einsatz der Arbeit** in der Produktion 78
(*Däubler/DKKW* § 106 Rn. 78; *Fitting* § 106 Rn. 61; *Heither* AR-Blattei SD 530.14.4, Rn. 106;
Joost/MünchArbR § 231 Rn. 28; *Kania*/ErfK § 106 BetrVG Rn. 12; *Löwisch/LK* § 106 Rn. 24;
Richardi/Annuß § 106 Rn. 47; *Spirolke*/NK-GA § 106 BetrVG Rn. 18; *Steffan*/HaKo § 106 Rn. 26
sowie § 111 Rdn. 173). **Kontrollmaßnahmen** zur Auslastung einer Maschine betreffen weder die
Fabrikations- noch die Arbeitsmethoden (*Joost*/MünchArbR § 231 Rn. 28; *Richardi/Annuß* § 106
Rn. 47; *Spirolke*/NK-GA § 106 BetrVG Rn. 18; *a. M. Fitting* § 106 Rn. 61), können aber von § 106
Abs. 3 Nr. 10 erfasst sein (*Däubler/DKKW* § 106 Rn. 79; *Joost*/MünchArbR § 231 Rn. 28).

g) Fragen des betrieblichen Umweltschutzes (§ 106 Abs. 3 Nr. 5a)

Der Tatbestand in § 106 Abs. 3 Nr. 5a wurde durch das BetrVerf-ReformG in den Katalog des § 106 79
Abs. 3 eingefügt (s. Rdn. 3). Im Unterschied zu dem Vorschlag des Referentenentwurfs erstreckt sich
die Beteiligung des Wirtschaftsausschusses **nicht** auf **alle Fragen des Umweltschutzes**, sondern nur

§ 106   IV. 6. 1. Unterrichtung in wirtschaftlichen Angelegenheiten

auf solche des »betrieblichen« Umweltschutzes (*Däubler/DKKW* § 106 Rn. 80; *Fitting* § 106 Rn. 66; *Hess/HWGNRH* § 106 Rn. 55; *Richardi/Annuß* § 106 Rn. 49; *Spirolke*/NK-GA § 106 BetrVG Rn. 19; *Ziegler/Wolff/JRH* Kap. 27 Rn. 25). Für die Konkretisierung des »betrieblichen Umweltschutzes« ist die **Legaldefinition in § 89 Abs. 3** maßgebend (*Däubler/DKKW* § 106 Rn. 80; *Fitting* § 106 Rn. 66; *Hess/HWGNRH* § 106 Rn. 55; *Löwisch/LK* § 106 Rn. 25; *Preis/WPK* § 106 Rn. 15; *Richardi/Annuß* § 106 Rn. 49; *Spirolke*/NK-GA § 106 BetrVG Rn. 19; *Stege/Weinspach/Schiefer* §§ 106–109 Rn. 57a sowie näher *Gutzeit* § 89 Rdn. 23 ff.).

80 Anders als § 89 bezieht sich § 106 Abs. 3 Nr. 5a **nicht** auf **die Umsetzung** des »betrieblichen Umweltschutzes« am Arbeitsplatz, sondern auf die vorgelagerten Planungen. Diese betreffen insbesondere die wirtschaftlichen Aspekte des »betrieblichen Umweltschutzes« (*Däubler/DKKW* § 106 Rn. 80; *Fitting* § 106 Rn. 66; *Richardi/Annuß* § 106 Rn. 49), sind hierauf aber nicht beschränkt (**a. M.** *Löwisch/LK* § 106 Rn. 25; *Ziegler/Wolff/JRH* Kap. 27 Rn. 26), sondern erfassen auch umweltpolitische Ziele des Unternehmens, sofern diese arbeitstechnische Aspekte der Produktion betreffen (treffend *Schaub/Koch* Arbeitsrechts-Handbuch, § 243 Rn. 20a; ähnlich *Willemsen/Lembke/HWK* § 106 BetrVG Rn. 71 f.; **a. M.** [weitergehend] *Fitting* § 106 Rn. 66; *Spirolke*/NK-GA § 106 BetrVG Rn. 19, die auf diese Einschränkung verzichten). Ein allgemeines umweltpolitisches Mandat ist durch den Bezug auf die arbeitstechnischen Aspekte der Produktion ausgeschlossen (treffend *Joost*/MünchArbR § 231 Rn. 29; zust. *Spirolke*/NK-GA § 106 BetrVG Rn. 19). Zu den Fragen des betrieblichen Umweltschutzes zählen schließlich auch dessen **Auswirkungen** auf andere wirtschaftliche Angelegenheiten, die § 106 Abs. 3 nennt; so insbesondere die wirtschaftliche Lage des Unternehmens (Nr. 1), die Produktionslage (Nr. 2), das Produktions- und Investitionsprogramm (Nr. 3) sowie die Fabrikationsmethoden (Nr. 4).

81 Nach Nr. 5a ist der Wirtschaftsausschuss auch zu beteiligen, wenn das Unternehmen auf der Grundlage der VO (EG) Nr. 761/2001 (ABlEG Nr. L 114 v. 24.04.2001, S. 1) ein **Umweltmanagementsystem (EMAS)** ein- und durchführt (näher dazu oben *Gutzeit* § 89 Rdn. 45 ff.). Allerdings beschränkt sich die Beteiligung des Wirtschaftsausschusses auch insoweit lediglich auf die arbeitstechnischen Aspekte der Produktion. Im Übrigen können durch ein Umweltmanagementsystem jedoch andere in § 106 Abs. 3 genannte Angelegenheiten betroffen sein. Das Umweltprogramm selbst zählt aber nicht als solches, sondern nur insoweit zu den Aufgaben des Wirtschaftsausschusses als es die in § 106 Abs. 3 genannten Tatbestände betrifft. Die umweltpolitischen Ziele sind ebenfalls nur insoweit Gegenstand der Beratungen zwischen Unternehmer und Wirtschaftsausschuss (s. Rdn. 80; weitergehend wohl *Däubler/DKKW* § 106 Rn. 81).

h) Einschränkung oder Stilllegung von Betrieben oder von Betriebsteilen (§ 106 Abs. 3 Nr. 6)

82 Der Tatbestand in § 106 Abs. 3 Nr. 6 ist weitgehend mit dem in **§ 111 Satz 3 Nr. 1** identisch (näher zu diesem § 111 Rdn. 66 ff.). Abweichend von diesem erfasst § 106 Abs. 3 Nr. 6 alle Betriebsteile und nicht nur solche, die »wesentlich« sind (*Däubler/DKKW* § 106 Rn. 82; *Fitting* § 106 Rn. 67; *Heither* AR-Blattei SD 530.14.4, Rn. 109; *Hess/HWGNRH* § 106 Rn. 57; *Joost*/MünchArbR § 231 Rn. 30; *Kania*/ErfK § 106 BetrVG Rn. 13; *Löwisch/LK* § 106 Rn. 30; *Preis/WPK* § 106 Rn. 16; *Rumpff/Boewer* Wirtschaftliche Angelegenheiten, Kap. G Rn. 59; *Schaub/Koch* Arbeitsrechts-Handbuch, § 243 Rn. 21; *Schweibert/WHSS* Kap. C Rn. 482; *Spirolke*/NK-GA § 106 BetrVG Rn. 20; *Stege/Weinspach/Schiefer* §§ 106–109 Rn. 60, 64 **a. M.** *Reich* § 106 Rn. 12; *Richardi/Annuß* § 106 Rn. 50). Erforderlich ist jedoch stets, dass sich die Einschränkung oder Stilllegung auf einen »Betriebsteil« bezieht. Die Veräußerung einer einzelnen Maschine (s. *Stege/Weinspach/Schiefer* §§ 106–109 Rn. 60) oder eine einzelne betriebsbedingte Kündigung (s. *Löwisch/LK* § 106 Rn. 29) ist deshalb erst dann eine »wirtschaftliche Angelegenheit« i. S. d. § 106 Abs. 3 Nr. 6, wenn hiermit eine Einschränkung des Betriebs bzw. Betriebsteils verbunden ist.

83 Ob in dem von der Einschränkung oder Stilllegung betroffenen Betrieb ein Betriebsrat besteht, ist für § 106 Abs. 3 Nr. 6 unerheblich (s. Rdn. 60; ebenso *Spirolke*/NK-GA § 106 BetrVG Rn. 20). Ebenso liegt eine wirtschaftliche Angelegenheit i. S. d. Tatbestandes unabhängig davon vor, ob diese zugleich die Voraussetzungen einer beteiligungspflichtigen Betriebsänderung i. S. d. § 111 erfüllt. Auch die Stilllegung oder Einschränkung von Betrieben, in denen in der Regel 20 oder weniger Arbeitnehmer

beschäftigt sind, ist eine wirtschaftliche Angelegenheit i. S. d. § 106 Abs. 3 Nr. 6 (*Däubler/DKKW* § 106 Rn. 82; *Preis/WPK* § 106 Rn. 16; *Schweibert/WHSS* Kap. C Rn. 482; *Stege/Weinspach/Schiefer* §§ 106–109 Rn. 60; *Woitascheck/GTAW* § 106 Rn. 21). Da eine Einschränkung des Betriebs oder Betriebsteils auch in der alleinigen Verringerung des Personalbestands bestehen kann (s. § 111 Rdn. 90), erfasst § 106 Abs. 3 Nr. 6 nicht nur Entlassungen, sondern auch einen Abbau des Personalbestands unter Ausnutzung der **natürlichen Fluktuation** (*Hess/HWGNRH* § 106 Rn. 65; *Löwisch/LK* § 106 Rn. 29). Zum **Betriebsinhaberwechsel** s. Rdn. 87, 106.

i) Verlegung von Betrieben oder Betriebsteilen (§ 106 Abs. 3 Nr. 7)
Der Tatbestand des § 106 Abs. 3 Nr. 7 entspricht weitgehend dem in **§ 111 Satz 3 Nr. 2** (dazu § 111 Rdn. 131 ff.), verzichtet jedoch wie § 106 Abs. 3 Nr. 6 für »Betriebsteile« auf das einschränkende Kriterium der Wesentlichkeit. Erfasst wird deshalb auch die Verlegung von kleinen Betriebsteilen (*Däubler/DKKW* § 106 Rn. 83; *Fitting* § 106 Rn. 67; *Heither* AR-Blattei SD 530.14.4, Rn. 110; *Hess/HWGNRH* § 106 Rn. 66; *Kania*/ErfK § 106 BetrVG Rn. 14; *Preis/WPK* § 106 Rn. 17; *Rumpff/Boewer* Wirtschaftliche Angelegenheiten, Kap. G Rn. 60 einschränkend *Richardi/Annuß* § 106 Rn. 51). Allerdings müssen diese noch als »Betriebsteil« zu qualifizieren sein. Ob die Verlegung des Betriebs bzw. Betriebsteils bei den betroffenen Arbeitnehmern zu Nachteilen führt, ist für § 106 Abs. 3 Nr. 7 ebenso unerheblich (*Fitting* § 106 Rn. 67; *Hess/HWGNRH* § 106 Rn. 66; *Spirolke/NK-GA* § 106 BetrVG Rn. 21) wie die Existenz eines Betriebsrats in dem betroffenen Betrieb (s. Rdn. 60). 84

j) Zusammenschluss oder Spaltung von Unternehmen oder Betrieben (§ 106 Abs. 3 Nr. 8)
Der Tatbestand des § 106 Abs. 3 Nr. 8 ist hinsichtlich der »**Betriebe**« mit dem in **§ 111 Satz 3 Nr. 3** identisch (näher dazu § 111 Rdn. 139 ff.). Der Zusammenschluss oder die Spaltung muss sich auf einen Betrieb in seiner Gesamtheit beziehen. Dafür genügt es, wenn ein **Betriebsteil** nach § 4 Abs. 1 Satz 1 Selbständigkeit genießt (*Galperin/Löwisch* § 106 Rn. 67). Der Zusammenschluss **unselbständiger Betriebsteile** zu einem Betrieb sowie die Eingliederung eines unselbständigen Betriebsteils werden nicht von § 106 Abs. 3 Nr. 8 erfasst (*Galperin/Löwisch* § 106 Rn. 67; *Löwisch/LK* § 106 Rn. 32), ebenso auch nicht die **Spaltung von Betriebsteilen**. Insoweit kann aber nach § 106 Abs. 3 Nr. 10 eine »wirtschaftliche Angelegenheit« vorliegen. 85

Auf Art. 13 Nr. 1 UmwBerG geht die Erweiterung des Tatbestands um das »**Unternehmen**« zurück, der jedoch nur teilweise die umwandlungsrechtliche Terminologie aufgreift. Das betrifft insbesondere den »**Zusammenschluss**« von Unternehmen. Dieser Terminus, der sich ursprünglich nur auf Betriebe bezog, umfasst im Hinblick auf das »Unternehmen« nicht nur die **Verschmelzung** i. S. d. §§ 2 ff. UmwG, sondern auch die **Vermögensübertragung** (§§ 174 ff. UmwG; s. *B. Gaul* DB 1995, 2265 [2265]; *Mengel* Umwandlungen im Arbeitsrecht [Diss. Köln], 1997, S. 323; *Preis/WPK* § 106 Rn. 18; *Reich* § 106 Rn. 13; *Richardi/Annuß* § 106 Rn. 53; *Spirolke*/NK-GA § 106 Rn. 22; *Stege/Weinspach/Schiefer* §§ 106–109 Rn. 68; **a. M.** scheinbar *Löwisch/LK* § 106 Rn. 32, der nur Verschmelzungen nennt). Wird aus dem Unternehmen zukünftig ein **Gemeinschaftsunternehmen**, dann greift § 106 Abs. 3 Nr. 8 bei einer Verschmelzung mit einem anderen Unternehmen ein; geschieht die Bildung des Gemeinschaftsunternehmens jedoch durch Übertragung von Gesellschaftsanteilen an ein anderes Unternehmen, dann kann eine wirtschaftliche Angelegenheit i. S. d. § 106 Abs. 3 Nr. 10 vorliegen. Zu unterrichten ist der Wirtschaftsausschuss auch, wenn das Unternehmen beteiligte Gesellschaft i. S. d. § 2 Abs. 2 SEBG ist und im Wege der Verschmelzung auf eine **Europäische (Aktien-)Gesellschaft** übergehen soll (s. Art. 2 Abs. 1 der Verordnung [EG] Nr. 2157/2001). Entsprechendes gilt, wenn das Unternehmen an einer **grenzüberschreitenden Verschmelzung** i. S. d. §§ 122a UmwG beteiligt ist (*Schädle* Die Beteiligung des Betriebsrats bei grenzüberschreitenden Verschmelzungen von Kapitalgesellschaften nach dem Umwandlungsgesetz [Diss. Erlangen 2013], 2014, S. 136 f.; *Simon/Hinrichs* NZA 2008, 391 [395]). Um keinen Fall des Zusammenschlusses handelt es sich bei dem Abschluss eines **Beherrschungs- und Gewinnabführungsvertrages**, da bei diesem die Beteiligten ihre rechtliche Selbständigkeit behalten (s. *Winstel* Unterrichtung, S. 93 f.); anwendbar ist auf diesen Sachverhalt jedoch der Anfangstatbestand in § 106 Abs. 3 Nr. 10 (s. Rdn. 104). 86

§ 106   IV. 6. 1. Unterrichtung in wirtschaftlichen Angelegenheiten

87 Die **Spaltung** von Unternehmen betrifft vor allem die drei Grundmodelle, die § 123 Abs. 1 bis 3 UmwG zur Verfügung stellt, also die Aufspaltung, die Abspaltung und die Ausgliederung (s. *B. Gaul* DB 1995, 2265 [2265]; *Hess/HWGNRH* § 106 Rn. 67; *Joost/*MünchArbR § 231 Rn. 31; *Löwisch/LK* § 106 Rn. 32; *Richardi/Annuß* § 106 Rn. 53; *Stege/Weinspach/Schiefer* §§ 106–109 Rn. 68). Dabei ist es für § 106 Abs. 3 Nr. 8 ohne Bedeutung, wie groß der von der Abspaltung oder Ausgliederung betroffene Teil des Unternehmens ist (*Däubler/DKKW* § 106 Rn. 84). Der Wortlaut des § 106 Abs. 3 Nr. 8 zwingt nicht zu einem restriktiven Verständnis der Spaltung i. S. d. durch das Umwandlungsgesetz zur Verfügung gestellten partiellen Universalsukzession. Vielmehr liegt eine »Spaltung« des Unternehmens auch vor, wenn einzelne Betriebe oder Betriebsteile im Wege der **Einzelrechtsnachfolge** auf einen anderen Inhaber übertragen werden (*Fitting* § 106 Rn. 69; *Gaul* Betriebs- und Unternehmensspaltung, § 28 Rn. 21; *Kania/*ErfK § 106 BetrVG Rn. 15; **a. M.** *Richardi/Annuß* § 106 Rn. 53; *Willemsen/Lembke/HWK* § 106 BetrVG Rn. 79). Besteht das Unternehmen jedoch lediglich aus einem Betrieb, dann ist § 106 Abs. 3 Nr. 10 einschlägig (s. Rdn. 106).

88 Den **Formwechsel** (§§ 190 ff. UmwG) nennt § 106 Abs. 3 Nr. 8 nicht. Teilweise wird dieses Defizit als Redaktionsversehen bewertet und auch die formwechselnde Umwandlung in den Tatbestand einbezogen (so *Steffan/*HaKo § 106 Rn. 29; ebenso noch *Richardi/Annuß* 8. Aufl., § 106 Rn. 53). Dem steht entgegen, dass sowohl der Zusammenschluss als auch die Spaltung die wirtschaftliche Substanz des Unternehmens verändern und bei diesen Formen der Umwandlung die Annahme des Gesetzes gerechtfertigt ist, dass hierdurch die Interessen der dem Unternehmen angehörenden Arbeitnehmer berührt werden können (s. a. Rdn. 58). Bei einer formwechselnden Umwandlung ist das nicht in vergleichbarer Weise möglich, da das Unternehmen lediglich sein Rechtskleid wechselt. Dieser qualitative Unterschied spricht gegen ein Redaktionsversehen und rechtfertigt die Herausnahme des Formwechsels aus dem Tatbestand des § 106 Abs. 3 Nr. 8 (ebenso *B. Gaul* DB 1995, 2265 [2265]; *Hess/HWGNRH* § 106 Rn. 68; *Mengel* Umwandlungen im Arbeitsrecht [Diss. Köln], 1997, S. 323; *Preis/WPK* § 106 Rn. 18; *Willemsen/Lembke/HWK* § 106 BetrVG Rn. 79 sowie auch *Richardi/Annuß* § 106 Rn. 53 unter Aufgabe der in der 8. Auflage vertretenen Ansicht). Das schließt allerdings nicht aus, in dem Wechsel der Rechtsform eine wirtschaftliche Angelegenheit i. S. d. § 106 Abs. 3 Nr. 10 BetrVG zu sehen (ebenso *Däubler/DKKW* § 106 Rn. 84; *Hess/HWGNRH* § 106 Rn. 68; *Mengel* Umwandlungen im Arbeitsrecht [Diss. Köln], 1997, S. 323 f. sowie hier Rdn. 109 und im Anschluss *Richardi/Annuß* § 106 Rn. 53).

k) Änderung der Betriebsorganisation oder des Betriebszwecks (§ 106 Abs. 3 Nr. 9)

89 Der Tatbestand des § 106 Abs. 3 Nr. 9 entspricht im Kern **§ 111 Satz 3 Nr. 4** (s. dazu näher § 111 Rdn. 152 ff.). Wie § 106 Abs. 3 Nr. 5 bis 7 verzichtet auch § 106 Abs. 3 Nr. 9 auf eine Übernahme der qualitativen Einschränkung. Der Tatbestand umfasst deshalb jede Änderung und nicht nur solche, die »grundlegend« sind (ebenso *Däubler/DKKW* § 106 Rn. 85; *Fitting* § 106 Rn. 79; *Heither* AR-Blattei SD 530.14.4, Rn. 113; *Hess/HWGNRH* § 106 Rn. 70; *Joost/*MünchArbR § 231 Rn. 32; *Kania/*ErfK § 106 BetrVG Rn. 16; *Löwisch/LK* § 106 Rn. 34; *Preis/WPK* § 106 Rn. 19; *Rumpff/Boewer* Wirtschaftliche Angelegenheiten, Kap. G Rn. 62; *Schaub/Koch* Arbeitsrechts-Handbuch, § 243 Rn. 24; *Spirolke/*NK-GA § 106 BetrVG Rn. 23; *Stege/Weinspach/Schiefer* §§ 106–109 Rn. 72; *Woitascheck/GTAW* § 106 Rn. 24; **a. M.** *Richardi/Annuß* § 106 Rn. 55: wesentliche Berührung von Arbeitnehmerinteressen erforderlich).

90 Im Gegensatz zu § 111 Satz 3 Nr. 4 bezieht § 106 Abs. 3 Nr. 9 nicht die **Änderungen der »Betriebsanlagen«** in den Tatbestand ein. Eine substantielle Einbuße ist damit nicht verbunden; Änderungen der Betriebsanlagen sind regelmäßig bereits nach § 106 Abs. 3 Nr. 3 bis 5 wirtschaftliche Angelegenheiten, über die der Wirtschaftsausschuss zu unterrichten ist (*Däubler/DKKW* § 106 Rn. 85; *Richardi/Annuß* § 106 Rn. 55; *Schweibert/WHSS* Kap. C Rn. 402), jedenfalls greift diesbezüglich die Generalklausel in § 106 Abs. 3 Nr. 10 ein (*Däubler/DKKW* § 106 Rn. 85; *Richardi/Annuß* § 106 Rn. 55; *Schweibert/WHSS* Kap. C Rn. 484).

l) Übernahme des Unternehmens (§ 106 Abs. 3 Nr. 9a)

91 Der Tatbestand wurde durch Art. 4 Nr. 1 Buchst. b des Risikobegrenzungsgesetzes vom 12.08.2008 in den Katalog »wirtschaftlicher Angelegenheiten« eingefügt (s. a. Rdn. 4 ff.) und soll eine Infor-

mation der Belegschaft insbesondere in nicht börsennotierten Gesellschaften sicherstellen (*Reg. Begr.* BT-Drucks. 16/7438, S. 9). In Unternehmen ohne Wirtschaftsausschuss soll dieses Ziel über den Betriebsrat erreicht werden (§ 109a; s. a. *Neuerburg* Unternehmensübernahme, S. 147 ff.). Obwohl die bei börsennotierten Zielgesellschaften zu beachtenden Informationspflichten gegenüber dem zuständigen Betriebsrat von § 106 Abs. 3 Nr. 9a unberührt bleiben (*Reg. Begr.* BT-Drucks. 16/7438, S. 15), liefern die insoweit maßgeblichen Bestimmungen des Wertpapiererwerbs- und Übernahmegesetzes (WpÜG) Anhaltspunkte für die Auslegung des neu aufgenommenen Tatbestands (**a. M.** *Richardi/Annuß* § 106 Rn. 55a).

Wegen der vom Gesetzgeber bezweckten Anknüpfung an die Informationspflichten nach dem WpÜG erfasst § 106 Abs. 3 Nr. 9a nicht jede Form der Übernahme eines Unternehmens, sondern nur solche, bei denen der Erwerber eine **gesellschaftsrechtliche Beteiligung an dem Unternehmen** erlangt. Damit greift § 106 Abs. 3 Nr. 9a die bisherige Rechtsprechung des *BAG* auf, die im Einklang mit der überwiegenden Ansicht im Schrifttum den Wechsel der Gesellschafter jedenfalls im Ausgangspunkt in den Tatbestand der Generalklausel (§ 106 Abs. 3 Nr. 10) einbezog (s. *BAG* 22.01.1991 EzA § 106 BetrVG Nr. 14 S. 5 = AP Nr. 9 zu § 106 BetrVG 1972 Bl. 3; *LAG Düsseldorf* 29.03.1989 LAGE § 106 BetrVG 1972 Nr. 3; *Däubler/DKKW* § 106 Rn. 86; *Richardi/Annuß* § 106 Rn. 57; *Schweibert/WHSS* Kap. C Rn. 485, 491; *Steffan*/HaKo § 106 Rn. 31; *Steigelmann* Information des Betriebsrats, S. 216 ff.; **a. M.** *Joost* FS Kissel, S. 433 [441 f.]; *ders.*/MünchArbR § 231 Rn. 34; *Ziegler/Wolff*/JRH Kap. 27 Rn. 16, 34). Ausgeklammert ist hierdurch der Erwerb eines Unternehmens im Wege eines *asset-deals* (*Fitting* § 106 Rn. 80; *Neuerburg* Unternehmensübernahme, S. 29 f.; *Rentsch* Unterrichtung, S. 163; *Richardi/Annuß* § 106 Rn. 55a; *Röder* FS Bauer, S. 885 [889]; *Schweibert/WHSS* Kap. C Rn. 485; *Willemsen/Lembke/HWK* § 106 BetrVG Rn. 81b; *Vogt/Bedkowski* NZG 2008, 725 [725]; **a. M.** *Joost* FS Kreutz, S. 161 [165 ff.]; *Spirolke*/NK-GA § 106 BetrVG Rn. 26); diesbezüglich kommt jedoch wegen des regelmäßig hiermit verbundenen Betriebsübergangs eine wirtschaftliche Angelegenheit i. S. d. § 106 Abs. 3 Nr. 10 in Betracht (s. Rdn. 106). Die Verknüpfung des Tatbestands mit dem Erwerb einer gesellschaftsrechtlichen Beteiligung schließt es zudem aus, den Abschluss eines **Beherrschungsvertrages** einzubeziehen (**a. M.** *Winstel* Unterrichtung, S. 95 ff.); der Rückgriff auf die Generalklausel in § 106 Abs. 3 Nr. 10 bleibt hiervon jedoch unberührt (s. Rdn. 104).

Zu den von Nr. 9a erfassten Formen eines *share-deals* zählen neben dem Erwerb von **Aktien** vor allem der Erwerb von **Geschäftsanteilen einer GmbH**, aber auch der Erwerb der **Gesellschafterstellung bei einer Personengesellschaft** (ebenso *Löwisch*/LK § 106 Rn. 36; im Ergebnis auch *Neuerburg* Unternehmensübernahme, S. 31). Der Erwerb des Unternehmens von einem **Einzelunternehmen** ist wegen der Notwendigkeit des Erwerbens einer gesellschaftsrechtlichen Beteiligung aus dem Tatbestand der Nr. 9a auszuklammern (**a. M.** *Löwisch/LK* § 106 Rn. 36); in diesem Fall kommt jedoch § 106 Abs. 3 Nr. 10 in Betracht (s. Rdn. 106).

Trotz der engen Anlehnung an das WpÜG geht der Übernahmetatbestand in Nr. 9a über den **Erwerb von Wertpapieren** hinaus, die zum **organisierten Handel** zugelassen sind. Mit der bewusst weit gewählten Formulierung bezweckt das Gesetz vielmehr gerade die Einbeziehung solcher Erwerbstatbestände, die § 1 WpÜG nicht erfasst (*Reg. Begr.* BT-Drucks. 16/7438, S. 15), ohne hingegen die Letztgenannten auszuklammern (*Fitting* § 106 Rn. 80; *Joost* FS Kreutz, S. 161 [164 f.]; **a. M.** scheinbar *Däubler/DKKW* § 106 Rn. 86, der nur solche Unternehmen einbeziehen will, deren Aktien nicht an der Börse gehandelt werden). In den von § 1 WpÜG erfassten Sachverhalten führt dies allerdings dazu, dass sowohl der Wirtschaftsausschuss nach § 106 Abs. 3 Nr. 9a als auch der zuständige Betriebsrat nach den einschlägigen Bestimmungen des WpÜG (s. dazu im Überblick vor § 106 Rdn. 46 ff.) zu unterrichten ist. Diese Parallelität der Unterrichtungspflichten ist unbefriedigend, aber hinzunehmen, weil der Gesetzgeber die Beteiligung des zuständigen Betriebsrats nach dem WpÜG unverändert gelassen hat. Einer auf die Bestimmungen des WpÜG bezogene teleologische Reduktion steht die ausdrückliche Bekundung in den Gesetzesmaterialien entgegen, dass die Änderung des § 106 die »insiderrechtlichen und übernahmerechtlichen Vorschriften« von der nicht berührt (*Reg. Begr.* BT-Drucks. 16/7438, S. 15; *Joost* FS Kreutz, S. 161 [164 f.]; *Richardi/Annuß* § 106 Rn. 26a; *Willemsen/Lembke/HWK* § 106 BetrVG Rn. 81a).

Die grammatikalische Struktur des Tatbestandes in Nr. 9a legt den Schluss nahe, dass es sich bei der Unternehmensübernahme und dem Kontrollerwerb um zwei selbständige Tatbestandselemente handelt, die aditiv vorliegen müssen, um die Beteiligungspflicht auszulösen (so *Löwisch/LK* § 106 Rn. 37; *Richardi/Annuß* § 106 Rn. 55a). Dem steht jedoch die vom Gesetzgeber gewollte Verknüpfung mit § 29 Abs. 2 WpÜG entgegen, so dass ein Wechsel des Trägers des Unternehmens (hierfür *Löwisch/LK* § 106 Rn. 38) nicht erforderlich ist. Vielmehr genügt – wie bei § 29 Abs. 2 WpÜG – der Erwerb einer gesellschaftsrechtlichen Beteiligung, die eine Kontrolle des Unternehmens ermöglicht. Bereits dann liegt eine Unternehmensübernahme i. S. v. § 106 Abs. 3 Nr. 9a vor (im Ergebnis ebenso *Joost* FS *Kreutz*, S. 161 [163]; *Willemsen/Lembke/HWK* § 106 BetrVG Rn. 81b).

96 Die von Nr. 9a erfassten Sachverhalte einer Unternehmensübernahme bleiben hinter der Beteiligung des Betriebsrats nach dem WpÜG zurück, da der in § 106 Abs. 3 aufgenommene Tatbestand nicht jeden Erwerb von Anteilen des Unternehmens erfasst, sondern zusätzlich verlangt, dass mit der Übernahme der Erwerb der **Kontrolle über das Unternehmen** verbunden sein muss. Diese Eingrenzung ist im Hinblick auf die vorherige Rechtslage sachgerecht, da auch im Rahmen von § 106 Abs. 3 Nr. 10 nicht jeder Gesellschafterwechsel einbezogen wurde, sondern die dortige Wesentlichkeitsschwelle erst überschritten ist, wenn der neue Gesellschafter maßgeblichen Einfluss auf das Unternehmen ausüben kann (s. Rdn. 109). Diese Voraussetzung ist jedenfalls stets erfüllt, wenn die Beteiligung des neuen Gesellschafters zum Erwerb der Kontrolle über das Unternehmen führt. Mit diesem Merkmal knüpft das Gesetz bewusst an **§ 29 Abs. 2 WpÜG** an (*Reg. Begr.* BT-Drucks. 16/7438, S. 15), nach dem ein Erwerb der Kontrolle vorliegt, wenn mindestens **30 % der Stimmrechte** der Zielgesellschaft gehalten werden. Dies kann auch dann der Fall sein, wenn ein geringerer Anteil der Stimmrechte erworben wird, gemeinsam mit bereits gehaltenen Anteilen aber der Schwellenwert von 30 % überschritten wird.

97 Während der aus § 29 Abs. 2 WpÜG entnommene Schwellenwert von 30 % der Stimmrechte bei **börsennotierten Aktiengesellschaften** in der Regel ausreicht, um die Kontrolle über das Unternehmen auszuüben (zustimmend *Liebers/Erren/Weiß* NZA 2009, 1063 [1065]; *Röder* FS *Bauer*, S. 885 [889]; *Schröder/Falter* NZA 2008, 1097 [1099]; *Schweibert/WHSS* Kap. C Rn. 488; *Simon/Dobel* BB 2008, 1955 [1956]; *Spirolke*/NK-GA § 106 BetrVG Rn. 24; *Willemsen/Lembke/HWK* § 106 BetrVG Rn. 81d; im Grundsatz auch *Vogt/Bedkowski* NZG 2008, 725 [728]; **a. M.** *Löwisch/LK* § 106 Rn. 39: Mehrheit der Anteile), scheidet eine unreflektierte Übertragung dieses Schwellenwerts auf **andere Gesellschaftsformen** aus (für die nahezu allgemeine Ansicht *Däubler/DKKW* § 106 Rn. 88; *Fleischer* ZfA 2009, 787 [815]; *Kania/ErfK* § 106 BetrVG Rn. 16a; *Löw* DB 2008, 758 [759]; *Neuerburg* Unternehmensübernahme, S. 46; *Schröder/Falter* NZA 2008, 1097 [1099]; *Schweibert/WHSS* Kap. C Rn. 488; *Simon/Dobel* BB 2008, 1955 [1956]; *Spirolke*/NK-GA § 106 BetrVG Rn. 24; *Steffan*/HaKo § 106 Rn. 31; *Thüsing* ZIP 2008, 106 [108]; *Vogt/Bedkowski* NZG 2008, 725 [729]; *Woitaschek/GTAW* § 106 Rn. 25; **a. M.** im Grundansatz *Fitting* § 106 Rn. 85 f.; *Schaub/Koch* Arbeitsrechts-Handbuch, § 243 Rn. 24a). Das gilt auch bei solchen **Aktiengesellschaften**, deren Aktien **nicht zum organisierten Handel zugelassen** sind (*Fleischer* ZfA 2009, 787 [814 f.]; *Neuerburg* Unternehmensübernahme, S. 44 f.; *Röder* FS *Bauer*, S. 885 [889]; *Schröder/Falter* NZA 2008, 1097 [1099]; *Schweibert/WHSS* Kap. C Rn. 488; wohl auch *Simon/Dobel* BB 2008, 1955 [1956]; **a. M.** *Fitting* § 106 Rn. 86).

98 Unter dem Vorbehalt abweichender statutarischer Regelungen sowie etwaiger Vereinbarungen über die Ausübung des Stimmrechts reichen in Anlehnung an § 17 Abs. 2 AktG bei den vorgenannten Gesellschaften regelmäßig erst **mehr als 50 % der Stimmrechte** aus, um die Kontrolle über die Gesellschaft ausüben zu können (*Däubler/DKKW* § 106 Rn. 88; *Fleischer* ZfA 2009, 787 [815]; *Liebers/Erren/Weiß* NZA 2009, 1063 [1065]; *Neuerburg* Unternehmensübernahme, S. 50 f.; *Richardi/Annuß* § 106 Rn. 55a; *Röder* FS *Bauer*, S. 885 [889]; *Schröder/Falter* NZA 2008, 1097 [1099]; *Schweibert/WHSS* Kap. C Rn. 488; *Spirolke*/NK-GA § 106 BetrVG Rn. 24 [mit zusätzlichem Verweis auf § 288 Abs. 1 KAGB]; *Steffan*/HaKo § 106 Rn. 31; weitergehend *Willemsen/Lembke/HWK* § 106 BetrVG Rn. 81d, die auf das Vorliegen eines beherrschenden Einflusses i. S. d. § 290 Abs. 2 HGB abstellen; **a. M.** *Fitting* § 106 Rn. 86; *Schaub/Koch* Arbeitsrechts-Handbuch, § 243 Rn. 24a, die den 30 %-Schwellenwert generalisieren). Das gilt insbesondere, wenn eine **Gesellschaft mit beschränkter Haftung** Rechtsträger des Unternehmens ist (*Fleischer* ZfA 2009, 787 [815]; *Röder* FS *Bauer*, S. 885 [889]). Entsprechendes gilt für **Personengesellschaften** (*Fleischer* ZfA 2009, 787 [816]; **a. M.** *Neuer-*

burg Unternehmensübernahme, S. 43 f.), ohne dass es bei diesen auf die zusätzliche Erlangung der Geschäftsführungsbefugnis ankommt (*Fleischer* ZfA 2009, 787 [816]; **a. M.** *Löwisch/LK* § 106 Rn. 39).

Allerdings verbietet sich hinsichtlich des notwendigen Umfangs der Stimmrechte jeder Schematismus, 99 so dass – abhängig von Besonderheiten des Einzelfalls – auch ein niedrigerer Prozentsatz bezüglich der Stimmrechte für eine Kontrolle über das Unternehmen ausreichen kann (ebenso im Ansatz *Fleischer* ZfA 2009, 787 [815 f.]; *Kania*/ErfK § 106 BetrVG Rn. 16a; *Löw* DB 2008, 758 [759]; *Richardi/Annuß* § 106 Rn. 55a; *Spirolke*/NK-GA § 106 BetrVG Rn. 24; *Steffan*/HaKo § 106 Rn. 31; *Vogt/Bedkowski* NZG 2008, 725 [728]). Das gilt auch bei **börsennotierten Gesellschaften,** wenn aufgrund besonderer Umstände des Einzelfalls (z. B. Entherrschungsvereinbarung) der Erwerb von 30 % der Stimmrechte nicht ausreicht, um die Kontrolle über das Unternehmen auszuüben (treffend diesbezüglich *Löwisch/LK* § 106 Rn. 39; *Simon/Dobel* NZA 2008, 1955 [1956]; in dieser Richtung auch *Fleischer* ZfA 2009, 787 [813]). Umgekehrt können es die Umstände des Einzelfalls auch rechtfertigen, bei börsennotierten Gesellschaften einen geringer als den in § 29 Abs. 2 WpÜG genannten Schwellenwert für eine Kontrolle über das Unternehmen genügen zu lassen (*Fitting* § 106 Rn. 87).

Ob die Kontrolle des Unternehmens die **Interessen der Arbeitnehmer** des Unternehmens wesentlich 100 berühren kann, ist im Rahmen von § 106 Abs. 3 Nr. 9a ebenso wenig von Bedeutung wie bei den Tatbeständen in § 106 Abs. 3 Nr. 1 bis 9 (s. Rdn. 58 f.; so auch *Fitting* § 106 Rn. 81; *Schröder/Falter* NZA 2008, 1097 [1099]).

Die **Erlangung einer indirekten Kontrolle** über das Unternehmen durch den Erwerb einer gesell- 101 schaftsrechtlichen Beteiligung an einem anderen Unternehmen, das seinerseits die Kontrolle über das Unternehmen ausüben kann, also insbesondere der Erwerb der **Kontrolle über ein herrschendes Unternehmen,** wird von § 106 Abs. 3 Nr. 9a nicht erfasst (*Däubler*/DKKW § 106 Rn. 88; *Fitting* § 106 Rn. 89; *Fleischer* ZfA 2009, 787 [810 f.]; *Hess*/HWGNRH § 106 Rn. 71; *Liebers/Erren/Weiß* NZA 2009, 1063 [1065]; *Richardi/Annuß* § 106 Rn. 55a; *Röder* FS *Bauer,* S. 885 [890]; *Schweibert/ WHSS* Kap. C Rn. 488; *Willemsen/Lembke*/HWK § 106 BetrVG Rn. 81d; *Schaub/Koch* Arbeitsrechts-Handbuch, § 243 Rn. 24a; *Simon/Dobel* BB 2008, 1955 [1956]; ohne abschließende Stellungnahme *Löw* DB 2008, 758 [759]; *Spirolke*/NK-GA § 106 BetrVG Rn. 25; eine offensichtliche Unzuständigkeit einer gleichwohl beantragten Einigungsstelle jedoch verneinend LAG Rheinland-Pfalz 28.02.2013 – 11 TaBV 42/12 – BeckRS 2013, 71274). Das folgt sowohl aus dem Tatbestand in Nr. 9a, der auf das Unternehmen abstellt, bei dem der Wirtschaftsausschuss besteht, als auch aus § 106 Abs. 2 Satz 2, der ebenfalls auf die Absichten bezüglich des Unternehmens abstellt, dessen Wirtschaftsausschuss zu unterrichten ist. Dies steht auch einer entsprechenden Anwendung des Tatbestandes (hierfür *Däubler*/DKKW § 106 Rn. 88) entgegen. Unter der Voraussetzung, dass wesentliche Interessen der Arbeitnehmer berührt werden, kann der indirekte Kontrollerwerb jedoch zu einer Beteiligung des Wirtschaftsausschusses nach § 106 Abs. 3 Nr. 10 führen (*Fitting* § 106 Rn. 89).

Führt der Erwerb der gesellschaftsrechtlichen Beteiligung an dem Unternehmen nicht zur Über- 102 nahme der Kontrolle über das Unternehmen, kann der Erwerb der Beteiligung von der **Generalklausel in § 106 Abs. 3 Nr. 10** erfasst sein (s. Rdn. 104), jedoch wird regelmäßig nicht die dort zusätzlich erforderliche Wesentlichkeitsschwelle überschritten sein (s. Rdn. 109). Verfehlt ist der Ansatz, § 106 Abs. 3 Nr. 9a generell als lex specialis im Hinblick auf die Veräußerung von Gesellschaftsanteilen zu bewerten (so jedoch *Röder* FS *Bauer,* S. 885 [890]; *Simon/Dobel* BB 2008, 1955 [1956]), da keine Anhaltspunkte dafür vorliegen, dass der Gesetzgeber mit der Aufnahme von Nr. 9a in § 106 Abs. 3 eine abschließende Regelung treffen wollte (wie hier *Fitting* § 106 Rn. 81, 88; *Löwisch/LK* § 106 Rn. 35; *Neuerburg* Unternehmensübernahme, S. 59 f. sowie *Oetker* FS *Bauer,* S. 791 [801]). Das Nichteingreifen der Generalklausel kann deshalb erst das Ergebnis einer von den Besonderheiten des Einzelfalls geprägten Wesentlichkeitsprüfung sein.

m) Sonstige Vorgänge und Vorhaben (§ 106 Abs. 3 Nr. 10)

Der Tatbestand des § 106 Abs. 3 Nr. 10 ist bewusst als **Auffangregelung** konzipiert. Die Formulie- 103 rung »sonstige Vorgänge und Vorhaben« lässt Einschränkungen kaum zu. Mit ihnen sind – da es sich noch um »wirtschaftliche Angelegenheiten« handeln muss – alle Fragen gemeint, die für das **wirtschaftliche Leben des Unternehmens** von Bedeutung sind (*BAG* 22.01.1991 EzA § 106 BetrVG

§ 106

1972 Nr. 14 S. 4 = AP Nr. 9 zu § 106 BetrVG 1972 Bl. 2 R; 11.07.2000 EzA § 109 BetrVG 1972 Nr. 2 S. 7 = AP Nr. 2 zu § 109 BetrVG 1972 Bl. 3 R = SAE 2002, 177 *[Kreßel]*; *Fitting* § 106 Rn. 130; *Galperin/Löwisch* § 106 Rn. 72; *Richardi/Annuß* § 106 Rn. 56; *Steffan/HaKo* § 106 Rn. 32).

104 Die Generalklausel umfasst – abgesehen von den Sondertatbeständen in § 106 Abs. 3 Nr. 8 und 9a – insbesondere Rechtsgeschäfte, welche die **gesellschaftsrechtlichen Grundlagen** des Unternehmens betreffen (*Neuerburg* Unternehmensübernahme, S. 21 ff.; *Richardi/Annuß* § 106 Rn. 57; *Schweibert/WHSS* Kap. C Rn. 491; *Steigelmann* Information des Betriebsrats, S. 216 ff.; *Winstel* Unterrichtung, S. 47 f.; **a. M.** *Joost* FS Kissel, S. 433 [439 ff.], jedoch vor der Änderung des § 106 Abs. 3 Nr. 8; unverändert aber *Joost*/MünchArbR § 231 Rn. 38). Hierzu zählen nicht nur der **Wechsel von Gesellschaftern** (BAG 22.01.1991 EzA § 106 BetrVG Nr. 14 S. 5 = AP Nr. 9 zu § 106 BetrVG 1972 Bl. 3; LAG Düsseldorf 29.03.1989 LAGE § 106 BetrVG 1972 Nr. 3 S. 5; *Däubler/DKKW* § 106 Rn. 90; *Richardi/Annuß* § 106 Rn. 57; *Schweibert/WHSS* Kap. C Rn. 491; *Steffan/HaKo* § 106 Rn. 32; **a. M.** *Joost* FS Kissel, S. 433 [441 f.]; *ders.*/MünchArbR § 231 Rn. 38; *Ziegler/Wolff/JRH* Kap. 27 Rn. 16, 34), sondern auch der Abschluss von **Beherrschungsverträgen** und **Gewinnabführungsverträgen** (a. M. *Winstel* Unterrichtung, S. 95 ff., der auf § 106 Abs. 3 Nr. 9a [analog] zurückgreift) sowie der anderen in § 292 Abs. 1 AktG genannten Unternehmensverträge, insbesondere der Abschluss von **Betriebspachtverträgen** und **Betriebsüberlassungsverträgen** (*Galperin/Löwisch* § 106 Rn. 73; *Hess/HWGNRH* § 106 Rn. 72; *Löwisch/LK* § 106 Rn. 47; *Richardi/Annuß* § 106 Rn. 57).

105 Die Einbeziehung gesellschaftsrechtlicher Grundlagengeschäfte des Unternehmens in § 106 Abs. 3 Nr. 8 sowie in § 106 Abs. 3 Nr. 9a in den Kreis der »wirtschaftlichen Angelegenheiten« zeigt, dass diese jedenfalls seit der Änderung von § 106 Abs. 3 Nr. 8 durch Art. 13 Nr. 1 UmwBerG sowie der Einfügung von § 106 Abs. 3 Nr. 9a durch Art. 4 Nr. 1 des Risikobegrenzungsgesetzes zu den wirtschaftlichen Angelegenheiten i. S. d. § 106 Abs. 3 zählen (ebenso *Richardi/Annuß* § 106 Rn. 57; zustimmend auch *Neuerburg* Unternehmensübernahme, S. 21 f.). Die gesellschaftsrechtlichen Grundlagen des Unternehmens werden auch von Maßnahmen einer **Kapitalerhöhung** betroffen (s. insbesondere §§ 182 ff. AktG). Entsprechendes gilt für die Absicht, Gesellschaftsanteile (Aktien) an der **Börse** zu platzieren (Going-public) bzw. hiervon wieder Abstand zu nehmen (Delisting). Einbezogen sind ferner gesellschaftsrechtliche Maßnahmen zur Einführung eines **Aktienoptionsprogramms** (Erwerb eigener Aktien, § 71 Abs. 1 Nr. 2 AktG; bedingte Kapitalerhöhung, § 192 Abs. 2 Nr. 3 AktG), soweit zu den hiervon begünstigten Personen auch Arbeitnehmer i. S. d. § 5 Abs. 1 gehören (s. a. Rdn. 109).

106 Zu den wirtschaftlichen Angelegenheiten i. S. d. § 106 Abs. 3 Nr. 10 zählt ebenfalls der **Betriebsübergang** im Wege der **Einzelrechtsnachfolge**, wenn nicht bereits § 106 Abs. 1 Nr. 6 bis 8 diesen erfasst, insbesondere ausschließlich ein **Wechsel des Betriebsinhabers** eintritt (BAG 22.01.1991 EzA § 106 BetrVG 1972 Nr. 14 S. 5 = AP Nr. 9 zu § 106 BetrVG 1972 Bl. 3; *Fitting* § 106 Rn. 131; *Heither* AR-Blattei SD 530.14.4, Rn. 116; *Hess/HWGNRH* § 106 Rn. 51; *Löwisch/LK* § 106 Rn. 47; *Richardi/Annuß* § 106 Rn. 56; *Rumpff/Boewer* Wirtschaftliche Angelegenheiten, Kap. G Rn. 63; *Schaub/Koch* Arbeitsrechts-Handbuch, § 243 Rn. 25; *Wollenschläger/Pollert* ZfA 1996, 547 [567]). Da § 106 Abs. 3 Nr. 8 mit der Spaltung von Unternehmen denselben Lebenssachverhalt auf der Grundlage einer partiellen Universalsukzession oder einer Einzelrechtsnachfolge erfasst (s. Rdn. 87), ist kein Grund erkennbar, den Eigentümerwechsel hinsichtlich des Betriebs aus den wirtschaftlichen Angelegenheiten auszuklammern, wenn es der einzige Betrieb des Unternehmens ist.

107 Die Grundsätze in Rdn. 106 gelten auch, wenn der Betriebsinhaberwechsel auf einer Rechtsgrundlage eintritt, die nicht in § 106 Abs. 3 Nr. 8 genannt wird. Zu unterrichten ist der Wirtschaftsausschuss deshalb grundsätzlich auch, wenn der **Betriebsinhaberwechsel kraft Gesetzes** oder aufgrund eines Verwaltungsaktes eintritt. Zu den Tatbeständen einer **Unternehmensrückgabe** nach dem **Vermögensgesetz** s. 8. Aufl. § 106 Rn. 73. Entsprechendes gilt für den **Erwerb einer gesellschaftsrechtlichen Beteiligung**, die nicht die Schwelle einer Unternehmensübernahme i. S. d. § 106 Abs. 3 Nr. 9a erreicht (s. Rdn. 102).

108 Das entscheidende **Korrektiv der Generalklausel** ist die in dem Tatbestand selbst enthaltene Relativierung, dass die Vorgänge bzw. Vorhaben »die **Interessen der Arbeitnehmer** des Unternehmens wesentlich berühren können«. Hierfür muss zwischen den »Vorgängen und Vorhaben« und der rechtlichen oder tatsächlichen Stellung der Arbeitnehmer ein Zusammenhang bestehen. Hierfür ist nicht entscheidend, dass die Interessen der Arbeitnehmer tatsächlich berührt werden. Wegen der Formulierung »können« genügt die Möglichkeit (*Däubler/DKKW* § 106 Rn. 89; *Rumpff/Boewer* Wirtschaftliche Angelegenheiten, Kap. G Rn. 63); eine Absicht oder Planung des Unternehmers ist nicht erforderlich. Es reicht allerdings nicht aus, dass die wirtschaftliche Angelegenheit die Interessen der **Arbeitnehmer anderer Unternehmen** berührt. Wegen der Hilfsfunktion des Wirtschaftsausschusses für den Betriebsrat bzw. Gesamtbetriebsrat (s. Rdn. 10) muss es sich stets um Arbeitnehmer handeln, die dem Unternehmen angehören, dessen Wirtschaftsausschuss zu unterrichten ist. Auch die Interessen von Arbeitnehmern **anderer Konzernunternehmen** begründen keine wirtschaftliche Angelegenheit i. S. d. § 106 Abs. 3 Nr. 10 (*Röder/Göpfert* BB 1997, 2105 [2106]).

Mit dem Merkmal »**wesentlich**« errichtet das Gesetz eine zusätzliche Schwelle. Deshalb genügen die in Rdn. 104 und Rdn. 106 genannten »Vorgänge und Vorhaben« nicht stets für eine wirtschaftliche Angelegenheit i. S. d. § 106 Abs. 3 Nr. 10. Die Veräußerung von **Geschäftsanteilen einer GmbH** war vor der Einfügung der Nr. 9a in den Katalog wirtschaftlicher Angelegenheiten jedenfalls dann wesentlich, wenn es sich um sämtliche Geschäftsanteile handelt (*BAG* 22.01.1991 EzA § 106 BetrVG 1972 Nr. 14 S. 5 = AP Nr. 9 zu § 106 BetrVG 1972 Bl. 3). Zu weit geht jedoch die Aussage, dass ein **Gesellschafterwechsel** stets mitzuteilen ist. Erforderlich ist zumindest, dass der neue Gesellschafter maßgeblichen Einfluss auf die Führung des Unternehmens ausüben kann, so dass angesichts des speziellen Tatbestands in § 106 Abs. 3 Nr. 9a die Generalklausel in § 106 Abs. 3 Nr. 10 bei einem Gesellschafterwechsel in der Regel nicht eingreift. Allenfalls beim Wechsel eines persönlich haftenden Gesellschafters kann von der Notwendigkeit eines maßgeblichen Einflusses abgewichen werden, weil dies die Haftungsgrundlage des Unternehmens und damit die Sicherheit der vermögensrechtlichen Ansprüche der Arbeitnehmer berührt. 109

»Wesentlich« kann es die Interessen der Arbeitnehmer berühren, wenn ein **Betriebsinhaberwechsel** bevorsteht. Der hiermit verbundene Wechsel in der Leitung des Betriebs kann die Interessen der Arbeitnehmer in vergleichbarer Weise berühren wie die Veräußerung sämtlicher Geschäftsanteile an einen neuen Gesellschafter. Entsprechendes gilt beim Abschluss von **Unternehmensverträgen** i. S. d. §§ 291 ff. AktG. Beim **Formwechsel** eines Unternehmens, den § 106 Abs. 3 Nr. 8 nicht erfasst (s. Rdn. 78), ist die Wesentlichkeitsschwelle von besonderer Bedeutung, da zwischen dem Wechsel des Rechtskleides und der rechtlichen oder tatsächlichen Stellung der Arbeitnehmer nicht ohne Weiteres ein Zusammenhang besteht. Etwas anderes gilt jedoch, wenn der Formwechsel zu einer Änderung in dem Haftungssystem (z. B. Umwandlung einer OHG in eine GmbH) führt (*Mengel* Umwandlungen im Arbeitsrecht [Diss. Köln], 1997, S. 323 f.). Eine **Kapitalerhöhung** überschreitet die Wesentlichkeitsschwelle jedenfalls dann, wenn zur Gewährung von **Bezugsrechten an Arbeitnehmer** eine bedingte Kapitalerhöhung (§ 192 Abs. 2 Nr. 3 AktG) durchgeführt werden soll. Das Wesentlichkeitserfordernis stand bei Maßnahmen zur **Umstellung auf den Euro** als Währungseinheit regelmäßig einer »wirtschaftlichen Angelegenheit« i. S. d. § 106 Abs. 3 Nr. 10 entgegen (*Bauer/Diller* NZA 1997, 737 [739]; *Däubler* AiB 1998, 541 [543 f.]; *Natzel* DB 1998, 366 [370]; **a. M.** *Boewer* AuA 1998, 217 [219]; *Schaub/Koch* BB 1998, 1474 [1477]). 110

Für eine wirtschaftliche Angelegenheit i. S. d. § 106 Abs. 3 Nr. 10 lässt das Gesetz eine **Berührung der Interessen** ausreichen. Im Unterschied zu § 111 Satz 1 ist nicht erforderlich, dass sich der rechtliche oder tatsächliche Status quo der Arbeitnehmer zu deren Nachteil verändert (*Schaub/Koch* Arbeitsrechts-Handbuch, § 243 Rn. 15 sowie § 111 Rdn. 183 ff.). Es soll genügen, wenn die Interessen der Arbeitnehmer im sozialen, karitativen, kulturellen und politischen Bereich berührt werden können (*Kania/ErfK* § 106 BetrVG Rn. 17; *Rumpff/Boewer* Wirtschaftliche Angelegenheiten, Kap. G Rn. 63: alle Interessen). Deshalb soll auch der Wechsel des Unternehmens in eine sog. OT-Mitgliedschaft dem Wirtschaftsausschuss mitzuteilen sein (*Gaumann/Schafft* NZA 2001, 1125 [1128 f.]). Als einziges Korrektiv verbleibt die Wesentlichkeitsschwelle (s. Rdn. 109). 111

2. Art und Weise der Unterrichtung

a) Allgemeines

112 Zu Art und Weise der nach § 106 Abs. 2 Satz 1 vom Unternehmer geschuldeten Unterrichtung enthält das Gesetz nur vage Anhaltspunkte. Aus dem Zweck der Vorschrift folgt allerdings, dass der Wirtschaftsausschuss unabhängig davon zu unterrichten ist, ob dieser zu einer **Sitzung** zusammentritt (zust. *Preis/WPK* § 106 Rn. 6). Die Unterrichtungspflicht des Unternehmers besteht nicht nur in den Sitzungen des Wirtschaftsausschusses. Vielmehr begründet § 106 Abs. 2 Satz 1 die Unterrichtungspflicht für den Unternehmer unabhängig von einem **Auskunftsverlangen des Wirtschaftsausschusses**. Wie § 109 Satz 1 zeigt, hätte es für ein gegenteiliges Verständnis eines ausdrücklichen Vorbehalts im Gesetz bedurft (z. B. »hat den Wirtschaftsausschuss auf dessen Verlangen rechtzeitig und umfassend zu unterrichten«; s. a. die Formulierung in § 80 Abs. 2 Satz 2). Der Unternehmer ist deshalb verpflichtet, den Wirtschaftsausschuss **unaufgefordert** zu unterrichten (*Däubler/DKKW* § 106 Rn. 56, 62; *Fitting* § 106 Rn. 29; *Föhr* DB 1976, 1378 [1382]; *Heither* AR-Blattei SD 530.14.4, Rn. 86; *Joost/MünchArbR* § 231 Rn. 42; *Preis/WPK* § 106 Rn. 6; *Richardi/Annuß* § 106 Rn. 23; *Rumpff/Boewer* Wirtschaftliche Angelegenheiten, G Rn. 25; *Schweibert/WHSS* Kap. C Rn. 494).

b) Zeitpunkt

113 Hinsichtlich des Zeitpunkts der Unterrichtung beschränkt sich § 106 Abs. 2 Satz 1 auf die Vorgabe, dass diese »**rechtzeitig**« erfolgen muss. Da es zu der Aufgabe des Wirtschaftsausschusses gehört, mit dem Unternehmer in eine Beratung einzutreten (§ 106 Abs. 1 Satz 2; s. Rdn. 52 f.), ist er regelmäßig **vor der Sitzung** zu unterrichten, in der über die wirtschaftliche Angelegenheit beraten werden soll (*Däubler/DKKW* § 106 Rn. 43, 46; *Preis/WPK* § 106 Rn. 6; *Richardi/Annuß* § 106 Rn. 24; *Weiss/Weyand* § 106 Rn. 8; **a. M.** *Stege/Weinspach/Schiefer* §§ 106–109 Rn. 35: grundsätzlich mündliche Auskunft in der Sitzung). Etwas anderes gilt nur, wenn dem Wirtschaftsausschuss eine Beratung auch ohne vorherige Unterrichtung möglich ist. Das kommt insbesondere in Betracht, wenn der Gegenstand der Beratung bereits auf einer früheren Sitzung des Wirtschaftsausschusses erörtert wurde.

114 Bezüglich des notwendigen **zeitlichen Vorlaufs** lassen sich kaum verallgemeinerungsfähige zeitliche Grenzen ziehen. Wie die Äußerungsfristen in § 99 Abs. 3 Satz 1 und § 102 Abs. 2 zeigen, reicht ein Zeitraum von weniger als einer Woche regelmäßig nicht aus, um sich angemessen auf die Sitzung vorzubereiten. Deshalb hängt der notwendige Vorbereitungszeitraum vor allem von der Komplexität der zu beratenden wirtschaftlichen Angelegenheit sowie von deren Schwierigkeitsgrad ab (*Richardi/Annuß* § 106 Rn. 24). Die Verpflichtung zur Publizität nach Art. 17 Abs. 1 MAR (ad-hoc-Publizität) bietet keinen Anhaltspunkt für die Konkretisierung des Zeitpunkts, da die Unterrichtung des Wirtschaftsausschusses wegen ihres Zwecks im Vorfeld stattfinden muss (*Fitting* § 106 Rn. 32; *Schleifer/Kliemt* DB 1995, 2214 [2218]; *Willemsen/Lembke/HWK* § 106 BetrVG Rn. 35).

115 Für die weitere Konkretisierung ist auf den Zweck der Unterrichtung zurückzugreifen. Die Beratung soll dem Wirtschaftsausschuss die Möglichkeit eröffnen, die Willensbildung des Unternehmers bei den in § 106 Abs. 3 genannten wirtschaftlichen Angelegenheiten zu beeinflussen (BAG 20.11.1984 EzA § 106 BetrVG 1972 Nr. 6 S. 27 f. = AP Nr. 3 zu § 106 BetrVG 1972 Bl. 2; 22.01.1991 EzA § 106 BetrVG 1972 Nr. 14 S. 6 = AP Nr. 9 zu § 106 BetrVG 1972 Bl. 3; 11.07.2000 EzA § 109 BetrVG 1972 Nr. 2 S. 8 = AP Nr. 2 zu § 109 BetrVG 1972 Bl. 4 = SAE 2002, 177 [*Kreßel*]; LAG Köln 14.01.2004 NZA-RR 2005, 32 [33]; *Fitting* § 106 Rn. 30; *Heither* AR-Blattei SD 530.14.4, Rn. 87; *Hess/HWGNRH* § 106 Rn. 28; *Joost/MünchArbR* § 319 Rn. 42; *Löwisch/LK* § 106 Rn. 13; *Loritz/ZLH* Arbeitsrecht, § 53 Rn. 6; *Preis/WPK* § 106 Rn. 6; *Schweibert/WHSS* Kap. C Rn. 494; *Spirolke/NK-GA* § 106 BetrVG Rn. 8; *Steffan/HaKo* § 106 Rn. 15; *Stege/Weinspach/Schiefer* §§ 106–109 Rn. 34; *Wiese* FS Wiedemann, S. 617 [627]).

116 Insoweit bringt die Konkretisierung der Rechtzeitigkeit in § 90 Abs. 2 Satz 1 (»Vorschläge und Bedenken ... bei der Planung berücksichtigt werden können«; dazu näher *Weber* § 90 Rdn. 4 ff.) einen allgemeinen Rechtsgedanken zum Ausdruck, der auch auf die nach § 106 Abs. 2 Satz 1 geschuldete »rechtzeitige« Unterrichtung zutrifft. Mit dieser Konkretisierung wird ausreichend den Anforderungen in Art. 4 Abs. 3 der Richtlinie 2001/14/EG Rechnung getragen, wonach den Arbeitnehmervertretern zu ermöglichen ist, »die Informationen angemessen zu prüfen und gegebenenfalls die Anhö-

rung vorzubereiten« (ähnlich § 1 Abs. 4 Satz 2 EBRG: »... es den Arbeitnehmervertretern ermöglichen, die möglichen Auswirkungen eingehend zu bewerten und gegebenenfalls Anhörungen ... vorzubereiten.«; s. ferner § 2 Abs. 10 Satz 2 SEBG). Andernfalls hätte sich das Gesetz auf eine Unterrichtung des Wirtschaftsausschusses beschränken können. Deshalb ist dieser nur dann »rechtzeitig« unterrichtet, wenn der Unternehmer noch **nicht mit der Realisierung** geplanter Maßnahmen **begonnen** hat (*Däubler/DKKW* § 106 Rn. 44; *Fitting* § 106 Rn. 33; *Heither* AR-Blattei SD 530.14.4, Rn. 87; *Hess/HWGNRH* § 106 Rn. 28; *Kania/*ErfK § 106 BetrVG Rn. 4; *Preis/WPK* § 106 Rn. 6; *Schweibert/WHSS* Kap. C Rn. 494).

Die Grundsätze in Rdn. 115 gelten auch bei den Tatbeständen in § 106 Abs. 3 Nr. 8 und 9a, selbst wenn die eigentliche Entscheidung über die wirtschaftliche Angelegenheit nicht von dem »Unternehmer«, sondern von dem Eigentümer des Unternehmens getroffen wird. Diese sind zwar nicht in den Meinungsaustausch mit dem Wirtschaftsausschuss einbezogen, dieser kann aber gleichwohl seinen Zweck entfalten (**a. M.** *Löw* DB 2008, 758 [760]; s. a. *Fleischer* ZfA 2009, 787 [817 f.]: »wenig sinnvoll«), da den Unternehmer die Verantwortung für die Umsetzung von Vorhaben trifft, die im Anschluss an eine gesellschaftsrechtliche Umstrukturierung beabsichtigt sind (ebenso *BAG* 22.03.2016 EzA § 106 BetrVG 2001 Nr. 2 Rn. 19 = AP Nr. 19 zu § 106 BetrVG 1972 = NZA 2016, 969). Dementsprechend hebt § 106 Abs. 2 Satz 2 ausdrücklich die zukünftige Geschäftstätigkeit des Unternehmens sowie die sich darauf ergebenden Auswirkungen auf die Arbeitnehmer hervor. Gerade diesbezüglich bleibt der Unternehmer auch nach einer Übernahme der Kontrolle über das Unternehmen i. S. d. § 106 Abs. 3 Nr. 9a entscheidungsbefugt und hinreichend kompetenter Gesprächspartner für den Wirtschaftsausschuss. 117

Eine über die Grundsätze in Rdn. 115 hinaus gehende Vorverlagerung der Unterrichtung folgt aus der **Hilfsfunktion** des Wirtschaftsausschusses für den Betriebsrat bzw. Gesamtbetriebsrat (s. a. Rdn. 10). Dem Wirtschaftsausschuss muss ausreichend Zeit verbleiben, um den **Betriebsrat bzw. Gesamtbetriebsrat** nach der Beratung mit dem Unternehmer unverzüglich von dem Ergebnis der Sitzung zu **berichten** (§ 108 Abs. 4), damit dieser noch im Hinblick auf seine Mitbestimmungs- und Mitwirkungsrechte disponieren kann (*BAG* 22.01.1991 EzA § 106 BetrVG 1972 Nr. 14 S. 6 = AP Nr. 9 zu § 106 BetrVG 1972 Bl. 3 R; *LAG* Hamburg 12.06.2013 – 6 TaBV 9/13 – BeckRS 2014, 65029; *Däubler/DKKW* § 106 Rn. 43; *Fitting* § 106 Rn. 31; *Gamillscheg* II, § 52, 2d [3]; *Heither* AR-Blattei SD 530.14.4, Rn. 87; *Joost/*MünchArbR § 231 Rn. 42; *Kania/*ErfK § 106 BetrVG Rn. 4; *Löwisch/LK* § 106 Rn. 13; *Richardi/Annuß* § 106 Rn. 24; *Rumpff/Boewer* Wirtschaftliche Angelegenheiten, Kap. G Rn. 26; *Spirolke/*NK-GA § 106 BetrVG Rn. 8; *Stege/Weinspach/Schiefer* §§ 106–109 Rn. 34a; *Wiese* FS Wiedemann, S. 617 [624]). Das ist nicht mehr gewährleistet, wenn die Beratung mit dem Wirtschaftsausschuss unmittelbar vor dem Beginn des Vollzugs einer »wirtschaftlichen Angelegenheit« durchgeführt wird. Insbesondere bei den in § 106 Abs. 3 Nr. 5 bis 9a genannten Sachverhalten, die zugleich nach § 111 Satz 3 als Betriebsänderung zu bewerten sein können, ist grundsätzlich zunächst der Wirtschaftsausschuss und sodann der Betriebsrat bzw. Gesamtbetriebsrat zu unterrichten, obwohl das Gesetz in beiden Fällen zu einer »rechtzeitigen« Unterrichtung verpflichtet (*Däubler/DKKW* § 106 Rn. 43; *Fitting* § 106 Rn. 30; *Kania/*ErfK § 106 BetrVG Rn. 4; *Rentsch* Unterrichtung, S. 195 ff.; *Richardi/Annuß* § 106 Rn. 24; *Rumpff/Boewer* Wirtschaftliche Angelegenheiten, Kap. G Rn. 28; *Schweibert/WHSS* Kap. C Rn. 494; *Wiese* FS Wiedemann, S. 617 [625 f.]; *Willemsen/Lembke/HWK* § 106 BetrVG Rn. 34; *Woitascheck/GTAW* § 106 Rn. 7; **a. M.** *Stege/Weinspach/Schiefer* §§ 106–109 Rn. 34a: zeitgleich; ebenso *Röder/Göpfert* BB 1997, 2105 [2107]). 118

Aus dieser zeitlichen Abfolge folgt indes nicht, dass eine **Unterrichtung des Betriebsrats** bezüglich einer Betriebsänderung erst erfolgen darf, wenn die **Beratung zwischen Unternehmer und Wirtschaftsausschuss abgeschlossen** ist und der Wirtschaftsausschuss den Betriebsrat von dem Ergebnis der Beratungen gemäß **§ 108 Abs. 4 unterrichtet** hat. Auch bei einer **gleichzeitigen Information von Wirtschaftsausschuss und Betriebsrat** können die jeweiligen Beteiligungsverfahren noch zweckgerecht durchgeführt werden (treffend *Ohlendorf/Salamon* FA 2007, 340 [343] sowie *Schweibert/WHSS* Kap. C Rn. 494; *Simon/Zerres* FS Leinemann, 2006, S. 255 [258]). Eine abweichende Würdigung kommt lediglich für die Beratung zwischen Arbeitgeber und Betriebsrat über die Betriebsänderung in Betracht. Allerdings lässt sich aus der konzeptionellen Parallelität der Beteiligungsverfahren nicht zwingend ableiten, dass eine Beratung zwischen Arbeitgeber und Betriebsrat 119 über die Betriebsänderung erst erfolgen darf, nachdem der Wirtschaftsausschuss den Betriebsrat nach § 108 Abs. 4 unterrichtet hat (**a. M.** *Ohlendorf/Salamon* FA 2007, 340 [343]; *Rentsch* Unterrichtung, S. 196 f.). Im Hinblick auf den Zweck der Unterrichtung muss es jedoch ausreichen, wenn der Betriebsrat im Rahmen der Beratungen mit dem Arbeitgeber die Unterrichtung durch den Wirtschaftsausschuss berücksichtigen kann. Dies ist möglich, solange die Beratungen zwischen Arbeitgeber und Betriebsrat noch nicht abgeschlossen sind. Zusammenfassend verhält sich der Unternehmer/Arbeitgeber somit gesetzeskonform, wenn er zunächst die Beteiligung des Wirtschaftsausschusses abschließt und erst im Anschluss die Beteiligung des Betriebsrats nach den §§ 111 ff. einleitet. Andererseits stehen einer zeitlich parallelen Beteiligung von Wirtschaftsausschuss und Betriebsrat keine zwingenden Rechtsgründe entgegen, solange die Ergebnisse der Beratungen in dem Wirtschaftsausschuss über § 108 Abs. 4 noch in das Beteiligungsverfahren zwischen Arbeitgeber und Betriebsrat einfließen können.

120 Eine zeitgleiche Unterrichtung von Wirtschaftsausschuss und Betriebsrat kommt ferner in Betracht, wenn der Betriebsrat nach Maßgabe des **Umwandlungsgesetzes (UmwG)** oder des **Wertpapiererwerbs- und Übernahmegesetzes (WpÜG)** zu unterrichten ist (s. dazu vor § 106 Rdn. 23 ff., 46 ff.). Soweit hiernach der Betriebsrat zu unterrichten ist, lassen die entsprechenden Bestimmungen die Beteiligung nach Maßgabe des BetrVG unberührt. Das gilt – wie insbesondere § 106 Abs. 3 Nr. 8 und Nr. 9a zeigt – für die Unterrichtung des Wirtschaftsausschusses (s. näher *Steigelmann* Information des Betriebsrats, S. 210 ff.). In derartigen Sachverhalten erfolgt die Unterrichtung von Betriebsrat und Wirtschaftsausschuss gleichzeitig (treffend *Schröder/Falter* NZA 2008, 1057 [1100]).

121 Andererseits erfordert eine Beratung mit dem Wirtschaftsausschuss, dass die beabsichtigte wirtschaftliche Angelegenheit ein **Planungsstadium** erreicht hat, in dem eine Erörterung überhaupt möglich ist. Bevor nicht ein internes Meinungsbildungsverfahren zu einem Abschluss gekommen ist und die Überlegungen einen gewissen **Konkretisierungsgrad** erreicht haben, muss der Unternehmer den Wirtschaftsausschuss nicht unterrichten (*Föhr* DB 1976, 1378 [1382]; *Heither* AR-Blattei SD 530.14.4, Rn. 89; *Löwisch/LK* § 106 Rn. 13; *Loritz/ZLH* Arbeitsrecht, § 53 Rn. 6; *Rieble/AR* § 106 BetrVG Rn. 5; *Röder/Göpfert* BB 1997, 2105 [2107]; *Stege/Weinspach/Schiefer* §§ 106–109 Rn. 34b; **a. M.** *Rentsch* Unterrichtung, S. 155: bereits mit Entschluss zur Planung). Das gilt auch im Hinblick auf eine **Unternehmensübernahme** i. S. d. § 106 Abs. 3 Nr. 9a. In derartigen Sachverhalten wird der notwendige Konkretisierungsgrad erst erreicht, wenn ein **verbindliches Angebot** eines Interessenten vorliegt und dieser damit potenzieller Erwerber ist (s. a. Rdn. 136); die Aufforderung zur Abgabe von Angeboten oder die Durchführung einer due diligence für sich allein löst noch nicht die Unterrichtungspflicht gegenüber dem Wirtschaftsausschuss aus (*Löw* DB 2008, 758 [760]; *Schweibert/WHSS* Kap. C Rn. 489; *Simon/Dobel* DB 2008, 1955 [1957]; *Spirolke/NK-GA* § 106 BetrVG Rn. 8; *Vogt/Bedkowski* NZG 2008, 725 [728]; s. näher *Fleischer* ZfA 2009, 787 [817 ff.]; *Neuerburg* Unternehmensübernahme, S. 97 ff.; *Rentsch* Unterrichtung, S. 175 ff.; *Winstel* Unterrichtung, S. 74 ff.).

122 Handelt es sich bei den Informationen um **Insiderinformationen** i. S. d. Art. 7 Abs. 1 MAR, die nach Art. 17 Abs. 1 MAR unverzüglich zu veröffentlichen sind (**sog. ad-hoc-Information**), so ist der Wirtschaftsausschuss spätestens mit der Information der Öffentlichkeit zu unterrichten (treffend *Federlin* FS *Hromadka*, S. 69 [79 f.]), ohne dass hierdurch jedoch eine frühere Information des Wirtschaftsausschusses ausgeschlossen ist (**a. M.** wohl *Schröder/Falter* NZA 2008, 1097 [110 f.]). Auch nach erfolgter Information der Öffentlichkeit gemäß Art. 17 Abs. 1 MAR kann die Beteiligung des Wirtschaftsausschusses noch zweckgerecht durchgeführt werden. Für die Mitglieder des Wirtschaftsausschusses ist dieses Vorgehen mit dem Vorteil verbunden, dass sie nach der erfolgten Unterrichtung der Öffentlichkeit nicht mehr den strengen Mitteilungsverboten unterliegen, die die Marktmissbrauchsverordnung für Insider normiert (s. Rdn. 124).

c) Umfang

123 Die Unterrichtung des Wirtschaftsausschusses muss »**umfassend**« sein. Auch diese gesetzliche Vorgabe ist äußerst vage und lässt kaum Eingrenzungen zu. Letztlich tritt bei der Konkretisierung abermals der Zweck der Unterrichtung in den Vordergrund. Da sie den Wirtschaftsausschuss in die Lage versetzen soll, in eine Beratung mit dem Unternehmer über die »wirtschaftliche Angelegenheit« und deren Auswirkungen auf die Arbeitnehmer einzutreten, muss sie dem Wirtschaftsausschuss ein möglichst

vollständiges Bild von dieser vermitteln. Das ist jedenfalls dann gewährleistet, wenn der Unternehmer diesem dieselben Informationen zukommen lässt, auf denen seine eigenen bisherigen Planungen beruhen. Insofern ist der Umfang der Unterrichtung so zu bestimmen, dass hinsichtlich des Beratungsgegenstandes möglichst kein Informationsgefälle verbleibt (*Däubler/DKKW* § 106 Rn. 47; *Fitting* § 106 Rn. 34; *Heither* AR-Blattei SD 530.14.4, Rn. 79; *Hess/HWGNRH* § 106 Rn. 30; *Schweibert/ WHSS* Kap. C Rn. 495; *Spirolke/NK-GA* § 106 BetrVG Rn. 8; *Steffan/HaKo* § 106 Rn. 16), nur dann ist die vom Gesetz gewollte »gleichberechtigte Beratung« (so *BAG* 20.11.1984 EzA § 106 BetrVG 1972 Nr. 6 S. 28 = AP Nr. 3 zu § 106 BetrVG 1972; 22.01.1991 EzA § 106 BetrVG 1972 Nr. 14 S. 5 = AP Nr. 9 zu § 106 BetrVG 1972 Bl. 3; 11.07.2000 EzA § 109 BetrVG 1972 Nr. 2 S. 8 = AP Nr. 2 zu § 109 BetrVG 1972 Bl. 3 R = SAE 2002, 177 [*Kreßel*]; i. d. S. auch *LAG Köln* 14.01.2004 NZA-RR 2005, 32 [33]; *Schweibert/WHSS* Kap. C Rn. 495: »Informationsparität«) gewährleistet. Hierbei versteht es sich von selbst, dass die Unterrichtung **wahrheitsgemäß** zu erfolgen hat (*Löwisch/LK* § 106 Rn. 11; *Richardi/Annuß* § 106 Rn. 25; *Rumpff/Boewer* Wirtschaftliche Angelegenheiten, G Rn. 33), andernfalls würde der Unternehmer ordnungswidrig handeln (§ 121 Abs. 1). Informationsasymmetrien sind lediglich hinzunehmen, wenn infolge der Mitteilung an den Wirtschaftsausschuss eine Gefährdung für ein Betriebs- und Geschäftsgeheimnis eintreten würde (dazu Rdn. 139 ff.).

Bei Informationen, die dem Wirtschaftsausschuss nach § 106 Abs. 2 Satz 1 zu übermitteln sind, kann es sich bei börsennotierten Unternehmen teilweise zugleich um **Insiderinformationen i. S. d. Art. 7 Abs. 1 MAR** handeln (s. *Federlin* FS *Hromadka*, S. 69 [75]). Der Umstand, dass das öffentliche Bekanntwerden einer Tatsache geeignet ist, den Kurs eines »Insiderpapiers« erheblich zu beeinflussen, steht einer Unterrichtung des Wirtschaftsausschusses jedoch nicht entgegen. Die Mitteilung von »Insiderinformationen« ist nach Art. 14 Buchst. c MAR nur verboten, wenn dies »unrechtmäßig« geschieht (Art. 10 Abs. 1 MAR). Mit § 106 Abs. 2 Satz 1 liegt jedoch die entsprechende Mitteilungsbefugnis vor (ebenso noch zu § 14 Abs. 1 Nr. 2 WpHG *Däubler/DKKW* § 106 Rn. 59; *Federlin* FS *Hromadka*, S. 69 [77]; *Fischer* DB 1998, 2606 [2607]; *Fitting* § 106 Rn. 35; *Kappes* NJW 1995, 2832 [2832]; *Oetker* FS *Wißmann*, S. 396 [408]; *Richardi/Annuß* § 106 Rn. 32; *Rieble/AR* § 106 BetrVG Rn. 7; *Schleifer/Kliemt* DB 1995, 2214 [2217]; *Schweibert/WHSS* Kap. C Rn. 500; *Willemsen/ Lembke/HWK* § 106 BetrVG Rn. 6); entsprechendes gilt im Hinblick auf das US-amerikanische Insiderrecht (*Fischer* DB 1998, 2606 f.; **a. M.** *Röder/Merten* NZA 2005, 268 [271 f.], zu § 14 WpHG; ebenso *Neuerburg* Unternehmensübernahme, S. 128 f.). Mit der Unterrichtung unterliegen die Mitglieder des Wirtschaftsausschusses allerdings dem Verbotstatbestand zu Art. 14 Buchst. c MAR (ebenso noch zu § 14 Abs. 1 Nr. 2 WpHG *Bruder* Insiderinformationen S. 56; *Däubler/DKKW* § 106 Rn. 59; *Federlin* FS *Hormadka*, S. 69 [77]; *Fischer* DB 1998, 2606 [2607]; *Richardi/Annuß* § 106 Rn. 32; *Rieble/AR* § 106 BetrVG Rn. 7; *Schleifer/Kliemt* DB 1995, 2214 [2214]; *Schweibert/WHSS* Kap. C Rn. 500; *Willemsen/Lembke/HWK* § 106 BetrVG Rn. 32 sowie allgemein *EuGH* 22.11.2005 NJW 2006, 133 ff.). Das gilt nur dann nicht, wenn die Unterrichtung des Wirtschaftsausschusses mit der ad-hoc-Mitteilung (Art. 17 Abs. 1 MAR) verbunden wird (s. Rdn. 122).

Bei einer beabsichtigten Übernahme des Unternehmens i. S. d. § 106 Abs. 3 Nr. 9a werden die erforderlichen Informationen durch § 106 Abs. 2 Satz 2 konkretisiert. Beide Halbsätze beziehen sich zwar auf »Unterlagen«, jedoch dienen diese der Unterrichtung des Wirtschaftsausschusses, so dass die in § 106 Abs. 2 Satz 2 genannten Informationen für eine sachgerechte Wahrnehmung der Aufgaben durch den Wirtschaftsausschuss auch dann erforderlich sind, wenn diese nicht in Unterlagen i. S. d. § 106 Abs. 2 Satz 1 enthalten sind oder der Unternehmer zwar nicht über die entsprechenden Unterlagen, wohl aber über die vergleichbaren Informationen verfügt (*Simon/Dobel* BB 2008, 1955 [1957]). Bei einer Übernahme i. S. d. § 106 Abs. 3 Nr. 9a hat der Unternehmer den Wirtschaftsausschuss daher stets über den potenziellen Erwerber und dessen Absichten im Hinblick auf die künftige Geschäftstätigkeit des Unternehmens sowie die sich hieraus ergebenden Auswirkungen auf die Arbeitnehmer zu unterrichten. Die Konkretisierung in § 106 Abs. 2 Satz 2 ist jedoch nicht abschließend (»insbesondere«). Zu informieren ist deshalb auch über wesentliche Änderungen der Beschäftigungsbedingungen, die aus der künftigen Geschäftstätigkeit folgen. Damit entsprechen die vom Unternehmer nach § 106 Abs. 2 Satz 1 zu leistenden Informationen denjenigen Angaben, die § 11 Abs. 2 Satz 3 Nr. 2 WpÜG bei börsennotierten Aktiengesellschaften zu den ergänzenden Angaben der Angebotsunterlage zählt (ausführlich dazu *Steigelmann* Information des Betriebsrats, S. 154 ff.).

126 Ebenso wie bezüglich der Vorlage von Unterlagen (s. Rdn. 131) findet die Unterrichtungspflicht des Unternehmers gegenüber dem Wirtschaftsausschuss eine **Grenze in dem tatsächlichen Kenntnisstand** des Unternehmers (s. statt aller *Winstel* Unterrichtung, S. 55). Das ist insbesondere dann von Bedeutung, wenn die wirtschaftliche Angelegenheit i. S. d. § 106 Abs. 3 nicht von ihm selbst, sondern von Dritten gesteuert werden bzw. Dritte die maßgeblichen Entscheidungen treffen. Soweit es dabei jedoch um Angelegenheiten handelt, die von einer Konzernobergesellschaft bei dem **abhängigen Unternehmen** durchgesetzt werden sollen, kann sich der Unternehmer gegenüber dem Wirtschaftsausschuss analog § 17 Abs. 3a Satz 2 KSchG nicht darauf berufen, dass das herrschende Unternehmen ihm nicht die notwendigen Informationen zur Verfügung gestellt bzw. Auskünfte erteilt hat (treffend *Weber* § 80 Rdn. 60; s. a. Rdn. 148 ff.; **a. M.** *Gertler* Betriebsverfassungsrechtliche Auskunftsansprüche im Konzern [Diss. München 2009], 2010, S. 163 f.). Hiermit wird ein Ansatz aufgegriffen, auf den auch das Unionsrecht bereits wiederholt zurückgegriffen hat (s. Art. 7 Nr. 4 UA 2 der Richtlinie 2001/23/EG, Art. 2 Abs. 4 UA 2 der Richtlinie 98/59/EG), ohne dass sich dieser jedoch bereits zu einem allgemeinen Grundsatz des Unionsrechts verfestigt hat, wie das Fehlen einer vergleichbaren Bestimmung in Art. 4 der Richtlinie 2002/14/EG zeigt. Das gilt in vergleichbarer Weise in den Fällen eines Gesellschafterwechsels, insbesondere einer **Übernahme des Unternehmens** i. S. d. § 106 Abs. 3 Nr. 9a. Hier schuldet der Unternehmer dem Wirtschaftsausschuss grundsätzlich nur diejenigen Informationen, über die er selber verfügt (*Liebers/Erren/Weiß* NZA 2009, 1063 [1065]; *Schweibert/ WHSS* Kap. C Rn. 497; *Simon/Dobel* BB 2008, 1955 [1956]; *Willemsen/Lembke/HWK* § 106 BetrVG Rn. 47c). Hierauf wird er sich gegenüber dem Wirtschaftsausschuss aber nur dann berufen können, wenn er zumutbare Anstrengungen unternommen hat, um die erforderlichen Informationen von dem potenziellen Erwerber zu erhalten (ebenso *Richardi/Annuß* § 106 Rn. 26c). Eine Rechtspflicht zur Informationsbeschaffung ist jedoch zu verneinen; s. näher Rdn. 148 ff.).

d) Form

127 Keine Vorgaben stellt § 106 Abs. 2 Satz 1 für die Form der Unterrichtung auf (*LAG Baden-Württemberg* 22.11.1985 DB 1986, 334; *Gamillscheg* II, § 52, 2d [3]; *Hess/HWGNRH* § 106 Rn. 26; *Preis/WPK* § 106 Rn. 6; *Rumpff/Boewer* Wirtschaftliche Angelegenheiten, Kap. G Rn. 25; **a. M.** *Däubler/ DKKW* § 106 Rn. 53: nur schriftlich). Diese kann sowohl **mündlich** als auch **schriftlich** erfolgen. Dem Unternehmer verbleibt hinsichtlich der konkreten Art und Weise der Unterrichtung ein **Ermessensspielraum**, den er jedoch nur dann pflichtgemäß ausfüllt, wenn die gewählte Form der Unterrichtung eine sinnvolle Vorbereitung auf die Beratung der Angelegenheit in einer Sitzung des Wirtschaftsausschusses ermöglicht. Regelmäßig bedarf es hierfür einer schriftlichen Unterrichtung.

128 Komplizierte Sachverhalte sind **überschaubar** und **verständlich** aufzubereiten (*Däubler/DKKW* § 106 Rn. 48; *Fitting* § 106 Rn. 34; *Kania*/ErfK § 106 BetrVG Rn. 5; *Richardi/Annuß* § 106 Rn. 26; *Schweibert/WHSS* Kap. C Rn. 495). Dies kann bei fremdsprachigen Dokumenten gegebenenfalls eine Übersetzung in die deutsche Sprache erfordern (*Däubler/DKKW* § 106 Rn. 48; *Willemsen/Lembke/ HWK* § 106 BetrVG Rn. 40). Eine grundsätzliche Beschränkung auf mündliche Auskünfte in der Sitzung (so *Stege/Weinspach/Schiefer* §§ 106–109 Rn. 35) trägt dem Zweck der Unterrichtungspflicht nicht ausreichend Rechnung. Eigenständige **Erläuterungen** müssen im Rahmen des § 106 Abs. 2 Satz 1 nicht vorgenommen werden, diese Verpflichtung begründet das Gesetz nur für den Jahresabschluss (§ 108 Abs. 5; dazu § 108 Rdn. 61 ff.). Sofern dies trotz der fachlichen Eignung der Mitglieder des Wirtschaftsausschusses (§ 107 Abs. 1 Satz 3) erforderlich ist, kann der Wirtschaftsausschuss Sachverständige hinzuziehen (näher § 108 Rdn. 33 ff.).

e) Meinungsverschiedenheiten

129 Angesichts der vagen gesetzlichen Vorgaben zu Umfang und Zeitpunkt der Unterrichtung hat das in § 109 geregelte Verfahren zur Beilegung von Meinungsverschiedenheiten erhebliche praktische Bedeutung, um die Unterrichtungspflicht des Unternehmers gegenüber dem Wirtschaftsausschuss zu konkretisieren. Meinungsverschiedenheiten können Unternehmer und Betriebsrat einvernehmlich und für den Wirtschaftsausschuss verbindlich bereinigen (s. § 109 Rdn. 20). Das Gesetz begründet für sie in § 109 Satz 1 eine Verfügungsbefugnis über Umfang und Zeitpunkt der vom Unternehmer

Wirtschaftsausschuss § 106

geschuldeten Unterrichtung. Auf die Frage, ob eine wirtschaftliche Angelegenheit i. S. d. § 106 Abs. 3 vorliegt, erstreckt sich diese jedoch nicht (s. § 109 Rdn. 26).

3. Vorlage von Unterlagen

Die Pflicht zur umfassenden Unterrichtung erweitert § 106 Abs. 2 Satz 1 dadurch, dass der Unternehmer zusätzlich die hierfür erforderlichen Unterlagen vorzulegen hat. Wie bei der Unterrichtung (s. Rdn. 112) sind diese nicht erst auf Verlangen des Wirtschaftsausschusses vorzulegen (*Fitting* § 106 Rn. 37; *Rumpff/Boewer* Wirtschaftliche Angelegenheiten, Kap. G Rn. 34). 130

a) Unterlagen i. S. d. § 106 Abs. 2

Die Vorlagepflicht erfasst nur **schriftliche Aufzeichnungen**. Ferner beschränkt sich das Gesetz auf **bereits vorhandene Unterlagen** (*Fitting* § 106 Rn. 39; *Joost* FS *Kissel*, S. 433 [445]; *ders.*/MünchArbR § 231 Rn. 49; *Rieble*/AR § 106 BetrVG Rn. 6; *Schweibert*/WHSS Kap. C Rn. 497); der Wirtschaftsausschuss kann vom Unternehmer nicht deren **erstmalige Anfertigung** verlangen (*Joost* FS *Kissel*, S. 433 [445]; *ders.*/MünchArbR § 231 Rn. 49; *Löwisch*/LK § 106 Rn. 12; *Spirolke*/NK-GA § 106 BetrVG Rn. 8; **a. M.** *Föhr* DB 1976, 1378 [1382]), auch die Einigungsstelle kann ihn dazu nicht im Rahmen des § 109 verpflichten. Unerheblich ist hingegen, wer die Unterlagen angefertigt hat, entscheidend ist, dass sie dem Unternehmer zur Verfügung stehen (*Hess. LAG* 19.03.1996 AiB 1996, 668; *Fitting* § 106 Rn. 25), so dass **von Dritten angefertigte Unterlagen** ebenfalls vorzulegen sind (z. B. Gutachten eines Unternehmensberaters). Zur Angebotsunterlage bei Unternehmensübernahmen s. Rdn. 136. 131

b) Erforderlichkeit der Unterlage

Die Vorlagepflicht ist begrenzt durch den Bezug der Unterlage zu dem Gegenstand der Unterrichtung. Sie muss sich auf wirtschaftliche Angelegenheiten i. S. d. § 106 Abs. 3 beziehen (*BAG* 11.07.2000 EzA § 106 BetrVG 1972 Nr. 17 S. 6 = AP Nr. 13 zu § 106 BetrVG 1972; *Joost* FS *Kissel*, S. 433 [446 f.]; *Stege/Weinspach/Schiefer* §§ 106–109 Rn. 36) und zudem erforderlich sein. Dabei kann die Erforderlichkeit stets bejaht werden, wenn die Unterrichtung über die wirtschaftliche Angelegenheit ohne die betreffende Unterlage bei wertender Betrachtung nicht mehr »umfassend« ist (ebenso *Löwisch*/LK § 106 Rn. 12). 132

Zu den erforderlichen Unterlagen i. S. d. § 106 Abs. 2 **können gehören**: 133
– der **Jahresabschluss** (*BAG* 08.08.1989 EzA § 106 BetrVG 1972 Nr. 8 S. 14 [*Henssler*] = AP Nr. 6 zu § 106 BetrVG 1972 Bl. 7 R; *Däubler*/DKKW § 106 Rn. 52; *Fitting* § 106 Rn. 37; *Hess/HWGNRH* § 106 Rn. 32; *Joost*/MünchArbR § 231 Rn. 50; *Kania*/ErfK § 106 BetrVG Rn. 6; *Löwisch*/LK § 106 Rn. 12; *Richardi*/Annuß § 106 Rn. 28);
– der **Konzernabschluss** (s. § 108 Rdn. 66) einschließlich des **Konzernlageberichts** (*Winstel* Unterrichtung, S. 234), sofern dies für eine Unterrichtung zur wirtschaftlichen Lage bei einem konzernabhängigen Unternehmen dient;
– der **Wirtschaftsprüfungsbericht** (*BAG* 08.08.1989 EzA § 106 BetrVG 1972 Nr. 8 S. 14 f. [*Henssler*] = AP Nr. 6 zu § 106 BetrVG 1972 Bl. 7 R f. = DMitbest. 1990, 64 [*Köstler*] = EWiR 1990, 741 [*Däubler*]; *LAG Frankfurt a. M.* 19.04.1988 LAGE § 106 BetrVG 1972 Nr. 2 S. 2 ff.; *Däubler*/DKKW § 106 Rn. 52; *Fabricius* AuR 1989, 121 [127]; *Fitting* § 106 Rn. 37; *Joost* FS *Kissel*, S. 433 [447 f.]; *ders.*/MünchArbR § 231 Rn. 51; *Kania*/ErfK § 106 BetrVG Rn. 6; *Löwisch*/LK § 106 Rn. 12; *Richardi*/Annuß § 106 Rn. 28; **a. M.** *Hess/HWGNRH* § 106 Rn. 37; *Hommelhoff* ZIP 1990, 218; *Loritz*/ZLH Arbeitsrecht, § 53 Rn. 9; *Stege/Weinspach/Schiefer* §§ 106–109 Rn. 50b;
– **Erfolgsrechnungen** (*BAG* 11.07.2000 EzA § 106 BetrVG 1972 Nr. 17 S. 6 = AP Nr. 13 zu § 106 BetrVG 1972 Bl. 3 = EWiR 1992, 641 [*Hromadka*]; *Fitting* § 106 Rn. 37; *Hess/HWGNRH* § 106 Rn. 32; *Joost*/MünchArbR § 231 Rn. 50; *Richardi*/Annuß § 106 Rn. 28);
– **Produktions- und Investitionsprogramm** (*Däubler*/DKKW § 106 Rn. 52; *Richardi*/Annuß § 106 Rn. 28);
– **Organisations- und Rationalisierungspläne** (*Däubler*/DKKW § 106 Rn. 52; *Fitting* § 106 Rn. 37; *Löwisch*/LK § 106 Rn. 12; *Richardi*/Annuß § 106 Rn. 28);

– **Bericht einer Unternehmensberatung** (*LAG Frankfurt a. M.* 01.09.1988 NZA 1989, 193 [LS]; *Hess/HWGNRH* § 106 Rn. 32; *Woitascheck/GTAW* § 106 Rn. 10; **a. M.** *Richardi/Annuß* § 106 Rn. 28);
– kostenstellengenaue **Gegenüberstellung von Plan- und Ist-Zahlen** (*ArbG Offenbach* 09.11.1987 ZIP 1988, 803; *Däubler/DKKW* § 106 Rn. 52; *Richardi/Annuß* § 106 Rn. 28; **a. M.** *Stege/Weinspach/Schiefer* §§ 106–109 Rn. 35a);
– **Marktanalysen** (*OLG Karlsruhe* 07.06.1985 AP Nr. 1 zu § 121 BetrVG 1972 Bl. 2);
– wichtige **Liefer- und Bezugsverträge** (*Däubler/DKKW* § 106 Rn. 52);
– **Spaltungsplan** (*Hess/HWGNRH* § 106 Rn. 32; *Röder/Göpfert* BB 1997, 2105 [2106]; s. a. vor § 106 Rdn. 23 ff.);
– **Mittelfristplanung** bezüglich eines Geschäftsfeldes (*LAG Köln* 14.01.2004 NZA-RR 2005, 32 [33]);
– **Sanierungsgutachten** (*Spirolke*/NK-GA § 106 BetrVG Rn. 8).

134 **Nicht erforderlich** i. S. d. § 106 ist:
– **Vertrag über die Veräußerung von Geschäftsanteilen,** solange dieser ausschließlich das Innenverhältnis des ehemaligen Gesellschafters zum neuen Gesellschafter betrifft (*BAG* 22.01.1991 EzA § 106 BetrVG 1972 Nr. 14 S. 7 = AP Nr. 9 zu § 106 BetrVG 1972 Bl. 4; *LAG Baden-Württemberg* 09.10.2013 – 10 TaBV 2/13 – BeckRS 2014, 67294; *LAG Düsseldorf* 29.03.1989 LAGE § 106 BetrVG 1972 Nr. 3 S. 5 f.; zust. *Hess/HWGNRH* § 106 Rn. 32; *Joost* FS Kissel, S. 433 [442]; *Richardi/Annuß* § 106 Rn. 28; *Schaub/Koch* Arbeitsrechts-Handbuch, § 243 Rn. 13; *Schweibert/WHSS* Kap. C Rn. 490; *Spirolke*/NK-GA § 106 BetrVG Rn. 9; **a. M.** *Kania*/ErfK § 106 BetrVG Rn. 6, der sich zu Unrecht auf das *BAG* beruft).

135 Zu den erforderlichen Unterlagen i. S. d. § 106 Abs. 2 Satz 1 zählt im Hinblick auf § 106 Abs. 3 Nr. 8 auch der **Verschmelzungsvertrag** oder dessen Entwurf, jedenfalls soweit dieser Auskunft über die Folgen der Verschmelzung für die Arbeitnehmer und ihre Vertretungen sowie die insoweit vorgesehenen Maßnahmen gibt (s. § 5 Abs. 1 Nr. 9 UmwG). Entsprechendes gilt bei einer **grenzüberschreitenden Verschmelzung von Kapitalgesellschaften** (s. § 122c Abs. 2 Nr. 4 UmwG) sowie bei einer Spaltung hinsichtlich des **Spaltungs- und Übernahmevertrags** oder seines Entwurfs (s. § 123 Abs. 1 Nr. 11 UmwG).

136 Bei börsennotierten Aktiengesellschaften zählt zu den erforderlichen Unterlagen i. S. d. § 106 Abs. 2 Satz 1 auch die nach § 11 Abs. 1 WpÜG erstellte **Angebotsunterlage,** die der Bieter dem Vorstand der Zielgesellschaft übermittelt hat (§ 14 Abs. 4 Satz 1 WpÜG). Dieser hat die Angebotsunterlage nicht nur nach § 11 Abs. 4 Satz 2 WpÜG dem zuständigen Betriebsrat zu übermitteln (s. vor § 106 Rdn. 46 ff.), sondern auch dem Wirtschaftsausschuss vorzulegen, wenn es sich bei dem Angebot um eine Unternehmensübernahme i. S. d. § 106 Abs. 3 Nr. 9a handelt (ebenso, aber ohne die vorstehende Einschränkung *Steigelmann* Information des Betriebsrats, S. 225). Bei anderen als börsennotierten Aktiengesellschaften hat der Unternehmer im Rahmen von § 106 Abs. 3 Nr. 9a vergleichbare Unterlagen vorzulegen, soweit diese ihm zur Verfügung stehen (**§ 106 Abs. 2 Satz 2**). Eine Beschaffungspflicht besteht hinsichtlich der in § 106 Abs. 2 Satz 2 genannten Unterlagen nicht (s. Rdn. 150). Das gilt entsprechend, wenn im Vorfeld einer von § 106 Abs. 3 Nr. 9a erfassten Unternehmensübernahme ein **Bieterverfahren** durchgeführt wird (§ 106 Abs. 2 Satz 2). Zu den **potenziellen Erwerbern** zählen auch im Rahmen eines Bieterverfahrens jedoch stets nur diejenigen Interessenten, die ein verbindliches Angebot abgegeben haben (*binding offer*; BT-Finanzausschuss BT-Drucks. 16/9821, S. 8; *Simon/Dobel* BB 2008, 1955 [1957]). Darüber hinaus wird teilweise einschränkend gefordert, dass im Rahmen eines Bieterverfahrens einem Bieter Exklusivität für die Vertragsverhandlungen eingeräumt sein müsse (so *Vogt/Bedkowski* NZG 2008, 725 [728]; in dieser Richtung auch *Schröder/Falter* NZA 2008, 1097 [1099]; ferner *Neuerburg* Unternehmensübernahme, S. 105 ff.; *Winstel* Unterrichtung, S. 74 ff.; **a. M.** *Rentsch* Unterrichtung, S. 177 ff.).

c) »Vorlage« der Unterlagen

137 Anders als § 80 Abs. 2 Satz 2 verlangt § 106 Abs. 2 Satz 1 nicht, dass der Unternehmer dem Wirtschaftsausschuss die erforderlichen Unterlagen »zur Verfügung stellt«. Vielmehr sind ihm diese »vorzulegen«. Deshalb sind die Unterlagen dem Wirtschaftsausschuss **nicht dauerhaft zu überlassen**

(*BAG* 20.11.1984 EzA § 106 BetrVG 1972 Nr. 6 S. 31 f. = AP Nr. 3 zu § 106 BetrVG 1972 Bl. 4 *[Kraft]*). Andererseits geht die »Vorlage« über die »Einsicht« hinaus, diese gewährleistet bereits § 108 Abs. 3 während der Sitzung des Wirtschaftsausschusses (dazu § 108 Rdn. 51 ff.). Durch ein extensives Verständnis der Vorlagepflicht darf diese Sonderregelung nicht unterlaufen werden. Sofern den Mitgliedern des Wirtschaftsausschusses zur Vorbereitung der Sitzung Unterlagen vorübergehend überlassen wurden (s. Rdn. 138), sind diese **nach Abschluss der Vorbereitung zurückzugeben** (*BAG* 20.11.1984 EzA § 106 BetrVG 1972 Nr. 6 S. 33 = AP Nr. 3 zu § 106 BetrVG 1972 Bl. 4 R *[Kraft]*; *Heither* AR-Blattei SD 530.14.4, Rn. 84; **a. M.** *Däubler/DKKW* § 106 Rn. 51; *Kania*/ErfK § 106 BetrVG Rn. 6; *Willemsen/Lembke/HWK* § 106 BetrVG Rn. 45: Rückgabe erst nach Ende der Sitzung).

Für die Konkretisierung der »Vorlage« ist abermals der teleologische Zusammenhang mit der Unterrichtung und Beratung maßgebend. Die Vorlage der Unterlagen soll sowohl eine umfassende Unterrichtung unterstützen als auch eine sinnvolle Vorbereitung auf die Sitzung des Wirtschaftsausschusses ermöglichen (*BAG* 20.11.1984 EzA § 106 BetrVG 1972 Nr. 6 S. 30 = AP Nr. 3 zu § 106 BetrVG 1972 Bl. 2 R *[Kraft]*; *Richardi/Annuß* § 106 Rn. 30). Häufig ist dies nur möglich, wenn der Unternehmer die Unterlage **vor der Sitzung vorübergehend überlässt** (*BAG* 20.11.1984 EzA § 106 BetrVG 1972 Nr. 6 S. 29 ff. = AP Nr. 3 zu § 106 BetrVG 1972 Bl. 2 R *[abl. Kraft]* = AiB 1985, 128 *[zust. Schneider]* = EWiR 1985, 133 *[abl. Bauer/Röder]* = SAE 1985, 354 *[abl. Eich]*; *Däubler/DKKW* § 106 Rn. 49; *Fitting* § 106 Rn. 41; *Föhr* DB 1976, 1378 [1383]; *Heither* AR-Blattei SD 530.14.4, Rn. 83; *Kania*/ErfK § 106 BetrVG Rn. 6; *Preis/WPK* § 106 Rn. 7; *Rumpff/Boewer* Wirtschaftliche Angelegenheiten, Kap. G Rn. 34; *Schaub/Koch* Arbeitsrechts-Handbuch, § 243 Rn. 13; *Spirolke*/NK-GA § 106 BetrVG Rn. 8; **a. M.** *Eich* SAE 1985, 354 [355 f.]; *Hess/HWGNRH* § 106 Rn. 33; *Joost*/MünchArbR § 231 Rn. 53; *Richardi/Annuß* § 106 Rn. 30; *Stege/Weinspach/Schiefer* §§ 106–109 Rn. 36a) oder zumindest eine unbeeinflusste **jederzeitige Einsichtnahme** besteht (*Kraft* Anm. zu *BAG* 20.11.1984 AP Nr. 3 zu § 106 BetrVG 1972, der dies für ausreichend erachtet; ebenso *Eich* SAE 1985, 354 [355 f.]; *Hess/HWGNRH* § 106 Rn. 33; *Richardi/Annuß* § 106 Rn. 30). **138**

Der Zweck der Vorlagepflicht beantwortet auch die Frage, ob die Mitglieder des Wirtschaftsausschusses berechtigt sind, von den nach § 106 Abs. 2 vorzulegenden Unterlagen **Abschriften** bzw. **Fotokopien** anzufertigen. Wegen der fehlenden Verpflichtung des Unternehmers, die Unterlagen »zur Verfügung zu stellen«, gehen eigenmächtig hergestellte Abschriften bzw. Fotokopien der Unterlagen über das gesetzliche Informationsrecht hinaus (*BAG* 20.11.1984 EzA § 106 BetrVG 1972 Nr. 6 S. 33 = AP Nr. 3 zu § 106 BetrVG 1972 Bl. 4 f. *[Kraft]*; *Fitting* § 106 Rn. 40; *Heither* AR-Blattei SD 530.14.4, Rn. 84; *Hess/HWGNRH* § 106 Rn. 33; *Joost*/MünchArbR § 231 Rn. 54; *Kania*/ErfK § 106 BetrVG Rn. 6; *Richardi/Annuß* § 106 Rn. 31; *Rumpff/Boewer* Wirtschaftliche Angelegenheiten, Kap. G Rn. 34; *Schweibert/WHSS* Kap. C Rn. 498; *Spirolke*/NK-GA § 106 BetrVG Rn. 8; *Steffan*/HaKo § 106 Rn. 17; *Stege/Weinspach/Schiefer* §§ 106–109 Rn. 36c; **a. M.** *Fabricius* 6. Aufl., § 106 Rn. 71; kritisch auch *Däubler/DKKW* § 106 Rn. 50). Da auf der Sitzung die jederzeitige Einsichtnahme in die Unterlagen gewährleistet ist (§ 108 Abs. 3), scheidet auch eine **auszugsweise Anfertigung von Kopien** aus (**a. M.** *Pramann* DB 1983, 1922 [1924]). **139**

Das schließt nicht aus, dass sich die Mitglieder des Wirtschaftsausschusses bei der Durchsicht der Unterlagen **stichwortartige Notizen** anfertigen (*BAG* 20.11.1986 EzA § 106 BetrVG 1972 Nr. 6 S. 33 = AP Nr. 3 zu § 106 BetrVG 1972 Bl. 4 R *[Kraft]*; *Däubler/DKKW* § 106 Rn. 50; *Fitting* § 106 Rn. 40; *Föhr* DB 1976, 1378 [1383]; *Hess/HWGNRH* § 106 Rn. 33; *Joost*/MünchArbR § 231 Rn. 54; *Kania*/ErfK § 106 BetrVG Rn. 6; *Richardi/Annuß* § 106 Rn. 31; *Rumpff/Boewer* Wirtschaftliche Angelegenheiten, Kap. G Rn. 35; *Schweibert/WHSS* Kap. C Rn. 498; *Steffan*/HaKo § 106 Rn. 17; *Stege/Weinspach/Schiefer* §§ 106–109 Rn. 36c). Insbesondere bei umfangreichen Unterlagen ist nur mit Hilfe von Notizen eine sinnvolle Teilnahme an der Beratung möglich. Derartige Aufzeichnungen verbleiben auch nach Sitzungsende bei dem Mitglied des Wirtschaftsausschusses, da es nur so seiner Berichtspflicht gegenüber dem Betriebsrat (§ 108 Abs. 4; dazu § 108 Rdn. 54 ff.) nachkommen kann (*Föhr* DB 1976, 1378 [1383]; *Stege/Weinspach/Schiefer* §§ 106–109 Rn. 36c). **140**

4. Gefährdung von Betriebs- und Geschäftsgeheimnissen

141 Die Unterrichtungspflicht einschließlich der Pflicht zur Vorlage der erforderlichen Unterlagen steht unter dem Vorbehalt, dass durch deren Erfüllung Betriebs- und Geschäftsgeheimnisse des Unternehmens nicht gefährdet werden. Hierbei handelt es sich um ein negatives Tatbestandsmerkmal der Informationspflicht. Ist der Gefährdungstatbestand zu bejahen, dann besteht bereits dem Grunde nach keine Informationspflicht des Unternehmers. Es ist deshalb missverständlich, wenn insoweit teilweise von einem Zurückbehaltungsrecht (so *Däubler/DKKW* § 106 Rn. 60) oder einem Verweigerungsrecht (so *Fitting* § 106 Rn. 43) gesprochen wird.

142 Der Kreis der durch § 106 Abs. 2 Satz 1 geschützten Geheimnisse ist mit den Betriebs- und Geschäftsgeheimnissen i. S. d. § 79 Abs. 1 Satz 1 identisch (dazu näher § 79 Rdn. 11 ff.). Die alleinige Wettbewerbsrelevanz einer Tatsache bzw. deren Vertraulichkeit genügt regelmäßig nicht, um diese in den Kreis der geschützten Betriebs- und Geschäftsgeheimnisse zu erheben (*Schaub/Koch* Arbeitsrechts-Handbuch, § 243 Rn. 14). **Insiderinformationen** i. S. d. Art. 7 Abs. 1 MAR können zugleich die Voraussetzungen eines Geschäftsgeheimnisses erfüllen, sind jedoch dem Wirtschaftsausschuss zu offenbaren (s. Rdn. 124), sofern nicht im Einzelfall die weiteren Anforderungen in § 106 Abs. 2 Satz 1 erfüllt sind. Der Geheimnisschutz durch § 106 Abs. 2 Satz 1 gilt auch für die nach § 106 Abs. 2 Satz 2 geschuldeten Angaben bzw. Unterlagen, da die letztgenannten Bestimmungen die allgemeinen Vorgaben in § 106 Abs. 2 Satz 1 im Hinblick auf wirtschaftlichen Angelegenheiten in § 106 Abs. 3 Nr. 9a konkretisieren. Trotz der systematischen Stellung von § 106 Abs. 2 Satz 2 erstreckt sich der allgemeine Geheimnisschutz in Abs. 2 Satz 1 auch auf die Konkretisierungen in dem folgenden Satz. Schwierigkeiten bereitet die Anwendung des Schutzes des Betriebs- und Geschäftsgeheimnisses bei der **Übernahme von Unternehmen**, da die Absicht zur Übernahme des Unternehmens primär eine geschäftliche Angelegenheit des Bieters bzw. des veräußernden Gesellschafters und deshalb an sich kein Geschäftsgeheimnis des zur Unterrichtung des Wirtschaftsausschusses verpflichteten Unternehmens ist. Gegen die aus diesem Grunde teilweise befürwortete Qualifizierung der Übernahmeabsicht als von § 106 Abs. 2 Satz 1 nicht erfasstes Drittgeheimnis (so *Nagel/Hopfe* ZIP 2010, 817 [818 f.]; unklar *Fitting* § 106 Rn. 129) spricht allerdings, dass die von § 106 Abs. 3 Nr. 9a vorausgesetzte Übernahme der Kontrolle über das Unternehmen auch die geschäftlichen Angelegenheiten dieses Unternehmens betrifft und damit zugleich als Geschäftsgeheimnis des Unternehmens zu bewerten ist (i. d. S. auch *Liebers/Erren/Weiß* NZA 2009, 1063 [1067]; *Neuburg* Unternehmensübernahme, S. 112 ff.; im Ansatz ebenso *Schweibert/WHSS* Kap. C Rn. 501; *Willemsen/Lembke/HWK* § 106 BetrVG Rn. 47d; *Winstel* Unterrichtung, S. 113 ff.).

143 Obwohl auch die Mitglieder des Wirtschaftsausschusses nach § 79 Abs. 2 der Verschwiegenheitspflicht unterliegen (s. § 79 Rdn. 49), sieht das Gesetz einen zusätzlichen Schutz der Betriebs- und Geschäftsgeheimnisse vor einer Offenbarung als erforderlich an. Deshalb fehlen für die Annahme eines Redaktionsversehens, das zum Wegfall des Gefährdungstatbestandes führen soll (so noch *Fabricius* 6. Aufl., § 106 Rn. 82), ausreichende Anhaltspunkte. Da jede Offenbarung von Betriebs- und Geschäftsgeheimnissen zu einer abstrakten Gefährdung führt (treffend *Richardi/Annuß* § 106 Rn. 34), besteht die von § 106 Abs. 2 Satz 1 geforderte »Gefährdung« nicht bereits in der alleinigen Mitteilung an den Wirtschaftsausschuss (*Däubler/DKKW* § 106 Rn. 60; *Joost/*MünchArbR § 231 Rn. 56; *Richardi/Annuß* § 106 Rn. 34; *Rumpff/Boewer* Wirtschaftliche Angelegenheiten, Kap. G Rn. 44 ff.; *Schweibert/WHSS* Kap. C Rn. 499; *Spirolke/*NK-GA § 106 BetrVG Rn. 11). Andernfalls müssten dem Wirtschaftsausschuss überhaupt keine Betriebs- und Geschäftsgeheimnisse mitgeteilt werden, wodurch die Unterrichtungspflicht des Unternehmers über die in § 106 Abs. 3 genannten wirtschaftlichen Angelegenheiten jedoch weitgehend leerliefe (s. a. *Oetker* FS *Wißmann*, S. 396 [400 f.]).

144 Eine Gefährdung setzt **konkrete Anhaltspunkte** voraus, die es als überwiegend wahrscheinlich erscheinen lassen, dass ein Betriebs- und Geschäftsgeheimnis nach der Mitteilung an die Mitglieder des Wirtschaftsausschusses seinen Charakter als »Geheimnis« verliert (*Joost/*MünchArbR § 231 Rn. 56). Das ist jedenfalls zu bejahen, wenn Tatsachen die Annahme rechtfertigen, dass einzelne Mitglieder des Wirtschaftsausschusses die ihnen mitgeteilten Betriebs- und Geschäftsgeheimnisse unter **Bruch ihrer Verschwiegenheitspflicht** offenbaren werden (*BAG* 11.07.2000 EzA § 109 BetrVG 1972 Nr. 2 S. 11 = AP Nr. 2 zu § 109 BetrVG 1972 Bl. 5 = SAE 2002, 177 *[Kreßel]*; *OLG Karlsruhe* 07.06.1985 AP Nr. 1 zu § 121 BetrVG 1972 Bl. 2 R; *Fitting* § 106 Rn. 45; *Kania/*ErfK § 106 BetrVG

Rn. 6; *Löwisch/LK* § 106 Rn. 14; *Preis/WPK* § 106 Rn. 8; *Richardi/Annuß* § 106 Rn. 34; *Rumpff/ Boewer* Wirtschaftliche Angelegenheiten, Kap. G Rn. 44 ff.; *Schweibert/WHSS* Kap. C Rn. 499; *Spirolke*/NK-GA § 106 BetrVG Rn. 11; *Steffan*/HaKo § 106 Rn. 20; *Stege/Weinspach/Schiefer* §§ 106–109 Rn. 42; *Weiss/Weyand* § 106 Rn. 11; *Willemsen/Lembke/HWK* § 106 BetrVG Rn. 51; **a. M.** *Däubler/DKKW* § 106 Rn. 62, der zusätzlich eine Gefährdung für Bestand und Entwicklung des Unternehmens verlangt; im Ergebnis auch *Heither* AR-Blattei SD 530.14.4, Rn. 90, der ausschließlich auf die Bedeutung des Betriebs- und Geschäftsgeheimnisses für das Unternehmen abstellt), z. B. Mitglieder des Wirtschaftsausschusses in der Vergangenheit nachweislich gegen ihre Verschwiegenheitspflicht verstoßen haben (*Däubler/DKKW* § 106 Rn. 64; *Löwisch/LK* § 106 Rn. 14; *Rumpff/ Boewer* Wirtschaftliche Angelegenheiten, Kap. G Rn. 43; *Weiss/Weyand* § 106 Rn. 11).

145 Verbreitet wird es für das Eingreifen des Geheimnisschutzes als ausreichend angesehen, dass die Offenbarung des Betriebs- und Geschäftsgeheimnisses gegenüber den Mitgliedern des Wirtschaftsausschusses zu einer Gefährdung für **Bestand und Entwicklung des Unternehmens** führt (*BAG* 11.07.2000 EzA § 109 BetrVG 1972 Nr. 2 S. 11 = AP Nr. 2 zu § 109 BetrVG 1972 Bl. 5 = SAE 2002, 177 [*Kreßel*]; *LAG Köln* 14.01.2004 NZA-RR 2005, 32 [33]; *OLG Karlsruhe* 07.06.1985 AP Nr. 1 zu § 121 BetrVG 1972 Bl. 2 R; *Fitting* § 106 Rn. 45; *Kania*/ErfK § 106 BetrVG Rn. 6; *Löwisch/LK* § 106 Rn. 14; *Neuerburg* Unternehmensübernahme, S. 116 f.; *Preis/WPK* § 106 Rn. 8; *Richardi/ Annuß* § 106 Rn. 34; *Rumpff/Boewer* Wirtschaftliche Angelegenheiten, Kap. G Rn. 43, 47; *Schweibert/WHSS* Kap. C Rn. 499; *Spirolke*/NK-GA § 106 BetrVG Rn. 11; *Steffan*/HaKo § 106 Rn. 20; *Stege/Weinspach/Schiefer* §§ 106–109 Rn. 42; *Willemsen/Lembke/HWK* § 106 BetrVG Rn. 52; *Ziegler/Wolff/JRH* Kap. 27 Rn. 44 f.; **a. M.** *Weiss/Weyand* § 106 Rn. 11; *Winstel* Unterrichtung, S. 103 f.). Dazu soll auch das Volumen für die im Budget **eingeplante Tariflohnerhöhung** zählen (so *Galperin/ Löwisch* § 106 Rn. 36; *Hartung* DB 1975, 885 ff.; *Heckelsmüller* Die Erläuterung des Jahresabschlusses nach § 108 Absatz 5 BetrVG im Rahmen der Unterrichtung des Wirtschaftsausschusses über wirtschaftliche Angelegenheiten, Diss. Mainz 1988, S. 252 ff.). Dem ist nicht zu folgen, da § 106 Abs. 2 den Gefährdungstatbestand lediglich auf das »Geheimnis« und nicht auf das »Unternehmen« bezieht (näher *Oetker* FS *Wißmann*, S. 396 [401 ff.]). Umgekehrt reicht die Gefahr einer Gefährdung des »Geheimnisses« aus, eine zusätzliche schwerwiegende Schädigung des Unternehmens im Wettbewerb muss nicht zu befürchten sein (**a. M.** *Däubler/DKKW* § 106 Rn. 62). Deshalb folgt aus der alleinigen Möglichkeit, die im Wirtschaftsausschuss erlangten Kenntnisse im Rahmen von Tarifverhandlungen zu verwerten, keine Gefährdung von Geschäftsgeheimnissen (*BAG* 11.07.2000 EzA § 109 BetrVG 1972 Nr. 2 S. 11 = AP Nr. 2 zu § 109 BetrVG 1972 Bl. 4 = SAE 2002, 177 [*Kreßel*]).

146 Die praktische Handhabung des Gefährdungstatbestandes ist von dem Problem geprägt, dass die Verpflichtung zur Information über das Betriebs- und Geschäftsgeheimnis entfällt. Deshalb steht es zunächst im **pflichtgemäßen Ermessen des Unternehmers**, zu prüfen, ob ein Betriebs- und Geschäftsgeheimnis vorliegt und eine Offenbarung gegenüber den Mitgliedern des Wirtschaftsausschusses zu dessen Gefährdung führen könnte (*OLG Karlsruhe* 07.06.1985 AP Nr. 1 zu § 121 BetrVG 1972 Bl. 2 R; *Fitting* § 106 Rn. 44; *Hess/HWGNRH* § 106 Rn. 36; *Joost/*MünchArbR § 231 Rn. 57; *Kania*/ErfK § 106 BetrVG Rn. 6; *Löwisch/LK* § 106 Rn. 15; *Preis/WPK* § 106 Rn. 8; *Richardi/ Annuß* § 106 Rn. 35; *Rumpff/Boewer* Wirtschaftliche Angelegenheiten, Kap. G Rn. 46; *Stege/Weinspach/Schiefer* §§ 106–109 Rn. 41, 42).

147 Regelmäßig wird der Vorbehalt in § 106 Abs. 2 deshalb erst relevant, wenn der Wirtschaftsausschuss von dem Unternehmer eine bestimmte Auskunft verlangt. In diesem Fall kann er die Unterrichtung des Wirtschaftsausschusses bzw. die Vorlage von Unterlagen ablehnen, wenn er hierdurch ein Betriebs- und Geschäftsgeheimnis offenbaren würde und **konkrete Anhaltspunkte** hinzutreten, dass dieses nach der Offenbarung an die Mitglieder des Wirtschaftsausschusses seinen Geheimnischarakter verlieren wird. Die hierfür erforderlichen objektiven Tatsachen hat der Unternehmer glaubhaft zu machen. Rein **spekulative Befürchtungen** reichen nicht aus (*Däubler/DKKW* § 106 Rn. 63; *Föhr* DB 1976, 1378 [1383]; *Oetker* FS *Wißmann*, S. 396 [401]; **a. M.** *Röder/Göpfert* BB 1997, 2105 [2108]). Das gilt auch für den alleinigen Umstand, dass ein an der Sitzung des Wirtschaftsausschusses teilnehmender Gewerkschaftsbeauftragter zugleich Mitglied im Aufsichtsrat eines Konkurrenzunternehmens ist (*OLG Karlsruhe* 07.06.1985 AP Nr. 1 zu § 121 BetrVG 1972 Bl. 2 R f., jedoch ohne abschließende Stellungnahme; *Däubler/DKKW* § 106 Rn. 63; **a. M.** *Röder/Göpfert* BB 1997, 2105 [2108]). Hält

§ 106   IV. 6. 1. Unterrichtung in wirtschaftlichen Angelegenheiten

der Wirtschaftsausschuss die Angaben des Unternehmens für unzureichend, so muss er sich im Rahmen des Verfahrens nach § 109 an den Betriebsrat bzw. Gesamtbetriebsrat wenden, damit dieser mit dem Unternehmer eine Einigung versucht (*OLG Karlsruhe* 07.06.1985 AP Nr. 1 zu § 121 BetrVG 1972 Bl. 3 sowie näher § 109 Rdn. 12).

5. Adressat der Unterrichtungs- und Vorlagepflicht

148 Die Unterrichtungs- und Vorlagepflicht nach § 106 Abs. 2 richtet sich an den »Unternehmer«. Hierunter ist der Rechtsträger des Unternehmens zu verstehen. Zur Unterrichtung bzw. Vorlage ist deshalb der Einzelkaufmann oder bei Personenhandelsgesellschaften der für das Unternehmen vertretungsberechtigte Gesellschafter verpflichtet. Bei juristischen Personen richtet sich die Verpflichtung des § 106 Abs. 2 an die Organmitglieder als gesetzliche Vertreter. Das gilt auch bei den von § 106 Abs. 3 Nr. 9a erfassten Unternehmensübernahmen; die Unterrichtungs- und Vorlagepflicht trifft nicht den potenziellen Erwerber oder den Gesellschafter, dessen gesellschaftsrechtliche Beteiligung erworben werden soll (*Vogt/Bedkowski* NZG 2008, 725 [727]).

149 Den gegenüber dem Wirtschaftsausschuss zur Information Verpflichteten trifft **keine Informationsbeschaffungspflicht** (*Fleischer* ZfA 2009, 787 [796 ff.]), da § 106 Abs. 2 Satz 1 lediglich gewährleisten soll, dass der Wirtschaftsausschuss die wirtschaftlichen Angelegenheiten des Unternehmens auf der Grundlage der dem Unternehmer bekannten Tatsachen mit diesem beraten kann. Hätte der Gesetzgeber eine Informationsbeschaffungspflicht anordnen wollen, dann hätte er dies – wie in § 5 Abs. 3 EBRG – ausdrücklich anordnen müssen. Ohne eine vergleichbare gesetzliche Regelung fehlt zudem eine tragfähige Rechtsgrundlage, die den Unternehmer in die Lage versetzt, von Dritten die ggf. erforderlichen Informationen verlangen zu können. Dies schließt jedoch nicht aus, dem Unternehmer in analoger Anwendung von § 17 Abs. 3a Satz 2 KSchG die Berufung auf eine fehlende Kenntnis abzuschneiden, wenn er zumutbare Anstrengungen unterlassen hat, die erforderlichen Informationen zu erlangen (s. Rdn. 126; ebenso *Weber* § 80 Rdn. 60; ähnlich *Neuerburg* Unternehmensübernahme, S. 77 f.; ferner im Ansatz auch *Gertler* Betriebsverfassungsrechtliche Auskunftsansprüche im Konzern [Diss. München 2009], 2010, S. 143 ff., der allgemein einen Zurechnungsdurchgriff bejaht, diesen allerdings für den Wirtschaftsausschuss verneint [S. 163 f.]; s. a. *Röder* FS *Bauer*, S. 885 [892], der zumindest ein Bemühen verlangt, die Informationen zu erlangen).

150 Die fehlende Informationsbeschaffungspflicht wirkt sich vor allem bei der **Übernahme von Unternehmen** aus, wenn der gesetzliche Adressat der Unterrichtungspflicht nicht über die in § 106 Abs. 2 Satz 2 genannten Informationen, insbesondere zu den Absichten des Bieters, verfügt (s. aber auch *Fitting* § 106 Rn. 90 ff., der keine größeren praktischen Probleme bei der Informationsgewinnung zu erkennen vermag). Der Gesetzgeber hat es insoweit versäumt, eine allgemeine Pflicht des Bieters zur Unterrichtung des gesetzlichen Vertreters des Zielunternehmens zu normieren, wie dies in den §§ 10 Abs. 5 Satz 1, 14 Abs. 4 Satz 1 WpÜG geschehen ist (treffend gegen eine entsprechende Anwendung insoweit *Däubler/DKKW* § 106 Rn. 87; *Liebers/Erren/Weiß* NZA 2009, 1063 [1066]; *Röder* FS *Bauer*, S. 885 [892]). Die Pflicht des Unternehmers zur Unterrichtung des Wirtschaftsausschusses über eine Übernahme des Unternehmens findet deshalb eine Grenze in dem Kenntnisstand des Unternehmers (s. Rdn. 126). Eine Pflicht zur Beschaffung etwaiger Informationen ist ebenso wenig anzuerkennen (*Däubler/DKKW* § 106 Rn. 87, 91; *Fitting* § 106 Rn. 92; *Fleischer* ZfA 2009, 787 [796 ff.]; *Liebers/Erren/Weiß* NZA 2009, 1063 [1066]; *Röder* FS *Bauer*, S. 885 [892]; *Schweibert/WHSS* Kap. C Rn. 493; *Simon/Dobel* DB 2008, 1855 [1856]) wie ein hiermit korrespondierender Anspruch des Unternehmers gegen den Bieter (*Fleischer* ZfA 2009, 787 [800 ff.]) oder einen Gesellschafter des Unternehmens, der seine Anteile an einen Dritten veräußern will (*Fleischer* ZfA 2009, 787 [804 ff.]; *Liebers/Erren/Weiß* NZA 2009, 1063 [1066]; *Richardi/Annuß* § 106 Rn. 26c; *Schweibert/WHSS* Kap. C Rn. 493).

151 Neben der in Rdn. 150 genannten Fallgestaltung wirkt sich die Beschränkung der Unterrichtungspflicht auf die beim Unternehmer vorhandenen Informationen auch bei **konzernabhängigen Unternehmen** aus. Über Planungen des herrschenden Unternehmens in Bezug auf die wirtschaftlichen Angelegenheiten des abhängigen Unternehmens ist der dort bestehende Wirtschaftsausschuss allenfalls dann zu unterrichten, wenn diese dem geschäftsführenden Organ des abhängigen Unternehmens bekannt sind (s. a. Rdn. 54). Entsprechend den Grundsätzen in Rdn. 149 besteht weder eine Rechts-

pflicht des abhängigen Unternehmens, sich entsprechende Informationen bei dem herrschenden Unternehmen zu beschaffen, noch lässt sich aus dem Konzernrecht eine tragfähige Rechtsgrundlage für einen gegen das herrschende Unternehmen gerichteten Unterrichtungsanspruch ableiten (a. M. unter Rückgriff auf die Judikatur zu § 5 EBRG 1996 [s. § 5 EBRG Rdn. 6] *Fitting* § 106 Rn. 100: Rechtspflicht des herrschenden Unternehmens die Auskünfte zu erteilen; ebenso allgemein *Lerch/Weinbrenner* NZA 2013, 355 [357 f.] sowie zuvor *Bitsch* Die konzerndimensionale Durchsetzbarkeit betriebsverfassungsrechtlicher Auskunftsansprüche [Diss. Würzburg], 2011, S. S. 167 ff., 202, der einen generellen Anspruch bejaht, das abhängige Unternehmen mit den Informationen auszustatten; für den Vertragskonzern *Winstel* Unterrichtung, S. 200 ff.; beschränkt auf den Anwendungsbereich der Richtlinie 2001/23/EG *Seeberger* Die Sicherung der Beteiligungsrecht des Betriebsrats in wirtschaftlichen Angelegenheiten [Diss. Heidelberg 2010], 2011, S. 56 f.).

Zur Überwindung der bei dem Unternehmer bestehenden Informationsdefizite wird vereinzelt vorgeschlagen, diesen durch einen **Informationsdurchgriff** zu begegnen. Dieser Weg wird vor allem für Konzernsachverhalte beschritten, um hierdurch einen Informationsanspruch des beim abhängigen Unternehmen gebildeten Wirtschaftsausschusses gegenüber dem herrschenden Unternehmen zu begründen (hierfür *Däubler/DKKW* § 106 Rn. 91; *Fischer* AuR 2002, 7 [8 f.]; beschränkt auf Sachverhalte einer missbräuchlichen Nutzung gesellschaftsrechtlicher Handlungsspielräume *Lerch/Weinbrenner* NZA 2013, 355 [359]). In vergleichbarer Weise wird dies für den Sonderfall der Unternehmensübernahme erwogen, um die in Rdn. 150 dargestellten Informationsdefizite durch einen gegen den Veräußerer des Unternehmens (Gesellschafter) bzw. dem Bieter gerichteten Informationsanspruch auszugleichen. **152**

Trotz der unverkennbaren Einbußen für eine zweckgerechte Beteiligung des Wirtschaftsausschusses in den wirtschaftlichen Angelegenheiten des Unternehmens (s. *Windbichler* Arbeitsrecht im Konzern, 1989, S. 339), ist ein Informationsdurchgriff nicht anzuerkennen, da hierfür keine Rechtsgrundlage ersichtlich ist (ebenso *Bitsch* NZA-RR 2015, 617 [619]; *Diller/Powietzka* DB 2001, 1034; *Fleischer* ZfA 2009, 787 [804 ff.]; *Neuerburg* Unternehmensübernahme, S. 65 ff. [bezüglich Gesellschafter], 67 ff. [bezüglich Bieter]; *Rentsch* Unterrichtung, S. 164 f.; *Schweibert/WHSS* Kap. C Rn. 493; *Willemsen/Lembke/HWK* § 106 BetrVG Rn. 47c; *Winstel* Unterrichtung, S. 68 ff.). Zwischen dem Wirtschaftsausschuss und dem herrschenden Unternehmen bzw. dem Gesellschafter des Unternehmens oder dem Bieter besteht kein Rechtsverhältnis, auf den ein Durchgriff gestützt werden könnte (a. M. *Bitsch* Die konzerndimensionale Durchsetzbarkeit betriebsverfassungsrechtlicher Auskunftsansprüche [Diss. Würzburg], 2011, S. 167 ff, der auch die Unterrichtungs- und Beratungsrechte als absolutes Recht qualifiziert und gestützt darauf einen Beseitigungsanspruch bejaht, der jedoch lediglich zur unmittelbaren Information des abhängigen Unternehmens führt). Das gilt auch für Konzernsachverhalte, da selbst konzernrechtliche Haftungsansprüche grundsätzlich nicht in der Person des Gläubigers gegenüber dem herrschenden Unternehmen (Außenhaftung) bestehen, sondern allenfalls Ausgleichsansprüche des abhängigen Unternehmens (Innenhaftung) begründen (treffend hervorgehoben von *Fleischer* ZfA 2009, 787 [808]; im Grundansatz auch *Bitsch* Die konzerndimensionale Durchsetzbarkeit betriebsverfassungsrechtliche Auskunftsansprüche [Diss. Würzburg], 2011, S. 121 ff.). Gegen einen Informationsdurchgriff spricht zudem, dass dem Gesetzgeber ein insbesondere im Konzern auftretendes Informationsgefälle bekannt ist und er hierauf mit spezifischen Regelungen reagiert. Dies zeigt nicht nur die in § 5 Abs. 3 EBRG ausdrücklich aufgenommene Informationsbeschaffungspflicht (s. näher § 5 EBRG Rdn. 6), sondern auch § 17 Abs. 3a KSchG, der dem Arbeitgeber den Einwand abschneidet, dass das für die Entlassungen verantwortliche (herrschende) Unternehmen die notwendigen Auskünfte nicht übermittelt hat (s. a. Rdn. 126). Hieraus folgt Dreierlei: Erstens reagiert der Gesetzgeber mit unterschiedlichen Lösungen auf das Problem fehlender Kenntnis bei dem zur Unterrichtung Verpflichteten, so dass für die Herausbildung eines allgemeinen Grundsatzes bereits kein einheitliches legislatives Konzept vorliegt. Zweitens hat der Gesetzgeber bislang zur Behebung des Informationsgefälles nicht mit einem Durchgriffsanspruch reagiert, so dass sich ein auf § 106 beschränkter Informationsdurchgriff nicht auf ein legislatives Vorbild stützen kann. Drittens würden mit der Etablierung eines eigenständigen Informationsdurchgriffs die Grenzen zulässiger Rechtsfortbildung überschritten, da ein konziser fortzuentwickelnder Regelungsplan des Gesetzgebers nicht erkennbar ist (s. a. *Weber* § 80 Rdn. 60). **153**

154 Die in Rdn. 149 bis 153 aufgezeigten Kontroversen strahlen auch auf die Zuständigkeit der Einigungsstelle aus, nach § 109 über ein Auskunftsbegehren des Wirtschaftsausschusses zu entscheiden. Zwar bleibt es der Einigungsstelle unbenommen, ihre Zuständigkeit aufgrund einer eigenständigen Prüfung zu verneinen (s. *Jacobs* § 76 Rdn. 126 ff.; s. a. hier § 109 Rdn. 26), deren Einsetzung kann angesichts des vorstehend skizzierten Meinungsstands jedoch nicht mit der Begründung abgewendet werden, sie sei für die Entscheidung i. S. v. § 98 Abs. 1 Satz 2 ArbGG »offensichtlich unzuständig« (so im Ansatz zutreffend *LAG Niedersachsen* 03.11.2009 NZA-RR 2010, 142 [143]; ferner LAG Köln 27.05.2016 – 10 TaBV 28/16 – BeckRS 2016, 72528). Dies soll selbst dann gelten, wenn seitens des Wirtschaftsausschusses ein Informationsdurchgriff reklamiert und von Dritten die Information verlangt wird. In diesem Fall soll die Einigungsstelle bei dem zur Information Verpflichteten gebildet werden, auch wenn es sich bei diesem nicht um den Unternehmer i. S. d. § 106 handelt (*Lerch/Weinbrenner* NZA 2013, 255 [359 f.]).

6. Verletzung der Unterrichtungspflicht

155 Kommt der Unternehmer einem Auskunftsverlangen des Wirtschaftsausschusses nicht nach, dann liegt im Anwendungsbereich des § 109 Satz 1 erst dann eine Pflichtverletzung vor, wenn der Unternehmer entgegen einer bindenden Einigung mit dem Betriebsrat bzw. Gesamtbetriebsrat oder einem Spruch der Einigungsstelle die Auskunft nicht erteilt bzw. eine Unterlage nicht vorlegt. Die in § 109 Satz 1 begründete **Primärzuständigkeit der Einigungsstelle** gilt nicht nur im Verhältnis zu den Arbeitsgerichten, sondern strahlt auch auf die Frage aus, ob sich der Unternehmer nach § 121 **ordnungswidrig** verhalten hat (*OLG Karlsruhe* 07.06.1985 AP Nr. 1 zu § 121 BetrVG 1972 Bl. 3). Für ein Verfahren nach § 23 Abs. 3 BetrVG gilt das entsprechend. Handelt der Unternehmer seinen Unterrichtungs- und Vorlagepflichten gegenüber dem Wirtschaftsausschuss zuwider, so steht dem Betriebsrat **kein Unterlassungsanspruch** im Hinblick auf die vom Unternehmer geplante wirtschaftliche Angelegenheit zu (ebenso zu § 106 Abs. 3 Nr. 9a *Neuerburg* Unternehmensübernahme, S. 138 f.; *Schaub/Koch* Arbeitsrechts-Handbuch, § 243 Rn. 24a).

VI. Streitigkeiten

156 Streitigkeiten über die **Errichtung eines Wirtschaftsausschusses** in dem Unternehmen sind im Rahmen eines arbeitsgerichtlichen Beschlussverfahrens durch einen entsprechenden Feststellungsantrag zu klären (*BAG* 15.03.2006 EzA § 118 BetrVG 2001 Nr. 5 Rn. 18 = AP Nr. 79 zu § 118 BetrVG 1972; *LAG Niedersachsen* 19.02.2013 – 1 TaBV 155/12 – BeckRS 2013, 67263; *Däubler/DKKW* § 106 Rn. 92; *Fitting* § 106 Rn. 133; *Heither* AR-Blattei SD 530.14.4, Rn. 38, 72; *Löwisch/LK* § 106 Rn. 50; *Richardi/Annuß* § 106 Rn. 58; *Schaub/Koch* Arbeitsrechts-Handbuch, § 243 Rn. 11; *Spirolke*/NK-GA § 106 BetrVG Rn. 29). **Antragsberechtigt** ist das für die Bestellung der Mitglieder zuständige Organ, also der Betriebsrat oder – wenn vorhanden – der Gesamtbetriebsrat (*BAG* 31.10.1975 EzA § 106 BetrVG 1972 Nr. 2 S. 22 = AP Nr. 2 zu § 106 BetrVG 1972 Bl. 2 [*Hinz*]; *Heither* AR-Blattei SD 530.14.4, Rn. 38; *Löwisch/LK* § 106 Rn. 50), ferner der Unternehmer (*Heither* AR-Blattei SD 530.14.4, Rn. 38), nicht aber der Wirtschaftsausschuss, der an einem entsprechenden gerichtlichen Verfahren auch nicht zu beteiligen ist (*BAG* 15.03.2006 EzA § 118 BetrVG 2001 Nr. 5 Rn. 23 = AP Nr. 79 zu § 118 BetrVG 1972).

157 Bei Meinungsverschiedenheiten über den **Umfang** der vom Unternehmer geschuldeten **Unterrichtung**, insbesondere hinsichtlich der von ihm vorzulegenden Unterlagen, steht die in § 109 begründete **Primärzuständigkeit der Einigungsstelle** einer unmittelbaren Anrufung der Arbeitsgerichte entgegen (s. § 109 Rdn. 4).

158 Über die **Zuständigkeit des Wirtschaftsausschusses**, die auf die in § 106 Abs. 3 genannten »wirtschaftlichen Angelegenheiten« begrenzt ist, kann im Wege eines arbeitsgerichtlichen Beschlussverfahrens entschieden werden (*BAG* 08.08.1989 EzA § 106 BetrVG 1972 Nr. 8 S. 11 f. [*Henssler*] = AP Nr. 6 zu § 106 BetrVG 1972 Bl. 6 f. = SAE 1991, 225 [*Dütz/Vogg*]; 22.01.1991 EzA § 106 BetrVG 1972 Nr. 14 S. 3 = AP Nr. 9 zu § 106 BetrVG 1972 Bl. 2 R; 09.05.1995 AP Nr. 12 zu § 106 BetrVG 1972 Bl. 1 R; 11.07.2000 EzA § 106 BetrVG 1972 Nr. 17 S. 4 = AP Nr. 13 zu § 106 BetrVG 1972

Bl. 2 f. sowie § 109 Rdn. 27 m. w. N.). Hierüber hat als Vorfrage auch die nach § 109 Satz 1 angerufene Einigungsstelle zu entscheiden (s. § 109 Rdn. 26), ohne dass dieser hierfür jedoch die Primärzuständigkeit zusteht. Ebenso kann die Einigungsstelle im Rahmen eines nach § 109 Satz 1 eingeleiteten Verfahrens nicht verbindlich darüber entscheiden, ob in dem Unternehmen ein Wirtschaftsausschuss zu bilden ist; ein Spruch der Einigungsstelle, der dies zu Unrecht bejaht hat, kann deshalb vor den Arbeitsgerichten angefochten werden (*BAG* 15.03.2006 EzA § 118 BetrVG 2001 Nr. 5 Rn. 18 = AP Nr. 79 zu § 118 BetrVG 1972).

§ 107
Bestellung und Zusammensetzung des Wirtschaftsausschusses

(1) Der Wirtschaftsausschuss besteht aus mindestens drei und höchstens sieben Mitgliedern, die dem Unternehmen angehören müssen, darunter mindestens einem Betriebsratsmitglied. Zu Mitgliedern des Wirtschaftsausschusses können auch die in § 5 Abs. 3 genannten Angestellten bestimmt werden. Die Mitglieder sollen die zur Erfüllung ihrer Aufgaben erforderliche fachliche und persönliche Eignung besitzen.

(2) Die Mitglieder des Wirtschaftsausschusses werden vom Betriebsrat für die Dauer seiner Amtszeit bestimmt. Besteht ein Gesamtbetriebsrat, so bestimmt dieser die Mitglieder des Wirtschaftsausschusses; die Amtszeit der Mitglieder endet in diesem Fall in dem Zeitpunkt, in dem die Amtszeit der Mehrheit der Mitglieder des Gesamtbetriebsrats, die an der Bestimmung mitzuwirken berechtigt waren, abgelaufen ist. Die Mitglieder des Wirtschaftsausschusses können jederzeit abberufen werden; auf die Abberufung sind die Sätze 1 und 2 entsprechend anzuwenden.

(3) Der Betriebsrat kann mit der Mehrheit der Stimmen seiner Mitglieder beschließen, die Aufgaben des Wirtschaftsausschusses einem Ausschuss des Betriebsrats zu übertragen. Die Zahl der Mitglieder des Ausschusses darf die Zahl der Mitglieder des Betriebsausschusses nicht überschreiten. Der Betriebsrat kann jedoch weitere Arbeitnehmer einschließlich der in § 5 Abs. 3 genannten leitenden Angestellten bis zur selben Zahl, wie der Ausschuss Mitglieder hat, in den Ausschuss berufen; für die Beschlussfassung gilt Satz 1. Für die Verschwiegenheitspflicht der in Satz 3 bezeichneten weiteren Arbeitnehmer gilt § 79 entsprechend. Für die Abänderung und den Widerruf der Beschlüsse nach den Sätzen 1 bis 3 sind die gleichen Stimmenmehrheiten erforderlich wie für die Beschlüsse nach den Sätzen 1 bis 3. Ist in einem Unternehmen ein Gesamtbetriebsrat errichtet, so beschließt dieser über die anderweitige Wahrnehmung der Aufgaben des Wirtschaftsausschusses; die Sätze 1 bis 5 gelten entsprechend.

Literatur
Dütz Betriebsverfassungsrechtliche Auskunftspflichten im Unternehmen, FS *H. Westermann*, 1974, S. 37; *Oetker/ Lunk* Der Betriebsrat – ein Ersatzorgan für den Wirtschaftsausschuß?, DB 1990, 2320; *Pätzold* Besonderer Kündigungsschutz für Mitglieder des Wirtschaftsausschusses, Diss. Marburg 2001 (zit.: Kündigungsschutz); *Rödel* Schulungen für Mitglieder des Wirtschaftsausschusses, AuA 2000, 364; *Wisskirchen* Der Wirtschaftsausschuß nach dem Betriebsverfassungsgesetz 1972, JArbR Bd. 13 (1975), 1976, S. 73; s. ferner die Angaben vor § 106.

Inhaltsübersicht

	Rdn.
I. Vorbemerkung	1–3
II. Mitglieder des Wirtschaftsausschusses (§ 107 Abs. 1)	4–21
1. Zahl der Mitglieder	4, 5
2. Voraussetzungen der Mitgliedschaft	6–21
a) Unternehmensangehörigkeit	6–10
b) Arbeitnehmereigenschaft	11
c) Mitgliedschaft im Betriebsrat	12–16
d) Fachliche und persönliche Eignung	17–21

III. Bestellung und Abberufung der Mitglieder (§ 107 Abs. 2)	22–37
1. Bestellungs- und Abberufungsorgan	22–24
2. Bestellungsverfahren	25–29
3. Amtszeit des Wirtschaftsausschusses	30, 31
4. Vorzeitige Beendigung der Mitgliedschaft im Wirtschaftsausschuss	32–37
a) Abberufung	32, 33
b) Amtsniederlegung	34
c) Beendigung der Mitgliedschaft im Betriebsrat	35
d) Verlust der Unternehmensangehörigkeit	36
e) Nicht zur Beendigung der Mitgliedschaft führende Sachverhalte	37
IV. Rechtsstellung der Mitglieder des Wirtschaftsausschusses	38–46
1. Ehrenamtliche Tätigkeit und Arbeitsentgelt	38
2. Teilnahme an Schulungs- und Bildungsveranstaltungen	39–41
3. Tätigkeits- und Entgeltschutz	42
4. Kündigungsschutz	43
5. Geheimhaltungspflicht	44
6. Kosten des Wirtschaftsausschusses und seiner Mitglieder	45, 46
V. Ersetzung des Wirtschaftsausschusses (§ 107 Abs. 3)	47–61
1. Übertragung durch Betriebsrat	47–56
a) Normzweck	47
b) Ausschuss des Betriebsrats	48, 49
c) Übertragungsbeschluss	50
d) Rechtslage in Kleinbetrieben	51, 52
e) Kooptationsrecht des Betriebsrats	53–56
2. Übertragung durch Gesamtbetriebsrat	57–61
VI. Streitigkeiten	62, 63

I. Vorbemerkung

1 Im Unterschied zum BetrVG 1952, das den Wirtschaftsausschuss als ein gemeinsames, von Arbeitgeber und Betriebsrat paritätisch zusammengesetztes Gremium verfasste (s. § 106 Rdn. 1), konstituiert § 107 den Wirtschaftsausschuss als ein vom Betriebsrat gebildetes Gremium, wobei § 107 Abs. 3 ihm auch die Befugnis eröffnet, die Aufgaben des Wirtschaftsausschusses einem Ausschuss des Betriebsrats zu übertragen (dazu Rdn. 47 ff.). Wegen dieser Abhängigkeit vom Betriebsrat sowie der Ausrichtung seiner Tätigkeit auf den Betriebsrat (s. §§ 106 Abs. 1 Satz 2, 108 Abs. 4), handelt es sich bei dem Wirtschaftsausschuss um ein **Hilfsorgan des Betriebsrats** (s. § 106 Rdn. 13).

2 § 107 regelt die Rahmenbedingungen für die Bestellung und die Zusammensetzung des Wirtschaftsausschusses. Dabei legt § 107 Abs. 1 dessen Größe und den Kreis der möglichen Mitglieder fest (s. Rdn. 4 ff.); § 107 Abs. 2 enthält Bestimmungen zur Amtszeit sowie zur Bestellung und Abberufung der Mitglieder (s. Rdn. 22 ff.). Abs. 3 der Vorschrift normiert die Voraussetzungen, unter denen der Betriebsrat auf die Bildung eines Wirtschaftsausschusses verzichten und dessen Aufgaben statt dessen einem Ausschuss des Betriebsrats übertragen kann (s. Rdn. 47 ff.).

3 Die Vorschriften zur Bildung des Wirtschaftsausschusses sind **zwingend**, von ihnen kann weder durch **Tarifvertrag** noch durch **Betriebsvereinbarung** abgewichen werden. Das gilt auch für die Zahl der Mitglieder, aus denen der Wirtschaftsausschuss zu bestehen hat (*Willemsen/Lembke/HWK* § 107 BetrVG Rn. 3).

II. Mitglieder des Wirtschaftsausschusses (§ 107 Abs. 1)

1. Zahl der Mitglieder

4 Hinsichtlich der Zahl der Mitglieder legt § 107 Abs. 1 Satz 1 die **Untergrenze** auf **drei** und die **Obergrenze** auf **sieben** Mitglieder fest. Eine geringere oder höhere Zahl ist auch im Einvernehmen mit dem Arbeitgeber nicht zulässig. In dem durch § 107 Abs. 1 Satz 1 gezogenen Rahmen (drei bis sieben)

Bestellung und Zusammensetzung des Wirtschaftsausschusses § **107**

legt der Betriebsrat die Zahl der Mitglieder autonom durch Mehrheitsbeschluss (§ 33) fest. An der **Größe des Unternehmens** muss er sich hierbei nicht orientieren (**a. M.** nur *Reich* § 107 Rn. 1). Eine **Verständigung mit dem Arbeitgeber** ist ebenfalls **nicht erforderlich** (*Däubler/DKKW* § 107 Rn. 3; *Dütz* FS H. *Westermann*, S. 37 [41]; *Fitting* § 107 Rn. 3; *Hess/HWGNRH* § 107 Rn. 3; *Kania*/ErfK § 107 BetrVG Rn. 1; *Preis/WPK* § 107 Rn. 1; *Richardi/Annuß* § 107 Rn. 3; *Rumpff/Boewer* Wirtschaftliche Angelegenheiten, G Rn. 71; *Steffan*/HaKo § 107 Rn. 1).

Eine **ungerade Zahl** von Mitgliedern schreibt das Gesetz **nicht zwingend** vor, mag diese im Hinblick auf die Praktikabilität auch sinnvoll sein. Der Wirtschaftsausschuss kann deshalb auch aus einer **geraden Zahl** von Mitgliedern bestehen (*Däubler/DKKW* § 107 Rn. 3; *Fitting* § 107 Rn. 3; *Galperin/Löwisch* § 107 Rn. 2; *Heither* AR-Blattei SD 530.14.4, Rn. 39; *Hess/HWGNRH* § 107 Rn. 4; *Kania*/ErfK § 107 BetrVG Rn. 2; *Richardi/Annuß* § 107 Rn. 3; *Rieble*/AR § 107 BetrVG Rn. 1; *Rumpff/Boewer* Wirtschaftliche Angelegenheiten, Kap. G Rn. 72; *Wisskirchen* JArbR Bd. 13 [1975], 1976, S. 73 [82]). 5

2. Voraussetzungen der Mitgliedschaft

a) Unternehmensangehörigkeit

Mitglied des Wirtschaftsausschusses kann nur werden, wer dem Unternehmen angehört. Dies kann jeder sein, der **für das Unternehmen tätig ist**, wobei die Rechtsgrundlage der Tätigkeit gleichgültig ist. Ein **Arbeitsverhältnis** mit dem Unternehmen muss für die Mitgliedschaft im Wirtschaftsausschuss nicht bestehen (*Däubler/DKKW* § 107 Rn. 7; *Fitting* § 107 Rn. 6; *Galperin/Löwisch* § 107 Rn. 3; *Löwisch/LK* § 107 Rn. 5; *Preis/WPK* § 107 Rn. 1; *Reich* § 107 Rn. 1; *Steffan*/HaKo § 107 Rn. 2; *Weiss/Weyand* § 107 Rn. 2; *Willemsen/Lembke/HWK* § 107 BetrVG Rn. 6; **a. M.** *Heither* AR-Blattei SD 530.14.4, Rn. 41; *Kania*/ErfK § 107 BetrVG Rn. 3; *Rumpff/Boewer* Wirtschaftliche Angelegenheiten, G Rn. 73, die stets ein Arbeitsverhältnis verlangen). Anders als bei der Kooptation (§ 107 Abs. 3 Satz 3) verzichtet § 107 Abs. 1 Satz 1 darauf, den Kreis der potentiellen Mitglieder mit der Arbeitnehmereigenschaft zu verknüpfen. Als Mitglieder des Wirtschaftsausschusses kommen deshalb auch **arbeitnehmerähnliche Personen** (ebenso *Däubler/DKKW* § 107 Rn. 7; *Hess/HWGNRH* § 107 Rn. 5; *Preis/WPK* § 107 Rn. 1; *Willemsen/Lembke/HWK* § 107 BetrVG Rn. 6; *Ziegler/Wolff/JRH* Kap. 27 Rn. 51) und aufgrund eines Dienst- oder Werkvertrages in dem Unternehmen beschäftigte **freie Mitarbeiter** in Betracht (*Hess/HWGNRH* § 107 Rn. 5; *Preis/WPK* § 107 Rn. 1; *Willemsen/Lembke/HWK* § 107 BetrVG Rn. 6). 6

Voraussetzung ist jedoch stets eine Mitwirkung in dem Unternehmen. **Aktionäre** und **Gesellschafter** einer GmbH gehören als solche nicht dem Unternehmen an (*Däubler/DKKW* § 107 Rn. 8; *Fitting* § 107 Rn. 6; *Galperin/Löwisch* § 107 Rn. 3; *Gamillscheg* II, § 52, 2b [1]; *Hess/HWGNRH* § 107 Rn. 6; *Richardi/Annuß* § 107 Rn. 5; *Willemsen/Lembke/HWK* § 107 BetrVG Rn. 7). Das gilt entsprechend, wenn sich die Tätigkeit für das Unternehmen in der **Mitgliedschaft im Aufsichtsrat** erschöpft (*Däubler/DKKW* § 107 Rn. 8; *Fitting* § 107 Rn. 6; *Galperin/Löwisch* § 107 Rn. 3; *Gamillscheg* II, § 52, 2b [1]; *Hess/HWGNRH* § 107 Rn. 6; *Preis/WPK* § 107 Rn. 1; *Richardi/Annuß* § 107 Rn. 5; *Rieble*/AR § 107 BetrVG Rn. 2; *Weiss/Weyand* § 107 Rn. 2; *Willemsen/Lembke/HWK* § 107 BetrVG Rn. 7). Personen, die als **Vertreter der Gewerkschaften** dem Aufsichtsrat des Unternehmens angehören (§ 7 Abs. 2 und 5 MitbestG), können deshalb nicht zum Mitglied des Wirtschaftsausschusses bestellt werden. 7

Andererseits genügt die **rein tatsächliche Tätigkeit** im Unternehmen nicht, um eine Angehörigkeit zu diesem zu begründen. Wie bei der Betriebszugehörigkeit (dazu *Raab* § 7 Rdn. 17 ff.) muss die Tätigkeit aufgrund eines zu dem Unternehmen bestehenden **Rechtsverhältnisses** für dieses geleistet werden (**a. M.** *Däubler/DKKW* § 107 Rn. 7). Die Unternehmensangehörigkeit kann deshalb z. B. bei einer **aufgespaltenen Arbeitgeberstellung** zu verneinen sein (dazu auch *Raab* § 7 Rdn. 69 ff.); nur vorübergehend in dem Unternehmen tätige **Leiharbeitnehmer** gehören dem Unternehmen selbst dann nicht an, wenn sie nach § 7 Satz 2 wahlberechtigt sind (*Däubler/DKKW* § 107 Rn. 7; *Willemsen/Lembke/HWK* § 107 BetrVG Rn. 7). 8

§ 107   *IV. 6. 1. Unterrichtung in wirtschaftlichen Angelegenheiten*

9   Die Unternehmensangehörigkeit von Arbeitnehmern, die dauerhaft in **Auslandsbetrieben** des Unternehmens eingegliedert sind, ist zu verneinen (*Buchner* Anm. zu *BAG* 01.10.1974 EzA § 106 BetrVG 1972 Nr. 1; *Galperin/Löwisch* § 107 Rn. 5; *Hess/HWGNRH* § 107 Rn. 7; *Richardi/Annuß* § 107 Rn. 6; *Rieble*/AR § 107 BetrVG Rn. 2; *Stege/Weinspach/Schiefer* §§ 106–109 Rn. 8; *Ziegler/Wolff/ JRH* Kap. 27 Rn. 52; **a. M.** *Däubler/DKKW* § 107 Rn. 10; *Fabricius* 6. Aufl., § 107 Rn. 5; *Fitting* § 107 Rn. 7; *Heither* AR-Blattei SD 530.14.4, Rn. 24, 42; *Kania*/ErfK § 107 BetrVG Rn. 3; *Preis/ WPK* § 107 Rn. 1; *Spirolke*/NK-GA § 107 BetrVG Rn. 2; *Steffan*/HaKo § 107 Rn. 2; in dieser Richtung auch *Gamillscheg* II, § 52, 2b [1]). Für die gegenteilige Ansicht spricht zwar der Gesetzeswortlaut, sie ist aber mit dem Territorialitätsprinzip unvereinbar, da dem Betriebsrat hierdurch ein Einfluss auf im Ausland gelegene Betriebe eingeräumt würde. Die **vorübergehende Entsendung** eines Arbeitnehmers in eine ausländische Betriebsstätte beseitigt allerdings noch nicht die Zugehörigkeit zu einem inländischen Betrieb (*Galperin/Löwisch* § 107 Rn. 5; *Richardi/Annuß* § 107 Rn. 6; *Willemsen/ Lembke/HWK* § 107 BetrVG Rn. 8; sowie näher *Franzen* § 1 Rdn. 16).

10 Mitglied des Wirtschaftsausschusses kann nicht sein, wer einem anderen Unternehmen angehört. Das gilt auch, wenn es sich um ein **Konzernunternehmen** handelt (*Hess. LAG* 07.02.2017 – 4 TaBV 155/16 – BeckRS 2017, 109504; *Däubler/DKKW* § 107 Rn. 7; *Hess/HWGNRH* § 106 Rn. 6; *Rieble*/AR § 107 BetrVG Rn. 2). Bei einem **Gemeinschaftsbetrieb** kann es zu einer mehrfachen Unternehmensangehörigkeit kommen (dazu *BAG* 01.08.1990 EzA § 106 BetrVG 1972 Nr. 16 S. 6 f. [*Rüthers/Franke*] = AP Nr. 8 zu § 108 BetrVG 1972 Bl. 3 sowie § 106 Rdn. 39 ff.), die für die Mitgliedschaft im Wirtschaftsausschuss ausreicht bzw. dieser nicht entgegensteht (**a. M.** *Hess. LAG* 07.02.2017 – 4 TaBV 155/16 – BeckRS 2017, 109504, das stets ein Arbeitsverhältnis zu dem Unternehmen verlangt). Andererseits ist die **Betriebszugehörigkeit** für die Mitgliedschaft im Wirtschaftsausschuss unbeachtlich. Insbesondere wenn das Unternehmen aus mehreren Betrieben besteht, aber nur in einem ein Betriebsrat gebildet wurde (s. Rdn. 22), muss keine Zugehörigkeit zu diesem Betrieb bestehen. Aus diesem Grunde können bei **Luftfahrtunternehmen** auch die im Flugbetrieb beschäftigten Arbeitnehmer (»fliegendes Personal«) zum Mitglied des Wirtschaftsausschusses bestimmt werden (*BAG* 05.11.1985 AP Nr. 4 zu § 117 BetrVG 1972 Bl. 3; *LAG* Bremen 31.05.1983 AuR 1984, 156 sowie *Franzen* § 117 Rdn. 7).

b) Arbeitnehmereigenschaft

11 Die Mitglieder des Wirtschaftsausschusses müssen grundsätzlich **keine Arbeitnehmer** sein (*Däubler/ DKKW* § 107 Rn. 7; *Galperin/Löwisch* § 107 Rn. 3; *Löwisch/LK* § 107 Rn. 5; *Spirolke*/NK-GA § 107 BetrVG Rn. 2; **a. M.** *Heither* AR-Blattei SD 530.14.4, Rn. 41; *Kania*/ErfK § 107 BetrVG Rn. 3). Das Gesetz verlangt für die Mitgliedschaft lediglich die Unternehmensangehörigkeit und schreibt nur für eines der Mitglieder vor, dass dieses dem Betriebsrat angehören muss (s. a. Rdn. 6). Die Regelung in § 107 Abs. 1 Satz 2, nach der auch die in § 5 Abs. 3 genannten **leitenden Angestellten** zu Mitgliedern des Wirtschaftsausschusses bestimmt werden können (kritisch dazu *Boldt* Die AG 1972, 299 [301 f.]), hat lediglich klarstellende Bedeutung (*Richardi/Annuß* § 107 Rn. 4). **Mitglieder des Sprecherausschusses** können deshalb dem Wirtschaftsausschuss angehören (*Däubler/DKKW* § 107 Rn. 9; *Löwisch/LK* § 107 Rn. 5; *Rumpff/Boewer* Wirtschaftliche Angelegenheiten, Kap. G Rn. 75). Grundsätzlich gilt das entsprechend für die in **§ 5 Abs. 2 genannten Personen**, die keine Arbeitnehmer i. S. d. BetrVG sind (*Löwisch/LK* § 107 Rn. 5; *Preis/WPK* § 107 Rn. 1; *Richardi/Annuß* § 107 Rn. 5; *Rieble*/AR § 107 BetrVG Rn. 2; *Rumpff/Boewer* Wirtschaftliche Angelegenheiten, Kap. G Rn. 73; *Wisskirchen* JArbR Bd. 13 [1975], 1976, S. 73 [83]; **a. M.** *Däubler/DKKW* § 107 Rn. 9). Hiervon sind allerdings die in **§ 5 Abs. 2 Nr. 1 und 2** aufgezählten Personen auszunehmen. Sie repräsentieren das Unternehmen, so dass deren Mitgliedschaft im Wirtschaftsausschuss mit dessen Stellung als Hilfsorgan des Betriebsrats (s. § 106 Rdn. 10) unvereinbar ist (*Däubler/DKKW* § 107 Rn. 8; *Fitting* § 107 Rn. 5; *Hess/HWGNRH* § 107 Rn. 6; *Kania*/ErfK § 107 BetrVG Rn. 3; *Preis/ WPK* § 107 Rn. 1; *Richardi/Annuß* § 107 Rn. 5; *Rieble*/AR § 107 BetrVG Rn. 2; *Rumpff/Boewer* Wirtschaftliche Angelegenheiten, G Rn. 73; *Schaub/Koch* Arbeitsrechts-Handbuch, § 243 Rn. 6; *Wisskirchen* JArbR Bd. 13 [1975], 1976, S. 73 [83]).

c) Mitgliedschaft im Betriebsrat

Unter den Mitgliedern des Wirtschaftsausschusses muss sich nach § 107 Abs. 1 Satz 1 ein Betriebsratsmitglied befinden. Das Gesetz verlangt lediglich die Mitgliedschaft in einem Betriebsrat des Unternehmens, was auch gilt, wenn der **Gesamtbetriebsrat** die Mitglieder des Wirtschaftsausschusses bestimmt (§ 107 Abs. 2 Satz 2). Es muss in diesem Fall nicht dem Gesamtbetriebsrat angehören (*Däubler/DKKW* § 107 Rn. 11; *Fitting* § 107 Rn. 8; *Galperin/Löwisch* § 107 Rn. 6; *Heither* AR-Blattei SD 530.14.4, Rn. 44; *Hess/HWGNRH* § 107 Rn. 8; *Joost*/MünchArbR § 231 Rn. 17; *Kania*/ErfK § 107 BetrVG Rn. 3; *Löwisch/LK* § 107 Rn. 5; *Preis/WPK* § 107 Rn. 1; *Richardi/Annuß* § 107 Rn. 7; *Rieble*/AR § 107 BetrVG Rn. 2; *Spirolke*/NK-GA § 107 BetrVG Rn. 2; **a. M.** *Fabricius* 6. Aufl., § 107 Rn. 6). Ebenso müssen nicht alle im Unternehmen bestehenden Betriebsräte durch ein Mitglied in dem Wirtschaftsausschuss repräsentiert sein (*Hess.* LAG 07.02.2017 – 4 TaBV 155/16 – BeckRS 2017, 109504). 12

Die Mitgliedschaft im Betriebsrat formuliert das Gesetz im Sinne einer **Mindestvoraussetzung**, § 107 Abs. 1 Satz 1 verlangt diese lediglich **bei einem Mitglied** des Wirtschaftsausschusses. Das schließt nicht aus, dass **weitere Mitglieder** des Wirtschaftsausschusses ebenfalls dem Betriebsrat oder den im Unternehmen bestehenden Betriebsräten angehören. Unter Umständen können auch **sämtliche Mitglieder** des Wirtschaftsausschusses zugleich Mitglied des Betriebsrats sein (*Däubler/DKKW* § 107 Rn. 11; *Fitting* § 107 Rn. 8; *Hess/HWGNRH* § 107 Rn. 8; *Richardi/Annuß* § 107 Rn. 7). Ob eine derartige personelle Zusammensetzung des Wirtschaftsausschusses sinnvoll ist, entscheidet allein der Betriebsrat. Auch die Entscheidung, dass alle im Unternehmen bestehenden Betriebsräte im Rahmen der durch § 107 Abs. 1 Satz 1 gezogenen Obergrenze in dem vom Gesamtbetriebsrat errichteten Wirtschaftsausschuss vertreten sind, ist rechtlich möglich, aber nicht zwingend (*Hess.* LAG 07.02.2017 – 4 TaBV 155/16 – BeckRS 2017, 109504). 13

Die **Ersatzmitgliedschaft im Betriebsrat** genügt nicht, um der Mindestrepräsentanz des Betriebsrats im Wirtschaftsausschuss zu genügen (zust. *Hess/HWGNRH* § 107 Rn. 8; *Reich* § 107 Rn. 1). Erst wenn das Ersatzmitglied endgültig in den Betriebsrat nachgerückt ist (§ 25 Abs. 1 Satz 1), kann es die Mindestanforderung des § 107 Abs. 1 Satz 1 erfüllen. 14

Der **Verlust der Mitgliedschaft im Betriebsrat** (s. § 24) beendet nicht *ipso iure* die Mitgliedschaft im Wirtschaftsausschuss (s. a. Rdn. 35), da die Mitgliedschaft im Betriebsrat hierfür keine zwingende Voraussetzung ist. Insbesondere rückt das Ersatzmitglied nicht automatisch in den Wirtschaftsausschuss nach (s. § 25 Rdn. 68). Das gilt auch, wenn das **einzige** dem Wirtschaftsausschuss angehörende **Mitglied des Betriebsrats** seine Mitgliedschaft im Betriebsrat verliert. Entgegen der h. M. tritt hierdurch nicht zugleich der Verlust der Mitgliedschaft im Wirtschaftsausschuss ein (s. näher Rdn. 35 sowie nachfolgend Rdn. 16). 15

Gehört dem Wirtschaftsausschuss **kein Mitglied des Betriebsrats** an, so ist dieser nicht ordnungsgemäß zusammengesetzt und nicht berechtigt, die ihm vom Gesetz zugewiesenen Funktionen auszuüben (*Hess.* LAG 07.02.2017 – 4 TaBV 155/16 – BeckRS 109504; *Däubler/DKKW* § 107 Rn. 11, 27; *Galperin/Löwisch* § 107 Rn. 8; *Hess/HWGNRH* § 107 Rn. 8; *Preis/WPK* § 107 Rn. 1; *Richardi/Annuß* § 107 Rn. 7; *Rumpff/Boewer* Wirtschaftliche Angelegenheiten, Kap. G Rn. 74; *Ziegler/Wolff/JRH* Kap. 27 Rn. 53). Das gilt auch, wenn dem Wirtschaftsausschuss vorübergehend kein Betriebsratsmitglied angehört, z. B. weil dieses als einziges Betriebsratsmitglied im Wirtschaftsausschuss nach seiner Bestellung die Mitgliedschaft im Betriebsrat verliert (s. Rdn. 35). Bis zur Abberufung eines Mitglieds und der Bestellung eines neuen, dem Betriebsrat angehörenden Mitglieds, ist der Wirtschaftsausschuss nicht ordnungsgemäß zusammengesetzt und kann seine gesetzlichen Funktionen nicht ausüben. 16

d) Fachliche und persönliche Eignung

Die Schaffung des Wirtschaftsausschusses als Beratungsgremium für die wirtschaftlichen Angelegenheiten des Unternehmens beruht vor allem auf der Erwägung, ein fachkompetentes Gremium zu installieren, um eine sachkundige Erörterung der wirtschaftlichen Angelegenheiten in einer Atmosphäre vertrauensvoller Zusammenarbeit zu gewährleisten (*Stege/Weinspach/Schiefer* §§ 106–109 Rn. 10). Das will § 107 Abs. 1 Satz 3 unterstützen, indem zum Mitglied des Wirtschaftsausschusses 17 nur bestimmt werden soll, wer die für die Aufgabenerfüllung erforderliche fachliche und persönliche Eignung besitzt.

18 Dabei bezieht sich die **fachliche Eignung** auf die in § 106 Abs. 3 genannten wirtschaftlichen Angelegenheiten sowie den nach § 108 Abs. 5 zu erläuternden Jahresabschluss (s. *BAG* 18.07.1978 EzA § 108 BetrVG 1972 Nr. 3 S. 28 f. *[Richardi]* = AP Nr. 1 zu § 108 BetrVG 1972 Bl. 4 f. *[Boldt]*). Die bei der Erörterung im Wirtschaftsausschuss auftretenden technischen und wirtschaftlichen Fragen sollen von dessen Mitgliedern beurteilt werden können. Zudem müssen sie im Rahmen der Beratung mit dem Unternehmer sachkundig Stellung nehmen können (*BAG* 18.07.1978 EzA § 108 BetrVG 1972 Nr. 3 S. 29 *[Richardi]* = AP Nr. 1 zu § 108 BetrVG 1972 Bl. 4 f. *[Boldt]*; *Däubler/DKKW* § 107 Rn. 12; *Fitting* § 107 Rn. 10; *Hess/HWGNRH* § 107 Rn. 10; *Joost/* MünchArbR § 231 Rn. 18; *Kania/*ErfK § 107 BetrVG Rn. 4; *Richardi/Annuß* § 107 Rn. 8; *Rieble/*AR § 107 BetrVG Rn. 3; *Spirolke/*NK-GA § 107 BetrVG Rn. 3; *Willemsen/Lembke/HWK* § 107 BetrVG Rn. 10).

19 Hinsichtlich der **persönlichen Eignung** ist zu verlangen, dass sich das Mitglied des Wirtschaftsausschusses bei der Beratung von sachlichen Erwägungen leiten lässt und die Verschwiegenheitspflichten einhält (*Galperin/Löwisch* § 107 Rn. 9; *Hess/HWGNRH* § 107 Rn. 11; *Kania/*ErfK § 107 BetrVG Rn. 4; *Richardi/Annuß* § 107 Rn. 8; *Rieble/*AR § 107 BetrVG Rn. 3; *Spirolke/*NK-GA § 107 BetrVG Rn. 3; *Steffan/*HaKo § 107 Rn. 3; *Stege/Weinspach/Schiefer* §§ 106–109 Rn. 11). Darüber hinaus geforderte Eigenschaften, wie z. B. gesunder Menschenverstand, Anständigkeit und Zuverlässigkeit (so *Fitting* § 107 Rn. 11; *Heither* AR-Blattei SD 530.14.4, Rn. 48; *Löwisch/LK* § 107 Rn. 7), sind für eine Konkretisierung der persönlichen Eignung weitgehend ungeeignet und umschreiben allenfalls vage Leitbilder (*Däubler/DKKW* § 107 Rn. 13; *Rumpff/Boewer* Wirtschaftliche Angelegenheiten, Kap. G Rn. 77).

20 Das Gebot in § 107 Abs. 1 Satz 3, nur solche Personen zu Mitgliedern des Wirtschaftsausschusses zu bestellen, die fachlich und persönlich geeignet sind, ist als **Sollvorschrift** ausgestaltet. Dies schließt aus, dass der Unternehmer die ordnungsgemäße Zusammensetzung des Wirtschaftsausschusses allein deshalb in Zweifel ziehen kann, weil nach seiner Ansicht bei einem oder mehreren vom Betriebsrat bestimmten Mitgliedern des Wirtschaftsausschusses die erforderliche fachliche oder persönliche Eignung fehlt (*BAG* 18.07.1978 EzA § 108 BetrVG 1972 Nr. 3 S. 27 *[Richardi]* = AP Nr. 1 zu § 108 BetrVG 1972 Bl. 3 R *[Boldt]*; *Fitting* § 107 Rn. 12; *Galperin/Löwisch* § 107 Rn. 10; *Kania/*ErfK § 107 BetrVG Rn. 4; *Preis/WPK* § 107 Rn. 2; *Richardi/Annuß* § 107 Rn. 9; *Rieble/*AR § 107 BetrVG Rn. 4; *Schaub/Koch* Arbeitsrechts-Handbuch, § 243 Rn. 6; *Spirolke/*NK-GA § 107 BetrVG Rn. 3; *Stege/Weinspach/Schiefer* §§ 106–109 Rn. 9). Allenfalls in dem kaum nachweisbaren Sonderfall, dass sich der Betriebsrat bewusst über die **Vorgabe des § 107 Abs. 1 Satz 3 hinwegsetzt** und **offensichtlich ungeeignete Personen** zu Mitgliedern des Wirtschaftsausschusses bestellt, ist die Wahl der jeweiligen Personen wegen eines Gesetzesverstoßes (§ 107 Abs. 1 Satz 3) nichtig und der Wirtschaftsausschuss nicht ordnungsgemäß zusammengesetzt (*Stege/Weinspach/Schiefer* §§ 106–109 Rn. 9; *Weber/Ehrich/Hörchens/Oberthür* Kap. B Rn. 400; wohl auch *Preis/WPK* § 107 Rn. 2; **a. M.** *Däubler/DKKW* § 107 Rn. 14; *Fabricius* 6. Aufl., § 107 Rn. 18 f.; ebenso wohl *LAG Hamm* 16.07.2010 – 10 Sa 291/10 – BeckRS 2010, 73949, wonach der Betriebsrat auch kenntnislose Personen entsenden können soll). In diesem Fall kann zugleich eine Amtspflichtverletzung i. S. d. § 23 Abs. 1 vorliegen (*Galperin/Löwisch* § 107 Rn. 10; *Hess/HWGNRH* § 107 Rn. 14; *Richardi/Annuß* § 107 Rn. 9).

21 Die **Verletzung der Sollvorschrift** durch den Betriebsrat bleibt jedoch gleichwohl nicht ohne Auswirkungen. Das Gesetz geht bei pflichtgemäßem Verhalten des Betriebsrats davon aus, dass die Mitglieder des Wirtschaftsausschusses die erforderliche fachliche Eignung besitzen (*BAG* 18.07.1978 EzA § 108 BetrVG 1972 Nr. 3 S. 27 *[Richardi]* = AP Nr. 1 zu § 108 BetrVG 1972 Bl. 3 R *[Boldt]*). Das wirkt sich vor allem bei einer vom Wirtschaftsausschuss begehrten (§ 108 Abs. 2 Satz 3) **Bestellung von Sachverständigen** aus. Deren Erforderlichkeit kann nicht allein damit begründet werden, dass den Mitgliedern des Wirtschaftsausschusses die notwendigen fachlichen Kenntnisse fehlen (*BAG* 18.07.1978 EzA § 108 BetrVG 1972 Nr. 3 S. 28 *[Richardi]* = AP Nr. 1 zu § 108 BetrVG 1972 Nr. 3 R *[Boldt]*; *ArbG Berlin* 27.10.1976 DB 1977, 963 [963]; *Richardi/Annuß* § 107 Rn. 9; *Rumpff/Boewer* Wirtschaftliche Angelegenheiten, Kap. G Rn. 78; *Willemsen/Lembke/HWK* § 107 BetrVG Rn. 12; *Ziegler/Wolff/JRH* Kap. 27 Rn. 54; zurückhaltend *Radtke* Externer Sachverstand im Betriebsverfassungsrecht [Diss. Hannover 2013], 2014, S. 214 f.). Das gilt entsprechend für die Notwendigkeit

von **Schulungs- und Bildungsveranstaltungen** (*LAG* Köln 13.06.1997 ARSt. 1998, 162 [LS] sowie Rdn. 35; **a. M.** *LAG* Hamm 16.07.2010 – 10 Sa 291/10 – BeckRS 2010, 73979). Die Bewertung, § 107 Abs. 1 Satz 3 sei eine rechtlich unverbindliche Erläuterung der Wunschvorstellung des Gesetzgebers (so *Weiss/Weyand* § 107 Rn. 4; ähnlich *Däubler/DKKW* § 107 Rn. 14: Bedeutung eines Hinweises; ebenso *Steffan*/HaKo § 107 Rn. 3; *Woitaschek/GTAW* § 107 Rn. 3), ist unhaltbar (s. a. *BAG* 18.07.1978 EzA § 108 BetrVG 1972 Nr. 3 S. 27 *[Richardi]* = AP Nr. 1 zu § 108 BetrVG 1972 Bl. 3 R *[Boldt]*; 11.11.1998 EzA § 37 BetrVG 1972 Nr. 139 S. 3 = AP Nr. 129 zu § 37 BetrVG 1972 Bl. 2).

III. Bestellung und Abberufung der Mitglieder (§ 107 Abs. 2)

1. Bestellungs- und Abberufungsorgan

Für die Bestellung der Mitglieder des Wirtschaftsausschusses ist nach § 107 Abs. 2 Satz 1 der **Betriebs-** 22 **rat zuständig**. Das gilt allerdings nur, wenn in dem Unternehmen **lediglich ein Betriebsrat** besteht. Dazu kommt es insbesondere, wenn das Unternehmen nur einen Betrieb hat (*Fitting* § 107 Rn. 21; *Galperin/Löwisch* § 107 Rn. 11; *Preis/WPK* § 107 Rn. 3; *Steffan*/HaKo § 107 Rn. 4). Vom Betriebsrat werden die Mitglieder des Wirtschaftsausschusses aber auch dann bestimmt, wenn das Unternehmen aus mehreren Betrieben besteht, jedoch nur in einem ein Betriebsrat gewählt wurde oder gewählt werden konnte (*LAG* Frankfurt a. M. 07.11.1989 LAGE § 106 BetrVG 1972 Nr. 5 S. 2 f.; *Däubler/DKKW* § 107 Rn. 17; *Fitting* § 107 Rn. 21; *Heither* AR-Blattei SD 530.14.4, Rn. 59; *Joost*/MünchArbR § 231 Rn. 12; *Kania*/ErfK § 107 BetrVG Rn. 5; *Löwisch/LK* § 107 Rn. 1; *Preis/WPK* § 107 Rn. 3; *Richardi/Annuß* § 107 Rn. 12; *Rumpff/Boewer* Wirtschaftliche Angelegenheiten, Kap. G Rn. 81; *Weber/Ehrich/Hörchens/Oberthür* Kap. B Rn. 393; *Willemsen/Lembke/HWK* § 107 BetrVG Rn. 14). Bei nach § 3 Abs. 1 Nr. 1 bis 3 aufgrund Tarifvertrag oder Betriebsvereinbarung gebildeten betriebsverfassungsrechtlichen Organisationseinheiten, nimmt der für diese gewählte Betriebsrat die Aufgaben des Betriebsrats in § 107 Abs. 2 wahr (*Willemsen/Lembke/HWK* § 107 BetrVG Rn. 16).

Da § 106 Abs. 1 Satz 1 auf das Unternehmen abstellt, ist für die Bestellung der Mitglieder des Wirt- 23 schaftsausschusses der **Gesamtbetriebsrat zuständig**, wenn das Unternehmen aus mehreren Betrieben besteht, in denen jeweils ein Betriebsrat gewählt wurde (§ 107 Abs. 2 Satz 2 Halbs. 1; **a. M.** *Reich* § 106 Rn. 1: stets der Betriebsrat). Keine Antwort gibt das Gesetz, wenn zwar die Voraussetzungen für die Bildung eines Gesamtbetriebsrats vorliegen, die Betriebsräte aber **pflichtwidrig keinen Gesamtbetriebsrat** errichtet haben. Eine **Ersatzzuständigkeit der Betriebsräte** ist nicht anzuerkennen, da § 107 Abs. 2 Satz 1 davon ausgeht, dass der nach dieser Vorschrift zuständige Betriebsrat alle Mitglieder des Wirtschaftsausschusses bestellt. Darüber hinaus sind die Betriebsräte nicht berechtigt, durch ihr pflichtwidriges Verhalten die vom Gesetz vorgesehene Zuständigkeit des Gesamtbetriebsrats zu unterlaufen. Verstoßen sie gegen ihre Pflicht zur Bildung eines Gesamtbetriebsrats, dann kann in dem Unternehmen kein Wirtschaftsausschuss gebildet werden (*Däubler/DKKW* § 107 Rn. 16; *Fitting* § 107 Rn. 20; *Heither* AR-Blattei SD 530.14.4, Rn. 58; *Hess*/HWGNRH § 107 Rn. 15; *Joost*/MünchArbR § 231 Rn. 12; *Kania*/ErfK § 107 BetrVG Rn. 5; *Löwisch/LK* § 107 Rn. 1; *Preis/WPK* § 107 Rn. 3; *Richardi/Annuß* § 107 Rn. 11; *Rieble*/AR § 107 BetrVG Rn. 5; *Rumpff/Boewer* Wirtschaftliche Angelegenheiten, Kap. G Rn. 80; *Schaub/Koch* Arbeitsrechts-Handbuch, § 243 Rn. 7; *Spirolke*/NK-GA § 107 BetrVG Rn. 4; *Stege/Weinspach/Schiefer* §§ 106–109 Rn. 13a; *Willemsen/Lembke/HWK* § 107 BetrVG Rn. 15; *Wisskirchen* JArbR Bd. 13 [1975], 1976, S. 73 [75]; **a. M.** *Fabricius* 6. Aufl., § 107 Rn. 23 ff.).

Aus der Kompetenz zur Bestellung folgt zugleich die Zuständigkeit für den *actus contrarius*, die **Abbe-** 24 **rufung**; § 107 Abs. 2 Satz 3 Halbs. 2 ordnet hierfür die entsprechende Anwendung des § 107 Abs. 2 Satz 1 und 2 an. Eine Abweichung von dem Gleichlauf der Kompetenzen tritt nur in dem Sonderfall ein, dass die Mitglieder des Wirtschaftsausschusses durch den Betriebsrat bestellt wurden, während ihrer Amtszeit aber ein Gesamtbetriebsrat gebildet wird. In dieser Konstellation wird der Gesamtbetriebsrat für die Abberufung zuständig, obwohl er die Mitglieder des Wirtschaftsausschusses nicht bestellt hat. In der umgekehrten Situation, wenn also nach dem Bestellungsakt die Voraussetzungen für die Errichtung des Gesamtbetriebsrats entfallen (z. B. infolge Ausgliederung eines Betriebes), ist für die Abberufung durch den verbleibenden Betriebsrat kein Raum, weil in diesem Fall das Amt des Gesamtbetriebsratsmitglieds endet (s. *Kreutz/Franzen* § 47 Rdn. 50) und damit zugleich die Amtszeit des Wirtschaftsausschusses analog § 107 Abs. 2 Satz 2 ihr Ende findet.

2. Bestellungsverfahren

25 Im Gegensatz zu den allgemeinen Vorschriften für Betriebsratsausschüsse (§§ 27, 28) verzichtet § 107 Abs. 2 darauf, das Verfahren für die Bestellung der Mitglieder zu konkretisieren. Das Gesetz belässt dem Betriebsrat mit der Formulierung »bestimmt« einen weiten Spielraum.

26 Die »Bestimmung« der Mitglieder des Wirtschaftsausschusses ist eine Auswahlentscheidung und für **jedes Mitglied einzeln** zu treffen (*Däubler/DKKW* § 107 Rn. 20; *Fitting* § 107 Rn. 13; *Galperin/Löwisch* § 107 Rn. 11; *Heither* AR-Blattei SD 530.14.4, Rn. 50; *Hess/HWGNRH* § 107 Rn. 18; *Preis/WPK* § 107 Rn. 3; *Richardi/Annuß* § 107 Rn. 13; *Rumpff/Boewer* Wirtschaftliche Angelegenheiten, Kap. G Rn. 82). Dies schließt eine **gemeinsame Wahl aller Mitglieder** aus. Abgesehen von der Sollvorschrift des § 107 Abs. 1 Satz 3 (dazu Rdn. 17 ff.) wird die Auswahlfreiheit nicht durch weitere Vorgaben eingeschränkt, insbesondere etabliert das BetrVG keinen **Gruppen- bzw. Minderheitenschutz** (*Däubler/DKKW* § 107 Rn. 4; *Fitting* § 107 Rn. 13), ferner findet § 15 keine Anwendung (*Willemsen/Lembke/HWK* § 107 BetrVG Rn. 4). Auch den **leitenden Angestellten** steht kein Rechtsanspruch auf Vertretung im Wirtschaftsausschuss zu (*Däubler/DKKW* § 107 Rn. 9; *Fitting* § 107 Rn. 5; *Dütz* FS *H. Westermann*, S. 37 [43]; *Hess/HWGNRH* § 107 Rn. 5; *Schaub/Koch* Arbeitsrechts-Handbuch, § 243 Rn. 6; *Stege/Weinspach/Schiefer* §§ 106–109 Rn. 12).

27 Für eine rechtmäßige Wahl muss der Betriebsrat **beschlussfähig** sein (*Richardi/Annuß* § 107 Rn. 13). Für die Wahl eines Mitglieds ist nicht die Mehrheit aller Betriebsratsmitglieder erforderlich, **einfache Stimmenmehrheit** i. S. d. § 33 Abs. 1 reicht aus (*Fitting* § 107 Rn. 13; *Galperin/Löwisch* § 107 Rn. 11; *Hess/HWGNRH* § 107 Rn. 18; *Joost/* MünchArbR § 231 Rn. 11; *Kania/ErfK* § 107 BetrVG Rn. 5; *Richardi/Annuß* § 107 Rn. 13; *Spirolke/NK-GA* § 107 BetrVG Rn. 4; *Steffan/HaKo* § 107 Rn. 4). Bestimmt der **Gesamtbetriebsrat** die Mitglieder des Wirtschaftsausschusses, so sind bei der Berechnung der einfachen Mehrheit die Sonderbestimmungen zum unterschiedlichen Stimmengewicht der Mitglieder (§ 47 Abs. 7 bis 9; dazu *Kreutz/Franzen* § 47 Rdn. 61 ff., 114 ff.) zu beachten (*Richardi/Annuß* § 107 Rn. 13).

28 Die vom Betriebsrat bzw. Gesamtbetriebsrat gewählten Personen trifft keine Pflicht, die Wahl anzunehmen (*Däubler/DKKW* § 107 Rn. 21; *Hess/HWGNRH* § 107 Rn. 19; *Joost/* MünchArbR § 231 Rn. 19; *Preis/WPK* § 107 Rn. 3; *Rumpff/Boewer* Wirtschaftliche Angelegenheiten, G Rn. 75; *Weber/Ehrich/Hörchens/Oberthür* Kap. B Rn. 401). Die **Mitgliedschaft** im Wirtschaftsausschuss ist **freiwillig**. Das gilt nicht nur für die Mitglieder des Betriebsrats, sondern insbesondere auch für leitende Angestellte (*Däubler/DKKW* § 107 Rn. 21; *Fitting* § 107 Rn. 5, 14; *Galperin/Löwisch* § 107 Rn. 4; *Hess/HWGNRH* § 107 Rn. 19; *Joost/* MünchArbR § 231 Rn. 19; *Richardi/Annuß* § 107 Rn. 4; *Rumpff/Boewer* Wirtschaftliche Angelegenheiten, Kap. G Rn. 75; *Schaub/Koch* Arbeitsrechts-Handbuch, § 243 Rn. 6; *Stege/Weinspach/Schiefer* §§ 106–109 Rn. 12; *Willemsen/Lembke/HWK* § 107 BetrVG Rn. 9; *Wisskirchen* JArbR Bd. 13 [1975], 1976, S. 73 [83]).

29 Der Betriebsrat bzw. Gesamtbetriebsrat ist berechtigt, für jedes Mitglied des Wirtschaftsausschusses ein **Ersatzmitglied** zu bestellen (*Däubler/DKKW* § 107 Rn. 5; *Fitting* § 107 Rn. 16; *Galperin/Löwisch* § 107 Rn. 12; *Hess/HWGNRH* § 107 Rn. 18; *Joost/* MünchArbR § 231 Rn. 20; *Löwisch/LK* § 107 Rn. 2; *Richardi/Annuß* § 107 Rn. 14; *Rumpff/Boewer* Wirtschaftliche Angelegenheiten, Kap. G Rn. 82; *Spirolke/NK-GA* § 107 BetrVG Rn. 5; *Weber/Ehrich/Hörchens/Oberthür* Kap. B Rn. 402). Im Unterschied zu den §§ 47 Abs. 3, 55 Abs. 2 ist er hierzu aber **nicht verpflichtet**. Sollen für jedes Mitglied des Wirtschaftsausschusses mehrere Ersatzmitglieder bestellt werden, so ist zugleich die **Reihenfolge des Nachrückens** festzulegen (*Däubler/DKKW* § 107 Rn. 5; *Fitting* § 107 Rn. 16; *Galperin/Löwisch* § 107 Rn. 12; *Heither* AR-Blattei SD 530.14.4, Rn. 53; *Richardi/Annuß* § 107 Rn. 14).

3. Amtszeit des Wirtschaftsausschusses

30 Die Amtszeit des Wirtschaftsausschusses regelt § 107 Abs. 2 und differenziert für dessen Bemessung nach dem jeweiligen Bestellungsorgan. Wurden die Mitglieder des Wirtschaftsausschusses von dem

Bestellung und Zusammensetzung des Wirtschaftsausschusses § 107

Betriebsrat bestellt, so richtet sich die Amtszeit des Wirtschaftsausschusses nach der Amtszeit des Betriebsrats (§ 107 Abs. 2 Satz 1). Die Mitglieder werden für die Dauer seiner Amtszeit bestellt. Deshalb endet die Amtszeit des Wirtschaftsausschusses auch, wenn die Amtszeit des Betriebsrats **vorzeitig** (§ 13 Abs. 2) endet (*Galperin/Löwisch* § 107 Rn. 14; *Löwisch/LK* § 107 Rn. 2; *Preis/WPK* § 107 Rn. 3; *Rieble*/AR § 107 BetrVG Rn. 6). Das alleinige **Absinken der Arbeitnehmerzahl** im Falle des § 13 Abs. 2 Nr. 1 genügt hierfür allerdings nicht. Erforderlich ist die Bekanntgabe des Wahlergebnisses der vorzeitigen Neuwahl (*LAG Frankfurt a. M.* 17.08.1993 BB 1994, 717 [LS]; *Fitting* § 107 Rn. 14; *Ziegler/Wolff/JRH* Kap. 27 Rn. 55). Etwas anderes gilt, wenn der nach § 106 Abs. 1 Satz 1 erforderliche **Schwellenwert von 100 Arbeitnehmern** auf Dauer unterschritten wird; damit entfällt eine gesetzliche Errichtungsvoraussetzung, was zur vorzeitigen Beendigung der Amtszeit führt (*BAG* 07.04.2004 EzA § 106 BetrVG 2001 Nr. 1 S. 44 ff. = AP Nr. 17 zu § 106 BetrVG 1972 Bl. 2 f.; 22.03.2016 EzA § 106 BetrVG 2001 Nr. 2 Rn. 30 = AP Nr. 19 zu § 106 BetrVG 1972 = NZA 2016, 969; *LAG Berlin-Brandenburg* 19.03.2015 – 14 TaBV 1813/14 – BeckRS 2015, 70076; *Galperin/Löwisch* § 107 Rn. 15; *Gamillscheg* II, § 52, 2c; *Richardi/Annuß* § 106 Rn. 11 sowie § 106 Rdn. 31; **a. M.** *Däubler/DKKW* § 106 Rn. 14).

Ist der **Gesamtbetriebsrat** für die Bestimmung der Mitglieder des Wirtschaftsausschusses zuständig, 31 so scheidet die Amtszeit des bestellenden Organs als Bemessungsmaßstab aus, weil der Gesamtbetriebsrat als Daueinrichtung keine eigene Amtszeit hat (s. *Kreutz/Franzen* § 47 Rdn. 49). Stattdessen stellt § 107 Abs. 2 Satz 2 auf die Amtszeit der Mitglieder des Gesamtbetriebsrats ab. Maßgebend sind die Mitglieder des Gesamtbetriebsrats, die zur Bestellung des Wirtschaftsausschusses berechtigt waren. Ist bei der Mehrheit von ihnen die Amtszeit beendet, so endet auch die Amtszeit bei den vom Gesamtbetriebsrat bestellten Mitgliedern des Wirtschaftsausschusses. Trotz des Gesetzeswortlauts, der auf die »Mitglieder« des Gesamtbetriebsrats abstellt, zieht die einhellige Ansicht die Amtszeit desjenigen Betriebsrats heran, dem das Mitglied des Gesamtbetriebsrats angehört (*Fitting* § 107 Rn. 19; *Galperin/Löwisch* § 107 Rn. 18; *Joost*/MünchArbR § 231 Rn. 101; *Richardi/Annuß* § 107 Rn. 18; *Willemsen/Lembke/HWK* § 107 BetrVG Rn. 20). Für die **Mehrheitsberechnung** ist ausschließlich auf die Zahl der Mitglieder abzustellen; die Zahl der von ihnen jeweils repräsentierten Betriebe ist unerheblich (*Richardi/Annuß* § 107 Rn. 19). Ebenso ist die Zahl der Stimmen, die den Mitgliedern des Gesamtbetriebsrats nach § 47 Abs. 7 bis 9 zustehen, ohne Bedeutung (*Däubler/DKKW* § 107 Rn. 23; *Fitting* § 107 Rn. 19; *Galperin/Löwisch* § 107 Rn. 18; *Preis/WPK* § 107 Rn. 3; *Richardi/Annuß* § 107 Rn. 19; *Schaub/Koch* Arbeitsrechts-Handbuch, § 243 Rn. 7). Auch die tatsächliche Teilnahme an der Wahl ist nicht zu berücksichtigen (*Däubler/DKKW* § 107 Rn. 23; *Galperin/Löwisch* § 107 Rn. 18; *Richardi/Annuß* § 107 Rn. 19), da § 107 Abs. 2 Satz 2 ausschließlich auf die Berechtigung zur Mitwirkung abstellt.

4. Vorzeitige Beendigung der Mitgliedschaft im Wirtschaftsausschuss

a) Abberufung

Zu einer vorzeitigen Beendigung der Mitgliedschaft im Wirtschaftsausschuss kommt es, wenn das Mit- 32 glied abberufen wird. Die Abberufung kann **jederzeit** erfolgen (§ 107 Abs. 2 Satz 3). Deshalb ist für sie **kein besonderer Grund** erforderlich (*Däubler/DKKW* § 107 Rn. 24; *Etzel* Rn. 945; *Fitting* § 107 Rn. 15; *Galperin/Löwisch* § 107 Rn. 16; *Hess/HWGNRH* § 107 Rn. 22; *Joost*/MünchArbR § 231 Rn. 105; *Kania*/ErfK § 107 BetrVG Rn. 10; *Preis/WPK* § 107 Rn. 3; *Richardi/Annuß* § 107 Rn. 21; *Schaub/Koch* Arbeitsrechts-Handbuch, § 243 Rn. 7; *Steffan*/HaKo § 107 Rn. 5; *Stege/Weinspach/Schiefer* §§ 106–109 Rn. 14; *Weber/Ehrich/Hörchens/Oberthür* Kap. B Rn. 404; *Weiss/Weyand* § 107 Rn. 7; **a. M.** *ArbG Hamburg* 11.09.1975 DB 1975, 2331), insbesondere ist der Betriebsrat nicht darauf beschränkt, das Mitglied des Wirtschaftsausschusses nur dann abzuberufen, wenn dessen fachliche oder persönliche Eignung entfallen ist.

Für die Abberufung ist regelmäßig das **Bestellungsorgan zuständig** (s. Rdn. 24). Der Betriebsrat 33 bzw. Gesamtbetriebsrat entscheidet über die Abberufung durch **Beschluss**, für den – wie bei der Bestellung (s. Rdn. 27) – die **einfache Mehrheit** ausreicht (*Fitting* § 107 Rn. 15; *Hess/HWGNRH* § 107 Rn. 23; *Joost*/MünchArbR § 231 Rn. 105; *Kania*/ErfK § 107 BetrVG Rn. 10; *Richardi/Annuß* § 107 Rn. 21; *Spirolke*/NK-GA § 107 BetrVG Rn. 5; *Steffan*/HaKo § 107 Rn. 5). Bei einer Abstimmung im **Gesamtbetriebsrat** ist die unterschiedliche Stimmenzahl der jeweiligen Mitglieder zu beachten (§ 47 Abs. 7 bis 9; dazu *Kreutz/Franzen* § 47 Rdn. 61 ff., 114 ff.).

b) Amtsniederlegung

34 Ebenso wie die Mitgliedschaft im Betriebsrat durch eine Amtsniederlegung vorzeitig enden kann (§ 24 Nr. 2), ist auch das Mitglied des Wirtschaftsausschusses berechtigt, sein Amt niederzulegen (*Däubler/DKKW* § 107 Rn. 25; *Fitting* § 107 Rn. 14; *Joost/*MünchArbR § 231 Rn. 108; *Kania/*ErfK § 107 BetrVG Rn. 8; *Löwisch/LK* § 107 Rn. 2; *Preis/WPK* § 107 Rn. 3; *Richardi/Annuß* § 107 Rn. 22; *Rumpff/Boewer* Wirtschaftliche Angelegenheiten, Kap. G Rn. 85; *Spirolke/*NK-GA § 107 BetrVG Rn. 5; *Weber/Ehrich/Hörchens/Oberthür* Kap. B Rn. 404). Hinsichtlich der Einzelheiten gelten dieselben Grundsätze wie beim einzelnen Betriebsratsmitglied (s. § 24 Rdn. 9 ff.).

c) Beendigung der Mitgliedschaft im Betriebsrat

35 Die Beendigung der Mitgliedschaft im Betriebsrat berührt nicht die Mitgliedschaft im Wirtschaftsausschuss (**a. M.** *Fitting* § 107 Rn. 9, 14; *Galperin/Löwisch* § 107 Rn. 16; *Heither* AR-Blattei SD 530.14.4, Rn. 45, 51). Etwas anderes soll nach h. M. nur gelten, wenn das aus dem Betriebsrat ausscheidende Mitglied das **einzige Betriebsratsmitglied** im Wirtschaftsausschuss ist. In diesem Fall ende mit der Mitgliedschaft im Betriebsrat zugleich die Mitgliedschaft im Wirtschaftsausschuss (*Däubler/DKKW* § 107 Rn. 28; *Hess/HWGNRH* § 107 Rn. 24; *Joost/*MünchArbR § 231 Rn. 106; *Richardi/Annuß* § 107 Rn. 23; *Rieble/*AR § 107 BetrVG Rn. 7; *Rumpff/Boewer* Wirtschaftliche Angelegenheiten, Kap. G Rn. 86; *Weber/Ehrich/Hörchens/Oberthür* Kap. B Rn. 404). Diese Auffassung kann nicht überzeugen. § 107 Abs. 1 Satz 1 legt zwar fest, dass mindestens ein Mitglied des Wirtschaftsausschusses dem Betriebsrat angehören muss. Die Vorschrift ist aber keine persönliche Wählbarkeitsvoraussetzung, sondern schreibt die Zusammensetzung des Organs vor. Verliert das einzige dem Wirtschaftsausschuss angehörende Betriebsratsmitglied seine Mitgliedschaft im Betriebsrat, so ist der Wirtschaftsausschuss nicht mehr dem Gesetz entsprechend zusammengesetzt (ebenso *Weiss/Weyand* § 107 Rn. 8; zust. *Preis/WPK* § 107 Rn. 3 sowie Rdn. 16). Der Betriebsrat muss dieses abberufen und ein neues Betriebsratsmitglied zum Mitglied des Wirtschaftsausschusses bestimmen (s. a. Rdn. 16).

d) Verlust der Unternehmensangehörigkeit

36 Mitglied des Wirtschaftsausschusses kann nur ein Angehöriger des Unternehmens werden (s. Rdn. 6 ff.). Hierbei handelt es sich um eine persönliche Bestellungsvoraussetzung. Entfällt die Unternehmensangehörigkeit, so endet zugleich die Mitgliedschaft im Wirtschaftsausschuss (*Däubler/DKKW* § 107 Rn. 26; *Fitting* § 107 Rn. 14; *Galperin/Löwisch* § 107 Rn. 16; *Hess/HWGNRH* § 107 Rn. 22; *Kania/*ErfK § 107 BetrVG Rn. 10; *Richardi/Annuß* § 107 Rn. 25; *Rumpff/Boewer* Wirtschaftliche Angelegenheiten, Kap. G Rn. 83; *Spirolke/*NK-GA § 107 BetrVG Rn. 5). Es gelten insoweit dieselben Grundsätze wie bei einem Mitglied des Betriebsrats, das seine Wählbarkeit verliert (§ 24 Nr. 4; dazu § 24 Rdn. 53 ff.). Der häufigste Anwendungsfall für diesen Grund einer vorzeitigen Beendigung der Mitgliedschaft ist die **Beendigung des Arbeitsverhältnisses**. Entsprechendes gilt bei der **Versetzung** in ein anderes Konzernunternehmen; Abordnungen in ein anderes Unternehmen sind jedoch unschädlich (s. z. B. § 1 Abs. 3 Nr. 2 AÜG).

e) Nicht zur Beendigung der Mitgliedschaft führende Sachverhalte

37 Da für die Mitgliedschaft im Wirtschaftsausschuss lediglich die Unternehmensangehörigkeit erforderlich ist, steht es dem Fortbestand der Mitgliedschaft nicht entgegen, wenn ein Arbeitnehmer nach seiner Bestellung **leitender Angestellter** i. S. d. § 5 Abs. 3 wird (*Däubler/DKKW* § 107 Rn. 28; *Richardi/Annuß* § 107 Rn. 24). Eine **Verletzung der gesetzlichen Pflichten** als Wirtschaftsausschussmitglied (z. B. Verstoß gegen die Geheimhaltungspflicht [s. Rdn. 44]), kann nicht zur Beendigung der Mitgliedschaft führen, da das BetrVG für die Mitglieder des Wirtschaftsausschusses kein mit § 23 Abs. 1 vergleichbares Verfahren kennt (*Däubler/DKKW* § 107 Rn. 26; *Hess/HWGNRH* § 107 Rn. 22; *Joost/*MünchArbR § 231 Rn. 109; *Wiese* FS K. Molitor, 1988, S. 365 [394]). Der Betriebsrat bzw. Gesamtbetriebsrat kann das pflichtwidrig agierende Mitglied des Wirtschaftsausschusses jedoch jederzeit abberufen (s. Rdn. 32 f.).

IV. Rechtsstellung der Mitglieder des Wirtschaftsausschusses

1. Ehrenamtliche Tätigkeit und Arbeitsentgelt

Die Rechtsstellung der Mitglieder des Wirtschaftsausschusses hat im BetrVG keine detaillierte Ausgestaltung erfahren. Aus § 78 Satz 2 ergibt sich aber, dass die Mitglieder des Wirtschaftsausschusses wegen ihrer Tätigkeit nicht benachteiligt oder begünstigt werden dürfen. Zur Konkretisierung dieses Verbotsbefehls kann die im BetrVG verbliebene Lücke durch eine entsprechende Anwendung des § 37 geschlossen werden, soweit die Vorschrift eine Benachteiligung der Mitglieder verhindern soll. Wird eine unter diesem Vorbehalt stehende entsprechende Gesetzesanwendung abgelehnt, führt die stattdessen erforderliche Anwendung des § 78 Satz 2 regelmäßig zu vergleichbaren Ergebnissen. Analog anzuwenden ist jedenfalls **§ 37 Abs. 1 bis 3** (*Boldt* Die AG 1972, 299 [302]; *Däubler/DKKW* § 107 Rn. 30; *Fitting* § 107 Rn. 24; *Heither* AR-Blattei SD 530.14.4, Rn. 60; *Hess/HWGNRH* § 107 Rn. 26, 28 f.; *v. Hoyningen-Huene* Betriebsverfassungsrecht, § 6 VI 1; *Joost*/MünchArbR § 231 Rn. 107; *Kania*/ErfK § 107 BetrVG Rn. 13; *Preis/WPK* § 107 Rn. 4; *Richardi/Annuß* § 107 Rn. 27; *Rieble*/AR § 107 BetrVG Rn. 8; *Rumpff/Boewer* Wirtschaftliche Angelegenheiten, Kap. G Rn. 138 f.; *Schaub/Koch* Arbeitsrechts-Handbuch, § 243 Rn. 35; *Spirolke*/NK-GA § 107 BetrVG Rn. 6; *Weber/Ehrich/Hörchens/Oberthür* Kap. B Rn. 405; *Weiss/Weyand* § 107 Rn. 9; im Ergebnis ebenso, allerdings unter ausschließlicher Heranziehung von § 78 Satz 2 *Galperin/Löwisch* § 107 Rn. 21; *Löwisch/LK* § 107 Rn. 9; *Schlüter* SAE 1975, 158 [162]; *Wisskirchen* JArbR Bd. 13 [1975], 1976, S. 73 [86]). Die Mitglieder des Wirtschaftsausschusses führen ihr Amt **unentgeltlich als Ehrenamt** (§ 37 Abs. 1 analog). Für die Zeit der **Arbeitsversäumnis**, die für die Tätigkeit im Wirtschaftsausschuss erforderlich ist, behalten sie ihren Anspruch auf das **Arbeitsentgelt** (§ 37 Abs. 2 analog); gegebenenfalls steht ihnen auch ein **Ausgleichsanspruch** nach § 37 Abs. 3 analog zu. 38

2. Teilnahme an Schulungs- und Bildungsveranstaltungen

Eine **entsprechende Anwendung des § 37 Abs. 6** ist mit der h. M. **abzulehnen**. Die Vorschrift ist nicht lediglich eine Konkretisierung des § 37 Abs. 2 (so aber *Kittner* Anm. zu BAG 06.11.1973 AP Nr. 5 zu § 37 BetrVG 1972; *Richardi/Annuß* § 107 Rn. 28; *Weiss/Weyand* § 107 Rn. 10), sondern begründet einen vom Betriebsrat abgeleiteten Individualanspruch (s. *Weber* § 37 Rdn. 168 f.). Er steht originär dem Betriebsrat zu, so dass seine analoge Anwendung für die Mitglieder des Wirtschaftsausschusses über eine Konkretisierung des Benachteiligungsverbots hinausginge (treffend BAG 11.11.1998 EzA § 37 BetrVG 1972 Nr. 139 S. 3 = AP Nr. 129 zu § 37 BetrVG 1972 Bl. 1 R). Eine dem Aufgabenbereich des Wirtschaftsausschusses dienende Teilnahme an Schulungs- und Bildungsveranstaltungen kommt deshalb nur für die Betriebsratsmitglieder in Betracht, die dem Wirtschaftsausschuss angehören, wobei für diese dann jedoch § 37 Abs. 6 unmittelbar anzuwenden ist (BAG 06.11.1973 EzA § 37 BetrVG 1972 Nr. 16 S. 54 = AP Nr. 5 zu § 37 BetrVG 1972 Bl. 4 f. *[Kittner]* = SAE 1975, 155 *[Schlüter]*; 20.01.1976 EzA § 89 ArbGG Nr. 4 S. 10 = AP Nr. 10 zu § 89 ArbGG 1953 Bl. 2 *[Fenn]*; 18.07.1978 EzA § 108 BetrVG 1972 Nr. 3 S. 28 *[Richardi/Annuß]* = AP Nr. 1 zu § 108 BetrVG 1972 Bl. 3 R *[Boldt]*; 28.04.1988 NZA 1989, 221 [222]; 11.11.1998 EzA § 37 BetrVG 1972 Nr. 139 S. 4 = AP Nr. 129 zu § 37 BetrVG 1972 Bl. 2; LAG Berlin-Brandenburg 09.10.2009 – 22 TaBV 1795/09 – BeckRS 2011, 70894; LAG Hamm 13.10.1999 NZA-RR 2000, 641 [641 f.]; 10.06.2005 – 10 TaBV 1/05 – BeckRS 2005, 42656; 22.06.2007 – 10 TaBV 55/07 – BeckRS 2007, 46750; LAG Köln 13.06.1997 ARSt. 1998, 162 [LS]; 18.01.2002 NZA-RR 2003, 141 [141]; *Galperin/Löwisch* § 107 Rn. 23; *Hess/HWGNRH* § 107 Rn. 30; *Joost*/MünchArbR § 231 Rn. 112; *Rieble*/AR § 107 BetrVG Rn. 8; *Rumpff/Boewer* Wirtschaftliche Angelegenheiten, Kap. G Rn. 140; *Spirolke*/NK-GA § 107 BetrVG Rn. 6; *Weber/Ehrich/Hörchens/Oberthür* Kap. B Rn. 405; *Willemsen/Lembke/HWK* § 107 BetrVG Rn. 33 *Wisskirchen* JArbR Bd. 13 [1975], 1976, S. 73 [87]; *Ziegler/Wolff/JRH* Kap. 27 Rn. 63). 39

Die **gegenteilige Ansicht**, die eine entsprechende Anwendung des § 37 Abs. 6 befürwortet (hierfür LAG Bremen 17.01.1984 AuR 1985, 132; LAG Hamm 08.08.1996 AiB 1997, 346 *[Schirge]*; *Däubler/DKKW* § 107 Rn. 32; *Däubler* Handbuch Schulung und Fortbildung – Gesamtdarstellung für betriebliche Interessenvertreter, 5. Aufl. 2004, Rn. 368; *Fabricius* 6. Aufl., § 107 Rn. 44; *Fitting* § 107 Rn. 25; *Heither* AR-Blattei SD 530.14.4, Rn. 62; *Kittner* Anm. zu BAG 06.11.1973 AP Nr. 5 zu 40

§ 37 BetrVG 1972; *Richardi/Annuß* § 107 Rn. 28; *Weiss/Weyand* § 107 Rn. 10; *Wichert* DB 1997, 2325 [2328]; wohl auch *Schaub/Koch* Arbeitsrechts-Handbuch, § 243 Rn. 35; offen *LAG Hamm* 16.07.2010 – 10 Sa 291/10 – BeckRS 2010, 73949), ist nur dann konsequent, wenn für das Entstehen eines Individualanspruches ein vorheriger Beschluss des Wirtschaftsausschusses verlangt wird (s. *Fabricius* 6. Aufl., § 107 Rn. 46) und sich die Erforderlichkeit der Schulung nach dem Kenntnisstand des Gesamtorgans und nicht nach den individuellen Kenntnissen des einzelnen Betriebsratsmitglieds im Wirtschaftsausschuss richtet. Bezüglich der letztgenannten Voraussetzung ist ohnehin zu beachten, dass das Gesetz davon ausgeht, dass die Mitglieder des Wirtschaftsausschusses aufgrund ihrer fachlichen und persönlichen Eignung die für die Erfüllung der Aufgaben im Wirtschaftsausschuss erforderlichen Kenntnisse besitzen (*BAG* 06.11.1973 EzA § 37 BetrVG 1972 Nr. 16 S. 54 = AP Nr. 5 zu § 37 BetrVG 1972 *[Kittner]* = SAE 1975, 155 *[Schlüter]*; 20.01.1976 EzA § 89 ArbGG Nr. 4 S. 10 = AP Nr. 10 zu § 89 ArbGG 1953 Bl. 2 *[Fenn]*; 18.07.1978 EzA § 108 BetrVG 1972 Nr. 3 S. 27 *[Richardi/Annuß]* = AP Nr. 1 zu § 108 BetrVG 1972 Bl. 3 R *[Boldt]*; 28.04.1988 NZA 1989, 221 [222]; 11.11.1998 EzA § 37 BetrVG 1972 Nr. 139 S. 2 = AP Nr. 129 zu § 37 BetrVG 1972 Bl. 1 R; *LAG Köln* 13.06.1997 ARSt. 1998, 162 [LS]; *Heither* AR-Blattei SD 530.14.4, Rn. 62; *Löwisch/LK* § 107 Rn. 7; *Richardi/Annuß* § 107 Rn. 28; *Schlüter* SAE 1975, 158 [161]; *Spirolke*/NK-GA § 107 BetrVG Rn. 6; **a. M.** *LAG Hamm* 13.10.1999 NZA-RR 2000, 641 [642]; *LAG Nürnberg* 08.06.1994 BetrR 1994, 121; *Däubler/DKKW* § 107 Rn. 32; *Fabricius* 6. Aufl., § 107 Rn. 45; im Grundansatz auch *LAG Hamm* 16.07.2010 – 10 Sa 291/10 – BeckRS 2010, 73949). Aus diesem Grunde lässt sich auch aus dem **Benachteiligungsverbot des § 78 Satz 2** kein Freistellungsanspruch ableiten (*Löwisch/LK* § 107 Rn. 9: im Regelfall; *Stege/Weinspach/Schiefer* §§ 106–109 Rn. 32a). Ebensowenig ist erkennbar, in welchen Ausnahmefällen (*BAG* 28.04.1988 NZA 1989, 221 [222], jedoch ohne Konkretisierung) für eine entsprechende Anwendung des § 37 Abs. 6 Raum sein soll. Allein der Umstand, dass dem Mitglied des Wirtschaftsausschusses die von § 107 Abs. 1 Satz 3 geforderte Eignung fehlen könnte, reicht auch nach Ansicht des *BAG* nicht aus, um einen Ausnahmefall zu bejahen (*BAG* 11.11.1998 EzA § 37 BetrVG 1972 Nr. 139 S. 3 = AP Nr. 129 zu § 37 BetrVG 1972 Bl. 2).

41 Der **individuelle Freistellungsanspruch nach § 37 Abs. 7** kann bei den Mitgliedern des Wirtschaftsausschusses ebenfalls nicht analog angewendet werden (*Däubler/DKKW* § 107 Rn. 32 a. E.; *Däubler* Handbuch Schulung und Fortbildung – Gesamtdarstellung für betriebliche Interessenvertreter, 5. Aufl. 2004, Rn. 374; *Hess/HWGNRH* § 107 Rn. 30; *Preis/WPK* § 107 Rn. 5; *Richardi/Annuß* § 107 Rn. 28; *Willemsen/Lembke/HWK* § 107 BetrVG Rn. 34; **a. M.** *Fabricius* 6. Aufl., § 107 Rn. 49). Der dortige Freistellungsanspruch geht über eine Konkretisierung des Benachteiligungsverbots hinaus.

3. Tätigkeits- und Entgeltschutz

42 Der Tätigkeits- und Entgeltschutz in **§ 37 Abs. 4 und 5** findet auf die – nicht dem Betriebsrat angehörenden – Mitglieder des Wirtschaftsausschusses **keine entsprechende Anwendung** (*Fitting* § 107 Rn. 26; *Galperin/Löwisch* § 107 Rn. 22; *Joost*/MünchArbR § 231 Rn. 113; *Löwisch/LK* § 107 Rn. 9; *Preis/WPK* § 107 Rn. 5; *Richardi/Annuß* § 107 Rn. 30; *Spirolke*/NK-GA § 107 BetrVG Rn. 6; *Weber/Ehrich/Hörchens/Oberthür* Kap. B Rn. 408; *Willemsen/Lembke/HWK* § 107 BetrVG Rn. 35; *Ziegler/Wolff/JRH* Kap. 27 Rn. 61; **a. M.** *Däubler/DKKW* § 107 Rn. 30; *Fabricius* 6. Aufl., § 107 Rn. 43; *Weiss/Weyand* § 107 Rn. 9). Für sie gilt aber § 78 Satz 2, der auch die berufliche Entwicklung in das Benachteiligungs- und Begünstigungsverbot einbezieht (*Fitting* § 107 Rn. 26; *Galperin/Löwisch* § 107 Rn. 22; *Joost*/MünchArbR § 231 Rn. 114; *Löwisch/LK* § 107 Rn. 9; *Rieble*/AR § 107 BetrVG Rn. 8; *Willemsen/Lembke/HWK* § 107 BetrVG Rn. 35 sowie *Kreutz* § 78 Rdn. 71).

4. Kündigungsschutz

43 Sowohl § 15 KSchG als auch § 103 bezieht die Mitglieder des Wirtschaftsausschusses nicht in den persönlichen Schutzbereich der Norm ein. Wegen der detaillierten Aufzählung des geschützten Personenkreises in den genannten Vorschriften fehlt für deren entsprechende Anwendung die Planwidrigkeit der Regelungslücke (*Galperin/Löwisch* § 107 Rn. 20; ausführlich *Pätzold* Kündigungsschutz, S. 57 ff.; **a. M.** *Fabricius* 6. Aufl., § 107 Rn. 50 ff., der – soweit ersichtlich als einziger – für eine analoge

Anwendung des § 15 KSchG eintritt). Es verbleibt bei einem **relativen Kündigungsschutz**, den das Behinderungs- und Benachteiligungsverbot des § 78 begründet (*Däubler/DKKW* § 107 Rn. 33; *Fitting* § 107 Rn. 26; *Gamillscheg* II, § 52, 2f; *Heither* AR-Blattei SD 530.14.4, Rn. 64; *Hess/HWGNRH* § 107 Rn. 32; *Joost*/MünchArbR § 231 Rn. 115; *Löwisch/LK* § 107 Rn. 9; *Pätzold* Kündigungsschutz, S. 88 ff.; *Preis/WPK* § 107 Rn. 5; *Richardi/Annuß* § 107 Rn. 29; *Rieble*/AR § 107 BetrVG Rn. 8; *Rumpff/Boewer* Wirtschaftliche Angelegenheiten, Kap. G Rn. 142; *Schaub/Koch* Arbeitsrechts-Handbuch, § 243 Rn. 35; *Spirolke*/NK-GA § 107 BetrVG Rn. 10; *Willemsen/Lembke*/HWK § 107 BetrVG Rn. 36; *Wisskirchen* JArbR Bd. 13 [1975], 1976, S. 73 [86]). Ist das Mitglied des Wirtschaftsausschusses zugleich Mitglied des Betriebsrats, so besteht kein Schutzdefizit, da in diesem Fall der Kündigungsschutz durch § 15 KSchG und § 103 eingreift.

5. Geheimhaltungspflicht

Die Pflicht zur Wahrung der Betriebs- und Geschäftsgeheimnisse, die § 79 Abs. 1 für die Mitglieder **44** und Ersatzmitglieder des Betriebsrats begründet, gilt nach § 79 Abs. 2 auch für die Mitglieder und Ersatzmitglieder des Wirtschaftsausschusses. Eine **Verletzung der Verschwiegenheitspflicht** ist nach § 120 Abs. 1 Nr. 1 unter Strafe gestellt, wenn das Mitglied des Wirtschaftsausschusses zugleich dem Betriebsrat angehört. Hinsichtlich der übrigen Mitglieder des Wirtschaftsausschusses, die nicht dem Betriebsrat angehören, greift § 120 Abs. 1 Nr. 1 nicht ein (s. § 120 Rdn. 32).

6. Kosten des Wirtschaftsausschusses und seiner Mitglieder

Für die **Kosten des Wirtschaftsausschusses** trifft das Gesetz keine ausdrückliche Regelung. Diese **45** Lücke ist durch eine entsprechende Anwendung des § 40 zu schließen (*BAG* 17.10.1990 EzA § 40 BetrVG 1972 Nr. 65 S. 4 = AP Nr. 8 zu § 108 BetrVG 1972 Bl. 2; *Boldt* Die AG 1972, 299 [303]; *Etzel* Rn. 948; *Fitting* § 107 Rn. 27; *Hess/HWGNRH* § 107 Rn. 31; *v. Hoyningen-Huene* Betriebsverfassungsrecht, § 6 VI 1; *Joost*/MünchArbR § 231 Rn. 117; *Kania*/ErfK § 107 BetrVG Rn. 13; *Löwisch/LK* § 107 Rn. 4; *Richardi/Annuß* § 107 Rn. 32; *Rumpff/Boewer* Wirtschaftliche Angelegenheiten, Kap. G Rn. 141; *Schaub/Koch* Arbeitsrechts-Handbuch, § 243 Rn. 28; *Spirolke*/NK-GA § 107 BetrVG Rn. 12; *Weber/Ehrich/Hörchens/Oberthür* Kap. B Rn. 433; *Wisskirchen* JArbR Bd. 13 [1975], 1976, S. 73 [86]).

Auch das **einzelne Mitglied des Wirtschaftsausschusses** kann vom Arbeitgeber die notwendigen **46** Aufwendungen ersetzt verlangen, die ihm im Zusammenhang mit seinen Aufgaben als Mitglied des Wirtschaftsausschusses entstanden sind (*Boldt* Die AG 1972, 299 [302, 303 f.]; *Däubler/DKKW* § 107 Rn. 30; *Hess/HWGNRH* § 107 Rn. 26; *Richardi/Annuß* § 107 Rn. 27; *Schaub/Koch* Arbeitsrechts-Handbuch, § 243 Rn. 35; *Spirolke*/NK-GA § 107 BetrVG Rn. 12 sowie ferner *Weber* § 40 Rdn. 49 ff.).

V. Ersetzung des Wirtschaftsausschusses (§ 107 Abs. 3)

1. Übertragung durch Betriebsrat

a) Normzweck

Da der Wirtschaftsausschuss ein Hilfsorgan des Betriebsrats ist (s. § 106 Rdn. 10), eröffnet § 107 Abs. 3 **47** Satz 1 diesem die Möglichkeit, eine anderweitige Wahrnehmung der Aufgaben des Wirtschaftsausschusses zu beschließen. Aufgrund der Beschlüsse des BT-Ausschusses für Arbeit und Sozialordnung hat der Gesetzgeber aber bewusst davon abgesehen, dem Betriebsrat die Befugnis einzuräumen, die Aufgaben des Wirtschaftsausschusses selbst zu übernehmen (s. zu BT-Drucks. VI/2729, S. 31). Der Betriebsrat ist nach § 107 Abs. 3 Satz 1 lediglich berechtigt, die Aufgaben des Wirtschaftsausschusses einem Ausschuss des Betriebsrats zu übertragen. Dies soll gewährleisten, dass das mit den Aufgaben des Wirtschaftsausschusses betraute »Ersatzgremium« nicht zu groß ist.

b) Ausschuss des Betriebsrats

48 Die Befugnis zur Übertragung auf einen **Ausschuss des Betriebsrats** besteht nur, wenn dieser nach § 107 Abs. 2 Satz 1 berechtigt ist, die Mitglieder des Wirtschaftsausschusses zu bestimmen (dazu Rdn. 22). Ist hierfür der **Gesamtbetriebsrat** zuständig (§ 107 Abs. 2 Satz 2; s. a. Rdn. 23), so kann nur dieser über die anderweitige Wahrnehmung der Aufgaben des Wirtschaftsausschusses beschließen (§ 107 Abs. 3 Satz 6; dazu Rdn. 57 ff.). Die Übertragung der Aufgaben des Wirtschaftsausschusses auf einen Ausschuss des Betriebsrats kommt deshalb nur in Betracht, wenn in dem Unternehmen lediglich ein Betriebsrat besteht (s. Rdn. 22).

49 Das Gesetz gestattet die Übertragung nur auf einen »Ausschuss des Betriebsrats«. Hierunter ist jedenfalls ein »**Ausschuss**« i. S. d. § 28 zu verstehen. Angesichts des offenen Gesetzeswortlauts können die Aufgaben des Wirtschaftsausschusses aber auch dem nach § 27 gebildeten **Betriebsausschuss** übertragen werden (*Däubler/DKKW* § 107 Rn. 35; *Fitting* § 107 Rn. 29; *Heither* AR-Blattei SD 530.14.4, Rn. 67; *Hess/HWGNRH* § 107 Rn. 34; *Joost*/MünchArbR § 231 Rn. 13; *Kania*/ErfK § 107 BetrVG Rn. 15; *Löwisch/LK* § 107 Rn. 11; *Oetker/Lunk* DB 1990, 2320 [2322]; *Richardi/Annuß* § 107 Rn. 38; *Rumpff/Boewer* Wirtschaftliche Angelegenheiten, Kap. G Rn. 89; *Schaub/Koch* Arbeitsrechts-Handbuch, § 243 Rn. 8; *Spirolke*/NK-GA § 107 BetrVG Rn. 8; **a. M.** *Brecht* § 107 Rn. 6; *Weiss/Weyand* § 107 Rn. 12). Eine Einschränkung enthält § 107 Abs. 3 Satz 2 lediglich hinsichtlich der **Größe des Ausschusses**. Dieser darf zahlenmäßig nicht größer sein, als der Betriebsausschuss. Dem Ausschuss des Betriebsrats dürfen deshalb nach § 27 Abs. 1 Satz 2 maximal 11 Mitglieder angehören. Überträgt der Betriebsrat die Aufgaben des Wirtschaftsausschusses auf einen größeren Ausschuss, so ist der Übertragungsbeschluss (zu diesem Rdn. 50) wegen eines Gesetzesverstoßes (§ 107 Abs. 3 Satz 2) nichtig (zust. *Spirolke*/NK-GA § 107 BetrVG Rn. 8).

c) Übertragungsbeschluss

50 Die Übertragung der Aufgaben des Wirtschaftsausschusses auf einen Ausschuss des Betriebsrats erfordert einen **Beschluss** des Betriebsrats. Für diesen gilt nicht § 33 Abs. 1 Satz 1 (einfache Mehrheit); § 107 Abs. 3 Satz 1 trifft ausdrücklich eine andere Regelung und verlangt die Mehrheit der Stimmen der Mitglieder. Notwendig ist deshalb die **absolute Mehrheit** (*Däubler/DKKW* § 107 Rn. 37; *Fitting* § 107 Rn. 29; *Hess/HWGNRH* § 107 Rn. 34; *Kania*/ErfK § 107 BetrVG Rn. 15; *Löwisch/LK* § 107 Rn. 11; *Richardi/Annuß* § 107 Rn. 35; *Spirolke*/NK-GA § 107 BetrVG Rn. 8). Für die Bestellung der **Mitglieder des Ausschusses** sieht § 107 Abs. 3 vorbehaltlich der Kooptationsmöglichkeit des § 107 Abs. 3 Satz 3 (s. Rdn. 53 ff.) von einer Regelung ab, so dass insoweit die allgemeinen Vorschriften (§§ 27, 28) gelten (*Däubler/DKKW* § 107 Rn. 38; *Dütz* FS *H. Westermann*, S. 37 [41]; *Fitting* § 107 Rn. 30; *Galperin/Löwisch* § 107 Rn. 30; *Hess/HWGNRH* § 107 Rn. 34; *Richardi/Annuß* § 107 Rn. 38; *Spirolke*/NK-GA § 107 BetrVG Rn. 8; *Weiss/Weyand* § 107 Rn. 13; **a. M.** *Kehrmann/Schneider* BlStSozArbR 1972, 60 [62]).

d) Rechtslage in Kleinbetrieben

51 Eine Übertragung der Aufgaben des Wirtschaftsausschusses ermöglicht § 107 Abs. 3 Satz 1 nur, wenn der Betriebsrat berechtigt ist, Ausschüsse zu bilden. Dabei geht § 107 Abs. 3 davon aus, dass dem Ausschuss die Angelegenheit zur selbständigen Erledigung übertragen wird, so dass eine Übertragung nur möglich ist, wenn in dem Betrieb ein Betriebsausschuss besteht. Aus diesem Grunde kommt die Übertragung auf einen Ausschuss des Betriebsrats nur in Betracht, wenn der Betriebsrat aus **mindestens neun Mitgliedern** besteht und dem Betrieb deshalb in der Regel 201 Arbeitnehmer angehören. In Kleinbetrieben, in denen dem Betriebsrat **sieben oder weniger Mitglieder** angehören, kann dieser die Aufgaben des Wirtschaftsausschusses daher keinem Ausschuss übertragen. Die Übertragung auf einen Ausschuss i. S. d. § 28 Abs. 1 Satz 1 ist ausgeschlossen (*Däubler/DKKW* § 107 Rn. 42; *Spirolke*/NK-GA § 107 BetrVG Rn. 9; **a. M.** *Ziegler/Wolff*/JRH Kap. 27 Rn. 67, die die Übertragung auf einen Ausschuss auch in Betrieben mit 101 Arbeitnehmern für möglich erachten), da diesem – wie im Umkehrschluss aus § 28 Abs. 1 Satz 3 folgt – die Aufgaben nur beim Bestehen eines Betriebsratsausschusses zur selbständigen Erledigung übertragen werden können, wovon § 107 Abs. 3 ausgeht. Dem Betriebsrat steht auch nicht das Recht zu, die **Aufgaben** des Wirtschaftsausschusses **selbst zu übernehmen** (*Däubler/DKKW* § 107 Rn. 42; *Galperin/Löwisch* § 107 Rn. 32; *Hess/HWGNRH*

§ 107 Rn. 34; *Joost*/MünchArbR § 231 Rn. 16; *Kania*/ErfK § 107 BetrVG Rn. 16, 17; *Oetker*/*Lunk* DB 1990, 2320 [2322]; *Preis*/*WPK* § 107 Rn. 7; *Richardi*/*Annuß* § 107 Rn. 37; *Rieble*/AR § 107 BetrVG Rn. 9; *Rumpff*/*Boewer* Wirtschaftliche Angelegenheiten, Kap. G Rn. 89; *Wisskirchen* JArbR Bd. 13 [1975], 1976, S. 73 [85]).

Die von Teilen des Schrifttums befürwortete **gegenteilige Auffassung** (s. *Boldt* Die AG 1972, 299 **52** [306 f.]; *Dütz* FS *H. Westermann*, S. 37 [42]; *Fitting* § 107 Rn. 32; *Kehrmann*/*Schneider* BlStSozArbR 1972, 60 [62]; *Schaub*/*Koch* Arbeitsrechts-Handbuch, § 243 Rn. 8) steht im Widerspruch zu § 107 Abs. 3 Satz 1, der eine Übertragung ausschließlich auf Ausschüsse des Betriebsrats vorsieht. Die Befugnis zur Selbstübernahme durch den Betriebsrat wurde im Gesetzgebungsverfahren bewusst verworfen (s. Rdn. 47). Dem Betriebsrat verbleibt jedoch die Möglichkeit, sämtliche Mitglieder des Betriebsrats zu Mitgliedern des Wirtschaftsausschusses zu bestimmen (*Däubler*/*DKKW* § 107 Rn. 42; *Fitting* § 107 Rn. 32; *Galperin*/*Löwisch* § 107 Rn. 32; *Kania*/ErfK § 107 BetrVG Rn. 17; *Preis*/*WPK* § 107 Rn. 7; *Richardi*/*Annuß* § 107 Rn. 37; *Rieble*/AR § 107 BetrVG Rn. 9; *Spirolke*/NK-GA § 107 BetrVG Rn. 9; *Wisskirchen* JArbR Bd. 13 [1975], 1976, S. 73 [85] sowie auch hier Rdn. 13), wodurch de facto dasselbe Ergebnis erzielt wird.

e) Kooptationsrecht des Betriebsrats
Überträgt der Betriebsrat die Aufgaben des Wirtschaftsausschusses auf einen seiner Ausschüsse, so steht **53** ihm nach § 107 Abs. 3 Satz 3 das Recht zur Kooptation zu. Dieses Recht soll jedoch nicht anzuerkennen sein, wenn er die Aufgaben auf den Betriebsausschuss überträgt (so *Däubler*/*DKKW* § 107 Rn. 40; *Fabricius* 6. Aufl., § 107 Rn. 57; *Galperin*/*Löwisch* § 107 Rn. 31; *Heither* AR-Blattei SD 530.14.4, Rn. 67; **a. M.** jedoch *Preis*/*WPK* § 107 Rn. 8). Der Betriebsrat kann den Ausschuss durch zusätzliche Personen vergrößern, er muss diese Befugnis aber nicht in Anspruch nehmen. Für die Kooptation ist ein **Beschluss des Betriebsrats** erforderlich, der wegen der Verweisung in § 107 Abs. 3 Satz 3 Halbs. 2 auf § 107 Abs. 3 Satz 1 mit der **absoluten Mehrheit** der Stimmen zu fassen ist (*Däubler*/*DKKW* § 107 Rn. 38; *Fitting* § 107 Rn. 35; *Galperin*/*Löwisch* § 107 Rn. 33; *Löwisch*/LK § 107 Rn. 8; *Spirolke*/NK-GA § 107 BetrVG Rn. 8). Entsprechendes gilt, wenn die **Übertragung** auf den Ausschuss des Betriebsrats **rückgängig** gemacht werden soll (§ 107 Abs. 3 Satz 5).

In personeller Hinsicht beschränkt § 107 Abs. 3 Satz 3 die Kooptation auf **Arbeitnehmer**, bezieht in **54** den Kreis der kooptationsfähigen Personen jedoch auch die leitenden Angestellten i. S. d. § 5 Abs. 3 ein. Die Kooptation anderer Personen, die keine Arbeitnehmer i. S. d. BetrVG sind, z. B. in § 5 Abs. 2 genannte Personen oder arbeitnehmerähnliche Personen, ist hierdurch ausgeschlossen (*Richardi*/*Annuß* § 107 Rn. 39). Als weitere Arbeitnehmer kann der Betriebsrat auch Mitglieder des Betriebsrats bestimmen, die dem Ausschuss bislang nicht angehören (*Fitting* § 107 Rn. 35; *Joost*/MünchArbR § 231 Rn. 14; *Richardi*/*Annuß* § 107 Rn. 39; *Rumpff*/*Boewer* Wirtschaftliche Angelegenheiten, Kap. G Rn. 93; unklar *Galperin*/*Löwisch* § 107 Rn. 33: entspricht nicht dem Sinn der Vorschrift). Anders als bei den nach § 107 Abs. 2 Satz 1 oder 2 zu bestimmenden Mitgliedern des Wirtschaftsausschusses reicht die Unternehmensangehörigkeit (dazu Rdn. 6 ff.) für die Kooptation nicht aus. Auf die Vorschrift des **§ 107 Abs. 1 Satz 3** verweist § 107 Abs. 3 Satz 3 nicht, die entsprechende Anwendung der Norm ist aber zu erwägen (hierfür *Hess*/*HWGNRH* § 107 Rn. 37; *Radtke* Externer Sachverstand im Betriebsverfassungsrecht [Diss. Hannover 2013], 2014, S. 199 f.; **a. M.** *Däubler*/*DKKW* § 107 Rn. 41; *Fitting* § 107 Rn. 30; *Reich* § 107 Rn. 10). Andernfalls träte ein Wertungswiderspruch ein, wenn bei der Bildung des Wirtschaftsausschusses die fachliche und persönliche Eignung der Mitglieder zu beachten ist, bei den nach § 107 Abs. 3 Satz 3 kooptierten Mitgliedern indes auf diese Qualifikation verzichtet werden könnte. Über die zu kooptierenden Mitglieder des Ausschusses muss der Betriebsrat ebenfalls mit **absoluter Mehrheit** beschließen (§ 107 Abs. 3 Satz 3 Halbs. 2 i. V. m. § 107 Abs. 3 Satz 1).

In **zahlenmäßiger Hinsicht** beschränkt § 107 Abs. 3 Satz 3 die Kooptation auf eine Verdoppelung **55** der Zahl der Ausschussmitglieder. Der Betriebsrat kann dieses Volumen jedoch auch unterschreiten. Ebenso muss der Ausschuss nach der Kooptation nicht aus einer ungeraden Zahl von Mitgliedern bestehen (*Däubler*/*DKKW* § 107 Rn. 39; *Fitting* § 107 Rn. 34).

56 Die vom Betriebsrat **kooptierten Personen** gehören dem Ausschuss des Betriebsrats als gleichwertige Mitglieder an. Ihnen stehen dieselben **Rechte und Pflichten** zu, wie den regulären, nach den §§ 27, 28 bestellten Mitgliedern des Betriebsrats (*Fitting* § 107 Rn. 35). Zur Teilnahme an der Ausschusssitzung sind die kooptierten Mitglieder jedoch nur berechtigt, wenn in dieser Aufgaben des Wirtschaftsausschusses wahrgenommen werden. Insbesondere unterliegen sie der Verschwiegenheitspflicht des § 79 (§ 107 Abs. 3 Satz 4), deren Verletzung § 120 Abs. 1 Nr. 4 unter Strafe stellt.

2. Übertragung durch Gesamtbetriebsrat

57 Ist der Gesamtbetriebsrat für die Bestellung der Mitglieder des Wirtschaftsausschusses zuständig (s. Rdn. 22), so berechtigt § 107 Abs. 3 Satz 6 auch den Gesamtbetriebsrat, die Aufgaben des Wirtschaftsausschusses zu übertragen. Wegen der in § 107 Abs. 3 Satz 6 Halbs. 2 angeordneten entsprechenden Anwendung des § 107 Abs. 3 Satz 1 ist für den **Übertragungsbeschluss** die **absolute Mehrheit** erforderlich, wobei hinsichtlich der Stimmenzahl § 47 Abs. 7 bis 9 anzuwenden ist.

58 Die im Vergleich zu § 107 Abs. 3 Satz 1 offenere Formulierung in § 107 Abs. 3 Satz 6 Halbs. 1 (»anderweitige Wahrnehmung der Aufgaben«) hat dazu geführt, dass der Kreis der Organe, auf die der Gesamtbetriebsrat die Aufgaben des Wirtschaftsausschusses übertragen kann, nicht abschließend geklärt ist. Unstreitig ist, dass der Gesamtbetriebsrat die Aufgaben des Wirtschaftsausschusses auf die von ihm gebildeten **Ausschüsse** (§ 51 Abs. 1 i. V. m. § 28) übertragen kann (*Fitting* § 107 Rn. 33; *Galperin/Löwisch* § 107 Rn. 36; *Richardi/Annuß* § 107 Rn. 42). Entsprechendes gilt auch für den **Gesamtbetriebsausschuss** (ebenso *Däubler/DKKW* § 107 Rn. 35; *Fitting* § 107 Rn. 33; *Galperin/Löwisch* § 107 Rn. 36; *Richardi/Annuß* § 107 Rn. 42; *Rumpff/Boewer* Wirtschaftliche Angelegenheiten, Kap. G Rn. 92; *Schaub/Koch* Arbeitsrechts-Handbuch, § 243 Rn. 9; **a. M.** *Brecht* § 107 Rn. 6; *Weiss/Weyand* § 107 Rn. 16).

59 Umstritten ist – wie für den Betriebsrat (s. Rdn. 51 f.) – die Befugnis des Gesamtbetriebsrats, die Aufgaben des Wirtschaftsausschusses **selbst zu übernehmen**. Teile des Schrifttums halten dies entweder uneingeschränkt für möglich (so *Fitting* § 107 Rn. 33; *Ziegler/Wolff/JRH* Kap. 27 Rn. 68) oder wollen dem Gesamtbetriebsrat dies zumindest dann gestatten, wenn er keinen Gesamtbetriebsausschuss bilden darf (hierfür *Richardi* 7. Aufl., § 107 Rn. 41). Beide Auffassungen können nicht überzeugen. Die weite Formulierung des § 107 Abs. 3 Satz 6 Halbs. 1 beruht nicht auf einer bewussten Erweiterung des Gestaltungsspielraums zugunsten des Gesamtbetriebsrats, sondern auf der fehlenden Anpassung an die im Gesetzgebungsverfahren getroffene Ablehnung einer Selbstübernahme durch den Betriebsrat (s. Rdn. 47). Da die Gesetzesmaterialien keine Anhaltspunkte dafür enthalten, dass die Möglichkeit der Selbstübernahme ausschließlich dem Betriebsrat verwehrt werden sollte, führt die in § 107 Abs. 3 Satz 6 Halbs. 2 angeordnete entsprechende Anwendung des § 107 Abs. 3 Satz 1 dazu, dass auch der Gesamtbetriebsrat die Aufgaben des Wirtschaftsausschusses nur auf einen Ausschuss des Gesamtbetriebsrats übertragen kann (*Däubler/DKKW* § 107 Rn. 35; *Galperin/Löwisch* § 107 Rn. 36; *Hess/HWGNRH* § 107 Rn. 36; *Oetker/Lunk* DB 1990, 2320 [2322]; *Richardi/Annuß* § 107 Rn. 43; *Wisskirchen* JArbR Bd. 13 [1975], 1976, S. 73 [85]).

60 Aus den in Rdn. 59 genannten Gründen ist der Gesamtbetriebsrat auch nicht berechtigt, die Aufgaben des Wirtschaftsausschusses auf **einzelne Betriebsräte** oder von diesen gebildete **Ausschüsse** zu übertragen (*Däubler/DKKW* § 107 Rn. 35; *Fitting* § 107 Rn. 33; *Galperin/Löwisch* § 107 Rn. 36; *Hess/HWGNRH* § 107 Rn. 36; *Kehrmann/Schneider* BlStSozArbR 1972, 60 [62]; *Richardi/Annuß* § 107 Rn. 43; *Rumpff/Boewer* Wirtschaftliche Angelegenheiten, Kap. G Rn. 92). Ebenso kann der Gesamtbetriebsrat die Aufgaben des Wirtschaftsausschusses nicht auf den **Konzernbetriebsrat** oder einen seiner **Ausschüsse** übertragen (*Hess/HWGNRH* § 107 Rn. 34; *Oetker/Lunk* DB 1990, 2320 [2322]; **a. M.** *Joost* Betrieb und Unternehmen, S. 228).

61 Auch dem Gesamtbetriebsrat steht bei einer Übertragung die Möglichkeit offen, eine **Kooptation** zu beschließen (§ 107 Abs. 3 Satz 6 Halbs. 2 i. V. m. § 107 Abs. 3 Satz 3). Die **Zahl der kooptierten Ausschussmitglieder** darf nicht die Zahl der übrigen Mitglieder übersteigen. Im Übrigen gelten dieselben Grundsätze wie bei einer Kooptation durch den Betriebsrat (s. Rdn. 53 ff.). Wird der Gesamtbetriebsrat entgegen der hier vertretenen Auffassung für berechtigt erachtet, die Aufgaben des Wirt-

schaftsausschusses selbst wahrzunehmen (s. Rdn. 59), soll die Möglichkeit einer Kooptation entfallen (*Richardi* 7. Aufl., § 107 Rn. 44).

VI. Streitigkeiten

Streitigkeiten über die **Bestimmung der Mitglieder** des Wirtschaftsausschusses, dessen **Rechtsstellung** und die **Amtszeit der Mitglieder** sowie die Übertragung der Aufgaben des Wirtschaftsausschusses entscheiden die Arbeitsgerichte im **Beschlussverfahren** (§§ 2a Abs. 1 Nr. 1, 80 ff. ArbGG). Bei Meinungsverschiedenheiten im Rahmen des § 109 ist die Einigungsstelle zuständig. Streitigkeiten, welche die **persönliche Rechtsstellung der Mitglieder** des Wirtschaftsausschusses im Verhältnis zum Arbeitgeber betreffen, entscheiden die Arbeitsgerichte im **Urteilsverfahren** (*Däubler/DKKW* § 107 Rn. 44; *Fitting* § 107 Rn. 39; *Hess/HWGNRH* § 107 Rn. 40; *Kania*/ErfK § 107 BetrVG Rn. 19; *Preis/WPK* § 107 Rn. 9; *Richardi/Annuß* § 107 Rn. 51; *Spirolke*/NK-GA § 107 BetrVG Rn. 11; *Willemsen/Lembke/HWK* § 107 BetrVG Rn. 54; *Wisskirchen* JArbR Bd. 13 [1975], 1976, S. 73 [89]).

62

Im **Beschlussverfahren** ist der Wirtschaftsausschuss weder **Antragsberechtigter** noch **Beteiligter** (*Däubler/DKKW* § 107 Rn. 44; *Fitting* § 107 Rn. 38; *Galperin/Löwisch* § 107 Rn. 39; *Heither* AR-Blattei SD 530.14.4, Rn. 73; *Hess/HWGNRH* § 107 Rn. 41; *Preis/WPK* § 107 Rn. 9; **a. M.** *Fabricius* 6. Aufl., § 107 Rn. 72 ff.; *Richardi/Annuß* § 107 Rn. 49, hinsichtlich der Beteiligtenfähigkeit; offengelassen von BAG 18.07.1978 EzA § 108 BetrVG 1972 Nr. 3 S. 24 *[Richardi]* = AP Nr. 1 zu § 108 BetrVG 1972 Bl. 2 R *[Boldt]*). Etwas anderes soll jedoch gelten, wenn zugleich die Kompetenzen des Wirtschaftsausschusses im Streit stehen, weil er wegen einer nicht ordnungsgemäßen Zusammensetzung nicht zur Ausübung seiner gesetzlich in den §§ 106 bis 110 ausgestalteten Befugnisse berechtigt ist (Hess. LAG 07.02.2017 – 4 TaBV 155/16 – BeckRS 2017, 109504).

63

§ 108
Sitzungen

(1) Der Wirtschaftsausschuss soll monatlich einmal zusammentreten.

(2) An den Sitzungen des Wirtschaftsausschusses hat der Unternehmer oder sein Vertreter teilzunehmen. Er kann sachkundige Arbeitnehmer des Unternehmens einschließlich der in § 5 Abs. 3 genannten Angestellten hinzuziehen. Für die Hinzuziehung und die Verschwiegenheitspflicht von Sachverständigen gilt § 80 Abs. 3 und 4 entsprechend.

(3) Die Mitglieder des Wirtschaftsausschusses sind berechtigt, in die nach § 106 Abs. 2 vorzulegenden Unterlagen Einsicht zu nehmen.

(4) Der Wirtschaftsausschuss hat über jede Sitzung dem Betriebsrat unverzüglich und vollständig zu berichten.

(5) Der Jahresabschluss ist dem Wirtschaftsausschuss unter Beteiligung des Betriebsrats zu erläutern.

(6) Hat der Betriebsrat oder der Gesamtbetriebsrat eine anderweitige Wahrnehmung der Aufgaben des Wirtschaftsausschusses beschlossen, so gelten die Absätze 1 bis 5 entsprechend.

Literatur
Bösche/Grimberg Vorlage des Wirtschaftsprüferberichts im Wirtschaftsausschuß, AuR 1987, 133; *Dütz* Betriebsverfassungsrechtliche Auskunftspflichten im Unternehmen, FS H. Westermann, 1974, S. 37; *Fabricius* Vorlage und Erläuterung des Jahresabschlusses und des Prüfungsberichts nach dem Betriebsverfassungsgesetz, AuR 1989, 121; *Gutzmann* Die Unterrichtung des Wirtschaftsausschusses nach §§ 106 Abs. 2 und 108 Abs. 5 BetrVG, DB 1989, 1083; *Hacker* Die Pflicht des Unternehmers zur Vorlage des Prüfungsberichts des Abschlußprüfers an den Wirt-

§ 108 *IV. 6. 1. Unterrichtung in wirtschaftlichen Angelegenheiten*

schaftsausschuß unter besonderer Berücksichtigung einer entsprechenden Verpflichtung bei Großbanken, Diss. Bonn 2002 (zit.: Vorlage des Prüfungsberichts); *Heckelmüller* Die Erläuterung des Jahresabschlusses nach § 108 Absatz 5 BetrVG im Rahmen der Unterrichtung des Wirtschaftsausschusses über wirtschaftliche Angelegenheiten, Diss. Mainz 1988 (zit.: Erläuterung des Jahresabschlusses); *Herschel* Der Sachverständige des Wirtschaftsausschusses, AuR 1980, 21; *Hommelhoff* Abschlußprüfer-Berichte an den Wirtschaftsausschuß?, ZIP 1990, 218; *Karb* Die Indienstnahme sachkundiger Arbeitnehmer im Rahmen der Betriebsverfassung [Diss. Kiel], 2008 (zit.: Indienstnahme); *Klinkhammer* Teilnahme eines Gewerkschaftsbeauftragten an den Sitzungen des Wirtschaftsausschusses, DB 1977, 1139; *Krack* Den Wirtschaftsausschuss (re-)organisieren, AiB 2010, 608; *Löwisch* Die Erläuterung des Jahresabschlusses gem. § 108 Abs. 5 BetrVG bei Personenhandelsgesellschaften und Einzelkaufleuten, 25 Jahre Bundesarbeitsgericht, 1979, S. 353; *Martens* Die Vorlage des Jahresabschlusses und des Prüfungsberichts gegenüber dem Wirtschaftsausschuß, DB 1988, 1229; *Oetker* Die Erläuterung des Jahresabschlusses gegenüber dem Wirtschaftsausschuß unter Beteiligung des Betriebsrats (§ 108 V BetrVG), NZA 2001, 689; *Pramann* Zum Begriff der Einsichtnahme in betriebsverfassungsrechtlichen Vorschriften (§§ 34, 80, 83, 108 BetrVG), DB 1983, 1922; *Richardi/Annuß* Teilnahme eines Gewerkschaftsbeauftragten an den Sitzungen des Wirtschaftsausschusses, AuR 1983, 33; *Wiese* Sitzungen des Wirtschaftsausschusses und die Behandlung geheimhaltungsbedürftiger, vertraulicher sowie sonstiger Tatsachen, FS *K. Molitor*, 1988, S. 365; *Zeuner* Teilnahme von Gewerkschaftsbeauftragten an den Sitzungen des Wirtschaftsausschusses?, DB 1976, 2474; s. ferner die Angaben vor § 106.

Inhaltsübersicht   Rdn.

I.   Vorbemerkung   1
II. Binnenorganisation des Wirtschaftsausschusses   2–14
     1. Grundsatz   2
     2. Wahl eines Vorsitzenden   3
     3. Einberufung von Sitzungen   4, 5
     4. Geschäftsordnung   6
     5. Häufigkeit der Sitzungen   7, 8
     6. Durchführung der Sitzungen   9–14
III. Teilnahme weiterer Personen an den Sitzungen des Wirtschaftsausschusses   15–50
     1. Teilnahme des Unternehmers oder seines Vertreters (§ 108 Abs. 2 Satz 1)   15–23
        a) Teilnahmepflicht   15, 16
        b) Person des Unternehmers   17–20
        c) Teilnahme durch Vertreter   21–23
     2. Hinzuziehung sachkundiger Arbeitnehmer (§ 108 Abs. 2 Satz 2)   24–32
     3. Hinzuziehung von Sachverständigen (§ 108 Abs. 2 Satz 3)   33–36
     4. Hinzuziehung von Gewerkschaftsbeauftragten   37–45
        a) Entsprechende Anwendung des § 31   37, 38
        b) Beschluss bzw. Antrag   39–42
        c) Institutionelle Verankerung der Gewerkschaft   43
        d) Einschränkungen   44, 45
     5. Hinzuziehung eines Vertreters der Arbeitgebervereinigung   46, 47
     6. Teilnahme der Jugend- und Auszubildendenvertretung   48
     7. Teilnahme der Schwerbehindertenvertretung   49, 50
IV. Ergänzende Rechte und Pflichten des Wirtschaftsausschusses   51–76
     1. Einsichtsrecht der Mitglieder des Wirtschaftsausschusses (§ 108 Abs. 3)   51–53
     2. Berichtspflicht gegenüber dem Betriebsrat (§ 108 Abs. 4)   54–60
        a) Allgemeines   54
        b) Sitzung des Wirtschaftsausschusses   55
        c) Zeitpunkt des Berichts   56
        d) Inhalt der Berichterstattung   57
        e) Form der Berichterstattung   58
        f) Adressat des Berichts   59
        g) Adressat der Berichtspflicht   60
     3. Erläuterung des Jahresabschlusses (§ 108 Abs. 5)   61–76
        a) Allgemeines   61–63
        b) Gegenstand des Jahresabschlusses   64–68
        c) Umfang der Erläuterung   69, 70

d) Zeitpunkt der Erläuterung	71
e) Beteiligung des Betriebsrats	72–74
f) Adressat der Erläuterungspflicht	75
g) Verletzung der Erläuterungspflicht	76
V. Streitigkeiten	77

I. Vorbemerkung

Der systematische Standort der Vorschrift, die in Teilen bereits in § 69 BetrVG 1952 enthalten war, ist **1** nicht geglückt. Die Absätze 3, 4 und 5 konkretisieren und ergänzen Grundsätze des § 106 Abs. 2, so dass es näher gelegen hätte, diese dort einzufügen. Darüber hinaus gestaltet § 108 die Binnenorganisation des Wirtschaftsausschusses nur rudimentär aus. Mit der Häufigkeit der Sitzungen (Abs. 1) und der Teilnahme von Personen, die dem Wirtschaftsausschuss nicht als Mitglieder angehören (Abs. 2), werden lediglich zwei Details geregelt, die zwangsläufig die Frage aufwerfen, wie die verbliebenen Lücken zu schließen sind.

II. Binnenorganisation des Wirtschaftsausschusses

1. Grundsatz

Das Gesetz hat den Wirtschaftsausschuss als ein Beratungsgremium geschaffen und darauf verzichtet, **2** dessen Binnenorganisation detailliert auszugestalten. Insoweit ähnelt die Rechtslage den Ausschüssen des Betriebsrats, die dieser nach den §§ 27, 28 bildet. Es obliegt deshalb grundsätzlich dem Wirtschaftsausschuss, sich die für seine Arbeitsweise notwendigen Organisationsregeln mittels einer Geschäftsordnung (s. Rdn. 6) zu schaffen. Fehlen diese, so ist zu beachten, dass der Wirtschaftsausschuss ungeachtet seiner systematischen Sonderstellung im Gesetz ein Ausschuss des Betriebsrats ist (s. § 106 Rdn. 13), so dass die verbliebenen Regelungslücken weitgehend mittels einer entsprechenden Anwendung der Vorschriften geschlossen werden können, die für den Betriebsrat gelten (*LAG Schleswig-Holstein* 24.11.2016 – 4 TaBV 40/16 – BeckRS 2016, 74959 [für § 33]; *Fitting* § 108 Rn. 3; *Galperin/Löwisch* § 108 Rn. 2; *Gamillscheg* II, § 52, 2e [1]; *Kania*/ErfK § 108 BetrVG Rn. 2; *Löwisch/LK* § 108 Rn. 2; *Preis/WPK* § 108 Rn. 1; *Rieble*/AR § 108 BetrVG Rn. 1; in dieser Richtung auch *Richardi/Annuß* § 108 Rn. 3; *Willemsen/Lembke/HWK* § 108 BetrVG Rn. 4; **a. M.** *Rumpff/Boewer* Wirtschaftliche Angelegenheiten, Kap. G Rn. 129). Dabei ist allerdings in jedem Einzelfall zu prüfen, ob eine analoge Anwendung der gesetzlichen Vorschriften geboten ist (treffend *Wiese* FS *K. Molitor*, S. 365 [369 f.]), gegebenenfalls können autonome Organisationsregelungen diese begrenzen.

2. Wahl eines Vorsitzenden

Unterschiedlich wird im Schrifttum die **Bestellung eines Vorsitzenden** für den Wirtschaftsaus- **3** schuss beurteilt. Eine **Pflicht** hierzu bejahen nur vereinzelte Stimmen (*Galperin/Löwisch* § 108 Rn. 2; *Löwisch/LK* § 108 Rn. 2; *Wiese* FS *K. Molitor*, S. 365 [373]). Andererseits sieht auch die überwiegend vertretene Gegenposition die Bestimmung eines Vorsitzenden als zweckmäßig an (so *Däubler/DKKW* § 107 Rn. 4, § 108 Rn. 4; *Fitting* § 108 Rn. 3; *Gamillscheg* II, § 52, 2e [1]; *Heither* AR-Blattei SD 530.14.4, Rn. 136; *Hess/HWGNRH* § 108 Rn. 1; *Joost*/MünchArbR § 231 Rn. 73; *Richardi/Annuß* § 108 Rn. 4; *Rieble*/AR § 108 BetrVG Rn. 1; *Schaub/Koch* Arbeitsrechts-Handbuch, § 243 Rn. 27; *Steffan*/HaKo § 107 Rn. 1; *Willemsen/Lembke/HWK* § 108 BetrVG Rn. 5; **a. M.** *Wisskirchen* JArbR Bd. 13 [1975], 1976, S. 73 [88]; *Ziegler/Wolff/JRH* Kap. 27 Rn. 71) und räumt damit inzident ein, dass dem Wirtschaftsausschuss das **Recht** zusteht, im Rahmen seines Selbstorganisationsrechts eines seiner Mitglieder zum Vorsitzenden zu wählen. Haben die Mitglieder des Wirtschaftsausschusses von diesem Recht Gebrauch gemacht, dann nimmt er alle Aufgaben wahr, die dem Vorsitzenden eines Betriebsrats obliegen. Insbesondere vertritt er analog **§ 26 Abs. 2** den Wirtschaftsausschuss im Verhältnis zum Arbeitgeber und zum Betriebsrat, er ist ferner zum Empfang von Erklärungen berechtigt (*Richardi/Annuß* § 108 Rn. 4; *Wiese* FS *K. Molitor*, S. 365 [373]). Gegen eine Pflicht zur Wahl eines Vorsitzenden spricht, dass der Wirtschaftsausschuss für seine Funktionsfähigkeit nicht in vergleichbarem Umfang wie der Betriebsrat auf einen Vorsitzenden angewiesen ist, sofern durch interne Organisationsregeln die ordnungsgemäße Ladung der Mitglieder sichergestellt ist und Personen zur Abgabe und Entgegennahme von Erklärungen bestimmt werden. Zu einer anderen Ansicht müssen jedoch diejenigen gelangen, die die Wahl eines Vorsitzenden für den Betriebsrat in den Rang einer Funktionsvoraussetzung erheben (dazu *Raab* § 26 Rdn. 6). Entsprechendes gilt dann auch für die vom Betriebsrat gebildeten Ausschüsse, zu denen auch der Wirtschaftsausschuss zählt (s. § 106 Rdn. 13).

3. Einberufung von Sitzungen

4 Das Gesetz geht – wie § 108 Abs. 2 zeigt – davon aus, dass der Wirtschaftsausschuss zu Sitzungen zusammentritt (*LAG Schleswig-Holstein* 24.11.2016 – 4 TaBV 40/16 – BeckRS 2016, 74959). Über deren **Einberufung** und die dabei zu beachtenden **Modalitäten** fehlen gesetzliche Vorgaben. Deshalb gilt jedenfalls § 29 Abs. 2 Satz 1 analog (zust. *Preis/WPK* § 108 Rn. 1). Die Sitzungen des Wirtschaftsausschusses beruft – sofern vorhanden – dessen Vorsitzender ein. Um eine sachgerechte Vorbereitung der Mitglieder auf die Sitzung zu ermöglichen und um deren Ablauf sicherzustellen, sind auch die weiteren Regelungen des § 29 Abs. 2 entsprechend anzuwenden (*Galperin/Löwisch* § 108 Rn. 2; *Richardi/Annuß* § 108 Rn. 5; *Wiese* FS *K. Molitor*, S. 365 [373]). Der Vorsitzende des Wirtschaftsausschusses setzt insbesondere die **Tagesordnung** fest und lädt die Mitglieder sowie den Unternehmer rechtzeitig und unter Mitteilung der Tagesordnung zu der Sitzung ein.

5 Abgesehen von der Vorgabe des § 108 Abs. 1 (dazu Rdn. 7) steht die Einberufung der Sitzung und die Festlegung der Tagesordnung im pflichtgemäßen Ermessen des Wirtschaftsausschusses. Ob der Vorsitzende analog § 29 Abs. 3 **zur Einberufung** einer Sitzung bzw. zur Aufnahme eines bestimmten Tagesordnungspunktes **verpflichtet** ist, wenn dies ein Viertel der Mitglieder des Wirtschaftsausschusses oder der Arbeitgeber beantragen (hierfür *Galperin/Löwisch* § 108 Rn. 2; im Ergebnis auch *Richardi/Annuß* § 108 Rn. 5), ist angesichts der besonderen Aufgabenstellung des Wirtschaftsausschusses zweifelhaft. Im Unterschied zum Betriebsrat ist der Wirtschaftsausschuss ein reines Beratungsgremium mit einer Hilfsfunktion für den Betriebsrat (s. § 106 Rdn. 10). Ferner schreibt § 107 für die Zusammensetzung des Wirtschaftsausschusses keinen Gruppen- oder Minderheitenschutz fest (s. § 107 Rdn. 24), so dass die besseren Gründe dagegen sprechen, einer **Minderheitsgruppe** im Wirtschaftsausschuss das Antragsrecht einzuräumen. Da der Wirtschaftsausschuss keine Entscheidungen trifft, sind ebenfalls keine zwingenden Gründe erkennbar, dem **Arbeitgeber** ein Antragsrecht einzuräumen.

4. Geschäftsordnung

6 Wie dem Betriebsrat steht auch dem Wirtschaftsausschuss das Recht zu, die Führung seiner Geschäfte durch eine Geschäftsordnung zu regeln (*Däubler/DKKW* § 108 Rn. 4; *Joost/*MünchArbR § 231 Rn. 74; *Preis/WPK* § 108 Rn. 1; *Richardi/Annuß* § 108 Rn. 6). Er ist hierzu aber nicht verpflichtet; vereinzelt wird dies sogar als unzweckmäßig angesehen (so *Fitting* § 108 Rn. 3; *Ziegler/Wolff/JRH* Kap. 27 Rn. 71; **a. M.** *Joost/*MünchArbR § 231 Rn. 74), ohne allerdings ausreichend dem Umstand Rechnung zu tragen, dass die Binnenorganisation des Wirtschaftsausschusses nur in Ansätzen gesetzlich strukturiert ist. Für eine mit § 36 vergleichbare Pflicht, seine Binnenorganisation mittels einer Geschäftsordnung auszugestalten, lassen sich dem Gesetz jedoch keine tragfähigen Anhaltspunkte entnehmen.

5. Häufigkeit der Sitzungen

7 Über die Häufigkeit der Sitzungen des Wirtschaftsausschusses entscheidet dessen Vorsitzender oder der Wirtschaftsausschuss aufgrund eines Mehrheitsbeschlusses. Das Gesetz wiederholt in § 108 Abs. 1 lediglich das bereits in § 69 Abs. 1 BetrVG 1952 enthaltene Gebot, dass der Wirtschaftsausschuss **einmal im Monat** zusammentritt. Hierbei handelt es sich um eine **Sollvorschrift**, so dass der Vorsitzende des Wirtschaftsausschusses nicht gegen seine gesetzlichen Pflichten verstößt, wenn er **bei fehlendem Beratungsbedarf** von der Einberufung einer Sitzung absieht (ebenso *LAG Hamm* 30.04.2010 – 13 TaBV 94/09 – BeckRS 2010, 71900; *Boldt* Die AG 1972, 299 [302]; *Däubler/DKKW* § 108 Rn. 3; *Fitting* § 108 Rn. 2; *Galperin/Löwisch* § 108 Rn. 1; *Heither* AR-Blattei SD 530.14.4, Rn. 135;

Joost/MünchArbR § 231 Rn. 77; *Kania*/ErfK § 108 BetrVG Rn. 1; *Richardi*/*Annuß* § 108 Rn. 7; *Rieble*/AR § 108 BetrVG Rn. 1; *Rumpff*/*Boewer* Wirtschaftliche Angelegenheiten, Kap. G Rn. 127; *Spirolke*/NK-GA § 108 BetrVG Rn. 2; *Ziegler*/*Wolff*/*JRH* Kap. 27 Rn. 70; **a. M.** *Reich* § 108 Rn. 1: Abweichung nur, wenn zwingende Gründe entgegenstehen). Ein Pflichtverstoß kommt erst in Betracht, wenn die monatliche Sitzung unterbleibt, obwohl Mitglieder des Wirtschaftsausschusses oder der Unternehmer Beratungsbedarf signalisiert haben. Ebenso kann der Wirtschaftsausschuss **häufiger als einmal im Monat** zusammentreten. Eine pflichtgemäße Ausübung liegt hierin aber nur, wenn dringende wirtschaftliche Entscheidungen im Unternehmen eine vorgezogene bzw. zusätzliche Sitzung erfordern (*Däubler*/DKKW § 108 Rn. 3; *Fitting* § 108 Rn. 2; *Galperin*/*Löwisch* § 108 Rn. 1; *Heither* AR-Blattei SD 530.14.4, Rn. 135; *Kania*/ErfK § 108 BetrVG Rn. 1; *Richardi*/*Annuß* § 108 Rn. 7; *Rieble*/AR § 108 BetrVG Rn. 1; *Rumpff*/*Boewer* Wirtschaftliche Angelegenheiten, Kap. G Rn. 127; *Spirolke*/NK-GA § 108 BetrVG Rn. 2; *Willemsen*/*Lembke*/*HWK* § 108 BetrVG Rn. 3; *Ziegler*/*Wolff*/*JRH* Kap. 27 Rn. 70) oder der Gegenstand einer anberaumten Sitzung die vorbereitende Zusammenkunft der Mitglieder des Wirtschaftsausschusses erfordert.

Bei **vorbereitenden Treffen des Wirtschaftsausschusses** handelt es sich – sofern der **Unternehmer nicht hinzugezogen** wird – ebenfalls um Sitzungen des Wirtschaftsausschusses, die grundsätzlich zulässig sind, da deren Anberaumung für eine sachgerechte Erörterung der Angelegenheit im Wirtschaftsausschuss notwendig ist (*BAG* 16.03.1982 EzA § 108 BetrVG 1972 Nr. 5 S. 64 = AP Nr. 3 zu § 108 BetrVG 1972 Bl. 2 R; 20.11.1984 EzA § 106 BetrVG 1972 Nr. 6 S. 29 = AP Nr. 3 zu § 106 BetrVG 1972 *[Kraft]* = SAE 1985, 354 *[Eich]*; *LAG* Schleswig-Holstein 24.11.2016 – 4 TaBV 40/16 – BeckRS 2016, 74959; *Däubler*/DKKW § 108 Rn. 6, 8; *Etzel* Rn. 934; *Fitting* § 108 Rn. 13; *Galperin*/ *Löwisch* § 108 Rn. 7; *Gamillscheg* II, § 52, 2e [2]; *v. Hoyningen-Huene* Betriebsverfassungsrecht, § 6 VI 2; *Kania*/ErfK § 108 BetrVG Rn. 6; *Richardi*/*Annuß* § 108 Rn. 13; *Schaub*/*Koch* Arbeitsrechts-Handbuch, § 243 Rn. 29; *Spirolke*/NK-GA § 108 BetrVG Rn. 3; *Steffan*/HaKo § 108 Rn. 2; *Wiese* FS *K. Molitor*, S. 365 [372]; **a. M.** *Eich* SAE 1985, 354 [354 f.]; *Joost*/MünchArbR § 231 Rn. 81). Die Teilnahme des Unternehmers an der Sitzung des Wirtschaftsausschusses ist keine konstitutive Voraussetzung für deren Rechtmäßigkeit (**a. M.** *Eich* SAE 1985, 354 [354 f.]). Deshalb steht dem Unternehmer auch kein Recht zur Teilnahme an solchen Sitzungen zu, die der Vorbereitung dienen (**a. M.** *Eich* SAE 1985, 354 [355]). Ein gegenteiliges Verständnis widerspricht dem Zweck, den das Gesetz mit der Verpflichtung des Unternehmers zur Teilnahme verfolgt. Diese soll die Rechtsstellung des Wirtschaftsausschusses stärken und die Teilnahme des Unternehmers an jeder Sitzung des Wirtschaftsausschusses sicherstellen (*BAG* 16.03.1982 EzA § 108 BetrVG 1972 Nr. 5 S. 64 = AP Nr. 3 zu § 108 BetrVG 1972 Bl. 2 R). Mit seiner Stellung als Ausschuss des Betriebsrats (s. § 106 Rdn. 13) wäre es unvereinbar, wenn hierdurch das Recht des Wirtschaftsausschusses zur Einberufung von Sitzungen eingeschränkt würde. Die funktionale Ausrichtung des Wirtschaftsausschusses auf eine Unterrichtung und Beratung mit dem Unternehmer verbietet es jedoch, dem Wirtschaftsausschuss einen mit dem Betriebsrat vergleichbaren Freiraum zur Durchführung von Sitzungen zuzubilligen. Er ist kein »Nebenbetriebsrat« für die wirtschaftlichen Angelegenheiten des Unternehmens. Deshalb müssen die Sitzungen des Wirtschaftsausschusses stets in einem unmittelbaren Zusammenhang mit der Vorbereitung oder Nachbereitung derjenigen Sitzungen stehen, die mit dem Unternehmer durchgeführt worden sind.

6. Durchführung der Sitzungen

Hinsichtlich des Zeitpunkts der Sitzung ist § 30 Satz 1 analog anzuwenden (*Däubler*/DKKW § 108 Rn. 5; *Fitting* § 108 Rn. 9; *Galperin*/*Löwisch* § 108 Rn. 2; *Hess*/HWGNRH § 108 Rn. 2; *Joost*/MünchArbR § 231 Rn. 78; *Kania*/ErfK § 108 BetrVG Rn. 5; *Preis*/WPK § 108 Rn. 1; *Richardi*/*Annuß* § 108 Rn. 9; *Rieble*/AR § 108 BetrVG Rn. 1; *Rumpff*/*Boewer* Wirtschaftliche Angelegenheiten, Kap. G Rn. 128; *Wiese* FS *K. Molitor*, S. 365 [373 f.]); in der Regel findet diese **während der Arbeitszeit** statt. Bei der Ansetzung der konkreten Sitzung hat der Wirtschaftsausschuss nicht nur auf die betrieblichen Notwendigkeiten Rücksicht zu nehmen (§ 30 Satz 2 analog; s. *Galperin*/*Löwisch* § 108 Rn. 2; *Joost*/MünchArbR § 231 Rn. 78), sondern auch zu bedenken, dass der Unternehmer nach § 108 Abs. 2 Satz 1 verpflichtet ist, an den Sitzungen des Wirtschaftsausschusses teilzunehmen (*Däubler*/DKKW § 108 Rn. 6; *Galperin*/*Löwisch* § 108 Rn. 3; *Richardi*/*Annuß* § 108 Rn. 6). Das Ge-

§ 108   *IV. 6. 1. Unterrichtung in wirtschaftlichen Angelegenheiten*

bot einer pflichtgemäßen Ausübung des Ermessens kann dazu zwingen, die Sitzung des Wirtschaftsausschusses **außerhalb der Arbeitszeit** anzusetzen (treffend *Joost*/ MünchArbR § 231 Rn. 78).

10 Soweit dies für die Teilnahme an der Sitzung erforderlich ist, sind die **Mitglieder des Wirtschaftsausschusses** von ihrer beruflichen Tätigkeit ohne Minderung des Arbeitsentgelts **freizustellen** (§ 37 Abs. 2 analog; s. näher § 107 Rdn. 38). Das gilt ebenfalls für Zeiten, die wegen der Anreise zu der Sitzung in die Arbeitszeit des Mitglieds fallen (s. a. *Weber* § 37 Rdn. 55). Muss die Sitzung wegen betrieblicher Notwendigkeiten außerhalb der Arbeitszeit stattfinden, ist **§ 37 Abs. 3 analog** anzuwenden (ebenso *Däubler/DKKW* § 108 Rn. 5; *Fitting* § 108 Rn. 9; *Galperin/Löwisch* § 108 Rn. 2; *Richardi/Annuß* § 108 Rn. 9 sowie § 107 Rdn. 34). Das betrifft insbesondere den Fall, dass die Sitzung auf Wunsch des zur Teilnahme verpflichteten Unternehmers außerhalb der Arbeitszeit durchgeführt wird (s. Rdn. 9).

11 Trotz der Sonderregelungen zur Vermeidung von Gefährdungen für die Betriebs- und Geschäftsgeheimnisse des Unternehmens (§§ 106 Abs. 2, 109; näher dazu § 106 Rdn. 141 ff. sowie § 109 Rdn. 12) ist eine vertrauliche Behandlung der im Wirtschaftsausschuss zu erörternden wirtschaftlichen Angelegenheiten unerlässlich. Nur unter dieser Voraussetzung kann sich der vom Gesetz erwartete Dialog zwischen Unternehmer und Wirtschaftsausschuss entwickeln. Deshalb rechtfertigt es der Gegenstand der Beratungen im Wirtschaftsausschuss, **§ 30 Satz 4 analog** anzuwenden; die **Sitzungen** des Wirtschaftsausschusses sind **nicht öffentlich** (für die allgemeine Ansicht *Boldt* Die AG 1972, 299 [302 f.]; *Däubler/DKKW* § 108 Rn. 7; *Fitting* § 108 Rn. 7; *Galperin/Löwisch* § 108 Rn. 2; *Gamillscheg* II, 3 52, 2e [2]; *Heither* AR-Blattei SD 530.14.4, Rn. 139; *Joost*/MünchArbR § 231 Rn. 79; *Kania*/ErfK § 108 BetrVG Rn. 5; *Richardi/Annuß* § 108 Rn. 8; *Rieble*/AR § 108 BetrVG Rn. 1; *Rumpff/Boewer* Wirtschaftliche Angelegenheiten, Kap. G Rn. 128; *Spirolke*/NK-GA § 108 BetrVG Rn. 2; *Willemsen/Lembke/HWK* § 108 BetrVG Rn. 6; *Wisskirchen* JArbR Bd. 13 [1975], 1976, S. 73 [88]). Personen, die ihm nicht als Mitglied angehören, sind nur dann teilnahmeberechtigt, wenn ihnen kraft gesetzlicher Regelung ein Teilnahmerecht (dazu Rdn. 15 ff.) zusteht (**a. M.** *Fabricius* 6. Aufl., § 108 Rn. 20). Die Teilnahme weiterer Personen und damit eine Durchbrechung des Grundsatzes der Nichtöffentlichkeit kann der Wirtschaftsausschuss weder mehrheitlich noch einstimmig beschließen (s. *Raab* § 30 Rdn. 22). Aus diesem Grunde ist der Wirtschaftsausschuss nicht berechtigt, eine ihm nicht als Mitglied angehörende Person als **Protokollführer** heranzuziehen. Dabei ist es unerheblich, ob es sich um einen Arbeitnehmer des Unternehmens oder ein Mitglied des Betriebsrats bzw. Gesamtbetriebsrats handelt (*BAG* 17.10.1990 EzA § 40 BetrVG 1972 Nr. 65 = AP Nr. 8 zu § 108 BetrVG 1972; *Hess*/HWGNRH § 108 Rn. 2; *Joost*/MünchArbR § 231 Rn. 94). Auch bei **vorbereitenden Treffen** außerhalb der mit dem Unternehmen durchgeführten Sitzungen des Wirtschaftsausschusses ist § 30 Satz 4 analog anzuwenden.

12 Der Wirtschaftsausschuss ist vom Gesetz primär als Kommunikationsorgan in die Betriebsverfassung integriert. **Beschlüsse** sind von diesem regelmäßig nicht zu fassen, aber gleichwohl bereits im Gesetz selbst angelegt (*LAG* Schleswig-Holstein 24.11.2016 – 4 TaBV 40/16 – BeckRS 2016, 74959; *Willemsen/Lembke/HWK* § 108 BetrVG Rn. 7). So setzt das in § 109 Satz 1 vorgesehene Auskunftsverlangen des Wirtschaftsausschusses denknotwendig eine interne Willensbildung voraus, die in eine Beschlussfassung einmündet (s. § 109 Rdn. 17). Deshalb ist **§ 33 entsprechend** anzuwenden, wenn die Erledigung der Aufgaben im Wirtschaftsausschuss eine Beschlussfassung erfordert (so auch *LAG Schleswig-Holstein* 24.11.2016 – 4 TaBV 40/16 – BeckRS 2016, 74959; *Boldt* Die AG 1972, 299 [302]; *Fitting* § 108 Rn. 11; *Preis/WPK* § 108 Rn. 1; *Wiese* FS *K. Molitor*, S. 365 [371 f.]).

13 Da der Wirtschaftsausschuss als Beratungsgremium grundsätzlich keine Beschlüsse fasst, wird eine **Niederschrift über die Sitzung** überwiegend als entbehrlich angesehen (so *Fitting* § 108 Rn. 8; *Heither* AR-Blattei SD 530.14.4, Rn. 143; *Preis/WPK* § 108 Rn. 1; *Reich* § 107 Rn. 1; *Richardi/Annuß* § 108 Rn. 10; *Willemsen/Lembke/HWK* § 108 BetrVG Rn. 8). Deren Anfertigung ist ihm jedoch nicht verwehrt (s. *Joost*/ MünchArbR § 231 Rn. 98; *Preis/WPK* § 108 Rn. 1; *Richardi/Annuß* § 108 Rn. 10; *Rieble*/AR § 108 BetrVG Rn. 1; *Rumpff/Boewer* Wirtschaftliche Angelegenheiten, Kap. G Rn. 131; *Ziegler/Wolff/JRH* Kap. 27 Rn. 72). Diese Auffassung ist nicht überzeugend, da der Zweck des § 34 zumindest teilweise auch bei Sitzungen des Wirtschaftsausschusses eingreift (s. a. *BAG* 17.10.1990 EzA § 40 BetrVG 1972 Nr. 65 S. 4 = AP Nr. 8 zu § 108 BetrVG 1972 Bl. 2, das eine Entscheidung zur unmittelbaren oder entsprechenden Anwendung des § 34 jedoch offen gelassen hat).

Deshalb sprechen die besseren Gründe dafür, eine Verpflichtung zur Aufnahme einer Niederschrift über die Sitzung auch für den Wirtschaftsausschuss zu bejahen (ebenso *Galperin/Löwisch* § 108 Rn. 2; *Wiese* FS *K. Molitor*, S. 365 [375 f.]; schwächer *Gamillscheg* II, § 52, 2e [4], der die Protokollierung zumindest als empfehlenswert ansieht). Eine **Abschrift der Niederschrift** ist analog § 34 Abs. 2 dem Unternehmer bzw. anderen Teilnehmern auszuhändigen (*Wiese* FS *K. Molitor*, S. 365 [379]).

Die **Kosten für die Durchführung** der Sitzung trägt der Arbeitgeber analog § 40 (s. § 107 Rdn. 45). **14** Dem einzelnen Mitglied des Wirtschaftsausschusses sind insbesondere seine **Aufwendungen für An- und Abreise** sowie gegebenenfalls erforderliche **Übernachtungen** zu erstatten (*Boldt* Die AG 1972, 299 [303 f.]; *Fitting* § 108 Rn. 10; *Heither* AR-Blattei SD 530.14.4, Rn. 142; *Richardi/Annuß* § 108 Rn. 11; *Willemsen/Lembke/HWK* § 108 BetrVG Rn. 9 sowie ausführlich *Weber* § 40 Rdn. 49 ff.).

III. Teilnahme weiterer Personen an den Sitzungen des Wirtschaftsausschusses

1. Teilnahme des Unternehmers oder seines Vertreters (§ 108 Abs. 2 Satz 1)

a) Teilnahmepflicht

Die Funktion eines Beratungsgremiums in wirtschaftlichen Angelegenheiten kann der Wirtschaftsaus- **15** schuss nur erfüllen, wenn der Unternehmer an dessen Sitzungen teilnimmt. Hierzu begründet § 108 Abs. 2 Satz 1 für ihn eine **Rechtspflicht** (»hat«). Die Teilnahme an der Sitzung steht nicht in seinem Ermessen; diese bedarf – im Unterschied zu der früheren Rechtslage (§ 69 Abs. 2 BetrVG 1952) – auch keines ausdrücklichen Antrags seitens des Wirtschaftsausschusses oder einzelner seiner Mitglieder (treffend *Däubler/DKKW* § 108 Rn. 8; *Richardi/Annuß* § 108 Rn. 12). Das Gesetz belässt es für die Teilnahme des Unternehmers bei der Begründung einer Rechtspflicht; ein gerichtlich durchsetzbarer **Anspruch gegen den Unternehmer** auf Teilnahme an der Sitzung wird zugunsten des Wirtschaftsausschusses nicht begründet. Die **wiederholte Weigerung** des Unternehmers, an einer Sitzung des Wirtschaftsausschusses teilzunehmen, kann jedoch die Rechtsfolgen des § 23 Abs. 3 nach sich ziehen (*Däubler/DKKW* § 108 Rn. 8; *Dütz* FS *H. Westermann*, S. 37 [46]; *Fitting* § 108 Rn. 13; *Galperin/Löwisch* § 108 Rn. 6; *Hess/HWGNRH* § 108 Rn. 7; *Kania/*ErfK § 108 BetrVG Rn. 6).

Das Gesetz beschränkt sich auf die Begründung einer Rechtspflicht zu Lasten des Unternehmers, die **16** das Unterrichtungs- und Beratungsrecht des Wirtschaftsausschusses absichern soll. Wegen dieses Normzwecks steht es dem Wirtschaftsausschuss frei, ein **Treffen** durchzuführen, **ohne den Unternehmer** hierzu einzuladen (s. Rdn. 8). Dieser kann sich nicht auf § 108 Abs. 2 Satz 1 stützen, um seine Teilnahme an einer (vorbereitenden) Sitzung des Wirtschaftsausschusses zu erzwingen (**a. M.** *Eich* SAE 1985, 354 [355]).

b) Person des Unternehmers

Unternehmer i. S. d. § 108 Abs. 2 Satz 1 ist der gesetzliche Vertreter des Unternehmens. Bei der **Ein-** **17** **zelfirma** muss der Inhaber teilnehmen (*Däubler/DKKW* § 108 Rn. 10; *Fitting* § 108 Rn. 12; *Galperin/Löwisch* § 108 Rn. 8; *Hess/HWGNRH* § 108 Rn. 6; *Joost/*MünchArbR § 231 Rn. 82; *Löwisch/LK* § 108 Rn. 4; *Richardi/Annuß* § 108 Rn. 14; *Weber/Ehrich/Hörchens/Oberthür* Kap. B Rn. 415), bei **Personengesellschaften** sind dies die zur Vertretung oder Geschäftsführung berufenen Gesellschafter (*Däubler/DKKW* § 108 Rn. 10; *Fitting* § 108 Rn. 12; *Galperin/Löwisch* § 108 Rn. 8; *Hess/HWGNRH* § 108 Rn. 5; *Joost/*MünchArbR § 231 Rn. 82; *Löwisch/LK* § 108 Rn. 4; *Richardi/Annuß* § 108 Rn. 14; *Weber/Ehrich/Hörchens/Oberthür* Kap. B Rn. 415). **Juristische Personen** sind als solche nicht handlungsfähig, so dass sich die Teilnahmepflicht bei ihnen an die **Mitglieder des Organs** richtet, das die juristische Person im Rechtsverkehr vertritt (*Däubler/DKKW* § 108 Rn. 10; *Fitting* § 108 Rn. 12; *Joost/*MünchArbR § 231 Rn. 82; *Löwisch/LK* § 108 Rn. 4; *Richardi/Annuß* § 108 Rn. 14; *Weber/Ehrich/Hörchens/Oberthür* Kap. B Rn. 415). Bei Aktiengesellschaften ist dies der Vorstand (§§ 76, 78 AktG), bei Gesellschaften mit beschränkter Haftung die Geschäftsführung (§ 35 GmbHG) und bei Genossenschaften der Vorstand (§ 24 GenG).

Vertreten **mehrere Personen** das Unternehmen im Rechtsverkehr, sind nicht alle verpflichtet, an der **18** Sitzung des Wirtschaftsausschusses teilzunehmen. Es genügt, wenn dies durch einen der vertretungsberechtigten Gesellschafter bzw. ein Mitglied des vertretungsberechtigten Organs geschieht (*Däubler/ DKKW* § 108 Rn. 10; *Joost/*MünchArbR § 231 Rn. 82; *Löwisch/LK* § 108 Rn. 4; *Richardi/Annuß* § 108 Rn. 14, 16; *Rieble/*AR § 108 BetrVG Rn. 2; *Weber/Ehrich/Hörchens/Oberthür* Kap. B Rn. 415; *Ziegler/Wolff/JRH* Kap. 27 Rn. 74). Der Wirtschaftsausschuss kann nicht verlangen, dass der gesamte Vorstand bzw. die gesamte Geschäftsführung an der Sitzung teilnimmt.

19 Die **Auswahl der Person**, die als »Unternehmer« an der Sitzung des Wirtschaftsausschusses teilnimmt, nehmen die vertretungsberechtigten Gesellschafter bzw. die Organmitglieder vor (vgl. *Richardi/Annuß* § 108 Rn. 16). Die Auswahlentscheidung haben sie nach **pflichtgemäßem Ermessen** unter Berücksichtigung der im Wirtschaftsausschuss zu beratenden Angelegenheiten zu treffen. Es ist nicht nur ein Gebot vertrauensvoller Zusammenarbeit (so *Richardi/Annuß* § 108 Rn. 16), sondern unmittelbarer Bestandteil der in § 108 Abs. 2 Satz 1 begründeten Rechtspflicht zur Teilnahme, lediglich Personen mit den für die Beratung und Unterrichtung des Wirtschaftsausschusses notwendigen Kenntnissen auszuwählen. Bei vertretungsberechtigten Organen mit **aufgeteilten Zuständigkeitsbereichen** entspricht es grundsätzlich nur dann einer pflichtgemäßen Ermessensausübung, wenn das für die jeweilige Angelegenheit **zuständige Organmitglied** teilnimmt (*Fitting* § 108 Rn. 16). Bei Unternehmen, die dem MitbestG oder dem Montan-MitbestG unterliegen, ist das nicht zwingend der **Arbeitsdirektor** (*Fitting* § 108 Rn. 16; *Joost/* MünchArbR § 231 Rn. 82; *Richardi/Annuß* § 108 Rn. 16; *Schaub/Koch* Arbeitsrechts-Handbuch, § 243 Rn. 29; *Stege/Weinspach/Schiefer* §§ 106–109 Rn. 24a; *Willemsen/Lembke/HWK* § 108 BetrVG Rn. 14; **a. M.** *Löwisch/LK* § 108 Rn. 4, der dessen Teilnahme als ausreichend ansieht). Das gilt insbesondere, wenn der Wirtschaftsausschuss über die wirtschaftliche Lage und Entwicklung des Unternehmens zu unterrichten ist. Deshalb zählt die Unterrichtung des Wirtschaftsausschusses und die Beratung mit diesem nicht zu dem durch § 33 MitbestG und § 13 Montan-MitbestG gesicherten Kernbereich von Angelegenheiten, die dem Arbeitsdirektor nicht entzogen werden dürfen (ebenso *Fitting* § 108 Rn. 16; *Richardi/Annuß* § 108 Rn. 16; *Weber/Ehrich/ Hörchens/Oberthür* Kap. B Rn. 415; wohl auch *Rieble/*AR § 108 BetrVG Rn. 2).

20 Die Funktion des Wirtschaftsausschusses sowie der Zweck der Teilnahmepflicht beschränkt lediglich das Auswahlermessen der Gesellschafter bzw. Organmitglieder, ein unmittelbarer **Anspruch des Wirtschaftsausschusses oder des Betriebsrats** auf Teilnahme eines bestimmten Gesellschafters oder Organmitglieds folgt hieraus nicht (*Däubler/DKKW* § 108 Rn. 12; *Fitting* § 108 Rn. 15; *Hess/ HWGNRH* § 108 Rn. 7; *Preis/WPK* § 108 Rn. 2; *Richardi/Annuß* § 108 Rn. 17; *Spirolke/*NK-GA § 108 BetrVG Rn. 3; *Willemsen/Lembke/*HWK § 108 BetrVG Rn. 13). Werden bei der Auswahlentscheidung die Grenzen einer pflichtgemäßen Ermessensausübung überschritten, so kann hierin eine Verletzung der gesetzlichen Pflichten i. S. d. § 23 Abs. 3 liegen.

c) Teilnahme durch Vertreter

21 Die Teilnahmepflicht des § 108 Abs. 2 Satz 1 kann der Unternehmer entweder selbst oder durch seinen Vertreter erfüllen. Das Gesetz verlangt, dass es sich um »seinen« Vertreter handelt. Wegen dieser Wortwahl reicht die Teilnahme irgendeines Vertreters nicht aus (*Däubler/DKKW* § 108 Rn. 11; *Fitting* § 108 Rn. 14; *Hess/HWGNRH* § 108 Rn. 7; *Reich* § 108 Rn. 2; *Richardi/Annuß* § 108 Rn. 15; *Stege/Weinspach/Schiefer* §§ 106–109 Rn. 24b; **a. M.** *Joost/* MünchArbR § 231 Rn. 83). Insbesondere genügt der Unternehmer seiner Teilnahmepflicht nicht durch die Entsendung eines *ad-hoc* für die jeweilige Sitzung des Wirtschaftsausschusses Bevollmächtigten (*Dütz* FS *H. Westermann*, S. 37 [42 f.]; *Galperin/Löwisch* § 108 Rn. 9; *Löwisch/LK* § 108 Rn. 5; *Richardi/Annuß* § 108 Rn. 15; **a. M.** *Joost/*MünchArbR § 231 Rn. 83).

22 Eine Person ist deshalb nur dann Vertreter i. S. d. § 108 Abs. 2 Satz 1, wenn sie den Unternehmer auch außerhalb des Kontakts mit dem Wirtschaftsausschuss vertritt. Dafür ist eine unbeschränkte Vertretungsmacht nicht erforderlich. Es genügt, wenn diese zwar auf die im Wirtschaftsausschuss zu beratende Angelegenheit begrenzt ist, der Vertreter aber den Unternehmer insoweit ebenfalls gegenüber Dritten, insbesondere auch innerhalb des Unternehmens vertritt (*Galperin/Löwisch* § 108 Rn. 9; *Hess/HWGNRH* § 108 Rn. 7; *Richardi/Annuß* § 108 Rn. 15; *Rieble/*AR § 108 BetrVG Rn. 3; *Schaub/Koch* Arbeitsrechts-Handbuch, § 243 Rn. 29). Als Vertreter i. S. d. § 108 Abs. 2 Satz 1 kommt auch ein **Prokurist** in Betracht. Allerdings darf es sich – ebenso wie bei § 5 Abs. 3 Satz 2 Nr. 2 (s. dazu *Raab* § 5 Rdn. 193) – nicht lediglich um einen Titularprokuristen handeln (*Richardi/Annuß* § 108

Rn. 15). Vielmehr muss er unternehmerische Teilaufgaben innerhalb des Unternehmens wahrnehmen (*Richardi/Annuß* § 108 Rn. 15), so dass der Prokurist regelmäßig nach § 5 Abs. 3 Satz 2 Nr. 2 leitender Angestellter ist. Für die Vertretereigenschaft i. S. d. § 108 Abs. 2 Satz 1 ist dieser Status jedoch nicht zwingend. Der zuständige Abteilungsleiter oder Sachbearbeiter scheidet als Vertreter i. S. d. § 108 Abs. 2 Satz 1 aus (*Galperin/Löwisch* § 108 Rn. 9); ihn kann der Unternehmer aber nach § 108 Abs. 2 Satz 2 als sachkundigen Arbeitnehmer zu der Sitzung des Wirtschaftsausschusses hinzuziehen (s. Rdn. 24).

Ob der Unternehmer selbst oder sein Vertreter an der Sitzung teilnimmt, entscheidet der Unternehmer in eigener Verantwortung (*Fitting* § 108 Rn. 15; *Preis/WPK* § 108 Rn. 2; *Richardi/Annuß* § 108 Rn. 16). Das Gesetz nennt **beide Formen der Teilnahme** an der Sitzung des Wirtschaftsausschusses als **gleichwertige Alternativen**, so dass der Unternehmer bei seiner Entscheidung kein pflichtgebundenes, sondern ein freies Ermessen ausübt (treffend *Joost/*MünchArbR § 231 Rn. 84; *Preis/WPK* § 108 Rn. 2; *Spirolke/*NK-GA § 108 BetrVG Rn. 3; **a. M.** *Däubler/DKKW* § 108 Rn. 12) und nicht darauf beschränkt ist, seinen Vertreter nur im Verhinderungsfall zu einer Sitzung des Wirtschaftsausschusses zu entsenden (wie hier auch *Richardi/Annuß* § 108 Rn. 16; *Stege/Weinspach/Schiefer* §§ 106–109 Rn. 24b; **a. M.** *Fitting* § 108 Rn. 14; ähnlich restriktiv *Däubler/DKKW* § 108 Rn. 13). Weder dem Wirtschaftsausschuss noch dem Betriebsrat steht deshalb ein Anspruch zu, dass der Unternehmer selbst an der Sitzung des Wirtschaftsausschusses teilnimmt (vgl. *Däubler/DKKW* § 108 Rn. 12; *Dütz* FS *H. Westermann*, S. 37 [43]; *Fitting* § 108 Rn. 15; *Hess/HWGNRH* § 108 Rn. 7; *Joost/*MünchArbR § 231 Rn. 84; *Preis/WPK* § 108 Rn. 2; *Richardi/Annuß* § 108 Rn. 2; *Spirolke/* NK-GA § 108 BetrVG Rn. 3; *Weber/Ehrich/Hörchens/Oberthür* Kap. B Rn. 417). Ebenso besteht kein Anspruch auf Teilnahme eines bestimmten Vertreters (*Däubler/DKKW* § 108 Rn. 12; *Joost/*MünchArbR § 231 Rn. 84; *Richardi/Annuß* § 108 Rn. 17).

2. Hinzuziehung sachkundiger Arbeitnehmer (§ 108 Abs. 2 Satz 2)

Zur Teilnahme an Sitzungen des Wirtschaftsausschusses sind ferner Arbeitnehmer berechtigt, die vom Unternehmer zu diesen hinzugezogen werden (§ 108 Abs. 2 Satz 2). In der Regel handelt es sich um den für die betreffende Angelegenheit zuständigen **Abteilungsleiter** oder **Sachbearbeiter** (*Galperin/Löwisch* § 108 Rn. 10 sowie § 69 Abs. 2 BetrVG 1952, der dies noch ausdrücklich hervorhob). Ob der Unternehmer hiervon Gebrauch macht, entscheidet er allein (*Fitting* § 108 Rn. 17; *Richardi/ Annuß* § 108 Rn. 18; *Rieble/*AR § 108 BetrVG Rn. 4; *Spirolke/*NK-GA § 108 BetrVG Rn. 4). Das gilt auch für die **Zahl** der von ihm hinzugezogenen Personen (*Däubler/DKKW* § 108 Rn. 20; *Fitting* § 108 Rn. 17; *Kania/*ErfK § 108 BetrVG Rn. 7; *Preis/WPK* § 108 Rn. 3; *Richardi/Annuß* § 108 Rn. 18; *Schaub/Koch* Arbeitsrechts-Handbuch, § 243 Rn. 29; *Spirolke/*NK-GA § 108 BetrVG Rn. 4; *Wisskirchen* JArbR Bd. 13 [1975], 1976, S. 73 [88]). Weder der Wirtschaftsausschuss noch der Betriebsrat kann vom Unternehmer verlangen, eine bestimmte Zahl von Arbeitnehmern oder eine **namentlich benannte Person** zu der Sitzung des Wirtschaftsausschusses hinzuzuziehen. Ebensowenig steht dem Wirtschaftsausschuss ein **Vetorecht** gegen die Teilnahme eines Arbeitnehmers zu (*Wisskirchen* JArbR Bd. 13 [1975], 1976, S. 73 [88]).

Dem **Vertreter des Unternehmers** (zu diesem Rdn. 21 f.) steht das Recht auf Hinzuziehung sachkundiger Arbeitnehmer ebenfalls zu, wenn er statt des Unternehmers an der Sitzung des Wirtschaftsausschusses teilnimmt (*Däubler/DKKW* § 108 Rn. 20).

Der **Wirtschaftsausschuss** soll demgegenüber nicht berechtigt sein, sachkundige Arbeitnehmer hinzuzuziehen (so *Gerhard/*HLS § 108 Rn. 7; *Joost/*MünchArbR § 231 Rn. 85; *Preis/WPK* § 108 Rn. 3; *Richardi/Annuß* § 108 Rn. 18; *Rieble/*AR § 108 BetrVG Rn. 4; *Willemsen/Lembke/HWK* § 108 BetrVG Rn. 22; **a. M.** *Däubler/DKKW* § 108 Rn. 22; *Fabricius* 6. Aufl., § 108 Rn. 20, 24). Wegen der fachlichen Eignung der Mitglieder (dazu § 107 Rdn. 15 ff.) sowie der Befugnis, Sachverständige hinzuzuziehen (§ 108 Abs. 2 Satz 3; dazu Rdn. 33 ff.), fehlt selbst für eine entsprechende Anwendung des § 108 Abs. 2 Satz 2 zugunsten des Wirtschaftsausschusses eine tragfähige methodische Grundlage (treffend *Karb* Indienstnahme, S. 74 ff.; *Radtke* Externer Sachverstand im Betriebsverfassungsrecht [Diss. Hannover 2013], 2014, S. 205 ff.). Die mit dem BetrVerf-ReformG eingefügte Bestimmung des **§ 80 Abs. 2 Satz 4**, nach der der Arbeitgeber dem Betriebsrat sachkundige Arbeitnehmer als Auskunftspersonen zur Verfügung stellen muss, erfordert jedoch eine andere Bewertung, da die Vorschrift nicht nur für den »Betriebsrat« als Organ, sondern analog auch für die von ihm gebildeten Ausschüsse gilt, denen er Aufgaben zur selbständigen Erledigung übertragen hat (s. *Oetker* NZA 2003, 1233 [1234] sowie *Weber* § 80 Rdn. 134). Damit gilt § 80 Abs. 2 Satz 4 jedenfalls dann, wenn der Betriebsrat bzw. Gesamtbetriebsrat die Aufgabe des Wirtschaftsausschusses gemäß § 107 auf einen Ausschuss des Betriebsrats bzw. Gesamtbetriebsrats übertragen hat. Deshalb sprechen gute Gründe dafür, § 80 Abs. 2 Satz 4 auch für den Wirtschaftsausschuss entsprechend anzuwenden (ebenso *Karb* Indienstnahme, S. 80 ff.; *Oetker* NZA 2003, 1233 [1234]; wohl auch *Däubler/DKKW* § 108 Rn. 22; **a. M.** *Löwisch/LK* § 108 Rn. 8; *Rieble*/AR § 108 BetrVG Rn. 4; *Willemsen/Lembke/HWK* § 108 BetrVG Rn. 22; offen *Radtke* Externer Sachverstand im Betriebsverfassungsrecht [Diss. Hannover 2013], 2014, S. 207). Wegen der vom Gesetz für die Mitglieder des Wirtschaftsausschusses geforderten fachlichen Eignung bedarf es jedoch stets einer sorgfältigen Prüfung, ob die Auskunftserteilung durch einen sachkundigen Arbeitnehmer im Einzelfall »erforderlich« ist (s. a. Rdn. 34).

27 Das Recht zur Hinzuziehung beschränkt § 108 Abs. 2 Satz 2 auf Arbeitnehmer i. S. d. BetrVG, erweitert diesen Kreis jedoch um die leitenden Angestellten i. S. d. § 5 Abs. 3. Personen, denen die **Arbeitnehmereigenschaft** fehlt, darf der Unternehmer nicht hinzuziehen. Das betrifft insbesondere solche, die aufgrund eines **Dienst- oder Werkvertrages** (z. B. Unternehmensberater) für das Unternehmen tätig sind (s. a. Rdn. 32). Dem Unternehmer ist es deshalb verwehrt, Personen zu der Sitzung des Wirtschaftsausschusses hinzuzuziehen, die das Unternehmen in den Angelegenheiten des § 106 Abs. 3 auf einer anderen als einer arbeitsvertraglichen Rechtsgrundlage beraten oder konzeptionell unterstützen (näher *Karb* Indienstnahme, S. 34 ff.). Entsprechendes gilt für Personen, die an der Erstellung des Jahresabschlusses mitgewirkt haben (§ 108 Abs. 5). So kommt z. B. hinsichtlich des **Abschlussprüfers** eine Hinzuziehung nach § 108 Abs. 2 Satz 2 nicht in Betracht.

28 § 108 Abs. 2 begründet die Befugnis zur Heranziehung nur bezüglich solcher Arbeitnehmer, die dem **Unternehmen angehören**, in dem der Wirtschaftsausschuss gebildet worden ist, an dessen Sitzung sie teilnehmen sollen. **Arbeitnehmer anderer Unternehmen** darf der Unternehmer nicht zu der Sitzung mit dem Wirtschaftsausschuss hinzuziehen (zust. *Willemsen/Lembke/HWK* § 108 BetrVG Rn. 16; ebenso *Karb* Indienstnahme, S. 48 f.). Das gilt auch, wenn es sich um Arbeitnehmer von **Konzernunternehmen** handelt (*Karb* Indienstnahme, S. 49 f.). Dem Vorstand eines abhängigen Unternehmens ist es deshalb verwehrt, zu der Sitzung des Wirtschaftsausschusses Arbeitnehmer hinzuzuziehen, die bei der Konzernobergesellschaft beschäftigt sind. Selbst wenn diese im Rahmen einer Konzernentwicklungsplanung wirtschaftliche Angelegenheiten i. S. d. § 106 Abs. 3 bearbeiten, die das abhängige Unternehmen unmittelbar oder mittelbar betreffen, kann der Unternehmer sie nicht nach § 108 Abs. 2 Satz 2 hinzuziehen. Bezüglich der im Unternehmen tätigen **Leiharbeitnehmer** sprechen hingegen gute Gründe für eine analoge Anwendung des § 108 Abs. 2 Satz 2 (näher *Karb* Indienstnahme, S. 45 ff.).

29 Der vom Unternehmer hinzugezogene Arbeitnehmer muss im Hinblick auf die im Wirtschaftsausschuss zu beratenden Angelegenheiten sachkundig sein. Fehlt ihm die von § 108 Abs. 2 Satz 2 ausdrücklich geforderte **Sachkunde**, dann ist der Unternehmer nicht berechtigt, den Arbeitnehmer zu der Sitzung des Wirtschaftsausschusses hinzuzuziehen (s. Rdn. 32). Der Wirtschaftsausschuss kann ihm den Zutritt zu der Sitzung verweigern, gegebenenfalls ist im Rahmen eines arbeitsgerichtlichen Beschlussverfahrens zu klären, ob der Unternehmer zur Hinzuziehung der betreffenden Person berechtigt ist (s. Rdn. 76).

30 Aus dem Umstand, dass der Arbeitnehmer vom Unternehmer für die Sitzung hinzugezogen werden muss, folgt indirekt, dass dieser dem Wirtschaftsausschuss **nicht** als **dessen Mitglied** angehören darf. Das ist insbesondere bei leitenden Angestellten relevant, wenn der Betriebsrat diese zu Mitgliedern des Wirtschaftsausschusses bestimmt hat (§ 107 Abs. 2 Satz 3; dazu § 107 Rdn. 11). In diesem Fall kann der Unternehmer sie nicht mehr nach § 108 Abs. 2 Satz 2 zu Sitzungen des Wirtschaftsausschusses hinzuziehen.

31 Die Verpflichtung des vom Unternehmer ausgewählten **Arbeitnehmers zur Teilnahme** an der Sitzung des Wirtschaftsausschusses richtet sich nach dem Rechtsverhältnis zwischen ihm und dem Unternehmer. Regelmäßig ist die Teilnahme an der Sitzung des Wirtschaftsausschusses Bestandteil seiner

arbeitsvertraglich geschuldeten Pflicht zur Arbeitsleistung (ebenso *Dütz* FS *H. Westermann*, S. 37 [43], für leitende Angestellte). Liegt die Sitzung außerhalb seiner individuellen Arbeitszeit, so beurteilt es sich nach dem Arbeitsvertrag des hinzugezogenen Arbeitnehmers, ob er zur Teilnahme verpflichtet ist, wobei die Schranken des gesetzlichen und des tariflichen Arbeitszeitrechts zu beachten sind. Ob dem Arbeitnehmer eine **Mehrarbeitsvergütung** zusteht, ist ebenfalls nach dem Arbeitsvertrag zu entscheiden, § 37 Abs. 3 ist nicht analog anwendbar. Hinsichtlich der in der Sitzung des Wirtschaftsausschusses bekannt gewordenen **Betriebs- und Geschäftsgeheimnisse** unterliegt der hinzugezogene Arbeitnehmer einer Geheimhaltungspflicht. Sie folgt wegen der abschließenden Aufzählung in § 79 nicht aus dieser Vorschrift, sondern aus den arbeitsvertraglichen Nebenpflichten (ebenso *Dütz* FS *H. Westermann*, S. 37 [43]; *Fitting* § 108 Rn. 17; *Joost*/MünchArbR § 231 Rn. 85; *Weber/Ehrich/Hörchens/Oberthür* Kap. B Rn. 419; *Willemsen/Lembke*/HWK § 108 BetrVG Rn. 17; im Ergebnis auch *Richardi/Annuß* § 108 Rn. 19; **a. M.** *Fabricius* 6. Aufl., § 108 Rn. 26; näher auch § 79 Rdn. 86 f.) und hängt deshalb nicht davon ab, dass der Unternehmer ein Betriebs- oder Geschäftsgeheimnis als geheimhaltungsbedürftig bezeichnet hat. Offenbaren die vom Unternehmer hinzugezogenen Arbeitnehmer unbefugt ein Betriebs- oder Geschäftsgeheimnis, so ist dies nach § 120 Abs. 1 Nr. 4 strafbar (näher dazu § 120 Rdn. 35; s. a. *Hess*/HWGNRH § 108 Rn. 9; *Richardi/Annuß* § 108 Rn. 19, die aus der Strafbestimmung die Pflicht zur Verschwiegenheit ableiten).

Personen, die die Voraussetzungen des § 108 Abs. 2 Satz 2 nicht erfüllen, darf der Unternehmer nicht zu der Sitzung des Wirtschaftsausschusses hinzuziehen (s. Rdn. 29). Das gilt auch für **Sachverständige**, die keine Arbeitnehmer des Unternehmens sind (**a. M.** *Dütz* FS *H. Westermann*, S. 37 [44]; *Fabricius* 6. Aufl., § 108 Rn. 28; *Galperin/Löwisch* § 108 Rn. 15; *Hess*/HWGNRH § 108 Rn. 10; *Richardi/Annuß* § 108 Rn. 21; *Schaub/Koch* Arbeitsrechts-Handbuch, § 243 Rn. 30; *Ziegler/Wolff*/JRH Kap. 27 Rn. 79). Andernfalls würde gegen die **Nichtöffentlichkeit der Sitzung** des Wirtschaftsausschusses (s. Rdn. 12) verstoßen. Diese steht nicht zur Disposition des Unternehmers; auch ein Einverständnis des Wirtschaftsausschusses mit der Hinzuziehung anderer als der in § 108 Abs. 2 Satz 2 genannten Personen ist nicht in der Lage, das Gebot der Nichtöffentlichkeit zu durchbrechen (**a. M.** *Däubler/DKKW* § 108 Rn. 21; *Fabricius* 6. Aufl., § 108 Rn. 28; *Fitting* § 108 Rn. 18; *Galperin/Löwisch* § 108 Rn. 15; *Willemsen/Lembke*/HWK § 108 BetrVG Rn. 20), da der Wirtschaftsausschuss ebenfalls nicht über die Nichtöffentlichkeit der Sitzung disponieren kann (s. Rdn. 12). Die Sonderregelung des § 108 Abs. 2 Satz 3 regelt nicht den Fall, dass der Unternehmer einen Sachverständigen zu der Sitzung des Wirtschaftsausschusses hinzuziehen will (s. Rdn. 33). **32**

3. Hinzuziehung von Sachverständigen (§ 108 Abs. 2 Satz 3)

Die Hinzuziehung von Sachverständigen regelt § 108 Abs. 2 Satz 3 und erklärt insoweit § 80 Abs. 3 und 4 für entsprechend anwendbar. Wegen dieser Verweisung betrifft § 108 Abs. 2 Satz 3 nicht die Frage, ob der **Unternehmer** berechtigt ist, Sachverständige zu den Sitzungen des Wirtschaftsausschusses hinzuzuziehen (*Däubler/DKKW* § 108 Rn. 21; *Dütz* FS *H. Westermann*, S. 37 [44]; *Galperin/Löwisch* § 108 Rn. 15; *Hess*/HWGNRH § 108 Rn. 10; *Richardi/Annuß* § 108 Rn. 21; *Willemsen/Lembke*/HWK § 108 BetrVG Rn. 20; **a. M.** *Fitting* § 108 Rn. 18; *Kania*/ErfK § 108 BetrVG Rn. 8; *Weiss/Weyand* § 108 Rn. 7). Weder die Bindung an die Erforderlichkeit (dazu Rdn. 34) noch die Notwendigkeit einer Vereinbarung des Unternehmers mit dem Betriebsrat (hierzu unten Rdn. 35) wäre in dieser Konstellation sachgerecht. Die Vorschrift des § 108 Abs. 2 Satz 3 gilt deshalb nur für die Voraussetzungen, unter denen der **Wirtschaftsausschuss** zu seiner Unterstützung Sachverständige hinzuziehen darf. Zur Frage, ob der Wirtschaftsausschuss berechtigt ist, analog § 80 Abs. 2 Satz 3 **sachkundige Arbeitnehmer** hinzuzuziehen, s. Rdn. 26. Die ausdrückliche Verweisung in § 108 Abs. 2 Satz 3 steht einer entsprechenden Anwendung von **§ 111 Satz 2** selbst dann entgegen, wenn der Wirtschaftsausschuss zu einer bevorstehenden Betriebsänderung beteiligt wird (ebenso im Ergebnis *Radtke* Externer Sachverstand im Betriebsverfassungsrecht [Diss. Hannover], 2014, S. 222 ff.). Für die Hinzuziehung eines Beraters mögen zwar gute Gründe streiten, diese alleine überwinden aber nicht die methodischen Voraussetzungen für eine Rechtsfortbildung. **33**

Wegen der Anordnung einer entsprechenden Anwendung des § 80 Abs. 3 ist der Wirtschaftsausschuss grundsätzlich berechtigt, Sachverständige zur Erfüllung seiner Aufgaben hinzuzuziehen. Allerdings führt die entsprechende Anwendung des § 80 Abs. 3 dazu, dass ihm dies nur in den **Grenzen der Er-** **34**

forderlichkeit gestattet ist. Die These, dem Wirtschaftsausschuss sei jederzeit ein eigener Sachverständiger zur Verfügung zu stellen, um gleiche Argumentationschancen zu sichern (so *Däubler/DKKW* § 108 Rn. 21, 25; ähnlich *Fitting* § 108 Rn. 19; **a. M.** *Radtke* Externer Sachverstand im Betriebsverfassungsrecht [Diss. Hannover 2013], 2014, S. 201), ist damit unvereinbar und findet im Gesetz keine Stütze. Bei der Erforderlichkeitsprüfung ist zudem zu berücksichtigen, dass der Betriebsrat bei einer pflichtgemäßen Auswahlentscheidung wegen § 107 Abs. 1 Satz 3 nur fachlich geeignete Personen zu Mitgliedern des Wirtschaftsausschusses bestimmt hat (s. § 107 Rdn. 17 ff.). Deshalb kommt eine Hinzuziehung von Sachverständigen nur in besonders gelagerten **Ausnahmefällen** für die ordnungsgemäße Erfüllung der Aufgaben des Wirtschaftsausschusses in Betracht (*BAG* 18.07.1978 EzA § 108 BetrVG 1972 Nr. 3 S. 27 *[Richardi]* = AP Nr. 1 zu § 108 BetrVG 1972 Bl. 3 R *[Boldt]*; *ArbG Berlin* 27.10.1976 DB 1977, 963 [963]; *Etzel* Rn. 962; *Fitting* § 107 Rn. 18; *Galperin/Löwisch* § 107 Rn. 10, § 108 Rn. 13; *Hess/HWGNRH* § 108 Rn. 11; *Joost/*MünchArbR § 231 Rn. 93; *Preis/WPK* § 108 Rn. 4; *Radtke* Externer Sachverstand im Betriebsverfassungsrecht [Diss. Hannover 2013], 2014, S. 211 ff.; *Richardi/Annuß* § 107 Rn. 9; *Schaub/Koch* Arbeitsrechts-Handbuch, § 243 Rn. 30; *Spirolke/*NK-GA § 108 BetrVG Rn. 4; *Stege/Weinspach/Schiefer* §§ 106–109 Rn. 9; *Willemsen/Lembke/ HWK* § 108 BetrVG Rn. 19; *Wisskirchen* JArbR Bd. 13 [1975], 1976, S. 73 [88 f.]; großzügiger *Däubler/DKKW* § 108 Rn. 25; *Fitting* § 108 Rn. 19). Das gilt auch für die im Hinblick auf das Verständnis des **Jahresabschlusses** notwendigen betriebswirtschaftlichen Grundkenntnisse. Erst wenn die Erläuterungen des Unternehmers (§ 108 Abs. 5, dazu Rdn. 69) oder eines hinzugezogenen sachkundigen Arbeitnehmers nicht ausreichen, kommt die Hinzuziehung eines Sachverständigen in Betracht (*BAG* 18.07.1978 EzA § 108 BetrVG 1972 Nr. 3 S. 29 *[Richardi]* = AP Nr. 1 zu § 108 BetrVG 1972 Nr. 1 Bl. 4 R *[Boldt]*; großzügiger indes *Gamillscheg* Anm. zu *LAG Düsseldorf* 01.10.1974 EzA § 106 BetrVG 1972 Nr. 1; *Herschel* AuR 1980, 21 [22 f.]). Der **Begriff des Sachverständigen** in § 108 Abs. 2 Satz 3 ist mit demjenigen in § 80 Abs. 3 identisch (*Richardi/Annuß* § 108 Rn. 20 sowie näher *Weber* § 80 Rdn. 158 ff.).

35 Die Hinzuziehung eines Sachverständigen hängt davon ab, dass hierüber eine **Vereinbarung** abgeschlossen wird (*Däubler/DKKW* § 108 Rn. 24; *Fitting* § 108 Rn. 19; *Galperin/Löwisch* § 108 Rn. 14; *Richardi/Annuß* § 108 Rn. 21; *Weber/Ehrich/Hörchens/Oberthür* Kap. B Rn. 427). Aufgrund der Verweisung in § 108 Abs. 2 Satz 3 gelten hinsichtlich der weiteren Einzelheiten die Grundsätze zu § 80 Abs. 3 (zu diesen näher *Weber* § 80 Rdn. 154 ff. sowie *Herschel* AuR 1980, 21 [22]). Wegen der entsprechenden Anwendung des § 80 Abs. 3 ist die Vereinbarung zwischen dem Unternehmer und dem **Betriebsrat** bzw. **Gesamtbetriebsrat** abzuschließen (*Hess/HWGNRH* § 108 Rn. 10; *Löwisch/LK* § 108 Rn. 7; *Radtke* Externer Sachverstand im Betriebsverfassungsrecht [Diss. Hannover 2013], 2014, S. 216 f.; *Richardi/Annuß* § 108 Rn. 21; *Rieble/*AR § 108 BetrVG Rn. 5; **a. M.** *Däubler/DKKW* § 108 Rn. 24; *Fitting* § 108 Rn. 19; *Herschel* AuR 1980, 21 [21]; *Spirolke/*NK-GA § 108 BetrVG Rn. 4; *Willemsen/Lembke/HWK* § 108 BetrVG Rn. 18, die eine Vereinbarung des Unternehmers mit dem Wirtschaftsausschuss fordern). Eine eigenständige **Vereinbarungsbefugnis des Wirtschaftsausschusses** (hierfür noch *Richardi/Annuß* 8. Aufl., § 108 Rn. 21: alternativ zu Betriebsrat bzw. Gesamtbetriebsrat) ist nicht anzuerkennen (treffend *Radtke* Externer Sachverstand im Betriebsverfassungsrecht [Diss. Hannover 2013], 2014, S. 217). Diese wäre mit seiner Hilfsfunktion für den Betriebsrat (s. § 106 Rdn. 10) nicht vereinbar. Es obliegt ausschließlich dem Betriebsrat bzw. Gesamtbetriebsrat, von dem Unternehmer den Abschluss einer Vereinbarung über die Hinzuziehung eines Sachverständigen durch den Wirtschaftsausschuss zu verlangen. Im Streitfall entscheidet hierüber das **Arbeitsgericht** im Beschlussverfahren (*BAG* 18.07.1978 EzA § 108 BetrVG 1972 Nr. 3 *[Richardi]* = AP Nr. 1 zu § 108 BetrVG 1972 Bl. 2 *[Boldt]*; *Dütz* FS *H. Westermann*, S. 37 [44]; *Etzel* Rn. 964; *Fitting* § 108 Rn. 19; *Galperin/Löwisch* § 108 Rn. 14; *Herschel* AuR 1980, 21 [24]; *Radtke* Externer Sachverstand im Betriebsverfassungsrecht [Diss. Hannover 2013], 2014, S. 219; *Richardi/Annuß* § 108 Rn. 21; *Stege/Weinspach/Schiefer* §§ 106–109 Rn. 28). Zur **Antragsberechtigung** des **Betriebsrats** bzw. Gesamtbetriebsrats s. *BAG* 18.07.1978 EzA § 108 BetrVG 1972 Nr. 3 *(Richardi)* = AP Nr. 1 zu § 108 BetrVG 1972 Bl. 2 *(Boldt)*; **a. M.** *Herschel* AuR 1980, 21 (24). Zur Antragsberechtigung des **Wirtschaftsausschusses** s. § 107 Rdn. 63.

36 Die vom Wirtschaftsausschuss hinzugezogenen Sachverständigen sind zur **Verschwiegenheit** verpflichtet. Wegen der Verweisung in § 108 Abs. 2 Satz 3 auf § 80 Abs. 4 und der dortigen Verweisung auf § 79 bestimmt sich der Umfang der Geheimhaltungspflicht nach § 79. Deren Verletzung stellt

§ 120 Abs. 1 Nr. 3 unter Strafe. Auch der für den Wirtschaftsausschuss tätige Sachverständige ist wegen der in § 108 Abs. 2 Satz 3 angeordneten entsprechenden Anwendung »vom Betriebsrat nach § 80 Abs. 3 hinzugezogen« (im Ergebnis auch *Radtke* Externer Sachverstand im Betriebsverfassungsrecht [Diss. Hannover 2013], 2014, S. 218 f.; **a. M.** jedoch *Willemsen/Lembke/HWK* § 108 BetrVG Rn. 21).

4. Hinzuziehung von Gewerkschaftsbeauftragten

a) Entsprechende Anwendung des § 31

Die §§ 106 ff. schweigen auf die Frage, ob zu den Sitzungen des Wirtschaftsausschusses Gewerkschaftsbeauftragte hinzugezogen werden können. Aus dem Umstand, dass § 108 Abs. 2 eine Hinzuziehung des Gewerkschaftsbeauftragten nicht vorsieht und eine ausdrückliche Verweisung auf § 31 fehlt, wird teilweise gefolgert, eine beratende Teilnahme von Beauftragten der Gewerkschaft an den Sitzungen des Wirtschaftsausschusses sei nicht zulässig (so insbesondere *Zeuner* DB 1976, 2474 ff. sowie *ArbG Berlin* 27.10.1976 DB 1977, 963 [964]; *Fabricius* 6. Aufl., § 108 Rn. 33 ff.; *Galperin/Löwisch* § 108 Rn. 4; *Loritz/ZLH* Arbeitsrecht, § 49 Rn. 73; *Reich* § 107 Rn. 2; *Stege/Weinspach/Schiefer* §§ 106–109 Rn. 30). Die **h. M.** widerspricht diesem Verständnis und wendet **§ 31 analog** an (hierfür *BAG* 18.11.1980 EzA § 108 BetrVG 1972 Nr. 4 S. 49 ff. *[Wohlgemuth]* = AP Nr. 2 zu § 108 BetrVG 1972 Bl. 2 R ff. = BetrR 1981, 243 *[Michaelis]* = SAE 1981, 248 *[Koch]*; 25.06.1987 EzA § 108 BetrVG 1972 Nr. 7 S. 6 ff. = AP Nr. 6 zu § 108 BetrVG 1972 Bl. 2 ff. *[Däubler]* = DMitbest. 1988, 290 *[Köstler]* = EWiR 1987, 1159 *[Däubler]*; *OLG Karlsruhe* 07.10.1985 AP Nr. 1 zu § 121 BetrVG 1972 Bl. 2 R; *ArbG Ludwigshafen* 22.04.1988 AiB 1988, 220; *Däubler/DKKW* § 108 Rn. 15; *Etzel* Rn. 965; *Fitting* § 108 Rn. 21; *Gamillscheg* II, § 52, 2e [2]; *v. Hoyningen-Huene* Betriebsverfassungsrecht, § 6 VI 1; *Joost/*MünchArbR § 231 Rn. 87; *Kania/*ErfK § 108 BetrVG Rn. 9; *Klinkhammer* DB 1977, 1139 [1140 f.]; *Richardi* AuR 1983, 33 ff.; *ders./Annuß* § 108 Rn. 23 f.; *Schaub/Koch* Arbeitsrechts-Handbuch, § 243 Rn. 31; *Schulin* ZfA 1981, 577 [636 f.]; *Spirolke/*NK-GA § 108 BetrVG Rn. 4; *Steffan/* HaKo § 108 Rn. 3; *Weber/Ehrich/Hörchens/Oberthür* Kap. B Rn. 422; *Weiss/Weyand* § 108 Rn. 9).

Dieser Auffassung ist zuzustimmen. Die Vorschrift des § 108 Abs. 2 Satz 3 steht einer Analogie nicht entgegen, weil diese die Geschäftsführung des Wirtschaftsausschusses nicht abschließend regelt (*BAG* 18.11.1980 EzA § 108 BetrVG 1972 Nr. 4 S. 53 f. *[Wohlgemuth]* = AP Nr. 2 zu § 108 BetrVG 1972 Bl. 3 R f.; 25.06.1987 EzA § 108 BetrVG 1972 Nr. 7 S. 6 = AP Nr. 6 zu § 108 BetrVG 1972 Bl. 3 *[Däubler]*; *Däubler/DKKW* § 108 Rn. 15; *Richardi/Annuß* § 108 Rn. 24; *Spirolke/*NK-GA § 108 BetrVG Rn. 4). Da § 31 auch auf die vom Betriebsrat nach den §§ 27, 28 gebildeten Ausschüsse entsprechend anzuwenden ist (*BAG* 18.11.1980 EzA § 108 BetrVG 1972 Nr. 4 S. 51 f. *[Wohlgemuth]* = AP Nr. 2 zu § 108 BetrVG 1972 Bl. 2 R f. sowie *Raab* § 31 Rdn. 3), gilt dies ebenfalls für den vom Betriebsrat bestellten Wirtschaftsausschuss (**a. M.** *ArbG Berlin* 27.10.1976 DB 1977, 963 [964]; *Fabricius* 6. Aufl., § 108 Rn. 33 ff.); bei diesem handelt es sich ebenfalls um einen Ausschuss des Betriebsrats (s. § 106 Rdn. 13).

b) Beschluss bzw. Antrag

Das Erfordernis einer entsprechenden Anwendung des § 31 lässt offen, wer die Hinzuziehung des Gewerkschaftsbeauftragten beschließt bzw. diese beantragen kann. Eine verbreitete Ansicht wendet die Vorschrift des § 31 so an, dass der **Betriebsrat** bzw. **Gesamtbetriebsrat** oder ein Viertel seiner Mitglieder hierzu berechtigt sind (so *BAG* 18.11.1980 EzA § 108 BetrVG 1972 Nr. 4 S. 56 *[Wohlgemuth]* = AP Nr. 2 zu § 108 BetrVG 1972 Bl. 5 R; *Däubler/DKKW* § 108 Rn. 17; *Fitting* § 108 Rn. 22; *Joost/*MünchArbR § 231 Rn. 87; *Preis/WPK* § 108 Rn. 3; *Richardi/Annuß* § 108 Rn. 26 [anders noch *Richardi* AuR 1983, 33, 38]; *Weber/Ehrich/Hörchens/Oberthür* Kap. B Rn. 423).

Dem steht allerdings entgegen, dass der Wirtschaftsausschuss in seiner Aufgabenwahrnehmung vom Betriebsrat unabhängig ist. In diese würde der Betriebsrat bzw. Gesamtbetriebsrat eingreifen, wenn er gegebenenfalls gegen den Willen des Wirtschaftsausschusses die beratende Teilnahme eines Gewerkschaftsbeauftragten beschließen könnte. Deshalb zwingt die entsprechende Anwendung des § 31 dazu, die dort begründete Rechtsposition **ausschließlich** dem **Wirtschaftsausschuss** oder einem Viertel seiner Mitglieder zuzuweisen.

41 Soweit Rechtsprechung und Schrifttum den Wirtschaftsausschuss zumindest alternativ neben dem Betriebsrat bzw. Gesamtbetriebsrat als berechtigt ansehen, die Hinzuziehung eines Gewerkschaftsbeauftragten zu beschließen, wird einschränkend verlangt, dass der Betriebsrat bzw. Gesamtbetriebsrat dem Wirtschaftsausschuss eine entsprechende Ermächtigung erteilt hat (so *BAG* 18.11.1980 EzA § 108 BetrVG 1972 Nr. 4 S. 56 *[Wohlgemuth]* = AP Nr. 2 zu § 108 BetrVG 1972 Bl. 5 R; *Etzel* Rn. 966; *Fitting* § 108 Rn. 22; *Richardi/Annuß* § 108 Rn. 26; *Willemsen/Lembke/HWK* § 108 BetrVG Rn. 23; ohne diese Einschränkung *Däubler/DKKW* § 108 Rn. 17 sowie noch *Richardi* AuR 1983, 33 [38]; *Ziegler/Wolff/JRH* Kap. 27 Rn. 80; **a. M.** *Joost*/MünchArbR § 231 Rn. 88). Dem ist nicht zu folgen. Der Wirtschaftsausschuss organisiert seine Arbeit eigenständig, so dass es allein von seinem Willen abhängt, ob ein Gewerkschaftsbeauftragter hinzugezogen werden soll.

42 Die Hinzuziehung ist **für jede Sitzung** gesondert zu beschließen bzw. zu beantragen (ebenso *Joost*/MünchArbR § 231 Rn. 89; *Richardi/Annuß* § 108 Rn. 26; *Spirolke*/NK-GA § 108 BetrVG Rn. 4; *Willemsen/Lembke/HWK* § 108 BetrVG Rn. 24). Ein **Generalbeschluss**, für alle Sitzungen des Wirtschaftsausschusses einen Gewerkschaftsbeauftragten hinzuzuziehen, ist nicht zulässig (*BAG* 25.06.1987 EzA § 108 BetrVG 1972 Nr. 7 S. 9 = AP Nr. 6 zu § 108 BetrVG 1972 Bl. 3 R *[abl. Däubler]* = DMitbest. 1988, 290 *[abl. Köstler]*; *Etzel* Rn. 966; *Joost*/ MünchArbR § 231 Rn. 89; *Kania*/ErfK § 108 BetrVG Rn. 9; *Preis/WPK* § 108 Rn. 3; *Richardi/Annuß* § 108 Rn. 26; *Spirolke* /NK-GA § 108 BetrVG Rn. 4; *Weber/Ehrich/Hörchens/Oberthür* Kap. B Rn. 423; *Willemsen/Lembke/HWK* § 108 BetrVG Rn. 24; **a. M.** *Däubler/DKKW* § 108 Rn. 18; *Weiss/Weyand* § 108 Rn. 9).

c) Institutionelle Verankerung der Gewerkschaft

43 Schwierigkeiten bereitet das Gebot einer entsprechenden Gesetzesanwendung auch hinsichtlich des Organs, in dem die Gewerkschaft vertreten sein muss. Unstreitig ist, dass nicht die Beauftragten aller im Betrieb bzw. Unternehmen vertretenen Gewerkschaften hinzugezogen werden können (s. *Richardi/Annuß* § 108 Rn. 25). Erforderlich ist umgekehrt auch nicht, dass die Gewerkschaft im Wirtschaftsausschuss vertreten ist (*Däubler/DKKW* § 108 Rn. 17; *Richardi* AuR 1983, 33 [38]). Insofern gelten keine anderen Grundsätze als sie auch für die nach den §§ 27, 28 gebildeten Ausschüsse anerkannt sind (s. *Raab* § 31 Rdn. 4). Umstritten ist allerdings, ob die Gewerkschaft in demselben Organ vertreten sein muss, das den Wirtschaftsausschuss bestellt hat. Relevant ist das insbesondere, wenn dies durch den Gesamtbetriebsrat erfolgt ist. Da der Wirtschaftsausschuss in diesem Fall ein Hilfsorgan des Gesamtbetriebsrats ist, sprechen gute Gründe dafür, dass die Gewerkschaft in diesem vertreten sein muss und es nicht genügt, wenn dies lediglich bezüglich eines der Einzelbetriebsräte zu bejahen ist (**a. M.** jedoch *Däubler* Anm. zu *BAG* 25.06.1987 AP Nr. 6 zu § 108 BetrVG 1972; *Fitting* § 108 Rn. 21; *Heither* AR-Blattei SD 530.14.4, Rn. 152; *Preis/WPK* § 108 Rn. 3; *Richardi/Annuß* § 108 Rn. 25; *Richardi* AuR 1983, 33 [39]; *Willemsen/Lembke/HWK* § 108 BetrVG Rn. 24; *Ziegler/Wolff/ JRH* Kap. 27 Rn. 80; zur Parallelproblematik beim Gesamtbetriebsrat *Kreutz/Franzen* § 51 Rdn. 59).

d) Einschränkungen

44 Keine Voraussetzung für die Teilnahme des Gewerkschaftsbeauftragten ist, dass dessen Teilnahme zum **Ausgleich für fehlende Sachkunde** der Mitglieder des Wirtschaftsausschusses erforderlich ist (*Däubler* Anm. zu *BAG* 25.06.1987 AP Nr. 6 zu § 108 BetrVG 1972; *Däubler/DKKW* § 108 Rn. 18; *Richardi/Annuß* § 108 Rn. 27; **a. M.** *Spirolke* /NK-GA § 108 BetrVG Rn. 4). Hiervon hängt die Hinzuziehung auch im Rahmen des § 31 nicht ab. Auch das Gebot einer lediglich entsprechenden Anwendung erzwingt keine abweichende Beurteilung. Das Recht zur Teilnahme an den Sitzungen steht der Gewerkschaft im eigenen Interesse zu und soll ihr ermöglichen, ihre Positionen in die Beratung einzubringen (*BAG* 18.11.1980 EzA § 108 BetrVG 1972 Nr. 4 S. 48 *[Wohlgemuth]* = AP Nr. 2 zu § 108 BetrVG 1972 Bl. 2; *Däubler* Anm. zu *BAG* 25.06.1987 AP Nr. 6 zu § 108 BetrVG 1972).

45 Eine Schranke für das Teilnahmerecht soll bestehen, wenn der Unternehmer dem Wirtschaftsausschuss Informationen gibt, bezüglich derer eine **besondere Vertraulichkeit** gewährleistet sein muss (*Richardi* 7. Aufl., § 108 Rn. 27). Damit soll jedoch ausschließlich der besonderen Konfliktsituation unmittelbar vor einer Tarifauseinandersetzung Rechnung getragen werden (*Richardi* 7. Aufl., § 108 Rn. 27; *ders.* AuR 1983, 33 [39]; *Stege/Weinspach/Schiefer* §§ 106–109 Rn. 30b). Im Hinblick auf die Kampfparität (Art. 9 Abs. 3 Satz 1 GG) ist zu deren Wahrung eine Einschränkung des Teilnahme-

rechts berechtigt (**a. M.** *Däubler* Anm. zu *BAG* 25.06.1987 AP Nr. 6 zu § 108 BetrVG 1972; *Fitting* § 108 Rn. 22; *Richardi/Annuß* § 108 Rn. 28; s. a. *LAG Köln* 13.07.1999 AP Nr. 1 zu § 109 BetrVG 1972). Eine weitergehende Begrenzung des Teilnahmerechts wegen der Vertraulichkeit der Information ist nicht anzuerkennen. Erstens schließt § 106 Abs. 2 bei einer Gefährdung von Betriebs- oder Geschäftsgeheimnissen die Unterrichtung des Wirtschaftsausschusses ohnehin aus. Zweitens unterliegen auch die Beauftragten der Gewerkschaft nach § 79 Abs. 2 in gleichem Umfange wie die Mitglieder des Wirtschaftsausschusses der **Geheimhaltungspflicht** (*Däubler/DKKW* § 108 Rn. 15; *Fitting* § 108 Rn. 22; *Heither* AR-Blattei SD 530.14.4, Rn. 154; *Joost/*MünchArbR § 231 Rn. 89; *Richardi/Annuß* § 108 Rn. 29; *Spirolke/*NK-GA § 108 BetrVG Rn. 4), deren Verletzung nach § 120 Abs. 1 Nr. 2 strafbewehrt ist. Diese Pflicht besteht auch gegenüber der Gewerkschaft (*Fitting* § 108 Rn. 22; *Richardi/Annuß* § 108 Rn. 29; *Willemsen/Lembke/HWK* § 108 BetrVG Rn. 25; *Ziegler/Wolff/JRH* Kap. 27 Rn. 81).

5. Hinzuziehung eines Vertreters der Arbeitgebervereinigung

Nimmt der **Arbeitgeber** an einer Sitzung des Betriebsrats teil, so ist er nach **§ 29 Abs. 4 Satz 2** berechtigt, einen Vertreter der Arbeitgebervereinigung hinzuzuziehen, der er angehört (s. *Raab* § 29 Rdn. 80 ff.). Dieses Recht steht in **entsprechender Anwendung** der Vorschrift dem Unternehmer auch dann zu, wenn er selbst oder sein Vertreter an Sitzungen des Wirtschaftsausschusses teilnimmt (*BAG* 18.11.1980 EzA § 108 BetrVG 1972 Nr. 4 S. 54 *[Wohlgemuth]* = AP Nr. 2 zu § 108 BetrVG 1972 Bl. 4 R; *Däubler/DKKW* § 108 Rn. 10, 19; *Etzel* Rn. 967, 954; *Fitting* § 108 Rn. 24; *Heither* AR-Blattei SD 530.14.4, Rn. 156; *Joost/*MünchArbR § 231 Rn. 89; *Richardi* AuR 1983, 33 [39]; *ders./Annuß* § 108 Rn. 30; *Schaub/Koch* Arbeitsrechts-Handbuch, § 243 Rn. 31; *Steffan/HaKo* § 108 Rn. 3; *Weber/Ehrich/Hörchens/Oberthür* Kap. B Rn. 420; *Willemsen/Lembke/HWK* § 108 BetrVG Rn. 26; **a. M.** *ArbG Berlin* 27.10.1976 DB 1977, 963 [964]; *Fabricius* 6. Aufl., § 108 Rn. 37). Maßgebend für die entsprechende Anwendung ist nicht die Koalitionsparität (so aber *Löwisch/LK* § 108 Rn. 10; *Richardi/Annuß* § 108 Rn. 30), sondern der Zweck des § 29 Abs. 4 Satz 2, der eine Unterstützung des Arbeitgebers durch seine Arbeitgebervereinigung ermöglichen soll. Die Notwendigkeit einer Unterstützung besteht nicht nur bei Sitzungen des Betriebsrats und dessen Ausschüssen (s. dazu *Raab* § 27 Rdn. 56), sondern auch bei einer Sitzung des Wirtschaftsausschusses. 46

Nimmt der Vertreter der Arbeitgebervereinigung an einer Sitzung des Wirtschaftsausschusses teil, dann ist er nach § 79 Abs. 2 zur **Geheimhaltung** verpflichtet (*Richardi/Annuß* § 108 Rn. 30). Die unbefugte Offenbarung von Betriebs- oder Geschäftsgeheimnissen stellt § 120 Abs. 1 Nr. 2 unter Strafe (s. § 120 Rdn. 34). Zur **Rechtsstellung** des Vertreters der Arbeitgebervereinigung in der Sitzung des Wirtschaftsausschusses *Raab* § 29 Rdn. 83. 47

6. Teilnahme der Jugend- und Auszubildendenvertretung

Nach § 67 Abs. 1 Satz 1 ist die Jugend- und Auszubildendenvertretung berechtigt, zu allen Sitzungen des Betriebsrats einen Vertreter zu entsenden. Dieses Recht besteht auch bezüglich der vom Betriebsrat gebildeten Ausschüsse (dazu näher oben § 67 Rdn. 7). Für die Sitzungen des Wirtschaftsausschusses steht der Jugend- und Auszubildendenvertretung dieses Entsendungsrecht nicht zu (*Fabricius* 6. Aufl., § 108 Rn. 42; *Hess/HWGNRH* § 108 Rn. 15; im Ergebnis auch *Wiese* FS *K. Molitor*, S. 365 [372]; **a. M.** *Joost/*MünchArbR § 231 Rn. 92; *Steffan/HaKo* § 108 Rn. 3; *Weber/Ehrich/Hörchens/Oberthür* Kap. B Rn. 426), da § 67 Abs. 1 Satz 1 das Entsendungsrecht auf Sitzungen des Betriebsrats beschränkt. Auf Ausschüsse ist diese Rechtsposition nur deshalb analog anzuwenden, weil andernfalls die vom Gesetz gewollte Beeinflussung der Willensbildung im Betriebsrat unterlaufen würde (s. § 67 Rdn. 7). Obwohl der Wirtschaftsausschuss ein Ausschuss des Betriebsrats ist (s. § 106 Rdn. 13), greift diese teleologische Rechtfertigung für die entsprechende Anwendung des § 67 Abs. 1 Satz 1 bei Sitzungen des Wirtschaftsausschusses nicht ein, da dieser keine Aufgaben wahrnimmt, die originär dem Betriebsrat zustehen. Die Teilnahme eines Vertreters der Jugend- und Auszubildendenvertretung kommt selbst dann nicht in Betracht, wenn der Betriebsrat bzw. Gesamtbetriebsrat die Aufgaben des Wirtschaftsausschusses nach § 107 Abs. 3 auf einen seiner Ausschüsse übertragen hat. Auch in dieser Konstellation greift die Ratio für eine entsprechende Anwendung des § 67 Abs. 1 Satz 1 nicht ein, 48

§ 108 *IV. 6. 1. Unterrichtung in wirtschaftlichen Angelegenheiten*

da der Ausschuss in dieser Konstellation keine originär dem Betriebsrat zustehenden Aufgaben wahrnimmt.

7. Teilnahme der Schwerbehindertenvertretung

49 Nach § 178 Abs. 4 Satz 1 SGB IX (bis 01.01.2018: § 95 Abs. 4 Satz 1 SGB IX) steht der Schwerbehindertenvertretung das Recht zu, an allen Sitzungen von Ausschüssen des Betriebsrats teilzunehmen; entsprechendes gilt für Ausschüsse des Gesamtbetriebsrats (§ 180 Abs. 7 SGB IX [bis 01.01.2018: § 97 Abs. 7 SGB IX]). Zu den »Ausschüssen« i. S. d. § 178 Abs. 4 Satz 1 SGB IX zählt auch der Wirtschaftsausschuss, da der Betriebsrat bzw. Gesamtbetriebsrat diesen zu seiner Unterstützung (»Hilfsfunktion«) bildet. Die Schwerbehindertenvertretung bzw. Gesamtschwerbehindertenvertretung ist deshalb berechtigt, beratend an den Sitzungen des Wirtschaftsausschusses teilzunehmen (*BAG* 04.06.1987 EzA § 108 BetrVG 1972 Nr. 6 S. 2 ff. = AP Nr. 2 zu § 22 SchwbG Bl. 2 f.; *LAG Hamm* 17.04.1985 BetrR 1987, 298; *LAG Köln* 05.07.2001 AP Nr. 3 zu § 26 SchwbG 1986 Bl. 3 f.; *LAG Niedersachsen* 07.01.1987 BetrR 1987, 301; *ArbG Heilbronn* 10.11.1983 AuR 1984, 219 [LS]; ebenso *Däubler/DKKW* § 108 Rn. 14; *Etzel* Rn. 965; *Fitting* § 108 Rn. 23; *Heither* AR-Blattei SD 530.14.4, Rn. 155; *Hess/HWGNRH* § 108 Rn. 14; *v. Hoyningen-Huene* Betriebsverfassungsrecht, § 6 VI 1; *Joost*/MünchArbR § 231 Rn. 94; *Löwisch/LK* § 108 Rn. 11; *Richardi/Annuß* § 108 Rn. 31; *Schaub/Koch* Arbeitsrechts-Handbuch, § 243 Rn. 27; *Spirolke*/NK-GA § 108 BetrVG Rn. 4; *Weber/Ehrich/Hörchens/Oberthür* Kap. B Rn. 426; **a. M.** *Loritz/ZLH* Arbeitsrecht, § 49 Rn. 73; *Reich* § 108 Rn. 2). Wegen der Sonderregelungen im Schwerbehindertenrecht ist die Prüfung einer analogen Anwendung des § 32 auf die Sitzungen des Wirtschaftsausschusses überflüssig.

50 Hinsichtlich der ausdrücklich als geheimhaltungsbedürftig bezeichneten **Betriebs- und Geschäftsgeheimnisse** ist die Vertrauensperson zur Verschwiegenheit verpflichtet (§§ 179 Abs. 7 Nr. 2, 180 Abs. 7 SGB IX [bis 01.01.2018: §§ 96 Abs. 7 Nr. 2, 97 Abs. 7 SGB IX]). Die unbefugte Offenbarung steht nach § 237a SGB IX (bis 01.01.2018: § 155 SGB IX) unter Strafe.

IV. Ergänzende Rechte und Pflichten des Wirtschaftsausschusses

1. Einsichtsrecht der Mitglieder des Wirtschaftsausschusses (§ 108 Abs. 3)

51 Nach § 106 Abs. 2 umfasst die Pflicht zur umfassenden Unterrichtung über die in § 106 Abs. 3 genannten wirtschaftlichen Angelegenheiten auch die Vorlage der erforderlichen Unterlagen. Die hiernach bestehende Vorlagepflicht (näher dazu § 106 Rdn. 130 ff.) wird in § 108 Abs. 3 konkretisiert (*Fitting* § 106 Rn. 25; *Heither* AR-Blattei SD 530.14.4, Rn. 141). Die Mitglieder des Wirtschaftsausschusses sind danach auch zur Einsichtnahme in die vorzulegenden Unterlagen berechtigt. Aufgrund der systematischen Stellung des § 108 Abs. 3 bezieht sich die Vorschrift jedoch nur auf die Verpflichtungen des Unternehmers **während der Sitzung** des Wirtschaftsausschusses (*BAG* 20.11.1984 EzA § 106 BetrVG 1972 Nr. 6 S. 28 = AP Nr. 3 zu § 106 BetrVG 1972 Bl. 3 R *[Kraft]*). Er muss die Unterlagen auch in der Sitzung zur Einsicht bereithalten (treffend *Preis/WPK* § 108 Rn. 5).

52 Das Recht zur Einsichtnahme beschränkt § 108 Abs. 3 auf die **Mitglieder des Wirtschaftsausschusses**; den für sie bestellten **Ersatzmitgliedern** (zu ihnen § 107 Rdn. 29) steht dieses Recht nicht zu. Das Gesetz billigt das Einsichtsrecht allen Mitgliedern zu (*Däubler/DKKW* § 108 Rn. 26; *Hess/HWGNRH* § 108 Rn. 18), es kann vom Wirtschaftsausschuss **nicht** durch Mehrheitsbeschluss auf einzelne seiner Mitglieder **beschränkt werden**. Personen, denen lediglich ein **Recht zur beratenden Teilnahme** an den Sitzungen des Wirtschaftsausschusses zusteht, sind keine Mitglieder des Gremiums und deshalb nicht zur Einsichtnahme berechtigt. Das gilt insbesondere für den analog § 31 zur Teilnahme berechtigten Gewerkschaftsbeauftragten sowie für die Mitglieder des Betriebsrats, wenn sie nach § 108 Abs. 5 an der Sitzung teilnehmen. Hat der Betriebsrat die Aufgaben des Wirtschaftsausschusses auf einen von ihm gebildeten **Ausschuss** übertragen (§ 107 Abs. 3; dazu § 107 Rdn. 47 ff.), so steht das Recht zur Einsichtnahme den Mitgliedern des Ausschusses sowie den nach § 107 Abs. 3 **kooptierten Arbeitnehmern** zu (§ 108 Abs. 5 i. V. m. § 108 Abs. 3).

Wegen der systematischen Stellung des § 108 Abs. 3 bezieht sich die Einsichtnahme auf die in der Sitzung des Wirtschaftsausschusses vorzulegenden Unterlagen. Während der Sitzung des Wirtschaftsausschusses müssen die Unterlagen diesem **zur Verfügung »stehen«** (*BAG* 20.11.1984 EzA § 106 BetrVG 1972 Nr. 6 S. 28 = AP Nr. 3 zu § 106 BetrVG 1972 Bl. 3 ff. *[Kraft]* = SAE 1985, 354 *[Eich]*; *Däubler/DKKW* § 108 Rn. 28; *Fitting* § 108 Rn. 25; *Richardi/Annuß* § 108 Rn. 33). Das ist schwächer als ein zur Verfügung »stellen« (vgl. *Löwisch/LK* § 108 Rn. 12). Der Unternehmer schuldet deshalb im Unterschied dazu keine **Überlassung der Unterlagen** (*Wisskirchen* JArbR Bd. 13 [1975], 1976, S. 73 [79]). Aus diesem Grunde sind die Mitglieder nicht berechtigt, von den Unterlagen **Fotokopien** anzufertigen (*Hess/HWGNRH* § 108 Rn. 17; *Löwisch/LK* § 108 Rn. 12; *Richardi/Annuß* § 108 Rn. 33; *Rieble/AR* § 108 BetrVG Rn. 7; *Weber/Ehrich/Hörchens/Oberthür* Kap. B Rn. 463; **a. M.** *Pramann* DB 1983, 1922 [1924], in beschränktem Umfange). Ebenso überschreitet die Anfertigung von **Abschriften** das Recht zur Einsichtnahme (*Hess/HWGNRH* § 108 Rn. 17; *Löwisch/LK* § 108 Rn. 12; *Richardi/Annuß* § 108 Rn. 33; *Rieble/AR* § 108 BetrVG Rn. 7; *Weber/Ehrich/Hörchens/Oberthür* Kap. B Rn. 463; *Wlotzke* § 108 Rn. 2; **a. M.** *Pramann* DB 1983, 1922 [1924], in beschränktem Umfange). Den Mitgliedern des Wirtschaftsausschusses ist es jedoch gestattet, während der Einsicht **Notizen** anzufertigen (*Däubler/DKKW* § 108 Rn. 26; *Hess/HWGNRH* § 108 Rn. 17; *Löwisch/LK* § 108 Rn. 12; *Richardi/Annuß* § 108 Rn. 33; *Weber/Ehrich/Hörchens/Oberthür* Kap. B Rn. 463; *Weiss/Weyand* § 108 Rn. 10). Sofern die Unterlagen bereits vor der Sitzung vorzulegen sind (s. § 106 Rdn. 138), besteht das Einsichtsrecht ebenfalls vor der Sitzung des Wirtschaftsausschusses (*Däubler/DKKW* § 108 Rn. 27; *Kania/ErfK* § 108 BetrVG Rn. 10; *Löwisch/LK* § 108 Rn. 12).

2. Berichtspflicht gegenüber dem Betriebsrat (§ 108 Abs. 4)

a) Allgemeines

Nach § 106 Abs. 1 Satz 2 zählt es zu den Aufgaben des Wirtschaftsausschusses, dem Betriebsrat über die Beratung mit dem Unternehmer zu berichten. Diese Aufgabe greift § 108 Abs. 4 auf und konkretisiert sie. Der Bericht ist über jede Sitzung zu erstatten und muss umfassend und vollständig sein, damit sich der Betriebsrat jederzeit ein Bild von den wirtschaftlichen Angelegenheiten des Unternehmens machen kann. Gerade hierin kommt zum Ausdruck, dass der Wirtschaftsausschuss für den Betriebsrat bzw. Gesamtbetriebsrat eine Hilfsfunktion ausübt (s. a. § 106 Rdn. 10).

b) Sitzung des Wirtschaftsausschusses

Die Berichtspflicht besteht nur für Sitzungen des Wirtschaftsausschusses. Es muss sich um solche handeln, an denen der Unternehmer zur Teilnahme verpflichtet ist. Nur in diesen findet die vom Gesetz beabsichtigte Unterrichtung des Wirtschaftsausschusses über die wirtschaftlichen Angelegenheiten des Unternehmens statt, über deren Inhalt der Betriebsrat Kenntnis erhalten soll. **Vorbereitende Sitzungen** des Wirtschaftsausschusses, die dieser ohne den Unternehmer durchführt, gehören – sofern sie überhaupt zulässig sind (s. Rdn. 8) – nach dem Zweck des § 108 Abs. 4 nicht hierzu. Über deren Inhalt muss der Wirtschaftsausschuss dem Betriebsrat nicht berichten.

c) Zeitpunkt des Berichts

Der Bericht muss unverzüglich erfolgen, d. h. ohne schuldhafte Verzögerungen (*Hess/HWGNRH* § 108 Rn. 43; *Richardi/Annuß* § 108 Rn. 34; *Spirolke*/NK-GA § 108 BetrVG Rn. 6). Die **verspätete Unterrichtung** durch den Wirtschaftsausschuss versieht das Gesetz nicht mit Sanktionen, insbesondere ist die nicht rechtzeitige Unterrichtung des Betriebsrats keine Ordnungswidrigkeit i. S. d. § 121, da dieser lediglich die Verletzung der Erläuterungspflicht in § 108 Abs. 5 nennt. Auf eine verspätete Unterrichtung durch den Wirtschaftsausschuss kann der Betriebsrat lediglich mit einer Abberufung (dazu näher § 107 Rdn. 32) reagieren.

d) Inhalt der Berichterstattung

Eine vollständige Unterrichtung liegt nur vor, wenn diese den Betriebsrat in die Lage versetzt, sich ein Bild von den im Wirtschaftsausschuss behandelten wirtschaftlichen Angelegenheiten zu verschaffen. Der Wirtschaftsausschuss muss deshalb die Beratungsgegenstände der Sitzung mitteilen und angeben,

§ 108   IV. 6. 1. Unterrichtung in wirtschaftlichen Angelegenheiten

welche Auskünfte der Unternehmer hierzu gegeben hat. Darüber hinaus ist der Betriebsrat über die vom Unternehmer mitgeteilten **Auswirkungen auf die Personalplanung** zu informieren. **Betriebs- und Geschäftsgeheimnisse** müssen dem Betriebsrat nicht verschwiegen werden (*Däubler/DKKW* § 108 Rn. 30; *Fitting* § 108 Rn. 26; *Galperin/Löwisch* § 108 Rn. 28; *Hess/HWGNRH* § 108 Rn. 43; *Preis/WPK* § 108 Rn. 6; *Wiese* FS *K. Molitor*, S. 365 [390], jedoch mit Einschränkungen bei einer schriftlichen Berichterstattung [S. 392 f.]); ein Verstoß gegen die Geheimhaltungspflicht entfällt wegen § 79 Abs. 2 i. V. m. § 79 Abs. 1 Satz 3 und 4. Der Betriebsrat ist jedoch auf die Geheimhaltungsbedürftigkeit hinzuweisen (*Däubler/DKKW* § 108 Rn. 30; *Fitting* § 108 Rn. 26; *Hess/HWGNRH* § 108 Rn. 43; *Kania/* ErfK § 108 BetrVG Rn. 11; *Spirolke/*NK-GA § 108 BetrVG Rn. 6; *Wiese* FS *K. Molitor*, S. 365 [390]; *Ziegler/Wolff/JRH* Kap. 27 Rn. 83 sowie hier § 79 Rdn. 70). Soweit in der Sitzung des **Wirtschaftsausschusses** der Jahresabschluss erläutert wurde, besteht keine besondere Berichtspflicht des Wirtschaftsausschusses, da die Erläuterung nach § 108 Abs. 5 bereits unter »Beteiligung des Betriebsrats« erfolgte (*Galperin/Löwisch* § 108 Rn. 28; *Preis/WPK* § 108 Rn. 6; *Wiese* FS *K. Molitor*, S. 365 [391] sowie näher dazu Rdn. 72 f.).

e) Form der Berichterstattung

58 Über die Form der Berichterstattung schweigt das Gesetz (*Däubler/DKKW* § 108 Rn. 29; *Weber/Ehrich/Hörchens/Oberthür* Kap. B Rn. 475; *Wiese* FS *K. Molitor*, S. 365 [391]). Eine **mündliche Unterrichtung** des Betriebsrats ist zweckmäßig, aber nicht zwingend geboten (vgl. *Dütz* FS *H. Westermann*, S. 37 [46]; *Hess/HWGNRH* § 108 Rn. 43; **a. M.** *Weiss/Weyand* § 108 Rn. 11; *Wiese* FS *K. Molitor*, S. 365 [391]). Die alleinige **schriftliche Mitteilung** an den Betriebsrat kann unter Umständen ausreichen (zust. *Preis/WPK* § 108 Rn. 6), entspricht aber nur in Ausnahmefällen dem Zweck der Berichtspflicht (einschränkend *Fabricius* 6. Aufl., § 108 Rn. 47: nur mit Zustimmung des Betriebsrats). Die schriftliche Berichterstattung darf sich jedenfalls nicht darauf beschränken, dem Betriebsrat bzw. Gesamtbetriebsrat lediglich eine **Sitzungsniederschrift** zu übersenden (*Däubler/DKKW* § 108 Rn. 29; *Dütz* FS *H. Westermann*, S. 37 [47]; *Fitting* § 108 Rn. 26; *Galperin/Löwisch* § 108 Rn. 29; *Heither* AR-Blattei SD 530.14.4, Rn. 159; *Joost/*MünchArbR § 231 Rn. 61; *Kania/*ErfK § 108 BetrVG Rn. 11; *Löwisch/LK* § 108 Rn. 18; *Preis/WPK* § 108 Rn. 6; *Richardi/Annuß* § 108 Rn. 35; *Rieble/*AR § 108 BetrVG Rn. 8; *Spirolke/*NK-GA § 108 BetrVG Rn. 6; *Steffan/*HaKo § 108 Rn. 6; *Weiss/Weyand* § 108 Rn. 11; *Wiese* FS *K. Molitor*, S. 365 [391]; **a. M.** *Hess/HWGNRH* § 108 Rn. 43).

f) Adressat des Berichts

59 Die Berichtspflicht besteht gegenüber dem **Betriebsrat als Organ**. Zweckmäßigerweise erfolgt die Unterrichtung des Betriebsrats auf einer von ihm anberaumten Sitzung (*Löwisch/LK* § 108 Rn. 18). Der Bericht gegenüber **einzelnen Betriebsratsmitgliedern** genügt nicht, insbesondere reicht es nicht aus, wenn dieser dem **Vorsitzenden des Betriebsrats** erstattet wird. Der Betriebsrat kann jedoch eine **abweichende Verfahrensmodalität** beschließen, die auch vorsehen kann, dass der Wirtschaftsausschuss seiner Berichtspflicht bereits dann ausreichend entspricht, wenn er gegenüber einem vom Betriebsrat gebildeten Ausschuss oder dem Vorsitzenden des Betriebsrats berichtet. Besteht in dem Unternehmen ein **Gesamtbetriebsrat**, so ist der Wirtschaftsausschuss ausschließlich diesem verpflichtet, über die Sitzung des Ausschusses zu berichten (*Däubler/DKKW* § 108 Rn. 29; *Löwisch/LK* § 106 Rn. 18; *Preis/WPK* § 108 Rn. 6; *Weiss/Weyand* § 108 Rn. 11; *Ziegler/Wolff/JRH* Kap. 27 Rn. 83; **a. M.** *Fitting* § 108 Rn. 26; *Galperin/Löwisch* § 108 Rn. 27; *Heither* AR-Blattei SD 530.14.4, Rn. 160, die in diesem Fall auch einen Bericht gegenüber dem Betriebsrat verlangen; einschränkend *Spirolke/*NK-GA § 108 BetrVG Rn. 6, für Betriebsräte, die nicht im Gesamtbetriebsrat vertreten sind; differenzierend nach der Zuständigkeit für die zu berichtende Angelegenheit *Joost/*MünchArbR § 231 Rn. 60; *Weber/Ehrich/Hörchens/Oberthür* Kap. B Rn. 474; *Willemsen/Lembke/HWK* § 108 BetrVG Rn. 34), da der Wirtschaftsausschuss in diesem Fall ein Hilfsorgan des Gesamtbetriebsrats ist und für diesen eine Hilfsfunktion ausübt.

g) Adressat der Berichtspflicht

60 Die Berichtspflicht besteht für den **Wirtschaftsausschuss als Organ** der Betriebsverfassung (*Hess. LAG* 07.02.2017 – 4 TaBV 155/16 – BeckRS 2017, 109504), die einzelnen **Mitglieder des Wirt-**

schaftsausschusses trifft die Berichtspflicht nur als Angehörige dieses Organs. Deshalb entscheidet der Wirtschaftsausschuss autonom, wer für das Organ den Bericht abgibt. Es genügt, wenn der Wirtschaftsausschuss einem seiner Mitglieder die Aufgabe überträgt (*Dütz* FS *H. Westermann*, S. 37 [47]; *Joost*/MünchArbR § 231 Rn. 62; *Preis/WPK* § 108 Rn. 6; *Richardi/Annuß* § 108 Rn. 35; *Spirolke/* NK-GA § 108 BetrVG Rn. 6; *Willemsen/Lembke/HWK* § 108 BetrVG Rn. 35). Bestellt der Wirtschaftsausschuss einen Vorsitzenden (s. Rdn. 3), so überträgt er ihm damit konkludent auch die Aufgabe, die Berichterstattung nach § 108 Abs. 4 durchzuführen. Möglich ist ebenfalls, dass der Wirtschaftsausschuss das dem Betriebsrat angehörende Mitglied des Wirtschaftsausschusses mit der Berichterstattung betraut. Zwingend ist dies jedoch nicht (*Hess. LAG* 07.02.2017 – 4 TaBV 155/16 – BeckRS 2017, 109504). Eine **Zustimmung des Betriebsrats** bzw. Gesamtbetriebsrats zu der Beauftragung eines Mitglieds des Wirtschaftsausschusses mit dem Bericht ist nicht erforderlich (*Joost*/MünchArbR § 231 Rn. 62; *Löwisch/LK* § 108 Rn. 18; *Richardi/Annuß* § 108 Rn. 35; *Rieble/AR* § 108 BetrVG Rn. 8; *Weber/Ehrich/Hörchens/Oberthür* Kap. B Rn. 476; *Willemsen/Lembke/HWK* § 108 BetrVG Rn. 35; **a. M.** *Däubler/DKKW* § 108 Rn. 29; *Fitting* § 108 Rn. 27; *Galperin/Löwisch* § 108 Rn. 30; *Heither* AR-Blattei SD 530.14.4, Rn. 161; *Hess/HWGNRH* § 108 Rn. 44; *Kania*/ErfK § 108 BetrVG Rn. 11). Kommt der Wirtschaftsausschuss seiner Berichtspflicht gegenüber dem Betriebsrat nicht oder nur unvollständig nach, so kann der Betriebsrat die Mitglieder des Wirtschaftsausschusses jederzeit abberufen (dazu näher § 107 Rdn. 32) oder seine Informationsrechte mittels eines arbeitsgerichtlichen Beschlussverfahrens durchsetzen (*Dütz* FS *H. Westermann*, S. 37 [47 f.]).

3. Erläuterung des Jahresabschlusses (§ 108 Abs. 5)

a) Allgemeines

Zu den wirtschaftlichen Angelegenheiten, über die der Unternehmer den Wirtschaftsausschuss unterrichten muss, zählt auch die wirtschaftliche und finanzielle Lage des Unternehmens (§ 106 Abs. 3 Nr. 1; näher dazu § 106 Rdn. 66 ff.). Diesbezüglich muss der Unternehmer dem Wirtschaftsausschuss die hierzu erforderlichen Unterlagen vorlegen (§ 106 Abs. 2). Ferner verpflichtet § 108 Abs. 5 – in Fortführung der früheren Rechtslage (s. § 69 Abs. 4 BetrVG 1952) – zur Erläuterung des Jahresabschlusses. **61**

Im Vergleich zu § 106 Abs. 2 besteht die Besonderheit des § 108 Abs. 5 in der ausdrücklichen Verpflichtung zur Erläuterung sowie der zusätzlichen Beteiligung des Betriebsrats (*BAG* 08.08.1989 EzA § 106 BetrVG 1972 Nr. 8 S. 16 = AP Nr. 6 zu § 106 BetrVG 1972 Bl. 8; *Henssler* Anm. zu *BAG* 08.08.1989 EzA § 106 BetrVG 1972 Nr. 8; *Preis/WPK* § 108 Rn. 7; *Willemsen/Lembke/HWK* § 108 BetrVG Rn. 36). Diese stellt sicher, dass sowohl der Wirtschaftsausschuss als auch der Betriebsrat eine ausreichende Informationsgrundlage zur wirtschaftlichen Lage des Unternehmens hat. Keinesfalls soll die Erläuterung dem Wirtschaftsausschuss bzw. dem zu beteiligenden Betriebsrat einen Einfluss auf die Willensbildung bei der Anfertigung des Jahresabschlusses einräumen (*Galperin/Löwisch* § 108 Rn. 23; *Oetker* NZA 2001, 689 [690]; *Weiss/Weyand* § 108 Rn. 13; *Ziegler/Wolff/JRH* Kap. 27 Rn. 88; **a. M.** *Däubler/DKKW* § 108 Rn. 38; *Kania*/ErfK § 108 BetrVG Rn. 13: Einschaltung in den Willensbildungsprozess). Die gegenteilige Auffassung verwischt die Grenze zur Unternehmensmitbestimmung (*Galperin/Löwisch* § 108 Rn. 23). Die Prüfung des Jahresabschlusses obliegt dem Aufsichtsrat (§§ 170 f. AktG), so dass über die dort vertretenen Aufsichtsratsmitglieder der Arbeitnehmer eine ausreichende Einflussnahme gewährleistet ist. Die Pflicht zur Erläuterung erstreckt § 108 Abs. 5 ausschließlich auf den Jahresabschluss. Ob zu diesem Zweck **weitere Unterlagen** vorzulegen sind, ist vor allem nach § 106 Abs. 2 zu entscheiden (*Henssler* Anm. zu *BAG* 08.08.1989 EzA § 106 BetrVG 1972 Nr. 8), ohne dass hieraus folgt, dass diese ihrerseits eigenständig zu erläutern sind. Das ist insbesondere für den **Lagebericht** (s. Rdn. 65) und den **Prüfungsbericht des Abschlussprüfers** (s. Rdn. 67) von Bedeutung. **62**

Die Verpflichtung zur Erläuterung des Jahresabschlusses besteht nicht nur gegenüber dem Wirtschaftsausschuss, vielmehr ist hieran auch der Betriebsrat zu beteiligen (s. dazu Rdn. 72 f.). Wegen der in § 108 Abs. 6 angeordneten entsprechenden Anwendung des § 108 Abs. 5 besteht diese Verpflichtung ebenfalls, wenn der Betriebsrat bzw. der Gesamtbetriebsrat die Aufgaben des Wirtschaftsausschusses nach § 107 Abs. 3 Satz 1 oder 2 auf einen seiner Ausschüsse übertragen hat (*Däubler/DKKW* § 108 **63**

Rn. 32; *Richardi/Annuß* § 108 Rn. 36; *Weiss/Weyand* § 108 Rn. 12; **a. M.** *Rumpff/Boewer* Wirtschaftliche Angelegenheiten, Kap. G Rn. 64).

b) Gegenstand des Jahresabschlusses

64 Nach § 242 Abs. 3 HGB besteht der Jahresabschluss aus der Bilanz sowie der Gewinn- und Verlustrechnung. In der **Bilanz** sind das Anlage- und das Umlaufvermögen, das Eigenkapital, die Schulden sowie die Rechnungsabgrenzungsposten gesondert auszuweisen und hinreichend aufzugliedern (§ 247 Abs. 1 HGB). Bei Kapitalgesellschaften richtet sich der Inhalt der Bilanz in Abhängigkeit von ihrer Größe (s. § 267 HGB) nach der Sondervorschrift des § 266 Abs. 3 HGB. Die **Gewinn- und Verlustrechnung** stellt die Aufwendungen und die Erträge eines jeden Geschäftsjahres gegenüber (§ 242 Abs. 2 HGB). Bei Kapitalgesellschaften tritt hinzu, dass der Jahresabschluss um einen **Anhang** zu erweitern ist. Er muss zusätzliche Angaben enthalten (§§ 284 Abs. 2, 285 HGB) und bildet mit der Bilanz und der Gewinn- und Verlustrechnung eine Einheit (§ 264 Abs. 1 Satz 1 HGB).

65 Ferner verpflichtet § 264 Abs. 1 Satz 1 HGB Kapitalgesellschaften zur Aufstellung eines **Lageberichts**, der jedoch ausweislich der Systematik des § 264 Abs. 1 Satz 1 HGB kein formeller Bestandteil des Jahresabschlusses ist. Gleichwohl plädiert eine verbreitete Ansicht im Schrifttum dafür, den Lagebericht wegen seines engen funktionellen Zusammenhangs mit dem Jahresabschluss in die Erläuterungspflicht nach § 108 Abs. 5 einzubeziehen (hierfür *Däubler/DKKW* § 108 Rn. 35; *Fitting* § 108 Rn. 29; *Heither* AR-Blattei SD 530.14.4, Rn. 119; *Kania*/ErfK § 108 BetrVG Rn. 12; *Preis/WPK* § 108 Rn. 7; *Richardi/Annuß* § 108 Rn. 37; *Spirolke*/NK-GA § 108 BetrVG Rn. 7; **a. M.** jedoch *Hess/HWGNRH* § 108 Rn. 20; *Martens* DB 1988, 1229 [1231]; *Oetker* NZA 2001, 689 [691 f.]; *Preis/WPK* § 108 Rn. 7; *Willemsen/Lembke/HWK* § 108 BetrVG Rn. 39; *Ziegler/Wolff/JRH* Kap. 27 Rn. 85). Einbezogen in die Pflicht zur Erläuterung ist nach dieser Auffassung nicht nur die **Erklärung zur Unternehmensführung** (§ 289a HGB), sondern auch die **nichtfinanzielle Erklärung** (§ 289b f. HGB), da beide Erklärungen Teil des Lageberichts sind. Zutreffend ist, dass der Lagebericht die wirtschaftliche und finanzielle Entwicklung des Unternehmens i. S. d. § 106 Abs. 3 Nr. 1 betrifft, so dass dieser zu den nach § 106 Abs. 2 vorzulegenden Unterlagen zählt. Daraus folgt allerdings nicht, dass für den Jahresabschluss i. S. d. § 108 Abs. 5 ein extensives Verständnis geboten ist. Die Gesetzessystematik spricht dafür, dass der Lagebericht dem Wirtschaftsausschuss ausschließlich vorzulegen ist und sich die Erläuterungspflicht nicht auf den Lagebericht selbst bezieht (*Winstel* Unterrichtung der Belegschaftsvertretung der Tochtergesellschaft im [grenzüberschreitenden] Aktienkonzern [Diss. Mannheim], 2011, S. 228). Das schließt allerdings nicht aus, dass der Unternehmer seiner Erläuterungspflicht in Bezug auf den Jahresabschluss nur dann gerecht wird, wenn er zusätzliche Informationen aus dem Lagebericht mitteilt. Eine eigenständige Pflicht zur Erläuterung des Lageberichts ist jedoch nicht anzuerkennen (*Willemsen/Lembke/HWK* § 108 BetrVG Rn. 39).

66 Ob sich die Erläuterungspflicht des § 108 Abs. 5 auch auf den **Konzernabschluss** erstreckt (hierfür *Däubler/DKKW* § 108 Rn. 34; *Fitting* § 108 Rn. 31; *Heither* AR-Blattei SD 530.14.4, Rn. 120; *Richardi/Annuß* § 108 Rn. 38; *Spirolke*/NK-GA § 108 BetrVG Rn. 7; **a. M.** *Hess/HWGNRH* § 108 Rn. 21; *Oetker* NZA 2001, 689 [692 f.]; *Preis/WPK* § 108 Rn. 7; *Stege/Weinspach/Schiefer* §§ 106–109 Rn. 83; *Willemsen/Lembke/HWK* § 108 BetrVG Rn. 39; *Ziegler/Wolff/JRH* Kap. 27 Rn. 85), ist umstritten. Dagegen spricht, dass dieser von der Muttergesellschaft (= herrschendes Unternehmen) aufzustellen und die Tätigkeit des Wirtschaftsausschusses auf das Unternehmen beschränkt ist. Eine Erläuterung durch das abhängige Unternehmen kommt schon aus diesem Grunde regelmäßig nicht in Betracht (*Martens* DB 1988, 1229 [1230]; zust. *Ziegler/Wolff/JRH* Kap. 27 Rn. 85). Wie der Lagebericht kann allerdings auch der Konzernabschluss zu den nach § 106 Abs. 2 vorzulegenden Unterlagen gehören (*Martens* DB 1988, 1229 [1231]); darüber hinaus kann es im Rahmen der Erläuterung des Jahresabschlusses erforderlich sein, für dessen Verständnis Informationen aus dem Konzernabschluss mitzuteilen (*Heckelsmüller* Erläuterung des Jahresabschlusses, S. 277 ff.; *Willemsen/Lembke/HWK* § 108 BetrVG Rn. 39).

67 Der **Prüfungsbericht des Abschlussprüfers** (§ 321 Abs. 1 Satz 1 HGB) ist kein Bestandteil des Jahresabschlusses. Selbst wenn er – ebenso wie der Lagebericht – zu den nach § 106 Abs. 2 vorzulegenden Unterlagen zählt (so *BAG* 08.08.1989 EzA § 106 BetrVG 1972 Nr. 8 S. 14 f. *[Henssler]* = AP Nr. 6 zu § 106 BetrVG 1972 Bl. 7 R = SAE 1991, 225 *[Dütz/Vogg]*; *ArbG Frankfurt a. M.* 26.11.1986 AiB 1988,

45; *Däubler/DKKW* § 108 Rn. 36; *Fitting* § 108 Rn. 32; *Henssler* Anm. zu *BAG* 08.08.1989 EzA § 106 BetrVG 1972 Nr. 8; *Kania*/ErfK § 108 BetrVG Rn. 14; **a. M.** *Hacker* Vorlage des Prüfungsberichts, S. 112 ff.; *Hommelhoff* ZIP 1990, 218 ff.; *Stege/Weinspach/Schiefer* §§ 106–109 Rn. 84), ist er kein Gegenstand der Erläuterung nach § 108 Abs. 5 (*Henssler* Anm. zu *BAG* 08.08.1989 EzA § 106 BetrVG 1972 Nr. 8; *Hess/HWGNRH* § 108 Rn. 21; *Martens* DB 1988, 1229 [1234 f.]; *Oetker* NZA 2001, 689 [692]; *Preis/WPK* § 108 Rn. 7; *Willemsen/Lembke/HWK* § 108 BetrVG Rn. 39; *Ziegler/Wolff/JRH* Kap. 27 Rn. 85; **a. M.** *Bösche/Grimberg* AuR 1987, 133 [137]; *Däubler/DKKW* § 108 Rn. 36; *Fabricius* AuR 1989, 121 [127]; *Richardi/Annuß* § 108 Rn. 39). Das schließt allerdings nicht aus, dass eine ausreichende Erläuterung des Jahresabschlusses nur dann vorliegt, wenn das Ergebnis der Abschlussprüfung mitgeteilt wird. Der Prüfungsbericht des Abschlussprüfers selbst ist dem Wirtschaftsausschuss jedoch nicht zu erläutern.

Entsprechendes gilt für die **Steuerbilanz**; auch sie kann nach § 106 Abs. 2 vorzulegen sein, ist aber nicht Gegenstand der Erläuterung (*Hess/HWGNRH* § 108 Rn. 21; *Joost*/MünchArbR § 231 Rn. 48; *Oetker* NZA 2001, 689 [692]; *Preis/WPK* § 108 Rn. 7; **a. M.** *Heckelsmüller* Erläuterung des Jahresabschlusses, S. 161 ff.; *Fabricius* 6. Aufl., § 108 Rn. 56; *Fitting* § 108 Rn. 30; *Richardi/Annuß* § 108 Rn. 40; *Rieble*/AR § 108 BetrVG Rn. 9; *Spirolke*/NK-GA § 108 BetrVG Rn. 7; *Weiss/Weyand* § 108 Rn. 12). Im Rahmen der Erläuterung des Jahresabschlusses ist jedoch auf Abweichungen zwischen der Handelsbilanz und der Steuerbilanz hinzuweisen (*Joost*/MünchArbR § 231 Rn. 48; s. a. *Däubler/DKKW* § 108 Rn. 37). **68**

c) Umfang der Erläuterung

Die Erläuterung des Jahresabschlusses ist in einem umfassenden Sinne zu verstehen, da § 108 Abs. 5 die Unterrichtungspflicht des Unternehmers nach § 106 Abs. 2 i. V. m. § 106 Abs. 3 Nr. 1 konkretisiert. Wegen dieses durch die Gesetzessystematik vermittelten Zusammenhangs hat die Erläuterung unter Vorlage des Jahresabschlusses zu erfolgen (*Fitting* § 108 Rn. 35; *Galperin/Löwisch* § 108 Rn. 22; *Heckelsmüller* Erläuterung des Jahresabschlusses, S. 175 ff.; *Löwisch* 25 Jahre Bundesarbeitsgericht, S. 353 [362]; *Oetker* NZA 2001, 689 [694]; *Richardi/Annuß* § 108 Rn. 41; *Ziegler/Wolff/JRH* Kap. 27 Rn. 87; **a. M.** *Boldt* Die AG 1972, 299 [306]; *Hess/HWGNRH* § 108 Rn. 24; *Reich* § 108 Rn. 5; *Stege/Weinspach/Schiefer* §§ 106–109 Rn. 84). Sofern der Unternehmer verpflichtet ist, den Jahresabschluss offenzulegen (§§ 325 ff., 339 HGB), soll aus dem Gebot der vertrauensvollen Zusammenarbeit folgen, dem Mitgliedern des Wirtschaftsausschusses und des Betriebsrats ein Exemplar des Jahresabschlusses auszuhändigen (so *Fitting* § 108 Rn. 36; *Heither* AR-Blattei SD 530.14.4, Rn. 123; *Joost*/MünchArbR § 231 Rn. 53; *Richardi/Annuß* § 108 Rn. 42; *Rumpff/Boewer* Wirtschaftliche Angelegenheiten, Kap. G Rn. 67; *Willemsen/Lembke/HWK* § 108 BetrVG Rn. 41; *Ziegler/Wolff/JRH* Kap. 27 Rn. 87). Eine Verpflichtung zur Vorlage sämtlicher Unterlagen, die sich auf den Jahresabschluss beziehen, besteht jedoch nicht (*Heckelsmüller* Erläuterung des Jahresabschlusses, S. 187 ff.; *Richardi/Annuß* § 108 Rn. 42; **a. M.** *Fabricius* 6. Aufl., § 108 Rn. 67 f.); § 106 Abs. 2 sowie die Begrenzung auf die in § 106 Abs. 3 genannten wirtschaftlichen Angelegenheiten gilt auch im Rahmen der nach § 108 Abs. 5 vorzunehmenden Erläuterung. **69**

Im Rahmen der Erläuterung des Jahresabschlusses steht den **Mitgliedern des Wirtschaftsausschusses** das Recht zu, in den vom Unternehmer vorgelegten Jahresabschluss **Einsicht** zu nehmen. Das folgt indes nicht aus § 108 Abs. 3, sondern aus dem Umstand, dass zu einer zweckgerechten Erläuterung auch die Vorlage des zu erläuternden Gegenstandes zählt und – wie bei § 108 Abs. 3 BetrVG – die Pflicht zur Vorlage auch ein Recht auf Einsicht umfasst (näher *Oetker* NZA 2001, 689 [695]; zust. *Fitting* § 108 Rn. 36). Dem **Betriebsrat** steht dieses Recht ebenfalls zu (*Fitting* § 108 Rn. 36; *Willemsen/Lembke/HWK* § 108 BetrVG Rn. 40; **a. M.** *Richardi/Annuß* § 108 Rn. 41 a. E.). Dieser kann sich für ein Einsichtsrecht zwar nicht auf § 108 Abs. 3 stützen, ist aber bei der Erläuterung zu beteiligen. Die Pflicht zur Erläuterung findet ihre Grenze in den **Betriebs- und Geschäftsgeheimnissen**; Tatsachen, die wegen der Gefährdung von Betriebs- und Geschäftsgeheimnissen nach § 106 Abs. 2 nicht mitzuteilen sind, müssen auch im Rahmen der Erläuterung nach § 108 Abs. 5 nicht offenbart werden (*Galperin/Löwisch* § 108 Rn. 21; *Heckelsmüller* Erläuterung des Jahresabschlusses, S. 256 f.; *Löwisch* 25 Jahre Bundesarbeitsgericht, S. 357 [363]; *ders./LK* § 108 Rn. 16; *Preis/WPK* § 108 Rn. 8; *Rieble*/AR § 108 BetrVG Rn. 9; *Stege/Weinspach/Schiefer* §§ 106–109 Rn. 86; *Willemsen/Lembke/HWK* § 108 **70**

BetrVG Rn. 37; *Ziegler/Wolff/JRH* Kap. 27 Rn. 86). Die Mitglieder des Wirtschaftsausschusses sind berechtigt, bei der Erläuterung **Notizen** und **Aufzeichnungen** anzufertigen (*Spirolke*/NK-GA § 108 BetrVG Rn. 7), die jedoch nur stichwortartig sein dürfen (*LAG Hamm* 09.02.1983 ZIP 1983, 612 [613 f.] sowie Rdn. 74).

d) Zeitpunkt der Erläuterung

71 Den Zeitpunkt der Erläuterung legt § 108 Abs. 5 nicht fest, er ist deshalb im Hinblick auf deren Zweck zu konkretisieren. Dabei ist zu berücksichtigen, dass die Erläuterung gegenüber dem Wirtschaftsausschuss nicht dazu dient, diesem einen Einfluss auf den Inhalt des Jahresabschlusses zu ermöglichen (*Galperin/Löwisch* § 108 Rn. 23; *Weiss/Weyand* § 108 Rn. 13; *Ziegler/Wolff/JRH* Kap. 27 Rn. 88; **a. M.** *Däubler/DKKW* § 108 Rn. 38; *Kania*/ErfK § 108 BetrVG Rn. 13: Einschaltung in den Willensbildungsprozess; ähnlich *Spirolke*/NK-GA § 108 BetrVG Rn. 7). Vielmehr dient sie der Unterrichtung und Beratung über die wirtschaftliche und finanzielle Lage des Unternehmens (*Weiss/Weyand* § 108 Rn. 13). Deshalb hat die Erläuterung erst zu erfolgen, wenn der **Jahresabschluss fertig gestellt** ist (*Fitting* § 108 Rn. 33; *Hess/HWGNRH* § 108 Rn. 19; *Joost*/MünchArbR § 231 Rn. 47; *Oetker* NZA 2001, 689 [695]; *Preis/WPK* § 108 Rn. 7; *Richardi/Annuß* § 108 Rn. 43; *Willemsen/Lembke/HWK* § 108 BetrVG Rn. 42; *Ziegler/Wolff/JRH* Kap. 27 Rn. 88). Kapitalgesellschaften müssen dafür die gesetzlichen Fristen (§§ 264 Abs. 1 Satz 2 und 3 HGB: drei bzw. sechs Monate nach Beginn des neuen Geschäftsjahres) beachten. Besteht bei Kapitalgesellschaften die **Pflicht zur Abschlussprüfung** (§ 316 Abs. 1 HGB), dann ist der Jahresabschluss erst mit der **Erteilung des Bestätigungsvermerks** durch den Abschlussprüfer (§ 322 HGB) fertiggestellt (*Däubler/DKKW* § 108 Rn. 38; *Fitting* § 108 Rn. 33; *Heither* AR-Blattei SD 530.14.4, Rn. 122; *Kania*/ErfK § 108 BetrVG Rn. 13; *Oetker* NZA 2001, 689 [695]; *Preis/WPK* § 108 Rn. 7; *Richardi/Annuß* § 108 Rn. 43; *Spirolke*/NK-GA § 108 BetrVG Rn. 7; *Willemsen/Lembke/HWK* § 108 BetrVG Rn. 42; *Ziegler/Wolff/JRH* Kap. 27 Rn. 89; **a. M.** *Galperin/Löwisch* § 108 Rn. 23; *Löwisch/LK* § 108 Rn. 15). Die Feststellung des Jahresabschlusses nach den **gesellschaftsrechtlichen Vorschriften** (s. z. B. §§ 172 ff. AktG) ist hingegen nicht erforderlich, um die Erläuterungspflicht des § 108 Abs. 5 auszulösen (*Däubler/DKKW* § 108 Rn. 38; *Fitting* § 108 Rn. 33; *Heither* AR-Blattei SD 530.14.4, Rn. 122; *Kania*/ErfK § 108 BetrVG Rn. 13; *Oetker* NZA 2001, 689 [695]; *Preis/WPK* § 108 Rn. 7; *Richardi/Annuß* § 108 Rn. 43; *Spirolke*/NK-GA § 108 BetrVG Rn. 7; *Steffan*/HaKo § 108 Rn. 8; *Ziegler/Wolff/JRH* Kap. 27 Rn. 89; **a. M.** *Galperin/Löwisch* § 108 Rn. 23; *Joost*/MünchArbR § 231 Rn. 47; *Löwisch/LK* § 108 Rn. 15; *Rumpff/Boewer* Wirtschaftliche Angelegenheiten, Kap. G Rn. 67; *Stege/Weinspach/Schiefer* §§ 106–109 Rn. 87b; *Weiss/Weyand* § 108 Rn. 13).

e) Beteiligung des Betriebsrats

72 Bei der Erläuterung des Jahresabschlusses ist der **Betriebsrat** zu beteiligen, wenn dieser den Wirtschaftsausschuss bestellt hat (*Weiss/Weyand* § 108 Rn. 12). Besteht in dem Unternehmen ein **Gesamtbetriebsrat**, so ist dieser zu beteiligen (*Fitting* § 108 Rn. 37; *Galperin/Löwisch* § 108 Rn. 24; *Heckelsmüller* Erläuterung des Jahresabschlusses, S. 262 ff.; *Hess/HWGNRH* § 108 Rn. 26; *Oetker* NZA 2001, 689 [696]; *Richardi/Annuß* § 108 Rn. 44; *Rumpff/Boewer* Wirtschaftliche Angelegenheiten, Kap. G Rn. 64). Eine zusätzliche Beteiligung der Einzelbetriebsräte kommt nicht in Betracht (*Galperin/Löwisch* § 108 Rn. 24; *Oetker* NZA 2001, 689 [696]); es ist Sache des Gesamtbetriebsrats bzw. der ihm angehörenden Mitglieder, ihrerseits den Einzelbetriebsräten die Konsequenzen aus der Erläuterung des Jahresabschlusses darzustellen. Der **Konzernbetriebsrat** ist in keinem Fall zu beteiligen (*Fitting* § 108 Rn. 37; *Oetker* NZA 2001, 689 [696]; *Ziegler/Wolff/JRH* Kap. 27 Rn. 90; **a. M.** *Richardi/Annuß* § 108 Rn. 44). Das gilt selbst dann, wenn sich die Erläuterungspflicht entgegen der hiesigen Ansicht (s. Rdn. 66) auf den Konzernabschluss bezieht (**a. M.** *Richardi/Annuß* § 108 Rn. 44). Der Betriebsrat ist auch dann an der Erläuterung des Jahresabschlusses nach § 108 Abs. 5 zu beteiligen, wenn der Betriebsrat bzw. Gesamtbetriebsrat die Aufgaben des Wirtschaftsausschusses nach § 107 Abs. 3 auf einen seiner Ausschüsse übertragen hat (§ 108 Abs. 6; vgl. *Galperin/Löwisch* § 108 Rn. 31; *Heckelsmüller* Erläuterung des Jahresabschlusses, S. 265 f.; *Ziegler/Wolff/JRH* Kap. 27 Rn. 90; **a. M.** *Schaub/Koch* Arbeitsrechts-Handbuch, § 243 Rn. 26).

Das Recht zur Beteiligung begründet das Gesetz zugunsten des Organs. Daraus folgt, dass grundsätzlich **alle Mitglieder des Betriebsrats** berechtigt sind, an der Sitzung des Wirtschaftsausschusses teilzunehmen, in der der Jahresabschluss erläutert wird. Da § 108 Abs. 5 auf die Beteiligung des Organs »Betriebsrat« abstellt, liegt eine ordnungsgemäße Erläuterung des Jahresabschlusses auch dann vor, wenn nicht alle Mitglieder des Betriebsrats in der Sitzung anwesend sind (*Galperin/Löwisch* § 108 Rn. 26). Da das Organ und nicht die Mitglieder des Betriebsrats an der Erläuterung zu beteiligen sind, kann der Betriebsrat durch Mehrheitsbeschluss (§ 33) einzelne Mitglieder hiermit beauftragen; die übrigen Mitglieder sind in diesem Fall nicht mehr berechtigt, an der Sitzung teilzunehmen (*Oetker* NZA 2001, 689 [696]; zust. *Fitting* § 108 Rn. 37). 73

Bei der Sitzungsteilnahme sind die Mitglieder des Betriebsrats nicht auf eine passive Rolle beschränkt. 74
Sie sind berechtigt, **Fragen** zu stellen (*Däubler/DKKW* § 108 Rn. 39; *Fitting* § 108 Rn. 36; *Galperin/Löwisch* § 108 Rn. 25; *Heither* AR-Blattei SD 530.14.4, Rn. 123; *Hess/HWGNRH* § 108 Rn. 26; *Joost*/MünchArbR § 231 Rn. 46; *Löwisch/LK* § 108 Rn. 16; *Richardi/Annuß* § 108 Rn. 45; *Rumpff/Boewer* Wirtschaftliche Angelegenheiten, Kap. G Rn. 67), an der **Erörterung** teilzunehmen (*Hess/HWGNRH* § 108 Rn. 26) und **Notizen** bzw. **Aufzeichnungen** anzufertigen (*Däubler/DKKW* § 108 Rn. 39; *Fitting* § 108 Rn. 36; *Galperin/Löwisch* § 108 Rn. 25; *Hess/HWGNRH* § 108 Rn. 27; *Kania*/ErfK § 108 BetrVG Rn. 14; *Löwisch/LK* § 108 Rn. 16; *Richardi/Annuß* § 108 Rn. 45; *Rieble*/AR § 108 BetrVG Rn. 9; *Rumpff/Boewer* Wirtschaftliche Angelegenheiten, Kap. G Rn. 67; *Stege/Weinspach/Schiefer* §§ 106–109 Rn. 84b sowie hier Rdn. 70).

f) Adressat der Erläuterungspflicht

Die Pflicht zur Erläuterung des Jahresabschlusses trifft den Unternehmer. Bezüglich des **Unternehmerbegriffs** gelten die Ausführungen zu § 108 Abs. 2 Satz 2 (s. Rdn. 15). Der Unternehmer muss die Erläuterung nicht selbst durchführen, sondern kann hierzu auch einen Vertreter bevollmächtigen (*Richardi/Annuß* § 108 Rn. 36). Da die Erläuterung in einer Sitzung des Wirtschaftsausschusses erfolgt, muss es sich jedoch um »seinen« Vertreter i. S. d. § 108 Abs. 2 Satz 1 (s. Rdn. 21 f.) handeln. 75

g) Verletzung der Erläuterungspflicht

Verletzt der Unternehmer seine Erläuterungspflicht gänzlich oder dadurch, dass seine Erläuterungen wahrheitswidrig, unvollständig oder verspätet sind, dann kann dies als Ordnungswidrigkeit verfolgt werden (§ 121 sowie die dortigen Anmerkungen). Die Erläuterung des Jahresabschlusses gegenüber dem Wirtschaftsausschuss ist eine gesetzliche Pflicht i. S. d. § 23 Abs. 3 (zust. *Preis/WPK* § 108 Rn. 10). 76

V. Streitigkeiten

Im **arbeitsgerichtlichen Beschlussverfahren** entscheiden die Arbeitsgerichte bei Streitigkeiten über die Teilnahme des Unternehmers oder seines Vertreters sowie das Teilnahmerecht anderer Personen an den Sitzungen des Wirtschaftsausschusses (s. *Hess*. LAG 01.08.2006 NZA-RR 2006, 199 [201]). Streitigkeiten über den Zeitpunkt und den Umfang der Erläuterung des Jahresabschlusses entscheidet zunächst die **Einigungsstelle** (näher § 109 Rdn. 14). 77

§ 109
Beilegung von Meinungsverschiedenheiten

Wird eine Auskunft über wirtschaftliche Angelegenheiten des Unternehmens im Sinn des § 106 entgegen dem Verlangen des Wirtschaftsausschusses nicht, nicht rechtzeitig oder nur ungenügend erteilt und kommt hierüber zwischen Unternehmer und Betriebsrat eine Einigung nicht zustande, so entscheidet die Einigungsstelle. Der Spruch der Einigungsstelle ersetzt die Einigung zwischen Arbeitgeber und Betriebsrat. Die Einigungsstelle

§ 109

kann, wenn dies für ihre Entscheidung erforderlich ist, Sachverständige anhören; § 80 Abs. 4 gilt entsprechend. Hat der Betriebsrat oder der Gesamtbetriebsrat eine anderweitige Wahrnehmung der Aufgaben des Wirtschaftsausschusses beschlossen, so gilt Satz 1 entsprechend.

Literatur

Bötticher Die Zuständigkeit der Einigungsstelle des § 70 Abs. 2 BetrVG in rechtsstaatlicher Sicht, FS *A. Hueck*, 1959, S. 149; *Dütz* Arbeitsgerichtliche Überprüfung von Einigungsstellensprüchen nach § 109 BetrVG, FS *Gaul*, 1992, S. 41; *Henssler* Die Entscheidungskompetenz der betriebsverfassungsrechtlichen Einigungsstelle in Rechtsfragen, RdA 1991, 268; *Herschel* Der Sachverständige des Wirtschaftsausschusses, AuR 1980, 21; *Rieble* Die Kontrolle der Einigungsstelle in Rechtsstreitigkeiten, BB 1991, 471; *Rupp/Lassmann* Die Einigungsstelle nach § 109 BetrVG, AiB 2012, 598; *Waitz* Gerichtliche Überprüfbarkeit des Einigungsstellenspruches gem. § 109 BetrVG 1972 (Diss. FU Berlin), 2002 (zit.: Überprüfbarkeit); *Wiesemann* Die Einigungsstelle als Einrichtung zur Beilegung von Rechtsstreitigkeiten im Betriebsverfassungsrecht (Diss. Jena), 2003 (zit.: Einigungsstelle); s. ferner die Angaben vor § 106.

Inhaltsübersicht

	Rdn.
I. Vorbemerkung	1–7
II. Auskunft über wirtschaftliche Angelegenheiten	8–15
1. Allgemeines	8
2. Begriff der »Auskunft«	9, 10
3. Wirtschaftliche Angelegenheiten i. S. d. § 106	11–15
III. Einigung zwischen Unternehmer und Betriebsrat	16–23
1. Auskunftsverlangen des Wirtschaftsausschusses	16–18
2. Parteien der Einigung	19
3. Einigung über das Auskunftsverlangen	20–23
IV. Anrufung der Einigungsstelle	24–39
1. Einigungsversuch	24, 25
2. Zuständigkeit der Einigungsstelle	26–28
3. Antragsbefugnis	29–32
4. Hinzuziehung von Sachverständigen	33, 34
5. Entscheidung der Einigungsstelle	35–39
V. Streitigkeiten	40–42

I. Vorbemerkung

1 Die Vorschrift geht im Wesentlichen auf § 70 BetrVG 1952 zurück. Lediglich die Möglichkeit der Einigungsstelle, vor ihrer Entscheidung Sachverständige anzuhören (§ 109 Satz 3), wurde neu aufgenommen. Das Verbot in § 70 Abs. 2 BetrVG 1952, die Einigungsstelle durch eine **tarifliche Schlichtungsstelle** zu ersetzen, ist wegen der veränderten Struktur des Wirtschaftsausschusses (dazu § 106 Rdn. 2) entfallen. Hieraus ist zu schließen, dass die Befugnis zur Ersetzung der Einigungsstelle nunmehr im Rahmen der allgemeinen Vorschrift (§ 76 Abs. 8) besteht (*Boldt* Die AG 1972, 299 [307]; *Däubler/DKKW* § 109 Rn. 11; *Fitting* § 109 Rn. 11; *Galperin/Löwisch* § 109 Rn. 16; *Kania*/ErfK § 109 BetrVG Rn. 4; *Preis/WPK* § 109 Rn. 3; *Richardi/Annuß* § 109 Rn. 17; *Weiss/Weyand* § 109 Rn. 6; Vorbehalte bei *Hess/HWGNRH* § 109 Rn. 13).

2 Die Vorschrift des § 109 ist in zweierlei Hinsicht ungewöhnlich. Erstens wird verbreitet mit Recht hervorgehoben, dass die Einigungsstelle abweichend von dem tradierten Grundsatz nicht in einer Regelungs-, sondern einer **Rechtsfrage** entscheidet (s. Rdn. 36). Das in Art. 92 GG festgelegte Rechtsprechungsmonopol wird hierdurch nicht verletzt (*Däubler/DKKW* § 109 Rn. 1; *Richardi/Annuß* § 109 Rn. 1 sowie näher *Wiesemann* Einigungsstelle, S. 57 ff.), da § 109 eine gerichtliche Kontrolle des Spruchs der Einigungsstelle nicht ausschließt. Zweitens ist bemerkenswert, dass Unternehmer und Betriebsrat berechtigt sind, eine **verbindliche Einigung** über die Auskunftspflicht des Unternehmers herbeizuführen. Damit wird die Anwendung der unbestimmten Rechtsbegriffe in den durch § 109 abgesteckten Grenzen in die Hand von Unternehmer und Betriebsrat gelegt, was nicht ohne

Folgen für die Kontrolldichte bei der gerichtlichen Überprüfung des Einigungsstellenspruchs bleiben kann (dazu Rdn. 37 f.).

Der **Zweck** des Einigungsstellenverfahrens, das § 109 zur Beilegung von Meinungsverschiedenheiten 3 über die vom Unternehmer an den Wirtschaftsausschuss zu erteilende Auskunft bereitstellt, lässt sich nur mit Schwierigkeiten aus dem Gesetz ableiten. Verbreitet wird dieser darin gesehen, die Streitigkeit nach Möglichkeit innerhalb des Unternehmens zu belassen, um einen **Schutz sensibler Unternehmensdaten** möglichst optimal zu gewährleisten (*Hess. LAG* 01.08.2006 NZA-RR 2007, 199 [201]; *Galperin / Löwisch* § 109 Rn. 1; *Joost* / MünchArbR § 231 Rn. 122; *Rieble* / AR § 109 BetrVG Rn. 1; *Weiss / Weyand* § 109 Rn. 1; *Willemsen / Lembke / HWK* § 109 BetrVG Rn. 1). Dem ist zuzustimmen, jedoch erschöpft sich der Zweck des Einigungsstellenverfahrens nicht hierin. Dieses gewinnt eine zusätzliche und entscheidende Bedeutung durch den Umstand, dass die §§ 106 ff. die Informationspflichten des Unternehmers mit einer Vielzahl unbestimmter Rechtsbegriffe versehen (z. B. § 106 Abs. 2: »rechtzeitig«, »umfassend«, »erforderlich«, »Gefährdung«). Müsste der Wirtschaftsausschuss oder der Betriebs- bzw. Gesamtbetriebsrat bei einem Streit über deren Konkretisierung im Einzelfall stets die Arbeitsgerichte anrufen, bestünde die Gefahr, dass die Unterrichtung und Beratung mit dem Wirtschaftsausschuss aus Zeitgründen weitgehend leer liefe. Deshalb hat das Einigungsstellenverfahren auch den Zweck, den Streit über die »Auskunft« möglichst rasch und abschließend zu klären. Für die Konfliktbeilegung stellt § 109 – wie sich indirekt aus der Norm ergibt – allerdings nicht nur das Einigungsstellenverfahren (s. Rdn. 24 ff.), sondern auch die Einigung von Unternehmer und Betriebsrat zur Verfügung (s. Rdn. 16 ff.).

Seinen Zweck (s. Rdn. 3) kann § 109 nur entfalten, wenn dieser im **Verhältnis zu den Arbeits-** 4 **gerichten** eine **Primärzuständigkeit der Einigungsstelle** begründet (treffend schon *Leipold* FS *Schnorr von Carolsfeld*, 1972, S. 273 [285]). Dem Betriebsrat bzw. Gesamtbetriebsrat ist es deshalb im Anwendungsbereich des § 109 verwehrt, die Informationsrechte des Wirtschaftsausschusses unmittelbar im **arbeitsgerichtlichen Beschlussverfahren** durchzusetzen (*LAG Köln* 10.03.2017 – 9 TaBV 17/16 – BeckRS 2017, 113568; *OLG Karlsruhe* 07.06.1985 AP Nr. 1 zu § 121 BetrVG 1972 Bl. 3; *Däubler / DKKW* § 109 Rn. 15; *Galperin / Löwisch* § 109 Rn. 17; *Henssler* Anm. zu *BAG* 08.08.1989 EzA § 106 BetrVG 1972 Nr. 8; *Kania* / ErfK § 109 BetrVG Rn. 3; *Löwisch / LK* § 109 Rn. 5; *Spirolke* / NK-GA § 109 BetrVG Rn. 2; *Weiss / Weyand* § 109 Rn. 1; *Wlotzke* § 109 Rn. 2). Ein gleichwohl beim Arbeitsgericht gestellter **Antrag** ist als **unzulässig** zurückzuweisen (*Leipold* FS *Schnorr v. Carolsfeld*, 1972, S. 273 [286]). Die Primärzuständigkeit der Einigungsstelle unterliefe es auch, wenn der Betriebsrat das Informationsbegehren im Wege des **einstweiligen Rechtsschutzes** durchsetzen könnte (ebenso *ArbG Wetzlar* 28.02.1989 NZA 1989, 443 [444]; *Etzel* Rn. 960; *Fitting* § 109 Rn. 5; *Preis / WPK* § 109 Rn. 4; *Rieble* / AR § 109 BetrVG Rn. 1; *Spirolke* / NK-GA § 109 BetrVG Rn. 2; *Stege / Weinspach / Schiefer* §§ 106–109 Rn. 41; **a. M.** *Däubler / DKKW* § 109 Rn. 16, wenn die Einigungsstelle ihrer Aufgabe nicht rechtzeitig nachkommt). Das gilt entsprechend, wenn die unterbliebene Unterrichtung als **Ordnungswidrigkeit** i. S. d. § 121 geahndet werden soll. Im Anwendungsbereich des § 109 liegt ein ordnungswidriges Verhalten des Unternehmers erst vor, wenn der zwischen Unternehmer und Wirtschaftsausschuss streitige Umfang durch eine Entscheidung der Einigungsstelle konkretisiert worden ist (*OLG Karlsruhe* 07.06.1985 AP Nr. 1 zu § 121 BetrVG 1972 Bl. 3 f. = EWiR 1985, 731 *[Löwisch]*).

Die Primärzuständigkeit der Einigungsstelle strahlt auch auf das **Verfahren nach § 23 Abs. 3** aus. Der 5 Unternehmer verletzt seine gesetzlichen Pflichten erst, wenn er sich über eine verbindliche Einigung mit dem Betriebsrat bzw. Gesamtbetriebsrat oder einen Spruch der Einigungsstelle hinwegsetzt (s. a. § 23 Rdn. 221). Die Primärzuständigkeit der Einigungsstelle bezieht sich allerdings auch hinsichtlich § 23 Abs. 3 nur auf das vom Wirtschaftsausschuss artikulierte Auskunftsverlangen. Anders ist dies jedoch, wenn der Unternehmer unabhängig davon seinen Verpflichtungen nach § 106 Abs. 2 nicht nachkommt. In diesem Fall wird die Einleitung des Verfahrens nach § 23 Abs. 3 nicht durch § 109 gesperrt (*LAG Berlin-Brandenburg* 30.03.2012 – 10 TaBV 2362/11 – BeckRS 2012, 69525).

Eine Ausdehnung über den ursprünglichen Anwendungsbereich hinaus hat § 109 durch den mit 6 Art. 4 Nr. 2 des Risikobegrenzungsgesetzes (s. § 109a Rdn. 1) eingefügten **§ 109a** erfahren, der in seinem 2. Halbs. § 109 für entsprechend anwendbar erklärt (s. dazu näher § 109a Rdn. 30).

7 Keine Entsprechung findet das Verfahren in § 109 in den Bestimmungen für den kraft Gesetzes gebildeten **Europäischen Betriebsrat** sowie den **SE-Betriebsrat**, obwohl die jeweiligen Unterrichtungspflichten (s. § 29 EBRG, § 28 SEBG) weitgehend mit den Informationspflichten des Unternehmers gegenüber dem Wirtschaftsausschuss übereinstimmen. Die unionsrechtlichen Vorgaben in der Richtlinie 2009/38/EG und der Richtlinie 2001/86/EG stehen der Implementierung eines mit § 109 vergleichbaren Prozederes in den Umsetzungsgesetzen der Mitgliedstaaten zwar nicht entgegen. Die Implementierung der Einigungsstelle in das EBRG bzw. das SEBG würde aus Sicht dieser Kodifikationen aber ein systematischer Fremdkörper sein. Denkbar und rechtlich unbedenklich ist es jedoch, ein mit § 109 übereinstimmendes Verfahren in eine nach § 18 EBRG bzw. § 21 SEBG abzuschließende Beteiligungsvereinbarung aufzunehmen (s. z. B. *Forst* Die Beteiligungsvereinbarung nach § 21 SEBG [Diss. Bonn], 2010, S. 216, 416 ff.; *Hoops* Die Mitbestimmungsvereinbarung in der Europäischen Aktiengesellschaft (SE) [Diss. Hamburg], 2009, S. 173; *Müller* EBRG, § 17 Rn. 9; *Rupp/AKRR* EBRG, § 17 EBRG Rn. 21; *Schlinkhoff* Der Europäische Betriebsrat kraft Vereinbarung [Diss. Kiel], 2011, S. 109).

II. Auskunft über wirtschaftliche Angelegenheiten

1. Allgemeines

8 Sowohl die Befugnis zur Einigung zwischen Unternehmer und Betriebsrat als auch die Zuständigkeit der Einigungsstelle ist nach § 109 Satz 1 auf »Auskünfte« in wirtschaftlichen Angelegenheiten i. S. d. § 106 begrenzt. Wegen der systematischen Verknüpfung mit der letztgenannten Vorschrift beziehen sich die Einigungsbefugnis sowie die Primärzuständigkeit der Einigungsstelle vor allem auf die Unterrichtungspflicht des Unternehmers nach § 106 Abs. 2. Außerhalb des durch § 109 Satz 1 abgesteckten Rahmens können Rechtsstreitigkeiten zwischen Unternehmer und Betriebsrat über die Anwendung der §§ 106 ff. nicht durch eine rechtsförmige Einigung oder einen verbindlichen Spruch der Einigungsstelle beigelegt werden. Klärungsbedürftig ist deshalb, was unter einer »Auskunft« sowie den »wirtschaftlichen Angelegenheiten des Unternehmens i. S. d. § 106« zu verstehen ist.

2. Begriff der »Auskunft«

9 »**Auskunft**« i. S. d. § 109 Satz 1 ist wegen des Zwecks der Norm weit zu verstehen und umfasst nicht nur die **Unterrichtung**, sondern auch die **Vorlage** der in § 106 Abs. 2 genannten Unterlagen (vgl. *BAG* 08.08.1989 EzA § 106 BetrVG 1972 Nr. 8 S. 4 *[zust. Henssler]* = AP Nr. 6 zu § 106 BetrVG 1972 Bl. 3 R = SAE 1991, 225 *[Dütz / Vogg]*; *Däubler/DKKW* § 109 Rn. 2; *Etzel* Rn. 959; *Fitting* § 109 Rn. 1; *Galperin/Löwisch* § 109 Rn. 6; *Joost/*MünchArbR § 231 Rn. 125; *Kania/*ErfK § 109 BetrVG Rn. 2; *Preis/WPK* § 109 Rn. 1; *Richardi/Annuß* § 109 Rn. 4; *Spirolke/*NK-GA § 109 BetrVG Rn. 2). Gerade deren Erforderlichkeit für eine umfassende Unterrichtung kann zwischen Wirtschaftsausschuss und Unternehmer umstritten sein, so dass der Versuch einer außergerichtlichen Einigung zweckmäßig ist. Entsprechendes gilt für die »**Einsicht**« in die nach § 108 Abs. 3 vorzulegenden Unterlagen (*Däubler/DKKW* § 109 Rn. 5; *Preis/WPK* § 109 Rn. 1; *Richardi/Annuß* § 109 Rn. 4; *Weiss/Weyand* § 109 Rn. 2).

10 Gegenstand der Meinungsverschiedenheit muss das »**Ob**«, der **Zeitpunkt** oder der **Umfang** der Information sein. Die **Form der Unterrichtung** ist durch § 106 Abs. 2 nicht vorstrukturiert (s. § 106 Rdn. 127 f.) und deshalb nicht von der Einigungsstelle zu entscheiden (*LAG Baden-Württemberg* 22.11.1985 DB 1986, 334; *ArbG Hamburg* 19.06.2002 ZIP 2003, 132 [134]; *Däubler/DKKW* § 106 Rn. 53; *Spirolke/*NK-GA § 109 BetrVG Rn. 5; *Zeising* ZIP 2003, 135 [137]). Begehrt der Wirtschaftsausschuss jedoch die Überlassung einer bearbeitungsfähigen elektronischen Datei, dann ist auch der Umfang der Information im Streit und von der Einigungsstelle zu entscheiden (*LAG Köln* 10.03.2017 – 9 TaBV 17/16 – BeckRS 2017, 113568). Ebenso ist sie nicht für die vom Unternehmer geschuldete **Beratung** zuständig (a. M. *Weiss/Weyand* § 109 Rn. 3), da diesbezüglich weder der mit dem Verfahren nach § 109 beabsichtigte Geheimhaltungsschutz (s. Rdn. 3) noch die Möglichkeit einer Einigung zwischen Unternehmer und Betriebsrat in Betracht kommt.

3. Wirtschaftliche Angelegenheiten i. S. d. § 106

Die Bezugnahme in § 109 Satz 1 auf § 106 legt es nahe, das Auskunftsbegehren auf die in § 106 Abs. 2   11
aufgestellten Unterrichtspflichten zu beschränken. Eine derartige Begrenzung steht jedoch im Widerspruch zu der systematischen Stellung der Bezugnahme sowie dem Normzweck. Die nicht ganz präzise Bezugnahme auf § 106 ist vielmehr in einem unmittelbaren Zusammenhang mit dem Begriff der »wirtschaftlichen Angelegenheiten« zu sehen und soll diesen konkretisieren. »Wirtschaftliche Angelegenheiten« i. S. d. § 109 Satz 1 sind deshalb diejenigen, die § 106 Abs. 3 aufzählt.

Die durch § 109 begründete Zuständigkeit der Einigungsstelle erstreckt sich nicht nur auf Zeitpunkt   12
und Umfang der Unterrichtung sowie die Erforderlichkeit der vorzulegenden Unterlagen, sondern auch auf die Frage, ob eine Auskunftspflicht des Unternehmers wegen einer **Gefährdung von Betriebs- und Geschäftsgeheimnissen** nicht entsteht (*BAG* 08.08.1989 EzA § 106 BetrVG 1972 Nr. 8 S. 12 [*Henssler*] = AP Nr. 6 zu § 106 BetrVG 1972 Bl. 6 R = SAE 1991, 225 [*Dütz/Vogg*]; 11.07.2000 EzA § 109 BetrVG 1972 Nr. 2 S. 9 = AP Nr. 2 zu § 109 BetrVG 1972 Bl. 4 = SAE 2002, 177 [*Kreßel*]; *LAG* Düsseldorf 13.03.1978 DB 1978, 1695 [1697]; *LAG* Frankfurt a. M. 19.04.1988 LAGE § 106 BetrVG 1972 Nr. 2 S. 5 f.; *LAG* Köln 13.07.1999 AP Nr. 1 zu § 109 BetrVG 1972 Bl. 6; 14.01.2004 NZA-RR 2005, 32 [33]; *OLG* Karlsruhe 07.06.1985 AP Nr. 1 zu § 121 BetrVG 1972 Bl. 3; ebenso *Däubler/DKKW* § 109 Rn. 4; *Fitting* § 109 Rn. 3 f.; *Heither* AR-Blattei SD 530.14.4, Rn. 130; *Joost/MünchArbR* § 231 Rn. 124; *Kania/ErfK* § 109 BetrVG Rn. 1; *Löwisch/LK* § 109 Rn. 3; *Richardi/Annuß* § 109 Rn. 6 f.; *Rieble/AR* § 109 BetrVG Rn. 1; *Rumpff/Boewer* Wirtschaftliche Angelegenheiten, Kap. G Rn. 112; *Schaub/Koch* Arbeitsrechts-Handbuch, § 243 Rn. 37; *Spirolke/NK-GA* § 109 BetrVG Rn. 2; *Willemsen/Lembke/HWK* § 109 BetrVG Rn. 1; **a. M.** *Hess/HWGNRH* § 109 Rn. 9: nur bei offensichtlichem Missbrauch; ebenso *Henssler* Anm. zu *BAG* 08.08.1989 EzA § 106 BetrVG 1972 Nr. 8; ähnlich *Wisskirchen* JArbR Bd. 13 [1975], 1976, S. 73 [90]: nur beim Vortäuschen, um sich der Auskunftspflicht zu entziehen; gänzlich ablehnend *Stege/Weinspach/Schiefer* §§ 106–109 Rn. 78).

Der h. M. ist zuzustimmen, da § 109 Satz 1 die Zuständigkeit der Einigungsstelle für alle Auskünfte   13
i. S. d. § 106, unabhängig davon begründet, ob der Unternehmer nach § 106 Abs. 2 berechtigt ist, die Auskunft über diese nicht zu erteilen. Eine Reduktion der Norm, die solche Auskünfte ausklammert, die wegen einer Gefährdung von Betriebs- und Geschäftsgeheimnissen nach § 106 Abs. 2 nicht zu erteilen sind, würde den Zweck des Einigungsstellenverfahrens in sein Gegenteil verkehren, da gerade die Frage, ob ein Betriebs- oder Geschäftsgeheimnis gefährdet ist, im Hinblick auf das Geheimhaltungsinteresse des Unternehmens und die Vagheit des Gefährdungstatbestandes (dazu § 106 Rdn. 141 ff.) besser von der Einigungsstelle zu beantworten ist (*BAG* 08.08.1989 EzA § 106 BetrVG 1972 Nr. 8 S. 12 f. [*Henssler*] = AP Nr. 6 zu § 108 BetrVG 1972 Bl. 6 R; *Galperin/Löwisch* § 109 Rn. 7; *Löwisch/LK* § 109 Rn. 3; *Richardi/Annuß* § 109 Rn. 7). Hierfür genügt nach h. M. bereits die Glaubhaftmachung des Gefährdungstatbestandes (*Däubler/DKKW* § 109 Rn. 4; *Fitting* § 109 Rn. 4; *Föhr* DB 1976, 1378 [1383]; *Heither* AR-Blattei SD 530.14.4, Rn. 131; *Joost/MünchArbR* § 231 Rn. 131; *Preis/WPK* § 109 Rn. 1; *Richardi/Annuß* § 109 Rn. 8; *Rieble/AR* § 109 BetrVG Rn. 1).

Die Zuständigkeit der Einigungsstelle nach § 109 erstreckt sich auch auf »Auskünfte« im Rahmen der   14
Erläuterung des **Jahresabschlusses** nach § 108 Abs. 5 (*Däubler/DKKW* § 109 Rn. 5; *Etzel* Rn. 959; *Joost/MünchArbR* § 231 Rn. 128; *Löwisch/LK* § 109 Rn. 1; *Richardi/Annuß* § 109 Rn. 3; *Rieble/AR* § 109 BetrVG Rn. 1; *Schaub/Koch* Arbeitsrechts-Handbuch, § 243 Rn. 37; *Stege/Weinspach/Schiefer* §§ 106–109 Rn. 89; *Weiss/Weyand* § 109 Rn. 2; *Willemsen/Lembke/HWK* § 109 BetrVG Rn. 1; **a. M.** *Hess/HWGNRH* § 109 Rn. 1). Hierfür spricht der systematische Zusammenhang des Jahresabschlusses mit der Unterrichtungspflicht des Unternehmers nach § 106 Abs. 2 (s. § 108 Rdn. 61) und dessen untrennbare Verknüpfung mit der wirtschaftlichen und finanziellen Lage des Unternehmens (s. § 106 Abs. 3 Nr. 1 sowie § 108 Rdn. 61).

Bei Meinungsverschiedenheiten über den Umfang der nach **§ 110** unmittelbar gegenüber den Arbeit-   15
nehmern zu erfüllenden Unterrichtung spricht die Gesetzessystematik gegen die Anwendung des § 109, andererseits bezieht sich die nach § 110 geschuldete Information auf die »wirtschaftliche Lage und Entwicklung des Unternehmens« und damit wegen § 106 Abs. 3 Nr. 1 ebenfalls auf eine »wirtschaftliche Angelegenheit des Unternehmens im Sinne des § 106«. Eine Primärzuständigkeit

der Einigungsstelle ist deshalb zumindest dann anzuerkennen, wenn der Betriebsrat bzw. Gesamtbetriebsrat im Rahmen der nach § 110 notwendigen Abstimmung mit dem Unternehmer (dazu näher § 110 Rdn. 19 ff.) von diesem über eine bestimmte wirtschaftliche Angelegenheit i. S. d. § 106 Abs. 3 Auskunft verlangt (*Däubler/DKKW* § 110 Rn. 17; *Löwisch/LK* § 109 Rn. 1; *Richardi/Annuß* § 109 Rn. 3, § 110 Rn. 13; *Rieble*/AR § 109 BetrVG Rn. 1; **a. M.** *Dütz* FS *H. Westermann*, 1974, S. 37 [53]; *Hess/HWGNRH* § 109 Rn. 1, § 110 Rn. 11; *Willemsen/Lembke/HWK* § 109 BetrVG Rn. 1).

III. Einigung zwischen Unternehmer und Betriebsrat

1. Auskunftsverlangen des Wirtschaftsausschusses

16 Für eine Einigung zwischen Unternehmer und Betriebsrat zu der vom Unternehmer zu erteilenden Auskunft bzw. eine spätere Entscheidung der Einigungsstelle hierüber ist ein Auskunftsverlangen des Wirtschaftsausschusses notwendig. Ohne dieses fehlt eine Verfahrensvoraussetzung für eine verbindliche Einigung bzw. einen Spruch der Einigungsstelle, so dass diese offensichtlich unzuständig i. S. d. § 100 Abs. 1 Satz 2 ArbGG ist (*LAG Schleswig-Holstein* 24.11.2016 – 4 TaBV 40/16 – BeckRS 2016, 74959). Durch nachfolgende Beschlüsse des Betriebsrats kann ein ordnungsgemäßes Auskunftsverlangen des Wirtschaftsausschusses nicht ersetzt werden (*LAG Schleswig-Holstein* 24.11.2016 – 4 TaBV 40/16 – BeckRS 2016, 74959). Das Verlangen des Wirtschaftsausschusses besteht aus einer formellen und einer materiellen Komponente.

17 In **formeller Hinsicht** muss der Wirtschaftsausschuss über die begehrte Auskunft einen **Beschluss** gefasst haben (*LAG Düsseldorf* 26.02.2016 LAGE § 109 BetrVG 2001 Nr. 3; *LAG Hamm* 02.11.2015 – 13 TaBV 70/15 – BeckRS 2015, 73264; *LAG Schleswig-Holstein* 24.11.2016 – 4 TaBV 40/16 – BeckRS 2016, 74959; *Fitting* § 109 Rn. 6; *Galperin/Löwisch* § 109 Rn. 9; *Hess/HWGNRH* § 109 Rn. 10; *Richardi/Annuß* § 109 Rn. 11 sowie § 108 Rdn. 12). Auf diesen finden die Vorschriften zur Beschlussfassung des Betriebsrats entsprechende Anwendung (*LAG Düsseldorf* 26.02.2016 LAGE § 109 BetrVG 2001 Nr. 3; *LAG Hamm* 02.11.2015 – 13 TaBV 70/15 – BeckRS 2015, 73264; *LAG Schleswig-Holstein* 24.11.2016 – 4 TaBV 40/16 – BeckRS 2016, 74959; *Galperin/Löwisch* § 109 Rn. 9; *Richardi/Annuß* § 109 Rn. 11 sowie § 108 Rdn. 12), so dass **einfache Stimmenmehrheit** (§ 33) ausreichend, aber auch erforderlich ist (*LAG Schleswig-Holstein* 24.11.2016 – 4 TaBV 40/16 – BeckRS 2016, 74959; *Richardi/Annuß* § 109 Rn. 11). Das Auskunftsverlangen hat der Vorsitzende des Wirtschaftsausschusses an den Unternehmer zu übermitteln (§ 26 Abs. 2 Satz 1 analog; s. a. § 108 Rdn. 3). Dieses muss jedoch stets auf einem konkreten Beschluss des Wirtschaftsausschusses beruhen (*LAG Hamm* 02.11.2015 – 13 TaBV 70/15 – BeckRS 2015, 73264). Bei einer **anderweitigen Wahrnehmung der Aufgaben** des Wirtschaftsausschusses (§ 107 Abs. 3) ist wegen der in § 109 Satz 4 angeordneten entsprechenden Anwendung von Satz 1 der Vorschrift ein Auskunftsverlangen bzw. ein Beschluss des Ausschusses erforderlich, auf den die Aufgaben des Wirtschaftsausschusses übertragen wurden (*Fitting* § 109 Rn. 6; *Löwisch/LK* § 109 Rn. 2; *Richardi/Annuß* § 109 Rn. 11).

18 Da letztlich die Einigungsstelle eine Entscheidung darüber treffen muss, ob der Unternehmer die begehrte Auskunft nicht, verspätet oder unzureichend erteilt hat, ist in **materieller Hinsicht** erforderlich, dass das **Auskunftsverlangen hinreichend bestimmt** ist. Der Wirtschaftsausschuss muss deshalb Auskunft über eine **konkrete wirtschaftliche Angelegenheit** i. S. d. § 106 Abs. 3 begehren (*BAG* 08.08.1989 EzA § 106 BetrVG 1972 Nr. 8 S. 9 *[Henssler]* = AP Nr. 6 zu § 106 BetrVG 1972 Bl. 5 = SAE 1991, 225 *[Dütz/Vogg]*; *LAG Hamburg* 12.06.2013 – 6 TaBV 9/13 – BeckRS 2014, 65029; *LAG Köln* 10.03.2017 – 9 TaBV 17/16 – BeckRS 2017, 113568; *Fitting* § 109 Rn. 1, 6; *Hess/HWGNRH* § 109 Rn. 17; *Löwisch/LK* § 109 Rn. 2; *Richardi/Annuß* § 109 Rn. 11; *Spirolke*/NK-GA § 109 BetrVG Rn. 2; *Willemsen/Lembke/HWK* § 109 BetrVG Rn. 6; *Wisskirchen* JArbR Bd. 13 [1975], 1976, S. 73 [89]). Ein derartiges konkretes Auskunftsverlangen ist Verfahrensvoraussetzung für ein nachfolgendes Einigungsstellenverfahren (*LAG Hamburg* 12.06.2013 – 6 TaBV 9/13 – BeckRS 2014, 65029).

2. Parteien der Einigung

Nach einhelliger Ansicht obliegt dem **Wirtschaftsausschuss** die **Initiativlast**, wenn der Unternehmer dem Auskunftsverlangen nicht nachkommt. Es ist Sache des Wirtschaftsausschusses, sich an den **Betriebsrat** bzw. **Gesamtbetriebsrat** zu wenden, damit dieser mit dem **Unternehmer** eine Einigung versucht (*BAG* 08.08.1989 EzA § 106 BetrVG 1972 Nr. 8 S. 9 *[Henssler]* = AP Nr. 6 zu § 106 BetrVG 1972 Bl. 5 R = SAE 1991, 225 *[Dütz/Vogg]*; ebenso *Däubler/DKKW* § 109 Rn. 6; *Fitting* § 109 Rn. 7; *Heither* AR-Blattei SD 530.14.4, Rn. 126; *Hess/HWGNRH* § 109 Rn. 11; *Kania/*ErfK § 109 BetrVG Rn. 3; *Löwisch/LK* § 109 Rn. 4; *Richardi/Annuß* § 109 Rn. 12; im Grundsatz auch *Rumpff/Boewer* Wirtschaftliche Angelegenheiten, Kap. G Rn. 113, die jedoch ein Einigungsverfahren durch alle Betriebsräte verlangen, wenn diese keinen Gesamtbetriebsrat gebildet haben). Das gilt grundsätzlich auch, wenn der Betriebsrat bzw. Gesamtbetriebsrat nach § 107 Abs. 3 eine **anderweitige Erledigung der Aufgaben des Wirtschaftsausschusses** beschlossen hat (*Däubler/DKKW* § 109 Rn. 8; *Fitting* § 109 Rn. 7; *Galperin/Löwisch* § 109 Rn. 14; *Preis/WPK* § 109 Rn. 3; *Richardi/Annuß* § 109 Rn. 14; *Spirolke/*NK-GA § 109 BetrVG Rn. 9).

19

3. Einigung über das Auskunftsverlangen

Kommt es zwischen Unternehmer und Betriebsrat bzw. Gesamtbetriebsrat zu einer **Einigung** über das Auskunftsbegehren des Wirtschaftsausschusses, dann ist diese für ihn **bindend** (*BAG* 08.08.1989 EzA § 106 BetrVG 1972 Nr. 8 S. 9 *[Henssler]* = AP Nr. 6 zu § 106 BetrVG 1972 Bl. 5 R = SAE 1991, 225 *[Dütz/Vogg]*; *Däubler/DKKW* § 109 Rn. 7; *Fitting* § 109 Rn. 8; *Galperin/Löwisch* § 109 Rn. 12, 21; *Heither* AR-Blattei SD 530.14.4, Rn. 126; *Hess/HWGNRH* § 109 Rn. 11; *Kania/*ErfK § 109 BetrVG Rn. 3; *Preis/WPK* § 109 Rn. 3; *Richardi/Annuß* § 109 Rn. 13; *Spirolke/*NK-GA § 109 BetrVG Rn. 3; *Stege/Weinspach/Schiefer* §§ 106–109 Rn. 75; *Wisskirchen* JArbR Bd. 13 [1975], 1976, S. 73 [89]). Er kann diese insbesondere nicht anfechten, wenn die Einigung von dem Auskunftsverlangen des Wirtschaftsausschusses abweicht. Ein nochmaliges und unverändertes Auskunftsverlangen des Wirtschaftsausschusses ist unzulässig, so dass der Unternehmer von einer erneuten Einigung mit dem Betriebsrat bzw. Gesamtbetriebsrat absehen kann.

20

Für die Einigung zwischen Unternehmer und Betriebsrat bzw. Gesamtbetriebsrat schreibt das Gesetz keine bestimmte **Form** vor. Die Schriftform ist nicht zu wahren (*Däubler/DKKW* § 109 Rn. 7; *Fitting* § 109 Rn. 8; *Hess/HWGNRH* § 109 Rn. 11; *Preis/WPK* § 109 Rn. 3; *Richardi/Annuß* § 109 Rn. 13), es genügt eine mündliche Absprache in Gestalt einer **Regelungsabrede** (*Däubler/DKKW* § 109 Rn. 7; *Fitting* § 109 Rn. 8; *Galperin/Löwisch* § 109 Rn. 12; *Küchenhoff* § 109 Rn. 3; *Richardi/Annuß* § 109 Rn. 13; *Willemsen/Lembke/HWK* § 109 Rn. 9). Die vereinzelt befürwortete Qualifizierung der Einigung als »verpflichtende Unternehmensvereinbarung« (so *Neumann-Duesberg* S. 591; *Fabricius* 6. Aufl., § 109 Rn. 13; ähnlich *Willemsen/Lembke/HWK* § 109 BetrVG Rn. 9) führt zu keinen abweichenden Ergebnissen, beruht jedoch auf einer fehlerhaften Würdigung des dogmatischen Standorts des Wirtschaftsausschusses (s. näher § 106 Rdn. 2 f.).

21

Mit der **Einigung** steht die Verpflichtung des Unternehmers verbindlich fest; sie bildet eine **eigenständige Anspruchsgrundlage**. Erteilt er nicht die »Auskunft«, zu der er sich im Rahmen der Einigung verpflichtet hat, dann kann hierin eine Pflichtverletzung i. S. d. § 23 Abs. 3 liegen (*Däubler/DKKW* § 109 Rn. 13; *Weiss/Weyand* § 109 Rn. 5 sowie hier § 23 Rdn. 221). Zudem ist die aufgrund der Einigung bestehende Auskunftsverpflichtung durch ein **arbeitsgerichtliches Beschlussverfahren** durchsetzbar (*Fitting* § 109 Rn. 8; *Spiroke/*NK-GA § 109 Rn. 3; *Willemsen/Lembke/HWK* § 109 BetrVG Rn. 9; **a. M.** wohl *Richardi/Annuß* § 109 Rn. 13, da die Einigung keinen verpflichtenden Charakter haben soll).

22

Die Einigung bindet auch den **Betriebsrat** bzw. **Gesamtbetriebsrat**. Das betrifft insbesondere eine Einigung darüber, eine bestimmte Auskunft nicht zu erteilen. Der Betriebsrat bzw. der Gesamtbetriebsrat kann in diesem Fall zur Auskunftserteilung nicht mehr die Einigungsstelle anrufen (*Däubler/DKKW* § 109 Rn. 7; *Löwisch/LK* § 109 Rn. 5; *Rieble/*AR § 109 BetrVG Rn. 4) oder ein arbeitsgerichtliches Beschlussverfahren einleiten, gleichgültig, ob er sich hierfür auf § 106 Abs. 2 oder auf § 80 Abs. 2 stützt.

23

§ 109

IV. Anrufung der Einigungsstelle

1. Einigungsversuch

24 Da die Einigungsstelle durch ihren Spruch eine Einigung zwischen Unternehmer und Betriebsrat bzw. Gesamtbetriebsrat ersetzen soll, ist die Einleitung eines Einigungsstellenverfahrens auch im Rahmen des § 109 erst zulässig, wenn der Versuch einer Einigung gescheitert ist. Ein Einigungsversuch zwischen dem Unternehmer und dem **Wirtschaftsausschuss** reicht deshalb nicht aus, um die Einigungsstelle anzurufen. Der Betriebsrat bzw. Gesamtbetriebsrat muss vielmehr zunächst eine Einigung mit dem Unternehmer versucht haben, ehe er berechtigt ist, ein Einigungsstellenverfahren einzuleiten (*LAG Hamburg* 12.06.2013 – 6 TaBV 9/13 – BeckRS 2014, 65029). Keine Angaben trifft die Vorschrift zur **Intensität der Einigungsbemühungen** zwischen Unternehmer und Betriebsrat bzw. Gesamtbetriebsrat. Selbst wenn diese unzureichend sein sollten, kann die Einigungsstelle entscheiden und muss nicht etwa zunächst einen vorherigen innerbetrieblichen Einigungsversuch verlangen (*LAG Berlin-Brandenburg* 07.08.2008 – 14 TaBV 1212/08 – BeckRS 2011, 67019; *LAG Hamm* 18.07.2007 – 10 TaBV 71/07 – BeckRS 2007, 46755; *Hess. LAG* 14.02.2006 AuR 2006, 413 [LS]).

25 Die Notwendigkeit eines vorherigen Einigungsversuchs gilt ebenfalls, wenn die Aufgaben des Wirtschaftsausschusses gemäß § 107 Abs. 3 auf einen **Ausschuss des Betriebsrats bzw. Gesamtbetriebsrats** übertragen wurden. Ein Einigungsversuch zwischen dem Unternehmer und dem Ausschuss genügt nur, wenn der Versuch der Einigung dem Ausschuss nach den §§ 27 Abs. 2 Satz 2, 28 Abs. 1 Satz 2 zur selbständigen Erledigung übertragen wurde (*Däubler/DKKW* § 109 Rn. 8; *Fitting* § 109 Rn. 7; *Galperin/Löwisch* § 109 Rn. 14; *Richardi/Annuß* § 109 Rn. 14; *Willemsen/Lembke/HWK* § 109 BetrVG Rn. 10).

2. Zuständigkeit der Einigungsstelle

26 Wegen der Bezugnahme in § 109 Satz 1 auf § 106 ist die Einigungsstelle nur zur Entscheidung berufen, wenn der **Wirtschaftsausschuss** für die Angelegenheit **zuständig** ist. Nur wenn dies zu bejahen ist, darf die Einigungsstelle entscheiden, ob die Auskunft nicht, verspätet oder ungenügend erteilt wurde. Die Einigungsstelle muss als **Vorfrage** deshalb stets prüfen, ob sich die begehrte Auskunft auf eine wirtschaftliche Angelegenheit i. S. d. § 106 Abs. 3 bezieht (*BAG* 08.08.1989 EzA § 106 BetrVG 1972 Nr. 8 S. 10 *[Henssler]* = AP Nr. 6 zu § 106 BetrVG 1972 Bl. 6 R = SAE 1991, 225 *[Dütz/Vogg]*; *LAG Köln* 27.05.2016 – 10 TaBV 28/16 – BeckRS 2016, 72528; *LAG Rheinland-Pfalz* 28.02.2013 – 11 TaBV 42/12 – BeckRS 2013, 71274; *Däubler/DKKW* § 109 Rn. 3; *Fitting* § 109 Rn. 1; *Galperin/Löwisch* § 109 Rn. 18; *Hess/HWGNRH* § 109 Rn. 7; *Joost/*MünchArbR § 231 Rn. 126; *Kania/ErfK* § 109 BetrVG Rn. 4; *Richardi/Annuß* § 109 Rn. 4, 5; *Rieble/AR* § 109 BetrVG Rn. 2; *Spirolke/NK-GA* § 109 BetrVG Rn. 4). Entsprechendes gilt für die Existenz bzw. rechtswirksame Bildung des Wirtschaftsausschusses (*LAG Köln* 27.05.2016 – 10 TaBV 28/16 – BeckRS 2016, 72528) sowie eine rechtswirksame Beschlussfassung des Wirtschaftsausschusses über ein Auskunftsverlangen (*LAG Schleswig-Holstein* 24.11.2016 – 4 TaBV 40/16 – BeckRS 2016, 74959). Nur wenn die Einigungsstelle ihre Zuständigkeit bejaht, ist sie berechtigt, eine Sachentscheidung zu treffen (*Richardi/Annuß* § 109 Rn. 5).

27 Über die Zuständigkeit der Einigungsstelle können auch die **Arbeitsgerichte** im **Beschlussverfahren** entscheiden (*BAG* 08.08.1989 EzA § 106 BetrVG 1972 Nr. 8 S. 11 f. *[Henssler]* = AP Nr. 6 zu § 106 BetrVG 1972 Bl. 6 f. = SAE 1991, 225 *[Dütz/Vogg]*; 22.01.1991 EzA § 106 BetrVG 1972 S. 3 = AP Nr. 9 zu § 106 BetrVG 1972 Bl. 2 R; 17.09.1991 EzA § 106 BetrVG 1972 Nr. 17 S. 4 = AP Nr. 13 zu § 106 BetrVG 1972 Bl. 2 f.; 11.07.2000 EzA § 109 BetrVG 1972 Nr. 2 S. 7 = AP Nr. 2 zu § 109 BetrVG 1972 Bl. 3 = SAE 2002, 177 *[Kreßel]*; *Däubler/DKKW* § 109 Rn. 12; *Fitting* § 109 Rn. 2; *Galperin/Löwisch* § 109 Rn. 18; *Henssler* Anm. zu *BAG* 08.08.1988 EzA § 106 BetrVG 1972 Nr. 8; *Hess/HWGNRH* § 109 Rn. 6; *Joost/*MünchArbR § 231 Rn. 126; *Richardi/Annuß* § 109 Rn. 5; *Spirolke/*NK-GA § 109 BetrVG Rn. 4). Ein laufendes Beschlussverfahren soll die Einigungsstelle jedoch nicht dazu berechtigen, das bei ihr geführte Verfahren auszusetzen (*BAG* 17.09.1991 EzA § 106 BetrVG 1972 Nr. 17 S. 5 = AP Nr. 13 zu § 106 BetrVG 1972 Bl. 2 R), selbst dann nicht, wenn der Unternehmer die Zuständigkeit der Einigungsstelle bestreitet. Im Schrifttum wird überwie-

gend die gegenteilige Position vertreten und die Einigungsstelle als berechtigt angesehen, das Verfahren auszusetzen, bis das Arbeitsgericht über die Vorfrage entschieden hat (*Galperin/Löwisch* § 109 Rn. 5, 18; *Hess/HWGNRH* § 109 Rn. 7; *Leipold* FS *Schnorr von Carolsfeld*, 1972, S. 273 [289]; *Richardi/Annuß* § 109 Rn. 5; dem *BAG* demgegenüber zustimmend *Preis/WPK* § 109 Rn. 2).

Die Primärzuständigkeit der Einigungsstelle beschränkt sich nicht auf alle Meinungsverschiedenheiten 28
im Hinblick auf die Tätigkeit des Wirtschaftsausschusses, sondern im Hinblick auf den Normzweck (s. Rdn. 3) ausschließlich auf die Verpflichtung des Unternehmers zur »Auskunft«. Die Einsetzung einer Einigungsstelle kann das Arbeitsgericht nach § 100 ArbGG jedoch nur ablehnen, wenn die Einigungsstelle »offensichtlich« unzuständig ist. Hieran soll es selbst dann nicht fehlen, wenn die Auskunft nicht von dem Unternehmen als Rechtsträger eines Betriebes, sondern von einer Konzernobergesellschaft begehrt wird (*LAG Niedersachsen* 03.11.2009 NZA-RR 2010, 142 [143 f.]; näher zum »Informationsdurchgriff« § 106 Rdn. 152 ff.). Für die Entscheidung **anderer Rechtsfragen**, wie z. B. die Verpflichtung des Unternehmers zur Teilnahme an den Sitzungen des Wirtschaftsausschusses, ist die Einigungsstelle offensichtlich unzuständig (*Hess. LAG* 01.08.2006 NZA-RR 2007, 199 [201]). Entsprechendes gilt für die Form der Auskunftserteilung (s. Rdn. 9). Ebenso ist die Einigungsstelle nicht zur Entscheidung darüber berufen, ob der Arbeitgeber in der Vergangenheit seinen gesetzlichen Unterrichtungspflichten ausreichend nachgekommen ist (*LAG Hamm* 30.04.2010 – 13 TaBV 94/09 – BeckRS 2010, 71900; *LAG Köln* 02.03.2009 LAGE § 98 ArbGG Nr. 52).

3. Antragsbefugnis

Das Gesetz beantwortet nicht eindeutig, wer zur Anrufung der Einigungsstelle berechtigt ist. Da deren 29
Spruch die Einigung zwischen Unternehmer und Betriebsrat ersetzt (§ 109 Satz 2), ist für die **Antragsberechtigung** auf § 76 Abs. 5 Satz 1 zurückzugreifen. Antragsberechtigt sind hiernach die Beteiligten, deren Einigung ersetzt werden soll. Für § 109 Satz 1 folgt hieraus, dass der **Wirtschaftsausschuss** nicht berechtigt ist, die Einigungsstelle anzurufen (*Galperin/Löwisch* § 109 Rn. 15; *Joost/*MünchArbR § 231 Rn. 128; *Richardi/Annuß* § 109 Rn. 9; *Rieble/*AR § 109 BetrVG Rn. 4; *Stege/Weinspach/Schiefer* §§ 106–109 Rn. 75; *Wisskirchen* JArbR Bd. 13 [1975], 1976, S. 73 [89]). Dieses Recht steht auf Arbeitnehmerseite ausschließlich dem **Betriebsrat** (*LAG Hamm* 18.07.2007 – 10 TaBV 71/07 – BeckRS 2007, 46755; *Galperin/Löwisch* § 109 Rn. 15; *Richardi/Annuß* § 109 Rn. 9; *Stege/Weinspach/Schiefer* §§ 106–109 Rn. 75; *Wisskirchen* JArbR Bd. 13 [1975], 1976, S. 73 [89]) bzw. dem **Gesamtbetriebsrat** (*LAG Hamm* 18.07.2007 – 10 TaBV 71/07 – BeckRS 2007, 46755; *Galperin/Löwisch* § 109 Rn. 15; *Reich* § 109 Rn. 1; *Richardi/Annuß* § 109 Rn. 9; *Stege/Weinspach/Schiefer* §§ 106–109 Rn. 75; *Wisskirchen* JArbR Bd. 13 [1975], 1976, S. 73 [89]) zu. Das gilt auch, wenn der Betriebsrat bzw. Gesamtbetriebsrat trotz fehlender Einigung mit dem Unternehmer davon absieht, die Einigungsstelle anzurufen.

Ein Antrag auf Einsetzung der Einigungsstelle setzt voraus, dass der Betriebsrat bzw. der Gesamt- 30
betriebsrat hierüber zuvor einen **Beschluss** gefasst hat, für den die einfache Mehrheit ausreichend, aber auch erforderlich ist (s. *LAG Hamm* 18.07.2007 – 10 TaBV 71/07 – BeckRS 2007, 46755). Zudem muss der **Antrag** im Hinblick auf die Gegenstände, über die vor der Einigungsstelle verhandelt werden soll, **hinreichend bestimmt** umschreiben; ein allgemein gehaltenes Auskunftsverlangen reicht deshalb nicht aus (*LAG Hamm* 14.09.2009 – 13 TaBV 74/09 – BeckRS 2010, 71900; *LAG Köln* 02.03.2009 LAGE § 98 ArbGG Nr. 52; s. auch *LAG Hamburg* 12.06.2013 – 6 TaBV 9/13 – BeckRS 2014, 65069; im Hinblick auf das vorherige Auskunftsverlangen des Wirtschaftsausschusses [s. dazu Rdn. 18]).

Entsprechendes gilt, wenn der Betriebsrat bzw. Gesamtbetriebsrat die Aufgaben des Wirtschaftsaus- 31
schusses nach § 107 Abs. 3 auf einen **Ausschuss** übertragen hat (§ 109 Satz 4). In diesem Fall steht nicht dem Ausschuss, sondern dem Betriebsrat bzw. Gesamtbetriebsrat das Recht zur Anrufung der Einigungsstelle zu (*Weiss/Weyand* § 109 Rn. 5). Nur wenn dem Ausschuss der Versuch einer Einigung zur selbständigen Erledigung nach den §§ 27 Abs. 2 Satz 2, 28 Abs. 1 Satz 2 übertragen wurde, ist für diesen ein eigenständiges Antragsrecht anzuerkennen.

32 Wegen § 76 Abs. 5 Satz 1 steht das Antragsrecht auch dem **Unternehmer** zu (*Hess/HWGNRH* § 109 Rn. 12; *Löwisch/LK* § 109 Rn. 6; *Richardi/Annuß* § 109 Rn. 9; *Stege/Weinspach/Schiefer* §§ 106–109 Rn. 75; *Wisskirchen* JArbR Bd. 13 [1975], 1976, S. 73 [89]).

4. Hinzuziehung von Sachverständigen

33 Für das Verfahren der Einigungsstelle gelten grundsätzlich die allgemeinen Vorschriften (*Däubler/ DKKW* § 109 Rn. 9; *Galperin/Löwisch* § 109 Rn. 19; *Heither* AR-Blattei SD 530.14.4, Rn. 127; *Rumpff/Boewer* Wirtschaftliche Angelegenheiten, Kap. G Rn. 114; *Willemsen/Lembke/HWK* § 109 BetrVG Rn. 13 sowie *Jacobs* § 76 Rdn. 98 ff.). Im Unterschied zum früheren Recht (s. § 70 BetrVG 1952) eröffnet § 109 Satz 3 der Einigungsstelle zusätzlich die Möglichkeit, vor ihrer Entscheidung Sachverständige anzuhören. Insoweit hat § 109 jedoch nur klarstellende Bedeutung, da die Einigungsstelle hierzu ohnehin berechtigt ist (s. *Jacobs* § 76 Rdn. 107). Der **Begriff des Sachverständigen** ist mit dem in § 80 Abs. 3 (näher dazu *Weber* § 80 Rdn. 158 ff.) identisch.

34 Eine **Vereinbarung** mit dem Unternehmer über die Hinzuziehung des Sachverständigen ist nicht erforderlich (*Däubler/DKKW* § 109 Rn. 10; *Fitting* § 109 Rn. 10; *Hess/HWGNRH* § 109 Rn. 15; *Joost/*MünchArbR § 231 Rn. 130; *Kania/*ErfK § 109 BetrVG Rn. 4; *Löwisch/LK* § 109 Rn. 7; *Preis/ WPK* § 109 Rn. 3; *Richardi/Annuß* § 109 Rn. 16; *Rieble/*AR § 109 BetrVG Rn. 5; *Schaub/Koch* Arbeitsrechts-Handbuch, § 243 Rn. 38; *Spirolke/*NK-GA § 109 BetrVG Rn. 8; *Willemsen/Lembke/ HWK* § 109 BetrVG Rn. 13); § 109 Satz 3 stellt ausschließlich auf die Erforderlichkeit des Sachverständigen für die Entscheidung ab und beschränkt die Verweisung auf § 80 ausdrücklich auf die **Pflicht zur Geheimhaltung** in § 80 Abs. 4. Soweit über die Erforderlichkeit des Sachverständigen für die Entscheidung oder über dessen Kosten Streit besteht, entscheiden die Arbeitsgerichte im Beschlussverfahren (*Fitting* § 109 Rn. 10; *Galperin/Löwisch* § 109 Rn. 19; *Hess/HWGNRH* § 109 Rn. 16; *Joost/*MünchArbR § 231 Rn. 130; *Kania/*ErfK § 109 BetrVG Rn. 4; *Richardi/Annuß* § 109 Rn. 16; *Rumpff/Boewer* Wirtschaftliche Angelegenheiten, Kap. G Rn. 114; *Weiss/Weyand* § 109 Rn. 6). Wegen des hiermit verbundenen Risikos (s. BGH 25.10.2012 BGHZ 195, 174 Rn. 33 ff. = EzA § 40 BetrVG 2001 Nr. 24 = AP Nr. 110 zu § 40 BetrVG 1972 = NZA 2012, 1382) ist der Abschluss einer Vereinbarung über die Hinzuziehung des Sachverständigen jedoch zu empfehlen (treffend *Joost/*MünchArbR § 231 Rn. 130).

5. Entscheidung der Einigungsstelle

35 Die Einigungsstelle ersetzt mit ihrem Spruch die Einigung zwischen Unternehmer und Betriebsrat bzw. Gesamtbetriebsrat (§ 109 Satz 2) und legt damit fest, ob der Unternehmer die begehrte Auskunft erteilen muss (vgl. *BAG* 08.08.1989 EzA § 106 BetrVG 1972 Nr. 8 S. 4 *[Henssler]* = AP Nr. 6 zu § 106 BetrVG 1972 Bl. 3 R = SAE 1991, 225 *[Dütz/Vogg]*). Zugleich bildet der Spruch der Einigungsstelle für die vom Unternehmer geschuldete Auskunft eine eigenständige **Anspruchsgrundlage** (*BAG* 08.08.1989 EzA § 106 BetrVG 1972 Nr. 8 S. 4 *[Henssler]* = AP Nr. 6 zu § 106 BetrVG 1972 Bl. 3 R = SAE 1991, 225 *[Dütz/Vogg]*), ist hingegen kein **vollstreckbarer Titel**. Für dessen Erlangung bedarf es der Einleitung eines **arbeitsgerichtlichen Beschlussverfahrens** (dazu Rdn. 40 ff.), in dem gegebenenfalls auch eine einstweilige Verfügung erlassen werden kann (*Preis/WPK* § 109 Rn. 4). Der Vollzug des Spruchs der Einigungsstelle kann alternativ über ein **Verfahren nach § 23 Abs. 3** erzwungen werden (*Däubler/DKKW* § 109 Rn. 13; *Fitting* § 109 Rn. 9; *Preis/WPK* § 109 Rn. 5; *Weiss/Weyand* § 109 Rn. 7; *Willemsen/Lembke/HWK* § 109 BetrVG Rn. 16; s. a. § 23 Rdn. 221). Da sich das Auskunftsverlangen des Wirtschaftsausschusses auf eine **konkrete wirtschaftliche Angelegenheit** beziehen muss (s. Rdn. 18), kann die Einigungsstelle nur hierüber eine Entscheidung treffen. In dieser muss der Gegenstand der Auskunft zudem hinreichend bestimmt umschrieben werden (*LAG Köln* 05.10.2011 – 9 TaBV 94/10 – BeckRS 2012, 66873). Für eine **generelle und dauerhafte Regelung** fehlt ihr die Zuständigkeit (*ArbG Hamburg* 19.06.2002 ZIP 2003, 132 [133 f.]; zust. *Willemsen/Lembke/HWK* § 109 BetrVG Rn. 6; *Zeising* ZIP 2003, 135 [136 f.]; offen *LAG Köln* 10.03.2017 – 9 TaBV 17/16 – BeckRS 2017, 113568). Ebenso muss die Entscheidung der Einigungsstelle **zukunftsbezogen** sein und kann den Normzweck des Auskunftsersuchens nur erreichen, wenn eine beabsichtigte Maßnahme noch nicht durchgeführt worden ist. Es entspricht nicht dem Zweck des Ei-

nigungsstellenverfahrens, eine Entscheidung darüber zu treffen, ob das Auskunftsverhalten bei **abgeschlossenen Maßnahmen** gesetzeskonform war (treffend *LAG Hamburg* 12.06.2013 – 6 TaBV 9/13 – BeckRS 2014, 65029).

Da § 106 Abs. 2 vorgibt, ob der Unternehmer die erforderlichen Auskünfte erteilen muss, entscheidet **36** die Einigungsstelle eine **Rechtsfrage** (*Däubler/DKKW* § 109 Rn. 1; *Dütz FS Gaul*, S. 41 [47 ff.]; *Dütz/Vogg* SAE 1991, 232 [234]; *Fitting* § 109 Rn. 1, 5, 12; *Joost/MünchArbR* § 231 Rn. 135; *Kania/ErfK* § 109 BetrVG Rn. 1; *Richardi/Annuß* § 109 Rn. 19; *Stege/Weinspach/Schiefer* §§ 106–109 Rn. 35b, 37; *Weiss/Weyand* § 109 Rn. 8; *Wiesemann* Einigungsstelle, S. 160 ff.; *Willemsen/Lembke/HWK* § 109 BetrVG Rn. 14). Aus diesem Grunde sollen die **Arbeitsgerichte** den Spruch der Einigungsstelle nach verbreiteter Ansicht im **Schrifttum** uneingeschränkt überprüfen können (hierfür *Däubler/DKKW* § 109 Rn. 14; *Dütz* DB 1972, 383 [388 f.]; *ders.* FS Gaul, S. 41 [50 ff.]; *ders./Vogg* SAE 1991, 232 [234]; *Etzel* Rn. 961; *Fitting* § 109 Rn. 5, 12; *Galperin/Löwisch* § 109 Rn. 23; *Heither* AR-Blattei SD 530.14.4, Rn. 132; *Joost/MünchArbR* § 231 Rn. 135; *Preis/WPK* § 109 Rn. 4; *Reich* § 109 Rn. 2; *Richardi/Annuß* § 109 Rn. 19; *Spirolke/NK-GA* § 109 BetrVG Rn. 10; *Steffan/HaKo* § 109 Rn. 4; *Weiss/Weyand* § 109 Rn. 8; im Grundsatz auch *Schaub/Koch* Arbeitsrechts-Handbuch, § 243 Rn. 37, jedoch mit der Einschränkung, dass auch Rechtsfehler innerhalb der Zwei-Wochen-Frist des § 76 Abs. 5 Satz 4 geltend zu machen sein sollen). Dieser Auffassung hat sich auch das **BAG** angeschlossen (*BAG* 11.07.2000 EzA § 109 BetrVG 1972 Nr. 2 S. 9 = AP Nr. 2 zu § 109 BetrVG 1972 Bl. 4 = SAE 2002, 177 [*Kreßel*]; zust. *ArbG Hamburg* 19.06.2002 ZIP 2003, 132 [133]; zur früheren Rechtsprechung s. Rdn. 37). Eine derart weit reichende Überprüfungsbefugnis steht jedoch im Widerspruch zu dem Zweck des Einigungsstellenverfahrens (s. Rdn. 3) sowie zur Befugnis von Unternehmer und Betriebsrat, über die vom Unternehmer geschuldete »Auskunft« eine verbindliche Einigung herbeizuführen (s. Rdn. 20).

Ursprünglich hatte das *BAG* demgegenüber noch eine auf die **Zuständigkeit** der Einigungsstelle **be- 37 schränkte Rechtskontrolle** befürwortet, die lediglich durch eine **Ermessenskontrolle** nach § 76 Abs. 5 Satz 4 ergänzt wurde (so noch *BAG* 08.08.1989 EzA § 106 BetrVG 1972 Nr. 8 S. 5 ff. [*Henssler*] = AP Nr. 6 zu § 106 BetrVG 1972 Bl. 4 ff. = AR-Blattei Betriebsverfassung XIV Entsch. 11 [*Rieble*] = SAE 1991, 225 [*Dütz/Vogg*] als *obiter dictum*; ebenso *LAG Frankfurt a. M.* 19.04.1988 LAGE § 106 BetrVG 1972 Nr. 2 S. 6 ff.; *LAG Köln* 13.07.1999 AP Nr. 1 zu § 109 BetrVG 1972 Bl. 5 ff.; ebenso *Boldt* Die AG 1972, 299 [307]; *Hess/HWGNRH* § 109 Rn. 14; *Löwisch/LK* § 109 Rn. 8; *Rieble* BB 1991, 471 [473 ff.]; *Rumpff/Boewer* Wirtschaftliche Angelegenheiten, Kap. G Rn. 113; beschränkt auf die unbestimmten Rechtsbegriffe »erforderlich«, »rechtzeitig« und »umfassend« *Henssler* RdA 1991, 268 [271 f.]; *ders.* Anm. zu *BAG* 08.08.1989 EzA § 106 BetrVG 1972 Nr. 8).

An der früheren Ansicht des *BAG* war zutreffend, dass der im Rahmen des § 109 ergangene Spruch der **38** Einigungsstelle nur einer eingeschränkten Rechtskontrolle unterliegt. Zwar handelt es sich bei den einschlägigen Voraussetzungen für die vom Unternehmer zu erbringende »Auskunft« um unbestimmte Rechtsbegriffe (*Dütz/Vogg* SAE 1991, 232 [234] sowie jetzt auch *BAG* 11.07.2000 EzA § 109 BetrVG 1972 Nr. 2 S. 9 f. = AP Nr. 2 zu § 109 BetrVG 1972 Bl. 4 f. = SAE 2002, 177 [*Kreßel*]; ausführlich *Wiesemann* Einigungsstelle, S. 160 ff.), andererseits entspricht es nicht dem Zweck des Verfahrens nach § 109, wenn deren Anwendung durch die Einigungsstelle einer uneingeschränkten Nachprüfung durch die Arbeitsgerichte unterliegen würde. Vielmehr eröffnet bereits das Gesetz selbst für den Unternehmer die Möglichkeit, mit dem Betriebsrat die »Erforderlichkeit« einer Unterrichtung oder das Vorliegen eines Gefährdungstatbestandes verbindlich zu konkretisieren. Wenn der Spruch der Einigungsstelle in dieser Konstellation ersetzt, dann handelt es sich jedoch nicht um eine Ermessensentscheidung, so dass § 76 Abs. 5 Satz 4 nicht eingreift (*BAG* 11.07.2000 EzA § 109 BetrVG 1972 Nr. 2 S. 10 = AP Nr. 2 zu § 109 BetrVG 1972 Bl. 4 R = SAE 2002, 177 [*Kreßel*]; *Dütz* FS Gaul, S. 41 [51]; *Dütz/Vogg* SAE 1991, 232 [234]; *Willemsen/Lembke/HWK* § 109 BetrVG Rn. 19).

Der Besonderheit des Einigungsstellenverfahrens im Rahmen des § 109 ist vielmehr dadurch Rech- **39** nung zu tragen, dass bei der Rechtskontrolle diejenigen Maßstäbe angelegt werden, die auch für das Revisionsgericht gelten. Das wirkt sich insbesondere bei den unbestimmten Rechtsbegriffen in § 106 Abs. 2 aus. Es entspricht gerade dem Zweck des durch § 109 geschaffenen Verfahrens, der Einigungsstelle die Kompetenz einzuräumen, die für die Unterrichtungspflicht des Unternehmers maßgebenden **unbestimmten Rechtsbegriffe** auszufüllen und ihr dabei zugleich einen **Beurteilungsspielraum** einzuräumen, der nicht von dem Arbeitsgericht mit eigenen Wertungen ersetzt werden soll (*Henssler* RdA 1991, 368 [371 f.]; *Rieble* BB 1991, 471 [473]; *Waitz* Überprüfbarkeit, S. 114 ff.; *Zeising* ZIP 2003, 135 [136]; im Ergebnis auch *Wiesemann* Einigungsstelle, S. 166 ff.; **a. M.** *Dütz* FS *Gaul*, S. 41 [51 ff.]; *ders./Vogg* SAE 1991, 232 [234]; *Joost*/MünchArbR § 231 Rn. 135; gegen einen Beurteilungsspielraum inzidenter auch BAG 11.07.2000 EzA § 109 BetrVG 1972 Nr. 2 S. 10 = AP Nr. 2 zu § 109 BetrVG 1972 Bl. 4 R = SAE 2002, 177 [*Kreßel*]).

V. Streitigkeiten

40 Kommt zwischen Unternehmer und Betriebsrat bzw. Gesamtbetriebsrat eine Einigung bezüglich der zu erteilenden Auskünfte zustande oder trifft die Einigungsstelle hierzu eine Entscheidung, so entscheidet das **Arbeitsgericht** im **Beschlussverfahren** über die Verpflichtung des Unternehmers (*BAG* 08.08.1989 EzA § 106 BetrVG 1972 Nr. 8 S. 4 [*Henssler*] = AP Nr. 6 zu § 106 BetrVG 1972 Bl. 3 R; 11.07.2000 EzA § 109 BetrVG 1972 Nr. 2 S. 7 = AP Nr. 2 zu § 109 BetrVG 1972 Bl. 3 = SAE 2002, 177 [*Kreßel*]).

41 Antragsberechtigt ist in beiden Fällen der **Betriebsrat** bzw. **Gesamtbetriebsrat** (*BAG* 08.08.1989 EzA § 106 BetrVG 1972 Nr. 8 S. 4 [*Henssler*] = AP Nr. 6 zu § 106 BetrVG 1972 Bl. 3 R = SAE 1991, 225 [*Dütz/Vogg*]; *Däubler*/DKKW § 109 Rn. 13; *Fitting* § 109 Rn. 12; *Hess*/HWGNRH § 109 Rn. 19; *Kania*/ErfK § 109 BetrVG Rn. 6; *Löwisch*/LK § 109 Rn. 5; *Richardi*/*Annuß* § 109 Rn. 21; *Rieble*/AR § 109 BetrVG Rn. 3; *Rumpff*/*Boewer* Wirtschaftliche Angelegenheiten, Kap. G Rn. 117). Dem **Wirtschaftsausschuss** steht kein Antragsrecht zu (*BAG* 11.07.2000 EzA § 109 BetrVG 1972 Nr. 2 S. 7 = AP Nr. 2 zu § 109 BetrVG 1972 Bl. 3 = SAE 2002, 177 [*Kreßel*]; *Fitting* § 109 Rn. 12; *Joost*/MünchArbR § 231 Rn. 124; *Löwisch*/LK § 109 Rn. 5; *Preis*/WPK § 109 Rn. 5; *Richardi*/*Annuß* § 109 Rn. 21; *Schaub*/*Koch* Arbeitsrechts-Handbuch, § 243 Rn. 36; **a. M.** *Herschel* AuR 1980, 21 [23 f.]); er ist an einem entsprechenden gerichtlichen Verfahren auch nicht zu beteiligen (*BAG* 15.03.2006 EzA § 118 BetrVG 2001 Nr. 5 Rn. 23 = AP Nr. 79 zu § 118 BetrVG 1972).

42 Ein **Beschluss des Arbeitsgerichts** ist nach § 85 Abs. 1 ArbGG i. V. m. § 888 ZPO **vollstreckbar** (*Däubler*/DKKW § 109 Rn. 13; *Fitting* § 109 Rn. 13; *Galperin*/*Löwisch* § 109 Rn. 13; *Hess*/HWGNRH § 109 Rn. 20; *Joost*/MünchArbR § 231 Rn. 134; *Kania*/ErfK § 109 BetrVG Rn. 6; *Richardi*/*Annuß* § 109 Rn. 22; *Rumpff*/*Boewer* Wirtschaftliche Angelegenheiten, Kap. G Rn. 117; *Spirolke*/NK-GA § 109 BetrVG Rn. 10; *Willemsen*/*Lembke*/HWK § 109 BetrVG Rn. 16).

§ 109a
Unternehmensübernahme

In Unternehmen, in denen kein Wirtschaftsausschuss besteht, ist im Fall des § 106 Abs. 3 Nr. 9a der Betriebsrat entsprechend § 106 Abs. 1 und 2 zu beteiligen; § 109 gilt entsprechend.

Literatur

Fleischer Reichweite und Grenzen der Unterrichtungspflicht des Unternehmers gegenüber dem Wirtschaftsausschuss nach §§ 106 Abs. 2 Satz 2, Abs. 3 Nr. 9a, 109a BetrVG, ZfA 2009, 787; *Hey*/*Claßmann* Das Beteiligungsrecht des Betriebsrats in Unternehmen ohne Wirtschaftsausschuss bei Unternehmensübernahme mit Kontrollerwerb, DB 2013, 3061; *Joost* Die Mitwirkung des Wirtschaftsausschusses bei Unternehmensübernahmen, FS *Kreutz*, 2010, S. 161; *Löw* Arbeitsrechtliche Regelungen im Risikobegrenzungsgesetz, DB 2008, 758; *ders.* Arbeitsrechtliche Regelungen im Risikobegrenzungsgesetz, AuA 2008, 398; *Löwisch* Erfasst das Risikobegrenzungsgesetz auch Kleinunternehmen?, DB 2008, 2834; *Moderegger* Neue Unterrichtungspflicht des Arbeitgebers durch Risikobegrenzungsgesetz, ArbRB 2008, 243; *Nagel*/*Hopfe* Informationspflichten beim Kontrollerwerb an nicht-börsennotierten Gesellschaften und der Schutz von Betriebs- und Geschäftsgeheimnissen, ZIP 2010, 817; *Neuerburg* Die Rolle des Wirtschaftsausschusses bei einer Unternehmensübernahme vor und nach Einführung des RisikobG

(Diss. Hamburg 2011), 2012 (zit.: Unternehmensübernahme); *Oetker* Übernahme von Unternehmen und Beteiligung von Wirtschaftsausschuss und Betriebsrat im Zielunternehmen, FS *Bauer*, 2010, S. 791; *Ratayczak* Neue Unterrichtungspflichten bei Veräußerungen von Geschäftsanteilen, AiB 2008, 630; *Simon/Dobel* Das Risikobegrenzungsgesetz – Neue Unterrichtungspflichten bei Unternehmensübernahmen, BB 2008, 1955; *Thüsing* Beteiligungsrechte von Wirtschaftsausschuss und Betriebsrat bei Unternehmensübernahmen, ZIP 2008, 106; *Vogt/Bedkowski* Risikobegrenzungsgesetz – arbeitsrechtliche Auswirkungen auf M&A-Transaktionen, NZG 2008, 725.

Inhaltsübersicht **Rdn.**

I. Vorbemerkung	1–4
II. Beteiligungstatbestand	5–13
1. Unternehmensübernahme	5
2. Unternehmen ohne Wirtschaftsausschuss	6–9
3. Adressat der Beteiligung	10–13
III. Entsprechende Anwendung von § 106 Abs. 1 und 2	14–24
1. § 106 Abs. 1	14–20
2. § 106 Abs. 2	21–24
IV. Pflichtverletzung des Unternehmens	25–27
V. Verhältnis zum WpÜG	28, 29
VI. Streitigkeiten	30, 31

I. Vorbemerkung

Die Vorschrift wurde durch Art. 4 Nr. 2 des Gesetzes zur Begrenzung der mit Finanzinvestitionen verbundenen Risiken (**Risikobegrenzungsgesetz**) vom 12.08.2008 (BGBl. I, 1666, 1668) in das BetrVG eingefügt und baut auf dem gleichfalls neu aufgenommenen **§ 106 Abs. 3 Nr. 9a** auf, der die Unterrichtungspflicht gegenüber dem Wirtschaftsausschuss auf die Übernahme des Unternehmens ausgedehnt hat (s. dazu § 106 Rdn. 4 f.). Die Fassung des Gesetzes geht zurück auf den Entwurf der Bundesregierung (BT-Drucks. 16/7438, S. 6, 15 [Begründung]) und blieb im Gesetzgebungsverfahren unverändert (s. *BT-Finanzausschuss* BT-Drucks. 16/9778, S. 17 f., 16/9821, S. 8). Mit § 109a will der Gesetzgeber den als schützenswert erachteten **Informationsinteressen der Arbeitnehmer** auch in solchen Unternehmen Rechnung tragen, in denen kein Wirtschaftsausschuss besteht (*Reg. Begr.* BT-Drucks. 16/7438, S. 15; *BT-Finanzausschuss* BT-Drucks. 16/9821, S. 8; s. a. § 106 Rdn. 45 ff.). Weiter gehende Vorschläge, die den Sachverhalt der Unternehmensübernahme i. S. d. neu eingefügten § 106 Abs. 3 Nr. 9a in den Katalog beteiligungspflichtiger Betriebsänderungen (§ 111 Satz 3) aufnehmen wollten (s. Gesetzesentwurf der Fraktion »DIE LINKE«, BT-Drucks. 16/7533), konnten sich im Gesetzgebungsverfahren nicht durchsetzen. 1

Aus systematischer Sicht ist die Vorschrift verfehlt (treffend *Thüsing* ZIP 2008, 106 [108]; ebenso *Löw* DB 2008, 758 [759]; *Neuerburg* Unternehmensübernahme, S. 162 f.; *Rieble*/AR § 109a BetrVG Rn. 1; *Röder* FS *Bauer*, 2010, S. 885 [890]; *Simon/Dobel* BB 2008, 1955 [1958]; *Steffan*/HaKo § 109a Rn. 1; *Willemsen/Lembke*/HWK § 109a BetrVG Rn. 1; in der Tendenz auch *Richardi/Annuß* § 109a Rn. 2), da diese den Betriebsrat in Kleinunternehmen zum Ersatzwirtschaftsausschuss erhebt und ihm damit eine Aufgabe zuweist, die diesem ansonsten verwehrt ist (s. § 106 Rdn. 45). Selbst wenn ein schützenswertes Informationsinteresse der Belegschaft auch in Kleinunternehmen anerkannt wird (so *Reg. Begr.* BT-Drucks. 16/7438, S. 15; *BT-Finanzausschuss* BT-Drucks. 16/9821, S. 8), bleibt aus teleologischer Sicht unerklärt, warum § 109a auf den Fall des § 106 Abs. 3 Nr. 9a beschränkt bleibt. In der Logik des zu § 109a propagierten Normzwecks liegt es, diesen auf alle Tatbestände in § 106 Abs. 3 auszudehnen (treffend der Hinweis von *Simon/Dobel* BB 2008, 1955 [1958]; *Thüsing* ZIP 2008, 106 [108]; s. a. *Neuerburg* Unternehmensübernahme, S. 162 f.), was allerdings die Berechtigung eines eigenständigen und neben dem Betriebsrat gebildeten Wirtschaftsausschusses in Frage stellt und die Verlagerung der Aufgaben des Wirtschaftsausschusses auf den Betriebsrat – entsprechend gewerkschaftlichen Reformvorschlägen (s. § 106 Rdn. 3) – nahe legt. Im Übrigen trifft die im Hinblick auf die Ergänzung von § 106 Abs. 3 durch den neu aufgenommenen Tatbestand in Nr. 9a geübte Kritik (s. näher § 106 Rdn. 5 f.) in gleicher Weise auf § 109a zu. 2

3 Die Vorschrift steht beziehungslos neben den bereits bei Schaffung des Risikobegrenzungsgesetzes im **Wertpapiererwerbs- und Übernahmegesetz (WpÜG)** geregelten Unterrichtungspflichten (zu diesen im Überblick vor § 106 Rdn. 46 ff. sowie *Fleischer* ZfA 2009, 787 [790 ff.]), die den Vorstand der Zielgesellschaft verpflichten, den dort errichteten zuständigen Betriebsrat über die Mitteilung eines Bieters zu unterrichten (§ 10 Abs. 5 Satz 2 WpÜG) sowie die Angebotsunterlage des Bieters an den zuständigen Betriebsrat zu übermitteln (§ 14 Abs. 4 Satz 2 WpÜG). Ferner treffen Vorstand und Aufsichtsrat der Zielgesellschaft die Pflicht, die Stellungnahme gegenüber dem Bieter zu dessen Angebot auch dem zuständigen Betriebsrat der Zielgesellschaft zu übermitteln (§ 27 Abs. 3 Satz 2 WpÜG).

4 Die Pflichten des Unternehmers nach § 109a gegenüber dem Betriebsrat gehen in mehrerer Hinsicht über die in Rdn. 3 genannten Bestimmungen des WpÜG hinaus. Erstens erfassen diese ausschließlich den in § 1 WpÜG umschriebenen Sachverhalt des Erwerbs von Wertpapieren, die zum Handel an einem organisierten Markt zugelassen sind (dazu näher die Legaldefinition in § 2 Abs. 7 WpÜG). Dies deckt sich nicht mit dem Übernahmetatbestand in § 109a (s. § 106 Rdn. 92 ff.), da § 106 Abs. 3 Nr. 9a nicht auf Unternehmensübernahmen bei börsennotierten Gesellschaften beschränkt ist (s. § 106 Rdn. 94) und zudem einschränkend voraussetzt, dass der Erwerb zur Kontrolle über das Unternehmen führt (sog. Kontrollmehrheit). Zweitens geht § 109a über die bisherigen Rechte des Betriebsrates nach dem WpÜG hinaus, wenn die entsprechende Anwendung von § 106 Abs. 1 dahin verstanden wird, dass der Betriebsrat der Zielgesellschaft nicht nur zu unterrichten ist, sondern den Unternehmer gleichzeitig die Pflicht trifft, in eine Beratung mit dem Betriebsrat einzutreten (s. dazu Rdn. 16 f. sowie § 106 Rdn. 7). Als eine aus Sicht des WpÜG systemwidrige Durchbrechung ist es zudem zu bewerten, dass § 109a davon abgesehen hat, eine subsidiär eingreifende unmittelbare Unterrichtung der Arbeitnehmer für den Fall vorzusehen, dass in dem Unternehmen auch kein Betriebsrat besteht. Für die hiermit verbundene Abweichung von § 10 Abs. 5 Satz 2 und 3 WpÜG fehlt eine teleologische Rechtfertigung (treffend in der Kritik *Joost* FS *Kreutz*, S. 161 [167 f.]).

II. Beteiligungstatbestand

1. Unternehmensübernahme

5 Das Beteiligungsrecht des Betriebsrats knüpft an den Beteiligungstatbestand für den Wirtschaftsausschuss in § 106 Abs. 3 Nr. 9a an. Dies ergibt sich nicht nur aus dem Wortlaut des ersten Halbsatzes, der ausdrücklich die vorgenannte Bestimmung in Bezug nimmt (»im Fall des § 106 Abs. 3 Nr. 9a«), sondern auch aus der Zielrichtung, die Arbeitnehmer in Unternehmen ohne Wirtschaftsausschuss nicht schlechter zu informieren als in Unternehmen, in denen ein solcher besteht (*Reg. Begr.* BT-Drucks. 16/7438, S. 15). Hinsichtlich des für § 109a maßgeblichen **Übernahmetatbestands** gelten deshalb keine anderen Grundsätze als im Rahmen von § 106 Abs. 3 Nr. 9a (näher zu diesen § 106 Rdn. 91 ff.).

2. Unternehmen ohne Wirtschaftsausschuss

6 Wegen der vom Gesetzgeber beabsichtigten Gleichstellung der Arbeitnehmer (s. Rdn. 1) greift der Beteiligungstatbestand nur ein, wenn in dem Unternehmen kein Wirtschaftsausschuss besteht. Erfasst werden damit alle Unternehmen, in denen wegen zu geringer Zahl der Arbeitnehmer kein Wirtschaftsausschuss errichtet werden kann (**Kleinunternehmen**, zum Schwellenwert s. § 106 Rdn. 31 ff.). Die in § 109a angeordnete entsprechende Anwendung des § 106 Abs. 1 betrifft ausschließlich die Rechtsfolgenebene, nicht hingegen die in § 106 Abs. 1 Satz 1 genannte tatbestandliche Voraussetzung einer Beschäftigung von mehr als 100 Arbeitnehmer in dem Unternehmen (*Däubler/DKKW* § 109a Rn. 1; *Fitting* § 109a Rn. 4; *Hey/Claßmann* DB 2013, 3061 [3062]; *Neuerburg* Unternehmensübernahme, S. 161; *Richardi/Annuß* § 109a Rn. 2; *Spirolke/NK-GA* § 109a BetrVG Rn. 1; *Steffan/HaKo* § 109a Rn. 1; *Willemsen/Lembke/HWK* § 109a BetrVG Rn. 2; **a. M.** *Löwisch* DB 2008, 2834 [2835]; *ders./LK* § 109a Rn. 1; zust. *Rieble/AR* § 109a BetrVG Rn. 1; *Röder* FS *Bauer*, 2010, S. 885 [891]).

Ausgeschlossen ist die Anwendung des § 109a in größeren Unternehmen, in denen die Aufgaben des   7
Wirtschaftsausschusses einem **Ausschuss des Betriebsrats bzw. Gesamtbetriebsrats** übertragen
worden sind (§ 107 Abs. 3; s. dazu § 107 Rdn. 47 ff.). In diesem Fall besteht in dem Unternehmen
im strengen Sinne zwar kein Wirtschaftsausschuss, wohl aber ist über die dann nach § 106 Abs. 1
und 2 erfolgende Beteiligung des vom Betriebsrat bzw. Gesamtbetriebsrat gebildeten Ausschusses
dem Informationsinteresse der Belegschaft in vergleichbarer Weise Rechnung getragen, so dass eine
zusätzliche Beteiligung des Gesamtgremiums nach § 109a zu einer sinnentleerten Verdoppelung der
Beteiligung führen würde (ebenso *Fitting* § 109a Rn. 7; *Hess/HWGNRH* § 109a Rn. 5; *Hey/Claß-
mann* DB 2013, 3061 [3061]).

Unterlässt der Betriebsrat bzw. Gesamtbetriebsrat pflichtwidrig (s. § 106 Rdn. 50) die **Errichtung**   8
eines Wirtschaftsausschusses, so »besteht« in dem Unternehmen ebenfalls kein Wirtschaftsausschuss. Da § 109a nicht an die gesetzliche Verpflichtung zur Errichtung eines Wirtschaftsausschusses
(z. B. durch die Formulierung »in anderen als den in § 106 genannten Unternehmen«), sondern ausdrücklich an dessen Existenz anknüpft, ist die Beteiligung des Betriebsrats auch in einer derartigen
Konstellation wegen des vom Gesetzgeber in den Vordergrund gerückten Informationsinteresses
der Arbeitnehmer geboten (*Däubler/DKKW* § 109 Rn. 1; *Fitting* § 109a Rn. 5 f.; *Neuerburg* Unternehmensübernahme, S. 160 f.; *Oetker* FS *Bauer*, S. 791 [805]; wie hier *Löwisch* DB 2008, 2834 [2835];
ders./LK § 109a Rn. 1, der hierin jedoch [zu Unrecht] den einzigen Anwendungsfall der Vorschrift
sieht (ebenso *Rieble/AR* § 109a BetrVG Rn. 1; *Röder* FS *Bauer*, 2010, S. 885 [891]; **a. M.** *Hey/Claß-
mann* DB 2013, 3061 [3062 f.]; *Kania/*ErfK § 109a Rn. 1; *Richardi/Annuß* § 109a Rn. 2; *Spirolke/
*NK-GA § 109a BetrVG Rn. 1; *Steffan/*HaKo § 109a Rn. 1; *Willemsen/Lembke/HWK* § 109a Rn. 2),
mögen auch die Betriebsräte durch ihr pflichtwidriges Verhalten die Voraussetzungen für eine Beteiligung nach § 109a erst herbeigeführt haben. Dies rechtfertigt es aber – ebenso wie bei § 110 Abs. 2
Satz 2 (s. § 110 Rdn. 20) – nicht, die Beteiligung des Betriebsrats entsprechend dem Rechtsgedanken
des § 162 BGB entfallen zu lassen, da andernfalls die mit dem Beteiligungsrecht bezweckte Information der Belegschaft leer laufen würde. Bei der hier befürworteten Auslegung besteht zudem ein
Gleichlauf mit der vorherrschenden Ansicht zu § 10 Abs. 5 WpÜG, wonach die Unterrichtung der
auf betrieblicher Ebene gebildeten Betriebsräte nicht dadurch entfällt, dass diese pflichtwidrig davon
abgesehen haben, einen Gesamtbetriebsrat zu errichten (so *Grobys* NZA 2002, 1 [3]; *Hirte* Kölner
Kommentar zum WpÜG, 2003, § 10 Rn. 87, *Seibt* DB 2002, 529 [532]; *Steigelmann* Die Information
des Betriebsrats bei der Umwandlung und Übernahme von Unternehmen [Diss. Jena 2003], 2004,
S. 134).

Keine Anwendung findet § 109a in **Tendenzunternehmen** (*Fitting* § 109a Rn. 1; *Kania/*ErfK   9
§ 109a BetrVG Rn. 1; *Löwisch/LK* § 109a Rn. 2; *Oetker* FS *Bauer*, S. 791 [798]; *Spirolke/*NK-GA
§ 109a BetrVG Rn. 1; *Steffan/*HaKo § 109a Rn. 1; *Willemsen/Lembke/HWK* § 109a BetrVG Rn. 2).
Bei ihnen besteht zwar ebenfalls keine gesetzliche Verpflichtung zur Bildung eines Wirtschaftsausschusses; der in § 118 Abs. 1 Satz 2 normierte absolute Tendenzschutz ergreift aber auch die Verpflichtungen nach § 109a. Unberührt bleiben hiervon jedoch die Unterrichtungspflichten nach dem
WpÜG (s. dazu vor § 106 Rdn. 46 ff.), da dieses keinen mit § 118 Abs. 1 Satz 2 vergleichbaren absoluten Tendenzschutz kennt. Betroffen sind hiervon börsennotierte Unternehmen i. S. d. § 118 Abs. 1
Satz 1 Nr. 2. Die ausgeschlossene Anwendung des § 109a wird bei Tendenzunternehmen allerdings
durch die Informationspflichten nach **§ 80 Abs. 2** partiell kompensiert (s. *Weber* § 118 Rdn. 188).

3. Adressat der Beteiligung

Im Unterschied zu den Bestimmungen des WpÜG, die stets auf den »zuständigen« Betriebsrat abstel-   10
len (s. dazu vor § 106 Rdn. 26), verzichtet § 109a hierauf und benennt ausschließlich den Betriebsrat
als Adressaten des Beteiligungsrechts. Damit stimmt § 109a im Ausgangspunkt mit den §§ 106 f. überein, die in ihrer Grundstruktur ebenfalls davon ausgehen, dass in dem Unternehmen lediglich ein Betriebsrat existiert.

Unbeantwortet bleibt die in § 107 Abs. 2 Satz 2 und § 107 Abs. 3 Satz 6 aufgegriffene Konstellation,   11
dass in dem Unternehmen mehrere Betriebsräte bestehen und ein **Gesamtbetriebsrat** errichtet ist.
Angesichts einer fehlenden speziellen Regelung in § 109a liegt der Rückgriff auf die allgemeine Vor-

schrift zur Verteilung der Zuständigkeiten zwischen Betriebsrat und Gesamtbetriebsrat (§ 50) nahe. Damit würde für § 109a jedoch von der Konzeption in § 107 Abs. 2 und 3 abgewichen, nach der der Gesamtbetriebsrat generell zuständig ist, wenn die Betriebsräte des Unternehmens einen solchen gebildet haben. Deshalb ist – wie bei § 110 Abs. 1 (s. § 110 Rdn. 20) – eine Übertragung des dortigen Rechtsgedankens vorzugswürdig, der die Bildung mehrerer Wirtschaftsausschüsse in dem Unternehmen und damit etwaige Parallelinformationen ausschließt. Übertragen auf § 109a bedeutet dies, dass stets der Gesamtbetriebsrat nach § 109a zu beteiligen ist, wenn dieser in dem Unternehmen errichtet worden ist, ohne dass es einer zusätzlichen Prüfung bedarf, ob die Voraussetzungen für dessen originäre Zuständigkeit erfüllt sind (ebenso wohl auch *Fitting* § 109a Rn. 2).

12 Auch der Rückgriff auf § 50 zur Bestimmung des »zuständigen« Betriebsrats würde indes stets zu einer originären Zuständigkeit des Gesamtbetriebsrats führen, da der in § 109a in Bezug genommene Übernahmetatbestand in § 106 Abs. 3 Nr. 9a das Unternehmen in seiner Gesamtheit erfasst und deshalb eine Beteiligung der Einzelbetriebsräte, sofern hierzu auch die Beratung über die Unternehmensübernahme zählt (s. dazu näher Rdn. 16 f.), nicht möglich ist (ebenso *Däubler/DKKW* § 109a Rn. 2; *Löw* DB 2008, 758 [759]; *Moderegger* ArbRB 2008, 243 [244]; *Woitaschek/GTAW* § 109a Rn. 1; schwächer *Kania*/ErfK § 109a Rn. 1; *Steffan*/HaKo § 109a Rn. 1: im Zweifel; ähnlich *Willemsen/Lembke/HWK* § 109a BetrVG Rn. 3: grundsätzlich). Wird jedoch – wie hier – die Verweisung in § 109a auf § 106 Abs. 1 und 2 einschränkend ausgelegt, dass den Unternehmer lediglich eine Pflicht zur Unterrichtung trifft (s. Rdn. 16 f.), dann ist eine originäre Zuständigkeit des Gesamtbetriebsrats i. S. d. § 50 Abs. 1 nicht begründbar, so dass jeder einzelne Betriebsrat in dem Unternehmen nach § 109a zu unterrichten wäre. Ein derartiges Ergebnis widerspricht jedoch der Konzeption der Beteiligung nach dem WpÜG, die jedenfalls im Normfall die Beteiligung eines betriebsverfassungsrechtlichen Organs, nämlich die des »zuständigen« Betriebsrats, ausreichen lässt.

13 Eine Beteiligung des **Konzernbetriebsrats** nach § 109a scheidet schon deshalb aus, weil die Vorschrift an die Bildung eines Wirtschaftsausschusses anknüpft und dieser auf Konzernebene nicht zu bilden ist (s. § 106 Rdn. 26 ff.; ebenso *Fitting* § 109a Rn. 8). Das gilt auch dann, wenn eine Konzernobergesellschaft ein konzernabhängiges Unternehmen ohne dessen Beteiligung veräußert, da die methodischen Voraussetzungen für eine im Schrifttum vereinzelt befürwortete entsprechende Anwendung (hierfür *Fitting* § 109a Rn. 8) nicht vorliegen. Die Vorschrift hat sich bewusst auf die in § 106 Abs. 3 Nr. 9a genannten Übernahmetatbestände beschränkt, so dass eine planwidrige Unvollständigkeit des Gesetzes nicht erkennbar ist.

III. Entsprechende Anwendung von § 106 Abs. 1 und 2

1. § 106 Abs. 1

14 Hinsichtlich der Rechtsfolgen verweist § 109a auf § 106 Abs. 1 und 2 und erklärt beide Absätze für die Beteiligung des Betriebsrats nach § 109a für entsprechend anwendbar. Vor dem Hintergrund der vom Gesetz bezweckten Information der Belegschaft in Unternehmen ohne Wirtschaftsausschuss (s. Rdn. 1) ist die entsprechende Gesetzesanwendung nur im Hinblick auf § 106 Abs. 2 überzeugend. Bezüglich § 106 Abs. 1 ist die Anordnung einer entsprechenden Anwendung in § 109a zu weitgehend (s. Rdn. 15 ff.).

15 Für die **Errichtungspflicht** in § 106 Abs. 1 Satz 1 hat die entsprechende Anwendung keinen sinnvollen Anwendungsbereich, da § 109a auf eine Beteiligung des Betriebsrats und nicht auf die Errichtung eines Wirtschaftsausschusses abzielt. Deshalb ist die entsprechende Anwendung des § 106 Abs. 1 durch § 109a – dem Normzweck gehorchend – dahin einzuschränken, dass sich diese jedenfalls nicht auf § 106 Abs. 1 Satz 1 erstreckt. Zu einem anderen Ergebnis müssen indes diejenigen Stimmen im Schrifttum gelangen, die § 109a – entgegen der hier befürworteten Ansicht – auf Sachverhalte beschränken, in denen in dem Unternehmen pflichtwidrig die Bildung eines Wirtschaftsausschusses unterblieben ist (s. Rdn. 8).

16 Bezüglich § 106 Abs. 1 Satz 2 ist die in § 109a angeordnete »entsprechende« Anwendung ebenfalls missverständlich. Auf den ersten Blick ließe sich diese so verstehen, dass hieraus auch im Hinblick

auf die Übernahme des Unternehmens ein **Beratungsrecht** des Betriebsrats folgt (hierfür *Fitting* § 109a Rn. 9; *Gerhard/HLS* § 109a Rn. 2; **a. M.** *Oetker* FS Bauer, S. 791 [806 f.]; ohne Stellungnahme *Neuerburg* Unternehmensübernahme, S. 163 f. [in der Tendenz wie hier jedoch S. 91 f.]). Der Wortlaut des § 106 Abs. 1 Satz 2, der ausdrücklich die Beratung mit dem Unternehmer anspricht, scheint dieses Verständnis zu stützen. Dementsprechend ist zu § 106 anerkannt, dass die §§ 106 ff. zugunsten des Wirtschaftsausschusses nicht nur ein Unterrichtungsrecht, sondern auch eine Pflicht zur Beratung mit dem Wirtschaftsausschuss begründen (s. § 106 Rdn. 51 ff.).

Allerdings beschränkt sich der Wortlaut des § 106 Abs. 1 Satz 2 auf eine an den Wirtschaftsausschuss 17 adressierte Aufgabenzuweisung und weicht damit im Hinblick auf die Normstruktur von den Beratungsrechten des BetrVG ab, die stets eine an den Arbeitgeber gerichtete Verpflichtung festlegen, die betreffende Angelegenheit mit dem Betriebsrat zu beraten (s. §§ 90 Abs. 1 Satz 2, 92 Abs. 1, 92a Abs. 2 Satz 1, 96 Abs. 1 Satz 1, 97 Abs. 1). Angesichts dessen ist § 106 Abs. 1 Satz 2 nicht isoliert, sondern in einem unmittelbaren Zusammenhang mit § 108 zu sehen, der die Beratung des Wirtschaftsausschusses mit dem Unternehmer im Einzelnen ausgestaltet.

Es sprechen deshalb gute Gründe dafür, jedenfalls die Verweisung in § 109a dahingehend einschrän- 18 kend auszulegen, dass diese dem Betriebsrat **kein eigenständiges Beratungsrecht** einräumt. Unterstützung erfährt dieses Verständnis zusätzlich durch die Gesetzesmaterialien, die ausschließlich auf die Information der Arbeitnehmer abstellen und insoweit eine Gleichstellung mit der Rechtslage in börsennotierten Unternehmen anstreben (*Reg. Begr.* BT-Drucks. 16/7438, S. 15). Die insoweit maßgeblichen Bestimmungen des WpÜG (s. Rdn. 3) beschränken sich jedoch durchweg auf eine Unterrichtung des Betriebsrats. Hätte der Gesetzgeber tatsächlich – wie es bei oberflächlicher Betrachtung erscheint – zugunsten des Betriebsrats bezüglich der Unternehmensübernahme ein Beratungsrecht begründen wollen, dann hätte es nahe gelegen, auch die prozeduralen Vorschriften in § 108 Abs. 2 und 3 für entsprechend anwendbar zu erklären, was jedoch unterblieben ist. Gegen die Anerkennung eines über die Unterrichtung hinausgehenden Beratungsrechts spricht zudem, dass eine Beratung zwischen Betriebsrat und Unternehmer sinnwidrig wäre, da dieser nicht die maßgeblichen Entscheidungen bezüglich der Unternehmensübernahme trifft (s. a. § 106 Rdn. 6 f.). Etwas anderes kommt ausschließlich dann in Betracht, wenn der potenzielle Erwerber bereits seine Absichten zur zukünftigen Geschäftspolitik gegenüber dem Unternehmer artikuliert hat. In diesem Fall können die Auswirkungen auf die Arbeitnehmer zwischen Unternehmer und Betriebsrat beraten werden (s. insoweit auch *BAG* 22.01.1991 EzA § 106 BetrVG 1972 Nr. 14 S. 3 f. = AP Nr. 9 zu § 106 BetrVG 1972 Bl. 3 f.).

Wird entgegen der hier befürworteten Auslegung ein Beratungsrecht des Betriebsrats bejaht, dann sind 19 für dieses lediglich die allgemeinen Anforderungen an eine Beratung mit dem Betriebsrat maßgebend (s. z. B. *Raab* § 92a Rdn. 15). Die speziellen Regelungen in **§ 108 Abs.** 2 für die Beratung des Unternehmers mit dem Wirtschaftsausschuss finden wegen der in § 109a gewählten Regelungstechnik keine entsprechende Anwendung (ebenso *Willemsen/Lembke/HWK* § 109a BetrVG Rn. 3). Hätte dies in der Absicht des Gesetzgebers gelegen, dann wäre eine Erweiterung der Verweisungsobjekte unschwer möglich gewesen.

Die Erwägungen in Rdn. 16 ff. gelten in vergleichbarer Weise für die ebenfalls in § 106 Abs. 1 Satz 2 20 festgelegte Aufgabe des Wirtschaftsausschusses, den **Betriebsrat zu unterrichten.** Diesbezüglich ist die in § 109a angeordnete entsprechende Anwendung von § 106 Abs. 1 evident unsinnig; eine Verpflichtung des Betriebsrats, sich selbst zu unterrichten, kann vom Gesetz nicht ernsthaft gewollt sein, so dass die entsprechende Anwendung von § 106 Abs. 1 Satz 2 zumindest insoweit einer teleologischen Reduktion bedarf.

2. § 106 Abs. 2

Im Zentrum der durch § 109a angeordneten entsprechenden Anwendung steht die Verpflichtung des 21 Unternehmers, den Betriebsrat bezüglich der Unternehmensübernahme zu unterrichten, und hierbei auch die erforderlichen Unterlagen vorzulegen. Hinsichtlich des **Umfangs der Unterrichtung** gelten die Ausführungen zu § 106 Abs. 2 auch für die Beteiligung des Betriebsrats nach § 109a (s. näher § 106 Rdn. 112 ff.).

22 Die Übernahme der Auslegungsergebnisse zu § 106 Abs. 2 erstreckt sich indes nicht auf den **Zeitpunkt der Unterrichtung,** da die Rechtzeitigkeit in § 106 Abs. 2 in erster Linie von dem Anliegen geprägt ist, dem Wirtschaftsausschuss vor seiner Sitzung die notwendigen Informationen zu vermitteln, um eine sachgerechte Beratung der Angelegenheit im Wirtschaftsausschuss zu gewährleisten (s. § 106 Rdn. 113). Dieser Maßstab passt im Rahmen von § 109a nicht. Angesichts der mit der Vorschrift bezweckten Parallelität zur Rechtslage bei börsennotierten Gesellschaften (s. *Reg. Begr.* BT-Drucks. 16/7438, S. 15) ist die Unterrichtung des Betriebsrats nur dann rechtzeitig, wenn dies unverzüglich geschieht (so auch § 14 Abs. 4 Satz 2 WpÜG sowie näher § 106 Rdn. 113 ff.). Das Gebot einer entsprechenden Gesetzesanwendung in § 109a eröffnet einen ausreichenden methodischen Spielraum für dieses im Vergleich mit § 106 Abs. 2 modifizierte Verständnis.

23 Hinsichtlich der vorzulegenden **Unterlagen** gelten die Grundsätze zu § 106 Abs. 2 (s. § 106 Rdn. 130 ff.), insbesondere sind die Unterlagen dem Betriebsrat **nicht zur Verfügung zu stellen** (s. § 106 Rdn. 139). Dadurch bleibt § 109a jedoch hinter § 14 Abs. 4 Satz 2 WpÜG zurück, der den Vorstand der Zielgesellschaft zur Übermittlung der Angebotsunterlage und damit zu deren Weiterleitung verpflichtet. Keine Aufnahme in den Kreis der entsprechend anzuwendenden Vorschriften hat die in § 108 Abs. 3 normierte Berechtigung für die Mitglieder des Wirtschaftsausschusses gefunden, in die nach § 106 Abs. 2 vorzulegenden Unterlagen **Einsicht** zu nehmen (s. § 108 Rdn. 51 ff.). Wegen der Regelungstechnik in § 109a steht den Mitgliedern des nach § 109a zu beteiligenden Betriebsrats diese Rechtsposition nicht zu.

24 Da § 109a den Absatz 2 des § 106 insgesamt in Bezug nimmt, steht auch die Unterrichtung des Betriebsrats unter dem Vorbehalt, dass hierdurch keine **Betriebs- und Geschäftsgeheimnisse** gefährdet werden (*Reg. Begr.* BT-Drucks. 16/7438, S. 15; näher dazu § 106 Rdn. 141 ff.). Die Bedeutung des Vorbehalts scheint allerdings gering zu sein, da die Unterrichtung bezüglich des Übernahmeangebots in der Regel keine Betriebs- und Geschäftsgeheimnisse der Zielgesellschaft, sondern solche des Bieters enthält (so bereits *Thüsing* ZIP 2008, 106 [108] sowie im Anschluss *Nagel/Hopfe* ZIP 2010, 817 [818 f.]; *Vogt/Bedkowski* NZG 2008, 725 [728 f.]; im Ergebnis auch *Willemsen/Lembke/HWK* § 109a BetrVG Rn. 3; *Winstel* Unterrichtung, S. 110 ff.; **a. M.** *BT-Finanzausschuss* BT-Drucks. 16/9821, S. 8, mit der Begründung, dass die mitzuteilenden Umstände wesentliche Entscheidungen für das Unternehmen betreffen; übernommen von *Simon/Dobel* BB 2008, 1955 [1958]; zustimmend auch *Neuerburg* Unternehmensübernahme, S. 112 sowie § 106 Rdn. 142 a. E.). Das trifft insbesondere für die ergänzenden Angaben in der Angebotsunterlage zu (s. § 11 Abs. 2 Satz 3 WpÜG). Betriebs- und Geschäftsgeheimnisse Dritter sind durch § 106 Abs. 2 nicht geschützt (*Nagel/Hopfe* ZIP 2010, 817 [818 f.]; **a.M.** i. E. *Neuerburg* Unternehmensübernahme, S. 120 f.). Eine Bestätigung hierfür liefern die Vorschriften des WpÜG, die auch im Hinblick auf die Angebotsunterlage von einer gesonderten Bestimmung zum Schutz der Betriebs- und Geschäftsgeheimnisse verzichten. Allerdings werden die Mitglieder des Betriebsrats infolge der Unterrichtung zu Insidern, so dass sie das Verbot in Art. 14 lit. c MAR zur Weitergabe von Insiderinformationen trifft (so mit Recht zu § 14 WpHG *BT-Finanzausschuss* BT-Drucks. 16/9821, S. 8 sowie näher § 79 Rdn. 94). Ein vergleichbarer Schutz fehlt indes für die Übernahme nicht börsennotierter Unternehmen.

IV. Pflichtverletzung des Unternehmens

25 Verletzt der Unternehmer gegenüber dem Betriebsrat dessen Beteiligungsrecht, so ist primär das **Verfahren nach § 109** einzuleiten (s. Rdn. 30). Aufgrund der durch den Spruch der Einigungsstelle ersetzten »Einigung« steht die Informationsverpflichtung des Unternehmers fest. Befolgt dieser den Spruch der Einigungsstelle nicht, so kann der Betriebsrat über ein Verfahren nach § 23 Abs. 3 die Unterrichtung bzw. die Vorlage der in § 106 Abs. 2 genannten Unterlagen erzwingen (*Thüsing* ZIP 2008, 106 [108] sowie allgemein § 23 Rdn. 221 sowie § 109 Rdn. 35).

26 Von einer Sanktionsbewehrung als **Ordnungswidrigkeit** durch eine Erweiterung des Ordnungswidrigkeitentatbestands in § 121 hat der Gesetzgeber abgesehen; dies ist aber unschädlich, da § 109a die Pflichten nach § 106 Abs. 2 für entsprechend anwendbar erklärt und § 121 die Vorschrift des § 106 Abs. 2 in die Aufzählung einbezieht. Deshalb ist auch die Verletzung der durch § 109a gegenüber

dem Betriebsrat begründeten Pflichten in den Ordnungswidrigkeitentatbestand des § 121 einbezogen (ebenso im Ergebnis *Fitting* § 109a Rn. 12; *Thüsing* ZIP 2008, 106 [108]; **a. M.** *Willemsen / Lembke / HWK* § 109a BetrVG Rn. 4).

Ein gegen die Unternehmensübernahme gerichteter **Unterlassungsanspruch** folgt aus einem Verstoß gegen die Pflichten aus § 109a nicht, da dieser lediglich ein Unterrichtungsrecht zugunsten des Betriebsrats begründet (ebenso *Simon / Dobel* BB 2008, 1955 [1959]; *Thüsing* ZIP 2008, 106 [108]; *Vogt / Bedkowski* NZG 2008, 725 [729] sowie allgemein § 106 Rdn. 155). 27

V. Verhältnis zum WpÜG

Die in Rdn. 3 genannten Bestimmungen des WpÜG, die ebenfalls eine Unterrichtung des (zuständigen) Betriebsrats vorsehen, sind durch das Risikobegrenzungsgesetz unverändert geblieben und deshalb neben § 109a anwendbar (so ausdrücklich *Reg. Begr.* BT-Drucks. 16/7438, S. 15; ebenso *Fitting* § 109a Rn. 11; *Richardi / Annuß* § 109a Rn. 2; *Willemsen / Lembke / HWK* § 109a BetrVG Rn. 3). Näher zu den Informationspflichten nach dem WpÜG s. vor § 106 Rdn. 46 ff. 28

Eine teleologische Reduktion des § 109a im Anwendungsbereich von § 14 Abs. 4 Satz 2 WpÜG, die zu einem Vorrang der letztgenannten Vorschrift führen würde (hierfür i. E. *Däubler / DKKW* § 109a Rn. 3; *Spirolke* /NK-GA § 109a BetrVG Rn. 1; in dieser Richtung scheinbar auch *Simon / Dobel* BB 2008, 1955 [1958]) ist verfehlt. Zwar enthält die dem Betriebsrat übermittelte Angebotsunterlage substanzielle Informationen, die dem Betriebsrat auch nach § 106 Abs. 2 Satz 2 zu geben sind (s. § 11 Abs. 2 Satz 3 Nr. 2 WpÜG) und über diese sogar noch hinausgehen. In Betracht kommt im Anwendungsbereich von § 14 Abs. 4 Satz 2 WpÜG deshalb allenfalls, dass der Unternehmer seine Pflichten nach § 109a bereits durch die Übermittlung der Angebotsunterlage erfüllt hat, soweit deren Inhalt nicht hinter den nach § 106 Abs. 2 zu übermittelnden Informationen zurückbleibt. Die Aushändigung der Angebotsunterlage entbindet den Unternehmer jedoch nicht von der Pflicht, weiter gehenden Informationen zu übermitteln. Ein Vorrang der Beteiligung nach dem WpÜG würde zudem die Beteiligung des Betriebsrats zweckwidrig verkürzen, wenn die entsprechende Anwendung des § 106 Abs. 2 entgegen der hier befürworteten Auslegung im Sinne eines dem Betriebsrat zustehenden Beratungsrechts verstanden wird (s. dazu Rdn. 16 ff.). 29

VI. Streitigkeiten

Besteht zwischen Betriebsrat und Unternehmer kein Einvernehmen über die nach § 109a zu leistenden Informationen bzw. vorzulegenden Unterlagen, dann ist im Anwendungsbereich von § 109a wegen der **Primärzuständigkeit der Einigungsstelle** (s. § 109 Rdn. 4) das Einigungsstellenverfahren einzuleiten (*Fitting* § 109a Rn. 12; *Willemsen / Lembke / HWK* § 109a BetrVG Rn. 4; zum Rechtsschutz gegenüber dem Spruch der Einigungsstelle s. § 109 Rdn. 35 ff.). Die in § 109a angeordnete entsprechende Anwendung erstreckt sich auch auf § 109, erfordert jedoch partiell Korrekturen für die Anwendung im Rahmen von § 109a. So ist das Informationsverlangen von dem Betriebsrat zu artikulieren. Auch ein gesonderter Versuch einer Einigung zwischen Betriebsrat und Unternehmer ist keine Voraussetzung für die Anrufung der Einigungsstelle. Es genügt, wenn der Unternehmer eine vom Betriebsrat im Hinblick auf die Unternehmensübernahme gewünschte Auskunft nicht, nicht rechtzeitig oder nicht vollständig erteilt. Insofern reicht die Auskunftsverweigerung des Unternehmers aus, damit der Betriebsrat die Einigungsstelle anrufen kann. Wegen des methodischen Gebots einer lediglich »entsprechenden« Anwendung sind diese prozeduralen Modifikationen statthaft. 30

Außerhalb des Anwendungsbereichs von § 109 entscheidet bei Streitigkeiten zwischen Betriebsrat und Unternehmer das **Arbeitsgericht** im **Beschlussverfahren** (§ 2a Abs. 1 Nr. 1, §§ 80 ff. ArbGG), was vor allem den Fall betrifft, dass der Unternehmer die tatbestandlichen Voraussetzungen für die Anwendung des § 109a bestreitet (*Fitting* § 109a Rn. 12; *Willemsen / Lembke / HWK* § 109a BetrVG Rn. 4). 31

§ 110
Unterrichtung der Arbeitnehmer

(1) In Unternehmen mit in der Regel mehr als 1000 ständig beschäftigten Arbeitnehmern hat der Unternehmer mindestens einmal in jedem Kalendervierteljahr nach vorheriger Abstimmung mit dem Wirtschaftsausschuss oder den in § 107 Abs. 3 genannten Stellen und dem Betriebsrat die Arbeitnehmer schriftlich über die wirtschaftliche Lage und Entwicklung des Unternehmens zu unterrichten.

(2) In Unternehmen, die die Voraussetzungen des Absatzes 1 nicht erfüllen, aber in der Regel mehr als zwanzig wahlberechtigte ständige Arbeitnehmer beschäftigen, gilt Absatz 1 mit der Maßgabe, dass die Unterrichtung der Arbeitnehmer mündlich erfolgen kann. Ist in diesen Unternehmen ein Wirtschaftsausschuss nicht zu errichten, so erfolgt die Unterrichtung nach vorheriger Abstimmung mit dem Betriebsrat.

Literatur
Braun Die Unterrichtung der Arbeitnehmer über wirtschaftliche Lage und Entwicklung des Unternehmens, 1982; *Vogt* Lagebericht des Arbeitgebers/Unternehmers und die Vorlagepflicht von Unterlagen in der Betriebsverfassung, BlStSozArbR 1979, 193; s. ferner die Angaben bei § 106.

Inhaltsübersicht

		Rdn.
I.	Vorbemerkung	1–3
II.	Verpflichteter und Berechtigter	4–7
III.	Gegenstand der Unterrichtung	8–14
IV.	Voraussetzungen der Unterrichtungspflicht	15–17
V.	Häufigkeit und Zeitpunkt der Unterrichtung	18, 19
VI.	Abstimmung des Unternehmers mit dem Betriebsrat und dem Wirtschaftsausschuss	20–25
VII.	Form der Unterrichtung	26–32
	1. Großunternehmen	26–30
	2. Kleinunternehmen	31, 32
VIII.	Pflichtverletzungen	33
IX.	Streitigkeiten	34, 35

I. Vorbemerkung

1 Die in § 110 geregelte unmittelbare Unterrichtung der Arbeitnehmer über die wirtschaftliche Lage und Entwicklung des Unternehmens geht auf die §§ 69 Abs. 3, 71 BetrVG 1952 zurück; § 110 vereinheitlicht diese Bestimmungen und modifiziert sie für Großunternehmen mit in der Regel mehr als 1000 ständig beschäftigten Arbeitnehmern in formeller Hinsicht dahin, dass bei ihnen die Arbeitnehmer in schriftlicher Form zu unterrichten sind. Die an den Unternehmer gerichtete Unterrichtungspflicht soll sicherstellen, dass sich die im Unternehmen tätigen Arbeitnehmer ein Bild von der wirtschaftlichen Lage und Entwicklung des Unternehmens machen können (*BAG* 14.05.2013 EzA § 110 BetrVG 2001 Nr. 1 Rn. 22 = AP Nr. 1 zu § 110 BetrVG 1972 = NZA 2013, 1223; *Galperin/Löwisch* § 110 Rn. 1).

2 Ergänzt wird § 110 durch § 43 Abs. 2 Satz 3, der den Arbeitgeber verpflichtet, in jedem Kalenderjahr in einer **Betriebsversammlung** auch über die wirtschaftliche Lage und Entwicklung zu berichten (näher dazu *Weber* § 43 Rdn. 16). Diese Unterrichtungspflicht bezieht sich jedoch nicht wie in § 110 auf das Unternehmen, sondern auf den Betrieb, so dass sie uneingeschränkt neben der in § 110 begründeten Unterrichtungspflicht bestehen bleibt (*Däubler/DKKW* § 110 Rn. 4; s.a. *Weber* § 43 Rdn. 19).

3 In **Tendenzunternehmen** findet § 110 wegen des absoluten Tendenzschutzes (§ 118 Abs. 1 Satz 2) keine Anwendung (s. *Weber* § 118 Rdn. 147 m. w. N.), es verbleibt jedoch die Berichtspflicht nach § 43 Abs. 2 Satz 3, sofern nicht die Eigenart des Betriebs entgegensteht (§ 118 Abs. 1 Satz 1 letzter Halbs.; *Weber* § 118 Rdn. 148 m. w. N.).

II. Verpflichteter und Berechtigter

Zur Berichterstattung ist der Unternehmer verpflichtet. Hinsichtlich des **Unternehmerbegriffs** gelten die Grundsätze zu § 106 Abs. 2 (dazu näher § 106 Rdn. 148). Verpflichtet ist deshalb stets der jeweilige Rechtsträger des Unternehmens. 4

Der **Betriebsrat** kann zu der wirtschaftlichen Lage des Unternehmens nur im Rahmen einer Betriebsversammlung Stellung nehmen (§ 43 Abs. 1 Satz 1), keineswegs aber statt des Unternehmers den von ihm nach § 110 geschuldeten Bericht erstatten (*BAG* 01.03.1966 AP Nr. 1 zu § 69 BetrVG Bl. 2 R; *Galperin/Löwisch* § 110 Rn. 5; *Hess/HWGNRH* § 110 Rn. 11; *Preis/WPK* § 110 Rn. 2; *Richardi/Annuß* § 110 Rn. 10; *Stege/Weinspach/Schiefer* § 110 Rn. 2; s. auch *BAG* 14.05.2013 EzA § 110 BetrVG 2001 Nr. 1 Rn. 17 = AP Nr. 1 zu § 110 BetrVG 1972 = NZA 2013, 1223). Das gilt selbst dann, wenn der Unternehmer seine Berichtspflicht nicht oder nicht ausreichend erfüllt (*Däubler/DKKW* § 110 Rn. 16; *Galperin/Löwisch* § 110 Rn. 5; *Hess/HWGNRH* § 110 Rn. 11; *Stege/Weinspach/Schiefer* § 110 Rn. 2 sowie hier Rdn. 33; offengelassen von *BAG* 01.03.1966 AP Nr. 1 zu § 69 BetrVG Bl. 2 R f.). 5

Adressat der Unterrichtung sind die Arbeitnehmer des Unternehmens. Nach teilweise vertretener Ansicht soll auch dem **einzelnen Arbeitnehmer** ein mit der Verpflichtung des Unternehmers korrespondierendes **Informationsrecht** zustehen (hierfür *Däubler/DKKW* § 110 Rn. 2; *Willemsen/Lembke/HWK* § 110 BetrVG Rn. 1), das dieser sogar **individuell** im Urteilsverfahren vor den Arbeitsgerichten **einklagen** können soll (s. *Däubler/DKKW* § 110 Rn. 18; *Kania/ErfK* § 110 BetrVG Rn. 8; *Preis/WPK* § 110 Rn. 4; ohne Stellungnahme *Richardi/Annuß* § 110 Rn. 2 a. E.). Dem ist nicht zu folgen. Bereits dem Wortlaut des § 110 lässt sich nicht entnehmen, dass dieser zugunsten des einzelnen Arbeitnehmers einen **Individualanspruch** begründet. Ferner steht diesem die Gesetzessystematik entgegen, da das BetrVG die Individualrechte des Arbeitnehmers in den §§ 81 ff. geregelt hat. Diese Vorschriften bringen den Willen zur Begründung eines Individualanspruches regelmäßig dadurch zum Ausdruck, dass sie hinsichtlich des Berechtigten den Singular verwenden; § 110 stellt hingegen auf den Plural (»die Arbeitnehmer«) ab und bezeichnet damit die Arbeitnehmer des Unternehmens in ihrer Gesamtheit. Deshalb ist ausschließlich der Betriebsrat berechtigt, den Unternehmer durch Einleitung eines arbeitsgerichtlichen Beschlussverfahrens zu der nach § 110 geschuldeten Unterrichtung zu zwingen. 6

Die Unterrichtung hat gegenüber allen Arbeitnehmern des Unternehmens zu erfolgen, unabhängig davon, ob in dem Betrieb ein Betriebsrat gebildet wurde. Das gilt stets, wenn ein Gesamtbetriebsrat gebildet wurde und dieser nach § 50 Abs. 1 Satz 1 auch für betriebsratslose Betriebe des Unternehmens zuständig ist. Nach hier befürworteter Auffassung (s. Rdn. 17) jedoch auch dann, wenn in dem Unternehmen überhaupt kein Betriebsrat errichtet worden ist. 7

III. Gegenstand der Unterrichtung

Die Unterrichtung umfasst die **wirtschaftliche Lage und Entwicklung** des Unternehmens und ist damit enger als die in § 106 Abs. 3 aufgelisteten Tatbestände, wobei jedoch der Begriff der »wirtschaftlichen Lage« in § 110 mit dem Terminus in § 106 Abs. 3 Nr. 1 (zu diesem näher § 106 Rdn. 66 ff.) identisch ist. Aus der Gegenüberstellung von § 110 und § 106 Abs. 3 Nr. 1 folgt, dass die »finanzielle Lage« des Unternehmens nicht in die Unterrichtungspflicht einbezogen ist. 8

Zu unterrichten ist – wie nach § 106 Abs. 3 Nr. 1 – über die Lage des »Unternehmens« und nicht über diejenige des »**Unternehmers**« (*Richardi/Annuß* § 110 Rn. 9). Über seine privaten Vermögensverhältnisse muss weder der Einzelkaufmann noch der persönlich haftende Gesellschafter einer Personengesellschaft die Arbeitnehmer des Unternehmens informieren (s. a. § 106 Rdn. 69). Etwas Anderes gilt trotz des Schutzes der Privatsphäre, wenn eine Verschlechterung der **privaten Vermögensverhältnisse** des Unternehmers zwangsläufig auf das »Unternehmen« ausstrahlt. Das gilt entsprechend bei **konzernabhängigen Unternehmen**, wenn sich Maßnahmen der Konzernobergesellschaft unmittelbar auf die finanzielle oder wirtschaftliche Lage des Unternehmens auswirken (s. a. § 106 Rdn. 54, 62). 9

§ 110   IV. 6. 1. Unterrichtung in wirtschaftlichen Angelegenheiten

10 Wegen der zusätzlichen Aufnahme der »Entwicklung« in die Unterrichtungspflicht darf sich der Unternehmer in dem Bericht nicht auf die Darstellung des Status quo beschränken (*Däubler/DKKW* § 110 Rn. 6). Vielmehr muss dieser eine **Rückschau** auf die Veränderungen seit der letzten Berichterstattung enthalten (*Däubler/DKKW* § 110 Rn. 6; *Kania*/ErfK § 110 BetrVG Rn. 4; *Preis/WPK* § 110 Rn. 2; *Richardi/Annuß* § 110 Rn. 9; *Rieble*/AR § 110 BetrVG Rn. 6; *Willemsen/Lembke/ HWK* § 110 BetrVG Rn. 16) und zudem einen **Ausblick** auf die zukünftigen Entwicklungen geben (*Däubler/DKKW* § 110 Rn. 6; *Kania*/ErfK § 110 BetrVG Rn. 4; *Preis/WPK* § 110 Rn. 2; *Richardi/ Annuß* § 110 Rn. 9; *Rieble*/AR § 110 BetrVG Rn. 6; *Willemsen/Lembke/HWK* § 110 BetrVG Rn. 16). Hinsichtlich des letztgenannten Punkts ähnelt die Berichterstattung dem Lagebericht nach § 289 HGB, der ebenfalls auf die voraussichtliche »Entwicklung« der Kapitalgesellschaft eingehen muss (§ 289 Abs. 1 Satz 4 HGB). Wie dort fordert auch § 110 von dem Unternehmer eine **Prognose**, bei der ihm nicht nur im Hinblick auf den Prognosezeitraum ein weites Ermessen zusteht (s. *Hopt* ZGR 1980, 225 [250]). Ein **Zeitraum** von zwei Jahren (*Merkt* in: *Baumbach/Hopt* HGB, 37. Aufl. 2016, § 289 Rn. 1; kürzer *Lange*/MK-HGB § 289 Rn. 90: zwölf Monate; ebenso *Böcking/Gros/Koch* in: Ebenroth/Boujong/Joost/Strohn, HGB, 3. Aufl. 2014, § 315 Rn. 26 unter Hinweis auf DRS 20.126; zu § 289 Abs. 2 Nr. 2 HGB a. F. *Heymann/Herrmann* HGB, 2. Aufl. 1999, § 289 Rn. 3; *Ulmer/Hommelhoff* HGB-Bilanzrecht, 2002, § 289 Rn. 112) ist wegen der Häufigkeit der nach § 110 geschuldeten Unterrichtung nur in Ausnahmefällen erforderlich; in der Regel ist ein Zeitraum von **zwölf Monaten** ausreichend.

11 Zu einem umfassenden Rechenschaftsbericht ist der Unternehmer im Rahmen der Unterrichtung nach § 110 nicht verpflichtet (*Däubler/DKKW* § 110 Rn. 6), es genügt ein **Überblick**, der sich auf grobe Züge beschränkt (*Fitting* § 110 Rn. 7; *Hess*/HWGNRH § 110 Rn. 6; *Joost*/MünchArbR § 231 Rn. 66; *Preis/WPK* § 110 Rn. 2; *Richardi/Annuß* § 110 Rn. 9; *Willemsen/Lembke/HWK* § 110 BetrVG Rn. 15).

12 Nach verbreiteter Ansicht im Schrifttum kann der Bericht solche Angaben ausklammern, die die **Wettbewerbslage des Unternehmens** beeinträchtigen (*Dütz* FS *H. Westermann*, 1974, S. 37 [52]; *Fabricius* 6. Aufl., § 110 Rn. 16; *Fitting* § 110 Rn. 7; *Galperin/Löwisch* § 110 Rn. 4; *Hess*/HWGNRH § 110 Rn. 7; *Joost*/MünchArbR § 231 Rn. 66; *Kania*/ErfK § 110 BetrVG Rn. 4; *Richardi/Annuß* § 110 Rn. 9; *Spirolke*/NK-GA § 110 BetrVG Rn. 2; *Vogt* BlStSozArbR 1979, 193 [194]; *Weiss/Weyand* § 110 Rn. 4; *Willemsen/Lembke/HWK* § 110 BetrVG Rn. 15). Dieser sehr weitreichende und vage Vorbehalt findet im Gesetz keine Stütze und lässt sich weder auf die Größe des Adressatenkreises noch auf das Fehlen einer Verschwiegenheitspflicht stützen (*Däubler/DKKW* § 110 Rn. 7; **a. M.** *Joost*/MünchArbR § 231 Rn. 66; *Richardi/Annuß* § 110 Rn. 9). Diese Erwägungen treffen gleichermaßen auf die Unterrichtung in der Betriebsversammlung zu, für die sich das Gesetz jedoch auf einen engeren Vorbehalt beschränkt (*Däubler/DKKW* § 110 Rn. 7).

13 Eine Regelungslücke besteht bei einer Gefährdung der **Betriebs- und Geschäftsgeheimnisse**. Soweit dies hinsichtlich einzelner Tatsachen zu bejahen ist, tritt das Informationsinteresse des Wirtschaftsausschusses zurück (§ 106 Abs. 2; näher dazu § 106 Rdn. 141 ff.). Das gilt entsprechend, wenn der Arbeitgeber über die wirtschaftliche Lage und Entwicklung des Betriebs auf der Betriebsversammlung berichten soll (§ 43 Abs. 2 Satz 3). Wegen dieses normativen Umfeldes enthält § 110 eine planwidrige Unvollständigkeit, da dem Gesetzgeber nicht unterstellt werden kann, dass § 110 den Unternehmer zur Mitteilung von Betriebs- und Geschäftsgeheimnissen verpflichten soll, deren Offenbarung er im Rahmen seines Berichts in einer Betriebsversammlung unterlassen könnte. Andernfalls würden die zur Wahrung des Geheimnischarakters in den §§ 43 Abs. 2 Satz 3, 106 Abs. 2 ausdrücklich aufgenommenen Vorbehalte durch die nach § 110 bestehende Berichtpflicht leerlaufen. Die Berichterstattung über die wirtschaftliche Lage und Entwicklung des Unternehmens steht deshalb auch im Rahmen des § 110 analog den §§ 43 Abs. 2 Satz 3, 106 Abs. 2 unter dem Vorbehalt, dass diese nicht die Betriebs- und Geschäftsgeheimnisse des Unternehmens gefährdet (*Däubler/DKKW* § 110 Rn. 7; *Fitting* § 110 Rn. 7; *Joost*/MünchArbR § 231 Rn. 66; *Kania*/ErfK § 110 BetrVG Rn. 4; *Preis/ WPK* § 110 Rn. 2; *Willemsen/Lembke/HWK* § 110 BetrVG Rn. 15). Diese Einschränkung der Unterrichtungspflicht trägt der Stellung des Unternehmens im Wettbewerb ausreichend Rechnung, da eine Gefährdungslage aufgrund des großen Empfängerkreises bei der Berichterstattung nach § 110 we-

sentlich eher besteht, als wenn die Unterrichtung auf den kleinen Kreis der Mitglieder des Wirtschaftsausschusses begrenzt bleibt.

Bei börsennotierten Unternehmen sind die Vorgaben durch Art. 17 Abs. 1 MAR für die Veröffentlichung von **Insiderinformationen** zu beachten (sog. ad hoc-Publizität). Konkrete Informationen über nicht öffentlich bekannte Umstände, die im Falle ihres öffentlichen Bekanntwerdens geeignet sind, den Marktpreis der Aktien des Unternehmens zu beeinflussen (s. Art. 7 Abs. 1 MAR), dürfen wegen Art. 17 Abs. 1 MAR erst nach ihrer dort näher ausgestalteten Veröffentlichung in den nach § 110 zu erstattenden Bericht aufgenommen werden (*Däubler/DKKW* § 110 Rn. 7; *Willemsen/Lembke/HWK* § 110 BetrVG Rn. 9). Da bei einer Unterrichtung nach § 110 die Vertraulichkeit der Information nicht mehr gewährleistet ist, liegt in einer vorherigen Information keine nach Art. 17 Abs. 8 Satz 2 MAR privilegierte Mitteilung (ebenso auch *Zetsche* NZG 2015, 817 [824]). 14

IV. Voraussetzungen der Unterrichtungspflicht

Die Unterrichtungspflicht hängt allein davon ab, dass das Unternehmen eine nach der Zahl der Arbeitnehmer zu bemessende **Mindestgröße** erreicht. Ausgelöst wird die Unterrichtungspflicht bereits, wenn in dem Unternehmen in der Regel **mehr als 20 wahlberechtigte Arbeitnehmer** ständig beschäftigt werden (§ 110 Abs. 2 Satz 1). Die Sonderregelung in § 110 Abs. 1 für Großunternehmen betrifft nicht die Pflicht zur Unterrichtung, sondern deren Modalitäten (dazu näher Rdn. 27 f.). 15

Für die **Ermittlung der Zahl** der regelmäßig Beschäftigten gelten die allgemeinen Grundsätze (zu diesen *Franzen* § 1 Rdn. 100 ff., 103 f., 105), die jedoch – wie im Rahmen der §§ 106 Abs. 1, 111 Satz 1 – nicht auf den Betrieb, sondern auf das Unternehmen zu beziehen sind. Die Größe des oder der Betriebe ist für die Schwellenwerte in § 110 unbeachtlich (*Däubler/DKKW* § 110 Rn. 5). Im Gegensatz zu § 110 Abs. 1 sind bei der Ermittlung des Schwellenwertes in § 110 Abs. 2 Satz 1 nur solche Arbeitnehmer zu berücksichtigen, die **wahlberechtigt** sind. Für den **Arbeitnehmerbegriff** gilt § 5; leitende Angestellte sind bei der Ermittlung der Arbeitnehmerzahl ebensowenig zu berücksichtigen wie Arbeitnehmer, die in im Ausland gelegenen Betrieben des Unternehmens eingegliedert sind (**a. M.** *Weiss/Weyand* § 110 Rn. 1). Da sowohl § 110 Abs. 1 als auch § 110 Abs. 2 Satz 1 auf die Zahl der »ständig« beschäftigten Arbeitnehmer abstellt, sind in dem Unternehmen tätige Leiharbeitnehmer selbst dann nicht zu berücksichtigen, wenn diese nach § 7 Satz 2 wahlberechtigt sind. Abweichendes gilt für die in § 5 Abs. 1 Satz 3 Genannten, sofern sie in dem Unternehmen »ständig« tätig sind. 16

In Unternehmen, in denen kein Betriebsrat gebildet wurde, scheint die Anwendung der Norm ausgeschlossen zu sein, da in diesen die vom Gesetz geforderte »vorherige Abstimmung« (dazu Rdn. 20 ff.) nicht möglich ist. Indirekt könnte hieraus folgen, dass die **Existenz eines Betriebsrats** Voraussetzung für die Unterrichtungspflicht zugunsten der Arbeitnehmer ist. Diesem Verständnis ist jedoch nicht zu folgen (i. E. auch *Däubler/DKKW* § 110 Rn. 2), da es dem Zweck der »vorherigen Abstimmung« widersprechen würde. Diese soll eine Einflussnahme auf den Inhalt des Berichts eröffnen (s. Rdn. 25), ohne jedoch die Möglichkeit der Arbeitnehmer zu verkürzen, sich über die wirtschaftliche Lage und Entwicklung des Unternehmens zu informieren. Eines Rückgriffs auf eine von der Richtlinie 2002/14/EG geforderte unionsrechtskonforme Auslegung (hierfür *Däubler/DKKW* § 110 Rn. 2) bedarf es nicht; diese sähe sich ohnehin dem Einwand ausgesetzt, dass die Richtlinie lediglich eine Unterrichtung der »Arbeitnehmervertreter« gebietet und auch keine ersatzweise Unterrichtung der Arbeitnehmer fordert, wenn diese trotz der gesetzlichen Möglichkeit hierzu nicht besteht (s. *Oetker/Schubert* EAS B 8300 Rn. 320). 17

V. Häufigkeit und Zeitpunkt der Unterrichtung

Die Unterrichtung muss **in jedem Kalendervierteljahr** erfolgen. Das gilt gleichermaßen in Klein- wie in Großunternehmen; die Unterrichtungsperiode deckt sich mit § 43 Abs. 2 Satz 3, der die Pflicht zur Unterrichtung ebenfalls für jedes Kalendervierteljahr begründet. Das Gesetz legt in § 110 eine 18

Mindestverpflichtung für den Unternehmer fest. Eine **häufigere Unterrichtung** der Arbeitnehmer steht grundsätzlich im Ermessen des Unternehmers. Bei überstürzenden Ereignissen kann dieses unter Umständen auf Null schrumpfen (*Däubler/DKKW* § 110 Rn. 8; *Galperin/Löwisch* § 110 Rn. 7; großzügiger *Preis/WPK* § 110 Rn. 1; *Rieble*/AR § 110 BetrVG Rn. 3; *Willemsen/Lemke/HWK* § 110 BetrVG Rn. 8, die bereits wesentliche Änderungen ausreichen lassen).

19 Den genauen **Zeitpunkt** der Unterrichtung legt der Unternehmer allein fest (*Däubler/DKKW* § 110 Rn. 8; *Hess/HWGNRH* § 110 Rn. 4; *Preis/WPK* § 110 Rn. 1; *Richardi/Annuß* § 110 Rn. 3; *Rieble*/AR § 110 BetrVG Rn. 3). Ein **Mindestabstand** zwischen den Unterrichtungen (*Hess/HWGNRH* § 110 Rn. 4: vernünftige Zeitspannen) lässt sich aus dem Gesetz nicht ableiten. Weder der Betriebsrat bzw. Gesamtbetriebsrat noch der Wirtschaftsausschuss können von dem Unternehmer verlangen, die Arbeitnehmer des Unternehmens zu einem bestimmten Zeitpunkt zu unterrichten.

VI. Abstimmung des Unternehmers mit dem Betriebsrat und dem Wirtschaftsausschuss

20 Das Gesetz verpflichtet den Unternehmer hinsichtlich der Unterrichtung zu einer vorherigen Abstimmung mit den in § 110 Abs. 1 genannten Stellen. Eine Abstimmung mit dem **Betriebsrat** ist stets erforderlich; wurde in dem Unternehmen ein **Gesamtbetriebsrat** gebildet, so hat die Abstimmung mit diesem zu erfolgen (*Däubler/DKKW* § 110 Rn. 11; *Hess/HWGNRH* § 110 Rn. 5; *Kania*/ErfK § 110 BetrVG Rn. 6; *Richardi/Annuß* § 110 Rn. 4; *Rieble*/AR § 110 BetrVG Rn. 4). Darüber hinaus muss der Unternehmer den Bericht mit dem **Wirtschaftsausschuss** oder einem vom Betriebsrat bzw. Gesamtbetriebsrat **nach § 107 Abs. 3 bestimmten Ausschuss** abstimmen. Besteht in dem Unternehmen keine Pflicht zur Errichtung eines Wirtschaftsausschusses, so genügt stets die vorherige Abstimmung mit dem Betriebsrat bzw. Gesamtbetriebsrat (§ 110 Abs. 2 Satz 2). Das gleiche gilt, wenn der Betriebsrat bzw. Gesamtbetriebsrat seiner Pflicht zur Errichtung eines Wirtschaftsausschusses nicht nachgekommen ist (*Däubler/DKKW* § 110 Rn. 11; *Fitting* § 110 Rn. 3; *Joost*/MünchArbR § 231 Rn. 71; *Preis/WPK* § 110 Rn. 3; *Richardi/Annuß* § 110 Rn. 4; *Willemsen/Lembke/HWK* § 110 BetrVG Rn. 10).

21 Den **Gegenstand der Abstimmung** umschreibt das Gesetz nur vage, diese muss sich auf die »Unterrichtung« beziehen. Das umfasst jedenfalls deren **Inhalt**. Er ist dem Wirtschaftsausschuss und dem Betriebsrat bzw. Gesamtbetriebsrat vor der Unterrichtung der Arbeitnehmer mitzuteilen. Die Abstimmung erstreckt sich darüber hinaus auf die **Modalitäten der Unterrichtung**, insbesondere auf **Zeitpunkt** und **Form** (**a. M.** *Fabricius* 6. Aufl., § 110 Rn. 8, hinsichtlich der Form), da diese untrennbar mit dem Inhalt der Unterrichtung verbunden sind.

22 Das Gesetz verlangt von dem Unternehmer lediglich eine Abstimmung. Hierfür genügt es, wenn er den Wirtschaftsausschuss und den Betriebsrat **rechtzeitig unterrichtet** und **versucht**, mit beiden eine **Einigung** über die Unterrichtung zu erzielen. Ein **Einvernehmen** bzw. eine Übereinkunft mit dem Wirtschaftsausschuss und dem Betriebsrat verlangt das Gesetz **nicht** (*Däubler/DKKW* § 110 Rn. 12; *Fitting* § 110 Rn. 3; *Galperin/Löwisch* § 110 Rn. 6; *Joost*/MünchArbR § 231 Rn. 69; *Kania*/ErfK § 110 BetrVG Rn. 6; *Richardi/Annuß* § 110 Rn. 5; *Rieble*/AR § 110 BetrVG Rn. 4; *Rumpff/Boewer* Wirtschaftliche Angelegenheiten, Kap. G Rn. 96; *Spirolke*/NK-GA § 110 BetrVG Rn. 3; *Stege/Weinspach/Schiefer* § 110 Rn. 2; *Willemsen/Lembke/HWK* § 110 BetrVG Rn. 10).

23 Kommt **keine Einigung** zustande, dann steht es dem Unternehmer in dem durch § 110 gezogenen Rahmen frei, mit welchem Inhalt, zu welchem Zeitpunkt und in welcher Form er die Arbeitnehmer unterrichtet (*Däubler/DKKW* § 110 Rn. 12; *Fitting* § 110 Rn. 3; *Galperin/Löwisch* § 110 Rn. 6; *Hess/HWGNRH* § 110 Rn. 5; *Joost*/MünchArbR § 231 Rn. 69; *Richardi/Annuß* § 110 Rn. 5; *Rieble*/AR § 110 BetrVG Rn. 4; *Stege/Weinspach/Schiefer* § 110 Rn. 2). Seine diesbezügliche Entscheidung hat der Unternehmer jedoch stets so zu treffen, dass die Unterrichtung der Arbeitnehmer ihren Zweck erfüllen kann.

24 Der Unternehmer ist nicht verpflichtet, eine **abweichende Stellungnahme** (Gegendarstellung) des Wirtschaftsausschusses bzw. Betriebsrats in seinen Bericht aufzunehmen bzw. diesem beizufügen (BAG 14.05.2013 EzA § 110 BetrVG 2001 Nr. 1 Rn. 17 ff. = AP Nr. 1 zu § 110 BetrVG 1972 =

NZA 2013, 1223; *LAG* Hamburg 18.07.2011 – 8 TaBV 10/09 – BeckRS 2013, 72378 [Vorinstanz zu *BAG* vom 14.05.2013]; *Galperin/Löwisch* § 110 Rn. 6; *Joost/* MünchArbR § 231 Rn. 69; *Kania/* ErfK § 110 BetrVG Rn. 6; *Preis/WPK* § 110 Rn. 2; *Richardi/Annuß* § 110 Rn. 5; *Rieble/*AR § 110 BetrVG Rn. 4; *Spirolke/*NK-GA § 110 BetrVG Rn. 3; *Steffan/*HaKo § 110 Rn. 4; *Weber/Ehrich/Hörchens/Oberthür* Kap. B Rn. 482; *Willemsen/Lembke/HWK* § 110 BetrVG Rn. 11; **a. M.** *Däubler/ DKKW* § 110 Rn. 12; *Fabricius* 6. Aufl., § 110 Rn. 20 ff.; *Fitting* § 110 Rn. 4; *Weiss/Weyand* § 110 Rn. 7). Der Betriebsrat verfügt über ausreichend Gelegenheiten, den Arbeitnehmern auf anderem Wege seine Einwände und Gegenpositionen bekannt zu geben (**a. M.** *Fitting* § 110 Rn. 4). Hierfür kommt neben dem Tätigkeitsbericht auf der Betriebsversammlung (§ 43 Abs. 1 Satz 1) auch eine unmittelbare Unterrichtung der Belegschaft durch den Betriebsrat in Betracht (dazu näher *Weber* § 40 Rdn. 172).

Die Abstimmung muss **vor der Unterrichtung** der Arbeitnehmer erfolgen. Rechtzeitig ist diese nur, 25 wenn der Wirtschaftsausschuss bzw. der Betriebsrat die Unterrichtung durch den Unternehmer noch beeinflussen kann. Dem Gebot einer vorherigen Abstimmung handelt der Unternehmer zuwider, wenn er den Wirtschaftsausschuss bzw. Betriebsrat vor vollendete Tatsachen stellt.

VII. Form der Unterrichtung

1. Großunternehmen

Für Großunternehmen schreibt § 110 Abs. 1 vor, dass die Unterrichtung der Arbeitnehmer schriftlich 26 zu erfolgen hat. Hinsichtlich der Größe des Unternehmens knüpft die Vorschrift an die **Arbeitnehmerzahl** (1000) an. Für deren Ermittlung gelten die allgemeinen Grundsätze (näher *Franzen* § 1 Rdn. 100 ff., 103 f.), lediglich die **Wahlberechtigung** der Arbeitnehmer ist – im Gegensatz zu § 110 Abs. 2 Satz 1, jedoch in Übereinstimmung mit § 95 Abs. 2 Satz 1 – für den Schwellenwert in § 110 Abs. 1 unerheblich.

Konkretisierungen für die **Schriftform** enthält § 110 Abs. 1 nicht. Es steht deshalb im **Ermessen des** 27 **Unternehmers**, auf welche Art und Weise er dem Erfordernis einer schriftlichen Berichterstattung genügt (**a. M.** jedoch *Willemsen/Lembke/HWK* § 110 BetrVG Rn. 12, die die Einhaltung des §§ 126, 126a BGB fordern, damit allerdings dem Zweck des Schriftlichkeitsgebots nicht Rechnung tragen; dagegen mit Recht auch *Rieble/*AR § 110 BetrVG Rn. 5; *Spirolke/*NK-GA § 110 BetrVG Rn. 4; *Wiesner* Die Schriftform im Betriebsverfassungsgesetz [Diss. Kiel], 2008, S. 225 f.). Er kann einen separaten **Bericht** erstellen und diesen an die Arbeitnehmer **verteilen** (*Däubler/DKKW* § 110 Rn. 9; *Fitting* § 110 Rn. 5; *Galperin/Löwisch* § 110 Rn. 7; *Hess/HWGNRH* § 110 Rn. 8; *Joost/*MünchArbR § 231 Rn. 67; *Kania/*ErfK § 110 BetrVG Rn. 3; *Preis/WPK* § 110 Rn. 1). Möglich ist auch die Veröffentlichung des Berichts in einer **Werkszeitung** (*Däubler/DKKW* § 110 Rn. 9; *Fitting* § 110 Rn. 5; *Galperin/Löwisch* § 110 Rn. 7; *Hess/HWGNRH* § 110 Rn. 8; *Joost/*MünchArbR § 231 Rn. 67; *Kania/*ErfK § 110 BetrVG Rn. 3; *Löwisch/LK* § 110 Rn. 2; *Preis/WPK* § 110 Rn. 1; *Richardi/Annuß* § 110 Rn. 6; *Spirolke/*NK-GA § 110 BetrVG Rn. 4; *Stege/Weinspach/Schiefer* § 110 Rn. 1; **a. M.** *Willemsen/Lembke/HWK* § 110 BetrVG Rn. 13).

Die vom Unternehmer gewählte Form muss jedoch stets sicherstellen, dass jeder Arbeitnehmer des 28 Unternehmens den Bericht des Unternehmers ohne Schwierigkeiten zur Kenntnis nehmen kann (*Fitting* § 110 Rn. 5; *Kania/*ErfK § 110 BetrVG Rn. 3; *Richardi/Annuß* § 110 Rn. 6), da andernfalls dem Zweck der Unterrichtungspflicht nicht entsprochen wird. Ob dies auch dann gewährleistet ist, wenn sich der Unternehmer darauf beschränkt, den Bericht innerhalb des Unternehmens (z. B. durch Anschlag am »Schwarzen Brett«) **auszuhängen**, ist umstritten (bejahend *Dütz* FS H. Westermann, 1974, S. 37 [52]; *Fitting* § 110 Rn. 5; *Hess/HWGNRH* § 110 Rn. 8; *Joost/*MünchArbR § 231 Rn. 67; *Preis/WPK* § 110 Rn. 1; *Richardi* 7. Aufl., § 110 Rn. 6; **a. M.** *Däubler/DKKW* § 110 Rn. 9; *Fabricius* 6. Aufl., § 110 Rn. 5; *Galperin/Löwisch* § 110 Rn. 7; *Kania/*ErfK § 110 BetrVG Rn. 3; *Richardi/ Annuß* § 110 Rn. 6; *Steffan/*HaKo § 110 Rn. 4; *Weiss/Weyand* § 110 Rn. 2; *Wiesner* Die Schriftform im Betriebsverfassungsgesetz [Diss. Kiel], 2008, S. 226; *Willemsen/Lembke/HWK* § 110 BetrVG Rn. 13; zweifelnd auch *Rieble/*AR § 110 BetrVG Rn. 5), lässt sich aber – entgegen der in der Vorauflage vertretenen Auffassung – wegen des Zwecks der Berichtspflicht nicht einheitlich beantworten, sondern hängt von dessen Umfang ab. Bei längeren Berichten ist eine Lektüre vor dem Aushang in der Regel nicht in der Weise möglich, dass der Arbeitnehmer den gesamten Bericht zur Kenntnis nehmen und erfassen kann. Allenfalls bei kurzen Berichten kann ein Aushang deshalb den Zweck der Berichtspflicht erfüllen.

29 Das Gesetz verlangt lediglich die Unterrichtung der Arbeitnehmer, nicht aber die **Aushändigung** eines schriftlichen Berichts (**a. M.** *Richardi/Annuß* § 110 Rn. 6; *Willemsen/Lembke/HWK* § 110 BetrVG Rn. 13). Deshalb genügt es, wenn dieser am Arbeitsplatz mittels eines **PC** aufgerufen und ausgedruckt werden kann, sofern alle Arbeitnehmer den Bericht auf diesem Wege zur Kenntnis nehmen können (*Preis/WPK* § 110 Rn. 1; *Rieble*/AR § 110 BetrVG Rn. 5; *Spirolke*/NK-GA § 110 BetrVG Rn. 4; *Wiesner* Die Schriftform im Betriebsverfassungsgesetz [Diss. Kiel], 2008, S. 226 f. sowie *Schaub/Koch* Arbeitsrechts-Handbuch, § 243 Rn. 39, jedoch unter Verzicht auf die Zugriffsmöglichkeit am Arbeitsplatz). Ist dies für einzelne Arbeitnehmergruppen nicht der Fall, dann genügt der Unternehmer seiner Unterrichtungspflicht, wenn er lediglich für diese den Bericht schriftlich zur Verfügung stellt. Keine ausreichende Kenntnisnahme ist hingegen gewährleistet, wenn der schriftliche Bericht lediglich zu bestimmten Zeiten in einem Büro des Unternehmens eingesehen werden kann.

30 Die Unterrichtungspflicht des Unternehmers dient dazu, dass sich die Arbeitnehmer ein Bild von der wirtschaftlichen Lage und Entwicklung des Unternehmens machen können. Deshalb gebietet eine dem Zweck des Gesetzes entsprechende Unterrichtung Rücksichtnahme auf den **Erkenntnis- und Verständnishorizont der Arbeitnehmer**. Der Bericht ist deshalb so zu formulieren, dass er für einen durchschnittlichen Arbeitnehmer verständlich ist (*Kania*/ErfK § 110 BetrVG Rn. 3; *Stege/Weinspach/Schiefer* § 110 Rn. 1); **Fachausdrücke** sind möglichst zu vermeiden bzw. zu erläutern (*Däubler/DKKW* § 110 Rn. 9). Das gilt entsprechend für die **Sprache** des schriftlichen Berichts. Werden in dem Unternehmen nicht nur vereinzelt Arbeitnehmer beschäftigt, von denen bekannt ist, dass sie keine ausreichenden Kenntnisse der deutschen Sprache besitzen, dann muss er den Bericht in die jeweilige **Fremdsprache** übersetzen (*Däubler/DKKW* § 110 Rn. 10; *Fitting* § 110 Rn. 6; *Kania*/ErfK § 110 BetrVG Rn. 3; *Preis/WPK* § 110 Rn. 1; *Richardi/Annuß* § 110 Rn. 7; *Spirolke*/NK-GA § 110 BetrVG Rn. 4; **a. M.** *Gerhard/HLS* § 110 Rn. 4; *Willemsen/Lembke/HWK* § 110 BetrVG Rn. 14).

2. Kleinunternehmen

31 Überschreitet das Unternehmen zwar den Schwellenwert des § 110 Abs. 2 (20 Arbeitnehmer), ohne aber die Grenze von mehr als 1000 Arbeitnehmern zu erreichen (§ 110 Abs. 1), dann genügt es, wenn der Unternehmer die Arbeitnehmer **mündlich** unterrichtet; eine schriftliche Berichterstattung ist hierdurch jedoch nicht ausgeschlossen (*Däubler/DKKW* § 110 Rn. 14; *Reich* § 110 Rn. 2; *Richardi/Annuß* § 110 Rn. 8).

32 Die mündliche Unterrichtung kann entweder der **Unternehmer** selbst oder ein von ihm bevollmächtigter **Vertreter** durchführen (*Hess/HWGNRH* § 110 Rn. 3). Seiner Pflicht zur mündlichen Unterrichtung der Arbeitnehmer kann der Unternehmer auch durch seinen nach § 43 Abs. 2 Satz 3 zu erstattenden **Bericht auf der Betriebsversammlung** genügen (*Däubler/DKKW* § 110 Rn. 4, 14; *Fitting* § 110 Rn. 8; *Galperin/Löwisch* § 110 Rn. 8; *Hess/HWGNRH* § 110 Rn. 9; *Joost*/MünchArbR § 231 Rn. 72; *Preis/WPK* § 110 Rn. 3; *Richardi/Annuß* § 110 Rn. 8; *Rieble*/AR § 110 BetrVG Rn. 5; *Stege/Weinspach/Schiefer* § 110 Rn. 3; *Willemsen/Lembke/HWK* § 110 BetrVG Rn. 17), er darf sich in diesem Fall jedoch nicht auf die wirtschaftliche Lage und Entwicklung des Betriebs beschränken, sondern muss seinen Bericht über § 43 Abs. 2 Satz 3 hinausgehend auf das gesamte Unternehmen ausdehnen, wenn dieses aus mehr als einem Betrieb besteht.

VIII. Pflichtverletzungen

33 Erfüllt der Unternehmer seine Unterrichtungspflicht nach § 110 überhaupt nicht oder nur wahrheitswidrig, unvollständig oder verspätet, dann begeht er eine **Ordnungswidrigkeit** (§ 121; s. OLG Hamm 07.12.1977 DB 1978, 748 f.; *AmtsG Arnsberg* 01./03.03.1977 BetrR 1977, 283 [287]). Unter

Betriebsänderungen § 111

Umständen kommt auch ein **Verfahren nach § 23 Abs. 3** in Betracht (*BAG* 14.05.2013 EzA § 110 BetrVG 2001 Nr. 1 Rn. 24 = AP Nr. 1 zu § 110 BetrVG 1972 Nr. 1 = NZA 2013, 1223; *Dütz* FS *H. Westermann*, 1974, S. 37 [53]; *Galperin/Löwisch* § 110 Rn. 10; *Preis/WPK* § 110 Rn. 4; *Weiss/Weyand* § 110 Rn. 8). Ein **Substitutionsrecht des Betriebsrats** bzw. des Wirtschaftsausschusses ist auch in dieser Konstellation nicht anzuerkennen (*Däubler/DKKW* § 110 Rn. 16; *Hess/HWGNRH* § 110 Rn. 11; *Stege/Weinspach/Schiefer* § 110 Rn. 2 sowie hier Rdn. 4).

IX. Streitigkeiten

Über Streitigkeiten zwischen Betriebsrat bzw. Gesamtbetriebsrat und Unternehmer, die das Ob und das Wie der Unterrichtung betreffen, entscheiden die **Arbeitsgerichte** nach den §§ 2a Abs. 1 Nr. 1, 80 ff. ArbGG im **Beschlussverfahren** (*Däubler/DKKW* § 110 Rn. 17; *Dütz* FS *H. Westermann*, 1974, S. 37 [53]; *Fitting* § 110 Rn. 10; *Galperin/Löwisch* § 110 Rn. 10; *Hess/HWGNRH* § 110 Rn. 15; *Kania/ErfK* § 110 BetrVG Rn. 8; *Preis/WPK* § 110 Rn. 4; *Richardi/Annuß* § 110 Rn. 12; *Rieble/AR* § 110 BetrVG Rn. 7; *Spirolke/NK-GA* § 110 BetrVG Rn. 6; **a. M.** *Willemsen/Lembke/HWK* § 110 BetrVG Rn. 21). 34

Eine **Primärzuständigkeit der Einigungsstelle** besteht nur, wenn der Betriebsrat bzw. Gesamtbetriebsrat oder der Wirtschaftsausschuss im Rahmen der Abstimmung vom Unternehmer Auskunft über eine bestimmte wirtschaftliche Angelegenheit i. S. d. § 106 Abs. 3 verlangt (s. § 109 Rdn. 13; *Däubler/DKKW* § 110 Rn. 17; *Galperin/Löwisch* § 110 Rn. 10; *Preis/WPK* § 110 Rn. 4; *Richardi/Annuß* § 110 Rn. 13; *Rieble/AR* § 110 BetrVG Rn. 7; **a. M.** *Dütz* FS *H. Westermann*, 1974, S. 37 [53]; *Hess/HWGNRH* § 110 Rn. 15). 35

Zweiter Unterabschnitt
Betriebsänderungen

§ 111
Betriebsänderungen

In Unternehmen mit in der Regel mehr als zwanzig wahlberechtigten Arbeitnehmern hat der Unternehmer den Betriebsrat über geplante Betriebsänderungen, die wesentliche Nachteile für die Belegschaft oder erhebliche Teile der Belegschaft zur Folge haben können, rechtzeitig und umfassend zu unterrichten und die geplanten Betriebsänderungen mit dem Betriebsrat zu beraten. Der Betriebsrat kann in Unternehmen mit mehr als 300 Arbeitnehmern zu seiner Unterstützung einen Berater hinzuziehen; § 80 Abs. 4 gilt entsprechend; im Übrigen bleibt § 80 Abs. 3 unberührt. Als Betriebsänderung im Sinne des Satzes 1 gelten
1. **Einschränkung und Stilllegung des ganzen Betriebs oder von wesentlichen Betriebsteilen,**
2. **Verlegung des ganzen Betriebs oder von wesentlichen Betriebsteilen,**
3. **Zusammenschluss mit anderen Betrieben oder die Spaltung von Betrieben,**
4. **grundlegende Änderungen der Betriebsorganisation, des Betriebszwecks oder der Betriebsanlagen,**
5. **Einführung grundlegend neuer Arbeitsmethoden und Fertigungsverfahren.**

Literatur
Annuß Betriebsänderung im Kleinbetrieb, FA 2000, 38; *ders.* Praktische Fragen zu §§ 111 ff. BetrVG, FS *Kreutz*, 2010, S. 13; *Anschütz* Probleme der Betriebsratsbeteiligung bei Betriebs(teil)zusammenlegungen, Diss. Bielefeld 2002; *Aßmuth* Die Beteiligungsrechte des Betriebsrates bei Bagatellspaltungen (Diss. Köln 2012), 2013 (zit.: Bagatellspaltungen); *Baeck/Diller* Zur Teilbarkeit von Betriebsänderungen, NZA 1997, 689; *Bauer* Betriebsänderungen, 1992; *ders.* Aktuelle Probleme des Personalabbaus im Rahmen von Betriebsänderungen, DB 1994, 217, 274; *ders.* Betriebsänderungen in Tendenzunternehmen, FS *Wißmann*, 2005, S. 215; *Bauer/Göpfert* Beschleunigtes Interessenausgleichsverfahren, DB 1997, 1464; *Bauer/Krieger* Unterlassungsanspruch bei Betriebsänderungen – Rücken-

wind für Betriebsräte aus Brüssel?, BB 2010, 53; *Bauer/Lingemann* Stillegung von Tendenzbetrieben am Beispiel von Pressebetrieben, NZA 1995, 813; *Bauer/Röder* Aufhebungsverträge bei Massenentlassungen und bei Betriebsänderungen, NZA 1985, 201; *Bengelsdorf* Unzulässigkeit einer Untersagungsverfügung bei Betriebsänderungen, DB 1990, 1233, 1282; *Biebl* Restmandat des Betriebsrats für Sozialplanmitbestimmung nach Unternehmensteilung, AuR 1990, 307; *ders.* Das Restmandat des Betriebsrats nach Betriebsstillegung (Diss. München), 1991 (zit.: Restmandat); *S. Biedenkopf* Interessenausgleich und Sozialplan unter Berücksichtigung der besonderen Probleme bei der Privatisierung und Sanierung von Betrieben in den neuen Bundesländern (Diss. FU Berlin), 1994 (zit.: Interessenausgleich); *Boecken* Gemeinschaftsbetrieb und Anwendbarkeit der §§ 111 ff. BetrVG, FS 50 Jahre Bundesarbeitsgericht, 2004, S. 931; *Bonanni/Ludwig* Unterlassungsanspruch des Betriebsrats in wirtschaftlichen Angelegenheiten, ArbRB 2014, 312; *Bruns* Zum Unterlassungsanspruch des Betriebsrats bei Betriebsänderungen, AuR 2003, 15; *Buchner* Die Betriebsänderung – noch eine unternehmerische Entscheidung, 1984; *ders.* Sicherstellung des wirtschaftlichen Mitbestimmungsrechts bei Betriebsänderungen durch einstweilige Verfügung, HBV, 1998, Gruppe 6, S. 201; *Bulla* Sind anzeigepflichtige Entlassungen Betriebseinschränkungen i. S. des BetrVG?, RdA 1976, 233; *ders.* Verfahren bei Meinungsverschiedenheiten über eine geplante »Betriebsänderung« i. S. des § 111 BetrVG, DB 1976, 916; *Busch* Massenentlassungen unter Beachtung der §§ 111–113 BetrVG und § 17 KSchG, DB 1992, 1474; *Buschmann* Der vergessene Interessenausgleich, BB 1983, 510; *Dolde/Bauer* Probleme der Stillegung von Betrieben und Betriebsteilen, DB 1978, 1675; *Dütz* Effektiver Rechtsschutz des Betriebsrats beim Interessenausgleich, AuR 1998, 181; *Dzida* Die persönliche Haftung von Betriebsratsmitgliedern nach § 179 BGB, NJW 2013, 433; *ders.* Einstweilige Verfügung auf Unterlassung einer Betriebsänderung, ArbRB 2015, 215; *Ehler* Einstweilige Verfügung auf Unterlassung betriebsbedingter Kündigungen, BB 1994, 2270; *ders.* Schutzschrift zur Abwehr einer einstweiligen Verfügung auf Unterlassung einer Betriebsänderung, BB 2000, 978; *Ehmann* Betriebsstillegung und Mitbestimmung, 1978 (zit.: Betriebsstillegung); *Ehrich* Einstweilige Verfügung gegen betriebsbedingte Kündigungen, BB 1993, 356; *Eich* Betriebsnachfolge als Betriebsänderung im Sinne des § 111 BetrVG, DB 1980, 255; *ders.* Einstweilige Verfügung auf Unterlassung, DB 1983, 657; *Eisemann* Mitbestimmung bei Betriebsänderung – Interessen- und Nachteilsausgleich, DStR 1994, 1618; *ders.* Die Beratungsverfügung, FS *Bepler*, 2012, S. 131; *Engels* Gesellschaftsaufspaltung als eine die Beteiligungsrechte des Betriebsrats auslösende Betriebsänderung i. S. von §§ 111 ff. BetrVG, DB 1979, 2227; *Ernst* Rechtsprechung zur einstweiligen Verfügung wegen Betriebsänderung und zu deren Gegenstandswert, AuR 2003, 19; *Fabricius* Zum Begriff der Betriebsänderung i. S. des § 111 BetrVG, BlStSozArbR 1974, 193; *Fauser/Nacken* Die Sicherung des Unterrichtungs- und Beratungsanspruchs des Betriebsrats aus §§ 111, 112 BetrVG, NZA 2006, 1136; *Fischer* Änderungskündigung und Betriebsänderung nach § 111 BetrVG im Insolvenzverfahren, KTS 2002, 53; *ders.* Unternehmensbezogener Interessenausgleich und Namensliste nach § 1 Abs. 5 KSchG, BB 2004, 1001; *Forst* Unterlassungsanspruch des Betriebsrats bei Betriebsänderungen kraft Unionsrechts?, ZESAR 2011, 107; *Franzen* Massenentlassung und Betriebsänderung unter dem Einfluss des europäischen Gemeinschaftsrecht, ZfA 2004, 285; *ders.* Die vertragliche Haftung des Betriebsrats und seiner Mitglieder bei der Beauftragung Dritter, FS *von Hoyningen-Huene*, 2014, S. 87; *Gamillscheg* Zur Abfindung bei Verlust des Arbeitsplatzes, FS *Bosch*, 1976, S. 209; *B. Gaul* Beteiligungsrechte des Betriebsrats aus §§ 111, 112 BetrVG bei der Spaltung eines gemeinsamen Betriebs mehrerer Unternehmen, NZA 2003, 695; *D. Gaul* Der Unterlassungsanspruch durch einstweilige Verfügung im Arbeitsrecht, in: *Boewer* (Hrsg.), Aktuelle Aspekte des Arbeitsrechts, 1987, S. 365; *ders./Gajewski* Die Betriebsänderung, 1993; *Gerdom* Gemeinschaftsrechtliche Unterrichtungs- und Anhörungspflichten und ihre Auswirkungen auf das Betriebsverfassungs-, Personalvertretungs- und Mitarbeitervertretungsrecht (Diss. Bonn), 2009 (zit.: Unterrichtungs- und Anhörungspflichten); *Gillen/Hörle* Betriebsänderungen in Tendenzbetrieben, NZA 2003, 1225; *ders./Vahle* Personalabbau und Betriebsänderung, NZA 2005, 1385; *Graner* Anspruch des Betriebsrats auf Unterlassung einer Betriebsänderung – eine Fehlentwicklung hat sich verstärkt, LAGR 2005, 65; *Gruber* Der abgeleitete Unterlassungsanspruch – Ein Instrument zur Sicherung des Unterrichtungs- und Beratungsanspruchs des Betriebsrats, NZA 2011, 1011; *Hamm/Rupp* Betriebsänderung, Interessenausgleich, Sozialplan, 5. Aufl. 2013; *Hanau* Probleme der Mitbestimmung des Betriebsrats über den Sozialplan, ZfA 1974, 89; *Hauck* Personalabbau als Betriebsänderung und Sozialplanpflicht, AuA 1994, 172; *Heinze* Zur rechtzeitigen Information von Betriebsrat und Wirtschaftsausschuß über geplante Betriebsänderungen, NZA 1995, 555; *ders.* Nichtsozialplanpflichtige Betriebsänderungen, NZA 1987, 41; *Heither* Betriebsänderungen (§ 111 BetrVG) in der Rechtsprechung des Bundesarbeitsgerichts, ZIP 1985, 513; *ders.* Die Sicherung der Beteiligungsrechte des Betriebsrats bei geplanten Betriebsänderungen, FS *Däubler*, 1999, S. 338; *Hess* Die Beteiligungsrechte des Betriebsrats bei konkursbedingten Entscheidungen des Konkursverwalters, ZIP 1985, 334; *Heupgen* Anspruch des Betriebsrats auf Unterlassung betriebsbedingter Kündigungen vor Einigung über einen Interessenausgleich und einen Sozialplan, NZA 1997, 1271; *Hohmann-Dennhardt* Entscheidungsstrukturen in Unternehmen und Arbeitnehmerinteressen, 1980; *Hohn* Einschränkung der Belegschaft und Stillegung von Betriebsteilen, DB 1978, 157; *Hölscher* Die Einführung von lean management als Betriebsänderung im Sinne des § 111 BetrVG und die Konsequenzen für den Unternehmer in Form von Interessenausgleich und Sozialplan gem. § 112 BetrVG (Diss. Münster), 1998; *Hümmerich / Spirolke* Allgemeiner Unterlassungsanspruch des Betriebsrats bei Betriebsänderung, BB 1996, 1986; *Hunold* Personalabbau und Betriebsänderungen gem. § 111 S. 2 Nr. 1 und 4 BetrVG, RdA 1976, 296; *ders.* Probleme des Personalabbaus, insbesondere im Fall von Betriebsänderungen, BB 1975, 1439; *ders.* Das Recht der Personalanpassung nach den Grundsatzentscheidungen des BAG vom 22.05.1979, BB 1980, 1750; *Hüper* Der Betrieb im Unternehmerzugriff (Diss. Kassel), 1986; *Jaeger* Die Betriebsaufspaltung durch Ausgliederung einzelner Betriebsteile als sozialplanpflichtige Maßnahme, BB 1988, 1036; *ders. / Steinbrück* Persönliche Haftung von Betriebsratsmitgliedern für Beraterhonorare?, NZA 2013, 401; *Karb* Die Indienstnahme sachkundiger Arbeitnehmer im Rahmen der Betriebsverfassung (Diss. Kiel), 2008 (zit.: Indienstnahme); *Karthaus* Betriebsübergang als interessenausgleichspflichtige Maßnahme nach der Richtlinie 2002/14/EG, AuR 2007, 114; *Klapper* Unterstützung des Betriebsrats durch in- und externen Sachverstand (Diss. Saarland), 2007 (zit.: Unterstützung des Betriebsrats); *Kleinebrink* Einschaltung eines Beraters bei Betriebsänderungen, ArbRB 2003, 212; *ders.* Beteiligungsrechte bei Betriebsänderungen in Tendenzunternehmen und Tendenzbetrieben, ArbRB 2008, 375; *Klocke* Der Unterlassungsanspruch der deutschen und europäischen Betriebs- und Personalverfassung (Diss. Halle), 2013 (zit: Unterlassungsanspruch); *Kocher* Interessenausgleichsverhandlungen mit einem nach Insolvenzeröffnung gewählten Betriebsrat, NZI 2003, 527; *Korinth* Die einstweilige Verfügung auf Unterlassung einer Betriebsänderung, ArbRB 2005, 61; *Kraushaar* Beteiligungsrechte bei Betriebsänderungen, AiB 1994, 289; *M. Kraushaar* Sozialplan für Betriebsrat in Gründung?, AuR 2000, 245; *Kreutz* Die Beteiligung des Betriebsrats in wirtschaftlichen Angelegenheiten nach dem Regierungsentwurf, BlStSozArbR 1971, 277; *Krolop* Die betriebliche Mitbestimmung im Schutzschirmverfahren mit anschließender Plansanierung, ZfA 2015, 287 ff.; *Laber* Leiharbeitnehmer zählen (manchmal) mit – Die neue BAG-Rechtsprechung zur Berechnung des Schwellenwertes von § 111 BetrVG, ArbRB 2012, 51; *Lachenmann* Betriebsverfassungsrechtliche Fragen bei der Einführung eines nach der DIN EN ISO 9001 zertifizierbaren Qualitätsmanagementsystems, RdA 1998, 105; *Lambrich / Schwab* Betriebsverfassungsrechtliche Fragen beim konzernweiten Personaleinsatz, NZA-RR 2013, 169; *Langner / Widhammer* Abgrenzung zwischen Vorbereitungshandlung und Betriebs(teil-)stilllegung, NZA 2011, 430; *Leinemann* Rechte und Pflichten für den Unternehmer bei Betriebsänderungen, ZIP 1989, 552; *Lingemann* Betriebsänderungen nach neuem BetrVG, NZA 2002, 934; *ders. / Göpfert* Outsourcing als Betriebsänderung, NZA 1997, 1325; *Lipinski / Melms* Kein Unterlassungsanspruch des Betriebsrats zur Verhinderung der Durchführung einer Betriebsänderung ohne Versuch eines Interessenausgleichs nach In-Kraft-Treten des BetrVG-Reformgesetzes, BB 2002, 2226; *Lobinger* Das individualrechtliche Fundament des Rechts der Betriebsänderung, ZfA 2005, 173; *ders.* Zum Unterlassungsanspruch bei Betriebsänderungen, FS *Richardi*, 2007, S. 657; *Manske* Das Teilnahmerecht des BR-Beraters an den Verhandlungen zwischen Arbeitgeber und Betriebsrat über den Abschluss eines Interessenausgleichs/Sozialplans, FS 25 Jahre Arbeitsgemeinschaft Arbeitsrecht im DAV, 2006, S. 953; *Matthes* Das Mitbestimmungsrecht des Betriebsrates bei Betriebsänderungen, DB 1972, 286; *ders.* Betriebsänderungen in wesentlichen Betriebsteilen, FS *D. Gaul*, 1992, S. 397; *ders.* Betriebsübergang und Betriebsteilübergang als Betriebsänderung, FS *Wiese*, 1998, S. 293; *ders.* Betriebsübergang und Betriebsteilübergang als Betriebsänderung, NZA 2000, 1073; *Maurer* Betriebsänderungen i. S. des § 111 BetrVG, DB 1974, 2305; *Meyer* Zum Verhältnis von Tarif- und Betriebsautonomie im Recht der Betriebsänderung der §§ 111, 112 BetrVG unter Berücksichtigung von Erfahrungen aus der Restrukturierung der Treuhandunternehmen, RdA 1996, 181; *Molkenbur / Weber* Der Betriebsrat als Vertragspartner und die Haftung seiner Mitglieder am Beispiel des § 111 Satz 2 BetrVG, 242; *Moll* Betriebsübergang und Betriebsänderung, RdA 2003, 129; *Mothes* Die Zuständigkeit des Gesamtbetriebsrats bei Betriebsänderungen, AuR 1974, 325; *Mosig* »Wahlberechtigte« Leiharbeitnehmer müssen gezählt werden, NZA 2012, 1411; *Neef* Lean production und Betriebsübergang, BB 1993, Beil. Nr. 15, S. 7; *ders.* Betriebsübergang und Betriebsänderung, NZA 1994, 97; *Neyses* Betriebseinschränkungen und Mitwirkung des Betriebsrats, BlStSozArbR 1977, 116; *Oetker* Die Vorgaben der Betriebsübergangsrichtlinie für die Beteiligungsrechte des Betriebsrats, NZA 1998, 1193; *ders.* Die Hinzuziehung eines Beraters bei Betriebsänderungen – Der neue § 111 S. 2 BetrVG, NZA 2002, 465; *v. Olenhusen / Puff* Nachteilsausgleich bei Betriebsänderungen unter besonderer Berücksichtigung des Medienbereichs, NZA-RR 2009, 345; *Pflüger* Der Unterlassungsanspruch des Betriebsrats bei Betriebsänderungen, DB 1998, 2062; *Pottmeyer* Die Überleitung der Arbeitsverhältnisse im Falle des Betriebsinhaberwechsels nach § 613a BGB und die Mitbestimmung gem. §§ 111 ff. BetrVG (Diss. Bochum), 1987 (zit.: Überleitung der Arbeitsverhältnisse); *Radtke* Externer Sachverstand im Betriebsverfassungsrecht (Diss. Hannover), 2014 (zit.: Sachverstand); *Rentsch* Die rechtzeitige Unterrichtung betrieblicher Arbeitnehmervertretungen (Diss. Göttingen 2013), 2015 (zit.: Unterrichtung); *Reuter / König* Die Mitbestimmung des Betriebsrats bei Betriebsänderungen – Datensetzung oder unternehmerische Mitbestimmung?, Die AG 1978, 325; *Richardi* Der Anspruch auf den Sozialplan bei Betriebsänderungen, NZA 1984, 177; *Rieble* Leiharbeitnehmer zählen doch?, NZA 2012, 485; *Riesenkampff* Rechtsfolgen betriebsverfassungswidriger Betriebsänderungen (Diss. Heidelberg), 2002 (zit.: Rechtsfolgen); *Rinsdorf* Einstweiliger Rechtsschutz statt Nachteilsausgleich bei Betriebsänderungen im Tendenzbetrieb, ZTR 2001, 197; *Röder / Gragert* Mitbestimmungsrechte bei Untätigkeit eines zuständigen Gesamt- bzw. Konzernbetriebsrats am Beispiel von Betriebsänderungen, DB 1996, 1674; *Rose/Grimmer* Die Stellung des Beraters des Betriebsrats nach § 111 Satz 2 BetrVG, DB 2003, 1790; *Salomon/v. Stechow* Planung und Durchführung einer Betriebsänderung während der Beteiligung des Betriebsrats, NZA 2016, 85; *Scharff* Beteiligungsrechte von Arbeitnehmervertretungen bei Umstrukturierungen auf Unternehmens- und Betriebsebene, BB 2016, 437; *Schmädicke* Der Verfügungsgrund beim Antrag des Betriebsrats auf Unterlassung von Personalabbaumaßnahmen, NZA 2004, 295; *Schmitt-Rolfes* Interessenausgleich und Sozialplan in Unternehmen und Konzern, FS 50 Jahre Bundesarbeitsgericht, 2004, S. 1081; *Schneider* Die Betriebsänderung im Sinne von § 111 BetrVG, AiB 1982, 23; *Schönborn, Graf von* Die Beteiligung des Betriebsrats bei Betriebsänderungen, Diss. Würzburg 1976; *Schubert* Der Unternehmensbegriff im Recht der betrieblichen Mitbestimmung in wirtschaftlichen Angelegenheiten, ZfA 2004, 253; *Schulz* Betriebsänderungen während einer Betriebsratswahl, BB 2017, 949; *Schulze* Die Zulässigkeit einstweiliger Verfügungen gegen Betriebsänderungen (Diss. Göttingen), 1998 (zit.: Betriebsänderungen); *M.-O. Schulze* Hinzuziehen von Sachverstand, AiB 2013, 7; *Schwanecke* Die »grundlegende Änderung des Betriebszwecks« i. S. des § 111 S. 2 Nr. 4 BetrVG 1972 (Diss. Erlangen-Nürnberg), 1989 (zit.: Die »grundlegende Änderung des Betriebszwecks«; *Schwegler* Der Schutz der Vereinbarungen und Verfahrensrechte zum Interessenausgleich (Diss. Köln 2010), 2011 (zit.: Schutz der Vereinbarungen); *Seeberger* Die Sicherung der Beteiligungsrechte des Betriebsrats in wirtschaftlichen Angelegenheiten (Diss. Heidelberg 2010), 2011 (zit.: Sicherung der Beteiligungsrechte); *Simon* Arbeitsrechtliche und Haftungsprobleme bei der Betriebsaufspaltung, ZfA 1987, 311; *Sowka* Betriebsverfassungsrechtliche Probleme der Betriebsaufspaltung, DB 1988, 1318; *Staufenbiel* Der Sozialplan – Entwicklungen und Neuerungen durch Gesetzgebung, Rechtsprechung und Praxis (Diss. Göttingen), 2004 (zit.: Sozialplan); *Steffan* Die Rechtsprechung des BAG zur Mitbestimmung bei Betriebsänderungen nach § 111 ff. BetrVG, NZA-RR 2000, 337; *Teichmüller* Die Betriebsänderung, 1983; *Träxler* Betriebsänderung nach § 111 S. 2 Nr. 1 BetrVG und Sozialplanpflicht, Diss. Regensburg 1993 (zit.: Betriebsänderung); *Trebeck/Kania* Betriebsspaltungen nach §§ 111, 112 BetrVG im Geltungsbereich eines Strukturtarifvertrages nach § 3 BetrVG, BB 2014, 1595; *Trümner* Massenentlassung als Betriebsänderung – zur Berechnung der Betriebsgröße und Ermittlung der maßgeblichen Anzahl der Arbeitnehmer, BetrR 1987, 756; *Tschöpe* Leiharbeitnehmer als Arbeitnehmer des Entleiherbetriebs bei Betriebsänderungen, NJW 2012, 2161; *Ullrich* Auswirkungen des § 4 S. 2 BetrVG auf den Betriebsbegriff im Rahmen von § 111 BetrVG, NZA 2004, 1309; *Verch* Personalabbau und Betriebsverfassung. Betriebsänderung, Interessenausgleich, Sozialplan, Nachteilsausgleich (Diss. Münster), 2001; *Völksen* Unterlassungsanspruch des Betriebsrats bei interessenausgleichspflichtigen Betriebsänderungen – Entscheidungshilfe aus Erfurt?, RdA 2010, 354; *Vogt* Personaleinschränkung als Betriebsänderungen im Sinne der §§ 90, 106 und 111 ff. BetrVG, 1976, 625; *ders.* Personaleinschränkungen im Rahmen betriebsbedingter Kündigungen und sozialplanpflichtiger Betriebsänderungen, DB 1981, 1823; *Wahsner* Durchsetzung von Verhandlungen über Interessenausgleich, AiB 1982, 166; *Walker* Zum Unterlassungsanspruch des Betriebsrats bei Betriebsänderungen, FA 2008, 290; *ders.* Die Haftung des Betriebsrats und seines Vorsitzenden gegenüber externen Beratern, FS *von Hoyningen-Huene*, 2014, S. 535; *Weber* Information und Konsultation im europäischen und deutschen Mitbestimmungsrecht, FS *Konzen*, 2006, S. 921; *Weinmann* Praktische Probleme der Mitbestimmung bei Betriebsänderung und Betriebsübergang, AiB 1991, 73; *Wendeling-Schröder* Mitwirkungs- und Mitbestimmungsrechte des Betriebsrats bei Betriebs- und Unternehmensaufspaltung?, AiB 1983, 58; *Wiese* Zur rechtzeitigen Unterrichtung der Betriebsräte und der Wirtschaftsausschüsse von Konzernunternehmen über Investitionsrahmenpläne eines Unterordnungskonzerns, FS *Wiedemann*, 2002, S. 617; *Willemsen* Arbeitnehmerschutz bei Betriebsänderungen im Konkurs (Diss. Köln 1978), 1980; *Winstel* Unterrichtung der Belegschaftsvertretung der Tochtergesellschaft im grenzüberschreitenden Aktienkonzern (Diss. Mannheim 2010), 2011 (zit.: Unterrichtung); *Wüst* Personaleinschränkungen, Betriebsänderungen und die Zuständigkeit der Einigungsstelle, Diss. Konstanz 1980 (zit.: Personaleinschränkungen); *Wutschka* Arbeitsrechtliche Maßnahmen bei Verlegung und Zusammenschluss von Betrieben, BB 2010, 825; *Zabel* Unterlassungsanspruch des Betriebsrates bei Betriebsänderungen, AuR 2008, 173; *Ziegler* Der Begriff der Betriebsänderung, Diss. Münster 1988 (zit.: Betriebsänderung).

Inhaltsübersicht

	Rdn.
I. Allgemeines	1–8
II. Allgemeine Voraussetzungen	9–53
1. Unternehmensgröße	9–35
a) Allgemeines	9–12
b) Unternehmensbegriff	13–17
c) Bedeutung des Betriebsbegriffs	18–21
d) Arbeitnehmerzahl	22–35
2. Bestehen eines Betriebsrats	36–41
3. Insolvenz des Unternehmens	42–46

	4. Anwendung des § 111 in Tendenzunternehmen	47–53
III.	Vorliegen einer »Betriebsänderung«	54–190
	1. Allgemeines	54–65
	a) Verhältnis zwischen § 111 Satz 3 und § 111 Satz 1	55–59
	b) Die unwiderlegbare Vermutung »wesentlicher Nachteile« im Rahmen des § 111 Satz 3	60–65
	2. Einschränkung und Stilllegung des ganzen Betriebs oder wesentlicher Betriebsteile (§ 111 Satz 3 Nr. 1)	66–130
	a) Überblick	66
	b) Stilllegung des ganzen Betriebs	67–80
	aa) Definition	67, 68
	bb) Betriebsbegriff	69
	cc) Willensentschließung des Unternehmers	70, 71
	dd) Auflösung der Betriebsorganisation	72–77
	ee) Zeitliche Dimension der Auflösung der Betriebsorganisation	78–80
	c) Einschränkung des ganzen Betriebs	81–112
	aa) Allgemeines	81–83
	bb) Entzug von sächlichen Betriebsmitteln	84–89
	cc) Verringerung der personellen Betriebsmittel	90–112
	d) Stilllegung wesentlicher Betriebsteile	113–125
	aa) Begriff des Betriebsteils	114, 115
	bb) Wesentlichkeit des Betriebsteils	116–123
	cc) Stilllegungstatbestand	124, 125
	e) Einschränkung eines wesentlichen Betriebsteils	126–128
	f) Bedeutung des § 112a Abs. 1 für § 111 Satz 3 Nr. 1	129, 130
	3. Verlegung des ganzen Betriebs oder wesentlicher Betriebsteile (§ 111 Satz 3 Nr. 2)	131–138
	4. Zusammenschluss und Spaltung von Betrieben (§ 111 Satz 3 Nr. 3)	139–151
	5. Änderungen der Betriebsorganisation, des Betriebszwecks oder der Betriebsanlagen (§ 111 Satz 3 Nr. 4)	152–171
	a) Allgemeines	152
	b) Änderung der Betriebsorganisation	153–155
	c) Änderung des Betriebszwecks	156–159
	d) Änderung der Betriebsanlagen	160–164
	e) Grundlegender Charakter der Änderung	165–171
	6. Einführung grundlegend neuer Arbeitsmethoden und Fertigungsverfahren (§ 111 Satz 3 Nr. 5)	172–178
	7. Die Generalklausel des § 111 Satz 1 als Auffangtatbestand	179–190
	a) Begriff der Betriebsänderung	179–182
	b) Möglichkeit wesentlicher Nachteile	183–188
	c) Eintritt der Nachteile bei der Belegschaft	189, 190
IV.	Beteiligungsrechte des Betriebsrats bei Betriebsänderungen	191–290
	1. Dogmatische Struktur der Beteiligung	191–195
	2. Unterrichtung des Betriebsrats	196–206
	a) Inhalt der Unterrichtung	196–198
	b) Modalitäten der Unterrichtung	199, 200
	c) Zeitpunkt der Unterrichtung	201–206
	3. Hinzuziehung eines Beraters durch den Betriebsrat (§ 111 Satz 2)	207–246
	a) Allgemeines	207–210
	b) Person des Beraters	211–215
	c) Anzahl der Berater	216, 217
	d) Unternehmensgröße	218–223
	e) Entscheidung des Betriebsrats	224–230
	f) Umfang der Beratungstätigkeit	231–236
	g) Kosten des Beraters	237–241
	h) Rechtsstellung des Beraters	242, 243
	i) Verhältnis zu anderen Informationsmöglichkeiten	244–246
	4. Beratung zwischen Unternehmer und Betriebsrat	247–252
	5. Beteiligte der Unterrichtung und Beratung	253–266
	a) Unternehmer	253, 254

b) Betriebsrat		255–264
aa) Grundsatz		255–257
bb) Zuständigkeit des Gesamtbetriebsrats		258–263
cc) Zuständigkeit des Konzernbetriebsrats		264
c) Berater des Betriebsrats		265, 266
6. Verletzung der Beteiligungsrechte		267–290
a) Durchsetzung des Unterrichtungsrechts		267–269
b) Durchsetzung des Beratungsrechts		270
c) Rechtswirksamkeit der Betriebsänderung		271
d) Nachteilsausgleich		272
e) Zwangsgeld nach § 23 Abs. 3		273
f) Ordnungswidrigkeit		274, 275
g) Unterlassungsanspruch bzw. -begehren		276–290
V. Konsultation des Betriebsrats bei Massenentlassungen (§ 17 Abs. 2 KSchG)		291–325
1. Rechtsgrundlagen		291–293
2. Tatbestand der Massenentlassung		294–301
a) Arbeitnehmerbegriff		295, 296
b) Betriebsbegriff		297–300
c) Rückwirkungen auf den Tatbestand einer Betriebsänderung i. S. d. § 111		301
3. Unterrichtungs- und Auskunftspflicht		302–309
4. Beratungsanspruch		310–314
5. Rechtsfolgen bei unterbliebener bzw. fehlerhafter Konsultation		315–320
6. Verknüpfung des Konsultationsverfahrens mit der Beteiligung nach § 111 Satz 1		321–325

I. Allgemeines

1 Die Vorschrift des § 111 bildet die **Grundnorm** für die Beteiligung des Betriebsrats in wirtschaftlichen Angelegenheiten. Nur die dort umschriebenen Tatbestände einer Betriebsänderung verpflichten den Unternehmer dazu, den Betriebsrat über seine Planung zu unterrichten und in eine Beratung mit ihm einzutreten, um in deren Verlauf einen **Interessenausgleich** (§ 112 Abs. 1 Satz 1) sowie einen **Sozialplan** (§ 112 Abs. 1 Satz 2) abzuschließen. Vorbehaltlich der Ausnahmetatbestände in § 112a (dazu §§ 112, 112a Rdn. 314 ff.) ist die Aufstellung eines Sozialplans über ein **Einigungsstellenverfahren** erzwingbar (§ 112 Abs. 4), nicht jedoch der Abschluss eines Interessenausgleichs.

2 Die Beteiligung des Betriebsrats nach § 111 entfaltet keine verdrängende Wirkung im Hinblick auf **andere Beteiligungsrechte**, deren Tatbestand der Unternehmer im Rahmen einer Betriebsänderung verwirklicht. Das gilt insbesondere für personelle Einzelmaßnahmen zu deren Durchführung (z. B. Versetzungen, Kündigungen), ebenso aber auch für andere Maßnahmen, die nach § 87 Abs. 1 der Mitbestimmung unterliegen (*Däubler/DKKW* § 111 Rn. 184; *Fitting* § 111 Rn. 1; *Heither* AR-Blattei SD 530.14.5, Rn. 10; *Hromadka/Maschmann* Arbeitsrecht 2, § 16 Rn. 595 sowie §§ 112, 112a Rdn. 92). Auch das Konsultationsverfahren nach § 17 Abs. 2 KSchG bei Massenentlassungen (s. näher Rdn. 291 ff.) bleibt von dem Beteiligungsrecht in § 111 unberührt; beide Beteiligungsverfahren können jedoch parallel durchgeführt werden (s. Rdn. 321 ff.). Allerdings kann eine Einigung über die durchzuführende Betriebsänderung zugleich eine Ausübung anderer Beteiligungsrechte enthalten (s. §§ 112, 112a Rdn. 92 f.). In Betracht kommt das vor allem bei Betriebsänderungen, die mit einem Personalabbau verbunden sind, und dem Anhörungsrecht nach § 102 Abs. 1. Ein Interessenausgleich über die Betriebsänderung verbraucht dieses Beteiligungsrecht jedoch nur, wenn sich der getroffenen Vereinbarung hierfür deutliche Anhaltspunkte entnehmen lassen (s. näher §§ 112, 112a Rdn. 95).

3 Der Tatbestand der Betriebsänderung in § 111 geht in seinem Kern auf **§ 72 BetrVG 1952** zurück. Gegenüber dieser Regelung wurde die Beteiligung des Betriebsrats präzisiert; statt eines pauschalen »Mitbestimmungsrechts« legt § 111 fest, dass der Unternehmer zur Unterrichtung und Beratung verpflichtet ist. Darüber hinaus erweitert § 111 Satz 3 die vormals in § 72 Satz 2 aufgezählten Tatbestände, in denen eine »Betriebsänderung« unwiderlegbar zu vermuten ist. Damit bleibt das Gesetz hinter der ursprünglichen Konzeption des Regierungsentwurfs zurück. Nach diesem sollte stets eine beteiligungspflichtige Betriebsänderung vorliegen, wenn eine geplante Maßnahme zu »wesentlichen

Nachteilen« bei einer nach der Betriebsgröße gestaffelten Zahl von Arbeitnehmern hätte führen können (s. BT-Drucks. VI/1786, S. 23; kritisch hierzu *Kreutz* BlStSozArbR 1971, 277 [278 f.]). Im Interesse der Rechtssicherheit beließ es der Gesetzgeber jedoch bei der früheren Regelungstechnik (s. *BT-Ausschuss für Arbeit und Sozialordnung* zu BT-Drucks. VI/2729, S. 32).

Die **geltende Fassung des** § 111 geht auf Art. 1 Nr. 70 **BetrVerf-ReformG** zurück. Dieser führte 4 zu einem auch in § 99 Abs. 1 Satz 1 vollzogenen Wechsel bei der **Ermittlung des Schwellenwerts**, damit eine Betriebsänderung die Beteiligungsrechte des Betriebsrats auslöst. Während die bis dahin geltende Fassung des § 111 Satz 1 auf die Zahl der wahlberechtigten Arbeitnehmer des »Betriebs« abstellte, bemisst sich der Schwellenwert **seitdem** nach dem »**Unternehmen**« (näher Rdn. 9 ff.; kritisch *Lingemann* NZA 2002, 934 [935]). Darüber hinaus billigt der neu in die Vorschrift eingefügte Satz 2 dem Betriebsrat das Recht zu, im Rahmen der Beteiligung nach § 111 einen **Berater hinzuzuziehen** (dazu näher Rdn. 207 ff.); wegen der damit verbundenen Kostenbelastung (s. *Reg. Begr.* BT-Drucks. 14/5741, S. 52 sowie Rdn. 237 f.) besteht dieses Recht jedoch nur in Unternehmen mit mehr als 300 Arbeitnehmern (s. Rdn. 218 ff.).

Der mit dem Interessenausgleichverfahren institutionalisierte Konsultationsmechanismus genügt in 5 seiner derzeit geltenden Ausprägung ausreichend den **unionsrechtlichen Anforderungen**. Das gilt insbesondere für die Vorgaben, die die **Richtlinie 2002/14/EG** zur Festlegung eines allgemeinen Rahmens für die Unterrichtung und Anhörung der Arbeitnehmer in der Europäischen Gemeinschaft vom 11.03.2002 (ABl. EG Nr. L 80 vom 23.03.2002, S. 29 = EAS A 3680; vgl. *Wiese* Einl. Rdn. 35 m. w. N.) aufstellt, wobei der auf das »Unternehmen« bezogene Schwellenwert in § 111 Satz 1 (mehr als 20 wahlberechtigte Arbeitnehmer) unterhalb des für »Unternehmen« nach Art. 3 Abs. 1 der Richtlinie 2002/14/EG maßgeblichen Schwellenwerts von 50 Arbeitnehmern liegt. Auch die Sachverhalte, in denen Art. 4 Abs. 2 Buchst. c der Richtlinie 2002/14/EG nicht nur eine Information, sondern darüber hinausgehend einen Dialog mit den Vertretern der Arbeitnehmer fordert (s. Art. 2 Buchst. g der Richtlinie 2002/14/EG), lassen sich unter die von § 111 erfassten Betriebsänderungen subsumieren; gegebenenfalls bedarf es einer unionsrechtskonformen Auslegung, für die die Generalklausel in § 111 Satz 1 (s. Rdn. 56 f., 179 ff.) die notwendige Offenheit und Flexibilität aufweist (*Oetker/Schubert* EAS B 8300, Rn. 364 ff.; *Reichold* NZA 2003, 289 [298]; *Weber*/EUArbR Art. 4 RL 2002/14/EG Rn. 29 ff.; *ders.* FS *Konzen*, S. 921 [933]; s. ferner *Spreer* Die Richtlinie 2002/14/EG zur Festlegung eines allgemeinen Rahmens für die Unterrichtung und Anhörung der Arbeitnehmer in der Europäischen Gemeinschaft [Diss. Bielefeld], 2005, S. 104 ff., 152 f.; im Grundsatz auch *Gerdom* Unterrichtungs- und Anhörungspflichten, S. 201 ff. sowie hier Rdn. 179). Die Unionsrechtskonformität ist auch zu bejahen, soweit es sich um Entscheidungen des Unternehmers handelt, die der **Richtlinie 98/50/EG** (Massenentlassungen) oder der **Richtlinie 2001/23/EG** (Betriebsübergänge) unterfallen, da Art. 4 Abs. 2 der Richtlinie 2002/14/EG den Konsultationsmechanismus für die vorgenannten Sachverhalte nur vorschreibt, wenn diese »wesentliche Veränderungen für die Arbeitsorganisation oder die Arbeitsverträge mit sich bringen können« (**a. M.** *Bonin* AuR 2004, 321 [325]; *Greiner* in *Schlachter/Heinig* Europ. AuS, § 21 Rn. 29, die jedoch zu Unrecht den Betriebsinhaberwechsel stets unter Art. 4 Abs. 2 Buchst. c der Richtlinie 2002/14/EG subsumieren und damit das einschränkende Kriterium der »wesentlichen« Veränderung vernachlässigen sowie im Übrigen auch nicht auf die Reichweite der Generalklausel in § 111 Satz 1 eingehen; s. a. *Weber*/EuArbR Art. 4 RL 2002/14/EG Rn. 32 f.). Ebenso weist der Wortlaut der §§ 111, 112 die notwendige Elastizität auf, um den prozeduralen Anforderungen an den Konsultationsmechanismus in Art. 4 Abs. 4 der Richtlinie 2002/14/EG ausreichend Rechnung zu tragen (*Kohte* FS 50 Jahre Bundesarbeitsgericht, 2004, S. 1219 [1241 ff.] sowie hier Rdn. 205, 247). Umgekehrt genügt indes das in § 111 Satz 1 normierte Procedere auch, um den unionsrechtlichen Vorgaben für das Konsultationsverfahren bei Massenentlassungen in Art. 2 Richtlinie 98/50/EG zu genügen (*BAG* 14.04.2015 EzA § 113 BetrVG 2001 Nr. 10 Rn. 19 = AP Nr. 56 zu § 113 BetrVG 1972 = NZA 2015, 1147).

Bei einer Betriebsänderung i. S. d. § 111 ist der Unternehmer nicht nur zu einer Unterrichtung des 6 Betriebsrats verpflichtet. Können infolge der geplanten Betriebsänderung auch bei **leitenden Angestellten** wirtschaftliche Nachteile eintreten, dann ist zusätzlich ein im Betrieb bzw. Unternehmen bestehender **Sprecherausschuss** zu **unterrichten** (§ 32 Abs. 2 Satz 1 SprAuG; zur fehlenden Vereinbarungsbefugnis des Betriebsrats s. §§ 112, 112a Rdn. 150 ff.). Wie nach § 111 Satz 1 trifft den Unter-

§ 111 	IV. 6. 1. Betriebsänderungen

nehmer eine Pflicht zur **Beratung** mit dem Sprecherausschuss. Diese erstreckt sich aber nur auf den Ausgleich oder die Milderung der **wirtschaftlichen Nachteile** (§ 32 Abs. 2 Satz 2 SprAuG). Im Unterschied zum BetrVG kennt die Sprecherausschussverfassung keine Pflicht zur Beratung über einen **Interessenausgleich** (*Annuß / Girlich / HWK* § 32 SprAuG Rn. 7; *Däubler/DKKW* § 111 Rn. 8; *Fitting* § 111 Rn. 8; *Heither* AR-Blattei SD 530.14.5, Rn. 6; *Hromadka / Sieg* SprAuG, § 32 Rn. 81; *Joost/* MünchArbR § 235 Rn. 111; *Löwisch* SprAuG, § 32 Rn. 60; *Oetker/* ErfK § 32 SprAuG Rn. 11; *Richardi / Annuß* § 111 Rn. 6; *Schaub / Koch* Arbeitsrechts-Handbuch, § 254 Rn. 4; zur Diskrepanz mit Art. 4 Abs. 2 Buchst. c der Richtlinie 2002/14/EG s. *Gerdom* Unterrichtungs- und Anhörungspflichten, S. 220 f.).

7 Auch ein **Sozialplan** ist nicht erzwingbar, ihn können aber Arbeitgeber und Sprecherausschuss **auf freiwilliger Basis** und mit normativer Wirkung (§ 28 Abs. 2 Satz 1 SprAuG) vereinbaren (*Annuß / Girlich / HWK* § 32 SprAuG Rn. 8; *Bauer* NZA 1989, Beil. Nr. 1, S. 20 [29]; *Dänzer-Vanotti* DB 1990, 41 [46]; *Däubler/DKKW* § 111 Rn. 8; *Fitting* § 111 Rn. 8; *Heither* AR-Blattei SD 530.14.5, Rn. 6; *Hromadka / Sieg* SprAuG, § 32 Rn. 83; *Joost/* MünchArbR § 235 Rn. 114 f.; *Löwisch* SprAuG, § 32 Rn. 62; *Oetker* ZfA 1990, 43 [75]; *Richardi / Annuß* § 111 Rn. 6; *Schaub / Koch* Arbeitsrechts-Handbuch, § 254 Rn. 5). Denkbar ist auch ein dreiseitiger Sozialplan, indem der Sprecherausschuss einen von Arbeitgeber und Betriebsrat abgeschlossenen Sozialplan mit unterzeichnet (*BAG* 10.02.2009 EzA § 28 SprAuG Nr. 1 Rn. 23 ff. = AP Nr. 1 zu § 28 SprAuG = NZA 2009, 970). Normative Wirkung entfaltet eine derartige dreiseitige Vereinbarung jedoch nur, wenn aus ihr der Wille hervorgeht, deren Regelungen auch für die leitenden Angestellten mit normativer Wirkung auszustatten, was aus der alleinigen Mitunterzeichnung nicht ohne Weiteres erkennbar ist (*BAG* 10.02.2009 EzA § 28 SprAuG Nr. 1 Rn. 24 = AP Nr. 1 zu § 28 SprAuG = NZA 2009, 970). Ebenso können Arbeitgeber und Sprecherausschuss vereinbaren, dass die Regelungen eines von der Einigungsstelle aufgestellten Sozialplans auch für die leitenden Angestellten gelten.

8 Die in § 111 Satz 3 aufgezählten Tatbestände einer Betriebsänderung verpflichten die zentrale Leitung gemeinschaftsweit tätiger Unternehmen regelmäßig dazu, den **Europäischen Betriebsrat** zu unterrichten bzw. anzuhören, sofern dieser mangels einer Vereinbarungslösung kraft Gesetzes errichtet wurde (§§ 29, 30 EBRG sowie § 29 EBRG Rdn. 1 ff.; § 30 EBRG Rdn. 1 ff.); entsprechende Regelungen treffen die §§ 28, 29 SEBG für einen bei Europäischen (Aktien-)Gesellschaften (SE) kraft Gesetzes errichteten **SE-Betriebsrat** sowie die §§ 28, 29 SCEBG für einen bei Europäischen Genossenschaften (SCE) kraft Gesetzes errichteten **SCE-Betriebsrat**.

II. Allgemeine Voraussetzungen

1. Unternehmensgröße

a) Allgemeines

9 **Bis zum Inkrafttreten des BetrVerf-ReformG** setzten die Beteiligungsrechte des Betriebsrats bei Betriebsänderungen voraus, dass die **Größe des Betriebs**, für den die Betriebsänderung geplant ist, den Schwellenwert von 20 wahlberechtigten Arbeitnehmern überschritt. Der hiermit beabsichtigte Schutz von Kleinunternehmen vor den mit dem Beteiligungsverfahren verbundenen finanziellen Belastungen, insbesondere im Hinblick auf die Pflicht zur Aufstellung eines Sozialplans (s. zu diesem Zweck des Schwellenwerts *BAG* 17.10.1989 EzA § 111 BetrVG 1972 Nr. 26 S. 4 = AP Nr. 29 zu § 111 BetrVG 1972 Bl. 2 R; 08.06.1999 EzA § 111 BetrVG 1972 Nr. 37 S. 6 [*Jacobs*] = AP Nr. 47 zu § 111 BetrVG 1972 Bl. 3 [*Hess*] = RdA 2001, 42 [*Richardi*] = SAE 2000, 169 [*Löwisch*]; *Aßmuth* Bagatellspaltungen, S. 77 f.; *Fitting* § 111 Rn. 19; *Gamillscheg* II, § 52, 3 [3]; *Matthes/* MünchArbR § 268 Rn. 4; *Rumpff/Boewer* Wirtschaftliche Angelegenheiten, Kap. H Rn. 15; *Schubert* ZfA 2004, 253 [275] sowie bereits zum BetrVG 1952 Reg. Begr. BT-Drucks. I/1546, S. 62), erwies sich im Hinblick auf Art. 3 Abs. 1 GG als zweifelhaft, wenn ein Unternehmen **mehrere Kleinbetriebe** umfasst und diese zusammen den Schwellenwert von 20 wahlberechtigten Arbeitnehmern überschritten (*BAG* 08.06.1999 EzA § 111 BetrVG 1972 Nr. 37 S. 5 [*Jacobs*] = AP Nr. 47 zu § 111 BetrVG 1972 Bl. 3 R ff. [*Hess*] = RdA 2001, 42 [*Richardi*] = SAE 2000, 169 [*Löwisch*]; bestätigt durch *BAG* 23.09.2003 EzA § 113 BetrVG 2001 Nr. 3 S. 4 f. = AP Nr. 43 zu § 113 BetrVG 1972 Bl. 2 f.).

Betriebsänderungen § 111

Die Forderung, in derartigen Fallgestaltungen generell auf die Zahl der im Unternehmen beschäftigten Arbeitnehmer abzustellen (so *Hess. LAG* 21.04.1998 BB 1999, 902 [LS]; *Däubler/DKK* 7. Aufl., § 111 Rn. 29; *Fuchs* Der Sozialplan nach dem Betriebsverfassungsgesetz 1972 [Diss. Gießen], 1977, S. 23; *Matthes/MünchArbR*, 2. Aufl. 2000, § 360 Rn. 7; *Mothes* AuR 1974, 325 [329 f.]; *Ziegler* Betriebsänderung, S. 12 ff.), konnte sich unter der **früheren Rechtslage** wegen der Grenzen für eine richterliche Rechtsfortbildung nicht durchsetzen. Das *BAG* befürwortete eine **unternehmensbezogene Berechnung** lediglich dann, wenn sich die Betriebsänderung auf mehrere Betriebe des Unternehmens erstreckte und damit die originäre Zuständigkeit des Gesamtbetriebsrats eröffnet war (*BAG* 08.06.1999 EzA § 111 BetrVG 1972 Nr. 37 S. 8 *[Jacobs]* = AP Nr. 47 zu § 111 BetrVG 1972 Bl. 4 R [*Hess*] = RdA 2001, 42 *[Richardi]* = SAE 2000, 169 *[Löwisch]*; 23.09.2003 EzA § 113 BetrVG 2001 Nr. 3 S. 5 = AP Nr. 43 zu § 113 BetrVG 1972 Bl. 2 R; ebenso *LAG Köln* 02.07.1998 AuR 1999, 64 [LS]; *Annuß* FA 2000, 38 [41]; *Etzel* Rn. 956; *Fitting/Kaiser/Heither/Engels* § 111 Rn. 20; *Kania/ErfK* 3. Aufl., § 111 BetrVG Rn. 5; *Richardi* Ergänzungsband [1. Lfg.], § 111 Rn. 17 f. sowie bereits *Ohl* Der Sozialplan, 1977, S. 59 f.; *Teichmüller* Die Betriebsänderung, S. 48; ferner *Fabricius* 6. Aufl., § 111 Rn. 53; eine gegen den Beschluss des *BAG* vom 08.06.1999 eingelegte Verfassungsbeschwerde hat das Bundesverfassungsgericht mit Beschluss vom 30.11.1999 [1 BvR 1718/99] nicht zur Entscheidung angenommen).

Das **BetrVerf-ReformG** griff die in Rdn. 9 skizzierte Diskrepanz des Schwellenwerts zu dem hiermit verfolgten Zweck auf und modifizierte den Bezugsmaßstab i. S. einer generellen unternehmensbezogenen Berechnung. Für das Erreichen des Schwellenwerts von 20 wahlberechtigten Arbeitnehmern ist seitdem nicht mehr auf den »Betrieb«, sondern auf das **»Unternehmen«** abzustellen (mit deutlicher Kritik *Lingemann* NZA 2002, 934 [935]). Seine Bedeutung für das in § 111 begründete Beteiligungsrecht hat der **Betriebsbegriff** hierdurch jedoch nicht eingebüßt (s. Rdn. 18 ff.). 11

In **Kleinunternehmen**, die den Schwellenwert des § 111 Satz 1 nicht erreichen, kann bei »Betriebsänderungen« die Aufstellung eines Sozialplans nicht erzwungen werden; **freiwillige Betriebsvereinbarungen**, die wirtschaftliche Nachteile der Arbeitnehmer ausgleichen oder mildern, sind jedoch zulässig. Die zu § 111 a. F. für »Kleinbetriebe« allgemein anerkannte Ansicht (s. *LAG München* 05.09.1986 BB 1987, 194; *Däubler/DKK* 7. Aufl., § 111 Rn. 30; *Etzel* 7. Aufl., Rn. 1014; *Fitting/Kaiser/Heither/Engels* § 111 Rn. 30; *Gift* JArbR Bd. 15 [1977], 1978, S. 51 [56]; *Stege/Weinspach* 8. Aufl., §§ 111–113 Rn. 9c) ist auch unter dem nunmehr geltenden Bezugsmaßstab des »Unternehmens« zutreffend (*Däubler/DKKW* § 111 Rn. 42; *Fitting* § 111 Rn. 32; *Schaub/Koch* Arbeitsrechts-Handbuch, § 244 Rn. 24a; *Stege/Weinspach/Schiefer* §§ 111–113 Rn. 9c) und vor allem dann praktisch bedeutsam, wenn das Unternehmen nur aus einem Betrieb besteht. 12

b) Unternehmensbegriff

Da § 111 Satz 1 für den maßgeblichen Schwellenwert auf die Unternehmensgröße abstellt, ist der **Rechtsträger des Betriebs** maßgebend, in dem die Betriebsänderung i. S. d. § 111 durchgeführt werden soll. Insofern gelten die bei § 106 Abs. 1 für den Unternehmensbegriff maßgebenden Erwägungen (s. § 106 Rdn. 17 ff.) grundsätzlich auch für die Anwendung von § 111 Satz 1 (*Schubert* ZfA 2004, 253 [276]). Für eine konzernbezogene Betrachtung (so *Däubler/DKKW* § 111 Rn. 34) fehlen nicht zuletzt wegen des seit dem BetrVerf-ReformG geltenden Unternehmensbezugs tragfähige methodische Anhaltspunkte (*Hess/HWGNRH* § 111 Rn. 33, 38; *Löwisch/LK* § 111 Rn. 3; *Richardi/Annuß* § 111 Rn. 23; *Schweibert/WHSS* Kap. C Rn. 7; *Staufenbiel* Sozialplan, S. 17. 13

Der **Sitz des Unternehmens** ist im Unterschied zu § 106 Abs. 1 (s. § 106 Rdn. 24) bedeutungslos, da sich die §§ 111 ff. unverändert darauf beschränken, für den Betriebsrat des von der Betriebsänderung betroffenen Betriebs ein Beteiligungsrecht zu begründen (*Däubler/DKKW* § 111 Rn. 35; *Hess/HWGNRH* § 111 Rn. 36 f.; **a. M.** *Schweibert/WHSS* Kap. C Rn. 8). Maßgeblich ist deshalb im Hinblick auf das Territorialitätsprinzip ausschließlich, dass der von der geplanten Betriebsänderung betroffene Betrieb im Geltungsbereich des BetrVG gelegen ist. Zu den Auswirkungen des Unternehmenssitzes bei der maßgeblichen Arbeitnehmerzahl s. Rdn. 22. 14

Unternehmen i. S. d. § 111 Satz 1 kann auch ein **Gemeinschaftsunternehmen** sein. Ist der von der geplanten Betriebsänderung betroffene Betrieb ein **Gemeinschaftsbetrieb**, dann ist dessen Rechts- 15

Oetker 1807

träger maßgebend (**a. M.** jedoch *Boecken* FS 50 Jahre Bundesarbeitsgericht, S. 931 [936 ff.], der die §§ 111 ff. auf den Gemeinschaftsbetrieb unmittelbar anwendet, so dass es nicht auf die Rechtsträger des Betriebs ankommt; dagegen mit Recht zu dem Parallelproblem bei § 99 BAG 29.09.2004 EzA § 99 BetrVG 2001 Nr. 4 S. 7 f. = AP Nr. 40 zu § 99 BetrVG 1972 Versetzung Bl. 3 R *[Däubler]* = RdA 2005, 377 *[Feuerborn]*). Wurde für den Gemeinschaftsbetrieb ein eigenständiges Gemeinschaftsunternehmen errichtet, das zugleich Rechtsträger des Betriebs ist, dann ist für die Berechnung des Schwellenwerts allein auf dieses abzustellen (*Hess/HWGNRH* § 111 Rn. 29; *Preis/Bender/WPK* § 111 Rn. 8).

16 Bei **Gemeinschaftsbetrieben ohne eigenständigen Rechtsträger** ist grundsätzlich auf die **Verhältnisse bei den jeweiligen Rechtsträgern** abzustellen. Wird bei keinem der Schwellenwert erreicht, dann entsteht bei einer Betriebsänderung in dem Gemeinschaftsbetrieb nach teilweise vertretener Auffassung kein Beteiligungsrecht des Betriebsrats (so *Annuß* NZA 2001, 367 [369]; *Aßmuth* Bagatellspaltungen, S. 22 ff.; *Bonanni* Der gemeinsame Betrieb mehrerer Unternehmen [Diss. Köln 2002], 2003, S. 175; *Kania*/ErfK § 111 BetrVG Rn. 5). Das widerspricht jedoch dem Zweck, der der Änderung des Bezugsmaßstabs zugrunde lag (s. Rdn. 11), wenn in dem Gemeinschaftsbetrieb selbst der Schwellenwert überschritten wird. Für diese Konstellation ist deshalb eine **entsprechende Anwendung der §§ 111 ff.** vorzugswürdig (so auch *LAG Düsseldorf* 19.08.2014 LAGE § 111 BetrVG 2001 Nr. 13; *Däubler* AuR 2001, 1790 [1797]; *Hanau* ZIP 2001, 1981 [1986]; *Preis/Bender/WPK* § 111 Rn. 8; ebenso zu dem Parallelproblem bei § 99 BAG 29.09.2004 EzA § 99 BetrVG 2001 Nr. 4 S. 8 ff. = AP Nr. 40 zu § 99 BetrVG 1972 Versetzung Bl. 4 ff. *[Däubler]* = RdA 2005, 377 *[Feuerborn]*; im Ergebnis auch *Däubler/DKKW* § 111 Rn. 33; *Etzel* Rn. 976 sowie mit dem Ansatz einer unmittelbaren Anwendung der §§ 111 ff. *Boecken* FS 50 Jahre Bundesarbeitsgericht, S. 931 [936 ff.]; hierzu neigend auch *LAG Berlin* 23.01.2003 NZA-RR 2003, 477 [478 f.]; beschränkt auf den Versuch eines Interessenausgleichs *Fitting* § 111 Rn. 23; *Wißmann* FS 25 Jahre Arbeitsgemeinschaft Arbeitsrecht im DAV, S. 1037 [1050 f.]; **a. M.** *Aßmuth* Bagatellspaltungen, S. 22 f.; *Bonanni* Der gemeinsame Betrieb mehrerer Unternehmen [Diss. Köln 2002], 2003, S. 174; *Hess/HWGNRH* § 111 Rn. 32; *Hohenstatt/Willemsen/HWK* § 111 BetrVG Rn. 16; *Lingemann* NZA 2002, 934 [937]; *Löwisch* BB 2001, 1790 [1797]; *ders./LK* § 111 Rn. 5; *Matthes*/MünchArbR § 268 Rn. 5; *Reich* § 111 Rn. 1; *Richardi* Betriebsverfassung, § 25 Rn. 3.; *ders./Annuß* § 111 Rn. 26; *Rieble*/AR § 111 BetrVG Rn. 4; *Röder/Baeck/JRH* Kap. C Rn. 10; *Schaub/Koch* Arbeitsrechts-Handbuch, § 244 Rn. 24; *Schubert* ZfA 2004, 253 [279]; *Schweibert/WHSS* Kap. C Rn. 11; *Staufenbiel* Sozialplan, S. 14; *Stege/Weinspach/Schiefer* §§ 111–113 Rn. 7d). Da es nicht in der Absicht des Gesetzgebers lag, mit der Umstellung des Bemessungsmaßstabs für den Schwellenwert die Rechtsstellung der Arbeitnehmer in Gemeinschaftsbetrieben zu verschlechtern, bedarf es einer entsprechenden Anwendung der §§ 111 ff. nicht nur im Hinblick auf den Versuch eines Interessenausgleichs, sondern auch bezüglich der Verpflichtung, zum Ausgleich oder zur Milderung der infolge der Betriebsänderung eintretenden wirtschaftlichen Nachteile einen Sozialplan aufzustellen (**a. M.** jedoch *Fitting* § 111 Rn. 23; *Wißmann* FS 25 Jahre Arbeitsgemeinschaft Arbeitsrecht im DAV, S. 1037 [1050]).

17 Die Notwendigkeit einer entsprechenden Anwendung der §§ 111 ff. entfällt jedoch, wenn einer der Rechtsträger des Gemeinschaftsbetriebs die maßgebliche Größe erreicht, da in diesem Fall § 111 unmittelbar anzuwenden ist (ebenso *Hess/HWGNRH* § 111 Rn. 32; *Kania*/ErfK § 111 BetrVG Rn. 5; *Lingemann* NZA 2002, 934 [937]; *Löwisch* BB 2001, 1790 [1797]; *ders./LK* § 111 Rn. 6; *Preis/Bender/WPK* § 111 Rn. 8; *Richardi/Annuß* § 111 Rn. 26; *Schaub/Koch* Arbeitsrechts-Handbuch, § 244 Rn. 24; *Schubert* ZfA 2004, 253 [277]; *Staufenbiel* Sozialplan, S. 15 f.; *Stege/Weinspach/Schiefer* §§ 111–113 Rn. 7e; im Ergebnis auch *Gaul* NZA 2003, 695 [695]; wie hier zu § 99 BAG 29.09.2004 EzA § 99 BetrVG 2001 Nr. 4 S. 8 = AP Nr. 40 zu § 99 BetrVG 1972 Versetzung Bl. 3 R *[Däubler]* = RdA 2005, 377 *[Feuerborn]*; **a. M.** *Annuß* NZA 2001, 367 [369] sowie *Boecken* FS 50 Jahre Bundesarbeitsgericht, S. 931 [936 ff.], der stets auf die Größe des Gemeinschaftsbetriebs abstellt).

c) Bedeutung des Betriebsbegriffs

18 Der Betriebsbegriff ist im Unterschied zu der früheren Rechtslage (s. Rdn. 9 f.) zwar nicht mehr für den Schwellenwert des § 111 Satz 1 maßgebend, er hat seine Bedeutung im Rahmen des § 111 aber nicht vollständig eingebüßt. Für die Beteiligungsrechte des Betriebsrats ist der »Betrieb« unverändert

Betriebsänderungen § 111

ein Zentralbegriff, weil das Vorliegen einer beteiligungspflichtigen **Betriebsänderung** auch nach der Umstellung des Bemessungsmaßstabs **betriebsbezogen zu beurteilen** ist (*Reg. Begr.* BT-Drucks. 14/5741, S. 51; *BAG* 26.03.2009 AP Nr. 57 zu § 9 KSchG 1969 Rn. 39 = NZA 2009, 679; 12.05.2010 EzA § 1 KSchG Interessenausgleich Nr. 21 Rn. 33 = AP Nr. 20 zu § 1 KSchG 1969 Namensliste = NZA 2011, 114; 19.07.2012 EzA § 1 KSchG Interessenausgleich Nr. 24 Rn. 19 = NZA 2013, 333; *Däubler/DKKW* § 111 Rn. 48; *Fitting* § 111 Rn. 24; *Lingemann* NZA 2002, 934 [935 f.]; *Löwisch/LK* § 111 Rn. 7; *Preis/Bender/WPK* § 111 Rn. 8; *Richardi/Annuß* § 111 Rn. 23; *Röder/Baeck/JRH* Kap. 28 Rn. 6; *Schweibert/WHSS* Kap. C Rn. 6; *Steffan/HaKo* § 111 Rn. 7; *Stege/Weinspach/Schiefer* §§ 111–113 Rn. 9d). Dies führt allerdings dazu, dass eine beteiligungspflichtige Betriebsänderung unabhängig von der **Betriebsgröße** vorliegt, sofern die Zahl der im Unternehmen beschäftigten Arbeitnehmer den Schwellenwert übersteigt (*Annuß* NZA 2001, 367 [369]). Auch in einem **Kleinbetrieb** kann es deshalb zu sozialplanpflichtigen Betriebsänderungen kommen, wenn in diesem ein Betriebsrat besteht (*BAG* 09.11.2010 EzA § 111 BetrVG 2001 Nr. 6 Rn. 12 = AP Nr. 69 zu § 111 BetrVG 1972 *[Fütterer]* = NZA 2011, 466; *Däubler/DKKW* § 111 Rn. 48; *Fitting* § 111 Rn. 19, 24; *Löwisch/LK* § 111 Rn. 2; *Rieble/AR* § 111 BetrVG Rn. 3; *Stege/Weinspach/Schiefer* §§ 111–113 Rn. 7a; s. aber auch hier Rdn. 39, 102).

Im Rahmen des § 111 ist der **Betriebsbegriff** zugrunde zu legen, wie ihn auch die anderen Bestimmungen des BetrVG verwenden (*Fitting* § 111 Rn. 63; *Löwisch/LK* § 111 Rn. 7; *Richardi* Ergänzungsband [1. Lfg.], § 111 Rn. 16 sowie näher zum Betriebsbegriff *Franzen* § 1 Rdn. 28 f., 35 ff.). Entscheidend ist die **betriebsverfassungsrechtliche Selbständigkeit**, die sich nur auf im Inland gelegene Betriebsstätten erstreckt. Zweifelhaft ist die Behandlung von nicht betriebsratsfähigen Betriebsteilen und Kleinstbetrieben, die im Ausland gelegen sind; teilweise wird dafür plädiert, dort geplante Änderungen für eine Betriebsänderung i. S. d. § 111 ausreichen zu lassen (so *Junker* ZIP 1993, 1599 [1600 f.]). Betrieb i. S. des § 111 kann auch ein **Gemeinschaftsbetrieb** sein (*BAG* 09.04.1991 EzA § 18 BetrVG 1972 Nr. 7 S. 5 *[Dütz/Rotter, Gamillscheg]* = AP Nr. 8 zu § 18 BetrVG 1972 Bl. 4; 11.11.1997 EzA § 111 BetrVG 1972 Nr. 36 S. 3 = AP Nr. 42 zu § 111 BetrVG 1972 Bl. 3; *Däubler/DKKW* § 111 Rn. 48; *Fitting* § 111 Rn. 20 ff.; *Heither* AR-Blattei SD 530.14.5, Rn. 17; *Richardi* Ergänzungsband [1. Lfg.], § 111 Rn. 16). Maßgebend für die Betriebsabgrenzung sind die Verhältnisse bei der letzten Betriebsratswahl. Diese sind auch dann für die Anwendung des § 111 zugrunde zu legen, wenn die Betriebsabgrenzung fehlerhaft war, die Betriebsratswahl jedoch unangefochten blieb (*Fabricius* 6. Aufl., § 111 Rn. 47; *Fitting* § 111 Rn. 20). **19**

Ob **Betriebsteile** als Betriebe i. S. d. § 111 gelten, beurteilt sich nach § 4 Abs. 1 Satz 1. Sind die dort genannten Voraussetzungen für eine betriebsverfassungsrechtliche Verselbständigung erfüllt, dann ist der Betriebsteil ein »Betrieb« i. S. d. § 111 (*Däubler/DKKW* § 111 Rn. 48; *Fabricius* 6. Aufl., § 111 Rn. 47; *Fitting* § 111 Rn. 64; *Löwisch/LK* § 111 Rn. 1; *Röder/Baeck/JRH* Kap. 28 Rn. 7; *Stege/Weinspach/Schiefer* §§ 111–113 Rn. 7b; *Ullrich* NZA 2004, 1308 [1309 f.]). Umgekehrt strahlt ein **Zuordnungsbeschluss** der Arbeitnehmer nach § 4 Abs. 1 Satz 2 auch auf den Betriebsbegriff im Rahmen des § 111 aus (ebenso *BAG* 17.09.2013 EzA § 4 BetrVG 2001 Nr. 3 = AP Nr. 20 zu § 4 BetrVG 1972 = NZA 2014, 96 [Vorinstanz: *ArbG München* 06.03.2012 – 16 BV 283/11 – BeckRS 2013, 74272]; *Ullrich* NZA 2004, 1308 [1309 f.]; zust. *Franzen* § 4 Rdn. 22), so dass die in dem Betriebsteil beschäftigten Arbeitnehmer nach der Beschlussfassung gemeinsam mit den Arbeitnehmern des Hauptbetriebs einen Betrieb i. S. d. BetrVG bilden, auf den auch für die Anwendung des § 111 abzustellen ist (*BAG* 17.09.2013 EzA § 4 BetrVG 2001 Nr. 3 = AP Nr. 20 zu § 4 BetrVG 1972 = NZA 2014, 96). **20**

Gravierende Unterschiede zu dem traditionellen und für die Anwendung des BetrVG maßgebenden Betriebsbegriff (s. zu diesem *Franzen* § 1 Rdn. 28 f., 35 ff.) treten auf, wenn von der durch **§ 3 Abs. 1 Nr. 1 bis 3** eröffneten Befugnis Gebrauch gemacht wird, durch Tarifvertrag oder Betriebsvereinbarung **vom Gesetz abweichende betriebsverfassungsrechtliche Organisationseinheiten** zu bilden (dazu näher *Franzen* § 3 Rdn. 9 ff.). Diese gelten nach § 3 Abs. 5 Satz 1 als Betriebe i. S. d. BetrVG und sind damit auch für die Anwendung des § 111, insbesondere für das Vorliegen einer »Betriebs-«änderung, maßgebend (*Fitting* § 111 Rn. 64; *Lingemann* NZA 2002, 934 [937]; *Trebeck/Kania* BB 2014, 1595 ff.; **a. M.** *Röder/Baeck/JRH* Kap. 28 Rn. 9). So beurteilt sich z. B. die Stilllegung oder Einschränkung eines Betriebs bzw. Betriebsteils (§ 111 Satz 3 Nr. 1) ausschließlich nach den Ver- **21**

Oetker

hältnissen in der per Tarifvertrag oder Betriebsvereinbarung geschaffenen betriebsverfassungsrechtlichen Organisationseinheit.

d) Arbeitnehmerzahl

22 Im Unterschied zu § 106 Abs. 1, der auf die im »Unternehmen ... beschäftigten Arbeitnehmer« abstellt (s. § 106 Rdn. 31 ff.), verknüpft § 111 Satz 1 den Schwellenwert – ebenso wie § 99 Abs. 1 Satz 1 – mit der Wahlberechtigung der Arbeitnehmer. Maßgebend ist die **Wahlberechtigung für die Betriebsratswahlen**. Die Wahlberechtigung bestimmt sich nach § 7, neben der **Arbeitnehmereigenschaft** (§ 5 Abs. 1; s. dazu *Raab* § 5 Rdn. 15 ff.) und dem **Lebensalter** muss grundsätzlich die **Betriebszugehörigkeit** (§ 7 Satz 1: »Arbeitnehmer des Betriebs«) zu bejahen sein.

23 Arbeitnehmer in **Kleinstbetrieben**, in denen wegen zu geringer Arbeitnehmerzahl kein Betriebsrat gebildet werden kann, sind bei der Ermittlung des Schwellenwerts zu berücksichtigen, da den dortigen Arbeitnehmern wegen der Zuordnung nach § 4 Abs. 2 ein Wahlrecht im Hauptbetrieb zusteht (*Richardi/Annuß* § 111 Rn. 23). Ebenso sind für die Ermittlung des Schwellenwerts diejenigen Arbeitnehmer zu berücksichtigen, die in **betriebsratslosen**, aber betriebsratsfähigen **Betrieben** beschäftigt sind. Im **Ausland tätige Arbeitnehmer** sind nur dann mitzuzählen, wenn ihnen trotz ihres Beschäftigungsorts das aktive Wahlrecht in einem im Inland gelegenen Betrieb zusteht (*Däubler/DKKW* § 111 Rn. 35 sowie *Raab* § 7 Rdn. 48 ff.). Arbeitnehmer, die dauerhaft in **im Ausland gelegenen Betriebsstätten** des Unternehmens beschäftigt sind, bleiben bei der Ermittlung des Schwellenwerts deshalb außer Betracht, da sie nicht zur Teilnahme an den im Unternehmen durchgeführten Betriebsratswahlen berechtigt sind (*Junker* ZIP 1993, 1599 [1601]; *Richardi/Annuß* § 111 Rn. 23).

24 Das **Arbeitszeitvolumen** ist für das Erreichen des Schwellenwerts ohne Bedeutung. Anders als nach § 23 Abs. 1 Satz 4 KSchG sind Teilzeitbeschäftigte nicht nur anteilig nach Maßgabe des Umfangs ihrer Arbeitszeit zu berücksichtigen (*BAG* 22.02.1983 EzA § 4 TVG Ausschlussfristen Nr. 54 S. 178 = AP Nr. 7 zu § 113 BetrVG 1972 Bl. 3; *LAG* Baden-Württemberg 16.06.1987 LAGE § 111 BetrVG 1972 Nr. 6; *Däubler/DKKW* § 111 Rn. 36; *Etzel* Rn. 970; *Fabricius* 6. Aufl., § 111 Rn. 47; *Fitting* § 111 Rn. 26; *Gamillscheg* II, § 52, 3 [3] [b]; *Heither* AR-Blattei SD 530.14.5, Rn. 19; *Kania*/ErfK § 111 BetrVG Rn. 5; *Matthes*/MünchArbR § 268 Rn. 3; *Richardi/Annuß* § 111 Rn. 23; *Rumpff/Boewer* Wirtschaftliche Angelegenheiten, Kap. H Rn. 23; *Schweibert/WHSS* Kap. C Rn. 12).

25 Im Unterschied zu § 106 Abs. 1 Satz 1 sind auch diejenigen Arbeitnehmer mitzuzählen, die **nicht »ständig« beschäftigt** werden (*BAG* 16.11.2004 EzA § 111 BetrVG 2001 Nr. 2 S. 4 = AP Nr. 58 zu § 111 BetrVG 1972 Bl. 2 R; *Däubler/DKKW* § 111 Rn. 36; *Fitting* § 111 Rn. 26; *Galperin/Löwisch* § 111 Rn. 3; *Hess/HWGNRH* § 111 Rn. 41; *Matthes*/MünchArbR § 268 Rn. 3; *Rumpff/Boewer* Wirtschaftliche Angelegenheiten, Kap. H Rn. 23, 41), sofern sie jedenfalls normalerweise während des größten Teils eines Jahres (mehr als sechs Monate im Betrieb) eingesetzt sind (*BAG* 16.11.2004 EzA § 111 BetrVG 2001 Nr. 2 S. 4 = AP Nr. 58 zu § 111 BetrVG 1972 Bl. 2 R; 18.10.2011 EzA § 111 BetrVG 2001 Nr. 8 Rn. 21 = AP Nr. 70 zu § 111 BetrVG 1972 [*Hamann*] = NZA 2012, 221).

26 »**Jugendliche Arbeitnehmer**« i. S. d. § 60 Abs. 1 bleiben wegen ihrer fehlenden Wahlberechtigung zu den Betriebsratswahlen (s. vor § 60 Rdn. 21) bei der Ermittlung der für den Schwellenwert maßgeblichen Arbeitnehmerzahl unberücksichtigt (*Schaub/Koch* Arbeitsrechts-Handbuch, § 244 Rn. 24a). Das gilt entsprechend für **leitende Angestellte**, da sie nicht zu den Arbeitnehmern i. S. d. BetrVG zählen (*Däubler/DKKW* § 111 Rn. 36; *Fabricius* 6. Aufl., § 111 Rn. 47; *Fitting* § 111 Rn. 25; *Galperin/Löwisch* § 111 Rn. 6; *Heither* AR-Blattei SD 530.14.5, Rn. 21; *Matthes*/MünchArbR § 268 Rn. 3; *Rumpff/Boewer* Wirtschaftliche Angelegenheiten, Kap. H Rn. 17; *Schaub/Koch* Arbeitsrechts-Handbuch, § 244 Rn. 24a; *Spirolke*/NK-GA § 111 BetrVG Rn. 6; *Stege/Weinspach/Schiefer* §§ 111–113 Rn. 8), sowie für **freie Mitarbeiter** (*Däubler/DKKW* § 111 Rn. 36; *Fabricius* 6. Aufl., § 111 Rn. 47; *Fitting* § 111 Rn. 25; *Heither* AR-Blattei SD 530.14.5, Rn. 21; *Matthes*/MünchArbR § 268 Rn. 3; *Spirolke*/NK-GA § 111 BetrVG Rn. 6; *Stege/Weinspach/Schiefer* §§ 111–113 Rn. 8) und grundsätzlich auch für **Arbeitnehmer anderer Unternehmen**, die in einem Betrieb des Unternehmens tätig sind (*Fitting* § 111 Rn. 25; *Heither* AR-Blattei SD 530.14.5, Rn. 21; *Matthes*/MünchArbR § 268 Rn. 3; *Rumpff/Boewer* Wirtschaftliche Angelegenheiten, Kap. H Rn. 18; *Spirolke*/NK-GA § 111 BetrVG Rn. 6). Eine Ausnahme gilt für Personen, die nach **§ 5 Abs. 1 Satz 3** kraft Fiktion

als Arbeitnehmer i. S. d. BetrVG gelten; diese sind auch im Rahmen des Schwellenwerts in § 111 S. 1 mitzuzählen (s. a. *BAG* 15.12.2011 EzA § 5 BetrVG 2001 Nr. 7 = AP Nr. 77 zu § 5 BetrVG 1972 = NZA 2012, 519, das sich jedoch auf die organisatorischen Bestimmungen des BetrVG beschränkt [Rn. 20]).

Bis zur Ergänzung von § 14 Abs. 2 AÜG um Satz 4 durch das Gesetz zur Änderung des Arbeitnehmer- **27** überlassungsgesetzes vom 21.02.2017 (BGBl. I, S. 258) blieb nach Inkrafttreten des BetrVerf-ReformG und der Zubilligung des aktiven Wahlrechts an die im Einsatzbetrieb tätigen **Leiharbeitnehmer** zunächst umstritten, ob diese im Einsatzbetrieb bei dem Schwellenwert in § 111 Satz 1 zu berücksichtigen sind (s. 10. Aufl. § 111 Rn. 26). Unter Rückgriff auf den Zweck des Schwellenwerts hatte der *Erste Senat* des *BAG* dies bejaht (*BAG* 18.10.2011 EzA § 111 BetrVG 2001 Nr. 8 Rn. 14 ff. = AP Nr. 70 zu § 111 BetrVG 1972 *[Hamann]* = NZA 2012, 221; zust. *Linsenmaier/Kiel* RdA 2014, 135 [148]; *Spirolke/*NK-GA § 111 BetrVG Rn. 6; *Schaub/Koch* Arbeitsrechts-Handbuch, § 244 Rn. 24a; ablehnend *Lambrich/Schwab* NZA-RR 2013, 169 [171]; *Mosig* NZA 2012, 1411 [1412 ff.]; *Rieble* NZA 2012, 485 [486 f.]; *ders.*/AR § 111 BetrVG Rn. 6; *Tschöpe* NJW 2012, 2161 ff.). Mit der in § 14 Abs. 2 Satz 4 AÜG getroffenen Regelung hat der Gesetzgeber diese Rechtsprechung insbesondere auch für den Schwellenwert in § 111 Satz 1 übernommen (s. *Raab* § 7 Rdn. 114).

Trotz § 14 Abs. 2 Satz 4 AÜG sind im Entleiherbetrieb eingesetzten Leiharbeitnehmer nicht stets, sondern **28** nur dann bei dem Schwellenwert in § 111 Satz 1 zu berücksichtigen, wenn diese nach Maßgabe von § 7 Satz 2 in diesem wahlberechtigt sind. Zudem entbindet auch § 14 Abs. 2 Satz 4 AÜG nicht von der weiteren Voraussetzung, dass sie zu den regelmäßig Beschäftigten zählen müssen (s. dazu *Raab* § 7 Rdn. 116 f. sowie allgemein Rdn. 29 ff.). Ungeklärt ist bislang, ob § 14 Abs. 2 Satz 4 AÜG auch in den Fällen einer privilegierten Arbeitnehmerüberlassung (§ 1 Abs. 3 AÜG) zur Anwendung gelangt, was insbesondere die Sachverhalte einer konzerninternen Arbeitnehmerüberlassung betrifft. Vor dem Hintergrund der Rspr. des BAG zu § 14 Abs. 2 Satz 2 AÜG sprechen gute Gründe dafür, dies aufgrund einer entsprechenden Anwendung zu bejahen (s. *Raab* § 7 Rdn. 127; näher *Oetker* NZA 2017, 29 [32 f.]). Entsprechendes gilt für die Sachverhalte einer erlaubnisfreien Arbeitnehmerüberlassung (*Raab* § 7 Rdn. 126).

Die **Zahl der Arbeitnehmer** ist **nicht** im Hinblick auf einen bestimmten **Stichtag** zu ermitteln **29** (*BAG* 16.06.1987 EzA § 111 BetrVG 1972 Nr. 21 S. 5 *[Preis]* = AP Nr. 20 zu § 111 BetrVG 1972 Bl. 3 *[Löwisch/Göller]* = SAE 1988, 138 *[Otto]* = AR-Blattei Betrieb, Entsch. 15 *[Richardi]*; 18.10.2011 EzA § 111 BetrVG 2001 Nr. 8 Rn. 21 = AP Nr. 70 zu § 111 BetrVG 1972 *[Hamann]* = NZA 2012, 221; *Däubler*/DKKW § 111 Rn. 26). Vielmehr stellt das Gesetz auf die Zahl der »**regelmäßig**« beschäftigten Arbeitnehmer ab, also auf die Personalstärke, die für das Unternehmen im allgemeinen kennzeichnend ist (*BAG* 16.06.1987 EzA § 111 BetrVG 1972 Nr. 21 S. 3 *[Preis]* = AP Nr. 20 zu § 111 BetrVG 1972 Bl. 3 *[Löwisch/Göller]* = SAE 1988, 138 *[Otto]* = AR-Blattei Betrieb, Entsch. 15 *[Richardi]*; 16.11.2004 EzA § 111 BetrVG 2001 Nr. 2 S. 3 = AP Nr. 58 zu § 111 BetrVG 1972 Bl. 2; 18.10.2011 EzA § 111 BetrVG 2001 Nr. 8 Rn. 21 = AP Nr. 70 zu § 111 BetrVG 1972 *[Hamann]* = NZA 2012, 221; *Däubler*/DKKW § 111 Rn. 37; *Etzel* Rn. 970; *Fitting* § 111 Rn. 27; *Gamillscheg* II, § 52, 3 [3] [c]; *Hohenstatt/Willemsen*/HWK § 111 BetrVG Rn. 13; *Löwisch*/LK § 111 Rn. 10; *Matthes*/MünchArbR § 268 Rn. 2; *Preis/Bender*/WPK § 111 Rn. 9; *Rieble*/AR § 111 BetrVG Rn. 6; *Spirolke/*NK-GA § 111 BetrVG Rn. 4).

Nach den allgemeinen Grundsätzen ist für die Zahl der regelmäßig in dem Unternehmen beschäftig- **30** ten Arbeitnehmer nicht nur ein **Rückblick**, sondern darüber hinaus eine Prognose zu der **zukünftigen Entwicklung** anzustellen (*BAG* 12.10.1976 EzA § 8 BetrVG 1972 Nr. 2 S. 10 = AP Nr. 1 zu § 8 BetrVG 1972 Bl. 4 *[Dütz]* sowie *Franzen* § 1 Rdn. 103 f.). Das gilt grundsätzlich auch im Rahmen des § 111 Satz 1 (*BAG* 09.05.1995 EzA § 111 BetrVG 1972 Nr. 30 S. 3 = AP Nr. 33 zu § 111 BetrVG 1972 Bl. 2 R; 10.12.1996 EzA § 111 BetrVG 1972 Nr. 33 S. 3 = AP Nr. 37 zu § 111 BetrVG 1972 Bl. 2; 16.11.2004 EzA § 111 BetrVG 2001 Nr. 2 S. 3 = AP Nr. 58 zu § 111 BetrVG 1972 Bl. 2; 18.10.2011 EzA § 111 BetrVG 2001 Nr. 8 Rn. 21 = AP Nr. 70 zu § 111 BetrVG 1972 *[Hamann]* = NZA 2012, 221; *Däubler*/DKKW § 111 Rn. 37; *Etzel* Rn. 970; *Fabricius* 6. Aufl., § 111 Rn. 47; *Fitting* § 111 Rn. 27; *Gamillscheg* II, § 52, 3 [3] [c]; *Heither* AR-Blattei SD 530.14.5, Rn. 23; *Hess*/HWGNRH § 111 Rn. 39; *Kania*/ErfK § 111 BetrVG Rn. 5; *Matthes*/MünchArbR § 268 Rn. 2; *Preis/Bender*/WPK § 111 Rn. 9; *Richardi/Annuß* § 111 Rn. 24; *Rieble*/AR § 111 BetrVG

§ 111   IV. 6. 1. Betriebsänderungen

Rn. 6; *Rumpff/Boewer* Wirtschaftliche Angelegenheiten, Kap. H Rn. 36; *Schaub/Koch* Arbeitsrechts-Handbuch, § 244 Rn. 22; *Spirolke*/NK-GA § 111 BetrVG Rn. 4; *Stege/Weinspach/Schiefer* §§ 111–113 Rn. 9). Um von einer regelmäßigen Beschäftigtenzahl ausgehen zu können, muss die Zahl der Arbeitnehmer zudem eine **gewisse Stabilität** aufweisen, die z. B. durch einen kontinuierlichen Personalabbau in Frage gestellt ist (*BAG* 09.05.1995 EzA § 111 BetrVG 1972 Nr. 30 S. 3 = AP Nr. 33 zu § 111 BetrVG 1972 Bl. 2 R; 10.12.1996 EzA § 111 BetrVG 1972 Nr. 33 S. 3 = AP Nr. 37 zu § 111 BetrVG 1972 Bl. 2 R f.).

31 Der Zweck des Beteiligungsrechts erfordert eine **Ausnahme** von der Notwendigkeit einer Prognose zu der zukünftigen Entwicklung der Personalstärke, wenn die Arbeitnehmerzahl infolge der Betriebsänderung (z. B. Betriebsstilllegung, Personalabbau) **dauerhaft den Schwellenwert unterschreitet**. In diesem Fall kommt wegen des Zwecks des Beteiligungsrechts **ausschließlich** ein **Rückblick** auf die bisherige Belegschaftsstärke in Betracht (*BAG* 22.02.1983 EzA § 4 TVG Ausschlussfristen Nr. 54 S. 178 = AP Nr. 7 zu § 113 BetrVG 1972 Bl. 3 R; 09.05.1995 EzA § 111 BetrVG 1972 Nr. 30 S. 3 = AP Nr. 33 zu § 111 BetrVG 1972 Bl. 2 R; 10.12.1996 EzA § 111 BetrVG 1972 Nr. 33 S. 3 = AP Nr. 37 zu § 111 BetrVG 1972 Bl. 2; 16.11.2004 EzA § 111 BetrVG 2001 Nr. 2 S. 3 = AP Nr 58 zu § 111 BetrVG 1972 Bl. 2; *Däubler*/DKKW § 111 Rn. 37; *Etzel* Rn. 970; *Fabricius* 6. Aufl., § 111 Rn. 47; *Fitting* § 111 Rn. 30; *Heither* AR-Blattei SD 530.14.5, Rn. 24 f.; *Hess*/HWGNRH § 111 Rn. 39; *Kania*/ErfK § 111 BetrVG Rn. 5; *Richardi/Annuß* § 111 Rn. 24; *Rieble*/AR § 111 BetrVG Rn. 6; *Stege/Weinspach/Schiefer* §§ 111–113 Rn. 9a).

32 Der Schwellenwert muss in dem Zeitpunkt überschritten werden, in dem das Beteiligungsrecht des Betriebsrats entsteht, also regelmäßig mit **Abschluss der Planung** (*BAG* 09.05.1995 EzA § 111 BetrVG 1972 Nr. 30 S. 3 = AP Nr. 33 zu § 111 BetrVG 1972 Bl. 2 R; 10.12.1995 EzA § 111 BetrVG 1972 Nr. 33 S. 3 = AP Nr. 37 zu § 111 BetrVG 1972 Bl. 2; 16.11.2004 EzA § 111 BetrVG 2001 Nr. 2 S. 3 = AP Nr. 58 zu § 111 BetrVG 1972 Bl. 2; 24.02.2005 EzA § 17 KSchG Nr. 14 S. 9 *[Brehm]* = AP Nr. 20 zu § 17 KSchG 1969 Bl. 4 R = SAE 2006, 72 *[Nicolai]*; 18.10.2011 EzA § 111 BetrVG 2001 Nr. 8 Rn. 13 = AP Nr. 70 zu § 111 BetrVG 1972 *[Hamann]* = NZA 2012, 221; *Däubler*/DKKW § 111 Rn. 38; *Fitting* § 111 Rn. 29; *Gamillscheg* II, § 52, 3 [3] [c]; *Hess*/HWGNRH § 111 Rn. 39; *Kania*/ErfK § 111 BetrVG Rn. 5; *Löwisch*/LK § 111 Rn. 9; *Matthes*/MünchArbR § 268 Rn. 2; *Preis/Bender*/WPK § 111 Rn. 9; *Richardi/Annuß* § 111 Rn. 24; *Rumpff/Boewer* Wirtschaftliche Angelegenheiten, Kap. H Rn. 40; *Stege/Weinspach/Schiefer* §§ 111–113 Rn. 9).

33 Bei **gestreckten Betriebsänderungen**, die auf eine **einheitliche unternehmerische Entscheidung** zurückzuführen sind, genügt es jedoch, wenn der Schwellenwert vor der ersten Maßnahme überschritten wurde (*BAG* 09.05.1995 EzA § 111 BetrVG 1972 Nr. 30 S. 3 = AP Nr. 33 zu § 111 BetrVG 1972 Bl. 2 R f.; *Thür.* LAG 18.08.2003 ZIP 2004, 1118 [1119]; *Fitting* § 111 Rn. 30; *Löwisch*/LK § 111 Rn. 10; *Richardi/Annuß* § 111 Rn. 24; *Schaub/Koch* Arbeitsrechts-Handbuch, § 244 Rn. 22; *Spirolke*/NK-GA § 111 BetrVG Rn. 4). Fehlt eine einheitliche unternehmerische Entscheidung, entfällt das Beteiligungsrecht des Betriebsrats, nachdem die **Beschäftigtenzahl dauerhaft** den Schwellenwert von in der Regel mehr als 20 wahlberechtigten Arbeitnehmern **unterschritten** hat (*Däubler*/DKKW § 111 Rn. 38; *Heither* AR-Blattei SD 530.14.5, Rn. 26; *Stege/Weinspach/Schiefer* §§ 111–113 Rn. 9).

34 Deshalb ist bei mehreren zeitlich aufeinander folgenden Betriebsänderungen im Hinblick auf den Schwellenwert gegebenenfalls die wertende Entscheidung erforderlich, ob die Betriebsänderungen auf eine einheitliche unternehmerische Konzeption zurückzuführen sind (exemplarisch *BAG* 22.01.2004 EzA § 1 KSchG Interessenausgleich Nr. 11 S. 9 f. = AP Nr. 1 zu § 112 BetrVG 1972 Namensliste Bl. 4 R; 16.11.2004 EzA § 111 BetrVG 2001 Nr. 2 S. 4 = AP Nr. 58 zu § 111 BetrVG 1972 Bl. 3; *Thür.* LAG 18.08.2003 ZIP 2004, 1118 [1119]). Hierfür liefert ein enger **zeitlicher Zusammenhang** ein Indiz (*BAG* 22.01.2004 EzA § 1 KSchG Interessenausgleich Nr. 11 S. 9 = AP Nr. 1 zu § 112 BetrVG 1972 Namensliste Bl. 4 R; 28.03.2006 EzA § 111 BetrVG 2001 Nr. 4 Rn. 19 = AP Nr. 12 zu § 112a BetrVG 1972 *[Oetker]*; *Hohenstatt/Willemsen*/HWK § 111 BetrVG Rn. 28; *Hromadka/Maschmann* Arbeitsrecht 2, § 16 Rn. 608; *Spirolke*/NK-GA § 111 BetrVG Rn. 4), das jedoch insbesondere durch den Eintritt ursprünglich nicht vorhergesehener Maßnahmen widerlegt werden kann (*BAG* 28.03.2006 EzA § 111 BetrVG 2001 Nr. 4 Rn. 19 = AP Nr. 12 zu § 112a BetrVG

1972 *[Oetker]*). Deshalb ist bei mehreren Entlassungswellen darauf abzustellen, ob diese auf einem einheitlichen Plan beruhen oder jeweils das Ergebnis einer neuen Planung sind.

Besonderheiten sind zu beachten, wenn ein Unternehmen aus einer **Spaltung (§ 123 UmwG)** oder einer **Teilübertragung (§ 174 Abs. 2 UmwG)** entstanden ist und anschließend nicht mehr den Schwellenwert des § 111 Satz 1 erreicht. Solange der bislang zuständige Betriebsrat sein **Übergangsmandat** nach § 21a ausüben kann, soll nach teilweise vertretener Ansicht für die Ausübung der Beteiligungsrechte die vorherige Arbeitnehmerzahl des gespaltenen Unternehmens maßgebend sein (*Richardi* 7. Aufl., § 111 Rn. 21). Dem ist nicht zuzustimmen. Die Regelungsbefugnis in § 325 Abs. 2 UmwG zeigt, dass die Schwellenwerte nach der Spaltung neu zu ermitteln sind. Für den **abgespaltenen Unternehmensteil** bedeutet dies, dass für dort geplante Betriebsänderungen die Beteiligungsrechte nach den §§ 111 ff. entfallen, wenn die Zahl der regelmäßig beschäftigten Arbeitnehmer in dem abgespaltenen Unternehmensteil den Schwellenwert nicht mehr erreicht. Etwas anderes gilt lediglich, wenn durch Betriebsvereinbarung oder Tarifvertrag gemäß § 325 Abs. 2 UmwG für das neu entstandene Unternehmen eine Fortgeltung der Beteiligungsrechte vereinbart wurde (*Richardi/ Annuß* § 111 Rn. 25; im Ergebnis auch *Hohenstatt/Willemsen/HWK* § 111 BetrVG Rn. 15). Das gilt entsprechend für das **verbleibende Unternehmen**. Führt die Spaltung oder Teilübertragung dazu, dass bei diesem die regelmäßige Zahl der wahlberechtigten Arbeitnehmer den Schwellenwert unterschreitet, dann entfallen in diesem die Beteiligungsrechte nach den §§ 111 ff. Im Gegensatz zu dem abgespaltenen Unternehmensteil kann dieser Rechtsfolge nicht mit dem Abschluss einer auf § 325 Abs. 2 UmwG gestützten Mitbestimmungsvereinbarung begegnet werden. 35

2. Bestehen eines Betriebsrats

Die Beteiligung des Betriebsrats nach den §§ 111 ff. setzt voraus, dass ein solcher in dem von der Betriebsänderung betroffenen Betrieb und zu dem Zeitpunkt besteht, in dem sich der Unternehmer zur Durchführung der Betriebsänderung entschließt (*BAG* 28.10.1992 EzA § 112 BetrVG 1972 Nr. 60 S. 5 *[Fenn]* = AP Nr. 63 zu § 112 BetrVG 1972 Bl. 3 R f.; 18.11.2003 EzA § 113 BetrVG 2001 Nr. 2 S. 4 = AP Nr. 162 zu § 112 BetrVG 1972 Bl. 2; *LAG* Hamm 04.10.2010 – 10 TaBV 75/10 – BeckRS 2011, 67818; *Fitting* § 111 Rn. 33; *Hohenstatt/Willemsen/HWK* § 111 BetrVG Rn. 9; *Löwisch/LK* § 111 Rn. 8; *Matthes/MünchArbR* § 268 Rn. 6; *Richardi/Annuß* § 111 Rn. 27; *Rieble/AR* § 111 BetrVG Rn. 7; *Schweibert/WHSS* Kap. C Rn. 16; *Spirolke/NK-GA* § 111 BetrVG Rn. 7; *Stege/Weinspach/Schiefer* §§ 111–113 Rn. 18). Von diesem Augenblick an ist er verpflichtet, den Betriebsrat entsprechend den gesetzlichen Vorschriften zu beteiligen. Die Beteiligungsrechte bestehen für eine »geplante« Maßnahme und müssen bereits eingreifen, bevor der Unternehmer mit der Durchführung der Betriebsänderung beginnt. Nur in dieser Phase kann die Beteiligung des Betriebsrats ihren Zweck entfalten. Da die §§ 111 ff. auf die Betriebsänderung abstellen, steht es dem Beteiligungsrecht nicht entgegen, wenn der Betriebsrat erst nach **Eröffnung eines Insolvenzverfahrens** errichtet wird (*BAG* 18.11.2003 EzA § 113 BetrVG 2001 Nr. 2 S. 4 f. = AP Nr. 162 zu § 112 BetrVG 1972 Bl. 2 f. sowie als Vorinstanz *Thür.* LAG 05.12.2002 NZI 2003, 561 [561 f.]; zust. *Kocher* NZI 2003, 527 [528]; *Preis/Bender/WPK* § 111 Rn. 5; *Spirolke/NK-GA* § 111 BetrVG Rn. 7). 36

Eine Beteiligung des Betriebsrats nach den §§ 111 ff. scheidet aus, wenn dieser zu seiner konstituierenden Sitzung erst zusammentritt, nachdem der Unternehmer mit der Durchführung der Betriebsänderung begonnen hat, da eine Beteiligung des Betriebsrats in dieser Konstellation nicht mehr ihren Zweck erfüllen kann (*BAG* 20.04.1982 EzA § 112 BetrVG 1972 Nr. 25 S. 168 = AP Nr. 17 zu § 112 BetrVG 1972 Bl. 2; 18.11.2003 EzA § 113 BetrVG 2001 Nr. 2 S. 4 = AP Nr. 162 zu § 112 BetrVG 1972 Bl. 2; *Fabricius* 6. Aufl., § 111 Rn. 55; *Fitting* § 111 Rn. 34; *Heither* AR-Blattei SD 530.14.5, Rn. 29; *Kania/ErfK* § 111 BetrVG Rn. 6; *Löwisch/LK* § 111 Rn. 8; *Matthes/MünchArbR* § 268 Rn. 6; *Richardi/Annuß* § 111 Rn. 27; *Röder/Baeck/JRH* Kap. 28 Rn. 15; *Rumpff/Boewer* Wirtschaftliche Angelegenheiten, Kap. H Rn. 14; *Schaub/Koch* Arbeitsrechts-Handbuch, § 244 Rn. 5; *Stege/Weinspach/Schiefer* §§ 111–113 Rn. 18; **a. M.** *Däubler/DKKW* § 111 Rn. 154 f.; *Kraushaar* AuR 2000, 245 [247 f.]; *Teichmüller* Die Betriebsänderung, S. 45 f.). 37

Wird ein Betriebsrat erstmals während der Betriebsänderung gewählt, dann kann dieser ebenfalls nicht die Aufstellung eines Sozialplans verlangen. Das gilt unabhängig davon, ob bereits vor Beginn der Be- 38

§ 111 *IV. 6. 1. Betriebsänderungen*

triebsänderung die Wahl eines Betriebsrats beabsichtigt war oder eingeleitet worden ist (*BAG* 28.10.1992 EzA § 112 BetrVG 1972 Nr. 60 S. 5 *[Fenn]* = AP Nr. 63 zu § 112 BetrVG 1972 Bl. 4; *LAG Niedersachsen* 19.12.2012 – 1 TaBV 112/12 – BeckRS 2013, 66028; *Bauer* DB 1994, 217 [217]; *Fitting* § 111 Rn. 34; *Hess/HWGNRH* § 111 Rn. 2; *Kania/*ErfK § 111 BetrVG Rn. 6; *Matthes/*MünchArbR § 268 Rn. 6; *Preis/Bender/WPK* § 111 Rn. 5; *Richardi/Annuß* § 111 Rn. 27; *Rieble/*AR § 111 BetrVG Rn. 7; *Spirolke/*NK-GA § 111 BetrVG Rn. 7; *Stege/Weinspach/Schiefer* §§ 111–113 Rn. 18; **a. M.** *LAG Köln* 05.03.2007 AuR 2007, 395 [395 f.]; *ArbG Reutlingen* 29.10.1998 EzA § 112 BetrVG 1972 Nr. 100; *Däubler/DKKW* § 111 Rn. 154; *Gamillscheg* II, § 52, 3 [3] [d]; *Heither* AR-Blattei SD 530.14.5, Rn. 31; *Kraushaar* AuR 2000, 245 [247 f.], die in dieser Konstellation auf den Beginn der Durchführung abstellen; s. a. *LAG Saarland* 14.05.2003 NZA-RR 2003, 639 [640], das die abweichende Auffassung als ernsthaft vertretbar bewertet).

39 Besteht im Zeitpunkt der Entschließung zur Betriebsänderung in dem Betrieb kein Betriebsrat, dann vertritt der **Gesamtbetriebsrat** grundsätzlich nicht die Arbeitnehmer des **betriebsratslosen Betriebs** (*Hess/HWGNRH* § 111 Rn. 8; *Löwisch/LK* § 111 Rn. 7; *Matthes/*MünchArbR § 268 Rn. 7; *Richardi/Annuß* § 111 Rn. 29; *Rumpff/Boewer* Wirtschaftliche Angelegenheiten, Kap. H Rn. 14, 224; *Steffan/*HaKo § 111 Rn. 9; *Stege/Weinspach/Schiefer* §§ 111–113 Rn. 6d). Etwas anderes gilt nur, wenn nach Maßgabe des § 50 Abs. 1 Satz 1 für die geplante Betriebsänderung eine **originäre Zuständigkeit des Gesamtbetriebsrats** begründet ist (dazu Rdn. 258 ff.). Dessen Zuständigkeit erstreckt sich in dieser Konstellation nach § 50 Abs. 1 Satz 1 auch auf diejenigen Betriebe, in denen kein Betriebsrat besteht (*Däubler/DKKW* § 111 Rn. 148; *Fitting* § 111 Rn. 19; *Löwisch/LK* § 111 Rn. 17; *Richardi/Annuß* § 111 Rn. 29; *Schaub/Koch* Arbeitsrechts-Handbuch, § 244 Rn. 5; *Spirolke/*NK-GA § 111 BetrVG Rn. 7; *Steffan/*HaKo § 111 Rn. 9; näher *Kreutz/Franzen* § 50 Rdn. 55 ff.). Hat es der Unternehmer in einem derartigen Fall unterlassen, einen Interessenausgleich mit dem Gesamtbetriebsrat zu versuchen, steht auch den Arbeitnehmern in betriebsratslosen Betrieben ein Nachteilsausgleich i. S. d. § 113 Abs. 3 zu.

40 Für die Ausübung der Beteiligungsrechte genügt es, wenn der Betriebsrat kraft eines **Übergangsmandats** i. S. d. § 21a für den von der Betriebsänderung betroffenen Betrieb zuständig ist. Hierzu kann es kommen, wenn infolge einer Abspaltung oder Ausgliederung (§ 123 UmwG) ein eigenständiger Betrieb entsteht und der neue Rechtsträger anschließend in diesem eine Betriebsänderung durchführen will. Für einen Übergangszeitraum von regelmäßig maximal sechs Monaten (§ 21a Abs. 1 Satz 2) bleibt der bisher zuständige Betriebsrat für den abgespaltenen oder ausgegliederten »Betriebsteil« kraft des durch § 21a begründeten Übergangsmandats zuständig, wenn in dem übertragenden Unternehmen unverändert die nach § 111 Satz 1 notwendige Zahl von Arbeitnehmern beschäftigt sind (s. dazu Rdn. 22 ff.). Wird der auf- bzw. abgespaltene Teil eines Betriebs in einen anderen Betrieb eingegliedert in dem ein Betriebsrat besteht, dann liegen die tatbestandlichen Voraussetzungen für ein Übergangsmandat nicht vor. Für Betriebsänderungen in dem aufnehmenden Betrieb ist ausschließlich der dort bestehende Betriebsrat zuständig. Lediglich in dem Fall, dass in dem aufnehmenden Betrieb kein Betriebsrat besteht, ist ein Übergangsmandat des Betriebsrats anzuerkennen, das sich jedoch auf die Arbeitnehmer in dem auf- bzw. abgespaltenen Betriebsteil beschränkt (s. *Kreutz* § 21a Rdn. 32).

41 Das Übergangsmandat ist abzugrenzen von dem **Restmandat** des Betriebsrats. Dieses erkennt § 21b an, wenn die beteiligungspflichtige Betriebsänderung dazu führt, dass das Betriebsratsamt wegen des Untergangs des Betriebs infolge Stilllegung, Spaltung oder Zusammenlegung endet (näher dazu *Kreutz* § 21b Rdn. 1 ff.). Zur Wahrnehmung der Beteiligungsrechte behält der Betriebsrat ein Restmandat, das nicht auf die noch laufende Amtsperiode beschränkt ist, sondern solange besteht, wie dies wegen der Beteiligungsrechte in den §§ 111 ff. erforderlich ist (s. *Kreutz* § 21b Rdn. 20 ff. sowie *BAG* 22.09.2016 EzA § 17 KSchG Nr. 39 = AP Nr. 52 zu § 17 KSchG 1969 Rn. 37 = NZA 2017, 175). Hierzu kann auch die Abänderung eines zuvor abgeschlossenen und noch nicht vollständig erfüllten Sozialplans gehören (ebenso bereits vor der Einfügung des § 21b *BAG* 05.10.2000 EzA § 112 BetrVG 1972 Nr. 107 S. 8 = AP Nr. 141 zu § 112 BetrVG 1972 Bl. 3 R f.).

3. Insolvenz des Unternehmens

Die Insolvenz des Unternehmens befreit nicht von der Pflicht, den Betriebsrat bei einer vom Insolvenzverwalter geplanten Betriebsänderung nach den §§ 111 f. zu beteiligen. Das gilt unabhängig davon, ob ein Insolvenzantrag gestellt worden ist oder ein Insolvenzverfahren eröffnet wurde. Dieses wirkt sich lediglich auf die Frage aus, wer den Betriebsrat zu beteiligen hat (dazu unten Rdn. 254), berührt jedoch nicht das Beteiligungsrecht als solches. Dementsprechend ist mit Eröffnung des Insolvenzverfahrens der Insolvenzverwalter verpflichtet, den Betriebsrat nach den §§ 111 f. zu beteiligen, wenn er eine **Betriebsänderung i. S. d. § 111 beabsichtigt** (*BAG* 04.06.2003 EzA § 209 InsO Nr. 1 S. 13 = AP Nr. 2 zu § 209 InsO Bl. 6; 22.07.2003 EzA § 111 BetrVG 2001 Nr. 1 S. 5 = AP Nr. 42 zu § 113 BetrVG 1972 Bl. 2 *[Oetker]*; 18.11.2003 EzA § 113 BetrVG 2001 Nr. 2 S. 4 = AP Nr. 162 zu § 112 BetrVG 1972 Bl. 2; *LAG Niedersachsen* 12.08.2002 LAGE § 122 InsO Nr. 1 S. 4 ff. *[Oetker]*; *LAG Sachsen-Anhalt* 12.01.2016 LAGE § 112 BetrVG 2001 Nr. 16; *Eisenbeis*/FK-InsO, § 122 Rn. 1; *Fitting* § 111 Rn. 37; *Hohenstatt/Willemsen*/HWK § 111 BetrVG Rn. 18; *Matthes*/MünchArbR § 271 Rn. 1 ff.; *Moll* in: Kübler/Prütting/Bork InsO, § 122 Rn. 8; *Preis/Bender/WPK* § 111 Rn. 10; *Richardi/Annuß* § 111 Rn. 35, 37; *Schweibert*/WHSS Kap. C Rn. 127; *Uhlenbruck* FS *Schwerdtner*, 2003, S. 623 [625 f.] sowie zur Konkursordnung *BAG* 17.03.1987 EzA § 111 BetrVG 1972 Nr. 19 S. 166 = AP Nr. 18 zu § 111 BetrVG 1972 Bl. 2 R). Diese früher umstrittene Frage (s. dazu noch ausführlich *Fabricius* 2. Bearbeitung, § 111 Rn. 228 ff.) wurde bereits durch das Gesetz über den Sozialplan im Konkurs- und Vergleichsverfahren vom 20.02.1985 (BGBl. I S. 369) geklärt, da die dortigen Sonderregelungen die Vereinbarungsbefugnis des Konkursverwalters voraussetzten (*Fabricius* 6. Aufl., § 111 Rn. 332).

42

Die zur Aufhebung des vorgenannten Gesetzes führende Insolvenzordnung hat dies erneut bestätigt, da die §§ 111 f. während des Insolvenzverfahrens mit den in den §§ 121 ff. InsO genannten Modifikationen anzuwenden sind und die Beteiligungsrechte des Betriebsrats gegenüber dem Insolvenzverwalter bestehen (*LAG Sachsen-Anhalt* 12.01.2016 LAGE § 112 BetrVG 2001 Nr. 16; *Wienberg/Neumann* FS *Karlheinz Fuchs*, S. 177 [179]). Die genannten Sonderbestimmungen der §§ 121 ff. InsO gelten nicht nur, wenn das Insolvenzverfahren den Vorschriften der InsO unterliegt. Vielmehr sind diese wegen Art. 13 der Verordnung (EG) 2015/848 (EuInsVO) oder § 337 InsO auch dann anzuwenden, wenn das Insolvenzverfahren nach dem Recht eines anderen Staates eröffnet wurde, da diese die betriebsverfassungsrechtlichen Vorschriften ergänzen und für deren Anwendung das Territorialitätsprinzip maßgebend ist (*Hess. LAG* 31.05.2011 – 4 TaBV 153/10 – BeckRS 2011, 78544; s. a. *BAG* 20.09.2012 EzA § 125 InsO Nr. 8 Rn. 30 ff. = AP Nr. 10 zu § 125 InsO = NZA 2013, 797).

43

Aus der Regelungssystematik der §§ 121 ff. InsO ergibt sich, dass die **insolvenzrechtlichen Sonderregelungen** die §§ 111 f. nicht verdrängen, sondern auf diesen aufbauen und partiell modifizieren. Das betrifft insbesondere das Interessenausgleichsverfahren (§§ 121, 122 InsO; dazu §§ 112, 112a Rdn. 337 ff.) sowie den Sozialplan (§§ 123, 124 InsO; näher dazu §§ 112, 112a Rdn. 395 ff.), nicht aber den Grundtatbestand für die Beteiligung des Betriebsrats in § 111. Ihr kann sich der Insolvenzverwalter auch nicht mit der Begründung entziehen, die von ihm durchgeführte Betriebsänderung sei Ausdruck der wirtschaftlichen Notlage und ohne sinnvolle Alternativen gewesen (*BAG* 22.07.2003 EzA § 111 BetrVG 2001 Nr. 1 S. 5 ff. = AP Nr. 42 zu § 113 BetrVG 1972 Bl. 2 ff. *[Oetker]*; 18.11.2003 EzA § 113 BetrVG 2001 Nr. 2 S. 5 f. = AP Nr. 162 zu § 112 BetrVG 1972 Bl. 2 R f.; *Hohenstatt/Willemsen*/HWK § 111 BetrVG Rn. 18; *Hamberger* Insolvenzverfahren, S. 190, 196 f.; *Preis/Bender/WPK* § 111 Rn. 10; *Richardi/Annuß* § 111 Rn. 34). Will er das Beteiligungsverfahren beschleunigt durchführen, so steht ihm der durch § 122 InsO vorgezeichnete Weg offen (dazu näher §§ 112, 112a Rdn. 337 ff.). Trotz des hier befürworteten Standpunkts kann es aufgrund der besonderen Umstände des Einzelfalls gerechtfertigt sein, die vom Insolvenzverwalter ohne vorherigen Versuch des Interessenausgleichs durchgeführte Betriebsänderung aus dem Anwendungsbereich der Sanktionsnorm in § 113 Abs. 3 auszuklammern (s. § 113 Rdn. 60; **a. M.** *BAG* 22.07.2003 EzA § 111 BetrVG 2001 Nr. 1 S. 5 ff. = AP Nr. 42 zu § 113 BetrVG 1972 Bl. 2 ff. *[Oetker]*).

44

Ebenso steht es der Beteiligung des Betriebsrats nach den §§ 111 f. nicht entgegen, wenn dieser erst nach Eröffnung des Insolvenzverfahrens, aber vor der Einleitung der Betriebsänderung errichtet worden ist (s. Rdn. 36); die Einleitung eines Insolvenzverfahrens kann dazu führen, dass der Insolvenzverwalter eine Betriebsänderung durchführen muss, die Verfahrenseinleitung ist jedoch nicht mit einer

45

Betriebsänderung gleichzusetzen (*Fitting* § 111 Rn. 39; *Hohenstatt/Willemsen/HWK* § 111 BetrVG Rn. 18 sowie hier Rdn. 73 m. w. N.).

46 Ergänzt wird § 111 durch die **Beteiligung** des Betriebsrats im Rahmen des **Insolvenzverfahrens**. Das betrifft zunächst dessen Mitwirkung im **Berichtstermin**, in dem der Insolvenzverwalter auch über die wirtschaftliche Lage und die Sanierungsfähigkeit des Unternehmens informiert (§ 156 Abs. 1 InsO). In diesem Rahmen hat neben dem Sprecherausschuss der leitenden Angestellten auch der Betriebsrat das Recht, zu dem Bericht des Verwalters Stellung zu nehmen (§ 156 Abs. 2 InsO; näher *Hamberger* Insolvenzverfahren, S. 296 ff.). Eine unmittelbare Beteiligung des Betriebsrats an den **Sitzungen** des **Gläubigerausschusses** kennt die InsO nicht, allerdings eröffnet § 67 Abs. 2 Satz 2 InsO die Möglichkeit, dass dem Gläubigerausschuss ein Vertreter der Arbeitnehmer angehört. Die Entscheidung hierüber trifft das Insolvenzgericht (§ 67 Abs. 1 InsO) bzw. die Gläubigerversammlung (§ 68 InsO). Zur Beteiligung des Betriebsrats während des Verfahrens zur **Aufstellung eines Insolvenzplans** (§§ 218 Abs. 3; 232 Abs. 1 Nr. 1 InsO) s. *Hamberger* Insolvenzverfahren, S. 197 ff., 303 f., 318 ff.; ferner zum sog. Schutzschirmverfahren (§ 270b InsO) im Rahmen einer Eigenverwaltung (§ 270 InsO) *Krolop* ZfA 2015, 287 ff.

4. Anwendung des § 111 in Tendenzunternehmen

47 Für Tendenzunternehmen trifft § 118 Abs. 1 Satz 2 im Hinblick auf die **Mitbestimmung in wirtschaftlichen Angelegenheiten** eine **differenzierende Sonderregelung**, die dem Umstand Rechnung trägt, dass die wirtschaftlichen Angelegenheiten mit der Tendenzverwirklichung unmittelbar verknüpft sind. Deshalb ist nicht nur die Mitbestimmung der Arbeitnehmer im Aufsichtsrat durch die Schaffung eines absoluten Tendenzschutzes ausgeschlossen (§ 1 Abs. 4 MitbestG, § 1 Abs. 2 DrittelbG), sondern auch die betriebsverfassungsrechtliche Mitbestimmung stark zurückgedrängt: Erstens überträgt § 118 Abs. 1 Satz 2 im Hinblick auf den Wirtschaftsausschuss den absoluten Tendenzschutz (s. § 106 Rdn. 15) und zweitens finden die **§§ 111 bis 113** bei Tendenzunternehmen nur **eingeschränkt Anwendung**.

48 Die Vorgaben der **Richtlinie 2002/14/EG** stehen der Relativierung durch § 118 Abs. 1 Satz 2 nicht entgegen, da Art. 3 Abs. 2 der Richtlinie eine auf Tendenzunternehmen bzw. -betriebe bezogene Öffnungsklausel enthält (s. dazu näher *Gerdom* Unterrichtungs- und Anhörungspflichten, S. 133 ff., 243 ff.; *Oetker/Schubert* EAS B 8300, Rn. 300 ff.; *Ritter* Der Wirtschaftsausschuss nach dem Betriebsverfassungsgesetz und die Rahmenrichtlinie 2002/14/EG, 2006, S. 245 ff.; *Spreer* Die Richtlinie 2002/14/EG zur Festlegung eines allgemeinen Rahmens für die Unterrichtung und Anhörung der Arbeitnehmer in der Europäischen Gemeinschaft [Diss. Bielefeld], 2005, S. 39 ff.; *Weber*/EuArbR Art. 3 RL 2002/14/EG Rn. 12 ff.).

49 Die **Reichweite der Relativierung** in § 118 Abs. 1 Satz 2 für die Anwendung der §§ 111 bis 113 ist allerdings nicht eindeutig. Wegen des vom Gesetzgeber gewollten und vom Norminterpreten zu akzeptierenden Tendenzschutzes finden die §§ 111 bis 113 nur im Hinblick auf »den Ausgleich oder die Milderung wirtschaftlicher Nachteile für die Arbeitnehmer infolge von Betriebsänderungen« Anwendung. Wegen der Übernahme der Legaldefinition in § 112 Abs. 1 Satz 2 für den Sozialplan durch § 118 Abs. 1 Satz 2 sind die §§ 111 bis 113 für den **Sozialplan**, nicht aber im Hinblick auf den **Interessenausgleich** in Tendenzbetrieben anzuwenden (*BAG* 18.11.2003 EzA § 118 BetrVG 2001 Nr. 4 S. 4, 5 = AP Nr. 76 zu § 118 BetrVG 1972 Bl. 2 f.; *Gillen/Hörle* NZA 2003, 1225 [1227 f.] sowie *Weber* § 118 Rdn. 151 f.). Soweit hieraus im Schrifttum teilweise gefolgert wird, es sei auch die Anwendung von **§ 1 Abs. 5 KSchG** im Tendenzbetrieb ausgeschlossen (*Fitting* §§ 112, 112a Rn. 53; *Gaul* BB 2004, 2686 [2689]; *Preis/SPV* Rn. 1156; *Quecke/HWK* § 1 KSchG Rn. 420; *Richardi/Annuß* § 112 Rn. 22a), ist dem nicht zu folgen (ebenso *LAG Köln* 13.02.2012 – 5 Sa 303/11 – BeckRS 2012, 70129; *Bauer* FS *Wißmann*, S. 215 [228 f.]; *Deinert/DDZ* § 1 KSchG Rn. 613; *Griebeling/Rachor*/KR § 1 KSchG Rn. 703a; *Kania*/ErfK § 118 BetrVG Rn. 18; *Kiel/APS* § 1 KSchG Rn. 715; *Thüsing/Wege* BB 2005, 213 [215 f.]). Der Tatbestand in § 1 Abs. 5 KSchG setzt lediglich den Abschluss eines Interessenausgleichs anlässlich einer Betriebsänderung i. S. d. § 111 voraus. Dies ist auf freiwilliger Basis auch in einem Tendenzbetrieb möglich (s. *Weber* § 118 Rdn. 153 a. E. m. w. N.), da die durch § 118 Abs. 1 Satz 2 relativierte Anwendung der §§ 111 bis 113 lediglich dazu führt, dass die auf den Versuch

eines Interessenausgleichs gerichtete Rechtspflicht entfällt. Zur Anwendbarkeit des § 113 s. § 113 Rdn. 14 ff.

Zweifelhaft ist der Aussagegehalt des § 118 Abs. 1 Satz 2 für die **Anwendung des § 111**. Unstreitig ist, dass die Vorschrift auch in Tendenzbetrieben insoweit anzuwenden ist, als diese – vorbehaltlich des § 112a – den **Kreis der sozialplanpflichtigen Betriebsänderungen** festlegt. Problematisch ist allerdings die **Reichweite des Tendenzschutzes** im Hinblick auf das **Unterrichtungs- und Beratungsrecht** in § 111 Satz 1. Bei enger Anlehnung an den Wortlaut des § 118 Abs. 1 Satz 2 müssten beide Rechte des Betriebsrats in Tendenzunternehmen ausgeschlossen sein, weil § 111 nicht den Ausgleich wirtschaftlicher Nachteile »regelt«. Da die Bestimmungen zum Sozialplan auf § 111 aufbauen, ist jedoch zwischen dem Unterrichtungs- und dem Beratungsrecht zu differenzieren. 50

Die Verhandlungen über einen Sozialplan können nicht sinnvoll geführt werden, ohne dass der Unternehmer den Betriebsrat zuvor über die beabsichtigte Betriebsänderung unterrichtet hat. Deshalb besteht das in § 111 Satz 1 normierte **Unterrichtungsrecht** über die geplante Betriebsänderung auch in Tendenzbetrieben (*BAG* 27.10.1997 EzA § 113 BetrVG 1972 Nr. 27 S. 8 f. *[Kraft]* = AP Nr. 65 zu § 118 BetrVG 1972 Bl. 4 f.; 18.11.2003 EzA § 118 BetrVG 2001 Nr. 4 S. 6 f. = AP Nr. 76 zu § 118 BerVG 1972 Bl. 3 R; *LAG* Sachsen-Anhalt 21.06.2013 – 6 Sa 444/11 – BeckRS 2013, 72002; *Bauer* FS *Wißmann*, S. 215 [218 f.]; *Bauer/Lingemann* NZA 1995, 813 [815]; *Fitting* § 111 Rn. 36; *Richardi* 7. Aufl., § 111 Rn. 27; *Ziegler* Betriebsänderung, S. 101; **a. M.** wohl *ArbG* Frankfurt/Oder 22.03.2001 NZA-RR 2001, 646 [647]). 51

Zu modifizieren sind jedoch die konkretisierenden Merkmale »**rechtzeitig**« und »**umfassend**«. Diese erfahren ihre inhaltliche Präzisierung vor allem durch den Zweck des Beteiligungsrechts, die Willensbildung des Unternehmers im Hinblick auf die Betriebsänderung zu beeinflussen (s. Rdn. 201). Dieser teleologische Ansatz erzwingt wegen der Verweisungsnorm in § 118 Abs. 1 Satz 2 einen grundlegenden Wandel: »rechtzeitig« und »umfassend« sind auf die Durchführung der Sozialplanverhandlungen zu beziehen (*BAG* 18.11.2003 EzA § 118 BetrVG 2001 Nr. 4 S. 8 f. = AP Nr. 76 zu § 118 BetrVG 1972 Bl. 4 f.; *Bauer* FS *Wißmann*, S. 215 [218 ff.]; *Bauer/Lingemann* NZA 1995, 813 [815]; *Fitting* § 111 Rn. 36; *Gillen/Hörle* NZA 2003, 1225 [1229 f.]; *Schaub/Koch* Arbeitsrechts-Handbuch, § 244 Rn. 11), die nach der Vorstellung des Gesetzes vor der Durchführung der Betriebsänderung abgeschlossen sein sollen (s. §§ 112, 112a Rdn. 143). 52

Die konsequent auf die Sozialplanverhandlungen bezogene Auslegung der Verweisungsnorm führt im Hinblick auf das **Beratungsrecht** in § 111 Satz 1 zu dem Ergebnis, dass dessen Anwendung in Tendenzbetrieben entfällt, soweit es die »geplante Betriebsänderung« umfasst (*Bauer/Lingemann* NZA 1995, 813 [815]; *Fitting* § 111 Rn. 36; *Richardi* 7. Aufl., § 111 Rn. 27; *Ziegler* Betriebsänderung, S. 101; wohl auch *BAG* 27.10.1997 EzA § 113 BetrVG 1972 Nr. 27 S. 8 *[Kraft]* = AP Nr. 65 zu § 118 BetrVG 1972 Bl. 4, da dort das Beratungsrecht auf die »sozialen Folgen« beschränkt wird). Diese ist – wie der identische Begriff in § 112 Abs. 1 Satz 1 belegt – Gegenstand der Interessenausgleichsverhandlungen. Eine Beratung über »die geplante Betriebsänderung« würde die von § 118 Abs. 1 Satz 2 bewusst angeordnete Begrenzung der Betriebsratsbeteiligung auf den Ausgleich oder die Milderung wirtschaftlicher Nachteile unterlaufen. Die nach § 111 Satz 1 durchzuführende Beratung beschränkt sich deshalb auf diejenigen Gegenstände, die **Inhalt eines Sozialplans** sein können (dazu näher §§ 112, 112a Rdn. 132 ff.). 53

III. Vorliegen einer »Betriebsänderung«

1. Allgemeines

Den Tatbestand der beteiligungspflichtigen »Betriebsänderung« umschreibt § 111 sowohl in Satz 1 der Vorschrift als auch in deren Satz 3. Während Satz 1 ohne Konkretisierung an eine »Betriebsänderung« anknüpft und diese nur durch den nachfolgenden Relativsatz (»die wesentliche Nachteile für die Belegschaft oder erhebliche Teile der Belegschaft zur Folge haben können«) begrenzt, legt Satz 3 enumerativ fünf Tatbestände fest, die als Betriebsänderung i. S. d. Satzes 1 »gelten«. Zueinander stehen diese nicht in einem Verhältnis tatbestandlicher Exklusivität, sondern wegen des mit der Regelungstechnik 54 verfolgten Zwecks kann dieselbe Maßnahme des Unternehmers auch **mehrere Tatbestände einer Betriebsänderung** i. S. d. § 111 Satz 3 erfüllen (*BAG* 21.02.2001 EzA § 1 KSchG Interessenausgleich Nr. 8 S. 4, für § 111 Satz 3 Nr. 1 und 4). Die Regelungstechnik des § 111 wirft zwei Streitfragen auf, die die Beziehung von Satz 1 und 3 zueinander betreffen.

a) Verhältnis zwischen § 111 Satz 3 und § 111 Satz 1

55 Der erste Streit betrifft das Verhältnis von § 111 Satz 3 zu § 111 Satz 1. Eine **enge Auffassung** misst dem **Katalog in § 111 Satz 3 abschließende Bedeutung** bei. Sachverhalte, die den dortigen Tatbeständen nicht unterfallen, scheiden bei diesem Verständnis als beteiligungspflichtige Betriebsänderung aus, insbesondere ist ein ergänzender Rückgriff auf § 111 Satz 1 zur Begründung einer beteiligungspflichtigen Betriebsänderung nicht möglich (so *LAG Düsseldorf* 29.03.1978 DB 1979, 114; *Bauer* DB 1994, 217 [218]; *Boemke/Tietze* DB 1999, 1389 [1389]; *Foldenauer* Die Norm- und Bindungswirkung des Interessenausgleichs [Diss. Erlangen-Nürnberg 2014], 2015, S. 89 f.; *Galperin/Löwisch* § 111 Rn. 19; *Hanau* ZfA 1974, 89 [93]; *Hess/HWGNRH* § 111 Rn. 49; *Hohenstatt/Willemsen/HWK* § 111 BetrVG Rn. 20; *Küchenhoff* § 111 Rn. 11; *Matthes* DB 1972, 286 [286]; *Ohl* Der Sozialplan, 1977, S. 31 f.; *Richardi* NZA 1984, 177 [178 f.]; *ders./Annuß* § 111 Rn. 41 ff.; *Rieble/AR* § 111 BetrVG Rn. 11; *Schwanecke* Die »grundlegende Änderung des Betriebszwecks«, S. 20 ff.; *Schlüter* SAE 1976, 296; *Schweibert/WHSS* Kap. C Rn. 20; *Staufenbiel* Sozialplan, S. 29 f.; *Stege/Weinspach/Schiefer* §§ 111–113 Rn. 27; *Träxler* Betriebsänderung, S. 5 f.; *Wüst* Personaleinschränkungen, S. 44 ff.; *Ziegler* Betriebsänderung, S. 36 ff.).

56 Die **Gegenposition** misst § 111 Satz 3 eine schwächere Bedeutung bei. Die Vorschrift umschreibe zwar Tatbestände einer Betriebsänderung i. S. d. Satzes 1, ohne hierdurch aber den Rückgriff auf **§ 111 Satz 1 i. S. einer Generalklausel** auszuschließen. Sachverhalte, die nicht nach § 111 Satz 3 als Betriebsänderung »gelten«, können bei diesem Ansatz gleichwohl über § 111 Satz 1 die Qualität einer beteiligungspflichtigen Betriebsänderung aufweisen (*LAG Baden-Württemberg* 16.06.1987 LAGE § 111 BetrVG 1972 Nr. 6; *S. Biedenkopf* Interessenausgleich, S. 47 ff.; *Däubler/DKKW* § 111 Rn. 45 f.; *Dütz/Thüsing* Arbeitsrecht, Rn. 990; *Engels* DB 1979, 2227 [2228 f.]; *Etzel* R. 974; *Fabricius* 6. Aufl., § 111 Rn. 95 ff.; *Fitting* § 111 Rn. 47; *Fuchs* Der Sozialplan nach dem Betriebsverfassungsgesetz 1972 [Diss. Gießen], 1977, S. 77 f.; *Gamillscheg* II, § 52, 4a [2]; *ders.* FS Bosch, S. 209 [210]; *Heither* ZIP 1985, 513 [513]; *ders.* AR-Blattei SD 530.14.5, Rn. 46; *v. Hoyningen-Huene* Betriebsverfassungsrecht, § 15 II 1; *Kamanabrou* Arbeitsrecht, Rn. 2829; *Kreutz* BlStSozArbR 1971, 209 [211]; *Loritz/ZLH* Arbeitsrecht, § 53 Rn. 20; *Pottmeyer* Überleitung der Arbeitsverhältnisse, S. 188 ff.; *Preis/Bender/WPK* § 111 Rn. 11; *Rumpff/Boewer* Wirtschaftliche Angelegenheiten, Kap. H Rn. 50 ff.; *Schaub/Koch* Arbeitsrechts-Handbuch, § 244 Rn. 21; *Simon* ZfA 1987, 311 [321 f.]; *Teichmüller* Die Betriebsänderung, S. 50 f.; *Weber/Ehrich/Hörchens/Oberthür* Kap. J Rn. 12; *Weiss/Weyand* § 111 Rn. 6; offengelassen von *BAG* 17.02.1981 EzA § 111 BetrVG 1972 Nr. 13 S. 103 = AP Nr. 9 zu § 111 BetrVG 1972 Bl. 1 R *[Kittner]* = SAE 1982, 17 *[Löwisch]* = AR-Blattei Betriebsverfassung XIV E, Entsch. 21 *[Seiter]*; 17.08.1982 EzA § 111 BetrVG 1972 Nr. 14 S. 109 ff. = AP Nr. 11 zu § 111 BetrVG 1972 Bl. 2 R *[Richardi]* = SAE 1984, 234 *[Mayer-Maly]*; *BAG* 21.02.2001 EzA § 1 KSchG Interessenausgleich Nr. 8 S. 4).

57 Die letztgenannte Ansicht verdient den Vorzug. Die Aufzählung in § 111 Satz 3 wird zwar nicht – wie in § 106 Abs. 3 – mit dem Wort »insbesondere« eingeleitet. Das spricht aber – entgegen *Richardi/Annuß* (§ 111 Rn. 42; im Anschluss auch *Bauer* DB 1994, 217 [217]; *Hohenstatt/Willemsen/HWK* § 111 BetrVG Rn. 20; *Hromadka/Maschmann* Arbeitsrecht 2, § 16 Rn. 602; *Schweibert/WHSS* Kap. C Rn. 20; *Stege/Weinspach/Schiefer* §§ 111–113 Rn. 27) – nicht für ihren abschließenden Charakter. Der im Vergleich zu § 106 Abs. 3 charakteristische Unterschied besteht darin, dass § 111 Satz 1 eine Generalklausel enthält, die bei einem abschließenden Verständnis des § 111 Satz 3 weitgehend überflüssig wäre. Gerade § 111 Satz 1 verdeutlicht, dass § 111 Satz 3 diese Wirkung nicht entfaltet. Da Satz 1 den Begriff der »Betriebsänderung« in Satz 1 selbst nicht definiert und die nachfolgende Relativierung (»wesentliche Nachteile«) breiten Raum für Interpretationsspielräume eröffnet, war es insbesondere im Hinblick auf die scharfe Sanktion in § 113 Abs. 3 erforderlich, den Tatbestand der »Betriebsänderung« zu konkretisieren (s. a. Rdn. 3). Dies ist durch § 111 Satz 3 geschehen, ohne dass diese Norm Anhaltspunkte für ein abschließendes Verständnis enthält. Aufgabe des Satzes 3 ist es lediglich,

enumerativ Tatbestände einer Betriebsänderung festzulegen, die das Beteiligungsrecht des Betriebsrats ohne gesonderte Prüfung der »wesentlichen Nachteile« auslösen (dazu Rdn. 60 ff.).

Die hier befürwortete Ansicht führt – entgegen *Hanau* (ZfA 1974, 89 [93]) – nicht dazu, dass der Begriff der »wesentlichen Nachteile« zur Grundlage eines selbständigen Beteiligungstatbestands wird. Es ist vielmehr stets erforderlich, dass eine im Lichte von § 111 Satz 3 zu konkretisierende »Betriebsänderung« vorliegt (s. Rdn. 179 f.), die erst beim Hinzutreten »wesentlicher Nachteile« für die im Betrieb beschäftigten Arbeitnehmer das Beteiligungsrecht des Betriebsrats auslöst. Das ist insbesondere von Bedeutung, wenn die vom Unternehmer geplante Betriebsänderung nicht die in § 111 Satz 3 aufgenommenen qualitativen Einschränkungen (»wesentlich«, »grundlegend«) erfüllt. Treten »wesentliche Nachteile« hinzu, so liegt bei dem hiesigen Verständnis über § 111 Satz 1 eine beteiligungspflichtige Betriebsänderung vor, was sowohl vom Normzweck als auch im Lichte des Art. 3 Abs. 1 GG geboten ist, da das Beteiligungsrecht dem Betriebsrat vor allem im Hinblick auf die möglichen Nachteile der Betriebsänderung für die hiervon betroffenen Arbeitnehmer eingeräumt wird. Deshalb wird eine Interpretation des § 111 nur dann seinem Zweck gerecht, wenn diese sicherstellt, dass der Betriebsrat stets dann zu beteiligen ist, wenn infolge einer Betriebsänderung »wesentliche Nachteile« für die Arbeitnehmer eintreten können (*Däubler/DKKW* § 111 Rn. 46). Die Unterschiede zwischen beiden konzeptionellen Ansätzen sind im Ergebnis allerdings gering, da diejenigen Autoren, die § 111 Satz 3 im Hinblick auf den Tatbestand einer beteiligungspflichtigen Betriebsänderung abschließende Wirkung beimessen, bei den dortigen Tatbeständen entweder für eine extensive Auslegung oder gar für die Bildung von Analogien plädieren (hierfür z. B. *Hanau* ZfA 1974, 89 [93]; *Schwanecke* Die »grundlegende Änderung des Betriebszwecks«, S. 25).

Eine weitere Unterstützung erfährt das hier im Einklang mit der vorherrschenden Ansicht befürwortete Verständnis durch das unionsrechtlich vorgeprägte Gebot, das Recht der Mitgliedstaaten so anzuwenden, dass die Rechtsanwendung insbesondere den durch Richtlinien der Europäischen Union gebildeten Vorgaben ausreichend genügt. Neben den Unterrichtungs- und Anhörungspflichten, die Art. 2 der Richtlinie 98/50/EG für Massenentlassungen und Art. 7 der Richtlinie 2001/23/EG für Betriebsübergänge vorgeben, tritt vor allem Art. 4 Abs. 2 Buchst. c der Richtlinie 2002/14/EG in den Vordergrund, da dieser eine Unterrichtung und Anhörung zu Entscheidungen verlangt, die »wesentliche Veränderungen der Arbeitsorganisation oder der Arbeitsverträge mit sich bringen«. Sofern diesen Vorgaben nur durch Anwendung von § 111 BetrVG Rechnung getragen werden kann und der jeweilige Sachverhalt nicht von den Katalogtatbeständen in § 111 Satz 3 erfasst ist, zwingt das Erfordernis einer unionsrechtskonformen Auslegung zu einem Rückgriff auf § 111 Satz 1, was methodengerecht nur möglich ist, wenn die Vorschrift i. S. einer Generalklausel verstanden wird, deren Anwendung nicht durch die Katalogtatbestände in § 111 Satz 3 versperrt ist (s. Rdn. 5 sowie *Gerdom* Unterrichtungs- und Anhörungspflichten, S. 203 ff.; *Oetker/Schubert* EAS B 8300, Rn. 364 ff.; *Reichold* NZA 2003, 289 [298]; *Weber/EuArbR* Art. 4 RL 2002/14/EG Rn. 31 a. E.).

b) Die unwiderlegbare Vermutung »wesentlicher Nachteile« im Rahmen des § 111 Satz 3
Der zweite Streit betrifft die **Bedeutung des Relativsatzes in § 111 Satz 1** (»wesentliche Nachteile«) für die in § 111 Satz 3 aufgelisteten Tatbestände einer »Betriebsänderung«. Erheblich ist dieser Streit, wenn einerseits zwar die Voraussetzungen einer Betriebsänderung i. S. d. Satzes 3 erfüllt sind, andererseits aber feststeht, dass z. B. die Einführung eines grundlegend neuen Fertigungsverfahrens (§ 111 Satz 3 Nr. 5) keine wesentlichen Nachteile für die Belegschaft oder erhebliche Teile der Belegschaft zur Folge hat.

Die Auffassung, nach der das **Vorliegen von »wesentlichen Nachteilen« auch im Rahmen des Satzes 3** selbständig zu prüfen ist (hierfür *Galperin/Löwisch* § 111 Rn. 20; *v. Hoyningen-Huene* Betriebsverfassungsrecht, § 15 II 1; *Stege/Weinspach/Schiefer* §§ 111–113 Rn. 13 sowie ursprünglich auch *Matthes* DB 1972, 286 [286]), wird heute nur noch vereinzelt vertreten (so aber in neuerer Zeit LAG *Rheinland-Pfalz* 10.09.2009 – 11 TaBV 13/09 – BeckRS 2009, 74675). Methodisch ließe sich dieser Ansatz auf zwei Konstruktionen stützen. Erstens könnte die Eingangsformulierung des Satzes 3 »Betriebsänderung im Sinne des Satzes 1« ausschließlich auf das in Satz 1 enthaltene Tatbestandsmerkmal »Betriebsänderung« bezogen werden. Für den Relativsatz in § 111 Satz 1, der die beteiligungspflichtigen Betriebsänderungen auf solche begrenzt, die »wesentliche Nachteile« zur Folge haben können, würde die Aufzählung in § 111 Satz 3 bei dieser Sichtweise keine Bedeutung entfalten und bedürfte dementsprechend einer eigenständigen Prüfung (s. a. *LAG Rheinland-Pfalz* 10.09.2009 – 11 TaBV 13/09 – BeckRS 2009, 74675). Zweitens ließe sich das Wort »gelten« in Satz 3 i. S. einer widerlegbaren Vermutung auslegen (so *Hess/HWGNRH* § 111 Rn. 50; hiergegen bereits *Fabricius* 6. Aufl., § 111 Rn. 110).

62 Beide Argumente widersprechen dem Zweck der Aufzählung in Satz 3. Diese soll dem Norminterpreten bei den dort genannten Tatbeständen die eigenständige Prüfung ersparen, ob die aufgezählten Veränderungen des Betriebs zu wesentlichen Nachteilen für die Belegschaft führen können (s. Rdn. 3). Das hierin dokumentierte Bestreben nach Rechtssicherheit (s. Rdn. 3) würde konterkariert, wenn in jedem Einzelfall stets der mögliche Eintritt »wesentlicher Nachteile« im Sinne einer zusätzlichen tatbestandlichen Voraussetzung zu prüfen wäre. Der Verzicht hierauf ist gerade deshalb gerechtfertigt, weil die Tatbestände in § 111 Satz 3 nur »wesentliche« oder »grundlegende« Änderungen des Betriebs aufnehmen, die nach dem nicht zu beanstandenden Beurteilungsspielraum des Gesetzgebers bei ihrer derzeitigen Ausformung typischerweise »wesentliche Nachteile« zur Folge haben können. Die Einschätzung, ob bei den in § 111 Satz 3 aufgezählten Betriebsänderungen tatsächlich Nachteile eintreten können, beeinflusst deshalb nicht die tatbestandlichen Voraussetzungen des Beteiligungsrechts, sondern fällt in die Kompetenz der Einigungsstelle, die sich bei der Aufstellung des Sozialplans auf den Ausgleich oder die Milderung der »wesentlichen Nachteile« beschränken muss, was denknotwendig deren vorherige Ermittlung voraussetzt.

63 Die h. M. lehnt es deshalb mit Recht ab, die Möglichkeit »wesentlicher Nachteile« als zusätzliche Voraussetzung bei der Frage zu prüfen, ob eine Betriebsänderung i. S. d. § 111 Satz 3 vorliegt (so das *BAG* in st. Rspr. seit 26.10.1982 EzA § 111 BetrVG 1972 Nr. 15 S. 126 = AP Nr. 10 zu § 111 BetrVG 1972 Bl. 6 *[Richardi]* = SAE 1984, 269 *[Buchner]* sowie aus neuerer Zeit *BAG* 18.03.2008 EzA § 111 BetrVG 1972 Nr. 5 Rn. 16 = AP Nr. 66 zu § 111 BetrVG 1972; 09.11.2010 EzA § 111 BetrVG 2001 Nr. 6 Rn. 13 = AP Nr. 69 zu § 111 BetrVG 1972 *[Fütterer]* = NZA 2011, 467; ebenso im Schrifttum z. B. *Aßmuth* Bagatellspaltungen, S. 150 ff.; *Bauer* DB 1994, 217 [218]; *Däubler/DKKW* § 111 Rn. 44; *Engels* DB 1979, 2227 [2228]; *Etzel* Rn. 973; *Fitting* § 111 Rn. 43; *Hanau* ZfA 1974, 89 [91 f.]; *Heinze* NZA 1987, 41 [43 f.]; *Heither* AR-Blattei SD 530.14.5, Rn. 45; *Hohenstatt/Willemsen/HWK* § 111 BetrVG Rn. 21; *Kamanabrou* Arbeitsrecht, Rn. 2844; *Kania/*ErfK § 111 BetrVG Rn. 8; *Loritz/ZLH* Arbeitsrecht, § 55 Rn. 20; *Matthes/*MünchArbR § 268 Rn. 9; *Ohl* Der Sozialplan, 1977, S. 33 ff.; *Preis/Bender/WPK* § 111 Rn. 11; *Richardi* NZA 1984, 177 [179]; *ders./Annuß* § 111 Rn. 45 f.; *Rumpff/Boewer* Wirtschaftliche Angelegenheiten, Kap. H Rn. 61; *Schaub/Koch* Arbeitsrechts-Handbuch, § 244 Rn. 7, 21; *Schwanecke* Die »grundlegende Änderung des Betriebszwecks«, S. 30 f.; *Schwiebert/WHSS* Kap. C Rn. 18; *Staufenbiel* Sozialplan, S. 27 f.; *Teichmüller* Die Betriebsänderung, S. 50; *Träxler* Betriebsänderung, S. 8; *Weber/Ehrich/Hörchens/Oberthür* Kap. J Rn. 13; *Ziegler* Betriebsänderung, S. 69 ff.).

64 Allerdings handelt es sich bei § 111 Satz 3 aus methodischer Sicht entgegen einer verbreitet anzutreffenden Formulierung (für diese z. B. *BAG* 17.08.1982 EzA § 111 BetrVG 1972 Nr. 14 = AP Nr. 11 zu § 111 BetrVG 1972 Bl. 2 *[Richardi]* = SAE 1984, 234 *[Mayer-Maly]*; 18.03.2008 EzA § 111 BetrVG 2001 Nr. 5 Rn. 16 = AP Nr. 66 zu § 111 BetrVG 1972; 09.11.2010 EzA § 111 BetrVG 2001 Nr. 6 Rn. 13 = AP Nr. 69 zu § 111 BetrVG 1972 *[Fütterer]* = NZA 2011, 467; *LAG Rheinland-Pfalz* 09.11.2016 – 7 TaBV 22/16 – BeckRS 2016, 110822 sowie *Bauer* DB 1994, 217 [218]; *Däubler/DKKW* § 111 Rn. 44; *Dütz/Thüsing* Arbeitsrecht, Rn. 990; *Engels* DB 1979, 2227 [2228]; *Etzel* Rn. 973; *Fitting* § 111 Rn. 42; *Hromadka/Maschmann* Arbeitsrecht 2, § 16 Rn. 604; *Matthes/*MünchArbR § 268 Rn. 9; *Ohl* Der Sozialplan, 1977, S. 33 f.; *Preis/Bender/WPK* § 111 Rn. 11; *Reich* § 111 Rn. 5; *Rieble/*AR § 111 Rn. 11; *Rumpff/Boewer* Wirtschaftliche Angelegenheiten, Kap. H Rn. 46; *Schaub/Koch* Arbeitsrechts-Handbuch, § 244 Rn. 21; *Schwiebert/WHSS* Kap. C Rn. 18; *Spirolke/*NK-GA § 111 BetrVG Rn. 10; *Steffan/*HaKo § 111 Rn. 16 sowie mit ausführlicher Begründung *Fabricius* 6. Aufl., § 111 Rn. 96 ff.) **nicht** um eine **Fiktion** (treffend *Ehmann* Anm. zu *BAG* 06.06.1978 AP Nr. 2 zu § 111 BetrVG 1972; *Hess/HWGNRH* § 111 Rn. 50), sondern um eine **Vermutung** (*Hess/HWGNRH* § 111 Rn. 50; *Hohenstatt/Willemsen/HWK* § 111 BetrVG Rn. 21; *Weiss/Weyand* § 111 Rn. 1), die wegen ihres Zwecks **unwiderlegbar** ist (*Ehmann* Anm. zu *BAG* 06.06.1978 AP Nr. 2 zu § 111 BetrVG 1972; *Hohenstatt/Willemsen/HWK* § 111 BetrVG Rn. 21;

Weiss/Weyand § 111 Rn. 1 sowie ausführlich *Aßmuth* Bagatellspaltungen, S. 156 ff.; **a. M.** *Hess/HWGNRH* § 111 Rn. 50).

Trotz der Struktur des § 111 Satz 3 i. S. einer unwiderlegbaren Vermutung ist die **Generalklausel in** 65 **§ 111 Satz 1** für die Anwendung des § 111 Satz 3 **nicht bedeutungslos**. Der hier befürwortete Ansatz schließt es nicht aus, § 111 Satz 3 im Lichte der gesetzgeberischen Intention auszulegen, diejenigen Tatbestände aufzulisten, die mit der Möglichkeit »wesentlicher Nachteile« verbunden sind (s. Rdn. 62). Insofern bietet der Relativsatz in § 111 Satz 1 eine **Interpretationshilfe** für die Konkretisierung der qualitativen Anforderungen an eine Betriebsänderung i. S. d. § 111 Satz 3 (*BAG* 22.05.1979 EzA § 111 BetrVG 1972 Nr. 6 S. 32 = AP Nr. 3 zu § 111 BetrVG 1972 Bl. 4 R *[Birk]* = SAE 1980, 85 *[Reuter]*; 22.01.1980 EzA § 111 BetrVG 1972 Nr. 11 S. 77 = AP Nr. 7 zu § 111 BetrVG 1972 Bl. 5 f. *[Löwisch/Röder]* = SAE 1982, 220 *[Kreutz]*; 17.08.1982 EzA § 111 BetrVG 1972 Nr. 14 S. 111 = AP Nr. 11 zu § 111 BetrVG 1972 Bl. 2 R f. *[Richardi]* = SAE 1984, 234 *[Mayer-Maly]*; 26.10.1982 EzA § 111 BetrVG 1972 Nr. 15 S. 126 = AP Nr. 10 zu § 111 BetrVG 1972 Bl. 6 *[Richardi]* = SAE 1984, 269 *[Buchner]*; 02.08.1983 EzA § 111 BetrVG 1972 Nr. 16 S. 135 *[Mummenhoff, Klinkhammer]* = AP Nr. 12 zu § 111 BetrVG 1972 Bl. 3 *[Fabricius/Pottmeyer]* = SAE 1984, 148 *[Gitter]* sowie jüngst *BAG* 22.03.2016 EzA § 111 BetrVG 2001 Nr. 9 Rn. 17 = AP Nr. 71 zu § 111 BetrVG 1972 = NZA 2016, 894; ebenso im Schrifttum *Aßmuth* Bagatellspaltungen, S. 158 f.; *Däubler/DKKW* § 111 Rn. 47; *Fitting* § 111 Rn. 43; *Heinze* NZA 1987, 41 [43 f.]; *Hohenstatt/Willemsen/HWK* § 111 BetrVG Rn. 21; *Kamanabrou* Arbeitsrecht, Rn. 2845; *Matthes/MünchArbR* § 268 Rn. 10; *Richardi/Annuß* § 111 Rn. 47 ff.; *Rumpff/Boewer* Wirtschaftliche Angelegenheiten, Kap. H Rn. 63; *Streckel* Anm. zu *BAG* 06.12.1988 AP Nr. 26 zu § 111 BetrVG 1972; *Träxler* Betriebsänderung, S. 8; *Weiss/Weyand* § 111 Rn. 7; *Ziegler* Betriebsänderung, S. 76 f.). Die in § 111 Satz 3 aufgenommenen Merkmale »Einschränkung«, »wesentlich« und »grundlegend« sind deshalb vor dem Hintergrund auszulegen, dass § 111 Satz 3 diejenigen Betriebsänderungen erfassen will, die »wesentliche Nachteile für die Belegschaft oder erhebliche Teile der Belegschaft zur Folge haben können« (ebenso *Kamanabrou* Arbeitsrecht, Rn. 2845). Darüber hinaus schließt auch das Verständnis einer unwiderlegbaren Vermutung (s. Rdn. 64) eine **teleologische Reduktion** nicht aus, um die Tatbestände des § 111 Satz 3 im Hinblick auf den Normzweck einzuschränken und einen zu weit geratenen und den Normzweck überschießenden Wortlaut zu korrigieren (s. a. *Aßmuth* Bagatellspaltungen, S. 96 ff.). Das kommt insbesondere bei der Verlegung von Betrieben (§ 111 Satz 3 Nr. 2) und der Spaltung von Betrieben (§ 111 Satz 3 Nr. 3) in Betracht (s. Rdn. 132 ff., 150), wenn bei abstrakt-generell zu erfassenden Sachverhalten der Eintritt »wesentlicher Nachteile« ausgeschlossen ist.

2. Einschränkung und Stilllegung des ganzen Betriebs oder wesentlicher Betriebsteile (§ 111 Satz 3 Nr. 1)

a) Überblick

Der in § 111 Satz 3 Nr. 1 genannte Tatbestand einer »Betriebsänderung i. S. d. § 111 Satz 1« umfasst 66 vier verschiedene Sachverhalte, die als Betriebsänderung die Beteiligungsrechte des Betriebsrats nach den §§ 111 f. auslösen. Es handelt sich um die
– Stilllegung des ganzen Betriebs,
– Einschränkung des ganzen Betriebs,
– Stilllegung eines wesentlichen Betriebsteils oder
– Einschränkung eines wesentlichen Betriebsteils.

Maßnahmen des Unternehmers, die zwar als »Betriebsänderung« zu bewerten sind, nicht aber die von § 111 Satz 3 Nr. 1 geforderten qualitativen Anforderungen erfüllen (z. B. der Betriebsteil ist nicht »wesentlich«) und auch nicht von den anderen Katalogtatbeständen erfasst sind, können jedoch unter die Generalklausel in **§ 111 Satz 1** fallen, wenn »wesentliche Nachteile« für die Belegschaft oder erhebliche Teile der Belegschaft eintreten können (s. Rdn. 55 ff. sowie Rdn. 179 ff.). Unter dieser, in der Praxis allerdings selten anzutreffenden Voraussetzung, kann auch eine **Betriebserweiterung** die Voraussetzungen einer beteiligungspflichtigen Betriebsänderung erfüllen (*Däubler/DKKW* § 111 Rn. 46, 122; **a. M.** *Gamillscheg* FS *Bosch*, S. 209 [210]; *Loritz/ZLH* Arbeitsrecht, § 53 Rn. 18).

b) Stilllegung des ganzen Betriebs

aa) Definition

67 In Fortführung der Definition, die bereits das *Reichsgericht* zu den §§ 85, 96 BRG entwickelt hatte (*RG* 16.02.1926 RGZ 113, 87 [89]), setzt eine Betriebsstillegung die **Auflösung** der zwischen Arbeitgeber und Arbeitnehmer bestehenden **Betriebs- und Produktionsgemeinschaft** voraus (*BAG* 16.06.1987 EzA § 111 BetrVG 1972 Nr. 21 S. 3 *[Preis]* = AP Nr. 20 zu § 111 BetrVG 1972 Bl. 2 R *[Löwisch/Göller]* = SAE 1988, 138 *[Otto]* = AR-Blattei Betrieb, Entsch. 15 *[Richardi]*; 04.07.1989 EzA § 111 BetrVG 1972 Nr. 24 S. 1 = AP Nr. 27 zu § 111 BetrVG 1972 Bl. 1 R f.; 04.06.2003 EzA § 209 InsO Nr. 1 S. 13 = AP Nr. 2 zu § 209 InsO Bl. 6; 15.12.2011 EzA § 613a BGB 2002 Nr. 132 Rn. 40 = AP Nr. 424 zu § 613a BGB = NZA-RR 2012, 570; 14.04.2015 EzA § 113 BetrVG 2001 Nr. 10 Rn. 22 = AP Nr. 56 zu § 113 BetrVG 1972 = NZA 2015, 1147; 14.04.2015 EzA § 194 GVG Nr. 2 Rn. 21 = AP Nr. 57 zu § 113 BetrVG 1972 = NZA 2015, 1212; *LAG Hamburg* 26.03.2014 LAGE § 98 ArbGG 1979 Nr. 73; *LAG Mecklenburg-Vorpommern* 14.04.2015 LAGE § 113 BetrVG 2001 Nr. 5; *LAG Sachsen-Anhalt* 12.01.2016 LAGE § 112 BetrVG 2001 Nr. 16; *Etzel* Rn. 976; *Fitting* § 111 Rn. 65; *Galperin/Löwisch* § 106 Rn. 54; *Gamillscheg* II, § 52, 4b [1] [a]; *Heither* AR-Blattei SD 530.14.5, Rn. 62; *Hess/HWGNRH* § 111 Rn. 134; *Hohenstatt/Willemsen/HWK* § 111 BetrVG Rn. 23; *Kamanabrou* Arbeitsrecht, Rn. 2831; *Matthes/*MünchArbR § 268 Rn. 13; *Preis/Bender/WPK* § 111 Rn. 13; *Richardi/Annuß* § 111 Rn. 56; *Rieble/*AR § 111 BetrVG Rn. 12; *Rumpff/Boewer* Wirtschaftliche Angelegenheiten, Kap. H Rn. 99; *Schweibert/WHSS* Kap. C Rn. 28; *Spirolke/*NK-GA § 111 BetrVG Rn. 11).

68 Hierfür muss der Unternehmer die Weiterverfolgung des bisherigen Betriebszwecks dauernd oder für eine wirtschaftlich nicht unerhebliche unbestimmte Zeitspanne aufgeben (*BAG* 16.06.1987 EzA § 111 BetrVG 1972 Nr. 21 S. 3 *[Preis]* = AP Nr. 20 zu § 111 BetrVG 1972 Bl. 2 R *[Löwisch/Göller]* = SAE 1988, 138 *[Otto]* = AR-Blattei Betrieb, Entsch. 15 *[Richardi]*; 04.06.2003 EzA § 209 InsO Nr. 1 S. 13 = AP Nr. 2 zu § 209 InsO Bl. 6; 14.04.2015 EzA § 113 BetrVG 2001 Nr. 10 Rn. 22 = AP Nr. 56 zu § 113 BetrVG 1972 = NZA 2015, 1147; 14.04.2015 EzA § 194 GVG Nr. 2 Rn. 21 = AP Nr. 57 zu § 113 BetrVG 1972 = NZA 2015, 1212; *LAG Düsseldorf* 23.01.2003 LAGE § 125 InsO Nr. 3 S. 10; *LAG Hamburg* 26.03.2014 LAGE § 98 ArbGG 1979 Nr. 73; *LAG Mecklenburg-Vorpommern* 14.04.2015 LAGE § 113 BetrVG 2001 Nr. 5; *LAG Sachsen-Anhalt* 12.01.2016 LAGE § 112 BetrVG 2001 Nr. 16; *Bauer* DB 1994, 217 [218]; *Etzel* Rn. 976; *Fitting* § 111 Rn. 65; *Galperin/Löwisch* § 106 Rn. 54; *Gamillscheg* II, § 52, 4b [1] [a]; *Heither* AR-Blattei SD 530.14.5, Rn. 62; *Hess/HWGNRH* § 111 Rn. 140; *Hromadka/Maschmann* Arbeitsrecht 2, § 16 Rn. 606; *Kamanabrou* Arbeitsrecht, Rn. 2831; *Kania/*ErfK § 111 BetrVG Rn. 11; *Matthes/*MünchArbR § 268 Rn. 13; *Preis/Bender/WPK* § 111 Rn. 13; *Richardi/Annuß* § 111 Rn. 56; *Rieble/*AR § 111 BetrVG Rn. 12; *Rumpff/Boewer* Wirtschaftliche Angelegenheiten, Kap. H Rn. 99; *Spirolke/*NK-GA § 111 BetrVG Rn. 11; *Weber/Ehrich/Hörchens/Oberthür* Kap. J Rn. 15; **a. M.** *Fabricius* 6. Aufl., § 111 Rn. 148; *Ziegler* Betriebsänderung, S. 112 f., die auf die zeitliche Komponente verzichten). Dies entspricht dem Verständnis zur Betriebsstilllegung in § 15 Abs. 4 KSchG (dazu *BAG* 21.06.2001 EzA § 15 KSchG n. F. Nr. 53 S. 7 f. = AP Nr. 50 zu § 15 KSchG 1969 Bl. 3 R sowie m. w. N. *Etzel/Kreft/*KR § 15 KSchG Rn. 102 ff.).

bb) Betriebsbegriff

69 Der Betriebsbegriff in § 111 Satz 3 Nr. 1 ist nach den Grundsätzen in Rdn. 18 bis 21 zu konkretisieren. Hiernach ist die **Zahl der** in dem Betrieb beschäftigten **Arbeitnehmer** für das Vorliegen einer beteiligungspflichtigen Betriebsänderung unerheblich (s. Rdn. 18). Da die Betriebsänderung i. S. d. § 111 Satz 3 Nr. 1 die Beteiligungsrechte des Betriebsrats auslöst, ist an die Organisationseinheit anzuknüpfen, für die der Betriebsrat gewählt wurde (*Richardi* 7. Aufl., § 111 Rn. 52). Deshalb kann der Tatbestand einer Betriebsstilllegung auch bei einem **Gemeinschaftsbetrieb** erfüllt sein. Betrieb i. S. d. § 111 Satz 3 Nr. 1 ist ferner ein nach § 4 Abs. 1 Satz 1 **selbständiger Betriebsteil** (*Fitting* § 111 Rn. 64; *Kania/*ErfK § 111 BetrVG Rn. 13; *Reich* § 111 Rn. 6) sowie eine nach **§ 3 Abs. 1 Nr. 1 bis 3** abweichend vom BetrVG gebildete **betriebsverfassungsrechtliche Organisationseinheit** (§ 3 Abs. 5 Satz 1; *Fitting* § 111 Rn. 64 sowie oben Rdn. 21). Das gilt selbst dann, wenn die Betriebsabgrenzung bei der **Betriebsratswahl fehlerhaft** war, diese aber nicht erfolgreich angefochten wurde (*BAG* 27.06.1995 EzA § 111 BetrVG 1972 Nr. 31 S. 3 *[Gaul]* = AP Nr. 7 zu § 4 BetrVG 1972 Bl. 2 = SAE 1996, 302 *[v. Hoyningen-Huene]*; *Kania*/ErfK § 111 BetrVG Rn. 13). Beschließen die Arbeitnehmer eines nach § 4 Abs. 1 Satz 1 selbstständigen Betriebsteils die **Zuordnung zum Hauptbetrieb** (§ 4 Abs. 1 Satz 2), sind fortan auch im Rahmen von § 111 ausschließlich die Verhältnisse des Hauptbetriebs maßgebend, zu dem dann auch der bislang selbstständige Betriebsteil zählt (*BAG* 17.09.2013 EzA § 4 BetrVG 2001 Nr. 3 = AP Nr. 20 zu § 4 BetrVG 1972 = NZA 2014, 96 sowie Rdn. 20). Die **Stilllegung des »Unternehmens«** wird von dem Wortlaut des § 111 Satz 3 Nr. 1 an sich nicht erfasst, kann jedoch im Rahmen ihrer Durchführung zu einer Stilllegung des oder der Betrieb(e)s und damit zu einer Betriebsänderung i. S. d. § 111 Satz 3 Nr. 1 führen. Zwingend ist das aber nicht, da die Auflösung des Unternehmens auch durch einen Betriebsinhaberwechsel vollzogen werden kann (s. a. Rdn. 75, 181).

cc) Willensentschließung des Unternehmers

Da die Beteiligungsrechte des Betriebsrats in wirtschaftlichen Angelegenheiten nicht nur auf die soziale Abfederung der Betriebsänderung mittels eines Sozialplans abzielen, sondern im Wege der Interessenausgleichsverhandlungen auch die Betriebsänderung als solche Gegenstand der Beratungen zwischen Unternehmer und Betriebsrat ist (s. §§ 112, 112a Rdn. 10), liegt eine Betriebsstilllegung nur vor, wenn die Auflösung der Betriebsorganisation auf einer Willensentschließung des Unternehmers beruht (*BAG* 16.06.1987 EzA § 111 BetrVG 1972 Nr. 21 S. 3 *[Preis]* = AP Nr. 20 zu § 111 BetrVG 1972 Bl. 2 R f. *[Löwisch/Göller]* = SAE 1988, 138 *[Otto]* = AR-Blattei Betrieb, Entsch. 15 *[Richardi]*; 04.07.1989 EzA § 111 BetrVG 1972 Nr. 24 S. 3 = AP Nr. 27 zu § 111 BetrVG 1972 Bl. 2; 15.12.2011 EzA § 613a BGB 2002 Nr. 132 Rn. 40 = AP Nr. 424 zu § 613a BGB = NZA-RR 2012, 570; *Fabricius* 6. Aufl., § 111 Rn. 147; *Richardi/Annuß* § 111 Rn. 59; *Weber/Ehrich/Hörchens/Oberthür* Kap. J Rn. 16). Nur dann, wenn für den Unternehmer ein Handlungsspielraum besteht, ist für eine Einflussnahme des Betriebsrats auf die Willensbildung des Unternehmers Raum. Hieran fehlt es, wenn die Auflösung der Betriebsorganisation **unabhängig vom Willen des Unternehmers eintritt**. Vorstellbar ist dies bei Naturkatastrophen, die zur Zerstörung des Betriebs führen (*Galperin/Löwisch* § 106 Rn. 54), oder einem Brand im Betrieb, der den Unternehmer zur Einstellung der Produktion und gegebenenfalls zur Entlassung aller Arbeitnehmer zwingt (*BAG* 16.06.1987 EzA § 111 BetrVG 1972 Nr. 21 S. 3 *[Preis]* = AP Nr. 20 zu § 111 BetrVG 1972 Bl. 2 R f. *[Löwisch/Göller]* = SAE 1988, 138 *[Otto]* = AR-Blattei Betrieb, Entsch. 15 *[Richardi]*).

Bei der in Rdn. 70 genannten Ausnahme muss es sich jedoch stets um eine Auflösung der Betriebs- und Produktionsgemeinschaft handeln, die unabhängig vom Willen des Unternehmers eintritt. Die für eine Betriebsstilllegung notwendige volitive Komponente ist deshalb selbst dann zu bejahen, wenn sich der Unternehmer **äußeren Anlässen beugt** und sich aus diesem Grunde gezwungen sieht, die Betriebsorganisation aufzulösen (*Löwisch*/LK § 111 Rn. 23; *Teubner* BB 1974, 982 [983]). Derartige Anlässe können tatsächlicher, rechtlicher oder wirtschaftlicher Natur sein. In all diesen Fällen verbleibt dem Unternehmer zumindest hinsichtlich der Modalitäten der Betriebsauflösung ein Gestaltungsspielraum, über dessen Ausfüllung im Rahmen der Verhandlungen um einen Interessenausgleich eine Einigung mit dem Betriebsrat versucht werden kann. Insbesondere **wirtschaftliche Zwänge** schließen nicht die für eine Betriebsstilllegung i. S. d. § 111 Satz 3 Nr. 1 erforderliche volitive Komponente aus (*BAG* 22.07.2003 EzA § 111 BetrVG 2001 Nr. 1 S. 5 ff. = AP Nr. 42 zu § 113 BetrVG 1972 Bl. 2 ff. *[Oetker]*; 03.12.2003 EzA § 113 BetrVG 2001 Nr. 2 S. 5 f. = AP Nr. 62 zu § 112 BetrVG 1972 Bl. 2 R f.; ebenso *Gamillscheg* II, § 52, 4a [4]; *Richardi/Annuß* § 111 Rn. 59). Das gilt selbst dann, wenn sich der Unternehmer aufgrund einer eingetretenen Überschuldung zur Vermeidung weiterer Verluste zu einer sofortigen Betriebsstilllegung »gezwungen« sieht. In derartigen »Zwangslagen« ist allenfalls in Frage gestellt, ob den Unternehmer nach § 113 Abs. 3 eine Pflicht zum Nachteilsausgleich trifft, wenn er die Betriebsstilllegung ohne den vorherigen Versuch eines Interessenausgleichs durchführt (s. näher dazu § 113 Rdn. 60).

dd) Auflösung der Betriebsorganisation

Eine Auflösung der Betriebsorganisation setzt angesichts des für das Betriebsverfassungsrecht maßgebenden Betriebsbegriffs voraus, dass das arbeitsteilige und auf die Verwirklichung des Betriebszwecks ausgerichtete Zusammenwirken der Arbeitnehmer beendet wird. Dies kann nicht nur durch Entziehung der für den Betriebszweck notwendigen sachlichen und immateriellen Betriebsmittel der Betriebsorganisation herbeigeführt werden (z. B. durch Veräußerung), sondern auch dadurch, dass der Unternehmer durch Ausspruch von Kündigungen oder Aufhebungsverträge das Zusammenwirken der Arbeitnehmer beendet. Aus diesem Grunde führt eine Beendigung aller Arbeitsverhältnisse ebenfalls zur Auflösung der Betriebsorganisation. Das gilt selbst dann, wenn die sachlichen und immateriellen Betriebsmittel hiervon unberührt bleiben.

73 Die **Einstellung der Produktion** führt für sich genommen nicht zu einer Betriebsstilllegung (*LAG Sachsen-Anhalt* 12.01.2016 LAGE § 112 BetrVG 2001 Nr. 16; *Richardi* § 111 Rn. 54). Die Betriebsmittel als Bestandteil der Betriebsorganisation bleiben hiervon zunächst unberührt. Die Einstellung der Produktion ist zwar denknotwendige Voraussetzung einer Betriebsstilllegung, aber nicht mit dieser gleichzusetzen (*Richardi* 7. Aufl., § 111 Rn. 54). Ebenso wenig erfüllt der **Antrag auf Eröffnung** des **Insolvenzverfahrens** oder dessen **Eröffnung** durch Beschluss des Insolvenzgerichts für sich allein die Voraussetzungen einer Betriebsstilllegung (*BAG* 22.07.2003 EzA § 111 BetrVG 1972 Nr. 36 S. 3 = AP Nr. 42 zu § 111 BetrVG 1972 Bl. 3 f.; *Fitting* § 111 Rn. 39; *Galperin/Löwisch* § 106 Rn. 58; *Hess/HWGNRH* § 111 Rn. 136; *Hamberger* Insolvenzverfahren, S. 191; *Hohenstatt/Willemsen/HWK* § 111 BetrVG Rn. 18; *Matthes/*MünchArbR § 268 Rn. 15; *Richardi/Annuß* § 111 Rn. 64; *Rumpff/Boewer* Wirtschaftliche Angelegenheiten, Kap. H Rn. 106; *Schweibert/WHSS* Kap. C Rn. 28; im Ergebnis auch *Gamillscheg* II, § 52, 4c [2] sowie hier Rdn. 180). Erst wenn der Insolvenzverwalter im Rahmen des Insolvenzverfahrens Maßnahmen zur Auflösung der Betriebsorganisation ergreift, liegt eine Betriebsänderung i. S. d. § 111 Satz 3 Nr. 1 vor (*Richardi/Annuß* § 111 Rn. 64; *Rumpff/Boewer* Wirtschaftliche Angelegenheiten, Kap. H Rn. 106).

74 Das in Rdn. 73 Ausgeführte gilt entsprechend, wenn ein Beschluss zur **Liquidation des Unternehmens** gefasst wird. Er führt für sich alleine jedoch nicht zur Betriebsstilllegung, sondern schafft erst die gesellschaftsrechtliche Grundlage für die Geschäftsführungsorgane, das Unternehmen bzw. die Gesellschaft aufzulösen. Das muss nicht zwangsläufig mit einer Auflösung der Betriebsorganisation verbunden sein, da im Rahmen der Liquidation ebenso wie im Insolvenzverfahren die bisherige arbeitstechnische Organisation ohne Veränderung auf einen neuen Inhaber übertragen werden kann (s. a. Rdn. 75, 181). Entsprechendes gilt bei der **Auflösung eines Gemeinschaftsbetriebs**, wenn von einem der beteiligten Unternehmen die Vereinbarung zur einheitlichen Leitung des Betriebs ausdrücklich oder konkludent beendet wird (*BAG* 19.11.2003 EzA § 22 BetrVG 2001 Nr. 1 = AP Nr. 19 zu § 1 BetrVG 1972 Gemeinsamer Betrieb; *Bonanni* Der gemeinsame Betrieb mehrerer Unternehmen [Diss. Köln 2002], 2003, S. 177 ff. sowie *Franzen* § 1 Rdn. 61). Erst wenn zur Umsetzung personelle oder organisatorische Maßnahmen ergriffen werden, können diese den Tatbestand einer Betriebsänderung erfüllen, so z. B. in Gestalt einer Betriebseinschränkung, einer Veränderung der Arbeitsorganisation oder einer Änderung des Betriebszwecks (*Bonanni* Der gemeinsame Betrieb mehrerer Unternehmen [Diss. Köln 2002], 2003, S. 178).

75 Keine Betriebsstilllegung liegt in dem alleinigen **Wechsel des Betriebsinhabers** (*BAG* 28.04.1988 EzA § 613a BGB Nr. 80 S. 7 f. *[Löwisch]* = AP Nr. 74 zu § 613a BGB Bl. 4 *[Hefermehl]*; 15.12.2011 EzA § 613a BGB 2002 Nr. 132 Rn. 43 = AP Nr. 424 zu § 613a BGB = NZA-RR 2012, 570; *LAG Düsseldorf* 23.01.2003 LAGE § 125 InsO Nr. 3 S. 9; *Bauer* DB 1994, 217 [218]; *Däubler/DKKW* § 111 Rn. 50; *Fitting* § 111 Rn. 67; *Galperin/Löwisch* § 106 Rn. 57, § 111 Rn. 19c; *Heither* AR-Blattei SD 530.14.5, Rn. 65; *Hess/HWGNRH* § 111 Rn. 144; *Hohenstatt/Willemsen/HWK* § 111 BetrVG Rn. 23; *Kania/ErfK* § 111 BetrVG Rn. 12; *Matthes/*MünchArbR § 268 Rn. 15; *Pottmeyer* Überleitung der Arbeitsverhältnisse, S. 201 ff.; *Richardi/Annuß* § 111 Rn. 67; *Rumpff/Boewer* Wirtschaftliche Angelegenheiten, Kap. H Rn. 113; *Weber/Ehrich/Hörchens/Oberthür* Kap. J Rn. 20; **a. M.** *Weiss/Weyand* § 111 Rn. 5). Die arbeitstechnische Organisation wird hierdurch nicht berührt. Vielmehr tritt der neue Betriebsinhaber an die Stelle des bisherigen. Deshalb ist ein **Betriebsübergang i. S. d. § 613a BGB** keine Betriebsstilllegung i. S. d. § 111 Satz 3 Nr. 1, gleichgültig, auf welcher Rechtsgrundlage dieser eintritt (z. B. Veräußerung, Verpachtung etc.); insoweit kann jedoch eine Betriebsänderung i. S. d. § 111 Satz 3 Nr. 3 vorliegen (s. Rdn. 139 ff. sowie zu § 111 Satz 1 s. Rdn. 181). Widersprechen einzelne Arbeitnehmer dem Eintritt des Erwerbers in das Arbeitsverhältnis, so scheidet bei der Übertragung des einzigen Betriebs bei anschließender Kündigung durch den Veräußerer eine

Betriebsänderungen § 111

Betriebsänderung i. S. d. § 111 Satz 3 Nr. 1 aus, da bei diesem kein Betrieb mehr besteht (*LAG München* 17.10.2007 LAGE § 98 ArbGG 1979 Nr. 49).

Die **Änderung des Betriebszwecks** ist für sich alleine keine Betriebsstilllegung (*Richardi/Annuß* 76 § 111 Rn. 66), da diese die Betriebsorganisation nicht auflöst. Das ergibt sich ferner aus § 111 Satz 3 Nr. 4, der Änderungen des Betriebszwecks als eigenständigen Tatbestand einer Betriebsänderung benennt und das Eingreifen der unwiderlegbaren Vermutung unter die Voraussetzung stellt, dass die Änderung des Betriebszwecks »grundlegend« ist (näher dazu Rdn. 165 ff.). Diese Restriktion würde unterlaufen, wenn eine Änderung des Betriebszwecks mit einer Stilllegung des ganzen Betriebs gleichgesetzt und eine »Betriebsänderung« unabhängig von dem »grundlegenden« Charakter der Änderung unwiderlegbar vermutet werden könnte.

Das zur Änderung des Betriebszwecks in Rdn. 76 Ausgeführte gilt entsprechend für die **Verlegung** 77 **des ganzen Betriebs**. Wegen der gesonderten Benennung dieses Sachverhalts in § 111 Satz 3 Nr. 2 ist die Verlegung des ganzen Betriebs nicht mit einer Betriebsstilllegung identisch (*Fitting* § 111 Rn. 68; *Heither* AR-Blattei SD 530.14.5, Rn. 64; *Richardi/Annuß* § 111 Rn. 65). Allerdings schließt dies nicht aus, dass die »Verlegung des ganzen Betriebs« mit einer Auflösung der Betriebsorganisation verbunden ist (*Fitting* § 111 Rn. 68; *Galperin/Löwisch* § 106 Rn. 55; *Matthes/*MünchArbR § 268 Rn. 13; *Rumpff/Boewer* Wirtschaftliche Angelegenheiten, Kap. H Rn. 100). In dieser Konstellation liegt ausschließlich eine Betriebsänderung i. S. d. § 111 Satz 3 Nr. 1 vor, da § 111 Satz 3 Nr. 2 nur die räumliche Veränderung unter Aufrechterhaltung der bisherigen Betriebsorganisation erfasst (s. Rdn. 136).

ee) Zeitliche Dimension der Auflösung der Betriebsorganisation

Die Betriebsstilllegung ist abzugrenzen von der **Betriebsunterbrechung**. Bei ihr wird die Betriebs- 78 organisation zwar aufgelöst, was aber von vornherein nur für ein vorübergehendes Stadium beabsichtigt ist, um die Betriebsorganisation nach Ablauf eines bestimmten Zeitraums oder dem Eintritt eines bestimmten Ereignisses unverändert fortzusetzen (*BAG* 16.06.1987 EzA § 111 BetrVG 1972 Nr. 21 S. 3 [*Preis*] = AP Nr. 20 zu § 111 BetrVG 1972 Bl. 2 R f. [*Löwisch/Göller*] = SAE 1988, 138 [*Otto*] = AR-Blattei Betrieb, Entsch. 15 [*Richardi*]; *LAG Düsseldorf* 23.01.2003 LAGE § 125 InsO Nr. 3 S. 10; *Bauer* DB 1994, 217 [218]; *Gamillscheg* II, § 52, 4b [1] [a]; *Matthes/*MünchArbR § 268 Rn. 15; *Richardi/Annuß* § 111 Rn. 61; *Rumpff/Boewer* Wirtschaftliche Angelegenheiten, Kap. H Rn. 104; *Schweibert/WHSS* Kap. C Rn. 28; *Spirolke/*NK-GA § 111 BetrVG Rn. 11).

Eine Betriebsstilllegung setzt jedoch nicht voraus, dass die **Betriebsorganisation dauerhaft auf-** 79 **gelöst** wird (*BAG* 27.09.1984 EzA § 613a BGB Nr. 40 = AP Nr. 39 zu § 613a BGB = SAE 1986, 147 [*Wank*] = AR-Blattei Kündigungsschutz, Entsch. 258 [*Boldt*]; *Däubler/DKKW* § 111 Rn. 51; *Fitting* § 111 Rn. 65; *Richardi/Annuß* § 111 Rn. 61). Gleichzustellen ist die **vorübergehende Auflösung** der Betriebsorganisation, wenn der Zeitpunkt ihrer Fortführung ungewiss ist (*BAG* 27.09.1984 EzA § 613a BGB Nr. 40 S. 248 = AP Nr. 39 zu § 613a BGB Bl. 4 R = SAE 1986, 147 [*Wank*] = AR-Blattei Kündigungsschutz, Entsch. 258 [*Boldt*]; 15.12.2011 EzA § 613a BGB 2002 Nr. 132 Rn. 40 = AP Nr. 424 zu § 613a BGB = NZA-RR 2012, 570; *Fitting* § 111 Rn. 65; *Galperin/ Löwisch* § 106 Rn. 55; *Hess/HWGNRH* § 111 Rn. 140; *Richardi/Annuß* § 111 Rn. 61).

Keine Betriebsstilllegung i. S. d. § 111 Satz 3 Nr. 1 liegt nach dem Zweck der Norm vor, wenn die 80 Auflösung der Betriebsorganisation untrennbar mit der **Eigenart des Betriebs** verbunden ist (*Fabricius* 6. Aufl., § 111 Rn. 150; *Fitting* § 111 Rn. 66; *Gamillscheg* II, § 52, 4b [1] [a]; *Hohenstatt/Willemsen/HWK* § 111 BetrVG Rn. 23; *Matthes/*MünchArbR § 268 Rn. 16; *Richardi/Annuß* § 111 Rn. 62; *Rumpff/Boewer* Wirtschaftliche Angelegenheiten, Kap. H Rn. 101). Hierunter fallen Betriebe, die aufgrund ihres Betriebszwecks nur für einen bestimmten Zeitraum betrieben werden, so dass sowohl das Interessenausgleichsverfahren als auch die Aufstellung eines Sozialplans nicht dem vom Gesetz gewollten Ziel entspricht. Diese Einschränkung betrifft insbesondere **Saisonbetriebe** (z. B. Wintersporthotel, Freizeitparks). Bei ihnen ist auch für den Arbeitnehmer erkennbar, dass die Betriebsorganisation nicht auf unbestimmte Dauer errichtet wurde; regelmäßig werden aus diesem Grunde lediglich befristete Arbeitsverhältnisse abgeschlossen. Entsprechendes gilt für Betriebe, die zur **Verfolgung eines bestimmten Zwecks** errichtet wurden (*Däubler/DKKW* § 111 Rn. 135; *Etzel* Rn. 977; *Fitting* § 111

§ 111 IV. 6. 1. Betriebsänderungen

Rn. 66; *Hess/HWGNRH* § 111 Rn. 142; *Hohenstatt/Willemsen/HWK* § 111 BetrVG Rn. 23; *Löwisch/LK* § 111 Rn. 32; *Richardi/Annuß* § 111 Rn. 63; *Schweibert/WHSS* Kap. C Rn. 28; *Stege/Weinspach/Schiefer* §§ 111–113 Rn. 30), wie z. B. bei der **Bildung einer Auffanggesellschaft** zur Verwertung der Insolvenzmasse (*LAG Hamm* 01.02.1977 DB 1977, 1099; *LAG München* 15.02.1989 NZA 1990, 288; *Fitting* § 111 Rn. 66; *Galperin/Löwisch* § 106 Rn. 61; *Hohenstatt/Willemsen/HWK* § 111 BetrVG Rn. 23; *Matthes*/MünchArbR, 2. Aufl. 2000, § 360 Rn. 22) oder bei der Errichtung von **Beschäftigungsgesellschaften** und »**betriebsorganisatorisch eigenständigen Einheiten**« i. S. d. § 111 Abs. 3 SGB III.

c) Einschränkung des ganzen Betriebs

aa) Allgemeines

81 Eine Betriebsänderung wird auch bei einer Einschränkung des ganzen Betriebs unwiderlegbar vermutet. Aus einer Gegenüberstellung mit der dritten und vierten Fallgruppe der von § 111 Satz 3 Nr. 1 erfassten Betriebsänderungen ist abzuleiten, dass die Einschränkung den Betrieb in seiner Gesamtheit betreffen muss. Beschränkt sich diese auf abgegrenzte Teile des Betriebs, so führt dies nach dem in der Gesetzessystematik dokumentierten Willen des Gesetzes nur dann zur unwiderlegbaren Vermutung einer Betriebsänderung, wenn die Einschränkung einen »Betriebsteil« betrifft, der »wesentlich« ist (dazu Rdn. 116 ff.). Die hierin zum Ausdruck gelangte Wertentscheidung wird unterlaufen, wenn »Einschränkungen« unterhalb dieser Schwelle als »Einschränkung des ganzen Betriebs« bewertet würden. Der Zweck der Vermutung in § 111 Satz 3 bekräftigt diese Auslegung. Diese hat die Aufgabe, die von Satz 1 der Vorschrift erfassten Betriebsänderungen zu konkretisieren (s. Rdn. 65). Die Möglichkeit wesentlicher Nachteile für die »Belegschaft oder erhebliche Teile der Belegschaft« kommt nur dann in Betracht, wenn die Einschränkung die Betriebsorganisation in ihrer Gesamtheit erfasst.

82 Eine Einschränkung der Betriebsorganisation liegt im Unterschied zur Stilllegung nur vor, wenn die **Betriebsorganisation aufrechterhalten** bleibt. Da hierauf bezogene Veränderungen von § 111 Satz 3 Nr. 4 erfasst werden (s. Rdn. 153 ff.), setzt eine Einschränkung des gesamten Betriebs voraus, dass sie dessen **Leistungsfähigkeit** auf Dauer oder wenigstens auf nicht absehbare Zeit **herabsetzen** soll (so in st. Rspr. z. B. *BAG* 22.05.1979 EzA § 111 BetrVG 1972 Nr. 6 S. 34 *[Löwisch/Schiff]* = AP Nr. 3 zu § 111 BetrVG 1972 Bl. 5 *[Birk]* = SAE 1980, 85 *[Reuter]* sowie nachfolgend z. B. *BAG* 28.04.1993 EzA § 111 BetrVG 1972 Nr. 28 S. 2 = AP Nr. 32 zu § 111 BetrVG 1972 Bl. 2; 09.11.2010 EzA § 111 BetrVG 2001 Nr. 6 Rn. 14 = AP Nr. 69 zu § 111 BetrVG 1972 *[Fütterer]* = NZA 2011, 466; ebenso im Schrifttum z. B. *Däubler/DKKW* § 111 Rn. 58; *Etzel* Rn. 979; *Fitting* § 111 Rn. 72; *Gamillscheg* II, § 52, 4b [1] [c]; *Hanau* ZfA 1974, 89 [98]; *Heither* AR-Blattei SD 530.14.5, Rn. 69; *Hess/HWGNRH* § 111 Rn. 119; *Kamanabrou* Arbeitsrecht, Rn. 2834; *Kania*/ErfK § 111 Rn. 11; *Matthes*/MünchArbR § 268 Rn. 217; *Preis/Bender/WPK* § 111 Rn. 13; *Richardi/Annuß* § 111 Rn. 68; *Rieble*/AR § 111 BetrVG Rn. 12; *Rumpff/Boewer* Wirtschaftliche Angelegenheiten, Kap. H Rn. 64; *Spirolke*/NK-GA § 111 BetrVG Rn. 12; **a. M.** noch *Fabricius* 6. Aufl., § 111 Rn. 158).

83 Betriebstypische oder saisonale **Schwankungen der Produktion** bleiben unberücksichtigt (*BAG* 22.05.1979 EzA § 111 BetrVG 1972 Nr. 6 S. 1 f. *[Löwisch/Schiff]* = AP Nr. 3 zu § 111 BetrVG 1972 Bl. 5 *[Birk]* = SAE 1980, 85 *[Reuter]*; 22.05.1979 EzA § 111 BetrVG 1972 Nr. 7 S. 40 = AP Nr. 4 zu § 111 BetrVG 1972 Bl. 6 *[Birk]* = SAE 1980, 90 *[Reuter]* = AR-Blattei Betriebsverfassung XIV E, Entsch. 15 *[Hunold]*; 15.10.1979 EzA § 111 BetrVG 1972 Nr. 8 S. 51 = AP Nr. 5 zu § 111 BetrVG 1972 Bl. 2 R *[Birk]*; 22.01.1980 EzA § 111 BetrVG 1972 Nr. 11 S. 75 *[Fabricius/Cottmann]* = AP Nr. 7 zu § 111 BetrVG 1972 Bl. 4 R *[Löwisch/Röder]* = SAE 1982, 220 *[Kreutz]*; *Däubler/DKKW* § 111 Rn. 58; *Etzel* Rn. 979; *Fitting* § 111 Rn. 72; *Galperin/Löwisch* § 106 Rn. 61; *Matthes*/MünchArbR § 268 Rn. 19; *Preis/Bender/WPK* § 111 Rn. 13; *Rumpff/Boewer* Wirtschaftliche Angelegenheiten, Kap. H Rn. 84; *Schweibert/WHSS* Kap. C Rn. 42; *Spirolke*/NK-GA § 111 BetrVG Rn. 12; *Stege/Weinspach/Schiefer* §§ 111–113 Rn. 34), da sie nicht die Leistungsfähigkeit als solche berühren und ihnen zugleich die Dauerhaftigkeit fehlt. Deshalb sind **arbeitskampfbedingte Produktionsunterbrechung** keine Betriebseinschränkung (*Däubler/DKKW* § 111 Rn. 59; *Hess/HWGNRH* § 111 Rn. 139; im Ergebnis auch *Fabricius* 6. Aufl., § 111 Rn. 349). Erst bei einer – allerdings nur theoretisch vorstellbaren – lösenden Aussperrung könnte eine Betriebsänderung in Form der »Still-

Betriebsänderungen § 111

legung« in Erwägung gezogen werden; das Beteiligungsrecht entfällt dann jedoch aus Gründen der Kampfparität.

bb) Entzug von sächlichen Betriebsmitteln

Eine Herabsetzung der Leistungsfähigkeit kann durch den **Entzug von sächlichen Betriebsmitteln** 84 eintreten (*BAG* 28.04.1993 EzA § 111 BetrVG 1972 Nr. 28 S. 2 = AP Nr. 32 zu § 111 BetrVG 1972 Bl. 2; 09.11.2010 EzA § 111 BetrVG 2001 Nr. 6 Rn. 14 = AP Nr. 69 zu § 111 BetrVG 1972 *[Fütterer]* = NZA 2011, 466; *Däubler/DKKW* § 111 Rn. 58; *Etzel* Rn. 979; *Fabricius* 6. Aufl., § 111 Rn. 153; *Fitting* § 111 Rn. 72; *Galperin/Löwisch* § 106 Rn. 60; *Heither* AR-Blattei SD 530.14.5, Rn. 69; *Kamanabrou* Arbeitsrecht, Rn. 2834; *Matthes/MünchArbR* § 268 Rn. 17; *Rumpff/Boewer* Wirtschaftliche Angelegenheiten, Kap. H Rn. 65; *Spirolke/NK-GA* § 111 BetrVG Rn. 12). Insbesondere die Stilllegung oder Veräußerung von Betriebsanlagen kann dazu führen, die Leistungsfähigkeit des Betriebs auf Dauer herabzusetzen (*ArbG Hamburg* 25.04.2013 – 27 BVGa 2/13 – BeckRS 2013, 68963; *Fitting* § 111 Rn. 72; *Hess/HWGNRH* § 111 Rn. 111; *Hromadka/Maschmann* Arbeitsrecht 2, § 16 Rn. 607; *Kania/ErfK* § 111 BetrVG Rn. 11; *Richardi/Annuß* § 111 Rn. 69; *Rumpff/Boewer* Wirtschaftliche Angelegenheiten, Kap. H Rn. 65). Hieran fehlt es, wenn die **Leistungsfähigkeit** des Betriebs trotz der Veräußerung oder Stilllegung einzelner Betriebsanlagen **unverändert** bleibt (z. B. Neuanschaffung leistungsfähiger Betriebsanlagen unter gleichzeitiger Veräußerung bisheriger Betriebsanlagen). In dieser Konstellation kann allerdings eine Betriebsänderung i. S. d. § 111 Satz 3 Nr. 4 oder 5 zu bejahen sein (s. Rdn. 152 ff., 172 ff.).

Eine Herabsetzung der Leistungsfähigkeit des Betriebs kann im Grundsatz auch dadurch eintreten, 85 dass **einzelne Teile des Betriebs abgespalten** werden, wobei es unerheblich ist, ob hierfür auf das Instrumentarium des § 123 UmwG zurückgegriffen wird oder eine rechtsgeschäftliche Übertragung eines Betriebsteils i. S. d. § 613a BGB erfolgt. Seit der Änderung des Tatbestands in § 111 Satz 3 Nr. 3 (s. Rdn. 139) scheidet eine Einbeziehung der Spaltung in den Tatbestand des § 111 Satz 3 Nr. 1 aus Gründen der Spezialität aus. Die Spaltung von Betrieben ist stets von § 111 Satz 3 Nr. 3 erfasst (näher Rdn. 145).

Eine Herabsetzung der Leistungsfähigkeit ist ebenfalls bei Maßnahmen zu verneinen, die die **Auslas-** 86 **tung der Betriebsanlagen** verringern (*Däubler/DKKW* § 111 Rn. 59; *Fitting* § 111 Rn. 72; *Hess/HWGNRH* § 111 Rn. 111; *Hohenstatt/Willemsen/HWK* § 111 BetrVG Rn. 27; *Matthes/Münch-ArbR* § 268 Rn. 17; *Richardi/Annuß* § 111 Rn. 69; *Röder/Baeck/JRH* Kap. 28 Rn. 24; *Rumpff/Boewer* Wirtschaftliche Angelegenheiten, Kap. H Rn. 66; *Schweibert/WHSS* Kap. C Rn. 43; *Ziegler* Betriebsänderung, S. 118 f.; **a. M.** *Fabricius* 6. Aufl., § 111 Rn. 159), indem z. B. die **Maschinenlaufzeit** verkürzt oder verlangsamt wird. Die Leistungsfähigkeit der Betriebsanlagen bleibt hiervon unberührt; betroffen ist ausschließlich das tatsächliche Leistungsvolumen.

Auch die **Ersetzung eines Mehrschichtsystems** durch ein Einschichtsystem ist keine »Einschrän- 87 kung« des Betriebs (*Fitting* § 111 Rn. 72; *Gamillscheg* FS Bosch, S. 209 [214]; *Heither* AR-Blattei SD 530.14.5, Rn. 70; *Hess/HWGNRH* § 111 Rn. 160; *Hohenstatt/Willemsen/HWK* § 111 BetrVG Rn. 27; *Hromadka/Maschmann* Arbeitsrecht 2, § 16 Rn. 608; *Matthes/MünchArbR* § 268 Rn. 17; *Richardi/Annuß* § 111 Rn. 69; *Rumpff/Boewer* Wirtschaftliche Angelegenheiten, Kap. H Rn. 66; *Stege/Weinspach/Schiefer* §§ 111–113 Rn. 37; **a. M.** *Däubler/DKKW* § 111 Rn. 59; *Fabricius* 6. Aufl., § 111 Rn. 159; *Ziegler* Betriebsänderung, S. 119 f.), sofern damit nicht zugleich – wie bei einer gleichzeitigen Aufgabe von sächlichen Produktionsmitteln – eine Einschränkung der Leistungsfähigkeit des Betriebs einhergeht (*Hanau* ZfA 1974, 89 [98]).

Das gilt entsprechend für die **Einführung von Kurzarbeit** (*Däubler/DKKW* § 111 Rn. 59; *Fitting* 88 § 111 Rn. 72; *Galperin/Löwisch* § 106 Rn. 62; *Gamillscheg* FS Bosch, S. 209 [213]; *Hanau* ZfA 1974, 89 [98 f.]; *Hess/HWGNRH* § 111 Rn. 116; *Hohenstatt/Willemsen/HWK* § 111 BetrVG Rn. 27; *Matthes/MünchArbR* § 268 Rn. 17; *Ohl* Der Sozialplan, 1977, S. 46 f.; *Richardi/Annuß* § 111 Rn. 69; *Rumpff/Boewer* Wirtschaftliche Angelegenheiten, Kap. H Rn. 66; *Schweibert/WHSS* Kap. C Rn. 42; *Weiss/Weyand* § 111 Rn. 9; **a. M.** *Fabricius* 6. Aufl., § 111 Rn. 159), da bei ihr sowohl die Dauerhaftigkeit fehlt (s. § 96 Abs. 1 Satz 1 Nr. 2 SGB III) als auch die Leistungsfähigkeit des Betriebs unverändert

Oetker

§ 111 *IV. 6. 1. Betriebsänderungen*

bleibt. Zur Mitbestimmung des Betriebsrats nach § 87 Abs. 1 Nr. 3 bei den vorgenannten Sachverhalten s. *Wiese/Gutzeit* § 87 Rdn. 413 ff.

89 Ist eine Herabsetzung der Leistungsfähigkeit des Betriebs zu bejahen, dann entspricht es an sich der Dogmatik einer unwiderlegbaren Vermutung, dass stets eine beteiligungspflichtige Betriebsänderung vorliegt. Bei **geringfügigen Leistungseinschränkungen** kann hierdurch allerdings eine im Widerspruch zu dem Zweck des § 111 Satz 3 stehende Rechtsfolge eintreten, da die Beteiligung des Betriebsrats an sich erst bei der Möglichkeit »wesentlicher Nachteile« für zumindest erhebliche Teile der Belegschaft eingreifen soll. Unter gleichzeitiger Wahrung des Charakters einer unwiderlegbaren Vermutung kann diesem Zweck des § 111 Satz 3 nur durch eine teleologische Reduktion Rechnung getragen werden (s. Rdn. 65).

cc) Verringerung der personellen Betriebsmittel

90 Die Leistungsfähigkeit des Betriebs wird nicht allein von sächlichen, sondern gleichermaßen von **personellen Betriebsmitteln** beeinflusst (s. a. *Fabricius* 6. Aufl., § 111 Rn. 118 ff.). Deshalb kann eine »Einschränkung des ganzen Betriebs« auch in einem **alleinigen Personalabbau** unter Beibehaltung der sächlichen Betriebsmittel liegen (st. Rspr. seit *BAG* 22.05.1979 EzA § 111 BetrVG 1972 Nr. 6 S. 26 ff. *[Löwisch/Schiff]* = AP Nr. 3 zu § 111 BetrVG 1972 Bl. 2 ff. *[Birk]* = SAE 1980, 85 *[Reuter]* sowie aus neuerer Zeit z. B. *BAG* 21.02.2002 EzA § 1 KSchG Interessenausgleich Nr. 10 S. 9; 27.06.2002 EzA § 1 KSchG Betriebsbedingte Kündigung Nr. 119 S. 6 f.; 18.11.2003 EzA § 118 BetrVG 2001 Nr. 4 S. 4 f. = AP Nr. 76 zu § 118 BetrVG 1972 Bl. 2 R; 28.03.2006 EzA § 111 BetrVG 2001 Nr. 4 Rn. 17 = AP Nr. 12 zu § 112a BetrVG 1972 *[Oetker]*; 31.05.2007 EzA § 1 KSchG Interessenausgleich Nr. 12 Rn. 16 = AP Nr. 65 zu § 111 BetrVG 1972; 09.11.2010 EzA § 111 BetrVG 2001 Nr. 6 Rn. 14 = AP Nr. 69 zu § 111 BetrVG 1972 *[Fütterer]* = NZA 2011, 466; 18.10.2011 EzA § 111 BetrVG 2001 Nr. 8 Rn. 12 = AP Nr. 70 zu § 111 BetrVG 1972 *[Hamann]* = NZA 2012, 221; 19.07.2012 EzA § 1 KSchG 1969 Soziale Auswahl Nr. 86 Rn. 17 = AP Nr. 22 zu § 1 KSchG 1969 Namensliste = NZA 2013, 86; 20.09.2012 EzA § 125 InsO Nr. 8 Rn. 46 = AP Nr. 10 zu § 125 InsO = NZA 2013, 797; aus der Rspr. der Instanzgerichte z. B. *LAG Berlin* 07.09.1995 AP Nr. 36 zu § 111 BetrVG 1972 Bl. 2 R; *LAG Hamm* 06.07.2000 DZWIR 2001, 107 [111]; *LAG Rheinland-Pfalz* 16.12.2004 – 11 TaBV 11/04 – BeckRS 2005, 42098; für die überwiegende Ansicht im Schrifttum *Däubler/DKKW* § 111 Rn. 68; *Etzel* Rn. 980; *Fabricius* 6. Aufl., § 111 Rn. 118 ff.; *Fitting* § 111 Rn. 73; *Galperin/Löwisch* § 106 Rn. 60; *Heither* AR-Blattei SD 530.14.5, Rn. 72; *Hohenstatt/Willemsen/HWK* § 111 BetrVG Rn. 27; *Kamanabrou* Arbeitsrecht, Rn. 2834; *Matthes*/MünchArbR § 268 Rn. 18; *Ohl* Der Sozialplan, 1977, S. 41 ff.; *Preis/Bender/WPK* § 111 Rn. 15; *Richardi* NZA 1984, 177 [179]; *ders./Annuß* § 111 Rn. 70 f.; *Schweibert/WHSS* Kap. C Rn. 45; *Spirolke*/NK-GA § 111 BetrVG Rn. 12).

91 Der **gegenteiligen Auffassung** nach Inkrafttreten des BetrVG (*Bulla* RdA 1976, 233; *Hunold* BB 1984, 2257; *Mummenhoff* Anm. zu *BAG* 02.08.1983 EzA § 111 BetrVG 1972 Nr. 16; *Reuter* Der Sozialplan – Entschädigung für Arbeitsplatzverlust oder Steuerung unternehmerischen Handelns?, 1983, S. 9 ff.; *Wüst* Personaleinschränkungen, S. 17 ff.; ausführlich hiergegen *Fabricius* 6. Aufl., § 111 Rn. 118 ff.) wurde mit der Einfügung des **§ 112a Abs. 1** die **normative Grundlage entzogen**. Hierin erkennt das Gesetz ausdrücklich an, dass eine Betriebsänderung i. S. d. § 111 Satz 3 Nr. 1 »allein in der Entlassung von Arbeitnehmern« liegen kann (*BAG* 28.03.2006 EzA § 111 BetrVG 2001 Nr. 4 Rn. 18 = AP Nr. 12 zu § 112a BetrVG 1972 *[Oetker]*; 31.05.2007 EzA § 1 KSchG Interessenausgleich Nr. 12 Rn. 16 = AP Nr. 65 zu § 111 BetrVG 1972; *S. Biedenkopf* Interessenausgleich, S. 60 f.; *Däubler/DKKW* § 111 Rn. 68; *Fitting* § 111 Rn. 73; *Gamillscheg* II, § 52, 4b [1] [d]; *Gillen/Vahle* NZA 2005, 1385 [1386]; *Heinze* NZA 1987, 41 [45 f.]; *Hess/HWGNRH* § 112a Rn. 1; *ders./Gotters* BlStSozArbR 1985, 264 [265]; *Hromadka/Maschmann* Arbeitsrecht, § 16 Rn. 607; *Kamanabrou* Arbeitsrecht, Rn. 2834; *Loritz/ZLH* Arbeitsrecht, § 53 Rn. 21; *Matthes*/MünchArbR § 268 Rn. 18; *Richardi/Annuß* § 111 Rn. 70; *Röder/Baeck/JRH* Kap. 28 Rn. 25; *Rumpff/Boewer* Wirtschaftliche Angelegenheiten, Kap. H Rn. 68, Kap. I Rn. 50; *Schaub/Koch* Arbeitsrechts-Handbuch, § 244 Rn. 16; *Schweibert/WHSS* Kap. C Rn. 45; *Träxler* Betriebsänderung, S. 11; *Vogt* BB 1985, 2328 [2331]; *Willemsen/Tiesler* Interessenausgleich und Sozialplan in der Insolvenz, 1995, Rn. 68), ohne dass sich aus

der Norm eine Begrenzung dieser Aussage auf einzelne Fallgruppen einer Betriebsänderung entnehmen lässt.

Obwohl die Einbeziehung des alleinigen Personalabbaus in den Tatbestand der »Einschränkung« angesichts der normativen Rahmendaten heute nicht mehr bestritten wird, ist nicht jeder Personalabbau als Einschränkung des »**ganzen Betriebs**« zu bewerten. Die unerlässliche Eingrenzung erfolgt vor allem über **quantitative Elemente** (s. Rdn. 94 ff.), darf hierauf indes nicht verkürzt werden, wenn nicht die normative Anknüpfung an die »Betriebseinschränkung« verloren gehen soll. Die von diesem Tatbestandsmerkmal vorausgesetzte **Reduzierung der Leistungsfähigkeit** (s. Rdn. 82) kann und wird zwar die regelmäßige Folge eines Personalabbaus sein, zwingend ist das aber nicht (*BAG* 22.05.1979 EzA § 111 BetrVG 1972 Nr. 6 S. 4 *[Löwisch/Schiff]* = AP Nr. 3 zu § 111 BetrVG 1972 Bl. 4 R *[Birk]* = SAE 1980, 85 *[Reuter]*: »in aller Regel«; **a. M.** *Däubler/DKKW* § 111 Rn. 58). So kann bei Produktionsvorgängen mit hohem Automatisierungsgrad und sehr geringem Personaleinsatz die Leistungsfähigkeit des Betriebs selbst nach einem Personalabbau unverändert bleiben (*Hanau* ZfA 1974, 89 [98]). Das ist z. B. auch dann vorstellbar, wenn der Personalabbau mit Veränderungen des Arbeitszeitvolumens bei den verbleibenden Arbeitnehmern verbunden ist. Bei einem bloßen Personalabbau liegt deshalb eine »Einschränkung« des ganzen Betriebs nur dann vor, wenn dieser auch die Leistungsfähigkeit des Betriebs nicht nur vorübergehend herabsetzt (*Hanau* ZfA 1974, 89 [98]).

Trotz dieses zusätzlichen qualitativen Elements liegt bei einem alleinigen Personalabbau regelmäßig eine beteiligungspflichtige Betriebsänderung vor. Das folgt nicht nur aus dem Umstand, dass der alleinige Personalabbau zumeist mit einer Herabsetzung der Leistungsfähigkeit einhergeht, was ab einer bestimmten quantitativen Dimension (s. Rdn. 94 ff.) zu vermuten ist. Darüber hinaus kann bei einem kompensatorischen Einsatz von sächlichen Betriebsmitteln der Tatbestand einer Betriebsänderung i. S. d. § 111 Satz 3 Nr. 4 oder 5 erfüllt sein. Schließlich greift nach dem hiesigen Verständnis (s. Rdn. 55 ff.) ergänzend § 111 Satz 1 als Auffangtatbestand ein (dazu Rdn. 179 ff.).

Selbst wenn die »Entlassung von Arbeitnehmern« mit einer Herabsetzung der Leistungsfähigkeit des Betriebs verbunden ist, bedarf es eines einschränkenden quantitativen Korrektivs, da andernfalls bereits die Entlassung eines einzelnen Arbeitnehmers die unwiderlegbare Vermutung einer Betriebsänderung i. S. d. Satzes 1 auslösen würde. Das stünde jedoch im Widerspruch zu dem Zweck der unwiderlegbaren Vermutung. Diese soll einerseits zwar die gesonderte Prüfung »wesentlicher Nachteile« erübrigen, ist aber andererseits von der Vorstellung geleitet, dass die in § 111 Satz 3 genannten Sachverhalte die Belegschaft insgesamt oder erhebliche Teile derselben betreffen (s. Rdn. 65). Deshalb liegt in Übereinstimmung mit der h. M. eine »Einschränkung des ganzen Betriebs« erst vor, wenn der Personalabbau »**erhebliche Teile der Belegschaft**« erfasst (*BAG* 06.06.1978 EzA § 111 BetrVG 1972 Nr. 5 S. 4 *[Kittner]* = AP Nr. 2 zu § 111 BetrVG 1972 Bl. 2 R *[Ehmann]*; 22.05.1979 EzA § 111 BetrVG 1972 Nr. 6 S. 4 *[Löwisch/Schiff]* = AP Nr. 3 zu § 111 BetrVG 1972 Bl. 4 R *[Birk]* = SAE 1980, 85 *[Reuter]*; 04.12.1979 EzA § 111 BetrVG 1972 Nr. 9 S. 55 *[Löwisch/Röder]* = AP Nr. 6 zu § 111 BetrVG 1972 Bl. 2 *[Seiter]* = SAE 1980, 226 *[Bohn]*; 02.08.1983 EzA § 111 BetrVG 1972 Nr. 16 S. 132 *[Mummenhoff, Klinkhammer]* = AP Nr. 12 zu § 111 BetrVG 1972 Bl. 1 R *[Fabricius/Pottmeyer]* = SAE 1984, 148 *[Gitter]*; 07.08.1990 EzA § 111 BetrVG 1972 Nr. 27 S. 4 = AP Nr. 34 zu § 111 BetrVG 1972 Bl. 2; 09.11.2010 EzA § 111 BetrVG 2001 Nr. 6 Rn. 14 = AP Nr. 69 zu § 111 BetrVG 1972 *[Fütterer]* = NZA 2011, 466; 19.07.2012 EzA § 1 KSchG 1969 Soziale Auswahl Nr. 86 Rn. 17 = AP Nr. 22 zu § 1 KSchG 1969 Namensliste = NZA 2013, 86; *Hohenstatt/Willemsen/HWK* § 111 BetrVG Rn. 28; *Matthes/MünchArbR* § 268 Rn. 19; *ders.* FS *D. Gaul*, S. 397 [398]; *Preis/Bender/WPK* § 111 Rn. 15; *Richardi* NZA 1984, 177 [179]; *ders./Annuß* § 111 Rn. 72). Unter dieser Voraussetzung ist regelmäßig auch die Annahme gerechtfertigt, dass der alleinige Abbau des Personals mit einer Einschränkung der Leistungsfähigkeit des Betriebs verbunden ist.

Für die Feststellung, ob der Personalabbau »erhebliche Teile der Belegschaft« betrifft, sind nach gefestigter Rechtsprechung und überwiegender Ansicht im Schrifttum die **Zahlen- und Prozentangaben in § 17 Abs. 1 KSchG** heranzuziehen (für die st. Rspr. seit *BAG* 06.06.1978 EzA § 111 BetrVG 1972 Nr. 5 S. 17 *[Kittner]* = AP Nr. 2 zu § 111 BetrVG 1972 Bl. 2 R *[Ehmann]* zuletzt z. B. *BAG* 06.05.2003 EzA § 112 BetrVG 2001 Nr. 8 S. 7 = AP Nr. 161 zu § 112 BetrVG 1972 Bl. 3 *[Oetker]*; 18.11.2003 EzA § 118 BetrVG 2001 Nr. 4 S. 4 f. = AP Nr. 76 zu § 118 BetrVG 1972 Bl. 2 R; 22.01.2004 EzA § 1 KSchG Interessenausgleich Nr. 11 S. 9 = AP Nr. 1 zu § 112 BetrVG 1972 Na-

§ 111   IV. 6. 1. Betriebsänderungen

mensliste Bl. 4 R; 28.03.2006 EzA § 111 BetrVG 2001 Nr. 4 Rn. 18 = AP Nr. 12 zu § 112a BetrVG 1972 *[Oetker]*; 31.05.2007 EzA § 1 KSchG Interessenausgleich Nr. 12 Rn. 16 = AP Nr. 65 zu § 111 BetrVG 1972; 09.11.2010 EzA § 111 BetrVG 2001 Nr. 6 Rn. 14 = AP Nr. 69 zu § 111 BetrVG 1972 *[Fütterer]* = NZA 2011, 466; 18.10.2011 EzA § 111 BetrVG 2001 Nr. 8 Rn. 12 = AP Nr. 70 zu § 112 BetrVG 1972 *[Hamann]* = NZA 2012, 466; 19.07.2012 EzA § 1 KSchG Interessenausgleich Nr. 24 Rn. 20 = AP Nr. 23 zu § 1 KSchG 1969 Namensliste = NZA 2013, 333; 19.07.2012 EzA § 1 KSchG 1969 Soziale Auswahl Nr. 86 Rn. 17 = AP Nr. 22 zu § 1 KSchG 1969 Namensliste = NZA 2013, 86; 20.09.2012 EzA § 125 InsO Nr. 8 Rn. 46 = AP Nr. 10 zu § 125 InsO = NZA 2013, 797; 24.10.2013 EzA § 125 InsO Nr. 11 Rn. 20 = AP Nr. 12 zu § 125 InsO = NZA 2014, 46 = RdA 2014, 374 *[Lingemann/Pohlmann]*; 17.03.2016 EzA § 1 KSchG Interessenausgleich Nr. 26 Rn. 29 = AP Nr. 26 zu § 1 KSchG 1969 Namensliste = NZA 2016, 1072; aus der Rspr. der Instanzgerichte *LAG Baden-Württemberg* 27.09.2004 NZA-RR 2005, 195 [195]; *LAG Berlin* 07.09.1995 AP Nr. 36 zu § 111 BetrVG 1972 Bl. 2 R; *LAG Düsseldorf* 20.04.2016 – 4 TaBV 70/15 – BeckRS 2016, 71599; *LAG Hamm* 06.07.2000 DZWIR 2001, 107 [111]; *Hess. LAG* 01.02.2001 – 3 Sa 565/00 – BeckRS 2001, 30448827; *LAG Rheinland-Pfalz* 16.12.2004 – 11 TaBV 11/04 – BeckRS 2005, 42098; 19.05.2015 LAGE § 1 KSchG Betriebsbedingte Kündigung Nr. 100; ebenso im Schrifttum *Etzel* Rn. 980; *Fitting* § 111 Rn. 74; *Heither* AR-Blattei SD 530.14.5, Rn. 73; *Matthes/*MünchArbR § 268 Rn. 19; *ders.* FS *D. Gaul*, S. 397 [398]; *Ohl* Der Sozialplan, 1977, S. 40 f.; *Preis/Bender/WPK* § 111 Rn. 15; *Richardi* NZA 1984, 177 [179]; *ders./Annuß* § 111 Rn. 73; *Weiss/Weyand* § 111 Rn. 11; im Grundsatz auch *Fabricius* 6. Aufl., § 111 Rn. 221 ff.; **a. M.** *Rumpff/Boewer* Wirtschaftliche Angelegenheiten, Kap. H Rn. 80 f.; *Stege/Weinspach/Schiefer* §§ 111–113 Rn. 43b, die für eine Anknüpfung an § 112a Abs. 1 Nr. 1 bis 4 plädieren [hiergegen *Däubler/DKKW* § 111 Rn. 75; *Kania/*ErfK § 111 BetrVG Rn. 11; ferner auch *LAG Rheinland-Pfalz* 09.11.2016 – 7 TaBV 23/16 – BeckRS 2016, 110822]; abweichend auch *Ziegler* Betriebsänderung. S. 92 f., der auf die Staffelung in § 111 des Regierungsentwurfs [s. Rdn. 96] zurückgreift). Die vorgenannte Vorschrift verfolgt zwar **arbeitsmarktpolitische Zielsetzungen** (*Fabricius* 6. Aufl., § 111 Rn. 223), hat aber einen **betriebsverfassungsrechtlichen Ursprung** (BAG 22.05.1979 EzA § 111 BetrVG 1972 Nr. 6 S. 33 *[Löwisch/Schiff]* = AP Nr. 3 zu § 111 BetrVG 1972 Bl. 5 *[Birk]* = SAE 1980, 85 *[Reuter]*; 22.05.1979 EzA § 111 BetrVG 1972 Nr. 7 S. 38 f. = AP Nr. 4 zu § 111 BetrVG 1972 Bl. 5 R *[Birk]* = SAE 1980, 90 *[Reuter]* = AR-Blattei Betriebsverfassung XIV E, Entsch. 15 *[Hunold]*) sowie BAG 09.11.2010 EzA § 111 BetrVG 2001 Nr. 6 Rn. 14 = AP Nr. 69 zu § 111 BetrVG 1972 *[Fütterer]* = NZA 2011, 466).

96 Mit § 17 Abs. 1 Satz 1 KSchG knüpft der Gesetzgeber ungeachtet der (nachfolgenden) unionsrechtlichen Überlagerung durch die Richtlinie 98/50/EG (s. Rdn. 97) an das früher in § 66 Abs. 2 BetrVG 1952 enthaltene Beteiligungsrecht des Betriebsrats bei Massenentlassungen an. Dieses verpflichtete den Arbeitgeber dazu, mit dem Betriebsrat »über die Vermeidung von Härten bei Entlassungen« zu beraten. Wenn zur Konkretisierung der »erheblichen Teile der Belegschaft« in § 111 auf § 17 Abs. 1 KSchG zurückgegriffen wird, dann ist dieser Konkretisierungsansatz im Betriebsverfassungsrecht bereits angelegt. Die Entstehungsgeschichte des § 111 bestätigt dieses Verständnis. Im Unterschied zu der später verabschiedeten Regelung verzichtete der Regierungsentwurf noch auf einen enumerativen Katalog von Tatbeständen einer Betriebsänderung und beschränkte sich auf eine Generalklausel, die stets dann eingreifen sollte, wenn die geplante Maßnahme für eine nach der Betriebsgröße und an § 17 Abs. 1 KSchG angelehnte gestaffelte Zahl von Arbeitnehmern zu Nachteilen hätte führen können (s. BT-Drucks. VI/1786, S. 23, 54). Im Gesetzgebungsverfahren wurde auf diese Regelungstechnik zwar im Interesse der Rechtssicherheit zugunsten der nunmehr in § 111 Satz 3 enthaltenen Katalogtatbestände verzichtet (BT-Ausschuss für Arbeit und Sozialordnung zu BT-Drucks. VI/2729, S. 32), ohne aber hiermit die Absicht aufzugeben, die Beteiligungspflicht mit dem Eintritt von Nachteilen bei einer von der Betriebsgröße abhängigen Zahl von betroffenen Arbeitnehmern zu verknüpfen. Bekräftigt wird diese Interpretation durch den im Jahre 1985 in das BetrVG eingefügten § 112a Abs. 1 (*Däubler/DKKW* § 111 Rn. 68; *Loritz/ZLH* Arbeitsrecht, § 53 Rn. 21). Die dortigen Größenstaffeln (dazu §§ 112, 112a Rdn. 318 ff.) reagieren auf die höchstrichterliche Rechtsprechung vor der Schaffung der Norm, die für die Konkretisierung der Betriebsänderung i. S. d. § 111 Satz 3 Nr. 1 in den Fällen des Personalabbaus auf die Schwellenwerte des § 17 Abs. 1 Satz 1 KSchG zurückgriff (s. Rdn. 95). Da der Gesetzgeber diese für das Eingreifen der Sozialplanpflicht als zu niedrig ansah, hat er die jeweiligen Zahlen und Prozentsätze bewusst erhöht und damit die bisherige gefestigte höchstrichterliche Rechtsprechung zum Vorliegen einer Betriebsänderung i. S. d. § 111 Satz 3 Nr. 1 in seinen Willen aufgenommen.

Der Rückgriff auf die Zahlen und Prozentsätze in § 17 Abs. 1 KSchG ist allerdings aufgrund der **unionsrechtlichen Überlagerung** der Vorschrift durch die **Richtlinie 98/50/EG** mit Vorbehalten verbunden, da die in § 17 Abs. 1 KSchG enthaltenen Begriffe »Arbeitnehmer« und »Betrieb« aufgrund einer unionsrechtskonformen Auslegung (s. Rdn. 295 ff.) in Randbereichen von dem für das BetrVG maßgebende Begriffsverständnis abweichen. Für die Anwendung der Zahlen und Prozentangaben des § 17 Abs. 1 KSchG im Rahmen von § 111 Satz 3 Nr. 1 sind diese Modifikationen ohne Bedeutung, da die Schwellenwerte des § 17 Abs. 1 KSchG lediglich dazu dienen, einen aus Sicht des § 111 Satz 3 Nr. 1 »erheblichen« Personalabbau zu konkretisieren (s. Rdn. 94 f.). Deshalb bleibt allein das betriebsverfassungsrechtlich geprägte Begriffsverständnis maßgebend. Das gilt sowohl für den »Betrieb« als räumlich-organisatorische Abgrenzung (s. Rdn. 69) als auch für den Arbeitnehmerbegriff, für den ausschließlich § 5 Abs. 1 heranzuziehen ist. 97

Bezüglich der Anwendung der Zahlen und Prozentsätze in § 17 Abs. 1 KSchG im Rahmen von § 111 Satz 3 Nr. 1 ist zweifelhaft, ob hierbei auch die im Entleiherbetrieb eingesetzten **Leiharbeitnehmer** zu berücksichtigen sind, wobei aufgrund des Zwecks, der dem Rückgriff auf § 17 Abs. 1 KSchG zugrundeliegt, nur eine einheitliche Betrachtung sowohl für die Betriebsgröße als auch für den »erheblichen« Personalabbau in Betracht kommt (treffend *Linsenmaier/Kiel* RdA 2014, 135 [156]). Aus § 14 Abs. 2 Satz 4 AÜG lässt sich keine Problemlösung gewinnen, da sich die Vorschrift ausschließlich auf die Schwellenwerte des BetrVG bezieht und der Rückgriff auf § 17 Abs. 1 KSchG lediglich zur Konkretisierung eines Tatbestandsmerkmals in § 111 Satz 3 Nr. 1 herangezogen wird. Da hierfür die Herabsetzung der Leistungsfähigkeit des Betriebs im Vordergrund steht (s. Rdn. 92), sprechen gute Gründe dafür, Leiharbeitnehmer jedenfalls dann zu berücksichtigen, wenn deren Einsatz die Leistungsfähigkeit des Betriebs beeinflusst, weil ein bestimmter Arbeitskräftebedarf im Betrieb nicht nur vorübergehend durch Leiharbeitnehmer abgedeckt wird (*Linsenmaier/Kiel* RdA 2014, 135 [156]; **a. M.** *Bayreuther* NZA 2016, 1304 [1307]). Dem steht allerdings entgegen, dass § 14 Abs. 2 Satz 4 AÜG die im Entleiherbetrieb eingesetzten Leiharbeitnehmer ausdrücklich aus den Schwellenwerten in § 112a Abs. 1 ausklammert. Da diese dazu dienen, den für eine Sozialplanpflicht maßgeblichen Abbau eines »erheblichen Teils der Belegschaft« zu konkretisieren und auf den im Rahmen von § 111 Satz 3 Nr. 1 maßgebenden Schwellenwerten aufbauen (s. §§ 112, 112a Rdn. 314), würde es zu einem Wertungswiderspruch führen, wenn Leiharbeitnehmer im Rahmen von § 111 Satz 3 Nr. 1 berücksichtigt würden, dies aber bei der Feststellung eines sozialplanpflichtigen Personalabbaus unterbleibt. Deshalb entspricht es der in § 14 Abs. 2 Satz 4 AÜG zum Ausdruck gelangten Wertentscheidung, wenn Leiharbeitnehmer nicht nur bei den Schwellenwerten in § 112a Abs. 1 Satz 1, sondern auch bei der Anwendung der Schwellenwerte in § 17 Abs. 1 KSchG bei der Konkretisierung von § 111 Satz 3 Nr. 1 unberücksichtigt bleiben (wie hier im Ergebnis auch *Bayreuther* NZA 2016, 1304 [1307]). 98

Der regelmäßig mit einer Reduzierung der Leistungsfähigkeit des Betriebs verbundene alleinige Personalabbau ist deshalb eine Betriebseinschränkung i. S. d. § 111 Satz 3 Nr. 1, wenn 99
– in Betrieben mit in der Regel mehr als 20 und weniger als 60 Arbeitnehmern mehr als fünf Arbeitnehmer,
– in Betrieben mit in der Regel mindestens 60 und weniger als 500 Arbeitnehmern 10 % der im Betrieb regelmäßig beschäftigten Arbeitnehmer oder aber mehr als 25 Arbeitnehmer,
– in Betrieben mit in der Regel mindestens 500 Arbeitnehmern mindestens 30 Arbeitnehmer

entlassen werden. Bei diesen Schwellenwerten handelt es sich jedoch lediglich um eine »**Richtschnur**« (*BAG* 06.06.1978 EzA § 111 BetrVG 1972 Nr. 5 S. 17 = AP Nr. 2 zu § 111 BetrVG 1972 Bl. 2 R *[Ehmann]*; 02.08.1983 EzA § 111 BetrVG 1972 Nr. 16 S. 132 *[Mummenhoff, Klinkhammer]* = AP Nr. 12 zu § 111 BetrVG 1972 Bl. 1 R, 2 R *[Fabricius/Pottmeyer]* = SAE 1984, 148 *[Gitter]*; 07.08.1990 EzA § 111 BetrVG 1972 Nr. 27 S. 4 = AP Nr. 34 zu § 111 BetrVG 1972 Bl. 2; *LAG Berlin* 07.09.1995 AP Nr. 36 zu § 111 BetrVG 1972 Bl. 2 R; *Fabricius* 6. Aufl., § 111 Rn. 220; **a. M.** *Gillen/Vahle* NZA 2005, 1385 [1387]: verbindliche Grenzlinie). Ein geringfügiges Unterschreiten der Schwellenwerte steht deshalb einer Betriebseinschränkung nicht entgegen (*BAG* 07.08.1990 EzA § 111 BetrVG 1972 Nr. 27 S. 5 = AP Nr. 34 zu § 111 BetrVG 1972 Bl. 2; 19.07.2012 EzA § 1 KSchG 1969 Soziale Auswahl Nr. 86 Rn. 17 = AP Nr. 22 zu § 1 KSchG 1969 Namensliste = NZA 2013, 86;

LAG Berlin 07.09.1995 AP Nr. 36 zu § 111 BetrVG 1972 Bl. 2 R f.; *Däubler/DKKW* § 111 Rn. 69; *Fabricius* 6. Aufl., § 111 Rn. 230; *Fitting* § 111 Rn. 75; *Hohenstatt/Willemsen/HWK* § 111 BetrVG Rn. 29; *Matthes*/MünchArbR § 268 Rn. 19b; *Ohl* Der Sozialplan, 1977, S. 41; *Schweibert/WHSS* Kap. C Rn. 45), insbesondere wenn zu dem Personalabbau Einschränkungen bei den sächlichen Betriebsmitteln hinzutreten.

100 Die als Richtschnur für eine Betriebseinschränkung i. S. d. § 111 Satz 3 Nr. 1 heranzuziehende Regelung in § 17 Abs. 1 Satz 1 KSchG bedarf jedoch in dreierlei Hinsicht einer **Korrektur**, um ihre Konkretisierungsaufgabe im Rahmen des § 111 erfüllen zu können:

101 Die erste Modifizierung betrifft insbesondere **Großbetriebe** mit **mehr als 1000 Arbeitnehmern**, da die Entlassung von mindestens 30 Arbeitnehmern nicht stets die Wertung rechtfertigt, es handle sich um »erhebliche Teile der Belegschaft«. Mit zunehmender Betriebsgröße entfällt für diese Bewertung die Grundlage. In Großbetrieben ist deshalb ausschließlich auf einen bestimmten Prozentsatz abzustellen. Da nach § 17 Abs. 1 Satz 2 Nr. 2 KSchG die Entlassung von ca. 5 % der Arbeitnehmer für eine Betriebseinschränkung i. S. d. § 111 Satz 3 Nr. 1 ausreicht (Entlassung von 26 Arbeitnehmern bei insgesamt 499 Arbeitnehmern), ist es bei Betrieben mit mehr als 1000 Arbeitnehmern gerechtfertigt, einen Personalabbau erst dann als »erheblich« i. S. d. Rdn. 94 anzusehen, wenn er mehr als **5 % der Gesamtbelegschaft** des Betriebs betrifft (*BAG* 22.01.1980 EzA § 111 BetrVG 1972 Nr. 11 S. 7 *[Fabricius/Cottmann]* = AP Nr. 7 zu § 111 BetrVG 1972 Bl. 5 *[Löwisch/Roeder]* = SAE 1982, 220 *[Kreutz]* sowie aus neuerer Zeit *BAG* 22.01.2004 EzA § 1 KSchG Interessenausgleich Nr. 11 S. 9 = AP Nr. 1 zu § 112 BetrVG 1972 Namensliste Bl. 4 R; 28.03.2006 EzA § 111 BetrVG 2001 Nr. 4 Rn. 18 = AP Nr. 12 zu § 112a BetrVG 1972 *[Oetker]*; 31.05.2007 EzA § 1 KSchG Interessenausgleich Nr. 12 Rn. 16 = AP Nr. 65 zu § 111 BetrVG 1972; 19.07.2012 EzA § 1 KSchG 1969 Soziale Auswahl Nr. 86 Rn. 17 = AP Nr. 22 zu § 1 KSchG 1969 Namensliste = NZA 2013, 86; *LAG Hamm* 06.07.2000 DZWIR 2001, 107 [111]; *Fitting* § 111 Rn. 74; *Heither* AR-Blattei SD 530.14.5, Rn. 73; *Hohenstatt/Willemsen/HWK* § 111 BetrVG Rn. 29; *Preis/Bender/WPK* § 111 Rn. 15; *Richardi/Annuß* § 111 Rn. 73; offengelassen noch in *BAG* 15.10.1979 EzA § 111 BetrVG 1972 Nr. 8 S. 6 = AP Nr. 5 zu § 111 BetrVG 1972 Bl. 3). Die ursprüngliche Beschränkung dieser Korrektur auf »Großbetriebe« wurde inzwischen ausdrücklich aufgegeben und zu einer **allgemeinen Mindestgrenze** ausgedehnt (*BAG* 02.08.1983 EzA § 111 BetrVG 1972 Nr. 16 S. 135 *[Mummenhoff, Klinkhammer]* = AP Nr. 12 zu § 111 BetrVG 1972 Bl. 2 R f. *[Fabricius/Pottmeyer]* = SAE 1984, 148 *[Gitter]*; 07.08.1990 EzA § 111 BetrVG 1972 Nr. 27 S. 4 = AP Nr. 34 zu § 111 BetrVG 1972 Bl. 2; 21.02.2002 EzA § 1 KSchG Interessenausgleich Nr. 10 S. 9 = AP Nr. 1 zu § 112 BetrVG 1972 Namensliste Bl. 4 R; 18.11.2003 EzA § 118 BetrVG 2001 Nr. 4 S. 4 f. = AP Nr. 76 zu § 118 BetrVG 1972 Bl. 2 R; *LAG Baden-Württemberg* 27.09.2004 NZA-RR 2005, 195 [195]; *LAG Berlin* 07.09.1995 AP Nr. 36 zu § 111 BetrVG 1972 Bl. 2 R; *Matthes* FS *D. Gaul*, S. 397 [398]; gegenläufig jedoch [ohne Problemvertiefung] *BAG* 19.07.2012 EzA § 1 KSchG 1969 Soziale Auswahl Nr. 86 Rn. 17 = AP Nr. 22 zu § 1 KSchG 1969 Namensliste = NZA 2013, 86; 17.03.2016 EzA § 1 KSchG Interessenausgleich Nr. 26 Rn. 29 = AP Nr. 26 zu § 1 KSchG 1969 Namensliste = NZA 2016, 1072).

102 Praktische Bedeutung erlangt die Notwendigkeit einer Mindestgrenze auch in **Kleinbetrieben**, die den Schwellenwert von 20 Arbeitnehmern nicht überschreiten (s. Rdn. 22); bei ihnen kann ein Personalabbau den Grenzwert des § 17 Abs. 1 Satz 1 Nr. 1 KSchG nicht erreichen (*Richardi/Annuß* § 111 Rn. 74). Dies steht einer beteiligungspflichtigen Betriebsänderung jedoch nicht entgegen, da in § 112a Abs. 1 Satz 1 Nr. 1 die Beschränkung auf mehr als 20 Arbeitnehmer ausdrücklich gestrichen wurde (*Hanau* ZIP 2001, 1981 [1985]; *Löwisch* BB 2001, 1790 [1797]). Ob eine beteiligungspflichtige Betriebsänderung erst beim Überschreiten der Grenzwerte in § 112a Abs. 1 Satz 1 Nr. 1 (hierfür *ArbG Marburg* 29.12.2003 NZA-RR 2004, 199 [200]; *Fitting* § 111 Rn. 48, 75a; *Löwisch* BB 2001, 1790 [1797]; *ders./LK* § 111 Rn. 28; *Loritz/ZLH* Arbeitsrecht, § 53 Rn. 19; *Röder/Baeck/JRH* Kap. 28 Rn. 31; *Schaub/Koch* Arbeitsrechts-Handbuch, § 244 Rn. 16; *Stege/Weinspach/Schiefer* §§ 111–113 Rn. 45a) oder aber einem damit im Ergebnis vergleichbaren Personalabbau von 30 % der Arbeitnehmer (so *Däubler/DKKW* § 111 Rn. 72; *Gillen/Vahle* NZA 2005, 1385 [1387]; *Hohenstatt/Willemsen/HWK* § 111 BetrVG Rn. 30; *Preis/Bender/WPK* § 111 Rn. 14; *Richardi/Annuß* § 111 Rn. 48,74; *Staufenbiel* Sozialplan, S. 36 ff.) vorliegt, erscheint zweifelhaft, da hierdurch in Kleinbetrieben die Fallgruppe der nichtsozialplanpflichtigen Betriebsänderung entfallen würde (*Richardi/Annuß* § 111

Rn. 74). Für eine diese Differenzierung systemkonform fortdenkende Mindestgrenze ist deshalb ein niedrigerer Grenzwert notwendig, der auch in Kleinbetrieben Raum für eine nicht sozialplanpflichtige Betriebsänderung lässt. Einen Anhaltspunkt liefert der Vergleich der Zahlenstaffeln in § 17 Abs. 1 KSchG mit denen in § 112a Abs. 1 Satz 1, der zeigt, dass die Schwellenwerte in § 112a Abs. 1 Satz 1 gegenüber § 17 Abs. 1 KSchG eine Verdoppelung erfahren haben. Wird dieser systematische Ansatz konsequent fortgeführt, dann ist die dem Gesetz am nächsten kommende Lösung eine Halbierung des Schwellenwerts von mindestens sechs Arbeitnehmern. In Kleinbetrieben mit weniger als 21 Arbeitnehmern würde der alleinige Personalabbau bei diesem Ansatz die Voraussetzungen einer Betriebsänderung erfüllen, wenn mindestens drei Arbeitnehmer entlassen werden.

Dieser Auffassung hat sich das *BAG* nicht angeschlossen und befürwortet eine Betriebseinschränkung 103 auch in Kleinbetrieben erst, wenn die Schwellenwerte in § 112a Abs. 1 Satz 1 Nr. 1 (mindestens sechs Arbeitnehmer) erreicht sind (*BAG* 09.11.2010 EzA § 111 BetrVG 2001 Nr. 6 Rn. 18 f. = AP Nr. 69 zu § 111 BetrVG 1972 *[Fütterer]* = NZA 2011, 466; zust. *Fitting* § 111 Rn. 48, 75a; *Loritz/ZLH* Arbeitsrecht, § 53 Rn. 19; *Schaub/Koch* Arbeitsrechts-Handbuch, § 244 Rn. 16). Hierfür stützt sich der *Erste Senat* vor allem auf die Intention zur Änderung des § 112a Abs. 1 Satz 1 Nr. 1 durch das BetrVerf-ReformG. Hierdurch habe der Tatbestand der Betriebsänderung ebenso wenig verändert werden sollen wie durch die Umstellung des Bezugsmaßstabs für den Schwellenwert in § 111 Satz 1 vom Betrieb auf das Unternehmen. Deshalb sei für das Vorliegen einer Betriebsänderung unverändert eine Entlassung von mindestens sechs Arbeitnehmern erforderlich. Diese Argumentation überwindet allerdings nicht den Einwand des Systembruchs, da der nichtsozialplanpflichtigen Betriebsänderung durch die alleinige Entlassung von Arbeitnehmern in Kleinbetrieben die normative Grundlage entzogen wird.

Die dritte Korrektur betrifft die in § 17 Abs. 1 Satz 1 KSchG genannte **Zeitspanne von 30 Kalen-** 104 **dertagen**. Sie ist im Rahmen des § 111 ohne Bedeutung (*BAG* 22.05.1979 EzA § 111 BetrVG 1972 Nr. 6 S. 4 *[Löwisch/Schiff]* = AP Nr. 3 zu § 111 BetrVG 1972 Bl. 5 *[Birk]* = SAE 1980, 85 *[Reuter]*; 22.05.1979 EzA § 111 BetrVG 1972 Nr. 7 S. 5 = AP Nr. 4 zu § 111 BetrVG 1972 Bl. 5 R f. *[Birk]* = SAE 1980, 90 *[Reuter]* = AR-Blattei Betriebsverfassung XIV E, Entsch. 15 *[Hunold]*; 02.08.1983 EzA § 111 BetrVG 1972 Nr. 16 S. 132 *[Mummenhoff, Klinkhammer]* = AP Nr. 12 zu § 111 BetrVG 1972 Bl. 2 *[Fabricius/Pottmeyer]* = SAE 1984, 148 *[Gitter]*; 22.01.2004 EzA § 1 KSchG Interessenausgleich Nr. 11 S. 9 = AP Nr. 1 zu § 112 BetrVG 1972 Namensliste Bl. 4 R; 28.06.2012 EzA § 125 InsO Nr. 7 Rn. 19 = AP Nr. 9 zu § 125 InsO = NZA 2012, 1090; *LAG Hamm* 06.07.2000 DZWIR 2001, 107 [111]; *Däubler/DKKW* § 111 Rn. 71; *Etzel* Rn. 967; *Fitting* § 111 Rn. 76; *Gamillscheg* II, § 52, 4b [1] [d]; *Löwisch/LK* § 111 Rn. 31; *Matthes/MünchArbR* § 268 Rn. 20; *Richardi/Annuß* § 111 Rn. 73, 75; *Rumpff/Boewer* Wirtschaftliche Angelegenheiten, Kap. H Rn. 69; *Spirolke/NK-GA* § 111 BetrVG Rn. 12; *Stege/Weinspach/Schiefer* §§ 111–113 Rn. 14d, 40).

Entscheidend ist allein, ob dem Personalabbau eine **einheitliche unternehmerische Entscheidung** 105 zugrunde liegt (*BAG* 22.01.2004 EzA § 1 KSchG Interessenausgleich Nr. 11 S. 9; 28.03.2006 EzA § 111 BetrVG 2001 Nr. 4 Rn. 18 = AP Nr. 12 zu § 112a BetrVG 1972 *[Oetker]*; 31.05.2007 EzA § 1 KSchG Interessenausgleich Nr. 12 Rn. 16 = AP Nr. 65 zu § 111 BetrVG 1972; 19.07.2012 EzA § 1 KSchG 1969 Soziale Auswahl Nr. 86 Rn. 17 = AP Nr. 22 zu § 1 KSchG 1969 Namensliste = NZA 2013, 86; 17.03.2016 EzA § 1 KSchG Interessenausgleich Nr. 26 = AP Nr. 26 zu § 1 KSchG 1969 Namensliste = NZA 2016, 1072; *Thür. LAG* 22.07.1998 NZA-RR 1999, 309 f.; *Däubler/DKKW* § 111 Rn. 74; *Fitting* § 111 Rn. 76; *Gamillscheg* II, § 52, 4b [1] [d]; *Hohenstatt/Willemsen/HWK* § 111 BetrVG Rn. 28; *Hromadka/Maschmann* Arbeitsrecht 2, § 16 Rn. 608; *Löwisch/LK* § 111 Rn. 31; *Matthes/MünchArbR* § 268 Rn. 20; *ders.* FS *D. Gaul*, S. 397 [398]; *Richardi/Annuß* § 111 Rn. 75; *Röder/Baeck/JRH* Kap. 28 Rn. 35; *Rumpff/Boewer* Wirtschaftliche Angelegenheiten, Kap. H Rn. 69; *Schaub/Koch* Arbeitsrechts-Handbuch, § 244 Rn. 16a; *Stege/Weinspach/Schiefer* §§ 111–113 Rn. 14d). Auch § 112a Abs. 1 verzichtet auf eine Übernahme des 30-Tage-Zeitraums, so dass es zu Wertungswidersprüchen führen würde, wenn dieser im Rahmen des § 111 zur Anwendung käme. Für das Vorliegen einer einheitlichen unternehmerischen Entscheidung kann es sprechen, wenn zwischen verschiedenen »Entlassungswellen« ein enger **zeitlicher Zusammenhang** besteht (*BAG* 22.01.2004 EzA § 1 KSchG Interessenausgleich Nr. 11 S. 9 = AP Nr. 1 zu § 112 BetrVG 1972 Namensliste Bl. 4 R; 28.03.2006 EzA § 111 BetrVG 2001 Nr. 4 Rn. 19 = AP Nr. 12 zu § 112a BetrVG 1972 *[Oetker]*; 19.07.2012 EzA § 1 KSchG 1969 Soziale Auswahl Nr. 86 Rn. 17 = AP Nr. 22

§ 111 *IV. 6. 1. Betriebsänderungen*

zu § 1 KSchG 1969 Namensliste = NZA 2013, 86; 17.03.2016 EzA § 1 KSchG Interessenausgleich Nr. 26 = AP Nr. 26 zu § 1 KSchG 1969 Namensliste = NZA 2016, 1072 sowie hier Rdn. 33), der sich jedoch auf wenige Wochen oder Monate beschränken muss (*BAG* 19.07.2012 EzA § 1 KSchG 1969 Soziale Auswahl Nr. 86 Rn. 17 = AP Nr. 22 zu § 1 KSchG 1969 Namensliste = NZA 2013, 86). Andernfalls entfällt die einem engen zeitlichen Zusammenhang zukommende Indizwirkung.

106 Für die Umsetzung der Größenangaben in § 17 Abs. 1 Satz 1 KSchG im Rahmen des § 111 sind die von dem Personalabbau betroffenen Arbeitnehmer in das Verhältnis zu der Gesamtzahl der im Betrieb beschäftigten Arbeitnehmer zu setzen. Bei den **vom Personalabbau betroffenen Arbeitnehmern** sind alle Arbeitnehmer zu berücksichtigen, deren Arbeitsverhältnisse aufgrund des vom Unternehmer beabsichtigten Personalabbaus beendet werden oder die ihre Betriebszugehörigkeit verlieren sollen. Dazu zählen nicht nur diejenigen Arbeitnehmer, deren Arbeitsverhältnis durch eine **betriebsbedingte Kündigung** beendet werden soll. Maßgebend ist der Grund für die Beendigung des Arbeitsverhältnisses und nicht die hierfür gewählte formale Umsetzung, was durch § 112a Abs. 1 Satz 2 bestätigt wird. Deshalb sind nicht nur ordentliche Kündigungen, sondern auch außerordentliche Kündigungen zu berücksichtigen, deren Ausspruch insbesondere dann erforderlich werden kann, wenn der betroffene Arbeitnehmer einen besonderen tariflichen Kündigungsschutz genießt, der einer ordentlichen Kündigung entgegensteht.

107 Einzubeziehen sind auch diejenigen Arbeitnehmer, deren Arbeitsverhältnis infolge eines **Aufhebungsvertrags** (*BAG* 04.07.1989 EzA § 111 BetrVG 1972 Nr. 24 S. 4 = AP Nr. 27 zu § 111 BetrVG 1972 Bl. 2; 20.09.2013 EzA § 125 InsO Nr. 8 Rn. 46 = AP Nr. 10 zu § 125 InsO = NZA 2013, 797; *LAG Sachsen-Anhalt* 21.06.2013 – 6 Sa 444/11 – BeckRS 2013, 72002; *Bauer* DB 1994, 217 [219]; *Däubler/DKKW* § 111 Rn. 77; *Fitting* § 111 Rn. 78; *Heither* AR-Blattei SD 530.14.5, Rn. 76; *Hromadka/Maschmann* Arbeitsrecht 2, § 16 Rn. 608; *Kania/*ErfK § 111 BetrVG Rn. 11; *Löwisch/LK* § 111 Rn. 30; *Matthes/*MünchArbR § 268 Rn. 21; *Preis/Bender/WPK* § 111 Rn. 15; *Richardi/Annuß* § 111 Rn. 76; *Rumpff/Boewer* Wirtschaftliche Angelegenheiten, Kap. H Rn. 69; *Schaub/Koch* Arbeitsrechts-Handbuch, § 244 Rn. 16; *Schweibert/WHSS* Kap. C Rn. 46) oder einer **Eigenkündigung** (*BAG* 23.08.1988 EzA § 113 BetrVG 1972 Nr. 17 S. 6 f. [*Löwisch/Rieble*] = AP Nr. 17 zu § 113 BetrVG 1972 Bl. 4 f. [*Hromadka/Heise*] sowie z. B. *BAG* 28.10.1992 EzA § 112a BetrVG 1972 Nr. 5 S. 5 = AP Nr. 64 zu § 112 BetrVG 1972 Bl. 2 R f. = SAE 1994, 121 [*Milde*]; 28.10.1992 EzA § 112a BetrVG 1972 Nr. 6 S. 5 = AP Nr. 65 zu § 112 BetrVG 1972 Bl. 2 R f. = SAE 1994, 116 [*Milde*]; *Däubler/DKKW* § 111 Rn. 77; *Fitting* § 111 Rn. 78; *Heither* AR-Blattei SD 530.14.5, Rn. 76; *Hromadka/Maschmann* Arbeitsrecht 2, § 16 Rn. 608; *Kania/*ErfK § 111 BetrVG Rn. 11; *Löwisch/LK* § 111 Rn. 30; *Matthes/*MünchArbR § 268 Rn. 21; *Preis/Bender/WPK* § 111 Rn. 15; *Richardi/Annuß* § 111 Rn. 76; *Rumpff/Boewer* Wirtschaftliche Angelegenheiten, Kap. H Rn. 69; *Schaub/Koch* Arbeitsrechts-Handbuch, § 244 Rn. 16; *Schweibert/WHSS* Kap. C Rn. 46; *Stege/Weinspach/Schiefer* §§ 111–113 Rn. 42) endet, wenn der **Unternehmer** diese Beendigungstatbestände »**veranlasst**« hat (ebenso § 112a Abs. 1 Satz 2). Das setzt allerdings voraus, dass der Abschluss des Aufhebungsvertrags bzw. die Eigenkündigung des Arbeitnehmers gerade im Hinblick auf die geplante Betriebsänderung erfolgt, um den Arbeitgeber von der Notwendigkeit zu befreien, die Arbeitsverhältnisse von sich aus zu kündigen (*BAG* 04.07.1989 EzA § 111 BetrVG 1972 Nr. 24 S. 4 f. = AP Nr. 27 zu § 111 BetrVG 1972 Bl. 2 R; *Löwisch/LK* § 111 Rn. 30).

108 Ebenso sind diejenigen Arbeitnehmer mitzuzählen, die in andere Betriebe des Unternehmens **versetzt** werden (*Däubler/DKKW* § 111 Rn. 79; *Etzel* Rn. 981; *Fitting* § 111 Rn. 78; *Hohenstatt/Willemsen/HWK* § 111 BetrVG Rn. 31; *Matthes/*MünchArbR § 268 Rn. 22; *ders.* FS *D. Gaul*, S. 397 [399]; *Richardi/Annuß* § 111 Rn. 76) oder bei einer **Änderungskündigung** das Angebot geänderter Arbeitsbedingungen ablehnen (*LAG Baden-Württemberg* 16.06.1987 LAGE § 111 BetrVG 1972 Nr. 6; *Bauer* DB 1994, 217 [219]; *Däubler/DKKW* § 111 Rn. 79; *Fitting* § 111 Rn. 79; *Matthes/*MünchArbR, 2. Aufl. 2000, § 360 Rn. 33; *Richardi/Annuß* § 111 Rn. 77; *Stege/Weinspach/Schiefer* §§ 111–113 Rn. 42a; wohl auch *Hohenstatt/Willemsen/HWK* § 111 BetrVG Rn. 31; weitergehend *Gillen/Vahle* NZA 2005, 1385 [1389]: jede Änderungskündigung; differenzierend *Schweibert/WHSS* Kap. C Rn. 46). Das jeweilige **Arbeitszeitvolumen** der betroffenen Arbeitnehmer ist unerheblich (*Däubler/DKKW* § 111 Rn. 84; *Fitting* § 111 Rn. 77; *Richardi/Annuß* § 111 Rn. 76; *Schaub/Koch* Arbeitsrechts-Handbuch, § 244 Rn. 16; *Weber/Ehrich/Hörchens/Oberthür* Kap. J Rn. 26).

Haben bei der Übertragung eines Betriebsteils einzelne Arbeitnehmer ihr **Widerspruchsrecht** aus- 109
geübt, so sind diese Arbeitnehmer ebenfalls mitzuzählen, wenn der Veräußerer infolgedessen einen
Personalabbau vornehmen will (*BAG* 10.12.1996 EzA § 111 BetrVG 1972 Nr. 34 S. 5 = AP Nr. 32
zu § 113 BetrVG 1972 Bl. 2, 2 R; *LAG Hamm* 06.07.2000 DZWIR 2001, 107 [111]; *Däubler/DKKW*
§ 111 Rn. 77; *Etzel* Rn. 981; *Fitting* § 111 Rn. 78; *Henssler* NZA 1994, 913 [922]; *Hromadka/Masch-
mann* Arbeitsrecht 2, § 16 Rn. 608; *Kania/ErfK* § 111 BetrVG Rn. 11; *Matthes/*MünchArbR, 2. Aufl.
2000, § 360 Rn. 33; *ders.* FS *Wiese*, S. 293 [297 ff.]; *Preis/Bender/WPK* § 111 Rn. 15; *Richardi/Annuß*
§ 111 Rn. 79; *Schlachter* NZA 1995, 705 [709]; *Spirolke/*NK-GA § 111 BetrVG Rn. 12; *Weber/
Ehrich/Hörchens/Oberthür* Kap. J Rn. 26; **a. M.** *Bauer* DB 1994, 217 [220 f.]; *Hohenstatt/Willemsen/
HWK* § 111 BetrVG Rn. 31; *Moll* RdA 2003, 129 [137 f.]; wohl auch *Galperin/Löwisch* § 111
Rn. 23 f.). Zu den Auswirkungen des Widerspruchs für den Inhalt des von der Einigungsstelle aufgestellten Sozialplans s. §§ 112, 112a Rdn. 471.

Keine Berücksichtigung finden Arbeitnehmer, deren Arbeitsverhältnis aus **personen- oder ver-** 110
haltensbedingten Gründen endet (*BAG* 02.08.1983 EzA § 111 BetrVG 1972 Nr. 16 S. 135 [*Mummenhoff, Klinkhammer*] = AP Nr. 12 zu § 111 BetrVG 1972 Bl. 3 f. [*Fabricius/Pottmeyer*] = SAE 1984,
148 [*Gitter*]; *LAG Hamm* 10.09.2010 – 10 TaBV 111/09 – BeckRS 2011, 67817; *Hess. LAG*
01.02.2001 – 3 Sa 565/00 – BeckRS 2001, 30448827; *Bauer* DB 1994, 217 [219]; *Etzel* Rn. 981; *Fitting* § 111 Rn. 80; *Gillen/Vahle* NZA 2005, 1385 [1389]; *Hromadka/Maschmann* Arbeitsrecht 2, § 16
Rn. 608; *Löwisch/LK* § 111 Rn. 30; *Preis/Bender/WPK* § 111 Rn. 15; *Richardi/Annuß* § 111 Rn. 78;
*Spirolke/*NK-GA § 111 BetrVG Rn. 12; *Stege/Weinspach/Schiefer* §§ 111–113 Rn. 41; **a. M.** *Däubler/
DKKW* § 111 Rn. 80; *Matthes/*MünchArbR § 268 Rn. 23; *ders.* FS *D. Gaul*, S. 397 [399]).

Das gilt ebenso für diejenigen Arbeitsverhältnisse, die ihren Beendigungstatbestand bereits in sich tra- 111
gen, weil sie aufgrund einer **Befristung** oder **Bedingung** enden (*BAG* 02.08.1983 EzA § 111
BetrVG 1972 Nr. 16 S. 136 [*Mummenhoff, Klinkhammer*] = AP Nr. 12 zu § 111 BetrVG 1972 Bl. 3 f.
[*Fabricius/Pottmeyer*] = SAE 1984, 148 [*Gitter*]; *LAG Baden-Württemberg* 27.09.2004 NZA-RR 2005,
195 [196]; *LAG Hamm* 10.09.2010 – 10 TaBV 111/09 – BeckRS 2011, 67817; *Hess. LAG* 01.02.2001
– 3 Sa 565/00 – BeckRS 2001, 30448827; *Etzel* Rn. 981; *Fitting* § 111 Rn. 80; *Hromadka/Maschmann*
Arbeitsrecht 2, § 16 Rn. 608; *Löwisch/LK* § 111 Rn. 30; *Richardi/Annuß* § 111 Rn. 78; *Spirolke/
NK-GA* § 111 BetrVG Rn. 12; *Stege/Weinspach/Schiefer* §§ 111–113 Rn. 41; **a. M.** *Däubler/DKKW*
§ 111 Rn. 80; *Matthes/*MünchArbR § 268 Rn. 23; *ders.* FS *D. Gaul*, S. 397 [399]), wenn der Arbeitnehmer z. B. wegen des Erreichens der **Altersgrenze** ohne Kündigung aus dem Arbeitsverhältnis aus-
scheidet (*BAG* 09.11.2010 EzA § 111 BetrVG 2001 Nr. 6 Rn. 20 = AP Nr. 69 zu § 111 BetrVG 1972
[*Fütterer*] = NZA 2011, 466) oder ein befristet abgeschlossener Arbeitsvertrag **nicht verlängert** wird
(*LAG Hamm* 10.09.2010 – 10 TaBV 111/09 – BeckRS 2011, 67817).

Das Ausnutzen der »**natürlichen Fluktuation**« ist unschädlich (*BAG* 02.08.1983 EzA § 111 BetrVG 112
1972 Nr. 16 S. 137 [*Mummenhoff, Klinkhammer*] = AP Nr. 12 zu § 111 BetrVG 1972 Bl. 3 f. [*Fabricius/
Pottmeyer*] = SAE 1984, 148 [*Gitter*]; *LAG Baden-Württemberg* 27.09.2004 NZA-RR 2005, 195 [196];
LAG Hamm 10.09.2010 – 10 TaBV 111/09 – BeckRS 2011, 67817; *Bauer* DB 1994, 217 [219]; *Etzel*
Rn. 981; *Fitting* § 111 Rn. 80; *Gillen/Vahle* NZA 2005, 1385 [1389]; *Heither* AR-Blattei SD 530.14.5,
Rn. 77; *Hromadka/Maschmann* Arbeitsrecht 2, § 16 Rn. 608; *Löwisch/LK* § 111 Rn. 30; *Rumpff/
Boewer* Wirtschaftliche Angelegenheiten, Kap. H Rn. 69; *Spirolke/*NK-GA § 111 BetrVG Rn. 12;
Stege/Weinspach/Schiefer §§ 111–113 Rn. 36e; *Weber/Ehrich/Hörchens/Oberthür* Kap. J Rn. 27; **a. M.**
Däubler/DKKW § 111 Rn. 80; *Matthes/*MünchArbR § 268 Rn. 23; *ders.* FS *D. Gaul*, S. 397 [399]).
In diesen Fällen erleiden die betroffenen Arbeitnehmer keinen auf die unternehmerische Betriebs-
planung zurückzuführenden Nachteil (*BAG* 02.08.1983 EzA § 111 BetrVG 1972 Nr. 16 S. 136
[*Mummenhoff, Klinkhammer*] = AP Nr. 12 zu § 111 BetrVG 1972 Bl. 3 R [*Fabricius/Pottmeyer*] =
SAE 1984, 148 [*Gitter*]; *LAG Hamm* 10.09.2010 – 10 TaBV 111/09 – BeckRS 2011, 67817).

d) Stilllegung wesentlicher Betriebsteile

Da es nach der Generalklausel in § 111 Satz 1 ausreicht, wenn die Betriebsänderung »erhebliche Teile 113
der Belegschaft« nachteilig betrifft, ist es konsequent, dass der zur Konkretisierung der »Betriebsänderung im Sinne des Satzes 1« geschaffene § 111 Satz 3 Nr. 1 auch die Stilllegung wesentlicher Betriebsteile in den Tatbestand der unwiderlegbaren Vermutung einbezieht.

aa) Begriff des Betriebsteils

114 Den Begriff des Betriebsteils verwendet das BetrVG nicht nur in § 111 Satz 3 Nr. 1, sondern auch in anderen Vorschriften. Insbesondere § 4 Abs. 1 Satz 1 greift auf diesen zurück und verlangt für die betriebsverfassungsrechtliche Verselbständigung das Hinzutreten der dort alternativ genannten Voraussetzungen. Die Gesetzessystematik spricht dafür, dass der Begriff des Betriebsteils in § 111 Satz 3 Nr. 1 und in **§ 4 Abs. 1 Satz 1** identisch ist, ohne dass allerdings die Voraussetzungen für eine betriebsverfassungsrechtliche Verselbständigung des Betriebsteils vorliegen müssen (s. a. *Fabricius* 6. Aufl., § 111 Rn. 162 ff.). Für einen Betriebsteil i. S. d. § 111 Satz 3 Nr. 1 ist deshalb eine Wahrnehmung von **Teilfunktionen** des Betriebs erforderlich, die trotz der Eingliederung in die Gesamtorganisation dieser gegenüber **räumlich oder organisatorisch abgrenzbar** sind (*BAG* 02.12.1988 EzA § 111 BetrVG 1972 Nr. 23 S. 4 *[Teske]* = AP Nr. 26 zu § 111 BetrVG 1972 Bl. 2 *[Streckel]* = SAE 1989, 160 *[Misera]*; zust. *Schweibert/WHSS* Kap. C Rn. 36; im Ergebnis auch *Fitting* § 111 Rn. 69; *Gamillscheg* II, § 52, 4b [1] [b]; *Hohenstatt/Willemsen/HWK* § 111 BetrVG Rn. 24 sowie *Franzen* § 4 Rdn. 4). Umgekehrt sind die Verhältnisse des **Hauptbetriebs** auch im Rahmen von § 111 Satz 3 Nr. 1 maßgebend, wenn die Arbeitnehmer des Betriebsteils einen Zuordnungsbeschluss nach § 4 Abs. 1 Satz 2 fassen (*BAG* 17.09.2013 EzA § 4 BetrVG 2001 Nr. 3 = AP Nr. 20 zu § 4 BetrVG 1972 = NZA 2014, 96 sowie hier Rdn. 20, 69).

115 Der Begriff des Betriebsteils ist nicht mit dem der **Betriebsabteilung** in § 15 Abs. 5 KSchG identisch (*Däubler/DKKW* § 111 Rn. 64; *Fitting* § 111 Rn. 69; *Gamillscheg* II, § 52, 4b [1] [b]; *Richardi/Annuß* § 111 Rn. 82; *Rumpff/Boewer* Wirtschaftliche Angelegenheiten, Kap. H Rn. 90; *Schweibert/WHSS* Kap. C Rn. 36; *Spirolke/NK-GA* § 111 BetrVG Rn. 11; *Weber/Ehrich/Hörchens/Oberthür* Kap. J Rn. 17). Für einen »Betriebsteil« i. S. d. § 111 Satz 3 Nr. 1 ist deshalb **nicht** erforderlich, dass ein in sich abgeschlossener und **relativ selbständig organisierter Teil** des Betriebs vorliegt (*ArbG Hamburg* 25.04.2013 – 27 BVGa 2/13 – BeckRS 2013, 68963; *Hohenstatt/Willemsen/HWK* § 111 BetrVG Rn. 24; *Richardi/Annuß* § 111 Rn. 82). Andererseits liegt ein »Betriebsteil« i. S. d. § 111 Satz 3 Nr. 1 stets dann vor, wenn die Stilllegung eine »Betriebsabteilung« betrifft (*Richardi/Annuß* § 111 Rn. 82).

bb) Wesentlichkeit des Betriebsteils

116 Die unwiderlegbare Vermutung einer Betriebsänderung i. S. d. Satzes 1 beschränkt § 111 Satz 3 Nr. 1 auf solche Betriebsteile, die »wesentlich« sind. Dabei bezieht sich die Wesentlichkeit auf den Gesamtbetrieb. Im allgemeinen ist diese nach der **Bedeutung des »Betriebsteils«** für den arbeitstechnischen Zweck des Gesamtbetriebs zu bestimmen (*BAG* 06.06.1978 EzA § 111 BetrVG 1972 Nr. 5 S. 17 *[Kittner]* = AP Nr. 2 zu § 111 BetrVG 1972 Bl. 2 R *[Ehmann]*; 02.12.1988 EzA § 111 BetrVG 1972 Nr. 23 S. 4 *[Teske]* = AP Nr. 26 zu § 111 BetrVG 1972 Bl. 2 *[Streckel]* = SAE 1989, 160 *[Misera]*; *Fitting* § 111 Rn. 69; *Hess/HWGNRH* § 111 Rn. 157; *Weber/Ehrich/Hörchens/Oberthür* Kap. J Rn. 17; **a. M.** *Fabricius* 6. Aufl., § 111 Rn. 166, der die Voraussetzungen des § 111 Satz 1 heranzieht). Hierfür kann sowohl auf **qualitative Gesichtspunkte** (*LAG Düsseldorf* 09.03.2009 LAGE § 111 BetrVG 2001 Nr. 9; *LAG Hamburg* 26.03.2014 LAGE § 98 ArbGG 1979 Nr. 73; *ArbG Hamburg* 25.04.2013 – 27 BVGa 2/13 – BeckRS 2013, 68963; *Aßmuth* Bagatellspaltungen, S. 90 f.; *Galperin/Löwisch* § 111 Rn. 24; *Schweibert/WHSS* Kap. C Rn. 41; *Stege/Weinspach/Schiefer* §§ 111–113 Rn. 31; **a. M.** *Löwisch/LK* § 111 Rn. 27: Funktion im Betriebsablauf unerheblich; offen *Gamillscheg* II, § 52, 4b [1] [b]) als auch auf den **Einsatz von personellen Mitteln** abgestellt werden (s. Rdn. 118 ff.).

117 Im Hinblick auf die Funktion der unwiderlegbaren Vermutung wäre es sinnwidrig, die in Rdn. 116 genannten Kriterien in einem Verhältnis der Exklusivität zu behandeln (ebenso *LAG Düsseldorf* 09.03.2009 LAGE § 111 BetrVG 2001 Nr. 9; *Aßmuth* Bagatellspaltungen, S. 90 f.; *Etzel* Rn. 983; *Galperin/Löwisch* § 111 Rn. 24; *Hanau* ZfA 1974, 89 [96]; *Heither* AR-Blattei SD 530.14.5, Rn. 67; *Hohenstatt/Willemsen/HWK* § 111 BetrVG Rn. 25; *Rumpff/Boewer* Wirtschaftliche Angelegenheiten, Kap. H Rn. 67; *Wlotzke* § 111 Rn. 4a; *Ziegler* Betriebsänderung, S. 102 ff.; **a. M.** *Hess/HWGNRH* § 111 Rn. 157: nur qualitativ; *Weiss/Weyand* § 111 Rn. 10: nur quantitativ; offen demgegenüber *BAG* 09.11.2010 EzA § 111 BetrVG 2001 Nr. 6 Rn. 21 = AP Nr. 69 zu § 111 BetrVG 1972 *[Fütterer]* = NZA 2011, 466). Von den konkreten Umständen des Einzelfalls hängt es bei einer qualitativen Sichtweise jedoch ab, ob die Bedeutung des Betriebsteils im Hinblick auf den Gesamtbetrieb die Schwelle der »Wesentlichkeit« überschreitet. Zu erwägen ist dies jedenfalls in solchen Fäl-

Betriebsänderungen § 111

len, in denen der Betriebsteil dem Gesamtbetrieb sein charakteristisches Gepräge verleiht oder notwendige Voraussetzung für die Erfüllung des Betriebszwecks ist. In diesem Sinne wurde z. B. die Wesentlichkeit eines Betriebsteils bejaht, wenn in diesem eines von zwei Geschäftsfeldern verfolgt wurde (*LAG Mecklenburg-Vorpommern* 24.02.2015 – 2 Sa 218/14 – BeckRS 2015, 70991). Zu verneinen ist die »Wesentlichkeit« demgegenüber z. B. für das Labor in einem Krankenhaus (*BAG* 27.06.2002 EzA § 1 KSchG Betriebsbedingte Kündigung Nr. 119 S. 7 f.), den Fuhrpark eines Betriebs, wenn die Transportleistungen ohne Rückwirkungen auf die Tätigkeit der anderen Arbeitnehmer im Betrieb an Fremdunternehmen vergeben werden können (*BAG* 09.11.2010 EzA § 111 BetrVG 2001 Nr. 6 Rn. 21 = AP Nr. 69 zu § 111 BetrVG 1972 *[Fütterer]* = NZA 2011, 466), die Werkstatt in einem Speditionsunternehmen (*LAG Hamm* 30.12.2011 – 13 TaBVGa 14/11 – BeckRS 2012, 66742) sowie IT-Dienstleistungen, die auf dem entsprechenden Markt frei verfügbar sind (*LAG Hamburg* 26.03.2014 LAGE § 98 ArbGG 1979 Nr. 73).

Insbesondere wenn qualitative Gesichtspunkte keine sichere Beurteilung der Wesentlichkeit erlauben, **118** ist diese nach der Zahl der in dem Betriebsteil beschäftigten Arbeitnehmer zu bestimmen (*BAG* 06.06.1978 EzA § 111 BetrVG 1972 Nr. 5 S. 17 f. *[Kittner]* = AP Nr. 2 zu § 111 BetrVG 1972 Bl. 2 R *[Ehmann]*; 02.12.1988 EzA § 111 BetrVG 1972 Nr. 23 S. 4 *[Teske]* = AP Nr. 26 zu § 111 BetrVG 1972 Bl. 2 *[Streckel]* = SAE 1989, 160 *[Misera]*; 07.08.1990 EzA § 111 BetrVG 1972 Nr. 27 S. 5 = AP Nr. 34 zu § 111 BetrVG 1972 Bl. 2 R; 27.06.2002 EzA § 1 KSchG Betriebsbedingte Kündigung Nr. 119 S. 7; 09.11.2010 EzA § 111 BetrVG 2001 Nr. 6 Rn. 15 = AP Nr. 69 zu § 111 BetrVG 1972 *[Fütterer]* = NZA 2011, 466; *LAG Düsseldorf* 20.04.2016 – 4 TaBV 70/15 – BeckRS 2016, 71599; *LAG Rheinland-Pfalz* 09.11.2016 – 7 TaBV 22/16 – BeckRS 2016, 110822; *Däubler/DKKW* § 111 Rn. 64; *Fitting* § 111 Rn. 69; *Hromadka/Maschmann* Arbeitsrecht 2, § 16 Rn. 607; *Kamanabrou* Arbeitsrecht, Rn. 2830; *Kania*/ErfK § 111 BetrVG Rn. 11; *Löwisch/LK* § 111 Rn. 27; *Spirolke/* NK-GA § 111 BetrVG Rn. 11; *Stege/Weinspach/Schiefer* §§ 111–113 Rn. 32; *Weber/Ehrich/Hörchens/Oberthür* Kap. J Rn. 18; **a. M.** *Richardi/Annuß* § 111 Rn. 85).

Dafür lässt es das *BAG* in ständiger Rechtsprechung ausreichen, wenn die Zahl der **in dem Betriebs- 119 teil beschäftigten Arbeitnehmer** im Verhältnis zu der **Gesamtzahl der Arbeitnehmer im Betrieb** die **Schwellenwerte des § 17 Abs. 1 Satz 1 KSchG** überschreitet, jedenfalls aber 5 % der Arbeitnehmer in dem Betriebsteil beschäftigt sind (*BAG* 21.10.1980 EzA § 111 BetrVG 1972 Nr. 12 S. 8 = AP Nr. 8 zu § 111 BetrVG 1972 Bl. 3 R *[Seiter]*; 02.12.1988 EzA § 111 BetrVG 1972 Nr. 23 S. 5 *[Teske]* = AP Nr. 26 zu § 111 BetrVG 1972 Bl. 2 *[Streckel]* = SAE 1989, 160 *[Misera]*; 07.08.1990 EzA § 111 BetrVG 1972 Nr. 27 S. 4 = AP Nr. 34 zu § 111 BetrVG 1972 Bl. 2 R; 27.06.2002 EzA § 1 KSchG Betriebsbedingte Kündigung Nr. 119 S. 7; 09.11.2010 EzA § 111 BetrVG 2001 Nr. 6 Rn. 15 = AP Nr. 69 zu § 111 BetrVG 1972 *[Fütterer]* = NZA 2011, 466; 05.06.2014 EzA § 4 TVG Textilindustrie Nr. 2 Rn. 21, 31 = AP Nr. 9 zu § 626 BGB Unkündbarkeit = NZA 2015, 832; ebenso *LAG Düsseldorf* 20.04.2016 – 4 TaBV 70/15 – BeckRS 2016, 71599; *LAG Hamburg* 26.03.2014 LAGE § 98 ArbGG 1979 Nr. 73; *Hess. LAG* 01.02.2001 – 3 Sa 565/00 – BeckRS 2001, 30448827; *LAG Rheinland-Pfalz* 09.11.2016 – 7 TaBV 22/16 – BeckRS 2016, 110822; *Däubler/DKKW* § 111 Rn. 64; *Etzel* Rn. 983; *Fitting* § 111 Rn. 69; *Galperin/Löwisch* § 111 Rn. 23b; *Hanau* ZfA 1974, 89 [96]; *Heither* AR-Blattei SD 530.14.5, Rn. 68; *Hromadka/Maschmann* Arbeitsrecht 2, § 16 Rn. 607; *Kamanabrou* Arbeitsrecht, Rn. 2830; *Kania*/ErfK § 111 BetrVG Rn. 11; *Röder/Baeck/JRH* Kap. 28 Rn. 43; *Spirolke/* NK-GA § 111 BetrVG Rn. 11; **a. M.** *Rumpff/Boewer* Wirtschaftliche Angelegenheiten, Kap. H Rn. 98, die ebenso wie bei der Betriebseinschränkung einen Rückgriff auf die Schwellenwerte des § 112a Abs. 1 Satz 1 befürworten [dagegen mit Recht *LAG Rheinland-Pfalz* 09.11.2016 – 7 TaBV 22/16 – BeckRS 2016, 110822]).

Besondere Probleme treten in **Kleinbetrieben** auf, in denen weniger als 21 Arbeitnehmer beschäftigt **120** sind, da diese von den Schwellenwerten in § 17 Abs. 1 Satz 1 Nr. 1 KSchG nicht erfasst werden. Insoweit gelten die Ausführungen zur Betriebseinschränkung in Kleinbetrieben (s. Rdn. 102 f.) auch für die »Wesentlichkeit« eines Betriebsteils (s. *LAG Nürnberg* 21.09.2009 – 6 Sa 808/08 – BeckRS 2009, 73039, das für die Wesentlichkeit eines Betriebsteils noch verlangte, dass in diesem mindestens 30 % der Arbeitnehmer des Betriebs beschäftigt sind). Im Lichte der neueren Rechtsprechung des *BAG* ist die »Wesentlichkeit« eines Betriebsteils erst zu bejahen, wenn in diesem mindestens sechs Arbeitnehmer beschäftigt sind (*BAG* 09.11.2010 EzA § 111 BetrVG 2001 Nr. 6 Rn. 18 f., 20 = AP Nr. 69 zu § 111 BetrVG 1972 *[Fütterer]* = NZA 2011, 466; s. näher Rdn. 102 f.).

121 Werden die **Zahlenwerte unterschritten**, dann steht dies der »Wesentlichkeit« des Betriebsteils nicht zwingend entgegen, wenn ein Mehr an Qualität das Weniger an Quantität ausgleicht (*BAG* 07.08.1990 EzA § 111 BetrVG 1972 Nr. 27 S. 5 = AP Nr. 34 zu § 111 BetrVG 1972 Bl. 2 R; offengelassen in *BAG* 02.12.1988 EzA § 111 BetrVG 1972 Nr. 23 S. 6 *[Teske]* = AP Nr. 26 zu § 111 BetrVG 1972 Bl. 3 *[Streckel]* = SAE 1989, 160 *[Misera]*). Die Einstellung der Fertigung eines Vorprodukts, das ohne Schwierigkeiten am Markt angekauft werden kann, reicht hierfür nicht aus (*BAG* 07.08.1990 EzA § 111 BetrVG 1972 Nr. 27 S. 6 = AP Nr. 34 zu § 111 BetrVG 1972 Bl. 2 R f.). Entsprechendes gilt für die Sauberhaltung der Betriebsräume (*BAG* 02.12.1988 EzA § 111 BetrVG 1972 Nr. 23 S. 6 *[Teske]* = AP Nr. 26 zu § 111 BetrVG 1972 Bl. 3 *[Streckel]* = SAE 1989, 160 *[Misera]*), eine Lackiererei, die zu 95 % mit Lohnlackieraufträgen ausgelastet ist, die unabhängig von der übrigen betrieblichen Tätigkeit ausgeführt werden (*BAG* 06.06.1978 EzA § 111 BetrVG 1972 Nr. 5 S. 17 f. *[Kittner]* = AP Nr. 2 zu § 111 BetrVG 1972 Bl. 2 R *[Ehmann]*), eine dem Publikum offen stehende Gaststätte, die einem Supermarkt angegliedert ist (*BAG* 27.10.1980 EzA § 111 BetrVG 1972 Nr. 12 S. 97 f. = AP Nr. 8 zu § 111 BetrVG 1972 Bl. 3 R f. *[Seiter]*), einen Fuhrpark, dessen Transportleistungen auch an Fremdunternehmen vergeben werden können (*BAG* 09.11.2010 EzA § 111 BetrVG 2001 Nr. 6 Rn. 21 = AP Nr. 69 zu § 111 BetrVG 1972 *[Fütterer]* = NZA 2011, 466) sowie die Werkstatt in einem Speditionsunternehmen (*LAG Hamm* 30.12.2011 – 13 TaBVGa 14/11 – BeckRS 2012, 66742).

122 Das Schrifttum folgt dem *BAG* in der rechnerischen Konkretisierung der Wesentlichkeit nicht durchgängig. So greift *Annuß* zwar ebenfalls auf die Zahl der Arbeitnehmer und die Größenstaffeln des § 17 Abs. 1 Satz 1 KSchG zurück, bezieht diese aber – im Gegensatz zum *BAG* – nicht auf die Zahl der in dem Betriebsteil beschäftigten Arbeitnehmer, sondern auf die Gesamtzahl der Arbeitnehmer, die von der Einschränkung oder Stilllegung des Betriebsteils nachteilig betroffen sein können, wobei es unerheblich sein soll, wo diese innerhalb des Betriebs beschäftigt sind (*Richardi/Annuß* § 111 Rn. 85; ebenso *Däubler/DKKW* § 111 Rn. 67; *Matthes/* MünchArbR § 268 Rn. 32; *ders.* FS *D. Gaul*, S. 397 [405]). Der Unterschied zu der Rechtsprechung des *BAG* zeigt sich, wenn die Zahl der im Betriebsteil beschäftigten Arbeitnehmer unterhalb der Grenzwerte bleibt, diese aber aufgrund der Zurechnung nachteilig betroffener Arbeitnehmer außerhalb des Betriebsteils überschritten werden. Während das *BAG* in diesem Fall die »Wesentlichkeit« des Betriebsteils verneint, gelangt *Annuß* zu dem gegenteiligen Ergebnis.

123 Der Auslegungsansatz von *Annuß* führt konsequent die These fort, dass die unwiderlegbare Vermutung in § 111 Satz 3 abschließende Wirkung entfaltet und einen Rückgriff auf § 111 Satz 1 i. S. einer Generalklausel ausschließt (*Richardi/Annuß* § 111 Rn. 41). Angesichts dessen ist er gezwungen, alle Sachverhalte mit der Möglichkeit wesentlicher Nachteile für erhebliche Teile der Belegschaft durch eine gegebenenfalls extensive Interpretation der enumerativ in § 111 Satz 3 aufgeführten Tatbestände zu erfassen. Vom Standpunkt der hier befürworteten Auffassung (s. Rdn. 55 ff.) erweist sich dies als entbehrlich, da ein ergänzender Rückgriff auf § 111 Satz 1 die verbleibenden Lücken schließt (*Rumpff/Boewer* Wirtschaftliche Angelegenheiten, Kap. H Rn. 88). Allerdings führt die alleinige Heranziehung der in dem Betriebsteil beschäftigten Arbeitnehmer zur Bestimmung der Wesentlichkeit zu Diskrepanzen beim alleinigen Personalabbau als Betriebsänderung. Beschränkt sich dieser auf einen »Betriebsteil«, dann liegt eine beteiligungspflichtige Betriebsänderung bereits bei der Entlassung einer wesentlich geringeren Zahl von Arbeitnehmern vor, als wenn der Personalabbau den Betrieb insgesamt betrifft (s. Rdn. 127 f.).

cc) Stilllegungstatbestand

124 Für die Stilllegung des Betriebsteils sind die Grundsätze zur Stilllegung des ganzen Betriebs (dazu Rdn. 67 ff.) entsprechend heranzuziehen (*Richardi/Annuß* § 111 Rn. 86). Maßgebend ist auch in diesem Fall die **dauerhafte Auflösung der arbeitstechnischen Organisation**, die sich jedoch nicht auf den Betrieb, sondern auf den **Betriebsteil** beziehen und diesen insgesamt betreffen muss. Ebenso wie bei der Stilllegung des Betriebs kann sich die Stilllegung des Betriebsteils aus einer Aufgabe der

Betriebsänderungen § 111

sächlichen oder der **personellen Betriebsmittel** ergeben (*BAG* 21.10.1980 EzA § 111 BetrVG 1972 Nr. 12 S. 7 = AP Nr. 8 zu § 111 BetrVG 1972 Bl. 3 *[Seiter]*).

Bei einem **Personalabbau** als Form der Betriebsstilllegung ist zu beachten, dass eine Auflösung der 125 Organisation des Betriebsteils nicht nur dann vorliegt, wenn alle dort beschäftigten Arbeitnehmer **entlassen** werden. Da auf die Stilllegung des Betriebsteils abzustellen ist, kann diese auch dann zu bejahen sein, wenn die dort tätigen Arbeitnehmer insgesamt oder teilweise in andere Teile des Betriebs bzw. in einen anderen Betrieb des Unternehmens **versetzt** werden. Entscheidend ist, dass infolge des Personalabbaus in dem Betriebsteil keine Arbeitnehmer mehr beschäftigt werden, weil z. B. die in ihm bislang erfüllten Aufgaben an eine Fremdfirma vergeben werden (*LAG Hamburg* 26.03.2014 LAGE § 98 ArbGG 1997 Nr. 73).

e) Einschränkung eines wesentlichen Betriebsteils

Ebenso wie für den ganzen Betrieb stellt § 111 Satz 3 Nr. 1 auch bei »wesentlichen Betriebsteilen« die 126 Einschränkung der Stilllegung gleich. Dabei liegt eine »Einschränkung« des Betriebsteils ebenso wie bei dem »ganzen Betrieb« (s. Rdn. 82) vor, wenn die **Leistungsfähigkeit des Betriebsteils** herabgesetzt wird. Auch bei dem Betriebsteil kann die Herabsetzung der Leistungsfähigkeit sowohl durch Änderungen bei den sächlichen als auch bei den personellen Betriebsmitteln eintreten.

Bezüglich einer Herabsetzung der Leistungsfähigkeit des Betriebsteils infolge von Änderungen bei den 127 **sächlichen Betriebsmitteln** sind keine anderen Grundsätze maßgebend als bei einer Einschränkung des gesamten Betriebs (s. Rdn. 84). Das gilt ebenso für Einschränkungen der **personellen Betriebsmittel** infolge eines Personalabbaus. Auch insoweit ist heute unstreitig, dass zur Konkretisierung die **Schwellenwerte des § 17 Abs. 1 Satz 1 KSchG** heranzuziehen sind (*BAG* 09.11.2010 EzA § 111 BetrVG 2001 Nr. 6 Rn. 15 = AP Nr. 69 zu § 111 BetrVG 1972 *[Fütterer]* = NZA 2011, 466; *LAG Düsseldorf* 19.08.2014 LAGE § 111 BetrVG 2001 Nr. 13; *Däubler/DKKW* § 111 Rn. 67; *Löwisch/LK* § 111 Rn. 27), zweifelhaft ist aber, ob diese auf die Zahl der in dem Betriebsteil beschäftigten Arbeitnehmer oder auf die **in dem Betrieb insgesamt beschäftigten Arbeitnehmer** (so *BAG* 09.11.2010 EzA § 111 BetrVG 2001 Nr. 6 Rn. 15 = AP Nr. 69 zu § 111 BetrVG 1972 *[Fütterer]* = NZA 2011, 466; *LAG Baden-Württemberg* 21.09.2009 – 4 Sa 41/08 – BeckRS 2010, 70179; *LAG Berlin* 09.12.2005 LAGE § 111 BetrVG 2001 Nr. 5 S. 5 f.; *LAG Düsseldorf* 19.08.2014 LAGE § 111 BetrVG 2001 Nr. 13; 20.04.2016 – 4 TaBV 70/15 – BeckRS 2016, 71599; *Däubler/DKKW* § 111 Rn. 67; *Gillen/Vahle* NZA 2005, 1385 [1390]; *Hohenstatt/Willemsen/HWK* § 111 BetrVG Rn. 33; *Löwisch/LK* § 111 Rn. 27; *Matthes* DB 1972, 286 [287]; *Richardi/Annuß* § 111 Rn. 86) zu beziehen sind.

Für die letztgenannte Ansicht spricht, dass dieses Verständnis sicherstellt, dass von der Betriebsände- 128 rung »erhebliche Teile der Belegschaft« betroffen sind. Zudem erscheint es systematisch nicht stimmig, bei der Einschränkung eines Betriebsteils für eine beteiligungspflichtige Betriebsänderung geringere Zahlenwerte ausreichen zu lassen, als bei der Einschränkung eines Betriebs (*Richardi/Annuß* § 111 Rn. 86). Wenn unter dem Eindruck der Generalklausel in § 111 Satz 1 für eine Betriebseinschränkung die Betroffenheit eines »erheblichen Teils der Belegschaft« gefordert wird (s. Rdn. 94), dann muss dies auch für die Einschränkung eines »wesentlichen Betriebsteils« gelten, da anderenfalls das Beteiligungsrecht des § 111 ausgelöst würde, obwohl die Zahl der von der Maßnahme betroffenen Arbeitnehmer die Erheblichkeitsschwelle nicht erreicht.

f) Bedeutung des § 112a Abs. 1 für § 111 Satz 3 Nr. 1

Für die Reichweite des § 111 Satz 3 Nr. 1 ist die Ausstrahlung des § 112a Abs. 1 in zweierlei Hinsicht 129 klärungsbedürftig. Da § 112a Abs. 1 lediglich die Anwendung des § 112 Abs. 4 und 5 ausschließt, liegt eine beteiligungspflichtige Betriebsänderung i. S. d. § 111 Satz 3 Nr. 1 auch in denjenigen Fällen vor, in denen die alleinige Entlassung von Arbeitnehmern die in § 112a Abs. 1 Satz 1 genannten Grenzwerte zwar nicht überschreitet, die Voraussetzungen einer Betriebsänderung i. S. d. § 111 Satz 3 Nr. 1 aber aufgrund des Hinzutretens weiterer Umstände erfüllt sind (*BAG* 06.12.1988 EzA § 111 BetrVG 1972 Nr. 23 S. 5 *[Teske]* = AP Nr. 26 zu § 111 BetrVG 1972 Bl. 2 [zust. *Streckel*] = SAE 1989, 160 *[Misera]*; *Däubler/DKKW* § 111 Rn. 75; *Gillen/Vahle* NZA 2005, 1385 [1386]; *Kania/ErfK* § 111

Oetker

BetrVG Rn. 11; *Matthes*/MünchArbR § 268 Rn. 24; *Richardi/Annuß* § 111 Rn. 80; **a. M.** *Rumpff/ Boewer* Wirtschaftliche Angelegenheiten, Kap. H Rn. 90 f.; *Stege/Weinspach/Schiefer* §§ 111–113 Rn. 43b). Insbesondere ist der Unternehmer in diesen Fällen verpflichtet, das Interessenausgleichsverfahren durchzuführen; lediglich die Aufstellung eines Sozialplans durch die Einigungsstelle kann nicht erzwungen werden (s. a. §§ 112, 112a Rdn. 316 f.). Das gilt vor allem, wenn die Entlassung der Arbeitnehmer gleichzeitig zur Stilllegung eines wesentlichen Betriebsteils führt (*BAG* 06.12.1988 EzA § 111 BetrVG 1972 Nr. 23 S. 3 *[Teske]* = AP Nr. 26 zu § 111 BetrVG 1972 Bl. 2 *[Streckel]* = SAE 1989, 160 *[Misera]*; *Stege/Weinspach/Schiefer* §§ 111–113 Rn. 14b).

130 Nach einer im Schrifttum vertretenen Ansicht bewirkt § 112a Abs. 1 Satz 1 darüber hinaus, dass eine beteiligungspflichtige Betriebsänderung stets gegeben ist, wenn die in § 112a Abs. 1 Satz 1 genannten Voraussetzungen erfüllt sind (*Richardi/Annuß* § 111 Rn. 80; *Streckel* Anm. zu *BAG* 06.12.1988 AP Nr. 26 zu § 111 BetrVG 1972 Bl. 4 R). Bereits der Eingangssatz in § 112a Abs. 1 Satz 1 steht diesem Verständnis entgegen. Dieser setzt eine Betriebsänderung i. S. d. § 111 Satz 3 Nr. 1 voraus. Sind die dortigen Anforderungen nicht erfüllt, dann führt auch das Überschreiten der Schwellenwerte in § 112a Abs. 1 Satz 1 nicht dazu, dass eine beteiligungspflichtige Betriebsänderung vorliegt (s. a. §§ 112, 112a Rdn. 318). Dies belegt nicht nur die Stilllegung oder Einschränkung eines wesentlichen Betriebsteils, sondern vor allem auch die Behandlung von Betrieben mit mehr als 1000 Arbeitnehmern. Bei diesen liegt eine Betriebsänderung nur vor, wenn der Personalabbau mindestens 5 % der Arbeitnehmer betrifft (s. Rdn. 101). Bei der Entlassung von 61 Arbeitnehmern (§ 112a Abs. 1 Satz 1 Nr. 4) ist diese Voraussetzung jedoch bereits bei einer Betriebsgröße von mehr als 1200 Arbeitnehmern nicht mehr erfüllt.

3. Verlegung des ganzen Betriebs oder wesentlicher Betriebsteile (§ 111 Satz 3 Nr. 2)

131 Eine Verlegung i. S. d. § 111 Satz 3 Nr. 2 setzt eine Veränderung der **örtlichen Lage** voraus (*BAG* 17.08.1983 EzA § 111 BetrVG 1972 Nr. 14 S. 109 = AP Nr. 11 zu § 111 BetrVG 1972 Bl. 2 *[Richardi]* = SAE 1984, 234 *[Mayer-Maly]*; *Däubler/DKKW* § 111 Rn. 87; *Fitting* § 111 Rn. 81; *Galperin/ Löwisch* § 106 Rn. 63; *Gamillscheg* II, § 52, 4b [2]; *Heither* AR-Blattei SD 530.14.5, Rn. 78; *Hess/ HWGNRH* § 111 Rn. 162; *Kania*/ErfK § 111 BetrVG Rn. 12; *Matthes*/MünchArbR § 268 Rn. 33; *Richardi/Annuß* § 111 Rn. 91; *Rieble*/AR § 111 BetrVG Rn. 14; *Rumpff/Boewer* Wirtschaftliche Angelegenheiten, Kap. H Rn. 119; *Schaub/Koch* Arbeitsrechts-Handbuch, § 244 Rn. 17; *Schwebert/ WHSS* Kap. C Rn. 49; *Spirolke*/NK-GA § 111 BetrVG Rn. 14). Dabei ist es ohne Bedeutung, ob der Betrieb bzw. Betriebsteil zukünftig im Inland oder im Ausland liegt (*Däubler/DKKW* § 111 Rn. 92; *Hohenstatt/Willemsen*/HWK § 111 BetrVG Rn. 34; **a. M.** *Richardi/Annuß* § 111 Rn. 95; *Rieble*/AR § 111 BetrVG Rn. 14, die bei einer Verlegung in das Ausland eine Stilllegung des inländischen Betriebs bejahen).

132 Obwohl der Gesetzeswortlaut jede örtliche Veränderung erfasst, bedarf der Tatbestand des § 111 Satz 3 Nr. 2 aufgrund des Zwecks der unwiderlegbaren Vermutung einer Einschränkung (s. a. Rdn. 65), ohne dass dies einen ergänzenden Rückgriff auf den Interpretationsmaßstab des § 111 Satz 1 (*Richardi/Annuß* § 111 Rn. 92) erfordert. Solche Veränderungen der örtlichen Lage, bei denen wegen ihrer **Geringfügigkeit** der Eintritt von Nachteilen für die Belegschaft ausgeschlossen ist, sind keine Betriebsänderungen i. S. d. § 111 (ebenso *BAG* 17.08.1983 EzA § 111 BetrVG 1972 Nr. 14 S. 109 = AP Nr. 11 zu § 111 BetrVG 1972 Bl. 2 *[Richardi]* = SAE 1984, 234 *[Mayer-Maly]*; *Bauer* DB 1994, 217 [219]; *Däubler/DKKW* § 111 Rn. 87; *Etzel* Rn. 986; *Fitting* § 111 Rn. 81; *Galperin/Löwisch* § 106 Rn. 63; *Hohenstatt/Willemsen*/HWK § 111 BetrVG Rn. 35; *Hromadka/Maschmann* Arbeitsrecht 2, § 16 Rn. 609; *Preis/Bender/WPK* § 111 Rn. 19; *Reich* § 111 Rn. 7; *Richardi/Annuß* § 111 Rn. 92; *Rieble*/AR § 111 BetrVG Rn. 14; *Schaub/Koch* Arbeitsrechts-Handbuch, § 244 Rn. 17; weitergehend *Gamillscheg* II, § 52, 4b [2]; *Heither* AR-Blattei SD 530.14.5, Rn. 78; *Hess/HWGNRH* § 111 Rn. 162; *Kania*/ErfK § 111 BetrVG Rn. 14; *Röder/Baeck/JRH* Kap. 28 Rn. 45; *Schwebert/ WHSS* Kap. C Rn. 49; *Spirolke*/NK-GA § 111 BetrVG Rn. 14; *Stege/Weinspach/Schiefer* §§ 111–113 Rn. 51; *Weber/Ehrich/Hörchens/Oberthür* Kap. J Rn. 27; *Weiss/Weyand* § 111 Rn. 13; *Ziegler* Betriebsänderung, S. 122 ff., die verlangen, dass die Veränderung der örtlichen Lage »wesentlich« bzw. von einiger Bedeutung sein muss, um den Tatbestand des § 111 Satz 3 Nr. 2 zu erfüllen; **a. M.** *Fabricius* 6.

Aufl., § 111 Rn. 152, der jegliche Einschränkungen ablehnt; ebenso *Teichmüller* Die Betriebsänderung, S. 59 f.; zurückhaltend auch *LAG Köln* 27.10.2016 – 7 TaBV 54/16 – BeckRS 2016, 115616).

Mit der Aufnahme der »Verlegung« in den Kreis der zur unwiderlegbaren Vermutung einer »Betriebsänderung« führenden Tatbestände trägt das Gesetz dem Umstand Rechnung, dass örtliche Verlagerungen der sachlichen Betriebsmittel für die Arbeitnehmer mit Nachteilen verbunden sein können, die vor allem auf veränderte Anfahrtswege zum Arbeitsplatz zurückzuführen sind. Dieser Nachteil kann nicht eintreten, wenn die örtliche Veränderung so geringfügig ist, dass die Anfahrtswege für die Arbeitnehmer gleich bleiben (*BAG* 17.08.1983 EzA § 111 BetrVG 1972 Nr. 14 S. 109 = AP Nr. 11 zu § 111 BetrVG 1972 Bl. 2 *[Richardi]* = SAE 1984, 234 *[Mayer-Maly]*; *Richardi/Annuß* § 111 Rn. 92; s. a. *Hohenstatt/Willemsen/HWK* § 111 BetrVG Rn. 35; *Schweibert/WHSS* Kap. C Rn. 50). Für die weitergehende Forderung nach einer **»wesentlichen« Veränderung** der örtlichen Lage (s. Rdn. 132) fehlt indes die methodische Grundlage, weil der Tatbestand des § 111 Satz 3 Nr. 2 keine mit § 111 Satz 3 Nr. 1, 4 und 5 vergleichbare Erheblichkeitsschwelle kennt. Da zudem der Zweck der unwiderlegbaren Vermutung gewahrt bleiben muss, gestattet das methodische Instrument einer teleologischen Reduktion (s. Rdn. 65) lediglich die Aufstellung einer »de-minimis-Regel«.

133

Wegen einer **geringfügigen Veränderung der örtlichen Lage** greift § 111 Satz 3 Nr. 2 z. B. nicht ein, wenn der Betrieb in ein **Nachbargebäude** verlegt wird (*Däubler/DKKW* § 111 Rn. 87; *Fitting* § 111 Rn. 81; *Galperin/Löwisch* § 106 Rn. 63; *Gamillscheg* II, § 52, 4b [2]; *Heither* AR-Blattei SD 530.14.5, Rn. 79; *Hess/HWGNRH* § 111 Rn. 162; *Preis/Bender/WPK* § 111 Rn. 19; *Richardi/Annuß* § 111 Rn. 92; *Rumpff/Boewer* Wirtschaftliche Angelegenheiten, Kap. H Rn. 119; *Weiss/Weyand* § 111 Rn. 13; **a. M.** *Teichmüller* Die Betriebsänderung, S. 59) oder ein Betriebsteil **innerhalb eines Hauses** die Etage wechselt (*Däubler/DKKW* § 111 Rn. 87; *Hess/HWGNRH* § 111 Rn. 162; *Hohenstatt/Willemsen/HWK* § 111 BetrVG Rn. 35; *Kania/ErfK* § 111 BetrVG Rn. 14; *Preis/Bender/WPK* § 111 Rn. 19; *Rumpff/Boewer* Wirtschaftliche Angelegenheiten, Kap. H Rn. 119; *Spirolke/NK-GA* § 111 BetrVG Rn. 14). Die **Geringfügigkeitsschwelle** ist jedoch **überschritten**, wenn der Betrieb in einer Großstadt aus dem Zentrum an den 4,3 km entfernt liegenden Stadtrand verlegt wird (*BAG* 17.08.1983 EzA § 111 BetrVG 1972 Nr. 14 S. 109 = AP Nr. 11 zu § 111 BetrVG 1972 Bl. 2 *[Richardi]* = SAE 1984, 234 *[Mayer-Maly]*; **a. M.** *Stege/Weinspach/Schiefer* §§ 111–113 Rn. 51); gleiches gilt bei einem Entfernungsunterschied von 5,5 km innerhalb einer Großstadt (*LAG Frankfurt a. M.* 28.10.1986 AiB 1987, 292; **a. M.** *Stege/Weinspach/Schiefer* §§ 111–113 Rn. 51) oder dem Umzug in eine neue Betriebsstätte, die 350 Meter von der bisherigen Betriebsstätte entfernt und mit dem Wegfall des kostenlosen Betriebsparkplatzes verbunden ist (*LAG Köln* 27.10.2016 – 7 TaBV 54/16 – BeckRS 2016, 115616).

134

Eine weitere teleologische Reduktion erfährt der Tatbestand des § 111 Satz 3 Nr. 2, wenn für den **Betriebszweck** eine **wiederholte Ortsveränderung** charakteristisch ist (*Däubler/DKKW* § 111 Rn. 90; *Fitting* § 111 Rn. 81; *Galperin/Löwisch* § 106 Rn. 65; *Hess/HWGNRH* § 111 Rn. 161; *Kania/ErfK* § 111 BetrVG Rn. 14; *Matthes/MünchArbR* § 268 Rn. 33; *Preis/Bender/WPK* § 111 Rn. 19; *Richardi/Annuß* § 111 Rn. 94; *Schaub/Koch* Arbeitsrechts-Handbuch, § 244 Rn. 17; *Schweibert/WHSS* Kap. C Rn. 49; *Spirolke/NK-GA* § 111 BetrVG Rn. 14; *Steffan/HaKo* § 111 Rn. 26). Während § 95 Abs. 3 Satz 2 den vergleichbaren Fall ausdrücklich aus dem Tatbestand einer »Versetzung« ausklammert, ist hierfür im Rahmen des § 111 Satz 3 Nr. 2 eine teleologische Reduktion erforderlich, da bei den auf Ortswechsel angelegten Betrieben keine Veränderung des Status quo eintritt. Die Ortsveränderung ist bereits integraler Bestandteil des Status quo, so dass räumliche Veränderungen untrennbar mit der Verwirklichung des Betriebszwecks verbunden sind. Die hiervon erfassten Sachverhalte sind jedoch selten. Sie betreffen z. B. **Jahrmarkts- und Zirkusunternehmen** (*Däubler/DKKW* § 111 Rn. 90; *Fitting* § 111 Rn. 81; *Galperin/Löwisch* § 106 Rn. 65; *Matthes/MünchArbR* § 268 Rn. 33; *Preis/Bender/WPK* § 111 Rn. 19; *Richardi/Annuß* § 111 Rn. 94; *Spirolke/NK-GA* § 111 BetrVG Rn. 14), **Tourneetheater** (*Fitting* § 111 Rn. 81; *Schweibert/WHSS* Kap. C Rn. 49; *Spirolke/NK-GA* § 111 BetrVG Rn. 14; *Weber/Ehrich/Hörchens/Oberthür* Kap. J Rn. 27; *Weiss/Weyand* § 111 Rn. 14) sowie **Baustellen** (*Kania/ErfK* § 111 BetrVG Rn. 14; *Preis/Bender/WPK* § 111 Rn. 19; *Schaub/Koch* Arbeitsrechts-Handbuch, § 244 Rn. 17; *Schweibert/WHSS* Kap. C Rn. 49; *Spirolke/NK-GA* § 111 BetrVG Rn. 14; *Weber/Ehrich/Hörchens/Oberthür* Kap. J Rn. 27; *Weiss/Weyand* § 111 Rn. 14).

135

136 Die »Verlegung« i. S. d. § 111 Satz 3 Nr. 2 erfasst **ausschließlich räumliche Veränderungen**, bei denen die Betriebsorganisation bzw. die arbeitstechnische Organisation eines Betriebsteils aufrechterhalten bleibt. Das führt zu Abgrenzungsschwierigkeiten, wenn sich die »Betriebsänderung« nicht in einer »Verlegung« erschöpft, sondern der Betrieb oder Betriebsteil zuvor am bisherigen Standort **ganz oder teilweise stillgelegt** wird. Denkbar ist das insbesondere, wenn der Unternehmer die »Verlegung« damit verbindet, eine im neuen Betrieb nicht mehr benötigte Abteilung vor der »Verlegung« zu schließen oder sich ein beträchtlicher Teil der Arbeitnehmer weigert, an dem neuen Ort weiter zu arbeiten (*Däubler/DKKW* § 111 Rn. 89; *Fitting* § 111 Rn. 82; *Heither* AR-Blattei SD 530.14.5, Rn. 80; *Hohenstatt/Willemsen/HWK* § 111 BetrVG Rn. 34; *Hromadka/Maschmann* Arbeitsrecht 2, § 16 Rn. 609; *Matthes/*MünchArbR § 268 Rn. 34; *Richardi* 7. Aufl., § 111 Rn. 84; *Röder/Baeck/JRH* Kap. 28 Rn. 47; *Rumpff/Boewer* Wirtschaftliche Angelegenheiten, Kap. H Rn. 100).

137 Während bei einer Stilllegung des ganzen Betriebs vor der Verlegung zumindest nach § 111 Satz 3 Nr. 1 eine Betriebsänderung vorliegt (*Galperin/Löwisch* § 106 Rn. 56), verbleibt bei der **Stilllegung von Betriebsteilen** eine Lücke, wenn diese die Wesentlichkeitsschwelle (dazu Rdn. 116 ff.) nicht überschreiten. Würde auch in diesen Konstellationen eine »Verlegung« des »ganzen« Betriebs verneint, so läge keine »Betriebsänderung« i. S. d. § 111 Satz 3 vor. Das ist jedoch nach der hier vertretenen Ansicht zu dem Verhältnis von Satz 1 und 3 in § 111 zueinander (s. Rdn. 55 ff.) unschädlich, da jedenfalls § 111 Satz 1 als Auffangtatbestand eingreifen kann (*Rumpff/Boewer* Wirtschaftliche Angelegenheiten, Kap. H Rn. 123).

138 Ebenso wie § 111 Satz 3 Nr. 1 erstreckt § 111 Satz 3 Nr. 2 die unwiderlegbare Vermutung einer Betriebsänderung auch auf »**wesentliche Betriebsteile**«. Angesichts des identischen Gesetzeswortlauts sind im Rahmen des § 111 Satz 3 Nr. 2 für den Begriff des Betriebsteils sowie die Wesentlichkeitsschwelle dieselben Grundsätze maßgebend wie bei § 111 Satz 3 Nr. 1 (*Galperin/Löwisch* § 111 Rn. 25; *Löwisch/LK* § 111 Rn. 33; *Richardi/Annuß* § 111 Rn. 93; *Stege/Weinspach/Schiefer* §§ 111–113 Rn. 51 sowie näher Rdn. 114 ff.). Da die möglichen Nachteile der in dem »wesentlichen Betriebsteil« beschäftigten Arbeitnehmer das Beteiligungsrecht des Betriebsrats auslösen, genügt für eine Betriebsänderung i. S. d. § 111 Satz 3 Nr. 2 auch die Verlegung **innerhalb des Betriebs** (*Däubler/DKKW* § 111 Rn. 88).

4. Zusammenschluss und Spaltung von Betrieben (§ 111 Satz 3 Nr. 3)

139 Der jetzige Wortlaut des § 111 Satz 3 Nr. 3 beruht auf **Art. 13 Nr. 2 UmwBerG**, der am 01.01.1995 in Kraft trat und im Unterschied zu der bis dahin geltenden Gesetzesfassung den Katalogtatbestand um die **Spaltung von Betrieben** erweiterte. Parallel dazu dehnte die Änderung von § 106 Abs. 3 Nr. 8 den Kreis der Regelbeispiele in § 106 Abs. 3 auf die »Spaltung« aus (s. dazu § 106 Rdn. 85 ff.). Bezüglich § 111 Satz 3 Nr. 4 geht die Erweiterung des Tatbestands in § 111 Satz 3 Nr. 3 regelmäßig nicht über eine Klarstellung hinaus (*BAG* 10.12.1996 EzA § 111 BetrVG 1972 Nr. 35 S. 5 *[Kraft]* = AP Nr. 110 zu § 112 BetrVG 1972 Bl. 2 R; *Richardi* 7. Aufl., § 111 Rn. 88; s. a. *BAG* 18.03.2008 EzA § 111 BetrVG 2001 Nr. 5 Rn. 16 = AP Nr. 66 zu § 111 BetrVG 1972), da die Spaltung zumeist auch mit einer Änderung der Betriebsorganisation verbunden ist (s. Rdn. 154). Allerdings ist durch die Hinzufügung der »Spaltung von Betrieben« in den Tatbestand des § 111 Satz 3 Nr. 3 die Prüfung entbehrlich geworden, ob die eintretende Änderung der Betriebsorganisation »grundlegend« ist. Den Tatbestand der Spaltung des Betriebs sowie des Zusammenschlusses von Betrieben hat das BetrVerf-ReformG in § 21a aufgegriffen (dazu *Kreutz* § 21a Rdn. 17 ff. [Betriebsspaltung], 58 ff. [Zusammenfassung zu einem Betrieb]). Aus § 111 Satz 3 Nr. 1, der ausdrücklich die Stilllegung eines Betriebsteils erfasst, folgt ferner, dass die **Stilllegung eines Betriebsteils** keine Spaltung i. S. d. § 111 Satz 3 Nr. 3 ist (*BAG* 18.03.2008 EzA § 111 BetrVG 2001 Nr. 5 Rn. 15 = AP Nr. 66 zu § 111 BetrVG 1972; *LAG* Hamburg 26.03.2014 LAGE § 98 ArbGG 1979 Nr. 73).

140 Zusammenschluss oder Spaltung müssen den »**Betrieb**« betreffen. Ebenso wie § 111 Satz 3 Nr. 1 und 2 erfasst § 111 Satz 3 Nr. 3 alle arbeitstechnischen Organisationseinheiten, die betriebsverfassungsrechtlich als selbständige Betriebe zu qualifizieren sind. Damit sind nicht nur Betriebe i. S. d. § 1, sondern auch solche **Betriebsteile** einbezogen, die nach § 4 Abs. 1 Satz 1 als selbständige Betriebe gelten (*Däubler/DKKW* § 111 Rn. 93; *Etzel* Rn. 988; *Fitting* § 111 Rn. 85; *Galperin/Löwisch* § 106

Betriebsänderungen § 111

Rn. 67; *Heither* AR-Blattei SD 530.14.5, Rn. 83; *Hohenstatt/Willemsen/HWK* § 111 BetrVG Rn. 43; *Kania*/ErfK § 111 BetrVG Rn. 15; *Matthes*/MünchArbR § 268 Rn. 35; *Preis/Bender/WPK* § 111 Rn. 21; *Richardi/Annuß* § 111 Rn. 105; *Rumpff/Boewer* Wirtschaftliche Angelegenheiten, Kap. H Rn. 128; *Schweibert/WHSS* Kap. C Rn. 55; *Spirolke*/NK-GA § 111 BetrVG Rn. 15). Entsprechendes gilt, wenn die betriebsverfassungsrechtliche Selbständigkeit auf einem nach § 3 Abs. 1 Nr. 1 bis 3 abgeschlossenen **Tarifvertrag** bzw. einer **Betriebsvereinbarung** beruht (§ 3 Abs. 5 Satz 1; s. ferner *Gaul* Betriebs- und Unternehmensspaltung, § 28 Rn. 93 sowie hier Rdn. 69). Auch die Spaltung eines von mehreren Unternehmen betriebenen **gemeinsamen Betriebs** kann Gegenstand einer »Spaltung« oder eines »Zusammenschlusses« sein (*Gaul* Betriebs- und Unternehmensspaltung, § 28 Rn. 49).

Im Gegensatz zu § 106 Abs. 3 Nr. 8, der den **Zusammenschluss oder die Spaltung von »Unternehmen«** in den Beteiligungstatbestand einbezieht, erfasst § 111 Satz 3 Nr. 3 diesen Sachverhalt nicht (*BAG* 11.11.1997 EzA § 111 BetrVG 1972 Nr. 36 S. 4 = AP Nr. 42 zu § 111 BetrVG 1972 Bl. 3 R; *LAG* Hamburg 04.05.2016 – 6 Sa 2/16 – BeckRS 2016, 72384; *Bauer* DB 1994, 217 [219]; *Däubler/DKKW* § 111 Rn. 95; *Fitting* § 111 Rn. 83; *Galperin/Löwisch* § 106 Rn. 68; *Gaul* Betriebs- und Unternehmensspaltung, § 28 Rn. 48; *Hess/HWGNRH* § 111 Rn. 157; *Hohenstatt/Willemsen/HWK* § 111 BetrVG Rn. 37; *Hromadka/Maschmann* Arbeitsrecht 2, § 16 Rn. 611; *Matthes*/MünchArbR § 268 Rn. 36; *Preis/Bender/WPK* § 111 Rn. 20; *Richardi/Annuß* § 111 Rn. 98; *Rumpff/Boewer* Wirtschaftliche Angelegenheiten, Kap. H Rn. 129; *Schweibert/WHSS* Kap. C Rn. 54; *Stege/Weinspach/Schiefer* §§ 111–113 Rn. 52b). Das ist sachlich gerechtfertigt, weil die Beteiligungsrechte nach den §§ 111 f. an den Betrieb anknüpfen (s. Rdn. 18 ff.) und diese Organisationseinheit von dem Zusammenschluss oder der Spaltung eines Unternehmens unberührt bleiben kann. Ist mit der Spaltung eines Unternehmens jedoch eine Abspaltung oder Ausgliederung von Betriebsteilen verbunden, so erfüllt der tatsächliche Vollzug der Unternehmensspaltung die Voraussetzungen einer Betriebsänderung i. S. d. § 111 Satz 3 Nr. 3 (*BAG* 10.12.1996 EzA § 111 BetrVG 1972 Nr. 35 S. 5 f. = AP Nr. 110 zu § 112 BetrVG 1972 Bl. 2 R f.; 11.11.1997 EzA § 111 BetrVG 1972 Nr. 36 S. 4 = AP Nr. 42 zu § 111 BetrVG 1972 Bl. 3 R; *LAG* Schleswig-Holstein 05.11.2015 – 4 Sa 28/15 – BeckRS 2016, 66610; *Däubler/DKKW* § 111 Rn. 95; *Hohenstatt/Willemsen/HWK* § 111 BetrVG Rn. 37; *Matthes*/MünchArbR § 268 Rn. 36; *Richardi/Annuß* § 111 Rn. 100; *Stege/Weinspach/Schiefer* §§ 111–113 Rn. 52d).

Ein »**Zusammenschluss**« mit anderen Betrieben kann in **zwei Varianten** auftreten. **Erstens** können zwei bislang selbständige Betriebe so miteinander verflochten werden, dass beide ihre bisherige Identität verlieren und ein **neuer Betrieb** entsteht (*Bauer* DB 1994, 217 [219]; *Däubler/DKKW* § 111 Rn. 93; *Etzel* Rn. 987; *Fabricius* 6. Aufl., § 111 Rn. 173; *Fitting* § 111 Rn. 84; *Galperin/Löwisch* § 106 Rn. 66; *Gamillscheg* II, § 52, 4b [3]; *Heither* AR-Blattei SD 530.14.5, Rn. 82; *Hess/HWGNRH* § 111 Rn. 165; *Hromadka/Maschmann* Arbeitsrecht 2, § 16 Rn. 610; *Kania*/ErfK § 111 BetrVG Rn. 15; *Matthes*/MünchArbR § 268 Rn. 37; *Preis/Bender/WPK* § 111 Rn. 21; *Richardi/Annuß* § 111 Rn. 97; *Rieble*/AR § 111 BetrVG Rn. 15; *Rumpff/Boewer* Wirtschaftliche Angelegenheiten, Kap. H Rn. 127; *Schaub/Koch* Arbeitsrechts-Handbuch, § 244 Rn. 18; *Schweibert/WHSS* Kap. C Rn. 53; *Spirolke*/NK-GA § 111 BetrVG Rn. 15; näher zu den Voraussetzungen einer Zusammenfassung zweier Betriebe *Kreutz* § 21a Rdn. 59).

Zweitens kann ein Betrieb in seiner bisherigen Identität unverändert bleiben und als **aufnehmender Betrieb** fungieren, in den ein anderer bislang selbständiger Betrieb dergestalt eingegliedert wird, dass er seine bisherige Identität verliert (*Bauer* DB 1994, 217 [219]; *Däubler/DKKW* § 111 Rn. 93; *Etzel* Rn. 987; *Fitting* § 111 Rn. 84; *Gamillscheg* II, § 52, 4b [3]; *Heither* AR-Blattei SD 530.14.5, Rn. 82; *Hess/HWGNRH* § 111 Rn. 165; *Hromadka/Maschmann* Arbeitsrecht 2, § 16 Rn. 610; *Kania*/ErfK § 111 BetrVG Rn. 15; *Löwisch*/LK § 111 Rn. 34; *Matthes*/MünchArbR § 268 Rn. 37; *Preis/Bender/WPK* § 111 Rn. 21; *Richardi/Annuß* § 111 Rn. 97; *Rieble*/AR § 111 BetrVG Rn. 15; *Rumpff/Boewer* Wirtschaftliche Angelegenheiten, Kap. H Rn. 127; *Schaub/Koch* Arbeitsrechts-Handbuch, § 244 Rn. 18; *Schweibert/WHSS* Kap. C Rn. 53; *Spirolke*/NK-GA § 111 BetrVG Rn. 15; *Weiss/Weyand* § 111 Rn. 16). Das kommt insbesondere bei Betrieben mit erheblichen Größenunterschieden in Betracht, wenn der deutlich kleinere Betrieb nach dem Zusammenschluss unselbständiger Betriebsteil des aufnehmenden größeren Betriebs wird (näher zu den Voraussetzungen eines derartigen Eingliederungsfalles *Kreutz* § 21a Rdn. 62).

141

142

143

§ 111

144 Ein Zusammenschluss i. S. d. § 111 Satz 3 Nr. 3 setzt nicht voraus, dass die hieran beteiligten Betriebe demselben Unternehmen angehören (*Fabricius* 6. Aufl., § 111 Rn. 174; *Fitting* § 111 Rn. 84; *Preis/Bender/WPK* § 111 Rn. 21). Deshalb kann auch die **Bildung eines Gemeinschaftsbetriebs** die Voraussetzungen eines »Zusammenschlusses« erfüllen, wenn dieser durch die Zusammenfassung von zwei zuvor selbständigen Betrieben entsteht (zust. *Däubler/DKKW* § 111 Rn. 94; *Preis/Bender/WPK* § 111 Rn. 21; *Rieble*/AR § 111 BetrVG Rn. 15).

145 Die **»Spaltung«** des Betriebs wurde zwar mit der Reform des Umwandlungsrechts im Jahre 1995 in den Tatbestand des § 111 Satz 3 Nr. 3 eingefügt. Angesichts des offenen Gesetzeswortlauts erfasst dieser Tatbestand aber nicht nur die in § 123 UmwG genannten **gesellschaftsrechtlichen Spaltungsvorgänge**, sondern auch **rechtsgeschäftliche Übertragungsakte** (*BAG* 10.12.1996 EzA § 111 BetrVG 1972 Nr. 35 S. 5 = AP Nr. 110 zu § 112 BetrVG 1972 Bl. 2 R; 18.03.2008 EzA § 111 BetrVG 2001 Nr. 5 Rn. 12 = AP Nr. 66 zu § 111 BetrVG 1972; *LAG Bremen* 21.10.2004 NZA-RR 2005, 140 [141]; *LAG Düsseldorf* 17.02.2011 – 11 Sa 1542/10 – BeckRS 2011, 72745; *Fitting* § 111 Rn. 87 f.; *Gaul* NZA 2003, 695 [696]; *Heinze* ZfA 1997, 1 [3]; *Hohenstatt/Willemsen/HWK* § 111 BetrVG Rn. 39; *Kania*/ErfK § 111 BetrVG Rn. 16; *Stege/Weinspach/Schiefer* §§ 111–113 Rn. 52a; *Weber/Ehrich/Hörchens/Oberthür* Kap. J Rn. 32), die die bisherige Betriebsorganisation dergestalt verändern, dass Teile des Betriebs von diesem getrennt werden (insoweit auch zu § 21a *Kreutz* § 21a Rdn. 91). Allerdings ist für den Tatbestand einer »Betriebsspaltung« i. S. d. § 111 Satz 3 Nr. 3 nicht erforderlich, dass bezüglich des abgespaltenen Betriebsteils ein Rechtsträgerwechsel eintritt; als Betriebsänderung i. S. d. § 111 Satz 3 Nr. 3 kommen auch **unternehmensinterne Spaltungen** in Betracht. Entscheidend ist lediglich, dass der bislang für den Betrieb konstitutive Leitungsapparat aufgehoben und zukünftig mindestens zwei Leitungsapparate bestehen (*Kreutz* FS *Wiese*, 1998, S. 235 [239 f.]).

146 Der Anwendung des § 111 Satz 3 Nr. 3 steht es nicht entgegen, wenn mit dem Zusammenschluss oder der Spaltung ein **Betriebsinhaberwechsel** i. S. d. § 613a BGB eintritt (*BAG* 18.03.2008 EzA § 111 BetrVG 2001 Nr. 5 Rn. 12 = AP Nr. 66 zu § 111 BetrVG 1972; *LAG Düsseldorf* 17.02.2011 – 11 Sa 1542/10 – BeckRS 2011, 72745; *Fitting* § 111 Rn. 86; *Heither* AR-Blattei SD 530.14.5, Rn. 85; *Moll* RdA 2003, 129 [134 f.]). Zwar ist der Betriebsinhaberwechsel als solcher keine Betriebsänderung i. S. d. § 111 (*BAG* 04.12.1979 EzA § 111 BetrVG 1972 Nr. 9 S. 54 *[Löwisch/Röder]* = AP Nr. 6 zu § 111 BetrVG 1972 Bl. 2 *[Seiter]* = SAE 1980, 226 *[Bohn]*; 17.03.1987 EzA § 111 BetrVG 1972 Nr. 19 S. 165 = AP Nr. 18 zu § 111 BetrVG 1972 Bl. 2; 16.06.1987 EzA § 111 BetrVG 1972 Nr. 20 S. 172 *[Gaul, Kort]* = AP Nr. 19 zu § 111 BetrVG 1972 Bl. 2 = SAE 1989, 214 *[Eich]* sowie hier Rdn. 181). Das ist aber nicht in dem Sinne zu verstehen, dass beim Zusammentreffen mit anderen Maßnahmen keine Betriebsänderung i. S. d. § 111 vorliegen kann (*BAG* 04.12.1979 EzA § 111 BetrVG 1972 Nr. 9 S. 55 *[Löwisch/Röder]* = AP Nr. 6 zu § 111 BetrVG 1972 Bl. 2 *[Seiter]* = SAE 1980, 226 *[Bohn]*; 16.06.1987 EzA § 111 BetrVG 1972 Nr. 20 S. 172 f. *[Gaul, Kort]* = AP Nr. 19 zu § 111 BetrVG 1972 Bl. 2 f. = SAE 1989, 214 *[Eich]*; 14.04.2015 EzA § 113 BetrVG 2001 Nr. 10 Rn. 14 = AP Nr. 56 zu § 113 BetrVG 1972 = NZA 2015, 1147; 14.04.2015 EzA § 194 GVG Nr. 2 Rn. 19 = AP Nr. 57 zu § 113 BetrVG 1972 = NZA 2015, 1212). Sowohl die **Bildung eines Gemeinschaftsbetriebs** in der Rechtsträgerschaft eines Gemeinschaftsunternehmens (*Däubler/DKKW* § 111 Rn. 93; *Hess/HWGNRH* § 111 Rn. 144; *Kania*/ErfK § 111 BetrVG Rn. 15; *Matthes*/MünchArbR, 2. Aufl. 2000, § 360 Rn. 54; *Stege/Weinspach/Schiefer* §§ 111–113 Rn. 52) als auch die rechtsgeschäftliche **Übertragung von Betriebsteilen** auf einen neuen Inhaber (*LAG Bremen* 21.10.2004 NZA-RR 2005, 140 [141]; *LAG Düsseldorf* 17.02.2011 – 11 Sa 1542/10 – BeckRS 2011, 72745; *LAG Hamburg* 26.03.2014 LAGE § 98 ArbGG 1979 Nr. 73; *LAG Hamm* 13.01.2014 – 13 TaBV 114/13 – BeckRS 2014, 67454; *Aßmuth* Bagatellspaltungen, S. 45 ff.) kann als Zusammenschluss bzw. Spaltung i. S. d. § 111 Satz 3 Nr. 3 zu qualifizieren sein. Dieses Verständnis stellt sicher, dass die in Art. 7 der Richtlinie 2001/23/EG (früher: Art. 6 der Richtlinie 77/187/EWG) aufgestellten Anforderungen im Hinblick auf die Information und Konsultation der Arbeitnehmer bei der Übertragung von Betriebsteilen gewahrt werden (*Oetker* NZA 1998, 1193 ff.; *Aßmuth* Bagatellspaltungen, S. 49 ff.).

147 Die **Übertragung eines Betriebs** auf ein anderes Unternehmen ist – sofern die bisherige Betriebsidentität erhalten bleibt – kein Zusammenschluss i. S. d. § 111 Satz 3 Nr. 3, sondern ausschließlich ein Wechsel des Betriebsinhabers.

Betriebsänderungen § 111

Anders ist die Rechtslage, wenn ein **Betriebsteil ausgegliedert** und auf ein anderes Unternehmen 148
übertragen wird. In diesem Fall liegt stets eine Spaltung des Betriebs i. S. d. § 111 Satz 3 Nr. 3 vor, da
der zu übertragende Betriebsteil aus der bisherigen Betriebsorganisation und seinem Leitungsapparat
herausgelöst wird (*LAG Hamm* 28.08.2003 NZA-RR 2004, 80 [81 f.]; *Fabricius* 6. Aufl., § 111
Rn. 173; *Fitting* § 111 Rn. 87; *Kania*/ErfK § 111 BetrVG Rn. 15; *Matthes* FS *Wiese*, S. 293 [294]; *ders.*
NZA 2000, 1073 [1074]; *Preis/Bender/WPK* § 111 Rn. 22; *Richardi/Annuß* § 111 Rn. 102; *Spirolke/
NK-GA* § 111 BetrVG Rn. 16). Aus diesem Grunde ist es für das Vorliegen einer Spaltung i. S. v. § 111
Satz 3 Nr. 3 auch unerheblich, ob der abgespaltene Betriebsteil im Anschluss an den Betriebsinhaberwechsel
in einen anderen Betrieb eingegliedert wird und in diesem aufgeht (*LAG Düsseldorf*
17.02.2011 – 11 Sa 1542/10 – BeckRS 2011, 72745).

Der Tatbestand der Betriebsspaltung greift **unabhängig von der Betriebsgröße** ein; eine Betriebs- 149
änderung ist nach § 111 Satz 3 Nr. 3 auch in den Fällen unwiderlegbar zu vermuten, in denen Betriebsteile
abgespalten werden, die unterhalb der Wesentlichkeitsschwelle i. S. d. § 111 Satz 3 Nr. 1
und 2 bleiben (*BAG* 10.12.1996 EzA § 111 BetrVG 1972 Nr. 35 S. 6 = AP Nr. 110 zu § 112 BetrVG
1972 Bl. 3; 18.03.2008 EzA § 111 BetrVG 2001 Nr. 5 Rn. 12 = AP Nr. 66 zu § 111 BetrVG 1972;
LAG Bremen 21.10.2004 NZA-RR 2005, 140 [141]; *LAG Hamm* 28.08.2003 NZA-RR 2004, 80
[81]; 31.01.2014 – 13 TaBV 114/13 – BeckRS 2014, 67454; 17.02.2015 NZA-RR 2015, 247
[248 f.]; *ArbG Karlsruhe* 22.07.2003 NZA-RR 2004, 482 [483]; *Fitting* § 111 Rn. 87; *Gaul* NZA
2003, 695 [696]; *Matthes* FS *Wiese*, S. 293 [294]; *ders.* NZA 2000, 1073 [1074]; *Preis/Bender/WPK*
§ 111 Rn. 22; **a. M.** *LAG Rheinland-Pfalz* 10.09.2009 – 11 TaBV 13/09 – BeckRS 2009, 74675;
Aßmuth Bagatellspaltungen, S. 253 ff.; *Gaul* Betriebs- und Unternehmensspaltung, § 28 Rn. 69 ff.;
Rieble/AR § 111 BetrVG Rn. 16; im Grundsatz auch *Kania*/ErfK § 111 BetrVG Rn. 16; *Spirolke/
NK-GA* § 111 BetrVG Rn. 16; *Steffan*/HaKo § 111 Rn. 29, die eine Grenze bei den Zahlenwerten
des § 1 ziehen; einschränkend auch *Hromadka/Maschmann* Arbeitsrecht 2, § 16 Rn. 610, die für den
abgespaltenen Teil eine wirtschaftlich erhebliche Größe sowie eine abgrenzbare, eigenständige Struktur
verlangen; ebenso *Aßmuth* Bagatellspaltungen, S. 34 f.; *Hohenstatt/Willemsen/HWK* § 111 BetrVG
Rn. 42; *Lingemann/Göpfert* NZA 1997, 1325 [1326]; in dieser Richtung auch *Moll* RdA 2003, 129
[135]; für eine Korrektur *de lege ferenda Willemsen/Tiesler* Interessenausgleich und Sozialplan in der Insolvenz,
1995, Rn. 75). Umgekehrt liegt eine »Spaltung« i. S. d. § 111 Satz 3 Nr. 3 stets vor, wenn ein
Betriebsteil veräußert wird, was jedoch voraussetzt, dass dieser eine wirtschaftlich relevante Größenordnung
und eine abgrenzbare eigenständige Struktur aufweist (*BAG* 10.12.1996 EzA § 111 BetrVG
1972 Nr. 35 S. 6 = AP Nr. 110 zu § 112 BetrVG 1972 Bl. 3; *LAG Bremen* 21.10.2004 NZA-RR 2005,
140 [141]). Keine Spaltung i. S. d. § 111 Satz 3 Nr. 3 ist deshalb die **Stilllegung eines Betriebsteils**
(*BAG* 18.03.2008 EzA § 111 BetrVG 2001 Nr. 5 Rn. 15 = AP Nr. 66 zu § 111 BetrVG 1972; *LAG
Hamburg* 26.03.2014 LAGE § 98 ArbGG 1979 Nr. 73).

Allenfalls bei »**Bagatelltatbeständen**«, in denen Nachteile für erhebliche Teile der Belegschaft aus- 150
geschlossen sind, kommt eine teleologische Reduktion der unwiderlegbaren Vermutung in Betracht
(*LAG Hamm* 31.01.2014 – 13 TaBV 114/13 – BeckRS 2014, 67454; *Aßmuth* Bagatellspaltungen,
S. 143 ff.; *Kreßel* BB 1995, 925 [927]; *Röder/Baeck/JRH* Kap. 28 Rn. 49; *Schweibert/WHSS* Kap. C
Rn. 61; *Stege/Weinspach/Schiefer* §§ 111–113 Rn. 52 f. sowie allgemein hier Rdn. 65; **a. M.** *LAG Bremen*
21.10.2004 NZA-RR 2005, 140 [141]; *Däubler/DKKW* § 111 Rn. 100; offen gelassen von *BAG*
10.12.1996 EzA § 111 BetrVG 1972 Nr. 35 S. 6 = AP Nr. 110 zu § 112 BetrVG 1972 Bl. 3). Hierfür
reicht es jedoch nicht aus, wenn ein abgespaltener Betriebsteil die für einen »wesentlichen Betriebsteil«
maßgebliche Größenordnung (dazu Rdn. 116 ff.) nur knapp unterschreitet (*BAG* 10.12.1996 EzA
§ 111 BetrVG 1972 Nr. 35 S. 6 = AP Nr. 10 zu § 112 BetrVG 1972 Bl. 3; **a. M.** *Aßmuth* Bagatellspaltungen,
S. 253 ff., die beim Unterschreiten der Schwellenwerte in § 17 Abs. 1 KSchG stets einen Bagatellsachverhalt
bejaht; zust. *Spirolke*/NK-GA § 111 BetrVG Rn. 16).

Im Unterschied zu den Tatbeständen in § 111 Satz 3 Nr. 1 und 2 begründet § 111 Satz 3 Nr. 3 für den 151
Zusammenschluss oder die Spaltung von »**wesentlichen Betriebsteilen**« nicht die unwiderlegbare
Vermutung einer Betriebsänderung (*Aßmuth* Bagatellspaltungen, S. 33 f.; *Bauer* DB 1994, 217 [219];
Galperin/Löwisch § 106 Rn. 67; *Gaul* Betriebs- und Unternehmensspaltung, § 28 Rn. 51; *Hess/
HWGNRH* § 111 Rn. 166; *Hohenstatt/Willemsen/HWK* § 111 BetrVG Rn. 43; *Kania*/ErfK § 111
BetrVG Rn. 15; *Preis/Bender/WPK* § 111 Rn. 21, 22; *Richardi/Annuß* § 111 Rn. 106; *Rumpff/*

Boewer Wirtschaftliche Angelegenheiten, Kap. H Rn. 129; *Schweibert/WHSS* Kap. C Rn. 56). Den Vorschlägen, derartige Sachverhalte in den Tatbestand des § 111 Satz 3 Nr. 3 unmittelbar einzubeziehen (*Fabricius* 6. Aufl., § 111 Rn. 173; *Fitting* § 111 Rn. 85; *Heither* AR-Blattei SD 530.14.5, Rn. 83; *Stege/Weinspach/Schiefer* §§ 111–113 Rn. 52) bzw. § 111 Satz 3 Nr. 3 (*Däubler/DKKW* § 111 Rn. 94) oder § 111 Satz 3 Nr. 1 und 2 (*Hanau* ZfA 1974, 89 [96]; im Ergebnis auch *Fitting* § 111 Rn. 85) analog anzuwenden, steht entgegen, dass nicht erkennbar ist, dass die Ausklammerung der »wesentlichen Betriebsteile« dem legislativen Konzept zuwiderläuft. Vielmehr deutet die unterlassene Einbeziehung der Betriebsteile in den Tatbestand des § 111 Satz 3 Nr. 3 auf die zu akzeptierende Wertentscheidung hin, dass bei derartigen Sachverhalten eine beteiligungspflichtige Betriebsänderung nicht unwiderlegbar zu vermuten ist. Vermeintliche Lücken können durch § 111 Satz 3 Nr. 4 zu schließen sein (s. Rdn. 154), wenn der Zusammenschluss oder die Spaltung »wesentlicher Betriebsteile« zu einer Änderung der Betriebsorganisation führt (*Aßmuth* Bagatellspaltungen, S. 33; *Bauer* DB 1994, 217 [219]; *Fitting* § 111 Rn. 85; *Richardi/Annuß* § 111 Rn. 106; *Schweibert/WHSS* Kap. C Rn. 56), die allerdings »grundlegend« sein muss (näher dazu Rdn. 153 ff., 165 ff.). Ergänzend greift bei dem hiesigen Verständnis zum Verhältnis von § 111 Satz 1 und 3 (dazu Rdn. 55 ff.) zudem § 111 Satz 1 als Auffangtatbestand ein (*Fitting* § 111 Rn. 85; *Rumpff/Boewer* Wirtschaftliche Angelegenheiten, Kap. H Rn. 129), was allerdings voraussetzt, dass für erhebliche Teile der Belegschaft »wesentliche Nachteile« eintreten können (s. Rdn. 183 ff.).

5. Änderungen der Betriebsorganisation, des Betriebszwecks oder der Betriebsanlagen (§ 111 Satz 3 Nr. 4)

a) Allgemeines

152 Die unwiderlegbare Vermutung in § 111 Satz 3 Nr. 4 geht im Kern auf § 72 Abs. 1 Satz 2 Buchst. d BetrVG 1952 zurück, erweitert diesen aber um die »Betriebsorganisation«. Aus einem Vergleich mit § 72 Abs. 1 Satz 2 Buchst. d BetrVG 1952 folgt zudem, dass die Voraussetzungen des § 111 Satz 3 Nr. 4 unabhängig davon erfüllt sein können, ob die »grundlegende Änderung« auf einer **Veränderung der Marktlage** beruht (*Richardi/Annuß* § 111 Rn. 107). Ferner ist aus der Systematik des Tatbestands abzuleiten, dass die in § 111 Satz 3 Nr. 4 genannte Trias von Betriebsorganisation, Betriebszweck und Betriebsanlagen alternativ nebeneinander bestehen kann (*BAG* 17.12.1985 EzA § 111 BetrVG 1972 Nr. 17 S. 159 = AP Nr. 15 zu § 111 BetrVG 1972 Bl. 1 R [*Löwisch*]; 16.06.1987 EzA § 111 BetrVG 1972 Nr. 20 S. 175 f. [*Gaul, Kort*] = AP Nr. 19 zu § 111 BetrVG 1972 Bl. 3 f. = SAE 1989, 214 [*Eich*]; *LAG* Düsseldorf 20.03.2016 – 4 TaBV 70/15 – BeckRS 2016, 71599; *Däubler/DKKW* § 111 Rn. 104; *Fitting* § 111 Rn. 90; *Heither* AR-Blattei SD 530.14.5, Rn. 90; *Richardi/Annuß* § 111 Rn. 107; *Weiss/Weyand* § 111 Rn. 18).

b) Änderung der Betriebsorganisation

153 Die Betriebsorganisation bezieht sich auf den im Betrieb verfolgten **arbeitstechnischen Zweck** und die zu dessen Verfolgung geschaffenen **Organisationsstrukturen**, die abzugrenzen sind von denjenigen, die das Unternehmen betreffen. Zu der Betriebsorganisation gehört der **Betriebsaufbau** und die **Organisation des Leitungsapparats** im Hinblick auf Zuständigkeit und Verantwortung (*BAG* 22.05.1979 EzA § 111 BetrVG 1972 Nr. 6 S. 28 [*Löwisch/Schiff*] = AP Nr. 3 zu § 111 BetrVG 1972 Bl. 3 [*Birk*] = SAE 1980, 85 [*Reuter*]; 16.06.1987 EzA § 111 BetrVG 1972 Nr. 20 S. 175 [*Gaul, Kort*] = AP Nr. 19 zu § 111 BetrVG 1972 Bl. 3 = SAE 1989, 214 [*Eich*]; 18.11.2003 EzA § 118 BetrVG 2001 Nr. 4 S. 5 = AP Nr. 76 zu § 112 BetrVG 1972 Bl. 2 R; 26.10.2004 NZA 2005, 237 [238]; 18.03.2008 EzA § 111 BetrVG 2001 Nr. 5 Rn. 22 = AP Nr. 66 zu § 111 BetrVG 1972; 26.03.2009 AP Nr. 57 zu § 9 KSchG 1969 Rn. 36 = NZA 2009, 679; 22.03.2016 EzA § 111 BetrVG 2001 Nr. 9 Rn. 17 = AP Nr. 71 zu § 111 BetrVG 1972 = NZA 2016, 894; *LAG* Hamm 28.04.2006 – 10 TaBV 25/06 – BeckRS 2006, 42426; 26.02.2007 NZA-RR 2007, 469 [470 f.]; 06.09.2010 – 10 TaBV 51/10 – BeckRS 2010, 74041; *LAG* Hamburg 26.03.2014 LAGE § 98 ArbGG 1979 Nr. 73; *LAG* Köln 18.12.2009 – 11 Sa 1092/08 – BeckRS 2009, 44889; *ArbG* Hamburg 25.04.2013 – 27 BVGa 2/13 – BeckRS 2013, 68963; *Däubler/DKKW* § 111 Rn. 105; *Fitting* § 111 Rn. 92; *Galperin/Löwisch* § 111 Rn. 30; *Gamillscheg* II, § 52, 4b [4] [a]; *Hess/HWGNRH* § 111 Rn. 172; *Hromadka/Maschmann* Arbeitsrecht 2, § 16 Rn. 612; *Kania/*ErfK § 111 BetrVG Rn. 17; *Matthes/*MünchArbR § 268 Rn. 42;

Richardi/Annuß § 111 Rn. 108; *Rieble*/AR § 111 BetrVG Rn. 17; *Rumpff/Boewer* Wirtschaftliche Angelegenheiten, Kap. H Rn. 131 f.; *Schaub/Koch* Arbeitsrechts-Handbuch, § 244 Rn. 19; *Schweibert/WHSS* Kap. C Rn. 68; *Spirolke*/NK-GA § 111 BetrVG Rn. 17; s. a. *Fabricius* 6. Aufl., § 111 Rn. 184 ff.).

Sowohl der Betriebsaufbau als auch die Organisation des Leitungsapparats ist bei einer **Spaltung des** 154 **Betriebs** betroffen (*BAG* 16.06.1987 EzA § 111 BetrVG 1972 Nr. 20 S. 172 *[Gaul, Kort]* = AP Nr. 19 zu § 111 BetrVG 1972 Bl. 2 = SAE 1989, 214 *[Eich];* 10.12.1996 EzA § 111 BetrVG 1972 Nr. 35 S. 5 *[Kraft]* = AP Nr. 110 zu § 112 BetrVG 1972 Bl. 2 R; *Däubler/DKKW* § 111 Rn. 105; *Richardi/Annuß* § 111 Rn. 109; *Weiss/Weyand* § 111 Rn. 19). Eine eigenständige Bedeutung hat § 111 Satz 3 Nr. 4 deshalb nur noch bei der **Spaltung von Betriebsteilen**, da die Spaltung des Betriebs bereits von § 111 Satz 3 Nr. 3 erfasst wird (s. Rdn. 151). Die zusätzliche Aufnahme der Spaltung in § 111 Satz 3 Nr. 3 gewinnt gerade hierdurch ihren Sinn, da § 111 Satz 3 Nr. 3 die Spaltung von Betrieben unabhängig davon zu einer beteiligungspflichtigen Betriebsänderung erklärt, ob diese zu einer »grundlegenden Änderung« in der Betriebsorganisation führt. Die Aussage, dass § 111 Satz 3 Nr. 4 stets Spaltung des Betriebs erfasst (*Richardi* 7. Aufl., § 111 Rn. 88), trifft insbesondere dann nicht zu, wenn sich diese auf kleine Teile des Betriebs bezieht, da in derartigen Fällen nicht stets eine »grundlegende« Änderung der Betriebsorganisation eintritt.

Da sich § 111 Satz 3 Nr. 4 auf die Organisation des »Betriebs« bezieht, fällt die **Arbeitsplatzorgani-** 155 **sation und -gestaltung** nicht unter den Tatbestand (*Richardi/Annuß* § 111 Rn. 108). Bei entsprechenden Änderungen kann jedoch eine Betriebsänderung nach § 111 Satz 3 Nr. 5 unwiderlegbar zu vermuten sein.

c) Änderung des Betriebszwecks

Wegen des im Betriebsverfassungsrecht maßgebenden Betriebsbegriffs (dazu *Franzen* § 1 Rdn. 28 f., 156 35 ff.) ist der bei § 111 Satz 3 Nr. 4 maßgebliche Betriebszweck nach dem im Betrieb verfolgten **arbeitstechnischen Zweck** zu bestimmen (*BAG* 17.02.1981 EzA § 111 BetrVG 1972 Nr. 13 S. 104 = AP Nr. 9 zu § 111 BetrVG 1972 Bl. 2 *[Kittner]* = SAE 1982, 17 *[Löwisch]* = AR-Blattei Betriebsverfassung XIV E, Entsch. 21 *[Seiter];* 17.12.1985 EzA § 111 BetrVG 1972 Nr. 17 S. 159 = AP Nr. 15 zu § 111 BetrVG 1972 Bl. 2 *[Löwisch];* 16.06.1987 EzA § 111 BetrVG 1972 Nr. 20 S. 176 *[Gaul, Kort]* = AP Nr. 19 zu § 111 BetrVG 1972 Bl. 3 R = SAE 1989, 214 *[Eich];* 28.04.1993 EzA § 111 BetrVG 1972 Nr. 28 S. 3 = AP Nr. 32 zu § 111 BetrVG 1972 Bl. 2 R; *LAG* Düsseldorf 20.04.2016 – 4 TaBV 70/15 – BeckRS 2016, 71599; *ArbG* Hamburg 25.04.2013 – 27 BVGa 2/13 – BeckRS 2013, 68963; *Däubler/DKKW* § 111 Rn. 106; *Etzel* Rn. 992; *Fitting* § 111 Rn. 93; *Galperin/Löwisch* § 106 Rn. 70; *Gamillscheg* II, § 52, 4b [4] [a]; *Heither* AR-Blattei SD 530.14.5, Rn. 91; *Hess/HWGNRH* § 111 Rn. 174; *Hromadka/Maschmann* Arbeitsrecht 2, § 16 Rn. 612; *Kania*/ErfK § 111 BetrVG Rn. 16; *Preis/Bender/WPK* § 111 Rn. 26; *Richardi/Annuß* § 111 Rn. 110; *Rumpff/Boewer* Wirtschaftliche Angelegenheiten, Kap. H Rn. 138; *Schaub/Koch* Arbeitsrechts-Handbuch, § 244 Rn. 19; *Schwanecke* Die »grundlegende Änderung des Betriebszwecks«, S. 35 ff.; *Schweibert/WHSS* Kap. C Rn. 70; *Spirolke*/NK-GA § 111 BetrVG Rn. 18; *Stege/Weinspach/Schiefer* §§ 111–113 Rn. 59).

Eine eigenständige Bedeutung erlangt die Nennung des Betriebszwecks in § 111 Satz 3 Nr. 4 nur, 157 wenn dessen Änderung nicht mit einer grundlegenden Änderung der Betriebsorganisation verbunden ist. Allerdings folgt hieraus nicht, dass die gleichzeitige Änderung der Betriebsorganisation dazu führt, eine grundlegende Änderung des Betriebszwecks zu verneinen (**a. M.** *Richardi* 7. Aufl., § 111 Rn. 100). Aus § 111 Satz 3 Nr. 4 lassen sich keine Anhaltspunkte dafür entnehmen, dass die dort genannten drei Varianten einer Betriebsänderung zueinander in einem Verhältnis tatbestandlicher Exklusivität stehen (s. Rdn. 152).

Eine Änderung des Betriebszwecks setzt voraus, dass der **Status quo** der arbeitstechnischen Zweck- 158 verfolgung **modifiziert** wird. Dabei kommen folgende Fallgestaltungen in Betracht:
– Der bisherige Betriebszweck wird durch einen anderen ersetzt (*BAG* 17.12.1985 EzA § 111 BetrVG 1972 Nr. 17 S. 159 = AP Nr. 15 zu § 111 BetrVG 1972 Bl. 2 *[Löwisch]; Däubler/DKKW* § 111 Rn. 106; *Etzel* Rn. 992; *Fitting* § 111 Rn. 93; *Matthes*/MünchArbR § 268 Rn. 46; *Richardi/*

§ 111

Annuß § 111 Rn. 110; *Rumpff/Boewer* Wirtschaftliche Angelegenheiten, Kap. H Rn. 141; *Schweibert/WHSS* Kap. C Rn. 70),
- der bisherige Betriebszweck wird durch einen weiteren Betriebszweck ergänzt (*BAG* 17.12.1985 EzA § 111 BetrVG 1972 Nr. 17 S. 160 = AP Nr. 15 zu § 111 BetrVG 1972 Bl. 2 *[Löwisch]*; 16.06.1987 EzA § 111 BetrVG 1972 Nr. 20 S. 176 *[Gaul, Kort]* = AP Nr. 19 zu § 111 BetrVG 1972 Bl. 3 R = SAE 1989, 214 *[Eich]*; *Däubler/DKKW* § 111 Rn. 106; *Etzel* Rn. 992; *Fitting* § 111 Rn. 93; *Heither* AR-Blattei SD 530.14.5, Rn. 91; *Hess/HWGNRH* § 111 Rn. 175; *Matthes/*MünchArbR § 268 Rn. 46; *Richardi/Annuß* § 111 Rn. 110; *Rumpff/Boewer* Wirtschaftliche Angelegenheiten, Kap. H Rn. 141; *Schaub/Koch* Arbeitsrechts-Handbuch, § 244 Rn. 19; *Schweibert/WHSS* Kap. C Rn. 70) oder
- von mehreren im Betrieb bislang verfolgten arbeitstechnischen Zwecken wird ein arbeitstechnischer Zweck aufgegeben bzw. nicht mehr verfolgt (*BAG* 16.06.1987 EzA § 111 BetrVG 1972 Nr. 20 S. 175 f. *[Gaul, Kort]* = AP Nr. 19 zu § 111 BetrVG 1972 Bl. 3 R = SAE 1989, 214 *[Eich]*; *Däubler/DKKW* § 111 Rn. 106; *Fitting* § 111 Rn. 93; *Matthes/*MünchArbR § 268 Rn. 46; *Richardi/Annuß* § 111 Rn. 110; *Rumpff/Boewer* Wirtschaftliche Angelegenheiten, Kap. H Rn. 141; *Schweibert/WHSS* Kap. C Rn. 70).

Keine Änderung des Betriebszwecks liegt in der **Aufspaltung eines Unternehmens** in eine **Besitz- und Produktionsgesellschaft** (*BAG* 17.02.1981 EzA § 111 BetrVG 1972 Nr. 13 S. 103 f. = AP Nr. 9 zu § 111 BetrVG 1972 Bl. 2 f. *[Kittner]* = SAE 1982, 17 *[Löwisch]* = AR-Blattei Betriebsverfassung XIV E, Entsch. 21 *[Seiter]*).

159 Die alleinige Feststellung, dass der Unternehmer eine Änderung des Betriebszwecks beabsichtigt, führt noch nicht dazu, eine beteiligungspflichtige Betriebsänderung unwiderlegbar zu vermuten. Hinzukommen muss, dass die Änderung »grundlegend« ist, was jeweils eigenständig zu prüfen ist (s. Rdn. 165 ff.).

d) Änderung der Betriebsanlagen

160 Zu den Betriebsanlagen gehören alle **Gegenstände**, die zur **Verwirklichung des arbeitstechnischen Zwecks** eingesetzt werden (*BAG* 26.10.1982 EzA § 111 BetrVG 1972 Nr. 15 S. 125 f. = AP Nr. 10 zu § 111 BetrVG 1972 Bl. 5 R *[Richardi]* = SAE 1984, 269 *[Buchner]*; *Däubler/DKKW* § 111 Rn. 107; *Etzel* Rn. 993; *Fabricius* 6. Aufl., § 111 Rn. 197; *Fitting* § 111 Rn. 94; *Heither* AR-Blattei SD 530.14.5, Rn. 92; *Hess/HWGNRH* § 111 Rn. 177; *Hromadka/Maschmann* Arbeitsrecht 2, § 16 Rn. 612; *Kania/ErfK* § 111 BetrVG Rn. 19; *Löwisch/LK* § 111 Rn. 35; *Matthes/*MünchArbR § 268 Rn. 44; *Richardi/Annuß* § 111 Rn. 114; *Rieble/AR* § 111 BetrVG Rn. 16; *Rumpff/Boewer* Wirtschaftliche Angelegenheiten, Kap. H Rn. 137; *Schaub/Koch* Arbeitsrechts-Handbuch, § 244 Rn. 19; *Schweibert/WHSS* Kap. C Rn. 71; *Spirolke/*NK-GA § 111 BetrVG Rn. 19; *Stege/Weinspach/Schiefer* §§ 111–113 Rn. 60).

161 Dabei muss es sich nicht um Produktionsanlagen handeln, die im Rechnungswesen eines Unternehmens eingesetzten Datensichtgeräte werden ebenso erfasst (*BAG* 26.10.1982 EzA § 111 BetrVG 1972 Nr. 15 S. 126 = AP Nr. 10 zu § 111 BetrVG 1972 Bl. 5 R *[Richardi]* = SAE 1984, 269 *[Buchner]*) wie eine neue Software (*LAG Niedersachsen* 08.06.2007 LAGE § 98 ArbGG 1979 Nr. 49 S. 5). Nicht zu den Betriebsanlagen gehören jedoch diejenigen Gegenstände, die das Ergebnis des arbeitstechnischen Zwecks verkörpern, insbesondere solche, die hiernach zur Veräußerung bestimmt sind (*BAG* 26.10.1982 EzA § 111 BetrVG 1972 Nr. 15 S. 125 f. = AP Nr. 10 zu § 111 BetrVG 1972 Bl. 5 R *[Richardi]* = SAE 1984, 269 *[Buchner]*; *Däubler/DKKW* § 111 Rn. 107; *Richardi/Annuß* § 111 Rn. 114; *Spirolke/*NK-GA § 111 BetrVG Rn. 19). Andererseits zählen zu den Betriebsanlagen neben technischen auch bauliche Anlagen (*BAG* 26.10.1982 EzA § 111 BetrVG 1972 Nr. 15 S. 128 f. = AP Nr. 10 zu § 111 BetrVG 1972 Bl. 6 R *[Richardi]* = SAE 1984, 269 *[Buchner]*; *Fabricius* 6. Aufl., § 111 Rn. 197; *Matthes/*MünchArbR § 268 Rn. 44; *Richardi/Annuß* § 111 Rn. 114).

162 Bei alleiniger Betrachtung des Gesetzeswortlauts müsste auch die Veräußerung bzw. Anschaffung eines **einzelnen Gegenstands** in den Tatbestand des § 111 Satz 3 Nr. 4 einzubeziehen sein. Eine derartige Auslegung würde aber die Verwendung des Plurals (»Betriebsanlagen«) und die Bezugnahme auf den »Betrieb« vernachlässigen. Wenn das Gesetz eine unwiderlegbare Vermutung für eine Änderung »der«

Betriebsänderungen § 111

Betriebsanlagen aufstellt, dann folgt hieraus, dass die Gegenstände, auf die sich die Änderung bezieht, für die Verfolgung des arbeitstechnischen Zwecks von **erheblicher Bedeutung** sein müssen (*BAG* 26.10.1982 EzA § 111 BetrVG 1972 Nr. 15 S. 126 = AP Nr. 10 zu § 111 BetrVG 1972 Bl. 5 R *[Richardi]* = SAE 1984, 269 *[Buchner]*; *Däubler/DKKW* § 111 Rn. 107; *Etzel* Rn. 994; *Fitting* § 111 Rn. 94; *Hess/HWGNRH* § 111 Rn. 177; *Hohenstatt/Willemsen/HWK* § 111 BetrVG Rn. 49; *Hromadka/Maschmann* Arbeitsrecht 2, § 16 Rn. 612; *Löwisch/LK* § 111 Rn. 35; *Matthes/*MünchArbR § 268 Rn. 44; *Richardi/Annuß* § 111 Rn. 115; *Stege/Weinspach/Schiefer* §§ 111–113 Rn. 60). Die aus der Systematik in § 111 Satz 3 Nr. 4 abzuleitende Gleichwertigkeit der erfassten Änderungen bestätigt diese Auslegung (*BAG* 26.10.1982 EzA § 111 BetrVG 1972 Nr. 15 S. 126 = AP Nr. 10 zu § 111 BetrVG 1972 Bl. 5 R *[Richardi]* = SAE 1984, 269 *[Buchner]*; *Richardi/Annuß* § 111 Rn. 115).

Wie die Betriebsorganisation und der Betriebszweck müssen sich auch die Betriebsanlagen auf den Betrieb in seiner Gesamtheit und die dort eingesetzten Betriebsanlagen beziehen, wobei die Zahl der von dem Wegfall einer Betriebsanlage betroffenen Arbeitnehmer hierfür ein Indiz liefert (*BAG* 26.10.1982 EzA § 111 BetrVG 1972 Nr. 15 S. 127 = AP Nr. 10 zu § 111 BetrVG 1972 Bl. 6 *[Richardi]* = SAE 1984, 269 *[Buchner]*; 07.08.1990 EzA § 111 BetrVG 1972 Nr. 27 S. 5 = AP Nr. 34 zu § 111 BetrVG 1972 Bl. 3; *Däubler/DKKW* § 111 Rn. 107; *Etzel* Rn. 995; *Löwisch/LK* § 111 Rn. 35; *Matthes/*MünchArbR § 268 Rn. 48; *Richardi* 7. Aufl., § 111 Rn. 105; *Schweibert/WHSS* Kap. C Rn. 72; *Spirolke/*NK-GA § 111 BetrVG Rn. 19; *Weber/Ehrich/Hörchens/Oberthür* Kap. J Rn. 39). Auch der Wegfall einer einzigen Maschine kann deshalb bereits als eine Änderung der Betriebsanlagen zu bewerten sein, wenn hiervon eine erhebliche Zahl von Arbeitnehmern betroffen ist (*BAG* 07.08.1980 EzA § 111 BetrVG 1972 Nr. 27 S. 7 = AP Nr. 34 zu § 111 BetrVG 1972 Bl. 3).

163

Bei einer »grundlegenden Änderung der Betriebsanlagen« kann eine Betriebsänderung häufig auch nach **§ 111 Satz 3 Nr. 5** unwiderlegbar zu vermuten sein, weil die Betriebsanlage die **Arbeitsmethoden** und das **Fertigungsverfahren** unmittelbar beeinflusst. In einem Verhältnis tatbestandlicher Exklusivität stehen beide Tatbestände jedoch nicht.

164

e) Grundlegender Charakter der Änderung

Eine beteiligungspflichtige Betriebsänderung ist nicht bei jeder Änderung im Bereich der Betriebsorganisation, des Betriebszwecks und der Betriebsanlagen unwiderlegbar zu vermuten, sondern nur, wenn diese »**grundlegend**« ist. Schwierigkeiten bereitet allerdings der Bewertungsmaßstab, der im Hinblick auf das Gewicht der Änderung anzulegen ist. Fest steht lediglich, dass solche Änderungen ausscheiden müssen, die sich auf den status quo der Betriebsorganisation, des Betriebszwecks oder der Betriebsanlagen nur geringfügig auswirken. Deshalb ist der **routinemäßige Austausch** technischer Anlagen (z. B. Ersatz für ausgediente und abgenutzte Geräte oder Maschinen) keine Betriebsänderung i. S. d. § 111 Satz 3 Nr. 4 (zust. *LAG Hamm* 30.05.2008 – 10 TaBVGa 9/08 – BeckRS 2008, 55454; ebenso *Gamillscheg* II, § 52, 4b [4] [b]).

165

Das Adjektiv »**grundlegend**« darf nicht auf einen »de minimis Vorbehalt« verkürzt werden. Vielmehr soll es hervorheben, dass nur solche Änderungen der Betriebsorganisation, des Betriebszwecks und der Betriebsanlagen als Betriebsänderung in Betracht kommen, die mit dem Eintritt »wesentlicher Nachteile« verbunden sein können (*Matthes/*MünchArbR § 268 Rn. 45; *Weiss/Weyand* § 111 Rn. 23). **Qualitative Gesichtspunkte** (*Däubler/DKKW* § 111 Rn. 108) bzw. der **Grad der (technischen) Änderung** (*BAG* 07.08.1980 EzA § 111 BetrVG 1972 Nr. 15 S. 129 = AP Nr. 10 zu § 111 BetrVG 1972 Bl. 6 R *[Richardi]* = SAE 1984, 259 *[Buchner]*; 18.11.2003 EzA § 118 BetrVG 2001 Nr. 4 S. 5 = AP Nr. 76 zu § 112 BetrVG 1972 Bl. 2 R; 26.10.2004 EzA § 113 BetrVG 2001 Nr. 5 S. 3 = AP Nr. 49 zu § 113 BetrVG 1972; 26.03.2009 AP Nr. 57 zu § 9 KSchG 1969 Rn. 36 = NZA 2009, 679; 22.03.2016 EzA § 111 BetrVG 2001 Nr. 9 Rn. 17 = AP Nr. 71 zu § 111 BetrVG 1972 = NZA 2016, 894; *LAG Hamburg* 26.03.2014 LAGE § 98 ArbGG 1979 Nr. 73; *LAG Köln* 18.12.2009 – 11 Sa 1092/08 – BeckRS 2009, 44889; *LAG Niedersachsen* 08.06.2007 LAGE § 98 ArbGG 1979 Nr. 49 S. 6 f.; *Däubler/DKKW* § 111 Rn. 108; *Fitting* § 111 Rn. 95; *Gamillscheg* II, § 52, 4b [4] [a]; *Hromadka/Maschmann* Arbeitsrecht 2, § 16 Rn. 612; *Löwisch/LK* § 111 Rn. 37; *Preis/Bender/WPK* § 111 Rn. 28; *Reich* § 111 Rn. 9; *Rieble/*AR § 111 BetrVG Rn. 17; *Röder/Baeck/JRH* Kap. 28 Rn. 51; *Spirolke/* NK-GA § 111 BetrVG Rn. 17) können den »grundlegenden« Charakter einer Änderung begründen. Beide Maßstäbe ermöglichen aber kaum eine praktikable Eingrenzung. Das gilt letztlich

166

Oetker 1849

§ 111   IV. 6. 1. Betriebsänderungen

auch für die Forderung, die Änderung müsse »**einschneidend und weitgehend**« sein (*BAG* 21.10.1980 EzA § 111 BetrVG 1972 Nr. 12 S. 99 = AP Nr. 8 zu § 111 BetrVG 1972 Bl. 4 *[Seiter]*; 16.06.1987 EzA § 111 BetrVG 1972 Nr. 20 S. 174 *[Gaul, Kort]* = AP Nr. 19 zu § 111 BetrVG 1972 Bl. 2 R = SAE 1989, 214 *[Eich]*; *LAG Hamm* 26.02.2007 NZA-RR 2007, 469 [471]; 30.12.2011 – 13 TaBVGa 14/11 – BeckRS 2012, 66742; *Etzel* Rn. 996; *Löwisch/LK* § 111 Rn. 36; *Rumpff/Boewer* Wirtschaftliche Angelegenheiten, Kap. H Rn. 143).

167 Deshalb ist zur Konkretisierung des »grundlegenden Charakters« der Änderung der in **§ 111 Satz 1** enthaltene Relativsatz als **Bewertungsmaßstab** heranzuziehen (*Hohenstatt/Willemsen/HWK* § 111 BetrVG Rn. 50). Hieraus kann zumindest abgeleitet werden, dass eine »grundlegende« Änderung vorliegt, wenn die in § 111 Satz 3 Nr. 4 aufgezählten Änderungen »**wesentliche Nachteile**« **für die Belegschaft** oder **erhebliche Teile** von ihnen zur Folge haben können (*BAG* 26.10.1982 EzA § 111 BetrVG 1972 Nr. 15 S. 127, 129 = AP Nr. 10 zu § 111 BetrVG 1972 Bl. 6, 7 *[Richardi]* = SAE 1984, 269 *[Buchner]*; 28.04.1993 EzA § 111 BetrVG 1972 Nr. 28 S. 3 = AP Nr. 32 zu § 111 BetrVG 1972 Bl. 2 R; 18.03.2008 EzA § 111 BetrVG 2001 Nr. 5 Rn. 22 = AP Nr. 66 zu § 111 BetrVG 1972; *LAG Baden-Württemberg* 21.09.2009 – 4 Sa 41/08 – BeckRS 2010, 70179; *LAG Düsseldorf* 20.04.2016 – 4 TaBV 70/15 – BeckRS 2016, 71599; *LAG Hamm* 26.02.2007 NZA-RR 2007, 469 [471]; 06.09.2010 – 10 TaBV 51/10 – BeckRS 2010, 74041; *Däubler/DKKW* § 111 Rn. 109; *Fitting* § 111 Rn. 95; *Heither* AR-Blattei SD 530.14.5, Rn. 95; *Hromadka/Maschmann* Arbeitsrecht 2, § 16 Rn. 612; *Löwisch/LK* § 111 Rn. 36; *Preis/Bender/WPK* § 111 Rn. 28; *Reich* § 111 Rn. 9; *Richardi/Annuß* § 111 Rn. 118; *Rieble/AR* § 111 BetrVG Rn. 17; *Schaub/Koch* Arbeitsrechts-Handbuch, § 244 Rn. 19; *Schwanecke* Die »grundlegende Änderung des Betriebszwecks«, S. 57 ff.; *Schweibert/WHSS* Kap. C Rn. 67, 73; *Spirolke/NK-GA* § 111 BetrVG Rn. 20). Allerdings entbindet eine entsprechende Feststellung nicht von der vorrangigen Voraussetzung, dass eine von § 111 Satz 3 Nr. 4 erfasste Änderung bezüglich der Betriebsorganisation, des Betriebszwecks oder der Betriebsanlagen vorliegt (*Hohenstatt/Willemsen/HWK* § 111 BetrVG Rn. 50).

168 Aus dem Rückgriff auf § 111 Satz 1 folgt jedoch nicht, dass eine »grundlegende Änderung« ausschließlich unter den dort genannten Voraussetzungen bejaht werden kann (**a. M.** *Stege/Weinspach/Schiefer* §§ 111–113 Rn. 55). Andernfalls würde die Sonderstellung der in § 111 Satz 3 Nr. 4 aufgezählten Änderungen aufgehoben, da sie auch ohne die unwiderlegbare Vermutung bereits von dem Grundtatbestand in § 111 Satz 1 erfasst würden. Damit wäre der mit der »unwiderlegbaren Vermutung« bezweckte Entlastungseffekt (s. Rdn. 62) beseitigt, denn die Regelung in § 111 Satz 3 soll den Rechtsanwender davon entbinden, den Eintritt »wesentlicher Nachteile« bei den dort genannten Tatbeständen gesondert festzustellen. Darüber hinaus würde dem Unternehmer faktisch die Möglichkeit eröffnet, die Vermutung »wesentlicher Nachteile« zu entkräften, was aber die Regelungstechnik einer unwiderlegbaren Vermutung gerade ausschließen soll. Diesem Regelungsanliegen ist dadurch Rechnung zu tragen, dass die Möglichkeit »wesentlicher Nachteile« bereits aufgrund einer summarischen Prüfung festgestellt werden kann, womit zumindest diejenigen Sachverhalte aus dem Tatbestand des § 111 Satz 3 Nr. 4 herausfallen, bei denen der Eintritt »wesentlicher Nachteile« ausgeschlossen erscheint.

169 Eine »grundlegende« **Änderung des Betriebszwecks** liegt z. B. vor, wenn in einer Spielbank neben dem herkömmlichen Spiel an Spieltischen in einem Saal mit eigenem Zugang das Spiel an Automaten angeboten werden soll (*BAG* 17.12.1985 EzA § 111 BetrVG 1972 Nr. 17 S. 159 ff. = AP Nr. 15 zu § 111 BetrVG 1972 Bl. 2 f. *[Löwisch]*; anders für die Einstellung des Französischen Roulettes *ArbG Berlin* 19.07.2007 – 63 BV 1346/07 – juris) oder der gesamte Bereich Forschung und Entwicklung entfällt, wenn dieser bislang zum Gegenstand des Unternehmens zählte (*LAG Düsseldorf* 20.04.2016 – 4 TaBV 70/15 – BeckRS 2016, 71599). Umgekehrt ist der grundlegende Charakter der Änderung zu verneinen, wenn in einem Schlachthof, in dem bislang Rinder, Kälber und Schweine geschlachtet wurden, die Schlachtung der Rinder und Kälber eingestellt werden soll (*BAG* 28.04.1993 EzA § 111 BetrVG 1972 Nr. 28 S. 3 = AP Nr. 32 zu § 111 BetrVG 1972 Bl. 2 R) oder lediglich bestimmte Reparaturen an Endoskopen verlagert werden (*ArbG Hamburg* 25.04.2013 – 27 BVGa 2/13 – BeckRS 2013, 68963).

170 Im Hinblick auf die **Betriebsorganisation** ist der »grundlegende« Charakter der Änderung zu verneinen für die Ausgliederung einer Gaststätte aus einem Supermarkt (*BAG* 21.10.1980 EzA § 111

Betriebsänderungen **§ 111**

BetrVG 1972 Nr. 12 S. 98 = AP Nr. 8 zu § 111 BetrVG 1972 Bl. 4 *[Seiter]*), die Vergabe von Laborleistungen an ein Fremdlabor anstatt an das hauseigene Labor eines Krankenhauses (*BAG* 27.06.2002 EzA § 1 KSchG Betriebsbedingte Kündigung Nr. 119 S. 9), die Schließung der Werkstatt in einem Speditionsunternehmen (*LAG Hamm* 30.12.2011 – 13 TaBVGa 14/11 – BeckRS 2012, 66742) sowie die Fremdvergabe von IT-Dienstleistungen (*LAG Hamburg* 26.03.2014 LAGE § 98 ArbGG 1979 Nr. 73). Anders ist für die Ausgliederung der Reinigungsleistungen in einem Hotel zu entscheiden (*ArbG München* 22.02.2000 AiB 2000, 766 *[Hamm]*). Eine »grundlegende« Änderung der Betriebsorganisation liegt darüber hinaus vor, wenn der eigene Vertrieb durch Außendienstmitarbeiter aufgegeben und von freien Handelsvertretern fortgesetzt werden soll (*BAG* 08.06.1999 AP Nr. 47 zu § 111 BetrVG 1972 Bl. 6; bestätigt durch *BAG* 23.09.2003 EzA § 113 BetrVG 2001 Nr. 3 S. 4 = AP Nr. 43 zu § 113 BetrVG 1972 Bl. 2; 18.11.2003 EzA § 118 BetrVG 2001 Nr. 4 S. 5 = AP Nr. 76 zu § 118 BetrVG 1972 Bl. 2 R); ebenso bei einem vollständigen Wegfall einer Zwischenstufe (Regionalleiter) und unmittelbarer Unterstellung der Außendienstmitarbeiter unter einen Außendienstleiter (*BAG* 26.10.2004 EzA § 113 BetrVG 2001 Nr. 5 S. 4 = AP Nr. 49 zu § 113 BetrVG 1972). In Betracht kommt eine »grundlegende« Änderung der Betriebsorganisation ferner, wenn in einer Bank zusätzlich eine Internetfiliale eingerichtet werden soll (*LAG Hamm* 06.09.2010 – 10 TaBV 51/10 – BeckRS 2010, 74041).

171 Bei der Einführung einer neuen Software fehlt es hingegen an einer grundlegenden Änderung der **Betriebsanlagen**, wenn diese die bisherige Software lediglich ergänzt und die bisherigen Arbeitsabläufe unterstützt (*LAG Niedersachsen* 03.06.2007 LAGE § 98 ArbGG 1979 Nr. 49 S. 5 ff.). Anders wird hingegen der Austausch der Rotationsdruckmaschinen in einem Druck- und Verlagshaus (*ArbG Gießen* 23.11.2011 – 6 BV 6/11 – BeckRS 2012, 68434) oder die Umflottung von Flugzeugmustern (*LAG Hamm* 09.02.2009 – 10 TaBV 3/09 – BeckRS 2010, 74041) bewertet.

6. Einführung grundlegend neuer Arbeitsmethoden und Fertigungsverfahren (§ 111 Satz 3 Nr. 5)

172 Der Vermutungstatbestand in § 111 Satz 3 Nr. 5 beruht auf § 72 Abs. 1 Satz 2 Buchst. e BetrVG 1952, geht jedoch inhaltlich in zweierlei Hinsicht über diesen hinaus. Erstens ist bezüglich der »Arbeitsmethoden« die Herausnahme solcher Änderungen entfallen, die »offensichtlich dem technischen Fortschritt entsprechen oder ihm dienen«. Auch in diesem Fall kann eine Betriebsänderung unwiderlegbar zu vermuten sein (*Däubler/DKKW* § 111 Rn. 112; *Fitting* § 111 Rn. 98; *Galperin/Löwisch* § 111 Rn. 33; *Hohenstatt/Willemsen/HWK* § 111 BetrVG Rn. 52; *Schaub/Koch* Arbeitsrechts-Handbuch, § 244 Rn. 20). Zweitens dehnte § 111 Satz 3 Nr. 5 den Tatbestand auf »Fertigungsverfahren« aus.

173 Die »**Arbeitsmethode**« bezieht sich nicht auf die zur Verfolgung des arbeitstechnischen Zwecks des Betriebs eingesetzten sächlichen Betriebsmittel, sondern auf die **Gestaltung der menschlichen Arbeit** und deren Einfügung in die arbeitstechnische Zweckverfolgung (*BAG* 22.03.2016 EzA § 111 BetrVG 2001 Nr. 9 Rn. 19 = AP Nr. 71 zu § 111 BetrVG 1972 = NZA 2016, 894; *Däubler/DKKW* § 111 Rn. 112; *Hess/HWGNRH* § 111 Rn. 185; *Matthes/*MünchArbR § 268 Rn. 47; *Preis/Bender/WPK* § 111 Rn. 29; *Richardi/Annuß* § 111 Rn. 120; *Rieble/DFL* § 111 BetrVG Rn. 18; *Rumpff/Boewer* Wirtschaftliche Angelegenheiten, Kap. H Rn. 146; *Schaub/Koch* Arbeitsrechts-Handbuch, § 244 Rn. 20; *Schweibert/WHSS* Kap. C Rn. 76; *Spirolke/NK-GA* § 111 BetrVG Rn. 21; *Stege/Weinspach/Schiefer* §§ 111–113 Rn. 65). Dabei ist die Gestaltung der Arbeit nicht nur auf die Art und Weise des Einsatzes menschlicher Arbeitskraft beschränkt, sondern umfasst zusätzlich die bei der Erbringung der Arbeitsleistung heranzuziehenden **Hilfsmittel** sowie die **organisatorische Gestaltung der Arbeit** (*BAG* 22.03.2016 EzA § 111 BetrVG 2001 Nr. 9 Rn. 19 = AP Nr. 71 zu § 111 BetrVG 1972 = NZA 2016, 894; *Richardi/Annuß* § 111 Rn. 120; *Weiss/Weyand* § 111 Rn. 24).

174 Zu den Arbeitsmethoden gehört deshalb auch die Frage, ob die Arbeitsleistung von den Arbeitnehmern einzeln oder als **Gruppe** erbracht werden soll (*LAG Nürnberg* 16.05.2000 AiB 2004, 438 f.; *Däubler/DKKW* § 111 Rn. 113; *Fitting* § 111 Rn. 98; *Hohenstatt/Willemsen/HWK* § 111 BetrVG Rn. 51; *Löwisch/LK* § 111 Rn. 40; *Richardi/Annuß* § 111 Rn. 120; *Schweibert/WHSS* Kap. C Rn. 76; *Weiss/Weyand* § 111 Rn. 24; **a. M.** *Stege/Weinspach/Schiefer* §§ 111–113 Rn. 65, da für die Arbeitnehmer nur vorteilhaft; zur Mitbestimmung nach § 87 Abs. 1 Nr. 13 s. *Wiese/Gutzeit* § 87 Rdn. 1075 ff.), ebenso der Einsatz von **Datensichtgeräten** zur Erledigung der Arbeitsaufgabe (*BAG* 06.12.1983 EzA § 87 BetrVG 1972 Bildschirmarbeitsplatz Nr. 1 S. 46 ff. *[Ehmann]* = AP Nr. 7 zu § 87 BetrVG 1972 Überwachung Bl. 20 ff. *[Richardi]* = SAE 1985, 225 *[Heinze]*), die Einführung von sog. »**Desk-Sharing-Arbeitsplätzen**« (*ArbG Frankfurt a. M.* 08.01.2003 AiB 2003, 697 [697 f.]) sowie die Umstellung herkömmlicher Kassen auf sog. Selbstbedienungskassen (*LAG Niedersachsen* 05.05.2009 LAGE § 98 ArbGG 1979 Nr. 54 = NZA-RR 2009, 531 [532]). Erforderlich ist jedoch stets, dass sich die Maßnahme auf den Arbeitsablauf auswirkt. Deshalb gehören **Entlohnungsmethoden** (*Rumpff/Boewer* Wirtschaftliche Angelegenheiten, Kap. H Rn. 146; *Stege/Weinspach/Schiefer* §§ 111–113 Rn. 65) nicht zu den Arbeitsmethoden; insoweit besteht ein Mitbestimmungsrecht des Betriebsrats nach § 87 Abs. 1 Nr. 10 BetrVG. Die **Gestaltung der Arbeitszeit** wird verbreitet aus den Arbeitsmethoden i. S. d. § 111 Satz 3 Nr. 4 ausgeklammert (z. B. *Hohenstatt/Willemsen/HWK* § 111 BetrVG Rn. 51), was jedoch zu pauschal ist. Insbesondere **flexible Arbeitszeitmodelle** können sich unmittelbar auf die Organisation des Arbeitsablaufs auswirken, so z. B. bei der Einführung einer Vertrauensarbeitszeit (treffend *Erbach* Rechtsprobleme der Vertrauensarbeitszeit [Diss. Bonn], 2006, S. 193 f.) oder des systematischen Einsatzes von Teilzeitbeschäftigten mit flexiblen Arbeitszeiten statt Arbeitnehmern mit fester individueller Wochenarbeitszeit (*LAG Rheinland-Pfalz* 09.03.2012 – 6 TaBV 39/11 – BeckRS 2012, 69109). Ob derartige Formen der Arbeitszeit zugleich auf den Arbeitsablauf ausstrahlen und damit zu einer Änderung der Arbeitsorganisation i. S. § 111 Satz 3 Nr. 5 führen, hängt jedoch stets von den konkreten Ausprägungen des Arbeitszeitmodells ab.

175 Die »**Fertigungsverfahren**« erfassen die technischen Verfahren bei der Verfolgung des arbeitstechnischen Zwecks (*BAG* 22.03.2016 EzA § 111 BetrVG 2001 Nr. 9 Rn. 20 = AP Nr. 71 zu § 111 BetrVG 1972 = NZA 2016, 894; *Hess/HWGNRH* § 111 Rn. 187; *Richardi/Annuß* § 111 Rn. 121; *Schweibert/WHSS* Kap. C Rn. 77; *Spirolke/NK-GA* § 111 BetrVG Rn. 21; *Stege/Weinspach/Schiefer* §§ 111–113 Rn. 66; *Weiss/Weyand* § 111 Rn. 24), so dass der Begriff mit den in § 106 Abs. 3 Nr. 5 genannten **Fabrikationsmethoden** identisch ist (*BAG* 22.03.2016 EzA § 111 BetrVG 2001 Nr. 9 Rn. 20 = AP Nr. 71 zu § 111 BetrVG 1972 = NZA 2016, 894; *Fitting* § 111 Rn. 99; *Löwisch/LK* § 111 Rn. 40; *Richardi/Annuß* § 111 Rn. 121).

176 Eine Betriebsänderung ist nach § 111 Satz 3 Nr. 5 nur dann unwiderlegbar zu vermuten, wenn **neue Methoden** eingeführt werden. Die **Veränderung bereits vorhandener Methoden** wird nicht erfasst; insoweit kann allenfalls die Generalklausel in § 111 Satz 1 eingreifen. Ob die einzuführende Methode »neu« ist, beurteilt sich nach den **Verhältnissen des Betriebs** (*Bauer* DB 1994, 217 [220]; *Däubler/DKKW* § 111 Rn. 114; *Etzel* Rn. 998; *Fitting* § 111 Rn. 100; *Heither* AR-Blattei SD 530.14.5, Rn. 97; *Hess/HWGNRH* § 111 Rn. 186; *Kania*/ErfK § 111 BetrVG Rn. 20; *Löwisch/LK* § 111 Rn. 40; *Matthes*/MünchArbR § 268 Rn. 47; *Preis/Bender/WPK* § 111 Rn. 29; *Richardi/Annuß* § 111 Rn. 123; *Rumpff/Boewer* Wirtschaftliche Angelegenheiten, Kap. H Rn. 149; *Schaub/Koch* Arbeitsrechts-Handbuch, § 244 Rn. 20; *Schweibert/WHSS* Kap. C Rn. 77; *Spirolke*/NK-GA § 111 BetrVG Rn. 21; *Stege/Weinspach/Schiefer* §§ 111–113 Rn. 68). Die einzuführende Methode muss die bisherige entweder ersetzen oder neben dieser eingesetzt werden.

177 Ebenso wie § 111 Satz 3 Nr. 4 löst die Einführung neuer Arbeitsmethoden oder Fertigungsverfahren die unwiderlegbare Vermutung einer Betriebsänderung nur aus, wenn diese »**grundlegend**« ist. Aus systematischer Sicht muss sich der grundlegende Charakter der Arbeitsmethode bzw. des Fertigungsverfahrens auf deren »Neuheit« für den Betrieb beziehen (*Däubler/DKKW* § 111 Rn. 114). Dies erfordert einen wertenden Vergleich zwischen den bislang vorhandenen und den geplanten neuen Methoden, so dass eine **qualitative Wertung erforderlich** ist (*BAG* 22.03.2016 EzA § 111 BetrVG 2001 Nr. 9 Rn. 21 = AP Nr. 71 zu § 111 BetrVG 1972 = NZA 2016, 894).

178 Nach dem Zweck des § 111 Satz 3, die für die Belegschaft besonders relevanten Betriebsänderungen aufzuzählen, kann sich der grundlegende Charakter auch aus den Auswirkungen auf die Arbeitnehmer ergeben. Insoweit gelten dieselben Interpretationsmaßstäbe, die auch für § 111 Satz 3 Nr. 4 maßgebend sind (s. Rdn. 165 ff.), so dass sich der »grundlegende« Charakter der neuen Methode aus der **Zahl der** von ihrer Einführung **betroffenen Arbeitnehmer** ergeben kann (*BAG* 06.12.1983 EzA § 87 BetrVG 1972 Bildschirmarbeitsplatz Nr. 1 S. 46 ff. *[Ehmann]* = AP Nr. 7 zu § 87 BetrVG 1972 Überwachung Bl. 20 ff. *[Richardi/Annuß]* = SAE 1985, 225 *[Heinze]*; 07.08.1990 EzA § 111 BetrVG 1972 Nr. 27 S. 7 = AP Nr. 34 zu § 111 BetrVG 1972 Bl. 3 f.; *BAG* 22.03.2016 EzA § 111

BetrVG 2001 Nr. 9 Rn. 21 = AP Nr. 71 zu § 111 BetrVG 1972 = NZA 2016, 894; *LAG Niedersachsen* 05.05.2009 LAGE § 98 ArbGG 1979 Nr. 54 = NZA-RR 2009, 531 [532]; *Bauer* DB 1994, 217 [220]; *Däubler/DKKW* § 111 Rn. 114; *Etzel* Rn. 996; *Hohenstatt/Willemsen/HWK* § 111 BetrVG Rn. 52; *Schaub/Koch* Arbeitsrechts-Handbuch, § 244 Rn. 20; *Schweibert/WHSS* Kap. C Rn. 77; *Spirolke/NK-GA* § 111 BetrVG Rn. 21; *Weber/Ehrich/Hörchens/Oberthür* Kap. J Rn. 42).

7. Die Generalklausel des § 111 Satz 1 als Auffangtatbestand

a) Begriff der Betriebsänderung

Nach den Ausführungen in Rdn. 55 ff. schließt die unwiderlegbare Vermutung einer »Betriebsänderung im Sinne des Satzes 1« (§ 111 Satz 3) nicht den Rückgriff auf § 111 Satz 1 aus, um die Beteiligungspflichtigkeit einer Betriebsänderung zu begründen. Die Praktikabilität dieses systematischen Verständnisses erfordert allerdings eine Präzisierung des in § 111 Satz 1 enthaltenen **Begriffs der Betriebsänderung**. Ausgehend von dem allgemeinen und dem BetrVG zugrunde liegenden Betriebsbegriff (dazu *Franzen* § 1 Rdn. 28 f., 35 ff.) kann von einer Änderung des Betriebs gesprochen werden, wenn entweder die organisatorische Einheit, die Betriebsmittel, der Betriebszweck oder die in der Belegschaft zusammengefassten Arbeitnehmer eine Änderung in quantitativer oder qualitativer Hinsicht erfahren (*BAG* 17.02.1981 EzA § 111 BetrVG 1972 Nr. 13 S. 103 = AP Nr. 9 zu § 111 BetrVG 1972 Bl. 1 R *[Kittner]* = SAE 1982, 17 *[Löwisch]* = AR-Blattei Betriebsverfassung XIV E, Entsch. 21 *[Seiter]*; ähnlich *Fabricius* 6. Aufl., § 111 Rn. 203; *Fitting* § 111 Rn. 41; *Löwisch/LK* § 111 Rn. 20; *Rumpff/Boewer* Wirtschaftliche Angelegenheiten, Kap. H Rn. 153; *Schaub/Koch* Arbeitsrechts-Handbuch, § 244 Rn. 7). Die in § 111 Satz 3 aufgezählten Tatbestände liefern hierfür einen Anhaltspunkt (*BAG* 27.02.1981 EzA § 111 BetrVG 1972 Nr. 13 S. 103 = AP Nr. 9 zu § 111 BetrVG 1972 Bl. 2 *[Kittner]* = SAE 1982, 17 *[Löwisch]* = AR-Blattei Betriebsverfassung XIV E, Entsch. 21 *[Seiter]*; *Löwisch/LK* § 111 Rn. 20). Ergänzend ist die Vorgabe in Art. 4 Abs. 2 Buchst. c der **Richtlinie 2002/14/EG** zu beachten, bei »wesentlichen Veränderungen« der Arbeitsorganisation oder der Arbeitsverträge eine Unterrichtung und Anhörung der Vertreter der Arbeitnehmer zu gewährleisten (s. Rdn. 4), was unter Umständen zu einer **unionsrechtskonformen Auslegung** der Generalklausel in § 111 Satz 1 zwingt (s. Rdn. 59 sowie *Gerdom* Unterrichtungs- und Anhörungspflichten, S. 203 ff.; *Oetker/Schubert* EAS B 8300, Rn. 364 ff.; *Reichold* NZA 2003, 289 [298]; *Weber/*EuArbR Art. 4 RL 2002/14/EG Rn. 32 f. sowie im Hinblick auf die Richtlinie 2001/23/EG *Riesenhuber* RdA 2004, 340 [348 f.]).

179

Keine Betriebsänderung in dem in Rdn. 179 dargelegten Sinne ist die **Aufspaltung eines Unternehmens** in eine **Besitz- und eine Beteiligungsgesellschaft** (*BAG* 17.02.1981 EzA § 111 BetrVG 1972 Nr. 13 S. 103 = AP Nr. 9 zu § 111 BetrVG 1972 Bl. 2 *[Kittner]* = SAE 1982, 17 *[Löwisch]* = AR-Blattei Betriebsverfassung XIV E, Entsch. 21 *[Seiter]*; *Löwisch/LK* § 111 Rn. 20; *Loritz/ZLH* Arbeitsrecht, § 53 Rn. 21; **a. M.** *Engels* DB 1979, 2227 [2228 ff.]; *Fabricius* 6. Aufl., § 111 Rn. 312; *Simon* ZfA 1987, 311 [323]). Von dieser bleibt die Struktur des Betriebs unberührt. Das gilt ebenso für die Stellung eines **Insolvenzantrags**, gleichgültig, ob dies durch den Unternehmer oder einen Gläubiger geschieht (*BAG* 11.11.1997 AP Nr. 42 zu § 111 BetrVG 1972 Bl. 3 R; *Fitting* § 111 Rn. 39; *Richardi/Annuß* § 111 Rn. 36; *Wienberg/Neumann* FS *Karlheinz Fuchs*, S. 177 [189]; **a. M.** *S. Biedenkopf* Interessenausgleich, S. 64 ff.; *Fabricius* 6. Aufl., § 111 Rn. 335 ff.; *Schaub/Koch* Arbeitsrechts-Handbuch, § 244 Rn. 12, bei einem Antrag des Unternehmers); die Rechte des Wirtschaftsausschusses sind allerdings zu beachten (dazu § 106 Rdn. 70). Zur **Eröffnung des Insolvenzverfahrens** s. Rdn. 73.

180

Auch der **Übergang des Betriebs** bzw. eines **Betriebsteils** auf einen neuen Inhaber ist für sich alleine keine Betriebsänderung i. S. d. § 111 Satz 1 (*BAG* 04.12.1979 EzA § 111 BetrVG 1972 Nr. 9 S. 54 *[Löwisch/Röder]* = AP Nr. 6 zu § 111 BetrVG 1972 Bl. 2 *[Seiter]* = SAE 1980, 226 *[Bohn]*; 17.03.1987 EzA § 111 BetrVG 1972 Nr. 19 S. 165 = AP Nr. 18 zu § 111 BetrVG 1972 Bl. 2; 16.06.1987 EzA § 111 BetrVG 1972 Nr. 20 S. 172 *[Gaul, Kort]* = AP Nr. 19 zu § 111 BetrVG 1972 Bl. 2 = SAE 1989, 214 *[Eich]*; 16.05.2002 EzA § 613a BGB Nr. 210 S. 13 f. = AP Nr. 237 zu § 613a BGB Bl. 6 R; 31.01.2008 EzA § 613a BGB 2002 Nr. 85 Rn. 44 = AP Nr. 2 zu § 613a BGB Unterrichtung; 15.12.2011 EzA § 613a BGB 2002 Nr. 132 Rn. 43 = AP Nr. 424 zu § 613a BGB = NZA-RR 2012, 570; 14.04.2015 EzA § 113 BetrVG 2001 Nr. 10 Rn. 14 = AP Nr. 56 zu

181

§ 113 BetrVG 1972 = NZA 2015, 1147; 14.04.2015 EzA § 194 GVG Nr. 2 Rn. 19 = AP Nr. 57 zu § 113 BetrVG 1972 = NZA 2015, 1212; *LAG Bremen* 21.10.2004 NZA-RR 2005, 140 [141]; *Fitting* § 111 Rn. 50; *Gamillscheg* II, § 52, 4c [1]; *Hohenstatt/Willemsen/HWK* § 111 BetrVG Rn. 53; *Kamanabrou* Arbeitsrecht, Rn. 2843; *Löwisch/LK* § 111 Rn. 21; *Schaub/Koch* Arbeitsrechts-Handbuch, § 244 Rn. 8; **a. M.** *Däubler/DKKW* § 111 Rn. 125; *Fabricius* 6. Aufl., § 111 Rn. 266 ff.; *Pottmeyer* Überleitung der Arbeitsverhältnisse, S. 224 ff.; *Simon* ZfA 1987, 311 [317 f.]; *Teichmüller* Die Betriebsänderung, S. 55 f.); die Übertragung eines Betriebsteils auf einen neuen Inhaber ist jedoch regelmäßig nach § 111 Satz 3 Nr. 3 eine Betriebsänderung (s. Rdn. 146, 148).

182 Den im Schrifttum unterbreiteten Vorschlag, den Betriebsinhaberwechsel durch eine von Art. 4 Abs. 2 Buchst. c der Richtlinie 2002/14/EG geforderte unionsrechtskonforme Auslegung von § 111 Satz 1 als Betriebsänderung i. S. d. Vorschrift zu erfassen (so *Gerdom* Unterrichtungs- und Anhörungspflichten, S. 203 ff.), ist nicht zu folgen. Ungeachtet der Bedenken gegenüber einer hierfür notwendigen Uminterpretation des Betriebsbegriffs im Rahmen von § 111 steht diesem Ansatz entgegen, dass Art. 4 Abs. 2 Buchst. c der Richtlinie 2002/14/EG nicht dazu dient, die in Art. 7 der Richtlinie 2001/23/EG geregelten Unterrichtungs- und Konsultationspflichten zu erweitern. Art. 9 Abs. 1 der Richtlinie 2002/14/EG legt gerade fest, dass die dortigen Vorgaben unberührt bleiben (*Oetker/Schubert* EAS B 8300, Rn. 374; ebenso *Weber/EuArbR* Art. 4 RL 2002/14/EG Rn. 32). Deshalb strahlt die Einschränkung in Art. 7 Abs. 3 der Richtlinie 2001/23/EG (s. *Oetker/Schubert* EAS B 8300, Rn. 491 f.) auch auf Art. 4 Abs. 2 Buchst. c der Richtlinie 2002/14/EG aus und wird durch diesen nicht überwunden (zust. *Weber/EuArbR* Art. 4 RL 2002/14/EG Rn. 33). Da sich auf Art. 7 der Richtlinie 2001/23/EG keine zur Einbeziehung des Betriebsinhaberwechsels führende unionsrechtlich gebotene Uminterpretation des Betriebsbegriffs stützen lässt, gilt dies in gleicher Weise für die von Art. 4 Abs. 2 Buchst. c der Richtlinie 2002/14/EG geforderte Unterrichtung und Anhörung.

b) Möglichkeit wesentlicher Nachteile

183 Betriebsänderungen i. S. d. § 111 Satz 1 lösen die Beteiligungsrechte nur aus, wenn sie mit dem Eintritt von Nachteilen verbunden sein können (*LAG Niedersachsen* 02.11.2006 LAGE § 111 BetrVG 2001 Nr. 6 S. 4; **a. M.** *Riesenhuber* RdA 2004, 340 [348 f.], für den Fall einer Betriebsänderung i. S. d. Richtlinie 2001/23/EG). Der **Nachteilsbegriff** ist in einem umfassenden Sinne zu verstehen (*Fabricius* 6. Aufl., § 111 Rn. 213). Wenn das Gesetz diesen z. B. auf »wirtschaftliche« Nachteile eingrenzen wollte, dann hat es dies explizit zum Ausdruck gebracht (§ 112 Abs. 1 Satz 2, § 113 Abs. 2). Da der Relativsatz in § 111 Satz 1 hierauf verzichtet, erfasst die Vorschrift nicht nur wirtschaftliche, sondern auch immaterielle Nachteile (*Däubler/DKKW* § 111 Rn. 117; *Fabricius* 6. Aufl., § 111 Rn. 214; *Fitting* § 111 Rn. 47; *Kamanabrou* Arbeitsrecht, Rn. 2844; *Richardi/Annuß* § 111 Rn. 51; *Spirolke/NK-GA* § 111 BetrVG Rn. 10; *Ziegler* Betriebsänderung, S. 79 ff.).

184 Zu den **wirtschaftlichen Nachteilen** zählen neben dem Verlust des Arbeitsplatzes vor allem Verdiensteinbußen, die infolge von Versetzungen oder anderen Veränderungen am Arbeitsplatz (z. B. Herabgruppierungen) eintreten können. Darüber hinaus werden auch anderweitige wirtschaftliche Nachteile erfasst, wie z. B. der Verlust von Anwartschaften oder Fahrtkosten.

185 **Nachteile immaterieller Art** können vor allem bei Änderungen der Betriebsorganisation und der zur Verfolgung des Betriebszwecks eingesetzten Einrichtungen eintreten. Zu denken ist insbesondere an Leistungsverdichtungen (zust. *Kamanabrou* Arbeitsrecht, Rn. 2844; *Spirolke/NK-GA* § 111 BetrVG Rn. 10) oder Qualifikationsverluste, die wegen Eingrenzungen bei den im Arbeitsprozess geforderten Kenntnissen und Fähigkeiten auftreten.

186 Allerdings verlangt der Relativsatz in § 111 Satz 1 für die Nachteile ein gewisses Gewicht, die zu einer Beteiligungspflicht führende »**Wesentlichkeit**« entzieht sich jedoch einer exakten Grenzziehung. Ebenso wie bei der Wesentlichkeitsprüfung im Rahmen des § 111 Satz 3 Nr. 1 kann sowohl auf qualitative als auch auf **quantitative Aspekte** zurückgegriffen werden. Im Hinblick auf die Qualität der Nachteile liefert die Entstehungsgeschichte der Norm zumindest eine Orientierungshilfe. Der Regierungsentwurf, der das Vorliegen einer beteiligungspflichtigen Betriebsänderung ebenfalls mit dem möglichen Eintritt »anderweitiger wesentlicher Nachteile« verknüpfte, stellte diese in eine Reihe mit Entlassungen und Verdienstminderungen auslösenden Tätigkeitsveränderungen. Die **Zahl** der

von den Nachteilen **betroffenen Arbeitnehmer** liefert darüber hinaus ebenso wie im Rahmen des § 111 Satz 3 Nr. 4 und 5 (s. Rdn. 166, 177) bei der Konkretisierung der »grundlegenden« Änderung ein **Indiz für die Wesentlichkeit** der Nachteile (s. *Aßmuth* Bagatellspaltungen, S. 80 ff.). Werden von den Nachteilen erhebliche Teile der im Betrieb beschäftigten Arbeitnehmer betroffen, dann schlägt die Quantität in Qualität um.

Eine nach § 111 Satz 1 beteiligungspflichtige Betriebsänderung liegt nicht erst vor, wenn die Nachteile eingetreten sind. Das Gesetz lässt vielmehr im Hinblick auf den Zweck des Beteiligungsrechts die **Möglichkeit ihres Eintritts** ausreichen (*Schaub / Koch* Arbeitsrechts-Handbuch, § 244 Rn. 7; *Spirolke*/NK-GA § 111 BetrVG Rn. 10). Da über die Abwendung der Nachteile bzw. deren Kompensation erst im Rahmen der Interessenausgleichs- bzw. Sozialplanverhandlungen entschieden werden soll, wäre es im Hinblick auf den Normzweck zu eng, wenn eine überwiegende Wahrscheinlichkeit ihres Eintritts verlangt würde. Die Möglichkeit des Eintritts von Nachteilen ist deshalb erst dann zu verneinen, wenn sichere Anhaltspunkte dafür vorliegen, dass die Betriebsänderung nach dem gewöhnlichen Verlauf der Dinge nicht mit dem Eintritt von Nachteilen verbunden ist (*Fabricius* 6. Aufl., § 111 Rn. 232). 187

Die »wesentlichen Nachteile« müssen zudem als »**Folge« der Betriebsänderung** zu bewerten sein. Damit verlangt § 111 Satz 1 einen **Ursachenzusammenhang** zwischen der Betriebsänderung und den möglichen Nachteilen (*Fabricius* 6. Aufl., § 111 Rn. 213), wobei aufgrund der abgeschwächten Gesetzesformulierung (»Folge«) kein unmittelbarer Zusammenhang erforderlich ist. Vielmehr reicht – ebenso wie im Rahmen des § 113 (»infolge«) – ein **mittelbarer Zusammenhang** aus, sofern dieser noch adäquat ist (s. a. § 113 Rdn. 76). 188

c) Eintritt der Nachteile bei der Belegschaft

Beteiligungspflichtig ist der mögliche Eintritt der Nachteile nur, wenn diese bei der **Belegschaft** eintreten. Nachteile bei Dritten begründen keine beteiligungspflichtige Betriebsänderung. Die »Belegschaft« ist nicht identisch mit den im Betrieb tätigen Personen. Zusätzlich ist erforderlich, dass die Arbeitnehmer in einem **Arbeitsverhältnis zu dem Unternehmer** stehen und dem **Betrieb angehören**. Bei anderen Personen fehlt dem Betriebsrat die Legitimation, als Interessenvertreter den Eintritt von Nachteilen abzuwenden oder abzumildern. Bei im Betrieb eingesetzten **Leiharbeitnehmern** eintretende Nachteile werden von § 111 Satz 1 deshalb nicht erfasst. 189

Das Gesetz verlangt nicht, dass die Nachteile bei der gesamten Belegschaft des Betriebs eintreten können. Es genügt, wenn dies bei »**erheblichen«Teilen der Belegschaft** möglich ist. Die Erheblichkeit ist quantitativ zu bestimmen, ohne dass die betroffenen Arbeitnehmer in einem bestimmten Betriebsteil zusammengefasst sein müssen. Für die Konkretisierung der Erheblichkeitsschwelle sind die **Grenzwerte des § 17 Abs. 1 Satz 1 KSchG** heranzuziehen (*Schaub / Koch* Arbeitsrechts-Handbuch, § 244 Rn. 7), wobei – wie bei der Betriebseinschränkung (s. Rdn. 101) – **mindestens 5 % der Arbeitnehmer** betroffen sein müssen und statt des Zeitraums von 30 Kalendertagen auf die **Einheitlichkeit der unternehmerischen Entscheidung** abzustellen ist (*Schaub / Koch* Arbeitsrechts-Handbuch, § 244 Rn. 7). Der Rückgriff auf § 17 Abs. 1 KSchG ist vor allem wegen der Entstehungsgeschichte des § 111 Satz 1 gerechtfertigt. Im Unterschied zu der nunmehr geltenden Fassung verzichtete der Regierungsentwurf noch auf die »erheblichen Teile der Belegschaft« als eingrenzendes Kriterium. Stattdessen stellte dieser zur personellen Abgrenzung auf die Schwellenwerte des § 17 Abs. 1 Satz 1 KSchG a. F. ab. Die nunmehr geltende Fassung weicht hiervon zwar ab, was aber nicht auf der Absicht beruhte, den Eintritt von Nachteilen bei einem kleineren Personenkreis ausreichen zu lassen. Zum **Kleinbetrieb** s. Rdn. 102 f. 190

IV. Beteiligungsrechte des Betriebsrats bei Betriebsänderungen

1. Dogmatische Struktur der Beteiligung

Die Beteiligung des Betriebsrats bei Betriebsänderungen baut auf der vorherigen Unterrichtung und Beratung der beabsichtigten Betriebsänderung im Wirtschaftsausschuss auf, da sowohl die Tatbestände 191 einer Betriebsänderung in § 111 Satz 3 als auch die Generalklausel in § 111 Satz 1 jeweils Sachverhalte umschreiben, die zu den wirtschaftlichen Angelegenheiten i. S. d. § 106 Abs. 3 gehören. Über die gegenüber dem Wirtschaftsausschuss durchgeführte Unterrichtung sowie die dortige Beratung hat der Wirtschaftsausschuss dem Betriebsrat nach § 108 Abs. 4 unverzüglich und vollständig zu berichten (dazu näher § 108 Rdn. 54 ff.).

192 Auf der Grundlage der Vorinformation über den Wirtschaftsausschuss ist der Betriebsrat vom Unternehmer unmittelbar zu beteiligen, wenn dieser eine Betriebsänderung plant. Das Gesetz beschränkt die Beteiligung des Betriebsrats bezüglich der Betriebsänderung als solcher jedoch auf ein Mitwirkungsrecht. Nur hinsichtlich der mit der Betriebsänderung verbundenen wirtschaftlichen Nachteile für die Arbeitnehmer schafft das Betriebsverfassungsgesetz im Hinblick auf deren Ausgleich oder Milderung zugunsten des Betriebsrats grundsätzlich ein Mitbestimmungsrecht, da diesbezüglich ein Spruch der Einigungsstelle die Einigung zwischen Betriebsrat und Unternehmer ersetzen kann (§ 112 Abs. 4). Lediglich bei den in § 112a genannten Ausnahmetatbeständen (zu diesen §§ 112, 112a Rdn. 314 ff.) ist die Beteiligung des Betriebsrats auch bezüglich dieser Materie auf ein Mitwirkungsrecht beschränkt, da die Vorschrift des § 112 Abs. 4 bei den dortigen Sachverhalten nicht anwendbar ist.

193 Das Mitwirkungsrecht des Betriebsrats bei einer geplanten Betriebsänderung besteht aus **zwei Komponenten**: erstens der **Unterrichtung** des Betriebsrats über die geplante Betriebsänderung und zweitens der **Beratung** mit dem Betriebsrat über die Betriebsänderung. Die Beratung ihrerseits ist im Hinblick auf die weitere Beteiligung des Betriebsrats in zweierlei Hinsicht zu unterteilen:

194 Am schwächsten ist das Beratungsrecht bezüglich der **Betriebsänderung als solcher**. Die Beratung erstreckt sich zwar auf das »Ob« und das »Wie« der Betriebsänderung (*Galperin/Löwisch* § 111 Rn. 42), eine Einigung zwischen Betriebsrat und Unternehmer, die § 112 Abs. 1 Satz 1 als Interessenausgleich bezeichnet, hängt aber von dem übereinstimmenden Willen der Beteiligten ab; ein Spruch der Einigungsstelle kann diesen nicht ersetzen. Darüber hinaus ergibt sich aus § 112 Abs. 1 Satz 2, dass sich die Beratung zwischen Betriebsrat und Unternehmer auch auf die »wirtschaftlichen Nachteile« bezieht, die den Arbeitnehmern infolge der Betriebsänderung entstehen. Im Unterschied zu der Betriebsänderung als solcher kann die Einigung über den Ausgleich oder die Milderung der Nachteile, die das Gesetz als Sozialplan bezeichnet, durch einen Spruch der Einigungsstelle ersetzt werden (§ 112 Abs. 4), sofern nicht die Ausnahmetatbestände in § 112a eingreifen.

195 Das Beteiligungsrecht des Betriebsrats bezüglich des **Ausgleichs der Nachteile** begründet ein in dreierlei Hinsicht **thematisch beschränktes Mitbestimmungsrecht**. Erstens bezieht sich dieses nicht auf die Betriebsänderung als solche, ist also insbesondere nicht darauf gerichtet, die Betriebsänderung in anderer Form durchzuführen, um dadurch (präventiv) den Eintritt der Nachteile zu verhindern (s. a. §§ 112, 112a Rdn. 132 ff.). Auch andere Maßnahmen, die das Entstehen von Nachteilen abwenden sollen, sind nicht von dem Tatbestand des Sozialplans umfasst. Die wirtschaftlichen Nachteile sind deshalb im Grundsatz hinzunehmen, lediglich Maßnahmen zu deren Ausgleich oder Milderung können über die Einigungsstelle erzwungen werden. Zweitens bezieht sich das Mitbestimmungsrecht des Betriebsrats nur auf »wirtschaftliche« Nachteile. Im Umkehrschluss folgt hieraus, dass andere Nachteile nicht einbezogen sind. Zu ihnen gehören sowohl »soziale« Nachteile bzw. Auswirkungen der Betriebsänderung als auch immaterielle Nachteile (s. §§ 112, 112a Rdn. 132 ff.). Drittens muss es sich um Nachteile der Arbeitnehmer handeln, die mit der geplanten Betriebsänderung in einem adäquaten Ursachenzusammenhang stehen. Fehlt dieser oder treten die Nachteile bei Dritten ein, kann ein Spruch der Einigungsstelle diese nicht ausgleichen oder abmildern.

2. Unterrichtung des Betriebsrats

a) Inhalt der Unterrichtung

196 Die Unterrichtung bezieht sich auf die geplante Betriebsänderung und muss »**umfassend**« sein. Deshalb erstreckt sich die Unterrichtung nicht nur auf **Art und Umfang** der vom Unternehmer beabsichtigten Maßnahme, sondern auch auf deren **Gründe** (*Bontrup* WSI-Mitt. 1998, 312 [314]; *Däubler/DKKW* § 111 Rn. 163; *Fitting* § 111 Rn. 111; *Heither* AR-Blattei SD 530.14.5, Rn. 106; *Hess/*

HWGNRH § 111 Rn. 68; *Hohenstatt/Willemsen/HWK* § 111 BetrVG Rn. 64; *Kania*/ErfK § 111 BetrVG Rn. 23; *Löwisch/LK* § 111 Rn. 44; *Preis/Bender/WPK* § 111 Rn. 32; *Richardi/Annuß* § 111 Rn. 150; *Rumpff/Boewer* Wirtschaftliche Angelegenheiten, Kap. H Rn. 209; *Steffan*/HaKo § 111 Rn. 40) sowie die **Auswirkungen** auf die Arbeitnehmer des Betriebs (*BAG* 18.11.2003 EzA § 118 BetrVG 2001 Nr. 4 S. 8 f. = AP Nr. 76 zu § 118 BetrVG 1972 Bl. 4 f.; 30.03.2004 EzA § 113 BetrVG 2001 Nr. 4 S. 5 ff. = AP Nr. 47 zu § 113 BetrVG 1972 Bl. 3 f.; *Däubler*/DKKW § 111 Rn. 163; *Etzel* Rn. 1002; *Heither* AR-Blattei SD 530.14.5, Rn. 106; *Hess*/HWGNRH § 111 Rn. 68; *Hohenstatt/Willemsen*/HWK § 111 BetrVG Rn. 64; *Kania*/ErfK § 111 BetrVG Rn. 23; *Löwisch*/LK § 111 Rn. 44; *Preis/Bender/WPK* § 111 Rn. 32; *Richardi/Annuß* § 111 Rn. 150; *Rumpff/Boewer* Wirtschaftliche Angelegenheiten, Kap. H Rn. 209; *Stege/Weinspach/Schiefer* §§ 111–113 Rn. 23). Nur auf der Grundlage dieser Informationen ist der Betriebsrat in der Lage, in eine Beratung mit dem Unternehmer über die Betriebsänderung als solche sowie über Ausgleich und Milderung der Nachteile einzutreten.

Da die Beratung das »Ob« der Betriebsänderung umfasst, ist der Betriebsrat auch über **etwaige Alternativen** zur Umsetzung der unternehmerischen Entscheidung zu unterrichten (*Fitting* § 111 Rn. 111; *Heither* AR-Blattei SD 530.14.5, Rn. 106; *Steffan*/HaKo § 111 Rn. 40), sofern diese im Rahmen der Planung erwogen wurden (*Hohenstatt/Willemsen*/HWK § 111 BetrVG Rn. 64; *Scharff* BB 2016, 437 [440]; *Schweibert*/WHSS Kap. C Rn. 152; *Spirolke*/NK-GA § 111 BetrVG Rn. 23). 197

Im Unterschied zu § 106 Abs. 2, der die Unterrichtung des Wirtschaftsausschusses unter den Vorbehalt stellt, dass hierdurch nicht die **Betriebs- und Geschäftsgeheimnisse** des Unternehmens gefährdet werden, fehlt für die Unterrichtung des Betriebsrats nach § 111 Satz 1 eine vergleichbare Einschränkung. Wegen der in § 106 Abs. 2 getroffenen Regelung ist eine planwidrige Unvollständigkeit des Gesetzes nicht erkennbar, so dass eine entsprechende Anwendung der Vorschrift ausgeschlossen ist (*Richardi/Annuß* § 111 Rn. 152; *Rumpff/Boewer* Wirtschaftliche Angelegenheiten, Kap. H Rn. 212; *Steffan*/HaKo § 111 Rn. 40; **a. M.** *Löwisch*/LK § 111 Rn. 40; im Ergebnis auch *Galperin/Löwisch* § 111 Rn. 41; *Stege/Weinspach/Schiefer* §§ 111–113 Rn. 23, da sie § 106 Abs. 2 für anwendbar halten). Dem Betriebsrat sind im Rahmen der Unterrichtung nach § 111 Satz 1 deshalb auch Betriebs- und Geschäftsgeheimnisse mitzuteilen (*Däubler*/DKKW § 111 Rn. 164; *Fitting* § 111 Rn. 111; *Heither* AR-Blattei SD 530.14.5, Rn. 107; *Hohenstatt/Willemsen*/HWK § 111 BetrVG Rn. 63; *Kania*/ErfK § 111 BetrVG Rn. 23; *Preis/Bender/WPK* § 111 Rn. 32; *Richardi/Annuß* § 111 Rn. 152; *Rieble*/AR § 111 BetrVG Rn. 20; *Weber/Ehrich/Hörchens/Oberthür* Kap. J Rn. 53). Der Geheimnisschutz beschränkt sich im Anwendungsbereich des § 111 auf die §§ 79, 120, die allerdings ihren Schutz nur entfalten, wenn der Unternehmer das mitgeteilte »Geheimnis« ausdrücklich als geheimhaltungsbedürftig erklärt hat (dazu näher § 79 Rdn. 27 ff.). 198

b) Modalitäten der Unterrichtung
Im Unterschied zu § 106 Abs. 2 enthält § 111 Satz 1 keine Vorgaben zu der **Form** der Unterrichtung. Sie kann deshalb auch **mündlich** erfolgen (*Fitting* § 111 Rn. 112; *Heither* AR-Blattei SD 530.14.5, Rn. 109; *Hohenstatt/Willemsen*/HWK § 111 BetrVG Rn. 62; *Preis/Bender/WPK* § 111 Rn. 33; *Richardi/Annuß* § 111 Rn. 149; *Schweibert*/WHSS Kap. C Rn. 156; *Spirolke*/NK-GA § 111 BetrVG Rn. 23). Allerdings muss sie in diesem Fall noch ihren Zweck erfüllen. Das kann in Frage gestellt sein, wenn die geplante Betriebsänderung nur mit Hilfe technischer oder wirtschaftlicher Daten nachvollziehbar ist. 199

Im Gegensatz zu § 106 Abs. 2 schreibt § 111 Satz 1 nicht vor, dass die Unterrichtung unter **Vorlage der erforderlichen Unterlagen** erfolgen muss. Das rechtfertigt allerdings nicht den Umkehrschluss, dass bei der Unterrichtung keine Unterlagen vorzulegen sind. Vielmehr war eine eigenständige Regelung in § 111 Satz 1 wegen der allgemeinen Vorschrift in § 80 Abs. 2 Satz 2 entbehrlich. Diese gilt auch im Rahmen der nach § 111 Satz 1 geschuldeten Unterrichtung des Betriebsrats (*Bauer* DB 1994, 217 [222]; *Bontrup* WSI-Mitt. 1998, 312 [314]; *Fitting* § 111 Rn. 113; *Gamillscheg* II, § 52, 4d [3]; *Heither* AR-Blattei SD 530.14.5, Rn. 108; *ders.* FS Däubler, S. 338 [339]; *Hohenstatt/Willemsen*/HWK § 111 BetrVG Rn. 62; *Kania*/ErfK § 111 BetrVG Rn. 23; *Löwisch*/LK § 111 Rn. 44; *Richardi/Annuß* § 111 Rn. 151; *Röder/Baeck/JRH* Kap. 28 Rn. 121; *Rumpff/Boewer* Wirtschaftliche Angelegenheiten, Kap. H Rn. 212; *Schweibert*/WHSS Kap. C Rn. 155; *Spirolke*/NK-GA § 111 BetrVG 200

Rn. 23; im Ergebnis auch *Däubler/DKKW* § 111 Rn. 164; *Hess/HWGNRH* § 111 Rn. 78, allerdings ohne Rückgriff auf § 80 Abs. 2 Satz 2; wiederum anders *Stege/Weinspach/Schiefer* §§ 111–113 Rn. 23, die § 106 Abs. 2 anwenden; **a. M.** *Reich* § 111 Rn. 1: keine Vorlagepflicht). Allerdings ist das Recht des Betriebsrats auf Vorlage von Unterlagen ebenso wie die Unterrichtung als solche nur anzuerkennen, soweit diese »erforderlich« ist (*Richardi/Annuß* § 111 Rn. 151).

c) Zeitpunkt der Unterrichtung

201 Den Zeitpunkt für die Unterrichtung umschreibt § 111 Satz 1 mit der vagen Formulierung »**rechtzeitig**«. Den Maßstab für die Konkretisierung liefert der Zweck des Beteiligungsrechts, der darin besteht, auf die vom Unternehmer beabsichtigte Betriebsänderung im Rahmen der Beratung **Einfluss** zu nehmen (*LAG Baden-Württemberg* 27.09.2004 NZA-RR 2005, 195 [195]; *Fitting* § 111 Rn. 107; *Galperin/Löwisch* § 111 Rn. 36; *Heither* AR-Blattei SD 530.14.5, Rn. 103; *Hohenstatt/Willemsen/HWK* § 111 BetrVG Rn. 61; *Hromadka/Maschmann* Arbeitsrecht 2, § 16 Rn. 614; *Kania*/ErfK § 111 BetrVG Rn. 22; *Preis/Bender/WPK* § 111 Rn. 31; *Rentsch* Unterrichtung, S. 199 ff.; *Richardi/Annuß* § 111 Rn. 148; *Röder/Baeck/JRH* Kap. 28 Rn. 113; *Rumpff/Boewer* Wirtschaftliche Angelegenheiten, Kap. H Rn. 199; *Schaub/Koch* Arbeitsrechts-Handbuch, § 244 Rn. 26; *Spirolke*/NK-GA § 111 BetrVG Rn. 22; *Wiese* FS *Wiedemann*, 2002, S. 617 [628 f.]). Eine Abgrenzung ist in zweierlei Hinsicht erforderlich.

202 Erstens muss sich die Unterrichtung auf eine »geplante« Betriebsänderung beziehen. Sie ist deshalb **nicht** mehr **rechtzeitig**, wenn die Betriebsänderung bereits ganz oder teilweise verwirklicht worden ist, insbesondere der Unternehmer mit ihrer **Durchführung** begonnen hat (*BAG* 06.06.1978 EzA § 111 BetrVG 1972 Nr. 5 S. 15 *[Kittner]* = AP Nr. 2 zu § 111 BetrVG 1972 Bl. 2 *[Ehmann]*; *LAG Baden-Württemberg* 27.09.2004 NZA-RR 2005, 195 [195]; *Hess. LAG* 15.10.2013 – 4 TaBV 138/13 – BeckRS 2014, 70926; *Bauer* DB 1994, 217 [222]; *Däubler/DKKW* § 111 Rn. 162; *Ehmann* Betriebsstillegung, S. 21; *Fitting* § 111 Rn. 110; *Heither* AR-Blattei SD 530.14.5, Rn. 104; *Hohenstatt/Willemsen/HWK* § 111 BetrVG Rn. 61; *Hromadka/Maschmann* Arbeitsrecht 2, § 16 Rn. 614; *Leinemann* ZIP 1989, 552 [552]; *Löwisch/LK* § 111 Rn. 42; *Preis/Bender/WPK* § 111 Rn. 31; *Richardi/Annuß* § 111 Rn. 144; *Rieble*/AR § 111 BetrVG Rn. 19; *Röder/Baeck/JRH* Kap. 28 Rn. 113; *Schaub/Koch* Arbeitsrechts-Handbuch, § 244 Rn. 26; *Spirolke*/NK-GA § 111 BetrVG Rn. 22; *Stege/Weinspach/Schiefer* §§ 111–113 Rn. 22; *Wiese* FS *Wiedemann*, 2002, S. 617 [629]).

203 Zweitens muss die **Vorüberlegungsphase** bereits soweit **abgeschlossen** sein, dass sich die Planung auf eine bestimmte Maßnahme konkretisiert hat (*BAG* 28.10.1992 EzA § 112 BetrVG 1972 Nr. 60 S. 6 *[Fenn]* = AP Nr. 63 zu § 112 BetrVG 1972 Bl. 3 R; *LAG Baden-Württemberg* 27.09.2004 NZA-RR 2005, 195 [195]; *LAG Hamm* 10.09.2010 – 10 TaBV 111/09 – BeckRS 2011, 67817; *Bauer* DB 1994, 217 [222]; *Däubler/DKKW* § 111 Rn. 162; *Fitting* § 111 Rn. 108; *Gamillscheg* II, § 52, 4d [2]; *Hromadka/Maschmann* Arbeitsrecht 2, § 16 Rn. 614; *Löwisch/LK* § 111 Rn. 41; *Preis/Bender/WPK* § 111 Rn. 31; *Richardi/Annuß* § 111 Rn. 145; *Rieble*/AR § 111 BetrVG Rn. 19; *Salomon/v. Stechow* NZA 2016, 85 [89]; *Scharff* BB 2016, 437 [440]; *Schaub/Koch* Arbeitsrechts-Handbuch, § 244 Rn. 26; *Spirolke*/NK-GA § 111 BetrVG Rn. 22; *Stege/Weinspach/Schiefer* §§ 111–113 Rn. 19; *Wiese* FS *Wiedemann*, 2002, S. 617 [629 ff.]).

204 Die Bestimmung des konkreten Zeitpunkts bereitet allerdings Schwierigkeiten. Da sich die Beteiligung des Betriebsrats auf eine »geplante« Maßnahme bezieht, ist der Betriebsrat in dem Planungsstadium, das der Entwicklung verschiedener Handlungsmöglichkeiten zur Umsetzung einer unternehmerischen Zielvorgabe dient, noch nicht zu unterrichten (*LAG Hamm* 08.08.2008 – 10 TaBV 21/08 – BeckRS 2008, 57191; 06.03.2009 – 10 TaBV 143/08 – BeckRS 2009, 62378; 09.11.2009 – 10 TaBV 89/09 – BeckRS 2010, 66071; 10.09.2010 – 10 TaBV 111/09 – BeckRS 2011, 67817). Erst mit der Auswahl der **aus Sicht des Unternehmers besten Lösung** hat die Planung die notwendige Konkretheit erreicht, damit eine »geplante« Betriebsänderung vorliegt (*Salomon/v. Stechow* NZA 2016, 85 [89]). Erst nach dieser Entscheidung gehört zu einer »umfassenden« Unterrichtung auch die Bekanntgabe der in Betracht gezogenen Handlungsalternativen und der Gründe, die für die ausgewählte Betriebsänderung maßgebend waren. Nach der Rechtsprechung des *BAG* darf der Plan zu einer bestimmten Maßnahme allerdings noch nicht abschließend feststehen. Unternehmens- bzw. konzernbezogene Planungen (z. B. zur Produktionsverlagerung) lösen die Beteiligungsrechte nach den

§§ 111 f. erst aus, wenn sich diese auf eine konkrete Betriebsänderung beziehen (*LAG Baden-Württemberg* 27.09.2004 NZA 2005, 195 [196]).

Deshalb ist der Betriebsrat bereits zu unterrichten, bevor **andere Gesellschaftsorgane** (Aufsichtsrat, Gesellschafterversammlung) um **Zustimmung** zu einer geplanten Betriebsänderung ersucht werden (*Bauer* DB 1994, 217 [222]; *Däubler/DKKW* § 111 Rn. 162; *Kohte* 50 Jahre Bundesarbeitsgericht, 2004, S. 1219 [1242 ff.]; *Preis/Bender/WPK* § 111 Rn. 31; *Spirolke/*NK-GA § 111 BetrVG Rn. 22; *Wiese* FS *Wiedemann*, 2002, S. 617 [629 ff.]; **a. M.** *BAG* 30.03.2004 EzA § 113 BetrVG 2001 Nr. 4 S. 5 = AP Nr. 47 zu § 113 BetrVG 1972 Bl. 2 R; *Fitting* § 111 Rn. 109; *Galperin/Löwisch* § 111 Rn. 39; *Gamillscheg* II, § 52, 4d [2]; *Hess/HWGNRH* § 111 Rn. 77; *Hohenstatt/Willemsen/HWK* § 111 BetrVG Rn. 61; *Rentsch* Unterrichtung, S. 202 ff.; *Richardi/Annuß* § 111 Rn. 147; *Rieble/AR* § 111 BetrVG Rn. 19; *Schweibert/WHSS* Kap. C Rn. 141). Zwar ist auch nach der Beteiligung des Aufsichtsrats eine Korrektur der ursprünglich geplanten Betriebsänderung nicht ausgeschlossen, aufgrund der faktischen Festlegungen ist der Unternehmer aber bereits so stark gebunden, dass er nicht mehr mit der für eine zweckgerechte Durchführung des Beteiligungsverfahrens notwendigen Offenheit in die Beratungen mit dem Betriebsrat eintreten kann. Das gilt insbesondere für das »Ob« und »Wie« der Betriebsänderung. Die hier befürwortete Ansicht schließt jedoch nicht aus, dass der Vorstand einer Aktiengesellschaft seinen gesetzlichen Berichtspflichten (§ 90 AktG) gegenüber dem Aufsichtsrat nachkommt. Ebenso ist die Beteiligung anderer Gesellschaftsorgane im Hinblick auf die Sanktion des § 113 Abs. 3 als unschädlich anzusehen (s. § 113 Rdn. 42). Diese greift erst mit Beginn der »Durchführung« ein, während § 111 Satz 1 die Beteiligung bereits zu einem Zeitpunkt vorsieht, in dem das Planungsstadium eine hinreichende Konkretisierung erfahren hat (s. Rdn. 203 f.). Hierdurch ist sichergestellt, dass die Unterrichtung zu einem Zeitpunkt erfolgt, der im Hinblick auf den Zweck der Beratung mit dem Betriebsrat »angemessen« i. S. d. Art. 4 Abs. 4 Buchst. a der Richtlinie 2002/14/EG ist (*Kohte* FS 50 Jahre Bundesarbeitsgericht, 2004, S. 1219 [1242 ff.] sowie Rdn. 5; s. auch *Rentsch* Unterrichtung, S. 204 ff.). Ob trotz der Beteiligung anderer Gesellschaftsorgane der ausreichende »Versuch eines Interessenausgleichs« vorlag, hängt jedoch letztlich von dem Ausmaß der Bindungen ab, die diese für die Verhandlungen mit dem Betriebsrat bewirken. 205

Aus den in Rdn. 205 genannten Gründen ist das Beteiligungsverfahren nach den §§ 111 ff. von einem Insolvenzverwalter durchzuführen, bevor er die ggf. nach § 160 InsO erforderliche **Zustimmung der Gläubigerversammlung** einholt (treffend *Hamberger* Insolvenzverfahren, S. 195). Dies folgt neben dem Zweck der Beteiligung des Betriebsrats, möglichst frühzeitig auf die konkretisierte Planung einer Betriebsänderung Einfluss zu nehmen (s. Rdn. 201), auch aus der Funktion der Gläubigerversammlung, die über die vom Insolvenzverwalter geplanten Maßnahmen nur dann abschließend befinden kann, wenn deren Inhalt abschließend feststeht und nicht im Nachhinein aufgrund des Interessenausgleichsverfahrens modifiziert werden muss (*Hamberger* Insolvenzverfahren, S. 195 f.). Entsprechendes gilt, wenn der Insolvenzverwalter vor dem Berichtstermin das Unternehmen stilllegen und hierfür die **Zustimmung des Gläubigerausschusses** einholen muss (§ 158 Abs. 1 InsO). 206

3. Hinzuziehung eines Beraters durch den Betriebsrat (§ 111 Satz 2)

a) Allgemeines
Durch Art. 1 Nr. 70 BetrVerf-ReformG wurde § 111 um das in Satz 2 enthaltene Recht des Betriebsrats erweitert, zu seiner Unterstützung einen Berater hinzuzuziehen (kritisch hierzu *Bauer* NZA 2001, 375 [377]; *Schiefer/Korte* NZA 2001, 351 [357]; *Stege/Weinspach/Schiefer* §§ 111–113 Rn. 26a; s. a. *Klapper* Unterstützung des Betriebsrats, S. 381 ff.), um den Betriebsrat in die Lage zu versetzen, die **Betriebsänderung** im Hinblick auf ihre Auswirkungen für die Beschäftigten zu **erfassen** sowie rechtzeitig **Alternativvorschläge** zu dieser zu erarbeiten (Reg. Begr. BT-Drucks. 14/5741, S. 52; *BAG* 16.12.2016 BeckRS 2016, 116837 Rn. 13; *LAG Hamm* 26.08.2005 ZIP 2005, 2269 [2269]; *Hess. LAG* 19.02.2004 LAGE § 40 BetrVG 2001 Nr. 5 S. 2; 18.11.2009 LAGE § 111 BetrVG 2001 Nr. 9; 07.03.2011 – 9 TaBV 59/10 – BeckRS 2011, 75842; *LAG Rheinland-Pfalz* 07.11.2011 – 7 TaBV 29/11 – BeckRS 2012, 67862; *Engels/Trebinger/Löhr-Steinhaus* DB 2001, 532 [539 f.]; *Spirolke/*NK-GA § 111 BetrVG Rn. 24; *Steffan/*HaKo § 111 Rn. 43). Dies sah der Gesetzgeber als erforderlich an, weil sich das Verfahren zur Hinzuziehung eines Sachverständigen (§ 80 Abs. 3) als zu zeitaufwendig 207

§ 111 IV. 6. 1. Betriebsänderungen

erwiesen habe (*Reg. Begr.* BT-Drucks. 14/5741, S. 52; *BAG* 16.12.2016 BeckRS 2016, 116837 Rn. 13; *LAG Rheinland-Pfalz* 07.11.2011 – 7 TaBV 29/11 – BeckRS 2012, 67862; *Engels/Trebinger/ Löhr-Steinhaus* DB 2001, 532 [540]; *Steffan*/HaKo § 111 Rn. 43).

208 Wegen des funktionalen Zusammenhangs mit der Beteiligung des Betriebsrats nach § 111 Satz 1 entsteht das Recht auf Hinzuziehung eines Beraters erst, wenn der Betriebsrat nach § 111 Satz 1 unterrichtet worden ist (*Radtke* Sachverstand, S. 149 f.; *Schweibert/WHSS* Kap. C Rn. 173; näher zum Zeitpunkt s. Rdn. 201 ff.). Während interner Vorüberlegungen (s. Rdn. 203) kann sich der Betriebsrat deshalb nicht auf § 111 Satz 2 stützen, sondern muss für die Hinzuziehung externen Sachverstands den durch § 80 Abs. 3 vorgezeichneten Weg beschreiten (*Schweibert/WHSS* Kap. C Rn. 173). Die **Akzessorietät** des § 111 Satz 2 zu dem Beteiligungsrecht nach § 111 Satz 1 führt ferner dazu, dass auch der Gesamtbetriebsrat nach § 111 Satz 2 einen Berater hinzuziehen darf, sofern der **Gesamtbetriebsrat** für die geplante Betriebsänderung zuständig ist (s. Rdn. 258 ff.; im Ergebnis auch *Radtke* Sachverstand, S. 183 f.), ohne dass es hierfür einer entsprechenden Gesetzesanwendung (so aber *Radtke* Sachverstand, S. 184 f.) bedarf.

209 Die **Notwendigkeit** der neu eingefügten Rechtsposition ist **nicht überzeugend** dargelegt: Erstens bleibt unberücksichtigt, dass die vom Unternehmer geplante Betriebsänderung regelmäßig zuvor im Wirtschaftsausschuss beraten wurde, der seinerseits einen Sachverständigen hinzuziehen kann (§ 108 Abs. 2 Satz 3; s. § 108 Rdn. 33 ff.; **a. M.** *Radtke* Sachverstand, S. 25) und den Betriebsrat über die Beratung mit dem Unternehmer zu unterrichten hat (§ 108 Abs. 4; s. § 108 Rdn. 54 ff.). Gerade die Entwicklung von Alternativkonzepten berührt den Kernbereich unternehmerischer Entscheidungen, so dass dies zu den Aufgaben des Wirtschaftsausschusses gehört (s. a. § 106 Rdn. 53). Zweitens war absehbar, dass auch die auf § 111 Satz 2 gestützte Hinzuziehung eines Beraters mit Rechtsstreitigkeiten verbunden sein kann (z. B. Recht zum Betreten des Betriebs, Kostenerstattung; z. B. *BGH* 25.10.2012 BGHZ 195, 174 ff. = EzA § 40 BetrVG 2001 Nr. 24 *[S. Müller]* = AP Nr. 110 zu § 40 BetrVG 1972 = NZA 2012, 1302 = JZ 2013, 573 *[Preis/Ulber]*; *Hess. LAG* 07.03.2011 – 9 TaBV 59/10 – BeckRS 2011, 75842; *LAG Rheinland-Pfalz* 07.11.2011 – 7 TaBV 29/11 – BeckRS 2012, 67862; *ArbG Hannover* 16.01.2009 NZA-RR 2009, 309 [310]), die nicht weniger zeitaufwändig sind als ein Beschlussverfahren, das wegen des fehlenden Einvernehmens zur Hinzuziehung eines Sachverständigen nach § 80 Abs. 3 eingeleitet wird (s. *Weber* § 80 Rdn. 156 sowie zur Hinzuziehung eines Sachverständigen für die Interessenausgleichs- und Sozialplanverhandlungen *BAG* 05.11.1981 AP Nr. 9 zu § 76 BetrVG 1972 Bl. 3 R).

210 Der vom Gesetzgeber bezweckte **Beschleunigungseffekt** dürfte deshalb kaum eintreten (*Bauer* NZA 2001, 375 [377]; *Hanau* RdA 2001, 65 [72]; *Hohenstatt/Willemsen/HWK* § 111 BetrVG Rn. 66; *Rose/Grimmer* DB 2003, 1790 [1791]; *Stege/Weinspach/Schiefer* §§ 111–113 Rn. 26b; kritisch ebenfalls *Schweibert/WHSS* Kap. C Rn. 174; skeptisch zunächst auch *Däubler* AuR 2001, 1 [5]; zurückhaltender jedoch inzwischen *ders./DKKW* § 111 Rn. 166). Bekräftigt werden diese Bedenken zusätzlich durch die Haftungsrisiken für die Mitglieder des Betriebsrats, wenn sie bei der Hinzuziehung eines Beraters die durch § 111 Satz 2 gezogenen Grenzen überschreiten (s. *BGH* 25.10.2012 BGHZ 195, 174 ff. = EzA § 40 BetrVG 2001 Nr. 24 *[S. Müller]* = AP Nr. 110 zu § 40 BetrVG 1972 = NZA 2012, 1382 = JZ 2013, 573 *[Preis/Ulber]* [Vorinstanz: *OLG Frankfurt* 21.09.2011 – 1 U 184/10 – BeckRS 2011, 23199]; dazu auch *Dommermuth-Alhäuser/Heup* BB 2013, 1461 ff.; *Franzen* FS *v. Hoyningen/Huene*, S. 87 ff.; *Walker* FS *v. Hoyningen/Huene*, S. 535 ff. sowie Rdn. 240 f.). Diese lassen sich nur durch eine vorherige Verständigung mit dem Unternehmer vermeiden (ebenso *Dzida* NJW 2013, 433 [435]; *Jaeger/Steinbrück* NZA 2013, 401 [404 f.]; kritisch deshalb *Preis/Ulber* JZ 2013, 579 [580, 581 f.]; *Walker* FS *v. Hoyningen/Huene*, S. 535 [542]). Das gesetzgeberische Anliegen hätte effektiver umgesetzt werden können, wenn der Gesetzgeber an § 80 Abs. 3 angeknüpft und begrenzt auf die Beteiligung nach § 111 das Einvernehmenserfordernis aufgehoben hätte (weiter gehend jedoch *Däubler* AuR 2001, 1 [5]: generelle Aufhebung des Einvernehmenserfordernisses; ähnlich *Schweibert/WHSS* Kap. C Rn. 173; s. ferner *Radtke* Sachverstand, S. 24), anstatt die neue Figur des »Beraters« und die hiermit verbundenen Auslegungszweifel in das Betriebsverfassungsrecht einzuführen.

b) Person des Beraters

Die Person des »Beraters« wird in § 111 Satz 2 nicht näher konkretisiert. Aus dem Zweck der Vorschrift (s. Rdn. 207) folgt, dass dieser aufgrund seiner **Qualifikation** geeignet sein muss, den Betriebsrat im Hinblick auf die Auswirkungen der Betriebsänderung sowie die Ausarbeitung von Alternativvorschlägen zu beraten. Die hierfür notwendigen Befähigungen richten sich vor allem nach der von dem Unternehmer geplanten Betriebsänderung (s. a. *Oetker* NZA 2002, 465 [467]). Regelmäßig muss der Berater hierfür über **betriebswirtschaftliche** oder **technische Kenntnisse** verfügen (*LAG Rheinland-Pfalz* 07.11.2011 – 7 TaBV 29/11 – BeckRS 2012, 67862; *Fitting* § 111 Rn. 120; *Hess/HWGNRH* § 111 Rn. 85; *Hohenstatt/Willemsen/HWK* § 111 BetrVG Rn. 69; *Kleinebrink* ArbRB 2003, 212 [213]; *Radtke* Sachverstand, S. 27; *Schaub/Koch* Arbeitsrechts-Handbuch, § 244 Rn. 25; *Spirolke/*NK-GA § 111 BetrVG Rn. 24). **211**

§ 111 Satz 2 dient **nicht** dazu, dem Betriebsrat eine von ihm für notwendig erachtete **rechtliche Beratung** zu sichern, insoweit bleibt er auf das Instrumentarium der §§ 40, 80 Abs. 3 angewiesen (*Kleinebrink* ArbRB 2003, 212 [213]; *Oetker* NZA 2002, 465 [467 f.]; **a. M.** *BAG* 16.12.2016 AP Nr. 114 zu § 40 BetrVG 1972 Rn. 14 = NZA 2017, 514; *LAG Berlin-Brandenburg* 14.03.2014 – 6 TaBV 52/14 – juris; *Hess. LAG* 19.02.2004 LAGE § 40 BetrVG 2001 Nr. 5 S. 2; 18.11.2009 LAGE § 111 BetrVG 2001 Nr. 9; 07.03.2011 – 9 TaBV 59/10 – BeckRS 2011, 75842; *Fitting* § 111 Rn. 120; *Hohenstatt/Willemsen/HWK* § 111 BetrVG Rn. 69; *v. Hoyningen-Huene* Betriebsverfassungsrecht, § 15 II 4; *Klapper* Unterstützung des Betriebsrats, S. 389 f.; *Manske* FS 25 Jahre Arbeitsgemeinschaft Arbeitsrecht im DAV, S. 953 [957]; *Radtke* Sachverstand, S. 29 f.; *Richardi/Annuß* § 111 Rn. 53; *Rieble/*AR § 111 BetrVG Rn. 22; *Röder/Baeck/JRH* Kap. 28 Rn. 126; *Schaub/Koch* Arbeitsrechts-Handbuch, § 244 Rn. 25; *Spirolke/*NK-GA § 111 BetrVG Rn. 24; einschränkend *LAG Rheinland-Pfalz* 07.11.2011 – 7 TaBV 23/11 – BeckRS 2012, 68102, das verlangt, dass die geplante Betriebsänderung zumindest auch schwierige rechtliche Fragen aufwerfen muss). Auch vom gegenteiligen Standpunkt aus ist dem Betriebsrat die Hinzuziehung von Rechtsanwälten als Berater nur in engen Grenzen gestattet. Wegen der Bindung an den Grundsatz der Erforderlichkeit (s. Rdn. 226) muss die konkrete Betriebsänderung mit rechtlichen Fragen verbunden sein, die auch von einem hinreichend geschulten Betriebsrat nur mit externem Sachverstand beantwortet werden können (treffend *LAG Rheinland-Pfalz* 07.11.2011 – 7 TaBV 23/11 – BeckRS 2012, 68102; pauschal bejahend *LAG Berlin-Brandenburg* 14.03.2014 – 6 TaBV 52/14 – juris). **212**

An den Berater i. S. d. § 111 Satz 2 sind dieselben **fachlichen Anforderungen** zu stellen, wie an einen Sachverständigen i. S. d. § 80 Abs. 3 (*Rose/Grimmer* DB 2003, 1790 [1790] sowie näher *Weber* § 80 Rdn. 158). Der Kreis der »Berater« ist deshalb nicht auf die Angehörigen der anerkannten Beratungsberufe beschränkt, insbesondere ist keine bestimmte formale Qualifikation erforderlich (*LAG Rheinland-Pfalz* 07.11.2011 – 7 TaBV 29/11 – BeckRS 2012, 67862; *Däubler/DKKW* § 111 Rn. 169; *Fitting* § 111 Rn. 120; *Manske* FS 25 Jahre Arbeitsgemeinschaft Arbeitsrecht im DAV, S. 953 [957]; *Radtke* Sachverstand, S. 27; *Richardi/Annuß* § 111 Rn. 53; *Weber/Ehrich/Hörchens/Oberthür* Kap. J Rn. 45; wohl auch *Lingemann* NZA 2002, 934 [939]). Seine fachliche Eignung muss jedoch hinreichend sicher feststehen, was bei der Erfüllung formaler Qualifikationen zu vermuten ist. **213**

Bei dem Berater kann es sich insbesondere um Personen handeln, die mit dem Unternehmer nicht aufgrund eines Arbeitsvertrags verbunden sind. Die Hinzuziehung eines **externen Beraters** ist der vom Gesetzgeber unterstellte Regelfall (*Reg. Begr.* BT-Drucks. 14/5741, S. 52; s. a. *LAG Hamm* 26.08.2005 ZIP 2005, 2269 [2270]). Dabei kann es sich um eine natürliche Person handeln, der Wortlaut gestattet aber auch die Einschaltung eines **Beratungsunternehmens**, das als **juristische Person** verfasst ist (*LAG Hamm* 26.08.2005 ZIP 2005, 2269 [2270]; *Däubler* AuR 2001, 285 [286]; *ders./DKKW* § 111 Rn. 176; *Hess/HWGNRH* § 111 Rn. 82; *Kleinebrink* ArbRB 2003, 212 [213]; *Richardi/Annuß* § 111 Rn. 54; *Schaub/Koch* Arbeitsrechts-Handbuch, § 244 Rn. 25; **a. M.** *Oetker* NZA 2002, 465 [468]; *Radtke* Sachverstand, S. 44; *Stege/Weinspach/Schiefer* §§ 111–113 Rn. 26e). **214**

Ebenso ist der Betriebsrat nicht zwingend auf einen unternehmensexternen Berater beschränkt. Er kann auch solche Personen als Berater hinzuziehen, die dem Unternehmen als **Arbeitnehmer** angehören (*Hess/HWGNRH* § 111 Rn. 85; *Kleinebrink* ArbRB 2003, 212 [213]; *Löwisch* BB 2001, 1790 [1791]; *ders./LK* § 111 Rn. 48; *Oetker* NZA 2002, 465 [468]; *Radtke* Sachverstand, S. 27 f.; *Reich* § 111 Rn. 2; *Rieble/*AR § 111 BetrVG Rn. 22; *Stege/Weinspach/Schiefer* §§ 111–113 Rn. 26d). Die **215**

§ 111

arbeitsvertraglichen Pflichten interner Berater bleiben hiervon jedoch unberührt (ebenso *Radtke* Sachverstand, S. 28), insbesondere erweitert das Begehren des Betriebsrats nicht den arbeitsvertraglichen Pflichtenkreis eines Arbeitnehmers. Die Übernahme einer beratenden Tätigkeit für den Betriebsrat ist arbeitsvertraglich regelmäßig nicht geschuldet. Übernimmt ein Arbeitnehmer die »Beratung« als Nebentätigkeit, so unterliegt er den hierfür geltenden arbeitsrechtlichen Schranken.

c) Anzahl der Berater

216 Das Gesetz beschränkt den Betriebsrat auf die Hinzuziehung »**eines**« Beraters. Damit schließt § 111 Satz 2 aus, dass der Betriebsrat mehrere Personen gleichzeitig mit der Beratung zum gleichen Gegenstand beauftragt (*LAG Hamm* 26.08.2005 ZIP 2005, 2269 [2270]; *Hess/HWGNRH* § 111 Rn. 83; *Kania*/ErfK § 111 BetrVG Rn. 25; *Klapper* Unterstützung des Betriebsrats, S. 437 f.; *Lingemann* NZA 2002, 934 [939]; *Natzel* NZA 2001, 872 [873 Fn. 20]; *Preis/Bender/WPK* § 111 Rn. 35; *Radtke* Sachverstand, S. 41 ff.; *Reich* § 111 Rn. 2; *Röder/Baeck/JRH* Kap. 28 Rn. 126; *Rose/Grimmer* DB 2003, 1790 [1791 f.]; *Stege/Weinspach/Schiefer* §§ 111–113 Rn. 26e; **a. M.** *OLG Frankfurt* 16.12.2013 – 1 U 184/10 – BeckRS 2014, 04909: zwei Mitarbeiter; *Däubler* AuR 2001, 285 [286]; *Fitting* § 111 Rn. 121; *Richardi/Annuß* § 111 Rn. 54; *Weber/Ehrich/Hörchens/Oberthür* Kap. J Rn. 46; wohl auch *Gamillscheg* II, § 52, 4d [4], jedoch unter dem Vorbehalt der Verhältnismäßigkeit).

217 Hiervon ist eine **Ausnahme** anzuerkennen, wenn die Betriebsänderung **unterschiedliche Teilaspekte** umfasst, bei deren Beratung verschiedene Qualifikationen erforderlich sind (*Däubler/DKKW* § 111 Rn. 176; *Fitting* § 111 Rn. 121; *Hess/HWGNRH* § 111 Rn. 83; *Preis/Bender/WPK* § 111 Rn. 35; *Oetker* NZA 2002, 465 [469]; *Spirolke*/NK-GA § 111 BetrVG Rn. 24; mit der Einschränkung einer vorherigen Vereinbarung mit dem Arbeitgeber auch *Rose/Grimmer* DB 2003, 1790 [1792]; **a. M.** *Hohenstatt/Willemsen/HWK* § 111 BetrVG Rn. 70; *Klapper* Unterstützung des Betriebsrats, S. 438 f.; *Kleinebrink* ArbRB 2003, 212 [213]; *Lingemann* NZA 2002, 934 [939]; *Radtke* Sachverstand, S. 41 ff.; *Stege/Weinspach/Schiefer* §§ 111–113 Rn. 26e). Wenn die Beauftragung eines Beraters diese nicht abdecken kann, dann steht dem Betriebsrat das Recht zu, für jeden der Teilaspekte eine andere Person als Berater hinzuzuziehen.

d) Unternehmensgröße

218 Wegen der Kostenbelastung des Unternehmers (*Reg. Begr.* BT-Drucks. 14/5741, S. 52) beschränkt § 111 Satz 2 das Recht auf Hinzuziehung eines Beraters auf Unternehmen, die **mehr als 300 Arbeitnehmer** beschäftigen, ohne dass erkennbar ist, dass der Beratungsbedarf des Betriebsrats in **kleineren Unternehmen** bei Betriebsänderungen geringer ist (*Schweibert/WHSS* Kap. C Rn. 173). Der geringere Professionalisierungsgrad bei kleinen Betriebsräten legt sogar eher die gegenteilige Würdigung nahe. In Unternehmen, die den **Schwellenwert nicht erreichen**, bleibt der Betriebsrat darauf angewiesen, mit dem Unternehmer ein Einvernehmen zwecks Hinzuziehung eines Sachverständigen (§ 80 Abs. 3) herbeizuführen.

219 Bei der Ermittlung des Schwellenwerts ist die Zahl der Arbeitnehmer in dem von der Betriebsänderung betroffenen Betrieb sowie die Zahl der von der Betriebsänderung betroffenen Arbeitnehmer bedeutungslos (*Klapper* Unterstützung des Betriebsrats, S. 377, 399 f.; *Kleinebrink* ArbRB 2003, 212 [212]; *Lingemann* NZA 2002, 934 [938]). Maßgebend sind vielmehr die allgemeinen Grundsätze, die auch für den Schwellenwert in § 111 Satz 1 gelten (s. Rdn. 22 ff.); das gilt auch für die Berücksichtigung der im Entleiherunternehmen eingesetzten Leiharbeitnehmer (§ 14 Abs. 2 Satz 4 AÜG; s. Rdn. 28). Allerdings verzichtet § 111 Satz 2 für den Grenzwert auf die ansonsten übliche Voraussetzung, dass dieser »**in der Regel**« überschritten sein muss, hierbei dürfte es sich jedoch um ein Redaktionsversehen handeln (*Däubler/DKKW* § 111 Rn. 167; *Fitting* § 111 Rn. 118; *Kania*/ErfK § 111 BetrVG Rn. 25; *Klapper* Unterstützung des Betriebsrats, S. 401 f.; *Lingemann* NZA 2002, 934 [938]; *Oetker* NZA 2002, 465 [467]; *Radtke* Sachverstand, S. 144; *Stege/Weinspach/Schiefer* §§ 111–113 Rn. 26b; im Ergebnis ebenso *Hohenstatt/Willemsen/HWK* § 111 BetrVG Rn. 67; **a. M.** *Reich* § 111 Rn. 2; *Richardi/Annuß* § 111 Rn. 53).

220 Für die Anwendung des § 111 Satz 2 ist entscheidend, dass der Schwellenwert in dem **Zeitpunkt** überschritten ist, in dem der Betriebsrat den Anspruch auf Hinzuziehung eines Beraters geltend macht

(*Hess/HWGNRH* § 111 Rn. 80; *Kleinebrink* ArbRB 2003, 212 [213]; **a. M.** *Fitting* § 111 Rn. 118: Entstehung des Beteiligungsrechts; im Ergebnis wohl auch *Richardi/Annuß* § 111 Rn. 53; wiederum anders *Reich* § 111 Rn. 2: Augenblick der Beratung). Führt die geplante Betriebsänderung dazu, dass der Schwellenwert zukünftig unterschritten wird, so steht dies der Anwendung des § 111 Satz 2 nicht entgegen (*Klapper* Unterstützung des Betriebsrats, S. 400; *Kleinebrink* ArbRB 2003, 212 [213]; *Richardi/Annuß* § 111 Rn. 53 sowie hier Rdn. 31).

Zum **Unternehmensbegriff** gelten im Rahmen des § 111 Satz 2 dieselben Grundsätze wie bei § 111 Satz 1 (s. dazu Rdn. 13 f.). Abzustellen ist auf den Rechtsträger des Betriebs, in dem die Betriebsänderung durchgeführt werden soll. Das gilt auch, wenn der Rechtsträger des Betriebs ein abhängiges Unternehmen eines **Konzerns** ist; für eine entsprechende Anwendung von Satz 2, wenn in den Konzernunternehmen zusammengenommen mehr als 300 Arbeitnehmer beschäftigt sind, fehlen die methodischen Voraussetzungen (*Radtke* Sachverstand, S. 146 f.; **a. M.** *Däubler/DKKW* § 111 Rn. 168). Da der Schwellenwert des § 111 Satz 2 ausweislich des Gesetzeswortlauts auf das »Unternehmen« bezogen ist, besteht das Recht auf Hinzuziehung eines Beraters unabhängig von der Zahl der Arbeitnehmer, die in dem **von der Betriebsänderung betroffenen Betrieb** beschäftigt sind, ggf. also auch in **Kleinbetrieben**, die für sich genommen unterhalb des Schwellenwerts in § 111 Satz 1 bleiben. 221

Problematisch ist der Rückgriff auf die Unternehmensgröße bei einem **Gemeinschaftsbetrieb**, der von zwei oder mehr Trägerunternehmen errichtet wurde. Entsprechend den Grundsätzen in Rdn. 15 ist § 111 Satz 2 jedenfalls dann anzuwenden, wenn wenigstens ein Trägerunternehmen den Grenzwert überschreitet (*Hess/HWGNRH* § 111 Rn. 80; *Klapper* Unterstützung des Betriebsrats, S. 408 f.; *Radtke* Sachverstand, S. 146; weitergehend *Schubert* ZfA 2004, 253 [280]: Addition der bei den Trägerunternehmen beschäftigten Arbeitnehmer). Ist dies bei keinem Trägerunternehmen der Fall, dann ist eine entsprechende Anwendung des § 111 Satz 2 vorzugswürdig, wenn in dem Gemeinschaftsbetrieb selbst mehr als 300 Arbeitnehmer beschäftigt sind (*Däubler/DKKW* § 111 Rn. 167; *Fitting* § 111 Rn. 118; *Klapper* Unterstützung des Betriebsrats, S. 410 ff.; *Lingemann* NZA 2002, 934 [939]; *Oetker* NZA 2002, 465 [466]; *Radtke* Sachverstand, S. 146; **a. M.** *Kleinebrink* ArbRB 2003, 212 [213]). 222

Für die **Ermittlung der Arbeitnehmerzahl** ist der **Arbeitnehmerbegriff** des § 5 heranzuziehen (*Klapper* Unterstützung des Betriebsrats, S. 400; *Löwisch/LK* § 111 Rn. 48; *Rieble/AR* § 111 BetrVG Rn. 22). Personen, die mit dem Unternehmen nicht durch einen Arbeitsvertrag verbunden sind, bleiben außer Betracht (*Kleinebrink* ArbRB 2003, 212 [213]), sofern diese nicht kraft gesetzlicher Fiktion (§ 5 Abs. 1 Satz 3) als Arbeitnehmer gelten oder aufgrund gesetzlicher Anordnung (§ 14 Abs. 2 Satz 4 AÜG; dazu *Raab* § 7 Rdn. 117 ff.) zu berücksichtigen sind. Ebenso ist es für die Arbeitnehmerzahl ohne Bedeutung, ob die Arbeitnehmer »**wahlberechtigt**« sind (*Fitting* § 111 Rn. 118; *Klapper* Unterstützung des Betriebsrats, S 400; *Kleinebrink* ArbRB 2003, 212 [213]; *Löwisch/LK* § 111 Rn. 48; *Reich* § 111 Rn. 2 sowie näher *Oetker* NZA 2002, 465 [467]). Deshalb sind auch diejenigen Arbeitnehmer für die notwendige Unternehmensgröße zu berücksichtigen, die in **betriebsratslosen Betrieben** beschäftigt sind, unabhängig davon, ob in diesem gemäß § 1 ein Betriebsrat gebildet werden kann (zust. *Klapper* Unterstützung des Betriebsrats, S. 400). Da der Schwellenwert für die in § 111 Satz 2 begründete Rechtsposition wegen der finanziellen Belastung des Unternehmens aufgenommen wurde (s. Rdn. 218), sind ferner solche Arbeitnehmer mitzuzählen, die **im Ausland beschäftigt** sind (*Hess/HWGNRH* § 111 Rn. 80; enger *Kleinebrink* ArbRB 2003, 212 [212]: nur wenn Betriebszugehörigkeit gewahrt bleibt) und zwar gleichgültig, ob ihnen bei im Inland gelegenen Betrieben ein Wahlrecht zusteht. 223

e) Entscheidung des Betriebsrats
Ob der Betriebsrat die in § 111 Satz 2 begründete Rechtsposition in Anspruch nimmt, steht in seinem **Ermessen**. Über seine Entscheidung muss er mit einfacher Mehrheit einen **Beschluss** fassen (*Däubler/DKKW* § 111 Rn. 173; *Fitting* § 111 Rn. 124; *Hess/HWGNRH* § 111 Rn. 90; *Klapper* Unterstützung des Betriebsrats, S. 431 f.; *Kleinebrink* ArbRB 2003, 212 [214]; *Richardi/Annuß* § 111 Rn. 55; *Schaub/Koch* Arbeitsrechts-Handbuch, § 244 Rn. 25a; näher *Oetker* NZA 2002, 465 [471]); der Betriebsratsvorsitzende ist nicht berechtigt, eigenmächtig einen Berater hinzuzuziehen (*Däubler/DKKW* § 111 Rn. 173). In dem Beschluss ist die **Person des Beraters** namentlich anzugeben (*LAG Rheinland-Pfalz* 07.11.2011 – 7 TaBV 22/11 – BeckRS 2012, 68101; *Radtke* Sachverstand, 224

§ 111   IV. 6. 1. Betriebsänderungen

S. 154; *Spirolke*/NK-GA § 111 BetrVG Rn. 24) sowie der **Beratungsgegenstand** zu beschreiben (*Radtke* Sachverstand, S. 154). Ebenso muss der Beschluss Angaben zur Höhe der Vergütung enthalten, sofern diese nicht nach Maßgabe einer Gebührenordnung zu bestimmen ist (*LAG Rheinland-Pfalz* 07.11.2011 – 7 TaBV 23/11 – BeckRS 2012, 68102; 07.11.2011 – 7 TaBV 29/11 – BeckRS 2012, 67862; *Radtke* Sachverstand, S. 154). Da der Beschluss die Rechtsgrundlage für die Hinzuziehung des Beraters darstellt, ist dieser **vor der Beauftragung** des Beraters zu fassen. Eine rückwirkende Beschlussfassung des Betriebsrats ist hierdurch ausgeschlossen und nicht geeignet, eine Pflicht des Arbeitgebers auszulösen, die Kosten des Beraters zu tragen (*LAG Rheinland-Pfalz* 07.11.2011 – 7 TaBV 22/11 – BeckRS 2012, 68101; zur Kostentragung s. Rdn. 237).

225 Eine **Pflicht zur Unterrichtung des Unternehmers** sieht das Gesetz nicht vor, sie folgt aber aus dem Grundsatz der vertrauensvollen Zusammenarbeit (§ 2 Abs. 1; schwächer *Klapper* Unterstützung des Betriebsrats, S. 433: »Obliegenheit«; im Ergebnis wie hier *Däubler*/*DKKW* § 111 Rn. 174; *Radtke* Sachverstand, S. 155; *Rieble*/AR § 111 BetrVG Rn. 22; **a. M.** *Richardi*/*Annuß* § 111 Rn. 52). Eine **Vereinbarung mit dem Unternehmer** über die Hinzuziehung eines Beraters ist **nicht erforderlich** (*Reg. Begr.* BT-Drucks. 14/5741, S. 52; *BGH* 25.10.2012 BGHZ 195, 174 Rn. 19 = EzA § 40 BetrVG 2001 Nr. 24 [*S. Müller*] = AP Nr. 110 zu § 40 BetrVG 1972 = NZA 2012, 1382; *LAG Berlin-Brandenburg* 14.03.2014 – 6 TaBV 52/14 – juris; *Hess. LAG* 19.02.2004 LAGE § 40 BetrVG 2001 Nr. 5 S. 2; *LAG Rheinland-Pfalz* 07.11.2011 – 7 TaBV 22/11 – BeckRS 2012, 68101; *Fitting* § 111 Rn. 123; *Hanau* ZIP 2001, 1981 [1986]; *Hohenstatt*/*Willemsen*/*HWK* § 111 BetrVG Rn. 70; *Kleinebrink* ArbRB 2003, 212 [214]; *Kania*/ErfK § 111 BetrVG Rn. 25; *Löwisch*/LK § 111 Rn. 49; *Radtke* Sachverstand, S. 155; *Rieble*/AR § 111 BetrVG Rn. 22; *Stege*/*Weinspach*/*Schiefer* §§ 111–113 Rn. 26c; *Weber*/*Ehrich*/*Hörchens*/*Oberthür* Kap. J Rn. 44), insbesondere im Hinblick auf die Kostentragung des Unternehmers ist deren Herbeiführung aber zweckmäßig (*Klapper* Unterstützung des Betriebsrats, S. 431; *Kleinebrink* ArbRB 2003, 212 [214]; *Schweibert*/WHSS Kap. C Rn. 174; exemplarisch *ArbG Hannover* 16.01.2009 NZA-RR 2009, 309 [310] sowie Rdn. 237 ff.).

226 Sein **Ermessen** muss der Betriebsrat **pflichtgemäß** ausüben (*LAG Hamm* 26.08.2005 ZIP 2005, 2269 [2270]; *Hess. LAG* 19.02.2004 LAGE § 40 BetrVG 2001 Nr. 5 S. 3; *LAG Rheinland-Pfalz* 07.11.2011 – 7 TaBV 22/11 – BeckRS 2012, 68101; *Fitting* § 111 Rn. 124; *Löwisch*/LK § 111 Rn. 49; *Reich* § 111 Rn. 2; *Rieble*/AR § 111 BetrVG Rn. 22; *Rose*/*Grimmer* DB 2003, 1790 [1790]; *Spirolke*/NK-GA § 111 BetrVG Rn. 24). Dabei hat er insbesondere zu berücksichtigen, ob die Hinzuziehung eines Beraters für seine Unterstützung **erforderlich** ist (*BGH* 25.10.2012 BGHZ 195, 174 Rn. 45 = EzA § 40 BetrVG 2001 Nr. 24 [*S. Müller*] = AP Nr. 110 zu § 40 BetrVG 1972 = NZA 2012, 1382; *LAG Hamm* 26.08.2005 ZIP 2005, 2269 [2270]; *Hess. LAG* 19.02.2004 LAGE § 40 BetrVG 2001 S. 3; *LAG Rheinland-Pfalz* 07.11.2011 – 7 TaBV 22/11 – BeckRS 2012, 68101; *ArbG Hannover* 16.01.2009 NZA-RR 2009, 309 [310]; *Fitting* § 111 Rn. 122 f.; *Hess*/HWGNRH § 111 Rn. 89; *Hohenstatt*/*Willemsen*/*HWK* § 111 BetrVG Rn. 70; *Jaeger*/*Steinbrück* NZA 2013, 401 [403]; *Klapper* Unterstützung des Betriebsrats, S. 418 ff.; *Lingemann* NZA 2002, 934 [939]; *Oetker* NZA 2002, 465 [469 f.]; *Radtke* Sachverstand, S. 148 f.; *Reich* § 111 Rn. 2; *Richardi*/*Annuß* § 111 Rn. 53; *Schaub*/*Koch* Arbeitsrechts-Handbuch, § 244 Rn. 25a; *Spirolke*/NK-GA § 111 BetrVG Rn. 24; *Staufenbiel* Sozialplan, S. 67 f.; *Steffan*/HaKo § 111 Rn. 47; *Stege*/*Weinspach*/*Schiefer* §§ 111–113 Rn. 26b; **a. M.** *Däubler*/*DKKW* § 111 Rn. 172; *Kania*/ErfK § 111 BetrVG Rn. 25; *Manske* FS 25 Jahre Arbeitsgemeinschaft Arbeitsrecht im DAV, S. 953 [957 f.]; *Röder*/*Baeck*/*JRH* Kap. 28 Rn. 126; *Weber*/*Ehrich*/*Hörchens*/*Oberthür* Kap. J Rn. 44: Erforderlichkeit wird unterstellt; offen *LAG Berlin-Brandenburg* 14.03.2014 – 6 TaBV 52/14 – juris). Die Bindung an den Grundsatz der Erforderlichkeit betrifft deshalb nicht erst die Frage, ob der Arbeitgeber die Kosten der Beratung tragen muss (s. Rdn. 237), sondern bereits die Hinzuziehung des Beraters als solches. Fehlt insoweit bereits die Erforderlichkeit, dann entfällt die Pflicht des Arbeitgebers zur Tragung der Kosten (s. Rdn. 239 f.) vollständig und unabhängig von deren Verhältnismäßigkeit.

227 Obwohl dem Betriebsrat bei der Ausübung seines Ermessens grundsätzlich ein **Beurteilungsspielraum** zusteht (ebenso *BGH* 25.10.2012 BGHZ 195, 174 Rn. 45 = EzA § 40 BetrVG 2001 Nr. 24 [*S. Müller*] = AP Nr. 110 zu § 40 BetrVG 1972 = NZA 2012, 1382; *LAG Hamm* 26.08.2005 ZIP 2005, 2269 [2270]; *Hess. LAG* 19.02.2004 LAGE § 40 BetrVG 2001 Nr. 5 S. 3; *Radtke* Sachverstand, S. 149, 152 f.), ist die Erforderlichkeit jedenfalls zu verneinen, wenn der Berater dem Betriebsrat keine zusätz-

lichen Erkenntnisse vermitteln kann. Die Ermessensausübung hängt deshalb von den **Qualifikationen und Kenntnissen** der **Betriebsratsmitglieder** ab, die durch die Hinzuziehung des Beraters ergänzt werden sollen (*Oetker* NZA 2002, 465 [470]; ebenso *LAG Rheinland-Pfalz* 07.11.2011 – 7 TaBV 29/11 – BeckRS 2012, 67862; *Klapper* Unterstützung des Betriebsrats, S. 425; *Kleinebrink* ArbRB 2003, 212 [214]; *Radtke* Sachverstand, S. 152).

Ferner gebieten der Grundsatz der vertrauensvollen Zusammenarbeit (§ 2 Abs. 1) und das Gebot einer verhältnismäßigen Rechtsausübung, dass der Betriebsrat vor der Hinzuziehung eines Beraters andere (kostengünstigere) Möglichkeiten ausschöpft, um sich die erforderlichen Kenntnisse zu verschaffen. Die insoweit für die Hinzuziehung eines Sachverständigen i. S. d. § 80 Abs. 3 anerkannten Grundsätze (s. dazu *Weber* § 80 Rdn. 150) gelten für § 111 Satz 2 entsprechend (*LAG Rheinland-Pfalz* 07.11.2011 – 7 TaBV 29/11 – BeckRS 2012, 67862; *Oetker* NZA 2002, 465 [470]; *Rose/Grimmer* DB 2003, 1790 [1790]; *Stege/Weinspach/Schiefer* §§ 111–113 Rn. 26b; **a. M.** *Radtke* Sachverstand, S. 151 f.), da mit dessen Einfügung lediglich das für die Hinzuziehung eines Sachverständigen notwendige Einvernehmen aufgehoben werden sollte (s. Rdn. 224 sowie Rdn. 207 f.). Eine weiter gehende Auflockerung der Anforderungen an die Hinzuziehung sachverständiger Personen lag nicht in der Absicht des Gesetzgebers. 228

Aus der Bindung des Betriebsrats an den Verhältnismäßigkeitsgrundsatz lässt sich allerdings nicht ableiten, dass der Betriebsrat generell darauf verwiesen werden kann, es stünden in ausreichendem Maße betriebs- oder unternehmensinterne Berater zur Verfügung (*LAG Hamm* 26.08.2005 ZIP 2005, 2269 [2270]; *Hess. LAG* 18.11.2009 LAGE § 111 BetrVG 2001 Nr. 9; *LAG Rheinland-Pfalz* 07.11.2011 – 7 TaBV 29/11 – BeckRS 2012, 67862; *Annuß* NZA 2001, 367 [369]; *Däubler/DKKW* § 111 Rn. 170; *Fitting* § 111 Rn. 123; *Klapper* Unterstützung des Betriebsrats, S. 428 f.; *Richardi/Annuß* § 111 Rn. 53; *Spirolke/NK-GA* § 111 BetrVG Rn. 24; *Staufenbiel* Sozialplan, S. 68; **a. M.** *Hohenstatt/Willemsen/HWK* § 111 BetrVG Rn. 70; wohl auch *Kleinebrink* ArbRB 2003, 212 [214]). Entsprechendes gilt für die Möglichkeit des Betriebsrats, sich durch den Bevollmächtigten einer Gewerkschaft beraten zu lassen (*LAG Hamm* 26.08.2005 ZIP 2005, 2269 [2270]; *Hess. LAG* 07.03.2011 – 9 TaBV 59/10 – BeckRS 2011, 75842). 229

Überschreitet der Betriebsrat bei seiner Beschlussfassung die durch den Grundsatz der Erforderlichkeit gezogenen Grenzen, so bewegt er sich außerhalb seiner durch § 111 Satz 2 und § 40 begründeten partiellen Rechtsfähigkeit, was in der Regel zur persönlichen Haftung des Betriebsratsvorsitzenden analog § 179 BGB führen kann (*BGH* 25.10.2012 BGHZ 195, 174 Rn. 33 ff. = EzA § 40 BetrVG 2001 Nr. 24 [*S. Müller*] = AP Nr. 110 zu § 40 BetrVG 1972 = NZA 2012, 1382 sowie Rdn. 240). 230

f) Umfang der Beratungstätigkeit

Die Hinzuziehung des Beraters dient der Unterstützung des Betriebsrats bei der Ausübung seiner Beteiligungsrechte infolge der geplanten Betriebsänderung (zust. *Hess. LAG* 19.02.2004 LAGE § 40 BetrVG 2001 Nr. 5 S. 3). Hierauf beschränkt sich die Beratungstätigkeit, so dass die zur Betriebsänderung führende unternehmerische Entscheidung nicht Gegenstand des Beteiligungsrechts und damit auch kein tauglicher Inhalt einer beratenden Tätigkeit ist. 231

§ 111 Satz 2 lässt sich nicht eindeutig entnehmen, ob das Recht zur Hinzuziehung eines Beraters für das **gesamte Beteiligungsverfahren**, also auch während eines Vermittlungsversuchs durch den Vorstand der Bundesagentur für Arbeit bzw. des Einigungsstellenverfahrens, besteht. Das Ziel des Gesetzes, dem Betriebsrat eine rasche und unbürokratische Hilfe bei der Erfassung der Betriebsänderung und der Entwicklung von Alternativkonzepten zu verschaffen (s. Rdn. 207), spricht dafür, die Hinzuziehung des Beraters auf die erste Phase der **unmittelbaren Beratung zwischen Unternehmer und Betriebsrat** zu beschränken (hierfür auch *LAG München* 24.06.2010 – 2 TaBV 121/09 – juris; *Hess/HWGNRH* § 111 Rn. 86; *Klapper* Unterstützung des Betriebsrats, S. 448; *Kleinebrink* ArbRB 2003, 212 [213]; *Radtke* Sachverstand, S. 34). Dieses Ziel ist erfüllt, wenn das Vermittlungs- bzw. Einigungsstellenverfahren eingeleitet wird (*LAG München* 24.06.2010 – 2 TaBV 121/09 – juris). Der »Berater« i. S. d. § 111 Satz 2 ist jedenfalls kein »Bevollmächtigter«, der im Auftrag des Betriebsrats vor der Einigungsstelle für diesen auftritt (*BAG* 16.12.2016 AP Nr. 114 zu § 40 BetrVG 1972 Rn. 14 = NZA 2017, 514; *Hess. LAG* 19.02.2004 LAGE § 40 BetrVG 2001 Nr. 5 S. 3; *Bauer* NZA 2001, 375 [377]; 232

Richardi/Annuß § 111 Rn. 55; *Rose/Grimmer* DB 2003, 1790 [1793]). Er kann jedoch nach Vereinbarung mit dem Arbeitgeber auch während des Einigungsstellenverfahrens als Sachverständiger i. S. d. § 80 Abs. 3 vom Betriebsrat hinzugezogen werden (LAG München 24.06.2010 – 2 TaBV 121/09 – juris). Zum Ersatz der Kosten für einen Rechtsanwalt, der den Betriebsrat im Vermittlungsverfahren vor dem Mitarbeiter der Bundesagentur für Arbeit sowie vor der Einigungsstelle vertritt s. BAG 05.11.1981 AP Nr. 9 zu § 76 BetrVG 1972 Bl. 2 ff.; ferner zur Vertretung im Rahmen von Interessenausgleichsverhandlungen mit dem Unternehmer BAG 14.12.2016 AP Nr. 114 zu § 40 BetrVG 1972 Rn. 11 = NZA 2017, 514.

233 Wegen des Ziels der Beratung (s. Rdn. 207) ist das Recht des Betriebsrats, einen Berater hinzuzuziehen, inhaltlich auf den **Interessenausgleich i. S. d. § 112 Abs. 1 Satz 1** beschränkt (LAG Hamm 26.08.2005 ZIP 2005, 2269 [2271]; *Fitting* § 111 Rn. 119; *Klapper* Unterstützung des Betriebsrats, S. 448; *Kleinebrink* ArbRB 2003, 212 [214]; *Oetker* NZA 2002, 465 [469]; *Radtke* Sachverstand, S. 32; *Richardi/Annuß* § 111 Rn. 52; *Rose/Grimmer* DB 2003, 1790 [1795]; offen *Hess. LAG* 19.02.2004 LAGE § 40 BetrVG 2001 Nr. 5 S. 3; **a. M.** *Däubler/DKKW* § 111 Rn. 171), da die Erfassung der Betriebsänderung und die Entwicklung beschäftigungssichernder Alternativen (*Reg. Begr.* BT-Drucks. 14/5741, S. 52) Gegenstand der Interessenausgleichsverhandlungen sind (s. §§ 112, 112a Rdn. 10). Wegen § 118 Abs. 1 Satz 2 entfällt das Recht auf Hinzuziehung eines Beraters in **Tendenzbetrieben** (**a. M.** *Gillen/Hörle* NZA 2003, 1225 [1232]), da sich die Beteiligung des Betriebsrats bei diesen auf die Aufstellung eines Sozialplans beschränkt.

234 Die Beratung bzw. Unterstützung durch den Berater darf sich nicht auf den Ausgleich oder die Milderung der mit der Betriebsänderung verbundenen wirtschaftlichen Nachteile bei den betroffenen Arbeitnehmern erstrecken. Im Hinblick auf die **Sozialplanverhandlungen** ist der Betriebsrat nicht berechtigt, einen Berater i. S. d. § 111 Satz 2 hinzuzuziehen (LAG Hamm 26.08.2005 ZIP 2005, 2269 [2271]; *Hess. LAG* 07.03.2011 – 9 TaBV 59/10 – BeckRS 2011, 75842; *LAG Rheinland-Pfalz* 07.11.2011 – 7 TaBV 23/11 – BeckRS 2012, 68102; *Fitting* § 111 Rn. 119; *Klapper* Unterstützung des Betriebsrats, S. 448; *Kleinebrink* ArbRB 2003, 212 [214]; *Radtke* Sachverstand, S. 32; *Richardi/Annuß* § 111 Rn. 52; *Rose/Grimmer* DB 2003, 1790 [1795]; *Spirolke*/NK-GA § 111 BetrVG Rn. 24; **a. M.** *Däubler/DKKW* § 111 Rn. 171; *Hamberger* Insolvenzverfahren, S. 204; *Manske* FS 25 Jahre Arbeitsgemeinschaft Arbeitsrecht im DAV, S. 953 [955 ff.]; *Staufenbiel* Sozialplan, S. 71 f.). Dies folgt wenn nicht aus einer teleologischen Reduktion der Norm, so doch aus dem die Ermessensausübung konkretisierenden Verhältnismäßigkeitsgrundsatz (s. Rdn. 228), da nicht erkennbar ist, dass für die Sozialplanverhandlungen die Hinzuziehung eines Sachverständigen erforderlich ist. Für die Hinzuziehung eines Beraters zu Sozialplanverhandlungen bedarf es deshalb einer gesonderten Vereinbarung nach § 80 Abs. 3 mit dem Arbeitgeber (*Hess. LAG* 07.03.2011 – 9 TaBV 59/10 – BeckRS 2011, 75842).

235 Die Unterscheidung zwischen Interessenausgleichs- und Sozialplanverhandlungen ist nicht nur für den Umfang der Beratung von Bedeutung, sondern auch zu beachten, wenn die **originäre Zuständigkeit** für die Verhandlungen auf der Seite des Betriebsrats **auseinanderfällt** (s. dazu Rdn. 262). Für die Hinzuziehung eines Beraters nach § 111 Satz 2 ist es jedoch unschädlich, wenn die Verhandlungen um einen Interessenausgleich und einen Sozialplan gleichzeitig geführt werden; die Beratung darf sich in diesem Fall jedoch ausschließlich auf Gegenstände des Interessenausgleichs erstrecken (LAG Hamm 26.08.2005 ZIP 2005, 2269 [2271]; s. Rdn. 234).

236 Für die **Form der Beratung** stellt § 111 Satz 2 keine Vorgaben auf. Sie ist daher so zu wählen, dass diese ihr Ziel, den Betriebsrat zu unterstützen, erreichen kann. Von § 111 Satz 2 ist sowohl eine **schriftliche als auch eine mündliche Beratung** umfasst (*Däubler/DKKW* § 111 Rn. 171; *Klapper* Unterstützung des Betriebsrats, S. 449; *Radtke* Sachverstand, S. 29). Ebenso gibt das Gesetz nicht den **Ort der Beratung** vor, diese kann auch in den Räumen des Betriebsrats erfolgen, indem z. B. ein schriftlich erstattetes Gutachten auf einer Sitzung des Betriebsrats mündlich erläutert und ergänzt wird.

g) Kosten des Beraters

237 Über die mit der Hinzuziehung des Beraters verbundenen Kosten trifft § 111 Satz 2 keine Regelung. Ob der Unternehmer diese tragen muss, richtet sich deshalb nach der allgemeinen Vorschrift in § 40

Abs. 1 (*BGH* 25.10.2012 BGHZ 195, 174 Rn. 27, 31 = EzA § 40 BetrVG 2001 Nr. 24 *[S. Müller]* = AP Nr. 110 zu § 40 BetrVG 1972 = NZA 2012, 1382; *LAG Berlin-Brandenburg* 14.03.2014 – 6 TaBV 52/14 – juris; *LAG Hamm* 26.08.2005 ZIP 2005, 2269 [2271]; *Hess. LAG* 19.02.2004 LAGE § 40 BetrVG 2001 Nr. 5 S. 2; *LAG Rheinland-Pfalz* 07.11.2011 – 7 TaBV 22/11 – BeckRS 2012, 68101; *ArbG Hannover* 16.01.2009 NZA-RR 2009, 309 [310]; *Annuß* NZA 2001, 367 [369]; *Fitting* § 111 Rn. 124; *Gamillscheg* II, § 52, 4d [4]; *Hess/HWGNRH* § 111 Rn. 93; *Kania*/ErfK § 111 BetrVG Rn. 25; *Klapper* Unterstützung des Betriebsrats, S. 450; *Kleinebrink* ArbRB 2003, 212 [214]; *Posselt* ZRP 2001, 176 [178]; *Richardi/Annuß* § 111 Rn. 53; *Rieble/AR* § 111 BetrVG Rn. 22; *Schaub/Koch* Arbeitsrechts-Handbuch, § 244 Rn. 25a; *Spirolke*/NK-GA § 111 BetrVG Rn. 24; *Staufenbiel* Sozialplan, S. 73 f.; *Stege/Weinspach/Schiefer* §§ 111–113 Rn. 26f; im Ergebnis auch *Bauer* NZA 2001, 375 [376]; *Hanau* RdA 2001, 65 [72]; *Lingemann* NZA 2002, 934 [939]; *Weber/Ehrich/Hörchens/Oberthür* Kap. J Rn. 47 sowie näher hierzu *Oetker* NZA 2002, 465 [471 f.]; **a. M.** *Däubler/DKKW* § 111 Rn. 180: analog § 76a Abs. 3 unmittelbarer Anspruch gegen Arbeitgeber). Damit ist der **Unternehmer** zur Tragung der Kosten verpflichtet, wenn und soweit diese **verhältnismäßig** sind (*LAG Hamm* 26.08.2005 ZIP 2005, 2269 [2271]; *ArbG Hannover* 16.01.2009 NZA-RR 2009, 309 [310]; *Annuß* NZA 2001, 367 [369]; *Bauer* NZA 2001, 375 [377]; *Fitting* § 111 Rn. 123 f.; *Hanau* RdA 2001, 65 [72]; *Hess/HWGNRH* § 111 Rn. 95; *Hohenstatt/Willemsen/HWK* § 111 Rn. 70; *Kania*/ErfK § 111 BetrVG Rn. 25; *Kleinebrink* ArbRB 2003, 212 [215]; *Reichold* NZA 2001, 857 [865]; *Richardi/Annuß* § 111 Rn. 53; *Rieble*/AR § 111 BetrVG Rn. 22; *Schaub/Koch* Arbeitsrechts-Handbuch, § 244 Rn. 25a; im Ergebnis auch *Däubler/DKKW* § 111 Rn. 182).

Die Bindung an den Verhältnismäßigkeitsgrundsatz betrifft nicht nur das »Ob«, sondern insbesondere auch die **Höhe des Honorars**. Eine Vergütung, die den im Wertfestsetzungsverfahren nach § 11 RVG festzusetzenden Gegenstandswert übersteigt, ist als Orientierungsmaßstab nicht geeignet (*Kleinebrink* ArbRB 2003, 212 [215]; *Jaeger/Steinbrück* NZA 2013, 401 [403]; **a. M.** *Bauer* NZA 2001, 375 [376]; *Stege/Weinspach/Schiefer* §§ 111–113 Rn. 26f). Maßgeblich ist vielmehr das Verhältnis zwischen dem Umfang der Beratungstätigkeit und dem hierfür in Rechnung gestellten Honorar. Existieren für die Beratungstätigkeit **Gebührenordnungen**, so sind nur die Honorarforderungen verhältnismäßig, die den dortigen Rahmen einhalten (*LAG Berlin-Brandenburg* 14.03.2014 – 6 TaBV 52/14 – juris; *Fitting* § 111 Rn. 125; *Hohenstatt/Willemsen/HWK* § 111 Rn. 70; *Kleinebrink* ArbRB 2003, 212 [215]; *Lingemann* NZA 2002, 934 [939]; *Löwisch/LK* § 111 Rn. 50; *Schweibert/WHSS* Kap. C Rn. 173; *Spirolke*/NK-GA § 111 BetrVG Rn. 24; *Weber/Ehrich/Hörchens/Oberthür* Kap. J Rn. 47; ferner auch *BAG* 16.12.2016 BeckRS 2016, 116837 Rn. 30). Bei **Rechtsanwälten** (s. aber Rdn. 211) soll sich die Gebühr nach teilweise vertretener Ansicht nach § 34 RVG bemessen (*Hess. LAG* 19.02.2004 LAGE § 40 BetrVG 2001 Nr. 5 S. 5 noch zu § 20 BRAGO; **a. M.** *LAG Berlin-Brandenburg* 14.03.2014 – 6 TaBV 52/14 – juris). Allerdings wird verbreitet auch ein Rückgriff auf VVRVG 2300 befürwortet, da die Beratungstätigkeit im Rahmen von § 111 Satz 2 über den von § 34 RVG erfassten Rechtsrat hinausgeht (so z. B. *Hess. LAG* 18.11.2009 LAGE § 111 BetrVG 2001 Nr. 9; 07.03.2011 – 9 TaBV 59/10 – BeckRS 2011, 75842; ebenso *LAG Berlin-Brandenburg* 14.03.2014 – 6 TaBV 52/14 – juris). Hiervon **abweichende höhere Vergütungen**, insbesondere durch ein nach **Zeitaufwand** bemessenes Honorar, sind in der Regel nicht erforderlich (*Hess. LAG* 18.11.2009 LAGE § 111 BetrVG 2001 Nr. 9; *LAG Rheinland-Pfalz* 07.11.2011 – 7 TaBV 29/11 – BeckRS 2012, 67862; in dieser Richtung auch *BAG* 16.12.2016 AP Nr. 114 zu § 40 BetrVG 1972 Rn. 33 ff. = NZA 2017, 514). Ansonsten ist eine übliche Vergütung i. S. d. **§ 612 BGB** grundsätzlich nicht unverhältnismäßig (*LAG Rheinland-Pfalz* 07.11.2011 – 7 TaBV 29/11 – BeckRS 2012, 67862; *Däubler/DKKW* § 111 Rn. 181; *Fitting* § 111 Rn. 125; *Hess/HWGNRH* § 111 Rn. 94; *Klapper* Unterstützung des Betriebsrats, S. 452; *Kleinebrink* ArbRB 2003, 212 [215]; *Lingemann* NZA 2002, 934 [939]; *Löwisch/LK* § 111 Rn. 50; *Schweibert/WHSS* Kap. C Rn. 173; *Spirolke*/NK-GA § 111 BetrVG Rn. 24; *Stege/Weinspach/Schiefer* §§ 111–113 Rn. 26f; *Weber/Ehrich/Hörchens/Oberthür* Kap. J Rn. 47). Diese kann insbesondere bei der Beratung zu betriebswirtschaftlichen Fragen auch in Tagessätzen bemessen werden (s. *OLG Frankfurt* 16.12.2013 – 1 U 184/10 – BeckRS 2014, 04909: 1800 bis 2200 Euro).

Hat der Betriebsrat die Wahl zwischen mehreren, bei objektiver Betrachtung gleichermaßen geeigneten Beratern, dann ist der Unternehmer nur verpflichtet, die Kosten der günstigeren Alternative zu tragen (*ArbG Hannover* 16.01.2009 NZA-RR 2009, 309 [310]; *Kleinebrink* ArbRB 2003, 212 [215]; **a. M.** *Däubler/DKKW* § 111 Rn. 182). Das hiermit verbundene Risiko kann der Betriebsrat verringern, indem er vor der Beauftragung des Beraters versucht, mit dem Unternehmer ein Einvernehmen insbesondere zur Höhe des Honorars herbeizuführen (s. a. Rdn. 225).

240 Wird die durch den Verhältnismäßigkeitsgrundsatz gezogene **Grenze überschritten**, so handelt der Betriebsrat nicht nur pflichtwidrig i. S. d. § 23 Abs. 1, sondern es kommt nach der Rechtsprechung des *BGH* eine **persönliche Haftung** analog § 179 BGB in Betracht, die in der Regel den Vorsitzenden des Betriebsrats trifft, da der von ihm vorgenommene Vertragsabschluss mit dem Berater nicht auf einem rechtmäßigen Beschluss des Betriebsrats beruht (s. *BGH* 25.10.2012 BGHZ 195, 174 Rn. 33 ff. = EzA § 40 BetrVG 2001 Nr. 24 *[S. Müller]* = AP Nr. 110 zu § 40 BetrVG 1972 = NZA 2012, 1382; s. a. *Franzen* § 1 Rdn. 74, 79; ablehnend *Franzen* FS v. *Hoyningen/Huene*, S. 87 [96 f.]; zustimmend demgegenüber *Walker* FS v. *Hoyningen/Huene*, S. 535 [540]). Das gilt nicht nur, wenn die Kosten des Beraters die Grenze der Verhältnismäßigkeit überschreitet, sondern auch, wenn bereits die Hinzuziehung des Beraters nicht erforderlich war oder der Betriebsrat bei der Beschlussfassung die durch § 111 Satz 2 gezogenen Grenzen für den Umfang der Beratung überschritten hat (s. Rdn. 230).

241 Unter den Voraussetzungen in § 179 Abs. 2 BGB kann die persönliche Haftung jedoch auf den Ersatz des negativen Interesses beschränkt sein (*BGH* 25.10.2012 BGHZ 195, 174 Rn. 40 = EzA § 40 BetrVG 2001 Nr. 24 *[S. Müller]* = AP Nr. 110 zu § 40 BetrVG 1972 = NZA 2012, 1382; *Walker* FS v. *Hoyningen/Huene*, S. 535 [541]). Ferner entfällt die Haftung, wenn für den Berater erkennbar war, dass dessen Hinzuziehung nicht durch einen rechtmäßigen Beschluss des Betriebsrats gedeckt war (§ 179 Abs. 3 BGB; *Walker* FS v. *Hoyningen/Huene*, S. 535 [541]). In Betracht kommt dies insbesondere bei der Vereinbarung eines von einer Vergütungsordnung abweichenden höheren Honorars, ohne dass hierfür zwingende Gründe erkennbar sind (s. Rdn. 238).

h) Rechtsstellung des Beraters

242 Ein ordnungsgemäßer Beschluss des Betriebsrats, zu seiner Unterstützung einen Berater hinzuzuziehen, verleiht diesem das Recht, das **Betriebsgelände zu betreten** (*Däubler/DKKW* § 111 Rn. 173; *Hess/HWGNRH* § 111 Rn. 97; *Klapper* Unterstützung des Betriebsrats, S. 435; *Radtke* Sachverstand, S. 35; *Richardi/Annuß* § 111 Rn. 55; *Schaub/Koch* Arbeitsrechts-Handbuch, § 244 Rn. 25a). Die Beratung kann insbesondere auch in den Räumen des Betriebsrats, z. B. während einer Betriebsratssitzung, durchgeführt werden (s. Rdn. 236). Hierfür ist der Betriebsrat nicht auf ein Einvernehmen mit dem Unternehmer angewiesen. Zur **Teilnahme** des Beraters an den **Verhandlungen zwischen Betriebsrat und Unternehmer** s. Rdn. 266; zur **Unterrichtung des Beraters** s. Rdn. 265.

243 Der Berater unterliegt hinsichtlich der ihm bekannt gewordenen **Betriebs- und Geschäftsgeheimnisse** der in § 79 normierten **Verschwiegenheitspflicht**. Dies folgt aus der in § 80 Abs. 4 angeordneten analogen Anwendung des § 79, den § 111 Satz 2 seinerseits für entsprechend anwendbar erklärt. Die Verschwiegenheitspflicht des Beraters beschränkt sich deshalb auf diejenigen Betriebs- und Geschäftsgeheimnisse, die der Unternehmer ausdrücklich als geheimhaltungsbedürftig erklärt hat (s. § 79 Rdn. 27 ff.). Etwaige berufliche Verschwiegenheitspflichten des Beraters bleiben hiervon unberührt und können auch über den Schutz durch § 79 hinausgehen. Bei einer **Unterrichtung des Beraters** durch den Betriebsrat verletzt dieser wegen der entsprechenden Anwendung des § 79 Abs. 1 Satz 4 (§ 111 Satz 2 i. V. m. § 80 Abs. 4) nicht seine Verschwiegenheitspflicht. Ein Verstoß des Beraters gegen seine Verschwiegenheitspflicht ist nach § 120 Abs. 1 Nr. 3a strafbar (s. § 120 Rdn. 34).

i) Verhältnis zu anderen Informationsmöglichkeiten

244 Das Recht auf Hinzuziehung eines Beraters beschränkt den Betriebsrat nicht in seinen Rechten, von dem Unternehmer die für die Beratung der Betriebsänderung notwendigen Informationen zu verlangen. Insbesondere lässt § 111 Satz 2 das Recht zur **Vorlage von Unterlagen** (§ 80 Abs. 2 Satz 2) unberührt. Das gilt auch für das in § 80 Abs. 2 Satz 3 begründete Recht, sachkundige **Arbeitnehmer als Auskunftspersonen** heranzuziehen (*Fitting* § 111 Rn. 123; *Staufenbiel* Sozialplan, S. 75; im Ergebnis auch *Schweibert/WHSS* Kap. C Rn. 175 sowie *Weber* § 80 Rdn. 150).

245 Das Recht zur **Hinzuziehung eines Sachverständigen** (§ 80 Abs. 3) wird durch § 111 Satz 2 als **lex specialis** im Hinblick auf die Betriebsänderung verdrängt. Es entsprach gerade der Absicht des Gesetzgebers, das zeitaufwendige Verfahren nach § 80 Abs. 3 durch die unbürokratische Hinzuzie-

hung eines Beraters abzulösen (*Reg. Begr.* BT-Drucks. 14/5741, S. 52 sowie Rdn. 207 f.). Dieses Ziel würde verfehlt, wenn der Betriebsrat neben einem Berater i. S. d. § 111 Satz 2 von dem Unternehmer zusätzlich die Hinzuziehung eines Sachverständigen i. S. d. § 80 Abs. 3 verlangen könnte (*Rose/Grimmer* DB 2003, 1790 [1791 f.]; *Staufenbiel* Sozialplan, S. 75; **a. M.** *Däubler/DKKW* § 111 Rn. 178; *Hohenstatt/Willemsen/HWK* § 111 BetrVG Rn. 71; *Radtke* Sachverstand, S. 47; *Richardi/Annuß* § 111 Rn. 55; *Röder/Baeck/JRH* Kap. 28 Rn. 126; *Schaub/Koch* Arbeitsrechts-Handbuch, § 244 Rn. 25).

Der Hinweis auf § 80 Abs. 3 soll lediglich verdeutlichen, dass in Unternehmen **unterhalb des** 246 **Schwellenwerts** von 300 Arbeitnehmern das Recht zur Hinzuziehung eines Sachverständigen unberührt bleibt (*BT-Ausschuss für Arbeit und Sozialordnung* BT-Drucks. 14/6352, S. 59; *LAG Berlin-Brandenburg* 14.03.2014 – 6 TaBV 52/14 – juris; *Däubler/DKKW* § 111 Rn. 178; *Fitting* § 111 Rn. 127; *Kleinebrink* ArbRB 2003, 212 [212]; *Lingemann* NZA 2002, 934 [940]; *Schaub/Koch* Arbeitsrechts-Handbuch, § 244 Rn. 25; *Spirolke*/NK-GA § 111 BetrVG Rn. 24; *Steffan*/HaKo § 111 Rn. 43). Das gilt entsprechend, wenn die Hinzuziehung einer sachkundigen Person zur Beratung des Betriebsrats nicht mehr von § 111 Satz 1 gedeckt ist, wie z. B. nach Einleitung des Einigungsstellenverfahrens (*LAG München* 24.06.2010 – 2 TaBV 121/09 – juris) oder während der Verhandlungen um den Abschluss eines Sozialplans (*LAG Berlin-Brandenburg* 14.03.2014 – 6 TaBV 52/14 – juris; *Hess. LAG* 18.11.2009 LAGE § 111 BetrVG 2001 Nr. 9; 07.03.2011 – 9 TaBV 59/10 – BeckRS 2011, 75842). Eine wegen der Spezialität des § 111 Satz 2 eingreifende Verdrängung des § 80 Abs. 3 (s. Rdn. 245) reicht nicht weiter als der Tatbestand der lex specialis.

4. Beratung zwischen Unternehmer und Betriebsrat

Satz 1 des § 111 verlangt im Anschluss an die Unterrichtung eine Beratung mit dem Betriebsrat über 247 die »geplante Betriebsänderung«. Die Beratung umfasst mehr als nur die Gelegenheit für den Betriebsrat, zu der Planung des Unternehmers Stellung zu nehmen. § 111 Satz 1 beschränkt den Betriebsrat nicht auf ein Anhörungsrecht, sondern verlangt von dem Unternehmer, in einen **Dialog mit dem Betriebsrat** einzutreten (s. insoweit auch Art. 2 Buchst. g und Art. 4 Abs. 4 Buchst. d der Richtlinie 2002/14/EG). **Leitbild des Dialogs** ist § 74 Abs. 1 Satz 2: die Verhandlungen sind mit dem ernsten Willen zu führen, zu einer **Einigung** zu gelangen (*Heither* AR-Blattei SD 530.14.5, Rn. 127; *Hohenstatt/Willemsen/HWK* § 111 BetrVG Rn. 65; *Rumpff/Boewer* Wirtschaftliche Angelegenheiten, Kap. H Rn. 214; *Schaub/Koch* Arbeitsrechts-Handbuch, § 244 Rn. 27). Das gilt sowohl für den Unternehmer als auch für den Betriebsrat und ist bei Betriebsänderungen, die von Art. 4 Abs. 2 Buchst. c der **Richtlinie 2002/14/EG** erfasst werden, zudem infolge einer **richtlinienkonformen Auslegung** geboten, da die »Anhörung« der Arbeitnehmervertreter nach Art. 4 Abs. 4 Buchst. e der Richtlinie 2002/14/EG mit dem Ziel durchzuführen ist, eine Vereinbarung über die Entscheidungen zu erreichen (s. a. Rdn. 5).

Der **Gegenstand der Beratung** wird durch die »geplante Betriebsänderung« bestimmt und zugleich 248 begrenzt. Auf andere Maßnahmen bzw. **Alternativen zur geplanten Betriebsänderung** erstreckt sich die Beratung nur insoweit, als diese auf die Unterlassung der vom Unternehmer geplanten Betriebsänderung gerichtet sind. Der Betriebsrat ist allerdings nicht gehindert, im Rahmen der Beratung **Vorschläge zur Sicherung der Beschäftigung** zu unterbreiten. Soweit sich diese auf die geplante Betriebsänderung beziehen, ist § 112 lex specialis zu **§ 92a Abs. 2** (zust. *Raab* § 92a Rdn. 39; wohl auch *Lingemann* NZA 2002, 934 [942]). Der Arbeitgeber ist weder zu einer ablehnenden schriftlichen Stellungnahme verpflichtet, noch ist der Betriebsrat bereits während der Verhandlungen mit dem Arbeitgeber berechtigt, einen Vertreter der Agentur für Arbeit allein deshalb hinzuzuziehen, weil er in den Interessenausgleichsverhandlungen Vorschläge zur Beschäftigungssicherung unterbreitet (wie hier im Ergebnis auch *Raab* § 92a Rdn. 39; **a. M.** *Fischer* NZA 2004, Sonderbeilage Nr. 1, S. 28 [31]).

Das Beratungsrecht reicht nicht soweit, dass der Betriebsrat die **unternehmerische Zielvorgabe** 249 zum Beratungsgegenstand erheben kann. In erster Linie erstreckt sich die Beratung auf die **Modalitäten der Betriebsänderung**, sofern bei ihrem Vollzug Handlungsspielräume verbleiben. Darüber hinaus bezieht sich die Beratung über die geplante Betriebsänderung auf deren **Folgen**. Diese sind allerdings nur insoweit Gegenstand der Beratung als sie die bei den Arbeitnehmern infolge der

Betriebsänderung eintretenden »wirtschaftlichen Nachteile« betreffen. Anderweitige Folgen der Betriebsänderung, z. B. für die zukünftige Entwicklung des Unternehmens, sind von der Beratung ausgeklammert. Derartige Aspekte sind Gegenstand der Beratungen im Wirtschaftsausschuss.

250 Die Beratung ist – wie § 74 Abs. 1 Satz 2 zeigt – mit dem **Ziel einer Einigung** zu führen. Kommt es zwischen Betriebsrat und Unternehmer zu einer solchen, dann ist nach deren Inhalt zu unterscheiden: Bezüglich der Betriebsänderung als solcher bezeichnet das Gesetz die Einigung als »**Interessenausgleich**«, hinsichtlich des Ausgleichs und der Milderung der wirtschaftlichen Nachteile der Arbeitnehmer verwendet § 112 Abs. 1 Satz 2 den Begriff »**Sozialplan**«. In beiden Fällen ist die Einigung schriftlich niederzulegen und von beiden Seiten (Unternehmer und Betriebsrat) zu unterschreiben (näher dazu §§ 112, 112a Rdn. 49 ff., 223 ff.). Die jeweils gewählte Bezeichnung ist allerdings ohne Bedeutung für die Rechtswirksamkeit der Einigung; insbesondere ist ihre Zusammenfassung in einer einheitlichen Urkunde unschädlich (s. näher §§ 112, 112a Rdn. 55).

251 Für die **Dauer der Beratung** legt das Gesetz keine Frist fest. Die vorübergehend in § 113 Abs. 3 Satz 2 und 3 enthaltene Frist von zwei bzw. drei Monaten trat am 31.12.1998 außer Kraft (s. § 113 Rdn. 2). **Abgeschlossen** ist die Beratung stets, wenn es zwischen Unternehmer und Betriebsrat zu einer Einigung kommt. Andererseits sieht § 112 Abs. 2 ausdrücklich vor, dass die Beratung ebenfalls beendet ist, wenn es nicht zu einer Einigung zwischen Unternehmer und Betriebsrat kommt. Dies ist deshalb auch dann der Fall, wenn eine Seite die Verhandlungen als gescheitert ansieht und die in § 112 Abs. 2 vorgesehenen Verfahrensschritte einleitet. Bei einer fehlenden Einigung ist die Beratung i. S. d. § 111 Satz 1 deshalb abgeschlossen, wenn der Unternehmer oder der Betriebsrat ein Vermittlungsersuchen an den Vorstand der Bundesagentur für Arbeit richtet oder die Einigungsstelle anruft. Eines Einvernehmens mit der jeweils anderen Seite bedarf es hierfür nicht, insbesondere können weder der Betriebsrat noch der Unternehmer von der jeweils anderen Seite eine Fortsetzung der Beratung verlangen. Auch das Arbeitsgericht kann die Einsetzung einer Einigungsstelle nicht allein deshalb unter Hinweis auf ein fehlendes Rechtsschutzinteresse verweigern, weil es der Auffassung ist, die Verständigungsmöglichkeiten zwischen Unternehmer und Betriebsrat seien noch nicht erschöpft. Zum weiteren Mitbestimmungsverfahren s. §§ 112, 112a Rdn. 271 ff.

252 Die **Gründe für das Scheitern** der Beratung sind unbeachtlich. Das gilt auch im Hinblick auf einen Anspruch auf Nachteilsausgleich nach § 113 Abs. 3. Von einem »**Versuch**« des Interessenausgleichs kann jedoch nur gesprochen werden, wenn die Beratungen auch von dem Unternehmer mit dem Ziel geführt wurden, eine Einigung mit dem Betriebsrat über die Durchführung der Betriebsänderung herbeizuführen (s. Rdn. 247). Hieran fehlt es, wenn der Unternehmer dem Betriebsrat lediglich die Gelegenheit zur Stellungnahme gibt und sich einem Dialog mit diesem verweigert (näher § 113 Rdn. 46 ff.); bei von Art. 4 Abs. 2 Buchst. c der Richtlinie 2002/14/EG erfassten Betriebsänderungen stünde ein derartiges Verhalten zudem im Widerspruch zu den dortigen Vorgaben für den Konsultationsmechanismus (s. Art. 4 Abs. 4 Buchst. d der Richtlinie 2002/14/EG).

5. Beteiligte der Unterrichtung und Beratung

a) Unternehmer

253 Die Pflicht zur Unterrichtung und Beratung erlegt § 111 Satz 1 dem Unternehmer auf. Damit ist der **Rechtsträger des Betriebs** gemeint (*LAG Sachsen-Anhalt* 12.01.2016 LAGE § 112 BetrVG 2001 Nr. 16), also entweder der Einzelkaufmann oder die Personen- bzw. Kapitalgesellschaft, die Inhaber des Betriebs ist. Das gilt auch, wenn ein anderes Unternehmen (z. B. die Konzernobergesellschaft) die zur Betriebsänderung führende unternehmerische Entscheidung getroffen hat (*BAG* 14.04.2015 EzA § 113 BetrVG 2001 Nr. 10 Rn. 16 = AP Nr. 56 zu § 113 BetrVG 1972 = NZA 2015, 47; *LAG Baden-Württemberg* 23.06.2015 ZIP 2016, 232 = BeckRS 2015, 73214; *Däubler/DKKW* § 111 Rn. 160; *Diller/Pawietzka* DB 2001, 1034 [1035 f.]; *Schweibert/WHSS* Kap. C Rn. 147; **a. M.** *Fabricius* 6. Aufl., § 111 Rn. 42 ff., der in dieser Konstellation auf die Konzernobergesellschaft abstellt; ebenso *Wiese* FS *Wiedemann*, 2002, S. 617 [636]), sofern nicht der Sonderfall einer **konzerndimensionalen Betriebsänderung** und hieraus folgender Zuständigkeit des Konzernbetriebsrats vorliegt (*Schmitt-Rolfes* FS 50 Jahre Bundesarbeitsgericht, S. 1081 [1094 f.] sowie näher Rdn. 264). Das Gesetz verlangt allerdings nicht, dass der Einzelkaufmann, die geschäftsführenden Gesellschafter oder die Mitglieder des vertretungsbefugten Organs die Unterrichtung bzw. Beratung mit dem Betriebsrat persönlich durchführen. Vielmehr können sie andere Personen mit der Unterrichtung bzw. der Führung der Verhandlungen beauftragen (*Galperin/Löwisch* § 111 Rn. 16). Zu der Möglichkeit eines **Informationsdurchgriffs** s. § 106 Rdn. 149 ff.

Ist über das Vermögen des Rechtsträgers ein **Insolvenzverfahren eröffnet** worden, dann tritt der vom Gericht bestellte **Insolvenzverwalter** an die Stelle des Gemeinschuldners (*Caspers*/MK-InsO §§ 121, 122 Rn. 11; *Däubler*/DKKW § 111 Rn. 161; *Fitting* § 111 Rn. 106; *Heither* AR-Blattei SD 530.14.5, Rn. 37, 102; *Richardi/Annuß* § 111 Rn. 162; *Steffan*/HaKo § 111 Rn. 38; ebenso zur Konkursordnung *Fabricius* 6. Aufl., § 111 Rn. 338 ff.; *Galperin/Löwisch* § 111 Rn. 17; *Rumpff/Boewer* Wirtschaftliche Angelegenheiten, Kap. H Rn. 229; *Schweibert*/WHSS Kap. C Rn. 127). Die §§ 121, 122 InsO bestätigen dies, da diese den Insolvenzverwalter ausdrücklich als Partei des Interessenausgleichs bezeichnen. Damit hat der Gesetzgeber die vor Inkrafttreten der Insolvenzordnung vorherrschende Ansicht in seinen Willen aufgenommen und den früheren Meinungsverschiedenheiten zur Rechtsstellung des Konkursverwalters im Hinblick auf die Beteiligungsrechte des Betriebsrats (s. dazu *Fabricius* 2. Bearb., § 111 Rn. 228 ff.) die normative Grundlage entzogen. Sofern das Insolvenzgericht nach Stellung des Insolvenzantrags lediglich einen **vorläufigen Insolvenzverwalter** bestellt hat, geht die betriebsverfassungsrechtliche Zuständigkeit auf diesen nur über, wenn gegen den Unternehmer ein allgemeines Verfügungsverbot (§ 22 InsO; sog. starker vorläufiger Insolvenzverwalter) verhängt wurde (*Gottwald/Bertram* Insolvenzrechts-Handbuch, § 108 Rn. 4; *Richardi/Annuß* § 111 Rn. 163; *Uhlenbruck* FS *Schwerdtner*, 2003, S. 623 [630 f.], mit Recht anders für den schwachen vorläufigen Insolvenzverwalter [S. 640]). Entsprechendes gilt bei der **Liquidation einer Gesellschaft**; die Beteiligungsrechte sind von dem **Liquidator** zu wahren (*Däubler*/DKKW § 111 Rn. 161).

b) Betriebsrat

aa) Grundsatz

Die vom Unternehmer geplante Maßnahme bezieht sich auf den Betrieb und ist darauf gerichtet, in diesem eine Änderung durchzuführen. Deshalb erklärt § 111 Satz 1 den Betriebsrat zum Adressaten der Beteiligungsrechte. Damit ist grundsätzlich der auf der **Ebene des Betriebs** gebildete Betriebsrat gemeint (*Däubler*/DKKW § 111 Rn. 143; *Galperin/Löwisch* § 111 Rn. 11; *Heither* AR-Blattei SD 530.14.5, Rn. 40; *Hess*/HWGNRH § 111 Rn. 7; *Richardi/Annuß* § 111 Rn. 158; *Rumpff/Boewer* Wirtschaftliche Angelegenheiten, Kap. H Rn. 222). Er ist regelmäßig zuständig, wenn von der beabsichtigten Betriebsänderung kein anderer Betrieb des Unternehmens betroffen ist (*Hohenstatt/Willemsen*/HWK § 111 BetrVG Rn. 73).

Die Beteiligung nach den §§ 111 f. kann der Betriebsrat auf den **Betriebsausschuss** (§ 27) oder einen **anderen Ausschuss** (§ 28) übertragen. Wegen der fehlenden Vereinbarungsbefugnis (§ 27 Abs. 2 Satz 2 Halbs. 2; § 28 Abs. 1 Satz 3 Halbs. 2 i. V. m. § 27 Abs. 2 Satz 2 Halbs. 2), die bei einem zweckgerechten Verständnis des Begriffs »Betriebsvereinbarung« in § 27 Abs. 2 Satz 2 2. Halbs. auch den Interessenausgleich sowie den Sozialplan umfasst, erweist sich eine derartige Delegation nur eingeschränkt als sinnvoll.

Einer Übertragung auf **Arbeitsgruppen i. S. d. § 28a** steht entgegen, dass Veränderungen bei den von der Arbeitsgruppe zu erledigenden Tätigkeiten regelmäßig nicht die Voraussetzungen einer Betriebsänderung i. S. d. § 111 erfüllen (*Däubler*/DKKW § 111 Rn. 152; *Linde* Übertragung von Aufgaben des Betriebsrats auf Arbeitsgruppen gemäß § 28a BetrVG [Diss. Köln], 2006, S. 240 f.; *Lingemann* NZA 2002, 934 [938]; *Müller* Die Übertragung von Betriebsratsaufgaben auf Arbeitsgruppen [§ 28a BetrVG] [Diss. Jena], 2004, S. 190 ff.; *Pfister* Die Übertragung von Aufgaben auf Arbeitsgruppen gemäß § 28a BetrVG [Diss. Kiel], 2007, S. 79; *Preis/Bender*/WPK §§ 112, 112a Rn. 14 sowie *Raab* § 28a Rdn. 30 m. w. N.; **a. M.** *Richardi/Annuß* § 112 Rn. 33).

bb) Zuständigkeit des Gesamtbetriebsrats

Eine **originäre Zuständigkeit** des Gesamtbetriebsrats, die nach § 50 Abs. 1 die Zuständigkeit des Betriebsrats verdrängt, ist zu bejahen, wenn die einer geplanten Betriebsänderung zugrunde liegende unternehmerische Entscheidung zumindest **mehrere Betriebe des Unternehmers** betrifft bzw.

§ 111　　　　　　　　　　　　　　　　　　　　　　　　　IV. 6. 1. Betriebsänderungen

sich bei diesen auswirkt (*BAG* 08.06.1999 EzA § 111 BetrVG 1972 Nr. 37 S. 12 f. *[Jacobs]* = AP Nr. 47 zu § 111 BetrVG 1972 Bl. 6 *[Hess]* = SAE 2000, 169 *[Löwisch]*; 11.12.2001 EzA § 50 BetrVG 1972 Nr. 18 S. 7 = AP Nr. 22 zu § 50 BetrVG 1972 Bl. 3 R = SAE 2003, 44 *[C. Fischer]*; 23.10.2002 EzA § 50 BetrVG 2001 Nr. 1 S. 5 f. = AP Nr. 26 zu § 50 BetrVG 1972 Bl. 2 R f.; 15.12.2011 EzA § 613a BGB 2002 Nr. 132 Rn. 60 = AP Nr. 424 zu § 613a BGB = NZA 2012, 570; 19.07.2012 EzA § 1 KSchG Interessenausgleich Nr. 24 Rn. 22 = AP Nr. 23 zu § 1 KSchG 1969 Namensliste = NZA 2013, 333; 20.09.2012 EzA § 125 InsO Nr. 8 Rn. 47 = AP Nr. 10 zu § 125 InsO = NZA 2013, 797; *LAG Berlin* 22.06.1998 NZA-RR 1999, 34 [36 f.]; *Däubler/DKKW* § 111 Rn. 144; *Fitting* § 111 Rn. 14, § 50 Rn. 59; *Galperin/Löwisch* § 111 Rn. 13; *Heither* AR-Blattei SD 530.14.5, Rn. 40; *Hess/HWGNRH* § 111 Rn. 7; *Hohenstatt/Willemsen/HWK* § 111 BetrVG Rn. 73; *Richardi/Annuß* § 111 Rn. 159; *Rumpff/Boewer* Wirtschaftliche Angelegenheiten, Kap. H Rn. 223; *Schmitt-Rolfes* FS 50 Jahre Bundesarbeitsgericht, 2004, S. 1081 [1083]; *Schweibert/WHSS* Kap. C Rn. 375 f.; *Spirolke/NK-GA* § 111 BetrVG Rn. 8; s. a. *Kreutz/Franzen* § 50 Rdn. 54). In Betracht kommt dies insbesondere bei der Stilllegung mehrerer oder aller Betriebe nach einem einheitlichen Plan, einer Änderung der Arbeitsmethode in sämtlichen Betrieben (*Fitting* § 111 Rn. 14, § 50 Rn. 59), der Zusammenlegung mehrerer Betriebe (*BAG* 24.01.1996 EzA § 113 BetrVG 1972 Nr. 24 S. 2 = AP Nr. 16 zu § 50 BetrVG 1972 Bl. 2 f.; *ArbG Nürnberg* 30.06.2003 AuR 2003, 357 f.) oder einer Änderung des Unternehmenszwecks.

259　Für eine originäre Zuständigkeit des Gesamtbetriebsrats ist jedoch nicht zwingend erforderlich, dass die beabsichtigte Betriebsänderung in mehreren Betrieben durchgeführt werden soll. Es genügt, wenn die Betriebsänderung **betriebsübergreifende Fragen** aufwirft (*BAG* 08.06.1999 EzA § 111 BetrVG 1972 Nr. 37 S. 13 *[Jacobs]* = AP Nr. 47 zu § 111 BetrVG 1972 Bl. 6 *[Hess]* = SAE 2000, 169 *[Löwisch]*; *Schmitt-Rolfes* FS 50 Jahre Bundesarbeitsgericht, S. 1081 [1083]). In Betracht kommt dies insbesondere, wenn bei mehreren Standorten für eine Produktion die Kapazität insgesamt gesenkt werden soll. In diesem Fall kann die vom Unternehmer für notwendig erachtete Absenkung entweder an einem Standort allein erfolgen oder auf mehrere Standorte verteilt werden. Ebenso steht es der originären Zuständigkeit des Betriebsrats nicht entgegen, wenn in den von der Betriebsänderung betroffenen Betrieben kein Betriebsrat gebildet worden ist; § 50 Abs. 1 Satz 1 erstreckt die originäre Zuständigkeit des Gesamtbetriebsrats auch auf **betriebsratslose Betriebe** (s. *Kreutz/Franzen* § 50 Rdn. 55 ff.), ohne aber eine Ersatzzuständigkeit des Gesamtbetriebsrats für den Fall zu begründen, dass die Arbeitnehmer die Bildung eines Betriebsrats unterlassen haben; die originäre Zuständigkeit des Gesamtbetriebsrats ist unverzichtbare Voraussetzung, damit die Arbeitnehmer betriebsratsloser Betriebe von diesem vertreten werden (*Fitting* § 111 Rn. 114; *Hohenstatt/Willemsen/HWK* § 111 BetrVG Rn. 74; *Lingemann* NZA 2002, 934 [938]).

260　Selbst wenn die geplante Betriebsänderung einen Unternehmensbezug aufweist, ist die originäre Zuständigkeit des Gesamtbetriebsrats nur begründet, wenn die Angelegenheit **auf betrieblicher Ebene nicht geregelt werden kann**. Hiervon ist regelmäßig auszugehen, da das »Ob« der Betriebsänderung aufgrund des Unternehmensbezugs nicht isoliert auf der Ebene der einzelnen Betriebe erörtert werden kann. Damit ist zugleich die Zuständigkeit des Gesamtbetriebsrats für das »Wie« der Betriebsänderung begründet, da eine dem Zweck des Gesetzes entsprechende Beratung nur einheitlich durchgeführt werden kann. Mit den gesetzlich definierten Voraussetzungen für eine originäre Zuständigkeit des Gesamtbetriebsrats ist eine »**Rückdelegation**« an die örtlichen Betriebsräte nicht vereinbar (zutreffend *Schmitt-Rolfes* FS 50 Jahre Bundesarbeitsgericht, 2004, S. 1081 [1086 f.]). Ebenso widerspricht es der Einheitlichkeit des Interessenausgleichs, wenn aus diesem einzelne Elemente mit der Begründung herausgelöst würden, diese seien auf betrieblicher Ebene regelbar. Das gilt auch, wenn in den Interessenausgleich eine Liste der betriebsbedingt zu kündigenden Arbeitnehmer aufgenommen werden soll (s. dazu näher §§ 112, 112a Rdn. 19 f., 65 ff.).

261　Die **originäre Zuständigkeit** des Gesamtbetriebsrats **für den Interessenausgleich** erstreckt sich nicht zwingend auf die **Beratung über den Sozialplan** (*BAG* 11.12.2001 EzA § 50 BetrVG 1972 Nr. 18 S. 7 = AP Nr. 22 zu § 50 BetrVG 1972 Bl. 3 R = SAE 2003, 44 *[C. Fischer]*; 23.10.2002 EzA § 50 BetrVG 2001 Nr. 1 S. 6 = AP Nr. 26 zu § 50 BetrVG 1972 Bl. 3; 20.05.2008 EzA § 112 BetrVG 2001 Nr. 27 Rn. 13 = AP Nr. 192 zu § 112 BetrVG 1972; *LAG Hamm* 31.01.2014 – 13 TaBV 114/13 – BeckRS 2014, 67454; *Hess. LAG* 14.05.2012 – 16 TaBV 197/11 – BeckRS 2012,

72718; *LAG Niedersachsen* 14.09.2001 LAGE § 50 BetrVG 2001 Nr. 1 S. 3; *Bontrup* WSI-Mitt. 1998, 312 [313]; *Däubler/DKKW* § 111 Rn. 145; *Fitting* § 50 Rn. 60; *Heider/Schimmelpfennig* KStW 2014, 244 [244 f.]; *Scharff* BB 2016, 437 [440 f.]; *Schaub/Koch* Arbeitsrechts-Handbuch, § 244 Rn. 4; **a. M.** *Annuß* FS *Kreutz*, S. 13 [18 f.]; *Galperin/Löwisch* § 111 Rn. 13; *Schmitt-Rolfes* FS 50 Jahre Bundesarbeitsgericht, S. 1081 [1088 f.]; *Schweibert/WHSS* Kap. C Rn. 377; im Ergebnis auch *LAG Berlin* 22.06.1998 NZA-RR 1999, 34 [35], das ein unternehmenseinheitliches Konzept für die originäre Zuständigkeit des Gesamtbetriebsrats auch für die Sozialplanverhandlungen ausreichen lässt). Bei diesem geht es um den Ausgleich bzw. die Milderung von wirtschaftlichen Nachteilen bei den von der Betriebsänderung betroffenen Arbeitnehmern. Diesbezüglich ist nicht erkennbar, warum insoweit eine Regelung auf betrieblicher Ebene offenkundig unzweckmäßig sein soll. Ein zwingender Gleichlauf der Zuständigkeit für Interessenausgleich und Sozialplan lässt sich entgegen der von *Annuß* geäußerten Auffassung auch nicht darauf stützen, bei der Angelegenheit i. S. d. §§ 50 Abs. 1, 58 Abs. 1 handele es sich um die Betriebsänderung als solche (*Annuß* FS *Kreutz*, S. 13 [18 f.]). Vielmehr ist streng zu unterscheiden zwischen der Betriebsänderung als solche (Interessenausgleich) und dem Ausgleich und der Milderung wirtschaftlicher Nachteile (Sozialplan), so dass im Rahmen der Zuständigkeitsnormen zwei verschiedene Angelegenheiten vorliegen (s. a. *Kreutz/Franzen* § 50 Rdn. 36).

Das gilt insbesondere, wenn die Nachteile, die mit den im Unternehmen einheitlich durchgeführten Betriebsänderungen verbunden sind, nur bei den Arbeitnehmern eines der beteiligten Betriebe eintreten können (*BAG* 23.10.2002 EzA § 50 BetrVG 2001 Nr. 1 S. 7 = AP Nr. 26 zu § 50 BetrVG 1972 Bl. 3 f.; *LAG Niedersachsen* 14.09.2001 LAGE § 50 BetrVG 2001 Nr. 1 S. 3 f.) oder die Betriebe unabhängig voneinander betrifft (*BAG* 23.10.2002 EzA § 50 BetrVG 2001 Nr. 1 S. 7 = AP Nr. 26 zu § 50 BetrVG 1972 Bl. 3 f.). Ebenso kann eine originäre Zuständigkeit des Gesamtbetriebsrats nicht allein darauf gestützt werden, dass eine eventuell notwendig werdende Einigungsstelle bei der Bemessung des Sozialplanvolumens nach § 112 Abs. 5 Satz 1 die (wirtschaftlichen) Belange des Unternehmens zu beachten hat (**a. M.** *LAG Niedersachsen* 14.09.2001 LAGE § 50 BetrVG 2001 Nr. 1 S. 5; *Schmitt-Rolfes* FS 50 Jahre Bundesarbeitsgericht, S. 1081 [1089]). Damit würde das von § 50 Abs. 1 vorausgesetzte zwingende Bedürfnis nach einer betriebsübergreifenden Regelung unterlaufen. Etwas anderes kommt jedoch in Betracht, wenn der Unternehmer einen unternehmenseinheitlichen Sozialplan aufstellen will (*BAG* 12.11.2001 EzA § 50 BetrVG 1972 Nr. 18 S. 8 = AP Nr. 22 zu § 50 BetrVG 1972 Bl. 4 = SAE 2003, 44 *[C. Fischer]*; s. a. *BAG* 15.01.2002 EzA § 50 BetrVG 1972 Nr. 19 S. 8 f. = AP Nr. 23 zu § 50 BetrVG 1972 Bl. 4 *[U. Fischer]* = RdA 2003, 111 *[C. Fischer]* oder die Durchführung des getroffenen Interessenausgleichs betriebsübergreifende einheitliche Kompensationsregelungen erfordert (*BAG* 23.10.2002 EzA § 50 BetrVG 2001 Nr. 1 S. 7 = AP Nr. 26 zu § 50 BetrVG 1972 B. 3 R sowie als Vorinstanz *LAG Niedersachsen* 14.09.2001 LAGE § 50 BetrVG 2001 Nr. 1 S. 4; ferner *LAG Düsseldorf* 19.10.2011 – 7 TaBV 52/11 – BeckRS 2012, 66102; *Hess. LAG* 14.05.2012 – 16 TaBV 197/11 – BeckRS 2012, 72718; weitergehend *Fischer* NZA 2004, Sonderbeilage Nr. 1, S. 28 [32 f.], der eine originäre Zuständigkeit auch für unternehmensbezogene sozialplanrechtliche Kompensationsregelungen bejaht). Bei **betriebsratslosen Betrieben** kann die hier befürwortete differenzierende Betrachtung zur Zuständigkeit des Gesamtbetriebsrats dazu führen, dass dieser wegen § 50 Abs. 1 Satz 1 ausschließlich für den Interessenausgleich zuständig ist, ihm für den Abschluss eines Sozialplans, dessen Geltungsbereich sich auch auf betriebsratslose Betriebe erstreckt, jedoch die Zuständigkeit fehlt (s. Rdn. 258 a. E.).

262

Sollen die Beratungen über den Interessenausgleich und den Sozialplan einheitlich durchgeführt werden, dann empfiehlt es sich, dass die Betriebsräte vorsorglich von der durch § 50 Abs. 2 eröffneten Befugnis Gebrauch machen und dem Gesamtbetriebsrat für die Sozialplanverhandlungen einen **Auftrag** erteilen (*Fischer* NZA 2004, Sonderbeilage Nr. 1, S. 28 [32]; *Galperin/Löwisch* § 111 Rn. 13; *Schaub/Koch* Arbeitsrechts-Handbuch, § 244 Rn. 4). Dieser liegt zumindest konkludent vor, wenn der Sozialplan nicht nur von dem Gesamtbetriebsrat, sondern auch von den Betriebsräten im Anschluss an einen entsprechenden Betriebsratsbeschluss unterzeichnet wird.

263

cc) Zuständigkeit des Konzernbetriebsrats
Im Konzern ist die **originäre Zuständigkeit** des Konzernbetriebsrats (§ 58 Abs. 1) nur begründet, wenn die Betriebsänderungen mehrerer Konzernunternehmen betreffen (*BAG* 11.12.2001 EzA

264

§ 50 BetrVG 1972 Nr. 18 S. 8 f. = AP Nr. 22 zu § 50 BetrVG 1972 Bl. 4 = SAE 2003, 44 *[C. Fischer]*; *LAG Baden-Württemberg* 23.06.2015 ZIP 2016, 232 = BeckRS 2015, 73214; *LAG Köln* 28.11.2014 – 9 Sa 379/14 – juris; *LAG Schleswig-Holstein* 05.11.2015 – 4 Sa 28/15 – BeckRS 2016, 66460; *Däubler/ DKKW* § 111 Rn. 151; *Galperin/Löwisch* § 111 Rn. 15; *Hohenstatt/Willemsen/HWK* § 111 BetrVG Rn. 76; *Rumpff/Boewer* Wirtschaftliche Angelegenheiten, Kap. H Rn. 226; *Schaub/Koch* Arbeitsrechts-Handbuch, § 244 Rn. 4; *Schmitt-Rolfes* FS 50 Jahre Bundesarbeitsgericht, S. 1081 [1094]; *Schweibert/WHSS* Kap. C Rn. 379; s. auch *Tomicic* Interessenausgleich und Sozialplan im Konzern, Diss. München 1981, S. 64 ff., 99 ff.). Fehlt es hieran, dann bleibt der Betriebsrat oder Gesamtbetriebsrat auch dann zuständig, wenn das abhängige Konzernunternehmen mit der Betriebsänderung die unternehmerischen Vorgaben des herrschenden Unternehmens umsetzt (*Gaul/Bonanni* ArbRB 2003, 241 [243 f.]; s. auch *LAG Köln* 28.11.2014 – 9 Sa 379/14 – juris). Entsprechend den Ausführungen zum Gesamtbetriebsrat (s. Rdn. 238 f.) folgt aus der originären Zuständigkeit des Konzernbetriebsrats für den Interessenausgleich nicht zugleich dessen Zuständigkeit für den Abschluss des Sozialplans (*ArbG Düsseldorf* 25.01.2013 – 11 BV 267/12 – BeckRS 2013, 69887).

c) Berater des Betriebsrats

265 Die **Pflicht zur Unterrichtung** begründet § 111 Satz 1 ausschließlich gegenüber dem Betriebsrat. Gegenüber dem Berater i. S. d. § 111 Satz 2 besteht diese nicht; insbesondere steht dem vom Betriebsrat hinzugezogenen Berater kein eigenes Recht gegenüber dem Unternehmer zu, von ihm die erforderlichen Auskünfte und Unterlagen zu verlangen (zust. *Hess/HWGNRH* § 111 Rn. 97; *Radtke* Sachverstand, S. 35). Der Berater bleibt auf die ihm vom Betriebsrat übermittelten Informationen angewiesen (*Hess/HWGNRH* § 111 Rn. 97; *Radtke* Sachverstand, S. 35). Weitergehende Informationen kann er nur über den Betriebsrat erlangen, der sich hierfür gegebenenfalls seinerseits an den Unternehmer wenden muss (s. Rdn. 196 ff.). Eine Bevollmächtigung des Beraters durch den Betriebsrat ist ausgeschlossen, da der Betriebsrat nicht berechtigt ist, Personen mit der Ausführung der von ihm gefassten Beschlüsse zu beauftragen, die nicht dem Organ angehören (s. *Raab* § 26 Rdn. 72; a. M. *Däubler/DKKW* § 111 Rn. 171).

266 Der Regelung in § 111 Satz 2 lässt sich nicht entnehmen, ob ein vom Betriebsrat hinzugezogener Berater berechtigt ist, an der **Beratung zwischen Unternehmer und Betriebsrat** teilzunehmen. Da der Wortlaut pauschal auf die »Unterstützung« des Betriebsrats abstellt, steht dieser einer vom Willen des Betriebsrats abhängigen **Teilnahme** nicht entgegen (*ArbG Wiesbaden* 18.09.2002 – 7 BV 7/02 – juris; *Däubler/DKKW* § 111 Rn. 171; *Gamillscheg* II, § 52, 4d [4]; *Hess/HWGNRH* § 111 Rn. 97; zu pauschal *Manske* FS 25 Jahre Arbeitsgemeinschaft Arbeitsrecht im DAV, S. 953 [958 ff.]; *Radtke* Sachverstand, S. 38 f.; *Richardi/Annuß* § 111 Rn. 55, der dem Berater ohne Einschränkungen ein Recht auf Teilnahme zubilligt; a. M. *Klapper* Unterstützung des Betriebsrats, S. 442 ff.; *Rose/Grimmer* DB 2003, 1790 [1793], die ein Teilnahmerecht nur bejahen, wenn der Unternehmer zustimmt). Der Zweck des § 111 Satz 2 spricht ebenfalls für eine vom Willen des Betriebsrats abhängige Teilnahme an den Beratungen mit dem Unternehmer (zust. *Radtke* Sachverstand, S. 38 f.). Die vom Gesetzgeber erstrebte Beschleunigung des Verfahrens (*Reg. Begr.* BT-Drucks. 14/5741, S. 52 sowie hier Rdn. 210) würde verhindert, wenn der Betriebsrat darauf verwiesen würde, den Berater zwischen den Verhandlungen mit dem Unternehmer zu konsultieren (ebenso *Radtke* Sachverstand, S. 38 f.). Eine **Mitwirkung** an den Verhandlungen zwischen Unternehmer und Betriebsrat ist hiermit jedoch nicht verbunden (*LAG Berlin-Brandenburg* 14.03.2014 – 6 TaBV 52/14 – juris); hierfür bedarf es einer gesonderten Bevollmächtigung durch den Betriebsrat, diesen mit der Führung der Interessenausgleichsverhandlungen zu beauftragen (s. *BAG* 16.12.2016 AP Nr. 114 zu § 40 BetrVG 1972 Rn. 14 = NZA 2017, 514).

6. Verletzung der Beteiligungsrechte

a) Durchsetzung des Unterrichtungsrechts

267 Nach dem Wortlaut des § 111 Satz 1 begründet das Gesetz für den **Unternehmer** eine **Unterrichtungspflicht**. Mit dieser korrespondiert ein **Unterrichtungsanspruch** des **Betriebsrats** (*LAG Rheinland-Pfalz* 28.03.1989 LAGE § 111 BetrVG 1972 Nr. 10 S. 4; *ArbG Braunschweig* 15.06.1982 DB 1983, 239; *Buchner* Die Betriebsänderung – noch eine unternehmerische Entscheidung?, S. 9;

Caspers/MK-InsO, § 121, 122 Rn. 13; *Däubler/DKKW* § 111 Rn. 190; *Dütz* DB 1984, 115 [126]; *Ehmann* Betriebsstillegung, S. 66 ff.; *Ehrich* BB 1993, 356 [359]; *Gamillscheg* II, § 52, 4e; *Heither* FS *Däubler*, S. 338 [339]; *Hess/HWGNRH* § 111 Rn. 66; *Hohenstatt/Willemsen/HWK* § 111 BetrVG Rn. 79; *Kania*/ErfK § 111 BetrVG Rn. 26; *Konzen* Leistungspflichten, S. 18, 24, 54 f., 57 f., 79 f., 87 ff., 105, 114; *Löwisch/LK* § 111 Rn. 55; *ders.* DB 1972, 286 [287]; *ders.* FS Dieterich, 1999, S. 355 [361]; *Raab* ZfA 1997, 183 [245 f.]; *Richardi/Annuß* Sozialplan und Konkurs, 1975, S. 35; *Riesenkampff* Rechtsfolgen, S. 20 ff.; *Schulze* Betriebsänderungen, S. 154 ff.; *Schwonberg* Die einstweilige Verfügung des Arbeitgebers in Mitbestimmungsangelegenheiten im Rechtsschutzsystem der Betriebsverfassung [Diss. Göttingen], 1997, S. 307; *Seeberger* Sicherung der Beteiligungsrechte, S. 42 ff.; *Trittin* BB 1984, 1169 [1172 Fn. 27]; **a. M.** *Heinze* DB 1983, Beilage Nr. 9, S. 20; *Walker* Der einstweilige Rechtsschutz im Zivilprozess und im arbeitsgerichtlichen Verfahren, 1993, Rn. 876).

Die Pflicht des Unternehmers zur geplanten Betriebsänderung soll dem Betriebsrat eine zweckgerechte Beratung der beabsichtigten Maßnahme ermöglichen. Deshalb endet diese jedenfalls mit der Beendigung des Verfahrens zum Abschluss eines Interessenausgleichs. Durch den vorzeitigen Abbruch der unmittelbaren Verhandlungen (Beratung) mit dem Betriebsrat, kann sich der Unternehmer seinen Unterrichtungspflichten nicht entziehen. Der Unterrichtungsanspruch des Betriebsrats dient zwar der Beratung mit dem Unternehmer über die geplante Betriebsänderung. Der Zweck der Beratung erfordert jedoch ein extensives Verständnis, das auch den Vermittlungsversuch nach § 112 Abs. 2 sowie das Verfahren vor der Einigungsstelle als Fortsetzung der Beratungen mit dem Unternehmer bewertet. **268**

Den Unterrichtungsanspruch kann der Betriebsrat im **arbeitsgerichtlichen Beschlussverfahren** und nach § 85 Abs. 2 ArbGG auch mittels einer **einstweiligen Verfügung** durchsetzen (*LAG Berlin-Brandenburg* 12.12.2013 – 17 TaBVGa 2058/13 – BeckRS 2014, 66466; 19.06.2014 LAGE § 111 BetrVG 2001 Nr. 12; *LAG Rheinland-Pfalz* 13.10.2016 – 6 TaBVGa 2/16 – BeckRS 2016, 74414; *Caspers*/MK-InsO, § 121, 122 Rn. 13; *Däubler/DKKW* § 111 Rn. 190; *Dütz* DB 1984, 115 [125 f.]; *Ehrich* BB 1993, 356 [359]; *Fabricius* 6. Aufl., § 111 Rn. 357; *Fitting* § 111 Rn. 138; *Gamillscheg* II, § 52, 4e; *Hohenstatt/Willemsen/HWK* § 111 BetrVG Rn. 79; *Kania*/ErfK § 111 BetrVG Rn. 26; *Konzen* Leistungspflichten, S. 87, 115; *Leinemann* ZIP 1989, 552 [557]; *Löwisch/LK* § 111 Rn. 55; *Preis/Bender/WPK* § 111 Rn. 37; *Rinsdorf* ZTR 2001, 197 [198 ff.]; *Rumpff/Boewer* Wirtschaftliche Angelegenheiten, Kap. H Rn. 175 f.; *Seeberger* Sicherung der Beteiligungsrechte, S. 42 ff.; *Teichmüller* Die Betriebsänderung, S. 70; *Weber/Ehrich/Hörchens/Oberthür* Kap. J Rn. 99). Diese ist gegebenenfalls durch die **Verhängung von Zwangsgeld** (§ 888 Abs. 1 ZPO) zu vollstrecken (*Däubler/DKKW* § 111 Rn. 190; *Ehrich* BB 1993, 356 [359]; *Kania*/ErfK § 111 BetrVG Rn. 26; *Preis/Bender/WPK* § 111 Rn. 37; *Teichmüller* Die Betriebsänderung, S. 70; *Weber/Ehrich/Hörchens/Oberthür* Kap. J Rn. 99). **269**

b) Durchsetzung des Beratungsrechts
Neben der Unterrichtung verpflichtet § 111 Satz 1 den Unternehmer auch zu einer Beratung mit dem Betriebsrat. Teile des Schrifttums leiten aus dem hierdurch zugunsten des Betriebsrats begründeten Beratungsrecht auch ab, dass dem Betriebsrat ein **Beratungsanspruch** zusteht (*Buchner* Sicherstellung des wirtschaftlichen Mitbestimmungsrechts bei Betriebsänderungen durch einstweilige Verfügung, S. 228 f.; *Heither* FS *Däubler*, S. 338 [339]; *Konzen* Leistungspflichten, S. 57 ff.; *Riesenkampff* Rechtsfolgen, S. 29 ff.; ähnlich *Spirolke*/NK-GA § 111 BetrVG Rn. 2: »Verhandlungsanspruch«). Dem ist grundsätzlich zuzustimmen, obwohl die Begründung eines derartigen Anspruchs die schwierige Frage aufwirft, in welchem Umfang und mit welcher Intensität der Unternehmer die Beratung mit dem Betriebsrat schuldet. Zudem weist ein »Beratungsanspruch« die Schwäche auf, dass der Unternehmer nach der Konzeption des § 112 Abs. 2 berechtigt ist, die Beratung abzubrechen und das Vermittlungs- bzw. Einigungsstellenverfahren einzuleiten (s. Rdn. 251). Damit steht der Beratungsanspruch des Betriebsrats letztlich zur Disposition des Unternehmers, was sich in die Struktur schuldrechtlicher Ansprüche nicht harmonisch einfügen lässt. **270**

c) Rechtswirksamkeit der Betriebsänderung
Die unterlassene oder unzureichende Unterrichtung oder Beratung hat keine Auswirkungen auf die Rechtswirksamkeit der vom Unternehmer zur Durchführung der Betriebsänderung ergriffenen Maß- **271**

§ 111

nahmen. Insbesondere im Rahmen der Betriebsänderung durchgeführte **personelle Einzelmaßnahmen** (z. B. Kündigungen und Versetzungen) sind nicht bereits deshalb rechtsunwirksam, weil der Unternehmer seine Unterrichtungs- oder Beratungspflichten nach § 111 Satz 1 verletzt hat (*BAG* 21.09.2000 EzA § 1 KSchG Betriebsbedingte Kündigung Nr. 107 S. 6 = AP Nr. 111 zu § 1 KSchG 1969 Betriebsbedingte Kündigung Bl. 5 R; *Bauer* DB 1994, 217 [224]; *Fabricius* 6. Aufl., § 111 Rn. 356; *Hess/HWGNRH* § 111 Rn. 15; *v. Hoyningen-Huene* Betriebsverfassungsrecht, § 15 V 1; *Leinemann* ZIP 1989, 552 [557]; *Löwisch/LK* § 111 Rn. 56; *Preis/Bender/WPK* § 111 Rn. 36; *Richardi/Annuß* § 111 Rn. 164; *Riesenkampff* Rechtsfolgen, S. 52 ff.; *Rumpff/Boewer* Wirtschaftliche Angelegenheiten, Kap. H Rn. 180; *Teichmüller* Die Betriebsänderung, S. 70; *Teubner* BB 1974, 982 [983]). Hierin unterscheidet sich die Beteiligung des Betriebsrats nach § 111 Satz 1 grundlegend von dem nach § 17 Abs. 2 KSchG durchzuführenden Konsultationsverfahren (s. Rdn. 291 ff.).

d) Nachteilsausgleich

272 Die Einhaltung der Beteiligungsrechte des Betriebsrats sichert primär der in § 113 Abs. 3 normierte Nachteilsausgleich ab. Obwohl dieser die Sanktion nur eingreifen lässt, wenn selbst der »Versuch« eines Interessenausgleichs fehlt, ist diese nicht unvollkommen. Der Versuch eines Interessenausgleichs setzt eine rechtzeitige und umfassende Unterrichtung des Unternehmers sowie eine Beratung mit diesem voraus (s. näher § 113 Rdn. 49). Auf diese Weise sind die Pflichten des Unternehmers nach § 111 Satz 1 gegenüber dem Betriebsrat effektiv abgesichert, da der Unternehmer bei einem Unterrichtungs- und Beratungsdefizit stets mit der Sanktion des Nachteilsausgleichs rechnen muss, wenn er die Betriebsänderung gleichwohl durchführt, ohne dass zuvor ein rechtswirksamer Interessenausgleich mit dem Betriebsrat zustande gekommen ist (s. a. § 113 Rdn. 36 ff.). Dies wird zusätzlich durch die für die Höhe des Nachteilsausgleichs maßgebenden Grundsätze bekräftigt, die entscheidend von dem Sanktionszweck geprägt sind (s. § 113 Rdn. 91, 95), der auch einer Verrechnung mit etwaigen Sozialplanansprüchen Grenzen zieht (s. § 113 Rdn. 109 f.). Angesichts der nur schwer zu bestimmenden Grenzen der Unterrichtungs- und Beratungspflichten ist die damit einhergehende Unsicherheit regelmäßig ein Garant dafür, dass der Unternehmer einem Informationsbegehren bzw. einem Beratungsverlangen des Betriebsrats entspricht. Wegen des speziellen Sanktions- und Ausgleichsmechanismus in § 113 ist es ausgeschlossen, die Unterrichtungs- und Beratungspflicht nach § 111 Satz 1 als **Schutzgesetz i. S. d. § 823 Abs. 2 BGB** zu qualifizieren (mit überzeugender Begründung *LAG Niedersachsen* 27.06.2002 NZA-RR 2003, 133 [135 f.]).

e) Zwangsgeld nach § 23 Abs. 3

273 Bei schweren Verstößen des Unternehmers gegen seine Informationspflichten nach § 111 Satz 1 kommt ein Antrag nach § 23 Abs. 3 in Betracht (*Däubler/DKKW* § 111 Rn. 190; *Dütz* AuR 1998, 181 [183]; *Fitting* § 111 Rn. 139; *Galperin/Löwisch* § 111 Rn. 50; *Heinze* DB 1983, Beilage Nr. 9, S. 20 f.; *Heither* AR-Blattei SD 530.14.5, Rn. 120; *ders.* FS *Däubler*, S. 338 [346]; *Hess/HWGNRH* § 111 Rn. 17; *Kania*/ErfK § 111 BetrVG Rn. 26; *Konzen* Leistungspflichten, S. 91; *Leinemann* ZIP 1989, 552 [557]; *Richardi/Annuß* § 111 Rn. 167; *Riesenkampff* Rechtsfolgen, S. 37 ff.; *Teichmüller* Die Betriebsänderung, S. 70; *Wiese* 5. Aufl., § 23 Rn. 148).

f) Ordnungswidrigkeit

274 Die **Unterrichtungspflicht** des Unternehmers ist zusätzlich durch § 121 abgesichert (*OLG Hamburg* 04.06.1985 NZA 1985, 568 [569]; *OLG Hamm* 07.12.1977 DB 1978, 748 f.; *OLG Stuttgart* 22.11.1984 AuR 1985, 293; *AmtsG Arnsberg* 01./03.03.1977 BetrR 1977, 283 [287 ff.]; *Regierungspräsidium Tübingen* AiB 1992, 461 [462]).

275 Keine Ordnungswidrigkeit begeht der Unternehmer, wenn er seine in § 111 Satz 1 begründete **Beratungspflicht** verletzt (s. § 121 Rdn. 9). Dieses Defizit wird für die Betriebsänderung als solche durch den Nachteilsausgleich (§ 113 Abs. 3) und hinsichtlich des Ausgleichs und der Milderung »wirtschaftlicher Nachteile« für die Arbeitnehmer durch die Erzwingbarkeit eines Sozialplans über die Einigungsstelle ausgeglichen.

Betriebsänderungen § 111

g) Unterlassungsanspruch bzw. -begehren
Ob dem Betriebsrat bis zum Abschluss des Interessenausgleichsverfahrens ein Anspruch zusteht, dass 276
der Unternehmer die Durchführung der geplanten Betriebsänderung unterlässt, ist in der Literatur und der Rechtsprechung der Instanzgerichte unverändert äußerst umstritten. Einer abschließenden Klärung durch das Bundesarbeitsgericht steht entgegen, dass der Unterlassungsanspruch prozessual in den einstweiligen Rechtsschutz eingebettet ist und die Landesarbeitsgerichte deshalb letztinstanzlich entscheiden (§ 92 Abs. 1 ArbGG i. V. m. § 72 Abs. 4 ArbGG). Praktisch relevant ist ein derartiger Unterlassungsanspruch insbesondere, wenn die geplante Betriebsänderung in der Entlassung von Arbeitnehmern besteht und der Unternehmer (Arbeitgeber) zu diesem Zweck Kündigungen aussprechen will.

Bei dieser Streitfrage sind zwei Ebenen zu unterscheiden. Erstens ist zu klären, ob dem Betriebsrat aus 277
§ 111 (ggf. i. V. m. § 2 Abs. 1) ein eigenständiger materiell-rechtlicher Anspruch zusteht (s. dazu Rdn. 278 ff.). Wenn dies – wie hier (s. Rdn. 284 ff.) – verneint wird, dann ist klärungsbedürftig, ob gleichwohl der Erlass einer einstweiligen Verfügung gemäß § 85 Abs. 2 ArbGG i. V. m. den §§ 935, 940 ZPO statthaft ist, die dem Unternehmer untersagt, vor Abschluss der Interessenausgleichsverhandlungen mit der Durchführung der Betriebsänderung zu beginnen bzw. diese weiterhin fortzusetzen (s. Rdn. 289).

Das Meinungsbild in den veröffentlichten Entscheidungen der **Instanzgerichte** ist heterogen, wobei 278
z. T. selbst innerhalb eines Gerichts die Kammern unterschiedlicher Auffassung sind und zudem ältere Entscheidungen schon wegen eines personell veränderten Spruchkörpers an Bedeutung verlieren. Mit diesen Einschränkungen wird ein materiell-rechtlicher **Unterlassungsanspruch** von zahlreichen **Landesarbeitsgerichten** unverändert **abgelehnt**. Das gilt für das *LAG Baden-Württemberg* (28.08.1985 BB 1986, 1015 f.; 21.10.2009 – 20 TaBVGa 1/09 – BeckRS 2010, 66550), *LAG Düsseldorf* (14.11.1983 DB 1984, 511; 19.11.1996 LAGE § 111 BetrVG 1972 Nr. 14; 14.12.2005 LAGE § 111 BetrVG 2001 Nr. 4 S. 2 f.), *LAG Köln* (01.09.1995 BB 1995, 2115; 30.04.2004 NZA-RR 2005, 199 [199]; 30.03.2006 – 2 Ta 145/06 – BeckRS 2006, 41865; 27.05.2009 – 2 TaBVGa 7/09 – BeckRS 2009, 66807), *LAG Nürnberg* (09.03.2009 ZTR 2009, 554 f.), *LAG Rheinland-Pfalz* (28.03.1989 LAGE § 111 BetrVG 1972 Nr. 10 S. 2 ff.; 30.03.2006 – 11 TaBV 53/05 – BeckRS 2007, 45680; 27.08.2014 NZA-RR 2015, 197 [198]; **a. M.** jedoch 02.10.2014 – 3 TaBVGa 5/14 – BeckRS 2015, 66363) und *LAG Sachsen-Anhalt* (30.11.2004 – 11 TaBV 18/04 – BeckRS 2005, 40126).

Bejaht wird ein Unterlassungsanspruch demgegenüber bereits seit längerer Zeit von dem *LAG Berlin* 279
(07.09.1995 AP Nr. 36 zu § 111 BetrVG 1972 Bl. 5 f.; **a. M.** jedoch *LAG Berlin-Brandenburg* 12.12.2013 – 17 TaBVGa 2058/13 – BeckRS 2014, 66466), *LAG Hamburg* (05.02.1986 LAGE § 23 BetrVG 1972 Nr. 5; 26.06.1997 ZIP 1997, 2205 [2205]), *LAG Hamm* (23.03.1983 AuR 1984, 54; 27.06.1997 AuR 1997, 449 [LS]; 28.08.2003 NZA-RR 2004, 80 [81]; 26.02.2007 NZA-RR 2007, 469 [470]; 30.07.2007 BB 2008, 171; 30.05.2008 – 10 TaBVGa 9/08 – BeckRS 2008, 55454; 21.08.2008 – 13 TaBVGa 16/08 – BeckRS 2008, 57206; 28.06.2010 – 13 Ta 372/10 – BeckRS 2010, 72270; 20.04.2012 – 10 TaBVGa 3/12 – BeckRS 2012, 70259; 17.02.2015 NZA-RR 2015, 247 [248]) und *LAG Thüringen* (26.09.2000 LAGE § 111 BetrVG 1972 Nr. 17 S. 2; 18.08.2003 LAGE § 111 BetrVG 2001 Nr. 1 S. 4 f.; zum Ansatz des *LAG Frankfurt a. M.* bzw. *Hess. LAG* s. Rdn. 289).

Uneinheitlich ist die Rechtsprechung des *LAG Niedersachsen*, da dieses einen Unterlassungsanspruch 280
in seiner älteren Rechtsprechung noch abgelehnt hat (05.06.1987 LAGE § 23 BetrVG 1972 Nr. 11; 29.11.2002 BB 2003, 1337 [1337]), dieser jedoch nunmehr von der 17. Kammer des Gerichts bejaht wird (04.05.2007 LAGE § 111 BetrVG 2001 Nr. 7 S. 3 f.). Entsprechendes gilt für das *LAG Schleswig-Holstein*. Dieses lehnte einen Unterlassungsanspruch ursprünglich ab (13.01.1992 LAGE § 111 BetrVG 1972 Nr. 11 S. 5 ff.), hat sich inzwischen aber der gegenteiligen Auffassung angeschlossen (15.12.2010 LAGE § 111 BetrVG 2001 Nr. 11 = DB 2011, 714 sowie in der Tendenz bereits 20.07.2007 NZA-RR 2008, 244 [246]). Zu den Landesarbeitsgerichten, die von ihrer früheren ablehnenden Haltung abgerückt sind, zählt auch das *LAG München*, dessen 6. Kammer nunmehr das Bestehen eines materiell-rechtlichen Unterlassungsanspruchs anerkennt und der bis zum Abschluss des Interessenausgleichsverfahrens – ggf. vor der Einigungsstelle – reichen soll (*LAG München* 22.12.2008 BB 2010, 896 ff. = AuR 2009, 142 f.; gegenteilig noch *LAG München* 24.09.2003 NZA-RR 2004, 536 [536 f.]; 28.06.2005 – 5 TaBV 46/05 – BeckRS 2009, 68027).

281 Nicht anders als die Rechtsprechung der Landesarbeitsgerichte ist auch diejenige der **Arbeitsgerichte** uneinheitlich (**ablehnend** *ArbG Bonn* 23.08.1995 BB 1995, 2115; *ArbG Braunschweig* 15.06.1982 DB 1983, 239; *ArbG Dresden* 25.07.1997 NZA-RR 1998, 125 [126]; 30.11.1999 BB 2000, 363 [LS]; *ArbG Frankfurt/Oder* 22.03.2001 NZA-RR 2001, 646 [647]; *ArbG Gelsenkirchen* 30.11.2006 – 5 BVGa 9/06 – juris; *ArbG Halle [Saale]* 29.10.2004 – 6 BVGa 7/04 – juris; *ArbG Herne* 24.05.1991 DB 1991, 2296; *ArbG Kaiserslautern* 23.10.2002 BB 2003, 532 [LS]; *ArbG Kiel* 13.12.1996 NZA-RR 1997, 298; *ArbG Marburg* 29.12.2003 NZA-RR 2004, 199 [200]; 04.02.2011 – 2 BVGa 1/11 – juris; *ArbG Minden* 25.09.1996 BB 1997, 635; *ArbG Neustrelitz* 24.02.1994 BB 1995, 206 f.; *ArbG Nürnberg* 20.03.1996 NZA-RR 1996, 411; 17.01.2000 BB 2000, 2100 [LS], [bestätigt durch *LAG Nürnberg* 06.06.2000 – 6 TaBV 8/00 – juris]; *ArbG Passau* 22.10.2002 BB 2003, 744 [LS]; *ArbG Schwerin* 13.02.1998 NZA-RR 1998, 448 [449 f.]; **bejahend** *ArbG Bamberg* 30.11.1984 NZA 1985, 259; *ArbG Berlin* 09.03.2000 AiB 2001, 544 [545]; *ArbG Bremen-Bremerhaven* 25.11.2009 – 12 BVGa 1204/09 – juris; *ArbG Dessau* 30.04.1993 AuA 1994, 184 f.; *ArbG Flensburg* 24.01.2008 AiB 2008, 351 f.; *ArbG Frankfurt a. M.* 08.09.1998 AuR 1998, 497 [498]; 08.01.2003 AiB 2003, 697 [698]; *ArbG Gießen* 18.10.1982 AuR 1983, 156; *ArbG Hamburg* 29.11.1993 AiB 1994, 246; 04.11.1997 NZA-RR 1998, 127 [127 f.]; 01.12.2004 NZA-R 2006, 33 [LS]; 06.01.2005 AiB 2005, 568 [569]; 25.01.2007 AuR 2007, 397 f.; 29.05.2012 – 27 BVGa 2/12 – BeckRS 2012, 74683; 25.04.2013 – 27 BVGa 2/13 – BeckRS 2013, 68963; *ArbG Jena* 22.09.1992 BB 1992, 2223; *ArbG Karlsruhe* 22.07.2003 NZA-RR 2004, 482 [483 f.]; *ArbG Köln* 28.05.2008 – 9 BVGa 16/08 – juris; *ArbG München* 06.12.2002 – 27 BVG a 68/02 [wiedergegeben in AuA 2003, Heft 5, 50]; *ArbG Pforzheim* 29.09.2005 – 6 BVGa 82/05 – juris; *ArbG Regensburg* 24.06.2005 – 3 BVGa 5/05 S – juris; *KreisG Saalfeld* 02.04.1991 AuR 1992, 124).

282 Sofern die vorstehend zitierte Rechtsprechung einen materiell-rechtlichen **Unterlassungsanspruch bejaht**, soll dieser auch im Wege einer **einstweiligen Verfügung** durchgesetzt werden können (*LAG Berlin* 07.09.1995 AP Nr. 36 zu § 111 BetrVG 1972 Bl. 5 R; *LAG Hamm* 17.02.2015 NZA-RR 2015, 247 [248]; *Thür. LAG* 26.09.2000 – 1 TaBV 14/00 – juris; 18.08.2003 ZIP 2004, 1118 [1120]; *ArbG Hamburg* 04.11.1997 NZA-RR 1998, 127; 01.12.2004 – 25 GaBV 2/04 – BeckRS 2005, 40048; *ArbG Karlsruhe* 22.07.2003 NZA-RR 2004, 482 [484]; ebenso im Schrifttum *Dütz* AuR 1998, 181 [183]; *Fitting* § 111 Rn. 138; *Heither FS Däubler*, S. 338 [342]; *Gruber* NZA 2011, 1011 [1017 f.]; *Korinth* ArbRB 2005, 61 [62 ff.]; *Matthes* RdA 1999, 178 [180]; *Pflüger* DB 1998, 2062 [2066]; *Schaub/ Koch* Arbeitsrechts-Handbuch, § 244 Rn. 29b; **a. M.** *Schmädicke* NZA 2004, 295 ff., wegen eines fehlenden Verfügungsgrunds).

283 Im **Schrifttum** überwiegen unverändert die Stimmen, die einen **Unterlassungsanspruch ablehnen** (*Bauer* DB 1994, 217 [224 f.]; *ders. FS Wißmann*, S. 215 [224 f.]; *ders./Göpfert* DB 1997, 1464 [1470 f.]; *ders./Krieger* BB 2010, 53 [54 f.]; *ders./Lingemann* NZA 1995, 813 [817]; *Bengelsdorf* DB 1990, 1233 [1235 ff., 1282 ff.]; *Beuthien* ZfA 1986, 131 [151 f.]; *ders.* ZfA 1988, 1 [21 ff.]; *Boewer/Boewer* Personalwirtschaft 1984, 330 [334 ff.]; *Buchner* Sicherstellung des wirtschaftlichen Mitbestimmungsrechts bei Betriebsänderungen durch einstweilige Verfügung, S. 218 ff.; *Caspers*/MK-InsO, §§ 121, 122 Rn. 28; *Diller/Powietzka* DB 2001, 1034 [1037]; *Dzida* ArbRB 2015, 215 [215]; *Ehler* BB 2000, 978 [979]; *Ehrich* BB 1993, 356 [358]; *Eich* DB 1983, 675; *Fitting* § 111 Rn. 135; *Galperin/ Löwisch* § 111 Rn. 46; *Gamillscheg* II, § 52, 5b [4]; *Giesen* ZIP 1998, 142 [146 f.]; *Gillen/Vahle* NZA 2005, 1385 [1292]; *Graner* LAGR 2005, 65 [66 f.]; *Greiner* in: *Schlachter/Heinig* Europ. AuS, § 21 Rn. 42; *ders./GWBG* ArbGG, § 85 Rn. 21; *Hamberger* Insolvenzverfahren, S. 231 ff.; *Hanau* JuS 1985, 360 [364]; *ders.* NZA 1996, 841 [844]; *Heinze* DB 1983, Beilage Nr. 9, S. 21; *Hess/ HWGNRH* § 111 Rn. 192 ff.; *Heupgen* NZA 1997, 1271 [1272]; *Hohenstatt* NZA 1998, 846 [850 f.]; *ders./Willemsen/HWK* § 111 BetrVG Rn. 80; *Hromadka/Maschmann* Arbeitsrecht 2, § 16 Rn. 614; *Hümmerich/Spirolke* BB 1996, 1986 [1989 f.]; *Kamanabrou* Arbeitsrecht, Rn. 2849; *Konzen* Leistungspflichten, S. 91; *Küttner* Arbeitsrecht und Arbeitsgerichtsbarkeit, 1998, S. 431 [438 ff.]; *Leinemann* ZIP 1989, 552 [557 f.]; *Lieb/Jacobs* Arbeitsrecht, Rn. 883; *Lipinski* BB 2003, 1338 [1338]; *ders./Melms* BB 2002, 2226 [2228 f.]; *Löwisch* NZA 1996, 1009 [1016]; *ders./LK* § 111 Rn. 56; *Loritz/ZLH* Arbeitsrecht, § 52 Rn. 57; *Matthes/Spinner/GMP* ArbGG, § 85 Rn. 37; *Preis/Bender/WPK* § 111 Rn. 38; *Prütting* RdA 1995, 257 [261]; *Raab* ZfA 1997, 183 [246 ff.]; *Rebel* Grundprobleme des Nachteilsausgleichs gemäß § 113 BetrVG [Diss. Kiel 2007], 2008, S. 285 ff.; *Reich* § 111 Rn. 1, § 113 Rn. 4; *Richardi/Annuß* § 111 Rn. 168; *Rieble/AR* § 111 BetrVG Rn. 25; *Riesenkampff* Rechtsfolgen,

Betriebsänderungen § 111

S. 55 ff.; *Rumpff/Boewer* Wirtschaftliche Angelegenheiten, Kap. H Rn. 182 ff.; *Salomon/v. Stechow* NZA 2016, 85 [89]; *Scharff* BB 2016, 437 [442]; *Schlochauer* JArbR Bd. 20 [1982], 1983, S. 61 [71]; *Schweibert/WHSS* Kap. C Rn. 368; *Schwonberg* Die einstweilige Verfügung des Arbeitgebers in Mitbestimmungsangelegenheiten im Rechtsschutzsystem der Betriebsverfassung [Diss. Göttingen], 1997, S. 306 ff.; *Seeberger* Sicherung der Beteiligungsrechte, S. 165 ff., 168 ff.; *Spirolke*/NK-GA § 111 BetrVG Rn. 29; *Spreer* Die Richtlinie 2002/14/EG zur Festlegung eines allgemeinen Rahmens für die Unterrichtung und Anhörung der Arbeitnehmer in der Europäischen Gemeinschaft [Diss. Bielefeld], 2005, S. 124 ff.; *Stege/Weinspach/Schiefer* §§ 111–113 Rn. 102 ff.; *Völksen* RdA 2010, 354 ff.; *Walker* Der einstweilige Rechtsschutz im Zivilprozeß und im arbeitsgerichtlichen Verfahren, 1993, Rn. 876; *ders.* DB 1995, 1961 [1964 f.]; *ders.* ZfA 2004, 501 [526 ff.]; *ders.* ZfA 2005, 45 [73 f.]; *ders.* FA 2008, 290 [291 ff.]; *Weber* AuR 2008, 365 [378 ff.]; GK-BetrVG/*Wiese* 5. Aufl., § 23 Rn. 146; wohl auch *Kania*/ErfK § 111 BetrVG Rn. 28; **a. M.** *Andres* Anm. zu *LAG Düsseldorf* 19.11.1996 LAGE § 111 BetrVG 1972 Nr. 14; *Berscheid* ZIP 1997, 2206 [2206]; *Bertelsmann/Gäbert* AuR 1982, 390 ff.; *Bruns* AuR 2003, 15 [16 ff.]; *Buschmann* BB 1983, 510 [513 f.]; *Däubler*/DKKW §§ 112, 112a Rn. 55 f.; *Derleder* AuR 1995, 13 [17 f.]; *Dütz* AuR 1998, 181 [182 f.]; *Ernst* AuR 2003, 19 [21 f.]; *Fauser/Nacken* NZA 2006, 1136 [1139 ff.]; *Forst* ZESAR 2011, 107 ff.; *Gruber* NZA 2011, 1011 [1012 ff.]; *Heither* AR-Blattei SD 530.14.5, Rn. 116 f.; *ders.* FS *Däubler*, S. 338 [340 ff.]; *ders.* FS *Wlotzke*, S. 393 [405]; *ders.* FS *Dieterich*, 1999, S. 355 [361 f.]; *Klocke* Unterlassungsanspruch, S. 122 ff.; *Kohte* FS 50 Jahre Bundesarbeitsgericht, 2004, S. 1219 [1248 f.]; *ders.* FS *Richardi*, 2007, S. 601 [610 ff.]; *Korinth* ArbRB 2005, 61 [62]; *Matthes* RdA 1999, 178 [180]; *Mauthner* Die Massenentlassungsrichtlinie der EG und ihre Bedeutung für das deutsche Massenentlassungsrecht [Diss. Regensburg], 2004, S. 195 ff.; *Pflüger* DB 1998, 2062 [2063 ff.]; *Radtke* Sachverstand, S. 162 f.; *Schaub/Koch* Arbeitsrechts-Handbuch, § 244 Rn. 29a f.; *Schwegler* Schutz der Vereinbarungen, S. 118 ff., 201 ff.; *Trittin* DB 1983, 230 f.; *ders.*/DKKW § 23 Rn. 131; *Wahsner* AiB 1982, 166 [170 ff.]; *Weber/Ehrich/Hörchens/Oberthür* Kap. J Rn. 102; *Weiss/Weyand* § 111 Rn. 36; *Zabel* AuR 2008, 173 f.; *Zwanziger* BB 1998, 477 [480]; im Ergebnis ebenfalls *Schulze* Betriebsänderungen, S. 190 ff.; ferner auch *Lobinger* FS *Richardi*, S. 657 ff., der zwar einen eigenen Unterlassungsanspruchs des Betriebsrats verneint, einen solchen der von der Betriebsänderung nachteilig betroffenen Arbeitnehmer hingegen bejaht; zeitlich beschränkt auf die Abwicklung des Beratungs- und Verhandlungsanspruchs *Gerdom* Unterrichtungs- und Anhörungspflichten, S. 232 ff.; *Schaub/Koch* Arbeitsrechts-Handbuch, § 244 Rn. 29a).

Für die Problemlösung ist festzuhalten, dass ein genereller Anspruch auf Unterlassung der Betriebsänderung nicht anzuerkennen ist, weil der Unternehmer für deren Durchführung nicht auf die Zustimmung des Betriebsrats angewiesen ist. Zu erwägen ist ein Unterlassungsanspruch ausschließlich für die Zeit bis zum Abschluss des Interessenausgleichsverfahrens. Auch insoweit ist ein Unterlassungsanspruch des Betriebsrats jedoch nicht anzuerkennen. Für einen eigenständigen Unterlassungsanspruch aus § 111 Satz 1 i. V. m. § 2 Abs. 1 lassen sich dem Gesetz keine ausreichenden Anhaltspunkte entnehmen. Den Befürwortern eines Unterlassungsanspruchs ist einzuräumen, dass das Beratungsrecht des Betriebsrats leer läuft, wenn der Unternehmer die Betriebsänderung bereits während des Interessenausgleichsverfahrens durchführt. Vor der Anrufung der Einigungsstelle kann er dies jedoch nur unter Inkaufnahme eines Nachteilsausgleichs (§ 113 Abs. 3). Da dieser gerade auf den Sachverhalt einer Durchführung der Betriebsänderung unter Verletzung der Beteiligungsrechte des Betriebsrats reagiert und dementsprechend einen Sanktionscharakter aufweist (s. § 113 Rdn. 3) liegt eine spezielle Sanktion für das betriebsverfassungswidrige Verhalten des Unternehmers vor. Im Gegensatz zu dem Mitbestimmungssicherungsverfahren nach § 101 hat sich der Gesetzgeber im Einklang mit der beschränkten Entscheidungskompetenz der Einigungsstelle in Bezug auf den Interessenausgleich – vergleichbar mit der Verletzung der Anhörungspflicht nach § 102 Abs. 1 Satz 1 und 2 (s. § 102 Abs. 1 Satz 3) – bewusst für eine individualrechtliche Sanktion entschieden, so dass für die ergänzende und auf § 2 Abs. 1 gestützte Herausbildung eines Unterlassungsanspruchs kein Raum ist. Gegen einen auf die Betriebsänderung bezogenen Unterlassungsanspruch spricht ferner, dass der Unternehmer nicht auf die Zustimmung des Betriebsrats angewiesen ist, um die Betriebsänderung rechtmäßig durchführen zu können (s. Rdn. 271). Vielmehr kann er die Beratungen ohne Einigung mit dem Betriebsrat abbrechen und auch vor der Einigungsstelle kann er nicht dazu gezwungen werden, von seiner Planung abzurücken. Damit unterscheidet sich die Rechtsstellung des Betriebsrats grundlegend von der-

284

§ 111 IV. 6. 1. Betriebsänderungen

jenigen, die ihm § 87 Abs. 1 einräumt. Bei den dort genannten Angelegenheiten folgt aus der Qualität des Beteiligungsrechts, dass der Arbeitgeber die Maßnahme nur mit Zustimmung des Betriebsrats durchführen darf bzw. nur im Rahmen eines von der Einigungsstelle gefällten Spruchs rechtmäßig handelt.

285 Selbst wenn entgegen der hier befürworteten Auffassung bis zum Abschluss eines Interessenausgleichsverfahrens ein Unterlassungsanspruch bejaht wird, richtet sich dieser ausschließlich gegen die beteiligungspflichtige Maßnahme, also die Betriebsänderung als solche, nicht hingegen gegen Vorbereitungshandlungen, die keine irreversiblen und im Rahmen eines Interessenausgleichsverfahrens korrigierbare Fakten schaffen (*Hess. LAG* 19.01.2010 LAGE § 111 BetrVG 2001 Nr. 10 = NZA-RR 2011, 187 [188 f.]; *ArbG Marburg* 04.02.2011 – 2 BVGa 1/11 – juris). Ebenso scheidet ein Unterlassungsanspruch auch gegenüber solchen Maßnahmen aus, die den Verhandlungsanspruch des Betriebsrats weder rechtlich noch tatsächlich ernsthaft in Frage stellen (*LAG Berlin-Brandenburg* 19.06.2014 LAGE § 111 BetrVG 2001 Nr. 12). Entsprechendes gilt in der umgekehrten Konstellation: nach Durchführung bzw. Vollzug der Betriebsänderung ist ein Unterlassungsanspruch denknotwendig ausgeschlossen (*LAG Hamm* 17.02.2015 NZA-RR 2015, 247 [248]; *LAG Rheinland-Pfalz* 26.01.2011 – 7 TaBVGa 4/10 – BeckRS 2011, 72914; 13.10.2016 – 6 TaBVGa 2/16 – BeckRS 2016, 74414).

286 Von den Befürwortern eines materiell-rechtlichen Unterlassungsanspruches wird dieser ungeachtet der aus dem BetrVG abzuleitenden Gründe vor allem auf das Unionsrecht gestützt, wobei insbesondere die in Art. 4 Abs. 2 der Richtlinie 2002/14/EG genannten Unterrichtungs- und Anhörungspflichten im Fokus stehen. Für deren Durchsetzung seien nicht nur geeignete Verfahren zur Verfügung zu stellen (Art. 8 Abs. 1 Satz 2 der Richtlinie 2002/14/EG), sondern wegen Art. 8 Abs. 2 der Richtlinie auch hinreichend abschreckende Sanktionen zu schaffen, wenn die Unterrichtungs- und Anhörungspflichten verletzt werden (so insbesondere in der Rechtsprechung *LAG Hamm* 28.06.2010 – 13 Ta 372/10 – BeckRS 2010, 72270; *LAG München* 22.12.2008 BB 2010, 896 ff. = AuR 2009, 142 f.; *LAG Rheinland-Pfalz* 02.10.2014 – 3 TaBVGa 5/14 – BeckRS 2015, 66363; *LAG Schleswig-Holstein* 20.07.2007 NZA-RR 2008, 244 [246]; 19.12.2010 LAGE § 111 BetrVG 2001 Nr. 11 = DB 2011, 714; *ArbG Hamburg* 25.04.2013 – 27 BVGa 2/13 – BeckRS 2013, 68963; ebenso im Schrifttum z. B. *Boemke* in: Oetker/Preis [Hrsg.], Europäisches Arbeits- und Sozialrecht [EAS], B 7100, Rn. 108 f.; *Forst* ZESAR 2011, 107 ff.; *Gruber* NZA 2011, 1011 [1014 f.]; *Klocke* Unterlassungsanspruch, S. 170 ff.; *Kohte* FS *Richardi*, 2007, S. 601 [610 ff.]; *Richardi/Annuß* § 111 Rn. 168; *Schaub/Koch* Arbeitsrechts-Handbuch, § 244 Rn. 29a; *Schwegler* Schutz der Vereinbarungen, S. 201 ff.; *Trittin/DKKW* § 23 Rn. 346; im Grundsatz auch *Gerdom* Unterrichtungs- und Anhörungspflichten, S. 232 ff.; *Thüsing* Europäisches Arbeitsrecht, 3. Aufl. 2017, § 10 Rn. 88 f.). Mit gewichtigen Gründen wird den unionsrechtlich geprägten Begründungsversuchen indes widersprochen und die Notwendigkeit einer Korrektur des bei Auslegung des BetrVG erzielten Resultats abgelehnt (so in der Rechtsprechung z. B. *LAG Baden-Württemberg* 21.10.2009 – 20 TaBVGa 1/09 – BeckRS 2010, 66550; *LAG Köln* 27.05.2009 – 2 TaBVGa 7/09 – BeckRS 2009, 66807; *LAG Nürnberg* 09.03.2009 ZTR 2009, 554 f.; *LAG Rheinland-Pfalz* 27.08.2014 NZA-RR 2015, 197 [198]; ebenso im Schrifttum z. B. *Greiner* in: *Schlachter/Heinig* Europ. AuS, § 21 Rn. 42 ff.; *Kania*/ErfK § 111 BetrVG Rn. 27; *Müller-Bonanni/Jenner* in: *Preis/Sagan* Europ. ArbR, § 12 Rn. 234 f.; *Oetker/Schubert* in: Oetker/Preis [Hrsg.], Europäisches Arbeits- und ozialrecht [EAS], B 8300, Rn. 391 ff.; *Schweibert/WHSS* Kap. C Rn. 369; *Seeberger* Sicherung der Beteiligungsrechte, S. 168 ff.; *Völksen* RdA 2010, 354 [361 ff.]; *Walker* FA 2008, 290 [292 f.]; *Weber* AuR 2008, 365 [378 ff.]; ders./EuArbR Art. 8 RL 2002/14/EG Rn. 16).

287 Entsprechend den ablehnenden Stellungnahmen zwingen die unionsrechtlichen Vorgaben nicht dazu, das durch Auslegung des BetrVG erzielte Ergebnis (Rdn. 284) zu korrigieren und einen materiell-rechtlichen Anspruch auf Unterlassung der Betriebsänderung bis zum Abschluss des Interessenausgleichsverfahrens anzuerkennen. Ungeachtet der Tragfähigkeit der insbesondere aus der Richtlinie 2002/14/EG abgeleiteten Argumente ist eine unionsrechtlich geforderte Korrektur nur in den Grenzen der genannten Richtlinie in Betracht zu ziehen. Selbst wenn die von § 111 Satz 1 und 3 erfassten Sachverhalte unter den Begriff der »Arbeitsorganisation« in Art. 4 Abs. 2 Buchst. c der Richtlinie 2002/14/EG subsummiert werden, rechtfertigt die Richtlinie keinen über die Beratungen zwischen

Betriebsänderungen **§ 111**

Unternehmer und Betriebsrat in zeitlicher Hinsicht hinausreichenden Unterlassungsanspruch (treffend insoweit auch *Gerdom* Anhörungs- und Unterrichtungspflichten, S. 234; *Schaub/Koch* Arbeitsrechts-Handbuch, § 244 Rn. 29b). Ein bis zum vollständigen Abschluss des Interessenausgleichsverfahrens vor der Einigungsstelle (§ 112 Abs. 3) reichender Unterlassungsanspruch lässt sich deshalb nicht auf das Unionsrecht stützen. Erst recht lässt sich auf das Unionsrecht kein Unterlassungsanspruch stützen, der bis zum Abschluss der Verhandlungen über einen Sozialplan reicht (treffend *Schaub/Koch* Arbeitsrechts-Handbuch, § 244 Rn. 29b).

Auch innerhalb der in Rdn. 287 skizzierten Grenzen zwingt die Richtlinie 2002/14/EG im Lichte **288** der §§ 111 ff. nicht zur Anerkennung eines Unterlassungsanspruchs. Soweit dieser auf die Vorgabe in Art. 8 Abs. 1 Satz 2 der Richtlinie gestützt wird, ist entgegenzuhalten, dass der aus § 111 Satz 1 folgende Unterrichtungs- und Beratungsanspruch verfahrensrechtlich hinreichend abgesichert ist (s. Rdn. 269; ebenso *Greiner* in: *Schlachter/Heinig* Europ. AuS, § 21 Rn. 42; *Völksen* RdA 2010, 354 [362]). Dem in Art. 8 Abs. 2 der Richtlinie enthaltenen Gebot einer ausreichend abschreckenden Sanktion kann ausreichend über den Nachteilsausgleich in § 113 Rechnung getragen werden (s. *Greiner* in: *Schlachter/Heinig* Europ. AuS, § 21 Rn. 44; *Müller-Bonanni/Jenner* in: *Preis/Sagan* Europ. ArbR, § 12 Rn. 234 f.; *Oetker/Schubert* in: Oetker/Preis [Hrsg.], Europäisches Arbeits- und Sozialrecht [EAS], B 8300, Rn. 392 ff.; *Völksen* RdA 2010, 354 [362 f.]; *Weber*/EuArbR Art. 8 RL 2002/14/EG Rn. 16; **a. M.** *Richardi/Annuß* § 111 Rn. 168), da bei dessen Bemessung insbesondere auch der Sanktionszweck der Norm zu berücksichtigen ist (s. § 113 Rdn. 95) und die Richtlinie nicht ausschließt, das Gebot einer abschreckenden Sanktion mittels der Begründung individualrechtlicher Ansprüche zu begründen (treffend *Greiner* in: *Schlachter/Heinig* Europ. AuS, § 21 Rn. 44).

Der Versuch, eine Unterlassung der Betriebsänderung dadurch zu erreichen, dass zwar ein Unterlas- **289** sungsanspruch verneint, dem Gericht aber im Rahmen von § 85 Abs. 2 ArbGG i. V. m. den §§ 935, 940 ZPO die Befugnis zugebilligt wird, zur Absicherung des Beratungsrechts, die Durchführung der Betriebsänderung (z. B. den Ausspruch von Kündigungen) bis zum Abschluss des Interessenausgleichsverfahrens zu untersagen, kann nicht überzeugen (*LAG Schleswig-Holstein* 13.11.1992 LAGE § 111 BetrVG 1972 Nr. 11 S. 14; *Ehler* BB 1994, 2270 ff.; *Ehrich* BB 1993, 356 [359]; *Hess/HWGNRH* § 111 Rn. 194 ff.; *Löwisch/LK* § 111 Rn. 56; *Preis/Bender/WPK* § 111 Rn. 38; *Rumpff/Boewer* Wirtschaftliche Angelegenheiten, H Rn. 188; *Spirolke*/NK-GA § 111 BetrVG Rn. 29; *Völksen* RdA 2010, 354 [359 f.]; im Grundsatz auch *Buchner* Sicherstellung des wirtschaftlichen Mitbestimmungsrechts bei Betriebsänderungen durch einstweilige Verfügung, S. 227 f.; **a. M.** *LAG Frankfurt a. M.* 06.04.1993 DB 1994, 2635; 27.06.2007 AuR 2008, 267 [268]; 19.01.2010 LAGE § 111 BetrVG 2001 Nr. 10; *Hess. LAG* 18.01.2011 – 4 Ta 487/10 – BeckRS 2011, 75835; ebenso *LAG Berlin-Brandenburg* 12.12.2013 – 17 TaBVGa 2058/13 – juris; *ArbG Hamburg* 25.01.2007 AuR 2007, 397 [397 f.]; *Eisemann* FS Bepler, S. 131 ff.; *Fabricius* 6. Aufl., § 111 Rn. 362; *Fitting* § 111 Rn. 138; *Hamberger* Insolvenzverfahren, S. 234; *Karthaus* AuR 2007, 114 [118 ff.]; *Teichmüller* Die Betriebsänderung, S. 70). Eine derartige Untersagungsverfügung würde jedoch die spezielle gesetzliche Wertung des BetrVG unterlaufen, das dem Betriebsrat gerade nicht die Rechtsmacht verleiht, die Durchführung einer Betriebsänderung vorübergehend oder zeitweilig zu verhindern (**a. M.** *Fitting* § 111 Rn. 138).

Selbst bei einem gegenteiligen Verständnis besteht der Verfügungsgrund nur zeitlich befristet, wobei **290** sich die Befristung an der Zeitspanne orientieren muss, die voraussichtlich bei einem zügigen Verhalten für den Abschluss des Beteiligungsverfahrens erforderlich ist (*Hess. LAG* 18.01.2011 – 4 Ta 487/10 – BeckRS 2011, 75835 sowie zuvor *LAG Köln* 05.03.2009 – 5 TaBVGa 1/09 – BeckRS 2009, 60540; ebenso *Schaub/Koch* Arbeitsrechts-Handbuch, § 244 Rn. 29b). Ebenso fehlt es an einem Verfügungsgrund, wenn der Arbeitgeber verhandlungsbereit ist (*LAG Köln* 27.05.2009 – 2 TaBVGa 7/09 – BeckRS 2009, 66807; *LAG Rheinland-Pfalz* 05.02.2010 – 6 TaBVGa 5/09 – BeckRS 2010, 68206).

V. Konsultation des Betriebsrats bei Massenentlassungen (§ 17 Abs. 2 KSchG)

Literatur
Dimsic Fehler im Massenentlassungsverfahren, NJW 2016, 901; *Domröse* Die Konsultationspflicht des Arbeitgebers nach der Massenentlassungsrichtlinie bei Strukturentscheidungen im Konzern, EuZA 2010, 396; *Dzida / Hohenstatt* Beteiligungsverfahren bei Massenentlassungen: Welcher Betriebsrat ist zuständig?, NJW 2012, 27; *Forst* Informationspflichten bei der Massenentlassung, NZA 2009, 294; *Franzen* Massenentlassungen und Betriebsänderung unter dem Einfluss des europäischen Gemeinschaftsrechts, ZfA 2006, 437; *Hinrichs* Kündigungsschutz und Arbeitnehmerbeteiligung bei Massenentlassungen (Diss. Halle), 2001 (zit.: Kündigungsschutz); *Krieger / Ludwig* Das Konsultationsverfahren bei Massenentlassungen – Praktischer Umgang mit einem weitgehend unbekannten Wesen, NZA 2010, 919; *Lunk / Hildebrand* Konsequenzen der Balkaya-Entscheidung des EuGH für Geschäftsführer, Arbeitnehmer und Gesellschafter, NZA 2016, 129; *Mauthner* Die Massenentlassungsrichtlinie der EG und ihre Bedeutung für das deutsche Massenentlassungsrecht (Diss. Regensburg), 2004 (zit.: Massenentlassungsrichtlinie); *Moll / Katerndahl* Zum Verhältnis zwischen Interessenausgleichs- und Massenentlassungsanzeigeverfahren, RdA 2013, 159; *Paehler* Textform und fehlende Verhandlungsbereitschaft des Betriebsrats im Konsultationsverfahren bei Massenentlassungen, DB 2017, 733; *Reinhard* Rechtsfolgen fehlerhafter Massenentlassungen, RdA 2007, 207; *Salamon* Unterrichtung und Beratung im Konsultationsverfahren nach § 17 KSchG, 2015, 789; *ders.* Der richtige Konsultationspartner gem. § 17 KSchG, BB 2015, 1653; *Schmidt / Wilkening* Reformbedarf im Rahmen von Massenentlassungen – Umformulierung von § 17 KSchG, NZA-RR 2017, 169; *Schramm / Kuhnke* Das Zusammenspiel von Interessenausgleichs- und Massenentlassungsanzeigeverfahren, NZA 2011, 1071; *Schlachter* Verletzung von Konsultationsrechten des Betriebsrats in Tendenzunternehmen, FS Wißmann, 2005, S. 412; *v. Steinau-Steinrück / Bertz* Die Handhabbarkeit des Massenentlassungsverfahrens, NZA 2017, 145; *Temming* Die Massenentlassung in der Zwickmühle – Beteiligungsrechte des Betriebsrats de lege lata und de lege ferenda, NZA 2016, 599; *Weber* Mitbestimmungsspirale im Recht der Massenentlassung?, FS Richardi, 2007, S. 461; *ders.* Massenentlassung und Arbeitnehmerbeteiligung im deutschen und europäischen Mitbestimmungsrecht, AuR 2008, 365.

1. Rechtsgrundlagen

291 Besteht die vom Unternehmer geplante Betriebsänderung ausschließlich in der Entlassung von Arbeitnehmern (s. § 111 Rdn. 90 ff.) oder ist eine solche mit einer Betriebsänderung verbunden, dann hat der Unternehmer nicht nur das Beteiligungsverfahren nach den §§ 111 f. zu wahren, sondern muss unter der Voraussetzung einer Massenentlassung i. S. d. § 17 Abs. 1 KSchG zusätzlich das in § 17 Abs. 2 KSchG ausgestaltete Konsultationsverfahren mit dem Betriebsrat durchführen. Obwohl es sich bei diesem im Kern um eine betriebsverfassungsrechtliche Regelung handelt (*Kiel*/ErfK § 17 KSchG Rn. 19; *Spelge*/EuArbR vor Art. 1 RL 98/59/EG Rn. 9), hat der Gesetzgeber dieses in das Kündigungsschutzgesetz integriert (Rdn. 293) und beziehungslos neben die Beteiligung des Betriebsrats nach den §§ 111 f. gestellt (kritisch mit Recht *Spelge*/EuArbR vor Art. 1 RL 98/59/EG Rn. 9), was aus heutiger Sicht allenfalls durch den individualschützenden Charakter sowie die regelungstechnische Verknüpfung mit der Massenentlassungsanzeige (s. Rdn. 292) legitimiert ist. Erklärbar ist die zuweilen als systemwidrig (so u. a. *Deinert / Callsen / DDZ* § 17 KSchG Rn. 37; *v. Hoyningen-Huene* in: *v. Hoyningen-Huene / Linck* KSchG, § 17 Rn. 56; *Spelge*/EuArbR vor Art. 1 RL 98/59/EG Rn. 9) kritisierte Verortung des Konsultationsverfahrens im Kündigungsschutzgesetz allenfalls aus der Gesetzeshistorie, da die Verknüpfung des Tatbestands einer Massenentlassung i. S. d. § 17 Abs. 1 Satz 1 KSchG mit dem Tatbestand einer Betriebsänderung i. S. d. § 111 zur Zeit der Einfügung von § 17 Abs. 2 KSchG durch das Zweite Gesetz zur Änderung des Kündigungsschutzgesetzes vom 27.04.1978 (BGBl. I S. 550; s. Rdn. 293) in der Rechtsprechung des Bundesarbeitsgerichts noch nicht anerkannt war. Die insoweit richtungsweisende Entscheidung des Bundesarbeitsgerichts wurde erst wenige Monate später verkündet (BAG 06.06.1978 EzA § 111 BetrVG 1972 Nr. 5 S. 17 *[Kittner]* = AP Nr. 2 zu § 111 BetrVG 1972 Bl. 2 R *[Ehmann]*; s. ferner Rdn. 95). Eine Integration in das Betriebsverfassungsgesetz, die noch § 66 Abs. 1 BetrVG 1952 enthielt, erschien dem Gesetzgeber angesichts des in § 17 KSchG bereits vorhandenen Normhaushalts augenscheinlich fernliegend.

292 Für die Durchführung des Konsultationsverfahrens hat der Unternehmer (Arbeitgeber) den Betriebsrat schriftlich insbesondere über die in § 17 Abs. 2 Satz 1 KSchG aufgezählten Angaben zu unterrichten und ergänzende Auskünfte zu erteilen (s. Rdn. 302 ff.), um sodann mit diesem vor allem über Möglichkeiten zu beraten, Entlassungen zu vermeiden oder einzuschränken und deren Folgen zu mil-

Betriebsänderungen § 111

dern (§ 17 Abs. 2 Satz 2 KSchG; s. Rdn. 310 ff.). Das Konsultationsverfahren ist untrennbar mit der Verpflichtung des Arbeitgebers zur Erstattung der Anzeige der beabsichtigten Massenentlastung gegenüber der Agentur für Arbeit verzahnt, da er der Anzeige nicht nur eine Abschrift von der Mitteilung an den Betriebsrat zuzuleiten hat (§ 17 Abs. 3 Satz 1 KSchG), sondern zugleich muss er der Anzeige grundsätzlich die Stellungnahme des Betriebsrats beifügen (§ 17 Abs. 3 Satz 2 KSchG). Andernfalls fehlt es nach der ständigen Rechtsprechung des Bundesarbeitsgericht an einer wirksamen Massenentlassungsanzeige, die ihrerseits Wirksamkeitsvoraussetzung für vom Arbeitgeber beabsichtigte Kündigungen ist (s. Rdn. 315).

Das Konsultationsverfahren nach § 17 Abs. 2 KSchG war im Jahre 1969 noch nicht im Kündigungsschutzgesetz enthalten, sondern wurde erst zwecks Umsetzung Massenentlassungsrichtlinie 75/129/EWG (nachfolgend Richtlinie 98/59/EG) durch das Zweite Gesetz zur Änderung des Kündigungsschutzgesetzes vom 27.04.1978 (BGBl. I S. 550) in die Vorschrift eingefügt (s. statt aller im Überblick *Moll/APS* § 17 KSchG Rn. 1; *Weigand/KR* § 17 KSchG Rn. 5 ff.), die auf diese Weise über eine unionsrechtliche Überlagerung verfügt. Maßstab ist hierfür Art. 2 der Richtlinie 98/59/EG, der das Konsultationsverfahren im Einzelnen ausgestaltet und dieses auf die in Art. 1 Abs. 1 Satz 1 lit. a der Richtlinie 98/59/EG definierte Massenentlassungen bezieht. Wegen dieser unionsrechtlichen Vorgaben bedürfen neben den inhaltlichen Anforderungen an die Unterrichtung des Betriebsrats in § 17 Abs. 2 Satz 1 KSchG insbesondere die Begriffe »Arbeitnehmer« und »Betrieb« in § 17 Abs. 1 Satz 1 KSchG zwingend einer unionsrechtskonformen Auslegung (s. Rdn. 295 ff.), die damit auch den Anwendungsbereich des Konsultationsverfahrens in § 17 Abs. 2 KSchG vorgibt. **293**

2. Tatbestand der Massenentlassung

Für den Tatbestand einer anzeige- und konsultationspflichtigen Massenentlassung adaptiert § 17 Abs. 1 Satz 1 KSchG die Schwellenwerte in Art. 1 Abs. 1 Satz 1 lit. a Nr. i der Richtlinie 98/59/EG, setzt die jeweils maßgebliche Auslöseschwelle jedoch niedriger als in der Richtlinie an. Ebenso wie Art. 1 Abs. 1 Satz 2 der Richtlinie 98/59/EG ist für die Schwellenwerte ein weiter Entlassungsbegriff maßgebend, der jede vom Arbeitgeber veranlasste Beendigung des Arbeitsverhältnisses einbezieht (§ 17 Abs. 1 Satz 2 KSchG). Von zentraler Bedeutung für die Berechnung der Schwellenwerte in § 17 Abs. 1 Satz 1 KSchG sind die dort inkorporierten Begriffe »Arbeitnehmer« und »Betrieb«. **294**

a) Arbeitnehmerbegriff

Für den Arbeitnehmerbegriff stellte die zu § 17 KSchG lange vorherrschende Ansicht auf den allgemeinen Arbeitnehmerbegriff (s. § 611a Abs. 1 BGB) ab (statt aller *v. Hoyningen-Huene* in: *v. Hoyningen-Huene/Linck* KSchG, § 17 Rn. 16; *Moll/APS* § 17 KSchG Rn. 12), von dem § 17 KSchG bestimmte Personen ausklammert. Diesem Verständnis steht die aktuelle Judikatur des *Europäischen Gerichtshofs* entgegen, die den Arbeitnehmerbegriff in Art. 1 Abs. 1 der Richtlinie 98/59/EG autonom auslegt (*EuGH* 09.07.2015 EzA Richtlinie 98/59/EG Nr. 7 Rn. 33 – Balkaya = AP Nr. 6 zu Richtlinie 98/59/EG = NZA 2015, 861; ebenso ferner *Deinert/Callsen/DDZ* § 17 KSchG Rn. 11; *Spelge/EuArbR* Art. 1 RL 98/59/EG Rn. 45; *Weber* in: *Schlachter/Heinig* Europ. AuS, § 9 Rn. 35; *Wißmann* RdA 1998, 221 [223]; **a. M.** [mitgliedstaatlicher Arbeitnehmerbegriff] z. B. *Boemke* in: *Oetker/Preis* [Hrsg.], Europäisches Arbeits- und Sozialrecht [EAS], B 7100, Rn. 57; *Hildebrand* Arbeitnehmerschutz von geschäftsführenden Gesellschaftsorganen [Diss. Kiel], 2014, S. 282 ff.; *Lunk/Rodenbusch* GmbHR 2012, 188 [190]; *Naber/Sittard* in: *Preis/Sagan* Europ. ArbR, § 10 Rn. 18; *Wank* EuZA 2008, 172 [184]; *Ziegler* Arbeitnehmerbegriff im Europäischen Recht, 2011, S. 359 ff.), da die Bestimmungen der Richtlinie dazu dienen, das Recht der Mitgliedstaaten zu harmonisieren (s. *EuGH* 09.07.2015 EzA Richtlinie 98/59/EG Nr. 7 Rn. 32 – Balkaya = AP Nr. 6 zu Richtlinie 98/59/EG = NZA 2015, 861; 21.12.2016 EzA Richtlinie 98/59/EG Nr. 9 Rn. 32 – AGET Iraklis = NZA 2017, 167). Dementsprechend ist wegen des Gebots einer unionsrechtskonformen Auslegung auch für § 17 Abs. 1 Satz 1 KSchG der durch den Zweck der Richtlinie 98/59/EG geprägte unionsrechtliche Arbeitnehmerbegriff maßgeblich (*Kiel/ErfK* § 17 KSchG Rn. 6; *Weber* AuR 2008, 365 [367]; in der Sache auch *Weigand/KR* § 17 KSchG Rn. 46). **295**

Oetker

296 Der unionsrechtlich geprägte Arbeitnehmerbegriff zwingt in Randbereichen zu Korrekturen gegenüber dem in § 611a Abs. 1 BGB normierten allgemeinen Arbeitnehmerbegriff, insbesondere ist der vom Betriebsrat repräsentierte Personenkreis (s. § 5 Abs. 1) nicht mit dem Arbeitnehmerbegriff in § 17 Abs. 1 Satz 1 KSchG deckungsgleich. Für die dortigen Schwellenwerte sind sowohl im Hinblick auf die Zahl der zu Entlassenden als auch für dazu in Bezug stehende Gesamtzahl der Arbeitnehmer eines Betriebs aus Sicht des Unionsrechts vor allem auch **leitende Angestellte** zu berücksichtigen (*Deinert/Callsen/DDZ* § 17 KSchG Rn. 12; *Kiel*/ErfK § 17 KSchG Rn. 7; *Spelge*/EuArbR Art. 1 RL 98/59/EG Rn. 49 ff.), wobei der *Europäische Gerichtshof* in der Rechtssache *Balkaya* zudem den GmbH-Fremdgeschäftsführer in den Arbeitnehmerbegriff der Richtlinie 98/59/EG einbezogen hat (*EuGH* 09.07.2015 EzA Richtlinie 98/59/EG Nr. 7 Rn. 34 ff. – Balkaya = AP Nr. 6 zu Richtlinie 98/59/EG = NZA 2015, 861; kritisch *Lunk/Hildebrand* NZA 2016, 129 [131]), was im Wege einer unionsrechtskonformen Auslegung auch für den Arbeitnehmerbegriff in § 17 Abs. 1 Satz 1 KSchG zwingend zu beachten ist (differenzierend jedoch *Lunk/Hildebrand* NZA 2016, 129 [132], die für eine gespaltene Auslegung plädieren). Entsprechendes gilt für Praktikanten, die ohne Vergütung in einem Unternehmen praktisch mitarbeiten, um Kenntnisse zu erwerben oder zu vertiefen (*EuGH* 09.07.2015 EzA Richtlinie 98/59/EG Nr. 7 Rn. 52 – Balkaya = AP Nr. 6 zu Richtlinie 98/59/EG = NZA 2015, 861).

b) Betriebsbegriff

297 Die vom *Europäischen Gerichtshof* für den Anwendungsbereich der Richtlinie 98/59/EG postulierte Interpretationsmaxime einer autonomen Auslegung prägt auch den Betriebsbegriff in Art. 1 Abs. 1 der Richtlinie 98/59/EG (*EuGH* 07.12.1995 EzA § 17 KSchG Nr. 5 Rn. 25 – Rockfon = NZA 1996, 471 sowie nachfolgend *EuGH* 15.02.2007 EzA Richtlinie 98/59/EG Nr. 1 Rn. 23 – Athinaiki Chartopoiia = AP Nr. 4 zu EWG Richtlinie Nr. 98/59 = NZA 2007, 319; 30.04.2015 EzA Richtlinie 98/59/EG Nr. 4 Rn. 45 – USDAW und Wilson = NZA 2015, 601; 13.05.2015 EzA Richtlinie 98/59/EG Nr. 5 Rn. 26 – Lyttle u. a. = NZA 2015, 731; ferner *Spelge*/EuArbR Art. 1 RL 98/59/EG Rn. 20, 57; *Weber* in: *Schlachter/Heinig* Europ. AuS, § 9 Rn. 21), was wiederum nicht stets mit der zu § 17 KSchG verbreitet favorisierten Anknüpfung an den in den §§ 1 und 4 ausgeformten betriebsverfassungsrechtlichen Betriebsbegriff (*BAG* 18.10.2012 EzA § 1 KSchG Betriebsbedingte Kündigung Nr. 170 Rn. 33 = AP Nr. 196 zu § 1 KSchG 1969 Betriebsbedingte Kündigung = NZA 2013, 1007; 13.12.2012 EzA § 174 BGB 2002 Nr. 8 Rn. 84 = AP Nr. 166 zu § 102 BetrVG 1972 = NZA 2013, 669; 24.10.2013 EzA § 125 InsO Nr. 11 Rn. 20 = AP Nr. 12 zu § 125 InsO = NZA 2014, 46; ferner *Moll/APS* § 17 KSchG Rn. 3 m. w. N.) harmoniert (s. *Spelge*/EuArbR Art. 1 RL 98/59/EG Rn. 58 sowie auch *v. Hoyningen-Huene* in: *v. Hoyningen-Huene/Linck* KSchG, § 17 Rn. 12).

298 Relevant ist die Diskrepanz zwischen dem unionsrechtlich determinierten und für § 17 Abs. 1 Satz 1 KSchG maßgeblichen Betriebsbegriff und dem betriebsverfassungsrechtlichen Betriebsbegriff jedoch nur, wenn die für Art. 1 der Richtlinie 98/59/EG relevante »unterscheidbare Einheit« (näher zum Betriebsbegriff der Richtlinie 98/59/EG z. B. *Moll/APS* § 17 KSchG Rn. 9; *Weber* in: *Schlachter/Heinig* Europ. AuS, § 9 Rn. 20 ff.; *Weigand*/KR § 17 KSchG Rn. 33 ff.) nicht die Anforderungen an den betriebsverfassungsrechtlichen Betriebsbegriff oder einen selbstständigen Betriebsteil i. S. d. § 4 Abs. 1 Satz 1 erfüllt, da dies nicht ausschließt, dass es sich bei einer »unterscheidbaren Einheit« um einen Betrieb i. S. d. Art. 1 Abs. 1 der Richtlinie 98/59/EG und damit wegen der gebotenen unionsrechtskonformen Auslegung auch i. S. d. § 17 Abs. 1 Satz 1 KSchG handelt. Dies beruht insbesondere aus dem Verzicht des *Europäischen Gerichtshofs* auf eine rechtliche, wirtschaftliche, finanzielle, verwaltungsmäßige oder technologische Autonomie, um die von einer gewissen Dauerhaftigkeit und Stabilität gekennzeichnete »unterscheidbare Einheit« als »Betrieb« i. S. d. Richtlinie 98/59/EG qualifizieren zu können (s. zuletzt *EuGH* 30.04.2015 EzA Richtlinie 98/59/EG Nr. 4 Rn. 49 ff. – USDAW und Wilson = NZA 2015, 601; 13.05.2015 EzA Richtlinie 98/59/EG Nr. 5 Rn. 31 f. – Lyttle u. a. = NZA 2015, 731), so dass auch ein Ladenlokal den Anforderungen an einen Betrieb i. S. d. Richtlinie 98/59/EG genügen kann (*EuGH* 13.05.2015 EzA Richtlinie 98/59/EG Nr. 5 Rn. 51 f. – Lyttle u. a. = NZA 2015, 731). Besteht ein Unternehmen aus mehreren »unterscheidbaren Einheiten«, dann kommt es für die Erreichung des Schwellenwerts ausschließlich auf die Verhältnisse in derjenigen Einheit an, für die die Entlassungen geplant sind. Eine Addition der Arbeitnehmer in mehreren »unterscheidbaren Einheiten« eines Unternehmens und damit eine unternehmensbezogene Gesamtschau

steht im Widerspruch zu der ausdrücklichen Anknüpfung der Richtlinie an den »Betrieb« (*EuGH* 30.04.2015 EzA Richtlinie 98/59/EG Nr. 4 Rn. 49 ff. – USDAW und Wilson = NZA 2015, 601) und kommt auch im Rahmen von § 17 Abs. 1 Satz 1 KSchG nicht in Betracht.

Die Diskrepanzen zwischen dem betriebsverfassungsrechtlichen Betriebsbegriff und dem für § 17 Abs. 1 Satz 1 KSchG maßgebenden unionsrechtlichen Betriebsbegriff wirken sich dann nicht aus, wenn der nach dem Betriebsverfassungsrecht maßgebende Betrieb zugleich die Anforderungen an eine »unterscheidbare« Einheit erfüllt. Bei dieser Prämisse ist auch der Annahme zuzustimmen, dass ein verselbstständigter **Betriebsteil** i. S. d. § 4 Abs. 1 Satz 1 als »Betrieb« i. S. d. § 17 Abs. 1 Satz 1 KSchG anzusehen ist (*BAG* 13.12.2012 EzA § 174 BGB 2002 Nr. 8 Rn. 84 = AP Nr. 166 zu § 102 BetrVG 1972 = NZA 2013, 669; *Spelge*/EuArbR Art. 1 RL 98/59/EG Rn. 59 a. E.; zurückhaltend *Kiel*/ErfK § 17 KSchG Rn. 10; *Salamon* NZA 2015, 789 [790]). Anders ist die Rechtslage, wenn der betriebsverfassungsrechtlich maßgebende »Betrieb« mehrere »unterscheidbare Einheiten« i. S. d. Richtlinie 98/59/EG zusammenfasst. Hierzu kann es u. a. kommen, wenn ein Betriebsteil i. S. d. § 4 Abs. 1 Satz 1 nicht die dort in Nr. 1 und 2 genannten Voraussetzungen für eine betriebsverfassungsrechtliche Verselbstständigung erfüllt (treffend *Kiel*/ErfK § 17 KSchG Rn. 10) oder die Arbeitnehmer nach § 4 Abs. 1 Satz 2 einen Zuordnungsbeschluss fassen, da der Betriebsteil hierdurch nicht seinen ggf. zu bejahenden Charakter als »unterscheidbare Einheit« i. S. d. Art. 1 Abs. 1 der Richtlinie 98/59/EG verliert (im Ergebnis auch *Kiel*/ErfK § 17 KSchG Rn. 10; ebenso *Dimsic* NJW 2016, 901 [902]). Selbst bei Kleinstbetrieben i. S. d. § 4 Abs. 2 ist nicht per se auszuschließen, dass sie die Anforderungen an eine »unterscheidbare« Einheit i. S. d. Richtlinie 98/59/EG erfüllen. Diese Besonderheiten können jedenfalls bei Betriebsteilen i. S. d. § 4 Abs. 1 Satz 1 dazu führen, dass bei Kündigungen die Schwellenwerte in der für § 17 Abs. 1 Satz 1 KSchG maßgebenden »unterscheidbaren Einheit« überschritten sind, dies aber nicht in dem betriebsverfassungsrechtlich maßgebenden »Betrieb« der Fall ist.

Deutlicher treten die Diskrepanzen bei einer nach § 3 Abs. 1 und 2 konstituierten »**betriebsverfassungsrechtlichen Organisationseinheit**« (§ 3 Abs. 5 Satz 1) zu Tage, wenn diese mehrere Betriebe zusammenfasst (§ 3 Abs. 1 Nr. 1). In dieser Konstellation ist die durch Tarifvertrag oder Betriebsvereinbarung geschaffene »betriebsverfassungsrechtliche Organisationseinheit« nicht für die Schwellenwerte in § 17 Abs. 1 Satz 1 KSchG maßgebend (*Kiel*/ErfK § 17 KSchG Rn. 10 a. E.; *Spelge*/EuArbR Art. 1 RL 98/59/EG Rn. 64; *Weigand*/KR § 17 KSchG Rn. 37). Dies folgt jedoch nicht bereits aus der Beschränkung der Fiktion in § 3 Abs. 5 Satz 1 auf das Betriebsverfassungsgesetz (so *Kiel*/ErfK § 17 KSchG Rn. 10 a. E.; *Spelge*/EuArbR Art. 1 RL 98/59/EG Rn. 64; *Weigand*/KR § 17 KSchG Rn. 37), sondern aus dem Umstand, dass die durch Tarifvertrag oder Betriebsvereinbarung geschaffene »betriebsverfassungsrechtliche Organisationseinheit« i. d. R. mehrere »unterscheidbare Einheiten« i. S. d. Richtlinie 98/59/EG und damit »Betriebe« i. S. d. § 17 Abs. 1 Satz 1 KSchG zusammenfasst (s. auch *Naber/Sittard* in: *Preis/Sagan* Europ. ArbR, § 10 Rn. 27).

c) Rückwirkungen auf den Tatbestand einer Betriebsänderung i. S. d. § 111

Wegen der unionsrechtlichen Überlagerung der Schwellenwerte in § 17 Abs. 1 Satz 1 KSchG können sich im Einzelfall erhebliche Unterschiede ergeben, wenn die Betriebsänderung in einem Personalabbau besteht oder mit diesem verbunden ist, da für die Anwendung des § 111 der im Vergleich zu § 17 Abs. 1 Satz 1 KSchG engere betriebsverfassungsrechtliche Arbeitnehmerbegriff maßgebend ist und zudem auf die jeweilige betriebsverfassungsrechtliche Organisationseinheit als Gegenstand der Betriebsänderung abzustellen ist (s. Rdn. 69, 97). Dies kann im Einzelfall dazu führen, dass ein geplanter Personalabbau die Voraussetzungen einer Betriebsänderung i. S. d. § 111, nicht jedoch den Tatbestand einer anzeigepflichtigen Massenentlassung i. S. d. § 17 Abs. 1 Satz 1 KSchG erfüllt. Ebenso gestattet das Vorliegen einer Massenentlassung i. S. d. § 17 Abs. 1 Satz 1 KSchG wegen der unterschiedlichen Definitionsmaximen nicht stets den Rückschluss, dass zugleich eine Betriebsänderung i. S. d. § 111 vorliegt (**a. M.** noch *Oetker/Schubert* in: *Oetker/Preis* [Hrsg.], Europäisches Arbeits- und Sozialrecht [EAS], B 8300, Rn. 435). Das gilt selbst dann, wenn hierfür zur Konkretisierung auf die Schwellenwerte in § 17 Abs. 1 Satz 1 KSchG zurückgegriffen wird, da andernfalls der unionsrechtlich geprägte Arbeitnehmer- bzw. Betriebsbegriff teleologisch unreflektiert in das Betriebsverfassungsrecht implementiert würde.

3. Unterrichtungs- und Auskunftspflicht

302 Das Konsultationsverfahren ist nach § 17 Abs. 2 Satz 1 KSchG gegenüber dem »**Betriebsrat**« einzuleiten, wodurch der Gesetzgeber in zulässiger Weise seine durch Art. 1 Abs. 1 Satz 1 lit. b der Richtlinie 98/59/EG eröffnete Konkretisierungskompetenz (dazu auch *Naber/Sittard* in: *Preis/Sagan* Europ. ArbR, § 10 Rn. 47) wahrgenommen hat. Da § 17 Abs. 2 Satz 1 KSchG ausdrücklich auf den Betriebsrat als Organ abstellt, kann eine Unterrichtung anderer betriebsverfassungsrechtlicher Organe das Konsultationsverfahren nicht rechtswirksam einleiten, was selbst dann gilt, wenn es sich bei diesen ebenfalls um »Arbeitnehmervertreter« i. S. d. Art. 1 Abs. 1 Satz 1 lit. b der Richtlinie 98/59/EG handelt. Die Beteiligung des **Wirtschaftsausschusses** genügt deshalb nicht den Anforderungen des § 17 Abs. 2 KSchG (*BAG* 26.02.2015 EzA § 17 KSchG Nr. 33 Rn. 20 = AP Nr. 47 zu § 17 KSchG 1969 = NZA 2015, 881). Entsprechendes gilt für den **Europäischen Betriebsrat**, wenn dieser nach den §§ 29 Abs. 2 Nr. 10, 30 Abs. 1 Satz 2 EBRG zu einer Massenentlassung beteiligt wird (*Kiel*/ErfK § 17 KSchG Rn. 19b; *Spelge*/EuArbR Art. 1 RL 98/59/EG Rn. 72). Andererseits gibt § 17 Abs. 2 KSchG nicht zwingend vor, dass das Konsultationsverfahren mit dem Betriebsrat als Gesamtorgan durchgeführt werden muss. Die Konsultation mit dem Arbeitgeber kann deshalb auch auf einen von ihm gebildeten **Ausschuss i. S. d. § 28 Abs. 1** übertragen werden (*v. Hoyningen-Huene* in: *v. Hoyningen-Huene/Linck* KSchG, § 17 Rn. 71; *Kiel*/ErfK § 17 KSchG Rn. 24), wobei es sich auch um einen solchen handeln kann, dem der Betriebsrat die Aufgaben des Wirtschaftsausschusses nach § 107 Abs. 3 übertragen hat.

303 Für die Zuständigkeit des »Betriebsrats« ist die betriebsverfassungsrechtliche Zuständigkeitsabgrenzung maßgebend. Der Gesetzeswortlaut steht dem nicht entgegen und auch der Normzweck gebietet kein auf den örtlichen Betriebsrat beschränktes Verständnis. Dies würde den Zweck des Konsultationsverfahrens gerade bei betriebsübergreifenden Massenentlassungen konterkarieren, da dises nur einheitlich für alle von der Massenentlassung betroffenen Betriebe durchgeführt werden kann. Deshalb stimmt die **originäre Zuständigkeit des Gesamtbetriebsrats** für die Durchführung des Interessenausgleichsverfahrens (s. Rdn. 258 ff.) auch mit der Zuständigkeit für das Konsultationsverfahren nach § 17 Abs. 2 KSchG überein (*BAG* 20.09.2012 EzA § 17 KSchG Nr. 27 Rn. 40 f. = AP Nr. 41 zu § 17 KSchG 1969 = NZA 2013, 32; *Kiel*/ErfK § 17 KSchG Rn. 19a; *Moll/Katerndahl* RdA 2013, 159 [161]; *ders.*/APS § 17 KSchG Rn. 74d; *Naber/Sittard* in: *Preis/Sagan* Europ. ArbR, § 10 Rn. 52; *Spelge*/EuArbR Art. 2 RL 98/59/EG Rn. 32; *Weigand*/KR § 17 KSchG Rn. 87). Dies folgt aus einem teleologischen Verständnis des Begriffs »Betriebsrat« in § 17 Abs. 2 Satz 1 KSchG und hat eine Parallele bei der vergleichbaren Problematik, wenn ein Interessenausgleich mit einer Namenliste verbunden werden soll, da sowohl § 1 Abs. 5 KSchG als auch § 125 InsO den Begriff »Betriebsrat« ebenfalls lediglich als Synonym für das betriebsverfassungsrechtlich zuständige Vertretungsorgan verwenden (s. §§ 112, 112a Rdn. 66 f.; ebenso zu § 17 Abs. 2 KSchG *Moll/Katerndahl* RdA 2013, 159 [162]) und auch § 1 Abs. 5 Satz 4 KSchG sowie § 125 Abs. 2 InsO von einem Gleichlauf der betriebsverfassungsrechtlichen Zuständigkeit für den Interessenausgleich und das Konsultationsverfahren nach § 17 Abs. 2 KSchG ausgehen. Nur bei dieser Auslegung ist die dortige Gleichstellung des Interessenausgleichs mit einer abschließenden Stellungnahme im Konsultationsverfahren nach § 17 Abs. 2 KSchG verständlich. Da Art. 1 Satz 1 lit. b der Richtlinie 98/59/EG zur Konkretisierung der »Arbeitnehmervertreter« auf das Recht der Mitgliedstaaten verweist, zwingt auch das Gebot einer unionsrechtskonformen Auslegung nicht zu einer gegenteiligen Auslegung (s. *Naber/Sittard* in: *Preis/Sagan* Europ. ArbR, § 10 Rn. 52; *Spelge*/EuArbR Art. 1 RL 98/59/EG Rn. 65; *Weber* in: *Schlachter/Heinig* Europ. AuS, § 9 Rn. 56).

304 Problematisch ist die Rechtslage bei einer **orginären Zuständigkeit des Konzernbetriebsrats** für die Interessenausgleichsverhandlungen (s. Rdn. 264), da die Rechtsprechung des *Europäischen Gerichtshofs* in der Rechtssache *Keskusliitto* (s. *EuGH* 10.09.2009 EzA Richtlinie 98/59/EG Nr. 3 Rn. 62 – Keskusliitto = AP Nr. 3 zu Richtlinie 98/59/EG = NZA 2009, 1083) dahin verstanden wird, dass das Konsultationsverfahren stets von dem Vertragsarbeitgeber und damit bei der Konzerntochter durchzuführen ist (so z. B. *Oetker/Schubert* in: *Oetker/Preis* [Hrsg.], Europäisches Arbeits- und Sozialrecht [EAS], B 8300, Rn. 402; *Spelge*/EuArbR Art. 1 RL 98/59/EG Rn. 68 f., Art. 2 RL 98/59/EG Rn. 10, 31; *Weber* in: *Schlachter/Heinig* Europ. AuS, § 9 Rn. 61; **a. M.** *Dzida/Hohenstatt* NJW 2012, 27 [28 f.]; *Kiel*/ErfK § 17 KSchG Rn. 19a; *Moll*/APS § 17 KSchG Rn. 74d; *Weigand*/KR § 17

KSchG Rn. 87: bei orginärer Zuständigkeit des Konzernbetriebsrats für den Interessenausgleich ist dieser zugleich nach § 17 Abs. 2 KSchG zu beteiligen; offen *BAG* 22.11.2012 EzA § 17 KSchG Nr. 28 Rn. 23 = AP Nr. 42 zu § 17 KSchG 1969 = NZA 2013, 845). Diese Divergenz der Zuständigkeiten und die damit verbundene Durchführung eines »gespaltenen« Beteiligungsverfahrens kann jedoch überwunden werden, indem die Gesamtbetriebsräte den Konzernbetriebsrat nach § 58 Abs. 2 mit der Durchführung des Konsultationsverfahrens beauftragen (*Kiel*/ErfK § 17 KSchG Rn. 19a; *Spelge*/EUArbR Art. 1 RL 98/59/EG Rn. 70). Hierfür reicht die Beauftragung mit den Interessenausgleichsverhandlungen jedoch für sich allein nicht aus, vielmehr muss sich der Auftrag ausdrücklich auch auf das Konsultationsverfahren nach § 17 Abs. 2 KSchG erstrecken (*Dzida/Hohenstatt* NJW 2012, 27 [29 f.]; *Kiel*/ErfK § 17 KSchG Rn. 19a; i. d. S. wohl auch *BAG* 20.09.2012 EzA § 17 KSchG Nr. 27 Rn. 41 = AP Nr. 41 zu § 17 KSchG 1969 = NZA 2013, 32).

Für den Zeitpunkt der Unterrichtung knüpft § 17 Abs. 2 Satz 1 KSchG an die Planung des Arbeit- **305** gebers an, die diesen dazu zwingt, Massenentlassungen durchzuführen. Bei diesem ebenfalls unionsrechtlich geprägten Zeitpunkt der Unterrichtung (*EuGH* 10.09.2009 EzA Richtlinie 98/59/EG Nr. 3 Rn. 46 ff. – Keskusliitto = AP Nr. 3 zu Richtlinie 98/59/EG = NZA 2009, 1083) liegt regelmäßig keine Diskrepanz zu dem nach § 111 Satz 1 maßgeblichen Zeitpunkt einer »rechtzeitigen« (s. Rdn. 201 ff.) Einleitung des Interessenausgleichsverfahrens vor (*Kiel*/ErfK § 17 KSchG Rn. 20; *Spelge*/EuArbR Art. 2 RL 98/59/EG Rn. 18). Beide Beteiligungsverfahren zielen darauf ab, den Willensentschluss des Arbeitgebers zu beeinflussen, was jedenfalls dann möglich ist, wenn die Möglichkeit einer Massenentlassung als Maßnahme in Erwägung gezogen wird und der Arbeitgeber noch keine irreversiblen Schritte zur Umsetzung der Massenentlassung vollzogen hat. Angesichts dessen bestehen auch aus Sicht des Unionsrechts keine Bedenken, wenn die Konsultation nach § 17 Abs. 2 KSchG sowie die Unterrichtung nach § 111 Satz 1 zeitgleich und zugleich »rechtzeitig« i. S. d. genannten Vorschriften eingeleitet werden.

Im Unterschied zu § 111 Satz 1, der für die gegenüber dem Betriebsrat geschuldete Unterrichtung **306** keine **formalen Vorgaben** anordnet (s. Rdn. 199), fordert § 17 Abs. 2 Satz 1 KSchG in Umsetzung der Vorgabe in Art. 2 Abs. 3 lit. b der Richtlinie 98/59/EG eine »**schriftliche**« **Unterrichtung**. Die verbreitet befürwortete Konkretisierung mit Hilfe von § 126 BGB (so z. B. *v. Hoyningen-Huene* in: *v. Hoyningen-Huene/Linck* KSchG, § 17 Rn. 63; *Weigand*/KR § 17 KSchG Rn. 90; wohl auch *Kiel*/ErfK § 17 KSchG Rn. 21) ist verfehlt. Sie überzeugt bereits aus Sicht des deutschen Rechts nicht, da die Unterrichtung nicht – wie von § 126 BGB vorausgesetzt – ein Rechtsgeschäft, sondern eine geschäftsähnliche Handlung ist und deshalb allenfalls eine entsprechende Anwendung des § 126 BGB in Betracht kommt, für die es indes an der methodisch unerlässlichen teleologischen Vergleichbarkeit fehlt (treffend *BAG* 22.09.2016 EzA § 17 KSchG Nr. 39 Rn. 40 ff. = AP Nr. 52 zu § 17 KSchG 1969 = NZA 2017, 175). Zudem widerspricht die Adaption des Schriftformerfordernisses in § 126 BGB dem Gebot einer unionsrechtskonformen Auslegung, da das Schriftformerfordernis in Art. 2 Abs. 3 lit. b der Richtlinie 98/59/EG autonom auszulegen ist (*Spelge*/EuArbR Art. 2 RL 98/59/EG Rn. 11) und keine tragfähigen Sachgründe erkennbar sind, warum für die dem Betriebsrat übermittelten Informationen eine eigenhändige Unterzeichnung durch den Arbeitgeber notwendig sein soll (*BAG* 22.09.2016 EzA § 17 KSchG Nr. 39 Rn. 47 = AP Nr. 52 zu § 17 KSchG 1969 = NZA 2017, 175; *Kiel*/ErfK § 17 KSchG Rn. 23; *Naber/Sittard* in: *Preis/Sagan* Europ. ArbR, § 10 Rn. 70; *Weber* in: *Schlachter/Heinig* Europ. AuS, § 9 Rn. 68). Angesichts dessen genügt es für eine schriftliche Unterrichtung des Betriebsrats, wenn diese die Textform i. S. d. § 126b BGB wahrt (*BAG* 22.09.2016 EzA § 17 KSchG Nr. 39 Rn. 40 ff. = AP Nr. 52 zu § 17 KSchG 1969 Rn. 40 ff. = NZA 2017, 175; offen noch z. B. BAG 20.09.2012 EzA § 17 KSchG Nr. 27 Rn. 58 f. = AP Nr. 41 zu § 17 KSchG 1969 = NZA 2013, 32; 09.06.2016 EzA § 17 KSchG Nr. 37 Rn. 27 = AP Nr. 51 zu § 17 KSchG 1969 = NZA 2016, 1198; wie hier im Schrifttum auch *Spelge*/EuArbR Art. 2 RL 98/59/EG Rn. 11). Auf die Möglichkeit einer Heilung des Schriftformverstoßes durch eine abschließende Stellungnahme des Betriebsrats (*BAG* 20.09.2012 EzA § 17 KSchG Nr. 27 Rn. 60 = AP Nr. 41 zu § 17 KSchG 1969 = NZA 2013, 32; s. auch Rdn. 309) kommt es bei dieser Auslegung nicht mehr an, da diese seitens des Bundesarbeitsgerichts nur in Betracht gezogen wurde, weil es ausschließlich an einer Unterzeichnung des dem Betriebsrat übermittelten Textes fehlte. Für eine lediglich mündliche Unterrichtung des Betriebsrats hat das Bundesarbeitsgericht eine Heilung durch eine abschließende Stellungnahme des Betriebsrats bislang nicht in Betracht gezogen.

307 Den **Inhalt der Unterrichtung** gibt § 17 Abs. 2 Satz 1 KSchG vor, der ebenfalls unionsrechtlich durch Art. 2 Abs. 3 lit. b der Richtlinie 98/59/EG überlagert wird; auf unzureichende Informationen durch eine Konzernobergesellschaft kann sich der Arbeitgeber wegen § 17 Abs. 3a KSchG nicht berufen (s. auch Art. 2 Abs. 4 UA 1 der Richtlinie 98/59/EG, ferner *EuGH* 10.09.2009 EzA Richtlinie 98/59/EG Nr. 3 Rn. 43 f. – Keskusliitto = AP Nr. 3 zu Richtlinie 98/59/EG = NZA 2009, 1083; *LAG Berlin-Brandenburg* 26.11.2015 – 10 Sa 1700/15 – BeckRS 2016, 67032). Im Übrigen ist der nicht abschließende Katalog in § 17 Abs. 2 Satz 1 KSchG, der wegen der Aufzählung in Art. 2 Abs. 3 lit. b der Richtlinie 98/59/EG ggf. unionsrechtskonform auszulegen ist (s. im Einzelnen z. B. *Kiel*/ErfK § 17 KSchG Rn. 21 f.; *Moll/APS* § 17 KSchG Rn. 63 ff.; *Schramm/Kuhnke* NZA 2011, 1071 [1072 f.]; *Weigand/KR* § 17 KSchG Rn. 95 ff.), deutlich präziser als die vage Vorgabe einer »umfassenden« Unterrichtung in § 111 Satz 1 (s. Rdn. 196 ff.). Ebenso wie nach § 111 Satz 1 (s. Rdn. 198) erstrecken sich die nach § 17 Abs. 2 Satz 1 KSchG geschuldeten Informationen auch auf Betriebs- und Geschäftsgeheimnisse, da weder § 17 KSchG noch die Richtlinie 98/59/EG einen diesbezüglichen Vorbehalt für die Unterrichtungspflicht kennen.

308 Die vom Arbeitgeber zu erteilenden Informationen dienen dem Zweck, substanzielle Beratungen zwischen dem Arbeitgeber und dem Betriebsrat über die geplante Massenentlassung zu ermöglichen. Diesem Zweck werden auch Informationen gerecht, die der Arbeitgeber während der Beratungen nachreicht, weil der Betriebsrat ergänzende Auskünfte begehrt (*EuGH* 10.09.2009 EzA Richtlinie 98/59/EG Nr. 3 Rn. 53 f. – Keskusliitto = AP Nr. 3 zu Richtlinie 98/59/EG = NZA 2009, 1083 sowie nachfolgend *BAG* 13.12.2012 EzA § 17 KSchG Nr. 29 Rn. 54 = AP Nr. 43 zu § 17 KSchG 1969; 13.12.2012 AP Nr. 44 zu § 17 KSchG Nr. 44 Rn. 52; 09.06.2016 EzA § 17 KSchG Nr. 37 Rn. 25 = AP Nr. 51 zu § 17 KSchG 1969 = NZA 2016, 1198). Insoweit ist auch der Inhalt der nach § 17 Abs. 2 Satz 1 KSchG geschuldeten Informationen nicht statisch zu verstehen, sondern darauf ausgerichtet, einen dynamischen Beratungsprozess zu ermöglichen und zu dienen, der erst mit dem Abschluss des Konsultationsverfahrens endet. Allerdings erschließt sich aus § 17 Abs. 3 Satz 1 KSchG, dass der Arbeitgeber dem Betriebsrat jedenfalls die in § 17 Abs. 2 Satz 1 Nr. 1 bis 5 KSchG aufgezählten Informationen übermittelt haben muss, wenn er spätere Entlassungen auf eine ordnungsgemäße Massenentlassungsanzeige stützen will.

309 Hinsichtlich etwaiger Unterrichtungsmängel hat das *Bundesarbeitsgericht* die Möglichkeit einer **Heilung** eröffnet, wenn der Betriebsrat im Anschluss an die Beratungen mit dem Arbeitgeber ausdrücklich erklärt, dass er seinen Beratungsanspruch als erfüllt ansieht (*BAG* 09.06.2016 EzA § 17 KSchG Nr. 37 Rn. 32 = AP Nr. 51 zu § 17 KSchG 1969 = NZA 2016, 1198). Dies kann zwar auch im Rahmen eines Interessenausgleichs geschehen, jedoch reicht die bloße Erklärung, rechtzeitig und vollständig unterrichtet worden zu sein, nicht aus (*BAG* 09.06.2016 EzA § 17 KSchG Nr. 37 Rn. 32 = AP Nr. 51 zu § 17 KSchG 1969 = NZA 2016, 1198). Zudem hat das *Bundesarbeitsgericht* die Heilung des Unterrichtungsdefizits durch abschließende Erklärung des Betriebsrats nicht generell, sondern ausschließlich für den Sonderfall einer zur Entlassung aller Arbeitnehmer führenden Betriebsstilllegung eröffnet, wenn die Informationen nach § 17 Abs. 2 Satz 1 Nr. 2 und 3 KSchG über die betroffenen Berufsgruppen fehlen. In dieser Konstellation ist für den Betriebsrat die Betroffenheit aller Berufsgruppen ohne Weiteres erkennbar, so dass ein Beharren auf entsprechenden Detailinformationen die geschuldete Information zu einem sinnentleerten Formalismus denaturieren würde. Auf andere nach § 17 Abs. 2 Satz 1 KSchG geschuldete Informationen ist die Judikatur des *Bundesarbeitsgerichts* nicht unreflektiert übertragbar. In Betracht kommt eine Heilung mittels abschließender Stellungnahme des Betriebsrats ohnehin ausschließlich dann, wenn das Beratungsverfahren trotz des Informationsdefizits noch zweckgerecht durchgeführt wurde und aus der Stellungnahme des Betriebsrats erkennbar ist, dass dieser sich im Hinblick auf das Konsultationsverfahren ausreichend unterrichtet gefühlt hat (*Spelge*/EuArbR Art. 2 RL 98/59/EG Rn. 59).

4. Beratungsanspruch

310 Die Unterrichtung und Auskunftserteilung nach § 17 Abs. 2 Satz 1 KSchG sind integraler Bestandteil des Konsultationsverfahrens. Für die **Zuständigkeit auf Seiten des Betriebsrats** geht § 17 Abs. 2 KSchG von einem Gleichlauf mit dem Adressaten der Unterrichtung nach § 17 Abs. 2 Satz 1 KSchG aus. Aus der Zuständigkeit für die Unterrichtung (Rdn. 302 ff.) folgt wegen des funktionalen Zusam-

menhangs der Unterrichtung mit der Beratung zugleich auch die Zuständigkeit für die Beratung. Der hierdurch erzeugte und im Gesetz angelegte Gleichlauf der Zuständigkeit für Unterrichtung und Beratung mit dem Unternehmer schließt indes nicht aus, dass der Betriebsrat nach erfolgter Unterrichtung durch den Arbeitgeber die weitere Durchführung des Konsultationsverfahrens mit dem Arbeitgeber auf einen vom Betriebsrat gebildeten Ausschuss i. S. d. § 28 überträgt (s. Rdn. 302). Für die vom Arbeitgeber schriftlich zu erteilenden Informationen ist der Vorsitzende des Betriebsrats nach § 26 Abs. 2 Satz 2 empfangszuständig, er ist jedoch nicht berechtigt, dies Konsultationsverfahren mit dem Arbeitgeber allein durchzuführen, da § 17 Abs. 2 Satz 2 KSchG den Betriebsrat als Kollegialorgan zum Verhandlungspartner des Arbeitgebers bestimmt (*BAG* 26.02.2015 EzA § 17 KSchG Nr. 33 Rn. 21 = AP Nr. 47 zu § 17 KSchG 1969 = NZA 2015, 881). Ob dem Betriebsratsvorsitzenden von dem Betriebsrat zur Führung der Verhandlungen eine »Blankovollmacht« erteilt werden kann, hat das Bundesarbeitsgericht ausdrücklich offengelassen (*BAG* 26.02.2015 EzA § 17 KSchG Nr. 33 Rn. 21 = AP Nr. 47 zu § 17 KSchG 1969 = NZA 2015, 881).

Inhaltlich muss sich die Konsultation zwischen Arbeitgeber und Betriebsrat nicht nur auf die beabsichtigte Massenentlassung als solche beziehen und deren Vermeidung oder Beschränkung umfassen. Erfüllt die beabsichtigte Massenentlassung zugleich die Anforderungen an eine Betriebsänderung i. S. d. § 111, dann entspricht dies dem »ob« und »wie« der geplanten Betriebsänderung und ist Gegenstand der Interessenausgleichsverhandlungen. Hierauf ist das Konsultationsverfahren jedoch nicht beschränkt, sondern § 17 Abs. 2 Satz 2 KSchG erstreckt dieses ebenfalls auf die Milderung der mit der Massenentlassung verbundenen Folgen und betrifft damit einen Gegenstand, der nach der Systematik der §§ 111 f. Inhalt der Sozialplanverhandlungen ist (treffend schon *Schlachter* FS *Wißmann*, S. 412 [414]; s. auch *Hinrichs* Kündigungsschutz, S. 166 f.; **a. M.** *Franzen* ZfA 2006, 437 [453]. Selbst wenn der Interessenausgleich auch auf präventive Regelungen ausgedehnt wird (s. §§ 112, 112a Rdn. 11), ist der Verhandlungsinhalt nicht auf den Interessenausgleich beschränkt, da die Beratungen über die »Folgen« wegen der Vorgabe in Art. 2 Abs. 2 der Richtlinie 98/59/EG und des Gebots einer unionsrechtskonformen Auslegung auch die in der Richtlinie genannten »sozialen Begleitmaßnahmen« umfassen müssen (*BAG* 13.12.2012 EzA § 17 KSchG Nr. 29 Rn. 48 = AP Nr. 43 zu § 17 KSchG 1969; 13.12.2012 AP Nr. 44 zu § 17 KSchG 1969 Rn. 42), zu denen nach der nicht abschließenden Aufzählung in Art. 2 Abs. 2 der Richtlinie 98/59/EG vor allem »Hilfen für eine anderweitige Verwendung oder Umschulung der entlassenen Arbeitnehmer« zählen (*EuGH* 03.03.2011 NZA 2011, 337 Rn. 56 – Claes). Ebenso zählen Abfindungen für den Verlust des Arbeitsplatzes oder die Errichtung einer Transfergesellschaft zu den »sozialen Begleitmaßnahmen« (*BAG* 13.12.2012 EzA § 17 KSchG Nr. 29 Rn. 49 = AP Nr. 43 zu § 17 KSchG 1969; 13.12.2012 AP Nr. 44 zu § 17 KSchG 1969 Rn. 43) und sind damit auch im Rahmen von § 17 Abs. 2 KSchG Gegenstand des Konsultationsverfahrens.

Den Arbeitgeber trifft im Rahmen des Konsultationsverfahrens vergleichbar mit § 111 Satz 1 eine Pflicht zur Beratung mit dem Betriebsrat über die geplante Massenentlassung, ohne für diese indes eine Zeitdauer vorzugeben (*BAG* 22.09.2016 EzA § 17 KSchG Nr. 39 Rn. 50 = AP Nr. 52 zu § 17 KSchG 1969 = NZA 2017, 175). Erfüllt ist die Beratungspflicht jedenfalls dann, wenn auf der Grundlage einer zweckgerechten Unterrichtung nach § 17 Abs. 2 Satz 1 KSchG eine abschließende Stellungnahme des Betriebsrats zu der geplanten Massenentlassung vorliegt. Diese ist insbesondere anzuerkennen, wenn sich Arbeitgeber und Betriebsrat auf einen Interessenausgleich verständigt haben. In diesem sollte jedoch ausdrücklich festgehalten werden, dass es sich zugleich um eine abschließende Stellungnahme des Betriebsrats im Rahmen des Konsultationsverfahrens nach § 17 Abs. 2 KSchG handelt. Wird dem Interessenausgleich zusätzlich eine Namensliste beigefügt, dann ersetzt dieser die der Massenentlassungsanzeige nach § 17 Abs. 3 Satz 2 KSchG beizufügende Stellungnahme des Betriebsrats zu der Massenentlassung (§ 1 Abs. 5 Satz 4 KSchG, § 125 Abs. 2 InsO), ohne dass dies zugleich impliziert, dass hierdurch auch das Konsultationsverfahren abgeschlossen ist (s. Rdn. 325).

Einem **Einigungszwang** unterliegt der Arbeitgeber im Konsultationsverfahren nicht (*BAG* 22.09.2016 EzA § 17 KSchG Nr. 39 Rn. 50 = AP Nr. 52 zu § 17 KSchG 1969 = NZA 2017, 175; *Krieger/Ludwig* NZA 2010, 919 [922]; *Reinhard* RdA 2007, 207 [213]; *Spelge*/EuArbR Art. 2 RL 98/59/EG Rn. 43; *Weber* in: *Schlachter/Heinig* Europ. AuS, § 9 Rn. 71; *Weigand*/KR § 17 KSchG Rn. 102). Ebenso kennt § 17 Abs. 2 Satz 2 KSchG keine Pflicht zur Durchführung eines **Einigungs-**

stellenverfahrens; auch unionsrechtlich gibt Art. 2 Abs. 3 der Richtlinie 98/59/EG die Durchführung eines Einigungsverfahrens nicht vor (*Franzen* ZfA 2006, 437 [450 ff.]; *Kiel*/ErfK § 17 KSchG Rn. 25a; *Klumpp* NZA 2006, 703 [706]; *Moll*/*APS* § 17 KSchG Rn. 74c; *Oetker*/*Schubert* in: *Oetker*/*Preis* [Hrsg.], Europäisches Arbeits- und Sozialrecht [EAS], B 8300, Rn. 414; *Reinhard* RdA 2007, 207 [213]; *Salamon* NZA 2015, 789 [792]; *Spelge*/EuArbR Art. 2 RL 98/59/EG Rn. 43; *Weber* in: *Schlachter*/*Heinig* Europ. AuS, § 9 Rn. 72; *Weigand*/KR § 17 KSchG Rn. 104; **a. M.** *Hinrichs* Kündigungsschutz, S. 160 ff.; *Wolter* AuR 2005, 135; offen *Deinert*/*Callsen*/*DDZ* § 17 KSchG Rn. 48). Deshalb begründet das Konsultationsverfahren zugunsten des Betriebsrats **kein Mitbestimmungsrecht** (*Oetker*/*Schubert* in: *Oetker*/*Preis* [Hrsg.], Europäisches Arbeits- und Sozialrecht [EAS], B 8300, Rn. 422; *Spelge*/EuArbR Art. 2 RL 98/59/EG Rn. 26; *Weber* in: *Schlachter*/*Heinig* Europ. AuS, § 9 Rn. 71), sondern ein Mitwirkungsrecht, das jedoch über ein Anhörungsrecht hinausgeht (*BAG* 21.03.2013 EzA § 17 KSchG Nr. 30 Rn. 15 = AP Nr. 45 zu § 17 KSchG 1969 = NZA 2013, 966; 26.02.2015 EzA § 17 KSchG Nr. 33 Rn. 15 = AP Nr. 47 zu § 17 KSchG 1969 = NZA 2015, 881; *Moll*/*APS* § 17 KSchG Rn. 74; *Oetker*/*Schubert* in: *Oetker*/*Preis* [Hrsg.], Europäisches Arbeits- und Sozialrecht [EAS], B 8300, Rn. 422; *Spelge*/EuArbR Art. 2 RL 98/59/EG Rn. 26). Zutreffend hat das *Bundesarbeitsgericht* daher entschieden, dass allein in der vollständigen Unterrichtung des Betriebsrats in der Regel noch kein Abschluss des Konsultationsverfahrens gesehen werden kann (*BAG* 26.02.2015 EzA § 17 KSchG Nr. 33 Rn. 29 = AP Nr. 47 zu § 17 KSchG 1969 = NZA 2015, 881).

314 Da der Betriebsrat lediglich einen Anspruch auf Beratung hat, entscheidet dieser nicht allein über den Abschluss des Verfahrens. Vielmehr reicht es aus, wenn der Arbeitgeber die Verhandlungen mit dem Betriebsrat mit dem ernsthaften Willen führt, mit diesem eine Einigung zu erzielen. Eines formalen Abschlusses des Konsultationsverfahrens bedarf es hierfür nicht (*Oetker*/*Schubert* in: *Oetker*/*Preis* [Hrsg.], Europäisches Arbeits- und Sozialrecht [EAS], B 8300, Rn. 418; *Spelge*/EuArbR Art. 2 RL 98/59/EG Rn. 43; *Weber* in: *Schlachter*/*Heinig* Europ. AuS, § 9 Rn. 72; *Weigand*/KR § 17 KSchG Rn. 103). Deshalb ist das Konsultationsverfahren auch dann ohne Einigung mit dem Betriebsrat abgeschlossen, wenn der Arbeitgeber berechtigter Weise annehmen darf, dass für weitere zielführende Verhandlungen mit dem Betriebsrat kein Ansatz besteht (*BAG* 22.09.2016 EzA § 17 KSchG Nr. 39 Rn. 50 = AP Nr. 52 zu § 17 KSchG 1969 = NZA 2017, 175). Ein derartiger Abbruch der Verhandlungen ist für den Arbeitgeber indes nicht ohne Risiko (treffend *v. Steinau-Steinrück*/*Bertz* NZA 2017, 145 [150]), da ihm das *Bundesarbeitsgericht* zwar eine Beurteilungskompetenz zubilligt, wann er den Beratungsanspruch des Betriebsrats als erfüllt ansieht, ohne ihm aber zugleich einen gerichtlich nur eingeschränkt überprüfbaren Beurteilungsspielraum zuzubilligen. Zudem hat das Bundesarbeitsgericht eine ausreichende Erfüllung des Beratungsanspruchs trotz fehlender Einigung ausdrücklich unter den Vorbehalt gestellt, dass der Arbeitgeber dem Betriebsrat zuvor alle zweckdienlichen Auskünfte erteilt hat (*BAG* 22.09.2016 EzA § 17 KSchG Nr. 39 Rn. 50 = AP Nr. 52 zu § 17 KSchG 1969 = NZA 2017, 175). Wegen der einschneidenden Rechtsfolgen einer fehlerhaften Durchführung des Konsultationsverfahrens im Hinblick auf die Rechtswirksamkeit der zur Durchführung der Massenentlassung erklärten Kündigungen (s. Rdn. 317) ist der einseitige Abbruch des Verhandlungsverfahrens, obwohl der Betriebsrat noch weiteren Beratungsbedarf sieht und/oder ergänzende Auskünfte begehrt, nur in Ausnahmefällen gangbar.

5. Rechtsfolgen bei unterbliebener bzw. fehlerhafter Konsultation

315 Die vom Arbeitgeber gegenüber der Agentur für Arbeit zu erstattende Anzeige ist nur dann rechtswirksam, wenn diese auch den in § 17 Abs. 3 Satz 2 KSchG genannten Anforderungen genügt. Ohne Beifügung der Stellungnahme des Betriebsrats (§ 17 Abs. 3 Satz 2 KSchG) liegt nach inzwischen gefestigter Rechtsprechung des Bundesarbeitsgerichts keine wirksame Massenentlassungsanzeige vor (*BAG* 28.06.2012 EzA § 17 KSchG Nr. 26 Rn. 52 = AP Nr. 40 zu § 17 KSchG 1969 = NZA 2012, 1029; 22.11.2012 EzA § 17 KSchG Nr. 28 Rn. 20 = AP Nr. 42 zu § 17 KSchG 1969 = NZA 2013, 845; 13.12.2012 EzA § 17 KSchG Nr. 29 Rn. 67 = AP Nr. 43 zu § 17 KSchG 1969; 13.12.2012 AP Nr. 44 zu § 17 KSchG 1969 Rn. 64; 26.02.2015 EzA § 17 KSchG Nr. 33 Rn. 34 = AP Nr. 47 zu § 17 KSchG 1969 = NZA 2015, 881; 20.01.2016 EzA § 17 KSchG Nr. 35 Rn. 17 = AP Nr. 48 zu § 17 KSchG 1969 = NZA 2016, 490; 22.09.2016 EzA § 17 KSchG Nr. 39 Rn. 24 = AP Nr. 52 zu § 17 KSchG 1969 = NZA 2017, 175), was wiederum zur Folge hat, dass eine trotz unwirksamer Massen-

Betriebsänderungen § 111

entlassungsanzeige erklärte Kündigung nach § 134 BGB nichtig ist (*BAG* 22.11.2012 EzA § 17 KSchG Nr. 28 Rn. 20 = AP Nr. 42 zu § 17 KSchG 1969 = NZA 2013, 845; 13.12.2012 EzA § 17 KSchG Nr. 29 Rn. 67 = AP Nr. 43 zu § 17 KSchG 1969; 20.02.2014 EzA § 17 KSchG Nr. 31 Rn. 48 = AP Nr. 46 zu § 17 KSchG 1969 = NZA 2014, 1069; 26.02.2015 EzA § 17 KSchG Nr. 33 Rn. 42 = AP Nr. 47 zu § 17 KSchG 1969 = NZA 2015, 881; 22.09.2016 EzA § 17 KSchG Nr. 39 Rn. 33 = AP Nr. 52 zu § 17 KSchG 1969 = NZA 2017, 175). Etwas anderes gilt nur dann, wenn der Anzeige zwar nicht die Stellungnahme des Betriebsrats beigefügt ist, dieses Defizit aber ausgeglichen wird, weil ein von § 17 Abs. 3 Satz 3 KSchG anerkannter Ausnahmesachverhalt vorliegt (*BAG* 28.06.2012 EzA § 17 KSchG Nr. 26 Rn. 51 ff. = AP Nr. 40 zu § 17 KSchG 1969 = NZA 2012, 1058; 22.11.2012 EzA § 17 KSchG Nr. 28 Rn. 20 = AP Nr. 42 zu § 17 KSchG 1969 = NZA 2013, 845; 13.12.2012 EzA § 17 KSchG Nr. 29 Rn. 67 = AP Nr. 43 zu § 17 KSchG 1969; 13.12.2012 AP Nr. 44 zu § 17 KSchG 1969 Rn. 64).

Darüber hinaus ist die Massenentlassungsanzeige nach Ansicht des *Bundesarbeitsgerichts* »jedenfalls 316 dann« unwirksam, wenn der Arbeitgeber seine nach § 17 Abs. 2 KSchG obliegenden Pflichten verletzt hat (*BAG* 13.12.2012 EzA § 17 KSchG Nr. 29 Rn. 63 ff. = AP Nr. 43 zu § 17 KSchG 1969; 13.12.2012 AP Nr. 44 zu § 17 KSchG 1969 Rn. 60 ff.; s. auch *Schlachter* FS *Wißmann*, S. 412 [420 ff.]). Auch in dieser Konstellation führt die Unwirksamkeit der Massenentlassungsanzeige zugleich zur Nichtigkeit der Kündigung nach § 134 BGB (*BAG* 13.12.2012 EzA § 17 KSchG Nr. 29 Rn. 75 = AP Nr. 43 zu § 17 KSchG 1969; 13.12.2012 AP Nr. 44 zu § 17 KSchG 1969 Rn. 73). Ob die in Rdn. 315 genannte Rechtsfolge auch dann eintritt, wenn die Mitteilung des Arbeitgebers an den Betriebsrat zwar in Abschrift der Massenentlassungsanzeige beigefügt ist, diese aber inhaltlich nicht den Vorgaben in § 17 Abs. 2 Satz 1 Nr. 1 bis 5 KSchG genügt, ist bislang nicht höchstrichterlich geklärt. Entsprechendes gilt, wenn die nach § 17 Abs. 3 Satz 2 KSchG beizufügende Stellungnahme des Betriebsrats zu der Massenentlassung entweder unwirksam ist oder auf einer nicht ausreichenden Unterrichtung des Betriebsrats beruht, ohne dass der Sonderfall einer Heilung durch abschließende Stellungnahme des Betriebsrats (s. Rdn. 309) vorliegt. Andererseits hat das *Bundesarbeitsgericht* deutlich hervorgehoben, dass nicht jede Äußerung des Betriebsrats den Anforderungen an eine »Stellungnahme« i. S. d. § 17 Abs. 3 Satz 2 KSchG genügt. Es muss zumindest erkennbar sein, dass es sich um eine Erklärung zu den vom Arbeitgeber beabsichtigten Kündigungen handelt, für die auch der Mitteilung ausreicht, keine Stellung nehmen zu wollen (*BAG* 26.02.2015 EzA § 17 KSchG Nr. 33 Rn. 38 = AP Nr. 47 zu § 17 KSchG 1969 = NZA 2015, 881; ferner *BAG* 09.06.2016 EzA § 17 KSchG Nr. 37 Rn. 36 = AP Nr. 51 zu § 17 KSchG 1969 = NZA 2016, 1198).

Die Rechtsfolge einer Nichtigkeit der Kündigung nach § 134 BGB tritt nach inzwischen gefestigter 317 Rechtsprechung des *Bundesarbeitsgerichts* auch dann und unabhängig von § 17 Abs. 3 KSchG ein, wenn der Arbeitgeber das Konsultationsverfahren nach § 17 Abs. 2 KSchG nicht durchgeführt hat (*BAG* [2. Senat] 21.03.2013 EzA § 17 KSchG Nr. 30 Rn. 21 ff. = AP Nr. 45 zu § 17 KSchG 1969 = NZA 2013, 966 sowie im Anschluss *BAG* [8. Senat] 20.01.2016 EzA § 17 KSchG Nr. 35 Rn. 16 = AP Nr. 48 zu § 17 KSchG 1969 = NZA 2016, 490; 09.06.2016 EzA § 17 KSchG Nr. 38 Rn. 16 = AP Nr. 50 zu § 17 KSchG 1969 = NZA 2016, 1202; 09.06.2016 EzA § 17 KSchG Nr. 37 Rn. 20 = AP Nr. 51 zu § 17 KSchG 1969 = NZA 2016, 1198). In dieser Konstellation ist zwar bereits keine wirksame Massenentlassungsanzeige möglich (Rdn. 316), das *Bundesarbeitsgericht* betrachtet den Verstoß gegen § 17 Abs. 2 KSchG aber als einen unabhängig von § 17 Abs. 3 KSchG bestehenden Nichtigkeitsgrund bzw. sieht die ordnungsgemäße Durchführung des Konsultationsverfahrens als eigenständige Wirksamkeitsvoraussetzung für eine Kündigung an (BAG 21.03.2013 EzA § 17 KSchG Nr. 30 Rn. 21 ff. = AP Nr. 45 zu § 17 KSchG 1969 = NZA 2013, 966; 20.01.2016 EzA § 17 KSchG Nr. 35 Rn. 16 = AP Nr. 48 zu § 17 KSchG 1969 = NZA 2016, 490; 09.06.2016 EzA § 17 KSchG Nr. 38 Rn. 16 = AP Nr. 50 zu § 17 KSchG 1969 = NZA 2016, 1202; 09.06.2016 EzA § 17 KSchG Nr. 37 Rn. 20 = AP Nr. 51 zu § 17 KSchG 1969 = NZA 2016, 1198; ebenso z. B. *Deinert/Callsen/DDZ* § 17 KSchG Rn. 47 sowie bereits *Hinrichs* Kündigungsschutz, S. 174 f.; *Reinhard* RdA 2007, 207 [211 f.]; **a. M.** noch *BAG* 18.09.2003 EzA § 17 KSchG Nr. 11 = AP Nr. 14 zu § 17 KSchG 1969 = NZA 2004, 375; *Bauer/Krieger/Powietzka* DB 2005, 445 [449]; *Ferme/Lipinski* ZIP 2005, 593 [597 f.]; *Leuchten/Lipinski* NZA 2000, 1361 [1364]; *Mauthner* Massenentlassungsrichtlinie, S. 161 ff.; *Oetker/Schubert* in: *Oetker/Preis* [Hrsg.], Europäisches Arbeits- und Sozialrecht [EAS], B 8300, Rn. 441; *Weber* AuR 2008, 365 [375 f.]; *Wolf* AuR 2005, 135 [140]). Hierzu sah sich das *Bundesarbeitsgericht* vor allem durch das

Urteil des *Europäischen Gerichtshofs* in der Rechtssache *Junk* veranlasst, da der Gerichtshof dort ausdrücklich festhielt, dass die praktische Wirksamkeit der in Art. 2 der Richtlinie 98/59/EG begründeten Verpflichtung beeinträchtigt sei, wenn der Arbeitgeber die Arbeitsverträge während oder sogar schon zu Beginn des Verfahrens kündigen dürfe. Deshalb dürfe die Kündigung erst nach dem Ende des Konsultationsverfahrens ausgesprochen werden, d. h. nachdem der Arbeitgeber die Verpflichtungen nach Art. 2 der Richtlinie 98/59/EG erfüllt habe (*EuGH* 27.01.2005 EzA § 17 KSchG Nr. 13 Rn. 44 f. = AP Nr. 18 zu § 17 KSchG 1969 = NZA 2005, 213).

318 Der argumentative Rückgriff des *Bundesarbeitsgerichts* auf den *effet utile*-Grundsatz (*BAG* 21.03.2013 EzA § 17 KSchG Nr. 30 Rn. 26 ff. = AP Nr. 45 zu § 17 KSchG 1969 = NZA 2013, 966; **a. M.** *Moll/APS* § 17 KSchG Rn. 81; *Oetker/Schubert* in: Oetker/Preis [Hrsg.], Europäisches Arbeits- und Sozialrecht [EAS], B 8300, Rn. 441; *Weber* in: *Schlachter/Heinig* Europ. AuS, § 9 Rn. 103 ff.; s. auch noch *BAG* 18.09.2003 EzA § 17 KSchG Nr. 11 = AP Nr. 14 zu § 17 KSchG 1969 = NZA 2004, 375, das die Notwendigkeit einer unionsrechtskonformen Auslegung noch verneinte), ist nicht zweifelsfrei, da wegen der Verknüpfung des Konsultationsverfahrens mit einer wirksamen Massenentlassungsanzeige (s. Rdn. 316) sichergestellt ist, dass der Arbeitgeber das Konsultationsverfahren auf der Basis einer den Anforderungen in § 17 Abs. 2 Satz 1 KSchG genügenden Unterrichtung des Betriebsrats einleitet (**a. M.** *BAG* 21.03.2013 EzA § 17 KSchG Nr. 30 Rn. 28 = AP Nr. 45 zu § 17 KSchG 1969 = NZA 2013, 966). Ob die individualrechtliche Sanktion erforderlich ist, um auch die Durchführung des Konsultationsverfahrens bis zu dessen Abschluss mittels einer wirksamen Sanktion abzusichern, ist nicht frei von Bedenken, da sich dem *effet utile*-Grundsatz kein sanktionsrechtliches Optimierungsgebot entnehmen lässt (treffend *Weber* in: *Schlachter/Heinig* Europ. AuS, § 9 Rn. 103 ff.). Der alleinige Hinweis auf die Eigenständigkeit des Konsultationsverfahrens (so *BAG* 21.03.2013 EzA § 17 KSchG Nr. 30 Rn. 28 = AP Nr. 45 zu § 17 KSchG 1969 = NZA 2013, 966) liefert keine tragfähige Begründung für eine unzureichende Effektivität der mittels der Verknüpfung mit der Massenentlassungsanzeige bestehenden Sanktion. Zudem führt die Sichtweise des *Bundesarbeitsgerichts* zu einem nicht auflösbaren Systembruch zu dem individualrechtlichen Sanktionsmechanismus, wenn der Arbeitgeber bei Betriebsänderungen den Versuch eines Interessenausgleichs unterlässt (so auch *Weber* AuR 2008, 365 [376]). Dieser Verstoß berührt nicht die Rechtswirksamkeit einer Kündigung, sondern den Arbeitgeber trifft als Sanktion eine Pflicht zum Nachteilsausgleich. Der hierin zum Ausdruck gelangte Willen des Gesetzgebers kann auch aus Sicht des Unionsrechts nicht mittels des Gebots einer unionsrechtskonformen Auslegung überwunden werden.

319 Nach der Diktion des *Bundesarbeitsgerichts* tritt die Rechtsfolge der Nichtigkeit der Kündigung nach § 134 BGB nicht nur bei einem unterbliebenen Konsultationsverfahren, sondern auch dann ein, wenn dieses fehlerhaft durchgeführt worden ist, insbesondere weil der Arbeitgeber die Kündigungen während des noch nicht abgeschlossenen Konsultationsverfahrens erklärt hat. Ob die Rechtsfolge der Nichtigkeit nach § 134 BGB auch dann eingreift, wenn der Betriebsrat nicht den Anforderungen des § 17 Abs. 2 Satz 1 KSchG genügend unterrichtet worden ist oder der Arbeitgeber nicht die erforderlichen zweckdienlichen Auskünfte erteilt hat (so *Dimsic* NJW 2016, 901 [905]; *Kiel/ErfK* § 17 KSchG Rn. 36), ist höchstrichterlich bislang nicht abschließend entschieden (differenzierend *Naber/Sittard* in: *Preis/Sagan* Europ. ArbR, § 10 Rn. 96; s. auch *Lunk/Hildebrand* NZA 2016, 129 [133]; *Schramm/Kuhnke* NZA 2011, 1071 [1074]).

320 Darüber hinaus wird im Schrifttum teilweise die Auffassung vertreten, Art. 6 der Richtlinie 98/59/EG i. V. m. dem *effet utile*-Grundsatz gebiete zugunsten des Betriebsrats einen **Anspruch auf Unterlassung** der beabsichtigten Massenentlassung, wenn das Konsultationsverfahren nicht ordnungsgemäß durchgeführt wird (so vor allem *Hinrichs* Kündigungsschutz, S. 199 f.; *Mauthner* Massenentlassungsrichtlinie, S. 200 f.). Dem ist nicht zuzustimmen (*Oetker/Schubert* in: Oetker/Preis [Hrsg.], Europäisches Arbeits- und Sozialrecht [EAS], B 8300, Rn. 439; *Weber* AuR 2008, 365 [378 ff.]; *ders.* in: *Schlachter/Heinig* Europ. AuS, § 9 Rn. 99; wohl auch *Deinert/Callsen/DDZ* § 17 KSchG Rn. 47). Auf § 17 Abs. 2 KSchG lässt sich dieser nicht stützen; die Vorschrift liefert allein eine tragfähige Grundlage für einen Erfüllungsanspruch (*Weber* in: *Schlachter/Heinig* Europ. AuS, § 9 Rn. 96, 98). Auch das Unionsrecht gebietet nicht dessen Anerkennung (*Weber* in: *Schlachter/Heinig* Europ. AuS, § 9 Rn. 99). Das gilt insbesondere dann, wenn entgegen der hier befürworteten Ansicht im Einklang mit dem Bundesarbeitsgericht (Rdn. 317) die ordnungsgemäße Durchführung des Konsultationsverfahrens in den

Rang einer eigenständigen Wirksamkeitsvoraussetzung für die beabsichtigten Kündigungen erhoben wird.

6. Verknüpfung des Konsultationsverfahrens mit der Beteiligung nach § 111 Satz 1

Das Konsultationsverfahren nach § 17 Abs. 2 KSchG kann gemeinsam mit der Beteiligung des Betriebsrats nach § 111 Satz 1 durchgeführt werden, wobei jedoch stets gesondert zu prüfen ist, ob eine geplante Massenentlassung den Schwellenwert in § 17 Abs. 1 Satz 1 KSchG überschreitet (s. Rdn. 301). Ist dies jedoch der Fall, dann können beide Beteiligungsverfahren gemeinsam eingeleitet werden (*BAG* 20.09.2012 EzA § 17 KSchG Nr. 27 Rn. 47, 49 ff. = AP Nr. 41 zu § 17 KSchG 1969 = NZA 2013, 32; 13.12.2012 EzA § 17 KSchG Nr. 28 Rn. 49 = AP Nr. 43 zu § 17 KSchG 1969; 13.12.2012 AP Nr. 44 zu § 17 KSchG 1969 Rn. 46; 26.02.2015 EzA § 17 KSchG Nr. 33 Rn. 17 = AP Nr. 47 zu § 17 KSchG 1969 = NZA 2015, 881; 09.06.2016 EzA § 17 KSchG Nr. 37 Rn. 21 = AP Nr. 51 zu § 17 KSchG 1969 = NZA 2016, 1198). Dabei fordert das *Bundesarbeitsgericht* im Hinblick auf den Zweck der jeweiligen Beteiligungsverfahren und die verschiedenen Reaktionsmöglichkeiten des Betriebsrats mit Recht den ausdrücklichen Hinweis an diesen, dass die Unterrichtung sowohl die Beteiligung nach § 111 Satz 1 als auch das Konsultationsverfahren nach § 17 Abs. 2 Satz 1 KSchG einleitet und die Beratungen mit dem Betriebsrat auch die Konsultationspflicht nach § 17 Abs. 2 Satz 2 KSchG erfüllen sollen (*BAG* 13.12.2012 AP Nr. 44 zu § 17 KSchG 1969 Rn. 47; 26.02.2015 EzA § 17 KSchG Nr. 33 Rn. 17 = AP Nr. 47 zu § 17 KSchG 1969 = NZA 2015, 881; 09.06.2016 EzA § 17 KSchG Nr. 37 Rn. 21 = AP Nr. 51 zu § 17 KSchG 1969 = NZA 2016, 1198; kritisch *v. Steinau-Steinrück* NZA 2017, 145 [148]). Entsprechendes gilt bei einer umgekehrten Sichtweise. Beabsichtigt der Arbeitgeber eine von § 17 Abs. 1 Satz 1 KSchG erfasste Massenentlassung, dann kann dieser mit der Einleitung des Konsultationsverfahrens nach § 17 Abs. 2 KSchG zugleich die Beteiligung des Betriebsrats nach § 111 f. einleiten, sofern die beabsichtigte Massenentlassung die tatbestandlichen Voraussetzungen einer Betriebsänderung i. S. d. § 111 erfüllt, was jedoch nicht stets zwingend der Fall ist (s. Rdn. 301).

Eine gemeinsame Durchführung beider Beteiligungsverfahren ist nur dann in Betracht zu ziehen, wenn für diese jeweils dasselbe betriebsverfassungsrechtliche Organ zuständig ist (*Spelge*/EuArbR Art. 2 RL 98/59/EG Rn. 29; s. auch *BAG* 13.12.2012 EzA § 17 KSchG Nr. 29 Rn. 52 = AP Nr. 43 zu § 17 KSchG 1969; 13.12.2012 AP Nr. 44 zu § 17 KSchG 1969 Rn. 50, das eine Verbindung mit dem Verfahren nach § 17 Abs. 2 KSchG bei »auseinanderfallenden Zuständigkeiten« ausschließt). Dies ist bei einer Zuständigkeit des Betriebsrats sowie bei einer originären Zuständigkeit des Gesamtbetriebsrats für das Interessenausgleichsverfahren zu bejahen (s. Rdn. 303), jedoch in Frage gestellt, wenn für die als Betriebsänderung zu bewertende Massenentlassung der Konzernbetriebsrat originär zuständig ist (s. Rdn. 264), da diesem eine originäre Zuständigkeit für das Konsultationsverfahren verbreitet abgesprochen wird (s. Rdn. 304). Da eine Delegierung der originären Zuständigkeit des Konzernbetriebsrats auf die Gesamtbetriebsräte rechtlich nicht möglich ist, verbleibt für die Herstellung eines Gleichlaufs der Zuständigkeiten nur die Begründung einer Zuständigkeit kraft Auftrags (§ 58 Abs. 2) für das Konsultationsverfahren (s. Rdn. 304).

Für eine gemeinsame Durchführung beider Beteiligungsverfahren muss der Arbeitgeber zudem den jeweiligen Unterrichtungspflichten ausreichend entsprechen. Dementsprechend präjudiziert die inhaltliche Konkretisierung der Unterrichtungspflicht in § 17 Abs. 2 Satz 1 KSchG zwar nicht zwingend die nach § 111 Satz 1 gebotene »umfassende« Unterrichtung, in der Regel erfüllt eine nach § 17 Abs. 2 Satz 1 KSchG ausreichende Unterrichtung des Betriebsrats diese aber (*Spelge*/EuArbR Art. 2 RL 98/59/EG Rn. 29; ähnlich *Krieger/Ludwig* NZA 2010, 919 [921]). Umgekehrt ist dies jedoch nicht zwingend der Fall (in diesem Sinne aber *BAG* 21.03.2012 EzA § 17 KSchG Nr. 25 Rn. 23 = AP Nr. 39 zu § 17 KSchG 1969 = NZA 2012, 1058). Ferner muss die Unterrichtung des Betriebsrats wegen § 17 Abs. 2 Satz 1 KSchG stets schriftlich erfolgen (s. 282.16), selbst wenn § 111 Satz 1 ein derartiges Formerfordernis nicht aufstellt (Rdn. 199; *Spelge*/EuArbR Art. 2 RL 98/59/EG Rn. 34). Die jeweils getrennt zu beachtenden Anforderungen der Beteiligungsverfahren strahlen auch auf den Inhalt der Beratungen zwischen Arbeitgeber und Betriebsrat aus. So genügt die Verhandlung über einen Interessenausgleich wegen der Beschränkung auf das »ob« und »wie« der geplanten Betriebsänderung (s. §§ 112, 112a Rdn. 10 ff.) nicht den Anforderungen des Konsultationsverfahrens nach

§ 17 Abs. 2 Satz 2 KSchG, da sich dieses ebenfalls darauf erstrecken muss, etwaige Folgen einer Massenentlassung zu mildern (s. Rdn. 311), so dass die Verhandlungen des Arbeitgebers mit dem Betriebsrat ebenfalls den Abschluss eines Sozialplans umfassen müssen.

324 Auch für den Abschluss beider Beteiligungsverfahren sind diese jeweils getrennt zu betrachten. Bereits wegen der inhaltlichen Unterschiede bezüglich des Beratungsgegenstands (s. Rdn. 311) ist der Abschluss der Verhandlungen über einen Interessenausgleich zwischen Arbeitgeber und Betriebsrat nicht zwingend zugleich als Abschluss des Konsultationsverfahrens nach § 17 Abs. 2 Satz 2 KSchG zu bewerten. Dazu müssen vielmehr auch die Verhandlungen über die Milderung der mit der Massenentlassung verbundenen Folgen abgeschlossen sein. Für den Abschluss des Konsultationsverfahrens ist allerdings im Unterschied zu dem Verfahren nach den §§ 111 f. nicht erforderlich, dass seitens des Arbeitgebers oder des Betriebsrats das Vermittlungsverfahren nach § 112 Abs. 2 oder das Verfahren vor der Einigungsstelle nach § 112 Abs. 3 eingeleitet oder durchgeführt wird. Dies ist zwar für den ausreichenden Versuch eines Interessenausgleichs i. S. d. § 113 Abs. 3 erforderlich (s. § 113 Rdn. 51 ff.), sowohl § 17 Abs. 2 Satz 2 KSchG als auch Art. 2 der Richtlinie 98/59/EG beschränken das Konsultationsverfahren aber auf die Betriebsparteien, ohne zusätzlich ein Einigungsverfahren zu fordern (s. Rdn. 313). Deshalb kann das Konsultationsverfahren nach § 17 Abs. 2 Satz 2 bereits abgeschlossen sein, obwohl dies bezüglich des Beteiligungsverfahrens nach den §§ 111 f. wegen eines Vermittlungs- bzw. Einigungsstellenverfahrens noch nicht der Fall ist. Lediglich bei umgekehrter Perspektive kommt ein Gleichlauf in Betracht: Ist das Einigungsstellenverfahren nach § 112 Abs. 3 sowohl im Hinblick auf einen Interessenausgleich als auch bezüglich eines Sozialplans abgeschlossen, dann ist damit denknotwendig auch das Konsultationsverfahren nach § 17 Abs. 2 Satz 2 abgeschlossen, wenn es nicht zu einer Einigung über einen Interessenausgleich kommt.

325 Wegen der inhaltlichen Unterschiede zwischen Interessenausgleichsverhandlungen und Konsultationsverfahren (Rdn. 323) ist auch der **Abschluss eines Interessenausgleichs** zwischen Arbeitgeber und Betriebsrat für sich alleine nicht in der Lage, das Konsultationsverfahren nach § 17 Abs. 2 Satz 2 KSchG abzuschließen (**a. M.** *BAG* 18.09.2003 EzA § 17 KSchG Nr. 11 = AP Nr. 14 zu § 17 KSchG 1969 = NZA 2004, 375; 21.03.2012 EzA § 17 KSchG Nr. 25 Rn. 23 = AP Nr. 39 zu § 17 KSchG 1969 = NZA 2012, 1058; 26.02.2015 EzA § 17 KSchG Nr. 33 Rn. 17 = AP Nr. 47 zu § 17 KSchG 1969 = NZA 2015, 881; 09.06.2016 EzA § 17 KSchG Nr. 37 Rn. 21 = AP Nr. 51 zu § 17 KSchG 1969 = NZA 2016, 1198; *v. Hoyningen-Huene* in: *v. Hoyningen-Huene/Linck* KSchG, § 17 Rn. 77; *Kiel*/ErfK § 17 KSchG Rn. 25a; *Krieger/Ludwig* NZA 2010, 919 [921]; *Moll/APS* § 17 KSchG Rn. 74; *Weigand*/KR § 17 KSchG Rn. 102). Das gilt selbst dann, wenn der Interessenausgleich den Abschluss des Konsultationsverfahrens nach § 17 Abs. 2 Satz 2 KSchG ausdrücklich festhält, da aus dieser Erklärung nicht zwingend folgt, dass sich die Verhandlungen auch auf die Milderung der mit der Massenentlassung verbundenen Folgen erstreckt haben. Anders ist dies erst zu beurteilen, wenn Interessenausgleich und Sozialplan in einer gemeinsamen Urkunde verbunden sind (s. dazu §§ 112, 112a Rdn. 75 f.). Eine gegenteilige Sichtweise lässt sich nicht auf § 1 Abs. 5 Satz 4 KSchG und § 125 Abs. 2 InsO stützen. Danach ersetzt ein Interessenausgleich mit Namensliste lediglich die Stellungnahme des Betriebsrats i. S. d. § 17 Abs. 3 Satz 2 KSchG, was jedoch nicht zwingend impliziert, dass hierdurch auch das Konsultationsverfahren zwischen Arbeitgeber und Betriebsrat abgeschlossen ist (**a. M.** *Spelge*/EuArbR Art. 2 RL 98/59/EG Rn. 58, 59). Vielmehr stufen § 1 Abs. 5 Satz 4 KSchG und § 125 Abs. 5 InsO den Interessenausgleich mit Namensliste als Surrogat für eine Stellungnahme des Betriebsrats ein. Einen Ersatz für das Konsultationsverfahren stellt der Interessenausgleich mit Namensliste nicht dar (*Spelge*/EuArbR Art. 2 RL 98/59/EG Rn. 29). Relevant ist ein abgeschlossener Interessenausgleich allenfalls für die Frage, ob in diesem eine Stellungnahme des Betriebsrats i. S. d. § 17 Abs. 3 Satz 2 KSchG enthalten ist und der deshalb selbst ohne Namensliste einer Massenentlassungsanzeige beigefügt werden kann (*BAG* 21.03.2012 EzA § 17 KSchG Nr. 25 Rn. 16 ff. = AP Nr. 39 zu § 17 KSchG 1969 = NZA 2012, 1058; 22.11.2012 EzA § 17 KSchG Nr. 28 Rn. 17 = AP Nr. 42 zu § 17 KSchG 1969 = NZA 2013, 845).

§ 112
Interessenausgleich über die Betriebsänderung, Sozialplan

(1) Kommt zwischen Unternehmer und Betriebsrat ein Interessenausgleich über die geplante Betriebsänderung zustande, so ist dieser schriftlich niederzulegen und vom Unternehmer und Betriebsrat zu unterschreiben. Das Gleiche gilt für eine Einigung über den Ausgleich oder die Milderung der wirtschaftlichen Nachteile, die den Arbeitnehmern infolge der geplanten Betriebsänderung entstehen (Sozialplan). Der Sozialplan hat die Wirkung einer Betriebsvereinbarung. § 77 Abs. 3 ist auf den Sozialplan nicht anzuwenden.

(2) Kommt ein Interessenausgleich über die geplante Betriebsänderung oder eine Einigung über den Sozialplan nicht zustande, so können der Unternehmer oder der Betriebsrat den Vorstand der Bundesagentur für Arbeit um Vermittlung ersuchen, der Vorstand kann die Aufgabe auf andere Bedienstete der Bundesagentur für Arbeit übertragen. Erfolgt kein Vermittlungsersuchen oder bleibt der Vermittlungsversuch ergebnislos, so können der Unternehmer oder der Betriebsrat die Einigungsstelle anrufen. Auf Ersuchen des Vorsitzenden der Einigungsstelle nimmt ein Mitglied des Vorstands der Bundesagentur für Arbeit oder ein vom Vorstand der Bundesagentur für Arbeit benannter Bediensteter der Bundesagentur für Arbeit an der Verhandlung teil.

(3) Unternehmer und Betriebsrat sollen der Einigungsstelle Vorschläge zur Beilegung der Meinungsverschiedenheiten über den Interessenausgleich und den Sozialplan machen. Die Einigungsstelle hat eine Einigung der Parteien zu versuchen. Kommt eine Einigung zustande, so ist sie schriftlich niederzulegen und von den Parteien und vom Vorsitzenden zu unterschreiben.

(4) Kommt eine Einigung über den Sozialplan nicht zustande, so entscheidet die Einigungsstelle über die Aufstellung eines Sozialplans. Der Spruch der Einigungsstelle ersetzt die Einigung zwischen Arbeitgeber und Betriebsrat.

(5) Die Einigungsstelle hat bei ihrer Entscheidung nach Absatz 4 sowohl die sozialen Belange der betroffenen Arbeitnehmer zu berücksichtigen als auch auf die wirtschaftliche Vertretbarkeit ihrer Entscheidung für das Unternehmen zu achten. Dabei hat die Einigungsstelle sich im Rahmen billigen Ermessens insbesondere von folgenden Grundsätzen leiten zu lassen:
1. Sie soll beim Ausgleich oder bei der Milderung wirtschaftlicher Nachteile, insbesondere durch Einkommensminderung, Wegfall von Sonderleistungen oder Verlust von Anwartschaften auf betriebliche Altersversorgung, Umzugskosten oder erhöhte Fahrtkosten, Leistungen vorsehen, die in der Regel den Gegebenheiten des Einzelfalles Rechnung tragen.
2. Sie hat die Aussichten der betroffenen Arbeitnehmer auf dem Arbeitsmarkt zu berücksichtigen. Sie soll Arbeitnehmer von Leistungen ausschließen, die in einem zumutbaren Arbeitsverhältnis im selben Betrieb oder in einem anderen Betrieb des Unternehmens oder eines zum Konzern gehörenden Unternehmens weiterbeschäftigt werden können und die Weiterbeschäftigung ablehnen; die mögliche Weiterbeschäftigung an einem anderen Ort begründet für sich allein nicht die Unzumutbarkeit.
2a. Sie soll insbesondere die im Dritten Buch des Sozialgesetzbuches vorgesehenen Förderungsmöglichkeiten zur Vermeidung von Arbeitslosigkeit berücksichtigen.
3. Sie hat bei der Bemessung des Gesamtbetrages der Sozialplanleistungen darauf zu achten, dass der Fortbestand des Unternehmens oder die nach Durchführung der Betriebsänderung verbleibenden Arbeitsplätze nicht gefährdet werden.

§ 112a
Erzwingbarer Sozialplan bei Personalabbau, Neugründungen

(1) Besteht eine geplante Betriebsänderung im Sinne des § 111 Satz 3 Nr. 1 allein in der Entlassung von Arbeitnehmern, so findet § 112 Abs. 4 und 5 nur Anwendung, wenn

1. in Betrieben mit in der Regel weniger als 60 Arbeitnehmern 20 vom Hundert der regelmäßig beschäftigten Arbeitnehmer, aber mindestens 6 Arbeitnehmer,
2. in Betrieben mit in der Regel mindestens 60 und weniger als 250 Arbeitnehmern 20 vom Hundert der regelmäßig beschäftigten Arbeitnehmer oder mindestens 37 Arbeitnehmer,
3. in Betrieben mit in der Regel mindestens 250 und weniger als 500 Arbeitnehmern 15 vom Hundert der regelmäßig beschäftigten Arbeitnehmer oder mindestens 60 Arbeitnehmer,
4. in Betrieben mit in der Regel mindestens 500 Arbeitnehmern 10 vom Hundert der regelmäßig beschäftigten Arbeitnehmer, aber mindestens 60 Arbeitnehmer

aus betriebsbedingten Gründen entlassen werden sollen. Als Entlassung gilt auch das vom Arbeitgeber aus Gründen der Betriebsänderung veranlasste Ausscheiden von Arbeitnehmern aufgrund von Aufhebungsverträgen.

(2) § 112 Abs. 4 und 5 findet keine Anwendung auf Betriebe eines Unternehmens in den ersten vier Jahren nach seiner Gründung. Dies gilt nicht für Neugründungen im Zusammenhang mit der rechtlichen Umstrukturierung von Unternehmen und Konzernen. Maßgebend für den Zeitpunkt der Gründung ist die Aufnahme einer Erwerbstätigkeit, die nach § 138 der Abgabenordnung dem Finanzamt mitzuteilen ist.

Literatur
Abele Stichtagsregelung in Sozialplänen zum Nachteil von auf Veranlassung des Arbeitgebers freiwillig ausscheidenden Arbeitnehmern (Diss. Tübingen 2015), 2016 (zit.: Stichtagsregelungen); *Ahrendt* Zum Bemessungsdurchgriff beim Sozialplan, RdA 2012, 340; *Ahrens* Sozialpläne im Insolvenzverfahren, ZInsO 2003, 581; *Anders* Sozialplan und Insolvenzsicherung, BlStSozArbR 1975, 190; *Annuß* Die Betriebsänderung in der Insolvenz, NZI 1999, 344; *Arend* Der Personalabbau nach der Insolvenzordnung (Diss. Jena), 1998 (zit.: Personalabbau); *Bachner/Schindele* Beschäftigungssicherung durch Interessenausgleich und Sozialplan, NZA 1999, 130; *Balz* Der Sozialplan im Konkurs- und Vergleichsverfahren, DB 1985, 689; *Barth* Einfluß des Sozialplans nach §§ 112 und 113 BetrVG auf die steuerliche Bewertung von Betriebsvermögen und Kapitalanteilen, DB 1974, 1084; *Bartholomä* Sozialplanauslegung entgegen abweichendem Willen der Betriebsparteien?, BB 2005, 100; *Bauer* Aktuelle Probleme des Personalabbaus im Rahmen von Betriebsänderungen, DB 1994, 217, 274; *ders./Moench* Sozialplanabfindungen im Konkurs, NJW 1984, 468; *Bayreuther* Konsolidierungstarifvertrag und freiwilliger Tarifsozialplan als Regelungsinstrumente in der Unternehmenskrise, NZA 2010, 378; *ders.* Altersgrenzen, Altersgruppenbildung und der Ausschluss rentennaher Arbeitnehmer aus Sozialplänen, NJW 2011, 19; *Bell* Gender Mainstreaming in Sozialplänen, AiB 2005, 18; *ders.* Der Transfersozialplan, AiB 2013, 117; *Bender* Der Wegfall der Geschäftsgrundlage bei arbeitsrechtlichen Kollektivverträgen am Beispiel des Tarifvertrages und des Sozialplans (Diss. Köln 2004), 2005 (zit.: Wegfall der Geschäftsgrundlage); *Benecke* Sozialplanleistungen und Verzicht auf Kündigungsschutz: die neue Rechtsprechung des BAG zu Funktionen und Grenzen des Sozialplans – Zugleich Anmerkung zu der »Turboprämienentscheidung« des BAG, BB 2006, 938; *Bepler* Arbeitsrechtliche Fragen an das neue Recht der Sozialplanförderung (§§ 254 ff. SGB III), betrieb + personal 1999, 18; *Berenz* Aktuelle Probleme im Sozialplanrecht – Die Regelung des § 112 V BetrVG, NZA 1993, 538; *ders.* Die Neuregelung des Sozialplans durch das Gesetz über arbeitsrechtliche Vorschriften zur Beschäftigungsförderung vom 26. April 1985, Diss. Köln 1991 (zit.: Neuregelung); *Berges* Das knowhow des Belegschaftsstammes als innerbetriebliche Rechtstatsache des Sozialplans, RdA 1977, 271; *Berscheid* Arbeitgeberstellung und -befugnis im Insolvenzeröffnungsverfahren und im eröffneten Insolvenzverfahren, FS Hanau, 1999, S. 701; *ders.* Gerichtliche Zustimmung zur Durchführung einer Betriebsänderung, ZInsO 1999, 52; *ders.* Anrechenbarkeit eines Sozialplananspruchs auf einen Nachteilsausgleichsanspruch, ZInsO 2002, 1127; *Beuthien* Interessenausgleich und Sozialplan im Konkurs, RdA 1976, 147 [156]; *ders.* Sozialplangrenzen im Konkurs, ZIP 1980, 83; *ders.* Sozialplan und Unternehmensverschuldung, 1980; *ders.* Sozialplanzwangsschlichtung und Konkursgläubigerschutz, FS Gerhard Müller, 1981, S. 13; *ders.* Der Sozialauftrag des Sozialplans, ZfA 1982, 181; *S. Biedenkopf* Interessenausgleich und Sozialplan unter Berücksichtigung der besonderen Probleme bei der Privatisierung und Sanierung von Betrieben in den neuen Bundesländern (Diss. FU Berlin), 1994 (zit.: Interessenausgleich); *Birk* Der

Sozialplan, FS *Konzen*, 2006, S. 11; *Biswas* Die Namensliste im Interessenausgleich, FA 2005, 361; *Blinda* Altersbezogene Regelungen in Sozialplänen – eine Diskriminierung? (Diss. Bremen 2009), 2010 (zit.: Altersbezogene Regelungen); *Boemke/Danko* Vererblichkeit von Abfindungsansprüchen, DB 2006, 2461; *Boemke/Tietze* Insolvenzarbeitsrecht und Sozialplan, DB 1999, 1389; *Bötticher* Begründet der Sozialplan des Konkursverwalters Masseschulden?, BB 1975, 977; *ders*. Sozialplananspruche im Konkurs vor den gemeinsamen Senaten der Obersten Gerichtshöfe des Bundes?, BB 1984, 539; *Bonanni/Ludwig* Altersdifferenzierung bei Sozialplanabfindungen, ArbRB 2011, 218; *Bontrup* Interessenausgleich umd Sozialplan, WSI-Mitt. 1998, 312; *Bovensiepen* Die Vermittlungstätigkeit des Landesarbeitsamtes nach § 112 Abs. 2 des BetrVG, RdA 1975, 288; *Briese* Zur Frage der Passivierung von Sozialplanverpflichtungen, DB 1977, 313 [365]; *Brüsseler/Rothkegel* Sozialplanvolumen bei Betriebsänderungen in internationalen Konzernen, AiB 2010, 108; *A. Buchner* Sozialplanverpflichtungen: Entwicklung, Bedeutung und finanzwirtschaftliche Vorsorgemöglichkeiten, 1985; *Bürgel* Berechnungs- und Haftungsdurchgriff im Konzern bei erzwungenem Sozialplan (Diss. Augsburg 2014), 2015 (zit.: Berechnungs- und Haftungsdurchgriff); *Busch* Abfindungen nur bei Klageverzicht jetzt auch in Sozialplänen?, BB 2004, 267; *Buschmann* Der vergessene Interessenausgleich, BB 1983, 510; *Caspers* Personalabbau und Insolvenzverfahren (Diss. Freiburg), 1998 (zit.: Personalabbau); *Compensis* Die Vererblichkeit von Sozialplananspruchen und anderen Abfindungen, DB 1992, 888; *Däubler* Nachträgliche Kürzung von Sozialplananspruchen?, NZA 1985, 545; *ders./Bösche* Zum Inhalt von Sozialplänen nach § 112 BetrVG, 1975; *Dangers* Der Sozialplan, BlStSozArbR 1977, 354; *Deininger-Stierand* Dotierung des Sozialplans bei Teilbetriebsstilllegung, NZA 2017, 420; *v. Diepenbroick-Grüter* Der Sozialplan in der Insolvenz (Diss. Hamburg), 2004 (zit.: Sozialplan); *Diller* §§ 216a/b SGB III neu: Ein Gegner mehr bei Sozialplanverhandlungen, FA 2011, 135; *Ditzen* Betriebliche Sozialpläne, 1980; *Dorndorf* Sozialplan im Konkurs, 1978; *Dressler/Thom* Sozialplan, 1974; *Dross* Besonderheiten des Sozialplans im Konzern (Diss. Rostock), 1999 (zit.: Konzern); *Drukarczyk* Zum Problem der wirtschaftlichen Vertretbarkeit von Sozialplänen, RdA 1986, 115; *Durchlaub* Kürzung des Sozialplans im Falle wirtschaftlicher Schwierigkeiten, DB 1980, 496; *v. Elsner* Der Sozialplan/Eine arbeitsrechtliche Hoffnung ohne ausreichende unternehmensrechtliche Grundlage, BB 1983, 1169; *Emmert/Soulas* Fehler in der Namensliste, FA 2006, 101; *Ennemann* Interessenausgleichsverhandlungen und arbeitsgerichtliche Beschlußverfahren in der Insolvenz, in: Arbeitskreis für Insolvenz- und Schiedsgerichtswesen (Hrsg.), Kölner Schrift zur Insolvenzordnung, 2. Aufl. 2000, S. 1473; *Federlin* Verhandlungen über einen Interessenausgleich und den Abschluß eines Sozialplans, ZfA 1988, 99; *Fiege/Höffler* Bemessungsdurchgriff im Konzern bei Sozialplanabfindung, FA 2012, 165; *Fiene* Abschluss und Umsetzung von Transfer-Sozialplänen, 2013; *U. Fischer* Sozialplanabfindung als Entgelt im Sinne des Europäischen Arbeitsrechts, DB 2002, 1994; *ders*. Unternehmensbezogener Interessenausgleich und Namensliste nach § 1 Abs. 5 KSchG, BB 2004, 1001; *Foldenauer* Die Norm- und Bindungswirkung des Interessenausgleichs (Diss. Erlangen-Nürnberg 2014), 2015 (zit.: Norm- und Bindungswirkung); *Freckmann* Interessenausgleich und Sozialplan bei Betriebsänderung, 2008; *Friedemann* Das Verfahren der Einigungsstelle für Interessenausgleich und Sozialplan, 1997 (zit.: Verfahren der Einigungsstelle); *Fritsch* Die Ausgestaltung von Sozialplänen – Eine rechtstatsächliche Untersuchung, Diss. Bochum 1976; *Fröhlich* Berechnungsdurchgriff bei der Sozialplandotierung, ArbRB 2013, 161; *ders*. Die Sozialplangestaltung als Herausforderung für die Beratungspraxis, ArbRB 2016, 345; *Fuchs* Der Sozialplan nach dem BetrVG 1972 (Diss. Gießen), 1977 (zit.: Sozialplan); *Gagel* Zum Ruhen von Arbeitslosengeld durch Abfindungen aus Sozialplänen, NZS 2000, 327; *ders*. § 2 SGB III: Schlüssel zum eingliederungsorientierten Kündigungsrecht und zu Transfer-Sozialplänen, BB 2001, 358; *Gajewski* Rechtsprobleme bei der Sozialplangestaltung, FS *D. Gaul*, 1992, S. 189; *Gastell/Heilmann* Anspruch des Betriebsrats aus einem Interessenausgleich, FA 1998, 102; *B. Gaul* Gestaltungsspielraum bei Sozialplanabfindungen, DB 1998, 1513; *ders*. Zuschüsse zu Sozialplänen, AuA 1998, 336; *ders*. Beteiligungsrechte des Betriebsrats aus §§ 111, 112 BetrVG bei der Spaltung eines gemeinsamen Betriebs mehrerer Unternehmen, NZA 2003, 695; *ders*. Wirtschaftliche Vertretbarkeit von Sozialplänen, DB 2004, 1498; *ders*. Betriebsbedingte Kündigung mit Namensliste nach § 1 Abs. 5 KSchG, BB 2004, 2686; *Gaul/Otto* Aktuelle Aspekte einer Zusammenarbeit mit Beschäftigungsgesellschaften, NZA 2004, 1301; *dies*. Personalabbau durch »Turboprämie«, ArbRB 2005, 344; *Gaul/Mückl* Aktuelle Grenzen des Gestaltungsspielraums bezüglich Sozialplanabfindungen bei Eigenkündigung, ArbRB 2009, 45; *Gaul/Schmidt* Wirtschaftliche Vertretbarkeit eines Sozialplans im Konzern, DB 2014, 300; *Gaul/Bonanni/Otto* Hartz III: Veränderte Rahmenbedingungen für Kurzarbeit, Sozialplanzuschüsse und Transfermaßnahmen, DB 2003, 2386; *Gehlhaar* Die Änderung von Sozialplan-Ansprüchen mit Wirkung für die Zukunft – ein »vergessenes« Problem, BB 2007, 2805; *Gessner/Plett* Der Sozialplan in Konkursunternehmen, 1982; *Geyer* Die »Turboprämie« als zusätzliche Leistung zum Sozialplan, FA 2005, 326; *Giese* Zur wirtschaftlichen Vertretbarkeit eines Sozialplans, FS *Wißmann*, 2005, S. 314; *Giesen* Die Betriebsverfassung nach dem neuen Insolvenzrecht, ZIP 1998, 142; *Gift* Der Sozialplan, JArbR Bd. 15 (1977), 1978, S. 51; *Glaubitz* Die wirtschaftliche Vertretbarkeit des Sozialplans nach § 112 Abs. 5 BetrVG, bei Fortführung des Unternehmens, FS *Hanau*, 1999, S. 403; *ders*. Die wirtschaftliche Vertretbarkeit des Sozialplans nach § 112 Abs. 5 BetrVG, bei Fortführung des Unternehmens, FA 2000, 106; *Göpfert/Krieger* Wann ist die Anrufung der Einigungsstelle bei Interessenausgleichs- und Sozialplanverhandlungen zulässig?,

NZA 2005, 254; *Göritz/Hase/Rupp* Handbuch Interessenausgleich und Sozialplan, 6. Aufl. 2012; *Gravenhorst* Rentennähe als Kriterium bei Sozialauswahl und Sozialplanabfindung, FS *Leinemann*, 2006, S. 325; *Grub* Sozialplanwillkür? Thesen aus der Sicht eines Praktikers, ZIP-Report 1983, 873; *Grünberger/Sagan* Diskriminierende Sozialpläne, EuZA 2013, 324; *Grüneberg* Die Rechtspositionen der Organe der GmbH und des Betriebsrates im Konkurs (Diss. Bonn), 1988; *Grünewald* Interessenausgleich und Sozialplan (Diss. Würzburg 2010), 2012 (zit.: Interessenausgleich); *Grunsky* Sozialplan und Konkurs des Arbeitgebers, RdA 1978, 147, 174; *Gschwendtner* Die wirtschaftliche Vertretbarkeit von Sozialplänen, AiB 2005, 486; *Häsemeyer* Die Systemwidrigkeit der insolvenzrechtlichen Sozialplanregelung (§§ 123, 124 InsO) und ihre Folgen, ZIP 2003, 229; *Hahn* Interessenausgleich und Sozialplan, 2001; *Haje* Quantifizierung von Sozialplanaufwendungen, DB 1980, 793; *Hamberger* Der Betriebsrat im Insolvenzverfahren (Diss. München 2009), 2010 (zit.: Insolvenzverfahren); *Hamm/Rupp* Beschäftigungssicherung, Interessenausgleich, Sozialplan, 2. Aufl. 2015; *Hammen* Die »richterliche Inhaltskontrolle« von Betriebsvereinbarungen (Sozialplänen) durch das Bundesarbeitsgericht insbesondere aus revisionsrechtlicher Sicht, RdA 1986, 23; *Hanau* Probleme der Mitbestimmung des Betriebsrats über den Sozialplan, ZfA 1974, 89; *Hansen* Der Entstehungszeitpunkt des Anspruchs auf eine Sozialplanabfindung, NZA 1985, 609; *Hartmann* Die privatautonome Zuordnung von Arbeitsverhältnissen nach Umwandlungsrecht, ZfA 1997, 21; *Hartung* Die Risiken vorsorglicher Sozialpläne, DB 1976, 2064; *ders.* Die Sozialplanrückstellung als Beispiel für die Bilanzierung und Bewertung eines Einzelrisikos, BB 1988, 1421; *Hauck* Der Inhalt von Sozialplänen auf dem Prüfstand des Bundesarbeitsgerichts, AuA 1998, 69; *ders.* Aktuelle BAG-Rechtsprechung zum Bestand von Sozialplänen, AuA 1998, 166; *Heider/ Schimmelpfennig* Sozialplanverhandlungen bei unternehmensübergreifenden Umstrukturierungen, KStZ 2014, 244; *Heinze* Der Sozialplan im Konkurs und Vergleich, BB 1974, 1814; *ders.* Sozialplanleistung und Kündigungsschutz, NZA 1984, 17; *ders.* Nichtsozialplanpflichtige Betriebsänderung, NZA 1987, 41; *Heither* Sozialplan und Sozialrecht (Diss. Hannover), 2002; *Hemmer* Sozialplanpraxis in der Bundesrepublik, 1988; *ders.* Sozialpläne und Personalanpassungsmaßnahmen, 1997; *Hermann* Der Transfer-Sozialplan in der reformierten Betriebsverfassung (Diss. Mannheim), 2004 (zit.: Transfer-Sozialplan); *Hess* Das Gesetz über den Sozialplan im Konkurs- und Vergleichsverfahren, NZA 1985, 205; *Hesse* Das Scheitern des Interessenausgleichs in der Einigungsstelle, FS 25 Jahre Arbeitsgemeinschaft Arbeitsrecht im DAV, 2006, S. 879; *ders./Gotters* Die Neuregelung vom Sozialplan nach dem Beschäftigungsförderungsgesetz und nach dem Konkurssozialplangesetz, BlStSozArbR 1985, 264; *Hetmeier* Sozialplandotierung im Konzern außerhalb und innerhalb des Insolvenzverfahrens (Diss. Göttingen 2012), 2013 (zit.: Sozialplandotierung); *Hoffmann* Die Förderung von Transfer-Sozialplänen (Diss. Dresden), 2002 (zit.: Förderung); *Hohenstatt* Der Interessenausgleich in einem veränderten rechtlichen Umfeld, NZA 1998, 846; *ders.* Sozialplanansprüche befristet Beschäftigter aus Gleichbehandlung?, NZA 2016, 1446; *ders./Starner* Die Dotierung von Sozialplänen: »Alle Macht den Einigungsstelle«?, DB 2005, 2410; *Hoppe* Sozialplan durch Einigungsstelle und Anfechtung, BlStSozArbR 1977, 369; *v. Hoyningen-Huene* Die wirtschaftliche Vertretbarkeit von Sozialplänen – zugleich eine Rahmenformel zur Berechnung des Sozialplanvolumens, RdA 1986, 102; *Hunold* Die Sorgfaltspflichten des Einigungsstellenvorsitzenden, insbesondere im Verfahren über einen Sozialplan, NZA 1999, 785; *ders.* Die Rechtsprechung zu Interessenausgleich, Nachteilsausgleich und Sozialplan, §§ 112–113 BetrVG, NZA-RR 2004, 561, 2005, 57; *Huth* Voraussetzungen und Grenzen nachträglicher Sozialplanänderungen (Diss. Frankfurt a. M.), 2004 (zit.: Sozialplanänderungen); *Jaeger* Die Betriebsaufspaltung durch die Ausgliederung einzelner Betriebsteile als sozialplanpflichtige Betriebsänderung, BB 1988, 1036; *Janzen* Interessenausgleich mit Namensliste, AuR 2013, 203; *Johannsen* Die Anrechnung von Entlassungsentschädigungen auf die Hälfte des Arbeitslosengeldes gem. § 140 SGB III, ZTR 1998, 531; *Junker* Sozialplanansprüche im Konzern, ZIP 1993, 1599; *Kaba* Probleme des Interessenausgleichs (Diss. Köln), 2001; *Kania/Kania* Auswirkungen der Andersen-Entscheidung des EuGH auf die Sozialplangestaltung in Deutschland, ZESAR 2012, 62; *Kaven* Das Recht des Sozialplans (Diss. Bielefeld), 1977 (zit.: Sozialplan); *Kessen* Der Inhalt des Sozialplans, Diss. Köln 1997; *Kilger* Sozialplangestaltung im Insolvenzrecht, ZIP 1980, 133; *Klarsfeld* Der steinige Weg bis zum Scheitern des Interessenausgleichs, ArbRB 2010, 18; *Kleinebrink* Das Vermittlungsverfahren durch den Präsidenten des Landesarbeitsamtes bei Betriebsänderungen, FA 2001, 165; *ders.* Interessenausgleich und Sozialplan nach Änderung des BetrVG, ArbRB 2002, 151; *ders.* Möglichkeiten der Festlegung von Abfindungsleistungen in Sozialplänen, ArbRB 2004, 254; *ders.* Ausschluß von Abfindungsleistungen in Sozialplänen, ArbRB 2004, 286; *ders.* Sozialplan und Interessenausgleich bei »reinem« Personalabbau, ArbRB 2009, 74; *ders.* Die Namensliste zum Interessenausgleich als Gestaltungsmittel, ArbRB 2010, 62; *Knorr* Der Sozialplan im Widerstreit der Interessen, 1995; *Kocher* Betriebsänderung – Zum Inhalt von Interessenausgleich und Sozialplan, AuR 1992, 198; *dies.* Statt Kündigungsschutz: ein kollektives Kündigungsverfahren – Der Interessenausgleich in der neuen Insolvenzordnung, BB 1998, 213; *dies.* Interessenausgleichsverhandlungen mit einem nach Insolvenzeröffnung gewähltem Betriebsrat, NZI 2003, 527; *Köhler/Wolff* Teilzeitbeschäftigung während der Elternzeit: Gleichbehandlung im Sozialplan?, ZESAR 2012, 468; *Kohnen/Römer* Obergrenzen für Sozialpläne in der Insolvenz, ZInsO 2010, 1206; *Körnig* Rang des Sozialplananspruchs im Konkurs, DB 1975, 1411, 1459; *Korinth* Der Angriff auf den Sozialplan – prozessuale Chancen und Risiken, ArbRB 2005, 247; *Kowalski* Der Transfersozialplan in der Insolvenz – Beschäftigungswirksame Sozialpläne in der Durchführung eines Insolvenzverfahrens, KTS 2002, 261; *dies.* Vom passiven zum aktiven Sozialplan (Diss. Bonn 2003), 2004 (zit.: Sozialplan); *Kraushaar* Gefährdet der Sozialplan die Konkursmasse?, AuR 1978, 33; *ders.* Sozial- und rechtspolitische Überlegungen zum Sozialplan im Konkurs, DB 1984, 772; *ders.* Sozialpläne müssen nicht immer so viel Geld kosten!, BB 2000, 1622; *M. Kraushaar* Sozialplan für Betriebsrat in Gründung, AuR 2000, 245; *Krieger/Arnold* Rente statt Abfindung: Zulässigkeit des Ausschlusses älterer Arbeitnehmer von Sozialplanleistungen, NZA 2008, 1153; *Krejci* Der Sozialplan, 1983; *Kreutz* Vergangenheitsorientierung von Sozialplänen, FS *E. Wolf*, 1985, S. 320; *Kreuzer/Rößner* Die Betriebsänderung in der Insolvenz und die Darstellung der »wirtschaftlichen Lage des Unternehmens« nach § 122 InsO, NZI 2012, 699; *Krol* Die Bindungswirkung des Interessenausgleichs und seine Fortgeltung nach einem Betriebsübergang (Diss. Kassel 2009), 2010 (zit.: Bindungswirkung); *Knuip* Betriebsrentenanpassung und Sozialplandotierung in Konzern und Umwandlung (Diss. Freiburg), 1997 (zit.: Sozialplandotierung); *Küttner* Unterschiedliche Abfindungen in Sozialplänen wegen Personalabbaus nach der Rechtsprechung des Bundesarbeitsgerichtes, FS *Stahlhacke*, 1995, S. 289; *ders.* Einzelfragen zum Interessenausgleich unter Berücksichtigung der gesetzlichen Neuregelungen, Arbeitsrecht und Arbeitsgerichtsbarkeit – Festschrift zum 50-jährigen Bestehen der Arbeitsgerichtsbarkeit in Rheinland-Pfalz, 1999, S. 431; *Krieger/Terhorst* Absprachen zwischen Arbeitgeber und Betriebsrat über künftige Betriebsänderungen, NZA 2014, 689; *Kuhn/Willemsen* Gestaltungsspielräume bei Transfersozialplänen, NZA 2012, 593; *Lakies* Insolvenz und Betriebsänderung, BB 1999, 206; *Laskawy/Rehfeld* Sozialplanauslegung – Altersdifferenzierung in Sozialplänen, AuR 2009, 361; *Laßmann* Handbuch Interessenausgleich und Sozialplan, 7. Aufl. 2016; *Leuchten/Lipinski* Die Anrechnung des Nachteilsausgleichs auf die Sozialplanabfindung nach der Massenentlassungsrichtlinie 98/59/EG, NZA 2003, 1361; *Lichtenstein* Sozialpläne in der Praxis, BetrR 1974, 654; *Lingemann* Betriebsänderungen nach neuem BetrVG, NZA 2002, 934; *Linsenmaier* Möglichkeiten und Grenzen der Sozialplangestaltung – die jüngere Rechtsprechung des Ersten Senats des Bundesarbeitsgerichts, FS *Etzel*, 2011, S. 239; *Lipinski/Meyer* Beurteilung der wirtschaftlichen Vertretbarkeit eines Sozialplans (§ 112 Abs. 5 BetrVG) auch unter Berücksichtigung der Konzernmutter, DB 2003, 1846; *Löw* Gleichbehandlung im Sozialplan, DB 1996, 570; *Löwisch* Sozialplanleistungen und Gleichbehandlungsgebot, FS *G. Müller*, 1981, S. 301; *ders.* Das Schicksal von Sozialplänen aus der Zeit zwischen Großem Senat (1978) und Bundesverfassungsgericht (1983), DB 1984, 1246; *ders.* Probleme des Interessenausgleichs, RdA 1989, 216; *ders.* Neugestaltung des Interessenausgleichs durch das Arbeitsrechtliche Beschäftigungsförderungsgesetz, RdA 1997, 80; *ders.* Die Flankierung von Sozialplänen durch die Bundesanstalt für Arbeit (§§ 254 ff. SGB III), RdA 1997, 287; *ders.* Der »vorsorgliche Sozialplan« – eine zweifelhafte Rechtsfigur, FS *Dieterich*, 1999, S. 345; *ders.* Haftungsdurchgriff und Berechnungsdurchgriff bei Sozialplänen, ZIP 2015, 209; *Loritz* Die »Neugründung« eines Unternehmens und die Befreiung von der Sozialplanpflicht nach § 112a II BetrVG, NZA 1993, 1105; *Luding* Beendigung und Veränderung von Sozialplänen (Diss. Heidelberg), 2002; *Lux* Sozialplan und Nachteilsausgleich im Konkurs, BB 1979, 282; *Matthes* Die neuere Rechtsprechung des Bundesarbeitsgerichts zu Sozialplänen, JArbR Bd. 32 (1995), 1996, S. 83; *ders.* Rechtsfragen zum Interessenausgleich, FS *Wlotzke*, 1996, S. 393; *ders.* Neue Funktionen für Interessenausgleich und Sozialplan, RdA 1999, 178; *Meier* Die Sozialplanabfindung: Verloren bei Eigenkündigung? – Entschädigung für Besitzstandsverlust oder Übergangsbeihilfe?, NZA 1995, 769; *Meyer* Abänderung von Sozialplanregelungen, NZA 1995, 974; *ders.* Die Dauersozialpläne als neuartige Regelungsform des Sozialplans, NZA 1996, 239; *ders.* Die nachträgliche Abänderung von Sozialplänen, 1996 (zit.: Abänderung); *ders.* Die Sozialplanrichtlinien der Treuhandanstalt, 1996; *ders.* Die Nachwirkung von Sozialplänen gem. § 77 VI BetrVG, NZA 1997, 289; *ders.* Zuschüsse zu Sozialplänen nach §§ 254 ff. SGB III, NZA 1998, 403, 513; *ders.* Bindungswirkung eines Interessenausgleichs, BB 2001, 882; *ders.* Transfergesellschaften an der Schnittstelle zwischen Arbeits- und Sozialrecht, NZS 2002, 578; *ders.* Erzwingbarkeit von Eingliederungsmaßnahmen nach SGB III im Sozialplan, DB 2003, 206; *Moderegger* Abfindungen: Haftungsfalle oder Mittel zur Steueroptimierung?, ArbRB 2004, 315; *Mohr* Altersdifferenzierungen im Sozialplan nach deutschem und europäischem Recht, RdA 2011, 44; *Molkenbur/Schulte* Rechtscharakter und -wirkungen des Interessenausgleichs, DB 1995, 269; *Moll/Katerndahl* Zum Verhältnis zwischen Interessenausgleichs- und Massenentlassungsanzeigeverfahren, RdA 2013, 159; *Müller* Der Sozialplan und seine finanzielle Ausstattung – Bemessung des materiellen Inhalts eines Sozialplans, DMitbest. 1975, 72; *Müller* Das arbeitsrechtliche Beschlußverfahren nach der Insolvenzordnung, DZWIR 1999, 221; *K. Müller* Zum Ausschluß personenbedingt gekündigter Arbeitnehmer aus dem Geltungsbereich von Sozialplänen, BB 2001, 255; *Naendrup* Einseitige Kürzung von Sozialplänen – Zur Bestandskraft kollektiver Vereinbarungen, AuR 1984, 193; *Neef* Die Neuregelung des Interessenausgleichs und ihre praktischen Folgen, NZA 1997, 65; *Neef/Schrader* Betriebsübergang und Sozialplanregelung, NZA 1998, 804; *Neumann-Cosel* Interessenausgleich und Nachteilsausgleich, AiB 2002, 473; *Nick* Konzernbetriebsrat und Sozialplan im Konzern. Zugleich ein Beitrag zur Entwicklung einer interessendualistischen Konzernverfassung (Diss. Hohenstein), 1992 (zit.: Konzernbetriebsrat); *Nicolai* Zur Zulässigkeit tariflicher Sozialpläne – zugleich ein Beitrag zu den Grenzen der Tarifmacht, RdA 2006, 33; *Oelkers* Altersdiskriminierung bei Sozialplänen, NJW 2008, 614; *Oetker* Die Vorgaben der Betriebsübergangsrichtlinie für die Beteiligungsrechte des Betriebsrats, NZA 1998, 1193;

ders. Sozialplandotierung in konzernabhängigen Unternehmen durch die Einigungsstelle im Schnittfeld von Arbeits- und Gesellschaftsrecht, FS Wank, 2014, S. 383; *ders./Friese* Der Interessenausgleich in der Insolvenz, DZWIR 2001, 133, 177; *dies.* Der Sozialplan in der Insolvenz, DZWIR 2001, 265; *Ohl* Der Sozialplan. Recht und Praxis kompensatorischer Leistungen für den Verlust des Arbeitsplatzes (Diss. Göttingen), 1977 (zit.: Sozialplan); *Ohlendorf/Salamon* Interessenausgleich mit Namensliste im Zuständigkeitsbereich des Gesamtbetriebsrats, NZA 2006, 131; *Otto* Der Sozialplan als Gegenstand neuer gesetzgeberischer Initiativen, ZfA 1985, 71; **P**agels Die Leistungen aus dem Sozialplan, AuR 1980, 151; *Pakimus* Kündigung in der Insolvenz: Sozialauswahl und ausgewogene Personalstruktur nach § 125 Abs. 1 Satz 1 Nr. 2 InsO, DB 2006, 2742; *Peiseler* Interessenausgleich und Sozialplan bei Betriebsverlegungen, AiB 1999, 261; *Peter* Verfassungswidrigkeit des Interessenausgleichs mit Namensliste gem. § 1 Abs. 5 KSchG, FA 2006, 105; *Pfotenhauer* Der Verzicht auf den Sozialplananspruch (Diss. Marburg 2008), 2009; *Pitterle* Anmerkung zu »Steuerfreie Abfindung gem. § 3 Nr. 9 EStG auch bei Transfersozialplan und Beschäftigungsgesellschaft und Qualifizierungsgesellschaft«, DB 2002, 762; *v. Puttkamer* Keine haushaltsplankonforme Begrenzung bei Sozialplänen mit privatwirtschaftlichen Unternehmen der öffentlichen Hand, AiB 1999, 35; **R**euter Der Sozialplan – Entschädigung für Arbeitsplatzverlust oder Steuerung unternehmerischen Handelns?, 1983 (zit.: Sozialplan); *Richardi* Die Mitbestimmung über den Sozialplan im Konkurs, RdA 1979, 1983; *ders.* Sozialplan und Konkurs, 1975; *ders.* Sozialplan und Konkurs, DB 1976, Beil. Nr. 6; *ders.* Anspruch auf den Sozialplan bei Betriebsänderungen, NZA 1984, 177; *ders.* Der Interessenausgleich bei Betriebsänderungen nach dem Arbeitsrechtlichen Beschäftigungsförderungsgesetz 1996, FS *Wiese*, 1998, S. 441; *Riesenhuber* Informationspflichten beim Betriebsübergang: Fehler bei der Umsetzung der Richtlinie und Anlaß für eine grundsätzliche Neuordnung, RdA 2004, 340; *ders.* Turboprämien – Abfindung bei Verzicht auf Kündigungsschutzklage in Sozialplan und Betriebsvereinbarung, NZA 2005, 1100; *Ritzel* Interessenausgleich, Sozialplan und Nachteilsausgleich im Konkursverfahren?, BB 1976, 325; *Roden* Nochmals: Wie »absolut« ist die Grenze des § 123 I InsO?, NZA 2009, 659; *Röder/Baeck* Interessenausgleich und Sozialplan, 5. Aufl. 2016; *Röger/Tholuck* Der erzwungene Sozialplan bei Betriebsspaltungen (§ 134 UmwG) und Konzernverbindungen, NZA 2012, 294; *Römer* Interessenausgleich und Sozialplan bei Outsourcing und Auftragsneuvergabe (Diss. Bonn), 2001 (zit.: Interessenausgleich und Sozialplan); *Rolf/Riechwald* Transfergesellschaften nach neuem Recht, BB 2011, 2805; *Rolfs* Arbeitsrechtliche Aspekte des neuen Arbeitsförderungsrechts, NZA 1998, 17; *Rose* Konkurs und Sozialplan, MitbestGespr. 1975, 84; *Rupp* Allgemeine Anforderungen an den Sozialplan, AiB 2002, 478; *Schaub* Der Interessenausgleich, FS *Däubler*, 1999, S. 347; *ders./Schindele* Kurzarbeit, Massenentlassung, Sozialplan, 1993; *Scherer* Die neue Sozialplanregelung des BeschäftFG, NZA 1985, 764; *Schiefer* Namensliste gem. § 1 Abs. 5 KSchG, DB 2009, 2546; *Schils* Sozialplan und Konkurs, KTS 1976, 267; *Schlüter* Die konkursrechtliche Behandlung der Sozialplanansprüche und des Ausgleichsanspruchs nach § 113 BetrVG (Diss. Münster), 1977; *Schmädicke/Fackler* Die gerichtliche Zustimmung zur Durchführung einer Betriebsänderung gem. § 122 InsO, NZA 2012, 1199; *H. Schmidt* Der Sozialplan in betriebswirtschaftlicher Sicht, 1989; *I. Schmidt* Sozialplangestaltung und arbeitsrechtliche Kontrolle, FS *Kreutz*, 2010, S. 451; *S. Schmidt* Der insolvenzrechtliche Sozialplanbegriff (Diss. Mainz 2015), 2016 (zit.: Sozialplanbegriff); *T. Schmidt* EU-Konformität von Abfindungsklauseln in Sozialplänen – Das BAG im Widerspruch zum EuGH, ZESAR 2011, 164; *Schmitt-Rolfes* Interessenausgleich und Sozialplan in Unternehmen und Konzern, FS 50 Jahre Bundesarbeitsgericht, 2004, S. 1081; *Schneider* Interessenausgleich und Sozialplan im Rahmen der wirtschaftlichen Beteiligungsrechte nach dem BetrVG, MitbestGespr. 1975, 67; *Scholz* Dotierung eines Sozialplans durch die Einigungsstelle, BB 2006, 1498; *Schrader* Der arbeitsrechtliche Gleichbehandlungsgrundsatz im Sozialplan, DB 1997, 1714; *ders./Straube* Interessenausgleichsverhandlungen und Nachteilsausgleichsansprüche im Eröffnungsverfahren und nach Insolvenzeröffnung, ZInsO 2005, 910; *Schramm/Kuhnke* Das Zusammenspiel von Interessenausgleichs- und Massenentlassungsanzeigeverfahren, NZA 2011, 1071; *Schubert* Berechnungsdurchgriff bei der Dotierung von Sozialplänen und der Anpassung von Betriebsrenten – Arbeitsrecht in den Grenzen des Gesellschaftsrechts, FS *v. Hoyningen-Huene*, 2014, S. 441; *Schütte* Transfergesellschaft und Einigungsstelle, NZA 2013, 249; *Schulte* Der Interessenausgleich – das verkannte Wesen, ArbRB 2002, 333; *Schwarzburg* Wie absolut ist die Grenze des § 123 I InsO? – Die Anwendbarkeit des § 123 I InsO in (faktischen) Konzernsituationen, NZA 2009, 176; *Schweibert* Alter als Differenzierungskriterium in Sozialplänen, FS 25 Jahre Arbeitsgemeinschaft Arbeitsrecht im DAV, 2006, S. 1001; *dies.* Berechnungsdurchgriff im Konzern zum Zwecke der Sozialplanfinanzierung – Schimäre oder reale Chance?, NZA 2016, 321; *Schwegler* Der Schutz der Vereinbarungen und Verfahrensrechte zum Interessenausgleich (Diss. Köln 2010), 2011 (zit.: Schutz der Vereinbarungen); *Schwerdtner* Der Sozialplan im Eröffnungsverfahren und nach der Verfahrenseröffnung, in: Arbeitskreis für Insolvenz- und Schiedsgerichtswesen (Hrsg.), Kölner Schrift zur Insolvenzordnung, 2. Aufl. 2000, S. 1605; *Seel* Betriebsänderung – Inhalt und Abschluss eines Sozialplans, MDR 2010, 241; *ders.* Diskriminierung bei Bemessung der Sozialplanabfindung, FA 2013, 70; *Seitz* Sozialplanhaftung und Umwandlungsrecht, FS *Buchner*, 2009, S. 849; *Siemes* Die Selbstbindung der Betriebspartner an den Interessenausgleich gemäß § 112 Abs. 1 Satz 1 BetrVG, ZfA 1998, 183; *Sigle* Errichtung von Transfergesellschaften, FA 2013, 168; *Spieker* Interessenausgleich bei Eigenkündigung im Insolvenzverfahren, DB 1987, 1839; *Spinti* Leitende Angestellte und Sozialplan – neu entschieden, DB 1986, 1571; *ders.* Die Ansprüche aus Sozialplan (§ 112 BetrVG 72) und Nachteilsausgleich (§ 113 BetrVG 72) bei Insolvenz des Arbeitgebers (Diss. FU Berlin), 1989; *Staufenbiel* Der Sozialplan – Entwicklungen und Neuerungen durch Gesetzgebung, Rechtsprechung und Praxis (Diss. Göttingen 2004), 2004 (zit.: Sozialplan); *Stindt* Der Transfer-Sozialplan: ein innovatives Verbundprodukt aus Betriebsverfassungsrecht und Arbeitsförderungsrecht, FS *Weinspach*, 2002, S. 147 = EuroAS 2003, 75; *ders.* Die Bedrohung durch Arbeitslosigkeit und deren Vermeidung durch das Transfer-Sozialplan-Konzept, 50 Jahre Bundesarbeitsgericht, 2004, S. 1101; *Strecker* »Turboprämie« und Sozialplan (Diss. FU Berlin), 2009; *Studt* Der umwandlungsrechtliche Interessenausgleich nach § 323 Abs. 2 UmwG (Diss. Hamburg), 2002 (zit.: Interessenausgleich); *Stück* Interessenausgleich, Sozialplan und tarifliche Sozialpläne – Handlungsoptionen des Arbeitgebers, MDR 2008, 127; *Targan* Wirtschaftliche Vertretbarkeit von Sozialplänen, AuA 1993, 42; *Teubner* Interessenausgleich und Sozialplan, BB 1974, 982; *Temming* Für einen Paradigmenwechsel in der Sozialplanrechtsprechung, RdA 2008, 205; *Thannheiser* Moderne Sozialplangestaltung mit Hilfe des SGB III, AiB 1999, 89, 153; *ders.* Möglichkeiten und Grenzen der Sozialplangestaltung, PersR 2000, 182; *ders.* Sozialplanabfindungen, AiB 2000, 460; *ders.* Berechnungsgrundlagen beim Sozialplan, AiB 2002, 484; *ders.* Moderne Sozialplangestaltung – Anforderungen an Sozialpläne unter Ausnutzung der gesetzlichen Rahmenbedingungen im Sozialrecht (SGB III), AiB 2006, 23; *ders.* Neue Bedingungen für Transferleistungen und Transfersozialpläne, AiB 2011, 86; *ders.* Ein Gegner mehr bei Sozialplanabfindungen, AiB 2011, 222; *Tholuck* Sozialplandotierung durch die Einigungsstelle bei verbundenen Unternehmen (Diss. Bucerius Law School), 2014 (zit.: Sozialplandotierung); *Thüsing / Wege* Freiwilliger Interessenausgleich und Sozialauswahl, BB 2005, 213; *dies.* Sozialplanabfindung: Turboprämie ausgebremst?, DB 2005, 2634; *Tomicic* Interessenausgleich und Sozialplan im Konzern, Diss. München 1981; *Uhl / Polloczek* Sozialplandotierung im Konzern – Adieu Berechnungsdurchgriff?, DStR 2010, 1481; *Uhlenbruck* Der Sozialplan als Prüfstein des Konkurses, BlStSozArbR 1976, 145; *ders.* Die Sozialplanansprüche der Arbeitnehmer beim treuhänderischen Liquidationsvergleich, DB 1974, 628; *ders.* Das Gesetz über den Sozialplan im Konkurs- und Vergleichsverfahren, NJW 1985, 712; *Unterhinnighofen* Sozialplan und Konkurs, BetrR 1973, 658; *Vogt* Sozialpläne in der betrieblichen Praxis, 2. Aufl. 1981; *ders.* Sozialpläne – Schutzmaßnahmen bei Betriebsänderungen gem. §§ 111 ff. BetrVG, DB 1974, 237; *ders.* Personalabbaumaßnahmen und neues Sozialplanrecht nach dem BeschäftFG 1985, BB 1985, 2328; *Verch* Personalabbau und Betriebsverfassung (Diss. Münster), 2001; *Wankel* Anwaltsstrategien bei Interessenausgleichs- und Sozialplanverfahren (Diss. Erlangen 2011), 2012 (zit.: Anwaltsstrategien); *Warrikoff* Die Stellung der Arbeitnehmer nach der neuen Insolvenzordnung, BB 1994, 2338; *Weber* Die aktuelle Rechtsprechung des Bundesarbeitsgerichts zur Gleichbehandlung bei Sozialplanabfindungen, BB 1997, 1530; *Weber / Burmester* Die Ermessensentscheidung der Einigungsstelle bei Sozialplänen und ihre arbeitsgerichtliche Überprüfung, BB 1995, 2268; *Weinbrenner / Meier* Interessenausgleich und Sozialplan, 2015; *Weitnauer* Der Sozialplan im Konkurs, ZfA 1977, 111; *Weller* Zum Problem von Sozialplänen im Konkurs, BB 1977, 599; *Wendeling-Schröder / Welkoborsky* Beschäftigungssicherung und Transfersozialplan, NZA 2002, 1370; *Weyand* Interessenausgleich und Sozialplan, 2009; *Wienberg / Neumann* § 122 InsO – Möglichkeit der Beschleunigung oder Hemmschuh bei der Massenentlassung, FS *Karlheinz Fuchs*, 1996, S. 177; *Willemsen* Zur Befreiung neugegründeter Unternehmen von der Sozialplanpflicht (§ 112a Abs. 2 BetrVG), DB 1990, 1405; *ders.* Sinn und Grenzen des gesetzlichen Sozialplans, RdA 2013, 166; *ders. / Hohenstatt* Zur umstrittenen Bindungswirkung des Interessenausgleichs, NZA 1997, 345; *ders. / Tiesler* Interessenausgleich und Sozialplan in der Insolvenz, 1995 (zit. Interessenausgleich); *Winderlich* Sozialplan und Betriebsänderung – Gedanken zum Wegfall der Geschäftsgrundlage, BB 1994, 2483; *Winkelmann* Interessenausgleich und Leistungen des Arbeitsamtes im Lichte der aktuellen Gesetzgebung, AiB 2004, 23; *H. Wißmann* Das schwierige Miteinander von Interessenausgleich und Sozialplan, FS 25 Jahre Arbeitsgemeinschaft Arbeitsrecht im DAV, 2006, S. 1037; *T. Wißmann* Altersdiskriminierung – Abfindungsbeschränkungen bei Möglichkeit des Bezugs von Altersrente, RdA 2011, 181; *Wölfel* Die Sozialplanabfindung (Diss. Köln), 2012 (zit.: Sozialplanabfindung); *Wolff* Personalanpassung durch »Transfersozialplan«, NZA 1999, 622; *ders.* Die Gestaltungsformen des Sozialplans: Einzel-, Rahmen-, Dauervorsorglicher und Transfersozialplan und ihr Verhältnis zueinander (Diss. Augsburg), 2003 (zit.: Gestaltungsformen); *Wüst* Personaleinschränkung, Betriebsänderung, die Zuständigkeit der Einigungsstelle, Diss. Konstanz 1980; *Wutte* Bemessungsdurchgriff bei der Sozialplandotierung im Konzern, ZfA 2016, 261; *Zange* Diskriminierung bei Berechnung einer Sozialplanabfindung, NZA 2013, 601; *Zeitz* Sozialplan und Arbeitsmarktchancen, Diss. Köln 2002; *Zeppenfeld / Fries* In dubio pro Einigungsstellenspruch? – Praktische Auswirkungen des Verfahrens nach § 76 V 4 BetrVG am Beispiel des Sozialplans, NZA 2015, 647; *Zeuner* Zur kündigungsschutzrechtlichen Bedeutung des Interessenausgleichs nach § 1 Abs. 5 KSchG und §§ 125 Abs. 1 Satz 1, 128 Abs. 2 InsO, FS *Zöllner*, Bd. II, 1998, S. 1011; *Zimmer / Hempel* Der Interessenausgleich als Betriebsvereinbarung, FA 2007, 171; *ders. / Rupp* Namensliste durch Gesamtbetriebsrat, FA 2005, 259; *Zwanziger* Der Interessenausgleich – betriebliches Regelungsmuster oder Muster ohne kollektiven Wert?, DB 1998, 477; *Zwinkmann* Der Interessenausgleich über die Sozialauswahl in der Insolvenz nach § 125 InsO (Diss. Jena), 2001 (zit.: Interessenausgleich).

Inhaltsübersicht

	Rdn.
I. Allgemeines	1–4
II. Der Interessenausgleich	5–131
1. Arten des Interessenausgleichs	5–9
2. Regelungsinhalt des Interessenausgleichs	10–38
a) Der Interessenausgleich i. S. d. § 112	10–12
aa) Interessenausgleich im engeren Sinne	10
bb) Interessenausgleich im weiteren Sinne	11
cc) »Rahmeninteressenausgleich«	12
b) Der Interessenausgleich im Rahmen von § 125 Abs. 1 InsO und § 1 Abs. 5 KSchG	13–31
aa) Allgemeines	13
bb) Betriebsänderung i. S. d. § 111	14–22
cc) Art der Vereinbarung	23–25
dd) Namentliche Bezeichnung der zu kündigenden Arbeitnehmer	26–31
c) Der Interessenausgleich im Rahmen des § 323 Abs. 2 UmwG	32–38
aa) Normzweck	32, 33
bb) Erfasste Betriebsübergänge	34
cc) Interessenausgleichsverfahren	35–37
dd) Namentliche Bezeichnung der zuzuordnenden Arbeitnehmer	38
3. Zustandekommen des Interessenausgleichs	39–64
a) Freiwilligkeit	39
b) Einigung von Betriebsrat und Unternehmer	40, 41
c) Einigungsverfahren	42–44
d) Schriftform des Interessenausgleichs	45–64
aa) Anforderungen an die Schriftform	45–48
bb) Unterschrift der Parteien	49–54
cc) Bezeichnung der Einigung	55, 56
dd) Bekanntmachung des Interessenausgleichs	57
ee) Rechtsfolgen bei Nichtbeachtung der Schriftform	58–60
ff) Interessenausgleich im weiteren Sinne	61
gg) Namentliche Bezeichnung der Arbeitnehmer (§ 125 Abs. 1 Satz 1 InsO, § 1 Abs. 5 Satz 1 KSchG, § 323 Abs. 2 UmwG) und Schriftform	62–64
4. Zuständigkeit für den Abschluss des Interessenausgleichs	65–71
5. Rechtsnatur des Interessenausgleichs	72–77
a) Der Interessenausgleich i. S. d. § 112 Abs. 1 Satz 1	72–76
b) Der besondere Interessenausgleich im Rahmen von § 125 Abs. 1 Satz 1 InsO, § 1 Abs. 5 Satz 1 KSchG und § 323 Abs. 2 UmwG	77
6. Rechtswirkungen des Interessenausgleichs	78–128
a) Der Interessenausgleich i. S. d. § 112 Abs. 1 Satz 1	78–96
aa) Bindung des Unternehmers	78, 79
bb) Bindung des Betriebsrats	80, 81
cc) Reichweite der Bindungswirkung	82
dd) Rechtsfolgen bei einer Abweichung vom Interessenausgleich	83–91
ee) Beteiligungsrechte bei Durchführung der Betriebsänderung und Interessenausgleich	92–96
b) Privilegierungen des Interessenausgleichs durch § 125 Abs. 1 InsO und § 1 Abs. 5 KSchG	97–120
aa) Vermutung der Betriebsbedingtheit ordentlicher Kündigungen (§ 125 Abs. 1 Satz 1 Nr. 1 InsO, § 1 Abs. 5 Satz 2 KSchG)	97–101
bb) Überprüfbarkeit der Sozialauswahl (§ 125 Abs. 1 Satz 1 Nr. 2 InsO, § 1 Abs. 5 Satz 2 KSchG)	102–109
cc) Ergänzung des § 125 InsO durch § 128 InsO bei einer Betriebsveräußerung	110–117
(1) Regelungszweck des § 128 InsO	110, 111
(2) Anwendungsbereich und Regelungsgehalt des § 128 Abs. 1 InsO	112–115
(3) Die Vermutungswirkung des § 128 Abs. 2 InsO	116, 117
dd) Ausschluss der Privilegierung bei wesentlicher Änderung der Sachlage (§ 125 Abs. 1 Satz 2 InsO, § 1 Abs. 5 Satz 3 KSchG)	118–120

	c) Privilegierung des Interessenausgleichs durch § 323 Abs. 2 UmwG	121–128
7.	Lösung von dem Interessenausgleich	129–131
III.	Der Sozialplan	132–270
	1. Allgemeines	132–219
	a) Begriff und Inhalt des Sozialplans	132–135
	b) Zweck des Sozialplans	136–142
	c) Verknüpfung des Sozialplans mit einer geplanten Betriebsänderung	143–147
	d) Personelle Grenzen der Sozialplangestaltung	148–156
	aa) Arbeitnehmerbegriff	148, 149
	bb) Leitende Angestellte	150–154
	cc) Betriebszugehörigkeit	155, 156
	e) Rechtsnatur des Sozialplans	157–160
	f) Rechtswirkungen des Sozialplans	161–173
	g) Verhältnis zum Tarifvertrag	174–182
	h) Die Behandlung von Sozialplanansprüchen in der Rechtsordnung	183–219
	aa) Entstehung von Sozialplanansprüchen	183–189
	bb) Verzicht, Ausschlussfristen und Verjährung	190–192
	cc) Gerichtliche Geltendmachung von Sozialplanansprüchen	193
	dd) Steuerrechtliche Behandlung von Sozialplanansprüchen	194
	ee) Sozialversicherungsrechtliche Behandlung von Sozialplanleistungen	195–197
	ff) Betriebliche Altersversorgung, Entgeltumwandlung	198
	gg) Vererblichkeit von Sozialplanansprüchen	199, 200
	hh) Pfändbarkeit von Sozialplanansprüchen, Aufrechnung und Abtretung	201–204
	ii) Erfüllung der Sozialplanverbindlichkeiten in der Insolvenz	205–219
	(1) Allgemeines	205
	(2) Sozialpläne nach Eröffnung des Insolvenzverfahrens	206–214
	(3) Sozialpläne vor Eröffnung des Insolvenzverfahrens	215, 216
	(4) Sozialplanverbindlichkeiten und Masseunzulänglichkeit	217–219
	2. Abschluss des Sozialplans zwischen Betriebsrat und Unternehmer	220–227
	a) Zuständigkeit für den Abschluss des Sozialplans	220–222
	b) Form des Sozialplans	223–227
	3. Beendigung eines Sozialplans	228–270
	a) Beendigungtatbestände	228, 229
	b) Einvernehmliche Beendigung	230–235
	c) Kündigung eines Sozialplans	236–247
	aa) Kündigungsklausel	236
	bb) Ordentliche Kündigung	237–242
	cc) Außerordentliche Kündigung	243–247
	d) Wegfall der Geschäftsgrundlage	248–259
	e) Aufhebung von Sozialplänen in der Insolvenz	260–270
	aa) Allgemeines	260
	bb) Anwendbarkeit des § 120 InsO auf Sozialpläne	261
	cc) Das Widerrufsrecht nach § 124 InsO	262–270
IV.	Das Mitbestimmungsverfahren für Interessenausgleich und Sozialplan	271–365
	1. Einigungsversuch zwischen Betriebsrat und Unternehmer	271
	2. Vermittlung durch Mitarbeiter der Bundesagentur für Arbeit (§ 112 Abs. 2)	272–292
	a) Person des Vermittlers	272–277
	b) Antrag auf Einleitung des Vermittlungsverfahrens	278–283
	c) Gegenstand des Vermittlungsverfahrens	284, 285
	d) Gestaltung des Vermittlungsverfahrens	286–292
	3. Anrufung der Einigungsstelle	293–336
	a) Einleitung des Einigungsstellenverfahrens	293–296
	b) Bildung der Einigungsstelle	297–300
	c) Verfahren vor der Einigungsstelle	301–309
	aa) Allgemeines	301–303
	bb) Teilnahme des Vertreters der Bundesagentur für Arbeit (§ 112 Abs. 2 Satz 3)	304, 305
	cc) Einigungsversuch durch die Einigungsstelle	306–309
	d) Spruch der Einigungsstelle	310–313

e) Der nicht erzwingbare Sozialplan (§ 112a)	314–336
aa) Allgemeines	314–317
bb) Nicht sozialplanpflichtiger Personalabbau (§ 112a Abs. 1)	318–322
cc) Neugründung von Unternehmen (§ 112a Abs. 2)	323–336
4. Befreiung von dem Mitbestimmungsverfahren in der Insolvenz (§ 122 InsO)	337–362
a) Allgemeines	337
b) Vorherige Beteiligung des Betriebsrats	338–341
c) Fristbeginn	342–344
d) Antrag an das Arbeitsgericht	345–347
e) Begründetheit des Antrags	348–354
aa) Eilbedürftigkeit der Betriebsänderung	349–352
bb) Soziale Belange der Arbeitnehmer	353, 354
f) Verfahrensfragen	355–362
5. Ausschluss des Mitbestimmungsverfahrens wegen vorheriger Einigung (»vorsorglicher Sozialplan«)	363–365
V. Inhaltsschranken für die Sozialplangestaltung	366–489
1. Allgemeine Schranken der Sozialplangestaltung	366–394
a) Funktionelle Zuständigkeit	367–373
b) Höherrangiges Recht, insbesondere Grundrechte	374, 375
c) Betriebsverfassungsrechtlicher Gleichbehandlungsgrundsatz, § 75 Abs. 1	376–392
aa) Allgemeines	376–380
bb) Diskriminierungsverbote	381–388
cc) Ermessens- und Beurteilungsspielraum	389, 390
dd) Einzelfälle	391, 392
d) Rechtsfolgen	393, 394
2. Grenzen der Sozialplangestaltung im Insolvenzverfahren	395–419
a) Allgemeines	395–397
b) Anwendungsbereich der §§ 123, 124 InsO	398–404
aa) Sozialplan i. S. d. §§ 123, 124 InsO	398–401
bb) Zeitlicher Anwendungsbereich	402–404
(1) § 123 InsO	402, 403
(2) § 124 InsO	404
c) Sozialpläne nach Eröffnung des Insolvenzverfahrens	405–419
aa) Absolute Obergrenze	405
bb) Ermittlung der Obergrenze	406–411
cc) Einhaltung der absoluten Obergrenze	412, 413
dd) Überschreitung der absoluten Obergrenze	414–419
3. Ermessensgrenzen der Einigungsstelle (§ 112 Abs. 5)	420–489
a) Allgemeines	420–434
aa) Bindung an höherrangiges Recht	420
bb) Die Legaldefinition in § 112 Abs. 1 Satz 2 als Kompetenzgrenze	421–424
cc) »Billiges Ermessen« als Schranke	425–434
b) Abwägungsklausel (§ 112 Abs. 5 Satz 1)	435–458
aa) Funktion der Abwägungsklausel	435
bb) Soziale Belange der betroffenen Arbeitnehmer	436–438
cc) Wirtschaftliche Vertretbarkeit für das Unternehmen	439–458
(1) Allgemeine Grundsätze	439–444
(2) Bemessungsdurchgriff im Konzern	445–453
(3) Gesamtschuldnerische Haftung und Bemessungsdurchgriff	454–456
(4) Insolvenz	457, 458
c) Ermessensrichtlinien des § 112 Abs. 5 Satz 2	459–489
aa) Allgemeines	459, 460
bb) Berücksichtigung des Einzelfalls (§ 112 Abs. 5 Satz 2 Nr. 1)	461–466
cc) Anderweitige Beschäftigungsmöglichkeiten (§ 112 Abs. 5 Satz 2 Nr. 2)	467–478
dd) Förderungsmöglichkeiten des SGB III (§ 112 Abs. 5 Satz 2 Nr. 2a)	479–485
ee) Gesamtbetrag der Sozialplanleistungen (§ 112 Abs. 5 Satz 2 Nr. 3)	486–489
VI. Sozialplanleistungen und Steuerrecht	490–510
1. Überblick	490, 491

	2.	Sozialplanleistungen als steuerpflichtige Einkünfte	492–496
	3.	Steuerfreiheit für Abfindungen (§ 3 Nr. 9 EStG a. F.)	497
	4.	Tarifermäßigung für Sozialplanleistungen nach § 34 Abs. 1 EStG	498–510
		a) Überblick	498
		b) Sozialplanleistungen als Entschädigung i. S. d. § 24 Nr. 1 Buchst. a EStG	499–504
		c) Entschädigungen als außerordentliche Einkünfte i. S. d. § 34 EStG	505–510
VII.	Sozialplan und Arbeitsförderung (»Transfersozialplan«)		511–562
	1.	Allgemeines	511–516
	2.	Transfermaßnahmen (§ 110 SGB III)	517–553
		a) Voraussetzungen für die Gewährung eines Zuschusses	517–548
		aa) Drohende Arbeitslosigkeit aufgrund Betriebsänderung	518–530
		(1) Drohende Arbeitslosigkeit	518–525
		(2) Betriebsänderung	526–530
		bb) Maßnahmebezogene Förderungsvoraussetzungen	531–545
		(1) Transfermaßnahme	531–533
		(2) Beratung der Betriebsparteien	534–537
		(3) Finanzierungsbeteiligung des Arbeitgebers	538–541
		(4) Person des Maßnahmeträgers	542
		(5) Gesicherte Durchführung	543, 544
		(6) Qualitätskontrolle	545
		cc) Ausschlusstatbestände (§ 110 Abs. 3 SGB III)	546, 547
		dd) Ausschluss von Doppelleistungen (§ 110 Abs. 4 SGB III)	548
		b) Höhe des Zuschusses und Bewilligung	549–553
	3.	Transferkurzarbeitergeld (§ 111 SGB III)	554–562
		a) Allgemeines	554, 555
		b) Betroffenheit von dauerhaftem Arbeitsausfall	556
		c) Betriebliche Voraussetzungen	557
		d) Persönliche Voraussetzungen	558
		e) Anzeige des Arbeitsausfalls	559
		f) Ausschluss des Anspruchs	560
		g) Beantragung und Bemessung des Transferkurzarbeitergeldes	561, 562

I. Allgemeines

Die Vorschrift des § 112 bildet die Grundnorm für den Verlauf der Beratungen zwischen Betriebsrat **1** und Unternehmer, wenn dieser die Durchführung einer Betriebsänderung i. S. d. § 111 beabsichtigt. Sie wird ergänzt von § 112a, der durch Art. 2 BeschFG 1985 in das BetrVG eingefügt wurde und für einzelne Betriebsänderungen die Pflicht zur Aufstellung eines Sozialplans aufhebt (s. Rdn. 314 ff.). Zugleich grenzte das BeschFG 1985 durch Änderung des § 112 Abs. 5 den Gestaltungsspielraum der Einigungsstelle bei der Aufstellung des Sozialplans durch Ermessensrichtlinien ein (dazu Rdn. 459 ff.). Um das Ziel der Beschäftigungssicherung bei Betriebsänderungen deutlicher hervorzuheben (*Reg. Begr.* BT-Drucks. 14/5741, S. 52), ergänzte Art. 1 Nr. 71 BetrVerf-ReformG diese durch Einfügung der Nr. 2a. Hiernach soll die Einigungsstelle bei der Aufstellung von Sozialplänen die Möglichkeiten der aktiven Arbeitsmarktförderung berücksichtigen, die das SGB III insbesondere in den §§ 110 f. zur Verfügung stellt (dazu Rdn. 511 ff.). Art. 81 Nr. 2 des Dritten Gesetzes für moderne Dienstleistungen am Arbeitsmarkt vom 23.12.2003 (»Hartz III«) (BGBl. I, S. 2848, 2907) passte schließlich § 112 Abs. 2 an die veränderten Organisationsstrukturen der Arbeitsverwaltung an.

In der **Insolvenz** bleiben die §§ 111 bis 113 grundsätzlich anwendbar (s. § 111 Rdn. 42 f.). Die Insol- **2** venzordnung trifft jedoch in den §§ 121 bis 125 InsO Sonderbestimmungen für den Interessenausgleich (dazu Rdn. 13 ff.) und den Sozialplan (s. Rdn. 395 ff.), die auf den Bestimmungen des BetrVG aufbauen und diese im Hinblick auf das Ziel des Insolvenzverfahrens modifizieren, neben der Befriedigung der Gläubiger auch eine Sanierung des Unternehmens (§ 1 Satz 1 InsO) zu erleichtern.

Die **Sozialplangestaltung** wird ferner durch Regelungen außerhalb des Betriebsverfassungsrechts **3** beeinflusst. Im Zentrum der neueren Gesetzgebung steht das **Arbeitsförderungsrecht**, das mit dem in den §§ 110 ff. SGB III ausgestalteten Förderinstrumentarien (Zuschüsse für vom Unternehmer mitfinanzierte Transfermaßnahmen; Transferkurzarbeitergeld; Förderung von Maßnahmen der beruflichen Weiterbildung) zur Verfolgung arbeitsmarktpolitischer Ziele indirekt den Inhalt der Sozialpläne steuert (dazu Rdn. 511 ff.) und das zumindest von der Einigungsstelle bei der Aufstellung von Sozialplänen zu berücksichtigen ist (§ 112 Abs. 5 Satz 2 Nr. 2a; s. Rdn. 479 ff.). Von wesentlicher Bedeutung für das Sozialplanvolumen sind darüber hinaus die Rahmenbedingungen, die das **Steuerrecht** setzt (näher Rdn. 490 ff.). Hierbei standen ursprünglich die Privilegierungen für Abfindungen im Einkommensteuerrecht (§ 3 Nr. 9 EStG a. F.) im Mittelpunkt (dazu Rdn. 497), die unverändert zu dem typischen Inhalt von Sozialplänen gehören. Nach deren Aufhebung ist ausschließlich die Tarifermäßigungen durch § 34 Abs. 1 EStG maßgebend (s. Rdn. 498 ff.).

4 Werden von einer Betriebsänderung **leitende Angestellte** betroffen, dann begründet § 32 Abs. 2 SprAuG lediglich ein Unterrichtungs- und Beratungsrecht zugunsten des **Sprecherausschusses**; eine Pflicht zur Beratung über einen **Interessenausgleich** kennt das SprAuG ebenso wenig wie eine Pflicht zur Aufstellung eines **Sozialplans**, diesen können Arbeitgeber und Sprecherausschuss jedoch freiwillig vereinbaren (s. § 111 Rdn. 5 sowie hier Rdn. 150 ff.).

II. Der Interessenausgleich

1. Arten des Interessenausgleichs

5 Das BetrVG umschreibt den Interessenausgleich in § 112 Abs. 1 Satz 1 als Einigung über die geplante Betriebsänderung. Diese ist von dem **Sozialplan abzugrenzen**, der nach der Legaldefinition in § 112 Abs. 1 Satz 2 die infolge der Betriebsänderung eintretenden wirtschaftlichen Nachteile für die Arbeitnehmer ausgleichen oder mildern soll. Wichtig ist diese Unterscheidung für die Rechtsfolgen der Einigung sowie deren Zustandekommen, da ein Sozialplan die Rechtswirkungen einer Betriebsvereinbarung entfaltet (§ 112 Abs. 1 Satz 3), ausschließlich für diesen der Tarifvorbehalt des § 77 Abs. 3 nicht anwendbar ist (§ 112 Abs. 1 Satz 4) und die Einigungsstelle mit ihrem Spruch nur die Einigung über den Sozialplan ersetzen kann (§ 112 Abs. 4 Satz 2). Bezüglich ihres Inhalts besteht deshalb zwischen Interessenausgleich und Sozialplan ein **Ausschließlichkeitsverhältnis** (*BGH* 15.11.2000 NJW 2001, 439 [440]; *Däubler/DKKW* §§ 112, 112a Rn. 20; *v. Hoyningen-Huene* Betriebsverfassungsrecht, § 15 III 1; *Kania*/ErfK §§ 112, 112a BetrVG Rn. 1; *Preis/Bender/WPK* §§ 112, 112a Rn. 2; *Rumpff/Boewer* Wirtschaftliche Angelegenheiten, Kap. I Rn. 6; *Steffan*/HaKo §§ 112, 112a Rn. 2; kritisch *Kocher* AuR 1992, 198 [199 ff.]; s. auch *BAG* 30.11.2016 AP Nr. 32 zu § 106 GewO Rn. 44).

6 Aus der Gegenüberstellung der beiden Umschreibungen für die Einigung zwischen Betriebsrat und Unternehmer in § 112 Abs. 1 folgt, dass ein Interessenausgleich unterschiedliche Regelungsgegenstände umfassen kann. In erster Linie gehört hierzu die vom Unternehmer geplante **Betriebsänderung als solche**. Insoweit zielt der Interessenausgleich sowohl auf das »**Ob**« der Betriebsänderung, als auch auf das »**Wie**«, also deren Durchführung, ab. Wegen der Definition des Sozialplans in § 112 Abs. 1 Satz 2 ist es aber verfehlt, den möglichen Inhalt eines Interessenausgleichs auf die technische oder personelle **Umsetzung der Betriebsänderung** zu beschränken. Ebenso kann er Regelungen enthalten, die die **Folgen der Betriebsänderung** betreffen, ohne dass es sich um Bestimmungen eines Sozialplans i. S. d. Legaldefinition in § 112 Abs. 1 Satz 2 handelt. Erstens sind dies **präventive Maßnahmen**, die den Eintritt **wirtschaftlicher Nachteile** bei den Arbeitnehmern **verhindern** (*BAG* 17.09.1991 EzA § 112 BetrVG 1972 Nr. 58 S. 6 *[Vogg]* = AP Nr. 59 zu § 112 BetrVG 1972 Bl. 4 = SAE 1992, 202 *[Koffka]*; 30.11.2016 AP Nr. 32 zu § 106 GewO Rn. 44; *BGH* 15.11.2000 NJW 2001, 439 [440]; *Etzel* Rn. 1005; *Gamillscheg* II, § 52, 5a [2]; *Heither* AR-Blattei SD 530.14.5, Rn. 133; *v. Hoyningen-Huene* Betriebsverfassungsrecht, § 15 III 2; *Kamanabrou* Arbeitsrecht, Rn. 2848; *Kania*/ErfK §§ 112, 112a BetrVG Rn. 1; *Loritz/ZLH* Arbeitsrecht, § 53 Rn. 24; *Matthes* FS *Wlotzke*, S. 393 [395]; *Preis/Bender/WPK* §§ 112, 112a Rn. 3; *Richardi/Annuß* § 112 Rn. 22; *Röder/Baeck/JRH* Kap. 28 Rn. 169; *Rumpff/Boewer* Wirtschaftliche Angelegenheiten, Kap. I Rn. 11; *Spirolke*/NK-GA § 112 BetrVG Rn. 5; *Steffan*/HaKo §§ 112, 112a Rn. 2; **a. M.** *Foldenauer* Norm- und Bindungswirkung, S. 85 ff.), zweitens aber auch Bestimmungen, die auf den **Ausgleich** oder die **Milderung sonstiger Nachteile** abzielen (*Däubler/DKKW* §§ 112, 112a Rn. 20). Diese können

nicht Inhalt eines Sozialplans sein (*Fabricius* 6. Aufl., §§ 112, 112a Rn. 33; *Hanau* ZfA 1974, 89 [101]; *Loritz/ZLH* Arbeitsrecht, § 53 Rn. 24).

Wegen der unterschiedlichen Inhalte eines Interessenausgleichs ist zwischen dem **Interessenaus- 7 gleich im engeren Sinne** und dem **Interessenausgleich im weiteren Sinne** zu unterscheiden. Während sich der Interessenausgleich im engeren Sinne auf **Organisationsregeln** zur Betriebsänderung beschränkt, beinhaltet der Interessenausgleich im weiteren Sinne arbeitsrechtliche **Folgeregelungen** für die Durchführung der Betriebsänderung, die nicht in einen Sozialplan i. S. d. § 112 Abs. 1 Satz 2 aufgenommen werden können (ebenso *Küttner* Arbeitsrecht und Arbeitsgerichtsbarkeit, S. 431 [432]; *Richardi/Annuß* § 112 Rn. 22; *Schweibert/WHSS* Kap. C Rn. 193; *Schwegler* Schutz der Vereinbarungen, S. 26; *Willemsen/Hohenstatt* NZA 1997, 345 [346 f.]; *dies./HWK* § 112 BetrVG Rn. 5; **a. M.** *Foldenauer* Norm- und Bindungswirkung, S. 85 ff.).

Die von *Richardi* vorgeschlagene Gegenüberstellung von **einfachem und qualifiziertem Interes- 8 senausgleich** greift diese Differenzierung auf, verengt sie jedoch durch eine zusätzliche Verknüpfung mit den Rechtswirkungen der Einigung, da er dem qualifizierten Interessenausgleich stets die Rechtswirkung einer Betriebsvereinbarung beimisst (*Richardi* 7. Aufl., § 112 Rn. 18, 26; übernommen von *BGH* 15.11.2000 NJW 2001, 439 [440]; s. a. Rdn. 75). Das ist rechtlich weder zwingend, noch trägt es dem Gestaltungsspielraum der Parteien Rechnung. Es ist zwar möglich, für arbeitsrechtliche Folgeregelungen einer Betriebsänderung zu vereinbaren, dass sie die Rechtswirkungen einer Betriebsvereinbarung entfalten sollen (s. a. Rdn. 75), den Betriebspartnern steht ungeachtet ihrer beschränkten Rechtsetzungsmacht (s. dazu *Kreutz* § 77 Rdn. 93 ff.) aber auch das Instrument der Regelungsabrede zur Verfügung, wenn sie sich auf inter partes wirkende Folgeregelungen beschränken wollen oder nur hierauf verständigen können. Denkbar ist das z. B. bei einem Verzicht auf weitere Produktionsverlagerungen in das Ausland als »Gegenleistung« für das Einverständnis des Betriebsrats mit der geplanten Betriebsänderung. Deshalb ist eine Unterteilung des Interessenausgleichs nach den Regelungsinhalten nicht bereits im Rahmen der begrifflichen Differenzierung mit den Rechtswirkungen zu verbinden, die eine Einigung von Betriebsrat und Unternehmen entfaltet.

Auf den im BetrVG geregelten Interessenausgleich greift die Rechtsordnung auch an anderer Stelle 9 zurück, stattet diesen wegen seines Inhalts aber mit besonderen Rechtswirkungen aus, so dass er sich von einem Interessenausgleich i. S. d. Definition des § 112 Abs. 1 Satz 1 unterscheidet. Dieser kann im Anschluss an *Richardi* wegen der für einen Interessenausgleich atypischen Rechtswirkungen als **besonderer Interessenausgleich** bezeichnet werden (*Richardi* 7. Aufl., § 112 Rn. 19; kritisch hierzu *Hohenstatt* NZA 1998, 846 [853 f.]) und existiert derzeit in zwei Ausprägungen: erstens als **kündigungsrechtlicher Interessenausgleich** in § 125 Abs. 1 InsO und § 1 Abs. 5 KSchG (dazu Rdn. 13 ff.) sowie zweitens als **umwandlungsrechtlicher Interessenausgleich** in § 323 Abs. 2 UmwG (dazu Rdn. 32 ff.). Beiden Ausprägungen ist gemeinsam, dass sie eine **namentliche Bezeichnung der Arbeitnehmer** in dem Interessenausgleich mit besonderen Rechtsfolgen verknüpfen, die über dessen normale Rechtswirkungen hinausgehen. So sind bei dem kündigungsrechtlichen Interessenausgleich nach § 125 Abs. 1 Satz 1 Nr. 1 InsO und § 1 Abs. 5 Satz 1 KSchG bezüglich einer ordentlichen Kündigung der in der Namensliste bezeichneten Arbeitnehmer die dringenden betrieblichen Erfordernisse zu vermuten, ferner ist die soziale Auswahl der zu kündigenden Arbeitnehmer nur im Hinblick auf eine grobe Fehlerhaftigkeit gerichtlich überprüfbar (§ 125 Abs. 1 Satz 1 Nr. 2 InsO, § 1 Abs. 5 Satz 2 KSchG). Die Sonderregelung des § 323 Abs. 2 UmwG führt diesen Ansatz fort und übernimmt die Rechtsfolge des § 125 Abs. 1 Satz 1 Nr. 2 InsO und § 1 Abs. 5 Satz 2 KSchG einer eingeschränkten gerichtlichen Kontrolle für die Zuordnung der Arbeitnehmer bei dem Übergang von Betrieben und Betriebsteilen infolge einer Unternehmensumwandlung.

2. Regelungsinhalt des Interessenausgleichs

a) Der Interessenausgleich i. S. d. § 112

aa) Interessenausgleich im engeren Sinne

Nach der Gegenüberstellung von Interessenausgleich im engeren Sinne und Interessenausgleich im 10 weiteren Sinne in Rdn. 7 betrifft der **Interessenausgleich im engeren Sinne** ausschließlich die Betriebsänderung als solche. In seinem Zentrum steht das »**Ob« der Betriebsänderung** und beinhaltet eine Einigung, dass die Betriebsänderung als solche durchgeführt werden soll oder zu unterbleiben hat (*BGH* 15.11.2000 NJW 2001, 439 [440]; *Bauer* DB 1994, 217 [223]; *Fitting* §§ 112, 112a Rn. 13; *Preis/Bender/WPK* §§ 112, 112a Rn. 3; *Richardi/Annuß* § 112 Rn. 18; *Stege/Weinspach/Schiefer* §§ 111–113 Rn. 77). Einigen sich die Parteien im Grundsatz über die Durchführung der Betriebsänderung, dann enthält der Interessenausgleich im engeren Sinne darüber hinaus ein Einvernehmen über deren **Modalitäten (»wie«)**. Der Inhalt derartiger Organisationsregelungen (*Bauer* DB 1994, 217 [223]; *Boemke/Tietze* DB 1999, 1386 [1386]; *v. Hoyningen-Huene* Betriebsverfassungsrecht, § 15 III 1; *Hromadka/Maschmann* Arbeitsrecht 2, § 16 Rn. 615; *Kamanabrou* Arbeitsrecht, Rn. 2848; *Richardi/Annuß* § 112 Rn. 22; *Willemsen/Hohenstatt* NZA 1997, 345 [346 f.]) ist vielgestaltig und hängt von der konkreten Ausformung der geplanten Betriebsänderung ab. In Betracht kommen insbesondere Zeitpläne für die Durchführung von Betriebsstilllegungen oder Betriebseinschränkungen, Präzisierungen bei der Einführung neuer Fertigungsverfahren oder Betriebsanlagen sowie Regelungen zur organisatorischen und technischen Durchführung einer Verlegung von Betrieben oder wesentlichen Betriebsteilen. Für die Zuordnung der Arbeitnehmer bei Betriebsübergängen infolge einer Verschmelzung, Spaltung oder Vermögensübertragung sowie für die Erklärung von Kündigungen infolge einer Betriebsänderung treffen § 323 Abs. 2 UmwG sowie § 125 Abs. 1 InsO und § 1 Abs. 5 KSchG Sonderbestimmungen, die bestätigen, dass die vorgenannten Aspekte Inhalt eines Interessenausgleichs sein können.

bb) **Interessenausgleich im weiteren Sinne**

11 Der **Interessenausgleich im weiteren Sinne** betrifft die Folgen einer Betriebsänderung, insbesondere **präventive Regelungen**, die den Eintritt wirtschaftlicher Nachteile, vor allem auch die Beendigung von Arbeitsverhältnissen, bei den betroffenen Arbeitnehmern verhindern sollen (*BAG* 17.09.1991 EzA § 112 BetrVG 1972 Nr. 58 S. 6 [*Vogg*] = AP Nr. 59 zu § 112 BetrVG 1972 Bl. 4 = SAE 1992, 202 [*Koffka*]; *BGH* 15.11.2000 NJW 2001, 439 [440]; *Etzel* Rn. 1005; *Fitting* §§ 112, 112a Rn. 18; *Gamillscheg* II, § 52, 5a [2]; *Hess/HWGNRH* § 112 Rn. 17; *v. Hoyningen-Huene* Betriebsverfassungsrecht, § 15 III 2; *Kamanabrou* Arbeitsrecht, Rn. 2848; *Küttner* Arbeitsrecht und Arbeitsgerichtbarkeit, S. 431 [432 f.]; *Loritz/ZLH* Arbeitsrecht, § 53 Rn. 24; *Preis/Bender/WPK* § 112, 112a Rn. 3; *Richardi/Annuß* § 112 Rn. 21, 22; *Röder/Baeck/JRH* Kap. 28 Rn. 169; *Schaub* FS *Däubler*, S. 347 [347]; *Spirolke*/NK-GA § 112 BetrVG Rn. 5; *Steffan*/HaKo §§ 112, 112a Rn. 2; *Willemsen/Hohenstatt* NZA 1997, 345 [347]). In Betracht kommen z. B. Umschulungs- und Versetzungsbestimmungen bei Veränderungen der Betriebsorganisation oder eine reduzierte regelmäßige wöchentliche Arbeitszeit zwecks Vermeidung betriebsbedingter Kündigungen; entsprechendes gilt für Maßnahmen der aktiven Arbeitsförderung, die darauf abzielen, den Eintritt von wirtschaftlichen Nachteilen infolge Arbeitslosigkeit zu verhindern (s. a. Rdn. 484). Darüber hinaus können auch solche **Nachteile** ausgeglichen werden, die **nicht wirtschaftlicher Natur** sind (*Loritz/ZLH* Arbeitsrecht, § 53 Rn. 24). Nach der Legaldefinition in § 112 Abs. 1 Satz 2 kann der letztgenannte Aspekt nicht in einem Sozialplan vereinbart werden (*Fabricius* 6. Aufl., §§ 112, 112a Rn. 33; *Hanau* ZfA 1974, 89 [101] sowie Rdn. 6).

cc) **»Rahmeninteressenausgleich«**

12 Der Interessenausgleich muss sich auf die Durchführung einer geplanten Betriebsänderung beziehen. Seinen vom Gesetz zugewiesenen Zweck erfüllt er nur, wenn er eine **konkrete Betriebsänderung** zum Gegenstand hat, also einen **Einzelfall** regelt (*BAG* 29.11.1983 EzA § 113 BetrVG 1972 Nr. 11 S. 2 = AP Nr. 10 zu § 113 BetrVG 1972 Bl. 2 R = SAE 1984, 257 [*Kraft*]; *Etzel* Rn. 1005; *Fitting* §§ 112, 112a Rn. 10; *Gamillscheg* II, § 52, 5a [1]; *Kania*/ErfK §§ 112, 112a BetrVG Rn. 4; *Löwisch* RdA 1989, 216 [218]; *ders./LK* § 112 Rn. 14; *Matthes*/MünchArbR § 269 Rn. 8; *Preis/Bender/WPK* §§ 112, 112a Rn. 4; *Röder/Baeck/JRH* Kap. 28 Rn. 185; *Steffan*/HaKo §§ 112, 112a Rn. 4). Im Unterschied zu einem Sozialplan (vgl. Rdn. 144) genügt ein »**Rahmeninteressenausgleich**« nicht den Anforderungen des § 112 Abs. 1 Satz 1 (*Fitting* §§ 112, 112a Rn. 10; *Hohenstatt/Willemsen/HWK* § 112 BetrVG Rn. 8; *Kania*/ErfK §§ 112, 112a BetrVG Rn. 4; *Preis/Bender/WPK* §§ 112, 112a Rn. 4; *Röder/Baeck/JRH* Kap. 28 Rn. 185; *Spirolke*/NK-GA § 112 BetrVG Rn. 5); er entbindet den Unternehmer im Hinblick auf die Verpflichtung zum Nachteilsausgleich i. S. d. § 113 Abs. 3

vor einer geplanten konkreten Betriebsänderung nicht von dem »Versuch eines Interessenausgleichs« (s. § 113 Rdn. 37 ff.).

b) Der Interessenausgleich im Rahmen von § 125 Abs. 1 InsO und § 1 Abs. 5 KSchG

aa) Allgemeines

Die InsO will mit den §§ 121, 122 InsO nicht nur das Interessenausgleichsverfahren beschleunigen (dazu Rdn. 279, 337 ff.), sondern wertet den Interessenausgleich und den hierin zum Ausdruck gelangten Einfluss auf die unternehmerische Entscheidung (*BAG* 07.05.1998 EzA § 1 KSchG Interessenausgleich Nr. 5 S. 12 = AP Nr. 94 zu § 1 KSchG Betriebsbedingte Kündigung Bl. 5 R) zusätzlich in **§ 125 Abs. 1 Satz 1 InsO** dadurch auf, indem die dort aufgenommene namentliche Bezeichnung der Arbeitnehmer mit einer besonderen Rechtswirkung für einen etwaigen Kündigungsschutzprozess versehen wird (*Bütefisch* Die Sozialauswahl [Diss. Hagen], 2000, S. 434 f.; *Hohenstatt* NZA 1998, 846 [851]). Diese kommt vor allem in § 125 Abs. 1 Satz 1 InsO zum Ausdruck (s. näher zum Normzweck *BAG* 28.06.2012 EzA § 125 InsO Nr. 7 Rn. 45 = AP Nr. 9 zu § 125 InsO = NZA 2012, 1090), der sowohl die Darlegungs- und Beweislast für die dringenden betrieblichen Erfordernisse einer betriebsbedingten Kündigung verlagert (§ 125 Abs. 1 Satz 1 Nr. 1 InsO) als auch die gerichtliche Überprüfung der sozialen Auswahl bei betriebsbedingten Kündigungen einschränkt (§ 125 Abs. 1 Satz 1 Nr. 2 InsO). Eine entsprechende Regelung enthält **§ 1 Abs. 5 KSchG**, der durch Art. 1 Nr. 1 des Gesetzes zu Reformen am Arbeitsmarkt vom 24.12.2003 (BGBl. I, S. 3002) in das KSchG eingefügt wurde. Dieser entspricht der vorübergehend geltenden Vorschrift, die das BeschFG 1996 in Kraft gesetzt hatte, durch das Korrekturgesetz im Jahre 1998 aber wieder aufgehoben wurde. Im Unterschied zu § 125 Abs. 1 Satz 1 Nr. 2 InsO sieht § 1 Abs. 5 KSchG jedoch davon ab, eine Sozialauswahl auch dann als nicht »grob fehlerhaft« anzusehen, wenn durch sie eine ausgewogene Personalstruktur erhalten oder geschaffen wird.

bb) Betriebsänderung i. S. d. § 111

Die an die namentliche Bezeichnung der zu kündigenden Arbeitnehmer im Interessenausgleich (dazu Rdn. 26 ff.) anknüpfenden Privilegierungen durch § 125 Abs. 1 Satz 1 InsO und § 1 Abs. 5 Satz 1 und 2 KSchG setzen voraus, dass der Insolvenzverwalter bzw. Unternehmer eine Betriebsänderung plant. Mit der Verweisung auf § 111 nehmen die genannten Vorschriften unmittelbar auf die tatbestandlichen **Voraussetzungen einer beteiligungspflichtigen Betriebsänderung** Bezug. Deshalb setzen § 125 Abs. 1 InsO und § 1 Abs. 5 KSchG voraus, dass die geplante Maßnahme die in § 111 umschriebenen Voraussetzungen einer Betriebsänderung erfüllt (zu **§ 125 InsO** *BAG* 16.05.2002 EzA § 613a BGB Nr. 210 S. 15 = AP Nr. 237 zu § 613a BGB Bl. 6 R; 24.10.2013 EzA § 125 InsO Nr. 11 Rn. 19 f. = AP Nr. 12 zu § 125 InsO = NZA 2014, 46; 19.12.2013 EzA § 125 InsO Nr. 12 Rn. 18 = AP Nr. 13 zu § 125 InsO = NZA-RR 2014, 185; *LAG Düsseldorf* 23.01.2003 LAGE § 125 InsO Nr. 3 S. 9; *Braun/Wolf* InsO, § 125 Rn. 2, 21; *Caspers/MK-InsO*, § 125 Rn. 67; *Eisenbeis/FK-InsO* § 122 Rn. 7, § 125 Rn. 2; *Fitting* §§ 112, 112a Rn. 79, 52; *Gallner/ErfK* § 125 InsO Rn. 3; *Hamacher* in: *Nerlich/Römermann* InsO, § 125 Rn. 9; *Hamberger* Insolvenzverfahren, S. 238; *Heilmann* Neues Insolvenzrecht und Arbeitnehmerinteressen, 1998, S. 48; *Hohenstatt* NZA 1998, 846 [851]; *Irschlinger/HK-InsO*, § 125 Rn. 3; *Moll* in: *Kübler/Prütting/Bork* InsO, § 125 Rn. 11; *Schaub* FS *Däubler*, S. 347 [352]; *Zeuner* FS *Zöllner*, S. 1011 [1018 f.]; *Zwinkmann* Interessenausgleich, S. 62 ff.; ebenso zu **§ 1 Abs. 5 KSchG** *BAG* 24.02.2000 EzA § 1 KSchG Interessenausgleich Nr. 7 S. 5 f. = AP Nr. 7 zu § 1 KSchG Namensliste Bl. 3 R; 21.02.2001 EzA § 1 KSchG Interessenausgleich Nr. 8 S. 4; 21.02.2002 EzA § 1 KSchG Interessenausgleich Nr. 10 S. 9; 22.01.2004 EzA § 1 KSchG Interessenausgleich Nr. 11 S. 8 f. = AP Nr. 1 zu § 112 BetrVG 1972 Namensliste Bl. 4 f.; 17.03.2016 EzA § 1 KSchG Interessenausgleich Nr. 26 Rn. 26 = AP Nr. 26 zu § 1 KSchG 1969 Namensliste = NZA 2016, 1072; *LAG Rheinland-Pfalz* 19.05.2015 LAGE § 1 KSchG Betriebsbedingte Kündigung Nr. 100 = BeckRS 2015, 70220; *Gaul* BB 2004, 2686 [2687]; *Griebeling/Rachor/KR* § 1 KSchG Rn. 703c; *Kiel/APS* § 1 KSchG Rn. 708; *Thüsing/Wege* BB 2005, 213 [214]).

Das gilt auch, wenn die geplante Betriebsänderung ausschließlich in einem Personalabbau besteht. In diesem Fall genügt es, wenn aufgrund seines Umfangs nach § 111 Satz 3 Nr. 1 eine Betriebsänderung unwiderlegbar zu vermuten ist (s. § 111 Rdn. 90 ff.). Die Vorschrift des **§ 112a Abs. 1** ist in diesem

Zusammenhang ohne Bedeutung ebenso *Gallner*/ErfK § 125 InsO Rn. 3; *Kiel/APS* § 1 KSchG Rn. 711; **a. M.** *Gamillscheg* II, § 52, 5a [3], wonach nur solche Betriebsänderungen erfasst sein sollen, bei denen ein Sozialplan erzwungen werden kann). Diese regelt ausschließlich die Erzwingbarkeit des Sozialplans, ohne die Notwendigkeit eines Interessenausgleichs zu berühren (s. § 111 Rdn. 124 f. sowie hier Rdn. 317 f.).

16 Liegen die Voraussetzungen einer **Betriebsänderung i. S. d. § 111 nicht** vor (z. B. wegen des Nichterreichens des Schwellenwerts für eine beteiligungspflichtige Betriebsänderung infolge Personalabbaus; s. § 111 Rdn. 99), dann gelten für einen gleichwohl abgeschlossenen »**freiwilligen Interessenausgleich**« nicht die Privilegierungen in § 125 Abs. 1 Satz 1 InsO und § 1 Abs. 5 KSchG (*BAG* 16.05.2002 EzA § 613a BGB Nr. 210 S. 15 = AP Nr. 237 zu § 613a BGB Bl. 6 R; *LAG Düsseldorf* 23.01.2003 LAGE § 125 InsO Nr. 3 S. 9 f.; *LAG Hamm* 14.10.2004 LAGR 2005, 182 [184]; *ArbG Lüneburg* 18.08.2005 – 2 Ca 249/05 – juris; *ArbG Senftenberg* 05.02.1998 NZA-RR 1998, 300; *Braun/ Wolf* InsO, § 125 Rn. 2; *Caspers*/MK-InsO, § 125 Rn. 67; *Eisenbeis*/FK-InsO, § 125 Rn. 2; *Gallner*/ ErfK § 125 InsO Rn. 3; *Gaul* BB 2004, 2686 [2687]; *Griebeling/Rachor*/KR § 1 KSchG Rn. 703c; *Hamacher* in: *Nerlich/Römermann* InsO, § 125 Rn. 18; *Hohenstatt* NZA 1998, 846 [851]; *ders./Willemsen/HWK* § 112 BetrVG Rn. 9; *v. Hoyningen-Huene* Anm. zu *BAG* 07.05.1998 EzA § 1 KSchG Interessenausgleich Nr. 5; *Kiel/APS* § 1 KSchG Rn. 708; *Kohte* BB 1998, 946 [949]; *Preis/Bender/WPK* §§ 112, 112a Rn. 6; *Richardi* NZA 1999, 617 [618]; *Thüsing/Wege* BB 2005, 213 [215]; *Zeuner* FS Zöllner, S. 1011 [1018]; **a. M.** *Giesen* ZIP 1998, 46 [49]; *Hess* Insolvenzarbeitsrecht, § 125 Rn. 7; *Matthes* RdA 1999, 178 [179]; *Schiefer* NZA 1997, 915 [917 f.]).

17 Keine Anwendung scheinen § 125 Abs. 1 Satz 1 InsO und § 1 Abs. 5 KSchG bei Betriebsänderungen in einem **Tendenzbetrieb** zu finden (so insbesondere zu § 1 Abs. 5 KSchG *Fitting* §§ 112, 112a Rn. 53; *Gaul* BB 2004, 2686 [2689]; *Preis/SPV* Rn. 1156; *Quecke/HWK* § 1 KSchG Rn. 420; *Richardi/Annuß* § 112 Rn. 22a; ebenso zu § 125 Abs. 1 Satz 1 InsO *Hamacher* in: *Nerlich/Römermann* InsO, § 125 Rn. 18), da § 118 Abs. 1 Satz 2 die Betriebsparteien auf den Abschluss eines Sozialplans i. S. d. § 112 Abs. 1 Satz 2 beschränkt und § 111 nur bezüglich dieses Regelungsgegenstands zur Anwendung gelangt. Eine Obliegenheit zu Interessenausgleichsverhandlungen besteht bei Betriebsänderungen im Tendenzbetrieb nicht (s. § 111 Rdn. 47 ff.). Ein gleichwohl abgeschlossener »Interessenausgleich« ist zwar rechtlich möglich (s. *Weber* § 118 Rdn. 148 a. E. m. w. N.), es handelt sich aber um eine außerhalb des Anwendungsbereichs von § 112 Abs. 1 Satz 1 getroffene Abrede. Dies steht der Anwendung der Privilegierungen durch § 125 Abs. 1 Satz 1 InsO und § 1 Abs. 5 KSchG jedoch nicht entgegen, da die hiermit bezweckten Erleichterungen für die Durchführung einer Betriebsänderung unabhängig davon erforderlich sind, ob es sich um einen Interessenausgleich i. S. d. § 111 Satz 1 handelt oder dieser anlässlich einer konkreten Betriebsänderung auf freiwilliger Basis abgeschlossen wurde (ebenso zu § 1 Abs. 5 KSchG *LAG Köln* 13.02.2012 – 5 Sa 303/11 – BeckRS 2012, 70129; *Bauer* FS *Wißmann*, S. 215 [228 f.]; *Griebeling/Rachor*/KR § 1 KSchG Rn. 703a; *Kania*/ErfK § 118 BetrVG Rn. 18; *Kiel/APS* § 1 KSchG Rn. 715; *Thüsing/Wege* BB 2005, 213 [215 f.]).

18 Wegen der tatbestandlichen Verknüpfung mit § 111 schaffen § 125 Abs. 1 InsO und § 1 Abs. 5 KSchG kein neues betriebsverfassungsrechtliches Regelungsinstrument (*Hohenstatt* NZA 1998, 846 [853]; *Lakies* RdA 1997, 145 [149 f.]; *Moll* in: *Kübler/Prütting/Bork* InsO, § 125 Rn. 18; wohl auch *Hamacher* in: *Nerlich/Römermann* InsO, § 125 Rn. 14), sondern greifen den betriebsverfassungsrechtlichen Interessenausgleich auf, dessen Zustandekommen bei einer Betriebsänderung dadurch unterstützt wird, dass § 125 Abs. 1 Satz 1 InsO und § 1 Abs. 5 KSchG kündigungsrechtliche Privilegierungen begründen. Bei dem Interessenausgleich i. S. v. § 125 Abs. 1 InsO und § 1 Abs. 5 KSchG handelt es sich deshalb um einen solchen i. S. d. § 112 Abs. 1 Satz 1, den jedoch § 125 Abs. 1 InsO und § 1 Abs. 5 KSchG im Hinblick auf den dort umschriebenen Regelungsinhalt mit besonderen Rechtswirkungen ausstatten (*Moll* in: *Kübler/Prütting/Bork* InsO, § 125 Rn. 18; zust. *LAG Hamm* 14.10.2004 LAGR 2005, 182 [183 f.]; *Grünewald* Interessenausgleich, S. 126 f.; in diesem Sinne auch *Eisenbeis*/FK-InsO, § 125 Rn. 3; *Hohenstatt* NZA 1998, 846 [853]; *Zwanziger* Insolvenzordnung, § 125 Rn. 2; ähnlich *Weigand*/KR § 125 InsO Rn. 2; **a. M.** *Arend* Personalabbau, S. 90; *Hess* Insolvenzarbeitsrecht, § 125 InsO Rn. 6; *Künzl/APS* § 125 InsO Rn. 20; *Nagel* Die Stellung der Arbeitnehmer im neuen Insolvenzrecht, 1999, S. 48; *Schaub* FS *Däubler*, S. 347 [353]; *Schrader* NZA 1997, 70 [73]; *Warrikoff* BB 1994, 2338 [2341]; *Zwinkmann* Interessenausgleich, S. 63 f.). Von einem »kündigungsrechtlichen In-

teressenausgleich« (s. Rdn. 9) kann deshalb streng genommen nur gesprochen werden, wenn sich dessen Regelungen auf den in § 125 Abs. 1 InsO und § 1 Abs. 5 KSchG umschriebenen Inhalt beschränken (s. a. Rdn. 25).

Wegen der Verknüpfung mit § 111 richtet sich das **Zustandekommen** eines Interessenausgleichs 19 nach den allgemeinen **betriebsverfassungsrechtlichen Vorschriften** (dazu Rdn. 39 ff.), was auch gilt, wenn sich der Interessenausgleich auf eine Liste der zu kündigenden Arbeitnehmer beschränkt. Der Interessenausgleich ist deshalb stets nach § 112 Abs. 1 Satz 1 schriftlich niederzulegen (*BAG* 07.05.1998 EzA § 1 KSchG Interessenausgleich Nr. 6 S. 4 = AP Nr. 1 zu § 1 KSchG 1969 Namensliste Bl. 2 R *[Schiefer]*; 06.12.2001 EzA § 1 KSchG Interessenausgleich Nr. 9 S. 7; 21.02.2002 EzA § 1 KSchG Interessenausgleich Nr. 10 S. 10; 22.01.2004 EzA § 1 KSchG Interessenausgleich Nr. 11 S. 10 = AP Nr. 1 zu § 112 BetrVG 1972 Namensliste Bl. 5; 12.05.2010 EzA § 1 KSchG Interessenausgleich Nr. 21 Rn. 17 = AP Nr. 20 zu § 1 KSchG 1969 Namensliste = NZA 2011, 114; 19.07.2012 EzA § 1 KSchG Interessenausgleich Nr. 24 Rn. 26 = AP Nr. 23 zu § 1 KSchG 1969 Namensliste = NZA 2013, 333; *Braun/Wolf* InsO, § 125 Rn. 3; *Kiel/APS* § 1 KSchG Rn. 710 sowie näher dazu Rdn. 45 ff.).

Entsprechendes gilt für die **Zuständigkeit** zum Abschluss eines Interessenausgleichs auf **Arbeitneh- 20 merseite**. Soweit dies im Rahmen der §§ 111, 112 nach § 50 Abs. 1 originär der **Gesamtbetriebsrat** ist (s. Rdn. 65 ff. sowie § 111 Rdn. 258 ff.), ist dieser auch bezüglich des § 125 Abs. 1 Satz 1 InsO und § 1 Abs. 5 KSchG zuständig (ebenso *BAG* 19.07.2012 EzA § 1 KSchG Interessenausgleich Nr. 24 Rn. 24 = AP Nr. 23 zu § 1 KSchG 1969 Namensliste = NZA 2013, 333; 20.09.2012 EzA § 125 InsO Nr. 8 Rn. 47 = AP Nr. 10 zu § 125 InsO = NZA 2013, 797; *LAG Berlin-Brandenburg* 16.07.2010 LAGE § 1 KSchG Interessenausgleich Nr. 17 Rn. 29 sowie im Schrifttum z. B. *Biswas* FA 2005, 361 [361]; *Gallner/ErfK* § 125 InsO Rn. 4; *Gaul* BB 2004, 2686 [2687]; *Griebeling/Rachor/KR* § 1 KSchG Rn. 703e; *Kiel/APS* § 1 KSchG Rn. 709; *Ohlendorf/Salamon* NZA 2006, 131 [133 ff.]; *Zimmer/Rupp* FA 2005, 259 [260 f.]; wohl auch *Caspers/MK-InsO*, § 125 Rn. 71; **a. M.** *LAG Mecklenburg-Vorpommern* 29.05.2006 – 1 Sa 349/05 – juris; *BayVGH* 24.08.2006 – 9 ZB 05.442 – BeckRS 2009, 37369; *Fischer* BB 2004, 1001 ff.). Die dort jeweils in das Gesetz aufgenommene Formulierung »Betriebsrat« meint das für den Abschluss des Interessenausgleichs zuständige betriebsverfassungsrechtliche Organ (**a. M.** *LAG Mecklenburg-Vorpommern* 29.05.2006 – 1 Sa 349/05 – juris; *BayVGH* 24.08.2006 – 9 ZB 05.442 – BeckRS 2009, 37369). Ist der Gesamtbetriebsrat kraft Gesetzes für den Interessenausgleich zuständig, so kann sich ein mit einer Namensliste versehener Interessenausgleich auch auf **Betriebe ohne Betriebsrat** beziehen (s. jedoch *Kiel/APS* § 1 KSchG Rn. 709, der pauschal die Ansicht vertritt, in Betrieben ohne Betriebsrat könne kein Interessenausgleich i. S. v. § 1 Abs. 5 KSchG aufgestellt werden, dabei aber § 50 Abs. 1 Satz 1 nicht ausreichend würdigt; ebenso im Ergebnis *LAG Mecklenburg-Vorpommern* 29.05.2006 – 1 Sa 349/05 – juris, das stets den im Betrieb gebildeten Betriebsrat als zuständig ansieht).

Umgekehrt liegt ein Interessenausgleich i. S. d. § 125 Abs. 1 InsO und § 1 Abs. 5 KSchG nur vor, 21 wenn er auf Seiten des »**Unternehmens**« von einer Person abgeschlossen wurde, die befugt ist, über das Vermögen des Rechtsträgers zu verfügen. Im Rahmen des **§ 125 InsO** kann es sich hierbei keinesfalls um den Gemeinschuldner handeln. Ein von § 125 InsO privilegierter Interessenausgleich liegt jedenfalls vor, wenn dieser vor dem **Insolvenzverwalter** abgeschlossen wurde. Wortlaut und Normzweck sprechen dagegen, die Privilegierung auch auf einen Interessenausgleich zu erstrecken, den der Betriebsrat mit einem **vorläufigen Insolvenzverwalter** abgeschlossen hat (*LAG Hamm* 22.05.2002 NZA-RR 2003, 378 [379]); in diesem Fall kann sich die kündigungsrechtliche Privilegierung jedoch aus § 1 Abs. 5 KSchG ergeben.

Der **Abschluss** des Interessenausgleichs ist stets **freiwillig** (*LAG Hamm* 01.04.2004 LAGR 2005, 21 22 [23]), insbesondere beschränkt sich die **Kompetenz der Einigungsstelle** auf einen **Einigungsvorschlag**. Die Einigung über einen Interessenausgleich i. S. d. § 125 Abs. 1 InsO und § 1 Abs. 5 Satz 1 KSchG kann deshalb nicht durch einen Spruch der Einigungsstelle ersetzt werden (s. a. Rdn. 24 a. E.).

cc) **Art der Vereinbarung**

23 Für die kündigungsrechtlichen Privilegierungen verlangen § 125 Abs. 1 InsO und § 1 Abs. 5 KSchG nach ihrem Wortlaut die Aufnahme der namentlichen Bezeichnung der zu kündigenden Arbeitnehmer in einen **Interessenausgleich**. Die privilegierende Wirkung einer Liste mit den zu kündigenden Arbeitnehmern entfällt jedoch nicht allein deshalb, weil nicht der Interessenausgleich, sondern ein **Sozialplan** diese enthält (ebenso *Eisenbeis*/FK-InsO, § 125 Rn. 4; *Griebeling/Rachor*/KR § 1 KSchG Rn. 703j; *Grünewald* Interessenausgleich, S. 129 f.; *Hess* Insolvenzarbeitsrecht, § 125 Rn. 7; *Kiel*/APS § 1 KSchG Rn. 711; *Moll* in: *Kübler/Prütting/Bork* InsO, § 125 Rn. 28; *Weigand*/KR § 125 InsO Rn. 14; *Zwinkmann* Interessenausgleich, S. 75 ff.; im Ergebnis auch *Caspers*/MK-InsO, § 125 Rn. 77; **a. M.** *Däubler*/DKKW § 125 InsO Rn. 9; *Hamacher* in: *Nerlich/Römermann* InsO, § 125 Rn. 15; *Lakies* BB 1999, 206 [207]).

24 Die formal am Wortlaut der Vorschrift ausgerichtete gegenteilige Auslegung trägt dem Zweck der Norm nicht ausreichend Rechnung. Mit dem Rückgriff auf den »Interessenausgleich« will das Gesetz nicht die urkundliche Bezeichnung, sondern den materiellen Inhalt der Regelung umschreiben und klarstellen, dass die Kündigung von Arbeitnehmern das »Ob« und »Wie« der geplanten Betriebsänderung betrifft und nicht dem Ausgleich oder der Milderung wirtschaftlicher Nachteile dient. Finden Regelungen über Kündigungen, die aufgrund der geplanten Betriebsänderung erforderlich werden, Eingang in die Vereinbarung mit dem Betriebsrat, dann kommt es nicht darauf an, ob die Parteien diese als Interessenausgleich oder Sozialplan bezeichnen. Allerdings darf hierdurch nicht die Freiwilligkeit des Interessenausgleichs (s. Rdn. 39) unterlaufen werden. Bestandteil eines »Sozialplans« darf die Namensliste i. S. d. § 125 Abs. 1 Satz 1 InsO und § 1 Abs. 5 KSchG nur sein, wenn dieser nicht auf einem Spruch der Einigungsstelle beruht (*Caspers*/MK-InsO, § 125 Rn. 77; *Griebeling/Rachor*/KR § 1 KSchG Rn. 703j; *Grünewald* Interessenausgleich, S. 130; *Kiel*/APS § 1 KSchG Rn. 711; *Weigand*/KR § 125 InsO Rn. 14; *Zwinkmann* Interessenausgleich, S. 77).

25 Für die **Regelungsdichte** des Interessenausgleichs stellt das Gesetz keine Vorgaben auf. Eine umfassende Regelung über das »ob« und »wie« der Betriebsänderung ist für die Privilegierung durch § 125 Abs. 1 InsO und § 1 Abs. 5 KSchG nicht erforderlich. Deren kündigungsrechtliche Privilegierungen greifen selbst dann ein, wenn lediglich über die Namensliste ein Interessenausgleich zustande kommt (*Schrader* NZA 1997, 70 [73]; *Warrikoff* BB 1994, 2338 [2341]; **a. M.** *Moll* in: *Kübler/Prütting/Bork* InsO, § 125 Rn. 27).

dd) **Namentliche Bezeichnung der zu kündigenden Arbeitnehmer**

26 Für die privilegierende Wirkung verlangen § 125 Abs. 1 InsO und § 1 Abs. 5 KSchG eine **namentliche Bezeichnung** derjenigen Arbeitnehmer, denen gekündigt werden soll. Die Anforderungen an die hierfür notwendigen Angaben ergeben sich aus dem Zweck, eine **eindeutige Individualisierbarkeit** der betroffenen Arbeitnehmer sicherzustellen. Neben dem **Vor- und Zunamen** kann dies die Angabe **weiterer Unterscheidungsmerkmale** (Anschrift, Geburtsdatum, betriebsbezogene Daten) erfordern (*Braun/Wolf* InsO, § 125 Rn. 4; *Caspers* Personalabbau, Rn. 167; *ders.*/MK-InsO, § 125 Rn. 75; *Däubler*/DKKW § 125 InsO Rn. 10; *Eisenbeis*/FK-InsO § 125 Rn. 5; *Gallner*/ErfK § 125 InsO Rn. 5; *Griebeling/Rachor*/KR § 1 KSchG Rn. 703i; *Hamacher* in: *Nerlich/Römermann* InsO, § 125 Rn. 25; *Kiel*/APS § 1 KSchG Rn. 712; *Moll* in: *Kübler/Prütting/Bork* InsO, § 125 Rn. 25a; *Weigand*/KR § 125 InsO Rn. 13; *Zwanziger* Insolvenzordnung, § 125 Rn. 12; *Zwinkmann* Interessenausgleich, S. 78).

27 Dabei entspricht es dem Zweck der kündigungsrechtlichen Privilegierungen durch § 125 Abs. 1 Satz 1 InsO und § 1 Abs. 5 KSchG, dass die zu kündigenden Arbeitnehmer **abschließend** in die Namensliste aufzunehmen sind (*BAG* 22.01.2004 EzA § 1 KSchG Interessenausgleich Nr. 11 S. 11 f. = AP Nr. 1 zu § 112 BetrVG 1972 Namensliste Bl. 5 R). Dies steht der Aufnahme eines Änderungsvorbehalts entgegen (*ArbG Stuttgart* 25.02.2010 NZA-RR 2010, 350 Rn. 66; *Kiel*/APS § 1 KSchG Rn. 712). Der Aufstellung mehrerer »**Teilnamenslisten**« steht das Erfordernis einer abschließenden Einigung hingegen nicht zwingend entgegen, wenn die Betriebsänderung in mehreren Wellen erfolgen soll und für jeden Abschnitt eine abschließende Einigung über die zu entlassenden Arbeitnehmer vorliegt (*BAG* 19.07.2012 EzA § 1 KSchG Soziale Auswahl Nr. 86 Rn. 22 = NZA 2013, 86; 17.03.2016 EzA § 1 KSchG Interessenausgleich Nr. 26 Rn. 33 = AP Nr. 26 zu § 1 KSchG 1969 Na-

mensliste = NZA 2016, 1072). Anders ist dies jedoch zu beurteilen, wenn es sich bei der »Teilnamensliste« lediglich um eine Teileinigung handelt. In diesem Fall fehlt es an einer abschließenden Einigung über die aus Anlass der Betriebsänderung zu kündigenden Arbeitnehmer (*ArbG Cottbus* 15.02.2012 – 2 Ca 1510/11 – juris).

Die Aufstellung einer so genannten **Negativliste**, die sich auf die von den Kündigungen ausgenommenen Arbeitnehmer beschränkt, reicht angesichts des Wortlauts in § 125 Abs. 1 InsO und § 1 Abs. 5 KSchG nicht aus (*Braun/Wolf* InsO, § 125 Rn. 6; *Caspers*/MK-InsO § 125 Rn. 76; *Hamacher* in: *Nerlich/Römermann* InsO, § 125 Rn. 25a; *Kiel/APS* § 1 KSchG Rn. 712; *Moll* in: *Kübler/Prütting/Bork* InsO, § 125 Rn. 25; **a. M.** *Griebeling/Rachor*/KR § 1 KSchG Rn. 703i; *Weigand*/KR § 125 InsO Rn. 13; im Grundsatz auch *Zwinkmann* Interessenausgleich, S. 82 ff., wenn ein berechtigtes Interesse vorliegt). Dem Interessenausgleich selbst muss zu entnehmen sein, welche Arbeitnehmer von den beabsichtigten Kündigungen betroffen sind (*Berscheid* MDR 1998, 816 [818]). Eine **Ausnahme** von der namentlichen Bezeichnung kommt nur in Betracht, wenn die **Entlassung aller Arbeitnehmer** beabsichtigt ist. In diesem Fall bedarf es keiner näheren Individualisierung, da ohnehin sämtliche Arbeitnehmer von der Maßnahme betroffen sein sollen (*Moll* in: *Kübler/Prütting/Bork* InsO, § 125 Rn. 26; *Zwinkmann* Interessenausgleich, S. 78; **a. M.** *Hamacher* in: *Nerlich/Römermann* InsO, § 125 Rn. 25). 28

Uneinheitlich wird die Frage beantwortet, ob sich die privilegierende Wirkung eines kündigungsrechtlichen Interessenausgleichs nur auf Beendigungskündigungen oder auch auf **Änderungskündigungen** erstreckt. Für § **125 Abs. 1 Satz 1 Nr. 1 InsO** ist dies bereits aufgrund des Gesetzeswortlauts zu bejahen (*Braun/Wolf* InsO, § 125 Rn. 7; *Däubler/DKKW* § 125 InsO Rn. 12; *Eisenbeis*/FK-InsO, § 125 Rn. 5; *Gallner*/ErfK § 125 InsO Rn. 1; *Giesen* ZIP 1998, 46 [50]; *Hamacher* in: *Nerlich/Römermann* InsO, § 125 Rn. 23; *Hamberger* Insolvenzverfahren, S. 240 f.; *Irschlinger*/HK-InsO, § 125 Rn. 2; *Künzl/APS* § 125 InsO Rn. 19; *Lakies* BB 1999, 206 [207]; *Löwisch* RdA 1997, 80 [81]; *Matthes* RdA 1999, 178 [178]; *Moll* in: *Kübler/Prütting/Bork* InsO, § 125 Rn. 30; *Schaub* DB 1999, 217 [222]; *Schrader* NZA 1997, 70 [74]; *Warrikoff* BB 1994, 2338 [2341]; *Weigand*/KR § 125 InsO Rn. 5; *Zwanziger* Insolvenzordnung, § 125 Rn. 10; **a. M.** *Kania* DZWIR 2000, 328 [329]). Bezüglich § **1 Abs. 5 KSchG** ist die Rechtslage weniger eindeutig, weil § 2 KSchG zwar auf Absatz 2 und 3 des § 1 KSchG verweist, den dortigen Absatz 5 aber nicht in die Verweisungsnorm aufgenommen hat. Für die Einbeziehung von Änderungskündigungen in den Anwendungsbereich des § 1 Abs. 5 KSchG spricht indes, dass sich der kündigungsrechtliche Interessenausgleich auf die soziale Rechtfertigung betriebsbedingter Kündigungen und damit auf § 1 Abs. 2 und 3 KSchG bezieht, die wiederum in der Verweisungsnorm des § 2 Satz 1 KSchG ausdrücklich benannt werden. Gestützt wird diese Auslegung zusätzlich durch den mit § 1 Abs. 5 KSchG verfolgten Zweck, so dass die besseren Argumente dafür streiten, Änderungskündigungen in die Privilegierung durch § 1 Abs. 5 KSchG einzubeziehen (ebenso *BAG* 19.06.2007 EzA § 1 KSchG Interessenausgleich Nr. 13 Rn. 18 ff. = AP Nr. 16 zu § 1 KSchG 1969 Namensliste; *Kiel/APS* § 1 KSchG Rn. 717; *Richardi* NZA 2004, 486 [488]; **a. M.** *Gaul* BB 2004, 2686 [2688 f.]). 29

Wegen der Einbeziehung der Änderungskündigung in die Privilegierungswirkung durch § 125 Abs. 1 InsO und § 1 Abs. 5 KSchG ist in dem Interessenausgleich auch die **Kündigungsart** anzugeben (*Däubler/DKKW* § 125 InsO Rn. 10; *Eisenbeis*/FK-InsO § 125 Rn. 5; *Grunsky/Moll* Arbeitsrecht und Insolvenz, 1997, Rn. 355; *Moll* in: *Kübler/Prütting/Bork* InsO, § 125 Rn. 30; *Schaub* FS *Däubler*, S. 347 [353]; *Warrikoff* BB 1994, 2338 [2341]; *Zwinkmann* Interessenausgleich, S. 79). Bei einer **Änderungskündigung** ist darüber hinaus die **beabsichtigte Änderung der Arbeitsbedingungen in ihren wesentlichen Punkten** aufzunehmen (*Grunsky/Moll* Arbeitsrecht und Insolvenz, 1997, Rn. 355; *Hamacher* in: *Nerlich/Römermann* InsO, § 125 Rn. 28; *Irschlinger*/HK-InsO § 125 Rn. 22; *Moll* in: *Kübler/Prütting/Bork* InsO, § 125 Rn. 31; *Schaub* FS *Däubler*, S. 347 [353]; *Zwinkmann* Interessenausgleich, S. 79 ff.; **a. M.** *Zeuner* FS *Zöllner*, S. 1011 [1018]). Nur so kann der Interessenausgleich i. S. d. § 125 Abs. 1 InsO und § 1 Abs. 5 KSchG seinen Beschleunigungszweck erfüllen. Fehlen Angaben über die beabsichtigte Änderungskündigung, dann steht das sowohl der Vermutungswirkung in § 125 Abs. 1 Satz 1 Nr. 1 InsO und § 1 Abs. 5 Satz 1 KSchG als auch der Einschränkung der gerichtlichen Überprüfung der Sozialauswahl entgegen, da sich die Rechtsfolgen der genannten Vorschriften nur auf eine konkrete Kündigung beziehen können, die dem Abschluss des Interessenausgleichs zugrunde lag. 30

31 Eine Aufnahme der **Sozialdaten der einzelnen Arbeitnehmer** oder der **Auswahlkriterien** und **Sozialabwägungen** in den Interessenausgleich ist nicht erforderlich. Weder aus dem Wortlaut noch aus dem Zweck des § 125 Abs. 1 InsO und des § 1 Abs. 5 Satz 1 KSchG ist eine Pflicht zur Angabe dieser Daten ableitbar (*Caspers*/MK-InsO, § 125 Rn. 79; *Hamacher* in: *Nerlich/Römermann* InsO, § 125 Rn. 27; *Kiel/Koch* Die betriebsbedingte Kündigung, 2000, Rn. 508; *Moll* in: *Kübler/Prütting/Bork* InsO, § 125 Rn. 32; *Zwanziger* Insolvenzordnung, § 125 Rn. 12; *Zwinkmann* Interessenausgleich, S. 79; im Grundsatz auch *LAG Düsseldorf* 28.05.2008 – 7 Sa 318/08 – BeckRS 2008, 58110; **a. M.** *Berscheid* MDR 1998, 942 [945]; *Däubler/DKKW* § 125 InsO Rn. 10; *Hess* Insolvenzarbeitsrecht, § 125 Rn. 8; *Irschlinger*/HK-InsO, § 125 Rn. 10; *Lakies* RdA 1997, 145 [149]; *Müller* in: *Smid* InsO, § 125 Rn. 4).

c) Der Interessenausgleich im Rahmen des § 323 Abs. 2 UmwG

aa) Normzweck

32 Die in § 323 Abs. 2 UmwG aufgezählten umwandlungsrechtlichen Vorgänge (Verschmelzung, Spaltung, Vermögensübertragung) können dazu führen, dass Betriebe oder Betriebsteile auf einen neuen Rechtsträger übergehen. Für diesen Fall ordnet § 324 UmwG an, dass § 613a BGB »unberührt« bleibt, wobei die h. M. aus § 324 UmwG ableitet, dass § 613a BGB bei einer auf der Grundlage des UmwG vollzogenen Verschmelzung, Spaltung oder Vermögensübertragung uneingeschränkt anzuwenden ist (*Lutter/Joost* UmwG, § 324 Rn. 3 m. w. N.). Deshalb tritt der neue Rechtsträger des Betriebs bzw. Betriebsteils nicht nur kraft Gesetzes in die Arbeitsverhältnisse ein, aufgrund der zwingenden Wirkung des § 613a BGB bleibt zugleich das Arbeitsverhältnis mit dem übertragenen Betrieb bzw. Betriebsteil verbunden (*Lutter/Joost* UmwG, § 324 Rn. 48) und schränkt damit den bei der Spaltung und der Vermögensübertragung bestehenden Gestaltungsspielraum (§§ 126 Abs. 1 Nr. 9, 179 UmwG) ein (ebenso im Ansatz *BAG* 24.05.2012 EzA § 1 KSchG Betriebsbedingte Kündigung Nr. 168 Rn. 35 = AP Nr. 194 zu § 1 KSchG 1969 Betriebsbedingte Kündigung = NZA 2013, 277, das jedoch abschwächend lediglich eine »Orientierung« fordert.

33 Da die Zuordnung der Arbeitsverhältnisse zu einzelnen Betrieben bzw. Betriebsteilen insbesondere bei der Wahrnehmung von Querschnittfunktionen einerseits häufig Zweifelsfragen aufwirft (s. z. B. *Hohenstatt* NZA 1998, 846 [852]; *Lutter/Joost* UmwG, § 323 Rn. 30), andererseits den zwingenden Vorgaben des § 613a BGB Rechnung zu tragen ist (*Hohenstatt* NZA 1998, 846 [852]; *Preis/Bender/WPK* §§ 112, 112a Rn. 8), greift das UmwG auf den Interessenausgleich zurück, um die Rechtssicherheit bei der Zuordnung der Arbeitnehmer zu den übergehenden Betrieben oder Betriebsteilen zu erhöhen (*Kallmeyer/Willemsen* UmwG, § 323 Rn. 20; *Lutter/Joost* UmwG, § 323 Rn. 37; *Oetker*/ErfK § 323 UmwG Rn. 1, 9). Die Vorschrift ist allerdings nicht geglückt, da die Rechtswirkungen der im Interessenausgleich vorgenommenen Zuordnung im Verhältnis zu der zwingenden Wirkung des § 613a BGB unklar bleiben und zudem die zurückgenommene richterliche Kontrolldichte Zweifel im Hinblick auf die Vereinbarkeit mit der Richtlinie 2001/23/EG (früher: 77/187/EWG) aufwirft (*Lutter/Joost* UmwG, § 323 Rn. 36 sowie ausführlich *Studt* Interessenausgleich, S. 30 ff.).

bb) Erfasste Betriebsübergänge

34 Die Privilegierung des § 323 Abs. 2 UmwG (dazu Rdn. 121 ff.) gilt nur für Betriebsübergänge im Rahmen der dort genannten **umwandlungsrechtlichen Vorgänge**, wobei das Gesetz die umwandlungsrechtliche Terminologie aufgreift. Damit tritt die Privilegierung des Interessenausgleichs nur bei einer **Verschmelzung** i. S. d. §§ 2 ff. UmwG, einer **Spaltung** i. S. d. § 123 UmwG sowie einer **Vermögensübertragung** i. S. d. § 174 UmwG ein. Die **Aufzählung** in § 323 Abs. 2 UmwG ist **abschließend**. Bei einem Übergang von Betrieben oder Betriebsteilen auf rechtsgeschäftlicher Grundlage im Wege einer **Einzelrechtsnachfolge** beurteilt sich die Zuordnung der Arbeitsverhältnisse ausschließlich anhand des § 613a Abs. 1 Satz 1 BGB (*Hohenstatt/Schramm* KölnerKomm. UmwG, § 323 Rn. 50; s. a. zu § 323 Abs. 1 UmwG *BAG* 15.02.2007 EzA § 23 KSchG Nr. 30 Rn. 47 ff. = AP Nr. 38 zu § 23 KSchG 1969 = NZA 2007, 739). Zwar verwehrt es die Vorschrift nicht, die dem jeweils übergehenden Betrieb oder Betriebsteil zuzuordnenden Arbeitnehmer auch in dieser Konstellation in einem Interessenausgleich namentlich zu bezeichnen, die dort getroffene Zuordnung unterliegt aber uneingeschränkt einer gerichtlichen Überprüfung, die nicht – wie im Anwendungsbereich des

§ 323 Abs. 2 UmwG – auf grobe Fehlerhaftigkeit begrenzt ist (**a. M.** *Küttner* Arbeitsrecht und Arbeitsgerichtsbarkeit, S. 431 [449 f.], der für eine entsprechende Anwendung plädiert; im Ergebnis wohl auch *Matthes* FS *Wiese*, 1998, S. 293 [296]).

cc) Interessenausgleichsverfahren

Tatbestandlich setzt § 323 Abs. 2 UmwG voraus, dass infolge der Verschmelzung, Spaltung oder Vermögensübertragung ein Interessenausgleichsverfahren durchzuführen ist. Die Vorschrift begründet für den Betriebsrat **kein eigenständiges Recht** zum Abschluss eines Interessenausgleichs, sondern setzt ein Mitwirkungsrecht nach den §§ 111, 112 voraus (*Boecken* Unternehmensumwandlungen, Rn. 124; *Dehmer* UmwG, § 323 Rn. 12; *Kallmeyer/Willemsen* UmwG, § 324 Rn. 24; *Küttner* Arbeitsrecht und Arbeitsgerichtsbarkeit, S. 431 [447]; *Lutter/Joost* UmwG, § 323 Rn. 33; *Oetker*/ErfK § 323 UmwG Rn. 8; *Preis/Bender/WPK* §§ 112, 112a Rn. 8; *Römer* Interessenausgleich und Sozialplan, S. 196 f.; *Schalle* Der Bestandsschutz der Arbeitsverhältnisse bei Unternehmensumwandlungen [Diss. Rostock], 1999, S. 84 ff., 96 ff.; *Studt* Interessenausgleich, S. 11 ff.; *Vollrath* in: *Widmann/Mayer* Umwandlungsrecht, § 323 UmwG Rn. 21; **a. M.** *Hohenstatt* NZA 1998, 846 [854], der für einen Verzicht auf diese Voraussetzung plädiert).

35

Damit ein Interessenausgleich in den Genuss der Privilegierung durch § 323 Abs. 2 UmwG kommt, muss es infolge der Verschmelzung, Spaltung oder Vermögensübertragung zu einem Übergang von Betrieben oder Betriebsteilen i. S. d. § 613a BGB kommen, der zugleich die Voraussetzungen einer nach § 111 beteiligungspflichtigen Betriebsänderung erfüllt. Das ist regelmäßig nach § 111 Satz 3 Nr. 3 unwiderlegbar zu vermuten (s. § 111 Rdn. 134 ff.), bei hiervon nicht erfassten Fallgestaltungen (dazu § 111 Rdn. 145) ist der Abschluss eines Interessenausgleichs i. S. d. § 323 Abs. 2 UmwG oftmals aufgrund der Generalklausel in § 111 Satz 1 eröffnet (dazu auch § 111 Rdn. 55 ff., 174 ff.). Bei **anderen Sachverhalten**, also Verschmelzungen, Spaltungen und Vermögensübertragungen, die die Betriebsstruktur unberührt lassen, scheidet ein Interessenausgleichsverfahren und damit die Anwendung des § 323 Abs. 2 UmwG aus (*Oetker*/ErfK § 323 UmwG Rn. 8; **a. M.** *Hohenstatt* NZA 1998, 846 [854]).

36

Da § 323 Abs. 2 UmwG an einen Interessenausgleich i. S. d. § 112 Abs. 1 Satz 1 anknüpft, sind für dessen **Zustandekommen** – wie bei den §§ 125 Abs. 1 Satz 1 InsO, 1 Abs. 5 KSchG (s. Rdn. 19) – die allgemeinen betriebsverfassungsrechtlichen Regeln maßgebend (*Studt* Interessenausgleich, S. 27 ff. sowie Rdn. 39 ff.). Insbesondere stellt § 323 Abs. 2 UmwG im Hinblick auf die Zuordnung der Arbeitsverhältnisse die **Freiwilligkeit** der Vereinbarung (s. Rdn. 39) nicht in Frage (*Hohenstatt* NZA 1998, 846 [852]; *Kallmeyer/Willemsen* UmwG, § 324 Rn. 24, 28; *Küttner* Arbeitsrecht und Arbeitsgerichtsbarkeit, S. 431 [447]; *Lutter/Joost* UmwG, § 323 Rn. 38). Ebenso ist die **Kompetenz der Einigungsstelle** im Hinblick auf die Zuordnung der Arbeitsverhältnisse auf einen Einigungsvorschlag beschränkt (näher Rdn. 300). Die vorstehenden Grundsätze gelten nicht nur, wenn der Interessenausgleich ausschließlich eine Entscheidung über die Zuordnung der Arbeitsverhältnisse trifft, sondern auch, wenn diese mit anderen Regelungen zur Durchführung der Betriebsänderung verbunden wird.

37

dd) Namentliche Bezeichnung der zuzuordnenden Arbeitnehmer

Die Privilegierung des § 323 Abs. 2 UmwG tritt nur ein, wenn sich aus dem Interessenausgleich der Betrieb bzw. Betriebsteil sowie die Arbeitnehmer entnehmen lassen, die diesem zuzuordnen sind. Das setzt nicht nur voraus, dass der Interessenausgleich den auf den neuen Rechtsträger übergehenden Betrieb bzw. Betriebsteil unzweideutig umschreibt, sondern zusätzlich muss der jeweils zuzuordnende Arbeitnehmer »namentlich bezeichnet werden«. Mit dieser inhaltlichen Anforderung stimmt § 323 Abs. 2 UmwG mit § 125 Abs. 1 Satz 1 InsO und § 1 Abs. 5 KSchG überein, so dass die dortige Auslegung (s. Rdn. 26 ff.) auch für § 323 Abs. 2 UmwG maßgebend ist. Entsprechendes gilt für die Voraussetzung, dass die namentliche Bezeichnung der Arbeitnehmer »in dem« Interessenausgleich enthalten sein muss (s. dazu Rdn. 23).

38

3. Zustandekommen des Interessenausgleichs

a) Freiwilligkeit

39 Der Abschluss des Interessenausgleichs ist freiwillig; eine Einigung zwischen Unternehmer und Betriebsrat kann die Einigungsstelle nicht gegen den Willen einer Seite durch ihren Spruch ersetzen (*Heither* AR-Blattei SD 530.14.5, Rn. 138; *Molkenbur/Schulte* DB 1995, 269 [269]; *Preis/Bender/WPK* §§ 112, 112a Rn. 9; *Teubner* BB 1974, 982 [984]; *Willemsen/Hohenstatt* NZA 1997, 345 [345]), § 112 Abs. 4 beschränkt diese Rechtsmacht der Einigungsstelle auf die Aufstellung eines Sozialplans (s. Rdn. 310 ff.). Die Freiwilligkeit der Einigung gilt nicht nur für den Interessenausgleich i. S. d. § 112 Abs. 1 Satz 1, sondern auch für einen **besonderen Interessenausgleich** mit dem Inhalt, der in **§ 125 Abs. 1 InsO, § 1 Abs. 5 KSchG** und **§ 323 Abs. 2 UmwG** umschrieben ist (s. Rdn. 19, 37). Zulässig bleibt jedoch ein freiwilliges Einigungsstellenverfahren i. S. d. § 76 Abs. 6 (s. Rdn. 312).

b) Einigung von Betriebsrat und Unternehmer

40 Das Zustandekommen des Interessenausgleichs beruht auf einer **Einigung** von Betriebsrat und Unternehmer. Soweit aus den Besonderheiten des Betriebsverfassungsrechts keine Abweichungen folgen, gelten hierfür die allgemeinen **Vorschriften des Bürgerlichen Gesetzbuchs** zum Vertragsschluss (§§ 145 ff. BGB; s. *Schaub* FS *Däubler*, S. 347 [347]).

41 Dementsprechend kann der Interessenausgleich eine **aufschiebende oder auflösende Bedingung** enthalten und der Betriebsrat seine Zustimmung zu der Betriebsänderung unter der aufschiebenden Bedingung erteilen, dass eine Einigung über einen Sozialplan zustande kommt (*BAG* 17.09.1974 EzA § 113 BetrVG 1972 Nr. 1 S. 9 = AP Nr. 1 zu § 113 BetrVG 1972 Bl. 4 R = SAE 1976, 18 [*Otto*]; *Fabricius* 6. Aufl., §§ 112, 112a Rn. 12; *Galperin/Löwisch* § 112 Rn. 8; *Gamillscheg* II, § 52, 5a [2]; *Hohenstatt/Willemsen*/HWK § 112 BetrVG Rn. 11; *Richardi/Annuß* § 112 Rn. 24; *Weiss/Weyand* § 112 Rn. 4; **a. M.** *Hess*/HWGNRH § 112 Rn. 15). Ist der Unternehmer hiermit einverstanden, so liegt zwar eine Einigung vor, deren Wirksamwerden (§ 158 BGB) hängt aber von dem Eintritt der Bedingung (= Aufstellung des Sozialplans) ab. Zuvor ist kein Interessenausgleich zustande gekommen, so dass der Unternehmer zum Nachteilsausgleich (§ 113 Abs. 3) verpflichtet ist, wenn er vor Abschluss des Sozialplans mit der Durchführung der Betriebsänderung beginnt. Ebenso fehlt eine Einigung über einen Interessenausgleich, wenn der Unternehmer mit dem vom Betriebsrat erklärten Vorbehalt nicht einverstanden ist. Wegen der fehlenden Einigung muss der Unternehmer das Verfahren in § 112 Abs. 2 und 3 einleiten bzw. durchlaufen, wenn er sich auf einen im Lichte des § 113 Abs. 3 ausreichenden »Versuch eines Interessenausgleichs« stützen will (näher dazu § 113 Rdn. 40 ff.).

c) Einigungsverfahren

42 Können sich Betriebsrat und Unternehmer nicht auf einen Interessenausgleich verständigen, dann sieht § 112 die **Durchführung eines institutionalisierten Vermittlungsverfahrens** vor (näher dazu Rdn. 271 ff.), an dessen Ende jedoch lediglich ein Einigungsversuch steht (§ 112 Abs. 3 Satz 2). Sowohl der Unternehmer als auch der Betriebsrat können entweder ein Vermittlungsersuchen an den Vorstand der Bundesagentur für Arbeit richten oder aber unmittelbar die Einigungsstelle anrufen (§ 112 Abs. 2 Satz 1 und 2).

43 Das BetrVG begründet **keine Rechtspflicht** zur Einleitung eines Vermittlungsverfahrens (zust. *Preis/Bender/WPK* §§ 112, 112a Rn. 11). Hiergegen spricht der Wortlaut des § 112 Abs. 2 (»kann«). **Für den Unternehmer** hat die Einleitung des Einigungsstellenverfahrens jedoch den Charakter einer **Obliegenheit** (*Beuthien* ZfA 1988, 1 [28]; *Konzen* Leistungspflichten, S. 105 sowie bereits *Teubner* BB 1974, 982 [985]), da das BetrVG die Nichteinleitung des Einigungs- bzw. Vermittlungsverfahrens mit der Verpflichtung zum Nachteilsausgleich (§ 113 Abs. 3) sanktioniert. Nach gefestigter Rechtsprechung liegt der »Versuch eines Interessenausgleichs« i. S. d. § 113 Abs. 3 erst vor, wenn der Unternehmer erfolglos die Einigungsstelle angerufen hat, was selbst dann gilt, wenn der Betriebsrat davon absieht, das Vermittlungsverfahren einzuleiten oder die Einigungsstelle anzurufen (näher dazu § 113 Rdn. 40 ff.).

Mit § 112 Abs. 2 weicht das Gesetz von § 76 ab. Hiernach kann ein Verfahren vor der Einigungsstelle **44** gegen den Willen einer Seite nur eingeleitet werden kann, wenn deren Spruch die Einigung zwischen den Parteien ersetzt (§ 76 Abs. 5 Satz 1). Aus § 112 Abs. 2 und 3 lässt sich allerdings nicht der Wille des Gesetzes zu einer abschließenden Regelung ableiten, die den Parteien die Befugnis entzieht, die Einigungsstelle aufgrund eines **übereinstimmend gestellten Antrags** mit der Rechtsmacht auszustatten, die **Einigung** unter den Voraussetzungen des § 76 Abs. 6 Satz 2 **durch einen Spruch zu ersetzen**.

d) Schriftform des Interessenausgleichs

aa) Anforderungen an die Schriftform

Nach § 112 Abs. 1 Satz 1 ist der Interessenausgleich schriftlich niederzulegen (zum Zweck des For- **45** merfordernisses *BAG* 26.10.2004 EzA § 113 BetrVG 2001 Nr. 5 S. 4 = AP Nr. 49 zu § 113 BetrVG 1972 Bl. 2 f. *[v. Hoyningen-Huene]*; 12.05.2010 EzA § 1 KSchG Interessenausgleich Nr. 21 Rn. 24 = AP Nr. 20 zu § 1 KSchG 1969 Namensliste = NZA 2011, 114; *LAG Hamm* 14.09.2004 LAGE § 113 BetrVG 2001 Nr. 2 S. 3).

Das legt es nahe, für die Konkretisierung des Schriftformerfordernisses **§ 126 Abs. 1 BGB** heranzuzie- **46** hen (so *BAG* 07.05.1998 EzA § 1 KSchG Interessenausgleich Nr. 6 S. 4 = AP Nr. 1 zu § 1 KSchG 1969 Namensliste Bl. 2 R f.; 21.02.2002 EzA § 1 KSchG Interessenausgleich Nr. 10 S. 10; 22.01.2004 EzA § 1 KSchG Interessenausgleich Nr. 11 S. 10 = AP Nr. 1 zu § 112 BetrVG 1972 Namensliste Bl. 5; 06.07.2006 EzA § 1 KSchG Soziale Auswahl Nr. 68 Rn. 33 = AP Nr. 80 zu § 1 KSchG 1969; 12.05.2010 EzA § 1 KSchG Interessenausgleich Nr. 21 Rn. 17 = AP Nr. 20 zu § 1 KSchG 1969 Namensliste = NZA 2011, 114; 19.07.2012 EzA § 1 KSchG Interessenausgleich Nr. 24 Rn. 26 = AP Nr. 23 zu § 1 KSchG 1969 Namensliste = NZA 2013, 333; *LAG Hamm* 07.12.2005 – 2 Sa 773/05 – BeckRS 2006, 41525; *Fabricius* 6. Aufl., §§ 112, 112a Rn. 21; *v. Hoyningen-Huene* Betriebsverfassungsrecht, § 15 III 2; *Küttner* Arbeitsrecht und Arbeitsgerichtsbarkeit, S. 431 [433]; *Richardi/Annuß* § 112 Rn. 27; *Rumpff/Boewer* Wirtschaftliche Angelegenheiten, Kap. I Rn. 23 ff.; *Spirolke*/NK-GA § 112 BetrVG Rn. 15; *Teubner* BB 1974, 982 [984]).

Dem ist insoweit zuzustimmen, dass die Einigung von Unternehmer und Betriebsrat in einer **Ur- 47 kunde** niederzulegen ist. Im Übrigen hat § 126 Abs. 1 BGB für die Wahrung der Schriftform keine Bedeutung, da bereits § 112 Abs. 1 Satz 1 die Notwendigkeit einer **namensmäßigen Unterschrift** begründet, so dass es hierfür keines Rückgriffs auf § 126 Abs. 1 BGB bedarf (wie hier auch *Wiesner* Die Schriftform im Betriebsverfassungsgesetz [Diss. Kiel 2007], 2008, S. 98). Für die Anforderungen an die Namensunterschrift kann jedoch auf die zu § 126 Abs. 1 BGB anerkannten Grundsätze (*Einsele*/MK-BGB, § 126 Rn. 16 f.) zurückgegriffen werden. Es ist ein die Identität des Unterschreibenden ausreichend kennzeichnender individueller Schriftzug erforderlich, die Unterzeichnung mit einer Paraphe reicht nicht aus (*BGH* 10.07.1997 NJW 1997, 3380 [3381]; offen aber *BAG* 12.05.2010 EzA § 1 KSchG Interessenausgleich Nr. 21 Rn. 22 = AP Nr. 20 zu § 1 KSchG 1969 Namensliste = NZA 2011, 114; zur Paraphierung einer Namensliste s. *LAG Köln* 19.10.2010 ZInsO 2011, 829).

Die weiteren Regelungen des § 126 BGB sind auf den Interessenausgleich nicht übertragbar. Ins- **48** besondere kann eine **notarielle Beurkundung** – abweichend von § 126 Abs. 4 BGB – nicht die in § 112 Abs. 1 Satz 1 vorgeschriebene Schriftform ersetzen (**a. M.** *Wiesner* Die Schriftform im Betriebsverfassungsgesetz [Diss. Kiel 2007], 2008, S. 102). Das gilt auch für die in **§ 126 Abs. 2 BGB** eröffnete Möglichkeit, das Formerfordernis durch den Austausch der für die andere Seite bestimmten unterschriebenen Urkunde zu erfüllen (*Teubner* BB 1974, 982 [984]; *Wiesner* Die Schriftform im Betriebsverfassungsgesetz [Diss. Kiel 2007], 2008, S. 100; **a. M.** *Hohenstatt* NZA 1998, 846 [851]); § 112 Abs. 1 Satz 1 geht davon aus, dass der Interessenausgleich in einer von beiden Seiten unterzeichneten Urkunde niedergelegt ist. Aus diesem Grunde kann die Schriftform nicht durch die **elektronische Form (§ 126a BGB)** ersetzt werden (*Preis/Bender/WPK* §§ 112, 112a Rn. 13; *Richardi/Annuß* § 112 Rn. 27; *Wiesner* Die Schriftform im Betriebsverfassungsgesetz [Diss. Kiel 2007], 2008, S. 101 f.; **a. M.** *Fitting* §§ 112, 112a Rn. 24; *Schweibert/WHSS* Kap. C Rn. 200).

bb) Unterschrift der Parteien

49 Auf **Seiten des Unternehmers** ist hinsichtlich der zur Unterschrift berechtigten Personen nach der Rechtsform des Unternehmens zu differenzieren, wenn ein gesetzlicher Vertreter den Interessenausgleich unterzeichnet (s. a. Rdn. 70). Entscheidend ist jedoch, dass der Unterzeichnende die Vertretungsmacht zum Abschluss des Interessenausgleichs besitzt, wobei deren Rechtsgrundlage für dessen Rechtswirksamkeit bedeutungslos ist (*Kania*/ErfK §§ 112, 112a BetrVG Rn. 5). Es genügt die Unterschrift einer Person, die kraft ihrer Vertretungsmacht berechtigt ist, Erklärungen mit Wirkung für und gegen den Unternehmer abzugeben (*Hess*/HWGNRH § 112 Rn. 25).

50 Für den **Betriebsrat** hat nach § 26 Abs. 2 Satz 1 der **Vorsitzende**, bei dessen Verhinderung sein **Stellvertreter** zu unterschreiben (BAG 21.02.2002 EzA § 1 KSchG Interessenausgleich Nr. 10 S. 10; *Fabricius* 6. Aufl., §§ 112, 112a Rn. 21; *Galperin/Löwisch* § 112 Rn. 11; *Hess*/HWGNRH § 112 Rn. 25; *Kania*/ErfK §§ 112, 112a BetrVG Rn. 5; *Ohl* Sozialplan, S. 69; *Richardi/Annuß* § 112 Rn. 27; *Schaub* FS *Däubler*, S. 347 [347]; *Schweibert/WHSS* Kap. C Rn. 200; *Teubner* BB 1974, 982 [984]).

51 Die rechtswirksame Unterzeichnung durch den Betriebsratsvorsitzenden bzw. seinen Stellvertreter setzt voraus, dass diese auf einem **Beschluss des Betriebsrats** beruht, der dem Interessenausgleich zustimmt (BAG 17.02.1981 EzA § 112 BetrVG 1972 Nr. 21 S. 128 f. = AP Nr. 11 zu § 112 BetrVG 1972 Bl. 3 [*Kraft*] = SAE 1982, 43 [*Schulin*] = AR-Blattei Sozialplan, Entsch. 12 [*Herschel*]; 24.02.2000 EzA § 1 KSchG Interessenausgleich Nr. 7 S. 6 = AP Nr. 7 zu § 1 KSchG 1969 Namensliste Bl. 4; 21.02.2002 EzA § 1 KSchG Interessenausgleich Nr. 10 S. 9; *Fabricius* 6. Aufl., §§ 112, 112a Rn. 21; *Galperin/Löwisch* § 112 Rn. 10; *Ohl* Sozialplan, S. 69; *Preis/Bender/WPK* §§ 112, 112a Rn. 14; *Schaub* FS *Däubler*, S. 347 [347]; *Schweibert/WHSS* Kap. C Rn. 200; *Siemes* ZfA 1998, 183 [191]), da der Betriebsratsvorsitzende lediglich Vertreter in der Erklärung ist (dazu näher *Raab* § 26 Rdn. 32). Regelmäßig spricht eine – widerlegbare – **Vermutung** dafür, dass der Betriebsrat einen entsprechenden Beschluss gefasst hat (BAG 17.02.1981 EzA § 112 BetrVG 1972 Nr. 21 S. 129 = AP Nr. 11 zu § 112 BetrVG 1972 Bl. 3 [*Kraft*] = SAE 1982, 43 [*Schulin*] = AR-Blattei Sozialplan, Entsch. 12 [*Herschel*]; 24.02.2000 EzA § 1 KSchG Interessenausgleich Nr. 7 S. 6 = AP Nr. 4; 21.02.2002 EzA § 1 KSchG Interessenausgleich Nr. 10 S. 10; zust. *Preis/Bender/WPK* §§ 112, 112a Rn. 14).

52 Wie nach § 126 Abs. 1 BGB muss sich die **Unterschrift** auch im Rahmen des § 112 Abs. 1 Satz 1 auf die **gesamte Urkunde** beziehen, um dem Zweck des Unterschriftserfordernisses ausreichend Rechnung zu tragen. Die von § 112 Abs. 1 Satz 1 geforderten Unterschriften müssen den schriftlich verkörperten Interessenausgleich **räumlich abschließen**, also unterhalb des Textes stehen und damit die urkundliche Erklärung vollenden (zu § 126 Abs. 1 BGB BAG 07.05.1998 EzA § 1 KSchG Interessenausgleich Nr. 6 S. 6 = AP Nr. 1 zu § 1 KSchG 1969 Namensliste Bl. 3 f.; BGH 20.11.1990 NJW 1991, 487; *Einsele*/MK-BGB, § 126 Rn. 10).

53 Deshalb müssen bei einer getrennten Erstellung von **Anhängen zu einem Interessenausgleich** diese ebenfalls gesondert unterschrieben sein, die alleinige Bezugnahme im Text des formgerechten Interessenausgleichs genügt nicht. Das gilt insbesondere, wenn dem Interessenausgleich eine **Namensliste** i. S. d. § 125 Abs. 1 Satz 1 InsO, § 1 Abs. 5 Satz 1 KSchG und § 323 Abs. 2 UmwG beigefügt wird (BAG 22.01.2004 EzA § 1 KSchG Interessenausgleich Nr. 11 S. 11 = AP Nr. 1 zu § 112 BetrVG 1972 Namensliste Bl. 5; 06.07.2006 EzA § 1 KSchG Soziale Auswahl Nr. 68 Rn. 33 = AP Nr. 80 zu § 1 KSchG 1969; 12.05.2010 EzA § 1 KSchG Interessenausgleich Nr. 21 Rn. 17 = AP Nr. 20 zu § 1 KSchG 1969 Namensliste = NZA 2011, 144; *Caspers*/MK-InsO, § 125 Rn. 78; *Hohenstatt/Willemsen/HWK* § 112 BetrVG Rn. 9 sowie Rdn. 62 f.).

54 Anders ist die Rechtslage, wenn Anhänge zu einem Interessenausgleich zwar nicht gesondert unterzeichnet, wohl aber mit dem von den Parteien unterzeichneten Interessenausgleich fest verbunden sind (BAG 07.05.1998 EzA § 1 KSchG Interessenausgleich Nr. 6 S. 6 = AP Nr. 1 zu § 1 KSchG 1969 Namensliste Bl. 2 R f. [*Schiefer*]; 06.12.2001 EzA § 1 KSchG Interessenausgleich Nr. 9 S. 7; 06.07.2006 EzA § 1 KSchG Soziale Auswahl Nr. 68 Rn. 33 = AP Nr. 80 zu § 1 KSchG 1969; 12.05.2010 EzA § 1 KSchG Interessenausgleich Nr. 21 Rn. 17 = AP Nr. 20 zu § 1 KSchG 1969 Namensliste = NZA 2011, 144; 19.07.2012 EzA § 1 KSchG Soziale Auswahl Nr. 86 Rn. 20 = NZA 2013, 86; 19.07.2012 EzA § 1 KSchG Interessenausgleich Nr. 24 Rn. 26 = AP Nr. 23 zu § 1 KSchG 1969 Namensliste = NZA 2013, 333; *Caspers*/MK-InsO, § 125 Rn. 78; *Griebeling/Rachor/KR* § 1

KSchG Rn. 703g; *Kiel/APS* § 1 KSchG Rn. 710). In diesem Fall genügt zwar die Unterzeichnung des Interessenausgleichs, diese darf aber erst erfolgt sein, nachdem die Schriftstücke (Interessenausgleich und getrennte Namensliste) zu einer Einheit verbunden wurden (*BAG* 06.07.2006 EzA § 1 KSchG Soziale Auswahl Nr. 68 Rn. 37 = AP Nr. 80 zu § 1 KSchG 1969; 12.05.2010 EzA § 1 KSchG Interessenausgleich Nr. 21 Rn. 17 = AP Nr. 20 zu § 1 KSchG 1969 Namensliste = NZA 2011, 144; *Kiel/APS* § 1 KSchG Rn. 710). Geschah die körperliche Verbindung nach der Unterzeichnung des Interessenausgleichs, ist die Namensliste kein formwirksamer Bestandteil des Interessenausgleichs (*BAG* 06.07.2006 EzA § 1 KSchG Soziale Auswahl Nr. 68 Rn. 37 = AP Nr. 80 zu § 1 KSchG 1969). Dies führt zwar nicht zur Unwirksamkeit des Interessenausgleichs, es entfällt aber die privilegierende Wirkung der Namensliste im Kündigungsschutzrecht, da diese nicht dem Schriftformerfordernis genügt (zust. *Preis/Bender/WPK* §§ 112, 112a Rn. 13 sowie hier Rdn. 63).

cc) Bezeichnung der Einigung

Ob die Einigung die **Bezeichnung** »Interessenausgleich« trägt, ist für die Wahrung der Schriftform **ohne Bedeutung** (*BAG* 20.04.1994 EzA § 113 BetrVG 1972 Nr. 22 S. 3 = AP Nr. 27 zu § 113 BetrVG 1972 Bl. 2 R = AR-Blattei ES 1470, Entsch. 58 *[Echterhölter]*; *Fitting* §§ 112, 112a Rn. 41; *v. Hoyningen-Huene* Betriebsverfassungsrecht, § 15 III 2; *Hromadka/Maschmann* Arbeitsrecht 2, § 16 Rn. 620; *Richardi/Annuß* § 112 Rn. 30). 55

Es ist deshalb unschädlich, wenn die Parteien – entsprechend einer verbreiteten Praxis – **Interessenausgleich und Sozialplan in derselben Urkunde** niederlegen (*Bauer* DB 1994, 217 [223]; *Fitting* §§ 112, 112a Rn. 41; *Friedemann* Verfahren der Einigungsstelle, Rn. 380; *Gamillscheg* II, § 52, 5a [4]; *Gift* JArbR Bd. 15 [1977], 1978, S. 51 [54]; *Heither* AR-Blattei SD 530.14.5, Rn. 142; *Hohenstatt/Willemsen/HWK* § 112 BetrVG Rn. 13; *v. Hoyningen-Huene* Betriebsverfassungsrecht, § 15 III 2; *Hromadka/Maschmann* Arbeitsrecht 2, § 16 Rn. 620; *Kania*/ErfK §§ 112, 112a BetrVG Rn. 5; *Matthes*/MünchArbR § 269 Rn. 26; *Preis/Bender/WPK* §§ 112, 112a Rn. 15; *Richardi/Annuß* § 112 Rn. 30; *Röder/Baeck/JRH* Kap. 28 Rn. 171; *Schweibert/WHSS* Kap. C Rn. 200) oder eine von dem Sprachgebrauch des BetrVG **abweichende Bezeichnung** wählen (*Heither* AR-Blattei SD 530.14.5, Rn. 142; *Richardi/Annuß* § 112 Rn. 30). Zur Bedeutung der Benennung der Einigung für die Anwendung von § 125 Abs. 1 Satz 1 InsO, § 1 Abs. 5 KSchG und § 323 Abs. 2 UmwG s. Rdn. 24. 56

dd) Bekanntmachung des Interessenausgleichs

Im Unterschied zur Betriebsvereinbarung (§ 77 Abs. 2 Satz 3) verpflichtet § 112 den Unternehmer **nicht**, den Interessenausgleich an geeigneter Stelle **im Betrieb auszulegen** (a. M. *Teubner* BB 1974, 982 [984]). Dies ist sachgerecht, solange der Interessenausgleich ganz oder teilweise keine normativen Wirkungen entfalten soll. **Anders** ist die Rechtslage, wenn die Betriebspartner im Rahmen von **Folgeregelungen Rechtsnormen** setzen wollen, die nicht Gegenstand eines Sozialplans sein können. In dieser Konstellation hat der Interessenausgleich bezüglich dieser Bestimmungen die Rechtsnatur einer Betriebsvereinbarung (s. Rdn. 75) und unterliegt den für diese geltenden formellen Anforderungen, insbesondere verpflichtet § 77 Abs. 2 Satz 3 den Unternehmer, diesen Teil des »Interessenausgleichs« im Betrieb auszulegen. 57

ee) Rechtsfolgen bei Nichtbeachtung der Schriftform

Eine Einigung von Betriebsrat und Unternehmer, die nicht dem Schriftformerfordernis des § 112 Abs. 1 Satz 1 entspricht, entfaltet keine Rechtsverbindlichkeit, wobei eine verbreitete Ansicht die Schriftform als **Wirksamkeitsvoraussetzung** eines Interessenausgleichs ansieht (*BAG* 26.10.2004 EzA § 113 BetrVG 2001 Nr 5 S. 4 = AP Nr. 49 zu § 113 BetrVG 1972 Bl. 2 R *[v. Hoyningen-Huene]*; *LAG* Hamm 14.09.2004 LAGE § 113 BetrVG 2001 Nr. 2 S. 3; *Bauer* DB 1994, 217 [223]; *Etzel* Rn. 1006; *Fitting* §§ 112, 112a Rn. 41; *Galperin/Löwisch* § 112 Rn. 11; *Heither* AR-Blattei SD 530.14.5, Rn. 141; *Hess/HWGNRH* § 112 Rn. 26; *Hohenstatt/Willemsen/HWK* § 112 BetrVG Rn. 12; *Hromadka/Maschmann* Arbeitsrecht 2, § 16 Rn. 620; *Küttner* Arbeitsrecht und Arbeitsgerichtsbarkeit, S. 431 [433]; *Matthes* FS *Wlotzke*, S. 393 [395]; *Richardi/Annuß* § 112 Rn. 28; *Röder/Baeck/JRH* Kap. 28 Rn. 170; *Rumpff/Boewer* Wirtschaftliche Angelegenheiten, Kap. I Rn. 23; 58

Stege/Weinspach/Schiefer §§ 111–113 Rn. 101; *Teubner* BB 1974, 982 [984]; *Weiss/Weyand* § 112 Rn. 5).

59 Zwingend ist die **dogmatische Einordnung des Schriftformerfordernisses** i. S. einer Wirksamkeitsvoraussetzung nicht. Zumindest bei einem Interessenausgleich im engeren Sinne, der sich auf Rechtswirkungen im Verhältnis zwischen Betriebsrat und Unternehmer beschränkt, kommt auch ein Rückgriff auf **§ 125 Satz 1 BGB** (hierfür *LAG Hamm* 14.09.2004 LAGE § 113 BetrVG 2001 Nr. 2 S. 3; *Fabricius* 6. Aufl., §§ 112, 112a Rn. 21; *v. Hoyningen-Huene* Betriebsverfassungsrecht, § 15 III 2; *Schweibert/WHSS* Kap. C Rn. 200; *Spirolke/NK-GA* § 112 BetrVG Rn. 15; *Wiesner* Die Schriftform im Betriebsverfassungsgesetz [Diss. Kiel], 2008, S. 112) und die Rechtsfolge der **Nichtigkeit** (*Fabricius* 6. Aufl., §§ 112, 112a Rn. 21; *Schaub* FS *Däubler*, S. 347 [347]; *Schweibert/WHSS* Kap. C Rn. 200) in Betracht (widersprüchlich *LAG Hamm* 14.09.2004 LAGE § 113 BetrVG 2001 Nr. 2 S. 3, das die Schriftform einerseits als Wirksamkeitsvoraussetzung ansieht, andererseits bei einem Formverstoß über § 125 BGB zur Nichtigkeit gelangt; ebenso *Preis/Bender/WPK* §§ 112, 112a Rn. 13), wenn der Vertragscharakter der Einigung (s. a. Rdn. 72 f.) in den Vordergrund gerückt wird. Im Hinblick auf die Rechtsverbindlichkeit der Einigung ist diese Streitfrage zwar bedeutungslos, sie kann aber für die Verteilung der Darlegungs- und Beweislast relevant werden (*BAG* 06.12.2001 EzA § 1 KSchG Interessenausgleich Nr. 9 S. 7).

60 Nach beiden dogmatischen Ansätzen fehlt jedoch einem **mündlichen Interessenausgleich** die Rechtsverbindlichkeit (*BAG* 26.10.2004 EzA § 113 BetrVG 2001 Nr. 5 S. 4 = AP Nr. 49 zu § 113 BetrVG 1972 Bl. 2 R *[v. Hoyningen-Huene]*; *Etzel* Rn. 1006; *Galperin/Löwisch* § 112 Rn. 14; *Hess/HWGNRH* § 112 Rn. 26; *Hohenstatt/Willemsen/HWK* § 112 BetrVG Rn. 12; *v. Hoyningen-Huene* Betriebsverfassungsrecht, § 15 III 2; *Matthes/*MünchArbR § 269 Rn. 9; *ders.* FS *Wlotzke*, S. 393 [395]; *Preis/Bender/WPK* §§ 112, 112a Rn. 13; *Rumpff/Boewer* Wirtschaftliche Angelegenheiten, Kap. I Rn. 23; *Spirolke/*NK-GA § 112 BetrVG Rn. 15; *Steffan/*HaKo §§ 112, 112a Rn. 10; *Stege/Weinspach/Schiefer* §§ 111–113 Rn. 101; **a. M.** *Löwisch* RdA 1989, 216 [218]; *ders./LK* § 112 Rn. 8; kritisch auch *Gamillscheg* II, § 52, 5a [4]). Er schließt insbesondere nicht einen Nachteilsausgleich nach § 113 Abs. 3 aus, wenn der Unternehmer auf dieser Grundlage mit der Durchführung der Betriebsänderung beginnt (s. § 113 Rdn. 18).

ff) Interessenausgleich im weiteren Sinne

61 Überschreitet der Inhalt des Interessenausgleichs die Betriebsänderung als solche und nimmt dieser **Folgeregelungen** auf, die nicht Bestandteil eines Sozialplans sein können (Interessenausgleich im weiteren Sinne; s. Rdn. 11), dann richtet sich das Formerfordernis nach dem Inhalt der Vereinbarung und den von den Parteien gewollten Rechtswirkungen. Sollen die Bestimmungen lediglich **inter partes wirken**, dann ergibt sich das Schriftformerfordernis aus § 112 Abs. 1 Satz 1. Beabsichtigen die Abschlussparteien hingegen die **Setzung von Rechtsnormen**, insbesondere präventive Regeln zugunsten der Arbeitnehmer, um den Eintritt wirtschaftlicher Nachteile zu verhindern, dann muss der Interessenausgleich die Formerfordernisse einer Betriebsvereinbarung erfüllen, da es nur diese Voraussetzung rechtfertigt, der Einigung normative Wirkung zu verleihen. Im Ergebnis führt dies jedoch nicht zu Abweichungen, da die Betriebsvereinbarung ebenfalls der Schriftform bedarf (§ 77 Abs. 2).

gg) Namentliche Bezeichnung der Arbeitnehmer (§ 125 Abs. 1 Satz 1 InsO, § 1 Abs. 5 Satz 1 KSchG, § 323 Abs. 2 UmwG) und Schriftform

62 Besondere Bedeutung hat das Schriftformerfordernis des § 112 Abs. 1 Satz 1, wenn der Interessenausgleich die zu kündigenden bzw. einem Betrieb zuzuordnenden Arbeitnehmer im Hinblick auf die Privilegierungen durch § 125 Abs. 1 Satz 1 InsO, § 1 Abs. 5 KSchG und § 323 Abs. 2 UmwG namentlich bezeichnet. Die genannten Vorschriften verlangen nicht, dass die betreffenden Arbeitnehmer in dem Text des Interessenausgleichs genannt werden. Es genügt, diesem als **Anlage eine eigenständige Liste** mit den Namen der Arbeitnehmer anzufügen (*BAG* 07.05.1998 EzA § 1 KSchG Interessenausgleich Nr. 6 S. 6 = AP Nr. 1 zu § 1 KSchG 1969 Namensliste Bl. 2 R; 06.12.2001 EzA § 1 KSchG Interessenausgleich Nr. 9 S. 7; 22.01.2004 EzA § 1 KSchG Interessenausgleich Nr. 11 S. 11 = AP Nr. 1 zu § 112 BetrVG 1972 Namensliste Bl. 5; 06.07.2006 EzA § 1 KSchG Soziale Auswahl Nr. 68 Rn. 33 = AP Nr. 80 zu § 1 KSchG 1969; 12.05.2010 EzA § 1 KSchG Interessenausgleich Nr. 21

Rn. 17 = AP Nr. 20 zu § 1 KSchG 1969 Namensliste = NZA 2011, 144; 19.07.2012 EzA § 1 KSchG Soziale Auswahl Nr. 86 Rn. 20 = NZA 2013, 86; 19.07.2012 EzA § 1 KSchG Interessenausgleich Nr. 24 Rn. 26 = AP Nr. 23 zu § 1 KSchG 1969 Namensliste = NZA 2013, 333; *LAG Berlin* 05.11.2004 AuA 2005, Heft 1, 48 [49]; *Griebeling/Rachor*/KR § 1 KSchG Rn. 703g; *Kiel/APS* § 1 KSchG Rn. 710). Allerdings ist bei getrennter Erstellung und Unterzeichnung von Interessenausgleich und Namensliste stets erforderlich, dass eine inhaltliche Verknüpfung beider Urkunden erfolgt, indem der Interessenausgleich auf die Namensliste und umgekehrt diese auf den Interessenausgleich Bezug nimmt (*BAG* 19.06.2007 EzA § 1 KSchG Interessenausgleich Nr. 13 Rn. 32 = AP Nr. 16 zu § 1 KSchG 1969 Namensliste; 19.07.2012 EzA § 1 KSchG Soziale Auswahl Nr. 86 Rn. 20 = NZA 2013, 86; *LAG Brandenburg* 13.10.2005 DB 2006, 52 [53]).

Haben die Parteien des Interessenausgleichs die **Namensliste nicht eigens unterzeichnet** (*Hamacher* in: *Nerlich/Römermann* InsO, § 125 Rn. 30; *Hohenstatt* NZA 1998, 846 [951]; zur Paraphierung der Namensliste *LAG Köln* 19.10.2010 ZInsO 2011, 829), dann muss diese derart mit der Urkunde über den Interessenausgleich verbunden sein, dass sich die Gesamtheit als **einheitliche Urkunde** darstellt und aufgrund der Verbindung als Sinneinheit und Sinnzusammenhang erkennbar ist. Hierfür muss die Namensliste ein Merkmal aufweisen, das sie als Bestandteil des Interessenausgleichs ausweist, so dass eine feste Verbindung nicht notwendig ist (z. B. mittels Heftmaschine), die nur durch Gewaltanwendung auflösbar ist (zu **§ 125 InsO:** *BAG* 20.05.1999 ZInsO 2000, 351 [LS]; *LAG Hamm* 06.07.2000 DZWIR 2001, 107 [112]; *Gallner*/ErfK § 125 InsO Rn. 5; *Gottwald/Bertram* Insolvenzrechts-Handbuch, § 108 Rn. 92; *Hamacher* in: *Nerlich/Römermann* InsO, § 125 Rn. 30; *Hohenstatt* NZA 1998, 846 [851]; *Kiel/Koch* Die betriebsbedingte Kündigung, 2000, Rn. 508; *Künzl/APS* § 125 InsO Rn. 21; *Zwinkmann* Interessenausgleich, S. 77; ebenso zu **§ 1 Abs. 5 KSchG**: *BAG* 07.05.1998 EzA § 1 KSchG Interessenausgleich Nr. 6 S. 5 f. = AP Nr. 1 zu § 1 KSchG 1969 Namensliste Bl. 2 R f.; 06.07.2006 EzA § 1 KSchG Soziale Auswahl Nr. 68 Rn. 33 = AP Nr. 80 zu § 1 KSchG 1969; 12.05.2010 EzA § 1 KSchG Interessenausgleich Nr. 21 Rn. 17 = AP Nr. 20 zu § 1 KSchG 1969 Namensliste = NZA 2011, 144; 19.07.2012 EzA § 1 KSchG Soziale Auswahl Nr. 86 Rn. 20 = NZA 2013, 86; 19.07.2012 EzA § 1 KSchG Interessenausgleich Nr. 24 Rn. 26 = AP Nr. 23 zu § 1 KSchG 1969 Namensliste = NZA 2013, 333; *Krause* in: *v. Hoyningen-Huene/Linck* KSchG, § 1 Rn. 1050). 63

Genügt die dem Interessenausgleich angefügte Namensliste nicht diesen Anforderungen, dann stellt dies nicht die Rechtswirksamkeit des gesamten Interessenausgleichs in Frage, der nicht unterzeichnete Anhang entfaltet jedoch wegen der unterbliebenen Wahrung der Schriftform nicht die in § 125 Abs. 1 InsO, § 1 Abs. 5 KSchG, § 323 Abs. 2 UmwG angeordneten Privilegierungen (zust. *Preis/Bender/WPK* §§ 112, 112a Rn. 13; s. a. Rdn. 52). 64

4. Zuständigkeit für den Abschluss des Interessenausgleichs

Die Zuständigkeit für den Abschluss des Interessenausgleichs richtet sich **auf der Seite des Betriebsrats** nach dem Ausmaß der geplanten Betriebsänderung. Beschränkt sich diese auf einen Betrieb, dann verbleibt es grundsätzlich bei der Zuständigkeit des dort gebildeten Betriebsrats. Eine **Zuständigkeit des Gesamtbetriebsrats** kommt – abgesehen von derjenigen kraft Auftrags (§ 50 Abs. 2) – nach § 50 Abs. 1 nur in Betracht, wenn die geplante Betriebsänderung mehrere (nicht notwendig alle) Betriebe des Unternehmens betrifft (*BAG* 17.02.1981 EzA § 112 BetrVG 1972 Nr. 21 S. 129 f. = AP Nr. 11 zu § 112 BetrVG 1972 Bl. 3 R *[Kraft]* = SAE 1982, 43 *[Schulin]* = AR-Blattei Sozialplan, Entsch. 12 *[Herschel]*) und aufgrund des unternehmenseinheitlichen Konzepts eine Beratung der geplanten Betriebsänderung mit den Einzelbetriebsräten evident unzweckmäßig wäre (s. näher § 111 Rdn. 258 ff.). 65

Soweit der Gesamtbetriebsrat kraft Gesetzes (§ 50 Abs. 1) für den Abschluss des Interessenausgleichs zuständig ist, erstreckt sich dessen Zuständigkeit auf den gesamten Regelungsinhalt eines Interessenausgleichs und verdrängt zwingend die Zuständigkeit der auf betrieblicher Ebene errichteten Betriebsräte. Das gilt auch für die Aufstellung einer mit dem Interessenausgleich verbundenen **Namensliste**, da diese integraler Inhalt des Interessenausgleichs ist und deshalb aus der originären Zuständigkeit des Gesamtbetriebsrats für den Interessenausgleich auch dessen zwingende Zuständigkeit für die Aufstellung der Namensliste folgt (*BAG* 19.07.2012 EzA § 1 KSchG Interessenausgleich Nr. 24 Rn. 24 = AP Nr. 23 zu § 1 KSchG 1969 Namensliste = NZA 2013, 333; 20.09.2012 EzA § 125 InsO Nr. 8 Rn. 47 66

= AP Nr. 10 zu § 125 InsO = NZA 2013, 797; *LAG Berlin-Brandenburg* 16.07.2010 LAGE § 1 KSchG Interessenausgleich Nr. 17 Rn. 29; zust. *Moll/Katerndahl* RdA 2013, 159 [161]). Hiermit ist es unvereinbar, wenn die Parteien des Interessenausgleichs sich auf eine Rahmenregelung beschränken und deren Ausfüllung – z. B. im Hinblick auf die Namensliste – den Betriebspartnern überlassen (s. *BAG* 19.07.2012 EzA § 1 KSchG Interessenausgleich Nr. 24 Rn. 24 = AP Nr. 23 zu § 1 KSchG 1969 Namensliste = AP Nr. 23 zu § 1 KSchG 1969 Namensliste = NZA 2013, 333; *LAG Berlin-Brandenburg* 16.07.2010 LAGE § 1 KSchG Interessenausgleich Nr. 17 Rn. 29; s. a. § 111 Rdn. 237). Eine abweichende rechtliche Würdigung kommt ausschließlich dann in Betracht, wenn der Gesamtbetriebsrat nicht kraft Gesetzes (§ 50 Abs. 1), sondern kraft Auftrags (§ 50 Abs. 2) für die Vereinbarung des Interessenausgleichs zuständig ist.

67 Entsprechendes gilt für eine **originäre Zuständigkeit des Konzernbetriebsrats** (s. dazu auch § 111 Rdn. 264). Der alleinige Umstand, dass im Rahmen der Verhandlungen um einen Interessenausgleich die Weiterbeschäftigungsmöglichkeit in anderen Unternehmen des Konzerns zu erörtern ist, reicht nicht aus, um die originäre Zuständigkeit des Konzernbetriebsrats zu begründen (*BAG* 17.09.1991 EzA § 112 BetrVG 1972 Nr. 58 S. 10 *[Vogg]* = AP Nr. 59 zu § 112 BetrVG 1972 Bl. 5 R f. = SAE 1992, 202 *[Koffka]*; *Junker* ZIP 1993, 1599 [1604 f.] sowie § 111 Rdn. 264).

68 Auf den **Betriebsausschuss** (§ 27) oder einen **Ausschuss** (§ 28) kann der Abschluss eines Interessenausgleichs wegen der fehlenden Vereinbarungsbefugnis beider Ausschüsse nicht delegiert werden. Der Abschluss von Betriebsvereinbarungen ist den Betriebsratsausschüssen nach den §§ 27 Abs. 2 Satz 2, 28 Abs. 1 Satz 3 einer selbständigen Erledigung entzogen. Der Zweck des hierin enthaltenen Vorbehalts zugunsten des Gesamtorgans greift trotz der regelmäßig fehlenden normativen Wirkung des Interessenausgleichs auch für dessen Abschluss ein (*Däubler/DKKW* §§ 112, 112a Rn. 19; *Galperin/Löwisch* § 112 Rn. 10; *Kania*/ErfK § 112, 112a BetrVG Rn. 5; *Preis/Bender/WPK* §§ 112, 112a Rn. 14; *Richardi/Annuß* § 112 Rn. 32; *Schweibert/WHSS* Kap. C Rn. 200; im Ergebnis auch *Hohenstatt/Willemsen/HWK* § 112 BetrVG Rn. 15; **a. M.** *Hess/HWGNRH* § 112 Rn. 48). Zur Übertragung von Interessenausgleichsverhandlungen auf **Arbeitsgruppen i. S. d. § 28a** s. § 111 Rdn. 257. Auch dem **Wirtschaftsausschuss** fehlt die Rechtsmacht, mit dem Unternehmer einen Interessenausgleich zu vereinbaren.

69 Die Pflicht zum Interessenausgleichsverfahren trifft den **Rechtsträger des Betriebs**, in dem die geplante Betriebsänderung durchgeführt werden soll; er ist »**Unternehmer« i. S. d. § 112 Abs. 1 Satz 1**. Das gilt auch bei abhängigen Konzerngesellschaften. Der Interessenausgleich ist von diesen und nicht etwa von der Konzernobergesellschaft zu versuchen (*BAG* 15.01.1991 EzA § 303 AktG Nr. 1 S. 8 *[Belling/v. Steinau-Steinrück]* = AP Nr. 21 zu § 113 BetrVG Bl. 3 f. sowie *Tomicic* Interessenausgleich und Sozialplan im Konzern, S. 35 ff.).

70 Auf **Seiten des Unternehmers** ist diejenige Person zum Abschluss des Interessenausgleichs berechtigt, die mit der Rechtsmacht ausgestattet ist, Rechtsgeschäfte mit Wirkung für und gegen das Unternehmen abzuschließen (*Hess/HWGNRH* § 112 Rn. 47). Neben der gesetzlichen Vertretung umfasst sowohl die **Prokura** (§ 49 HGB) als auch die **Handlungsvollmacht** (§ 54 HGB) den Abschluss eines Interessenausgleichs. Eine ausschließlich für den Abschluss des Interessenausgleichs erteilte rechtsgeschäftliche **Vollmacht** genügt jedoch ebenfalls.

71 Wird über den Rechtsträger des Unternehmens ein Insolvenzverfahren eröffnet, dann tritt gemäß § 80 InsO der **Insolvenzverwalter** an dessen Stelle (*Richardi/Annuß* § 112 Rn. 34), seine Abschlusskompetenz bestätigen indirekt die §§ 121, 122 InsO. Für den **vorläufigen Insolvenzverwalter** gilt entsprechendes, wenn das Insolvenzgericht über den Schuldner ein **allgemeines Verfügungsverbot** verhängt hat (§ 22 Abs. 1 Satz 1 InsO; s. statt aller *Berscheid* FS Hanau, S. 701 [720] m. w. N.). Demgegenüber entzieht die **Anordnung eines Zustimmungsvorbehalts** zugunsten des vorläufigen Insolvenzverwalters (§ 21 Abs. 2 Nr. 2 2. Alt. InsO) dem Unternehmer nicht die Rechtsmacht zum Abschluss eines Interessenausgleichs (*LAG Hamm* 22.05.2002 NZA-RR 2003, 378 [378 f.]; *Berscheid* FS Hanau, S. 701 [721 ff.]; wohl auch *Hohenstatt/Willemsen/HWK* § 112 BetrVG Rn. 15). Fehlt in diesem Fall die Zustimmung des vorläufigen Insolvenzverwalters, dann gelten die §§ 81, 82 InsO entsprechend (§ 24 Abs. 1 InsO), insbesondere sind Verfügungen über die Insolvenzmasse unwirksam (§ 81 Abs. 1 Satz 1 InsO). Unterbleibt die Anordnung eines Zustimmungsvorbehalts und sieht das Insol-

venzgericht auch von der Auferlegung eines allgemeinen Verfügungsverbots ab, dann bestimmt sich der Umfang der Verfügungsmacht des Unternehmers nach den Anordnungen des Insolvenzgerichts (§ 22 Abs. 2 Satz 1 InsO).

5. Rechtsnatur des Interessenausgleichs

a) Der Interessenausgleich i. S. d. § 112 Abs. 1 Satz 1

Die Rechtsnatur des nach § 112 Abs. 1 Satz 1 abgeschlossenen Interessenausgleichs ergibt sich einerseits aus seinem Inhalt, andererseits im Umkehrschluss aus der für den Sozialplan in § 112 Abs. 1 Satz 3 angeordneten Rechtswirkung. Da der Interessenausgleich eine Einigung zwischen Betriebsrat und Unternehmer umschreibt, soll es sich bei diesem um einen **Vertrag** handeln (*Fabricius* 6. Aufl., §§ 112, 112a Rn. 22; *Fitting* §§ 112, 112a Rn. 44; *Gamillscheg* II, § 52, 5a [6]; *v. Hoyningen-Huene* Betriebsverfassungsrecht, § 15 III 1; *Matthes* FS *Wlotzke*, S. 393 [396]; *Schaub* FS *Däubler*, S. 347 [347]). Wegen seiner Zugehörigkeit zum kollektiven Arbeitsrecht qualifiziert eine verbreitete Auffassung diesen auch als **Kollektivvertrag besonderer Art** (*BAG* 20.04.1994 EzA § 113 BetrVG 1972 Nr. 22 S. 4 = AP Nr. 27 zu § 113 BetrVG 1972 Bl. 3 = AR-Blattei ES 1470, Entsch. 58 [*Echterhölter*]; *BGH* 15.11.2000 AP Nr. 140 zu § 112 BetrVG 1972 = NJW 2001, 439 [440]; *LAG* München 18.12.2014 – 4 Sa 670/14 – BeckRS 2014, 68368; *Fabricius* 6. Aufl., §§ 112, 112a Rn. 22; *Fitting* §§ 112, 112a Rn. 44; *Friedemann* Verfahren der Einigungsstelle, Rn. 371; *Hess/HWGNRH* § 112 Rn. 15; *Hromadka/Maschmann* Arbeitsrecht 2, § 16 Rn. 616; *Kania*/ErfK §§ 112, 112a BetrVG Rn. 9; *Preis/Bender/WPK* §§ 112, 112a Rn. 16; *Röder/Baeck/JRH* Kap. 28 Rn. 174; *Schaub* FS *Däubler*, S. 347 [348]; *Spirolke*/NK-GA § 112 BetrVG Rn. 18; *Siemes* ZfA 1998, 183 [191 f.]; **a. M.** *BAG* 28.08.1991 EzA § 113 BetrVG 1972 Nr. 21 S. 2 = AP Nr. 2 zu § 85 ArbGG 1979 Bl. 4 R = SAE 1992, 333 [*Schreiber*] = AR-Blattei ES 160.12, Entsch. 162 [*Dütz*]; *Hess/Schlochauer/Glaubitz* § 112 Rn. 12; *Richardi* 7. Aufl., § 112 Rn. 38).

Da das BetrVG als normatives Datum für die Konkretisierung der Rechtsnatur lediglich die Sanktionsregelung in § 113 Abs. 1 und 2 vorgibt, verbieten sich pauschale Lösungen. Der Interessenausgleich begründet zwar ein **kollektivrechtliches Schuldverhältnis**, seine generelle Qualifizierung als »Vertrag« ist vor dem Hintergrund des bürgerlich-rechtlichen Verständnisses aber zweifelhaft. Für diesen ist wegen der Notwendigkeit übereinstimmender Willenserklärungen ein **beiderseitiger Rechtsbindungswillen** konstitutiv. Ob dieser bei einem Interessenausgleich vorliegt, entzieht sich angesichts seines vielgestaltigen Inhalts einer schematischen Betrachtung. Vielmehr ist aus einer **Auslegung** der zu seinem Abschluss führenden Erklärungen unter Berücksichtigung der Umstände des Einzelfalls zu ermitteln, ob sich die Betriebspartner mit dem abgeschlossenen Interessenausgleich rechtlich binden wollten (*Meyer* BB 2001, 882 [884 ff.]; *Richardi/Annuß* § 112 Rn. 45). Wegen seines Zwecks ist dies regelmäßig der Fall (s. u. Rdn. 79; **a. M.** *Richardi/Annuß* § 112 Rn. 46), jedoch nicht zwingend. Allerdings versetzt ein entsprechender Vorbehalt den Unternehmer nicht in die Lage, bei einem Abweichen vom Interessenausgleich die Sanktion des § 113 Abs. 1 und 2 zu vermeiden. Die generalisierende Charakterisierung des Interessenausgleichs als »Vertrag« oder »Kollektivvertrag« steht aufgrund der Nähe zur bürgerlich-rechtlichen Terminologie einer differenzierenden Betrachtung entgegen und sollte deshalb unterbleiben; wegen seiner Offenheit ist der Begriff der »Vereinbarung« vorzugswürdiger.

Grundsätzlich ist der Interessenausgleich **keine Betriebsvereinbarung** (*BGH* 15.11.2000 NJW 2001, 439 [440]; *Fabricius* 6. Aufl., §§ 112, 112a Rn. 22; *Friedemann* Verfahren der Einigungsstelle, Rn. 372; *Grünewald* Interessenausgleich, S. 89 ff.; *Hess/HWGNRH* § 112 Rn. 15; *Hohenstatt/Willemsen/HWK* § 112 BetrVG Rn. 25; *Kamanabrou* Arbeitsrecht, Rn. 2852; *Kania*/ErfK §§ 112, 112a BetrVG Rn. 9; *Preis/Bender/WPK* §§ 112, 112a Rn. 16; *Rieble*/AR §§ 112, 112a BetrVG Rn. 6; *Röder/Baeck/JRH* Kap. 28 Rn. 174; *Schaub* FS *Däubler*, S. 347 [348]; *Schwegler* Schutz der Vereinbarungen, S. 54 ff.; *Steffan*/HaKo §§ 112, 112a Rn. 11; *Willemsen/Hohenstatt* NZA 1997, 345 [347]; **a. M.** *Ohl* Sozialplan, S. 67 f.; s. aber auch Rdn. 75). Da selbst der auf eine *erga omnes*-Wirkung angelegte Sozialplan keine Betriebsvereinbarung ist, sondern § 112 Abs. 1 Satz 3 ihn lediglich in seinen Rechtswirkungen dieser gleichstellt (näher Rdn. 154 ff.), scheidet für den auf eine Wirkung inter partes gerichteten Interessenausgleich per argumentum a majore ad minus erst recht eine Qualifizierung als Betriebsvereinbarung aus.

75 Die in Rdn. 73 und Rdn. 74 befürwortete dogmatische Einordnung des Interessenausgleichs erfährt eine **Durchbrechung**, wenn die Abschlussparteien in diesen zusätzlich **Folgeregelungen** aufnehmen, die zulässiger Inhalt einer Betriebsvereinbarung sind und normative Wirkung entfalten sollen, oder aber auf Regelungen verwiesen wird, die Inhalt eines Sozialplans sein können (s. BAG 14.11.2006 EzA § 112 BetrVG 2001 Nr. 19 Rn. 16 = AP Nr. 181 zu § 112 BetrVG 1972 = RdA 2007, 242 *[Oetker]*). In diesem Fall ist der Interessenausgleich eine **gemischte Vereinbarung**, die einerseits hinsichtlich des Interessenausgleichs im engeren Sinne eine Kollektivvereinbarung besonderer Art ist, andererseits wegen der auf normative Wirkung angelegten Folgebestimmungen die **Rechtsnatur einer Betriebsvereinbarung** aufweist (*BGH* 15.11.2000 NJW 2001, 439 [440]; *LAG Berlin-Brandenburg* 04.06.2010 – 13 Sa 832/10 – BeckRS 2010, 72685; 24.08.2011 – 15 Sa 170/11 – BeckRS 2011, 77539; *Däubler/DKKW* §§ 112, 112a Rn. 27; *Friedemann* Verfahren der Einigungsstelle, Rn. 377; *Grünewald* Interessenausgleich, S. 97 f.; *Küttner* Arbeitsrecht und Arbeitsgerichtsbarkeit, S. 431 [432, 433]; *Matthes*/MünchArbR § 269 Rn. 36; *ders.* FS *Wlotzke*, S. 393 [397]; *ders.* RdA 1999, 178 [180]; *Richardi/Annuß* § 112 Rn. 46; *Steffan*/HaKo §§ 112, 112a Rn. 11; mit Einschränkungen auch *Siemes* ZfA 1998, 183 [188 f.]: nur wenn ein entsprechender Parteiwille vorhanden ist; ferner *Schweibert/WHSS* Kap. C Rn. 202 ff., die eine ausdrückliche Bezeichnung als »Betriebsvereinbarung« fordert; **a. M.** *Röder/Baeck/JRH* Kap. 28 Rn. 180; *Willemsen/Hohenstatt* NZA 1997, 345 [347]; ablehnend dazu *Foldenauer* Norm- und Bindungswirkung, S. 170 ff.). Als Bestimmungen einer Betriebsvereinbarung unterliegen diese den Schranken einer Betriebsvereinbarung, insbesondere gilt für diese der Tarifvorbehalt in § 77 Abs. 3 (*LAG Berlin-Brandenburg* 24.08.2011 – 15 Sa 170/11 – BeckRS 2011, 77539).

76 Im Ergebnis ist dies unstreitig, da auch die Autoren, die eine normative Wirkung des Interessenausgleichs ablehnen, auf die parallel zu diesem bestehende Möglichkeit einer freiwilligen Betriebsvereinbarung hinweisen (*Heither* AR-Blattei SD 530.14.5, Rn. 166; *Löwisch/LK* § 112 Rn. 12; ausführlich *Foldenauer* Norm- und Bindungswirkung, S. 173 ff.). Die rechtsdogmatische Einordnung des Interessenausgleichs darf jedoch nicht davon abhängen, ob zwei getrennte Urkunden die betreffenden Regelungen enthalten oder diese in dem Interessenausgleich in einer Urkunde zusammengefasst sind (*Matthes*/MünchArbR § 269 Rn. 36; *ders.* FS *Wlotzke*, S. 393 [397]; *ders.* RdA 1999, 178 [180]; ebenso *Foldenauer* Norm- und Bindungswirkung, S. 170 ff.; **a. M.** *Molkenbur/Schulte* DB 1995, 269 [271]; *Schweibert/WHSS* Kap. C Rn. 202 ff.: ausdrücklicher Abschluss als Betriebsvereinbarung erforderlich; in dieser Richtung letztlich auch *Röder/Baeck/JRH* Kap. 28 Rn. 180; *Willemsen/Hohenstatt* NZA 1997, 345 [347]). Entscheidend sind der Inhalt der Einigung sowie die gewollten Rechtswirkungen und nicht die äußere Gestalt der Einigung sowie deren formale Behandlung durch die Parteien. Die Zusammenfassung in einer einheitlichen Urkunde erweist sich insbesondere bei inhaltlichen Verzahnungen der Regelungen als sinnvoll und befreit die Abschlussparteien in Grenzfällen von der Notwendigkeit einer präzisen Abgrenzung, so dass ein Abschluss des Interessenausgleichs als »gemischte Vereinbarung« auch der Rechtssicherheit dient.

b) Der besondere Interessenausgleich im Rahmen von § 125 Abs. 1 Satz 1 InsO, § 1 Abs. 5 Satz 1 KSchG und § 323 Abs. 2 UmwG

77 Die dogmatische Einordnung des Interessenausgleichs in Rdn. 73 bis 76 ändert sich nicht dadurch, dass er die Arbeitnehmer, denen gekündigt werden soll (§ 125 Abs. 1 Satz 1 InsO, § 1 Abs. 5 Satz 1 KSchG) oder einem bestimmten Betrieb oder Betriebsteil zuordnet (§ 323 Abs. 2 UmwG), namentlich bezeichnet (ebenso im Grundansatz *Grünewald* Interessenausgleich, S. 118 ff.; *Hamberger* Insolvenzverfahren, S. 238). Trotz seines besonderen Inhalts und der Privilegierungen auf der Rechtsfolgenebene in § 125 Abs. 1 Satz 1 InsO, § 1 Abs. 5 Satz 1 und 2 KSchG und § 323 Abs. 2 UmwG handelt es sich um einen Interessenausgleich i. S. d. § 112 Abs. 1 Satz 1 (s. Rdn. 18, 37). Auch in dieser Konstellation entfaltet er **keine normative Wirkung**.

6. Rechtswirkungen des Interessenausgleichs

a) Der Interessenausgleich i. S. d. § 112 Abs. 1 Satz 1

aa) Bindung des Unternehmers

Der Interessenausgleich bindet den **Unternehmer** regelmäßig, die geplante Betriebsänderung so durchzuführen, wie diese in dem Interessenausgleich festgelegt ist (*LAG München* 30.07.1997 LAGE § 112 BetrVG 1972 Interessenausgleich Nr. 1 S. 3 [kritisch *Gastell/Heilmann* FA 1998, 102, 104]; *Fitting* §§ 112, 112a Rn. 44; *Gamillscheg* II, § 52, 5a [6]; *Heither* AR-Blattei SD 530.14.5, Rn. 165; *Hohenstatt/Willemsen/HWK* § 112 BetrVG Rn. 26; *v. Hoyningen-Huene* Betriebsverfassungsrecht, § 15 III 1; *Matthes* FS *Wlotzke*, S. 393 [396]; *ders.* RdA 1999, 178 [180]; *Molkenbur/Schulte* DB 1995, 269 [271]; *Röder/Baeck/JRH* Kap. 28 Rn. 176; *Römer* Interessenausgleich und Sozialplan, S. 191 f.; *Steffan/HaKo* §§ 112, 112a Rn. 13; **a. M.** *Grünewald* Interessenausgleich, S. 76 ff. sowie *Löwisch* RdA 1989, 216 [217]; *ders./LK* § 112 Rn. 9, der § 113 Abs. 1 und 2 entnehmen will, dass der Unternehmer nicht gehindert sei, sich über den Interessenausgleich hinwegzusetzen).

78

Die Verkürzung des Interessenausgleichs auf eine **Naturalobligation** widerspricht seinem Zweck. Im Interesse einer sozialverträglichen Durchführung der Betriebsänderung will das Gesetz erreichen, dass der Unternehmer bei der Planung einer Betriebsänderung auch die Interessen der Arbeitnehmer berücksichtigt. Wenn es infolgedessen zu einer Einigung mit dem Betriebsrat kommt, dann harmoniert es nicht mit dem Zweck des Interessenausgleichsverfahrens, wenn diese für den Unternehmer unverbindlich wäre. Zudem ist nur bei der Annahme einer Bindungswirkung die Verpflichtung des Unternehmers zum Nachteilsausgleich (§ 113 Abs. 1 und 2) verständlich, wenn er ohne zwingenden Grund von dem Interessenausgleich abweicht, was denknotwendig voraussetzt, dass der Unternehmer an diesen gebunden ist. Eine Aussage darüber, ob der Interessenausgleich einen eigenständigen kollektivrechtlichen Erfüllungsanspruch oder einen Unterlassungsanspruch zugunsten des Betriebsrats begründet, wenn der Unternehmer die Betriebsänderung abweichend von der Einigung im Interessenausgleich durchführt (s. Rdn. 87 ff.), ist hiermit nicht verbunden. Darüber hinaus kann eine Auslegung des Interessenausgleichs ergeben, dass dem Unternehmer hinsichtlich der Durchführung der Betriebsänderung ein Verpflichtungswille fehlt (s. a. Rdn. 73). Bezüglich des »Ob« ist das regelmäßig der Fall, hinsichtlich der Modalitäten ist indes umgekehrt wegen der Einigung mit dem Betriebsrat der Wille des Unternehmers zu vermuten, die Betriebsänderung nur unter Beachtung der im Interessenausgleich enthaltenen Vorgaben durchzuführen.

79

bb) Bindung des Betriebsrats

Das für den Unternehmer in Rdn. 78 f. Ausgeführte gilt umgekehrt auch für den **Betriebsrat**. Er ist ebenfalls an die mit dem Unternehmer getroffene Einigung, insbesondere im Hinblick auf die Modalitäten der Betriebsänderung gebunden (*Friedemann* Verfahren der Einigungsstelle, Rn. 375; *Küttner* Arbeitsrecht und Arbeitsgerichtsbarkeit, S. 431 [433]; *Löwisch/LK* § 112 Rn. 10; *Matthes*/MünchArbR § 269 Rn. 35; *ders.* FS *Wlotzke*, S. 393 [397]; *ders.* RdA 1999, 178 [180]; *Molkenbur/Schulte* DB 1995, 269 [271]; *Rieble*/AR §§ 112, 112a BetrVG Rn. 8; *Röder/Baeck/JRH* Kap. 28 Rn. 177; *Siemes* ZfA 1998, 183 [202 ff.]; *Teubner* BB 1974, 982 [986]). Vor allem ist es ihm im Rahmen späterer Beteiligungsverfahren während der Durchführung der Betriebsänderung (z. B. wegen betriebsbedingter Kündigungen; s. a. Rdn. 92 f.) verwehrt, sich zu seiner im Interessenausgleich bekundeten Zustimmung zu der Betriebsänderung und deren Modalitäten in Widerspruch zu setzen (*Däubler/DKKW* §§ 112, 112a Rn. 25; *Friedemann* Verfahren der Einigungsstelle, Rn. 375; *Löwisch/LK* § 112 Rn. 10; *Matthes*/MünchArbR § 269 Rn. 35; *ders.* RdA 1999, 178 [180]; *Molkenbur/Schulte* DB 1995, 269 [271]; *Preis/Bender/WPK* §§ 112, 112a Rn. 5; *Richardi* 7. Aufl., § 112 Rn. 44; *Siemes* ZfA 1998, 183 [202 ff.]).

80

Die in Rdn. 80 beschriebene Bindung des Betriebsrats ist insbesondere dann relevant, wenn ein Interessenausgleich die Namen der zu kündigenden Arbeitnehmer enthält. Bei einer späteren Anhörung des Betriebsrats nach § 102 Abs. 1 ist ein auf § 102 Abs. 3 gestützter Widerspruch bei unveränderter Sachlage unbeachtlich, da der Betriebsrat mit diesem gegen das Verbot des venire contra factum proprium und damit zugleich gegen das Gebot einer vertrauensvollen Zusammenarbeit (§ 2 Abs. 1) verstößt (allgemein *Weber* Die vertrauensvolle Zusammenarbeit zwischen Arbeitgeber und Betriebsrat ge-

81

mäß § 2 Abs. 1 BetrVG [Diss. Heidelberg], 1989, S. 166 ff.; **a. M.** *Witt* Die betriebsverfassungsrechtliche Kooperationsmaxime und der Grundsatz von Treu und Glauben [Diss. Mannheim], 1987, S. 147 ff., 152 f.: kein Verlust von Beteiligungsrechten aufgrund widersprüchlichen Verhaltens).

cc) Reichweite der Bindungswirkung

82 Die Einigung begründet lediglich eine **Bindung inter partes** (*Fitting* §§ 112, 112a Rn. 46). Sie beschränkt – wie jede andere schuldrechtliche Verpflichtung – nicht die **Rechtsmacht des Unternehmers** zur Vornahme von Rechtsgeschäften, die im Widerspruch zu den Verpflichtungen im Interessenausgleich stehen. Weicht der Unternehmer bei der Durchführung der Betriebsänderung von diesem ab, dann berührt dies grundsätzlich nicht die Rechtswirksamkeit seiner Rechtshandlungen (*Matthes*/MünchArbR § 269 Rn. 37; *Richardi* 7. Aufl., § 112 Rn. 40). Aus diesem Grunde sind nicht nur im Widerspruch zum Interessenausgleich stehende Kaufverträge des Unternehmers mit Dritten rechtswirksam, sondern in gleicher Weise gilt dies für die Kündigung von Arbeitsverhältnissen, die mit den Vorgaben im Interessenausgleich nicht übereinstimmen (*Matthes*/MünchArbR § 269 Rn. 36; *Rumpff*/*Boewer* Wirtschaftliche Angelegenheiten, Kap. I Rn. 20; s. aber auch Rdn. 84).

dd) Rechtsfolgen bei einer Abweichung vom Interessenausgleich

83 Abweichungen des Unternehmers vom Interessenausgleich, die nicht auf einem zwingenden Grund beruhen, sanktioniert das BetrVG durch die Verpflichtung zum **Nachteilsausgleich** (§ 113 Abs. 1 und 2 sowie näher § 113 Rdn. 63 ff.), gegebenenfalls kann der Betriebsrat ein mit dem Interessenausgleich konformes Verhalten des Unternehmers durch ein Verfahren nach **§ 23 Abs. 3** erzwingen. Im Übrigen hängen die Rechtswirkungen des Interessenausgleichs von seinem Inhalt sowie den von dem Willen der Parteien ab.

84 Enthält der Interessenausgleich **Folgeregelungen**, die nach dem übereinstimmenden Willen der Parteien **normative Wirkungen** für die Arbeitsverhältnisse entfalten sollen, dann handelt es sich bei diesem Teil der Einigung um eine Betriebsvereinbarung (s. Rdn. 75). Den hiervon begünstigten Arbeitnehmern steht wegen § 77 Abs. 4 ein unmittelbarer Anspruch auf Erfüllung gegen den Unternehmer (Arbeitgeber) zu. In diesem Fall kann auch seine Rechtsmacht beschränkt sein, Kündigungen aus Anlass der Betriebsänderung zu erklären (*Matthes* FS *Wlotzke*, S. 393 [397]; *ders.* RdA 1999, 178 [180 f.]).

85 Ob der Interessenausgleich ein den einzelnen Arbeitnehmer begünstigendes **Kündigungsverbot** enthält, ist im Wege der Auslegung zu klären (*v. Hoyningen-Huene* Betriebsverfassungsrecht, § 15 III 1). Für ein unmittelbar zugunsten der Arbeitnehmer wirkendes Kündigungsverbot müssen dem Interessenausgleich deutliche Anhaltspunkte zu entnehmen sein, die wegen des Schriftformerfordernisses in dessen Wortlaut einen Anklang gefunden haben müssen. Listet ein Interessenausgleich die Namen der zu entlassenden Arbeitnehmer auf (§ 125 Abs. 1 InsO, § 1 Abs. 5 Satz 1 KSchG), so folgt hieraus noch nicht, dass dieser zugunsten der nicht genannten Arbeitnehmer ein Kündigungsverbot begründet (*Küttner* Arbeitsrecht und Arbeitsgerichtsbarkeit, S. 431 [435]; **a. M.** *Kania*/ErfK §§ 112, 112a BetrVG Rn. 9 a. E.). Anders ist bei einer sog. Negativliste zu entscheiden (**a. M.** *Hohenstatt* NZA 1998, 846 [853]), die für sich allein aber nicht die Privilegierung des § 125 Abs. 1 Satz 1 InsO bzw. § 1 Abs. 5 Satz 1 und 2 KSchG auslöst (s. Rdn. 28).

86 Steht eine nach § 99 Abs. 1 Satz 1 **beteiligungspflichtige Einzelmaßnahme** (z. B. Versetzung) im Widerspruch zu dem Inhalt eines Interessenausgleichs, so begründet dies für den Betriebsrat ein Zustimmungsverweigerungsrecht i. S. d. **§ 99 Abs. 2 Nr. 1** (*Matthes*/MünchArbR § 269 Rn. 36; *ders.* FS *Wlotzke*, S. 393 [397 f.]; *ders.* RdA 1999, 178 [181]; *Richardi* 7. Aufl., § 112 Rn. 42). Zwar nennt § 99 Abs. 2 Nr. 1 nur die »Betriebsvereinbarung«, wegen der verbindlichen Wirkung des Interessenausgleichs (s. Rdn. 79, 80) ist die Norm aber analog anzuwenden. Denkbar ist auch, dass der Interessenausgleich im Hinblick auf geplante Versetzungen oder Kündigungen eine **Richtlinie i. S. d. § 95** enthält (*Däubler*/DKKW §§ 112, 112a Rn. 21; *Kania*/ErfK §§ 112, 112a BetrVG Rn. 1; *Matthes*/MünchArbR § 269 Rn. 11). Verstoßen personelle Einzelmaßnahmen zur Durchführung der Betriebsänderung gegen derartige Vorgaben in einem Interessenausgleich, kann der Betriebsrat seine Zustimmung nach § 99 Abs. 2 Nr. 2 verweigern (*Richardi* 7. Aufl., § 112 Rn. 42) oder einer ordentlichen Kündigung nach § 102 Abs. 3 Nr. 2 widersprechen.

Ob der Interessenausgleich einen **kollektivrechtlichen Erfüllungsanspruch** zugunsten des Betriebsrats begründet, wird kontrovers diskutiert. Das **BAG** lehnt diesen wegen den Sanktionsbestimmungen in § 113 Abs. 1 und 2 ab (*BAG* 28.08.1991 EzA § 113 BetrVG 1972 Nr. 21 S. 2 = AP Nr. 2 zu § 85 ArbGG 1979 Bl. 4 R = SAE 1992, 333 [*Schreiber*] = AR-Blattei ES 160.12, Entsch. 162 [*Dütz*]; ebenso in der Rechtsprechung der Instanzgerichte *LAG Düsseldorf* 16.12.1996 LAGE § 112 BetrVG 1972 Nr. 41 S. 2 ff.; **a. M.** *LAG München* 30.07.1997 LAGE § 112 BetrVG 1972 Interessenausgleich Nr. 1 S. 2 ff. [kritisch *Gastell/Heilmann* FA 1998, 102 [104]]). 87

Das **Schrifttum** stimmt der Rechtsprechung des Bundesarbeitsgerichts überwiegend zu (*Bauer* DB 1994, 217 [273]; *Etzel* Rn. 1017; *Fabricius* 6. Aufl., §§ 112, 112a Rn. 22; *Foldenauer* Norm- und Bindungswirkung, S. 195 ff.; *Grünewald* Interessenausgleich, S. 98 ff.; *Hess/HWGNRH* § 112 Rn. 16; *Hromadka/Maschmann* Arbeitsrecht 2, § 16 Rn. 616; *Kania*/ErfK §§ 112, 112a BetrVG Rn. 9; *Küttner* Arbeitsrecht und Arbeitsgerichtsbarkeit, S. 431 [433]; *Löwisch/LK* § 112 Rn. 9; *Loritz/ZLH* Arbeitsrecht, § 53 Rn. 29; *Preis/Bender/WPK* §§ 112, 112a Rn. 16; *Richardi/Annuß* § 112 Rn. 46; *Rieble*/AR §§ 112, 112a BetrVG Rn. 6; *Röder/Baeck/JRH* Kap. 28 Rn. 176; *Rumpff/Boewer* Wirtschaftliche Angelegenheiten, Kap. I Rn. 21; *Schaub* FS *Däubler*, S. 347 [348]; *Spirolke*/NK-GA § 112 BetrVG Rn. 19; *Stege/Weinspach/Schiefer* §§ 111–113 Rn. 79a; *Willemsen/Hohenstatt* NZA 1997, 345 [348 ff.]; *Zimmer/Hempel* FA 2007, 171 ff.; **a. M.** *Däubler/DKKW* §§ 112, 112a Rn. 24; *Fitting* §§ 112, 112a Rn. 45; *Friedemann* Verfahren der Einigungsstelle, Rn. 375; *Heither* AR-Blattei SD 530.14.5, Rn. 165; *Matthes*/MünchArbR § 269 Rn. 34; *ders.* FS *Wlotzke*, S. 393 [396]; *Molkenbur/Schulte* DB 1995, 269 [271]; *Schwegler* Schutz der Vereinbarungen, S. 57 ff., 59 ff.; *Siemes* ZfA 1998, 183 [198 ff.]; *Steffan*/HaKo §§ 112, 112a Rn. 13; s. a. *Schweibert/WHSS* Kap. C Rn. 206 ff.). 88

Im Grundsatz ist dem *BAG* zu folgen. Aus der Systematik der §§ 111 bis 113 ergibt sich, dass der Unternehmer bei einer Abweichung von den Vorgaben des Interessenausgleichs verpflichtet ist, den wirtschaftlichen Nachteil, der infolgedessen bei den von der Abweichung betroffenen Arbeitnehmern eintritt, auszugleichen. Dieses speziellen Nachteilsausgleichs hätte es nicht bedurft, wenn dem Betriebsrat ein eigenständiger Anspruch auf Erfüllung des Interessenausgleichs zustünde (*LAG Düsseldorf* 16.12.1996 LAGE § 112 BetrVG 1972 Nr. 41 S. 3 f.; *Meyer* BB 2001, 882 [885]; *Preis/Bender/WPK* §§ 112, 112a Rn. 16; *Willemsen/Hohenstatt* NZA 1997, 345 [348 f.]; **a. M.** *LAG München* 30.07.1997 LAGE § 112 BetrVG 1972 Interessenausgleich Nr. 1 S. 3 f.; *Molkenbur/Schulte* DB 1995, 269 [270]; *Schwegler* Schutz der Vereinbarungen, S. 59 ff.; *Siemes* ZfA 1998, 183 [198 ff.]; *Steffan*/HaKo §§ 112, 112a Rn. 13). Die generelle Bejahung eines kollektivrechtlichen Erfüllungsanspruchs widerspricht ferner dem Vorbehalt für den Nachteilsausgleich, dass dieser nicht geschuldet ist, wenn sich der Unternehmer für die Abweichung von dem Interessenausgleich auf einen zwingenden Grund stützen kann. Deshalb steht dem Betriebsrat – vorbehaltlich der Ausnahme in Rdn. 90 – weder ein Anspruch auf Erfüllung zu, noch kann er – gestützt auf den Interessenausgleich – von dem Unternehmer die Unterlassung von Maßnahmen verlangen, die den Festlegungen im Interessenausgleich widersprechen. Dem Betriebsrat verbleibt jedoch die Möglichkeit, ein Verfahren nach § 23 Abs. 3 einzuleiten. 89

Die auf die Systematik des Gesetzes gestützte Argumentation in Rdn. 89 beschränkt nicht die **Vereinbarungsbefugnis** von Betriebsrat und Unternehmer (*Kania*/ErfK §§ 112, 112a BetrVG Rn. 9; *Preis/Bender/WPK* §§ 112, 112a Rn. 16; **a. M.** *Richardi/Annuß* § 112 Rn. 45; *Rieble*/AR §§ 112, 112a BetrVG Rn. 6). Auch § 113 liefert keine Anhaltspunkte dafür, dass er den Parteien im Rahmen eines Interessenausgleichs untersagt, einen eigenständigen Erfüllungsanspruch zugunsten des Betriebsrats zu schaffen. Angesichts fehlender verbindlicher gesetzlicher Vorgaben weist deshalb erst eine **Auslegung des Interessenausgleichs** den Weg zu einer sachgerechten Problemlösung (*v. Hoyningen-Huene* Betriebsverfassungsrecht, § 15 III 1; zust. *Kamanabrou* Arbeitsrecht, Rn. 2852; der Sache nach auch *Schweibert/WHSS* Kap. C Rn. 206 ff.). Wegen der Systematik des Gesetzes müssen dem Interessenausgleich für ein derartiges Auslegungsergebnis jedoch eindeutige Hinweise dafür zu entnehmen sein, dass dieser zugunsten des Betriebsrats einen Anspruch auf Erfüllung begründen soll (zust. *Preis/Bender/WPK* §§ 112, 112a Rn. 16 sowie *Fitting* §§ 112, 112a Rn. 45: ausdrückliche Vereinbarung der Bindungswirkung als Empfehlung; i. d. S. auch *Spirolke*/NK-GA § 112 BetrVG Rn. 19, der für eine Bindungswirkung eine »ausdrückliche Vereinbarung« fordert; gegen eine auf den Einzelfall bezogene Differenzierung *Schwegler* Schutz der Vereinbarungen, S. 81 f.). Es ist darüber hinaus im Wege der Auslegung zu ermitteln, ob der Betriebsrat von dem Unternehmer die Vornahme bestimm- 90

§§ 112, 112a   IV. 6. 1. Betriebsänderungen

ter Handlungen verlangen kann. Bezüglich der Betriebsänderung als solcher enthält der Interessenausgleich regelmäßig keinen Anspruch auf deren Durchführung.

91 Lassen sich dem Interessenausgleich keine Anhaltspunkte für einen Erfüllungsanspruch des Betriebsrats entnehmen (s. Rdn. 90), dann bildet dieser weder die Grundlage für einen **vollstreckbaren Titel** (*Richardi/Annuß* § 112 Rn. 47; *Weiss/Weyand* § 112 Rn. 3) noch kann der Betriebsrat durch eine **einstweilige Verfügung** die Einhaltung des Interessenausgleichs erzwingen (*BAG* 28.08.1991 EzA § 113 BetrVG 1972 Nr. 21 S. 2 = AP Nr. 2 zu § 85 ArbGG 1979 Bl. 4 R = SAE 1992, 333 *[Schreiber]* = AR-Blattei ES 160.12, Entsch. 162 *[Dütz]*; *Preis/Bender/WPK* §§ 112, 112a Rn. 16; *Richardi/Annuß* § 112 Rn. 47).

ee) Beteiligungsrechte bei Durchführung der Betriebsänderung und Interessenausgleich

92 Von dem Unternehmer geplante Betriebsänderungen lösen regelmäßig nicht nur die Beteiligungsrechte nach den §§ 111, 112 aus. Häufig verwirklicht deren konkrete Durchführung auch den **Tatbestand anderer Beteiligungsrechte**, insbesondere das Zustimmungserfordernis zu **Versetzungen** (§ 99) und die Anhörungspflicht vor **Kündigungen** (§ 102). Diese sind unabhängig von dem abgeschlossenen Interessenausgleich zu beachten (*Fitting* §§ 112, 112a Rn. 8; *Preis/Bender/WPK* §§ 112, 112a Rn. 5; *Schaub* FS *Däubler*, S. 347 [349]). Entsprechendes gilt für die Durchführung des Konsultationsverfahrens nach § 17 Abs. 2 KSchG bei **Massenentlassungen** (s. § 111 Rdn. 291 ff.).

93 Das gilt auch, wenn ein Interessenausgleich die **Namen der zu entlassenden Arbeitnehmer** enthält; dieser entbindet den Arbeitgeber grundsätzlich nicht, den Betriebsrat vor Ausspruch der Kündigungen nach § **102 Abs. 1** anzuhören (*BAG* 20.05.1999 EzA § 102 BetrVG 1972 Nr. 101 S. 3 f. = AP Nr. 4 zu § 1 KSchG 1969 Namensliste Bl. 2 R f.; 20.05.1999 EzA § 102 BetrVG 1972 Nr. 102 S. 4 = AP Nr. 5 zu § 1 KSchG 1969 Namensliste Bl. 2 f.; 28.08.2003 EzA § 102 BetrVG 2001 Nr. 4 S. 5 f. = AP Nr. 134 zu § 102 BetrVG 1972 Bl. 2 R f. = SAE 2005, 45 *[Leipold]*; 22.01.2004 EzA § 1 KSchG Interessenausgleich Nr. 11 S. 16 = AP Nr. 1 zu § 112 BetrVG 1972 Namensliste Bl. 7 R; 05.11.2009 EzA § 1 KSchG Interessenausgleich Nr. 20 Rn. 37 = AP Nr. 138 zu § 1 KSchG 1969 Betriebsbedingte Kündigung = NZA 2010, 457; 28.06.2012 EzA § 125 InsO Nr. 7 Rn. 63 = AP Nr. 9 zu § 125 InsO = NZA 2012, 1090; 17.03.2016 EzA § 1 KSchG Interessenausgleich Nr. 26 Rn. 15 = AP Nr. 26 zu § 1 KSchG 1969 Namensliste = NZA 2016, 1072; *LAG Düsseldorf* 25.02.1998 LAGE § 1 KSchG Interessenausgleich Nr. 9 S. 2 f.; 21.04.1998 LAGE § 102 BetrVG 1972 Nr. 69 S. 1 ff.; *LAG Hamm* 06.07.2000 DZWIR 2001, 107 [109]; 22.05.2002 NZA-RR 2003, 296 [298 f.]; 01.04.2004 LAGR 2005, 21 [24]; *LAG Rheinland-Pfalz* 08.12.2006 – 8 Sa 534/06 – BeckRS 2007, 44495; 18.10.2007 NZA-RR 2008, 356; *Berscheid* MDR 1998, 942 [944]; *Bütefisch* Die Sozialauswahl [Diss. Hagen], 2000, S. 477 ff.; *Fischermeier* NZA 1997, 1089 [1100]; *Fitting* §§ 112, 112a Rn. 59; *Gaul* BB 2004, 2686 [2691]; *Kohte* BB 1998, 946 [950]; *Künzl/APS* § 125 InsO Rn. 32a; *Rinke* NZA 1998, 77 [86]; *Röder/Baeck/JRH* Kap. 28 Rn. 220; *Schiefer* NZA 1997, 915 [918]; *Zwanziger* AuR 1997, 427 [432]; **a. M.** *Giesen* ZfA 1997, 145 [175]; *Küttner* Arbeitsrecht und Arbeitsgerichtsbarkeit, S. 431 [446]; *Matthes* DB 1972, 286 [291]; *Schrader* NZA 1997, 70 [75]).

94 Der Umfang der nach § 102 Abs. 1 Satz 2 mitzuteilenden Tatsachen kann jedoch aufgrund der zuvor durchgeführten Verhandlungen um einen Interessenausgleich geringer sein, da Vorkenntnisse des Betriebsrats dazu führen, dass die entsprechenden Tatsachen bei einem späteren Beteiligungsverfahren nicht erneut mitgeteilt werden müssen (*BAG* 20.05.1999 EzA § 102 BetrVG 1972 Nr. 102 S. 5 f. = AP Nr. 5 zu § 1 KSchG 1969 Namensliste Bl. 3 f.; 28.08.2003 EzA § 102 BetrVG 2001 Nr. 4 S. 7 f. = AP Nr. 134 zu § 102 BetrVG 1972 Bl. 3 R f. = SAE 2005, 45 *[Leipold]*; 22.01.2004 EzA § 1 KSchG Interessenausgleich Nr. 11 S. 16 f. = AP Nr. 1 zu § 112 BetrVG 1972 Namensliste Bl. 7 R; 28.06.2012 EzA § 125 InsO Nr. 7 Rn. 63 = AP Nr. 9 zu § 125 InsO = NZA 2012, 1090; *LAG Hamm* 06.07.2000 DZWIR 2001, 107 [110]; *LAG Rheinland-Pfalz* 01.04.2004 ArbRB 2005, 81 f.; *Gaul* BB 2004, 2686 [2691]; *Künzl/APS* § 125 InsO Rn. 32a). Allerdings lässt die Aufnahme eines Arbeitnehmers in die Namensliste nicht den Rückschluss zu, der Arbeitgeber habe hierdurch seinen im Verfahren nach § 102 Abs. 1 zu leistenden Informationen ausreichend genügt (*LAG Rheinland-Pfalz* 08.12.2006 – 8 Sa 534/06 – BeckRS 2007, 44495; s. a. *LAG Rheinland-Pfalz* 24.08.2006 – 11 Sa 305/06 – BeckRS 2007, 45666).

Die grundsätzliche Notwendigkeit einer erneuten Beteiligung des Betriebsrats vor Durchführung 95
einer personellen Einzelmaßnahme schließt jedoch nicht aus, das jeweilige Beteiligungsverfahren **bereits im Rahmen des Interessenausgleichsverfahrens durchzuführen** (*BAG* 20.05.1999 EzA
§ 102 BetrVG 1972 Nr. 102 S. 4 = AP Nr. 5 zu § 1 KSchG 1969 Namensliste Bl. 2 R; 28.06.2012
EzA § 125 InsO Nr. 7 Rn. 63 = AP Nr. 9 zu § 125 InsO = NZA 2012, 1090; *LAG Berlin-Brandenburg*
03.06.2010 LAGE § 6 KSchG Nr. 5; *LAG Düsseldorf* 14.12.2010 LAGE § 1 KSchG Interessenausgleich Nr. 19; *LAG Hamm* 06.07.2000 DZWIR 2001, 107 [109 f.]; 04.06.2002 NZA-RR 2003, 293 [298 f.]; 01.04.2004 LAGR 2005, 21 [24]; *LAG Rheinland-Pfalz* 08.12.2006 – 8 Sa 534/06 – BeckRS 2007, 44495; *Bauer* DB 1994, 217 [223] sowie bereits *Teubner* BB 1974, 982 [986]). Soll ein Interessenausgleich dies dokumentieren, dann bedarf es **eindeutiger Anhaltspunkte**, insbesondere muss der Arbeitgeber bei der Einleitung des Interessenausgleichsverfahrens deutlich klarstellen, dass er zugleich das Beteiligungsverfahren zu den geplanten personellen Einzelmaßnahmen durchführen will (*BAG* 20.05.1999 EzA § 102 BetrVG 1972 Nr. 102 S. 4 f. = AP Nr. 5 zu § 1 KSchG 1969 Namensliste Bl. 2 R; 28.06.2012 EzA § 125 InsO Nr. 7 Rn. 63 = AP Nr. 9 zu § 125 InsO = NZA 2012, 1090; *LAG Hamm* 04.06.2002 NZA-RR 2003, 293 [298 f.]; 01.04.2004 LAGR 2005, 21 [24 f.]). Der alleinige Abschluss des Interessenausgleichs und das hierin liegende Einvernehmen mit der Betriebsänderung beinhaltet vorbehaltlich abweichender Anhaltspunkte nicht das Einverständnis des Betriebsrats mit den zur Durchführung der Betriebsänderung vollzogenen Einzelmaßnahmen.

Die Vereinbarung eines Interessenausgleichs lässt die **Konsultationspflichten** nach **§ 17 Abs. 2** 96
Satz 1 KSchG selbst dann unberührt, wenn dieser eine Namensliste enthält (*BAG* 18.01.2012 EzA
§ 6 KSchG Nr. 4 Rn. 33 = AP Nr. 6 zu § 6 KSchG 1969 = NZA 2012, 817). Trotz Abschlusses eines Interessenausgleichs hat der Arbeitgeber den Betriebsrat nach § 17 Abs. 2 Satz 1 KSchG schriftlich zu unterrichten und dies im Rahmen seiner Anzeige bei der Agentur für Arbeit zu dokumentieren. Lediglich die nach § 17 Abs. 3 Satz 2 KSchG beizufügende Stellungnahme des Betriebsrats kann durch eine Vorlage des Interessenausgleichs ersetzt werden (*BAG* 18.01.2012 EzA § 6 KSchG Nr. 4 Rn. 39 = AP Nr. 6 zu § 6 KSchG 1969 = NZA 2012, 817; nachfolgend auch *BAG* 22.11.2012 EzA § 17 KSchG Nr. 28 Rn. 17 = AP Nr. 42 zu § 17 KSchG 1969 = NZA 2013, 845; s. näher *Moll/Katerndahl* RdA 2013, 159 [163 ff.]). In § 125 Abs. 2 InsO und § 1 Abs. 5 Satz 4 KSchG ist dies ausdrücklich festgehalten, gilt aber auch im Übrigen, insbesondere wenn der Interessenausgleich keine Namensliste beinhaltet. Enthält der Interessenausgleich eine Namensliste, dann kann der Arbeitgeber nach § 1 Abs. 5 Satz 4 KSchG und § 125 Abs. 2 InsO sogar gänzlich davon absehen, der Anzeige gegenüber der Agentur für Arbeit eine ausdrückliche Stellungnahme des Betriebsrats beizufügen (*BAG* 22.11.2012 EzA § 17 KSchG Nr. 28 Rn. 18 = AP Nr. 42 zu § 17 KSchG 1969 = NZA 2013, 845; *Moll/Katerndahl* RdA 2013, 159 [162 f.]; s. näher § 111 Rdn. 291 ff.).

b) Privilegierungen des Interessenausgleichs durch § 125 Abs. 1 InsO und § 1 Abs. 5 KSchG

aa) Vermutung der Betriebsbedingtheit ordentlicher Kündigungen (§ 125 Abs. 1 Satz 1 Nr. 1 InsO, § 1 Abs. 5 Satz 2 KSchG)

Bezeichnet ein Interessenausgleich die zu kündigenden Arbeitnehmer namentlich, so ist nach § 125 97
Abs. 1 Satz 1 Nr. 1 InsO zu vermuten, dass deren ordentliche Kündigung durch **dringende betriebliche Erfordernisse** i. S. d. § 1 Abs. 2 Satz 1 KSchG bzw. § 2 KSchG bedingt ist. Anders als § 1 Abs. 5 KSchG, der die Vermutungswirkung auf sämtliche Voraussetzungen einer betriebsbedingten Kündigung nach § 1 Abs. 2 erstreckt (zum Nichtvorliegen einer anderweitigen Beschäftigungsmöglichkeit *BAG* 19.07.2012 EzA § 1 KSchG Interessenausgleich Nr. 24 Rn. 35 = AP Nr. 23 zu § 1 KSchG Namensliste = NZA 2013, 333; *LAG Mecklenburg-Vorpommern* 24.02.2015 – 2 Sa 218/14 – BeckRS 2015, 70991), bezieht sich § 125 Abs. 1 Satz 1 Nr. 1 InsO nur auf § 1 Abs. 2 Satz 1 KSchG.

Da **§ 125 Abs. 1 Satz 1 InsO** die Vermutung lediglich auf die fehlende Möglichkeit zur Weiterbe- 98
schäftigung »in diesem Betrieb« beschränkt, nehmen Teile des Schrifttums an, der Insolvenzverwalter habe unverändert darzulegen und zu beweisen, dass der gekündigte Arbeitnehmer auch in einem **anderen Betrieb des Unternehmens** nicht weiterbeschäftigt werden kann (*Däubler/DKKW* § 125 InsO Rn. 15; *Fischermeier* NZA 1997, 1089 [1096 f.]; *Hohenstatt* NZA 1998, 846 [851]; *Kiel/Koch* Die betriebsbedingte Kündigung, 2000, Rn. 509; wohl auch *Hamacher* in: *Nerlich/Römermann* InsO,

§ 125 Rn. 40 f.). Andererseits steht die Möglichkeit der Weiterbeschäftigung in einem anderen Betrieb des Unternehmens wegen des Verhältnismäßigkeitsgrundsatzes auch außerhalb des § 1 Abs. 2 Satz 2 KSchG der sozialen Rechtfertigung der Kündigung entgegen (*BAG* 17.05.1984 EzA § 1 KSchG Betriebsbedingte Kündigung Nr. 32 = AP Nr. 21 zu § 1 KSchG 1969 Betriebsbedingte Kündigung = SAE 1986, 273 *[Schulin]*). Mit der Übernahme des Wortlauts des § 1 Abs. 2 Satz 1 KSchG hat der Gesetzgeber auf dieses normative Verständnis Bezug genommen (*Reg. Begr.* BT-Drucks. 12/2443, S. 149), so dass nach § 125 Abs. 1 Satz 1 Nr. 1 InsO auch zu vermuten ist, dass für den gekündigten Arbeitnehmer in einem anderen Betrieb des Unternehmens ebenfalls keine Weiterbeschäftigungsmöglichkeit besteht (*Caspers* Personalabbau, Rn. 171; *ders.*/MK-InsO § 125 Rn. 86; *Gallner*/ErfK § 125 InsO Rn. 7; *Künzl*/APS § 125 InsO Rn. 24; *Lakies* RdA 1997, 145 [150]; *ders.* BB 1999, 206 [207 f.]; *Weigand*/KR § 125 InsO Rn. 16; *Zeuner* FS *Zöllner*, S. 1011 [1021 Fn. 16]; *Zwinkmann* Interessenausgleich, S. 202 ff.; für den Regelfall ebenso *BAG* 20.09.2012 EzA § 125 InsO Nr. 8 Rn. 53 ff. = AP Nr. 10 zu § 125 InsO = NZA 2013, 797, sofern keine Anhaltspunkte erkennbar sind, dass sich die Betriebspartner bei den Verhandlungen über den Interessenausgleich nicht mit Beschäftigungsmöglichkeiten in anderen Betrieben des Unternehmens befasst haben).

99 Durch § 125 Abs. 1 Satz 1 Nr. 1 InsO und § 1 Abs. 5 Satz 1 KSchG wird eine **gesetzliche Vermutung** i. S. d. § 292 ZPO begründet (zu **§ 125 InsO**: *LAG Hamm* 06.07.2000 DZWIR 2001, 107 [112]; *Braun/Wolf* InsO, § 125 Rn. 10; *Caspers* Personalabbau, Rn. 171; *ders.*/MK-InsO, § 125 Rn. 85; *Eisenbeis*/FK-InsO, § 125 Rn. 7; *Hamacher* in: *Nerlich/Römermann* InsO, § 125 Rn. 35; *Hohenstatt* NZA 1998, 846 [851]; *Irschlinger*/HK-InsO, § 125 Rn. 11; *Künzl*/APS § 125 InsO Rn. 22; *Müller* in: *Smid* InsO, § 125 Rn. 7; *Schaub* FS *Däubler*, S. 347 [353]; *Weigand*/KR § 125 InsO Rn. 15; *Zeuner* FS *Zöllner*, S. 1011 [1020]; *Zwinkmann* Interessenausgleich, S. 197; ebenso zu **§ 1 Abs. 5 KSchG** *BAG* 22.01.2004 EzA § 1 KSchG Interessenausgleich Nr. 11 S. 13 = AP Nr. 1 zu § 112 BetrVG 1972 Namensliste Bl. 6; 19.07.2012 EzA § 1 KSchG Interessenausgleich Nr. 24 Rn. 35 = AP Nr. 23 zu § 1 KSchG 1969 Namensliste = NZA 2013, 333; *LAG Rheinland-Pfalz* 18.02.2010 – 10 Sa 407/09 – BeckRS 2010, 68269; 19.05.2015 LAGE § 1 KSchG Betriebsbedingte Kündigung Nr. 100 = BeckRS 2015, 70220; *Griebeling/Rachor*/KR § 1 KSchG Rn. 703l; *Kiel*/APS § 1 KSchG Rn. 728), die den Insolvenzverwalter bzw. den Arbeitgeber von der **Darlegungs- und Beweislast** (§ 1 Abs. 2 Satz 4 KSchG) befreit (zu **§ 125 InsO** *LAG Hamm* 06.07.2000 DZWIR 2001, 107 [112]; *Arend* Personalabbau, S. 100; *Braun/Wolf* InsO, § 125 Rn. 10; *Caspers* Personalabbau, Rn. 170 ff.; *ders.*/MK-InsO, § 125 Rn. 85, 87; *Eisenbeis*/FK-InsO, § 125 Rn. 7; *Gallner*/ErfK § 125 InsO Rn. 8; *Hess* Insolvenzarbeitsrecht, § 125 Rn. 11; *Hohenstatt* NZA 1998, 846 [851]; *Irschlinger*/HK-InsO, § 125 Rn. 11; *Kania* DZWIR 2000, 328 [329]; *Moll* in: *Kübler/Prütting/Bork* InsO, § 125 Rn. 50; *Richardi/Annuß* Anh. zu § 113 Rn. 25; *Schaub* DB 1999, 217 [222]; *Schrader* NZA 1999, 70 [74]; *Warrikoff* BB 1994, 2338 [2341]; *Weigand*/KR § 125 InsO Rn. 19 f.; ebenso zu **§ 1 Abs. 5 KSchG** *BAG* 22.01.2004 EzA § 1 KSchG Interessenausgleich Nr. 11 S. 13 = AP Nr. 1 zu § 112 BetrVG 1972 Namensliste Bl. 6 f.; 12.03.2009 EzA § 1 KSchG Interessenausgleich Nr. 17 Rn. 23 = AP Nr. 97 zu § 1 KSchG Soziale Auswahl Nr. 97 = NZA 2009, 1023; 15.12.2011 EzA § 1 KSchG Soziale Auswahl Nr. 84 Rn. 17 = AP Nr. 21 zu § 1 KSchG 1969 Namensliste = NZA 2012, 1044; *Griebeling/Rachor*/KR § 1 KSchG Rn. 703n; *Kiel*/APS § 1 KSchG Rn. 728).

100 Hat der Insolvenzverwalter bzw. **Arbeitgeber** einen wirksamen Interessenausgleich i. S. d. § 125 Abs. 1 InsO oder § 1 Abs. 5 KSchG und damit die tatbestandlichen Voraussetzungen der **Vermutungsbasis** dargelegt und gegebenenfalls bewiesen (*BAG* 06.12.2001 EzA § 1 KSchG Interessenausgleich Nr. 9 S. 7; 12.05.2010 EzA § 1 KSchG Interessenausgleich Nr. 21 Rn. 15 = AP Nr. 20 zu § 1 KSchG 1969 Namensliste = NZA 2011, 114; *LAG Düsseldorf* 23.01.2003 LAGE § 125 InsO Nr. 3 S. 9; *LAG Hamm* 06.07.2000 DZWIR 2001, 107 [111]; 22.05.2002 NZA-RR 2003, 296 [297]; *Hamberger* Insolvenzverfahren, S. 241; **a. M.** *Künzl*/APS § 125 InsO Rn. 22a: Darlegungs- und Beweislast bezüglich des nicht wirksamen Zustandekommens soll der Arbeitnehmer tragen), dann obliegt dem **Arbeitnehmer** der **Beweis des Gegenteils**, d. h. er muss darlegen und beweisen, dass die Kündigung nicht auf betriebsbedingten Gründen beruht (zu **§ 125 InsO** *BAG* 24.10.2013 EzA § 125 InsO Nr. 11 Rn. 23 = AP Nr. 12 zu § 125 InsO = NZA 2014, 46; 19.12.2013 EzA § 125 InsO Nr. 12 Rn. 19 = AP Nr. 13 zu § 125 InsO = NZA-RR 2014, 185; *LAG Hamm* 06.07.2000 DZWIR 2001, 107 [112]; 22.05.2002 NZA-RR 2003, 296 [298]; *Braun/Wolf* InsO, § 125 Rn. 10; *Caspers*/MK-InsO, § 125 Rn. 87; *Eisenbeis*/FK-InsO, § 125 Rn. 7; *Gallner*/ErfK § 125 InsO Rn. 8; *Hamacher* in: *Nerlich/*

Römermann InsO, § 125 Rn. 35; *Hamberger* Insolvenzverfahren, S. 245; *Hohenstatt* NZA 1998, 846 [851]; *Hromadka/Maschmann* Arbeitsrecht 2, § 16 Rn. 617; *Künzl/APS* § 125 InsO Rn. 24; *Küttner* Arbeitsrecht und Arbeitsgerichtsbarkeit, S. 431 [444]; *Richardi/Annuß* Anh. zu § 113 Rn. 25; *Schaub* FS *Däubler*, S. 347 [353]; *Weigand/KR* § 125 InsO Rn. 20; *Zeuner* FS *Zöllner*, S. 1011 [1020]; *Zwinkmann* Interessenausgleich, S. 198; ebenso zu **§ 1 Abs. 5 KSchG**: *BAG* 07.05.1998 EzA § 1 KSchG Interessenausgleich Nr. 5 S. 5 f. *[zust. v. Hoyningen-Huene]* = AP Nr. 94 zu § 1 KSchG 1969 Betriebsbedingte Kündigung Bl. 2 R f. = SAE 1999, 93 *[Büdenbender]*; 24.02.2000 EzA § 1 KSchG Interessenausgleich Nr. 7 S. 8 = AP Nr. 7 zu § 1 KSchG 1969 Namensliste Bl. 5; 22.01.2004 EzA § 1 KSchG Interessenausgleich Nr. 11 S. 13 = AP Nr. 1 zu § 112 BetrVG 1972 Namensliste Bl. 6; 12.03.2009 EzA § 1 KSchG Interessenausgleich Nr. 17 Rn. 23 = AP Nr. 97 zu § 1 KSchG 1969 Soziale Auswahl Nr. 97 = NZA 2009, 1023; 15.12.2011 EzA § 1 KSchG Soziale Auswahl Nr. 84 Rn. 17 = AP Nr. 21 zu § 1 KSchG 1969 Namensliste = NZA 2012, 1044; 19.07.2012 EzA § 1 KSchG Interessenausgleich Nr. 24 Rn. 35 = AP Nr. 23 zu § 1 KSchG 1969 Namensliste = NZA 2013, 333; *LAG Rheinland-Pfalz* 18.02.2010 – 10 Sa 407/09 – BeckRS 2010, 68269; 19.05.2015 LAGE § 1 KSchG Betriebsbedingte Kündigung Nr. 100 = BeckRS 2015, 70220; im Ergebnis auch *Griebeling/Rachor/KR* § 1 KSchG Rn. 703n; *Kiel/APS* § 1 KSchG Rn. 728). Es genügt nicht, wenn der Arbeitnehmer die Betriebsbedingtheit der Kündigung lediglich bestreitet oder deren Tatsachengrundlagen erschüttert (*BAG* 19.07.2012 EzA § 1 KSchG Interessenausgleich Nr. 24 Rn. 35 = AP Nr. 23 zu § 1 KSchG Namensliste = NZA 2013, 333; *LAG Hamm* 06.07.2000 DZWIR 2001, 107 [113]; *Gallner*/ErfK § 125 InsO Rn. 8; *Hamacher* in: Nerlich/Römermann InsO, § 125 Rn. 35; *Hohenstatt* NZA 1998, 846 [851]; *Künzl/APS* § 125 InsO Rn. 24; **a. M.** *Kiel/APS* § 1 KSchG Rn. 729, der eine durch das Bestreiten des Arbeitnehmers ausgelöste sekundäre Behauptungslast des Arbeitgebers befürwortet).

Der teilweise vertretenen Ansicht, § 125 Abs. 1 Satz 1 Nr. 1 InsO kehre lediglich die Beweislast um, lasse hingegen die Darlegungslast des Insolvenzverwalters unberührt (*Zwanziger* Insolvenzordnung, § 125 InsO Rn. 17), ist entgegenzuhalten, dass § 125 Abs. 1 Satz 1 Nr. 1 InsO nicht nur die Betriebsbedingtheit der Kündigung im rechtlichen Sinne, sondern auch hinsichtlich ihrer tatsächlichen Voraussetzungen vermutet (*Ascheid* RdA 1997, 333 [343]; *Caspers*/MK-InsO, § 125 Rn. 80; *Hamacher* in: Nerlich/Römermann InsO, § 125 Rn. 36; *Hohenstatt* NZA 1998, 846 [851 f.]; *Küttner* Arbeitsrecht und Arbeitsgerichtsbarkeit, S. 431 [444]; *Moll* in: Kübler/Prütting/Bork InsO, § 125 Rn. 45). Dies schließt allerdings nicht aus, bei einem konkreten Bestreiten des Arbeitnehmers die **Grundsätze der abgestuften Darlegungs- und Beweislast** anzuwenden (*LAG Rheinland-Pfalz* 18.02.2010 – 10 Sa 407/09 – BeckRS 2010, 68269; 19.05.2015 LAGE § 1 KSchG Betriebsbedingte Kündigung Nr. 100 = BeckRS 2015, 70220; *Hamacher* in: Nerlich/Römermann InsO, § 125 Rn. 36; *Kiel/APS* § 1 KSchG Rn. 729; *Künzl/APS* § 125 InsO Rn. 23; *Moll* in: Kübler/Prütting InsO, § 125 Rn. 50a; *Zeuner* FS *Zöllner*, S. 1011 [1021 ff.]; *Zwinkmann* Interessenausgleich, S. 198 ff.). Zweifel hinsichtlich der Betriebsbedingtheit hat jedoch der Arbeitnehmer zu tragen (*Hamacher* in: Nerlich/Römermann InsO, § 125 Rn. 35; *Lakies* RdA 1997, 145 [150]; *Moll* in: Kübler/Prütting/Bork InsO, § 125 Rn. 50).

bb) Überprüfbarkeit der Sozialauswahl (§ 125 Abs. 1 Satz 1 Nr. 2 InsO, § 1 Abs. 5 Satz 2 KSchG)

Im Hinblick auf das Gebot einer **sozialen Auswahl** (§ 1 Abs. 3 KSchG) berühren § 125 Abs. 1 Satz 1 Nr. 2 InsO und § 1 Abs. 5 Satz 2 KSchG nicht die Verteilung der Darlegungs- und Beweislast im Kündigungsschutzprozess (zu **§ 125 InsO** *Caspers* Personalabbau, Rn. 205; *ders.*/MK-InsO, § 125 Rn. 101; *Eisenbeis*/FK-InsO, § 125 Rn. 9; *Hamacher* in: Nerlich/Römermann InsO, § 125 Rn. 42, 58; *Moll* in: Kübler/Prütting/Bork InsO, § 125 Rn. 87; *Schrader* NZA 1997, 70 [74]; *Warrikoff* BB 1994, 2338 [2342]; *Zeuner* FS *Zöllner*, S. 1011 [1023]; ebenso zu **§ 1 Abs. 5 KSchG**: *BAG* 21.02.2002 EzA § 1 KSchG Interessenausgleich Nr. 10 S. 13; *Griebeling/Rachor*/KR § 1 KSchG Rn. 703p), insbesondere begründen § 125 Abs. 1 Satz 1 Nr. 2 InsO und § 1 Abs. 5 Satz 2 KSchG keine Vermutung zugunsten einer ordnungsgemäßen sozialen Auswahl. Deshalb hat der Arbeitnehmer nach § 1 Abs. 3 Satz 3 KSchG die Tatsachen zu beweisen, aus denen sich die Fehlerhaftigkeit der sozialen Auswahl ergeben soll (*LAG Hamm* 06.07.2000 DZWIR 2001, 107 [114 f.]; 22.05.2002 LAGE § 125 InsO Nr. 4 S. 7 f.; *Bader* NZA 1996, 1125 [1133]; *Giesen* ZfA 1997, 145 [175]; *Kiel/APS* § 1 KSchG Rn. 731).

§§ 112, 112a *IV. 6. 1. Betriebsänderungen*

103 Die Privilegierung des Interessenausgleichs beziehen § 125 Abs. 1 Satz 1 Nr. 2 InsO und § 1 Abs. 5 Satz 2 KSchG in zweierlei Hinsicht auf die gerichtliche Überprüfbarkeit der sozialen Auswahl. Erstens wird das Arbeitsgericht darauf beschränkt, nur die ausreichende **Berücksichtigung der sozialen Grunddaten** zu überprüfen. Im Unterschied zu § 1 Abs. 5 Satz 2 KSchG, der auf § 1 Abs. 3 Satz 1 KSchG und die dortige abschließend gemeinte Aufzählung der Sozialdaten Bezug nimmt, bleibt bei § 125 Abs. 1 Satz 1 Nr. 2 InsO zu beachten, dass die vorgenannte Bestimmung lediglich die gerichtliche Überprüfbarkeit der Sozialauswahl einschränkt, so dass die Parteien des Interessenausgleichs **weitere Gesichtspunkte** in die soziale Auswahl einfließen lassen können, solange sie die vier zur Überprüfung stehenden Kriterien (Dauer der Betriebszugehörigkeit, Lebensalter, Unterhaltspflichten, Schwerbehinderung) noch hinreichend berücksichtigen (*Braun/Wolf* InsO, § 125 Rn. 13; *Bütefisch* Die Sozialauswahl [Diss. Hagen], 2000, S. 450 f.; *Caspers* Personalabbau, Rn. 183; *ders./*MK-InsO, § 125 Rn. 93; *Hamacher* in: *Nerlich/Römermann* InsO, § 125 Rn. 48; *Irschlinger/*HK-InsO, § 125 Rn. 15; *Kiel/Koch* Die betriebsbedingte Kündigung, 2000, Rn. 509; *Moll* in: *Kübler/Prütting/Bork* InsO, § 125 Rn. 57 ff.; *Zwinkmann* Interessenausgleich, S. 128 f.; enger *Gallner/*ErfK § 125 InsO Rn. 12; **a. M.** *Lakies* RdA 1997, 145 [150]; *Richardi/Annuß* Anh. zu § 113 Rn. 26; *Zwanziger* Insolvenzordnung, § 125 Rn. 20).

104 Zweitens führt eine fehlerhafte Gewichtung der in § 125 Abs. 1 Satz 1 Nr. 2 InsO und § 1 Abs. 3 Satz 1 KSchG genannten sozialen Grunddaten nur dann zum Erfolg im Kündigungsschutzverfahren, wenn diese **grob fehlerhaft** ist, d. h. ein evidenter Fehler vorliegt und der Interessenausgleich insbesondere im Hinblick auf die Gewichtung der Kriterien jede Ausgewogenheit vermissen lässt (zu **§ 125 Abs. 1 InsO** BAG 28.08.2003 EzA § 125 InsO Nr. 1 S. 8 = AP Nr. 1 zu § 125 InsO Bl. 4; 17.11.2005 EzA § 125 InsO Nr. 4 S. 9 = AP Nr. 19 zu § 113 InsO Bl. 4 R; 24.10.2013 EzA § 125 InsO Nr. 11 Rn. 26 = AP Nr. 12 zu § 125 InsO = NZA 2014, 46; 19.12.2013 EzA § 125 InsO Nr. 12 Rn. 22 = AP Nr. 13 zu § 125 InsO = NZA-RR 2014, 185; *LAG Hamm* 06.07.2000 DZWIR 2001, 107 [115]; *Bütefisch* Die Sozialauswahl [Diss. Hagen], 2000, S. 460; *Caspers/*MK-InsO, § 125 Rn. 99; *Gallner/*ErfK § 125 InsO Rn. 9; *Hamacher* in: *Nerlich/Römermann* InsO, § 125 Rn. 47; *Hamberger* Insolvenzverfahren, S. 246; *Hohenstatt* NZA 1998, 846 [852]; *Kiel/Koch* Die betriebsbedingte Kündigung, 2000, Rn. 10; *Künzl/APS* § 125 InsO Rn. 25; *Küttner* Arbeitsrecht und Arbeitsgerichtsbarkeit, S. 431 [445]; *Weigand/KR* § 125 InsO Rn. 22; ebenso zu **§ 1 Abs. 5 KSchG** BAG 21.01.1999 EzA § 1 KSchG Soziale Auswahl Nr. 39 S. 5 f. = AP Nr. 3 zu § 1 KSchG 1969 Namensliste Bl. 3 f.; 02.12.1999 EzA § 1 KSchG Soziale Auswahl Nr. 42 S. 5 f. = AP Nr. 45 zu § 1 KSchG 1969 Soziale Auswahl Bl. 2 R f.; 15.12.2011 EzA § 1 KSchG Soziale Auswahl Nr. 84 Rn. 39 = AP Nr. 21 zu § 1 KSchG 1969 Namensliste = NZA 2012, 1044; 19.07.2012 EzA § 1 KSchG Soziale Auswahl Nr. 86 Rn. 34 = NZA 2013, 86; 19.07.2012 EzA § 1 KSchG Interessenausgleich Nr. 24 Rn. 42 = AP Nr. 23 zu § 1 KSchG 1969 Namensliste = NZA 2013, 333; *LAG Berlin* 05.11.2004 AuA 2005, Heft 1, 48 [49]; *LAG Hamm* 22.01.2015 – 17 Sa 1617/14 – BeckRS 2015, 72660; *LAG Rheinland-Pfalz* 19.05.2015 LAGE § 1 KSchG Betriebsbedingte Kündigung Nr. 100 = BeckRS 2015, 70220; *Griebeling/Rachor/*KR § 1 KSchG Rn. 703p; *Kiel/APS* § 1 KSchG Rn. 719). Entsprechendes soll gelten, wenn die Liste der nach dem Interessenausgleich zu kündigenden Arbeitnehmer von dem Auswahlsystem des Interessenausgleichs abweicht (*LAG Berlin* 15.10.2004 AuR 2005, 76 [LS]).

105 Die in Rdn. 103 und Rdn. 104 skizzierte Beschränkung der gerichtlichen Kontrolle ist nicht nur auf die Einbeziehung und Gewichtung der in § 125 Abs. 1 Satz 1 Nr. 1 InsO und § 1 Abs. 3 Satz 1 KSchG aufgezählten **Auswahlkriterien** beschränkt. Ihren Zweck kann die vom Gesetz gewollte Privilegierung nur entfalten, wenn sich diese auf die Sozialauswahl insgesamt erstreckt, wozu auch der in die Auswahlentscheidung **einzubeziehende Personenkreis** zählt. Deshalb kann die Bildung der auswahlrelevanten Gruppen gerichtlich ebenfalls nur auf grobe Fehlerhaftigkeit überprüft werden. Das gilt sowohl für **§ 1 Abs. 5 Satz 2 KSchG** (*BAG* 07.05.1998 EzA § 1 KSchG Interessenausgleich Nr. 5 S. 10 ff. = AP Nr. 94 zu § 1 KSchG 1969 Betriebsbedingte Kündigung Bl. 5 f.; 21.01.1999 EzA § 1 KSchG Soziale Auswahl Nr. 39 = AP Nr. 3 zu § 1 KSchG 1969 Namensliste; 17.11.2005 EzA § 125 InsO Nr. 4 S. 8 = AP Nr. 19 zu § 113 InsO Bl. 4; 19.07.2012 EzA § 1 KSchG Interessenausgleich Nr. 24 Rn. 42 = AP Nr. 23 zu § 1 KSchG 1969 Namensliste = NZA 2013, 333; *LAG Berlin* 05.11.2004 AuA 2005, Heft 1, 48 [49]; *LAG Brandenburg* 13.10.2005 DB 2006, 52 [54]; *LAG Hamm* 22.01.2015 – 17 Sa 1617/14 – BeckRS 2015, 72660; *Griebeling/Rachor/*KR § 1 KSchG Rn. 703o; *Kiel/APS* § 1 KSchG Rn. 718) als auch bei einem Interessenausgleich i. S. v. **§ 125 Abs. 1**

Satz 1 InsO (*BAG* 28.08.2003 EzA § 125 InsO Nr. 1 S. 6 ff. = AP Nr. 1 zu § 125 InsO Bl. 3 f.; 17.11.2005 EzA § 125 InsO Nr. 4 S. 8 f. = AP Nr. 19 zu § 113 InsO Bl. 4; 24.10.2013 EzA § 125 InsO Nr. 11 Rn. 26 = AP Nr. 12 zu § 125 InsO = NZA 2014, 46; 19.12.2013 EzA § 125 InsO Nr. 12 Rn. 22 = AP Nr. 13 zu § 125 InsO = NZA-RR 2014, 185; *LAG Hamm* 22.05.2002 LAGE § 125 InsO Nr. 4 S. 7; *LAG Niedersachsen* 12.04.2002 LAGE § 125 InsO Nr. 2 S. 4 f.; *Sächs. LAG* 09.10.2009 – 2 Sa 720/08 – juris; *Braun/Wolf* InsO, § 125 Rn. 13; *Caspers*/MK-InsO, § 125 Rn. 94; *Hamberger* Insolvenzverfahren, S. 246; *Richardi/Annuß* Anh. zu § 113 Rn. 26; **a. M.** *Liebisch* Die Beteiligung des Betriebsrats an Kündigungen und ihre Auswirkungen auf die kündigungsrechtliche Stellung des Arbeitnehmers [Diss. Freiburg], 2004, S. 211 ff.), wobei sich der eingeschränkte gerichtliche Prüfungsrahmen auch auf die **Herausnahme einzelner Arbeitnehmer aus der Sozialauswahl** nach § 1 Abs. 3 Satz 2 KSchG erstreckt (*BAG* 17.11.2005 EzA § 125 InsO Nr. 4 S. 8 = AP Nr. 19 zu § 113 InsO Bl. 4; *LAG Köln* 10.05.2005 LAGR 2005, 343 [346]; *Kiel*/APS § 1 KSchG Rn. 718). Entsprechendes gilt für den **Betriebsbegriff**, da von diesem die Konkretisierung des auswahlrelevanten Personenkreises abhängt (*BAG* 20.09.2012 EzA § 125 InsO Nr. 9 Rn. 21 = AP Nr. 11 zu § 125 InsO = NZA 2013, 94). Eine »grobe Fehlerhaftigkeit« liegt diesbezüglich nur dann vor, wenn der Betriebsbegriff selbst so deutlich verkannt wurde, dass die Fehlerhaftigkeit »ins Auge springt« (*BAG* 20.09.2012 EzA § 125 InsO Nr. 9 Rn. 21 = AP Nr. 11 zu § 125 InsO = NZA 2013, 94).

Bei einem kündigungsrechtlichen Interessenausgleich im Rahmen eines **Insolvenzverfahrens** beschränkt § 125 Abs. 1 Satz 2 Nr. 2 InsO die Überprüfung der sozialen Auswahl der Arbeitnehmer zusätzlich dadurch, dass eine grobe Fehlerhaftigkeit ausscheidet, wenn das Ergebnis der Sozialauswahl **eine ausgewogene Personalstruktur** schaffen oder erhalten soll. Hiermit nimmt das Gesetz ein berechtigtes betriebliches Bedürfnis i. S. d. § 1 Abs. 3 Satz 2 KSchG in den Tatbestand des § 125 Abs. 1 Satz 1 InsO auf (*BAG* 28.08.2003 EzA § 125 InsO Nr. 1 S. 11 = AP Nr. 1 zu § 125 InsO Bl. 5; 19.12.2013 EzA § 125 InsO Nr. 12 Rn. 23 = AP Nr. 13 zu § 125 InsO = NZA-RR 2014, 185; *LAG Hamm* 28.05.1998 LAGE § 125 InsO Nr. 1; *Bütefisch* Die Sozialauswahl [Diss. Hagen], 2000, S. 461; *Kiel/Koch* Die betriebsbedingte Kündigung, 2000, Rn. 509; *Moll* in: *Kübler/Prütting/Bork* InsO, § 125 Rn. 67; *Zwinkmann* Interessenausgleich, S. 152). Allerdings führt der weitgehend unbestimmte Begriff der »ausgewogenen Personalstruktur« zu erheblichen Beurteilungsschwierigkeiten in der rechtlichen Überprüfung der Sozialauswahl. Allein anhand der Altersstruktur der Belegschaft lässt sich die Ausgewogenheit der Personalstruktur nicht beurteilen. Daneben kommen auch weitere Aspekte wie die Leistungsfähigkeit, die Qualifikation sowie die Anpassung von Frauen- und Schwerbehindertenanteilen in Betracht (*BAG* 28.08.2003 EzA § 125 InsO Nr. 1 S. 11 f. = AP Nr. 1 zu § 125 InsO Bl. 5 R; *Bütefisch* Die Sozialauswahl [Diss. Hagen], 2000, S. 461 ff.; *Hamacher* in: *Nerlich/Römermann* InsO, § 125 Rn. 55; *Hess* Insolvenzarbeitsrecht, § 125 Rn. 17; *Moll* in: *Kübler/Prütting/Bork* InsO, § 125 Rn. 69; *Zwinkmann* Interessenausgleich, S. 162 ff.; s. ferner *BAG* 19.12.2013 EzA § 125 InsO Nr. 12 Rn. 34 = AP Nr. 13 zu § 125 InsO = NZA-RR 2014, 185).

106

Die Auswahl der Kriterien, die zur Herstellung oder Erhaltung einer ausgewogenen Personalstruktur zu berücksichtigen sind, steht letztlich im unternehmerischen Beurteilungsspielraum des Insolvenzverwalters und ist nur eingeschränkt gerichtlich überprüfbar (*BAG* 19.12.2013 EzA § 125 InsO Nr. 12 Rn. 50 = AP Nr. 13 zu § 125 InsO = NZA-RR 2014, 185; *Berkowsky*/MünchArbR § 133 Rn. 43 f.; *Bütefisch* Die Sozialauswahl [Diss. Hagen], 2000, S. 469 ff.; *Moll* in *Kübler/Prütting/Bork* InsO, § 125 Rn. 83; *Weigand*/KR § 125 InsO Rn. 29). Hierzu gehört jedoch nicht die Frage der Ausgewogenheit selbst. Insbesondere darf die Auswahl der in den Interessenausgleich aufgenommenen Arbeitnehmer **nicht** eine **Optimierung der Personalstruktur**, sondern nur die Herstellung ihrer Ausgewogenheit bezwecken. Darüber hinaus ist die Prüfung, ob die Voraussetzungen des Ausnahmetatbestands erfüllt sind, nicht auf eine grobe Fehlerhaftigkeit beschränkt, denn § 125 Abs. 1 Satz 1 Nr. 2 InsO begrenzt die gerichtliche Überprüfbarkeit allein bezüglich der Gewichtung der dort aufgezählten sozialen Gesichtspunkte (*Bütefisch* Die Sozialauswahl [Diss. Hagen], 2000, S. 454 ff.; *Hamacher* in: *Nerlich/Römermann* InsO, § 125 Rn. 56; *Moll* in: *Kübler/Prütting/Bork* InsO, § 125 Rn. 83; **a. M.** *Caspers* Personalabbau, Rn. 202; ders./MK-InsO, § 125 Rn. 95; *Eisenbeis*/FK-InsO, § 125 Rn. 13; *Fischermeier* NZA 1997, 1089 [1099]; *Irschlinger*/HK-InsO, § 125 Rn. 19; *Künzl*/APS § 125 InsO Rn. 25; *Richardi/Annuß* Anh. zu § 113 Rn. 26; *Schrader* NZA 1997, 70 [75]; *Warrikoff* BB 1994, 2338 [2342]; *Zwinkmann* Interessenausgleich, S. 167 ff.).

107

108 Bei einem kündigungsrechtlichen Interessenausgleich im Rahmen von § 1 Abs. 5 KSchG wird die Privilegierung der eingeschränkten gerichtlichen Kontrolle zwar nicht ausdrücklich auf die Schaffung oder Erhaltung einer ausgewogenen Personalstruktur erstreckt, die Privilegierung in § 1 Abs. 5 Satz 2 KSchG ist aber in einem umfassenden Sinne zu verstehen und bezieht sich auf die soziale Auswahl der Arbeitnehmer insgesamt. Da hierzu auch der auswahlrelevante Personenkreis zählt (s. Rdn. 105), kann das Gericht die nach § 1 Abs. 3 Satz 2 KSchG unterbliebene Einbeziehung einzelner Arbeitnehmer ebenfalls nur im Hinblick auf »grobe Fehler« überprüfen (*BAG* 17.11.2005 EzA § 125 InsO Nr. 4 S. 8 = AP Nr. 19 zu § 113 InsO Bl. 4; *LAG Köln* 10.05.2005 LAGR 2005, 343 [346]; *Kiel/APS* § 1 KSchG Rn. 718). Dies umfasst auch die Frage, ob die Weiterbeschäftigung eines Arbeitnehmers zwecks Sicherung einer ausgewogenen Personalstruktur des Betriebs im berechtigten betrieblichen Interesse liegt (*Griebeling/Rachor*/KR § 1 KSchG Rn. 703o; *Kiel/APS* § 1 KSchG Rn. 718).

109 Von der eingeschränkten gerichtlichen Überprüfbarkeit der Sozialauswahl ist die Frage zu trennen, ob der Interessenausgleich und die in ihn aufgenommene Namensliste mit dem höherrangigen Recht vereinbar ist. Diesbezüglich ist der Interessenausgleich uneingeschränkt überprüfbar. Das betrifft auch die Frage, ob die der Namensliste zugrunde liegende soziale Auswahl mit den Vorgaben des **Allgemeinen Gleichbehandlungsgesetzes (AGG)** übereinstimmt. Soweit die Sozialauswahl auf einer linearen Punktevergabe für das Lebensalter beruht, ist hierin regelmäßig keine unzulässige Altersdiskriminierung zu sehen (*LAG Düsseldorf* 16.04.2008 ZIP 2009, 190 [192 f.]; s. a. *BAG* 19.06.2007 EzA § 1 KSchG Interessenausgleich Nr. 13 Rn. 44 = AP Nr. 15 zu § 1 KSchG 1969 Namensliste; 24.10.2013 EzA § 125 InsO Nr. 11 Rn. 26 = AP Nr. 12 zu § 125 InsO = NZA 2014, 46; 19.12.2013 EzA § 125 InsO Nr. 12 Rn. 36, 47 ff. = AP Nr. 12 zu § 125 InsO = NZA 2014, 46). Entsprechendes gilt für das Ziel, über einen Interessenausgleich mit Namensliste eine ausgewogene Personalstruktur zu schaffen (*BAG* 19.12.2013 EzA § 125 InsO Nr. 12 Rn. 23 ff. = AP Nr. 13 zu § 125 InsO = NZA-RR 2014, 185).

cc) Ergänzung des § 125 InsO durch § 128 InsO bei einer Betriebsveräußerung

(1) Regelungszweck des § 128 InsO

110 Für den Fall einer Betriebsveräußerung im Rahmen einer Insolvenz ergänzt § 128 InsO die Regelung in § 125 InsO. Gerade bei einem insolvenzbedingten Betriebsübergang besteht wegen des Eintritts des Erwerbers in die Arbeitsverhältnisse nach § 613a Abs. 1 Satz 1 BGB das Bedürfnis nach einer raschen Klärung von Kündigungsschutzstreitigkeiten (*Reg. Begr.* BT-Drucks. 12/2443, S. 150; *Hamacher* in: *Nerlich/Römermann* InsO, § 128 Rn. 62). Die Privilegierungen des § 125 Abs. 1 InsO greifen deshalb nicht nur dann ein, wenn der Insolvenzverwalter eine Betriebsänderung i. S. d. § 111 plant, realisiert und anschließend den Betrieb veräußert, sondern auch, wenn erst der Betriebserwerber die von dem Insolvenzverwalter vorbereitete und geplante Betriebsänderung durchführt.

111 Dem Gesetzgeber ist die Verwirklichung seines Regelungsziels mit der Normierung des § 128 InsO nur unzureichend gelungen. Die bloße Anordnung in § 128 Abs. 1 Satz 1 InsO, dass § 125 InsO auch dann anwendbar ist, wenn die Betriebsänderung, dem der Interessenausgleich zugrunde liegt, erst nach einer Betriebsveräußerung durchgeführt werden soll, beantwortet nicht die eigentlichen Zweifelsfragen. Über die abstrakte Vorgabe des Normziels geht § 128 Abs. 1 Satz 1 InsO nicht hinaus. Die hieraus resultierenden Auslegungsschwierigkeiten verleiten tendenziell zu einer am Normzweck orientierten freien Rechtsschöpfung, die mit dem Wortlaut des § 128 Abs. 1 Satz InsO nicht mehr vereinbar ist; § 128 Abs. 1 InsO bedarf daher dringend einer gesetzgeberischen Korrektur (*Lakies* RdA 1997, 145 [155]).

(2) Anwendungsbereich und Regelungsgehalt des § 128 Abs. 1 InsO

112 In erster Linie erfasst § 128 InsO den Fall, dass der Insolvenzverwalter bereits vor dem Betriebsübergang die von dem Betriebserwerber gewünschte Betriebsänderung vorbereitet bzw. der Erwerber die von dem Insolvenzverwalter konzipierte Betriebsänderung durchführt. Vom Wortlaut des § 128 Abs. 1 Satz 1 InsO ist demgegenüber nicht der Fall abgedeckt, dass der Insolvenzverwalter zunächst eine Betriebsänderung plant und auch selbst realisieren will, sich aber erst vor oder während der Betriebsänderung ein Erwerber findet, der das Sanierungskonzept des Insolvenzverwalters fortsetzt. Die Betriebsänderung soll in diesem Fall im Zeitpunkt der Durchführung des Verfahrens nach § 125 InsO

und nicht nach der Betriebsveräußerung erfolgen, weil eine solche Betriebsveräußerung noch gar nicht vorhersehbar war. Allerdings ist in dieser Konstellation eine analoge Anwendung des § 128 Abs. 1 Satz 1 InsO in Betracht zu ziehen, wenn der Betriebserwerber das Sanierungskonzept des Insolvenzverwalters übernimmt bzw. fortsetzt.

Teilweise wird vertreten, § 128 Abs. 1 InsO eröffne dem Betriebserwerber auch die Möglichkeit, den Interessenausgleich nach § 125 InsO abzuschließen, wenn der Betriebsübergang nach der Einleitung dieser Verfahren bzw. erfolgloser Verhandlungen mit dem Betriebsrat durch den Insolvenzverwalter eintritt, die Verfahren aber noch nicht abgeschlossen sind (*Däubler/DKKW* § 128 InsO Rn. 2f.; *Tretow* ZInsO 2000, 309 [309]; **a. M.** *Caspers* Personalabbau, Rn. 304; *Hamacher* in: *Nerlich/Römermann* InsO, § 128 Rn. 64; *Schaub* DB 1999, 217 [224 f.]). Dem Wortlaut ist dies nicht zu entnehmen und auch die Regierungsbegründung (BT-Drucks. 12/2443, S. 150) lässt eine derartige Schlussfolgerung nicht zu. § 128 Abs. 1 Satz 1 InsO regelt allein, dass § 125 InsO dann nicht ausgeschlossen ist, wenn die geplante Betriebsänderung nach einer Betriebsveräußerung durchgeführt werden soll. Die Norm wird hierdurch weder modifiziert, noch für entsprechend anwendbar erklärt. Verhandlungsbefugt i. S. d. § 125 Abs. 1 InsO ist deshalb auch im Anwendungsbereich des § 128 InsO allein der Insolvenzverwalter. Eine darüber hinaus gehende Anwendung des § 128 Abs. 1 InsO im obigen Sinne ist weder im Wege der Auslegung noch durch eine Analogie begründbar, weil § 128 Abs. 1 InsO keinen auslegungsfähigen oder analog anwendbaren Regelungsgehalt aufweist. 113

Vereinbart der Insolvenzverwalter einen Interessenausgleich i. S. d. § 125 Abs. 1 InsO, dann kann sich der Betriebserwerber nach dem Betriebsübergang auf die für diesen normierten kündigungsrechtlichen Privilegierungen berufen (*Lakies* RdA 1997, 145 [155]; *Gallner*/ErfK § 128 InsO Rn. 1; *Schaub* DB 1999, 217 [225]; *Schrader* NZA 1997, 70 [78], *Warrikoff* BB 1994, 2334 [2344]). Hierin liegt der eigentliche Regelungsgehalt des § 128 InsO, der sich zwar nicht ohne Weiteres aus dessen Wortlaut ableiten lässt, aber allein dem Normzweck entspricht. Die Herbeiführung des Interessenausgleichs durch den Insolvenzverwalter ergibt in der Konstellation des § 128 Abs. 1 InsO nur dann einen Sinn, wenn sich der Betriebserwerber nach dem Betriebsübergang auf die in den Interessenausgleich aufgenommene Namensliste und die Rechtsfolgen des § 125 Abs. 1 InsO berufen kann. Da der Gesetzgeber mit § 128 Abs. 1 Satz 1 InsO allerdings lediglich die Rechtsprechung des *BAG* zum Betriebsübergang in der Insolvenz nachvollzogen hat, hat er übersehen, dass dieser ein Interessenausgleich mit dem Regelungsinhalt des § 125 Abs. 1 Satz 1 InsO unbekannt war. Regelungsbedürftig war und ist insoweit vor allem, dass sich der Betriebserwerber sowohl auf den Interessenausgleich berufen kann, als auch an diesen gebunden ist. 114

§ 128 InsO ist auch dann anwendbar, wenn es sich bei dem Erwerbsgegenstand um einen **Betriebsteil** handelt (*Hamacher* in: *Nerlich/Römermann* InsO, § 128 Rn. 63; *Hess* Insolvenzarbeitsrecht, § 128 Rn. 11; *Moll* in: *Kübler/Prütting/Bork* InsO, § 128 Rn. 90; *Zwanziger* Insolvenzordnung, § 128 Rn. 2; **a. M.** *Däubler/DKKW* § 128 InsO Rn. 6; *Tretow* ZInsO 2000, 309 [312]; zu der vergleichbaren Problematik bei der Auslegung des Art. 232 § 5 Abs. 2 EGBGB wie hier *BAG* 25.09.1997 EzA § 613a BGB Nr. 155 = AP Nr. 39 zu § 15 KSchG 1969). Im Gegensatz zu § 613a BGB unterscheidet § 128 InsO zwar nicht zwischen Betrieb und Betriebsteil, sondern greift auf die Begriffe Betriebsveräußerung und Betriebsübergang zurück. Hieraus ist aber nicht abzuleiten, dass Betriebsteilübergänge bewusst aus dem Anwendungsbereich des § 128 InsO ausgeschlossen werden sollten. Es liegt vielmehr nahe, dass die begriffliche Differenzierung in § 613a BGB im Gesetzgebungsverfahren nicht hinreichend beachtet wurde. Gemessen am Regelungszweck des § 128 InsO sind keine sachlichen Gründe ersichtlich, dem Insolvenzverwalter und dem Betriebserwerber bei einem Betriebsteilübergang die Möglichkeiten des § 125 InsO zu versagen (ebenso zu Art. 232 § 5 Abs. 2 EGBGB *BAG* 25.09.1997 EzA § 613a BGB Nr. 155 S. 3 = AP Nr. 39 zu § 15 KSchG 1969 Bl. 2 R; *Müller-Glöge*/KassArbR Kap. 11, Rn. 299; *Oetker*/MK-BGB, 3. Aufl. 1999, Art. 232 § 5 EGBGB Rn. 120; *Staudinger/Rauscher* BGB [2016], Art. 232 § 5 EGBGB Rn. 29). Auch die in der Regel geringere Zahl der übernommenen Arbeitsverhältnisse beim Übergang eines Betriebsteils begründet keinen sachlichen Grund. Aus ihr lässt sich nicht ableiten, dass das Interesse an einer beschleunigten Durchführung der Betriebsänderung und der sanierenden Betriebsteilveräußerung entfällt. Da § 128 InsO die Privilegierung des Erwerbers bezweckt (so aber *Däubler/DKKW* § 128 InsO Rn. 6; *Tretow* ZInsO 2000, 309 [312]), ist die Zahl der von dem Betriebsübergang betroffenen Arbeitnehmer für dieses Ziel gleichgültig. Nach der 115

Konzeption des Gesetzgebers ist allein maßgeblich, ob sich der Interessenausgleich auf eine Betriebsänderung i. S. d. § 111 bezieht.

(3) Die Vermutungswirkung des § 128 Abs. 2 InsO

116 Die Vermutungswirkung des Interessenausgleichs i. S. d. § 125 Abs. 1 Satz 1 Nr. 1 InsO ergänzt § 128 Abs. 2 InsO um die Vermutung, dass die Kündigung der Arbeitsverhältnisse nicht wegen des Betriebsübergangs erfolgt ist. Damit nimmt § 128 Abs. 2 InsO auf das besondere **Kündigungsverbot des § 613a Abs. 4 Satz 1 BGB** Bezug. Liegen einer ordentlichen Kündigung dringende betriebliche Erfordernisse i. S. d. § 1 Abs. 2 Satz 1 KSchG zugrunde und ist die Kündigung sozial gerechtfertigt, dann steht damit auch fest, dass diese nicht wegen des Betriebsübergangs i. S. d. § 613a Abs. 4 Satz 1 BGB erfolgte. Der Betriebsübergang selbst ist jedoch kein dringendes betriebliches Erfordernis. Deshalb dehnt § 128 Abs. 2 InsO die Vermutungswirkung des Interessenausgleichs nicht aus, sondern stellt lediglich klar, was sich im Wege der Auslegung des § 125 InsO ohnehin aus § 613a Abs. 4 BGB ergibt (*Caspers*/MK-InsO, § 128 Rn. 42; *Eisenbeis*/FK-InsO, § 128 Rn. 9; *Gallner*/ErfK § 128 InsO Rn. 2; *Giesen* ZIP 1998, 46 [51, 53]; *Hamacher* in: *Nerlich/Römermann* InsO, § 128 Rn. 75; *Moll* in: *Kübler/Prütting/Bork* InsO, § 128 Rn. 99).

117 **Eigenständige Bedeutung** gewinnt § 128 InsO, wenn der Interessenausgleich **Arbeitnehmer** benennt, die nach Maßgabe des § 1 KSchG noch **keinen Kündigungsschutz** genießen (*Caspers* Personalabbau, Rn. 313; *ders.*/MK-InsO, § 128 Rn. 43; *Eisenbeis*/FK-InsO, § 128 Rn. 6, 7; *Moll* in: *Kübler/Prütting/Bork* InsO, § 128 Rn. 104 ff.; *Tretow* ZInsO 2000, 309 [311]; *Schaub* DB 1999, 217 [225]; *Zeuner* FS Zöllner, S. 1011 [1014 f.]). Dem Insolvenzverwalter ist es nicht verwehrt, diese Arbeitnehmer in die Namensliste aufzunehmen, obwohl bei ihnen die Rechtsfolgen des § 125 Abs. 1 Satz 1 Nr. 1 InsO regelmäßig nicht eingreifen (*Caspers*/MK-InsO, § 128 Rn. 43; *Moll* in: *Kübler/Prütting/Bork* InsO, § 128 Rn. 106; **a. M.** *Giesen* ZIP 1998, 46 [51]; *Hamacher* in: *Nerlich/Römermann* InsO, § 128 Rn. 76). Eine derartige Beschränkung lässt sich auch nicht aus § 125 InsO ableiten. Vielmehr dient es gerade der mit dieser Vorschrift beabsichtigten zügigen Durchführung der Betriebsänderung, wenn auch solche Arbeitnehmer in den Interessenausgleich aufgenommen werden, bei denen die Anwendbarkeit des Kündigungsschutzgesetzes zweifelhaft ist.

dd) Ausschluss der Privilegierung bei wesentlicher Änderung der Sachlage (§ 125 Abs. 1 Satz 2 InsO, § 1 Abs. 5 Satz 3 KSchG)

118 Die Privilegierung durch § 125 Abs. 1 Satz 1 InsO und § 1 Abs. 5 Satz 1 und 2 KSchG entfällt, wenn sich die Sachlage nach Zustandekommen des Interessenausgleichs wesentlich geändert hat (§ 125 Abs. 1 Satz 2 InsO, § 1 Abs. 5 Satz 3 KSchG). Dabei soll das einschränkende Kriterium der »Wesentlichkeit« den Verlust der privilegierenden Wirkung auf »**gravierende« Änderungen** beschränken (*Rechtsausschuss* BT-Drucks. 12/7302, S. 172; *Hamacher* in: *Nerlich/Römermann* InsO, § 125 Rn. 61), die die **Geschäftsgrundlage** für den Interessenausgleich haben entfallen lassen (*BAG* 21.02.2001 EzA § 1 KSchG Interessenausgleich Nr. 8 S. 5; 24.10.2013 EzA § 125 InsO Nr. 11 Rn. 24 = AP Nr. 12 zu § 125 InsO = NZA 2014, 46; *LAG Hamm* 25.11.2004 LAGR 2005, 376 [380]; *LAG Rheinland-Pfalz* 19.05.2015 LAGE § 1 KSchG Betriebsbedingte Kündigung Nr. 100 = BeckRS 2015, 70220; *Griebeling/Rachor*/KR § 1 KSchG Rn. 704; *Kiel*/APS § 1 KSchG Rn. 726). Diese sind insbesondere zu bejahen, wenn die dem Interessenausgleich zugrunde liegende Betriebsänderung nicht oder nicht wie geplant zur Durchführung kommt (*Caspers* Personalabbau, Rn. 208; *Hamacher* in: *Nerlich/Römermann* InsO, § 125 Rn. 62; *Hamberger* Insolvenzverfahren, S. 249 f.; *Irschlinger*/HK-InsO, § 125 Rn. 26; *Künzl*/APS § 125 InsO Rn. 28; *Moll* in: *Kübler/Prütting/Bork* InsO, § 125 Rn. 90; *Müller* in: *Smid* InsO, § 125 Rn. 17; *Zwinkmann* Interessenausgleich, S. 212; s. a. *LAG Hamm* 25.11.2004 LAGR 2005, 376 [380]), wobei nicht bereits jede geringfügige Abweichung die privilegierende Wirkung des Interessenausgleichs entfallen lässt.

119 Keine wesentliche Änderung der Sachlage liegt vor, wenn eine geringere Zahl von Filialen geschlossen wird als ursprünglich geplant (22 statt 24; *LAG Rheinland-Pfalz* 23.02.2010 ZInsO 2010, 1149 Rn. 41), die Betriebsänderung befristet verschoben wird (*LAG Rheinland-Pfalz* 18.02.2010 – 10 Sa 407/09 – BeckRS 2010, 68269) oder die Notwendigkeit der Kündigung einzelner in den Interessenausgleich aufgenommener Arbeitnehmer deshalb entfällt, weil andere, für die Kündigung nicht vor-

gesehene Arbeitnehmer aus dem Betrieb ausscheiden (*Ennemann* Kölner Schrift zur Insolvenzordnung, Rn. 98; *Hamacher* in: *Nerlich/Römermann* InsO, § 125 Rn. 63; **a. M.** *Däubler/DKKW* § 125 InsO Rn. 30; *Zwanziger* Insolvenzordnung, § 125 Rn. 32; wohl auch *Heinze* NZA 1999, 57 [60]). Der von der Kündigung betroffene Arbeitnehmer kann jedoch die Vermutung des § 125 Abs. 1 Satz 1 Nr. 1 InsO unter Berufung auf den anderweitig frei gewordenen Arbeitsplatz widerlegen (*Hamacher* in: *Nerlich/Römermann* InsO, § 125 Rn. 63; im Ergebnis auch *Heinze* NZA 1999, 57 [60]).

Die wesentliche Änderung der Sachlage muss nach dem Zustandekommen des Interessenausgleichs, aber noch vor dem Zugang der Kündigungserklärung eingetreten sein (BAG 21.02.2001 EzA § 1 KSchG Interessenausgleich Nr. 8 S. 5). Ist sie zu bejahen, dann hat sich der Insolvenzverwalter bzw. Arbeitgeber bei der Erklärung von Kündigungen uneingeschränkt am Maßstab der §§ 1 ff. KSchG zu orientieren (*Kiel/APS* § 1 KSchG Rn. 726). Eine Berufung auf die Privilegierung des Interessenausgleichs durch § 125 Abs. 1 Satz 1 InsO ist ihm verwehrt. **120**

c) Privilegierung des Interessenausgleichs durch § 323 Abs. 2 UmwG

Kommt es zum Abschluss eines Interessenausgleichs, der die namentlich benannten Arbeitnehmer den übergehenden Betrieben bzw. Betriebsteilen zuordnet, dann schränkt § 323 Abs. 2 UmwG die **arbeitsgerichtliche Prüfungskompetenz** in Anlehnung an § 125 Abs. 1 Satz 1 Nr. 2 InsO dahin ein, dass das Gericht die Zuordnung der Arbeitnehmer nur bei einer groben Fehlerhaftigkeit korrigieren kann. Die hiermit verbundene Verschränkung von kollektivrechtlicher und individualrechtlicher Ebene wirft jedoch insbesondere im Hinblick auf die zwingende Wirkung des § 613a Abs. 1 Satz 1 BGB zahlreiche unverändert unbeantwortete Fragen auf. **121**

Teile des Schrifttums vermeiden einen Widerspruch zu den Rechtsfolgen des §§ 613a Abs. 1 Satz 1 BGB bereits dadurch, dass sie den **Anwendungsbereich des § 323 Abs. 2 UmwG** auf diejenigen Arbeitsverhältnisse einschränken, in die der Erwerber nicht nach § 613a BGB (i. V. m. § 324 UmwG) eintritt. Eine eigenständige Bedeutung erlangt § 323 Abs. 2 UmwG bei diesem Verständnis nur bei solchen Betriebsübergängen, die nicht von § 613a Abs. 1 BGB erfasst werden, weil die übertragenen Vermögensgegenstände weder als Betrieb noch als Betriebsteil zu qualifizieren sind oder die Arbeitsverhältnisse keinem bestimmten Betrieb zugeordnet werden können (so *Boecken* Unternehmensumwandlung, Rn. 125 ff.). **122**

Hieran ist richtig, dass es nicht in der Absicht des Gesetzgebers lag, den Parteien des Interessenausgleichs eine die Vorgaben des § 613a BGB durchbrechende Zuordnungskompetenz einzuräumen (*LAG Schleswig-Holstein* 05.11.2015 – 5 Sa 437/14 – BeckRS 2016, 66237; *Dehmer* UmwG, § 323 Rn. 18; *Hohenstatt* NZA 1998, 846 [852]; *Kallmeyer/Willemsen* UmwG, § 324 Rn. 25; *Lutter/Joost* UmwG, § 323 Rn. 38). Ein derartiges Regelungsanliegen stünde nicht nur im Widerspruch zu § 324 UmwG, der die Anwendung des § 613a BGB uneingeschränkt anordnet bzw. dessen Geltung nicht begrenzt. Zudem wäre eine im Ermessen der Betriebspartner stehende Zuordnungskompetenz im Rahmen des Interessenausgleichs im Geltungsbereich der Richtlinie 2001/23/EG (früher: 77/187/EWG) nicht europarechtskonform. Allerdings geht die vollständige Ausklammerung der von § 613a BGB erfassten Sachverhalte zu weit, da sie weder von § 613a BGB noch von der Richtlinie 2001/23/EG gefordert wird. **123**

Neben den Fallgestaltungen außerhalb des Anwendungsbereichs von § 613a Abs. 1 Satz 1 BGB greift die Privilegierung des § 323 Abs. 2 UmwG vor allem dann ein, wenn die **Zuordnung einzelner Arbeitsverhältnisse** zu den übergehenden Betrieben bzw. Betriebsteilen **zweifelhaft** ist, weil die Arbeitnehmer ihre Tätigkeit in mehreren Betrieben bzw. Betriebsteilen erbringen (*Dehmer* UmwG, § 323 Rn. 19; *Hohenstatt* NZA 1998, 846 [852]; *Kallmeyer/Willemsen* UmwG, § 324 Rn. 25; *Lutter/Joost* UmwG, § 323 Rn. 38; *Preis/Bender/WPK* §§ 112, 112a Rn. 8; *Studt* Interessenausgleich, S. 52 ff., 62 ff.). Selbst wenn insoweit ausschließlich nach objektiven Kriterien zu entscheiden ist, wo der Arbeitnehmer seine Tätigkeit überwiegend erbringt, verbleibt ein erheblicher Beurteilungsspielraum (dazu näher *Soergel/Raab* BGB, § 613a Rn. 75; *Staudinger/Richardi/Annuß* BGB [2016], § 613a Rn. 142 ff., m. w. N.). Die hiermit verbundene Rechtsunsicherheit mildert § 323 Abs. 2 UmwG ab, indem die von den Parteien des Interessenausgleichs getroffene Zuordnung grundsätzlich verbindlich sein soll (s. a. *Oetker/ErfK* § 323 UmwG Rn. 9). Dieses Verständnis trägt am ehesten der **124** vom Gesetzgeber gewollten Anlehnung an die Regelungstechnik des § 125 Abs. 1 Satz 1 Nr. 2 InsO Rechnung, da die Parteien des Interessenausgleichs dort ebenfalls den bei Anwendung des Gesetzes (§ 1 Abs. 3 Satz 1 KSchG) verbleibenden Bewertungsspielraum ausfüllen sollen.

125 Um dieses Ziel des Interessenausgleichs zu erreichen, ist es nicht notwendig, diesem normative Wirkung beizulegen. Er entfaltet aber auch bei dem hier befürworteten Verständnis keine unmittelbare Wirkung für die Arbeitsverhältnisse und wirkt nicht rechtsgestaltend (konstitutiv) auf diese ein (*Hohenstatt* NZA 1998, 846 [853]; *Lutter/Joost* UmwG, § 323 Rn. 38; *Studt* Interessenausgleich, S. 70 ff.). Neben den Parteien des Interessenausgleichs richtet sich § 323 Abs. 2 UmwG an die Arbeitsgerichte und schränkt deren Prüfungskompetenz ein. Das gilt allerdings nur, soweit sich der Interessenausgleich in den Grenzen des § 613a Abs. 1 Satz 1 BGB bewegt (s. a. *BAG* 24.05.2012 EzA § 1 KSchG Betriebsbedingte Kündigung Nr. 168 Rn. 35 = NZA 2013, 277). Weicht dieser von § 613a Abs. 1 Satz 1 BGB ab, dann ist er grob fehlerhaft i. S.d § 323 Abs. 2 UmwG. Diese restriktive Auslegung gibt letztlich die Richtlinie 2001/23/EG (früher: 77/187/EWG) vor, die einer eingeschränkten gerichtlichen Kontrolle entgegensteht, wenn der Arbeitnehmer andernfalls eine im Widerspruch zur Richtlinie stehende Zuordnung hinnehmen müsste.

126 Anders ist die Rechtslage, wenn sich der Interessenausgleich darauf beschränkt, den bei Anwendung des § 613a Abs. 1 Satz 1 BGB verbleibenden Spielraum für die Zuordnung der Arbeitsverhältnisse auszufüllen. In diesem Fall verpflichtet § 323 Abs. 2 UmwG die Arbeitsgerichte dazu, die im Interessenausgleich getroffene Zuordnungsentscheidung zu respektieren bzw. erst zu korrigieren, wenn diese **grob fehlerhaft** ist. Bei diesem Verständnis entfaltet der Interessenausgleich lediglich klarstellende Wirkung. Mit ihm wirken die Parteien des Interessenausgleichs nur mittelbar auf das betroffene Arbeitsverhältnis ein; ihnen überträgt § 323 Abs. 2 UmwG eine gesetzeskonkretisierende Zuordnungskompetenz, die von der Vorstellung geleitet ist, dass der Arbeitgeber bei Zuordnungszweifeln die Entscheidung treffen kann und entzieht dem Arbeitnehmer die Möglichkeit, über das Arbeitsgericht eine Änderung der Zuordnungsentscheidung herbeizuführen.

127 Erst wenn sich die getroffene Zuordnung nicht mehr sachlich rechtfertigen lässt, insbesondere die Parteien des Interessenausgleichs die Grenzen ihres im Lichte des § 613a Abs. 1 Satz 1 BGB verbleibenden Beurteilungsspielraums überschritten haben, kann der Arbeitnehmer wegen der groben Fehlerhaftigkeit des Interessenausgleichs eine Korrektur der Zuordnung über die Arbeitsgerichte erreichen (*LAG Schleswig-Holstein* 05.11.2015 – 5 Sa 437/14 – BeckRS 2016, 66237; *Bauer/Lingemann* NZA 1994, 1057 [1061]; *Dehmer* UmwG, § 323 Rn. 20; *Hohenstatt* NZA 1998, 846 [852]; *Küttner* Arbeitsrecht und Arbeitsgerichtsbarkeit, S. 431 [448 f.]; *Mengel* Umwandlungen im Arbeitsrecht [Diss. Köln], 1997, S. 154 f.). Darüber hinaus verbleibt ihm stets das Recht, dem Eintritt des neuen Rechtsträgers des Betriebs bzw. Betriebsteils in das Arbeitsverhältnis zu widersprechen; dies schließt der Interessenausgleich und die dortige Zuordnungsentscheidung nicht aus (*Lutter/Joost* UmwG, § 323 Rn. 42; *Oetker*/ErfK § 323 UmwG Rn. 9).

128 Angesichts des durch § 613a BGB eingeschränkten Spielraums für die Parteien des Interessenausgleichs entfaltet dieser im Anwendungsbereich des § 323 Abs. 2 UmwG seine Hauptbedeutung, wenn § 613a BGB die dort genannten umwandlungsrechtlichen Vorgänge nicht erfasst, weil dieser z. B. nicht die Voraussetzungen eines »Betriebsteils« erfüllt. In dieser Konstellation ist die Zuordnungsentscheidung des Interessenausgleichs grob fehlerhaft, wenn für diese keine sachliche Rechtfertigung erkennbar ist.

7. Lösung von dem Interessenausgleich

129 Das BetrVG regelt nicht, ob sich Unternehmer bzw. Betriebsrat von den Bindungen des Interessenausgleichs einseitig befreien können. § 113 Abs. 1 und 2 eröffnet dem Unternehmer zwar die Möglichkeit, sich ohne Verpflichtung zum Nachteilsausgleich (§ 113 Abs. 3) über die im Interessenausgleich eingegangenen Bindungen hinwegzusetzen, wenn hierfür ein zwingender Grund besteht. Damit entfällt aber lediglich die Sanktion des Nachteilsausgleichs, ohne zugleich die Bindungswirkung der Einigung zu beseitigen (**a. M.** *Däubler*/DKKW §§ 112, 112a Rn. 26; *Matthes*/MünchArbR, 2. Aufl. 2000, § 361 Rn. 28; *Meyer* BB 2001, 882 [887 f.]; *Siemes* ZfA 1998, 183 [207]). Vom Standpunkt der gegenteiligen Auffassung, die mit Eintritt des zwingenden Grunds zugleich ipso iure einen

Erzwingbarer Sozialplan bei Personalabbau, Neugründungen §§ 112, 112a

Wegfall der Bindung bejaht, ist es konsequent, die Möglichkeit einer Kündigung des Interessenausgleichs auszuschließen (*Däubler/DKKW* §§ 112, 112a Rn. 26; ebenso *Friedemann* Verfahren der Einigungsstelle, Rn. 433; *Galperin/Löwisch* § 112 Rn. 14; *Siemes* ZfA 1998, 183 [206]).

Soweit der Interessenausgleich zu **dauernden Handlungen** bzw. einem **Unterlassen** verpflichtet, 130
kann sich der Unternehmer von dieser Bindung analog **§ 77 Abs.** 5 lösen, wenn die Vorschrift nicht ohnehin unmittelbar anzuwenden ist, weil die betreffende Regelung in dem Interessenausgleich die Rechtsnatur einer Betriebsvereinbarung aufweist (*Schweibert/WHSS* Kap. C Rn. 205, 212; *Siemes* ZfA 1998, 183 [207 f.] sowie Rdn. 75). Selbst wenn wegen des Zwecks des Interessenausgleichs in dieser Konstellation ein ordentliches Kündigungsrecht ausgeschlossen sein sollte (zum Sozialplan s. Rdn. 238), verbleibt bei Dauerregelungen das nicht zur Disposition der Parteien stehende **Recht zur außerordentlichen Kündigung**, das jedoch die Unzumutbarkeit einer unveränderten Bindung an den Interessenausgleich voraussetzt. Oftmals deckt sich diese mit dem zwingenden Grund i. S. d. § 113 Abs. 1 (s. § 113 Rdn. 30).

Bezüglich anderer Bestimmungen in einem Interessenausgleich besteht regelmäßig kein einseitiges Lösungsrecht, es sei denn, für diesen ist die **Geschäftsgrundlage** entfallen (*Galperin/Löwisch* 131
§ 112 Rn. 14; *Schweibert/WHSS* Kap. C Rn. 212). Praktisch relevant kann dies werden, wenn die Durchführung der Betriebsänderung einen längeren Zeitraum in Anspruch nimmt und sich währenddessen zugrunde liegende Daten bzw. Rahmenbedingungen grundlegend verändern (z. B. Beschränkung der Verlegung auf einen wesentlichen Betriebsteil; grundlegende technische Änderungen bei neu anzuschaffenden Betriebsanlagen). Ist die Durchführung der Betriebsänderung abgeschlossen, so berühren nachträgliche Veränderungen der Umstände, die dem Interessenausgleich zugrunde lagen, nicht mehr dessen Geschäftsgrundlage (*Galperin/Löwisch* § 112 Rn. 14).

III. Der Sozialplan

1. Allgemeines

a) Begriff und Inhalt des Sozialplans

Den Sozialplan definiert § 112 Abs. 1 Satz 2 als Einigung über den **Ausgleich oder die Milderung** 132
wirtschaftlicher Nachteile, die den Arbeitnehmern infolge der geplanten Betriebsänderung entstehen. Nur mit diesem Inhalt kann die Einigungsstelle durch ihren Spruch die Einigung über einen Sozialplan ersetzen (§ 112 Abs. 4 Satz 2). Selbst wenn § 112a diesen ausschließt (dazu Rdn. 314 ff.), liegt bei entsprechendem Inhalt ein Sozialplan i. S. d. Legaldefinition in § 112 Abs. 1 Satz 2 vor, der nach § 112 Abs. 1 Satz 3 wie eine Betriebsvereinbarung wirkt. Es handelt sich jedoch in diesem Fall um einen freiwilligen Sozialplan, der nur bei einem übereinstimmenden Willen von Unternehmer und Betriebsrat zustande kommt. Eine Ausnahme kommt lediglich in Betracht, wenn die Beteiligten von der durch § 76 Abs. 6 eröffneten Befugnis Gebrauch machen und gemeinsam ein freiwilliges Einigungsstellenverfahren einleiten (s. a. Rdn. 316).

Eine abschließende Umschreibung des **zulässigen Regelungsinhalts** von Sozialplänen ist nicht 133
möglich; er hängt ab von der Art der wirtschaftlichen Nachteile und der konkreten Betriebsänderung und kann alle Maßnahmen umfassen, die nicht völlig ungeeignet sind, einen wirtschaftlichen Nachteil der Arbeitnehmer auszugleichen oder zu mildern (zum Gebot einer substantiellen Milderung der wirtschaftlichen Nachteile s. *BAG* 24.08.2004 EzA § 112 BetrVG 2001 Nr. 12 S. 9 = AP Nr. 174 zu § 112 BetrVG 1972 Bl. 4 *[Meyer]*). Beispiele für die durch einen Sozialplan auszugleichenden wirtschaftlichen Nachteile nennt die Ermessensrichtlinie für die Einigungsstelle in § 112 Abs. 5 Satz 2 Nr. 1, ohne diese jedoch abschließend aufzuzählen (s. Rdn. 463).

Als Ausgleichsmaßnahmen kommen nicht nur **Entschädigungs- und Kompensationszahlungen** 134
in Betracht, sondern auch **sonstige Maßnahmen**, die zum Ausgleich oder zur Milderung der Nachteile **geeignet** sind. Das gilt insbesondere, wenn infolge der Betriebsänderung Arbeitnehmer entlassen werden müssen. In diesem Fall können auch alle Maßnahmen in einen Sozialplan aufgenommen werden, die geeignet sind, dem gekündigten Arbeitnehmer die Begründung eines neuen Arbeitsverhältnisses zu ermöglichen oder zu erleichtern; insbesondere die Einigungsstelle ist aufgerufen, bei der Auf-

stellung eines Sozialplans die Instrumentarien einer **aktiven Arbeitsförderung** einzubeziehen (§ 112 Abs. 5 Satz 2 Nr. 2a; dazu näher Rdn. 479 ff.), sofern die entsprechenden Maßnahmen noch auf den Ausgleich oder die Milderung wirtschaftlicher Nachteile abzielen (dazu auch Rdn. 6 sowie Rdn. 484). Zur Förderung von »**Transfer-Sozialplänen**« s. Rdn. 511 ff. Zu den inhaltlichen Schranken bei der Sozialplangestaltung s. Rdn. 366 ff.

135 Überschreitet die Vereinbarung den durch die Legaldefinition in § 112 Abs. 1 Satz 2 abgesteckten inhaltlichen Rahmen, dann liegt insoweit kein Sozialplan, sondern – sofern sie einen Bezug zu einer geplanten konkreten Betriebsänderung aufweist – ein **Interessenausgleich im weiteren Sinne** (s. Rdn. 11) vor, dessen Vereinbarung auf freiwilliger Basis gestattet ist und dessen Rechtswirkungen von dem Parteiwillen und dem Inhalt der Abrede abhängen (s. Rdn. 78 ff.). Bewegt sich die Einigung noch in den Grenzen der Betriebsvereinbarungsautonomie und genügt sie zudem den formellen Voraussetzungen einer Betriebsvereinbarung, dann entfaltet sie bei einem entsprechenden Willen der Betriebspartner unmittelbare und zwingende Wirkung zugunsten der Arbeitnehmer (s. Rdn. 75). Fehlt der Bezug zu einer konkreten Betriebsänderung – wie z. B. bei einem »Rahmensozialplan« – dann ist in den inhaltlichen Grenzen der Betriebsvereinbarungsautonomie der Abschluss einer **freiwilligen Betriebsvereinbarung** möglich (s. a. Rdn. 144 f.). Deren Rechtswirksamkeit beurteilt sich ausschließlich nach den allgemeinen Anforderungen an Betriebsvereinbarungen; die von den Parteien gewählte Bezeichnung ist bedeutungslos (s. Rdn. 75).

b) Zweck des Sozialplans

136 Tiefgreifende dogmatische Kontroversen hat die Frage nach dem Zweck des Sozialplans ausgelöst (zusammenfassend *Kruig* Sozialplandotierung, S. 95 m. w. N. sowie jüngst *Bürgel* Berechnungs- und Haftungsdurchgriff, S. 35 ff.; *Temming* RdA 2008, 205 ff.; *Willemsen* RdA 2013, 166 ff.; *Wölfel* Sozialplanabfindung, S. 13 ff.). Dieser ist ausschließlich aus der im Gesetz zum Ausdruck gelangten Konzeption zu entnehmen.

137 Verbreitet wird dem Sozialplan eine **Steuerungsfunktion für das unternehmerische Handeln** zugeschrieben (*Richardi/Annuß* § 112 Rn. 51 im Anschluss an *Reuter* Sozialplan, S. 17 ff.). Hieran ist richtig, dass Interessenausgleich und Sozialplan gemeinsam das Ziel verfolgen, nachteilige Auswirkungen der Betriebsänderung für die Arbeitnehmer möglichst zu verhindern. Da der Sozialplan jedoch nicht die zur Betriebsänderung führende unternehmerische Entscheidung erfasst, entfaltet er nur indirekt eine **Steuerungswirkung**, indem er den Unternehmer zwingt, die infolge der Betriebsänderung bei den Arbeitnehmern eintretenden wirtschaftlichen Nachteile zu tragen und die hierfür erforderlichen Aufwendungen in die Abwägungsentscheidung zur Durchführung der Betriebsänderung einzustellen (»Internalisierung externer Kosten«).

138 Für den konkreten Inhalt des Sozialplans und der durch seinen Zweck definierten funktionellen Schranke der Rechtssetzungsmacht (s. Rdn. 367) ist von Bedeutung, ob dieser eine (zukunftsbezogene) **Überbrückungsfunktion** oder eine (vergangenheitsbezogene) **Entschädigungsfunktion** hat (s. dazu im Überblick *Gamillscheg* II, § 52, 6e [1] [c]; ferner jüngst *Bürgel* Berechnungs- und Haftungsdurchgriff, S. 35 ff.). Während das *BAG* den Zweck des Sozialplans zunächst sowohl in der Entschädigung als auch in der Überbrückung sah (*BAG* 13.12.1978 AP Nr. 6 zu § 112 BetrVG 1972), ist in der neueren und gefestigten Rechtsprechung eine Abkehr von der Entschädigungsfunktion zu verzeichnen. Kennzeichnend ist dafür das Urteil vom 09.11.1994, in dem die Ausgleichs- und Überbrückungsfunktion von Sozialplanregelungen hervorgehoben und deren Entschädigungscharakter verneint wird (*BAG* 09.11.1994 EzA § 112 BetrVG 1972 Nr. 78 S. 6 f. = AP Nr. 85 zu § 112 BetrVG 1972 Bl. 3 R sowie nachfolgend *BAG* 30.10.2001 EzA § 112 BetrVG 1972 Nr. 109 S. 6 = AP Nr. 145 zu § 112 BetrVG 1972 Bl. 3 R). Das hat zur Konsequenz, dass eine Sozialplanregelung, die Entschädigungscharakter aufweist, den Zweck des Sozialplans überschreitet und nur Inhalt eines freiwilligen Sozialplans sein kann.

139 Ausgehend von der Legaldefinition in § 112 Abs. 1 Satz 2 sowie im Hinblick auf die Ermessensrichtlinien in § 112 Abs. 5 Satz 2 hat der Sozialplan **vor allem eine zukunftsbezogene Überbrückungsfunktion** (*BAG* 14.08.2001 EzA § 112 BetrVG 1972 Nr. 108 S. 4 = AP Nr. 142 zu § 112 BetrVG 1972 Bl. 2; 30.10.2001 EzA § 112 BetrVG 1972 Nr. 109 S. 6 = AP Nr. 145 zu § 112 BetrVG

1972 Bl. 3 R *[v. Hoyningen-Huene]*; 12.11.2002 EzA § 112 BetrVG 2001 Nr. 3 S. 4 f. = AP Nr. 159 zu § 112 BetrVG 1972 Bl. 2; 06.05.2003 EzA § 112 BetrVG 2001 Nr. 8 S. 9 = AP Nr. 161 zu § 112 BetrVG 1972 Bl. 4 *[Oetker]* = SAE 2004, 251 *[Lessner]*; 21.10.2003 EzA § 112 BetrVG 2001 Nr. 9 S. 3 f. = AP Nr. 163 zu § 112 BetrVG 1972 Bl. 2; 24.08.2004 EzA § 112 BetrVG 2001 Nr. 12 S. 15 = AP Nr. 174 zu § 112 BetrVG 1972 Bl. 6 R f. *[Meyer]*; 22.03.2005 EzA § 112 BetrVG 2001 Nr. 13 S. 5; 27.06.2006 EzA § 112 BetrVG 2001 Nr. 18 Rn. 15 = AP Nr. 180 zu § 112 BetrVG 1972; 19.12.2006 EzA § 4 TVG Ausschlussfristen Nr. 187 Rn. 23 = AP Nr. 17 zu § 1 TVG Tarifverträge: Versicherungsgewerbe; 13.03.2007 EzA § 112 BetrVG 2001 Nr. 22 Rn. 18 = AP Nr. 183 zu § 112 BetrVG 1972; 19.06.2007 EzA § 1a KSchG Nr. 2 Rn. 36 = AP Nr. 4 zu § 1a KSchG 1969; 20.05.2008 EzA § 112 BetrVG 2001 Nr. 27 Rn. 18 = AP Nr. 192 zu § 112 BetrVG 1972).

Im Hinblick auf die hiergegen in Teilen des Schrifttums geäußerte Kritik (s. *Temming* RdA 2008, 205 [208 f.]; ferner noch für die Entschädigungstheorie *Gamillscheg* II, § 52, 6c [1] [c]) hat das *BAG* seine Rechtsprechung wiederholt ausdrücklich bekräftigt (s. *BAG* 30.09.2008 EzA § 112 BetrVG 2001 Nr. 29 Rn. 34 = AP Nr. 197 zu § 112 BetrVG 1972; 11.11.2008 EzA § 112 BetrVG 2001 Nr. 30 Rn. 19 = AP Nr. 196 zu § 112 BetrVG 1972; 20.01.2009 AP Nr. 198 zu § 112 BetrVG 1972 Rn. 13 = NZA 2009, 495; 26.05.2009 EzA § 112 BetrVG 2001 Nr. 31 Rn. 23 f. = AP Nr. 200 zu § 112 BetrVG 1972 = NZA 2009, 849; 21.07.2009 EzA § 112 BetrVG 2001 Nr. 33 Rn. 13 = AP Nr. 202 zu § 112 BetrVG 1972 = NZA 2009, 1107; 22.09.2009 EzA § 112 BetrVG 2001 Nr. 34 Rn. 12 = AP Nr. 204 zu § 112 BetrVG 1972; 23.03.2010 EzA § 112 BetrVG 2001 Nr. 35 Rn. 29 = AP Nr. 55 zu § 75 BetrVG 1972 = NZA 2010, 774; 20.04.2010 EzA § 112 BetrVG 2001 Nr. 37 Rn. 21 = AP Nr. 208 zu § 112 BetrVG 1972 = NZA 2010, 1018; 18.05.2010 EzA § 112 BetrVG Nr. 38 Rn. 22 = AP Nr. 209 zu § 112 BetrVG 1972 = NZA 2010, 1304; 07.06.2011 EzA § 112 BetrVG 2001 Nr. 45 Rn. 31 = AP Nr. 217 zu § 112 BetrVG 1972 = NZA 2011, 1370; 26.03.2013 EzA § 112 BetrVG 2001 Nr. 49 Rn. 33 = AP Nr. 221 zu § 112 BetrVG 1972 = NZA 2013, 921; 23.04.2013 EzA § 112 BetrVG 2001 Nr. 51 Rn. 28 = NZA 2013, 981; 09.12.2014 EzA § 112 BetrVG 2001 Nr. 52 Rn. 23 = AP Nr. 225 zu § 112 BetrVG 1972 = NZA 2015, 365; 17.11.2015 AP Nr. 231 zu § 112 BetrVG 1972 Rn. 19; 17.11.2015 EzA § 112 BetrVG 2001 Nr. 55 Rn. 25 = AP Nr. 232 zu § 112 BetrVG 1972 = NZA 2016, 501; 08.12.2015 EzA § 112 BetrVG 2001 Nr. 56 Rn. 17 = AP Nr. 233 zu § 112 BetrVG 1972 = NZA 2016, 767; 30.11.2016 AP Nr. 32 zu § 106 GewO Rn. 44; ebenso in der Rspr. der Instanzgerichte z. B. *LAG Rheinland-Pfalz* 02.12.2014 – 7 Sa 466/14 – BeckRS 2015, 65680; *LAG Schleswig-Holstein* 27.07.2016 – 3 TaBV 3/16 – juris). **140**

Da § 112 Abs. 1 Satz 2 auf den Ausgleich des wirtschaftlichen Nachteils abstellt, kommen nicht nur Kompensationszahlungen für wirtschaftliche Nachteile, sondern ebenfalls solche Maßnahmen in Betracht, die eine Naturalrestitution bezwecken. Ein Verlust des Arbeitsplatzes sowie zukünftige Einkommensausfälle infolge der Betriebsänderung können nicht nur finanziell kompensiert werden, sondern auch durch Maßnahmen, die dem Arbeitnehmer die Begründung eines neuen Arbeitsverhältnisses ermöglichen. Die Ermessensrichtlinien in § 112 Abs. 5 Satz 2 Nr. 2 und 2a geben hierfür ein Leitbild vor, in dem Maßnahmen zu einem »Transfer« in neue Arbeitsverhältnisse als vorrangige Instrumente erscheinen (s. insbesondere Rdn. 479 ff.). Dementsprechend ist nach der Rechtsprechung des *BAG* eine ausschließlich die Erben begünstigende Abfindung mit dem Zweck des Sozialplans nicht vereinbar (*BAG* 27.06.2006 EzA § 112 BetrVG 2001 Nr. 18 Rn. 15 = AP Nr. 180 zu § 112 BetrVG 1972). **141**

Eine völlige Abkehr von der **Entschädigungsfunktion** des Sozialplans ist nicht zu billigen. Es trifft zwar zu, dass hierin weder dessen ausschließlicher noch dessen vorrangiger Zweck besteht, wegen der allein maßgeblichen Legaldefinition in § 112 Abs. 1 Satz 2 ist aber nicht zu bestreiten, dass auch der Verlust des Arbeitsplatzes ein wirtschaftlicher Nachteil bzw. mit derartigen Einbußen verbunden sein kann. Diese Nachteile, die z. B. in einem Wegfall von Vergünstigungen bestehen können, sollen zumindest auch durch den Sozialplan ausgeglichen werden, insofern besitzt dieser neben der primären Überbrückungs- ebenfalls eine Entschädigungsfunktion (*v. Hoyningen-Huene* Anm. zu *BAG* 30.10.2001 AP Nr. 145 zu § 112 BetrVG 1972; *Kamanabrou* Arbeitsrecht, Rn. 2858; *Richardi* 7. Aufl., § 112 Rn. 53), die allerdings auf einen Ausgleich der in Zukunft eintretenden wirtschaftlichen Nachteile gerichtet ist. Dem trägt im Ansatz auch die neuere Rechtsprechung des *BAG* Rechnung, da sie den Verlust von Besitzständen als ausgleichsfähig ansieht, weil es sich bei ihm um einen auch nach dem **142**

Ausscheiden fortwirkenden Nachteil handelt (*BAG* 21.10.2003 EzA § 112 BetrVG 2001 Nr. 9 S. 4 = AP Nr. 163 zu § 112 BetrVG 1972 Bl. 2 R; s. a. *LAG Bremen* 27.04.2006 NZA-RR 2007, 68 [69 f.]).

c) Verknüpfung des Sozialplans mit einer geplanten Betriebsänderung

143 Nach der Legaldefinition in § 112 Abs. 1 Satz 2, auf der auch die Kompetenznorm der Einigungsstelle in § 112 Abs. 4 aufbaut (dazu auch Rdn. 367), muss sich der Sozialplan auf eine **geplante Betriebsänderung** beziehen. Für den **Regelfall** geht das Gesetz deshalb davon aus, dass dieser **vor der Durchführung der Betriebsänderung** aufgestellt wird (*BAG* 23.04.1985 EzA § 112 BetrVG 1972 Nr. 34 S. 239 = AP Nr. 26 zu § 112 BetrVG 1972 Bl. 4 R; *Däubler/DKKW* §§ 112, 112a Rn. 65; *Fabricius* 6. Aufl., §§ 112, 112a Rn. 26; *Hanau* ZfA 1974, 89 [109]; *Heither* AR-Blattei SD 530.14.5, Rn. 201; *Richardi/Annuß* § 112 Rn. 61). Trotz dieses Zeitpunkts müssen die auszugleichenden oder zu mildernden wirtschaftlichen Nachteile bei den Arbeitnehmern nicht bereits bei Abschluss eines Sozialplans eingetreten sein; es genügt, dass die geplante Betriebsänderung bei den betroffenen Arbeitnehmern möglicherweise zu wirtschaftlichen Nachteilen führt (*BAG* 23.04.1985 EzA § 112 BetrVG 1972 Nr. 34 S. 239 f. = AP Nr. 26 zu § 112 BetrVG 1972 Bl. 4 R = SAE 1985, 327 [*Reuter*]; *Richardi/Annuß* § 112 Rn. 61; *Weiss/Weyand* § 112 Rn. 17).

144 Wegen des für einen Sozialplan i. S. d. § 112 Abs. 1 Satz 2 konstitutiven Zusammenhangs mit einer geplanten Betriebsänderung kann ein **vorsorglicher Sozialplan** nicht über die Einigungsstelle erzwungen bzw. von dieser aufgestellt werden (*BAG* 26.08.1997 EzA § 112 BetrVG 1972 Nr. 96 S. 6 [*Löwisch/Flüchter*] = AP Nr. 117 zu § 112 BetrVG 1972 Bl. 2 R f. [*Meyer*]; 11.12.2007 EzA § 77 BetrVG 2001 Nr. 21 Rn. 34 = NZA-RR 2008, 298; 17.04.2012 EzA § 112 BetrVG 2001 Nr. 46 Rn. 23 = AP Nr. 218 zu § 112 BetrVG 1972 = NZA 2012, 1240; *Fabricius* 6. Aufl., §§ 112, 112a Rn. 26; *Gamillscheg* II, § 52, 6a [3]; *Gift* JArbR Bd. 15 [1977], 1978, S. 51 [59]; *Heither* AR-Blattei SD 530.14.5, Rn. 181; *Hohenstatt/Willemsen/HWK* § 112 BetrVG Rn. 31; *v. Hoyningen-Huene* Betriebsverfassungsrecht, § 15 IV 2; *Hromadka/Maschmann* Arbeitsrecht 2, § 16 Rn. 625; *Preis/Bender/WPK* §§ 112, 112a Rn. 26; *Richardi* 7. Aufl., § 112 Rn. 62; *Röder/Baeck/JRH* Kap. 28 Rn. 234; *Schweibert/WHSS* Kap. C Rn. 220). Erst wenn eine Betriebsänderung das Planungsstadium erreicht hat, entsteht das Beteiligungsrecht des Betriebsrats (s. § 111 Rdn. 196 ff.), so dass der Einigungsstelle auch erst ab diesem Zeitpunkt nach § 112 Abs. 4 Satz 2 die Rechtsmacht zuwächst, eine Einigung zwischen Unternehmer und Betriebsrat zu ersetzen. Aus diesem Grunde fehlt ihr ebenfalls die Kompetenz, einen **Dauer- oder Rahmensozialplan** aufzustellen (*BAG* 22.03.2016 EzA § 111 BetrVG 2001 Nr. 9 Rn. 12 = AP Nr. 71 zu § 111 BetrVG 1972 = NZA 2016, 895; *Galperin/Löwisch* § 112 Rn. 23a; *Richardi* 7. Aufl., § 112 Rn. 62; im Ergebnis auch *Preis/Bender/WPK* §§ 112, 112a Rn. 26, die jedoch dem Dauersozialplan ein anderes Begriffsverständnis unterlegen). Während bei einem »vorsorglichen Sozialplan« eine Betriebsänderung zeitlich unmittelbar bevorsteht, fehlt bei einem Dauer- oder Rahmensozialplan der Zusammenhang mit einer konkreten Betriebsänderung vollständig.

145 Die Vereinbarung **vorsorglicher Sozialpläne** oder von **Dauer- oder Rahmensozialplänen** sowie ein hierauf bezogenes **freiwilliges Einigungsstellenverfahren** (§ 76 Abs. 6) bleibt jedoch möglich. Überschreitet deren Inhalt nicht die Grenzen der Betriebsvereinbarungsautonomie, so können sie als **freiwillige Betriebsvereinbarungen** abgeschlossen werden (*BAG* 26.08.1997 EzA § 112 BetrVG 1972 Nr. 96 S. 8 [*Löwisch/Flüchter*] = AP Nr. 117 zu § 112 BetrVG 1972 Bl. 3 f. [*Meyer*]; 11.12.2001 AP Nr. 22 zu § 50 BetrVG 1972 Bl. 2 R; 22.07.2003 EzA § 112 BetrVG 2001 Nr. 7 S. 5 f. = AP Nr. 160 zu § 112 BetrVG 1972 Bl. 2 R f. sowie jüngst *BAG* 17.04.2012 EzA § 112 BetrVG 2001 Nr. 46 Rn. 23 = AP Nr. 218 zu § 112 BetrVG 1972 = NZA 2012, 1240; 22.03.2016 EzA § 111 BetrVG 2001 Nr. 9 Rn. 12 = AP Nr. 71 zu § 111 BetrVG 1972 = NZA 2016, 895; *Däubler* NZA 1985, 545 [547]; *Galperin/Löwisch* § 112 Rn. 23a; *Heither* AR-Blattei SD 530.14.5, Rn. 181; *v. Hoyningen-Huene* Betriebsverfassungsrecht, § 15 IV 2; *Löwisch* FS Dieterich, S. 345 [348]; *Matthes/MünchArbR* § 270 Rn. 5; *Ohl* Sozialplan, S. 63 f.; *Richardi/Annuß* § 112 Rn. 65; *Röder/Baeck/JRH* Kap. 28 Rn. 234; **a. M.** *Fuchs* Sozialplan, S. 94 f., der vorsorgliche Sozialpläne als unzulässig ansieht), unterliegen aber den dafür geltenden allgemeinen Schranken, insbesondere dem Tarifvorbehalt (§ 77 Abs. 3), da § 112 Abs. 1 Satz 4 dessen Anwendung nur für Sozialpläne i. S. d. § 112 Abs. 1 Satz 2 ausschließt (s. Rdn. 178). Zur Bedeutung »vorsorglicher Sozialpläne« für spätere Beteiligungsverfahren s. Rdn. 363.

Obwohl das BetrVG für den Regelfall davon ausgeht, dass der Sozialplan vor der Durchführung einer **146** Betriebsänderung aufgestellt wird, kann der Betriebsrat dessen Abschluss auch nachträglich verlangen, wenn der Unternehmer die **Betriebsänderung bereits durchgeführt** hat (*BAG* 20.04.1982 EzA § 112 BetrVG 1972 Nr. 25 S. 170 f. = AP Nr. 15 zu § 112 BetrVG 1972 Bl. 3; 27.06.2006 EzA § 112a BetrVG 2001 Nr. 2 Rn. 13 = AP Nr. 14 zu § 112a BetrVG 1972 = RdA 2007, 373 *[Reichold]*; *Däubler/DKKW* §§ 112, 112a Rn. 65; *Fitting* §§ 112, 112a Rn. 98; *Gift* JArbR Bd. 15 [1977], 1978, S. 51 [57]; *Hanau* ZfA 1974, 89 [109]; *Heither* AR-Blattei SD 530.14.5, Rn. 179, 232; *Hess/HWGNRH* § 112 Rn. 183; *v. Hoyningen-Huene* Betriebsverfassungsrecht, § 15 IV 4; *Preis/Bender/WPK* §§ 112, 112a Rn. 29; *Richardi/Annuß* § 112 Rn. 67 ff.).

Andernfalls könnte der Unternehmer die Aufstellung eines Sozialplans vereiteln, indem er den Be- **147** triebsrat übergeht. Seinen Zweck, die zukunftsbezogenen wirtschaftlichen Nachteile der Arbeitnehmer auszugleichen oder zu mildern, die ihnen infolge der Betriebsänderung entstehen, kann der Sozialplan unverändert noch erfüllen. Insbesondere kann er diejenigen Nachteile ausgleichen, mit deren Eintritt im Zeitpunkt der Betriebsänderung vernünftigerweise zu rechnen war; ein hiervon abweichender Verlauf der tatsächlichen Entwicklung ist nicht zwingend zu berücksichtigen, da die Reichweite des Mitbestimmungsrechts nicht davon abhängig sein kann, zu welchem Zeitpunkt es ausgeübt wird oder aus tatsächlichen Gründen erst ausgeübt werden kann (*BAG* 23.04.1985 EzA § 112 BetrVG 1972 Nr. 34 S. 240 = AP Nr. 26 zu § 112 BetrVG 1972 Bl. 4 R = SAE 1985, 327 *[Reuter]*). Von praktischer Bedeutung ist der **Abschluss eines nachträglichen Sozialplans** insbesondere, wenn der Unternehmer es unterlassen hat, vor Durchführung der Betriebsänderung mit dem Betriebsrat in Beratungen über einen Interessenausgleich einzutreten (im Ergebnis auch *Preis/Bender/WPK* §§ 112, 112a Rn. 29). Zum Verhältnis zwischen nachträglichem Sozialplan und Nachteilsausgleich nach § 113 Abs. 3 s. § 113 Rdn. 73 ff.

d) Personelle Grenzen der Sozialplangestaltung

aa) Arbeitnehmerbegriff

Den Abschluss eines Sozialplans beschränkt die Legaldefinition in § 112 Abs. 1 Satz 2 auf »Arbeitneh- **148** mer«. Mangels anderweitiger Anhaltspunkte umfasst die Regelungskompetenz im Rahmen der Sozialplangestaltung nur die **in § 5 Abs. 1 genannten Arbeitnehmer**. Das gilt unabhängig von ihrer Beschäftigungsdauer (*Galperin/Löwisch* § 112 Rn. 35) und ihrem Arbeitszeitvolumen (*Kania*/ErfK §§ 112, 112a BetrVG Rn. 19; *Preis/Bender/WPK* §§ 112, 112a Rn. 37). Gegebenenfalls ist der Sozialplan auch auf **Heimarbeiter** zu erstrecken (*Däubler/DKKW* §§ 112, 112a Rn. 88; *Fabricius* 6. Aufl., §§ 112, 112a Rn. 41; *Gamillscheg* II, § 52, 6b [5] [a]). Entsprechendes gilt für die in § 5 Abs. 1 Satz 3 genannten Personen (s. dazu *Raab* § 5 Rdn. 74 ff.), da diese kraft Fiktion (»gelten«) Arbeitnehmer i. S. d. BetrVG sind (s. aber einschränkend *Raab* § 5 Rdn. 100).

Auf Arbeitnehmer, die nicht dem Betrieb angehören, denen aber gleichwohl nach **§ 7 Satz 2** das **ak- 149 tive Wahlrecht** zusteht, erstreckt sich die Regelungsbefugnis der Betriebspartner nicht (s. a. *Kreutz* § 77 Rdn. 204 sowie *Raab* § 5 Rdn. 129; i. d. S. auch *Linsenmaier/Kiel* RdA 2014, 135 [157]). Das gilt insbesondere auch für einen Spruch der Einigungsstelle. Wirtschaftliche Nachteile, die infolge der Betriebsänderung bei dem Betrieb überlassenen Arbeitnehmern eintreten, kann diese nicht in die von ihr beschlossene Regelung einbeziehen. Zur Möglichkeit, durch freiwillige Zusagen einseitige Leistungsansprüche zugunsten Dritter zu begründen s. Rdn. 152 f.

bb) Leitende Angestellte

Ein Sozialplan gilt nicht für **leitende Angestellte i. S. d. § 5 Abs. 3**; Arbeitgeber und Betriebsrat **150** können diesen auch nicht mit den Rechtswirkungen einer Betriebsvereinbarung auf diese Personengruppe ausdehnen (*BAG* 31.03.1979 EzA § 112 BetrVG 1972 Nr. 17 S. 114 f. = AP Nr. 8 zu § 112 BetrVG 1972 Bl. 4 R = SAE 1980, 49 *[Löwisch/Hetzel]* = AR-Blattei Gleichbehandlung im Arbeitsverhältnis, Entsch. 54 *[Mayer-Maly]*; 16.07.1985 EzA § 112 BetrVG 1972 Nr. 38 S. 249 *[Mayer-Maly]* = AP Nr. 32 zu § 112 BetrVG 1972 Bl. 4 f. = SAE 1986, 75 *[Hromadka]*; *Bauer* DB 1994, 276 [277 f.]; *Etzel* Rn. 1082; *Fitting* §§ 112, 112a Rn. 119; *Fuchs* Sozialplan, S. 26; *Gamillscheg* II, § 52, 6b [5] [c]; *Gift* JArbR Bd. 15 [1977], 1978, S. 51 [67]; *Hanau* ZfA 1974, 89 [108]; *Heither* AR-Blattei SD

530.14.5, Rn. 239; *v. Hoyningen-Huene* Betriebsverfassungsrecht, § 15 IV 2; *Kania/* ErfK §§ 112, 112a BetrVG Rn. 19; *Löwisch* FS *Gerhard Müller*, S. 301 [305 ff.]; *Ohl* Sozialplan, S. 73; *Preis/Bender/WPK* §§ 112, 112a Rn. 36; *Richardi/Annuß* § 112 Rn. 74; *Schweibert/WHSS* Kap. C Rn. 293; *Weiss/Weyand* § 112 Rn. 20).

151 Nach § 28 SprAuG steht die Normsetzungszuständigkeit für leitende Angestellte ausschließlich dem **Sprecherausschuss** zu, der einen Sozialplan für leitende Angestellte jedoch nur auf freiwilliger Basis mit dem Unternehmer abschließen kann (s. § 111 Rdn. 6 sowie *BAG* 10.02.2009 EzA § 28 SprAuG Nr. 1 Rn. 23 ff. = AP Nr. 1 zu § 28 SpAuG = NZA 2009, 970). Rechtlich nicht zu beanstanden ist der Abschluss eines freiwilligen Sozialplans, der für alle Arbeitnehmer einschließlich der leitenden Angestellten gilt, wenn sowohl Betriebsrat als auch Sprecherausschuss diesen unterzeichnen (*Oetker* ZfA 1990, 43 [83 f.]; näher § 111 Rdn. 6 sowie exemplarisch *BAG* 10.02.2009 EzA § 28 SprAuG Nr. 1 Rn. 23 ff. = AP Nr. 1 zu § 28 SprAuG = NZA 2009, 970).

152 Sieht ein zwischen **Betriebsrat und Arbeitgeber abgeschlossener Sozialplan Leistungen für leitende Angestellte** i. S. d. § 5 Abs. 3 vor, so soll dieser nach der älteren Rechtsprechung des Bundesarbeitsgerichts als **Vertrag zugunsten Dritter** Ansprüche zugunsten der leitenden Angestellten begründen (*BAG* 31.01.1979 EzA § 112 BetrVG 1972 Nr. 17 S. 115 f. = AP Nr. 8 zu § 112 BetrVG 1972 Bl. 5 = SAE 1980, 49 *[Löwisch/Hetzel]* = AR-Blattei Gleichbehandlung im Arbeitsverhältnis, Entsch. 54 *[Mayer-Maly]* sowie aus neuerer Zeit noch *LAG Düsseldorf* 16.08.2005 – 3 Sa 269/05 – juris; ebenso im Schrifttum *Däubler/DKKW* §§ 112, 112a Rn. 92; *Etzel* Rn. 1082; *Weiss/Weyand* § 112 Rn. 20; mit Einschränkungen *Bauer* DB 1994, 274 [276], wenn in dem Betrieb kein Sprecherausschuss besteht; **a. M.** *Fabricius* 6. Aufl., §§ 112, 112a Rn. 65; *Matthes/* MünchArbR, 2. Aufl. 2000, § 362 Rn. 21; *Preis/Bender/WPK* §§ 112, 112a Rn. 36; *Richardi/Annuß* § 112 Rn. 74).

153 Dieser Bewertung steht entgegen, dass dem Betriebsrat für den Abschluss privatrechtlicher Verträge die Rechtsfähigkeit fehlt. Als Organ der Betriebsverfassung ist er lediglich teilrechtsfähig, wobei sich der Umfang nach der betriebsverfassungsrechtlichen Kompetenzordnung bestimmt (s. *Franzen* § 1 Rdn. 72 ff.; gegen die hiesigen Bedenken jedoch *Gamillscheg* II, § 52, 6b [5] [c]). Diese klammert die Personengruppe der leitenden Angestellten i. S. d. § 5 Abs. 3 jedoch ausdrücklich aus der Repräsentationsmacht des Betriebsrats aus. Da dem Betriebsrat für den Abschluss privatrechtlicher Verträge insoweit die Rechtsfähigkeit fehlt, scheidet auch eine **nachträgliche Genehmigung** i. S. d. § 177 BGB durch den bzw. die leitenden Angestellten aus (*Kessen* Der Inhalt des Sozialplans, S. 165 f.; *Preis/Bender/WPK* §§ 112, 112a Rn. 36; *Richardi/Annuß* § 112 Rn. 74; in diesem Sinne auch *Fitting* §§ 112, 112a Rn. 119; **a. M.** *Hanau* RdA 1979, 324 [329]; *Richardi* 7. Aufl., § 112 Rn. 74). Selbst ein Vertreter ohne Vertretungsmacht muss zumindest beschränkt geschäftsfähig sein (§ 165 BGB). In Bezug auf die leitenden Angestellten i. S. d. § 5 Abs. 3 fehlt dem Betriebsrat aber bereits die hierfür vorausgesetzte Rechtsfähigkeit. Die Erklärung des Arbeitgebers im Rahmen eines mit dem Betriebsrat abgeschlossenen Sozialplans kann jedoch i. S. eines **einseitigen Leistungsversprechens** zugunsten der leitenden Angestellten auszulegen sein bzw. in dieses umgedeutet werden (ähnlich *Richardi/Annuß* § 112 Rn. 74: Vertragsangebote an die leitenden Angestellten; ebenso *Gamillscheg* II, § 52, 6b [5] [c]; *Preis/Bender/WPK* §§ 112, 112a Rn. 36).

154 Der **arbeitsrechtliche Gleichbehandlungsgrundsatz** verpflichtet den Arbeitgeber nicht zur Leistung an leitende Angestellte, wenn andere Arbeitnehmer als Ausgleich für den Verlust des Arbeitsplatzes eine Abfindungszahlung erhalten (*BAG* 16.07.1985 EzA § 112 BetrVG 1972 Nr. 38 S. 251 ff. *[Mayer-Maly]* = AP Nr. 32 zu § 112 BetrVG 1972 Bl. 5 ff. = SAE 1986, 75 *[Hromadka]*; *Bauer* DB 1994, 274 [276]; *Etzel* Rn. 1082; *Fabricius* 6. Aufl., §§ 112, 112a Rn. 65; *Fitting* §§ 112, 112a Rn. 119; *v. Hoyningen-Huene* Betriebsverfassungsrecht, § 15 IV 2; *Kaven* Sozialplan, S. 29 f.; *Löwisch* FS *Gerhard Müller*, S. 301 [303 f.]; *Ohl* Sozialplan, S. 74; *Preis/Bender/WPK* §§ 112, 112a Rn. 36; *Richardi/Annuß* § 112 Rn. 75; *Schweibert/WHSS* Kap. C Rn. 293; *Willemsen/Tiesler* Interessenausgleich, Rn. 116; **a. M.** noch *BAG* 31.01.1979 EzA § 112 BetrVG 1972 Nr. 17 S. 117 ff. = AP Nr. 8 zu § 112 BetrVG 1972 Bl. 7 R ff. = SAE 1980, 49 *[Löwisch/Hetzel]* = AR-Blattei Gleichbehandlung im Arbeitsverhältnis, Entsch. 54 *[Mayer-Maly]* sowie im Schrifttum *Hanau* ZfA 1974, 89 [108]; zurückhaltend auch *Gamillscheg* II, § 52, 6b [5] [c]). Auch zum Abschluss eines Sozialplans mit dem Sprecherausschuss (s. § 111 Rdn. 6) ist der Arbeitgeber nicht verpflichtet (*Richardi/Annuß* § 112 Rn. 75; *Schweibert/WHSS* Kap. C Rn. 293).

cc) Betriebszugehörigkeit

Die von dem Sozialplan begünstigten Arbeitnehmer müssen **dem Betrieb angehören** (*Richardi / Annuß* § 112 Rn. 76; *Schweibert/WHSS* Kap. C Rn. 293). Nur für diese Arbeitnehmer ist der Betriebsrat mit dem Mandat ausgestattet, die infolge der Betriebsänderung eintretenden Nachteile auszugleichen oder zu mildern. Arbeitnehmer, deren **Arbeitsverhältnis bereits beendet** ist, können deshalb nicht in den Geltungsbereich eines Sozialplans einbezogen werden (*Preis / Bender / WPK* §§ 112, 112a Rn. 38; *Richardi/Annuß* § 112 Rn. 76). Es genügt allerdings, wenn zumindest im **Zeitpunkt der Betriebsänderung** ein Arbeitsverhältnis zu dem Betriebsinhaber bestand, da es zu dem Zweck des Sozialplans gehört, die Nachteile auszugleichen, die den Arbeitnehmern infolge der Betriebsänderung entstehen können. Ansprüche zugunsten ausgeschiedener Arbeitnehmer dürfen deshalb in einem Sozialplan vereinbart werden, wenn das Arbeitsverhältnis infolge einer Betriebsänderung endete, auf die sich der Sozialplan bezieht (*BAG* 10.08.1994 EzA § 112 BetrVG 1972 Nr. 76 S. 13 = AP Nr. 86 zu § 112 BetrVG 1972 Bl. 7 [*v. Hoyningen-Huene*] = SAE 1995, 304 [*Pottmeyer*]; *Fabricius* 6. Aufl., §§ 112, 112a Rn. 42; *Fuchs* Sozialplan S. 27; *Galperin / Löwisch* § 112 Rn. 32; *Gamillscheg* II, § 52, 6b [5] [b]; *Gift* JArbR Bd. 15 [1977], 1978, S. 51 [67]; *Hanau* ZfA 1974, 89 [107 f.]; *v. Hoyningen-Huene* Betriebsverfassungsrecht, § 15 IV 2; *Kaven* Sozialplan, S. 50; *Ohl* Sozialplan, S. 74 f.; *Preis / Bender / WPK* §§ 112, 112a Rn. 38; *Richardi / Annuß* § 112 Rn. 76).

155

Das ist insbesondere dann von praktischer Bedeutung, wenn der Sozialplan entgegen seinem gesetzlichen Leitbild erst nach Durchführung der Betriebsänderung zustande kommt (s. Rdn. 146). Soweit der Betriebsrat für ausgeschiedene Arbeitnehmer zuständig ist, erstreckt sich dies auch auf spätere Änderungen des Sozialplans, insbesondere wenn es wegen eines Wegfalls der Geschäftsgrundlage zu dessen Änderung kommt (ebenso *Preis / Bender / WPK* §§ 112, 112a Rn. 38; dazu auch Rdn. 241 ff.). Die Betriebszugehörigkeit ist darüber hinaus auch in den Fällen relevant, in denen der Sozialplan andere Personen begünstigen soll, die mit dem Rechtsträger des Betriebs nicht in einem Arbeitsverhältnis standen, wie z. B. solche, denen aufgrund ihrer Überlassung zur Arbeitsleistung nach § 7 Satz 2 das aktive Wahlrecht zusteht. Trotz fehlender Vereinbarungsbefugnis der Betriebspartner (s. Rdn. 149) bleibt die Möglichkeit, die vom Arbeitgeber freiwillig abgegebene Erklärung als einseitiges Leistungsversprechen auszulegen (s. a. Rdn. 153 a. E.).

156

e) Rechtsnatur des Sozialplans

Die Rechtsnatur des Sozialplans lässt sich dem BetrVG nicht eindeutig entnehmen. Aus der Anordnung in § 112 Abs. 1 Satz 3, dass dieser die Wirkungen einer Betriebsvereinbarung hat (dazu Rdn. 159 f.), folgert eine verbreitete Auffassung, dass der Sozialplan eine **Betriebsvereinbarung** ist (so *BAG* 24.03.1981 EzA § 112 BetrVG 1972 Nr. 22 S. 136 = AP Nr. 12 zu § 112 BetrVG 1972 Bl. 2 R [*Hilger*] = SAE 1982, 76 [*Mayer-Maly*]; 08.11.1988 EzA § 112 BetrVG 1972 Nr. 50 S. 4 = AP Nr. 48 zu § 112 BetrVG 1972 Bl. 2 R; 17.10.1989 EzA § 112 BetrVG 1972 Nr. 54 S. 5 = AP Nr. 53 zu § 112 BetrVG 1972 Bl. 3 R; 10.08.1994 EzA § 112 BetrVG 1972 Nr. 76 S. 6 = AP Nr. 86 zu § 112 BetrVG 1972 Bl. 4 [*v. Hoyningen-Huene*] = SAE 1995, 304 [*Pottmeyer*]; 30.11.1994 EzA § 112 BetrVG 1972 Nr. 80 S. 4 = AP Nr. 89 zu § 112 BetrVG 1972 Bl. 2; ebenso im Schrifttum *Fuchs* Sozialplan S. 14 ff.; *Galperin/Löwisch* § 112 Rn. 41; *Gamillscheg* II, § 52, 6b [1]; *Kania*/ErfK §§ 112, 112a BetrVG Rn. 13; *Matthes*/MünchArbR § 270 Rn. 28; *Ohl* Sozialplan, S. 66; *Preis /Bender/WPK* §§ 112, 112a Rn. 24; *Richardi/Annuß* § 112 Rn. 171; *Röder/Baeck /JRH* Kap. 28 Rn. 226; *Steffan*/HaKo §§ 112, 112a Rn. 62; im Hinblick auf generelle Regelungen auch *Hess/HWGNRH* § 112 Rn. 169).

157

Zuweilen wird der Sozialplan auch als »**Betriebsvereinbarung besonderer Art**« (so bereits *BAG* 27.08.1975 EzA § 4 TVG Bergbau Nr. 4 S. 3 = AP Nr. 2 zu § 112 BetrVG 1972 Bl. 2 [*Natzel*] sowie aus neuerer Zeit z. B. *BAG* 22.03.2005 EzA § 112 BetrVG 2001 Nr. 13 S. 3; 22.11.2005 EzA § 112 BetrVG 2001 Nr. 15 Rn. 21 = AP Nr. 176 zu § 112 BetrVG 1972; 19.12.2006 EzA § 4 TVG Ausschlussfristen Nr. 187 Rn. 19 = AP Nr. 17 zu § 1 TVG Tarifverträge: Versicherungsgewerbe; 13.02.2007 EzA § 112 BetrVG 2001 Nr. 20 Rn. 23 = AP Nr. 185 zu § 112 BetrVG 1972; 13.03.2007 EzA § 112 BetrVG 2001 Nr. 22 Rn. 11 = AP Nr. 183 zu § 112 BetrVG 1972; 28.03.2007 EzA § 112 BetrVG 2001 Nr. 23 Rn. 31 = AP Nr. 184 zu § 112 BetrVG 1972; 15.05.2007 ZIP 2007, 1575 [1576]; 06.11.2007 EzA § 112 BetrVG 2001 Nr. 25 Rn. 9 = AP Nr. 190 zu § 112 BetrVG 1972; 11.11.2008

158

EzA § 112 BetrVG 2001 Nr. 30 Rn. 12 = AP Nr. 196 zu § 112 BetrVG 1972; 26.05.2009 EzA § 112 BetrVG 2001 Nr. 31 Rn. 14 = AP Nr. 200 zu § 112 BetrVG 1972 = NZA 2009, 849; 15.03.2011 EzA § 112 BetrVG 2001 Nr. 40 Rn. 11 = AP Nr. 214 zu § 112 BetrVG 1972; 09.12.2014 EzA § 112 BetrVG 2001 Nr. 54 Rn. 14 = AP Nr. 228 zu § 112 BetrVG 1972 = NZA 2015, 557; 17.11.2015 AP Nr. 231 zu § 112 BetrVG Rn. 13; 15.11.2016 AP Nr. 38 zu § 1 TVG Vorruhestand Rn. 18 = NZA 2017, 264 sowie im Schrifttum z. B. *Fabricius* 6. Aufl., §§ 112, 112a Rn. 63; *v. Hoyningen-Huene* Betriebsverfassungsrecht, § 15 IV 2; *Hromadka / Maschmann* Arbeitsrecht 2, § 16 Rn. 623; *Spirolke/ NK-GA* § 112 BetrVG Rn. 41; *Stege / Weinspach / Schiefer* §§ 111–113 Rn. 97) oder sehr allgemein als »**privatrechtlicher Kollektivvertrag**« (*Hess / HWGNRH* § 112 Rn. 169) qualifiziert.

159 Die exakte dogmatische Einordnung ist vor allem deshalb von Bedeutung, weil § 112 Abs. 1 das Recht des Sozialplans nur lückenhaft ausgestaltet. Wird diesem die Rechtsnatur einer Betriebsvereinbarung zugesprochen, dann findet ergänzend § 77 Abs. 2 bis 6 unmittelbar Anwendung, sofern dem nicht § 112 Abs. 1 oder der Zweck des Sozialplans entgegensteht (*BAG* 17.10.1989 EzA § 112 BetrVG 1972 Nr. 54 S. 5 = AP Nr. 53 zu § 112 BetrVG 1972 Bl. 3 R; *Richardi / Annuß* § 112 Rn. 171; *Röder / Baeck / JRH* Kap. 28 Rn. 226). Bei einer eigenständigen dogmatischen Einordnung des Sozialplans sind demgegenüber stets die Voraussetzungen eines Analogieschlusses zu prüfen, wenn zur Schließung der trotz § 112 Abs. 1 verbleibenden Lücken auf § 77 bzw. allgemeine Grundsätze zur Betriebsvereinbarung zurückgegriffen werden soll.

160 Aus § 112 ist der Wille des Gesetzes abzuleiten, für den Sozialplan eine **eigenständige Regelung** aufzustellen. Weder die Bezugnahme auf § 112 Abs. 1 Satz 1 für das Schriftformerfordernis (»das gleiche gilt«) noch die Gleichstellung hinsichtlich der Rechtswirkungen in § 112 Abs. 1 Satz 3 wären erforderlich, wenn der Sozialplan eine Betriebsvereinbarung i. S. d. § 77 ist. Deshalb widerspricht es dem im Gesetz zum Ausdruck gelangten Willen des Gesetzgebers, den Sozialplan dogmatisch als »Betriebsvereinbarung« einzuordnen (zust. *Huth* Sozialplanänderungen, S. 27 ff.). Die aus § 112 Abs. 1 Satz 3 erkennbare Absicht, diesen mit einer Betriebsvereinbarung gleichzustellen, rechtfertigt es jedoch, den Sozialplan als eine »**Betriebsvereinbarung besonderer Art**« zu bewerten (a. M. *Huth* Sozialplanänderungen, S. 33; *Richardi / Annuß* § 112 Rn. 172) und auf diesen die **Regelungen und Grundsätze zur Betriebsvereinbarung entsprechend anzuwenden**. Methodisch ist dies allerdings nur statthaft, soweit § 112 lückenhaft ist und die Bestimmungen für die Betriebsvereinbarung aufgrund ihrer teleologischen Vergleichbarkeit auf den Sozialplan übertragbar sind (*Gift* JArbR Bd. 15 [1977], 1978, S. 51 [54]). Auch der hier befürwortete Standpunkt schließt deshalb eine entsprechende Anwendung der Bestimmungen und Grundsätze zur Betriebsvereinbarung aus, wenn dem der Zweck des Sozialplans entgegensteht.

f) Rechtswirkungen des Sozialplans

161 Wegen der Anordnung in § 112 Abs. 1 Satz 3 wirkt der Sozialplan i. S. d. Legaldefinition in § 112 Abs. 1 Satz 2 wie eine Betriebsvereinbarung. Die Bestimmungen des Sozialplans gelten für die von seinem Geltungsbereich erfassten Arbeitsverhältnisse deshalb unmittelbar und zwingend (§ 77 Abs. 4 Satz 1); sie begründen **Ansprüche zugunsten der Arbeitnehmer**, die diese direkt auf den Sozialplan als Anspruchsgrundlage stützen können (*BAG* 17.10.1989 EzA § 112 BetrVG 1972 Nr. 54 S. 5 = AP Nr. 53 zu § 112 BetrVG 1972 Bl. 3 R; *BGH* 15.11.2000 NJW 2001, 439 [440]; *Etzel* Rn. 1076; *Fabricius* 6. Aufl., §§ 112, 112a Rn. 72; *Friedemann* Verfahren der Einigungsstelle, Rn. 445; *Fuchs* Sozialplan, S. 16; *Galperin / Löwisch* § 112 Rn. 60; *Gamillscheg* II, § 52, 6b [1]; *v. Hoyningen-Huene* Betriebsverfassungsrecht, § 15 IV 2; *Hromadka / Maschmann* Arbeitsrecht 2, § 16 Rn. 624; *Kaven* Sozialplan, S. 125; *Matthes* / MünchArbR § 270 Rn. 29; *Ohl* Sozialplan, S. 65; *Preis / Bender / WPK* §§ 112, 112a Rn. 24; *Röder / Baeck / JRH* Kap. 28 Rn. 229; *Rumpff / Boewer* Wirtschaftliche Angelegenheiten, Kap. I Rn. 69; *Schweibert / WHSS* Kap. C Rn. 337). Wegen dieser Rechtswirkung des Sozialplans steht dem **Betriebsrat kein eigener Anspruch** gegen den Unternehmer auf Erfüllung von Ansprüchen der Arbeitnehmer zu (*BAG* 17.10.1989 EzA § 112 BetrVG 1972 Nr. 54 S. 4 = AP Nr. 53 zu § 112 BetrVG 1972 Bl. 3 R; *Preis / Bender / WPK* §§ 112, 112a Rn. 24; *Gamillscheg* II, § 52, 6b [1]; *Richardi / Annuß* § 112 Rn. 173; *Willemsen / Hohenstatt* NZA 1997, 345 [346]).

162 Die unmittelbare und zwingende Wirkung des Sozialplans tritt allerdings nur ein, wenn diesem **kein abweichender Wille** der Vereinbarungsparteien zu entnehmen ist. Wegen der in § 112 Abs. 1 Satz 3

angeordneten Gleichstellung mit der Betriebsvereinbarung muss dieser jedoch in dem Wortlaut der Urkunde einen hinreichend deutlichen **Anklang** gefunden haben (*LAG Düsseldorf* 22.02.2002 LAGE § 112 BetrVG 2001 Nr. 1 S. 6 sowie bereits *Gift* JArbR Bd. 15 [1977], 1978, S. 51 [68], der aber im Gegensatz zur hiesigen Auffassung erkennbare Anhaltspunkte für eine normative Regelung verlangt, was jedoch § 112 Abs. 1 Satz 3 widerspricht).

Aufgrund der unmittelbaren bzw. normativen Wirkung des Sozialplans gelten für diesen dieselben **163 Auslegungsgrundsätze** wie für die Betriebsvereinbarung. Die diesbezüglich von der überwiegenden Ansicht favorisierte Übertragung der Grundsätze, die für die Auslegung von Tarifnormen praktiziert werden (s. näher *Kreutz* § 77 Rdn. 71 ff.), beruhen auf der Normativität der Regelung und sind aufgrund der Gleichstellung in § 112 Abs. 1 Satz 3 auch für die Auslegung von Sozialplänen heranzuziehen.

Dies entspricht der st. Rspr. des **BAG** (so bereits *BAG* 27.08.1975 EzA § 4 TVG Bergbau Nr. 4 S. 2 = **164** AP Nr. 2 zu § 112 BetrVG 1972 Bl. 2 *[Natzel]* sowie aus neuerer Zeit *BAG* 22.03.2005 EzA § 112 BetrVG 2001 Nr. 13 S. 3; 22.11.2005 EzA § 112 BetrVG 2001 Nr. 15 Rn. 21 = AP Nr. 176 zu § 112 BetrVG 1972; 14.11.2006 EzA § 112 BetrVG 2001 Nr. 19 Rn. 22 = AP Nr. 181 zu § 112 BetrVG 1972; 19.12.2006 EzA § 4 TVG Ausschlussfristen Nr. 187 Rn. 19 = AP Nr. 17 zu § 1 TVG Tarifverträge: Versicherungsgewerbe; 13.02.2007 EzA § 112 BetrVG 2001 Nr. 20 Rn. 23 = AP Nr. 185 zu § 112 BetrVG 1972; 13.03.2007 EzA § 112 BetrVG 2001 Nr. 22 Rn. 11 = AP Nr. 183 zu § 112 BetrVG 1972; 28.03.2007 EzA § 112 BetrVG 2001 Nr. 23 Rn. 31 = AP Nr. 184 zu § 112 BetrVG 1972; 15.05.2007 ZIP 2007, 1575 [1576]; 06.11.2007 EzA § 112 BetrVG 2001 Nr. 25 Rn. 9; 15.04.2008 AP Nr. 42 zu § 77 BetrVG 1972 Betriebsvereinbarung Rn. 17; 30.09.2008 EzA § 112 BetrVG 2001 Nr. 29 Rn. 21 = AP Nr. 197 zu § 112 BetrVG 1972; 11.11.2008 EzA § 112 BetrVG 2001 Nr. 30 Rn. 12 = AP Nr. 196 zu § 112 BetrVG 1972; 26.05.2009 EzA § 112 BetrVG 2001 Nr. 31 Rn. 14 = AP Nr. 200 zu § 112 BetrVG 1972 = NZA 2009, 849; 15.03.2011 EzA § 112 BetrVG 2001 Nr. 40 Rn. 11 = AP Nr. 214 zu § 112 BetrVG 1972; 13.10.2015 AP Nr. 230 zu § 112 BetrVG 1972 Rn. 18 = NZA-RR 2016, 585; 17.11.2015 AP Nr. 231 zu § 112 BetrVG 1972 Rn. 13; 15.11.2016 AP Nr. 38 zu § 1 TVG Vorruhestand Rn. 18 = NZA 2017, 264) sowie der Rspr. der **Instanzgerichte** (s. für diese z. B. *LAG Berlin* 09.12.1992 LAGE § 112 BetrVG 1972 Nr. 25 S. 5; *LAG Berlin-Brandenburg* 09.06.2015 – 11 Sa 302/15 – BeckRS 2015, 71355; *LAG Düsseldorf* 22.02.2002 LAGE § 112 BetrVG 2001 Nr. 1 S. 4 f.; 30.04.2014 – 7 Sa 1160/13 – BeckRS 2014, 70464; *LAG Hamm* 14.04.2003 NZA-RR 2003, 584 [585]; 07.07.2004 LAGR 2005, 116 [117]; *Hess. LAG* 19.05.1998 LAGE § 112 BetrVG 1972 Nr. 46 S. 1 f.; *LAG München* 25.11.1987 LAGE § 112 BetrVG 1972 Nr. 10 S. 3 f.; *LAG Niedersachsen* 17.10.2011 – 8 Sa 387/11 – juris; *LAG Rheinland-Pfalz* 07.03.2013 – 10 Sa 496/12 Rn. 65 – juris; 20.08.2015 – 2 Sa 70/15 – BeckRS 2015, 73662) und hat auch im **Schrifttum** verbreitet Zustimmung gefunden (s. z B. *Däubler*/DKKW §§ 112, 112a Rn. 64; *Fitting* §§ 112, 112a Rn. 175; *Galperin*/*Löwisch* § 112 Rn. 46; *Gamillscheg* II, § 52, 6b [3]; *Gift* JArbR Bd. 15 [1977], 1978, S. 51 [68]; *Heither* AR-Blattei SD 530.14.5, Rn. 240; *Preis*/*Bender*/WPK § 112, 112a Rn. 24; *Richardi*/*Annuß* § 112 Rn. 174; *Schweibert*/WHSS Kap. C Rn. 337; *Spirolke*/NK-GA § 112 BetrVG Rn. 41; *Steffan*/HaKo §§ 112, 112a Rn. 67; *Stege*/*Weinspach*/*Schiefer* §§ 111–113 Rn. 97; kritisch im Hinblick auf die untergeordnete Bedeutung des Parteiwillens *Bartholomä* BB 2005, 100 ff.).

Keine Bedeutung für die Auslegung des Sozialplans hat die **Unklarheitregel in § 305c Abs. 2 BGB**, **165** da § 112 Abs. 1 Satz 3 den Sozialplan einer Betriebsvereinbarung gleichstellt und dieser deshalb in die Bereichsausnahme des § 310 Abs. 4 Satz 1 BGB einbezogen ist (*LAG Rheinland-Pfalz* 07.03.2013 – 10 Sa 496/12 Rn. 61 – juris). Diese erstreckt sich pauschal auf Betriebsvereinbarungen, ist aber jedenfalls analog auch auf solche Vereinbarungen zwischen den Betriebsparteien anzuwenden, die das Gesetz einer Betriebsvereinbarung gleichstellt (ebenso im Ergebnis *Hess. LAG* 21.02.2006 – 4/8 Sa 743/05 – juris, das sich zur Begründung jedoch [verfehlt] auf § 310 Abs. 4 Satz 3 BGB stützt; treffend demgegenüber *LAG Rheinland-Pfalz* 07.03.2013 – 10 Sa 496/12 Rn. 61 – juris: § 310 Abs. 4 Satz 1 BGB).

Sind **einzelne Bestimmungen** eines Sozialplans **unwirksam** oder **nichtig**, dann ist regelmäßig **166** nicht der gesamte Sozialplan rechtsunwirksam. Die Auswirkungen einer Teilnichtigkeit auf den Sozialplan beurteilen sich **nicht** nach **§ 139 BGB** (so aber *BAG* 24.08.2004 EzA § 112 BetrVG 1972 Nr. 12 S. 16 = AP Nr. 174 zu § 112 BetrVG 1972 Bl. 7 f. *[Meyer]*; 19.02.2008 EzA § 112 BetrVG 2001 Nr. 26 Rn. 40 = AP Nr. 191 zu § 112 BetrVG 1972, die sich jeweils auf den Rechtsgedanken des § 139 BGB stützen), sondern nach den Regeln für **teilnichtige Betriebsvereinbarungen** (zu diesen s. *Kreutz* § 77 Rdn. 66). Von der Unwirksamkeits- oder Nichtigkeitsnorm nicht berührte Teile des Sozialplans bleiben deshalb bestehen, wenn dieser auch ohne die unwirksamen oder nichtigen Teile durchgeführt werden kann (*BAG* 20.12.1983 AP Nr. 17 zu § 112 BetrVG 1972 Bl. 2 R = SAE 1985, 263 *[Hanau]* = AR-Blattei Sozialplan, Entsch. 19 *[Löwisch]*; 27.10.1987 EzA § 112 BetrVG 1972 Nr. 41 S. 18 = AP Nr. 41 zu § 112 BetrVG 1972 Bl. 7 R = SAE 1988, 262 *[Blomeyer]* = AR-Blattei Sozialplan, Entsch. 30 *[Hanau]*; 26.06.1990 EzA § 112 BetrVG 1972 Nr. 55 S. 7 = AP Nr. 56 zu § 112 BetrVG 1972 Bl. 3 R = SAE 1991, 172 *[Rieble]*; 21.09.1999 EzA § 112 BetrVG 1972 Nr. 105 S. 7 f.; 24.08.2004 EzA § 112 BetrVG 2001 Nr. 12 S. 17 = AP Nr. 174 zu § 112 BetrVG 1972 Bl. 7 f. *[Meyer]*; 19.02.2008 EzA § 112 BetrVG 2001 Nr. 26 Rn. 40 = AP Nr. 112 zu § 112 BetrVG 1972 *[Richardi]*; *LAG* Niedersachsen 24.09.2009 ZIP 2010, 442 [445 f.]).

167 Eine **Ausnahme** gilt nur, wenn der unwirksame Teil für die Gesamtregelung so wesentlich ist, dass ohne diesen keine sinnvolle und in sich geschlossene Regelung vorliegt (*BAG* 25.01.2000 EzA § 112 BetrVG 1972 Nr. 106 S. 8 f. = AP Nr. 137 zu § 112 BetrVG 1972 Bl. 4; 21.10.2003 EzA § 112 BetrVG 2001 Nr. 9 S. 5 = AP Nr. 163 zu § 112 BetrVG 1972 Bl. 3; 24.08.2004 EzA § 112 BetrVG 2001 Nr. 12 S. 16 = AP Nr. 174 zu § 112 BetrVG 1972 Bl. 7 f. *[Meyer]*; 19.02.2008 EzA § 112 BetrVG 2001 Nr. 26 Rn. 40 = AP Nr. 191 zu § 112 BetrVG 1972 *[Richardi]*). Zu den Auswirkungen auf das **Dotierungsvolumen** s. Rdn. 393.

168 Die zwingende Wirkung des Sozialplans schließt abweichende **Individualabsprachen** nicht aus. Allerdings sind diese nur rechtswirksam, wenn sie für den Arbeitnehmer **günstiger** sind (*BAG* 27.01.2004 EzA § 77 BetrVG 2001 Nr. 7 S. 7 f. = AP Nr. 166 zu § 112 BetrVG 1972 Bl. 3 R; *Däubler/DKKW* §§ 112, 112a Rn. 64; *Fitting* §§ 112, 112a Rn. 180; *Fuchs* Sozialplan, S. 36 f.; *Galperin/Löwisch* § 112 Rn. 57; *Hess/HWGNRH* § 112 Rn. 210; *Kaven* Sozialplan, S. 126 f.; *Richardi/Annuß* § 112 Rn. 176; *Schweibert/WHSS* Kap. C Rn. 337; *Steffan/HaKo* §§ 112, 112a Rn. 63), da sich die Gleichstellung in § 112 Abs. 1 Satz 3 auch auf das für die Betriebsvereinbarung geltende Verhältnis von Individual- und Kollektivautonomie erstreckt (*BAG* 27.01.2004 EzA § 77 BetrVG 2001 Nr. 7 S. 7 = AP Nr. 166 zu § 112 BetrVG 1972 Bl. 3 R sowie näher *Kreutz* § 77 Rdn. 260 ff.). Für das Verhältnis zwischen Sozialplan und Individualabsprache gilt deshalb das **Günstigkeitsprinzip**, so dass ein Sozialplan zuvor getroffene günstigere Individualabsprachen nicht ablöst (*LAG München* 25.11.1987 LAGE § 112 BetrVG 1972 Nr. 10 S. 4).

169 Die Gleichstellung mit der Betriebsvereinbarung gilt auch für die **Voraussetzungen, unter denen ein Verzicht** auf Rechte zulässig ist, die in einem Sozialplan zugunsten der Arbeitnehmer begründet sind. Über § 112 Abs. 1 Satz 3 gelten die Schranken des **§ 77 Abs. 4 Satz 2** (Zustimmung des Betriebsrats) entsprechend (*BAG* 28.04.1993 EzA § 112 BetrVG 1972 Nr. 68 S. 9 = AP Nr. 67 zu § 112 BetrVG 1972 Bl. 4 = AR-Blattei ES 260, Entsch. 1 *[Buschbeck-Bülow]*; 27.01.2004 EzA § 77 BetrVG 2001 Nr. 7 S. 6 f. = AP Nr. 166 zu § 112 BetrVG 1972 Bl. 3; *LAG Hamm* 02.02.2012 – 11 Sa 79/11 – juris; *Thür. LAG* 20.06.1994 LAGE § 112 BetrVG 1972 Nr. 34 S. 4 f.; *Fitting* §§ 112, 112a Rn. 180; *Galperin/Löwisch* § 112 Rn. 48; *Gift* JArbR Bd. 15 [1977], 1978, S. 51 [68]; *Kania/ErfK* §§ 112, 112a Rn. 13; *Kaven* Sozialplan, S. 127; *Matthes/MünchArbR* § 270 Rn. 29; *Richardi/Annuß* § 112 Rn. 176; *Rumpff/Boewer* Wirtschaftliche Angelegenheiten, Kap. I Rn. 69; *Steffan/HaKo* §§ 112, 112a Rn. 63).

170 Der Verzicht auf eine Sozialplanabfindung in einem **Aufhebungsvertrag** ist deshalb unwirksam (*BAG* 28.04.1993 EzA § 112 BetrVG 1972 Nr. 68 S. 9 = AP Nr. 67 zu § 112 BetrVG 1972 Bl. 4 = AR-Blattei ES 260, Entsch. 1 *[Buschbeck-Bülow]*), sofern es sich nicht um einen **Tatsachenvergleich** handelt (*BAG* 31.07.1996 EzA § 112 BetrVG 1972 Nr. 88 S. 4 = AP Nr. 63 zu § 77 BetrVG 1972 Bl. 2) oder der Arbeitnehmer statt dessen eine günstigere Leistung erhält (*BAG* 27.01.2004 EzA § 77 BetrVG 2001 Nr. 7 S. 7 f. = AP Nr. 166 zu § 112 BetrVG 1972 Bl. 3 R f.; *ArbG Köln* 25.11.2004 AuR 2005, 165).

171 **Ausschlussfristen** sind analog § 77 Abs. 4 Satz 4 zulässig, können bezüglich Ansprüchen aus einem Sozialplan aber nicht rechtswirksam in einem Individualarbeitsvertrag vereinbart werden (*BAG* 13.10.2015 AP Nr. 230 zu § 112 BetrVG 1972 Rn. 38 = NZA-RR 2016, 585). Wegen der entsprechenden Anwendung des § 77 Abs. 4 Satz 4 können sie nicht nur in einer »Betriebsvereinbarung«,

sondern **auch in einem Sozialplan** selbst enthalten sein (*Däubler/DKKW* §§ 112, 112a Rn. 209; *Fitting* §§ 112, 112a Rn. 196; *Gift* JArbR Bd. 15 [1977], 1978, S. 51 [68]; *Heither* AR-Blattei SD 530.14.5, Rn. 243; *Hohenstatt/Willemsen/HWK* § 112 BetrVG Rn. 82; *Hromadka/Maschmann* Arbeitsrecht 2, § 16 Rn. 624; *Löwisch/LK* § 112 Rn. 77). Daneben finden die in einem **Tarifvertrag** geregelten Ausschlussfristen auch auf Ansprüche aus einem Sozialplan Anwendung (*BAG* 30.11.1994 EzA § 4 TVG Ausschlussfristen Nr. 108 S. 1 f. = AP Nr. 88 zu § 112 BetrVG 1972 Bl. 2; 27.03.1996 EzA § 4 TVG Ausschlussfristen Nr. 123 S. 2 = AP Nr. 134 zu § 4 TVG Ausschlussfristen Bl. 1 R; 27.01.2004 EzA § 77 BetrVG 2001 Nr. 7 S. 10 = AP Nr. 166 zu § 112 BetrVG 1972 Bl. 4 R f.; 13.02.2007 EzA § 47 BetrVG 2001 Nr. 4 Rn. 33 = AP Nr. 17 zu § 47 BetrVG 1972; *LAG* Hamm 10.10.2007 – 2 Sa 429/07 – juris; *LAG* München 09.05.2006 – 8 Sa 29/06 – juris; *Däubler/DKKW* §§ 112, 112a Rn. 209; *Etzel* Rn. 1078; *Fitting* §§ 112, 112a Rn. 197; *Heither* AR-Blattei SD 530.14.5, Rn. 243; *v. Hoyningen-Huene* Betriebsverfassungsrecht, § 15 IV 2; *Löwisch/LK* § 112 Rn. 77; *Matthes/*MünchArbR § 270 Rn. 29; *Preis/Bender/WPK* §§ 112, 112a Rn. 24; *Richardi/Annuß* § 112 Rn. 182), sofern die jeweilige Tarifnorm für das Arbeitsverhältnis kraft beiderseitiger Tarifgebundenheit oder einzelvertraglicher Bezugnahme gilt. Allerdings kann sich aus einer Auslegung der jeweiligen tarifvertraglichen Norm auch ein gegenteiliges Ergebnis ergeben (s. exemplarisch *BAG* 13.02.2007 EzA § 47 BetrVG 2001 Nr. 4 Rn. 33 = AP Nr. 17 zu § 47 BetrVG 1972).

Endet der Sozialplan, dann können dessen Rechtsnormen **Nachwirkung** entfalten; § 77 Abs. 6 findet entsprechende Anwendung (*BAG* 24.03.1981 EzA § 112 BetrVG 1972 Nr. 22 S. 137 = AP Nr. 12 zu § 112 BetrVG 1972 Bl. 3 *[Hilger]* = SAE 1982, 76 *[Mayer-Maly]*; 10.08.1994 EzA § 112 BetrVG 1972 Nr. 76 S. 5 = AP Nr. 86 zu § 112 BetrVG 1972 Bl. 4 R f. *[v. Hoyningen-Huene]* = SAE 1995, 304 *[Pottmeyer]*; *Fuchs* Sozialplan, S. 119; *Meyer* NZA 1997, 289 [290]; *Richardi/Annuß* § 112 Rn. 184; *Teubner* BB 1974, 982 [987]; im Ergebnis auch *Preis/Bender/WPK* §§ 112, 112a Rn. 24, die eine unmittelbare Anwendung des § 77 Abs. 6 befürworten). 172

Das gilt allerdings nur, wenn es sich um einen über die Einigungsstelle **erzwingbaren Sozialplan** handelt (§ 112 Abs. 4); in den Ausnahmefällen des § 112a (dazu Rdn. 314 ff.) sowie bei einem nur freiwillig abschließbaren »vorsorglichen Sozialplan« (s. Rdn. 144) scheidet eine analoge Anwendung des § 77 Abs. 6 deshalb aus (*Hartung* DB 1976, 2064 [2065]; *Meyer* NZA 1997, 289 [290]; *Preis/Bender/WPK* §§ 112, 112a Rn. 24, 26; *Richardi/Annuß* § 112 Rn. 184). Ferner kann eine ausdrückliche Abrede in dem Sozialplan die Nachwirkung in den übrigen Fällen ausschließen (s. a. *Kreutz* § 77 Rdn. 474), gegebenenfalls ist dies auch dem Zweck der beendeten Sozialplanbestimmung zu entnehmen (zust. *Preis/Bender/WPK* §§ 112, 112a Rn. 24). Bei einem Sozialplan, dessen Aufstellung nicht durch einen Spruch der Einigungsstelle erzwungen werden kann, ist § 77 Abs. 6 nicht analog anwendbar, vielmehr bedarf es einer ausdrücklichen Abrede, wenn die **Bestimmungen eines freiwilligen Sozialplans** Nachwirkung entfalten sollen (s. *Kreutz* § 77 Rdn. 469 ff.). 173

g) Verhältnis zum Tarifvertrag

Für das Verhältnis zwischen Sozialplan und Tarifvertrag erklärt § 112 Abs. 1 Satz 4 den Tarifvorbehalt in § **77 Abs. 3** für **nicht anwendbar**. Deshalb darf ein Sozialplan Regelungen treffen, die in einem für den Betrieb geltenden Tarifvertrag enthalten sind. Das betrifft insbesondere **tarifvertragliche Rationalisierungsschutzabkommen**, die zum Ausgleich für rationalisierungsbedingte Arbeitsplatzverluste häufig Abfindungszahlungen vorsehen, ferner tarifvertragliche Versetzungsklauseln und Kündigungsbeschränkungen. 174

Da § 112 Abs. 1 Satz 4 ausdrücklich die Sperrwirkung des Tarifvorbehalts aufhebt, erkennt das Gesetz indirekt an, dass es zu einer Konkurrenz zwischen Sozialplänen und Tarifverträgen mit Inhalten kommen kann, die auch Gegenstand von Sozialplänen sind (ebenso *BAG* 24.04.2007 EzA Art. 9 GG Arbeitskampf Nr. 139 Rn. 83 = AP Nr. 2 zu § 1 TVG Sozialplan *[Fischinger]*; 15.04.2015 EzA Art. 9 GG Nr. 109 Rn. 65 = AP Nr. 57 zu § 3 TVG = NZA 2015, 1388; 21.01.2016 – 4 AZR 830/13 – BeckRS 2016, 68726 Rn. 26; 13.04.2016 – 4 AZR 8/14 – juris; *Bauer/Krieger* NZA 2004, 1019 [1022]; *Fischinger* Arbeitskämpfe bei Standortverlagerung und -schließung [Diss. Regensburg], 2006, S. 128 ff.; *Kania/* ErfK §§ 112, 112a BetrVG Rn. 13; *Kühling/Bertelsmann* NZA 2005, 1017 [1018 f.]; *Löwisch* DB 2005, 554 [557 f.]; *Reichold* BB 2004, 2814 [2817]; *Thüsing/Ricken* JArbR Bd. 42 [2004], 2005, 113 [122 f.]; **a. M.** *Lobinger* in: *Rieble* [Hrsg.], Zukunft des Arbeitskampfes, 2005, S. 55 [80 ff.]; *Nicolai* 175

Anm. zu *LAG Schleswig-Holstein* 27.03.2003 und *LAG Niedersachsen* 02.06.2004 SAE 2004, 240 [248 ff.]). Andernfalls wäre es überflüssig, im Hinblick auf derartige tarifvertragliche Regelungsinhalte die Sperrwirkung des Tarifvorbehalts auszuheben (treffend *BAG* 06.12.2006 EzA § 112 BetrVG 2001 Nr. 21 Rn. 30 = AP Nr. 1 zu § 1 TVG Sozialplan *[Rieble]*; 24.04.2007 EzA Art. 9 GG Arbeitskampf Nr. 139 Rn. 83 = AP Nr. 2 zu § 1 TVG Sozialplan *[Fischinger]*). Der Tarifvorbehalt soll nicht die Regelungsbefugnis der Tarifvertragsparteien, sondern diejenige der Betriebspartner im Interesse und zum Schutz der Tarifautonomie einschränken. Aus diesem Grunde bezweckt die Aufhebung des Tarifvorbehalts durch § 112 Abs. 1 Satz 4 eine Erweiterung der Betriebsautonomie ohne zugleich die auf anderer Rechtsgrundlage (s. § 1 Abs. 1 TVG) begründete tarifvertragliche Normsetzung einzuschränken (*BAG* 24.04.2007 EzA Art. 9 GG Arbeitskampf Nr. 139 Rn. 83 = AP Nr. 2 zu § 1 TVG Sozialplan *[Fischinger]*; 15.04.2015 EzA Art. 9 GG Nr. 109 Rn. 65 f. = AP Nr. 57 zu § 3 TVG = NZA 2015, 1388). Etwas anderes gilt nur dann, wenn der Tarifvertrag sein Zurücktreten hinter einem Sozialplan selbst vorsieht (s. Rdn. 182). Zu Anrechnungsklauseln s. Rdn. 392.

176 Die Sperrwirkung des Tarifvorbehalts hebt § 112 Abs. 1 Satz 4 nicht nur im Hinblick auf **Verbandstarifverträge** auf; entsprechendes gilt für einen vom Arbeitgeber abgeschlossenen **Firmentarifvertrag** (*BAG* 13.04.1994 EzA § 4 TVG Metallindustrie Nr. 98 S. 9 f. = AP Nr. 119 zu § 1 TVG Tarifverträge: Metallindustrie Bl. 4 R; 06.12.2006 EzA § 112 BetrVG 2001 Nr. 21 Rn. 30 = AP Nr. 1 zu § 1 TVG Sozialplan *[Rieble]*; *Däubler/DKKW* §§ 112, 112a Rn. 114; *Löwisch* FS Dieterich, S. 345 [350]; *Preis/Bender/WPK* §§ 112, 112a Rn. 24). Die Durchführungspflicht aus dem Firmentarifvertrag steht dem nicht entgegen, da diese nicht die Rechtsmacht der Betriebspartner zum Abschluss eines Sozialplans aufhebt; entsprechendes gilt für die Einigungsstelle, wenn sie mit ihrem Spruch einen Sozialplan aufstellt. Die zwingende Wirkung des Firmentarifvertrags verhindert jedoch die Aufnahme ungünstigerer Bestimmungen in einen Sozialplan (s. Rdn. 181). Da § 112 Abs. 1 Satz 4 ausdrücklich die Anwendung des § 77 Abs. 3 ausschließt, steht auch eine **tarifübliche Regelung** dem rechtswirksamen Abschluss eines Sozialplans nicht entgegen (*Gift* JArbR Bd. 15 [1977], 1978, S. 51 [68]).

177 Die Aufhebung des Tarifvorbehalts in § 112 Abs. 1 Satz 4 kann nicht durch eine entsprechende Anwendung des **Tarifvorrangs in § 87 Abs. 1** unterlaufen werden (*Galperin/Löwisch* § 112 Rn. 52; *Kaven* Sozialplan, S. 69 f.; *Ohl* Sozialplan, S. 70; *Richardi/Annuß* § 112 Rn. 178; **a. M.** *Hanau* ZfA 1974, 89 [106 f.]). Das gilt auch, wenn die **Einigungsstelle** den Sozialplan nach § 112 Abs. 4 aufstellt (s. a. Rdn. 293 ff.). Hierzu ist die Einigungsstelle selbst dann berechtigt, wenn der Arbeitgeber an die Bestimmungen des Verbands- oder Firmentarifvertrags gebunden ist und damit in dem Betrieb eine tarifliche Regelung i. S. d. § 87 Abs. 1 Einleitungssatz besteht. Allerdings ist die Einigungsstelle bei der Aufstellung eines Sozialplans auf den Ausgleich oder die Milderung wirtschaftlicher Nachteile beschränkt. Werden diese durch entsprechende tarifvertragliche Ansprüche (z. B. Abfindungszahlungen) bereits hinreichend ausgeglichen, so überschreitet die Einigungsstelle die funktionalen Schranken des Sozialplans, wenn ein von ihr aufgestellter Sozialplan Leistungen vorsieht, die gemeinsam mit den tarifvertraglichen Ansprüche über den Ausgleich der wirtschaftlichen Nachteile hinausgehen (treffend *BAG* 24.04.2007 EzA Art. 9 GG Arbeitskampf Nr. 139 Rn. 85 = AP Nr. 2 zu § 1 TVG Sozialplan *[Fischinger]*; s. a. Rdn. 178).

178 Der Ausschluss des § 77 Abs. 3 bezieht sich auf alle **Sozialpläne i. S. d. Legaldefinition in § 112 Abs. 1 Satz 2**. Erfüllt er die dort genannten Voraussetzungen, dann ist es bedeutungslos, ob er über die Einigungsstelle erzwingbar ist (*Richardi/Annuß* § 112 Rn. 180; **a. M.** *Richardi* 7. Aufl., § 112 Rn. 145: nur für den erzwingbaren Sozialplan). Die Anwendung des Tarifvorbehalts in § 77 Abs. 3 unterbleibt deshalb auch dann, wenn der Sozialplan wegen der **Ausnahmetatbestände in § 112a** nicht durch einen Spruch der Einigungsstelle aufgestellt werden kann; die Inhaltsschranken der Legaldefinition in § 112 Abs. 1 Satz 2 bleiben aber auch in dieser Konstellation zu beachten.

179 Geht der »Sozialplan« über den Ausgleich oder die Milderung wirtschaftlicher Nachteile hinaus oder liegen die Voraussetzungen einer Betriebsänderung i. S. d. § 111 (z. B. Unternehmensgröße) nicht vor, dann kann er als **freiwillige Betriebsvereinbarung** zwar grundsätzlich rechtswirksam sein, unterliegt aber hinsichtlich der nicht von § 112 Abs. 1 Satz 2 erfassten Bestimmungen uneingeschränkt dem Tarifvorbehalt des § 77 Abs. 3 (*LAG Berlin-Brandenburg* 24.08.2011 – 15 Sa 170/11 – juris; *Etzel* Rn. 1028; *Löwisch/LK* § 112 Rn. 76; *Richardi/Annuß* § 112 Rn. 180; im Ergebnis auch *Spirolke/NK-GA* § 112 BetrVG Rn. 45, für Rahmensozialpläne). Das gilt ebenfalls bei einem »**vorsorglichen**

Sozialplan« (treffend nunmehr auch *BAG* 14.11.2006 EzA § 112 BetrVG 2001 Nr. 19 Rn. 18 = AP Nr. 181 zu § 112 BetrVG 1972 = RdA 2007, 242 *[Oetker]*; a. M. *Hartung* DB 1976, 2064 [2065], der jedoch die Beschränkung des § 112 Abs. 1 Satz 4 auf Sozialpläne i. S. d. Legaldefinition in § 112 Abs. 1 Satz 2 verkennt). Zur Teilunwirksamkeit des Sozialplans s. Rn. 117.

Die Aufhebung des Tarifvorbehalts ordnet § 112 Abs. 1 Satz 4 für jeden Sozialplan i. S. d. § 112 Abs. 1 **180** Satz 2 unabhängig von der **Art seines Zustandekommens** an. Die Sperrwirkung des § 77 Abs. 3 entfällt deshalb nicht nur für einen aufgrund der Verhandlungen zwischen Betriebsrat und Unternehmer zustande gekommenen Sozialplan, sondern auch, wenn die Einigung über ihn vor der Einigungsstelle nach § 112 Abs. 3 Satz 3 erfolgt oder die Einigungsstelle diese nach § 112 Abs. 4 Satz 2 durch ihren Spruch ersetzt (*Richardi/Annuß* § 112 Rn. 180).

Keine Regelung trifft das BetrVG, wenn für das Arbeitsverhältnis eine **Konkurrenz** zwischen **Sozial-** **181** **plan** und **Tarifvertrag** eintritt (s. a. Rdn. 175). Da der Sozialplan wegen der ausgeschlossenen Anwendung des Tarifvorbehalts rechtswirksam ist, greift die Kollisionsregel des § 4 Abs. 3 TVG ein. Hiernach ist eine mit dem Tarifvertrag konkurrierende **Bestimmung des Sozialplans nur dann vorrangig**, wenn sie **zugunsten des Arbeitnehmers** von den Bestimmungen des Tarifvertrages abweicht oder der Tarifvertrag eine **abweichende Regelung gestattet**. Für das Verhältnis zwischen Sozialplan und Tarifvertrag gilt das **Günstigkeitsprinzip** (*BAG* 06.12.2006 EzA § 112 BetrVG 2001 Nr. 21 Rn. 30 = AP Nr. 1 zu § 1 TVG Sozialplan *[Rieble]*; *Däubler/DKKW* §§ 112, 112a Rn. 114; *Fitting* §§ 112, 112a Rn. 183; *Friedemann* Verfahren der Einigungsstelle, Rn. 445; *Gift* JArbR Bd. 15 [1977], 1978, S. 51 [68]; *Hanau* ZfA 1974, 89 [106]; *Hess/HWGNRH* § 112 Rn. 198; *Hohenstatt/ Willemsen/HWK* § 112 BetrVG Rn. 80; *Hromadka/Maschmann* Arbeitsrecht 2, § 16 Rn. 623; *Kamanabrou* Arbeitsrecht, Rn. 2861; *Kania*/ErfK §§ 112, 112a Rn. 13; *Kaven* Sozialplan, S. 69 f.; *Ohl* Sozialplan, S. 168; *Preis/Bender/WPK* §§ 112, 112a Rn. 24; *Richardi/Annuß* § 112 Rn. 181; *Schweifert/ WHSS* Kap. C Rn. 237; *Spirolke*/NK-GA § 112 BetrVG Rn. 45; *Steffan*/HaKo §§ 112, 112a Rn. 62; *Weiss/Weyand* § 112 Rn. 27). Deshalb dürfen die Leistungen des Sozialplans bei einem **Sachgruppenvergleich** (*Däubler/DKKW* §§ 112, 112a Rn. 114; *Galperin/Löwisch* § 112 Rn. 53; *Ohl* Sozialplan, S. 168 f.) die tariflichen Leistungen grundsätzlich nicht unterschreiten (*Hanau* ZfA 1974, 89 [105]; *Löwisch* FS *Dieterich*, S. 345 [350]). Eine Kumulation der auf denselben Inhalt gerichteten Ansprüche aus dem Tarifvertrag und dem Sozialplan ist hierdurch ausgeschlossen, sofern der Tarifvertrag keine weiteren Sozialplanleistungen gestattet (zu den Grenzen aber Rdn. 177).

Eine **Ausnahme** von dem Günstigkeitsprinzip greift ein, wenn der Tarifvertrag eine **Abweichung** **182** **gestattet** (*Fitting* §§ 112, 112a Rn. 183; *Gift* JArbR Bd. 15 [1977], 1978, S. 51 [68]). Das ist insbesondere bei **Subsidiaritätsklauseln** der Fall, die generell ein Zurücktreten des Tarifvertrags vorsehen, wenn es zum Abschluss eines Sozialplans kommt bzw. die tarifliche Regelung sich auf eine Auffangregelung für den Fall beschränkt, dass dieser fehlt (z. B. *BAG* 21.04.1993 EzA § 4 TVG Metallindustrie Nr. 92 S. 9 = AP Nr. 109 zu § 1 TVG Tarifverträge: Metallindustrie Bl. 6 ff.; 13.04.1994 EzA § 4 TVG Metallindustrie Nr. 97 S. 6 = AP Nr. 118 zu § 1 TVG Tarifverträge: Metallindustrie Bl. 3; 11.07.1995 EzA § 4 TVG Öffnungsklausel Nr. 1 S. 5 = AP Nr. 10 zu § 1 TVG Tarifverträge: Versicherungsgewerbe Bl. 2 R; trotz Bedenken auch *Däubler/DKKW* §§ 112, 112a Rn. 116). Bei einer tarifvertraglichen Subsidiaritätsklausel kommt es nicht darauf an, ob das Sozialplanvolumen insgesamt größer ist als die Belastungen des Arbeitgebers nach dem Tarifvertrag. Ebenso ist es in diesem Fall unerheblich, ob der Sozialplan den einzelnen Arbeitnehmer günstiger stellt (*BAG* 13.04.1994 EzA § 4 TVG Metallindustrie Nr. 97 S. 6 = AP Nr. 118 zu § 1 TVG Tarifverträge: Metallindustrie Bl. 3).

h) Die Behandlung von Sozialplanansprüchen in der Rechtsordnung

aa) Entstehung von Sozialplanansprüchen

Die durch den Abschluss des Sozialplans zugunsten der Arbeitnehmer begründeten **Ansprüche ent-** **183** **stehen**, wenn die in ihm jeweils festgelegten **tatbestandlichen Voraussetzungen erfüllt** sind (*Hansen* NZA 1985, 609 ff.). So entsteht ein Anspruch auf eine Sozialplanabfindung wegen des Verlusts des Arbeitsplatzes erst mit der tatsächlichen Beendigung des Arbeitsverhältnisses (*BAG* 24.07.2008 EzA § 613a BGB 2002 Nr. 93 Rn. 40 = AP Nr. 346 zu § 613a BGB; 07.06.2011 EzA § 112 BetrVG 2001 Nr. 45 Rn. 17 = AP Nr. 217 zu § 112 BetrVG 1972 = NZA 2011, 1370). Der Zeitpunkt der

Fälligkeit muss hiermit nicht identisch sein (*Heither* AR-Blattei SD 530.14.5, Rn. 242). Ebenso können die Ansprüche unter der **auflösenden Bedingung** stehen, dass die geplante Betriebsänderung ganz oder teilweise nicht zur Durchführung gelangt (BAG 22.07.2003 EzA § 112 BetrVG 2001 Nr. 7 S. 5 = AP Nr. 160 zu § 112 BetrVG 1972 Bl. 2 R).

184 Zur **Begleichung der Verbindlichkeit** ist das Unternehmen verpflichtet, das die sozialplanpflichtige Betriebsänderung durchführt und deshalb zuvor den Sozialplan abgeschlossen hat (*Galperin/Löwisch* § 112 Rn. 61; s. aber auch Rdn. 186 f.). Wegen der vom Gesetz gewollten Gleichstellung des Sozialplans mit der Betriebsvereinbarung tritt der **Erwerber eines Betriebs** in einen zuvor für diesen abgeschlossenen Sozialplan ein (BAG 06.08.2002 EzA § 112 BetrVG 2001 Nr. 1 S. 9 = AP Nr. 154 zu § 112 BetrVG 1972 Bl. 3 sowie allgemein *Kreutz* § 77 Rdn. 432, für die Bindung des Erwerbers eines Betriebs an die vom Veräußerer abgeschlossenen Betriebsvereinbarungen).

185 Beim **Erwerb eines Betriebsteils** ist § 613a Abs. 1 Satz 2 BGB entsprechend anzuwenden. Das gilt auch, wenn der Gesamt- oder Konzernbetriebsrat den Sozialplan abgeschlossen hat und dessen **Geltungsbereich über den veräußerten Betrieb hinausreicht**. Praktisch relevant kann dies insbesondere werden, wenn auf Unternehmens- oder Konzernebene in Form einer freiwilligen Betriebsvereinbarung ein **Rahmensozialplan** besteht (s. Rdn. 145). In diesem Fall greifen beim Übergang eines in seinen Geltungsbereich einbezogenen Betriebs oder Betriebsteils die Rechtsfolgen des § 613a Abs. 1 Satz 2 BGB ein, so dass der Erwerber hierüber – nun allerdings auf anderer Rechtsgrundlage – inhaltlich an die Bestimmungen des Rahmensozialplans gebunden ist und sich von diesen nur unter den Voraussetzungen des § 613a Abs. 1 Satz 3 BGB lösen kann.

186 Gegebenenfalls müssen **Dritte** für die Verpflichtungen eines Sozialplans einstehen. Wegen des Verbots eines Vertrags zu Lasten Dritter müssen sie hierfür jedoch den Sozialplan ebenfalls unterzeichnen oder einen eigenständigen Verpflichtungstatbestand (z. B. Bürgschaft) begründen. Durch Auslegung ist jedoch stets zu ermitteln, ob durch eine derartige Verpflichtung ein eigenständiger Anspruch zugunsten des aus dem Sozialplan begünstigten Arbeitnehmers begründet werden soll oder sich die Abrede auf eine finanzielle Ausstattung des zur Leistung aus dem Sozialplan verpflichteten Unternehmens beschränkt, da in diesem Fall nur dem Unternehmen ein eigenständiger Anspruch zusteht.

187 Darüber hinaus kommt eine Inanspruchnahme Dritter aus **gesellschaftsrechtlichen Gründen** in Betracht. Denkbar ist dies z. B., wenn das zum Abschluss des Sozialplans verpflichtete Unternehmen eine **Personenhandelsgesellschaft** ist. In diesem Fall haften die Gesellschafter einer OHG bzw. der Komplementär einer KG gem. § 128 Satz 1 HGB (i. V. m. § 161 Abs. 2 HGB) persönlich für die Verbindlichkeiten aus einem im Namen der Gesellschaft aufgestellten bzw. vereinbarten Sozialplan (*Löwisch/LK* § 112 Rn. 92; *Richardi/Annuß* § 112 Rn. 189).

188 Bei **Unternehmensverbindungen** kommt eine Haftung des herrschenden Unternehmens für durch abhängige Konzernunternehmen begründete Sozialplanverpflichtungen in Betracht, wenn das **herrschende Unternehmen** nach den §§ 302, 303 AktG (analog) zum Verlustausgleich verpflichtet ist (*Dross* Konzern, S. 153 ff.; *Junker* ZIP 1993, 1599 [1606 f.]; *Löwisch/LK* § 112 Rn. 98 f.; *Richardi/Annuß* § 112 Rn. 189; *Willemsen/Tiesler* Interessenausgleich, Rn. 337 ff.; ferner *Bürgel* Berechnungs- und Haftungsdurchgriff, S. 199 ff.; zur Bemessung des Sozialplanvolumens in dieser Konstellation s. Rdn. 452 ff.) oder andere Tatbestände eine haftungsrechtliche Inanspruchnahme des herrschenden Unternehmens gestatten (dazu vor allem BGH 16.07.2007 BGHZ 173, 246 ff. – Trihotel; BGH 09.02.2009 BGHZ 179, 344 ff. – Sanitary).

189 Während das Konzerngesellschaftsrecht lediglich eine **Innenhaftung** zugunsten des abhängigen Unternehmens begründet, kommt eine **gesamtschuldnerische Haftung** nach § 133 UmwG in Betracht, wenn die Sozialplanverbindlichkeit von einem übertragenden Rechtsträger begründet wurde. Eine weitergehende gesamtschuldnerische Haftung begründet **§ 134 Abs. 1 UmwG** zu Lasten einer **Anlagegesellschaft**, wenn es nach Maßgabe der dort umschriebenen Voraussetzungen zu einer Unternehmensspaltung kommt und der Sozialplan von der Betriebsgesellschaft abgeschlossen wurde. Zu den von § 134 Abs. 1 UmwG privilegierten Ansprüchen zählen auch solche aus einem von der Betriebsgesellschaft abgeschlossenen Sozialplan (s. statt aller *Oetker/ErfK* § 134 UmwG Rn. 7).

Erzwingbarer Sozialplan bei Personalabbau, Neugründungen §§ 112, 112a

bb) Verzicht, Ausschlussfristen und Verjährung

Ein **Verzicht** auf Sozialplananspräche ist grundsätzlich möglich, aber nur unter den engen Voraussetzungen des § 77 Abs. 4 Satz 2 rechtswirksam, der auf Sozialpläne entsprechend anzuwenden ist (s. Rdn. 169). 190

Ansprüche aus Sozialplänen können durch **Ausschlussfristen** gesetzlich befristet sein. Diese kann der Sozialplan selbst vorsehen, in Betracht kommen auch solche in Tarifverträgen oder Betriebsvereinbarungen, wenn ihr Tatbestand Leistungen aus einem Sozialplan erfasst (s. näher Rdn. 171). 191

Hinsichtlich der **Verjährung** von Ansprüchen, die ein Sozialplan begründet, gilt die allgemeine Vorschrift des § 195 BGB (*BAG* 30.10.2001 EzA § 112 BetrVG 1972 Nr. 109 S. 5 = AP Nr. 145 zu § 112 BetrVG Bl. 3; 13.02.2007 EzA § 47 BetrVG 2001 Nr. 4 Rn. 42 = AP Nr. 17 zu § 47 BetrVG 1972 = NZA 2007, 825; *LAG Düsseldorf* 10.10.2013 LAGE § 112 BetrVG 2001 Nr. 8a; *Löwisch/LK* § 112 Rn. 88; *Schweibert/WHSS* Kap. C Rn. 337) und damit die regelmäßige Frist von **drei Jahren**; zum Beginn der Verjährung s. § 199 BGB. 192

cc) Gerichtliche Geltendmachung von Sozialplananspräche

Für Rechtsstreitigkeiten zwischen Arbeitnehmer und Arbeitgeber aus einem Sozialplan ist der Rechtsweg zu den Arbeitsgerichten eröffnet, die hierüber nach § 2 Abs. 1 Nr. 3 Buchst. a oder c ArbGG im Urteilsverfahren entscheiden (*BAG* 17.10.1989 EzA § 112 BetrVG 1972 Nr. 54 S. 5 = AP Nr. 53 zu § 112 BetrVG 1972 Bl. 3 R; *Däubler/DKKW* §§ 112, 112a Rn. 226; *Kania/ErfK* §§ 112, 112a BetrVG Rn. 47; *Richardi/Annuß* § 112 Rn. 192; *Weiss/Weyand* § 112 Rn. 57). Der Betriebsrat ist nicht berechtigt, die Ansprüche aus einem Sozialplan für die begünstigten Arbeitnehmer geltend zu machen (s. Rdn. 161). 193

dd) Steuerrechtliche Behandlung von Sozialplananspräche

Zur steuerrechtlichen Behandlung von Sozialplananspräche s. Rdn. 490 ff. 194

ee) Sozialversicherungsrechtliche Behandlung von Sozialplanleistungen

Für die **Beitragspflicht zur Sozialversicherung** sind Sozialplanleistungen nur bedeutsam, wenn es sich bei ihnen um Arbeitsentgelt i. S. d. § 14 SGB IV handelt. In Betracht kommt dies, wenn das Arbeitsverhältnis nach der Betriebsänderung fortbesteht und die Leistungen des Sozialplans den Zweck verfolgen, einen infolge der Betriebsänderung zukünftig eintretenden Verdienstausfall des Arbeitnehmers zu kompensieren. **Abfindungen**, die der Arbeitnehmer wegen der infolge der Betriebsänderung eintretenden Beendigung des Arbeitsverhältnisses erhält, sind **kein Arbeitsentgelt i. S. d. § 14 SGB IV**, weil kein Beschäftigungsverhältnis mehr besteht (*BAG* 30.10.2001 EzA § 112 BetrVG 1972 Nr. 109 S. 6 f. = AP Nr. 145 zu § 112 BetrVG 1972 Bl. 2 R f. *[v. Hoyningen-Huene]; Däubler/DKKW* §§ 112, 112a Rn. 214; *Fitting* §§ 112, 112a Rn. 207; *Hess/HWGNRH* § 112 Rn. 168; *Löwisch/LK* § 112 Rn. 90; *Preis/Bender/WPK* §§ 112, 112a Rn. 98; *Richardi/Annuß* § 112 Rn. 197; *Stege/Weinspach/Schiefer* §§ 111–113 Rn. 95a). 195

Eine **Ausnahme** gilt nur, wenn die Abfindung auch dazu dient, einen rückständigen Arbeitsverdienst des Arbeitnehmers auszugleichen (*Däubler/DKKW* §§ 112, 112a Rn. 214; *Fitting* §§ 112, 112a Rn. 207; *Preis/Bender/WPK* §§ 112, 112a Rn. 98; *Richardi/Annuß* § 112 Rn. 197), sie unterliegt jedoch auch in diesem Fall nur hinsichtlich dieses Teilbetrags der Beitragspflicht. Um Arbeitsentgelt i. S. d. § 14 SGB IV handelt es sich schließlich, wenn zum Ausgleich einer eingetretenen Vergütungsminderung infolge einer Betriebsänderung einmalig oder wiederkehrend Aufstockungsbeträge gezahlt werden (*LAG Düsseldorf* 02.11.2006 BB 2007, 559 f. [LS]). 196

Erhält der Arbeitnehmer aufgrund eines Sozialplans eine Abfindung für die Beendigung des Arbeitsverhältnisses, dann berührt dies grundsätzlich nicht seinen **Anspruch auf Arbeitslosengeld**. Entlassungsentschädigungen sind – wie sich im Umkehrschluss aus § 158 SGB III ergibt – kein Arbeitsentgelt i. S. d. § 157 SGB III (*Preis/Bender/WPK* §§ 112, 112a Rn. 99; *Richardi/Annuß* § 112 Rn. 198). Das gilt auch, wenn der Arbeitgeber die Abfindung nicht als Einmalbetrag, sondern in mehreren Teilbeträgen auszahlt. Ebenso führt der Bezug einer Abfindung nicht zum Eintritt einer **Sperrzeit** nach 197

§ 159 SGB III. Das **Ruhen des Anspruchs auf Arbeitslosengeld** bewirkt eine Entlassungsentschädigung nach § 158 SGB III nur, wenn das Arbeitsverhältnis vor Ablauf der für eine ordentliche Kündigung maßgebenden Kündigungsfrist beendet wurde (dazu *BSG* 19.12.2001 AP Nr. 1 zu § 143a SGB III; 09.02.2006 NZA-RR 2006, 663 [664 ff.]; 24.05.2006 – B 11a AL 21/05 R – BeckRS 2006, 43652; *LSG Niedersachsen* 21.08.2012 – L 11 AL 20/10 – juris; *Gagel* NZS 2000, 327 ff.; *Preis/Bender/WPK* §§ 112, 112a Rn. 99; *Schweibert/WHSS* Kap. C Rn. 252). Der zur **Anrechnung der Entlassungsentschädigung auf das Arbeitslosengeld** führende § 140 SGB III a. F. (dazu *Johannsen* ZTR 1998, 531 ff.) wurde mit Wirkung ab dem 01.04.1999 aufgehoben.

ff) Betriebliche Altersversorgung, Entgeltumwandlung

198 Auf die betriebliche Altersversorgung können Sozialplanleistungen allenfalls dann ausstrahlen, wenn sie in wertgleiche Anwartschaften auf Versorgungsleistungen umgewandelt werden (**Entgeltumwandlung**, § 1 Abs. 2 Nr. 3, § 1a BetrAVG); entsprechende Zahlungen zählen nicht zum pfändbaren Arbeitseinkommen des Arbeitnehmers i. S. d. § 850 Abs. 2 ZPO (BAG 17.02.1998 EzA § 850 ZPO Nr. 5 Rn. 8 ff. = AP Nr. 14 zu § 850 ZPO = NZA 1998, 707). Leistungen aus einem Sozialplan können an dieser Privilegierung jedoch nur partizipieren, wenn es sich um »künftige Entgeltansprüche« handelt. **Sozialplanabfindungen** sind hiervon nicht erfasst, da sie dem Ausgleich oder der Milderung wirtschaftlicher Nachteile infolge der Betriebsänderung dienen und deshalb **keinen Entgeltcharakter** haben (*LAG Hamm* 12.11.2009 – 16 Sa 1765/08 – juris).

gg) Vererblichkeit von Sozialplanansprüchen

199 Begründet der Sozialplan Ansprüche zugunsten des Arbeitnehmers, so handelt es sich mit deren Entstehen (s. Rdn. 183) um **vermögensrechtliche Ansprüche**, die im Wege der Erbfolge **auf einen Dritten übergehen** können (*BAG* 27.06.2006 EzA § 112 BetrVG 2001 Nr. 18 Rn. 9 = AP Nr. 180 zu § 112 BetrVG 1972; *Heither* AR-Blattei SD 530.14.5, Rn. 245; *v. Hoyningen-Huene* Betriebsverfassungsrecht, § 15 IV 2; *Rumpff/Boewer* Wirtschaftliche Angelegenheiten, Kap. L Rn. 21). Das gilt auch für Ansprüche in einem Sozialplan wegen der **Beendigung des Arbeitsverhältnisses** (*BAG* 27.06.2006 EzA § 112 BetrVG 2001 Nr. 18 Rn. 9 = AP Nr. 180 zu § 112 BetrVG 1972; *Compensis* DB 1992, 888 [892 f.]; *Däubler/DKKW* §§ 112, 112a Rn. 221; *Fitting* §§ 112, 112a Rn. 202; *Richardi/Annuß* § 112 Rn. 199; a. M. *Stege/Weinspach/Schiefer* §§ 111–113 Rn. 94) sowie unabhängig von dem Zeitpunkt ihrer Fälligkeit (*Etzel* Rn. 1042).

200 Etwas anderes kann sich aus dem Inhalt des Sozialplans ergeben. Fehlt eine ausdrückliche Regelung, die den **höchstpersönlichen Charakter** einer Leistung festlegt, kann sich dieser auch aus einer Auslegung des Sozialplans ergeben, insbesondere aus dem Zweck der Sozialplanleistung. Ist diese untrennbar mit dem Fortbestand des Arbeitsverhältnisses verbunden (z. B. laufende Ausgleichsleistungen zur Abmilderung einer Verdienstkürzung), so ergibt sich aus ihrem Zweck, dass nur die vor dem Erbfall bereits entstandenen Ansprüche vererblich sind. Entsprechendes gilt für Unterstützungsleistungen, die der Aufnahme einer neuen Tätigkeit dienen oder hiermit verbundene wirtschaftliche Nachteile (z. B. Verdienstminderungen) ausgleichen oder abmildern sollen. Insofern folgt aus dem Überbrückungszweck des Sozialplans, dass in diesem begründete Ansprüche auf eine Abfindung erst mit dem Ausscheiden des Arbeitnehmers aus dem Betrieb entstehen. Stirbt der Arbeitnehmer vor diesem Zeitpunkt, so fehlt ein Anspruch, der auf die Erben übergehen könnte (*BAG* 27.06.2006 EzA § 112 BetrVG 2001 Nr. 18 Rn. 15 = AP Nr. 180 zu § 112 BetrVG 1972; zust. *Boemke/Danko* DB 2006, 2461 [2464 f.]).

hh) Pfändbarkeit von Sozialplanansprüchen, Aufrechnung und Abtretung

201 Leistungen eines Sozialplans gehören regelmäßig zum **Arbeitseinkommen i. S. d. §§ 850 ff. ZPO** (*Fitting* §§ 112, 112a Rn. 199; *Heither* AR-Blattei SD 530.14.5, Rn. 244; *Hess/HWGNRH* § 112 Rn. 347; *v. Hoyningen-Huene* Betriebsverfassungsrecht, § 15 IV 2; *Löwisch/LK* § 112 Rn. 89; *Ohl* Sozialplan, S. 195; *Richardi/Annuß* § 112 Rn. 200; *Rumpff/Boewer* Wirtschaftliche Angelegenheiten, Kap. L Rn. 15). Das gilt insbesondere für **Abfindungen**, die der Arbeitnehmer wegen der Beendigung des Arbeitsverhältnisses erhält (*BAG* 12.09.1979 EzA § 9 KSchG n. F. Nr. 8 = AP Nr. 10 zu § 850 ZPO Bl. 4 = SAE 1980, 165 [*Herschel*]; 30.10.2001 EzA § 112 BetrVG 1972 Nr. 109 S. 6 =

AP Nr. 145 zu § 112 BetrVG 1972 Bl. 2 R; *LAG Niedersachsen* 14.11.2003, NZA-RR 2004, 490 [491]; *Richardi/Annuß* § 112 Rn. 200).

Für die Anwendung der **Pfändungsbeschränkungen** ist nach Art und Zweck der Sozialplanleistung 202 zu differenzieren. Bei **regelmäßig wiederkehrenden Ausgleichsleistungen**, die der Arbeitnehmer während des fortbestehenden Arbeitsverhältnisses erhält, richten sich die Pfändungsbeschränkungen nach § 850c ZPO (*Galperin/Löwisch* § 112 Rn. 62). Gleicht der Sozialplan Mehraufwendungen aus, die dem Arbeitnehmer infolge der Betriebsänderung entstehen, können hierfür gezahlte **Aufwandsentschädigungen** unpfändbar sein (§ 850a Nr. 3 ZPO; vgl. *Galperin/Löwisch* § 112 Rn. 62; *Rumpff/Boewer* Wirtschaftliche Angelegenheiten, Kap. L Rn. 19).

Anders ist für **Abfindungen** zu entscheiden, die der Arbeitnehmer wegen der Beendigung des Arbeitsverhältnisses erhält. Bei ihnen handelt es sich um eine **nicht wiederkehrend zahlbare Vergütung** i. S. d. § 850i ZPO (*BAG* 12.09.1979 EzA § 9 KSchG n. F. Nr. 8 = AP Nr. 10 zu § 850 ZPO Bl. 4 = SAE 1980, 165 [*Herschel*]; *LG Köln* 28.09.2006 – 10 T 295/06 – juris; *Däubler/DKKW* §§ 112, 112a Rn. 216; *Fitting* §§ 112, 112a Rn. 199; *Galperin/Löwisch* § 112 Rn. 62; *Heither* AR-Blattei SD 530.14.5, Rn. 244; *Hess/HWGNRH* § 112 Rn. 350; *Ohl* Sozialplan, S. 196 f.; *Richardi/Annuß* § 112 Rn. 200; *Rumpff/Boewer* Wirtschaftliche Angelegenheiten, Kap. L Rn. 16; *Stege/Weinspach/Schiefer* §§ 111–113 Rn. 96; **a. M.** *Galperin/Löwisch* § 112 Rn. 62). Der Pfändungsschutz hängt deshalb von einem Antrag an das Vollstreckungsgericht ab.

Soweit Leistungen eines Sozialplans nach den §§ 850 ff. ZPO nur eingeschränkt pfändbar sind, folgt 204 hieraus in diesem Umfang ein **Aufrechnungsverbot** (§ 394 BGB) sowie ein **Abtretungsverbot** (§ 400 BGB).

ii) Erfüllung der Sozialplanverbindlichkeiten in der Insolvenz

(1) Allgemeines

Für die rechtliche Behandlung von Sozialplanansprüchen in der Insolvenz ist seit dem 01.01.1999 bun- 205 deseinheitlich allein die Insolvenzordnung mit den Sonderregelungen in den §§ 123, 124 InsO maßgeblich (zur früheren Rechtslage ausführlich *Fabricius* 6. Aufl., §§ 112, 112a Rn. 146 ff.). Bezüglich der Erfüllung der Sozialplanansprüche ist danach zu differenzieren, zu welchem Zeitpunkt (vor oder nach Eröffnung des Insolvenzverfahrens) der Sozialplan aufgestellt wurde. Zu den insolvenzrechtlichen **Inhaltsschranken für Sozialpläne** s. Rdn. 395 ff.

(2) Sozialpläne nach Eröffnung des Insolvenzverfahrens

Die Verbindlichkeiten aus einem nach Eröffnung des Insolvenzverfahrens abgeschlossenen Sozialplan 206 sind nach § 123 Abs. 2 Satz 1 InsO **Masseverbindlichkeiten**. Das gilt sowohl für die Ansprüche der entlassenen Arbeitnehmer als auch für solche derjenigen Arbeitnehmer, deren Arbeitsverhältnis nach einer Betriebsänderung fortbesteht (*Reg. Begr.* BT-Drucks. 12/2443, S. 154).

Im Verhältnis zu anderen Massegläubigern relativiert jedoch § 123 Abs. 2 Satz 2 und 3 InsO die Stel- 207 lung der Sozialplangläubiger. Sofern nicht ein Insolvenzplan zustande kommt (dazu Rdn. 211), darf für die Berichtigung von Sozialplanforderungen nicht mehr als ein Drittel der Masse verwendet werden, die ohne den Sozialplan für die Verteilung an die Insolvenzgläubiger zur Verfügung stünde. Im Ergebnis sind die Sozialplanverbindlichkeiten **gegenüber den übrigen Masseverbindlichkeiten nachrangig** (*Reg. Begr.* BT-Drucks. 12/2443, S. 154), da die Erfüllung der Sozialplanforderungen nur möglich ist, wenn nach Berichtigung der übrigen Masseverbindlichkeiten eine an die Insolvenzgläubiger verteilungsfähige Masse verbleibt (s. *BAG* 21.01.2010 EzA § 123 InsO Nr. 1 Rn. 12 = AP Nr. 4 zu § 123 InsO = NZA 2010, 413). Im Vergleich zu den Insolvenzgläubigern sind die Sozialplangläubiger hingegen privilegiert, da sie an der verbleibenden Insolvenzmasse **nicht lediglich mit einer Insolvenzquote** beteiligt werden (*Caspers* Personalabbau, Rn. 443; *Moll* in: *Kübler/Prütting/Bork* InsO, §§ 123, 124 Rn. 203). In formeller Hinsicht sind die Sozialplangläubiger ohnehin besser gestellt, weil Masseverbindlichkeiten **weder** der **Anmeldung noch** der **Feststellung** im Insolvenzverfahren bedürfen (§§ 174 ff. InsO).

208 Um die **relative Obergrenze** für die zur Erfüllung von Sozialplanverbindlichkeiten zur Verfügung stehenden Mittel zu ermitteln, hat eine fiktive Berechnung der Teilungsmasse vorauszugehen. Dazu sind von der vorhandenen Insolvenzmasse die Masseverbindlichkeiten (§§ 53, 54 InsO) mit Ausnahme der Forderungen aus Sozialplänen i. S. d. § 123 InsO abzuziehen. Von dem verbleibenden Betrag (fiktive Teilungsmasse) darf nicht mehr als ein Drittel (relative Obergrenze) zur Befriedigung der Sozialplangläubiger verwendet werden. Ergibt die Berechnung der fiktiven Teilungsmasse, dass die Insolvenzmasse nicht zur Befriedigung der Masseforderung ausreicht (§§ 207, 208 InsO), dann steht damit zugleich fest, dass die Sozialplangläubiger nicht befriedigt werden können (*BAG* 21.01.2010 EzA § 123 InsO Nr. 1 Rn. 12 = AP Nr. 4 zu § 123 InsO = NZA 2010, 413; *Eisenbeis*/FK-InsO, § 123 Rn. 15; *Caspers* Personalabbau, Rn. 442; *ders.*/MK-InsO, § 123 Rn. 68; *Hamacher* in: *Nerlich/Römermann* InsO, § 123 Rn. 37; *Moll* in: *Kübler/Prütting/Bork* InsO, §§ 123, 124 Rn. 110; *Schwerdtner* Kölner Schrift zur Insolvenzordnung, Rn. 86). An der Verteilung der Insolvenzmasse nach § 209 InsO (dazu auch Rdn. 217 ff.) nehmen die Sozialplangläubiger in diesem Fall nicht teil; § 123 Abs. 1 Satz 2 InsO ist insoweit die speziellere Norm (*BAG* 21.01.2010 EzA § 123 InsO Nr. 1 Rn. 12 = AP Nr. 4 zu § 123 InsO = NZA 2010, 413 sowie Rdn. 218).

209 Wegen der weiten sprachlichen Fassung des § 123 Abs. 2 Satz 2 und 3 InsO darf die **Gesamtsumme aller Forderungen** aus Sozialplänen, die nach Eröffnung des Insolvenzverfahrens abgeschlossen wurden, die relative Obergrenze nicht überschreiten (*Boemke/Tietze* DB 1999, 1389 [1393]; *Caspers* Personalabbau, Rn. 437; *Eisenbeis*/FK-InsO, § 123 Rn. 20; *Fitting* §§ 112, 112a Rn. 294; *Hamacher* in: *Nerlich/Römermann* InsO, § 123 Rn. 32; *Lakies* BB 1999, 206 [210]; *Moll* in: *Kübler/Prütting/Bork* InsO, §§ 123, 124 Rn. 106; *Schaub/Koch* Arbeitsrechts-Handbuch, § 244 Rn. 102; *Schwerdtner* Kölner Schrift zur Insolvenzordnung, Rn. 148; **a. M.** *Schmidt* Sozialplanbegriff, S. 202 ff.). Andernfalls sind die einzelnen Forderungen nach § 123 Abs. 2 Satz 3 InsO **anteilig zu kürzen**, selbst dann, wenn die Kürzung zu einer erheblich geringeren Befriedigung führt als von Betriebsrat und Insolvenzverwalter bei Abschluss des Sozialplans angenommen. Eine Anpassung des Sozialplans nach den Grundsätzen über den Wegfall der Geschäftsgrundlage (dazu näher Rdn. 248 ff.) kommt aufgrund der eindeutigen Regelung in § 123 Abs. 2 Satz 3 InsO nicht in Betracht (*Moll* in: *Kübler/Prütting/Bork* InsO, §§ 123, 124 Rn. 114; *Schwerdtner* Kölner Schrift zur Insolvenzordnung, Rn. 83 f.).

210 Im Unterschied zu § 123 Abs. 1 InsO begründet § 123 Abs. 2 Satz 2 InsO **keine Voraussetzung für die Rechtswirksamkeit** des Sozialplans, sondern **lediglich** eine **Verteilungssperre**, die sowohl den Bestand des Sozialplans als auch der einzelnen Sozialplanverbindlichkeiten nicht berührt (*Boemke/Tietze* DB 1999, 1389 [1393]; *Bürgel* Berechnungs- und Haftungsdurchgriff, S. 59; *v. Diepenbroick-Grüter* Sozialplan, S. 92 f.; *Fitting* §§ 112, 112a Rn. 310; *Hamacher* in: *Nerlich/Römermann* InsO, § 123 Rn. 33; *Gottwald/Bertram* Insolvenzrechts-Handbuch, § 108 Rn. 152; *Kamanabrou* Arbeitsrecht, Rn. 2877; *Moll* in: *Kübler/Prütting/Bork* InsO, §§ 123, 124 Rn. 107; *Schmidt* Sozialplanbegriff, S. 206 f.; *Schweibert*/WHSS Kap. C Rn. 347d; *Schwerdtner* Kölner Schrift zur Insolvenzordnung, Rn. 79). Deshalb kann der Arbeitnehmer seine im Insolvenzverfahren nicht befriedigten Sozialplanansprüche nach dessen Abschluss gegen den Insolvenzschuldner entsprechend den §§ 215 Abs. 2, 201 Abs. 1 InsO weiter verfolgen (*Annuß* NZI 1999, 344 [351]; *Boemke/Tietze* DB 1999, 1389 [1393]; *Fitting* §§ 112, 112a Rn. 312; *Schwerdtner* Kölner Schrift zur Insolvenzordnung, Rn. 79; **a. M.** *Irschlinger*/HK-InsO, § 123 Rn. 20).

211 Eine **Ausnahme** von der Pflicht zur Einhaltung der relativen Obergrenze gilt nach § 123 Abs. 2 Satz 2 InsO, wenn ein **Insolvenzplan** (§§ 217 ff. InsO) zustande kommt. Dieser kann zugunsten und zu Lasten der Sozialplangläubiger von der relativen Obergrenze abweichen (*Boemke/Tietze* DB 1999, 1389 [1393]; *Caspers*/NK-InsO § 123 Rn. 72; *Fitting* §§ 112, 112a Rn. 314; *Moll* in: *Kübler/Prütting/Bork* InsO, §§ 123, 124 Rn. 111; *Schweibert*/WHSS Kap. C Rn. 347e; *Schwerdtner* Kölner Schrift zur Insolvenzordnung, Rn. 89), was ebenfalls zu einer anteiligen Kürzung der Sozialplanforderungen führen kann (*Moll* in: *Kübler/Prütting/Bork* InsO, §§ 123, 124 Rn. 112; *Schwerdtner* Kölner Schrift zur Insolvenzordnung, Rn. 85).

212 Werden an einen Arbeitnehmer Sozialplanleistungen **entgegen § 123 Abs. 2 Satz 2 InsO ausgezahlt**, dann begründen die §§ 812 Abs. 1, 813 Abs. 1 BGB einen **Anspruch auf Rückzahlung** (**a. M.** jedoch *v. Diepenbroick-Grüter* Sozialplan, S. 93 m. w. N.), dem jedoch regelmäßig § 818 Abs. 3 BGB entgegensteht (*Däubler*/DKKW § 123 InsO Rn. 18). Zudem kommt ein **Schadensersatz-**

anspruch der Insolvenzgläubiger gegen den Insolvenzverwalter nach § 60 InsO in Betracht (*Caspers*/MK-InsO, § 123 Rn. 70; *Däubler/DKKW* § 123 InsO Rn. 18).

Nach § 123 Abs. 3 Satz 1 InsO soll der Insolvenzverwalter, so oft in der Insolvenzmasse hinreichende 213 Barmittel vorhanden sind, **Abschlagszahlungen** auf die Sozialplanforderungen leisten, benötigt hierfür aber die Zustimmung des Insolvenzgerichts, so dass die Befriedigung anderer Gläubiger nicht gefährdet wird (*Reg. Begr.* BT-Drucks. 12/2443, S. 154). Zugleich trägt die Regelung der Überbrückungsfunktion des Sozialplans (s. Rdn. 138 f.) Rechnung (*Caspers* Personalabbau, Rn. 444; *Hamacher* in: *Nerlich/Römermann* InsO, § 123 Rn. 38; *Moll* in: *Kübler/Prütting/Bork* InsO, §§ 123, 124 Rn. 115; *Schwerdtner* Kölner Schrift zur Insolvenzordnung, Rn. 110). Die Aufforderung an den Insolvenzverwalter zur Vornahme von Abschlagszahlungen steht allerdings im Konflikt zu seiner Pflicht, die relative Obergrenze des § 123 Abs. 2 InsO einzuhalten (*v. Diepenbroick-Grüter* Sozialplan, S. 117 f.), und er wird Auszahlungen deshalb eher zurückhaltend vornehmen. Darüber hinaus empfiehlt es sich, Abschlagszahlungen an eine Verpflichtung der Sozialplangläubiger zur Rückzahlung für den Fall zu knüpfen, dass die Leistung zu Unrecht erfolgte (*Annuß* NZI 1999, 344 [350]; *Moll* in: *Kübler/Prütting/Bork* InsO, §§ 123, 124 Rn. 117; kritisch jedoch *v. Diepenbroick-Grüter* Sozialplan, S. 125 f.). Sofern ausreichende Barmittel vorhanden sind und das Insolvenzgericht der beabsichtigten Abschlagszahlung zugestimmt hat, besteht ein Anspruch des einzelnen Arbeitnehmers auf Auszahlung (*Eisenbeis*/FK-InsO, § 123 Rn. 22; *Hamacher* in: *Nerlich/Römermann* InsO, § 123 Rn. 42; *Hess* Insolvenzarbeitsrecht, § 123 Rn. 42; *Moll* in: *Kübler/Prütting/Bork* InsO, §§ 123, 124 Rn. 117; *Schwerdtner* Kölner Schrift zur Insolvenzordnung, Rn. 112 f.; **a. M.** *v. Diepenbroick-Grüter* Sozialplan, S. 121 ff.). Anspruchsgrundlage ist hierfür der Sozialplan i. V. m. § 123 Abs. 3 Satz 1 InsO, so dass als zusätzliche Voraussetzung die Sozialplanforderung fällig sein muss (*Moll* in: *Kübler/Prütting/Bork* InsO, §§ 123, 124 Rn. 118).

Wegen ihrer Forderungen können die Sozialplangläubiger nach **§ 123 Abs. 3 Satz 2 InsO** nicht die 214 Zwangsvollstreckung in die Masse betreiben. Dieses besondere **Vollstreckungsverbot** war erforderlich, um die Einhaltung der relativen Obergrenze zu sichern, da die allgemeinen Vollstreckungsverbote die Sozialplanverbindlichkeiten nicht erfassen (s. a. *v. Diepenbroick-Grüter* Sozialplan, S. 136 f.; *Hamberger* Insolvenzverfahren, S. 263 f.). Die Insolvenzgläubiger können ihre Forderungen nach Eröffnung des Insolvenzverfahrens zwar nicht mehr im Wege der Zwangsvollstreckung verfolgen (§§ 87, 89 InsO). Für die Gläubiger von Masseverbindlichkeiten gelten diese Vorschriften jedoch nicht, weil sie keine Insolvenzgläubiger sind, so dass es der Sonderregelung in § 123 Abs. 3 Satz 2 InsO bedurfte. Auch das Vollstreckungsverbot des § 90 InsO greift für Sozialplanverbindlichkeiten nicht ein, da diese durch Rechtshandlungen des Insolvenzverwalters begründet wurden. Wegen des Vollstreckungsverbots in § 123 Abs. 3 Satz 2 InsO können Forderungen aus einem vom Insolvenzverwalter abgeschlossenen Sozialplan nicht mittels einer Leistungsklage verfolgt werden; eine derartige Klage wäre wegen des fehlenden Rechtsschutzbedürfnisses unzulässig (*BAG* 21.01.2010 EzA § 123 InsO Nr. 1 Rn. 10 = AP Nr. 4 zu § 123 InsO = NZA 2010, 613). Dem Arbeitnehmer verbleibt im Hinblick auf seine Ansprüche aus dem Sozialplan jedoch der Weg einer Feststellungsklage eröffnet (*BAG* 22.11.2005 EzA § 112 BetrVG 2001 Nr. 15 Rn. 14 = AP Nr. 176 zu § 112 BetrVG 1972 m. w. N. sowie nachfolgend *BAG* 21.01.2010 EzA § 123 InsO Nr. 1 Rn. 10 = AP Nr. 4 zu § 123 InsO = NZA 2010, 613; *LAG Hamm* 14.05.2014 NZI 2015, 139; ebenso im Schrifttum z. B. *Casper*/MK-InsO, § 123 Rn. 58).

(3) Sozialpläne vor Eröffnung des Insolvenzverfahrens

Forderungen aus Sozialplänen, die vor Eröffnung des Insolvenzverfahrens aufgestellt wurden, sind **In-** 215 **solvenzforderungen** i. S. d. § 38 InsO (z. B. *BAG* 31.07.2002 EzA § 55 InsO Nr. 3 S. 2 ff. = AP Nr. 1 zu § 38 InsO Bl. 2 ff. *[Moll]*; 06.08.2002 EzA § 112 BetrVG 2001 Nr. 1 S. 8 = AP Nr. 154 zu § 112 BetrVG 1972 Bl. 2 R), so dass deren Gläubiger als Insolvenzgläubiger nach den §§ 187 ff. InsO zu befriedigen sind. Das gilt auch für Ansprüche aus sog. insolvenznahen Sozialplänen, bezüglich derer dem Insolvenzverwalter nach § 124 Abs. 1 InsO ein Widerrufsrecht zusteht; dieses allein rechtfertigt nicht die auf eine entsprechende Anwendung des § 123 Abs. 2 InsO gestützte Einordnung als Masseverbindlichkeit (*BAG* 31.07.2002 EzA § 55 InsO Nr. 3 S. 2 ff. = AP Nr. 1 zu § 38 InsO Bl. 2 ff. *[Moll]*).

Eine Besonderheit besteht, wenn der **Sozialplan zwischen Betriebsrat und vorläufigem Insol-** 216 **venzverwalter**, auf den die Verfügungsbefugnis über das Vermögen des Schuldners übergegangen ist (§ 22 Abs. 1 InsO; sog. starker Insolvenzverwalter), abgeschlossen wurde. Gemäß § 55 Abs. 2 InsO gelten diese Sozialplanverbindlichkeiten nach Eröffnung des Insolvenzverfahrens als **Masseverbindlichkeiten** (*BAG* 31.07.2002 EzA § 55 InsO Nr. 3 S. 3 f. = AP Nr. 1 zu § 38 InsO Bl. 2 R *[Moll]*; *Annuß* NZI 1999, 344 [352]; *Caspers* Personalabbau, Rn. 479; *Hamacher* in: *Nerlich / Römermann* InsO, § 124 Rn. 23; *Gottwald / Bertram* Insolvenzrechts-Handbuch, § 108 Rn. 154; *Irschlinger*/HK-InsO, § 124 Rn. 8; *Moll* in: *Kübler / Prütting / Bork* InsO, §§ 123, 124 Rn. 147). § 123 InsO ist weder direkt noch analog anwendbar (*Annuß* NZI 1999, 344 [352]). Das gilt – wie die Qualifizierung als Insolvenzforderung – ebenfalls, wenn ein sog. schwacher Insolvenzverwalter am Abschluss des Sozialplans beteiligt war, dieser nach Eröffnung des Insolvenzverfahrens jedoch nicht widerrufen worden ist (*BAG* 31.07.2002 EzA § 55 InsO Nr. 3 S. 3 ff. = AP Nr. 1 zu § 38 InsO Bl. 2 ff. *[Moll]*).

(4) Sozialplanverbindlichkeiten und Masseunzulänglichkeit

217 Sofern sich nach Eröffnung eines Insolvenzverfahrens ergibt, dass die Insolvenzmasse nicht ausreicht, um die neben den Verfahrenskosten bestehenden Masseverbindlichkeiten zu begleichen (**sog. Masseunzulänglichkeit**) ist im Hinblick auf die Befriedigung von Sozialplananspruüchen nach dem Zeitpunkt ihrer rechtlichen Begründung zu unterscheiden.

218 Dabei genießen Ansprüche aus einem Sozialplan, der nach Anzeige der Masseunzulänglichkeit (§ 208 InsO) abgeschlossen worden ist, den Vorrang gegenüber den vor der Anzeige begründeten Masseverbindlichkeiten (§ 209 Abs. 2 Nr. 2 InsO). Innerhalb dieser sog. **Neumasseverbindlichkeiten** sind die Gläubiger nach dem Verhältnis der Beträge zueinander zu befriedigen. Grundsätzlich können diese Forderungen zwar mittels einer Leistungsklage gegenüber dem Insolvenzverwalter geltend machen (*BAG* 04.06.2003 EzA § 209 InsO Nr. 1 S. 10 = AP Nr. 2 zu § 209 InsO Bl. 4; 31.03.2004 EzA § 209 InsO Nr. 2 S. 7 f. = AP Nr. 3 zu § 209 InsO Bl. 3 R f.; s. a. *OLG Stuttgart* 09.05.2011 WM 2012, 555 [558]). Dies gilt indessen nicht für einen nach Anzeige der Masseunzulänglichkeit abgeschlossenen Sozialplan, da das Vollstreckungsverbot in § 123 Abs. 2 Satz 3 InsO von § 209 InsO unberührt bleibt (*BAG* 21.01.2010 EzA § 123 InsO Nr. 1 Rn. 12 = AP Nr. 4 zu § 123 InsO = NZA 2010, 413; 22.07.2010 DZWIR 2010, 490 Rn. 8). Beruft sich der Insolvenzverwalter darauf, dass nur eine quotale Befriedigung der Neumassegläubiger möglich ist (sog. weitere Masseunzulänglichkeit), so ist hingegen in der Regel lediglich eine Feststellungsklage zulässig (*BAG* 04.06.2003 EzA § 209 InsO Nr. 1 S. 9 f. = AP Nr. 2 zu § 209 InsO Bl. 4 f.; im Anschluss an *BGH* 03.04.2003 ZIP 2003, 914; bestätigt von *BAG* 31.03.2004 EzA § 209 InsO Nr. 2 S. 8 f. = AP Nr. 3 zu § 209 InsO Bl. 4; einschränkend jedoch *BAG* 21.01.2010 EzA § 123 InsO Nr. 1 Rn. 16 = AP Nr. 4 zu § 123 InsO = NZA 2010, 413).

219 Anders ist die Rechtslage bei sog. **Altmasseverbindlichkeiten**, d. h. solchen Masseverbindlichkeiten, die bereits vor Anzeige der Masseunzulänglichkeit (§ 208 InsO) begründet worden sind. Der Insolvenzverwalter hat diese **nachrangig** (§ 209 Abs. 2 Nr. 3 InsO) und bei weiterer Masseunzulänglichkeit ebenfalls quotal zu befriedigen. Unterschiede gegenüber Masseverbindlichkeiten bestehen im Hinblick auf die Geltendmachung. Da § 210 InsO bezüglich der Altmasseverbindlichkeiten ein **Vollstreckungsverbot** normiert, fehlt einer **Leistungsklage** stets das Rechtsschutzbedürfnis (*BAG* 11.12.2001 EzA § 210 InsO Nr. 1 S. 4 ff. = AP Nr. 1 zu § 209 InsO Bl. 2 R ff.; 04.06.2003 EzA § 209 InsO Nr. 1 S. 8 f. = AP Nr. 2 zu § 209 InsO Bl. 4). Das gilt auch, wenn die Leistungsklage auf die zu erwartende Quote begrenzt wird (*BAG* 11.12.2001 EzA § 210 InsO Nr. 1 S. 7 f. = AP Nr. 1 zu § 209 InsO Bl. 3 R f.). Bei sog. Altmasseverbindlichkeiten verbleibt für eine gerichtliche Geltendmachung die Erhebung einer Feststellungsklage (*BAG* 22.07.2003 EzA §§ 111 BetrVG 2001 Nr. 1 S. 4 = AP Nr. 42 zu § 113 BetrVG 1972 Bl. 1 R *[Oetker]*).

2. Abschluss des Sozialplans zwischen Betriebsrat und Unternehmer

a) Zuständigkeit für den Abschluss des Sozialplans

220 Für die Aufstellung des Sozialplans ist grundsätzlich der **Betriebsrat** zuständig, der für den Betrieb gebildet wurde, in dem die Betriebsänderung durchgeführt werden soll. Betrifft diese ausschließlich einen einzelnen Betrieb des Unternehmens, dann verbleibt es bei der Zuständigkeit des Betriebsrats, selbst dann, wenn das Unternehmen aus mehreren Betrieben besteht und die Betriebsräte entspre-

chend ihrer gesetzlichen Verpflichtung (§ 47 Abs. 1) einen Gesamtbetriebsrat gebildet haben (s. a. § 111 Rdn. 252 f.).

Ob für die Aufstellung eines Sozialplans der **Gesamtbetriebsrat** oder der **Konzernbetriebsrat** zuständig ist, beurteilt sich nach den §§ 50 und 58 (s. a. § 111 Rdn. 252 ff. sowie *Wolff* Gestaltungsformen, S. 90 ff.). Abgesehen von einer Zuständigkeit kraft Auftrags (§§ 50 Abs. 2, 58 Abs. 2) liegen die Voraussetzungen einer originären Zuständigkeit des Gesamt- bzw. Konzernbetriebsrats für die Aufstellung eines Sozialplans nur selten vor. Regelmäßig kann ein Ausgleich der bei den Arbeitnehmern eintretenden wirtschaftlichen Nachteile durch die Betriebsräte für ihre Betriebe geregelt werden. Zwischen **Interessenausgleich und Sozialplan** besteht zumeist kein unauflöslicher Regelungszusammenhang, der eine Akzessorietät der Zuständigkeiten für Interessenausgleich (s. dazu Rdn. 65) und Sozialplan erzwingt. Allein die Zweckmäßigkeit einer gemeinsamen Verhandlung beider Regelungsgegenstände durch den Gesamt- bzw. Konzernbetriebsrat rechtfertigt es nicht, von der Primärzuständigkeit des Betriebsrats abzuweichen. Sofern für die Aufstellung des Sozialplans nicht die Voraussetzungen einer originären Zuständigkeit nach den §§ 50 Abs. 1, 58 Abs. 1 vorliegen, kann die Kompetenz für den Interessenausgleich und den Abschluss des Sozialplans auseinander fallen. Um Zweifel an der Zuständigkeit des Gesamt- bzw. Konzernbetriebsrats auszuschließen, empfiehlt sich seine vorsorgliche Beauftragung (§§ 50 Abs. 2, 58 Abs. 2) mit den Verhandlungen über die Aufstellung eines Sozialplans. 221

Der Abschluss eines Sozialplans kann nicht auf den **Betriebsausschuss** (§ 27) oder einen **Ausschuss** (§ 28) übertragen werden. Der **Plenarvorbehalt** für den Abschluss von Betriebsvereinbarungen (§§ 27 Abs. 2 Satz 2 2. Halbs., 28 Abs. 1 Satz 3) gilt auch für Sozialpläne (*Gamillscheg* II, § 52, 6b [2]; *Gift* JArbR Bd. 15 [1977], 1978, S. 51 [53]; *Richardi/Annuß* § 112 Rn. 77). Zur Übertragung auf **Arbeitsgruppen i. S. d. § 28a** s. § 111 Rdn. 257. 222

b) Form des Sozialplans
Wegen der Bezugnahme in § 112 Abs. 1 Satz 2 auf Satz 1 in Absatz 1 (»das gleiche gilt«) erfordert der rechtswirksame Abschluss des Sozialplans die Wahrung der **Schriftform** (*Fitting* §§ 112, 112a Rn. 129; *Heither* AR-Blattei SD 530.14.5, Rn. 233; *Raab* FS *Konzen*, 2006, S. 719 [736]; *Richardi/Annuß* § 112 Rn. 78; *Röder/Baeck/JRH* Kap. 28 Rn. 225). Diese dient nicht dem Übereilungsschutz, sondern soll – wie im Rahmen von § 77 Abs. 2 Satz 1 – Zweifel über den Inhalt der Norm ausschließen (*BAG* 14.11.2006 EzA § 112 BetrVG 2001 Nr. 19 Rn. 17 = AP Nr. 181 zu § 112 BetrVG 1972 = RdA 2007, 242 [*Oetker*]; s. ferner *Raab* FS *Konzen*, 2006, S. 719 [737]). Er ist schriftlich niederzulegen und von Betriebsrat und Unternehmer zu unterschreiben. Hinsichtlich der Einzelheiten gelten die Ausführungen zum Interessenausgleich (Rdn. 45 ff.) entsprechend. Bei Verweisungen in einem Sozialplan auf andere Regelungen ist im Hinblick auf das Schriftformerfordernis eine hinreichende Bezeichnung des Verweisungsobjekts erforderlich, aber auch ausreichend, um das Schriftformerfordernis zu wahren (*BAG* 14.11.2006 EzA § 112 BetrVG 2001 Nr. 19 Rn. 17 = AP Nr. 181 zu § 112 BetrVG 1972 = RdA 2007, 242 [*Oetker*]; näher *Wiesner* Die Schriftform im Betriebsverfassungsgesetz [Diss. Kiel 2007], 2008, S. 105 f.). Analog § 77 Abs. 2 Satz 3 ist der Sozialplan **im Betrieb auszulegen** (*Fabricius* 6. Aufl., §§ 112, 112a Rn. 67; *Gift* JArbR Bd. 15 [1977], 1978, S. 51 [61]; *Röder/Baeck/JRH* Kap. 28 Rn. 225; näher dazu *Kreutz* § 77 Rdn. 55 ff.). 223

Die Mitunterzeichnung eines Sozialplans durch die im Betrieb vertretene Gewerkschaft steht der Rechtswirksamkeit der Vereinbarung jedenfalls nicht entgegen, wenn sich diese ungeachtet der Mitunterzeichnung seitens der Gewerkschaft ohne Weiteres als Sozialplan i. S. d. § 112 Abs. 1 Satz 2 qualifizieren lässt (*BAG* 15.04.2008 EzA § 1 TVG Nr. 49 Rn. 24 = AP Nr. 96 zu § 77 BetrVG 1972 [*Kolbe*]). Verbleiben indes Zweifel hinsichtlich der rechtlichen Zuordnung, so führt dies nach der Rechtsprechung des *BAG* zur Unwirksamkeit entweder einzelner Bestimmungen oder sogar der gesamten Vereinbarung (so *BAG* 15.04.2008 EzA § 1 TVG Nr. 49 Rn. 26 = AP Nr. 96 zu § 77 BetrVG 1972 [*Kolbe*]). 224

Wie bei dem Interessenausgleich ist die **Wahrung der Schriftform** auch bei dem Sozialplan **Wirksamkeitsvoraussetzung** (*Däubler/DKKW* §§ 112, 112a Rn. 66; *Heither* AR-Blattei SD 530.14.5, Rn. 233; *Hohenstatt/Willemsen/HWK* § 112 BetrVG Rn. 34; *Raab* FS *Konzen*, 2006, S. 719 [737]; 225

§§ 112, 112a   IV. 6. 1. Betriebsänderungen

Richardi/Annuß § 112 Rn. 78; *Röder/Baeck/JRH* Kap. 28 Rn. 225; *Spirolke/* NK-GA § 112 BetrVG Rn. 39; im Ergebnis auch *Gift* JArbR Bd. 15 [1977], 1978, S. 51 [61]; *Meyer* Abänderung, S. 45: Nichtigkeit). Das folgt jedenfalls aus der in § 112 Abs. 1 Satz 3 angeordneten normativen Wirkung des Sozialplans, die zur analogen Anwendung (s. Rdn. 160) des Schriftformerfordernisses in § 77 Abs. 2 auf den Sozialplan zwingt (**a. M.** *Raab* FS *Konzen*, 2006, S. 719 [737], der auf § 125 BGB zurückgreift). Ein mündlich verabredeter oder nicht unterzeichneter Sozialplan ist deshalb unwirksam. Zudem gilt wegen der Bezugnahme in § 112 Abs. 1 Satz 2 auf Absatz 1 Satz 1 der Vorschrift nicht nur das für den Interessenausgleich angeordnete Schriftformerfordernis als solches für den Sozialplan, sondern nach dem Willen des Gesetzes gelangen auch die Rechtsfolgen bei deren Nichtbeachtung (dazu näher Rdn. 58) zur Anwendung.

226 Die Grundsätze in Rdn. 223 und 225 gelten ebenfalls, wenn Betriebsrat und Unternehmer den Sozialplan auf **Vermittlung des Vertreters der Bundesagentur für Arbeit** abschließen (dazu Rdn. 272 ff.). Im Unterschied zu dem vor der Einigungsstelle abgeschlossenen Sozialplan (§ 112 Abs. 3 Satz 3 sowie Rdn. 301) muss der **Vertreter der Bundesagentur für Arbeit** diesen nicht unterschreiben. Geschieht dies gleichwohl, dann stellt das die Rechtswirksamkeit des Sozialplans nicht in Frage (s. a. Rdn. 309).

227 Kommt die **Einigung** über den Sozialplan **vor der Einigungsstelle** im Verfahren nach § 112 Abs. 3 zustande (dazu Rdn. 301 ff.), so ist dieser ebenfalls schriftlich niederzulegen und von Betriebsrat und Unternehmer zu unterschreiben. Die Wahrung der Schriftform einschließlich der **Unterschrift der Parteien** ist auch bei dieser Art des Zustandekommens **Wirksamkeitsvoraussetzung** (*Richardi/ Annuß* § 112 Rn. 79). Darüber hinaus schreibt § 112 Abs. 3 Satz 3 die **Unterschrift durch den Vorsitzenden der Einigungsstelle** vor. Diese ist aber **keine Wirksamkeitsvoraussetzung**, da sich Betriebsrat und Unternehmer auch während und außerhalb des laufenden Einigungsstellenverfahrens jederzeit freiwillig über den Abschluss eines Sozialplans verständigen können (*Fitting* §§ 112, 112a Rn. 129; *Galperin/Löwisch* § 112 Rn. 96; *Gift* JArbR Bd. 15 [1977], 1978, S. 51 [61]; *Heither* AR-Blattei SD 530.14.5, Rn. 233; *Ohl* Sozialplan, S. 68; *Richardi/Annuß* § 112 Rn. 79; *Schweibert/WHSS* Kap. C Rn. 200).

3. Beendigung eines Sozialplans

a) Beendigungstatbestände

228 Wegen seiner Rechtsnatur als »Betriebsvereinbarung besonderer Art« (s. Rdn. 160) gelangen für die Beendigung des Sozialplans diejenigen Tatbestände zur Anwendung, die für die Beendigung von Betriebsvereinbarungen gelten. Wie diese können die Abschlussparteien einen Sozialplan deshalb jederzeit einvernehmlich **aufheben** (dazu näher Rdn. 230 ff.). Keinen grundsätzlichen rechtlichen Bedenken unterliegt es ferner, wenn sie die Geltung des Sozialplans mit einer **auflösenden Bedingung** verknüpfen (*BAG* 22.07.2003 EzA § 112 BetrVG 2001 Nr. 7 S. 5 = AP Nr. 160 zu § 112 BetrVG 1972 Bl. 2 R; ebenso *Gamillscheg* II, § 52, 6g [1]), was sich insbesondere dann anbietet, wenn die Möglichkeit besteht, dass es nicht in vollem Umfang zu der geplanten Betriebsänderung kommt. Unwirksam soll indes eine auflösende Bedingung sein, die zur Rechtsunwirksamkeit eines Sozialplans führt, wenn über das Vermögen des Unternehmens ein Insolvenzverfahren eröffnet wird (*LAG Niedersachsen* 24.09.2009 ZIP 2010, 442 [444 f.]).

229 Umstritten ist dagegen, ob die Parteien auch berechtigt sind, einen Sozialplan mittels einer **ordentlichen Kündigung** (s. Rdn. 237 ff.) oder **außerordentlichen Kündigung** (s. Rdn. 243 ff.) einseitig zu beenden. Ferner kommt eine Beendigung des Sozialplans wegen des anfänglichen Fehlens oder späteren Wegfalls der **Geschäftsgrundlage** in Betracht (näher dazu Rdn. 248 ff.). Von den Tatbeständen, die zur Beendigung des Sozialplans führen, ist streng die Frage zu trennen, ob die in dem Sozialplan enthaltene und mit unmittelbarer Wirkung ausgestattete Bestimmung ihre **Geltungskraft** ipso iure mit Eintritt des Beendigungstatbestandes verlieren. Diesbezüglich gelten keine anderen Grundsätze als für die Betriebsvereinbarung (§ 77 Abs. 6 sowie Rdn. 172 und Rdn. 240, 246).

b) Einvernehmliche Beendigung

Einen Sozialplan können die für dessen Abschluss zuständigen Parteien **jederzeit** einvernehmlich **aufheben** oder **abändern** (BAG 24.03.1981 EzA § 112 BetrVG 1972 Nr. 22 S. 136 = AP Nr. 12 zu § 112 BetrVG 1972 Bl. 3 [Hilger] = SAE 1982, 76 [Mayer-Maly]; 10.08.1994 EzA § 112 BetrVG 1972 Nr. 76 S. 6 = AP Nr. 86 zu § 112 BetrVG 1972 Bl. 4 [v. Hoyningen-Huene] = SAE 1995, 304 [Pottmeyer]; 05.10.2000 EzA § 112 BetrVG 1972 Nr. 107 S. 9 = AP Nr. 141 zu § 112 BetrVG 1972 Bl. 4 f.; 12.11.2002 EzA § 112 BetrVG 2001 Nr. 3 S. 3 f. = AP Nr. 159 zu § 112 BetrVG 1972 Bl. 1 R; 02.10.2007 EzA § 77 BetrVG 2001 Nr. 20 Rn. 19; 19.02.2008 EzA § 112 BetrVG 2001 Nr. 26 Rn. 17 = AP Nr. 191 zu § 112 BetrVG 1972 [Richardi]; Däubler/DKKW §§ 112, 112a Rn. 202; ders. NZA 1985, 545 [547]; Etzel Rn. 1076; Fitting §§ 112, 112a Rn. 214; Friedemann Verfahren der Einigungsstelle, Rn. 565; Gift JArbR Bd. 15 [1977], 1978, S. 51 [68]; Heither AR-Blattei SD 530.14.5, Rn. 251; v. Hoyningen-Huene Betriebsverfassungsrecht, § 15 IV 2; Hromadka/Maschmann Arbeitsrecht 2, § 16 Rn. 641; Kania/ErfK §§ 112, 112a BetrVG Rn. 39; Löwisch/LK § 112 Rn. 81; Preis/Bender/WPK §§ 112, 112a Rn. 79; Richardi/Annuß § 112 Rn. 183; Röder/Baeck/JRH Kap. 28 Rn. 301; Schweibert/WHSS Kap. C Rn. 338; Stege/Weinspach/Schiefer §§ 111–113 Rn. 98b). Auch nach einem **Betriebsübergang** können **Erwerber und Betriebsrat** einen vom Veräußerer für den Betrieb abgeschlossenen Sozialplan einvernehmlich abändern (BAG 24.03.1981 EzA § 112 BetrVG 1972 Nr. 22 S. 136 = AP Nr. 12 zu § 112 BetrVG 1972 Bl. 3 [Hilger] = SAE 1982, 76 [Mayer-Maly]; Etzel Rn. 1030; Preis/Bender/WPK §§ 112, 112a Rn. 79). 230

Die Rechtswirksamkeit der Aufhebung bzw. Beendigung hängt nicht davon ab, dass ein neuer Sozialplan den bisherigen ersetzt. Die **ersatzlose Aufhebung eines Sozialplans** führt allerdings zur erneuten Einleitung des Beteiligungsverfahrens, wenn der aufgehobene Sozialplan noch nicht alle wirtschaftlichen Nachteile ausgeglichen hat, die bei den von der Betriebsänderung betroffenen Arbeitnehmern eintreten können (**a. M.** Gift JArbR Bd. 15 [1977], 1978, S. 51 [68]). 231

Das Recht zur einvernehmlichen Aufhebung des Sozialplans besteht unabhängig von dem **Verfahren**, in dem dieser zustande gekommen ist. Auch einen **von der Einigungsstelle aufgestellten Sozialplan** können die Betriebspartner jederzeit einvernehmlich aufheben (Preis/Bender/WPK §§ 112, 112a Rn. 79; Richardi/Annuß § 112 Rn. 183). Der Spruch der Einigungsstelle ersetzt lediglich deren Einigung, ohne ihnen die Regelungskompetenz zu entziehen. Beruht der Sozialplan auf einem Spruch der Einigungsstelle, dann gilt der aufgehobene Sozialplan aufgrund einer entsprechenden Anwendung des § 77 Abs. 6 (s. Rdn. 172) jedoch fort, bis ein neuer Sozialplan vorliegt. 232

Wird ein Sozialplan aufgehoben und durch einen neuen ersetzt, dann gilt im **Verhältnis der Sozialpläne zueinander** nicht das **Günstigkeitsprinzip**. Wegen der in § 112 Abs. 1 Satz 3 zum Ausdruck gelangten Gleichstellung mit der Betriebsvereinbarung (s. Rdn. 157) begründet der Sozialplan eine vergleichbare kollektive Ordnung, so dass für das Verhältnis zweier Sozialpläne das für Betriebsvereinbarungen anerkannte **Ablösungsprinzip** (dazu Kreutz § 77 Rdn. 401 f.) zur Anwendung gelangt (BAG 24.03.1981 EzA § 112 BetrVG 1972 Nr. 22 S. 137 f. = AP Nr. 12 zu § 112 BetrVG 1972 Bl. 3 R [Hilger] = SAE 1982, 76 [Mayer-Maly]; 05.10.2000 EzA § 112 BetrVG 1972 Nr. 107 S. 9 = AP Nr. 141 zu § 112 BetrVG 1972 Bl. 4 f.; 12.11.2002 EzA § 112 BetrVG 2001 Nr. 3 S. 4 = AP Nr. 159 zu § 112 BetrVG 1972 Bl. 1 R f.; 02.10.2007 EzA § 77 BetrVG 2001 Nr. 20 Rn. 19; 19.02.2008 EzA § 112 BetrVG 2001 Nr. 26 Rn. 17 = AP Nr. 191 zu § 112 BetrVG 1972 [Richardi]; 15.04.2008 AP Nr. 42 zu § 77 BetrVG 1972 Betriebsvereinbarung Rn. 26; 07.06.2011 EzA § 112 BetrVG 2001 Nr. 45 Rn. 16 = AP Nr. 217 zu § 112 BetrVG 1972 = NZA 2011, 1370; Fitting §§ 112, 112a Rn. 214; Gamillscheg II, § 52, 6g [1]; Heither AR-Blattei SD 530.14.5, Rn. 251; Hohenstatt/Willemsen/HWK § 112 BetrVG Rn. 83; Huth Sozialplanänderungen, S. 57 ff.; Preis/Bender/WPK §§ 112, 112a Rn. 79; Richardi/Annuß § 112 Rn. 183; Röder/Baeck/JRH Kap. 28 Rn. 301; Schweibert/WHSS Kap. C Rn. 338). 233

Die Aufhebung des bisherigen Sozialplans bewirkt, dass dieser **keine neuen Ansprüche** mehr begründet. Problematisch ist, ob ein ablösender Sozialplan in **Ansprüche** eingreifen kann, die aufgrund des aufgehobenen Sozialplans **bereits entstanden** sind. Während dies bei Betriebsvereinbarungen grundsätzlich möglich ist (s. Kreutz § 77 Rdn. 364 ff.), gebietet der Zweck des Sozialplans zumindest bei einer einvernehmlichen Neuregelung grundsätzlich eine abweichende Würdigung, da dieser einer **rückwirkenden Änderung** zu Lasten der Arbeitnehmer entgegensteht (so auch die frühere Recht- 234 sprechung *BAG* 10.08.1994 EzA § 112 BetrVG 1972 Nr. 76 S. 6 = AP Nr. 86 zu § 112 BetrVG 1972 Bl. 4 *[v. Hoyningen-Huene]* = SAE 1995, 304 *[Pottmeyer]*; 12.11.2002 EzA § 112 BetrVG 2001 Nr. 3 S. 4 = AP Nr. 159 zu § 112 BetrVG 1972 Bl. 2; *LAG Düsseldorf* 27.06.1996 LAGE § 112 BetrVG 1972 Nr. 39 S. 12; ebenso *Däubler/DKKW* §§ 112, 112a Rn. 202; *ders.* NZA 1985, 545 [547 f.]; *Etzel* Rn. 1030; *Fitting* §§ 112, 112a Rn. 215; *Heither* AR-Blattei SD 530.14.5, Rn. 252; *Hromadka/Maschmann* Arbeitsrecht 2, § 16 Rn. 641; *Löwisch/LK* § 112 Rn. 81; *Richardi/Annuß* § 112 Rn. 147; *Rumpff/Boewer* Wirtschaftliche Angelegenheiten, Kap. I Rn. 74; *Stege/Weinspach/Schiefer* §§ 111–113 Rn. 98d; im Ergebnis auch *Huth* Sozialplanänderungen, S. 238 ff.; **a. M.** *Meyer* NZA 1995, 974 [976 f.]; *ders.* NZA 1997, 289 [293]). Sind hingegen durch den Sozialplan noch keine Ansprüche zugunsten der Arbeitnehmer begründet, so kann dieser von den Betriebsparteien jederzeit mit Wirkung für die Zukunft geändert werden (einschränkend jedoch *Gehlhaar* BB 2007, 2805 [2807 f.], wenn die Arbeitnehmer aufgrund des Sozialplans in »Vorleistung« getreten seien).

235 Der hier befürwortete konzeptionelle Ansatz, die für die Betriebsvereinbarung anerkannten Regeln auf Sozialpläne lediglich entsprechend anzuwenden (s. Rdn. 120), rechtfertigt es, die allgemeinen Maximen des Ablösungsprinzips im Hinblick auf den Zweck des Sozialplans zu durchbrechen (**a. M.** nunmehr *BAG* 05.10.2000 EzA § 112 BetrVG 1972 Nr. 107 S. 9 f. = AP Nr. 141 zu § 112 BetrVG 1972 Bl. 4 R, wo die Eingriffsschranken von Betriebsvereinbarung und Sozialplan gleichgesetzt und durch die Verhältnismäßigkeit und den Vertrauensschutz gebildet werden; ebenso *BAG* 02.10.2007 EzA § 77 BetrVG 2001 Nr. 20 Rn. 19; 19.02.2008 EzA § 112 BetrVG 2001 Nr. 26 Rn. 17 = AP Nr. 191 zu § 112 BetrVG 1972 *[Richardi]*; 07.06.2011 EzA § 112 BetrVG 2001 Nr. 45 Rn. 16 = AP Nr. 217 zu § 112 BetrVG 1972 = NZA 2011, 1370; *Fitting* §§ 112, 112a Rn. 215; *Gamillscheg* II, § 52, 6g [1]; *Kania/ErfK* §§ 112, 112a Rn. 39; wohl auch *Preis/Bender/WPK* §§ 112, 112a Rn. 79). Das gilt jedoch nicht für die **Grenzen von Recht und Billigkeit** (§ 75 BetrVG), sie muss auch ein ablösender Sozialplan stets einhalten (*BAG* 24.03.1981 EzA § 112 BetrVG 1972 Nr. 22 S. 137 = AP Nr. 12 zu § 112 BetrVG 1972 Bl. 3 R *[Hilger]* = SAE 1982, 76 *[Mayer-Maly]*; 05.10.2000 EzA § 112 BetrVG 1972 Nr. 107 S. 11 = AP Nr. 141 zu § 112 BetrVG 1972 Bl. 5 R; *Däubler* NZA 1985, 545 [548]; *Etzel* Rn. 1030; *Friedemann* Verfahren der Einigungsstelle, Rn. 570; *Richardi/Annuß* § 112 Rn. 183; *Rumpff/Boewer* Wirtschaftliche Angelegenheiten, Kap. I Rn. 74 sowie allgemein Rdn. 359 ff.). Ein **rückwirkender Eingriff** in bereits **entstandene Ansprüche** aufgrund einer einvernehmlichen Ersetzung des bisherigen Sozialplans ist deshalb nur zulässig, wenn für diesen die **Geschäftsgrundlage entfallen** ist (s. dazu näher Rdn. 248 ff.). Es wäre systemwidrig, bei einem Wegfall der Geschäftsgrundlage den rückwirkenden Eingriff durch einen Spruch der Einigungsstelle zu gestatten, den Betriebspartnern hingegen bei demselben Sachverhalt eine vergleichbare einvernehmliche Regelung zu verwehren (*Friedemann* Verfahren der Einigungsstelle, Rn. 570).

c) Kündigung eines Sozialplans

aa) Kündigungsklausel

236 Die Kündigung eines Sozialplans ist stets zulässig, wenn dieser selbst in einer vereinbarten Kündigungsklausel die Befugnis zur **ordentlichen oder außerordentlichen Kündigung** eigenständig begründet (*BAG* 10.08.1994 EzA § 112 BetrVG 1972 Nr. 76 S. 6 = AP Nr. 86 zu § 112 BetrVG 1972 Bl. 4 R *[v. Hoyningen-Huene]* = SAE 1995, 304 *[Pottmeyer]*; *Kania*/ErfK §§ 112, 112a BetrVG Rn. 40; *Löwisch/LK* § 112 Rn. 79; *Preis/Bender/WPK* §§ 112, 112a Rn. 80; *Rumpff/Boewer* Wirtschaftliche Angelegenheiten, Kap. I Rn. 72). Die Aufnahme einer Kündigungsklausel ist insbesondere bei zeitlich gestreckten Betriebsänderungen sowie bei der Begründung von Ansprüchen auf wiederkehrende Ausgleichsleistungen sinnvoll. Zu den Rechtswirkungen einer ordentlichen bzw. außerordentlichen Kündigung s. Rdn. 242, 246 f.

bb) Ordentliche Kündigung

237 Umstritten ist, ob ein Sozialplan auch dann ordentlich gekündigt werden kann, wenn er **keine Kündigungsklausel** enthält. Obwohl der Sozialplan nach unbestrittener Ansicht den für die Betriebsvereinbarung geltenden Bestimmungen unterliegt (s. Rdn. 161 ff.), lehnt die h. M. die Anwendung des § 77 Abs. 5 zumindest für den erzwingbaren Sozialplan grundsätzlich ab (*BAG* 10.08.1994 EzA § 112 BetrVG 1972 Nr. 76 S. 7 = AP Nr. 86 zu § 112 BetrVG 1972 Bl. 4 R *[v. Hoyningen-Huene]* = SAE

1995, 304 *[Pottmeyer]*; *LAG Niedersachsen* 24.09.2009 ZIP 2010, 442 [444]; *Däubler* NZA 1985, 545 [549]; *Etzel* Rn. 1030; *Fabricius* 6. Aufl., §§ 112, 112a Rn. 74; *Fitting* §§ 112, 112a Rn. 216; *Friedemann* Verfahren der Einigungsstelle, Rn. 574; *Gamillscheg* II, § 52, 6g [2]; *Gift* JArbR Bd. 15 [1977], 1978, S. 51 [68]; *Heither* AR-Blattei SD 530.14.5, Rn. 253; *Hromadka/Maschmann* Arbeitsrecht 2, § 16 Rn. 642; *Huth* Sozialplanänderungen, S. 73 ff.; *Kania*/ErfK §§ 112, 112a BetrVG Rn. 40; *Kaven* Sozialplan, S. 136; *Kessen* Der Inhalt des Sozialplans, S. 184 ff.; *Löwisch*/LK § 112 Rn. 79; *Matthes*/MünchArbR § 270 Rn. 30; *Ohl* Sozialplan, S. 71; *Richardi/Annuß* § 112 Rn. 185; *Röder/Baeck*/JRH Kap. 28 Rn. 302; *Rumpff/Boewer* Wirtschaftliche Angelegenheiten, Kap. I Rn. 72; *Schweibert*/WHSS Kap. C Rn. 339; *Spirolke*/NK-GA § 112 BetrVG Rn. 42; *Steffan*/HaKo §§ 112, 112a Rn. 69; im Grundsatz auch *Naendrup* AuR 1984, 193 [197 f.]; **a. M.** *LAG Saarland* 03.07.1985 LAGE § 112 BetrVG 1972 Nr. 7 S. 15; *Fuchs* Sozialplan, S. 117 f.; *Meyer* NZA 1997, 289 [291]; *Teubner* BB 1974, 982 [987]). Lediglich bei nicht erzwingbaren (freiwilligen) Sozialplänen soll auch ohne eine entsprechende Vereinbarung ein Recht zur ordentlichen Kündigung anzuerkennen sein (*Galperin/Löwisch* § 112 Rn. 43a; *Ohl* Sozialplan, S. 71; *Richardi/Annuß* § 112 Rn. 184; ebenfalls hierzu neigend *BAG* 10.08.1994 EzA § 112 BetrVG 1972 Nr. 76 S. 7 = AP Nr. 86 zu § 112 BetrVG 1972 Bl. 4 R *[v. Hoyningen-Huene]* = SAE 1995, 304 *[Pottmeyer]* sowie die Nachweise in Rdn. 240).

Dieser Auffassung ist zuzustimmen, allerdings kann die Differenzierung zwischen erzwingbaren und nicht erzwingbaren Sozialplänen nicht überzeugen (ebenso auch *Preis/Bender/WPK* §§ 112, 112a Rn. 80), da die Erzwingbarkeit einer Betriebsvereinbarung – wie § 77 Abs. 5 zeigt – einem ordentlichen Kündigungsrecht nicht generell entgegensteht (s. *Kreutz* § 77 Rdn. 403 ff.). Dem spezifischen Einigungsmechanismus bei erzwingbaren Betriebsvereinbarungen trägt die Anordnung der Weitergeltung in § 77 Abs. 6 ausreichend Rechnung. Bei dem hiesigen methodischen Ansatz zur Anwendung der Vorschriften zur Betriebsvereinbarung auf den Sozialplan (s. Rdn. 160) ist vielmehr ausschlaggebend, dass der **Zweck des Sozialplans** unabhängig von der Modalität seines Zustandekommens einer analogen Anwendung des § 77 Abs. 5 entgegensteht (*BAG* 10.08.1994 EzA § 112 BetrVG 1972 Nr. 76 S. 7 = AP Nr. 86 zu § 112 BetrVG 1972 Bl. 4 R *[v. Hoyningen-Huene]* = SAE 1995, 304 *[Pottmeyer]*; *Däubler* NZA 1985, 545 [549]; *Fabricius* 6. Aufl., §§ 112, 112a Rn. 74; *Friedemann* Verfahren der Einigungsstelle, Rn. 574; *Kaven* Sozialplan, S. 136; *Matthes*/MünchArbR § 270 Rn. 30; *Preis/Bender/WPK* §§ 112, 112a Rn. 80; *Röder/Baeck*/JRH Kap. 28 Rn. 302; *Rumpff/Boewer* Wirtschaftliche Angelegenheiten, Kap. I Rn. 72; *Schweibert*/WHSS Kap. C Rn. 339; **a. M.** *Fuchs* Sozialplan, S. 118). **238**

Im Unterschied zu dem typischen Inhalt einer Betriebsvereinbarung im Anwendungsbereich des § 87 Abs. 1 schafft der Sozialplan keine Dauerregelung, sondern bezweckt den Ausgleich für ein singuläres Ereignis, nämlich die infolge einer Betriebsänderung entstehenden wirtschaftlichen Nachteile bei den hiervon betroffenen Arbeitnehmern. Ein lediglich durch eine Kündigungsfrist begrenztes einseitiges Lösungsrecht wäre trotz der wegen einer entsprechenden Anwendung des § 77 Abs. 6 (s. Rdn. 172) teilweise eingreifenden Fortgeltung nicht mit dem Zweck des Sozialplans vereinbar. Etwas anderes gilt lediglich, wenn der Sozialplan unabhängig von einer konkret geplanten Betriebsänderung oder i. S. einer Dauerregelung aufgestellt worden ist (dazu auch Rdn. 143 f.). Zu dem Zweck eines **vorsorglichen Sozialplans** bzw. **Rahmensozialplans** steht ein einseitiges Lösungsrecht mit einer Auslauffrist nicht im Widerspruch (*Däubler* NZA 1985, 545 [547]; *Hohenstatt/Willemsen*/HWK § 112 BetrVG Rn. 84; *Richardi/Annuß* § 112 Rn. 184; *Röder/Baeck*/JRH Kap. 28 Rn. 303). **239**

Von dem in Rdn. 237 dargelegten Grundsatz erkennt eine verbreitete Ansicht eine Ausnahme an, wenn der Sozialplan **Dauerregelungen** zugunsten der Arbeitnehmer begründet. In dieser Konstellation soll ein ordentliches Kündigungsrecht anzuerkennen sein (*Däubler* NZA 1985, 545 [549]; *Etzel* Rn. 1030, 1057; *Fabricius* 6. Aufl., §§ 112, 112a Rn. 63; *Gamillscheg* II, § 52, 6g [2]; *Hess*/HWGNRH § 112 Rn. 336; *Hromadka/Maschmann* Arbeitsrecht 2, § 16 Rn. 642; *Kania*/ErfK §§ 112, 112a Rn. 40; *Löwisch*/LK § 112 Rn. 79; *Matthes*/MünchArbR § 270 Rn. 30; *Preis/Bender/WPK* §§ 112, 112a Rn. 80; *Röder/Baeck*/JRH Kap. 28 Rn. 302; *Schweibert*/WHSS Kap. C Rn. 339; *Spirolke*/NK-GA § 112 BetrVG Rn. 42; *Steffan*/HaKo §§ 112, 112a Rn. 69; *Willemsen/Tiesler* Interessenausgleich, Rn. 321; wohl auch *Däubler*/DKKW §§ 112, 112a Rn. 203 und *v. Hoyningen-Huene* Betriebsverfassungsrecht, § 15 IV 2, die jedoch nicht zwischen den verschiedenen Arten der Kündigung unterscheiden; offen gelassen von *BAG* 24.03.1981 EzA § 112 BetrVG 1972 Nr. 22 S. 136 f. = AP Nr. 12 zu **240**

§ 112 BetrVG 1972 Bl. 3 *[Hilger]* = SAE 1982, 76 *[Mayer-Maly]*; 10.08.1994 EzA § 112 BetrVG 1972 Nr. 76 S. 7 = AP Nr. 86 zu § 112 BetrVG 1972 Bl. 4 R *[v. Hoyningen-Huene]* = SAE 1995, 304 *[Pottmeyer]*; 28.03.2007 EzA § 112 BetrVG 2001 Nr. 23 Rn. 26 = AP Nr. 184 zu § 112 BetrVG 1972; **a. M.** *Richardi/Annuß* § 112 Rn. 185; *Huth* Sozialplanänderungen, S. 82 ff.; im Ansatz auch *Heither* AR-Blattei SD 530.14.5, Rn. 254: nur außerordentliche Kündigung), wobei jedoch vertiefte Erörterungen unterbleiben, ob sich das Kündigungsrecht auf den Sozialplan in seiner Gesamtheit oder im Sinne einer Teilkündigung nur auf die jeweilige Dauerregelung bezieht. Unabhängig davon soll die gekündigte Dauerregelung gemäß § 77 Abs. 6 **nachwirken**, wenn diesbezüglich ein Spruch der Einigungsstelle die Einigung der Betriebspartner ersetzen kann (*BAG* 24.03.1981 EzA § 112 BetrVG 1972 Nr. 22 S. 137 = AP Nr. 12 zu § 112 BetrVG 1972 Bl. 3 *[Hilger]* = SAE 1982, 76 *[Mayer-Maly]*; *Etzel* Rn. 1057; *Fitting* §§ 112, 112a Rn. 217; *Friedemann* Verfahren der Einigungsstelle, Rn. 576; *Galperin/Löwisch* § 112 Rn. 43; *v. Hoyningen-Huene* Betriebsverfassungsrecht, § 15 IV 2; *Hromadka/Maschmann* Arbeitsrecht 2, § 16 Rn. 642; *Kania*/ErfK §§ 112, 112a Rn. 40; *Matthes*/MünchArbR § 270 Rn. 30; *Meyer* NZA 1997, 289 [291]; *Röder/Baeck/JRH* Kap. 28 Rn. 305; *Rumpff/Boewer* Wirtschaftliche Angelegenheiten, Kap. I Rn. 73; *Schweibert/WHSS* Kap. C Rn. 339; *Teubner* BB 1974, 982 [987]; *Willemsen/Tiesler* Interessenausgleich, Rn. 322).

241 Die Integration einer Regelung mit Dauerwirkung in den Sozialplan rechtfertigt es nicht, diesen durch ein ordentliches Kündigungsrecht insgesamt in Frage zu stellen. Deshalb kann sich dieses ausschließlich auf diejenige Sozialplanbestimmung beziehen, die als Dauerregelung zu qualifizieren ist. Hierzu sind allerdings nur solche zu zählen, die einen einmal entstandenen wirtschaftlichen Nachteil nicht mittels einer einmaligen Leistung, sondern durch auf bestimmte oder unbestimmte Zeit laufende Leistungen ausgleichen oder abmildern (*BAG* 10.08.1994 EzA § 112 BetrVG 1972 Nr. 76 S. 7 = AP Nr. 86 zu § 112 BetrVG 1972 Bl. 4 R *[v. Hoyningen-Huene]* = SAE 1995, 304 *[Pottmeyer]*). Selbst bezüglich derartiger Dauerregelungen ist ein Recht zur ordentlichen Kündigung indes nur in den engen Grenzen anzuerkennen, in denen bei Betriebsvereinbarungen eine **Teilkündigung** zulässig ist (*Däubler* NZA 1985, 545 [549] sowie allgemein *Kreutz* § 77 Rdn. 410). Der Kompromisscharakter des Sozialplans sowie der inhaltliche und zuweilen auch funktionale Zusammenhang mit einem gegebenenfalls zeitgleich abgeschlossenen Interessenausgleich (*Däubler* NZA 1985, 545 [549]) stehen einer Teilkündigung regelmäßig entgegen (zust. *Hohenstatt/Willemsen/HWK* § 112 BetrVG Rn. 85). Die Härten dieses restriktiven Ansatzes können die Betriebspartner durch Aufnahme einer Kündigungsklausel vermeiden, die sich auf die Dauerregelung beschränkt. Zudem verbleibt ihnen das Recht, den Sozialplan durch eine außerordentliche Kündigung zu beenden (dazu Rdn. 243 ff.); gegebenenfalls ist bezüglich der Dauerregelung auch eine Anpassung des Sozialplans wegen eines Wegfalls der Geschäftsgrundlage in Betracht zu ziehen (dazu Rdn. 248 ff.).

242 Sofern nach den Ausführungen in Rdn. 237 bis 241 eine ordentliche Kündigung des Sozialplans zulässig ist, beseitigt diese den Sozialplan nur für die Zukunft (*BAG* 10.08.1994 EzA § 112 BetrVG 1972 Nr. 76 S. 8 = AP Nr. 86 zu § 112 BetrVG 1972 Bl. 4 R *[v. Hoyningen-Huene]* = SAE 1995, 304 *[Pottmeyer]*). Insoweit verhindert die ordentliche Kündigung insbesondere bei Dauerregelungen mit Ablauf der Kündigungsfrist das Entstehen neuer Ansprüche, ohne dass dem ein schutzwürdiges Vertrauen der begünstigten Arbeitnehmer entgegensteht (*Rumpff/Boewer* Wirtschaftliche Angelegenheiten, Kap. I Rn. 73). Die während der Geltung des Sozialplans, d. h. bis zum Ablauf der Kündigungsfrist entstandenen Ansprüche bleiben von einer ordentlichen Kündigung unberührt (*BAG* 24.03.1981 EzA § 112 BetrVG 1972 Nr. 22 S. 137 = AP Nr. 12 zu § 112 BetrVG 1972 Bl. 3 *[Hilger]* = SAE 1982, 76 *[Mayer-Maly]*; *Willemsen/Tiesler* Interessenausgleich, Rn. 322). Zudem wirken die Regelungen im Sozialplan analog § 77 Abs. 6 (dazu Rdn. 172) bis zu einer anderen Abmachung fort, wenn ein Spruch der Einigungsstelle die Einigung über den Sozialplan ersetzen kann (*BAG* 24.03.1981 EzA § 112 BetrVG 1972 Nr. 22 S. 137 = AP Nr. 12 zu § 112 BetrVG 1972 Bl. 3 *[Hilger]* = SAE 1982, 76 *[Mayer-Maly]*; 10.08.1994 EzA § 112 BetrVG 1972 Nr. 76 S. 8 = AP Nr. 86 zu § 112 BetrVG 1972 Bl. 4 R f. *[v. Hoyningen-Huene]* = SAE 1995, 304 *[Pottmeyer]*; *Däubler* NZA 1985, 545 [548]; *Gamillscheg* II, § 52, 6g [4]).

cc) Außerordentliche Kündigung

243 Der auf den Zweck des Sozialplans gestützte Ausschluss einer ordentlichen Kündigung (s. Rdn. 238) gilt nicht in gleicher Weise für das (ungeschriebene) Recht zur außerordentlichen Kündigung. Dieses

setzt bei Betriebsvereinbarungen einen Grund voraus, der zur **Unzumutbarkeit einer weiteren Bindung** an die Betriebsvereinbarung führt (s. a. *Kreutz* § 77 Rdn. 413). Die Übernahme dieses einseitigen Lösungsrechts für den Sozialplan steht zumindest dann nicht mit dessen Zweck im Widerspruch, wenn dieser fortdauernde Verpflichtungen, also Regelungen mit **Dauercharakter,** begründet (*LAG Saarland* 03.07.1985 LAGE § 112 BetrVG 1972 Nr. 7 S. 13 ff.; *Däubler* NZA 1985, 545 [550]; *Etzel* Rn. 1077; *Fitting* §§ 112, 112a Rn. 217; *Heither* AR-Blattei SD 530.14.5, Rn. 254; *Hromadka/Maschmann* Arbeitsrecht 2, § 16 Rn. 642; *Kania*/ErfK §§ 112, 112a BetrVG Rn. 40; *Löwisch/LK* § 112 Rn. 80; *Preis/Bender/WPK* §§ 112, 112a Rn. 81; *Richardi* 7. Aufl., § 112 Rn. 150; *Röder/Baeck/JRH* Kap. 28 Rn. 304; wohl auch *BAG* 10.08.1994 EzA § 112 BetrVG 1972 Nr. 76 S. 8 = AP Nr. 86 zu § 112 BetrVG 1972 Bl. 5 *[v. Hoyningen-Huene]* = SAE 1995, 304 *[Pottmeyer];* weiter gehend *Bender* Wegfall der Geschäftsgrundlage, S. 444 f.; *Gamillscheg* II, § 52, 6g [2]; *Hess/HWGNRH* § 112 Rn. 275; *Stege/Weinspach/Schiefer* §§ 111–113 Rn. 98c: generelles Recht zur außerordentlichen Kündigung; ähnlich *Meyer* Abänderung, S. 62 f.; *ders.* NZA 1995, 974 [978], der jedoch die tatbestandlichen Voraussetzungen einer außerordentlichen Kündigung mit dem Wegfall der Geschäftsgrundlage gleichsetzt; **a. M.** *Däubler/DKKW* §§ 112, 112a Rn. 203; *Huth* Sozialplanänderungen, S. 97 ff.; *Kessen* Der Inhalt des Sozialplans, S. 188; *Naendrup* AuR 1984, 193 [198 ff.]).

Der Vorbehalt des § 113 für die Verpflichtung zum Nachteilsausgleich, die dann nicht eintritt, wenn ein »zwingender Grund« die Abweichung von dem Interessenausgleich rechtfertigt, bestätigt das indirekt. Hieraus ist ersichtlich, dass auch die im Rahmen einer Betriebsänderung begründeten betriebsverfassungsrechtlichen Bindungen ihre Schranke in dem allgemeinen Rechtsgrundsatz finden, dass eine Leistung, deren Erfüllung unzumutbar geworden ist, nicht mehr geschuldet wird. Nur bei der Gestaltung eines **einmaligen Austauschverhältnisses** durch den Sozialplan scheidet ein Recht zur außerordentlichen Kündigung aus (*BAG* 10.08.1994 EzA § 112 BetrVG 1972 Nr. 76 S. 8 = AP Nr. 86 zu § 112 BetrVG 1972 Bl. 5 *[v. Hoyningen-Huene]* = SAE 1995, 304 *[Pottmeyer]; Bender* Wegfall der Geschäftsgrundlage, S. 442 f.; *Däubler* NZA 1985, 545 [550]; *Löwisch/LK* § 112 Rn. 80; *Röder/Baeck/JRH* Kap. 28 Rn. 304). In derartigen Fällen kann aber der Rückgriff auf die Lehre vom **Wegfall der Geschäftsgrundlage** zur **Anpassung** oder als ultima-ratio zur sofortigen **Beendigung** des Sozialplans führen (dazu Rdn. 248 ff.). **244**

Der **Tatbestand des Rechts zur außerordentlichen Kündigung** erfordert einen Grund, der so gewichtig ist, dass ein weiteres Festhalten an den Bindungen des Sozialplans für den Kündigenden die Grenze zur Unzumutbarkeit überschreitet (*LAG Saarland* 03.07.1985 LAGE § 112 BetrVG 1972 Nr. 7 S. 17; *Däubler* NZA 1985, 545 [550]; *Preis/Bender/WPK* §§ 112, 112a Rn. 81). Allein der Umstand, dass dem Arbeitgeber die notwendigen finanziellen Mittel fehlen, um die Sozialplanverbindlichkeiten zu erfüllen, reicht für sich allein jedoch nicht aus (*BAG* 10.08.1994 EzA § 112 BetrVG 1972 Nr. 76 S. 9 = AP Nr. 86 zu § 112 BetrVG 1972 Bl. 5 R *[v. Hoyningen-Huene]* = SAE 1995, 304 *[Pottmeyer]; LAG Niedersachsen* 24.09.2009 ZIP 2010, 442 [444 f.]; zurückhaltend *Preis/Bender/WPK* §§ 112, 112a Rn. 81). **245**

Soweit für den Sozialplan überhaupt ein Recht zur außerordentlichen Kündigung anerkannt wird, soll dieser nach einer verbreiteten Ansicht entweder insgesamt oder hinsichtlich der gekündigten Bestimmungen nach § 77 Abs. 6 **nachwirken** (*BAG* 10.08.1994 EzA § 112 BetrVG 1972 Nr. 76 S. 9 = AP Nr. 86 zu § 112 BetrVG 1972 Bl. 5 *[v. Hoyningen-Huene]* = SAE 1995, 304 *[Pottmeyer]; Däubler/DKKW* §§ 112, 112a Rn. 203; *Fitting* §§ 112, 112a Rn. 217; *Heither* AR-Blattei SD 530.14.5, Rn. 254; *Hohenstatt/Willemsen/HWK* § 112 Rn. 86; *Kania*/ErfK §§ 112, 112a BetrVG Rn. 40; *Richardi/Annuß* § 112 Rn. 186; *Röder/Baeck/JRH* Kap. 28 Rn. 305; *Spirolke/NK-GA* § 112 BetrVG Rn. 42; *Stege/Weinspach/Schiefer* §§ 111–113 Rn. 98d; **a. M.** *LAG Saarland* 03.07.1985 LAGE § 112 BetrVG 1972 Nr. 7 S. 16 f.; *Kessen* Der Inhalt des Sozialplans, S. 188). Dem steht aber entgegen, dass die Nachwirkung in dieser Konstellation der auf tatbestandlicher Ebene konstatierten Unzumutbarkeit einer fortdauernden inhaltlich unveränderten Bindung an den Sozialplan widerspricht. Würde die Bindung an den Sozialplan trotz der Unzumutbarkeit über eine direkte oder analoge Anwendung des § 77 Abs. 6 aufrechterhalten, dann wäre die gesetzliche Fortgeltungsanordnung eine unverhältnismäßige Einschränkung grundrechtlicher Freiheitspositionen, die zudem im Widerspruch zu dem Zweck der Nachwirkung stünde (s. *Kreutz* § 77 Rdn. 446). Diese bedarf deshalb einer auch aus verfassungsrechtlichen Gründen gebotenen teleologischen Reduktion. **246**

247 Wie die ordentliche Kündigung führt auch die außerordentliche Kündigung des Sozialplans bzw. einzelner seiner Bestimmungen **nicht zur rückwirkenden Beseitigung** des Sozialplans als Rechtsgrundlage für die vor Zugang der Kündigungserklärung entstandenen Ansprüche; die außerordentliche Kündigung ist in ihren Rechtswirkungen **zukunftsbezogen** und verhindert lediglich das Entstehen neuer Ansprüche (*BAG* 10.08.1994 EzA § 112 BetrVG 1972 Nr. 76 S. 9 = AP Nr. 86 zu § 112 BetrVG 1972 Bl. 5 f. *[v. Hoyningen-Huene]* = SAE 1995, 304 *[Pottmeyer]*; 28.08.1996 EzA § 112 BetrVG 1972 Nr. 87 S. 6 *[B. Gaul]* = AP Nr. 104 zu § 112 BetrVG 1972 Bl. 2 R *[Meyer]* = SAE 1998, 277 *[Pollert]*). In **bereits entstandene Ansprüche** kann grundsätzlich nicht mehr eingegriffen werden; allenfalls bei einem gleichzeitigen Wegfall der Geschäftsgrundlage kommt eine rückwirkende Anpassung des Sozialplans in Betracht (s. Rdn. 257).

d) Wegfall der Geschäftsgrundlage

248 Trotz der Möglichkeit, einen Sozialplan außerordentlich zu kündigen, ist die Anwendbarkeit der Lehre vom Wegfall der Geschäftsgrundlage auf Sozialpläne im Grundsatz allgemein anerkannt (*BAG* 10.08.1994 EzA § 112 BetrVG 1972 Nr. 76 S. 11 = AP Nr. 86 zu § 112 BetrVG 1972 Bl. 6 *[v. Hoyningen-Huene]* = SAE 1995, 304 *[Pottmeyer]*; 28.08.1996 EzA § 112 BetrVG 1972 Nr. 87 S. 7 *[B. Gaul]* = AP Nr. 104 zu § 112 BetrVG 1972 Bl. 2 R *[Meyer]* = SAE 1998, 277 *[Pollert]*; *LAG Düsseldorf* 08.11.1995 LAGE § 112 BetrVG 1972 Nr. 38 S. 4; *Bender* Wegfall der Geschäftsgrundlage, S. 435 ff.; *Däubler/DKKW* §§ 112, 112a Rn. 204; *ders.* NZA 1985, 545 [551]; *Fabricius* 6. Aufl., §§ 112, 112a Rn. 74; *Fitting* §§ 112, 112a Rn. 219; *Friedemann* Verfahren der Einigungsstelle, Rn. 581; *Gamillscheg* II, § 52, 6g [3]; *Heither* AR-Blattei SD 530.14.5, Rn. 255; *Hess/HWGNRH* § 112 Rn. 343; *Hromadka/Maschmann* Arbeitsrecht 2, § 16 Rn. 643; *Huth* Sozialplanänderungen, S. 141 ff.; *Kania/*ErfK §§ 112, 112a BetrVG Rn. 41; *Kessen* Der Inhalt des Sozialplans, S. 192; *Löwisch/LK* § 112 Rn. 83; *Matthes/*MünchArbR § 270 Rn. 31; *Preis/Bender/WPK* §§ 112, 112a Rn. 82; *Richardi/Annuß* § 112 Rn. 187; *Rieble/AR* §§ 112, 112a BetrVG Rn. 32; *Röder/Baeck/JRH* Kap. 28 Rn. 306; *Rumpff/Boewer* Wirtschaftliche Angelegenheiten, Kap. I Rn. 76; *Spirolke/NK-GA* § 112 BetrVG Rn. 43; *Weiss/Weyand* § 112 Rn. 29; *Winderlich* BB 1994, 2483 ff.).

249 Richtig hieran ist, dass auch die Betriebspartner sowie die Einigungsstelle der Aufstellung des Sozialplans Umstände zugrunde legen können, die infolge nicht vorhersehbarer späterer Entwicklungen entfallen bzw. nicht eintreten, so dass der Sozialplan einen anderen Inhalt gehabt hätte, wenn diese Entwicklung bereits bei dessen Aufstellung bedacht worden wäre. Das kommt vor allem im Hinblick auf die wirtschaftliche Lage des Unternehmens in Betracht, da diese das Sozialplanvolumen, insbesondere bei einem von der Einigungsstelle aufgestellten Sozialplan (§ 112 Abs. 5 Satz 1, Satz 2 Nr. 3; s. Rdn. 442 ff., 486 ff.), wesentlich beeinflusst (s. a. *Huth* Sozialplanänderungen, S. 149 ff.).

250 So wurde ein **Wegfall der Geschäftsgrundlage bejaht** bei einer irrigen Vorstellung über die für den Sozialplan **zur Verfügung stehende Finanzmasse** (*BAG* 17.02.1981 EzA § 112 BetrVG 1972 Nr. 21 S. 8 = AP Nr. 11 zu § 112 BetrVG 1972 Bl. 5 *[Kraft]* = SAE 1982, 43 *[Schulin]* = AR-Blattei Sozialplan, Entsch. 12 *[Herschel]*), insbesondere wenn sich die Erwartung einer **Finanzierung des Sozialplans durch Dritte** (Treuhandanstalt) im Nachhinein als irrig erweist (*BAG* 10.08.1994 EzA § 112 BetrVG 1972 Nr. 76 S. 14 = AP Nr. 86 zu § 112 BetrVG 1972 Bl. 7 f. *[v. Hoyningen-Huene]* = SAE 1995, 304 *[Pottmeyer]*). Entsprechendes gilt, wenn ein in Aussicht gestellter **Zuschuss nach den §§ 110 f. SGB III** (dazu Rdn. 511 ff.) ausbleibt (*Matthes* RdA 1999, 178 [182]; *Preis/Bender/WPK* §§ 112, 112a Rn. 83). Anerkannt wurde ein Wegfall der Geschäftsgrundlage ferner, wenn die mit einer Betriebsänderung bezweckte **Sanierung fehlschlägt** (*BAG* 09.12.1981 EzA § 112 BetrVG 1972 Nr. 24 S. 4 = AP Nr. 14 zu § 112 BetrVG 1972 Bl. 2 R f. = SAE 1982, 299 *[Wolf/Hammen]*), ferner, wenn sich andere Prognosen für die **Bemessung der Sozialplanleistungen** aufgrund tatsächlicher Entwicklungen im nachhinein als irrtümlich herausstellen (*Preis/Bender/WPK* §§ 112, 112a Rn. 83; *Richardi* 7. Aufl., § 112 Rn. 152), so z. B. wenn die infolge der Betriebsänderung eintretenden wirtschaftlichen Nachteile bei den betroffenen Arbeitnehmern in einem größeren Ausmaße als ursprünglich erwartet eintreten. Umgekehrt entfällt die Geschäftsgrundlage eines Sozialplans, der Abfindungen für betriebsbedingte Kündigungen vorsieht, wenn die ursprüngliche **Stilllegungsabsicht aufgegeben** und ein Erwerber die Fortführung des Betriebs ermöglicht (*BAG* 28.08.1996 EzA § 112 BetrVG 1972 Nr. 87 S. 7 f. *[B. Gaul]* = AP Nr. 104 zu § 112 BetrVG 1972 Bl. 3 f. *[Meyer]* = SAE 1998,

277 *[Pollert]*; zust. *Preis/Bender/WPK* §§ 112, 112a Rn. 83; **a. M.** *LAG Düsseldorf* 08.11.1995 LAGE § 112 BetrVG 1972 Nr. 38 S. 5). Abgelehnt wurde der Rückgriff auf einen Wegfall der Geschäftsgrundlage hingegen im Hinblick auf eine spätere **Insolvenz des Arbeitgebers** (*LAG Niedersachsen* 24.09.2009 ZIP 2010, 442 [445]).

Die Lehre vom Wegfall der Geschäftsgrundlage hat bei den in Rdn. 249 genannten Sachverhalten **251** einen **eigenständigen Anwendungsbereich** neben dem Recht zur außerordentlichen Kündigung, wenn ein **erzwingbarer Sozialplan** vorliegt, da er in diesem Fall auch gegen den Willen eines Beteiligten aufgestellt werden kann. Sowohl die eingeschränkte Reichweite des Rechts zur außerordentlichen Kündigung (s. Rdn. 243) als auch die Notwendigkeit einer Anpassung des Sozialplans an die veränderten Umstände erfordern ein Procedere, um Veränderungen nach Aufstellung des Sozialplans Rechnung tragen zu können. Andernfalls besteht die Gefahr, dass er seine vom Gesetz zugedachte Funktion verfehlt (*BAG* 24.03.1981 EzA § 112 BetrVG 1972 Nr. 22 S. 136 = AP Nr. 12 zu § 112 BetrVG 1972 Bl. 3 *[Hilger]* = SAE 1982, 76 *[Mayer-Maly]*). Die bei der Lehre vom Wegfall der Geschäftsgrundlage vorrangige Anpassung der Vereinbarung an die veränderten Umstände (s. Rdn. 254) liefert hierfür ein funktionsgerechtes Instrument zur Problemlösung. Analog den Grundsätzen für Tarifverträge (*BAG* 18.12.1996 EzA § 1 TVG Fristlose Kündigung Nr. 2 S. 16 = AP Nr. 1 zu § 1 TVG Kündigung Bl. 6 R = AR-Blattei ES 1550.8, Entsch. 4 *[Buchner]*) ließe sich zwar auch für den Sozialplan das Recht zur außerordentlichen Kündigung mit der Obliegenheit zu vorherigen Neuverhandlungen verknüpfen, dies trägt aber nicht der betriebsverfassungsrechtlichen Besonderheit Rechnung, dass die Einigungsstelle grundsätzlich die Einigung der Betriebspartner über die Aufstellung eines Sozialplans ersetzen kann. Zudem bliebe der eingeschränkte Anwendungsbereich des Rechts zur außerordentlichen Kündigung (s. Rdn. 243) bei Sozialplänen unberücksichtigt.

Für eine gegebenenfalls über die Einigungsstelle erzwungene Anpassung (s. Rn. 185) des Sozialplans **252** an die veränderten Umstände muss einem Verpflichteten das **Festhalten** am unveränderten Sozialplan **unzumutbar** sein (*BAG* 10.08.1994 EzA § 112 BetrVG 1972 Nr. 76 S. 11 = AP Nr. 86 zu § 112 BetrVG 1972 Bl. 6 *[v. Hoyningen-Huene]* = SAE 1995, 304 *[Pottmeyer]*; *LAG Düsseldorf* 08.11.1995 LAGE § 112 BetrVG 1972 Nr. 38 S. 4; *Bender* Wegfall der Geschäftsgrundlage, S. 454 ff.; *Däubler* NZA 1985, 545 [551]; *Fitting* §§ 112, 112a Rn. 219; *Heither* AR-Blattei SD 530.14.5, Rn. 255; *Hromadka/Maschmann* Arbeitsrecht 2, § 16 Rn. 643; *Kania*/ErfK §§ 112, 112a BetrVG Rn. 41; *Matthes*/MünchArbR § 270 Rn. 31; *Richardi/Annuß* § 112 Rn. 187; *Röder/Baeck/JRH* Kap. 28 Rn. 306; *Rumpff/Boewer* Wirtschaftliche Angelegenheiten, Kap. I Rn. 76). Dabei wäre es aber verfehlt, wenn die Unzumutbarkeit einseitig auf den Arbeitgeber bezogen wird, auch für den Betriebsrat kann ein weiteres Festhalten an dem unveränderten Sozialplan unzumutbar sein.

Nur mit Vorbehalten sind die übrigen Einschränkungen für einen Wegfall der Geschäftsgrundlage auf **253** den Sozialplan übertragbar. So sind die Vorhersehbarkeit und die Zuordnung der Störungsquelle zu der Risikosphäre einer Vertragspartei entgegen den allgemeinen Grundsätzen als einschränkende Kriterien zumindest dann in Frage gestellt, wenn der Sozialplan auf einem Spruch der Einigungsstelle beruht. In dieser Konstellation fehlt die Möglichkeit, den Abschluss eines Sozialplans von der Aufnahme entsprechender Vorbehalte abhängig zu machen, so dass für diese aus der Privatautonomie abgeleiteten Restriktionen der Geschäftsgrundlagenlehre die dogmatische Legitimation entfällt.

Dem besonderen Einigungsmechanismus bei Sozialplänen ist auf der Rechtsfolgenebene dadurch **254** Rechnung zu tragen, dass jede Seite unter Berufung auf einen Wegfall der Geschäftsgrundlage von der anderen Seite zunächst die **Aufnahme von Verhandlungen** verlangen kann (*BAG* 17.02.1981 EzA § 112 BetrVG 1972 Nr. 21 S. 134 = AP Nr. 11 zu § 112 BetrVG 1972 Bl. 5 *[Kraft]* = SAE 1982, 43 *[Schulin]* = AR-Blattei Sozialplan, Entsch. 12 *[Herschel]*; 10.08.1994 EzA § 112 BetrVG 1972 Nr. 76 S. 11 = AP Nr. 86 zu § 112 BetrVG 1972 Bl. 6 R *[v. Hoyningen-Huene]* = SAE 1995, 304 *[Pottmeyer]*; *Bender* Wegfall der Geschäftsgrundlage, S. 466 f.; *Fitting* §§ 112, 112a Rn. 219; *Heither* AR-Blattei SD 530.14.5, Rn. 256; *Hromadka/Maschmann* Arbeitsrecht 2, § 16 Rn. 644; *Kania*/ErfK §§ 112, 112a BetrVG Rn. 42; *Löwisch/LK* § 112 Rn. 84; *Preis/Bender/WPK* §§ 112, 112a Rn. 82; *Richardi/Annuß* § 112 Rn. 187; *Röder/Baeck/JRH* Kap. 28 Rn. 306; im Ergebnis auch *Gamillscheg* II, § 52, 6g [3]).

255 Erst bei einem Scheitern der Verhandlungen kann die **Einigungsstelle** angerufen werden, die nach § 112 Abs. 4 und 5 die Einigung zwischen den Betriebspartnern ersetzt (*BAG* 17.02.1981 EzA § 112 BetrVG 1972 Nr. 21 S. 134 = AP Nr. 11 zu § 112 BetrVG 1972 Bl. 5 *[Kraft]* = SAE 1982, 43 *[Schulin]* = AR-Blattei Sozialplan, Entsch. 12 *[Herschel]*; 10.08.1994 EzA § 112 BetrVG 1972 Nr. 76 S. 11 = AP Nr. 86 zu § 112 BetrVG 1972 Bl. 6 R *[v. Hoyningen-Huene]* = SAE 1995, 304 *[Pottmeyer]*; *Fitting* §§ 112, 112a Rn. 219; *Gamillscheg* II, § 52, 6g [3]; *Heither* AR-Blattei SD 530.14.5, Rn. 256; *Hromadka/Maschmann* Arbeitsrecht 2, § 16 Rn. 644; *Kania*/ErfK §§ 112, 112a BetrVG Rn. 42; *Löwisch/LK* § 112 Rn. 84; *Matthes*/MünchArbR § 270 Rn. 31; *Preis/Bender/WPK* §§ 112, 112a Rn. 82; *Richardi/Annuß* § 112 Rn. 187; *Röder/Baeck/JRH* Kap. 28 Rn. 306; *Rumpff/Boewer* Wirtschaftliche Angelegenheiten, Kap. I Rn. 76). Die sofortige Anrufung der Einigungsstelle ist nur statthaft, wenn sich die andere Seite einem Verhandlungsbegehren verweigert. Einer **gesonderten außerordentlichen Kündigung** des Sozialplans vor der Anrufung der Einigungsstelle bedarf es für das Verlangen einer Anpassung nicht (*Däubler/DKKW* §§ 112, 112a Rn. 204; *Preis/Bender/WPK* §§ 112, 112a Rn. 82; a. M. *Winderlich* BB 1994, 2483 [2487 f.]).

256 Für die Anpassung des Sozialplans an die veränderten Umstände ist die Einigungsstelle nur zuständig, wenn die Voraussetzungen für einen Wegfall der Geschäftsgrundlage in tatsächlicher Hinsicht vorliegen. Bestreitet eine Seite dies, dann ist dies von der Einigungsstelle als Vorfrage ebenso zu prüfen, wie die Voraussetzungen einer Betriebsänderung, wenn sie erstmals zur Aufstellung eines Sozialplans angerufen wird (*Fitting* §§ 112, 112a Rn. 219; *Heither* AR-Blattei SD 530.14.5, Rn. 256; *Kania*/ErfK §§ 112, 112a BetrVG Rn. 42). Statthaft ist auch die Einleitung eines isolierten **arbeitsgerichtlichen Beschlussverfahrens**, um das Fehlen oder den Wegfall der Geschäftsgrundlage zu klären (*BAG* 17.02.1981 EzA § 112 BetrVG 1972 Nr. 21 S. 134 = AP Nr. 11 zu § 112 BetrVG 1972 Bl. 5 *[Kraft]* = SAE 1982, 43 *[Schulin]* = AR-Blattei Sozialplan, Entsch. 12 *[Herschel]*).

257 Anders als bei einer einvernehmlichen Ersetzung von Sozialplänen (dazu Rdn. 234) billigt die h. M. den Betriebspartnern bzw. der Einigungsstelle bei einem Wegfall der Geschäftsgrundlage das Recht zu, im Rahmen einer Anpassung des Sozialplans auch bereits entstandene Ansprüche **rückwirkend zu Lasten der Arbeitnehmer** zu ändern (*BAG* 10.08.1994 EzA § 112 BetrVG 1972 Nr. 76 S. 11 ff. = AP Nr. 86 zu § 112 BetrVG 1972 Bl. 6 R ff. *[v. Hoyningen-Huene]* = SAE 1995, 304 *[Pottmeyer]*; 28.08.1996 EzA § 112 BetrVG 1972 Nr. 87 S. 6 *[B. Gaul]* = AP Nr. 104 zu § 112 BetrVG 1972 Bl. 2 R *[Meyer]* = SAE 1998, 277 *[Pollert]*; *Däubler/DKKW* §§ 112, 112a Rn. 204; *Fitting* §§ 112, 112a Rn. 221; *Gamillscheg* II, § 52, 6g [3]; *Hohenstatt/Willemsen/HWK* § 112 BetrVG Rn. 88; *Hromadka/Maschmann* Arbeitsrecht 2, § 16 Rn. 644; *Kania*/ErfK §§ 112, 112a BetrVG Rn. 41; *Löwisch/LK* § 112 Rn. 85; *Matthes*/MünchArbR § 270 Rn. 32; *Röder/Baeck/JRH* Kap. 28 Rn. 307; wohl auch *Richardi/Annuß* § 112 Rn. 187 sowie mit Einschränkungen *Huth* Sozialplanänderungen, S. 238 ff.).

258 Dies verdient grundsätzlich Zustimmung, da der Vertrauensschutz der Arbeitnehmer hinter dem Anliegen der Geschäftsgrundlagenlehre zurücktreten muss, eine für beide Seiten zumutbare Anpassung des Sozialplans an die veränderten Umstände zu erreichen. Für bereits entstandene Sozialplanansprüche gelten jedoch ebenfalls die allgemeinen Schranken bei rückwirkenden Änderungen von Kollektivverträgen (grundlegend *BAG* 23.11.1994 EzA § 1 TVG Rückwirkung Nr. 3 S. 15 f. = AP Nr. 12 zu § 1 TVG Rückwirkung Bl. 8 f. = AR-Blattei ES 1550.6, Entsch. 38 *[Buchner]*). Neben dem **Vertrauensschutz der Arbeitnehmer** (*Däubler/DKKW* §§ 112, 112a Rn. 204; *Fitting* §§ 112, 112a Rn. 221; *Meyer* NZA 1995, 974 [982 f.]; *Preis/Bender/WPK* §§ 112, 112a Rn. 82; zu schwach *BAG* 10.08.1994 EzA § 112 BetrVG 1972 Nr. 76 S. 11 f. = AP Nr. 86 zu § 112 BetrVG 1972 Bl. 6 R f. *[v. Hoyningen-Huene]* = SAE 1995, 304 *[Pottmeyer]*) muss der rückwirkende Eingriff als mildeste Maßnahme für eine noch zumutbare Anpassung des Sozialplans an die veränderten Umstände zu bewerten sein (ähnlich *Huth* Sozialplanänderungen, S. 256 ff.). Dabei hängt der notwendige Vertrauensschutz von dem **Umfang der rückwirkenden Verschlechterung** der individuellen Rechtsposition ab (*Meyer* NZA 1995, 974 [983]; *Preis/Bender/WPK* §§ 112, 112a Rn. 82; s. a. *Bender* Wegfall der Geschäftsgrundlage, S. 471 ff.; ebenso für eine freiwillige Abänderung *BAG* 05.10.2000 EzA § 112 BetrVG 1972 S. 9 f. = AP Nr. 141 zu § 112 BetrVG 1972 Bl. 4 R).

259 Der Vorrang der Anpassung des Sozialplans an die veränderten Umstände ist nicht einschränkungslos anzuerkennen, sondern setzt voraus, dass eine **Anpassung überhaupt möglich und zumutbar ist**. Lässt sich die Unzumutbarkeit der Bindung an den Sozialplan nicht durch eine Änderung des Sozial-

plans beheben, dann begründet die Lehre vom Wegfall der Geschäftsgrundlage ein **einseitiges Lösungsrecht**, um sich von den Bindungen an den Sozialplan zu befreien (s. dazu *Bender* Wegfall der Geschäftsgrundlage, S. 478 ff.).

e) Aufhebung von Sozialplänen in der Insolvenz
aa) Allgemeines

Soweit die Insolvenzordnung keine Sonderregelungen enthält, ist die Aufhebung von Sozialplänen 260 auch während eines Insolvenzverfahrens nur nach den allgemeinen Grundsätzen (dazu Rdn. 228 ff.) möglich. Das trifft vor allem auf Sozialpläne zu, die nach Eröffnung des Insolvenzverfahrens bzw. nicht mehr als drei Monate vor Antragstellung vereinbart worden sind (*Boemke/Tietze* DB 1999, 1389 [1395]; *Fitting* §§ 112, 112a Rn. 328 ff.; *Schwerdtner* Kölner Schrift zur Insolvenzordnung, Rn. 130). Leistungen aufgrund von Sozialplänen aus der Zeit vor Eröffnung des Insolvenzverfahrens können zudem nach den §§ 129 ff. InsO anfechtbar sein; das Recht der **Insolvenzanfechtung** wird durch § 124 Abs. 3 Satz 1 InsO nicht ausgeschlossen (*Reg. Begr.* BT-Drucks. 12/2443, S. 155; *Caspers* Personalabbau, Rn. 483; *Eisenbeis*/FK-InsO, § 124 Rn. 117; *Hamacher* in: Nerlich/Römermann InsO, § 124 Rn. 20; *Hess* Insolvenzarbeitsrecht, § 124 Rn. 3, 6; *Müller* in: *Smid* InsO, § 124 Rn. 1; *Schwerdtner* Kölner Schrift zur Insolvenzordnung, Rn. 140).

bb) Anwendbarkeit des § 120 InsO auf Sozialpläne

Sozialpläne, die vor Eröffnung des Insolvenzverfahrens zustande gekommen sind, können nach § 120 261 InsO kündbar sein. Allerdings gilt dies nur, soweit die Vorschrift auf Sozialpläne Anwendung findet. Aus diesem Grund scheiden Sozialpläne i. S. d. § 123 InsO aus dem Anwendungsbereich des § 120 InsO aus. Zwar steht der Begriff der Betriebsvereinbarung in § 120 InsO der Einbeziehung des Sozialplans nicht entgegen (*Caspers*/MK-InsO, § 120 Rn. 4; *Oetker/Friese* DZWIR 2000, 397 [399 f.]), dagegen spricht aber, dass § 120 Abs. 1 Satz 2 InsO in einem unmittelbaren Zusammenhang mit § 77 Abs. 5 steht, so dass die Vorschrift ein Recht zur Kündigung von Betriebsvereinbarungen mit einer Frist von drei Monaten voraussetzt. Eine direkte bzw. analoge Anwendung des § 120 InsO scheidet deshalb aus, wenn § 77 Abs. 5 auf die betriebliche Regelung nicht anwendbar ist. Da der Sozialplan grundsätzlich nicht ordentlich kündbar ist (s. Rdn. 241), würde dessen Einbeziehung in den Anwendungsbereich des § 120 Abs. 1 Satz 2 InsO der Regelung den Charakter eines selbständigen Kündigungsrechts verleihen, was jedoch dem Wortlaut der Norm widerspricht, der das Bestehen des Kündigungsrechts voraussetzt (zustimmend *Hamberger* Insolvenzverfahren, S. 338). Umgekehrt folgt hieraus, dass wegen der Gleichstellung des Sozialplans mit Betriebsvereinbarungen in § 112 Abs. 1 Satz 3 die Sonderregelung in § 120 Abs. 1 Satz 2 InsO jedenfalls dann auf Sozialpläne Anwendung findet, wenn diese ein ordentliches Kündigungsrecht vorsehen und hierfür eine längere Kündigungsfrist als drei Monate vorsehen (ebenso jetzt auch *Hamberger* Insolvenzverfahren, S. 338).

cc) Das Widerrufsrecht nach § 124 InsO

Für Sozialpläne, die vor Eröffnung des Insolvenzverfahrens, aber nicht früher als drei Monate vor Stel- 262 lung des Eröffnungsantrags zustande gekommen sind, begründet § 124 Abs. 1 InsO ein spezielles Widerrufsrecht, das an **keine weiteren Voraussetzungen** gebunden ist. Widerrufsberechtigt sind sowohl der Betriebsrat als auch der Insolvenzverwalter. Der Widerruf unterliegt **weder** einer **Frist noch** einer bestimmten **Form** (*Braun/Wolf* InsO, § 124 Rn. 4; *Caspers*/MK-InsO, § 124 Rn. 14; *v. Diepenbroick-Grüter* Sozialplan, S. 154; *Hamberger* Insolvenzverfahren, S. 331; *Preis/Bender/WPK* §§ 112, 112a Rn. 92, 93), muss aber dem jeweils anderen Betriebspartner zugehen (*Fitting* §§ 112, 112a Rn. 322 sowie *v. Diepenbroick-Grüter* Sozialplan, S. 153 f.).

Die **Ausübung** des Widerrufsrechts steht **im Ermessen** des Widerrufsberechtigten. Der **Insolvenz-** 263 **verwalter** hat bei seiner Entscheidung vor allem zu berücksichtigen, wie sich der Widerruf auf die Möglichkeit der Befriedigung der übrigen Insolvenzgläubiger auswirkt. Eine generelle Pflicht zum Widerruf im Interesse der Insolvenzgläubiger besteht jedoch nicht (BAG 31.07.2002 EzA § 55 InsO Nr. 3 S. 4 f. = AP Nr. 1 zu § 38 InsO Bl. 3 sowie *Preis/Bender/WPK* §§ 112, 112a Rn. 93), selbst wenn der vor Insolvenzeröffnung aufgestellte Sozialplan die Höchstgrenze des § 123 Abs. 1 InsO überschreitet (*Hess* Insolvenzarbeitsrecht, § 124 Rn. 5; *Moll* in: *Kübler/Prütting/Bork* InsO, §§ 123, 124 Rn. 130; *Preis/Bender/WPK* §§ 112, 112a Rn. 93; **a. M.** *Hamberger* Insolvenzverfahren, S. 331; *Warrikoff* BB 1994, 2338 [2344]), da § 123 Abs. 1 InsO auf Sozialpläne nicht anwendbar ist, die vor Eröffnung des Insolvenzverfahrens geschlossen wurden (s. Rdn. 252). Mangels einer Pflicht zum Widerruf stehen einem **Verzicht** des Betriebsrats auf das Widerrufsrecht nach Eröffnung des Insolvenzverfahrens keine Rechtsgründe entgegen (*LAG Köln* 17.10.2002 NZA-RR 2003, 489 [489 f.]).

264 Der **Sozialplan entfällt rückwirkend**, wenn das Widerrufsrecht ausgeübt wird (*Boemke/Tietze* DB 1999, 1389 [1394]; *Caspers*/MK-InsO, § 124 Rn. 16; *v. Diepenbroick-Grüter* Sozialplan, S. 158 f.; *Fitting* §§ 112, 112a Rn. 323; *Hamacher* in: *Nerlich/Römermann* InsO, § 124 Rn. 12; *Moll* in: *Kübler/Prütting/Bork* InsO, §§ 123, 124 Rn. 136; *Müller* in: *Smid* InsO, § 124 Rn. 4; *Preis/Bender/WPK* §§ 112, 112a Rn. 94). Aus dem widerrufenen Sozialplan können keine Ansprüche mehr hergeleitet werden (*v. Diepenbroick-Grüter* Sozialplan, S. 158 f.; *Hamacher* in: *Nerlich/Römermann* InsO, § 124 Rn. 12; *Hess* Insolvenzarbeitsrecht, § 124 Rn. 5; *Moll* in: *Kübler/Prütting/Bork* InsO, §§ 123, 124 Rn. 136; *Schwerdtner* Kölner Schrift zur Insolvenzordnung, Rn. 128; *Warrikoff* BB 1994, 2338 [2344]).

265 Wurden die Sozialplanverbindlichkeiten bereits vor Eröffnung des Insolvenzverfahrens erfüllt, so ist jedoch nach § 124 Abs. 3 Satz 1 InsO die **Rückforderung** wegen des Wegfalls des rechtlichen Grundes **ausgeschlossen**. Gleiches gilt bei einer Erfüllung nach Eröffnung des Insolvenzverfahrens, der Sozialplan aber später widerrufen wird. In diesem Fall ist § 124 Abs. 3 Satz 1 InsO entsprechend anzuwenden. Eine Rückforderung aus anderen Gründen als wegen des Widerrufs bleibt dagegen möglich, was nicht zuletzt für eine solche im Rahmen einer **Insolvenzanfechtung** nach den §§ 129 ff. InsO gilt.

266 Arbeitnehmer, deren Sozialplanansprüche infolge des Widerrufs beseitigt werden, können bei der **Aufstellung eines Sozialplans** im Insolvenzverfahren berücksichtigt werden (§ 124 Abs. 2 InsO). Das gilt für sämtliche Arbeitnehmer und nicht nur für diejenigen, die von einer Entlassung betroffen sind (**a. M.** *Schwerdtner* Kölner Schrift zur Insolvenzordnung, Rn. 135). Die Ausgestaltung der Regelung als Kann-Vorschrift ist allerdings missverständlich (ausführlich *v. Diepenbroick-Grüter* Sozialplan, S. 160 ff.).

267 Lag dem Sozialplan eine sozialplanpflichtige Betriebsänderung zugrunde, so lebt die Sozialplanpflicht aufgrund des Widerrufs erneut auf (*Boemke/Tietze* DB 1999, 1389 [1394]; *Braun/Wolf* InsO, § 124 Rn. 6; *v. Diepenbroick-Grüter* Sozialplan, S. 159 f.; *Hamacher* in: *Nerlich/Römermann* InsO, § 124 Rn. 13; *Hamberger* Insolvenzverfahren, S. 332; *Moll* in: *Kübler/Prütting/Bork* InsO, §§ 123, 124 Rn. 138; *Preis/Bender/WPK* §§ 112, 112a Rn. 94; *Schwerdtner* Kölner Schrift zur Insolvenzordnung, Rn. 138). Bei der Ausgestaltung des neuen Sozialplans sind Betriebsrat und Insolvenzverwalter nicht an den früheren Sozialplan gebunden, was auch dazu führen kann, dass zuvor berücksichtigte Arbeitnehmer nunmehr geringere oder überhaupt keine Sozialplanleistungen erhalten (*Boemke/Tietze* DB 1999, 1389 [1394]; *Braun/Wolf* InsO, § 124 Rn. 7; *Caspers* Personalabbau, Rn. 481; *v. Diepenbroick-Grüter* Sozialplan, S. 160 ff.; *Moll* in: *Kübler/Prütting/Bork* InsO, §§ 123, 124 Rn. 139 ff.; *Preis/Bender/WPK* §§ 112, 112a Rn. 94; *Schwerdtner* Kölner Schrift zur Insolvenzordnung, Rn. 136).

268 Übt weder der Insolvenzverwalter noch der Betriebsrat das Widerrufsrecht nach § 124 Abs. 1 InsO aus, dann sind die Sozialplanforderungen mit der Insolvenzquote an der Teilungsmasse beteiligt. Auch ein **Verzicht des Insolvenzverwalters auf den Widerruf** wertet die Sozialplanforderungen nicht zu Masseverbindlichkeiten i. S. d. § 55 Abs. 1 InsO auf (*BAG* 31.07.2002 EzA § 55 InsO Nr. 3 S. 4 f. = AP Nr. 1 zu § 38 InsO Bl. 3 [*Moll*]; *Annuß* NZI 1999, 344 [351]; *Boemke/Tietze* DB 1999, 1389 [1394 f.]; *Braun/Wolf* InsO, § 124 Rn. 11; *Caspers* Personalabbau, Rn. 476; *ders./*MK-InsO, § 124 Rn. 17; *v. Diepenbroick-Grüter* Sozialplan, S. 166 ff.; *Gottwald/Bertram* Insolvenzrechts-Handbuch, § 108 Rn. 153; *Hamacher* in: *Nerlich/Römermann* InsO, § 124 Rn. 22; *Hamberger* Insolvenzverfahren, S. 334 f.; *Moll* in: *Kübler/Prütting/Bork* InsO, §§ 123, 124 Rn. 147; *Preis/Bender/WPK* §§ 112, 112a Rn. 95; *Richardi* Ergänzungsband [1. Lfg.] Anh. zu § 113 Rn. 12; *Schwerdtner* Kölner Schrift zur Insolvenzordnung, Rn. 143 ff.).

269 Der gegenteiligen Ansicht (*Kania* DZWIR 2000, 328 [329]; *Lakies* BB 1999, 206 [210]; *Warrikoff* BB 1994, 2338 [2344]) ist nicht zuzustimmen, da nur solche Handlungen des Insolvenzverwalters Unterlassungen i. S. d. § 55 Abs. 1 Nr. 1 InsO sind, durch die er mit seiner Untätigkeit gegen eine Hand-

lungspflicht verstößt. Darüber hinaus regelt § 55 Abs. 1 Nr. 1 InsO lediglich die insolvenzrechtliche Einstufung solcher Ansprüche, die erst durch eine Handlung des Insolvenzverwalters begründet werden. Der Rechtsgrund für die Sozialplanverbindlichkeiten aus einem vor Eröffnung des Insolvenzverfahrens abgeschlossenen Sozialplan ist aber bereits mit dessen Zustandekommen gelegt. Allein dadurch, dass der Insolvenzverwalter – wenn auch u. U. pflichtwidrig – auf den Widerruf des Sozialplans verzichtet, werden bereits bestehende Forderungen nicht neu begründet (*BAG* 31.07.2002 EzA § 55 InsO Nr. 3 S. 4 f. = AP Nr. 1 zu § 38 InsO Bl. 3 *[Moll]*; *Caspers*/MK-InsO, § 124 Rn. 17; *Gottwald/ Bertram* Insolvenzrechts-Handbuch, § 108 Rn. 153; *Preis/Bender/WPK* §§ 112, 112a Rn. 95; zur unter Umständen bestehenden Schadensersatzpflicht [§ 60 Abs. 1 InsO] des Insolvenzverwalters *v. Diepenbroick-Grüter* Sozialplan, S. 154 ff.). Der Zeitpunkt, in dem eine Forderung begründet wird, ist nach der Ausgestaltung der §§ 38, 55 InsO aber gerade ausschlaggebend für die Einordnung als Insolvenzforderung oder Masseverbindlichkeit.

Wurde der frühere Sozialplan unter **Mitwirkung des vorläufigen Insolvenzverwalters** abgeschlossen, dann kann es sich bei den Sozialplanforderungen aber nach § 55 Abs. 2 InsO um Masseverbindlichkeiten handeln (s. a. Rdn. 215). Insbesondere in diesem Fall wird der Insolvenzverwalter den früheren Sozialplan im Interesse der übrigen Insolvenzgläubiger widerrufen. 270

IV. Das Mitbestimmungsverfahren für Interessenausgleich und Sozialplan

1. Einigungsversuch zwischen Betriebsrat und Unternehmer

Sowohl über den Interessenausgleich als auch über den Sozialplan sollen zunächst Betriebsrat und Unternehmer mit dem ernsten Willen zur Verständigung verhandeln (§ 74 Abs. 1 sowie § 111 Rdn. 242). Eine bestimmte **Verhandlungsdauer** schreibt das Gesetz nicht vor, insbesondere enthält es keine Bestimmung, die das Scheitern der Verhandlungen oder den Versuch eines Interessenausgleichs i. S. d. § 113 Abs. 3 nach Ablauf einer bestimmten Frist fingiert (s. a. § 113 Rdn. 2 zu § 113 Abs. 3 Satz 2 und 3 a. F.). Andererseits ist keine Seite verpflichtet, die Verhandlungen über einen bestimmten Zeitraum zu führen (*Wienberg/Neumann* FS *Karlheinz Fuchs*, S. 177 [193]). Vielmehr kann jede Seite diese abbrechen und für gescheitert erklären, wenn nach ihrer Auffassung keine Einigung möglich ist (treffend *Gamillscheg* II, § 52, 5b [1]; s. a. *Göpfert/Krieger* NZA 2005, 254 ff.). Sodann muss sie jedoch den Vorstand der Bundesagentur für Arbeit um eine Vermittlung ersuchen (dazu Rdn. 272 ff.) oder die Einigungsstelle anrufen (näher Rdn. 293 ff.). Für den Unternehmer wertet § 113 Abs. 3 dies zur Obliegenheit auf, da dieser die geplante Betriebsänderung erst durchführen darf, wenn der Versuch eines Interessenausgleichs endgültig gescheitert ist (s. Rdn. 43 sowie § 113 Rdn. 40 f.), andernfalls verpflichtet ihn das Gesetz zum Nachteilsausgleich (dazu näher § 113 Rdn. 51 ff.). 271

2. Vermittlung durch Mitarbeiter der Bundesagentur für Arbeit (§ 112 Abs. 2)

a) Person des Vermittlers

Kommt zwischen Unternehmer und Betriebsrat keine Einigung zustande, dann steht jeder Seite nach § 112 Abs. 2 Satz 1 das Recht zu, den Vorstand der Bundesagentur für Arbeit um eine Vermittlung zu ersuchen. Im Gegensatz zu § 72 Abs. 2 BetrVG 1952, der für die Vermittlung eine »behördliche Stelle« ausreichen ließ, greift § 112 Abs. 2 Satz 1 nicht zuletzt wegen des unterstützenden Instrumentariums der §§ 110 f. SGB III (dazu näher Rdn. 511 ff.) auf diese Vermittlungsinstanz zurück. Wird sie von einer Seite angerufen, dann darf sich die andere Seite den Einigungsbemühungen nicht verweigern (s. Rdn. 287). 272

Da § 112 Abs. 2 Satz 1 ausdrücklich den Vorstand einer bestimmten Behörde als Vermittlungsinstanz benennt, ist es Unternehmer und Betriebsrat – abweichend von § 74 BetrVG 1952 – verwehrt, eine **andere Behörde oder Person**, z. B. Mitglied der Geschäftsführung einer Agentur für Arbeit, **einseitig** um eine Vermittlung zu ersuchen (*Fitting* §§ 112, 112a Rn. 29; *Hess/HWGNRH* § 112 Rn. 217; *Kleinebrink* FA 2001, 165 [167]; *Richardi/Annuß* § 112 Rn. 213; *Rumpff* BB 1972, 325 [328]; **a. M.** *Heither* AR-Blattei SD 530.14.5, Rn. 145). Das gilt jedenfalls, wenn das Vermittlungsersuchen 273 nur von einer Seite gestellt wird (s. aber auch Rdn. 274). Auf ein Vermittlungsverfahren muss sich die andere Seite nur in dem durch § 112 Abs. 2 Satz 1 abgesteckten Rahmen einlassen.

274 Die Konkretisierung des Vermittlers in § 112 Abs. 2 Satz 1 soll nicht die Möglichkeiten der Betriebspartner einschränken, gemeinsam einen Dritten mit einer Vermittlung zu betrauen. **Einvernehmlich können sich Unternehmer und Betriebsrat darauf verständigen, dass eine andere behördliche Stelle oder Person** eine Vermittlung versuchen soll (*Becker* BlStSozArbR 1974, 54 [56]; *Fitting* §§ 112, 112a Rn. 29; *Gamillscheg* II, § 52, 5b [1]; *Gift* JArbR Bd. 15 [1977], 1978, S. 51 [70]; *Hess/HWGNRH* § 112 Rn. 217; *Kaven* Sozialplan, S. 77; *Richardi/Annuß* § 112 Rn. 213; *Rumpff* BB 1972, 325 [329]; *ders./Boewer* Wirtschaftliche Angelegenheiten, Kap. I Rn. 39). In personeller Hinsicht sind die Parteien in diesem Fall nicht beschränkt, sie können mit dem Vermittlungsversuch z. B. auch einen Mediator betrauen. Eine derartige Einigung beinhaltet zugleich einen Verzicht, den Vorstand der Bundesagentur für Arbeit um eine Vermittlung zu ersuchen. Die von Unternehmer und Betriebsrat gemeinsam angerufene andere behördliche Stelle oder Person ist – im Gegensatz zu dem Mitarbeiter der Bundesagentur für Arbeit (s. Rdn. 277) – nicht verpflichtet, dem Vermittlungsersuchen nachzukommen. Scheitert die Vermittlung, dann kann gegen den Willen der anderen Seite nur noch die Einigungsstelle angerufen werden. Unternehmer und Betriebsrat bleibt es jedoch unbenommen, sich auf einen vorherigen Einigungsversuch durch einen Mitarbeiter der Bundesagentur für Arbeit zu verständigen.

275 Das **Vermittlungsersuchen** ist nach § 112 Abs. 2 Satz 1 an den **Vorstand der Bundesagentur für Arbeit** zu richten, obwohl es bei einer Fortschreibung des Ansatzes in § 112 Abs. 2 Satz 1 a. F. an sich nahe gelegen hätte, die Geschäftsführung der örtlich zuständigen Regionaldirektion als Adressaten des Vermittlungsersuchens festzulegen. Der Vorstand der Bundesagentur wird die Vermittlungstätigkeit jedoch regelmäßig nicht durch eines seiner Mitglieder durchführen, sondern hiermit **andere Mitarbeiter** betrauen. Entgegen dem durch den Gesetzeswortlaut (»Bedienstete«) signalisierten Verständnis kann es sich hierbei nicht nur um Beamte, sondern auch um Angestellte handeln (§ 387 SGB III).

276 Welchen Mitarbeiter der Vorstand der Bundesagentur für Arbeit als Vermittler auswählt, steht in seinem Ermessen. Er ist hierbei nicht auf die bei den **Regionaldirektionen** tätigen Personen beschränkt, sondern kann auch solche beauftragen, die bei den **Agenturen für Arbeit** beschäftigt sind. Er wird die letztgenannte Variante vor allem dann wählen, wenn die geplante Betriebsänderung von lokal begrenzter Bedeutung und ohne Auswirkungen auf die regionale Arbeitsmarktpolitik ist.

277 Wird der Vorstand der Bundesagentur für Arbeit um Vermittlung ersucht, dann ist er zur Übernahme einer entsprechenden **Tätigkeit verpflichtet** (*Bauer* DB 1994, 217 [224]; *Däubler/DKKW* §§ 112, 112a Rn. 5; *Fabricius* 6. Aufl., §§ 112, 112a Rn. 132; *Fitting* §§ 112, 112a Rn. 30; *Galperin/Löwisch* § 112 Rn. 85; *Hess/HWGNRH* § 112 Rn. 219; *Kania/ErfK* §§ 112, 112a BetrVG Rn. 7; *Preis/Bender/WPK* §§ 112, 112a Rn. 10; *Richardi/Annuß* § 112 Rn. 221; *Rumpff/Boewer* Wirtschaftliche Angelegenheiten, Kap. I Rn. 34; *Schaub/Koch* Arbeitsrechts-Handbuch, § 244 Rn. 38; *Spirolke/NK-GA* § 112 BetrVG Rn. 20) und hat – sofern ein Mitglied des Vorstands nicht selbst tätig wird – einen Mitarbeiter der Bundesagentur mit der Vermittlung zu beauftragen. Der Vorstand der Bundesagentur ist allerdings zu der **Prüfung** berechtigt, ob eine **Betriebsänderung i. S. d. § 111** vorliegt, da die Parteien ihn nur in diesem Fall um eine Vermittlung ersuchen können (*Galperin/Löwisch* § 112 Rn. 85). Ebenso darf er prüfen, ob das an ihn gerichtete **Vermittlungsersuchen wirksam** ist; bei einem Vermittlungsersuchen des Betriebsrats ist der Vorstand der Bundesagentur für Arbeit nur zur Tätigkeit verpflichtet, wenn der Antrag des Betriebsratsvorsitzenden auf einem ordnungsgemäß zustande gekommenen **Betriebsratsbeschluss** beruht (s. Rdn. 278).

b) Antrag auf Einleitung des Vermittlungsverfahrens

278 Das Recht, den Vorstand der Bundesagentur für Arbeit um eine Vermittlung zu ersuchen, steht sowohl dem **Unternehmer** als auch dem **Betriebsrat** zu. Es genügt, wenn **eine Seite** den Antrag stellt (*Hohenstatt* NZA 1998, 846 [849]); ein gemeinsames Vorgehen ist grundsätzlich nicht erforderlich (s. aber Rdn. 279 für die Rechtslage während des Insolvenzverfahrens). Will der **Betriebsrat** den Vorstand der Bundesagentur für Arbeit zwecks eines Vermittlungsversuchs anrufen, dann benötigt der Vorsitzende des Betriebsrats, der nach § 26 Abs. 2 Satz 1 das Ersuchen zu stellen hat, hierfür einen **Be-**

schluss des Betriebsrats (*Kleinebrink* FA 2001, 165 [167]; *Richardi/Annuß* § 112 Rn. 217). Ohne diesen ist ein gleichwohl gestellter Antrag unbeachtlich; weder muss der Vorstand der Bundesagentur für Arbeit dem Ersuchen nachkommen noch ist der Unternehmer verpflichtet, sich auf das Verfahren einzulassen.

Das Recht zur einseitigen Einleitung des Vermittlungsverfahrens erfährt **während des Insolvenzverfahrens** eine Einschränkung durch das Insolvenzrecht. **Ab** dessen **Eröffnung** müssen das Vermittlungsersuchen nach § 121 InsO abweichend von § 112 Abs. 2 Satz 1 Insolvenzverwalter und Betriebsrat **stets gemeinsam** stellen. Kommt es hierüber zwischen den Beteiligten zu keinem Einvernehmen, dann kann jede Seite unabhängig von der anderen **sofort** die **Einigungsstelle anrufen**, um bezüglich des Interessenausgleichs bzw. Sozialplans eine Einigung zu versuchen (*Hamacher* in: *Nerlich/Römermann* InsO, § 121 Rn. 1; *Kania*/ErfK §§ 112, 112a BetrVG Rn. 10; *Schweibert/WHSS* Kap. C Rn. 192a). Zur Verfahrensbeschleunigung trägt diese Regelung insbesondere bei, wenn entgegen der hier befürworteten Ansicht (s. Rdn. 287) ein Einlassungszwang der jeweils anderen Seite bejaht wird. Vor der Eröffnung des Insolvenzverfahrens ist allerdings keine gemeinsame Antragstellung notwendig, da ein Insolvenzverwalter erst mit dem Eröffnungsbeschluss ernannt wird (§ 27 Abs. 2 Nr. 2 InsO). 279

In dem Zeitraum **zwischen Antragstellung und Eröffnungsbeschluss** ist der Betriebsrat berechtigt, einseitig ein Vermittlungsersuchen an den Vorstand der Bundesagentur für Arbeit zu stellen, ohne auf ein Einvernehmen mit dem **vorläufigen Insolvenzverwalter** angewiesen zu sein. Wurde das Vermittlungsersuchen vor der Eröffnung des Insolvenzverfahrens rechtswirksam gestellt, dann ist das Verfahren nach dem Eröffnungsbeschluss selbst dann fortzuführen, wenn sich der Insolvenzverwalter nunmehr gegen dessen Durchführung ausspricht. Das gilt auch, wenn ursprünglich nur eine Seite das Vermittlungsverfahren beantragt hat. 280

Die durch § 112 Abs. 2 Satz 1 eröffnete Möglichkeit, den Vorstand der Bundesagentur für Arbeit um eine Vermittlung zu ersuchen, begründet zugunsten der Parteien ein Recht, aber **keine Verpflichtung**; die Antragstellung steht in ihrem **Ermessen** (*LAG Hamm* 19.09.2011 – 13 TaBV 62/11 – juris; *Galperin/Löwisch* § 112 Rn. 86; *Heither* AR-Blattei SD 530.14.5, Rn. 145; *Hess/HWGNRH* § 112 Rn. 214; *Kania*/ErfK §§ 112, 112a Rn. 7; *Kleinebrink* FA 2001, 165 [166]; *Löwisch* RdA 1989, 216 [218]; *Preis/Bender/WPK* §§ 112, 112a Rn. 10; *Richardi/Annuß* § 112 Rn. 219; *Rumpff/Boewer* Wirtschaftliche Angelegenheiten, Kap. I Rn. 28, 38; *Spirolke*/NK-GA § 112 BetrVG Rn. 20; *Stege/Weinspach/Schiefer* §§ 111–113 Rn. 113). 281

Sowohl aus dem Wortlaut des § 112 Abs. 2 Satz 1 (»können«) als auch aus § 112 Abs. 2 Satz 2 (»geschieht dies nicht«) folgt ferner, dass die vorherige Anrufung des Vorstands der Bundesagentur für Arbeit keine förmliche Voraussetzung für die **Anrufung der Einigungsstelle** ist (*LAG Hamm* 19.09.2011 – 13 TaBV 62/11 – juris; *LAG Rheinland-Pfalz* 25.10.2010 – 10 TaBV 44/10 – juris; *Etzel* Rn. 1027; *Fitting* §§ 112, 112a Rn. 29; *Galperin/Löwisch* § 112 Rn. 86; *Heither* AR-Blattei SD 530.14.5, Rn. 145; *Hess/HWGNRH* § 112 Rn. 214; *Hohenstatt/Willemsen/HWK* § 112 BetrVG Rn. 17; *Richardi/Annuß* § 112 Rn. 219; *Rumpff/Boewer* Wirtschaftliche Angelegenheiten, Kap. I Rn. 38 sowie hier Rdn. 294). Eine unmittelbare Anrufung der Einigungsstelle bietet sich insbesondere an, wenn die Durchführung der Betriebsänderung keinen zeitlichen Aufschub erlaubt, da die Einigungsstelle aufgrund ihrer Entscheidungskompetenz auch die Verhandlungen um einen Sozialplan abschließen kann (§ 112 Abs. 4 Satz 2). Zu einer etwaigen Sperrwirkung des Einigungsstellenverfahrens s. Rdn. 283. 282

Das Vermittlungsersuchen ist erst zulässig, wenn eine **Beratung zwischen Unternehmer und Betriebsrat** über den Interessenausgleich und/oder den Sozialplan zu **keiner Einigung** geführt hat (*Willemsen/Tiesler* Interessenausgleich, Rn. 94, für den Antrag auf Einsetzung einer Einigungsstelle). Deshalb kann weder der Betriebsrat noch der Unternehmer das Verhandlungsbegehren der anderen Seite ignorieren und sofort das Vermittlungsverfahren einleiten (s. a. Rdn. 296). Andererseits entfaltet die von einer Seite begehrte **Anrufung der Einigungsstelle** eine **Sperrwirkung** für ein Vermittlungsverfahren, da dieses und das Einigungsstellenverfahren lediglich alternativ als Einigungsverfahren zur Verfügung stehen (**a. M.** *LAG Niedersachsen* 30.01.2007 – 1 TaBV 106/06 – juris; *LAG Rheinland-Pfalz* 25.10.2010 – 10 TaBV 44/10 – juris). Der zuerst gestellte Antrag sperrt deshalb jeweils das andere Verfahren (s. aber auch Rdn. 294; offengelassen von *LAG Schleswig-Holstein* 24.08.2007 – 3 TaBV 283

26/07 – juris). Der Unternehmer hat hierdurch die Möglichkeit, das Mitbestimmungsverfahren zu beschleunigen, indem er bei einer fehlenden Einigung mit dem Betriebsrat unverzüglich und unmittelbar das Einigungsstellenverfahren einleitet. Ein danach an den Vorstand der Bundesagentur für Arbeit gerichtetes Vermittlungsersuchen seitens des Betriebsrats führt nicht dazu, dass das Einigungsstellenverfahren zu unterbrechen und zunächst ein Vermittlungsverfahren durchzuführen ist (*Friedemann* Verfahren der Einigungsstelle, Rn. 36 Fn. 62; zust. *Hohenstatt/Willemsen/HWK* § 112 BetrVG Rn. 17; im Grundansatz auch *LAG Rheinland-Pfalz* 25.10.2010 – 10 TaBV 44/10 – juris; **a. M.** wohl *LAG Niedersachsen* 30.01.2007 – 1 TaBV 106/06 – juris, das der Einigungsstelle die Kompetenz zubilligt, das Verfahren vor der Einigungsstelle zur Durchführung eines Vermittlungsverfahrens zu unterbrechen).

c) Gegenstand des Vermittlungsverfahrens

284 Den Gegenstand des Vermittlungsverfahrens bestimmt die antragstellende Partei. Entsprechend dem Wortlaut des § 112 Abs. 2 Satz 1 kann sich dieses nicht nur auf den **Abschluss eines Sozialplans**, sondern auch auf den **Interessenausgleich** beziehen. Ein **gemeinsames Verfahren** für beide Regelungsgegenstände ist jedoch nicht zwingend; es kann auch isoliert für den Interessenausgleich oder den Abschluss des Sozialplans beantragt werden. Entscheidend ist lediglich, dass zwischen den Parteien keine Einigung über den Interessenausgleich und/oder den Sozialplan vorliegt. Bei einem inhaltlich beschränkten Antrag darf der Vermittler das Verfahren nicht einseitig auf den jeweils anderen Regelungsgegenstand ausdehnen.

285 Da die Vermittlungstätigkeit auf die Beilegung der Meinungsverschiedenheiten abzielt, kann der Antragsteller diese auch darauf beschränken, **einzelne strittig gebliebene Fragen** eines Interessenausgleichs oder Sozialplans einer einvernehmlichen Regelung zuzuführen. Die Meinungsverschiedenheiten zwischen den Betriebspartnern bilden die Grundlage des Vermittlungsverfahrens und begrenzen die Vermittlungstätigkeit zugleich in inhaltlicher Hinsicht.

d) Gestaltung des Vermittlungsverfahrens

286 Die Gestaltung des Verfahrens steht im **Ermessen des Mitarbeiters der Bundesagentur für Arbeit** (*Fitting* §§ 112, 112a Rn. 31; *Kleinebrink* FA 2001, 165 [168]); insbesondere kann er – ebenso wie die Einigungsstelle (§ 112 Abs. 3 Satz 1 sowie Rdn. 306 ff.) – die Parteien auffordern, zur Beilegung der Meinungsverschiedenheiten Vorschläge zu unterbreiten (*Hess/HWGNRH* § 112 Rn. 216). Ihm steht aber nicht das Recht zu einem **verbindlichen Einigungsvorschlag** zu (*Hess/HWGNRH* § 112 Rn. 220; *Hohenstatt/Willemsen/HWK* § 112 BetrVG Rn. 18; *Kleinebrink* FA 2001, 165 [168]; *Richardi/Annuß* § 112 Rn. 222; *Rumpff/Boewer* Wirtschaftliche Angelegenheiten, Kap. I Rn. 35). Hierzu ist er nur aufgrund einer **Ermächtigung von beiden Seiten** berechtigt (*Becker* BlStSozArbR 1974, 54 [58]; *Bovensiepen* RdA 1975, 288 [290]; *Galperin/Löwisch* § 112 Rn. 88; *Kaven* Sozialplan S. 78; *Ohl* Sozialplan, S. 67; *Richardi/Annuß* § 112 Rn. 222; **a. M.** *Däubler/DKKW* § 112, 112a Rn. 5; *Fabricius* 6. Aufl., §§ 112, 112a Rn. 133; *Heither* AR-Blattei SD 530.14.5, Rn. 146; *Hess/HWGNRH* § 112 Rn. 220; *Kleinebrink* FA 2001, 165 [168]; *Preis/Bender/WPK* §§ 112, 112a Rn. 10; *Rumpff/Boewer* Wirtschaftliche Angelegenheiten, Kap. I Rn. 37; *Schaub/Koch* Arbeitsrechts-Handbuch, § 244 Rn. 38; *Wienberg/Neumann* FS *Karlheinz Fuchs*, S. 177 [193 f.]).

287 Das BetrVG regelt nicht, ob die Anrufung des Vermittlers durch eine Seite einen **Einlassungszwang** für die andere Seite begründet. Aus dem Gesetz lässt sich dieser nicht ableiten (*LAG Niedersachsen* 30.01.2007 – 1 TaBV 106/06 – juris; *LAG Schleswig-Holstein* 24.08.2007 – 3 TaBV 26/07 – juris; *Fitting* §§ 112, 112a Rn. 31; *Fuchs* Sozialplan, S. 102; *Hromadka/Maschmann* Arbeitsrecht 2, § 16 Rn. 618; *Kleinebrink* FA 2001, 165 [167]; *Löwisch/LK* § 112 Rn. 57; *Richardi/Annuß* § 112 Rn. 220; *Stege/Weinspach/Schiefer* §§ 111–113 Rn. 113; **a. M.** *Weiss/Weyand* § 112 Rn. 8).

288 Gleichwohl hält eine verbreitete Ansicht die jeweils andere Seite wegen des Gebots einer vertrauensvollen Zusammenarbeit (§ 2 Abs. 1) für verpflichtet, sich an dem Vermittlungsversuch zu beteiligen (hierfür *LAG Schleswig-Holstein* 24.08.2007 – 3 TaBV 26/07 – juris; *Bauer* DB 1994, 217 [224]; *Däubler/DKKW* §§ 112, 112a Rn. 7; *Fabricius* 6. Aufl., §§ 112, 112a Rn. 130; *Fitting* §§ 112, 112a Rn. 31; *Hess/HWGNRH* § 112 Rn. 215; *Kaven* Sozialplan, S. 75 f.; *Preis/Bender/WPK* §§ 112, 112a Rn. 10;

Richardi/Annuß § 112 Rn. 220; *Rumpff/Boewer* Wirtschaftliche Angelegenheiten, Kap. I Rn. 38; *Wienberg/Neumann* FS *Karlheinz Fuchs*, S. 177 [193]; *Willemsen/Tiesler* Interessenausgleich, Rn. 99). Bei einem Verstoß hiergegen kommt die Einleitung eines Verfahrens nach § 23 Abs. 2 bzw. 3 in Betracht. Abgesehen von den Fällen einer völligen Verweigerung ist es angesichts des fehlenden Einigungszwangs jedoch verfehlt, aus dem Gebot einer vertrauensvollen Zusammenarbeit eine Verpflichtung abzuleiten, die Verhandlungen auch noch dann fortzuführen, wenn eine Einigung der Parteien nicht möglich ist.

Selbst wenn ein Einlassungszwang bejaht wird, ist jede Seite berechtigt, das Vermittlungsverfahren jederzeit durch Anrufung der Einigungsstelle abbrechen, da hiermit feststeht, dass der Vermittlungsversuch erfolglos geblieben ist (*LAG Niedersachsen* 30.01.2007 – 1 TaBV 106/06 – juris; *Fitting* §§ 112, 112a Rn. 31; *Richardi/Annuß* § 112 Rn. 220; *Rumpff/Boewer* Wirtschaftliche Angelegenheiten, Kap. I Rn. 38; a. M. *Heither* AR-Blattei SD 530.14.5, Rn. 147). Die Anrufung der Einigungsstelle setzt nicht voraus, dass der Mitarbeiter der Bundesagentur für Arbeit zuvor das Scheitern des Vermittlungsversuchs förmlich feststellt (zust. *LAG Schleswig-Holstein* 24.08.2007 – 3 TaBV 26/07 – juris; *Hohenstatt/Willemsen/HWK* § 112 BetrVG Rn. 17); § 112 Abs. 2 Satz 2 verlangt lediglich, dass der Vermittlungsversuch ergebnislos geblieben ist, was auch dann der Fall ist, wenn es wegen eines Abbruchs der Verhandlungen nicht mehr zu einer Einigung kommen kann. **289**

Bei einem **erfolgreichen Vermittlungsversuch** ist die Einigung **schriftlich** niederzulegen und von beiden Seiten zu **unterschreiben** (*Fitting* §§ 112, 112a Rn. 41; *Galperin/Löwisch* § 112 Rn. 87; *Richardi/Annuß* § 112 Rn. 223; *Rumpff/Boewer* Wirtschaftliche Angelegenheiten, Kap. I Rn. 36; *Stege/Weinspach/Schiefer* §§ 111–113 Rn. 113). Bezüglich des Schriftformerfordernisses gelangen dieselben Grundsätze wie bei einem unmittelbar zwischen Betriebsrat und Unternehmer zustande gekommenen Interessenausgleich bzw. Sozialplan zur Anwendung (s. dazu Rdn. 45 ff., 223 ff.). Eine Unterschrift des als Vermittler tätig gewordenen Mitarbeiters der Bundesagentur für Arbeit ist nicht erforderlich (*Fabricius* 6. Aufl., §§ 112, 112a Rn. 21, 132; *Kleinebrink* FA 2001, 165 [169]; *Richardi/Annuß* § 112 Rn. 223; *Rumpff/Boewer* Wirtschaftliche Angelegenheiten, Kap. I Rn. 36; im Ergebnis auch *Hohenstatt/Willemsen/HWK* § 112 BetrVG Rn. 19; *Schaub* FS *Däubler*, S. 347 [347]). Etwas anderes gilt nur, wenn ihm die Entscheidung übertragen wurde (*Richardi/Annuß* § 112 Rn. 223 sowie hier Rdn. 286). **290**

Scheitert der Vermittlungsversuch, dann kann der Mitarbeiter der Bundesagentur für Arbeit dies förmlich feststellen, wobei er die Entscheidung nach pflichtgemäßem Ermessen trifft. Insbesondere ist er nicht zu einer weiteren Vermittlungstätigkeit verpflichtet, wenn lediglich eine Seite der Auffassung ist, dass weitere Verhandlungen zu einer Einigung führen können. Das Scheitern des Vermittlungsversuchs kann auch dadurch eintreten, dass eine Seite das Verfahren abbricht und unmittelbar die Einigungsstelle anruft (*LAG Schleswig-Holstein* 24.08.2007 – 3 TaBV 26/07 – juris; s. a. Rdn. 289). **291**

Ist das Vermittlungsverfahren ergebnislos geblieben, dann besteht weder für den Betriebsrat noch für den Unternehmer eine Rechtspflicht, die Einigungsstelle anzurufen. Ebenso wie bei der Vermittlung durch den Vorstand der Bundesagentur für Arbeit (s. Rdn. 274) folgt dies aus dem Gesetzeswortlaut (§ 112 Abs. 1 Satz 2: »können«). Zur Vermeidung eines Nachteilsausgleichs (§ 113 Abs. 3) ist der Unternehmer gleichwohl gezwungen, die Einigungsstelle anzurufen, da nur dann ein ausreichender »Versuch eines Interessenausgleichs« i. S. d. § 113 Abs. 3 vorliegt (s. näher § 113 Rdn. 51 ff.). **292**

3. Anrufung der Einigungsstelle

a) Einleitung des Einigungsstellenverfahrens

Neben den Vorstand der Bundesagentur für Arbeit um eine Vermittlung zu ersuchen (§ 112 Abs. 2 Satz 1), können der Unternehmer oder der Betriebsrat die Einigungsstelle anrufen (§ 112 Abs. 2 Satz 2). Das gilt gleichermaßen für den Interessenausgleich und den Sozialplan; lediglich die Entscheidungskompetenz der Einigungsstelle ist unterschiedlich (näher Rdn. 314 ff.). Deshalb kann sich deren Tätigkeit auf den Versuch eines Interessenausgleichs oder auf den Abschluss eines Sozialplans beschränken (*LAG Berlin* 03.07.1994 LAGE § 112 BetrVG 1972 Nr. 31 S. 1 = AP Nr. 52 zu § 76 BetrVG 1972 Bl. 1 ff., für den Interessenausgleich; ebenso *Etzel* Rn. 1008). Zur gemeinsamen Verhandlung beider **293**

Gegenstände ist die Einigungsstelle nur verpflichtet, wenn es jeweils zu keiner Einigung zwischen den Parteien gekommen ist.

294 Die Tätigkeit der Einigungsstelle hängt davon ab, dass der Vorstand der Bundesagentur für Arbeit entweder nicht um eine Vermittlung ersucht wurde oder ein von ihm unternommener Vermittlungsversuch ergebnislos geblieben ist. Da § 112 Abs. 2 Satz 2 die Anrufung der Einigungsstelle wahlweise neben das Vermittlungsersuchen nach § 112 Abs. 2 Satz 1 stellt, sind die Beteiligten berechtigt, bei einer gescheiterten Einigung **unmittelbar die Einigungsstelle anzurufen** und auf ein Vermittlungsersuchen an den Vorstand der Bundesagentur für Arbeit zu verzichten. Das **Vermittlungsverfahren** ist **keine förmliche Voraussetzung** für die Anrufung der Einigungsstelle (s. Rdn. 282). Anders als bei der Anrufung der Einigungsstelle (s. Rdn. 283) entfaltet auch ein von einer Seite gestelltes Vermittlungsersuchen **keine Sperrwirkung** für die Anrufung der Einigungsstelle, da jede Seite berechtigt ist, das Vermittlungsverfahren jederzeit abzubrechen und die Einigungsstelle anzurufen (*LAG Berlin-Brandenburg* 27.01.2016 – 23 Sa 1767/15 – BeckRS 2016, 111924; *LAG Bremen* 20.09.1983 – 4 TaBV – juris; *LAG Hamm* 15.12.2003 – 10 TaBV 164/03 – juris; *LAG Niedersachsen* 30.01.2007 – 1 TaBV 106/06 – juris; *LAG Schleswig-Holstein* 24.08.2007 – 3 TaBV 26/07 – juris; im Ergebnis auch *LAG Rheinland-Pfalz* 25.10.2010 – 10 TaBV 44/10 – juris).

295 Allerdings hindert ein laufendes Vermittlungsverfahren die Durchführung eines Einigungsstellenverfahrens (*Friedemann* Verfahren der Einigungsstelle, Rn. 38a; *Schaub/Koch* Arbeitsrechts-Handbuch, § 244 Rn. 38; *Spirolke*/NK-GA § 112 BetrVG Rn. 20 sowie hier Rdn. 283). Die in § 112 Abs. 2 Satz 2 genannte Alternative eines ergebnislosen Vermittlungsversuchs ist jedoch nicht nur dann erfüllt, wenn der Mitarbeiter der Bundesagentur für Arbeit förmlich das Scheitern der Vermittlungsbemühungen feststellt. Da weder der Betriebsrat noch der Unternehmer verpflichtet sind, das Vermittlungsverfahren durchzuführen, können sie dieses jederzeit abbrechen und die Einigungsstelle unmittelbar anrufen (*LAG Niedersachsen* 30.01.2007 – 1 TaBV 106/06 – juris; *LAG Schleswig-Holstein* 24.08.2007 – 3 TaBV 26/07 – juris; im Ergebnis auch *LAG Rheinland-Pfalz* 25.10.2010 – 10 TaBV 44/10 – juris). Auch in dieser Konstellation ist der Vermittlungsversuch ergebnislos geblieben (s. a. Rdn. 289). Damit ist mit der Anrufung der Einigungsstelle zugleich ein zuvor eingeleitetes Vermittlungsverfahren (ergebnislos) beendet.

296 Das Rechtsschutzinteresse für einen Antrag auf Einsetzung einer Einigungsstelle (§ 100 ArbGG) fehlt jedoch, wenn ein innerbetrieblicher Einigungs- bzw. Verständigungsversuch völlig unterblieben ist (*Willemsen/Tiesler* Interessenausgleich, Rn. 94). Ausreichend ist hierfür stets ein ernsthafter Verhandlungsversuch auf betrieblicher Ebene. Treten während der Verhandlungen zwischen Unternehmer und Betriebsrat Meinungsverschiedenheiten über Umfang und ausreichende Erfüllung von Unterrichtungsansprüchen auf, so steht dies der Bestellung einer Einigungsstelle zwecks Durchführung der Beratungen über einen Interessenausgleich nicht entgegen, sofern die Verhandlungen zuvor für gescheitert erklärt werden (*Hess. LAG* 17.04.2007 – 4 TaBV 59/07 – juris; *LAG Niedersachsen* 30.01.2007 – 1 TaBV 106/06 – juris). Dies ist auch im Hinblick auf den Zweck des Beteiligungsrechts unschädlich, da die vom Betriebsrat gewünschten Informationen auch im Rahmen des Einigungsstellenverfahrens erteilt werden können (treffend *LAG Rheinland-Pfalz* 25.10.2010 – 10 TaBV 44/10 – juris).

b) Bildung der Einigungsstelle

297 Sofern keine ständige Einigungsstelle besteht, erfolgt die Anrufung der Einigungsstelle durch die Aufforderung an den anderen Teil, sich an deren Bildung zu beteiligen (*Fitting* §§ 112, 112a Rn. 34). Insoweit gelten die allgemeinen Grundsätze (dazu *Jacobs* § 76 Rdn. 28 ff.) auch für die nach § 112 Abs. 2 Satz 2 zu bildende Einigungsstelle (*Friedemann* Verfahren der Einigungsstelle, Rn. 89 ff.).

298 Der **Antrag** auf Bildung einer Einigungsstelle muss präzise deren **Tätigkeitsbereich** umschreiben (*Friedemann* Verfahren der Einigungsstelle, Rn. 447). Insbesondere ist anzugeben, ob sich die Meinungsverschiedenheit auf den Interessenausgleich, den Abschluss eines Sozialplans oder auf beides bezieht (*Fitting* §§ 112, 112a Rn. 34; *Hohenstatt/Willemsen/HWK* § 112 BetrVG Rn. 21; *Spirolke*/NK-GA § 112 BetrVG Rn. 21). Wie bei dem Vermittlungsverfahren (s. Rdn. 284 f.) kann sich

auch der Antrag auf Bildung einer Einigungsstelle auf einzelne Teile des Interessenausgleichs bzw. Sozialplans beschränken.

Die Zuständigkeit der Einigungsstelle besteht nur solange und soweit zwischen Unternehmer und 299
Betriebsrat über den Inhalt des Interessenausgleichs bzw. Sozialplans Meinungsverschiedenheiten bestehen. Haben diese bereits über den Interessenausgleich oder den Sozialplan formwirksam ein Einvernehmen erzielt, kann weder die Einigungsstelle noch eine Seite allein die Einigung in den Verhandlungen vor der Einigungsstelle in Frage stellen. Das gilt entsprechend, wenn hinsichtlich einzelner Punkte eines Interessenausgleichs oder eines Sozialplans bereits formwirksam ein Einvernehmen erreicht worden ist. In diesem Fall beschränkt sich die Tätigkeit der Einigungsstelle auf die zwischen den Betriebspartnern noch offenen Punkte. Dies schließt es jedoch nicht aus, dass eine zuvor zwischen den Betriebspartnern hinsichtlich der anderen Punkte erzielte Einigung zwecks Erzielung einer einvernehmlichen Gesamtregelung inhaltlich modifiziert wird. Hierfür bedarf es wegen der zuvor erreichten Einigung der Betriebspartner jedoch des Einvernehmens durch beide Betriebspartner. Keinesfalls ist die Einigungsstelle berechtigt, im Rahmen eines Spruchs gegen den Willen einer Seite, ein bereits erzieltes Einvernehmen nachträglich abzuändern.

Hinsichtlich der **Zusammensetzung der Einigungsstelle** verzichtet § 112 auf besondere Vorgaben, 300
insoweit gilt die allgemeine Regelung in § 76 Abs. 2 (näher dazu *Jacobs* § 76 Rdn. 35 ff.). Der **Mitarbeiter der Bundesagentur für Arbeit** gehört der Einigungsstelle nicht als Mitglied an, er kann an der Verhandlung lediglich teilnehmen (§ 112 Abs. 2 Satz 3 sowie näher Rdn. 304 f.).

c) Verfahren vor der Einigungsstelle

aa) Allgemeines

Für das Verfahren vor der Einigungsstelle gelten grundsätzlich die allgemeinen, bei jedem Einigungs- 301
stellenverfahren zu beachtenden Regeln (*Hohenstatt/Willemsen/HWK* § 112 BetrVG Rn. 23; *Richardi* 7. Aufl., § 112 Rn. 201; *Teubner* BB 1974, 982 [985] sowie *Jacobs* § 76 Rdn. 98 ff.). Zu den Besonderheiten s. Rdn. 304 ff.

Das gilt ebenfalls bei einer **Insolvenz des Unternehmens**; auch aus rechtsstaatlichen Gründen muss 302
der Insolvenzverwalter weder **Insolvenzgläubiger** noch deren Vertreter als **Beisitzer** benennen, da die Begrenzung des Sozialplanvolumens durch die §§ 123, 124 InsO (dazu Rdn. 395 ff.) ausreichend die Interessen der Gläubiger wahrt (*BAG* 06.05.1986 EzA § 112 BetrVG 1972 Nr. 39 S. 17 = AP Nr. 8 zu § 128 HGB Bl. 1 R f. *[Zeuner]* = AR-Blattei Einigungsstelle, Entsch. 33 *[Dütz/Vogg]*; *Fitting/Kaiser/Heither/Engels* 19. Aufl., § 1 SozPlKonkG Rn. 12b; *Schwerdtner* Kölner Schrift zur Insolvenzordnung, Rn. 31; *Willemsen/Tiesler* Interessenausgleich, Rn. 206; **a. M.** früher *BAG* 13.12.1978 AP Nr. 6 zu § 112 BetrVG 1972 = SAE 1979, 105 *[Sieg]* = AR-Blattei Konkurs, Entsch. 33 *[Arens]*). Zur Anhörung eines **Vertreters des Gläubigerausschusses** ist die Einigungsstelle ebenfalls nicht verpflichtet (*Moll* in: *Kübler/Prütting/Bork* InsO, §§ 123, 124 Rn. 27; *Schwerdtner* Kölner Schrift zur Insolvenzordnung, Rn. 23; **a. M.** *Fitting/Kaiser/Heither/Engels* 19. Aufl., § 1 SozPlKonkG Rn. 12b).

Ergänzend zu den allgemeinen Regeln normiert § 112 **zwei verfahrensrechtliche Besonderhei-** 303
ten. Erstens nimmt an der Verhandlung der Einigungsstelle gegebenenfalls auch ein **Mitarbeiter der Bundesagentur für Arbeit** teil (§ 112 Abs. 2 Satz 3; dazu Rdn. 304 f.). Zweitens hat die Einigungsstelle vor einem Spruch zunächst eine **Einigung der Beteiligten zu versuchen** (§ 112 Abs. 3; dazu Rdn. 306 ff.).

bb) Teilnahme des Vertreters der Bundesagentur für Arbeit (§ 112 Abs. 2 Satz 3)

Abweichend von den allgemeinen Grundsätzen, nach denen das Verfahren vor der Einigungsstelle 304
nicht öffentlich ist (s. *Jacobs* § 76 Rdn. 110), gestattet § 112 Abs. 2 Satz 3 die Teilnahme einer Person an den Verhandlungen der Einigungsstelle, die ihr nicht als Mitglied angehört. Die Teilnahme eines Mitarbeiters der Bundesagentur für Arbeit oder eines ihrer Vorstandsmitglieder hängt von einem **Ersuchen** des **Vorsitzenden der Einigungsstelle** ab. Es genügt nicht, dass die Einigungsstelle gegen seine Stimme einen entsprechenden Beschluss fasst. Ebenso reicht es nicht aus, wenn die von einer Seite benannten Mitglieder der Einigungsstelle die Hinzuziehung eines Mitarbeiters der Bundesagen-

tur für Arbeit wünschen. Vielmehr entscheidet der Vorsitzende der Einigungsstelle nach **pflichtgemäßem Ermessen**, ob er eine Anregung der Beisitzer aufgreift (**a. M.** *Friedemann* Verfahren der Einigungsstelle, Rn. 150: Beschluss der Einigungsstelle erforderlich). Dem Vorstand der Bundesagentur für Arbeit steht **kein eigenes Recht auf Teilnahme** zu.

305 Das Ersuchen um eine Teilnahme hat der Vorsitzende der Einigungsstelle an den Vorstand der Bundesagentur für Arbeit zu richten. Dieser entscheidet nach pflichtgemäßem Ermessen, ob eines seiner Mitglieder oder ein anderer Mitarbeiter (dazu auch Rdn. 276) an den Verhandlungen der Einigungsstelle teilnimmt. Die **Teilnahme** selbst steht jedoch nicht im Ermessen, anderenfalls hätte das Gesetz diese als »Kann-Bestimmung« ausgestaltet. Deshalb ist das Vorstandsmitglied der Bundesagentur für Arbeit **verpflichtet**, dem Ersuchen des Vorsitzenden der Einigungsstelle nachzukommen und an den Verhandlungen teilzunehmen (*Etzel* Rn. 1009; *Fitting* §§ 112, 112a Rn. 38; *Friedemann* Verfahren der Einigungsstelle, Rn. 151) oder hiermit einen Mitarbeiter der Bundesagentur für Arbeit zu beauftragen (*Friedemann* Verfahren der Einigungsstelle, Rn. 151 sowie hier Rdn. 277).

cc) Einigungsversuch durch die Einigungsstelle

306 Der erste Teil des Verfahrens vor der Einigungsstelle besteht in dem Versuch, eine Einigung über den Interessenausgleich und/oder den Sozialplan herbeizuführen. Hierzu sollen **beide Seiten** der Einigungsstelle **Vorschläge unterbreiten** (§ 112 Abs. 3 Satz 1). Diese sollte der Vorsitzende der Einigungsstelle bereits vor Beginn der Verhandlungen von den Parteien einholen (*Richardi/Annuß* § 112 Rn. 235). Das gilt sowohl für den Interessenausgleich als auch für den Abschluss eines Sozialplans.

307 Ein Vorschlag der Parteien zur Beilegung der Meinungsverschiedenheit kann nicht erzwungen werden; es handelt sich um eine **»Soll-Bestimmung«**. Unterbreitet der Betriebsrat keinen Vorschlag, so liegt hierin keine grobe Verletzung seiner gesetzlichen Pflichten i. S. d. § 23 Abs. 2. Das gilt entsprechend für den Unternehmer im Hinblick auf § 23 Abs. 3; die **grundlose Verweigerung eines Einigungsvorschlags** bezüglich eines Interessenausgleichs kann allerdings der Würdigung entgegenstehen, dass ein Interessenausgleich i. S. d. § 113 Abs. 3 versucht wurde (s. näher § 113 Rn. 48 ff.).

308 Im Rahmen der Verhandlungen vor der Einigungsstelle hat diese auf eine Einigung der Parteien hinzuwirken. Dabei kann sie ihnen einen **eigenen Einigungsvorschlag** unterbreiten, der sich sowohl auf den Interessenausgleich als auch auf den Sozialplan beziehen kann (*Richardi/Annuß* § 112 Rn. 236; *Teubner* BB 1974, 982 [985]). Will die Einigungsstelle einen Vorschlag zur Diskussion stellen, dann muss sie hierüber zuvor einen **Beschluss** fassen, für den § 76 Abs. 3 gilt (*Richardi/Annuß* § 112 Rn. 237; *Teubner* BB 1974, 982 [985] sowie näher *Jacobs* § 76 Rdn. 111 ff.).

309 Kommt es aufgrund der Einigungsbemühungen der Einigungsstelle zu einem Interessenausgleich und/oder zum Abschluss eines Sozialplans, dann ist dieser ebenso wie nach § 112 Abs. 1 Satz 1 und 2 (dazu Rdn. 45 ff., 218 ff.) schriftlich abzufassen (§ 112 Abs. 3 Satz 2) und von beiden Parteien **zu unterzeichnen**. Auf Seiten des Betriebsrats unterschreibt dessen Vorsitzender, der hierfür einen zustimmenden **Betriebsratsbeschluss** benötigt (*Fitting* §§ 112, 112a Rn. 41; *Hohenstatt/Willemsen/HWK* § 112 BetrVG Rn. 23). Die gleichfalls in § 112 Abs. 3 Satz 2 angeordnete **Unterzeichnung durch den Vorsitzenden der Einigungsstelle** ist zwar Voraussetzung für die Wahrung der Schriftform, aber für den Interessenausgleich bzw. den Sozialplan **keine Wirksamkeitsvoraussetzung** (*Fabricius* 6. Aufl., §§ 112, 112a Rn. 137), da sich Unternehmer und Betriebsrat auch außerhalb des Verfahrens vor der Einigungsstelle hierauf jederzeit verständigen können (s. Rdn. 271).

d) Spruch der Einigungsstelle

310 Scheitern die Bemühungen, zwischen Betriebsrat und Unternehmer eine Einigung herbeizuführen, dann begründet § 112 Abs. 4 für die Einigungsstelle die Rechtsmacht, eine Einigung zwischen den Parteien durch einen Spruch zu ersetzen. Allerdings erstreckt sich diese nicht auf den **Interessenausgleich**; lediglich über die **Aufstellung eines Sozialplans** i. S. d. Legaldefinition in § 112 Abs. 1 Satz 2 kann die Einigungsstelle durch einen nach § 76 Abs. 3 zu fassenden Beschluss entscheiden (s. a. Rdn. 367). Dies gilt jedoch nur als Grundsatz, da § 112a für die dort genannten Sachverhalte (s. dazu Rdn. 314 ff.) ausdrücklich anordnet, dass die Einigungsstelle nicht zur Aufstellung eines Sozialplans berechtigt ist. Es ist deshalb zu unterscheiden zwischen dem Grundfall des **erzwingbaren Sozial-**

plans und dem Ausnahmetatbestand des **nicht erzwingbaren Sozialplans**. Dabei ist nach der Gesetzessystematik grundsätzlich jeder Sozialplan erzwingbar, sofern nicht der Ausnahmetatbestand des § 112a eingreift.

Der Ausschluss eines die Einigung ersetzenden Spruchs der Einigungsstelle für den Interessenausgleich bzw. bei den in § 112a genannten Ausnahmetatbeständen stehen einer **Empfehlung der Einigungsstelle** für einen Interessenausgleich bzw. Sozialplan (s. Rdn. 316) nicht entgegen. Wegen der beschränkten Rechtsmacht der Einigungsstelle ist diese für Unternehmer und Betriebsrat zwar **unverbindlich**; sie kann aber die Grundlage für eine einvernehmliche Regelung zwischen den Betriebspartnern bilden (*Gift* JArbR Bd. 15 [1977], 1978, S. 51 [55]). 311

Die Sonderregelung des § 112 Abs. 4 beschränkt die Einigungsstelle lediglich im Hinblick auf die Erzwingbarkeit des Sozialplans; die allgemeine Regelung zur Durchführung eines **freiwilligen Einigungsstellenverfahrens** (§ 76 Abs. 6) bleibt hiervon unberührt (*LAG Köln* 05.04.2012 – 7 TaBV 9/12 – juris). Aufgrund übereinstimmender Willensbekundungen können Unternehmer und Betriebsrat der Einigungsstelle deshalb die Rechtsmacht einräumen, eine Einigung über den Interessenausgleich oder einen Sozialplan in den Ausnahmefällen des § 112a zu ersetzen (s. Rdn. 316). 312

Der Spruch der Einigungsstelle muss sich auf die Beilegung der **Meinungsverschiedenheiten** zwischen den Parteien beschränken und insoweit eine Einigung ersetzen. Besteht nur **hinsichtlich einzelner Punkte** eines Interessenausgleichs oder eines Sozialplans eine Meinungsverschiedenheit, dann muss sich der Spruch der Einigungsstelle hierauf beschränken. Andererseits erfüllt ihr Spruch nur dann seinen vom Gesetz zugedachten Zweck, wenn er die Meinungsverschiedenheiten zwischen den Parteien beilegt. Die Einigungsstelle darf sich mit ihrem Spruch deshalb nicht auf **Teilregelungen** beschränken, wenn deren Ausfüllung unverändert umstritten bleibt. Umgekehrt bestehen keine Bedenken gegen die Rechtswirksamkeit eines Spruchs, wenn sich dieser auf einen **Rahmen beschränkt**, über dessen Ausfüllung zwischen den Parteien Einvernehmen besteht (s. a. Rdn. 299). Dieses ist jedoch nur rechtsverbindlich, wenn es den gesetzlichen Formerfordernissen genügt. 313

e) Der nicht erzwingbare Sozialplan (§ 112a)

aa) Allgemeines

Die Regelung in § 112a, die die Tatbestände der nicht erzwingbaren Sozialpläne abschließend festlegt, wurde durch Art. 2 Nr. 2 BeschFG 1985 in das BetrVG eingefügt und trat am 01.05.1985 in Kraft. Mit der Einschränkung sozialplanpflichtiger Betriebsänderungen wollte der Gesetzgeber einen Anreiz zur Schaffung neuer Arbeitsplätze setzen (*Reg. Begr.* BT-Drucks. 10/2102, S. 17; *Richardi/Annuß* § 112a Rn. 1). Hierfür wurden die Zahlenstaffeln für sozialplanpflichtige Betriebsänderungen erhöht, wenn diese ausschließlich in der Entlassung von Arbeitnehmern besteht (§ 112a Abs. 1; dazu Rdn. 318 ff.), und neu gegründete Unternehmen für die ersten vier Jahre aus der Sozialplanpflicht ausgeklammert (§ 112a Abs. 2; dazu Rdn. 323 ff.). Die Vereinbarkeit des Sozialplanprivilegs mit den Vorgaben in Art. 7 Abs. 3 der Richtlinie 2001/23/EG in den Fällen, in denen eine Betriebsänderung mit einem Betriebsübergang verbunden ist, wird teilweise bezweifelt (s. *Riesenhuber* RdA 2004, 340 [343 ff.]; ferner *Winter/EuArbR* RL 2001/23/EG Art. 7 Rn. 17 m. w. N.). 314

§ 112a hebt lediglich die durch § 112 Abs. 4 begründete Rechtsmacht der Einigungsstelle auf, eine Einigung zwischen Arbeitgeber und Betriebsrat über den Sozialplan durch einen Spruch zu ersetzen. Hiervon unberührt bleibt die Rechtsmacht von Betriebsrat und Unternehmer zur **Aufstellung eines Sozialplans**. Sie sind auch bei den von § 112a privilegierten Betriebsänderungen berechtigt, **freiwillig** einen Sozialplan zu vereinbaren (*Etzel* Rn. 1067; *Richardi/Annuß* § 112a Rn. 2; *Schweibert/WHSS* Kap. C Rn. 233; *Vogt* BB 1985, 2328 [2332]). Ferner beschränkt § 112a den Ausschluss des § 112 ausdrücklich auf dessen Absatz 4 und 5, so dass per argumentum e contrario **§ 112 Abs. 2 und 3** bei den in § 112a genannten Tatbeständen **uneingeschränkt anwendbar** sind (*Thür. LAG* 22.07.1998 NZA-RR 1999, 309 f.; *Bauer* DB 1994, 217 [227]; *Boemke/Titze* DB 1999, 1389 [1390]; *Etzel* Rn. 1066; *Gajewski* FS *D. Gaul*, S. 189 [192]; *Hess/HWGNRH* § 112a Rn. 5; *Löwisch/LK* § 112a Rn. 4; *Otto* ZfA 1985, 71 [75]; *Preis/Bender/WPK* §§ 112, 112a Rn. 30; *Richardi/Annuß* § 112a Rn. 2; *Rumpff/Boewer* Wirtschaftliche Angelegenheiten, Kap. I Rn. 55, 62; *Scherer* NZA 1985, 764 315

[768]; *Stege/Weinspach/Schiefer* §§ 111–113 Rn. 70; *Vogt* BB 1985, 2328 [2331]; *Willemsen* DB 1990, 1405 [1411]; *Willemsen/Tiesler* Interessenausgleich, Rn. 79).

316 Wegen des auf § 112 Abs. 4 und 5 beschränkten Anwendungsausschlusses genügt es bei den von § 112a erfassten Sachverhalten für ein ordnungsgemäßes Beteiligungsverfahren nicht, wenn sich Unternehmer und Betriebsrat nicht über einen Interessenausgleich oder den Abschluss eines Sozialplans verständigen können. Vielmehr steht beiden Parteien auch bei den in § 112a genannten Ausnahmetatbeständen das Recht zu, den **Vorstand der Bundesagentur für Arbeit** um eine Vermittlung zu ersuchen (§ 112 Abs. 2 Satz 1) oder zu diesem Zweck die **Einigungsstelle** anzurufen (§ 112 Abs. 2 Satz 2). Das gilt unabhängig davon, ob sich der Unternehmer zuvor grundsätzlich zur Aufstellung eines Sozialplans bereit erklärt hat (*Gajewski* FS *D. Gaul*, S. 189 [193]; *Preis/Bender/WPK* §§ 112, 112a Rn. 30; *Spirolke*/NK-GA § 112a BetrVG Rn. 1; **a. M.** *Willemsen* DB 1990, 1405 [1413]: teleologische Reduktion auf reine Ausgestaltungssachverhalte; zustimmend *Schweibert/WHSS* Kap. C Rn. 232). Die Einigungsstelle ist jedoch darauf beschränkt, eine Einigung zwischen den Parteien zu versuchen (*Gajewski* FS *D. Gaul*, S. 189 [194]) und kann allenfalls **Empfehlungen** beschließen (s. a. Rdn. 311); § 112a hebt allerdings nicht die Rechtsmacht der Betriebspartner auf, dem Einigungsstellenspruch auf freiwilliger Basis ersetzende Wirkung beizumessen (§ 76 Abs. 6; ebenso *LAG Köln* 05.04.2012 – 7 TaBV 9/12 – juris; *Preis/Bender/WPK* §§ 112, 112a Rn. 30; *Willemsen* DB 1990, 1405 [1414] sowie Rdn. 312).

317 Da § 112 Abs. 2 und 3 uneingeschränkt anwendbar sind, trifft den Unternehmer die **Pflicht zum Nachteilsausgleich** nach § 113 Abs. 3, wenn er den **Versuch eines Interessenausgleichs** unterlässt und die Voraussetzungen einer nicht sozialplanpflichtigen Betriebsänderung i. S. d. § 112a erfüllt sind (*LAG Berlin* 08.09.1987 LAGE § 112a BetrVG 1972 Nr. 2 S. 2; *Thür. LAG* 22.07.1998 NZA-RR 1999, 309 f.; *Etzel* Rn. 1066; *Fitting* § 113 Rn. 3; *Gajewski* FS *D. Gaul*, S. 189 [194]; *Gamillscheg* II, § 52, 6c [2]; *Heither* AR-Blattei SD 530.14.5, Rn. 279; *Hess/HWGNRH* § 113 Rn. 2; *v. Hoyningen-Huene* Betriebsverfassungsrecht, § 15 III 3; *Kania*/ErfK § 113 BetrVG Rn. 3; *Preis/Bender/WPK* §§ 112, 112a Rn. 30; *Schweibert/WHSS* Kap. C Rn. 231; *Spirolke*/NK-GA § 112a BetrVG Rn. 1; *Stege/Weinspach/Schiefer* §§ 111–113 Rn. 162; *Weiss/Weyand* § 113 Rn. 7; *Willemsen/Tiesler* Interessenausgleich, Rn. 80). So liegt der »Versuch eines Interessenausgleichs« auch bei einer nicht sozialplanpflichtigen Betriebsänderung nur vor, wenn der Unternehmer vor deren Durchführung die Einigungsstelle zur Beilegung der Meinungsverschiedenheiten mit dem Betriebsrat angerufen hat (*Richardi/Annuß* § 112a Rn. 2; *Rumpff/Boewer* Wirtschaftliche Angelegenheiten, Kap. I Rn. 57 Fn. 57; *Willemsen* DB 1990, 1405 [1412] sowie allgemein § 113 Rdn. 51 ff.).

bb) Nicht sozialplanpflichtiger Personalabbau (§ 112a Abs. 1)

318 Der Ausnahmetatbestand des § 112a Abs. 1 setzt eine Betriebsänderung i. S. d. § 111 Satz 3 Nr. 1 voraus. Er greift deshalb nicht ein, wenn die geplante Betriebsänderung die **tatbestandlichen Voraussetzungen des § 111 Satz 3 Nr. 1** nicht erfüllt (dazu § 111 Rdn. 71 ff.). Darüber hinaus ist § 112a Abs. 1 nicht anwendbar, wenn die geplante Betriebsänderung nicht nur nach § 111 Satz 3 Nr. 1, sondern **zusätzlich** nach **§ 111 Satz 3 Nr. 2 bis 5** als Betriebsänderung i. S. d. § 111 Satz 1 gilt (*Däubler/DKKW* §§ 112, 112a Rn. 72; *Fitting* §§ 112, 112a Rn. 102; *Gamillscheg* II, § 52, 6c [1]; *Hess/HWGNRH* § 112a Rn. 5; *Kania*/ErfK §§ 112, 112a BetrVG Rn. 16; *Löwisch/LK* § 112a Rn. 5; *Matthes* FS *D. Gaul*, 1992, S. 397 [397]; *Preis/Bender/WPK* §§ 112, 112a Rn. 31; *Richardi/Annuß* § 112a Rn. 3; *Spirolke*/NK-GA § 112a BetrVG Rn. 2; *Vogt* BB 1985, 2328 [2332]). Denkbar ist das insbesondere, wenn ein Personalabbau mit grundlegenden Änderungen der Betriebsorganisation einhergeht (§ 111 Satz 3 Nr. 4) oder auf grundlegend neuen Fertigungsverfahren beruht (§ 111 Satz 3 Nr. 5).

319 Die Betriebsänderung unterfällt nur dann dem Ausnahmetatbestand des § 112a Abs. 1, wenn diese in einem **alleinigen Personalabbau** besteht. Beschränkt sich diese nicht hierauf, sondern beruht die Reduzierung der Leistungsfähigkeit des Betriebs auch auf einer mit dem Personalabbau einhergehenden Einschränkung der **sächlichen Betriebsmittel**, dann bleibt die Betriebsänderung sozialplanpflichtig. Bei derartigen Mischsachverhalten besteht die Betriebsänderung nicht mehr – wie vom Wortlaut des § 112a Abs. 1 gefordert – »allein« in der Entlassung von Arbeitnehmern (*BAG* 28.03.2006 EzA § 111 BetrVG 2001 Nr. 4 Rn. 34 ff. = AP Nr. 12 zu § 112a BetrVG 1972 *[Oetker]*; *LAG Düssel-*

dorf 20.04.2016 – 4 TaBV 70/15 – juris; *LAG* Nürnberg 06.12.2004 NZA-RR 2005, 375 [375]; *Bauer* DB 1994, 217 [227]; *Fitting* §§ 112, 112a Rn. 101; *Löwisch/LK* § 112a Rn. 5; *Richardi/Annuß* § 112a Rn. 6; *Scherer* NZA 1985, 764 [768]; *Schweibert/WHSS* Kap. C Rn. 228; *Vogt* BB 1985, 2328 [2332]). Allerdings genügen hierfür nicht jedwede Änderungen in der organisatorischen oder sächlichen Leistungsfähigkeit, sondern diese stehen einer »alleinigen« Entlassung i. S. d. § 112a Abs. 1 Nr. 2 erst entgegen, wenn diese so gewichtig sind, dass diese unter Umständen auch unter Berücksichtigung des Personalabbaus eine Betriebsänderung i. S. d. § 111 Satz 3 darstellen (*BAG* 28.03.2006 EzA § 111 BetrVG 2001 Nr. 4 Rn. 34 ff. = AP Nr. 12 zu § 112a BetrVG 1972 *[Oetker]*).

Die geplante Betriebsänderung muss sich auf die Entlassung von Arbeitnehmern beschränken; ist hiermit zugleich eine **Betriebsstilllegung** verbunden, so greift § 112a Abs. 1 nicht ein. Bei ihr wird über die bloße Entlassung von Arbeitnehmern hinaus die organisatorische Einheit des Betriebs insgesamt aufgelöst (s. § 111 Rn. 45, 49 ff.), so dass stets eine sozialplanpflichtige Betriebsänderung vorliegt (*Bauer* DB 1994, 217 [226]; *Preis/Bender/WPK* §§ 112, 112a Rn. 31; *Richardi/Annuß* § 112a Rn. 6). 320

Der Ausnahmetatbestand in § 112a Abs. 1 erfasst nicht jede Reduzierung der personellen Leistungsfähigkeit des Betriebs, sondern diese muss in einer **Entlassung von Arbeitnehmern** bestehen. Hierfür ist eine **Beendigung der Arbeitsverhältnisse** erforderlich. Das ist insbesondere bei der Einschränkung oder Stilllegung eines Betriebsteils von Bedeutung, weil die Schwellenwerte einer Betriebsänderung i. S. d. § 111 Satz 3 Nr. 1 in diesen Fallgestaltungen auch durch Versetzungen von Arbeitnehmern in andere Betriebsteile erreicht sein können. Da § 112a Abs. 1 Satz 1 ausdrücklich auf die Zahl der Entlassungen abstellt, sind die von einer **Versetzung** betroffenen Arbeitnehmer bei derartigen Sachverhalten nicht mitzuzählen (*Preis/Bender/WPK* §§ 112, 112a Rn. 32; *Richardi/Annuß* § 112a Rn. 4; ebenso, aber nur für betriebsinterne Versetzungen *LAG* Nürnberg 06.12.2004 NZA-RR 2005, 375 [376]; 17.01.2005 – 9 TaBV 9/04 – juris; **a. M.** *Däubler/DKKW* §§ 112, 112a Rn. 71; in der Sache auch *U. Fischer* KTS 2002, 53 [54 f.], für Änderungskündigungen). Das gilt entsprechend für Arbeitnehmer, deren Arbeitsverhältnis endet, ohne dass zwischen dem Beendigungsgrund und der geplanten Betriebsänderung ein Zusammenhang besteht. Insbesondere Arbeitnehmer, denen aus **personen- oder verhaltensbedingten Gründen** gekündigt werden soll, bleiben bei der Zahl der zu entlassenden Arbeitnehmer unberücksichtigt (*Däubler/DKKW* §§ 112, 112a Rn. 71; *Hess/HWGNRH* § 112a Rn. 38; *Löwisch/LK* § 112a Rn. 3; *Preis/Bender/WPK* §§ 112, 112a Rn. 32; *Richardi/Annuß* § 112a Rn. 7; *Rumpff/Boewer* Wirtschaftliche Angelegenheiten, Kap. I Rn. 53; zu § 112a s. a. § 111 Rdn. 110). 321

Wie bei § 113 Abs. 1 (s. § 113 Rdn. 65 ff.) beurteilt sich das Vorliegen einer »Entlassung« im Rahmen des § 112a Abs. 1 Satz 1 nicht nach dem formalen Beendigungstatbestand, sondern dem materiellen Beendigungsgrund (*Heinze* NZA 1987, 41 [48]; *Preis/Bender/WPK* §§ 112, 112a Rn. 32; *Richardi/Annuß* § 112a Rn. 7). Für **Aufhebungsverträge** schreibt § 112a Abs. 1 Satz 2 dies ausdrücklich fest; die hiervon erfassten Arbeitnehmer sind bei der Zahl der »Entlassungen« mitzuzählen. Gleiches gilt für **Eigenkündigungen der Arbeitnehmer**, wenn diese auf der vom Unternehmer geplanten Betriebsänderung beruhen (*BAG* 24.08.2004 EzA § 112 BetrVG 2001 Nr. 12 S. 14 = AP Nr. 174 zu § 112 BetrVG 1972 Bl. 6 R *[Meyer]*; *LAG* Düsseldorf 03.07.1991 LAGE § 112a BetrVG 1972 Nr. 3 S. 2 f.; *Däubler/DKKW* §§ 112, 112a Rn. 71; *Fabricius* 6. Aufl., §§ 112, 112a Rn. 127; *Fitting* §§ 112, 112a Rn. 104; *Hess/HWGNRH* § 112a Rn. 39; *Kania*/ErfK §§ 112, 112a BetrVG Rn. 16; *Löwisch/LK* § 112a Rn. 3; *Preis/Bender/WPK* §§ 112, 112a Rn. 32; *Richardi/Annuß* § 112a Rn. 7; *Spirolke*/NK-GA § 112a BetrVG Rn. 3 sowie § 113 Rdn. 70). 322

cc) Neugründung von Unternehmen (§ 112a Abs. 2)

Eine nicht sozialplanpflichtige Betriebsänderung i. S. d. § 112a Abs. 2 liegt vor, wenn diese in einem Unternehmen geplant ist, welches nach seiner Gründung das Alter von vier Jahren nicht überschritten hat. Der Gesetzgeber wollte mit der Befreiung von der Sozialplanpflicht generell die Neugründung von Unternehmen erleichtern (*Reg. Begr.* BT-Drucks. 10/2102, S. 5, 14; *Etzel* Rn. 1067; *Fitting* §§ 112, 112a Rn. 100; *Hess/HWGNRH* § 112a Rn. 43; *Richardi/Annuß* § 112a Rn. 12; *Rumpff/Boewer* Wirtschaftliche Angelegenheiten, Kap. I Rn. 56; *Stege/Weinspach/Schiefer* §§ 111–113 Rn. 69; *Willemsen* DB 1990, 1405 [1405 f.]; kritisch *Loritz* NZA 1993, 1105 [1107 ff.]; *Otto* ZfA 1985, 71 [75 f.]). Deshalb ist die **Art der Betriebsänderung** – im Gegensatz zu § 112a Abs. 1 (s. Rdn. 318) 323

– für die Anwendung des § 112a Abs. 2 **unerheblich** (*Däubler/DKKW* §§ 112, 112a Rn. 73; *Löwisch/LK* § 112a Rn. 6; *Matthes/*MünchArbR § 270 Rn. 37; *Preis/Bender/WPK* §§ 112, 112a Rn. 33; *Weiss/Weyand* § 112a Rn. 4). Da § 112a Abs. 2 Satz 1 ausdrücklich auf das »Unternehmen« abstellt, ist das **Alter des** von der Betriebsänderung **betroffenen Betriebs** bedeutungslos (*Fitting* §§ 112, 112a Rn. 107; *Heinze* NZA 1987, 41 [49]; *Löwisch/LK* § 112a Rn. 6; *Matthes/*MünchArbR § 270 Rn. 37; *Otto* ZfA 1985, 71 [74]; *Preis/Bender/WPK* §§ 112, 112a Rn. 33; *Richardi/Annuß* § 112a Rn. 13; *Rieble/*AR § 112, 112a BetrVG Rn. 13; *Rumpff/Boewer* Wirtschaftliche Angelegenheiten, Kap. I Rn. 57; *Spirolke/*NK-GA § 112a BetrVG Rn. 4; *Stege/Weinspach/Schiefer* §§ 111–113 Rn. 71; im Grundsatz auch *Däubler/DKKW* §§ 112, 112a Rn. 74).

324 Das gilt ebenso für die Frage, ob die Neugründung des Unternehmens tatsächlich mit der **Schaffung neuer Arbeitsplätze** verbunden ist (BAG 13.06.1989 EzA § 112a BetrVG 1972 Nr. 4 S. 4 f. = AP Nr. 3 zu § 112a BetrVG 1972 Bl. 3 *[Willemsen]* = AR-Blattei Sozialplan, Entsch. 40 *[Löwisch]*; *Loritz* NZA 1993, 1105 [1110]; *Preis/Bender/WPK* §§ 112, 112a Rn. 33; *Richardi/Annuß* § 112a Rn. 12; *Willemsen* DB 1990, 1405 [1406 f.]; *ders./Tiesler* Interessenausgleich, Rn. 82). Allerdings führt das zu dem teleologisch scheinbar wenig konsequenten Ergebnis, dass die Neugründung eines Betriebs nicht privilegiert ist, wenn das Unternehmen das Alter von vier Jahren bereits überschritten hat, obwohl hierdurch dem Anliegen des § 112a entsprochen wird, neue Arbeitsplätze zu schaffen (*Däubler/DKKW* §§ 112, 112a Rn. 74; *Fitting* §§ 112, 112a Rn. 108; *Kania/*ErfK §§ 112, 112a BetrVG Rn. 17; *Preis/Bender/WPK* §§ 112, 112a Rn. 33; *Richardi/Annuß* § 112a Rn. 13; *Rumpff/Boewer* Wirtschaftliche Angelegenheiten, Kap. I Rn. 57; *Schaub/Koch* Arbeitsrechts-Handbuch, § 244 Rn. 46; *Schweibert/WHSS* Kap. C Rn. 234; *Weiss/Weyand* § 112a Rn. 4; *Willemsen* DB 1990, 1405 [1406]; *ders./Tiesler* Interessenausgleich, Rn. 83).

325 Der Gesetzeswortlaut, der ausdrücklich auf das Alter des Unternehmens abstellt, lässt eine abweichende Auslegung der Norm indes nicht zu (s. a. BAG 27.06.2006 EzA § 112a BetrVG 2001 Nr. 2 Rn. 18 = AP Nr. 14 zu § 112a BetrVG 1972 = RdA 2007, 372 *[Reichold]*; zust. *Gamillscheg* II, § 52, 6c [2]; *Preis/Bender/WPK* §§ 112, 112a Rn. 33). Darüber hinaus verknüpft der Tatbestand die Privilegierung nicht mit einem Erfolgseintritt (= Schaffung neuer Arbeitsplätze), sondern die Befreiung von der Sozialplanpflicht soll einen Anreiz für Unternehmensneugründungen schaffen, da diese mit dem Aufbau von Strukturen verbunden sind, die erfahrungsgemäß zur Entstehung neuer Arbeitsplätze führen (*Willemsen* DB 1990, 1405 [1406]).

326 Das Sozialplanprivileg des § 112a Abs. 2 Satz 1 greift auch ein, wenn der **Betrieb älter als vier Jahre** ist, dieser aber von einem Unternehmen **übernommen** worden ist, das die Altersgrenze im Zeitpunkt der Betriebsänderung noch nicht überschritten hat (BAG 13.06.1989 EzA § 112a BetrVG 1972 Nr. 4 S. 3 ff. = AP Nr. 3 zu § 112a BetrVG 1972 Bl. 2 R ff. *[Willemsen]* = AR-Blattei Sozialplan, Entsch. 40 *[Löwisch]*; 22.02.1995 EzA § 112a BetrVG 1972 Nr. 7 S. 3 f. = AP Nr. 7 zu § 112a BetrVG 1972 Bl. 2; 22.02.1995 EzA § 112a BetrVG 1972 Nr. 8 S. 4 = AP Nr. 8 zu § 112a BetrVG 1972 Bl. 2; 10.12.1996 EzA § 111 BetrVG 1972 Nr. 35 S. 9 = AP Nr. 110 zu § 112 BetrVG 1972 Bl. 4; 27.06.2006 EzA § 112a BetrVG 2001 Nr. 2 Rn. 17 ff. = AP Nr. 14 zu § 112a BetrVG 1972 = RdA 2007, 372 *[Reichold]*; LAG Sachsen 09.03.2005 LAGR 2005, 375 [376]; *Bauer* DB 1994, 217 [227]; *S. Biedenkopf* Interessenausgleich, S. 106 ff.; *Etzel* Rn. 1068; *Fitting* §§ 112, 112a Rn. 109 f.; *Heinze* NZA 1987, 41 [49]; *Hess/HWGNRH* § 112a Rn. 12; *v. Hoyningen-Huene* Betriebsverfassungsrecht, § 15 IV 4; *Kania/*ErfK §§ 112, 112a BetrVG Rn. 17; *Löwisch/LK* § 112a Rn. 6; *Preis/Bender/WPK* §§ 112, 112a Rn. 34; *Richardi/Annuß* § 112a Rn. 15; *Rieble/*AR § 112, 112a BetrVG Rn. 13; *Schaub/Koch* Arbeitsrechts-Handbuch, § 244 Rn. 46a; *Schweibert/WHSS* Kap. C Rn. 236; *Spirolke/*NK-GA § 112a BetrVG Rn. 4; *Stege/Weinspach/Schiefer* §§ 111–113 Rn. 71a; *Vogt* BB 1985, 2328 [2333]; *Willemsen* DB 1990, 1405 [1406 f.]; **a. M.** *Däubler/DKKW* §§ 112, 112a Rn. 75; *Fabricius* 6. Aufl., §§ 112, 112a Rn. 233 ff.; *Römer* Interessenausgleich und Sozialplan, S. 243 ff.; *Rumpff/Boewer* Wirtschaftliche Angelegenheiten, Kap. I Rn. 59 f.; *Weiss/Weyand* § 112a Rn. 5, die in dieser Konstellation zusätzlich verlangen, dass auch der Betrieb das Alter von vier Jahren nicht überschritten haben darf).

327 Führt der Erwerber in dem übernommenen Betrieb nach der Übernahme innerhalb der ersten vier Jahre nach seiner Gründung **eine Betriebsänderung durch**, dann befreit § 112a Abs. 2 Satz 1 ihn aufgrund des Alters des Unternehmens von der Pflicht zur Aufstellung eines Sozialplans. Allerdings kann die Berufung hierauf rechtsmissbräuchlich sein, wenn der Betrieb auf ein neu gegründetes Unternehmen übertragen und anschließend von diesem stillgelegt wird (*BAG* 13.06.1989 EzA § 112a BetrVG 1972 Nr. 4 S. 7 = AP Nr. 3 zu § 112a BetrVG 1972 Bl. 3 R f. *[Willemsen]* = AR-Blattei Sozialplan, Entsch. 40 *[Löwisch]*; 10.12.1996 EzA § 111 BetrVG 1972 Nr. 35 S. 9 = AP Nr. 110 zu § 112 BetrVG 1972 Bl. 4 R; 27.06.2006 EzA § 112a BetrVG 2001 Nr. 2 Rn. 45 = AP Nr. 14 zu § 112a BetrVG 1972 = RdA 2007, 372 *[Reichold]*; *Bauer* DB 1994, 217 [227]; *Dross* Konzern, S. 55 ff.; *Fitting* §§ 112, 112a Rn. 116; *Loritz* NZA 1993, 1105 [1114]; *Matthes*/MünchArbR § 270 Rn. 37; *Preis/ Bender/WPK* §§ 112, 112a Rn. 34; *Willemsen* DB 1990, 1405 [1410 f.]; *ders./Tiesler* Interessenausgleich, Rn. 89). Eine missbräuchliche Inanspruchnahme des Sozialplanprivilegs verhindert auch § 112a Abs. 2 Satz 2 (*Bauer* DB 1994, 217 [227]; *Etzel* Rn. 1068; *Otto* ZfA 1985, 71 [74]; *Stege/Weinspach/Schiefer* §§ 111–113 Rn. 72; **a. M.** *Willemsen* DB 1990, 1405 [1410]), wenn der Betriebsübergang im Zusammenhang mit der rechtlichen Umstrukturierung eines Unternehmens oder Konzerns steht (s. Rdn. 330 ff.).

Maßgeblicher Zeitpunkt für den **Beginn des Vier-Jahres-Zeitraums** ist die Aufnahme der Erwerbstätigkeit, die nach § 138 AO dem Finanzamt mitzuteilen ist (§ 112a Abs. 2 Satz 3). Dabei ist auf den Zeitpunkt des meldepflichtigen Ereignisses abzustellen, also die **Eröffnung des Betriebs** oder einer **Betriebsstätte**. Der tatsächliche Eingang der Mitteilung beim Finanzamt ist für den Beginn des Vier-Jahres-Zeitraums ebenso bedeutungslos wie der Ablauf der Mitteilungsfristen in § 138 Abs. 3 AO (zust. *Preis/Bender/WPK* §§ 112, 112a Rn. 33; **a. M.** *Weiss/Weyand* § 112a Rn. 7: Mitteilung an das Finanzamt). Ferner ist es für die Anwendung des Sozialplanprivilegs in § 112a Abs. 2 Satz 1 unerheblich, ob der Unternehmer seiner steuerrechtlichen Mitteilungspflicht überhaupt, fristgemäß oder vollständig nachgekommen ist. Entscheidend ist ausschließlich der Zeitpunkt, in dem die steuerrechtliche Pflicht zur Mitteilung entsteht. 328

Für die **Berechnung des Vier-Jahres-Zeitraums** sind die §§ 187 Abs. 1, 188 Abs. 2, 193 BGB heranzuziehen. Konkretisierungsbedürftig ist das für den **Fristablauf** maßgebende Ereignis. Da § 112a Abs. 2 Satz 1 lediglich einen die Einigung ersetzenden Spruch der Einigungsstelle ausschließt, nicht aber die Durchführung des Einigungsverfahrens nach § 112 Abs. 2 und 3 (s. Rdn. 309), ist dies weder der Beginn der Planungen für die Betriebsänderung noch der Zeitpunkt für deren Durchführung. Vielmehr ist auf den **Spruch der Einigungsstelle** abzustellen; erst nach Ablauf der Vier-Jahres-Frist darf diese die Einigung über die Aufstellung eines Sozialplans ersetzen (**a. M.** *Etzel* Rn. 1069, der auf die Durchführung der Betriebsänderung abstellt; ähnlich *Weiss/Weyand* § 112a Rn. 7: Beginn der Durchführung; wiederum anders *Rumpff/Boewer* Wirtschaftliche Angelegenheiten, Kap. I Rn. 61: endgültige Entscheidung zur Betriebsänderung; i. d. S. auch *Spirolke*/NK-GA § 112a BetrVG Rn. 7: Zeitpunkt der Unterrichtung des Betriebsrats). 329

Das Sozialplanprivileg für neu gegründete Unternehmen greift nach § 112a Abs. 2 Satz 2 nicht ein, wenn die Neugründung mit der **rechtlichen Umstrukturierung von Unternehmen und Konzernen** im Zusammenhang steht. Damit sichert das Gesetz ab, dass nur bei solchen »Neugründungen« eine Befreiung von der Sozialplanpflicht eintritt, die das Ergebnis einer neuen unternehmerischen Betätigung sind und diesen Anforderungen nicht lediglich formal genügen (*Reg. Begr.* BT-Drucks. 10/2102, S. 28; ebenso *BAG* 22.02.1995 EzA § 112a BetrVG 1972 Nr. 7 S. 3 f. = AP Nr. 7 zu § 112a BetrVG 1972 Bl. 2; 22.02.1995 EzA § 112a BetrVG 1972 Nr. 8 S. 5 = AP Nr. 8 zu § 112a BetrVG 1972 Bl. 2; *LAG* Niedersachsen 24.09.2009 ZIP 2010, 442 [444]; *Loritz* NZA 1993, 1105 [1111]; *Preis/ Bender/WPK* §§ 112, 112a Rn. 35; *Richardi/Annuß* § 112a Rn. 17; *Willemsen* DB 1990, 1405 [1407]). Zugleich verhindert § 112a Abs. 2 Satz 2, dass das Sozialplanprivileg des § 112a Abs. 2 Satz 1 zweckwidrig für eine »Flucht aus dem Sozialplan« in Anspruch genommen wird (*BAG* 22.02.1995 EzA § 112a BetrVG 1972 Nr. 7 S. 4 = AP Nr. 7 zu § 112a BetrVG 1972 Bl. 2; 22.02.1995 EzA § 112a BetrVG 1972 Nr. 8 S. 4 = AP Nr. 8 zu § 112a BetrVG 1972 Bl. 2 R; *Gamillscheg* II, § 52, 6c [2]; *Preis/ Bender/WPK* §§ 112, 112a Rn. 35; *Willemsen* DB 1990, 1405 [1408]). Maßgeblich ist deshalb eine wirtschaftliche Betrachtungsweise. 330

Interpretationsschwierigkeiten bereitet das Erfordernis einer »**rechtlichen Umstrukturierung**«. Ein enges Verständnis, das den Ausnahmetatbestand des § 112a Abs. 2 Satz 2 auf diejenigen Fallgestaltungen beschränkt, in denen das Unternehmen bzw. der Konzern in seinen rechtlichen Strukturen verändert wird, würde den Zweck der Vorschrift weitgehend verfehlen, da auch solche Umstrukturierungen in das Sozialplanprivileg einbezogen würden, die die unternehmerischen Aktivitäten eines an- 331 deren Unternehmens fortsetzen, ohne dass sich bei diesem die rechtliche Struktur verändert (z. B. Betriebsübergang auf ein von dem Veräußerer gegründetes neues Unternehmen). Deshalb reicht es für eine die Sozialplanpflicht aufrechterhaltende »rechtliche Umstrukturierung« aus, wenn sich die Umstrukturierung auf die unternehmerische Betätigung des Unternehmens bzw. Konzerns bezieht und eine Veränderung der bisherigen Struktur nicht nur in tatsächlicher, sondern auch in rechtlicher Hinsicht eintritt (*BAG* 22.02.1995 EzA § 112a BetrVG 1972 Nr. 7 S. 4 = AP Nr. 7 zu § 112a BetrVG 1972 Bl. 2 R; 22.02.1995 EzA § 112a BetrVG 1972 Nr. 8 S. 5 = AP Nr. 8 zu § 112a BetrVG 1972 Bl. 2 R; *Fitting* §§ 112, 112a Rn. 95; *Loritz* NZA 1993, 1105 [1111]; *Richardi/Annuß* § 112a Rn. 18).

332 Damit greift der Ausnahmetatbestand des § 112a Abs. 2 Satz 2 stets ein, wenn **bisherige unternehmerische Aktivitäten** eines Unternehmens oder innerhalb eines Konzerns **zukünftig** von einer **anderen rechtlichen Einheit** wahrgenommen werden und deren Neugründung mit dieser Verlagerung der unternehmerischen Betätigung im Zusammenhang steht. Deshalb greift der Ausnahmetatbestand des § 112a Abs. 2 Satz 2 nicht ein, wenn mit der Gründung eines Tochterunternehmens neue Geschäftsfelder erschlossen werden sollen (*LAG Köln* 05.04.2012 – 7 TaBV 9/12 – juris).

333 Bei Unternehmen kommt eine rechtliche Umstrukturierung insbesondere bei einer **Auf- oder Abspaltung** sowie einer **Ausgliederung** i. S. d. § 123 Abs. 1 bis 3 UmwG in Betracht, ferner bei **Verschmelzungen zur Neugründung** i. S. d. §§ 2 Nr. 2, 36 ff. UmwG (*LAG Niedersachsen* 24.09.2009 ZIP 2010, 442 [444]; *Löwisch/LK* § 112a Rn. 8; *Preis/Bender/WPK* §§ 112, 112a Rn. 35; *Richardi/Annuß* § 112a Rn. 18; *Spirolke/*NK-GA § 112a BetrVG Rn. 5) sowie bei einer Übertragung des für eine unternehmerische Aktivität erforderlichen Vermögens im Wege der **Einzelrechtsnachfolge**, unabhängig davon, ob diese die Voraussetzungen des § 613a BGB erfüllt. So liegt eine »rechtliche Umstrukturierung« z. B. auch vor, wenn der Geschäftsführer einer Komplementär-GmbH das Anlagevermögen der Kommanditgesellschaft auf eine von ihm errichtete GmbH überträgt, die sodann die bislang von der Kommanditgesellschaft wahrgenommenen unternehmerischen Betätigungen fortführt (*BAG* 22.02.1995 EzA § 112a BetrVG 1972 Nr. 7 S. 4 ff. = AP Nr. 7 zu § 112a BetrVG 1972 Bl. 2 R f.). Entsprechendes gilt, wenn zwei Unternehmen Teile ihrer unternehmerischen Betätigung auf ein von ihnen errichtetes Gemeinschaftsunternehmen übertragen und zusammengefasst unter dem neu gegründeten Rechtsträger fortsetzen (*BAG* 22.02.1995 EzA § 112a BetrVG 1972 Nr. 8 S. 5 = AP Nr. 8 zu § 112a BetrVG 1972 Bl. 2 f.). Liegt aus den vorgenannten Gründen keine Neugründung des Unternehmens vor, dann wird dies nicht dadurch in Frage gestellt, dass das Unternehmen zu einem späteren Zeitpunkt zusätzliche unternehmerische Aktivitäten entfaltet oder von Dritten einen Betrieb übernimmt (*Willemsen* DB 1990, 1405 [1408]). Erfolgt dies jedoch gleichzeitig mit der »Neugründung«, dann hängt die Anwendung des § 112a Abs. 2 Satz 2 nach teilweise vertretener Ansicht von dem Verhältnis der jeweiligen Wertschöpfung ab (*Loritz* NZA 1993, 1105 [1112]).

334 Bei der rechtlichen **Umstrukturierung von Konzernen** tritt als Sonderproblem der Fall hinzu, dass das herrschende Unternehmen ein neues Unternehmen errichtet und in den Konzernverbund einfügt. Die Einbeziehung einer derartigen »Neugründung« in den Anwendungsbereich des § 112a Abs. 2 Satz 2 ist nicht generell zu bejahen (*Dross* Konzern, S. 46 ff.; *Willemsen* DB 1990, 1405 [1408 f.]; *ders./Tiesler* Interessenausgleich, Rn. 88; **a. M.** *Däubler/DKKW* §§ 112, 112a Rn. 78), sondern nur, wenn bislang von anderen Konzernunternehmen wahrgenommene unternehmerische Aktivitäten auf das neu errichtete Konzernunternehmen verlagert werden (*Dross* Konzern, S. 47 f.; *Preis/Bender/WPK* §§ 112, 112a Rn. 35; *Willemsen* DB 1990, 1405 [1408 f.]). Keine Umstrukturierung des Konzerns i. S. d. § 112a Abs. 2 Satz 2 liegt deshalb vor, wenn die Konzernobergesellschaft eine neue Gesellschaft errichtet, die sodann von einem außerhalb des Konzernverbunds stehenden Unternehmen einen Betrieb übernimmt (*S. Biedenkopf* Interessenausgleich, S. 110; *Preis/Bender/WPK* §§ 112, 112a Rn. 35; *Richardi/Annuß* § 112a Rn. 18; *Stege/Weinspach/Schiefer* §§ 111–113 Rn. 72a; *Willemsen* DB 1990, 1405 [1409]) oder eine neue Produktion aufnimmt (*Loritz* NZA 1993, 1105 [1111 f.]; *Stege/Weinspach/Schiefer* §§ 111–113 Rn. 72; *Willemsen* DB 1990, 1405 [1409]). In diesen Fällen kann sich das neu errichtete Konzernunternehmen uneingeschränkt auf das Sozialplanprivileg in § 112a Abs. 2 Satz 1 stützen.

335 Zwischen der Verlagerung der unternehmerischen Aktivität und der Neugründung des Unternehmens muss ein »**Zusammenhang**« bestehen, damit aufgrund der rechtlichen Umstrukturierung die Sozialplanpflicht bestehen bleibt. Der von § 112a Abs. 2 Satz 2 geforderte »Zusammenhang« liegt

stets vor, wenn das Unternehmen eigens zu diesem Zweck gegründet wurde, mag sich dessen Betätigung auch nicht ausschließlich auf die Fortführung der unternehmerischen Aktivitäten beschränken, sondern weitere Zwecke verfolgen. Einen unmittelbaren Zusammenhang verlangt § 112a Abs. 2 Satz 2 nicht. Es genügt, wenn der bisherige Rechtsträger die Neugründung veranlasst hat und ein zeitlicher Zusammenhang mit der Verlagerung der unternehmerischen Aktivitäten besteht. Eine mitgliedschaftliche Verknüpfung zwischen dem neu gegründeten Unternehmen und dem umstrukturierten Unternehmen ist nicht zwingend erforderlich, eine Verbindung auf der Basis eines **Unternehmensvertrags** sowie **schuldrechtliche Bindungen** können ausreichen.

Für den Zusammenhang mit der »Neugründung« ist nicht auf den Zeitpunkt der gesellschaftsrechtlichen Errichtung, sondern die **Aufnahme der unternehmerischen Betätigung** abzustellen. Aus dem Sozialplanprivileg sind deshalb auch solche Sachverhalte auszuklammern, in denen unternehmerische Aktivitäten auf eine zuvor gegründete **Mantelgesellschaft** übertragen werden, die infolge dessen erstmals die Voraussetzungen für eine Mitteilung nach § 138 AO erfüllt. Bei der für § 112a Abs. 2 Satz 2 maßgebenden wirtschaftlichen Betrachtungsweise ist die »Gründung« i. S. d. vorgenannten Bestimmung erst mit der Entfaltung unternehmerischer Aktivitäten abgeschlossen. 336

4. Befreiung von dem Mitbestimmungsverfahren in der Insolvenz (§ 122 InsO)

a) Allgemeines
Nach § 122 InsO kann das Arbeitsgericht den Insolvenzverwalter ermächtigen, die Betriebsänderung 337 ohne vorherige **Anrufung der Einigungsstelle** durchzuführen, um die Abwicklung des Insolvenzverfahrens zu beschleunigen (*Reg. Begr.* BT-Drucks. 12/2443, S. 153 f.; *Hamacher* in: *Nerlich/Römermann* InsO, § 122 Rn. 2 ff.; *Hamberger* Insolvenzverfahren, S. 217 f.; *Preis/Bender/WPK* §§ 112, 112a Rn. 17; *Schmädicke/Fackler* NZA 2012, 1199 [1199]; kritisch zur Ausgestaltung *Kocher* BB 1998, 213 [215 f.]; *Wienberg/Neumann* FS *Karlheinz Fuchs*, S. 177 [212]). Die Vorschrift stellt den Insolvenzverwalter jedoch nicht von der Pflicht zur **Beteiligung des Betriebsrats** frei. Das Arbeitsgericht darf ihn nur von der vorherigen Anrufung der Einigungsstelle entbinden, wenn innerhalb von drei Wochen nach Verhandlungsbeginn oder schriftlicher Aufforderung zur Aufnahme von Verhandlungen (dazu Rdn. 342 f.) kein Interessenausgleich zustande gekommen ist, obwohl der Insolvenzverwalter den Betriebsrat rechtzeitig und umfassend unterrichtet hat (§ 122 Abs. 1 InsO).

b) Vorherige Beteiligung des Betriebsrats
§ 122 InsO lässt offen, unter welchen Voraussetzungen der Insolvenzverwalter den Betriebsrat recht- 338 zeitig und umfassend über die **geplante Betriebsänderung** und ihre Auswirkungen **unterrichtet** hat. Wegen des mit § 111 identischen Wortlauts und des engen Zusammenhangs der Vorschriften entspricht der Umfang der Unterrichtungspflicht nach § 122 Abs. 1 InsO den im Rahmen von § 111 geltenden Anforderungen (*ArbG Berlin* 26.03.1998 DZWIR 1999, 242 [243 f.]; *ArbG Lingen* 09.07.1999 ZIP 1999, 1892 [1895]; *Arend* Personalabbau, S. 28; *dies.* ZInsO 1998, 303 [304]; *Caspers* Personalabbau, Rn. 396; *Däubler/DKKW* § 122 InsO Rn. 4; *Hamacher* in: *Nerlich/Römermann* InsO, § 122 Rn. 13; *Hamberger* Insolvenzverfahren, S. 215; *Kreuzer/Rößner* NZI 2012, 699 [700]; *Moll* in: *Kübler/Prütting/Bork* InsO, § 122 Rn. 17; *Müller* DZWIR 1999, 221 [223]; *Preis/Bender/WPK* §§ 112, 112a Rn. 19; *Richardi/Annuß* Anh. zu § 113 Rn. 20; *Schweibert/WHSS* Kap. C Rn. 192c; *Wienberg/Neumann* FS *Karlheinz Fuchs*, S. 177 [197] sowie näher § 111 Rdn. 196 ff.). Deshalb genügt ein allgemeiner Hinweis auf das beantragte Insolvenzverfahren nicht dem Erfordernis einer umfassenden Unterrichtung (*ArbG Berlin* 26.03.1998 DZWIR 1999, 242 [244]; *Ennemann* Kölner Schrift zur Insolvenzordnung, Rn. 27; *Hess* Insolvenzarbeitsrecht, §§ 121, 122 Rn. 206).

Unterrichtet der Insolvenzverwalter den Betriebsrat über die geplante Betriebsänderung **nicht** 339 **rechtzeitig oder unvollständig**, so beginnt die Frist des § 122 Abs. 1 Satz 1 InsO nicht zu laufen (*ArbG Zwickau* 20.11.2007 – 3 BV 21/07 – BeckRS 2008, 58149; *Arend* Personalabbau, S. 29 f.; *dies.* ZInsO 1998, 303 [304]; *Eisenbeis/FK-InsO*, § 122 Rn. 11; *ders./Mues* Arbeitsrecht in der Insolvenz, 2000, Rn. 524; *Ennemann* Kölner Schrift zur Insolvenzordnung, Rn. 27; *Fitting* §§ 112, 112a Rn. 70; *Gottwald/Bertram* Insolvenzrechts-Handbuch, § 108 Rn. 57; *Hamacher* in: *Nerlich/Römermann* InsO, § 122 Rn. 13; *Hohenstatt* NZA 1998, 846 [849]; *Kocher* BB 1998, 213 [215]; *Kreuzer/Rößner* NZI

2012, 699 [700]; *Moll* in: *Kübler/Prütting/Bork* InsO, § 122 Rn. 22; *Müller* DZWIR 1999, 221 [223]; *Richardi/Annuß* Anh. zu § 113 Rn. 20; *Schweibert/WHSS* Kap. C Rn. 192c). Das gilt auch, wenn der Insolvenzverwalter den für den Abschluss des Interessenausgleichs **unzuständigen Betriebsrat** unterrichtet hat (*Caspers*/MK-InsO, §§ 121, 122 Rn. 36 sowie näher dazu hier Rdn. 65).

340 Aufgrund des Gebots einer vertrauensvollen Zusammenarbeit (§ 2 Abs. 1) trifft den **Betriebsrat** die **Obliegenheit**, eine aus seiner Sicht **unvollständige Unterrichtung unverzüglich zu rügen** und fehlende Informationsgegenstände zu benennen (*Caspers*/MK-InsO, §§ 121, 122 Rn. 32; *Kreuzer/Rößner* NZI 2012, 699 [700]; *Schmädicke/Fackler* NZA 2012, 1199 [1200]; offen *Schweibert/WHSS* Kap. C Rn. 192c). Da die Rechtzeitigkeit und Vollständigkeit der Unterrichtung i. S. d. § 111 nach objektiven Maßstäben zu beurteilen ist, reicht allein das Verlangen des Betriebsrats nach weiteren Informationen und Unterlagen nicht aus, um eine der Anwendung des § 122 InsO entgegenstehende Unvollständigkeit herbeizuführen (*Ennemann* Kölner Schrift zur Insolvenzordnung, Rn. 27; *Müller* DZWIR 1999, 221 [223]; *Rummel* DB 1997, 774 [775]; *Zwanziger* Insolvenzordnung, § 122 Rn. 3).

341 Wegen des Verbots widersprüchlichen Verhaltens kann sich der Betriebsrat auch im Rahmen des § 122 InsO nicht auf die Unvollständigkeit der Unterrichtung berufen, wenn er seiner **Rügeobliegenheit nicht nachgekommen** ist (*ArbG Lingen* 09.07.1999 ZIP 1999, 1892 [1895]; *Ennemann* Kölner Schrift zur Insolvenzordnung, Rn. 27; *Kreuzer/Rößner* NZI 2012, 699 [700]; *Moll* in: *Kübler/Prütting/Bork* InsO, § 122 Rn. 22; *Schmädicke/Fackler* NZA 2012, 1199 [1200]). Deshalb beginnt die Drei-Wochen-Frist des § 122 Abs. 1 InsO trotz der objektiv unvollständigen Unterrichtung bereits mit der Verhandlungsaufnahme oder dem Zugang der Aufforderung zur Verhandlungsaufnahme zu laufen (*Moll* in: *Kübler/Prütting/Bork* InsO, § 122 Rn. 26). Seine Obliegenheit zur Rüge verletzt der Betriebsrat allerdings nicht schon, wenn er es unterlässt, unverzüglich nach der Unterrichtung durch den Insolvenzverwalter eine weitergehende Unterrichtung zu verlangen. Schädlich ist nur eine **schuldhafte Verzögerung**, wobei der Betriebsrat darlegen muss, weshalb er die Vervollständigung der Unterrichtung nicht bereits zu einem früheren Zeitpunkt verlangen konnte.

c) Fristbeginn

342 Die Frist des § 122 Abs. 1 InsO beginnt nach der umfassenden und rechtzeitigen Unterrichtung des Betriebsrats unter anderem zu laufen, wenn Insolvenzverwalter und Betriebsrat die **Verhandlungen** über den Interessenausgleich **aufnehmen**. Allerdings darf die Anwendung des § 122 InsO nicht die Mitwirkungsrechte des Betriebsrats vereiteln (*Annuß* NZI 1999, 344 [346]; *Caspers* Personalabbau, Rn. 392; *Lakies* RdA 1997, 145 [148]; *Warrikoff* BB 1994, 2338 [2340]). Aus diesem Grunde ist das Antragsrecht des Insolvenzverwalters nach § 122 Abs. 1 InsO ausgeschlossen, wenn der Interessenausgleich innerhalb der Drei-Wochen-Frist nicht zustande kommt, weil der Insolvenzverwalter den Betriebsrat zwar unterrichtet, mit diesem aber **nicht ernsthaft verhandelt** hat (*ArbG Lingen* 09.07.1999 ZIP 1999, 1892 [1895]; *Annuß* NZI 1999, 344 [346]; *Caspers*/MK-InsO, §§ 121, 122 Rn. 33; *Däubler/DKKW* § 122 InsO Rn. 5; *Fitting* §§ 112, 112a Rn. 71; *Hamacher* in: *Nerlich/Römermann* InsO, § 122 Rn. 17; *Kreuzer/Rößner* NZI 2012, 699 [700]; *Lohkemper* KTS 1996, 1 [18 f.]; *Moll* in: *Kübler/Prütting/Bork* InsO, § 122 Rn. 25; *Preis/Bender/WPK* §§ 112, 112a Rn. 19; *Rummel* DB 1997, 774 [775]; *Schrader* NZA 1997, 70 [72]; *Warrikoff* BB 1994, 2338 [2340]; *Zwanziger* Insolvenzordnung, § 122 Rn. 4).

343 Eine ordnungsgemäße Beteiligung des Betriebsrats liegt vor, wenn er seine Stellungnahme zu den Planungen abgeben konnte und seine Gegenvorschläge erörtert wurden (*Hamacher* in: *Nerlich/Römermann* InsO, § 122 Rn. 15; *Moll* in: *Kübler/Prütting/Bork* InsO, § 122 Rn. 25; schwächer *Wienberg/Neumann* FS *Karlheinz Fuchs*, S. 177 [198], die jede Äußerung des Betriebsrats zu der geplanten Betriebsänderung ausreichen lassen).

344 Kann der Insolvenzverwalter den **Fristbeginn einseitig herbeiführen**, indem er den Betriebsrat **schriftlich** zur **Aufnahme von Verhandlungen auffordert**, so darf das Mitwirkungsrecht des Betriebsrats bei Betriebsänderungen ebenfalls nicht beeinträchtigt werden. Deshalb beginnt die Drei-Wochen-Frist des § 122 Abs. 1 InsO auch in dieser Konstellation nur zu laufen, wenn der Betriebsrat im Zeitpunkt des Zugangs der Aufforderung bereits umfassend und rechtzeitig unterrichtet ist bzw. gleichzeitig unterrichtet wird (*ArbG Gelsenkirchen* 17.05.2006 – 2 BV 15/06 – juris; *Arend* Personal-

abbau, S. 29; *Caspers*/MK-InsO, §§ 121, 122 Rn. 35; *Eisenbeis*/FK-InsO, § 122 Rn. 11; *ders.*/*Mues* Arbeitsrecht in der Insolvenz, 2000, Rn. 523; *Hamacher* in: *Nerlich*/*Römermann* InsO, § 122 Rn. 18; *Preis*/*Bender*/*WPK* §§ 112, 112a Rn. 19; *Richardi*/*Annuß* Anh. zu § 113 Rn. 20).

d) Antrag an das Arbeitsgericht

Nach **Ablauf der Drei-Wochen-Frist** kann der Insolvenzverwalter die Zustimmung des Arbeitsgerichts zur Durchführung der Betriebsänderung ohne Einhaltung des Verfahrens nach § 112 Abs. 2 beantragen. Eine **vorzeitige Antragstellung** ist nicht ausgeschlossen, da es für die Zulässigkeit des Antrags genügt, wenn die Voraussetzungen des § 122 Abs. 1 InsO im Zeitpunkt der letzten mündlichen Verhandlung vorliegen (*Moll* in: *Kübler*/*Prütting*/*Bork* InsO, § 122 Rn. 35, § 126 Rn. 18; *Preis*/ *Bender*/*WPK* §§ 112, 112a Rn. 20; *Zwanziger* Insolvenzordnung, § 122 Rn. 14). Das gilt insbesondere, wenn der Betriebsrat vor Ablauf der Drei-Wochen-Frist abschließend und endgültig erklärt hat, er sei zu Verhandlungen über einen Interessenausgleich nicht bereit (*Hamacher* in: *Nerlich*/*Römermann* InsO, § 122 Rn. 22; *Wienberg*/*Neumann* FS *Karlheinz Fuchs*, S. 177 [199]). Die **Betriebsänderung** muss in dem Antrag **genau bezeichnet** sein (*Hamacher* in: *Nerlich*/*Römermann* InsO, § 122 Rn. 40; *Moll* in: *Kübler*/*Prütting*/*Bork* InsO, § 122 Rn. 32; *Müller* DZWIR 1999, 221 [224]; *Preis*/*Bender*/ *WPK* §§ 112, 112a Rn. 20; *Wienberg*/*Neumann* FS *Karlheinz Fuchs*, S. 177 [199 ff.]). 345

Örtlich zuständig ist nach § 82 Satz 1 ArbGG i. V. m. § 122 Abs. 2 Satz 2 InsO das Arbeitsgericht, in dessen Bezirk der Betrieb liegt (*ArbG Bautzen* 30.11.2005 LAGE § 82 ArbGG 1979 Nr. 1) bzw. bei einer Abschlusskompetenz des Gesamtbetriebsrats (dazu Rdn. 221) das Arbeitsgericht, in dessen Bezirk das Unternehmen seinen Sitz hat. Dieser örtliche Gerichtsstand ist **ausschließlich** (*Matthes*/*Spinner*/*GMP* ArbGG, § 82 Rn. 2; *Müller* DZWIR 1999, 221 [224]) und wird nicht durch § 19a ZPO verdrängt. 346

Streitgegenstand des Verfahrens nach § 122 Abs. 2 InsO ist nicht die von dem Insolvenzverwalter beabsichtigte Betriebsänderung selbst, sondern deren Eilbedürftigkeit (*Annuß* NZI 1999, 344 [346]; *Arend* Personalabbau, S. 31; *Bichlmeier*/*Oberhofer* AiB 1997, 161 [165]; *Caspers* Personalabbau, Rn. 402; *ders.*/MK-InsO, §§ 121, 122 Rn. 40; *Ennemann* Kölner Schrift zur Insolvenzordnung, Rn. 28; *Gamillscheg* II, § 52, 7b [1]; *Giesen* ZIP 1998, 142 [144]; *Hamacher* in: *Nerlich*/*Römermann* InsO, § 122 Rn. 44; *Lakies* RdA 1997, 145 [148 f.]; *ders.* BB 1999, 206; *Lohkemper* KTS 1996, 1 [19]; *Moll* in: *Kübler*/*Prütting*/*Bork* InsO, § 122 Rn. 40; *Müller* DZWIR 1999, 221 [224]; *Preis*/*Bender*/ *WPK* §§ 112, 112a Rn. 21; *Richardi*/*Annuß* Anh. zu § 113 Rn. 22; *Rummel* DB 1997, 774 [775]; *Schrader* NZA 1997, 70 [73]; *Schweibert*/*WHSS* Kap. C Rn. 192c; *Warrikoff* BB 1994, 2338 [2340]; *Zwanziger* Insolvenzordnung, § 122 Rn. 6). 347

e) Begründetheit des Antrags

Nach dem Wortlaut des § 122 Abs. 2 InsO ist der Antrag begründet, wenn es die wirtschaftliche Lage des Unternehmens auch unter Berücksichtigung der sozialen Belange der Arbeitnehmer erfordert, die Betriebsänderung ohne das vorherige Verfahren nach § 112 Abs. 2 durchzuführen. Das Arbeitsgericht hat dafür zunächst zu prüfen, ob bei isolierter Betrachtung der wirtschaftlichen Lage des Unternehmens die sofortige Durchführung der Betriebsänderung erforderlich ist. Wird das bejaht, dann ist anschließend die wirtschaftliche Lage des Unternehmens mit den sozialen Belangen der Arbeitnehmer abzuwägen (*Caspers* Personalabbau, Rn. 400; *ders.*/MK-InsO, §§ 121, 122 Rn. 38 f.; *Richardi*/*Annuß* Anh. zu § 113 Rn. 22; *Schaub* DB 1999, 217 [226]; *Schweibert*/*WHSS* Kap. C Rn. 192c; **a. M.** *Wienberg*/*Neumann* FS *Karlheinz Fuchs*, S. 177 [202], die auf das Interesse der Insolvenzgläubiger an der Befriedigung und das Interesse des Gemeinschuldners an einer Entschuldung abstellen). 348

aa) Eilbedürftigkeit der Betriebsänderung

Für die Auslegung der Begriffe »wirtschaftliche Lage« und »Eilbedürftigkeit« ist der Zweck des § 122 InsO maßgebend. Deshalb kommt es bei der Beurteilung der Eilbedürftigkeit der Betriebsänderung im Hinblick auf die wirtschaftliche Lage des Unternehmens nicht auf die wirtschaftlichen Interessen eines werbenden Unternehmens, sondern auf die **Erhaltung der Insolvenzmasse** an (*ArbG Lingen* 09.07.1999 ZIP 1999, 1892 [1896]; *Arend* Personalabbau, S. 39 f.; *Caspers* Personalabbau, Rn. 403 ff.; 349

ders./MK-InsO, §§ 121, 122 Rn. 41; *Hohenstatt* NZA 1998, 846 [850]; *Kreuzer/Rößner* NZI 2012, 699 [701]; *Moll* in: *Kübler/Prütting/Bork* InsO, § 122 Rn. 42; *Preis/Bender/WPK* §§ 112, 112a Rn. 21; *Schmädicke/Fackler* NZA 2012, 1199 [1202]; **a. M.** *Annuß* NZI 1999, 344 [347]; ihm folgend *Hamberger* Insolvenzverfahren, S. 219). Die Eilbedürftigkeit der Betriebsänderung hängt aus diesem Grunde davon ab, wie sich die Einhaltung des Verfahrens nach § 112 Abs. 2 auf die Insolvenzmasse und deren Verwertbarkeit auswirkt.

350 Hierfür hat das Arbeitsgericht eine **Prognose** anzustellen, welche **Massebelastungen** die vorzeitige Betriebsänderung vermeiden kann. Dazu sind die Belastungen für die Masse zu ermitteln, die bei einer Durchführung des Verfahrens nach § 112 Abs. 2 entstünden (*ArbG Zwickau* 20.11.2007 – 3 BV 21/07 – BeckRS 2008, 58149; *Caspers*/MK-InsO, §§ 121, 122 Rn. 41). Trotz des nach § 83 ArbGG i. V. m. § 122 Abs. 2 Satz 2 InsO grundsätzlich geltenden Amtsermittlungsgrundsatzes ist das Gericht hierfür im Wesentlichen auf die Unterlagen und Auskünfte des Insolvenzverwalters angewiesen (*Eisenbeis*/ FK-InsO, § 122 Rn. 15; *ders./Mues* Arbeitsrecht in der Insolvenz, 2000, Rn. 529 f.; *Giesen* ZIP 1998, 142 [145]; *Schmädicke/Fackler* NZA 2012, 1199 [1202]). Anhand dieser sind den prognostizierten Belastungen die von der vorzeitigen Betriebsänderung ausgehenden Ersparnisse gegenüberzustellen. Führt danach die Fortführung des Betriebs ohne die vorzeitige Betriebsänderung unmittelbar oder mittelbar zu einer nicht nur unerheblichen Schmälerung der Insolvenzmasse oder verhindert diese wirtschaftlich sinnvolle Maßnahmen zur Bewältigung der Insolvenz, so liegt eine Eilbedürftigkeit i. S. d. § 122 Abs. 2 InsO vor (*ArbG Lingen* 09.07.1999 ZIP 1999, 1892 [1896]; *Arend* ZInsO 1998, 303 [304]; *Caspers* Personalabbau, Rn. 413; *Däubler/DKKW* § 122 InsO Rn. 7; *Giesen* ZIP 1998, 142 [144]; *Kreuzer/Rößner* NZI 2012, 699 [702]; *Löwisch* RdA 1997, 80 [85]; *Moll* in: *Kübler/Prütting/ Bork* InsO, § 122 Rn. 45; *Preis/Bender/WPK* §§ 112, 112a Rn. 21; *Schmädicke/Fackler* NZA 2012, 1199 [1202]).

351 Eilbedürftig ist die Durchführung der Betriebsänderung vor allem, wenn der betroffene Betrieb nicht produktiv genug ist, seine laufenden Kosten einschließlich derjenigen für das Personal aus den laufenden Einnahmen zu decken (*ArbG Lingen* 09.07.1999 ZIP 1999, 1892 [1896]; *Annuß* NZI 1999, 344 [347]; *Giesen* ZIP 1998, 142 [144]; *Moll* in: *Kübler/Prütting/Bork* InsO, § 122 Rn. 45; *Schmädicke/Fackler* NZA 2012, 1199 [1202]). Das gilt umso mehr, wenn die Gefahr der Masseunzulänglichkeit oder die Einstellung des Verfahrens mangels kostendeckender Masse droht (*Caspers* Personalabbau, Rn. 413; *Moll* in: *Kübler/Prütting/Bork* InsO, § 122 Rn. 45; *Wienberg/Neumann* FS *Karlheinz Fuchs*, S. 177 [205]). Da nicht allein auf die wirtschaftliche Lage des einzelnen, von der Betriebsänderung betroffenen Betriebs, sondern auf die des Unternehmens abzustellen ist, kann eine Eilbedürftigkeit i. S. d. § 122 Abs. 2 InsO auch dann vorliegen, wenn die unveränderte Fortführung des Betriebs selbst keine Masseschmälerung bewirkt. Die Eilbedürftigkeit ist in dieser Konstellation zu bejahen, wenn das Unternehmen nicht über die Mittel verfügt, um seine laufenden Kosten zu tragen, und die vorzeitige Betriebsänderung zu einer Verhinderung der weiteren Masseschmälerung beiträgt (*Giesen* ZIP 1998, 142 [144 f.]).

352 Beruht die Betriebsänderung auf der unternehmerischen Entscheidung, das gesamte **Unternehmen stillzulegen**, sind neben § 122 InsO zusätzlich die §§ 157, 158 InsO zu beachten, die die Entscheidung über die Stilllegung des Unternehmens den Insolvenzgläubigern vorbehalten (*Giesen* ZIP 1998, 142 [144 Fn. 24]; *Irschlinger*/HK-InsO, § 122 Rn. 16; *Schmädicke/Fackler* NZA 2012, 1199 [1201]). Deshalb muss vor deren Durchführung die **Gläubigerversammlung** nach § 157 InsO bzw. vor dem Berichtstermin der **Gläubigerausschuss** nach § 158 Abs. 1 InsO **zustimmen**. Sofern ein Gläubigerausschuss nicht vorhanden ist, steht die Entscheidung über die Unternehmensstilllegung vor dem Berichtstermin in der alleinigen Kompetenz des Insolvenzverwalters. Auf Antrag des Insolvenzschuldners kann das **Insolvenzgericht die Stilllegung jedoch untersagen**, wenn diese ohne erhebliche Verminderung der Insolvenzmasse bis zum Berichtstermin aufgeschoben werden kann (§ 158 Abs. 2 Satz 2 InsO). Weist das Insolvenzgericht den Antrag des Schuldners wegen der bestehenden Eilbedürftigkeit zurück, so ist das **Arbeitsgericht** bei der Beurteilung der Eilbedürftigkeit im Rahmen des § 122 Abs. 2 InsO an diese Entscheidung **nicht gebunden**. Die Entscheidung des Arbeitsgerichts und die des Insolvenzgerichts unterliegen im Hinblick auf die Eilbedürftigkeit der geplanten Maßnahme nicht demselben Prüfungsmaßstab. Dagegen spricht nicht nur, dass die Gerichte die Eilbedürftigkeit bezüglich unterschiedlicher Zeitpunkte beurteilen. Darüber hinaus bietet das Gesetz keinerlei

Anhaltspunkte für eine Bindung der Arbeitsgerichte an die insolvenzgerichtliche Beurteilung. Die Entscheidungen nach den §§ 122 Abs. 2, 158 Abs. 2 InsO sind unabhängig voneinander zu treffen und können deshalb auch unterschiedlich ausfallen (*Eisenbeis*/FK-InsO, § 122 Rn. 7; *ders.*/*Mues* Arbeitsrecht in der Insolvenz, 2000, Rn. 517 sowie *Caspers* Personalabbau, Rn. 405 ff.).

bb) Soziale Belange der Arbeitnehmer

Hat das Arbeitsgericht die Eilbedürftigkeit der Betriebsänderung positiv festgestellt, dann hängt dessen Zustimmung zu der vorzeitigen Durchführung davon ab, ob die sozialen Belange der Arbeitnehmer nicht dennoch ausnahmsweise die Einhaltung des Verfahrens nach § 112 Abs. 2 gebieten (*ArbG Lingen* 09.07.1999 ZIP 1999, 1892 [1895 f.]; *Caspers* Personalabbau, Rn. 414; *ders.*/MK-InsO, §§ 121, 122 Rn. 44; *Giesen* ZIP 1998, 142 [144]; *Moll* in: *Kübler/Prütting/Bork* InsO, § 122 Rn. 46). Dabei sind nur solche Belange der Arbeitnehmer zu beachten, die bei einer Durchführung des Verfahrens nach § 112 Abs. 2 überhaupt oder besser gewährleistet werden können. Deshalb ist das alleinige Interesse der Arbeitnehmer an einer zeitlich verzögerten Durchführung der Betriebsänderung unbeachtlich (*ArbG Lingen* 09.07.1999 ZIP 1999, 1892 [1896]; *Caspers* Personalabbau, Rn. 414; *ders.*/MK-InsO, §§ 121, 122 Rn. 44; *Ennemann* Kölner Schrift zur Insolvenzordnung, Rn. 34; *Hamacher* in: *Nerlich/Römermann* InsO, § 122 Rn. 59; *Hamberger* Insolvenzverfahren, S. 221; *Hess* Insolvenzarbeitsrecht, §§ 121, 122 Rn. 216; *Kreuzer/Rößner* NZI 2012, 699 [700]; *Löwisch* RdA 1997, 80 [85 f.]; *Moll* in: *Kübler/Prütting/Bork* InsO, § 122 Rn. 47; *Müller* DZWIR 1999, 221 [224]; *Schmädicke/Fackler* NZA 2012, 1199 [1203]; **a. M.** *Arend* Personalabbau, S. 50 f.). 353

Belange der Arbeitnehmer stehen der vorzeitigen Betriebsänderung jedoch entgegen, wenn der Betriebsrat substantiiert darlegen kann, dass bei der Durchführung des Verfahrens nach § 122 Abs. 2 InsO für die betroffenen Arbeitnehmer sozial verträglichere Lösungen gefunden werden können, ohne dass diese die wirtschaftliche Lage des Unternehmens unangemessen stärker strapazieren (*ArbG Lingen* 09.07.1999 ZIP 1999, 1892 [1896]; *Caspers*/MK-InsO, §§ 121, 122 Rn. 44; *Däubler*/DKKW § 122 InsO Rn. 8; *Hamacher* in: *Nerlich/Römermann* InsO, § 122 Rn. 59; *Hamberger* Insolvenzverfahren, S. 221; *Kreuzer/Rößner* NZI 2012, 699 [700]; *Löwisch* RdA 1997, 80 [85]; *Moll* in: *Kübler/Prütting/Bork* InsO, § 122 Rn. 48; *Schaub* DB 1999, 217 [226]; *Schmädicke/Fackler* NZA 2012, 1199 [1202]). Hierfür muss der Betriebsrat Alternativkonzepte zu der geplanten Betriebsänderung vortragen (*ArbG Lingen* 09.07.1999 ZIP 1999, 1892 [1896]; *Moll* in: *Kübler/Prütting/Bork* InsO, § 122 Rn. 48; *Müller* DZWIR 1999, 221 [224]). 354

f) Verfahrensfragen

Der **Antrag** ist als **unzulässig** abzuweisen, wenn im Zeitpunkt der letzten mündlichen Verhandlung eine der Antragsvoraussetzungen des § 122 Abs. 1 InsO fehlt (*Hamacher* in: *Nerlich/Römermann* InsO, § 122 Rn. 62). Dies hindert den Insolvenzverwalter jedoch nicht, jederzeit einen neuen Antrag auf Zustimmung zur vorzeitigen Durchführung der Betriebsänderung zu stellen. 355

Ist der **Antrag zulässig** und bejaht das Arbeitsgericht die Voraussetzungen des § 122 Abs. 2 Satz 1 InsO, dann erteilt es seine Zustimmung zu der vorzeitigen Betriebsänderung. Liegen die Voraussetzungen des § 122 Abs. 2 Satz 1 InsO nicht insgesamt vor und kann die Betriebsänderung in unterschiedliche, voneinander unabhängige Maßnahmen aufgespalten werden, so kann das Gericht die Zustimmung auch auf einen Teil der beabsichtigten Betriebsänderung beschränken (*Caspers* Personalabbau, Rn. 419; *ders.*/MK-InsO, §§ 121, 122 Rn. 49; *Däubler*/DKKW § 122 InsO Rn. 11; *Ennemann* Kölner Schrift zur Insolvenzordnung, Rn. 34; *Hamacher* in: *Nerlich/Römermann* InsO, § 122 Rn. 63; *Löwisch* RdA 1997, 80 [86]; *Schmädicke/Fackler* NZA 2012, 1199 [1203]). 356

Auf das Zustimmungsverfahren finden nach § 122 Abs. 2 Satz 2 InsO die Bestimmungen des **arbeitsgerichtlichen Beschlussverfahrens** (§§ 80 ff. ArbGG) Anwendung. **Beteiligte** sind der Insolvenzverwalter und der (Gesamt-) Betriebsrat, nicht hingegen die von der Betriebsänderung betroffenen Arbeitnehmer (*Ennemann* Kölner Schrift zur Insolvenzordnung, Rn. 43; *Grunsky/Moll* Arbeitsrecht und Insolvenz, 1997, Rn. 308; *Hamacher* in: *Nerlich/Römermann* InsO, § 122 Rn. 50; *Moll* in: *Kübler/Prütting/Bork* InsO, § 122 Rn. 56; *Müller* in: *Smid* InsO, § 122 Rn. 20; *Schaub* DB 1999, 217 [226]; *Schmädicke/Fackler* NZA 2012, 1199 [1199]). Zur Sicherstellung des Normzwecks verweist § 122 357

§§ 112, 112a   IV. 6. 1. Betriebsänderungen

Abs. 2 Satz 3 InsO darüber hinaus auf § 61a Abs. 3 bis 6 ArbGG, der die **Verkürzung der Klageerwiderungs- und Einlassungsfristen** ermöglicht und die **Präklusion** verspätet vorgebrachter Angriffs- und Verteidigungsmittel vorsieht.

358 Betreibt der Insolvenzverwalter das Zustimmungsverfahren nach § 122 InsO, dann ist es ihm nicht verwehrt, **parallel** das **Einigungsstellenverfahren nach § 112 Abs. 2** aufzunehmen oder fortzuführen (*Arend* Personalabbau, S. 71 f.; *Eisenbeis/Mues* Arbeitsrecht in der Insolvenz, 2000, Rn. 555; *Hamacher* in: *Nerlich/Römermann* InsO, § 122 Rn. 7, 47; *Müller* DZWIR 1999, 221 [224]; *Rummel* DB 1997, 774 [775]; *Schmädicke/Fackler* NZA 2012, 1199 [1204]; *Schweibert/WHSS* Kap. C Rn. 192d; **a. M.** *Wienberg/Neumann* FS *Karlheinz Fuchs*, S. 177 [210 f.]). Kommt es vor Abschluss des Verfahrens nach § 122 InsO zu einem Interessenausgleich mit dem Betriebsrat oder ist das Einigungsstellenverfahren endgültig gescheitert, so ist der Insolvenzverwalter berechtigt, die Betriebsänderung ohne Pflicht zum Nachteilsausgleich (§ 113 Abs. 3) durchzuführen, auch wenn die Zustimmung des Arbeitsgerichts fehlt. Der nach § 122 Abs. 2 InsO gestellte Antrag kann sodann nach § 81 Abs. 2 ArbGG zurückgenommen bzw. nach § 83a Abs. 3 ArbGG für erledigt erklärt werden (*Caspers/MK-InsO*, §§ 121, 122 Rn. 51; *Kreuzer/Rößner* NZI 2012, 699 [701]; *Schmädicke/Fackler* NZA 2012, 1199 [1201]). Darüber hinaus stellt § 122 Abs. 1 Satz 3 InsO klar, dass das Verfahren nach § 122 InsO nicht das Recht des Insolvenzverwalters berührt, einen Interessenausgleich i. S. d. § 125 InsO herbeizuführen (*Fitting* §§ 112, 112a Rn. 78).

359 Im Verfahren nach § 122 InsO ist der **Erlass einer einstweiligen Verfügung** grundsätzlich statthaft (*ArbG Hannover* 04.02.1997 ZIP 1997, 474 [475]; *Annuß* NZI 1999, 344 [347]; *Berkowsky*/MünchArbR § 133 Rn. 83; *Caspers* Personalabbau, Rn. 421; *ders.*/MK-InsO, §§ 121, 122 Rn. 55; *Eisenbeis*/FK-InsO, § 122 Rn. 32; *Ennemann* Kölner Schrift zur Insolvenzordnung, Rn. 50 ff.; *Giesen* ZIP 1998, 142 [145]; *Gottwald/Bertram* Insolvenzrechts-Handbuch, § 108 Rn. 61; *Grunsky/Moll* Arbeitsrecht und Insolvenz, 1997, Rn. 314; *Hamacher* in: *Nerlich/Römermann* InsO, § 122 Rn. 79; *Hess* Insolvenzarbeitsrecht, §§ 121, 122 Rn. 9; *Kreuzer/Rößner* NZI 2012, 699 [701]; *Löwisch* RdA 1997, 80 [86]; *Moll* in: *Kübler/Prütting/Bork* InsO, § 122 Rn. 62; *Preis/Bender/WPK* §§ 112, 112a Rn. 23; *Richardi/Annuß* Anh. zu § 113 Rn. 23; *Schmädicke/Fackler* NZA 2012, 1199 [1203]; *Zwanziger* Insolvenzordnung, § 122 Rn. 26; **a. M.** *Arend* Personalabbau, S. 85; *Däubler/DKKW* § 122 InsO Rn. 14; *Kocher* BB 1998, 213 [215 Fn. 34]; *Lakies* RdA 1997, 145 [153]), weil die Verweisung des § 122 Abs. 2 Satz 2 InsO auf die Vorschriften des arbeitsgerichtlichen Beschlussverfahrens auch § 85 Abs. 2 ArbGG in Bezug nimmt.

360 Da die Zustimmung zur vorzeitigen Betriebsänderung im einstweiligen Verfügungsverfahren jedoch regelmäßig zur Vorwegnahme der Hauptsache führt (*Annuß* NZI 1999, 344 [347]; *Arend* Personalabbau, S. 85; *Caspers* Personalabbau, Rn. 422; *ders.*/MK-InsO, §§ 121, 122 Rn. 56; *Däubler/DKKW* § 122 InsO Rn. 14; *Eisenbeis*/FK-InsO, § 122 Rn. 32; *Giesen* ZIP 1998, 142 [145]; *Hamacher* in: *Nerlich/Römermann* InsO, § 122 Rn. 79; *Irschlinger*/HK-InsO, § 122 Rn. 14; *Moll* in: *Kübler/Prütting/Bork* InsO, § 122 Rn. 62; *Preis/Bender/WPK* §§ 112, 112a Rn. 23), kommt diese nur in Ausnahmefällen in Betracht, wenn z. B. ohne die sofortige Durchführung der Betriebsänderung eine Einstellung des Insolvenzverfahrens nach § 207 Abs. 1 InsO droht oder eine Sanierung gänzlich vereitelt würde (*Annuß* NZI 1999, 344 [347]; *Berkowsky*/MünchArbR § 133 Rn. 83; *Gottwald/Bertram* Insolvenzrechts-Handbuch, § 108 Rn. 64; *Hamacher* in: *Nerlich/Römermann* InsO, § 122 Rn. 80; *Löwisch* RdA 1997, 80 [86]; *Moll* in: *Kübler/Prütting/Bork* InsO, § 122 Rn. 62; *Preis/Bender/WPK* §§ 112, 112a Rn. 23; zu weit *Ennemann* Kölner Schrift zur Insolvenzordnung, Rn. 50 ff.).

361 Gegen die Entscheidung des Arbeitsgerichts steht sowohl dem Insolvenzverwalter als auch dem Betriebsrat als **Rechtsmittel** ausschließlich die **Rechtsbeschwerde** zum Bundesarbeitsgericht zur Verfügung, allerdings nur, wenn das Arbeitsgericht diese zugelassen hat (§ 122 Abs. 3 Satz 2 InsO). Eine **Nichtzulassungsbeschwerde** ist nicht statthaft, da § 122 Abs. 3 InsO nicht auf die §§ 72a, 92a ArbGG verweist (*BAG* 14.08.2001 – 2 ABN 20/01 – BeckRS 2001, 41591; *Arend* Personalabbau, S. 84; *Caspers* Personalabbau, Rn. 417; *ders.*/MK-InsO, §§ 121, 122 Rn. 53; *Däubler/DKKW* § 122 InsO Rn. 18; *Fitting* §§ 112, 112a Rn. 76; *Giesen* ZIP 1998, 142 [145]; *Hamacher* in: *Nerlich/Römermann* InsO, § 122 Rn. 69; *Heinze* NZA 1999, 57 [62]; *Küttner* Arbeitsrecht und Arbeitsgerichtsbarkeit, S. 431 [441]; *Lakies* BB 1999, 206 [207]; *Moll* in: *Kübler/Prütting/Bork* InsO, § 122 Rn. 60; *Preis/Bender/WPK* §§ 112, 112a Rn. 22; *Schmädicke/Fackler* NZA 2012, 1199 [1203]; *Warrikoff* BB 1994, 2338

[2341]; **a. M.** *Bichlmeier / Oberhofer* AiB 1997, 161 [166]; *Wienberg / Neumann* FS *Karlheinz Fuchs*, S. 177 [208 f.]). Die **Beschwerde** zum Landesarbeitsgericht schließt § 122 Abs. 3 Satz 1 InsO aus.

In dem Umfang, in dem das Arbeitsgericht seine Zustimmung erteilt hat, kann der Insolvenzverwalter die Betriebsänderung ohne Beachtung des Verfahrens nach § 112 Abs. 2 durchführen, ohne dass ihn die Pflicht zum Nachteilsausgleich nach § 113 Abs. 3 trifft (§ 122 Abs. 1 Satz 2 InsO). Diese gestaltende Wirkung entfaltet der Beschluss mit **Eintritt der Rechtskraft** (*Hamacher* in: *Nerlich / Römermann* InsO, § 122 Rn. 75; *Heilmann* Neues Insolvenzrecht und Arbeitnehmerinteressen, 1998, S. 40; *Kreuzer / Rößner* NZI 2012, 699 [701]; *Richardi / Annuß* Anh. zu § 113 Rn. 23; *Schmädicke / Fackler* NZA 2012, 1199 [1203]). Wurde die **Rechtsbeschwerde** zum Bundesarbeitsgericht **nicht zugelassen**, dann tritt die Rechtskraft wegen der Unstatthaftigkeit einer Nichtzulassungsbeschwerde (s. Rdn. 361) bereits mit **Verkündung** des erstinstanzlichen Beschlusses ein, denn in diesem Falle existiert kein statthaftes Rechtsmittel i. S. d. § 705 ZPO und das Verfahren ist abgeschlossen (*Arend* Personalabbau, S. 83; *Caspers* Personalabbau, Rn. 417; *ders./* MK-InsO, §§ 121, 122 Rn. 52; *Giesen* ZIP 1998, 142 [145]; *Grunsky / Moll* Arbeitsrecht und Insolvenz, 1997, Rn. 317 f.; *Hamacher* in: *Nerlich / Römermann* InsO, § 122 Rn. 75; *Kania/* ErfK §§ 112, 112a BetrVG Rn. 10; *ders.* DZWIR 2000, 328 [329]; *Kreuzer / Rößner* NZI 2012, 699 [701]; *Rummel* DB 1997, 774 [775]; *Schmädicke / Fackler* NZA 2012, 1199 [1203]; *Schrader* NZA 1997, 70 [73]; *Warrikoff* BB 1994, 2338 [2340]; erst ab Zustellung: *Ennemann* Kölner Schrift zur Insolvenzordnung, Rn. 48; *Irschlinger/* HK-InsO, § 122 Rn. 7; **a. M.** *Moll* in: *Kübler / Prütting / Bork* InsO, § 122 Rn. 54).

5. Ausschluss des Mitbestimmungsverfahrens wegen vorheriger Einigung (»vorsorglicher Sozialplan«)

Das Gesetz geht grundsätzlich davon aus, dass der Sozialplan im Anschluss an den Interessenausgleich abgeschlossen wird und sich dementsprechend auf eine konkrete Betriebsänderung bezieht (s. Rdn. 143). Im Hinblick auf den Zweck des Sozialplans ist diese Reihenfolge jedoch nicht zwingend. Der Sozialplan kann vielmehr auch zuvor abgeschlossen werden, wenn die Betriebsänderung und ihre Auswirkungen für die Arbeitnehmer bereits in groben Zügen vorhersehbar sind. In dieser Konstellation kann ein »**vorsorglicher Sozialplan**« eine **Sperrwirkung** gegen einen neuen Sozialplan auslösen (*BAG* 26.08.1997 EzA § 112 BetrVG 1972 Nr. 96 = AP Nr. 117 zu § 112 BetrVG 1972 Bl. 3 R ff. [*Meyer*] = NZA 1998, 216; *Hromadka / Maschmann* Arbeitsrecht 2, § 16 Rn. 625; wohl auch *Hohenstatt / Willemsen / HWK* § 112 BetrVG Rn. 31 sowie näher *Wolff* Gestaltungsformen, S. 63 ff.), da der Betriebsrat mit diesem sein künftiges Mitbestimmungsrecht bereits ausgeübt hat. Aus diesem Grunde ist der Abschluss eines »vorsorglichen Sozialplans« kein unzulässiger Verzicht auf künftige Mitbestimmungsrechte.

Das gilt jedoch nur, wenn die Abschlussparteien auf Seiten des Betriebsrats identisch sind; ein von dem Gesamtbetriebsrat auf freiwilliger Basis abgeschlossener »vorsorglicher Sozialplan« ist deshalb nicht in der Lage, die Regelungszuständigkeit eines örtlichen Betriebsrats anlässlich einer konkreten Betriebsänderung zu verdrängen (*BAG* 17.04.2012 EzA § 112 BetrVG 2001 Nr. 46 Rn. 23 = AP Nr. 218 zu § 112 BetrVG 1972 = NZA 2012, 1240). Neben dem aufgrund dessen abgeschlossenen Sozialplan finden die Bestimmungen eines »vorsorglichen Sozialplans« aber wegen dessen Zwecks keine Anwendung (*BAG* 17.04.2012 EzA § 112 BetrVG 2001 Nr. 46 Rn. 27 = AP Nr. 218 zu § 112 BetrVG 1972 = NZA 2012, 1240).

Anders ist die Rechtslage bei einem **Rahmensozialplan**, da seinem Abschluss keine konkret bevorstehenden Betriebsänderungen zugrunde liegen. Deshalb entfaltet dieser bei einer beteiligungspflichtigen Betriebsänderung keine Sperrwirkung (*Bauer* DB 1994, 217 [225]; *Wolff* Gestaltungsformen, S. 62).

V. Inhaltsschranken für die Sozialplangestaltung

1. Allgemeine Schranken der Sozialplangestaltung

366 Hinsichtlich der bei der Aufstellung des Sozialplans zu beachtenden Inhaltsschranken ist zwischen dem **freiwillig vereinbarten Sozialplan** und dem von der **Einigungsstelle aufgestellten Sozialplan** zu unterscheiden. Nur für den Letztgenannten gelangen die **Ermessensrichtlinien des § 112 Abs. 5 Satz 2** zur Anwendung (dazu Rdn. 459 ff.). Bei den **allgemeinen Inhaltsschranken** für die Sozialplangestaltung, die gleichermaßen für den freiwilligen Sozialplan als auch für den von der Einigungsstelle aufgestellten Sozialplan gelten (s. Rdn. 420), ist zwischen den **Innen- und den Außenschranken** zu differenzieren.

a) Funktionelle Zuständigkeit

367 Zu den **Innenschranken des Sozialplans** gehört neben den allgemeinen Schranken der Betriebsvereinbarungsautonomie (s. zum Verbot Ansprüche zu Lasten Dritter in einem Sozialplan zu vereinbaren BAG 10.01.2011 AP Nr. 54 zu § 77 BetrVG 1972 Betriebsvereinbarung Rn. 14) dessen **Zweck**, der in dem Ausgleich oder der Milderung wirtschaftlicher Nachteile liegt. Verstößt eine Sozialplangestaltung gegen diese Zweckbestimmung, dann fehlt sowohl den Betriebspartnern als auch der Einigungsstelle die Regelungsmacht für die Aufstellung eines Sozialplans i. S. d. § 112 Abs. 1 Satz 2, weil sie ihre **funktionelle Zuständigkeit** überschreiten (so für die st. Rspr. seit BAG 20.12.1983 EzA § 112 BetrVG 1972 Nr. 29 S. 193 *[Kreutz]* = AP Nr. 17 zu § 112 BetrVG 1972 Bl. 1 R *[v. Hoyningen-Huene]* = SAE 1985, 263 *[Hanau]* = AR-Blattei Sozialplan, Entsch. 19 *[Löwisch]* sowie aus neuerer Zeit BAG 05.10.2000 EzA § 112 BetrVG 1972 Nr. 107 S. 12 = AP Nr. 141 zu § 112 BetrVG 1972 Bl. 5 R; 14.08.2001 EzA § 112 BetrVG 1972 Nr. 108 S. 4 = AP Nr. 142 zu § 112 BetrVG 1972 Bl. 2; 19.06.2007 EzA § 1a KSchG Nr. 2 Rn. 36 = AP Nr. 4 zu § 1a KSchG 1969 *[Ulrici]*; 20.05.2008 EzA § 112 BetrVG 2001 Nr. 27 Rn. 18 = AP Nr. 192 zu § 112 BetrVG 1972; 30.09.2008 EzA § 112 BetrVG 2001 Nr. 29 Rn. 32 = AP Nr. 197 zu § 112 BetrVG 1972; *Gajewski* FS *D. Gaul*, S. 189 [198 f.]; *Kreutz* FS *Ernst Wolf*, S. 309 [311 f.]; *Preis/Bender/WPK* §§ 112, 112a Rn. 42; *Willemsen* RdA 2013, 166 [171 ff.]). Hierzu zählt es auch, dass sich dem Sozialplan eindeutig entnehmen lässt, welchen Umfang der Ausgleich oder die Milderung der Nachteile hat (BAG 26.05.2009 EzA § 112 BetrVG 2001 Nr. 32 Rn. 17 = AP Nr. 203 zu § 112 BetrVG 1972 = NZA-RR 2009, 588).

368 Eine Überschreitung der funktionellen Zuständigkeit war nach der früheren Rechtsprechung des BAG zu bejahen, wenn die **Zahlung einer Abfindung** davon abhängen sollte, dass der Arbeitnehmer zuvor eine Erklärung unterzeichnet, in der er darauf **verzichtet**, gegen seine Kündigung **gerichtliche Schritte einzuleiten** (so BAG 20.12.1983 EzA § 112 BetrVG 1972 Nr. 29 S. 193 *[Kreutz]* = AP Nr. 17 zu § 112 BetrVG 1972 Bl. 1 R f. *[v. Hoyningen-Huene]* = SAE 1985, 263 *[Hanau]* = AR-Blattei Sozialplan, Entsch. 19 *[Löwisch]*; LAG Schleswig-Holstein 20.04.2004 NZA-RR 2005, 144 [144]; *Heinze* NZA 1984, 17 [17 f.]; im Ergebnis auch LAG Niedersachsen 16.08.2002 NZA-RR 2003, 578 [582], das eine entsprechende Klausel jedoch als nach § 612a BGB nichtig ansieht; **a. M.** *Busch* BB 2004, 267 ff.; *Kreutz* FS *Ernst Wolf*, S. 309 [313 f.]). Entsprechendes sollte auch gelten, wenn nur ein Teil des Sozialplananspruchs von einem Klageverzicht abhängt (LAG Schleswig-Holstein 20.04.2004 NZA-RR 2005, 144 [145 f.]). Die Regelung in **§ 1a KSchG** rechtfertigte es nicht, von der bisherigen Judikatur abzuweichen (so aber *Busch* BB 2004, 267 ff.; *Raab* RdA 2005, 1 [10 f.]), da die Vorschrift nicht den Zweck verfolgt, die funktionalen Schranken des Sozialplans zu erweitern (LAG Schleswig-Holstein 20.04.2004 NZA-RR 2005, 144 [145]; *Gamillscheg* II, § 52, 6f [2] [b]; *Preis/Bender/WPK* §§ 112, 112a Rn. 42); allenfalls eine freiwillige Betriebsvereinbarung kann die Zusage einer Abfindung für den Fall enthalten, dass ein aus betriebsbedingten Gründen ordentlich gekündigter Arbeitnehmer die dreiwöchige Klagefrist des § 4 Satz 1 KSchG verstreichen lässt, ohne Kündigungsschutzklage zu erheben (s. a. Rdn. 135). Andererseits lag auch nach der früheren Rechtsprechung des BAG keine funktionswidrige Sozialplangestaltung vor, wenn nur die **Fälligkeit der Abfindung** auf den Zeitpunkt des rechtskräftigen **Abschlusses des Kündigungsschutzprozesses** hinausgeschoben wird (BAG 20.06.1985 EzA § 4 KSchG Ausgleichsquittung Nr. 1 S. 7 = AP Nr. 33 zu § 112 BetrVG 1972 Bl. 3 *[Weber]*; 19.06.2007 – 1 AZR 541/06 – BeckRS 2009, 66113; s. a. *Heinze* NZA 1984, 17 [19 f.]).

Mit dem **Urteil vom 31.05.2005** hat der *Erste Senat* des *BAG* die in Rdn. 368 skizzierte Rechtspre- 369
chung teils bestätigt, teils aber auch in wesentlicher Hinsicht präzisiert (s. *BAG* 31.05.2005 EzA § 112
BetrVG 2001 Nr. 14 = AP Nr. 175 zu § 112 BetrVG 1972 = RdA 2006, 378 *[Annuß]*). Dort bestätigte
er zwar im Grundsatz die vorstehenden Aussagen, ließ aber offen, ob bei von den Betriebspartnern
einvernehmlich vereinbarten Sozialplänen an der vorstehenden und die Funktion des Sozialplans in
den Mittelpunkt gerückten Begründung festgehalten werden kann (*BAG* 31.05.2005 EzA § 112
BetrVG 2001 Nr. 14 S. 6 = AP Nr. 175 zu § 112 BetrVG 1972 Bl. 3). Vielmehr griff der *Erste Senat*
zur Begründung der Unwirksamkeit einer Sozialplanregelung, die die Gewährung von Sozialplanleistungen von dem vorherigen Verzicht auf die Erhebung einer Kündigungsschutzklage abhängig macht,
auf § 75 Abs. 1 Satz 1 BetrVG zurück, da die hiermit bewirkte Gruppenbildung nicht mehr durch den
Zweck des Sozialplans gerechtfertigt sei. Regelungen in einem Sozialplan mit dem vorstehenden Inhalt dienten weder der Ausgleichs- noch der Überbrückungsfunktion des Sozialplans, sondern erfüllten eine im Interesse des Arbeitgebers liegende Bereinigungsfunktion (*BAG* 31.05.2005 EzA § 112
BetrVG 2001 Nr. 14 S. 7 = AP Nr. 175 zu § 112 BetrVG 1972 Bl. 3 R; bestätigend *BAG* 18.05.2010
EzA § 112 BetrVG 2001 Nr. 38 Rn. 22 = AP Nr. 209 zu § 112 BetrVG 1972 = NZA 2010, 1304;
kritisch dazu *Thüsing/Wege* DB 2005, 2634 [2637]; s. a. Rdn. 379 f.).

Betroffen sind hiervon nicht nur Sozialplanklauseln, die die Gewährung einer Abfindung von dem 370
Verzicht auf die Erhebung einer Kündigungsschutzklage abhängig machen, sondern auch solche Bestimmungen, die für den Verzicht auf die Erhebung einer Kündigungsschutzklage oder den Abschluss
eines Aufhebungsvertrags zusätzliche Leistungen in Aussicht stellen (sog. **Turbo-Prämie**; dazu auch
Benecke BB 2006, 938 ff.; *Gaul/Otto* ArbRB 2005, 344 ff.; *Geyer* FA 2005, 326 ff.; *Riesenhuber* NZA
2005, 1100 ff.; *Strecker* »Turboprämie« und Sozialplan [Diss. FU Berlin], 2009, S. 76 ff.; *Thüsing/Wege*
DB 2005, 2634 ff.). Entsprechendes gilt für weitere Leistungen des Arbeitgebers, die betrieblichen Interessen des Arbeitgebers dienen, wie z. B. einer Treueprämie um die personelle Zusammensetzung
der Belegschaft bis zu einem bestimmten Zeitpunkt zu sichern (BAG 09.12.2014 EzA § 112 BetrVG
2001 Nr. 54 Rn. 21 = AP Nr. 228 zu § 112 BetrVG 1972 = NZA 2015, 557; *LAG München*
09.12.2015 LAGE § 112 BetrVG 2001 Nr. 15 = BeckRS 2016, 65429).

Anders bewertet der *Erste Senat* derartige Bestimmungen jedoch, wenn diese nicht in einem Sozialplan, 371
sondern in einer daneben abgeschlossenen **freiwilligen Betriebsvereinbarung** enthalten sind, da
die Betriebsparteien zwar auch bei dieser an § 75 Abs. 1 Satz 1 gebunden seien, hinsichtlich der
zur Rechtfertigung der Gruppenbildung herangezogenen Sachgründe aber nicht darauf beschränkt
seien, diese aus der Funktion des Sozialplans abzuleiten (*BAG* 31.05.2005 EzA § 112 BetrVG 2001
Nr. 14 S. 9 = AP Nr. 175 zu § 112 BetrVG 1972 Bl. 3; 18.05.2010 EzA § 112 BetrVG 2001 Nr. 38
Rn. 22 = AP Nr. 209 zu § 112 BetrVG 1972 = NZA 2010, 1304; ferner nachfolgend *BAG*
09.12.2014 EzA § 112 BetrVG 2001 Nr. 54 Rn. 21 = AP Nr. 228 zu § 112 BetrVG 1972 = NZA
2015, 557; 08.12.2015 EzA § 112 BetrVG 2001 Nr. 56 Rn. 37 ff. = AP Nr. 233 zu § 112 BetrVG
1972 = NZA 2016, 767; *LAG Schleswig-Holstein* 27.07.2016 – 3 TaBV 3/16 – juris). Als Schranke
für derartige Leistungen verwarf der *Erste Senat* § 612a BGB (*BAG* 31.05.2005 EzA § 112 BetrVG
2001 Nr. 14 S. 9 ff. = AP Nr. 175 zu § 112 BetrVG 1972 Bl. 4 R ff.; nachfolgend *LAG Schleswig-Holstein* 27.07.2016 – 3 TaBV 3/16 – juris), verwies jedoch auf das **Verbot der Umgehung**, das
eingreife, wenn für den Sozialplan keine ausreichenden Mittel für eine angemessene Abmilderung der
wirtschaftlichen Nachteile verbleiben oder aber Anhaltspunkte dafür vorliegen, dass für den Sozialplan
an sich vorgesehene Finanzmittel diesem funktionswidrig im Bereinigungsinteresse des Arbeitgebers
entzogen worden seien (*BAG* 31.05.2005 EzA § 112 BetrVG 2001 Nr. 14 S. 12 = AP Nr. 175 zu
§ 112 BetrVG 1972 Bl. 6; nachfolgend *BAG* 18.05.2010 EzA § 112 BetrVG 2001 Nr. 38 Rn. 24 =
AP Nr. 209 zu § 112 BetrVG 1972 = NZA 2010, 1304; *LAG München* 09.12.2015 LAGE § 112
BetrVG 2001 Nr. 15 = BeckRS 2016, 65429; *LAG Schleswig-Holstein* 27.07.2016 – 3 TaBV 3/16 –
juris; kritisch dazu *Annuß* FS *Kreutz*, 2010, S. 13 [26 f.]; *Benecke* BB 2006, 938 [941, 942]; *Thüsing/
Wege* DB 2005, 2634 [2638]) sowie konkretisierend *Strecker* »Turboprämie« und Sozialplan [Diss. FU
Berlin], 2009, S. 131 ff.).

Im Ausgangspunkt ist dem in Rdn. 369 ff. wiedergegebenen Urteil des *Ersten Senats* nicht zu folgen. 372
Wenn die Gewährung einer Sozialplanleistung nicht der Funktion des Sozialplans entspricht, dann
fehlt nicht nur der Einigungsstelle, sondern auch den Betriebsparteien die Rechtsmacht zu einer ent-

sprechenden Sozialplanregelung (mit dieser Konsequenz nunmehr mit Recht *BAG* 18.05.2010 EzA § 112 BetrVG 2001 Nr. 38 Rn. 22 ff. = AP Nr. 209 zu § 112 BetrVG 1972 = NZA 2010, 1304). Diese einheitliche Konzeption erweist sich schon deshalb als notwendig, weil sich nicht nur die Frage der Rechtfertigung einer etwaigen Ungleichbehandlung stellt, sondern hiervon gleichfalls die Aufhebung des Tarifvorbehalts in § 112 Abs. 1 Satz 4 betroffen ist. Überzeugend ist aber der Hinweis des *Ersten Senats* auf die neben dem Sozialplan bestehende Rechtsmacht der Betriebsparteien zum Abschluss von Betriebsvereinbarungen, die durch den Sozialplan und dessen besondere Funktion nicht beschränkt wird. Insofern gilt Entsprechendes wie bei einem Interessenausgleich, der zusätzlich Folgeregelungen zur Betriebsänderung enthält (s. Rdn. 75).

373 Abgesehen von den nur schwer greifbaren Umgehungssachverhalten sind deshalb auch nach der neueren Rechtsprechung des *BAG* unverändert solche Sachverhalte problematisch, in denen ein einvernehmlich von den Betriebspartnern aufgestellter Sozialplan eine »an sich« funktionswidrige Bestimmung enthält, da der *Erste Senat* einen Sachverhalt zu beurteilen hatte, in dem die sog. Turbo-Prämie in einer gesondert abgeschlossenen Betriebsvereinbarung enthalten war. Sind die Bestimmungen jedoch in einer **einheitlichen Urkunde** zusammengefasst, dann sprechen die besseren Gründe für eine materielle Betrachtung (ebenso *LAG Köln* 17.09.2008 ZIP 2009, 533 [536]), wie sie auch im Hinblick auf das Verhältnis von Interessenausgleich und Sozialplan befürwortet wird (s. Rdn. 56). Dies führt im Ergebnis dazu, dass Bestimmungen in einem einvernehmlich aufgestellten Sozialplan im Falle eines funktionswidrigen Inhalts materiell als Regelung einer »Betriebsvereinbarung« zu bewerten sind und sich dementsprechend auch lediglich in der hierfür eröffneten Rechtsetzungsmacht bewegen und die hierfür maßgeblichen Schranken beachten müssen. Eine gegenteilige Sichtweise würde den Betriebsparteien eine formale Aufspaltung aufzwingen, der nicht nur eine innere Rechtfertigung fehlt, sondern die auch kaum praktikabel ist. Dies zeigt vor allem die Diskussion im Schrifttum im Anschluss die die neuere Rechtsprechung, die die Funktionswidrigkeit einer Turbo-Prämie mit beachtlichen Gründen in Frage gestellt hat (s. z. B. *Thüsing / Wege* DB 2005, 2634 [2638]).

b) Höherrangiges Recht, insbesondere Grundrechte

374 Zu den **Außenschranken der Sozialplangestaltung** zählen alle höherrangigen Rechtsquellen. Deshalb dürfen Sozialplanbestimmungen nicht im Widerspruch zu der **Grundrechtsordnung** (insbesondere Art. 6 GG) stehen (*BAG* 12.11.2002 EzA § 112 BetrVG 2001 Nr. 3 S. 7 f. = AP Nr. 159 zu § 112 BetrVG 1972 Bl. 3 f.; 21.10.2003 EzA § 112 BetrVG 2001 Nr. 9 S. 4 f. = AP Nr. 163 zu § 112 BetrVG 1972 Bl. 2 R; 06.11.2007 EzA § 112 BetrVG 2001 Nr. 25 Rn. 26 ff. = AP Nr. 190 zu § 112 BetrVG 1972; 26.05.2009 EzA § 112 BetrVG 2001 Nr. 31 Rn. 20 = AP Nr. 200 zu § 112 BetrVG 1972 = NZA 2009, 849; 22.09.2009 EzA § 112 BetrVG 2001 Nr. 34 Rn. 19 = AP Nr. 204 zu § 112 BetrVG 1972; 23.03.2010 EzA § 112 BetrVG 2001 Nr. 36 Rn. 17 = AP Nr. 207 zu § 112 BetrVG 1972; *LAG Köln* 22.01.2008 NZA-RR 2008, 523 [525]; *Gamillscheg* II, § 52, 6f [1]), was selbst dann gilt, wenn eine unmittelbare Bindung der von den Betriebspartnern gesetzten Rechtsnormen an die Grundrechte verneint wird, da die Grundrechte jedenfalls mittelbar über § 75 Abs. 1 BetrVG die Rechtsetzungsmacht der Betriebspartner und der Einigungsstelle beschränken (mit dem letztgenannten Ansatz z. B. *BAG* 06.11.2007 EzA § 112 BetrVG 2001 Nr. 25 Rn. 27 = AP Nr. 190 zu § 112 BetrVG 1972; näher zum Einfluss der Grundrechte auf die Betriebsvereinbarung *Kreutz* § 77 Rdn. 332 f.).

375 Unabhängig davon ist unbestritten, dass Sozialplanregelungen nicht im Widerspruch zum **zwingenden Gesetzesrecht** stehen dürfen (s. allgemein *Kreutz* § 77 Rdn. 330 f.). Schließlich begrenzt auch das **Recht der Europäischen Union** den Gestaltungsspielraum bei der Aufstellung eines Sozialplans (*Hess. LAG* 16.07.1996 LAGE § 112 BetrVG 1972 Nr. 40, für die VO [EWG] Nr. 1612/68; zu Art. 141 EG *EuGH* 09.12.2004 BB 2005, 273 [275 f.]; offen gelassen für Art. 141 EG noch von *BAG* 21.10.2003 EzA § 112 BetrVG 2001 Nr. 9 S. 5 = AP Nr. 163 zu § 112 BetrVG 1972 Bl. 3).

c) Betriebsverfassungsrechtlicher Gleichbehandlungsgrundsatz, § 75 Abs. 1

aa) Allgemeines

Die in der Praxis bedeutsamste Schranke für die Sozialplangestaltung begründet **§ 75 Abs. 1 Satz 1**, 376 der eine Bindung der Betriebspartner an **Recht und Billigkeit** auch dann begründet, wenn diese Regelungen erzeugen, die für die im Betrieb beschäftigten Arbeitnehmer unmittelbar gelten (aus der st. Rspr. z. B. *BAG* 21.10.2003 EzA § 112 BetrVG 2001 Nr. 9 S. 3 = AP Nr. 163 zu § 112 BetrVG 1972 Bl. 2; 24.08.2004 EzA § 112 BetrVG 2001 Nr. 12 S. 14 = AP Nr. 174 zu § 112 BetrVG 1972 Bl. 6 *[Meyer]*; 22.03.2005 EzA § 112 BetrVG 2001 Nr. 13 S. 5; 31.05.2005 EzA § 112 BetrVG 2001 Nr. 14 S. 6 = AP Nr. 175 zu § 112 BetrVG 1972 Bl. 3 = RdA 2006, 378 *[Annuß]*; 22.11.2005 EzA § 112 BetrVG 2001 Nr. 15 Rn. 27 = AP Nr. 176 zu § 112 BetrVG 1972; 19.06.2007 EzA § 1a KSchG Nr. 2 Rn. 36 = AP Nr. 4 zu § 1a KSchG 1969 *[Ulrici]*; 12.07.2007 NZA 2008, 425 [428]; 06.11.2007 EzA § 112 BetrVG 2001 Nr. 25 Rn. 12 = AP Nr. 190 zu § 112 BetrVG 1972; 19.02.2008 EzA § 112 BetrVG 2001 Nr. 26 Rn. 25 = AP Nr. 191 zu § 112 BetrVG 1972; 15.04.2008 AP Nr. 42 zu § 77 BetrVG 1972 Betriebsvereinbarung Rn. 28; 20.05.2008 EzA § 112 BetrVG 2001 Nr. 27 Rn. 18 = AP Nr. 192 zu § 112 BetrVG 1972; 30.09.2008 EzA § 112 BetrVG 2001 Nr. 29 Rn. 32 = AP Nr. 197 zu § 112 BetrVG 1972; 20.01.2009 AP Nr. 198 zu § 112 BetrVG 1972 Rn. 20 = NZA 2009, 495; 23.03.2010 EzA § 112 BetrVG 2001 Nr. 36 Rn. 16 = AP Nr. 207 zu § 112 BetrVG 1972; 20.04.2010 EzA § 112 BetrVG 2001 Nr. 37 Rn. 21 = AP Nr. 208 zu § 112 BetrVG 1972 = NZA 2010, 1018; 18.05.2010 EzA § 112 BetrVG 2001 Nr. 38 Rn. 15 = AP Nr. 209 zu § 112 BetrVG 1972 = NZA 2010, 1304; 14.12.2010 EzA § 112 BetrVG 2001 Nr. 39 Rn. 14 = AP Nr. 210 zu § 112 BetrVG 1972 = NZA-RR 2011, 182; 12.04.2011 EzA § 112 BetrVG 2001 Nr. 43 Rn. 14 = AP Nr. 56 zu § 75 BetrVG 1972 = NZA 2011, 1302; 07.06.2011 EzA § 112 BetrVG 2001 Nr. 45 Rn. 20, 34 = AP Nr. 217 zu § 112 BetrVG 1972 = NZA 2011, 1370).

Insbesondere darf die Sozialplangestaltung nicht gegen den **betriebsverfassungsrechtlichen** 377 **Gleichbehandlungsgrundsatz** verstoßen (*BAG* 20.12.1983 EzA § 112 BetrVG 1972 Nr. 29 S. 194 *[Kreutz]* = AP Nr. 17 zu § 112 BetrVG 1972 Bl. 2 *[v. Hoyningen-Huene]* = SAE 1985, 263 *[Hanau]* = AR-Blattei Sozialplan, Entsch. 19 *[Löwisch]* sowie aus neuerer Zeit *BAG* 21.10.2003 EzA § 112 BetrVG 2001 Nr. 9 S. 3 = AP Nr. 163 zu § 112 BetrVG 1972 Bl. 2; 31.05.2005 EzA § 112 BetrVG 1972 S. 6 = AP Nr. 175 zu § 112 BetrVG 1972 Bl. 3 = RdA 2006, 378 *[Annuß]*; 22.11.2005 EzA § 112 BetrVG 2001 Nr. 15 Rn. 27 = AP Nr. 176 zu § 112 BetrVG 1972; 13.02.2007 EzA § 112 BetrVG 2001 Nr. 20 Rn. 14 = AP Nr. 185 zu § 112 BetrVG 1972; 19.06.2007 EzA § 1a KSchG Nr. 2 Rn. 37 = AP Nr. 4 zu § 1a KSchG 1969 *[Ulrici]*; 02.10.2007 EzA § 77 BetrVG 2001 Nr. 20 Rn. 17; 06.11.2007 EzA § 112 BetrVG 2001 Nr. 25 Rn. 12 = AP Nr. 190 zu § 112 BetrVG 1972; 19.02.2008 EzA § 112 BetrVG 2001 Nr. 26 Rn. 25 = AP Nr. 191 zu § 112 BetrVG 1972; 15.04.2008 AP Nr. 42 zu § 77 BetrVG 1972 Betriebsvereinbarung Rn. 28; 20.05.2008 EzA § 112 BetrVG 2001 Nr. 27 Rn. 18 = AP Nr. 192 zu § 112 BetrVG 1972; 30.09.2008 EzA § 112 BetrVG 2001 Nr. 29 Rn. 32 = AP Nr. 197 zu § 112 BetrVG 1972; 11.11.2008 EzA § 112 BetrVG 2001 Nr. 30 Rn. 18, 24 = AP Nr. 196 zu § 112 BetrVG 1972; 20.01.2009 AP Nr. 198 zu § 112 BetrVG 1972 Rn. 12 = NZA 2009, 495; 26.05.2009 EzA § 112 BetrVG 2001 Nr. 31 Rn. 20 = AP Nr. 200 zu § 112 BetrVG 1972 = NZA 2009, 849; 21.07.2009 EzA § 112 BetrVG 2001 Nr. 33 Rn. 11 f. = AP Nr. 202 zu § 112 BetrVG 1972 = NZA 2009, 1107; 22.09.2009 EzA § 112 BetrVG 2001 Nr. 34 Rn. 11 f. = AP Nr. 204 zu § 112 BetrVG 1972; 23.03.2010 EzA § 112 BetrVG 2001 Nr. 35 Rn. 12 = AP Nr. 55 zu § 75 BetrVG 1972 = NZA 2010, 774; 23.03.2010 EzA § 112 BetrVG 2001 Nr. 36 Rn. 16 = AP Nr. 207 zu § 112 BetrVG 1972; 20.04.2010 EzA § 112 BetrVG 2001 Nr. 37 Rn. 21 = AP Nr. 208 zu § 112 BetrVG 1972 = NZA 2010, 1018; 18.05.2010 EzA § 112 BetrVG 2001 Nr. 38 Rn. 15 = AP Nr. 209 zu § 112 BetrVG 1972 = NZA 2010, 1304; 14.12.2010 EzA § 112 BetrVG 2001 Nr. 39 Rn. 15 = AP Nr. 210 zu § 112 BetrVG 1972 = NZA-RR 2011, 182; 12.04.2011 EzA § 112 BetrVG 2001 Nr. 42 Rn. 13 = AP Nr. 215 zu § 112 BetrVG 1972 = NZA 2011, 985; 12.04.2011 EzA § 112 BetrVG 2001 Nr. 43 Rn. 15 = AP Nr. 56 zu § 75 BetrVG 1972 = NZA 2011, 1302; 07.06.2011 EzA § 112 BetrVG 2001 Nr. 45 Rn. 20, 34 = AP Nr. 217 zu § 112 BetrVG 1972 = NZA 2011, 1370; 26.03.2013 EzA § 112 BetrVG 2001 Nr. 49 Rn. 20 = AP Nr. 221 zu § 112 BetrVG 1972 = NZA 2013, 921; 09.12.2014 EzA § 112 BetrVG 2001 Nr. 52 Rn. 19 = AP Nr. 225 zu § 112 BetrVG 1972 = NZA 2015, 365; 15.04.2015 EzA Art. 9 GG Nr. 109 Rn. 60 = AP Nr. 57 zu § 3 TVG = NZA 2015, 1388; 17.11.2015 EzA § 112 BetrVG 2001 Nr. 55 Rn. 15 = AP Nr. 232 zu § 112 BetrVG 1972 = NZA

§§ 112, 112a   IV. 6. 1. Betriebsänderungen

2016, 501; aus der Rspr. der Instanzgerichte z. B. *LAG Berlin* 09.12.1992 LAGE § 112 BetrVG 1972 Nr. 25 S. 5; *LAG Berlin-Brandenburg* 10.02.2015 LAGE § 112 BetrVG 2001 Nr. 13 = BeckRS 2015, 66006; 19.02.2015 – 26 Sa 1671/14 – BeckRS 2015, 68953; *LAG Brandenburg* 16.12.1992 LAGE § 112 BetrVG 1972 Nr. 28 S. 2; 02.04.1993 LAGE § 112 BetrVG 1972 Nr. 27 S. 1; 08.05.2002 NZA-RR 2003, 424; *LAG Bremen* 27.04.2006 NZA-RR 2007, 68 [70]; 22.01.2009 ZIP 2009, 1388 [1389 f.]; *LAG Frankfurt a. M.* 17.11.1987 LAGE § 112 BetrVG 1972 Nr. 12 S. 2 ff.; *LAG Hamm* 14.04.2003 NZA-RR 2003, 584 [586]; 11.11.2015 – 2 Sa 753/15 – BeckRS 2016, 68679; *LAG Köln* 11.08.1994 LAGE § 112 BetrVG 1972 Nr. 32 S. 2; *LAG Rheinland-Pfalz* 19.09.1997 LAGE § 112 BetrVG 1972 Nr. 43 S. 3; 02.12.2014 – 7 Sa 466/14 – BeckRS 2015, 65680; stellvertretend für das Schrifttum *Abele* Stichtagsregelungen, S. 50 ff.; *Bauer* DB 1994, 217 [225]; *Fitting* §§ 112, 112a Rn. 144; *Gamillscheg* II, § 52, 6 f [1]; *Küttner* FS *Stahlhacke*, S. 289 ff.; *Preis/Bender/WPK* §§ 112, 112a Rn. 43; *Richardi/Annuß* § 112 Rn. 102; *Schrader* DB 1997, 1714 ff.).

378 Der betriebsverfassungsrechtliche Gleichbehandlungsgrundsatz verpflichtet die Betriebsparteien insbesondere dazu, eine Gleichbehandlung von Personen in vergleichbaren Sachverhalten sicherzustellen und eine gleichheitswidrige Gruppenbildung auszuschließen (s. z. B. *BAG* 20.01.2009 AP Nr. 198 zu § 112 BetrVG 1972 Rn. 12 = NZA 2009, 495; 21.07.2009 EzA § 112 BetrVG 2001 Nr. 33 Rn. 12 = AP Nr. 202 zu § 112 BetrVG 1972 = NZA 2009, 1107; 22.09.2009 EzA § 112 BetrVG 2001 Nr. 34 Rn. 12 = AP Nr. 204 zu § 112 BetrVG 1972; 20.04.2010 EzA § 112 BetrVG 2001 Nr. 37 Rn. 21 = AP Nr. 208 zu § 112 BetrVG 1972 = NZA 2010, 1018; 07.06.2011 EzA § 112 BetrVG 2001 Nr. 45 Rn. 35 = AP Nr. 217 zu § 112 BetrVG 1972 = NZA 2011, 1370).

379 Dabei lässt es das *BAG* bei Sozialplanregelungen nicht genügen, dass die unterschiedliche Behandlung verschiedener Gruppen von Arbeitnehmern von einem hinreichend gewichtigen Sachgrund getragen wird. Vielmehr muss sich dieser aus dem Zweck der Regelung ergeben. Bei Gruppenbildungen in Sozialplänen muss sich der **Sachgrund** deshalb aus dem **Zweck des Sozialplans** ableiten lassen, die bei den Arbeitnehmern infolge der Betriebsänderung entstehenden wirtschaftlichen Nachteile auszugleichen oder zu mindern (so bereits *BAG* 31.05.2005 EzA § 112 BetrVG 2001 Nr. 14 S. 6 f. = AP Nr. 175 zu § 112 BetrVG 1972 Bl. 3 = RdA 2006, 378 *[Annuß]* sowie nachfolgend *BAG* 19.02.2008 EzA § 112 BetrVG 2001 Nr. 26 Rn. 25, 31 = AP Nr. 191 zu § 112 BetrVG 1972; 15.04.2008 AP Nr. 42 zu § 77 BetrVG 1972 Betriebsvereinbarung Rn. 28; 20.05.2008 EzA § 112 BetrVG 2001 Nr. 27 Rn. 18 = AP Nr. 192 zu § 112 BetrVG 1972; 30.09.2008 EzA § 112 BetrVG 2001 Nr. 29 Rn. 32, 35 = AP Nr. 197 zu § 112 BetrVG 1972; 11.11.2008 EzA § 112 BetrVG 2001 Nr. 30 Rn. 24 = AP Nr. 196 zu § 112 BetrVG 1972; 20.01.2009 AP Nr. 198 zu § 112 BetrVG 1972 Rn. 12 = NZA 2009, 495; 26.05.2009 EzA § 112 BetrVG 2001 Nr. 31 Rn. 23 = AP Nr. 200 zu § 112 BetrVG 1972 = NZA 2009, 849; 21.07.2009 EzA § 112 BetrVG 2001 Nr. 33 Rn. 12 = AP Nr. 202 zu § 112 BetrVG 1972 = NZA 2009, 1107; 22.09.2009 EzA § 112 BetrVG 2001 Nr. 34 Rn. 12 = AP Nr. 204 zu § 112 BetrVG 1972; 20.04.2010 EzA § 112 BetrVG 2001 Nr. 37 Rn. 21 = AP Nr. 208 zu § 112 BetrVG 1972 = NZA 2010, 1018; 12.04.2011 EzA § 112 BetrVG 2001 Nr. 43 Rn. 17 = AP Nr. 56 zu § 75 BetrVG 1972 = NZA 2011, 1302; 17.11.2015 AP Nr. 231 zu § 112 BetrVG 1972 Rn. 20; *LAG Berlin-Brandenburg* 10.02.2015 LAGE § 112 BetrVG 2001 Nr. 13 = BeckRS 2015, 66006; 19.02.2015 – 26 Sa 1671/14 – BeckRS 2015, 68953; *LAG Bremen* 22.01.2009 ZIP 2009, 1388 [1390]; *LAG Düsseldorf* 02.09.2015 LAGE Art. 3 GG Nr. 20 = BeckRS 2015, 72657; *LAG Hamm* 11.11.2015 – 2 Sa 753/15 – BeckRS 2016, 68679).

380 Anhand des Maßstabs in Rdn. 379 hat es das *BAG* bei einer **Stichtagsregelung** ausdrücklich abgelehnt, das Interesse des Arbeitgebers an einer unveränderten personellen Zusammensetzung der Belegschaft als rechtfertigenden Grund für eine differenzierende Gruppenbildung anzuerkennen (*BAG* 19.02.2008 EzA § 112 BetrVG 2001 Nr. 26 Rn. 31, 37 = AP Nr. 191 zu § 112 BetrVG 1972; ebenso im Anschluss *LAG Berlin-Brandenburg* 19.02.2015 – 26 Sa 1671/14 – BeckRS 2015, 68953; *LAG Hamm* 11.11.2015 – 2 Sa 753/15 – BeckRS 2016, 68679; *LAG Köln* 17.09.2008 ZIP 2009, 533; *LAG München* 09.12.2015 LAGE § 112 BetrVG 2001 Nr. 15 = BeckRS 2016, 65429; ferner *Abele* Stichtagsregelungen, S. 94 ff.; **a. M.** *Annuß* FS *Kreutz*, 2010, S. 13 [23 ff.]). Entsprechendes gilt für den Verwaltungsaufwand, der für den Arbeitgeber mit dem Vollzug des Sozialplans verbunden ist, sowie für sonstige betriebliche Belange (*BAG* 22.09.2009 EzA § 112 BetrVG 2001 Nr. 34 Rn. 24 = AP Nr. 204 zu § 112 BetrVG 1972). Derartige Gruppenbildungen können die Betriebsparteien aus-

schließlich in einer neben dem Sozialplan vereinbarten freiwilligen Betriebsvereinbarung vorsehen. Entsprechendes gilt für Leistungen in einer Betriebsvereinbarung, die dem »Bereinigungsinteresse« des Arbeitgebers dienen, weil diese die Gewährung einer Leistung davon abhängig machen, dass der Arbeitnehmer auf die Erhebung einer Kündigungsschutzklage verzichtet (sog. **Turbo-Prämie**; s. *BAG* 31.05.2005 EzA § 112 BetrVG 2001 Nr. 14 S. 6 f. = AP Nr. 175 zu § 112 BetrVG 1972 Bl. 3 R = RdA 2006, 378 *[Annuß]*; 08.12.2015 EzA § 112 BetrVG 2001 Nr. 56 Rn. 38 ff. = AP Nr. 233 zu § 112 BetrVG 1972 = NZA 2016, 767; *LAG München* 09.12.2015 LAGE § 112 BetrVG 2001 Nr. 15 = BeckRS 2016, 65429 sowie dazu Rdn. 368), mit dem Arbeitgeber einen Aufhebungsvertrag abschließt (*BAG* 18.05.2010 EzA § 112 BetrVG 1972 Nr. 38 Rn. 16 = AP Nr. 209 zu § 112 BetrVG 1972 = NZA 2010, 1304) oder bis zu einem bestimmten Stichtag im Betrieb verbleibt (*BAG* 09.12.2014 EzA § 112 BetrVG 2001 Nr. 54 Rn. 21 = AP Nr. 228 zu § 112 BetrVG 1972 = NZA 2015, 557: Treueprämie).

bb) Diskriminierungsverbote

Die Bindung der Betriebsparteien an § 75 Abs. 1 führt ferner dazu, dass Gruppenbildungen in Sozialplänen nicht gegen die dort normierten **Diskriminierungsverbote** verstoßen dürfen (*BAG* 23.04.2013 EzA § 112 BetrVG 2001 Nr. 51 Rn. 14 = NZA 2013, 980; 17.11.2015 EzA § 112 BetrVG 2001 Nr. 55 Rn. 16 = AP Nr. 232 zu § 112 BetrVG 1972 = NZA 2016, 501; s. a. *BAG* 11.11.2008 EzA § 112 BetrVG 2001 Nr. 30 Rn. 25 = AP Nr. 196 zu § 112 BetrVG 1972, das jedoch keine Verknüpfung zu § 75 Abs. 1 herstellt; ebenso *BAG* 26.05.2009 EzA § 112 BetrVG 2001 Nr. 31 Rn. 20 = AP Nr. 200 zu § 112 BetrVG 1972 = NZA 2009, 849). Hierdurch gilt das **Verbot der Altersdiskriminierung** auch für Differenzierungen in Sozialplänen (s. *BAG* 11.11.2008 EzA § 112 BetrVG 2001 Nr. 30 Rn. 28 = AP Nr. 196 zu § 112 BetrVG 1972; 20.01.2009 AP Nr. 198 zu § 112 BetrVG 1972 Rn. 22 ff. = NZA 2009, 495; 26.05.2009 EzA § 112 BetrVG 2001 Nr. 31 Rn. 25 ff. = AP Nr. 200 zu § 112 BetrVG 1972 = NZA 2009, 849; s. a. *BAG* 02.10.2007 EzA § 75 BetrVG 2001 Nr. 6 Rn. 6 ff. *[Mohr]* = AP Nr. 52 zu § 75 BetrVG 1972; 23.03.2010 EzA § 112 BetrVG 2001 Nr. 35 Rn. 15 ff. = AP Nr. 55 zu § 77 BetrVG 1972 = NZA 2010, 774; 12.04.2011 EzA § 112 BetrVG 2001 Nr. 42 Rn. 13 = AP Nr. 215 zu § 112 BetrVG 1972 = NZA 2011, 985; 12.04.2011 EzA § 112 BetrVG 2001 Nr. 44 Rn. 10 ff. = AP Nr. 216 zu § 112 BetrVG 1972 = NZA 2011; 26.03.2013 EzA § 112 BetrVG 2001 Nr. 49 Rn. 20 ff. = AP Nr. 221 zu § 112 BetrVG 1972 = NZA 2013, 921; 23.04.2013 EzA § 112 BetrVG 2001 Nr. 51 Rn. 14 ff. = NZA 2013, 980; 09.12.2014 EzA § 112 BetrVG 2001 Nr. 52 Rn. 20 ff. = AP Nr. 225 zu § 112 BetrVG 1972 = NZA 2015, 365; dazu z. B. auch *Bayreuther* NJW 2011, 19 ff.; *Bilda* Altersbezogene Regelungen, S. 80 ff.; *Grünberger/Sagan* EuZA 2013, 324 ff.; *Mohr* RdA 2010, 44 ff.; *Oelkers* NJW 2008, 614 ff; *Willemsen* RdA 2013, 166 [168 ff.].), ohne dass es hierfür eines Rückgriffs auf **§ 7 Abs. 1 AGG i. V. m. § 1 AGG** bedarf. Entsprechendes gilt bezüglich der **Diskriminierung wegen einer Behinderung** (s. *EuGH* 06.12.2012 EzA § 112 BetrVG 2001 Nr. 47 Rn. 55 – *Odar* = NJW 2013, 587; *BAG* 07.06.2011 EzA § 112 BetrVG 2001 Nr. 45 Rn. 22 ff. = AP Nr. 217 zu § 112 BetrVG = NZA 2011, 1370; 23.04.2013 EzA § 112 BetrVG 2001 Nr. 51 Rn. 31 ff. = NZA 2013, 980; 17.11.2015 EzA § 112 BetrVG 2001 Nr. 55 Rn. 17 = AP Nr. 232 zu § 112 BetrVG 1972 = NZA 2016, 501).

Wie das *BAG* zu Recht entschieden hat, verwehrt das Verbot der Altersdiskriminierung den Parteien eines Sozialplans wegen dessen Überbrückungsfunktion jedoch nicht, die **Möglichkeit zur Inanspruchnahme vorgezogenen Altersruhegelds** als Tatbestand für den völligen Ausschluss oder eine Reduzierung von Sozialplanleistungen vorzusehen (*BAG* 11.11.2008 EzA § 112 BetrVG 2001 Nr. 30 Rn. 28 = AP Nr. 196 zu § 112 BetrVG 1972; 20.01.2009 AP Nr. 198 zu § 112 BetrVG 1972 Rn. 22 ff. = NZA 2009, 495; s. a. *BAG* 30.09.2008 EzA § 112 BetrVG 2001 Nr. 29 Rn. 35 ff. = AP Nr. 197 zu § 112 BetrVG 1972; 23.04.2013 EzA § 112 BetrVG 2001 Nr. 51 Rn. 22 ff. = NZA 2013, 980; 09.12.2014 EzA § 112 BetrVG 2001 Nr. 52 Rn. 21 ff. = AP Nr. 225 zu § 112 BetrVG 1972 = NZA 2015, 365; *LAG Baden-Württemberg* 24.02.2012 – 12 Sa 51/10 – juris; *LAG Berlin-Brandenburg* 20.11.2007 – 19 Sa 1416/07 – juris; *LAG Köln* 04.06.2007 LAGE § 75 BetrVG 2001 Nr. 6 S. 5; *LAG Rheinland-Pfalz* 20.08.2015 – 2 Sa 70/15 – BeckRS 2015, 73662; *Krieger/Arnold* NZA 2008, 1153 [1155 f.]; *Wölfel* Sozialplanabfindungen, S. 197 ff.). Anders hat das *BAG* jedoch entschieden, wenn der vorgezogene Bezug der Altersrente auf einer **Schwerbehinderung des Arbeitnehmers** beruht (§ 236a SGB VI), da in diesem Fall eine unmittelbare Benachteiligung aufgrund der

§§ 112, 112a   IV. 6. 1. Betriebsänderungen

Behinderung vorliegt (*BAG* 17.11.2015 EzA § 112 BetrVG 2001 Nr. 55 Rn. 18 ff. = AP Nr. 232 zu § 112 BetrVG 1972 = NZA 2016, 501).

383 Ebenso liegt in einer **Höchstbegrenzung** bei einer mit Alter und Betriebszugehörigkeit steigenden Sozialplanabfindung weder eine unmittelbare noch eine mittelbare Diskriminierung älterer Arbeitnehmer (*BAG* 02.10.2007 EzA § 75 BetrVG 2001 Nr. 6 Rn. 8 *[Mohr]* = AP Nr. 52 zu § 75 BetrVG 1972; *Hess. LAG* 27.11.2007 – 4 Sa 1014/07 – juris; *LAG Köln* 21.04.2008 ZIP 2008, 2186 [2186 f.]; 17.06.2008 – 9 Sa 220/08 – juris; ferner *Wölfel* Sozialplanabfindungen, S. 185 ff.; offen *LAG Hamburg* 30.06.2006 LAGE § 75 BetrVG 2001 Nr. 3).

384 Entsprechendes gilt für eine Kürzung der Sozialplanabfindung oder deren Ausschluss **nach Vollendung des 60. Lebensjahres**, solange hierdurch der Überbrückungszweck der Abfindung nicht in Frage gestellt wird (*BAG* 23.03.2010 EzA § 112 BetrVG 2001 Nr. 35 Rn. 16 ff. = AP Nr. 55 zu § 75 BetrVG 1972 = NZA 2010, 774; 26.03.2013 EzA § 112 BetrVG 2001 Nr. 49 Rn. 20 ff. = AP Nr. 221 zu § 112 BetrVG 1972 = NZA 2013, 921; 09.12.2014 EzA § 112 BetrVG 2001 Nr. 52 Rn. 21 ff. = AP Nr. 225 zu § 112 BetrVG 1972 = NZA 2015, 365; *LAG Düsseldorf* 22.08.2008 – 10 Sa 573/08 – juris; in diesem Sinne auch *Hess. LAG* 23.10.2007 – 4/11 Sa 2089/06 – juris) sowie für die **Bildung von Altersgruppen** bei Sozialplanabfindungen (*BAG* 12.04.2011 EzA § 112 BetrVG 2001 Nr. 44 Rn. 19 ff. = AP Nr. 216 zu § 112 BetrVG 1972 = NZA 2011, 988).

385 Durch die Vorgaben in § 75 Abs. 1 an die Betriebsparteien ist ein eigenständiger Rückgriff auf die Bestimmungen des **Allgemeinen Gleichbehandlungsgesetzes (AGG)** für die Inhaltskontrolle entbehrlich, wenngleich eine nach § 75 Abs. 1 untersagte Diskriminierung zugleich gegen das Diskriminierungsverbot in § 7 Abs. 1 AGG i. V. m. § 1 AGG verstoßen kann (eigenständige Prüfung am Maßstab des Allgemeinen Gleichbehandlungsgesetzes jedoch in *BAG* 26.05.2009 EzA § 112 BetrVG 2001 Nr. 31 Rn. 25 ff. = AP Nr. 200 zu § 112 BetrVG 1972 = NZA 2009, 849 sowie nachfolgend *BAG* 26.03.2013 EzA § 112 BetrVG 2001 Nr. 52 Rn. 20 ff. = AP Nr. 221 zu § 112 BetrVG 1972 = NZA 2013, 921 Rn. 20 ff.; 09.12.2014 EzA § 112 BetrVG 2001 Nr. 52 Rn. 20 ff. = AP Nr. 225 zu § 112 BetrVG 1972 = NZA 2015, 365; 17.11.2015 EzA § 112 BetrVG 2001 Nr. 55 Rn. 18 ff. = AP Nr. 232 zu § 112 BetrVG 1972 = NZA 2016, 501). Gegebenenfalls ist durch eine mit der **Richtlinie 2000/78/EG** konform gehende Auslegung des § 75 Abs. 1 ein Gleichlauf mit den Vorgaben des Allgemeinen Gleichbehandlungsgesetzes herzustellen (s. a. *BAG* 30.09.2008 EzA § 112 BetrVG 2001 Nr. 29 Rn. 46 = AP Nr. 197 zu § 112 BetrVG 1972 sowie *EuGH* 06.12.2012 EzA § 112 BetrVG 2001 Nr. 47 Rn. 34 – *Odar* = AP Nr. 27 zu Richtlinie 2000/78/EG = NZA 2012, 1435; 26.02.2015 AP Nr. 31 zu Richtlinie 2000/78/EG – Ingeniørforeningen i Danmark = NZA 2015, 473; s. dazu *Grünberger/Sagan* EuZA 2013, 324 ff.; *Willemsen* RdA 2013, 166 [168 ff.]).

386 Insbesondere bezüglich des Verbots der Altersdiskriminierung enthält das AGG jedoch Maßstäbe für die Rechtfertigung einer Ungleichbehandlung, die auch die Anwendung von § 75 Abs. 1 prägen. Das gilt nicht nur für den **Tatbestand einer (un)mittelbaren Diskriminierung**, sondern auch für die **Rechtfertigung einer Ungleichbehandlung** wegen des Alters, die in § 10 AGG eine spezielle Ausgestaltung erfahren hat, und die auch auf die Anwendung des Diskriminierungsverbots in § 75 Abs. 1 ausstrahlt (in diesem Sinne für § 10 Satz 3 Nr. 6 AGG *BAG* 11.11.2008 EzA § 112 BetrVG 2001 Nr. 30 Rn. 28 = AP Nr. 196 zu § 112 BetrVG 1972; 26.05.2009 EzA § 112 BetrVG 2001 Nr. 31 Rn. 31 ff. = AP Nr. 200 zu § 112 BetrVG 1972 = NZA 2009, 849; 26.03.2013 EzA § 112 BetrVG 2001 Nr. 52 Rn. 20 ff. = AP Nr. 221 zu § 112 BetrVG 1972 = NZA 2013, 921 sowie zuvor *LAG Köln* 04.06.2007 LAGE § 75 BetrVG 2001 Nr. 6 S. 6; näher zu § 10 Satz 3 Nr. 6 AGG *BAG* 26.05.2009 EzA § 112 BetrVG 2001 Nr. 31 Rn. 25 ff. = AP Nr. 200 zu § 112 BetrVG 1972 = NZA 2009, 849; 23.03.2010 EzA § 112 BetrVG Nr. 35 Rn. 16 ff. = AP Nr. 55 zu § 77 BetrVG 1972 = NZA 2010, 774; 12.04.2011 EzA § 112 BetrVG 2001 Nr. 42 Rn. 15 ff. = AP Nr. 215 zu § 112 BetrVG 1972 = NZA 2011, 985; 26.03.2013 EzA § 112 BetrVG 2001 Nr. 49 Rn. 20 ff. = AP Nr. 221 zu § 112 BetrVG 1972 = NZA 2013, 921; 23.04.2013 EzA § 112 BetrVG 2001 Nr. 51 Rn. 14 ff. = NZA 2013, 980; 09.12.2014 EzA § 112 BetrVG 2001 Nr. 52 Rn. 20 ff. = AP Nr. 225 zu § 112 BetrVG 1972 = NZA 2015, 365; s. a. *EuGH* 06.12.2012 EzA § 112 BetrVG 2001 Nr. 47 Rn. 37 ff. – *Odar* = AP Nr. 27 zu Richtlinie 2000/78/EG = NZA 2012, 1435 [s. dazu *Grünberger/Sagan* EuZA 2013, 324 ff.]; 26.02.2015 AP Nr. 31 zu Richtlinie 2000/78/EG = NZA 2015, 473; 19.04.2016 EzA Richtlinie 2000/78/EG Nr. 40 = AP Nr. 33 zu Richtlinie 2000/78/EG = NZA

2016, 537 sowie zur Ungleichbehandlung wegen einer Behinderung *BAG* 07.06.2011 EzA § 111 BetrVG 2001 Nr. 45 Rn. 22 ff. = AP Nr. 217 zu § 112 BetrVG 1972 = NZA 2011, 1370; 17.11.2015 EzA § 112 BetrVG 2001 Nr. 55 Rn. 18 ff. = AP Nr. 232 zu § 112 BetrVG 1972 = NZA 2016, 501). Diskriminierungen wegen des Alters sind deshalb auch im Rahmen von § 75 Abs. 1 nur dann gerechtfertigt, wenn sie unter den Voraussetzungen des § 10 AGG zulässig sind (*BAG* 23.03.2010 EzA § 112 BetrVG 2001 Nr. 35 Rn. 15 = AP Nr. 55 zu § 77 BetrVG 1972 = NZA 2010, 774; 12.04.2011 EzA § 112 BetrVG 2001 Nr. 42 Rn. 14 = AP Nr. 215 zu § 112 BetrVG 1972 NZA 2011, 985; 26.03.2013 EzA § 112 BetrVG 2001 Nr. 49 Rn. 22 = AP Nr. 221 zu § 112 BetrVG 1972 = NZA 2013, 921; 09.12.2014 EzA § 112 BetrVG 2001 Nr. 52 Rn. 19 = AP Nr. 225 zu § 112 BetrVG 1972 = NZA 2015, 365; ferner *LAG Nürnberg* 12.11.2014 LAGE § 112 BetrVG 2001 Nr. 12 = BeckRS 2015, 65218; *LAG Rheinland-Pfalz* 20.08.2015 – 2 Sa 70/15 – BeckRS 2015, 73662).

Speziell für **Teilzeitbeschäftigte** verbietet § 4 Abs. 1 TzBfG eine unterschiedliche Behandlung (s. **387** *BAG* 22.09.2009 EzA § 112 BetrVG 2001 Nr. 34 Rn. 17, 26 = AP Nr. 204 zu § 112 BetrVG 1972; *LAG Bremen* 27.04.2006 NZA-RR 2007, 68 [69]).

Ebenso verwehren es die Grundsätze von Recht und Billigkeit, einen Anspruch auf eine Sozialplan- **388** abfindung mit **Bedingungen** zu verknüpfen, deren Erfüllung für den Arbeitnehmer **unzumutbar** ist (*BAG* 12.07.2007 NZA 2008, 425 [428]).

cc) Ermessens- und Beurteilungsspielraum
In den durch Recht und Billigkeit gezogenen Grenzen haben die Betriebsparteien und – vorbehaltlich **389** der Richtlinien in § 112 Abs. 5 – die Einigungsstelle einen **weiten Ermessensspielraum**, ob und in welchem Umfang sie die Nachteile einer Betriebsänderung bei den von ihr betroffenen Arbeitnehmern ausgleichen (für die st. Rspr. *BAG* 28.09.1988 EzA § 112 BetrVG 1972 Nr. 49 S. 7 = AP Nr. 47 zu § 112 BetrVG 1972 Bl. 3 R *[Löwisch]* = SAE 1989, 219 *[Dütz/Vogg]* sowie in neuerer Zeit *BAG* 21.10.2003 EzA § 112 BetrVG 2001 Nr. 9 S. 3 = AP Nr. 163 zu § 112 BetrVG 1972 Bl. 2; 24.08.2004 EzA § 112 BetrVG 2001 Nr. 12 S. 8 = AP Nr. 174 zu § 112 BetrVG 1972 Bl. 3 R *[Meyer]*; 14.11.2006 EzA § 112 BetrVG 2001 Nr. 19 Rn. 28 = AP Nr. 181 zu § 112 BetrVG 1972; 13.02.2007 EzA § 112 BetrVG 2001 Nr. 20 Rn. 19 = AP Nr. 185 zu § 112 BetrVG 1972; 13.02.2007 EzA § 4 TzBfG Nr. 11 Rn. 16 = AP Nr. 13 zu § 4 TzBfG; 19.06.2007 EzA § 1a KSchG Nr. 2 Rn. 36 = AP Nr. 4 zu § 1a KSchG 1969 *[Ulrici]*; 12.07.2007 NZA 2008, 425 [428]; 02.10.2007 EzA § 77 BetrVG 2001 Nr. 20 Rn. 17; 19.02.2008 EzA § 112 BetrVG 2001 Nr. 26 Rn. 25 = AP Nr. 191 zu § 112 BetrVG 1972; 20.05.2008 EzA § 112 BetrVG 2001 Nr. 27 Rn. 18 = AP Nr. 192 zu § 112 BetrVG 1972; 11.11.2008 EzA § 112 BetrVG 2001 Nr. 30 Rn. 20 = AP Nr. 196 zu § 112 BetrVG 1972; 20.01.2009 AP Nr. 198 zu § 112 BetrVG 1972 = NZA 2009, 495; 22.09.2009 EzA § 112 BetrVG 2001 Nr. 34 Rn. 12 = AP Nr. 204 zu § 112 BetrVG 1972; 20.04.2010 EzA § 112 BetrVG 2001 Nr. 37 Rn. 21 = AP Nr. 208 zu § 112 BetrVG 1972 = NZA 2010, 1018; 23.04.2013 EzA § 112 BetrVG 2001 Nr. 51 Rn. = NZA 2013, 980; *LAG Hamm* 07.07.2004 LAGR 2005, 116 [117]; *LAG Köln* 12.12.1994 LAGE § 112 BetrVG 1972 Nr. 33 Bl. 3 f.; s. auch *BVerfG* 25.03.2015 EzA § 112 BetrVG 2001 Nr. 45a = AP Nr. 226 zu § 112 BetrVG 1972 = NZA 2015, 1248). Zu den Aufgaben des Gerichts zählt es deshalb nicht, eine bessere oder gerechtere Sozialplanregelung aufzustellen (treffend *LAG Bremen* 27.04.2006 NZA-RR 2007, 68 [71]), sondern die gerichtliche Kontrolle ist beschränkt auf die Prüfung, ob sich die von den Betriebsparteien bzw. der Einigungsstelle getroffene Regelung in den Grenzen des Ermessens bewegt.

Das schließt auch die Befugnis ein, gänzlich von einem Ausgleich der Nachteile abzusehen (*BAG* **390** 25.10.1983 EzA § 112 BetrVG 1972 Nr. 28 S. 3 = AP Nr. 18 zu § 112 BetrVG 1972 Bl. 4 = SAE 1984, 326 *[Hromadka]*; 28.09.1988 EzA § 112 BetrVG 1972 Nr. 49 S. 7 = AP Nr. 47 zu § 112 BetrVG 1972 Bl. 3 R *[Löwisch]* = SAE 1989, 219 *[Dütz/Vogg]*; 14.08.2001 EzA § 112 BetrVG 1972 Nr. 108 S. 4 = AP Nr. 142 zu § 112 BetrVG 1972 Bl. 2; 12.11.2002 EzA § 112 BetrVG 2001 Nr. 3 S. 4 = AP Nr. 159 zu § 112 BetrVG 1972 Bl. 2; 21.11.2003 EzA § 112 BetrVG 2001 Nr. 9 S. 3 = AP Nr. 163 zu § 112 BetrVG 1972 Bl. 2; 24.08.2004 EzA § 112 BetrVG 2001 Nr. 12 S. 8 = AP Nr. 174 zu § 112 BetrVG 1972 Bl. 3 R *[Meyer]*; s. aber auch Rdn. 436 a. E.). Insbesondere liegt ein Ermessensfehler nicht allein darin, dass die Einigungsstelle die mit der Betriebsänderung verbundenen wirtschaftlichen Nachteile bei den betroffenen Arbeitnehmern nicht vollständig ausgleicht, obwohl dies nach der wirt-

§§ 112, 112a   IV. 6. 1. Betriebsänderungen

schaftlichen Leistungsfähigkeit des Unternehmens möglich gewesen wäre (*BAG* 24.08.2004 EzA § 112 BetrVG 2001 Nr. 12 S. 8 = AP Nr. 174 zu § 112 BetrVG 1972 Bl. 3 R *[Meyer]*).

dd) Einzelfälle

391 Einen **Verstoß gegen** die Vorgaben des **§ 75 Abs. 1 Satz 1** hat die Rechtsprechung bei folgenden Sozialplanbestimmungen **bejaht**:
- **Anrechnung von Erstattungsansprüchen der Bundesanstalt für Arbeit** nach § 128 AFG a. F. allein auf die Abfindungen der Arbeitnehmer, für die der Arbeitgeber das Arbeitslosengeld zu erstatten hat (*BAG* 26.06.1990 EzA § 112 BetrVG 1972 Nr. 55 S. 5 = AP Nr. 56 zu § 112 BetrVG 1972 Bl. 2 R f. = SAE 1991, 172 *[Rieble]*; **a. M.** *LAG Rheinland-Pfalz* 25.01.1988 LAGE § 112 BetrVG 1972 Nr. 13 S. 2 f.);
- Ausschluss von den Leistungen des Sozialplans bei Arbeitnehmern, die ihren Arbeitsvertrag **gekündigt (Eigenkündigung)** oder durch Abschluss eines **Aufhebungsvertrags** beendet haben, nachdem ihnen der Arbeitgeber mitgeteilt hat, für sie bestehe aufgrund der Betriebsänderung keine Beschäftigungsmöglichkeit mehr (*BAG* 15.01.1991 EzA § 112 BetrVG 1972 Nr. 56 S. 4 = AP Nr. 57 zu § 112 BetrVG 1972 Bl. 2 R f. = SAE 1992, 70 *[Danner]*; 28.10.1992 EzA § 112a BetrVG 1972 Nr. 5 S. 5 f. = AP Nr. 64 zu § 112 BetrVG 1972 Bl. 3 = SAE 1994, 116 *[Milde S. 121]*; 28.10.1992 EzA § 112a BetrVG 1972 Nr. 6 S. 5 f. = AP Nr. 65 zu § 112 BetrVG 1972 Bl. 3 = SAE 1994, 116 *[Milde]*; 20.04.1994 EzA § 112 BetrVG 1972 Nr. 75 S. 6 f. = AP Nr. 77 zu § 112 BetrVG 1972 Bl. 2 R f. *[Ernst]*; 19.07.1995 EzA § 112 BetrVG 1972 Nr. 82 S. 6 f. = AP Nr. 96 zu § 112 BetrVG 1972 Bl. 3 *[v. Hoyningen-Huene]* = SAE 1996, 236 *[Kraft]*; 19.06.1996 EzA § 112 BetrVG 1972 Nr. 85 S. 1 f. = AP Nr. 102 zu § 112 BetrVG 1972 Bl. 2; 06.08.1997 EzA § 112 BetrVG 1972 Nr. 95 S. 6 = AP Nr. 116 zu § 112 BetrVG 1972 Bl. 3 *[Weber]*; 06.05.2003 EzA § 112 BetrVG 2001 Nr. 8 S. 10 = AP Nr. 161 zu § 112 BetrVG 1972 Bl. 4 *[Oetker]* = SAE 2004, 251 *[Lessner]*; 22.07.2003 EzA § 112 BetrVG 2001 Nr. 7 S. 6 f. = AP Nr. 160 zu § 112 BetrVG 1972 Bl. 3 f.; 13.02.2007 EzA § 112 BetrVG 2001 Nr. 20 Rn. 14 = AP Nr. 185 zu § 112 BetrVG 1972; 13.02.2007 EzA § 47 BetrVG 2001 Nr. 4 Rn. 30 = AP Nr. 17 zu § 47 BetrVG 1972 = RdA 2008, 24 *[Salamon]*; 15.05.2007 ZIP 2007, 1575 [1576]; 19.02.2008 EzA § 112 BetrVG 2001 Nr. 26 Rn. 26 = AP Nr. 191 zu § 112 BetrVG 1972; 20.05.2008 EzA § 112 BetrVG 2001 Nr. 27 Rn. 19 f. = AP Nr. 192 zu § 112 BetrVG 1972; *LAG Chemnitz* 27.01.1993 LAGE § 112 BetrVG 1972 Nr. 23 S. 2 f.; *Hess. LAG* 21.03.2000 NZA-RR 2001, 252 [252]; *LAG Köln* 17.06.1993 LAGE § 112 BetrVG 1972 Nr. 24 S. 1 f.; 27.02.2009 ZIP 2009, 1438 [1439]; *LAG München* 09.12.2015 LAGE § 112 BetrVG 2001 Nr. 15 = BeckRS 2016, 65429; im Grundsatz auch *LAG Düsseldorf* 20.03.1996 LAGE § 112a BetrVG 1972 Nr. 4 S. 9 ff.). **Anders** wurde entschieden bei einer **Halbierung** des Abfindungsanspruchs (*BAG* 11.08.1993 EzA § 112 BetrVG 1972 Nr. 70 S. 4 f. = AP Nr. 71 zu § 112 BetrVG 1972 Bl. 2 R; 24.11.1993 EzA § 112 BetrVG 1972 Nr. 71 S. 8 = AP Nr. 72 zu § 112 BetrVG 1972 Bl. 3 R = AR-Blattei ES 1470, Entsch. 53 *[Glatzel]*), einem **berechtigten Interesse des Unternehmers** an der vorübergehenden Aufrechterhaltung der Arbeitsverhältnisse (so noch *BAG* 09.11.1994 § 112 BetrVG 1972 Nr. 78 S. 5 = AP Nr. 85 zu § 112 BetrVG 1972 Bl. 3; 15.05.2007 ZIP 2007, 1575 [1576]; offen aber bereits *BAG* 13.02.2007 EzA § 112 BetrVG 2001 Nr. 20 Rn. 20 = AP Nr. 185 zu § 112 BetrVG 1972; anders sodann *BAG* 06.11.2007 EzA § 112 BetrVG 2001 Nr. 25 Rn. 19 = AP Nr. 190 zu § 112 BetrVG 1972; 19.02.2008 EzA § 112 BetrVG 2001 Nr. 26 Rn. 31 = AP Nr. 191 zu § 112 BetrVG 1972; dazu auch Rdn. 369), einer Verringerung oder dem Ausschluss bei Eigenkündigungen vor **Erhalt eines zumutbaren Änderungsangebots** (*BAG* 13.02.2007 EzA § 112 BetrVG 2001 Nr. 20 Rn. 15 ff. = AP Nr. 185 zu § 112 BetrVG 1972) sowie einer **Stichtagsregelung**, die auf das Scheitern der Bemühungen um einen Interessenausgleich, dessen Zustandekommen oder die Mitteilung der Betriebsänderung an die Arbeitnehmer abstellt (*BAG* 30.11.1994 EzA § 112 BetrVG 1972 Nr. 80 S. 5 = AP Nr. 89 zu § 112 BetrVG 1972 Bl. 2 R; 24.01.1996 EzA § 112 BetrVG 1972 Nr. 83 S. 5 f. = AP Nr. 98 zu § 112 BetrVG 1972 Bl. 3; 06.08.1997 EzA § 112 BetrVG 1972 Nr. 95 S. 6 = AP Nr. 116 zu § 112 BetrVG 1972 Bl. 3 *[Weber]*);
- Pauschalierung von Sozialplanleistung wegen der Möglichkeit eines **vorgezogenen Altersruhegelds** aufgrund einer **Schwerbehinderung** (*BAG* 17.11.2015 EzA § 112 BetrVG 2001 Nr. 55 Rn. 14 ff. = AP Nr. 232 zu § 112 BetrVG 1972 = NZA 2016, 501);

- Nichtberücksichtigung von **Zeiten des Erziehungsurlaubs/Elternzeit** bei einer nach der Dauer der tatsächlichen Beschäftigung bemessenen Abfindung (*BAG* 12.11.2002 EzA § 112 BetrVG 2001 Nr. 3 S. 6 ff. = AP Nr. 159 zu § 112 BetrVG 1972 Bl. 3 f.; 21.10.2003 EzA § 112 BetrVG 2001 Nr. 9 S. 4 f. = AP Nr. 163 zu § 112 BetrVG 1972 Bl. 2 R; 22.09.2009 EzA § 112 BetrVG 2001 Nr. 34 Rn. 19 = AP Nr. 204 zu § 112 BetrVG 1972);
- Abhängigkeit der Gewährung einer Sozialplanleistung davon, dass der Arbeitnehmer gegen den Erwerber eines Betriebs **Klage auf Feststellung** erhebt, dass das Arbeitsverhältnis zu diesem fortbesteht (*BAG* 22.07.2003 EzA § 112 BetrVG 2001 Nr. 7 S. 8 ff. = AP Nr. 160 zu § 112 BetrVG 1972 Bl. 4 ff.; 22.11.2005 EzA § 112 BetrVG 2001 Nr. 15 Rn. 28 = AP Nr. 176 zu § 112 BetrVG 1972);
- **Ausschluss** von Arbeitnehmern **von einer Abfindung**, weil deren Arbeitsverhältnis noch vor Ablauf der Kündigungsfrist in gekündigtem Zustand auf einen Betriebserwerber übergeht (*BAG* 22.11.2005 EzA § 112 BetrVG 2001 Nr. 15 Rn. 25 = AP Nr. 176 zu § 112 BetrVG 1972);
- **Stichtagsregelungen** für solche Arbeitnehmer geringere Abfindungsleistungen vorsehen, die ihr Arbeitsverhältnis vor Abschluss des Sozialplans gekündigt haben (*BAG* 19.02.2008 EzA § 112 BetrVG 2001 Nr. 26 Rn. 32 ff. = AP Nr. 191 zu § 112 BetrVG 1972 *[Richardi]*);
- Sozialplanleistungen danach differenziert werden, ob der Arbeitnehmer nach Ablauf der Kündigungsfrist für den Arbeitgeber **Arbeitsleistungen** erbracht hat (*BAG* 24.08.2004 EzA § 112 BetrVG 2001 Nr. 12 S. 15 = AP Nr. 174 zu § 112 BetrVG 1972 Bl. 6 R f. *[Meyer]*);
- Ausschluss von Arbeitnehmern, die den **Übergang in eine Transfergesellschaft** ablehnen (*LAG Bremen* 22.01.2009, 1388 [1390 f.]; *LAG Hamm* 11.11.2015 – 2 Sa 753/15 – BeckRS 2016, 68679);
- ein Sozialplan **höhere Leistungen für Gewerkschaftsmitglieder** vorsieht (*BAG* 15.04.2015 EzA Art. 9 GG Nr. 109 = AP Nr. 57 zu § 3 TVG = NZA 2015, 1388);
- bei einer Übernahme der Regelungen aus einem Sozialplantarifvertrag ergänzende Regelungen, die **Sondervorteile für Gewerkschaftsmitglieder** vorsehen, von der Übernahme ausgenommen werden (*ArbG München* 20.12.2012 NZA-RR 2013, 125 [127 ff.]).

Mit § 75 Abs. 1 Satz 1 hat es die Rechtsprechung als **vereinbar** angesehen, wenn: **392**
- Arbeitnehmer von den Leistungen des Sozialplans ausgenommen werden, die zum Kündigungstermin bereits eine **anderweitige Beschäftigung** gefunden haben (*BAG* 17.02.1981 EzA § 112 BetrVG 1972 Nr. 21 S. 130 f. = AP Nr. 11 zu § 112 BetrVG 1972 Bl. 4 *[Kraft]* = SAE 1982, 43 *[Schulin]* = AR-Blattei Sozialplan, Entsch. 12 *[Herschel]*; 22.03.2005 EzA § 112 BetrVG 2001 Nr. 13 S. 5; 08.12.2009 AP Nr. 206 zu § 112 BetrVG 1972 Nr. 26 = NZA 2010, 351) oder vor Abschluss des Sozialplans das Arbeitsverhältnis auf **eigene Veranlassung beendet** haben (*BAG* 20.04.2010 EzA § 112 BetrVG 2001 Nr. 37 Rn. 22 = AP Nr. 208 zu § 112 BetrVG 1972 = NZA 2010, 1018; 14.12.2010 EzA § 112 BetrVG 2001 Nr. 39 Rn. 18 = AP Nr. 210 zu § 112 BetrVG 1972 = NZA-RR 2011, 182; 01.02.2011 AP Nr. 211 zu § 112 BetrVG 1972 Rn. 17; 12.04.2011 EzA § 112 BetrVG 2001 Nr. 43 Rn. 17 = AP Nr. 56 zu § 76 BetrVG 1972 = NZA 2011, 1302);
- **Stichtagsregelungen** den Bezug von Sozialplanleistungen auf Arbeitnehmer beschränken, die im Zeitpunkt der Betriebsänderung in einem ungekündigten Arbeitsverhältnis zu dem Arbeitgeber standen (*BAG* 24.08.2004 EzA § 112 BetrVG 2001 Nr. 12 S. 14 = AP Nr. 174 zu § 112 BetrVG 1972 Bl. 6 f. *[Meyer]*) oder insoweit auf die Eröffnung des Insolvenzverfahrens abstellen (*LAG Hamm* 07.07.2004 LAGR 2005, 116 [117]);
- ein Ausschluss von Leistungen für diejenigen Arbeitnehmer vorgesehen wird, deren **Arbeitsverhältnis gemäß § 613a Abs. 1 Satz 1 BGB fortbesteht** oder dies ohne einen anerkennenswerten Grund durch Ausübung ihres Widerspruchsrechts (§ 613a Abs. 6 BGB) verhindern (*BAG* 22.07.2003 EzA § 112 BetrVG 2001 Nr. 7 = AP Nr. 160 zu § 112 BetrVG 1972 Bl. 4; 22.07.2007 NZA 2008, 425 [428]; *LAG Düsseldorf* 14.12.2010 LAGE § 1 KSchG Interessenausgleich Nr. 19; *LAG Hamburg* 16.11.2010 – 2 Sa 38/10 – juris sowie Rdn. 471; **a. M.** *LAG Berlin-Brandenburg* 10.02.2015 LAGE § 112 BetrVG 2001 Nr. 13 = BeckRS 2015, 66006);
- Arbeitnehmer aus Sozialplanleistungen ausgenommen werden, deren **Arbeitsverhältnis** wegen einer Inanspruchnahme von Elternzeit trotz der Betriebsänderung **fortbesteht** (*LAG Köln* 18.08.2011 – 7 Sa 201/10 – juris);

§§ 112, 112a   IV. 6. 1. Betriebsänderungen

- ein Abfindungsanspruch für den Fall ausgeschlossen wird, in dem der Arbeitnehmer ein zumutbares **Umsetzungs- oder Versetzungsangebot** ausschlägt und deshalb entlassen werden muss (*BAG* 25.10.1983 EzA § 112 BetrVG 1972 Nr. 28 S. 188 = AP Nr. 18 zu § 112 BetrVG 1972 Bl. 4 = SAE 1984, 326 *[Hromadka]*; 28.09.1988 EzA § 112 BetrVG 1972 Nr. 49 S. 7 f. = AP Nr. 47 zu § 112 BetrVG 1972 Bl. 3 R f. *[Löwisch]* = SAE 1989, 219 *[Dütz / Vogg]*; 06.11.2007 EzA § 112 BetrVG 2001 Nr. 25 Rn. 15 ff. = AP Nr. 190 zu § 112 BetrVG 1972; *LAG Berlin-Brandenburg* 19.02.2015 – 26 Sa 1671/14 – BeckRS 2015, 68953; *LAG Rheinland-Pfalz* 25.02.2010 – 10 Sa 384/09 – juris), ohne dass es hierbei darauf ankommt, ob der Arbeitnehmer die angebotene Weiterbeschäftigung wegen familiärer Bindungen ablehnt (*BAG* 06.11.2007 EzA § 112 BetrVG 2001 Nr. 25 Rn. 28 = AP Nr. 190 zu § 112 BetrVG 1972);
- eine Sonderabfindung nur für diejenigen Schwerbehinderten vorgesehen wird, deren **Schwerbehinderteneigenschaft** bei Aufstellung des Sozialplans feststand (*BAG* 19.04.1983 EzA § 112 BetrVG 1972 Nr. 26 S. 173 = AP Nr. 124 zu Art. 3 GG Bl. 2 *[Kraft]* = AR-Blattei Sozialplan, Entsch. 17 *[Echterhölter]*; zust. *Kreutz* FS *E. Wolf*, S. 309 [329]);
- die an die einzelnen Arbeitnehmer zu zahlenden **Abfindungen individuell festgelegt** werden, ohne diese nach einer bestimmten Formel oder sonstigen ausdrücklich ausgewiesenen Kriterien zu errechnen (*BAG* 12.02.1985 EzA § 112 BetrVG 1972 Nr. 33 S. 227 = AP Nr. 25 zu § 112 BetrVG 1972 Bl. 2 f.);
- Abfindungen auf Arbeitnehmer beschränkt werden, die erst zukünftig **Altersteilzeitarbeitsverhältnisse** vereinbaren (*BAG* 15.04.2008 AP Nr. 42 zu § 77 BetrVG 1972 Betriebsvereinbarung Rn. 27 ff. = NZA-RR 2008, 580);
- Arbeitnehmer von den Leistungen eines Sozialplans ausgenommen werden bzw. geringere Leistungen erhalten, wenn sie **vorgezogenes Altersruhegeld** in Anspruch nehmen können (*BAG* 14.02.1984 EzA § 112 BetrVG 1972 Nr. 30 S. 207 ff. = AP Nr. 21 zu § 112 BetrVG 1972 Bl. 3 f. *[Konzen]* = SAE 1985, 321 *[Löwisch]*; 26.07.1988 EzA § 112 BetrVG 1972 Nr. 43 S. 3 ff. = AP Nr. 45 zu § 112 BetrVG 1972 Bl. 2 R f. *[Löwisch]* = SAE 1989, 163 *[Bengelsdorf]*; 11.07.1995 EzA § 4 TVG Öffnungsklausel Nr. 1 S. 6 f. = AP Nr. 10 zu § 1 TVG Tarifverträge: Versicherungsgewerbe Bl. 3; 11.11.2008 EzA § 112 BetrVG 2001 Nr. 30 Rn. 19 ff. = AP Nr. 196 zu § 112 BetrVG 1972; *LAG Baden-Württemberg* 24.02.2012 – 12 Sa 51/10 – juris; *LAG Berlin-Brandenburg* 20.11.2007 – 19 Sa 1416/07 – juris; *Hess. LAG* 21.02.2006 AuR 2006, 414 [LS]; *LAG Köln* 04.06.2007 LAGE § 75 BetrVG 2001 Nr. 6 S. 5; *LAG Rheinland-Pfalz* 26.10.2001 MDR 2002, 707 [707]; für die Bezieher von Altersübergangsgeld *LAG Berlin* 09.12.1992 LAGE § 112 BetrVG 1972 Nr. 25 S. 5; s. a. *Kreutz* FS *E. Wolf*, S. 309 [329 ff.]) oder die Voraussetzungen für den **übergangslosen Rentenbezug nach Ablauf des Anspruchs auf Arbeitslosengeld** erfüllen (*BAG* 14.02.1984 EzA § 112 BetrVG 1972 Nr. 30 S. 207 ff. = AP Nr. 21 zu § 112 BetrVG 1972 Bl. 3 f. *[Konzen]* = SAE 1985, 321 *[Löwisch]*; 31.07.1996 EzA § 112 BetrVG 1972 Nr. 86 S. 3 = AP Nr. 103 zu § 112 BetrVG 1972 Bl. 2 R; bestätigt durch *BAG* 30.09.2008 EzA § 112 BetrVG 2001 Nr. 29 Rn. 38 = AP Nr. 197 zu § 112 BetrVG 1972; 20.01.2009 AP Nr. 198 zu § 112 BetrVG 1972 = NZA 2009, 459; 26.05.2009 EzA § 112 BetrVG 2001 Nr. 31 Rn. 50 = AP Nr. 200 zu § 112 BetrVG 1972 = NZA 2009, 849; 26.03.2013 EzA § 112 BetrVG 2001 Nr. 49 Rn. 20 ff. = AP Nr. 221 zu § 112 BetrVG 1972 = NZA 2013, 921; 23.04.2013 EzA § 112 BetrVG 2001 Nr. 51 Rn. 22 ff. = NZA 2013, 980; 09.12.2014 EzA § 112 BetrVG 2001 Nr. 52 Rn. 21 ff. = AP Nr. 225 zu § 112 BetrVG 1972 = NZA 2015, 365; *LAG Hamm* 14.04.2003 NZA-RR 2003, 584 [586]);
- Arbeitnehmer von Sozialplanleistungen ausgenommen werden, die wegen des befristeten Bezugs einer vollen **Erwerbsminderungsrente** nicht beschäftigt sind und mit der Wiederherstellung ihrer Arbeitsfähigkeit auch nicht zu rechnen ist (*BAG* 07.06.2011 EzA § 112 BetrVG 2001 Nr. 45 = AP Nr. 217 zu § 112 BetrVG 1972 = NZA 2011, 1370; zweifelnd *Zange* NZA 2013, 601 [604]; s. auch *BVerfG* 25.03.2015 EzA § 112 BetrVG 2001 Nr. 45a Rn. 8 ff. = AP Nr. 226 zu § 112 BetrVG 1972 = NZA 2015, 1248 [Nichtannahme der Verfassungsbeschwerde]);
- **Höchstbegrenzungsklauseln** für Abfindungen wegen des Verlusts des Arbeitsplatzes vereinbart werden (*BAG* 23.08.1988 EzA § 112 BetrVG 1972 Nr. 44 S. 7 f. = AP Nr. 46 zu § 112 BetrVG 1972 Bl. 3 R f. *[Löwisch]* = SAE 1989, 165 *[Bengelsdorf]*; 19.10.1999 EzA § 112 BetrVG 1972 Nr. 104 S. 4 ff. = AP Nr. 135 zu § 112 BetrVG 1972 Bl. 2 R; 02.10.2007 EzA § 75 BetrVG 2001 Nr. 6 Rn. 7 *[Mohr]* = AP Nr. 52 zu § 75 BetrVG 1972; 21.07.2009 EzA § 112 BetrVG 2001 Nr. 33 Rn. 14 = AP Nr. 202 zu § 112 BetrVG 1972 = NZA 2009, 1107; *LAG Köln*

21.04.2008 ZIP 2008, 2186 [2186 f.]; *LAG Nürnberg* 12.11.2014 LAGE § 112 BetrVG 2001 Nr. 12 = BeckRS 2015, 65218);
– Stichtagsregelungen, die auf das **60. Lebensjahr** abstellen und zwischen »**rentennahen**« und »**rentenfernen**« Arbeitnehmern differenzieren (*BAG* 26.05.2009 EzA § 112 BetrVG 2001 Nr. 31 Rn. 46 ff. = AP Nr. 200 zu § 112 BetrVG 1972 = NZA 2009, 849; *LAG Rheinland-Pfalz* 20.08.2015 – 2 Sa 70/15 – BeckRS 2015, 73662; ferner *BGH* 09.03.2016 NZA-RR 2016, 315 Rn. 24 ff., jedoch zu § 10 Satz 3 Nr. 6 AGG; s. a. Rdn. 381 ff.);
– **beurlaubte Beamte** aus dem Geltungsbereich eines Sozialplans herausgenommen werden (*BAG* 08.12.2015 EzA § 112 BetrVG 2001 Nr. 56 Rn. 16 ff. = AP Nr. 233 zu § 112 BetrVG 1972 = NZA 2016, 767 sowie zuvor in der Rechtsprechung der Instanzgerichte z. B. *LAG Düsseldorf* 02.07.2014 NZA-RR 2014, 587; *LAG Hamburg* 01.10.2015 – 2 Sa 70/14 – juris; *LAG Hamm* 06.06.2014 – 18 Sa 1686/13 – BeckRS 2014, 74036; *LAG Nürnberg* 13.08.2014 – 2 Sa 256/14 –BeckRS 2014, 73165; *LAG Rheinland-Pfalz* 02.12.2014 – 7 Sa 466/14 – BeckRS 2015, 65680);
– neben einer nach der Betriebszugehörigkeit und dem Arbeitsverdienst bemessenen Grundabfindung mit dem Erreichen eines bestimmten Lebensalters der Höhe nach **gestaffelte Alterszuschläge** gewährt werden (*BAG* 12.04.2011 EzA § 112 BetrVG 2001 Nr. 42 Rn. 12 = AP Nr. 215 zu § 112 BetrVG 1972 = NZA 2011, 985);
– bei einer Sozialplanabfindung **Altersgruppen** gebildet werden und hierbei Arbeitnehmer erst ab dem 40. Lebensjahr die volle Abfindung erhalten, jüngere Arbeitnehmer hingegen prozentuale Abschläge (30–39 Jahre = 90 %, bis zum 30. Lebensjahr 80 %) hinnehmen müssen (*BAG* 12.04.2011 EzA § 112 BetrVG 2001 Nr. 44 Rn. 19 ff. = AP Nr. 216 zu § 112 BetrVG 1972 = NZA 2011, 988);
– **Anrechnungsklauseln** eine Kumulation mit Abfindungsansprüchen auf anderer Rechtsgrundlage verhindern, die demselben Zweck wie der Sozialplananspruch dienen (*BAG* 14.11.2006 EzA § 112 BetrVG 2001 Nr. 19 Rn. 28 = AP Nr. 181 zu § 112 BetrVG 1972 [für tarifvertragliche Abfindungsansprüche]; 19.06.2007 EzA § 1a KSchG Nr. 2 Rn. 37 = AP Nr. 4 zu § 1a KSchG 1969 [für Abfindungsansprüche nach § 1a KSchG]);
– Abfindungen bei **teilzeitbeschäftigten Arbeitnehmern** nach dem Verhältnis ihrer persönlichen Arbeitszeit im Zeitpunkt der Kündigung zur tariflichen Arbeitszeit bemessen werden (*BAG* 28.10.1992 EzA § 112 BetrVG 1972 Nr. 65 S. 6 = AP Nr. 66 zu § 112 BetrVG 1972 Bl. 2 R f. = SAE 1994, 121 *[Milde]* sowie *BAG* 14.08.2001 EzA § 112 BetrVG 2001 Nr. 108 S. 5 = AP Nr. 142 zu § 112 BetrVG 1972 Bl. 2 R; 13.02.2007 EzA § 4 TzBfG Nr. 11 Rn. 15 = AP Nr. 13 zu § 4 TzBfG; 22.09.2009 EzA § 112 BetrVG 2001 Nr. 34 Rn. 17 = AP Nr. 204 zu § 112 BetrVG 1972; s. a. *LAG Bremen* 27.04.2006 NZA-RR 2007, 68 [71]);
– bei der **Berechnung der Abfindungshöhe** Mehrarbeitszuschläge einbezogen werden, Zuschläge für Nacht-, Sonn- und Feiertagsarbeit hingegen unberücksichtigt bleiben (*LAG Düsseldorf* 25.08.2011 – 4 Sa 400/11 – juris);
– nach der **Schwere der möglichen Nachteile** und deren **Vermeidbarkeit** differenziert wird (*BAG* 14.02.1984 EzA § 112 BetrVG 1972 Nr. 30 S. 205 = AP Nr. 21 zu § 112 BetrVG 1972 Bl. 2 *[Konzen]* = SAE 1985, 321 *[Löwisch]*; 26.07.1988 EzA § 112 BetrVG 1972 Nr. 43 S. 3 = AP Nr. 45 zu § 112 BetrVG 1972 Bl. 2 R *[Löwisch]* = SAE 1989, 163 *[Bengelsdorf]*; 28.04.1993 EzA § 112 BetrVG 1972 Nr. 68 S. 8 = AP Nr. 67 zu § 112 BetrVG 1972 Bl. 3 R = AR-Blattei ES 260, Entsch. 1 *[Buschbeck-Bülow]*; 11.08.1993 EzA § 112 BetrVG 1972 Nr. 70 S. 4 = AP Nr. 71 zu § 112 BetrVG 1972 Bl. 2 R; 20.04.1994 EzA § 112 BetrVG 1972 Nr. 75 S. 4 f. = AP Nr. 77 zu § 112 BetrVG 1972 Bl. 2 *[Ernst]*; 09.11.1994 EzA § 112 BetrVG 1972 Nr. 78 S. 4 = AP Nr. 85 zu § 112 BetrVG 1972 Bl. 2 R; 19.07.1995 EzA § 112 BetrVG 1972 Nr. 82 S. 6 = AP Nr. 96 zu § 112 BetrVG 1972 Bl. 2 R *[v. Hoyningen-Huene]* = SAE 1996, 236 *[Kraft]*);
– Arbeitnehmer, die aufgrund eines vor der Mitteilung der Betriebsschließung abgeschlossenen **Aufhebungsvertrags** ausscheiden, einen geringeren Abfindungsanspruch erhalten als diejenigen, deren Arbeitsverhältnis infolge einer später getroffenen Vereinbarung endet (*BAG* 24.11.1993 EzA § 112 BetrVG 1972 Nr. 71 S. 8 f. = AP Nr. 72 zu § 112 BetrVG 1972 Bl. 3 R = AR-Blattei ES 1470, Entsch. 53 *[Glatzel]*; 06.05.2003 EzA § 112 BetrVG 2001 Nr. 8 S. 9 = AP Nr. 161 zu § 112 BetrVG 1972 Bl. 4 *[Oetker]*; s. a. *LAG Schleswig-Holstein* 29.08.2002 DB 2002, 2552);
– Sozialplanleistungen nicht nach der **Dauer der Betriebszugehörigkeit** bemessen werden (*BAG* 09.11.1994 EzA § 112 BetrVG 1972 Nr. 78 S. 5 f. = AP Nr. 85 zu § 112 BetrVG 1972 Bl. 3 R), **Betriebszugehörigkeitszeiten** bei der Bemessung **unberücksichtigt bleiben**, die der Arbeit-

nehmer bei einem **Rechtsvorgänger** des Arbeitgebers zurückgelegt hat (*BAG* 16.03.1994 EzA § 112 BetrVG 1972 Nr. 73 S. 4 = AP Nr. 75 zu § 112 BetrVG 1972 Bl. 2 R; 30.03.1994 EzA § 112 BetrVG 1972 Nr. 74 S. 3 = AP Nr. 76 zu § 112 BetrVG 1972 Bl. 2 R); andererseits steht es jedoch auch nicht im Widerspruch zu § 75 Abs. 1 Satz 1, wenn die Höhe von Sozialplanleistungen nach der Dauer der Betriebszugehörigkeit bemessen wird (*BAG* 14.08.2001 EzA § 112 BetrVG 1972 Nr. 108 S. 4 f. = AP Nr. 142 zu § 112 BetrVG 1972 Bl. 2; 12.11.2002 EzA § 112 BetrVG 2001 Nr. 3 S. 5 = AP Nr. 159 zu § 112 BetrVG 1972 Bl. 2 R; 22.11.2007 EzA § 112 BetrVG 2001 Nr. 22 Rn. 18 = AP Nr. 183 zu § 112 BetrVG 1972; 26.05.2009 EzA § 112 BetrVG 2001 Nr. 31 Rn. 29 ff. = AP Nr. 200 zu § 112 BetrVG 1972 = NZA 2009, 849);
- bei der Bemessung einer Abfindung nur **Zeiten einer tatsächlichen Beschäftigung** Berücksichtigung finden und dies nicht gegen höherrangiges Recht verstößt (*BAG* 12.11.2002 EzA § 112 BetrVG 2001 Nr. 3 S. 6 f. = AP Nr. 159 zu § 112 BetrVG 1972 Bl. 3);
- eine Sozialplanregelung hinsichtlich der zu kündigenden Arbeitnehmer an die zu erwartenden **Nachteile** anknüpft und unberücksichtigt lässt, dass diese **im Einzelfall** nicht oder **nicht** im angenommenen Umfange **eintreten** (*BAG* 20.04.1994 EzA § 112 BetrVG 1972 Nr. 75 S. 8 f. = AP Nr. 77 zu § 112 BetrVG 1972 Bl. 3 R f. *[Ernst]*; 09.11.1994 EzA § 112 BetrVG 1972 Nr. 78 S. 6 f. = AP Nr. 85 zu § 112 BetrVG 1972 Bl. 3 R; 02.10.2007 EzA § 77 BetrVG 2001 Nr. 20 Rn. 17);
- eine Sozialplanregelung, die zwischen denjenigen Arbeitnehmern, die aufgrund eines **Betriebsübergangs nach § 613a BGB** ihren Arbeitsplatz erhalten und denjenigen unterscheidet, die ihre Weiterbeschäftigung in einem anderen Betrieb unter Wahrung aller aus dem früheren Arbeitsverhältnis entstandenen Rechte vereinbaren (*BAG* 17.04.1996 EzA § 112 BetrVG 1972 Nr. 84 S. 5 f. = AP Nr. 101 zu § 112 BetrVG 1972 Bl. 3 f. = AR-Blattei ES 800, Entsch. 123 *[Mayer-Maly]*);
- eine erhöhte Abfindung nur solche Mitarbeiter erhalten, deren **unterhaltspflichtige Kinder** in der **Lohnsteuerkarte** eingetragen sind (*BAG* 12.03.1997 EzA § 112 BetrVG 1972 Nr. 93 S. 4 = AP Nr. 111 zu § 112 BetrVG 1972 Bl. 2 R; *LAG Brandenburg* 08.05.2002 NZA-RR 2003, 424; *LAG Hamm* 15.03.2006 NZA-RR 2006, 572 [574]; **a. M.** *LAG Düsseldorf* 02.09.2015 LAGE Art. 3 GG Nr. 20 = BeckRS 2015, 72657);
- der Sozialplan eine **Höchstbetragsklausel** bei einer nach Alter und Betriebszugehörigkeit steigenden Abfindung für den Fall vorsieht, dass der Arbeitnehmer das **Angebot der Weiterbeschäftigung** in einem anderen Werk des Arbeitgebers **ablehnt** und infolgedessen entlassen wird (*BAG* 19.10.1999 EzA § 112 BetrVG 1972 Nr. 104 S. 5 = AP Nr. 135 zu § 112 BetrVG 1972 Bl. 2 R; s. a. *BAG* 23.08.1988 EzA § 112 BetrVG 1972 Nr. 44 S. 8 f. = AP Nr. 46 zu § 112 BetrVG 1972 Bl. 3 R f. *[Löwisch]* = SAE 1989, 165 *[Bengelsdorf]*); Entsprechendes gilt für den Ausschluss oder die Minderung des Abfindungsanspruchs bei Arbeitnehmern, die ein zumutbares Weiterbeschäftigungsangebot des Arbeitgebers ablehnen (*BAG* 06.11.2007 EzA § 112 BetrVG 2001 Nr. 25 Rn. 15 ff. = AP Nr. 190 zu § 112 BetrVG 1972; s. a. § 112 Abs. 5 Satz 2 Nr. 2 [dazu Rdn. 467 ff.]).

d) Rechtsfolgen

393 Steht die Regelung eines Sozialplans im Widerspruch zu den in Rdn. 367 bis 391 erörterten Schranken, dann entfaltet diese keine Rechtswirkungen, ohne jedoch zur Unwirksamkeit des gesamten Sozialplans zu führen. Eine Ausnahme gilt nur, wenn sich der Sozialplan wegen des Fortfalls des unwirksamen Teils nicht mehr als eine sinnvolle und in sich geschlossene Regelung darstellt (s. Rdn. 166). Werden einzelne von der Betriebsänderung betroffene Arbeitnehmer von Sozialplanleistungen ausgenommen oder diese nur in verringertem Umfang gewährt, so führt die Unwirksamkeit der entsprechenden Sozialplanbestimmung (s. *BAG* 17.11.2015 EzA § 112 BetrVG 2001 Nr. 55 Rn. 34 = AP Nr. 232 zu § 112 BetrVG 1972 = NZA 2015, 501) dazu, dass sich das finanzielle Gesamtvolumen des Sozialplans erhöht. Solange die hiermit verbundene Mehrbelastung des Arbeitgebers im Verhältnis zum Gesamtvolumen des Sozialplans nicht ins Gewicht fällt, ist diese hinzunehmen (zuletzt *BAG* 21.10.2003 EzA § 112 BetrVG 2001 Nr. 9 S. 6 = AP Nr. 163 zu § 112 BetrVG 1972 Bl. 3 R; 24.08.2004 EzA § 112 BetrVG 2001 Nr. 12 S. 16 = AP Nr. 174 zu § 112 BetrVG 1972 Bl. 7 R *[Meyer]*; 19.02.2008 EzA § 112 BetrVG 2001 Nr. 26 Rn. 42 = AP Nr. 191 zu § 112 BetrVG 1972; *LAG Hamburg* 30.06.2006 LAGE § 75 BetrVG 2001 Nr. 3 S. 6; *Hess. LAG* 01.12.2011 – 11 Sa 154/11 – juris;

LAG München 27.03.2014 – 3 Sa 106/13 – BeckRS 2014, 71928; **a. M.** *Huth* Sozialplanänderungen, S. 219).

Dabei ist die Zahl der Arbeitnehmer, auf die sich die Mehrbelastung verteilt, ohne Bedeutung (*BAG* 21.10.2003 EzA § 112 BetrVG 2001 Nr. 9 S. 6 = AP Nr. 163 zu § 112 BetrVG 1972 Bl. 3 R). Ein exakter Schwellenwert, welche prozentuale Erhöhung des Gesamtvolumens der Arbeitgeber noch hinzunehmen hat, lässt sich der Rechtsprechung nicht entnehmen; bei 1,7 % sah das *BAG* die Grenze jedoch noch nicht als überschritten an (*BAG* 21.10.2003 EzA § 112 BetrVG 2001 Nr. 9 S. 7 = AP Nr. 163 zu § 112 BetrVG 1972 Bl. 3 R), anders entschied hingegen das *LAG Hamburg* bei einer Mehrbelastung von 6,91 % bzw. 27,14 % (*LAG Hamburg* 30.06.2006 LAGE § 75 BetrVG 2001 Nr. 3 S. 7) sowie das *LAG Hessen* bei einer Mehrbelastung von rund 80 % (*Hess. LAG* 01.12.2011 – 11 Sa 154/11 – juris). Übersteigt die infolge der Mehrbelastung eintretende Erhöhung des Gesamtvolumens das für den Arbeitgeber hinnehmbare Maß, dann hat dies die Gesamtnichtigkeit des Sozialplans zur Folge (*BAG* 21.10.2003 EzA § 112 BetrVG 2001 Nr. 9 S. 7 = AP Nr. 163 zu § 112 BetrVG 1972 Bl. 3 R; **a. M.** *Preis/Bender/WPK* §§ 112, 112a Rn. 56, die unter Rückgriff auf § 313 BGB eine Pflicht zur Neuverhandlung und Anpassung des Sozialplans befürworten).

394

2. Grenzen der Sozialplangestaltung im Insolvenzverfahren

a) Allgemeines

Auf Betriebsänderungen während des Insolvenzverfahrens finden zwar grundsätzlich die §§ 111 ff. Anwendung (s. § 111 Rdn. 42 ff.), die Insolvenzordnung legt aber insbesondere für den Sozialplan in den §§ 123 und 124 InsO ergänzende Regelungen fest, die die zuvor in dem Gesetz über den Sozialplan im Konkurs- und Vergleichsverfahren vom 20.02.1985 (BGBl. I, S. 369 ff.; dazu *Fabricius* 6. Aufl., §§ 112, 112a Rn. 146 ff.) niedergelegten Bestimmungen ablösten. Dabei differenziert das Gesetz nach den verschiedenen **Zeiträumen**, in denen der **Sozialplan zustande gekommen** ist. Für diejenigen Sozialpläne, die **nach Eröffnung des Insolvenzverfahrens** zustande gekommen sind, legt § 123 in Form einer **absoluten** (§ 123 Abs. 1 InsO) und einer **relativen** (§ 123 Abs. 2 InsO) **Obergrenze** das maximale **Sozialplanvolumen** fest. Der Anwendungsbereich des § 124 InsO erstreckt sich demgegenüber auf Sozialpläne, die **vor Eröffnung des Insolvenzverfahrens**, jedoch nicht früher als drei Monate vor dem Eröffnungsantrag aufgestellt worden sind. Unter den in § 124 Abs. 1 InsO genannten Voraussetzungen **kann** der Insolvenzverwalter oder der Betriebsrat diese Sozialpläne **widerrufen** (näher dazu Rdn. 262 ff.).

395

Die §§ 123, 124 InsO zielen darauf ab, die Betriebsverfassung mit den Bedürfnissen des Insolvenzverfahrens abzustimmen (*Reg. Begr.* BT-Drucks. 12/2443, S. 98). Durch die absolute und die relative Begrenzung des Sozialplanvolumens sollen die Belange der Arbeitnehmer und die Interessen der Gläubiger ausgeglichen werden (*Reg. Begr.* BT-Drucks. 12/2443, S. 98). Das Widerrufsrecht nach § 124 Abs. 1 InsO ermöglicht, bei der Sozialplanaufstellung im Insolvenzverfahren Leistungen an die bereits von einem früheren Sozialplan erfassten Arbeitnehmer unter besserer Berücksichtigung der wirtschaftlichen Lage des Unternehmens neu festzusetzen. Damit dient die Vorschrift letztlich auch der Gleichbehandlung der Arbeitnehmer (*Reg. Begr.* BT-Drucks. 12/2443, S. 155). Aufgrund ihres Zwecks regeln die §§ 123, 124 InsO abschließend, in welchem Umfang Leistungen in einem Sozialplan zu Lasten der Masse vereinbart werden dürfen (*LAG Niedersachsen* 24.09.2009 ZIP 2010, 442 [445]).

396

Die Vorschriften sind nicht nur dann anzuwenden, wenn für das Insolvenzverfahren deutsches Recht maßgebend ist. Wegen Art. 13 der Verordnung (EG) 2015/848 (EuInsVO) oder § 337 InsO gelten die §§ 123, 124 InsO auch dann, wenn das **Insolvenzverfahren** nach dem **Recht eines anderen Staates** eröffnet worden ist, da die §§ 123, 124 InsO die betriebsverfassungsrechtlichen Vorschriften ergänzen und für diese wegen des Territorialitätsprinzips das deutsche Recht anzuwenden ist, wenn der Betrieb in Deutschland gelegen ist (*Hess. LAG* 31.05.2011 – 4 TaBV 153/10 – juris; s. a. *BAG* 20.09.2012 EzA § 125 InsO Nr. 8 Rn. 30 ff. = AP Nr. 10 zu § 125 InsO = NZA 2013, 797; allgemein hierzu *Franzen* § 1 Rdn. 4 f.).

397

b) Anwendungsbereich der §§ 123, 124 InsO

aa) Sozialplan i. S. d. §§ 123, 124 InsO

398 Die §§ 123, 124 InsO beziehen sich auf den »Sozialplan«, d. h. die Einigung über den Ausgleich oder die Milderung der wirtschaftlichen Nachteile, die den Arbeitnehmern infolge der geplanten Betriebsänderung entstehen (§ 112 Abs. 1 Satz 2). Für die Anwendung der §§ 123, 124 InsO ist daher das **Vorliegen einer Betriebsänderung** i. S. d. § 111 erforderlich (statt aller *Casper*/MK-InsO, § 123 Rn. 7). Der **Eintritt der Insolvenz** bzw. der **Antrag auf Eröffnung** des Insolvenzverfahrens reichen für sich alleine nicht aus (*BAG* 11.11.1997 EzA § 111 BetrVG 1972 Nr. 36 S. 4 = AP Nr. 42 zu § 111 BetrVG 1972 Bl. 3 R; *Annuß* NZI 1999, 344 [344]; *Boemke/Tietze* DB 1999, 1389; *Matthes*/MünchArbR § 271 Rn. 2; *Preis/Bender/WPK* §§ 112, 112a Rn. 84; *Richardi/Annuß* Anh. zu § 113 Rn. 18; *Schwerdtner* Kölner Schrift zur Insolvenzordnung, Rn. 1, 10). Liegt einer Einigung keine Betriebsänderung im vorstehenden Sinne zugrunde, dann sind die §§ 123, 124 InsO nicht anwendbar. Gleiches gilt, wenn in dem Betrieb kein Betriebsrat besteht und die Einigung unmittelbar mit den Arbeitnehmern getroffen wird (*Hess* Insolvenzarbeitsrecht, § 123 Rn. 11).

399 Im Schrifttum wird teilweise die Anwendung der §§ 123, 124 InsO auf **freiwillige Sozialpläne**, d. h. solche, die nicht durch einen Spruch der Einigungsstelle zustande kommen können, generell abgelehnt (*Däubler/DKKW* § 123 InsO Rn. 27; *Preis/Bender/WPK* §§ 112, 112a Rn. 91; *Schwerdtner* Kölner Schrift zur Insolvenzordnung, Rn. 49). Hiergegen spricht jedoch der Zweck der vorgenannten insolvenzrechtlichen Bestimmungen. Das Interesse an einer Beschränkung des Sozialplanvolumens und dem Widerruf von Sozialplänen aus der Zeit vor Eröffnung des Insolvenzverfahrens besteht unabhängig davon, ob der Sozialplan nach § 112 Abs. 4 und 5 erzwingbar ist bzw. die Betriebsänderung die Pflicht zur Verhandlung über einen Sozialplan auslöst. Deshalb sind die §§ 123, 124 InsO auch auf solche Sozialpläne anwendbar, die mangels Sozialplanpflichtigkeit bzw. Erzwingbarkeit freiwillig abgeschlossen werden (*Caspers*/MK-InsO, § 123 Rn. 9, 19; *Hess* Insolvenzarbeitsrecht, § 123 Rn. 11; *Moll* in: *Kübler/Prütting/Bork* InsO, §§ 123, 124 Rn. 42; a. M. *Preis/Bender/WPK* §§ 112, 112a Rn. 91). Aus dem vorgenannten Grunde erfassen die §§ 123, 124 InsO auch sog. **Vorrats- bzw. vorsorgliche Sozialpläne** (*Hess* Insolvenzarbeitsrecht, § 123 Rn. 11; *Moll* in: *Kübler/Prütting/Bork* InsO, §§ 123, 124 Rn. 43). Für die **Ansprüche auf einen Nachteilsausgleich** gemäß § 113 sind die §§ 123, 124 InsO hingegen ohne Bedeutung (*Reg. Begr.* BT-Drucks. 12/2443, S. 98; *Moll* in: *Kübler/Prütting/Bork* InsO, §§ 123, 124 Rn. 39; *Richardi/Annuß* Anh. zu § 113 Rn. 13; *Warrikoff* BB 1994, 2338 [2339] sowie § 113 Rdn. 97).

400 Da sich die absolute Obergrenze des Sozialplanvolumens nach § 123 Abs. 1 InsO, auf den auch § 123 Abs. 2 InsO ausdrücklich Bezug nimmt, nach der Anzahl der von einer Entlassung betroffenen Arbeitnehmer bemisst, sollen nach einem Teil der Literatur die §§ 123, 124 InsO lediglich **für Entlassungssozialpläne** gelten, so dass Sozialpläne, die aufgrund einer Betriebsänderung ohne Personalabbau abgeschlossen werden, nicht den Einschränkungen des § 123 InsO unterliegen. Aus diesem Grunde seien in Sozialplänen nach § 123 InsO nur diejenigen Arbeitnehmer zu berücksichtigen, die entlassen werden sollen (*Boemke/Tietze* DB 1999, 1389 [1392]; *Däubler/DKKW* § 123 InsO Rn. 23; *Hess* Insolvenzarbeitsrecht, § 123 Rn. 28; *Moll* in: *Kübler/Prütting/Bork* InsO, §§ 123, 124 Rn. 31 ff.; *Schwerdtner* Kölner Schrift zur Insolvenzordnung, Rn. 45, 135). Ferner sollen wirtschaftliche Nachteile, die auf anderen Gründen als Entlassungen beruhen, nicht ausgeglichen werden können, wenn keine Arbeitnehmer entlassen werden (*Annuß* NZI 1999, 344 [349]; *Caspers* Personalabbau, Rn. 435; *Richardi/Annuß* Anh. zu § 113 Rn. 6; wohl auch *Tretow* Personalabbaumaßnahmen, S. 296).

401 Der Normzweck spricht dafür, § 123 Abs. 1 InsO auch auf derartige Sozialpläne und den Ausgleich solcher wirtschaftlicher Nachteile anzuwenden, die sich nicht auf Entlassungen von Arbeitnehmern beziehen (zust. *Bürgel* Berechnungs- und Haftungsdurchgriff, S. 51 ff.; *Caspers*/MK-InsO, § 123 Rn. 27; *Gottwald/Bertram* Insolvenzrechts-Handbuch, § 108 Rn. 151 sowie *Fitting* §§ 112, 112a Rn. 308: § 123 Abs. 1 InsO analog), da § 123 InsO einen Ausgleich zwischen den Belangen der Arbeitnehmer und den Interessen der Gläubiger herstellen soll (s. Rdn. 396). Diese sind unabhängig davon betroffen, ob die mit dem Sozialplan auszugleichenden wirtschaftlichen Nachteile auf einer Entlassung oder sonstigen Veränderungen beruhen. Mit diesem Normzweck ist die Auffassung, der Gesetzgeber habe für den letzteren Fall keinerlei Beschränkungen des Sozialplanvolumens regeln wollen, nicht vereinbar. Die Eingrenzung der §§ 123, 124 InsO auf so genannte Entlassungssozialpläne

würde des Weiteren dazu führen, dass nur die Verbindlichkeiten aus solchen Sozialplänen der relativen Obergrenze und den damit verbundenen Verteilungsbeschränkungen des § 123 Abs. 2 InsO unterfielen.

bb) Zeitlicher Anwendungsbereich

(1) § 123 InsO

Die Sonderregelung des § 123 InsO gilt für alle Sozialpläne, die **nach Eröffnung des Insolvenzverfahrens** aufgestellt werden, unabhängig davon, ob die Betriebsänderung bereits vor oder erst nach der Stellung des Insolvenzantrags bzw. der Insolvenzeröffnung geplant oder eingeleitet wird (*Caspers*/MK-InsO, § 123 Rn. 13; *Schwerdtner* Kölner Schrift zur Insolvenzordnung, Rn. 1). Der Zeitpunkt der Eröffnung des Insolvenzverfahrens ergibt sich unmittelbar aus dem **Eröffnungsbeschluss**, in dem die Stunde der Eröffnung anzugeben ist (§ 27 Abs. 1 Nr. 3 InsO). Fehlt diese Angabe, so gilt nach § 27 Abs. 2 InsO die Mittagsstunde des Tages, an dem der Eröffnungsbeschluss erlassen wurde, als Stunde der Eröffnung. 402

Aufgestellt ist der Sozialplan in dem Zeitpunkt, in dem er zustande kommt, d. h. im rechtlichen Sinne existent wird. Das kann der Zeitpunkt der schriftlichen **Niederlegung der Einigung** zwischen Insolvenzverwalter und Betriebsrat oder die schriftliche **Niederlegung des Spruchs der Einigungsstelle** sein (*Eisenbeis*/FK-InsO, § 124 Rn. 9; *ders.*/*Mues* Arbeitsrecht in der Insolvenz, 2000, Rn. 592; *Hess* Insolvenzarbeitsrecht, § 123 Rn. 20; *Irschlinger*/HK-InsO, § 124 Rn. 6; *Moll* in: *Kübler*/*Prütting*/*Bork* InsO, §§ 123, 124 Rn. 24, 25; *Schwerdtner* Kölner Schrift zur Insolvenzordnung, Rn. 126; *Tretow* Personalabbaumaßnahmen, S. 319). Der Zeitpunkt der **Zustimmung des Gläubigerausschusses bzw. der Gläubigerversammlung** nach § 160 InsO ist dagegen unbeachtlich, weil ein Verstoß gegen das Zustimmungserfordernis die Wirksamkeit des Sozialplans nicht berührt (§ 164 InsO; ebenso *Caspers*/MK-InsO, § 123 Rn. 26). 403

(2) § 124 InsO

Demgegenüber findet § 124 InsO nur auf Sozialpläne Anwendung, die **vor Eröffnung des Insolvenzverfahrens**, aber nicht früher als drei Monate vor dem Eröffnungsantrag aufgestellt worden sind (§ 124 Abs. 1 InsO). Ein Antrag auf Eröffnung des Insolvenzverfahrens (§ 13 InsO) ist gestellt, wenn ein nach den §§ 14, 15 InsO Antragsberechtigter diesen bei dem Insolvenzgericht schriftlich eingereicht oder mündlich zum Protokoll der Geschäftsstelle angebracht hat (§ 496 ZPO, § 4 InsO). Ausgehend von diesem Ereignis ist die Drei-Monats-Frist nach den §§ 186, 187 Abs. 1, 188 Abs. 2 und 3 BGB zu ermitteln (*Caspers*/MK-InsO, § 124 Rn. 3; *Eisenbeis*/*Mues* Arbeitsrecht in der Insolvenz, 2000, Rn. 567; *Hamacher* in: *Nerlich*/*Römermann* InsO, § 124 Rn. 5; *Moll* in: *Kübler*/*Prütting*/*Bork* InsO, §§ 123, 124 Rn. 29; *Preis*/*Bender*/*WPK* §§ 112, 112a Rn. 92; *Schwerdtner* Kölner Schrift zur Insolvenzordnung, Rn. 127; *Tretow* Personalabbaumaßnahmen, S. 320). 404

c) Sozialpläne nach Eröffnung des Insolvenzverfahrens

aa) Absolute Obergrenze

Wird ein Sozialplan nach Eröffnung des Insolvenzverfahrens aufgestellt, so begrenzt § 123 Abs. 1 InsO dessen Volumen. Für den Ausgleich und die Milderung der wirtschaftlichen Nachteile, die den Arbeitnehmern infolge der geplanten Betriebsänderung entstehen, darf lediglich ein **Gesamtbetrag von bis zu 2½ Monatsverdiensten** der von einer Entlassung betroffenen Arbeitnehmer vorgesehen werden. Auch eine konzerndimensionale Betrachtung (s. dazu Rdn. 445 ff.) ist nicht in der Lage, diesen Gesamtbetrag zu erhöhen (*ArbG Düsseldorf* 24.04.2006 – 2 BV 2/06 – juris). 405

bb) Ermittlung der Obergrenze

Der Monatsverdienst ist für jeden von einer Entlassung betroffenen Arbeitnehmer nach **§ 10 Abs. 3 KSchG**, auf den § 123 Abs. 1 InsO ausdrücklich Bezug nimmt, konkret zu bestimmen. Auf den Durchschnittsverdienst der Arbeitnehmer im Betrieb kann nicht zurückgegriffen werden (*Boemke*/*Tietze* DB 1999, 1389 [1391]; *Hamacher* in: *Nerlich*/*Römermann* InsO, § 123 Rn. 19; *Hess* Insolvenz- 406 arbeitsrecht, § 123 Rn. 33; *Moll* in: *Kübler/Prütting/Bork* InsO, §§ 123, 124 Rn. 59; *Preis/Bender/ WPK* §§ 112, 112a Rn. 86; *Richardi/Annuß* Anh. zu § 113 Rn. 6).

407 Der sich aus § 10 Abs. 3 KSchG ergebende maßgebliche **Bemessungszeitpunkt** (letzter Monat vor Beendigung des Arbeitsverhältnisses) ist problematisch, weil bei der Aufstellung des Sozialplans vielfach noch nicht feststeht, wann das jeweilige Arbeitsverhältnis endet (**a. M.** *Gottwald/Bertram* Insolvenzrechts-Handbuch, § 108 Rn. 149). Teilweise wird deshalb vorgeschlagen, abweichend von § 10 Abs. 3 KSchG die Verdienste des Monats zugrunde zu legen, in dem der Sozialplan abgeschlossen wird, und lediglich bei bereits ausgeschiedenen Arbeitnehmern auf den Zeitpunkt des Endes des Arbeitsverhältnisses abzustellen (*v. Diepenbroick-Grüter* Sozialplan, S. 72 ff.; *Hamacher* in: *Nerlich/Römermann* InsO, § 123 Rn. 17; *Moll* in: *Kübler/Prütting/Bork* InsO, § 123, 124 Rn. 62 f.; *Preis/Bender/ WPK* §§ 112, 112a Rn. 86; *Schwerdtner* Kölner Schrift zur Insolvenzordnung, Rn. 57 f.). Ein anderer Vorschlag geht dahin, auf den Monat abzustellen, in dem die Betriebsänderung durchgeführt wird, wobei die Mehrzahl der entlassenen Arbeitnehmer maßgeblich sein soll (*Eisenbeis/FK-InsO* § 123 Rn. 11; *ders./Mues* Arbeitsrecht in der Insolvenz, 2000, Rn. 571; *Irschlinger/HK-InsO*, § 123 Rn. 19).

408 Beide Varianten ermöglichen zwar die Ermittlung des maximal zulässigen Sozialplanvolumens bereits im Zeitpunkt des Sozialplanabschlusses bzw. in seiner zeitlichen Nähe, mit dem Wortlaut des § 10 Abs. 3 KSchG, den § 123 Abs. 1 InsO uneingeschränkt in Bezug nimmt, sind sie aber nicht zu vereinbaren. Die Schwierigkeiten bei der konkreten Bemessung der absoluten Obergrenze im Zeitpunkt des Sozialplanabschlusses können dadurch vermieden werden, dass der Sozialplan unter Offenlassung des Sozialplanvolumens nach einem Punktesystem aufgestellt wird und nur die Verteilungsrelationen verbindlich festgelegt werden (*Boemke/Tietze* DB 1999, 1389 [1391]; *Däubler/DKKW* § 123 InsO Rn. 13; *Gottwald/Bertram* Insolvenzrechts-Handbuch, § 108 Rn. 149; *Hamacher* in: *Nerlich/Römermann* InsO, § 123 Rn. 18; ähnlich *Fitting* §§ 112, 112a Rn. 298). Eine weitere Möglichkeit besteht darin, in dem Sozialplan eine anteilige Kürzung der festgelegten Sozialplanansprüche für den Fall des Überschreitens der absoluten Obergrenze zu vereinbaren (*Boemke/Tietze* DB 1999, 1389 [1392]; *Lakies* BB 1999, 206 [210]).

409 Bei der Ermittlung der absoluten Obergrenze sind nach § 123 Abs. 1 InsO alle **von** einer Entlassung betroffenen **Arbeitnehmer** zu berücksichtigen. Wegen der Regelungskompetenz des Betriebsrats gehören hierzu jedoch nur **Arbeitnehmer i. S. d. § 5 Abs. 1** (*Boemke/Tietze* DB 1999, 1389 [1391]; *Caspers*/MK-InsO, § 123 Rn. 28; *Däubler/DKKW* § 123 InsO Rn. 5; *Eisenbeis*/FK-InsO, § 123 Rn. 10; *Fitting* §§ 112, 112a Rn. 295; *Gottwald/Bertram* Insolvenzrechts-Handbuch, § 108 Rn. 147; *Hamacher* in: *Nerlich/Römermann* InsO, § 123 Rn. 16; *Hess* Insolvenzarbeitsrecht, § 123 Rn. 24; *Moll* in: *Kübler/Prütting/Bork* InsO, §§ 123, 124 Rn. 53; *Preis/Bender/WPK* §§ 112, 112a Rn. 88; *Schwerdtner* Kölner Schrift zur Insolvenzordnung, Rn. 52).

410 Für den **Begriff der Entlassung** in § 123 Abs. 1 InsO gilt das zu § 17 Abs. 1 Satz 2 KSchG, § 112a Abs. 1 Satz 2 anerkannte Begriffsverständnis (s. Rdn. 321 f.; ebenso *Annuß* NZI 1999, 344 [349]; *Boemke/Tietze* DB 1999, 1389 [1391]; *Däubler/DKKW* § 123 InsO Rn. 4; *v. Diepenbroick-Grüter* Sozialplan, S. 48 f.; *Eisenbeis*/FK-InsO, § 123 Rn. 10; *Fitting* §§ 112, 112a Rn. 296; *Gottwald/Bertram* Insolvenzrechts-Handbuch, § 108 Rn. 148; *Hamacher* in: *Nerlich/Römermann* InsO, § 123 Rn. 15; *Hess* Insolvenzarbeitsrecht, § 123 Rn. 30 f.; *Moll* in: *Kübler/Prütting/Bork* InsO, §§ 123, 124 Rn. 55; *Müller* in: *Smid* InsO, § 123 Rn. 10; *Preis/Bender/WPK* §§ 112, 112a Rn. 88; *Schwerdtner* Kölner Schrift zur Insolvenzordnung, Rn. 50). Zu den Entlassungen gehören deshalb auch der vom Arbeitgeber veranlasste **Abschluss eines Aufhebungsvertrags** sowie die vom Arbeitgeber veranlasste **Eigenkündigung des Arbeitnehmers** (zust. *Gottwald/Bertram* Insolvenzrechts-Handbuch, § 108 Rn. 148; *Preis/Bender/WPK* §§ 112, 112a Rn. 88).

411 Voraussetzung ist jedoch stets, dass die Entlassung auf der Betriebsänderung beruht, deren wirtschaftliche Nachteile der Sozialplan ausgleichen bzw. mildern soll. Daran fehlt es insbesondere bei einer **personen- bzw. verhaltensbedingten Kündigung** oder der Beendigung des Arbeitsverhältnisses durch **Fristablauf, Bedingungseintritt oder Anfechtung** (*Caspers*/MK-InsO, § 123 Rn. 60; *Hess* Insolvenzarbeitsrecht, § 123 Rn. 32; *Moll* in: *Kübler/Prütting/Bork* InsO, §§ 123, 124 Rn. 56; *Preis/Bender/WPK* §§ 112, 112a Rn. 88). Wenn die Ursächlichkeit der Betriebsänderung für die Entlassung feststeht, so kommt es nicht darauf an, ob der Arbeitnehmer bereits vor Abschluss des Sozial-

plans aus dem Betrieb ausgeschieden ist (*Annuß* NZI 1999, 344 [349]; *Boemke/Tietze* DB 1999, 1389 [1391]; *Däubler/DKKW* § 123 InsO Rn. 4; *v. Diepenbroick-Grüter* Sozialplan, S. 49 f.; *Fitting* §§ 112, 112a Rn. 296; *Hess* Insolvenzarbeitsrecht, § 123 Rn. 23, 31; *Moll* in: *Kübler/Prütting/Bork* InsO, §§ 123, 124 Rn. 57; *Richardi/Annuß* Anh. zu § 113 Rn. 7; *Schwerdtner* Kölner Schrift zur Insolvenzordnung, Rn. 48).

cc) Einhaltung der absoluten Obergrenze

Ob die absolute Obergrenze des § 123 Abs. 1 InsO bei der Aufstellung des Sozialplans beachtet wurde, ist durch die Summierung aller Sozialplanleistungen zu ermitteln (*Moll* in: *Kübler/Prütting/Bork* InsO, §§ 123, 124 Rn. 82 ff.). Eine Beschränkung der zu berücksichtigenden Sozialplanleistungen auf Abfindungsansprüche im engeren Sinne (*Matthes/*MünchArbR, 2. Aufl. 2000, § 363 Rn. 15) ist dem Wortlaut des § 123 InsO nicht zu entnehmen. Die Obergrenze gilt nach § 123 Abs. 1 InsO vielmehr für alle Leistungen zum Ausgleich oder zur Milderung der wirtschaftlichen Nachteile, die den Arbeitnehmern infolge der geplanten Betriebsänderung zuerkannt werden. Auch der Normzweck des § 123 Abs. 1 InsO erfordert keine einschränkende Auslegung. Die Belastung der Insolvenzmasse zugunsten der von einer Betriebsänderung betroffenen Arbeitnehmer hat der Gesetzgeber in Abwägung mit den Interessen der Insolvenzgläubiger auf eine Höchstgrenze festgelegt. Diese Abwägung würde ihre Bedeutung verlieren, wenn weitere Sozialplanleistungen die Masse über die absolute Obergrenze hinaus belasten könnten (*U. Fischer* KTS 2002, 53 [55 f.]; *Fitting* §§ 112, 112a Rn. 309; *Moll* in: *Kübler/Prütting/Bork* InsO, §§ 123, 124 Rn. 84; *Schwerdtner* Kölner Schrift zur Insolvenzordnung, Rn. 66). 412

Die absolute Obergrenze des § 123 Abs. 1 InsO ist auch zu beachten, wenn ein **Insolvenzplan** (§§ 217 ff. InsO) aufgestellt wird (*Caspers* Personalabbau, Rn. 447; *ders./*MK-InsO, § 123 Rn. 73; *Eisenbeis/*FK-InsO, § 123 Rn. 19; *ders./Mues* Arbeitsrecht in der Insolvenz, 2000, Rn. 578; *Hamacher* in: *Nerlich/Römermann* InsO, § 123 Rn. 29; *Moll* in: *Kübler/Prütting/Bork* InsO, §§ 123, 124 Rn. 88 f.; *Schmidt* Sozialplanbegriff, S. 199 f.); § 123 Abs. 2 Satz 2 InsO bezieht sich alleine auf die relative Obergrenze. Wegen des eindeutigen Wortlauts der Norm kann davon auch nicht mit Rücksicht auf die Gläubigerinteressen abgesehen werden. 413

dd) Überschreitung der absoluten Obergrenze

Wird die absolute Obergrenze des Sozialplanvolumens überschritten, ist der **Sozialplan** grundsätzlich gegenüber jedermann **nichtig** (*Annuß* NZI 1999, 344 [350]; *Boemke/Tietze* DB 1999, 1389 [1392]; *Bürgel* Berechnungs- und Haftungsdurchgriff, S. 55; *Däubler/DKKW* § 123 InsO Rn. 15; *Fitting* §§ 112, 112a Rn. 304 f.; *Hamacher* in: *Nerlich/Römermann* InsO, § 123 Rn. 24; *Hamberger* Insolvenzverfahren, S. 261; *Irschlinger/*HK-InsO, § 123 Rn. 21; *Lakies* BB 1999, 206 [210]; *Moll* in: *Kübler/Prütting/Bork* InsO, §§ 123, 124 Rn. 90; *Preis/Bender/WPK* §§ 112, 112a Rn. 85; *Richardi/Annuß* Anh. zu § 113 Rn. 9; *Schwerdtner* Kölner Schrift zur Insolvenzordnung, Rn. 67; **a. M.** *Caspers/*MK-InsO, § 123 Rn. 64, der für eine anteilige Kürzung der im Sozialplan vorgesehenen Leistungen plädieren), so dass die ursprüngliche Pflicht zur **Durchführung von Sozialplanverhandlungen** wieder auflebt (*Annuß* NZI 1999, 344 [350]; *Däubler/DKKW* § 123 InsO Rn. 15; *Eisenbeis/*FK-InsO, § 123 Rn. 13; *Fitting* §§ 112, 112a Rn. 307; *Irschlinger/*HK-InsO, § 123 Rn. 22; *Matthes/*MünchArbR, 2. Aufl. 2000, § 363 Rn. 14; *Preis/Bender/WPK* §§ 112, 112a Rn. 85; *Richardi/Annuß* Anh. zu § 113 Rn. 9; *Schwerdtner* Kölner Schrift zur Insolvenzordnung, Rn. 69; **a. M.** *Caspers/*MK-InsO, § 123 Rn. 64). 414

Die Rechtsfolge in Rdn. 414 tritt nicht ein, wenn in dem Sozialplan für den Fall des Überschreitens der absoluten Obergrenze eine anteilige **Kürzung** der Sozialplanforderungen **vereinbart** worden ist (*Annuß* NZI 1999, 344 [350]; *Boemke/Tietze* DB 1999, 1389 [1392]; *Fitting* §§ 112, 112a Rn. 305; *Irschlinger/*HK-InsO, § 123 Rn. 21; *Lakies* BB 1999, 206 [210]; *Moll* in: *Kübler/Prütting/Bork* InsO, §§ 123, 124 Rn. 97; *Preis/Bender/WPK* §§ 112, 112a Rn. 85; *Richardi/Annuß* Anh. zu § 113 Rn. 9). 415

Darüber hinaus wird unter Rückgriff auf § 139 BGB bzw. § 140 BGB eine **geltungserhaltende Reduktion des Sozialplans** im Wege einer anteiligen Kürzung sämtlicher Sozialplanansprüche befürwortet. Umstritten ist insoweit jedoch, ob eine anteilige Kürzung bis zum rechtlich zulässigen Volumen generell in Betracht kommt (hierfür *Caspers/*MK-InsO, § 123 Rn. 64; *Däubler/DKKW* § 123 InsO Rn. 16; *v. Diepenbroick-Grüter* Sozialplan, S. 78 ff.; *Matthes/*MünchArbR, 2. Aufl. 2000, § 363 416

Rn. 14; *Moll* in: *Kübler/Prütting/Bork* InsO, §§ 123, 124 Rn. 93 ff.) oder nur, wenn die Verteilungsmaßstäbe aus dem Sozialplan eindeutig erkennbar sind und von einer anteiligen Kürzung unberührt bleiben (*ArbG Düsseldorf* 24.04.2006 – 2 BV 2/06 – juris; *Annuß* NZI 1999, 344 [350]; *Bürgel* Berechnungs- und Haftungsdurchgriff, S. 55 f.; *Eisenbeis*/FK-InsO, § 123 Rn. 12; *ders./Mues* Arbeitsrecht in der Insolvenzordnung, 2000, Rn. 573; *Fitting* §§ 112, 112a Rn. 306; *Hamacher* in: *Nerlich/Römermann* InsO, § 123 Rn. 24; *Preis/Bender/WPK* §§ 112, 112a Rn. 85; *Richardi/Annuß* Anh. zu § 113 Rn. 9; *Schmidt* Sozialplanbegriff, S. 206 f.; *Schwerdtner* Kölner Schrift zur Insolvenzordnung, Rn. 68). Ausgeschlossen ist die anteilige Kürzung, wenn konkrete Anhaltspunkte dafür bestehen, dass bei Kenntnis des geringeren Sozialplanvolumens eine andere Verteilungsrelation gewählt worden wäre (*ArbG Düsseldorf* 24.04.2006 – 2 BV 2/06 – juris; *Boemke/Tietze* DB 1999, 1389 [1392]; *Däubler/DKKW* § 123 InsO Rn. 16; *Fitting* §§ 112, 112a Rn. 306).

417 Der Insolvenzverwalter kann die Unwirksamkeit des Sozialplans jederzeit geltend machen. Beruht dieser auf einem Spruch der Einigungsstelle, kann er den Rechtsverstoß gegen § 123 Abs. 1 InsO ohne Bindung an die Zwei-Wochen-Frist des § 76 Abs. 5 Satz 4 feststellen lassen (*Boemke/Tietze* DB 1999, 1389 [1391]; *Fitting* §§ 112, 112a Rn. 307; *Hamacher* in: *Nerlich/Römermann* InsO, § 123 Rn. 25; *Moll* in: *Kübler/Prütting/Bork* InsO, §§ 123, 124 Rn. 96; *Schwerdtner* Kölner Schrift zur Insolvenzordnung, Rn. 67, 70). Leistungen, die Arbeitnehmer aufgrund des (teilweise) nichtigen Sozialplans erhalten haben, sind nach § 812 Abs. 1 Satz 1 1. Alt. BGB zurück zu zahlen, sofern dem nicht § 818 Abs. 3 BGB entgegensteht (*Däubler/DKKW* § 123 InsO Rn. 18; *Hamacher* in: *Nerlich/Römermann* InsO, § 123 Rn. 26; *Schwerdtner* Kölner Schrift zur Insolvenzordnung, Rn. 68).

418 Wird ein Arbeitnehmer unter **Verstoß gegen den Gleichbehandlungsgrundsatz** (§ 75 Abs. 1) von Sozialplanleistungen ausgeschlossen, so führt dies nach der Rechtsprechung des *BAG* nicht zur Unwirksamkeit des Sozialplans, solange nur einzelne Arbeitnehmer benachteiligt worden sind und die Mehrbelastung des Arbeitgebers durch die Korrektur im Verhältnis zum Gesamtvolumen des Sozialplans nicht ins Gewicht fällt (*BAG* 26.06.1990 EzA § 112 BetrVG 1972 Nr. 55 S. 8 = AP Nr. 56 zu § 112 BetrVG 1972 Bl. 4; s. näher Rdn. 393 f.).

419 Die vorstehend wiedergegebene Rechtsprechung ist problematisch, wenn infolge einer erfolgreichen Individualklage die absolute Obergrenze des § 123 Abs. 1 InsO überschritten würde. Nach verbreiteter Auffassung soll eine derartige Überschreitung nicht möglich sein (*v. Diepenbroick-Grüter* Sozialplan, S. 108 ff.; *Hamacher* in: *Nerlich/Römermann* InsO, § 123 Rn. 36; *Hess* Insolvenzarbeitsrecht, § 123 Rn. 40). Wegen des zwingenden Charakters der Norm für den Insolvenzverwalter liege ein Fall der rechtlichen Unmöglichkeit vor, so dass der Leistungsanspruch des Arbeitnehmers untergehe.

3. Ermessensgrenzen der Einigungsstelle (§ 112 Abs. 5)

a) Allgemeines

aa) Bindung an höherrangiges Recht

420 Wird der Sozialplan nicht aufgrund einer freiwilligen Einigung zwischen Betriebsrat und Unternehmer aufgestellt, sondern ersetzt der Spruch der Einigungsstelle diese nach § 112 Abs. 4 Satz 2, dann gelten die **Schranken** für die Regelungsbefugnis in Rdn. 366 ff. auch für den **Spruch der Einigungsstelle**. Diese ist bei der Aufstellung des Sozialplans ebenfalls an **höherrangiges Recht**, insbesondere an die Vorgaben des **§ 75 Abs. 1 Satz 1 und 2** gebunden (*BAG* 29.11.1978 EzA § 112 BetrVG 1972 Nr. 16 S. 100 = AP Nr. 7 zu § 112 BetrVG 1972 Bl. 2; 30.11.1994 EzA § 112 BetrVG 1972 Nr. 80 S. 3 f. = AP Nr. 89 zu § 112 BetrVG 1972 Bl. 2; *LAG Schleswig-Holstein* 27.07.2016 – 3 TaBV 3/16 – juris; *Däubler/DKKW* §§ 112, 112a Rn. 120; *Fitting* §§ 112, 112a Rn. 214; *Richardi/Annuß* § 112 Rn. 137 sowie näher hier Rn. 352 ff.).

bb) Die Legaldefinition in § 112 Abs. 1 Satz 2 als Kompetenzgrenze

421 Darüber hinaus darf die Einigungsstelle bei der Aufstellung des Sozialplans im Rahmen des § 112 Abs. 4 Satz 2 nicht ihre **Kompetenz** überschreiten, die durch die **Legaldefinition** des Sozialplans in § 112 Abs. 1 Satz 2 begrenzt ist (*Hanau* ZfA 1974, 89 [101]; *Richardi* 7. Aufl., § 112 Rn. 107). Die von ihr beschlossenen Regelungen müssen sich darauf beschränken, wirtschaftliche Nachteile

der von der Betriebsänderung betroffenen Arbeitnehmer auszugleichen oder zu mildern, die infolge der beteiligungspflichtigen Betriebsänderung entstehen können (*BAG* 23.04.1985 EzA § 112 BetrVG 1972 Nr. 34 S. 233 f. = AP Nr. 26 zu § 112 BetrVG 1972 Bl. 2 = SAE 1985, 327 *[Reuter]*; 10.12.1996 EzA § 111 BetrVG 1972 Nr. 35 S. 7 = AP Nr. 110 zu § 112 BetrVG 1972 Bl. 3 f.; 25.01.2000 EzA § 112 BetrVG 1972 Nr. 106 S. 5 = AP Nr. 137 zu § 112 BetrVG 1972 Bl. 2 R; *Ahrendt* RdA 2012, 340 [340]; *Fitting* §§ 112, 112a Rn. 253; *Kania/ErfK* §§ 112, 112a BetrVG Rn. 31; *Richardi/Annuß* § 112 Rn. 136 sowie näher hier Rdn. 367 ff.). Nachteile, die gar nicht entstanden sind und mit Sicherheit auch künftig nicht eintreten werden, darf die Einigungsstelle nicht ausgleichen (*BAG* 06.05.2003 EzA § 112 BetrVG 2001 Nr. 8 S. 11 = AP Nr. 161 zu § 112 BetrVG 1972 Bl. 4 R *[Oetker]*).

Kündigungsverbote, Versetzungs- und Umschulungspflichten gehören nicht hierzu, da sie darauf gerichtet sind, den Eintritt wirtschaftlicher Nachteile bei den betroffenen Arbeitnehmern zu verhindern (s. Rdn. 11). Derartige **präventive Regelungen** darf die Einigungsstelle nicht in einen von ihr nach § 112 Abs. 4 beschlossenen Sozialplan aufnehmen (*BAG* 17.09.1991 EzA § 112 BetrVG 1972 Nr. 58 S. 6 = AP Nr. 59 zu § 112 BetrVG 1972 Bl. 4 = SAE 1992, 202 *[Koffka]*; *Fitting* §§ 112, 112a Rn. 253; *Richardi/Annuß* § 112 Rn. 136; *Stege/Weinspach/Schiefer* §§ 111–113 Rn. 128a; s. a. hier Rdn. 484). Das gilt entsprechend für **Abfindungszahlungen** als Entschädigung für den Verlust des Arbeitsplatzes, obwohl die betroffenen Arbeitnehmer keine oder nur geringe Nachteile erlitten haben (*BAG* 23.04.1985 EzA § 112 BetrVG 1972 Nr. 34 S. 234 = AP Nr. 26 zu § 112 BetrVG 1972 Bl. 2 = SAE 1985, 327 *[Reuter]*). Auch das in **§ 2 Abs. 2 Satz 2 Nr. 2 SGB III** an den Arbeitgeber gerichtete Gebot, Entlassungen von Arbeitnehmern zu vermeiden, entfaltet wegen seines präventiven Charakters bei der Aufstellung des Sozialplans keine verbindliche Vorgabe für die Einigungsstelle (*Hoffmann* Förderung, S. 70 f.; **a. M.** *Gagel* FS Dieterich, 1999, S. 169 [177]; ders. BB 2001, 358 [361]; *Kania/ErfK* §§ 112, 112a BetrVG Rn. 31).

422

Wegen der Bindung der Einigungsstelle an die Legaldefinition des Sozialplans in § 112 Abs. 1 Satz 2 ist diese ebenfalls nicht berechtigt, Regelungen zum **Ausgleich** oder zur **Milderung sonstiger (immaterieller) Nachteile** aufzunehmen (*Hanau* ZfA 1974, 89 [101]; i. E. auch *Gift* JArbR Bd. 15 [1977], 1978, S. 51 [62]). Das gilt insbesondere für den bei einem **Betriebsübergang** wegen § 112a Abs. 2 eintretenden **Verlust der Sozialplananwartschaft** sowie eine **Verringerung der Haftungsmasse** (*BAG* 10.12.1996 EzA § 111 BetrVG 1972 Nr. 35 S. 7 = AP Nr. 110 zu § 112 BetrVG 1972 Bl. 3 R; 25.01.2000 EzA § 112 BetrVG 1972 Nr. 106 S. 6 = AP Nr. 137 zu § 112 BetrVG 1972 Bl. 3).

423

Überschreitet der Spruch der Einigungsstelle die **Kompetenzgrenze** der Legaldefinition in § 112 Abs. 1 Satz 2, dann ist der von ihr aufgestellte Sozialplan wegen fehlender Rechtsetzungsmacht im Umfang der Kompetenzüberschreitung **rechtsunwirksam** (*Stege/Weinspach/Schiefer* §§ 111–113 Rn. 128a; treffend *Willemsen* RdA 2013, 166 [174]). Zur Restgültigkeit des Sozialplans s. Rdn. 166 und Rdn. 393. Eine abweichende Rechtsfolge gilt lediglich bei einem **freiwilligen Einigungsstellenverfahren** i. S. d. § 76 Abs. 6, das jedoch beide Seiten beantragen müssen (s. Rdn. 312).

424

cc) »Billiges Ermessen« als Schranke

Die Einigungsstelle muss bei ihrem Spruch die **Grenze des billigen Ermessens** beachten (*BAG* 23.04.1985 EzA § 112 BetrVG 1972 Nr. 34 S. 234 = AP Nr. 26 zu § 112 BetrVG 1972 Bl. 2 = SAE 1985, 327 *[Reuter]*; 27.10.1987 EzA § 112 BetrVG 1972 Nr. 41 S. 14 = AP Nr. 41 zu § 112 BetrVG 1972 Bl. 5 R = SAE 1988, 262 *[Blomeyer]* = AR-Blattei Sozialplan, Entsch. 30 *[Hanau]*; 14.09.1994 EzA § 112 BetrVG 1972 Nr. 77 S. 2 f. = AP Nr. 87 zu § 112 BetrVG 1972 Bl. 2 R = SAE 1996, 349 *[Krichel]*; *Däubler/DKKW* §§ 112, 112a Rn. 108; *Etzel* Rn. 1030; *Fitting* §§ 112, 112a Rn. 260; *Gajewski* FS D. Gaul, S. 189 [200]; *Hanau* ZfA 1974, 89 [105]; *Heither* AR-Blattei SD 530.14.5, Rn. 259; *Kania/ErfK* §§ 112, 112a BetrVG Rn. 31; *Richardi/Annuß* § 112 Rn. 139).

425

Die allgemeine Vorgabe für die Einigungsstelle in **§ 76 Abs. 5 Satz 3** sieht das BetrVG nicht als ausreichend an und **konkretisiert diese in § 112 Abs. 5** für die Aufstellung des Sozialplans (*LAG* Bremen 27.04.2006 NZA 2007, 68 [69]; *LAG* Schleswig-Holstein 27.07.2016 – TaBV 3/16 – juris; *Fitting* §§ 112, 112a Rn. 260; *Gajewski* FS D. Gaul, S. 189 [200]; *Heinze* NZA 1987, 41 [47]; *Kania/ErfK* §§ 112, 112a BetrVG Rn. 31; *Preis/Bender/WPK* §§ 112, 112a Rn. 59; *Weber/Burmester* BB 1995, 2268 [2268]). Die Vorschrift passt die **Abwägungsklausel** in § 76 Abs. 5 Satz 3 an die Sondersituation

426

§§ 112, 112a   IV. 6. 1. Betriebsänderungen

der Sozialplangestaltung an (§ 112 Abs. 5 Satz 1) und grenzt den Entscheidungsspielraum der Einigungsstelle durch **Ermessensrichtlinien** ein (§ 112 Abs. 5 Satz 2), die zwar keine zwingenden Vorgaben aufstellen, von denen sich die Einigungsstelle bei ihrem Spruch aber leiten lassen soll (zust. *Preis/Bender/WPK* §§ 112, 112a Rn. 58).

427 Da die Ermessensschranken in § 112 Abs. 5 die allgemeine Vorgabe des § 76 Abs. 5 Satz 3 konkretisieren, ist der **Verstoß** eines Spruchs der Einigungsstelle **gegen § 112 Abs. 5** keine Verletzung höherrangigen Rechts, sondern eine Überschreitung der **Grenzen des Ermessens i. S. d. § 76 Abs. 5 Satz 4** (*BAG* 23.04.1985 EzA § 112 BetrVG 1972 Nr. 34 S. 234 = AP Nr. 26 zu § 112 BetrVG 1972 Bl. 2 = SAE 1985, 327 *[Reuter]*; 14.09.1994 EzA § 112 BetrVG 1972 Nr. 77 S. 3 = AP Nr. 87 zu § 112 BetrVG 1972 Bl. 2 R = SAE 1996, 349 *[Krichel]*; 22.02.1995 EzA § 112a BetrVG 1972 Nr. 8 S. 6 = AP Nr. 8 zu § 112a BetrVG 1972 Bl. 3; 01.04.1998 EzA § 112 BetrVG 1972 Nr. 99 S. 9 f. = AP Nr. 123 zu § 112 BetrVG 1972 Bl. 5 *[Meyer]*; 06.05.2003 EzA § 112 BetrVG 2001 Nr. 8 S. 11 f. = AP Nr. 161 zu § 112 BetrVG 1972 Bl. 5 *[Oetker]* = SAE 2004, 251 *[Lessner]* sowie zuletzt *BAG* 22.01.2013 EzA § 112 BetrVG 2001 Nr. 48 Rn. 16 = AP Nr. 219 zu § 112 BetrVG 1972 = NZA-RR 2013, 409; ferner *LAG Frankfurt a. M.* 17.11.1987 LAGE § 112 BetrVG 1972 Nr. 12 S. 1 f.; *Etzel* Rn. 1062; *Fitting* §§ 112, 112a Rn. 260; *Gajewski* FS *D. Gaul*, S. 189 [203]; *Gift* JArbR Bd. 15 [1977], 1978, S. 51 [66 f.]; *Hanau* ZfA 1974, 89 [105 f.]; *Preis/Bender/WPK* §§ 112, 112a Rn. 58; *Richardi/Annuß* § 112 Rn. 138; *Stege/Weinspach/Schiefer* §§ 111–113 Rn. 143).

428 Deshalb können nur die in § 76 Abs. 5 Satz 4 Genannten (Arbeitgeber und Betriebsrat) und ausschließlich innerhalb der dortigen **Frist von zwei Wochen** den Verstoß gegen die Grenzen des Ermessens geltend machen (*BAG* 23.04.1995 EzA § 112 BetrVG 1972 Nr. 34 S. 4 = AP Nr. 26 zu § 112 BetrVG 1972 Bl. 2 = SAE 1985, 327 *[Reuter]*; 01.04.1998 EzA § 112 BetrVG 1972 Nr. 99 S. 9 f. = AP Nr. 123 zu § 112 BetrVG 1972 Bl. 5 *[Meyer]*; 24.08.2004 NZA 2005, 303 [304]; 15.03.2011 EzA § 112 BetrVG 2001 Nr. 41 Rn. 16 *[Oetker]* = AP Nr. 212 zu § 112 BetrVG 1972 = NZA 2011, 1112; 22.01.2013 EzA § 112 BetrVG 2001 Nr. 48 Rn. 15 = AP Nr. 219 zu § 112 BetrVG 1972 = NZA-RR 2013, 409; *Däubler/DKKW* §§ 112, 112a Rn. 131; *Fitting* §§ 112, 112a Rn. 260; *Gajewski* FS *D. Gaul*, S. 189 [203]; *Gamillscheg* II, § 52, 6 h [1]; *Gift* JArbR Bd. 15 [1977], 1978, S. 51 [66 f.]; *Hess/HWGNRH* § 112 Rn. 372; *Löwisch/LK* § 112 Rn. 100; *Matthes*/MünchArbR § 270 Rn. 25; *Otto* ZfA 1985, 71 [81]; *Preis/Bender/WPK* §§ 112, 112a Rn. 58; *Schaub/Koch* Arbeitsrechts-Handbuch, § 244 Rn. 70; *Stege/Weinspach/Schiefer* §§ 111–113 Rn. 143). Das gilt sowohl bei einer Verletzung der **Abwägungsklausel** (§ 112 Abs. 5 Satz 1 sowie Rdn. 435 ff.) als auch bei einer Überschreitung der **Ermessensrichtlinien** (§ 112 Abs. 5 Satz 2 sowie Rdn. 459 ff.).

429 Dabei trifft die **Darlegungs- und Beweislast** stets denjenigen, der den Spruch der Einigungsstelle wegen einer Überschreitung der Ermessensgrenzen nach § 76 Abs. 5 Satz 4 angreift. Will der Arbeitgeber den Spruch der Einigungsstelle wegen eines Überschreitens der Grenze der »wirtschaftlichen Vertretbarkeit« erfolgreich anfechten, dann trägt er für die entsprechenden tatsächlichen Voraussetzungen die Darlegungs- und Beweislast (*BAG* 22.01.2013 EzA § 112 BetrVG 2001 Nr. 48 Rn. 19 = AP Nr. 219 zu § 112 BetrVG 1972 = NZA-RR 2013, 409). Allein der in einer Gewinn- und Verlustrechnung (§ 242 Abs. 2 HGB) ausgewiesene Verlust reicht hierfür nicht aus; zu berücksichtigen ist vielmehr auch das vorhandene Anlagevermögen sowie das Umlaufvermögen (*BAG* 22.01.2013 EzA § 112 BetrVG 2001 Nr. 48 Rn. 22 = AP Nr. 219 zu § 112 BetrVG 1972 = NZA-RR 2013, 409 sowie allgemein hier Rdn. 442 f.).

430 Wegen § 76 Abs. 5 Satz 4 ist es dem **Arbeitnehmer** verwehrt, gegenüber einer Sozialplangestaltung den Einwand zu erheben, diese berücksichtige die sozialen Belange der betroffenen Arbeitnehmer nicht ausreichend (*Matthes*/MünchArbR § 270 Rn. 25), wohl aber kann sich ein einzelner Arbeitnehmer auf einen Verstoß des Sozialplans gegen höherrangiges Recht, insbesondere die Vorgaben des § 75 berufen (*Matthes*/MünchArbR § 270 Rn. 26).

431 Entsprechende Einschränkungen gelten auch für den **Arbeitgeber**, wenn er nach Ablauf der Zwei-Wochen-Frist in einem **Individualprozess** eine Überschreitung der Ermessensrichtlinien (§ 112 Abs. 5 Satz 2) geltend macht (*BAG* 17.02.1981 EzA § 112 BetrVG 1972 Nr. 21 S. 6 f. = AP Nr. 11 zu § 112 BetrVG 1972 Bl. 4 R f. *[Kraft]* = SAE 1982, 43 *[Schulin]* = AR-Blattei Sozialplan, Entsch. 12 *[Herschel]*; 09.12.1981 EzA § 112 BetrVG 1972 Nr. 24 S. 5 = AP Nr. 14 zu § 112 BetrVG 1972

Bl. 2 R = SAE 1982, 299 *[Wolf, Hammen]*; 01.04.1998 EzA § 112 BetrVG 1972 Nr. 99 S. 9 f. = AP Nr. 123 zu § 112 BetrVG 1972 Bl. 5 *[Meyer]*). Deshalb ist es in einem Individualprozess nicht möglich, die **Angemessenheit der finanziellen Gesamtausstattung** eines Sozialplans einer gerichtlichen Kontrolle zu unterziehen (*BAG* 17.02.1981 EzA § 112 BetrVG 1972 Nr. 21 S. 6 f. = AP Nr. 11 zu § 112 BetrVG 1972 Bl. 4 R f. *[Kraft]* = SAE 1982, 43 *[Schulin]* = AR-Blattei Sozialplan, Entsch. 12 *[Herschel]*; 09.12.1981 EzA § 112 BetrVG 1972 Nr. 24 S. 5 = AP Nr. 14 zu § 112 BetrVG 1972 Bl. 2 R = SAE 1982, 299 *[Wolf, Hammen]*; 26.07.1988 EzA § 112 BetrVG 1972 Nr. 43 S. 6 = AP Nr. 45 zu § 112 BetrVG 1972 Bl. 3 R *[Löwisch]* = SAE 1989, 163 *[Bengelsdorf]*; 21.10.2003 EzA § 112 BetrVG 2001 Nr. 9 S. 6 = AP Nr. 163 zu § 112 BetrVG 1972 Bl. 3 f.; *Bauer* DB 1994, 217 [226]; *v. Hoyningen-Huene* RdA 1986, 102 [106]; *Weber/Burmester* BB 1995, 2268 [2271]).

Die speziellen Ermessensschranken des **§ 112 Abs. 5** für die Sozialplangestaltung gelten **ausschließ- 432 lich** für Sozialpläne, die auf einem **Spruch der Einigungsstelle** beruhen. Die Norm richtet sich nach ihrem Wortlaut an die Einigungsstelle und bindet nur diese bei ihrer nach § 112 Abs. 4 zu treffenden Entscheidung. Wegen der letztgenannten Beschränkung entfalten die Ermessensschranken in § 112 Abs. 5 keine Wirkungen für die Einigungsbemühungen der Einigungsstelle im Rahmen des § 112 Abs. 3. Die von ihr in diesem Rahmen beschlossenen **Empfehlungen für einen Sozialplan** unterliegen nicht den Bindungen des § 112 Abs. 5 (**a. M.** *Otto* ZfA 1985, 71 [78]).

Darüber hinaus folgt aus dem eingeschränkten Adressatenkreis der Norm, dass **Betriebsrat und Un- 433 ternehmer** bei einer **Einigung über die Aufstellung des Sozialplans** nicht an die Schranken des § 112 Abs. 5 gebunden sind (*BAG* 15.12.1998 EzA § 112 BetrVG 1972 Nr. 103 S. 4 = AP Nr. 126 zu § 112 BetrVG 1972 Bl. 4; 06.11.2007 EzA § 112 BetrVG 2001 Nr. 25 Rn. 18 = AP Nr. 190 zu § 112 BetrVG 1972; *Berenz* Neuregelung, S. 36 f.; *Däubler/DKKW* §§ 112, 112a Rn. 128; *Etzel* Rn. 1031; *Konzen* Anm. zu *BAG* 14.02.1984 AP Nr. 21 zu § 112 BetrVG 1972; *Kreutz* FS *Ernst Wolf*, S. 309 [317]; *Vogt* BB 1985, 2328 [2332]; **a. M.** *Heinze* NZA 1987, 41 [48]; *Hess/Gotters* BlStSozArbR 1985, 264 [264]; *Hess/HWGNRH* § 112 Rn. 376; *v. Hoyningen-Huene* RdA 1986, 102 [103]; *Preis/Bender/WPK* §§ 112, 112a Rn. 43; im Hinblick auf § 112 Abs. 5 Satz 2 Nr. 2a s. a. *Stindt* FS 50 Jahre Bundesarbeitsgericht, S. 1101 [1105 f.]).

Eine unmittelbare Anwendung der Vorschrift scheidet aufgrund des Gesetzeswortlauts aus und gegen 434 deren analoge Anwendung spricht nicht nur das Fehlen einer planwidrigen Regelungslücke, sondern auch der Zweck des § 112 Abs. 5, da der von Betriebsrat und Unternehmer freiwillig aufgestellte Sozialplan von dem übereinstimmenden Willen der Abschlussparteien getragen ist. Für den zwischen Betriebsrat und Insolvenzverwalter abgeschlossenen Sozialplan gelten diese Erwägungen ebenfalls (s. näher *v. Diepenbroick-Grüter* Sozialplan, S. 96 ff., mit zahlreichen Nachweisen zum Streitstand). Andererseits legitimieren die in § 112 Abs. 5 Satz 2 aufgezählten Tatbestände hierauf zugeschnittene Regelungen in freiwillig aufgestellten Sozialplänen, so z. B. für Klauseln, die Arbeitnehmer von Sozialplanleistungen ausschließen, die ein zumutbares Weiterbeschäftigungsangebot des Arbeitgebers abgelehnt haben (*BAG* 12.07.2007 NZA 2008, 425 Rn. 45; 06.11.2007 EzA § 112 BetrVG 2001 Nr. 25 Rn. 18 = AP Nr. 190 zu § 112 BetrVG 1972; 08.12.2015 EzA § 112 BetrVG 2001 Nr. 56 Rn. 24 = AP Nr. 233 zu § 112 BetrVG 1972 = NZA 2016, 767; ferner auch *LAG Berlin-Brandenburg* 19.02.2015 – 26 Sa 1671/14 – BeckRS 2015, 68953).

b) Abwägungsklausel (§ 112 Abs. 5 Satz 1)

aa) Funktion der Abwägungsklausel

Die Einigungsstelle muss ihre Entscheidung bei der Aufstellung eines Sozialplans nach **billigem Er- 435 messen** treffen (s. Rdn. 425), was die Eingangsformulierung des § 112 Abs. 5 Satz 2 ausdrücklich hervorhebt, im Übrigen aber auch aus § 76 Abs. 5 Satz 3 folgt. Die einer Ermessensentscheidung immanente Interessenabwägung (*Heither* AR-Blattei SD 530.14.5, Rn. 259; *Preis/Bender/WPK* §§ 112, 112a Rn. 59) wird durch die **Abwägungsklausel** in § 112 Abs. 5 Satz 1 **konkretisiert**. Danach hat die Einigungsstelle nicht in allgemeiner Form die Belange der betroffenen Arbeitnehmer und des Betriebs (§ 76 Abs. 5 Satz 3) abzuwägen; § 112 Abs. 5 Satz 1 präzisiert die Kriterien vielmehr auf die »sozialen Belange der betroffenen Arbeitnehmer« (näher dazu Rdn. 436 ff.) sowie die »wirtschaftliche Vertretbarkeit der Entscheidung für das Unternehmen« (s. näher Rdn. 439 ff.). Im Verhältnis zu § 112 Abs. 5 Satz 2 hat die Abwägungsklausel lediglich die Funktion einer **Auffangregelung**, da § 112 Abs. 5 Satz 2 die Vorgaben des »billigen Ermessens« aufgreift und als spezielle Schranke der Ermessensausübung zu bewerten ist, aus der sich jedoch umgekehrt Anhaltspunkte für die Wertung gewinnen lassen, die im Rahmen von § 112 Abs. 5 Satz 1 vorzunehmen ist (*BAG* 06.05.2003 EzA § 112 BetrVG 2001 Nr. 8 S. 13 = AP Nr. 161 zu § 112 BetrVG 1972 Bl. 6 *[Oetker]*).

bb) Soziale Belange der betroffenen Arbeitnehmer

436 Das Abwägungskriterium der »sozialen Belange der Arbeitnehmer« legt den **Sozialplanbedarf** fest (*Fitting* §§ 112, 112a Rn. 255; *Heither* AR-Blattei SD 530.14.5, Rn. 259; *Preis/Bender/WPK* §§ 112, 112a Rn. 59; *Richardi/Annuß* § 112 Rn. 141; krit. *Hohenstatt/Stamer* DB 2005, 2410 [2412]). Dieser bildet die Grundlage für die anschließende Prüfung, ob das von der Einigungsstelle beschlossene Sozialplanvolumen für das Unternehmen wirtschaftlich vertretbar ist (*BAG* 14.09.1994 EzA § 112 BetrVG 1972 Nr. 77 S. 5 = AP Nr. 87 zu § 112 BetrVG 1972 Bl. 4 = SAE 1996, 349 *[Krichel]*; 06.05.2003 EzA § 112 BetrVG 2001 Nr. 8 S. 12f. = AP Nr. 161 zu § 112 BetrVG 1972 Bl. 5 R *[Oetker]* = SAE 2004, 251 *[Lessner]*; 24.08.2004 EzA § 112 BetrVG 2001 Nr. 12 S. 9 = AP Nr. 174 zu § 112 BetrVG 1972 Bl. 4 *[Meyer]*). Ohne vorherige Ermittlung der durch die Betriebsänderung berührten »sozialen Belange« ist eine Prüfung der »wirtschaftlichen Vertretbarkeit« nicht möglich (*BAG* 14.09.1994 EzA § 112 BetrVG 1972 Nr. 77 S. 5 = AP Nr. 87 zu § 112 BetrVG 1972 Bl. 4; *v. Hoyningen-Huene* RdA 1986, 102 [103]). Dabei ist die Bemessung des Sozialplanbedarfs jedoch nur dann ermessensfehlerfrei, wenn der Sozialplan eine **substantielle Milderung** der wirtschaftlichen Nachteile vorsieht (*BAG* 24.08.2004 EzA § 112 BetrVG 2001 Nr. 12 S. 9 = AP Nr. 174 zu § 112 BetrVG 1972 Bl. 4 *[Meyer]*; bestätigt durch *BAG* 20.01.2009 AP Nr. 198 zu § 112 BetrVG 1972 Rn. 26 = NZA 2009, 495), sofern nicht die wirtschaftliche Situation des Unternehmens eine weitere Absenkung des Sozialplanvolumens erzwingt (*BAG* 24.08.2004 EzA § 112 BetrVG 2001 Nr. 12 S. 10 = AP Nr. 174 zu § 112 BetrVG 1972 Bl. 4f. *[Meyer]*; 22.01.2013 EzA § 112 BetrVG 2001 Nr. 48 Rn. 16 =AP Nr. 219 zu § 112 BetrVG 1972 = NZA-RR 2013, 409).

437 Die »sozialen Belange« werden durch die **Aufgabe des Sozialplans** begrenzt, die infolge der Betriebsänderung eintretenden **wirtschaftlichen Nachteile** der Arbeitnehmer **auszugleichen**. Geht der Spruch der Einigungsstelle hierüber hinaus, dann überschreitet er jedoch nicht die Grenzen billigen Ermessens, sondern bewegt sich außerhalb der Legaldefinition in § 112 Abs. 1 Satz 2 und verstößt gegen die der Einigungsstelle durch höherrangiges Recht gezogenen Schranken (s. Rdn. 424; ebenso *Willemsen* RdA 2013, 166 [174]); **a. M.** scheinbar *BAG* 06.05.2003 EzA § 112 BetrVG 2001 Nr. 8 S. 12f. = AP Nr. 161 zu § 112 BetrVG 1972 Bl. 5 R *[Oetker]*; 24.08.2004 EzA § 112 BetrVG 2001 Nr. 12 S. 9 = AP Nr. 174 zu § 112 BetrVG 1972 Bl. 4 *[Meyer]*; LAG Schleswig-Holstein 27.07.2016 – 3 TaBV 3/16 – juris, wo jeweils auf die »sozialen Belange der Arbeitnehmer« und damit die Ermessensschranke in § 112 Abs. 5 Satz 1 abgestellt wird [kritisch dazu *Oetker* Anm. zu *BAG* 06.05.2003 AP Nr. 161 zu § 112 BetrVG 1972]; so wohl auch *Fitting* §§ 112, 112a Rn. 255). Weder das Anliegen, den Eintritt von Nachteilen zu verhindern, noch der Ausgleich von Nachteilen, die nicht wirtschaftlicher Natur sind, sind »soziale Belange« i. S. d. § 112 Abs. 5 Satz 1. Maßgebend sind ferner nicht die Belange aller von der Betriebsänderung betroffenen Arbeitnehmer, sondern »betroffene Arbeitnehmer« i. S. d. § 112 Abs. 5 Satz 1 sind nur diejenigen, die infolge der Betriebsänderung wirtschaftliche Nachteile erleiden (*Richardi/Annuß* § 112 Rn. 141; **a. M.** *Weiss/Weyand* § 112 Rn. 33).

438 Ihre Hauptbedeutung i. S. einer Ermessensschranke entfalten die »sozialen Belange« bei der **Verteilung des Sozialplanvolumens** auf die »betroffenen Arbeitnehmer« (*Richardi/Annuß* § 112 Rn. 142), so dass die Einigungsstelle die unterschiedlich ausgeprägten »sozialen Belange« der Arbeitnehmer zu berücksichtigen hat. Die zum Ausgleich und zur Milderung getroffenen Regelungen müssen dem Ausmaß der jeweiligen wirtschaftlichen Nachteile bei den »betroffenen Arbeitnehmern« entsprechen. Die Einigungsstelle überschreitet deshalb ihr Ermessen bei der Verteilung, wenn der Sozialplan für alle begünstigten Arbeitnehmer Leistungen in gleicher Höhe unabhängig von den individuell unterschiedlich ausgeprägten wirtschaftlichen Nachteilen vorsieht. Die Ermessensrichtlinien in § 112 Abs. 5 Satz 2 Nr. 1 und 2 (dazu Rdn. 461 ff.) bestätigen dieses Verständnis der Abwägungsklausel, da sie die Einigungsstelle zu einer Berücksichtigung der Besonderheiten des Einzelfalles anhalten

und damit zugleich die Vorgabe in § 112 Abs. 5 Satz 1 konkretisieren (s. Rdn. 435), so dass für einen Rückgriff auf diese nur wenig Spielraum verbleibt.

cc) Wirtschaftliche Vertretbarkeit für das Unternehmen

(1) Allgemeine Grundsätze

Den Gegenpol zu den »sozialen Belangen« bildet bei der Abwägung die »wirtschaftliche Vertretbarkeit **439** des Sozialplans für das Unternehmen« (dazu bereits *Drukarczyk* RdA 1986, 115 ff.; *v. Hoyningen-Huene* RdA 1986, 102 ff. sowie *Giese* FS *Wißmann*, S. 314 ff.; *Hohenstatt / Stamer* DB 2005, 2410 ff.). Er errichtet die **Obergrenze** für den von der Einigungsstelle aufgestellten Sozialplan (*BAG* 27.10.1987 EzA § 112 BetrVG 1972 Nr. 41 S. 15 = AP Nr. 41 zu § 112 BetrVG 1972 Bl. 6; 06.05.2003 EzA § 112 BetrVG 2001 Nr. 8 S. 13 = AP Nr. 161 zu § 112 BetrVG 1972 Bl. 5 R *[Oetker]* = SAE 2004, 251 *[Lessner]*; 24.08.2004 EzA § 112 BetrVG 2001 Nr. 12 S. 10 = AP Nr. 174 zu § 112 BetrVG 1972 Bl. 4 f. *[Meyer]*; 15.03.2001 EzA § 112 BetrVG 2001 Nr. 41 Rn. 18 *[Oetker]* = AP Nr. 212 zu § 112 BetrVG 1972 = NZA 2011, 1112; 22.01.2013 EzA § 112 BetrVG 2001 Nr. 48 Rn. 16 = AP Nr. 219 zu § 112 BetrVG 1972 = NZA-RR 2013, 409; *LAG Schleswig-Holstein* 27.07.2016 – 3 TaBV 3/16 – juris). Zusätzlich hebt die Ermessensrichtlinie in § 112 Abs. 5 Satz 2 Nr. 3 konkretisierend den Fortbestand des Unternehmens sowie die nach der Betriebsänderung verbleibenden Arbeitsplätze als Abwägungsfaktoren hervor (näher dazu Rdn. 472 ff.).

Aus der Funktion der »wirtschaftlichen Vertretbarkeit« i. S. einer Obergrenze folgt vor allem, dass diese **440** es auch rechtfertigen kann, von einer substanziellen Milderung der mit der Betriebsänderung verbundenen wirtschaftlichen Nachteile abzusehen und hierdurch die Untergrenze des Sozialplanbedarfs (s. Rdn. 436) zu unterschreiten (*BAG* 22.01.2013 EzA § 112 BetrVG 2001 Nr. 48 Rn. 16 = AP Nr. 219 zu § 112 BetrVG 1972 = NZA-RR 2013, 409 sowie zuvor *BAG* 24.08.2004 EzA § 112 BetrVG 2001 Nr. 12 Rn. 33 = AP Nr. 174 zu § 112 BetrVG 1972 *[Meyer]*). Jedenfalls zwingt die Ermessensgrenze der »wirtschaftlichen Vertretbarkeit« dazu, das Sozialplanvolumen bis zum Erreichen dieser Grenze abzusenken (*BAG* 24.08.2004 EzA § 112 BetrVG 2001 Nr. 12 Rn. 32 = AP Nr. 174 zu § 112 BetrVG 1972 *[Meyer]*; 22.01.2013 EzA § 112 BetrVG 2001 Nr. 48 Rn. 16 = AP Nr. 219 zu § 112 BetrVG 1972 = NZA-RR 2013, 409).

Da § 112 Abs. 5 Satz 1 auf die Vertretbarkeit für das **Unternehmen** abstellt und hierdurch die Fort- **441** führung des Unternehmens absichern will, ist die wirtschaftliche Vertretbarkeit nach dem **Rechtsträger des Betriebs** zu bemessen (*Giese* FS *Wißmann*, S. 314 [323]; *Preis / Bender / WPK* §§ 112, 112a Rn. 60; *Richardi / Annuß* § 112 Rn. 144), nicht hingegen nach dem von der Betriebsänderung betroffenen Betrieb (*BAG* 22.01.2003 EzA § 112 BetrVG 2001 Nr. 48 Rn. 18 = NZA-RR 2013, 409; *Fitting* §§ 112, 112a Rn. 257; *Giese* FS *Wißmann*, S. 314 [323]; *Preis / Bender / WPK* §§ 112, 112a Rn. 60). Bei **juristischen Personen als Rechtsträger** des Unternehmens sind die wirtschaftlichen Verhältnisse der Gesellschafter grundsätzlich unbeachtlich; eine Ausnahme kommt lediglich in Betracht, wenn sie aufgrund einer Durchgriffshaftung für die Verbindlichkeiten der juristischen Person einzustehen haben.

Die »wirtschaftliche Vertretbarkeit« für das Unternehmen entzieht sich einer schematischen Betrach- **442** tung. Sie ergibt sich aus einer **Gesamtschau** von mindernden und erhöhenden Faktoren (zust. *Preis / Bender / WPK* §§ 112, 112a Rn. 60; ferner *Bürgel* Berechnungs- und Haftungsdurchgriff, S. 67 f.). Zu den **mindernden Faktoren** gehören insbesondere die durch Verluste indizierte negative wirtschaftliche Lage des Unternehmens, Kreditschwierigkeiten, steuerliche Verpflichtungen, Zahlungsverpflichtungen aus langfristigen Verträgen sowie eine ungünstige Absatzsituation (*BAG* 14.09.1994 EzA § 112 BetrVG 1972 Nr. 77 S. 5 = AP Nr. 87 zu § 112 BetrVG 1972 Bl. 4; 06.05.2003 EzA § 112 BetrVG 2001 Nr. 8 S. 14 f. = AP Nr. 161 zu § 112 BetrVG 1972 Bl. 6 f. *[Oetker]* = SAE 2004, 251 *[Lessner]*; *v. Hoyningen-Huene* RdA 1986, 102 [108 f.]). Insoweit ist die Grenze der »wirtschaftlichen Vertretbarkeit« jedenfalls dann überschritten, wenn die Erfüllung der Sozialplanverbindlichkeit zur Illiquidität, zur bilanziellen Überschuldung oder zu einer nicht mehr vertretbaren Schmälerung des Eigenkapitals führt (*BAG* 15.03.2001 EzA § 112 BetrVG 2001 Nr. 41 Rn. 21 *[Oetker]* = AP Nr. 212 zu § 112 BetrVG 1972 = NZA 2011, 1112; 22.01.2013 EzA § 112 BetrVG 2001 Nr. 48 Rn. 18 = AP

Nr. 219 zu § 112 BetrVG 1972 = NZA-RR 2013, 409; s. auch *Deininger-Stierand* NZA 2017, 420 [422 ff.]).

443 Als **erhöhende Faktoren** sind umgekehrt tendenziell ansteigende Gewinne, Dividenden- und Gewinnausschüttungen, gegebenenfalls Rückstellungen sowie Beteiligungen an anderen Unternehmen und das Anlagevermögen, soweit die Letztgenannten nicht für die wirtschaftliche Entwicklung des Unternehmens notwendig sind, zu nennen (*BAG* 14.09.1994 EzA § 112 BetrVG 1972 Nr. 77 S. 5 = AP Nr. 87 zu § 112 BetrVG 1972 Bl. 4; *v. Hoyningen-Huene* RdA 1986, 102 [109 f.]). Dabei sind die einzelnen betriebswirtschaftlichen Daten zwar zum Zeitpunkt der Betriebsänderung zu erheben; für die Vertretbarkeitsbeurteilung bedarf es aber einer zukunftsbezogenen Betrachtung und damit einer Prognose zu der Entwicklung der betriebswirtschaftlichen Daten (*Deininger-Stierand* NZA 2017, 420 [423]; *Drukarczyk* RdA 1986, 115 [118]; *v. Hoyningen-Huene* RdA 1986, 102 [111]).

444 Bei der Beurteilung der wirtschaftlichen Vertretbarkeit hat die Einigungsstelle einen **Ermessensspielraum**, so dass nicht die Zweckmäßigkeit der wirtschaftlichen Belastungen, sondern die Grenzen des Ermessens zu prüfen sind. Deshalb bestimmt sich die Vertretbarkeit für das Unternehmen auch nach den Belastungen, die bei den Arbeitnehmern infolge der Betriebsänderung eintreten können. Je härter diese sind, um so größere Belastungen sind für das Unternehmen vertretbar (*BAG* 06.05.2003 EzA § 112 BetrVG 2001 Nr. 8 S. 13 = AP Nr. 161 zu § 112 BetrVG 1972 Bl. 6 *[Oetker]* = SAE 2004, 251 *[Lessner]*; zust. *Gamillscheg* II, § 52, 6e [3] [d]). Wie § 112 Abs. 5 Satz 2 Nr. 3 zeigt, sind in Ausnahmefällen selbst einschneidende Belastungen des Unternehmens bis an den Rand der Bestandsgefährdung noch nicht ermessensfehlerhaft (*BAG* 06.05.2003 EzA § 112 BetrVG 2001 S. 13 = AP Nr. 161 zu § 112 BetrVG 1972 Bl. 6 *[Oetker]* = SAE 2004, 251 *[Lessner]*; kritisch insoweit *Deininger-Stierand* NZA 2017, 420 [425]; *Giese* FS *Wißmann*, S. 314 [326 f.]). Das gilt auch, wenn die Belastungen infolge des Sozialplans die Einsparungen infolge der Betriebsänderung aufzehren; je langfristiger sich die Einspareffekte auswirken, um so länger kann der Zeitraum bemessen werden, für den ein Aufzehreffekt hinzunehmen ist (*BAG* 06.05.2003 EzA § 112 BetrVG 2001 Nr. 8 S. 13 = AP Nr. 161 zu § 112 BetrVG 1972 Bl. 6 R *[Oetker]* = SAE 2004, 251 *[Lessner]*; kritisch *Deininger-Stierand* NZA 2017, 420 [424]).

(2) Bemessungsdurchgriff im Konzern

445 Für die wirtschaftliche Vertretbarkeit des Sozialplans stellt die Abwägungsklausel ausdrücklich auf die Verhältnisse des Unternehmens ab, das Verpflichteter des Sozialplans ist (s. a. Rdn. 184). Ist das **Unternehmen Teil eines Konzerns**, dann ist fraglich, ob bei der wirtschaftlichen Vertretbarkeit unter Überwindung des Gesetzeswortlauts in § 112 Abs. 5 Satz 1 (»Unternehmen«) die Verhältnisse im Konzern zu berücksichtigen sind (*BAG* 24.08.2004 EzA § 112 BetrVG 2001 Nr. 12 S. 11 = AP Nr. 174 zu § 112 BetrVG 1972 Bl. 4 R *[Meyer]*, jedoch ohne abschließende Stellungnahme; nachfolgend im Grundsatz bejahend *BAG* 15.03.2001 EzA § 112 BetrVG 2001 Nr. 41 Rn. 20 *[Oetker]* = AP Nr. 212 zu § 112 BetrVG 1972 = NZA 2011, 1112; 22.01.2013 EzA § 112 BetrVG 2001 Nr. 48 Rn. 17 = AP Nr. 219 zu § 112 BetrVG 1972 = NZA-RR 2013, 409).

446 Für die Weiterbeschäftigungsmöglichkeit (§ 112 Abs. 5 Satz 2 Nr. 2) sieht das Gesetz eine konzerndimensionale Betrachtung ausdrücklich vor, die allerdings in einem engen Zusammenhang mit dem allgemeinen Gebot an die Einigungsstelle steht, die Aussichten des Arbeitnehmers auf dem Arbeitsmarkt zu berücksichtigen, und deshalb die »sozialen Belange« konkretisiert (s. Rdn. 467). Der Konzernbezug in § 112 Abs. 5 Satz 2 Nr. 2 rechtfertigt aus diesem Grunde **keine generelle** Abkehr der unternehmensbezogenen Vertretbarkeitsprüfung zugunsten einer **konzerndimensionalen Betrachtung** (*BAG* 15.03.2001 EzA § 112 BetrVG 2001 Nr. 41 Rn. 20 *[Oetker]* = AP Nr. 212 zu § 112 BetrVG 1972 = NZA 2011, 1112; 22.01.2013 EzA § 112 BetrVG 2001 Nr. 48 Rn. 17 = AP Nr. 219 zu § 112 BetrVG 1972 = NZA-RR 2013, 409; *Ahrendt* RdA 2012, 340 [341]; *Bürgel* Berechnungs- und Haftungsdurchgriff, S. 76 ff.; *Fitting* §§ 112, 112a Rn. 257; *Gaul/Schmidt* DB 2014, 300 [302]; *Hetmeier* Sozialplandotierung, S. 70, 74 ff.; *v. Hoyningen-Huene* RdA 1986, 102 [112]; *Kessen* Der Inhalt des Sozialplans, S. 147 f.; *Oetker* FS *Wank*, S. 383 [386 ff.]; *Preis/Bender/WPK* §§ 112, 112a Rn. 61; *Röger/Tholuck* NZA 2012, 294 [295 f.]; *Scholz* BB 2006, 1498 [1502]; *Schubert* FS *v. Hoyningen-Huene*, S. 441 [442 f.]; *Schweibert* NZA 2016, 321 [322]; *Tholuck* Sozialplandotierung, S. 39 f.; *Wutte* ZfA 2016, 261 [275 f.]; **a. M.** *Däubler/DKKW* §§ 112, 112a Rn. 192).

Gleichwohl erwägen sowohl das *BAG* als auch weite Teile des Schrifttums unter unterschiedlichen **447** Voraussetzungen in Konzernsachverhalten einen **Bemessungsdurchgriff**. Bei diesem geht es jedoch nicht darum, ob im Rahmen der Vertretbarkeitsprüfung statt auf das »Unternehmen«, auf den »Konzern« oder die »Konzernobergesellschaft« abzustellen ist. Vielmehr ist angesichts der Fixierung in § 112 Abs. 5 Satz 1 auf das »Unternehmen« ausschließlich zu klären, ob sich das sozialplanpflichtige Unternehmen auf die eigene schlechte wirtschaftliche Lage berufen kann, um eine Reduzierung des anhand des Sozialplanbedarfs ermittelten Sozialplanvolumens zu erreichen (treffend *Bürgel* Berechnungs- und Haftungsdurchgriff, S. 74 f.). Insofern hat der *Erste Senat* des *BAG* zu Recht das Vorliegen eines Ermessensfehlers der Einigungsstelle erwogen, wenn diese ausschließlich auf die wirtschaftliche Lage des »Unternehmens« abgestellt hat, obwohl ein Bemessungsdurchgriff auf Konzerngesellschaften rechtlich geboten war (*BAG* 22.01.2013 EzA § 112 BetrVG 2001 Nr. 48 Rn. 19 = AP Nr. 219 zu § 112 BetrVG 1972 = NZA-RR 2013, 409 sowie bereits *BAG* 24.08.2004 EzA § 112 BetrVG 2001 Nr. 12 S. 10 f. = AP Nr. 174 zu § 112 BetrVG 1972 Bl. 4 R *[Meyer]*).

Angesichts dessen kommt ein Bemessungsdurchgriff ausschließlich dann in Betracht, wenn die Einbin- **448** dung des sozialplanpflichtigen Unternehmens in einem Konzernverbund es rechtfertigt, diesem den Einwand der wirtschaftlichen Unvertretbarkeit abzuschneiden. Dies ist – wie die zutreffende Judikatur des *Dritten Senats* des *BAG* zu § 16 BetrAVG überzeugend herausgearbeitet hat –, nur zu erwägen, wenn eine **Innenhaftung** die wirtschaftlichen Mehrbelastungen durch das die Vertretbarkeit für das sozialplanpflichtige »Unternehmen« übersteigende Sozialplanvolumen kompensieren kann (s. vor allem *BAG* 26.10.2010 EzA § 16 BetrAVG Nr. 56 Rn. 60 = AP Nr. 71 zu § 16 BetrAVG sowie nachfolgend *BAG* 15.01.2013 EzA § 16 BetrAVG Nr. 64 Rn. 31 = AP Nr. 89 zu § 16 BetrAVG = NZA 2014, 87; 10.03.2015 EzA § 16 BetrAVG Nr. 74 Rn. 26 = AP Nr. 112 zu § 16 BetrAVG = NZA 2015, 1187). Deshalb setzt ein Bemessungsdurchgriff auch im Rahmen von § 112 Abs. 5 Satz 1 stets einen »Gleichlauf von Zurechnung und Innenhaftung i. S. einer Einstandspflicht/Haftung des anderen Konzernunternehmens« (so zu § 16 BetrAVG *BAG* 26.10.2010 EzA § 16 BetrAVG Nr. 56 Rn. 60 = AP Nr. 71 zu § 16 BetrAVG; 15.01.2013 EzA § 16 BetrAVG Nr. 64 Rn. 31 = AP Nr. 89 zu § 16 BetrAVG = NZA 2014, 87; 10.03.2015 EzA § 16 BetrAVG Nr. 74 Rn. 26 = AP Nr. 112 zu § 16 BetrAVG = NZA 2015, 1187) gegenüber dem sozialplanpflichtigen Unternehmen voraus (ebenso *Ahrendt* RdA 2012, 340 [341]; *Bürgel* Berechnungs- und Haftungsdurchgriff, S. 92 f.; *Oetker* FS *Wank*, S. 383 [390 f.]; *Schubert* FS *v. Hoyningen-Huene*, S. 441 [444]; im Ansatz auch *Wutte* ZfA 2016, 261 [293 f.]). Dementsprechend hat auch der *Erste Senat* des *BAG* bereits in dem Beschluss vom 24.08.2004 einen sog. Bemessungsdurchgriff ausschließlich im Hinblick auf die Konzernobergesellschaft erwogen (*BAG* 24.08.2004 EzA § 112 BetrVG 2001 Nr. 12 S. 11 = AP Nr. 174 zu § 112 BetrVG 1972 Bl. 4 R *[Meyer]*), so dass bereits wegen des fehlenden Gleichlaufs von Zurechnung und Innenhaftung eine tragfähige Grundlage für einen Bemessungsdurchgriff fehlt, der auf die wirtschaftliche Lage des Gesamtkonzerns oder einzelne Schwestergesellschaften abstellt. Eine weitergehende Ausdehnung des Berechnungsdurchgriffs auf alle Konzernverbindungen, also auch auf den **einfachen Konzern** und den **Gleichordnungskonzern** (hierfür *Däubler*/DKKW §§ 112, 112a Rn. 192; *Fuchs* Sozialplan, S. 114; mit Einschränkungen auch *Hanau* ZfA 1974, 89 [105]; *v. Hoyningen-Huene* RdA 1986, 102 [113]; *Nick* Konzernbetriebsrat, S. 251 ff.; *Preis/Bender/WPK* §§ 112, 112a Rn. 62: Veranlassung der Betriebsänderung durch die Konzernspitze), steht im Widerspruch zu der Begrenzung der Vertretbarkeitsprüfung auf das »Unternehmen« (*Richardi/Annuß* § 112 Rn. 145; ablehnend auch *Fitting* §§ 112, 112a Rn. 257; *Hohenstatt/Willemsen*/HWK § 112 BetrVG Rn. 77; *Kruip* Sozialplandotierung, S. 59 ff.; *Preis/Bender/WPK* §§ 112, 112a Rn. 61, 63 sowie hier Rdn. 446).

Ein **Bemessungsdurchgriff** auf das herrschende Unternehmen kommt deshalb nur in Betracht, **449** wenn dieses für sozialplanbedingte Verpflichtungen der abhängigen Konzernunternehmen einzustehen hat. Das wird insbesondere bejaht, wenn das abhängige Unternehmen einen **Beherrschungs- oder Gewinnabführungsvertrag** abgeschlossen hat (*Ahrendt* RdA 2012, 340 [342]; *Gajewski* FS *D. Gaul*, S. 189 [202]; *Gaul/Schmidt* DB 2014, 300 [304]; *Giese* FS *Wißmann*, S. 314 [325]; *Heither* AR-Blattei SD 530.14.5, Rn. 262; *v. Hoyningen-Huene* RdA 1986, 102 [112]; *Kruip* Sozialplandotierung, S. 162 ff.; *Nick* Konzernbetriebsrat, S. 235 ff.; *Preis/Bender/WPK* §§ 112, 112a Rn. 62; *Richardi/Annuß* § 112 Rn. 146; *Schubert* FS *v. Hoyningen-Huene*, 2014, S. 441 [446]; **a. M.** *Bürgel* Berechnungs- und Haftungsdurchgriff, S. 171 ff.; *Dross* Konzern, S. 142 ff.). In diesem Sinne hat auch der *Erste Senat* des *BAG* beim Vorliegen eines Beherrschungs- oder Gewinnabführungsvertrags einen Bemessungsdurchgriff immerhin erwogen, wenngleich er die Rechtsfrage wegen fehlender Feststellungen der Tatsacheninstanz offen lassen konnte (*BAG* 15.03.2011 EzA § 112 BetrVG 2001 Nr. 41 Rn. 38 *[Oetker]* = AP Nr. 212 zu § 112 BetrVG 1972 = NZA 2011, 1112). Ausdrücklich bejaht hat demgegenüber das *LAG Niedersachsen* einen Bemessungsdurchgriff wegen des Vorliegens eines Gewinnabführungsvertrags (*LAG Niedersachsen* 18.10.2011 – 11 TaBV 88/10 – juris); der *Erste Senat* des *BAG* musste hierzu im Rahmen der Rechtsbeschwerde nicht Stellung nehmen, da er bereits den Tatsachenvortrag für die fehlerhafte Berücksichtigung der wirtschaftlichen Vertretbarkeit nicht als ausreichend ansah (s. *BAG* 22.01.2013 EzA § 112 BetrVG 2001 Nr. 48 Rn. 20 ff. = AP Nr. 219 zu § 112 BetrVG 1972 = NZA-RR 2013, 409).

450 In vergleichbarer Weise wird verbreitet ein Berechnungsdurchgriff erwogen, wenn das herrschende Unternehmen für die Verbindlichkeiten des von der Betriebsänderung betroffenen abhängigen Konzernunternehmens **aus anderen Rechtsgründen** haftet. Dies wurde früher für die Haftung im **sog. qualifiziert faktischen GmbH-Konzern** bejaht (*Däubler/DKKW* §§ 112, 112a Rn. 189; *Fitting* §§ 112, 112a Rn. 258; *B. Gaul* NZA 2003, 695 [698 ff.]; *Heither* AR-Blattei SD 530.14.5, Rn. 262; *v. Hoyningen-Huene* RdA 1986, 102 [113]; *Kruip* Sozialplandotierung, S. 178 ff.; *Nick* Konzernbetriebsrat, S. 248 ff.; *Richardi/Annuß* § 112 Rn. 146; **a. M.** *Junker* ZIP 1993, 1599 [1605 f.], der lediglich konkrete Ausgleichsansprüche gegen das herrschende Unternehmen bei der Beurteilung der wirtschaftlichen Lage des abhängigen Unternehmens berücksichtigen will), gilt nach der Aufgabe dieses Haftungsansatzes durch den *BGH* (17.09.2001 BGHZ 149, 10 ff.) aber auch bei anderen Rechtsgrundlagen für die Haftung des herrschenden Unternehmens (s. dazu *Röhricht* FS 50 Jahre Bundesgerichtshof, 2000, S. 83 ff. sowie exemplarisch zur **Haftung wegen existenzvernichtender Eingriffe** *BGH* 13.12.2004 NZG 2005, 214 f., m. w. N. sowie nachfolgend *BGH* 16.07.2007 BGHZ 173, 246 ff. – Trihotel; 28.04.2008 BGHZ 176, 204 ff. – Gamma; wie hier z. B. *Scholz* BB 2006, 1498 [1503]). In diese Richtung deutet auch das Urteil des *Ersten Senats* des *BAG* vom 15.03.2011, nach dem vieles dafür spreche, den Schadensersatzanspruch wegen Existenzvernichtungshaftung bei der Vermögenslage des sozialplanpflichtigen Unternehmens zu berücksichtigen (*BAG* 15.03.2011 EzA § 112 BetrVG 2001 Nr. 41 Rn. 36 *[Oetker]* = AP Nr. 212 zu § 112 BetrVG 1972 = NZA 2011, 1112).

451 Gegen die auch im Schrifttum verbreitete Bejahung eines Bemessungsdurchgriffs in den Sachverhalten einer Existenzvernichtungshaftung (so *Hohenstatt/Willemsen/HWK* § 112 BetrVG Rn. 77; *Scholz* BB 2006, 1498 [1503]; *Uhl/Polloczek* DStR 2010, 1481 [1484 ff.]; ähnlich im Ansatz diejenigen Stimmen, die zwar nicht generell einen Bemessungsdurchgriff befürworten, wohl aber dafür plädieren, den Schadensersatzanspruch des abhängigen Unternehmens bei dessen wirtschaftlicher Lage zu berücksichtigen [hierfür *Ahrendt* RdA 2012, 340, 344 f.; *Bürgel* Berechnungs- und Haftungsdurchgriff, S. 188; *Gaul/Schmidt* DB 2014, 300 [303]; *Fitting* §§ 112, 112a Rn. 258; *Schaub/Koch* Arbeitsrechts-Handbuch, § 244 Rn. 69]; *Schubert* FS *v. Hoyningen-Huene*, S. 441 [449 f.]), die auch hier früher vertreten wurde (s. 9. Aufl., §§ 112, 112a Rn. 413), spricht allerdings, dass die Existenzvernichtungshaftung auf insolvenzverursachende oder -vertiefende Eingriffe des Gesellschafters reagiert (s. *BGH* 28.04.2008 BGHZ 176, 204 [210, 211]) und deshalb durch den Insolvenzverwalter geltend gemacht wird. Ein auf die Existenzvernichtungshaftung gestützter Bemessungsdurchgriff kommt deshalb erst in der Insolvenz des Unternehmens in Betracht. In dieser Konstellation greift jedoch für das Sozialplanvolumen das spezielle und abschließende Regime des § 123 InsO ein (s. Rdn. 396 a. E.), so dass für einen Bemessungsdurchgriff nur Sachverhalte verbleiben, in denen die Eröffnung eines Insolvenzverfahrens abgelehnt wird und es deshalb nicht zur Anwendung von § 123 InsO kommt (s. bereits *Oetker* Anm. zu *BAG* 15.03.2011 EzA § 112 BetrVG 2001 Nr. 41; ebenso im Grundsatz nachfolgend *Ahrendt* RdA 2012, 340 [345]; *Bürgel* Berechnungs- und Haftungsdurchgriff, S. 189; *Hetmeier* Sozialplandotierung, S. 116 ff.; *Schweibert* NZA 2016, 321 [325]; **a. M.** *Löwisch* ZIP 2015, 209 [211]). Zudem führt die auf § 826 BGB gestützte Existenzvernichtungshaftung nicht zu einer generellen Einstandspflicht für die Verbindlichkeiten des herrschenden Unternehmens, sondern zu einem Schadensersatzanspruch. Dieser kann indes bei der für die Prüfung der wirtschaftlichen Vertretbarkeit des Sozialplanvolumens für das Unternehmen wegen der notwendigen Gesamtschau (s. Rdn. 442) nicht unberücksichtigt bleiben, was jedoch nicht zu einem generellen Bemessungsdurchgriff führt.

Die Anerkennung eines mit der **Haftung der Konzernobergesellschaft** verknüpften **Bemes-** 452
sungsdurchgriffs bei der »wirtschaftlichen Vertretbarkeit« des Sozialplans (*Gajewski* FS *D. Gaul*, S. 189 [202]; *B. Gaul* NZA 2003, 695 [698 ff.]; *Kania*/ErfK §§ 112, 112a BetrVG Rn. 38; *Kessen* Der Inhalt des Sozialplans, S. 148 f.; *Matthes*/MünchArbR § 270 Rn. 20; *Preis/Bender/WPK* §§ 112, 112a Rn. 62; **a. M.** *Dross* Konzern, S. 144 f.; *Lipinski/Meyer* DB 2003, 1846 [1846 ff.]) adaptiert für das Sozialplanrecht Grundsätze im Betriebsrentenrecht zu § 16 BetrAVG. So hat der *Dritte Senat* für den früher bejahten Berechnungsdurchgriff im sog. qualifiziert faktischen Konzern inzwischen eine Korrektur vollzogen und bejaht einen Berechnungsdurchgriff zwecks Wahrung des Gleichlaufs von Zurechnung und Innenhaftung ausschließlich noch in den Sachverhalten einer Existenzvernichtungshaftung (*BAG* 15.01.2013 EzA § 16 BetrAVG Nr. 64 Rn. 35 f. = AP Nr. 89 zu § 16 BetrAVG = NZA 2014, 87; 17.06.2014 EzA § 16 BetrAVG Nr. 69 Rn. 68 ff. = AP Nr. 100 zu § 16 BetrAVG; im Anschluss auch *LAG Niedersachsen* 24.11.2016 NZG 2017, 708 [715]; ebenso zuvor *Schlewing* RdA 2010, 364 [367] sowie *Cisch/Kruip* NZA 2010, 540 [542]; *Diller/Beck* DB 2011, 1052 [1053 f.]; *Schäfer* in: *Rieble/Junker/Giesen* [Hrsg.], Arbeitsrecht im Konzern, 2010, S. 77 [82 f.]; *Schipp* DB 2010, 112 [113]; **a. M.** *Forst/Granetzny* Der Konzern 2011, 1 [9 f.]; offen noch *BAG* 10.02.2009 EzA § 16 BetrAVG Nr. 54 Rn. 16 = AP Nr. 68 zu § 16 BetrAVG = NZA 2010, 95; 26.10.2010 EzA § 16 BetrAVG Nr. 56 Rn. 63 = AP Nr. 71 zu § 16 BetrAVG). Schwieriger fällt die Beurteilung bei Beherrschungs- und Gewinnabführungsverträgen, da diesbezüglich wiederholte Kurswechsel in der Rechtsprechung des *Dritten Senats* des *BAG* zu konstatieren sind. Das gilt insbesondere für die vorübergehend verfochtene These, dass das Vorliegen eines Beherrschungsvertrags »ohne weitere Voraussetzungen« einen Berechnungsdurchgriff rechtfertige (so *BAG* 26.05.2009 EzA § 16 BetrAVG Nr. 53 Rn. 31 = AP Nr. 67 zu § 16 BetrAVG = NZA 2010, 641; 17.06.2014 EzA § 16 BetrAVG Nr. 69 Rn. 80 = AP Nr. 100 zu § 16 BetrAVG; s. a. *Schlewing* RdA 2010, 364 [368]; ferner im Überblick *Bürgel* Berechnungs- und Haftungsdurchgriff, S. 96 ff.; ausführlich und kritisch *Schäfer* ZIP 2016, 2245 ff.; *Wutte* Betriebsrentenanpassung im Konzern [Diss. München 2015], 2016, S. 123 ff.; zurückhaltend im Hinblick auf eine Übertragbarkeit auf Gewinnabführungsverträge *BAG* 17.06.2014 EzA § 16 BetrAVG Nr. 69 Rn. 81 = AP Nr. 100 zu § 16 BetrAVG). Diese hat der *Dritte Senat* inzwischen wieder revidiert und erkennt einen Berechnungsdurchgriff ausschließlich dann an, wenn sich die dem Beherrschungsvertrag eigene Gefahrenlage verwirklicht habe (*BAG* 10.03.2015 EzA § 16 BetrAVG Nr. 74 Rn. 25 ff., 28 ff. = AP Nr. 112 zu § 16 BetrAVG = NZA 2015, 1187; ebenso im Anschluss *BGH* 27.09.2016 NZA 2016, 1470 Rn. 14 ff. [s. dazu *Schäfer* NZG 2016, 1321 ff.]; ferner *LAG Niedersachsen* 24.11.2016 NZG 2017, 708 [714]).

Die Übernahme der Grundsätze zu § 16 BetrAVG in das Sozialplanrecht scheint zumindest auf den 453
ersten Blick sachgerecht (*Durchlaub* DB 1980, 496 [498]; *Gajewski* FS *D. Gaul*, S. 189 [202]; *Gaul/ Schmidt* DB 2014, 300 [302]; *Nick* Konzernbetriebsrat, S. 228; *Staufenbiel* Sozialplan, S. 139; **a. M.** *Bürgel* Berechnungs- und Haftungsdurchgriff, S. 113 ff.; *Dross* Konzern, S. 145 ff.; *Giese* FS *Wißmann* S. 314 [325]; *Hetmeier* Sozialplandotierung, S. 100 f.; *Junker* ZIP 1993, 1599 [1605 f.]; *Lipinski/Meyer* DB 2003, 1846 [1848 f.]; mit grundsätzlicher Kritik auch *v. Hoyningen-Huene* RdA 1986, 102 [105]), weil § 16 Abs. 1 BetrAVG für die Ermessensausübung vergleichbar mit § 112 Abs. 5 Satz 1 auf die »wirtschaftliche Lage des Arbeitgebers« abstellt. Gegen eine schematische Übernahme der Grundsätze zu § 16 BetrAVG spricht allerdings, dass sich namentlich der *Dritte Senat* des *BAG* vor allem von dem spezifischen Zweck der Betriebsrentenanpassung leiten lässt (s. vor allem *BAG* 10.03.2015 EzA § 16 BetrAVG Nr. 74 Rn. 30 f. = AP Nr. 112 zu § 16 BetrAVG = NZA 2015, 1187). Während im Rahmen von § 16 BetrAVG das »besondere Schutzbedürfnis der Versorgungsberechtigten« (*BAG* 10.03.2015 EzA § 16 BetrAVG Nr. 74 Rn. 30 = AP Nr. 112 zu § 16 BetrAVG = NZA 2015, 1187) im Vordergrund steht, ist im Rahmen von § 112 Abs. 5 Satz 1 allein die Frage zu beantworten, ob der konzernabhängigen Gesellschaft verwehrt wird, sich auf die eigene schlechte wirtschaftliche Lage zu berufen, um die Untergrenze des Sozialplanbedarfs zu unterschreiten. Dies ist ihm jedenfalls dann zu verwehren, wenn konzernrechtliche Ausgleichsansprüche die eigene wirtschaftliche Lage des Unternehmens beeinflussen, so dass ein höheres Sozialplanvolumen bilanzrechtlich kompensiert wird (s. näher *Oetker* FS Wank, S. 383 [392 ff.]). Die alleinige Schmälerung der für die Sozialplandotierung verfügbare Haftungsmasse durch eine von der Obergesellschaft veranlasste Maßnahme reicht hierfür nicht aus, da diese nicht stets mit einem Ausgleichsanspruch gegenüber der Konzernobergesellschaft korrespondiert (**a. M.** *Wutte* ZfA 2016, 261 [291 ff.]).

(3) Gesamtschuldnerische Haftung und Bemessungsdurchgriff

454 Ein Bemessungsdurchgriff in dem Sinne, dass es dem sozialplanpflichtigen Unternehmen verwehrt wird, sich auf die fehlende wirtschaftliche Vertretbarkeit des Sozialplanvolumens für das eigene Unternehmen zu berufen, kommt ferner in Betracht, wenn Dritte für die Verbindlichkeiten des Unternehmens als Gesamtschuldner einzustehen haben. Das gilt insbesondere für **Personengesellschaften**, wenn deren Gesellschafter (analog) § 128 Satz 1 HGB für die Verbindlichkeiten des sozialplanpflichtigen Unternehmens einzustehen haben.

455 Im vorstehenden Sinne hat der *Erste Senat* des *BAG* aus der in **§ 134 Abs. 1 UmwG** angeordneten gesamtschuldnerischen Haftung bei der Aufstellung eines Sozialplans für die Betriebsgesellschaft ausdrücklich einen Bemessungsdurchgriff auf die Anlagegesellschaft bejaht (*BAG* 15.03.2011 EzA § 112 BetrVG 2001 Nr. 41 Rn. 28 ff. *[Oetker]* = AP Nr. 212 zu § 112 BetrVG 1972 = NZA 2011, 1112) und sich hiermit einer verbreiteten Strömung im Schrifttum angeschlossen (ebenso *Boecken* Unternehmensumwandlungen und Arbeitsrecht, Rn. 250; *Däubler* RdA 1995, 136 [144]; *Deinert* RdA 2000, 368 [370]; *Fitting* §§ 112, 112a Rn. 257; *B. Gaul* Betriebs- und Unternehmensspaltung, § 15 Rn. 97; *Kania*/ErfK §§ 112, 112a BetrVG Rn. 38; *Kruip* Sozialplandotierung, S. 217; *Löwisch*/LK § 112 Rn. 52; *Lutter*/*Schwab* UmwG, § 134 Rn. 85; *Seulen* in: *Semler*/*Stengel* UmwG, § 134 Rn. 41; *Mengel* Umwandlungen im Arbeitsrecht, 1997, S. 243 ff.; *Schaub*/*Koch* Arbeitsrechts-Handbuch, § 244 Rn. 69; *Steffan*/HaKo §§ 112, 112a Rn. 61; **a. M.** *Hess*/HWGNRH § 112 Rn. 479; *Hohenstatt*/*Schramm* KölnerKomm. UmwG, § 134 Rn. 23; *Kalmeyer*/*Willemsen* UmwG, § 134 Rn. 19; *Raible*/HK-UmwG, § 134 Rn. 44; *Richardi*/*Annuß* § 112 Rn. 146; *Vossius* in: *Widmann*/*Mayer* Umwandlungsrecht, § 134 UmwG Rn. 96).

456 Im Hinblick auf den Zweck der Norm, Betriebs- und Anlagegesellschaft für einen begrenzten Zeitraum haftungsrechtlich als Einheit zu bewerten, ist diesem Ansatz des *BAG* im Ausgangspunkt zuzustimmen (ebenso *Ahrendt* RdA 2012, 340 [341 f.]; *Gaul*/*Schmidt* DB 2014, 300 [304]; *Hetmeier* Sozialplandotierung, S. 84; wie hier in der Argumentation auch *Kruip* Sozialplandotierung, S. 217; *Schubert* FS *v. Hoyningen-Huene*, S. 441 [451]; *Schweibert* NZA 2016, 321 [326]; ebenso im Ausgangspunkt *Bürgel* Berechnungs- und Haftungsdurchgriff, S. 125 ff.; *Wutte* ZfA 2016, 261 [285]; näher *Oetker* Anm. zu *BAG* 15.03.2011 EzA § 112 BetrVG 2001 Nr. 41, S. 27 f.; kritisch zur Argumentation des *Ersten Senats* demgegenüber *Fiege*/*Höffler* FA 2012, 165 [166]; s. a. *Röger*/*Tholuck* NZA 2012, 294 ff.). Wenig überzeugend ist allerdings die vom *Ersten Senat* des *BAG* zu § 134 Abs. 1 UmwG befürwortete Einschränkung des Bemessungsdurchgriffs auf die für die Führung der Betriebsgesellschaft notwendigen Vermögensgegenstände (*BAG* 15.03.2011 EzA § 112 BetrVG Nr. 41 Rn. 32 = AP Nr. 212 zu § 112 BetrVG 1972 = NZA 2011, 1112; ebenso *Ahrendt* RdA 2012, 340 [342]; *Löwisch* ZIP 2015, 209 [210]; *Schubert* FS *v. Hoyningen-Huene*, S. 441 [452]; *Schweibert* NZA 2016, 321 [326]; *Wutte* ZfA 2016, 261 [285 f.]), da die Haftung der Anlagegesellschaft nach § 134 Abs. 1 UmwG weder gegenständlich noch betragsmäßig beschränkt ist (*Seulen* in: *Semler*/*Stengel* UmwG, § 134 Rn. 40).

(4) Insolvenz

457 Bei einer **Insolvenz** kann die »wirtschaftliche Vertretbarkeit« nicht nach den wirtschaftlichen Verhältnissen des Unternehmens bestimmt werden, über dessen Vermögen das Insolvenzverfahren eröffnet worden ist (**a. M.** jedoch *v. Hoyningen-Huene* RdA 1986, 102 [114]). Die Abwägungsklausel des § 112 Abs. 5 Satz 1 bedarf vielmehr einer **Anpassung** an die bei Schaffung der Norm nicht hinreichend gewürdigte Ausnahmesituation der Insolvenz, die zudem der besonderen Pflichtenstellung des Insolvenzverwalters Rechnung trägt (*BAG* 30.10.1979 EzA § 76 BetrVG 1972 Nr. 26 S. 7 = AP Nr. 9 zu § 112 BetrVG 1972 Bl. 3 = SAE 1980, 316 *[Beuthien]*; 23.04.1985 EzA § 112 BetrVG 1972 Nr. 34 S. 12 = AP Nr. 26 zu § 112 BetrVG 1972 Bl. 5 R = SAE 1985, 327 *[Reuter]*). Da die Aufgabe des Insolvenzverfahrens in der Befriedigung der Gläubiger besteht (§ 1 InsO), muss die Einigungsstelle dieser besonderen Gemengelage in der Insolvenz Rechnung tragen und nicht das Interesse des Unternehmens, sondern die **Interessen der Gläubiger** als Gegenpol zu den »sozialen Belangen« in die Abwägung einstellen (*BAG* 30.10.1979 EzA § 76 BetrVG 1972 Nr. 26 S. 7 = AP Nr. 9 zu § 112 BetrVG 1972 Bl. 3 = SAE 1980, 316 *[Beuthien]*; 23.04.1985 EzA § 112 BetrVG 1972 Nr. 34 S. 12 = AP Nr. 26 zu § 112 BetrVG 1972 Bl. 5 R = SAE 1985, 327 *[Reuter]*; *Preis*/*Bender*/*WPK* §§ 112, 112a Rn. 64; *Richardi*/*Annuß* § 112 Rn. 147; **a. M.** *v. Hoyningen-Huene* RdA 1986, 102 [114] sowie *Hamberger* Insolvenzverfahren, S. 268 ff.).

Allerdings hat die **Abwägungsklausel** auch bei diesem Verständnis nur eine **eingeschränkte Bedeu-** 458
tung für die Entscheidung der Einigungsstelle, da die **Sonderregelung in § 123 InsO** zum Volumen
eines nach Eröffnung des Insolvenzverfahrens aufgestellten Sozialplans (s. dazu Rdn. 395 ff.) grundsätzlich die Interessen der Gläubiger und der Arbeitnehmer ausgleicht (treffend im Ansatz *Bürgel*
Berechnungs- und Haftungsdurchgriff, S. 57 f.; *Hamberger* Insolvenzverfahren, S. 271 f.). Bei den insolvenzrechtlichen Schranken handelt es sich jedoch nur um **Obergrenzen für das Sozialplanvolumen**, die im Hinblick auf § 112 Abs. 5 Satz 1 als speziellere Regelungen vorrangig anzuwenden
sind. Hieraus ist aber nicht abzuleiten, dass ein Spruch der Einigungsstelle stets dann ermessensfehlerfrei ist, wenn das Sozialplanvolumen die Obergrenzen des § 123 InsO nicht überschreitet. Vielmehr
kann eine **fehlerfreie Ermessensausübung** aufgrund der Besonderheiten des Einzelfalls auch dazu
zwingen, dass das Sozialplanvolumen unterhalb der **Obergrenzen bleiben muss** (zust. *Preis/Bender/
WPK* §§ 112, 112a Rn. 64; ebenso bei Fortführung des Unternehmensträgers *Bürgel* Berechnungs-
und Haftungsdurchgriff, S. 57; **a. M.** wohl *Hamberger* Insolvenzverfahren, S. 271 f.).

c) Ermessensrichtlinien des § 112 Abs. 5 Satz 2

aa) Allgemeines

Die durch das BeschFG 1985 sowie Art. 1 Nr. 71 BetrVerf-ReformG in das BetrVG eingefügten Er- 459
messensrichtlinien schränken den Entscheidungsspielraum der Einigungsstelle stärker ein (*Hess/
HWGNRH* § 112 Rn. 370 f.) und konkretisieren diesen zugleich im Hinblick auf die Vorgabe des »billigen Ermessens«.

Wegen der Eingangsworte des § 112 Abs. 5 Satz 2 (»hat«) ist der Verstoß gegen die nachfolgend bei- 460
spielhaft aufgezählten Grundsätze ein **Ermessensfehler i. S. d. § 76 Abs. 5 Satz 4** (*BAG* 14.09.1994
EzA § 112 BetrVG 1972 Nr. 77 S. 3 = AP Nr. 87 zu § 112 BetrVG 1972 Bl. 3 = SAE 1996, 349 *[Krichel]*; 22.02.1995 EzA § 112a BetrVG 1972 Nr. 8 S. 6 = AP Nr. 8 zu § 112a BetrVG 1972 Bl. 3; *Etzel*
Rn. 1062; *Däubler/DKKW* §§ 112, 112a Rn. 131; *Heither* AR-Blattei SD 530.14.5, Rn. 263; *Hess/
Gotters* BlStSozArbR 1985, 264 [265]; *Kania/*ErfK §§ 112, 112a BetrVG Rn. 31; *Otto* ZfA 1985, 71
[81]; *Preis/Bender/WPK* §§ 112, 112a Rn. 58; *Richardi/Annuß* § 112 Rn. 148). Allerdings belassen
die Grundsätze in § 112 Abs. 5 Satz 2 Nr. 1 bis 3 der Einigungsstelle einen Beurteilungsspielraum;
die Formulierungen »soll« und »in der Regel« eröffnen ihr die Befugnis, aufgrund der begründungsbedürftigen Besonderheiten des Einzelfalls von den »Grundsätzen« abzuweichen (*Berenz* Neuregelung, S. 66 ff.; *Otto* ZfA 1985, 71 [79] für § 112 Abs. 5 Satz 1 Nr. 1 sowie *Löwisch* Anm. zu *BAG*
28.09.1988 AP Nr. 47 zu § 112 BetrVG 1972 für § 112 Abs. 5 Satz 2 Nr. 2).

bb) Berücksichtigung des Einzelfalls (§ 112 Abs. 5 Satz 2 Nr. 1)

Der Grundsatz in § 112 Abs. 5 Satz 2 Nr. 1 soll die Einigungsstelle anhalten, bei der Zubilligung von 461
Leistungen zum Ausgleich oder zur Milderung der wirtschaftlichen Nachteile bei den betroffenen Arbeitnehmern den Gegebenheiten des Einzelfalls Rechnung zu tragen. Damit sollen die für die Aufstellung des Sozialplans maßgeblichen »sozialen Belange der betroffenen Arbeitnehmer« **stärker ausdifferenziert** werden.

Allerdings zwingt dies die Einigungsstelle nicht zum Verzicht auf jegliche **Pauschalierungen**. Mit 462
§ 112 Abs. 5 Satz 2 Nr. 1 stehen diese noch im Einklang, wenn die Sozialplanleistungen typisierend
an bestimmte Umstände anknüpfen, die auf die individuelle Situation der betroffenen Arbeitnehmer
reagieren (*BAG* 06.05.2003 EzA § 112 BetrVG 2001 Nr. 8 S. 10 f. = AP Nr. 161 zu § 112 BetrVG
1972 Bl. 4 R *[Oetker]* = SAE 2004, 251 *[Lessner]*; 24.08.2004 EzA § 112 BetrVG 2001 Nr. 12 S. 11
= AP Nr. 174 zu § 112 BetrVG 1972 Bl. 5 R *[Meyer]*; 11.11.2008 EzA § 112 BetrVG 2001 Nr. 30
Rn. 21 = AP Nr. 196 zu § 112 BetrVG 1972; *LAG* Schleswig-Holstein 22.01.2014 – 3 TaBV 38/13
– BeckRS 2014, 67630; *Berenz* NZA 1993, 538 [539]; *S. Biedenkopf* Interessenausgleich, S. 132; *Däubler/DKKW* §§ 112, 112a Rn. 132; *Fitting* §§ 112, 112a Rn. 263; *Gajewski* FS *D. Gaul*, S. 189 [200 f.];
Heinze NZA 1987, 41 [47 f.]; *Heither* AR-Blattei SD 530.14.5, Rn. 265; *Hess/HWGNRH* § 112
Rn. 399; *Hohenstatt/Willemsen/HWK* § 112 BetrVG Rn. 64; *Matthes/*MünchArbR § 270 Rn. 18;
Preis/Bender/WPK §§ 112, 112a Rn. 65; *Richardi/Annuß* § 112 Rn. 151; *Stege/Weinspach/Schiefer*
§§ 111–113 Rn. 129).

463 Im Lichte der Ermessensrichtlinie ist es deshalb unschädlich, wenn der Sozialplan die Ausgleichsleistungen nach einem **Grundbetrag** und einem **Punktesystem** bemisst, das dem typisierten Lebenssachverhalt Rechnung trägt (*Fitting* §§ 112, 112a Rn. 224; *Heither* AR-Blattei SD 530.14.5, Rn. 267; *Kania*/ErfK §§ 112, 112a BetrVG Rn. 32; *Richardi*/*Annuß* § 112 Rn. 151). Den Gegebenheiten des Einzelfalls trägt der Spruch der Einigungsstelle jedoch nicht mehr ausreichend Rechnung, wenn er jedem betroffenen Arbeitnehmer pauschal einen **Ausgleichsbetrag in gleicher Höhe** zubilligt (*BAG* 14.09.1994 EzA § 112 BetrVG 1972 Nr. 77 S. 3 f. = AP Nr. 87 zu § 112 BetrVG 1972 Bl. 3 R = SAE 1996, 349 [*Krichel*]; *Berenz* NZA 1993, 538 [539]; *Fitting* §§ 112, 112a Rn. 264; *Otto* ZfA 1985, 71 [79]; *Preis*/*Bender*/*WPK* §§ 112, 112a Rn. 65). Ein Ermessensfehler ist bei einer derartigen Sozialplangestaltung nur ausgeschlossen, wenn sich die Einigungsstelle hierfür auf schwerwiegende Gründe stützen kann, die ein **Abweichen von der Regel** rechtfertigen (*BAG* 14.09.1994 EzA § 112 BetrVG 1972 Nr. 77 S. 3 f. = AP Nr. 87 zu § 112 BetrVG 1972 Bl. 3 f. = SAE 1996, 349 [*Krichel*]; *Otto* ZfA 1985, 71 [79]; *Weiss*/*Weyand* § 112 Rn. 36).

464 Zur Berücksichtigung der Gegebenheiten des Einzelfalls ist die Einigungsstelle bei **allen Sozialplanleistungen** angehalten, wirtschaftliche Nachteile auszugleichen, die bei den betroffenen Arbeitnehmern infolge der Betriebsänderung eintreten können. Exemplarisch zählt § 112 Abs. 5 Satz 2 Nr. 1 die Einkommensminderung, den Wegfall von Sonderleistungen, den Verlust von Anwartschaften auf eine betriebliche Altersversorgung (*BAG* 27.10.1987 EzA § 112 BetrVG 1972 Nr. 41 S. 14 = AP Nr. 41 zu § 112 BetrVG 1972 Bl. 5 R f.), Umzugskosten und erhöhte Fahrtkosten als »wirtschaftliche Nachteile« auf. Wegen der Formulierung »insbesondere« ist die **Aufzählung nicht abschließend** (*Berenz* NZA 1993, 538 [539]; *Fitting* §§ 112, 112a Rn. 261; *Hess*/*Gotters* BlStSozArbR 1985, 264 [264]; *Hess*/*HWGNRH* § 112 Rn. 399; *Preis*/*Bender*/*WPK* §§ 112, 112a Rn. 65; *Richardi*/*Annuß* § 112 Rn. 149; *Weber*/*Burmester* BB 1995, 2268 [2268]; *Weiss*/*Weyand* § 112 Rn. 35).

465 Auch der **Verlust des Arbeitsplatzes** als solcher und die zum Ausgleich zugebilligten **Abfindungen** sind an § 112 Abs. 5 Satz 2 Nr. 1 zu messen (*BAG* 14.09.1994 EzA § 112 BetrVG 1972 Nr. 77 S. 3 = AP Nr. 87 zu § 112 BetrVG 1972 Bl. 3 R = SAE 1996, 349 [*Krichel*]; *Fitting* §§ 112, 112a Rn. 221; *Kania*/ErfK §§ 112, 112a BetrVG Rn. 32; *Richardi*/*Annuß* § 112 Rn. 149; *Weiss*/*Weyand* § 112 Rn. 35; *Zeitz* Sozialplan und Arbeitsmarktchancen, S. 99 f.). Diese müssen ebenfalls den Besonderheiten des Einzelfalls Rechnung tragen; für die **Lage auf dem Arbeitsmarkt** sowie dem Arbeitnehmer angebotene **Weiterbeschäftigungsmöglichkeiten** trifft § 112 Abs. 5 Satz 2 Nr. 2 eine Sonderregelung (dazu Rdn. 467 ff.). Umgekehrt folgt aus der Aufzählung in § 112 Abs. 5 Satz 2 Nr. 2 jedoch keine Verpflichtung der Einigungsstelle, die jeweiligen Nachteile auszugleichen oder zu mildern; der Ermessensrichtlinie lässt sich lediglich ein Prüfauftrag an die Einigungsstelle entnehmen (*BAG* 24.08.2004 EzA § 112 BetrVG 2001 Nr. 12 = AP Nr. 174 zu § 112 BetrVG 1972 = NZA 2005, 303 [306], für den Verlust von Anwartschaften auf betriebliche Altersversorgung).

466 Den Gegebenheiten des Einzelfalls kann die Einigungsstelle nur Rechnung tragen, wenn sie sich bei der Aufstellung des Sozialplans bemüht, die feststellbaren oder doch zu erwartenden materiellen Einbußen der Arbeitnehmer zu ermitteln (*BAG* 14.09.1994 EzA § 112 BetrVG 1972 Nr. 77 S. 4 = AP Nr. 87 zu § 112 BetrVG 1972 Bl. 3 = SAE 1996, 349 [*Krichel*]; *Berenz* NZA 1993, 538 [539]; *Richardi*/*Annuß* § 112 Rn. 150 sowie bereits *Hanau* ZfA 1974, 89 [102 f.] und ausführlich *Zeitz* Sozialplan und Arbeitsmarktchancen, S. 101 ff.). Abfindungsleistungen, deren Höhe sich ausschließlich nach dem Monatseinkommen und der Dauer der Betriebszugehörigkeit bemisst, werden dem nicht gerecht (*BAG* 14.09.1994 EzA § 112 BetrVG 1972 Nr. 77 S. 4 = AP Nr. 87 zu § 112 BetrVG 1972 Bl. 3 = SAE 1996, 349 [*Krichel*]; LAG Niedersachsen 04.05.2000 AiB 2000, 767 [768]; *Hanau* ZfA 1974, 89 [102 f.]; *Hess*/*HWGNRH* § 112 Rn. 400; *Kania*/ErfK §§ 112, 112a BetrVG Rn. 32; *Richardi*/*Annuß* § 112 Rn. 150) und sind zudem nicht mit den Vorgaben in § 112 Abs. 5 Satz 2 Nr. 2 vereinbar (*BAG* 14.09.1994 EzA § 112 BetrVG 1972 Nr. 77 S. 3 = AP Nr. 87 zu § 112 BetrVG 1972 Bl. 3 R = SAE 1996, 349 [*Krichel*]; 06.05.2003 EzA § 112 BetrVG 2001 Nr. 8 S. 10 = AP Nr. 161 zu § 112 BetrVG 1972 Bl. 4 R [*Oetker*] = SAE 2004, 251 [*Lessner*]). Etwas anderes gilt jedoch, wenn neben der Betriebszugehörigkeit das Lebensalter, die Anzahl der unterhaltsberechtigten Personen sowie eine mögliche Schwerbehinderung die Bemessung der Abfindung beeinflussen (*BAG* 06.05.2003 EzA § 112 BetrVG 2001 Nr. 8 S. 10 f. = AP Nr. 161 zu § 112 BetrVG 1972 Bl. 4 R [*Oetker*]) oder sich die genannten sozialplanrelevanten Kriterien bei den betroffenen Arbeitnehmern nicht nennenswert unterscheiden (*BAG* 21.10.2003 EzA § 112 BetrVG 2001 Nr. 9 S. 4 = AP Nr. 163 zu § 112 BetrVG 1972 Bl. 2 R).

cc) Anderweitige Beschäftigungsmöglichkeiten (§ 112 Abs. 5 Satz 2 Nr. 2)

Die Ermessensrichtlinie in § 112 Abs. 5 Satz 2 Nr. 2 trägt dem Umstand Rechnung, dass der wirtschaftliche Nachteil des »betroffenen Arbeitnehmers« in dem **Verlust des Arbeitsplatzes** besteht und dieser hierfür einen Ausgleich (= Abfindung) erhält. Insoweit ist die Ermessensrichtlinie in § 112 Abs. 5 Satz 2 Nr. 2 eng mit dem Grundsatz in § 112 Abs. 5 Satz 2 Nr. 1 verbunden und sichert die Vorgabe der Legaldefinition in § 112 Abs. 1 Satz 2 ab, dass die Einigungsstelle bei der Aufstellung eines Sozialplans nur Leistungen vorsieht, die »wirtschaftliche Nachteile« ausgleichen. Bei einem Verlust des Arbeitsplatzes hängt der Umfang des von dem Sozialplan auszugleichenden Nachteils jedoch untrennbar mit den anschließenden Beschäftigungsmöglichkeiten zusammen. So kann eine neue Beschäftigungsmöglichkeit unmittelbar nach Verlust des Arbeitsplatzes den wirtschaftlichen Nachteil erheblich reduzieren oder sogar völlig entfallen lassen. Die Ermessensrichtlinie in § 112 Abs. 5 Satz 2 Nr. 2 soll verhindern, dass der von der Einigungsstelle aufgestellte Sozialplan den Arbeitnehmer gleichwohl so behandelt, als ob er keine Möglichkeit einer anderweitigen Beschäftigung hat (*Kania/ErfK* §§ 112, 112a BetrVG Rn. 33; treffend insoweit auch *Willemsen* RdA 2013, 166 [173 f.]). 467

Dies will § 112 Abs. 5 Satz 2 Nr. 2 auf zwei Wegen erreichen. Erstens hat die Einigungsstelle die **Aussichten der betroffenen Arbeitnehmer auf dem Arbeitsmarkt** zu berücksichtigen und zweitens soll sie bei der Ablehnung einer zumutbaren **Weiterbeschäftigungsmöglichkeit** einen Ausschluss von Sozialplanleistungen vorsehen (zuvor *BAG* 28.09.1988 EzA § 112 BetrVG 1972 Nr. 49 S. 7 = AP Nr. 47 zu § 112 BetrVG 1972 Bl. 4 *[Löwisch]* = SAE 1989, 219 *[Dütz/Vogg]*). Dabei beschränkt § 112 Abs. 5 Satz 2 Nr. 2 die Einigungsstelle nur im Hinblick auf die Vergabe von Sozialplanleistungen; bezüglich der **Art der** in einem Sozialplan vorzusehenden **Leistungen** begründet die Ermessensrichtlinie keine Vorgaben (*Hoffmann* Förderung, S. 64 f.), insoweit bleibt aber § 112 Abs. 5 Satz 2 Nr. 2a zu beachten (dazu Rdn. 479 ff.). 468

Die Vorgabe, bei der Aufstellung des Sozialplans die **Aussichten auf dem Arbeitsmarkt** zu berücksichtigen, zwingt die Einigungsstelle, Abfindungen unter Berücksichtigung der Besonderheiten des **lokalen Arbeitsmarkts** zu bemessen (*Berenz* NZA 1993, 538 [540]; *Etzel* Rn. 1051; *Hess/Gotters* BlStSozArbR 1985, 264 [265]; *Hess/HWGNRH* § 112 Rn. 403; *Preis/Bender/WPK* §§ 112, 112a Rn. 67; *Stege/Weinspach/Schiefer* §§ 111–113 Rn. 137b; *Zeitz* Sozialplan und Arbeitsmarktchancen, S. 142 ff.; s. a. *BAG* 05.10.2000 EzA § 112 BetrVG 1972 Nr. 107 S. 12 = AP Nr. 141 zu § 112 BetrVG 1972 Bl. 6 sowie *BAG* 12.04.2011 EzA § 112 BetrVG 2001 Nr. 44 Rn. 24 = AP Nr. 216 zu § 112 BetrVG 1972 = NZA 2011, 988, das jedoch einen zwischen den Betriebsparteien abgeschlossenen Sozialplan zu beurteilen hatte und für diesen eine Ermittlung der Arbeitsmarktchancen in den einzelnen Regionen als nicht erforderlich ansah; **a. M.** noch *BAG* 23.04.1985 EzA § 112 BetrVG 1972 Nr. 34 S. 11 = AP Nr. 26 zu § 112 BetrVG 1972 Bl. 5 = SAE 1985, 327 *[Reuter]*, durch die Einfügung des § 112 Abs. 5 Satz 2 Nr. 2 jedoch überholt). 469

Dafür hat die Einigungsstelle eine **Prognose** über die Vermittlungsfähigkeit der betroffenen Arbeitnehmer anzustellen, ohne dass ihr dies eine typisierende **Gruppenbildung** verwehrt (*BAG* 24.08.2004 EzA § 112 BetrVG 2001 Nr. 12 S. 11 f. = AP Nr. 174 zu § 112 BetrVG 1972 Bl. 5 R *[Meyer]*). Für Personengruppen, die erfahrungsgemäß auf dem Arbeitsmarkt schwer zu vermitteln sind und für die die Gefahr einer längeren Arbeitslosigkeit besteht, sind höhere Abfindungsbeträge festzusetzen als für Personengruppen, die auf dem Arbeitsmarkt nachgefragt werden (*LAG Niedersachsen* 04.05.2000 AiB 2000, 767 [768]; *Däubler/DKKW* §§ 112, 112a Rn. 132; *Etzel* Rn. 1051; *Fitting* §§ 112, 112a Rn. 265; *Heither* AR-Blattei SD 530.14.5, Rn. 268; *Hess/HWGNRH* § 112 Rn. 403; *Preis/Bender/WPK* §§ 112, 112a Rn. 67; *Stege/Weinspach/Schiefer* §§ 111–113 Rn. 137b). Wegen des Zeitpunkts, in dem der Sozialplan aufgestellt wird, ist die Einigungsstelle regelmäßig auf eine Prognose angewiesen, da die Dauer der tatsächlichen Arbeitslosigkeit bei den betroffenen Arbeitnehmern noch nicht feststeht (*Reg. Begr.* BT-Drucks. 10/2102, S. 27; *Berenz* NZA 1993, 538 [540]; *Heither* AR-Blattei SD 530.14.5, Rn. 268; *Preis/Bender/WPK* §§ 112, 112a Rn. 67; *Richardi/Annuß* § 112 Rn. 153; *Stege/Weinspach/Schiefer* §§ 111–113 Rn. 137; *Weber/Burmester* BB 1995, 2268 [2269]; *Weiss/Weyand* § 112 Rn. 37). Der Mitarbeiter der Bundesagentur für Arbeit, den der Vorsitzende 470 der Einigungsstelle zu den Beratungen hinzuziehen darf (§ 112 Abs. 2 Satz 3 sowie Rdn. 304 f.), kann der Einigungsstelle hierbei sachverständige Hilfe leisten (zust. *Preis/Bender/WPK* §§ 112, 112a Rn. 67).

471 Mit der Funktion des Sozialplans, die mit der Betriebsänderung adäquat kausal verbundenen Nachteile auszugleichen, wäre die Zubilligung einer Ausgleichsleistung für den Verlust des Arbeitsplatzes unvereinbar, wenn sie dem Arbeitnehmer auch dann zusteht, obwohl er eine **zumutbare Beschäftigungsmöglichkeit** nicht annimmt. Zwar entfällt hierdurch nicht der Ursachenzusammenhang zwischen Betriebsänderung und Arbeitsplatzverlust, wohl aber ist die Würdigung nicht mehr gerechtfertigt, dass ausschließlich die Betriebsänderung den Eintritt der wirtschaftlichen Nachteile verursacht (s. bereits *BAG* 08.12.1976 EzA § 112 BetrVG 1972 Nr. 11 S. 6 = AP Nr. 3 zu § 112 BetrVG 1972 Bl. 2 R *[Wiedemann/Willemsen]* = SAE 1977, 277 *[Weitnauer]*). Einen hierauf bezogenen Ausschlusstatbestand soll die Einigungsstelle in den Sozialplan jedoch nur aufnehmen, wenn die Weiterbeschäftigungsmöglichkeit für den Arbeitnehmer zumutbar ist und das Arbeitsverhältnis bei **demselben Unternehmen** oder einem **konzernangehörigen Unternehmen** fortgeführt werden soll. Wegen der in § 613a BGB getroffenen Wertentscheidung gilt dies auch, wenn der Arbeitnehmer bei einem **Betriebsübergang** dem Eintritt des Erwerbers in das Arbeitsverhältnis ohne hinreichenden Grund widerspricht (*BAG* 05.02.1997 EzA § 112 BetrVG 1972 Nr. 92 S. 8 = AP Nr. 112 zu § 112 BetrVG 1972 Bl. 3 f. *[Salje]* = SAE 2001, 63 *[Meyer]*; 22.07.2003 EzA § 112 BetrVG 2001 Nr. 7 S. 8 = AP Nr. 160 zu § 112 BetrVG 1972 Bl. 4; *Däubler/DKKW* §§ 112, 112a Rn. 135; *Fitting* §§ 112, 112a Rn. 267; *Kania*/ErfK §§ 112, 112a BetrVG Rn. 37; *Matthes*/MünchArbR § 270 Rn. 19; *Preis/Bender/WPK* §§ 112, 112a Rn. 68; *Stege/Weinspach/Schiefer* §§ 111–113 Rn. 138; **a. M.** *LAG Berlin-Brandenburg* 10.02.2015 LAGE § 112 BetrVG 2001 Nr. 13 = BeckRS 2015, 66006).

472 Beschäftigungsmöglichkeiten bei einem anderen Unternehmen **außerhalb des Unternehmens oder Konzerns** sind bei den »Aussichten auf dem Arbeitsmarkt« (dazu s. Rdn. 467) zu berücksichtigen (*Berenz* NZA 1993, 538 [540]; *Däubler/DKKW* §§ 112, 112a Rn. 135; *Fitting* §§ 112, 112a Rn. 267; *Hess/HWGNRH* § 112 Rn. 406; *Preis/Bender/WPK* §§ 112, 112a Rn. 66; *Zeitz* Sozialplan und Arbeitsmarktchancen, S. 133 ff.). Die tatbestandlich eingeschränkte Vorgabe für die Einigungsstelle schränkt deren Gestaltungsspielraum jedoch nicht in dem Sinne ein, dass sie nur bei den in § 112 Abs. 5 Satz 2 Nr. 2 genannten Sachverhalten einen Leistungsausschluss vorsehen darf. Im Rahmen ihres Ermessens steht ihr auch die Befugnis zu, den Ausschlusstatbestand auf andere Weiterbeschäftigungsmöglichkeiten außerhalb des Unternehmens bzw. Konzerns zu erweitern (*Hess/HWGNRH* § 112 Rn. 407). Umgekehrt begründet § 112 Abs. 5 Satz 2 Nr. 2 für die Einigungsstelle keine Verpflichtung, eine Abfindung stets dann vorzusehen, wenn dem Arbeitnehmer kein zumutbarer Arbeitsplatz angeboten wird (*BAG* 28.09.1988 EzA § 112 BetrVG 1972 Nr. 49 S. 8 = AP Nr. 47 zu § 112 BetrVG 1972 Bl. 4 f. *[Löwisch]* = SAE 1989, 219 *[Dütz/Vogg]*).

473 Die **Zumutbarkeit** der Weiterbeschäftigungsmöglichkeit ist nur zu bejahen, wenn die **Arbeitsbedingungen** des angebotenen Arbeitsplatzes **gleichwertig** sind (*Däubler/DKKW* §§ 112, 112a Rn. 136; *Etzel* Rn. 1055; *Fitting* §§ 112, 112a Rn. 268; *Heither* AR-Blattei SD 530.14.5, Rn. 270; *Matthes*/MünchArbR § 270 Rn. 19; *Preis/Bender/WPK* §§ 112, 112a Rn. 70; *Richardi/Annuß* § 112 Rn. 156; *Weber/Burmester* BB 1995, 2268 [2270]; *Weiss/Weyand* § 112 Rn. 39). Eine **Gleichartigkeit** der Arbeitsbedingungen ist hierfür **nicht erforderlich** (*Fitting* §§ 112, 112a Rn. 268; *Gamillscheg* II, § 52, 6e [3] [b]; *Heither* AR-Blattei SD 530.14.5, Rn. 270; *Preis/Bender/WPK* §§ 112, 112a Rn. 70; *Richardi/Annuß* § 112 Rn. 157).

474 Die **Gleichwertigkeit** muss in rechtlicher, finanzieller und beruflicher Hinsicht gewährleistet sein (*Däubler/DKKW* §§ 112, 112a Rn. 137; *Fitting* §§ 112, 112a Rn. 268; *Preis/Bender/WPK* §§ 112, 112a Rn. 70; *Richardi/Annuß* § 112 Rn. 157). Das ist in rechtlicher Hinsicht nur zu bejahen, wenn das Zustandekommen des neuen Arbeitsverhältnisses ausschließlich vom Willen des Arbeitnehmers abhängt (*BAG* 08.12.2015 EzA § 112 BetrVG 2001 Nr. 56 Rn. 33 = AP Nr. 233 zu § 112 BetrVG 1972 = NZA 2016, 767). Erst bei einem **verbindlichen Arbeitsplatzangebot** erlangt der Arbeitnehmer eine gleichwertige Rechtsstellung (*Däubler/DKKW* §§ 112, 112a Rn. 138; *Fitting* §§ 112, 112a Rn. 269; *Heither* AR-Blattei SD 530.14.5, Rn. 270; *Preis/Bender/WPK* §§ 112, 112a Rn. 71; *Richardi/Annuß* § 112 Rn. 155). Ferner muss das Arbeitsverhältnis den zuvor erworbenen **arbeitsrechtlichen Besitzstand** (Kündigungsschutz, Wartefristen) gewährleisten (*Reg. Begr.* BT-Drucks.

10/2102, S. 27; *Berenz* NZA 1993, 538 [541]; *Etzel* Rn. 1055; *Fitting* §§ 112, 112a Rn. 269; *Heither* AR-Blattei SD 530.14.5, Rn. 270; *Preis/Bender/WPK* §§ 112, 112a Rn. 71; *Richardi/Annuß* § 112 Rn. 156). In beruflicher Hinsicht ist wegen der unterschiedlichen beruflichen Anforderungen z. B. die Gleichwertigkeit von Außendienst und Innendienst zu verneinen (*LAG Niedersachsen* 24.08.2004 LAGR 2005, 250 [251]).

Ein mit der möglichen Weiterbeschäftigung verbundener **Ortswechsel** reicht für sich alleine nicht aus, um die Unzumutbarkeit zu begründen. Eine abweichende Würdigung kommt jedoch in Betracht, wenn sonstige Umstände hinzutreten, die zur Unzumutbarkeit des Ortswechsels führen (*Reg. Begr.* BT-Drucks. 10/2102, S. 27; *Däubler/DKKW* §§ 112, 112a Rn. 141; *Etzel* Rn. 1056; *Fabricius* 6. Aufl., §§ 112, 112a Rn. 105; *Fitting* §§ 112, 112a Rn. 272; *Gajewski* FS *D. Gaul*, S. 189 [201 f.]; *Heither* AR-Blattei SD 530.14.5, Rn. 273; *Kania*/ErfK §§ 112, 112a BetrVG Rn. 36; *Preis/Bender/WPK* §§ 112, 112a Rn. 73; *Weiss/Weyand* § 112 Rn. 40; s. aber auch BAG 25.10.1983 AP Nr. 18 zu § 112 BetrVG 1972 Bl. 4 ff.; **a. M.** *Hess/HWGNRH* § 112 Rn. 412; *Stege/Weinspach/Schiefer* §§ 111–113 Rn. 139a). **475**

Da die Zumutbarkeit nur bei gleichwertigen Arbeitsbedingungen zu bejahen ist, können die **Zumutbarkeits-Kriterien des § 140 SGB III** nicht zur Konkretisierung des § 112 Abs. 5 Satz 2 Nr. 2 herangezogen werden (*Däubler/DKKW* §§ 112, 112a Rn. 136; *Dross* Konzern, S. 107 f.; *Fabricius* 6. Aufl., §§ 112, 112a Rn. 104; *Fitting* §§ 112, 112a Rn. 270; *Heither* AR-Blattei SD 530.14.5, Rn. 272; *Kania*/ErfK §§ 112, 112a BetrVG Rn. 34; *Matthes*/MünchArbR § 270 Rn. 19; *Preis/Bender/WPK* §§ 112, 112a Rn. 69; *Richardi/Annuß* § 112 Rn. 157; *Zeitz* Sozialplan und Arbeitsmarktchancen, S. 162 ff.; im Ergebnis auch BAG 06.11.2007 EzA § 112 BetrVG 2001 Nr. 25 Rn. 25 = AP Nr. 190 zu § 112 BetrVG 1972 sowie zum früheren Recht *LAG Düsseldorf* 23.10.1986 DB 1987, 1254; *LAG Hamm* 25.01.1990 LAGE § 112 BetrVG 1972 Nr. 15 S. 4 f.; **a. M.** *Hess/Gotters* BlStSozArbR 1985, 264 [265]; *Hess/HWGNRH* § 112 Rn. 429; *Löwisch* Anm. zu BAG 28.09.1988 AP Nr. 47 zu § 112 BetrVG 1972; *ders./LK* § 112 Rn. 26; mit Einschränkungen bei *Weiss/Weyand* § 112 Rn. 39: Orientierungsmerkmale; ähnlich *Schaub/Koch* Arbeitsrechts-Handbuch, § 244 Rn. 66; *Staufenbiel* Sozialplan, S. 124 f.; *Willemsen/Tiesler* Interessenausgleich, Rn. 131: Orientierung; *Berenz* Neuregelung, S. 55 ff.; *ders.* NZA 1993, 538 [541]: lediglich einzelne Vorschriften; *Weber/Burmester* BB 1995, 2268 [2269]: Auslegungshilfe). **476**

Um den Ausschlusstatbestand zu präzisieren, kann die Einigungsstelle in dem Sozialplan den Kreis der zumutbaren Arbeitsplätze festlegen oder abstrakte Kriterien für die Zumutbarkeitsprüfung aufstellen (*Reg. Begr.* BT-Drucks. 10/2102, S. 27; BAG 27.10.1987 EzA § 112 BetrVG 1972 Nr. 41 S. 13 = AP Nr. 41 zu § 112 BetrVG 1972 Bl. 5 R; 28.09.1988 EzA § 112 BetrVG 1972 Nr. 49 S. 11 = AP Nr. 47 zu § 112 BetrVG 1972 Bl. 5 [*Löwisch*] = SAE 1989, 219 [*Dütz/Vogg*]; *Berenz* NZA 1993, 538 [541]; *Etzel* Rn. 1057; *Fitting* §§ 112, 112a Rn. 270; *Heither* AR-Blattei SD 530.14.5, Rn. 271, 274; *Kania*/ErfK §§ 112, 112a BetrVG Rn. 34; *Matthes*/MünchArbR § 270 Rn. 19; *Stege/Weinspach/Schiefer* §§ 111–113 Rn. 138d; *Weber/Burmester* BB 1995, 2268 [2269]; *Weiss/Weyand* § 112 Rn. 38). In diesem Rahmen ist die Einigungsstelle auch berechtigt, die Zumutbarkeitskriterien in § 140 SGB III aufzugreifen (*Berenz* NZA 1993, 538 [541 f.]; *Kania*/ErfK §§ 112, 112a BetrVG Rn. 34; *Löwisch/LK* § 112 Rn. 26; *Preis/Bender/WPK* §§ 112, 112a Rn. 69; *Weiss/Weyand* § 112 Rn. 38). Solange sie an die Zumutbarkeit keine höheren Anforderungen als § 140 SGB III stellt, überschreitet ihr Spruch nicht die Grenzen billigen Ermessens (*Löwisch/LK* § 112 Rn. 26; *Preis/Bender/WPK* §§ 112, 112a Rn. 69). **477**

Der in der Regel in den Sozialplan aufzunehmende Ausschlusstatbestand bezieht sich auf Abfindungen für den Verlust des Arbeitsplatzes. Erleidet der Arbeitnehmer infolge der Ablehnung der Weiterbeschäftigung **andere Nachteile**, so kann der Sozialplan diese trotz der Vorgabe in § 112 Abs. 5 Satz 2 Nr. 2 ausgleichen (*Berenz* NZA 1993, 538 [541]; *Fitting* §§ 112, 112a Rn. 272; *Heither* AR-Blattei SD 530.14.5, Rn. 269; *Richardi/Annuß* § 112 Rn. 159). **478**

dd) Förderungsmöglichkeiten des SGB III (§ 112 Abs. 5 Satz 2 Nr. 2a)

Anders als in der Vergangenheit, in der der Verlust des Arbeitsplatzes vor allem durch Abfindungen kompensiert wurde, soll die durch Art. 1 Nr. 71 BetrVerf-ReformG eingefügte Ermessensrichtlinie **479** in § 112 Abs. 5 Satz 2 Nr. 2a die Einigungsstelle verstärkt dazu anhalten, die Förderungsinstrumente des SGB III zur Vermeidung von Arbeitslosigkeit zu berücksichtigen (*Reg. Begr.* BT-Drucks. 14/5741, S. 52; s. a. *Bauer* NZA 2001, 375 [377 f.]; *Hanau* ZIP 2001, 1981 [1986]; *Löwisch* BB 2001, 1790 [1798]). Der wirtschaftliche Nachteil in Gestalt des Arbeitsplatzverlusts wird hierdurch zwar nicht verhindert, der über den Sozialplan zu erfolgende Ausgleich soll sich aber vornehmlich auf Maßnahmen beziehen, die die betroffenen Arbeitnehmer wieder in den Arbeitsmarkt integrieren bzw. dem Transfer von dem bisherigen Arbeitsverhältnis in ein neues Arbeitsverhältnis dienen. Mit der neu geschaffenen Ermessensrichtlinie des § 112 Abs. 5 Satz 2 Nr. 2a verstärkt der Gesetzgeber diese Umorientierung der Sozialplanleistungen und führt damit einen Ansatz fort, der bereits mit dem Förderungsinstrumentarium der §§ 254 ff. SGB III a. F. (dazu 7. Aufl., §§ 112, 112a Rn. 360 ff.) eingeleitet wurde und nunmehr in den §§ 110 ff. SGB III geregelt ist (zuvor: § 216a und § 216b SGB III a. F.). Er beschränkt sich jedoch nicht mehr auf die Schaffung eines Anreizsystems, sondern bindet die Einigungsstelle bei ihrer Ermessensentscheidung zur Aufstellung des Sozialplans (*Hoffmann* Förderung, S. 72 ff.).

480 Zu den nach dem SGB III geförderten Maßnahmen der aktiven Arbeitsförderung gehören insbesondere solche der inner- oder außerbetrieblichen Qualifizierung, der Förderung der Anschlusstätigkeit bei einem anderen Arbeitgeber sowie Leistungen, die dazu dienen, den Arbeitnehmer auf eine selbständige Existenz vorzubereiten (*Reg. Begr.* BT-Drucks. 14/5741, S. 52), vor allem auch **Transfermaßnahmen**, die bei einer Festlegung im Sozialplan nach § 110 SGB III durch einen Zuschuss der Bundesagentur für Arbeit gefördert werden können (s. Rdn. 511 ff.). Die in § 112 Abs. 5 Satz 2 Nr. 2a genannten Fördermöglichkeiten sind aber nicht darauf beschränkt, sondern beziehen sich auf den gesamten Bereich der aktiven Arbeitsmarktpolitik (*Hanau* ZIP 2001, 1981 [1986]; *Preis/Bender/WPK* §§ 112, 112a Rn. 75; **a. M.** *Hoffmann* Förderung, S. 74, der Leistungen außerhalb der §§ 216a f. SGB III a. F. [= §§ 110 ff. SGB III] ausklammert).

481 Umstritten ist die Einbeziehung des nach § **111 SGB III** zu gewährenden **Transferkurzarbeitergelds** (*Bachner/Schindele* NZA 1999, 130 ff.), da dieses nicht eindeutig dem durch § 112 Abs. 1 Satz 2 vorgegebenen Inhalt eines Sozialplans zugeordnet werden kann. Da die Gewährung von Transferkurzarbeitergeld die Zusammenfassung in einer betriebsorganisatorischen Einheit zur Vermeidung von Arbeitslosigkeit voraussetzt (§ 111 Abs. 3 Nr. 2 SGB III), zielt die Bildung einer derartigen eigenständigen Einheit vor allem darauf ab, den Eintritt der mit der Betriebsänderung verbundenen wirtschaftlichen Nachteile zu verhindern (*Fitting* §§ 112, 112a Rn. 274; *Schweibert/WHSS* Kap. C Rn. 287 ff. sowie Rdn. 484).

482 Die Ermessensrichtlinie des § 112 Abs. 5 Satz 2 Nr. 2a zwingt die Einigungsstelle nicht, Maßnahmen zur Vermeidung von Arbeitslosigkeit in den Sozialplan aufzunehmen (*Hanau* ZIP 2001, 1981 [1986]; *M. Heither* Sozialplan und Sozialrecht, S. 144; *Hohenstatt/Willemsen/HWK* § 112 BetrVG Rn. 72; *Lingemann* NZA 2002, 934 [940]; *Preis/Bender/WPK* §§ 112, 112a Rn. 74; weitergehend i. S. einer Berücksichtigungspflicht *Hermann* Transfer-Sozialplan, S. 123 f.; *Hoffmann* Förderung, S. 75 f.; *Staufenbiel* Sozialplan, S. 128). Vielmehr lässt das Gesetz ein »Berücksichtigen« ausreichend. Es genügt, wenn die Einigungsstelle die Aufnahme entsprechender Regelungen in den Sozialplan geprüft hat. Sieht sie aufgrund dessen von entsprechenden Maßnahmen ab, dann führt dies nicht dazu, dass der Spruch der Einigungsstelle stets ermessensfehlerhaft ist. Dies folgt aus dem Charakter des § 112 Abs. 5 Satz 2 Nr. 2a als »Soll-Bestimmung«. Wegen der Besonderheiten des Einzelfalls ist die Einigungsstelle deshalb berechtigt davon abzusehen, Maßnahmen zur Vermeidung von Arbeitslosigkeit in den Sozialplan aufzunehmen.

483 Ein Verstoß gegen die Ermessensrichtlinie liegt jedoch regelmäßig dann vor, wenn es die Einigungsstelle unterlassen hat, Information und Beratung über Förderungsmöglichkeiten einzuholen und diese in die eigenen Überlegungen einzubeziehen (*Hoffmann* Förderung, S. 75; *Lingemann* NZA 2002, 934 [940]; *Löwisch* BB 2001, 1790 [1798]; *ders./LK* § 112 Rn. 43; *Preis/Bender/WPK* §§ 112, 112a Rn. 74; *Röder/Baeck/JRH* Kap. 28 Rn. 317; *Schweibert/WHSS* Kap. C Rn. 319; *Stindt* FS 50 Jahre Bundesarbeitsgericht, S. 1101 [1105]). Lediglich in begründungsbedürftigen Ausnahmefällen kann sie hiervon abweichen, da § 112 Abs. 5 Satz 2 Nr. 2a als »Soll-Bestimmung« ausgestaltet ist. Ein solcher ist in Betracht zu ziehen, wenn die Voraussetzungen für eine Förderung durch die Bundesagentur für

Arbeit offensichtlich nicht in Betracht kommen (ähnlich *Hohenstatt / Willemsen / HWK* § 112 BetrVG Rn. 72).

484 Die durch § 112 Abs. 5 Satz 2 Nr. 2a begründete Ermessensbindung erweitert jedoch nicht die **Rechtsmacht der Einigungsstelle**, sondern setzt diese voraus (zust. *Preis / Bender / WPK* §§ 112, 112a Rn. 75). Auch wenn das Arbeitsförderungsrecht eine Maßnahme der aktiven Arbeitsförderung unterstützt, kann die Einigungsstelle diese nicht im Wege eines verbindlichen Spruchs in den Sozialplan aufnehmen, wenn sie hierdurch über den Ausgleich oder die Milderung der wirtschaftlichen Nachteile der Betriebsänderung hinausgeht (s. Rdn. 421 f.; ebenso *Grünewald* Interessenausgleich, S. 162 ff.; *Preis / Bender / WPK* §§ 112, 112a Rn. 75; *Richardi / Annuß* § 112 Rn. 163; *Staufenbiel* Sozialplan, S. 118; a. M. *Wendeling-Schröder / Welkoborsky* NZA 2002, 1370 [1377]). Das betrifft insbesondere präventive Maßnahmen, die den Eintritt von Arbeitslosigkeit verhindern (s. Rdn. 422).

485 Deshalb kann die Einigungsstelle den Arbeitgeber nicht gegen dessen Willen in einem Sozialplan verpflichten, die von Entlassung bedrohten Arbeitnehmer in einer **betriebsorganisatorisch eigenständigen Einheit** i. S. d. § 111 SGB III zusammenzufassen (*Fitting* §§ 112, 112a Rn. 278; *Hermann* Transfer-Sozialplan, S. 136 ff.; *Lingemann* NZA 2002, 934 [940]; *Richardi / Annuß* § 112 Rn. 163; *Rieble / AR* §§ 112, 112a BetrVG Rn. 26; *Schweibert / WHSS* Kap. C Rn. 287 f.; im Ergebnis auch *Gaul / Bonanni / Otto* DB 2003, 2386 [2390]; *Preis / Bender / WPK* §§ 112, 112a Rn. 75; *Röder / Baeck / JRH* Kap. 28 Rn. 317; a. M. *Däubler / DKKW* §§ 112, 112a Rn. 256, jedoch unter dem Vorbehalt wirtschaftlicher Vertretbarkeit für das Unternehmen; im Grundsatz auch LAG Berlin-Brandenburg 01.03.2016 – 9 TaBV 1519/15 – BeckRS 2016, 69494; *M. Heither* Sozialplan und Sozialrecht, S. 194; *Schütte* NZA 2013, 249 [251 f.]; *Wendeling-Schröder / Welkoborsky* NZA 2002, 1370 [1377]). Ebenso kann die Einigungsstelle nicht in einem Sozialplan festlegen, dass der Arbeitgeber eine **Beschäftigungs- und Qualifizierungsgesellschaft** zu errichten und in diese die von der Betriebsänderung betroffenen Arbeitnehmer zu übernehmen hat. Insbesondere bei der Aufnahme von Instrumenten der aktiven Arbeitsförderung, für die die Agentur für Arbeit Fördermittel zur Verfügung stellt (s. § 110 SGB III; dazu Rdn. 517 ff.), bleibt zudem zu beachten, dass die entsprechenden Maßnahmen nicht auf die Durchführung der Betriebsänderung zurückwirken (*Meyer* DB 2003, 206 [208 f.]; ebenso *Grünewald* Interessenausgleich, S. 169 f.).

ee) Gesamtbetrag der Sozialplanleistungen (§ 112 Abs. 5 Satz 2 Nr. 3)

486 Die Ermessensrichtlinie in § 112 Abs. 5 Satz 2 Nr. 3 konkretisiert das in der Abwägungsklausel des § 112 Abs. 5 Satz 1 enthaltene und an die Einigungsstelle gerichtete Gebot, bei der Aufstellung des Sozialplans auf die **wirtschaftliche Vertretbarkeit für das Unternehmen** zu achten (s. dazu Rdn. 439 ff.). Danach hat die Einigungsstelle bei der Bemessung des Gesamtbetrags der Sozialplanleistungen Gefahren für den Fortbestand des Unternehmens oder die verbleibenden Arbeitsplätze zu vermeiden. Dies kann bei einer akuten Gefährdung für den Bestand des Unternehmens auch dazu führen, dass die Dotierung des Sozialplans auf Null sinkt (LAG München 13.04.2007 – 11 TaBV 91/06 – juris; s. a. Rdn. 439 f.).

487 Im Unterschied zum Insolvenzrecht, das in § 123 InsO präzise Obergrenzen für das Gesamtvolumen des Sozialplans bzw. die Höhe von Abfindungen aufstellt (dazu Rdn. 395 ff.), verzichtet das BetrVG auf eine generelle **finanzielle Obergrenze**. Ein hierauf gerichteter Vorschlag des Bundesrats bei der Schaffung des BetrVG, der die für den Nachteilsausgleich in § 113 gezogene Schranke auf den von der Einigungsstelle aufgestellten Sozialplan übertragen wollte (BT-Drucks. VI/1786, S. 66), wurde nicht in das Gesetz aufgenommen. Da auch spätere Änderungen des BetrVG auf eine Übernahme der in § 113 festgelegten Grenzen (§ 10 KSchG, Zwölf-Monats-Zeitraum) verzichteten und sich der Gesetzgeber darauf beschränkte, für das Insolvenzverfahren betragsmäßige Obergrenzen aufzustellen, lässt sich eine entsprechende Anwendung der für den Nachteilsausgleich geltenden Schranke auf den von der Einigungsstelle aufgestellten Sozialplan nicht methodengerecht begründen (BAG 27.10.1987 EzA § 112 BetrVG 1972 Nr. 41 S. 15 = AP Nr. 41 zu § 112 BetrVG 1972 Bl. 6 f.; 23.08.1988 EzA § 112 BetrVG 1972 Nr. 44 S. 7 = AP Nr. 46 zu § 112 BetrVG 1972 Bl. 3 R *[Löwisch]* = SAE 1989, 165 *[Bengelsdorf]*; 22.02.1995 EzA § 112a BetrVG 1972 Nr. 8 S. 6 = AP Nr. 8 zu § 112a BetrVG 1972 Bl. 3 R; 06.05.2003 EzA § 112 BetrVG 2001 Nr. 8 S. 12 = AP Nr. 161 zu § 112 BetrVG 1972 Bl. 5 R *[Oetker]* = SAE 2004, 251 *[Lessner]*; LAG Hamm 13.11.1985 LAGE § 112 BetrVG 1972

Nr. 8 S. 30 ff.; *S. Biedenkopf* Interessenausgleich, S. 140; *Bürgel* Berechnungs- und Haftungsdurchgriff, S. 69 f.; *Fabricius* 6. Aufl., §§ 112, 112a Rn. 107 ff.; *Fitting* §§ 112, 112a Rn. 282; *Fuchs* Sozialplan, S. 32; *Gajewski* FS D. *Gaul*, S. 189 [203]; *Hanau* ZfA 1974, 89 [104]; *Heither* AR-Blattei SD 530.14.5, Rn. 260, 276; *Kaven* Sozialplan, S. 135; *Kreutz* FS *Ernst Wolf*, S. 309 [333 f.]; *Kruip* Sozialplandotierung, S. 112 ff.; *Matthes/*MünchArbR § 270 Rn. 21; *Preis/Bender/WPK* §§ 112, 112a Rn. 76; *Richardi/Annuß* § 112 Rn. 165; *Rumpff/Boewer* Wirtschaftliche Angelegenheiten, Kap. I Rn. 131; im Ergebnis auch *Weiss/Weyand* § 112 Rn. 41; ebenso BAG 14.09.1994 EzA § 112 BetrVG 1972 Nr. 77 S. 5 = AP Nr. 87 zu § 112 BetrVG 1972 Bl. 4 = SAE 1996, 349 [*Krichel*]; **a. M.** *v. Hoyningen-Huene* RdA 1986, 102 [106 f.]). Erst recht gilt dies für die in § **123 InsO** festgelegten Schranken, die ausschließlich für die Sondersituation der Insolvenz vorgesehen sind und der dortigen spezifischen Interessenlage Rechnung tragen (**a. M.** jedoch *Giese* FS *Wißmann*, S. 314 [321]; *Hohenstatt/Willemsen/HWK* § 112 BetrVG Rn. 76, die hierauf als Orientierungsmaßstab zurückgreifen).

488 Der Obergrenze des § 113 kann eine Bedeutung für die Entscheidung der Einigungsstelle gleichwohl nicht völlig abgesprochen werden. Da der Gesetzgeber die nach § 113 zu leistenden Beträge als ausreichend angesehen hat, um den wirtschaftlichen Nachteil des Arbeitnehmers auszugleichen, ist zumindest die Würdigung gerechtfertigt, dass es die »sozialen Belange der betroffenen Arbeitnehmer« regelmäßig nicht erfordern, die Schranken des Nachteilsausgleichs zu überschreiten (*Richardi/Annuß* § 112 Rn. 165; *Stege/Weinspach/Schiefer* §§ 111–113 Rn. 142; zust. *Deininger-Stierand* NZA 2017, 420 [421]; *Hohenstatt/Willemsen/HWK* § 112 BetrVG Rn. 75; im Ergebnis auch *Giese* FS *Wißmann*, S. 314 [320 f.]). Eine Aussage zur »wirtschaftlichen Vertretbarkeit« des Sozialplans ist hiermit indes nicht verbunden (**a. M.** jedoch *Giese* FS *Wißmann*, S. 314 [321], der die Schranke des Nachteilsausgleichs für die wirtschaftliche Vertretbarkeit heranzieht).

489 Die Beurteilung der in § 112 Abs. 5 Satz 2 Nr. 3 genannten Kriterien für den Gesamtbetrag der Sozialplanleistungen erfordert von der Einigungsstelle regelmäßig eine **Prognoseentscheidung**, in die insbesondere **betriebswirtschaftliche Überlegungen** einfließen müssen. Gegebenenfalls kann die Einigungsstelle hierfür einen betriebswirtschaftlichen **Sachverständigen** hinzuziehen (*Bauer* DB 1994, 217 [226]; *Fitting* §§ 112, 112a Rn. 284; *Giese* FS *Wißmann*, S. 314 [329]; *Heither* AR-Blattei SD 530.14.5, Rn. 275; *v. Hoyningen-Huene* RdA 1986, 102 [110]; *Kania/*ErfK §§ 112, 112a BetrVG Rn. 38; *Preis/Bender/WPK* §§ 112, 112a Rn. 78; *Richardi/Annuß* § 112 Rn. 167; *Rumpff/Boewer* Wirtschaftliche Angelegenheiten, Kap. I Rn. 131).

VI. Sozialplanleistungen und Steuerrecht

1. Überblick

490 Für den **Unternehmer** sind die in einem Sozialplan i. S. d. § 112 Abs. 1 Satz 2 zugesagten Leistungen **Betriebsausgaben** i. S. d. § 4 Abs. 4 EStG, die grundsätzlich den für die Bemessung der Einkommensteuer und der Körperschaftsteuer (§ 8 Abs. 1 KStG) maßgebenden Gewinn verringern (s. aber § 4 Abs. 5 EStG). Die Finanzierung des Sozialplans durch ersparte Körperschaftsteuern und Gewerbeertragssteuern soll sich auf ca. 50–60 % belaufen (*Bontrup* WSI-Mitt. 1998, 312 [320]). Als **Arbeitslohn** i. S. d. § 38 Abs. 1 EStG unterliegen Sozialplanleistungen grundsätzlich dem **Lohnsteuerabzug** durch den Arbeitgeber (s. a. § 2 Abs. 2 Nr. 4 LStDV).

491 Auf Seiten des Arbeitnehmers sind im Hinblick auf das für ihn maßgebliche **Einkommensteuerrecht** zwei Unterscheidungen zu treffen. Erstens ist klärungsbedürftig, ob die aufgrund des Sozialplans erbrachten Leistungen zu den **steuerpflichtigen Einkünften** gehören (dazu Rdn. 492 ff.). Zweitens ist zu prüfen, ob das Einkommensteuerrecht diese Einkünfte **privilegiert**. Dieses kennt zwar keine eigenständige Regelung für Sozialplanleistungen, räumt aber verschiedene Begünstigungen ein, die auch bei Leistungen eingreifen, die typischerweise in einem Sozialplan vereinbart werden. Einschlägig ist insoweit die zum 31.12.2005 aufgehobene **Steuerfreiheit für Abfindungen** nach § 3 Nr. 9 EStG (dazu Rdn. 497) sowie die hiervon unberührt gebliebene **Tarifermäßigung** nach § 34 Abs. 1 Satz 2 bis 4 EStG (dazu Rdn. 498 ff.), wenn es sich bei den Sozialplanleistungen um Entschädigungen i. S. d. § 24 Nr. 1 Buchst. a EStG handelt (dazu auch *Bauer* NZA 1996, 729; *ders.* FS *Offerhaus*, 1999, S. 511; *Beckermann* DB 1986, 1427; *von Bornhaupt* BB 1980, Beilage 7; *Geserich* DB 2016, 1953; *Gockel* FS *Et*-

zel, 2011, S. 173 [181 ff.]; *Grote/Kellermann* DStR 2002, 741; *Hümmerich/Spirolke* NZA 1998, 225; *dies.* NJW 1999, 1663; *Moderegger* ArbRB 2004, 315 ff.; *Naumann* BB 1998, 74; *Offerhaus* DStZ 1981, 445; *ders.* DB 1991, 2456; *ders.* DB 1993, 651; *ders.* DB 1994, 167; *ders.* DStZ 1997, 108; *Prinz* DStR 1998, 1585; *Pröpper* BB 2000, 1817; *Schmitz* Besteuerung von Abfindungen und Entschädigungen bei Beendigung oder Änderung des Arbeitsverhältnisses, 1997; *Simon-Widmann* AnwBl. 2003, 49; *Strohner/Schmidt-Keßeler* DStR 1999, 693; *Strunk* DStR 1994, 1249; *Weber-Grellert* DStR 1993, 262; *ders.* DStR 1996, 1993; *G. Wisskirchen* NZA 1999, 405 sowie das Schreiben des BMF zu Zweifelsfragen im Zusammenhang mit der ertragsteuerlichen Behandlung von Entlassungsentschädigungen vom 01.11.2013 [BStBl. I 2013, 1326; zuletzt geändert durch Schreiben vom 04.03.2016, BStBl. I 2016, 277], das an die Stelle des Schreibens vom 24.05.2004 [BStBl. I 2004, 505; zuletzt geändert durch Schreiben vom 17.01.2011, BStBl. I 2011, 39] getreten ist [zu deren Rechtsnatur als norminterpretierende Verwaltungsvorschrift z. B. *BFH* 27.01.2010 BFHE 229, 90 Rn. 11 = BStBl. II 2011, 28]).

2. Sozialplanleistungen als steuerpflichtige Einkünfte

Einkünfte, die der Arbeitnehmer aufgrund eines Sozialplans erhält und die sich im Einklang mit der Legaldefinition in § 112 Abs. 1 Satz 2 auf den Ausgleich oder die Milderung der infolge der Betriebsänderung eintretenden wirtschaftlichen Nachteile beschränken, zählen zu den Einkünften aus nichtselbständiger Tätigkeit i. S. d. § 19 Abs. 1 Satz 1 Nr. 1 EStG, wenn es sich bei ihnen um Bezüge oder sonstige Vorteile handelt, die der Arbeitnehmer **im Hinblick auf die erbrachte Arbeitsleistung** erhält. Dieser Zusammenhang ist in einem weiten Sinne zu verstehen; es genügt, wenn die Vorteile durch das mit dem Arbeitgeber abgeschlossene **Arbeitsverhältnis veranlasst** werden. Die Einkünfte aus nichtselbständiger Tätigkeit i. S. d. § 19 Abs. 1 Satz 1 Nr. 1 EStG sind nicht auf Gegenleistungen für in der Vergangenheit erbrachte Arbeitsleistungen beschränkt.

Insbesondere aufgrund eines Sozialplans gewährte **Abfindungen** zählen zu den Einkünften i. S. d. § 19 Abs. 1 Satz 1 Nr. 1 EStG. Das gilt vor allem für Zahlungen, die der Arbeitnehmer allein wegen der **Beendigung des Arbeitsverhältnisses** erhält (*BFH* 13.10.1978 BFHE 126, 399 [402] = BStBl. II 1979, 155; 10.07.1996 BFHE 181, 155 [157] = BStBl. II 1997, 341), bei denen es sich sowohl um **pauschale Abfindungen** als auch um Leistungen handeln kann, die einen nach der Beendigung des Arbeitsverhältnisses tatsächlich eintretenden Verdienstausfall ausgleichen. Zu den steuerpflichtigen Einkünften gehören ferner **Überbrückungsgelder**, der Ersatz von **Kosten für die Arbeitsplatzsuche**, **Ausgleichzahlungen** in Höhe der Differenz zwischen **Arbeitslosengeld** und bisherigem Verdienst (*BFH* 11.01.1980 BStBl. II 1980, 205 [207]), Ersatzleistungen zur Aufstockung des Transferkurzarbeitergelds (*FG Düsseldorf* 25.10.2010 EFG 2011, 976 Rn. 24) sowie andere Leistungen, die der Arbeitnehmer als Ausgleich für ein im Arbeitsverhältnis angelegtes Recht erhält, so z. B. wegen der Aufgabe einer **Betriebswohnung** (*BFH* 25.08.1993 BFHE 172, 427 [430] = BStBl. II 1994, 185), der Ablösung einer **Versorgungszusage** (*BFH* 15.12.1995 BFHE 179, 380 [381] = BStBl. II 1996, 169; *FG Gotha* 12.11.1997 EFG 1998, 449 [450]; *FG Münster* 22.07.2003 EFG 2003, 1593 [1594]), Ausgleichszahlungen für die zu erwartende **Rentenkürzung** wegen vorzeitiger Inanspruchnahme der Altersrente (*FG Gotha* 07.12.2011 EFG 2012, 1068 Rn. 18) oder auslaufender **Vergünstigungsregelungen** und des Wegfalls von **Preisermäßigungen**. Von wem der Arbeitgeber die Mittel für die Abfindungen erhält, ist für deren Qualifizierung als Arbeitslohn i. S. d. Einkommensteuerrechts grundsätzlich unerheblich (*BFH* 15.12.1995 BFHE 179, 380 [382] = BStBl. II 1996, S. 169).

Steuerpflichtige Einkünfte i. S. d. § 19 Abs. 1 Satz 1 Nr. 1 EStG sind auch solche Leistungen des Arbeitgebers, die dem Arbeitnehmer bei **fortbestehendem Arbeitsverhältnis** gewährt werden und die **Verdienstminderungen** ausgleichen, die infolge veränderter Arbeitsbedingungen eintreten. In Betracht kommt dies bei Versetzungen an einen anderen Arbeitsplatz oder der Einführung neuer Arbeitsmethoden bzw. Fertigungsverfahren, wenn dies zu einer niedrigeren tariflichen Eingruppierung führt, die mit einer einmalig oder laufend gewährten Ausgleichszahlung kompensiert werden soll (*BFH* 29.10.1998 BStBl. II 1999, 588 [588]).

Steuerpflichtige Einkünfte i. S. d. § 19 Abs. 1 Satz 1 Nr. 1 EStG liegen auch vor, wenn dem Arbeitnehmer bei Fortbestehen des Arbeitsverhältnisses infolge der Betriebsänderung **höhere Aufwendungen** entstehen, die der Arbeitgeber jedoch aufgrund des Sozialplans erstattet, obwohl der Arbeitnehmer diese nach den allgemeinen arbeitsrechtlichen Regeln eigentlich selbst hätte tragen müssen (*FG Baden-Württemberg* 28.06.1989 EFG 1989, 574 [574]). In Betracht kommen diese insbesondere bei einer Verlegung des Betriebs, wenn dem Arbeitnehmer infolgedessen erhöhte Kosten für die Fahrt zur Arbeitsstätte entstehen (*FG Baden-Württemberg* 28.06.1989 EFG 1989, 574 [574 f.], für Fahrtkostenzuschüsse wegen Betriebsverlegung). Aus § 3 Nr. 16, 30 bis 34 EStG folgt, dass es sich bei derartigen Ausgleichsleistungen des Arbeitgebers regelmäßig um **Werbungskostenersatz** handelt (*BFH* 27.03.1992 BStBl. II 1992, 837 [839]), der jedoch in den Grenzen des § 3 EStG steuerfrei bleibt. Die Einbeziehung des Werbungskostenersatzes in die steuerpflichtigen Einkünfte wirkt sich vor allem aus, wenn Leistungen des Sozialplans die als Werbungskosten nach § 9 EStG abziehbaren Aufwendungen übersteigen, oder Leistungen gewährt werden, die § 3 EStG nicht privilegiert (s. *FG Düsseldorf* 05.04.2000 EFG 2000, 740 [741], für die Übernahme der Kosten einer Outplacement-Beratung). In diesem Fall gehört der Werbungskostenersatz zu den steuerpflichtigen Einkünften, in den Grenzen des § 9 EStG erhöht sich hierdurch jedoch nicht das zu versteuernde Einkommen des Arbeitnehmers.

496 Trotz der Zuordnung einer Sozialplanleistung zu den Einkünften aus nichtselbständiger Tätigkeit kann es sich bei dieser zugleich um eine Entschädigung i. S. d. § 24 Nr. 1 Buchst. a EStG handeln (*Offerhaus* DStZ 1981, 445 [451]). Dies beeinflusst zwar nicht die Entscheidung, ob die Leistung zu den steuerpflichtigen Einkünften gehört, ist aber für das Eingreifen der Tarifermäßigung nach § 34 Abs. 1 EStG von Bedeutung, da diese nur in Betracht kommt, wenn die jeweilige Leistung des Sozialplans eine Entschädigung i. S. d. § 24 Nr. 1 EStG ist (§ 34 Abs. 2 Nr. 2 EStG sowie näher Rdn. 499 ff.).

3. Steuerfreiheit für Abfindungen (§ 3 Nr. 9 EStG a. F.)

497 Damit die dem Arbeitnehmer wegen der **Auflösung des Arbeitsverhältnisses** gewährte Abfindung ihren Zweck nicht durch die steuerliche Belastung teilweise wieder verliert, normierte § 3 Nr. 9 EStG a. F. eine sog. Sozialzweckbefreiung (*BFH* 16.07.1997 BStBl. II 1997, 666 [666]; *FG Hamburg* 27.05.1993 EFG 1994, 86 [86]), die durch nach Lebensalter und Dauer des Arbeitsverhältnisses gestaffelte Höchstbeträge begrenzt war. In dem hierdurch gezogenen Rahmen gehörten Abfindungen zu den steuerfreien Einnahmen. Die Vorschrift wurde mit Wirkung zum 31.12.2005 aufgehoben, war aber noch auf solche Ansprüche anzuwenden, die vor dem 01.01.2006 entstanden sind und die Abfindung dem Arbeitnehmer vor dem 01.01.2008 zugeflossen ist (s. § 52 Abs. 4a Satz 2 EStG sowie im Einzelnen zu § 3 Nr. 9 EStG a. F. s. 8. Aufl., §§ 112, 112a Rn. 354 ff.). Entsprechendes gilt für Sozialplanabfindungen, wenn der Arbeitnehmer in einem vor dem 01.01.2006 vereinbarten Interessenausgleich in einer Namensliste (§ 1 Abs. 5 KSchG, § 125 InsO) namentlich bezeichnet worden ist (§ 52 Abs. 4a Satz 3 EStG).

4. Tarifermäßigung für Sozialplanleistungen nach § 34 Abs. 1 EStG

a) Überblick

498 Wenn das Volumen der aufgrund des Sozialplans empfangenen Leistungen die Obergrenzen des EStG für steuerfreie Einkünfte übersteigt oder eine Steuerfreiheit nach § 3 EStG ausscheidet, kann eine Tarifermäßigung nach § 34 Abs. 1 EStG in Betracht kommen. Allerdings gilt das nicht für alle Leistungen, die der Arbeitnehmer aufgrund eines Sozialplans erhält, sondern nur für solche, die **Entschädigungen i. S. d. § 24 Nr. 1 EStG** sind, bei denen es sich also um einen Ersatz für entgangene oder entgehende Einnahmen handelt. Vor allem für **Abfindungen**, die der Arbeitnehmer wegen des Arbeitsplatzverlustes erhält oder die bei fortbestehendem Arbeitsverhältnis einen infolge der Betriebsänderung eintretenden Verdienstausfall ausgleichen oder mildern sollen (s. aber Rdn. 502 f.), kommt deshalb eine Tarifermäßigung nach § 34 Abs. 1 EStG in Betracht. Deren Berechnung nach Maßgabe der seit dem 01.01.1999 geltenden »Fünftelregelung« unterscheidet sich grundlegend von der früheren Rechtslage (50 % des Steuersatzes des Steuerpflichtigen; s. dazu *Hümmerich/Spirolke* NJW 1999, 1163 [1164 ff.]; *G. Wisskirchen* NZA 1999, 405 ff.).

b) Sozialplanleistungen als Entschädigung i. S. d. § 24 Nr. 1 Buchst. a EStG

Als Entschädigung i. S. d. § 24 Nr. 1 Buchst. a EStG ist eine Leistung des Arbeitgebers zu qualifizieren, **499** wenn sich die wirtschaftliche Lage des Steuerpflichtigen durch den Wegfall einer Einnahmequelle verschlechtert hat; dem Steuerpflichtigen müssen steuerpflichtige Einnahmen entgehen, die er ohne das Ereignis bezogen hätte. Der Ausgleich dieser nachteiligen Folge stellt eine Entschädigung dar (*BFH* 12.06.1996 BStBl. II 1996, 516 [517]).

Da die Entschädigung an die Stelle weggefallener Einnahmen getreten sein muss (*BFH* 07.03.1995 **500** BFH/NV 1995, 961 [962]; 14.05.2003 BFHE 202, 486 [489] = BStBl. II 2003, 881; 29.05.2008 BFH/NV 2008, 1666 Rn. 10; 10.07.2008 BFH/NV 2009, 130 Rn. 12; 29.02.2012 BFHE 237, 56 Rn. 11 = BStBl. II 2012, 569; 14.04.2015 BFH/NV 2015, 1354 Rn. 12; 27.10.2015 BFH/NV 2016, 898 Rn. 31; 31.01.2017 BFHE 256, 250 Rn. 16; *FG Niedersachsen* 14.03.2012 EFG 2012, 1666 Rn. 26), liegt eine Ersatzleistung i. S. d. § 24 Nr. 1 EStG nur vor, wenn sie auf einer **neuen Rechts- oder Billigkeitsgrundlage** beruht (*BFH* 14.05.2003 BFHE 202, 486 [489] = BStBl. II 2003, 881; 10.09.2003 BStBl. II 2004, 349 [351]; 15.10.2003 NJW 2004, 1407 [1407]; 11.01.2005 BFH/NV 2005, 1044 Rn. 10; 10.07.2008 BFH/NV 2009, 130 Rn. 12; 25.08.2009 BFHE 226, 261 Rn. 11 = BStBl. II 2010, 1030; 10.07.2012 BFHE 238, 337 Rn. 14 = BStBl. II 2013, 155; 14.04.2015 BFH/NV 2015, 1354 Rn. 12; 27.10.2015 BFH/NV 2016, 898 Rn. 32; 31.01.2017 BFHE 256, 250 Rn. 16), deren Entstehungszeitpunkt auch vor der Auflösung des Arbeitsverhältnisses liegen kann (*BFH* 10.09.2003 BStBl. II 2004, 349 [351 f.]: Vereinbarung der Entschädigung bereits in dem Dienstvertrag; bestätigend nachfolgend z. B. *BFH* 29.05.2008 BFH/NV 2008, 1666 Rn. 16; 10.07.2008 BFH/NV 2009, 130 Rn. 14). Zu diesen zählt auch ein Sozialplan i. S. d. § 112 Abs. 1 Satz 2, unabhängig davon, ob er einvernehmlich zustande gekommen ist oder durch einen Spruch der Einigungsstelle aufgestellt wurde.

An einer neuen Rechtsgrundlage sollte es nach der langjährigen Rechtsprechung des *BFH* fehlen, **501** wenn der bisherige Einkunftserzielungstatbestand bestehen bleibt, so dass eine »Entschädigung« i. S. d. § 24 Nr. 1 Buchst. a EStG nur vorlag, wenn das zugrunde liegende Rechtsverhältnis beendet wurde (*BFH* 25.08.1993 BFHE 172, 427 [429] = BStBl. II 1994, 185; 12.04.2000 BFH/NV 2000, 1195 [1196]; 11.10.2001 BFHE 197, 54 [56 f.] = BStBl. II 2002, 181; **a. M.** *FG Gotha* 11.11.1998 EFG 1999, 171 [172]). Abfindungen im Rahmen eines fortbestehenden Arbeitsverhältnisses für die anlässlich eines Betriebsüberganges auslaufenden Vergünstigungen oder eintretende Verdiensteinbußen sollten deshalb keine Entschädigung i. S. d. § 24 Nr. 1 Buchst. a EStG sein (*BFH* 12.04.2000 BFH/NV 2000, 1195 [1196]; 11.10.2001 BFHE 197, 54 [57] = BStBl. II 2002, S. 181; **a. M.** *FG Gotha* 11.11.1998 EFG 1999, 171 [172]). In seiner neueren Rechtsprechung ist der *BFH* jedoch von dieser Position abgerückt und sieht die vollständige Beendigung des Arbeitsverhältnisses nicht mehr als erforderlich an, so dass Abfindungen für eine reduzierte Wochenarbeitszeit als Entschädigung i. S. d. § 24 Nr. 1 Buchst. a EStG zu qualifizieren sind (*BFH* 25.08.2009 BFHE 226, 261 Rn. 13 ff. = BStBl. II 2010, 1030; 10.07.2012 BFHE 238, 337 Rn. 14 = BStBl. II 2013, 155).

Keine Ersatzleistung i. S. d. § 24 Nr. 1 EStG ist die Erfüllung der ursprünglich geschuldeten Leistung, **502** mag auch deren Zahlungsmodalität verändert worden sein (sog. **Erfüllungssurrogat**; s. *BFH* 15.10.2003 NJW 2004, 1407 [1407]; 29.05.2008 BFH/NV 2009, 1666 Rn. 10; 27.10.2015 BFH/NV 2016, 898 Rn. 32). Leistungen aufgrund eines Sozialplans sind regelmäßig keine Erfüllungssurrogate, sondern sollen wirtschaftliche Nachteile ausgleichen, die der Arbeitnehmer infolge der Betriebsänderung zukünftig erleidet. Das gilt nicht nur für Abfindungen, die der Arbeitnehmer aus Anlass der Beendigung des Arbeitsverhältnisses erhält, sondern auch für Zahlungen zum Ausgleich sonstiger wirtschaftlicher Nachteile, wie z. B. Zahlungen zur Aufstockung des Transferkurzarbeitergeldes (*FG Düsseldorf* 25.10.2010 EFG 2011, 976 Rn. 23 f.), Ausgleichszahlungen für zu erwartende Rentenkürzungen wegen vorzeitiger Inanspruchnahme der Altersrente (*FG Gotha* 07.12.2011 EFG 2012, 1068 Rn. 18) oder Zahlungen zur Aufstockung des Arbeitslosengeldes (*BFH* 14.04.2005 BFH/NV 2005, 1772 Rn. 13).

Ferner setzt eine Entschädigung voraus, dass der Ausfall der Einnahmen entweder von dritter Seite **503** veranlasst wurde oder aber sich der Steuerpflichtige unter rechtlichem, wirtschaftlichem oder sozialem Druck befunden hat (s. z. B. *BFH* 11.01.2005 BFH/NV 2005, 1044 Rn. 12; 25.08.2009 BFHE 226, 261 Rn. 21 = BStBl. II 2010, 1030; 29.02.2012 BFHE 237, 56 Rn. 14 = BStBl. II 2012, 569;

10.07.2012 BFHE 238, 337 Rn. 14 = BStBl. II 2013, 155; 27.10.2015 BFH/NV 2016, 898 Rn. 38; *Hess. FG* 10.06.2015 – 3 K 1960/13 – BeckRS 2015, 95547). Deshalb sind **Abfindungen**, die der Arbeitnehmer aus Anlass der Auflösung des Arbeitsverhältnisses erhält, jedenfalls dann eine Entschädigung i. S. d. § 24 Nr. 1 Buchst. a EStG, wenn der Arbeitgeber die entscheidende Ursache für die Beendigung des Arbeitsverhältnisses gesetzt hat (*BFH* 07.03.1995 BFH/NV 1995, 961 [962]; s. a. *BFH* 10.07.2012 BFHE 238, 337 Rn. 14 = BStBl. II 2013, 155) und die Abfindung dazu dient, dem Arbeitnehmer entgehende Einnahmen zu ersetzen. Wie bei dem Nachteilsausgleich nach § 113 Abs. 1 (s. § 113 Rdn. 65 ff.) kommt es für den Entschädigungscharakter der Abfindung nicht auf den formalen Beendigungstatbestand an. Auch die einvernehmliche Auflösung des Arbeitsverhältnisses oder die Eigenkündigung des Arbeitnehmers kann von dem Arbeitgeber veranlasst worden sein, wenn das Arbeitsverhältnis unter dem Eindruck einer andernfalls vom Arbeitgeber erklärten Kündigung beendet wird (s. a. *BFH* 10.07.2012 BFHE 238, 337 Rn. 14 = BStBl. II 2013, 155). Das ist ebenso der Fall, wenn der bisherige Arbeitsplatz aus Rationalisierungsgründen wegfällt und der von dem Arbeitgeber angebotene Ersatzarbeitsplatz für den Arbeitnehmer unzumutbar ist (*BFH* 06.05.1977 BStBl. II 1977, 718 [719]).

504 Die Ersatzleistung muss sich auf entgehende »Einnahmen« beziehen. Dient diese lediglich dazu, **Mehraufwendungen** auszugleichen, die dem Arbeitnehmer infolge der Betriebsänderung entstehen, dann ist sie kein Einnahmeersatz. Das gilt insbesondere für den Ausgleich von Umzugs- und anderen Kosten, die der Arbeitnehmer bei einer Verlegung des Betriebs erhält (*BFH* 27.07.1978 BStBl. II 1979, 69 [71]). In den durch § 9 EStG gezogenen Grenzen verringern derartige Aufwendungen des Arbeitnehmers aber als Werbungskosten das zu versteuernde Einkommen. Ebenso handelt es sich bei der Gewährung einer sog. »**Sprinterprämie**« für den vorzeitigen Abschluss eines Aufhebungsvertrags nicht um eine Entschädigung i. S. d. § 24 Nr. 1 Buchst. a EStG (*Hess. FG* 10.06.2015 – 3 K 1960/13 – BeckRS 2015, 95547).

c) Entschädigungen als außerordentliche Einkünfte i. S. d. § 34 EStG

505 § 34 Abs. 2 EStG ordnet lediglich an, dass Entschädigungen i. S. d. § 24 Nr. 1 Buchst. a EStG als außerordentliche Einkünfte in Betracht kommen. Hieraus folgt nicht zwingend, dass es sich bei diesen stets um außerordentliche Einkünfte i. S. d. § 34 Abs. 1 EStG handelt und die Tarifermäßigung eingreift (*BFH* 21.03.1996 BStBl. II 1996, 416 [417]; *FG Düsseldorf* 17.02.1998 EFG 1998, 880 [881]; 05.04.2000 EFG 2000, 740 [741]). Außerordentlich ist die Entschädigung erst, wenn in dem Veranlagungszeitraum eine **Zusammenballung von Einkünften** vorliegt (*BFH* 16.03.1993 BStBl. II 1993, 497 [498]; 04.03.1998 BFHE 185, 429 [431] = BStBl. II 1998, 787; 14.04.2015 BFH/NV 2015, 1354 Rn. 13). Die Tarifermäßigung soll nicht bestimmte Einkünfte privilegieren, sondern reagiert auf die besondere Höhe der Einkünfte, um die infolge der Progressionswirkung des Tarifs prozentual höhere steuerliche Belastung des gesamten Einkommens auszugleichen (*BFH* 16.03.1993 BStBl. II 1993, 497 [498]; 16.07.1997 BFHE 183, 535 [537] = BStBl. II 1997, 753; 04.03.1998 BFHE 185, 429 [431] = BStBl. II 1998, 787; 26.01.2011 BFHE 232, 471 Rn. 20 = BStBl. II 2012, 659; 14.04.2015 BFH/NV 2015, 1354 Rn. 19). Aus diesem Grunde kommt die Tarifermäßigung nur dann zur Anwendung, wenn der Arbeitnehmer in dem jeweiligen Veranlagungszeitraum insgesamt mehr erhält, als er bei ungestörter Fortsetzung des Arbeitsverhältnisses erhalten hätte (*BFH* 09.10.2008 BFH/NV 2009, 558 Rn. 11; 27.01.2010 BFHE 229, 90 Rn. 9 = BStBl. II 2011, 28; *FG Münster* 16.03.2015 EFG 2015, 983). Erfordert dies mangels anderweitiger Anhaltspunkte eine Prognoseentscheidung, kann für diese auch auf die Vorjahre zurückgegriffen werden (*BFH* 09.10.2008 BFH/NV 2009, 558 Rn. 12; 27.01.2010 BFHE 229, 90 Rn. 10 = BStBl. II 2011, 28).

506 Bei der Frage, ob ein geballter Zufluss in einem Veranlagungszeitraum vorliegt, sind ausschließlich die steuerpflichtigen Einkünfte zu berücksichtigen; soweit diese z. B. nach § 3 Nr. 9 EStG steuerfrei waren, blieben sie im Rahmen des § 34 Abs. 1 EStG außer Betracht (*BFH* 02.09.1992 BFHE 169, 98 [99] = BlStBl. II 1993, 52 [52]). Deshalb steht es einer Tarifermäßigung nicht entgegen, wenn in dem ersten Veranlagungszeitraum ausschließlich steuerfreie Leistungen gewährt werden und der restliche Betrag in dem nachfolgenden Veranlagungszeitraum ausgezahlt wird (*BFH* 02.09.1992 BFHE 169, 98 [100] = BlStBl. II 1993, 52 [53]). Ebenso steht es der Tarifermäßigung nicht entgegen, wenn der Arbeitnehmer in späteren Veranlagungszeiträumen Leistungen erhält, durch die er die vertraglich zugesagte Vergütung erhält (selbst wenn er von der Arbeitsleistung freigestellt ist) oder es sich um lebenslängliche Bar- oder Sachleistungen i. S. d. § 24 Nr. 2 EStG handelt.

Die für eine Tarifermäßigung nach § 34 Abs. 1 EStG erforderliche Zusammenballung liegt nur vor, wenn die »Entschädigung« steuerlich **in einem Veranlagungszeitraum** zu erfassen ist. Dabei steht die Aufteilung des Gesamtbetrags in mehrere, während des Veranlagungszeitraums geleistete Teilbeträge der Tarifermäßigung nach § 34 Abs. 1 EStG nicht zwingend entgegen, sofern es sich nicht um laufende Einkünfte handelt (*FG Münster* 29.01.1997 EFG 1998, 200 [201]). Wird die Entschädigung hingegen auf zwei oder mehr Veranlagungszeiträume verteilt, kommt eine Tarifermäßigung grundsätzlich nicht – und zwar auch nicht für den ersten Veranlagungszeitraum (*FG Köln* 16.02.2000 EFG 2000, 498 [499]) – in Betracht (*BFH* 03.07.2002 BFHE 199, 395 [398] = BStBl. II 2004, 447; 14.05.2003 BFHE 202, 486 [490] = BStBl. II 2003, 881; 15.10.2003 NJW 2004, 1407 [1407]; 11.05.2010 BFH/NV 2010, 1801 Rn. 11; 14.04.2015 BFH/NV 2015, 1354 Rn. 13; 13.10.2015 BFHE 251, 331 Rn. 11 = BStBl. II 2016, 214; 27.10.2015 BFH/NV 2016, 898 Rn. 25). Das gilt selbst dann, wenn eine als einheitliche Entschädigung zu bewertende Zahlung in einen größeren Einmalbetrag und in sich über mehrere Veranlagungszeiträume erstreckende kleinere Zahlungen aufgespalten wird (s. aber Rdn. 509 a. E.); auch für die u. U. sehr hohe Einmalzahlung scheidet in einer derartigen Konstellation eine Tarifermäßigung aus (*FG Baden-Württemberg* 22.07.1999 EFG 2000, 1127 [1128]; *FG Düsseldorf* 17.02.1998 EFG 1998, 880 [881]). So greift eine Tarifermäßigung z. B. nicht ein, wenn in einem Veranlagungszeitraum eine hohe Abfindung ausgezahlt wird, die sich in dem nachfolgenden Veranlagungszeitraum durch Ersatzleistungen für eine Outplacement-Beratung erhöht (*FG Düsseldorf* 05.04.2000 EFG 2000, 740 [741]; *FG Köln* 16.02.2000 EFG 2000, 498 [498 f.]). Auch die Verursachung der Teilzahlungen durch die **Insolvenz des Arbeitgebers** steht einer ermäßigten Besteuerung nach § 34 Abs. 1 EStG entgegen (*BFH* 14.04.2015, BFH/NV 2015, 1354 Rn. 20).

507

Etwas anderes gilt, wenn der Arbeitnehmer neben der **Hauptentschädigungsleistung** aus Gründen der sozialen Fürsorge für eine gewisse Übergangszeit **Entschädigungszusatzleistungen** erhält (*BFH* 14.08.2001 BFHE 196, 500 [502] = BStBl. II 2002, 180; 03.07.2002 BFHE 199, 395 [398] = BStBl. II 2004, 447; 15.10.2003 NJW 2004, 1407 [1407]; 29.05.2008 BFH/NV 2008, 1666 Rn. 11; 24.06.2009 BFHE 225, 398 Rn. 16; 25.08.2009 BFHE 226, 265 Rn. 13 = BStBl. II 2011, 17; 11.05.2010 BFH/NV 2010, 1801 Rn. 13; 14.04.2015 BFH/NV 2015, 1354 Rn. 14). Zu diesen zählen z. B. Leistungen, die der Arbeitgeber dem entlassenen Arbeitnehmer zur Erleichterung des Arbeitsplatz- oder Berufswechsels oder als Anpassung an eine dauerhafte Berufsaufgabe und Arbeitslosigkeit erbringt (*BFH* 03.07.2002 BFHE 199, 395 [398] = BStBl. II 2004, 447). Die in anderen Veranlagungszeiträumen gezahlten Zusatzleistungen stehen einer Tarifermäßigung jedoch nur dann nicht entgegen, wenn sie wegen ihrer geringen Höhe die Zusammenballung der Hauptleistung nicht in Frage stellen bzw. diese bei weitem nicht erreichen (*BFH* 03.07.2002 BFHE 199, 395 [399] = BStBl. II 2004, 447; 15.10.2003 NJW 2004, 1407 [1408]; 29.05.2008 BFH/NV 2008, 1666 Rn. 11; 24.06.2009 BFHE 225, 398 Rn. 16; 25.08.2009 BFHE 226, 265 Rn. 13 = BStBl. II 2011, 17; 11.05.2010 BFH/NV 2010, 1801 Rn. 14; 14.04.2015 BFH/NV 2015, 1354 Rn. 16). Bei einem Anteil von weniger als 50 % der Hauptentschädigung ist diese Grenze noch nicht überschritten (Schreiben des BMF vom 01.11.2013, Rn. 14 [s. Rdn. 491 a. E.], wobei der Gesamtbetrag der Zusatzleistung in den Einnahmevergleich einzustellen ist).

508

Eine weitere Ausnahme von der Begrenzung der Zusammenballung auf einen Veranlagungszeitraum gilt, wenn die Zahlung einer Entschädigung i. S. d. § 24 Nr. 1 EStG zwar für einen bestimmten Veranlagungszeitraum vorgesehen ist, die Zahlungen aber aus Gründen, die der Arbeitnehmer nicht zu vertreten hat, in verschiedenen Veranlagungszeiträumen bei diesem eingehen. In diesem Sonderfall ist dem Arbeitnehmer gleichwohl die Tarifermäßigung, und zwar in beiden Veranlagungszeiträumen, zu gewähren (*BFH* 01.02.1957 BStBl. III 1957, 104; s. a. *FG Nürnberg* 26.02.2009 EFG 2009, 1386 Rn. 19). Damit vergleichbar sind Sachverhalte, in denen der Steuerpflichtige die Leistung zwar in zwei Veranlagungszeiträumen erhalten hat, in den zweiten Zeitraum jedoch lediglich eine geringfügige Teilleistung fällt (*BFH* 25.08.2009 BFHE 226, 265 Rn. 13 = BStBl. II 2011, 27; 26.01.2011 BFHE 232, 471 Rn. 19 = BStBl. II 2012, 659; 13.10.2015 BFHE 251, 331 Rn. 13 = BStBl. II 2016, 214; *FG Nürnberg* 09.05.2014 – 7 K 1612/13 – BeckRS 2014, 96033). Für die Höhe des Bagatellbetra-

509

ges hat der *BFH* eine starre Prozentgrenze bislang zwar abgelehnt, eine aus den Besonderheiten des Einzelfalls resultierende Geringfügigkeit aber noch bejaht, obwohl sich die Teilauszahlung auf 8,87 % der Gesamtabfindung belief (*BFH* 13.10.2015 BFHE 251, 331 Rn. 14, 16 = BStBl. II 2016, 214 [zuvor: *FG Baden-Württemberg* 03.11.2014 – 10 K 2655/13 – BeckRS 2015, 94274]). In diesem Sinne bejaht das *BMF* nunmehr eine geringfügige Zahlung, solange diese nicht mehr als 10 % der Hauptleistung beträgt (Schreiben des *BMF* vom 04.03.2016 [Rdn. 491 a. E.]).

510 Von einer Zusammenballung im vorstehenden Sinne ist generell auszugehen, wenn die Ausgleichsleistung in einem Veranlagungszeitraum ausgezahlt wird, sie aber Nachteile ausgleichen soll, die sich auf mehrere Veranlagungsjahre beziehen (*BFH* 16.07.1997 BFHE 183, 535 [537] = BStBl. II 1997, 763; 04.03.1998 BFHE 185, 429 [431] = BStBl. II 1998, 787; *FG Düsseldorf* 17.02.1998 EFG 1998, 880 [881]). Das folgt aus dem Zweck der Tarifermäßigung, die lediglich darauf reagiert, dass der Steuerpflichtige in einem Veranlagungszeitraum mehr erhält, als er bei normalem Ablauf der Dinge erhalten hätte (*BFH* 16.07.1997 BFHE 183, 535 [537] = BStBl. II 1997, 753; 04.03.1998 BFHE 185, 429 [431] = BStBl. II 1998, 787 sowie Rdn. 505). Deshalb scheidet eine Tarifermäßigung für eine Abfindung selbst dann nicht aus, wenn eine überschlägige Berechnung ergibt, dass nur die im Veranlagungszeitraum eingetretenen Nachteile ausgeglichen werden (*BFH* 04.03.1998 BFHE 185, 429 [432 f.] = BStBl. II 1998, 787). Soll die Entschädigung lediglich die Einnahmen eines Jahres ausgleichen, dann kann eine Zusammenballung allerdings nur eintreten, wenn die Entschädigung mit anderen Einkünften zusammentrifft (*BFH* 16.03.1993 BStBl. II 1993, 497 [498]; 16.07.1997 BFHE 183, 535 [537 f.] = BStBl. II 1997, 753). Andererseits fehlt es an einer Zusammenballung, wenn die Entschädigung die bis zum Ende des Veranlagungszeitraums entgehenden Einnahmen nicht übersteigt und der Steuerpflichtige keine weiteren Einnahmen bezieht, die er bei Fortsetzung des Arbeitsverhältnisses nicht bezogen hätte (*BFH* 06.09.1995 BFH/NV 1996, 204 [205]; 16.07.1997 BFHE 183, 535 [538] = BStBl. II 1997, 753; 04.03.1998 BFHE 185, 429 [431] = BStBl. II 1998, 787). Auch im letztgenannten Fall hat er insgesamt höhere Einkünfte als bei regulärem Verlauf des bisherigen Arbeitsverhältnisses.

VII. Sozialplan und Arbeitsförderung (»Transfersozialplan«)

1. Allgemeines

511 Im Rahmen der **aktiven Arbeitsförderung** (§ 3 Abs. 2 SGB III) unterstützt das Arbeitsförderungsrecht mittels verschiedener Zuschüsse die Durchführung von Maßnahmen, um die Eingliederung der von Arbeitslosigkeit bedrohten Arbeitnehmer in den Arbeitsmarkt zu erleichtern. Neben Eingliederungsmaßnahmen (§§ 45 ff. SGB III) sowie der beruflichen Aus- und Weiterbildung (§§ 51 ff. SGB III) wurden bereits mit Schaffung der §§ 254 ff. SGB III a. F. insbesondere auch Sozialpläne in die Arbeitsförderung einbezogen, wenn diese Maßnahmen vorsehen, die der Eingliederung von Arbeitnehmern in den Arbeitsmarkt dienen (sog. Transfermaßnahmen).

512 Damit will das Arbeitsförderungsrecht für die Betriebsparteien einen über die an die Einigungsstelle gerichtete Ermessensrichtlinie des § 112 Abs. 5 Satz 2 Nr. 2a (dazu Rdn. 479 ff.) hinausgehenden Anreiz schaffen, die Sozialplanmittel stärker als in der Vergangenheit zur Finanzierung von Maßnahmen einzusetzen, die dem »**Transfer« in ein neues Arbeitsverhältnis** dienen, anstatt durch Abfindungen die finanziellen Einbußen des Arbeitnehmers infolge Arbeitslosigkeit auszugleichen (Gesetzesbegründung zu den §§ 254 ff. SGB III a. F. BT-Drucks. 13/4941, S. 197 sowie *Bepler* AuR 1999, 219 [225]; *Clever* ZfSH/SGB 1998, 3 [8]; *Fitting/Kaiser/Heither/Engels* §§ 112, 112a Rn. 111; *Gagel/Bepler* SGB III, § 110 Rn. 3; *Grünewald* Interessenausgleich, S. 137 ff.; *Hoffmann* Förderung, S. 8; *Kopp* NZS 1997, 456 [457]; *Meyer* NZA 1998, 403 [404 f.]; *Rolfs* NZA 1998, 17 [20]; *ders.*/ErfK § 110 SGB III Rn. 1; *Stege/Weinspach/Schiefer* §§ 111–113 Rn. 139d; exemplarisch zu dem vom Bundesarbeitgeberverband Chemie entwickelten Konzept eines Transfersozialplans *Stindt* FS *Weinspach*, 2002, S. 147 ff. sowie *Hermann* Transfer-Sozialplan, S. 50 ff.; *Kowalski* Sozialplan, S. 17 ff., 141 ff.; *Wendeling-Schröder/Welkoborsky* NZA 2002, 1370 ff.; *Wolff* NZA 1999, 622 ff.; *ders.* Gestaltungsformen, S. 29 ff., 74 ff., 87, 92 f., 101 ff., 152 ff., 194 ff.; zu den Besonderheiten im Insolvenzverfahren *Kowalski* KTS 2002, 261 ff.).

Mit der bewussten Einbeziehung des Sozialplans in die aktive Arbeitsförderung, die auch zur Schaf- 513
fung der Ermessensrichtlinie in § 112 Abs. 5 Satz 2 Nr. 2a führte (*Reg. Begr.* BT-Drucks. 14/5741,
S. 52 sowie Rdn. 467 ff.), werden nicht nur neue und inzwischen bewährte Wege zur Vermeidung
von Arbeitslosigkeit beschritten, sondern zugleich die von dem Unternehmer für den Sozialplan
zur Verfügung gestellten finanziellen Ressourcen zur Entlastung des Haushalts der Bundesagentur
für Arbeit in Dienst genommen (dazu auch *Hoffmann* Förderung, S. 7; *Wolff* Gestaltungsformen,
S. 79 f.). Sie ist allerdings nicht in der Lage, die funktionalen Schranken der Einigungsstelle bei der Aufstellung des Sozialplans zu erweitern (s. Rdn. 484 f. sowie allgemein Rdn. 421 f.).

Bei den **Transferleistungen** unterscheidet das Arbeitsförderungsrecht zwischen der Förderung für 514
die **Teilnahme an Transfermaßnahmen** (§ 110 SGB III), der Gewährung von **Transferkurzarbeitergeld** (§ 111 SGB III) sowie der Förderung der Teilnahme an **Maßnahmen der beruflichen
Weiterbildung** (§ 111a SGB III). Die nunmehr in § 110 SGB III zusammengefassten Bestimmungen
zur Förderung von Transfermaßnahmen (näher Rdn. 517 ff.) sind an die Stelle der ursprünglich in den
§§ 254 bis 259 SGB III a. F. (dazu 7. Aufl. §§ 112, 112a Rn. 316 ff. sowie ausführlich *M. Heither* Sozialplan und Sozialrecht, S. 91 ff.; *Hermann* Transfer-Sozialplan, S. 155 ff.; *Hoffmann* Förderung;
Kowalski Sozialplan, S. 25 ff.; *Staufenbiel* Sozialplan, S. 149 ff.) sowie zwischenzeitlich in § 216a
SGB III enthaltenen Regelungen zur **Förderung von Transfersozialplänen** getreten (zu § 216a
SGB III s. 9. Aufl., §§ 112, 112a Rn. 466 ff.). Demgegenüber löst die Vorschrift des § 111 SGB III
zum Transferkurzarbeitergeld (dazu Rdn. 554 ff.) die frühere Bestimmung zum **Strukturkurzarbeitergeld** ab (§ 175 SGB III a. F.; dazu näher z. B. *M. Heither* Sozialplan und Sozialrecht, S. 155 ff.; *Hermann* Transfer-Sozialplan, S. 216 ff.; *Staufenbiel* Sozialplan, S. 180 ff.), das die Bildung von **betriebsorganisatorisch eigenständigen Einheiten** unterstützen sollte, um Entlassungen zu vermeiden
und die Vermittlungsaussichten der in ihnen zusammengefassten Arbeitnehmern zu verbessern (zur
zwischenzeitlich in § 216b SGB III a. F. enthaltenen Regelung s. 9. Aufl., §§ 112, 112a Rn. 503 ff.).
Ergänzend zu § 111 SGB III sieht der durch Gesetz vom 18.07.2016 (BGBl. I, S. 1710) eingefügte
§ 111a SGB III die Möglichkeit vor, die Teilnahme an **Maßnahmen der beruflichen Weiterbildung** durch Übernahme der Weiterbildungskosten zu fördern, wenn Arbeitnehmern ein Anspruch
auf Transferkurzarbeitergeld zusteht.

Die zwischenzeitlich an die Stelle der §§ 175, 254–259 SGB III a. F. getretenen **§§ 216a und b** 515
SGB III a. F. wurden durch das Dritte Gesetz für moderne Dienstleistungen am Arbeitsmarkt
(»**Hartz III**«) vom 23.12.2003 (BGBl. I, S. 2848) unter gleichzeitiger Aufhebung der §§ 175, 254
bis 259 SGB III a. F. in das Gesetz eingefügt (im Überblick dazu *Gaul/Otto* NZA 2004, 1301 [1306 f.];
Staufenbiel Sozialplan, S. 200 ff.; *Gaul/Bonanni/Otto* DB 2003, 2386 ff.; *Hoehl/Grimmke* NZS 2004,
345 [348 ff.]; *Meyer* BB 2004, 490 ff.; *Moderegger* ArbRB 2005, 23 ff.; *Welkoborsky* NZS 2004, 509 ff.
sowie die [unveröffentlichten] Interpretationshilfen der Bundesagentur für Arbeit zu den Transferleistungen [2004]; s. ferner *Gagel/Bepler* SGB III, § 110 Rn. 13) und nachfolgend zunächst durch das Gesetz vom 23.04.2004 (BGBl. I, S. 602) und das Gesetz vom 19.11.2004 (BGBl. I, S. 2902) geändert.
Größere Änderungen erfuhren die §§ 216a und b SGB III sodann durch das Gesetz für bessere Beschäftigungschancen am Arbeitsmarkt (**Beschäftigungschancengesetz**) vom 26.10.2010 (BGBl.
I, S. 1417; s. dazu *Bell* AiB 2013, 117 ff.; *Rolf/Riechwald* BB 2011, 2805 ff.; *Sigle* FA 2013, 168 [168 ff.];
Thannheiser AiB 2011, 86 ff.).

Die nunmehr maßgeblichen Bestimmungen in § 110 SGB III und § 111 SGB III beruhen auf dem 516
Gesetz zur Verbesserung der Eingliederungschancen am Arbeitsmarkt vom 20.12.2011
(BGBl. I, S. 2854), das die zuvor geltenden §§ 216a und b SGB III partiell modifizierte (s. *Sigle* FA
2013, 168 [170 f.]; *Voelzke* NZA 2012, 177 [180]; ausführlich z. B. *Fiene* Abschluss und Umsetzung
von Transfer-Sozialplänen, 2013) und in das der »Aktiven Arbeitsförderung« gewidmete Dritte Kapitel
integrierte. Ergänzt werden die §§ 110, 111 SGB III durch die Geschäftsanweisungen zu Transferleistungen der Bundesagentur für Arbeit vom 20.12.2016 (Weisung 201612017). Die §§ 110 bis 111a
SGB III haben folgenden Wortlaut:

§ 110
Transfermaßnahmen

(1) Nehmen Arbeitnehmerinnen und Arbeitnehmer, die auf Grund einer Betriebsänderung oder im Anschluss an die Beendigung eines Berufsausbildungsverhältnisses von Arbeitslosigkeit bedroht sind, an Transfermaßnahmen teil, wird diese Teilnahme gefördert, wenn
1. *sich die Betriebsparteien im Vorfeld der Entscheidung über die Einführung von Transfermaßnahmen, insbesondere im Rahmen ihrer Verhandlungen über einen die Integration der Arbeitnehmerinnen und Arbeitnehmer fördernden Interessenausgleich oder Sozialplan nach § 112 des Betriebsverfassungsgesetzes, von der Agentur für Arbeit beraten lassen haben,*
2. *die Maßnahme von einem Dritten durchgeführt wird,*
3. *die Maßnahme der Eingliederung der Arbeitnehmer in den Arbeitsmarkt dienen soll und*
4. *die Durchführung der Maßnahme gesichert ist.*

Transfermaßnahmen sind alle Maßnahmen zur Eingliederung von Arbeitnehmerinnen und Arbeitnehmern in den Arbeitsmarkt, an deren Finanzierung sich Arbeitgeber angemessen beteiligen. Als Betriebsänderung gilt eine Betriebsänderung im Sinne des § 111 des Betriebsverfassungsgesetzes unabhängig von der Unternehmensgröße und unabhängig davon, ob im jeweiligen Betrieb das Betriebsverfassungsgesetz anzuwenden ist.

(2) Die Förderung wird als Zuschuss gewährt. Der Zuschuss beträgt 50 Prozent der erforderlichen und angemessenen Maßnahmekosten, jedoch höchstens 2500 Euro je geförderter Arbeitnehmerin oder gefördertem Arbeitnehmer.

(3) Eine Förderung ist ausgeschlossen, wenn die Maßnahme dazu dient, die Arbeitnehmerin oder den Arbeitnehmer auf eine Anschlussbeschäftigung im gleichen Betrieb oder in einem anderen Betrieb des gleichen Unternehmens oder, falls das Unternehmen einem Konzern angehört, in einem Betrieb eines anderen Konzernunternehmens des Konzerns vorzubereiten. Durch die Förderung darf der Arbeitgeber nicht von bestehenden Verpflichtungen entlastet werden. Von der Förderung ausgeschlossen sind Arbeitnehmerinnen und Arbeitnehmer des öffentlichen Dienstes mit Ausnahme der Beschäftigten von Unternehmen, die in selbständiger Rechtsform erwerbswirtschaftlich betrieben werden.

(4) Während der Teilnahme an Transfermaßnahmen sind andere Leistungen der aktiven Arbeitsförderung mit gleichartiger Zielsetzung ausgeschlossen.

§ 111
Transferkurzarbeitergeld

(1) Um Entlassungen von Arbeitnehmerinnen und Arbeitnehmern zu vermeiden und ihre Vermittlungsaussichten zu verbessern, haben diese Anspruch auf Kurzarbeitergeld zur Förderung der Eingliederung bei betrieblichen Restrukturierungen (Transferkurzarbeitergeld), wenn
1. *und solange sie von einem dauerhaften nicht vermeidbaren Arbeitsausfall mit Entgeltausfall betroffen sind,*
2. *die betrieblichen Voraussetzungen erfüllt sind,*
3. *die persönlichen Voraussetzungen erfüllt sind und*
4. *sich die Betriebsparteien im Vorfeld der Entscheidung über die Inanspruchnahme von Transferkurzarbeitergeld, insbesondere im Rahmen ihrer Verhandlungen über einen die Integration der Arbeitnehmerinnen und Arbeitnehmer fördernden Interessenausgleich oder Sozialplan nach § 112 des Betriebsverfassungsgesetzes, von der Agentur für Arbeit beraten lassen haben und*
5. *der dauerhafte Arbeitsausfall der Agentur für Arbeit angezeigt worden ist.*

Die Agentur für Arbeit leistet Transferkurzarbeitergeld für längstens zwölf Monate.

(2) Ein dauerhafter Arbeitsausfall liegt vor, wenn auf Grund einer Betriebsänderung im Sinne des § 110 Abs. 1 Satz 3 die Beschäftigungsmöglichkeiten für die Arbeitnehmerinnen und Arbeitnehmer nicht nur vorübergehend entfallen. Der Entgeltausfall kann auch jeweils 100 Prozent des monatlichen Bruttoentgelts betragen.

(3) Die betrieblichen Voraussetzungen für die Gewährung von Transferkurzarbeitergeld sind erfüllt, wenn
1. *in einem Betrieb Personalanpassungsmaßnahmen auf Grund einer Betriebsänderung durchgeführt werden,*
2. *die von Arbeitsausfall betroffenen Arbeitnehmerinnen und Arbeitnehmer in einer betriebsorganisatorisch eigenständigen Einheit zusammengefasst werden, um Entlassungen zu vermeiden und ihre Eingliederungschancen zu verbessern;*

3. die Organisation und Mittelausstattung der betriebsorganisatorisch eigenständigen Einheit den angestrebten Integrationserfolg erwarten lassen und
4. ein System zur Sicherung der Qualität angewendet wird.

Wird die betriebsorganisatorisch eigenständige Einheit von einem Dritten durchgeführt, tritt an die Stelle der Voraussetzung nach Satz 1 Nummer 4 die Trägerzulassung nach § 178.

(4) Die persönlichen Voraussetzungen sind erfüllt, wenn die Arbeitnehmerin oder der Arbeitnehmer
1. von Arbeitslosigkeit bedroht ist,
2. nach Beginn des Arbeitsausfalls eine versicherungspflichtige Beschäftigung fortsetzt oder im Anschluss an die Beendigung eines Berufsausbildungsverhältnisses aufnimmt,
3. nicht vom Kurzarbeitergeldbezug ausgeschlossen ist und
4. vor der Überleitung in die betriebsorganisatorische Einheit aus Anlass der Betriebsänderung
   a) sich bei der Agentur für Arbeit arbeitsuchend meldet und
   b) an einer arbeitsmarktlich zweckmäßigen Maßnahme zur Feststellung der Eingliederungsaussichten teilgenommen hat; können in berechtigten Ausnahmefällen trotz Mithilfe der Agentur für Arbeit die notwendigen Feststellungsmaßnahmen nicht rechtzeitig durchgeführt werden, sind diese im unmittelbaren Anschluss an die Überleitung innerhalb eines Monats nachzuholen.

§ 98 Absatz 2 bis 4 gilt entsprechend.

(5) Arbeitnehmerinnen und Arbeitnehmer des Steinkohlebergbaus, denen Anpassungsgeld nach § 5 des Steinkohlefinanzierungsgesetzes gezahlt werden kann, haben vor der Inanspruchnahme des Anpassungsgeldes Anspruch auf Transferkurzarbeitergeld.

(6) Für die Anzeige des Arbeitsausfalls gilt § 99 Absatz 1, 2 Satz 1 und Absatz 3 entsprechend. Der Arbeitsausfall ist bei der Agentur für Arbeit anzuzeigen, in deren Bezirk der personalabgebende Betrieb seinen Sitz hat.

(7) Während des Bezugs von Transferkurzarbeitergeld hat der Arbeitgeber den geförderten Arbeitnehmerinnen und Arbeitnehmern Vermittlungsvorschläge zu unterbreiten. Stellt der Arbeitgeber oder die Agentur für Arbeit fest, dass Arbeitnehmerinnen oder Arbeitnehmer Qualifizierungsdefizite aufweisen, soll der Arbeitgeber geeignete Maßnahmen zur Verbesserung der Eingliederungsaussichten anbieten. Als geeignet gelten insbesondere
1. Maßnahmen der beruflichen Weiterbildung, für die und für deren Träger eine Zulassung nach dem Fünften Kapitel vorliegt, oder
2. eine zeitlich begrenzte, längstens sechs Monate dauernde Beschäftigung zum Zwecke der Qualifizierung bei einem anderen Arbeitgeber.

Bei der Festlegung von Maßnahmen nach Satz 3 ist die Agentur für Arbeit zu beteiligen. Nimmt die Arbeitnehmerin oder der Arbeitnehmer während der Beschäftigung in einer betriebsorganisatorisch eigenständigen Einheit an einer Qualifizierungsmaßnahme teil, deren Ziel die anschließende Beschäftigung bei einem anderen Arbeitgeber ist, und wurde das Ziel der Maßnahme nicht erreicht, steht die Rückkehr der Arbeitnehmerin oder des Arbeitnehmers in den bisherigen Betrieb dem Anspruch auf Transferkurzarbeitergeld nicht entgegen.

(8) Der Anspruch ist ausgeschlossen, wenn Arbeitnehmerinnen und Arbeitnehmer nur vorübergehend in der betriebsorganisatorisch eigenständigen Einheit zusammengefasst werden, um anschließend einen anderen Arbeitsplatz in dem gleichen oder einem anderen Betrieb des Unternehmens zu besetzen oder, falls das Unternehmen einem Konzern angehört, einen Arbeitsplatz in einem Betrieb eines anderen Konzernunternehmens des Konzerns zu besetzen. § 110 Absatz 3 Satz 3 gilt entsprechend.

(9) Soweit nichts Abweichendes geregelt ist, sind die für das Kurzarbeitergeld geltenden Vorschriften des Ersten Unterabschnitts anzuwenden, mit Ausnahme der ersten beiden Titel und des § 109 Absatz 1 Nummer 2 und Absatz 2 bis 4.

§ 111a
Förderung der beruflichen Weiterbildung bei Transferkurzarbeitergeld

(1) Arbeitnehmerinnen und Arbeitnehmer, die einen Anspruch auf Transferkurzarbeitergeld nach § 111 haben, können bei Teilnahme an Maßnahmen der beruflichen Weiterbildung durch die Übernahme der Weiterbildungskosten nach § 83 gefördert werden, wenn

1. ihnen im Sinne des § 81 Absatz 2 ein Berufsabschluss fehlt oder sie bei Beginn der Teilnahme das 45. Lebensjahr vollendet haben,
2. die Agentur für Arbeit sie vor Beginn der Teilnahme beraten hat,
3. der Träger der Maßnahme und die Maßnahme für die Förderung zugelassen sind,
4. die Maßnahme während des Bezugs von Transferkurzarbeitergeld endet und
5. der Arbeitgeber mindestens 50 % der Lehrgangskosten trägt.

Die Grundsätze für die berufliche Weiterbildung nach § 81 Absatz 1 Satz 2 und Absatz 3 bis 4 gelten entsprechend.

(2) Arbeitnehmerinnen und Arbeitnehmer, die einen Anspruch auf Transferkurzarbeitergeld nach § 111 haben und denen im Sinne des § 81 Absatz 2 ein Berufsabschluss fehlt, können bei Teilnahme an Maßnahmen der beruflichen Weiterbildung, die zu einem Abschluss in einem Ausbildungsberuf führen, nach § 81 gefördert werden, wenn der Arbeitgeber mindestens 50 Prozent der Lehrgangskosten während des Bezugs von Transferkurzarbeitergeld trägt. Ein Anspruch auf Arbeitslosengeld bei beruflicher Weiterbildung nach § 144 ruht während der Zeit, für die ein Anspruch auf Transferkurzarbeitergeld zuerkannt ist.

(3) Wenn ein Insolvenzereignis im Sinne des § 165 Absatz 1 Satz 2 vorliegt, kann die Agentur für Arbeit abweichend von Absatz 1 Satz 1 Nummer 5 oder Absatz 2 Satz 1 eine niedrigere Beteiligung des Arbeitgebers an den Lehrgangskosten festlegen.

2. Transfermaßnahmen (§ 110 SGB III)

a) Voraussetzungen für die Gewährung eines Zuschusses

517 Die Förderung der Teilnahme an einer Transfermaßnahme setzt voraus, dass der hierfür vorgesehene Arbeitnehmer aufgrund einer Betriebsänderung von Arbeitslosigkeit bedroht ist, die Transfermaßnahme bestimmte inhaltliche und qualitative Anforderungen erfüllt (§ 110 Abs. 1 Satz 1 SGB III) sowie keiner der in § 110 Abs. 3 SGB III genannten Ausschlusstatbestände eingreift.

aa) Drohende Arbeitslosigkeit aufgrund Betriebsänderung

(1) Drohende Arbeitslosigkeit

518 Die in § 110 Abs. 1 Satz 1 SGB III genannte Voraussetzung einer aufgrund von Betriebsänderungen drohenden Arbeitslosigkeit war bereits in § 255 Abs. 1 Nr. 1 SGB III a. F. und § 216a Abs. 1 SGB III a. F. als Anspruchsvoraussetzung für die Förderung von Maßnahmen im Rahmen von Transfersozialplänen vorgesehen, so dass die Auslegung zum damaligen Recht im Rahmen von § 110 Abs. 1 SGB III fortgeschrieben werden kann. Dabei müssen die Voraussetzungen für eine drohende Arbeitslosigkeit während der gesamten Dauer der Transfermaßnahme bestehen. Endet die »drohende Arbeitslosigkeit« vor deren Abschluss, so entfällt ab diesem Zeitpunkt auch die Förderung der Teilnahme (*Nimscholz / HWK* §§ 110, 111 SGB III Rn. 4).

519 Ob ein Arbeitnehmer von Arbeitslosigkeit bedroht ist, beurteilt sich nach den Voraussetzungen **in § 17 SGB III**: er muss
– versicherungspflichtig beschäftigt sein (Nr. 1),
– alsbald mit der Beendigung der Beschäftigung rechnen müssen (Nr. 2) und
– voraussichtlich nach Beendigung der Beschäftigung arbeitslos werden (Nr. 3).

520 Das Bestehen einer **versicherungspflichtigen Beschäftigung** (§ 17 Nr. 1 SGB III) in der Person des zu fördernden Arbeitnehmers richtet sich nach den einschlägigen Vorschriften des Arbeitsförderungsrechts. Versicherungspflichtig sind hiernach insbesondere Personen, die **gegen Arbeitsentgelt** oder zu ihrer **Berufsausbildung** beschäftigt sind (§ 25 Abs. 1 SGB III); Personen, die eine **geringfügige Beschäftigung** (§ 8 SGB IV) ausüben, sind hingegen versicherungsfrei (§ 27 Abs. 2 SGB III).

521 Mit einer **Beendigung der Beschäftigung** (§ 17 Nr. 2 SGB III) muss der Arbeitnehmer insbesondere rechnen, wenn der Arbeitgeber ankündigt, das Arbeitsverhältnis aus betriebsbedingten Gründen beenden zu wollen. Hierfür liefert vor allem die Benennung des Arbeitnehmers in einer im Interes-

senausgleich enthaltenen **Liste der zu kündigenden Arbeitnehmer** (§ 125 Abs. 1 Satz 1 Nr. 2 InsO, § 1 Abs. 5 KSchG; s. dazu Rdn. 26 ff.) einen Anhaltspunkt (*Gagel/Bepler* SGB III, § 110 Rn. 33; *Nimscholz/HWK* §§ 110, 111 SGB III Rn. 4; *Rolfs/*ErfK § 110 SGB III Rn. 9; *Schweibert/WHSS* Kap. C Rn. 265; ebenso zu § 1 Abs. 5 KSchG a. F. *Hoffmann* Förderung, S. 25). Ob die Beendigung des Arbeitsverhältnisses durch **mildere Maßnahmen** (z. B. Kurzarbeit) abgewendet werden kann, ist für die Förderungsfähigkeit der Teilnahme ohne Bedeutung (*B. Gaul* AuA 1998, 336 [337]; **a. M.** *Meyer* NZA 1998, 403 [406]).

Die **Rechtswirksamkeit der Kündigung**, insbesondere deren soziale Rechtfertigung, ist grundsätzlich unbeachtlich (*Fiene* Abschluss und Inhalt von Transfer-Sozialplänen, Kap. 1 Rn. 39; *Fitting* §§ 112, 112a Rn. 225; *Gagel/Bepler* SGB III, § 110 Rn. 35; *Rolfs/*ErfK § 110 SGB III Rn. 11 sowie zu § 254 ff. SGB III a. F. *B. Gaul* AuA 1998, 336 [337]; *Löwisch* RdA 1997, 287 [289]). Von Arbeitslosigkeit i. S. d. § 17 SGB III ist der Arbeitnehmer auch bedroht, wenn er eine rechtswidrige Kündigung hinnimmt (*Schweibert/WHSS* Kap. C Rn. 266). Eine abweichende Würdigung kommt lediglich bei einer **offensichtlichen Unwirksamkeit** der in Aussicht gestellten Kündigung in Betracht (*Fitting* §§ 112, 112a Rn. 225 sowie *Fiene* Abschluss und Inhalt von Transfer-Sozialplänen, Kap. 1 Rn. 39; *Gagel/Bepler* SGB III, § 110 Rn. 35; *B. Gaul* AuA 1998, 336 [337]; *Hoffmann* Förderung, S. 25; *Kowalski* Sozialplan, S. 70; *Kühl* in: *Brand* SGB III, § 110 Rn. 7; *Löwisch* RdA 1997, 287 [289]; *Rolfs/*ErfK § 110 SGB III Rn. 11).

Da § 17 SGB III die allgemeine Formulierung »Beendigung« verwendet, genügt für eine Beendigung der Beschäftigung i. S. d. § 17 Nr. 2 SGB III auch ein vom Arbeitgeber initiierter **Aufhebungsvertrag** sowie eine von ihm veranlasste **Eigenkündigung des Arbeitnehmers** als Beendigungstatbestand, wenn dieser im Hinblick auf die bevorstehende Betriebsänderung abgeschlossen wird (zu § 255 SGB III a. F. *B. Gaul* AuA 1998, 336 [337]; *Meyer* NZA 1998, 513 [514]; *Stindt* FS 50 Jahre Bundesarbeitsgericht, S. 1101 [1117 ff.]). Entsprechendes gilt für die **Art der** vom Arbeitgeber beabsichtigten **Kündigung**. Deshalb kann auch ordentlich unkündbaren Arbeitnehmern die Beendigung des Arbeitsverhältnisses drohen, wenn die Voraussetzungen für eine **außerordentliche Kündigung** dieses Arbeitnehmers vorliegen (*Fiene* Abschluss und Inhalt von Transfer-Sozialplänen, Kap. 1 Rn. 40; *Gagel/Bepler* SGB III, § 110 Rn. 36; *Gaul/Bonanni/Otto* DB 2003, 2386 [2386]; s. ferner *Kühl* in: *Brand* SGB III, § 110 Rn. 7; *Rolfs/*ErfK § 110 SGB III Rn. 10; *Schweibert/WHSS* Kap. C Rn. 265; *Stindt* FS 50 Jahre Bundesarbeitsgericht, S. 1101 [1107 ff.]).

Die **Gefahr der Arbeitslosigkeit** (§ 17 Nr. 3 SGB III) besteht für den Arbeitnehmer insbesondere nicht, wenn er auf einem **anderen Arbeitsplatz** weiterbeschäftigt werden kann, wobei die Person des neuen Arbeitgebers unerheblich ist. In Betracht kommt auch der **bisherige Arbeitgeber**, der den Arbeitnehmer im selben Betrieb oder einem anderen Betrieb desselben Unternehmens – gegebenenfalls nach einer Änderung des Arbeitsvertrags – beschäftigen kann (Gesetzesbegründung zu § 255 SGB III a. F. BT-Drucks. 13/4941, S. 198 sowie *Clever* ZfSH/SGB 1998, 3 [8]; *Däubler/DKKW* §§ 112, 112a Rn. 234; *Gagel/Bepler* SGB III, § 110 Rn. 37; *Rolfs* NZA 1998, 17 [20]; *ders./*ErfK § 110 SGB III Rn. 12; *Stege/Weinspach/Schiefer* §§ 111–113 Rn. 139f). Die Übernahme in eine betriebsorganisatorisch eigenständige Einheit lässt die »drohende Arbeitslosigkeit« nicht entfallen (*Schweibert/WHSS* Kap. C Rn. 265), da auch die Förderung durch Transferkurzarbeitergeld »drohende Arbeitslosigkeit« voraussetzt (§ 111 Abs. 4 Satz 1 Nr. 1 SGB III); § 110 Abs. 4 SGB III steht in diesem Fall jedoch der Gewährung von Transferkurzarbeitergeld entgegen (s. Rdn. 554 ff.).

Eine drohende Arbeitslosigkeit entfällt ebenfalls, wenn der Arbeitnehmer in dem **Unternehmen eines Dritten** weiterbeschäftigt werden kann, wobei insbesondere, aber nicht ausschließlich, **konzernverbundene Unternehmen** in Betracht kommen (*Däubler/DKKW* §§ 112, 112a Rn. 234; *Löwisch* RdA 1997, 287 [289]; *Kühl* in *Brand* SGB III, § 110 Rn. 8; *Rolfs* NZA 1998, 17 [20]; *Stege/Weinspach* §§ 111–113 Rn. 139f; **a. M.** *B. Gaul* AuA 1998, 336 [337], außer beim Vorliegen einer konzernbezogenen Versetzungsklausel). Die Gefahr der anschließenden Arbeitslosigkeit besteht **trotz der Weiterbeschäftigungsmöglichkeit**, wenn der Arbeitgeber kein entsprechendes Angebot unterbreitet hat (*Gagel/Bepler* SGB III, § 110 Rn. 37) oder der freie Arbeitsplatz für den Arbeitnehmer nicht zumutbar ist, wobei für die **Zumutbarkeit** nicht der Maßstab des § 140 SGB III, sondern derjenige des § 112 Abs. 5 Satz 2 Nr. 2 (dazu Rdn. 473 ff.) heranzuziehen ist (*Däubler/DKKW* §§ 112, 112a Rn. 234; *Hoffmann* Förderung, S. 27 ff.; *Kowalski* Sozialplan, S. 73 f.; *Kühl* in: *Brand* SGB III,

§ 110 Rn. 9; *Rolfs*/ErfK § 110 SGB III Rn. 13; **a. M.** *Löwisch* RdA 1997, 287 [289], der auf § 121 SGB III a. F. zurückgreift).

(2) Betriebsänderung

526 Die Bedrohung des Arbeitnehmers mit Arbeitslosigkeit i. S. d. § 17 SGB III muss ursächlich auf eine **Betriebsänderung** des Unternehmers zurückzuführen sein. Wegen der Verknüpfung der §§ 254 ff. SGB III a. F. mit den Beteiligungsrechten des Betriebsrats war das Vorliegen einer Betriebsänderung früher nach § 111 zu bestimmen. Diese zu § 255 SGB III a. F. anerkannte Auslegung (*B. Gaul* AuA 1998, 336 [336]; *Hoffmann* Förderung, S. 30 ff.; *Löwisch* RdA 1997, 287 [288]; *Rolfs* NZA 1998, 17 [20]) hat das Gesetz in die Legaldefinition des § 110 Abs. 1 Satz 3 SGB III übernommen und zugleich klargestellt, dass der unternehmensbezogene Schwellenwert in § 111 Satz 1 (»mehr als 20 wahlberechtigte Arbeitnehmer«) im Rahmen von § 110 Abs. 1 SGB III keine Bedeutung hat (*Däubler/DKKW* §§ 112, 112a Rn. 235; *Fiene* Abschluss und Inhalt von Transfer-Sozialplänen, Kap. 1 Rn. 19; *Fitting* §§ 112, 112a Rn. 225; *Gaul/Bonanni/Otto* DB 2003, 2386 [2387]; *Rolfs*/ErfK § 110 SGB III Rn. 5; *Schweibert/WHSS* Kap. C Rn. 264) und auch Arbeitnehmer in Kleinbetrieben anspruchsberechtigt sein können (*Gagel/Bepler* SGB III, § 110 Rn. 28; *Kühl* in: *Brand* SGB III, § 110 Rn. 5; *Stark* GK-SGB III, § 216a Rn. 12).

527 Indirekt bleibt allerdings die Zahl der Arbeitnehmer im Betrieb unverändert zu beachten, wenn die Betriebsänderung in einer Betriebseinschränkung durch Personalabbau besteht. In dieser Konstellation liegt eine Betriebsänderung erst vor, wenn der Personalabbau bestimmte Schwellenwerte überschreitet (dazu § 111 Rdn. 95 ff.; einschränkend bei Kleinstbetrieben auch *Gagel/Bepler* SGB III, § 110 Rn. 29; *Schweibert/WHSS* Kap. C Rn. 264).

528 Da § 110 Abs. 1 SGB III generell auf Betriebsänderungen i. S. d. § 111 abstellt, ist es für die Förderung der Teilnahme unerheblich, ob es sich um eine solche nach § 111 Satz 3 handelt oder erst der Rückgriff auf die Generalklausel in § 111 Satz 1 zum Vorliegen einer Betriebsänderung führt (*Fiene* Abschluss und Inhalt von Transfer-Sozialplänen, Kap. 1 Rn. 393; zum Charakter von § 111 Satz 1 als Auffangtatbestand s. § 111 Rdn. 52 ff.). Ebenso ist es im Rahmen von § 110 Abs. 1 SGB III bedeutungslos, ob es sich um eine sozialplanpflichtige Betriebsänderung handelt oder die Erzwingung eines Sozialplans nach § 112a Abs. 1 ausgeschlossen ist.

529 Droht die **Beendigung** des Arbeitsverhältnisses **aus anderen Gründen** oder erfüllt die Maßnahme des Unternehmers nicht die Voraussetzungen einer Betriebsänderung i. S. d. § 111, dann kommt eine Förderung der Teilnahme nach § 110 Abs. 1 SGB III nicht in Betracht. Für den von der vorgenannten Bestimmung geforderten **ursächlichen Zusammenhang** (»auf Grund«) sind die Grundsätze zu § 113 heranzuziehen (zu diesen § 113 Rdn. 75 ff.).

530 Die früheren Verknüpfungen der §§ 254 ff. SGB III a. F. mit der **Ausübung** der bei Betriebsänderungen bestehenden **Beteiligungsrechte** (Versuch eines Interessenausgleichs [§ 255 Abs. 1 Nr. 2 SGB III a. F.], Vereinbarung in einem Sozialplan [§ 255 Abs. 1 Nr. 3 SGB III a. F.]) sind in § 110 SGB III ersatzlos entfallen (*Däubler/DKKW* §§ 112, 112a Rn. 235 sowie bereits § 216a SGB III a. F.). Der bisherige Zusammenhang wird nur noch in § 110 Abs. 1 Satz 1 Nr. 1 SGB III erkennbar, der eine Beratung mit der Agentur für Arbeit vorgibt und diese insbesondere auf die Verhandlungen über den Abschluss eines Sozialplans bezieht (dazu Rdn. 534 ff.).

bb) Maßnahmebezogene Förderungsvoraussetzungen

(1) Transfermaßnahme

531 Die Gewährung eines Zuschusses hängt davon ab, dass eine Transfermaßnahme vorliegt. Hierzu muss diese nach § 110 Abs. 1 Satz 2 SGB III der **Eingliederung** von Arbeitnehmern **in den Arbeitsmarkt** dienen.

532 Mit der Bezugnahme auf die **Eingliederung** grenzt § 110 Abs. 1 Satz 2 SGB III den Kreis der förderungsfähigen Maßnahmen ein, ohne diese jedoch selbst zu definieren (s. *Rolfs*/ErfK § 110 SGB III Rn. 21). Wegen der Vielgestaltigkeit der bei einer aktiven Arbeitsförderung in Betracht kommenden Maßnahmen beschränkt sich die Vorschrift auf eine zusätzlich in § 110 Abs. 1 Satz 1 Nr. 3 SGB III

aufgegriffene Zielvorgabe: Die Maßnahme muss der Eingliederung in den Arbeitsmarkt dienen. Damit erstreckt sich das arbeitsförderungsrechtliche Instrumentarium des § 110 SGB III auf alle Maßnahmen, die zur Erreichung dieses Ziels geeignet sind.

Zu den förderungsfähigen Maßnahmen zählen insbesondere **Test- und Trainingsmaßnahmen** 533 (profiling und outplacement), ferner solche zum Abschluss einer **Berufsbildung** sowie **Fort- und Weiterbildungsmaßnahmen**, ebenso aber auch Maßnahmen zur Förderung der **Aufnahme einer Beschäftigung** (z. B. Mobilitätsbeihilfen, Einstellungszuschüsse für Arbeitsverhältnisse bei anderen Arbeitgebern, zeitlich begrenzte Tätigkeit bei anderen Arbeitgebern; s. ferner *Gagel/Bepler* SGB III, § 110 Rn. 61; *Kühl* in: *Brand* SGB III, § 110 Rn. 15; *Rolfs*/ErfK § 110 SGB III Rn. 21; *Schweibert/ WHSS* Kap. C Rn. 269). Obwohl die Integration des Arbeitnehmers in den Arbeitsmarkt im Vordergrund steht, sind wegen der Zielsetzung des § 110 SGB III auch solche Maßnahmen förderungsfähig, die die **Gründung einer selbständigen Existenz** ermöglichen oder erleichtern sollen (*Gagel/Bepler* SGB III, § 110 Rn. 61; *Kühl* in: *Brand* SGB III, § 110 Rn. 15; *Rolfs*/ErfK § 110 SGB III Rn. 21), was der zuvor geltenden Rechtslage entspricht (7. Aufl., §§ 112, 112a Rn. 385 m. w. N.).

(2) Beratung der Betriebsparteien
Um arbeitgeberfinanzierte Transfermaßnahmen zu erleichtern, erlegt § 110 Abs. 1 Satz 1 Nr. 1 534 SGB III den Agenturen für Arbeit ausdrücklich die Beratung der Betriebsparteien auf und führt damit im Kern die zuvor in § 256 Abs. 1 SGB III a. F. enthaltene Regelung (zu dieser *Heither* Sozialplan und Sozialrecht, S. 148 f.; *Hermann* Transfer-Sozialplan, S. 94 ff.; *Hoffmann* Förderung, S. 135 ff.) fort, geht jedoch über diese hinaus, weil die vorherige Beratung der Betriebsparteien durch die Agentur für Arbeit nunmehr tatbestandliche Voraussetzung für die Förderung einer Maßnahme ist (*Schweibert/ WHSS* Kap. C Rn. 267).

Mit den »**Betriebsparteien**« meint das Gesetz, wie die Bezugnahme auf die Sozialplanverhandlungen 535 zeigt, einerseits den Unternehmer, der die Betriebsänderung durchführt, und andererseits den zuständigen betriebsverfassungsrechtlichen Gegenspieler, also den Betriebsrat bzw. gegebenenfalls den Gesamt- oder Konzernbetriebsrat, sofern dieser im Rahmen der Betriebsänderung zu beteiligen ist (zum näher § 111 Rdn. 258 ff.). Für diese Auslegung spricht insbesondere die frühere Rechtslage (§ 256 Abs. 1 SGB III a. F.), die die Betriebsparteien in diesem Sinne noch ausdrücklich benannte. Aus dem Gesetzeswortlaut ergibt sich indes nicht zweifelsfrei, ob die Beratung stets gemeinsam gegenüber beiden Betriebsparteien erfolgen muss oder sich die Agentur für Arbeit auch auf die Beratung einer Seite beschränken kann.

Die Beratung der Agentur für Arbeit über die Förderung nach § 110 Abs. 1 SGB III erfolgt nicht von 536 Amts wegen, sondern setzt ein entsprechendes **Verlangen** voraus, wobei das Gesetz nicht präzise festlegt, wer dieses Verlangen äußern muss. Die Gesetzessystematik spricht dafür, hierunter die »Betriebsparteien« zu verstehen. Eine Beratung des Arbeitnehmers ist hierdurch nicht ausgeschlossen, jedoch keine Voraussetzung für die Förderung einer Transfermaßnahme (zum Beratungsanspruch des Arbeitnehmers s. *Rolfs*/ErfK § 110 SGB III Rn. 19). Offen bleibt, ob es sich um ein gemeinsames Verlangen beider Betriebsparteien handeln muss oder ob es ausreicht, wenn sich lediglich eine Seite (z. B. der Betriebsrat) an die Agentur für Arbeit wendet. Da auch der Betriebsrat gegebenenfalls alleine berechtigt ist, einen Antrag auf Förderung der Teilnahme zu stellen (s. Rdn. 550), ist ein gemeinsames Verlangen nicht zwingend erforderlich.

Die Benennung der Betriebsparteien als Adressaten der Beratung scheint eine solche der **Einigungs-** 537 **stelle** auszuschließen. Ein derartiges Normverständnis würde jedoch dem Zweck der Beratung, der im Gesetz selbst enthaltenen Bezugnahme auf die Sozialplanverhandlungen sowie der Verpflichtung der Einigungsstelle widersprechen (ebenso *Gagel/Bepler* SGB III, § 110 Rn. 79), bei ihrer Ermessensentscheidung die Instrumente der aktiven Arbeitsförderung zu berücksichtigen (§ 112 Abs. 5 Satz 2 Nr. 2a; dazu Rdn. 479 ff.). Die Einbeziehung der Einigungsstelle in den Adressatenkreis der Beratung lässt sich allerdings nicht auf die frühere Rechtslage stützen; § 256 SGB III a. F. bezog in Absatz 2 die Einigungsstelle ausdrücklich ein, während die damalige Vorschrift zur Beratung (§ 256 Abs. 1 SGB III a. F.) ebenfalls nur den Unternehmer und den Betriebsrat als Adressaten benannte (deshalb zu § 256 Abs. 1 SGB III a. F. ablehnend *Hoffmann* Förderung, S. 137 f.; für eine analoge Anwendung jedoch *Kowalski* Sozialplan, S. 32 f.). Bei einem restriktiven Verständnis, das die Einigungsstelle aus dem

Adressatenkreis der nach § 110 Abs. 1 Satz 1 Nr. 1 SGB III erforderlichen Beratung ausklammert, lässt sich ein etwaiges Beratungsdefizit jedoch über die Beteiligung der (Bundes)Agentur für Arbeit nach § 112 Abs. 2 Satz 3 kompensieren.

(3) Finanzierungsbeteiligung des Arbeitgebers

538 Die Förderung der Teilnahme an Transfermaßnahmen soll insbesondere für die Betriebspartner einen Anreiz schaffen, bei der Aufstellung von Sozialplänen arbeitsmarktbezogene Aspekte zu berücksichtigen. Andererseits soll sich der Zuschuss seitens der Bundesagentur für Arbeit auf eine Mitfinanzierung beschränken. Aus diesem Grund ist die Teilnahme an Transfermaßnahmen nur förderungsfähig, wenn sich der Arbeitgeber an deren **Finanzierung** angemessen beteiligt (§ 110 Abs. 1 Satz 2 SGB III). Dabei muss sich die Finanzierung auf die Kosten der Maßnahme beziehen. Die Fortzahlung des Arbeitsentgelts während der Maßnahme durch den Arbeitgeber reicht nicht aus (*Kühl* in: *Brand* SGB III, § 110 Rn. 15).

539 Für die **Modalitäten** des Finanzierungsbeitrags enthält § 110 Abs. 1 Satz 2 SGB III keine zwingenden Vorgaben. Der Gesetzeswortlaut legt nahe, dass die Finanzierung unmittelbar an den Träger der Maßnahme geleistet wird, wobei es in diesem Fall unerheblich ist, ob der Arbeitgeber einen prozentualen Anteil der Gesamtkosten der Maßnahme trägt oder aber einen von der Zahl der Teilnehmer abhängigen Finanzierungsbeitrag leistet. Das Gesetz schließt es indes auch nicht aus, dass der Arbeitgeber einen Zuschuss zu der Teilnahme an der Maßnahme unmittelbar an den Arbeitnehmer auszahlt, damit dieser das von dem Träger der Maßnahme geforderte Entgelt begleicht.

540 Die Finanzierung der Eingliederungsmaßnahme muss **nicht ausschließlich** durch den Arbeitgeber erfolgen, der die Betriebsänderung durchführt. Die Legaldefinition in § 110 Abs. 1 Satz 2 SGB III eröffnet auch die Möglichkeit einer gemeinsamen Finanzierung eines Trägers durch mehrere Arbeitgeber, unabhängig davon, ob diese jeweils eine Betriebsänderung beabsichtigen oder durchführen (restriktiv jedoch *Gagel/Bepler* SGB III, § 110 Rn. 72). Ebenso steht die Forderung nach einer Beteiligung des Arbeitgebers an der Finanzierung einer Eigenbeteiligung des betroffenen Arbeitnehmers nicht entgegen. Im Unterschied zum früheren Recht (§ 255 Abs. 1 Nr. 5 SGB III a. F.) verlangt § 110 Abs. 1 Satz 2 SGB III nicht, dass der Finanzierungsbeitrag in dem Sozialplan festgelegt ist, steht einer derartigen Verpflichtung aber auch nicht entgegen (s. a. Rdn. 552). Ebenso schließt es einen angemessenen Finanzierungsbeitrag des Arbeitgebers nicht aus, wenn Leistungen Dritter (z. B. Europäischer Sozialfond, Länderprogramme) die Teilnahme des Arbeitnehmers zusätzlich fördern (s. näher *Schweibert/WHSS* Kap. C Rn. 270).

541 Für die **Angemessenheitsprüfung** sind die durch den jeweiligen Arbeitnehmer verursachten Kosten wegen der Teilnahme an der Transfermaßnahme zugrunde zu legen und mit denjenigen Mitteln in ein Verhältnis zu setzen, die der Arbeitgeber zur Verfügung stellt. Zu berücksichtigen sind nur solche Kosten, die dem Arbeitgeber ausschließlich und wegen der Teilnahme des Arbeitnehmers entstehen. Aus der Angemessenheitsprüfung sind deshalb insbesondere Zuschüsse Dritter aber auch eigene Kosten, die dem Arbeitgeber durch das zur Verfügung stellen von Räumen und Verwaltungspersonal entstehen, auszuklammern. Dem Arbeitgeber von dem Träger in Rechnung gestellte Umsatzsteuer ist ebenfalls in Abzug zu bringen, es sei denn, der Arbeitgeber ist nicht zum Vorsteuerabzug berechtigt (*Gagel/Bepler* SGB III, § 110 Rn. 73). Bei der anschließenden Bewertung sind verschiedene Faktoren zu berücksichtigen, zu denen unter anderen die wirtschaftliche Situation des Unternehmens (Leistungsfähigkeit), die Zahl der von einer Entlassung bedrohten Arbeitnehmer, Art und Dauer der Maßnahme sowie die durch die Betriebsänderung beabsichtigten Einsparungen zählen (*Däubler/DKKW* §§ 112, 112a Rn. 235; *Fitting* §§ 112, 112a Rn. 231 sowie ausführlich *Hoffmann* Förderung, S. 82 ff.; ferner *Kowalski* Sozialplan, S. 96 ff.). Angemessen ist die Finanzierungsbeteiligung des Arbeitgebers jedenfalls dann, wenn diese mindestens 50 % der Teilnahmekosten beträgt (*Rolfs*/ErfK § 110 SGB III Rn. 22).

(4) Person des Maßnahmeträgers

542 Führt der **Arbeitgeber** die Transfermaßnahme selbst durch, dann ist die Teilnahme an ihr – im Unterschied zu der früheren Rechtslage (*Däubler/DKKW* §§ 112, 112a Rn. 238; *Hoffmann* Förderung, S. 90) – nicht nach § 110 SGB III förderungsfähig (*Gagel/Bepler* SGB III, § 110 Rn. 62; *Gaul/Bonanni/Otto* DB 2003, 2386 [2386]; *Kühl* in: *Brand* SGB III, § 110 Rn. 14; *Rolfs*/ErfK § 110 SGB III

Rn. 23). Das Gesetz beschränkt die Förderung nach § 110 Abs. 1 Satz 1 Nr. 2 SGB III auf solche Maßnahmen, bei denen der die Maßnahme durchführende Träger dem Arbeitgeber die Kosten in Rechnung stellt. Diese Voraussetzung ist stets erfüllt, wenn es sich bei dem Veranstalter um eine vom Arbeitgeber verschiedene natürliche oder juristische Person handelt (*Gagel/Bepler* SGB III, § 110 Rn. 63) und diese mit dem Arbeitgeber weder rechtlich noch wirtschaftlich verbunden ist. Zweifelhaft ist indes, ob die formale Selbständigkeit (anderer Rechtsträger) in den Fällen einer gesellschaftsrechtlichen Verflechtung ausreicht (z. B. Durchführung der Maßnahme durch Tochtergesellschaft in einem Konzern; bejahend *Rolfs/*ErfK § 110 SGB III Rn. 23; *Schweibert/WHSS* Kap. C Rn. 268).

(5) Gesicherte Durchführung

Förderungsfähig ist die Transfermaßnahme nur, wenn deren Durchführung gesichert ist. Dies erfordert in **organisatorischer Hinsicht**, dass ihr Träger diese während der gesamten vorgesehenen Dauer tatsächlich durchführen kann (*Fitting* §§ 112, 112a Rn. 229; *Gagel/Bepler* SGB III, § 110 Rn. 67), was im Rahmen der Antragstellung gegenüber der Agentur für Arbeit nachzuweisen ist (*Rolfs/*ErfK § 110 SGB III Rn. 24).

Ferner muss gewährleistet sein, dass die vom Arbeitgeber zugesagten **finanziellen Mittel** (dazu Rdn. 538 ff.) zur Verfügung stehen (*Fitting* §§ 112, 112a Rn. 229; *Gagel/Bepler* SGB III, § 110 Rn. 67). Gegebenenfalls ist dies nur zu bejahen, wenn der Unternehmer für seinen Anteil Sicherheiten (z. B. Bürgschaften) stellt (*M. Heither* Sozialplan und Sozialrecht, S. 128; *Kühl* in: *Brand* SGB III, § 110 Rn. 16).

(6) Qualitätskontrolle

Um den Erfolg der Förderung zu gewährleisten, hing die Förderung nach § 216a Abs. 1 Satz 1 Nr. 4 SGB III a. F. davon ab, dass bei der Durchführung der Transfermaßnahme ein System der Qualitätssicherung angewendet wird. Diese lag in der Verantwortung des Veranstalters, ohne dass das Gesetz jedoch verlangte, dass dieser die Qualitätssicherung selbst organisiert; es genügte, wenn er hiermit einen Dritten beauftragte. In § 110 Abs. 1 Satz 1 SGB III wurde diese Voraussetzung nicht übernommen, da die Qualitätssicherung nunmehr über die **Trägerzulassung** (§§ 176 ff. SGB III) gewährleistet wird.

cc) Ausschlusstatbestände (§ 110 Abs. 3 SGB III)

Der Ausschlusstatbestand in § **110 Abs. 3 Satz 1 SGB III** soll im Hinblick auf das Ziel aktiver Arbeitsförderung unerwünschte Mitnahmeeffekte verhindern (*Fitting* §§ 112, 112a Rn. 232). Diese würden eintreten, wenn die Transfermaßnahme vorwiegend den Zweck verfolgt, den Arbeitnehmer nach der Teilnahme auf einem anderen Arbeitsplatz im selben Betrieb oder einem anderen Betrieb desselben Unternehmens einzusetzen. Die Förderung seitens der Bundesagentur für Arbeit würde in diesem Fall ihr Ziel, eine andernfalls entstehende Belastung des Arbeitsmarktes zu vermeiden, verfehlen, weil die Maßnahme den Arbeitnehmer nicht in den allgemeinen Arbeitsmarkt integrieren würde. Der Förderung steht es deshalb auch entgegen, wenn die Maßnahme den Einsatz des Arbeitnehmers in einem anderen Konzernunternehmen vorbereiten soll (*Rolfs/*ErfK § 110 SGB III Rn. 27; **a. M.** *Gagel/Bepler* SGB III, § 110 Rn. 87, der für eine teleologische Reduktion der Norm plädiert), womit § 110 Abs. 3 Satz 1 SGB III in Fortsetzung von § 216a Abs. 3 Satz 1 SGB III a. F. die vorherrschende Ansicht zu § 255 Abs. 2 Nr. 1 SGB III a. F. (*Hoffmann* Förderung, S. 93 f.) festschreibt.

Eine Förderung der Transfermaßnahme schließt § **110 Abs. 3 Satz 2 SGB III** ferner aus, wenn diese den Arbeitgeber von bestehenden Verpflichtungen entlasten würde. Den Rechtsgrund, in dem sich der Arbeitgeber verpflichtet haben muss, konkretisiert das Gesetz nicht, so dass dieser sowohl in einzelvertraglichen Abreden, Tarifverträgen, Betriebsvereinbarungen sowie insbesondere Sozialplänen enthalten sein kann (*Gagel/Bepler* SGB III, § 110 Rn. 88; *Rolfs/*ErfK § 110 SGB III Rn. 28). So ist eine Förderung der Teilnahme an der Transfermaßnahme z. B. ausgeschlossen, wenn sich der Arbeitgeber in einem Sozialplan zur alleinigen Finanzierung der Maßnahme verpflichtet hat. Wird in einem Sozialplan eine Finanzierungsverpflichtung des Arbeitgebers im Hinblick auf die Teilnahme an Transfermaßnahmen aufgenommen, so ist deshalb wegen der Förderung nach § 110 Abs. 1 SGB III darauf zu achten, dass der Arbeitgeber lediglich eine anteilige Finanzierung verspricht, die nicht über die nach § 110

Abs. 1 Satz 2 SGB III erforderliche »angemessene« Finanzierungsbeteiligung hinausgeht (s. a. *Kühl* in: *Brand* SGB III, § 110 Rn. 21; *Rolfs*/ErfK § 110 SGB III Rn. 28).

dd) Ausschluss von Doppelleistungen (§ 110 Abs. 4 SGB III)

548 Für die Zeit der Teilnahme an einer Transfermaßnahme schließt § 110 Abs. 4 SGB III – wie zuvor § 258 SGB III a. F. sowie § 216a Abs. 5 SGB III a. F. – Leistungen der aktiven Arbeitsförderung mit gleicher Zielsetzung aus. Dies erfasst alle Leistungen, die wie die besuchte Transfermaßnahme ebenfalls dem unmittelbaren Übergang aus dem bestehenden Arbeitsverhältnis in ein neues Arbeitsverhältnis dienen. Praktisch bedeutsam ist dies insbesondere, wenn Arbeitnehmer in einer betriebsorganisatorisch eigenständigen Einheit zusammengefasst sind und nach § 111 SGB III Transferkurzarbeitergeld beziehen. Zwar schließt dies nicht die Teilnahme an weiteren Transfermaßnahmen aus, diese wird aber wegen § 110 Abs. 4 SGB III nicht gefördert; umgekehrt schließt die Förderung der Teilnahme an Transfermaßnahmen die parallele Gewährung von Transferkurzarbeitergeld aus (*Rolfs*/ErfK § 110 SGB III Rn. 31). Derartige Leistungen kommen erst im Anschluss an Transfermaßnahmen in Betracht (*Gagel*/*Bepler* SGB III, § 110 Rn. 93; *Kühl* in: *Brand* SGB III, § 110 Rn. 23).

b) Höhe des Zuschusses und Bewilligung

549 Ein grundsätzlicher Wandel ist bezüglich der Person des Zuschussberechtigten eingetreten. Nach § 3 Abs. 3 Nr. 4 SGB III a. F. erhielt den Zuschuss für Eingliederungsmaßnahmen i. S. d. §§ 254 bis 259 SGB stets der Träger der Maßnahme, gegebenenfalls also auch der Arbeitgeber (s. Rdn. 542). Inzwischen erfolgt die Förderung der Teilnahme an Transfermaßnahmen unmittelbar durch eine **Leistung an den Arbeitnehmer** (s. *Gagel*/*Bepler* SGB III, § 110 Rn. 16; *Rolfs*/ErfK § 110 SGB III Rn. 3). Dies schließt es jedoch nicht aus, dass die Auszahlung des Zuschusses an den Arbeitnehmer über den Arbeitgeber erfolgt. Dies liegt vor allem wegen dessen Antragsberechtigung nahe (s. Rdn. 550).

550 Die Bewilligung des Zuschusses setzt grundsätzlich einen schriftlichen **Antrag** des **Arbeitgebers** voraus (§ 323 Abs. 2 Satz 1 SGB III), der diesem eine Stellungnahme des zuständigen Betriebsrats beizufügen hat. Dies führt dazu, dass der Arbeitgeber den Antrag für den zuschussberechtigten Arbeitnehmer in »Verfahrensstandschaft« (*Hoehl*/*Grimmke* NZS 2004, 345 [348]) stellt. Gegebenenfalls ist auch der **Betriebsrat** antragsberechtigt (§ 323 Abs. 2 Satz 2 SGB III; *Gagel*/*Bepler* SGB III, § 110 Rn. 17; *Rolfs*/ErfK § 110 SGB III Rn. 29). In zeitlicher Hinsicht kann der Antrag vor Beginn der Transfermaßnahme gestellt werden; nach ihrem Beginn ist dies nur binnen einer Ausschlussfrist von drei Monaten möglich (§ 325 Abs. 5 SGB III).

551 **Zuständig** für die Zuschussbewilligung ist grundsätzlich die Agentur für Arbeit, in deren Bezirk der Betrieb des Arbeitgebers liegt (§ 327 Abs. 3 Satz 3 SGB III); § 327 Abs. 1 Satz 1 SGB III (Zuständigkeit nach dem Wohnsitz des Arbeitnehmers) greift nicht ein, weil die Vorschrift Leistungen zur Förderung der Teilnahme an Transfermaßnahmen ausdrücklich ausklammert.

552 Die Bewilligung des Zuschusses steht im Unterschied zur früheren Rechtslage nicht im Ermessen der Agentur für Arbeit, sondern auf ihn besteht ein **Rechtsanspruch**, wenn die in § 110 Abs. 1 Satz 1 SGB III genannten Voraussetzungen erfüllt sind und eine Förderung nicht nach § 110 Abs. 3 SGB III ausgeschlossen ist (BT-Drucks. 15/1515, S. 19; *Fitting* §§ 112, 112a Rn. 224; *Gagel*/*Bepler* SGB III, § 110 Rn. 16; *Gaul*/*Bonanni*/*Otto* DB 2003, 2386 [2387]; *Richardi*/*Annuß* § 112 Rn. 118). Während § 254 SGB III a. F. mit der Formulierung »können« die Förderung noch in das Ermessen der Arbeitsverwaltung stellte (7. Aufl., §§ 112, 112a Rn. 398), signalisiert die Wortwahl in § 110 Abs. 1 Satz 1 SGB III (»wird gefördert«) den Verzicht auf ein Ermessen der Agentur für Arbeit. Bestätigt wird dies durch § 3 Abs. 3 Nr. 7 SGB III, der Leistungen zur Förderung der Teilnahme an Transfermaßnahmen ausdrücklich aus den Ermessensleistungen zur aktiven Arbeitsförderung ausklammert (*Gagel*/*Bepler* SGB III, § 110 Rn. 16). Angesichts dessen konnte § 110 SGB III auf die zuvor in § 256 Abs. 2 SGB III a. F. vorgesehene Möglichkeit einer Vorabentscheidung (dazu 7. Aufl., §§ 112, 112a Rn. 399) verzichten.

553 Hinsichtlich der Höhe des Zuschusses schreibt § 110 Abs. 2 Satz 2 SGB III verbindlich eine **hälftige Finanzierung** durch den Zuschuss fest. Der insoweit fehlende Spielraum, der nach § 257 SGB III a. F. noch bestand, ergibt sich aus dem Gesetzeswortlaut, der die bisherige Einschränkung (§ 257 SGB III

a. F.: »höchstens«) nicht mehr enthält. Übernommen wurde allerdings die Beschränkung des Zuschusses durch Festlegung einer **Kappungsgrenze**, die § 110 Abs. 2 SGB III in Abkehr von der komplizierten Berechnung in § 257 SGB III a. F. betragsmäßig präzise festlegt. Der Zuschuss beläuft sich maximal auf € 2500 je Teilnehmer, was insbesondere in den Fällen gilt, in denen die Hälfte der für die Teilnahme des Arbeitnehmers an der Maßnahme in Rechnung gestellten Kosten diesen Betrag übersteigt. Sollte dies jedoch der Fall sein, so entfällt nicht die Förderungsfähigkeit der Maßnahme, sondern vielmehr ist der Zuschuss auf den in § 110 Abs. 2 SGB III genannten Höchstbetrag beschränkt. Befristet bis zum 31.12.2014 konnte zu den förderungsfähigen Maßnahmekosten auch eine Pauschale für die Vermittlung der Maßnahmeteilnehmer in eine versicherungspflichtige Beschäftigung gehören (§ 134 SGB III a. F.).

3. Transferkurzarbeitergeld (§ 111 SGB III)

a) Allgemeines

Mit der Regelung in § 111 SGB III zur Gewährung von Transferkurzarbeitergeld weitet das Arbeitsförderungsrecht die früher in § 175 SGB III a. F. enthaltene Bestimmung über das Strukturkurzarbeitergeld aus (s. vorübergehend auch § 216b SGB III; zu den Neuregelungen z. B. *Rolf/Riechwald* BB 2011, 2805 ff.; *Schweibert/WHSS* Kap. C Rn. 271 ff.; *Sigle* FA 2013, 168 ff.). Im Rahmen der Sozialplangestaltung kommt das Transferkurzarbeitergeld vor allem als Alternative zur Teilnahmeförderung nach § 110 SGB III in Betracht, wenn der Arbeitgeber zur Entlassung vorgesehene Arbeitnehmer vorübergehend in einer betriebsorganisatorisch eigenständigen Einheit (Transfergesellschaften) zusammenfasst. 554

Die Voraussetzungen für die Gewährung von Transferkurzarbeitergeld sind in § 111 Abs. 1 bis 5 SGB III aufgezählt; ausgeschlossen ist der Anspruch nach § 111 Abs. 8 SGB III, wenn der Arbeitgeber mit der Zusammenfassung der Arbeitnehmer in einer betriebsorganisatorisch eigenständigen Einheit eigene Zwecke verfolgt. Zusätzlich verpflichtet § 111 Abs. 7 SGB III den Arbeitgeber während der Gewährung von Transferkurzarbeitergeld zu unterstützenden Maßnahmen, um die Vermittlungsaussichten des Arbeitnehmers zu verbessern. 555

b) Betroffenheit von dauerhaftem Arbeitsausfall

Für die Bewilligung von Transferkurzarbeitergeld muss der Arbeitnehmer nach § 111 Abs. 1 Satz 1 Nr. 1 SGB III von einem dauerhaften unvermeidbaren Arbeitsausfall mit Entgeltausfall betroffen sein. Ergänzend legt § 111 Abs. 2 SGB III die Voraussetzungen fest, die für einen dauerhaften Arbeitsausfall erfüllt sein müssen. Dabei knüpft die Vorschrift – wie § 110 Abs. 1 Satz 3 SGB III – an den Tatbestand einer Betriebsänderung i. S. d. § 111 an, ohne dass es hierbei auf die Unternehmensgröße ankommt (*Kühl* in: *Brand* SGB III, § 111 Rn. 9; *Rolfs*/ErfK § 111 SGB III Rn. 8). Die Betriebsänderung ihrerseits muss dazu führen, dass Beschäftigungsmöglichkeiten für Arbeitnehmer nicht nur vorübergehend entfallen. 556

c) Betriebliche Voraussetzungen

Die betrieblichen Voraussetzungen (§ 111 Abs. 1 Satz 1 Nr. 2 SGB III) für Transferkurzarbeitergeld legt § 111 Abs. 3 SGB III fest. Dabei knüpft § 111 Abs. 3 Satz Nr. 1 SGB III zunächst an das Vorliegen einer Betriebsänderung an, aufgrund derer es in dem Betrieb zu Personalanpassungsmaßnahmen kommt. Darüber hinaus müssen die von dem Arbeitsausfall betroffenen Arbeitnehmer in einer **betriebsorganisatorisch eigenständigen Einheit** zusammengefasst sein (§ 111 Abs. 3 Satz 1 Nr. 2 SGB III). Dies erfordert eine eindeutige Trennung der betroffenen Arbeitnehmer von den unverändert fortgeführten Teilen des Betriebs. Eine rechtliche Verselbständigung ist für eine betriebsorganisatorisch eigenständige Einheit nicht erforderlich, in Gestalt von Beschäftigungs- und Qualifizierungsgesellschaften jedoch verbreitet anzutreffen (*Fitting* §§ 112, 112a Rn. 241; *Rolfs*/ErfK § 111 SGB III Rn. 13; ausführlich dazu *Böhm* Die betriebsorganisatorisch eigenständige Einheit und deren Beteiligte nach § 216b SGB III, 2007). 557

d) Persönliche Voraussetzungen

558 In persönlicher Hinsicht muss der Arbeitnehmer von Arbeitslosigkeit bedroht sein (§ 111 Abs. 4 Satz 1 Nr. 1 SGB III), was sich – wie bei § 110 SGB III – nach § 17 SGB III beurteilt (dazu Rdn. 518 ff.). Ferner muss der Arbeitnehmer entweder eine versicherungspflichtige Beschäftigung fortsetzen oder diese im Anschluss an eine Berufsausbildung aufnehmen (§ 111 Abs. 4 Satz 1 Nr. 2 SGB III). Darüber hinaus darf er nicht vom Kurzarbeitergeld ausgeschlossen sein (§ 111 Abs. 4 Satz 1 Nr. 3 SGB III) und muss zuvor an einer Maßnahme zur Feststellung der Eingliederungsaussichten (profiling) teilgenommen haben (§ 111 Abs. 4 Satz 1 Nr. 4b SGB III). Erkrankt der Arbeitnehmer während des Bezugs von Transferkurzarbeitergeld, so gelten die allgemeinen Bestimmungen zum Kurzarbeitergeld (§ 111 Abs. 4 Satz 2 SGB III i. V. m. § 98 Abs. 2 SGB III).

e) Anzeige des Arbeitsausfalls

559 Schließlich setzt die Gewährung von Transferkurzarbeitergeld voraus, dass der Arbeitgeber den dauernden Arbeitsausfall der Agentur für Arbeit angezeigt hat (§ 111 Abs. 6 SGB III). Die Anzeige hat der Arbeitgeber zu erstatten; gegebenenfalls ist hierzu auch der Betriebsrat berechtigt (§ 111 Abs. 6 Satz 1 SGB III i. V. m. § 99 Abs. 1 Satz 2 SGB III). Bei einer Anzeige durch den Arbeitgeber ist eine Stellungnahme des Betriebsrats beizufügen (§ 111 Abs. 6 Satz 1 SGB III i. V. m. § 99 Abs. 1 Satz 3 SGB III). Zuständig für die Anzeige des dauernden Arbeitsausfalls ist die Agentur für Arbeit, in deren Bezirk der personalabgebende Betrieb seinen Sitz hat (§ 111 Abs. 6 Satz 2 SGB III).

f) Ausschluss des Anspruchs

560 Die Gewährung von Transferkurzarbeitergeld schließt § 111 Abs. 8 SGB III aus, wenn die Zusammenfassung der Arbeitnehmer in einer betriebsorganisatorisch eigenständigen Einheit nur vorübergehend erfolgt, um mit dem Arbeitnehmer anschließend einen anderen Arbeitsplatz im selben Betrieb, einem anderen Betrieb des Unternehmens oder gegebenenfalls auch in einem konzernangehörigen Unternehmen zu besetzen. Insoweit stimmt der Ausschlusstatbestand mit dem in § 110 Abs. 3 Satz 1 SGB III überein (dazu Rdn. 546 f.). Weitere in der Person des Arbeitnehmers begründet liegende Ausschlusstatbestände ergeben sich aus § 99 Abs. 3 und 4 SGB III, auf die § 111 Abs. 4 Satz 2 SGB III verweist.

g) Beantragung und Bemessung des Transferkurzarbeitergeldes

561 Die Bewilligung von Transferkurzarbeitergeld ist vom Arbeitgeber (§ 323 Abs. 2 Satz 1 SGB III) nach Beginn des leistungsbegründenden Ereignisses (§ 324 Abs. 2 Satz 2 SGB III) bei der für seine Lohnabrechnungsstelle zuständigen Agentur für Arbeit (§ 327 Abs. 3 Satz 1 SGB III) zu beantragen. Dem Antrag ist eine Stellungnahme des Betriebsrats beizufügen (§ 323 Abs. 2 Satz 1 SGB III); gegebenenfalls ist auch der Betriebsrat zur Stellung des Antrags berechtigt (§ 323 Abs. 2 Satz 2 SGB III).

562 Die **Höhe** des Transferkurzarbeitergeldes bestimmt sich wegen der Verweisung in § 111 Abs. 9 SGB III nach den §§ 105 f. SGB III. Abweichend zu § 104 SGB III, der wegen der Verweisung in § 111 Abs. 10 SGB III an sich anzuwenden ist, legt § 111 Abs. 1 Satz 2 SGB III für die **Dauer des Bezugs** von Transferkurzarbeitergeld fest, dass dieses längstens für zwölf Monate gewährt werden kann.

§ 113
Nachteilsausgleich

(1) **Weicht der Unternehmer von einem Interessenausgleich über die geplante Betriebsänderung ohne zwingenden Grund ab, so können Arbeitnehmer, die infolge dieser Abweichung entlassen werden, beim Arbeitsgericht Klage erheben mit dem Antrag, den Arbeitgeber zur Zahlung von Abfindungen zu verurteilen; § 10 des Kündigungsschutzgesetzes gilt entsprechend.**

(2) Erleiden Arbeitnehmer infolge einer Abweichung nach Absatz 1 andere wirtschaftliche Nachteile, so hat der Unternehmer diese Nachteile bis zu einem Zeitraum von zwölf Monaten auszugleichen.

(3) Die Absätze 1 und 2 gelten entsprechend, wenn der Unternehmer eine geplante Betriebsänderung nach § 111 durchführt, ohne über sie einen Interessenausgleich mit dem Betriebsrat versucht zu haben, und infolge der Maßnahme Arbeitnehmer entlassen werden oder andere wirtschaftliche Nachteile erleiden.

Literatur

Feuerborn Sachliche Gründe im Arbeitsrecht, 2003, S. 131–152; *Gaul/Naumann* Nachteilsausgleich bei vorzeitiger Umsetzung einer Betriebsänderung, ArbRB 2005, 14; *Gillen/Hörle* Betriebsänderungen in Tendenzbetrieben, NZA 2003, 1225; *Göpfert/Krieger* Wann ist die Anrufung der Einigungsstelle bei Interessenausgleichs- und Sozialplanverhandlungen zulässig?, NZA 2005, 254; *Grünewald* Interessenausgleich und Sozialplan (Diss. Würzburg 2010), 2012 (zit.: Interessenausgleich); *Hamberger* Der Betriebsrat im Insolvenzverfahren (Diss. München 2009),2010 (zit.: Insolvenzverfahren); *Hunold* Die Rechtsprechung zu Interessenausgleich, Nachteilsausgleich und Sozialplan, §§ 112–113 BetrVG, NZA-RR 2004, 561; *Jox* Probleme der Bindung an Gerichtsentscheidungen im Rahmen von §§ 111, 113 BetrVG, NZA 1990, 424; *Kania/Joppich* Der Interessenausgleich und sein Scheitern, NZA 2005, 749; *Keller* Kann auf den Nachteilsausgleich nach § 113 BetrVG verzichtet werden?, NZA 1997, 519; *Kleinebrink* Vermeidung oder Verringerung von finanziellen Belastungen auf Grund eines Nachteilsausgleichs bei Betriebsänderungen, NZA-RR 2005, 281; *Kohte* Der Nachteilsausgleich in Gesamtvollstreckung und Insolvenz, AuA 1998, 374; *Leuchten/Lipinski* Die Anrechnung des Nachteilsausgleichs auf die Sozialplanabfindung nach der Massenentlassungsrichtlinie 98/59/EG, NZA 2003, 1361; *Löwisch* Probleme des Interessenausgleichs, RdA 1989, 216; *Matthes* Rechtsfragen zum Interessenausgleich, FS *Wlotzke*, 1996, S. 393; *v. Olenhusen/Puff* Nachteilsausgleich bei Betriebsänderungen unter besonderer Berücksichtigung des Medienbereichs, NZA-RR 2009, 345; *Rebel* Grundprobleme des Nachteilsausgleichs gemäß § 113 Abs. 3 BetrVG (Diss. Kiel 2007), 2008 (zit.: Grundprobleme); *Rinsdorf* Einstweiliger Rechtsschutz statt Nachteilsausgleich bei Betriebsänderungen im Tendenzbetrieb, ZTR 2001, 197; *Salamon/v. Stechow* Planung und Durchführung einer Betriebsänderung während der Beteiligung des Betriebsrats, NZA 2016, 85; *Schäfer* Zum Nachteilsausgleich bei Betriebsänderungen, AuR 1982, 120; *Schlachter* Verletzung von Konsultationsrechten des Betriebsrats in Tendenzunternehmen, FS *Wißmann*, 2005, S. 412; *Schlüter* Die konkursrechtliche Behandlung der Sozialplanansprüche und der Ausgleichsansprüche nach § 113 BetrVG (Diss. Münster), 1977 (zit.: Behandlung von Sozialplanansprüchen); *Schwegler* Der Schutz der Vereinbarungen und Verfahrensrechte zum Interessenausgleich (Diss. Köln 2010), 2011 (zit.: Schutz der Vereinbarungen); *Seeberger* Die Sicherung der Beteiligungsrechte des Betriebsrats in wirtschaftlichen Angelegenheiten (Diss. Heidelberg 2010), 2011 (zit.: Sicherung der Beteiligungsrechte); *Spinti* Die Ansprüche aus Sozialplan (§ 112 BetrVG 72) und Nachteilsausgleich (§ 113 BetrVG 72) bei Insolvenz des Arbeitgebers (Diss. FU Berlin), 1989 (zit.: Ansprüche aus Sozialplan).

Inhaltsübersicht

		Rdn.
I.	Entstehungsgeschichte und Normzweck	1–9
II.	Voraussetzungen für die Verpflichtung zum Nachteilsausgleich	10–79
	1. Anwendungsbereich des § 113	10–17
	2. Abweichung vom Interessenausgleich (§ 113 Abs. 1 und 2)	18–36
	a) Vorliegen eines Interessenausgleichs i. S. d. § 112 Abs. 1 Satz 1	18–21
	b) Rechtswirksamkeit des Interessenausgleichs	22, 23
	c) Umfang der Bindungswirkung	24–28
	d) Rechtfertigung der Abweichung durch »zwingende Gründe«	29–36
	3. Unterbliebener Versuch eines Interessenausgleichs	37–63
	a) Allgemeines	37–40
	b) Rechtzeitiger Beginn der Interessenausgleichsverhandlungen	41–45
	c) Interessenausgleichsverhandlungen mit dem Betriebsrat	46–50
	d) Einleitung des Einigungsverfahrens	51–56
	e) Rechtfertigung für den unterbliebenen Versuch eines Interessenausgleichs	57–62
	f) Interessenausgleich im Insolvenzverfahren	63
	4. Entlassung oder wirtschaftlicher Nachteil	64–74
	a) Entlassung	65–71

b) Wirtschaftliche Nachteile	72–74
5. Kausalität für den Eintritt des Nachteils	75–79
III. Inhalt des Nachteilsausgleichs	80–115
1. Zahlung einer Abfindung	80–111
a) Begründung der Zahlungspflicht	80–86
b) Ausschlussfristen, Verjährung und Verzicht	87–90
c) Höhe der Abfindung	91–98
d) Abfindung und Insolvenz	99–101
e) Abtretung und Vererblichkeit	102
f) Steuerrecht, Sozialversicherung, Pfändung	103–105
g) Nachteilsausgleich und Sozialplanabfindung	106–111
2. Ausgleich anderer wirtschaftlicher Nachteile	112–115
IV. Streitigkeiten	116–118

I. Entstehungsgeschichte und Normzweck

1 Die Vorschrift geht auf **§ 74 BetrVG 1952** zurück, der jedoch lediglich den Ausspruch von Kündigungen erfasste, wenn der Unternehmer von einer Einigung bzw. einem Vermittlungsvorschlag (§ 73 Abs. 2 BetrVG 1952) abwich. Diesen Regelungsinhalt führt Absatz 1 des § 113 im Grundsatz fort (s. a. *Rebel* Grundprobleme, S. 43 ff.), erweitert ihn aber in seinen Absätzen 2 und 3 in zweierlei Hinsicht zugunsten der Arbeitnehmer: Erstens dehnt Absatz 2 den Nachteilsausgleich auf »andere wirtschaftliche Nachteile« aus, die dem Arbeitnehmer entstehen, weil der Unternehmer von einem Interessenausgleich abweicht. Zweitens schließt Absatz 3 die Lücke, wenn der Unternehmer diesen gar nicht erst versucht. Auch in diesem Fall ist er zum Nachteilsausgleich verpflichtet. Mit dieser Rechtsfolge weicht die Vorschrift allerdings nicht von dem früheren Rechtszustand ab, sondern gießt die damals zur Lückenschließung herausgebildete h. M. in Gesetzesform. Diese behandelte den Unternehmer in derartigen Fällen so, als ob eine Einigung bzw. ein Vermittlungsvorschlag vorlag, nach dem die Maßnahme nicht durchgeführt werden sollte (*BAG* 20.01.1961 AP Nr. 2 zu § 72 BetrVG; *Dietz* § 74 Rn. 11; *Hueck/Nipperdey* II/2, S. 875 Fn. 68; *Nikisch* III, S. 535).

2 **Art. 5 BeschFG 1996** versah § 113 Abs. 3 vorübergehend mit einer anderen Fassung, indem er zwei Sätze anfügte, die den vom Unternehmer geforderten Versuch eines Interessenausgleichs in zeitlicher Hinsicht auf zwei bzw. drei Monate begrenzte (dazu z. B. *Bauer/Göpfert* DB 1997, 1464 ff.; *Berkowsky* AuA 1997, 40 ff.; *Bertzbach* FS *Heinrichs*, 1998, S. 1 ff.; *Eisemann* FS *Hanau*, 1999, S. 387 [388 ff.]; *Fischer* AuR 1997, 177 ff.; *Hohenstatt* NZA 1998, 846 [847 f.]; *Löwisch* NZA 1996, 1009 [1016]; *ders.* RdA 1996, 352 [352 f.]; *ders.* RdA 1997, 80 [82 ff.]; *Meinel* DB 1997, 170 ff.; *Neef* NZA 1997, 65 ff.; *Rebel* Grundprobleme, S. 150 ff.; *Reiserer* DB 1998, 2269 ff.; *Richardi* 7. Aufl., § 113 Rn. 25 ff.; *Röder/Baeck* BB 1996, Beil. Nr. 17, S. 23 ff.; *Schwedes* BB 1996, Beil. Nr. 17, S. 2 [7]). Am 31.12.1998 trat diese Regelung aufgrund des sog. Korrekturgesetzes vom 19.12.1998 (BGBl. I, S. 3843, 3850) wieder außer Kraft (s. a. Rdn. 50).

3 Die Vorschrift hat einen **doppelten Zweck**. Da § 113 die infolge der Betriebsänderung eingetretenen wirtschaftlichen Nachteile nicht stets ausgleicht, sondern hierfür einen Verstoß des Unternehmers gegen die betriebsverfassungsrechtliche Ordnung zur tatbestandlichen Voraussetzung erhebt, verfolgt die Verpflichtung des Unternehmers zum Nachteilsausgleich vor allem den Zweck, diesen Verstoß zu sanktionieren. Die Auferlegung einer Pflicht zum Ausgleich der bei dem Arbeitnehmer eingetretenen Nachteile soll die Einhaltung der **Beteiligungsrechte** des Betriebsrats bei Betriebsänderungen i. S. d. § 111 bzw. die Einhaltung eines bereits abgeschlossenen Interessenausgleichs **absichern** (*Reg. Begr.* BT-Drucks. VI/1786, S. 55; *BAG* 23.08.1988 EzA § 113 BetrVG 1972 Nr. 17 S. 6 [*Löwisch/Rieble*] = AP Nr. 17 zu § 113 BetrVG 1972 Bl. 3 R [*Hromadka/Heise*]; 08.11.1988 EzA § 113 BetrVG 1972 Nr. 18 S. 4 = AP Nr. 18 zu § 113 BetrVG 1972 Bl. 2; 24.01.1996 EzA § 113 BetrVG 1972 Nr. 24 S. 4 = AP Nr. 16 zu § 50 BetrVG 1972 Bl. 3 R; 23.09.2003 EzA § 113 BetrVG 2001 Nr. 3 S. 10 = AP Nr. 43 zu § 113 BetrVG 1972 Bl. 4 R; 16.08.2011 EzA § 111 BetrVG 2001 Nr. 7 Rn. 9 = AP Nr. 55 zu § 113 BetrVG 1972; 22.01.2013 EzA § 113 BetrVG 2001 Nr. 9 Rn. 21; 14.04.2015 EzA § 194 GVG Nr. 2 Rn. 19 = AP Nr. 57 zu § 113 BetrVG 1972 = NZA 2015, 1212; 22.09.2016 EzA § 17 KSchG Nr. 39 Rn. 74 = AP Nr. 52 zu § 17 KSchG 1969 = NZA 2017, 175), so dass § 113 den Cha-

rakter einer **Sanktionsnorm** aufweist (st. Rspr. seit *BAG* 29.11.1983 EzA § 113 BetrVG 1972 Nr. 11 S. 65 = AP Nr. 10 zu § 113 BetrVG 1972 Bl. 2 R = SAE 1984, 257 *[Kraft]* sowie zuletzt *BAG* 04.12.2002 EzA § 113 BetrVG 1972 Nr. 30 S. 10 = AP Nr. 2 zu § 38 InsO Bl. 4 R; 22.07.2003 EzA § 111 BetrVG 2001 Nr. 1 S. 10 = AP Nr. 42 zu § 113 BetrVG 1972 Bl. 4 R *[Oetker]*; 23.09.2003 EzA § 113 BetrVG 2001 Nr. 3 S. 10 = AP Nr. 43 zu § 113 BetrVG 1972 Bl. 4 R; 18.10.2011 EzA § 111 BetrVG 2001 Nr. 8 Rn. 24 = AP Nr. 70 zu § 111 BetrVG 1972 = NZA 2012, 221; ebenso im Schrifttum *Däubler/DKKW* § 113 Rn. 1; *Feuerborn* Sachliche Gründe im Arbeitsrecht, 2003, S. 134 f., 135 f.; *Fitting* § 113 Rn. 2, 16; *Grünewald* Interessenausgleich, S. 65; *Hess/HWGNRH* § 113 Rn. 1; *Hohenstatt/Willemsen/HWK* § 113 BetrVG Rn. 2; *v. Hoyningen-Huene* Betriebsverfassungsrecht, § 15 V 1; *Hunold* NZA-RR 2004, 561 [563]; *Kania*/ErfK § 113 BetrVG Rn. 1; *Leuchten/Lipinski* NZA 2003, 1361 [1362]; *Löwisch/LK* § 113 Rn. 1, 15; *Preis/Bender/WPK* § 113 Rn. 2; *Richardi/Annuß* § 113 Rn. 2; *Rieble/AR* § 113 BetrVG Rn. 1; *Rumpff/Boewer* Wirtschaftliche Angelegenheiten, Kap. K Rn. 2 f.; *Schaub/Koch* Arbeitsrechts-Handbuch, § 244 Rn. 78; *Schlüter* Behandlung von Sozialplanansprüchen, S. 45 f.; *Schweibert/WHSS* Kap. C Rn. 349; *Spinti* Ansprüche aus Sozialplan, S. 129; *Spirolke*/NK-GA § 113 BetrVG Rn. 1; *Stege/Weinspach/Schiefer* §§ 111–113 Rn. 164; krit. *Gamillscheg* FS *Bosch*, 1976, S. 209 [218]; *ders.* II, § 52, 5c [4]).

Dem Sanktionszweck dient der Nachteilsausgleich auch während des **Insolvenzverfahrens**, da die 4 Beteiligungsrechte des Betriebsrats nach den §§ 111 f. von dem Insolvenzverwalter ebenfalls zu beachten sind (s. § 111 Rdn. 42; wie hier *BAG* 04.06.2003 EzA § 209 InsO Nr. 1 S. 14 = AP Nr. 2 zu § 209 InsO Bl. 6 R; 22.07.2003 EzA § 111 BetrVG 2001 Nr. 1 S. 10 = AP Nr. 42 zu § 113 BetrVG 1972 Bl. 4 R *[zust. Oetker]*; *LAG* Hamm 26.08.2004 LAGR 2005, 242 [247]; *Hamberger* Insolvenzverfahren, S. 226 f.; **a. M.** jedoch *Häsemeyer* Insolvenzrecht, 2. Aufl. 1998, Rn. 23.18) und nur unter den Voraussetzungen des § 122 InsO eine Einschränkung erfahren (dazu s. §§ 112, 112a Rdn. 337 ff. sowie hier Rdn. 17, 63). Weder die besondere Rechtsstellung des Insolvenzverwalters als Partei kraft Amtes noch der Zweck des Insolvenzverfahrens erzwingen eine Preisgabe des Sanktionszwecks. Soweit die Verpflichtung zum Nachteilsausgleich die Insolvenzmasse belastet und die Befriedigung der übrigen Insolvenzgläubiger verkürzt, ist dies hinzunehmen, da der Vermögensausgleich durch die Geltendmachung von Ersatzansprüchen gegen den Insolvenzverwalter zu erfolgen hat; mit dem Verstoß gegen die betriebsverfassungsrechtlichen Pflichten und der hierdurch ausgelösten Schmälerung der Masse hat dieser zugleich seine Amtspflichten verletzt (§ 60 InsO; **a. M.** jedoch *Rebel* Grundprobleme, S. 251 ff.).

Als Sanktion sieht das Gesetz eine Begünstigung der betroffenen Arbeitnehmer vor, indem es den Un- 5 ternehmer zu ihren Gunsten zum Nachteilsausgleich verpflichtet. Damit bezweckt dieser auch eine **Kompensation** (*BAG* 13.06.1989 EzA § 113 BetrVG 1972 Nr. 19 S. 9 *[Uhlenbruck]* = AP Nr. 19 zu § 113 BetrVG 1972 Bl. 4 *[Lüke]*; 20.11.2001 EzA § 113 BetrVG 1972 Nr. 29 S. 7 = AP Nr. 39 zu § 113 BetrVG 1972 Bl. 3 f.; 16.08.2011 EzA § 111 BetrVG 2001 Nr. 7 Rn. 9 = AP Nr. 55 zu § 113 BetrVG 1972; 22.09.2016 EzA § 17 KSchG Nr. 39 Rn. 74 = AP Nr. 52 zu § 17 KSchG 1969 = NZA 2017, 175; *Däubler/DKKW* § 113 Rn. 1; *Fitting* § 113 Rn. 2; *Grünewald* Interessenausgleich, S. 66; *Hess/HWGNRH* § 113 Rn. 1; *Hohenstatt/Willemsen/HWK* § 113 BetrVG Rn. 2; *v. Hoyningen-Huene* Betriebsverfassungsrecht, § 15 V 1; *Keller* NZA 1997, 519 [519 f.]; *Richardi/Annuß* § 113 Rn. 2; *Schweibert/WHSS* Kap. C Rn. 349; *Spinti* Ansprüche aus Sozialplan, S. 129 f.; *Spirolke*/NK-GA § 113 BetrVG Rn. 1; *Stege/Weinspach/Schiefer* §§ 111–113 Rn. 164; *Weiss/Weyand* § 113 Rn. 1; gegen eine Entschädigungsfunktion *Preis/Bender/WPK* § 113 Rn. 3 sowie bereits *Fabricius* 6. Aufl., § 111 Rn. 32 ff.; krit. auch *Gamillscheg* II, § 52, 5c [4]), ohne jedoch den Sanktionszweck des Nachteilsausgleichs zu überlagern.

Ausgleichs- und Sanktionszweck stehen nicht gleichrangig und isoliert nebeneinander, sondern das 6 Gesetz verwendet den Ausgleich als Instrument zur Sanktion, so dass er in diesem Sinne lediglich ein **Mittel** zur Erreichung des **Sanktionszwecks** ist (ebenso *Fitting* § 113 Rn. 2; *Oetker* Anm. zu *BAG* 22.07.2003 AP Nr. 42 zu § 113 BetrVG 1972 Bl. 11 R; *ders.* Anm. zu *LAG* Niedersachsen 12.08.2002 LAGE § 122 InsO Nr. 1 S. 15 f.; *Rebel* Grundprobleme, S. 38 ff.; *Steffan*/HaKo § 113 Rn. 1).

Mit dem Nachteilsausgleich trägt § 113 der aus dem allgemeinen Effizienzprinzip des Unionsrechts 7 folgenden und vom *EuGH* hervorgehobenen Aufgabe Rechnung, geeignete und effektive Kontroll-

§ 113 *IV. 6. 1. Betriebsänderungen*

systeme vorzuschreiben (*EuGH* 08.06.1994 Slg. I 1994, 2435 = EAS RL 77/187/EWG Art. 5 Nr. 1 Rn. 55; 08.06.1994 Slg. I 1994, 2479 = EAS RL 75/129/EWG Art. 2 Nr. 1 Rn. 38 ff.). Dies ist vor allem dann bedeutsam, wenn eine Betriebsänderung i. S. d. § 111 zugleich den Tatbestand eines **Betriebsübergangs** i. S. d. Richtlinie 2001/23/EG oder einer **Massenentlassung** i. S. d. Richtlinie 98/59/EG bzw. einer »**wesentlichen Veränderung der Arbeitsorganisation oder der Arbeitsverträge**« i. S. d. Richtlinie 2002/14/EG erfüllt, da die genannten Richtlinien für diese Fälle die Einleitung eines Konsultationsverfahrens mit den betrieblichen Arbeitnehmervertretern vorsehen (Art. 7 der Richtlinie 2001/23/EG, Art. 2 der Richtlinie 98/59/EG, Art. 4 Abs. 2 Buchst. c der Richtlinie 2002/14/EG) und das Unionsrecht eine wirksame Sanktion gebietet, wenn der Unternehmer die erfassten Maßnahmen ohne vorherige Konsultation der Arbeitnehmervertretung durchführt (s. a. *Grünewald* Interessenausgleich, S. 258 ff. sowie hier Rdn. 108 f.). Allerdings beschränken sich die unionsrechtlichen Vorgaben auf eine Anhörung der Arbeitnehmervertretung und bleiben damit hinter den Anforderungen zurück, die für den »Versuch eines Interessenausgleichs« gelten (dazu *BAG* 20.11.2001 EzA § 113 BetrVG 1972 Nr. 29 S. 8 f. = AP Nr. 39 zu § 113 BetrVG 1972 Bl. 4 f.; 16.05.2007 EzA § 613a BGB 2002 Nr. 70 Rn. 70 ff. = AP Nr. 64 zu § 111 BetrVG 1972 sowie näher Rdn. 37 ff.). Diese Grundsätze sind auch in einem **Insolvenzverfahren** zu beachten, da der Insolvenzvorbehalt in Art. 5 Abs. 1 der Richtlinie 2001/23/EG nur für Art. 3 und 4 der Richtlinie gilt, nicht hingegen die in Art. 7 der Richtlinie 2001/23/EG ausgeformten Konsultationspflichten erfasst; die Richtlinie 98/59/EG und die Richtlinie 2002/14/EG kennen ohnehin keinen Anwendungsvorbehalt für die Insolvenz.

8 Die Sanktion bezieht sich nur auf diejenigen Beteiligungsrechte, die dem Betriebsrat hinsichtlich der **Betriebsänderung als solcher** zustehen. Da der Unternehmer dem Betriebsrat die Möglichkeit abschneidet, den Eintritt der Nachteile im Rahmen der Beratungen über die Betriebsänderung bzw. des Interessenausgleichsverfahrens abzuwenden, ist der Unternehmer zu deren Ausgleich verpflichtet (*Galperin/Löwisch* § 113 Rn. 1). Hierdurch mildert § 113 die Schwäche des Interessenausgleichsverfahrens ab, dass der Betriebsrat das Zustandekommen eines Interessenausgleichs nicht erzwingen kann. Die Androhung des Nachteilsausgleichs stellt sicher, dass der Unternehmer die Verhandlungen um einen Interessenausgleich bzw. einen mit dem Betriebsrat vereinbarten Interessenausgleich ernst nimmt. Für die Verhandlungen um einen Ausgleich der wirtschaftlichen Nachteile, die bei den betroffenen Arbeitnehmern infolge der Betriebsänderung eintreten (**Sozialplan**), gilt dies indes nicht, da § 113 die Sanktion ausdrücklich auf den »Interessenausgleich« beschränkt und nur insoweit diese Wirkung entfalten soll. Soweit das *BAG* auch die Verletzung von Unterrichtungspflichten im Hinblick auf die wirtschaftlichen Nachteile bei den Arbeitnehmern in den Anwendungsbereich der Sanktionsnorm einbezieht (so *BAG* 27.10.1998 EzA § 113 BetrVG 1972 Nr. 27 S. 7 ff. *[Kraft]* = AP Nr. 65 zu § 118 BetrVG 1972 Bl. 3 R ff.; 30.03.2004 EzA § 113 BetrVG 2001 Nr. 4 S. 5 f. = AP Nr. 47 zu § 113 Bl. 3), überschreitet das Gericht den Zweck der Norm, die sich bewusst nicht auf den Sozialplan erstreckt, sondern ausdrücklich auf den Interessenausgleich beschränkt (ebenfalls ablehnend *Grünewald* Interessenausgleich, S. 195 ff., 207 ff.; s. a. Rdn. 16).

9 Bezüglich der Verhandlungen um einen **Sozialplan** war eine vergleichbare Sanktion bei Inkrafttreten des BetrVG nicht notwendig, weil dessen Abschluss über die Einigungsstelle bei jeder Betriebsänderung i. S. d. § 111 erzwungen werden konnte (§ 112 Abs. 4 BetrVG). Im Grundsatz gilt das auch für die heutige Gesetzesfassung (s. ferner Rdn. 38). Die Einfügung des § 112a im Jahre 1985 (dazu s. §§ 112, 112a Rdn. 314) hat diese Systematik allerdings durchbrochen (s. a. *Heinze* NZA 1987, 41 [49 ff.]), weil in den dort genannten Sachverhalten der Abschluss eines Sozialplans nicht erzwungen werden kann, ohne dass das BetrVG im Gegenzug absichert, dass der Unternehmer die unverändert fortbestehende Verpflichtung zur Führung von Verhandlungen um einen Sozialplan (s. §§ 112, 112a Rdn. 315 f.) ernst nimmt. Hierdurch tritt ein Wertungswiderspruch ein, da die Durchführung einer Betriebsänderung ohne den vorherigen Versuch eines Sozialplanabschlusses nicht zum Nachteilsausgleich führt, während dies bei dem unterbliebenen Versuch eines Interessenausgleichs der Fall ist. Teile des Schrifttums ziehen hieraus die Konsequenz, § 113 Abs. 3 analog anzuwenden, wenn der Unternehmer eine **nicht sozialplanpflichtige Betriebsänderung** ohne den vorherigen Versuch von Sozialplanverhandlungen durchführt (hierfür *Däubler/DKKW* § 113 Rn. 11; ähnlich *Ohl* Der Sozialplan, 1977, S. 51: bei Tendenzbetrieben; **a. M.** *Gajewski* FS *D. Gaul*, S. 189 [193]; *Grünewald* Interessenausgleich, S. 202 ff.; *Rebel* Grundprobleme, S. 100 f.; ebenso *Hohenstatt/Willemsen/HWK* § 113

BetrVG Rn. 3, jedoch mit der methodisch unhaltbaren Begründung, dass der Wortlaut einer analogen Anwendung entgegenstehen soll). Hiergegen spricht die vom Gesetzgeber bewusst angeordnete Beschränkung des Nachteilsausgleichs auf den unterbliebenen Versuch eines Interessenausgleichs. Darüber hinaus würde eine entsprechende Anwendung des § 113 Abs. 3 zu dem systematisch nicht überzeugenden Ergebnis führen, dass der Unternehmer zweimal zu einem Nachteilsausgleich verpflichtet wäre, wenn er weder einen Interessenausgleich noch den Abschluss eines Sozialplans versucht.

II. Voraussetzungen für die Verpflichtung zum Nachteilsausgleich

1. Anwendungsbereich des § 113

Der Tatbestand des § 113 verknüpft die Verpflichtung des Unternehmers zum Nachteilsausgleich mit seiner in § 111 Satz 1 festgelegten Pflicht, mit dem Betriebsrat in Verhandlungen über einen Interessenausgleich einzutreten. Auf eine Verletzung der Anzeigepflichten nach § 17 Abs. 1 und 3 KSchG findet § 113 Abs. 3 keine entsprechende Anwendung (*BAG* 14.04.2015 EzA § 113 BetrVG 2001 Nr. 10 Rn. 18 = AP Nr. 56 zu § 113 BetrVG 1972 = NZA 2015, 1147). 10

Adressat der durch die §§ 111 f. sowie § 113 begründeten Pflichten ist stets die Rechtsperson, die **Inhaber des Betriebs** ist (*BAG* 15.01.1991 EzA § 303 AktG Nr. 1 S. 8 *[Belling/v. Steinau-Steinrück]* = AP Nr. 21 zu § 113 BetrVG 1972 Bl. 3 f.; 14.04.2015 EzA § 113 BetrVG 2001 Nr. 10 Rn. 16 = AP Nr. 56 zu § 113 BetrVG 1972 = NZA 2015, 1147; *LAG Baden-Württemberg* 23.06.2015 – 22 Sa 61/14 – BeckRS 2015, 73214 sowie § 111 Rdn. 255 ff.). Das gilt auch für eine **abhängige Konzerngesellschaft**: diese und nicht das herrschende Unternehmen ist zur Beteiligung des Betriebsrats verpflichtet und damit gegebenenfalls **Schuldner** des Nachteilsausgleichs (*BAG* 15.01.1991 EzA § 303 AktG Nr. 1 S. 8 *[Belling/v. Steinau-Steinrück]* = AP Nr. 21 zu § 113 BetrVG 1972 Bl. 3 f.; 14.04.2015 EzA § 113 BetrVG 2001 Nr. 10 Rn. 16 = AP Nr. 56 zu § 113 BetrVG 1972 = NZA 2015, 1147; *LAG Baden-Württemberg* 23.06.2015 – 22 Sa 61/14 – BeckRS 2015, 73214 sowie Rdn. 82). 11

Eine Pflicht zum Nachteilsausgleich entsteht nur, wenn der Unternehmer einen Interessenausgleich mit dem Betriebsrat versuchen muss. Im Rahmen eines Begehrens des Arbeitnehmers nach einem Nachteilsausgleich ist deshalb inzident zu prüfen, ob die **Voraussetzungen einer beteiligungspflichtigen Betriebsänderung i. S. d. § 111** vorlagen. Hierfür entfaltet ein **vorangegangenes Beschlussverfahren**, das das Bestehen eines Beteiligungsrechts nach den §§ 111 f. zum Gegenstand hatte, in späteren Verfahren über einen Nachteilsausgleich **präjudizielle Wirkung**, so dass das über den Nachteilsausgleich entscheidende Gericht an die in Rechtskraft erwachsene mitbestimmungsrechtliche Beurteilung des Erstgerichts gebunden ist (*BAG* 10.11.1987 EzA § 113 BetrVG 1972 Nr. 16 S. 4 ff. = AP Nr. 15 zu § 113 BetrVG 1972 Bl. 2 ff. *[Leipold]* = SAE 1988, 228 *[Zeiss]*; 23.02.2016 EzA § 87 BetrVG 2001 Betriebliche Lohngestaltung Nr. 33 Rn. 22 = AP Nr. 148 zu § 87 BetrVG 1972 Lohngestaltung = NZA 2016, 906; *LAG Frankfurt a. M.* 04.03.1986 LAGE § 113 BetrVG 1972 Nr. 4 S. 5 ff.; *Fitting* § 113 Rn. 39; *Hess/HWGNRH* § 113 Rn. 86 ff.; *Konzen* FS *Zeuner*, 1994, S. 401 [412 f., 426 ff.]; *Rebel* Grundprobleme, S. 116 ff.; *Reich* § 113 Rn. 4; *Steffan/HaKo* § 113 Rn. 5; *Stege/Weinspach/Schiefer* §§ 111–113 Rn. 165a; im Ergebnis auch *Seeberger* Sicherung der Beteiligungsrechte, S. 39 ff.; **a. M.** *Jox* NZA 1990, 424 ff.). 12

Für die Anwendung des § 113 ist es ohne Bedeutung, ob dem Betriebsrat ein Anspruch auf **Abschluss eines Sozialplans** zusteht. Den Unternehmer kann deshalb auch dann eine Pflicht zum Nachteilsausgleich treffen, wenn der Abschluss eines Sozialplans wegen § 112a **nicht über die Einigungsstelle erzwingbar** ist (*BAG* 08.11.1988 EzA § 113 BetrVG 1972 Nr. 18 S. 4 f. = AP Nr. 18 zu § 113 BetrVG 1972 Bl. 2 f.; *LAG Berlin* 08.09.1987 LAGE § 112a BetrVG 1972 Nr. 2 S. 2; *Etzel* Rn. 1066; *Fitting* § 113 Rn. 3; *Gajewski* FS *D. Gaul*, S. 189 [192]; *Heither* AR-Blattei SD 530.14.5, Rn. 279; *Hess/HWGNRH* § 113 Rn. 7; *v. Hoyningen-Huene* Betriebsverfassungsrecht, § 15 III 3, § 15 V 3; *Kania*/ErfK § 113 BetrVG Rn. 3; *Preis/Bender/WPK* § 113 Rn. 4; *Rebel* Grundprobleme, S. 98 ff.; *Schaub/Koch* Arbeitsrechts-Handbuch, § 244 Rn. 88; *Spinti* Ansprüche aus Sozialplan, S. 124; *Stege/Weinspach/Schiefer* §§ 111–113 Rn. 162; *Vogt* BB 1985, 2328 [2331 f.]; **a. M.** *Heinze* NZA 1987, 41 [51]). 13

14 Die Verknüpfung der Sanktionsnorm mit dem Interessenausgleichsverfahren führt bei **Tendenzunternehmen** zu Zweifeln im Hinblick auf die Anwendbarkeit des § 113, da die §§ 111 bis 113 in Tendenzunternehmen wegen § 118 Abs. 1 Satz 2 nur anzuwenden sind, soweit sie den Ausgleich oder die Milderung wirtschaftlicher Nachteile für die Arbeitnehmer regeln. Diese Relativierung beschränkt die Beteiligung des Betriebsrats auf den Abschluss eines Sozialplans. Für die Betriebsänderung selbst, also insbesondere bezüglich des **Versuchs eines Interessenausgleichs**, etabliert § 118 Abs. 1 Satz 2 einen **absoluten Tendenzschutz**. Im Hinblick auf die Verpflichtung zum Nachteilsausgleich ist die Norm jedoch verunglückt, da diese einerseits § 113 für anwendbar erklärt, andererseits aber die Vorschrift im Hinblick auf den Sozialplan nicht eingreift (s. Rdn. 8 f., 13) und § 118 Abs. 1 Satz 2 ein Interessenausgleichsverfahren in Tendenzunternehmen ausschließt. Teile des Schrifttums plädieren deshalb dafür, § 113 in Tendenzunternehmen **nicht anzuwenden** (so *Bauer* FS *Wißmann*, 2005, S. 215 [222]; *ders./Lingemann* NZA 1995, 813 [816]; *Dütz* FS *H. Westermann*, 1974, S. 37 [50]; *Hess/HWGNRH* § 118 Rn. 7; *Hohenstatt/Willemsen/HWK* § 113 BetrVG Rn. 3; *Kraft* Anm. zu *BAG* 27.10.1998 EzA § 113 BetrVG 1972 Nr. 27; *Löwisch* § 118 Rn. 21; *Rebel* Grundprobleme, S. 91 ff.; *Richardi/Annuß* § 113 Rn. 34; *Rumpff/Boewer* Wirtschaftliche Angelegenheiten, Kap. H Rn. 43; beschränkt auf § 113 Abs. 3 s. hier *Weber* § 118 Rdn. 160; ebenso *Gillen/Hörle* NZA 2003, 1225 [1232]). Allerdings verkürzt diese Auffassung den Inhalt der Verweisungsnorm und liest § 118 Abs. 1 Satz 2 so, als ob dieser in Tendenzunternehmen lediglich die §§ 111 bis 112a für anwendbar erklärt.

15 Das *Bundesarbeitsgericht* (*BAG* 27.10.1998 EzA § 113 BetrVG 1972 Nr. 27 *[abl. Kraft]* = AP Nr. 65 zu § 118 BetrVG 1972; bestätigt durch *BAG* 18.11.2003 EzA § 118 BetrVG 2001 Nr. 4 S. 5 ff. = AP Nr. 76 zu § 118 BetrVG 1972 Bl. 2 R ff.; 30.03.2004 EzA § 113 BetrVG 2001 Nr. 4 S. 5 f. = AP Nr. 47 zu § 113 BetrVG 1972 Bl. 3) hat die in Rdn. 14 geschilderte Konsequenz nicht gezogen und eröffnet der Verweisung in § 118 Abs. 1 Satz 2 auf § 113 dadurch einen Anwendungsbereich, indem es mit Hilfe einer »ausgleichenden Auslegung« zwischen § 113 Abs. 1 und 2 auf der einen sowie Absatz 3 auf der anderen Seite differenziert (*BAG* 27.10.1998 EzA § 113 BetrVG 1972 Nr. 27 S. 7 ff. *[Kraft]* = AP Nr. 65 zu § 118 BetrVG 1972 Bl. 3 R ff., das bezüglich § 113 Abs. 1 und 2 die Entscheidung ausdrücklich offen ließ [s. Bl. 5]). Da § 111 im Hinblick auf die Verpflichtung, einen Sozialplan aufzustellen, auch in Tendenzunternehmen anzuwenden ist, sei der Unternehmer verpflichtet, den Betriebsrat über die Betriebsänderung zu unterrichten. Dies sei unverzichtbare Grundlage für das Zustandekommen eines Sozialplans. Verletze er den Unterrichtungsanspruch des Betriebsrats aus § 111 Satz 1 (zu diesem auch § 111 Rdn. 267), so greife die Verpflichtung zum Nachteilsausgleich nach § 113 Abs. 3 ein (*BAG* 27.10.1998 EzA § 113 BetrVG 1972 Nr. 27 S. 7 ff. *[Kraft]* = AP Nr. 65 zu § 118 BetrVG 1972 Bl. 3 R ff.; 18.11.2003 EzA § 118 BetrVG 2001 Nr. 4 S. 5 ff. = AP Nr. 76 zu § 118 BetrVG 1972 Bl. 2 R ff.; 30.03.2004 EzA § 113 BetrVG 2001 Nr. 4 S. 5 f. = AP Nr. 47 zu § 113 BetrVG 1972 Bl. 3; ebenso *Fitting* § 113 Rn. 4, § 118 Rn. 46; *Heither* AR-Blattei SD 530.14.5, Rn. 293; *Stege/Weinspach/Schiefer* § 118 Rn. 11; für uneingeschränkte Anwendbarkeit des § 113 *Fabricius* 6. Aufl., § 118 Rn. 533; *Frey* Der Tendenzschutz im Betriebsverfassungsgesetz 1972, 1974, S. 61; *Wedde/DKKW* § 118 Rn. 71 f.; *Weiss/Weyand* § 118 Rn. 48; s. a. *Schlachter* FS *Wißmann*, S. 412 [416 ff.]).

16 Der Auffassung des *Bundesarbeitsgerichts* kann **nicht gefolgt** werden (ebenfalls ablehnend *Weber* § 118 Rdn. 160 sowie *Bauer* FS *Wißmann*, 2005, S. 215 [223 f.]; *Gillen/Hörle* NZA 2003, 1225 [1231 f.]; *Grünewald* Interessenausgleich, S. 195 ff.; *Kaiser/LK* § 118 Rn. 51; *Preis/Bender/WPK* § 113 Rn. 4; *Rebel* Grundprobleme, S. 91 ff.; *Rinsdorf* ZTR 2001, 197 ff.), da § 113 Abs. 3 die Verletzung der Unterrichtungs- und Beratungspflichten nicht zur Voraussetzung für den Nachteilsausgleich erhebt, sondern den Unternehmer lediglich sanktioniert, wenn er die Betriebsänderung ohne den Versuch eines Interessenausgleichs durchführt. In Tendenzunternehmen besteht eine derartige Verpflichtung nicht. Die Rechtsprechung des Bundesarbeitsgerichts ist deshalb nur dann mit § 118 Abs. 1 Satz 2 vereinbar, wenn einer Betriebsänderung ohne vorherigen Versuch eines Interessenausgleichs mittels eines Analogieschlusses der Fall gleichgestellt werden kann, dass der Unternehmer eine Betriebsänderung unter Verletzung seiner in § 111 Satz 1 niedergelegten und auf den Sozialplan bezogenen Unterrichtungs- und Beratungspflichten durchführt (so *BAG* 27.10.1998 EzA § 113 BetrVG 1972 Nr. 27 S. 10 *[Kraft]* = AP Nr. 65 zu § 118 BetrVG 1972 Bl. 5; wiederholt in *BAG* 30.03.2004 EzA § 113 BetrVG 2001 Nr. 4 S. 5 f. = AP Nr. 47 zu § 113 BetrVG 1972 Bl. 3). Dagegen spricht nicht nur die ausdrückliche Anknüpfung des § 113 Abs. 3 an den Interessenausgleich und der hierdurch konkretisierte Zweck der

Sanktionsnorm (s. Rdn. 3), sondern auch die Einbeziehung der dem Unternehmer in § 111 Satz 1 auferlegten Unterrichtungspflichten in den Ordnungswidrigkeitentatbestand des § 121 (ebenso gegen einen Analogieschluss *Gillen/Hörle* NZA 2003, 1225 [1231 f.]; *Kaiser/LK* § 118 Rn. 51; im Ergebnis auch *Preis/Bender/WPK* § 113 Rn. 4). Zudem bleibt es dem Betriebsrat auch in Tendenzbetrieben unbenommen, seinen aus § 111 Satz 1 folgenden Unterrichtungsanspruch gegebenenfalls mittels einer einstweiligen Verfügung durchzusetzen (dazu § 111 Rdn. 267 sowie *Rinsdorf* ZTR 2001, 197 [198 ff.]).

Die Verpflichtung zum Nachteilsausgleich gilt auch in der **Insolvenz**. Insbesondere ist der Insolvenzverwalter hierzu verpflichtet, wenn er eine Betriebsänderung durchführt und hierbei von einem Interessenausgleich abweicht oder einen solchen mit dem Betriebsrat nicht versucht (z. B. BAG 04.06.2003 EzA § 209 InsO Nr. 1 S. 13 = AP Nr. 2 zu § 209 InsO Bl. 6 R; 18.11.2002 EzA § 113 BetrVG 2001 Nr. 2 S. 4 = AP Nr. 162 zu § 112 BetrVG 1972 Bl. 2; 22.07.2003 EzA § 111 BetrVG 2001 Nr. 1 S. 5 = AP Nr. 42 zu § 113 BetrVG 1972 Bl. 2 *[Oetker]*; 30.05.2006 EzA § 113 BetrVG 2001 Nr. 7 Rn. 17 = AP Nr. 5 zu § 209 InsO; LAG Hamm 26.08.2004 LAGR 2005, 242 [245]; LAG Niedersachsen 12.08.2002 LAGE § 122 InsO Nr. 1 S. 4 f. *[Oetker]*; *Caspers*/MK-InsO, §§ 121, 122 Rn. 21 f.; *Etzel* Rn. 1018; *Fitting* § 113 Rn. 5; *Griese* Kölner Schrift zur Insolvenzordnung, 2. Aufl. 2000, S. 1513 [1518]; *Häsemeyer* Insolvenzrecht, 2. Aufl. 1998, Rn. 23.18; *Hamacher* in: *Nerlich/Römermann* InsO, vor § 121 Rn. 76; *Hamberger* Insolvenzverfahren, S. 226 f.; *Hess*/HWGNRH § 113 Rn. 7; *Löwisch*/LK § 113 Rn. 20 f.; *Matthes*/MünchArbR § 271 Rn. 16; *Moll* in: *Kübler/Prütting* InsO, § 122 Rn. 8; *Oetker* Anm. zu BAG 22.07.2003 AP Nr. 42 zu § 113 BetrVG 1972 Bl. 7; *Preis/Bender/WPK* § 113 Rn. 6; *Richardi/Annuß* Anhang zu § 113 Rn. 19; *Uhlenbruck/Berscheid* InsO, §§ 121, 122 Rn. 105; s. aber auch Rdn. 63). Ebenso tritt die Verpflichtung zum Nachteilsausgleich ein, wenn der hierzu verpflichtende Tatbestand noch von dem **Insolvenzschuldner** verwirklicht wurde. Nach Eröffnung des Insolvenzverfahrens muss der Arbeitnehmer sein Recht auf Nachteilsausgleich bei dem **Insolvenzverwalter anmelden**. Die betriebsverfassungsrechtlichen Vorschriften der Insolvenzordnung bekräftigen diese Auslegung, da die §§ 121 bis 124 InsO die Modifikationen der §§ 111 bis 113 während des Insolvenzverfahrens abschließend regeln. Das gilt auch für § 113, da § 122 Abs. 1 Satz 2 InsO ausdrücklich die Anwendung der Vorschrift ausschließt, wenn der Insolvenzverwalter die Betriebsänderung mit Zustimmung des Arbeitsgerichts ohne das Verfahren nach § 112 Abs. 2 durchführt (dazu näher §§ 112, 112a Rdn. 337 ff.). Diese Regelung erweist sich argumentum e contrario nur dann als sinnvoll, wenn die Vorschrift im Übrigen während des Insolvenzverfahrens gilt und auch die Verletzung der betriebsverfassungsrechtlichen Pflichten durch den Insolvenzverwalter sanktioniert (s. a. Rdn. 3 a. E.). Zur insolvenzrechtlichen Einordnung des Nachteilsausgleichs s. Rdn. 99 ff.

17

2. Abweichung vom Interessenausgleich (§ 113 Abs. 1 und 2)

a) Vorliegen eines Interessenausgleichs i. S. d. § 112 Abs. 1 Satz 1

Die Verpflichtung zum Nachteilsausgleich nach § 113 Abs. 1 und 2 setzt voraus, dass über die geplante Betriebsänderung ein **Interessenausgleich** zustande gekommen ist (*Galperin/Löwisch* § 113 Rn. 4; *Hess*/HWGNRH § 113 Rn. 11; *Stege/Weinspach/Schiefer* §§ 111–113 Rn. 165c; *Weiss/Weyand* § 113 Rn. 2). Ein **Konzept des Unternehmers**, das er in die Beratungen mit dem Betriebsrat eingebracht hat, eröffnet für sich allein noch nicht den Anwendungsbereich des § 113 Abs. 1 und 2, wenn der Unternehmer später von diesem abweicht (*Galperin/Löwisch* § 113 Rn. 4; *Teubner* BB 1974, 982 [986]; *Schaub/Koch* Arbeitsrechts-Handbuch, § 244 Rn. 89; **a. M.** *Matthes* DB 1972, 286 [289]; *ders.* FS *Wlotzke*, S. 393 [404]). Die von § 113 bezweckte Sanktion eines Verstoßes gegen die betriebsverfassungsrechtliche Ordnung (s. Rdn. 3) setzt eine Verletzung betriebsverfassungsrechtlicher Pflichten voraus. Ein Vorschlag zu einem Interessenausgleich begründet für den Unternehmer jedoch keine Pflicht, die Betriebsänderung dem Vorschlag entsprechend durchzuführen.

18

Die Norm baut auf einem Interessenausgleich i. S. d. § 112 Abs. 1 Satz 1 auf, der wiederum eine Betriebsänderung i. S. d. § 111 voraussetzt. Aufgrund seiner systematischen Stellung greift § 113 nicht ein, wenn der Interessenausgleich ausschließlich die Regelungsgegenstände in den §§ **125 Abs. 1 InsO, 1 Abs. 5 KSchG** oder in § **323 Abs. 2 UmwG** umfasst (s. §§ 112, 112a Rdn. 25). Bezüglich des kündigungs- bzw. umwandlungsrechtlichen Interessenausgleichs ist die Sanktion eines Nachteils-

19

ausgleichs überflüssig, da sich der Arbeitgeber bei einer Abweichung von dem dort genannten »Interessenausgleich« nicht auf die für diesen normierten Privilegierungen stützen kann (*Richardi/Annuß* [11. Aufl.] § 113 Rn. 8). Sind die in den §§ 125 Abs. 1 InsO, 1 Abs. 5 KSchG und § 323 Abs. 2 UmwG genannten Regelungsinhalte jedoch Teil eines umfassenden Interessenausgleichs, der auch die Betriebsänderung als solche einschließt, steht dies der Anwendung des § 113 Abs. 1 und 2 nicht entgegen (s. aber auch Rdn. 25).

20 Liegen die Voraussetzungen einer **Betriebsänderung i. S. d. § 111** nicht vor (z. B. weniger als 20 wahlberechtigte Arbeitnehmer im Unternehmen, keine »wesentlichen Nachteile« für die Belegschaft oder Eintritt der Nachteile bei nicht »erheblichen« Teilen der Belegschaft), trifft der Unternehmer mit dem Betriebsrat aber gleichwohl freiwillig eine Einigung über die Durchführung der »Betriebsänderung«, so handelt es sich nicht um einen Interessenausgleich i. S. v. Absatz 1 und 2 des § 113, mögen die Parteien die Abrede auch als solche bezeichnet haben (zust. *Hohenstatt/Willemsen/HWK* § 113 BetrVG Rn. 4; *Rieble*/AR § 113 BetrVG Rn. 2). Eine entsprechende Anwendung von § 113 Abs. 1 und 2 kommt jedoch bei Abschluss eines **freiwilligen Interessenausgleichs** in Betracht, wenn zwar eine Betriebsänderung i. S. d. § 111 vorliegt, wegen § 118 Abs. 1 Satz 2 aber keine Pflicht zur Aufnahme von Interessenausgleichsverhandlungen bestand (hierfür *Gillen/Hörle* NZA 2003, 1225 [1232]; *Preis/Bender/WPK* § 113 Rn. 4; *Rebel* Grundprobleme, S. 92 sowie *Weber* § 118 Rdn. 159, m. w. N.).

21 Wegen der Beschränkung von § 113 Abs. 1 und 2 auf den »Interessenausgleich« greifen diese nicht ein, wenn der Unternehmer von einem **Sozialplan** abweicht (*Däubler/DKKW* § 113 Rn. 8; *Fitting* § 113 Rn. 12; *Heither* AR-Blattei SD 530.14.5, Rn. 285; *Kania*/ErfK § 113 BetrVG Rn. 3; *Preis/Bender/WPK* § 113 Rn. 8). Ein eigenständiger Anspruch des Arbeitnehmers auf Nachteilsausgleich ist entbehrlich, weil er unmittelbar auf Erfüllung seiner im Sozialplan begründeten Ansprüche klagen und damit den Eintritt eines Nachteils verhindern kann (s. §§ 112, 112a Rdn. 161).

b) Rechtswirksamkeit des Interessenausgleichs

22 Die Abweichung von dem Interessenausgleich sanktioniert § 113 Abs. 1 und 2 nur, wenn dieser für den Arbeitgeber Bindungswirkung entfaltet. Das setzt voraus, dass der Interessenausgleich rechtswirksam ist. Ist er **unwirksam**, weil z. B. dem Betriebsrat mangels Zuständigkeit die **Vereinbarungsbefugnis** fehlte (s. dazu §§ 112, 112a Rdn. 65) oder die **Schriftform** (§ 112 Abs. 1 Satz 1) **nicht gewahrt** wurde (*BAG* 09.07.1985 EzA § 113 BetrVG 1972 Nr. 13 S. 86 = AP Nr. 13 zu § 113 BetrVG 1972 Bl. 3 = AR-Blattei Konkurs, Entsch. 64 [*Richardi*]; 20.04.1994 EzA § 113 BetrVG 1972 Nr. 22 S. 3 = AP Nr. 27 zu § 113 BetrVG 1972 Bl. 2 R = AR-Blattei ES 1470 Nr. 58 [*Echterhölter*] sowie hier §§ 112, 112a Rdn. 45 ff.), dann entfaltet der Interessenausgleich für den Unternehmer **keine Bindungswirkung**, so dass eine Sanktion nach § 113 Abs. 1 und 2 ausscheidet, wenn er in diesen Fällen die Betriebsänderung abweichend von dem unwirksamen Interessenausgleich durchführt. In Betracht kommt dann jedoch ein Nachteilsausgleich nach § 113 Abs. 3, da der Unternehmer die Betriebsänderung »ohne Interessenausgleich« vollzogen hat (*BAG* 09.07.1985 EzA § 113 BetrVG 1972 Nr. 13 S. 87 f. = AP Nr. 13 zu § 113 BetrVG 1972 Bl. 3 R = AR-Blattei Konkurs, Entsch. 64 [*Richardi*]; 26.10.2004 NZA 2005, 237 [239]; 16.05.2007 EzA § 613a BGB 2002 Nr. 70 Rn. 32 = AP Nr. 64 zu § 111 BetrVG 1972; *LAG* Bremen 31.10.1986 LAGE § 111 BetrVG 1972 Nr. 5 S. 12; *LAG* Hamm 14.09.2004 LAGE § 113 BetrVG 2001 Nr. 2 S. 3 f.; 16.11.2004 LAGR 2005, 153 [154]; *v. Hoyningen-Huene* Betriebsverfassungsrecht, § 15 V 3; *Rebel* Grundprobleme, S. 148 f.; *Stege/Weinspach/Schiefer* §§ 111–113 Rn. 171; **a. M.** *Löwisch* RdA 1989, 216 [218]). Entscheidend ist, ob ein ausreichender Versuch des Unternehmers zur Herbeiführung eines Interessenausgleichs vorliegt (s. Rdn. 37 ff.).

23 Bei einem **Verstoß** des Interessenausgleichs **gegen höherrangiges Recht** ist im Hinblick auf dessen Bindungswirkung für den Unternehmer – wie bei dem Sozialplan (dazu §§ 112, 112a Rdn. 166) – zu unterscheiden: Ergreift der Rechtsverstoß den Interessenausgleich insgesamt, so gilt das in Rdn. 22 Ausgeführte: der Interessenausgleich entfaltet keine Bindungswirkung. Sind lediglich einzelne seiner Bestimmungen unwirksam, so entfällt die Bindungswirkung nur bezüglich dieser Teile. An die übrigen Regelungen des Interessenausgleichs bleibt der Unternehmer gebunden, sofern der Fortfall des rechtswidrigen Teils den Interessenausgleich nicht insgesamt in Frage stellt, was aufgrund seines Zwecks und des Kompromisscharakters der jeweiligen Regelungen allerdings häufig der Fall ist.

c) Umfang der Bindungswirkung

Der Interessenausgleich bindet den Unternehmer in Bezug auf das »ob« und das »wie« der Betriebs- 24
änderung (*Kania*/ErfK § 113 BetrVG Rn. 4; *Richardi/Annuß* § 113 Rn. 7–8 sowie hier §§ 112, 112a Rdn. 78 f.). Legt dieser fest, dass eine Betriebsänderung insgesamt oder in Teilbereichen zu unterbleiben hat, dann darf der Unternehmer hiervon nicht abweichen. Das gilt entsprechend, wenn der Interessenausgleich für die Betriebsänderung bestimmte Modalitäten (z. B. zeitlich gestreckte Durchführung) festlegt. Eine zum Nachteilsausgleich führende **Abweichung** von dem Interessenausgleich liegt nicht nur vor, wenn der Unternehmer **vollständig** von diesem abweicht, sondern ebenfalls, wenn dies bezüglich **einzelner Teile** geschieht (*Däubler*/DKKW § 113 Rn. 8; *Preis/Bender/WPK* § 113 Rn. 7). Letztlich entscheidet stets eine **Auslegung** des Interessenausgleichs über den Umfang seiner Bindungswirkung, die auch zu dem Ergebnis führen kann, dass der Unternehmer lediglich eingeschränkt gebunden ist. Insbesondere »weiche« Formulierungen (»soll«, »beabsichtigt«, »prüft«, »erwägt«, »strebt an«, »bemüht sich«) belassen ihm Spielräume, die ein »Abweichen« ohne die Sanktion des Nachteilsausgleichs zulassen. Entsprechendes gilt, wenn der Interessenausgleich Öffnungsklauseln enthält, die gegebenenfalls tatbestandlich gebunden sind.

Abweichungen von einem **Interessenausgleich i. S. d. § 125 Abs. 1 InsO, § 1 Abs. 5 KSchG** bzw. 25
des § 323 Abs. 2 UmwG, der sich auf den dort genannten Regelungsgegenstand (Namensliste) beschränkt, sind im Hinblick auf § 113 Abs. 1 und 2 unschädlich. Der Interessenausgleich verliert jedoch seine privilegierende Wirkung, die die vorgenannten Bestimmungen begründen (s. Rdn. 19). Das gilt auch, wenn die dortigen Regelungsgegenstände integraler Bestandteil eines umfassenden Interessenausgleichs sind. Bindungswirkung i. S. d. § 113 Abs. 1 und 2 entfalten in diesem Fall nur diejenigen Bestimmungen, die sich auf die Betriebsänderung als solche beziehen.

Die in Rdn. 24 erläuterte Bindungswirkung des Interessenausgleichs setzt voraus, dass er diese im 26
Zeitpunkt des Abweichens noch entfaltet. Hieran kann es nicht nur fehlen, wenn Betriebsrat und Unternehmer den Interessenausgleich zuvor **einvernehmlich aufgehoben** haben. Denkbar ist in Ausnahmefällen auch, dass sich Betriebsrat oder Unternehmer durch **einseitige rechtsgestaltende Erklärung** von ihm **lösen** (dazu §§ 112, 112a Rdn. 129 ff.). Geschah dies vor der »Abweichung« und bestehen keine Bedenken gegen die Rechtswirksamkeit der einseitigen Lösung, so ist für eine Anwendung der Sanktionsregeln in § 113 Abs. 1 und 2 kein Raum; allerdings kommt in derartigen Konstellationen ein Nachteilsausgleich nach § 113 Abs. 3 in Betracht (s. a. Rdn. 27).

Will der Unternehmer von einem noch verbindlichen Interessenausgleich abweichen, ohne die Sank- 27
tionen in § 113 Abs. 1 und 2 auszulösen, dann muss er – sofern hierfür kein zwingender Grund besteht (dazu Rdn. 29 ff.) – mit dem Betriebsrat zuvor einen **neuen Interessenausgleich** vereinbaren (*Richardi/Annuß* § 113 Rn. 10; *Schweibert/WHSS* Kap. C Rn. 351). Hierfür kann er sich auf das in § 112 Abs. 2 und 3 normierte Prozedere indes nur stützen, wenn die abweichend von dem ursprünglichen Interessenausgleich beabsichtigte Maßnahme eigenständig die Voraussetzungen einer Betriebsänderung erfüllt. Die Abweichung von dem Interessenausgleich als solche ist keine Betriebsänderung i. S. d. § 111 (*Fitting* § 113 Rn. 10; *Galperin/Löwisch* § 113 Rn. 6; *Matthes*/MünchArbR, 2. Aufl. 2000, § 361 Rn. 39). Erfüllt sie jedoch für sich allein die Voraussetzungen einer Betriebsänderung i. S. d. § 111, so ist das Beteiligungsverfahren für diese separat durchzuführen (*Galperin/Löwisch* § 113 Rn. 6; s. a. LAG Hamm 26.08.2004 – 4 Sa 1853/03 – BeckRS 2004, 30461427). Unterlässt der Unternehmer in diesem Fall den vorherigen Versuch eines Interessenausgleichs, dann tritt eine Verpflichtung zum Nachteilsausgleich nach § 113 Abs. 3 ein.

Nach dem Zweck des § 113 Abs. 1 und 2 liegt keine Abweichung i. S. d. vorgenannten Bestimmun- 28
gen vor, wenn der Unternehmer von der im Interessenausgleich strukturierten **Betriebsänderung absieht** (*Däubler*/DKKW § 113 Rn. 6; *Feuerborn* Sachliche Gründe im Arbeitsrecht, S. 139; *Fitting* § 113 Rn. 10; *Preis/Bender/WPK* § 113 Rn. 7; *Schweibert/WHSS* Kap. C Rn. 351). Der Interessenausgleich erlegt ihm lediglich auf, bei einer Durchführung der Betriebsänderung den dort festgelegten Umfang bzw. die näher umschriebenen Modalitäten einzuhalten (s. §§ 112, 112a Rdn. 78 f.). Eine Verpflichtung des Unternehmers auf Vollziehung der Betriebsänderung ginge über das Regelungsanliegen des Interessenausgleichs hinaus, so dass § 113 Abs. 1 und 2 einer teleologischen Reduktion bedarf. Das gilt regelmäßig auch, wenn der Unternehmer lediglich **teilweise** von der im Interessenausgleich niedergelegten Betriebsänderung absieht, indem er z. B. bei einer Betriebseinschränkung

Oetker

durch Entlassung von Arbeitnehmern (dazu § 111 Rdn. 90 ff.) weniger betriebsbedingte Kündigungen ausspricht als ursprünglich beabsichtigt (*LAG Baden-Württemberg* 21.01.2016 – 5 Sa 1475/15 – BeckRS 2016, 67402). Ebenso behält ein kündigungsrechtlicher Interessenausgleich seine privilegierende Wirkung, wenn nicht alle auf der Namensliste stehenden Arbeitnehmer gekündigt werden. Etwas anderes kommt nur in Betracht, wenn der teilweise Verzicht auf die Betriebsänderung dem Interessenausgleich im Hinblick auf den aufrechterhaltenen Teil der Betriebsänderung die Grundlage entzieht.

d) Rechtfertigung der Abweichung durch »zwingende Gründe«

29 Ebenso wie § 74 BetrVG 1952 stellt § 113 Abs. 1 den Nachteilsausgleich unter den Vorbehalt, dass »zwingende Gründe« die Abweichung von dem Interessenausgleich rechtfertigen. Die Legitimation zur Abweichung von dem **Interessenausgleich** ist auf einen solchen **i. S. d. § 112 Abs. 1 Satz 1** beschränkt. Bei anderen Vereinbarungen mit dem Betriebsrat rechtfertigen »zwingende Gründe« für sich allein keine Abweichung. Vielmehr muss der Unternehmer die kollektivrechtlichen Instrumente zur einseitigen Beendigung (außerordentliche oder ordentliche Kündigung) einsetzen, um sich von deren Bindungen zu befreien. Das gilt auch für einen mit dem Betriebsrat aufgestellten Sozialplan; dessen Nichterfüllung kann der Unternehmer nicht damit rechtfertigen, dass hierfür »zwingende Gründe« i. S. d. § 113 Abs. 1 vorliegen (*Richardi/Annuß* § 113 Rn. 12).

30 Liegen »zwingende Gründe« i. S. d. § 113 Abs. 1 vor, dann entfällt nicht die **Bindung an den Interessenausgleich** als solchen. Im Verhältnis zum Betriebsrat bleibt der Unternehmer verpflichtet, die dort vorgegebenen Rahmenbedingungen für die Betriebsänderung einzuhalten, sofern er sich von diesem nicht einseitig löst (dazu §§ 112, 112a Rdn. 129 ff.). Die »zwingenden Gründe« lassen lediglich die spezielle Sanktion eines Nachteilsausgleichs zugunsten der betroffenen Arbeitnehmer entfallen. Von Bedeutung ist diese Differenzierung, wenn der Interessenausgleich den Unternehmer zur Einhaltung bestimmter Modalitäten bei der Durchführung der Betriebsänderung verpflichtet und dessen Auslegung ergibt, dass er zugunsten des Betriebsrats einen einklagbaren Anspruch auf deren Einhaltung begründet (s. §§ 112, 112a Rdn. 90). Dieser – nur selten tatsächlich in Betracht kommende – Anspruch des Betriebsrats wird durch den Eintritt von »zwingenden Gründen« i. S. d. § 113 Abs. 1 nicht beseitigt. Vielmehr muss der Unternehmer die ihm zur Verfügung stehenden Gestaltungsrechte ausüben, um sich von den Verpflichtungen des Interessenausgleichs vollständig zu befreien. Deren Voraussetzungen sind eigenständig zu prüfen (dazu §§ 112, 112a Rdn. 129 ff.).

31 Die **rechtfertigenden Gründe** für ein Abweichen von dem Interessenausgleich sind nicht diejenigen, die den Unternehmer zu der Betriebsänderung veranlassten (*Fitting* § 113 Rn. 7; *Heither* AR-Blattei SD 530.14.5, Rn. 281; *v. Hoyningen-Huene* Betriebsverfassungsrecht, § 15 V 2; *Kania/*ErfK § 113 BetrVG Rn. 4; *Löwisch/LK* § 113 Rn. 3; *Preis/Bender/WPK* § 113 Rn. 9; *Richardi/Annuß* § 113 Rn. 15; *Steffan/*HaKo § 113 Rn. 4; *Stege/Weinspach/Schiefer* §§ 111–113 Rn. 165d), sondern nur solche, die dazu führen, dass der Unternehmer von dem Inhalt des Interessenausgleichs abweichen muss (*Fitting* § 113 Rn. 7; *Heither* AR-Blattei SD 530.14.5, Rn. 281; *Preis/Bender/WPK* § 113 Rn. 9; *Richardi/Annuß* § 113 Rn. 15; *Stege/Weinspach/Schiefer* §§ 111–113 Rn. 165d). Da § 113 Abs. 1 davon ausgeht, dass alle Umstände, die bei Abschluss des Interessenausgleichs bereits vorlagen und bekannt waren, in diesem berücksichtigt wurden, rechtfertigen nur solche Gründe ein Abweichen vom Interessenausgleich, die **nach dessen Abschluss** eingetreten sind oder erkennbar wurden (*BAG* 17.09.1974 EzA § 113 BetrVG 1972 Nr. 1 S. 7 f. [*Henckel*] = AP Nr. 1 zu § 113 BetrVG 1972 Bl. 4 [*Richardi*] = SAE 1976, 18 [*Otto*]; *Däubler/*DKKW § 113 Rn. 5; *Feuerborn* Sachliche Gründe im Arbeitsrecht, S. 142 ff.; *Fitting* § 113 Rn. 7, 8; *Heither* AR-Blattei SD 530.14.5, Rn. 281; *Hess/*HWGNRH § 113 Rn. 10; *Kania/*ErfK § 113 BetrVG Rn. 4; *Löwisch* RdA 1989, 216 [219]; *ders./*LK § 113 Rn. 3; *Matthes/*MünchArbR § 269 Rn. 42; *Preis/Bender/WPK* § 113 Rn. 9; *Richardi/Annuß* § 113 Rn. 15; *Rumpff/Boewer* Wirtschaftliche Angelegenheiten, Kap. K Rn. 7; *Schwiebert/WHSS* Kap. C Rn. 352; *Spirolke/*NK-GA § 113 BetrVG Rn. 2; *Stege/Weinspach/Schiefer* §§ 111–113 Rn. 165d; *Teubner* BB 1974, 982 [984]). Damit ähnelt der »zwingende Grund« einem nachträglichen **Wegfall der Geschäftsgrundlage** (*Fabricius* 6. Aufl., § 113 Rn. 10 f.; zust. *Feuerborn* Sachliche Gründe im Arbeitsrecht, S. 136 f., 143; *Hohenstatt/Willemsen/*HWK § 113 BetrVG Rn. 8; *Schwiebert/WHSS* Kap. C Rn. 352; *Spirolke/*NK-GA § 113 BetrVG Rn. 2), der auch in den §§ 125 Abs. 1 Satz 2

InsO, 1 Abs. 5 Satz 3 KSchG übernommen wurde. Dort entfällt die privilegierende Wirkung des Interessenausgleichs, soweit sich die Sachlage nach dessen Zustandekommen wesentlich verändert hat (s. §§ 112, 112a Rdn. 118 ff.).

Wegen des Merkmals »zwingend« müssen die für die Abweichung herangezogenen Gründe ein **bestimmtes Gewicht** aufweisen. Es reicht nicht aus, dass diese plausibel oder triftig sind (*Feuerborn* Sachliche Gründe im Arbeitsrecht, S. 145; *Galperin/Löwisch* § 113 Rn. 8; *Hess/HWGNRH* § 113 Rn. 10; *Stege/Weinspach/Schiefer* §§ 111–113 Rn. 165d), vielmehr müssen sie den Unternehmer dazu »zwingen«, die Betriebsänderung in einer vom Interessenausgleich abweichenden Form durchzuführen. Ein derartiger »Zwang« liegt wegen der durch den Interessenausgleich vermittelten Bindung nur vor, wenn dem Unternehmer **keine anderen Handlungsalternativen** verbleiben, als von dem Interessenausgleich abzuweichen (*Däubler/DKKW* § 113 Rn. 5; *Feuerborn* Sachliche Gründe im Arbeitsrecht, S. 141; *Fitting* § 113 Rn. 8; *Galperin/Löwisch* § 113 Rn. 8; *v. Hoyningen-Huene* Betriebsverfassungsrecht, § 15 V 2; *Kania*/ErfK § 113 BetrVG Rn. 4; *Preis/Bender/WPK* § 113 Rn. 9 *Richardi/Annuß* § 113 Rn. 13; *Röder/Baeck/JRH* Kap. 28 Rn. 149; *Rumpff/Boewer* Wirtschaftliche Angelegenheiten, Kap. K Rn. 6; *Schweibert/WHSS* Kap. C Rn. 352; *Teubner* BB 1974, 982 [984]). Für einen »strengen Maßstab« (s. *Etzel* Rn. 1003; *Feuerborn* Sachliche Gründe im Arbeitsrecht, S. 141; *Fitting* § 113 Rn. 8; *Hess/HWGNRH* § 113 Rn. 10; *Hohenstatt/Willemsen/HWK* § 113 BetrVG Rn. 8; *Spirolke*/NK-GA § 113 BetrVG Rn. 2; *Steffan*/HaKo § 113 Rn. 4; *Stege/Weinspach/Schiefer* §§ 111–113 Rn. 165d; *Weiss/Weyand* § 113 Rn. 3) ist daneben kein Raum. Entsprechendes gilt für eine Abwägung mit den Belangen der von der Betriebsänderung betroffenen Arbeitnehmer (**a. M.** jedoch *Feuerborn* Sachliche Gründe im Arbeitsrecht, S. 145 f.; *Schaub/Koch* Arbeitsrechts-Handbuch, § 244 Rn. 80), da diese bei der hier geforderten fehlenden Handlungsalternative nicht mehr entgegenstehen können.

Der »zwingende Grund« i. S. d. § 113 Abs. 1 ist mit dem **»wichtigen Grund« i. S. d. § 626 Abs. 1 BGB** nicht vergleichbar. Es ist deshalb missverständlich, wenn teilweise betont wird, dass der »zwingende Grund« gewichtiger als ein »wichtiger Grund« sein müsse (so aber *Fitting* § 113 Rn. 8; *Heither* AR-Blattei SD 530.14.5, Rn. 282; *Hohenstatt/Willemsen/HWK* § 113 BetrVG Rn. 8; *Richardi/Annuß* § 113 Rn. 13; *Spirolke*/NK-GA § 113 BetrVG Rn. 2; *Steffan*/HaKo § 113 Rn. 4; **a. M.** wohl *Galperin/Löwisch* § 113 Rn. 8; *Matthes*/MünchArbR § 269 Rn. 42; *Weiss/Weyand* § 113 Rn. 3, die auf die Unzumutbarkeit abstellen; gegen einen Vergleich mit dem »wichtigen« Grund ausführlich auch *Feuerborn* Sachliche Gründe im Arbeitsrecht, S. 145 ff.; zust. *Preis/Bender/WPK* § 113 Rn. 9). Der Letztgenannte bezieht sich allein darauf, ob ein weiteres Festhalten an dem Interessenausgleich für den Unternehmer die Schwelle zur Unzumutbarkeit überschreitet. Das ist unabhängig davon zu prüfen, ob für ihn ein Zwang besteht, die Betriebsänderung in einer anderen als der im Interessenausgleich festgelegten Art und Weise durchzuführen.

Sind die Gründe für ein Abweichen vom Interessenausgleich so gewichtig, dass sie es rechtfertigen, »sanktionslos« von diesem abzuweichen, dann ist für den Unternehmer zugleich die Grenze überschritten, unverändert an dem Interessenausgleich festzuhalten, so dass ihm ein **Recht zur außerordentlichen Kündigung** des Interessenausgleichs zusteht (s. dazu §§ 112, 112a Rdn. 130; **a. M.** *Rieble*/AR § 113 BetrVG Rn. 3, der von einem automatischen Erlöschen des Interessenausgleichs ausgeht). Aus diesem Grunde ist eine Pflicht zum Nachteilsausgleich nach § 113 Abs. 1 auch dann zu verneinen, wenn der Unternehmer den Interessenausgleich vor der in geänderter Form durchgeführten Betriebsänderung rechtmäßig gelöst hat. Allerdings fehlt in dieser Konstellation für eine anschließend durchgeführte Maßnahme ein Interessenausgleich, so dass ein Nachteilsausgleich nach § 113 Abs. 3 geschuldet ist, wenn diese die Voraussetzungen einer Betriebsänderung i. S. d. § 111 erfüllt (s. Rdn. 27).

Wegen des Sanktionscharakters des § 113 Abs. 1 ist für die Prüfung des »zwingenden« Grundes auf die Verhältnisse und Erkenntnismöglichkeiten zur **Zeit der Durchführung der Maßnahme** abzustellen (*Feuerborn* Sachliche Gründe im Arbeitsrecht, S. 141 f.; *Fitting* § 113 Rn. 11; *Preis/Bender/WPK* § 113 Rn. 11; *Richardi/Annuß* § 113 Rn. 17; *Rumpff/Boewer* Wirtschaftliche Angelegenheiten, Kap. K Rn. 9). Dabei bedarf es einer objektiven Beurteilung, so dass auf einen verständigen und verantwortungsbewusst denkenden Unternehmer abzustellen ist (*Etzel* Rn. 1017; *Fitting* § 113 Rn. 8; *Heither* AR-Blattei SD 530.14.5, Rn. 284; *Hess/HWGNRH* § 113 Rn. 10; *Kania*/ErfK § 113 BetrVG Rn. 4;

Löwisch RdA 1989, 216 [219]; *Richardi/Annuß* § 113 Rn. 13; *Rumpff/Boewer* Wirtschaftliche Angelegenheiten, Kap. K Rn. 6). Erweist sich die Abweichung vom Interessenausgleich als gerechtfertigt, dann stellen **spätere Änderungen** der Sachlage die Berechtigung zur Abweichung nicht in Frage. Das gilt unabhängig davon, ob sich die getroffene unternehmerische Entscheidung im Nachhinein als richtig oder falsch erweist (*Fitting* § 113 Rn. 11; *Heither* AR-Blattei SD 530.14.5, Rn. 284; *Preis/Bender/WPK* § 113 Rn. 11; *Richardi/Annuß* § 113 Rn. 17; *Rumpff/Boewer* Wirtschaftliche Angelegenheiten, Kap. K Rn. 9).

36 Das Vorliegen eines »zwingenden Grundes« für die Abweichung von dem Interessenausgleich ist von den Arbeitsgerichten zu überprüfen, wenn der Arbeitnehmer im **Urteilsverfahren** einen Nachteilsausgleich nach § 113 Abs. 1 oder 2 begehrt (*Galperin/Löwisch* § 113 Rn. 11; *Richardi/Annuß* § 113 Rn. 18; *Rumpff/Boewer* Wirtschaftliche Angelegenheiten, Kap. K Rn. 10; *Schaub/Koch* Arbeitsrechts-Handbuch, § 244 Rn. 80; *Weiss/Weyand* § 113 Rn. 4). Hierbei ist das Merkmal »ohne zwingenden Grund« keine vom Arbeitnehmer darzulegende und zu beweisende negative Tatsache, sondern eine anspruchsvernichtende Tatsache, für die den **Arbeitgeber** die **Darlegungs- und Beweislast** trifft (LAG Baden-Württemberg 21.01.2016 – 5 Sa 1475/15 – BeckRS 2016, 67402; *Fitting* § 113 Rn. 9; *Heither* AR-Blattei SD 530.14.5, Rn. 283; *Hess/HWGNRH* § 113 Rn. 17; *Kania*/ErfK § 113 BetrVG Rn. 4; *Löwisch*/LK § 113 Rn. 3; *Preis/Bender/WPK* § 113 Rn. 9; *Richardi/Annuß* § 113 Rn. 18; *Spirolke*/NK-GA § 113 BetrVG Rn. 2; *Stege/Weinspach/Schiefer* §§ 111–113 Rn. 166; *Weiss/Weyand* § 113 Rn. 4; **a. M.** wohl *Feuerborn* Sachliche Gründe im Arbeitsrecht, S. 137: negative Anspruchsvoraussetzung). Für ein vom Betriebsrat eingeleitetes **Beschlussverfahren**, das isoliert die Prüfung eines »zwingenden Grundes« zum Gegenstand hat, fehlt das Feststellungsinteresse (*Galperin/Löwisch* § 113 Rn. 11; *Richardi/Annuß* § 113 Rn. 18; *Schaub/Koch* Arbeitsrechts-Handbuch, § 244 Rn. 80; *Weiss/Weyand* § 113 Rn. 4).

3. Unterbliebener Versuch eines Interessenausgleichs

a) Allgemeines

37 Entsprechend der vorherrschenden Ansicht unter der Geltung von § 74 BetrVG 1952 (s. Rdn. 1) stellt § 113 Abs. 3 einem Abweichen vom Interessenausgleich den Fall gleich, dass der Unternehmer die Betriebsänderung durchführt, ohne zuvor den Versuch eines Interessenausgleichs unternommen zu haben. Das gilt unabhängig davon, ob der Unternehmer verpflichtet ist, wegen der Betriebsänderung einen **Sozialplan** aufzustellen (BAG 08.11.1988 EzA § 113 BetrVG 1972 Nr. 18 S. 4 f. = AP Nr. 18 zu § 113 BetrVG 1972 Bl. 2 f.; LAG Niedersachsen 12.08.2002 LAGE § 122 InsO Nr. 1 S. 4 [*Oetker*]; *Fitting* § 113 Rn. 3; *Hess/HWGNRH* § 113 Rn. 33, 45; *Hohenstatt/Willemsen/HWK* § 113 BetrVG Rn. 10; *Kania*/ErfK § 113 BetrVG Rn. 3; *Preis/Bender/WPK* § 113 Rn. 15; *Spinti* Ansprüche aus Sozialplan, S. 124 sowie hier Rdn. 13). Da § 113 Abs. 3 lediglich den unterbliebenen »Versuch« sanktioniert, entfällt für einen Nachteilsausgleich die Grundlage, wenn vor Beginn der Betriebsänderung zwischen Unternehmer und Betriebsrat ein rechtswirksamer **Interessenausgleich abgeschlossen** wird (s. aber auch Rdn. 40). Der Nachteilsausgleich ist deshalb keine universelle Sanktion, die stets eingreift, wenn der Unternehmer seinen in § 111 Satz 1 normierten Unterrichtungs- und Beratungspflichten nicht ausreichend nachkommt. In diesem Fall greift § 113 Abs. 3 nur ein, wenn vor Durchführung der Betriebsänderung kein Interessenausgleich vorliegt.

38 Keine (entsprechende) Anwendung findet § 113 Abs. 3, wenn der Unternehmer die Betriebsänderung durchführt, ohne vorher über den **Sozialplan** zu verhandeln (*Däubler*/DKKW § 113 Rn. 11; *Etzel* Rn. 999; *Hohenstatt/Willemsen/HWK* § 113 BetrVG Rn. 3; *v. Hoyningen-Huene* Betriebsverfassungsrecht, § 15 V 1; *Spirolke*/NK-GA § 113 BetrVG Rn. 8), da der Betriebsrat den Abschluss des Sozialplans über die Einigungsstelle erzwingen kann. Ist das wegen § 112a nicht möglich, dann kommt eine entsprechende Anwendung des § 113 Abs. 3 ebenfalls nicht in Betracht (s. Rdn. 9). Da § 113 Abs. 3 die Sanktion ausdrücklich auf den »Interessenausgleich« beschränkt, findet die Rechtsprechung des *BAG*, die die nicht ausreichende Unterrichtung des Betriebsrats über die sozialen Folgen der Betriebsänderung in den Anwendungsbereich des § 113 Abs. 3 einbezieht (so BAG 30.03.2004 EzA § 113 BetrVG 2001 Nr. 4 S. 5 = AP Nr. 47 zu § 113 BetrVG 1972 Bl. 3), keine tragfähige Stütze im Gesetz (ebenso *Preis/Bender/WPK* § 113 Rn. 4 sowie *Grünewald* Interessenausgleich, S. 202 ff.).

Diese ist auch nicht in § 118 Abs. 1 Satz 2 zu finden. Selbst wenn entgegen der hier befürworteten Ansicht der dazu vorgenommenen Auslegung des *BAG* (s. Rdn. 15) gefolgt würde, beruht diese auf einer »ausgleichenden Auslegung«, um der konzeptionell unausgereiften Verweisung in § 118 Abs. 1 Satz 2 auf § 113 einen Anwendungsbereich zu verschaffen. Angesichts dessen muss diese Auslegung auf Tendenzunternehmen beschränkt bleiben (**a. M.** *BAG* 30.03.2004 EzA § 113 BetrVG 2001 Nr. 4 S. 6 = AP Nr. 47 zu § 113 BetrVG 1972 Bl. 3).

Für die Sanktion des § 113 Abs. 3 ist es ohne Bedeutung, ob den Unternehmer an dem unterbliebenen **39** Versuch des Interessenausgleichs ein **Verschulden** trifft (st. Rspr. seit *BAG* 04.12.1979 EzA § 111 BetrVG 1972 Nr. 9 S. 56 *[Löwisch/Röder]* = AP Nr. 6 zu § 111 BetrVG 1972 Bl. 2 R *[Seiter]* = SAE 1980, 226 *[Bohn]*; sowie z. B. *BAG* 20.11.2001 EzA § 113 BetrVG 1972 Nr. 29 S. 6 = AP Nr. 39 zu § 113 BetrVG 1972; *Däubler/DKKW* § 113 Rn. 2; *Fitting* § 113 Rn. 16; *Galperin/Löwisch* § 113 Rn. 48a; *Heither* AR-Blattei SD 530.14.5, Rn. 290; *Hess/HWGNRH* § 113 Rn. 35; *Kania/*ErfK § 113 BetrVG Rn. 1; *Preis/Bender/WPK* § 113 Rn. 5; *Rebel* Grundprobleme, S. 165 f.; *Richardi/Annuß* § 113 Rn. 28; *Steffan/HaKo* § 113 Rn. 1; *Stege/Weinspach/Schiefer* §§ 111–113 Rn. 171). Deshalb entlastet es den Unternehmer nicht, wenn ein das Unternehmen beherrschendes Unternehmen die Entscheidung für die Betriebsänderung getroffen hat (ebenso *Diller/Pawietzka* DB 2001, 1034 [1037]; *Richardi/Annuß* § 113 Rn. 28). Entsprechendes gilt für Weisungen seitens der Gesellschafterversammlung an den Geschäftsführer einer GmbH (s. a. Rdn. 42). Ebenso kann dieser sich nicht darauf berufen, er habe **irrtümlich** angenommen, es hätte **keine Betriebsänderung i. S. d. § 111** vorgelegen. Etwas anderes kommt allenfalls in Betracht, wenn sich der Unternehmer in einem **unvermeidbaren Rechtsirrtum** befand, weil eine gefestigte höchstrichterliche Rechtsprechung in unvorhersehbarer Weise geändert wurde (*BAG* 08.06.1999 EzA § 111 BetrVG 1972 Nr. 37 S. 15 *[Jacobs]* = AP Nr. 47 zu § 111 BetrVG 1972 Bl. 7 *[Hess]*, das die Frage jedoch letztlich offen ließ).

Wegen des Sanktionszwecks des § 113 Abs. 3 greift die Verpflichtung zum Nachteilsausgleich auch ein, **40** wenn der Unternehmer das Interessenausgleichsverfahren nur hinsichtlich **einzelner Teile einer Betriebsänderung** durchführt (*Stege/Weinspach/Schiefer* §§ 111–113 Rn. 173). Dementsprechend ist bei einer **zeitlich gestreckten Betriebsänderung** im Wege der Auslegung zu ermitteln, ob ein abgeschlossener Interessenausgleich lediglich einzelne Teilabschnitte oder die gesamte Betriebsänderung erfasst (*BAG* 20.04.1994 EzA § 113 BetrVG 1972 Nr. 22 S. 2 = AP Nr. 27 zu § 113 BetrVG 1972 Bl. 2 = AR-Blattei ES 1470 Nr. 58 *[Echterhölter]*). Ein Interessenausgleich für künftige, in ihren Einzelheiten noch **nicht absehbare Betriebsänderungen** kann nicht vereinbart werden (*BAG* 19.01.1999 EzA § 113 BetrVG 1972 Nr. 28 S. 8 = AP Nr. 37 zu § 113 BetrVG 1972 Bl. 3 R *[Meyer]*; 20.11.2001 EzA § 113 BetrVG 1972 Nr. 29 S. 4 = AP Nr. 39 zu § 113 BetrVG 1972 Bl. 2 sowie §§ 112, 112a Rdn. 12).

b) Rechtzeitiger Beginn der Interessenausgleichsverhandlungen

Die Verpflichtung zum Nachteilsausgleich besteht ferner, wenn der Unternehmer das Interessenausgleichsverfahren erst einleitet oder mit einem Interessenausgleich abschließt, **nachdem** er mit der **41** **Durchführung der Betriebsänderung begonnen** hat (*BAG* 23.08.1988 EzA § 113 BetrVG 1972 Nr. 17 S. 6 *[Löwisch/Rieble]* = AP Nr. 17 zu § 113 BetrVG 1972 Bl. 3 R *[Hromadka/Heise]*; 13.06.1989 EzA § 113 BetrVG 1972 Nr. 19 S. 9 *[Uhlenbruck]* = AP Nr. 19 zu § 113 BetrVG 1972 Bl. 4 *[Lüke]*; 22.10.2001 EzA § 113 BetrVG 1972 Nr. 30 S. 5 f. = AP Nr. 2 zu § 38 InsO Bl. 6; 22.07.2003 EzA § 111 BetrVG 2001 Nr. 1 S. 4 = AP Nr. 42 zu § 113 BetrVG 1972 Bl. 1 R *[Oetker]*; 16.05.2007 EzA § 613a BGB 2002 Nr. 70 Rn. 29 = AP Nr. 64 zu § 111 BetrVG 1972; *LAG Düsseldorf* 09.03.2017 – 5 Sa 780/16 – BeckRS 2017, 110385; *LAG Hamm* 14.09.2004 LAGE § 113 BetrVG 2001 Nr. 2 S. 4; *Hess. LAG* 25.07.2002 AiB 2003, 41 [42]; *Etzel* Rn. 1013; *Fitting* § 113 Rn. 13; *v. Hoyningen-Huene* Betriebsverfassungsrecht, § 15 V 3; *Preis/Bender/WPK* § 113 Rn. 12; *Salamon/v. Stechow* NZA 2016, 85 [86]; *Stege/Weinspach/Schiefer* §§ 111–113 Rn. 173; **a. M.** *LAG Köln* 04.11.1987 ZIP 1988, 52 [53]). Maßstab dafür ist, ob der Arbeitgeber Handlungen vollzieht, die das Ob und Wie der **Betriebsänderung vorwegnehmen** (*BAG* 04.12.2002 EzA § 113 BetrVG 1972 Nr. 30 S. 5 f. = AP Nr. 2 zu § 38 InsO Bl. 2 R f.; 04.06.2003 EzA § 209 InsO Nr. 1 S. 13 = AP Nr. 2 zu § 209 InsO Bl. 6; 22.07.2003 EzA § 111 BetrVG 2001 Nr. 1 S. 8 = AP Nr. 42 zu § 113 BetrVG 1972 Bl. 3 R *[Oetker]*; 30.05.2006 EzA § 113 BetrVG 2001 Nr. 7 Rn. 17 = AP Nr. 5 zu § 209 InsO; *LAG Hamm* 14.09.2004

LAGE § 113 BetrVG 2001 Nr. 2 S. 4; *LAG Köln* 22.10.2001 NZI 2002, 332 [333 f.]). Dies rechtfertigt sich aus dem Ziel der Verhandlungen um einen Interessenausgleich, die ihren Zweck nur erfüllen können, wenn sie **ergebnisoffen** geführt werden (*BAG* 04.06.2003 EzA § 209 InsO Nr. 1 S. 13 = AP Nr. 2 zu § 209 InsO Bl. 6). Verspätet ist der Versuch eines Interessenausgleichs jedenfalls nicht, solange die Beteiligung des Betriebsrats noch rechtzeitig i. S. d. § 111 Satz 1 ist (dazu s. § 111 Rdn. 201 ff.).

42 **Vorbereitungshandlungen** lösen deshalb regelmäßig keine Verpflichtung zum Nachteilsausgleich aus (*Galperin/Löwisch* § 113 Rn. 43; *Löwisch/LK* § 113 Rn. 9; *Stege/Weinspach/Schiefer* §§ 111–113 Rn. 170; a. M. *Fabricius* 6. Aufl., § 113 Rn. 23). Hierzu zählen insbesondere alle Verfahrensschritte, die die **interne Willensbildung** des Unternehmens betreffen. Das gilt vor allem, wenn **gesellschaftsrechtliche Organe** einer juristischen Person wie z. B. die Gesellschafterversammlung oder der Aufsichtsrat der von Geschäftsführung bzw. Vorstand geplanten Betriebsänderung zustimmen. Diese bestimmen lediglich Art und Inhalt der geplanten Betriebsänderung und definieren den Gegenstand der späteren Interessenausgleichsverhandlungen (*BAG* 20.11.2001 EzA § 113 BetrVG 1972 Nr. 29 S. 4 = AP Nr. 39 zu § 113 BetrVG 1972 Bl. 2; bestätigt durch *BAG* 30.03.2004 EzA § 113 BetrVG 2001 Nr. 4 S. 5 = AP Nr. 47 zu § 113 BetrVG 1972 Bl. 2 R; 14.04.2015 EzA § 113 BetrVG 2001 Nr. 10 Rn. 24 = AP Nr. 56 zu § 113 BetrVG 1972 = NZA 2015, 1147; 14.04.2015 EzA § 194 GVG Nr. 2 Rn. 23 = AP Nr. 57 zu § 113 BetrVG 1972 = NZA 2015, 1212; *LAG Mecklenburg-Vorpommern* 14.04.2015 LAGE § 113 BetrVG 2001 Nr. 5 = BeckRS 2015, 71720; in der Sache auch *LAG Berlin* 27.05.2005 NZA-RR 2005, 516 [519]; *LAG München* 27.11.2013 – 8 Sa 381/13 – BeckRS 2014, 71957; zust. *Kleinebrink* NZA-RR 2005, 281 [285]; *Salamon/v. Stechow* NZA 2016, 85 [86]; *Seeberger* Sicherung der Beteiligungsrechte, S. 85 f.; **a. M.** für den Zustimmungsvorbehalt zugunsten des Aufsichtsrats gemäß § 111 Abs. 4 Satz 2 AktG *Rebel* Grundprobleme, S. 133 ff.). Das gilt erst recht, wenn das Organ seinen Beschluss ausdrücklich unter dem Vorbehalt noch zu führender Interessenausgleichsverhandlungen gefasst hat; rechtlich zwingend ist ein derartiger Vorbehalt jedoch nicht. Etwas anderes gilt aber, wenn die Gesellschafterversammlung der mit der Geschäftsführung betrauten Person (z. B. GmbH-Geschäftsführer) die **Weisung** erteilt, eine Betriebsänderung in bestimmter Art und Weise durchzuführen (s. *Rebel* Grundprobleme, S. 136 f.). Selbst wenn nach Maßgabe des rechtsformspezifischen Gesellschaftsrechts ein derartiges Weisungsrecht besteht, legitimiert dieses das geschäftsführende Organ nicht, die Betriebsänderung ohne den vorherigen Versuch eines Interessenausgleichs durchzuführen. Im Innenverhältnis ist eine derartige Weisung unverbindlich, so dass deren Befolgung die Pflicht zum Nachteilsausgleich auslöst.

43 Die Grundsätze in Rdn. 42 gelten entsprechend, wenn im Rahmen eines Insolvenzverfahrens die **Gläubigerversammlung** die Stilllegung des Unternehmens beschließt (§ 158 Abs. 1 InsO; ebenso *Hamberger* Insolvenzverfahren, S. 229). Erstens ist der Beschluss der Gläubigerversammlung eine mit der Beschlussfassung durch die Gesellschafterversammlung vergleichbare Willensbekundung; zweitens kann die Gläubigerversammlung ihre Entscheidung jederzeit revidieren (§ 157 Satz 3 InsO).

44 Schwieriger ist die Bewertung bei **vorbereitenden Rechtsgeschäften**, die Teil der geplanten Betriebsänderung sind und diese ermöglichen sollen (z. B. Abschluss von Lizenzverträgen für neu einzuführende EDV-Systeme, verbindliche Kaufverträge über technische Anlagen, Geschäftsbesorgungsverträge). Ergebnisoffene Verhandlungen sind in derartigen Fällen regelmäßig ausgeschlossen, wenn die Vorbereitungshandlungen bereits Auswirkungen bei den betroffenen Arbeitnehmern entfalten (z. B. Umbaumaßnahmen, Erklärung einzelner Kündigungen; s. *Hess. LAG* 17.02.2006 – 17 Sa 1305/05 – BeckRS 2011, 65125). Im Übrigen hängt es von den Umständen des Einzelfalls ab, ob der Unternehmer durch vorbereitende Rechtsgeschäfte bereits wirtschaftlich einschneidende Bindungen eingegangen ist, so dass aus der Sicht eines objektiven Betrachters und unter Berücksichtigung des Zwecks der Interessenausgleichsverhandlungen ergebnisoffene Verhandlungen nicht mehr möglich sind (mit dieser Tendenz auch *Rebel* Grundprobleme, S. 138 f.; *Salamon/v. Stechow* NZA 2016, 85 [86 f.]; **a. M.** jedoch *Gaul* Betriebs- und Unternehmensspaltung, § 28 Rn. 327 a. E., der schuldrechtliche Verpflichtungsgeschäfte ohne Einschränkungen den Vorbereitungshandlungen zurechnet; zurückhaltender *ders./Naumann* ArbRB 2005, 14 [16]). In Betracht kommt dies insbesondere bei bedeutsamen wirtschaftlichen Belastungen für das Unternehmen, wenn die bereits begründeten rechtsgeschäftlichen Verpflichtungen nicht zur Durchführung gelangen (z. B. Vertragsstrafen, Entschädigungen). Anders ist zu entscheiden, wenn vorbereitende Rechtsgeschäfte unter der **aufschieben-**

Nachteilsausgleich § 113

den Bedingung noch zu führender Interessenausgleichsverhandlungen stehen, da sie in diesem Fall ohne den Druck etwaiger wirtschaftlicher Belastungen für das Unternehmen geführt werden können. Entsprechendes gilt auch, wenn Kauf- und Übertragungsverträge abgeschlossen wurden, durch neue Aufträge und Verträge eine Wiederaufnahme der Produktion aber jederzeit kurzfristig möglich ist (*ArbG Bautzen* 29.11.2007 BB 2008, 227), sofern die Veräußerung von Betriebsmitteln nicht mit der unumkehrbaren Auflösung der betrieblichen Organisation einhergeht (*BAG* 30.05.2006 EzA § 113 BetrVG 1972 Nr. 7 Rn. 20 = AP Nr. 5 zu § 209 InsO; 14.04.2015 EzA § 113 BetrVG 2001 Nr. 10 Rn. 22 = AP Nr. 56 zu § 113 BetrVG 1972 = NZA 2015, 1147; 14.04.2015 EzA § 194 GVG Nr. 2 Rn. 24 = AP Nr. 57 zu § 112 BetrVG 1972 = NZA 2015, 1212). Auch in der Einstellung der betrieblichen Tätigkeit sowie der Freistellung des überwiegenden Teils der Arbeitnehmer liegt noch nicht der Beginn einer Betriebsstilllegung, da beide Maßnahmen jederzeit rückgängig gemacht werden können (*BAG* 30.05.2006 EzA § 113 BetrVG 2001 Nr. 7 Rn. 20 f. = AP Nr. 5 zu § 209 InsO; 14.04.2015 EzA § 113 BetrVG 2001 Nr. 10 Rn. 26 f. = AP Nr. 56 zu § 113 BetrVG 1972 = NZA 2015, 1147; 14.04.2015 EzA § 194 GVG Nr. 2 Rn. 25 = AP Nr. 57 zu § 112 BetrVG 1972 = NZA 2015, 1212; *LAG München* 27.11.2013 – 8 Sa 381/13 – BeckRS 2014, 71957). Etwas anderes gilt jedoch bei einer unwiderruflichen Freistellung sämtlicher Arbeitnehmer einer Betriebsstätte (*LAG Berlin-Brandenburg* 02.03.2012 ZIP 2012, 1429 [1430]) oder die bestehenden Arbeitsverhältnisse zum Zweck der Betriebsstilllegung gekündigt werden (*BAG* 14.04.2015 EzA § 113 BetrVG 2001 Nr. 10 Rn. 22 = AP Nr. 56 zu § 113 BetrVG 1972 = NZA 2015, 1147; 14.04.2015 EzA § 194 GVG Nr. 2 Rn. 21 = AP Nr. 57 zu § 113 BetrVG 1972 = NZA 2015, 1212; *LAG Düsseldorf* 09.03.2017 – 5 Sa 780/16 – BeckRS 2017, 110385).

Ein verspätet eingeleitetes Interessenausgleichsverfahren kann den vom Gesetz zugedachten Zweck 45 selbst dann nicht erfüllen, wenn es zum Abschluss eines Interessenausgleichs kommt (*LAG Düsseldorf* 09.03.2017 – 5 Sa 780/16 – BeckRS 2017, 110385). Auch die **nachträgliche Erklärung des Betriebsrats**, wegen des fehlenden Interessenausgleichs keine weiteren rechtlichen Schritte zu unternehmen, führt nicht dazu, dass das ursprüngliche Versäumnis des Unternehmers hinfällig wird (*BAG* 14.09.1976 EzA § 113 BetrVG 1972 Nr. 2 S. 27 *[Schwerdtner]* = AP Nr. 2 zu § 113 BetrVG 1972 Bl. 3 R *[Richardi]* = SAE 1977, 282 *[Otto]*; *Kania*/ErfK § 113 BetrVG Rn. 1; *Steffan*/HaKo § 113 Rn. 1; *Stege/Weinspach/Schiefer* §§ 111–113 Rn. 172; s. a. Hess. *LAG* 25.07.2002 AiB 2003, 41 [42]). Eine Heilung der verspäteten Einleitung kommt allenfalls in der Sonderkonstellation in Betracht, das die Beteiligung des Betriebsrats zwar nicht »rechtzeitig«, aber noch vor Durchführung der Betriebsänderung erfolgte (hierfür *Seeberger* Sicherung der Beteiligungsrechte, S. 86 f.). Das gilt ebenso für die umgekehrte zeitliche Reihenfolge: ein zeitlich unbefristeter Sozialplan (Rahmensozialplan) entbindet nicht davon, bei jeder späteren Betriebsänderung i. S. d. § 111 einen Interessenausgleich zu versuchen (*BAG* 29.11.1983 EzA § 113 BetrVG 1972 Nr. 11 S. 64 = AP Nr. 10 zu § 113 BetrVG 1972 Bl. 2 R = SAE 1984, 257 *[Kraft]*; 19.01.1999 EzA § 113 BetrVG 1972 Nr. 28 S. 7 = AP Nr. 37 zu § 113 BetrVG 1972 Bl. 3 *[Meyer]*). Allerdings kann einem »Sozialplan« im Wege der Auslegung zu entnehmen sein, dass dieser Regelungen enthält, die nur Inhalt eines Interessenausgleichs sein können (*BAG* 20.04.1994 EzA § 113 BetrVG 1972 Nr. 22 S. 3 f. = AP Nr. 27 zu § 113 BetrVG 1972 Bl. 2 R f. = AR-Blattei ES 1470 Nr. 58 *[Echterhölter]*; 19.01.1999 EzA § 113 BetrVG 1972 Nr. 28 S. 7 = AP Nr. 37 zu § 113 BetrVG 1972 Bl. 3).

c) Interessenausgleichsverhandlungen mit dem Betriebsrat

Ein Versuch des Interessenausgleichs liegt nur vor, wenn der Unternehmer nach der Unterrichtung 46 des Betriebsrats über die Betriebsänderung **auffordert**, einen **Interessenausgleich** über die von ihm beabsichtigte Betriebsänderung **herbeizuführen** (*Löwisch*/LK § 113 Rn. 9; *Richardi/Annuß* § 113 Rn. 31). Das setzt in formeller Hinsicht voraus, dass er den für das Beteiligungsverfahren **zuständigen Betriebsrat** (dazu § 111 Rdn. 258 ff.) zu Verhandlungen auffordert (*BAG* 24.01.1996 EzA § 113 BetrVG 1972 Nr. 24 S. 4 f. = AP Nr. 16 zu § 50 BetrVG 1972 Bl. 3 R; *Däubler/DKKW* § 113 Rn. 14; *Fitting* § 113 Rn. 20; *Heither* AR-Blattei SD 530.14.5, Rn. 292; *Röder/Baeck/JRH* Kap. 28 Rn. 148).

Die Auffassung des Betriebsratsvorsitzenden, er halte einen Interessenausgleich nicht für notwendig, 47 entbindet den Arbeitgeber nicht davon, dies mit dem Betriebsrat in einer schriftlichen Vereinbarung festzuhalten (*BAG* 26.10.2004 NZA 2005, 237 [239]). Ist dieser hierzu nicht bereit, so würde es jedoch einen überflüssigen Formalismus bedeuten, wenn der Unternehmer auch in diesem Fall die Einigungsstelle anrufen müsste (s. Rdn. 56).

48 Ist die **Zuständigkeit** des betriebsverfassungsrechtlichen Organs **unklar**, dann liegt ein im Rahmen des § 113 Abs. 3 ausreichender Versuch vor, wenn der Unternehmer alles ihm Zumutbare unternommen hat, um die zuständige Interessenvertretung zu beteiligen (*BAG* 24.01.1996 EzA § 113 BetrVG 1972 Nr. 24 S. 5 = AP Nr. 16 zu § 50 BetrVG 1972 Bl. 4; *Däubler/DKKW* § 113 Rn. 14; *Fitting* § 113 Rn. 20; *Heither* AR-Blattei SD 530.14.5, Rn. 292; *Rebel* Grundprobleme, S. 144 ff.; *Röder/Baeck/ JRH* Kap. 28 Rn. 148; *Schmitt-Rolfes* FS 50 Jahre Bundesarbeitsgericht, 2004, S. 1081 [1089 f.]; *Seeberger* Sicherung der Beteiligungsrechte, S. 81 ff.). Bei Zweifeln über den zuständigen Verhandlungspartner genügt es, wenn er die in Betracht kommenden Arbeitnehmervertretungen auffordert, die Zuständigkeitsfrage zu klären (*BAG* 24.01.1996 EzA § 113 BetrVG 1972 Nr. 24 S. 5 = AP Nr. 16 zu § 50 BetrVG 1972 Bl. 4; krit. *Stege/Weinspach/Schiefer* §§ 111–113 Rn. 171). Ein vergleichbares Bemühen ist im Hinblick auf § 113 Abs. 3 auch dann ausreichend, wenn ungewiss ist, ob in dem Betrieb überhaupt ein Betriebsrat besteht (*LAG Düsseldorf* 12.10.1990 LAGE § 113 BetrVG 1972 Nr. 5 S. 2 f.). Diese Situation kann insbesondere nach einem Betriebsübergang oder der Eröffnung eines Insolvenzverfahrens eintreten, da der Erwerber bzw. der Insolvenzverwalter über frühere betriebsverfassungsrechtliche Vorgänge nicht stets die erforderliche Kenntnis besitzt (*LAG Düsseldorf* 12.10.1990 LAGE § 113 BetrVG 1972 Nr. 5 S. 2 f.).

49 Der Unternehmer ist nicht zu einer Einigung mit dem Betriebsrat verpflichtet; er ist berechtigt, die Verhandlungen um einen Interessenausgleich einseitig für gescheitert zu erklären. Es ist jedoch nicht als ein ausreichender »Versuch« anzusehen, wenn er den Betriebsrat in den Verhandlungen lediglich unterrichtet und im Hinblick auf die beabsichtigte Betriebsänderung vor vollendete Tatsachen stellt (*BAG* 22.02.1983 EzA § 4 TVG Ausschlussfristen Nr. 54 S. 179 = AP Nr. 7 zu § 113 BetrVG 1972 Bl. 4; *Däubler/DKKW* § 113 Rn. 12; *Reich* § 113 Rn. 4). Nach dem Zweck des Interessenausgleichsverfahrens setzt ein »Versuch« i. S. d. § 113 Abs. 3 zumindest das **ernsthafte Bemühen um den Abschluss** eines Interessenausgleichs voraus (*BAG* 16.08.2011 EzA § 111 BetrVG 2001 Nr. 7 Rn. 11 = AP Nr. 55 zu § 113 BetrVG 1972; *Fitting* § 113 Rn. 18; *Hess/HWGNRH* § 113 Rn. 33 sowie hier § 111 Rdn. 247). Da ein Gericht den Inhalt der Verhandlungen und deren Ernsthaftigkeit nur eingeschränkt überprüfen und bewerten kann, liegt ein ernsthaftes Bemühen um einen Interessenausgleich jedoch bereits dann vor, wenn der Unternehmer dem Betriebsrat ausreichend Gelegenheit gegeben hat, seine Ansicht zu der Betriebsänderung vorzutragen (*Fitting* § 113 Rn. 18). Hierfür muss der Unternehmer den Betriebsrat zuvor vollständig und wahrheitsgemäß über die geplante Betriebsänderung unterrichtet haben. Zudem muss dem Betriebsrat auch ausreichend Zeit zur Prüfung bleiben, was gegebenenfalls auch die Hinzuziehung eines Beraters (§ 111 Satz 2) erfordert.

50 Hat der Unternehmer den Anforderungen in Rdn. 46 bis 49 ausreichend entsprochen, dann kann er die Interessenausgleichsverhandlungen mit dem Betriebsrat abbrechen (treffend *Seeberger* Sicherung der Beteiligungsrechte, S. 91 f.). Der Grund für das Scheitern ist im Hinblick auf die Sanktion durch § 113 Abs. 3 ohne Bedeutung. Insbesondere benötigt er für den Abbruch der Verhandlungen nicht das Einvernehmen des Betriebsrats. Eine bestimmte **Verhandlungsdauer** muss der Unternehmer ebenfalls nicht einhalten (*BAG* 16.05.2007 EzA § 613a BGB 2002 Nr. 70 Rn. 42 = AP Nr. 64 zu § 111 BetrVG 1972; *LAG Niedersachsen* 12.08.2002 LAGE § 122 InsO Nr. 1 S. 4 [*Oetker*] sowie §§ 112, 112a Rdn. 262; s. a. *Göpfert/Krieger* NZA 2005, 254 [258 f.]). Die vorübergehend in § 113 Abs. 3 Satz 2 enthaltene Frist von zwei bzw. drei Monaten (s. Rdn. 2) ist für die seit dem 01.01.1999 geltende Fassung des § 113 Abs. 3 ohne Bedeutung (*BAG* 16.05.2007 EzA § 613a BGB 2002 Nr. 70 Rn. 42 = AP Nr. 64 zu § 111 BetrVG 1972; *LAG Hamm* 14.09.2004 LAGE § 113 BetrVG 2001 Nr. 2 S. 4; *Fitting* § 113 Rn. 19; *Rebel* Grundprobleme, S. 153 f.; *Steffan/HaKo* § 113 Rn. 5; **a. M.** *Löwisch/LK* § 113 Rn. 13). Umgekehrt ist der Unternehmer aber auch nicht berechtigt, den Versuch eines Interessenausgleichs allein wegen des Ablaufs einer bestimmten Zeitspanne abzubrechen (*Fitting* § 113 Rn. 19).

d) Einleitung des Einigungsverfahrens

Unstreitig zählt zu dem »Versuch eines Interessenausgleichs« i. S. d. § 113 Abs. 3 auch das Vermittlungs- und Einigungsstellenverfahren (§ 112 Abs. 2), wenn dieses von dem **Betriebsrat eingeleitet** worden ist. Im Hinblick auf die Sanktion des Nachteilsausgleichs entfaltet der Antrag des Betriebsrats an den Vorstand der Bundesagentur für Arbeit bzw. der Antrag auf Einsetzung einer Einigungsstelle für die Durchführung der Betriebsänderung eine Sperrwirkung, wenn der Unternehmer diese ohne Nachteilsausgleich durchführen will. 51

Aus § 113 Abs. 3 ergibt sich nicht mit hinreichender Deutlichkeit, ob der Unternehmer die Betriebsänderung ohne die Sanktion des § 113 Abs. 3 durchführen kann, wenn die Verhandlungen mit dem **Betriebsrat** gescheitert sind und dieser **nicht** die **in § 112 Abs. 2 und 3 vorgesehenen Verfahrensschritte** eingeleitet hat. Nach h. M. ist das nicht der Fall. Die insbesondere dem Betriebsrat zur Verfügung gestellten Verfahrensrechte (Vermittlungsersuchen an den Vorstand der Bundesagentur für Arbeit, Anrufung der Einigungsstelle) würden unterlaufen, wenn der Unternehmer die Betriebsänderung sanktionslos durchführen könnte, ohne in dem Verfahren nach § 112 Abs. 2 und 3 den Versuch zu unternehmen, zu einem Interessenausgleich zu gelangen. Deshalb liegt ein i. S. d. § 113 Abs. 3 ausreichender Versuch eines Interessenausgleichs erst vor, wenn der Unternehmer die **Einigungsstelle angerufen** und ihr einen Einigungsvorschlag unterbreitet hat (*BAG* 18.12.1984 EzA § 113 BetrVG Nr. 12 S. 73 f. = AP Nr. 11 zu § 113 BetrVG 1972 Bl. 2 ff. = SAE 1986, 125 *[Buchner]* = AR-Blattei Betriebsverfassung XIV E, Entsch. 26 *[Löwisch]*; 20.11.2001 EzA § 113 BetrVG 1972 Nr. 29 S. 5 = AP Nr. 39 zu § 113 BetrVG 1972 Bl. f.; 16.08.2011 EzA § 111 BetrVG 2001 Nr. 7 Rn. 11 = AP Nr. 55 zu § 113 BetrVG 1972; 22.09.2016 AP Nr. 52 zu § 17 KSchG 1969 Rn. 74 = NZA 2017, 175; *LAG Düsseldorf* 12.10.1990 LAGE § 113 BetrVG 1972 Nr. 5 S. 2; *LAG Niedersachsen* 12.08.2002 LAGE § 122 InsO Nr. 1 *[Oetker]*; *Etzel* Rn. 1013; *Fitting* § 113 Rn. 18; *Heither* AR-Blattei SD 530.14.5, Rn. 291; *Hess/HWGNRH* § 113 Rn. 38, 45; *v. Hoyningen-Huene* Betriebsverfassungsrecht, § 15 III 3, § 15 V 3; *Matthes* RdA 1999, 178 [179]; *Preis/Bender/WPK* § 113 Rn. 12; *Rebel* Grundprobleme, S. 158 ff.; *Richardi/Annuß* § 113 Rn. 29; *Schaub/Koch* Arbeitsrechts-Handbuch, § 244 Rn. 86; *Seeberger* Sicherung der Beteiligungsrechte, S. 95 f.; *Steffan/HaKo* § 113 Rn. 5; **a. M.** *S. Biedenkopf* Interessenausgleich und Sozialplan unter Berücksichtigung der besonderen Probleme bei der Privatisierung und Sanierung von Betrieben in den neuen Bundesländern [Diss. FU Berlin], 1994, S. 92 ff.; *Hanau* ZfA 1974, 89 [111]; *Grünewald* Interessenausgleich, S. 71; *Hohenstatt/Willemsen/HWK* § 113 BetrVG Rn. 10; *Löwisch* RdA 1989, 216 [218 f.]; *ders./LK* § 113 Rn. 12; *Rieble/AR* § 113 BetrVG Rn. 7; *Röder/Baeck/JRH* Kap. 28 Rn. 146). In diesem Fall ist es jedoch unschädlich, wenn er zuvor nicht den Vorstand der Bundesagentur für Arbeit um Vermittlung ersucht hat, da das Gesetz beiden Betriebspartnern die Möglichkeit eröffnet, diese »Vermittlungsinstanz« zu überspringen (*Däubler/DKKW* § 113 Rn. 12; *Hohenstatt/Willemsen/HWK* § 113 BetrVG Rn. 10; *Kleinebrink* NZA-RR 2005, 281 [286]; *Rebel* Grundprobleme, S. 156; *Richardi/Annuß* § 113 Rn. 29; *Seeberger* Sicherung der Beteiligungsrechte, S. 93 sowie hier §§ 112, 112a Rdn. 294). 52

Unterlässt der Unternehmer die Anrufung der Einigungsstelle vor der Durchführung der Betriebsänderung, dann ist er nach § 113 Abs. 3 zum Nachteilsausgleich verpflichtet (*BAG* 18.12.1984 EzA § 113 BetrVG 1972 Nr. 12 S. 73 ff. = AP Nr. 11 zu § 113 BetrVG 1972 Bl. 2 ff. = SAE 1986, 125 *[Buchner]* = AR-Blattei Betriebsverfassung XIV E, Entsch. 26 *[Löwisch]*; 03.04.1990 EzA § 113 BetrVG 1972 Nr. 20 S. 3 *[Uhlenbruck]* = AP Nr. 20 zu § 113 BetrVG 1972 Bl. 1 R; 20.04.1994 EzA § 113 BetrVG 1972 Nr. 22 S. 3 = AP Nr. 27 zu § 113 BetrVG 1972 Bl. 2 R = AR-Blattei ES 1470 Nr. 58 *[Echterhölter]*; *Däubler/DKKW* § 113 Rn. 12; *Etzel* Rn. 1013; *Fitting* § 113 Rn. 18; *Heither* AR-Blattei SD 530.14.5, Rn. 291; *Hess/HWGNRH* § 113 Rn. 45; *v. Hoyningen-Huene* Betriebsverfassungsrecht, § 15 III 3, § 15 V 3; *Matthes* FS *Wlotzke*, S. 393 [402 f.]; *Richardi/Annuß* § 113 Rn. 29; *Rumpff/Boewer* Wirtschaftliche Angelegenheiten, Kap. K Rn. 21; *Weiss/Weyand* § 113 Rn. 5; **a. M.** *S. Biedenkopf* Interessenausgleich und Sozialplan unter Berücksichtigung der besonderen Probleme bei der Privatisierung und Sanierung von Betrieben in den neuen Bundesländern [Diss. FU Berlin], 1994, S. 92 ff.; *Galperin/Löwisch* § 113 Rn. 46; *Hanau* ZfA 1974, 89 [111]; *Löwisch* RdA 1989, 216 [218 f.]; *ders./LK* § 113 Rn. 12; *Röder/Baeck/JRH* Kap. 28 Rn. 146), obwohl § 112 Abs. 3 eine derartige Verpflichtung nicht begründet. 53

54 Zur Anrufung der Einigungsstelle ist der Arbeitgeber nach der Rechtsprechung des *BAG* auch dann verpflichtet, wenn der Betriebsrat mit der Maßnahme zwar einverstanden war, es jedoch an einem wirksamen Interessenausgleich wegen der Nichtbeachtung der Schriftform fehlt (*BAG* 16.05.2007 EzA § 613a BGB 2002 Nr. 70 Rn. 33 = AP Nr. 64 zu § 111 BetrVG 1972; *Hess. LAG* 17.02.2006 – 17 Sa 1305/05 – BeckRS 2011, 65125). Allerdings kann das geringe Gewicht einer derartigen Pflichtverletzung bei der Bemessung des Nachteilsausgleichs berücksichtigt werden (s. Rdn. 95).

55 Zudem muss der Einigungsstelle die Möglichkeit eröffnet bleiben, eine Einigung zu versuchen. Der Unternehmer ist jedoch, ohne die Sanktion des Nachteilsausgleichs zu riskieren, nicht verpflichtet, einen Spruch der Einigungsstelle abzuwarten. Die Kompetenz der Einigungsstelle im Rahmen der Interessenausgleichsverhandlungen beschränkt sich auf den Versuch einer Einigung, sie verfügt nicht über die Rechtsmacht, diese zu ersetzen (s. §§ 112, 112a Rdn. 42 ff.). Aus welchen Gründen ein Interessenausgleich bei einem Vermittlungsvorschlag des Vorstands der Bundesagentur für Arbeit oder in der Einigungsstelle scheitert, ist für den von § 113 Abs. 3 geforderten »Versuch« unerheblich. Um die Betriebsänderung ohne die Verpflichtung zu einem Nachteilsausgleich durchführen zu können, muss der Unternehmer deshalb nicht abwarten, bis die Einigungsstelle förmlich das Scheitern der Einigungsbemühungen beschließt bzw. feststellt und gegebenenfalls protokolliert (*BAG* 16.08.2011 EzA § 111 BetrVG 2001 Nr. 7 Rn. 12 ff. = AP Nr. 55 zu § 113 BetrVG 1972 = NZA 2012, 221; 22.09.2016 EzA § 17 KSchG Nr. 39 Rn. 74 = AP Nr. 52 zu § 17 KSchG 1969 = NZA 2017, 175; *LAG Berlin-Brandenburg* 25.02.2016 – 18 Sa 1849/15 – BeckRS 2016, 111937; *Hohenstatt/Willemsen/HWK* § 112 BetrVG Rn. 24; *Kania/Joppich* NZA 2005, 749 [752]; *Löwisch* RdA 1989, 216 [218]; *Salamon/v. Stechow* NZA 2016, 85 [88]; *Seeberger* Sicherung der Beteiligungsrechte, S. 107 f.; *Spirolke/NK-GA* § 113 BetrVG Rn. 8; zust. wohl auch *LAG München* 13.04.2007 – 11 TaBV 91/06 – BeckRS 2009, 61894; **a. M.** *LAG Niedersachsen* 12.08.2002 LAGE § 122 InsO Nr. 1 S. 4 *[Oetker]*; *LAG Nürnberg* 19.11.2009 – 7 Sa 186/09 – juris [Vorinstanz zu *BAG* 16.08.2011]; *Grünewald* Interessenausgleich, S. 70; *Rebel* Grundprobleme, S. 156 f. [Vermittlung durch Vorstand der Bundesagentur für Arbeit], 164 f. [Einigungsstelle]). Dies entbindet den Unternehmer jedoch nicht davon, sich auch im Rahmen des Verfahrens vor der Einigungsstelle ernsthaft um den Abschluss eines Interessenausgleichs zu bemühen (s. Rdn. 49).

56 Ein vorzeitiger und nicht zur Sanktion des § 113 Abs. 3 führender Abbruch der Verhandlungen um einen Interessenausgleich **ohne Anrufung der Einigungsstelle** kommt in Betracht, wenn der **Betriebsrat** bereits in den Verhandlungen mit dem Unternehmer zu erkennen gegeben hat, dass er auch im Rahmen der von § 112 Abs. 2 und 3 zur Verfügung gestellten Verfahren **nicht zu einem Interessenausgleich bereit** sein wird (*ArbG Solingen* 24.04.2012 – 1 Ca 1520/11 – BeckRS 2012, 69990; *Gaul/Neumann* ArbRB 2005, 14 [15]; *Kania/Joppich* NZA 2005, 749 [750]; *Matthes* FS *Wlotzke*, S. 393 [403]; *Salamon/v. Stechow* NZA 2016, 85 [88]; **a. M.** *Richardi/Annuß* § 113 Rn. 30; ebenso *Rebel* Grundprobleme, S. 167 f.). Das gilt entsprechend, wenn Betriebsrat und Unternehmer übereinstimmend davon absehen, die Einigungsstelle anzurufen (*LAG Hamm* 21.07.1975 DB 1975, 1899; *Kania/Joppich* NZA 2005, 749 [751]; *Richardi/Annuß* § 113 Rn. 30; *Röder/Baeck/JRH* Kap. 28 Rn. 146; *Seeberger* Sicherung der Beteiligungsrechte, S. 103 f.; *Stege/Weinspach/Schiefer* §§ 111–113 Rn. 171; so auch noch *Matthes*/MünchArbR, 1. Aufl., § 353 Rn. 2, aufgegeben jedoch in FS *Wlotzke*, S. 393 [403]) oder sich der Betriebsrat weigert, eine mündlich getroffene Einigung schriftlich zu fixieren (*Kania/Joppich* NZA 2005, 749 [751]; *Seeberger* Sicherung der Beteiligungsrechte, S. 109 f.) oder überhaupt in Beratungen mit dem Unternehmer einzutreten (s. *Seeberger* Sicherung der Beteiligungsrechte, S. 100 ff.). In derartigen Fällen wäre die Durchführung des Verfahrens reine Förmelei, deren Beachtung dem Unternehmer auch im Hinblick auf den Sanktionszweck des § 113 Abs. 3 nicht zugemutet werden kann. Der Nachweis einer »Verhandlungsverweigerung« bzw. eines übereinstimmenden Verzichts auf das Einigungsstellenverfahren wird in der Praxis aber nur selten gelingen (s. a. *BAG* 26.10.2004 NZA 2005, 237 [239]), insbesondere kann nicht auf eine Willensbekundung des Organs verzichtet werden (*BAG* 26.10.2004 NZA 2005, 237 [239]). Zum Sonderfall der **sofortigen Betriebsstilllegung** s. Rdn. 60 f.

e) Rechtfertigung für den unterbliebenen Versuch eines Interessenausgleichs

Umstritten ist die **Reichweite der Verweisung** in § 113 Abs. 3 auf Absatz 1 und 2 der Vorschrift. Ein 57
Teil des Schrifttums versteht diese zumindest in einem eingeschränkten Umfang i. S. einer Verweisung
auf den **Tatbestand der Verweisungsobjekte**. Die Verpflichtung zum Nachteilsausgleich nach
§ 113 Abs. 3 BetrVG soll deshalb entfallen, wenn sich der Unternehmer auf einen »**zwingenden
Grund**« stützen kann, um die Betriebsänderung durchzuführen, ohne zuvor einen Interessenausgleich mit dem Betriebsrat versucht zu haben (so *Beuthien* ZfA 1988, 1 [28]; *Hess/HWGNRH* § 113
Rn. 54; *Richardi/Annuß* § 113 Rn. 26 f.; *Schweibert/WHSS* Kap. C Rn. 354 f.; zust. *Gamillscheg* II,
§ 52, 5c [1] [a]).

Für dieses Verständnis lassen sich zwar Anknüpfungspunkte in der Rechtsprechung zu § 74 BetrVG 58
1952 (s. Rdn. 1) finden, diese sind aber nicht in den Tatbestand des § 113 Abs. 3 eingeflossen (s. *Fabricius* 6. Aufl., § 113 Rn. 34). Zudem spricht die Systematik der Norm dafür, die Verweisung in § 113
Abs. 3 auf § 113 Abs. 1 und 2 **ausschließlich i. S. einer Rechtsfolgenverweisung** zu verstehen
(*BAG* 17.09.1974 EzA § 113 BetrVG 1972 Nr. 1 S. 7 f. *[Henckel]* = AP Nr. 1 zu § 113 BetrVG
1972 Bl. 3 R f. *[Richardi]* = SAE 1976, 18 *[Otto]*; 18.12.1984 EzA § 113 BetrVG 1972 Nr. 12 S. 77 f.
= AP Nr. 11 zu § 113 BetrVG 1972 Bl. 4 = SAE 1986, 125 *[Buchner]* = AR-Blattei Betriebsverfassung
XIV E, Entsch. 26 *[Löwisch]*; 09.07.1985 EzA § 113 BetrVG 1972 Nr. 13 S. 85 = AP Nr. 13 zu § 113
BetrVG 1972 Bl. 2 R = AR-Blattei Konkurs, Entsch. 64 *[Richardi]*; 13.06.1989 EzA § 113 BetrVG
1972 Nr. 19 S. 8 *[Uhlenbruck]* = AP Nr. 19 zu § 113 BetrVG 1972 Bl. 4 *[Lüke]*; *Feuerborn* Sachliche
Gründe im Arbeitsrecht, S. 149 f.; *Fitting* § 113 Rn. 13; *Heither* AR-Blattei SD 530.14.5, Rn. 289; *Hohenstatt/Willemsen/HWK* § 113 BetrVG Rn. 10; *Kania/*ErfK § 113 BetrVG Rn. 9; *Preis/Bender/
WPK* § 113 Rn. 13; *Rebel* Grundprobleme, S. 168 ff.; *Rumpff/Boewer* Wirtschaftliche Angelegenheiten, Kap. K Rn. 18; *Seeberger* Sicherung der Beteiligungsrechte, S. 70 f.; *Spirolke/*NK-GA § 113
BetrVG Rn. 8). Da die Verweisung am Beginn der Vorschrift steht, leitet das Wort »wenn« die tatbestandlichen Voraussetzungen für den Nachteilsausgleich ein. Diese sind in einem abschließenden
Sinne zu verstehen. Dem Gesetzgeber wäre es ohne weiteres möglich gewesen, die Einschränkung
in § 113 Abs. 1 in die tatbestandlichen Anforderungen an einen Nachteilsausgleich einzufügen. Dementsprechend wurde die in § 113 Abs. 3 enthaltene Voraussetzung »und infolge der Maßnahme Arbeitnehmer entlassen werden oder andere wirtschaftliche Nachteile erleiden« ausdrücklich in den Tatbestand des § 113 Abs. 3 integriert. Dies wäre überflüssig gewesen, wenn die Verweisung in § 113
Abs. 3 zusätzlich den Tatbestand in § 113 Abs. 1 und 2 hätte in Bezug nehmen sollen.

Wegen der Auslegung i. S. einer Rechtsfolgenverweisung greift § 113 Abs. 3 selbst dann ein, wenn die 59
Betriebsänderung auf »zwingenden Gründen« beruht (*BAG* 17.09.1974 EzA § 113 BetrVG
1972 Nr. 1 S. 7 f. *[Henckel]* = AP Nr. 1 zu § 113 BetrVG 1972 Bl. 3 R f. *[Richardi]* = SAE 1976, 18
[Otto]; 18.07.1984 EzA § 113 BetrVG 1972 Nr. 12 S. 77 f. = AP Nr. 11 zu § 113 BetrVG 1972 Bl. 4
= SAE 1986, 125 *[Buchner]* = AR-Blattei Betriebsverfassung XIV E, Entsch. 26 *[Löwisch]*; 09.07.1985
EzA § 113 BetrVG 1972 Nr. 13 S. 85 = AP Nr. 13 zu § 113 BetrVG 1972 Bl. 2 R = AR-Blattei Konkurs, Entsch. 64 *[Richardi]*; 13.06.1989 EzA § 113 BetrVG 1972 Nr. 19 S. 8 *[Uhlenbruck]* = AP Nr. 19
zu § 113 BetrVG 1972 Bl. 4 *[Lüke]*; *Fitting* § 113 Rn. 15; *Kania/*ErfK § 113 BetrVG Rn. 9; *Löwisch*
RdA 1989, 216 [219]; *Matthes/*MünchArbR § 269 Rn. 40; *Preis/Bender/WPK* § 113 Rn. 13;
*Rieble/*AR § 113 BetrVG Rn. 8; *Röder/Baeck/JRH* Kap. 28 Rn. 147; *Schaub/Koch* Arbeitsrechts-Handbuch, § 244 Rn. 88) oder derartige Gründe vorlagen, um die Betriebsänderung ohne den vorherigen Versuch eines Interessenausgleichs durchzuführen. Ebenso kann sich der Unternehmer zur
Abwehr eines Nachteilsausgleichs nach § 113 Abs. 3 nicht darauf berufen, er hätte beim Vorliegen
eines Interessenausgleichs von diesem aus »zwingenden Gründen« abweichen dürfen (*Däubler/
DKKW* § 113 Rn. 10; *Kania/*ErfK § 113 BetrVG Rn. 9; *Löwisch/LK* § 113 Rn. 16; *Preis/Bender/
WPK* § 113 Rn. 13; *Stege/Weinspach/Schiefer* §§ 111–113 Rn. 180; **a. M.** *Hess/HWGNRH* § 113
Rn. 54; *Röder/Baeck/JRH* Kap. 28 Rn. 147; *Schweibert/WHSS* Kap. C Rn. 354 f.).

Eine **teleologische Reduktion** erfährt die Sanktionsnorm nur, wenn der Versuch eines Interessen- 60
ausgleichs **offensichtlich sinnlos** ist. Das ist aber lediglich in Ausnahmefällen zu bejahen, z. B.
wenn eine **sofortige Stilllegung des Betriebs** erforderlich war, um u. a. auch eine weitere Schädigung der Arbeitnehmer abzuwenden (so noch *BAG* 23.01.1979 EzA § 113 BetrVG 1972 Nr. 9 S. 56 f.
= AP Nr. 4 zu § 113 BetrVG 1972 Bl. 2 R f. *[Meisel]* = SAE 1979, 248 *[Peterek]*; 31.10.1995 EzA § 72

§ 113   *IV. 6. 1. Betriebsänderungen*

ArbGG 1979 Nr. 20 S. 7 *[Vollkommer/Schwaiger]* = AP Nr. 29 zu § 72 ArbGG 1979 Bl. 3 R; *LAG Berlin-Brandenburg* 02.03.2012 ZIP 2012, 1429 [1430]; *LAG Niedersachsen* 12.08.2002 LAGE § 122 InsO Nr. 1 S. 5 f.; *Etzel* Rn. 1014; *Hess/HWGNRH* § 113 Rn. 55; *Hohenstatt/Willemsen/HWK* § 113 BetrVG Rn. 10; *Kania/Joppich* NZA 2005, 749 [750]; *Löwisch* RdA 1989, 216 [219]; *ders./LK* § 113 Rn. 16; *Matthes*/MünchArbR § 269 Rn. 40; *Preis/Bender/WPK* § 113 Rn. 14; *Rieble*/AR § 113 BetrVG Rn. 8; *Steffan*/HaKo § 113 Rn. 6; *Stege/Weinspach/Schiefer* §§ 111–113 Rn. 176; im Ergebnis ebenso *Seeberger* Sicherung der Beteiligungsrechte, S. 72 ff., die jedoch nicht bei der Sanktionsnorm, sondern bei der Verpflichtung nach den §§ 111 f. anknüpft). Eine derartige teleologische Reduktion ist aber ausschließlich dann in Betracht zu ziehen, wenn für den Arbeitgeber im Hinblick auf das Ob und das Wie der durchgeführten Betriebsänderung keine Handlungsalternativen bzw. Gestaltungsspielräume bestehen, die Gegenstand eines Interessenausgleichsverfahrens sein könnten (*BAG* 31.10.1995 EzA § 72 ArbGG 1979 Nr. 20 S. 7 *[Vollkommer/Schwaiger]* = AP Nr. 29 zu § 72 ArbGG 1979 Bl. 3 R; *LAG Hamm* 14.09.2004 LAGE § 113 BetrVG 2001 Nr. 2 S. 4 f.; 16.11.2004 LAGR 2005, 153 [155]).

61 Allein der Umstand, dass eine Betriebsänderung unausweichliche Folge einer **wirtschaftlichen Zwangslage** ist, reicht für eine teleologische Reduktion nicht aus (*BAG* 22.07.2003 EzA § 111 BetrVG 2001 Nr. 1 S. 5 ff. = AP Nr. 42 zu § 113 BetrVG 1972 Bl. 2 ff. *[Oetker]*; 18.11.2003 EzA § 113 BetrVG 2001 Nr. 2 S. 5 f. = AP Nr. 162 zu § 112 BetrVG 1972 Bl. 2 R f.; *LAG Berlin* 27.05.2005 NZA-RR 2005, 516 [519]; *LAG Berlin-Brandenburg* 02.03.2012 ZIP 2012, 1429 [1430]; *LAG Sachsen-Anhalt* 12.01.2016 LAGE § 112 BetrVG 2001 Nr. 16 = BeckRS 2016, 68616; *Fitting* § 113 Rn. 15). Das gilt auch während eines **Insolvenzverfahrens** (*BAG* 22.07.2003 EzA § 111 BetrVG 2001 Nr. 1 S. 5 ff. = AP Nr. 42 zu § 113 BetrVG 1972 Bl. 2 ff. *[Oetker]*; 18.11.2003 EzA § 113 BetrVG 2001 Nr. 2 S. 5 f. = AP Nr. 162 zu § 112 BetrVG 1972 Bl. 2 R f.; *LAG Hamm* 26.08.2004 LAGR 2005, 242 [245]) oder wenn ordnungsbehördliche Auflagen umzusetzen sind (*LAG Hamm* 16.11.2004 LAGR 2005, 153 [155]). Ebenso kann sich der Unternehmer zur Rechtfertigung des unterbliebenen Versuchs eines Interessenausgleichs nicht darauf berufen, dass die **Entscheidung** für die Betriebsänderung von einem das Unternehmen **beherrschenden Unternehmen** getroffen wurde (*Diller/Pawietzka* DB 2001, 1034 [1037]); unter Umständen ist dieser Einwand auch aus Gründen des Unionsrechts unbeachtlich (Art. 2 Abs. 4 der Richtlinie 98/59/EG, Art. 7 Nr. 4 der Richtlinie 2001/23/EG). Entsprechendes gilt, wenn der Entschluss zu einer Betriebsänderung von den Gesellschaftern einer GmbH gefasst wurde (*LAG Berlin* 27.05.2005 NZA-RR 2005, 516 [519]).

62 Die gegenwärtige Haltung des *Bundesarbeitsgerichts* zu der Möglichkeit einer teleologischen Reduktion ist seit dem Urteil des *Ersten Senats* vom 22.07.2003 (EzA § 111 BetrVG 2001 Nr. 1 = AP Nr. 42 zu § 113 BetrVG 1972 *[Oetker]*) unklar, da das Gericht diese im Hinblick auf § 122 InsO im Insolvenzverfahren auszuschließen scheint, weil diese Norm bestätige, dass der Arbeitgeber in jedem Fall ein Interessenausgleichsverfahren einleiten müsse, von dem er ausschließlich unter den Voraussetzungen des § 122 InsO entbunden werden könne (*BAG* 22.07.2003 EzA § 111 BetrVG 2001 Nr. 1 S. 6 ff. = AP Nr. 42 zu § 113 BetrVG 1972 Bl. 2 R *[Oetker]*; **a. M.** ausdrücklich noch *LAG Niedersachsen* 12.08.2002 LAGE § 122 InsO Nr. 1 S. 5 f.). Diese Argumentation des *Ersten Senats* überzeugt nicht, da er die pflichtenbegründende Norm nicht strikt von der Sanktionsnorm trennt (ablehnend ebenfalls *Rebel* Grundprobleme, S. 175 f.). Die Möglichkeit einer teleologischen Reduktion kommt ausschließlich für die Sanktion des Nachteilsausgleichs in Betracht und ist im Lichte der früheren höchstrichterlichen Judikatur ohnehin nur in solchen Fällen zu befürworten, in denen für den Unternehmer keine Handlungsalternativen zu dem »Ob« und dem »Wie« der Betriebsänderung bestanden, so dass der »Versuch eines Interessenausgleichs« zu einem reinen Formalismus denaturieren würde. In dieser Konstellation würde die Sanktionsnorm ihren Zweck verfehlen, so dass auch der Hinweis des *Ersten Senats* auf die Richtlinie 98/59/EG nicht überzeugt (**a. M.** wohl *Preis/Bender/WPK* § 113 Rn. 14 a. E.), da die Verhängung einer sinnentleerten Sanktion die Grenzen der Verhältnismäßigkeit überschreitet und deshalb auch nicht vom Unionsrecht gefordert wird (näher *Oetker* Anm. zu *BAG* 22.07.2003 AP Nr. 42 zu § 113 BetrVG 1972 Bl. 8 R ff. sowie *ders.* Anm. zu *LAG Niedersachsen* 12.08.2002 LAGE § 122 InsO Nr. 1 S. 9 ff.; zust. *Rebel* Grundprobleme, S. 176 ff.).

f) Interessenausgleich im Insolvenzverfahren

Im **Insolvenzverfahren** ist die Bedeutung des § 113 Abs. 3 eingeschränkt, da § 122 Abs. 1 Satz 2 InsO ausdrücklich anordnet, dass § 113 Abs. 3 nicht anwendbar ist. Allerdings schließt § 122 Abs. 1 Satz 2 InsO die Anwendung der Vorschrift durch die Formulierung »insoweit« nur für einen Sonderfall aus. Hieraus folgt, dass § 113 Abs. 3 im Übrigen für die von dem Insolvenzverwalter durchzuführenden Interessenausgleichsverhandlungen gilt (s. Rdn. 15). Unterlässt er diese, dann ist auch er nach § 113 Abs. 3 zum Nachteilsausgleich verpflichtet. Nicht ohne weiteres erschließt sich die Reichweite der Einschränkung in § 122 Abs. 1 Satz 2 InsO für die Anwendbarkeit der Sanktionsnorm. Verständlich wird sie jedoch vor dem Hintergrund der vom Gesetzgeber der Insolvenzordnung vorgefundenen und höchstrichterlich ausgeformten Normsituation. Da das *Bundesarbeitsgericht* die Ausschöpfung des Verfahrens in § 112 Abs. 2 bereits vor der Schaffung der Insolvenzordnung zur Verhinderung eines Nachteilsausgleichs nach § 113 Abs. 3 verlangt hatte (s. Rdn. 40), hätte der Verzicht auf die Regelung in § 122 Abs. 1 Satz 2 InsO die Interpretation nahe gelegt, dass der »Versuch« eines Interessenausgleichs voraussetzt, dass der Insolvenzverwalter das Arbeitsgericht vor der Durchführung der Betriebsänderung um eine Befreiung von dem Verfahren nach § 112 Abs. 2 ersucht hat. Um ein derartiges Verständnis zu verhindern, war es notwendig, in diesem Umfang die Anwendung des § 113 Abs. 3 auszuschließen (weitergehend jedoch *BAG* 22.07.2003 EzA § 111 BetrVG 2001 Nr. 1 S. 6 ff. = AP Nr. 42 zu § 113 BetrVG 1972 Bl. 2 R f. *[Oetker]*).

4. Entlassung oder wirtschaftlicher Nachteil

Einen Nachteilsausgleich begründet § 113 nur für Arbeitnehmer, die einen der in § 113 genannten Nachteile erleiden. Dieser muss entweder in einer »**Entlassung**« (dazu s. Rdn. 65 ff.) oder einem »**anderen wirtschaftlichen Nachteil**« (hierzu s. Rdn. 55 ff.) bestehen. Der **Eintritt sonstiger Nachteile** führt nicht zum Nachteilsausgleich.

a) Entlassung

Im Unterschied zu § 74 BetrVG 1952, der für die Zubilligung einer Abfindung eine Kündigung seitens des Arbeitgebers forderte, verwendet § 113 Abs. 1 die offenere Formulierung »Entlassung«. Zwar bezeichnete die amtliche Überschrift des § 74 BetrVG 1952 die Abfindung als »Entlassungsentschädigung«, gleichwohl verbietet sich unter der Geltung des § 113 eine Gleichsetzung von »Entlassung« und »Kündigung«. Aus der Rechtsfolge in § 113 Abs. 3 (Zahlung einer Abfindung), die den Verlust des Arbeitsplatzes ausgleichen soll (s. Rdn. 5), folgt, dass eine »Entlassung« i. S. d. § 113 Abs. 3 alle Tatbestände umfasst, die zu einer **Beendigung des Arbeitsverhältnisses** führen (*Fitting* § 113 Rn. 21; *Heither* AR-Blattei SD 530.14.5, Rn. 295; *Hess/HWGNRH* § 113 Rn. 12 ff.; *Löwisch* RdA 1989, 216 [220]; *Preis/Bender/WPK* § 113 Rn. 16; *Rebel* Grundprobleme, S. 184; *Richardi/Annuß* § 113 Rn. 42; *Rumpff/Boewer* Wirtschaftliche Angelegenheiten, Kap. K Rn. 14; *Spirolke/NK-GA* § 113 BetrVG Rn. 3; *Weiss/Weyand* § 113 Rn. 8). Der nachträglich in das BetrVG eingefügte § 112a Abs. 1 Satz 1, der ebenfalls das Wort »Entlassung« verwendet (s. §§ 112, 112a Rdn. 316), bestätigt dieses Verständnis, da Satz 2 der Vorschrift ausdrücklich klarstellt, dass hierzu nicht nur Kündigungen zählen. Aus der Formulierung des § 113 Abs. 1 »entlassen werden« ist zudem abzuleiten, dass der Unternehmer bzw. Arbeitgeber die Beendigung des Arbeitsverhältnisses veranlasst haben muss (*Fitting* § 113 Rn. 22; *Galperin/Löwisch* § 113 Rn. 18; *Heither* AR-Blattei SD 530.14.5, Rn. 295; *Richardi/Annuß* § 113 Rn. 42). Zum Kausalitätserfordernis s. Rdn. 75 ff.

»Entlassungen« i. S. d. § 113 Abs. 1 sind in erster Linie vom Arbeitgeber erklärte **ordentliche** oder **außerordentliche Kündigungen** des Arbeitsverhältnisses. Im Gegensatz zu § 74 BetrVG 1952, der für den Abfindungsanspruch ausdrücklich eine »rechtswirksame« Kündigung verlangte, verzichtet § 113 Abs. 1 auf eine derartige Eingrenzung der »Entlassung«. Es ist deshalb weder erforderlich, dass die vom Arbeitgeber erklärte **Kündigung rechtswirksam** ist, noch steht die **Unwirksamkeit der Kündigung** einem Nachteilsausgleich entgegen (*Däubler/DKKW* § 113 Rn. 17; *Fitting* § 113 Rn. 23; *v. Hoyningen-Huene* Betriebsverfassungsrecht, § 15 V 5; *Richardi/Annuß* § 113 Rn. 37; *Rumpff/Boewer* Wirtschaftliche Angelegenheiten, Kap. K Rn. 15 f.; *Schaub/Koch* Arbeitsrechts-Handbuch, § 244 Rn. 81; *Steffan/HaKo* § 113 Rn. 9; *Weiss/Weyand* § 113 Rn. 8; **a. M.** *Gaul* Betriebs- und Unternehmensspaltung, § 28 Rn. 321; *Hess/HWGNRH* § 113 Rn. 16; *Kania/ErfK* § 113 BetrVG Rn. 5;

Löwisch/LK § 113 Rn. 5; *Matthes/*MünchArbR, 2. Aufl. 2000, § 361 Rn. 41; *Preis/Bender/WPK* § 113 Rn. 16; *Rebel* Grundprobleme, S. 184 f.; *Rieble/*AR § 113 BetrVG Rn. 4; *Stege/Weinspach/Schiefer* §§ 111–113 Rn. 165f; offen gelassen in *BAG* 31.10.1995 EzA § 72 ArbGG 1979 Nr. 20 S. 9 [*Vollkommer/Schwaiger*] = AP Nr. 29 zu § 72 ArbGG 1979 Bl. 4).

67 Dem Arbeitnehmer steht ein Nachteilsausgleich auch dann zu, wenn er eine **rechtswidrige Kündigung akzeptiert** (*ArbG Solingen* 24.04.2012 – 1 Ca 1520/11 – BeckRS 2012, 69990; *Fitting* § 113 Rn. 23; *Hohenstatt/Willemsen/HWK* § 113 BetrVG Rn. 13; *Kleinebrink* NZA-RR 2005, 281 [287]; *Matthes/*MünchArbR, 2. Aufl. 2000, § 361 Rn. 41; *Preis/Bender/WPK* § 113 Rn. 16; *Schaub/Koch* Arbeitsrechts-Handbuch, § 244 Rn. 81; *Weiss/Weyand* § 113 Rn. 8). In diesem Fall kann sich der Unternehmer gegenüber einem Anspruch auf Nachteilsausgleich nicht darauf berufen, die von ihm erklärte Kündigung sei unwirksam (*Däubler/DKKW* § 113 Rn. 17; *Fitting* § 113 Rn. 23; *Rumpff/Boewer* Wirtschaftliche Angelegenheiten, Kap. K Rn. 32). Umgekehrt liegt keine »Entlassung« vor, wenn der Arbeitnehmer aufgrund einer **Kündigungsschutzklage** erfolgreich hat feststellen lassen, dass die ihm gegenüber erklärte Kündigung unwirksam ist (*BAG* 31.10.1995 EzA § 72 ArbGG 1979 Nr. 20 S. 9 [*Vollkommer/Schwaiger*] = AP Nr. 29 zu § 72 ArbGG 1979 Bl. 4; 14.12.2004 EzA § 13 GmbH-Gesetz Nr. 4 S. 7 = AP Nr. 32 zu § 611 BGB Haftung des Arbeitgebers Bl. 3 R; *LAG Köln* 15.02.1995 ARSt. 1995, 254 [LS]; *Däubler/DKKW* § 113 Rn. 17; *Fitting* § 113 Rn. 23; *Hess/HWGNRH* § 113 Rn. 16; *Preis/Bender/WPK* § 113 Rn. 16; *Reich* § 113 Rn. 1; *Richardi/Annuß* § 113 Rn. 38; *Schaub/Koch* Arbeitsrechts-Handbuch, § 244 Rn. 81; *Steffan/*HaKo § 113 Rn. 9). In diesem Fall besteht das Arbeitsverhältnis wegen der Unwirksamkeit der Kündigung fort, so dass keine »Entlassung« vorliegt. Entsprechendes gilt, wenn der Arbeitgeber die Kündigung zu einem späteren Zeitpunkt »zurücknimmt« und das bisherige Arbeitsverhältnis fortgeführt wird (*BAG* 14.12.2004 EzA § 13 GmbH-Gesetz Nr. 4 S. 4 = AP Nr. 32 zu § 611 BGB Haftung des Arbeitgebers Bl. 3 R; *LAG Mecklenburg-Vorpommern* 05.08.2009 – 2 Sa 54/09 – BeckRS 2009, 72908) oder die Betriebsänderung mit einem **Betriebsübergang** i. S. d. § 613a BGB verbunden ist und der Arbeitnehmer dem Eintritt des Erwerbers in das Arbeitsverhältnis nicht nach § 613a Abs. 6 BGB widerspricht (*LAG Hamm* 21.02.2000 – 19 Sa 1851/99 – BeckRS 2000, 30783227; *Steffan/*HaKo § 113 Rn. 6). Das alleinige Angebot des Arbeitgebers zur »Rücknahme« der Kündigung schließt einen Nachteilsausgleich nach § 113 Abs. 3 hingegen nicht aus, ist jedoch bei dessen Höhe zu Lasten des Arbeitnehmers zu berücksichtigen (*LAG Mecklenburg-Vorpommern* 17.01.2007 – 2 Sa 175/06 – BeckRS 2009, 66536).

68 Bei einer **Änderungskündigung** hängt das Vorliegen einer »Entlassung« i. S. d. § 113 Abs. 1 von der Reaktion des Arbeitnehmers auf diese ab. Akzeptiert er die ihm angebotenen geänderten Arbeitsbedingungen mit oder ohne Vorbehalt, dann besteht das Arbeitsverhältnis – wenn auch mit geändertem Inhalt – fort. Der Arbeitnehmer scheidet nicht aus dem Arbeitsverhältnis aus, so dass keine »Entlassung« i. S. d. § 113 Abs. 1 eingetreten ist (*LAG Köln* 12.09.1995 – 9 Sa 594/95 – BeckRS 1995, 30909213; *Galperin/Löwisch* § 113 Rn. 22; *Rebel* Grundprobleme, S. 186 f.; *Richardi/Annuß* § 113 Rn. 40; *Rumpff/Boewer* Wirtschaftliche Angelegenheiten, Kap. K Rn. 17; a. M. *LAG Hamm* 14.09.2004 LAGE § 113 BetrVG 2001 Nr. 2 S. 7 f.; *Däubler/DKKW* § 113 Rn. 17, wenn der Arbeitnehmer das Änderungsangebot unter Vorbehalt annimmt). Allerdings können die geänderten Arbeitsbedingungen als »anderer wirtschaftlicher Nachteil« i. S. d. § 113 Abs. 2 zu qualifizieren sein und eine Ausgleichspflicht zugunsten des Arbeitnehmers begründen (*Galperin/Löwisch* § 113 Rn. 22; *Hess/HWGNRH* § 113 Rn. 30; *Richardi/Annuß* § 113 Rn. 40). Demgegenüber liegt eine »Entlassung« i. S. d. § 113 Abs. 1 vor, wenn der Arbeitnehmer das Änderungsangebot ablehnt, da die Änderungskündigung in dieser Konstellation ihre das Arbeitsverhältnis beendende Rechtswirkung entfaltet (*LAG Hamm* 16.11.2004 LAGR 2005, 153 [155 f.]; *Däubler/DKKW* § 113 Rn. 17; *Galperin/Löwisch* § 113 Rn. 22; *Rebel* Grundprobleme, S. 187; *Richardi/Annuß* § 113 Rn. 41; *Rumpff/Boewer* Wirtschaftliche Angelegenheiten, Kap. K Rn. 17; *Weiss/Weyand* § 113 Rn. 8).

69 Eine »Entlassung« i. S. d. § 113 Abs. 1 ist auch zu bejahen, wenn das Arbeitsverhältnis auf andere Weise als durch eine Kündigung des Arbeitgebers endet, sofern der jeweilige Beendigungstatbestand vom Arbeitgeber veranlasst wurde. In diesem Fall ist die Beendigung des Arbeitsverhältnisses durch **Aufhebungsvertrag** wie in § 112a Abs. 1 Satz 2 als »Entlassung« i. S. d. § 113 Abs. 1 zu bewerten (*BAG* 23.08.1988 EzA § 113 BetrVG 1972 Nr. 17 S. 8 [*Löwisch/Rieble*] = AP Nr. 17 zu § 113 BetrVG 1972 Bl. 4 f. [*Hromadka/Heise*]; 23.09.2003 EzA § 113 BetrVG 2001 Nr. 3 S. 6 = AP Nr. 43 zu § 113

BetrVG 1972 Bl. 3; *LAG Bremen* 31.10.1986 LAGE § 111 BetrVG 1972 Nr. 5 S. 13; *LAG Nürnberg* 12.12.1983 ABlBayArbMin. 1985, C 11; *Däubler/DKKW* § 113 Rn. 17; *Fitting* § 113 Rn. 22; *Heither* AR-Blattei SD 530.14.5, Rn. 295; *v. Hoyningen-Huene* Betriebsverfassungsrecht, § 15 V 3; *Kania/ErfK* § 113 BetrVG Rn. 5; *Löwisch* RdA 1989, 216 [220]; *ders./LK* § 113 Rn. 5; *Matthes/*MünchArbR § 269 Rn. 43; *Preis/Bender/WPK* § 113 Rn. 16; *Richardi/Annuß* § 113 Rn. 42; *Rumpff/Boewer* Wirtschaftliche Angelegenheiten, Kap. K Rn. 15 f.). Erforderlich ist jedoch stets, dass der Arbeitgeber bei dem Arbeitnehmer die objektiv berechtigte Annahme hervorgerufen hat, ohne den Abschluss des Aufhebungsvertrages komme es zu einer Kündigung des Arbeitsverhältnisses (*BAG* 23.09.2003 EzA § 113 BetrVG 2001 Nr. 3 S. 6 = AP Nr. 43 zu § 113 BetrVG 1972 Bl. 3).

Unter der in Rdn. 69 genannten Voraussetzung ist eine »Entlassung« i. S. d. § 113 Abs. 1 ebenfalls bei **70** einer vom Arbeitnehmer erklärten **Eigenkündigung** zu bejahen (*BAG* 23.08.1988 EzA § 113 BetrVG 1972 Nr. 17 S. 7 f. *[Löwisch/Rieble]* = AP Nr. 17 zu § 113 BetrVG 1972 Bl. 4 f. *[Hromadka/Heise]*; 08.11.1988 EzA § 113 BetrVG 1972 Nr. 18 S. 6 f. = AP Nr. 18 zu § 113 BetrVG 1972 Bl. 3; *LAG Köln* 12.01.2001 NZA-RR 2001, 372 [373]; *Däubler/DKKW* § 113 Rn. 17; *Etzel* Rn. 1015; *Fitting* § 113 Rn. 22; *Heither* AR-Blattei SD 530.14.5, Rn. 295; *Hess/HWGNRH* § 113 Rn. 4; *v. Hoyningen-Huene* Betriebsverfassungsrecht, § 15 V 3; *Kania/ErfK* § 113 BetrVG Rn. 5; *Löwisch* RdA 1989, 216 [220]; *ders./LK* § 113 Rn. 5; *Matthes/*MünchArbR § 269 Rn. 43; *Preis/Bender/WPK* § 113 Rn. 16; *Richardi/Annuß* § 113 Rn. 42; *Spiecker* DB 1987, 1839 [1839 f.]; **a. M.** *LAG Berlin* 01.09.1986 LAGE § 113 BetrVG 1972 Nr. 3 S. 4; *Stege/Weinspach/Schiefer* §§ 111–113 Rn. 165f). Mittels dieser vom Normzweck geleiteten Interpretation wird der Abschluss eines Aufhebungsvertrags bzw. eine Eigenkündigung insbesondere dann erfasst, wenn der Arbeitnehmer hierdurch einer betriebsbedingten Kündigung seitens des Arbeitgebers zuvorkommen will (*LAG Nürnberg* 12.12.1983 ABlBayArbMin. 1985, C 11).

Eine »Entlassung« i. S. d. § 113 Abs. 1 liegt unabhängig davon vor, ob der Arbeitnehmer hierdurch **71** einen Nachteil erleidet. Ein unmittelbar im Anschluss an die »Entlassung« begründetes neues Arbeitsverhältnis führt deshalb selbst dann nicht im Wege einer **Vorteilsausgleichung** zu einem vollständigen Verlust der Abfindung, wenn der Arbeitnehmer hierdurch einen höheren Arbeitsverdienst erzielt (anders jedoch bei einem Nachteilsausgleich nach § 113 Abs. 2, s. Rdn. 114). Einer hierauf gestützten Reduktion des § 113 Abs. 1 steht der Sanktionscharakter der Norm entgegen. Dieser schließt es allerdings nicht aus, das neu begründete Arbeitsverhältnis bei der Höhe der Abfindung zu berücksichtigen (s. Rdn. 93).

b) Wirtschaftliche Nachteile

Zu einem Nachteilsausgleich führt auch eine für den Arbeitnehmer nachteilige Veränderung des status **72** quo, die nicht in einer »Entlassung« besteht, bei ihm aber eine negative Veränderung in den »wirtschaftlichen« Verhältnissen bewirkt (ebenso im Anschluss *LAG Hamburg* 26.10.2011 LAGE § 113 BetrVG 2001 Nr. 4 Rn. 40). Ein Nachteilsausgleich nach § 113 Abs. 2 steht deshalb nur demjenigen Arbeitnehmer zu, der nicht entlassen worden ist bzw. dessen Arbeitsverhältnis – gegebenenfalls aufgrund einer gerichtlichen Klärung (*BAG* 31.10.1995 EzA § 72 ArbGG 1979 Nr. 20 S. 9 *[Vollkommer/Schwaiger]* = AP Nr. 29 zu § 72 ArbGG 1979 Bl. 4 R) – fortbesteht (*BAG* 23.08.1988 EzA § 113 BetrVG 1972 Nr. 17 S. 9 *[Löwisch/Rieble]* = AP Nr. 17 zu § 113 BetrVG 1972 Bl. 4 R *[Hromadka/Heise]*; 31.10.1995 EzA § 72 ArbGG 1979 Nr. 20 S. 9 *[Vollkommer/Schwaiger]* = AP Nr. 29 zu § 72 ArbGG 1979 Bl. 4 R; *LAG Berlin* 01.09.1986 LAGE § 113 BetrVG 1972 Nr. 3 S. 4; 29.01.1996 NZA-RR 1996, 415 [416]; *Fitting* § 113 Rn. 24; *Kania/ErfK* § 113 BetrVG Rn. 7; *Richardi/Annuß* § 113 Rn. 50).

Immaterielle Nachteile des Arbeitnehmers verpflichten nicht zu einem Nachteilsausgleich (*Däubler/* **73** *DKKW* § 113 Rn. 23; *Fitting* § 113 Rn. 25; *Galperin/Löwisch* § 113 Rn. 37; *Matthes/*MünchArbR, 2. Aufl. 2000, § 361 Rn. 45; *Preis/Bender/WPK* § 113 Rn. 18; *Richardi/Annuß* § 113 Rn. 52; *Spirolke/NK-GA* § 113 BetrVG Rn. 7). So ist z. B. die Rechtsunsicherheit über den Bestand des Arbeitsverhältnisses kein nach § 113 Abs. 2 ausgleichbarer Nachteil (*BAG* 31.10.1995 EzA § 72 ArbGG 1979 Nr. 20 S. 9 *[Vollkommer/Schwaiger]* = AP Nr. 29 zu § 72 ArbGG 1979 Bl. 4 R).

74 In Abgrenzung dazu liegt ein »**wirtschaftlicher**« **Nachteil** vor, wenn es sich um einen vermögenswerten Nachteil handelt, der in Geld ausgeglichen werden kann (*Fitting* § 113 Rn. 25; *Richardi/Annuß* § 113 Rn. 52). Dieser kann insbesondere in einer Lohneinbuße bestehen. Arbeitserschwerungen oder andere Veränderungen der Arbeitsbedingungen sind demgegenüber nur ein »wirtschaftlicher« Nachteil, wenn sie bei dem Arbeitnehmer zu einer Vermögenseinbuße führen (*BAG* 31.10.1995 EzA § 72 ArbGG 1979 Nr. 20 S. 9 *[Vollkommer/Schwaiger]* = AP Nr. 29 zu § 72 ArbGG 1979 Bl. 4 R). Denkbar ist das z. B. bei einer Verlegung des Betriebs, wenn dem Arbeitnehmer hierdurch höhere Fahrtkosten entstehen oder veränderte Arbeitsbedingungen eine für ihn nachteilige Eingruppierung auslösen. Allein die Möglichkeit einer ungünstigeren beruflichen Entwicklung reicht demgegenüber nicht aus, um einen wirtschaftlichen Nachteil i. S. d. § 113 Abs. 2 bejahen zu können (*LAG Hamburg* 26.10.2011 LAGE § 111 BetrVG 2001 Nr. 4 Rn. 40; *VG Darmstadt* 20.02.2002 NVwZ-RR 2002, 863 [864]); insofern gelten für § 113 Abs. 2 keine anderen Grundsätze als bei § 99 Abs. 2 Nr. 3 (dazu *Raab* § 99 Rdn. 202). Deshalb ist der durch das Abweichen vom Interessenausgleich eintretende Verlust der Chance zu einer höherwertigen Tätigkeit kein ausgleichsfähiger wirtschaftlicher Nachteil i. S. d. § 113 Abs. 2 (*LAG Hamburg* 26.10.2011 LAGE § 111 BetrVG 2001 Nr. 4 Rn. 41). Ein mit der »Entlassung« vergleichbares Gewicht der wirtschaftlichen Nachteile verlangt § 113 Abs. 2 nicht (*Rebel* Grundprobleme, S. 188 f.; *Reich* § 113 Rn. 3). Ebenso kommt es nicht darauf an, ob die wirtschaftlichen Nachteile eine Wesentlichkeitsschwelle überschreiten (*Preis/Bender/WPK* § 113 Rn. 18) oder für den Arbeitnehmer zumutbar sind (*LAG Hamm* 16.11.2004 LAGR 2005, 153 [155]).

5. Kausalität für den Eintritt des Nachteils

75 Die Verpflichtung zum Nachteilsausgleich entsteht nicht stets mit Eintritt einer Entlassung oder eines »anderen wirtschaftlichen Nachteils«. Durch das in allen drei Absätzen des § 113 enthaltene Wort »infolge« verknüpft das Gesetz den Nachteilsausgleich mit dem betriebsverfassungswidrigen Verhalten des Arbeitgebers (§ 113 Abs. 1 und 2) bzw. der durchgeführten Betriebsänderung (§ 113 Abs. 3) i. S. eines Kausalzusammenhangs. Bei diesem ist jedoch zwischen der Abweichung von dem Interessenausgleich (§ 113 Abs. 1 und 2) sowie der Betriebsänderung ohne den Versuch eines Interessenausgleichs (§ 113 Abs. 3) zu unterscheiden. Während im Rahmen des § 113 Abs. 1 und 2 ein Kausalzusammenhang mit der »Abweichung« bestehen muss, verlangt § 113 Abs. 3 einen Kausalzusammenhang mit der »Maßnahme«, wobei das Gesetz hierunter die vom Unternehmer durchgeführte Betriebsänderung i. S. d. § 111 versteht.

76 Weicht der Unternehmer von einem **Interessenausgleich** ohne zwingenden Grund ab, dann ist für die Ursächlichkeit allein darauf abzustellen, ob der Nachteil infolge der »Abweichung« eingetreten ist. Hätte der Arbeitnehmer diese bei einer ordnungsgemäßen Durchführung des Interessenausgleichs ebenfalls erlitten, so sind sie nicht nach § 113 Abs. 1 und 2 auszugleichen (*Richardi/Annuß* § 113 Rn. 19). Vielmehr muss der Nachteil gerade darauf zurückzuführen sein, dass der Unternehmer von dem Interessenausgleich abgewichen ist. Hierfür genügt ein **mittelbarer Zusammenhang**, solange der Eintritt des Nachteils noch adäquat ist (*LAG Berlin* 01.09.1986 LAGE § 113 BetrVG 1972 Nr. 3 S. 3; *LAG Bremen* 21.10.2004 LAGE § 113 BetrVG 2001 Nr. 3 S. 5; *LAG Düsseldorf* 19.08.2014 LAGE § 111 BetrVG 2001 Nr. 13 = BeckRS 2014, 72926; *Fitting* § 113 Rn. 26; *Hess/HWGNRH* § 113 Rn. 16; *Preis/Bender/WPK* § 113 Rn. 17; *Reich* § 113 Rn. 1; *Richardi/Annuß* § 113 Rn. 20; *Weiss/Weyand* § 113 Rn. 9; s. a. *BAG* 22.01.2013 EzA § 113 BetrVG 2001 Nr. 9 Rn. 18 ff.).

77 Der notwendige Zurechnungszusammenhang fehlt, wenn die Betriebsänderung entsprechend den Festlegungen im Interessenausgleich durchgeführt worden wäre und der Arbeitnehmer den Nachteil auch in diesem Fall erlitten hätte. Die für einen Nachteilsausgleich notwendige Kausalität liegt deshalb z. B. nicht vor, wenn die »Entlassung« des Arbeitnehmers bereits in einem Interessenausgleich oder Sozialplan vorgesehen war (*Kania*/ErfK § 113 BetrVG Rn. 5; *Löwisch* RdA 1989, 216 [220]; *ders./LK* § 113 Rn. 4; *Preis/Bender/WPK* § 113 Rn. 17; *Rieble*/AR § 113 BetrVG Rn. 4; *Rumpff/Boewer* Wirtschaftliche Angelegenheiten, Kap. K Rn. 12; *Stege/Weinspach/Schiefer* §§ 111–113 Rn. 165e). Das kommt insbesondere in Betracht, wenn eine Einigung von Betriebsrat und Insolvenzverwalter/Unternehmer über die Betriebsänderung auch einen Interessenausgleich i. S. d. §§ 125 Abs. 1 Satz 1 InsO, 1 Abs. 5 Satz 1 KSchG enthält (dazu §§ 112, 112a Rdn. 12 ff.). Ebenso fehlt der notwendige Kausalzusammenhang, wenn der Eintritt des »Nachteils« auf Gründen beruht, die mit der Abwei-

chung vom Interessenausgleich in keinem Zusammenhang stehen. Das ist z. B. der Fall, wenn der Arbeitgeber das Arbeitsverhältnis während der Durchführung der Betriebsänderung aus **personen- oder verhaltensbedingten Gründen** ordentlich kündigt (*Galperin/Löwisch* § 113 Rn. 13; *Matthes*/MünchArbR, 2. Aufl. 2000, § 361 Rn. 40), ein befristetes Arbeitsverhältnis wegen **Zeitablaufs** endet (*LAG Berlin* NZA-RR 1996, 415 [416]; *Galperin/Löwisch* § 113 Rn. 18; *Stege/Weinspach/Schiefer* §§ 111–113 Rn. 165f) oder die Beendigung des Arbeitsverhältnisses auf einer **Eigenkündigung des Arbeitnehmers** beruht, ohne dass für diese die Abweichung vom Interessenausgleich ursächlich geworden ist (*LAG Berlin* 01.09.1986 LAGE § 113 BetrVG 1972 Nr. 3 S. 4 sowie Rdn. 70). Entsprechendes gilt für die **gerichtliche Auflösung** des Arbeitsverhältnisses aufgrund eines Auflösungsantrages nach § 9 KSchG (s. a. Rdn. 85).

Einen anderen Zurechnungszusammenhang für den Nachteilsausgleich verlangt **§ 113 Abs. 3**, da das Gesetz dort nicht an das betriebsverfassungswidrige Verhalten des Unternehmers anknüpfen kann (*BAG* 13.06.1989 EzA § 113 BetrVG 1972 Nr. 19 S. 9 f. *[Uhlenbruck]* = AP Nr. 19 zu § 113 BetrVG 1972 Bl. 4 f. *[Lüke]*; *Etzel* Rn. 1001). Vielmehr lässt es § 113 Abs. 3 ausreichen, wenn der Kausalzusammenhang zwischen der Betriebsänderung i. S. d. § 111 und dem eingetretenen Nachteil besteht (*BAG* 13.06.1989 EzA § 113 BetrVG 1972 Nr. 19 S. 9 *[Uhlenbruck]* = AP Nr. 19 zu § 113 BetrVG 1972 Bl. 4 f. *[Lüke]*; *Fitting* § 113 Rn. 24). Auch insoweit genügt ein **mittelbarer Zusammenhang** zwischen der Betriebsänderung und dem Eintritt des Nachteils (*Fitting* § 113 Rn. 26). Dieser ist selbst dann zu bejahen, wenn der **Übergang eines Betriebsteils** die Voraussetzungen einer Betriebsänderung erfüllt und der Unternehmer diese ohne den vorherigen Versuch eines Interessenausgleichs durchgeführt hat, der Arbeitnehmer dem Eintritt des Erwerbers in das Arbeitsverhältnis widerspricht und er anschließend wegen fehlender Beschäftigungsmöglichkeiten von dem Veräußerer ordentlich gekündigt wird. In diesem Fall unterbricht der Widerspruch des Arbeitnehmers nicht den Zurechnungszusammenhang mit der Betriebsänderung (*BAG* 10.12.1996 EzA § 111 BetrVG 1972 Nr. 34 S. 5 f. = AP Nr. 32 zu § 113 BetrVG 1972 Bl. 2 R f.; *Fitting* § 113 Rn. 27; *Preis/Bender/WPK* § 113 Rn. 17; *Stege/Weinspach/Schiefer* §§ 111–113 Rn. 170). Für die Kausalität ist nicht erforderlich, dass die Entlassung bei Durchführung des Interessenausgleichsverfahrens vermieden worden oder auch bei dessen Durchführung eingetreten wäre, da § 113 Abs. 3 ausschließlich auf den Kausalzusammenhang mit der Betriebsänderung abstellt (*BAG* 13.06.1989 EzA § 113 BetrVG 1972 Nr. 19 S. 9 f. *[Uhlenbruck]* = AP Nr. 19 zu § 113 BetrVG 1972 Bl. 4 f. *[Lüke]*; *LAG Düsseldorf* 19.08.2014 LAGE § 111 BetrVG 2001 Nr. 13 = BeckRS 2014, 72926; *Däubler/DKKW* § 113 Rn. 18; *Etzel* Rn. 1015; *Kania/ErfK* § 113 BetrVG Rn. 9; *Löwisch/LK* § 113 Rn. 15; **a. M.** *LAG Köln* 04.11.1987 ZIP 1988, 52 [53]).

Die Kausalität der Abweichung von dem Interessenausgleich bzw. der durchgeführten Betriebsänderung für die »Entlassung« bzw. den Eintritt eines »anderen wirtschaftlichen Nachteils« zählt zu den anspruchsbegründenden Tatsachen, für deren Vorliegen den Arbeitnehmer die **Darlegungs- und Beweislast** trifft (*Fitting* § 113 Rn. 28; *Galperin/Löwisch* § 113 Rn. 14; *Hess/HWGNRH* § 113 Rn. 17; *Preis/Bender/WPK* § 113 Rn. 17; *Richardi/Annuß* § 113 Rn. 22). Ein **Beweis des ersten Anscheins** kann diese jedoch erleichtern (*Fitting* § 113 Rn. 28; *Galperin/Löwisch* § 113 Rn. 17; *Preis/Bender/WPK* § 113 Rn. 17; *Richardi/Annuß* § 113 Rn. 22; *Rumpff/Boewer* Wirtschaftliche Angelegenheiten, Kap. K Rn. 13). Er liegt insbesondere dann nahe, wenn die »Entlassung« oder der Eintritt des »anderen wirtschaftlichen Nachteils« in einem **zeitlichen Zusammenhang** mit der Betriebsänderung steht (*Däubler/DKKW* § 113 Rn. 18; *Fitting* § 113 Rn. 28; *Galperin/Löwisch* § 113 Rn. 17).

III. Inhalt des Nachteilsausgleichs

1. Zahlung einer Abfindung

a) Begründung der Zahlungspflicht

Im Unterschied zu § 113 Abs. 2, dessen Rechtsnatur als **Anspruchsgrundlage** bereits im Gesetzeswortlaut einen hinreichend deutlichen Anklang gefunden hat, ist dies für § 113 Abs. 1 und die Sanktion der Abfindung nicht geschehen. Gleichwohl hat es sich eingebürgert, von einem »Anspruch auf Abfindung« bzw. »Anspruch auf Nachteilsausgleich« zu sprechen, ohne dass dies jedoch auf vertieften dogmatischen Überlegungen beruht. Dementsprechend divergieren die ohnehin seltenen Aussagen zum Zeitpunkt der Entstehung des Anspruchs unter Verzicht auf tragfähige Begründungen; teils wird die Durchführung der Betriebsänderung (*BAG* 22.11.2005 EzA § 615 BGB 2002 Nr. 14 S. 8 = AP Nr. 5 zu § 615 BGB Anrechnung Bl. 4; 30.05.2006 EzA § 113 BetrVG 2001 Nr. 7 Rn. 17 = AP Nr. 5 zu § 209 InsO; 16.08.2011 EzA § 111 BetrVG 2001 Nr. 7 Rn. 9 = AP Nr. 55 zu § 113 BetrVG 1972 = NZA 2012, 221; 14.04.2015 EzA § 194 GVG Nr. 2 Rn. 19 = AP Nr. 57 zu § 113 BetrVG 1972 = NZA 2015, 1212; 22.09.2016 EzA § 17 KSchG Nr. 39 Rn. 74 = AP Nr. 52 zu § 17 KSchG 1969 = NZA 2017, 175; *LAG Baden-Württemberg* 23.06.2015 – 22 Sa 61/14 – BeckRS 2015, 73214; *LAG Berlin-Brandenburg* 25.02.2016 – 18 Sa 1849/15 – BeckRS 2016, 111937; *LAG München* 07.08.2013 – 11 Sa 56/13 – BeckRS 2014, 71955; 27.11.2013 – 8 Sa 381/13 – BeckRS 2014, 71957; *Fitting* § 113 Rn. 46; *Hunold* NZA-RR 2004, 561 [563]), teils die »Entlassung« (*LAG Düsseldorf* 19.08.2014 LAGE § 111 BetrVG 2001 Nr. 13 = BeckRS 2014, 72926; *Stege/Weinspach/Schiefer* §§ 111–113 Rn. 167; allgemein auch *Rebel* Grundprobleme, S. 194) genannt. Im Lichte der Legaldefinition in § 194 BGB lässt sich die Qualifikation als Anspruchsgrundlage nicht aus § 113 Abs. 1 ableiten, da die Norm zugunsten des Arbeitnehmers lediglich ein Recht auf Anrufung des Arbeitsgerichts begründet (**a. M.** *Rebel* Grundprobleme, S. 49 ff.). Die exakte dogmatische Fundierung des »Abfindungsanspruchs« ist jedoch insbesondere für den Zeitpunkt bedeutsam, zu dem der Anspruch entsteht, was sich wiederum auf die Übertragbarkeit der Forderung kraft Rechtsgeschäfts oder Erbfolge, aber auch auf die Verjährung sowie etwaige Verzugszinsen auswirkt.

81 Ein überzeugendes dogmatisches Fundament lässt sich aus einem Vergleich mit der ähnlich formulierten Regelung in § 9 Abs. 1 KSchG entwickeln. Auch dort hängt die »Abfindung« von einem Antrag des Arbeitnehmers an das Arbeitsgericht sowie einer daraufhin erfolgenden Verurteilung des Arbeitgebers ab. Dementsprechend ist in der Rechtsprechung des *Bundesarbeitsgerichts* zu § 9 Abs. 1 KSchG anerkannt, dass ein Anspruch des Arbeitnehmers auf Zahlung der Abfindung erst mit dem Urteil des Arbeitsgerichts entsteht, ohne dass es hierfür allerdings des Eintritts der Rechtskraft bedarf (*BAG* 09.12.1987 AP Nr. 4 zu § 62 ArbGG 1979 Bl. 2 f. *[Pecher/Pecher]* sowie zuvor *BAG* 13.05.1969 AP Nr. 2 zu § 8 KSchG). Wegen der bewussten und bis in den Wortlaut reichenden Anlehnung des § 113 Abs. 1 an die Abfindungsregelung des KSchG liegt es nahe, § 113 Abs. 1 eine vergleichbare dogmatische Konstruktion zugrunde zu legen (**a. M.** *Gamillscheg* II, § 52, 5c [3]; *Rebel* Grundprobleme, S. 50 f.). Deshalb enthält § 113 Abs. 1 vergleichbar mit § 9 Abs. 1 KSchG lediglich ein Recht zur Anrufung des Arbeitsgerichts, das bereits mit der Abweichung vom Interessenausgleich bzw. im Fall des § 113 Abs. 3 mit der Durchführung der Betriebsänderung entsteht. Ein Zahlungsanspruch des Arbeitnehmers entsteht jedoch nicht bereits zu diesen Zeitpunkten, sondern erst, wenn ein Urteil vorliegt, wobei es sich bis zum Eintritt der Rechtskraft um einen auflösend bedingten Anspruch handelt (zu § 9 Abs. 1 KSchG *BAG* 09.12.1987 AP Nr. 4 zu § 62 ArbGG 1979 Bl. 2 f. *[Pecher/Pecher]*).

82 **Schuldner** des Nachteilsausgleichs ist der **Rechtsträger** des Betriebs (*BAG* 15.01.1991 EzA § 303 AktG Nr. 1 S. 8 *[Belling/v. Steinau-Steinrück]* = AP Nr. 21 zu § 113 BetrVG 1972 Bl. 3 f.; *LAG Baden-Württemberg* 23.06.2015 – 22 Sa 61/14 – BeckRS 2015, 73214 sowie hier Rdn. 10); bei einem **Gemeinschaftsbetrieb** haften deshalb alle Unternehmen des Gemeinschaftsbetriebs gesamtschuldnerisch für den Nachteilsausgleich (*LAG Düsseldorf* 19.08.2014 LAGE § 111 BetrVG 2001 Nr. 13 = BeckRS 2014, 72926; tendenziell auch aber letztlich offen *BAG* 12.11.2002 EzA § 112 BetrVG 2001 Nr. 2 S. 7 = AP Nr. 155 zu § 112 BetrVG 1972 Bl. 3 R = NZA 2003, 676; **a. M.** *LAG Düsseldorf* 09.03.2017 – 5 Sa 780/16 – BeckRS 2017, 110385: nur der Vertragsarbeitgeber). Nicht entscheidend ist, auf wen das zum Nachteilsausgleich führende Verhalten zurückzuführen ist. Im Rahmen einer **Konzernverbindung** trifft die Verpflichtung zum Nachteilsausgleich deshalb grundsätzlich das abhängige Konzernunternehmen, mag dieses die Betriebsänderung auch aufgrund einer Weisung des herrschenden Unternehmens durchgeführt haben (*BAG* 15.01.1991 EzA § 303 AktG Nr. 1 S. 8 *[Belling/v. Steinau-Steinrück]* = AP Nr. 21 zu § 113 BetrVG 1972 Bl. 3 f.; 14.04.2015 EzA § 113 BetrVG 2001 Nr. 10 Rn. 16 = AP Nr. 56 zu § 113 BetrVG 1972 = NZA 2015, 1147; *LAG Baden-Württemberg* 23.06.2015 – 22 Sa 61/14 – BeckRS 2015, 73214). Ein Durchgriff auf das herrschende Unternehmen kommt lediglich bei dessen Haftung nach konzernrechtlichen Grundsätzen in Betracht (*v. Hoyningen-Huene* Betriebsverfassungsrecht, § 15 V 1; *Schaub/Koch* Arbeitsrechts-Handbuch, § 244 Rn. 92 sowie oben §§ 112, 112a Rdn. 186; im Ergebnis auch *Rebel* Grundprobleme, S. 104 ff., der beim Vertragskonzern eine Inanspruchnahme der Konzernobergesellschaft befürwortet, dies jedoch als alternativ zu dem konzernabhängigen Unternehmen ansieht; weitergehend *Schmitt-Rolfes* FS 50 Jahre Bundes-

arbeitsgericht, 2004, S. 1081 [1096]: gesamtschuldnerische Haftung der Konzernobergesellschaft bei konzerndimensionalen Betriebsänderungen).

Zu einer **gesamtschuldnerischen Haftung** kommt es jedoch, wenn die Betriebsänderung in einer **Betriebsgesellschaft** in einem Zeitraum von fünf Jahren durchgeführt wird, nachdem die zur Führung des Betriebs notwendigen Vermögensteile im Wege einer Spaltung nach dem UmwG auf eine **Anlagegesellschaft** übertragen worden sind. Sofern an den an der Spaltung beteiligten Rechtsträgern im Wesentlichen dieselben Personen beteiligt sind, haftet nach § **134 Abs. 1 Satz 1 UmwG** auch die Anlagegesellschaft gesamtschuldnerisch, wenn in der Betriebsführungsgesellschaft Forderungen der Arbeitnehmer nach § 113 BetrVG begründet werden. Da § 134 Abs. 1 Satz 1 UmwG ausdrücklich auch auf § 113 Bezug nimmt, sind auch die nach dieser Vorschrift begründeten Ansprüche auf einen Nachteilsausgleich in die gesamtschuldnerische Haftung einbezogen (*Hohenstatt/Schramm* Kölner Komm. UmwG, § 134 Rn. 22; *Kallmeyer/Willemsen* UmwG, § 134 Rn. 17; *Seulen* in: *Semler/Stengel* UmwG, § 134 Rn. 36). 83

Als **Gläubiger** des Nachteilsausgleichs benennt § 113 den »Arbeitnehmer« und knüpft damit an den Arbeitnehmerbegriff in § 5 Abs. 1 an. Damit sind Arbeitnehmer von anderen Unternehmen, die in den von der Betriebsänderung betroffenen Betrieb zur Arbeitsleistung überlassen worden sind, selbst dann nicht anspruchsberechtigt, wenn infolge der Betriebsänderung ihre Einsatzmöglichkeit in dem Betrieb entfällt; das gilt auch, wenn sie nach § 7 Satz 2 wahlberechtigt sind. Im Rahmen der Gleichstellung nach § 24 Abs. 2 Satz 1 PostPersRG können allerdings Beamte zum Kreis der anspruchsberechtigten »Arbeitnehmer« zählen (*VG Darmstadt* 20.02.2002 NVwZ-RR 2002, 863 [864]). 84

Die Verurteilung des Unternehmers nach § 113 Abs. 1 ist ausgeschlossen, wenn der Arbeitnehmer gegen eine ihm ausgesprochene Kündigung **Kündigungsschutzklage** erhoben hat und der Arbeitgeber aufgrund eines **Auflösungsantrags** nach den §§ 9, 10 KSchG zur Zahlung einer Abfindung verurteilt wurde. In diesem Fall fehlt bereits eine tatbestandliche Voraussetzung für die auf § 113 Abs. 1 gestützte Klage. Die Entlassung des Arbeitnehmers ist nicht mehr auf die Betriebsänderung, sondern die gerichtliche Auflösung des Arbeitsverhältnisses zurückzuführen (*Richardi/Annuß* § 113 Rn. 38). Zu einer Anspruchskonkurrenz kann es in dieser Konstellation nicht kommen (*Richardi/Annuß* § 113 Rn. 38; im Ergebnis auch *v. Hoyningen-Huene* Betriebsverfassungsrecht, § 15 V 5). 85

Den Antrag nach § 113 Abs. 1 hat der Arbeitnehmer an das **örtlich zuständige Arbeitsgericht** zu richten. Die Entscheidung ergeht im **Urteilsverfahren** (*Fitting* § 113 Rn. 35; *Galperin/Löwisch* § 113 Rn. 32; *Hess/HWGNRH* § 113 Rn. 84; *Richardi/Annuß* § 113 Rn. 43; *Schaub/Koch* Arbeitsrechts-Handbuch, § 244 Rn. 93; *Stege/Weinspach/Schiefer* §§ 111–113 Rn. 166). Da der Arbeitnehmer die Verurteilung zu einer Leistung begehrt, muss er eine **Leistungsklage** erheben (*Fitting* § 113 Rn. 35; *Galperin/Löwisch* § 113 Rn. 32; *Hess/HWGNRH* § 113 Rn. 18; *Richardi/Annuß* § 113 Rn. 45; *Stege/Weinspach/Schiefer* §§ 111–113 Rn. 166; zur Bezifferung des Zahlungsantrags s. Rdn. 98), die er mit einer **Kündigungsschutzklage** verbinden kann, weil unterschiedliche Streitgegenstände vorliegen (*Richardi/Annuß* § 113 Rn. 45). In diesem Fall ist der Leistungsantrag jedoch **hilfsweise** für den Fall zu stellen, dass die Feststellungsklage abgewiesen wird, da die Verurteilung zur Zahlung einer Abfindung die Entlassung des Arbeitnehmers voraussetzt (*Fitting* § 113 Rn. 38; *Hess/HWGNRH* § 113 Rn. 16; *Hohenstatt/Willemsen/HWK* § 113 BetrVG Rn. 1; *Kania*/ErfK § 113 BetrVG Rn. 5; *Löwisch/LK* § 113 Rn. 5; *Matthes*/MünchArbR, 2. Aufl. 2000, § 361 Rn. 41; *Richardi/Annuß* § 113 Rn. 46; *Röder/Baeck/JRH* Kap. 28 Rn. 154 Fn. 396; *Schaub/Koch* Arbeitsrechts-Handbuch, § 244 Rn. 81; a. M. *Reich* § 113 Rn. 1). Die Stellung des Hilfsantrags und die hiermit verbundene Erhöhung der Kosten kann allerdings im Einzelfall (z. B. bei großen Erfolgsaussichten der Kündigungsschutzklage) wegen einer Obliegenheitsverletzung insoweit zu einer **Leistungsbefreiung des Rechtsschutzversicherers** führen (*OLG Köln* 23.09.2003 VersR 2004, 639 [640]). Der Arbeitnehmer kann die Abfindung auch mittels einer **selbständigen Leistungsklage** geltend machen; allerdings ist ein derartiges Verfahren nach § 148 ZPO auszusetzen, wenn der Arbeitnehmer **parallel** eine **Kündigungsschutzklage** erhoben hat (*Fitting* § 113 Rn. 38). 86

b) Ausschlussfristen, Verjährung und Verzicht

87 Für die **Klage** auf Verurteilung zur Zahlung einer Abfindung gilt grundsätzlich **keine Frist**, insbesondere nicht die Drei-Wochen-Frist des § 4 Satz 1 KSchG (*Hess/HWGNRH* § 113 Rn. 16; *Löwisch/LK* § 113 Rn. 7; *Richardi/Annuß* § 113 Rn. 62; *Schaub/Koch* Arbeitsrechts-Handbuch, § 244 Rn. 93; *Schweibert/WHSS* Kap. C Rn. 361; *Stege/Weinspach/Schiefer* §§ 111–113 Rn. 166; *Weber/Ehrich/Hörchens/Oberthür* Kap. J Rn. 116). Das gilt im Ergebnis auch, wenn der Arbeitnehmer die Abfindung hilfsweise im Rahmen einer Kündigungsschutzklage geltend macht. Die Versäumung der Klagefrist des § 4 Satz 1 KSchG hat wegen ihrer Rechtsnatur als materiell-rechtlicher Ausschlussfrist lediglich zur Folge, dass der auf die Kündigung bezogene Hauptantrag als unbegründet abzuweisen ist, so dass über den auf Zahlung einer Abfindung gerichteten Hilfsantrag zu entscheiden ist.

88 Demgegenüber ergreifen **tarifliche Ausschlussfristen** auch den Nachteilsausgleich i. S. d. § 113 Abs. 1 (*BAG* 20.06.1978 EzA § 4 TVG Ausschlussfristen Nr. 34 = AP Nr. 3 zu § 113 BetrVG 1972 Bl. 1 R = AR-Blattei Ausschlussfristen, Entsch. 85 [*Herschel*]; 03.08.1982 EzA § 113 BetrVG 1972 Nr. 10 S. 59 = AP Nr. 5 zu § 113 BetrVG 1972 Bl. 1 R; 22.02.1983 EzA § 4 TVG Ausschlussfristen Nr. 54 S. 175 f. = AP Nr. 7 zu § 113 BetrVG 1972 Bl. 2 R; 18.12.1984 EzA § 113 BetrVG 1972 Nr. 12 = AP Nr. 11 zu § 113 BetrVG 1972 Bl. 5 = SAE 1986, 125 [*Buchner*] = AR-Blattei Betriebsverfassung XIV E, Entsch. 26 [*Löwisch*]; *Etzel* Rn. 1020; *Fitting* § 113 Rn. 48; *Hess/HWGNRH* § 113 Rn. 16; *v. Hoyningen-Huene* Betriebsverfassungsrecht, § 15 V 2; *Löwisch/LK* § 113 Rn. 18; *Richardi/Annuß* § 113 Rn. 63; *Schweibert/WHSS* Kap. C Rn. 361; *Stege/Weinspach/Schiefer* §§ 111–113 Rn. 166).

89 Bezüglich der **Verjährung** ist die Rechtslage unproblematisch, wenn § 113 Abs. 1 entgegen der hiesigen Ansicht (s. Rdn. 80 f.) als Anspruchsgrundlage qualifiziert wird. In diesem Fall tritt die **Verjährung** gemäß § 195 BGB in **drei Jahren** ein (*Richardi/Annuß* § 113 Rn. 62; *Schweibert/WHSS* Kap. C Rn. 361; *Stege/Weinspach/Schiefer* §§ 111–113 Rn. 168); zum Beginn der Verjährung s. § 199 BGB, wobei hinsichtlich der Entstehung des Anspruchs auf den Zeitpunkt abzustellen sein soll, zu dem der Unternehmer mit der Durchführung der Betriebsänderung beginnt (*Fitting* § 113 Rn. 46) bzw. von dem Interessenausgleich abweicht. Zu einem anderen Ergebnis führt der hier befürwortete Ansatz (s. Rdn. 81), da nicht das in § 113 Abs. 1 begründete Recht, sondern der durch das gerichtliche Urteil begründete Anspruch der Verjährung unterliegt. Für diesen beträgt die Verjährungsfrist **30 Jahre** (§ 197 Abs. 1 Nr. 3 BGB; im Ergebnis auch *Hess/HWGNRH* § 113 Rn. 16), die mit **Eintritt der Rechtskraft** zu laufen beginnt (§ 201 BGB).

90 Hinsichtlich des **Verzichts** auf den Nachteilsausgleich ist nach dem Zeitpunkt zu differenzieren, in dem der Arbeitnehmer diesen erklärt hat. Vor Durchführung der Betriebsänderung ist dieser unwirksam, da § 113 Abs. 3 andernfalls seinen Sanktionszweck nicht mehr entfalten könnte (*BAG* 23.09.2003 EzA § 113 BetrVG 2001 Nr. 3 S. 10 = AP Nr. 43 zu § 113 BetrVG 1972 Bl. 5; ebenso *Fitting* § 113 Rn. 46). In dem nachfolgenden Zeitraum bestehen jedoch weder im Hinblick auf den Zweck des Nachteilsausgleichs noch aus Sicht des Unionsrechts durchgreifende Bedenken, wenn der Arbeitnehmer auf einen Nachteilsausgleich verzichtet (*BAG* 23.09.2003 EzA § 113 BetrVG 2001 Nr. 3 S. 9 ff. = AP Nr. 43 zu § 113 BetrVG 1972 Bl. 4 ff.; *Fitting* § 113 Rn. 46; *Gamillscheg* II, § 52, 5c [1] [a]; *Keller* NZA 1997, 519 [519 f.]; *Rebel* Grundprobleme, S. 202). Dies kann auch durch eine **Ausgleichsklausel** geschehen, die in einem Aufhebungsvertrag enthalten ist (*BAG* 23.09.2003 EzA § 113 BetrVG 2001 Nr. 3 S. 7 f. = AP Nr. 43 zu § 113 BetrVG 1972 Bl. 3 ff.; *Fitting* § 113 Rn. 46; *Löwisch/LK* § 113 Rn. 19; *Schweibert/WHSS* Kap. C Rn. 361). Eine entsprechende Anwendung des **§ 77 Abs. 4 Satz 2** kommt **nicht** in Betracht (*BAG* 23.09.2003 EzA § 113 BetrVG 2001 Nr. 3 S. 9 = AP Nr. 43 zu § 113 BetrVG 1972 Bl. 4 f.; *Fitting* § 113 Rn. 46; *Keller* NZA 1997, 519 [520 f.]; *Rebel* Grundprobleme, S. 197 ff.; *Richardi/Annuß* § 113 Rn. 64), da die Vorschrift – nicht anders als § 4 Abs. 4 TVG – dem Schutz kollektiver Normsetzung dient.

c) Höhe der Abfindung

91 Die **Höhe der Abfindung** lässt das Gesetz offen. Nicht zuletzt wegen der Verweisung in § 113 Abs. 1 auf § 10 KSchG steht die Festlegung der konkreten Höhe im **Ermessen des Gerichts** (*BAG* 22.02.1983 EzA § 4 TVG Ausschlussfristen Nr. 54 S. 176 = AP Nr. 7 zu § 113 BetrVG 1972 Bl. 2 R; 09.07.1985 EzA § 113 BetrVG 1972 Nr. 13 S. 89 = AP Nr. 13 zu § 113 BetrVG 1972 Bl. 4 = AR-

Nachteilsausgleich § 113

Blattei Konkurs, Entsch. 64 *[Richardi]*; 08.11.1988 EzA § 113 BetrVG 1972 Nr. 18 S. 7 = AP Nr. 18 zu § 113 BetrVG 1972 Bl. 3 f.; 18.10.2011 EzA § 111 BetrVG 2011 Nr. 8 Rn. 24 = AP Nr. 70 zu § 111 BetrVG 1972 = NZA 2012, 221; *LAG Niedersachsen* 12.08.2002 LAGE § 122 InsO Nr. 1 S. 7 *[Oetker]*; *Fitting* § 113 Rn. 36; *Hess/HWGNRH* § 113 Rn. 18; *Kania*/ErfK § 113 BetrVG Rn. 6; *Löwisch/LK* § 113 Rn. 6; *Matthes*/MünchArbR § 269 Rn. 45; *Röder/Baeck/JRH* Kap. 28 Rn. 152; *Rumpff/Boewer* Wirtschaftliche Angelegenheiten, Kap. K Rn. 29; *Steffan/HaKo* § 113 Rn. 12). Dabei begründet § 113 Abs. 1 **kein freies Ermessen**, sondern dessen Ausübung wird durch den Zweck der das Ermessen einräumenden Vorschrift geprägt. Die Verweisung auf § 10 KSchG steht dem nicht entgegen, da § 113 Abs. 1 eine »entsprechende« Anwendung der Bestimmung vorschreibt. Deshalb sind die Konkretisierungen in Literatur und Rechtsprechung zu den §§ 9, 10 KSchG nicht teleologisch blind zu übertragen, sondern gegebenenfalls im Lichte des mit § 113 verfolgten **Sanktionszwecks** zu modifizieren, da dieser im Rahmen der §§ 9, 10 KSchG allenfalls von untergeordneter Bedeutung ist (näher *Oetker* Anm. zu *BAG* 22.07.2003 AP Nr. 42 zu § 113 BetrVG 1972 Bl. 10 R ff.; *ders.* Anm. zu *LAG Niedersachsen* 12.08.2002 LAGE § 122 InsO Nr. 1 S. 14 ff.). Hinsichtlich des Zeitpunkts der für die Bemessung maßgeblichen Verhältnisse s. *LAG Hamm* 14.09.2004 LAGE § 113 BetrVG 2001 Nr. 2 S. 8, das auf den Zeitpunkt der Entlassung abstellt (ebenso *LAG Hamm* 16.11.2004 LAGR 2005, 153 [157]).

Die in § 113 Abs. 1 angeordnete entsprechende Anwendung des § 10 KSchG gibt zunächst das **Lebensalter** und die **Dauer der Betriebszugehörigkeit** des Arbeitnehmers als Bemessungsfaktoren vor (*BAG* 13.06.1989 EzA § 113 BetrVG 1972 Nr. 19 S. 11 *[Uhlenbruck]* = AP Nr. 19 zu § 113 BetrVG 1972 Bl. 5 *[Lüke]*; 18.10.2011 EzA § 111 BetrVG 2001 Nr. 8 Rn. 24 = AP Nr. 70 zu § 111 BetrVG 1972 = NZA 2012, 221; *Kania*/ErfK § 113 BetrVG Rn. 6), ohne **weitere Gesichtspunkte** auszuschließen (*LAG Hamm* 14.09.2004 LAGE § 113 BetrVG 2001 Nr. 2 S. 8; 16.11.2004 LAGR 2005, 153 [157]; *Fitting* § 113 Rn. 30; *Preis/Bender/WPK* § 113 Rn. 19; *Rebel* Grundprobleme, S. 208; zurückhaltend im Hinblick auf das Verbot der Diskriminierung wegen des Alters *Rieble*/AR § 113 BetrVG Rn. 9), ohne dies jedoch zwingend vorzuschreiben. Deshalb ist es ermessensfehlerfrei, wenn das Gericht davon absieht, bei der Bemessung des Nachteilsausgleichs die Unterhaltspflichten des Arbeitnehmers zu berücksichtigen (*BAG* 16.05.2007 EzA § 613a BGB Nr. 70 Rn. 37 = AP Nr. 64 zu § 111 BetrVG 1972). Wie im Rahmen der §§ 9, 10 KSchG ziehen jedoch die durch das Lebensalter und die Dauer der Betriebszugehörigkeit gebildeten Parameter der Abfindung eine **Obergrenze** (*LAG Rheinland-Pfalz* 06.11.2007 – 3 Sa 375/07 – BeckRS 2008, 51635; 15.01.2008 – 3 Sa 634/07 – BeckRS 2008, 52949; *Däubler/DKKW* § 113 Rn. 19; *Fitting* § 113 Rn. 30; *Kania*/ErfK § 113 BetrVG Rn. 6; *Rebel* Grundprobleme, S. 209; *Rieble*/AR § 113 BetrVG Rn. 9).

Bei der Höhe der Abfindung kann zugunsten des Arbeitnehmers der **Verlust einer tariflichen Zusatzvergütung** (*BAG* 08.11.1988 EzA § 113 BetrVG 1972 Nr. 18 S. 7 = AP Nr. 18 zu § 113 BetrVG 1972 Bl. 3 R) und aufgrund der Betriebszugehörigkeit erworbener **Anwartschaften** (*BAG* 13.06.1989 EzA § 113 BetrVG 1972 Nr. 19 S. 11 *[Uhlenbruck]* = AP Nr. 19 zu § 113 BetrVG 1972 Bl. 5 *[Lüke]*) erhöhend wirken. Umgekehrt sind zu Lasten des Arbeitnehmers das von ihm abgelehnte **Angebot eines zumutbaren Arbeitsplatzes** bei einem Dritten zu berücksichtigen (*BAG* 09.07.1985 EzA § 113 BetrVG 1972 Nr. 13 S. 89 = AP Nr. 13 zu § 113 BetrVG 1972 Bl. 4 R f.; 13.06.1989 EzA § 113 BetrVG 1972 Nr. 19 S. 11 *[Uhlenbruck]* = AP Nr. 19 zu § 113 BetrVG 1972 Bl. 5 *[Lüke]*; 10.12.1996 EzA § 111 BetrVG 1972 Nr. 34 S. 8 = AP Nr. 32 zu § 113 BetrVG 1972 Bl. 3 R; s. a. *LAG Hamm* 14.09.2004 LAGE § 113 BetrVG 2001 Nr. 2 S. 10; 16.11.2004 LAGR 2005, 153 [157]), ohne dass jedoch aufgrund einer entsprechenden Anwendung des für den von der Einigungsstelle aufgestellten Sozialplan geltenden Ausschlusstatbestand in **§ 112 Abs. 5 Satz 2 Nr. 2** eine Abfindung aus dem vorgenannten Grund vollständig entfällt (*BAG* 10.12.1996 EzA § 111 BetrVG 1972 Nr. 34 S. 7 = AP Nr. 32 zu § 113 BetrVG 1972 Bl. 3; 19.01.1999 EzA § 113 BetrVG 1972 Nr. 28 S. 6 f. = AP Nr. 37 zu § 113 BetrVG 1972 Bl. 3; 04.06.2003 EzA § 209 InsO Nr. 1 S. 14 = AP Nr. 2 zu § 209 InsO Bl. 6 R; *LAG Niedersachsen* 12.08.2002 LAGE § 122 InsO Nr. 1 S. 7 *[Oetker]*; *Berenz* NZA 1993, 538 [542 f.]; *Däubler/DKKW* § 113 Rn. 19; *Hohenstatt/Willemsen/HWK* § 113 BetrVG Rn. 14; *Preis/Bender/WPK* § 113 Rn. 19; *Rebel* Grundprobleme, S. 204 ff.; *Richardi/Annuß* § 113 Rn. 49; *Schäfer* AuR 1982, 120 [121]; *Stege/Weinspach/Schiefer* §§ 111–113 Rn. 167; **a. M.** *Rieble*/AR § 113 BetrVG Rn. 9, der auch den Ausschluss einer Abfindung für möglich erachtet). Entsprechendes gilt für eine vom Arbeitnehmer **wahrgenommene Weiterbeschäftigungsmöglich-**

§ 113   IV. 6. 1. Betriebsänderungen

keit; diese führt nicht zum Ausschluss eines Nachteilsausgleichs, wohl aber zu dessen Reduzierung (*LAG Düsseldorf* 09.03.2017 – 5 Sa 780/16 – BeckRS 2017, 110385).

94 Ferner beeinflusst die **Lage auf dem Arbeitsmarkt** die Ausübung des Ermessens (*BAG* 10.12.1996 EzA § 111 BetrVG 1972 Nr. 34 S. 8 = AP Nr. 32 zu § 113 BetrVG 1972 Bl. 3 R; 20.11.2001 EzA § 113 BetrVG 1972 Nr. 29 S. 5 = AP Nr. 39 zu § 113 BetrVG 1972 Bl. 2 R; 16.05.2007 EzA § 613a BGB 2002 Nr. 70 Rn. 37 = AP Nr. 64 zu § 111 BetrVG 1972; 18.10.2011 EzA § 111 BetrVG 2001 Nr. 8 Rn. 24 = AP Nr. 70 zu § 111 BetrVG 1972 = NZA 2012, 221; *LAG Düsseldorf* 19.08.2014 LAGE § 111 BetrVG 2001 Nr. 13 = BeckRS 2014, 72926; 09.03.2017 – 5 Sa 780/17 – BeckRS 2017, 110385; *LAG Hamm* 14.09.2004 LAGE § 113 BetrVG 2001 Nr. 2 S. 8; *Hess. LAG* 25.07.2002 AiB 2003, 41 [42]; *Kania*/ErfK § 113 BetrVG Rn. 6; *Preis/Bender/WPK* § 113 Rn. 19; *Rebel* Grundprobleme, S. 217; *Schweibert/WHSS* Kap. C Rn. 357; **a.M.** *Stege/Weinspach/Schiefer* §§ 111–113 Rn. 167), wobei sich dieser Umstand nicht nur erhöhend, sondern auch mindernd auswirken kann. Entsprechendes gilt für den Zeitraum bis zum Bezug von **Altersruhegeld** (*Hess. LAG* 25.07.2002 AiB 2003, 41 [42]). Andererseits soll es sich nicht mindernd auf die Höhe der Abfindung auswirken, wenn der Arbeitnehmer unmittelbar nach der Entlassung eine Anschlussbeschäftigung aufgenommen hat (so *ArbG Solingen* 24.04.2012 – 1 Ca 1520/11 – BeckRS 2012, 69990; **a.M.** *LAG Düsseldorf* 19.08.2014 LAGE § 111 BetrVG 2001 Nr. 13 = BeckRS 2014, 72926), was zumindest durch den Sanktionszweck des Nachteilsausgleichs gerechtfertigt ist. Schließlich sollen auch besondere soziale Umstände des Arbeitnehmers Berücksichtigung finden (*LAG Nürnberg* 21.09.2009 – 6 Sa 808/08 – BeckRS 2009, 73039).

95 Ebenso kann die **Intensität der Pflichtverletzung** durch den Unternehmer wegen des Sanktionscharakters der Abfindung deren Höhe beeinflussen (*BAG* 14.09.1976 EzA § 113 BetrVG 1972 Nr. 2 S. 28 [*Schwerdtner*] = AP Nr. 2 zu § 113 BetrVG 1972 Bl. 3 R [*Richardi*] = SAE 1977, 282 [*Otto*]; 20.11.2001 EzA § 113 BetrVG 1972 Nr. 29 S. 5 = AP Nr. 39 zu § 113 BetrVG 1972 Bl. 2 R; 04.12.2002 EzA § 113 BetrVG 1972 Nr. 30 S. 10 = AP Nr. 2 zu § 38 InsO 1972 Bl. 5; 22.07.2003 EzA § 111 BetrVG 2001 Nr. 1 S. 9 = AP Nr. 42 zu § 113 BetrVG 1972 Bl. 4; 18.10.2011 EzA § 111 BetrVG 2001 Nr. 8 Rn. 24 = AP Nr. 70 zu § 111 BetrVG 1972 = NZA 2012, 221; *LAG Düsseldorf* 19.08.2014 LAGE § 111 BetrVG 2001 Nr. 13 = BeckRS 2014, 72926; *LAG Hamm* 26.08.2004 LAGR 2005, 242 [247]; 14.09.2004 LAGE § 113 BetrVG 2001 Nr. 2 S. 9; *Fitting* § 113 Rn. 30; *Kania*/ErfK § 113 BetrVG Rn. 6; *Löwisch/LK* § 113 Rn. 6; *Preis/Bender/WPK* § 113 Rn. 19; *Röder/Baeck/JRH* Kap. 28 Rn. 152; **a.M.** *Schweibert/WHSS* Kap. C Rn. 357), wobei das vorsätzliche Hinwegsetzen über die Beteiligungsrechte regelmäßig zu einer Erhöhung der Abfindung führt. Umgekehrt kann es zu einer Ermäßigung der Abfindung führen, wenn der Unternehmer mit der Durchführung der Betriebsänderung begonnen hat, um mittels einer Restrukturierung des Unternehmens eine möglichst große Zahl von Arbeitsplätzen zu erhalten, oder der Arbeitgeber rechtsirrig glaubte, einen rechtswirksamen Interessenausgleich abgeschlossen zu haben (*LAG Hamm* 26.08.2004 LAGR 2005, 242 [247]). Ebenso kann es mindernd zu berücksichtigen sein, wenn die Verpflichtung zur Durchführung eines Interessenausgleichs von der Beantwortung einer Rechtsfrage abhängt, die im Zeitpunkt der unternehmerischen Entscheidung umstritten und noch nicht abschließend höchstrichterlich beantwortet war (*BAG* 18.10.2011 EzA § 111 BetrVG 2001 Nr. 8 Rn. 42 = AP Nr. 70 zu § 111 BetrVG 1972 = NZA 2012, 221).

96 Andererseits verbietet es der Sanktionscharakter der Abfindung, bei deren Höhe die **wirtschaftliche Vertretbarkeit für das Unternehmen** bzw. dessen **Leistungsfähigkeit** zu berücksichtigen (*BAG* 20.11.2001 EzA § 113 BetrVG 1972 Nr. 29 S. 7 = AP Nr. 39 zu § 113 BetrVG 1972 Bl. 3 R; 22.07.2003 EzA § 111 BetrVG 2001 Nr. 1 S. 10 = AP Nr. 42 zu § 113 BetrVG 1972 Bl. 4 f. [*Oetker*]; 18.10.2011 EzA § 111 BetrVG 2001 Nr. 8 Rn. 24 = AP Nr. 70 zu § 111 BetrVG 1972 = NZA 2012, 221; *LAG Düsseldorf* 19.08.2014 LAGE § 111 BetrVG 2001 Nr. 13 = BeckRS 2014, 72926; *LAG Sachsen-Anhalt* 24.06.1997 NZA-RR 1998, 77 [78]; *Däubler/DKKW* § 113 Rn. 20; *Fitting* § 113 Rn. 30; *Hohenstatt/Willemsen/HWK* § 113 BetrVG Rn. 14; *Preis/Bender/WPK* § 113 Rn. 19; *Richardi/Annuß* § 113 Rn. 49; *Schweibert/WHSS* Kap. C Rn. 357; **a.M.** *Galperin/Löwisch* § 113 Rn. 26; *Hess/HWGNRH* § 113 Rn. 11; *Löwisch/LK* § 113 Rn. 6; *Röder/Baeck/JRH* Kap. 28 Rn. 152; wohl auch *Kania*/ErfK § 113 BetrVG Rn. 6; *Rieble*/AR § 113 BetrVG Rn. 9, jedoch nur untergeordnete Bedeutung; ähnlich *Hess. LAG* 25.07.2002 AiB 2003, 41 [42]: nachrangige Bedeu-

tung; wohl auch *Rebel* Grundprobleme, S. 219 ff., der wirtschaftliche Belastbarkeit als Grenze benennt) oder die Abfindung aus den in **§ 112 Abs. 5 Satz 2 Nr. 3** genannten Gründen vollständig entfallen zu lassen (*Berenz* NZA 1993, 538 [542 f.]; *Oetker* Anm. zu *BAG* 22.07.2003 AP Nr. 42 zu § 113 BetrVG 1972; *Rebel* Grundprobleme, S. 218 f.). Wegen des Sanktionszwecks des Nachteilsausgleichs sind einschneidende Belastungen des Unternehmens bis an den Rand der Bestandsgefährdung unter Umständen hinzunehmen; ihnen müssen in diesem Fall jedoch gewichtige Belange bei den von der Betriebsänderung betroffenen Arbeitnehmer gegenüberstehen. Dabei ist auch zu berücksichtigen, ob bzw. in welcher Höhe die als Nachteilsausgleich festgesetzte Abfindung mit Leistungen eines später aufgestellten Sozialplans zu verrechnen ist (dazu Rdn. 106 ff.).

Unberücksichtigt bleiben ferner die Schranken, die das **Insolvenzrecht** (§ 123 InsO) für die **Dotie- 97 rung eines Sozialplans** bzw. dort enthaltene Abfindungen festlegt (*BAG* 04.06.2003 EzA § 209 InsO Nr. 1 S. 14 = AP Nr. 2 zu § 209 InsO Bl. 6 R; *LAG Hamm* 26.08.2004 LAGR 2005, 242 [247], jeweils zu § 123 Abs. 2 und 3 InsO; 22.07.2003 EzA § 111 BetrVG 2001 Nr. 1 S. 9 = AP Nr. 42 zu § 113 BetrVG 1972 Bl. 4 *[Oetker]*, zu § 123 Abs. 1; *LAG Niedersachsen* 12.08.2002 LAGE § 122 InsO Nr. 1 S. 7 *[Oetker]*; *LAG Sachsen-Anhalt* 12.01.2016 LAGE § 112 BetrVG 2001 Nr. 16 = BeckRS 2016, 68616; *Fitting* § 113 Rn. 31; *Hamberger* Insolvenzverfahren, S. 230; *Preis/Bender/WPK* § 113 Rn. 19; *Rebel* Grundprobleme, S. 243). Entsprechendes gilt für die **insolvenzbedingte Einschränkung der wirtschaftlichen Leistungsfähigkeit** (*BAG* 22.07.2003 EzA § 111 BetrVG 2001 Nr. 1 S. 10 = AP Nr. 42 zu § 113 BetrVG 1972 Bl. 4 *[Oetker]*; **a. M.** *LAG Niedersachsen* 12.08.2002 LAGE § 122 InsO Nr. 1 S. 8 *[Oetker]*) sowie die **Interessen der übrigen** am Insolvenzverfahren beteiligten **Gläubiger** (zust. *Preis/Bender/WPK* § 113 Rn. 19; *Rebel* Grundprobleme, S. 244 f.). Andernfalls würde die in der Insolvenzordnung getroffene Abwägung zwischen den verschiedenen Gläubigergruppen durchbrochen (näher *Oetker* Anm. zu *LAG Niedersachsen* 12.08.2002 LAGE § 122 InsO Nr. 1; **a. M.** *LAG Niedersachsen* 12.08.2002 LAGE § 122 InsO Nr. 1 S. 8 sowie noch *BAG* 09.07.1985 EzA § 113 BetrVG 1972 Nr. 13 = AP Nr. 13 zu § 113 BetrVG 1972, allerdings ohne vertiefte Auseinandersetzung mit der Problematik). Den Belangen der übrigen Insolvenzgläubiger ist durch einen gegen den Insolvenzverwalter gerichteten Ersatzanspruch (§ 60 Abs. 1 InsO) Rechnung zu tragen, da sein pflichtwidriges Verhalten zu einer Schmälerung der verteilungsfähigen Masse geführt hat (s. a. Rdn. 4).

Da die Höhe der Abfindung im Ermessen des Gerichts steht (s. Rdn. 91), muss der Arbeitnehmer diese 98 in seinem **Leistungsantrag nicht beziffern** (*BAG* 22.02.1983 EzA § 4 TVG Ausschlussfristen Nr. 54 S. 176 = AP Nr. 7 zu § 113 BetrVG 1972 Bl. 2 R; 29.11.1983 EzA § 113 BetrVG 1972 Nr. 11 S. 66 = AP Nr. 10 zu § 113 BetrVG 1972 Bl. 3 = SAE 1984, 257 *[Kraft]*; *Fitting* § 113 Rn. 36; *Hess/HWGNRH* § 113 Rn. 25, 85; *Kania/ErfK* § 113 BetrVG Rn. 6; *Löwisch/LK* § 113 Rn. 7; *Preis/Bender/WPK* § 113 Rn. 20; *Richardi/Annuß* § 113 Rn. 49; *Schaub/Koch* Arbeitsrechts-Handbuch, § 244 Rn. 93; *Stege/Weinspach/Schiefer* §§ 111–113 Rn. 168). Es genügt, wenn er die Verurteilung des Arbeitgebers zur Zahlung einer Abfindung begehrt und hinreichend Tatsachen vorträgt, die dem Gericht eine Festsetzung der Abfindungshöhe im Wege der **Schätzung (§ 287 ZPO)** ermöglichen (*BAG* 22.02.1983 EzA § 4 TVG Ausschlussfristen Nr. 54 S. 176 = AP Nr. 7 zu § 113 BetrVG 1972 Bl. 2 R; 29.11.1983 EzA § 113 BetrVG 1972 Nr. 11 S. 66 = AP Nr. 10 zu § 113 BetrVG 1972 Bl. 3 = SAE 1984, 257 *[Kraft]*; *LAG Düsseldorf* 19.08.2014 LAGE § 111 BetrVG 2001 Nr. 13 = BeckRS 2014, 72926; *Etzel* Rn. 1020; *Fitting* § 113 Rn. 37; *Kania/ErfK* § 113 BetrVG Rn. 6; *Stege/Weinspach/Schiefer* §§ 111–113 Rn. 168).

d) Abfindung und Insolvenz

In einer Insolvenz des Unternehmens genießt die vom Gericht zugebilligte Abfindung grundsätzlich 99 keine Privilegierung bei der Verteilung der Masse, wenn die Abweichung vom Interessenausgleich bzw. die Betriebsänderung noch **vom Gemeinschuldner** durchgeführt wurde (s. a. Rdn. 101). Es handelt sich in diesem Fall um eine **nicht bevorrechtigte Insolvenzforderung** (*BAG* 04.12.2002 EzA § 113 BetrVG 1972 Nr. 30 S. 6 = AP Nr. 2 zu § 38 InsO Bl. Bl. 2 R f.; *ArbG Hamburg* 02.09.2011 – 3 Ca 48/11 – BeckRS 2012, 67950; *Fitting* § 113 Rn. 40; *Hamberger* Insolvenzverfahren, S. 230; *Kania/ErfK* § 113 Rn. 9; *Löwisch/LK* § 113 Rn. 21; *Preis/Bender/WPK* § 113 Rn. 6; *Stege/Weinspach/Schiefer* §§ 111–113 Rn. 178; ebenso zur früheren Konkursordnung *BAG* 23.08.1988 EzA § 113

BetrVG 1972 Nr. 17 S. 10 f. *[Löwisch/Rieble]* = AP Nr. 17 zu § 113 BetrVG 1972 Bl. 5 f. *[Hromadka/ Heise]*; 18.12.1984 EzA § 113 BetrVG 1972 Nr. 12 S. 80 = AP Nr. 11 zu § 113 BetrVG 1972 Bl. 5 R = SAE 1986, 125 *[Buchner]* = AR-Blattei Betriebsverfassung XIV E, Entsch. 26 *[Löwisch]*; LAG Sachsen-Anhalt 24.06.1997 NZA-RR 1998, 77 [78]).

100 Weicht jedoch der **Insolvenzverwalter** ohne zwingenden Grund von einem Interessenausgleich ab oder führt er eine von ihm geplante Betriebsänderung ohne den Versuch eines Interessenausgleichs durch, ist die vom Gericht zugesprochene Abfindung als **Masseverbindlichkeit** i. S. d. § 55 Abs. 1 Nr. 1 InsO vorweg zu befriedigen (*BAG* 04.12.2002 EzA § 113 BetrVG 1972 Nr. 30 S. 6 = AP Nr. 2 zu § 38 InsO Bl. 2 R; 04.06.2003 EzA § 209 InsO Nr. 1 S. 13 = AP Nr. 2 zu § 209 InsO Bl. 6; 22.07.2003 EzA § 111 BetrVG 2001 Nr. 1 S. 4 = AP Nr. 42 zu § 113 BetrVG 1972 Bl. 2 *[Oetker]*; 18.11.2003 EzA § 113 BetrVG 2001 Nr. 2 S. 3 = AP Nr. 162 zu § 112 BetrVG 1972 Bl. 1 R; *LAG Köln* 22.10.2001 NZI 2002, 332 [333]; *Etzel* Rn. 1018; *Fitting* § 113 Rn. 41; *Hamberger* Insolvenzverfahren, S. 230 f.; *Löwisch/LK* § 113 Rn. 21; *Preis/Bender/WPK* § 113 Rn. 6; *Richardi/Annuß* § 113 Rn. 56; *Schaub/Koch* Arbeitsrechts-Handbuch, § 244 Rn. 94; *Stege/Weinspach/Schiefer* §§ 111–113 Rn. 178; ebenso bereits zu § 59 KO *BAG* 17.09.1974 EzA § 113 BetrVG 1972 Nr. 1 S. 11 *[Henckel]* = AP Nr. 1 zu § 113 BetrVG 1972 Bl. 5 R *[Richardi]* = SAE 1976, 18 *[Otto]* sowie die Nachweise in der 7. Aufl. bei Rn. 64). Auf Handlungen des **vorläufigen Insolvenzverwalters** kann diese Privilegierung nicht ausgedehnt werden (*BAG* 23.08.1988 EzA § 113 BetrVG 1972 Nr. 17 S. 11 *[Löwisch/ Rieble]* = AP Nr. 17 zu § 113 BetrVG 1972 Bl. 5 R *[Hromadka/Heise]*, für den Sequester nach früherem Konkursrecht). Zeigt der Insolvenzverwalter dem Insolvenzgericht die **Masseunzulänglichkeit** an (§ 208 InsO), so gelten die für Sozialplanansprüche dargelegten Grundsätze (s. §§ 112, 112a Rdn. 217 ff.) auch für den Nachteilsausgleich und seine Geltendmachung (*BAG* 30 05. 2006 EzA § 113 BetrVG 2001 Nr. 7 Rn. 11 = AP Nr. 5 zu § 209 InsO; *LAG Hamm* 26.08.2004 – 4 Sa 1853/03 – BeckRS 2004, 30461427). Wurde die für den Nachteilsausgleich maßgebliche Handlung von dem Insolvenzverwalter nach Anzeige der Masseunzulänglichkeit vorgenommen, handelt es sich um Neumasseverbindlichkeiten i. S. d. § 209 Abs. 1 Nr. 2 InsO (*BAG* 30.05.2006 EzA § 113 BetrVG 2001 Nr. 7 Rn. 11 f. = AP Nr. 5 zu § 209 InsO; *LAG Baden-Württemberg* 23.06.2015 – 22 Sa 61/14 – BeckRS 2015, 73214).

101 Die **zeitliche Grenze** bildet die Abweichung vom Interessenausgleich bzw. die Durchführung der Betriebsänderung. Geschah diese noch durch den Gemeinschuldner, so liegt selbst dann eine nicht bevorrechtigte Insolvenzforderung (§ 38 InsO) vor, wenn der Insolvenzverwalter die »Entlassung« erklärt hat (*BAG* 03.04.1990 EzA § 113 BetrVG 1972 Nr. 20 S. 5 f. *[Uhlenbruck]* = AP Nr. 20 zu § 113 BetrVG 1972 Bl. 2 R; *Fitting* § 113 Rn. 41; *Preis/Bender/WPK* § 113 Rn. 6; *Weiss/Weyand* § 113 Rn. 12), was auch dann gilt, wenn der Arbeitnehmer noch über den Zeitpunkt der Insolvenzeröffnung hinaus beschäftigt wird (*BAG* 04.12.2002 EzA § 113 BetrVG 1972 Nr. 30 S. 6 = AP Nr. 2 zu § 38 InsO Bl. 3).

e) Abtretung und Vererblichkeit

102 Im Unterschied zur Abtretbarkeit der Abfindung, die im Schrifttum nur selten gesondert erörtert wird (bejahend aber *Fitting* § 113 Rn. 47), liegen bezüglich der Vererblichkeit mehrere Äußerungen vor, die dies pauschal bejahen (*Fitting* § 113 Rn. 47; *Hess/HWGNRH* § 113 Rn. 89; *Röder/Baeck/JRH* Kap. 28 Rn. 156). Bezüglich der Abtretbarkeit und der Vererblichkeit ist dies auch bei dem hier befürworteten dogmatischen Ansatz (s. Rdn. 80 f.) zu bejahen, wenn der Anspruch des Arbeitnehmers mit dem Urteil entstanden ist. Problematisch ist die Rechtslage vor Anrufung des Gerichts bzw. während eines laufenden Gerichtsverfahrens. Dabei ist die Abtretbarkeit für das in § 113 Abs. 1 begründete Recht auf Anrufung des Gerichts nicht in Betracht zu ziehen, ohne dass dies jedoch einer Vorausabtretung entgegensteht. Ähnlich ist die Rechtslage im Hinblick auf die Vererblichkeit. Vor der Anrufung des Gerichts ist das in § 113 Abs. 1 zugunsten des Arbeitnehmers begründete Recht nicht vererblich, ein vor dem Tod des Arbeitnehmers eingeleitetes gerichtliches Verfahren können die Erben jedoch fortsetzen (zu den §§ 9, 10 KSchG *Spilger*/KR § 10 KSchG Rn. 18).

f) Steuerrecht, Sozialversicherung, Pfändung

Da die Abfindung als Ausgleich für den Verlust des Arbeitsplatzes gewährt wird, war sie bis zu den in § 3 Nr. 9 EStG genannten Höchstbeträgen steuerfrei (*Fitting* § 113 Rn. 41; *Röder/Baeck/JRH* Kap. 28 Rn. 155; *Rumpff/Boewer* Wirtschaftliche Angelegenheiten, Kap. L Rn. 2 ff. sowie §§ 112, 112a Rdn. 497). Seit Aufhebung der vorgenannten Bestimmung sind Abfindungen als **außerordentliche Einkünfte i. S. d. § 24 Nr. 1 EStG** zu versteuern, wobei allerdings die Tarifermäßigungen durch **§ 34 Abs. 1 EStG** zu berücksichtigen sind (*Fitting* § 113 Rn. 42; *Richardi/Annuß* § 113 Rn. 57; näher dazu §§ 112, 112a Rdn. 497 ff.). Das gilt nicht nur für Abfindungen, sondern für alle Einkünfte, die der Arbeitnehmer nach § 113 als Nachteilsausgleich erhält. **103**

Die Abfindung ist grundsätzlich kein Arbeitsentgelt, das der **Beitragspflicht zur Sozialversicherung** unterliegt (*Fitting* § 113 Rn. 44; *Hess/HWGNRH* § 113 Rn. 26; *Richardi/Annuß* § 113 Rn. 58; *Röder/Baeck/JRH* Kap. 28 Rn. 155), ihre Zubilligung führt jedoch nach § 158 SGB III zum **Ruhen des Anspruchs auf Arbeitslosengeld**, wenn der Arbeitgeber das Arbeitsverhältnis ohne Einhaltung der Frist beendet, die für die ordentliche Kündigung gilt (*Fitting* § 113 Rn. 44; *Richardi/Annuß* § 113 Rn. 59; *Schaub/Koch* Arbeitsrechts-Handbuch, § 244 Rn. 91). **104**

Wegen des fehlenden Charakters der Abfindung als Arbeitsentgelt unterliegt diese nicht den **Pfändungsgrenzen** in § 850c ZPO (*Fitting* § 113 Rn. 45; *Hess/HWGNRH* § 113 Rn. 27; *Rebel* Grundprobleme, S. 195 f.; *Richardi/Annuß* § 113 Rn. 60; *Röder/Baeck/JRH* Kap. 28 Rn. 156 Fn. 404). **105**

g) Nachteilsausgleich und Sozialplanabfindung

Die Verpflichtung zum **Nachteilsausgleich** besteht grundsätzlich unabhängig davon, ob dem Arbeitnehmer aufgrund eines **Sozialplans** für den Verlust des Arbeitsplatzes eine **Abfindung** zusteht (*BAG* 03.08.1982 EzA § 113 BetrVG 1972 Nr. 10 S. 61 f. = AP Nr. 5 zu § 113 BetrVG 1972 Bl. 2 R; 13.06.1989 EzA § 113 BetrVG 1972 Nr. 19 S. 10 *[Uhlenbruck]* = AP Nr. 19 zu § 113 BetrVG 1972 Bl. 4 R *[Lüke]*; 16.05.2007 EzA § 613a BGB 2002 Nr. 70 Rn. 39 = AP Nr. 64 zu § 111 BetrVG 1972; *Fitting* § 113 Rn. 3; *Galperin/Löwisch* § 113 Rn. 27, 51; *Hanau* ZfA 1974, 89 [110]; *Heither* AR-Blattei SD 530.14.5, Rn. 300; *Kania*/ErfK § 113 BetrVG Rn. 2; *Matthes*/MünchArbR § 269 Rn. 44; *Richardi/Annuß* § 113 Rn. 65; *Schweibert/WHSS* Kap. 28 Rn. 358; *Stege/Weinspach/Schiefer* §§ 111–113 Rn. 177; **a. M.** *Gamillscheg* II, § 52, 5c [3]: Verdrängung des Nachteilsausgleichs durch späteren Sozialplan). Das gilt insbesondere, wenn der Unternehmer die Betriebsänderung ohne den Versuch eines Interessenausgleichs durchführt, es aber gleichwohl (nachträglich) zum Abschluss eines Sozialplans kommt (s. §§ 112, 112a Rdn. 146) oder ein Rahmensozialplan Abfindungsansprüche begründet. **106**

Nach vorherrschender Ansicht soll der Arbeitnehmer **nicht beide Abfindungen** beanspruchen können, sondern eine **automatische Verrechnung** in dem Sinne eintreten, dass er lediglich den höheren Betrag verlangen kann (*BAG* 13.12.1978 EzA § 112 BetrVG 1972 Nr. 15 S. 81 *[Heß]* = AP Nr. 6 zu § 112 BetrVG 1972 Bl. 13 f. = SAE 1979, 105 *[Sieg]* = AR-Blattei Konkurs, Entsch. 33 *[Arens]*; 18.12.1984 AP Nr. 11 zu § 113 BetrVG Bl. 5 R f.; 13.06.1986 EzA § 113 BetrVG 1972 Nr. 19 S. 10 *[Uhlenbruck]* = AP Nr. 19 zu § 113 BetrVG 1972 Bl. 4 R *[Lüke]*; 20.11.2001 EzA § 113 BetrVG 1972 Nr. 29 S. 7 = AP Nr. 39 zu § 113 BetrVG 1972 Bl. 3 R; *Etzel* Rn. 1019; *v. Hoyningen-Huene* Betriebsverfassungsrecht, § 15 V 4; *Löwisch*/LK § 113 Rn. 17; *Matthes*/MünchArbR § 269 Rn. 44; *Richardi/Annuß* § 113 Rn. 65; *Rumpff/Boewer* Wirtschaftliche Angelegenheiten, Kap. K Rn. 38; *Schaub/Koch* Arbeitsrechts-Handbuch, § 244 Rn. 82; *Schweibert/WHSS* Kap. 28 Rn. 358; *Spinti* Ansprüche aus Sozialplan, S. 130 f.; *Stege/Weinspach/Schiefer* §§ 111–113 Rn. 177; **a. M.** *Galperin/Löwisch* § 113 Rn. 27, 51; *Heither* AR-Blattei SD 530.14.5, Rn. 301; *Preis/Bender/WPK* § 113 Rn. 21; *Rebel* Grundprobleme, S. 64 ff.; *Weiss/Weyand* § 113 Rn. 13; krit. auch *Kania*/ErfK § 113 BetrVG Rn. 2; s. ferner *Ehmann* Betriebsstilllegung und Mitbestimmung, 1978, S. 75 ff., der jedoch für eine Subsidiarität des Nachteilsausgleichs eintritt). Diese Grundsätze gelten entsprechend bei einem **tariflichen Abfindungsanspruch** (*Thür. LAG* 28.06.1994 – 7 Sa 1237/93 – juris). Eine Verrechnung setzt indes voraus, dass der Anspruch auf eine Sozialplanabfindung bereits fällig geworden ist (*LAG Berlin* 27.05.2008 NZA-RR 2005, 516 [519 f.]). Sollte dies noch nicht der Fall sein, so ist die Verrechnung im Hinblick auf die später fällig werdende Sozialplanabfindung vorzunehmen. **107**

108 Dem Grundgedanken, dass sowohl der Nachteilsausgleich als auch der Sozialplan der Milderung wirtschaftlicher Nachteile der Arbeitnehmer und damit partiell demselben Zweck dienen (*BAG* 20.11.2001 EzA § 113 BetrVG 1972 Nr. 29 S. 7 = AP Nr. 39 zu § 113 BetrVG 1972 Bl. 3 R; 04.12.2002 EzA § 113 BetrVG 1972 Nr. 30 S. 10 = AP Nr. 2 zu § 38 InsO Bl. 4; 16.05.2007 EzA § 613a BGB 2002 Nr. 70 Rn. 39 = AP Nr. 64 zu § 111 BetrVG 1972), und der von einer Betriebsänderung betroffene Arbeitnehmer keine doppelte Abfindung wegen desselben Nachteils erhalten soll, ist zuzustimmen (ebenso *Grünewald* Interessenausgleich, S. 224 ff.; **a. M.** *Däubler/DKKW* §§ 112, 112a Rn. 121; *Preis/Bender/WPK* § 113 Rn. 21; *Rebel* Grundprobleme, S. 66 f.; *Weiss/Weyand* § 112 Rn. 16, die eine kumulative Belastung des Arbeitgebers befürworten [dagegen ausdrücklich *Grünewald* Interessenausgleich, S. 220 ff.]).

109 Eine vollständige Anrechnung des Nachteilsausgleichs auf eine Sozialplanabfindung lässt allerdings den Sanktionscharakter des Nachteilsausgleichs unberücksichtigt (*Däubler/DKKW* §§ 112, 112a Rn. 123; *Fitting* § 113 Rn. 32; *Galperin/Löwisch* § 113 Rn. 51; *Grünewald* Interessenausgleich, S. 224 ff.; *Kania/ErfK* § 113 BetrVG Rn. 2; *Kohte* FS 50 Jahre Bundesarbeitsgericht, 2004, S. 1219 [1249 f.]; *Preis/Bender/WPK* § 113 Rn. 21; *Weiss/Weyand* § 112 Rn. 16; **a. M.** wohl *Hohenstatt/Willemsen/HWK* § 113 BetrVG Rn. 17; *Leuchten/Lipinski* NZA 2003, 1361 [1364]; *Schweibert/WHSS* Kap. C Rn. 360) und birgt die Gefahr in sich, dass der Arbeitgeber hinsichtlich der Höhe der Abfindungsleistung kein Risiko eingeht, wenn er den Betriebsrat nicht entsprechend § 111 Satz 1 beteiligt (*Küttner* FS *Stahlhacke*, 1995, S. 289 [304]). Um einem völligen Leerlauf der in gleicher Weise bezweckten Kontrolle des Arbeitgeberverhaltens entgegenzuwirken und den Anforderungen des Unionsrechts an effektive und hinreichend abschreckende Sanktionsmittel gerecht zu werden (s. Rdn. 7 sowie Rdn. 110; wie hier auch *Preis/Bender/WPK* § 113 Rn. 21), kann daher entweder nur eine teilweise Anrechnung der nach § 113 Abs. 3 zuerkannten Abfindungsansprüche auf die Sozialplanansprüche insoweit erfolgen, als mit ihnen die mit der Entlassung verbundenen wirtschaftlichen Nachteile abgegolten werden sollen (*Galperin/Löwisch* § 113 Rn. 51; ebenso *Kohte* FS 50 Jahre Bundesarbeitsgericht, 2004, S. 1219 [1250, 1252]), oder aber das Gericht muss bereits im Rahmen der Festsetzung der Höhe des nach § 113 Abs. 3 zu gewährenden Anspruchs in Rechnung stellen, dass der Sozialplan regelmäßig das Interesse des Arbeitgebers an einer möglichst geringen finanziellen Belastung des Betriebs mitberücksichtigt und es deshalb geboten ist, den Betrag des Nachteilsausgleichs höher anzusetzen als die nach dem Sozialplan zu zahlenden Abfindungen (*Küttner* FS *Stahlhacke*, 1995, S. 289 [305]; so wohl auch *BAG* 13.06.1989 EzA § 113 BetrVG 1972 Nr. 19 S. 10 *[Uhlenbruck]* = AP Nr. 19 zu § 113 BetrVG 1972 Bl. 4 R *[Lücke]* sowie hier Rdn. 111).

110 Wenn die Betriebsänderung i. S. d. § 111 zugleich die Voraussetzungen einer Massenentlassung i. S. d. Art. 1 der Richtlinie 98/59/EG oder eines Betriebsübergangs i. S. d. Art. 1 der Richtlinie 2001/23/EG (früher: 77/187/EWG) erfüllt, dann ist die Aufrechterhaltung des Sanktionscharakters des Nachteilsausgleichs aus Gründen des Unionsrechts vorgegeben und zieht einer automatischen Verrechnung mit nachträglich entstehenden Abfindungsansprüchen Grenzen (*EuGH* 08.06.1994 Slg. I 1994, 2435 = EAS RL 77/187/EWG Art. 5 Nr. 1 Rn. 55; 08.06.1994 Slg. I 1994, 2479 = EAS RL 75/129/EWG Art. 2 Nr. 1 Rn. 38 ff. sowie näher hierzu *Oetker* NZA 1998, 1193 [1197 f.]; ebenso *Hess. LAG* 17.02.2006 – 17 Sa 1305/05 – BeckRS 2011, 65125; *LAG Rheinland-Pfalz* 24.09.2007 – 5 Sa 277/07 – BeckRS 2008, 51643; *Gerdom* Gemeinschaftsrechtliche Unterrichtungs- und Anhörungspflichten und ihre Auswirkungen auf das Betriebsverfassungs-, Personalvertretungs- und Mitarbeitervertretungsrecht [Diss. Bonn], 2009, S. 241 f.; *Grünewald* Interessenausgleich, S. 264 ff.; wohl auch *Fitting* § 113 Rn. 32; offen *BAG* 16.05.2007 EzA § 613a BGB 2002 Nr. 70 Rn. 70 = AP Nr. 64 zu § 111 BetrVG 1972; **a. M.** *Leuchten/Lipinski* NZA 2003, 1361 [1365]). Das gilt jedoch nur, wenn der Arbeitgeber im Rahmen des konkreten Beteiligungsverfahrens seinen in den genannten EG-Richtlinien umschriebenen Konsultationspflichten nicht ausreichend entsprochen hat (*BAG* 20.11.2001 EzA § 113 BetrVG 1972 Nr. 29 S. 8 ff. = AP Nr. 39 zu § 113 BetrVG 1972 Bl. 4 f.; 16.05.2007 EzA § 613a BGB 2002 Nr. 70 Rn. 40 ff. = AP Nr. 64 zu § 111 BetrVG 1972; zust. insoweit *Leuchten/Lipinski* NZA 2003, 1361 [1362]). Sofern der Arbeitgeber seinen unionsrechtlich fundierten Konsultationspflichten im Verhältnis zum Betriebsrat nachgekommen ist, erzwingt das Unionsrecht keine Abkehr von der bisherigen Rechtsprechung des *BAG*; die Einleitung des Einigungsverfahrens nach § 112 Abs. 2 und 3 wird von den oben genannten Richtlinien nicht gefordert (*BAG* 16.05.2007 EzA § 613a BGB 2002 Nr. 70 Rn. 43 = AP Nr. 64 zu § 111 BetrVG 1972; kritisch

Nachteilsausgleich § 113

insoweit *Gerdom* Gemeinschaftsrechtliche Unterrichtungs- und Anhörungspflichten und ihre Auswirkungen auf das Betriebsverfassungs-, Personalvertretungs- und Mitarbeitervertretungsrecht [Diss. Bonn], 2009, S. 240).

Eine Erhöhung der Abfindung ist durch den Sanktionszweck des Nachteilsausgleichs gerechtfertigt 111 (*Weiss/Weyand* § 113 Rn. 13). Die Betriebspartner können diese bei der **Gestaltung des Sozialplans** ohne Schwierigkeiten vermeiden, indem sie z. B. vorsehen, dass sich die im Sozialplan vorgesehene Abfindung ganz oder teilweise verringert, wenn dem Arbeitnehmer eine Abfindung als Nachteilsausgleich zugebilligt wird (*BAG* 20.11.2001 EzA § 113 BetrVG 1972 Nr. 29 S. 8 = AP Nr. 39 zu § 113 BetrVG 1972 Bl. 3 R f.; *LAG Rheinland-Pfalz* 24.09.2007 – 5 Sa 277/07 – BeckRS 2008, 51643; *Fitting* § 113 Rn. 33; *Hanau* ZfA 1974, 89 [110 f.]; *Heither* AR-Blattei SD 530.14.5, Rn. 302; *Schlüter* Behandlung von Sozialplananspüchen, S. 48; **a. M.** *Rebel* Grundprobleme, S. 67, der jedoch verkennt, dass nicht der Nachteilsausgleich, sondern die Sozialplanabfindung angerechnet werden soll). Ebenso kann das Gericht bei der Bemessung der Abfindungshöhe im Rahmen des Nachteilsausgleichs berücksichtigen, ob dem Arbeitnehmer aufgrund eines Sozialplans eine Abfindung für den Verlust des Arbeitsplatzes zusteht und keine Anrechnung mit einem Nachteilsausgleich vorgesehen ist (*Heither* AR-Blattei SD 530.14.5, Rn. 302; *Schlüter* Behandlung von Sozialplananspüchen, S. 49; *Stege/Weinspach/Schiefer* §§ 111–113 Rn. 177).

2. Ausgleich anderer wirtschaftlicher Nachteile

Erleidet der Arbeitnehmer »andere wirtschaftliche Nachteile«, dann steht ihm im Fall des § 113 Abs. 2 112 ein Ausgleichsanspruch zu, der ebenso wie eine Abfindung vor dem Arbeitsgericht im **Urteilsverfahren** mittels einer **Leistungsklage** geltend zu machen ist. Im Unterschied zur Abfindung muss der Arbeitnehmer jedoch einen **bezifferten Leistungsantrag** stellen.

Der Anspruch ähnelt einem Schadensersatzanspruch (*Hess/HWGNRH* § 113 Rn. 18: »entsprechend 113 §§ 249 ff. BGB«), d. h. der Arbeitnehmer kann verlangen, so gestellt zu werden, dass der bei ihm eintretende wirtschaftliche Nachteil vollständig ausgeglichen ist (*Fitting* § 113 Rn. 34; *Kania*/ErfK § 113 BetrVG Rn. 7); gegebenenfalls bedarf es hierfür einer gerichtlichen Schätzung (§ 287 ZPO; ebenso *Fitting* § 113 Rn. 34; *Hess/HWGNRH* § 113 Rn. 29; *Preis/Bender/WPK* § 113 Rn. 18; *Schaub/Koch* Arbeitsrechts-Handbuch, § 244 Rn. 84; *Spirolke*/NK-GA § 113 BetrVG Rn. 7; *Weber/Ehrich/Hörchens/Oberthür* Kap. J Rn. 113). Regelmäßig steht dem Arbeitnehmer ein Anspruch auf eine **Geldleistung** zu, allerdings soll dem Unternehmer die Möglichkeit verbleiben, den wirtschaftlichen Nachteil des Arbeitnehmers auf **andere Weise** auszugleichen (*Richardi/Annuß* § 113 Rn. 52; **a. M.** *Rebel* Grundprobleme, S. 222 f.).

Da der Unternehmer nur zum Ausgleich eines Nachteils verpflichtet ist, sind bei dessen Bemessung 114 **Vorteile des Arbeitnehmers** zu berücksichtigen, die durch die Abweichung vom Interessenausgleich (§ 113 Abs. 2) oder die durchgeführte Betriebsänderung (§ 113 Abs. 3) bedingt sind und mit dem eingetretenen Nachteil in einem adäquaten Zusammenhang stehen (*LAG Schleswig-Holstein* 03.12.1991 – 1 Sa 249/91 – BeckRS 1991, 30816753; *Richardi/Annuß* § 113 Rn. 53).

Das Gesetz beschränkt den nach § 113 Abs. 2 geschuldeten Nachteilsausgleich auf die **Dauer von 12** 115 **Monaten**. Diese bilden – wie sich aus der Formulierung »bis zu« ergibt – den maximalen Ausgleichszeitraum. Entfällt der wirtschaftliche Nachteil zu einem früheren Zeitpunkt, dann besteht anschließend keine Grundlage für einen Ausgleichsanspruch (*Fitting* § 113 Rn. 34; *Kania*/ErfK § 113 BetrVG Rn. 7; *Preis/Bender/WPK* § 113 Rn. 18; *Richardi/Annuß* § 113 Rn. 54). Auch der Sanktionszweck der Norm rechtfertigt keine längere Bemessung des Nachteilsausgleichs, da dieser im Rahmen des § 113 Abs. 2 nicht über die dem Arbeitnehmer entstandenen Nachteile hinausreicht. Umgekehrt legt § 113 Abs. 2 eine absolute Höchstgrenze fest, d. h. der Ausgleichsanspruch entfällt auch dann nach 12 Monaten, wenn bei dem Arbeitnehmer über diesen Zeitraum hinaus wirtschaftliche Nachteile eintreten (*Hess/HWGNRH* § 113 Rn. 28; *Richardi/Annuß* § 113 Rn. 54). Verfehlt ist die Annahme, bei der zeitlichen Beschränkung in § 113 Abs. 2 handle es sich um eine Ausübungsschranke (so anscheinend *Reich* § 113 Rn. 3); § 113 Abs. 2 betrifft den Umfang des Ausgleichs, nicht dessen Geltendmachung.

IV. Streitigkeiten

116 Für Streitigkeiten um die Verpflichtung des Unternehmers, dem Arbeitnehmer einen Nachteilsausgleich zu gewähren, ist der **Rechtsweg zu den Arbeitsgerichten** nach § 2 Abs. 1 Nr. 3 ArbGG eröffnet, die über eine vom Arbeitnehmer erhobene Klage im **Urteilsverfahren** entscheiden (s. Rdn. 86). Begehrt der Arbeitnehmer die Verurteilung zur Zahlung einer Abfindung (§ 113 Abs. 1) oder zum Ausgleich anderweitiger wirtschaftlicher Nachteile (§ 113 Abs. 2), so handelt es sich um eine **Leistungsklage** (s. Rdn. 86). Im Hinblick auf das **Bestimmtheitserfordernis** für Klageanträge (§ 253 Abs. 2 ZPO) ist der Arbeitnehmer bei dem Begehren nach einer Abfindung nicht gezwungen, einen bezifferten Leistungsantrag zu stellen (s. Rdn. 98). Wie in anderen Fällen, in denen aufgrund der Vorgaben des materiellen Rechts ein unbezifferter Leistungsantrag gestellt werden kann, ist die Klage jedoch nur zulässig, wenn der Tatsachenvortrag des Klägers ausreichende Anhaltspunkte für das Gericht enthält, damit dieses sein Ermessen bei der Festsetzung der Abfindungshöhe ausüben kann (s. Rdn. 98).

117 Die Leistungsklage zur Geltendmachung einer Abfindung kann der Arbeitnehmer auch im Rahmen einer **Kündigungsschutzklage** geltend machen, mit der er die Feststellung begehrt, dass das Arbeitsverhältnis nicht rechtswirksam beendet wurde (s. Rdn. 86). Da der materiellrechtliche Anspruch die »Entlassung« des Arbeitnehmers voraussetzt, kann er den **Leistungsantrag** in diesem Fall jedoch **nur hilfsweise** für den Fall stellen, dass das Gericht die Feststellungsklage des Arbeitnehmers und auch einen Antrag auf Auflösung des Arbeitsverhältnisses gegen Zahlung einer Abfindung abweist (s. Rdn. 86).

118 Die **Darlegungs- und Beweislast** für die Voraussetzungen eines Anspruchs auf Nachteilsausgleich trägt grundsätzlich der Arbeitnehmer. Das gilt insbesondere für das Vorliegen einer nach § 111 BetrVG beteiligungspflichtigen Betriebsänderung sowie das Abweichen des Unternehmers von einem Interessenausgleich bzw. den unterbliebenen Versuch eines Interessenausgleichs (s. Rdn. 79). Insoweit entfaltet jedoch ein vorheriges Beschlussverfahren zwischen Betriebsrat und Unternehmer, in dem rechtskräftig über das Beteiligungsrecht des Betriebsrats entschieden wurde, präjudizielle Wirkung für ein späteres Urteilsverfahren, in dem der Arbeitnehmer einen Anspruch auf Nachteilsausgleich geltend macht (s. Rdn. 12). Den Arbeitnehmer trifft die Darlegungs- und Beweislast auch bezüglich der Kausalität für den eingetretenen Nachteil (s. Rdn. 79). Umgekehrt ist der Unternehmer darlegungs- und beweisbelastet, wenn er sich für ein Abweichen vom Interessenausgleich auf »zwingende Gründe« stützt (s. Rdn. 36).

Fünfter Teil
Besondere Vorschriften für einzelne Betriebsarten

Erster Abschnitt
Seeschifffahrt

Einführung

Literatur[1]

I. BetrVG 1972

Birk Auslandsbeziehungen und Betriebsverfassungsgesetz, Festschrift für *Schnorr von Carolsfeld*, 1973, S. 61; *Franzen* Die Betriebsverfassung in der Seeschifffahrt, AR-Blattei SD, Seearbeitsrecht V, 1450.5; *Hövener* Die Betriebsverfassung und ihre Auswirkung auf die arbeitsrechtlichen Verhältnisse an Bord deutscher Seeschiffe, 1974; *Lauritzen* Seeschifffahrt in einem neuen Betriebsverfassungsgesetz, Die Kommandobrücke 1971, 205; *Natter* Sondervertretungen, AR-Blattei SD, Betriebsverfassung XIII, 530.13; *Paulina* Mitbestimmung auf See, Erläuterungen für Bordvertretung und Seebetriebsrat, 2. Aufl. 1980; *Reuter* Umfang und Schranken des gewerkschaftlichen Zutrittsrechts zum Betrieb unter besonderer Berücksichtigung der Seeschifffahrt, ZfA 1976, 107; *Säcker* Inhalt und Grenzen des gewerkschaftlichen Zutrittsrechts zum Betrieb unter besonderer Berücksichtigung der Verhältnisse in der Seeschifffahrt, 1975; *Stabenow* Betriebsverfassung in Seeschifffahrtsunternehmen, Hansa 1971, 1797; *ders.* Die Wahlen von Bordvertretungen und Seebetriebsräten, Hansa 1972, 1834; *Wosnik* Das Heuerverhältnis im seerechtlichen Arbeitsrecht und das Mitspracherecht der Schiffsbesatzung, Diss. Würzburg 1972.

II. Allgemeine Literatur

Abraham Das Seerecht, 4. Aufl. 1974; *Becker* Das Seemannsgesetz 1957, ZHR Bd. 121 (1958), 97; *Bemm* Die arbeitsrechtliche Bedeutung der neuen Schiffsbesetzungsverordnung, RdA 1985, 158; *Bemm/RGRK*, Das Arbeitsrecht der See- und Binnenschiffahrt, § 630 Anh. II, 1997; *Bemm/Lindemann* Seemannsgesetz und Manteltarifvertrag für die deutsche Seeschifffahrt, 6. Aufl. 2007; *Birk* Die Rechtmäßigkeit des Streiks auf ausländischen Schiffen in deutschen Häfen, 1983; *Bubenzer/Jörgens* Praxishandbuch Seearbeitsrecht, 2015; *Bubenzer/Noltin/Peetz/Mallach* Seearbeitsgesetz, 2015 (zit.: BNPM); *Däubler* Das zweite Schiffsregister, 1988, dazu *Bemm* RdA 1990, 249; *Dzida* Deutsche Mitbestimmung und ausländische Schiffe, RIW 2006, 914; *Fettback* Das Seearbeitsrecht in der Entwicklung, RdA 1977, 79; *Franzen* AR-Blattei SD, Seearbeitsrecht II, Einführung und allgemeine Vorschriften, 1450.2; *ders.* Das Heuerverhältnis, AR-Blattei SD, Seearbeitsrecht III, 1450.3; *ders.* Arbeitsschutz, Ordnung an Bord, Strafen, AR-Blattei SD, Seearbeitsrecht IV, 1450.4; *Friedrichs* Das Zweitregister aus arbeitsrechtlicher Sicht, Hansa 1990, 805; *Frommelt* Die Rechtsnatur der Zeitcharter (Diss. Mannheim), 1979; *Geffken* Ausländische Seeleute – Ausländische Flagge, AiB 1987, 11; *ders.* Internationales Seeschifffahrtsregister verstößt gegen geltendes Recht, NZA 1989, 88; *ders.* Soziale Grundrechte unter Vorbehalt?, NZA 1995, 504; *Gläser/Becker* Neues See- und Binnenschiffahrtsrecht und verwandte Gebiete in Einzeldarstellungen, Loseblatt-Ausgabe, 1957/1968; *Glockauer* Arbeitsrechtliche Folgen von Unternehmens-Umstrukturierungen in der deutschen Seeschifffahrt, 2003; *Hanses* Die rechtliche Stellung des Kapitäns auf deutschen Seeschiffen unter besonderer Berücksichtigung der historischen Entwicklung, 1983; *Hauschka/Henssler* Ein »Billigarbeitsrecht« für die deutsche Seeschifffahrt?, NZA 1988, 597; *Herber* Seehandelsrecht, 1999; *Höfft* Zweitregister oder Ausflaggen, Auf dem Weg zur Neubestimmung des Art. 9 III GG?, NJW 1995, 2329; *Lagoni* Koalitionsfreiheit und Arbeitsverträge auf Seeschiffen, JZ 1995, 499; *Leffler* Das Heuerverhältnis auf ausgeflaggten deutschen Schiffen, 1978; *ders.* Das Recht der Flagge im internationalen Seearbeitsrecht, RdA 1978, 97; *Lindemann* Die Beendigung des Arbeitsverhältnisses in der Seeschifffahrt, 1975; *ders.* Seearbeitsgesetz und Manteltarifvertrag für die deutsche Seeschifffahrt, 2014; *Lokotsch* Arbeitsrechtliche Probleme in der Schiffahrt, Diss. Würzburg 1968; *Ludewig* Kollektives Arbeitsrecht auf Schiffen des Internationalen Seeschifffahrtsregisters (Diss. Hamburg), 2012; *Lunk/Hinze* Das Arbeitsrecht in der ausschließlichen Wirtschaftszone Deutschlands (AWZ), NVwZ 2014, 278; *Mankowski* Seerechtliche Vertragsverhältnisse im internationalen Privatrecht, 1995; *Martens* Besondere Stellung und Pflichten der Besatzungsmitglieder nach dem Seemannsgesetz unter Berücksichtigung des Charterwesens, Diss. Kiel 1977; *Maul-Sartori* Das neue Seearbeitsrecht – auch für Landratten von Interesse, NZA 2013, 821; *Mertens* Arbeitssicherheit in der deutschen Seeschifffahrt, Hansa 1977, 567; *Micus* Das Arbeitsstatut deutscher Seeleute auf Schiffen unter fremder Flagge, Diss. Würzburg 1977; *Monnerjahn* Das Arbeitsverhältnis in der deutschen Seeschifffahrt, 1964; *Rabe* Seehandelsrecht, 4. Aufl. 2000; *Puttfarken* Seehan-

---

[1] Die Verweisungen auf den Kommentar von *Däubler/Kittner/Klebe* (DKK) beziehen sich auf dessen 5. Auflage, da die §§ 114 bis 116 ab der 6. Auflage nicht mehr kommentiert sind.

delsrecht, 1997; *Ruhwedel* Die Partenreederei. Das Erscheinungsbild einer historisch gewachsenen Gesellschaft im modernen Recht, 1973; *Schaps/Abraham* Das deutsche Seerecht, 3. Aufl., Bd. I 1959, Bd. II 1962, Bd. III 1964, Ergänzungsband 1967; *dies.* Das Seerecht in der Bundesrepublik Deutschland, Erster und Zweiter Teil, 4. Aufl. 1978; *Schäffer* Das Seearbeitsübereinkommen der Internationalen Arbeitsorganisation (2006), TranspR 2008, 290; *Schelp/Fettback* Seemannsgesetz, Kommentar, 3. Aufl. 1976; *Schlegelberger/Liesecke* Seehandelsrecht, 2. Aufl. 1964; *Schulte* Die »billigen Flaggen« im Völkerrecht. Zur Frage des »genuine link«, 1962; *Segelken* Kapitänsrecht, 2. Aufl. 1974; *Sischka* Betriebsverfassungsrecht in der Binnenschifffahrt – Organisation und Funktionsbedingungen – (Diss. Mannheim), 1996; *Stecher* Arbeitsicherheit auf deutschen Seeschiffen. Ein Anspruch und seine Verwirklichung, Schiff & Hafen/Kommandobrücke 1977, 835; *Strecker* Arbeitsrecht in der Binnenschifffahrt, RdTW 2013, 346; *Trieschmann* Das Seearbeitsrecht und das Recht der Hafenarbeiter, 2. Aufl. 1965; *Wimmer* Minderer Grundrechtsschutz bei internationalen Arbeitssachverhalten? Das Urteil des Bundesverfassungsgerichts zum Internationalen Seeschiffahrtsregister, NZA 1995, 250; *Wüstendörfer* Neuzeitliches Seehandelsrecht, 2. Aufl. 1950; *Zimmer* Umsetzung des Seearbeitsübereinkommens der Internationalen Arbeitsorganisation, EuZA 2015, 297.

Inhaltsübersicht Rdn.

I.	Vorbemerkung	1
II.	Entstehungsgeschichte der Sonderregelung	2
III.	Inhalt und Grund der Sonderregelung	3
IV.	Geltungsbereich der Sonderregelung	4
V.	Verhältnis zu anderen seearbeitsrechtlichen Vorschriften	5

I. Vorbemerkung

1 Nach § 88 Abs. 3 BetrVG 1952 fand das Gesetz auf Betriebe der Seeschifffahrt keine Anwendung. Lediglich die in §§ 76, 77 BetrVG 1952 enthaltenen Vorschriften über die Mitbestimmung der Arbeitnehmer im Aufsichtsrat waren ohne Einschränkung auf Seeschiffahrtsunternehmen anwendbar (vgl. *Fitting* 21. Aufl., § 76 BetrVG 1952 Rn. 14; *Galperin/Löwisch* vor § 114 Rn. 2; **a. M.** *Marienhagen* BB 1973, 293 Fn. 3; die erwähnten Vorschriften des BetrVG 1952 wurden durch das Gesetz über die Drittelbeteiligung der Arbeitnehmer im Aufsichtsrat [Drittelbeteiligungsgesetz – DrittelbG] vom 18.05.2004 [BGBl. I, S. 974] ersetzt). Die Regelung der betrieblichen Mitbestimmung in diesem Bereich sollte einem besonderen Gesetz vorbehalten bleiben. Nur für die Übergangszeit bis zum Inkrafttreten eines solchen Gesetzes wurden durch § 88 Abs. 4 BetrVG 1952 für die Landbetriebe der Seeschifffahrt die Vorschriften des Betriebsverfassungsgesetzes für anwendbar erklärt. Das vorgesehene besondere Gesetz wurde indessen nicht erlassen (Näheres s. Rdn. 2; vgl. auch schon § 5 BRG 1920). Es verblieb daher lediglich bei der zwischen dem *Verband Deutscher Reeder e. V.* und der *Gewerkschaft ÖTV* getroffenen Vereinbarung betr. Bildung von Sozialausschüssen an Bord deutscher Schiffe vom 01.07.1948 (abgedruckt bei *Schaps/Abraham* III, S. 249). Durch §§ 114 bis 116 ist nunmehr die Seeschifffahrt in den Geltungsbereich des Betriebsverfassungsgesetzes einbezogen und aufgrund des § 126 außerdem die Zweite Verordnung zur Durchführung des Betriebsverfassungsgesetzes (Wahlordnung Seeschifffahrt – WOS –) vom 07.02.2002 (BGBl. I, S. 594) erlassen worden (vgl. Bd. I Anhang 3). Zur Anwendung des Betriebsverfassungsgesetzes auf die Landbetriebe von Seeschiffahrtsunternehmen s. § 114 Rdn. 15; zur Anwendung auf die Binnenschifffahrt s. § 114 Rdn. 18. Zur **Mitbestimmung** der Arbeitnehmer im **Aufsichtsrat** von **Seeschifffahrtsunternehmen** vgl. § 34 MitbestG, § 10i MontanMitbestGErgG i. d. F. des Gesetzes vom 20.12.1988 (BGBl. I, S. 2312), zuletzt geändert durch Gesetz vom 24.04.2015 (BGBl. I, S. 642), zu **Sprecherausschüssen** § 33 SprAuG (vgl. dazu *Joost/*MünchArbR § 234 Rn. 210 ff.).

II. Entstehungsgeschichte der Sonderregelung

2 Schon bald nach dem Inkrafttreten des BetrVG 1952 begannen die Vorarbeiten zum angekündigten Sondergesetz für die Seeschifffahrt. Im Bundesministerium für Arbeit wurde ein Entwurf erstellt, und die Verbände legten ihrerseits eigene Entwürfe vor, ohne dass eine Einigung über eine gemeinsame Lösung erzielt werden konnte. Erst im Verlauf der Arbeiten zur Reform des gesamten Betriebs-

verfassungsrechts wurde erneut die Forderung erhoben, auch die Betriebsverfassung der Seeschifffahrt gesetzlich zu regeln (vgl. *DAG* Forderungen zur Novellierung des Betriebsverfassungsgesetzes, 1970, S. 29; *dies.* Änderungsvorlage zur Drucks. VI/1786, 1971, §§ 114–117; *Gewerkschaft ÖTV* der ötv-bericht 1970, 53 ff.; *Verband Deutscher Reeder e. V.* Synopse zum Abschnitt Seeschifffahrt des Betriebsverfassungsgesetzes, 1971). Der vom *Bundesministerium für Arbeit und Sozialordnung* am 01.10.1970 vorgelegte Referentenentwurf enthielt in §§ 114 bis 117 eingehende Sonderregelungen für diesen Bereich (vgl. RdA 1970, 357 ff.), die in die Regierungsvorlage vom 18.12.1970 (BT-Drucks. VI/1786) übernommen wurden. Vom 10. Ausschuss wurden die §§ 114 ff. eingehend überarbeitet (vgl. BT-Drucks. VI/2729, S. 53 ff.; zu BT-Drucks. VI/2729, S. 32 ff.), nachdem die 58. Sitzung dieses Ausschusses ausschließlich der öffentlichen Anhörung von Sachverständigen zu Fragen der Seeschifffahrt gewidmet war (vgl. BT-Prot. der 58. Sitzung des 10. Ausschusses, 6. Wahlperiode, S. 42 ff.). Außerdem führte ein Unterausschuss in Begleitung von Sachverständigen eine sechstägige Informationsreise an Bord eines Frachters durch, um die besonderen Schwierigkeiten in der Schifffahrtspraxis näher kennen zu lernen (vgl. zu BT-Drucks. VI/2729, S. 3, sowie den Bericht, Hansa 1971, 1699; *Lauritzen* Die Kommandobrücke 1971, 205). Durch das **BetrVerf-Reformgesetz** wurden die §§ 114 bis 116 nur teilweise geändert (s. § 114 Rdn. 1, § 115 Rdn. 1, § 116 Rdn. 1); das Gesetz zur Umsetzung des Seearbeitsübereinkommens 2006 der Internationalen Arbeitsorganisation vom 20. April 2013 (BGBl. I, S. 868) enthält in Art. 3 Abs. 4 eine Folgeänderung des § 114 Abs. 6 Satz 1 (s. § 114 Rdn. 1).

III. Inhalt und Grund der Sonderregelung

Die Regelung geht davon aus, dass grundsätzlich alle Vorschriften des Betriebsverfassungsgesetzes auf Seeschifffahrtsunternehmen und ihre Betriebe Anwendung finden (§ 114 Abs. 1). Das gilt uneingeschränkt für die **Landbetriebe** von Seeschifffahrtsunternehmen (s. § 114 Rdn. 15). Für den **Seebetrieb** gelten die Vorschriften des Betriebsverfassungsgesetzes dagegen nur, soweit nicht die §§ 114 bis 116 die allgemeinen Bestimmungen im Hinblick auf die Besonderheiten dieses Wirtschaftszweiges modifizieren und ergänzen. Im Unterschied zu einem Landbetrieb ist die Seeschifffahrt trotz der Entwicklung einer modernen Nachrichtentechnik auch heute noch entscheidend durch eine weitgehende Isolierung des Schiffes auf See geprägt. Es kommt hinzu, dass die Schiffe in der Regel weit und häufig sehr lange vom Heimathafen entfernt sind und dass die Seefahrt immer noch erhebliche Gefahren mit sich bringt. Diese Umstände erschweren zwangsläufig die Verwirklichung der Mitbestimmung. Das Gesetz versucht, diesen Schwierigkeiten durch eine **zweistufige Vertretung** der **Arbeitnehmer** der **Seebetriebe** von Schifffahrtsunternehmen Rechnung zu tragen: Die **Bordvertretung** (§ 115) vertritt an Bord die Interessen der Besatzungsmitglieder eines Schiffes, während der **Seebetriebsrat** (§ 116) an Land die Interessen der Besatzungsmitglieder aller Schiffe eines Seeschifffahrtsunternehmens vertritt. Ursprünglich war daneben ein Reedereibetriebsrat vorgesehen, der die gemeinsamen Interessen der im Seebetrieb (§ 114 Abs. 3) und im Landbetrieb (s. § 114 Rdn. 15) des Seeschifffahrtsunternehmens beschäftigten Arbeitnehmer wahrnehmen sollte (vgl. RegE, BT-Drucks. VI/1786, § 117). Aufgrund der Beschlüsse des 10. Ausschusses wurde jedoch von der Schaffung eines Reedereibetriebsrats abgesehen, weil dessen Aufgaben weitgehend mit denen des Gesamtbetriebsrats identisch gewesen wären und deshalb auch von diesem wahrgenommen werden können (vgl. Beschlüsse des 10. Ausschusses, BT-Drucks. VI/2729, S. 60; Schriftlicher Bericht 10. Ausschuss, zu BT-Drucks. VI/2729, S. 16, 35).

IV. Geltungsbereich der Sonderregelung

Die Vorschriften der §§ 114 bis 116 gelten in **persönlicher** Hinsicht für alle Besatzungsmitglieder i. S. d. § 114 Abs. 6 (s. § 114 Rdn. 26 f.) und erfassen in **sachlicher** Hinsicht alle deutschen Seeschifffahrtsunternehmen i. S. d. § 114 Abs. 2 (s. § 114 Rdn. 3 ff.) bzw. alle Kauffahrteischiffe unter der Bundesflagge (§ 114 Abs. 4; s. § 114 Rdn. 3, 16 ff.). **Räumlich** findet das deutsche Betriebsverfassungsrecht ohne Rücksicht darauf Anwendung, ob ein Schiff sich in deutschen Gewässern, auf hoher

See oder in ausländischen Küsten- oder Eigengewässern aufhält (vgl. § 116 Abs. 3 Nr. 7 und 8 sowie *Galperin/Löwisch* § 114 Rn. 31, *Richardi/Forst* § 114 Rn. 42).

V. Verhältnis zu anderen seearbeitsrechtlichen Vorschriften

5 Das Betriebsverfassungsgesetz enthält keine formelle Änderung oder Aufhebung seerechtlicher Sondergesetze, insbesondere nicht des Seearbeitsgesetzes (SeeArbG) vom 20.04.2013 (BGBl. I, S. 868), welches mit seinem Inkrafttreten am 01.08.2013 das Seemannsgesetz (SeemG) vom 26.07.1957 (BGBl. II, Gliederungsnummer 9513–1) abgelöst hat (vgl. Art. 7 Abs. 1, Abs. 4 des Gesetzes zur Umsetzung des Seearbeitsübereinkommens 2006 der Internationalen Arbeitsorganisation vom 20.04.2013 [BGBl. I, S. 868]). Auch materiell sind die im Seearbeitsgesetz enthaltenen, z. T. sehr detaillierten Regelungen durch die §§ 114 bis 116 BetrVG weder überholt noch in ihrer Anwendung eingeschränkt worden, da sie lediglich das individualarbeitsrechtliche Sonderrecht der Seeleute (s. § 115 Rdn. 4 ff.) zum Gegenstand haben, ohne den kollektivrechtlichen Bestimmungen des Betriebsverfassungsgesetzes vorzugreifen. Die Vorschriften des Seearbeitsgesetzes und ergänzender Rechtsquellen sind demgemäß zugunsten der Arbeitnehmer geltende Gesetze, Verordnungen usw. i. S. d. § 80 Abs. 1 Nr. 1 BetrVG. Soweit sie dem Kapitän oder Reeder (Arbeitgeber, Seeschifffahrtsunternehmen, s. § 114 Rdn. 5, 7) Befugnisse gegenüber den Besatzungsmitgliedern einräumen, kann deren Ausübung nach betriebsverfassungsrechtlichen Grundsätzen mitwirkungs- oder mitbestimmungspflichtig sein (§ 115 Abs. 7; § 116 Abs. 6; vgl. z. B. §§ 32, 35, 39, 42 bis 47, 58, 65, 67 bis 69, 93 bis 95, 114, 120 SeeArbG; §§ 578, 579 HGB). Der Bestand und der Umfang dieser Befugnisse bleiben durch die Beteiligung von Bordvertretung bzw. Seebetriebsrat unberührt.

§ 114
Grundsätze

(1) Auf Seeschifffahrtsunternehmen und ihre Betriebe ist dieses Gesetz anzuwenden, soweit sich aus den Vorschriften dieses Abschnitts nichts anderes ergibt.

(2) Seeschifffahrtsunternehmen im Sinne dieses Gesetzes ist ein Unternehmen, das Handelsschifffahrt betreibt und seinen Sitz im Geltungsbereich dieses Gesetzes hat. Ein Seeschifffahrtsunternehmen im Sinne dieses Abschnitts betreibt auch, wer als Korrespondenzreeder, Vertragsreeder, Ausrüster oder auf Grund eines ähnlichen Rechtsverhältnisses Schiffe zum Erwerb durch die Seeschifffahrt verwendet, wenn er Arbeitgeber des Kapitäns und der Besatzungsmitglieder ist oder überwiegend die Befugnisse des Arbeitgebers ausübt.

(3) Als Seebetrieb im Sinne dieses Gesetzes gilt die Gesamtheit der Schiffe eines Seeschifffahrtsunternehmens einschließlich der in Absatz 2 Satz 2 genannten Schiffe.

(4) Schiffe im Sinne dieses Gesetzes sind Kauffahrteischiffe, die nach dem Flaggenrechtsgesetz die Bundesflagge führen. Schiffe, die in der Regel binnen 24 Stunden nach dem Auslaufen an den Sitz eines Landbetriebs zurückkehren, gelten als Teil dieses Landbetriebs des Seeschifffahrtsunternehmens.

(5) Jugend- und Auszubildendenvertretungen werden nur für die Landbetriebe von Seeschifffahrtsunternehmen gebildet.

(6) Besatzungsmitglieder im Sinne dieses Gesetzes sind die in einem Heuer- oder Berufsausbildungsverhältnis zu einem Seeschifffahrtsunternehmen stehenden im Seebetrieb beschäftigten Personen mit Ausnahme des Kapitäns. Leitende Angestellte im Sinne des § 5 Abs. 3 dieses Gesetzes sind nur die Kapitäne.

Literatur
Vgl. vor § 114.

Grundsätze § 114

Inhaltsübersicht Rdn.

I. Vorbemerkung	1
II. Begriff des Seeschifffahrtsunternehmens (Abs. 2)	2–11
1. Unternehmen der Handelsschifffahrt	3
2. Sitz im Geltungsbereich des Gesetzes	4
3. Ausübung der Arbeitgeberbefugnisse	5, 6
4. Reeder	7
5. Ausrüster	8
6. Korrespondenzreeder	9
7. Vertragsreeder	10
8. Ähnliche Rechtsverhältnisse	11
III. Betriebe des Seeschifffahrtsunternehmens	12–24
1. Überblick	12
2. Seebetrieb (Abs. 3)	13, 14
3. Landbetrieb	15
4. Schiff im Sinne des Gesetzes (Abs. 4)	16–24
a) Legaldefinition	16
b) Kauffahrteischiffe	17–19
c) Führen der Bundesflagge	20, 21
d) Schiffe, die weniger als 24 Stunden auf See sind	22–24
IV. Jugend- und Auszubildendenvertretungen (Abs. 5)	25
V. Persönlicher Geltungsbereich (Abs. 6)	26–30
1. Besatzungsmitglieder	26, 27
2. Leitende Angestellte	28
3. Arbeiter und Angestellte (aufgehoben)	29
4. Auszubildende	30
VI. Gewerkschaftliches Zutrittsrecht zu den Betrieben des Seeschifffahrtsunternehmens	31, 32
VII. Streitigkeiten	33

I. Vorbemerkung

Die Vorschrift beruht auf den Beschlüssen des 10. Ausschusses (vgl. BT-Drucks. VI/2729, S. 53 f.; zu **1** BT-Drucks. VI/2729, S. 32 f.); Abs. 5 wurde durch das Gesetz zur Bildung von Jugend- und Auszubildendenvertretungen in den Betrieben vom 13.07.1988 (BGBl. I, S. 1034) geändert. Das BetrVG 1952 enthielt keine vergleichbare Regelung (s. vor § 114 Rdn. 1). In Übereinstimmung mit § 1 unterstellt § 114 Abs. 1 grundsätzlich auch die Unternehmen der Seeschifffahrt und ihre Betriebe einschließlich des Seebetriebs (§ 114 Abs. 3) dem Betriebsverfassungsgesetz (s. vor § 114 Rdn. 3). Das gilt hinsichtlich des **Seebetriebs** und der zugehörigen Seeschiffe vorbehaltlich der Modifikationen in §§ 114 bis 116, während auf die **Betriebe an Land** die allgemeinen Vorschriften des Gesetzes ausnahmslos Anwendung finden (vgl. Rdn. 15). Zugleich wird klargestellt, dass die Regelung neben den verschiedenen Betrieben auch das Seeschifffahrtsunternehmen als solches erfasst, soweit einzelne Vorschriften des Gesetzes auf das Unternehmen oder den Unternehmer abstellen (vgl. zu BT-Drucks. VI/2729, S. 32). Die Vorschriften des § 114 Abs. 2 bis 4 enthalten Begriffsbestimmungen und Grundsätze, die den Besonderheiten dieses Wirtschaftszweiges Rechnung tragen und für den gesamten Abschnitt gelten. Zum sachlichen Geltungsbereich des § 114 vgl. Rdn. 16 ff., zum persönlichen Geltungsbereich Rdn. 26 ff. und zum räumlichen Geltungsbereich s. vor § 114 Rdn. 4 und hier Rdn. 4. Die Vorschrift ist **zwingend** und kann weder durch Tarifvertrag noch durch Betriebsvereinbarung abbedungen werden. Durch das **BetrVerf-ReformG** wurde § 114 Abs. 6 Satz 3 aufgehoben (vgl. Rdn. 29). Das Gesetz zur Umsetzung des Seearbeitsübereinkommens 2006 der Internationalen Arbeitsorganisation vom 20.04.2013 (BGBl. I, S. 868) ändert in Art. 3 Abs. 4 die Vorschrift des § 114 Abs. 6 Satz 1, was durch das Inkrafttreten des Seearbeitsgesetzes nach Art. 7 Abs. 1 und das Außerkrafttreten des Seemannsgesetzes nach Art. 7 Abs. 4 desselben Gesetzes bedingt ist (vgl. Rdn. 26 und Rdn. 30).

II. Begriff des Seeschifffahrtsunternehmens (Abs. 2)

2 Die Sonderregelung der §§ 114 bis 116 knüpft an den Begriff des Seeschifffahrtsunternehmens an. Darunter ist nach der Legaldefinition des § 114 Abs. 2 Satz 1 ein Unternehmen (dazu s. *Kreutz/Franzen* § 47 Rdn. 11 ff.) zu verstehen, das Handelsschifffahrt betreibt und seinen Sitz im Geltungsbereich des Betriebsverfassungsgesetzes hat. Der Abs. 2 wurde erst aufgrund der Beschlüsse des 10. Ausschusses im Interesse der Rechtssicherheit in das Gesetz eingefügt (vgl. BT-Drucks. VI/2729, S. 53; zu BT-Drucks. VI/2729, S. 32).

1. Unternehmen der Handelsschifffahrt

3 Dem Gegenstand nach werden alle Unternehmen erfasst, die ihren **Sitz im Geltungsbereich dieses Gesetzes** haben (dazu Rdn. 4) und **Handelsschifffahrt** betreiben (Abs. 2 Satz 1). Dazu gehören alle wirtschaftlichen Betätigungen, die dem Erwerb durch die Seeschifffahrt dienen (vgl. *Galperin/Löwisch* § 114 Rn. 6; *Joost*/MünchArbR 2. Aufl., § 321 Rn. 7; einschränkend *Kloppenburg*/HaKo § 114 Rn. 2), insbesondere die gewerbliche Beförderung von Gütern oder Reisenden zur See, die Geschäfte der Schleppschifffahrtsunternehmer, der mittelbare Erwerb durch Seefahrt, beispielsweise die Hochsee- und Küstenfischerei sowie die in § 114 Abs. 2 Satz 2 genannten Betätigungen. Dagegen wird der Einsatz von Schiffen, die keinem wirtschaftlichen Zweck dienen, nicht erfasst. Das gilt für Privatjachten (vgl. aber zur saisonal gewerblich genutzten Yacht *Noltin/BNPM* § 1 SeeArbG Rn. 5; ähnlich *Richardi/Forst* § 114 Rn. 40) ebenso wie für Schiffe, die zur Wahrnehmung hoheitlicher Aufgaben verwendet werden, und zwar unabhängig von § 130 (vgl. *Galperin/Löwisch* § 114 Rn. 8; *Hess/HWGNRH* § 114 Rn. 6; *Richardi/Forst* § 114 Rn. 41; vgl. auch Rdn. 17). Dem Gesetz ist ferner nicht zu entnehmen, dass sein Anwendungsbereich auf solche Unternehmen beschränkt sein soll, die mit Schiffen i. S. d. Legaldefinition in § 114 Abs. 4 Handelsschifffahrt betreiben. Die von den erfassten Unternehmen eingesetzten Schiffe sind zwar begriffsnotwendig Kauffahrteischiffe, weil dazu alle Schiffe gehören, die dem Erwerb durch die Seeschifffahrt dienen (vgl. Rdn. 17). Sie müssen jedoch nicht die Bundesflagge führen (vgl. dazu Rdn. 20 f.). Daher gilt das Gesetz auch für solche Seeschifffahrtsunternehmen, die ihren Sitz im Bundesgebiet haben, deren Schiffe aber alle unter ausländischer Flagge fahren (vgl. *Galperin/Löwisch* § 114 Rn. 9; *Richardi/Forst* § 114 Rn. 23). Anwendbar sind insoweit die Vorschriften über die Beteiligung der Arbeitnehmer auf Unternehmensebene. Außerdem unterliegen die Landbetriebe solcher Unternehmen dem Betriebsverfassungsrecht ohne Einschränkung (vgl. auch Rdn. 15). Unerheblich ist, ob innerhalb eines Unternehmens noch andere Geschäfte betrieben werden. Insbesondere kommt es nicht darauf an, ob die Handelsschifffahrt überwiegt oder dem Unternehmen das Gepräge gibt (vgl. *Galperin/Löwisch* § 114 Rn. 7; *Hess/HWGNRH* § 114 Rn. 6; *Richardi/Forst* § 114 Rn. 22). Ein Seeschifffahrtsunternehmen liegt demnach vor, wenn überhaupt Seeschiffe zu den genannten Zwecken eingesetzt werden, sei es auch nur ein einziges. Wenn der Erwerb durch Seeschifffahrt nicht den einzigen Gegenstand eines Unternehmens bildet, besteht ein Seeschifffahrtsunternehmen mit einem Seebetrieb innerhalb des Gesamtunternehmens (vgl. *Galperin/Löwisch* § 114 Rn. 7).

2. Sitz im Geltungsbereich des Gesetzes

4 Nach § 114 Abs. 1 i. V. m. Abs. 2 Satz 1 gilt das Gesetz für Seeschifffahrtsunternehmen, die ihren Sitz in seinem Geltungsbereich haben. Obwohl die Bestimmung eigentlich zum Zwecke der Rechtssicherheit eingefügt wurde (vgl. zu BT-Drucks. VI/2729, S. 32), besteht Streit über deren Rechtsfolgen. Nach vorzugswürdiger Auffassung (vgl. *BAG* 26.09.1978 AP Nr. 1 zu § 114 BetrVG 1972 [zust. *Fettback*] = AR-Blattei, Seearbeitsrecht, Entsch. 12 [abl. *Jahnke*]; *Birk* FS *Schnorr von Carolsfeld*, S. 61 [86]; *Franzen* AR-Blattei SD 1450.5, Rn. 7; *Galperin/Löwisch* § 114 Rn. 10 f.; ausdrücklich offengelassen von *BAG* 22.10.2015 EzA § 85 SGB IX Nr. 9 = AP Nr. 13 zu § 85 SGB IX Rn. 75) enthält § 114 Abs. 2 Satz 1 im Rahmen der Legaldefinition des Seeschifffahrtsunternehmens eine zusätzliche Eingrenzung des Geltungsbereichs: der Unternehmenssitz muss im Geltungsbereich dieses Gesetzes, sprich in der Bundesrepublik Deutschland liegen. Damit weichen die §§ 114 ff. von den ansonsten für Landbetriebe geltenden allgemeinen Territorialitätsgrundsätzen des Betriebsverfassungsgesetzes ab, wonach der Unternehmenssitz für die Anwendbarkeit des BetrVG irrelevant ist und allein dem

Grundsätze § 114

Standort des Betriebs Bedeutung zukommt. Die Betriebsverfassung findet demnach keine Anwendung auf ausländische Seeschifffahrtsunternehmen, die im Inland unselbständige Zweigniederlassungen als **Landbetriebe** unterhalten. Die **Gegenauffassung** (vgl. *Berg/DKK* § 114 Rn. 17; *Jahnke* Anm. AR-Blattei, Seearbeitsrecht, Entsch. 12; *Hess/HWGNRH* § 114 Rn. 3; *Reich* § 114 Rn. 2; *Richardi/Forst* § 114 Rn. 19 ff.) will § 114 Abs. 2 Satz 1 dagegen nur die klarstellende Aussage entnehmen, dass die unternehmensbezogenen Vorschriften auf die Seeschifffahrtsunternehmen als solche Anwendung finden. Die Anwendbarkeit des allgemeinen Betriebsverfassungsrechts auf die Landbetriebe eines Seeschifffahrtsunternehmens (vgl. Rdn. 15) richte sich ausschließlich nach dem Territorialitätsprinzip, demzufolge das Gesetz alle Betriebe im Bundesgebiet unabhängig vom Sitz des Unternehmens erfasse. Das BetrVG sei auf inländische Landbetriebe ausländischer Seeschifffahrtsunternehmen anwendbar. Dem eindeutigen Gesetzeswortlaut ist jedoch Folge zu leisten; die damit verbundenen »Anwendbarkeitslücken« des Gesetzes sind hinzunehmen. Nachdem die betriebsverfassungsrechtlichen Bestimmungen für den Unternehmensbereich bereits vor der Neufassung des Gesetzes im Jahre 1972 galten, bedurfte es auch keiner gesetzgeberischen Klarstellung (*Galperin/Löwisch* § 114 Rn. 11), was damit gegen das letztgenannte einschränkende Verständnis des § 114 Abs. 2 Satz 1 spricht. Keine Anwendung findet die Betriebsverfassung weiterhin auf ausländische Betriebe inländischer Unternehmen. Dasselbe gilt für **Schiffe ausländischer Seeschifffahrtsunternehmen**, die **unter der Bundesflagge** fahren (vgl. *BAG* 26.09.1978 AP Nr. 1 zu § 114 BetrVG 1972 Bl. 2 f. *[Fettback]* = AR-Blattei, Seearbeitsrecht, Entsch. 12 [abl. *Jahnke*]; *Bemm/RGRK* § 630 Anh. II, Rn. 185; *Franzen* AR-Blattei SD 1450.5, Rn. 8, 12; *Galperin/Löwisch* § 114 Rn. 29; *Hess/HWGNRH* § 114 Rn. 3; *Joost/MünchArbR* 2. Aufl., § 321 Rn. 10; *Richardi/Thüsing* § 114 Rn. 12, 16, 28; **a. M.** *Berg/DKK* § 114 Rn. 18; *Brecht* § 115 Rn. 1). Flagge und Sitz müssen kumulativ auf Deutschland verweisen, um die Anwendungsvoraussetzungen der §§ 114–116 zu eröffnen. **Schiffe inländischer Unternehmen unter ausländischer Flagge** werden von §§ 114 ff. nicht erfasst (vgl. Rdn. 13, 21; *BAG* 17.09.1974 AP Nr. 1 zu § 116 BetrVG 1972 Bl. 5 R; *Galperin/Löwisch* § 114 Rn. 32, 34; *Hess/HWGNRH* § 114 Rn. 3; *Richardi/Forst* § 114 Rn. 21, 25); dagegen spricht bereits das Territorialitätsprinzip, weil ein Schiff nach allgemeinem See- und Völkerrecht dem Staat zugeordnet wird, dessen Flagge es führt (vgl. *BAG* 17.09.1974 AP Nr. 1 zu § 116 BetrVG 1972 Bl. 5 R f.; *Jahnke* AR-Blattei, Seearbeitsrecht, Entsch. 12; vgl. auch *BAG* 30.05.1963 AP Nr. 7 zu Internat. Privatrecht Arbeitsrecht Bl. 2 *[Abraham]*; *Lunk/Hinze* NVwZ 2014, 278 [278 f.]; vgl. auch Art. 91 Abs. 1 Satz 2 SRÜ).

3. Ausübung der Arbeitgeberbefugnisse

Durch den weiten Begriff des Seeschifffahrtsunternehmens wird eine gleichmäßige Anwendung der §§ 114 bis 116 in der deutschen Seeschifffahrt erreicht. Zu den Seeschifffahrtsunternehmen i. S. d. § 114 Abs. 2 Satz 1 gehört eindeutig der Reeder (§ 476 HGB, vgl. Rdn. 7). Häufig verwendet indessen der Eigentümer das Schiff nicht selbst, sondern überlässt es einem Dritten. Durch die in § 114 Abs. 2 Satz 2 genannten Beispiele wird klargestellt, dass bei einer Aufspaltung von Eigentum und wirtschaftlicher Leitung auf zwei Unternehmen derjenige ein Seeschifffahrtsunternehmen betreibt, der über den Einsatz des Schiffes bestimmt und die Arbeitgeberbefugnisse gegenüber dem Kapitän und den Besatzungsmitgliedern wahrnimmt (vgl. *BAG* 26.09.1978 AP Nr. 1 zu § 114 BetrVG 1972 Bl. 2 R; *Galperin/Löwisch* § 114 Rn. 5). Entweder muss der Unternehmer selbst deren Arbeitgeber sein oder jedenfalls überwiegend die Befugnisse des Arbeitgebers beiden gegenüber ausüben. Adressat der Rechte und Pflichten aus den Heuerverträgen und damit Arbeitgeber i. S. d. Arbeitsvertragsrechts ist in letzterem Falle nicht das Seeschifffahrtsunternehmen, sondern zumeist der Schiffseigner, der indessen dem Korrespondentreeder, Vertragsreeder usw. die Ausübung seiner Arbeitgeberbefugnisse, vor allem das Weisungsrecht, in bestimmtem Umfang (vgl. Rdn. 6) überlassen hat. Insoweit liegt eine Aufspaltung der Arbeitgeberfunktionen vor. Die gesetzliche Regelung ordnet dann die Besatzungsmitglieder betriebsverfassungsrechtlich ausschließlich dem Seeschifffahrtsunternehmen zu, so dass eine doppelte Betriebszugehörigkeit insoweit abzulehnen ist. Betriebliche Vertretungen dieser Arbeitnehmer können nur im Bereich des Seeschifffahrtsunternehmens gebildet werden. Dieses ist alleiniger Partner des Seebetriebsrats und Arbeitgeber i. S. d. Betriebsverfassungsrechts. Die Regelung des Gesetzes ist schon deswegen sinnvoll, weil das Seeschifffahrtsunternehmen kraft seiner besonderen Rechtsstellung den Besatzungsmitgliedern näher steht als der Schiffseigner. Unabweisbar wird die Regelung, wenn ein Seeschifffahrtsunternehmen – u. U. neben eigenen Schiffen – mehrere Schiffe verschiedener Eigner bereedert, sei es als Ausrüster, Korrespondentreeder, Vertragsreeder oder aufgrund eines ähnlichen Rechtsverhältnisses (zu den Begriffen vgl. Rdn. 8 ff.); denn in der Praxis handelt es sich dabei um eine wirtschaftliche Einheit (vgl. auch § 4 Abs. 1 Nr. 2 SeeArbG; § 2 Abs. 2 MTV-See vom 11.03.2002, zuletzt geändert durch Tarifvertrag vom 30.12.2014, abgedruckt etwa bei *Lindemann* S. 1213 ff.). Deshalb besteht auch ein einheitliches Seeschifffahrtsunternehmen (vgl. *Richardi/Forst* § 114 Rn. 28). Die Wahrnehmung der gemeinsamen Belange aller Besatzungsmitglieder ist auf andere Weise, insbesondere gegenüber den verschiedenen Eignern, kaum möglich. Wenn dementsprechend in den §§ 115, 116 die Begriffe Reederei, Schifffahrtsunternehmen oder Arbeitgeber gebraucht werden, so ist damit immer das Seeschifffahrtsunternehmen in dem hier erläuterten Sinne gemeint.

6   Eine **überwiegende Ausübung** der **Arbeitgeberbefugnisse** liegt vor, wenn nach außen hin, vor allem gegenüber Kapitän und Besatzungsmitgliedern, vorwiegend das Seeschifffahrtsunternehmen anstelle des Arbeitgebers i. S. d. Arbeitsvertragsrechts (vgl. Rdn. 5) handelnd in Erscheinung tritt, insbesondere selbständig Einstellungen und Entlassungen vornehmen und die maßgeblichen Weisungen erteilen darf (vgl. z. B. § 493 Abs. 4 HGB a. F. für den Korrespondentreeder sowie die illustrative Schilderung bestimmter Charterverträge bei *Wüstendörfer* Neuzeitliches Seehandelsrecht, S. 119 f.; vgl. auch *Frommelt* Die Rechtsnatur der Zeitcharter, S. 88 ff.). Dabei kommt den Umständen des Einzelfalles entscheidende Bedeutung zu.

4. Reeder

7   Ein Seeschifffahrtsunternehmen i. S. d. Gesetzes betreibt vor allem der Reeder, der eine natürliche Person, juristische Person oder Personengesamtheit sein kann (Alleinreeder oder Reederei). Als Eigentümer eines Schiffes verwendet er dieses zum Erwerb durch die Seeschifffahrt selbst (vgl. § 476 HGB). In aller Regel gehört dazu auch die Ausrüstung und Unterhaltung des Schiffes, insbesondere die Bemannung, so dass der Reeder grundsätzlich zugleich Arbeitgeber des Kapitäns und der Besatzung ist. Die Reedereigenschaft bezieht sich immer nur auf ein einzelnes Schiff (vgl. *Schaps/Abraham* Erster Teil, § 484 Rn. 6). Wenn aber eine Person innerhalb einer einheitlichen wirtschaftlichen Organisation Reeder mehrerer Schiffe ist, besteht nach allgemeinen Grundsätzen nur ein Seeschifffahrtsunternehmen (vgl. *Galperin/Löwisch* § 114 Rn. 12; *Richardi/Thüsing* § 114 Rn. 29).

5. Ausrüster

8   Ausrüster ist, wer ein ihm nicht gehörendes Schiff zum Erwerb durch Seefahrt betreibt (§ 477 Abs. 1 HGB; dazu BT-Drucks. 17/10309, S. 62 f.). Die durch das Gesetz zur Reform des Seehandelsrechts vom 20.04.2013 (BGBl. I, S. 831) neu gefasste Vorschrift ersetzt § 510 Abs. 1 HGB a. F. und soll nach der Gesetzesbegründung hervorheben, dass der Ausrüster selbst das Schiff wirtschaftlich einsetzt (BT-Drucks. 17/10309, S. 62 f.). Mit der Gesetzesreform ist aber aus handelsrechtlicher Sicht auch eine inhaltliche Änderung verbunden: Nach früherer Rechtslage (§ 510 Abs. 1 HGB a. F.) musste das Schiff entweder durch den Ausrüster selbst geführt oder zur Führung einem Kapitän anvertraut worden sein; letzteres setzte nach h. M. voraus, dass der Kapitän im Dienste des Schiffsverwenders stand und von diesem allein abhängig, also dessen alleiniger Weisungsbefugnis unterworfen war (vgl. BGH 26.11.1956 BGHZ 22, 197 [199 ff.]; *Rabe* § 510 Rn. 7; *Schaps/Abraham* Erster Teil, § 510 Rn. 4 m. w. N.). Demgegenüber ist nunmehr auch ein Nichteigentümer, der einen Vertragsreeder mit der Bemannung des Schiffes im eigenen Namen beauftragt, Ausrüster i. S. v. § 477 Abs. 1 HGB, ohne dass es auf die Weisungsbefugnis dem Kapitän gegenüber ankommt (vgl. dazu BT-Drucks. 17/10309, S. 63; ebenso *Richardi/Forst* § 114 Rn. 33). Ein Schifffahrtsunternehmen im betriebsverfassungsrechtlichen Sinne betreibt dagegen weiterhin nur ein Ausrüster, der Arbeitgeber des Kapitäns und der Besatzungsmitglieder ist oder überwiegend die Befugnisse des Arbeitgebers ausübt (§ 114 Abs. 2 Satz 2 a. E.; ebenso *Richardi/Forst* § 114 Rn. 33). Deshalb unterhält nicht der Nichteigentümer, sondern der mit der Bemannung des Schiffes im eigenen Namen beauftragte Vertragsreeder, der die Arbeitgeberbefugnisse gegenüber Kapitän und Besatzung ausübt, ein Schifffahrtsunternehmen i. S. v. § 114 Abs. 2, wenngleich der Nichteigentümer Ausrüster im handelsrechtlichen Sinne ist und Dritten gegenüber als Reeder gilt (§ 477 Abs. 2 HGB; zum Vertragsreeder vgl. Rdn. 10). Danach sind nicht mehr alle Ausrüster i. S. v. § 477 Abs. 1 HGB gleichzeitig Schifffahrtsunternehmen i. S. v. § 114

Abs. 2. Liegen die Voraussetzungen des § 114 Abs. 2 Satz 2 vor, so betreibt nur der Ausrüster und nicht der Schiffseigner ein Schifffahrtsunternehmen i. S. d. Betriebsverfassungsrechts (vgl. *Galperin/Löwisch* § 114 Rn. 19). Zum Zeitcharterer siehe §§ 557, 561 HGB sowie BT-Drucks. 17/10309, S. 63.

6. Korrespondenzreeder

Soweit § 114 Abs. 2 Satz 2 den Korrespondenzreeder behandelt, bezieht sich die Vorschrift auf den in 9 §§ 489 bis 508 HGB a. F. geregelten Korrespondentreeder. Danach ist Korrespondentreeder (Schiffsdirektor, Schiffsdisponent) der von den Mitreedern einer Partenreederei (§ 489 Abs. 1 HGB a. F.; dazu *Schaps/Abraham* Erster Teil, § 489 Rn. 1 ff.) bestellte ständige Vertreter der Reederei (§§ 492 ff. HGB a. F.). Die der Rechtsform der Partenreederei zugrunde liegenden §§ 489 bis 508 HGB a. F. wurden zwar durch das Gesetz zur Reform des Seehandelsrechts vom 20.04.2013 (BGBl. I, S. 831) ersatzlos gestrichen. Sie bleiben aber nach Art. 70 Abs. 1 EGHGB für vor dem 25.04.2013 entstandene Partenreedereien in der bis zu diesem Tag geltenden Fassung maßgebend. Erst mit der abnehmenden Anzahl der Partenreedereien wird § 114 Abs. 2 Satz 2 insoweit an Bedeutung verlieren (vgl. dazu BT-Drucks. 17/10309, S. 43 und 139). Nach fortgeltendem Recht erstreckt sich die Vertretungsmacht des Korrespondentreeders weiterhin u. a. auf die Ausrüstung, Erhaltung und Verfrachtung des Schiffes (§ 493 Abs. 2 HGB a. F.), insbesondere also auf dessen Bemannung, d. h. den Abschluss von Heuerverträgen und deren Erfüllung (*Rabe* § 493 Rn. 4; *Schaps/Abraham* Erster Teil, § 493 Rn. 13) sowie die Wahrnehmung der Arbeitgeberbefugnisse gegenüber dem Kapitän (§ 493 Abs. 4 HGB a. F.; vgl. auch § 496 Abs. 2 HGB a. F.; zur Stellung des Korrespondentreeders gegenüber dem Kapitän vgl. *Schaps/Abraham* Erster Teil, § 493 Rn. 18 f.). Adressat der Rechte und Pflichten aus dem Heuerverhältnis ist zwar regelmäßig die Partenreederei, weil der Korrespondentreeder im Gegensatz zum Reeder oder Ausrüster grundsätzlich nicht im eigenen Namen tätig wird (vgl. aber *Ruhwedel* Die Partenreederei, S. 324; vgl. auch *Schaps/Abraham* Erster Teil, § 494 Rn. 1). Der Korrespondentreeder übt aber kraft seiner gesetzlich umgrenzten, wenngleich beschränkbaren (vgl. § 495 HGB a. F.) Vertretungsmacht überwiegend die Arbeitgeberbefugnisse gegenüber Kapitän und Besatzung aus. Nach § 114 Abs. 2 Satz 2 bildet daher das Unternehmen des Korrespondentreeders in der Regel das Seeschifffahrtsunternehmen (vgl. Rdn. 5; *Galperin/Löwisch* § 114 Rn. 14 f.).

7. Vertragsreeder

Als Vertragsreeder wird bezeichnet, wer aufgrund eines Bereederungsvertrags die Bewirtschaftung 10 eines Schiffes für den Eigentümer übernimmt, ohne Korrespondentreeder zu sein (vgl. *Rabe* § 492 Rn. 1; *Schaps/Abraham* Erster Teil, § 492 Rn. 2). Von letzterem unterscheidet er sich häufig nur dadurch, dass das Schiff im Alleineigentum eines Dritten steht. Daher sind Bereederungsverträge für Vertragsreeder inhaltlich häufig an die Vorschriften über die Korrespondentreeder (§§ 489 ff. HGB a. F.) angelehnt. Möglich ist jedoch, dass die Kompetenzen des Vertragsreeders nach dem Bereederungsvertrag gegenüber den §§ 493 ff. HGB a. F. eingeschränkt sind. Aus handelsrechtlicher Sicht schließt der Vertragsreeder die Befrachtungsgeschäfte in der Regel als Vertreter des Schiffseigners. In diesem Fall ist der Eigentümer des Schiffes nach § 476 HGB dessen Reeder. Der Vertragsreeder ist weder Reeder noch nach § 477 Abs. 1 HGB Ausrüster des Schiffes, da er insoweit nicht im eigenen Namen handelt. Die Rechtsfigur des Vertragsreeders konnte deshalb im Gesetz zur Reform des Seehandelsrechts vom 20.04.2013 (BGBl. I, S. 831) unberücksichtigt bleiben (BT-Drucks. 17/10309, S. 43). Im Betriebsverfassungsrecht spielt sie dagegen eine Rolle, wenn der Vertragsreeder die Heuerverhältnisse im eigenen Namen (BT-Drucks. 17/10309, S. 43) oder im Namen des Eigentümers abschließt, ohne dass sich dieser die überwiegende Ausübung seiner Arbeitgeberbefugnisse gegenüber Kapitän oder Besatzung vorbehalten hat (vgl. Klausel 5 Einheits-Schiffsmanagementvertrag (»Shipman 2009«) des Baltic and International Maritime Council [BIMCO]). Ein Schifffahrtsunternehmen i. S. v. § 114 Abs. 2 betreibt dann nur der Vertragsreeder und nicht der Schiffseigner.

8. Ähnliche Rechtsverhältnisse

Die generalklauselartige Erweiterung auf ähnliche Rechtsverhältnisse erfolgte im Hinblick auf die viel- 11 fältigen und sich wandelnden Gestaltungsformen der Praxis. Ähnlich ist jedes Rechtsverhältnis, das den Merkmalen der beispielhaft genannten Vertragsformen entspricht, bei dem also eine vom Eigentümer des Schiffes verschiedene Person, die das Schiff zum Erwerb durch die Seeschifffahrt verwendet, Arbeitgeber ist oder überwiegend Arbeitgeberbefugnisse ausübt. Als Rechtsverhältnisse kommen z. B. Charterverträge in Betracht. Entscheidend ist, dass der Charterer nach der konkreten Vertragsgestaltung die Arbeitgeberbefugnisse gegenüber Kapitän und Besatzung überwiegend ausübt (dazu s. Rdn. 6). Bei der Bareboatcharter (Schiffsmiete), deren Gegenstand die Überlassung des Gebrauchs eines unbemannten Schiffes ist (§§ 553 ff. HGB; vgl. auch *Glockauer* Arbeitsrechtliche Folgen von Unternehmens-Umstrukturierungen in der deutschen Seeschifffahrt, 2003, S. 23 ff.; *Mankowski* Seerechtliche Vertragsverhältnisse im Internationalen Privatrecht, 1995, S. 116 f.), erfüllt der Charterer diese Voraussetzung, soweit er nicht Arbeitgeber des Kapitäns und damit bereits Ausrüster (vgl. Rdn. 8) ist. Im Gegensatz dazu engagiert der Charterer bei der Zeit- (§§ 557 ff. HGB) und Reisecharter die operativen Dienste des Schiffes samt Schiffsbesatzung (vgl. *Frommelt* Die Rechtsnatur der Zeitcharter, S. 95; *Mankowski* Seerechtliche Vertragsverhältnisse im Internationalen Privatrecht, 1995, S. 90 ff., 98 ff.) und übt damit keine Arbeitgeberbefugnisse aus (ebenso *Richardi/Forst* § 114 Rn. 34). Auch aus der Employment-Klausel, die insbesondere in den Baltime- und Deutzeit-Frachtverträgen enthalten ist, folgt nichts anderes: Klausel 9 des Baltime-Frachtvertrag (abgedruckt bei *Rabe* Anhang § 557 Rn. 2) räumt dem Charterer nur eine begrenzte Weisungsbefugnis gegenüber dem Kapitän ein; Klausel 2 und 9 des Deutzeit-Frachtvertrags bestimmen, dass das Recht zur Einstellung und Entlassung des Kapitäns und der Besatzungsmitglieder allein dem Vercharterer zusteht (vgl. auch BGH 26.11.1956 BGHZ 22, 197 [202 ff.]; *Martens* Besondere Stellung und Pflichten der Besatzungsmitglieder, S. 31 ff.). Deshalb ist das Schiff nach § 114 Abs. 2 dem Seeschifffahrtsunternehmen des Reeders und nicht dem des Baltime- oder Deutzeit-Charterers zuzuordnen (vgl. *Galperin/Löwisch* § 114 Rn. 20).

III. Betriebe des Seeschifffahrtsunternehmens

1. Überblick

12 Das Betriebsverfassungsgesetz unterscheidet zwischen dem Seebetrieb (vgl. Rdn. 13 f.) und den Landbetrieben (vgl. Rdn. 15) von Seeschifffahrtsunternehmen. Der Seebetrieb ist der Anknüpfungspunkt der betriebsverfassungsrechtlichen Sonderregelung für die Seeschifffahrt, während der Landbetrieb in diesem Zusammenhang nur erwähnt wird, um entweder den Anwendungsbereich betriebsverfassungsrechtlicher Regeln für die Seeschifffahrt festzulegen (vgl. § 114 Abs. 4, 5) oder um die Bildung eines Seebetriebsrats zu erleichtern (vgl. § 116 Abs. 2 Nr. 2 Buchst. b, Nr. 7 Satz 1). Im Übrigen gelten für Landbetriebe von Seeschifffahrtsunternehmen die allgemeinen Vorschriften (vgl. Rdn. 15 m. w. N.). Für den Seebetrieb erfordert das System zweistufiger Arbeitnehmervertretungen (s. vor § 114 Rdn. 3) abweichend vom allgemeinen Begriff des Betriebs (s. § 1 Rdn. 26 ff.) zwei verschiedene Betriebsbegriffe: Soweit die jeweilige Schiffsbesatzung und ihre Bordvertretung (§ 115) gegenüber dem Kapitän in Frage stehen, gilt das einzelne Seeschiff (§ 114 Abs. 4; vgl. Rdn. 16 ff.) als Betrieb i. S. d. allgemeinen Vorschriften; soweit hingegen übergreifende Interessen gegenüber dem Seeschifffahrtsunternehmen vom Seebetriebsrat (§ 116) wahrgenommen werden, ist der Seebetrieb (§ 114 Abs. 3) der maßgebende Anknüpfungspunkt.

2. Seebetrieb (Abs. 3)

13 Nach der Legaldefinition des § 114 Abs. 3 gilt in Anlehnung an § 24 Abs. 2 KSchG (vgl. hierzu *von Hoyningen-Huene/Linck* KSchG, § 24 Rn. 4 ff. (zu § 24 Abs. 1 Satz 2 KSchG a. F.); *Joost*/MünchArbR 2. Aufl., § 321 Rn. 71; *Bader*/KR § 24 KSchG Rn. 16 ff.; *Hergenröder*/MK-BGB § 24 KSchG Rn. 4; ferner BAG 28.12.1956 AP Nr. 1 zu § 22 KSchG *[Herschel]*; vgl. auch § 34 Abs. 1 MitbestG) die Gesamtheit der Schiffe eines Seeschifffahrtsunternehmens einschließlich der in Abs. 2 Satz 2 genannten Schiffe (vgl. Rdn. 5 ff.) als Seebetrieb i. S. d. Gesetzes. Mehrere Seeschiffe werden daher zum Zwecke der Bildung eines Seebetriebsrats zusammengefasst. Gleichgültig ist die unternehmensinterne organisatorische Zuordnung der Schiffe und ebenso, ob die Seeschiffe nach den allgemeinen Regeln als selbständige Betriebe anzusehen oder einem Landbetrieb zuzuordnen wären (vgl. *Galperin/Löwisch* § 114

Grundsätze §114

Rn. 22; *Richardi/Forst* § 114 Rn. 37). Unerheblich ist auch, ob die Schiffe des Seeschifffahrtsunternehmens einem oder mehreren Eigentümern gehören (vgl. Rdn. 5). Der Seebetrieb kann, beispielsweise bei einer Partenreederei (s. Rdn. 9), auch aus einem einzigen Schiff bestehen (vgl. *Galperin/Löwisch* § 114 Rn. 23; *Richardi/Forst* § 114 Rn. 38; vgl. auch Rdn. 3). Es muss sich jedoch stets um ein Schiff i. S. d. Gesetzes (§ 114 Abs. 4) handeln. Deshalb gehören Schiffe unter ausländischer Flagge ebenso wenig zum Seebetrieb wie solche, die regelmäßig weniger als 24 Stunden ununterbrochen auf See sind (vgl. Rdn. 16 ff.; *Galperin/Löwisch* § 114 Rn. 24; *Richardi/Forst* § 114 Rn. 36; *Kloppenburg/HaKo* § 114 Rn. 3 f.).

Die Abgrenzung von Seebetrieb und Landbetrieb nach § 114 Abs. 3 i. V. m. Abs. 4 ist für den gesamten Bereich der Seebetriebsverfassung, also auch für den Umfang der Beteiligungsrechte in personellen Angelegenheiten, maßgebend. Eine Umsetzung von einem Kauffahrteischiff i. S. d. § 114 Abs. 4 auf ein Schiff, das binnen 24 Stunden an den Sitz eines Landbetriebs zurückkehrt, führt also stets zu einem Betriebswechsel (vgl. **a. M.** *LAG Schleswig-Holstein* 08.11.1979 SeeAE Nr. 3 zu § 99 BetrVG S. 3 f., das insoweit die Abgrenzung gemäß § 24 Abs. 1 Satz 2 KSchG a. F. [jetzt § 24 Abs. 2 KSchG] zugrunde legt). Damit ist allerdings keine Einstellung i. S. d. § 99 verbunden, wenn das von der Umsetzung betroffene Besatzungsmitglied heuervertraglich oder gemäß § 6 Abs. 4 MTV-See vom 11.03.2002 auf jedem Schiff des Reeders zur Dienstleistung verpflichtet ist (nach §§ 6 Abs. 4, 1 Abs. 1 MTV-See 2002 beschränkt sich die genannte Verpflichtung allerdings auf die Bundesflagge führende Fracht- und Fahrgastschiffe mit einer Bruttoraumzahl (BRZ) von mindestens 300). Das gilt auch bei der erstmaligen Umsetzung auf ein Kurzstreckenschiff (vgl. **a. M.** *LAG Schleswig-Holstein* 08.11.1979 SeeAE Nr. 3 zu § 99 BetrVG S. 3 f.; *Lindemann* § 28 Rn. 59; *Galperin/Löwisch* § 114 Rn. 35), da es nicht auf die Arbeitsaufnahme, sondern auf die arbeitsvertragliche Zuordnung ankommt (s. *Raab* § 99 Rdn. 28 ff. m. w. N.). Auch eine Versetzung i. S. d. § 99 i. V. m. § 95 Abs. 3 liegt nicht vor, sofern der Einsatz auf verschiedenen Schiffen üblich ist (vgl. § 95 Abs. 3 Satz 2 und dazu s. *Raab* § 99 Rdn. 115; vgl. auch *LAG Schleswig-Holstein* 08.11.1979 SeeAE Nr. 3 zu § 99 BetrVG S. 3 f.; *Lindemann* § 28 Rn. 58). Ein Arbeitnehmer, der von einem Kurzstreckenschiff auf ein unter ausländischer Flagge fahrendes Schiff überwechselt, verlässt den Landbetrieb. Falls das auf den Landbetrieb bezogene Heuerverhältnis während des Einsatzes auf dem ausländischen Schiff nicht aufgehoben wird, sondern ruht, liegt aber keine Einstellung i. S. d. § 99 vor, wenn der Arbeitnehmer seine Tätigkeit auf dem inländischen Kurzstreckenschiff wieder aufnimmt (vgl. *LAG Schleswig-Holstein* 08.12.1982 BB 1983, 1161).

3. Landbetrieb

Ein Seeschifffahrtsunternehmen besteht in der Regel aus dem Seebetrieb als der Zusammenfassung aller seiner Seeschiffe (§ 114 Abs. 3; s. Rdn. 13) und den Betrieben des Unternehmens an Land. Hervorzuheben ist der dem **Seebetrieb zugeordnete Landbetrieb**; er dient dem Einsatz der Schiffe, ihrer Ausrüstung, Befrachtung, Unterhaltung usw. Zum Landbetrieb gehören vor allem die Unternehmensverwaltung für den Seebereich (Reedereikontor) und, soweit sie keine selbständigen Betriebe sind, Verkaufs- und Buchungsstellen, Lagerhäuser, Stauereien, Docks, Reparaturwerften usw. Gegebenenfalls sind ihm auch Kurzstreckenschiffe i. S. d. § 114 Abs. 4 Satz 2 (vgl. Rdn. 22 ff.) und Binnenschiffe (vgl. Rdn. 18) zuzurechnen. Auch für letztere gilt der Rechtsgedanke des § 114 Abs. 4 Satz 2, so dass sie stets zu dem Landbetrieb gehören, zu dem sie regelmäßig innerhalb von 24 Stunden zurückkehren (vgl. *Richardi/Forst* § 114 Rn. 47). Im Übrigen ist nach Maßgabe der §§ 1 und 4 zu entscheiden, ob die genannten Schiffe einem Landbetrieb zuzuordnen sind oder selbständige oder unselbständige Nebenbetriebe bilden. Die besondere Bedeutung dieses Landbetriebs kommt in der Regelung des § 116 Abs. 2 Nr. 2 Buchst. b, Nr. 7 Satz 1 zum Ausdruck. Im Übrigen finden auf den Landbetrieb im dargelegten Sinne sowie auf die **sonstigen Betriebe** des **Seeschifffahrtsunternehmens an Land**, z. B. Produktions- oder Dienstleistungsbetriebe, Handelsorganisationen usw., die keinen Bezug zur Seeschifffahrt aufweisen, ausnahmslos die allgemeinen Vorschriften des Betriebsverfassungsgesetzes Anwendung (vgl. *Galperin/Löwisch* § 114 Rn. 2, 21; *Hess/HWGNRH* § 114 Rn. 4, 19; *Joost/MünchArbR* 2. Aufl., § 321 Rn. 16; *Richardi/Forst* § 114 Rn. 48). Zur Anwendbarkeit des Gesetzes auf Landbetriebe ausländischer Unternehmen vgl. Rdn. 4, zur Bildung von Jugend- und Auszubildendenvertretungen in den Landbetrieben von Seeschifffahrtsunternehmen s. Rdn. 25.

4. Schiff im Sinne des Gesetzes (Abs. 4)

a) Legaldefinition

16 Nach § 114 Abs. 4 sind Schiffe i. S. d. Betriebsverfassungsgesetzes nur Kauffahrteischiffe, die nach dem Flaggenrechtsgesetz die Bundesflagge führen (vgl. Rdn. 17 ff.), soweit sie nicht in der Regel binnen 24 Stunden nach dem Auslaufen an den Sitz eines Landbetriebs zurückkehren (vgl. Rdn. 22 ff.). Der Begriff des Schiffes i. S. d. Betriebsverfassungsgesetzes ist daher enger als nach der Verkehrsauffassung. Hiernach ist ein Schiff ein schwimmfähiger Hohlkörper von nicht ganz unbedeutender Größe, der fähig und bestimmt ist, auf oder unter dem Wasser fortbewegt zu werden und dabei Personen oder Sachen zu tragen (*Schaps / Abraham* Erster Teil, vor § 476 Rn. 1 ff.; *Lindemann* Einf. Rn. 31). Durch die Legaldefinition des § 114 Abs. 4 wird der Geltungsbereich der Sonderregelung für die Seeschifffahrt auf die genannten Schiffe beschränkt. Auf alle anderen Schiffe finden die allgemeinen Vorschriften des Betriebsverfassungsgesetzes Anwendung.

b) Kauffahrteischiffe

17 Entsprechend der früher zu § 1 SeemG (vgl. auch Art. 27 GG, § 1 Abs. 1 FlaggRG, § 3 Abs. 2 Schiffsregisterordnung) entwickelten Definition ist Kauffahrteischiff ein **Schiff**, das **zum Erwerb durch** die **Seefahrt bestimmt** ist **oder tatsächlich dient** (vgl. *ArbG Hamburg* SeeAE Nr. 1 zu § 1 SeemG S. 3; *Lindemann* § 1 Rn. 3 ff.; *Rabe* Einf. Rn. 19; *Schaps / Abraham* III, § 1 SeemG Rn. 1; *Schelp / Fettback* § 1 Rn. 3). Durch das Inkrafttreten des Seearbeitsgesetzes hat sich daran nichts geändert (vgl. § 1 Abs. 1 Satz 1 SeeArbG; amtliche Begründung BT-Drucks. 17/10959, S. 60; *Lindemann* § 1 Rn. 4 ff.). Damit wird jeder Erwerb mittels eines Schiffes erfasst, u. a. Hochsee- und Küstenfischerei, gewerblicher Lotsendienst auf See, Eisbrecherdienste, gewerbsmäßige Bergungs- und Hilfsdienste, Schlepp- und Bugsierdienste (vgl. die Zusammenstellung bei *Becker* ZHR Bd. 121 [1958], S. 97 [98 Fn. 9]). Die Zweckbestimmung muss auf Dauer bestehen (vgl. Rdn. 19; *Richardi / Thüsing* § 114 Rn. 33), jedoch ist die vorübergehende Unterbrechung der Zweckverfolgung (Umbau des Schiffes, beschäftigungsloses Aufliegen) unschädlich (*Galperin / Löwisch* § 114 Rn. 26; *Noltin / BNPM* § 1 SeeArbG Rn. 5). Nicht hierher gehören vor allem hoheitlichen Zwecken dienende Schiffe (Schiffe der Bundesmarine, Zollschiffe, Fischereischutzschiffe, Feuerschiffe, Vermessungsschiffe, Tonnenleger), ferner nicht Privatjachten (vgl. aber zur saisonal gewerblich genutzten Yacht *Noltin / BNPM* § 1 SeeArbG Rn. 5; ähnlich *Richardi / Forst* § 114 Rn. 40) sowie Schul- und Forschungsschiffe, soweit sie ausschließlich der Ausbildung bzw. wissenschaftlichen Forschung gewidmet sind. Falls ein Forschungsschiff dagegen mittelbar der wirtschaftlichen Tätigkeit des Unternehmens dient, handelt es sich um ein Kauffahrteischiff. Das gilt beispielsweise für Forschungsschiffe, die zur Exploration von Ölquellen eingesetzt werden (vgl. zur entsprechenden Vorschrift des § 34 Abs. 2 Satz 1 MitbestG *Wißmann / WKS* MitbestG, § 34 Rn. 10; *Hoffmann / Lehmann / Weinmann* MitbestG, § 34 Rn. 4). Wenn ein hoheitlichen Zwecken dienendes Schiff, ein Forschungsschiff, ein Schulschiff oder eine Privatjacht vom Verwender gechartert ist und dem Vercharterer zum Erwerb durch die Seefahrt dient, gehört es zum Seeschifffahrtsunternehmen und dem Seebetrieb des Vercharterers (vgl. *Galperin / Löwisch* § 114 Rn. 27; *Richardi / Forst* § 114 Rn. 41). Falls einem privaten Seeschifffahrtsunternehmen aber lediglich die Besetzung von Schiffen obliegt, die hoheitlichen Zwecken dienen, werden diese dadurch nicht zu Kauffahrteischiffen i. S. d. § 114 Abs. 4, weil sie nicht zum Erwerb durch die Seefahrt bestimmt sind. Sie gehören daher nicht zum Seebetrieb des Seeschifffahrtsunternehmens, das die Besatzung stellt (vgl. *Galperin / Löwisch* § 114 Rn. 27). Schiffsbauwerke werden von § 114 Abs. 4 nicht erfasst, da die Schiffseigenschaft erst mit der Fertigstellung beginnt (vgl. *Galperin / Löwisch* § 114 Rn. 26; *Schaps / Abraham* Erster Teil, vor § 476 Rn. 10 m. w. N.; ähnlich *Noltin / BNPM* § 1 SeeArbG Rn. 3: ab Indienststellung).

18 Keine Schiffe i. S. d. § 114 Abs. 4 sind die **Binnenschiffe**, für die die allgemeinen Vorschriften des Gesetzes gelten (vgl. *Galperin / Löwisch* § 114 Rn. 28; *Richardi / Forst* § 114 Rn. 16, 46 ff.; *Strecker* RdTW 2013, 346 [351]; *Noltin / BNPM* § 1 SeeArbG Rn. 12; grundlegend zur Anwendung des Betriebsverfassungsgesetzes in der Binnenschifffahrt *Sischka* Betriebsverfassungsrecht in der Binnenschifffahrt). Es ist dann eine Frage der Organisation im Einzelfall, ob ein einzelnes Binnenschiff, die Gesamtheit der Binnenschiffe oder ein oder mehrere Binnenschiffe zusammen mit einem Landbetrieb einen Betrieb bilden (*Strecker* RdTW 2013, 346 [351]). Die in § 114 Abs. 4 Satz 2 vorgesehene Zuordnung eines Seeschiffes zu dem Landbetrieb, an dessen Sitz das Schiff in der Regel binnen 24 Stunden nach

Grundsätze §114

dem Auslaufen zurückkehrt (s. dazu Rdn. 22 ff.), ist mangels teleologischer Vergleichbarkeit nicht analog auf Binnenschiffe anwendbar (**a. A.** *Strecker* RdTW 2013, 346 [351]): Während § 114 Abs. 4 Satz 2 die Frage beantwortet, wann die Verwirklichung der Mitbestimmung aufgrund der räumlichen Entfernung vom Heimathafen und deren Dauer ohne einen Seebetriebsrat und eine Bordvertretung tatsächlich erschwert ist (zu Inhalt und Grund der Sonderregelung s. vor § 114 Rdn. 3), regeln die auf Binnenschiffe anwendbaren allgemeinen §§ 1 und 4 unabhängig von der räumlichen Verbundenheit der Tätigkeit der Arbeitnehmer, wann ein durch eine organisatorische Einheit und einen einheitlichen Leitungsapparat geprägter Betrieb existiert (s. § 1 Rdn. 28 f.).

Bei der **Abgrenzung von See- und Binnenschiff** ist auf den Dauercharakter eines Schiffes, d. h. **19** darauf abzustellen, ob das Schiff regelmäßig zu Fahrten auf See oder zu Fahrten auf Binnengewässern verwendet wird (vgl. *OLG Hamburg* 24.11.1959 MDR 1960, 316). Ein Seeschiff fährt bestimmungsgemäß auf hoher See. Wenn ein Schiff gleichzeitig sowohl zur Seefahrt als auch zur Binnenschifffahrt regelmäßig verwendet wird, kommt es darauf an, welche Eigenschaft überwiegt (vgl. *Schaps/Abraham* Erster Teil, vor § 476 Rn. 12 mit Nachweisen pro und contra). In diesem Rahmen können die Bauart des Schiffes sowie die Eintragung ins See- oder Binnenschiffsregister als Indizien herangezogen werden (vgl. auch *Galperin/Löwisch* § 114 Rn. 28; *Hess/HWGNRH* § 114 Rn. 15). Die Grenze zwischen der See und den Binnengewässern wird nicht einheitlich gezogen; maßgeblich sind weithin die Anschauungen seemännischer Kreise. Zur Orientierung kann die in der Flaggenrechtsverordnung (FlRV) vom 04.07.1990 (BGBl. I, S. 1389), zuletzt geändert durch Gesetz vom 29.03.2017 (BGBl. I, S. 626), enthaltene Grenzziehung oder die (nicht deckungsgleiche, vgl. *Bubenzer/Jörgens* Abschnitt II Rn. 4) Seegrenze nach der Binnenschiffsuntersuchungsordnung (BinSchUO) vom 06.12.2008 (BGBl. I, S. 2450), zuletzt geändert durch Verordnung vom 02.03.2017 (BGBl. I, S. 330), herangezogen werden (zur Abgrenzung im Ergebnis vgl. *Rabe* Einf. Rn. 32 ff.; *Schaps/Abraham* Erster Teil, vor § 476 Rn. 12 ff.; *Schlegelberger/Liesecke* vor B II). Für Schiffe, die im Übergangsbereich der Binnen- zur Seeschifffahrt verwendet werden, hat der seearbeitsrechtliche Gesetzgeber in **§ 1 Abs. 2 See-ArbG** eine besondere Regelung geschaffen. Danach ist das SeeArbG nicht auf Beschäftigte an Bord von Schiffen anzuwenden, die Wasserstraßen der Zonen 1 und 2 nach dem Anhang I der BinSchUO nicht seewärts verlassen, zu verlassen beabsichtigen oder ersteres nur auf Grund einer besonderen Genehmigung dürfen. Nach der Gesetzesbegründung erfasst diese Ausnahme lediglich Schiffe, die ausschließlich in Binnengewässern fahren (vgl. BT-Drucks. 17/10959, S. 61). Deshalb wird die Anwendbarkeit des SeeArbG in der seearbeitsrechtlichen Literatur bereits dann bejaht, wenn das Schiff die Binnengewässer planmäßig einmalig und kurzzeitig verlässt (*Noltin/BNPM* § 1 SeeArbG Rn. 13; *Bubenzer/Jörgens* Abschnitt II Rn. 5). Auf die betriebsverfassungsrechtliche Problematik ist diese Regelung **nicht übertragbar**. Die besondere zweistufige Vertretung der Arbeitnehmer im Seebetrieb von Schifffahrtsunternehmen ist erst dann gerechtfertigt, wenn die Verwirklichung der Mitbestimmung aufgrund der räumlichen Entfernung vom Heimathafen und deren Dauer tatsächlich erschwert ist (zu Inhalt und Grund der Sonderregelung s. vor § 114 Rdn. 3). Ein planmäßig einmaliges und kurzzeitiges Verlassen des Binnengewässers wird hierfür kaum ausreichen; indes wird man aus der gesetzlichen Wertung des § 114 Abs. 4 Satz 2 darauf schließen können, dass ein Seebetriebsrat und eine Bordvertretung zu bilden sind, wenn Schiffe die Binnengewässer verlassen und in der Regel nicht binnen 24 Stunden nach dem Auslaufen an den Sitz eines Landbetriebs zurückkehren.

c) Führen der Bundesflagge

Schiffe i. S. d. § 114 Abs. 4 Satz 1 sind nur Kauffahrteischiffe, die nach dem Flaggenrechtsgesetz **20** (FlaggRG) i. d. F. der Bekanntmachung vom 26.10.1994 (BGBl. I, S. 3140), zuletzt geändert durch Gesetz vom 18.07.2016 (BGBl. I, S. 1666), die Bundesflagge führen. Das Schiff muss formell berechtigt sein, die Bundesflagge zu führen; die materielle Berechtigung allein genügt nicht (zum Unterschied von formeller und materieller Berechtigung zur Flaggenführung vgl. §§ 3 ff. FlaggRG sowie *Schaps/Abraham* I, § 1 FlaggRG Rn. 1 [S. 331], § 3 FlaggRG Rn. 1, 4 [S. 334]). Einschlägig sind vor allem §§ 1, 2 und 11 FlaggRG. Die Bundesflagge muss auch tatsächlich geführt werden (ebenso und zum formellen Nachweis des Führens der Bundesflagge *Noltin/BNPM* § 1 SeeArbG Rn. 10). Unter diesen Voraussetzungen unterliegt ein Kauffahrteischiff auch dann dem deutschen Betriebsverfassungsrecht, wenn es sich auf hoher See oder in ausländischen Hoheitsgewässern aufhält (s. vor § 114 Rdn. 4). Ebenso wenig wird die Geltung des Betriebsverfassungsrechts durch die Eintragung eines

Kauffahrteischiffes in das Internationale Seeschifffahrtsregister gemäß § 12 FlaggRG beseitigt (vgl. *Basedow* Berichte der Deutschen Gesellschaft für Völkerrecht, Heft 31, 1990, S. 75 [86 ff.]; *Glockauer* Arbeitsrechtliche Folgen von Unternehmens-Umstrukturierungen in der deutschen Seeschifffahrt, 2003, S. 121 f.; *Friedrichs* Hansa 1990, 805 [806]; *Ludewig* Kollektives Arbeitsrecht auf Schiffen des Internationalen Seeschifffahrtsregisters, S. 123 ff.; *Richardi/Forst* § 114 Rn. 42; *Noltin/BNPM* § 1 See-ArbG Rn. 10; zweifelnd *Däubler* Das zweite Schiffsregister, S. 15 f.; hierzu *Bemm* RdA 1990, 249 f.; zum zweiten Schiffsregister vgl. im Einzelnen BT-Drucks. 11/2162, S. 3679; *Berg/DKK* § 114 Rn. 5; *Geffken* NZA 1989, 88; *Hauschka/Henssler* NZA 1988, 597; *Herber* Hansa 1988, 645). Die Regelung über das Internationale Schiffsregister ist außer im Falle des § 21 Abs. 4 Satz 3 FlaggRG verfassungsgemäß (vgl. *BVerfG* 10.01.1995 EzA Art. 9 GG Nr. 55 = AP Nr. 76 zu Art. 9 GG *[Wank]* = AR-Blattei ES 1550.15, Nr. 1 *[Franzen]*; hierzu *Erbguth* JuS 1996, 18; *Geffken* NZA 1995, 504; *Höfft* NJW 1995, 2329; *Lagoni* JZ 1995, 499; *Wimmer* NZA 1995, 250). Sie ist keine staatliche Beihilfe i. S. d. Art. 87 Abs. 1 EGV (1999); Art. 117 EWGV stand der Anwendung einer solchen Regelung nicht entgegen (vgl. *EuGH* 17.03.1993 AP Nr. 2 zu § 1 SeemG). Vgl. auch *BAG* 03.05.1995 EzA Art. 30 EGBGB Nr. 3 *(Franzen)* = AP Nr. 32 zu Intern. Privatrecht Arbeitsrecht = SAE 1997, 31 *(Magnus)*; hierzu auch *Geffken* AiB 1996, 29; *Mankowski* IPRax. 1996, 405.

21 Nicht erfasst werden solche **Schiffe unter** der **Bundesflagge**, die nach den Grundsätzen des § 114 Abs. 2 (vgl. Rdn. 3 f.) einem **ausländischen Unternehmen zuzurechnen** sind (vgl. Rdn. 4 mit Nachweisen contra und pro), z. B. einem ausländischen Ausrüster oder Vertragsreeder (vgl. § 7 Abs. 1 FlaggRG), ferner Seeschiffe im Falle des § 2 Abs. 1 FlaggRG. Auch ausländische Schiffe eines deutschen Seeschifffahrtsunternehmens werden überhaupt nicht vom Gesetz erfasst, da sie kein Teil des Seebetriebs sind (§ 114 Abs. 3; vgl. Rdn. 4, 13). Das gilt weiterhin dann, wenn Schiffe inländischer Reeder unter einer so genannten »billigen Flagge« fahren (vgl. dazu *Dzida* RIW 2006, 914 ff.; *Geffken* AiB 1987, 11; *Leffler* Das Heuerverhältnis auf ausgeflaggten deutschen Schiffen, S. 3 ff.; *ders.* RdA 1978, 97 ff.; *Schulte* Die »billigen Flaggen« im Völkerrecht, S. 7 ff.; *Becker* in: Siebert/Becker § 114 Rn. 3), also eine echte Verbindung zwischen dem Schiff und dem verleihenden fremden Staat fehlt (vgl. *Galperin/Löwisch* § 114 Rn. 33; *Richardi/Forst* § 114 Rn. 42; vgl. auch *Rake* BT-Prot. der 58. Sitzung des 10. Ausschusses, 6. Wahlperiode, S. 54 f.); **a. M.** *Berg/DKK* § 114 Rn. 12; offen gelassen vom *BAG* 17.09.1974 AP Nr. 1 zu § 116 BetrVG 1972 Bl. 5 R).

d) Schiffe, die weniger als 24 Stunden auf See sind

22 Von der Sonderregelung für die Seeschifffahrt sind nach § 114 Abs. 4 Satz 2 Schiffe ausgenommen, die in der Regel binnen 24 Stunden nach dem Auslaufen an den Sitz eines Landbetriebs zurückkehren. Solche **Kurzstreckenschiffe** sollen nicht dem Seebetrieb zugeordnet werden, weil bei ihnen die Besonderheiten und Gefahren der Hochseeschifffahrt keine Rolle spielen. Wegen ihrer Landbezogenheit erscheint eine eigene Vertretung ihrer Besatzungsmitglieder nicht erforderlich, so dass sie ebenso wie Binnenschiffe den allgemeinen Vorschriften des Betriebsverfassungsrechts unterstellt werden (vgl. Schriftlicher Bericht 10. Ausschuss, zu BT-Drucks. VI/2729, S. 32 f.). Auf ihnen ist daher keine Bordvertretung zu wählen. Der Einsatz von Kurzstreckenschiffen i. S. d. § 114 Abs. 4 Satz 2 macht ein Unternehmen auch nicht zu einem Seeschifffahrtsunternehmen. Die Vorschrift des § 114 Abs. 4 Satz 2 erfasst nach ihrem Zweck entgegen dem zu engen Wortlaut auch solche Schiffe, die innerhalb der 24-Stunden-Frist regelmäßig eine fremde Reedereiagentur oder einen sonstigen Stützpunkt anlaufen, der kein Landbetrieb des Seeschifffahrtsunternehmens ist, weil auch der Landbezogenheit solcher Kurzstreckenschiffe Rechnung getragen werden muss (**a. M.** *Berg/DKK* § 114 Rn. 13; *Galperin/Löwisch* § 114 Rn. 37; *Richardi/Forst* § 114 Rn. 44; zur betriebsverfassungsrechtlichen Zuordnung an Land vgl. Rdn. 23). Dasselbe gilt, wenn ein Schiff innerhalb der genannten Frist Häfen am Sitz verschiedener Landbetriebe anläuft (vgl. zu der entsprechenden Vorschrift des § 34 Abs. 2 Satz 2 MitbestG *Raiser/Jacobs* MitbestG, § 34 Rn. 4; **a. M.** *Galperin/Löwisch* § 114 Rn. 36 f. sowie *Fabricius/* GK-MitbestG § 34 Rn. 37 f.; *Hoffmann/Lehmann/Weinmann* MitbestG, § 34 Rn. 7). Die 24-Stunden-Frist berechnet sich nach dem gegenwärtigen regelmäßigen Einsatz. Vorübergehende Abweichungen bleiben ohne Einfluss (vgl. *Galperin/Löwisch* § 114 Rn. 36; *Richardi/Forst* § 114 Rn. 45). Erfasst werden vornehmlich Schiffe im Seebäder-, Förde- und Fährbetrieb, Assistenzschlepper sowie Teile der Küstenfischerei (vgl. *Galperin/Löwisch* § 114 Rn. 35).

Grundsätze § 114

Die **betriebsverfassungsrechtliche Zuordnung** der genannten Kurzstreckenschiffe ist in § 114 23
Abs. 4 Satz 2 geregelt, soweit ein Schiff immer zum selben Hafen am Sitz eines Landbetriebs des Seeschifffahrtsunternehmens zurückkehrt. Es gehört dann immer zu diesem Landbetrieb (vgl. *Galperin/Löwisch* § 114 Rn. 36; *Richardi/Forst* § 114 Rn. 43). Wenn dagegen Kurzstreckenschiffe regelmäßig verschiedene Landbetriebe oder einen Stützpunkt anlaufen, der kein Landbetrieb des Seeschifffahrtsunternehmens ist (vgl. Rdn. 22), muss nach Maßgabe der §§ 1 und 4 entschieden werden, ob es sich um selbständige oder unselbständige Nebenbetriebe handelt und ob sie einem Landbetrieb des Unternehmens zuzuordnen sind. Sonst ist allein für diese Schiffe ein Betriebsrat zu bilden, was der Rechtslage bei Binnenschiffen entspricht (vgl. Rdn. 18). Ein bestehender Landbetrieb kann durch die Zurechnung von Kurzstreckenschiffen betriebsratsfähig werden (vgl. *Berg/DKK* § 114 Rn. 14; *Galperin/Löwisch* § 114 Rn. 36). Wenn ein Schiff nach diesen Grundsätzen einem ausländischen Landbetrieb zugeordnet wird, fällt es nicht unter das Betriebsverfassungsrecht, weil das Gesetz nicht für ausländische Betriebe gilt, und zwar auch dann nicht, wenn diese zu einem deutschen Seeschifffahrtsunternehmen gehören (vgl. Rdn. 4, 15; *Galperin/Löwisch* § 114 Rn. 37; *Richardi/Forst* § 114 Rn. 44).

Verwendet ein Seeschifffahrtsunternehmen sowohl Kurzstreckenschiffe i. S. d. § 114 Abs. 4 Satz 2 als 24
auch Schiffe, die die Voraussetzungen des § 114 Abs. 4 Satz 1 erfüllen, so hängt die Zugehörigkeit eines Besatzungsmitglieds zum See- oder Landbetrieb davon ab, welchem Schiff der Arbeitnehmer durch den Heuervertrag oder Weisung des Reeders rechtlich zugeordnet ist (dazu s. § 115 Rdn. 8). Falls das Besatzungsmitglied sowohl auf Schiffen des Landbetriebs als auch auf sonstigen Schiffen Dienst zu tun verpflichtet ist, kommt eine doppelte Betriebszugehörigkeit in Betracht (vgl. *Galperin/Löwisch* § 114 Rn. 35).

IV. Jugend- und Auszubildendenvertretungen (Abs. 5)

Nach § 114 Abs. 5 werden Jugend- und Auszubildendenvertretungen nur für die Landbetriebe von 25
Seeschifffahrtsunternehmen gebildet. Wegen der erheblichen organisatorischen Schwierigkeiten ist die Bildung von Jugend- und Auszubildendenvertretungen an Bord und im Seebetrieb (Abs. 3) ausgeschlossen (vgl. hierzu auch BT-Drucks. VI/1786, S. 56; BT-Drucks. VI/2729, S. 54; zu BT-Drucks. VI/2729, S. 33). Die Vorschriften der §§ 60 bis 73 finden hier insgesamt keine Anwendung. Zum Ausgleich haben die jugendlichen Arbeitnehmer (vgl. § 60 Abs. 1) im Gegensatz zur allgemeinen Regelung des § 7 als Besatzungsmitglieder das aktive Wahlrecht zur Bordvertretung (§ 115 Abs. 2 Nr. 1) und zum Seebetriebsrat (§ 116 Abs. 2 Nr. 1). In den Landbetrieben von Seeschifffahrtsunternehmen werden Jugend- und Auszubildendenvertretungen nach Maßgabe der §§ 60 bis 73 gebildet.

V. Persönlicher Geltungsbereich (Abs. 6)

1. Besatzungsmitglieder

Das Gesetz beschränkt den persönlichen Geltungsbereich der §§ 114 bis 116 auf Besatzungsmitglieder. 26
Damit waren bis zum Inkrafttreten des Seearbeitsgesetzes am 01.08.2013 (vgl. Art. 7 Abs. 1 des Gesetzes zur Umsetzung des Seearbeitsübereinkommens 2006 der Internationalen Organisationen [BGBl. I, S. 868]) kraft Verweisung die in § 3 SeemG genannten Personen gemeint. Erfasst waren danach Schiffsoffiziere (§ 4 SeemG), sonstige Angestellte (§ 5 SeemG) und die nicht von §§ 4 und 5 SeemG erfassten, in einem Heuerverhältnis stehenden Schiffsleute (§ 6 SeemG). Seit diesem Tag definiert § 114 Abs. 6 Satz 1 den Begriff der Besatzungsmitglieder selbst als die in einem Heuer- oder Berufsausbildungsverhältnis zu einem Seeschifffahrtsunternehmen stehenden, im Seebetrieb beschäftigten Personen mit Ausnahme des Kapitäns. Damit unterscheidet sich der betriebsverfassungsrechtliche Begriff nicht nur vom handelsrechtlichen Begriff des Besatzungsmitglieds (vgl. dazu § 478 HGB); er ist auch nicht (mehr) mit dem seearbeitsrechtlichen Begriff des Besatzungsmitglieds gleichzusetzen, der nunmehr in § 3 Abs. 1 SeeArbG legaldefiniert wird und mit den in § 3 Abs. 3 SeeArbG genannten Ausnahmen auch an Bord des Schiffes tätige Arbeitnehmer eines anderen Arbeitgebers und selbständige Personen erfasst (vgl. *Maul-Sartori* NZA 2013, 821 [822]; anders früher §§ 3, 7 Abs. 1 bzw. Abs. 2 SeemG). Wer einen begrifflichen Gleichlauf im Seearbeits- und Betriebsverfassungsrecht damit begründen, dass nach

§ 28 SeeArbG jedes an Bord tätige Besatzungsmitglied in einem Heuerverhältnis stehe (so *Richardi/ Forst* § 114 Rn. 49), missachtet den klaren Willen des Gesetzgebers: Selbständige können nach § 3 SeeArbG als Besatzungsmitglieder im seearbeitsrechtlichen Sinne an Bord tätig sein, auch wenn sie in keinem Heuerverhältnis stehen; der in der Beweissicherung und der Kontrollermöglichkeit liegende Zweck von § 28 SeeArbG (vgl. *Lindemann* § 28 Rn. 1) wird bei Selbständigen durch das Erfordernis einer vertragsformularähnlichen Niederschrift gewahrt (*Lindemann* § 28 Rn. 5). Wenngleich der persönliche Anwendungsbereich des Seearbeitsrechts damit erweitert wurde (vgl. BT-Drucks. 17/10959, S. 60), soll aus betriebsverfassungsrechtlicher Sicht mit der Neufassung des § 114 Abs. 6 Satz 1 ausweislich der amtlichen Begründung keine Änderung des erfassten Personenkreises verbunden sein (vgl. BT-Drucks. 17/10959, S. 120, krit. dazu aus rechtspolitischer und völkerrechtlicher Sicht *Zimmer* EuZA 2015, 297 [304 f.]). Die Sonderregelung erfasst deshalb auch weiterhin nicht während der Reise im Rahmen des Schiffsbetriebs an Bord tätige selbständige Personen (früher § 7 Abs. 2 SeemG), Lotsen (früher § 7 Abs. 3 SeemG) oder während der Reise an Bord tätige Arbeitnehmer eines anderen Arbeitgebers (früher § 7 Abs. 1 SeemG). Dazu gehören beispielsweise an Bord beschäftigte Reparaturgangs von Fremdfirmen sowie – namentlich auf größeren Fahrgastschiffen – die Angestellten in Buchhandlungen, Friseurgeschäften, Drogerien oder Arbeitnehmer eines Reisenden (Sekretärin, Privatarzt). Zu den sonstigen Arbeitnehmern i. S. d. früheren § 7 Abs. 1 SeemG gehören grundsätzlich auch Personen, die nicht vom Reeder, sondern von einem Dritten im Catering-Bereich eines Passagierschiffes beschäftigt werden. Sofern diese allerdings nach dem Schiffsbesatzungszeugnis zur Mindestbesatzung des Schiffes gehören und dem Weisungsrecht des Kapitäns unterstehen, insbesondere in den Fällen, in denen sie als Feuerschutzkräfte oder Rettungsbootsleute in die Sicherheitskontrolle des jeweiligen Schiffes eingegliedert sind und deshalb dem Kapitän für Sicherheitsaufgaben abrufbereit zur Verfügung stehen müssen, sind sie als Besatzungsmitglieder i. S. d. früheren §§ 3 ff. SeemG in den Seebetrieb eingegliedert (vgl. *LAG Mecklenburg-Vorpommern* 04.06.1996 DB 1997, 1038 f.). Ein Heuerverhältnis fehlt bei den so genannten Überarbeitern (dazu *Rabe* vor § 664 Rn. 29), die gegen Mitnahme, Unterkunft und Verpflegung Dienste leisten (vgl. *Lindemann* § 3 Rn. 36; *Galperin/Löwisch* § 114 Rn. 47), und bei den nach § 73 SeeArbG heimzuschaffenden Seeleuten. Dasselbe gilt bei der Mitnahme ehemaliger Besatzungsmitglieder im Rahmen des Abkommens vom 03.12.1959, in dem sich Mitglieder des Verbandes Deutscher Reeder verpflichtet haben, die Rückbeförderungsansprüche von Besatzungsmitgliedern der am Abkommen beteiligten Reedereien zu erfüllen (vgl. *Galperin/ Löwisch* § 114 Rn. 47; *Lindemann* Die Beendigung des Arbeitsverhältnisses in der Seeschifffahrt, S. 86). Keine Besatzungsmitglieder sind auch die nicht ständig an Bord beschäftigten Personen, z. B. Inspektoren, Stauer, Wachleute usw., selbst wenn sie Arbeitnehmer des Reeders sind. Der Kapitän, der nach § 114 Abs. 6 Satz 1 kein Besatzungsmitglied ist, gilt nach § 114 Abs. 6 Satz 2 unverändert als leitender Angestellter. Die im Seeschifffahrtsunternehmen beschäftigten Arbeitnehmer, die nicht Kapitäne oder Besatzungsmitglieder sind, gehören nach allgemeinen Grundsätzen dem Landbetrieb an (vgl. *Galperin/Löwisch* § 114 Rn. 39).

27 Die Eigenschaft als Besatzungsmitglied besteht unabhängig davon, ob der Arbeitnehmer derzeit an Bord eines Schiffes Dienste leistet; es genügt, dass er aufgrund eines Heuerverhältnisses im Seebetrieb eines Seeschifffahrtsunternehmens hierzu verpflichtet ist. Nicht die konkrete **Zuordnung** zu einem bestimmten Schiff (dazu s. § 115 Rdn. 8), sondern **zum Seebetrieb** (s. Rdn. 13) des Schifffahrtsunternehmens ist maßgebend (vgl. *BAG* 17.09.1974 AP Nr. 1 zu § 116 BetrVG 1972 Bl. 6 R = SAE 1976, 1 [abl. *Galperin*]; *Berg/DKK* § 114 Rn. 19; *Galperin/Löwisch* § 114 Rn. 40; *Richardi/Forst* § 114 Rn. 53). Dabei ist zu beachten, dass Besatzungsmitglieder wie aus § 28 Abs. 2 Nr. 3 SeeArbG ersichtlich mangels besonderer Vereinbarung auf jedem Schiff des Reeders zum Schiffsdienst verpflichtet sind. Zwar müssen die Schiffe nach § 28 Abs. 2 Nr. 4 SeeArbG in dem schriftlichen Heuervertrag angegeben werden, jedoch sind Besatzungsmitglieder gem. §§ 6 Abs. 4, 1 Abs. 1 MTV-See vom 11.03.2002 auch auf jedem nach dem Flaggenrechtsgesetz die Bundesflagge führenden Fracht- und Fahrgastschiff des Reeders mit einer Bruttoraumzahl ab 300 zum Schiffsdienst verpflichtet. Auch § 33 Abs. 1 Satz 3 WOS geht davon aus, dass es Besatzungsmitglieder gibt, die bei der Aufstellung der Wählerliste nicht an Bord eines Schiffes beschäftigt werden. Sie nehmen daher nicht an der Wahl einer Bordvertretung, wohl aber des Seebetriebsrats teil (s. § 116 Rdn. 5). Weil es allein auf das Bestehen eines Heuerverhältnisses ankommt, sind auch solche Arbeitnehmer Besatzungsmitglieder, die sich wegen Urlaubs, Krankheit, Ausbildung oder vorübergehender Tätigkeit im Landbetrieb nicht an Bord aufhalten, sofern nicht vorher das Heuerverhältnis beendet wurde (vgl. *Lindemann* § 3 Rn. 8; *Galperin/Löwisch* § 114 Rn. 41). Dasselbe gilt, wenn ein Arbeitnehmer vorübergehend auf einem unter ausländischer Flagge fahrenden oder einem sonstigen nicht zum Seebetrieb gehörenden Schiff beschäftigt wird oder die wesentlichen Rechte und Pflichten aus dem Heuerverhältnis aus einem anderen Grunde, z. B. wegen Ableistung des Wehrdienstes, ruhen (vgl. *BAG* 17.09.1974 AP Nr. 1 zu § 116 BetrVG 1972 Bl. 5 R ff. = SAE 1976, 1 [abl. *Galperin*]; *ArbG Emden* SeeAE Nr. 5 zu § 116 BetrVG S. 5; *Lindemann* § 3 Rn. 8; *Galperin/Löwisch* § 114 Rn. 41, 46; *Richardi/Forst* § 114 Rn. 54; *Schaub/Koch* Arbeitsrechts-Handbuch, § 211 Rn. 22). Wenn ein Arbeitnehmer dagegen nicht nur vorübergehend in den Landbetrieb oder auf ein nicht zum Seebetrieb gehörendes Schiff versetzt wird, endet die arbeitsvertragliche Zuordnung zum Seebetrieb und damit die Besatzungsmitgliedschaft (vgl. *Berg/DKK* § 114 Rn. 19; *Lindemann* § 3 Rn. 8; ähnlich *Galperin/Löwisch* § 114 Rn. 41, der allerdings auf die »Eingliederung« in den Landbetrieb abstellt; dazu s. § 115 Rdn. 8). Welchem Seebetrieb ein Besatzungsmitglied im Rahmen eines **Leihheuerverhältnisses** angehört, ist nach allgemeinen Grundsätzen zu entscheiden (s. *Raab* § 5 Rdn. 118 ff., § 7 Rdn. 72 ff.; vgl. auch *Berg/DKK* § 114 Rn. 21; *Lindemann* § 3 Rn. 9 f.; *Galperin/Löwisch* § 114 Rn. 42).

2. Leitende Angestellte

Nach § 114 Abs. 6 Satz 2 sind im Seebetrieb von Schifffahrtsunternehmen nur die **Kapitäne** leitende 28 Angestellte i. S. d. § 5 Abs. 3 und damit grundsätzlich von der Anwendung des Gesetzes ausgenommen (vgl. auch § 33 Abs. 3 SprAuG). Insoweit kommen nur ein Informationsanspruch der Bordvertretung bzw. des Seebetriebsrats nach Maßgabe des § 105 (vgl. *Galperin/Löwisch* § 114 Rn. 51), die Mitwirkung des Kapitäns im Wirtschaftsausschuss des Seebetriebsrats gemäß § 107 Abs. 1 Satz 2, § 108 Abs. 2 Satz 2 i. V. m. § 116 Abs. 6 sowie Befugnisse eines Sprecherausschusses für leitende Angestellte in Betracht (vgl. § 33 SprAuG). Die Schiffsoffiziere (§ 6 SeeArbG) unterliegen ausnahmslos den Vorschriften des Betriebsverfassungsgesetzes, selbst wenn sie leitende Funktionen ausüben (vgl. *Galperin/Löwisch* § 114 Rn. 49; *Richardi/Forst* § 114 Rn. 51; *Kloppenburg/*HaKo § 114 Rn. 4). Sie sind daher auch zur Bordvertretung und zum Seebetriebsrat wahlberechtigt und wählbar.

3. Arbeiter und Angestellte (aufgehoben)

Durch Art. 1 Nr. 6 BetrVerf-Reformgesetz wurde § 6 a. F. mit der Begriffsbestimmung der Arbeiter 29 und Angestellten aufgehoben, da die Unterscheidung zwischen diesen beiden Gruppen als überholt anzusehen und deshalb auch in der Betriebsverfassung aufzugeben sei (vgl. amtliche Begründung, BT-Drucks. 14/5741, S. 36). Durch Art. 1 Nr. 73 BetrVerf-Reformgesetz wurde deshalb als Folgeänderung auch § 114 Abs. 6 Satz 3 (vgl. amtliche Begründung BT-Drucks. 14/5741, S. 52) aufgehoben. Zur vormaligen Rechtslage vgl. 6. Aufl. § 114 Rn. 28.

4. Auszubildende

Besatzungsmitglieder sind auch die Auszubildenden in einem Seebetrieb. Das entsprach schon früher 30 geltendem Recht, wenngleich die Auszubildenden in § 3 SeemG nicht ausdrücklich erwähnt wurden. Die Ausbildung zu einem seemännischen Beruf erfolgte vor Inkrafttreten der Schiffsbesetzungs- und Ausbildungsordnung vom 19.08.1970 (BGBl. I, S. 1253) und der Matrosen-Ausbildungsordnung vom 23.05.1975 (BGBl. I, S. 1264) im Rahmen eines normalen Heuerverhältnisses nach §§ 23 ff. SeemG. Die Stellung der Auszubildenden als Besatzungsmitglieder sollte durch die genannten, inzwischen außer Kraft getretenen Verordnungen ebenso wenig beseitigt werden wie durch die Vorschriften, die jetzt an ihre Stelle getreten sind (Verordnung über die Berufsausbildung in der Seeschifffahrt [See-Berufsausbildungsverordnung – See-BAV] vom 10.09.2013 [BGBl. I, S. 3565], zuletzt geändert durch Verordnung vom 31.08.2015 [BGBl. I, S. 1474], zuvor als Verordnung über die Berufsausbildung zum Schiffsmechaniker/zur Schiffsmechanikerin und über den Erwerb des Schiffsmechanikerbriefes [Schiffsmechaniker-Ausbildungsverordnung – SMAusbV] vom 12.04.1994 [BGBl. I, S. 797], zuletzt geändert durch Verordnung vom 31.10.2006 [BGBl. I, S. 2407], aufgehoben durch Verordnung vom 10.09.2013 [BGBl. I, S. 3565]; Verordnung über die Befähigung der Seeleute in der Seeschifffahrt (Seeleute-Befähigungsverordnung – See-BV) vom 08.05.2014 [BGBl. I, S. 460], zuletzt geändert durch Verordnung vom 02.06.2016 [BGBl. I, S. 1257]). Die Besatzungsmitgliedschaft setzte daher lediglich das Bestehen eines Ausbildungsverhältnisses voraus, das den Auszubildenden rechtlich dem Seebetrieb zuordnete (vgl. *ArbG Emden* SeeAE Nr. 5 zu § 116 BetrVG S. 4 f.; *Lindemann* § 3 Rn. 9; *Galperin/Löwisch* § 114 Rn. 43 f.; *Hess/HWGNRH* § 114 Rn. 20; *Kloppenburg/*HaKo § 114 Rn. 4; vgl. auch § 3 Abs. 3 Nr. 2 MTV-See vom 11.03.2002). Seit Inkrafttreten des Gesetzes zur Umsetzung des Seearbeitsübereinkommens von 2006 der Internationalen Arbeitsorganisation vom 20.04.2013 (BGBl. I, S. 868) am 01.08.2013 regelt § 114 Abs. 6 Satz 1 ausdrücklich, dass auch die in einem Berufsausbildungsverhältnis zu einem Schifffahrtsunternehmen stehenden im Seebetrieb beschäftigten Personen Besatzungsmitglieder i. S. d. Gesetzes sind. Der für die Begründung eines Berufsausbildungsverhältnisses erforderliche Berufsausbildungsvertrag (vgl. § 81 Satz 2 SeeArbG) ist nunmehr in den §§ 81 ff. SeeArbG besonders kodifiziert. Die Zuordnung zum Seebetrieb (s. Rdn. 13) des Schifffahrtsunternehmens erfolgt wie bei den sonstigen Besatzungsmitgliedern (s. Rdn. 27).

VI. Gewerkschaftliches Zutrittsrecht zu den Betrieben des Seeschifffahrtsunternehmens

31 Insoweit gelten für den Seebetrieb ebenso wie für die Betriebe des Seeschifffahrtsunternehmens an Land (vgl. Rdn. 15) zunächst die allgemeinen Grundsätze (s. § 2 Rdn. 51 ff. m. w. N. sowie *Reuter* ZfA 1976, 107 ff.; *Säcker* Inhalt und Grenzen des gewerkschaftlichen Zutrittsrechts zum Betrieb unter besonderer Berücksichtigung der Verhältnisse in der Seeschifffahrt, 1975). Das **betriebsverfassungsrechtliche Zutrittsrecht** nach § 2 Abs. 2 erfasst auch den Zugang von Gewerkschaftsbeauftragten zu den der Seebetriebsverfassung unterliegenden Schiffen und verdrängt insoweit die Vorschrift des § 125 Abs. 1 SeeArbG, die grundsätzlich ein Zugangsverbot mit Erlaubnisvorbehalt für nicht zur Besatzung gehörende Personen aufstellt (vgl. *Lindemann* § 125 Rn. 5; *Richardi/Forst* § 114 Rn. 61; noch zu § 111 Abs. 1 SeemG *Berg/DKK* § 114 Rn. 25; *Galperin/Löwisch* § 114 Rn. 53). Die Anwendung des § 2 Abs. 2 setzt voraus, dass die Gewerkschaft im Betrieb vertreten ist, wobei berücksichtigt werden muss, dass sowohl die einzelnen Schiffe als auch der Seebetrieb als deren Zusammenfassung Betriebe bilden (vgl. Rdn. 12). Welcher Betriebsbegriff maßgebend ist, hängt vom Funktionsbereich ab, in dem die Gewerkschaft tätig wird (vgl. *Berg/DKK* § 114 Rn. 27; *Richardi/Forst* § 114 Rn. 60 f.; ähnlich *Galperin/Löwisch* § 114 Rn. 54). Geht es z. B. um die Wahl einer Bordvertretung oder um die Teilnahme eines Gewerkschaftsbeauftragten an einer von der Bordvertretung veranstalteten Bordversammlung (vgl. § 46 Abs. 1 Satz 1), kommt es darauf an, ob die Gewerkschaft an Bord vertreten ist. Diese Voraussetzung ist erfüllt, wenn ihr mindestens ein Besatzungsmitglied des betreffenden Schiffes angehört. Wenn die Gewerkschaft dagegen im Kompetenzbereich des Seebetriebsrats tätig wird, genügt es, wenn sie im gesamten Seebetrieb durch mindestens ein Besatzungsmitglied vertreten ist. Der Anspruch nach § 2 Abs. 2 auf Zutritt zu einem Schiff richtet sich gegen den Kapitän, dem als Inhaber der Schiffsgewalt das Hausrecht zukommt (s. § 115 Rdn. 6 sowie *Rabe* vor § 511 Rn. 13; *Schaps/Abraham* Erster Teil, vor § 511 Rn. 10). Deshalb ist nicht das Seeschifffahrtsunternehmen, sondern der Kapitän Arbeitgeber i. S. dieser Norm, den die Gewerkschaft von dem gewünschten Besuch an Bord unterrichten muss und der gegebenenfalls deren Beauftragten Zugang zu gewähren hat (vgl. *Galperin/Löwisch* § 114 Rn. 53; *Lindemann* § 125 Rn. 5). Die internationalen Dachverbände der Seeleute und Transportarbeitergewerkschaften können sich nicht aus eigenem Recht auf § 2 Abs. 2 berufen, weil ihnen keine Hilfsfunktion im deutschen Betriebsverfassungsrecht zukommt (vgl. *Galperin/Löwisch* § 114 Rn. 55). Das schließt indessen nicht aus, dass eine im Seebetrieb bzw. an Bord vertretene deutsche Gewerkschaft Mitarbeiter einer Dachorganisation oder einer ausländischen Schwestergewerkschaft beauftragt, ihre Rechte in einem ausländischen Hafen wahrzunehmen. Diesen Personen ist dann nach § 2 Abs. 2 Zutritt zum Schiff zu gewähren (vgl. *Berg/DKK* § 114 Rn. 29; *Galperin/Löwisch* § 115 Rn. 55).

32 Aus Art. 9 Abs. 3 GG lässt sich kein über § 2 Abs. 2 hinausgehendes selbständiges Zutrittsrecht für betriebsfremde Gewerkschaftsbeauftragte herleiten (vgl. *BVerfG* 17.02.1981 BVerfGE 57, 220 [245 ff.]; *BAG* 19.01.1982 AP Nr. 10 zu Art. 140 GG Bl. 3 ff. für den Fall, dass die Gewerkschaft in dem Betrieb bereits durch betriebsangehörige Mitglieder vertreten ist; *LAG Baden-Württemberg* 08.08.1973 AuR 1974, 316 [320]; *Galperin/Löwisch* § 114 Rn. 53; *Hess/HWGNRH* § 115 Rn. 24; *Reuter* ZfA 1976, 107 [147 ff.]; *Richardi/Forst* § 114 Rn. 62; **a. M.** *BAG* 22.06.2010 EzA Art. 9 GG Nr. 101;

28.02.2006 EzA Art. 9 GG Nr. 87 = AP Nr. 127 zu Art. 9 GG *[abl. Richardi]*; 14.02.1978 AP Nr. 26 zu Art. 9 GG Bl. 2 R ff. [aufgehoben vom *BVerfG* 17.02.1981 BVerfGE 57, 220 [245 ff.]; *Berg/DKK* § 114 Rn. 30; *Säcker* Inhalt und Grenzen des gewerkschaftlichen Zutrittsrechts zum Betrieb unter besonderer Berücksichtigung der Verhältnisse in der Seeschifffahrt, S. 20 ff., 51 ff.). Es besteht daher **weder ein tarif- und arbeitskampfrechtliches noch ein berufsverbandliches Zutrittsrecht** zur Betreuung der Gewerkschaftsmitglieder und zur Werbung neuer Mitglieder. Den Besonderheiten der Seeschifffahrt muss aber Rechnung getragen werden, was bisher durch eine analoge Anwendung des § 111 Abs. 1 Satz 2 SeemG erreicht werden konnte. Da der Kontakt zwischen den Seeleuten und ihrer Gewerkschaft im Wesentlichen auf die Liegezeiten des Schiffes im Hafen beschränkt ist, dürfen die Besatzungsmitglieder in dieser Zeit Gewerkschaftsbeauftragte an Bord bringen. Die hierfür nach § 125 Abs. 1 SeeArbG erforderliche Erlaubnis darf im Hinblick auf Art. 9 Abs. 3 GG auch weiterhin nur aus wichtigem Grunde versagt werden (vgl. *Richardi/Forst* § 114 Rn. 62; noch zu § 111 Abs. 1 SeemG *Berg/DKK* § 114 Rn. 30; *Reuter* ZfA 1976, 107 [176 ff.]). Andernfalls wäre die Garantie koalitionsgemäßer Betätigung im Bereich der Seeschifffahrt weitgehend gegenstandslos.

VII. Streitigkeiten

Über Streitigkeiten aus der Anwendung des § 114 entscheiden die Arbeitsgerichte im Beschlussverfahren (vgl. § 2a Abs. 1 Nr. 1, Abs. 2, §§ 80 ff. ArbGG). Zur örtlichen Zuständigkeit s. § 115 Rdn. 71; *Galperin/Löwisch* § 114 Rn. 56. 33

§ 115
Bordvertretung

(1) **Auf Schiffen, die mit in der Regel mindestens fünf wahlberechtigten Besatzungsmitgliedern besetzt sind, von denen drei wählbar sind, wird eine Bordvertretung gewählt. Auf die Bordvertretung finden, soweit sich aus diesem Gesetz oder aus anderen gesetzlichen Vorschriften nicht etwas anderes ergibt, die Vorschriften über die Rechte und Pflichten des Betriebsrats und die Rechtsstellung seiner Mitglieder Anwendung.**

(2) **Die Vorschriften über die Wahl und Zusammensetzung des Betriebsrats finden mit folgender Maßgabe Anwendung:**
1. **Wahlberechtigt sind alle Besatzungsmitglieder des Schiffes.**
2. **Wählbar sind die Besatzungsmitglieder des Schiffes, die am Wahltag das 18. Lebensjahr vollendet haben und ein Jahr Besatzungsmitglied eines Schiffes waren, das nach dem Flaggenrechtsgesetz die Bundesflagge führt. § 8 Abs. 1 Satz 3 bleibt unberührt.**
3. **Die Bordvertretung besteht auf Schiffen mit in der Regel**
   5 bis 20 wahlberechtigten Besatzungsmitgliedern aus einer Person,
   21 bis 75 wahlberechtigten Besatzungsmitgliedern aus drei Mitgliedern,
   über 75 wahlberechtigten Besatzungsmitgliedern aus fünf Mitgliedern.
4. **(weggefallen)**
5. **§ 13 Abs. 1 und 3 findet keine Anwendung. Die Bordvertretung ist vor Ablauf ihrer Amtszeit unter den in § 13 Abs. 2 Nr. 2 bis 5 genannten Voraussetzungen neu zu wählen.**
6. **Die wahlberechtigten Besatzungsmitglieder können mit der Mehrheit aller Stimmen beschließen, die Wahl der Bordvertretung binnen 24 Stunden durchzuführen.**
7. **Die in § 16 Abs. 1 Satz 1 genannte Frist wird auf zwei Wochen, die in § 16 Abs. 2 Satz 1 genannte Frist wird auf eine Woche verkürzt.**
8. **Bestellt die im Amt befindliche Bordvertretung nicht rechtzeitig einen Wahlvorstand oder besteht keine Bordvertretung, wird der Wahlvorstand in einer Bordversammlung von der Mehrheit der anwesenden Besatzungsmitglieder gewählt; § 17 Abs. 3 gilt entsprechend. Kann aus Gründen der Aufrechterhaltung des ordnungsgemäßen Schiffsbetriebs eine Bordversammlung nicht stattfinden, so kann der Kapitän auf Antrag**

von drei Wahlberechtigten den Wahlvorstand bestellen. Bestellt der Kapitän den Wahlvorstand nicht, so ist der Seebetriebsrat berechtigt, den Wahlvorstand zu bestellen. Die Vorschriften über die Bestellung des Wahlvorstands durch das Arbeitsgericht bleiben unberührt.

9. Die Frist für die Wahlanfechtung beginnt für Besatzungsmitglieder an Bord, wenn das Schiff nach Bekanntgabe des Wahlergebnisses erstmalig einen Hafen im Geltungsbereich dieses Gesetzes oder einen Hafen, in dem ein Seemannsamt seinen Sitz hat, anläuft. Die Wahlanfechtung kann auch zu Protokoll des Seemannsamtes erklärt werden. Wird die Wahl zur Bordvertretung angefochten, zieht das Seemannsamt die an Bord befindlichen Wahlunterlagen ein. Die Anfechtungserklärung und die eingezogenen Wahlunterlagen sind vom Seemannsamt unverzüglich an das für die Anfechtung zuständige Arbeitsgericht weiterzuleiten.

(3) Auf die Amtszeit der Bordvertretung finden die §§ 21, 22 bis 25 mit der Maßgabe Anwendung, dass
1. die Amtszeit ein Jahr beträgt,
2. die Mitgliedschaft in der Bordvertretung auch endet, wenn das Besatzungsmitglied den Dienst an Bord beendet, es sei denn, dass es den Dienst an Bord vor Ablauf der Amtszeit nach Nummer 1 wieder antritt.

(4) Für die Geschäftsführung der Bordvertretung gelten die §§ 26 bis 36, § 37 Abs. 1 bis 3 sowie die §§ 39 bis 41 entsprechend. § 40 Abs. 2 ist mit der Maßgabe anzuwenden, dass die Bordvertretung in dem für ihre Tätigkeit erforderlichen Umfang auch die für die Verbindung des Schiffes zur Reederei eingerichteten Mittel zur beschleunigten Übermittlung von Nachrichten in Anspruch nehmen kann.

(5) Die §§ 42 bis 46 über die Betriebsversammlung finden für die Versammlung der Besatzungsmitglieder eines Schiffes (Bordversammlung) entsprechende Anwendung. Auf Verlangen der Bordvertretung hat der Kapitän der Bordversammlung einen Bericht über die Schiffsreise und die damit zusammenhängenden Angelegenheiten zu erstatten. Er hat Fragen, die den Schiffsbetrieb, die Schiffsreise und die Schiffssicherheit betreffen, zu beantworten.

(6) Die §§ 47 bis 59 über den Gesamtbetriebsrat und den Konzernbetriebsrat finden für die Bordvertretung keine Anwendung.

(7) Die §§ 74 bis 105 über die Mitwirkung und Mitbestimmung der Arbeitnehmer finden auf die Bordvertretung mit folgender Maßgabe Anwendung:
1. Die Bordvertretung ist zuständig für die Behandlung derjenigen nach diesem Gesetz der Mitwirkung und Mitbestimmung des Betriebsrats unterliegenden Angelegenheiten, die den Bordbetrieb oder die Besatzungsmitglieder des Schiffes betreffen und deren Regelung dem Kapitän aufgrund gesetzlicher Vorschriften oder der ihm von der Reederei übertragenen Befugnisse obliegt.
2. Kommt es zwischen Kapitän und Bordvertretung in einer der Mitwirkung oder Mitbestimmung der Bordvertretung unterliegenden Angelegenheit nicht zu einer Einigung, so kann die Angelegenheit von der Bordvertretung an den Seebetriebsrat abgegeben werden. Der Seebetriebsrat hat die Bordvertretung über die weitere Behandlung der Angelegenheit zu unterrichten. Bordvertretung und Kapitän dürfen die Einigungsstelle oder das Arbeitsgericht nur anrufen, wenn ein Seebetriebsrat nicht gewählt ist.
3. Bordvertretung und Kapitän können im Rahmen ihrer Zuständigkeiten Bordvereinbarungen abschließen. Die Vorschriften über Betriebsvereinbarungen gelten für Bordvereinbarungen entsprechend. Bordvereinbarungen sind unzulässig, soweit eine Angelegenheit durch eine Betriebsvereinbarung zwischen Seebetriebsrat und Arbeitgeber geregelt ist.
4. In Angelegenheiten, die der Mitbestimmung der Bordvertretung unterliegen, kann der Kapitän, auch wenn eine Einigung mit der Bordvertretung noch nicht erzielt ist, vorläufige Regelungen treffen, wenn dies zur Aufrechterhaltung des ordnungsgemäßen

Schiffsbetriebs dringend erforderlich ist. Den von der Anordnung betroffenen Besatzungsmitgliedern ist die Vorläufigkeit der Regelung bekannt zu geben. Soweit die vorläufige Regelung der endgültigen Regelung nicht entspricht, hat das Schifffahrtsunternehmen Nachteile auszugleichen, die den Besatzungsmitgliedern durch die vorläufige Regelung entstanden sind.
5. Die Bordvertretung hat das Recht auf regelmäßige und umfassende Unterrichtung über den Schiffsbetrieb. Die erforderlichen Unterlagen sind der Bordvertretung vorzulegen. Zum Schiffsbetrieb gehören insbesondere die Schiffssicherheit, die Reiserouten, die voraussichtlichen Ankunfts- und Abfahrtszeiten sowie die zu befördernde Ladung.
6. Auf Verlangen der Bordvertretung hat der Kapitän ihr Einsicht in die an Bord befindlichen Schiffstagebücher zu gewähren. In den Fällen, in denen der Kapitän eine Eintragung über Angelegenheiten macht, die der Mitwirkung oder Mitbestimmung der Bordvertretung unterliegen, kann diese eine Abschrift der Eintragung verlangen und Erklärungen zum Schiffstagebuch abgeben. In den Fällen, in denen über eine der Mitwirkung oder Mitbestimmung der Bordvertretung unterliegenden Angelegenheit eine Einigung zwischen Kapitän und Bordvertretung nicht erzielt wird, kann die Bordvertretung dies zum Schiffstagebuch erklären und eine Abschrift dieser Eintragung verlangen.
7. Die Zuständigkeit der Bordvertretung im Rahmen des Arbeitsschutzes bezieht sich auch auf die Schiffssicherheit und die Zusammenarbeit mit den insoweit zuständigen Behörden und sonstigen in Betracht kommenden Stellen.

Literatur
Vgl. vor § 114.

Inhaltsübersicht

		Rdn.
I.	Vorbemerkung	1
II.	Grundsatz	2–6
	1. Bordvertretungsfähigkeit (Abs. 1 Satz 1)	2
	2. Rechtsstellung der Bordvertretung und ihrer Mitglieder (Abs. 1 Satz 2)	3
	3. Rechtsstellung des Kapitäns	4–6
III.	Zusammensetzung und Wahl der Bordvertretung (Abs. 2)	7–29
	1. Grundsatz	7
	2. Wahlberechtigung (Abs. 2 Nr. 1)	8
	3. Wählbarkeit (Abs. 2 Nr. 2)	9
	4. Mitgliederzahl der Bordvertretung (Abs. 2 Nr. 3)	10, 11
	5. Vertretung der Minderheitsgruppe (Abs. 2 Nr. 4 – aufgehoben)	12
	6. Neuwahl der Bordvertretung (Abs. 2 Nr. 5)	13, 14
	7. Abgekürztes Wahlverfahren (Abs. 2 Nr. 6)	15, 16
	8. Fristen für die Bestellung des Wahlvorstands (Abs. 2 Nr. 7)	17
	9. Wahl oder sonstige Bestellung des Wahlvorstands (Abs. 2 Nr. 8)	18–26
	10. Wahlanfechtung (Abs. 2 Nr. 9)	27–29
IV.	Amtszeit der Bordvertretung (Abs. 3)	30–34
	1. Regelmäßige Amtszeit (Abs. 3 Nr. 1)	31
	2. Erlöschen der Mitgliedschaft (Abs. 3 Nr. 2)	32–34
V.	Geschäftsführung der Bordvertretung (Abs. 4)	35–38
VI.	Bordversammlung (Abs. 5)	39–43
	1. Allgemeines	39, 40
	2. Bericht über die Schiffsreise (Abs. 5 Satz 2)	41
	3. Beantwortung von Fragen (Abs. 5 Satz 3)	42, 43
VII.	Gesamt- und Konzernbetriebsrat (Abs. 6)	44
VIII.	Mitwirkung und Mitbestimmung der Bordvertretung (Abs. 7)	45–70
	1. Anwendung der allgemeinen Vorschriften	45–47
	2. Zuständigkeit (Abs. 7 Nr. 1)	48–50
	3. Beilegung von Streitigkeiten (Abs. 7 Nr. 2)	51–53
	4. Bordvereinbarungen (Abs. 7 Nr. 3)	54

5. Vorläufige Regelungen (Abs. 7 Nr. 4)	55–62
6. Unterrichtung über den Schiffsbetrieb (Abs. 7 Nr. 5)	63–66
7. Schiffstagebücher (Abs. 7 Nr. 6)	67, 68
8. Arbeitsschutz (Abs. 7 Nr. 7)	69, 70
IX. Streitigkeiten	71

I. Vorbemerkung

1 Die Vorschrift geht in ihrer bisherigen Fassung auf die Beschlüsse des 10. Ausschusses zurück (vgl. BT-Drucks. VI/2729, S. 54 ff.; zu BT-Drucks. VI/2729, S. 16 f., 33 f.). Das BetrVG 1952 enthielt keine vergleichbare Regelung (vgl. vor § 114 Rdn. 1). Die Vorschrift enthält eine Zusammenfassung aller von den allgemeinen Bestimmungen des Gesetzes abweichenden Regelungen über die Bordvertretung, wobei im Interesse größerer Übersichtlichkeit den verschiedenen Abschnitten des Gesetzes zumeist je ein besonderer Absatz gewidmet ist. Die Vorschrift wird ergänzt durch die allgemeinen Regelungen des § 114. Sie findet auf sämtliche Schiffe i. S. d. § 114 Abs. 4 (vgl. § 114 Rdn. 16 ff.) Anwendung. Insofern entspricht das einzelne Seeschiff dem Betrieb i. S. d. allgemeinen Vorschriften (s. § 114 Rdn. 12). Zum persönlichen Geltungsbereich des § 115 s. § 114 Rdn. 26 ff., zum räumlichen Geltungsbereich s. vor § 114 Rdn. 4, § 114 Rdn. 4. Die Vorschrift ist grundsätzlich **zwingend**; Abweichungen durch Tarifvertrag oder Betriebsvereinbarung sind nur im Rahmen der allgemeinen Grundsätze (s. § 3 Rdn. 3 ff.) zulässig. Durch das Gesetz zur Änderung des Betriebsverfassungsgesetzes, über Sprecherausschüsse der leitenden Angestellten und zur Sicherung der Montan-Mitbestimmung vom 20.12.1988 (BGBl. I, S. 2312) wurde in § 115 Abs. 2 Nr. 3 das Wort »Bordobmann« gestrichen. Durch Art. 1 Nr. 74 **BetrVerf-Reformgesetz** wurden § 115 Abs. 2 Nr. 4 aufgehoben, in Abs. 2 Nr. 8 Satz 1 die Wörter »findet § 17 Abs. 1 und 2 entsprechende Anwendung« durch die Wörter »wird der Wahlvorstand in einer Bordversammlung von der Mehrheit der anwesenden Besatzungsmitglieder gewählt; § 17 Abs. 3 gilt entsprechend« und in Abs. 3 die Angabe »§§ 21 bis 25« durch die Angabe »§§ 21, 22 bis 25« ersetzt.

II. Grundsatz

1. Bordvertretungsfähigkeit (Abs. 1 Satz 1)

2 Nach § 115 Abs. 1 Satz 1 wird auf Schiffen (s. § 114 Rdn. 16 ff.) mit in der Regel mindestens fünf wahlberechtigten Besatzungsmitgliedern (s. § 114 Rdn. 26 ff.), von denen drei wählbar sind, eine Bordvertretung gewählt. Unter den genannten Voraussetzungen ist das Schiff daher stets eine bordvertretungsfähige Einheit (vgl. auch *Joost*/MünchArbR 2. Aufl., § 321 Rn. 18 f.; *Kloppenburg*/HaKo § 115 Rn. 2). Im Anwendungsbereich des § 613a BGB wird das Seeschiff dagegen als Betriebsteil angesehen; vgl. *BAG* 18.03.1997 EzA § 613a BGB Nr. 150 S. 1 ff. = AP Nr. 16 zu § 1 BetrAVG Betriebsveräußerung). Das entspricht der allgemeinen Regelung des § 1. Abweichungen ergeben sich aus der unterschiedlichen Wahlberechtigung (§ 115 Abs. 2 Nr. 1; vgl. Rdn. 8) und Wählbarkeit (§ 115 Abs. 2 Nr. 2; vgl. Rdn. 9). Eine dem § 1 entsprechende ständige Beschäftigung folgt schon aus dem Begriff des Besatzungsmitglieds (s. § 114 Rdn. 26). Die regelmäßige Besetzung eines Schiffes ist unabhängig von der Schiffsbesetzungsverordnung (SchBesV) vom 18.07.2013 (BGBl. I, S. 2575), zuletzt geändert durch Verordnung vom 09.06.2016 (BGBl. I, S. 1350). Gemeint ist vielmehr die Zahl der üblicherweise auf dem Schiff angeheuerten Besatzungsmitglieder (vgl. *Galperin*/*Löwisch* § 115 Rn. 2; *Richardi*/*Forst* § 115 Rn. 9; s. § 1 Rdn. 100 ff.). Vorübergehende Veränderungen der Iststärke bleiben außer Betracht. Erreicht ein Schiff nicht die hiernach erforderliche Zahl von Besatzungsmitgliedern, kann gleichwohl eine tarifliche oder sonstige Vertretung nach den Grundsätzen über Kleinbetriebe errichtet werden (s. § 1 Rdn. 18).

2. Rechtsstellung der Bordvertretung und ihrer Mitglieder (Abs. 1 Satz 2)

3 Die Bordvertretung vertritt die Interessen der Besatzungsmitglieder des jeweiligen Schiffes gegenüber dem Kapitän, der ihr alleiniger Gesprächs- und Verhandlungspartner ist. Auf die Bordvertretung fin-

den nach § 115 Abs. 1 Satz 2 die Vorschriften über die Rechte und Pflichten des Betriebsrats und die Rechtsstellung seiner Mitglieder Anwendung, soweit sich aus dem Betriebsverfassungsgesetz oder aus anderen gesetzlichen Vorschriften nichts anderes ergibt. Durch diesen vom 10. Ausschuss in den Regierungsentwurf eingefügten Satz soll sichergestellt werden, dass die Bordvertretung vorbehaltlich gesetzlicher Sonderregelungen grundsätzlich die gleiche Rechtsstellung wie der Betriebsrat hat (vgl. zu BT-Drucks. VI/2729, S. 33). Das gilt sowohl für die Rechte und Pflichten aus diesem Gesetz als auch für solche aus anderen gesetzlichen Bestimmungen (vgl. etwa § 5 Abs. 2, § 24 Abs. 1 Satz 2 Arbeitssicherstellungsgesetz; §§ 3, 15 f. KSchG; § 193 Abs. 5 Satz 3 SGB VII [bisher § 1552 Abs. 3 RVO] usw.). Zur Zuständigkeit der Bordvertretung vgl. Rdn. 48 ff.

3. Rechtsstellung des Kapitäns

Der Kapitän (§§ 478 f. HGB, § 5 SeeArbG) ist einerseits Arbeitnehmer des Seeschifffahrtsunternehmens und als solcher leitender Angestellter i. S. d. Betriebsverfassungsgesetzes (vgl. § 114 Abs. 6 Satz 2, s. § 114 Rdn. 28; zum Heuerverhältnis des Kapitäns vgl. § 28 SeeArbG sowie die Regelungen im MTV-See vom 11.03.2002). Letzterer führt erstmals den Begriff des »Beschäftigten« ein, der auch die Gruppe der Kapitäne erfasst und dadurch mit der Tradition bricht, Besatzungsmitglieder und Kapitäne in getrennten Tarifwerken abzuhandeln (vgl. dazu die im Jahre 2002 außer Kraft getretene Vereinbarung über Anstellungsbedingungen für Kapitäne in der deutschen Seeschifffahrt vom 17.04.1986/22.03.1996 [Kapitäns-MTV]). Dieser Entwicklung folgend unterscheidet das Seearbeitsgesetz hinsichtlich des Heuerverhältnisses ebenfalls nicht mehr zwischen dem Kapitän und den Besatzungsmitgliedern (anders früher § 78 SeemG); jener ist seearbeitsrechtlich ein Besatzungsmitglied nach § 3 Abs. 1 SeeArbG (vgl. auch § 5 Abs. 1 SeeArbG), auf das vorbehaltlich einiger Sonderregelungen (z. B. § 66 Abs. 1 Satz 5, Abs. 2 Satz 2 SeeArbG) die allgemeinen Vorschriften des Seearbeitsrechts (z. B. § 28 SeeArbG) Anwendung finden. Soweit das Betriebsverfassungsgesetz auf leitende Angestellte Anwendung findet (vgl. § 105), ist der Kapitän dem Seebetrieb des Seeschifffahrtsunternehmens zuzuordnen (vgl. *Galperin/Löwisch* § 114 Rn. 51). Andererseits vertritt der Kapitän (§§ 479 Abs. 1, 619 HGB) den Reeder (Arbeitgeber) gegenüber der Schiffsbesatzung an Bord und übt aus dessen Direktionsrecht sowie aus eigenem Recht die oberste Anordnungsbefugnis aus (§§ 32 Satz 2, 121 Abs. 1 SeeArbG). Er nimmt damit eine **arbeitgeberähnliche Stellung** ein (vgl. *Becker* ZHR Bd. 121 [1958], S. 97 [114]; *Hanses* Die rechtliche Stellung des Kapitäns auf deutschen Seeschiffen unter besonderer Berücksichtigung der historischen Entwicklung, S. 132 ff.; *Schaps/Abraham* III, § 2 SeemG Rn. 5). Daraus ergibt sich die für das Seearbeitsrecht charakteristische Aufteilung der Arbeitgeberbefugnisse auf das Seeschifffahrtsunternehmen (s. § 114 Rdn. 5; *Kloppenburg/HaKo* § 115 Rn. 3) und den Kapitän, der das Gesetz durch die Kompetenzverteilung zwischen Seebetriebsrat und Bordvertretung Rechnung trägt. Der Kapitän ist als **selbständiges Organ** der **Betriebsverfassung** der zur vertrauensvollen Zusammenarbeit (§ 2 Abs. 1, § 74 Abs. 1 und 2) verpflichtete **Partner** der **Bordvertretung** (§ 115 Abs. 7 Nr. 1), während dem Seeschifffahrtsunternehmen nach Maßgabe des § 116 Abs. 6 Nr. 1 der Seebetriebsrat gegenübersteht (vgl. *Galperin/Löwisch* § 115 Rn. 31). Die Kompetenzverteilung zwischen Seeschifffahrtsunternehmen und Kapitän ist indessen im Gesetz nicht abschließend geregelt, sondern kann beispielsweise durch vertragliche Vereinbarungen modifiziert werden. Insbesondere besteht die Möglichkeit, die sich aus § 479 Abs. 1 Satz 1 HGB ergebende Vertretungsmacht des Kapitäns mit Wirkung gegenüber Dritten zu beschränken (vgl. § 479 Abs. 1 Satz 2 HGB und die Nachweise in Rdn. 50). Auch soweit dem Kapitän durch Gesetz oder Rechtsgeschäft Kompetenzen eingeräumt werden, bleiben die Befugnisse des Seeschifffahrtsunternehmens unberührt, so dass Reeder und Kapitän Regelungen im Rahmen des Bordbetriebs treffen können. Für die Zuständigkeit der Bordvertretung bzw. des Seebetriebsrats kommt es darauf an, wer im konkreten Fall tätig geworden ist (vgl. *Richardi/Forst* § 115 Rn. 4 f.).

Das Gesetz räumt dem Kapitän zahlreiche Befugnisse und Pflichten ein, die im Rahmen der Betriebsverfassung dem Arbeitgeber zugewiesen sind (vgl. § 115 Abs. 5 Satz 2 und 3, Abs. 7 Nr. 2 bis 6). Darüber hinaus bringen die Verweisungen auf die allgemeinen Vorschriften (vgl. insbesondere § 114 Abs. 1 Halbs. 2) zum Ausdruck, dass der **Kapitän betriebsverfassungsrechtlich** auch insoweit **an die Stelle** des **Arbeitgebers**, d. h. des Reeders oder der ihm nach § 114 Abs. 2 Satz 2 gleichgestellten Personen (s. § 114 Rdn. 5 ff.), treten soll. Das gilt nicht, soweit die Betriebsverfassung Ansprüche gegen den Arbeitgeber als Arbeitsvertragspartner enthält. So richtet sich beispielsweise das Einsichtsrecht in die Personalakten nach § 83 Abs. 1 als Konkretisierung eines Anspruchs aufgrund der Treuepflicht des Arbeitgebers (s. vor § 81 Rdn. 15) gegen den Partner des Heuerverhältnisses, etwa das Seeschifffahrtsunternehmen (s. § 114 Rdn. 5). Der Kapitän kann allerdings bei der Erfüllung des Anspruchs tätig werden. Den betriebsverfassungsrechtlichen Befugnissen und Pflichten kommt der Kapitän im eigenen Namen nach; ihm obliegt auch die Durchführung von Vereinbarungen mit der Bordvertretung (§ 77 Abs. 1). U. U. kann er durch Verhängung von Ordnungsgeld bzw. Zwangsgeld nach § 23 Abs. 3 zur Erfüllung seiner Pflichten gezwungen werden. Das gilt allerdings nicht bei Wahrnehmung der ihm nach § 116 Abs. 3 Nr. 5 bis 8 zugewiesenen Rechte und Pflichten, weil er insoweit nicht als Arbeitgeber i. S. d. Betriebsverfassungsrechts auftritt; Arbeitgeber im Seebetrieb und Partner des Seebetriebsrats ist ausschließlich das Seeschifffahrtsunternehmen. Ist ein Kapitän nicht vorhanden oder ist er zeitweilig verhindert, so nimmt der Erste Offizier des Decksdienstes oder der Alleinsteuermann die Pflichten und Befugnisse des Kapitäns wahr (§ 5 Abs. 3 SeeArbG). Falls der Vertreter des Kapitäns der Bordvertretung angehört, ist er für die Dauer der Stellvertretung in der Ausübung seines Amtes zeitweilig verhindert, so dass nach § 25 Abs. 1 Satz 2 i. V. m. § 115 Abs. 3 ein Ersatzmitglied nachrückt (vgl. *Galperin/Löwisch* § 114 Rn. 52; *Richardi/Forst* § 114 Rn. 59).

6 Der Kapitän ist neben seiner arbeitgeberähnlichen Stellung als Vorgesetzter der Besatzungsmitglieder zugleich **Inhaber** der umfassenden **Schiffsgewalt** und hat als solcher für die Erhaltung der Sicherheit und Ordnung an Bord zu sorgen (vgl. *Rabe* vor § 511 Rn. 12; *Schaps/Abraham* Erster Teil, vor § 511 Rn. 9 ff.; *Segelken* Kapitänsrecht, S. 487 ff.). Die damit verbundenen öffentlich-rechtlichen Befugnisse gemäß § 121 Abs. 2 bis 6 SeeArbG bestehen gegenüber jedermann an Bord (vgl. § 121 Abs. 1 Satz 2 SeeArbG) und haben keinerlei arbeitsrechtlichen Bezug. In diesem Bereich bestehen auch dann keine Mitwirkungs- und Mitbestimmungsrechte der Bordvertretung, wenn der Kapitän Maßnahmen gegen Besatzungsmitglieder ergreift (vgl. Schriftlicher Bericht 10. Ausschuss, zu BT-Drucks. VI/2729, S. 34; ähnlich *Stabenow* Hansa 1971, 1797 [1799]). Im Einzelfall kann die Abgrenzung von einer Anordnung nach § 32 Satz 2 SeeArbG schwierig sein.

III. Zusammensetzung und Wahl der Bordvertretung (Abs. 2)

1. Grundsatz

7 Der Eingangssatz des § 115 Abs. 2 stellt klar, dass grundsätzlich für die Wahl und Zusammensetzung der Bordvertretung die allgemeinen Vorschriften des Gesetzes (§§ 7 bis 20) gelten (vgl. Schriftlicher Bericht 10. Ausschuss, zu BT-Drucks. VI/2729, S. 33). Die Vorschrift enthält jedoch in Nr. 1 bis 9 weitgehende Sonderregelungen, die diesen Grundsatz durchbrechen. Daneben sind die Vorschriften der Zweiten Verordnung zur Durchführung des Betriebsverfassungsgesetzes (Wahlordnung Seeschifffahrt – WOS) vom 07.02.2002 (BGBl. I, S. 594) zu beachten (vgl. Band I Anhang 2).

2. Wahlberechtigung (Abs. 2 Nr. 1)

8 Das aktive Wahlrecht zur Bordvertretung steht abweichend von § 7 allen Besatzungsmitgliedern (§ 114 Abs. 6 Satz 1; vgl. dort Rdn. 26 f.) des Schiffes (§ 114 Abs. 4), d. h. auch den jugendlichen Arbeitnehmern zu, da § 114 Abs. 5 die gesonderte Bildung von Jugend- und Auszubildendenvertretungen an Bord ausschließt (s. § 114 Rdn. 25). Voraussetzung des aktiven Wahlrechts ist im Gegensatz zu § 115 Abs. 3 RegE (BT-Drucks. IV/1786, S. 24), der auf die Anwesenheit an Bord am Wahltag abstellte, aufgrund der Beschlüsse des 10. Ausschusses (vgl. BT-Drucks. VI/2729, S. 54; zu BT-Drucks. VI/2729, S. 33) allein die **rechtliche Zugehörigkeit zur Schiffsbesatzung am Tag der Wahl**. Mangels einer besonderen Regelung gelten dabei die allgemeinen, für die Betriebszugehörigkeit entwickelten Grundsätze, wonach diejenigen Arbeitnehmer zu einem bestimmten Betrieb gehören, die in einem Arbeitsverhältnis zum Betriebsinhaber stehen und deren Arbeitsleistung dem Betriebszweck zugeordnet werden kann (s. *Raab* § 7 Rdn. 17 ff. m. w. N. zu den verschiedenen Auffassungen zur Definition der Betriebszugehörigkeit). Die Zuordnung erfolgt im Bereich der Seebetriebsverfassung entweder durch den Heuervertrag (zur Unanwendbarkeit des Sondervertrages zum ISR-Flottenvertrag vgl. *BAG* 16.02.2000 EzA § 4 TVG Seeschifffahrt Nr. 1 *[Franzen]*) selbst oder durch Weisung des Ree-

ders, falls das Besatzungsmitglied zur Dienstleistung auf jedem Schiff des Reeders verpflichtet ist, was vorbehaltlich abweichender Vereinbarungen gemäß § 28 Abs. 2 Nr. 3 SeeArbG der Regelfall ist. Hinzukommen muss ferner die arbeitsorganisatorische Eingliederung an Bord des Schiffes. Das aktive Wahlrecht beginnt deshalb erst mit Dienstantritt an Bord und tatsächlicher Arbeitsaufnahme (vgl. *Franzen* AR-Blattei SD 1450.5, Rn. 24; *Galperin/Löwisch* § 115 Rn. 6; **a. M.** *Joost/*MünchArbR 2. Aufl., § 321 Rn. 30; *Richardi/Forst* § 115 Rn. 12, die auf das Erfordernis einer tatsächlichen Arbeitsaufnahme verzichten und die Zugehörigkeit zur Schiffsbesatzung bereits zu dem im Heuervertrag bzw. in der Weisung des Reeders für den Beginn der Tätigkeit an Bord vorgesehen Zeitpunkt bejahen). Durch die Angabe des Schiffes im Heuerschein oder die Weisung des Reeders wird zwar der Dienstleistungsort konkretisiert; der erforderliche unmittelbare rechtliche Bezug zum Schiff gründet allerdings auf der Dienstaufnahme des Besatzungsmitglieds an Bord, da erst ab diesem Zeitpunkt der Kapitän ihm gegenüber die arbeitgeberähnlichen Weisungsrechte ausüben kann (vgl. *Galperin/Löwisch* § 115 Rn. 6). Vorher stehen die Anordnungs- und Weisungsrechte allein dem Reeder als Arbeitgeber zu. Die Zugehörigkeit zu einem bestimmten Schiff endet schließlich mit der Ablösung von Bord, etwa wegen Heimaturlaub, Umsetzung oder Beendigung des Heuerverhältnisses (vgl. *Franzen* AR-Blattei SD 1450.5, Rn. 24; *Galperin/Löwisch* § 115 Rn. 6; **a. M.** *Berg/DKK* § 115 Rn. 4; *Richardi/Forst* § 115 Rn. 12: Ende der Zugehörigkeit zu einem bestimmten Schiff allein mit der Beendigung des Heuerverhältnisses oder dem Wechsel des Schiffes durch Änderungsvertrag oder Anordnung des Reeders). Bestätigung findet die hier vertretene Auffassung in § 2 Abs. 1 Satz 3 WOS, wonach der Wahlvorstand die Wählerliste bis zum Beginn der Stimmabgabe zu berichten hat, wenn ein Besatzungsmitglied den Dienst an Bord aufnimmt oder beendet. Auf die Bordanwesenheit im Zeitpunkt der Wahl kommt es allerdings nicht an (vgl. *Galperin/Löwisch* § 115 Rn. 6; *Hess/HWGNRH* § 115 Rn. 6; *Richardi/Forst* § 115 Rn. 11). Wahlberechtigt sind grundsätzlich auch solche Besatzungsmitglieder, die sich wegen Krankenhausaufenthalts, Landgangs, Kurzurlaubs oder aus ähnlichen Gründen vorübergehend nicht an Bord befinden (s. *Raab* § 7 Rdn. 56). Die Ausübung des Wahlrechts dürfte dann allerdings praktisch nicht möglich sein, weil die Wahlordnung Seeschifffahrt im Gegensatz zur allgemeinen Wahlordnung (vgl. §§ 24 ff. WO) keine schriftliche Stimmabgabe bei den Wahlen zur Bordvertretung vorsieht.

3. Wählbarkeit (Abs. 2 Nr. 2)

Die Wählbarkeit zur Bordvertretung setzt die Eigenschaft als Besatzungsmitglied (§ 114 Abs. 6 Satz 1) voraus. Die maßgebende Altersgrenze – Vollendung des 18. Lebensjahres spätestens am Wahltag – stimmt mit den allgemeinen Vorschriften überein (§§ 7, 8; s. *Raab* § 7 Rdn. 66 ff., § 8 Rdn. 16). Das Gleiche gilt grundsätzlich für die weiteren Voraussetzungen der Wählbarkeit (s. *Raab* § 8 Rdn. 15 ff.). Jedoch stellt das Gesetz statt der nach § 8 Abs. 1 Satz 1 erforderlichen sechsmonatigen Betriebszugehörigkeit auf eine einjährige Fahrzeit ab; der zu Wählende muss bis zum Zeitpunkt der Wahl (§ 11 Abs. 2 WOS) mindestens ein Jahr lang Besatzungsmitglied eines Schiffes i. S. d. § 114 Abs. 4, also eines Kauffahrteischiffes unter der Bundesflagge (s. § 114 Rdn. 16 ff. sowie *Galperin/Löwisch* § 115 Rn. 7) gewesen sein, weil für eine sachgerechte Ausübung des Amtes der Bordvertretung nicht nur eine gewisse generelle seemännische Erfahrung, sondern auch eine spezielle Kenntnis des deutschen Seerechts erforderlich erscheint (vgl. Schriftlicher Bericht 10. Ausschuss, zu BT-Drucks. VI/2729, S. 16, 33). Maßgeblich ist auch hier die rechtliche Zugehörigkeit zur Schiffsbesatzung (vgl. Rdn. 8). Kürzere Unterbrechungen der Tätigkeit an Bord durch Krankheit, Urlaub, Arbeitskampf usw. sind auf die Dauer der Fahrzeit ohne Einfluss. Ebenso sind Zeiten vor Vollendung des 18. Lebensjahres auf die Fahrzeit anzurechnen. Insoweit gelten die allgemeinen Grundsätze über die Berechnung der Dauer der Betriebszugehörigkeit entsprechend (s. *Raab* § 8 Rdn. 31 ff.). Es muss sich jedoch weder um eine zusammenhängende Fahrzeit handeln, noch ist Voraussetzung, dass der Bewerber ein Jahr lang auf demselben Schiff gefahren ist (vgl. *Galperin/Löwisch* § 115 Rn. 7; *Joost/*MünchArbR 2. Aufl., § 321 Rn. 31; *Richardi/Forst* § 115 Rn. 18). Die Dauer der Fahrzeit ergab sich früher aus dem Seefahrtbuch des Besatzungsmitglieds (§ 11 SeemG), welches das Seearbeitsgesetz nicht mehr verpflichtend vorsieht. Eine entsprechende Funktion kann heute die Dienstbescheinigung gem. § 33 SeeArbG erfüllen: ausweislich der amtlichen Begründung soll sie dem Besatzungsmitglied u. a. auch Auskunft über Art und Umfang der auf dem jeweiligen Schiff geleisteten Dienste geben (vgl. BT-Drucks. 17/10959, S. 76). Formelle Voraussetzung für die Wählbarkeit ist nach § 2 Abs. 2 WOS die Eintragung in die Wählerliste. Dagegen braucht das Besatzungsmitglied am Wahltag nicht an Bord anwesend zu sein. Zum Verlust der Wählbarkeit durch strafgerichtliche Verurteilung – § 115 Abs. 2 Nr. 2 Satz 2 – s. *Raab* § 8 Rdn. 55 ff.

4. Mitgliederzahl der Bordvertretung (Abs. 2 Nr. 3)

10 Die Vorschrift sieht eine feste, nach der regelmäßigen (vgl. Rdn. 2) Stärke der Schiffsbesatzung gestaffelte Zahl von einer Person bis zu höchstens fünf Mitgliedern der Bordvertretung vor. Die Mitgliederzahl ist gegenüber derjenigen eines Betriebsrats (vgl. § 9) etwas verringert und zugleich begrenzt worden. Sie wurde allerdings gegenüber § 115 Abs. 2 RegE (vgl. BT-Drucks. VI/1786, S. 24) aufgrund der Beschlüsse des 10. Ausschusses (vgl. BT-Drucks. VI/2729, S. 54) im Hinblick auf die vielfältigen Aufgaben der Bordvertretung auf großen Schiffen wieder der allgemeinen Regelung angenähert (vgl. zu BT-Drucks. VI/2729, S. 33). Der Grund für diese trotzdem noch bestehende Beschränkung liegt in dem engen Kontakt der Besatzungsmitglieder untereinander (amtliche Begründung, BT-Drucks. VI/1786, S. 56), so dass eine effektive Arbeit der Bordvertretung und eine ausreichende Betreuung der Arbeitnehmer auch auf Schiffen mit zahlreichen Besatzungsmitgliedern gewährleistet ist (krit. *Becker* in: *Siebert/Becker* § 115 Rn. 2).

11 Die Einschränkung auf wahlberechtigte Besatzungsmitglieder ist gegenstandslos, weil alle Besatzungsmitglieder einschließlich der Jugendlichen wahlberechtigt sind (§ 115 Abs. 2 Nr. 1; s. Rdn. 8). Die Feststellung der maßgebenden Zahl von regelmäßigen Besatzungsmitgliedern richtet sich nach den allgemeinen Grundsätzen (s. *Jacobs* § 9 Rdn. 6 ff.). Fehlt es auf einem Schiff an der ausreichenden Zahl von wählbaren Besatzungsmitgliedern (vgl. Rdn. 9), muss gemäß § 11 von der nächstniedrigeren Besatzungsstärke ausgegangen werden. Gleiches gilt in entsprechender Anwendung dieser Vorschrift bei einer nicht genügenden Anzahl von Wahlbewerbern (**a. M.** s. *Jacobs* § 11 Rdn. 11 m. w. N.). Zur Veränderung der regelmäßigen Zahl der Besatzungsmitglieder während der Amtszeit der Bordvertretung vgl. Rdn. 14.

5. Vertretung der Minderheitsgruppe (Abs. 2 Nr. 4 – aufgehoben)

12 Durch Art. 1 Nr. 74 Buchst. a BetrVerf-Reformgesetz wurde § 115 Abs. 2 Nr. 4 aufgehoben. Es handelt sich gleichfalls um eine Folgeänderung wegen Aufgabe des Gruppenprinzips (s. § 114 Rdn. 29). Zur vormaligen Rechtslage vgl. 6. Aufl., § 115 Rn. 12.

6. Neuwahl der Bordvertretung (Abs. 2 Nr. 5)

13 Wegen der nur einjährigen Amtszeit der Bordvertretung (§ 115 Abs. 3 Nr. 1) passen die Vorschriften des § 13 Abs. 1 und 3 über den Zeitpunkt der regelmäßigen Betriebsratswahlen nicht und finden daher keine Anwendung (§ 115 Abs. 2 Nr. 5 Satz 1). Die Neuwahl der Bordvertretung erfolgt in jedem Falle mit Ablauf der einjährigen Amtszeit. Weil in vielen Seeschifffahrtsunternehmen aus organisatorischen Gründen die Besatzungsmitglieder nicht ein ganzes Jahr auf demselben Schiff bleiben, sondern nach Ablauf des Jahresurlaubs auf einem anderen Schiff zur See fahren (vgl. zum Ort der Dienstleistung Rdn. 8), werden häufig alle Mitglieder der Bordvertretung vor Ablauf der Amtszeit ausscheiden (vgl. § 115 Abs. 3 Nr. 2, § 24 Abs. 1 Nr. 4 und Rdn. 32). Falls auch keine Ersatzmitglieder mehr vorhanden sind, die nach § 25 Abs. 1 nachrücken, ist gemäß § 115 Abs. 2 Nr. 5 Satz 2 i. V. m. § 13 Abs. 2 Nr. 2 vorzeitig eine neue Bordvertretung zu wählen.

14 Weitere Gründe für eine vorgezogene Neuwahl der Bordvertretung gemäß § 115 Abs. 2 Nr. 5 Satz 2 sind deren Rücktritt (§ 13 Abs. 2 Nr. 3), die Anfechtung der Wahl (§ 13 Abs. 2 Nr. 4) und die Auflösung der Bordvertretung durch gerichtliche Entscheidung (§ 13 Abs. 2 Nr. 5). Weil § 115 Abs. 2 Nr. 5 Satz 2 nur auf § 13 Abs. 2 Nr. 2 bis 5 verweist, löst der Tatbestand des § 13 Abs. 2 Nr. 1 (erhebliche Veränderung der regelmäßigen Besatzungsstärke; s. *Jacobs* § 13 Rdn. 36 ff.) keine Neuwahl der Bordvertretung aus. Der Grund hierfür liegt in deren nur einjähriger Amtszeit (§ 115 Abs. 3 Nr. 1), so dass die Bordvertretung innerhalb der in § 13 Abs. 2 Nr. 1 vorgesehenen Frist ohnehin neu zu wählen ist und der Gesetzgeber während der einjährigen Amtszeit eine Veränderung der Anzahl der Besatzungsmitglieder als unbeachtlich hat behandeln wollen. Dass § 13 Abs. 2 Nr. 6 nicht für anwendbar

erklärt worden ist, ergibt sich daraus, dass für die Wahlen zur Bordvertretung im Gegensatz zu § 13 Abs. 1 kein bestimmter Zeitpunkt vorgesehen ist.

7. Abgekürztes Wahlverfahren (Abs. 2 Nr. 6)

Im Hinblick auf die enge Bordgemeinschaft (vgl. Schriftlicher Bericht 10. Ausschuss, zu BT-Drucks. VI/2729, S. 33) sehen die Vorschriften des § 115 Abs. 2 Nr. 6 bis 8 eine Abkürzung und Vereinfachung des Verfahrens für die Wahl der Bordvertretung vor. Dadurch wird zugleich die Bildung von Bordvertretungen erleichtert. Das entspricht der vom Gesetzgeber verfolgten rechtspolitischen Tendenz (vgl. schon *BAG* 14.12.1965 AP Nr. 5 zu § 16 BetrVG Bl. 4 R f., ferner 19.03.1974 AP Nr. 1 zu § 17 BetrVG 1972 Bl. 2), der gerade im Bereich der Seeschifffahrt besondere Bedeutung zukommt, weil hier die Bildung von Arbeitnehmervertretungen ohnehin schwieriger als in anderen Wirtschaftszweigen ist. Gegenüber § 14a sind die Vorschriften des § 115 Abs. 2 Nr. 6 bis 8 als leges speciales anzusehen.

Eine Erleichterung gegenüber den allgemeinen Vorschriften bedeutet vor allem die in § 115 Abs. 2 Nr. 6 eröffnete Möglichkeit eines **abgekürzten Wahlverfahrens**. Danach können die wahlberechtigten Besatzungsmitglieder (vgl. Rdn. 8) mit der Mehrheit aller Stimmen beschließen, die Wahl der Bordvertretung binnen 24 Stunden durchzuführen (vgl. hierzu § 31 WOS). Für den Beschluss ist die Mehrheit der Bordanwesenden oder der abgegebenen Stimmen nicht ausreichend. Die Anregung zur Beschlussfassung kann von einem Besatzungsmitglied, dem Kapitän, einer an Bord vertretenen Gewerkschaft (vgl. *Berg/DKK* § 115 Rn. 12; *Galperin/Löwisch* § 115 Rn. 11; *Richardi/Forst* § 115 Rn. 25) oder vom Wahlvorstand ausgehen. Eine Form ist nicht vorgesehen; der Beschluss kann daher in offener oder geheimer Abstimmung gefasst werden. Diese bedarf auch keiner formellen Leitung. Der Wahlvorstand hat lediglich vor Einleitung des Verfahrens nach § 31 WOS festzustellen, dass die erforderliche Stimmenmehrheit vorgelegen und die Abstimmung nicht gegen demokratische Grundsätze verstoßen hat. Das abgekürzte Wahlverfahren kann selbst dann noch beschlossen werden, wenn der Wahlvorstand das Wahlausschreiben nach § 5 WOS erlassen hat (vgl. *Berg/DKK* § 115 Rn. 12; *Hess/HWGNRH* § 115 Rn. 14; **a. M.** *Galperin/Löwisch* § 115 Rn. 11; *Richardi/Forst* § 115 Rn. 25), weil auch dann ein Bedürfnis nach einer beschleunigten Durchführung der Wahl bestehen kann. In einem solchen Falle ist das ursprüngliche Wahlausschreiben entsprechend abzuändern. Die Möglichkeit des abgekürzten Wahlverfahrens besteht bei erstmaligen Wahlen zur Bordvertretung ebenso wie bei regelmäßigen oder vorzeitigen Neuwahlen (vgl. *Galperin/Löwisch* § 115 Rn. 11). Auch hier gelten uneingeschränkt die Wahlgrundsätze nach § 14. Falls noch kein Wahlvorstand besteht, ist dieser im Interesse der Effektivität des abgekürzten Verfahrens ebenfalls durch einen qualifizierten Beschluss der Besatzungsmitglieder einzusetzen, so dass dann eine Bestellung des Wahlvorstands nach § 115 Abs. 2 Nr. 8 nicht erforderlich ist (vgl. Rdn. 18 ff.). Verzögert sich der Ablauf der Wahl aus zwingenden Gründen (vgl. *Richardi/Forst* § 115 Rn. 27), ist sie dennoch nach Maßgabe des § 31 Nr. 4 WOS weiterzuführen.

8. Fristen für die Bestellung des Wahlvorstands (Abs. 2 Nr. 7)

Die Wahl der Bordvertretung ist ebenso wie die eines Betriebsrats durch einen Wahlvorstand vorzubereiten und durchzuführen. Der Wahlvorstand ist grundsätzlich nach Maßgabe des § 16 Abs. 1 von der Bordvertretung zu bestellen (vgl. aber Rdn. 18 ff.). Nach § 115 Abs. 2 Nr. 7 und Nr. 8 ist jedoch das Verfahren bei seiner Bestellung aus den oben (Rdn. 15) angeführten Gründen gegenüber § 16 und § 17 gestrafft worden. So sind durch § 115 Abs. 2 Nr. 7 die Fristen für die Bestellung eines Wahlvorstands auf zwei Wochen im Falle des § 16 Abs. 1 Satz 1 (Bestellung des Wahlvorstands durch die ausscheidende Bordvertretung vor Ablauf ihrer Amtszeit) und auf eine Woche im Falle des § 16 Abs. 2 Satz 1 (Bestellung eines Wahlvorstands durch das Arbeitsgericht bei nicht rechtzeitiger Bestellung durch die Bordvertretung) verkürzt worden.

9. Wahl oder sonstige Bestellung des Wahlvorstands (Abs. 2 Nr. 8)

18 Die Vorschrift trägt den Besonderheiten des Zusammenlebens an Bord dadurch Rechnung, dass die Bildung eines Wahlvorstands für die Wahl der Bordvertretung erheblich erleichtert wird. Vor allem die Bestellung des Wahlvorstands durch den Kapitän (§ 115 Abs. 2 Nr. 8 Satz 2) erscheint praxisnah und von nicht geringer Bedeutung. Sie ist allerdings ungewöhnlich, weil grundsätzlich die Bildung des Betriebsrats ausschließlich eine Angelegenheit der Arbeitnehmerseite ist (vgl. aber schon BAG 14.12.1965 AP Nr. 5 zu § 16 BetrVG Bl. 5 f. mit [zust. *Neumann-Duesberg*]). Im Einzelnen bestehen folgende Möglichkeiten zur Einsetzung eines Wahlvorstands:
(1) Bestellung durch die **Bordvertretung** (§ 16 Abs. 1 als Regelfall; Frist: § 115 Abs. 2 Nr. 7; vgl. Rdn. 17),
(2) Wahl in einer **Bordversammlung,**
    (a) bei nicht rechtzeitiger Bestellung durch die Bordvertretung,
    (b) bei nicht bestehender Bordvertretung (§ 115 Abs. 2 Nr. 8 Satz 1; § 17 Abs. 3; vgl. Rdn. 19),
(3) Bestellung durch den **Kapitän** bei Unmöglichkeit einer Bordversammlung (§ 115 Abs. 2 Nr. 8 Satz 2; vgl. Rdn. 20 f.),
(4) Bestellung durch den **Seebetriebsrat**, falls der Kapitän den Wahlvorstand nicht bestellt (§ 115 Abs. 2 Nr. 8 Satz 3; vgl. Rdn. 22 f.),
(5) Bestellung durch das **Arbeitsgericht** (§ 115 Abs. 2 Nr. 8 Satz 4; vgl. Rdn. 24),
    (a) bei nicht rechtzeitiger Bestellung durch die Bordvertretung (§ 16 Abs. 2 Satz 1; Frist: § 115 Abs. 2 Nr. 7; vgl. Rdn. 17),
    (b) bei unterbliebener Bordversammlung trotz Einladung (§ 17 Abs. 4 Satz 1),
    (c) bei Untätigkeit des Wahlvorstands (§ 18 Abs. 1 Satz 2),
    (d) nach Auflösung der Bordvertretung (§ 23 Abs. 2),
(6) Bestellung durch qualifizierten Mehrheitsbeschluss der **Besatzungsmitglieder** (§ 115 Abs. 2 Nr. 6; vgl. Rdn. 16).

19 Abweichend von der Regelung im Landbetrieb (§ 16 Abs. 2, § 17 Abs. 2) kann eine **Bordversammlung** (§ 115 Abs. 5) zwecks Wahl eines Wahlvorstands nicht nur einberufen werden, wenn keine Bordvertretung besteht, sondern auch dann, wenn die amtierende Bordvertretung den Wahlvorstand nicht rechtzeitig bestellt (§ 115 Abs. 2 Nr. 8 Satz 1). Die Vorschrift wurde durch Art. 1 Nr. 74 BetrVerf-Reformgesetz der Neuregelung des § 17 angepasst (vgl. auch Rdn. 1); die Bestellung des Wahlvorstands blieb inhaltlich unverändert. Schon zwei Wochen (§ 115 Abs. 2 Nr. 7) vor Ablauf der regelmäßigen Amtszeit (§ 115 Abs. 3 Nr. 1) können also drei Besatzungsmitglieder oder eine an Bord vertretene Gewerkschaft gemäß § 17 Abs. 3 zu einer Bordversammlung einladen und Vorschläge für die Zusammensetzung des Wahlvorstands machen. Die Bordversammlung kann dann mit der Mehrheit der anwesenden Besatzungsmitglieder einen Wahlvorstand wählen. Die Schiffsbesatzung erhält damit auch für den Fall nicht rechtzeitiger Bestellung des Wahlvorstands ein Recht zur Initiative bei dessen Bildung (vgl. auch § 115 Abs. 2 Nr. 6 und dazu Rdn. 15 f.; zum Wahlverfahren s. *Kreutz* § 17 Rdn. 21 ff.), da die rechtzeitige Anrufung des Arbeitsgerichts (§ 115 Abs. 2 Nr. 8 Satz 4) nur selten möglich sein dürfte.

20 Eine Bestellung des Wahlvorstands durch den **Kapitän** ist nur in den Fällen des § 115 Abs. 2 Nr. 8 Satz 1 möglich, falls also die im Amt befindliche Bordvertretung einen Wahlvorstand nicht rechtzeitig bestellt oder keine Bordvertretung besteht. Voraussetzung ist, dass wegen der Aufrechterhaltung des ordnungsgemäßen Schiffsbetriebs eine Bordversammlung nicht stattfinden kann und drei Besatzungsmitglieder beim Kapitän einen entsprechenden Antrag stellen. Die Aufrechterhaltung des ordnungsgemäßen Schiffsbetriebs ist nicht schon dadurch beeinträchtigt, dass die Besatzungsmitglieder wegen der Teilnahme an der Bordversammlung nicht ihrer vertragsgemäßen Arbeit nachgehen können. Man kann auch nicht verlangen, dass alle Besatzungsmitglieder des Schiffes zugleich entbehrlich sein müssen, weil dann eine Bordversammlung nach § 115 Abs. 2 Nr. 8 Satz 1 während der Reise so gut wie niemals stattfinden könnte; die Bestellung durch den Kapitän wäre die Regel. Es muss daher genügen, dass dem größeren Teil der Besatzung die Teilnahme an der Versammlung nicht möglich ist, weil sonst der ordnungsgemäße Schiffsbetrieb beeinträchtigt wäre (vgl. *Berg*/DKK § 115 Rn. 15; *Galperin*/*Löwisch* § 115 Rn. 14; **a. M.** *Richardi*/*Forst* § 115 Rn. 31, der darauf abstellt, ob ein erheblicher Teil der Besatzung unabkömmlich ist; zum Begriff »Aufrechterhaltung des ordnungsgemäßen Schiffs-

betriebs« vgl. Rdn. 57 ff.). Das Fehlen einer dieser Voraussetzungen führt zur Unwirksamkeit der Bestellung des Wahlvorstands durch den Kapitän.

Die Ausübung dieser Befugnis steht im pflichtgemäßen Ermessen des Kapitäns (§ 115 Abs. 2 Nr. 8 **21** Satz 2: »kann«). Er darf daher nur aus sachlich gerechtfertigten Gründen die Bestellung ablehnen (vgl. **a. M.** *Richardi / Forst* § 115 Rn. 31, der eine sachgrundlose Ablehnung für zulässig hält). Das folgt aus dem Zweck der Regelung, die Bildung des Wahlvorstands zu erleichtern, sowie daraus, dass der Kapitän als Organ der Betriebsverfassung (vgl. Rdn. 4) an pflichtgemäßes Handeln gebunden ist. Dementsprechend besteht im Falle seiner Ablehnung eine Pflicht zur Mitteilung an den Seebetriebsrat, zumindest an das Seeschiffahrtsunternehmen. Die Kompetenzen des Kapitäns entsprechen im Übrigen denen der Bordversammlung (§ 115 Abs. 2 Nr. 8 Satz 1, § 17 Abs. 1, § 16 Abs. 1), d. h. er kann die Mitgliederzahl des Wahlvorstands erforderlichenfalls auf über drei erhöhen, Ersatzmitglieder bestellen, den Vorsitzenden bestimmen usw. (s. *Kreutz* § 16 Rdn. 32 ff., § 17 Rdn. 38). Eine Bindung des Kapitäns an – auch hier mögliche – Vorschläge der Antragsteller besteht nicht (vgl. *Galperin / Löwisch* § 115 Rn. 14 und s. *Kreutz* § 17 Rdn. 34).

Die in § 115 Abs. 2 Nr. 8 Satz 3 vorgesehene Möglichkeit einer Einsetzung des Wahlvorstands durch **22** den **Seebetriebsrat** kommt nur in Betracht, wenn es nicht zur Bestellung durch den Kapitän gekommen ist, obwohl die genannten Voraussetzungen (vgl. Rdn. 20 f.) erfüllt sind. Der Kapitän darf daher nicht übergangen werden (vgl. *Galperin / Löwisch* § 115 Rn. 15; *Richardi / Forst* § 115 Rn. 31). Nach Ablauf einer angemessenen Frist seit Antragstellung geht die Befugnis zur Bestellung des Wahlvorstands ohne weiteres auf den Seebetriebsrat über, falls nicht inzwischen ein Wahlvorstand durch den Kapitän oder nach Fortfall des Hinderungsgrundes für die Einberufung einer Bordversammlung durch diese eingesetzt worden ist. Einen Anhalt können die Fristen nach § 115 Abs. 2 Nr. 7 bieten. Ein erneuter Antrag von drei Besatzungsmitgliedern ist nicht erforderlich.

Die gesetzliche Regelung räumt auch dem Seebetriebsrat ein Ermessen ein (§ 115 Abs. 2 Nr. 8 Satz 3: **23** »berechtigt«); seine Ausübung ist aber wesentlich enger begrenzt als beim Kapitän (vgl. Rdn. 21). Der Seebetriebsrat wahrt die Interessen aller zum Seeschiffahrtsunternehmen gehörenden Besatzungsmitglieder und muss in diesem Rahmen auch auf die Bildung der Bordvertretungen hinwirken. Dementsprechend wird er die Bestellung des Wahlvorstands nur ausnahmsweise bei schwerwiegenden Gründen ablehnen dürfen. Im Übrigen hat er bei der Bestellung des Wahlvorstands die gleichen Kompetenzen wie der Kapitän bzw. die Bordversammlung (vgl. Rdn. 21). Bei Wahrnehmung seiner Befugnisse kann der Seebetriebsrat in entsprechender Anwendung des § 115 Abs. 4 Satz 2 auch die Einrichtungen des Seeschiffahrtsunternehmens zur beschleunigten Nachrichtenübermittlung benutzen (vgl. § 116 Abs. 3, § 40 Abs. 2 und dazu s. § 116 Rdn. 50). In Frage kommt vor allem die Einsetzung des Wahlvorstands über Satellitentelefon, Funk, Fernschreiben, Fax oder E-Mail (vgl. *Galperin / Löwisch* § 115 Rn. 15; *Richardi / Forst* § 115 Rn. 31).

Die Befugnis der Besatzung oder einer an Bord vertretenen Gewerkschaft zur **Anrufung** des **Arbeits- 24 gerichts** in den Fällen des § 16 Abs. 2 Satz 1 (Frist: § 115 Abs. 2 Nr. 7), § 17 Abs. 4 Satz 1, § 18 Abs. 1 Satz 2, § 23 Abs. 2 ist neben den sonstigen Möglichkeiten zur Einsetzung eines Wahlvorstands (§ 115 Abs. 2 Nr. 8 Satz 4) gegeben.

Zwischen den einzelnen Möglichkeiten zur Bestellung eines Wahlvorstands (vgl. den Überblick **25** Rdn. 18) gibt es eine Rangfolge: **Besteht** bereits eine **Bordvertretung**, so setzt diese im Regelfall den Wahlvorstand ein, und zwar bis spätestens zwei Wochen vor Ablauf ihrer eigenen Amtszeit (§ 115 Abs. 2 Nr. 7). Nach diesem Termin kann der Wahlvorstand in einer Bordversammlung gewählt werden (§ 115 Abs. 2 Nr. 8 Satz 1 i. V. m. § 17 Abs. 3). Nur wenn eine Bordversammlung aus Gründen der Aufrechterhaltung des ordnungsgemäßen Schiffsbetriebs nicht möglich ist, kann der Kapitän, ersatzweise der Seebetriebsrat, den Wahlvorstand bestellen (§ 115 Abs. 2 Nr. 8 Satz 2 und 3). Die Besatzung darf sich nicht unter Umgehung des Kapitäns direkt an den Seebetriebsrat wenden. Erst in der letzten Woche vor Ablauf der Amtszeit kann das Arbeitsgericht angerufen werden (§ 115 Abs. 2 Nr. 7, Nr. 8 Satz 4, § 16 Abs. 2), und zwar unabhängig davon, ob eine Bordversammlung durchführbar ist. Ein Vorgehen nach Maßgabe des § 17 Abs. 4 scheidet aus, weil § 115 Abs. 2 Nr. 8 Satz 1 nicht auf diese Vorschrift verweist. Bis zu einer rechtskräftigen Entscheidung des Arbeitsgerichts kann der Wahlvorstand noch durch die Bordvertretung, die Bordversammlung, ersatzweise durch den Kapitän bzw. den

Seebetriebsrat bestellt werden (s. *Kreutz* § 16 Rdn. 15). Unabhängig davon können die Besatzungsmitglieder jederzeit einen Wahlvorstand durch qualifizierten Mehrheitsbeschluss im abgekürzten Verfahren nach § 115 Abs. 2 Nr. 6 einsetzen (vgl. Rdn. 15 f.).

26 Falls **keine Bordvertretung** besteht, wird der Wahlvorstand regelmäßig in einer Bordversammlung gewählt (§ 115 Abs. 2 Nr. 8 Satz 1, § 17 Abs. 3). Ersatzweise bestellt ihn das Arbeitsgericht, wenn trotz Einladung keine Bordversammlung stattfindet oder diese keinen Wahlvorstand bestimmt (§ 115 Abs. 2 Nr. 8 Satz 4, § 17 Abs. 4). Der Kapitän oder subsidiär der Seebetriebsrat sind nur dann zur Einsetzung des Wahlvorstands berechtigt, wenn eine Bordversammlung nicht durchgeführt werden kann (§ 115 Abs. 2 Nr. 8 Satz 2 und 3). Nicht mit dem Wortlaut und der Entstehungsgeschichte des Gesetzes vereinbar ist die Auffassung, die Einsetzungsbefugnis des Kapitäns bzw. des Seebetriebsrats bestehe auch dann, wenn trotz Einladung keine Bordversammlung stattfinde oder diese keinen Wahlvorstand bestelle, weil die Anrufung des Arbeitsgerichts in der Regel praktische Schwierigkeiten bereite (so aber *Galperin/Löwisch* § 115 Rn. 16; *Richardi/Forst* § 115 Rn. 32; wie hier *Berg/DKK* § 115 Rn. 17; *Franzen* AR-Blattei SD 1450.5, Rn. 36; *Joost/MünchArbR* 2. Aufl., § 321 Rn. 39). Das in § 115 Abs. 6 RegE zum BetrVG 1972 (BT-Drucks. VI/1786, S. 24) vorgesehene allgemeine Recht des Kapitäns, einen Wahlvorstand zu bestellen, falls keine Betriebsvertretung besteht oder die bestehende nicht rechtzeitig tätig wird, ist aufgrund der Beschlüsse des 10. Ausschusses (BT-Drucks. VI/2729, S. 55; zu BT-Drucks. VI/2729, S. 33) ausdrücklich eingeschränkt worden. Schließlich besteht auch hier die Möglichkeit, nach Maßgabe des § 115 Abs. 2 Nr. 6 einen Wahlvorstand zu bestimmen (vgl. Rdn. 15 f.).

10. Wahlanfechtung (Abs. 2 Nr. 9)

27 Eine Anfechtung der Wahl zur Bordvertretung nach § 19 ist dadurch erschwert, dass die Bordvertretung häufig während der Reise des Schiffes gewählt wird. Die bei Bekanntgabe des Wahlergebnisses (§ 17 Abs. 2 WOS) bordanwesenden Besatzungsmitglieder können die Wahl deshalb unter den erleichterten Bedingungen des § 115 Abs. 2 Nr. 9 anfechten. Die Anfechtung muss auch insoweit durch drei Wahlberechtigte erfolgen (§ 19 Abs. 2 Satz 1). Die sonstigen nach § 19 Abs. 2 Satz 1 Anfechtungsberechtigten, nämlich die übrigen zur Schiffsbesatzung gehörenden, aber an Land befindlichen Besatzungsmitglieder (vgl. Rdn. 8), der Kapitän bzw. das Seeschifffahrtsunternehmen und die an Bord vertretenen Gewerkschaften, müssen die Wahl binnen einer Frist von zwei Wochen vom Tage der Bekanntgabe des Wahlergebnisses an (§ 17 Abs. 2 WOS) beim Arbeitsgericht anfechten, vgl. § 19 Abs. 1, Abs. 2 Satz 2 (vgl. *Berg/DKK* § 115 Rn. 18; *Galperin/Löwisch* § 115 Rn. 17; *Joost/MünchArbR* 2. Aufl., § 321 Rn. 42; **teilweise a. M.** *Richardi/Forst* § 115 Rn. 36 und *Hess/HWGNRH* § 115 Rn. 18, indem sie dem Kapitän beim Fristenlauf die Erleichterung des § 115 Abs. 2 Nr. 9 zugestehen). Das kann vor allem bei den Gewerkschaften zu Schwierigkeiten führen, weil der Empfang der Wahlniederschrift (§ 16 WOS) auf den Lauf der Frist ohne Einfluss ist (s. *Kreutz* § 19 Rdn. 90 ff.). Die materiellen Voraussetzungen der Anfechtung, das Verfahren und die Wirkungen einer erfolgreichen Anfechtung richten sich nach den allgemeinen Grundsätzen (s. *Kreutz* § 19 Rdn. 17 ff.). Gleiches gilt für die Voraussetzungen einer nichtigen Wahl (s. *Kreutz* § 19 Rdn. 143 ff.).

28 Die Berechnung der **Anfechtungsfrist** von zwei Wochen richtet sich nach den allgemeinen Grundsätzen (s. *Kreutz* § 19 Rdn. 84 ff.). Jedoch beginnt die Frist für Besatzungsmitglieder an Bord nach § 115 Abs. 2 Nr. 9 nicht mit der Bekanntgabe des Wahlergebnisses (§ 19 Abs. 2 Satz 2 BetrVG; § 17 Abs. 2 i. V. m. § 5 Abs. 3 WOS), sondern erst, wenn das Schiff nach Bekanntgabe des Wahlergebnisses erstmalig einen Hafen im Geltungsbereich des Betriebsverfassungsgesetzes oder einen ausländischen Hafen mit Sitz eines Seemannsamtes anläuft. Im Hafen der Bundesrepublik Deutschland braucht kein Seemannsamt zu bestehen. Beim ausländischen Hafen genügt es nicht, dass der Hafen lediglich zum Bezirk eines Seemannsamtes gehört. Entsprechend § 116 Abs. 3 Nr. 7 Satz 2 gelten die Schleusen des Nordostseekanals nicht als Häfen (vgl. *Galperin/Löwisch* § 115 Rn. 17; *Richardi/Forst* § 115 Rn. 36). Die Frist ist gewahrt, wenn die Anfechtungserklärung vor Fristablauf bei einem (beliebigen) Arbeitsgericht eingeht (§ 81 Abs. 1 ArbGG; s. *Kreutz* § 19 Rdn. 88) oder zu Protokoll eines Seemannsamtes gegeben wird (§ 115 Abs. 2 Nr. 9 Satz 2). Das konnte früher jedes Seemannsamt, auch ein inländisches, sein (vgl. *Galperin/Löwisch* § 115 Rn. 17; **a. M.** anscheinend *Brecht* § 115 Rn. 2; zum Wegfall der Aufgaben der Seemannsämter im Inland s. Rdn. 29). Die Anfechtungsfrist beginnt gemäß § 187 Abs. 1 BGB mit dem Tage, der auf den Tag des Einlaufens in den Hafen folgt.

Seemannsämter waren gemäß § 9 SeemG im **Inland** die von den Landesregierungen als solche einge- 29
richteten Verwaltungsbehörden, im **Ausland** die vom Auswärtigen Amt bestimmten diplomatischen
und konsularischen Vertretungen der Bundesrepublik einschließlich der Honorarkonsularbeamten
(vgl. Bekanntmachung über die Seemannsämter außerhalb des Geltungsbereiches des Grundgesetzes
und die mit der Wahrnehmung seemannsamtlicher Aufgaben beauftragten Honorarkonsularbeamten
der Bundesrepublik Deutschland vom 02.09.1982 [BAnz. Nr. 186 S. 1]; zuletzt durch Bekanntmachung des Auswärtigen Amtes vom 11.12.1997; im Einzelnen gilt weiterhin die Richtlinie für
die Tätigkeit der Seemannsämter außerhalb des Geltungsbereichs des Grundgesetzes und die mit
der Wahrnehmung seemannsamtlicher Aufgaben beauftragten Honorarkonsuln der Bundesrepublik
Deutschland vom 01.11.2005 [LS 23/6235.1/7-SeemÄ]). Mit **Inkrafttreten des Seearbeitsgesetzes wurde zum 01.08.2013 das Seemannsgesetz aufgehoben** (s. § 114 Rdn. 1). Dasselbe Schicksal teilte am 01.06.2014 die Seemannsamtsverordnung vom 21.10.1981 (BGBl. I, S. 1146), die zuletzt
durch Verordnung vom 27.10.2006 (BGBl. I, S. 2403) geändert worden war (vgl. § 66 Abs. 2 Nr. 2 der
Verordnung über die Befähigung der Seeleute in der Seeschifffahrt [Seeleute-Befähigungsverordnung
– See-BV] vom 08.05.2014 [BGBl. I, S. 460], zuletzt geändert durch Verordnung vom 02.06.2016
[BGBl. I, S. 1257]). Die wesentlichen Aufgaben der Seemannsämter nimmt unter der Geltung des Se-
arbeitsgesetzes für das Inland die Berufsgenossenschaft für Transport und Verkehrswirtschaft (Berufsgenossenschaft Verkehr) wahr. Mangels einer besonderen Zuständigkeitsanordnung gilt dies allerdings
nicht für die fortbestehenden betriebsverfassungsrechtlichen Funktionen der Seemannsämter im Ausland, deren Bestimmung sinnvollerweise weiterhin nach dem Vorbild von § 9 Nr. 2 SeemG a. F. ausdrücklich dem Auswärtigen Amt zuzuweisen gewesen wäre (**a. A.** *Richardi/Forst* § 115 Rn. 37: Anpassung von § 115 Abs. 2 Nr. 9 durch Regelung der Zuständigkeit der BG Verkehr). Allerdings ist
die Ermächtigungsnorm für die Bekanntmachung des Auswärtigen Amtes auch ohne eine ausdrückliche Regelung nicht entfallen (**a. A.** *Richardi/Thüsing* 14. Aufl., § 115 Rn. 37a), da die Auslands-
variante des § 115 Abs. 2 Nr. 9 andernfalls leer liefe. Ein darauf gerichteter Wille kann dem Gesetzgeber nicht unterstellt werden; vielmehr ist davon auszugehen, dass § 115 Abs. 2 Nr. 9 seit der Reform
des Seearbeitsrechts eine § 9 Nr. 2 SeemG a. F. entsprechende Regelung immanent ist. Im Ausland
werden die Aufgaben der Seemannsämter daher nach wie vor von den oben genannten bestimmten
Auslandsvertretungen wahrgenommen.

IV. Amtszeit der Bordvertretung (Abs. 3)

Die Vorschriften der §§ 21, 22 bis 25 sind an Bord nach Maßgabe des § 115 Abs. 3 anzuwenden. Durch 30
Art. 1 Nr. 74 BetrVerf-Reformgesetz wurde die Angabe »§§ 21 bis 25« durch die Angabe »§§ 21, 22
bis 25« ersetzt. Dabei handelt es sich um eine notwendige Folgeänderung. Die §§ 21a und 21b finden
wegen der fehlenden Zuständigkeit der Bordvertretung für die Fälle der §§ 111 ff. keine Anwendung;
hierfür ist ausschließlich der Seebetriebsrat nach § 116 Abs. 6 Nr. 1c zuständig (vgl. amtliche Begründung, BT-Drucks. 14/5741, S. 52). Zur Stellung von Kapitän und Bordvertretung im Verfahren nach
§ 23 Abs. 1 und 3 vgl. Rdn. 3, 5.

1. Regelmäßige Amtszeit (Abs. 3 Nr. 1)

Die regelmäßige Amtszeit der Bordvertretung ist wegen der starken Fluktuation der Besatzungsmit- 31
glieder auf ein Jahr begrenzt (amtliche Begründung, BT-Drucks. VI/1786, S. 56; vgl. auch Rdn. 13).
Damit wird verhindert, dass eine Bordvertretung über längere Zeit hinweg ohne ausreichende Legitimation im Amt bleibt. Die Amtszeit beginnt mit der Bekanntmachung des Wahlergebnisses (§ 17
Abs. 2 WOS) oder, wenn zu diesem Zeitpunkt noch eine Bordvertretung besteht, mit Ablauf von deren Amtszeit (§ 21 Satz 2). Die Bestimmungen des § 21 Satz 3 und 4 sind hier gegenstandslos, weil sie
den Zeitpunkt der regelmäßigen Betriebsratswahlen betreffen (§ 115 Abs. 2 Nr. 5 Satz 1; vgl.
Rdn. 13). Entsprechendes gilt für den Hinweis in § 21 Satz 5 auf § 13 Abs. 2 Nr. 1 (vgl. Rdn. 14).
Die Amtszeit der Bordvertretung endet vorzeitig, wenn unter den in § 13 Abs. 2 Nr. 2 bis 5 genannten
Voraussetzungen eine neue zu wählen ist (vgl. Rdn. 13 f.), bei Verbringung des Schiffes unter ausländische Flagge (s. § 114 Rdn. 20 f.) oder wenn die regelmäßige Zahl der wahlberechtigten Besatzungsmitglieder unter fünf absinkt (vgl. Rdn. 2).

2. Erlöschen der Mitgliedschaft (Abs. 3 Nr. 2)

32 Die Mitgliedschaft in der Bordvertretung erlischt gem. § 24 Nr. 1–6 durch Ablauf der Amtszeit, Niederlegung des Bordvertretungsamts, Beendigung des Heuerverhältnisses, Verlust der Wählbarkeit, Ausschluss aus bzw. Auflösung der Bordvertretung und durch Aberkennung der Wählbarkeit. Die Vorschrift fügt diesem Katalog des § 24 nun einen weiteren Grund für das Erlöschen der Mitgliedschaft in der Bordvertretung hinzu: danach endet die Mitgliedschaft auch, wenn das Besatzungsmitglied den Dienst an Bord beendet, es sei denn, dass es den Dienst an Bord vor Ablauf der Amtszeit (vgl. Rdn. 31) wieder antritt.

33 Im Vordergrund steht eine tatsächliche Beendigung des Dienstes, z. B. wegen Antritts des Jahresurlaubs (vgl. Schriftlicher Bericht 10. Ausschuss, zu BT-Drucks. VI/2729, S. 33; *Galperin/Löwisch* § 115 Rn. 20). Auch die Tätigkeit im Seebetriebsrat führt zur tatsächlichen Beendigung des Dienstes an Bord (§ 116 Abs. 3 Nr. 2; vgl. dort Rdn. 28); eine gleichzeitige Mitgliedschaft in der Bordvertretung und im Seebetriebsrat ist mithin ausgeschlossen. In Betracht kommen aber auch rechtliche Vorgänge, wie die – rechtmäßige – Versetzung (§ 95 Abs. 3; vgl. zum Ort der Dienstleistung s. Rdn. 8) auf ein anderes Schiff, u. U. auch längere Ausbildung an Land, Wehrdienst usw. Allen Beispielen ist gemein, dass zwar noch ein Heuerverhältnis besteht, aber die Dienstleistung nicht mehr auf dem fraglichen Schiff zu erbringen ist; der Betreffende verliert die Stellung als Besatzungsmitglied dieses Schiffes; die Beendigung der »Betriebszugehörigkeit«, d. h. der Zugehörigkeit zu der jeweiligen Schiffsbesatzung, beseitigt die Wählbarkeit zur Bordvertretung (§ 115 Abs. 2 Nr. 2; vgl. Rdn. 9 und *Oetker* § 24 Rdn. 53 ff.). Die beispielhaft erwähnten Vorgänge führen, abgesehen von den ohnehin fließenden Übergängen tatsächlicher und rechtlicher Beendigung, aber immer auch zu einer Beendigung der rechtlichen Zugehörigkeit zum konkreten Schiff, da die arbeitsorganisatorische Eingliederung an Bord des konkreten Schiffs jeweils endet (vgl. Rdn. 8). Dabei fällt auf, dass der Verlust der Stellung als Besatzungsmitglied und damit der Verlust der Wählbarkeit bereits von § 24 Nr. 4 abgedeckt wird. Ist das Amt der Bordvertretung gemäß § 24 Nr. 4 erloschen, lebt es eigentlich auch bei erneutem Dienstantritt des Besatzungsmitglieds nicht wieder auf (s. *Oetker* § 24 Rdn. 51). Es stellt sich somit die Frage nach der korrekten Interpretation des § 115 Abs. 3 Nr. 2, d. h. ob er eventuell § 24 Nr. 4 als lex specialis modifiziert oder aber der Zweck des § 115 Abs. 3 Nr. 2 für eine einschränkende Auslegung spricht.

34 Ausweislich der Gesetzesmaterialien modifizierte der BT-Ausschuss für Arbeit und Sozialordnung den ursprünglichen Regierungsentwurf zum Beendigungsgrund des § 115 Abs. 3 Nr. 2 (s. § 115 Abs. 8 RegE, BT-Drucks. VI/1786, S. 25). Von der zunächst intendierten Anknüpfung an die Abmusterung (früher §§ 13, 15, 19 SeemG) wurde abgesehen; es sollte vielmehr auf den Bestand des Arbeitsverhältnisses zum konkreten Schiff abgestellt werden (Schriftlicher Bericht 10. Ausschuss, zu BT-Drucks. VI/2729, S. 33). Zu Recht kritisiert *Richardi/Forst* (§ 115 Rn. 45) den missglückten Wortlaut des § 115 Abs. 3 Nr. 2: Einerseits erinnert er an die frühere Legaldefinition der Abmusterung. Andererseits fügte der Gesetzgeber jedoch die Einschränkung ein, dass der Verlust der Mitgliedschaft in der Bordvertretung ausscheidet, sofern das Besatzungsmitglied vor Ablauf der Amtszeit wieder den Dienst an Bord aufnimmt; damit sollte verhindert werden, dass vorübergehende Abwesenheit von Bord infolge Kurzurlaubs oder Krankheit den Verlust der Mitgliedschaft in der Bordvertretung mit sich führt (so die amtliche Begründung, BT-Drucks. VI/2729, S. 33). Eine kurzzeitige Bordabwesenheit beseitigt die Zugehörigkeit zum Schiffsbetrieb ohnehin nicht, selbst wenn zweifelhaft ist, wie lange der Betreffende von Bord gehen wird (z. B. bei Krankheit; vgl. *ArbG Hamburg* 11.04.1980 – S 15 Ca 18/80; *Galperin/Löwisch* § 115 Rn. 20; *Hess/HWGNRH* § 115 Rn. 23; *Richardi/Forst* § 115 Rn. 46; soweit ein Mitglied der Bordvertretung nur zeitweilig verhindert ist, wird es durch ein Ersatzmitglied vertreten, § 25 Abs. 1 Satz 2). Für diese Rechtsfolge bedürfte es damit nicht des § 115 Abs. 3 Nr. 2. Käme § 115 Abs. 3 Nr. 2 stattdessen entsprechend seinem Wortlaut zur Anwendung, wäre aber auch eine dauerhafte Abwesenheit unschädlich, falls das Bordvertretungsmitglied nur vor Ablauf der Amtszeit seinen Dienst an Bord desselben Schiffes aus welchem Grund auch immer wieder anträte. Das entspricht nicht der Intention des Gesetzgebers, weshalb der einschränkenden Auslegung bedarf: Der Verlust der Mitgliedschaft tritt ein, sofern im Zeitpunkt des Ausscheidens von Bord eine Wiederaufnahme des Dienstes an Bord desselben Schiffes nicht geplant ist, d. h. in allen Fällen dauerhafter Ab-

V. Geschäftsführung der Bordvertretung (Abs. 4)

Nach § 115 Abs. 4 Satz 1 gelten für die Geschäftsführung der Bordvertretung – abgesehen von gewissen, sich aus der Eigenart des Bordbetriebs ergebenden Besonderheiten – grundsätzlich die allgemeinen Vorschriften der §§ 26 bis 41. Ausgeschlossen werden ausdrücklich nur § 37 Abs. 4 bis 7 und § 38. Die Mitglieder der Bordvertretung haben daher **keinen Anspruch** auf Freistellung zur Teilnahme an **Schulungs- und Bildungsveranstaltungen** nach § 37 Abs. 6 und 7. Diese eindeutige gesetzgeberische Entscheidung darf nicht durch die Anwendung des § 115 Abs. 4 Satz 1 i. V. m. § 37 Abs. 2 umgangen werden (so aber Berg/DKK § 115 Rn. 23; Richardi/Forst § 115 Rn. 57; wie hier Franzen AR-Blattei SD 1450.5, Rn. 68; Joost/MünchArbR 2. Aufl., § 321 Rn. 49). Der sachliche Grund für die Regelung liegt in der kurzen Amtszeit der Bordvertretung gemäß § 115 Abs. 3 Nr. 1 (vgl. Galperin/Löwisch § 115 Rn. 22). Die für ihre Tätigkeit erforderlichen Kenntnisse erwerben die Mitglieder der Bordvertretung nach der Konzeption des Gesetzgebers während der nach § 115 Abs. 2 Nr. 2 vorausgesetzten einjährigen Fahrzeit auf einem deutschen Schiff (vgl. Schriftlicher Bericht 10. Ausschuss, zu BT-Drucks. VI/2729, S. 16, 33). Außerdem hat die Bordvertretung nach Maßgabe des § 115 Abs. 7 Nr. 2 die Möglichkeit, eine Angelegenheit an den Seebetriebsrat abzugeben, dessen Mitglieder gemäß § 116 Abs. 3 Anspruch auf bezahlte Teilnahme an Schulungs- und Bildungsveranstaltungen haben. Weil der Besuch von Schulungsveranstaltungen somit nicht zur Tätigkeit der Bordvertretung gehört, kann vom Arbeitgeber auch nicht die Übernahme dadurch entstehender Kosten gemäß § 40 Abs. 1 verlangt werden (**a. M.** Berg/DKK § 115 Rn. 23; Richardi/Forst § 115 Rn. 57).

Weniger gravierend ist der Ausschluss des § 37 Abs. 4 und 5 über die **finanzielle** und **berufliche Sicherung** der **Betriebsratsmitglieder**, weil diese Bestimmungen den allgemeinen Grundsatz des § 78 Satz 2 konkretisieren (s. Weber § 37 Rdn. 10, 128), der ausdrücklich auch für Mitglieder der Bordvertretung gilt (vgl. § 78 Satz 1). Während ihrer Amtszeit können daher die in § 37 Abs. 4 und 5 bezeichneten Rechtsfolgen aus § 78 Satz 2 abgeleitet werden (vgl. Franzen AR-Blattei SD 1450.5, Rn. 69; Galperin/Löwisch § 115 Rn. 22; Joost/MünchArbR 2. Aufl., § 321 Rn. 50; Richardi/Forst § 115 Rn. 57). Die Ausnahme betrifft deshalb nur den Zeitraum von einem Jahr nach Beendigung der Amtszeit, was gleichfalls mit der kürzeren Amtszeit der Bordvertretung zu erklären ist. Die Regelung des § 38 über die Festlegung der mindestens ständig **Freizustellenden** wäre im Hinblick auf die Zahl der Besatzungsmitglieder für den Bereich der Bordvertretung ohnehin kaum jemals praktisch geworden. Eine Arbeitsbefreiung von Mitgliedern der Bordvertretung unter den Voraussetzungen des § 37 Abs. 2 wird hierdurch nicht ausgeschlossen (vgl. Richardi/Forst § 115 Rn. 58; s. Weber § 37 Rdn. 24 ff.).

Unanwendbar sind ferner wegen der geringen Anzahl von Mitgliedern der Bordvertretung § 27 Abs. 1 bis 3 (s. Raab § 27 Rdn. 5), § 28 (s. Raab § 28 Rdn. 7) und mangels einer Jugend- und Auszubildendenvertretung insoweit § 29 Abs. 2 Satz 4 sowie § 33 Abs. 3 (s. Raab § 33 Rdn. 2) und § 39 Abs. 2 (s. Weber § 39 Rdn. 4). Außerdem sind die Vorschriften über die Schwerbehindertenvertretung (§ 29 Abs. 2 Satz 4, § 32, § 35 Abs. 3) gegenstandslos, weil Schwerbehinderte im Regelfall seedienstuntauglich i. S. v. §§ 11 ff. SeeArbG sind und deshalb nicht an Bord von Kauffahrteischiffen beschäftigt werden dürfen. Zum Teilnahmerecht des Seebetriebsrats an Sitzungen der Bordvertretung s. § 116 Rdn. 42.

Die Verpflichtung des Kapitäns, für die Bereitstellung der allgemein erforderlichen Sachmittel (§ 40 Abs. 2) zu sorgen, wird durch § 115 Abs. 4 Satz 2 dahin ergänzt, dass die Bordvertretung in dem für ihre Tätigkeit erforderlichen Umfang auch die für die Verbindung des Schiffes zur Reederei eingerichteten Mittel zur beschleunigten Übermittlung von Nachrichten in Anspruch nehmen kann. Sie erhält damit u. a. die Möglichkeit, über den Funkverkehr mit der Reederei, dem Seebetriebsrat oder den zuständigen Behörden (vgl. z. B. § 115 Abs. 7 Nr. 7) Kontakt aufzunehmen (zum erforderlichen Umfang s. Weber § 40 Rdn. 137 ff.). Soweit die Bordvertretung die Funkanlage benutzt, trägt der Arbeitgeber die Kosten nach Maßgabe des § 40 Abs. 1 (vgl. Galperin/Löwisch § 115 Rn. 24).

VI. Bordversammlung (Abs. 5)

1. Allgemeines

39 Nach § 115 Abs. 5 Satz 1 finden die §§ 42 bis 46 über die Betriebsversammlung auf die Bordversammlung, die aus den Besatzungsmitgliedern (s. § 114 Rdn. 26 f.) eines Schiffes besteht, entsprechende Anwendung. Die Bordversammlung ist nicht öffentlich (§ 42 Abs. 1 Satz 2). Sie wird durch die Bordvertretung einberufen, unter den Voraussetzungen des § 116 Abs. 3 Nr. 6 bis 8 auch durch den Seebetriebsrat (s. § 116 Rdn. 44, 48). Nach § 43 Abs. 1 Satz 1 und 4 kann die Bordvertretung im Kalenderjahr vier bzw. sechs Bordversammlungen während der Arbeitszeit durchführen. Auf diese Zahl werden die vom Seebetriebsrat nach § 116 Abs. 3 Nr. 6 bis 8 einberufenen Bordversammlungen nicht angerechnet (so aber *Richardi/Forst* § 115 Rn. 69, wie hier dagegen *Berg/DKK* § 116 Rn. 39; *Galperin/Löwisch* § 116 Rn. 35), weil Bordvertretung und Seebetriebsrat selbständige Organe der Betriebsverfassung mit unterschiedlichen Funktionen sind, weshalb auf den von ihnen veranstalteten Bordversammlungen auch unterschiedliche Themen behandelt werden. Auf den vom Seebetriebsrat einberufenen Versammlungen werden den gesamten Seebetrieb betreffende Fragen, auf den von der Bordvertretung veranstalteten dagegen Probleme des Bordbetriebs im Vordergrund stehen. Zudem wäre es mit der Eigenständigkeit von Bordvertretung und Seebetriebsrat kaum zu vereinbaren, wenn ein Organ der Seebetriebsverfassung das gesamte Kontingent ausschöpfen und somit dem anderen die Möglichkeit nehmen könnte, eine ordentliche Bordversammlung einzuberufen.

40 Während der Fahrt des Schiffes sind Teilversammlungen nach § 42 Abs. 1 Satz 3 möglich und wegen des Drei- bzw. Zweiwachensystems (§§ 43, 46 SeeArbG; § 8 Abs. 4 und 5 MTV-See vom 11.03.2002) unumgänglich. Auch Abteilungsversammlungen sind grundsätzlich zulässig; indessen werden die Voraussetzungen des § 42 Abs. 2 nur in Ausnahmefällen vorliegen (vgl. *Berg/DKK* § 115 Rn. 29; *Galperin/Löwisch* § 115 Rn. 25; enger *Richardi/Forst* § 115 Rn. 63). Soweit die Bordversammlung in einem Hafen nur an Land durchgeführt werden kann (z. B. wegen Reparaturarbeiten an Bord), trägt der Reeder die erforderlichen Kosten für die Anmietung von Räumen nach § 40 Abs. 1 (vgl. *Galperin/Löwisch* § 115 Rn. 25). Zur Durchführung von Bordversammlungen durch den Seebetriebsrat s. § 116 Rdn. 44, 48.

2. Bericht über die Schiffsreise (Abs. 5 Satz 2)

41 Die Bordversammlung dient insbesondere der umfassenden Unterrichtung der Schiffsbesatzung. Dazu gehört neben dem vierteljährlichen Tätigkeitsbericht der Bordvertretung (§ 43 Abs. 1 Satz 1) der Bericht des Kapitäns über die Schiffsreise und die damit zusammenhängenden Angelegenheiten (§ 115 Abs. 5 Satz 2). Der Kapitän ist hierzu persönlich verpflichtet, darf sich also nicht vertreten lassen (vgl. *Galperin/Löwisch* § 115 Rn. 27; *Hess/HWGNRH* § 115 Rn. 28; *Richardi/Forst* § 115 Rn. 67). Der Bericht umfasst regelmäßig die Reiseroute und -dauer, die voraussichtlichen Ankunfts- und Abfahrtszeiten, die Ladung des Schiffes und die besonderen Eigenarten und Gefahren der zu befahrenden Gewässer und der anzulaufenden Häfen und Länder. Über jede Schiffsreise ist nur einmal zu berichten; Gelegenheit dazu bietet entweder die regelmäßige Bordversammlung nach § 43 Abs. 1 oder eine außerordentliche Bordversammlung (§ 43 Abs. 3), die eigens zu diesem Zweck einberufen werden kann. Nach Maßgabe des § 43 Abs. 2 Satz 3 ist der Kapitän verpflichtet, einmal jährlich über das Personal- und Sozialwesen an Bord und die wirtschaftliche Lage und Entwicklung des Schiffes zu berichten (vgl. *Berg/DKK* § 115 Rn. 31; *Franzen* AR-Blattei SD 1450.5, Rn. 71; a. M. *Galperin/Löwisch* § 115 Rn. 27; *Joost/MünchArbR* 2. Aufl., § 321 Rn. 53; *Richardi/Forst* § 115 Rn. 67). Die Vorschrift des § 43 Abs. 2 Satz 3 wird durch § 115 Abs. 5 Satz 2 nicht verdrängt. Die Besatzungsmitglieder hätten sonst überhaupt keinen Anspruch auf einen Bericht über soziale, personelle und wirtschaftliche Angelegenheiten, weil es im Seebetrieb keine Betriebsversammlung gibt (§ 116 Abs. 4). Weder dem Gesetzeswortlaut noch den Materialien ist ein Anhalt dafür zu entnehmen, dass der Informationsanspruch der Arbeitnehmer in der Seebetriebsverfassung so stark beschnitten werden sollte. Vielmehr wird die Berichtspflicht des Kapitäns durch § 115 Abs. 5 Satz 2 erweitert, weil die Besatzungsmitglieder ein unmittelbares Interesse an der Schiffsreise und den damit zusammenhängenden Fragen haben (vgl. amtliche Begründung, BT-Drucks. VI/1786, S. 57). Soweit der Kapitän die für eine Unterrichtung der Besatzungsmitglieder erforderlichen Kenntnisse nicht besitzt, muss er beim Reeder die entsprechen-

den Informationen einholen (vgl. auch Rdn. 43). Die dabei auftretenden praktischen Probleme können nur durch organisatorische Maßnahmen des Seeschifffahrtsunternehmens gelöst werden und rechtfertigen es keineswegs, den Informationsanspruch der Besatzungsmitglieder einzuschränken (so aber *Galperin/Löwisch* § 115 Rn. 27).

3. Beantwortung von Fragen (Abs. 5 Satz 3)

Gegenüber der allgemeinen Auskunftspflicht des Arbeitgebers (§ 43 Abs. 2 Satz 3) besteht im Rahmen des § 115 Abs. 5 Satz 3 eine stark erweiterte Pflicht des Kapitäns zur Beantwortung von Fragen. Voraussetzung ist stets, dass die betreffende Angelegenheit Schiff oder Besatzungsmitglieder unmittelbar betrifft (§ 45 Satz 1; s. *Weber* § 45 Rdn. 11). Das Fragerecht steht jedem Teilnehmer der Bordversammlung zu. **42**

Der **Schiffsbetrieb** umfasst als Oberbegriff auch Schiffsreise und Schiffssicherheit (§ 115 Abs. 7 Nr. 5 Satz 3). Gemeint ist damit der äußere Betrieb des Schiffes als Verkehrsmittel (vgl. Rdn. 64) im Gegensatz zum bloß internen Bordbetrieb (vgl. Rdn. 49). Über letzteren ist die Bordversammlung schon nach § 43 Abs. 1 Satz 1, Abs. 2 Satz 3 im Rahmen der mitbestimmungs- und mitwirkungspflichtigen Angelegenheiten zu unterrichten; diesbezügliche Fragen sind daher ohnehin zulässig (s. *Weber* § 43 Rdn. 8 ff.). Dementsprechend bedeutet der Begriff der **Schiffssicherheit** in diesem Zusammenhang nicht den technischen Arbeitsschutz – dieser gehört zum Bordbetrieb –, sondern die Verkehrssicherheit (vgl. Rdn. 65 m. w. N.). Zulässig sind daher z. B. Fragen nach der Seetauglichkeit des Schiffes, nach seiner vorgeschriebenen Ausrüstung (Navigationsgeräte und -anlagen, Rettungsmittel) und Bemannung, nach Position, Kurs, Nebelfahrt sowie nach der kommerziellen Seite des Schiffseinsatzes, soweit Belange der Arbeitnehmer berührt werden (vgl. *Berg/DKK* § 115 Rn. 32; **a. M.** *Galperin/Löwisch* § 115 Rn. 28). Wenn der Kapitän berechtigte Fragen nicht beantworten kann, muss ihm das Seeschifffahrtsunternehmen auf Anfrage die erforderlichen Informationen erteilen, die er an die Besatzungsmitglieder weiterleitet. **43**

VII. Gesamt- und Konzernbetriebsrat (Abs. 6)

Siehe § 116 Rdn. 52. **44**

VIII. Mitwirkung und Mitbestimmung der Bordvertretung (Abs. 7)

1. Anwendung der allgemeinen Vorschriften

In § 115 Abs. 7 werden alle Regelungen über die Mitwirkung und Mitbestimmung der Bordvertretung zusammengefasst. Als Grundsatz gilt, dass die §§ 74 bis 105 auf die Bordvertretung Anwendung finden (krit. zu § 74 Abs. 2 Satz 2 *Berg/DKK* § 115 Rn. 35). Im Rahmen der Kompetenzverteilung zwischen Bordvertretung und Seebetriebsrat ist danach die Bordvertretung für die Behandlung aller Angelegenheiten zuständig, die auch sonst einem Betriebsrat oblägen. Das gilt für die im Betriebsverfassungsgesetz geregelten Gegenstände ebenso wie für solche außerhalb des Gesetzes (vgl. Rdn. 3). **45**

Die Individualrechte nach §§ 81 bis 86a richten sich als Konkretisierung von Ansprüchen aus der Treuepflicht des Arbeitgebers zwar gegen das Seeschifffahrtsunternehmen, werden aber in der Praxis regelmäßig durch den Kapitän erfüllt (vgl. Rdn. 5; nicht eindeutig *Richardi/Forst* § 115 Rn. 94). Deshalb ist zur Unterstützung der Arbeitnehmer bei der Geltendmachung dieser Rechte grundsätzlich die Bordvertretung zuständig. Für Beschwerden von Besatzungsmitgliedern enthalten §§ 127 f. SeeArbG gegenüber § 84 Abs. 1 Satz 1 eine spezielle Regelung. Darüber hinaus kommt das Beschwerdeverfahren nach §§ 84 ff. nur zur Anwendung, wenn und soweit sich die Beschwerde nicht auf einen Verstoß gegen Regelungen des Seearbeitsgesetzes und der hierauf erlassenen Verordnungen bezieht (BT-Drucks. 17/10959, S. 104), sondern auf anderen Rechtsvorschriften beruht. **46**

Das Mitbestimmungsrecht der Bordvertretung in **sozialen Angelegenheiten** nach § 87 besteht nur im Rahmen der arbeitsrechtlichen Kompetenzen des Kapitäns. Die diesem als Inhaber der Schiffs- **47** gewalt zustehenden öffentlich-rechtlichen Befugnisse nach § 121 Abs. 2 bis 6 SeeArbG bleiben unberührt (vgl. Rdn. 6; *Richardi/Forst* § 115 Rn. 98). In **personellen Angelegenheiten** kommt insbesondere eine Beteiligung der Bordvertretung nach § 99 und § 102 in Betracht, soweit der Kapitän gemäß §§ 478, 479 Abs. 1 Satz 1 HGB in Vertretung des Reeders personelle Einzelmaßnahmen vornehmen kann (vgl. *Richardi/Forst* § 115 Rn. 111 ff.). **Wirtschaftliche Angelegenheiten** (§§ 106 bis 113) sind der Bordvertretung nach § 115 Abs. 7 entzogen. Sie werden für den Seebetrieb ausschließlich vom Seebetriebsrat wahrgenommen.

2. Zuständigkeit (Abs. 7 Nr. 1)

48 Die Zweistufigkeit der betrieblichen Vertretungen im Bereich der Seeschifffahrt erfordert eine klare Abgrenzung der Kompetenzen zwischen Bordvertretung und Seebetriebsrat. Diese ist in der Weise erfolgt, dass nach § 115 Abs. 7 Nr. 1 die Bordvertretung für die Behandlung derjenigen nach dem Betriebsverfassungsgesetz der Mitwirkung und Mitbestimmung des Betriebsrats unterliegenden Angelegenheiten zuständig ist, die den **Bordbetrieb** (vgl. Rdn. 49) oder die **Besatzungsmitglieder** (s. § 114 Rdn. 26 f.) des einzelnen **Schiffes** betreffen und deren Regelung dem **Kapitän** aufgrund gesetzlicher Vorschriften oder der ihm von der Reederei übertragenen **Befugnisse** obliegt. Diese Regelung korrespondiert mit der nach § 116 Abs. 6 Nr. 1 Buchst. a und c für den Seebetriebsrat, der vor allem (vgl. aber auch Buchst. b) für diejenigen der Beteiligung des Betriebsrats unterliegenden Angelegenheiten zuständig ist, die sich auf alle oder mehrere Schiffe des Seebetriebs bzw. deren Besatzungsmitglieder beziehen oder für die nicht die Zuständigkeit der Bordvertretung nach § 115 Abs. 7 Nr. 1 gegeben ist. Grundsätzlich sollen sich daher nur Kapitän und Bordvertretung sowie Reederei und Seebetriebsrat als Gesprächspartner gegenüberstehen (vgl. Schriftlicher Bericht 10. Ausschuss, zu BT-Drucks. VI/2729, S. 34).

49 Der Begriff **Bordbetrieb** ist im Gesetz nicht näher definiert. Er dient jedoch lediglich der Kompetenzabgrenzung zwischen Bordvertretung und Seebetriebsrat und bringt zunächst zum Ausdruck, dass die Tätigkeit der Bordvertretung auf das einzelne Schiff bezogen sein muss. Eine sachliche Einschränkung der Kompetenzen gegenüber einem Betriebsrat an Land ist damit nicht verbunden (vgl. *Stabenow* Hansa 1971, 1797 [1799]). Der Begriff des Bordbetriebs ist deshalb weit zu fassen. Ihm unterfallen alle **Gegebenheiten** und **Vorgänge an Bord**, der **gesamte interne Betriebs-** und **Arbeitsablauf** sowie die **Ordnung an Bord** (vgl. vor allem § 87 Abs. 1 Nr. 1, ferner § 120 SeeArbG) **im weitesten Sinne** (vgl. *Franzen* AR-Blattei SD 1450.5, Rn. 119; *Richardi/Forst* § 115 Rn. 72). Hierzu gehört auch die Schiffssicherheit, soweit damit der – technische – Arbeitsschutz gemeint ist (§ 80 Abs. 1 Nr. 1, § 87 Abs. 1 Nr. 7, § 88 Nr. 1, § 89, § 115 Abs. 7 Nr. 7; vgl. Rdn. 65, 69; **a. M.** *Becker* in: *Siebert/Becker* § 115 Rn. 11, der die Betriebssicherheit und den Arbeitsschutz zum Schiffs- nicht aber Bordbetrieb zählt). Durch die Verwendung des Wortes Bordbetrieb in bewusstem Gegensatz zum Schiffsbetrieb (vgl. § 115 Abs. 2 Nr. 8 Satz 2, Abs. 5 Satz 3, Abs. 7 Nr. 4 Satz 1, Nr. 5 Satz 1 und 3 sowie § 116 Abs. 3 Nr. 5 Satz 2, Abs. 6 Nr. 2 Satz 1; vgl. dazu Rdn. 63 f.) wird ferner klargestellt, dass eine Mitwirkung und Mitbestimmung der Bordvertretung beim Schiffsbetrieb nicht besteht, soweit das Gesetz nicht selbst ausdrücklich Ausnahmen vorsieht (vgl. **a. M.** *Berg/DKK* § 115 Rn. 37; *Galperin/Löwisch* § 115 Rn. 32).

50 Die **Zuständigkeit** der **Bordvertretung** folgt im Übrigen nach dem eindeutigen Wortlaut des § 115 Abs. 7 Nr. 1 den **Befugnissen** des **Kapitäns**. Soweit diesem die Rechtsmacht zur Regelung einer Angelegenheit fehlt, kann die Bordvertretung nicht tätig werden, auch wenn die Angelegenheit zum Bordbetrieb gehört oder ausschließlich die Besatzungsmitglieder des Schiffes betrifft (vgl. § 116 Abs. 6 Nr. 1 Buchst. c; dort Rdn. 55). Derartige Befugnisse ergeben sich in erster Linie aus gesetzlichen Vorschriften (vgl. z. B. §§ 478, 479 Abs. 1 Satz 1 HGB; § 32 Satz 2, § 58 Abs. 2, § 34 ff., § 114 Abs. 1 Satz 2, §§ 42 bis 55, § 123 Abs. 2, § 121, § 125 SeeArbG), können dem Kapitän aber auch im Rahmen des Anstellungsvertrages oder sonstiger Vereinbarungen mit der Reederei (Seeschifffahrtsunternehmen; s. § 114 Rdn. 5) eingeräumt worden sein. Umgekehrt werden die gesetzlichen Befugnisse des Kapitäns, insbesondere seine Vertretungsmacht, vom Reeder nicht selten beschränkt (vgl. § 479 Abs. 1 Satz 3 HGB; *Richardi/Forst* § 115 Rn. 4, 73; allgemein *Schaps/Abraham* Erster Teil, § 531 Rn. 1 ff.; *Schlegelberger/Liesecke* § 531 Rn. 2 f.; *Segelken* Kapitänsrecht, S. 304 f.). Eine solche Beschränkung betrifft nicht nur das Innenverhältnis zwischen Reederei und Kapitän, sondern berührt

auch den Umfang der Rechtsmacht im Verhältnis zu Dritten. Diese werden lediglich nach Maßgabe des § 479 Abs. 1 Satz 3 HGB geschützt, falls sie gutgläubig sind. Da die Zuständigkeit der Bordvertretung von der Reichweite der Rechtsmacht des Kapitäns abhängt, ist unabhängig von der Gutgläubigkeit Dritter nicht sie, sondern der Seebetriebsrat als Verhandlungspartner der Reederei zuständig (vgl. Schriftlicher Bericht 10. Ausschuss, zu BT-Drucks. VI/2729, S. 17; *Galperin/Löwisch* § 115 Rn. 32; **a. M.** *Richardi/Forst* § 115 Rn. 73). Die Bordvertretung hat insoweit keine Mitwirkungs- und Mitbestimmungsrechte, also auch kein Initiativrecht. Dafür besteht auch kein Bedürfnis, weil rechtsgeschäftliche Maßnahmen des Kapitäns, die dieser unter Überschreitung seiner Vertretungsmacht trifft, nach allgemeinen Grundsätzen unwirksam sind. Der Schutz gutgläubiger Dritter gemäß § 479 Abs. 1 Satz 3 HGB spielt insoweit keine Rolle, weil es mit dem Gebot der Rechtssicherheit nicht zu vereinbaren wäre, wenn die Zuständigkeit der Bordvertretung davon abhinge, ob die von einer Maßnahme betroffenen Arbeitnehmer die Beschränkung der Kompetenzen kannten (**a. M.** *Richardi/Forst* § 115 Rn. 73 aufgrund des nicht überzeugenden Arguments, die weite gesetzliche Ermächtigung wirke sich nur aus, wenn ein Bezug zum Bordbetrieb oder zu den Besatzungsmitgliedern bestehe; zust. noch *Richardi/Thüsing* 14. Aufl., § 115 Rn. 73). Zu beachten ist aber, dass die hoheitlichen Befugnisse des Kapitäns nicht nach § 479 Abs. 1 Satz 3 HGB eingeschränkt werden können (vgl. auch Schriftlicher Bericht 10. Ausschuss, zu BT-Drucks. VI/2729, S. 34 und *Richardi/Forst* § 115 Rn. 74).

3. Beilegung von Streitigkeiten (Abs. 7 Nr. 2)

Bei Streitigkeiten zwischen Bordvertretung und Kapitän über eine der Mitwirkung oder Mitbestimmung der Bordvertretung unterliegende Angelegenheit sieht § 115 Abs. 7 Nr. 2 ein eigenes Verfahren vor. Kommt es insoweit zu keiner Einigung (zur Erklärung zum Schiffstagebuch vgl. Rdn. 68), können die Bordvertretung oder der Kapitän (vgl. Rdn. 52) nicht die Einigungsstelle oder das Arbeitsgericht anrufen, sondern die Angelegenheit nur an den Seebetriebsrat oder das Seeschifffahrtsunternehmen (vgl. Rdn. 52) abgeben. Voraussetzung ist, dass die betreffende Angelegenheit in den Zuständigkeitsbereich der Bordvertretung (§ 115 Abs. 7 Nr. 1) fällt und dass eine Einigung an Bord trotz ernsthafter Bemühungen (§ 74 Abs. 1 Satz 2) nicht erzielt werden konnte. Das gilt sowohl für Regelungs- als auch für Rechtsstreitigkeiten; es können ausnahmslos alle betriebsverfassungsrechtlichen Angelegenheiten an den Seebetriebsrat abgegeben werden (vgl. auch amtliche Begründung, BT-Drucks. VI/1786, S. 56). Das gilt auch bei Streitigkeiten im Rahmen der Geschäftsführung der Bordvertretung. Zu diesem Zweck kann sich die Bordvertretung insbesondere der Mittel zur beschleunigten Nachrichtenübermittlung (§ 115 Abs. 4 Satz 2; vgl. Rdn. 38) bedienen. Die Abgabe bewirkt, dass der Seebetriebsrat sich nunmehr in eigener Zuständigkeit (§ 116 Abs. 6 Nr. 1 Buchst. b) im Zusammenwirken mit dem Seeschifffahrtsunternehmen um die Erledigung der Angelegenheit bemühen muss und gegebenenfalls die Einigungsstelle oder das Arbeitsgericht anrufen kann. In jedem Falle hat der Seebetriebsrat die Bordvertretung über die weitere Behandlung der Angelegenheit zu unterrichten (§ 115 Abs. 7 Nr. 2 Satz 2).

Der **Kapitän** kann ebenfalls unter den Voraussetzungen des § 115 Abs. 7 Nr. 2 Satz 1 eine Angelegenheit an das Seeschifffahrtsunternehmen abgeben mit der Folge, dass nunmehr dieses und der Seebetriebsrat für deren Erledigung zuständig sind (vgl. *Berg/DKK* § 115 Rn. 39; *Franzen* AR-Blattei SD 1450.5, Rn. 122; *Galperin/Löwisch* § 115 Rn. 34; *Kloppenburg/HaKo* § 116 Rn. 7; *Stabenow* Hansa 1971, 1797 [1799]; *Richardi/Forst* § 115 Rn. 79 [a.M. noch *Richardi/Thüsing* 14. Aufl., § 115 Rn. 79]; **a. M.** *Joost/MünchArbR* 2. Aufl., § 321 Rn. 67). Das folgt aus dem grundsätzlichen Ausschluss der Anrufung von Einigungsstelle und Arbeitsgericht (§ 115 Abs. 7 Nr. 2 Satz 3). Bedenken gegen diese Auffassung ergeben sich zwar aus dem Wortlaut der gesetzlichen Regelung sowie daraus, dass hierdurch eine Angelegenheit der Zuständigkeit der Bordvertretung gegen deren Willen entzogen werden kann. Ausschlaggebend ist indessen, dass nach den allgemeinen Vorschriften beide Betriebspartner gleichermaßen die Möglichkeit haben, die verbindliche Erledigung einer Streitigkeit herbeizuführen (s. *Jacobs* § 76 Rdn. 29 ff.). Das System der Zweistufigkeit der betrieblichen Vertretungen im Bereich der Seeschifffahrt hat hieran nichts geändert. Es kann nicht Sinn der gesetzlichen Regelung sein, der Arbeitgeberseite die Möglichkeit zur verbindlichen Erledigung von Streitigkeiten zu verschließen; zumindest hätte sich das mit hinreichender Deutlichkeit aus dem Gesetz ergeben müssen. Die Befugnis des Kapitäns zur Abgabe einer Angelegenheit an das Seeschifffahrtsunternehmen ist keineswegs überflüssig (vgl. so noch *Richardi/Thüsing* 14. Aufl., § 115 Rn. 79; wie hier dagegen *Galperin/Löwisch* § 115 Rn. 34; *Richardi/Forst* § 115 Rn. 79). Das Seeschifffahrtsunternehmen kann zwar selbst den Bordbetrieb regeln (vgl. Rdn. 4), jedoch nicht Maßnahmen des Kapitäns an sich ziehen, die dieser als selbständiges Organ der Betriebsverfassung bereits getroffen hat.

53 Die Abgabe einer Angelegenheit an den Seebetriebsrat oder das Seeschifffahrtsunternehmen im Falle der Nichteinigung setzt voraus, dass ein Seebetriebsrat besteht. Ist das nicht der Fall, können Bordvertretung und Kapitän nach § 115 Abs. 7 Nr. 2 Satz 3 die Einigungsstelle und das Arbeitsgericht unmittelbar anrufen. Gleichgültig ist, aus welchen Gründen kein Seebetriebsrat besteht (vgl. *Galperin/Löwisch* § 115 Rn. 35). Der Gesetzeswortlaut, der nur auf die Nichtwahl eines Seebetriebsrats abstellt, ist insoweit missverständlich. Gibt der Kapitän, obwohl ein Seebetriebsrat nicht besteht, die Angelegenheit an das Seeschifffahrtsunternehmen ab, wird dadurch die Zuständigkeit der Bordvertretung nicht berührt (vgl. *Galperin/Löwisch* § 115 Rn. 35).

4. Bordvereinbarungen (Abs. 7 Nr. 3)

54 Bordvertretung und Kapitän sind selbständige Organe der Betriebsverfassung und stehen Betriebsrat und Arbeitgeber an Land grundsätzlich in jeder Hinsicht gleich. Die Vorschrift des § 115 Abs. 7 Nr. 3 Satz 1 und 2 stellt lediglich klar, dass sie im Rahmen ihrer Zuständigkeit nach § 115 Abs. 7 Nr. 1 (vgl. Rdn. 48 ff.) auch Betriebsvereinbarungen abschließen können, die hier Bordvereinbarungen genannt werden; für sie gelten daher die Vorschriften über Betriebsvereinbarungen entsprechend. Von Betriebsvereinbarungen (§ 77 Abs. 2) unterscheiden sie sich nur durch die zusätzliche Wirksamkeitsvoraussetzung, dass die Angelegenheit nicht durch eine Betriebsvereinbarung zwischen Seebetriebsrat und Arbeitgeber (Seeschifffahrtsunternehmen; s. § 114 Rdn. 5) geregelt sein darf. Nach Wortlaut und Sinn des § 115 Abs. 7 Nr. 3 Satz 3 hat eine solche Betriebsvereinbarung absoluten Vorrang, um die Einheitlichkeit der Regelung innerhalb des Seeschifffahrtsunternehmens zu gewährleisten. Dabei ist es gleichgültig, ob sie vor oder nach dem Abschluss der Bordvereinbarung zustande kommt; im letzteren Falle tritt die Bordvereinbarung außer Kraft (vgl. *Galperin/Löwisch* § 115 Rn. 37; *Hess/HWGNRH* § 115 Rn. 34; *Joost/*MünchArbR 2. Aufl., § 321 Rn. 65; *Richardi/Forst* § 115 Rn. 87; **a. M.** *Brecht* § 115 Rn. 5; s. § 116 Rdn. 53). Im Übrigen sind zwischen Bordvertretung und Kapitän Betriebsabsprachen nach allgemeinen Grundsätzen zulässig (s. *Kreutz* § 77 Rdn. 8 ff.).

5. Vorläufige Regelungen (Abs. 7 Nr. 4)

55 Die im Gesetzgebungsverfahren heftig umstrittene Vorschrift räumt dem Kapitän das Recht ein, in Angelegenheiten, die der Mitbestimmung der Bordvertretung unterliegen, auch wenn eine Einigung mit der Bordvertretung noch nicht erzielt ist, vorläufige Regelungen zu treffen, wenn dies zur Aufrechterhaltung des ordnungsgemäßen Schiffsbetriebs dringend erforderlich ist. Die Vorschrift beruht auf der besonderen Verantwortung des Kapitäns für den Schiffsbetrieb (amtliche Begründung, BT-Drucks. VI/1786, S. 56) und dient der Gewährleistung der Schiffssicherheit (dazu Rdn. 65) sowie dem Schutz der Interessen des Seeschifffahrtsunternehmens im Hinblick auf die besondere Situation an Bord. Regelungen in diesem Bereich können den Einsatz des Schiffes in erheblicher und unvorhersehbarer Weise treffen und sind in ihren wirtschaftlichen Auswirkungen schwerer kalkulierbar als in anderen Wirtschaftszweigen (vgl. andeutungsweise *de la Trobe* BT-Prot. der 58. Sitzung des 10. Ausschusses, 6. Wahlperiode, S. 50 ff.; ferner *Stabenow* Hansa 1971, 1797 [1799]). Entsprechend seinem Wortlaut greift § 115 Abs. 7 Nr. 4 nur bei Angelegenheiten ein, die der **Mitbestimmung** der Bordvertretung unterliegen (vgl. *Berg/DKK* § 115 Rn. 42; *Galperin/Löwisch* § 115 Rn. 40; *Franzen* AR-Blattei SD 1450.5, Rn. 124; *Richardi/Forst* § 115 Rn. 81). Es genügt nicht, wenn lediglich Mitwirkungsrechte betroffen sind. Bei lediglich mitwirkungsbedürftigen Angelegenheiten ist eine besondere Rechtfertigung für die Durchführung der Maßnahme nämlich entbehrlich; sie bedarf nur der vorherigen Anhörung oder Beratung, im Übrigen vermag der Kapitän aber ohnehin die Angelegenheit allein zu regeln. Der Kapitän kann daneben nach § 100 i. V. m. § 114 Abs. 1, § 115 Abs. 7 Satz 1 personelle Maßnahmen vorläufig durchführen, wenn dies aus sachlichen Gründen dringend erforderlich ist. Bei vorläufigen personellen Maßnahmen zur Aufrechterhaltung des ordnungsgemäßen Schiffsbetriebs ist jedoch § 115 Abs. 7 Nr. 4 die speziellere Vorschrift, so dass § 100 insoweit nicht anwendbar ist (vgl.

Lindemann § 28 Rn. 54; *Galperin/Löwisch* § 115 Rn. 42; *Hess/HWGNRH* § 115 Rn. 36; *Richardi/Forst* § 115 Rn. 82). Nach § 100 Abs. 2 muss der Kapitän innerhalb von drei Tagen das Arbeitsgericht anrufen, wenn die Bordvertretung der vorläufigen Maßnahme widerspricht. Dazu wird er während der Schiffsreise regelmäßig nicht in der Lage sein.

Vorläufige Regelungen des Kapitäns können in allen Angelegenheiten ergehen, die der **Mitbestimmung** der **Bordvertretung** unterliegen. Das gilt insbesondere für den Bereich der sozialen Angelegenheiten nach § 87 Abs. 1, in denen sonst der Arbeitgeber nur in Notfällen allein handeln kann (s. *Wiese* § 87 Rdn. 159 ff.). Vorläufig bedeutet, dass die Mitbestimmung der Bordvertretung einstweilen unterbleibt. Nach der Intention des Gesetzgebers soll eine vorläufige Regelung nach § 115 Abs. 7 Nr. 4 jedoch immer nur als äußerster Behelf in eng begrenzten, besonderen Situationen ergriffen werden (vgl. Schriftlicher Bericht 10. Ausschuss, zu BT-Drucks. VI/2729, S. 16, 34). Steht der Bordvertretung ein Mitbestimmungsrecht zu, so setzt eine entsprechende Anordnung regelmäßig voraus, dass der Kapitän eine Einigung mit der Bordvertretung erfolglos versucht hat (vgl. auch § 2 Abs. 1, § 74 Abs. 1 Satz 2). Das Gesetz schließt allerdings vorläufige Regelungen ohne ernsthaftes Verhandeln mit der Bordvertretung, sogar ohne deren vorherige Unterrichtung, nicht aus, wenn das Unterlassen des Einigungsversuchs aus den genannten Gründen ebenfalls dringend erforderlich ist (vgl. *Galperin/Löwisch* § 115 Rn. 40; **a. M.** *Berg/DKK* § 115 Rn. 43). Das wird allerdings nur in seltenen Ausnahmefällen in Betracht kommen. 56

Die vorläufige Regelung einer mitbestimmungspflichtigen Angelegenheit ist immer nur zur **Aufrechterhaltung** des **ordnungsgemäßen Schiffsbetriebs** zulässig. Die Befugnisse des Kapitäns knüpfen damit an den Begriff des Schiffsbetriebs an, der in diesem Zusammenhang heftige Kontroversen ausgelöst hat (vgl. *Rake, de la Trobe, Stabenow* BT-Prot. der 58. Sitzung des 10. Ausschusses, 6. Wahlperiode, S. 45 f., 50 f., 58; ferner *Stabenow* Hansa 1971, 1797 [1799]). Er umfasst als Oberbegriff auch die Schiffsreise und die Schiffssicherheit (§ 115 Abs. 7 Nr. 5 Satz 3) und betrifft alle Angelegenheiten, die mit dem Einsatz des Schiffes als Verkehrsmittel zusammenhängen, insbesondere solche der nautischen Führung und der wirtschaftlichen Verwendung (vgl. Rdn. 64). Der gesamte interne Betriebs- und Arbeitsablauf (Bordbetrieb; vgl. Rdn. 49) gehört dagegen nicht zum Schiffsbetrieb. Vorläufige Regelungen, die ausschließlich der Aufrechterhaltung des Bordbetriebs dienen, sind deswegen ausgeschlossen. Nur wenn die Aufrechterhaltung des ordnungsgemäßen Schiffsbetriebs es dringend erfordert, darf die auf den Bordbetrieb bezogene Mitbestimmung der Bordvertretung vorläufig zurückgedrängt werden. 57

Der Kapitän kann z.B. eine **vorläufige Arbeitszeitregelung** (vgl. § 87 Abs. 1 Nr. 2 und 3; ferner § 47 SeeArbG) treffen, wenn dies zur Fortsetzung der Schiffsreise dringend erforderlich ist. Der Grund hierfür kann in einer bestimmten Gefahrensituation liegen, aber auch in sonstigen Hindernissen, wie Ausfällen von Besatzungsmitgliedern, Eigenarten der Ladung oder des Fahrwassers usw. Hingegen wäre eine vorläufige Regelung über die Auszahlung der Heuer (§ 87 Abs. 1 Nr. 4; vgl. ferner § 39 SeeArbG) oder über die Zuweisung von Unterkünften (§ 87 Abs. 1 Nr. 1; vgl. ferner § 93 SeeArbG) unzulässig, auch wenn die Regelung in dieser Angelegenheit noch so dringlich erscheint. Etwas anderes gilt nur, wenn in diesen Fällen wegen bestimmter Auswirkungen (z.B. Unruhe unter der Besatzung) das Fortkommen des Schiffes anders nicht sichergestellt werden kann, weil dann wiederum der Schiffsbetrieb betroffen ist. 58

Was **ordnungsgemäßer Schiffsbetrieb** ist, richtet sich weitgehend nach Gesetz und seemännischer Verkehrsanschauung, vor allem im Bereich der Schiffssicherheit (vgl. Rdn. 65). Die kaufmännischen Ziele eines jeden Schiffseinsatzes werden von dem Seeschifffahrtsunternehmen bestimmt und sind im Rahmen des Üblichen zu erfüllen; über die nautische Führung entscheidet der Kapitän. Eine **vorläufige Regelung** ist **dringend erforderlich**, wenn ein verantwortungsbewusster Kapitän im Interesse von Schiff und Seeschifffahrtsunternehmen alsbald handeln würde. Die geplanten Maßnahmen dürfen keinen Aufschub bis zu einer verbindlichen Einigung auf der Ebene des Seebetriebsrats dulden (vgl. *Berg/DKK* § 115 Rn. 45; *Galperin/Löwisch* § 115 Rn. 40; s. *Raab* § 100 Rdn. 9 ff.). 59

Liegen die **Voraussetzungen** des § 115 Abs. 7 Nr. 4 Satz 1 für eine vorläufige Regelung **nicht vor**, so ist diese **unwirksam**, hierauf gestützte Maßnahmen sind **rechtswidrig**. War die Anordnung als solche jedoch dringend erforderlich, dagegen nicht das Unterbleiben der Mitbestimmung der Bord- 60 vertretung, so gilt folgendes: Im Bereich der mitbestimmungspflichtigen sozialen Angelegenheiten ist die Regelung unwirksam, weil die Mitbestimmung des Betriebsrats Wirksamkeitsvoraussetzung ist (s. *Wiese* § 87 Rdn. 100 ff.). Das gilt auch in den Fällen des § 115 Abs. 7 Nr. 4 Satz 1, wenn die Anrufung der Bordvertretung möglich war.

61 Eine vorläufige Anordnung nach § 115 Abs. 7 Nr. 4 wird durch eine **endgültige Regelung** der Angelegenheit ersetzt. Der Kapitän muss der Bordvertretung Gelegenheit zur Nachholung ihrer Rechte geben. Kommt es zu keiner Einigung, kann die Angelegenheit nach den Grundsätzen des § 115 Abs. 7 Nr. 2 an den Seebetriebsrat bzw. an das Seeschifffahrtsunternehmen (vgl. Rdn. 52) abgegeben werden, auch wenn die Angelegenheit, auf die sich die Befugnis der Bordvertretung bezog, inzwischen erledigt ist. Im Hinblick auf die eventuellen Ausgleichsansprüche der Besatzungsmitglieder kann es pflichtwidrig sein, wenn die Bordvertretung es unterlässt, eine endgültige Regelung herbeizuführen.

62 Die Vorschrift des § 115 Abs. 7 Nr. 4 Satz 3 gewährt den Besatzungsmitgliedern einen **Ausgleichsanspruch**, soweit die endgültige Regelung inhaltlich von der vorläufigen Anordnung des Kapitäns abweicht. Nach § 115 Abs. 7 Nr. 4 Satz 2 hat der Kapitän den von der Anordnung betroffenen Besatzungsmitgliedern die **Vorläufigkeit** der **Regelung** bekanntzugeben. Eine Form ist hierfür nicht vorgeschrieben. Auch eine Eintragung in das Schiffstagebuch ist nicht erforderlich. Jedoch kann die Bordvertretung nach Maßgabe des § 115 Abs. 7 Nr. 6 Satz 3 eine Erklärung zum Schiffstagebuch abgeben (vgl. Rdn. 68). Zum Ausgleich verpflichtet ist ausschließlich das Seeschifffahrtsunternehmen (missverständlich *Stabenow* Hansa 1971, 1797 [1799 f.]). Im Gegensatz zum Regierungsentwurf, in dem vom Ersatz des Schadens die Rede war (vgl. BT-Drucks. VI/1786, S. 25, 56 f.), ist der Anspruch aufgrund der Beschlüsse des 10. Ausschusses (vgl. BT-Drucks. VI/2729, S. 56 f.; zu BT-Drucks. VI/2729, S. 34) auf den Ausgleich aller Nachteile gerichtet, die den Besatzungsmitgliedern durch die vorläufige Regelung entstanden sind (vgl. *Berg/DKK* § 115 Rn. 46; *Galperin/Löwisch* § 115 Rn. 41; *Richardi/Forst* § 115 Rn. 84; **a. M.** *Stabenow* Hansa 1971, 1797 [1799]). Daher kommen die Grundsätze der §§ 249 ff. BGB nicht zur Anwendung. Besondere Belastungen oder sonstige materielle oder immaterielle Nachteile können z. B. durch Gewährung zusätzlicher Freizeit, Sonderurlaub oder andere geeignete Maßnahmen – auch durch eine angemessene Entschädigung in Geld – ausgeglichen werden. Die Konkretisierung dieses Anspruchs obliegt dem Seeschifffahrtsunternehmen; im Übrigen gilt § 315 BGB. Unabhängig davon bleibt die Verschuldenshaftung von Kapitän und Seeschifffahrtsunternehmen gegenüber den Besatzungsmitgliedern nach Arbeitsvertragsrecht, Deliktsrecht usw. unberührt. Die früher in §§ 511 ff. HGB vorgesehene Haftung des Kapitäns für jeden durch sein Verschulden entstandenen Schaden (§ 511 Satz 2 HGB a. F.), wurde ersatzlos gestrichen (vgl. dazu BT-Drucks. 17/10309, S. 43).

6. Unterrichtung über den Schiffsbetrieb (Abs. 7 Nr. 5)

63 Den Kapitän trifft nach § 80 Abs. 2 die allgemeine Verpflichtung zur rechtzeitigen und umfassenden Unterrichtung der Bordvertretung, damit diese ihren Aufgaben nachkommen kann. Weitere Unterrichtungs- und Mitteilungspflichten enthalten § 90 Abs. 1, § 92 Abs. 1, § 99 Abs. 1 Satz 1 und 2, § 100 Abs. 2 Satz 1, § 102 Abs. 1 Satz 2. Da die Bordvertretung für den Bereich des Bordbetriebs zuständig ist (§ 115 Abs. 7 Nr. 1; vgl. Rdn. 49), ist der Schiffsbetrieb von diesen Unterrichtungspflichten an sich ausgenommen. Die Besatzung eines Schiffes ist jedoch auch an allen mit dem Schiffsbetrieb zusammenhängenden Fragen interessiert, weil sie hiervon unmittelbar betroffen ist. Deshalb verpflichtet § 115 Abs. 7 Nr. 5 den Kapitän zusätzlich zur regelmäßigen und umfassenden Unterrichtung der Bordvertretung über den Schiffsbetrieb unter Vorlage der erforderlichen Unterlagen (zur Unterrichtung der Bordversammlung vgl. § 115 Abs. 5 Satz 2 und 3; s. a. Rdn. 41 ff.). Die hier vertretene Auffassung steht in Übereinstimmung mit der amtlichen Begründung (BT-Drucks. VI/1786, S. 56), in der es heißt, durch die Regelung werde § 80 Abs. 2 an die Besonderheiten des Schiffsbetriebs angepasst. Daraus kann jedoch nicht geschlossen werden, durch § 115 Abs. 7 Nr. 5 werde die allgemeine Regelung des § 80 Abs. 2 verdrängt (vgl. *Berg/DKK* § 115 Rn. 47; *Richardi/Forst* § 115 Rn. 89; **a. M.** *Galperin/Löwisch* § 115 Rn. 43; *Hess/HWGNRH* § 115 Rn. 37). Das wäre allenfalls richtig, wenn der Begriff des Schiffsbetriebs den des Bordbetriebs umfassen würde (so allerdings *Galperin/Löwisch* § 115 Rn. 32, 43). Der Gesetzgeber hat jedoch Bordbetrieb und Schiffsbetrieb einander gegenübergestellt und damit offenbar Verschiedenes gemeint (vgl. Rdn. 64; *Richardi/Forst* § 115 Rn. 72). Betreffen aber

Bordbetrieb und Schiffsbetrieb unterschiedliche Bereiche, so würde der Ausschluss des § 80 Abs. 2 dazu führen, dass die Bordvertretung hinsichtlich des ihrer Zuständigkeit unterliegenden Bordbetriebs kein Recht auf Unterrichtung hätte. Außerdem hätte die Unanwendbarkeit des § 80 Abs. 2 die unangemessene Folge, dass damit der Anspruch auf Einsicht in die Lohn- und Gehaltslisten für die Bordvertretung bzw. den Seebetriebsrat entfiele.

Für die Abgrenzung von Bord- und Schiffsbetrieb ist davon auszugehen, dass beide im Kontext des Gesetzes nur betriebsverfassungsrechtlich relevant sind. Sie setzen daher voraus, dass Arbeitnehmerinteressen berührt werden. Das ist primär beim **Bordbetrieb** der Fall, der die Gegebenheiten an Bord in Bezug auf die Besatzungsmitglieder, insbesondere den internen Betriebs- und Arbeitsablauf, betrifft (vgl. Rdn. 49). Daneben kann der Betrieb des Schiffes selbst auf die Situation der Besatzungsmitglieder zurückwirken. Wenn auch der Begriff des **Schiffsbetriebs** nicht einheitlich verwendet wird (in § 115 Abs. 5 Satz 3 werden Schiffsbetrieb, Schiffsreise und Schiffssicherheit nebeneinander genannt, in § 115 Abs. 7 Nr. 5 Satz 3 sind Schiffssicherheit und Reiserouten Gegenstand des Schiffsbetriebs), so ist doch den gesetzlichen Beispielen zu entnehmen, dass es dabei um den **Einsatz** des **Schiffes** als **Wasserfahrzeug** und **Verkehrsmittel** geht. Dazu gehören die nautisch-navigatorische Führung des Schiffes (vgl. *Segelken* Kapitänsrecht, S. 177 ff.), die Schiffssicherheit i. S. v. Verkehrssicherheit, alle die Schiffsreise betreffenden Fragen (Reiseroute, Liegezeiten, voraussichtliche Ankunfts- und Abfahrtszeiten, Ladung usw.; vgl. § 115 Abs. 7 Nr. 5 Satz 3) und die kaufmännische Seite des Schiffseinsatzes, soweit Belange der Arbeitnehmer berührt werden. Falls der Kapitän insoweit nicht die erforderlichen Informationen zur Unterrichtung der Bordvertretung gemäß § 115 Abs. 7 Nr. 5 besitzt, muss er sie beim Seeschifffahrtsunternehmen einholen und an die Bordvertretung weiterleiten (zu dem entsprechenden Problem bei der Unterrichtung der Bordversammlung vgl. Rdn. 41, 43).

Der Unterscheidung von Schiffsbetrieb und Bordbetrieb entsprechen die verschiedenen Inhalte des Begriffs der **Schiffssicherheit**, die sich eng berühren und vielfach überschneiden. Einerseits handelt es sich bei der Schiffssicherheit um den **technischen Arbeitsschutz** als Teil des Bordbetriebs, d. h. den Schutz der einzelnen Besatzungsmitglieder an ihrem Arbeitsplatz (vgl. Rdn. 69). Dieser Bereich wird insbesondere durch die Unfallverhütungsvorschriften der Berufsgenossenschaft Verkehr geregelt. Zum anderen bedeutet Schiffssicherheit so viel wie **Seetauglichkeit** oder **Verkehrssicherheit** und dient der allgemeinen Gefahrenabwehr im Hinblick auf die Sicherheit und Leichtigkeit des Schiffsverkehrs im öffentlichen Interesse, also zum Schutz von Mensch, Schiff und Ladung, anderen Verkehrsteilnehmern, Seeverkehrs- und Hafeneinrichtungen usw. Hiermit befassen sich beispielsweise das Internationale Übereinkommen von 1974 zum Schutz des menschlichen Lebens auf See (– SOLAS – BGBl. 1979 II, S. 141) i. d. F. des Protokolls von 1988 (BGBl. 1994 II, S. 2458), zuletzt geändert am 20.12.2016 (BGBl. II, S. 1408), die Schiffsicherheitsverordnung (SchSV) vom 18.09.1998 (BGBl. I, S. 3013, 3023), zuletzt geändert durch Gesetz vom 29.03.2017 (BGBl. I, S. 626), die Verordnung über die Beförderung gefährlicher Güter mit Seeschiffen (Gefahrgutverordnung See – GGVSee) vom 09.02.2016 (BGBl. I, S. 182), zuletzt geändert durch Gesetz vom 26.07.2016 (BGBl. I, S. 1843), die Schiffsbesetzungsverordnung (SchBesV) vom 18.07.2013 (BGBl. I, S. 2575), zuletzt geändert durch Verordnung vom 09.06.2016 (BGBl. I, S. 1350) und das Gesetz zur Verbesserung der Sicherheit der Seefahrt durch die Untersuchung von Seeunfällen und anderen Vorkommnissen (Seesicherheits-Untersuchungs-Gesetz – SUG) vom 16.06.2002 (BGBl. I, S. 1815) i. d. F. der Bekanntmachung vom 01.03.2012 (BGBl. I, S. 390), zuletzt geändert durch Gesetz vom 10.03.2017 (BGBl. I, S. 410). Seit seinem Inkrafttreten am 01.08.2014 bestimmt § 11 SeeArbG das Erfordernis und die Voraussetzungen der früher in der Verordnung über die Seediensttauglichkeit (SeeDTauglV) vom 19.08.1970 (BGBl. I, S. 1241), aufgehoben durch Verordnung vom 14.08.2014 (BGBl. I, S. 1383), geregelten Seediensttauglichkeit. Ferner setzt das SeeArbG den für Seeleute im Seearbeitsübereinkommen der Internationalen Arbeitsorganisation vom 23.03.2006 geregelten weltweiten Mindeststandard der Arbeits- und Lebensbedingungen in deutsches Recht um (s. vor § 114 Rdn. 2). In der genannten zweiten Bedeutung gehört die Schiffssicherheit zum Schiffsbetrieb und ist damit Gegenstand der Unterrichtungspflicht des Kapitäns nach § 115 Abs. 7 Nr. 5 (vgl. zum Ganzen *Galperin/Löwisch* § 115 Rn. 47; *Herschel* RdA 1959, 256 [257 f.]; *Schaps/Abraham* III, § 80 SeemG Rn. 4; *Schelp/Fettback* vor § 80 Rn. 2 ff. jeweils m. w. N.; vgl. auch *Lampe* Hansa 1960, 2).

§ 115 V. 1. Seeschifffahrt

66 Die Pflicht zur umfassenden Unterrichtung der Bordvertretung bezieht sich nach § 115 Abs. 7 Nr. 5 Satz 2 auch auf die **Vorlage** der **erforderlichen Unterlagen**, also aller an Bord vorhandenen Papiere, Bücher usw., die Angaben des Kapitäns über den Schiffsbetrieb belegen. Hierzu gehören insbesondere die zum Ausweis für Schiff, Besatzung und Ladung mitzuführenden Papiere (§§ 22, 130 SeeArbG, § 487 HGB; vgl. die Zusammenstellung bei *Lindemann* Einführung Rn. 44 ff.; *Segelken* Kapitänsrecht, S. 243 f.). Im Gegensatz zu § 80 Abs. 2 Satz 2 ist nach § 115 Abs. 7 Nr. 5 Satz 2 der Kapitän unmittelbar und nicht erst auf Verlangen zur Vorlage verpflichtet (vgl. *Galperin/Löwisch* § 115 Rn. 43). Andererseits braucht er die auf den Schiffsbetrieb bezogenen Unterlagen nur vorzulegen und nicht zur Verfügung zu stellen. Soweit an Bord Lohn- und Gehaltslisten geführt werden, hat entsprechend der h. M. zum Kleinbetrieb der Vorsitzende der Bordvertretung oder ein anderes beauftragtes Betriebsratsmitglied das Einsichtsrecht (vgl. *Richardi/Forst* § 115 Rn. 91 und allgemein s. *Weber* § 80 Rdn. 114 ff.).

7. Schiffstagebücher (Abs. 7 Nr. 6)

67 Nach § 115 Abs. 7 Nr. 6 Satz 1 hat der Kapitän der Bordvertretung auf Verlangen Einsicht in die an Bord befindlichen Schiffstagebücher zu gewähren. Das gilt zunächst für das Schiffstagebuch im engeren Sinne, in das für jede Reise alle wesentlichen Begebenheiten an Bord unverzüglich einzutragen sind (vgl. § 6 Abs. 3 Schiffssicherheitsgesetz [SchSG] vom 09.09.1998 [BGBl. I, S. 2860], zuletzt geändert durch Verordnung vom 28.06.2016 [BGBl. I, S. 1504], i. V. m. der Anlage 1 Abschnitt B II. zu § 5 Schiffssicherheitsverordnung [SchSV] i. d. F. der Bekanntmachung vom 18.09.1998 [BGBl. I, S. 3013, 3023], zuletzt geändert durch Gesetz vom 29.03.2017 [BGBl. I, S. 626]; früher Verordnung über Seetagebücher [Seetagebuchverordnung – SeeTgbV] vom 08.02.1985 [BGBl. I, S. 306], aufgehoben durch Gesetz vom 09.09.1998 [BGBl. I, S. 2860]; allgemein zum Schiffstagebuch vgl. *Rabe* § 520 Rn. 3; *Schaps/Abraham* Erster Teil, § 520 Rn. 1 ff.; *Segelken* Kapitänsrecht, S. 259 ff.; *Lindemann* Einführung Rn. 71 ff.). Das Schiffstagebuch dient vor allem der Klärung und Feststellung der tatsächlichen Vorgänge und hat daher einen erheblichen Beweiswert. Aus diesem Grunde ist der Bordvertretung das Recht auf uneingeschränkte Einsicht sowie in bestimmten Fällen auf Abgabe von Erklärungen zum Schiffstagebuch und auf Erteilung von Abschriften (vgl. Rdn. 68) gewährt worden (amtliche Begründung, BT-Drucks. VI/1786, S. 57). Daneben werden an Bord weitere Tagebücher geführt (Maschinentagebuch, Peilbuch, Manöverbuch, Brückenbuch, Funktagebuch, Öltagebuch, Krankenbuch, Gesundheitstagebuch, Betäubungsmittelbuch, Unfalltagebuch, Deviationstagebuch, Prüfbuch für Umschlaggeräte und Hebezeuge, Gerätetagebuch; vgl. *Rabe* § 520 Rn. 4 ff.). Da § 115 Abs. 7 Nr. 6 Satz 1 schlechthin von Schiffstagebüchern spricht, besteht das Einsichtsrecht auch hinsichtlich dieser Bücher (vgl. *Franzen* AR-Blattei SD 1450.5, Rn. 126; *Richardi/Forst* § 115 Rn. 92; im Einzelnen differenzierend *Galperin/Löwisch* § 115 Rn. 44; *Hess/HWGNRH* § 115 Rn. 38). Da ferner § 115 Abs. 7 Nr. 6 eine Konkretisierung der in § 80 Abs. 2 genannten Grundsätze enthält, besteht das Einsichtsrecht nur, soweit es zur Durchführung der Aufgaben der Bordvertretung erforderlich ist. In diesem Rahmen kann die Bordvertretung auch Einsicht in solche Aufzeichnungen verlangen, an deren Geheimhaltung Besatzungsmitglieder oder Dritte ein schutzwürdiges Interesse haben. Das gilt insbesondere für das Funktagebuch und das Krankenbuch. Die durch das Fernmeldegeheimnis bzw. die ärztliche Schweigepflicht geschützten Belange der Betroffenen werden durch § 115 Abs. 7 Satz 1 i. V. m. § 79 gewahrt (vgl. *Berg/DKK* § 115 Rn. 48; **a. M.** *Galperin/Löwisch* § 115 Rn. 44; *Hess/HWGNRH* § 115 Rn. 38). Das Einsichtsrecht erfasst auch bereits abgeschlossene, aber noch an Bord vorhandene Schiffstagebücher.

68 Nach § 115 Abs. 7 Nr. 6 Satz 2 kann die Bordvertretung in den Fällen, in denen der Kapitän eine Eintragung über Angelegenheiten macht, die der Mitwirkung oder Mitbestimmung der Bordvertretung unterliegen, eine **Abschrift** der **Eintragung** verlangen und **Erklärungen** zum **Schiffstagebuch** abgeben. Ferner kann die Bordvertretung, wenn es in einer ihrer Mitbestimmung oder Mitwirkung unterliegenden Angelegenheit nicht zu einer Einigung mit dem Kapitän kommt, dies zum Schiffstagebuch erklären und eine Abschrift dieser Eintragung verlangen (§ 115 Abs. 7 Nr. 6 Satz 3). Im ersten Falle kann die Bordvertretung jede beliebige sachliche Erklärung zu der Angelegenheit abgeben, z. B. die Tatsache der Zustimmung oder Nichtzustimmung und die Gründe hierfür, eine Gegendarstellung, sonstige Ergänzungen usw. Im zweiten Falle werden lediglich der Gegenstand und die Tatsache der Nichteinigung eingetragen. Die Möglichkeit einer Eintragung dürfte angesichts der großen

Bordvertretung § 115

Bedeutung des Schiffstagebuches einen gewissen Druck auf die Beteiligten ausüben, ihre Meinungsverschiedenheiten einvernehmlich zu lösen (vgl. auch *Segelken* Kapitänsrecht, S. 259 ff.; *Schelp/Fettback* § 124 Rn. 7). Außerdem dient die Eintragung der Beweissicherung für etwaige Verfahren vor der Einigungsstelle oder dem Arbeitsgericht.

8. Arbeitsschutz (Abs. 7 Nr. 7)

Die Zuständigkeit der Bordvertretung für den Arbeitsschutz nach § 80 Abs. 1 Nr. 1, § 87 Abs. 1 Nr. 7, 69 § 88 Nr. 1, § 89 betrifft in erster Linie die Durchführung folgender Vorschriften: §§ 93 ff., 114 ff. See-ArbG; Rechtsverordnungen aufgrund der §§ 96, 113, 118. Zum Arbeitsschutz gehören darüber hinaus alle Vorschriften, die neben Leben und Gesundheit der Arbeitnehmer auch andere Personen schützen. In der Seeschifffahrt trifft dies auf die Bestimmungen über die Verkehrssicherheit des Schiffes (Schiffssicherheit; vgl. Rdn. 65) zu, soweit sie dem Schutz der Menschen an Bord einschließlich der Besatzungsmitglieder dienen (vgl. z. B. die Vorschriften über die Stabilität des Schiffes, über Freibord, Brandschutz, Rettungsmittel, Mindestbemannung und Eignung der Besatzungsmitglieder usw., nicht hingegen z. B. die besonderen Vorschriften für Fahrgastschiffe oder über Hilfeleistung und Gefahrenmeldungen). Mitwirkungs- und Mitbestimmungsrechte der Bordvertretung bestehen daher auch in Angelegenheiten der Schiffssicherheit, soweit sie im Rahmen des Arbeitsschutzes relevant ist. Das stellt § 115 Abs. 7 Nr. 7 ausdrücklich klar (vgl. Schriftlicher Bericht 10. Ausschuss, zu BT-Drucks. VI/2729, S. 34); eine Abgrenzung beider Bereiche ist auch schwierig und häufig kaum möglich. Eine Erweiterung der Zuständigkeit der Bordvertretung auf alle Fragen der Schiffssicherheit ist damit nicht verbunden (vgl. *Galperin/Löwisch* § 115 Rn. 48; *Richardi/Forst* § 115 Rn. 105). Soweit das Gesetz über Betriebsärzte, Sicherheitsingenieure und andere Fachkräfte für Arbeitssicherheit (Arbeitssicherheitsgesetz – ASiG) vom 12.12.1973 (BGBl. I, S. 1885), zuletzt geändert durch Gesetz vom 20.04.2013 (BGBl. I, S. 868), im Bereich der Seeschifffahrt anwendbar ist (vgl. § 17 Abs. 2 ASiG und dazu *Schelter* Arbeitssicherheitsgesetz, Kommentar, Loseblattausgabe, § 17 Rn. III; *Mertens* Hansa 1977, 567), können sich auch daraus Beteiligungsrechte für die Bordvertretung ergeben. Auf jedem Schiff mit mehr als vier Besatzungsmitgliedern ist ein **Schiffssicherheitsausschuss** nach § 115 See-ArbG zu errichten, in den die Bordvertretung ein Mitglied entsendet. Ferner muss der Reeder mit Zustimmung der Bordvertretung nach § 116 SeeArbG einen Sicherheitsbeauftragten bestellen. Zum Teilnahmerecht des Seebetriebsrats s. § 116 Rdn. 42.

Die Durchführung des Arbeitsschutzes auf See und der Schiffssicherheitsbestimmungen obliegt mit 70 Inkrafttreten des Seearbeitsgesetzes am 01.08.2013 in erster Linie der Berufsgenossenschaft Verkehr (vgl. § 6 Gesetz über die Aufgaben des Bundes auf dem Gebiet der Seeschifffahrt [Seeaufgabengesetz – SeeAufgG] i. d. F. der Bekanntmachung vom 17.06.2016 [BGBl. I, S. 1489], zuletzt geändert durch Gesetz vom 13.10.2016 [BGBl. I, S. 2258]). Die Vorschrift des § 115 Abs. 7 Nr. 7 verpflichtet die Bordvertretung zur Zusammenarbeit ohne Rücksicht darauf, ob es sich im Einzelnen um für den Arbeitsschutz zuständige Behörden und sonstige in Betracht kommende Stellen i. S. d. § 89 Abs. 1 handelt.

IX. Streitigkeiten

Über Streitigkeiten aus der Anwendung des § 115 entscheiden die Arbeitsgerichte im Beschlussverfahren 71 (vgl. § 2a Abs. 1 Nr. 1, Abs. 2, §§ 80 ff. ArbGG), soweit nicht die Einigungsstelle zuständig ist. Die Bordvertretung und der Kapitän können bei Streitigkeiten im Rahmen von Mitwirkungs- und Mitbestimmungsrechten nach § 115 Abs. 7 Nr. 2 das Arbeitsgericht und die Einigungsstelle nur anrufen, wenn kein Seebetriebsrat besteht (vgl. Rdn. 51 ff.). Für einen Rechtsstreit zwischen Bordvertretung und Kapitän ist entsprechend § 82 Abs. 1 Satz 1 ArbGG das Arbeitsgericht zuständig, in dessen Bezirk der Heimathafen des Schiffes liegt (vgl. *Galperin/Löwisch* § 115 Rn. 51; im Ergebnis ebenso *Richardi/Forst* § 115 Rn. 119). Dies ist entsprechend der zu § 480 Abs. 1 HGB a. F. entwickelten Auslegung der Hafen, an dem sich die gewerbliche Niederlassung des Seeschifffahrtsunternehmens befindet (vgl. *Rabe* § 480 Rn. 1; *Schaps/Abraham* Erster Teil, § 480 Rn. 1 f.). Falls das Schiff ausnahmsweise keinen Heimathafen im Geltungsbereich des Grundgesetzes hat, ist analog zum früheren § 132 Abs. 2 SeemG der Registerhafen (§ 4 Abs. 2 Schiffsregisterordnung) maßgebend (vgl. *Galperin/Löwisch* § 115 Rn. 51; *Richardi/Forst* § 115 Rn. 119). Durch die Aufhebung von § 480 Abs. 1 HGB a. F. (der handelsrechtlich keine Bedeutung mehr hat [vgl. dazu BT-Drucks. 17/10309, S. 64]) und von § 132 Abs. 2 SeemG (auf den wegen der nunmehr zentral zuständigen Berufsgenossenschaft als Bußgeldbehörde verzichtet werden konnte [BT-Drucks. 17/10959, S. 115]), hat sich daran im Ergebnis nichts geändert. Örtlich zuständig für ein Beschlussverfahren, an dem der Seebetriebsrat und das Seeschifffahrtsunternehmen beteiligt sind, ist entsprechend § 82 Abs. 1 Satz 2 ArbGG das Arbeitsgericht, in dessen Bezirk das Seeschifffahrtsunternehmen seinen Sitz hat (vgl. ArbG Bremen SeeAE Nr. 2 zu § 87 BetrVG S. 5; *Galperin/Löwisch* § 116 Rn. 48; *Joost/*MünchArbR 2. Aufl., § 321 Rn. 115; *Richardi/Forst* § 116 Rn. 78). Individualansprüche von Mitgliedern der Bordvertretung – z. B. auf Entgeltfortzahlung trotz Arbeitsversäumnis (§ 115 Abs. 4, § 37 Abs. 2) – und Ansprüche der Besatzungsmitglieder auf Nachteilsausgleich (§ 115 Abs. 7 Nr. 4 Satz 3; vgl. Rdn. 62; *Galperin/Löwisch* § 115 Rn. 52; *Richardi/Forst* § 115 Rn. 84) sind im Urteilsverfahren geltend zu machen (§ 2 Abs. 1 Nr. 3 Buchst. a, Abs. 5, §§ 46 ff. ArbGG). Hierbei ist für tarifgebundene Parteien in der Seeschifffahrt die Gerichtsstandvereinbarung des § 36 MTV-See vom 11.03.2002 einschlägig (ArbG Hamburg). Für die in der Hochseefischerei Beschäftigten kommt infolge der Auflösung des (Arbeitgeber-)Verbands der deutschen Hochseefischereien e. V. die Vereinbarung nach § 68 MTV-Fisch vom 16.07.1991 allenfalls noch über § 4 Abs. 5 TVG zur Anwendung. Ansonsten gelten die sie ersetzenden Regelungen, z. B. in den jeweiligen Haustarifverträgen (etwa der Deutschen Fischfang-Union GmbH & Co. KG vom 03.07.2008).

§ 116
Seebetriebsrat

(1) **In Seebetrieben werden Seebetriebsräte gewählt. Auf die Seebetriebsräte finden, soweit sich aus diesem Gesetz oder aus anderen gesetzlichen Vorschriften nicht etwas anderes ergibt, die Vorschriften über die Rechte und Pflichten des Betriebsrats und die Rechtsstellung seiner Mitglieder Anwendung.**

(2) **Die Vorschriften über die Wahl, Zusammensetzung und Amtszeit des Betriebsrats finden mit folgender Maßgabe Anwendung:**
1. **Wahlberechtigt zum Seebetriebsrat sind alle zum Seeschifffahrtsunternehmen gehörenden Besatzungsmitglieder.**
2. **Für die Wählbarkeit zum Seebetriebsrat gilt § 8 mit der Maßgabe, dass**
    a) **in Seeschifffahrtsunternehmen, zu denen mehr als acht Schiffe gehören oder in denen in der Regel mehr als 250 Besatzungsmitglieder beschäftigt sind, nur nach § 115 Abs. 2 Nr. 2 wählbare Besatzungsmitglieder wählbar sind;**
    b) **in den Fällen, in denen die Voraussetzungen des Buchstabens a nicht vorliegen, nur Arbeitnehmer wählbar sind, die nach § 8 die Wählbarkeit im Landbetrieb des Seeschifffahrtsunternehmens besitzen, es sei denn, dass der Arbeitgeber mit der Wahl von Besatzungsmitgliedern einverstanden ist.**
3. **Der Seebetriebsrat besteht in Seebetrieben mit in der Regel**
    5 bis 400 wahlberechtigten Besatzungsmitgliedern aus einer Person,
    401 bis 800 wahlberechtigten Besatzungsmitgliedern aus drei Mitgliedern,
    über 800 wahlberechtigten Besatzungsmitgliedern aus fünf Mitgliedern.
4. **Ein Wahlvorschlag ist gültig, wenn er im Fall des § 14 Abs. 4 Satz 1 erster Halbsatz und Satz 2 mindestens von drei wahlberechtigten Besatzungsmitgliedern unterschrieben ist.**
5. **§ 14a findet keine Anwendung.**
6. **Die in § 16 Abs. 1 Satz 1 genannte Frist wird auf drei Monate, die in § 16 Abs. 2 Satz 1 genannte Frist auf zwei Monate verlängert.**
7. **Zu Mitgliedern des Wahlvorstands können auch im Landbetrieb des Seeschifffahrtsunternehmens beschäftigte Arbeitnehmer bestellt werden. § 17 Abs. 2 bis 4 findet keine Anwendung. Besteht kein Seebetriebsrat, so bestellt der Gesamtbetriebsrat oder, falls ein**

solcher nicht besteht, der Konzernbetriebsrat den Wahlvorstand. Besteht weder ein Gesamtbetriebsrat noch ein Konzernbetriebsrat, wird der Wahlvorstand gemeinsam vom Arbeitgeber und den im Seebetrieb vertretenen Gewerkschaften bestellt; Gleiches gilt, wenn der Gesamtbetriebsrat oder der Konzernbetriebsrat die Bestellung des Wahlvorstands nach Satz 3 unterlässt. Einigen sich Arbeitgeber und Gewerkschaften nicht, so bestellt ihn das Arbeitsgericht auf Antrag des Arbeitgebers, einer im Seebetrieb vertretenen Gewerkschaft oder von mindestens drei wahlberechtigten Besatzungsmitgliedern. § 16 Abs. 2 Satz 2 und 3 gilt entsprechend.
8. Die Frist für die Wahlanfechtung nach § 19 Abs. 2 beginnt für Besatzungsmitglieder an Bord, wenn das Schiff nach Bekanntgabe des Wahlergebnisses erstmalig einen Hafen im Geltungsbereich dieses Gesetzes oder einen Hafen, in dem ein Seemannsamt seinen Sitz hat, anläuft. Nach Ablauf von drei Monaten seit Bekanntgabe des Wahlergebnisses ist eine Wahlanfechtung unzulässig. Die Wahlanfechtung kann auch zu Protokoll des Seemannsamtes erklärt werden. Die Anfechtungserklärung ist vom Seemannsamt unverzüglich an das für die Anfechtung zuständige Arbeitsgericht weiterzuleiten.
9. Die Mitgliedschaft im Seebetriebsrat endet, wenn der Seebetriebsrat aus Besatzungsmitgliedern besteht, auch, wenn das Mitglied des Seebetriebsrats nicht mehr Besatzungsmitglied ist. Die Eigenschaft als Besatzungsmitglied wird durch die Tätigkeit im Seebetriebsrat oder durch eine Beschäftigung gemäß Absatz 3 Nr. 2 nicht berührt.

(3) Die §§ 26 bis 41 über die Geschäftsführung des Betriebsrats finden auf den Seebetriebsrat mit folgender Maßgabe Anwendung:
1. In Angelegenheiten, in denen der Seebetriebsrat nach diesem Gesetz innerhalb einer bestimmten Frist Stellung zu nehmen hat, kann er, abweichend von § 33 Abs. 2, ohne Rücksicht auf die Zahl der zur Sitzung erschienenen Mitglieder einen Beschluss fassen, wenn die Mitglieder ordnungsgemäß geladen worden sind.
2. Soweit die Mitglieder des Seebetriebsrats nicht freizustellen sind, sind sie so zu beschäftigen, dass sie durch ihre Tätigkeit nicht gehindert sind, die Aufgaben des Seebetriebsrats wahrzunehmen. Der Arbeitsplatz soll den Fähigkeiten und Kenntnissen des Mitglieds des Seebetriebsrats und seiner bisherigen beruflichen Stellung entsprechen. Der Arbeitsplatz ist im Einvernehmen mit dem Seebetriebsrat zu bestimmen. Kommt eine Einigung über die Bestimmung des Arbeitsplatzes nicht zustande, so entscheidet die Einigungsstelle. Der Spruch der Einigungsstelle ersetzt die Einigung zwischen Arbeitgeber und Seebetriebsrat.
3. Den Mitgliedern des Seebetriebsrats, die Besatzungsmitglieder sind, ist die Heuer auch dann fortzuzahlen, wenn sie im Landbetrieb beschäftigt werden. Sachbezüge sind angemessen abzugelten. Ist der neue Arbeitsplatz höherwertig, so ist das diesem Arbeitsplatz entsprechende Arbeitsentgelt zu zahlen.
4. Unter Berücksichtigung der örtlichen Verhältnisse ist über die Unterkunft der in den Seebetriebsrat gewählten Besatzungsmitglieder eine Regelung zwischen dem Seebetriebsrat und dem Arbeitgeber zu treffen, wenn der Arbeitsplatz sich nicht am Wohnort befindet. Kommt eine Einigung nicht zustande, so entscheidet die Einigungsstelle. Der Spruch der Einigungsstelle ersetzt die Einigung zwischen Arbeitgeber und Seebetriebsrat.
5. Der Seebetriebsrat hat das Recht, jedes zum Seebetrieb gehörende Schiff zu betreten, dort im Rahmen seiner Aufgaben tätig zu werden, sowie an den Sitzungen der Bordvertretung teilzunehmen. § 115 Abs. 7 Nr. 5 Satz 1 gilt entsprechend.
6. Liegt ein Schiff in einem Hafen innerhalb des Geltungsbereichs dieses Gesetzes, so kann der Seebetriebsrat nach Unterrichtung des Kapitäns Sprechstunden an Bord abhalten und Bordversammlungen der Besatzungsmitglieder durchführen.
7. Läuft ein Schiff innerhalb eines Kalenderjahres keinen Hafen im Geltungsbereich dieses Gesetzes an, so gelten die Nummern 5 und 6 für europäische Häfen. Die Schleusen des Nordostseekanals gelten nicht als Häfen.
8. Im Einvernehmen mit dem Arbeitgeber können Sprechstunden und Bordversammlungen, abweichend von den Nummern 6 und 7, auch in anderen Liegehäfen des Schiffes

durchgeführt werden, wenn ein dringendes Bedürfnis hierfür besteht. Kommt eine Einigung nicht zustande, so entscheidet die Einigungsstelle. Der Spruch der Einigungsstelle ersetzt die Einigung zwischen Arbeitgeber und Seebetriebsrat.

(4) Die §§ 42 bis 46 über die Betriebsversammlung finden auf den Seebetrieb keine Anwendung.

(5) Für den Seebetrieb nimmt der Seebetriebsrat die in den §§ 47 bis 59 dem Betriebsrat übertragenen Aufgaben, Befugnisse und Pflichten wahr.

(6) Die §§ 74 bis 113 über die Mitwirkung und Mitbestimmung der Arbeitnehmer finden auf den Seebetriebsrat mit folgender Maßgabe Anwendung:
1. Der Seebetriebsrat ist zuständig für die Behandlung derjenigen nach diesem Gesetz der Mitwirkung oder Mitbestimmung des Betriebsrats unterliegenden Angelegenheiten,
   a) die alle oder mehrere Schiffe des Seebetriebs oder die Besatzungsmitglieder aller oder mehrerer Schiffe des Seebetriebs betreffen,
   b) die nach § 115 Abs. 7 Nr. 2 von der Bordvertretung abgegeben worden sind oder
   c) für die nicht die Zuständigkeit der Bordvertretung nach § 115 Abs. 7 Nr. 1 gegeben ist.
2. Der Seebetriebsrat ist regelmäßig und umfassend über den Schiffsbetrieb des Seeschifffahrtsunternehmens zu unterrichten. Die erforderlichen Unterlagen sind ihm vorzulegen.

Inhaltsübersicht   Rdn.

		Rdn.
I.	Vorbemerkung	1
II.	Grundsätze	2, 3
	1. Seebetriebsratsfähigkeit	2
	2. Rechtsstellung des Seebetriebsrats und seiner Mitglieder (Abs. 1 Satz 2)	3
III.	Wahl und Zusammensetzung des Seebetriebsrats (Abs. 2 Nr. 1 bis 8)	4–20
	1. Grundsatz	4
	2. Wahlberechtigung (Abs. 2 Nr. 1)	5
	3. Wählbarkeit (Abs. 2 Nr. 2)	6–9
	a) Seebetriebe mit mehr als acht Schiffen oder mehr als 250 Besatzungsmitgliedern	6, 7
	b) Kleinere Seebetriebe	8, 9
	4. Mitgliederzahl des Seebetriebsrats (Abs. 2 Nr. 3)	10
	5. Wahlvorschläge (Abs. 2 Nr. 4)	11
	6. Unanwendbarkeit des § 14a (Abs. 2 Nr. 5)	12
	7. Bestellung des Wahlvorstands und Fristen (Abs. 2 Nr. 6, 7)	13–18
	8. Wahlanfechtung (Abs. 2 Nr. 8)	19, 20
IV.	Amtszeit des Seebetriebsrats (Abs. 2 Nr. 9)	21
V.	Geschäftsführung des Seebetriebsrats (Abs. 3)	22–50
	1. Anwendung der allgemeinen Vorschriften	22–24
	2. Beschlussfähigkeit (Abs. 3 Nr. 1)	25, 26
	3. Freistellung und Beschäftigung (Abs. 3 Nr. 2)	27–30
	4. Benachteiligungsverbot (Abs. 3 Nr. 3, 4)	31–36
	5. Zutritt zu den Schiffen des Seebetriebs, Betätigung an Bord, Teilnahme an Sitzungen der Bordvertretung, Unterrichtung über den Schiffsbetrieb (Abs. 3 Nr. 5)	37–43
	6. Sprechstunden und Bordversammlungen (Abs. 3 Nr. 6 bis 8)	44–48
	7. Kosten und Sachaufwand des Seebetriebsrats	49, 50
VI.	Betriebsversammlung (Abs. 4)	51
VII.	Gesamt- und Konzernbetriebsrat (Abs. 5)	52
VIII.	Mitwirkung und Mitbestimmung des Seebetriebsrats (Abs. 6)	53–56
	1. Zuständigkeit des Seebetriebsrats (Abs. 6 Nr. 1)	53–55
	2. Unterrichtung über den Schiffsbetrieb (Abs. 6 Nr. 2)	56
IX.	Streitigkeiten	57

I. Vorbemerkung

Die Vorschrift geht in ihrer bisherigen Fassung auf die Beschlüsse des 10. Ausschusses zurück (vgl. BT-Drucks. VI/2729, S. 57 ff.; zu BT-Drucks. VI/2729, S. 34 f.). Das BetrVG 1952 enthielt keine vergleichbare Regelung (s. vor § 114 Rdn. 1). Die Vorschrift fasst alle Regelungen über den Seebetriebsrat zusammen, soweit sie von den allgemeinen Bestimmungen des Gesetzes abweichen, und entspricht in ihrer Systematik der des § 115. Ihr Geltungsbereich erstreckt sich auf sämtliche Seeschifffahrtsunternehmen i. S. d. § 114 Abs. 2 (s. § 114 Rdn. 2 ff.). Für die Schiffe ausländischer Unternehmen, die unter deutscher Flagge fahren, können weder Bordvertretungen (s. § 114 Rdn. 4 m. w. N.) noch ein Seebetriebsrat gewählt werden. Solche Schiffe bilden keinen Seebetrieb i. S. d. § 116 Abs. 1 Satz 1 i. V. m. § 114 Abs. 3 (zum räumlichen Geltungsbereich s. vor § 114 Rdn. 4, zum persönlichen Geltungsbereich s. § 114 Rdn. 26 ff.). Die Vorschrift ist grundsätzlich **zwingend**; Abweichungen durch Tarifvertrag oder Betriebsvereinbarung sind nur im Rahmen der allgemeinen Grundsätze (s. § 3 Rdn. 3 ff.) zulässig (vgl. *Galperin/Löwisch* § 116 Rn. 1). Durch das Gesetz zur Änderung des Betriebsverfassungsgesetzes, über Sprecherausschüsse der leitenden Angestellten und zur Sicherung der Montan-Mitbestimmung vom 20.12.1988 (BGBl. I, S. 2312) wurde § 116 Abs. 2 Nr. 5 redaktionell geändert. Durch Art. 1 Nr. 75 **BetrVerf-Reformgesetz** wurden Nr. 3, 4 und 5 des § 116 Abs. 2 neu gefasst (vgl. Rdn. 10 ff.) und in Nr. 7 die Sätze 2 und 3 durch drei neue Sätze ersetzt (vgl. Rdn. 14). 1

II. Grundsätze

1. Seebetriebsratsfähigkeit

In Seebetrieben (vgl. § 114 Abs. 3; dort Rdn. 13) werden Seebetriebsräte gewählt (§ 116 Abs. 1 Satz 1). Ihre Bildung setzt nach § 1, § 114 Abs. 1, § 116 Abs. 2 Nr. 1 und 2 voraus, dass in dem Seebetrieb in der Regel (s. § 1 Rdn. 103) mindestens fünf Besatzungsmitglieder ständig beschäftigt werden, von denen drei wählbar sind. Das Merkmal der ständigen Beschäftigung folgt schon aus dem Begriff des Besatzungsmitglieds (s. § 114 Rdn. 26 f.). Das Erfordernis dreier wählbarer Arbeitnehmer bezieht sich im Falle des § 116 Abs. 2 Nr. 2 Buchst. b auf die Wählbarkeit im Landbetrieb, falls nicht der Arbeitgeber sein Einverständnis mit der Wahl von Besatzungsmitgliedern erklärt hat (vgl. hierzu Rdn. 9; *Galperin/Löwisch* § 116 Rn. 2; *Richardi/Forst* § 116 Rn. 15). Erreicht ein Seebetrieb nicht die hiernach erforderliche Zahl von Besatzungsmitgliedern, kann gleichwohl durch Tarifvertrag eine Vertretung nach den Grundsätzen über Kleinbetriebe errichtet werden (s. § 1 Rdn. 18 m. w. N.). Die Möglichkeit zur Bildung eines Seebetriebsrats besteht auch dann, wenn zum Seebetrieb nur ein einziges Schiff gehört. Zudem kommt es nicht darauf an, ob eine Bordvertretung vorhanden ist (vgl. *Galperin/Löwisch* § 116 Rn. 2; *Richardi/Forst* § 116 Rn. 8). 2

2. Rechtsstellung des Seebetriebsrats und seiner Mitglieder (Abs. 1 Satz 2)

Der Seebetriebsrat vertritt an Land die gemeinsamen Interessen aller Besatzungsmitglieder (s. § 114 Rdn. 26 f.) eines Seebetriebs (§ 114 Abs. 3; dort Rdn. 13) dem Seeschifffahrtsunternehmen (§ 114 Abs. 2; s. § 114 Rdn. 2 ff.) gegenüber, dagegen nicht die Interessen der Arbeitnehmer der Landbetriebe des Seeschifffahrtsunternehmens. Die Rechte und Pflichten des Seebetriebsrats und seiner Mitglieder stimmen grundsätzlich mit denjenigen eines Betriebsrats an Land überein, soweit sich aus dem Betriebsverfassungsgesetz oder anderen gesetzlichen Vorschriften (s. § 115 Rdn. 3) nicht etwas anderes ergibt (§ 116 Abs. 1 Satz 2). Im Verhältnis zu den einzelnen Bordvertretungen ist der Seebetriebsrat weder weisungsbefugt noch verpflichtet, Weisungen zu befolgen. Die genannten Arbeitnehmervertretungen stehen sich als selbständige betriebsverfassungsrechtliche Organe mit verschiedenen Funktionen gegenüber (vgl. *Galperin/Löwisch* § 116 Rn. 4; *Hess/HWGNRH* § 116 Rn. 4; *Giesen*/MünchArbR § 333 Rn. 60). Ein Stufenverhältnis besteht insoweit, als allein der Seebetriebsrat die Einigungsstelle anrufen kann (§ 115 Abs. 7 Nr. 2 Satz 3) und Regelungen zwischen Seebetriebsrat und Seeschifffahrtsunternehmen solchen zwischen Kapitän und Bordvertretung vorgehen (§ 115 Abs. 7 Nr. 3 Satz 3; vgl. *Galperin/Löwisch* § 116 Rn. 4; *Richardi/Forst* § 116 Rn. 5; zur Kompetenzverteilung zwischen Bordvertretung und Seebetriebsrat im Einzelnen s. § 115 3

Rdn. 48 ff., sowie hier Rdn. 53 ff.). Der Seebetriebsrat ist aber nicht als Gesamtbetriebsrat anzusehen (vgl. *Brecht* § 116 Rn. 2; *Galperin/Löwisch* § 116 Rn. 4; *Joost*/MünchArbR 2. Aufl., § 321 Rn. 71; **a. M.** anscheinend *Stabenow* Hansa 1971, 1797 [1801]; zur Bildung eines Gesamtbetriebsrats in Seeschifffahrtsunternehmen vgl. Rdn. 52). Das folgt allerdings nicht aus § 115 Abs. 6, weil diese Vorschrift nicht das Verhältnis zwischen Bordvertretung und Seebetriebsrat regelt, sondern in Übereinstimmung mit § 116 Abs. 5 lediglich dem Seebetriebsrat Beteiligungsrechte nach §§ 47 bis 59 zuweist (vgl. Rdn. 52). Unterschiede bestehen vor allem hinsichtlich der Errichtung des Seebetriebsrats und der Zuständigkeitsregelung. Wegen der weitgehend ähnlichen Interessenlage erscheint es allerdings nicht ausgeschlossen, einzelne Regelungen aus dem Recht der Gesamtvertretungen entsprechend anzuwenden, soweit die §§ 114 bis 116 Regelungslücken enthalten.

III. Wahl und Zusammensetzung des Seebetriebsrats (Abs. 2 Nr. 1 bis 8)

1. Grundsatz

4   Der Eingangssatz des § 116 Abs. 2 stellt klar, dass grundsätzlich für die Wahl und Zusammensetzung des Seebetriebsrats die allgemeinen Vorschriften des Gesetzes (§§ 7 bis 20) gelten. Die Vorschrift enthält jedoch in Nr. 1 bis 8 weitgehende Sonderregelungen, die diesen Grundsatz durchbrechen. Sie werden ergänzt durch die §§ 32 bis 60 WOS (s. Bd. I Anhang 3).

2. Wahlberechtigung (Abs. 2 Nr. 1)

5   Das aktive Wahlrecht zum Seebetriebsrat steht abweichend von § 7 allen Besatzungsmitgliedern (§ 114 Abs. 6 Satz 1; s. § 114 Rdn. 26 f.) des Seeschifffahrtsunternehmens, d. h. auch den jugendlichen Arbeitnehmern (s. § 114 Rdn. 25) und den Auszubildenden (s. § 114 Rdn. 30; *Galperin/Löwisch* § 116 Rn. 6; *Hess/HWGNRH* § 116 Rn. 8 f.; *Richardi/Forst* § 116 Rn. 10) zu. Die Zugehörigkeit zum Seeschifffahrtsunternehmen selbst gründet sich allein auf der rechtlichen Verpflichtung des Besatzungsmitglieds, an Bord eines zum Seebetrieb gehörenden Schiffes Dienstleistungen erbringen zu müssen. In Abgrenzung zum aktiven Wahlrecht zur Bordvertretung bedarf es für die Wahlberechtigung zum Seebetriebsrat keiner spezifischen Zuordnung zu einem bestimmten Schiff. Die Wahlberechtigung setzt also lediglich das Bestehen eines Heuerverhältnisses zum Zeitpunkt der Wahl voraus (vgl. *Galperin/Löwisch* § 116 Rn. 6). Wahlberechtigt sind demgemäß alle Arbeitnehmer, die das aktive Wahlrecht zur Bordvertretung besitzen (s. § 115 Rdn. 8), daneben auch solche Arbeitnehmer des Seeschifffahrtsunternehmens, die im Zeitpunkt der Wahl keinem bestimmten Schiff zugewiesen sind (vgl. auch § 33 Abs. 1 Satz 3 WOS; ausführlich s. § 114 Rdn. 27). Das ist beispielsweise der Fall, wenn sie sich wegen Urlaubs, Ausbildung, Ableistung des Wehrdienstes oder Tätigkeit im Landbetrieb nicht an Bord aufhalten, sofern das Heuerverhältnis nicht aufgelöst wurde, sondern lediglich die sich daraus ergebenden Rechte und Pflichten ruhen. Zu den wahlberechtigten Besatzungsmitgliedern gehören auch Arbeitnehmer des Seeschifffahrtsunternehmens, die vorübergehend auf einem Schiff Dienst tun, das nicht zum Seebetrieb gehört, etwa weil es unter ausländischer Flagge fährt (vgl. *BAG* 17.09.1974 AP Nr. 1 zu § 116 BetrVG 1972 Bl. 5 R ff. = SAE 1976, 1 [abl. *Galperin*]; *Galperin/Löwisch* § 116 Rn. 6; *Richardi/Forst* § 116 Rn. 11; zur Wahlberechtigung allgemein s. *Raab* § 7 Rdn. 11 ff.). Es wäre im Hinblick auf die arbeitsrechtlichen Beziehungen zu einem inländischen Unternehmen nicht gerechtfertigt, diesen Arbeitnehmern den kollektiven Schutz und die durch das Betriebsverfassungsgesetz gewährte Teilhabe an betrieblichen Entscheidungen zu versagen. Eine Zuordnung zum Landbetrieb scheidet wegen der vorwiegend auf den Seebetrieb bezogenen Interessen der in einem Heuerverhältnis stehenden Arbeitnehmer aus. Formelle Voraussetzung für die Ausübung des Wahlrechts ist nach § 33 Abs. 3 WOS die Eintragung in die Wählerliste.

3. Wählbarkeit (Abs. 2 Nr. 2)

a) Seebetriebe mit mehr als acht Schiffen oder mehr als 250 Besatzungsmitgliedern

6   Für die Wählbarkeit zum Seebetriebsrat gelten zunächst die allgemeinen Voraussetzungen des § 8. Darüber hinaus hängt das passive Wahlrecht von der Größe des Seeschifffahrtsunternehmens ab. Besteht

der Seebetrieb aus mehr als acht Schiffen (§ 114 Abs. 4; s. § 114 Rdn. 16 ff.) oder gehören ihm in der Regel (s. § 1 Rdn. 103) mehr als 250 Besatzungsmitglieder an, so sind nach § 116 Abs. 2 Nr. 2 Buchst. a nur Besatzungsmitglieder in den Seebetriebsrat wählbar, die das passive Wahlrecht zur Bordvertretung besitzen (zum Begriff des Besatzungsmitglieds s. § 114 Rdn. 26 f.). Bei der Berechnung der maßgebenden Zahl der Besatzungsmitglieder werden nur solche Arbeitnehmer berücksichtigt, die zum Seebetrieb gehören, weil die Besatzungsmitgliedschaft i. S. d. § 114 Abs. 6 Satz 1 die rechtliche Zuordnung zum Seebetrieb des Seeschifffahrtsunternehmens voraussetzt (s. § 114 Rdn. 26 f.). Besatzungsmitglieder von Schiffen unter ausländischer Flagge und von Kurzstreckenschiffen i. S. d. § 114 Abs. 4 Satz 2 bleiben also außer Betracht (vgl. *Galperin/Löwisch* § 116 Rn. 8; *Richardi/Forst* § 116 Rn. 14).

Das passive Wahlrecht zur Bordvertretung und somit nach § 116 Abs. 2 Nr. 2 Buchst. a i. V. m. § 115 **7** Abs. 2 Nr. 2 zum Seebetriebsrat haben nur Besatzungsmitglieder, die bis zum Ende der Frist für die Stimmabgabe (§ 49 WOS) mindestens **ein Jahr lang auf einem deutschen Seeschiff gefahren** sind (s. § 115 Rdn. 9). Auf eine sechsmonatige Zugehörigkeit zum Seebetrieb (vgl. Rdn. 8) kommt es entgegen dem missverständlichen Wortlaut der Norm nicht an (vgl. *Berg/DKK* § 116 Rn. 5; *Franzen* AR-Blattei SD 1450.5, Rn. 78; *Joost/MünchArbR* 2. Aufl., § 321 Rn. 78; *Richardi/Forst* § 116 Rn. 16; **a. M.** *ArbG Hamburg* SeeAE Nr. 1 zu § 116 BetrVG S. 3 f.; *Galperin/Löwisch* § 116 Rn. 9; *Hess/HWGNRH* § 116 Rn. 10). Die Vorschrift des § 115 Abs. 2 Nr. 2, auf die in § 116 Abs. 2 Nr. 2 Buchst. a verwiesen wird, enthält eine für den gesamten Seebetrieb geltende spezielle Wählbarkeitsvoraussetzung. Das Erfordernis einer sechsmonatigen Betriebszugehörigkeit nach § 8 Abs. 1 soll sicherstellen, dass die Betriebsratsmitglieder den für die Ausübung ihres Amtes nötigen Einblick in die betrieblichen Verhältnisse besitzen (vgl. amtliche Begründung, BT-Drucks. VI/1786, S. 37; s. *Raab* § 8 Rdn. 26). Abgesehen von den Landbetrieben soll es in der Seeschifffahrt stattdessen auf die in einjähriger Fahrzeit gewonnene generelle seemännische Erfahrung und Kenntnis des deutschen Seerechts ankommen (vgl. Schriftlicher Bericht 10. Ausschuss, zu BT-Drucks. VI/2729, S. 16, 33 und s. § 115 Rdn. 9). Hätte der Gesetzgeber zusätzlich verlangen wollen, dass der Bewerber mit den speziellen betrieblichen Gegebenheiten vertraut ist, wäre es nicht verständlich, warum er für die Wahl zur Bordvertretung auf die Voraussetzung einer sechsmonatigen Betriebszugehörigkeit verzichtet hat (§ 115 Abs. 2 Nr. 2). Auch die Entstehungsgeschichte des § 116 spricht für die hier vertretene Auslegung. Im Gegensatz zu § 116 Abs. 3 Nr. 1 RegE (BT-Drucks. VI/1786, S. 25), der hinsichtlich des passiven Wahlrechts auf § 8 verwies, wurde auf Vorschlag des Ausschusses für Arbeit und Sozialordnung (Schriftlicher Bericht 10. Ausschuss, zu BT-Drucks. VI/2729, S. 34) auch die Wählbarkeit von Besatzungsmitgliedern zum Seebetriebsrat von einer einjährigen Fahrzeit auf einem deutschen Schiff abhängig gemacht. Den Materialien ist kein Anhaltspunkt dafür zu entnehmen, dass insoweit anders als bei der Wahl zur Bordvertretung zusätzlich eine sechsmonatige Betriebszugehörigkeit erforderlich sein sollte. Formelle Voraussetzung für das passive Wahlrecht ist nach § 34 Abs. 2 Halbs. 1 WOS die Eintragung in die Wählerliste (begrifflich ungenau *Richardi/Forst* § 116 Rn. 18: Eine »Wählbarkeitsliste« wird nur aufgestellt, wenn lediglich im Landbetrieb beschäftigte Arbeitnehmer wählbar sind, vgl. § 34 Abs. 1 WOS und Rdn. 9).

b) Kleinere Seebetriebe
In kleineren Seebetrieben besitzen nur die Arbeitnehmer des dem Seebetrieb zugeordneten Land- **8** betriebs (s. § 114 Rdn. 15) das passive Wahlrecht, sofern sie nach § 8 in diesem Landbetrieb wählbar sind (§ 116 Abs. 2 Nr. 2 Buchst. b). Die Zugehörigkeit zu einem sonstigen an Land befindlichen Betrieb des Seeschifffahrtsunternehmens, der nicht dem Einsatz der Schiffe dient, genügt nicht, weil sonst der nötige Sachzusammenhang mit dem Seebetrieb fehlen würde. Das passive Wahlrecht setzt grundsätzlich eine mindestens sechsmonatige Betriebszugehörigkeit voraus (s. *Raab* § 8 Rdn. 26 ff.). Der Landbetrieb muss nicht betriebsratsfähig sein, aber mindestens drei wählbare Arbeitnehmer aufweisen, damit eine Auswahl unter mehreren gewährleistet ist. Sonst kann ein Seebetriebsrat nicht gewählt werden. Dem Seebetriebsrat können auch Arbeitnehmer angehören, die bereits Mitglied des Landbetriebsrats sind (vgl. *Galperin/Löwisch* § 116 Rn. 10; *Richardi/Forst* § 116 Rn. 17). Die Regelung des § 116 Abs. 2 Nr. 2 Buchst. b beruht darauf, dass der Seebetriebsrat seine Tätigkeit an Land ausübt (vgl. amtliche Begründung, BT-Drucks. VI/1786, S. 57), und dient den Belangen der kleineren Seeschifffahrtsunternehmen, bei denen die Abordnung eines Besatzungsmitglieds an Land nur we-

gen seiner Wahl in den Seebetriebsrat (vgl. § 116 Abs. 3 Nr. 2 bis 4) erhebliche organisatorische und finanzielle Schwierigkeiten mit sich bringen würde (vgl. *Oldendorff* BT-Prot. der 58. Sitzung des 10. Ausschusses, 6. Wahlperiode, S. 43; ferner *Brecht* § 116 Rn. 3; *Galperin/Löwisch* § 116 Rn. 7; *Richardi/Forst* § 116 Rn. 13; krit. *Joost*/MünchArbR 2. Aufl., § 321 Rn. 80).

9 Der Arbeitgeber, also das Seeschifffahrtsunternehmen (s. § 114 Rdn. 5), kann sich allerdings mit der Wahl von Besatzungsmitgliedern einverstanden erklären. Damit verzichtet er auf den ihm nach § 116 Abs. 2 Nr. 2 Buchst. b gewährten Schutz, so dass entsprechend der Grundregel des § 116 Abs. 2 Nr. 2 Buchst. a dann nur Besatzungsmitglieder wählbar sind (vgl. *Richardi/Forst* § 116 Rn. 15). Ein bestimmter Adressat ist zwar nicht vorgeschrieben, doch wird der Arbeitgeber die Erklärung zweckmäßigerweise gegenüber dem Wahlvorstand abgeben. Sie ist unwiderruflich und kann, um jede Einflussnahme auf die Wahl auszuschließen, trotz der missverständlichen Formulierung des Gesetzes weder auf bestimmte Besatzungsmitglieder beschränkt noch nach der Wahl abgegeben werden (vgl. auch amtliche Begründung, BT-Drucks. VI/1786, S. 57). Die zuletzt genannte Voraussetzung ergibt sich auch aus § 34 Abs. 1 WOS, der die Aufstellung einer Wählbarkeitsliste verlangt, wenn lediglich im Landbetrieb beschäftigte Arbeitnehmer das passive Wahlrecht besitzen. Da die Wählbarkeitsliste nach § 35 Abs. 1 WOS mit dem Wahlausschreiben zu versenden ist, muss der Wahlvorstand schon vor Erlass des Wahlausschreibens über das Einverständnis des Arbeitgebers informiert sein (vgl. *Galperin/Löwisch* § 116 Rn. 10; *Richardi/Forst* § 116 Rn. 15). Ist das Einverständnis nicht wirksam erklärt und sind trotzdem Besatzungsmitglieder gewählt worden, kann die Wahl nach § 19 Abs. 1 wegen Verstoßes gegen wesentliche Vorschriften über die Wählbarkeit beim Arbeitsgericht angefochten werden. Formelle Voraussetzung für das passive Wahlrecht gemäß § 116 Abs. 2 Nr. 2 Buchst. b ist nach § 34 Abs. 2 Halbs. 2 WOS die Eintragung in die Wählbarkeitsliste (insoweit zutreffend *Richardi/Forst* § 116 Rn. 18).

4. Mitgliederzahl des Seebetriebsrats (Abs. 2 Nr. 3)

10 Die nach der Größe des Seebetriebs gestaffelte Zahl der Mitglieder des Seebetriebsrats (§ 116 Abs. 2 Nr. 3) ist erheblich geringer als die des Betriebsrats nach § 9. Jedoch wurde durch Art. 1 Nr. 75 BetrVerf-Reformgesetz in Anknüpfung an die Neuregelung der §§ 9 und 62 auch die für die Bestimmung der Größe des Seebetriebsrats maßgebliche Zahl der wahlberechtigten Besatzungsmitglieder gesenkt (zur früheren Regelung vgl. 6. Aufl. Gesetzestext zu § 116 Abs. 2 Nr. 3). Die Seeschifffahrtsunternehmen sollen nicht zu sehr dadurch belastet werden, dass die zum Seebetriebsrat gewählten Besatzungsmitglieder ihre Arbeit an Bord grundsätzlich aufgeben müssen (vgl. amtliche Begründung, BT-Drucks. VI/1786, S. 57). Diese Besatzungsmitglieder sind entweder nach § 38 freizustellen oder an Land zu beschäftigen (§ 116 Abs. 3 Nr. 2; vgl. Rdn. 28). Außerdem ist wegen der Aufgabenteilung zwischen Bordvertretung und Seebetriebsrat dessen Geschäftsanfall geringer als der eines Betriebsrats, auf den die allgemeinen Vorschriften Anwendung finden. Bei der Berechnung der für die Größe des Seebetriebsrats maßgebenden Zahl der Besatzungsmitglieder kommt es auf die Belegschaftsstärke zum Zeitpunkt des Erlasses des Wahlausschreibens an (§ 38 Abs. 2 Nr. 6 WOS; zur Beschränkung auf wahlberechtigte Besatzungsmitglieder vgl. § 115 Rdn. 11). Im Übrigen gelten die allgemeinen Grundsätze (s. *Jacobs* § 9 Rdn. 6 ff.).

5. Wahlvorschläge (Abs. 2 Nr. 4)

11 Die Regelung des § 116 Abs. 2 Nr. 4 a. F. wurde mit der Aufhebung des § 6 a. F. und Abschaffung des Gruppenprinzips durch das BetrVerf-Reformgesetz gegenstandslos (zur alten Rechtslage vgl. 6. Aufl., § 116 Rn. 11 f.). In die Nr. 4 wurde deshalb inhaltlich die frühere Nr. 5 über die Voraussetzungen eines gültigen Wahlvorschlags unter Berücksichtigung der Aufgabe des Gruppenprinzips und der Regelung in § 14 Abs. 4 übernommen. Die in § 116 Abs. 2 Nr. 4 bis 7 enthaltenen Sonderregelungen über das Wahlverfahren beruhen auf den Schwierigkeiten bei der Durchführung von Wahlen zum Seebetriebsrat, die sich aus den unterschiedlichen Standorten der Schiffe ergeben, und sollen allgemein die Bildung von Seebetriebsräten erleichtern (s. § 115 Rdn. 15). Die Herabsetzung der Mindestzahl von Unterschriften für Wahlvorschläge (§§ 39 ff. WOS) auf drei Besatzungsmitglieder gemäß § 116 Abs. 2 Nr. 4 (zur Beschränkung auf wahlberechtigte Besatzungsmitglieder s. § 115 Rdn. 11) soll

vor allem den Besatzungen kleiner Schiffe die Möglichkeit geben, eigene Wahlvorschläge zum Seebetriebsrat beim Wahlvorstand einzureichen (vgl. amtliche Begründung, BT-Drucks. VI/1786, S. 57; zu den formellen Voraussetzungen eines Wahlvorschlags vgl. §§ 39 ff., 57 f. WOS). Nach § 116 Abs. 2 Satz 1 i. V. m. § 14 Abs. 3 können auch die im Seebetrieb vertretenen Gewerkschaften Wahlvorschläge machen.

6. Unanwendbarkeit des § 14a (Abs. 2 Nr. 5)

Die vormalige Nr. 5 wurde Nr. 4 (vgl. Rdn. 11). Durch die neugefasste Nr. 5 wird klargestellt, dass das vereinfachte Wahlverfahren nach § 14a, nach dem der Betriebsrat in einer Wahlversammlung gewählt werden kann, wegen der Besonderheit der Seeschifffahrt keine Anwendung bei der Wahl des Seebetriebsrats findet (vgl. amtliche Begründung, BT-Drucks. 14/5741, S. 53). **12**

7. Bestellung des Wahlvorstands und Fristen (Abs. 2 Nr. 6, 7)

Besteht bereits ein **Seebetriebsrat**, so setzt dieser im Regelfall den Wahlvorstand ein (§ 116 Abs. 2 Satz 1 i. V. m. § 16 Abs. 1), und zwar in Abweichung von § 16 Abs. 1 Satz 1 spätestens drei Monate vor Ablauf seiner Amtszeit (§ 116 Abs. 2 Nr. 6). Die Frist wurde gegenüber der allgemeinen Regelung erheblich verlängert, weil Vorbereitung und Durchführung der Wahl (Wahlausschreiben, Wahlvorschläge, Stimmabgabe usw.; vgl. §§ 38, 39, 40, 46, 48, 50, 55 WOS) im schriftlichen Verfahren erfolgen und wegen der häufig langwierigen Postverbindung mit und zu den Schiffen viel Zeit in Anspruch nehmen (vgl. amtliche Begründung, BT-Drucks. VI/1786, S. 57, sowie *Galperin/Löwisch* § 116 Rn. 15). Bei Untätigkeit des Seebetriebsrats ist der Wahlvorstand auf Antrag von mindestens drei Wahlberechtigten oder einer im Seebetrieb vertretenen Gewerkschaft durch das Arbeitsgericht zu bestellen (§ 116 Abs. 2 Satz 1 i. V. m. § 16 Abs. 2). Die Frist des § 16 Abs. 2 Satz 1 wurde aus denselben Gründen wie die des § 16 Abs. 1 Satz 1 auf zwei Monate verlängert (§ 116 Abs. 2 Nr. 6). **13**

In **Seebetrieben ohne Seebetriebsrat** kommen verschiedene Möglichkeiten zur Bestellung eines Wahlvorstands in Betracht: **14**
(1) Bestellung durch den Gesamtbetriebsrat oder Konzernbetriebsrat (§ 116 Abs. 2 Nr. 7 Satz 3),
(2) gemeinsame Bestellung durch den Arbeitgeber und die im Seebetrieb vertretenen Gewerkschaften (§ 116 Abs. 2 Nr. 7 Satz 4; vgl. Rdn. 15),
(3) Bestellung durch das Arbeitsgericht,
  (a) bei unterbliebener Einigung zwischen Arbeitgeber und Gewerkschaften (§ 116 Abs. 2 Nr. 7 Satz 5; vgl. Rdn. 16),
  (b) bei Untätigkeit des Wahlvorstands (§ 18 Abs. 1 Satz 2),
  (c) nach Auflösung des Seebetriebsrats (§ 23 Abs. 2).

Durch Art. 1 Nr. 75 BetrVerf-Reformgesetz wurden in § 116 Abs. 2 Nr. 7 die Sätze 2 und 3 durch die Sätze 2 bis 4 ersetzt. In Satz 2 wurde die Verweisung auf § 17 Abs. 1 und 2 durch die Verweisung auf § 17 Abs. 2 bis 4 ersetzt; die Vorschrift enthält lediglich eine Anpassung an § 17 n. F. (vgl. auch Rdn. 15). Neu ist, dass nach Satz 3, falls kein Seebetriebsrat besteht, der Gesamtbetriebsrat oder, falls ein solcher nicht besteht, der Konzernbetriebsrat den Wahlvorstand bestellt. Dabei handelt es sich um eine Folgeänderung aufgrund der Neuregelung des § 17 (s. *Kreutz* § 17 Rdn. 2). Dadurch soll in Seebetrieben ohne Seebetriebsrat die Bestellung eines Wahlvorstands erleichtert werden (vgl. amtliche Begründung, BT-Drucks. 14/5741, S. 53). Nach dem neuen Satz 4 bestellen wie nach dem vormaligen Satz 3 der Arbeitgeber und die im Seebetrieb vertretenen Gewerkschaften den Wahlvorstand, falls weder ein Gesamtbetriebsrat noch ein Konzernbetriebsrat besteht oder diese die Bestellung des Wahlvorstands unterlassen. Durch die Ersetzung der ehemaligen Sätze 2 und 3 durch drei Sätze wurden die ursprünglichen Sätze 4 und 5 ohne inhaltliche Änderung nunmehr Sätze 5 und 6.

Der Wahlvorstand kann in einem betriebsratslosen Seebetrieb nicht nach § 17 Abs. 2 bis 4 (bisher § 17 Abs. 1 und 2) durch die Betriebsversammlung gewählt werden, weil im Seebetrieb keine Betriebsversammlungen stattfinden (§ 116 Abs. 2 Nr. 7 Satz 2, Abs. 4; vgl. Rdn. 51). Ihre Einberufung zur Bildung eines Wahlvorstands wäre sowohl unwirtschaftlich als auch unpraktikabel. Daher ist als Ersatzregelung nach der Zuständigkeit des Gesamtbetriebsrats bzw. Konzernbetriebsrats (vgl. Rdn. 14) **15**

§ 116

die Bestellung durch den **Arbeitgeber** (Seeschifffahrtsunternehmen; s. § 114 Rdn. 5) und **sämtliche im Seebetrieb vertretenen Gewerkschaften** (zum Begriff s. § 114 Rdn. 31) gemäß § 116 Abs. 2 Nr. 7 Satz 4 vorgesehen (vgl. Schriftlicher Bericht 10. Ausschuss, zu BT-Drucks. VI/2729, S. 34). Ein Antrag der Besatzungsmitglieder ist hierfür nicht erforderlich. Die Arbeitnehmer des Seebetriebsrats haben insoweit kein dem § 17 Abs. 3 vergleichbares Recht, auf die Bildung eines Wahlvorstands hinzuwirken (vgl. hierzu die Kritik von *Stabenow* Hansa 1971, 1797 [1801]). Das schließt nicht aus, dass Besatzungsmitglieder die Einsetzung eines Wahlvorstands bei dem Seeschifffahrtsunternehmen oder einer Gewerkschaft anregen und – unverbindliche – Vorschläge für seine Zusammensetzung machen. Die gemeinsame Bestellung durch Seeschifffahrtsunternehmen und Gewerkschaften gemäß § 116 Abs. 2 Nr. 7 Satz 4 soll vor allem die erstmalige Wahl des Seebetriebsrats ermöglichen, ist aber hierauf nicht beschränkt (so aber *Stabenow* Hansa 1971, 1797 [1801]; wie hier *Galperin/Löwisch* § 116 Rn. 16). Sie setzt lediglich voraus, dass ein Seebetriebsrat – z. B. wegen Ablaufs der Amtszeit, Nichtigkeit oder erfolgreicher Anfechtung der Wahl (s. *Kreutz* § 17 Rdn. 8) – nicht besteht. Die Kompetenz von Seeschifffahrtsunternehmen und Gewerkschaften deckt sich im Übrigen mit der einer Betriebsversammlung an Land (§ 17 Abs. 2, § 16 Abs. 1), d. h. es können der Vorsitzende bestimmt, die Mitgliederzahl erforderlichenfalls auf mehr als drei erhöht, Ersatzmitglieder bestellt werden usw. (im Einzelnen s. *Kreutz* § 16 Rdn. 32 ff., § 17 Rdn. 38). Ausgeschlossen ist die Bestellung von Gewerkschaftsmitgliedern, die weder dem Seebetrieb noch dem Landbetrieb (dazu s. Rdn. 17) des Seeschifffahrtsunternehmens angehören, weil dies nur nach § 16 Abs. 2 Satz 3, § 116 Abs. 2 Nr. 7 Satz 5 durch das Arbeitsgericht möglich ist.

16 Bei unterbliebener Einigung zwischen Seeschifffahrtsunternehmen und Gewerkschaften sieht das Gesetz in Anlehnung an § 17 Abs. 4 auf Antrag des Arbeitgebers, einer im Seebetrieb vertretenen Gewerkschaft oder von mindestens drei wahlberechtigten Besatzungsmitgliedern die **Einsetzung** des **Wahlvorstands** durch das **Arbeitsgericht** vor (§ 116 Abs. 2 Nr. 7 Satz 5). Die Anrufung ist zulässig, sobald feststeht, dass eine Einigung nicht zustande kommt, z. B. nach ergebnislosem Abbruch der Verhandlungen, bei Verweigerung der Einlassung, nach Untätigkeit trotz Aufforderung durch die Besatzungsmitglieder, bei Seebetrieben, in denen keine Gewerkschaft vertreten ist, usw. In dem Antrag können die Antragsberechtigten Vorschläge für die Zusammensetzung des Wahlvorstands machen (§ 16 Abs. 2 Satz 2, § 116 Abs. 2 Nr. 7 Satz 6). Auffallend und – im Gegensatz zu der bloßen Beteiligung des Arbeitgebers nach § 116 Abs. 2 Nr. 7 Satz 4 (vgl. Rdn. 18) – mit den Besonderheiten der Seeschifffahrt nicht ohne weiteres erklärbar ist das Antrags- und Vorschlagsrecht des Arbeitgebers, das in den ähnlichen Fällen des § 16 Abs. 2 Satz 1, § 18 Abs. 1 Satz 2, § 23 Abs. 2 nicht besteht (vgl. auch *Berg/DKK* § 116 Rn. 12). Die Entscheidung über die Errichtung betrieblicher Vertretungen galt bisher ausschließlich als Angelegenheit der Arbeitnehmerseite (vgl. *Wiese* Initiativrecht, S. 12 ff.; s. § 115 Rdn. 18).

17 Die **Zusammensetzung** des **Wahlvorstands** und dessen **Größe** richten sich zunächst nach den Grundsätzen des § 16 Abs. 1. Das gilt auch bei einer Bestellung durch das Arbeitsgericht nach § 16 Abs. 2 Satz 1, § 116 Abs. 2 Nr. 7 Satz 5, § 18 Abs. 1 Satz 2, § 23 Abs. 2 sowie bei einer gemeinsamen Einsetzung durch Arbeitgeber und Gewerkschaften gemäß § 116 Abs. 2 Nr. 7 Satz 4 (vgl. *Galperin/Löwisch* § 116 Rn. 16). Nach § 116 Abs. 2 Nr. 7 Satz 2 ist § 17 Abs. 2, der auf § 16 Abs. 1 verweist, im letzteren Falle zwar nicht anwendbar, doch liegt der Sinn dieser Regelung nicht darin, die Zusammensetzung des Wahlvorstands zu modifizieren, sondern dessen Bestellung durch eine Betriebsversammlung auszuschließen (vgl. Rdn. 15). Abgesehen vom Fall des § 16 Abs. 2 Satz 3 i. V. m. § 116 Abs. 2 Nr. 7 Satz 6, in dem ausnahmsweise betriebsfremde Mitglieder einer im Seebetrieb vertretenen Gewerkschaft in den Wahlvorstand berufen werden können, kommen nach allgemeinen Vorschriften nur Besatzungsmitglieder des Seebetriebs als Mitglieder des Wahlvorstands in Betracht (§ 16 Abs. 1 Satz 1 i. V. m. § 116 Abs. 2 Nr. 1). Ergänzend bestimmt § 116 Abs. 2 Nr. 7 Satz 1, dass in allen Fällen auch **im Landbetrieb** (s. § 114 Rdn. 15) des Seeschifffahrtsunternehmens **beschäftigte Arbeitnehmer** zu Mitgliedern des Wahlvorstands bestellt werden können (zum Zweck dieser Regelung vgl. Rdn. 18). Hierbei gelten die Grundsätze des § 16 Abs. 1 ebenfalls, d. h. es muss sich um Wahlberechtigte (§ 7) handeln; die Bestellung von Ersatzmitgliedern ist möglich (s. *Kreutz* § 16 Rdn. 32 ff.). Die Berufung von Besatzungsmitgliedern neben Arbeitnehmern des Landbetriebs ist gleichfalls zulässig (vgl. *Galperin/Löwisch* § 116 Rn. 15 f.; *Richardi/Forst* § 116 Rn. 25).

Da die Vorbereitung und Durchführung der Wahl nur an Land möglich sind, müssen zum Wahlvor- 18
stand bestellte Besatzungsmitglieder ihre Tätigkeit an Bord unterbrechen. Das rechtfertigt die Ausnahme von dem allgemeinen Grundsatz, dass nur Betriebsangehörige den Wahlvorstand bilden können (vgl. Schriftlicher Bericht 10. Ausschuss, zu BT-Drucks. VI/2729, S. 34) und erklärt zugleich die Beteiligung des Seeschifffahrtsunternehmens nach § 116 Abs. 2 Nr. 7 Satz 4 bei dessen Errichtung. Der Arbeitgeber erhält dadurch die Möglichkeit, auf die Berufung von Arbeitnehmern des Landbetriebs hinzuwirken. Bei Bestellung des Wahlvorstands durch das Arbeitsgericht kann er sein Interesse daran im Wege der Anhörung nach § 83 Abs. 3 ArbGG geltend machen; bei eigener Antragstellung nach § 116 Abs. 2 Nr. 7 Satz 5 hat er überdies ein Vorschlagsrecht (§ 116 Abs. 2 Nr. 7 Satz 6, § 16 Abs. 2 Satz 2). Schließlich hat auch der Seebetriebsrat die Pflicht, vor der Bestellung von Besatzungsmitgliedern zum Wahlvorstand dem Arbeitgeber Gelegenheit zur Stellungnahme zu geben (§ 2 Abs. 1, § 74 Abs. 1). Im Gegensatz zur Regelung nach § 116 Abs. 2 Nr. 2 Buchst. b ist dessen Einverständnis mit der Bestellung aber nicht erforderlich.

8. Wahlanfechtung (Abs. 2 Nr. 8)

Die Wahlen zum Seebetriebsrat können unter den Voraussetzungen des § 19 von mindestens drei Be- 19
satzungsmitgliedern, einer im Seebetrieb vertretenen Gewerkschaft (zum Begriff s. § 114 Rdn. 31) oder dem Seeschifffahrtsunternehmen angefochten werden. Mit Rücksicht auf die besonderen Schwierigkeiten einer Wahlanfechtung von Bord des Schiffes aus erleichtert § 116 Abs. 2 Nr. 8 die Anfechtung in formeller Hinsicht für diejenigen Besatzungsmitglieder, die sich im Zeitpunkt der Bekanntgabe des Wahlergebnisses (§ 55 Abs. 2, § 38 Abs. 4 WOS) an Bord befunden haben (vgl. Rdn. 20). Die materiellen Voraussetzungen, das Verfahren und die Wirkungen einer erfolgreichen Anfechtung richten sich nach den allgemeinen Grundsätzen (s. *Kreutz* § 19 Rdn. 17 ff.).

Die **Anfechtungsfrist** für Besatzungsmitglieder an Bord beginnt abweichend von § 19 Abs. 2 Satz 2 20
nicht schon mit der Bekanntgabe des Wahlergebnisses, sondern erst, wenn das Schiff danach erstmalig einen deutschen oder ausländischen Hafen mit Sitz eines Seemannsamtes anläuft; sie beträgt unverändert zwei Wochen (§ 19 Abs. 2 Satz 2; vgl. *Galperin/Löwisch* § 116 Rn. 18; **a. M.** *Brecht* § 116 Rn. 3). Form und Frist der Anfechtung stimmen mit der Regelung des § 115 Abs. 2 Nr. 9 über die Anfechtung der Wahlen zur Bordvertretung überein (ausführlich s. § 115 Rdn. 27 f.). Einschränkend bestimmt § 116 Abs. 2 Nr. 8 Satz 2 im Interesse der Rechtssicherheit und der Kontinuität der Betriebsratsarbeit (Schriftlicher Bericht 10. Ausschuss, zu BT-Drucks. VI/2729, S. 34), dass die Wahlanfechtung in jedem Falle drei Monate nach der Bekanntgabe des Wahlergebnisses (§ 55 Abs. 2 i. V. m. § 38 Abs. 4 WOS) ausgeschlossen ist, also ohne Rücksicht darauf, ob das Schiff inzwischen einen der genannten Häfen angelaufen hat (vgl. *Galperin/Löwisch* § 116 Rn. 18; *Hess/HWGNRH* § 116 Rn. 18; *Richardi/Forst* § 116 Rn. 32). Anders als bei der Anfechtung der Wahl zur Bordvertretung (§ 115 Abs. 2 Nr. 9 Satz 3) zieht das Seemannsamt nicht die Wahlunterlagen ein, da der Wahlvorstand nicht an Bord, sondern am Sitz des Seeschifffahrtsunternehmens tätig ist (vgl. *Galperin/Löwisch* § 116 Rn. 18). Das Seemannsamt leitet daher lediglich die Anfechtungserklärung an das zuständige Arbeitsgericht weiter (§ 116 Abs. 2 Nr. 8 Satz 4). Nach Aufhebung des SeemG und Wegfall der Aufgaben der Seemannsämter im Inland (s. § 115 Rdn. 29) bleiben die bislang mit den Aufgaben eines Seemannsamts betrauten Auslandsvertretungen bis auf weiteres zuständig (näher s. § 115 Rdn. 29).

IV. Amtszeit des Seebetriebsrats (Abs. 2 Nr. 9)

Die allgemeinen Bestimmungen der §§ 21 bis 25 sind ohne Einschränkung auf den Seebetriebsrat an- 21
zuwenden (§ 116 Abs. 2 Satz 1). Seine **Amtszeit** endet außer in den dort genannten Fällen auch dann, wenn kein Seebetrieb mehr besteht, z. B. weil alle Schiffe des Unternehmens unter ausländischer Flagge eingesetzt werden (s. § 114 Rdn. 13 sowie *Galperin/Löwisch* § 116 Rn. 19; *Richardi/Forst* § 116 Rn. 36). Wenn nur einzelne Schiffe aus dem Seebetrieb ausscheiden, findet § 13 Abs. 2 Nr. 1 i. V. m. § 21 Satz 5 Anwendung. Die Vorschrift des § 116 Abs. 2 Nr. 9 Satz 1 über die Beendigung der **Mitgliedschaft im Seebetriebsrat** hat nur klarstellende Bedeutung. Schon nach allgemeinen Grundsätzen erlischt diese mit dem Verlust der Stellung als Besatzungsmitglied (§ 114 Abs. 6 Satz 1; s. § 114

Rdn. 26 f.). Bei Beendigung des Heuerverhältnisses folgt das aus § 24 Nr. 3 (s. *Oetker* § 24 Rdn. 22 ff.). Die Vorschrift des § 116 Abs. 2 Nr. 9 Satz 1 betrifft den Verlust der Stellung als Besatzungsmitglied ohne Beendigung des Arbeitsverhältnisses, z. B. durch – rechtmäßige – Versetzung auf ein Kurzstreckenschiff i. S. d. § 114 Abs. 4 Satz 2 oder in einen anderen Landbetrieb des Unternehmens (vgl. amtliche Begründung, BT-Drucks. VI/1786, S. 57). Da hiermit zugleich die Zugehörigkeit des betreffenden Seebetriebsratsmitglieds zum Seebetrieb endet, entfällt eine Voraussetzung der Wählbarkeit (§ 8, § 116 Abs. 2 Nr. 1 und 2). Damit erlischt die Mitgliedschaft im Seebetriebsrat nach § 24 Nr. 4 (s. *Oetker* § 24 Rdn. 53 ff.). Im Gegensatz zur Regelung bei der Bordvertretung (§ 115 Abs. 3 Nr. 2; vgl. § 115 Rdn. 32 ff.) führt die Versetzung auf ein anderes Schiff oder eine Unterbrechung der Tätigkeit wegen Urlaubs, Weiterbildung, Wehrdienstes usw. nicht zum Erlöschen der Mitgliedschaft im Seebetriebsrat, weil dadurch die Stellung als Besatzungsmitglied und die Zugehörigkeit zum Seebetrieb nicht berührt werden (s. § 114 Rdn. 27; *Galperin/Löwisch* § 116 Rn. 20; *Hess/HWGNRH* § 116 Rn. 19; *Richardi/Forst* § 116 Rn. 37). Das gilt nach § 116 Abs. 2 Nr. 9 Satz 2 auch dann, wenn ein nicht freigestelltes Mitglied des Seebetriebsrats gemäß § 116 Abs. 3 Nr. 2 (dazu Rdn. 28) an Land beschäftigt wird. Besteht ein Seebetriebsrat nicht aus Besatzungsmitgliedern (§ 116 Abs. 2 Nr. 2 Buchst. b), so gehören seine Mitglieder dem Landbetrieb des Seeschifffahrtsunternehmens an.

V. Geschäftsführung des Seebetriebsrats (Abs. 3)

1. Anwendung der allgemeinen Vorschriften

22 Die allgemeinen Bestimmungen der §§ 26 bis 41 über die Geschäftsführung des Betriebsrats gelten auch für den Seebetriebsrat, soweit § 116 Abs. 3 Nr. 1 bis 8 keine Abweichungen vorsieht. **Unanwendbar** sind die Regelungen, die das Bestehen einer **Jugend- und Auszubildendenvertretung** voraussetzen (§ 29 Abs. 2 Satz 4, § 33 Abs. 3, § 39 Abs. 2), weil es diese im Seebetrieb nicht gibt (§ 114 Abs. 5; dazu s. § 114 Rdn. 25), sowie die Vorschriften über **Ausschüsse** des **Betriebsrats** (§§ 27, 28, ferner § 107 Abs. 3 Satz 1 bis 5). Da der Seebetriebsrat aus höchstens fünf Mitgliedern besteht (§ 116 Abs. 2 Nr. 3), ist die Bildung von Ausschüssen nach § 27 Abs. 1 Satz 1, § 28 Abs. 1 Satz 1 ausgeschlossen. Dagegen ist die Einsetzung eines Wirtschaftsausschusses gemäß § 106 Abs. 1 Satz 1, § 107 Abs. 1 und 2 möglich. In diesen kann der Seebetriebsrat sämtliche Mitglieder entsenden (s. *Oetker* § 107 Rdn. 13, 52) und damit faktisch seine Aufgaben selbst übernehmen. Der Seebetriebsrat und das Seeschifffahrtsunternehmen können auch gemeinsame beratende oder planende Ausschüsse einsetzen (z. B. Arbeitsschutzausschuss, Personalplanungsausschuss). Lediglich die Übertragung von Aufgaben an Ausschüsse i. S. d. § 28 Abs. 2 zur selbständigen Entscheidung ist unzulässig (zum Ganzen s. *Raab* § 28 Rdn. 37 ff.).

23 Gegenstandslos sind die Regelungen über die Schwerbehindertenvertretung (§ 29 Abs. 2 Satz 4, § 32, § 35 Abs. 1), weil Schwerbehinderte im Regelfall seedienstuntauglich i. S. v. §§ 11 ff. SeeArbG sind und deshalb nicht an Bord von Kauffahrteischiffen beschäftigt werden dürfen (s. § 115 Rdn. 37 sowie *Galperin/Löwisch* § 116 Rn. 21; *Richardi/Forst* § 116 Rn. 38).

24 Die Wochenfrist des § 29 Abs. 1 Satz 1 (s. *Raab* § 29 Rdn. 7 ff.) für die **konstituierende Sitzung** des Seebetriebsrats kann in der Regel nur dann eingehalten werden, wenn sich alle gewählten Mitglieder an Land befinden. Im Übrigen sind die Gewählten nach dem Zweck der Vorschrift, eine kurzfristige Konstituierung der Arbeitnehmervertretung sicherzustellen, verpflichtet, unverzüglich auf Kosten des Seeschifffahrtsunternehmens (§ 40 Abs. 1, vgl. Rdn. 49) an dessen Sitz zu reisen, sobald sie nach § 55 Abs. 1 WOS Nachricht von ihrer Wahl erhalten haben (vgl. *Berg/DKK* § 116 Rn. 17; *Richardi/Forst* § 116 Rn. 43). Wenn alle Seebetriebsratsmitglieder eingetroffen sind, ist die konstituierende Sitzung zum frühestmöglichen Termin einzuberufen.

2. Beschlussfähigkeit (Abs. 3 Nr. 1)

25 Die Beschlussfähigkeit des Seebetriebsrats richtet sich grundsätzlich nach § 33 Abs. 2. Sie ist gegeben, wenn mindestens die Hälfte der Mitglieder einschließlich etwaiger Ersatzmitglieder des Seebetriebsrats an der Beschlussfassung teilnimmt (im Übrigen s. *Raab* § 33 Rdn. 13 ff.). Da die Ersatzmitglieder

(§ 25) im Falle der Wahl von Besatzungsmitgliedern nach § 116 Abs. 2 Nr. 2 weiterhin an Bord arbeiten, ist ihre Teilnahme an den Sitzungen des Seebetriebsrats bei zeitweiliger Verhinderung der Mitglieder (§ 25 Abs. 1 Satz 2, § 29 Abs. 2 Satz 5) sehr erschwert. Das würde eine Beschlussfassung in fristgebundenen Fällen oft unmöglich machen (vgl. amtliche Begründung, BT-Drucks. VI/1786, S. 57). Deshalb bestimmt § 116 Abs. 3 Nr. 1, dass der Seebetriebsrat ohne Rücksicht auf die Zahl der zur Sitzung erschienenen Mitglieder bzw. Ersatzmitglieder bei fristgebundenen Stellungnahmen (z. B. § 99 Abs. 3 Satz 1, § 102 Abs. 2 Satz 1 und 3) wirksam einen Beschluss fassen kann. Für die nicht an eine bestimmte Frist gebundene, aber unverzüglich abzugebende Stellungnahme nach § 100 Abs. 2 Satz 2 muss dies ebenso gelten, weil auch hier das Unterlassen als Zustimmung wirkt. Eine Ausdehnung auf alle Eilfälle ist jedoch abzulehnen. Ein Beschluss kann hiernach zustande kommen, wenn mindestens ein Mitglied oder Ersatzmitglied zur Sitzung erschienen ist (vgl. *Galperin/Löwisch* § 116 Rn. 22; *Joost/* MünchArbR 2. Aufl., § 321 Rn. 95). Im Übrigen genügt die einfache Mehrheit nach § 33 Abs. 1.

Zur Wirksamkeit des Beschlusses ist die **ordnungsgemäße Ladung** der **Mitglieder** des Seebetriebs- 26 rats erforderlich (§ 29 Abs. 2 Satz 3; dazu s. *Raab* § 29 Rdn. 33 ff., § 33 Rdn. 53 ff.). In den besagten fristgebundenen Angelegenheiten bedarf es dagegen nicht der Ladung der Ersatzmitglieder nach § 29 Abs. 2 Satz 6 (ebenso *Franzen* AR-Blattei SD 1450.5, Rn. 107; *Galperin/Löwisch* § 116 Rn. 22). Diese Ladungen würden die auf den einzelnen Schiffen tätigen Ersatzmitglieder regelmäßig nicht mehr rechtzeitig erreichen – außer es käme zum erfolgreichen Einsatz von Funk oder ähnlichem zur beschleunigten Übermittlung von Nachrichten eingerichteter Kommunikationsmittel. Sinn und Zweck der Vorschrift sprechen jedenfalls gegen das Erfordernis einer ordnungsgemäßen Ladung von Ersatzmitgliedern. Die **Gegenauffassung** (*Berg/*DKK § 116 Rn. 18; *Richardi/Forst* § 116 Rn. 45) fordert hingegen, die Ersatzmitglieder im Verhinderungsfall eines Seebetriebsratsmitglieds stets zu laden. Während normalerweise eine ordnungsgemäße Ladung so rechtzeitig zu erfolgen habe, dass der Geladene an der Sitzung teilnehmen könne (s. *Raab* § 29 Rdn. 35 f.), müsse in den Fällen des § 116 Abs. 3 Nr. 1 die Sitzung nicht verschoben werden, wenn das an Bord tätige Ersatzmitglied möglicherweise die Ladung nicht rechtzeitig erhalte. Zudem sei die Ladung selbst dann noch von Bedeutung, wenn sie verspätet ankomme, weil sie das Ersatzmitglied über die Tagesordnung der Sitzung informiere und in die Lage versetze, wenigstens nachträglich zu der Entscheidung Stellung zu nehmen, was Auswirkungen auf künftige ähnlich gelagerte Fälle haben könne.

3. Freistellung und Beschäftigung (Abs. 3 Nr. 2)

Die Zahl und Auswahl der ständig freizustellenden Mitglieder des Seebetriebsrats richten sich nach 27 § 38 Abs. 1 und 2. Im Gegensatz zu einem Betrieb, der den allgemeinen Vorschriften unterliegt, kommen jedoch in keinem Falle mehr als fünf Freistellungen in Betracht, da der Seebetriebsrat nach § 116 Abs. 2 Nr. 3 maximal fünf Mitglieder hat. Die anderen Betriebsratsmitglieder müssen grundsätzlich ihrer Arbeitspflicht aus dem Arbeitsvertrag (Heuervertrag) weiterhin nachkommen, soweit sie nicht nach § 37 Abs. 2 aus konkretem Anlass von ihrer beruflichen Tätigkeit befreit sind (s. *Weber* § 37 Rdn. 24 ff.). Im Interesse einer effektiven und kontinuierlichen Betriebsratstätigkeit modifiziert § 116 Abs. 3 Nr. 2 die Arbeitspflicht mit Rücksicht auf die Besatzungsmitglieder, weil diese die Aufgaben des Seebetriebsrats von Bord aus kaum wahrnehmen können (vgl. amtliche Begründung, BT-Drucks. VI/1786, S. 57), und konkretisiert den allgemeinen Tätigkeitsschutz nach § 37 Abs. 5 (s. *Weber* § 37 Rdn. 150 ff.). Die Vorschrift erfasst ihrem Wortlaut nach alle Mitglieder des Seebetriebsrats, also auch die Arbeitnehmer des Landbetriebs (§ 116 Abs. 2 Nr. 2 Buchst. b), die allerdings nur ausnahmsweise durch ihre berufliche Tätigkeit an der Betriebsratsarbeit gehindert sein dürften (vgl. *Galperin/Löwisch* § 116 Rn. 24). Im Übrigen gelten für die Mitglieder des Seebetriebsrats im Gegensatz zur Regelung für die Mitglieder der Bordvertretung (s. § 115 Rdn. 35) auch die Bestimmungen des § 37 Abs. 6 und 7.

Die zum Seebetriebsrat gewählten Besatzungsmitglieder sind in Abänderung ihrer Verpflichtung aus 28 dem Heuervertrag so zu beschäftigen, dass sie durch ihre Tätigkeit nicht gehindert sind, die Aufgaben des Seebetriebsrats wahrzunehmen. Sie sind daher in der Regel in einem Betrieb des Seeschifffahrtsunternehmens an Land zu beschäftigen, zumeist am Sitz des Unternehmens in dem dem Seebetrieb zugeordneten Landbetrieb (s. § 114 Rdn. 15). Dadurch werden sie zugleich Arbeitnehmer dieses Betriebs mit allen Rechten und Pflichten. Das führt zu einer doppelten Betriebszugehörigkeit, weil auch die Zuordnung zum Seebetrieb nach § 116 Abs. 2 Nr. 9 Satz 2 erhalten bleibt (vgl. Rdn. 21; *Berg/ DKK* § 116 Rn. 25; *Galperin/Löwisch* § 116 Rn. 25). Die Beschäftigung an Land soll ihren Fähigkeiten und Kenntnissen und ihrer bisherigen beruflichen Stellung entsprechen (§ 116 Abs. 3 Nr. 2 Satz 2, § 37 Abs. 5 und dazu s. *Weber* § 37 Rdn. 150 ff.). Die Besatzungsmitglieder haben einen Anspruch auf ideelle und materielle Gleichwertigkeit des neuen Arbeitsbereichs hinsichtlich der Anforderungen, der Aufgaben und Befugnisse sowie der Entlohnung (näher s. *Weber* § 37 Rdn. 152). Die Versetzung eines bisher an Bord tätigen Seebetriebsratsmitglieds in den Landbetrieb führt allerdings regelmäßig zu einer Veränderung der Anforderungen und Aufgaben, sofern nicht eine Beschäftigung auf einem Kurzstreckenschiff i. S. d. § 114 Abs. 4 Satz 2 oder einem Binnenschiff in Betracht kommt (vgl. *Galperin/Löwisch* § 116 Rn. 24; *Richardi/Forst* § 116 Rn. 51). Deshalb enthält § 116 Abs. 3 Nr. 2 Satz 2 aufgrund eines Antrags des Ausschusses für Arbeit und Sozialordnung (vgl. Schriftlicher Bericht 10. Ausschuss, BT-Drucks. VI/2729, S. 59) im Gegensatz zu der entsprechenden Vorschrift des § 116 Abs. 10 Satz 2 RegE (BT-Drucks. VI/1786, S. 26) keine Muss-, sondern eine Sollvorschrift, von der abgewichen werden darf, wenn es aus besonderen Gründen sachlich geboten ist (zum Wesen der Sollvorschrift s. *Weber* § 90 Rdn. 33). In diesem Rahmen sind vor allem zwingende betriebliche Notwendigkeiten i. S. d. § 37 Abs. 5, die einer gleichwertigen Beschäftigung entgegenstehen, zu berücksichtigen (s. *Weber* § 37 Rdn. 154; *Berg/DKK* § 116 Rn. 23; *Richardi/Forst* § 116 Rn. 51). Die Betriebspartner haben aber nicht das Recht, sich ohne zwingenden Grund zu Lasten des betreffenden Betriebsratsmitglieds auf einen geringer wertigen Arbeitsplatz zu einigen.

29 Bei der Bestimmung des neuen Arbeitsplatzes besteht nach § 116 Abs. 3 Nr. 2 Satz 3 bis 5 ein **Mitbestimmungsrecht** des **Seebetriebsrats** (vgl. amtliche Begründung, BT-Drucks. VI/1786, S. 57). Der Seebetriebsrat und das Seeschifffahrtsunternehmen haben insoweit ein Initiativrecht (vgl. *Richardi/Forst* § 116 Rn. 52). Bei fehlender Einigung entscheidet die Einigungsstelle verbindlich. Beide Betriebspartner können nach § 76 Abs. 5 Satz 4 das Arbeitsgericht anrufen, wenn sie der Meinung sind, die Einigungsstelle habe das Vorliegen zwingender betrieblicher Notwendigkeiten verkannt oder in anderer Weise die Grenzen ihres Regelungsermessens überschritten (s. *Jacobs* § 76 Rdn. 145 ff., 158 ff.). Bis zur Entscheidung der Einigungsstelle kann durch einstweilige Verfügung nach § 85 Abs. 2 ArbGG i. V. m. § 940 ZPO eine vorläufige Regelung bezüglich des Arbeitsplatzes getroffen werden (vgl. *Berg/DKK* § 116 Rn. 24; *Richardi/Forst* § 116 Rn. 52).

30 Die **Zuweisung** eines **anderen Arbeitsplatzes** gemäß § 116 Abs. 3 Nr. 2 ist **stets** eine **personelle Einzelmaßnahme** i. S. d. § 99 Abs. 1 Satz 1. Um eine **Versetzung** i. S. d. § 95 Abs. 3 handelt es sich, wenn das Seebetriebsratsmitglied in einem anderen Arbeitsbereich innerhalb desselben Betriebs beschäftigt wird. Soweit dem Seebetriebsrat nach allgemeinen Vorschriften insoweit ein Mitbestimmungsrecht nach § 99 zustehen würde, wird dieses durch die Sonderregelung des § 116 Abs. 3 Nr. 2 verdrängt (vgl. *Richardi/Forst* § 116 Rn. 53). In den meisten Fällen ist die Änderung der Beschäftigung indessen mit einem Wechsel vom Seebetrieb zum Landbetrieb verbunden (vgl. Rdn. 28), so dass keine Versetzung i. S. d. § 95 Abs. 3, sondern eine **Einstellung** in den Landbetrieb vorliegt (dazu s. *Raab* § 99 Rdn. 28 ff., 155). In diesem Falle bestimmen der Seebetriebsrat nach § 116 Abs. 3 Nr. 2 und der für den Betrieb an Land zuständige Betriebsrat nach § 99 mit. Die Zustimmung des letzteren ist einzuholen, bevor dem Besatzungsmitglied ein Arbeitsplatz an Land zugewiesen werden kann, auch wenn Seebetriebsrat und Arbeitgeber sich bereits geeinigt haben oder ein verbindlicher Spruch der Einigungsstelle vorliegt. Besteht ein Gesamtbetriebsrat, so ist dieser nach § 50 Abs. 1 Satz 1 an Stelle von Seebetriebsrat und Landbetriebsrat für die Behandlung der Angelegenheit zuständig, da beide Betriebe betroffen sind und eine einheitliche Entscheidung zwingend erforderlich ist (vgl. *Galperin/Löwisch* § 116 Rn. 25; *Joost/MünchArbR* 2. Aufl., § 321 Rn. 98; *Richardi/Forst* § 116 Rn. 53; allgemein zur Zuständigkeit des Gesamtbetriebsrats s. *Kreutz/Franzen* § 50 Rdn. 16 ff.). Im Gegensatz zu den sonstigen Fällen eines Betriebswechsels innerhalb desselben Unternehmens, in denen eine Zuständigkeit des Gesamtbetriebsrats abzulehnen ist, wenn der Arbeitnehmer mit dem Betriebswechsel einverstanden ist (vgl. *BAG* 30.04.1981 AP Nr. 12 zu § 99 BetrVG 1972 Bl. 2 R f. [zust. *Löwisch*]; s. *Kreutz/Franzen* § 50 Rdn. 53), treffen hier gemäß § 99 und § 116 Abs. 3 Nr. 2 stets Beteiligungsrechte des Betriebsrats des abgebenden und des aufnehmenden Betriebes zusammen. Eine sachgerechte Entscheidung kann nur überbetrieblich erfolgen, weil die Beschäftigung des Seebetriebsrats-

mitglieds an Land sowohl die Interessen der Arbeitnehmer des Landbetriebs als auch des Seebetriebs berührt.

4. Benachteiligungsverbot (Abs. 3 Nr. 3, 4)

Sobald ein Besatzungsmitglied seine Tätigkeit im Seebetriebsrat aufnimmt, wird es, sofern es nicht **31** nach § 38 freizustellen ist, regelmäßig in einen Betrieb des Unternehmens an Land versetzt (§ 116 Abs. 3 Nr. 2; vgl. Rdn. 27 ff.). Daraus sollen ihm wirtschaftlich keine Nachteile entstehen. Der allgemeine Entgeltschutz nach § 37 Abs. 4 (s. *Weber* § 37 Rdn. 129 ff.) wird daher ergänzt durch § 116 Abs. 3 Nr. 3 und 4. Die Mitglieder des Seebetriebsrats sind materiell so zu stellen, als ob sie das Amt des Seebetriebsrats nicht übernommen hätten (s. *Weber* § 37 Rdn. 129). Auf die zum Seebetriebsrat gewählten Arbeitnehmer des Landbetriebs (§ 116 Abs. 2 Nr. 2 Buchst. b) finden nur die allgemeinen Grundsätze Anwendung. Dagegen gelten die Vorschriften des § 116 Abs. 3 Nr. 3 und 4 über ihren Wortlaut hinaus entsprechend für Besatzungsmitglieder, die wegen ihrer Tätigkeit im Seebetriebsrat gemäß § 38 freigestellt sind (vgl. Rdn. 27), da auch diesen aufgrund ihrer regelmäßig an Land ausgeübten Tätigkeit kein Nachteil entstehen darf. Von Bedeutung sind insoweit vor allem der Anspruch auf Abgeltung der an Bord gewährten Sachleistungen nach § 116 Abs. 3 Nr. 3 Satz 2 (dazu Rdn. 33) sowie der Unterkunftsanspruch gemäß § 116 Abs. 3 Nr. 4, falls das freigestellte Seebetriebsratsmitglied seine Amtstätigkeit nicht an seinem Wohnort ausübt (dazu Rdn. 35; vgl. *Galperin/Löwisch* § 116 Rn. 28 f.; *Hess/HWGNRH* § 116 Rn. 27; *Richardi/Forst* § 116 Rn. 58).

Nach § 116 Abs. 3 Nr. 3 Satz 1 ist den im Landbetrieb beschäftigten Mitgliedern des Seebetriebsrats, **32** die Besatzungsmitglieder sind, die **Heuer fortzuzahlen**. Unter Heuer ist das Arbeitsentgelt der Besatzungsmitglieder zu verstehen. Sie umfasst alle aufgrund des Heuerverhältnisses gewährten Vergütungen (vgl. §§ 37 ff. SeeArbG; dazu eingehend *Lindemann* § 37 Rn. 6 ff.; *Giesen*/MünchArbR § 333 Rn. 23 ff.; *Schaps/Abraham* III, § 30 SeemG Rn. 1 ff.; *Schelp/Fettback* § 30 Rn. 3 ff.). Sie besteht damit grundsätzlich aus der Grundheuer sowie Zulagen und Zuschlägen. Für den Bereich der **Seeschifffahrt** hat § 11 Abs. 1 MTV-See vom 11.03.2002 durch die Einführung einer Gesamtvergütung allerdings bedeutsame Veränderungen mit sich gebracht (vgl. ausführlich die Gemeinsame Begründung der Tarifvertragsparteien zum MTV-See 2002, Zu § 11; *Lindemann* § 37 Rn. 9). Die Bestimmung enthält eine Bündelung aller bisherigen Bestimmungen über die Bezüge und führt erstmals eine Festheuer ein. Diese Gesamtvergütung ersetzt die alten Vergütungsformen (Festheuer mit und ohne Einzelüberstundenvergütung, Grundheuer mit garantierter Überstundenvergütung und zusätzlicher Einzelüberstundenvergütung, vgl. §§ 25, 33 MTV-See vom 17.04.1986/22.03.1996, § 7 Kapitäns-MTV vom 17.04.1986/22.03.1996 [außer Kraft mit MTV-See vom 11.03.2002]). Als Festheuer setzt sie sich zusammen aus der Grundvergütung, den pauschalierten Zuschlägen für Sonn-, Feiertags- und Nachtarbeit und der pauschalierten Überstundenvergütung. Im Gegenzug entfallen sind auch sämtliche weiteren Zulagen und Zuschläge (Wachdienstzulage, Zwei-Wachen-Zuschlag, Auslandszulage, Schmutzarbeitszulage, Tankerzulage, Ladungsarbeitszulage, Fahrgastzulage, Ausgleich für nicht gewährten Landgang; vgl. §§ 33, 34, 38–42, 56 MTV-See vom 17.04.1986/22.03.1996; §§ 7, 11, 12 Kapitäns-MTV vom 17.04.1986/22.03.1996 [außer Kraft mit MTV-See vom 11.03.2002]), die z. T. pauschal in die neue Gesamtvergütung eingingen. Etwas anders gestaltet sich die Lage bei der **Hochseefischerei**. Nach Auflösung des (Arbeitgeber-)Verbands der deutschen Hochseefischereien e. V. befinden sich der MTV-Fisch vom 16.07.1991, der HTV-Frischfischschiffe vom 29.06.1993/26.05.1994 sowie der HTV-Fangfabrikschiffe vom 29.06.1993/26.05.1994 (zum Heuersystem mit Garantielohn, Zuschlägen, Zulagen und den Fang- bzw. Produktenprämien in der Seefischerei, vgl. §§ 14 ff. MTV-Fisch, § 2 HTV-Frischfischschiffe, § 2 HTV-Fangfabrikschiffe) allenfalls noch im Nachwirkungsstadium, soweit diese Tarifverträge nicht durch Firmentarifverträge bzw. anderweitige Regelungen ersetzt wurden. Bei der Fischerei macht der Anteil am Fangerlös seit jeher einen wesentlichen Teil des Arbeitsentgelts aus; auch die beschriebenen Tarifwerke enthalten aktuell allesamt einen Bezug auf diesen Erlösanteil. Daneben wird eine Garantieheuer gewährt, die sich aus Grundheuer und Mindestprämien zusammensetzt, sollte der Erlösanteil diese Garantieheuer nicht übersteigen und dem Besatzungsmitglied dann stattdessen ausgezahlt werden. Der Fortzahlungsanspruch nach § 116 Abs. 3 Nr. 3 Satz 1 erstreckt sich dann auf die gesamte Heuer. Bei der Berechnung der Heuer bereitet insbesondere die Höhe von Zulagen und Zuschlägen Schwierigkeiten,

§ 116   V. 1. Seeschifffahrt

weil sie schwanken und zu einem großen Teil davon abhängen, auf welchem Schiff das Besatzungsmitglied Dienst tut. Oft lässt sich aber nicht feststellen, auf welchem Schiff das Seebetriebsratsmitglied künftig gefahren wäre, weil viele Besatzungsmitglieder zur Dienstleistung auf quasi jedem Schiff des Reeders verpflichtet sind (§ 28 Abs. 2 Nr. 3 SeeArbG; §§ 6 Abs. 4, 1 MTV-See vom 11.03.2002; somit ergeben sich bei der Hochseefischerei auch Probleme bei der Errechnung des Anteils am Fangerlös, da dieser vom konkreten Schiff abhängt). Wie in einem solchen Falle die Entgelthöhe zu berechnen ist, wird im Gesetz nicht geregelt. Eine analoge Anwendung des § 10 Abs. 3 KSchG scheidet aus, weil es nach dem Zweck des § 116 Abs. 3 Nr. 3 auf den hypothetischen Verdienst ankommt, nicht darauf, welches Entgelt das Besatzungsmitglied zufällig im letzten Monat vor Amtsantritt erhalten hat. Sachgerecht ist es, wie bei der Berechnung der Urlaubsbezüge gemäß § 25 Abs. 1 MTV-See vom 11.03.2002, auf die durchschnittlichen Bruttobezüge des Seebetriebsratsmitglieds in den letzten sechs Monaten vor Amtsantritt abzustellen. Auch die Durchschnittsbezüge vergleichbarer Besatzungsmitglieder des Seeschifffahrtsunternehmens können bei der Bestimmung des hypothetischen Verdienstes herangezogen werden (vgl. *Lindemann* § 37 Rn. 56 f.; *Galperin/Löwisch* § 116 Rn. 26; *Richardi/Forst* § 116 Rn. 55). Im Bereich der Seeschifffahrt hat sich die Berechnungsproblematik durch die Einführung der Gesamtvergütung als Festheuer ohnehin weitgehend entschärft.

33   Zur Heuer hinzukommen die **Sachbezüge** der Besatzungsmitglieder, vor allem Verpflegung (§ 97 SeeArbG) und Unterbringung (§§ 93 f. SeeArbG), aber auch sonstige tarifliche und arbeitsvertragliche Sachleistungen des Arbeitgebers, wie z. B. Fischdeputate (vgl. § 31 MTV-Fisch vom 16.07.1991). Hinsichtlich der Unterbringung enthält § 116 Abs. 3 Nr. 4 eine Sonderregelung (dazu Rdn. 35), so dass nach § 116 Abs. 3 Nr. 3 Satz 2 vor allem der Anspruch der Besatzungsmitglieder auf Verpflegung abzugelten ist (zur analogen Anwendung dieser Norm auf freigestellte Seebetriebsmitglieder vgl. Rdn. 31). Als angemessen ist z. B. das tariflich festgelegte Verpflegungsgeld nach § 17 Abs. 3 MTV-See vom 11.03.2002 i. V. m. HTV-See vom 01.12.2015 (dort unter B. Sachleistungen) anzusetzen (vgl. *Galperin/Löwisch* § 116 Rn. 28; *Richardi/Forst* § 116 Rn. 55). Außer dem Verpflegungsanspruch erfasst § 116 Abs. 3 Nr. 3 Satz 2 den Anspruch auf Stellung von Uniformen, Uniformteilen oder einheitlicher Arbeits-/Dienstkleidung unter den Voraussetzungen des § 20 MTV-See vom 11.03.2002. Bei der Berechnung des nach § 116 Abs. 3 Nr. 3 Satz 2 zu zahlenden Betrags ist jedoch zu berücksichtigen, was das Besatzungsmitglied aufgrund seiner Tätigkeit an Land erspart (vgl. *Galperin/Löwisch* § 116 Rn. 28; *Richardi/Forst* § 116 Rn. 55).

34   Ausnahmsweise ist den zum Seebetriebsrat gewählten Besatzungsmitgliedern das dem neuen Arbeitsplatz an Land entsprechende Arbeitsentgelt zu zahlen, wenn jener gegenüber der bisherigen Arbeit an Bord höherwertig ist (§ 116 Abs. 3 Nr. 3 Satz 3). Dabei kommt es entsprechend dem Zweck der Vorschrift, die eine wirtschaftliche Schlechterstellung verhindern soll, allein auf einen Vergleich des Arbeitsentgelts an Bord und an Land an, so dass eine unterschiedliche Wertigkeit z. B. im Hinblick auf Anforderungen, Kompetenzen, Ansehen im Betrieb usw. unbeachtlich ist.

35   Da die in den Seebetriebsrat gewählten Besatzungsmitglieder ihre Arbeit an Bord aufgeben, wird ihr Anspruch nach § 93 SeeArbG auf freie und angemessene **Unterbringung** auf dem Schiff gegenstandslos. Zum Ausgleich gewährt § 116 Abs. 3 Nr. 4 einen Anspruch auf Unterkunft an Land auf Kosten des Seeschifffahrtsunternehmens (vgl. *Lindemann* § 93 Rn. 59; *Galperin/Löwisch* § 116 Rn. 29; *Joost/*MünchArbR 2. Aufl., § 321 Rn. 100), falls die Mitglieder des Seebetriebsrats ihre Tätigkeit außerhalb ihres Wohnorts, d. h. ihres Wohnsitzes i. S. d. § 7 BGB, ausüben müssen. Dadurch soll verhindert werden, dass die Seebetriebsratsmitglieder während ihrer Amtszeit finanziell schlechter gestellt werden als während ihres Dienstes an Bord (zur entsprechenden Anwendung der Vorschrift auf freigestellte Seebetriebsratsmitglieder vgl. Rdn. 31). In Übereinstimmung mit § 93 SeeArbG (vgl. dazu die Verordnung über die Unterkünfte und Freizeiteinrichtungen der Besatzungsmitglieder an Bord von Kauffahrteischiffen (SeeUnterkunftsV) vom 25.07.2013 [BAnz. AT 30.07.2013 V1]; *Lindemann* § 93 Rn. 7 ff.) ist entweder freie und angemessene Unterbringung zu gewähren (z. B. möbliertes Zimmer, Hotelzimmer, Seemannsheim usw.; zust. *Berg/DKK* § 116 Rn. 29; ähnlich *Lindemann* § 93 Rn. 59; **a. M.** *Brecht* § 116 Rn. 4, der lediglich die Mehraufwendungen ausgleichen will) oder eine angemessene Vergütung für die vom Seebetriebsratsmitglied selbst beschaffte Unterkunft zu zahlen. Welche Unterbringung angemessen ist, hängt vom Dienstgrad des Besatzungsmitglieds und seiner bisherigen Unterbringung an Bord ab (ebenso *Lindemann* § 93 Rn. 59). Im Übrigen richtet sich der In-

halt des Anspruchs nach den örtlichen Verhältnissen. Wohnt das Seebetriebsratsmitglied zwar nicht in der Gemeinde, in der es seine Tätigkeit ausübt, wohl aber in deren Einzugsbereich, so kommt statt der Unterkunftsgewährung eine Fahrtkostenerstattung oder -beteiligung in Betracht (vgl. *Galperin/Löwisch* § 116 Rn. 29). Sobald das Seebetriebsratsmitglied seinen Wohnsitz an den Ort seiner Tätigkeit verlegt, entfällt der Anspruch nach § 116 Abs. 3 Nr. 4. Da diese Vorschrift eine abschließende Regelung enthält, scheidet eine Abgeltung des an Bord bestehenden Unterkunftsanspruchs gemäß § 116 Abs. 3 Nr. 3 Satz 2 aus (im Ergebnis ebenso *Lindemann* § 93 Rn. 59). Eine Wohnsitzverlegung nach § 7 BGB ist in der Regel anzunehmen, wenn das Mitglied des Seebetriebsrats seine Familie an den Ort seiner Tätigkeit übersiedeln lässt oder unter Aufgabe seines bisherigen Hauptwohnsitzes dort eine eigene Wohnung nimmt (im Ergebnis ebenso *Galperin/Löwisch* § 116 Rn. 30). Bei der Konkretisierung des Anspruchs nach § 116 Abs. 3 Nr. 4 steht dem Seebetriebsrat ein Mitbestimmungsrecht zu, das ein Initiativrecht einschließt. Bei fehlender Einigung entscheidet die Einigungsstelle verbindlich.

Für den **Urlaubsanspruch** des Seebetriebsratsmitglieds ist die Regelung des § 23 Abs. 6 MTV-See **36** vom 11.03.2002 über die Dauer des Urlaubs eines an Land beschäftigten Besatzungsmitglieds maßgebend (vgl. *Galperin/Löwisch* § 116 Rn. 27). Bei einer Tätigkeit an Bord steht dem Besatzungsmitglied nach § 23 Abs. 5 MTV-See vom 11.03.2002 ein erheblich längerer Urlaub zu. Dadurch wird jedoch lediglich ein Ausgleich für die an Bord verbrachten, an Land arbeitsfreien Tage (Samstage, Sonn- und Feiertage; vgl. § 52 SeeArbG) geschaffen, so dass das Seebetriebsratsmitglied nicht benachteiligt wird, wenn es nach Amtsübernahme einen kürzeren Jahresurlaub erhält.

5. Zutritt zu den Schiffen des Seebetriebs, Betätigung an Bord, Teilnahme an Sitzungen der Bordvertretung, Unterrichtung über den Schiffsbetrieb (Abs. 3 Nr. 5)

Der Seebetriebsrat ist zur Durchführung seiner Aufgaben auf die Zusammenarbeit mit den Bordver- **37** tretungen und einen möglichst engen Kontakt zu sämtlichen Besatzungsmitgliedern angewiesen. Dieser soll durch die in § 116 Abs. 3 Nr. 5 bis 8 eingeräumten Rechte ermöglicht werden. Falls ein Schiff nicht im Hafen am Sitz des Seeschifffahrtsunternehmens liegt, verursacht ein Besuch von Seebetriebsratsmitgliedern Reise- und Unterbringungskosten, die nach § 40 Abs. 1 vom Seeschifffahrtsunternehmen zu tragen sind (vgl. Rdn. 49). Im Hinblick darauf sind die Befugnisse des Seebetriebsrats nach dem Aufenthaltsort des Schiffes abgestuft. Ihr Umfang hängt davon ab, ob das Schiff in einem deutschen, einem sonstigen europäischen oder in einem außereuropäischen Hafen liegt (krit. dazu *Berg/DKK* § 116 Rn. 32). Welche Häfen zu den europäischen gehören, ist nach der Verkehrsauffassung zu bestimmen (vgl. *Richardi/Forst* § 116 Rn. 65).

Die Vorschrift des § 116 Abs. 3 Nr. 5 räumt dem Seebetriebsrat das Recht ein, jedes zum Seebetrieb **38** gehörende Schiff zu betreten, dort im Rahmen seiner Aufgaben tätig zu werden, an den Sitzungen der Bordvertretung teilzunehmen sowie regelmäßige und umfassende Unterrichtung über den Schiffsbetrieb zu verlangen (zu den Rechten im Einzelnen s. Rdn. 41 ff.). Aus § 116 Abs. 3 Nr. 7 ergibt sich, dass diese Rechte grundsätzlich nur geltend gemacht werden können, wenn das Schiff in einem deutschen bzw. einem europäischen Hafen liegt, sofern es innerhalb eines Kalenderjahres keinen deutschen Hafen anläuft (vgl. *Galperin/Löwisch* § 115 Rn. 23, § 116 Rn. 32; *Richardi/Forst* § 116 Rn. 61, 65). Würde diese Einschränkung (dazu im Einzelnen Rdn. 39) lediglich für Sprechstunden und Bordversammlungen gelten, wäre nicht verständlich, warum § 116 Abs. 3 Nr. 5 und nicht nur auf Nr. 6 verweist. Der Zweck des § 116 Abs. 3 Nr. 7, den Seeschifffahrtsunternehmen die Kosten einer Reise von Seebetriebsratsmitgliedern in einen nichtdeutschen Hafen nur ausnahmsweise aufzuerlegen, erfasst das allgemeine Zutritts- und Betätigungsrecht ebenso wie das Recht, Sprechstunden und Bordversammlungen durchzuführen. Im Gegensatz zum allgemeinen Betriebsverfassungsrecht hat der Seebetriebsrat also nicht jederzeit Zugang zu dem Betrieb, dessen Arbeitnehmer er repräsentiert. Diese auf den Besonderheiten der Seeschifffahrt beruhende Einschränkung ist unbedenklich, weil ein ständiger kollektiver Schutz durch die Bordvertretung gewährleistet ist.

Die Rechte aus § 116 Abs. 3 Nr. 5 können also grundsätzlich nur während der Liegezeit des Schiffes in **39** einem **Hafen** im **Geltungsbereich** des **Gesetzes** ausgeübt werden, nicht während der Fahrt des Schiffes oder während des Ankerns auf der Reede. Einem Hafen gleichzustellen ist die Hafenreede (vgl. die Definition in § 10 MTV-See vom 17.04.1986/22.03.1996; *Galperin/Löwisch* § 116 Rn. 32). Der Seebetriebsrat kann auf andere **europäische Häfen** ausweichen, wenn ein Schiff binnen eines Kalenderjahres keinen deutschen Hafen anläuft, wobei die Schleusen des Nordostseekanals insoweit nicht als Häfen gelten (§ 116 Abs. 3 Nr. 7). In einem nichtdeutschen europäischen Hafen kann der Seebetriebsrat die genannten Rechte nur einmal im Kalenderjahr ausüben (vgl. *ArbG Hamburg* 25.03.1975 SeeAE Nr. 3 zu § 116 BetrVG S. 6; *Galperin/Löwisch* § 116 Rn. 37; *Richardi/Forst* § 116 Rn. 66). Sonst würden entgegen dem Zweck des § 116 Abs. 3 Nr. 7, ein Mindestmaß an Kontakt zwischen dem Seebetriebsrat und der Besatzung eines Schiffes zu garantieren, die Arbeitnehmer auf denjenigen Schiffen benachteiligt, die einmal im Jahr einen deutschen Hafen anlaufen; denn in einem solchen Falle ist § 116 Abs. 3 Nr. 7 anwendbar, so dass der Seebetriebsrat seine Rechte ebenfalls nur einmal ausüben kann. Die Vorschrift des § 116 Abs. 3 Nr. 7 greift ein, sobald aufgrund der Einsatzplanung feststeht, dass das Schiff im Kalenderjahr keinen deutschen Hafen erreicht (vgl. *ArbG Hamburg* 25.03.1975 SeeAE Nr. 3 zu § 116 BetrVG S. 5; *Berg/DKK* § 116 Rn. 41; *Franzen* AR-Blattei SD 1450.5, Rn. 112; *Galperin/Löwisch* § 116 Rn. 37). Im Regelfall muss also nicht der Ablauf des jeweiligen Jahres abgewartet werden. Über den Wortlaut des Gesetzes hinaus können die Rechte gemäß § 116 Abs. 3 Nr. 5 unter den Voraussetzungen des § 116 Abs. 3 Nr. 8 auch in **außereuropäischen Häfen** geltend gemacht werden. Die zuletzt genannte Vorschrift (vgl. dazu ausführlich Rdn. 45) ist insoweit analog anwendbar (im Ergebnis ebenso hinsichtlich der Teilnahme an Sitzungen der Bordvertretung *Galperin/Löwisch* § 115 Rn. 23).

40 Falls der Seebetriebsrat im Rahmen eines nach § 116 Abs. 3 Nr. 5 bis 8 zulässigen Besuchs in einem nichtdeutschen Hafen auf ein anderes Schiff des Seebetriebs trifft, kann er dort seine aus § 116 Abs. 3 Nr. 5 resultierenden Rechte ohne Rücksicht auf die engen Voraussetzungen des § 116 Abs. 3 Nr. 7 und 8 ausüben, weil der Zweck der Beschränkung, dem Seeschifffahrtsunternehmen hohe Reisekosten zu ersparen, insoweit nicht eingreift (vgl. *Galperin/Löwisch* § 116 Rn. 38).

41 Das nach § 116 Abs. 3 Nr. 5 Satz 1 bestehende Recht des Seebetriebsrats auf **Zugang zu jedem Schiff** des Seebetriebs (§ 114 Abs. 3) richtet sich gegen den Kapitän, weil diesem als Inhaber der Schiffsgewalt das Hausrecht an Bord zusteht (vgl. m. w. N. § 114 Rdn. 31; § 115 Rdn. 6). Die Vorschrift des § 125 Abs. 1 SeeArbG, die grundsätzlich ein Zugangsverbot mit Erlaubnisvorbehalt für nicht zur Besatzung gehörende Personen aufstellt, wird insoweit verdrängt. Deshalb muss der Seebetriebsrat nicht die Erlaubnis des Kapitäns einholen, um das Schiff betreten zu dürfen. Er muss aber nach § 2 Abs. 1 den Kapitän über den beabsichtigten Besuch informieren, weil dieser schon aus Sicherheitsgründen wissen muss, wer sich an Bord aufhält (vgl. *Galperin/Löwisch* § 116 Rn. 32; *Hess/HWGNRH* § 116 Rn. 31; *Richardi/Forst* § 116 Rn. 60). Die Befugnis zum Betreten des Schiffes darf unter Heranziehung des in § 115 Abs. 7 Nr. 4 Satz 1 enthaltenen Rechtsgedankens allenfalls dann versagt werden, wenn es zur Aufrechterhaltung des ordnungsgemäßen Schiffsbetriebs dringend erforderlich ist (s. § 115 Rdn. 57 ff.; *Galperin/Löwisch* § 116 Rn. 32; *Hess/HWGNRH* § 116 Rn. 31; *Richardi/Forst* § 116 Rn. 60; **a. M.** *Berg/DKK* § 116 Rn. 34; ebenso noch *Richardi/Thüsing* 14. Aufl. § 116 Rn. 55, der annimmt, der Kapitän könne nur bestimmte Tätigkeiten des Seebetriebsrats an Bord verbieten). Entsprechendes gilt für das Recht des Seebetriebsrats, im Rahmen seiner Aufgaben ungehindert **an Bord tätig zu werden**. Diese ergeben sich aus dem Betriebsverfassungsgesetz, den einschlägigen Tarifverträgen und Betriebsvereinbarungen und sonstigen Rechtsvorschriften (vgl. Rdn. 3). Dabei ist die Kompetenzabgrenzung zwischen Bordvertretung und Seebetriebsrat nach § 115 Abs. 7 Nr. 1 und 2, § 116 Abs. 6 Nr. 1 zu beachten (s. § 115 Rdn. 48 ff., hier Rdn. 53 ff.). Inwieweit in diesem Rahmen ein Tätigwerden des Seebetriebsrats erforderlich ist, richtet sich nach den Umständen des Einzelfalles (s. *Weber* § 37 Rdn. 42 ff., § 40 Rdn. 11 ff.).

42 Der Seebetriebsrat hat zwar nach § 116 Abs. 3 Nr. 5 Satz 1 das Recht, an allen **Sitzungen** der **Bordvertretung teilzunehmen**, ist hierzu aber nicht verpflichtet. Einer Ladung durch den Vorsitzenden bedarf es nicht, doch sind analog § 31 Halbs. 2 der Zeitpunkt der Sitzung und die Tagesordnung dem Seebetriebsrat rechtzeitig mitzuteilen, damit dieser gegebenenfalls von seinem Teilnahmerecht Gebrauch machen kann (vgl. *Galperin/Löwisch* § 115 Rn. 23, § 116 Rn. 34; *Hess/HWGNRH* § 116 Rn. 32). Obwohl die Vorschrift im Gegensatz zu § 31 und § 32 ein Beratungsrecht nicht erwähnt, sind die Mitglieder des Seebetriebsrats nicht auf bloßes Zuhören beschränkt, sondern können in der Sitzung zu jedem Tagesordnungspunkt Stellung nehmen, weil anders eine sinnvolle Zusammenarbeit mit der Bordvertretung kaum denkbar wäre. Sie haben jedoch kein Stimmrecht (vgl. *Galperin/ Löwisch* § 116 Rn. 34). Der Seebetriebsrat ist nicht berechtigt, an Sitzungen des **Schiffssicherheitsausschusses** (§ 115 SeeArbG) eines Schiffes teilzunehmen, wenn dieses sich auf hoher See oder in einem ausländischen Hafen befindet (vgl. *BAG* 10.08.1994 AP Nr. 1 zu § 115 BetrVG 1972 Bl. 2f.).

Der Anspruch des Seebetriebsrats gegen den Kapitän auf **Unterrichtung über** den **Schiffsbetrieb** 43 nach § 116 Abs. 3 Nr. 5 Satz 2, § 115 Abs. 7 Nr. 5 Satz 1 dient der Ergänzung des inhaltsgleichen Rechts gegenüber dem Seeschifffahrtsunternehmen (§ 116 Abs. 6 Nr. 2; vgl. Rdn. 56). Es kann nicht unterstellt werden, dass die Verweisung auf § 115 Abs. 7 Nr. 5 Satz 1 ein Redaktionsversehen war und dem Seebetriebsrat stattdessen wie im RegE (vgl. § 116 Abs. 13 Satz 2 RegE, BT-Drucks. VI/1786, S. 26) ein Anspruch auf Einsicht in die an Bord befindlichen Schiffstagebücher nach § 115 Abs. 7 Nr. 6 Satz 1 eingeräumt werden sollte (so aber *Richardi/Forst* § 116 Rn. 62; wie hier *Hess/HWGNRH* § 116 Rn. 30; wohl auch *Galperin/Löwisch* § 116 Rn. 34). Der Informationsanspruch gegenüber dem Kapitän ist auch keineswegs überflüssig, weil jener über die speziellen Probleme an Bord besser unterrichtet ist als das Seeschifffahrtsunternehmen. Der Anspruch kann nur während der Betriebsratsarbeit an Bord geltend gemacht werden, wie sich aus dem Zusammenhang mit § 116 Abs. 3 Nr. 5 Satz 1 ergibt (vgl. *Galperin/Löwisch* § 116 Rn. 34). Der Kapitän ist daher anders als gegenüber der Bordvertretung grundsätzlich nicht verpflichtet, von sich aus tätig zu werden, etwa in der Form regelmäßiger Berichte an den Seebetriebsrat. Er muss aber auf Fragen nach dem Schiffsbetrieb umfassend, d.h. erschöpfend Auskunft geben (vgl. im Übrigen zum Inhalt des Anspruchs s. § 115 Rdn. 63 ff.). Eine Pflicht des Kapitäns zur Vorlage von Unterlagen gemäß § 115 Abs. 7 Nr. 5 Satz 2 besteht nicht.

6. Sprechstunden und Bordversammlungen (Abs. 3 Nr. 6 bis 8)

Nach § 116 Abs. 3 Nr. 6 bis 8 hat der Seebetriebsrat das Recht, an Bord jedes zum Seebetrieb gehö- 44 renden Schiffes Sprechstunden abzuhalten und Bordversammlungen (§ 115 Abs. 5 Satz 1) durchzuführen. Ebenso wie die Befugnisse nach § 116 Abs. 3 Nr. 5 kann der Seebetriebsrat auch dieses Recht grundsätzlich nur dann ausüben, wenn das Schiff in einem deutschen (§ 116 Abs. 3 Nr. 6) bzw. in einem sonstigen europäischen Hafen liegt, sofern es innerhalb eines Kalenderjahres keinen Hafen im Geltungsbereich dieses Gesetzes anläuft (§ 116 Abs. 3 Nr. 7; dazu im Einzelnen Rdn. 39).

Abweichend von § 116 Abs. 3 Nr. 6 und 7 können Sprechstunden und Bordversammlungen aber auch 45 in anderen, d.h. außereuropäischen Häfen durchgeführt werden, wenn hierfür ein dringendes Bedürfnis besteht und der Arbeitgeber (Seeschifffahrtsunternehmen; s. § 114 Rdn. 5) seine Zustimmung erteilt oder diese durch einen Spruch der Einigungsstelle ersetzt wird (§ 116 Abs. 3 Nr. 8). Dieses **außerordentliche Besuchsrecht** ist indessen nicht auf außereuropäische Häfen beschränkt, sondern besteht generell (vgl. *ArbG Hamburg* 25.03.1975 SeeAE Nr. 3 zu § 116 BetrVG S. 5; *Galperin/Löwisch* § 116 Rn. 38; *Hess/HWGNRH* § 116 Rn. 35; *Richardi/Forst* § 116 Rn. 67). Es ist beispielsweise auch dann von praktischer Bedeutung, wenn ein Schiff in einem nichtdeutschen europäischen Hafen liegt, ohne dass die Voraussetzungen des § 116 Abs. 3 Nr. 7 (vgl. dazu Rdn. 39, 44) erfüllt sind. Falls der Seebetriebsrat von seinem Recht nach § 116 Abs. 3 Nr. 8 Gebrauch gemacht hat, kommt allerdings in demselben Kalenderjahr kein Besuch nach § 116 Abs. 3 Nr. 7 mehr in Betracht (vgl. *Galperin/Löwisch* § 116 Rn. 38), weil dann dem Zweck der letztgenannten Norm, pro Jahr einen einmaligen Kontakt zwischen dem Seebetriebsrat und der Besatzung eines Schiffes sicherzustellen, bereits Rechnung getragen ist. Das außerordentliche Besuchsrecht nach § 116 Abs. 3 Nr. 8 ist dagegen nicht zahlenmäßig beschränkt, sondern nur von einem dringenden Bedürfnis abhängig. Diese Voraussetzung ist erfüllt, wenn ein verantwortungsbewusster Seebetriebsrat im Interesse der Besatzungsmitglieder aus besonderen Gründen Sprechstunden bzw. eine Bordversammlung alsbald durchführen würde, weil z.B. ein Besuch schon seit mehreren Jahren nicht möglich war, keine Bordvertretung besteht oder ein besonderer Anlass, beispielsweise ein Schiffsbrand, gegeben ist und ein Aufschub nicht vertretbar erscheint (vgl. *Hess/HWGNRH* § 116 Rn. 35; *Richardi/Forst* § 116 Rn. 67). Das außerordentliche Besuchsrecht besteht aber nicht schon dann, wenn das Schiff innerhalb eines Jahres keinen europäischen Hafen anläuft, weil die Garantie eines einmaligen jährlichen Besuchs nach der eindeutigen gesetzgeberischen Entscheidung in § 116 Abs. 3 Nr. 7 nur für europäische Häfen gilt (vgl. *Galperin/Löwisch* § 116 Rn. 40). Für den in § 116 Abs. 3 Nr. 8 vorgesehenen verbindlichen Spruch der Einigungsstelle gelten die Grundsätze des § 76 Abs. 5 (s. *Jacobs* § 76 Rdn. 139ff., 160ff.). Im Hinblick auf die arbeitsgerichtliche Kontrolle des Spruches müssen die Rechtsfrage, ob ein dringendes Bedürfnis für eine Sprechstunde oder eine Bordversammlung besteht, und die Regelungsfrage, wann und in welchem Hafen sie durchgeführt werden sollen, auseinander gehalten werden. Wenn die Einigungsstelle zu Unrecht ein dringendes Bedürfnis angenommen hat, kann die Unwirksamkeit ihres Spruches wegen mangelnder Zuständigkeit ohne zeitliche Begrenzung geltend gemacht werden (ebenso *Richardi/Forst* § 116 Rn. 69; **a. M.** noch *Richardi/Thüsing* 14. Aufl., § 116 Rn. 65, der verkennt, dass es auch bei einer positiven Entscheidung über ein dringendes Bedürfnis um eine Rechtsfrage geht). Dagegen ist bei einer Ermessensüberschreitung im Rahmen der Regelungsentscheidung die Zwei-Wochen-Frist des § 76 Abs. 5 Satz 4 zu beachten (ebenso *Richardi/Forst* § 116 Rn. 69).

46 Unabhängig von den Voraussetzungen des § 116 Abs. 3 Nr. 7 und 8 kann der Seebetriebsrat in einem ausländischen Hafen auch dann Sprechstunden und Bordversammlungen durchführen, wenn er beim Besuch eines Schiffes auf ein weiteres zum Seebetrieb gehörendes Schiff trifft (vgl. Rdn. 40). In allen Fällen muss er dem Kapitän vorher Ort, Zeitpunkt und voraussichtliche Dauer mitteilen (§ 116 Abs. 3 Nr. 6). Die Wahrnehmung der Befugnisse nach § 116 Abs. 3 Nr. 6 bis 8 durch den Seebetriebsrat lässt die entsprechenden Rechte der Bordvertretung nach § 115 Abs. 4 Satz 1 und Abs. 5 Satz 1 i. V. m. § 39, §§ 42 ff. unberührt.

47 Über die Durchführung von **Sprechstunden an Bord** entscheidet der Seebetriebsrat nach pflichtgemäßem Ermessen (s. *Weber* § 39 Rdn. 11) und beschließt hierüber in der Regel nach Bedarf. Eine Vereinbarung mit dem Arbeitgeber ist im Gegensatz zur allgemeinen Regelung des § 39 Abs. 1 Satz 2 (s. *Weber* § 39 Rdn. 14 f.) nur in den Fällen des § 116 Abs. 3 Nr. 8 (dazu Rdn. 45) erforderlich. Sonst genügt die Unterrichtung des Kapitäns nach § 116 Abs. 3 Nr. 6 (vgl. *Galperin/Löwisch* § 116 Rn. 34; *Hess/HWGNRH* § 116 Rn. 33; *Richardi/Forst* § 116 Rn. 63). Diese Vorschrift enthält indessen nur für Sprechstunden an Bord eine abschließende Regelung, so dass § 39 ohne Einschränkung zur Anwendung kommt, wenn der Seebetriebsrat an Land Sprechstunden einrichtet.

48 Die vom Seebetriebsrat einberufenen **Bordversammlungen** nach § 116 Abs. 3 Nr. 6 bis 8 treten an die Stelle der nach § 116 Abs. 4 ausgeschlossenen Betriebsversammlung aller Besatzungsmitglieder des Seebetriebs (vgl. Schriftlicher Bericht 10. Ausschuss, zu BT-Drucks. VI/2729, S. 34 sowie Rdn. 51). Sie können daher als besonders geregelte Teilversammlungen (§ 42 Abs. 1 Satz 3; s. *Weber* § 42 Rdn. 58 ff.) angesehen werden. Dagegen handelt es sich nicht um Abteilungsversammlungen i. S. d. § 42 Abs. 2, weil nicht nur die besonderen Belange der jeweiligen Schiffsbesatzung, sondern im Rahmen des § 45 alle den Seebetrieb berührenden Angelegenheiten erörtert werden können. Im Übrigen sind die §§ 42 bis 46 entsprechend anzuwenden (vgl. § 115 Abs. 5 Satz 1). Auf jedem Schiff sind daher im Kalenderjahr vier bzw. sechs vom Seebetriebsrat während der Arbeitszeit durchzuführenden Bordversammlungen zulässig (§ 43 Abs. 1 Satz 1 und 4), und zwar unabhängig davon, wie viele Bordversammlungen bereits durch die Bordvertretung einberufen wurden (s. § 115 Rdn. 39 m. w. N.). Der Seebetriebsrat muss die Bordversammlung einberufen und durchführen und hat den Tätigkeitsbericht (§ 43 Abs. 1 Satz 1) zu erstatten. Als Arbeitgeber zu laden ist nicht der Kapitän, sondern der Reeder bzw. ein sonstiger Seeschifffahrtsunternehmer i. S. d. § 114 Abs. 2 (s. § 114 Rdn. 5 ff.) oder dessen Vertreter (vgl. *Galperin/Löwisch* § 116 Rn. 35). Er hat die Rechte und Pflichten aus § 43 Abs. 2 usw. Dagegen kann der Seebetriebsrat nicht nach § 17 Abs. 1 und 2 Bordversammlungen zwecks Errichtung einer Bordvertretung einberufen, weil durch § 17 Abs. 2, § 115 Abs. 2 Nr. 8 Satz 1 die Befugnis zur Einladung abschließend geregelt ist. Der Seebetriebsrat ist bei der Bestellung eines Wahlvorstands auf sein Recht nach § 115 Abs. 2 Nr. 8 Satz 3 (s. § 115 Rdn. 22 f.) beschränkt.

7. Kosten und Sachaufwand des Seebetriebsrats

49 Nach § 116 Abs. 3 Satz 1 i. V. m. § 40 Abs. 1 hat das Seeschifffahrtsunternehmen die durch die Tätigkeit des Seebetriebsrats entstehenden Kosten zu tragen. Insbesondere sind im Rahmen der Erforderlichkeit (s. *Weber* § 40 Rdn. 11 ff.) die bei der Ausübung der Rechte gemäß § 116 Abs. 3 Nr. 5 bis 8 entstehenden Reise- und Unterbringungskosten zu übernehmen. In der Regel ist es aber nicht erforderlich, dass mehrere Seebetriebsratsmitglieder oder sogar der gesamte Seebetriebsrat zu einem Schiff reisen. Da Verhandlungspartner des Seebetriebsrats nicht der Kapitän, sondern das Seeschifffahrtsunternehmen ist, müssen die Beschlüsse nicht an Bord gefasst werden. Deshalb genügt es, wenn ein

Seebetriebsrat § 116

Mitglied des Seebetriebsrats das Schiff besucht und nach der Rückkehr seinen Amtskollegen berichtet (vgl. *Galperin/Löwisch* § 116 Rn. 39 f.; *Hess/HWGNRH* § 116 Rn. 36; *Joost*/MünchArbR 2. Aufl., § 321 Rn. 101; *Richardi/Forst* § 116 Rn. 66; **a. M.** *Berg/DKK* § 116 Rn. 31).

Die Verpflichtung des Seeschifffahrtsunternehmens, dem Seebetriebsrat in erforderlichem Umfang 50 Sachmittel zur Verfügung zu stellen (§ 116 Abs. 3 Satz 1 i. V. m. § 40 Abs. 2), wird durch die entsprechende Anwendung des § 115 Abs. 4 Satz 2 (s. § 115 Rdn. 38) ergänzt. Auch der Seebetriebsrat kann also u. a. die Funkverbindungen zwischen der Reederei und den einzelnen Schiffen benutzen (vgl. *Richardi/Forst* § 116 Rn. 47).

VI. Betriebsversammlung (Abs. 4)

In Seebetrieben (§ 114 Abs. 3) scheidet die Durchführung von Betriebsversammlungen aller Arbeit- 51 nehmer aus, weil die Besatzungsmitglieder wegen der unterschiedlichen Standorte der Schiffe nur schwer gleichzeitig zusammenkommen können. Der damit verbundene Aufwand stünde in keinem Verhältnis zu dem Nutzen (vgl. Schriftlicher Bericht 10. Ausschuss, zu BT-Drucks. VI/2729, S. 34). An die Stelle der Betriebsversammlung treten die vom Seebetriebsrat durchzuführenden Bordversammlungen nach § 116 Abs. 3 Nr. 6 bis 8 (vgl. Rdn. 48). Außerdem ist das Seeschifffahrtsunternehmen nach § 40 Abs. 2 verpflichtet, ein Mitteilungsblatt des Seebetriebsrats zu finanzieren, um eine ausreichende Information der Besatzungsmitglieder auch dann sicherzustellen, wenn längere Zeit keine Bordversammlung stattfinden kann. Da das Mitteilungsblatt im Seebetrieb an die Stelle der Betriebsversammlungen tritt, gilt für die Häufigkeit seines Erscheinens § 43 Abs. 1 analog (vgl. ArbG Bremen SeeAE Nr. 6 zu § 116 BetrVG S. 5; *Franzen* AR-Blattei SD 1450.5, Rn. 114; *Galperin/Löwisch* § 116 Rn. 41; allgemein zum Informationsblatt des Betriebsrats s. *Weber* § 40 Rdn. 172 f. m. w. N.). Die erst aufgrund der Beschlüsse des 10. Ausschusses (vgl. BT-Drucks. VI/2729, S. 60) eingefügte Vorschrift des § 116 Abs. 4 soll lediglich Betriebsversammlungen aller Besatzungsmitglieder des Seebetriebs verhindern, schließt aber die entsprechende Anwendung der §§ 42 bis 46 auf Bordversammlungen nicht aus.

VII. Gesamt- und Konzernbetriebsrat (Abs. 5)

Unter den Voraussetzungen des § 47 Abs. 1 (s. *Kreutz/Franzen* § 47 Rdn. 2 ff.) ist auch im Seeschiff- 52 fahrtsunternehmen für alle unternehmensangehörigen Betriebe, also für die Landbetriebe und den Seebetrieb (§ 114 Abs. 3), ein Gesamtbetriebsrat zu errichten, auf den die Vorschriften der §§ 47 bis 53 Anwendung finden. Entsprechendes gilt für den Konzernbetriebsrat gemäß §§ 54 bis 59. Durch § 115 Abs. 6, § 116 Abs. 5 werden die Rechte und Pflichten des Betriebsrats hinsichtlich der Bildung dieser Gremien, der Übertragung von Aufgaben usw. im Seebetrieb ausschließlich dem Seebetriebsrat zugewiesen (vgl. Schriftlicher Bericht 10. Ausschuss, zu BT-Drucks. VI/2729, S. 34 f.). Diese Regelung geht somit der Kompetenzverteilung nach § 115 Abs. 7 Nr. 1 und 2, § 116 Abs. 6 Nr. 1 vor. In den Konzernbetriebsrat kann der Seebetriebsrat nach § 54 Abs. 2 allerdings nur dann Mitglieder entsenden, wenn in dem Seeschifffahrtsunternehmen kein Landbetriebsrat und damit auch kein Gesamtbetriebsrat besteht (zur umstrittenen Auslegung des § 54 Abs. 2 vgl. *Richardi/Annuß* § 54 Rn. 54 ff.; *Richardi/Forst* § 116 Rn. 71; s. a. § 54 Rdn. 66 ff.; *Galperin/Löwisch* § 54 Rn. 25 ff., § 116 Rn. 42). Eine Gesamt-Jugend- und Auszubildendenvertretung kann nur für die Landbetriebe gebildet werden, weil es im Seebetrieb keine Jugend- und Auszubildendenvertretung gibt (§ 114 Abs. 5; s. § 114 Rdn. 25).

VIII. Mitwirkung und Mitbestimmung des Seebetriebsrats (Abs. 6)

1. Zuständigkeit des Seebetriebsrats (Abs. 6 Nr. 1)

Dem Seebetriebsrat obliegt im Rahmen der Zuständigkeitsregelung nach § 115 Abs. 7 Nr. 1 und 2 (s. 53 § 115 Rdn. 48 ff., 51 ff.) und § 116 Abs. 6 Nr. 1 die Behandlung aller mitwirkungs- und mitbestimmungspflichtigen Angelegenheiten nach §§ 74 bis 113 und sonstigen Rechtsvorschriften (vgl. auch Rdn. 3, s. § 115 Rdn. 3). Der Seebetriebsrat ist grundsätzlich für alle Angelegenheiten zuständig, die nicht lediglich ein Schiff oder die Besatzungsmitglieder eines Schiffes (vgl. *Franzen* AR-Blattei SD 1450.5, Rn. 135), sondern mehrere oder alle Schiffe des Seebetriebs (§ 114 Abs. 3) bzw. deren Besatzungen betreffen (**§ 116 Abs. 6 Nr. 1 Buchst. a**). Im Gegensatz zu den Zuständigkeitsregelungen nach § 50 Abs. 1 Satz 1, § 58 Abs. 1 Satz 1, § 73 Abs. 2 genügt hier bereits der überbetriebliche Charakter einer Angelegenheit, der z. B. bei einem mehrere Schiffe betreffenden Kammerbelegungsplan vorliegt (Mitbestimmung nach § 87 Abs. 1 Nr. 1; vgl. *ArbG Bremen* 17.01.1980 SeeAE Nr. 2 zu § 87 BetrVG S. 6 f.) und auch bei einer den gesamten Seebetrieb erfassenden Sozialeinrichtung (§ 87 Abs. 1 Nr. 8) gegeben sein kann. Gleiches gilt für die Umsetzung eines Besatzungsmitglieds auf ein anderes Schiff des Seeschifffahrtsunternehmens, soweit darin ausnahmsweise eine Versetzung i. S. d. §§ 99, 95 Abs. 3 liegt (s. § 114 Rdn. 14 sowie *Richardi/Forst* § 115 Rn. 112; **a. M.** *Galperin/Löwisch* § 116 Rn. 44). Nach Wortlaut und Sinn des § 115 Abs. 7 Nr. 1 wird durch die Zuständigkeit des Seebetriebsrats die Kompetenz der Bordvertretung nicht beseitigt, so dass eine konkurrierende Zuständigkeit zwischen Seebetriebsrat und den einzelnen Bordvertretungen möglich ist. Entsprechend dem Zweck des § 115 Abs. 7 Nr. 3 Satz 3 (s. § 115 Rdn. 54) kommt jedoch über den Wortlaut dieser Vorschrift hinaus dem Seebetriebsrat nicht nur bei Betriebsvereinbarungen, sondern auch bei sonstigen Regelungen und Maßnahmen im Rahmen der §§ 74 bis 105 der Vorrang zu, wenn er eine Angelegenheit an sich zieht (vgl. *Galperin/Löwisch* § 116 Rn. 44). Sobald der Seebetriebsrat tätig wird, werden zwischen der Bordvertretung und dem Kapitän getroffene Regelungen unwirksam, und die Zuständigkeit der Bordvertretung zum Abschluss neuer Regelungen in derselben Sache erlischt. Nach Ansicht des *BAG* 10.08.1994 AR-Blattei ES 1450, Nr. 22 (mit insoweit abl. Ansicht *Franzen*) ist die Zuständigkeit des Seebetriebsrats nach § 116 Abs. 6 Nr. 1 Buchst. a auch bei nur einem Schiff gegeben, wenn es sich um schiffsübergreifende Fragen handelt, die nicht mit dem einzelnen Kapitän regelbar wären, wenn es mehrere Schiffe gäbe.

54 Die Vorschrift des **§ 116 Abs. 6 Nr. 1 Buchst. b** erweitert die Zuständigkeit des Seebetriebsrats für den Fall, dass die an sich zuständige Bordvertretung eine Angelegenheit nach § 115 Abs. 7 Nr. 2 Satz 1 abgegeben hat. Entsprechendes gilt für die Abgabe einer Angelegenheit durch den Kapitän (s. § 115 Rdn. 51 ff.).

55 Außerdem ist der Seebetriebsrat nach **§ 116 Abs. 6 Nr. 1 Buchst. c** zuständig, wenn eine auf das einzelne Schiff beschränkte Angelegenheit nach § 115 Abs. 7 Nr. 1 nicht in die Zuständigkeit der Bordvertretung fällt. Diese Vorschrift wurde erst aufgrund der Beschlüsse des 10. Ausschusses in das Gesetz eingefügt (vgl. BT-Drucks. VI/2729, S. 60; zu BT-Drucks. VI/2729, S. 34 f.), um die der Rechtsmacht des Kapitäns und deshalb der Zuständigkeit der Bordvertretung entzogenen Angelegenheiten nicht von der Mitwirkung und Mitbestimmung auszuschließen. Sie begründet eine subsidiäre Zuständigkeit des Seebetriebsrats. Die Abgrenzung der Kompetenzen zwischen Bordvertretung und Seebetriebsrat soll in der Weise lückenlos sein, dass für jede mitwirkungs- oder mitbestimmungspflichtige Angelegenheit wenigstens eine der betrieblichen Vertretungen zuständig ist (ähnlich *Berg/DKK* § 116 Rn. 48; *Stabenow* Hansa 1971, 1797 [1801]), und nach der Intention des Gesetzgebers (vgl. § 114 Abs. 1, § 115 Abs. 1 Satz 2 Abs, 7, § 116 Abs. 1 Satz 2, Abs. 6) nicht zu einer Schmälerung der Beteiligungsrechte führen. So übt z. B. mangels einer entsprechenden Kompetenz des Kapitäns (vgl. § 65 Abs. 3 SeeArbG) der Seebetriebsrat und nicht die Bordvertretung die Rechte aus § 102 aus, wenn einem Schiffsoffizier gekündigt wird (vgl. *Galperin/Löwisch* § 116 Rn. 46; *Lindemann* Die Beendigung des Arbeitsverhältnisses in der Seeschifffahrt, S. 27). Er vertritt auch die Interessen derjenigen Besatzungsmitglieder, die keinem bestimmten Schiff des Seebetriebs zugewiesen sind (vgl. Rdn. 5; *Steiner* BT-Prot. der 58. Sitzung des 10. Ausschusses, 6. Wahlperiode, S. 47). Schließlich ist nur der Seebetriebsrat für die Wahrnehmung der **Beteiligungsrechte** in **wirtschaftlichen Angelegenheiten** nach §§ 106 bis 113 zuständig, weil diese Vorschriften auf die Bordvertretung keine Anwendung finden (§ 115 Abs. 7 Satz 1). Es kommt insoweit nicht darauf an, ob ein oder mehrere Schiffe betroffen sind. Im Falle von Betriebsänderungen muss der Seebetriebsrat daher einen Interessenausgleich versuchen und einen Sozialplan erstellen, um die wirtschaftlichen Nachteile für die Belegschaft auszugleichen. Eine Betriebsänderung i. S. d. § 111 S. 3 Nr. 1 und 2 liegt insbesondere vor bei Einschränkung, Stilllegung oder Verlegung des ganzen Betriebs oder wesentlicher Betriebsteile. Eine Betriebsteilverlegung ist auch dann anzunehmen, wenn ein oder mehrere Schiffe ausgeflaggt werden (vgl. *Franzen*

AR-Blattei SD 1450.5, Rn. 137; im Ergebnis ebenso *Richardi/Forst* § 116 Rn. 77). Die Ausflaggung ändert zwar nicht den Heimathafen des ausgeflaggten Schiffes, sofern das Schiff weiterhin vom inländischen Hafen am Sitz des Seeschifffahrtsunternehmens aus eingesetzt wird. Die Beweglichkeit der Betriebsmittel im Seerecht bedingt allerdings, dass die Flagge das Hauptzurechnungskriterium bildet und nicht der Heimat- oder Registerhafen, welche ohnehin nicht allzu häufig angelaufen werden. Damit kommt auf ausgeflaggten Schiffen deutsches Seerecht grundsätzlich nicht zur Anwendung. Die Ausflaggung gleicht einer Verlegung eines Landbetriebs ins Ausland: dies kann wesentliche Nachteile für die Belegschaft mit sich bringen.

2. Unterrichtung über den Schiffsbetrieb (Abs. 6 Nr. 2)

Die Vorschrift des § 116 Abs. 6 Nr. 2 gibt dem Seebetriebsrat einen Anspruch auf regelmäßige und **56** umfassende Unterrichtung über den Schiffsbetrieb durch das Seeschifffahrtsunternehmen und auf Vorlage der erforderlichen Unterlagen (zum Begriff des Schiffsbetriebs und zur Abgrenzung gegenüber dem Bordbetrieb s. § 115 Rdn. 63 f.). Die allgemeine Regelung des § 80 Abs. 2 wird nicht verdrängt (vgl. *Berg/DKK* § 116 Rn. 49; *Joost/MünchArbR* 2. Aufl., § 321 Rn. 107; *Richardi/Forst* § 116 Rn. 74; **a. M.** *Galperin/Löwisch* § 116 Rn. 47 auf der Grundlage einer anderen Definition des Schiffsbetriebs; s. § 115 Rdn. 63), weil der Seebetriebsrat nach der Kompetenzverteilung des § 115 Abs. 7 Nr. 1 und 2 sowie des § 116 Abs. 6 Nr. 1 in bestimmten Fällen auch Beteiligungsrechte im Hinblick auf den Bordbetrieb wahrnimmt, insbesondere dann, wenn das Seeschifffahrtsunternehmen anstelle des Kapitäns eine Angelegenheit des Bordbetriebs regelt. Diese Rechte kann er nur dann sachgerecht ausüben, wenn er nicht nur gemäß § 116 Abs. 6 Nr. 2 über den Seebetrieb, sondern nach § 80 Abs. 2 auch über den Bordbetrieb unterrichtet wird, soweit dies zur Durchführung seiner Aufgaben erforderlich ist. Sonstige Informationsrechte (z. B. § 102 Abs. 1 Satz 2) bleiben ebenfalls unberührt. Nach § 116 Abs. 6 Nr. 2 Satz 1 ist der Seebetriebsrat »regelmäßig« zu unterrichten, während § 80 Abs. 2 Satz 1 von »rechtzeitiger« Unterrichtung spricht. Ein sachlicher Unterschied besteht indessen nicht: In beiden Fällen muss das Seeschifffahrtsunternehmen den Seebetriebsrat so zeitig informieren, dass dieser seine Aufgaben wahrnehmen kann (vgl. *Galperin/Löwisch* § 116 Rn. 47; *Hess/HWGNRH* § 116 Rn. 42). Im Gegensatz zu § 80 Abs. 2 Satz 2 Halbs. 1 (s. dazu *Weber* § 80 Rdn. 106) sind dem Seebetriebsrat nach § 116 Abs. 6 Nr. 2 Satz 2 die den Schiffsbetrieb betreffenden erforderlichen Unterlagen nur vorzulegen, nicht zur Verfügung zu stellen. Das Seeschifffahrtsunternehmen muss dem Seebetriebsrat aber auch ohne ausdrückliches Verlangen eine Einsichtnahme ermöglichen (vgl. *Galperin/Löwisch* § 116 Rn. 47).

IX. Streitigkeiten

Über Streitigkeiten aus der Anwendung des § 116 entscheiden die Arbeitsgerichte im Beschlussverfah- **57** ren (vgl. § 2a Abs. 1 Nr. 1, Abs. 2, §§ 80 ff. ArbGG), soweit nicht die Einigungsstelle zuständig ist (zur örtlichen Zuständigkeit s. § 115 Rdn. 71; vgl. auch *Galperin/Löwisch* § 116 Rn. 48; *Richardi/Forst* § 116 Rn. 78). Individualansprüche von Mitgliedern des Seebetriebsrats, z. B. auf Entgeltfortzahlung trotz Arbeitsversäumnis (§ 116 Abs. 3 Nr. 3, § 37 Abs. 2; s. *Weber* § 37 Rdn. 314 ff.), sind im Urteilsverfahren geltend zu machen (vgl. § 2 Abs. 1 Nr. 3 Buchst. a, Abs. 5, §§ 46 ff. ArbGG). Hierbei ist für tarifgebundene Parteien in der Seeschifffahrt die Gerichtsstandsvereinbarung des § 36 MTV-See vom 11.03.2002 (ArbG Hamburg) maßgebend. Im Bereich der Hochseefischerei bestehen Regelungen – gegebenenfalls im Nachwirkungsstadium (vgl. Rdn. 32) – in § 68 MTV-Fisch vom 16.07.1991 (ArbG Bremerhaven) und in § 24 des seit 01.01.2008 in Kraft befindlichen Tarifvertrags der Deutsche Fischfang-Union GmbH & Co. KG (ArbG Stade).

Zweiter Abschnitt
Luftfahrt

§ 117
Geltung für die Luftfahrt

(1) Auf Landbetriebe von Luftfahrtunternehmen ist dieses Gesetz anzuwenden.

(2) Für im Flugbetrieb beschäftigte Arbeitnehmer von Luftfahrtunternehmen kann durch Tarifvertrag eine Vertretung errichtet werden. Über die Zusammenarbeit dieser Vertretung mit den nach diesem Gesetz zu errichtenden Vertretungen der Arbeitnehmer der Landbetriebe des Luftfahrtunternehmens kann der Tarifvertrag von diesem Gesetz abweichende Regelungen vorsehen.

Literatur
Darányi Die Bordbetriebsverfassung nach § 117 Abs. 2 S. 1 BetrVG unter Berücksichtigung europa- und verfassungsrechtlicher Vorgaben (Diss. Hamburg), 2013 (zit.: Bordbetriebsverfassung); *Grabherr* Betriebsvertretungen für Luftfahrtpersonal nach § 117 BetrVG, NZA 1988, 532; *Krause* Die Zulässigkeit partikularer Personalvertretungen im Luftverkehr, FS Buchner, 2009, S. 493; *Mußgnug* Betriebsverfassungsrecht ohne Betriebsverfassungsgesetz? – Verfassungsrechtliche Anmerkungen zu § 117 des Betriebsverfassungsgesetzes –, FS *Duden*, 1977, S. 335; *Natter* Sondervertretungen, AR-Blattei SD, Betriebsverfassung XIII, 530.13 unter D; *Roßmann* Die Stellung des Bordpersonals in der Betriebs- und Unternehmensverfassung, TranspR 2003, 57; *Schmid/Roßmann* Das Arbeitsverhältnis der Besatzungsmitglieder in Luftfahrtunternehmen, 1997; *Schmid/Sarbinowski* Das Luftverkehrsrecht in der neueren Rechtsprechung der Arbeitsgerichte in den Jahren 2001 und 2002, NZA-RR 2003, 113; *Schneider* Die Auswirkungen von Tarifmehrheiten im Betrieb auf die Betriebsverfassung unter besonderer Berücksichtigung der Aufgabe des Grundsatzes der Tarifeinheit im Betrieb durch das BAG (Diss. Nürnberg-Erlangen), 2014; *Spinner* Die vereinbarte Betriebsverfassung, Ein Vergleich verschiedener Vereinbarungen zur Organisation der Betriebsverfassung (Diss. Freiburg), 2000; *Wallscheid* Über den Wolken – über dem Gesetz (Diss. Bielefeld), 2013; *H. Weber* Betriebsverfassungsrechtliche Sonderregelungen für die Luftfahrt mit Tarifvertrag Personalvertretung für das Bordpersonal der Deutschen Lufthansa vom 15.11.1972, in Betriebsverfassung in Recht und Praxis, Handbuch für Unternehmensleitung, Betriebsrat und Führungskräfte, Gruppe 7, S. 195, 1984.

Inhaltsübersicht	Rdn.
I. Vorbemerkung	1, 2
II. Luftfahrtunternehmen	3–5
III. Landbetriebe	6, 7
IV. Arbeitnehmer im Flugbetrieb	8–12
V. Sondervertretungen durch Tarifvertrag	13–23
1. Zustandekommen der Tarifverträge	14
2. Nachwirkung	15, 16
3. Kollisionsprobleme	17, 18
4. Gestaltungsmöglichkeiten der Tarifpartner	19–22
5. Kooperationstarifverträge nach § 117 Abs. 2 Satz 2	23
VI. Streitigkeiten	24

I. Vorbemerkung

1 Nach § 88 Abs. 3 BetrVG 1952 fand das Gesetz auf Betriebe der Luftfahrt keine Anwendung; die Regelung für diesen Bereich sollte einem besonderen Gesetz vorbehalten bleiben. Nur für die Übergangszeit bis zum Inkrafttreten eines solchen Gesetzes erklärte der Normgeber durch § 88 Abs. 4 BetrVG 1952 für die Landbetriebe der Luftfahrt die Vorschriften des Betriebsverfassungsgesetzes für anwendbar. Das vorgesehene besondere Gesetz wurde indessen nicht erlassen. Das Betriebsverfassungsgesetz 1972 knüpft an die vormalige Rechtslage an und bestimmt nunmehr endgültig die Anwendbarkeit des Betriebsverfassungsgesetzes auf Landbetriebe von Luftfahrtunternehmen (§ 117 Abs. 1), während für im Flugbetrieb beschäftigte Arbeitnehmer durch Tarifvertrag eine Vertretung errichtet werden kann

Geltung für die Luftfahrt § 117

(§ 117 Abs. 2 Satz 1). Durch Art. 1 Nr. 76 BetrVerf-Reformgesetz wurde in § 117 Abs. 2 Satz 2 der zweite Halbsatz aufgehoben und das Semikolon durch einen Punkt ersetzt. Diese Änderung folgt aus der Neufassung des § 3 (vgl. amtliche Begründung, BT-Drucks. 14/5741, S. 53).

Das **Sprecherausschussgesetz** enthält keine entsprechende Regelung. Die Bildung von Sprecherausschüssen der im Flugbetrieb beschäftigten leitenden Angestellten richtet sich daher nach den allgemeinen Vorschriften des Sprecherausschussgesetzes (vgl. *Hromadka/Sieg* SprAuG § 33 Rn. 9; *Löwisch* SprAuG, § 33 Rn. 2). Zur Stellung eines Chefpiloten als leitender Angestellter vgl. *BAG* 25.10.1989 EzA § 5 BetrVG 1972 Nr. 49 = AP Nr. 42 zu § 5 BetrVG 1972 Bl. 2 R f. 2

II. Luftfahrtunternehmen

Für den Begriff des Luftfahrtunternehmens wurde bisher nach h. M. (vgl. u. a. *BAG* 14.10.1986 EzA 3 § 117 BetrVG 1972 Nr. 3 S. 16 = AP Nr. 5 zu § 117 BetrVG 1972) die Definition des § 20 Abs. 1 Satz 1 LuftVG i. d. F. der Bekanntmachung vom 14.01.1981 (BGBl. I, S. 61), zugrunde gelegt. Danach waren Luftfahrtunternehmen Unternehmen, die Personen oder Sachen durch Luftfahrzeuge gewerbsmäßig befördern. Diese Vorschrift wurde durch Gesetz vom 27.03.1999 (BGBl. I, S. 550) neu gefasst. Sie regelte die Voraussetzungen einer Betriebsgenehmigung und galt nach Maßgabe dieser Bestimmung sowohl für die gewerbsmäßige als auch die nichtgewerbsmäßige Beförderung von Personen und Sachen. Das entsprach der Verordnung (EWG) Nr. 2407/92 vom 23.07.1992 (ABlEG Nr. L 240/1), die unmittelbar geltendes Recht war (aufgehoben durch Art. 27 Verordnung (EG) Nr. 1008/2008 vom 24.09.2008 (ABlEG Nr. L 293/3). Nach deren Art. 2 bedeutete nach Buchst. a) »Unternehmen« jede natürliche oder juristische Person mit oder ohne Gewinnerzielungsabsicht sowie jede amtliche Einrichtung, unabhängig davon, ob diese eine eigene Rechtspersönlichkeit besitzt oder nicht (ebenso Art. 2 Nr. 3 Verordnung (EG) Nr. 1008/2008), und nach Buchst. b) »Luftfahrtunternehmen« ein Lufttransportunternehmen mit einer gültigen Betriebsgenehmigung (vgl. Art. 2 Nr. 10 Verordnung (EG) Nr. 1008/2008: Unternehmen mit einer gültigen Betriebsgenehmigung oder einer gleichwertigen Genehmigung). Auch die Verordnung (EWG) Nr. 2407/92 betraf indessen nur die Betriebsgenehmigung und war deshalb ebenso wie § 20 LuftVG für die Anwendung des § 117 BetrVG nicht maßgebend (vgl. *BAG* 20.02.2001 EzA § 117 BetrVG 1972 Nr. 5 S. 2 f.). Nichts anderes gilt für die Verordnung (EG) Nr. 1008/2008. Diese regelt nur die Anforderungen an die Durchführung von Luftverkehrsdiensten in der Gemeinschaft. Ebenso wenig ändert daran etwas, dass § 20 Abs. 1 Satz 1 LuftVG durch Gesetz vom 28.06.2016 (BGBl. I, S. 1548) mit Geltung ab 21.04.2017 abermals neu gefasst wurde. Danach bedürfen Luftfahrtunternehmen zur Beförderung von Fluggästen, Post oder Fracht im gewerblichen Flugverkehr einer Betriebsgenehmigung gemäß Art. 3 Abs. 1 der Verordnung (EG) Nr. 1008/2008. § 20 Abs. 1 Satz 1 LuftVG betrifft weiterhin nur die Betriebsgenehmigung und ist daher für die Anwendung des § 117 BetrVG nicht maßgebend.

Es bedarf deshalb nach wie vor einer **zweckorientierten Auslegung** des Begriffes »Luftfahrtunternehmen« i. S. d. § 117 Abs. 1 (vgl. dazu eingehend *BAG* 20.02.2001 AP Nr. 6 zu § 117 BetrVG 1972; grundsätzlich zust. *Darányi* Bordbetriebsverfassung, S. 47 ff.). Die Ausnahmevorschrift des § 117 trägt dem Umstand Rechnung, dass es für die im Flugbetrieb eingesetzten Arbeitnehmer infolge ihrer fehlenden Ortsgebundenheit aufgrund ständigen Aufenthaltswechsels besonders schwierig ist, zusammen mit den Arbeitnehmern des Landbetriebs eine Interessenvertretung zu organisieren und sich an dieser auch aktiv zu beteiligen. Diese Schwierigkeiten treten jedoch nicht bei allen Unternehmen auf, die Beförderungsleistungen durch Luftfahrzeuge erbringen. Entscheidend ist, ob aufgrund des Unternehmenszwecks ein darauf gerichteter Flugbetrieb eingerichtet wurde, dessen arbeitsrechtliche Organisation den Ausschluss des Betriebsverfassungsgesetzes rechtfertigt. Zu verneinen wäre das etwa bei einem Luftrettungsdienst, dessen Hubschrauberbesatzungen sich während ihrer Arbeitszeit auf den Stützpunkten befinden und deren Einsatzradius maximal 50 km beträgt (vgl. *BAG* 20.02.2001 AP Nr. 6 zu § 117 BetrVG 1972; zust. *Buchhop/HLS* § 117 Rn. 6; *Fitting* § 117 Rn. 3; *Kloppenburg/HaKo* § 117 Rn. 9; *Schmid/Sarbinowski* NZA-RR 2003, 113 [121]). Die kurzfristige Ortsgebundenheit führt zu keinen besonderen Schwierigkeiten in der betriebsverfassungsrechtlichen Organisation; ein Luftfahrtunternehmen i. S. d. § 117 liegt damit nicht vor; das BetrVG kommt für alle dortigen Arbeitnehmer uneingeschränkt zur Anwendung. Dasselbe dürfte für Unternehmen gelten, die Rund- 4 flüge veranstalten oder Ballonfahrten durchführen (vgl. *Fitting* § 117 Rn. 2). Im Gegensatz zur bisher h. M. sollte außerdem auf die Voraussetzung der »Gewerbsmäßigkeit« verzichtet werden (vgl. *Roßmann* TranspR 2003, 57 [58]; *Schmid/Roßmann* Rn. 505 f.; *Däubler/DKKW* § 117 Rn. 3; *Richardi/Forst* § 117 Rn. 8; **a. M.** noch *Däubler/DKK* 11. Aufl., § 117 Rn. 3; *Joost/*MünchArbR 2. Aufl., § 321 Rn. 119; *Richardi/Thüsing* 14. Aufl., § 117 Rn. 4). Nach der ratio legis des § 117 ist dieser Umstand überhaupt nicht von Belang; die Frage dürfte allerdings kaum von besonderer praktischer Bedeutung sein.

5 Hinsichtlich des Begriffs des **Luftfahrzeugs** kann dagegen unbedenklich an § 1 Abs. 2 LuftVG angeknüpft werden (ebenso *Darányi* Bordbetriebsverfassung, S. 49). Danach sind Luftfahrzeuge Flugzeuge, Drehflügler, Luftschiffe, Segelflugzeuge, Motorsegler, Frei- und Fesselballone, Rettungsfallschirme, Flugmodelle, Luftsportgeräte und sonstige für die Benutzung des Luftraums bestimmte Geräte, sofern sie in Höhen von mehr als dreißig Metern über Grund oder Wasser betrieben werden können (§ 1 Abs. 2 Satz 1 LuftVG); Raumfahrzeuge, Raketen und ähnliche Flugkörper gelten als Luftfahrzeuge, solange sie sich im Luftraum befinden (§ 1 Abs. 2 Satz 2 LuftVG); dasselbe gilt für unbemannte Fluggeräte einschließlich ihrer Kontrollstation, die nicht zu Zwecken des Sports oder der Freizeitgestaltung betrieben werden (§ 1 Abs. 2 Satz 3 LuftVG).

III. Landbetriebe

6 Auf die Landbetriebe privater Luftfahrtunternehmen findet das Gesetz uneingeschränkt Anwendung. Das gilt auch für Zweigniederlassungen ausländischer Fluggesellschaften (vgl. den Sachverhalt *BAG* 06.04.1973 AP Nr. 1 zu § 99 BetrVG 1972 *[Wiedemann]*). Zu ihnen gehören alle Anlagen dieser Unternehmen mit Ausnahme der Luftfahrzeuge. Landbetriebe sind z. B. die Verwaltungen, Verkaufsbüros, Flughafenschalter und Werkstätten (vgl. *Joost/*MünchArbR 2. Aufl., § 321 Rn. 120). Dagegen wird u. a. die Verwaltung des Flughafens einschließlich der Abwicklung des Verkehrs auf dem Flughafengelände und dessen Pflege von Flughafenunternehmen betrieben, die den Luftfahrtunternehmen gegenüber rechtlich selbständige Unternehmen und als solche keine Luftfahrtunternehmen sind (vgl. *Däubler/DKKW* § 117 Rn. 9; *Fitting* § 117 Rn. 3). Ebenso sind die Meteorologen nicht Arbeitnehmer von Luftfahrtunternehmen, sondern Angehörige der Bundesanstalt »Deutscher Wetterdienst« (vgl. Gesetz über den Deutschen Wetterdienst [DWD-Gesetz] vom 10.09.1998 [BGBl. I, S. 2871], zuletzt geändert durch Verordnung vom 31.08.2015 [BGBl. I, S. 1474]). Flugverkehrslotsen sind Bedienstete eines gesonderten Flugsicherungsunternehmens (die Bundesanstalt für Flugsicherung wurde durch Gesetz vom 23.07.1992 [BGBl. I, S. 1370] aufgelöst; Nachfolger seit 01.01.1993 ist die bundeseigene, privatrechtlich organisierte Deutsche Flugsicherung GmbH), und die mit der Abfertigung der Passagiere und der Pflege des Flughafengeländes beschäftigten Personen sind Arbeitnehmer des Flughafenunternehmens. Zur Mitbestimmung des Betriebsrats bei der Entsendung von Arbeitnehmern des Landbetriebs einer Fluggesellschaft zu Lehrgängen über Sicherheits- und Notfallmaßnahmen nach § 98 vgl. *BAG* 10.02.1988 AP Nr. 5 zu § 98 BetrVG 1972.

7 Soweit es sich um Landbetriebe eines Luftfahrtunternehmens – z. B. Reparaturwerkstätten – handelt, ist nach den allgemeinen Grundsätzen zu entscheiden, inwieweit sie selbständige Betriebe sind (im Einzelnen s. § 1 Rdn. 35 ff.). Bei der Berechnung der Zahl der Arbeitnehmer von Landbetrieben sind die im Flugbetrieb beschäftigten Arbeitnehmer nicht mitzurechnen (vgl. *Fitting* § 117 Rn. 3; *Galperin/Löwisch* § 117 Rn. 4; *Richardi/Forst* § 117 Rn. 14). Jedoch kann der Gesamtbetriebsrat des Unternehmens (nicht die nach § 117 Abs. 2 errichtete Vertretung des »fliegenden Personals«) auch Angehörige des »fliegenden Personals« nach § 107 Abs. 2 Satz 2 in den **Wirtschaftsausschuss** entsenden (vgl. *BAG* 05.11.1985 AP Nr. 4 zu § 117 BetrVG 1972 Bl. 3; *LAG* Bremen 31.05.1983 AuR 1984, 156 – Vorinstanz; zust. *Richardi/Forst* § 117 Rn. 17).

IV. Arbeitnehmer im Flugbetrieb

8 Auf die im Flugbetrieb beschäftigten Arbeitnehmer von Luftfahrtunternehmen findet das Gesetz wegen der besonderen, nicht ortsgebundenen Art der Tätigkeit keine Anwendung (vgl. amtliche Begrün-

dung, BT-Drucks. VI/1786, S. 58, **a. M.** *Fitting* § 117 Rn. 6 ff.: richtlinienkonforme Auslegung: Herausnahme aus dem Anwendungsbereich des Gesetzes nur, wenn eine Personalvertretung nach § 117 Abs. 2 Satz 1 errichtet ist). **Flugbetrieb** ist derjenige Teil eines Luftfahrtunternehmens, dessen arbeitstechnischer Zweck unmittelbar darauf gerichtet ist, die Beförderung von Personen oder Gütern durch Luftfahrzeuge tatsächlich auszuführen; im **Flugbetrieb beschäftigt** sind die Arbeitnehmer, die unmittelbar diese Beförderungstätigkeit ausüben, indem sie das Flugzeug führen, dabei mitwirken oder Personen bzw. Güter während der Beförderung betreuen und die mit der Beförderung verbundenen Dienstleistungen erbringen (vgl. *BAG* 14.10.1986 AP Nr. 5 zu § 117 BetrVG 1972 Bl. 2 R). Nicht an dieser Beförderungsleistung mitwirkende Personen gehören auch dann nicht zu den im Flugbetrieb beschäftigten Arbeitnehmern, wenn ihre Tätigkeit von ihnen ganz oder teilweise im Flugzeug selbst und während eines Fluges erbracht wird, wie z. B. Mitarbeiter des technischen Wartungsdienstes oder Personen, die zu sonstigen Prüf- oder Kontrollzwecken mitfliegen (vgl. *BAG* 14.10.1986 AP Nr. 5 zu § 117 BetrVG 1972 Bl. 2 R).

Im Flugbetrieb beschäftigt sind die Besatzungsmitglieder von Luftfahrzeugen, d. h. Kapitäne, Kopiloten, Flugingenieure, Flugnavigatoren, Fluglehrer, Purser und Pursteretten, Stewards und Stewardessen. Jedoch muss das Schwergewicht ihrer arbeitsvertraglichen Tätigkeit im fliegerischen Einsatz liegen; die für das »fliegende Personal« zuständigen Dienststellenleiter, die nur gelegentlich zu Übungs- oder Kontrollzwecken an Bord von Flugzeugen mitfliegen, deren Tätigkeit aber hauptsächlich auf die Wahrnehmung von Verwaltungs- und sonstigen bodengebundenen Aufgaben ausgerichtet ist, gehören nicht zum Personenkreis des § 117 Abs. 2, sondern zum Landbetrieb des Luftfahrtunternehmens (vgl. *BAG* 13.10.1981 AP Nr. 1 zu § 117 BetrVG 1972 Bl. 2 R ff.). Entscheidend ist jedoch nicht primär der zeitliche Umfang der unmittelbaren Tätigkeit bei der Beförderung von Personen oder Gütern in Flugzeugen, sondern welche Tätigkeit der Stellung des Arbeitnehmers das Gepräge gibt (vgl. *BAG* 14.10.1986 AP Nr. 5 zu § 117 BetrVG 1972 Bl. 3 f.; *Däubler/DKKW* § 117 Rn. 8: Zusammenhangstätigkeiten). Ein Gruppenleiter, der zwar auch als Purser und Flugbegleiter im Flugbetrieb beschäftigt ist, dessen an den Boden gebundene Verwaltungs-, Leitungs- oder Organisationsaufgaben seiner Gesamttätigkeit aber das Gepräge geben, ist dem Landbetrieb zuzurechnen (vgl. *BAG* 14.10.1986 AP Nr. 5 zu § 117 BetrVG 1972 Bl. 3 ff.). Entsprechendes gilt für Lehrpurseretten und Lehrpurser, die ihre Lehrtätigkeit überwiegend am Boden ausüben und nur in zeitlich geringem Umfang an Bord von Flugzeugen eingesetzt werden (vgl. *LAG Frankfurt a. M.* 27.04.1984 AuR 1985, 61; *Schmid/Roßmann* Rn. 508), sowie für Mitarbeiter im Range eines Kapitäns, die überwiegend und schwerpunktmäßig am Boden administrative Aufgaben, Schulungs- und Trainingsaufgaben sowie Aufgaben der Qualitätssicherung wahrnehmen (*LAG Hamm* 02.12.2011 – 10 TaBV 21/11 – Rn. 50 ff.; vgl. nachgehend implizit *BAG* 05.03.2013 EzA § 98 BetrVG 2001 Nr. 3 Rn. 16 ff. = AP Nr. 15 zu § 98 BetrVG 1972; *LAG Hamm* 25.09.2009 – 10 TaBV 19/09 Rn. 55 ff.), selbst wenn sie an 5 Tagen im Monat auch fliegerische Tätigkeiten ausüben (vgl. *LAG Hamm* 25.09.2009 – 10 TaBV 19/09 – Rn. 56). Flugkapitäne sind im Gegensatz zu Schiffskapitänen (§ 114 Abs. 6 Satz 2) auch nicht als leitende Angestellte i. S. v. § 5 Abs. 3 vom Anwendungsbereich des BetrVG ausgenommen (*Darányi* Bordbetriebsverfassung, S. 50 ff.).

Die Herausnahme des »fliegenden Personals« aus dem Anwendungsbereich des BetrVG ist nach **h. M.** mit dem **Grundgesetz vereinbar** (vgl. *BAG* 17.03.2015 EzA § 117 BetrVG 2001 Nr. 2 Rn. 31 = AP Nr. 9 zu § 117 BetrVG 1972; 17.09.2013 AP Nr. 55 zu § 1 TVG Tarifverträge: Lufthansa Rn. 22; 05.11.1985 AP Nr. 4 zu § 117 BetrVG 1972 Bl. 3 f.; 24.06.2008 AP Nr. 8 zu § 117 BetrVG 1972 Rn. 38; *LAG Frankfurt a. M.* 19.09.2006 – 4/9 TaBV 56/06 Rn. 28; *Fitting* § 117 Rn. 5; *Hess/HWGNRH* § 117 Rn. 8 f.; *Buchhop/HLS* § 117 Rn. 2; *Joost/MünchArbR* 2. Aufl., § 321 Rn. 121; *Kania/*ErfK § 117 BetrVG Rn. 1; *Richardi/Forst* § 117 Rn. 3; *Schaub/Koch* Arbeitsrechts-Handbuch, § 211 Rn. 24; *Schmid/Roßmann* Rn. 509 ff.; *Schneider* Auswirkungen von Tarifmehrheiten, S. 258; in diese Richtung auch *BVerfG* 12.02.2014 EzA § 6 DrittelbG Nr. 1 = NZA 2014, 981). Ein Verstoß gegen Art. 3 Abs. 1 GG liegt nicht vor. Die Differenzierung zwischen »fliegendem Personal« und Arbeitnehmern des Landbetriebs beruht auf der typischerweise vorhandenen Ortsungebundenheit ersterer, die eine aktive Mitarbeit dieser Arbeitnehmer in einem einheitlichen Mitbestimmungsgremium erheblich erschwert. Außerhalb der Luftfahrt finden sich zwar ebenfalls zahlreiche Arbeitnehmergruppen ohne ortsfesten Arbeitsplatz, die dennoch ausnahmslos der Betriebsverfassung unterfallen, z. B. Außendienstmitarbeiter, Monteure, Fernfahrer, Handlungsreisende oder Binnenschiffer. Doch auch ihnen gegenüber weisen die Arbeitnehmer im Flugbetrieb Besonderheiten auf, die eine Ungleichbehandlung rechtfertigen können: zahlreiche Vorschriften und Vorgaben (siehe dazu *Schmid/Roßmann* Rn. 512 ff.) verlangen die regelmäßige Erneuerung bzw. den Erhalt luftverkehrsrechtlicher Erlaubnisse seitens des Cockpitpersonals, die Mindestflugstunden und damit eine regelmäßige Flugtätigkeit erfordern. Freistellungen nach § 38 BetrVG kommen für das Cockpitpersonal damit z. B. gar nicht in Frage. Außerdem begegnet eine Harmonisierung der auf einer Umlaufplanung beruhenden Arbeitszeit des fliegenden Personals mit der Arbeitszeit der Arbeitnehmer des Landbetriebs und den darauf ausgerichteten Sitzungen des Betriebsrats großen Schwierigkeiten. Eine kontinuierliche Arbeit im Betriebsrat durch ein Betriebsratsmitglied aus den Reihen des »fliegenden Personals« wäre erheblich erschwert. Es liegt also im Rahmen der Einschätzungsprärogative des Gesetzgebers, wenn er dies als ausreichend ansieht, das »fliegende Personal« aus dem Anwendungsbereich der Betriebsverfassung herauszunehmen und ihm die Möglichkeit zur Bildung eigener Vertretungen zu ermöglichen (vgl. *Fitting* § 117 Rn. 5). Die **Gegenansicht** (für die Verfassungswidrigkeit insbesondere *Däubler/DKKW* § 117 Rn. 4 ff.; *Grabherr* NZA 1988, 532 ff.; *Darányi* Bordbetriebsverfassung, S. 109 ff.; wohl auch *Roßmann* TranspR 2003, 57 [58 f.]; s. ferner *Mußgnug* FS *Duden*, S. 335 [342 ff.], der § 117 Abs. 2 nur für verfassungskonform hält, sofern die Tarifpartner die Rechtsstellung des »fliegenden Personals« innerhalb vertretbarer Fristen regeln und die Beteiligungsrechte von denen der übrigen Arbeitnehmer nach dem BetrVG nicht übermäßig abweichen; s. auch *Giesen* Tarifvertragliche Rechtsgestaltung für den Betrieb, 2002, S. 326 f. und diesem folgend *Klein* Die Stellung der Minderheitsgewerkschaften in der Betriebsverfassung, 2007, S. 476 ff., die § 117 Abs. 2 Satz 1 wegen fehlender Konkretisierung von Normsetzungsbefugnissen als verfassungswidrig erachten) verneint das Bestehen eines sachlichen Grundes für die Ungleichbehandlung, insbesondere was die Ausübung von Beteiligungsrechten anbelangt. Rechtspolitisch betrachtet ist es sicher fraglich, ob der generelle Ausschluss des »fliegenden Personals« aus dem BetrVG (noch) sinnvoll erscheint (krit. auch LAG Frankfurt a. M. 04.07.2006 – 4/18 TaBV 46/05 – Rn. 29; *Schmid/Sarbinowski* NZA-RR 2003, 113 [121]), auch wenn der Normgeber den besonderen Gegebenheiten der fliegerischen Tätigkeit durch die flexible Gestaltungsform des Tarifvertrags Rechnung tragen durfte. Statt einer einheitlichen Interessenvertretung für alle Arbeitnehmer der Betriebe eines Luftfahrtunternehmens käme nämlich auch eine gesetzlich kodifizierte Sondervertretung allein für das »fliegende Personal« in Betracht, vergleichbar den Regelungen zur Seeschifffahrt – insbesondere § 116. Damit könnte einem unterschiedlichen Niveau der Mitbestimmungsrechte in den einzelnen Luftfahrtunternehmen entgegengewirkt werden. Die zahlreichen Tarifwerke nach § 117 Abs. 2 sollten dem Gesetzgeber als Anregung genügen. Sie haben auch gezeigt, dass die Ortsungebundenheit nicht gegen ein eigenes betriebsverfassungsrechtliches Gremium für die Arbeitnehmer im Flugbetrieb spricht.

11 § 117 Abs. 2 ist mit der **Richtlinie 2002/14/EG vereinbar** (vgl. *BAG* 17.03.2015 EzA § 117 BetrVG 2001 Nr. 2 Rn. 31 = AP Nr. 9 zu § 117 BetrVG 1972; 24.06.2008 AP Nr. 8 zu § 117 BetrVG 1972 Rn. 38; *LAG Berlin-Brandenburg* 30.10.2009 LAGE § 117 BetrVG 2001 Nr. 1 *[zust. Kiehn]*; *LAG Frankfurt a. M.* 19.09.2006 – 4/9 TaBV 56/06 – Rn. 27; *Däubler/DKKW* § 117 Rn. 11; *Richardi/Forst* § 117 Rn. 2; *Bauckhage-Hoffer/Umnuß* EWS 2010, 269; *Forst* ZESAR 2012, 164; **a. M.** *ArbG Cottbus* 24.09.2009 – 1 BVGa 7/09 – Rn. 30 – Vorinstanz; wohl auch *LAG Sachsen* 08.11.2016 BeckRS 2016, 111846 Rn. 27 f. unter Verweis auf eine richtlinienkonforme Auslegung (Rechtsbeschwerde anhängig *BAG* 7 ABR 79/16); *Bayreuther* NZA 2010, 262; *Bonin* AuR 2004, 321; *Darányi* Bordbetriebsverfassung, S. 100 ff.; *Fischer* TranspR 2005, 103; *Schneider* Auswirkungen von Tarifmehrheiten, S. 258 ff.; *Wallscheid* Über den Wolken, S. 188 ff.; *Weber/Gräf* ZESAR 2011, 355; differenzierend: *Fitting* § 117 Rn. 6 ff.: richtlinienkonforme Auslegung, s. Rdn. 8; ähnlich *Kania*/ErfK § 117 BetrVG Rn. 1). Deren Vorgaben sind auch für den Luftverkehr beachtlich, da die Richtlinie keine § 117 Abs. 2 entsprechende Bereichsausnahme enthält (Gleiches gilt seit der Änderung der RL 2002/14/EG durch die Richtlinie 2015/1794/EU vom 06.10.2015 nunmehr im Übrigen auch für die Besatzung von Hochseeschiffen, da die entsprechende Abweichungsmöglichkeit in Art. 3 Abs. 3 der RL 2002/14/EG gestrichen wurde). Ziel der Richtlinie ist nach ihrem Art. 1 Abs. 1 die Festlegung eines allgemeinen Rahmens mit Mindestvorschriften für das Recht auf Unterrichtung und Anhörung. Der soziale Dialog soll durch eine antizipierte und präventive Beteiligung ausgebaut werden, die den wirtschaftlichen Implikationen von Entscheidungen gerecht wird (vgl. Erwägungsgründe 10 und 13 RL 2002/14/EG). Entsprechend stellt Art. 1 der Richtlinie in seinen Absätzen 2

und 3 Grundsätze der Unterrichtung und Anhörung auf, die in Art. 4 der Richtlinie konkretisiert werden. Regelungsgegenstand sind allerdings nur die Modalitäten der Beteiligung, also die Frage, wie sie ausgestaltet sein muss, um zu gewährleisten, dass die Ziele der Richtlinie erreicht werden (vgl. die amtliche Überschrift des Art. 4 RL 2002/14/EG). Davon zu unterscheiden ist die nicht in allen Fällen einheitlich zu beantwortende Frage, ob eine Beteiligung überhaupt erforderlich ist. Hierzu muss eine Arbeitnehmervertretung existieren, die beteiligt werden könnte. Schon Art. 2 lit. e) der Richtlinie verdeutlicht, dass die Richtlinie keineswegs die Schaffung von Arbeitnehmervertretungen verlangt, sondern vielmehr nach den einzelstaatlichen Rechtsvorschriften vorgesehene Vertretungen voraussetzt. Sie berührt danach die bestehenden nationalen Vertretungsstrukturen nicht (vgl. *LAG Berlin-Brandenburg* 30.10.2009 LAGE § 117 BetrVG 2001 Nr. 1 *[zust. Kiehn]*; *LAG Frankfurt a. M.* 19.09.2006 – 4/9 TaBV 56/06 – Rn. 27). Dieses Ergebnis wird durch Erwägungsgrund 15 untermauert, der nationale Regelungen unberührt lässt, nach denen die konkrete Wahrnehmung des Rechts auf Unterrichtung und Anhörung von einer kollektiven Willensbekundung der Rechtsinhaber abhängt. In diesem Licht muss man Art. 5 RL 2002/14/EG sehen. Danach können es die Mitgliedstaaten den Sozialpartnern überlassen, im Wege einer ausgehandelten Vereinbarung die Modalitäten der Unterrichtung und Anhörung festzulegen. Damit werden den Sozialpartnern Umsetzungsbefugnisse eingeräumt. Aus unionsrechtlicher Sicht entscheidend ist daher, dass der Arbeitgeber die Einrichtung einer die Rechte aus der Richtlinie 2002/14/EG wahrnehmenden Arbeitnehmervertretung nicht einseitig verhindern kann (vgl. *EuGH* 08.06.1994, Slg. 1994, I-2479 Rn. 9 ff.). Dies ist aber bei § 117 Abs. 2 nicht der Fall, weil Tarifverträge nach § 117 Abs. 2 Satz 1 mit Hilfe von Streiks durchgesetzt werden können (s. Rdn. 14), wenn das Luftfahrtunternehmen den Vertragsschluss verweigert (ebenso *LAG Berlin-Brandenburg* 30.10.2009 LAGE § 117 BetrVG 2001 Nr. 1 *[zust. Kiehn]*; *Däubler/DKKW* § 117 Rn. 11, 13; **a. M.** *ArbG Cottbus* 24.09.2009 – 1 BVGa 7/09 Rn. 30 – Vorinstanz).

Die Herausnahme des »fliegenden Personals« aus dem Betriebsverfassungsgesetz bedeutet nicht, dass für dieses ein selbständiger Betrieb geschaffen wurde (anders für den Kündigungsschutz § 24 Abs. 2 KSchG); unerheblich ist auch, ob die Luftfahrzeuge einen selbständigen Betrieb oder Teil eines Landbetriebs bilden (vgl. ebenso *Galperin/Löwisch* § 117 Rn. 3; *Richardi/Forst* § 117 Rn. 15). Nach *ArbG München* (10.03.1994 ZLW 1995, 362 [363]) ist ein Mitarbeiter des fliegenden Personals auch dann in die Wählerliste zur Betriebsratswahl aufzunehmen, wenn er gegen die Betriebsgenehmigung des Unternehmens als Luftfahrtunternehmen nach § 20 Abs. 1 LuftVG Drittwiderspruch eingelegt hat. 12

V. Sondervertretungen durch Tarifvertrag

Nach § 117 Abs. 2 Satz 1 kann für die im Flugbetrieb beschäftigten Arbeitnehmer von Luftfahrtunternehmen durch Tarifvertrag eine Vertretung errichtet werden. Ferner haben sie nach allgemeinen Grundsätzen die Möglichkeit, auf gesellschafts- und/oder individualvertraglicher Basis eine Arbeitnehmervertretung zu etablieren (vgl. Rdn. 16 m. w. N.; *Richardi/Forst* § 117 Rn. 18), was allerdings im Gegensatz zum Instrument des Tarifvertrags nicht mit arbeitskampfrechtlichen Mitteln durchgesetzt werden kann (s. Rdn. 14). Eine solche Arbeitnehmervertretung verfügt außerdem nicht über die Regelungsinstrumente nach dem BetrVG und kann insbesondere nicht Vereinbarungen mit dem Arbeitgeber schließen, welche die Arbeitsverhältnisse der betroffenen Arbeitnehmer unmittelbar und zwingend gestalten (s. dazu allgemein unter § 3 Rdn. 5 und *Franzen* NZA 2008, 250). Haben die im Flugbetrieb beschäftigten Arbeitnehmer dagegen einen Betriebsrat gewählt, obwohl kein Tarifvertrag i. S. d. § 117 Abs. 2 Satz 1 vorlag, ist die Wahl mangels Rechtsgrundlage nichtig (vgl. *LAG Berlin-Brandenburg* 30.10.2009 LAGE § 117 BetrVG 2001 Nr. 1 *[Kiehn]*). Die so Gewählten sind auch dann kein Betriebsrat und nicht als solcher zu behandeln, wenn der Arbeitgeber sich mit ihnen in Verhandlungen eingelassen hat (vgl. *LAG Frankfurt a. M.* 15.12.1972 DB 1973, 1512; krit. im Zusammenhang mit der von ihm befürworteten Verfassungswidrigkeit des § 117 Abs. 2 *Däubler/DKKW* § 117 Rn. 10). 13

1. Zustandekommen der Tarifverträge

14 Aus § 117 Abs. 2 Satz 1 folgt kein Anspruch gegen den tariflichen Gegenspieler auf Führung von Tarifverhandlungen (vgl. *BAG* 14.02.1989 AP Nr. 52 zu Art. 9 GG Bl. 4 R = SAE 1990, 13 *[Hanau]* = AR-Blattei, Tarifvertrag II, Entsch. 17 *[Konzen/Gans]*). Weigert sich das Luftfahrtunternehmen, muss der Tarifvertrag mit arbeitskampfrechtlichen Mitteln erzwungen werden; Tarifverträge nach § 117 Abs. 2 sind also erstreikbar (vgl. *Däubler/DKKW* § 117 Rn. 13; *Schmid/Roßmann* Rn. 519; *Spinner* Die vereinbarte Betriebsverfassung, S. 77).

2. Nachwirkung

15 Wenig diskutiert in Rechtsprechung und Literatur ist die Frage, ob Tarifverträge i. S. d. § 117 Abs. 2 der **Nachwirkung nach § 4 Abs. 5 TVG** unterliegen (dazu abl. *Darányi* Bordbetriebsverfassung, S. 185 ff.; *Jacobs/Krois* ZTR 2011, 643; einschränkend *Weber/Gräf* RdA 2012, 95). Das *BAG* hat in einer Entscheidung diese Frage nicht ausdrücklich behandelt, weil es nicht um Tarifnormen, sondern nicht der Nachwirkung unterliegende Verpflichtungen der Tarifvertragsparteien aus einem Tarifvertrag nach § 117 Abs. 2 gegangen war; der Senat dürfte aber implizit von einer Nachwirkung solcher Tarifnormen ausgegangen sein (*BAG* 14.02.1989 AP Nr. 52 zu Art. 9 GG unter III 3). Dies entspricht dem Wortlaut des § 4 Abs. 5 TVG, welcher derartige Beschränkungen im Hinblick auf betriebsverfassungsrechtliche Tarifnormen nicht enthält. Für Tarifverträge nach § 3 lehnen zahlreiche Stimmen in der Literatur die Nachwirkung ab und begründen dies vor allem mit dem Zweck der Nachwirkung – Überbrückungs- und Inhaltsschutz des Tarifvertrags, der auf betriebsverfassungsrechtliche Tarifnormen oder jedenfalls auf solche nach § 3 nicht zutreffe (näher § 3 Rdn. 37; allgemein mit Überblick über den Meinungsstand *Oetker* FS *Schaub*, S. 535 [547 f.]). Bei § 3 ist vor allem das Argument des Überbrückungsschutzes nicht einschlägig, weil das Gesetz eine subsidiär geltende Regelung zur Verfügung stellt (§ 3 Rdn. 37). Im Rahmen von § 117 gilt dies nicht, da das Betriebsverfassungsgesetz auf Flugbetriebe von Luftfahrtunternehmen im Ganzen nicht anwendbar ist und es somit an einer »Ersatzrechtsordnung« fehlt. Daher trifft das Argument des Überbrückungsschutzes jedenfalls für den Zeitraum des Ablaufs des Tarifvertrags bis zum Ende der Amtszeit der gewählten Arbeitnehmervertretung zu (*Weber/Gräf* RdA 2012, 95 [97 f.]).

16 Ferner wird gegen eine Nachwirkung von Tarifverträgen nach § 117 vorgebracht, dass der Arbeitgeber einen solchen Tarifvertrag praktisch nicht mehr ablösen könne, wenn sich die tarifschließende Gewerkschaft einem derartigen Ansinnen verweigere (*Darányi* Bordbetriebsverfassung, S. 186 f.; *Jacobs/Krois* ZTR 2011, 643 [649]). Dieses »**Versteinerungsargument**« gilt für Tarifverträge nach § 3 durchaus (§ 3 Rdn. 37), weil der Betrieb als Basiseinheit der Betriebsverfassung nicht individualvertraglich zugeschnitten werden kann und die Betriebsvereinbarung als Instrument wegen § 3 Abs. 2 weithin ausscheidet (§ 3 Rdn. 39 f.). Auf § 117 Abs. 2 kann dieses Argument nicht übertragen werden: Arbeitnehmervertretungsstrukturen können auch auf gesellschafts- und/oder individualvertraglicher Grundlage etabliert werden, wie die frühere Rechtsprechung zu Arbeitnehmervertretungen leitender Angestellter vor Inkrafttreten des SprAuG und zu den Redaktionsstatuten (näher § 3 Rdn. 5) sowie die verbreitete Existenz von Arbeitnehmervertretungen außerhalb der Betriebsverfassung jedenfalls in kleineren Betrieben zeigen (näher *Franzen* NZA 2008, 250 [252] m. w. N.). Ohne § 117 Abs. 2 BetrVG könnten die betroffenen Arbeitnehmer nämlich jederzeit durch Vereinbarung mit dem Arbeitgeber eine Interessenvertretung auf vertraglicher Grundlage bilden. Diese Vereinbarung würde gleichzeitig eine andere Abmachung i. S. v. § 4 Abs. 5 TVG darstellen. Zugunsten des ablösungsinteressierten Arbeitgebers wirkt ferner der allgemein tarifvertragsrechtliche Umstand, dass nach Ablauf des Tarifvertrags eingestellte Arbeitnehmer dem nachwirkenden Tarifvertrag nicht mehr unterfallen (s. nur *Franzen*/ErfK § 4 TVG Rn. 53; **a. M.** aber für betriebliche und auch betriebsverfassungsrechtliche Normen *Löwisch/Rieble* TVG, § 4 Rn. 754; *ArbG Hamburg* 08.03.2013 LAGE § 4 TVG Nachwirkung Nr. 17 Rn. 55). Damit nimmt die Anzahl der von der Arbeitnehmervertretung repräsentierten Personengruppe mit zunehmender Dauer der Nachwirkung ab, was die Bereitschaft der Tarifvertragsparteien, einen neuen ablösenden Tarifvertrag zu verhandeln und abzuschließen, steigern mag (krit. zu diesem Argument aber *Jacobs/Krois* ZTR 2011, 643 [649]). Insgesamt unterliegen daher Tarifverträge nach § 117 Abs. 2 uneingeschränkt den allgemeinen Grundsätzen der Nachwirkung (im Ergebnis ebenso *Oetker* FS *Schaub*, S. 535 [548 f.]; **a. M.:** *Jacobs/Krois* ZTR

2011, 643; *Weber/Gräf* RdA 2012, 95: Nachwirkung nur bis zum Ablauf der Wahlperiode der Arbeitnehmervertretung; ebenso *ArbG Hamburg* 08.03.2013 LAGE § 4 TVG Nachwirkung Nr. 17 Rn. 62 ff.; für zeitliche Begrenzung der Nachwirkung auch *Löwisch/Rieble* TVG, § 4 Rn. 794, 756 ff.).

3. Kollisionsprobleme

Wegen des vermehrten Auftretens von Berufsgruppengewerkschaften wird zunehmend die Frage aufgeworfen, wie Kollisionen verschiedener Tarifverträge (unterschiedlicher) Gewerkschaften aufzulösen sind. In diesem Zusammenhang stellt sich zunächst die Vorfrage, ob **Tarifverträge nach § 117 Abs. 2 nur Teile der im Flugbetrieb beschäftigten Arbeitnehmer erfassen** können. Diese Frage wird man grundsätzlich bejahen müssen: § 117 Abs. 2 selbst nennt keine einschränkenden Vorgaben, und die Frage, für welche Arbeitnehmergruppen eine Gewerkschaft auftreten möchte, ist integraler Bestandteil ihrer Koalitionsfreiheit. Allerdings darf dies nicht zu völlig »parzellierten« Arbeitnehmervertretungsstrukturen führen. Als gesetzliches Wertungskriterium wird man hierbei § 3 Abs. 1 heranziehen können: Danach muss die Repräsentationseinheit so zugeschnitten sein, dass eine sachgerechte Wahrnehmung der Interessen der Arbeitnehmer möglich ist (näher § 3 Rdn. 7 f.; ähnlich *Krause* FS *Buchner*, S. 493 ff.). Daher werden in der Literatur zum Teil partikulare Personalvertretungen nur für die Bereiche Cockpit und Kabine für zulässig gehalten (*Darányi* Bordbetriebsverfassung, S. 157 ff.; *Richardi/Forst* § 117 Rn. 24). Dem steht der Beschluss des *BAG* vom 14.01.2014 (AP Nr. 134 zu § 87 BetrVG 1972 Arbeitszeit [*Ricken*]) nicht entgegen. Das BAG verlangt dort entsprechend allgemeinen tarifrechtlichen Grundsätzen, dass die Wirksamkeit betriebsverfassungsrechtlicher Tarifnormen die Tarifzuständigkeit der tarifschließenden Gewerkschaft für alle Arbeitsverhältnisse der erfassten betrieblichen Einheit voraussetzt. Es ging um folgenden Sachverhalt: Für den Flugbetrieb der Lufthansa CityLine existiert ein mit der DAG geschlossener Tarifvertrag nach § 117 Abs. 2 (TVPV), auf dessen Grundlage eine Personalvertretung gewählt ist. Für das Kabinenpersonal wurden mit den Gewerkschaften UFO und ver.di, sowie für das Cockpitpersonal mit der Gewerkschaft VC, weitgehend inhaltsgleiche Manteltarifverträge (MTV Kab/Coc) abgeschlossen. Diese sahen in § 6 Abs. 6 Satz 1 MTV Kab/Coc jeweils die Mitwirkung der Personalvertretung bei der Gestaltung der Rahmenpläne für die Besatzungsumläufe vor. Das BAG hat die Regelungen des MTV wegen fehlender Tarifzuständigkeit von UFO und VC für den gesamten Flugbetrieb für unwirksam erklärt. Dieser Fall ist von der Konstellation einer Personalvertretung für einen Teil der im Flugbetrieb Beschäftigten zu unterscheiden, weil es den Tarifvertragsparteien auch im Flugbetrieb von Luftfahrtunternehmen unbenommen bleibt, vom Gesetz abweichende betriebsverfassungsrechtliche Strukturen zu schaffen. Was nach § 3 für den Landbetrieb möglich ist, kann im Flugbetrieb kaum ausgeschlossen sein.

Erfassen Tarifverträge verschiedener Gewerkschaften nach § 117 Abs. 2 dieselben Arbeitnehmergruppen, entsteht **Tarifpluralität und gleichzeitig wegen § 3 Abs. 2 TVG Tarifkonkurrenz**, die nach § 4a Abs. 2 Satz 2 TVG durch das **Mehrheitsprinzip** aufgelöst wird. Dabei setzt § 4a Abs. 3 TVG ausnahmsweise die **inhaltliche Kongruenz** der tarifvertraglichen Regelungen voraus, um die Kontinuität tarifvertraglich geschaffener betriebsverfassungsrechtlicher Vertretungsstrukturen zu gewährleisten (BT-Drucks. 18/4062, S. 14; *Franzen*/ErfK § 4a TVG Rn. 14). Die Vorschrift verhindert etwa, dass ein Tarifvertrag nach § 117 Abs. 2 durch einen Entgelttarifvertrag abgelöst wird (vgl. *Giesen/BeckOK* § 4a TVG Rn. 22.1) und ist folglich keineswegs eine Leerformel (so aber *Richardi/Forst* § 117 Rn. 23). Der **Bezugspunkt** der Kollisionsregel ist nach § 4a Abs. 2 Satz 2 TVG der Betrieb. Dieser wird im Rahmen von § 4a Abs. 2 TVG überwiegend i. S. d. betriebsverfassungsrechtlichen Betriebsbegriffs verstanden, wie auch § 4a Abs. 2 Satz 4 TVG mit dem Verweis auf § 1 Abs. 1 und § 3 Abs. 1 BetrVG nahelegt (näher *Franzen*/ErfK § 4a TVG Rn. 18 ff.). Für Flugbetriebe i. S. v. § 117 Abs. 2 bedeutet dies, dass im Rahmen von § 117 Abs. 2 abgeschlossene Tarifverträge den Betrieb i. S. v. § 4a Abs. 2 Satz 2 TVG beschreiben (ebenso *Richardi/Forst* § 117 Rn. 24). Kommt es zu einer entsprechenden Kollision mehrerer Tarifverträge verschiedener Gewerkschaften im Rahmen von § 117 Abs. 2 BetrVG, definieren diese den maßgeblichen Bezugspunkt. Das bedeutet im Ergebnis, dass die Kollision im Rahmen des **Überschneidungsbereichs der kollidierenden Tarifverträge aufgelöst** werden und für diesen Bereich die nach § 4a Abs. 2 erforderliche Mehrheit der Mitglieder einer Gewerkschaft ermittelt werden muss. Dies entsprach insoweit der h. M. vor Inkrafttreten von § 4a Abs. 2

§ 117   V. 2. Luftfahrt

TVG, da Kollisionen verschiedener Tarifverträge ohnehin nur im Überschneidungsbereich der jeweiligen Tarifverträge auftreten und auflösungsbedürftig sind (vgl. 10. Aufl. 2014, § 117 Rn. 17).

4. Gestaltungsmöglichkeiten der Tarifpartner

19 Die Tarifvertragsparteien genießen in der Ausgestaltung der Vertretungs- und Mitbestimmungsregelungen i. S. d. § 117 Abs. 2 große Freiheit. Da das Gesetz keine Beschränkung der Regelungsbefugnis vorsieht, können die Tarifpartner die Vorschriften des Betriebsverfassungsgesetzes übernehmen, aber auch die Zusammensetzung der Vertretung selbst bestimmen und die Beteiligungsrechte abweichend vom Gesetz regeln (vgl. *BAG* 17.03.2015 EzA § 117 BetrVG 2001 Nr. 2 Rn. 32 = AP Nr. 9 zu § 117 BetrVG 1972; 05.11.1985 AP Nr. 4 zu § 117 BetrVG 1972 Bl. 3 R; *Dárányi* Bordbetriebsverfassung, S. 21; *Galperin/Löwisch* § 117 Rn. 5; *Hess/HWGNRH* § 117 Rn. 12; *Richardi/Forst* § 117 Rn. 19; *Schmid/Roßmann* Rn. 520; einschränkend *Däubler/DKKW* § 117 Rn. 15: nur soweit Abweichungen durch die Besonderheiten des Flugbetriebes bedingt sind; dagegen zutreffend *Schmid/Roßmann* Rn. 520). Auch die Bildung mehrerer Vertretungen ist zulässig (ausführlich *Krause* FS *Buchner*, S. 493, 500 ff.). Ein Mindeststandard an Beteiligungsrechten kann sich aus unionsrechtlichen Vorschriften wie z. B. der Richtlinie 2002/14/EG ergeben (s. Rdn. 11; zust. *BAG* 17.03.2015 EzA § 117 BetrVG 2001 Nr. 2 Rn. 32 = AP Nr. 9 zu § 117 BetrVG 1972; vgl. *Löwisch/Rieble* TVG, § 1 Rn. 542).

20 Überwiegend knüpfen die nach § 117 Abs. 2 erlassenen Tarifverträge an die Regelungen des Betriebsverfassungsgesetzes an oder erklären dieses z. T. auch nur für anwendbar; den sog. »Personalvertretungen« wird damit zumeist eine Stellung zuteil, die derjenigen eines Betriebsrats mit entsprechendem Aufgabenbereich und Rechten vergleichbar ist. Praktisch einen Gesamtverweis auf das BetrVG enthält beispielsweise die »Vereinbarung über die Errichtung einer Personalvertretung für das Bordpersonal« zwischen der *AERO-LLOYD Flugreise GmbH & Co. Luftverkehrs KG* und der *Deutschen Angestellten Gewerkschaft (DAG)* vom 10.03.1983/31.01.1985 und enthält der »Tarifvertrag Personalvertretung« zwischen der *DLT-Luftverkehrsgesellschaft mbH [jetzt: LH CityLine]* und der *DAG* vom 19.02.1976 (vgl. § 3). Andere Tarifwerke sehen dagegen spezielle Gruppenvertretungen vor. Hervorzuheben ist hierbei der »Tarifvertrag Personalvertretung für das Bordpersonal der *Deutschen Lufthansa Aktiengesellschaft (DLH)*« vom 15.11.1972/25.06.1976/29.10.1980, der zwischen der *Arbeitsrechtlichen Vereinigung Hamburg e. V. (AVH)* und der *Gewerkschaft ÖTV* sowie der *DAG* geschlossen wurde. In dessen § 5 Abs. 1 wird die Bildung jeweils einer Gruppenvertretung für die Mitarbeitergruppe der Kapitäne, Copiloten, Fluglehrer, Flugingenieure, Pureretten/Purser sowie der Stewardessen/Stewards bestimmt, die die Angelegenheiten ihrer Gruppenangehörigen in eigener Zuständigkeit erledigen. Aus den Gruppenvertretungen wird dann eine Gesamtvertretung gebildet (§ 30), in der die Kapitäne und Copiloten mit je 4, Flugingenieure mit 3, Fluglehrer durch jeweils einen, Pureretten/Purser mit 3 und schließlich die Stewardessen/Stewards durch 9 Mitglieder vertreten sind; diese Gesamtvertretung ist zuständig für Angelegenheiten, die mehrere Gruppen betreffen (§ 35), wie etwa die Dienstbekleidung im Flugbetrieb (vgl. *BAG* 30.09.2014 AP Nr. 46 zu § 87 BetrVG 1972 Ordnung des Betriebes zur »Betriebsvereinbarung Dienstbekleidung«). Eine weniger starke Gruppentrennung sah dagegen der »Tarifvertrag Personalvertretung (TV/PV) für das Cockpit- und Kabinenpersonal (Bordpersonal) der LTU«, geschlossen zwischen der *LTU Lufttransport-Unternehmen GmbH & Co. KG (LTU)* sowie der *DAG* vom 01.12.1997 vor; das Cockpit- und das Kabinenpersonal erhielten jeweils eine eigene Personalvertretung; aus diesen beiden Personalvertretungen wurde dann eine Gesamtvertretung gekürt, in der das Cockpit- und das Kabinenpersonal mit je 6 Mitgliedern Vertretung fand (vgl. § 30). Diese zahlenmäßig hohe Vertretung des Cockpitpersonals in gemeinsamen Gremien im Vergleich zum Kabinenpersonal, das im Betrieb häufig ein Vielfaches der Mitarbeiter des Cockpitpersonals stellt, ist vielen Tarifwerken gemein (verfassungsrechtliche Kritik unter dem Gesichtspunkt mangelnder Wahlrechtsgleichheit, speziell zum Regelungswerk der Lufthansa, bei *Däubler/DKKW* § 117 Rn. 16 ff.). So statuierte beispielsweise der »Tarifvertrag Nr. 2 Personalvertretung für das Bordpersonal« zwischen der *Hapag Lloyd Fluggesellschaft mbH* und der *DAG* vom 03.06.1993 i. d. F. vom 25.02.1999 eine 10-köpfige Personalvertretung, in der die Gruppen Cockpit und Kabine mit jeweils 5 Mitgliedern vertreten waren; ähnlich handhabt es der »Tarifvertrag Personalvertretung Condor« für die *Condor Flugdienst GmbH (CFG)*, geschlossen zwischen der *AVH* und der *DAG* [gleich lautender TV auch mit

Geltung für die Luftfahrt § 117

der *ÖTV* vom 31.08.1992/07.10.1992/07.02.1993, dessen 8-köpfige Personalvertretung für das Bordpersonal aus je 4 Vertretern des Cockpit- bzw. Kabinenpersonals besteht (vgl. § 7). Ansonsten entsprechen aber die Mitbestimmungsrechte der Personalvertretungen in den erwähnten Tarifwerken weitgehend der eines Betriebsrats in sozialen, personellen und wirtschaftlichen Angelegenheiten, auch wenn im Detail Abstriche und Änderungen vorgenommen werden.

Gemein ist den Tarifverträgen nach § 117 Abs. 2, dass dauerhafte Freistellungen für die Personalvertretungstätigkeit wegen der Besonderheiten des fliegerischen Berufs nicht erfolgen. Statt dessen gewähren die Luftfahrtunternehmen ein gewisses monatliches Freistellungskontingent für die gesamte Personalvertretung bzw. die einzelnen Mitglieder; für Sitzungen, deren zeitliche Lage mit der Flugbetriebsleitung abzustimmen ist, werden zudem tageweise Freistellungen eingeplant. 21

Ob eine gemäß § 117 Abs. 2 errichtete Personalvertretung einen Betriebsrat i. S. d. BetrVG und anderer Schutzvorschriften darstellt, ist durch Auslegung des jeweiligen Tarifvertrags zu ermitteln. Denn wenn es verfassungsrechtlich zulässig ist, das fliegende Personal vollständig von der betrieblichen Mitbestimmung auszunehmen (s. Rdn. 10), können auf Betriebsräte anwendbare Vorschriften erst recht nur teilweise zur Anwendung gebracht werden (vgl. *BVerfG* 12.02.2014 EzA § 6 DrittelbG Nr. 1 = NZA 2014, 981). Allerdings ist die Stellung der Personalvertretung nach der Vorstellung der Tarifvertragsparteien derjenigen eines Betriebsrats angenähert, wenn der Tarifvertrag im Wesentlichen auf die Vorschriften des BetrVG verweist (vgl. *BVerfG* 12.02.2014 EzA § 6 DrittelbG Nr. 1 = NZA 2014, 981). Es wird dann in der Regel dem Willen der Tarifvertragsparteien entsprechen, dass vom Normzweck her einschlägige betriebsverfassungsrechtliche Schutzvorschriften auch auf eine nach § 117 Abs. 2 errichtete Personalvertretung Anwendung finden. Deshalb ist eine zum Interessenausgleich i. S. d. § 112 ermächtigte Personalvertretung als **Betriebsrat i. S. v. § 125 InsO** anzusehen, weil ihre Zustimmung den von § 125 InsO bezweckten Ausgleich des eingeschränkten individuellen Kündigungsschutzes gewährleistet (*BAG* 26.04.2007 AP Nr. 4 zu § 125 InsO Rn. 50). Und eine nach § 117 Abs. 2 errichtete Personalvertretung ist ein **Betriebsrat i. S. v. § 6 Satz 1 DrittelbG**, weil auch ein Wahlvorschlag der Personalvertretung zur Effizienz der Wahl der Aufsichtsratsmitglieder der Arbeitnehmer beiträgt (*LAG Hamm* 23.01.2015 ZIP 2015, 1072; s. a. *BVerfG* 12.02.2014 EzA § 6 DrittelbG Nr. 1 = NZA 2014, 981). Nach diesen Regeln genießen die Mitglieder einer nach § 117 Abs. 2 errichteten Personalvertretung auch den besonderen **Kündigungsschutz durch § 15 Abs. 1 KSchG** nicht schon kraft Gesetzes, sondern allenfalls aufgrund des jeweiligen Tarifvertrags (vgl. *LAG Frankfurt a. M.* 04.10.1983 AuR 1985, 29; *Hess/HWGNRH* § 117 Rn. 22; *Schmid/Roßmann* Rn. 522; im Ergebnis ebenso *Däubler/DKKW* § 117 Rn. 20; *Richardi/Forst* § 117 Rn. 19; **a. M.** *LAG Berlin-Brandenburg* 26.03.2015 LAGE § 117 BetrVG 2001 Nr. 3 Rn. 47; *Linck/APS* § 15 KSchG Rn. 35; *Volkening/BeckOK* § 15 KSchG Rn. 10; *Kiel/ErfK* § 15 KSchG Rn. 8; *Hergenröder/MK-BGB* § 15 KSchG Rn. 9; *Richardi/Thüsing* § 103 Rn. 5; *Etzel/Rinck/KR* § 103 BetrVG Rn. 12). Die meisten der einschlägigen Tarifverträge dürften allerdings in Richtung der Anwendbarkeit von § 15 Abs. 1 KSchG auszulegen sein: Insbesondere in den zahlreichen Fällen, in denen der Tarifvertrag im Wesentlichen auf das BetrVG verweist (s. Rdn. 20), werden die Tarifvertragsparteien den Mitgliedern der Personalvertretung auch hinsichtlich des besonderen Kündigungsschutzes die Stellung von Betriebsratsmitgliedern beimessen, um den durch § 15 Abs. 1 KSchG bezweckten Schutz der Unabhängigkeit und der Kontinuität der Vertretung zu gewährleisten. 22

5. Kooperationstarifverträge nach § 117 Abs. 2 Satz 2

Der Tarifvertrag kann auch **Regelungen über** die **Zusammenarbeit** der durch ihn errichteten Vertretung mit den nach dem Betriebsverfassungsgesetz für die Landbetriebe des Luftfahrtunternehmens zu errichtenden Vertretungen – z. B. Betriebsräten, Gesamtbetriebsrat, Konzernbetriebsrat, Wirtschaftsausschuss – vorsehen (§ 117 Abs. 2 Satz 2). Regelungen zur Bestellung, Zusammensetzung und Arbeitsweise des Wirtschaftsausschusses enthalten beispielsweise die Tarifverträge zwischen der *VC* und der *Germanwings GmbH*, sowie der *Air Berlin PLC & Co. Luftverkehrs KG* und enthielten ebenso die Tarifverträge zwischen der VC und der *Augsburg Airways GmbH und Co. KG* sowie der *Contact Air Flugdienst GmbH + Co.* In einem Ergänzungstarifvertrag nach § 117 Abs. 2 Satz 2 kann von den Organisationsnormen des Betriebsverfassungsgesetzes abgewichen werden. Die ausdrückliche Gestattung war erforderlich, damit durch einen solchen Tarifvertrag auch in die Rechtsposition der nach 23 dem Betriebsverfassungsgesetz gebildeten Vertretungen eingegriffen werden kann (vgl. auch *BAG* 14.10.1986 AP Nr. 5 zu § 117 BetrVG 1972 Bl. 4; *ArbG Frankfurt* 26.08.2003 NZA-RR 2004, 168). Das ist z. B. für das Verhältnis der tariflichen Vertretung zu den Betriebsräten der Landbetriebe im Gesamtbetriebsrat und das Abstimmungsverfahren von Bedeutung. Nach § 117 Abs. 2 Satz 2 letzter Halbsatz a. F. war § 3 Abs. 2 entsprechend anzuwenden (vgl. 6. Aufl., § 117 Rn. 14). Durch Art. 1 Nr. 76 BetrVerf-Reformgesetz wurde dieser Halbsatz im Hinblick auf die Neufassung des § 3 gestrichen (vgl. Rdn. 1), da Tarifverträge nach § 3 n. F. nicht mehr der Zustimmung der obersten Arbeitsbehörde des Landes bzw. des Bundesministers für Arbeit und Sozialordnung bedürfen.

VI. Streitigkeiten

24 Über Rechtsstreitigkeiten aus der Anwendung des § 117, auch der nach Abs. 2 vereinbarten Tarifverträge, entscheiden die Arbeitsgerichte im Beschlussverfahren (vgl. § 2a Abs. 1 Nr. 1, Abs. 2, §§ 80 ff. ArbGG; *BAG* 15.04.2014 EzA § 87 BetrVG 2001 Betriebliche Ordnung Nr. 10 Rn. 14; 17.09.2013 AP Nr. 55 zu § 1 TVG Tarifverträge: Lufthansa; 10.09.1985 AP Nr. 2 zu § 117 BetrVG 1972 Bl. 1 R; 10.09.1985 AP Nr. 3 zu § 117 BetrVG 1972 Bl. 2 R; 05.11.1985 AP Nr. 4 zu § 117 BetrVG 1972 Bl. 2; 14.10.1986 AP Nr. 5 zu § 117 BetrVG 1972 Bl. 1 R; *LAG Frankfurt a. M.* 31.01.2006 – 4 TaBV 208/05). Die durch einen Tarifvertrag nach § 117 Abs. 2 errichtete Personalvertretung ist beteiligungsfähig (vgl. *BAG* 15.04.2014 EzA § 87 BetrVG 2001 Betriebliche Ordnung Nr. 10 Rn. 14; 17.09.2013 AP Nr. 55 zu § 1 TVG Tarifverträge: Lufthansa; 05.11.1985 AP Nr. 4 zu § 117 BetrVG 1972 Bl. 2; 22.11.2005 EzA § 99 BetrVG 2001 Versetzung Nr. 1 = AP Nr. 7 zu § 117 BetrVG 1972). Besteht Streit über ein Mitbestimmungsrecht, ist ein Feststellungsantrag nach § 256 Abs. 1 ZPO zulässig (*BAG* 15.04.2014 EzA § 87 BetrVG 2001 Betriebliche Ordnung Nr. 10 Rn. 19 f.; 17.09.2013 AP Nr. 55 zu § 1 TVG Tarifverträge: Lufthansa). Örtlich zuständig ist nach § 82 Abs. 1 Satz 1 ArbGG das Arbeitsgericht, in dessen Bezirk der Bereich liegt, für die Personalvertretung errichtet wurde; das ist die Base, wenn der Tarifvertrag in persönlicher Hinsicht für alle dort stationierten im Flugbetrieb beschäftigten Arbeitnehmer gilt (vgl. *LAG Berlin-Brandenburg* 08.02.2011 – 7 TaBV 2744/10 – Rn. 39 f.).

Dritter Abschnitt
Tendenzbetriebe und Religionsgemeinschaften

§ 118
Geltung für Tendenzbetriebe und Religionsgemeinschaften

(1) Auf Unternehmen und Betriebe, die unmittelbar und überwiegend
1. politischen, koalitionspolitischen, konfessionellen, karitativen, erzieherischen, wissenschaftlichen oder künstlerischen Bestimmungen oder
2. Zwecken der Berichterstattung oder Meinungsäußerung, auf die Artikel 5 Abs. 1 Satz 2 des Grundgesetzes Anwendung findet,

dienen, finden die Vorschriften dieses Gesetzes keine Anwendung, soweit die Eigenart des Unternehmens oder des Betriebs dem entgegensteht. Die §§ 106 bis 110 sind nicht, die §§ 111 bis 113 nur insoweit anzuwenden, als sie den Ausgleich oder die Milderung wirtschaftlicher Nachteile für die Arbeitnehmer infolge von Betriebsänderungen regeln.

(2) Dieses Gesetz findet keine Anwendung auf Religionsgemeinschaften und ihre karitativen und erzieherischen Einrichtungen unbeschadet deren Rechtsform.

Literatur
I. BetrVG 1952 und ältere Literatur siehe 8. Aufl.

II. § 118 Abs. 1 BetrVG 1972:
Asbeck Tendenzschutz im deutschen und europäischen Betriebsverfassungs- und Unternehmensmitbestimmungsrecht (Diss. Heidelberg), 2015 (zit.: Tendenzschutz); *Bargon* Tendenzunternehmen »zweiter Klasse«? – Anwendungsbereich und Intensität des Tendenzschutzes am Beispiel parteinaher Stiftungen (Diss. Hamburg), 2015 (zit.: Tendenzunternehmen »zweiter Klasse«?); *Barton* Es gibt keine Pressefreiheit ohne Tendenzschutz, Der Arbeitgeber 1994, 445; *Bauer* Betriebsänderungen in Tendenzunternehmen, FS Wißmann, 2005, S. 215 ff.; *Bauer/Lingemann* Stillegung von Tendenzbetrieben am Beispiel von Pressebetrieben, NZA 1995, 813; *Bauer/Mengel* Tendenzschutz für Neue Medienunternehmen, NZA 2001, 307; *Bauschke* Tendenzbetriebe – allgemeine Problematik und brisante Themenbereiche, ZTR 2006, 69; *Berger-Delhey* Mitbestimmung der Betriebsvertretung bei Arbeitszeitregelungen gegenüber Redakteuren?, NZA 1992, 441; *Birk* »Tendenzbetrieb« und Wirtschaftsausschuß, JZ 1973, 753; *Blanke* Die Mitbestimmung in Tendenzunternehmen nach dem Gesetz über Europäische Betriebsräte, FS *Däubler*, 1999, S. 841; *Bonin* Die Richtlinie 2002/14/EG zur Unterrichtung und Anhörung der Arbeitnehmer und ihre Umsetzung in das Betriebsverfassungsrecht, AuR 2004, 321; *Brandt* Tendenzschutz in öffentlich-rechtlichen Rundfunkanstalten (Diss. Mainz), 2008; *Buchner* Tendenzförderung als arbeitsrechtliche Pflicht, ZfA 1979, 335; *von Campenhausen* Die Verantwortung der Kirche und des Staates für die Regelung von Arbeitsverhältnissen im kirchlichen Bereich, Essener Gespräche zum Thema Staat und Kirche, 1984, S. 9; *Dahm* Auf ein Neues: Die abermals geänderte Rechtsprechung des BAG zur Zulässigkeit eines abstrakten Antrags auf Feststellung der Tendenzeigenschaft, SAE 2011, 201; *Dörnwächter* Tendenzschutz im Tarifrecht (Diss. Augsburg), 1998 (zit.: Tendenzschutz); *Dütz* Zur Beweislast beim Tendenzschutz (§ 118 Abs. 1 BetrVG), RdA 1976, 18; *ders.* Mitbestimmung des Betriebsrats bei Arbeitszeitmaßnahmen in Pressebetrieben, AfP 1988, 193; *ders.* Rechtsgrenzen für koalitionsautonome Arbeitszeitregelungen im Pressebereich, insbesondere zur tariflichen Einschränkung von Wochenendarbeit, AfP 1989, 605; *ders.* Mitbestimmung und Tendenzschutz bei Arbeitszeitregelungen, AfP 1992, 329; *Dütz/Schulin* Das Betriebsverfassungsrecht in seiner dogmatischen und systematischen Fortentwicklung, ZFA 1975, 103; *Dzida/Hohenstatt* Tendenzschutz nur gegenüber Tendenzträgern?, NZA 2004, 1084; *Endlich* Betriebliche Mitbestimmung und Tendenzschutz bei der Zulagengewährung, NZA 1990, 13; *Fister* Der Tendenzbetrieb im deutschen und europäischen Arbeitsrecht, 2008; *Frey* Der Tendenzschutz im Betriebsverfassungsgesetz, 1972; *Gerdom* Gemeinschaftsrechtliche Unterrichtungs- und Anhörungspflichten und ihre Auswirkungen auf das Betriebsverfassungs-, Personalvertretungs- und Mitarbeitervertretungsrecht (Diss. Bonn), 2009 (zit.: Gemeinschaftsrechtliche Unterrichtungs- und Anhörungspflichten); *Gerhardt* Grenzen und Möglichkeiten der personellen Mitbestimmung in der Redaktion, Herbsttagung des Studienkreises für Presserecht und Pressefreiheit, AfP 1972, 316; *Germelmann* Der Tendenzschutz als Grenze der Mitbestimmung in kulturellen Einrichtungen, PersV 2014, 4 (Teil I) und 44 (Teil II); *Gillen/Hörle* Betriebsänderungen in Tendenzunternehmen, NZA 2003, 1225; *Grambow* Die betriebsverfassungsrechtliche Behandlung von Vereinen, Stiftungen und gGmbHs, ZStV 2013, 161; *ders.* Mitbestimmung im Tendenzbetrieb – Einschränkungen der Rechte des Betriebsrats, AuA 2015, 219; *Grimm/Pelzer* Tarifsozialpläne in Tendenzunterneh-

men NZA 2008, 1321; *Grunsky* Interessenausgleich und Sozialplan im Tendenzbetrieb, FS *Mallmann*, 1978, S. 79; *Grund* Der Weiterbeschäftigungsanspruch des Tendenzträgers, FS zur 100. Jahrestagung der *Arbeitsgemeinschaft der Verlagsjustitiare*, 2008, S. 181; **Hanau** Tendenzschutz und Partnerschaft. »20 Jahre Betriebsverfassungsgesetz 1972 bis 1992«, AfP 1993, 452; *ders.* Pressefreiheit und paritätische Mitbestimmung, 1975 (zit.: Pressefreiheit); *ders.* Fragen der Mitbestimmung und Betriebsverfassung im Konzern, ZGR 1984, 468; *Hartmann* Interessenausgleich und Sozialplan in außeruniversitären Forschungseinrichtungen, FS *Meusel*, 1997, S. 55; *Holtz-Bacha* Mitspracherechte für Journalisten, 1976; *Hünerbein* Der Europäische Betriebsrat und Tendenzschutz (Diss. Potsdam), 1998; **Ihlefeld** Betriebsverfassungsrechtlicher Tendenzschutz und Pressefreiheit, AuR 1980, 257; *Jansen* Tendenzielle Mitbestimmung, AiB 2017, 27; *Jatho* Die Stellung der Tendenzunternehmen und der Religionsgemeinschaften im deutschen und europäischen Recht der Arbeitnehmerbeteiligung (Diss. Würzburg), 2013 (zit.: Tendenzunternehmen und Religionsgemeinschaften); **K**au Die Mitbestimmung in Presseunternehmen, Eine rechtssoziologische Untersuchung, 1980; *Klein, W.* Der Tendenzschutz von Presseunternehmen und die Reform ihrer Binnenstruktur durch Redaktionsstatute (Diss. Göttingen), 1976; *Kloepfer* »Innere Pressefreiheit« und Tendenzschutz im Lichte des Artikels 10 der Europäischen Konvention zum Schutze der Menschenrechte und Grundfreiheiten, 1996 (zit.: Innere Pressefreiheit); *Knemeyer* Lehrfreiheit, 1969; *Kresse* Tendenzschutz bei Konzernverflechtung (Diss. Saarbrücken), 1982 (zit.: Tendenzschutz); *Kohte* Karitative Bestimmungen im Betriebsverfassungsrecht, BlStSozArbR 1983, 129; *ders.* Die politischen Bestimmungen nach § 118 BetrVG – ein weites Feld, BB 1999, 1110; *Korinth* Weiterbeschäftigungsanspruch in Tendenzbetrieben, ArbRB 2003, 350; *Kreuder* Tendenzschutz und Mitbestimmung, AuR 2000, 122; *Kübler* Empfiehlt es sich, zum Schutze der Pressefreiheit gesetzliche Vorschriften über die innere Ordnung von Presseunternehmen zu erlassen?, Verhandlungen des 49. DJT, 1972, S. D 68; *Küchenhoff* Tendenzschutz in Bildungseinrichtungen für Erwachsene, NZA 1992, 679; *ders* . Juristische und sozialwissenschaftliche Gedanken zum Tendenzschutz für Unternehmen und Betriebe, die erzieherischen Bestimmungen dienen, FS *Simon*, 2001, S. 73; *Kull* Zur Erosion des Tendenzschutzes NJW 1982, 2227; *Kunze* Zum Begriff des sogenannten Tendenzbetriebs, FS *Ballerstedt*, 1975, S. 79; **L**öffler Presserecht, 6. Aufl. 2015; *Löwisch* Musik als Kunst im Sinne des Tendenzschutzes, FS *v. Caemmerer*, 1978, S. 559; *ders.* Forschung als Wissenschaft im Sinne des Tendenzschutzes, FS *Müller-Freienfels*, 1987, S. 439; *ders.* Die Arbeitsrechtsordnung unter dem Grundgesetz, in: 40 Jahre Grundgesetz – Der Einfluß des Verfassungsrechts auf die Entwicklung der Rechtsordnung, 1989, S. 59; *ders.* Tendenzschutz im Gesundheitswesen, FS *Wlotzke*, 1996, S. 381; *Löwisch/Kaiser* Tendenzschutz in öffentlich-rechtlich geführten Bühnenunternehmen – zu den verfassungsrechtlichen Grenzen der Landespersonalvertretungsgesetze, 1996; *Lorenzen* Der karitative Gesundheitskonzern, RdA 2016, 186; *Loritz* Mitbestimmung und Tendenzschutz im Konzern, ZfA 1985, 497; *Lunk* Der Tendenzgemeinschaftsbetrieb, NZA 2005, 841; **M**arino Die verfassungsrechtlichen Grundlagen des sog. Tendenzschutzes im Betriebsverfassungsrecht und im Unternehmensverfassungsrecht, 1986; *Martens* Die Tendenzunternehmen im Konzern, Die AG 1980, 289; *Marzuillo* Pressetendenzschutz und Gemeinschaftsrecht (Diss. Bonn), 1996; *Mayer-Maly* Gewinnstreben und Wertfreiheit im Tendenzbetrieb, RdA 1966, 441; *ders.* Möglichkeiten und Grenzen der personellen Mitbestimmung in der Redaktion, AfP 1972, 298; *ders.* Der Tendenzkonzern, FS *Möhring*, 1975, S. 251; *ders.* Veränderung des »Tendenzschutzes« durch Tarifverträge?, AfP 1977, 209; *ders.* Die Rechtsstellung konzernangehöriger Verlagsdruckereien nach § 118 Abs. 1 BetrVG, FS *Löffler*, 1980, S. 267; *Menzel* Die Rechte des Betriebsrats im Tendenzbetrieb nach dem Betriebsverfassungsgesetz vom 15. Januar 1972 (Diss. Regensburg), 1978; *Meusel* Sind Großforschungseinrichtungen Tendenzbetriebe?, Zeitschrift für Recht und Verwaltung der wissenschaftlichen Hochschulen und der wissenschaftspflegenden und -fördernden Organisationen und Stiftungen, Bd. 17 (1984), S. 15; *Mikat* Kirchen und Religionsgemeinschaften, in: *Bettermann/Nipperdey/Scheuner* Die Grundrechte, 1960, Bd. IV/1, S. 111; *ders.* Tendenzbetrieb und Betriebsverfassung, FS *Küchenhoff*, 1972, 261; *Müller* Die Unternehmen mit karitativen Bestimmungen i. S. des § 118 Abs. 1 BetrVG, JArB Bd. 19 (1981) 1982, S. 49; *ders.* Überlegungen zur Tendenzträgerfrage, FS *Hilger/Stumpf*, 1983, S. 477; **O**etker Die Mitbestimmung der Betriebs- und Personalräte bei der Durchführung von Berufsbildungsmaßnahmen (Diss. Kiel), 1986 (zit: Mitbestimmung); *ders.* Europäischer Betriebsrat und Pressefreiheit, DB 1996, Beil. 10; *Oldenburg* Die Träger der beruflichen Bildung als Tendenzbetriebe NZA 1989, 412; *Pelner* Wissenschaftsfreiheit und Mitbestimmung. Tendenzschutz in den Personalvertretungsgesetzen des Bundes und der Länder, FS *Gmür*, 1983, S. 345; *Pieroth/Messmann* Betriebsverfassungs- oder personalvertretungsrechtliche Mitbestimmung der Mitarbeiter von Bundestagsabgeordneten, PersV 2009, 444; *Plander* Die Lage der Arbeitszeit von Zeitungsredakteuren als Mitbestimmungsproblem, AuR 1991, 353; *ders.* Merkwürdigkeiten des betriebsverfassungsrechtlichen Tendenzschutzes, AuR 2002, 12; *Plum* Tendenzschutz im europäischen Arbeitsrecht (Diss. Bonn), 2011 (zit.: Tendenzschutz); *ders.* Pressetendenzschutz in Europa, AfP 2011, 227; *Poeche* Mitbestimmung in wissenschaftlichen Tendenzbetrieben (Diss. Köln), 1999 (zit.: Mitbestimmung); *Poeck* Tendenzträger als Betriebsräte und Sprecherausschussmitglieder (Diss. Freiburg), 2011 (zit.: Tendenzträger); *Pohle* Die Unterrichtung des Betriebsrats über die Beschäftigung von freien Mitarbeitern, BB 1999, 2401; *Preis* Zur Betriebsratsfähigkeit politischer Parteien, FS *Däubler*, 1999, S. 261; **R**eichold Durchbruch zu einer europäischen Betriebsverfassung, NZA 2003, 289; *Reske/Berger-Delhey* Tendenzschutz und Arbeitszeit, AfP 1990, 107; *Reuter* Das Gewissen des Arbeitnehmers als Grenze des Direktionsrechts des Arbeitgebers/Kritische Anmerkungen zu BAG, Urteil vom 20.12.1984 – 2 AZR 436/83 –, BB 1986, 385; *Richardi* Mitbestimmung bei der Einstellung eines Sportredakteurs in einem Druckerei- und Presseunternehmen, AfP 1976, 107; *ders.* Sportverbände als Tendenzunternehmen in der Betriebsverfassung, FS *Tomandl*, 1998, S. 299; *Richter* Beteiligungsrechte des Betriebsrats in Tendenzbetrieben, DB 1991, 2661; *Ricker/Weberling* Handbuch des Presserechts, 6. Aufl. 2012; *Rinsdorf* Einstweiliger Rechtsschutz statt Nachteilsausgleich bei Betriebsänderungen im Tendenzbetrieb, ZTR 2001, 197; *Rüthers* Tarifmacht und Mitbestimmung in der Presse, 1975 (zit.: Tarifmacht); *ders.* Paritätische Mitbestimmung und Tendenzschutz, AfP 1974, 542; *ders.* Tendenzschutz und betriebsverfassungsrechtliche Mitbestimmung, AfP 1980, 2; *ders.* Zulässigkeit und Ablösbarkeit von Redaktionsstatuten, RdA 2002, 360; *Rüthers/Beninca* Die Verwirklichung des Tendenzschutzes in Pressebetrieben im Rahmen des Direktionsrechts bei Versetzungen von Redakteuren, AfP 1995, 638; *Rüthers/Franke* Die Tendenzträgereigenschaft der Arbeitnehmer bei § 118 BetrVG, DB 1992, 374; *Schaffeld* Zur Rechtsnatur und zur Kündigung von Redaktionsstatuten, AfP 2002, 139; *Scheriau* Der Tendenzschutz nach § 118 BetrVG, AiB 2012, 579; *ders.* Informations- und Beratungsrechte in Tendenzbetrieben, AiB 2012, 652; *ders.* Personelle und soziale Angelegenheiten im Tendenzbetrieb, AiB 2013, 35; *Scholz* Pressefreiheit und Arbeitsverfassung, 1978; *Schlachter* Verletzung von Konsultationsrechten des Betriebsrats in Tendenzunternehmen, FS *Wißmann*, 2005, S. 412; *Seifert* Europäische Arbeitnehmermitwirkung und Kirchen in Deutschland – Zum Tendenschutz in der Informations- und Konsultationsrichtlinie, FS *Weiss*, 2005, S. 177; *Seiler* Verfassungsrechtliche Grenzen der Normierung innerer Pressefreiheit, AfP 1999, 7; *Sieger* Buchgemeinschaften heute – Betriebsverfassungsrechtlicher Tendenzschutz, 1983; *Sterzel* Tendenzschutz und Grundgesetz, 2001; *Stiebner* Tendenzschutz bei Mischunternehmen im Verlagswesen (Diss. Augsburg), 1979; *Stölzel* Neue Entwicklungen zum Tendenzbetrieb mit erzieherischer Zwecksetzung, NZA 2009, 239; *Tens* Die politischen Parteien als Tendenzbetriebe (Diss. Berlin), 1972; *Thannhäuser* Der Tendenzschutz in Forschungseinrichtungen – oder: der wissenschaftlich-technische Mitarbeiter, ein Arbeitnehmer zweiter Klasse?, WissR 1997, 95; *Thüsing* Das Arbeitsrecht privater Hochschulen, ZTR 2003, 544; *ders.* Freiwilliger Interessenausgleich und Sozialauswahl, BB 2005, 213; *ders./Pötters* Karitative Tätigkeit und Tendenzschutz nach dem BetrVG, RdA 2011, 280; Ch. *Weber* Information und Konsultation im deutschen und europäischen Mitbestimmungsrecht, FS *Konzen*, 2006, S. 921; *Weberling* Aktuelle Entwicklungen im Presserecht, AfP 2000, 317; *ders*. Unterlassungsansprüche des Betriebsrats bei Verstößen gegen § 90 BetrVG insbesondere in Tendenzunternehmen, AfP 2005, 139; *Wedde* Betriebsratsschulung und Kostentragungspflicht gem. § 40 Abs. 2 BetrVG bei gewerkschaftlichen Anbietern, DB 1994, 730; *Weiss* Arbeitnehmermitwirkung in Europa, NZA 2003, 177; *Weiss/Weyand* Zur Mitbestimmung des Betriebsrats bei der Arbeitszeit von Redakteuren, AuR 1990, 33; *Weller* Zur Mitbestimmung bei der Arbeitszeit von Redakteuren, FS *Gnade*, 1992, S. 235; *Wendeling-Schröder* Probleme der betriebsverfassungsrechtlichen Interessenvertretungen in Großforschungseinrichtungen, WSI-Mitt. 1983, 561; *dies.* Wissenschaftsfreiheit und Tendenzschutz, AuR 1984, 328; *Wertheimer* Tendenzschutz privatrechtlich organisierter konfessioneller Krankenhäuser, ZAT 2015, 152; *Wiedemann* Aufgabe und Grenzen der unternehmerischen Mitbestimmung der Arbeitnehmer, BB 1978, 5; *Wienert* Tendenzschutz und Pressefreiheit (Diss. Köln), 1982; *Worzalla* Mitbestimmung des Betriebsrats in Eil- und Notfällen – Eine Analyse für den Bereich des § 87 BetrVG, 1992.

III. § 118 Abs. 2 BetrVG 1972:
Bauersachs Die Beteiligung der kirchlichen Mitarbeiter an der Gestaltung kirchlicher Ordnungen in den deutschen evangelischen Landeskirchen und ihren Zusammenschlüssen, unter besonderer Berücksichtigung des kirchlichen Dienst- und Arbeitsrechts (Diss. Köln), 1979; *Baumann* Grundfragen des kirchlichen Arbeitsrechts, AuA 1997, 154; *Berchtenbreiter* Kündigungsschutzprobleme im kirchlichen Arbeitsverhältnis, 1984; *Baumann-Czichon/Germer* Mitarbeitervertretungsgesetz der Evangelischen Kirche in Deutschland (MVG-EKD), 4. Aufl. 2013; *Beckers* Errichtung von Betriebsräten in kirchlichen Einrichtungen?, ZTR 2000, 63; *Bietmann* Betriebliche Mitbestimmung im kirchlichen Dienst, 1982; *ders.* Koalitionen und Gewerkschaften in kirchlichen Einrichtungen – Wieviel Zutritt haben sie?, ZMV 2014, Sonderheft, 68; *Bischoff/Hammer* Grundfragen des kirchlichen Arbeitsrechts, AuR 1995, 161; *Blens* Outsourcing bei kirchlichen Einrichtungen, ZMV 2006, 62; *ders.* Anspruch auf Unterrichtung und Anhörung aus der Richtlinie 2002/14/EG, ZMV 2003, 2; *Briza* »Tarifvertrag« und »Dritter Weg«/Arbeitsrechtsregelungsverfahren der Kirchen (Diss. Straubing), 1987; *v. Campenhausen/de Wall* Staatskirchenrecht, 4. Aufl. 2006; *ders.* Münchener Gutachten 1970–1980, 1983; *ders.* Die Verantwortung der Kirche und des Staates für die Regelung von Arbeitsverhältnissen im kirchlichen Bereich, Essener Gespräche zum Thema Staat und Kirche, Bd. 18, 1984, S. 9; *Christoph* Rechtsnatur und Geltungsbereich des kirchlichen Mitarbeitervertretungsrechts, ZevKR 1987, 47; *Duhnenkamp* Das Mitarbeitervertretungsrecht im Bereich der evangelischen Kirche, Kommentar, 1986; *Dütz* Das arbeitsrechtliche Verhältnis der Kirche zu ihren Beschäftigten, AuR 1979, Sonderheft, S. 2; *ders.* Aktuelle kollektivrechtliche Fragen des kirchlichen Dienstes, in Essener Gespräche Bd. 18, 1984, S. 67; *ders.* Das Bundesverfassungsgericht zur Kündigung kirchlicher Arbeitsverhältnisse, NZA 1986, Beil. Nr. 1, S. 11; *ders.* Gewerkschaftliche

Betätigung in kirchlichen Einrichtungen, 1982; *ders.* Neue Grundlagen im Arbeitsrecht der katholischen Kirche, NJW 1994, 1369; *ders.* Staatskirchenrechtliche Gerichtsschutzfragen im Arbeitsrecht, FS *Henckel*, 1995, S. 145; *ders.* Mitbestimmung in kirchlichen Wirtschaftsbetrieben, FS *Stahlhacke*, 1995, S. 101; *ders.* Mitbestimmung für kirchliche Mitarbeiter, ZfPR 2009, 23; *Fey/Rehren* Kirchengesetz über Mitarbeitervertretungen in der Evangelischen Kirche in Deutschland – MVG.EKD, Loseblatt 2002 ff.; *Frey/Coutelle/Beyer* MAVO – Kommentar zur Rahmenordnung für eine Mitarbeitervertretungsordnung, Loseblatt, 4. Aufl. 2002 ff.; *Gaul* Konsequenzen eines Betriebsübergangs für Kollektivvereinbarungen kirchlicher Rechtsträger, ZTR 2002, 368; *Geiger* Die Rechtsprechung des Bundesverfassungsgerichts zum kirchlichen Selbstbestimmungsrecht, ZevKR 1981, 156; *Grethlein* Probleme des Dritten Weges der Kirchen, NZA 1986, Beil. Nr. 1, S. 18; *Hahn* Mitbestimmung in kirchlichen Einrichtungen (Diss. Münster), 2009; *Hanau* Zum Verhältnis von Kirche und Arbeitsrecht, ZevKR 1980, 61; *Hammer* Kirchliches Arbeitsrecht, 2002; *Herschel* Kirchliche Einrichtungen und Betriebsverfassung, AuR 1978, 172; *ders.* Kirche und Fortschritt, 1980, 49; *ders.* Betriebliche Mitbestimmung im kirchlichen Dienst, Sozialer Fortschritt 1983, 183; *Hesse* Das Selbstbestimmungsrecht der Kirchen und Religionsgemeinschaften, in: Handbuch des Staatskirchenrechts der Bundesrepublik Deutschland, 2. Aufl. 1994, S. 521; *Hollerbach* Das Staatskirchenrecht in der Rechtsprechung des Bundesverfassungsgerichts, AöR 1981, 218; *Hünlein* Unanwendbarkeit des Betriebsverfassungsgesetzes auf ein von einem Mitglied des Diakonischen Werkes betriebenen Krankenhauses, ZTR 2002, 524; *Isensee* Kirchliche Loyalität im Rahmen den staatlichen Arbeitsrechts – Verfassungsrechtliche Aspekte des kirchlichen Arbeitsverhältnisses –, in: Rechtsstaat/Kirche/Sinnverantwortung, FS *Obermayer*, 1986, S. 203; *Jatho* Die Stellung der Tendenzunternehmen und der Religionsgemeinschaften im deutschen und europäischen Recht der Arbeitnehmerbeteiligung (Diss. Würzburg), 2013 (zit.: Tendenzunternehmen und Religionsgemeinschaften); *Joussen* Konsequenzen aus der nicht erfolgten Übernahme der Grundordnung, ZAT 2014, 13; *Jurina* Die Subsidiarität arbeitsrechtlicher Gesetze gegenüber kircheneigenen Regelungen, NZA 1986, Beil. Nr. 1, S. 15; *ders.* Der Rechtsstatus der Kirchen und Religionsgemeinschaften im Bereich ihrer eigenen Angelegenheiten, 1972; *ders.* Das Dienst- und Arbeitsrecht im Bereich der Kirchen in der Bundesrepublik Deutschland, 1979; *Kienitz* Die Beteiligung der Mitarbeitervertretung bei Kündigungen nach dem MVG.EKD, 2000; *Kluge* Arbeitsrechtliche Probleme im Bereich der freien gemeinnützigen Wohlfahrtspflege (Diss. Bonn), 1974; *Kohte* Die betriebsverfassungsrechtliche Sonderstellung von karitativen Einrichtungen der Religionsgemeinschaften, BlStSozArbR 1983, 145; *Leisner* Das kirchliche Krankenhaus im Staatskirchenrecht der Bundesrepublik Deutschland, in Essener Gespräche Bd. 17, 1983, S. 9; *Listl/Müller/Schmitz* Handbuch des katholischen Kirchenrechts, 2. Aufl. 1999; *Löwisch* Einrichtungen der Religionsgemeinschaften i. S. d. § 118 Abs. 2 BetrVG und des § 112 BPersVG, AuR, Sonderheft 1979, 33; *Loritz* Mitbestimmungsordnung in Gemeinschaftsbetrieben kirchlicher Träger, GS *Heinze*, 2005, S. 541; *Mayer-Maly* Das staatliche Arbeitsrecht und die Kirchen, in Essener Gespräche Bd. 10, 1976, S. 127; *ders.* Die arbeitsrechtliche Tragweite des kirchlichen Selbstbestimmungsrechts, BB 1977, Beil. Nr. 3; *ders.* Die Abstraktion von der Rechtsform kirchlicher Einrichtungen bei der Freistellung vom Betriebsverfassungsgesetz, BB 1977, 249; *ders.* Kirchenfreiheit contra Koalitionsrecht?, BB 1979, 632; *Mikat* Tendenzbetrieb und Betriebsverfassung, FS *Küchenhoff*, 1972, S. 261; *ders.* Staat, Kirchen und Religionsgemeinschaften, in: Handbuch des Verfassungsrechts, hrsg. von Benda/Maihofer/Vogel 2. Aufl. 1994, S. 1425; *Muckel* Die Rechtsstellung der Kirchen und Religionsgemeinschaften nach dem Vertrag über eine Verfassung für Europa, DÖV 2005, 191; *G. Müller* Staatskirchenrecht und normatives Arbeitsrecht, RdA 1979, 71; *Müller-Volbehr* Neue Minderheitenreligionen – aktuelle verfassungsrechtliche Probleme, JZ 1981, 41; *ders.* Europa und das Arbeitsrecht der Kirchen (Diss. Regensburg), 1999; *Münzel* Rechenschaftspflicht des kirchlichen Arbeitgebers gegenüber der Mitarbeitervertretung in wirtschaftlichen Angelegenheiten?, NZA 2005, 449; *Pahlke* Kirche und Koalitionsrecht, 1983; *Reichold* Europäisches Rahmenrecht für kirchliche Mitbestimmung, ZTR 2000, 57; *Richardi* Kirchenautonomie und gesetzliche Betriebsverfassung, ZevKR 1978, 367; *ders.* Die arbeitsrechtliche Regelungsautonomie der Kirchen, in 25 Jahre Bundesarbeitsgericht, 1979, S. 429; *ders.* Die arbeitsrechtliche Bedeutung der christlichen Dienstgemeinschaft für die Arbeitsverhältnisse kirchlicher Mitarbeiter, ZfA 1984, 109; *ders.* Das kollektive Arbeitsrecht der Kirchen in der Bundesrepublik Deutschland, in: *Listl/Schick* Straßburger Kolloquien, Bd. 6 (1984), S. 95; *ders.* Das Selbstbestimmungsrecht der Kirchen im Arbeitsrecht, NZA 1986, Beil. Nr. 1, S. 3; *ders.* Die Grundordnung der katholischen Kirche für den kirchlichen Dienst im Rahmen kirchlicher Arbeitsverhältnisse, NZA 1994, 19; *ders.* Die Mitbestimmung bei Kündigungen im kirchlichen Arbeitsrecht, NZA 1998, 113; *ders.* Arbeitsrecht und Kirchenrecht, RdA 1999, 112; *ders.* Arbeitsrecht in der Kirche, 7. Aufl. 2015; *Rüthers* Individualrechtliche Aspekte des kirchlichen Arbeitsrechts in der Bundesrepublik Deutschland, in: *Listl/Schick* Straßburger Kolloquien, Bd. 6 (1984), S. 3; *Ruf* Das Recht der katholischen Kirche nach dem neuen Codex Iuris Canonici, 1983; *Ruland* Die Sonderstellung der Religionsgemeinschaften im Kündigungsschutzrecht unter den staatlichen Mitbestimmungsordnungen, NJW 1980, 89; *Sander* Blankettverweisungen in kirchlichen Arbeitsrechtsregelungen des Dritten Weges, NZA 1986, Beil. Nr. 1, S. 23; *Schlaich* Der »dritte Weg« – eine kirchliche Alternative zum Tarifvertragssystem?, JZ 1980, 209; *Schliemann* Europa und das deutsche kirchliche Arbeitsrecht, NZA 2003, 407; *ders.* Das kirchliche Arbeitsrecht zwischen Grundgesetz und Gemeinschaftsrecht – Rechtslage und Perspektiven, in: *v. Campenhausen* (Hrsg.) Deutsches Staatskirchenrecht zwischen Grundgesetz und EU-Gemeinschaft, 2003, S. 113; *ders*. Kirchliches Selbstbestimmungsrecht und europäischer Tendenzschutz, FS *Richardi*, 2007, 959; *Schulin* Das Verhältnis zwischen Staat und Kirche im Bereich des Sozialversicherungsrechts, FS *Wannagat*, 1981, S. 521; *Schwerdtner* Kirchenautonomie und Betriebsverfassung, AuR 1979, Sonderheft, S. 21; *Seifert* Europäische Arbeitnehmermitwirkung und Kirchen in Deutschland – Zum Tendenzschutz in der Informations- und Konsultationsrichtlinie, FS *Weiss*, 2005, S. 177; *Spengler* Die Rechtsprechung zum Arbeitsrecht in kirchlichen Angelegenheiten – insbesondere zur Loyalitätspflicht der kirchlichen Mitarbeiter, NZA 1987, 833; *Stein* Evangelisches Kirchenrecht, 3. Aufl. 1992; *Stolleis* Staatliche und kirchliche Zuständigkeiten im Datenschutzrecht, ZevKR 1978, 230; *Thiel/Fuhrmann/Jüngst* Kommentar zur Rahmenordnung für eine Mitarbeitervertretungsordnung (MAVO), 6. Aufl. 2011; *Thüsing* Mitbestimmung und Tarifrecht im kirchlichen Konzern, ZTR 2002, 56; *Ch. Weber* Information und Konsultation im deutschen und europäischen Mitbestimmungsrecht, FS *Konzen*, 2006, 921; *H. Weber* Gelöste und ungelöste Probleme des Staatskirchenrechts, NJW 1983, 2541; *Wertheimer* Tendenzschutz privatrechtlich organisierter konfessioneller Krankenhäuser, ZAT 2015, 152; *Weth/Wern* Vom weltlichen zum kirchlichen Betrieb – Probleme des Betriebsübergangs, NZA 1998, 118; *Wieland* Die Angelegenheiten der Religionsgesellschaften, Der Staat Bd. 25 (1986), 321; *ders*. Die verfassungsrechtliche Stellung der Kirchen als Arbeitgeber, DB 1987, 1633; *Zeuner* Gedanken zum arbeitsrechtlichen Vertragsprinzip im Bereich des kirchlichen Dienstes – Eine Skizze –, ZfA 1985, 127.

Inhaltsübersicht Rdn.

I. Vorbemerkungen	1–48
1. Regelungsgehalt	1–3
2. Entstehungsgeschichte	4–12
a) § 118 Abs. 1 BetrVG 1972	4–10
aa) Gesetzliche Vorläufer	4–8
aaa) Betriebsrätegesetz 1920	4, 5
bbb) Betriebsverfassungsgesetz 1952	6–8
bb) Betriebsverfassungsgesetz 1972	9, 10
b) § 118 Abs. 2 BetrVG 1972	11, 12
3. Normzweck	13–37
a) Tendenzschutz und Gewährleistung von Grundrechtsentfaltungen	13–27
aa) Meinungsstand	13–16
bb) Bedeutung	17
cc) Stellungnahme	18–27
aaa) Gewährleistung von Grundrechtsentfaltungen und Schutzgebotsauftrag des Grundgesetzes	18–21
bbb) Tendenzschutz und Verfassungsauftrag	22
ccc) Tendenzschutz und erwerbswirtschaftliche Zielsetzung	23–27
b) Tendenzschutz und Kirchenautonomie	28–32
c) Tendenzschutz und Unionsrecht	33–37
4. Ausnahmecharakter und Analogiefähigkeit des § 118	38, 39
5. Dispositivität des Tendenzschutzes?	40–47
a) Einschränkung des Tendenzschutzes und Grundrechtsbezug	40–43
aa) Tendenzschutz mit Grundrechtsbezug	41, 42
bb) Tendenzschutz ohne Grundrechtsbezug	43
b) »Innere Pressefreiheit« und Redaktionsstatute	44–47
aa) Redaktionsstatut und Tarifvertrag	45
bb) Redaktionsstatut und Betriebsvereinbarung	46
cc) Redaktionsstatut und Einzelarbeitsvertrag	47
6. Tendenzschutz außerhalb des Betriebsverfassungsgesetzes	48
II. Tendenzschutz nach § 118 Abs. 1	49–225
1. Voraussetzungen	49–138
a) Allgemeine Voraussetzungen	49–77
aa) Tendenzschutz und Tendenzbestimmung	49–51
bb) Unternehmen, Betrieb und Konzern	52–59
aaa) Tendenzbestimmung, Unternehmen und Betrieb	52–55
bbb) Tendenzbestimmung im Konzern	56–59

		cc)	Unmittelbare und überwiegende Bestimmung			60–77
			aaa)	Unmittelbare Tendenzbestimmung		60–77
				(1)	Grundlagen	61
				(2)	Beispiele	62–64
			bbb)	Überwiegende Tendenzbestimmung		62–64
				(1)	Meinungsstand	65–68
				(2)	Stellungnahme	69, 70
				(3)	Beispiele	71–77
	b)	Geistig-ideelle Tendenzbestimmungen (Abs. 1 Satz 1 Nr. 1)				78–124
		aa)	Politische Bestimmungen			78–84
			aaa)	Grundlagen		78–81
			bbb)	Beispiele		82–84
		bb)	Koalitionspolitische Bestimmungen			85–88
		cc)	Konfessionelle Bestimmungen			89–96
			aaa)	Grundlagen		89–91
			bbb)	Beispiele		92–96
		dd)	Karitative Bestimmungen			97–106
			aaa)	Grundlagen		97–102
			bbb)	Beispiele		103–106
		ee)	Erzieherische Bestimmungen			107–113
			aaa)	Grundlagen		107–109
			bbb)	Beispiele		110–113
		ff)	Wissenschaftliche Bestimmungen			114–120
			aaa)	Grundlagen		114–116
			bbb)	Beispiele		117–120
		gg)	Künstlerische Bestimmungen			121–124
			aaa)	Grundlagen		121, 122
			bbb)	Beispiele		123, 124
	c)	Berichterstattung und Meinungsäußerung (Abs. 1 Satz 1 Nr. 2)				125–138
		aa)	Grundlagen			125–131
			aaa)	Tendenzschutz bei Medienunternehmen und Grundrechtsbezug		126
			bbb)	Tendenzschutz und Meinungsfreiheit		127, 128
			ccc)	Formeller und materieller Pressebegriff		129, 130
			ddd)	Tendenzschutz bei Medienunternehmen und erwerbswirtschaftliche Zielsetzung		131
		bb)	Einzelfragen			132–138
2.	Rechtsfolgen					139–225
	a)	Überblick				139
	b)	Mitbestimmung in wirtschaftlichen Angelegenheiten (§ 118 Abs. 1 Satz 2)				140–163
		aa)	Ausschluss der §§ 106 bis 110 (§ 118 Abs. 1 Satz 2 Halbs. 1)			140–148
		bb)	Beschränkung der Anwendung der §§ 111 bis 113 (§ 118 Abs. 1 Satz 2 Halbs. 2)			149–161
			aaa)	Tendenzschutz, Interessenausgleich und Sozialplan		151–155
			bbb)	Tendenzschutz, Unterrichtungs- und Beratungspflicht		156, 157
			ccc)	Tendenzschutz und Nachteilsausgleich		158–161
		cc)	Betriebsübergang (§ 613a BGB)			162, 163
	c)	Anwendung des Betriebsverfassungsgesetzes im Übrigen (§ 118 Abs. 1 Satz 1 letzter Halbs.)				164–225
		aa)	Grundsätze			164–179
			aaa)	Konzeption der Relativklausel		164, 165
			bbb)	Verhinderung oder ernsthafte Beeinträchtigung der Tendenzverwirklichung		166, 167
			ccc)	Tendenznähe der Maßnahme		168
			ddd)	Tendenzträgereigenschaft der von der Maßnahme betroffenen Personen		169–179
		bb)	Folgerungen			180–225
			aaa)	Organisationsfragen (§§ 1 bis 73b)		180–184
			bbb)	Allgemeine Vorschriften über Mitwirkung und Mitbestimmung der Arbeitnehmer (§§ 74 bis 86a)		185–189
			ccc)	Soziale Angelegenheiten (§§ 87 bis 89)		185–189
				(1)	Grundlagen	190–193

		(2)	Arbeitszeitregelungen	194–198
		(3)	Betriebliche Lohngestaltung	199
		ddd)	Gestaltung von Arbeitsplatz, Arbeitsablauf und Arbeitsumgebung (§§ 90, 91)	200
		eee)	Personelle Angelegenheiten (§§ 92 bis 105)	200
		(1)	Grundlagen	201, 202
		(2)	Allgemeine personelle Angelegenheiten und Berufsbildung (§§ 92 bis 98)	203–212
		(3)	Personelle Einzelmaßnahmen (§§ 99 bis 105)	213–225
III.	Tendenzschutz nach § 118 Abs. 2			226–243
	1. Grundlagen			226–228
	2. Religionsgemeinschaften			229–233
	3. Karitative und erzieherische Einrichtungen von Religionsgemeinschaften			234–239
	4. Anderweitige Regelung der Betriebsverfassung in kirchlichen Einrichtungen			240–243
IV.	Streitigkeiten			244–247

I. Vorbemerkungen

1. Regelungsgehalt

§ 118 schränkt die Anwendbarkeit des Betriebsverfassungsgesetzes für sog. Tendenzunternehmen und **1**
Tendenzbetriebe ein. Den Begriff der »Tendenz« verwendet der Gesetzgeber nicht im abwertenden
Sinne. Es geht vielmehr um die **Verwirklichung geistig-ideeller Unternehmensziele**, namentlich
solcher, die das Grundgesetz in besonderer Weise schützt. In diesem Bereich soll es keine Beeinträchtigung unternehmerischer Entscheidungsfreiheit durch betriebliche Mitbestimmung geben. § 118 gewährleistet Tendenzautonomie. Tendenzschutz genießen Unternehmen und Betriebe mit bestimmten, in § 118 Abs. 1 Satz 1 Nr. 1 näher aufgeführten Ausrichtungen politischer, koalitionspolitischer,
konfessioneller, karitativer, erzieherischer, wissenschaftlicher oder künstlerischer Natur, weiterhin
Unternehmen und Betriebe, die Zwecken der Berichterstattung oder Meinungsäußerung dienen
(§ 118 Abs. 1 Satz 1 Nr. 2) sowie schließlich Religionsgemeinschaften und ihre karitativen und erzieherischen Einrichtungen (§ 118 Abs. 2). **Rechtsvergleichende Hinweise**: *Gamillscheg* II, S. 1176;
zum Pressetendenzschutz *Plum* AfP 2011, 227 ff.; *ders.* Tendenzschutz, S. 58 ff.

Der Tendenzschutz hat **verfassungsrechtlichen Bezug**: Bis auf die karitativen und teilweise auch die **2**
erzieherischen lassen sich sämtliche Bestimmungen des § 118 Abs. 1 Nr. 1 unmittelbar auf Grundrechte zurückführen: Angesprochen sind die Meinungsfreiheit (Art. 5 Abs. 1 Satz 1 GG), die Koalitionsfreiheit (Art. 9 Abs. 3 GG), die Religionsfreiheit (Art. 4 Abs. 1 und 2 GG), die Wissenschafts-
und Kunstfreiheit (Art. 5 Abs. 3 GG) sowie die Freiheit der Privatschulen (Art. 7 Abs. 4 GG). Hinzu
kommt mit Art. 21 GG die Verfassungsgarantie für die Parteien. Mit der ausdrücklichen Inbezugnahme des Art. 5 Abs. 1 Satz 2 GG durch § 118 Abs. 1 Satz 1 Nr. 2 werden Pressefreiheit und Freiheit
der Berichterstattung besonders herausgestellt. Schließlich findet auch die Bereichsausnahme des
§ 118 Abs. 2 ihre Rechtfertigung in der ebenfalls durch das Grundgesetz vorgegebenen staatskirchenrechtlichen Ordnung (zur Bedeutung des verfassungsrechtlichen Bezugs für den Normzweck der Vorschrift vgl. Rdn. 13 ff.).

Die Einschränkung der Anwendbarkeit des Betriebsverfassungsgesetzes folgt einem **Stufenprinzip**. **3**
Keine Anwendung findet das Gesetz für Religionsgemeinschaften und ihre karitativen und erzieherischen Einrichtungen. Bei den geistig-ideellen Bestimmungen des § 118 Abs. 1 Satz 1 Nr. 1 sowie den
Unternehmen des § 118 Abs. 1 Satz 1 Nr. 2 kommt es auf den Gegenstand der Mitbestimmung an: Im
Bereich der wirtschaftlichen Mitbestimmung finden die Vorschriften über den Wirtschaftsausschuss
generell keine Anwendung, die Vorschriften über die Mitbestimmung in Fällen der Betriebsänderung
nur in Bezug auf die Regelungen zum Sozialplan (§ 118 Abs. 1 Satz 2). Im Übrigen findet das
Betriebsverfassungsgesetz keine Anwendung, soweit der Tendenzcharakter des Unternehmens oder
Betriebs dem entgegensteht (§ 118 Abs. 1 Satz 1 letzter Halbs.).

2. Entstehungsgeschichte

a) § 118 Abs. 1 BetrVG 1972

aa) Gesetzliche Vorläufer

aaa) Betriebsrätegesetz 1920

4 § 67 BRG 1920 bezeichnete als Tendenzbetriebe solche Betriebe, die politischen, gewerkschaftlichen, militärischen, konfessionellen, wissenschaftlichen, künstlerischen und ähnlichen Bestrebungen dienten. Die Vorschrift schloss die Anwendung des in § 66 Ziff. 1 und 2 BRG 1920 vorgesehenen Beratungsrechts des Betriebsrats sowie sein Mitwirkungsrecht bei der Einführung neuer Arbeitsmethoden aus, soweit dies durch die Eigenart der genannten Tendenzbestimmungen geboten war. Durch Inbezugnahme des § 67 BRG 1920 wurden Tendenzbetriebe auch von der Beteiligung der Arbeitnehmer im Aufsichtsrat (§ 73 Abs. 1 i. V. m. §§ 70, 72 BRG 1920), von der Mitbestimmung bei der Aufstellung von Richtlinien über die Einstellung von Arbeitnehmern (§ 81 Abs. 1 und 2 BRG 1920) sowie vom Einspruchsrecht bei Kündigungen (§§ 84, 85 Abs. 1 BRG 1920) ausgenommen.

5 **Grundgedanken und Normzweck** des § 67 BRG 1920 wurden kontrovers diskutiert (vgl. ausführlich *Fabricius* 6. Aufl., § 118 Rn. 7 ff.; *Wienert* Tendenzschutz und Pressefreiheit, S. 30 ff.). Während die Vorschrift insbesondere unter Berufung auf ihre Entstehungsgeschichte zum Teil als bloßes Privileg nicht-wirtschaftlicher Betriebe interpretiert und daraus auch auf den Normzweck der Nachfolgeregelungen des § 81 BetrVG 1952 und namentlich des § 118 BetrVG 1972 geschlossen wurde (*Fabricius* 6. Aufl., Rn. 7 ff.; *ders.* Anm. AP Nr. 13 zu § 81 BetrVG Bl. 7 ff. und 11 ff.), verwies man von anderer Seite darauf, dass im Zuge des Gesetzgebungsverfahrens daneben weitere Zielsetzungen eine Rolle spielten und namentlich die Pressefreiheit im Vordergrund des Interesses lag (*Mayer-Maly* AfP 1971, 56 ff.). Für die aktuelle Interpretation des § 118 BetrVG 1972 und die Frage, inwieweit Gewinn- und Erwerbsstreben dem Tendenzschutz entgegenstehen, kommt dieser Auseinandersetzung nur beschränkte Bedeutung zu. Eine vornehmlich historische Deutung des Tendenzschutzes ist angesichts der verfassungsrechtlichen Implikationen des heutigen § 118 BetrVG 1972 nicht angängig (näher zum Normzweck des § 118 BetrVG 1972 Rdn. 13 ff.).

bbb) Betriebsverfassungsgesetz 1952

6 Unmittelbarer Vorläufer des § 118 BetrVG 1972 war **§ 81 BetrVG 1952**. Die Vorschrift knüpfte für den Begriff des Tendenzbetriebs und für die Rechtsfolgen der Tendenzeigenschaft im Wesentlichen an § 67 BRG 1920 an. Militärische Zielsetzungen, die nach der alten Regelung noch Tendenzschutz genossen, wurden ausgenommen. Neu einbezogen wurden karitative und erzieherische Bestimmungen. In ähnlicher Weise wie der heutige § 118 BetrVG 1972 unterschied das Gesetz zwischen der Mitbestimmung im Bereich der wirtschaftlichen Angelegenheiten und den sonstigen Mitbestimmungstatbeständen. Die Anwendung der §§ 67–77 BetrVG 1952 war gänzlich ausgeschlossen, diejenigen der übrigen Bestimmungen durfte der Eigenart des Betriebs nicht entgegenstehen. Darüber hinaus erklärte § 81 Abs. 2 BetrVG 1952 – wortgleich mit dem heutigen § 118 Abs. 2 BetrVG 1972 – das Gesetz in Bezug auf Religionsgemeinschaften und ihre karitativen und erzieherischen Einrichtungen für nicht anwendbar.

7 Bei der Interpretation des § 81 BetrVG 1952 und namentlich bei der Bestimmung des **Normzwecks** der Vorschrift trat die schon in § 67 BRG 1920 angelegte Problemlage (vgl. Rdn. 5) erneut zutage (vgl. dazu auch *Marhold* AR-Blattei SD 1570, Rn. 21 ff.). Die **Rechtsprechung des** *BAG* war uneinheitlich: In seinem ersten Urteil aus dem Jahre 1955 hatte das *BAG* (13.07.1955 AP Nr. 1 zu § 81 BetrVG) den Zweck des § 81 Abs. 1 BetrVG 1952 in einer Fortführung des grundrechtlichen Schutzes der Art. 2 Abs. 2, Art. 4 Abs. 1, Art. 5 Abs. 1 Satz 2 und Art. 5 Abs. 3 GG gesehen und betont, dass es ohne Bedeutung sei, ob ein Unternehmer mit seiner Tätigkeit außer ideellen Zielen auch wirtschaftliche Erfolge erstrebe. 1966 erwähnte das Gericht zwar ebenfalls den engen Zusammenhang mit den Grundrechten, legte daneben aber der Tatsache, dass das Unternehmen vorwiegend betrieben wurde, um Gewinn zu erzielen, entscheidendes Gewicht bei. Überwiegend auf Gewinnerzielung ausgerichtete Unternehmen sollten danach nicht vom Tendenzschutz profitieren können (*BAG* 22.02.1966 EzA § 81 BetrVG 1952 Nr. 1 = AP Nr. 4 zu § 81 BetrVG). In zwei Beschlüssen aus dem Jahre 1968 (27.08.1968 AP Nr. 10 zu § 81 BetrVG und 27.08.1968 AP Nr. 11 zu § 81 BetrVG; **abl.** *Buchner*

SAE 1969, 92 ff.; *Mayer-Maly* AP Nr. 10 zu § 81 BetrVG; *Richardi* SAE 1969, 86 ff.) stellte das *BAG* entscheidend auf eine »geistig-ideelle Zielrichtung« des Unternehmens ab. In der letzten Entscheidung zu § 81 BetrVG 1952 aus dem Jahre 1970 schließlich hieß es dann wiederum, dass ein Unternehmen i. S. d. Vorschrift geistig-ideelle Vorstellungen verwirklichen müsse, mit deren Verfolgung jedoch durchaus ein Gewinnstreben verbunden sein könne. Eine Beziehung der Bestimmung zu den Grundrechten des Grundgesetzes wurde ausdrücklich verneint *(BAG 29.05.1970 AP Nr. 13 zu § 81 BetrVG [Fabricius]* = SAE 1971, 81 *[Mayer-Maly]).* In der **Literatur** herrschte die Ansicht vor, § 81 BetrVG 1952 gewährleiste den grundrechtlichen Schutz von Freiheitsrechten des Unternehmers *(Buchner* SAE 1969, 92 ff.; *Dietz* NJW 1967, 81 ff.; *Mayer-Maly* RdA 1966, 441 [446]; *ders.* AfP 1971, 57; *Neumann-Duesberg,* S. 107; *ders.* BB 1967, 549 ff.; *Richardi* SAE 1969, 86 ff.; **a. M.** *Fabricius* Anm. *BAG* AP Nr. 13 zu § 81 BetrVG).

§ 81 BetrVG 1952 hatte für den Bereich der **Unternehmensmitbestimmung** in aktualisierter Fassung noch Gültigkeit bis zu seiner Ablösung durch das DrittelbG (BGBl. I 2004, S. 974) am 01.07.2004 (Übergangsvorschrift für vor dem 01.07.2004 eingeleitete Wahlen in § 15 DrittelbG). Die Vorschrift regelte ebenso wie ihre heute gültige Nachfolgeregelung den Tendenzschutz bei der **Beteiligung der Arbeitnehmer im Aufsichtsrat** (vgl. §§ 76 und 77 BetrVG 1952; jetzt: §§ 1 ff. DrittelbG). Die Regelung zur betrieblichen Mitbestimmung findet sich seit 1972 in § 118. 8

bb) Betriebsverfassungsgesetz 1972

§ 119 des **Regierungsentwurfs** vom 18.12.1970 (BT-Drucks. VI/1786, S. 27, 58) orientierte sich zunächst ebenso wie § 131 des Entwurfs der *CDU/CSU*-Fraktion (BT-Drucks. VI/1806, S. 26, 49) weitgehend am Wortlaut des alten § 81 BetrVG 1952. Immerhin berücksichtigte schon der Regierungsentwurf neben dem Betrieb das **Unternehmen** als Bezugspunkt der Tendenzbestimmung. Im Übrigen ist aber die aktuelle Gesetzesfassung erst das Ergebnis von Beratungen des **BT-Ausschusses für Arbeit und Sozialordnung** (BT-Drucks. VI/2729, S. 61 ff.). Hier setzte sich die Auffassung durch, dass mit Blick auf die bisherige, nach Ansicht des Ausschusses extensive Auslegungspraxis der **Ausnahmecharakter der Vorschrift** stärker akzentuiert werden müsse. Demzufolge müsse der Tendenzschutz davon abhängig gemacht werden, dass die Unternehmen oder Betriebe unmittelbar und überwiegend einer geistig-ideellen Aufgabe dienten. Aus dem gleichen Grund sei das unbestimmte Merkmal »und ähnlichen Bestimmungen dienen« zu streichen. Andererseits hielt es der Ausschuss im Hinblick auf die grundgesetzlich garantierte Pressefreiheit und die Freiheit der Berichterstattung durch Rundfunk und Film für geboten, im Gegensatz zum geltenden Recht ausdrücklich im Gesetz aufzuführen, dass als Tendenzbetriebe solche Betriebe gelten, die Zwecken der Berichterstattung oder Meinungsäußerung dienen, auf die **Art. 5 Abs. 1 Satz 2 GG** Anwendung findet. Um auch die Vereinigungen der Arbeitgeber ausdrücklich einzubeziehen, wurde der Begriff gewerkschaftlich durch koalitionspolitisch ersetzt. Schließlich beruht auch die **Differenzierung im Bereich der wirtschaftlichen Angelegenheiten** zwischen den Regelungen zum Wirtschaftsausschuss einerseits und zu den Betriebsänderungen andererseits (vgl. § 118 Abs. 1 Satz 2 BetrVG 1972) auf den Vorgaben des Ausschusses (zur Textkritik vgl. *Frey* AuR 1972, 161 ff.; *Mayer-Maly* DB 1971, 2259 ff.; *ders.* AfP 1972, 194 ff.). 9

Im Zuge der Pläne zur **Reform des Betriebsverfassungsgesetzes 2001** hatte die Gewerkschaftsseite weitgehende Einschnitte für den Tendenzschutz vorgeschlagen. Der **DAG-Entwurf** (DAG-Vorschlag zur Novellierung des BetrVG, Hrsg. Deutsche Angestelltengewerkschaft, Bundesvorstand Ressort Wirtschaftspolitik, 1999) wollte nur die Bereichsausnahme des § 118 Abs. 2 BetrVG 1972 für Religionsgemeinschaften und ihre karitativen und erzieherischen Einrichtungen erhalten wissen. Nach dem **DGB-Entwurf** (Novellierungsvorschläge des DGB zum Betriebsverfassungsgesetz 1972, Hrsg. Deutscher Gewerkschaftsbund, Bundesvorstand, 1998) sollte der Kreis der unter den Tendenzschutz des § 118 Abs. 1 BetrVG 1972 fallenden Betriebe drastisch eingeschränkt werden (Herausnahme karitativer Zielsetzungen und von Zwecken der Berichterstattung und Meinungsäußerung i. S. d. § 118 Abs. 1 Nr. 2 BetrVG 1972; Beschränkung auf nicht von Gewinnerzielungsabsicht geprägte Tätigkeiten). Darüber hinaus sollte es Tendenzschutz nur noch im Bereich der personellen Einzelmaßnahmen geben. Schon der **Regierungsentwurf** beließ es aber bei der bisherigen Regelung (BT-Drucks. 14/5741). Die **Richtlinie** 2002/14/EG zur Festlegung eines allgemeinen Rahmens 10 für die **Unterrichtung und Anhörung der Arbeitnehmer in der Europäischen Gemeinschaft** (AblEG Nr. L 80/29) sieht in Art. 3 Abs. 2 eine im Wesentlichen am Wortlaut des § 118 Abs. 1 orientierte **Beibehaltung der Tendenzschutzregel** vor (vgl. dazu noch Rdn. 142; zur Bedeutung für § 118 Abs. 2 vgl. Rdn. 36 f.).

b) § 118 Abs. 2 BetrVG 1972

11 Die Bereichsausnahme für Religionsgemeinschaften und deren karitative und erzieherische Einrichtungen findet sich erstmals in **§ 81 Abs. 2 BetrVG 1952**. Das BRG 1920 hatte noch keine entsprechende Regelung enthalten. Bei der Diskussion um einen betriebsverfassungsrechtlichen Sonderstatus der Religionsgemeinschaften spielten im Laufe des Gesetzgebungsverfahrens zum BetrVG 1952 vor allem zwei Erwägungen eine Rolle: Einerseits hatten sich zu diesem Zeitpunkt die Kirchen im östlichen Teil Deutschlands im Bereich der Betriebsverfassung eine gewisse Autonomie sichern und dem staatlichen Konzept der Betriebsgewerkschaftsleitungen ein eigenes Mitarbeitervertretungsmodell entgegensetzen können. Dem wollte man durch eine Einbeziehung der westlichen kirchlichen Einrichtungen in die Betriebsverfassung nicht indirekt entgegenwirken (BT-Drucks. I/3585, S. 18). Andererseits wurde von kirchlicher Seite auf das verfassungsrechtlich gebotene Selbstbestimmungsrecht der Kirchen verwiesen (vgl. ausführlich und mit kontroverser Deutung der Entstehungsgeschichte *Richardi* Arbeitsrecht in der Kirche, § 16 Rn. 6 ff.; *ders.* ZevKR 1978, 367 ff.; *ders.* RdA 1999, 113; *Richardi/Forst* § 118 Rn. 182 ff. **einerseits**; *Fabricius* 6. Aufl., § 118 Rn. 700 ff. **andererseits**).

12 Trotz Kritik namentlich von gewerkschaftlicher Seite (Vorschläge des *DGB* zur Änderung des Betriebsverfassungsgesetzes RdA 1970, 237 [248]) wurde die Regelung zum Tendenzschutz von Religionsgemeinschaften und ihren Unterorganisationen unverändert in **§ 118 Abs. 2 BetrVG 1972** übergeleitet. Auch im Zuge der **Reform des Betriebsverfassungsgesetzes 2001** konnte sich der *DGB* mit seinem Vorschlag nicht durchsetzen, Tendenzschutz für karitative oder erzieherische Einrichtungen von Religionsgemeinschaften i. S. d. § 118 Abs. 2 BetrVG 1972 nur bei Einbeziehung in die Satzung der Religionsgemeinschaft zu gewähren. § 118 Abs. 2 BetrVG 1972 blieb unverändert.

3. Normzweck

a) Tendenzschutz und Gewährleistung von Grundrechtsentfaltungen

aa) Meinungsstand

13 Ausweislich der **Gesetzesmaterialien** besteht der **Normzweck des § 118 Abs. 1** darin, dass »eine ausgewogene Regelung zwischen dem Sozialstaatsprinzip und den Freiheitsrechten der Tendenzträger gefunden werden« sollte (Bericht des BT-Ausschusses für Arbeit und Sozialordnung, BT-Drucks. VI/2729, S. 179). Dementsprechend ist im Grundsatz heute durchweg anerkannt, dass der Tendenzschutz in seiner gegenwärtigen Ausgestaltung auf bestimmte **grundrechtliche Freiheitsrechte** Bezug nimmt und auf dieser Basis der durch den Gesetzgeber auf das Sozialstaatsprinzip zurückgeführten betrieblichen Mitbestimmung Grenzen setzt.

14 In der Konkretisierung dieser Aussage offenbaren sich allerdings Unterschiede: Die **Rechtsprechung des *BVerfG*** (06.11.1979 EzA § 118 BetrVG 1972 Nr. 23 S. 182 ff. = AP § 118 BetrVG 1972 Nr. 14; 15.12.1999 EzA § 118 BetrVG 1972 Nr. 70 S. 7 f. = AP Nr. 67 zu BetrVG 1972; 15.12.1999 EzA § 118 BetrVG 1972 Nr. 71 S. 5 = AP Nr. 68 zu § 118 BetrVG 1972; 29.04.2003 EzA § 118 BetrVG 2001 Nr. 2 S. 4 = AP Nr. 75 zu § 118 BetrVG 1972 Bl. 2; 20.04.2015 EzA § 118 BetrVG 2001 Nr. 112a Rn. 14 = AP Nr. 88 zu § 118 BetrVG 1972) und diejenige des *BAG* (vgl. u. a. 07.11.1975 EzA § 118 BetrVG 1972 Nr. 9 S. 69 = AP Nr. 4 zu § 118 BetrVG 1972; 14.11.1975 EzA § 118 BetrVG 1972 Nr. 6 S. 47 = AP Nr. 5 zu § 118 BetrVG 1972; 08.05.1990 EzA § 118 BetrVG 1972 Nr. 52 = AP Nr. 46 zu § 118 BetrVG 1972; 21.11.1975 EzA § 118 BetrVG 1972 Nr. 59 S. 11 = AP Nr. 49 zu § 118 BetrVG 1972; 20.04.2010 EzA § 118 BetrVG 2001 Nr. 9 Rn. 18 = AP Nr. 9 zu Art. 5 Abs. 1 GG Pressefreiheit *[Franzen]*; 14.09.2010 EzA § 118 BetrVG 2001 Nr. 10 Rn. 24 = AP Nr. 83 zu § 118 BetrVG 1972; 22.05.2012 EzA § 118 BetrVG 2001 Nr. 12 Rn. 19 = AP Nr. 85 zu § 118 BetrVG 1972; 14.05.2013 EzA § 118 BetrVG 2001 Nr. 13 Rn. 21 = AP Nr. 86

zu § 118 BetrVG 1972; zurückhaltender *BAG* 31.01.1995 EzA § 99 BetrVG 1972 Nr. 126 S. 11 = AP Nr. 56 zu § 118 BetrVG 1972; 21.07.1998 EzA § 118 BetrVG 1972 Nr. 68 S. 8 = AP Nr. 63 zu § 118 BetrVG 1972) erblickt den Normzweck in einer durch das Grundgesetz **gebotenen Gewährleistung von Grundrechtsentfaltungen** sowie der Verfassungsgarantie für die Parteien (Art. 21 GG). Der Grundrechtsgewährleistung stehe das **Sozialstaatsprinzip nicht gleichrangig** gegenüber. Namentlich für Presse- und Rundfunkunternehmen hat das *BVerfG* mehrfach entschieden, dass die in Art. 5 Abs. 1 Satz 2 GG gewährleistete Presse- und Rundfunkfreiheit durch § 118 Abs. 1 vor einer Beeinträchtigung durch betriebliche Mitbestimmungsrechte abgeschirmt werde. Es handele sich um eine **grundrechtsausgestaltende Regelung**. Soweit für eine Auslegung solcher grundrechtsausgestaltender Regelungen auch das Sozialstaatsprinzip heranzuziehen sei, dürfe dies nicht in eine Beschränkung des Grundrechts der Pressefreiheit umschlagen (*BVerfG* 06.11.1979 EzA § 118 BetrVG 1972 Nr. 23 S. 185 = AP § 118 BetrVG 1972 Nr. 14; 15.12.1999 EzA § 118 BetrVG 1972 Nr. 70 S. 7 f. = AP Nr. 67 zu BetrVG 1972; 15.12.1999 EzA § 118 BetrVG 1972 Nr. 71 S. 5 = AP Nr. 68 zu § 118 BetrVG 1972; 29.04.2003 EzA § 118 BetrVG 2001 Nr. 2 S. 4 = AP Nr. 75 zu § 118 BetrVG 1972 Bl. 2; vgl. auch *BVerfG* 20.04.2015 EzA § 118 BetrVG 2001 Nr. 112a Rn. 14 = AP Nr. 88 zu § 118 BetrVG 1972).

Die **ganz überwiegende Ansicht in der Literatur** steht wie schon für § 81 BetrVG 1952 (vgl. Rdn. 7) auf dem **gleichen Standpunkt** (*Bargon* Tendenzunternehmen »zweiter Klasse«?, S. 51 ff., 97 ff.; *Belling/Meyer* Anm. AP Nr. 66 zu § 118 BetrVG 1972; *Berger-Delhey* NZA 1992, 441 [442]; *ders.* SAE 1995, 153; *Birk* JZ 1973, 753 [754]; *Buchner* SAE 1977, 86; *Dörrwächter* Tendenzschutz, S. 107 ff.; *Dütz* BB 1975, 1261; *ders.* AfP 1988, 193 [201]; *ders.* EzA § 118 BetrVG 1972 Nr. 61 S. 13; *Dütz/Dörrwächter* EzA § 99 BetrVG 1972 Nr. 126; *Dütz/Schulin* ZfA 1975, 125 f.; *Fitting* § 118 Rn. 2; *Gillen/Hörle* NZA 2003, 1225; *Hanau* Pressefreiheit, S. 56 f.; *ders.* BB 1973, 901 [902]; *Hanau/Kania* EzA § 118 BetrVG 1972 Nr. 59 S. 20; *Hess/HWGNRH* § 118 Rn. 2; *Jatho* Tendenzunternehmen und Religionsgemeinschaften, S. 42 f.; *Kania/*ErfK § 118 BetrVG Rn. 1; *Löwisch* SAE 1976, 175; *ders.* FS v. Caemmerer, S. 559 f.; *Lunk/*NK-GA § 118 BetrVG Rn. 2; *Matthes/*MünchArbR § 272 Rn. 2; *Mayer-Maly* AfP 1972, 194 [195]; *ders.* BB 1973, 701 ff.; *Mayer-Maly/Löwisch* BB 1983, 913 ff.; *Oetker* DB 1996, Beil. 10, S. 12 ff.; *ders.* EzA § 118 BetrVG 1972 Nr. 68 S. 19; *Poeche* Mitbestimmung, S. 64 ff.; *Reske/Berger-Delhey* AfP 1990, 107; *Richardi* AfP 1976, 107 [109]; *ders.* FS Tomandl, S. 299 [303]; *Richardi/Forst* § 118 Rn. 18 ff.; *Rüthers* AfP 1974, 542 [543]; *ders.* NJW 1978, 2066 [2068 f.]; *ders.* AfP 1980, 2 f.; *Stiebner* Tendenzschutz bei Mischunternehmen im Verlagswesen, S. 28 ff.). Dabei werden z. T. die von der Rechtsprechung für die Presse- und Verlagsunternehmen entwickelten Grundsätze der Sache nach explizit auch auf die anderen Tendenzunternehmen des § 118 Abs. 1 übertragen (vgl. etwa *Matthes/*MünchArbR § 272 Rn. 2; *Oetker* EzA § 118 BetrVG 1972 Nr. 68 S. 19; *Richardi/Forst* § 118 Rn. 22).

Von einem **Teil der Literatur** wird demgegenüber zwar der Grundrechtsbezug des § 118 Abs. 1 nicht gänzlich geleugnet. Die Zurückdrängung der Mitwirkungsbefugnisse der Arbeitnehmer in den von § 118 erfassten Unternehmen sei aber **verfassungsrechtlich nicht geboten**. Der Zweck des § 118 Abs. 1 bestehe allein in der **Auflösung von Kollisionen zwischen** den gesetzlichen **Zuständigkeiten des Betriebsrats** und den in § 118 Abs. 1 besonders aufgeführten **nicht wirtschaftlichen Unternehmenszwecken**: Bei geistig-ideellen Unternehmenszwecken solle die Entscheidungsfreiheit des Unternehmers nicht durch die Beteiligung des Betriebsrats eingeschränkt und auch der Entscheidungs- und Betriebsablauf nicht dadurch gestört werden, dass die Arbeitnehmer und deren Repräsentanten eine abweichende ideelle Einstellung haben (*Arndt/Ebsen* AuR 1977, 161 ff.; *Blanke* FS *Däubler*, S. 841 [848 ff.]; *Fabricius* 6. Aufl., § 118 Rn. 78 ff.; *Fabricius* Anm. AP Nr. 13 zu § 81 BetrVG; *Gaul/Wamhoff* DB 1973, 2187 [2192]; *Kohte* BB 1999, 1110 [1111 f.]; *Naendrup* in: *Fabricius/Naendrup/Schwerdtner* Arbeitsrecht und juristische Methodenlehre, S. 72 ff.; *ders.* Anm. EzA § 118 BetrVG 1972 Nr. 3 S. 12; *Plander* NJW 1980, 1084 ff.; *ders.* AuR 1991, 353 ff.; *ders.* AuR 2002, 12 [14 f.]; *Wedde/DKKW* § 118 Rn. 3; *Weiss/Weyand* AuR 1990, 33 [34 f.]; vgl. auch *Kreuder* AuR 2000, 122 ff.; *Kunze* FS Ballerstedt, S. 79 [82 ff.]). Die Einschränkung der Mitbestimmung in wirtschaftlichen Angelegenheiten soll nach teilweise vertretener Auffassung sogar **verfassungsrechtlichen Bedenken** begegnen (*Ihlefeld* AuR 1975, 234 f.; *ders.* AuR 1977, 223 [224]; *Wedde/DKKW* § 118 Rn. 3; dagegen *Jatho* Tendenzunternehmen und Religionsgemeinschaften, S. 65 f.).

bb) Bedeutung

17 Der Streit um den Normzweck des § 118 Abs. 1 ist von beträchtlicher **Bedeutung:** Der Sinngehalt des Grundrechtsbezugs bestimmt über mögliche **verfassungsrechtlichen Vorgaben für die einfachgesetzliche Ausgestaltung des Tendenzschutzes** (Rdn. 22). Ebenso entscheiden Normzweck und Grundrechtsbezug auch über die Zulässigkeit eines **Verzichts auf den Tendenzschutz durch Tarifvertrag oder Betriebsvereinbarung** (vgl. Rdn. 40 ff.). Schließlich hängt die **Auslegung** der Vorschrift von ihrem Normzweck ab. Zwei Fragen stehen insofern im Vordergrund: Namentlich, aber nicht nur bei den Presse- und Verlagsunternehmen des § 118 Abs. 1 Satz 1 Nr. 2 wird diskutiert, ob Unternehmen Tendenzschutz genießen, die jedenfalls auch mit dem Zweck der **Gewinnerzielung** betrieben werden (vgl. Rdn. 23). Weiterhin wird auf den Normzweck zurückgegriffen, wenn es um die Reichweite der Einschränkung der Mitbestimmungsrechte des Betriebsrats nach Maßgabe der **Eigenartsklausel** des § 118 Abs. 1 Satz 1 letzter Halbs. geht (vgl. Rdn. 164 ff.).

cc) Stellungnahme

aaa) Gewährleistung von Grundrechtsentfaltungen und Schutzgebotsauftrag des Grundgesetzes

18 § 118 Abs. 1 BetrVG ist als Vorschrift zur **Gewährleistung von Grundrechtsentfaltungen** zu verstehen. Fast alle privilegierten Zwecke sind unmittelbar auf Grundrechte zurückführbar: die Meinungsfreiheit (Art. 5 Abs. 1 Satz 1 GG), die Koalitionsfreiheit (Art. 9 Abs. 3 GG), die Religionsfreiheit (Art. 4 Abs. 1 und 2 GG), die Wissenschafts- und Kunstfreiheit (Art. 5 Abs. 3 GG), die Privatschulfreiheit (Art. 7 Abs. 4 GG), schließlich die Verfassungsgarantie der Parteien (Art. 21 GG). Nur für die karitativen und zum Teil die erzieherischen Bestimmungen – die Gewährleistung der Privatschulfreiheit deckt insofern nur einen Teilbereich ab (vgl. Rdn. 21) – fehlt der Grundrechtsbezug. Im Übrigen aber erweist sich § 118 Abs. 1 als schutzorientierte **Ausgestaltung von Grundrechten**. Die Ansicht, es gehe nur um eine Zweckmäßigkeitserwägung des Gesetzgebers, der die Verwirklichung geistig-ideeller Zielsetzungen nicht dem Abläufen einer Willensbildung unter den Vorzeichen der betrieblichen Mitbestimmung habe unterwerfen wollen, wird dem Schutzgehalt der durch § 118 Abs. 1 BetrVG in Bezug genommenen Freiheitsrechte nicht gerecht (vgl. die Nachweise Rdn. 15).

19 Die Grundrechte enthalten nicht nur Eingriffsverbote und Abwehrrechte, sondern erlegen dem Staat auch **Schutzpflichten** auf. Dem Staat sind, so das *BVerfG* mit Blick auf die Presse- und Rundfunkfreiheit, nicht nur unmittelbare Eingriffe in Gestalt eigener Einflussnahme auf die Tendenz von Presse- oder privaten Rundfunkunternehmen verwehrt; er darf diese auch nicht durch rechtliche Regelungen fremden – nichtstaatlichen – Einflüssen unterwerfen oder öffnen, die mit Art. 5 Abs. 1 Satz 2 GG unvereinbar wären. Zu solchen Eingriffen rechnen auch die Beteiligungsrechte des Betriebsrats (*BVerfG* 06.11.1979 EzA § 118 BetrVG 1972 Nr. 23 S. 182 ff. = AP § 118 BetrVG 1972 Nr. 14; 15.12.1999 EzA § 118 BetrVG 1972 Nr. 70 S. 7 f. = AP Nr. 67 zu BetrVG 1972; 15.12.1999 EzA § 118 BetrVG 1972 Nr. 71 S. 5 = AP Nr. 68 zu § 118 BetrVG 1972). Indem § 118 Abs. 1 durch Art. 5 Abs. 1 Satz 2 GG geschützte Unternehmen vor tendenzbezogener Einflussnahme des Betriebsrats abschirmt, erfüllt das Gesetz die Anforderungen des Grundrechtsschutzes. Der **Sozialstaatsgedanke**, auf den sich die Mitbestimmungsrechte der Arbeitnehmer zurückführen lassen, **muss** demgegenüber **zurücktreten** (*BVerfG* 06.11.1979 EzA § 118 BetrVG 1972 Nr. 23 S. 185 = AP § 118 BetrVG 1972 Nr. 14; 15.12.1999 EzA § 118 BetrVG 1972 Nr. 70 S. 7 f. = AP Nr. 67 zu § 118 BetrVG 1972; 15.12.1999 EzA § 118 BetrVG 1972 Nr. 71 S. 5 = AP Nr. 68 zu § 118 BetrVG 1972; 20.04.2015 EzA § 118 BetrVG 2001 Nr. 112a Rn. 14 = AP Nr. 88 zu § 118 BetrVG 1972; *Dütz* Anm. *BAG* 07.11.1975 EzA § 118 BetrVG 1972 Nr. 9 S. 72c; *Mayer-Maly* AfP 1976, 3 [7]; *Richardi/Forst* § 118 Rn. 20 ff.; *Rüthers* NJW 1978, 2066 [2068]; *Thüsing/Pötters* RdA 2011, 280 [285]; a. M. *Fabricius* 6. Aufl., § 118 Rn. 105; *Ihlefeld* AuR 1975, 234 f.; *ders.* RdA 1977, 223 f.; *Plander* AuR 2002, 12 [14 f.]). Entsprechendes gilt bei den politischen, koalitionspolitischen, konfessionellen, wissenschaftlichen, künstlerischen und im Privatschulbereich auch den erzieherischen Bestimmungen des § 118 Abs. 1 Nr. 1 (vgl. auch *Richardi/Forst* § 118 Rn. 23; *Oetker* Anm. EzA § 118 BetrVG 1972 Nr. 68 S. 19).

20 Von dieser Deutung des Grundrechtsbezugs geht im Übrigen der Gesetzgeber selbst aus, der für die Medienunternehmen in § 118 Abs. 1 Satz 1 Nr. 2 nicht ohne Grund auf Art. 5 Abs. 2 Satz 2 GG verweist und ausweislich der **Gesetzesmaterialien** zu § 118 BetrVG 1972 die Freiheitsrechte immerhin

ausdrücklich erwähnt (Bericht des BT-Ausschusses für Arbeit und Sozialordnung, BT-Drucks. VI/2729, S. 17). Noch deutlicher ist die Gesetzesbegründung zu § 1 Abs. 1 Satz 4 MitbestG 1976, der in wörtlicher Anlehnung an § 118 Abs. 1 die Tendenzunternehmen von der Mitwirkung der Arbeitnehmer im Bereich der Unternehmensmitbestimmung ausnimmt. Die Regelung solle vor allem die Entfaltung der Grundrechte für Unternehmen gewährleisten, die politischen und geistig-ideellen Zielen dienten. Aufgeführt werden anschließend die Grundrechte der Pressefreiheit, die Religionsfreiheit, die Freiheit von Kunst und Wissenschaft, die Koalitionsfreiheit und die Freiheit der Parteien (Begr. des RegE, BT-Drucks. 7/2172, S. 20).

Die **karitativen und zum Teil die erzieherischen Bestimmungen** haben **keinen Grundrechts- 21 bezug** (*BAG* 14.09.2010 EzA § 118 BetrVG 2001 Nr. 10 Rn. 24 = AP Nr. 83 zu § 118 BetrVG 1972; 22.05.2012 EzA § 118 BetrVG 2001 Nr. 12 Rn. 20 = AP Nr. 85 zu § 118 BetrVG 1972; 14.05.2013 EzA § 118 BetrVG 2001 Nr. 13 Rn. 22 = AP Nr. 86 zu § 118 BetrVG 1972; *Bender/WPK* § 118 Rn. 5; *Diller/JRH* Kap. 31 Rn. 2; *Lunk*/NK-GA § 118 BetrVG Rn. 2; *Plander* AuR 2002, 12 [13]; vgl. auch *BAG* 05.10.2000 EzA § 118 BetrVG 1972 Nr. 72 S. 3 = AP Nr. 16 zu § 106 BetrVG 1972; zweifelnd *Thüsing/Pötters* RdA 2011, 280 [285]; **a. M.** *Lorenzen* RdA 2016, 186 [192]). Arbeitgeber, deren Ziel die Betreuung behinderter Menschen ist, können sich dabei auch nicht etwa selbst auf Art. 3 Abs. 3 Satz 2 GG oder die UN-Behindertenrechtskonvention berufen (*BAG* 14.05.2013 EzA § 118 BetrVG 2001 Nr. 13 Rn. 26 f. = AP Nr. 86 zu § 118 BetrVG 1972). Bei den erzieherischen Bestimmungen ist zwar die Privatschulfreiheit des Art. 7 Abs. 4 GG in Bezug genommen (vgl. *Galperin/Löwisch* § 118 Rn. 19). § 118 Abs. 1 erfasst aber nicht nur Privatschulen, sondern auch andere Bildungseinrichtungen, denen ein Grundrechtsschutz nicht zukommt (näher Rdn. 107 ff.). Insofern honoriert der Gesetzgeber geistig-ideelle Zielsetzungen, an denen ein **Interesse der Allgemeinheit** besteht und deren Verwirklichung frei von Fremdeinflüssen möglich sein soll (*BVerfG* 20.04.2015 EzA § 118 BetrVG 2001 Nr. 112a Rn. 14 = AP Nr. 88 zu § 118 BetrVG 1972; *Bargon* Tendenzunternehmen »zweiter Klasse«?, S. 77). Eine solche Privilegierung bestimmter Unternehmenszwecke ist unter Gleichheitsaspekten (Art. 3 GG) nicht angreifbar, da sie Ausdruck der dem Gesetzgeber bei der Ausgestaltung der betrieblichen Mitbestimmung zustehenden Entscheidungsfreiheit ist (*BAG* 14.09.2010 EzA § 118 BetrVG 2001 Nr. 10 Rn. 24 = AP Nr. 83 zu § 118 BetrVG 1972; 22.05.2012 EzA § 118 BetrVG 2001 Nr. 12 Rn. 20 = AP Nr. 85 zu § 118 BetrVG 1972). Dass nicht alle Bestimmungen aus Grundrechten ableitbar sind, besagt im Übrigen nicht, dass der Normzweck des § 118 Abs. 1 insgesamt ohne Berücksichtigung der Grundrechtsgewährleistung zu ermitteln wäre (**a. M.** *Fabricius* 6. Aufl., § 118 Rn. 106). Dagegen steht für die übrigen Bestimmungen der Schutzauftrag der Grundrechte (vgl. Rdn. 19). Soweit der Grundrechtsbezug freilich fehlt, ergeben sich die Anforderungen an die Ausgestaltung des Tendenzschutzes durch den Gesetzgeber und für die Auslegung der Vorschrift partiell andere Maßstäbe (Rdn. 25, 171; vgl. auch *Bargon* Tendenzunternehmen »zweiter Klasse«?, S. 104 ff.).

bbb) Tendenzschutz und Verfassungsauftrag
Aus der geschilderten Deutung des Normzwecks ergibt sich, dass der Gesetzgeber bei der Ausgestal- 22 tung der betrieblichen Mitbestimmung Tendenzschutz gewährleisten muss. Insofern besteht ein **Verfassungsauftrag** (*Bargon* Tendenzunternehmen »zweiter Klasse«?, S. 54 ff., 61, 65; *Dörrwächter* Tendenzschutz, S. 110 ff.; *Hanau* BB 1973, 908; *Jatho* Tendenzunternehmen und Religionsgemeinschaften, S. 47 ff.; *Mayer-Maly* BB 1973, 765; *Oetker* DB 1996, Beil. 10, S. 13; *Richardi/Forst* § 118 Rn. 22 f.; offen gelassen durch *BVerfG* 06.11.1979 EzA § 118 BetrVG 1972 Nr. 23 S. 184; eine verfassungskonforme Auslegung der Bestimmungen des Betriebsverfassungsgesetzes halten für ausreichend *Galperin/Löwisch* § 118 Rn. 4; **a. M.** *Arndt/Ebsen* AuR 1977, 161 ff.; *Fabricius* 6. Aufl., § 118 Rn. 102 ff.; *Ihlefeld* AuR 1980, 257 ff.; *Plander* AuR 2002, 12 [14 f.]; *Wedde*/DKKW § 118 Rn. 3). Die von gewerkschaftlicher Seite im Zuge der Diskussion um die Reform des Betriebsverfassungsgesetzes 2001 vorgeschlagene Beseitigung bzw. Einschränkung des § 118 (vgl. Rdn. 10) wäre jedenfalls im Bereich grundrechtsbezogener geistig-ideeller Zielsetzungen verfassungswidrig gewesen. Zur Frage, ob die Ausgestaltung des Tendenzschutzes in ihrer vollen Regelungstiefe auch beim Wirtschaftsausschuss geboten ist, Rdn. 140 ff.

ccc) Tendenzschutz und erwerbswirtschaftliche Zielsetzung

23 Aus den verfassungsrechtlichen Vorgaben des Tendenzschutzes folgt, dass die geistig-ideellen Bestimmungen mit Grundrechtsbezug durch § 118 Abs. 1 **auch dann privilegiert** sind, wenn das Unternehmen zum **Zweck der Gewinnerzielung** betrieben wird (*BAG* 14.11.1975 EzA § 118 BetrVG 1972 Nr. 6 S. 45 = AP Nr. 5 zu § 118 BetrVG 1972 *[Mayer-Maly]* = SAE 1976, 172 *[Löwisch]* = JZ 1976, 519 *[Mallmann]*; 15.02.1989 EzA § 118 BetrVG 1972 Nr. 45 S. 6 *[Henssler]* = AP Nr. 39 zu § 118 BetrVG 1972; 27.07.1993 EzA § 118 BetrVG 1972 Nr. 61 S. 7 *[Dütz]* = AP Nr. 51 zu § 118 BetrVG 1972; 20.04.2010 EzA § 118 BetrVG 2001 Nr. 9 Rn. 19 = AP Nr. 9 zu Art. 5 Abs. 1 GG Pressefreiheit *[Franzen]*; *OLG Hamburg* 22.01.1980 DB 1980, 637; *Birk* JZ 1973, 753 [756]; *Dütz* BB 1975, 1261; *Fitting* § 118 Rn. 10 [vgl. aber Rn. 11]; *Frey* Tendenzschutz, S. 50 f.; *Galperin* AfP 1971, 50 [53]; *Gamillscheg* II, S. 1162 f.; *Gillen/Hörle* NZA 2003, 1225 [1226]; *Hanau* Pressefreiheit, S. 92 f.; *Kania*/ErfK § 118 BetrVG Rn. 2; *Kunze* FS Ballerstedt, S. 79 [92 ff.]; *Matthes*/MünchArbR § 272 Rn. 3; *Mayer-Maly* BB 1973, 761 [763]; *ders.* AfP 1976, 3 [11]; *v. Maydell* AfP 1973, 512 [514]; *Richardi/Forst* § 118 Rn. 42 ff.; *Rüthers* AfP 1974, 542 [545]; **a. M.** *Fabricius* 6. Aufl., § 118 Rn. 93 ff., 437 ff.; *Ihlefeld* AuR 1975, 236 [239]; *Wedde*/DKKW § 118 Rn. 22; **zu § 81 BetrVG 1952** vgl. *Fabricius* 6. Aufl., § 118 Rn. 36; *Richardi/Forst* § 118 Rn. 43). Das gilt jedenfalls für diejenigen Bestimmungen, die unmittelbaren Grundrechtsbezug aufweisen. Zwar sind die durch § 118 Abs. 1 geschützten Tendenzbestimmungen allesamt nicht-wirtschaftlicher Natur (*Fabricius* 6. Aufl., § 118 Rn. 82 ff.; *ders.* Anm. *BAG* AP Nr. 13 zu § 81 BetrVG Bl. 14 R). Der geistig-ideelle Zweck kann dabei aber durchaus nach allgemeinen wirtschaftlichen Maßstäben verfolgt werden (*Richardi/Forst* § 118 Rn. 45). Grundrechtliche Gewährleistung und Gewinnstreben schließen einander nicht aus. Im Gegenteil: Der Grundrechtsschutz würde in unzulässiger Weise verkürzt, würde man den völligen Verzicht auf Gewinnstreben verlangen (*Richardi/Forst* § 118 Rn. 47). Nicht einmal auf das Überwiegen einer nicht wirtschaftlichen Zielsetzung kommt es an. Solche Abwägungen sind allein bei Mischunternehmen angebracht, bei denen dann zu fragen ist, ob das Unternehmen von einer geistig-ideellen Bestimmung i. S. d. § 118 Abs. 1 geprägt ist oder von sonstigen nicht privilegierten Bestimmungen (zum **Mischunternehmen** Rdn. 65 ff.).

24 Namentlich für den Bereich der **Berichterstattung und Meinungsäußerung** spricht für die Einbeziehung von Unternehmen mit erwerbswirtschaftlicher Zielsetzung, dass andernfalls Presse-, Rundfunkunternehmen und Verlage Tendenzschutz nur genießen könnten, wenn sie infolge des Verzichts auf erwerbswirtschaftliche Orientierung ohne gesicherte wirtschaftliche Grundlage agierten. Der Tendenzschutz hätte in diesem Bereich nur noch marginale Bedeutung. Das widerspräche nicht nur dem Willen des historischen Gesetzgebers, für den schon seit dem BRG 1920 der Tendenzschutz in diesem Bereich im Mittelpunkt des Interesses lag (*Mayer-Maly* AfP 1971, 56 ff.). Vor allem verlangt auch die durch Art. 5 Abs. 1 GG gewährleistete Meinungs-, Presse- und Rundfunkfreiheit nicht nur inhaltliche, sondern auch wirtschaftliche Unabhängigkeit (*Rüthers* AfP 1974, 542 [546]; **zust.** *Bender/WPK* § 118 Rn. 4; *Hanau* Pressefreiheit, S. 93; *Mayer-Maly* BB 1973, 761 [765]).

25 **Anders** ist es bei den **karitativen Bestimmungen**. Schon begrifflich handelt es sich hier um rein fremdnützige Zielsetzungen, die **nicht gleichzeitig Zwecke der Gewinnerzielung** erfüllen können (*BAG* 29.06.1988 EzA § 118 BetrVG 1972 Nr. 43 S. 7 = AP Nr. 37 zu § 118 BetrVG 1972 *[Kohte]*; 22.05.2012 EzA § 118 BetrVG 2001 Nr. 12 Rn. 20 = AP Nr. 85 zu § 118 BetrVG 1972; näher Rdn. 98). Grundrechtsgewährleistungen sind insoweit nicht betroffen. Sofern eine Einrichtung einer Religionsgemeinschaft eine karitative Bestimmung verfolgt, greift § 118 Abs. 2.

26 Bei den **erzieherischen Bestimmungen** fehlt zwar außerhalb des Privatschulbereichs ebenfalls der Grundrechtsbezug (vgl. Rdn. 21). Gleichwohl **schadet ein Gewinnstreben nicht** (vgl. auch *BAG* 15.02.1989 EzA § 118 BetrVG 1972 Nr. 45 S. 6 *[Henssler]* = AP Nr. 39 zu § 118 BetrVG 1972). Der Normzweck, für Bildungseinrichtungen einen Freiraum zu schaffen, da ein Tätigwerden in diesem Bereich im Interesse der Allgemeinheit liegt (vgl. Rdn. 21), erfasst auch den Tendenzschutz für erwerbswirtschaftlich orientierte Einrichtungen. Auch hier greift im Übrigen bei Einrichtungen von Religionsgesellschaften § 118 Abs. 2.

27 Zur **Abbedingung des Tendenzschutzes** Rdn. 40 ff.

b) Tendenzschutz und Kirchenautonomie

Auch der Normzweck der Bereichsausnahme des § 118 Abs. 2 für Religionsgemeinschaften und ihre **28** karitativen und erzieherischen Einrichtungen ist umstritten. Dabei sind allerdings ältere Deutungen, wonach das dualistische und auf den Ausgleich von Interessengegensätzen angelegte System der Betriebsverfassung mit dem Wesen der **christlichen Dienstgemeinschaft** nicht in Einklang zu bringen sei (vgl. dazu *BAG* 06.12.1977 EzA § 118 BetrVG 1972 Nr. 16 S. 138 = AP Nr. 10 zu § 118 BetrVG 1972; *G. Müller* RdA 1979, 71 [73 ff.]), in der heutigen Diskussion eher in den Hintergrund getreten (**abl.** *BAG* 09.02.1982 EzA § 118 BetrVG 1972 Nr. 33 S. 249 = AP Nr. 24 zu § 118 BetrVG 1972; *Fabricius* 6. Aufl., § 118 Rn. 721 ff.). Sie könnten ohnehin nicht die Geltung der Bereichsausnahme für solche, namentlich nicht christliche Kirchen rechtfertigen, denen ein entsprechendes Selbstverständnis nicht zu eigen ist, und vermöchten im Übrigen die Frage nicht zu beantworten, warum der Staat einem solchen Selbstverständnis der Kirchen im Bereich des Betriebsverfassungsrechts entgegenkommt.

Mit dem *BVerfG*, dem *BAG* und Teilen der Literatur ist § 118 Abs. 2 als verfassungsrechtlich gebotene **29** Konsequenz des **Selbstbestimmungsrechts der Religionsgemeinschaften nach Art. 140 GG, Art. 137 Abs. 3 WRV** zu sehen. Aus Art. 137 Abs. 3 WRV ergibt sich, dass die Religionsgemeinschaften frei sind, ihre Angelegenheiten selbständig innerhalb der Schranken des für alle geltenden Gesetzes zu regeln (*BVerfG* 11.10.1977 EzA § 118 BetrVG 1972 Nr. 15 S. 116 *[Rüthers]* = AP Nr. 1 zu Art. 140 GG; 22.10.2014 EzA § 611 BGB 2002 Nr. 32 Rn. 95 ff.; *BAG* 24.11.1981 EzA § 72a ArbGG 1979 Nr. 37 S. 107 = AP Nr. 10 zu § 72a ArbGG 1979 Divergenz; 09.02.1982 EzA § 118 BetrVG 1972 Nr. 33 S. 244 = AP Nr. 24 zu § 118 BetrVG 1972; 23.10.2002 EzA § 118 BetrVG 2001 Nr. 1 S. 5 *[Thüsing]* = AP Nr. 72 zu § 118 BetrVG 1972 Bl. 2 f.; 05.12.2007 EzA § 118 BetrVG 2001 Nr. 8 Rn. 30 = AP Nr. 82 zu § 118 BetrVG 1972 *[Dütz]*; *Dütz* NZA 1986, Beil. Nr. 1, S. 11 ff.; *ders.* FS Stahlhacke, S. 101 [103]; *Fitting* § 118 Rn. 2; *Isensee* FS Obermayer, S. 203 ff.; *Jurina* NZA 1986, Beil. Nr. 1, S. 15 ff.; *Marhold* AR-Blattei SD 1570, Rn. 7; *Mayer-Maly* BB 1977, Beil. Nr. 3, S. 3 ff.; *Richardi* Anm. *BVerfG* JZ 1986, 135 ff.; *ders.* RdA 1999, 112 [114 f.]; *Richardi/RDW* § 112 Rn. 5; *Richardi/Forst* § 118 Rn. 185 ff.; *Rüthers* NJW 1986, 356 ff.; *Sander* NZA 1986, Beil. Nr. 1, S. 23 ff.; *Spengler* NZA 1987, 833 ff.; *Thüsing* ZTR 2002, 56; *H. Weber* Anm. *BVerfG* NJW 1986, 370 f.; vgl. auch *Jatho* Tendenzunternehmen und Religionsgemeinschaften, S. 20 ff.).

Für den Tendenzschutz der Religionsgemeinschaft konkretisiert sich deren Selbstbestimmungsrecht in **30** doppelter Weise: Zum Bereich autonomer Regelungsbefugnis gehört **nicht nur die Dienstverfassung**, also die Pflichtenstellung der Mitglieder der Religionsgemeinschaft sowie die Gliederung und Zuständigkeitsverteilung des kirchlichen Ämterwesens. Eigene Angelegenheit i. S. d. Art. 137 Abs. 3 WRV ist **auch die damit untrennbar verbundene Betriebsverfassung**, also die Frage, ob und in welcher Weise die Arbeitnehmer und ihre Vertretungsorgane an Entscheidungsprozessen innerhalb des Betriebs teilhaben (*BVerfG* 11.10.1977 EzA § 118 BetrVG 1972 Nr. 15 S. 123 f. = AP Nr. 1 zu Art. 140 GG; *BAG* 09.02.1982 EzA § 118 BetrVG 1972 Nr. 33 S. 249 = AP Nr. 24 zu § 118 BetrVG 1972; 11.03.1986 EzA § 611 BGB Kirchliche Arbeitnehmer Nr. 25 S. 27 f. = AP Nr. 34 zu § 118 BetrVG 1972; *Mayer-Maly* BB 1977, Beil. Nr. 3, S. 3; *Richardi* Arbeitsrecht in der Kirche, § 16 Rn. 23; *ders.* ZevKR 1978, 367 [381]; *Richardi/Forst* § 118 Rn. 185). Das kirchliche Selbstbestimmungsrecht wäre insofern schon berührt, wenn die Religionsgemeinschaft überhaupt verpflichtet wäre, eine Arbeitnehmervertretung einzurichten und nicht erst, wenn dieser echte Mitbestimmungsrechte zugewiesen würden (zutr. *Jatho* Tendenzunternehmen und Religionsgemeinschaften, S. 32, 83, die allerdings insofern einen dem Verhältnismäßigkeitsgrundsatz genügenden und deshalb gerechtfertigten Eingriff in das Selbstbestimmungsrecht für zulässig hält, wenn der Gesetzgeber im Rahmen einer Neugestaltung des § 118 bei den Organisationsvorschriften das kirchliche Selbstverständnis angemessen berücksichtige und im Übrigen bei den Beteiligungsrechten nach dem Maßstab des relativen Tendenzschutzes nach § 118 Abs. 1 vorgehe; die Bereichsausnahme des § 118 Abs. 2 sei demnach verfassungsrechtlich nicht geboten [S. 84 ff.]). Der den Religionsgemeinschaften durch Art. 140 GG i. V. m. Art. 137 Abs. 3 WRV eingeräumte Freiraum schließt das Recht ein, **keine eigene Mitarbeitervertretung** einzurichten. Auch in solchen Fällen findet das BetrVG nach § 118 Abs. 2 keine Anwendung (*LAG Mecklenburg-Vorpommern* 23.04.2013 – 5 TaBV 8/12 – juris, Rn. 27 f.; zum Unionsrecht vgl. Rdn. 33 ff.).

§ 118   V. 3. Tendenzbetriebe und Religionsgemeinschaften

31 Zum Bereich autonomer Regelungsbefugnis gehören **nicht nur die Organisation der Religionsgemeinschaft** selbst, sondern **auch die ihr nach dem eigenen Selbstverständnis zugeordneten rechtlich verselbständigten karitativen und erzieherischen Einrichtungen**. Konsequenterweise sind diese in die Bereichsausnahme des § 118 Abs. 2 einbezogen (*BVerfG* 11.10.1977 EzA § 118 BetrVG 1972 Nr. 15 S. 116 f. = AP Nr. 1 zu Art. 140 GG; 25.03.1980 BVerfGE 53, 366 [392 f.] = AP Nr. 6 zu Art. 140 GG Bl. 4; 17.02.1981 EzA Art. 9 GG Nr. 32 S. 248 f. = AP Nr. 9 zu Art. 140 GG; 04.06.1985 EzA § 611 BGB Kirchliche Arbeitnehmer Nr. 24 S. 14 = AP Nr. 24 zu Art. 140 GG; *BAG* 09.02.1982 EzA § 118 BetrVG 1972 Nr. 33 S. 244 = AP Nr. 24 zu § 118 BetrVG 1972; 14.04.1988 EzA § 118 BetrVG 1972 Nr. 42 S. 7 = AP Nr. 36 zu § 118 BetrVG 1972; 24.07.1991 EzA § 118 BetrVG 1972 Nr. 58 S. 4 = AP Nr. 48 zu § 118 BetrVG 1972; 30.04.1997 EzA § 118 BetrVG 1972 Nr. 66 S. 2 = AP Nr. 60 zu § 118 BetrVG 1972; 05.12.2007 EzA § 118 BetrVG 2001 Nr. 8 Rn. 30 = AP Nr. 82 zu § 118 BetrVG 1972 *[Dütz]*; *BayVGH* 16.06.1999 BayVBl. 2000, 663 [664]; *Richardi/Forst* § 118 Rn. 186; *Thüsing* ZTR 2002, 56 [57]).

32 Die von Teilen der Literatur verfochtene Interpretation des **§ 118 Abs. 2 als Zweckmäßigkeitsregelung** aus zeitpolitischen Gründen mit Berücksichtigung der besonderen Beschäftigungsstruktur im kirchlichen Bereich (*Fabricius* 6. Aufl., § 118 Rn. 727 ff., 748 ff.; *Kohte* BlStSozArbR 1983, 145 [151 ff.]; *Naendrup* BlStSozArbR 1979, 353 [366]; *Nell-Breuning* AuR 1979, 1 [3]; *ders.* AuR 1983, 21; *ders.* AuR 1983, 340; *Otto* AuR 1980, 289 [298]; *Schwerdtner* AuR 1979, Sonderheft, S. 21 [27, 31 f.]; *Wedde/DKKW* § 118 Rn. 123; vgl. auch *Hammer* Kirchliches Arbeitsrecht, S. 92 f., 102 f., 423 ff.; *ders.* ZTR 2002, 302 [308]) **wird diesen verfassungsrechtlichen Vorgaben nicht gerecht**. Sie beruht auf der unzutreffenden Ansicht, Art. 137 Abs. 3 WRV schütze die Religionsgemeinschaft nur in ihrer Funktion als Verband gegenüber ihren Mitgliedern als solchen. **Das gilt erst Recht für die Ansicht, § 118 Abs. 2** sei sogar **verfassungswidrig** und verstoße gegen das Übermaßverbot im Zusammenhang mit dem Gleichbehandlungsgrundsatz (*Herschel* AuR 1978, 172 [174 f.]; *Ruland* NJW 1980, 89 [97]; **dagegen** zutr. *Fabricius* 6. Aufl., § 118 Rn. 745 f.; *Jatho* Tendenzunternehmen und Religionsgemeinschaften, S. 92 ff.; *Richardi* Arbeitsrecht in der Kirche, § 16 Rn. 19 ff.).

c) Tendenzschutz und Unionsrecht

33 Für die nähere Zukunft wird die Auseinandersetzung auch unter europarechtlichem Blickwinkel zu führen sein: Die **Richtlinie** 2002/14/EG zur Festlegung eines allgemeinen Rahmens für die **Unterrichtung und Anhörung der Arbeitnehmer in der Europäischen Gemeinschaft** (ABlEG Nr. L 80/29) enthält in Art. 3 Abs. 2 lediglich eine Tendenzschutzregel i. S. d. § 118 Abs. 1, bei der zudem noch die »Einhaltung der in dieser Richtlinie festgelegten Grundsätze und Ziele« verlangt wird (vgl. dazu *Weber*/EuArbR Art. 3 RL 2002/14/EG Rn. 18 f.). Eine vollständige Bereichsausnahme wie in § 118 Abs. 2 existiert nicht. Die Konsequenzen für den Tendenzschutz werden bislang nur in der Literatur diskutiert (*Blens* ZMV 2003, 2; *Bonin* AuR 2004, 321; *Gerdom* Gemeinschaftsrechtliche Unterrichtungs- und Anhörungspflichten, S. 133 ff., 243 ff.; *Jatho* Tendenzunternehmen und Religionsgemeinschaften, S. 106 ff.; *Plum* Tendenzschutz, S. 171 ff.; *Reichold* NZA 2003, 289 [293 f.]; *Richardi/Thüsing* 13. Aufl. 2012, § 118 Rn. 188a–188d; *Schliemann* NZA 2003, 407 [413 f.]; *Seifert* in: Arbeitnehmermitwirkung in einer sich globalisierenden Arbeitswelt, 2005, S. 177 ff.; *Spreer* Die Richtlinie 2002/14/EG zur Festlegung eines allgemeinen Rahmens für die Unterrichtung und Anhörung der Arbeitnehmer in der Europäischen Gemeinschaft [Diss. Bielefeld 2005], S. 160 ff.; *Weiss* NZA 2003, 177 [183]).

34 Dabei könnte man schon die Frage stellen, ob sich – ähnlich wie auf nationaler Ebene (s. Rdn. 18 ff.) – aus der **Perspektive des europäischen Grundrechtsschutzes** ein **Gebot für den Unionsgesetzgeber zur Schaffung eines Tendenzschutzes** entwickeln ließe. Zu denken wäre namentlich an Art. 10 Abs. 1, 11 Abs. 2 GRCh bzw. Art. 9, 10 EMRK (hierzu und zu anderen Grundrechten *Asbeck* Tendenzschutz, S. 37 ff.; *Plum* Tendenzschutz, S. 373 ff.; zum fehlenden Tendenzschutz bei der Betriebsübergangsrichtlinie vgl. Rdn. 163). Bei den bisherigen Tendenzschutzregeln ist diese Problematik ersichtlich noch nicht in den Blick des Europäischen Gesetzgebers geraten, es ging vielmehr darum, auf entsprechende Traditionen in einzelnen Mitgliedstaaten Rücksicht zu nehmen (*Plum* Tendenzschutz, S. 172 ff.; *Ch. Weber* FS *Konzen*, S. 921 [941]; *Weber*/EuArbR Art. 3 RL 2002/14/EG Rn. 17). Mit der wachsenden Bedeutung des europäischen Grundrechtsschutzes könnte sich die Per-

spektive allerdings mittelfristig verschieben (vgl. dazu *Asbeck* Tendenzschutz, S. 49 ff.; *Jatho* Tendenzunternehmen und Religionsgemeinschaften, S. 125 ff., 177 ff. [hier zur Vereinbarkeit von Art. 3 Abs. 2 RL 2002/14 mit dem Primärrecht]; *Plum* Tendenzschutz, S. 372 ff.).

Umgekehrt stellt sich die Frage, inwieweit der Europäische Gesetzgeber **bei der Ausgestaltung des** 35 **europäischen Mitbestimmungssekundärrechts nationale Tendenzschutztraditionen berücksichtigen muss**. Bei **allgemeinen Tendenzunternehmen** wird insofern diskutiert, ob sich aus dem in Art. 4 Abs. 2 Satz 1 Var. 2 EUV niedergelegten Gebot der Union zur Wahrung der nationalen Identität der Mitgliedstaaten eine Verpflichtung des Unionsgesetzgebers ergebe, mitgliedstaatlichen Tendenzschutz zumindest insoweit zu berücksichtigen, als er grundgesetzlich geboten ist (vgl. dazu *Plum* Tendenzschutz, S. 257 ff.; *Jatho* Tendenzunternehmen und Religionsgemeinschaften, S. 148 ff.). Zumindest faktisch enthält die auf Wunsch Deutschlands in die Richtlinie aufgenommene Regelung des Art. 3 Abs. 2 RL 2002/14/EG (*Weber*/EuArbR Art. 3 RL 2002/14/EG Rn. 12) eine solche Bestandsschutzregel für die deutsche Tendenzschutztradition. Das gilt jedenfalls für **§ 118 Abs. 1**, der deshalb – einschließlich der Regelung zum Wirtschaftsausschuss (vgl. Rdn. 142 m. N.) – **unionsrechtskonform** ist.

Bezüglich des Schutzes mitgliedstaatlicher Tendenzschutztraditionen für **Religionsgemeinschaften** 36 stellt sich aus deutscher Perspektive die Frage, ob auch die weitergehende Regelung des **§ 118 Abs. 2** Bestandsschutz genießt und unionsrechtskonform ist. Betrachtet man allein Art. 3 Abs. 2 RL 2002/14, so fehlt dort eine vollständige Bereichsausnahme wie im deutschen Recht. Auf den ersten Blick scheint deshalb § 118 Abs. 2 richtlinienwidrig (in diese Richtung *Blens* ZMV 2003, 2 ff.; *Schliemann* NZA 2003, 407 [413 f.]; *Weiss* NZA 2003, 177 [183]). Jedenfalls, so könnte man meinen, sei der deutsche Gesetzgeber gehalten, sicherzustellen, dass die Religionsgemeinschaften eine Mitarbeitervertretung einrichten, die der eingeschränkten Tendenzschutzregel des Art. 3 Abs. 2 RL entspricht (vgl. auch *Bonin* AuR 2004, 321 [322]; *Kohte*/HaKo RL 2002/14/EG Rn. 26, 30; *Jatho* Tendenzunternehmen und Religionsgemeinschaften, S. 154 ff., 213 ff. [zur Umsetzung durch das deutsche Mitarbeitervertretungsrecht *dies.* S. 217 ff., 247 ff.]; *Müller-Bonanni/Jenner* in: *Preis/Sagan* Europ. ArbR, § 12 Rn. 212; *Reichold* NZA 2003, 289 [294]; *Richardi/Forst* § 118 Rn. 2; *Ritter* Der Wirtschaftsausschuss nach dem Betriebsverfassungsgesetz und der Rahmenrichtlinie 2002/14/EG [Diss. Bonn], 2006, S. 248 ff.; *Schlachter/Heinig/Greiner* Europ. AuS, § 21 Rn. 17; *Seifert* FS Weiss, S. 177 [181 f.]; *Spreer* Die Richtlinie 2002/14/EG zur Festlegung eines allgemeinen Rahmens für die Unterrichtung und Anhörung der Arbeitnehmer in der Europäischen Gemeinschaft [Diss. Bielefeld 2005], S. 160 ff.).

Allerdings ergibt sich aus dem Reformvertrag von Lissabon aus **Art. 17 Abs. 1 AEUV**, dass die Union 37 den Status achtet und achten muss, den Kirchen und religiöse Vereinigungen oder Gemeinschaften in den Mitgliedstaaten nach deren Rechtsvorschriften genießen (ebenso bereits Art. I-52 Abs. 1 der am 29.10.2004 unterzeichneten, aber dann gescheiterten EU-Verfassung [AblEG Nr. C 310 v. 16.12.2004, S. 1]). Damit besteht auf der **Ebene des Primärrechts** eine der Richtlinie vorgelagerte Regelung, die das **Fortbestehen des Selbstbestimmungsrechts der Religionsgemeinschaften** nach Art. 140 GG, Art. 137 Abs. 3 WRV und damit letztlich auch des § 118 Abs. 2 deckt und vor Eingriffen des Unionsgesetzgebers schützt (*Asbeck* Tendenzschutz, S. 178 ff.; *Lunk*/NK-GA § 118 BetrVG Rn. 66; *Weber*/EuArbR Art. 3 RL 2002/14/EG Rn. 14, 22). Schon zuvor konnte man außerdem auf die Vorgängerregelung zu Art. 4 Abs. 2 Satz 1 Var. 2 EUV, den in Art. 6 Abs. 3 EU i. d. F. des Vertrags von Amsterdam geregelten Respekt der Union vor der nationalen Identität ihrer Mitgliedstaaten verweisen und das Staat-Kirche-Verhältnis in Deutschland zum Bestandteil der nationalen Identität erklären (*Richardi* Arbeitsrecht in der Kirche, § 1 Rn. 34 f.; *Richardi/RDW* § 112 Rn. 9; *Waldhoff* JZ 2003, 978 [985]). Dafür ließ sich als Interpretationshilfe auch die Erklärung Nr. 11 zur Schlussakte des Amsterdamer Vertrags vom 02.10.1997 (AblEG C 340/133) anführen, die inhaltlich den Vorläufer zu Art. I-52 Abs. 1 der EU-Verfassung und Art. 17 AEUV bildet (dazu *Gerdom* Gemeinschaftsrechtliche Unterrichtungs- und Anhörungspflichten, S. 140 ff.; *Richardi* Arbeitsrecht in der Kirche, 6. Aufl. 2012, § 1 Rn. 34 f.; *Richardi/Thüsing*, 13. Aufl. 2012, § 118 Rn. 188b; *Schliemann* NZA 2003, 407 [410]; *Seifert* in: Arbeitnehmermitwirkung in einer sich globalisierenden Arbeitswelt, 2005, S. 177 [180]; *Waldhoff* JZ 2003, 978 [984]; *Ch. Weber* FS Konzen, S. 921 [943 f.]; vgl. auch *Joussen* NZA 2008, 675 [679]; *Reichegger* Die Auswirkungen der Richtlinie 2000/78/EG auf das kirchliche

Arbeitsrecht unter Berücksichtigung von Gemeinschaftsgrundrechten als Auslegungsmaxime [Diss. Heidelberg], 2005, S. 69 ff.; *Schliemann* FS *Richardi*, S. 959 [964 ff.]; *Triebel* Das europäische Religionsrecht am Beispiel der arbeitsrechtlichen Antidiskriminierungsrichtlinie 200/78/EG [Diss. Erlangen], 2005, S. 277 ff.; **einschränkend** *Jatho* Tendenzunternehmen und Religionsgemeinschaften, S. 154 ff.: Da die Bereichsausnahme des § 118 Abs. 2 schon auf nationaler Ebene verfassungsrechtlich nicht geboten sei [vgl. dazu Rdn. 30], verpflichte Art. 17 Abs. 1 AEUV den Unionsgesetzgeber nur zu einem schonenden Ausgleich zwischen Unionsinteressen und Statusinteressen der Religionsgemeinschaften, also zu einer an den Grundsätzen des § 118 Abs. 1 orientierten Tendenzschutzklausel; **gänzlich ablehnend** *Plum* Tendenzschutz, S. 280 ff.). Ob diese umfassende Sonderstellung des deutschen kirchlichen Arbeitsrechts auf Dauer vor dem *EuGH* Bestand haben wird, hängt möglicherweise auch von den Ergebnissen zweier Vorabentscheidungsverfahren ab, die der *EuGH* auf Vorlage des *BAG* zu behandeln haben wird (*BAG* 17.03.2016 – 8 AZR 501/14 – juris [*EuGH* Rs. C-414–16]; 28.07.2016 – 2 AZR 746/14 – juris). Das *BAG* möchte jeweils wissen, wie weit die in Art. 4 Abs. 2 RL 2000/78/EG enthaltenen Privilegierungen von Religionsgemeinschaften im Rahmen der Rechtfertigung von Ungleichbehandlungen im Antidiskriminierungsrecht reichen. Beide Verfahren betreffen zwar individualarbeitsrechtliche Fragen (berufliche Anforderungen im Bewerbungsverfahren, Loyalitätsverletzungen als Kündigungsgrund), Rückwirkungen auf die Interpretation des Selbstbestimmungsrechts der Religionsgemeinschaften insgesamt lassen sich aber nicht ausschließen.

4. Ausnahmecharakter und Analogiefähigkeit des § 118

38 § 118 ist eine **Ausnahmevorschrift** (*BAG* 31.10.1975 EzA § 118 BetrVG 1972 Nr. 5 S. 41 = AP Nr. 3 zu § 118 BetrVG 1972 *[Mayer-Maly]*; *Fabricius* 6. Aufl., § 118 Rn. 364; *Kania*/ErfK § 118 BetrVG Rn. 4; *Matthes*/MünchArbR § 272 Rn. 1). Der Gesetzgeber hat diesen Umstand im Zuge der Neuregelung des Betriebsverfassungsgesetzes ausdrücklich betont (Bericht des BT-Ausschusses für Arbeit und Sozialordnung BT-Drucks. VI/2729, S. 17). Für die Anwendung der Vorschrift entzündet sich daran vor allem die Auseinandersetzung um ihre **Analogiefähigkeit** im Hinblick auf den Kreis der geschützten Tendenzbestimmungen (**dafür** *ArbG* Berlin 25.11.1977 AP Nr. 9 zu § 118 BetrVG 1972 Bl. 5; *Fabricius* 6. Aufl., § 118 Rn. 361 ff.; *Hohenstatt/Dzida/HWK* § 118 BetrVG Rn. 2; *Lakies*/HaKo § 118 Rn. 7; *Mayer-Maly* DB 1971, 2259 [2260]; *ders.* AfP 1972, 194 [196]; *ders.* BB 1973, 761 [764]; *ders.* AR-Blattei, Tendenzbetrieb I, G VI 2; *Richardi* FS *Tomandl*, S. 299 [312]; **dagegen** *BAG* 23.03.1999 EzA § 118 BetrVG 1972 Nr. 69 = AP Nr. 66 zu § 118 BetrVG 1972 *[Belling/Meyer]*; *Fitting* § 118 Rn. 3; *Frey* Der Tendenzschutz, S. 79; *ders.* AuR 1972, 161 [164]; *Hess/HWGNRH* § 118 Rn. 15; *Kohte* BB 1999, 1110 [1115]; *Marhold* AR-Blattei SD 1570, Rn. 35 ff.; *Matthes*/MünchArbR § 272 Rn. 1; *Richardi/Forst* § 118 Rn. 49; *Wedde*/DKKW § 118 Rn. 24).

39 Zu Recht hat das *BAG* dazu festgestellt, dass eine Analogie jedenfalls nicht allein aufgrund des Ausnahmecharakters des § 118 Abs. 1 ausscheide (*BAG* 23.03.1999 EzA § 118 BetrVG 1972 Nr. 69 S. 10 = AP Nr. 66 zu § 118 BetrVG 1972 *[Belling/Meyer]*). Ein allgemeiner Rechtsgrundsatz diesen Inhalts existiert nicht. Entscheidend ist allein, ob das der Norm zugrunde liegende Regelungskonzept nur lückenhaft umgesetzt war oder die Norm aufgrund tatsächlicher Veränderungen nachträglich lückenhaft wird (*BAG* 23.03.1999 EzA § 118 BetrVG 1972 Nr. 69 S. 10 = AP Nr. 66 zu § 118 BetrVG 1972 unter Verweis auf *Larenz/Canaris* Methodenlehre der Rechtswissenschaft, 3. Aufl. 1995, S. 175 f.). Eine solche **planwidrige Regelungslücke besteht** aber **nicht** (ebenso *Bender/WPK* § 118 Rn. 7). Ein Regelungskonzept des Inhalts, dass § 118 Abs. 1 Satz 1 alle denkbaren ideellen Zwecke schützen wollte, ist nicht erkennbar. Vielmehr beschränkt sich die Norm ausdrücklich auf eine Auswahl aus der Vielzahl denkbarer geistig-ideeller Bestimmungen von Unternehmen und Betrieben (*BAG* 23.03.1999 EzA § 118 BetrVG 1972 Nr. 69 S. 10 = AP Nr. 66 zu § 118 BetrVG 1972). Nicht umsonst hat der Gesetzgeber des Betriebsverfassungsgesetzes 1972 das unbestimmte Merkmal »und ähnlichen Bestimmungen dienen« des § 81 BetrVG 1952 nicht übernommen, da damit eine »unsachgemäße Ausweitung« des Tendenzschutzes vermieden werde (Bericht des BT-Ausschusses für Arbeit und Sozialordnung BT-Drucks. VI/2729, S. 17). § 118 ist demnach **nicht analogiefähig**. Im konkreten Fall versagte das *BAG* deshalb einem **Landessportverband** den Tendenzschutz (vgl. schon *Galperin/Löwisch* § 118 Rn. 30; zur möglichen Zuordnung eines solchen Verbandes zu den politischen Bestimmungen Rdn. 83, zu den erzieherischen Bestimmungen Rdn. 113). Insofern ist auch eine **verfas-**

sungskonforme Auslegung nicht geboten, namentlich auch nicht in Hinblick auf Art. 9 GG, der nicht dem Schutz bestimmter ideeller Ziele dient, welche die Vereinigung verfolgen mag (*BAG* 23.03.1999 EzA § 118 BetrVG 1972 Nr. 69 S. 11 = AP Nr. 66 zu § 118 BetrVG 1972).

5. Dispositivität des Tendenzschutzes?

a) Einschränkung des Tendenzschutzes und Grundrechtsbezug

Zulässigkeit und Grenzen einer **Einschränkung des Tendenzschutzes durch Tarifvertrag oder Betriebsvereinbarung** werden maßgeblich vom Normzweck des § 118 geprägt. Das *BAG* hat die Dispositivität des Tendenzschutzes für Tarifverträge in zwei Entscheidungen bejaht (*BAG* 31.01.1995 EzA § 99 BetrVG Nr. 126 *[Dütz/Dörrwächter]* = AP Nr. 56 zu § 118 BetrVG 1972; 05.10.2000 EzA § 118 BetrVG 1972 Nr. 72 S. 2 f. = AP Nr. 16 zu § 106 BetrVG 1972; ebenso schon die Vorinstanz: *LAG Schleswig-Holstein* 04.01.2000 – 3 TaBV 40/99 – juris). In der **Literatur** halten sich Befürworter und Gegner die Waage (**dafür** *Arndt/Ebsen* AuR 1977, 161 [169 f.]; *Dannenberg* Anm. BAG AiB 2002, 189 [192]; *Däubler* Tarifvertragsrecht, Rn. 431; *Fabricius* 6. Aufl., § 118 Rn. 667 f.; *ders.* FS *Hilger/Stumpf*, S. 155 [165 ff.]; *Fitting* § 118 Rn. 49; *Frey* AuR 1972, 161 [168]; *Hanau* BB 1973, 901 [908]; *Däubler/Heuschmid* § 1 TVG Rn. 1029; *Däubler/Heuschmid/Klein* TVG, § 1 Rn. 927; *Schwerdtner* BB 1971, 833 [837]; für das Betriebsverfassungsgesetz 1952 schon *Neumann-Duesberg* BB 1970, 1052 [1054]; **dagegen** *Dörrwächter* Tendenzschutz, S. 194 ff., 221 ff.; *Dütz/Dörrwächter* EzA § 99 BetrVG 1972 Nr. 26 S. 24 f.; *Raab* vor § 92 Rdn. 18; *Mayer-Maly* DB 1971, 335 [338]; *ders.* BB 1973, 761 [767]); *ders.* AfP 1977, 209 [211 f.]; *Poeche* Mitbestimmung, S. 224 ff.; *Rüthers* Tarifmacht, S. 24 ff., 39 ff., 49 ff.; *Seiler* AfP 1999, 7 [17]; **differenzierend** *Asbeck* Tendenzschutz, S. 115 ff.; *Kaiser/LK* § 118 Rn. 3; *Löwisch/Rieble* TVG, § 1 Rn. 712 f.; *Richardi/Forst* § 118 Rn. 23 [vgl. aber *ders.* § 118 Rn. 239 f.]; *Wiedemann/Thüsing* TVG, § 1 Rn. 155).

aa) Tendenzschutz mit Grundrechtsbezug

Der **Grundrechtsbezug** der Vorschrift (vgl. Rdn. 13 ff.) setzt enge Grenzen. Soweit es um Tendenzschutz im Bereich geistig-ideeller Zielsetzungen mit unmittelbarem Grundrechtsbezug geht, kommt zunächst beim **Verbandstarifvertrag** eine Disposition der Tarifvertragsparteien über den Grundrechtsschutz von Tendenzunternehmen nicht in Betracht. Die bloße Verbandszugehörigkeit legitimiert einen Grundrechtsverzicht jedenfalls nicht (*Asbeck* Tendenzschutz, S. 117 f.; *Bargon* Tendenzunternehmen »zweiter Klasse«?, S. 202; *Dörrwächter* Tendenzschutz, S. 226; *Dütz* AfP 1989, 605 [609]; *Dütz/Dörrwächter* EzA § 99 BetrVG 1972 Nr. 126 S. 26 f.; *Lunk/NK-GA* § 118 BetrVG Rn. 71; *Richardi/Forst* § 118 Rn. 24; *Scholz* Pressefreiheit und Arbeitsverfassung, S. 178 ff., 184 ff., 210 f.; *Wiedemann/Thüsing* TVG, § 1 Rn. 155, 139; **a. M.** *Hanau* BB 1973, 901 [908]; *Wedde/DKKW* § 118 Rn. 21). Insofern spielt die generelle Frage nach den Möglichkeiten und Grenzen einer Erweiterung der Mitbestimmung durch Tarifvertrag oder Betriebsvereinbarung keine Rolle, da es nicht nur um eine Erweiterung des Arbeitnehmerschutzes mit der Folge der Einschränkung der allgemeinen Handlungsfreiheit des Arbeitgebers geht, sondern um einen Eingriff in spezifische Grundrechtspositionen. Beim **Firmentarifvertrag** würde das Druckmittel des Arbeitskampfs einem Grundrechtsverzicht das Moment der Freiwilligkeit nehmen. Eine firmentarifvertragliche Preisgabe des Tendenzschutzes kann deshalb nicht erzwungen werden (*Dörrwächter* Tendenzschutz, S. 226; *Hanau* BB 1973, 901 [908]; *Lunk/NK-GA* § 118 BetrVG Rn. 71; *Richardi/Forst* § 118 Rn. 24; *Scholz* in: *Maunz/Dürig* GG, Art. 9 Rn. 360 f., 367).

Soweit ein **Firmentarifvertrag** trotz der im Grundsatz stets denkbaren Streikdrohung ausnahmsweise als **freiwillig** bezeichnet werden kann, steht ebenso wie im Falle **freiwilliger Betriebsvereinbarungen** jedenfalls der Grundrechtsbezug einem Verzicht auf den Tendenzschutz nicht entgegen (ähnlich auch *Asbeck* Tendenzschutz, S. 118; *Bargon* Tendenzunternehmen »zweiter Klasse«?, S. 203; *Richardi/Forst* Rn. 24; *Wedde/DKKW* § 118 Rn. 21; für Betriebsvereinbarungen: *Poeche* Mitbestimmung, S. 231). Die mit dem Verzicht verbundene Erweiterung der Mitbestimmung über den vom Betriebsverfassungsgesetz vorgesehenen Rahmen hinaus ist insofern bei Tendenzunternehmen nicht anders zu beurteilen als bei tendenzfreien Unternehmen (vgl. zum Streitstand *Franzen* § 1 Rdn. 71; *Oetker* vor § 106 Rdn. 12 ff.; *Raab* vor § 92 Rdn. 10 ff.; *Wiese* § 87 Rdn. 7 ff.).

bb) Tendenzschutz ohne Grundrechtsbezug

43 Nach allgemeinen Grundsätzen richtet sich auch die Zulässigkeit eines Verzichts auf den Tendenzschutz **außerhalb des Bereichs unmittelbarer Grundrechtsgewährleistung**. Jedenfalls wenn man mit dem *BAG* eine **Erweiterung der Mitbestimmung** über den durch das Betriebsverfassungsgesetz vorgegebenen Rahmen hinaus für **zulässig** erachtet (vgl. stellvertretend *BAG* 16.07.1985 EzA § 87 BetrVG 1972 Betriebliche Lohngestaltung Nr. 9 = AP Nr. 17 zu § 87 BetrVG 1972 Lohngestaltung; 18.08.1987 EzA § 77 BetrVG 1972 Nr. 18 = AP Nr. 23 zu § 77 BetrVG 1972; 10.02.1988 EzA § 1 TVG Nr. 34 = AP Nr. 53 zu § 99 BetrVG 1972), gibt es auch hier keinen Grund, bei Tendenzunternehmen anders zu verfahren (*Fitting* § 118 Rn. 49; vgl. auch *Bargon* Tendenzunternehmen »zweiter Klasse«?, S. 204; *Wedde/DKKW* § 118 Rn. 21; insofern **a. M.** *Dörnwächter* Tendenzschutz, S. 224 ff., der § 118 Abs. 1 generell für zwingend hält). Das *BAG*, das einmal über die Mitbestimmung in personellen Angelegenheiten bei einem Berufsförderungswerk (*BAG* 31.01.1995 EzA § 99 BetrVG Nr. 126 *[Dütz/Dörnwächter]* = AP Nr. 56 zu § 118 BetrVG 1972), das andere Mal über den Wirtschaftsausschuss einer gemeinnützigen Beschäftigungsgesellschaft (*BAG* 05.10.2000 EzA § 118 BetrVG 1972 Nr. 72 = AP Nr. 16 zu § 106 BetrVG 1972) zu entscheiden hatte, ist insoweit durchaus konsequent: Es handelte sich um Tendenzbetriebe mit erzieherischer und karitativer Zielsetzung und damit ohne Grundrechtsbezug (dazu Rdn. 21). Die Erweiterung der Mitbestimmung in Tendenzbetrieben mit unmittelbarem Grundrechtsbezug hat das *BAG* ausdrücklich offen gelassen (*BAG* 31.01.1995 EzA § 99 BetrVG Nr. 126 S. 11 = AP Nr. 56 zu § 118 BetrVG 1972).

b) »Innere Pressefreiheit« und Redaktionsstatute

44 Im Bereich der Medienunternehmen erfährt die Problematik der Grenzen der Preisgabe des von § 118 vorgegebenen Tendenzschutzmodells eine besondere Akzentuierung. **Redaktionsstatute**, die namentlich zu Beginn der siebziger Jahre unter dem Motto »Innere Pressefreiheit« diskutiert wurden (vgl. dazu u. a. *Kübler* Gutachten zum 49. DJT 1972, Bd. I/D; *Mallmann* Referat zum 49. DJT 1972, Bd. II/2, N) und einige Verbreitung fanden, sollen die Kompetenzen zwischen Verleger, Chefredakteur und Redaktion abgrenzen. Innerhalb der allgemeinen Grundsatzkompetenz des Verlegers wird den Redakteuren auf der Basis von Mitspracherechten in journalistischen Sach- und in Personalfragen ein gewisser Freiraum bei der Gestaltung des Medienprodukts eingeräumt. In verschiedenen Unternehmen sind im Rahmen solcher Vereinbarungen auch gesonderte **Redaktionsvertretungen** gebildet worden. Die Grundlage derartiger Redaktionsstatute bilden rechtstatsächlich Tarifverträge oder Regelungen auf individualvertraglicher Basis (Beispiel: *BAG* 19.06.2001 EzA § 118 BetrVG Nr. 73 *[Auer]* = AP Nr. 3 zu § 3 BetrVG 1972 = SAE 2002, 276 *[Franzen]*; vgl. ferner den Abdruck zweier Tarifverträge in RdA 1977, 237 f.; *Branahl/Hoffmann-Riem* Redaktionsstatute in der Bewährung, 1975, S. 319 ff.; *Holtz-Bacha* Mitspracherechte für Journalisten; zur Diskussion in jüngerer Zeit *Kloepfer* Innere Pressefreiheit [1996]; *Seiler* AfP 1999, 7 ff.).

aa) Redaktionsstatut und Tarifvertrag

45 Soweit ein Redaktionsstatut nur die **individualarbeitsrechtlichen Beziehungen** zwischen Verleger und Redakteuren betrifft, bestehen gegen eine Regelung auf tariflicher Ebene nach allgemeiner Ansicht keine Bedenken (vgl. stellvertretend *Richardi/Forst* § 118 Rn. 238). Aber auch die **Zubilligung kollektiver Mitbestimmungsrechte** auf tarifvertraglicher Basis **scheitert** entgegen verbreiteter Meinung (*Hanau* Pressefreiheit, S. 88; *Richardi/Forst* § 118 Rn. 238 f., 242; *Rüthers* Tarifmacht, S. 21 ff., 35 ff.; *Seiler* AfP 1999, 7 [17]) **nicht schon am Fehlen einer entsprechenden Regelungsbefugnis der Tarifvertragsparteien**. Zwar eröffnet Art. 9 Abs. 3 GG nur eine Kompetenz zur Regelung von Arbeits- und Wirtschaftsbedingungen und nicht spezifisch presserechtlicher Materien. Allerdings geht es bei Redaktionsstatuten zugleich um eine kollektive Interessenwahrnehmung von Redakteuren bei personellen und betrieblichen Entscheidungen. Insofern ist die funktionale Zuständigkeit der Tarifvertragsparteien gegeben (vgl. auch *Fitting* § 118 Rn. 52; *Frey* AuR 1972, 161 [168]; *Däubler/Heuschmid* TVG, § 1 Rn. 1029; *Ihlefeld* AuR 1980, 257 [268]; *Wedde/DKKW* § 118 Rn. 120 f.). **Auch das Betriebsverfassungsrecht steht nicht prinzipiell entgegen**. Wird im Rahmen eines Redaktionsstatuts eine Redaktionsvertretung eingerichtet, dann handelt es sich wegen des Regelungsgegenstandes zwar nicht um einen Fall des **§ 3 Abs. 1** (*Fabricius* 6. Aufl., § 118 Rn. 671; *Richardi/Forst* § 118 Rn. 240; *Wedde/DKKW* § 118 Rn. 120), auch nicht nach dessen Neufassung

Geltung für Tendenzbetriebe und Religionsgemeinschaften § 118

im Zuge der Reform des Betriebsverfassungsgesetzes im Jahre 2001. Andererseits schließt diese Vorschrift die Errichtung einer Redaktionsvertretung aber auch nicht aus (vgl. bezogen auf eine arbeitsvertragliche Einheitsregelung *BAG* 19.06.2001 EzA § 118 BetrVG Nr. 73 S. 11 ff. [im Ergebnis zust. *Auer*] = AP Nr. 3 zu § 3 BetrVG 1972 Bl. 5 R.f. = SAE 2002, 276 [im Ergebnis zust. *Franzen*]; *LAG Baden-Württemberg* 05.05.2000 NZA-RR 2000, 479 [480]; *Fabricius* 6. Aufl., § 118 Rn. 671; *Däubler/ Heuschmid* TVG, § 1 Rn. 1032; *Hensche/Kittner* ZRP 1972, 177; *Kübler* Verhandlungen des 49. DJT, Bd. I/D 68 [77 ff.]; *Neumann-Duesberg* BB 1970, 1052 [1054]; *Plander* RdA 1979, 275 f.; *Schwerdtner* BB 1971, 833 [837]; *Wedde/DKKW* § 118 Rn. 120 ff.; *Wienert* Tendenzschutz und Pressefreiheit, S. 210 f.; **a. M.** *Galperin/Löwisch* § 118 Rn. 56; *Mayer-Maly* DB 1971, 335 [338]; *ders.* BB 1973, 761 [767]; *Richardi/Forst* § 118 Rn. 239 f.; *Rüthers* Tarifmacht, S. 24 ff., 39 ff.; *H.-J. Weber* NJW 1973, 1953 [1956]). § 3 Abs. 1 korrespondiert zwar mit dem Repräsentationsmonopol des Betriebsrats (*BAG* 08.03.1977 EzA § 118 BetrVG 1972 Nr. 18 = AP Nr. 9 zu § 5 BetrVG 1972), dieses Monopol des Betriebsrats besteht allerdings nur im Rahmen seiner funktionellen Zuständigkeit. Soweit diese wegen § 118 von vornherein nicht besteht, tritt eine Redaktionsvertretung nicht in Konkurrenz zum Betriebsrat (*BAG* 19.06.2001 EzA § 118 BetrVG Nr. 73 S. 12 f. *[Auer]* = AP Nr. 3 zu § 3 BetrVG 1972 Bl. 6 = SAE 2002, 276 *[Franzen]*; *LAG Baden-Württemberg* 05.05.2000 NZA-RR 2000, 479 [480]). Hält sich das Redaktionsstatut in diesem Rahmen, bleiben also die Befugnisse des Betriebsrats gewahrt, bestehen unter dem Gesichtspunkt des § 3 keine Einwände. Fraglich ist deshalb allein, ob der Unternehmer auf den **Schutz des § 118 verzichten** kann. Insofern gelten die **allgemeinen Grundsätze**: Ein tarifvertraglicher Verzicht ist nur im Rahmen eines **freiwilligen Firmentarifvertrags** möglich (vgl. Rdn. 41 f.).

bb) Redaktionsstatut und Betriebsvereinbarung

Für eine Betriebsvereinbarung **fehlt** es dem Betriebsrat nach zutreffender Auffassung an der **funktio- 46 nellen Zuständigkeit** (*LAG Baden-Württemberg* 05.05.2000 NZA-RR 2000, 479 [480]; *Fabricius* 6. Aufl., § 118 Rn. 670; *Fitting* § 118 Rn. 52; *Richardi/Forst* § 118 Rn. 241; *Rüthers* RdA 2002, 360; *Schaffeld* AfP 2002, 139 [140]; *Scholz* Pressefreiheit und Arbeitsverfassung, S. 72 ff.; **a. M.** *LAG Düsseldorf* 26.05.1993 LAGE § 38 BetrVG 1972 Nr. 6; *Schwerdtner* BB 1971, 833 [840]).

cc) Redaktionsstatut und Einzelarbeitsvertrag

Rechtstatsächlich beruhen Redaktionsstatute vor allem auf individualvertraglicher Grundlage (*BAG* 47 19.06.2001 EzA § 118 BetrVG 1972 Nr. 73 S. 9 ff. *[Auer]* = AP Nr. 3 zu § 3 BetrVG 1972 Bl. 4 ff. = SAE 2002, 276 [*Franzen*, dort auch zu vereins- und gesellschaftsrechtlichen Aspekten]; *Seiler* AfP 1999, 7 [18]). Hinsichtlich der Vereinbarkeit mit § 3 Abs. 1 gilt das Gleiche wie bei Redaktionsstatuten auf tarifvertraglicher Ebene (vgl. Rdn. 45). Ein individualvertraglicher Verzicht auf den Tendenzschutz ist möglich. Auch Art. 5 Abs. 1 S. 2 GG steht dem nicht entgegen, solange nicht der Kernbereich der Pressefreiheit tangiert ist (vgl. dazu *BAG* 19.06.2001 EzA § 118 BetrVG 1972 Nr. 73 S. 11 f., 13 f. *[zust. Auer]* = AP Nr. 3 zu § 3 BetrVG 1972 Bl. 4 ff., = SAE 2002, 276 [insoweit krit. *Franzen*]; *LAG Baden-Württemberg* 05.05.2000 NZA-RR 2000, 479 [480 f.]). Die **Kündigung** eines Redaktionsstatuts richtet sich nach Auffassung des *BAG* nach allgemeinen Maßstäben. Eine Teilkündigung ist danach unzulässig (*BAG* 19.06.2001 EzA § 118 BetrVG 1972 Nr. 73 S. 14 = AP Nr. 3 zu § 3 BetrVG 1972 Bl. 4 ff. [krit. mit beachtlichen Gründen *Auer* Anm. EzA § 118 BetrVG 1972 Nr. 73 S. 28 f.]; *Franzen* Anm. SAE 2002, 286; *Rüthers* RdA 2002, 360 [361 ff.]; *LAG Baden-Württemberg* 05.05.2000 NZA-RR 2000, 479 [482]; insofern **a. M.** *ArbG Mannheim* 17.04.1997 AfP 1998, 240 [247 f.]). In Betracht kommt aber eine Änderungskündigung. Für die Klage von Mitgliedern eines Redaktionsrates gegen die Kündigung des Redaktionsstatuts durch den Verleger ist der **Rechtsweg zu den Arbeitsgerichten** eröffnet (*BAG* 21.05.1999 EzA § 2 ArbGG 1979 Nr. 43 = AP Nr. 1 zu § 611 BGB Zeitungsverlage: Urteilsverfahren nach § 2 Abs. 1 Nr. 3a ArbGG; vgl. auch *Fabricius* 6. Aufl., § 118 Rn. 670).

6. Tendenzschutz außerhalb des Betriebsverfassungsgesetzes

Außerhalb des Betriebsverfassungsgesetzes gibt es Regelungen zum Tendenzschutz in § 112 BPersVG, 48 in §§ 1 Abs. 3 Nr. 2, 32 Abs. 1 Satz 2 und Abs. 2 SprAuG, in § 34 EBRG, weiterhin in § 1 Abs. 1

§ 118

Nr. 2, Satz 2 DrittelbG (für vor dem 01.07.2004 eingeleitete Wahlen galt gem. § 15 DrittelbG noch § 81 BetrVG 1952) und § 1 Abs. 4 MitbestG 1976. §§ 77 Abs. 1, 95 Abs. 1 BPersVG enthalten zudem einen besonderen Schutz für Beschäftigte mit bestimmten tendenzbezogenen Tätigkeiten im Öffentlichen Dienst.

II. Tendenzschutz nach § 118 Abs. 1

1. Voraussetzungen

a) Allgemeine Voraussetzungen

aa) Tendenzschutz und Tendenzbestimmung

49 Die Tendenzbestimmung ergibt sich aus dem **Unternehmensgegenstand**. Auf **subjektive Einstellungen** oder Absichten des Unternehmensträgers kommt es dabei **nicht** an (*BAG* 14.11.1975 EzA § 118 BetrVG 1972 Nr. 6 S. 45 = AP Nr. 5 zu § 118 BetrVG 1972; 01.09.1987 EzA § 118 BetrVG 1972 Nr. 41 S. 9 = AP Nr. 11 zu § 101 BetrVG 1972; *Fitting* § 118 Rn. 8; *Kunze* FS *Ballerstedt*, S. 79 [95 ff.]; *Matthes*/MünchArbR § 272 Rn. 27; *Richardi/Forst* § 118 Rn. 38 f.). Das Unternehmen bzw. der Betrieb (dazu Rdn. 52) selbst muss eine oder mehrere der in § 118 Abs. 1 aufgeführten Tendenzbestimmungen aufweisen. Das Privileg des Tendenzschutzes bezieht sich auf bestimmte Unternehmensgegenstände, die sich aufgrund ihrer Zweckbestimmung als Grundrechtsentfaltung erweisen oder wegen ihres Allgemeinwohlbezugs besonders schützenswert erscheinen (zum Normzweck Rdn. 13 ff.). Die Auffassung, wonach »Bestimmung«, also Zweck und Ziel eines Unternehmens von dessen Gegenstand zu unterscheiden seien, der Unternehmensgegenstand also nur Mittel weitergehender wirtschaftlicher oder nichtwirtschaftlicher Zwecke sei (*Fabricius* 6. Aufl., § 118 Rn. 141 ff., 277 ff., 334), diente vor allem der begrifflichen Absicherung der These, wonach eine erwerbswirtschaftliche Zielsetzung den Tendenzschutz ausschließe (*Fabricius* 6. Aufl., § 118 Rn. 334). Tatsächlich steht aber ein **Gewinnstreben der Anwendung des § 118** außerhalb der karitativen Bestimmungen **nicht entgegen** (vgl. Rdn. 23 ff.).

50 Denkbar ist auch, dass ein Unternehmen mehrere der in § 118 Abs. 1 genannten geistig-ideellen Bestimmungen verfolgt (**Tendenzvielfalt**). § 118 Abs. 1 Satz 1 Nr. 1 bringt das schon dadurch zum Ausdruck, dass nicht von »einer« Bestimmung, sondern von politischen usw. »Bestimmungen« die Rede ist. § 118 Abs. 1 verlangt nicht die Ausrichtung des Unternehmens an einem ganz bestimmten geistig-ideellen Gedankengut, sondern sichert auch Tendenzpluralität. Das ist, nachdem das *BAG* zu § 81 BetrVG 1952 zeitweilig zur gegenteiligen Auffassung neigte (*BAG* 22.02.1966 EzA § 81 BetrVG 1952 Nr. 1 S. 4 f. = AP Nr. 4 zu § 81 BetrVG), heute zu Recht nicht mehr umstritten (*BAG* 27.08.1968 EzA § 81 BetrVG Nr. 3 S. 10 f. = AP Nr. 10 zu § 81 BetrVG; 29.05.1970 EzA § 81 BetrVG Nr. 5 S. 24 f. = AP Nr. 13 zu § 81 BetrVG; 14.11.1975 EzA § 118 BetrVG 1972 Nr. 6 S. 46 = AP Nr. 5 zu § 118 BetrVG 1972 [*Mayer-Maly*]; *Frey* Tendenzschutz, S. 31 f.; *Kunze* FS *Ballerstedt*, S. 79 [98]; *Marhold* AR-Blattei SD 1570, Rn. 67; *Matthes*/MünchArbR § 272 Rn. 5; *Mayer-Maly* RdA 1966, 441 [444 ff.]; *Richardi/Forst* § 118 Rn. 39; *Wedde/DKKW* § 118 Rn. 23). Praktische Bedeutung hat die Frage namentlich bei **Buchverlagen mit breitem Verlagsprogramm**, die im Grunde wertungsneutral Bücher auf den verschiedensten Gebieten verlegen (vgl. dazu *BAG* 14.11.1975 EzA § 118 BetrVG 1972 Nr. 6 und 15.02.1989 EzA § 118 BetrVG 1972 Nr. 45 = AP Nr. 5 und 39 zu § 118 BetrVG 1972).

51 Von den Fällen der Tendenzvielfalt zu unterscheiden sind diejenigen sog. **Mischunternehmen**, bei denen in einem Unternehmen neben tendenzgeschützten auch andere Zwecke verfolgt werden. Ob hier § 118 Abs. 1 zum Tragen kommt, entscheidet sich anhand des Tatbestandsmerkmals der »überwiegenden Tendenzbestimmung« (dazu Rdn. 65 ff.).

bb) Unternehmen, Betrieb und Konzern

aaa) Tendenzbestimmung, Unternehmen und Betrieb

Unternehmen und Betriebe werden im Gesetz, anders als noch in § 81 BetrVG 1952, der nur auf den »Betrieb« abstellte, gleichgeordnet nebeneinander erwähnt. Die Erwähnung des Unternehmens dient nach der Begründung des Regierungsentwurfs der Klarstellung (BT-Drucks. VI/1786, S. 58; krit. *Richardi/Forst* § 118 Rn. 25 f.; vgl. ferner *Richter* DB 1991, 2661). In der Tat war die frühere Formulierung insoweit verfehlt, als es für die **Bestimmung der Tendenzeigenschaft** im Grundsatz auf das **Unternehmen** ankommen muss: Der Unternehmensgegenstand muss durch eine geistig-ideelle Zielsetzung geprägt sein, während der Betrieb i. d. R. nur einen arbeitstechnischen Zweck hat, für sich gesehen also tendenzneutral ist und im Verhältnis zum Unternehmensgegenstand eine lediglich dienende Funktion übernimmt (*BAG* 27.07.1993 EzA § 118 BetrVG 1972 Nr. 61 S. 6 = AP Nr. 51 zu § 118 BetrVG 1972; *Asbeck* Tendenzschutz, S. 121 ff.; *Fitting* § 118 Rn. 5; *Kaiser/LK* § 118 Rn. 18; *Marhold* AR-Blattei SD 1570, Rn. 39 ff.; *Richardi/Forst* § 118 Rn. 25; *Wedde/DKKW* § 118 Rn. 15). Diese Auffassung hatte das *BAG* schon zum früheren Recht vertreten (*BAG* 13.07.1955 AP Nr. 1 zu § 81 BetrVG; 22.02.1966 EzA § 81 BetrVG 1952 Nr. 1 = AP Nr. 4 zu § 81 BetrVG; 29.05.1970 EzA § 81 BetrVG 1952 Nr. 5 S. 24 = AP Nr. 13 zu § 81 BetrVG).

52

Allerdings hat der Gesetzgeber den Begriff des Betriebs zu Recht nicht einfach nur durch denjenigen des Unternehmens ersetzt. Soweit nämlich die Mitbestimmung des Betriebsrats betriebs- und nicht unternehmensbezogen ist, kann in **Unternehmen mit mehreren Betrieben** eine differenzierende Betrachtungsweise geboten sein. Da der Tendenzbezug eines Unternehmens nicht in allen Betrieben gleichermaßen verfolgt werden muss – etwa wenn in einem Verlag die Druckerei als selbständiger Betrieb organisiert ist –, kommt es im Rahmen der **betriebsbezogenen** Mitbestimmung darauf an, ob die **Tendenzbestimmung des Unternehmens sich auch in dem jeweils betroffenen Betrieb konkretisiert** (*Bauer/Lingemann* NZA 1995, 813 [814]; *Fitting* § 118 Rn. 5 f.; *Hess/HWGNRH* § 118 Rn. 6; *Kaiser/LK* § 118 Rn. 19; *Marhold* AR-Blattei SD 1570, Rn. 42 ff.; *Neumann-Duesberg* DB 1970, 1832; *Wedde/DKKW* § 118 Rn. 16; a. M. *Bargon* Tendenzunternehmen »zweiter Klasse«?, S. 137 f.; *U. Weber* NZA 1989, Beil. Nr. 3, S. 2 [4]). Das Gesetz bringt dies in der Eigenartsklausel des § 118 Abs. 1 Satz 1 zum Ausdruck, die auch insoweit Betrieb und Unternehmen nebeneinander stellt (vgl. insofern auch *Richardi/Forst* § 118 Rn. 101). Im umgekehrten Fall des **Gemeinschaftsbetriebs mehrerer Unternehmen** stellt sich die Frage nach dem Tendenzschutz dann, wenn nur eines oder jedenfalls nicht alle der beteiligten Unternehmen als solche Tendenzbezug haben. Strukturell erscheint die Situation am ehesten derjenigen des Mischunternehmens vergleichbar. Das gilt insbesondere dann, wenn sich ein zuvor einheitliches Unternehmen in mehrere rechtlich selbständige Einheiten aufspaltet (vgl. § 1 Abs. 2 Nr. 2 BetrVG). Da vor der Spaltung die Anwendung des § 118 davon abhing, ob »überwiegend« ein tendenzgeschützter Zweck verfolgt wurde (zu den Maßstäben vgl. Rdn. 65 ff.), sollte im Falle der (gesellschafts-)rechtlichen Trennung in selbständige Unternehmen nichts anderes gelten. Tendenzschutz besteht demnach, wenn **im Gemeinschaftsbetrieb überwiegend tendenzgeschützte Zwecke** verfolgt werden (i. E. ähnlich *Fitting* § 118 Rn. 7; *Wedde/DKKW* § 118 Rn. 17; nach Beteiligungsrechten differenzierend *Lunk* NZA 2005, 841; *ders./NK-GA* § 118 BetrVG Rn. 7; zum Sonderfall des Gemeinschaftsbetriebs kirchlicher Träger vgl. *Loritz* GS *Heinze*, S. 541).

53

Die Mitbestimmung in **personellen und sozialen** Angelegenheiten ist, soweit nicht ausnahmsweise der Gesamtbetriebsrat zuständig ist, **betriebsbezogen** (*Fitting* § 118 Rn. 6). Das gilt bei den personellen Einzelmaßnahmen auch nach der Reform des Betriebsverfassungsgesetzes im Jahre 2001, obwohl in § 99 Abs. 1 der Begriff des Betriebs durch den des Unternehmens ersetzt wurde. Die Neuorientierung bezieht sich lediglich auf den Schwellenwert von 20 Arbeitnehmern und soll ausweislich der Gesetzesmaterialen die Mitbestimmung auch bei organisatorischer Aufspaltung in kleinbetriebliche Organisationseinheiten sicherstellen (Begr. zum RegE, BT-Drucks. 14/5741, S. 50). Sie verlagert aber nicht den materiellen Bezugspunkt der Mitbestimmung auf das Unternehmen. Bei Unternehmen mit mehreren Betrieben sind demnach für die Fälle der Mitbestimmung in personellen und sozialen Angelegenheiten **sowohl** die **Tendenzbestimmung des Unternehmens als auch** der darauf bezogene **Tendenzcharakter des jeweiligen Betriebs** zu prüfen (vgl. die Nachweise Rdn. 53). Es reicht also nicht aus, dass es sich um ein Unternehmen mit Tendenzbezug handelt, da der Tendenzbezug sich auch **im konkreten Betrieb niederschlagen** muss. Verfolgt ein Unternehmen zwar insgesamt nicht

54

nur geistig-ideelle Ziele, so kann die Mitbestimmung im Bereich der personellen und sozialen Angelegenheiten in einem Betrieb mit einer solchen Tendenzausrichtung gleichwohl nach Maßgabe des § 118 Abs. 1 Satz 1 eingeschränkt sein. Es reicht insofern aus, dass sich **in dem betreffenden Betrieb** zumindest ein **tendenzorientierter unternehmerischer Teilzweck** realisiert (enger *Richardi/Forst* § 118 Rn. 102). Vgl. generell zur Problematik von Mischunternehmen Rdn. 65 ff.

55 Im Bereich der **wirtschaftlichen** Angelegenheiten sind die Regelungen zum **Wirtschaftsausschuss** schon nach deren eindeutigem Wortlaut **unternehmensbezogen**. Insofern kommt es nur auf den Tendenzbezug des Unternehmens an (*BAG* 22.02.1966 EzA § 81 BetrVG 1952 Nr. 1 S. 3 = AP Nr. 4 zu § 81 BetrVG; 22.07.2014 EzA § 118 BetrVG 2001 Nr. 14 Rn. 18 = AP Nr. 87 zu § 118 BetrVG 1972; *Fitting* § 118 Rn. 6; *Kaiser/LK* § 118 Rn. 20; *U. Weber* NZA 1989, Beil. Nr. 3, S. 2 [4]; *Wedde/DKKW* § 118 Rn. 16, 18). Wenn in einem Unternehmen mit überwiegend geistig-ideellem Zweck in einzelnen Betrieben auch sonstige Ziele verfolgt werden, so ist gleichwohl ein Wirtschaftsausschuss nicht zu bilden. Bei der Mitbestimmung im Falle von **Betriebsänderungen** dominiert ausweislich des Katalogs des § 111 Abs. 1 Satz 2 wiederum der Betriebsbezug (*Fitting* § 118 Rn. 6; insofern **a. M.** *Richardi/Forst* § 118 Rn. 27). Auch hier gilt, dass die im Zuge der Reform des Betriebsverfassungsgesetzes im Jahre 2001 vorgenommene Bezugnahme des Schwellenwerts von 20 Arbeitnehmern auf das Unternehmen statt auf den Betrieb keine Neuorientierung des sachlichen Bezugspunkts der Mitbestimmung mit sich bringt. Deshalb ist bei Betriebsänderungen ebenso wie in Fällen personeller oder sozialer Angelegenheiten eine doppelte Prüfung vorzunehmen.

bbb) Tendenzbestimmung im Konzern

56 Die gesellschaftsrechtlichen Verflechtungen von Unternehmen innerhalb eines Konzerns ändern nichts an deren rechtlicher Selbstständigkeit. Dementsprechend kommt es für den Tendenzschutz innerhalb eines Konzernverbundes nur auf den Tendenzcharakter **der einzelnen Unternehmen** und nicht etwa auf denjenigen des Konzerns insgesamt an. Das steht auch im Einklang mit dem Wortlaut des § 118 Abs. 1, der nur von Unternehmen und Betrieben spricht (*BAG* 31.10.1975 EzA § 118 BetrVG 1972 Nr. 5 S. 41 = AP Nr. 3 zu § 118 BetrVG 1972; 30.06.1981 EzA § 118 BetrVG 1972 Nr. 27 S. 221 = AP Nr. 20 zu § 118 BetrVG 1972 *[Naendrup/Fenn]*; 22.07.2014 EzA § 118 BetrVG 2001 Nr. 14 Rn. 30 = AP Nr. 87 zu § 118 BetrVG 1972; *OLG Hamburg* 22.01.1980 DB 1980, 636 = BB 1980, 332; *LAG Köln* 24.09.1998 NZA-RR 1999, 194; *Fitting* § 118 Rn. 7; *Kresse* Tendenzschutz, S. 148; *Kohte* BB 1999, 1110 [1114]; *Marhold* AR-Blattei SD 1570, Rn. 46; *Martens* AG 1980, 289 [291]; *Matthes/*MünchArbR § 272 Rn. 32; *Richardi/Forst* § 118 Rn. 105; *Sieling-Wendeling* AuR 1977, 240 [241]; *Wedde/DKKW* § 118 Rn. 19; *Wiedemann* DB 1978, 10; vgl. auch *Thüsing* ZTR 2002, 56 [60 f.] zum kirchlichen Konzern; **a. M.** *Loritz* ZfA 1985, 497 ff.; *Mayer-Maly* FS *Möhring*, S. 251 ff.; *Mayer-Maly/Löwisch* BB 1983, 913 [915]).

57 Für die Anwendung des § 118 Abs. 1 auf ein einzelnes **abhängiges Unternehmen** ist deshalb auch die Tendenzeigenschaft des herrschenden Unternehmens nicht von Bedeutung. Weder führt dessen Tendenzeigenschaft automatisch zum Tendenzschutz für das abhängige Unternehmen (*BVerfG* 29.04.2003 EzA § 118 BetrVG 2001 Nr. 2 S. 4 ff. = AP Nr. 75 zu § 118 BetrVG 1972 Bl. 2 f.; *BAG* 30.06.1981 EzA § 118 BetrVG Nr. 27 S. 221 = AP Nr. 20 zu § 118 BetrVG 1972 *[Naendrup/Fenn]*; *LAG Köln* 24.09.1998 NZA-RR 1999, 194; *Kresse* Tendenzschutz, S. 148; *Marhold* AR-Blattei SD 1570, Rn. 48; *Martens* AG 1980, 289 [295 f.]; *Matthes/*MünchArbR § 272 Rn. 32; *Richardi/Forst* § 118 Rn. 107; **a. M.** *Birk* JZ 1973, 753 [757]), noch schließt umgekehrt die Tendenzfreiheit des herrschenden Unternehmens aus, dass das abhängige Unternehmen seinerseits Tendenzschutz genießen kann (*Kresse* Tendenzschutz, S. 243; *Marhold* AR-Blattei SD 1570, Rn. 47; *Martens* AG 1980, 289 [296 ff.]; *Richardi/Forst* § 118 Rn. 106; **a. M.** *Kohte* BB 1999, 1110 [1114]).

58 Für das **herrschende Unternehmen** kommt es ebenfalls alleine darauf an, ob es selbst den Voraussetzungen des § 118 Abs. 1 genügt. Es verliert deshalb seinen Tendenzcharakter auch dann nicht, wenn dem Konzern überwiegend tendenzfreie Unternehmen angehören (*Galperin/Löwisch* § 118 Rn. 34b; *Marhold* AR-Blattei SD 1570, Rn. 49; *Richardi/Forst* § 118 Rn. 108; **a. M.** *Kunze* FS *Ballerstedt*, S. 79 [91]). Andererseits kann sich aber der Tendenzcharakter des herrschenden Unternehmens daraus ergeben, dass es Leitungsmacht über Tendenzunternehmen ausübt: Der Unternehmenszweck einer herrschenden Gesellschaft kann in der Leitung tendenzbezogener Unternehmen liegen, so dass

auf die herrschende Gesellschaft § 118 Abs. 1 Anwendung findet (*Galperin/Löwisch* § 118 Rn. 34b; *Marhold* AR-Blattei SD 1570, Rn. 50; *Lorenzen* RdA 2016, 186 [193]; *Lunk*/NK-GA § 118 BetrVG Rn. 6; *Richardi/Forst* § 118 Rn. 109; *Rieble* AG 2014, 224 [229 f.]; **a. M.** *Birk* JZ 1973, 753 [757]; *Kresse* Tendenzschutz, S. 203 ff.; *Martens* AG 1980, 289 ff.; *Sieling-Wendeling* AuR 1977, 240 [241]).

Schließlich spielt es auch für die **Konzernbetriebsverfassung** keine Rolle, ob man dem Konzern 59 insgesamt eine Tendenzbestimmung zuweisen könnte. Die Kompetenzen des Konzernbetriebsrats sind nur insoweit eingeschränkt, als nach dem Regelungsgehalt des § 118 einzelne tendenzgeschützte Unternehmen betroffen sind (*Marhold* AR-Blattei SD 1570, Rn. 51; vgl. auch *Richardi/Forst* § 118 Rn. 110).

cc) Unmittelbare und überwiegende Bestimmung

Mit der Neufassung des § 118 im Jahre 1972 wurde zur Voraussetzung des Tendenzschutzes gemacht, 60 dass die geistig-ideelle Zielsetzung in dem betreffenden Unternehmen und Betrieb »unmittelbar und überwiegend« verwirklicht werde. Damit verfolgte der Gesetzgeber ausweislich der Gesetzesmaterialien das Ziel, den **Ausnahmecharakter der Vorschrift** stärker hervorzuheben (Beratungen des BT-Ausschusses für Arbeit und Sozialordnung, BT-Drucks. VI/2729, S. 17).

aaa) Unmittelbare Tendenzbestimmung

(1) Grundlagen

Tendenzschutz genießen nur Unternehmen und Betriebe, die den in § 118 Abs. 1 genannten Zielen 61 **unmittelbar** dienen. Der **Tendenzzweck** muss **in dem betreffenden Unternehmen bzw. Betrieb selbst** verwirklicht, die Tendenz dort direkt beeinflusst oder gestaltet werden. Die Arbeitnehmer müssen im Unternehmen bzw. Betrieb selbst Tätigkeiten i. S. d. geistig-ideellen Bestimmungen wahrnehmen. Eine Hilfsfunktion gegenüber einem Tendenzunternehmen reicht nicht aus, um einem Unternehmen oder einem Betrieb Tendenzcharakter zu verleihen. Das gilt selbst dann, wenn durch das betreffende Unternehmen bzw. den Betrieb erst die technischen oder wirtschaftlichen Voraussetzungen für die Tendenzverwirklichung geschaffen werden (st. Rspr., vgl. BAG 31.10.1975 EzA § 118 BetrVG 1972 Nr. 5 S. 40 ff. = AP Nr. 3 zu § 118 BetrVG 1972 *[Mayer-Maly]* = SAE 1976, 169 *[Löwisch]*; zuletzt 23.03.1999 EzA § 118 BetrVG 1972 Nr. 69 S. 6 = AP Nr. 66 zu § 118 BetrVG 1972 *[Belling/Meyer]*; 22.05.2012 EzA § 118 BetrVG 2001 Nr. 12 Rn. 22 = AP Nr. 85 zu § 118 BetrVG 1972; *LAG Köln* 24.09.1998 NZA-RR 1999, 194; *Fitting* § 118 Rn. 13; *Henssler* EzA § 118 BetrVG 1972 Nr. 45 S. 17; *Hess*/HWGNRH § 118 Rn. 9; *Ihlefeld* AuR 1975, 234 [235]; *Kania*/ErfK § 118 BetrVG Rn. 6; *Marhold* AR-Blattei SD 1570, Rn. 60; *Poeche* Mitbestimmung, S. 72; *Richardi/Forst* § 118 Rn. 33; *Wedde*/DKKW § 118 Rn. 7 f.; *ders.* DB 1994, 730 [731]). Das Merkmal der Unmittelbarkeit ist nach Ansicht der Rechtsprechung auch dann **nicht** erfüllt, wenn eine an sich tendenzgeschützte geistig-ideelle Aufgabe ihrerseits einem anderen, **nicht tendenzgeschützten Unternehmenszweck in dienender Funktion untergeordnet** ist, etwa die Forschungsabteilung eines Pharmaunternehmens (BAG 21.06.1989 EzA § 118 BetrVG 1972 Nr. 49 S. 6 *[obiter]* = AP Nr. 43 zu § 118 BetrVG 1972; *Richardi/Forst* § 118 Rn. 33, 68; **abl.** insoweit *Poeche* Mitbestimmung, S. 73 ff.; vgl. auch Rdn. 116, 120).

(2) Beispiele

Ein **Buchclub**, der belletristische Werke als sog. Clubausgaben herstellt und vertreibt, genießt auch 62 dann, wenn er lediglich Lizenzausgaben herstellt und vertreibt, Tendenzschutz, da seine Mitarbeiter bei der Entscheidung, welches Buch vervielfältigt und verbreitet wird, an der Tendenzverwirklichung mitwirken (BAG 15.02.1989 EzA § 118 BetrVG 1972 Nr. 45 S. 10 *[Henssler]* = AP Nr. 39 zu § 118 BetrVG 1972). Nicht erfasst werden aber **Buch- und Schallplattenhandlungen**, da dort die reine Vertriebsfunktion im Vordergrund steht (*Galperin/Löwisch* § 118 Rn. 41; *Richardi/Forst* § 118 Rn. 76).

Die Gesellschaft für musikalische Aufführungs- und mechanische Vervielfältigungsrechte (**GEMA**) 63 dient nicht unmittelbar künstlerischen Bestimmungen, da die wirtschaftliche Verwertung der Urheberrechte zwar der wirtschaftlichen Existenzsicherung der Künstler und damit letztlich ihrer künstlerischen Tätigkeit dient, dies aber nur eine mittelbare künstlerische Zweckbestimmung darstellt (BAG 08.03.1983 EzA § 118 BetrVG 1972 Nr. 34 S. 261 = AP Nr. 26 zu § 118 BetrVG 1972 *[Herschel]*;

LAG Berlin 01.07.1981 EzA § 118 BetrVG 1972 Nr. 28; *Richardi/Forst* § 118 Rn. 76; **a. M.** *Neumann-Duesberg* Die GEMA als Tendenzunternehmen/Tendenzbetrieb [§ 118 Abs. 1 BetrVG], S. 18 ff.). Entsprechendes gilt für die **VG Wort** (*Richardi/Forst* § 118 Rn. 76). Eine **Gesellschaft für wissenschaftliche Datenverarbeitung**, die einem anderen Unternehmen Software als Hilfsmittel für deren wissenschaftliche Forschung zur Verfügung stellt, genießt keinen Tendenzschutz, solange keine eigene wissenschaftliche Tätigkeit vorgenommen wird (*BAG* 20.11.1990 EzA § 118 BetrVG 1972 Nr. 57 S. 10 = AP Nr. 47 zu § 118 BetrVG 1972). Ebenso verhält es sich nach Auffassung des *BAG* mit einer **Universitätsbibliothek**, solange dort nicht selbstständig Forschung oder Lehre auf dem Gebiet der Bibliothekswissenschaft betrieben wird (*BAG* 20.11.1990 EzA § 118 BetrVG 1972 Nr. 57 S. 10 [obiter] = AP Nr. 47 zu § 118 BetrVG 1972). Ein **Landessportverband** genießt dadurch, dass er den Sportbetrieb seiner Mitgliedsvereine finanziell und organisatorisch unterstützt, auch dann nicht Tendenzschutz, wenn man den Sportbetrieb in den Vereinen selbst als erzieherische Bestimmung i. S. d. § 118 Abs. 1 Satz 1 wertet (*BAG* 23.03.1999 EzA § 118 BetrVG 1972 Nr. 69 S. 6 = AP Nr. 66 zu § 118 BetrVG 1972 *[Belling/Meyer]*; zur Frage, ob der Sportverband selbst politischen oder erzieherischen Bestimmungen dient Rdn. 83, 113). Setzt ein Krankenhaus Rote-Kreuz-Pflegekräfte ein, die von einer **DRK-Schwesternschaft** aufgrund eines mit dem Arbeitgeber geschlossenen Gestellungsvertrages entsandt werden, dann kommt es für die Anwendbarkeit des § 118 nur darauf an, ob das Krankenhaus selbst karitativen Bestimmungen dient (*BAG* 22.04.1997 EzA § 99 BetrVG 1972 Einstellung Nr. 3 *[Kraft]* = AP Nr. 18 zu § 99 BetrVG 1972 Einstellung Bl. 6 *[Börgmann]*). Der **DRK-Blutspendedienst** verwirklicht nach Auffassung des *BAG* nicht unmittelbar eine karitative Tendenz an hilfsbedürftigen Menschen und genießt deshalb keinen Tendenzschutz (*BAG* 22.05.2012 EzA § 118 BetrVG 2001 Nr. 12 Rn. 19 = AP Nr. 85 zu § 118 BetrVG 1972; vgl. dazu auch *BVerfG* 20.04.2015 EzA § 118 BetrVG 2001 Nr. 112a = AP Nr. 88 zu § 118 BetrVG 1972).

64 Ein reines **Druckunternehmen**, das als selbständige Lohndruckerei eine unterstützende Tätigkeit für einen Zeitschriften- oder Buchverlag wahrnimmt, dient selbst nicht unmittelbar Zwecken der Berichterstattung und Meinungsäußerung gem. § 118 Abs. 1 Satz 1 Nr. 2, sondern leistet nur eine technische Vorarbeit für den Verlag und ist deshalb selbst kein Tendenzunternehmen (*BAG* 31.10.1975 EzA § 118 BetrVG 1972 Nr. 5 S. 41 ff. = AP Nr. 3 zu § 118 BetrVG 1972 *[abl. Mayer-Maly]*; 30.06.1981 EzA § 118 BetrVG 1972 Nr. 27 = AP Nr. 20 zu § 118 BetrVG 1972 *[Naendrup/Fenn]*; *Fitting* § 118 Rn. 27; *Frey* Tendenzschutz, S. 43 ff.; *ders.* AuR 1972, 161 [162]; *Hess/HWGNRH* § 118 Rn. 59 f.; *Ihlefeld* AuR 1975, 234 [235 f.]; *Richardi* AfP 1976, 107 [112]; *Richardi/Forst* § 118 Rn. 91 ff.; *Stiebner* Tendenzschutz bei Mischunternehmen im Verlagswesen, S. 113 ff.; **a. M.** *Ricker/Weberling* Handbuch des Presserechts, Kap. 37 Rn. 9; *Löffler* AfP 1978, 165 [167]; *Mayer-Maly* FS *Löffler*, S. 267 [271 ff.]; *ders.* BB 1973, 761 [762]). Das gilt auch dann, wenn die Druckerei ausschließlich Zeitschriften für diesen Verlag herstellt (*BAG* 30.06.1981 EzA § 118 BetrVG 1972 Nr. 27 S. 217; insofern **a. M.** *Fitting* § 118 Rn. 27 im Hinblick auf Druckereien, die nach § 4 Abs. 1 BetrVG als selbständige Betriebe gelten) und selbst dann, wenn zwischen den persönlich haftenden Gesellschaftern des Druckunternehmens und des Verlages völlige Personenidentität besteht (*BAG* 30.06.1981 EzA § 118 BetrVG 1972 Nr. 27 S. 218). Eine Ausnahme ist lediglich dann geboten, wenn das Druckunternehmen seinerseits Einfluss auf die Tendenzverwirklichung des Verlages nehmen kann oder wenn es betrieben wird, um die wirtschaftliche Existenz des Verlages zu sichern (*BAG* 31.10.1975 EzA § 118 BetrVG 1972 Nr. 5 S. 42; 30.06.1981 EzA § 118 BetrVG 1972 Nr. 27 S. 217). Wie beim Druckunternehmen ist auch für ein **Zeitungszustellunternehmen** zu entscheiden, selbst wenn dieses als 100 %ige Tochtergesellschaft von einem Verlagsunternehmen abhängig ist (*BVerfG* 29.04.2003 EzA § 118 BetrVG 2001 Nr. 2 S. 4 ff. = AP Nr. 75 zu § 118 BetrVG 1972 Bl. 2 ff.; *LAG Köln* 24.09.1998 NZA-RR 1999, 194; **a. M.** *Weberling* AfP 2000, 317 [321]).

bbb) Überwiegende Tendenzbestimmung

(1) Meinungsstand

65 Bei Mischunternehmen bzw. Mischbetrieben, die sowohl tendenzgeschützten als auch tendenzfreien Bestimmungen dienen, kommt es nach dem Gesetzeswortlaut darauf an, dass die **geistig-ideelle Bestimmung i. S. d. § 118 Abs. 1 überwiegt**. Die Bedeutung dieses Tatbestandsmerkmals ist umstritten. Der Streit dreht sich vor allem um die Frage, ob das »Überwiegen« der Tendenzbestimmung anhand **qualitativer** oder **quantitativer** Merkmale zu ermitteln ist.

Die **Rechtsprechung** schwankte lange Zeit. **Zu § 81 BetrVG 1952**, der allerdings das Tatbestandsmerkmal der »überwiegenden Bestimmung« noch nicht kannte, vertrat das *BAG* die Auffassung, dass es für die Tendenzeigenschaft auf die Umstände des einzelnen Falles, vor allem auf das **Gesamtgepräge** des Mischunternehmens ankomme. Entscheidend sei, wie sich das jeweilige Mischunternehmen nach außen darbiete. Bei dem Gesamtgepräge handele es sich um ein qualitatives Merkmal. Quantitative Gesichtspunkte wie Prozentzahlen von Umsatz und Ertrag oder die Zahl der in den einzelnen Abteilungen beschäftigten Arbeitnehmer müssten demgegenüber in den Hintergrund treten. Auf sie komme es nur an, wenn ohne sie das Gesamtgepräge nicht feststellbar sei (*BAG* 22.02.1966 EzA § 81 BetrVG 1952 Nr. 1 S. 4, 27.08.1968 EzA § 81 BetrVG 1952 Nr. 3 S. 11 f., 29.05.1970 EzA § 81 BetrVG 1952 Nr. 5 S. 27 = AP Nr. 4 *[Galperin]*, 10 *[Mayer-Maly]*, 13 *[Fabricius]* zu § 81 BetrVG). 66

In seiner ersten einschlägigen Entscheidung **zu § 118** gab das *BAG* die sog. Geprägetheorie auf (*BAG* 31.10.1975 EzA § 118 BetrVG 1972 Nr. 5 S. 40 = AP Nr. 3 zu § 118 BetrVG 1972 *[Mayer-Maly]*). Das *BAG* verwies auf die Neugestaltung der Bestimmung und entnahm dem Begriff »Überwiegen« das Gebot, in Zukunft auf quantitative Kriterien abzustellen. Nachdem es die Frage kurze Zeit später noch einmal offen gelassen hatte (*BAG* 09.12.1975 EzA § 118 BetrVG 1972 Nr. 10 S. 77 *[Schulin]* = AP Nr. 7 zu § 118 BetrVG 1972 *[Löwisch]*), bekennt sich das *BAG* seit 1989 zu einer **quantitativ-numerischen Sichtweise**. Das in § 118 Abs. 1 Satz 1 enthaltene Merkmal »überwiegend« habe nach seinem Wortsinn eindeutig einen quantitativen Inhalt. Es beziehe sich auf eine messbare Größe und bezeichne eine Teilgröße, die mehr als die Hälfte der Gesamtgröße ausmache (*BAG* 21.06.1989 EzA § 118 BetrVG 1972 Nr. 49 S. 7 ff. = AP Nr. 43 zu § 118 BetrVG 1972; 03.07.1990 EzA § 99 BetrVG 1972 Nr. 90 S. 9 = AP Nr. 81 zu § 99 BetrVG 1972; 20.11.1990 EzA § 118 BetrVG 1972 Nr. 57 S. 8 f. = AP Nr. 47 zu § 118 BetrVG 1972; 27.07.1993 EzA § 118 BetrVG 1972 Nr. 61 S. 7 = AP Nr. 51 zu § 118 BetrVG 1972; 15.03.2006 EzA § 118 BetrVG 2001 Nr. 5 Rn. 31 = AP Nr. 79 zu § 118 BetrVG 1972). Nach Ansicht der Rechtsprechung ist auf dieser Basis zu ermitteln, in welcher Größenordnung das Unternehmen seine Produktionskapazitäten einsetzt (*BAG* 21.06.1989 EzA § 118 BetrVG 1972 Nr. 49 S. 9). In erster Linie ist dabei, jedenfalls bei personalintensiven Unternehmen, auf den Personaleinsatz abzustellen. Es muss die **überwiegende Gesamtarbeitszeit des Personals zur Tendenzverwirklichung eingesetzt** werden (*BAG* 21.06.1989 EzA § 118 BetrVG 1972 Nr. 49 S. 9). Ein zahlenmäßiges Übergewicht sog. Tendenzträger ist dabei nicht erforderlich (*BAG* 09.12.1975 EzA § 118 BetrVG 1972 Nr. 10 S. 78; 21.06.1989 EzA § 118 BetrVG 1972 Nr. 49 S. 9; 20.11.1990 EzA § 118 BetrVG 1972 Nr. 57 S. 8 f.). Auf Umsatz- oder Gewinnzahlen soll es nicht ankommen, da diese Daten je nach Marktlage schwanken (*BAG* 21.06.1989 EzA § 118 BetrVG 1972 Nr. 49 S. 9). 67

Die Meinungen im **Schrifttum** sind geteilt (**zust.** *Bauer/Lingemann* NZA 1995, 813 [814]; *Löffler/Dörner/Grund*, Presserecht, ArbR BT Rn. 346; *Fitting* § 118 Rn. 6, 14.; *Frey* Der Tendenzschutz, S. 46 f.; *ders.* AuR 1972, 161 [162]; *Ihlefeld* AuR 1975, 234 [237 f.]; *Kania*/ErfK § 118 BetrVG Rn. 7; *Lakies*/HaKo § 118 Rn. 16; *Matthes*/MünchArbR § 272 Rn. 30; *Oldenburg* NZA 1989, 412 [415]; *Rieble* AG 2014, 224 [227 ff.]; *Sieling-Wendeling* AuR 1977, 240 [243]; *Wedde* DB 1994, 730 [733]; *Wedde/DKKW* § 118 Rn. 9 ff.; **ablehnend** *Asbeck* Tendenzschutz, S. 128 f.; *Bender/WPK* § 118 Rn. 14; *Birk* JZ 1973, 756; *Eckardt* AfP 1976, 32 f.; *Gamillscheg* II, S. 1164; *Gillen/Hörle* NZA 2003, 1225 [1226]; *Hanau* Pressefreiheit, S. 97; *Hess/HWGNRH* § 118 Rn. 13; *Kaiser/LK* § 118 Rn. 24; *Marhold* AR-Blattei SD 1570, Rn. 58; *Mayer-Maly* AfP 1972, 194 [196]; *ders.* AfP 1976, 3 [6]; *Richardi* AfP 1976, 107 [111]; *Richardi/Forst* § 118 Rn. 34 f.; *U. Weber* NZA 1989, Beil. 3 S. 2 [4]; *Wiedemann* BB 1978, 5 [9]; **differenzierend** *Fabricius* 6. Aufl., § 118 Rn. 433 f.; *Henssler* EzA § 118 BetrVG 1972 Nr. 45 S. 18 ff.; *Hohenstatt/Dzida/HWK* § 118 BetrVG Rn. 13 ff.; *Lorenzen* RdA 2016, 186 [191]; *Lunk*/NK-GA § 118 BetrVG Rn. 10 f.; *Poeche* Mitbestimmung, S. 88 ff.; *Schulin* EzA § 118 BetrVG 1972 Nr. 10 S. 78i). 68

(2) Stellungnahme

Der **Wortlaut** des § 118 Abs. 1 zwingt nicht dazu, auf quantitative Merkmale abzustellen. Das Gesetz verlangt ein Überwiegen geistig-ideeller Zielsetzungen, sagt aber nichts darüber, auf welche Weise das Vorliegen dieser Voraussetzung zu ermitteln ist. Auch der **historische Gesetzgeber** erachtete ausweislich der Gesetzesmaterialien die Neufassung des § 118 Abs. 1 keineswegs als Abkehr von der Geprägetheorie. Im Bericht des Ausschusses für Arbeit und Sozialordnung heißt es wörtlich, dass bei 69

Mischbetrieben »auf das Gesamtgepräge des Betriebs« abgestellt werden müsse (zu BT-Drucks. VI/2729, S. 17). Schließlich und vor allem steht auch der auf die Gewährleistung von Grundrechtsentfaltungen bezogene **Normzweck** des § 118 einer rein quantitativen Sichtweise jedenfalls dann entgegen, wenn sie mit starren Zahlengrenzen operiert und dann zwangsläufig zu Zufallsergebnissen gelangen muss. Bei teleologischer Betrachtungsweise kann es jedenfalls nicht allein maßgeblich sein, ob Arbeitnehmer, die eine tendenzbezogene Tätigkeit ausüben, gegenüber den anderen Arbeitnehmern ein zahlenmäßiges Übergewicht haben. Die Tendenz des Unternehmens kann von einer zahlenmäßig kleinen Gruppe der Belegschaft geprägt werden, während der überwiegende Teil mit tendenzneutralen oder allenfalls mittelbar tendenzbezogenen Aufgaben befasst ist, etwa im Herstellungsbereich, im Versand, in Geschäftsstellen und dergleichen. Angesichts der modernen technischen Entwicklung und der abnehmenden Bedeutung des Einsatzes menschlicher Arbeitskraft verliert eine auf den Personaleinsatz fixierte Sichtweise ohnehin mehr und mehr an Aussagegehalt (vgl. auch *Hohenstatt/Dzida/HWK* § 118 BetrVG Rn. 13 ff.). **Im Grundsatz ist deshalb an der Geprägetheorie festzuhalten.**

70 **Das *BAG* berücksichtigt indessen die beschriebenen teleologischen Zusammenhänge durchaus**, wenn es einerseits problematische, weil in der Tat zufallsabhängige quantitative Kriterien wie Umsatz oder Gewinnzahlen von vornherein ausscheidet (*BAG* 21.06.1989 EzA § 118 BetrVG 1972 Nr. 49 S. 9 ff. = AP Nr. 43 zu § 118 BetrVG 1972), andererseits selbst beim tendenzbezogenen Personaleinsatz keineswegs nur die sog. Tendenzträger einbezieht, sondern auch diejenigen Beschäftigten, die mit ihrer Arbeit lediglich die technischen Voraussetzungen für die Tendenzverwirklichung schaffen (*BAG* 09.12.1975 EzA § 118 BetrVG 1972 Nr. 10 S. 78; 21.06.1989 EzA § 118 BetrVG 1972 Nr. 49 S. 9; 20.11.1990 EzA § 118 BetrVG 1972 Nr. 57 S. 8 f.). Unbestritten ist auf der anderen Seite auch bei den Vertretern der Geprägetheorie, dass der **Umfang des Einsatzes personeller Ressourcen** für bestimmte Unternehmenszwecke ein **wichtiges, meist sogar entscheidendes Indiz** für die Beantwortung der Frage darstellt, welche Ausrichtung ein Unternehmen hat. Dass die Perspektive nicht auf den Personalsatz verengt bleiben darf, entspricht wiederum auch der Ansicht des *BAG*, das danach fragt, in welcher Größenordnung das Unternehmen seine personellen **und sonstigen Mittel** für tendenzbezogene oder tendenzneutrale Ziele einsetzt (*BAG* 21.06.1989 EzA § 118 BetrVG 1972 Nr. 49 S. 9 = AP Nr. 43 zu § 118 BetrVG 1972). Sofern quantitative Kriterien in diesem Sinne **indiziellen Charakter** haben und einer vom Normzweck des § 118 Abs. 1 gebotenen Einzelfallbetrachtung keinen abstrakt-generellen Riegel vorschieben, sind sie in der Tat hilfreich und auch notwendig (vgl. schon *BAG* 29.05.1970 EzA § 81 BetrVG 1952 Nr. 5 S. 27 f. = AP Nr. 13 zu § 81 BetrVG *[Fabricius]*; ferner *Bender/WPK* § 118 Rn. 14; *Gillen/Hörle* NZA 2003, 1225 [1226]; *Hohenstatt/Dzida/HWK* § 118 BetrVG Rn. 13 ff.; *Lunk/NK-GA* § 118 BetrVG Rn. 11; *Marhold* AR-Blattei SD 1570, Rn. 58; *Richardi/Forst* § 118 Rn. 37).

(3) Beispiele

71 Bei einem **Verlagsunternehmen** mit in das Unternehmen integrierter **Druckerei** ist nach Ansicht des *BAG* entscheidend, dass die in der Druckerei erledigten Tätigkeiten quantitativ überwiegend der Tendenzverwirklichung des Verlages dienen und nicht überwiegend Fremdaufträge erledigt werden (*BAG* 09.12.1975 EzA § 118 BetrVG 1972 Nr. 10 S. 77 f. *[Schulin]* = AP Nr. 7 zu § 118 BetrVG 1972 *[Löwisch]*). Der *BayVGH* akzentuiert hingegen zutreffend den Wertschöpfungsakt sämtlicher im Verlag erbrachter Leistungen, denen gegenüber der Herstellungsvorgang des Druckens untergeordnete Bedeutung hat (*BayVGH* 16.06.1999 BayVBl. 2000, 663 [665]). Bildet die Druckerei einen selbständigen Betrieb oder ist sie gar in einem rechtlich eigenständigen Unternehmen organisiert, so scheitert der Tendenzschutz am Kriterium der Unmittelbarkeit (vgl. dazu Rdn. 64). Bei einem **Buchclub** hat das *BAG* darauf abgestellt, dass nur zu einem geringen Anteil sog. Nichttendenzartikel gehandelt wurden (*BAG* 15.02.1989 EzA § 118 BetrVG 1972 Nr. 45 S. 12 = AP Nr. 39 zu § 118 BetrVG 1972).

72 Bei einem **zoologischen Garten**, der neben der Tierhaltung und -präsentation auch wissenschaftliche Forschung betreibt, kommt es nach Auffassung des *BAG* darauf an, in welchem Umfang die Arbeitszeit der Mitarbeiter für Zwecke der wissenschaftlichen Forschung in Anspruch genommen werden und inwieweit sie auf andere, nicht tendenzgeschützte Bestimmungen entfällt (*BAG* 21.06.1989 EzA § 118 BetrVG 1972 Nr. 49 S. 9 f. = AP Nr. 43 zu § 118 BetrVG 1972).

Auch bei dem **Bildungswerk einer Gewerkschaft**, das neben erzieherischen Zwecken auch tendenzneutralen Zielen, wie der Durchführung von Sprachkursen und Kurzseminaren gewidmet war (dazu Rdn. 107, 111), verweist das *BAG* auf den Umfang der tendenzorientierten Gesamtarbeitszeit des Personals (*BAG* 03.07.1990 EzA § 99 BetrVG 1972 Nr. 90 S. 9 = AP Nr. 81 zu § 99 BetrVG 1972). 73

Bei einer **Gesellschaft für wissenschaftliche Datenverarbeitung** grenzte das *BAG* danach ab, inwieweit Wissenschaftler und sonstige Mitarbeiter im Bereich von Forschungs-, aber auch Lehrtätigkeit sowie der Organisation von wissenschaftlichen Tagungen und dergleichen eingesetzt waren (*BAG* 20.11.1990 EzA § 118 BetrVG 1972 Nr. 57 S. 8 f. = AP Nr. 47 zu § 118 BetrVG 1972). 74

Bei einem **privatwirtschaftlichen Rundfunksender** hat das *BAG* darauf abgestellt, ob die Wortbeiträge sowie die moderierten Musikbeiträge gegenüber den lediglich von Mitarbeitern der Technik bereitgestellten Musikbeiträgen (»Musikkonserven im Nachtprogramm«) überwiegen (*BAG* 27.07.1993 EzA § 118 BetrVG 1972 Nr. 61 S. 7 = AP Nr. 51 zu § 118 BetrVG 1972). 75

Gibt ein **Landessportverband** Sportliteratur heraus, so fällt er nicht unter § 118 Abs. 1 Satz 1 Nr. 2 BetrVG, solange diese Betätigung innerhalb seiner Zielsetzung eine untergeordnete Rolle spielt (*BAG* 23.03.1999 EzA § 118 BetrVG 1972 Nr. 69 S. 9 = AP Nr. 66 zu § 118 BetrVG 1972 *[Belling-Meyer]*). 76

Überwiegen bei einem Verein, der zusammen mit einer Gesellschaft ein **Wohnstift für ältere Menschen** betreibt und dort nach seinem Satzungsauftrag älteren Menschen nicht nur Wohnungen zur Verfügung stellt, sondern auch Hilfeleistungen in Form von stationärer und ambulanter Pflege erbringt, die für die Hilfeleistungen aufgebrachten Wochenarbeitsstunden, so unterfällt er dem Tendenzschutz nach § 118 Abs. 1 Satz 1 Nr. 1 (*BAG* 15.03.2006 EzA § 118 BetrVG 2001 Nr. 5 Rn. 31 ff. = AP Nr. 79 zu § 118 BetrVG 1972). 77

b) Geistig-ideelle Tendenzbestimmungen (Abs. 1 Satz 1 Nr. 1)

aa) Politische Bestimmungen

aaa) Grundlagen

Ein Unternehmen dient politischen Bestimmungen, wenn seine Zielsetzung darin besteht, zum Zweck der **Gestaltung öffentlicher Aufgaben im Interesse der Allgemeinheit auf die Willensbildung des demokratisch verfassten Staates Einfluss zu nehmen** (*BAG* 21.07.1998 EzA § 118 BetrVG 1972 Nr. 68 S. 8 *[Oetker]* = AP Nr. 63 zu § 118 BetrVG 1972; 23.03.1999 EzA § 118 BetrVG 1972 Nr. 69 S. 7 = AP Nr. 66 zu § 118 BetrVG 1972 *[Belling-Meyer]*). § 118 Abs. 1 Satz 1 will eine Beeinträchtigung des politischen Meinungskampfes wegen seiner grundlegenden Bedeutung für das Funktionieren des demokratisch verfassten Staates verhindern. Der Tendenzschutz betrifft demnach zunächst **parteipolitische** Zielsetzungen, für die sich der Verfassungsbezug unmittelbar aus **Art. 21 GG** ergibt. Das Recht auf Teilnahme an der politischen Willensbildung kann aber **auch außerhalb der Parteien** wahrgenommen werden (*BAG* 21.07.1998 EzA § 118 BetrVG 1972 Nr. 68 S. 8 = AP Nr. 63 zu § 118 BetrVG 1972) und verdient insoweit mit Blick auf **Art. 5 Abs. 1 Satz 1 GG** grundrechtlichen Schutz (zutr. den Grundrechtsschutz betonend *Oetker* EzA § 118 BetrVG 1972 Nr. 68 S. 17; **a. M.** *Bargon* Tendenzunternehmen »zweiter Klasse«?, S. 66 ff., vgl. aber S. 125 f.). Die Bestimmung eines Unternehmens muss deshalb – im Übrigen auch nach dem ausdrücklichen Willen des historischen Gesetzgebers (Bericht des Bundestagsausschusses für Arbeit und Sozialordnung, BT-Drucks. VI/2729, S. 17) – nicht partei-, sondern kann auch **wirtschafts-** oder **sozialpolitischer** Natur sein (*Belling-Meyer* Anm. AP Nr. 66 zu § 118 BetrVG 1972 Bl. 10 Rf.; *Fitting* § 118 Rn. 15; *Hess/HWGNRH* § 118 Rn. 17; *Kania*/ErfK § 118 BetrVG Rn. 8; *Marhold* AR-Blattei SD 1570, Rn. 72 ff.; *Kohte* BB 1999, 1110 ff.; *Matthes*/MünchArbR § 272 Rn. 6; *Oetker* EzA § 118 BetrVG 1972 Nr. 68 S. 15 ff.; *Richardi/Forst* § 118 Rn. 51; zust. insofern auch *Bargon* Tendenzunternehmen »zweiter Klasse«?, S. 65 f; **a. M.** *Wedde/DKKW* § 118 Rn. 25, 27). 78

Hingegen reicht es, wie das *BAG* zutreffend festgestellt hat, nicht aus, wenn die Bestimmung eines Unternehmens oder Betriebs lediglich darin besteht, in irgendeiner Weise Einfluss auf die Gestaltung der gesellschaftlichen Ordnung zu nehmen. Politisch i. S. d. § 118 Abs. 1 Satz 1 ist eine Bestimmung nur dann, wenn es um die **Einflussnahme auf die staatliche Willensbildung** geht (**weiter** insofern 79

Richardi/Forst § 118 Rn. 52). Ein Sportverband genießt deshalb keinen Tendenzschutz (*BAG* 23.03.1999 EzA § 118 BetrVG 1972 Nr. 69 S. 7 = AP Nr. 66 zu § 118 BetrVG 1972 *[zust. Belling/ Meyer]*; *Fitting* § 118 Rn. 15; *Kaiser/LK* § 118 Rn. 4, 12; *Kohte* BB 1999, 1110 [1112]; **a. M.** *Richardi* FS *Tomandl*, S. 299 [308]).

80 In Ermangelung einer politischen Bestimmung genießen Unternehmen **keinen Tendenzschutz**, wenn sie sich auf die Interessenvertretung ihrer Mitglieder beschränken oder generell der Durchsetzung **privater Interessen** im Widerstreit mit anderen privaten Interessen gewidmet sind (*BAG* 21.07.1998 EzA § 118 BetrVG 1972 Nr. 68 S. 8 = AP Nr. 63 zu § 118 BetrVG 1972 *[Belling-Meyer]*; 23.03.1999 EzA § 118 BetrVG 1972 Nr. 69 S. 8 = AP Nr. 66 zu § 118 BetrVG 1972; *Kohte* BB 1999, 1110 [1111]; *Marhold* AR-Blattei SD 1570, Rn. 76; *Matthes*/MünchArbR § 272 Rn. 7; *Richardi/Forst* § 118 Rn. 53a; *Wedde/DKKW* § 118 Rn. 27). Insofern enthält § 118 Abs. 1 Satz 1 eine auf Koalitionen i. S. d. Art. 9 Abs. 3 GG konkretisierte Schutzgewährleistung (*BAG* 23.03.1999 EzA § 118 BetrVG 1972 Nr. 69 S. 8 = AP Nr. 66 zu § 118 BetrVG 1972).

81 Eine **politische Bestimmung** ist auch **abzulehnen**, soweit es nur um **staatsentlastende Tätigkeiten** ohne den Willen zur Einflussnahme auf das politische Leben des Staates geht (*BAG* 28.09.1971 AP Nr. 14 zu § 81 BetrVG = SAE 1973, 89 *[abl. Mayer-Maly]*; *Frey* Der Tendenzschutz, S. 27; *Marhold* AR-Blattei SD 1570, Rn. 76; *Richardi/Forst* § 118 Rn. 53b; *Wedde/DKKW* § 118 Rn. 27), ferner dann, wenn sich staatliche Stellen eines **privaten Unternehmens lediglich zur Erfüllung öffentlicher Aufträge** bedienen (*BAG* 21.07.1998 EzA § 118 BetrVG 1972 Nr. 68 S. 9 ff. = AP Nr. 63 zu § 118 BetrVG 1972; *Fitting* § 118 Rn. 15; *Kohte* BB 1999, 1110 [1113 ff.]; *Oetker* EzA § 118 BetrVG 1972 Nr. 68 S. 18 f.; **a. M.** *Fabricius* 6. Aufl., § 118 Rn. 166–170). In beiden Fällen ist der bei den politischen Bestimmungen auf die Sicherung von Freiräumen für die politische Betätigung der Bürger bezogene Normzweck des § 118 Abs. 1 Satz 1 nicht erreicht (*BAG* 21.07.1998 EzA § 118 BetrVG 1972 Nr. 68 S. 8 ff. = AP Nr. 63 zu § 118 BetrVG 1972; vgl. auch *Oetker* EzA § 118 BetrVG 1972 Nr. 68 S. 18 f., der mit Recht darauf hinweist, dass sich der Staat nicht auf die Grundrechtsgewährleistung stützen könne, wenn er selbst in die geistige Auseinandersetzung eingreife).

bbb) Beispiele

82 **Tendenzschutz** genießen Unternehmen und Betriebe der politischen **Parteien** und anderer unmittelbar auf die Beteiligung an der staatlichen Willensbildung gerichteter Gruppierungen (freie Wählervereinigungen) sowie der mit ihnen verbundenen **Organisationen** (Arbeitsgemeinschaften, Bildungseinrichtungen, Frauenverbände, Jugendverbände). Auch parteinahen **politischen Stiftungen** hat das *BAG* zu Recht Tendenzschutz gewährt (*BAG* 28.08.2003 EzA § 118 BetrVG 2001 Nr. 3 S. 14 = AP Nr. 49 zu § 103 BetrVG 1972 Bl. 6; ausf. dazu *Bargon* Tendenzunternehmen »zweiter Klasse«?, S. 115 ff., der allerdings einen Grundrechtsbezug [unter dem Gesichtspunkt der öffentlichen Meinungsfreiheit] nicht generell, sondern nur abteilungsbezogen für gegeben hält, so dass bei Abteilungen wie etwa denjenigen zur Begabtenförderung oder Verwaltung nur ein reduzierter Tendenzschutz entsprechend den Grundsätzen bei karitativen Einrichtungen geboten sei; vgl. zu dieser Einschränkung generell Rdn. 21, 25, 171]). Auch Unternehmen und Betriebe von **wirtschaftspolitischen und sozialpolitischen Vereinigungen** (Bundesverband der Deutschen Industrie, Wirtschaftsvereinigung Bergbau, Verbände der Kriegsopfer, Behinderten und Sozialrentner, Vertriebenenverbände, Bürgerinitiativen) gehören hierher (*Richardi/Forst* § 118 Rn. 50 f.; *Matthes*/MünchArbR § 272 Rn. 6; **a. M.** zu wirtschafts- und sozialpolitischen Vereinigungen *Wedde/DKKW* § 118 Rn. 25, 27).

83 **Keinen Tendenzschutz** genießen **Mieter-, Haus- und Grundbesitzervereine** (nur private Interessenvertretung, Rdn. 80), der **technische Überwachungsverein** (nur staatsentlastende Tätigkeit, Rdn. 81; vgl. *BAG* 28.09.1971 AP Nr. 14 zu § 81 BetrVG), ein von der Bundesrepublik getragener, in staatlichem Auftrag tätiger und maßgeblichem **Einfluss der Bundesregierung unterliegender eingetragener Verein** (Inter Nationes), sofern dieser keine autonomen Aktivitäten entfaltet (Erledigung öffentlicher Aufgaben, Rdn. 81; vgl. *BAG* 21.07.1998 EzA § 118 BetrVG 1972 Nr. 68 *[Oetker]* = AP Nr. 63 zu § 118 BetrVG 1972 = AR-Blattei ES 1570, Nr. 59 *[Mayer-Maly]*), ferner ein **Landessportverband** auch nicht, soweit seine Aufgabe in der Beschaffung und Verteilung öffentlicher Fördermittel besteht (keine Einflussnahme auf staatliche Willensbildung, Rdn. 79; bloße Interessenvertretung, Rdn. 80; vgl. *BAG* 23.03.1999 EzA § 118 BetrVG 1972 Nr. 69 = AP Nr. 66 zu § 118 BetrVG

1972 [Belling/Meyer]; Fitting § 118 Rn. 15; **a. M.** Richardi FS Tomandl, S. 299 [308]; s. zur erzieherischen Bestimmung Rdn. 113).

Zu **Nachrichtenagenturen** vgl. Rdn. 133. **84**

bb) Koalitionspolitische Bestimmungen

Der Gesetzgeber hat das in § 81 BetrVG 1952 enthaltene Wort »gewerkschaftlich« in § 118 durch das **85** Wort »koalitionspolitisch« ersetzt, um die Vereinigungen der Arbeitgeber in den Tendenzschutz einzubeziehen (vgl. Rdn. 9). Der Tendenzschutz bezieht sich auf den **Koalitionsbegriff des Art. 9 Abs. 3 GG** und damit auf Vereinigungen, die dem Zweck der **Wahrung und Förderung der Arbeits- und Wirtschaftsbedingungen** dienen (BAG 03.07.1990 EzA § 99 BetrVG 1972 Nr. 90 S. 7 = AP Nr. 81 zu § 118 BetrVG 1972; Fitting § 118 Rn. 16; Kania/ErfK § 118 BetrVG Rn. 9; Matthes/MünchArbR § 272 Rn. 8; Marhold AR-Blattei SD 1570, Rn. 79; Richardi/Forst § 118 Rn. 55; Wedde/DKKW § 118 Rn. 29).

Koalitionspolitischen Bestimmungen dienen nicht nur die unmittelbar den Gewerkschaften und Arbeitgeberverbänden zugeordneten **Hauptverwaltungen**, regionale oder örtliche **Verwaltungsstellen**, sondern auch die **DGB-Rechtsschutz-GmbH** (LAG Baden-Württemberg 10.10.2005 – 6 TaBV 11/04 – juris, Rn. 23 ff.) sowie u. U. auch gewerkschaftliche **Bildungs-, Forschungs- und Schulungseinrichtungen.** Allerdings gilt dies nicht schon dann, wenn die Bildungs- und Schulungseinrichtung von einer Koalition getragen wird, sondern **nur, wenn ihr Zweck auch auf das Gestalten von Arbeits- und Wirtschaftsbedingungen gerichtet ist**, ihre Aufgabe also etwa in der Weiterbildung und Schulung von Verbandsmitgliedern besteht (BAG 03.07.1990 EzA § 99 BetrVG 1972 Nr. 90 S. 7 = AP Nr. 81 zu § 118 BetrVG 1972; Kania/ErfK § 118 BetrVG Rn. 9; Lunk/NK-GA § 118 BetrVG Rn. 14; Wedde/DKKW § 118 Rn. 28; ders. DB 1994, 730 [732 f.]; **weiter hingegen** Galperin/Löwisch § 118 Rn. 12; Marhold AR-Blattei SD 1570, Rn. 79; Richardi/Forst § 118 Rn. 54). Bei den Bildungs- und Schulungseinrichtungen kommt allerdings alternativ oder kumulativ eine erzieherische Bestimmung in Betracht (vgl. Rdn. 110). **86**

Von den Koalitionen betriebene **wirtschaftliche Unternehmen** (Wohnungsbauunternehmen, Bausparkassen, Banken, Versicherungsunternehmen, Automobilclubs, Konsumvereine) werden dagegen **von § 118 nicht erfasst**, da sie nicht unmittelbar und überwiegend koalitionspolitischen Bestimmungen dienen (Fitting § 118 Rn. 16; Hess/HWGNRH § 118 Rn. 20; Marhold AR-Blattei SD 1570, Rn. 80; Matthes/MünchArbR § 272 Rn. 9; Richardi/Forst § 118 Rn. 54; Wedde/DKKW § 118 Rn. 28; Wedde DB 1994, 730 [732]). Das Gleiche gilt für **gemeinsame Einrichtungen** gem. § 4 Abs. 3 TVG, also Zusatzversorgungskassen, Urlaubskassen und Lohnausgleichskassen (Marhold AR-Blattei SD 1570, Rn. 80; U. Weber NZA 1989, Beil. 3, S. 2; Wedde/DKKW § 118 Rn. 28). **87**

Auch **Mietervereine und Haus- und Grundbesitzervereine** kommen in Ermangelung eines Bezugs zu Art. 9 Abs. 3 GG **nicht** in Betracht (Galperin/Löwisch § 118 Rn. 13; Wedde/DKKW § 118 Rn. 29; **abw.** Fabricius 6. Aufl., § 118 Rn. 178; Marhold AR-Blattei SD 1570, Rn. 81). **88**

cc) Konfessionelle Bestimmungen

aaa) Grundlagen

Unternehmen mit konfessionellen Bestimmungen sind solche, deren Wertstreben auf das Einstehen für einen Glauben oder eine Weltanschauung gerichtet ist. Sie fallen unter Abs. 1 nur dann, **wenn sie nicht dem Abs. 2 zuzurechnen sind.** Der Unterschied ist insofern bedeutsam, als Abs. 2 im Gegensatz zu Abs. 1 die Anwendbarkeit des Betriebsverfassungsgesetzes schlechthin verschließt. Abs. 2 betrifft die Religionsgemeinschaften selbst und ihre karitativen oder erzieherischen Einrichtungen, sofern sich diese nach dem sichtbar gewordenen Selbstverständnis der Religionsgemeinschaft als deren unmittelbare Lebens- und Wesensäußerung begreifen lassen (näher Rdn. 226 ff.). Abs. 1 erfasst demgegenüber Einrichtungen mit konfessioneller Zielsetzung, die sich nach eigenem Selbstverständnis ebenso wie nach dem der Religionsgemeinschaft nicht als deren Einrichtung darstellen, sondern als **eigenständige konfessionelle Organisation** (Richardi/Forst § 118 Rn. 57). **89**

90 Die konfessionelle Bestimmung muss aufgrund der **konkreten Umstände des einzelnen Falles** unter Berücksichtigung der organisatorischen Vorkehrungen (Satzungen, Verträge, Statuten) festgestellt werden. **Abs. 1 enthält keinen Auffangtatbestand** für alle Betriebe und Unternehmen, die irgendwie unter kirchlichem Einfluss stehen und nicht unter Abs. 2 fallen (*Fabricius* 6. Aufl., § 118 Rn. 186).

91 Das Wort »konfessionell« ist einer **weiten Auslegung** zugänglich. Es deckt **nicht nur religiöse, sondern allgemein Glaubensbekenntnisse** ab. Der Begriff des Bekenntnisses, der hinter dem Wort Konfession steht, bezieht sich nicht allein auf den christlichen Glauben oder außerchristliche Glaubensvorstellungen, sondern ebenso auf Weltanschauungen. Ausreichend ist daher, dass ein Bekenntnis zu einer Überzeugung vorliegt, d. h. einer systematisch begründeten und subjektiv verbindlichen Gewissheit (*Fabricius* 6. Aufl., § 118 Rn. 185). Wegen der weltanschaulich-religiösen Neutralität des Staates (vgl. dazu *BVerfG* 16.10.1968 BVerfGE 24, 236 [246]) ist es den Gerichten verwehrt, den Begriff »konfessionell« allein bestimmten christlichen oder anderen religiösen Bekenntnissen zuzuordnen. Auch Art. 4 Abs. 1 GG gebietet eine weite Auslegung (*Kania*/ErfK § 118 BetrVG Rn. 10; *Marhold* AR-Blattei SD 1570, Rn. 85). Aus diesem Grund sind auch Freidenkerverbände und anthroposophische Vereinigungen Organisationen, die konfessionellen Bestimmungen dienen. Einer – in Ermangelung einer Regelungslücke nicht zulässigen (vgl. Rdn. 39) – Analogie bedarf es insoweit nicht (*Fabricius* 6. Aufl., § 118 Rn. 185; *Kania*/ErfK § 118 BetrVG Rn. 10; *Marhold* AR-Blattei SD 1570, Rn. 86; **a. M.** *Richardi*/Forst § 118 Rn. 58).

bbb) Beispiele

92 Von Abs. 1 Satz 1 Nr. 1 erfasst sind die **Männer-, Frauen- und Jugendverbände der Kirchen, Missionsvereine, Bibelanstalten, kirchliche Eheanbahnungsinstitute** (*Fitting* § 118 Rn. 17; *Hess*/HWGNRH § 118 Rn. 22; *Richardi*/Forst § 118 Rn. 57; *U. Weber* NZA 1989, Beil. 3, S. 2; *Wedde*/DKKW § 118 Rn. 30), weiterhin die **Pfadfinderschaften** (*Marhold* AR-Blattei SD 1570, Rn. 86; *Matthes*/MünchArbR § 272 Rn. 10; *Wedde*/DKKW § 118 Rn. 30), schließlich auch die **Heilsarmee** (*Galperin*/Löwisch § 118 Rn. 14; *Matthes*/MünchArbR § 272 Rn. 10). Zur Frage des Schutzes religiöser Vereine nach § 118 Abs. 2 vgl. Rdn. 231.

93 Auch Einrichtungen von **Freidenkerverbänden** und **anthroposophischen Einrichtungen** fallen mit Rücksicht auf die gebotene weite Auslegung des Begriffs der Konfession (vgl. Rdn. 91) unter Abs. 1 Nr. 1 (im Ergebnis wie hier *Fabricius* 6. Aufl., § 118 Rn. 185; *Hess*/HWGNRH § 118 Rn. 24; *Kania*/ErfK § 118 BetrVG Rn. 10; *Matthes*/MünchArbR § 272 Rn. 10; *Wedde*/DKKW § 118 Rn. 30; für Analogie *Richardi*/Forst § 118 Rn. 58). Zur **Scientology-Kirche** vgl. Rdn. 233.

94 Nicht unter Abs. 1, sondern unter Abs. 2 und damit generell aus dem Anwendungsbereich des Betriebsverfassungsgesetzes fallen Einrichtungen des **Diakonischen Werks** (früher: Innere Mission) oder der **Caritas**, die sich nach dem Selbstverständnis der Kirchen als deren unmittelbare Wesens- und Lebensäußerung darstellen (*Matthes*/MünchArbR § 272 Rn. 10; *Richardi*/Forst § 118 Rn. 57; **a. M.** *Wedde*/DKKW § 118 Rn. 30: Abs. 1).

95 Der **Evangelische Pressedienst (epd)** ist nach Ansicht des *BAG* ebenfalls Abs. 2 und nicht Abs. 1 zuzuordnen, da er nach kirchlichem Selbstverständnis der kirchlichen Verkündigungsaufgabe dient (*BAG* 24.07.1991 EzA § 118 BetrVG 1972 Nr. 58 S. 4 ff. = AP Nr. 48 zu § 118 BetrVG 1972; zust. *Richardi*/Forst § 118 Rn. 56, 206; **abl. zu Recht** *Kania*/ErfK § 118 BetrVG Rn. 32; vgl. Rdn. 238). Für die **Katholische Nachrichten-Agentur (KNA)** müsste entsprechend entschieden werden (*Richardi*/Forst § 118 Rn. 57). **Kirchliche Verlage** können, sofern sie nicht nach Maßgabe dieser Rechtsprechung unter Abs. 2 fallen, wie sonstige Buchverlage auch nach § 118 Abs. 1 Nr. 2 geschützt werden (*Matthes*/MünchArbR § 272 Rn. 11; vgl. auch Rdn. 135).

96 Konfessionelle Bestimmungen werden **nicht** verfolgt, wenn **Gerätschaften und Utensilien** hergestellt und vertrieben werden, die religiösen Zwecken dienen. Es fehlt dann an der Unmittelbarkeit der konfessionellen Zweckbestimmung (*Galperin*/Löwisch § 118 Rn. 14; *Matthes*/MünchArbR § 272 Rn. 11; *Wedde*/DKKW § 118 Rn. 30). Ein **konfessionelles Krankenhaus**, das keine Einrichtung einer Religionsgesellschaft ist, dient nach Auffassung des *LAG Hamm* nicht unmittelbar und überwiegend konfessionellen Bestimmungen, sondern der Heilung und Pflege kranker Menschen. Damit

Geltung für Tendenzbetriebe und Religionsgemeinschaften § 118

kommt allenfalls eine karitative Bestimmung in Betracht, die wiederum im Falle der Gewinnerzielungsabsicht (dazu Rdn. 98) ebenfalls nicht vorliegt (*LAG Hamm* 14.03.2000 NZA-RR 2000, 532).

dd) Karitative Bestimmungen

aaa) Grundlagen

Karitativ ist eine **Tätigkeit im Dienste Hilfsbedürftiger, insbesondere körperlich, geistig und seelisch kranker sowie materiell notleidender Menschen** (*BAG* 07.04.1981 EzA § 118 BetrVG 1972 Nr. 26 S. 209 = AP Nr. 16 zu § 118 BetrVG 1972 *[Birk]*; ähnlich *BAG* 31.07.2002 EzA § 118 BetrVG 1972 Nr. 74 S. 4 = AP Nr. 70 zu § 118 BetrVG 1972 Bl. 2 *[Thüsing]* = ZTR 2003, 45 [mit Anm. *Hünlein* ZTR 2002, 524]; 14.09.2010 EzA § 118 BetrVG 2001 Nr. 10 Rn. 20 = AP Nr. 83 zu § 118 BetrVG 1972; 22.05.2012 EzA § 118 BetrVG 2001 Nr. 12 Rn. 20 = AP Nr. 85 zu § 118 BetrVG 1972; 22.07.2014 EzA § 118 BetrVG 2001 Nr. 14 Rn. 20 = AP Nr. 87 zu § 118 BetrVG 1972). Die Motivation kann im traditionellen Sinne des Begriffs der »caritas« christlich geprägt sein, muss dies aber nicht (*Richardi/Forst* § 118 Rn. 59; vgl. auch *Thüsing/Pötters* RdA 2011, 280 [281 ff.]). Überhaupt spielt es keine Rolle, aus welchen Beweggründen die Hilfstätigkeit erfolgt (*Marhold* AR-Blattei SD 1570, Rn. 88). 97

Karitativ ist eine Tätigkeit nur, wenn sie nicht mit der **Absicht der Gewinnerzielung** erfolgt (*BAG* 12.11.2002 EzA § 99 BetrVG 2001 Nr. 2 S. 8 = AP Nr. 43 zu § 99 BetrVG 1972 Einstellung Bl. 3 R *[von Hoyningen-Huene]* = AuR 2003, 311 *[Plander]*; 31.07.2002 EzA § 118 BetrVG 1972 Nr. 74 S. 4 = AP Nr. 70 zu § 118 BetrVG 1972 Bl. 2 *[Thüsing]* = ZTR 2003, 45 [mit Anm. *Hünlein* ZTR 2002, 524]; *BAG* 14.09.2010 EzA § 118 BetrVG 2001 Nr. 10 Rn. 20 = AP Nr. 83 zu § 118 BetrVG 1972; 22.05.2012 EzA § 118 BetrVG 2001 Nr. 12 Rn. 20 = AP Nr. 85 zu § 118 BetrVG 1972; **a. M.** *Gamillscheg* II, S. 1162 f.; *Klein* Das Recht des sozial-caritativen Arbeitsbereichs, S. 21; *G. Müller* JArbR Bd. 19 (1981) 1982, S. 49 [63]; *Lorenzen* RdA 2016, 186 [188]; *Lunk/NK-GA* § 118 Rn. 17; *Richardi/Forst* § 118 Rn. 46, 60; *Thüsing/Pötters* RdA 2011, 280 [286 f.]). Andererseits ist es mit dem Ziel karitativer Tätigkeit durchaus vereinbar, wenn sie nach dem Kostendeckungsprinzip, also nicht unentgeltlich erfolgt (*BAG* 07.04.1981 EzA § 118 BetrVG 1972 Nr. 26 S. 213 = AP Nr. 16 zu § 118 BetrVG 1972 *[Birk]*; 22.05.2012 EzA § 118 BetrVG 2001 Nr. 12 Rn. 20 = AP Nr. 85 zu § 118 BetrVG 1972; 22.07.2014 EzA § 118 BetrVG 2001 Nr. 14 Rn. 30 = AP Nr. 87 zu § 118 BetrVG 1972; vgl. auch *LAG Düsseldorf* 29.08.2012 ZTR 2013, 54; dem BAG **zust.** *Fitting* § 118 Rn. 18; *Frey* Der Tendenzschutz, S. 30; *Gräf* jurisPR-ArbR 45/2014 Anm. 4 [unter C. II.]; *Kania/ErfK* § 118 BetrVG Rn. 11; *Löwisch* FS *Wlotzke*, S. 381 [383]; *Marhold* AR-Blattei SD 1570, Rn. 92; *Matthes/*MünchArbR § 272 Rn. 12; *Oldenburg* NZA 1989, 412 [413]; zust. insofern auch *Richardi/Forst* § 118 Rn. 46, 60; *Thüsing/Pötters* RdA 2011, 280 [286 f.]; **a. M.** *Fabricius* 6. Aufl., § 118 Rn. 197 ff., 204; *Kohte* BlStSozArbR 1983, 129 [130 ff.]; *ders.* Anm. AP Nr. 37 zu § 118 BetrVG 1972). 98

Karitativ ist nur die **freiwillige** Tätigkeit. **Zuwendungen aufgrund gesetzlicher Verpflichtung** fallen nicht darunter (*BAG* 29.06.1988 EzA § 118 BetrVG 1972 Nr. 43 S. 9 = AP Nr. 37 zu § 118 BetrVG 1972 *[Kohte]*; 22.04.1975 EzA § 118 BetrVG 1972 Nr. 44 S. 6 = AP Nr. 38 zu § 118 BetrVG 1972; 24.05.1995 EzA § 118 BetrVG 1972 Nr. 63 S. 3 f. = AP Nr. 57 zu § 118 BetrVG 1972 = AR-Blattei ES 1570, Nr. 54 *[Mayer-Maly]*; 22.05.2012 EzA § 118 BetrVG 2001 Nr. 12 Rn. 21 = AP Nr. 85 zu § 118 BetrVG 1972; *Fitting* § 118 Rn. 18; *Löwisch* FS *Wlotzke*, S. 381 [386]; *Matthes/*MünchArbR § 272 Rn. 12; *Richardi/Forst* § 118 Rn. 61). Der karitativen Bestimmung einer nichtstaatlichen Einrichtung steht nicht entgegen, dass die Tätigkeit gleichzeitig eine sozialpolitische Aufgabe des Staates ist, solange es sich nicht lediglich um die Erfüllung einer öffentlich-rechtlichen Verpflichtung handelt (*BAG* 07.04.1981 EzA § 118 BetrVG 1972 Nr. 26 S. 210 f. = AP Nr. 16 zu § 118 BetrVG 1972 *[Birk]*). Unerheblich ist ferner, ob der Begünstigte neben den karitativen Zuwendungen von einem Unternehmen mit überwiegend geistig-ideeller Bestimmung noch Ansprüche gegen den Staat, z. B. einen Sozialversicherungsträger, hat (*BAG* 22.04.1975 EzA § 118 BetrVG 1972 Nr. 44 S. 6 = AP Nr. 38 zu § 118 BetrVG 1972; 24.05.1995 EzA § 118 BetrVG 1972 Nr. 63 S. 4 = AP Nr. 57 zu § 118 BetrVG 1972 = AR-Blattei ES 1570, Nr. 54 *[Mayer-Maly]*; *Löwisch* FS *Wlotzke*, S. 381 [385]; *Matthes/*MünchArbR § 272 Rn. 12; *Richardi/Forst* § 118 Rn. 61; **a. M.** *Fabricius* 6. 99

Aufl., § 118 Rn. 205; *Kohte* BlStSozArbR 1983, 129 [130 ff.]; *ders.* Anm. AP Nr. 37 zu § 118 BetrVG 1972; *Wedde/DKKW* § 118 Rn. 33).

100 **Unerheblich** ist die **steuerrechtliche Einordnung** des Unternehmens. Aus der Anerkennung der Gemeinnützigkeit (§ 52 AO) oder Mildtätigkeit (§ 53 AO) kann daher nicht automatisch auf eine karitative Bestimmung i. S. d. § 118 Abs. 1 Satz 1 Nr. 1 geschlossen werden (*BAG* EzA § 118 BetrVG 2001 Nr. 12 = AP Nr. 85 zu § 118 BetrVG 1972; 22.07.2014 EzA § 118 BetrVG 2001 Nr. 14 Rn. 22 = AP Nr. 87 zu § 118 BetrVG 1972; vgl. auch schon *BAG* EzA § 118 BetrVG 1972 Nr. 49 = AP Nr. 43 zu § 118 BetrVG 1972; *Gräf* jurisPR-ArbR 45/2014 Anm. 4 [unter C. II.]; vgl. dazu aber auch *Lorenzen* RdA 2016, 186 [191]).

101 Da der Tendenzzweck **unmittelbar im Unternehmen selbst verwirklicht** werden muss (vgl. Rdn. 61 ff.), bedarf eine karitative Zielsetzung eines Unternehmens einer in konkreten Handlungen erkennbaren Umsetzung des Prinzips der Nächstenliebe gegenüber Hilfsbedürftigen. Die Hilfe muss von dem Unternehmen **direkt** gegenüber körperlich, geistig oder seelisch leidenden Menschen erbracht werden (vgl. dazu auch *Lorenzen* RdA 2016, 186 [189]). Nach diesem Maßstab hat das *BAG* es abgelehnt, dem DRK-Blutspendedienst Tendenzschutz zuzubilligen (*BAG* 22.05.2012 EzA § 118 BetrVG 2001 Nr. 12 Rn. 22 = AP Nr. 85 zu § 118 BetrVG 1972; **a. M.** *Richardi/Forst* § 118 Rn. 60; *Thüsing/Pötters* RdA 2011, 280 [287]). Das *BVerfG* hat die gegen diese Entscheidung gerichtete Verfassungsbeschwerde nicht zur Entscheidung angenommen (*BVerfG* 20.04.2015 EzA § 118 BetrVG 2001 Nr. 112a = AP Nr. 88 zu § 118 BetrVG 1972).

102 **Karitative Einrichtungen von Religionsgesellschaften** fallen nicht unter Abs. 1 Nr. 1, sondern unter **Abs. 2** und damit ganz aus dem Anwendungsbereich des Betriebsverfassungsgesetzes, sofern sie sich nach dem Selbstverständnis der Religionsgemeinschaft als deren unmittelbare Lebens- und Wesensäußerung begreifen lassen (*BAG* 24.11.1981 EzA § 72a ArbGG 1979 Nr. 37 S. 104 = AP Nr. 10 zu § 72a ArbGG 1979; 21.11.1975 EzA § 118 BetrVG 1972 Nr. 11 S. 84 f. = AP Nr. 6 zu § 118 BetrVG 1972 *[Küchenhoff/Richardi]*).

bbb) Beispiele

103 **Karitativen Bestimmungen** dienen etwa das Deutsche Rote Kreuz (zum DRK-Blutspendedienst vgl. aber *BAG* 22.05.2012 EzA § 118 BetrVG 2001 Nr. 12 = AP Nr. 85 zu § 118 BetrVG 1972 sowie Rdn. 101), die Arbeiterwohlfahrt, private Fürsorgevereine, das Müttergenesungswerk, die Deutsche Krebshilfe, die Bergwacht, das Familienhilfswerk, die Deutsche Gesellschaft zur Rettung Schiffbrüchiger, der Deutsche Entwicklungsdienst GmbH, der Volksbund Deutsche Kriegsgräberfürsorge (*BAG* 08.12.1970 AP Nr. 28 zu § 59 BetrVG Bl. 2 *[Fabricius]*), Heime für Drogengefährdete, Drogenberatungsstellen, Kindertagesstätten, Tagesförderstätten und Wohnheime für Behinderte oder ein gemeinnütziger Verein, der behinderte Schüler während des Schulbesuchs durch Bereitstellung von Schulassistenten unterstützt (*BAG* 14.05.2013 EzA § 118 BetrVG 2001 Nr. 13 = AP Nr. 86 zu § 118 BetrVG 1972).

104 Gleiches gilt für eine **Werkstatt für Behinderte**, sofern sie nur nach dem Kostendeckungsprinzip und ohne Gewinnerzielungsabsicht arbeitet (*BAG* 07.04.1981 EzA § 118 BetrVG 1972 Nr. 26 = AP Nr. 16 zu § 118 BetrVG 1972 *[Birk]*; 31.01.1984 EzA § 87 BetrVG 1972 Betriebliche Lohngestaltung Nr. 8 S. 74 = AP Nr. 15 zu § 87 BetrVG 1972 Betriebliche Lohngestaltung; 22.07.2014 EzA § 118 BetrVG 2001 Nr. 14 = AP Nr. 87 zu § 118 BetrVG 1972; *Gräf* jurisPR-ArbR 45/2014 Anm. 4 [unter C. II.]). Dabei ist es unerheblich, ob das Ziel einer Eingliederung behinderter Menschen schon unmittelbar dadurch wirksam wird, dass die Beschäftigung unmittelbar zu wirtschaftlich verwertbaren Ergebnissen führt, oder ob es erst mittelbar dann erreicht ist, wenn die Beschäftigung der Vorbereitung auf eine Eingliederung in das allgemeine Arbeitsleben dient (*BAG* 22.07.2014 EzA § 118 BetrVG 2001 Nr. 14 Rn. 24 = AP Nr. 87 zu § 118 BetrVG 1972). Auch dass Leistungstermine gegenüber Kunden vereinbart und eingehalten und Qualitätskontrollen durchgeführt werden, steht einer karitativen Bestimmung einer Behindertenwerkstätte nicht entgegen, sondern dient umgekehrt gerade dem Ziel der Eingliederung behinderter Menschen in das Arbeitsleben (*BAG* 22.07.2014 EzA § 118 BetrVG 2001 Nr. 14 Rn. 27 = AP Nr. 87 zu § 118 BetrVG 1972). Dass die Einrichtung von Behindertenwerkstätten auch eine Pflicht des Sozialstaates ist, steht der karitativen Bestimmung nicht entgegen, wenn diese Aufgabe durch Dritte, die Träger der Behindertenwerkstätten, wahrgenommen

wird (*BAG* 07.04.1981 EzA § 118 BetrVG 1972 Nr. 26 = AP Nr. 16 zu § 118 BetrVG 1972 *[Birk]*; a. M. insofern *LAG Berlin* 07.06.1978 AuR 1978, 346). Umgekehrt ist die Anerkennung als Werkstatt für Behinderte i. S. d. Sozialrechts (§§ 219 SGB IX (bis 31.12.2017 §§ 136 ff. SGB IX) keine Voraussetzung für den Tendenzschutz nach § 118 Abs. 1. Der fehlenden Anerkennung kommt allenfalls Indizwirkung für die fehlende Tendenzeigenschaft zu (*Gräf* jurisPR-ArbR 45/2014 Anm. 4 [unter C. II.]; zu den Vorgängerregelungen im SchwBG *BAG* 07.04.1981 EzA § 118 BetrVG 1972 Nr. 26 = AP Nr. 16 zu § 118 BetrVG 1972 *[Birk]*). Auch ein **Berufsförderungswerk für Behinderte** genießt unter diesen Voraussetzungen Tendenzschutz (*BAG* 29.06.1988 EzA § 118 BetrVG 1972 Nr. 43 = AP Nr. 37 zu § 118 BetrVG 1972 *[Kohte]*; 22.04.1975 EzA § 118 BetrVG 1972 Nr. 44 = AP Nr. 38 zu § 118 BetrVG 1972; 31.01.1995 EzA § 99 BetrVG 1972 Nr. 126 = AP Nr. 56 zu § 118 BetrVG 1972).

Private Krankenhäuser, Kinderheime und Altersheime dienen karitativen Bestimmungen, wenn sie **nicht unter kommerziellen Gesichtspunkten** und demnach nicht mit der Absicht der Gewinnerzielung betrieben werden (*BAG* 24.05.1995 EzA § 118 BetrVG 1972 Nr. 63 = AP Nr. 57 zu § 118 BetrVG 1972 = AR-Blattei ES 1570, Nr. 54 *[Mayer-Maly]*; 22.11.1995 EzA § 118 BetrVG 1972 Nr. 65 = AP Nr. 58 zu § 118 BetrVG 1972; EzA § 113 BetrVG 1972 Nr. 97 = AP Nr. 65 zu § 118 BetrVG 1972; *Hess/HWGNRH* § 118 Rn. 25; *Marhold* AR-Blattei SD 1570, Rn. 93). Dies gilt auch für **Dialysezentren** (*BAG* 18.04.1989 EzA § 99 BetrVG 1972 Nr. 73 S. 8 = AP Nr. 65 zu § 99 BetrVG 1972 *[Kraft/Raab]*). Dabei ist es nach Ansicht des *BAG* für den Tendenzschutz unerheblich, wenn die Anteile des in privater Rechtsform betriebenen Krankenhauses von einer Körperschaft der **öffentlichen Hand** gehalten werden, die zur Sicherstellung der bedarfsgerechten Versorgung der Bevölkerung mit leistungsfähigen Krankenhäusern gesetzlich verpflichtet ist (*BAG* 24.05.1995 EzA § 118 BetrVG 1972 Nr. 63 S. 3 ff. = AP Nr. 57 zu § 118 BetrVG 1972 = AR-Blattei ES 1570, Nr. 54 *[Mayer-Maly]*; *Fitting* § 118 Rn. 18; *Hohenstatt/Dzida/HWK* § 118 BetrVG Rn. 6; *Matthes*/MünchArbR § 272 Rn. 12; vgl. auch *LAG Mecklenburg-Vorpommern* 23.04.2013 – 5 TaBV 8/12 – juris, Rn. 105). Insofern dürfte es aber, auch wenn auf das Unternehmen selbst und nicht auf die Beweggründe des Unternehmensträgers abzustellen ist, am Merkmal der Freiwilligkeit fehlen, da es sich bei dem Gegenstand des Unternehmens allein um die Erfüllung einer gesetzlichen Verpflichtung handelt (*Löwisch* FS *Wlotzke*, S. 381 [386 ff.]; ebenso *Bender/WPK* § 118 Rn. 20; *Kania*/ErfK § 118 BetrVG Rn. 11; **a. M.** *Hohenstatt/Dzida/HWK* § 118 BetrVG Rn. 6; *Richardi/Forst* § 118 Rn. 61). Dem Tendenzschutz steht es nach Auffassung des *BAG* auch nicht entgegen, wenn ein von einem privaten Krankenhausträger betriebenes Krankenhaus in den staatlichen Krankenhausplan aufgenommen wird (*BAG* 22.11.1995 EzA § 118 BetrVG 1972 Nr. 65 S. 3 = AP Nr. 58 zu § 118 BetrVG 1972; *Fitting* § 118 Rn. 18; *Richardi/Forst* § 118 Rn. 61).

Karitative Einrichtungen, die **unmittelbar von der öffentlichen Hand** betrieben werden, z. B. Krankenhäuser oder Kinderheime, fallen wegen § 130 nicht unter das BetrVG (*Fitting* § 118 Rn. 19; *Wedde/DKKW* § 118 Rn. 37).

ee) Erzieherische Bestimmungen

aaa) Grundlagen

Ein Unternehmen dient erzieherischen Bestimmungen, wenn seine Tätigkeit darauf gerichtet ist, durch planmäßige und methodische Unterweisung in einer Mehrzahl allgemeinbildender oder berufsbildender Fächer die Persönlichkeit von Menschen zu formen. Dabei liegt der Akzent auf der **Entfaltung der Persönlichkeit**, so dass es nicht genügt, wenn die Tätigkeit eines Unternehmens lediglich auf die Vermittlung einzelner Kenntnisse und Fertigkeiten gerichtet ist. Unerheblich ist, ob die erzieherische Tätigkeit gegenüber Kindern und Jugendlichen oder gegenüber Erwachsenen ausgeübt wird (*BAG* 13.01.1987 EzA § 118 BetrVG 1972 Nr. 39 S. 289 = AP Nr. 33 zu § 118 BetrVG 1972; 14.04.1988 EzA § 118 BetrVG 1972 Nr. 42 S. 6 = AP Nr. 36 zu § 118 BetrVG 1972; 21.06.1989 EzA § 118 BetrVG 1972 Nr. 49 S. 2 = AP Nr. 43 zu § 118 BetrVG 1972; 03.07.1990 EzA § 99 BetrVG 1972 Nr. 90 S. 8 = AP Nr. 81 zu § 99 BetrVG 1972 = SAE 1991, 189 *[Kreßel]*; 24.07.1979 EzA § 99 BetrVG 1972 Nr. 26 S. 8 *[Dütz/Dörrwächter]* = AP Nr. 56 zu § 118 BetrVG 1972; 23.03.1999 EzA § 118 BetrVG 1972 Nr. 69 S. 5 = AP Nr. 66 zu § 118 BetrVG 1972 *[Belling/Meyer]*; *LAG München* 30.03.2011 – 5 TaBV 82/10 – juris, Rn. 42; *Fitting* § 118 Rn. 20; *Kania*/ErfK § 118

BetrVG Rn. 12; *Marhold* AR-Blattei SD 1570, Rn. 97 f.; *Matthes*/MünchArbR § 272 Rn. 15; *Küchenhoff* NZA 1992, 679; ders. FS *Simon*, S. 73 ff.; *Oldenburg* NZA 1989, 412 [414]; *U. Weber* NZA 1989, Beil. 3, S. 3; *Wedde/DKKW* § 118 Rn. 39; vgl. auch *Richardi/Forst* § 118 Rn. 64, der aber in der Tendenz weiter jede Sorge für die seelisch-geistige Entwicklung der Erziehung zurechnet).

108 Im Bereich der Privatschulen erfüllt der Gesetzgeber mit § 118 den **Verfassungsauftrag des Art. 7 Abs. 4 GG** (*Birk* Anm. AP Nr. 17 zu § 118 BetrVG 1972 Bl. 3; *Richardi/Forst* § 118 Rn. 64; **a.M.** *Fabricius* 6. Aufl., § 118 Rn. 211). Im Übrigen dient der Tendenzschutz bei den erzieherischen Bestimmungen der autonomen Verwirklichung einer geistig-ideellen Zielsetzung, an der ein **Interesse der Allgemeinheit** besteht (zust. *Bargon* Tendenzunternehmen »zweiter Klasse«?, S. 77).

109 Für **erzieherische Einrichtungen einer Religionsgemeinschaft** ist **§ 118 Abs. 2** zu beachten, der über § 118 Abs. 1 hinaus umfassenden Tendenzschutz gewährt (*Richardi/Forst* § 118 Rn. 66).

bbb) Beispiele

110 **Tendenzschutz** unter dem Gesichtspunkt erzieherischer Bestimmungen genießen **Privatschulen** (*BAG* 22.05.1979 EzA § 118 BetrVG 1972 Nr. 21 = AP Nr. 12 zu § 118 BetrVG 1972; 13.01.1987 EzA § 118 BetrVG 1972 Nr. 39 = AP Nr. 33 zu § 118 BetrVG 1972; 13.06.1989 EzA § 87 BetrVG 1972 Arbeitszeit Nr. 37 = AP Nr. 36 zu § 87 BetrVG Arbeitszeit), **Internate** (*BAG* 22.05.1979 EzA § 118 BetrVG 1972 Nr. 21 = AP Nr. 12 zu § 118 BetrVG 1972), **private Waisenhäuser, Kindergärten, Kindertagesstätten** (*LAG Sachsen* 13.07.2007 LAGE § 118 BetrVG 2001 Nr. 1; ausf. *Stölzel* NZA 2009, 239; **a.M.** *Wedde/DKKW* § 118 Rn. 41); **Vorschulheime, Lehrlingsheime, Berufsbildungseinrichtungen** (*BAG* 14.04.1988 EzA § 118 BetrVG 1972 Nr. 42 = AP Nr. 36 zu § 118 BetrVG 1972 *[Dütz/Bayer]*), **Berufsbildungswerke von Gewerkschaften** (*BAG* 03.07.1990 EzA § 99 BetrVG 1972 Nr. 90 = AP Nr. 81 zu § 99 BetrVG 1972), **Berufsförderungswerke zur Wiedereingliederung Behinderter** (*BAG* 31.01.1995 EzA § 99 BetrVG 1972 Nr. 126 *[Dütz/Dörrwächter]* = AP Nr. 56 zu § 118 BetrVG 1972), **Fernlehrinstitute** (*Fitting* § 118 Rn. 20; *Matthes*/MünchArbR § 272 Rn. 16; *Richardi/Forst* § 118 Rn. 65; **a.M.** *Galperin/Löwisch* § 118 Rn. 19; *Wedde/DKKW* § 118 Rn. 41) und **private Universitäten** (*Matthes*/MünchArbR § 272 Rn. 16).

111 **Keinen Tendenzschutz**, da nicht zur Entfaltung der Persönlichkeit bestimmt, genießen **Fahrschulen** (*Fitting* § 118 Rn. 20; *Matthes*/MünchArbR § 272 Rn. 17; *Richardi/Forst* § 118 Rn. 65; *Wedde/DKKW* § 118 Rn. 41), **Sprachschulen**, solange sie ausschließlich dem Fremdsprachenunterricht nach einer bestimmten Methode gewidmet sind (*BAG* 07.04.1981 EzA § 118 BetrVG 1972 Nr. 25 = AP Nr. 17 zu § 118 BetrVG 1972 *[Birk]*; *Fitting* § 118 Rn. 20; *Marhold* AR-Blattei SD 1570, Rn. 97; *Matthes*/MünchArbR § 272 Rn. 17; *Richardi/Forst* § 118 Rn. 65; *Wedde/DKKW* § 118 Rn. 39, 41), ein **Verein, der Materialien für den Deutschunterricht** im Ausland zur Verfügung stellt (*BAG* 21.07.1991 EzA § 118 BetrVG 1972 Nr. 68 S. 12 f. *[Oetker]* = AP Nr. 63 zu § 118 BetrVG 1972; *Fitting* § 118 Rn. 20). Das Gleiche gilt für **Volkshochschulen** (*Galperin/Löwisch* § 118 Rn. 19; *Matthes*/MünchArbR § 272 Rn. 17; *Wedde/DKKW* § 118 Rn. 41) sowie **Musik- und Tanzschulen** (*Matthes*/MünchArbR § 272 Rn. 17; *Wedde/DKKW* § 118 Rn. 41).

112 Ein **Zoologischer Garten** dient **nicht erzieherischen Bestimmungen**, da es wegen der nur kurzfristigen Einwirkungsmöglichkeiten bei den Zoobesuchen am Merkmal der Entfaltung der Persönlichkeit fehlt. Die Vermittlung naturwissenschaftlicher Kenntnisse durch Beschriftungstafeln, Broschüren, Führungen und Vorträge reicht insoweit nicht aus (*BAG* 21.06.1989 EzA § 118 BetrVG 1972 Nr. 49 S. 2 f. = AP Nr. 43 zu § 118 BetrVG 1972; *Kania*/ErfK § 118 BetrVG Rn. 12; nur im Ergebnis zust. *Richardi/Forst* § 118 Rn. 64). Zu wissenschaftlichen Bestimmungen Rdn. 118.

113 Ein **Landessportverband** dient **nicht erzieherischen Bestimmungen**, da die vom Verband betriebene Förderung des Vereinssports jedenfalls nicht überwiegend mit dem Ziel geschieht, Sport als erzieherisches Mittel einzusetzen. Die durch den Sport vermittelte Formung der Persönlichkeit stellt sich insofern nur als Nebeneffekt dar. Auch die positive gesellschaftliche und gesundheitspolitische Bedeutung des Sports rechtfertigt keine Zuordnung zu den erzieherischen Bestimmungen (*BAG* 23.03.1999 EzA § 118 BetrVG 1972 Nr. 69 S. 5 f. = AP Nr. 66 zu § 118 BetrVG 1972 *[Belling/Meyer]*; zum Tendenzschutz tendierend hingegen *Richardi* FS *Tomandl*, S. 299 [310]).

ff) Wissenschaftliche Bestimmungen

aaa) Grundlagen

Im Bereich der wissenschaftlichen Bestimmungen ist der Tendenzschutz **Ausprägung der Grundrechtsgewährleistung des Art. 5 Abs. 3 GG** (*BAG* 21.06.1989 EzA § 118 BetrVG 1972 Nr. 49 S. 4 = AP Nr. 43 zu § 118 BetrVG 1972; 13.06.1989 EzA § 118 BetrVG 1972 Nr. 47 S. 7 f. = AP Nr. 57 zu § 118 BetrVG 1972 = AR-Blattei ES 1570, Nr. 54 *[Mayer-Maly]*; *Kaiser/LK* § 118 Rn. 13; *Mayer-Maly* BB 1973, 761 [763]; *Poeche* Mitbestimmung, S. 64 ff.; *Richardi/Forst* § 118 Rn. 67; **a. M.** *Fabricius* 6. Aufl., § 118 Rn. 231). Der Wissenschaftsbegriff (eingehend *Fabricius* 6. Aufl., § 118 Rn. 231 ff.; *Poeche* Mitbestimmung, S. 43 ff.) ist dementsprechend im Einklang mit der einschlägigen Rechtsprechung des *BVerfG* zu formulieren. Danach handelt es sich um einen gemeinsamen Oberbegriff für Forschung und Lehre. Wissenschaft ist der **nach Inhalt und Form ernsthafte, planmäßige Versuch zur Ermittlung der Wahrheit** (*BVerfG* 29.05.1973 BVerfGE 35, 79 [113]; *BAG* 21.06.1989 EzA § 118 BetrVG 1972 Nr. 49 S. 4 = AP Nr. 43 zu § 118 BetrVG 1972; 20.11.1990 EzA § 118 BetrVG 1972 Nr. 57 S. 7 f. = AP Nr. 47 zu § 118 BetrVG 1972; *Wedde/DKKW* § 118 Rn. 42; vgl. ferner *BVerwGE* 45, 39 ff. [46]; *Scholz* in: *Maunz/Dürig* GG, Art. 5 Abs. 3 Rn. 91; *Hesse* Grundzüge des Verfassungsrechts der Bundesrepublik Deutschland, 20. Aufl. 1999, S. 174 ff.; *Knemeyer* Lehrfreiheit, S. 24 ff.; *Schmitt-Glaeser* WissR 1974, 107 ff.).

114

Auf der Basis dieses weiten Wissenschaftsbegriffs ist es unerheblich, ob es sich um **Grundlagen-** oder **anwendungsorientierte Forschung** handelt. Auch die anwendungsbedingte Weiterentwicklung bereits bekannter wissenschaftlicher Methoden gehört dazu, sofern sie Ausdruck des Strebens nach neuen und nicht bloße Umsetzung bereits vorhandener Erkenntnisse ist (*BAG* 21.06.1989 EzA § 118 BetrVG 1972 Nr. 49 S. 4 = AP Nr. 43 zu § 118 BetrVG 1972; 20.11.1990 EzA § 118 BetrVG 1972 Nr. 57 S. 8 = AP Nr. 47 zu § 118 BetrVG 1972; *Scholz* in: *Maunz/Dürig* GG, Art. 5 Abs. 3 Rn. 98; *Matthes/*MünchArbR § 272 Rn. 1; *Knemeyer* Lehrfreiheit, S. 27; *Löwisch* FS *Müller-Freienfels*, S. 439 [443]; *Richardi/Forst* § 118 Rn. 68).

115

In der Konsequenz des umfassenden Wissenschaftsbegriffs liegt es weiterhin, dass es nicht darauf ankommen kann, wo Wissenschaft, Forschung und Lehre betrieben werden (*Galperin/Löwisch* § 118 Rn. 20a). § 118 soll, wie zutreffend betont wird, gerade dem eine Tendenz verwirklichenden privaten Unternehmen zugutekommen (*Galperin/Löwisch* § 118 Rn. 20a). Tendenzschutz genießen deshalb auch **selbständige Forschungsinstitute der Wirtschaft** (*Kania/*ErfK § 118 Rn. 13; *Meusel* WissR 17 [1984], 15 ff.; *Richardi/Forst* § 118 Rn. 68; *Thannhäuser* WissR 1997, 95 [97]; **a. M.** *Wedde/DKKW* § 118 Rn. 43; *Wendeling-Schröder* WSI-Mitt. 1983, 561 ff.; *dies.* AuR 1984, 328 [329 f.]). Andererseits reicht es für die Tendenzeigenschaft eines Wirtschaftsunternehmens **nicht** aus, dass dort auch eine **Forschungsabteilung** existiert, da dann keine unmittelbare und überwiegende Tendenzbestimmung vorliegt (*BAG* 21.06.1989 EzA § 118 BetrVG 1972 Nr. 49 S. 6 *[obiter]* = AP Nr. 43 zu § 118 BetrVG 1972; *Richardi/Forst* § 118 Rn. 68).

116

bbb) Beispiele

Unternehmen mit wissenschaftlicher Bestimmung sind **private Forschungsinstitute**, auch wenn sie in Trägerschaft des Bundes oder der Länder stehen (*BAG* 13.02.1990 EzA § 118 BetrVG 1972 Nr. 51 = AP Nr. 45 zu § 118 BetrVG 1972), u. a. auch die Institute der Max-Planck-Gesellschaft (*BAG* 10.04.1984 EzA § 81 ArbGG 1979 Nr. 5 = AP Nr. 3 zu § 81 ArbGG 1979) und der Fraunhofer-Gesellschaft (*BAG* 10.09.1988 EzA § 87 BetrVG 1972 Betriebliche Lohngestaltung Nr. 21 = AP Nr. 35 zu § 87 BetrVG Lohngestaltung); ferner eine **privatrechtliche Universität** (*Richardi/Forst* § 118 Rn. 70; vgl. dazu auch *Thüsing* ZTR 2003, 544 ff.), **Versuchsgüter**, **Mustergüter**, wissenschaftliche **Bibliotheken** – wenn dort selbständig Forschung betrieben wird – (*BAG* 20.11.1990 EzA § 118 BetrVG 1972 Nr. 57 S. 10 *[obiter]* = AP Nr. 47 zu § 118 BetrVG 1972; **a. M.** in Bezug auf die Einschränkung *Richardi/Forst* § 118 Rn. 71), **Museen**, schließlich **wissenschaftliche Buch- und Zeitschriftenverlage** (*BAG* 14.11.1975 EzA § 118 BetrVG 1972 Nr. 6 S. 45 = AP Nr. 5 zu § 118 BetrVG 1972 *[Mayer-Maly]*; 15.02.1989 EzA § 118 BetrVG 1972 Nr. 45 S. 6 *[Henssler]* = AP Nr. 39 zu § 118 BetrVG 1972; insofern ist allerdings auch § 118 Abs. 1 Nr. 2 einschlägig).

117

Ein **zoologischer Garten** dient wissenschaftlichen Bestimmungen, soweit dort Erkenntnisse über Tierbiologie oder neue Methoden der Tierhaltung und -zucht erforscht werden. Das bloße Halten

118

§ 118　　　　　　　　　　　　　　　V. 3. Tendenzbetriebe und Religionsgemeinschaften

von Tieren oder die Erhaltung für sich allein genügen dazu nicht (*BAG* 21.06.1989 EzA § 118 BetrVG 1972 Nr. 49 S. 5 f. = AP Nr. 43 zu § 118 BetrVG 1972; *Richardi/Forst* § 118 Rn. 69). Zu erzieherischen Bestimmungen Rdn. 112.

119　Ein **Rechenzentrum für wissenschaftliche Datenverarbeitung**, das einem anderen Unternehmen Software als Hilfsmittel für deren wissenschaftliche Forschung zur Verfügung stellt, verwirklicht die Tendenzbestimmung **nicht** selbst **unmittelbar** und genießt deshalb nur dann Tendenzschutz, wenn eine eigene wissenschaftliche Tätigkeit vorgenommen wird (*BAG* 20.11.1990 EzA § 118 BetrVG 1972 Nr. 57 S. 10 = AP Nr. 47 zu § 118 BetrVG 1972; **a. M.** in Bezug auf die Einschränkung *Richardi/Forst* § 118 Rn. 71; zur Unmittelbarkeit der Tendenzbestimmung vgl. Rdn. 61 ff.).

120　Nach den oben dargestellten Grundsätzen erlangen Wirtschaftsunternehmen in Ermangelung unmittelbaren und überwiegenden Tendenzbezugs durch die Einrichtung einer **unselbständigen Forschungsabteilung** keinen Tendenzschutz (*BAG* 21.06.1989 EzA § 118 BetrVG 1972 Nr. 49 S. 6 [*obiter*] = AP Nr. 43 zu § 118 BetrVG 1972; *Galperin/Löwisch* § 118 Rn. 20a; *Richardi/Forst* § 118 Rn. 68). Eine wissenschaftliche Tendenzbestimmung liegt auch dann nicht vor, wenn wissenschaftliche Methoden lediglich zur Verfolgung anderer Unternehmensziele instrumentalisiert werden (*BAG* 21.07.1998 EzA § 118 BetrVG 1972 Nr. 68 S. 13 = AP Nr. 63 zu § 118 BetrVG 1972 [Inter Nationes]). Eine **selbständige Forschungseinrichtung fällt** aber auch dann **unter § 118 Abs. 1 Satz 1 Nr. 1**, wenn sie von einem Wirtschaftsunternehmen mit dem mittelbaren Ziel der kommerziellen Verwertung der Forschungsergebnisse betrieben wird (*Kania*/ErfK § 118 BetrVG Rn. 13; *Meusel* WissR 17 [1984], 15 ff.; *Richardi/Forst* § 118 Rn. 68; *Poeche* Mitbestimmung, S. 68; *Thannhäuser* WissR 1997, 95 [97]; **a. M.** *Wedde*/DKKW § 118 Rn. 43; *Wendeling-Schröder* WSI-Mitt. 1983, 561 ff.; *dies.* AuR 1984, 328 [329 ff.]).

gg) Künstlerische Bestimmungen

aaa) Grundlagen

121　Mit dem Tendenzschutz für Unternehmen und Betriebe mit künstlerischen Bestimmungen sichert der Gesetzgeber die **Kunstfreiheit nach Art. 5 Abs. 3 GG** betriebsverfassungsrechtlich ab (*Germelmann* PersV 2014, 4 [7 f.]; *Marhold* AR-Blattei SD 1570, Rn. 105; *Richardi/Forst* § 118 Rn. 72; **a. M.** *Fabricius* 6. Aufl., § 118 Rn. 261). Dementsprechend ist bei der Begriffsbestimmung die **Rechtsprechung des *BVerfG*** maßgeblich. Danach ist »das Wesentliche der künstlerischen Betätigung ... die freie schöpferische Gestaltung, in der Eindrücke, Erfahrungen, Erlebnisse des Künstlers durch das Medium einer bestimmten Formensprache zu unmittelbarer Anschauung gebracht werden. Alle künstlerische Tätigkeit ist ein Ineinander von bewussten und unbewussten Vorgängen, die rational nicht aufzulösen sind. Beim künstlerischen Schaffen wirken Intuition, Phantasie und Kunstverstand zusammen; es ist primär nicht Mitteilung, sondern Ausdruck, und zwar unmittelbarster Ausdruck der individuellen Persönlichkeit des Künstlers.« (*BVerfG* 24.02.1971 BVerfGE 30, 173 ff. [188 f.]). Die Kunstfreiheit betrifft nicht nur die künstlerische Betätigung selbst, den sog. Werkbereich, sondern darüber hinaus auch die Darbietung und Verbreitung des Kunstwerks, den vom *BVerfG* sog. Wirkbereich (*BVerfG* 24.02.1971 BVerfGE 30, 173 ff. [188 f.]). Rechtsprechung und Schrifttum orientieren sich an diesem weiten Kunstbegriff (*BAG* 15.02.1989 EzA § 118 BetrVG 1972 Nr. 45 S. 8 = AP Nr. 39 zu § 118 BetrVG 1972; *Fitting* § 118 Rn. 22; *Richardi/Forst* § 118 Rn. 72 f.), auf dessen Basis unterschiedliche Wert- oder gar Geschmacksvorstellungen keine Rolle spielen können (*Marhold* AR-Blattei SD 1570, Rn. 104; *Matthes*/MünchArbR § 272 Rn. 20).

122　Eine gewisse **Konkretisierung** des Kunstbegriffs bietet § 2 UrhG. Das Gesetz nennt Werke der Musik, Sprachwerke wie Schriftwerke, Reden und Computerprogramme, Lichtbildwerke und Filmwerke, weiterhin pantomimische Werke einschließlich der Werke der Tanzkunst, Werke der bildenden Künste (Plastik, Malerei, Grafik) einschließlich der Werke der Baukunst und der angewandten Kunst (Kunsthandwerk) sowie Entwürfe solcher Werke.

bbb) Beispiele

123　**Unternehmen mit künstlerischer Bestimmung** sind Theater (*BAG* 04.08.1981 EzA § 87 BetrVG 1972 Arbeitszeit Nr. 10 S. 71 = AP Nr. 5 zu § 87 BetrVG Arbeitszeit [*Herschel*]; 28.10.1986 EzA § 118

BetrVG 1972 Nr. 38 S. 280 = AP Nr. 32 zu § 118 BetrVG 1972 *[Mummenhoff]*), Musicaltheater (*LAG Berlin-Brandenburg* 17.12.2008 – 15 TaBV 1213/08 – juris; *LAG Baden-Württemberg* 28.01.2010 – 21 TaBV 5/09 – juris), Kleinkunstbühnen, Kabaretts, Orchesterbetriebe (*BAG* 07.11.1975 EzA § 118 BetrVG 1972 Nr. 8 *[Dütz]*= AP Nr. 1 zu § 130 BetrVG 1972 *[Mayer-Maly]*; 03.11.1982 EzA § 15 KSchG n. F. Nr. 28 = AP Nr. 12 zu § 15 KSchG 1969), Gesangsvereinigungen, Filmateliers, Filmhersteller und -verleiher, Konzertagenturen, Veranstalter von Kunstausstellungen, schließlich auch Revuen und Zirkusunternehmen (*Fitting* § 118 Rn. 22; *Marhold* AR-Blattei SD 1570, Rn. 105; *Richardi/Forst* § 118 Rn. 74; **a. M.** *Wedde/DKKW* § 118 Rn. 46). Künstlerischen Bestimmungen dienen auch Buch- und Musikverlage (*BAG* 14.11.1975 EzA § 118 BetrVG 1972 Nr. 6 = AP Nr. 5 zu § 118 BetrVG 1972; 15.02.1989 EzA § 118 BetrVG 1972 Nr. 45 *[Mayer-Maly]* = AP Nr. 39 zu § 118 BetrVG 1972), weiterhin Produzenten von Schallplatten-, Compact Discs und Musikkassetten, wenn sie so organisiert sind, dass sie eine dem Buchverleger vergleichbare Vermittlerstellung einnehmen und nicht zugleich die reine Schallplattenproduktion überwiegt (*OLG Hamburg* 22.01.1980 DB 1980, 635; *Löwisch* FS *v. Caemmerer* S. 559 [564 f.]).

Keinen Tendenzschutz genießen Filmtheater, solange sie sich darauf beschränken, die ihnen angebotenen Filme vorzuführen, und eine Auswahl allenfalls nach kommerziellen Gesichtspunkten treffen (*Galperin/Löwisch* § 118 Rn. 23). Gleiches gilt für Buch- und Musikalienhandlungen sowie Videotheken, bei denen der Handel im Vordergrund steht (*Richardi/Forst* § 118 Rn. 76), sowie nur kommerziell betriebene Tanz- und Unterhaltungsstätten (*Fitting* § 118 Rn. 22a; *Marhold* AR-Blattei SD 1570, Rn. 107; *Richardi/Forst* § 118 Rn. 74; *Wedde/DKKW* § 118 Rn. 46). Die Gesellschaft für musikalische Aufführungs- und mechanische Vervielfältigungsrechte (GEMA) dient nicht unmittelbar künstlerischen Bestimmungen (*BAG* 08.03.1983 EzA § 118 BetrVG 1972 Nr. 34 S. 261 = AP Nr. 26 zu § 118 BetrVG 1972 *[Herschel]*; vgl. dazu Rdn. 63 m. w. N.). Entsprechendes gilt für die VG Wort (*Richardi/Forst* § 118 Rn. 76). 124

c) Berichterstattung und Meinungsäußerung (Abs. 1 Satz 1 Nr. 2)

aa) Grundlagen

Trotz der zentralen historischen Bedeutung von Medienunternehmen für die Entwicklung des Tendenzschutzes enthielt § 81 BetrVG 1952 insofern noch keine eigenständige Regelung, so dass deren Einbeziehung interpretatorisch bewältigt werden musste. § 118 Abs. 1 Satz 1 Nr. 2 bezieht den Tendenzschutz demgegenüber ausdrücklich auf **Zwecke der Berichterstattung oder Meinungsäußerung** und orientiert diese zugleich durch den zweiten Halbsatz an **Art. 5 Abs. 1 Satz 2 GG**. Damit ist zunächst im Verhältnis zum früheren Rechtszustand der **Tendenzschutz von Medienunternehmen normativ klargestellt**. Der Verweis auf das Grundrecht der Presse- und Rundfunkfreiheit wirft allerdings einige für das Verständnis der Vorschrift bedeutsame Fragen auf. 125

aaa) Tendenzschutz bei Medienunternehmen und Grundrechtsbezug

Zunächst hat der auch für die geistig-ideellen Bestimmungen des § 118 Abs. 1 Satz 1 aus dem Normzweck ableitbare Grundrechtsbezug des Tendenzschutzes (dazu Rdn. 13 ff.) hier ausdrücklichen Niederschlag gefunden. Der Tendenzschutz für Medienunternehmen stellt sich als durch das Grundgesetz gebotene **Gewährleistung der Grundrechtsentfaltung in Bezug auf Art. 5 Abs. 1 Satz 2 GG** dar (*BVerfG* 06.11.1979 EzA § 118 BetrVG 1972 Nr. 23 S. 182 ff. = AP § 118 BetrVG 1972 Nr. 14; 15.12.1999 EzA § 118 BetrVG 1972 Nr. 70 S. 7 f. = AP Nr. 67 zu BetrVG 1972; 15.12.1999 EzA § 118 BetrVG 1972 Nr. 71 S. 5 = AP Nr. 68 zu § 118 BetrVG 1972; *BAG* 07.11.1975 EzA § 118 1972 Nr. 9 S. 69 = AP Nr. 4 zu § 118 BetrVG 1972; 08.05.1990 EzA § 118 BetrVG 1972 Nr. 52 = AP Nr. 46 zu § 118 BetrVG 1972; 14.01.1992 EzA § 118 BetrVG 1972 Nr. 59 S. 11 = AP Nr. 49 zu § 118 BetrVG 1972; 20.04.2010 EzA § 118 BetrVG 2001 Nr. 9 Rn. 18 = AP Nr. 9 zu Art. 5 Abs. 1 GG Pressefreiheit *[Franzen]*; *Fitting* § 118 Rn. 23; *Frey* Tendenzschutz, S. 33; *Ricker/Weberling* Handbuch des Presserechts, Kap. 37 Rn. 5; *Matthes/*MünchArbR § 272 Rn. 23; *Oetker* DB 1996, Beil. 10, S. 12 f.; *Richardi/Forst* § 118 Rn. 77 ff.; *Giesen/*MünchArbR § 336 Rn. 28; **a. M.** *Fabricius* 6. Aufl., § 118 Rn. 304; vgl. generell zum Grundrechtsbezug die Nachweise Rdn. 15 f.). Die in Art. 5 Abs. 1 Satz 2 GG gewährleistete Presse- und Rundfunkfreiheit wird durch § 118 Abs. 1 vor einer Beeinträchtigung durch betriebliche Mitbestimmungsrechte abgeschirmt. Es handelt sich um eine **grundrechts-** 126 ausgestaltende Regelung *(BVerfG* 06.11.1979 EzA § 118 BetrVG 1972 Nr. 23 S. 185 = AP § 118 BetrVG 1972 Nr. 14; 15.12.1999 EzA § 118 BetrVG 1972 Nr. 70 S. 7 f. = AP Nr. 67 zu BetrVG 1972; 15.12.1999 EzA § 118 BetrVG 1972 Nr. 71 S. 5 = AP Nr. 68 zu § 118 BetrVG 1972).

bbb) Tendenzschutz und Meinungsfreiheit

127 § 118 Abs. 1 Satz 1 Nr. 2 verweist in seinem zweiten Halbsatz lediglich auf Art. 5 Abs. 1 Satz 2 GG und **nicht auf die in Art. 5 Abs. 1 Satz 1 GG geregelte allgemeine Meinungsfreiheit**. Zum Teil meint man, den Gesetzeswortlaut insofern korrigieren und die Inbezugnahme auch auf Art. 5 Abs. 1 Satz 1 GG erstrecken zu müssen *(Fitting* § 118 Rn. 23; *Mayer-Maly* BB 1973, 761 [764]; *Richardi/Forst* § 118 Rn. 78). Das widerspricht aber der Intention des Gesetzgebers und ist weder mit Blick auf das Grundrecht der Meinungsfreiheit insgesamt noch dasjenige der Presse-, Rundfunk- und Filmfreiheit geboten.

128 Zunächst folgt bereits aus der Interpretation des Art. 5 Abs. 1 GG, dass die **Meinungsfreiheit auch ohne ausdrückliche Erwähnung in Art. 5 Abs. 1 Satz 2 GG integraler Bestandteil der dort genannten Grundrechtsgewährleistungen** ist *(Fabricius* 6. Aufl., § 118 Rn. 275; *Marhold* AR-Blattei SD 1570, Rn. 109 ff.). Das hat das *BVerfG* bezüglich der Pressefreiheit ausdrücklich festgestellt (st. Rspr. seit *BVerfG* 06.10.1959 BVerfGE 10, 118 [121]; vgl. auch *BVerfG* 15.12.1999 EzA § 118 BetrVG 1972 Nr. 70 S. 7 = AP Nr. 67 zu § 118 BetrVG 1972) und ergibt sich für die Rundfunkfreiheit schon aus deren Gleichstellung mit der Pressefreiheit *(BVerfG* 28.02.1961 BVerfGE 12, 205 [260]; 05.06.1973 BVerfGE 35, 202 [222]; 15.12.1999 EzA § 118 BetrVG 1972 Nr. 71 S. 4 f. = AP Nr. 71 zu § 118 BetrVG 1972). Andererseits ergibt sich aus der Verweisung lediglich auf Art. 5 Abs. 1 Satz 2 GG und nicht auf die in Art. 5 Abs. 1 Satz 1 GG geregelte allgemeine Meinungsfreiheit, dass der Gesetzgeber den Tendenzschutz nach § 118 Abs. 1 Satz 1 Nr. 2 BetrVG **nicht auf jede Form der Meinungsäußerung** erstrecken wollte, sondern **nur den Medienbereich** im Blick hatte *(Bender/WPK* § 118 Rn. 32; *Galperin/Löwisch* § 118 Rn. 29; *Marhold* AR-Blattei SD 1570, Rn. 110). Das Grundrecht der Meinungsfreiheit im Sinne des Art. 5 Abs. 1 Satz 1 realisiert sich im Tendenzschutz im Bereich der politischen Bestimmungen des § 118 Abs. 1 Satz 1 und bedarf insoweit keiner zusätzlichen eigenständigen Absicherung in § 118 Abs. 1 Satz 2.

ccc) Formeller und materieller Pressebegriff

129 Der Grundrechtsbezug des § 118 Abs. 1 Satz 2 impliziert jedenfalls im Ausgangspunkt für die Interpretation des Pressebegriffs den Rekurs auf die für Art. 5 Abs. 1 Satz 2 GG geltenden Maßstäbe. Deshalb ist eine prinzipielle Begrenzung des Tendenzschutzes auf sog. Massenmedien (Zeitungen und Zeitschriften), wie sie zum Teil unter Berufung auf den **materiellen (engen) Pressebegriff** verfochten wird *(Frey* Tendenzschutz, S. 33; *Wedde/DKKW* § 118 Rn. 48), Zweifeln ausgesetzt. Maßgeblich ist vielmehr zunächst der **formelle (weite) Pressebegriff**, wonach zur Presse alle Erzeugnisse der Buchdruckerpresse gehören, also jede schriftliche Darstellung in Wort und Bild, gleich welcher Art *(Bethge* in: *Sachs* GG, 7. Aufl. 2014, Art. 5 Rn. 68; *Birk* JZ 1973, 753 [755]; *Hess/HWGNRH* § 118 Rn. 50; *Odendahl* in: *Schmidt-Bleibtreu/Klein* GG, 13. Aufl. 2014, Art. 5 Rn. 17; *Ricker/Weberling* Handbuch des Presserechts, Kap. 37 Rn. 13; *Starck* in: *v. Mangoldt/Klein/Starck* GG, 6. Aufl. 2010, Art. 5 Rn. 59 ff.; *Mayer-Maly* AfP 1972, 194 [197]; *ders.* BB 1973, 761 [764]; *Richardi/Forst* § 118 Rn. 80; *Schulze-Fielitz* in: *Dreier* GG, 3. Aufl. 2013, Art. 5 Rn. 90; *Wendt* in: *v. Münch/Kunig* GG, 6. Aufl. 2012, Art. 5 Rn. 30). Namentlich für **Buchverlage** ist damit im Ausgangspunkt Tendenzschutz nicht nur nach § 118 Abs. 1 Nr. 1, sondern auch nach § 118 Abs. 1 Satz 1 Nr. 2 möglich (vgl. Rdn. 135).

130 Allerdings ist bei der Interpretation des § 118 Abs. 1 Satz 1 Nr. 2 zu beachten, dass die Vorschrift die **Mitbestimmung nur einschränkt, soweit es um Zwecke der Berichterstattung oder Meinungsäußerung** geht *(Kania/*ErfK § 118 BetrVG Rn. 15; *Marhold* AR-Blattei SD 1570, Rn. 115; *Richardi/Forst* § 118 Rn. 80; *Stiebner* Tendenzschutz bei Mischunternehmen im Verlagswesen, S. 53). Das bedeutet zwar nicht, dass Gegenstand des Unternehmens die Herstellung von Erzeugnissen politischen oder ideellen Inhalts sein muss. Andererseits erscheint ein Tendenzschutz bei völlig **wertneutralen** Zusammenstellungen etwa von Adressen oder Telefonnummern **nicht gerechtfertigt** (vgl. Rdn. 138). Auch der Grundrechtsbezug des § 118 Abs. 1 Satz 1 Nr. 2 gebietet insoweit keine extensive Deutung (**a. M.** *Ricker/Weberling* Handbuch des Presserechts, Kap. 37 Rn. 12 ff.).

ddd) Tendenzschutz bei Medienunternehmen und erwerbswirtschaftliche Zielsetzung

Aus den verfassungsrechtlichen Vorgaben des Tendenzschutzes folgt schließlich, dass Medienunternehmen auch dann Tendenzschutz genießen, wenn sie zum **Zweck der Gewinnerzielung** betrieben werden (*BAG* 14.01.1975 EzA § 118 BetrVG 1972 Nr. 6 S. 45 = AP Nr. 5 zu § 118 BetrVG 1972 *[Mayer-Maly]* = SAE 1976, 172 *[Löwisch]* = JZ 1976, 519 *[Mallmann]*; 15.02.1989 EzA § 118 BetrVG 1972 Nr. 45 S. 6 *[Henssler]* = AP Nr. 39 zu § 118 BetrVG 1972; 27.07.1993 EzA § 118 BetrVG 1972 Nr. 61 S. 7 *[Dütz]* = AP Nr. 51 zu § 118 BetrVG 1972; 20.04.2010 EzA § 118 BetrVG 2001 Nr. 9 Rn. 19 = AP Nr. 9 zu Art. 5 Abs. 1 GG Pressefreiheit *[Franzen]*; *Fitting* § 118 Rn. 10; *Marhold* AR-Blattei SD 1570, Rn. 118 ff.; *Ricker/Weberling* Handbuch des Presserechts, Kap. 37 Rn. 13, 23; **a. M.** *Fabricius* 6. Aufl., § 118 Rn. 287 ff.). Die durch Art. 5 Abs. 1 GG gewährleistete Meinungs-, Presse- und Rundfunkfreiheit verlangt nicht nur inhaltliche, sondern auch **wirtschaftliche Unabhängigkeit** (**zust.** *Hanau* Pressefreiheit, S. 93; *Mayer-Maly* BB 1973, 761 [765]; *Rüthers* AfP 1974, 542 [546]; vgl. dazu bereits Rdn. 23 ff. m. w. N. zum Streitstand). **131**

bb) Einzelfragen

Presseunternehmen, also Zeitungs- und Zeitschriftenverlage – und zwar unabhängig davon, ob sie eine parteipolitische oder allgemeinpolitische Tendenz verfolgen – (vgl. etwa *BAG* 01.09.1972 EzA § 118 BetrVG 1972 Nr. 40 = AP Nr. 10 zu § 101 BetrVG 1972; 09.12.1975 EzA § 118 BetrVG 1972 Nr. 10 = AP Nr. 7 zu § 118 BetrVG 1972 *[Löwisch]*; 19.05.1981 EzA § 99 BetrVG 1972 Nr. 32 = AP Nr. 18 zu § 118 BetrVG 1972 *[Meisel]*; 01.09.1987 EzA § 118 BetrVG 1972 Nr. 41 = AP Nr. 11 zu § 101 BetrVG 1972 *[Fabricius]*; *LAG Düsseldorf* 25.10.1988 LAGE § 118 BetrVG 1972 Nr. 12), **private Rundfunk- und Fernsehunternehmen** (*BAG* 11.02.1992 EzA § 118 BetrVG 1972 Nr. 60 = AP Nr. 50 zu § 118 BetrVG 1972; 27.07.1993 EzA § 118 BetrVG 1972 Nr. 61 *[Dütz]* = AP Nr. 51 zu § 118 BetrVG 1972 *[Hörfunk]*; *LAG Hamm* 23.01.1996 AfP 1997, 739 *[Lokalradio]*; zu öffentlich-rechtlichen Rundfunkanstalten vgl. *Brandt* Tendenzschutz in öffentlich-rechtlichen Rundfunkanstalten [Diss. Mainz], 2008), sowie **Filmunternehmen** genießen nach einhelliger Meinung Tendenzschutz (*Fitting* § 118 Rn. 28; *Kania*/ErfK § 118 BetrVG Rn. 15; *Marhold* AR-Blattei SD 1570, Rn. 121; *Matthes*/MünchArbR § 272 Rn. 24; *Richardi/Forst* § 118 Rn. 89 f.; *Wedde*/DKKW § 118 Rn. 48, 52). Für die sog. **Neuen Medienunternehmen**, die das Angebot von Presseverlagen im Internet ergänzen, gelten die gleichen Grundsätze (*Richardi/Forst* § 118 Rn. 81; vgl. dazu *Bauer/Mengel* NZA 2001, 307). **132**

Presse- und Nachrichtenagenturen bzw. **-büros** sind ebenfalls Unternehmen gem. § 118 Abs. 1 Satz 1 Nr. 2, da sie unter dem Schutz des Art. 5 Abs. 1 Satz 2 GG stehen und Zwecken der Berichterstattung dienen (*Fabricius* 6. Aufl., § 118 Rn. 338; *Fitting* § 118 Rn. 28; *Hess*/HWGNRH § 118 Rn. 51; *Kania*/ErfK § 118 BetrVG Rn. 15; *Kresse* Tendenzschutz, S. 77; *Matthes*/MünchArbR § 272 Rn. 24; *Richardi/Forst* § 118 Rn. 88). **133**

Nicht unter § 118 Abs. 1 Satz 1 Nr. 2 fallen in Ermangelung eines Bezugs zu eigener Berichterstattung oder Meinungsbildung die **Hersteller von Werbefilmen** (*Ihlefeld* Film und Recht 1976, 678 [679]; *Wedde*/DKKW § 118 Rn. 52; **a. M.** *Galperin/Löwisch* § 118 Rn. 27; *Lerche* Werbung und Verfassung, 1967, S. 76 ff.), die Betreiber von **Suchmaschinen** im Internet (google, bing) oder von **Plattformen** für fremde Meinungsäußerungen wie facebook oder Twitter (*Lunk*/NK-GA § 118 BetrVG Rn. 22). **134**

Buchverlage, die Werke der Belletristik, auch mit breiter Fächerung, veröffentlichen, fallen ebenso unter § 118 Abs. 1 Satz 1 Nr. 2 (*Mayer-Maly* BB 1973, 761 [764]) wie **Buchclubs** (*BAG* 15.02.1989 EzA § 118 BetrVG 1972 Nr. 45 *[Henssler]* = AP Nr. 39 zu § 118 BetrVG 1972 *[Mayer-Maly]* [dazu bereits Rdn. 62, 72]), wenn sie dem Zweck der Berichterstattung oder Meinungsäußerung dienen (*Fitting* § 118 Rn. 26; *Marhold* AR-Blattei SD 1570, Rn. 121; *Matthes*/MünchArbR § 272 Rn. 24; *Richardi/Forst* § 118 Rn. 83 ff.; vgl. auch *BAG* 14.11.1975 EzA § 118 BetrVG 1972 Nr. 6 S. 46 = AP Nr. 5 zu § 118 BetrVG 1972 *[Mayer-Maly]* = SAE 1976, 172 *[Löwisch]* = JZ 1976, 519 *[Mallmann]*). Regelmäßig wird ohnehin § 118 Abs. 1 Satz 1 Nr. 1 ebenfalls einschlägig sein (vgl. insofern etwa *Fitting* § 118 Rn. 26; *Wedde*/DKKW § 118 Rn. 53). **135**

Zu **Lohndruckereien** Rdn. 64, 71. **136**

137 **Vertriebsgesellschaften**, der gesamte Zeitschriften-, Zeitungs- und Buch-**Handel** sowie auch **Lesezirkel** sind von § 118 Abs. 1 Satz 1 Nr. 2 ausgeschlossen, da hier Handel und Vertrieb im Vordergrund stehen (*Fitting* § 118 Rn. 28; *Marhold* AR-Blattei SD 1570, Rn. 122; *Matthes*/MünchArbR § 272 Rn. 25; *Richardi/Forst* § 118 Rn. 82).

138 Ein Verlag, der sich **ausschließlich** oder **überwiegend** auf die Herausgabe von **amtlichen Mitteilungen, Formularen, Adress- und Telefonbüchern sowie Landkarten** beschränkt, wird nicht zu Zwecken der Meinungsäußerung oder Berichterstattung tätig (vgl. Rdn. 130) und genießt deshalb **keinen Tendenzschutz**. Im Ergebnis gilt das auch für die Herausgabe von reinen **Anzeigenblättern ohne jeden redaktionellen Teil**. Zwar umfasst der Schutz der Pressefreiheit den gesamten Inhalt eines Presseerzeugnisses und dementsprechend auch den Anzeigenteil (*BVerfG* 04.04.1967 BVerfGE 21, 271 [278 f.]; 12.12.2000 BVerfGE 102, 347 [359]; *BAG* 20.04.2010 EzA § 118 BetrVG 2001 Nr. 9 Rn. 23 = AP Nr. 9 zu Art. 5 Abs. 1 GG Pressefreiheit *[Franzen]*; *Fitting* § 118 Rn. 23). Gleichwohl wird man jedenfalls bei einem reinen Anzeigenblatt kaum annehmen können, dass eine Einschränkung des Mitbestimmungsrechts vom Normzweck des Tendenzschutzes gedeckt wäre (**im Ergebnis wie hier** *Bauer/Lingemann* NZA 1995, 813 [814]; *Birk* JZ 1973, 753 [755]; *Frey* AuR 1972, 161 [165]; vgl. auch *BAG* 27.08.1968 EzA § 81 BetrVG 1952 Nr. 3 S. 12 = AP Nr. 10 zu § 81 BetrVG *[Mayer-Maly]*; *Fitting* § 118 Rn. 23; *Hess/HWGNRH* § 118 Rn. 56 [anders allerdings Rn. 51 für Anzeigenblätter]; *Kania/ErfK* § 118 BetrVG Rn. 15; *Marhold* AR-Blattei SD 1570, Rn. 123; *Matthes*/MünchArbR § 272 Rn. 24; *Richardi/Forst* § 118 Rn. 86; *Wedde/DKKW* § 118 Rn. 55; **a. M.** *Fabricius* 6. Aufl., § 118 Rn. 338; *Galperin/Löwisch* § 118 Rn. 27; *Ricker/Weberling* Handbuch des Presserechts, Kap. 37 Rn. 14; **differenzierend** *Kresse* Tendenzschutz, S. 72 ff.; **offen gelassen** für Adressbuchverlage von *BAG* 14.11.1975 EzA § 118 BetrVG 1972 Nr. 6 S. 46 = AP Nr. 5 zu § 118 BetrVG 1972 *[Mayer-Maly]* = SAE 1976, 172 *[Löwisch]* = JZ 1976, 519 *[Mallmann]*).

2. Rechtsfolgen

a) Überblick

139 Bei den geistig-ideellen Bestimmungen des § 118 Abs. 1 Satz 1 Nr. 1 sowie den Medienunternehmen des § 118 Abs. 1 Satz 1 Nr. 2 stuft das Gesetz die Rechtsfolgen nach dem **Gegenstand der Mitbestimmung** ab: Im Bereich der wirtschaftlichen Mitbestimmung finden die Vorschriften über den Wirtschaftsausschuss generell keine Anwendung, die Vorschriften über die Mitbestimmung in Fällen der Betriebsänderung nur in Bezug auf die Regelungen zum Sozialplan (§ 118 Abs. 1 Satz 2). Im Übrigen findet das Betriebsverfassungsgesetz keine Anwendung, soweit der Tendenzcharakter des Unternehmens oder Betriebs dem entgegensteht (§ 118 Abs. 1 Satz 1 letzter Halbs.).

b) Mitbestimmung in wirtschaftlichen Angelegenheiten (§ 118 Abs. 1 Satz 2)

aa) Ausschluss der §§ 106 bis 110 (§ 118 Abs. 1 Satz 2 Halbs. 1)

140 In Tendenzunternehmen ist **kein Wirtschaftsausschuss** zu errichten, **§ 118 Abs. 1 Satz 2 Halbs. 1**. Im besonders heiklen Bereich der Mitbestimmung in wirtschaftlichen Angelegenheiten geht der Gesetzgeber offenbar davon aus, dass schon das Wissen des Betriebsrats um die wirtschaftliche Situation eines Unternehmens bzw. dessen Zukunftsaussichten eine tendenzbeeinträchtigende Tätigkeit des Betriebsrats auslösen kann (vgl. auch *BAG* 14.11.1975 EzA § 118 BetrVG 1972 Nr. 6 S. 48 = AP Nr. 5 zu § 118 BetrVG 1972 *[Mayer-Maly]* = SAE 1976, 172 *[Löwisch]*; 07.04.1981 EzA § 118 BetrVG 1972 Nr. 26 S. 214 = AP Nr. 16 zu § 118 BetrVG 1972 *[Birk]*). Nur so ist zu erklären, dass der Tendenzschutz hier ganz rigide ausgestaltet ist, obwohl die Stellung des Wirtschaftsausschusses als bloßes Beratungs- und Informationsgremium im Vergleich zu anderen Mitbestimmungstatbeständen eher schwach ist (**rechtspolitische Kritik** an der Regelung unter diesem Aspekt bei *Fitting* § 118 Rn. 43; *Ihlefeld* AuR 1978, 348; *Kohte* Anm. AP Nr. 37 zu § 118 BetrVG 1972 Bl. 9; *Plander* AuR 2002, 12 [14]; *Wedde/DKKW* § 118 Rn. 65 f.).

141 Die pauschale Zugangssperre zu den §§ 106–110 ist auch unter dem Gesichtspunkt der den Normzweck des § 118 an sich prägenden Grundrechtsgewährleistung **verfassungsrechtlich nicht geboten** (*Oetker* DB 1996, Beil. 10, S. 14; *Hanau* Pressefreiheit, S. 82; *Jatho* Tendenzunternehmen und Religionsgemeinschaften, S. 54 f.; *Scholz* Pressefreiheit und Arbeitsverfassung, S. 214; für den Europäischen Betriebsrat, der nach seiner Funktion dem Wirtschaftsausschuss vergleichbar ist, wird die Auseinandersetzung mit ähnlichen Argumenten geführt, vgl. *Blanke* FS *Däubler*, S. 841 [851 f.]; *Hünerbein* Der Europäische Betriebsrat und Tendenzschutz, S. 158 ff.; *Oetker* DB 1996, Beil. 10, S. 2 ff.]). Umgekehrt ist allerdings der generelle Ausschluss der Mitbestimmung in wirtschaftlichen Angelegenheiten **nicht** etwa **verfassungswidrig**, da das Sozialstaatsprinzip, durch welches die Mitbestimmung vermittelt wird, keine bestimmte Ausgestaltung der Betriebsverfassung erfordert (*BAG* 14.01.1975 EzA § 118 BetrVG 1972 Nr. 6 S. 47 = AP Nr. 5 zu § 118 BetrVG 1972 [*Mayer-Maly*] = SAE 1976, 172 [*Löwisch*]; 07.04.1981 EzA § 118 BetrVG 1972 Nr. 26 S. 213 = AP Nr. 16 zu § 118 BetrVG 1972 [*Birk*]; *Bender/WPK* § 118 Rn. 38; *Fitting* § 118 Rn. 43; vgl. auch *BVerfG* 15.12.1999 EzA § 118 BetrVG 1972 Nr. 70 S. 7 f. = AP Nr. 67 zu BetrVG 1972; 15.12.1999 EzA § 118 BetrVG 1972 Nr. 71 S. 5 = AP Nr. 68 zu § 118 BetrVG 1972; **a. M.** *ArbG* Berlin 25.11.1977 AP Nr. 9 zu § 118 BetrVG 1972 Bl. 6 ff.; *Ihlefeld* RdA 1977, 233 f.; *Wedde/DKKW* § 118 Rn. 3).

Auch die **Richtlinie** 2002/14/EG zur Festlegung eines allgemeinen Rahmens für die **Unterrichtung und Anhörung der Arbeitnehmer in der Europäischen Gemeinschaft** (ABlEG Nr. L 80/29) ergibt insoweit keinen Handlungsbedarf. Die Richtlinie sieht zwar in Art. 4 i. V. m. Art. 2 lit. f und g Unterrichtungs- und Anhörungsrechte der Arbeitnehmervertretung in wirtschaftlichen Angelegenheiten vor, macht aber in Art. 3 Abs. 2 einen eng am Wortlaut des § 118 Abs. 1 orientierten Vorbehalt für den Tendenzschutz. Zwar gilt dies nur nach Maßgabe der »in dieser Richtlinie festgelegten Grundsätze und Ziele«. Daraus ergibt sich aber nicht etwa, dass der deutsche Gesetzgeber gezwungen wäre, flächendeckend Unterrichtungsrechte in wirtschaftlichen Angelegenheiten einzuführen. Die Tendenzschutzklausel wurde ersichtlich auch mit Blick auf das deutsche Recht in die Richtlinie aufgenommen. Deshalb ist nicht anzunehmen, dass der Europäische Gesetzgeber in diesem Punkt eine Modifikation des deutschen Tendenzschutzsystems im Blick gehabt hätte, welches auch in wirtschaftlichen Angelegenheiten unabhängig von der Einrichtung eines Wirtschaftsausschusses durchaus Informations- und Anhörungsrechte für Tendenzunternehmen kennt (*Ch. Weber* FS *Konzen* S. 921 [942 f.]; **zust.** *Asbeck* Tendenzschutz, S. 140 f.; *Lunk/NK-GA* § 118 BetrVG Rn. 59; i. E. ähnlich *LAG Rostock* 17.01.2006 – 5 TaBV 3/05 – juris, Rn. 48; *Bonin* AuR 2004, 321 [322]; *Gerdom* Gemeinschaftsrechtliche Unterrichtungs- und Anhörungspflichten, S. 243 ff.; *Reichold* NZA 2003, 289 [293]; *Ritter* Der Wirtschaftsausschuss nach dem Betriebsverfassungsgesetz und der Rahmenrichtlinie 2002/14/EG [Diss. Bonn], 2006, S. 245 ff.; *Schlachter/Heinig/Greiner* § 21 Rn. 16; *Oetker/Schubert/*EAS B 8300 Rn. 303; *Spreer* Die Richtlinie 2002/14/EG zur Festlegung eines allgemeinen Rahmens für die Unterrichtung und Anhörung der Arbeitnehmer in der Europäischen Gemeinschaft [Diss. Bielefeld 2005], S. 158 ff.; **a. M.** *Kohte/HaKo* RL 2002/14/EG Rn. 31; *Plum* Tendenzschutz, S. 191 f.; *Seifert* FS *Weiss*, S. 177 [184 f.]; *Wedde/DKKW* § 118 Rn. 65). Zum Verhältnis von Unionsrecht und Tendenzschutz vgl. auch Rdn. 33 ff.

Die Funktion des Wirtschaftsausschusses betrifft von vornherein nur die Unternehmens- und nicht die Betriebsebene. Es kommt also für die Errichtung eines Wirtschaftsausschusses nur darauf an, ob das **Unternehmen** den Bestimmungen des § 118 Abs. 1 Satz 1 unterfällt. Ob einzelne Betriebe tendenzneutralen Zwecken dienen oder nicht, ist für die Anwendbarkeit der §§ 106–110 unerheblich (*BAG* 27.08.1968 EzA § 81 BetrVG 1952 Nr. 1 S. 3 = AP Nr. 4 zu § 81 BetrVG; *Birk* JZ 1973, 753 [757]; *Fitting* § 118 Rn. 6; *Kania/*ErfK § 118 BetrVG Rn. 17; *Marhold* AR-Blattei SD 1570, Rn. 126; *Matthes/*MünchArbR § 273 Rn. 1; *Wedde/DKKW* § 118 Rn. 16, 18; *U. Weber* NZA 1989, Beil. Nr. 3, S. 2 [4]; vgl. bereits Rdn. 55).

Bei sog. **Mischunternehmen**, d. h. Unternehmen, bei denen neben einer geistig-ideellen Bestimmung auch sonstige Zwecke verfolgt werden, ist ein Wirtschaftsausschuss dann zu bilden, wenn die tendenzneutralen Zwecke gegenüber den geistig-ideellen Bestimmungen überwiegen. Das wiederum bestimmt sich nach allgemeinen Kriterien, also im Gegensatz zur Auffassung des *BAG* und weiten Teilen der Literatur nicht nach quantitativen, sondern nach **qualitativen** Gesichtspunkten (vgl. Rdn. 65 ff.). Auch im vorliegenden Zusammenhang ist an einer Ermittlung des Tendenzcharakters eines Mischunternehmens nach den **Grundsätzen der Geprägetheorie** festzuhalten. Die Tendenzeigenschaft eines Unternehmens mit unterschiedlich ausgerichteten Betrieben lässt sich nur indiziell etwa an der Repräsentation der Arbeitnehmer im Gesamtbetriebsrat oder den Belegschaftszahlen ablesen. Auch ein zahlenmäßig unterrepräsentierter Betrieb kann dem Unternehmen sein Gepräge geben (im Ergebnis wie hier *Marhold* AR-Blattei SD 1570, Rn. 126).

145 Wird nach den beschriebenen Grundsätzen in einem **Nicht-Tendenzunternehmen** ein Wirtschaftsausschuss errichtet, erstreckt sich dessen **Unterrichtungsrecht** in unternehmensbezogenen Angelegenheiten **auch auf einzelne zu dem Unternehmen gehörende Tendenzbetriebe** (*Birk* JZ 1973, 753 [757]; *Galperin/Löwisch* § 118 Rn. 49; **a. M.** *Fitting* § 118 Rn. 44; *Neumann-Duesberg* BB 1967, 549 [557]).

146 Im **Konzern** kommt es nach allgemeinen Grundsätzen auch für die Errichtung eines Wirtschaftsausschusses stets nur auf die Tendenzeigenschaft des jeweiligen Konzernunternehmens an (vgl. Rdn. 56 ff.; vgl. zum Wirtschaftsausschuss ausdrücklich *BAG* 31.10.1975 EzA § 118 BetrVG 1972 Nr. 5 S. 41 = AP Nr. 3 zu § 118 BetrVG 1972; 30.06.1981 EzA § 118 BetrVG 1972 Nr. 27 S. 221 = AP Nr. 20 zu § 118 BetrVG 1972 *[Naendrup/Fenn]*).

147 Vom Ausschluss der §§ 106 bis 110 ist entgegen vereinzelt vertretener Ansicht (*Plander* AuR 1976, 289 [293 f.]) auch bezüglich der **Unterrichtung der Arbeitnehmer über die wirtschaftliche Lage und Entwicklung des Unternehmens gem. § 110 keine Ausnahme** zu machen. Dagegen spricht der klare Wortlaut des Gesetzes (*Marhold* AR-Blattei SD 1570, Rn. 125; *Matthes*/MünchArbR § 273 Rn. 2; *Otto* AuR 1980, 289 [299, Fn. 113]; *Richardi/Forst* § 118 Rn. 169; *Wedde/DKKW* § 118 Rn. 65).

148 Über die wirtschaftliche Lage und Entwicklung eines **Betriebes**, der ganz oder überwiegend den wirtschaftlichen Nebenzweck eines Unternehmens mit überwiegend geistig-ideeller Bestimmung verwirklicht, ist auch in Tendenzunternehmen ohne Wirtschaftsausschuss gem. § 43 Abs. 2 Satz 3 im Rahmen einer **Betriebsversammlung** zu berichten. Lediglich konkrete tendenzbezogene Entscheidungen müssen in Hinblick auf die Relativklausel des § 118 Abs. 1 Satz 2 letzter Halbs. nicht mitgeteilt werden (*BAG* 08.03.1977 EzA § 43 BetrVG 1972 Nr. 1 S. 3 = AP Nr. 1 zu § 43 BetrVG 1972; *Hess*/HWGNRH § 118 Rn. 123; *Marhold* AR-Blattei SD 1570, Rn. 128, 148; *Richardi/Annuß* § 43 Rn. 19; *Thannhäuser* WissR 1997, 95 [98]; **a. M.** *Galperin/Löwisch* § 118 Rn. 59; *Kaiser/LK* § 118 Rn. 30 [nur allgemeiner Lagebericht]; ähnlich auch *Richardi/Forst* § 118 Rn. 136).

bb) Beschränkung der Anwendung der §§ 111 bis 113 (§ 118 Abs. 1 Satz 2 Halbs. 2)

149 Der zweite Anwendungsfall des Tendenzschutzes im Bereich der wirtschaftlichen Angelegenheiten ist die Mitbestimmung im Falle von Betriebsänderungen. Ein Unternehmer, der tendenzgeschützte Bestimmungen verfolgt, soll ohne Einschränkung darüber entscheiden können, ob er Betriebsänderungen irgendwelcher Art in Bezug auf die Verfolgung dieser Bestimmungen vornehmen will. Gleichwohl ist die **Reichweite des Tendenzschutzes nicht umfassend. § 118 Abs. 1 Satz 2 Halbs. 2 schränkt den Anwendungsbereich der §§ 111–113 nur ein**, ohne die Mitbestimmung des Betriebsrats völlig auszuschließen. Die Konkretisierung des Regelungsgehalts der Vorschrift wirft interpretatorische Fragen auf (vgl. Rdn. 151 ff.).

150 Auch wenn Anlass einer Betriebsänderung eine auf Unternehmensebene getroffene wirtschaftliche Entscheidung ist, bezieht sie sich ausweislich des Katalogs des § 111 Abs. 1 Satz 2 auf die betriebliche Ebene. Deshalb ist für den Tendenzschutz im Falle von Betriebsänderungen nicht nur maßgeblich, dass das Unternehmen **Tendenzcharakter** hat (so aber *Richardi/Forst* § 118 Rn. 27; *Matthes*/MünchArbR § 273 Rn. 4), dieser **muss sich auch in dem jeweils von der Betriebsänderung betroffenen Betrieb verwirklichen** (vgl. auch Rdn. 54; vgl. auch *Fitting* § 118 Rn. 6, 46 sowie *Wedde/DKKW* § 118 Rn. 69).

aaa) Tendenzschutz, Interessenausgleich und Sozialplan

151 Nach § 118 Abs. 1 Satz 2 Halbs. 2 sind die **§§ 111–113 nur insoweit anzuwenden, als sie den Ausgleich oder die Milderung wirtschaftlicher Nachteile für die Arbeitnehmer infolge von Betriebsänderungen regeln**. Daraus ergibt sich zunächst ohne weiteres, dass auch in Tendenzunternehmen und -betrieben im Falle einer Betriebsänderung ein **Sozialplan** verlangt werden kann (*BAG* 04.03.1977 EzA § 118 BetrVG 1972 Nr. 14 S. 108 f. = AP Nr. 11 zu § 111 BetrVG 1972 *[Richardi]*). Auf dessen **Legaldefinition in § 112 Abs. 1 Satz 2** verweist die Vorschrift ausdrücklich.

Hingegen ist der **Versuch eines Interessenausgleichs nicht geboten** (*BAG* 18.11.2003 EzA § 118 **152** BetrVG 2001 Nr. 4 S. 7 f. = AP Nr. 76 zu § 118 BetrVG 1972 Bl. 4; *LAG Rheinland-Pfalz* 18.08.2005 AfP 2005, 575; *Asbeck* Tendenzschutz, S. 145 ff.; *Bauer/Lingemann* NZA 1995, 813 [816]; *Bender/ WPK* § 118 Rn. 41; *Diller/JRH* Kap. 31 Rn. 112; *Fitting* § 118 Rn. 47; *Gillen/Hörle* NZA 2003, 1225 [1226 f.]; *Hess/HWGNRH* § 118 Rn. 125; *Kaiser/LK* § 118 Rn. 50; *Kania*/ErfK § 118 BetrVG Rn. 18; *Lakies*/HaKo § 118 Rn. 35; *Lunk*/NK-GA § 118 BetrVG Rn. 61; *Matthes*/MünchArbR § 273 Rn. 3; *Müller* FS *Hilger/Stumpf*, S. 477 [489]; *Kraft* Anm. EzA § 113 BetrVG 1972 Nr. 27; *Oetker* § 111 Rdn. 49; *ders.* DB 1996, Beil. 10, S. 5; *Poeche* Mitbestimmung, S. 110 f.; *Richardi/Forst* § 118 Rn. 171; *Rinsdorf* ZTR 2001, 197; **a. M.** *Fabricius* 6. Aufl., § 118 Rn. 527 ff.; *Grunsky* FS *Mallmann*, S. 79 [84 f.]; *Kehrmann/Schneider* BlStSozArbR 1972, 60 [64]; *Marhold* AR-Blattei SD 1570, Rn. 132; *Mayer-Maly* AfP 1972, 194 [197 f.]; *Richter* DB 1991, 2661 [2662]; *Wedde/DKKW* § 118 Rn. 70 ff.).

Insofern wirft allerdings der **Wortlaut** des § 118 Abs. 1 Satz 2 Halbs. 2 gewisse Zweifel auf. Einerseits **153** sind die §§ 111–113 »nur insoweit anzuwenden, als sie den Ausgleich oder die Milderung wirtschaftlicher Nachteile für die Arbeitnehmer infolge von Betriebsänderungen regeln«. Das weist darauf hin, dass nur die Regelungen über den insoweit ausdrücklich in Bezug genommenen Sozialplan anzuwenden sind, nicht aber diejenigen über den Interessenausgleich, dessen Funktion in einer Regelung über die Modalitäten der Betriebsänderung und nicht über deren Folgen besteht. Andererseits geht es, wiederum nach dem Wortlaut des Gesetzes, nicht nur um die Anwendbarkeit der §§ 111 und 112, sondern auch um § 113. Der dort geregelte Nachteilsausgleich bezieht sich auf den vom Arbeitgeber nicht eingehaltenen oder gar nicht versuchten Interessenausgleich. Das wiederum könnte darauf schließen lassen, dass der Gesetzgeber eben doch nicht nur den Sozialplan, sondern auch den Interessenausgleich im Blick hatte. § 118 Abs. 1 Satz 1 Halbs. 2 wäre dann in der Weise zu deuten, dass im Falle einer Betriebsänderung die Regeln über den Sozialplan und den Interessenausgleich nur insoweit anzuwenden sind, als es jeweils um den Ausgleich oder Milderung wirtschaftlicher Nachteile geht (in diesem Sinne in der Tat *Fabricius* 6. Aufl., § 118 Rn. 527 ff.; *Grunsky* FS *Mallmann*, S. 79 [84 f.]; *Kehrmann/Schneider* BlStSozArbr 1972, 60 [64]; *Marhold* AR-Blattei SD 1570, Rn. 132; *Mayer-Maly* AfP 1972, 194 [197 f.]; *Richter* DB 1991, 2661 [2662]; *Wedde/DKKW* § 118 Rn. 70 ff.). Diese Deutung überzeugt aber nicht. Denn der Wortlaut der Vorschrift erhält seinen Sinn dadurch, dass § 113 auch im Falle der Abweichung von einem **freiwillig abgeschlossenen Interessenausgleich** anwendbar sein soll. Ein solcher freiwillig abgeschlossener Interessenausgleich ist auch in Tendenzunternehmen und -betrieben möglich (vgl. auch *Asbeck* Tendenzschutz, S. 146 f.; *Bauer* FS *Wißmann*, S. 215 [222]; *Bender/WPK* § 118 Rn. 42; *Gillen/Hörle* NZA 2003, 1225 [1228]; *Lunk*/NK-GA § 118 BetrVG Rn. 61; *Thüsing/Wege* BB 2005, 213 [215] zum Interessenausgleich mit Namensliste). Folgerichtig stellt das Gesetz mit der Regelung zum Nachteilsausgleich auch das Instrumentarium zur Verfügung, mit dessen Hilfe ein Interessenausgleich durchgesetzt wird (vgl. auch Rdn. 159).

Wichtiger als die Wortlautinterpretation sind **Normzweck** und **Systematik** der Vorschrift. Insofern **154** ist zu berücksichtigen, dass der Gesetzgeber ersichtlich die für die Verfolgung eines tendenzbestimmten Unternehmenszwecks zentrale Frage nach dem **Ob und Wie einer Betriebsänderung gänzlich aus der Mitbestimmung herausnehmen wollte**. Obwohl nämlich schon bei tendenzfreien Unternehmen die Beteiligung des Betriebsrats hinsichtlich der Art und Weise der Durchführung der Betriebsänderung auf ein bloßes Beratungsrecht beschränkt ist und nur der Versuch eines Interessenausgleichs unternommen werden muss, schneidet § 118 Abs. 1 Satz 2 Halbs. 2 die Mitbestimmung bei Tendenzunternehmen noch einmal zurück und bezieht sie nunmehr **allein auf die Folgen der Betriebsänderung**. Das ergibt einen Sinn nur dann, wenn nicht einmal der Versuch eines Interessenausgleichs geboten ist. Schon die im Ergebnis offene Beratung mit dem Betriebsrat hält der Gesetzgeber offenbar für tendenzgefährdend. Insofern erweist sich § 118 Abs. 1 Satz 2 Halbs. 2 als Ausdruck des gleichen Grundgedankens wie beim generellen Ausschluss des Unterrichtungs- und Beratungsrecht des Wirtschaftsausschusses im ersten Halbsatz (im Ergebnis **ebenso** *ArbG Frankfurt* 26.09.1995 BB 1996 1063 *[zust. Berger-Delhey]*; *Bauer* FS *Wißmann*, S. 215 [222 ff.]; *Bauer/Lingemann* NZA 1995, 813 [816]; *Fitting* § 118 Rn. 47; *Hess/HWGNRH* § 118 Rn. 125; *Kania*/ErfK § 118 BetrVG Rn. 18; *Matthes*/MünchArbR § 273 Rn. 3; *Müller* FS *Hilger/Stumpf*, S. 477 [489]; *Kraft* Anm. EzA § 113 BetrVG 1972 Nr. 27; *Oetker* § 111 Rdn. 49; *ders.* DB 1996, Beil. 10, S. 5; *Poeche* Mitbestimmung, S. 110 f.; *Richardi/Forst* § 118 Rn. 171; in diese Richtung auch das *BAG* 30.06.1981 EzA § 118 BetrVG 1972 Nr. 27 S. 10 *[Kraft]* = AP Nr. 65 zu § 118 BetrVG 1972, das § 113 Abs. 3 ausdrücklich nicht auf den Versuch eines Interessenausgleichs bezieht; zu dieser Entscheidung näher Rdn. 157, 160).

155 Besonderheiten bestehen bei **Massenentlassungen**. Bei Massenentlassungen ist die in **§ 17 Abs. 2 KSchG** geregelte Pflicht des Arbeitgebers, über die Vermeidung und Beschränkung von Entlassungen sowie über die Milderung ihrer Folgen zu **unterrichten** und zu **beraten, nicht von § 118 betroffen** (*BAG* 18.11.2003 EzA § 118 BetrVG 2001 Nr. 4 S. 10 = AP Nr. 76 zu § 118 BetrVG 1972 Bl. 5; *Kania*/ErfK § 118 BetrVG Rn. 18; *Spelge*/EuArbR Art. 1 RL 98/59/EG Rn. 14; **a. M.** *Gillen/Hörle* NZA 2003, 1225 [1230]; weitergehend *Helm/Lehmann* AiB 2009, 555 [556], die aus der RL 2002/14/EG generell eine Verpflichtung zum Interessenausgleich auch in Tendenzbetrieben folgern wollen). Das entspricht zugleich der Vorgabe der **Massenentlassungsrichtlinie** (RL 98/59/EG, ABlEG Nr. L 225 v. 12.08.1998, S. 16), welche ebenfalls keinen Tendenzschutz kennt. Insofern besteht für das deutsche Recht kein Anpassungsbedarf (dazu *Ch. Weber* FS *Konzen* S. 921 [947 f.]). Zu möglichen **Rechtsfolgen** bei Verletzung von Informations- und Konsultationsrechten des Betriebsrats bei Massenentlassungen vgl. Rdn. 161.

bbb) Tendenzschutz, Unterrichtungs- und Beratungspflicht

156 § 111 Satz 1 erlegt dem Arbeitgeber im Falle einer geplanten Betriebsänderung zunächst eine **Unterrichtungs- und Beratungspflicht** auf. Diese Pflicht besteht **auch im Tendenzunternehmen**. Da es bei der Unterrichtung und Beratung notwendigerweise auch um die durch eine Betriebsänderung auf die Arbeitnehmer möglicherweise zukommenden Nachteile geht, steht eine darauf bezogene Pflicht des Arbeitgebers im Einklang mit der einschränkenden Formulierung des § 118 Abs. 1 Satz 2 Halbs. 2. Die Vereinbarung eines Sozialplans setzt voraus, dass der Arbeitgeber zuvor den Betriebsrat über die mit der Betriebsänderung verbundenen sozialen Auswirkungen informiert und diese mit ihm beraten hat (*BAG* 18.11.2003 EzA § 118 BetrVG 2001 Nr. 4 S. 6 f. = AP Nr. 76 zu § 118 BetrVG 1972 Bl. 3 f.; *Fitting* § 118 Rn. 47; *Gillen/Hörle* NZA 2003, 1225 [1228 f.]; *Kaiser/LK* § 118 Rn. 50; *Marhold* AR-Blattei SD 1570, Rn. 130; *Matthes*/MünchArbR § 273 Rn. 3; *Oetker* § 111 Rdn. 50 ff.; ders. DB 1996, Beil. 10, S. 5; *Richardi/Forst* § 118 Rn. 170).

157 Hinsichtlich des **Zeitpunktes** von Unterrichtung und Beratung sind allerdings die gesetzlichen Vorgaben wiederum unklar. »Rechtzeitig« i. S. d. § 111 Satz 1 bedeutet im tendenzfreien Unternehmen, dass der Betriebsrat in Hinblick auf den Versuch eines Interessenausgleichs einbezogen werden muss, also jedenfalls vor der Entscheidung über die geplante Betriebsänderung. Im Tendenzunternehmen ist der Versuch eines Interessenausgleichs aber nicht geboten (vgl. Rdn. 152–154), die **Unterrichtungs- und Beratungspflicht bezieht sich nur auf den Sozialplan**. Deshalb liegt die Annahme nahe, dass jedenfalls die **Beratung nicht schon vor Durchführung der geplanten Betriebsänderung** erfolgen muss, sondern es ausreicht, wenn der Arbeitgeber den Betriebsrat vom endgültig gefassten Beschluss unterrichtet und nur mehr die sozialen Auswirkungen zur Sprache kommen (vgl. *Bauer* FS *Wißmann*, S. 215 [218 ff.]; *Bauer/Lingemann* NZA 1995, 813 [815]; *Gillen/Hörle* NZA 2003, 1225 [1229]; *Hohenstatt/Dzida*/HWK § 118 BetrVG Rn. 27; *Oetker* § 111 Rdn. 53; *Weberling* AfP 2000, 317 [320]). Demgegenüber ist das *BAG* der Ansicht, **auch im Tendenzunternehmen** müssten **Unterrichtung und Beratung vor der Durchführung der Betriebsänderung** erfolgen, um den Betriebsrat in die Lage zu versetzen, sein Mitbestimmungsrecht in Hinblick auf den Sozialplan auch durchsetzen zu können (*BAG* 30.06.1981 EzA § 118 BetrVG 1972 Nr. 27 S. 8 ff. *[Kraft]* = AP Nr. 65 zu § 118 BetrVG 1972; 18.11.2003 EzA § 118 BetrVG 2001 Nr. 4 S. 6 ff. = AP Nr. 76 zu § 118 BetrVG 1972 Bl. 3 ff.; **zust.** *Fitting* § 118 Rn. 47; *Richardi/Forst* § 118 Rn. 170). Eine solche Ausgestaltung der Unterrichtungs- und Beratungspflicht **widerspricht aber dem Normzweck des Tendenzschutzes im Bereich der wirtschaftlichen Angelegenheiten**. Eine frühzeitige Einbeziehung der Folgen einer Betriebsänderung in die Überlegungen über das Ob und Wie ihrer Durchführung mag sinnvoll sein. Das ändert aber nichts an der Grundentscheidung des Gesetzgebers, der sich gegen jede erzwungene Einflussnahme des Betriebsrates auf die Durchführung der Betriebsänderung selbst ausgesprochen hat, gerade auch solche nur beratender Natur. Wäre das Tendenzunternehmen zu Beratungen über den Sozialplan im Vorfeld der geplanten Betriebsänderung gezwungen, ergäbe sich daraus mittelbar ein Einfluss auf die Durchführung der Betriebsänderung selbst, die vom Gesetz nicht gewollt ist (**im Ergebnis wie hier** *Bauer* FS *Wißmann*, S. 215 [218 ff.]; *Kraft* Anm. EzA § 118 BetrVG 1972 Nr. 27).

ccc) Tendenzschutz und Nachteilsausgleich

Die Schwierigkeiten bei der Auslegung des § 118 Abs. 1 Satz 2 Halbs. 2 setzen sich bei der Frage nach der **Anwendbarkeit des** § 113 fort. Die Vorschrift ist nach dem Gesetzeswortlaut in Bezug genommen, obwohl sie den Nachteilsausgleich regelt, der sich seinerseits wiederum auf den – im Bereich des Tendenzschutzes nicht gebotenen (vgl. Rdn. 152–154) – Interessenausgleich bezieht. Der Normzweck des § 118 gebietet eine **Differenzierung**: **158**

§ 113 Abs. 1 und 2 sind insoweit anzuwenden als es um die Durchsetzung eines **freiwilligen Interessenausgleichs** geht. Dieser kann als Kollektivvereinbarung besonderer Art vom Betriebsrat nicht gerichtlich durchgesetzt werden. Der vom Gesetz vorgegebene Weg ist der Nachteilsausgleich. Dieser Weg muss auch dann offen stehen, wenn es in einem Tendenzunternehmen zu einem Interessenausgleich kommt (*Bauer/Lingemann* NZA 1995, 813 [816]; *Fitting* § 118 Rn. 47; *Gillen/Hörle* NZA 2003, 1225 [1232]; *Kaiser/LK* § 118 Rn. 50; **generell gegen die Anwendung des** § 113 *Matthes*/MünchArbR § 273 Rn. 3; *Oetker* § 113 Rdn. 16; *ders.* DB 1996, Beil. 10, S. 5; *Richardi/Forst* § 118 Rn. 172; **offen gelassen** von *BAG* 30.06.1981 EzA § 118 BetrVG 1972 Nr. 27 S. 12 [*Kraft*] = AP Nr. 65 zu § 118 BetrVG 1972). **159**

§ 113 Abs. 3 ist hingegen nicht anwendbar. Das gilt zunächst im unmittelbaren Anwendungsbereich der Norm **in Bezug auf den unterlassenen Versuch eines Interessenausgleichs**. Da der Arbeitgeber aus Gründen des Tendenzschutzes nicht gehalten ist, einen Interessenausgleich zu versuchen, kann es keine darauf bezogene Sanktion geben. Das *BAG* meint allerdings, ein Nachteilsausgleich käme in Betracht, wenn der Arbeitgeber eine Betriebsänderung durchführe, ohne den Betriebsrat rechtzeitig unterrichtet und **Verhandlungen über den Sozialplan** ermöglicht zu haben (*BAG* 30.06.1981 EzA § 118 BetrVG 1972 Nr. 27 S. 8 ff. [*Kraft*] = AP Nr. 65 zu § 118 BetrVG 1972; 18.11.2003 EzA § 118 BetrVG 2001 Nr. 4 S. 6 ff. = AP Nr. 76 zu § 118 BetrVG 1972 Bl. 3 ff.; **zust.** *LAG Niedersachsen* 29.11.2002 BB 2003, 1337 [*Lipinski*], das u. a. deshalb einen Unterlassungsanspruch des Betriebsrats gegen geplante Kündigungen im Rahmen einer geplanten Betriebsänderung verneint; *Fitting* § 118 Rn. 47; *Gamillscheg* II, S. 1175; *Kukat* BB 1999, 688 [690]; *Lakies*/HaKo § 118 Rn. 35; *Wedde*/DKKW § 118 Rn. 72 f.). Das beruht auf der (in Rdn. 157 erläuterten) Annahme einer entsprechenden Beratungspflicht hinsichtlich des Sozialplans vor Durchführung der Betriebsänderung. Lehnt man diese, wie das hier geschehen ist, ab, so kann es auch keinen darauf bezogenen Nachteilsausgleich geben. Da der Betriebsrat Verhandlungen über einen Sozialplan nicht im Vorfeld der Betriebsänderung erzwingen kann, fehlt einer auf das Verfahren bezogenen Sanktion der rechtliche Bezugspunkt (im Ergebnis wie hier *Bauer/Lingemann* NZA 1995, 813 [816]; *Gillen/Hörle* NZA 2003, 1225 [1230 ff.]; *Hohenstatt/Dzida*/HWK § 118 BetrVG Rn. 30; *Kraft* Anm. EzA § 113 BetrVG 1972 Nr. 27; *Kaiser/LK* § 118 Rn. 51; *Lunk*/NK-GA § 118 BetrVG Rn. 65; *Matthes*/MünchArbR § 273 Rn. 3; *Oetker* DB 1996, Beil. 10, S. 5; *ders.* § 113 Rdn. 12; *Poeche* Mitbestimmung, S. 111; *Richardi/Forst* § 118 Rn. 172; *Weberling* AfP 2000, 317 [320]). Auch der Weg über den einstweiligen Rechtsschutz, der als Alternative zur Sanktion des § 113 Abs. 3 vorgeschlagen wird (*Rinsdorf* ZTR 2001, 197 [199 ff.]), kommt allenfalls insoweit in Betracht, als es um die frühzeitige Unterrichtung des Betriebsrats vor Durchführung der Betriebsänderung geht. **160**

Besonderheiten gelten wiederum im Falle von **Massenentlassungen**. Da § 17 Abs. 2 KSchG im Tendenzbetrieb uneingeschränkt Anwendung findet (vgl. Rdn. 155), würde das Fehlen einer Möglichkeit zur Durchsetzung des Unterrichtungs- und Anhörungsrecht bzw. einer Sanktion im Falle der Missachtung der Forderung des Europäischen Gesetzgebers nach einer effektiven Rechtsdurchsetzung nach Art. 6 RL 98/59/EG nicht gerecht werden. Deshalb ist **bei Massenentlassungen auch in Tendenzbetrieben** in richtlinienkonformer Rechtsfortbildung die Regelung des **§ 113 Abs. 3 BetrVG** über den Nachteilsausgleich analog anzuwenden (vgl. ausf. *Ch. Weber* AuR 2008, 365 [375 ff.]; i. E. auch *Boemke* EAS B 7100 Rn. 95; *Oetker* EAS B 8300 Rn. 437; **a. M.** *BAG* 18.11.2003 EzA § 118 BetrVG 2001 Nr. 4 S. 11 f. = AP Nr. 76 zu § 118 BetrVG 1972; *Hess*/HWGNRH § 118 Rn. 127 f.; *Mauthner* Die Massenentlassungsrichtlinie der EG und ihre Bedeutung für das deutsche Massenentlassungsrecht, 2004, S. 179; *Reinhard* RdA 2007, 207 [211]; *Richardi/Forst* § 118 Rn. 172; *Schlachter* FS Wißmann, S. 412 [413 ff.] *Spelge*/EuArbR Art. 1 RL 98/59/EG Rn. 14). Das *BAG* löst die Problematik inzwischen unabhängig von der Sonderkonstellation des Tendenzbetriebs, indem **Kündigungen** im Rahmen von Massenentlassungen bei Verletzung der Beteiligungsrechte des Be- **161**

§ 118   V. 3. Tendenzbetriebe und Religionsgemeinschaften

triebsrats für **unwirksam** erklärt werden (*BAG* 21.03.2013 EzA § 17 KSchG Nr. 30 = AP Nr. 43 zu § 17 KSchG 1969; ebenso die h. L. vgl. u. a. *Deinert*/KDZ KSchR § 17 Rn. 47; *Kiel*/ErfK § 17 KSchG Rn. 36; *Spelge*/EuArbR Art. 1 RL 98/59/EG Rn. 14; *Weigand*/KR § 17 KSchG Rn. 101; **dagegen** *Moll* Anm. BAG EzA § 17 KSchG Nr. 30; *Weber*/EuArbR Art. 8 RL 2002/14/EG Rn. 17; *ders.* AuR 2008, 365 [375]; **differenzierend** *Naber/Sittard* in: *Preis/Sagan* Europ. ArbR, § 10 Rn. 96;). Zum **Unterlassungsanspruch** *Weber*/EuArbR Art. 8 RL 2002/14/EG Rn. 7 f., 12 ff. m. w. N.; ausf. *Ch. Weber* AuR 2008, 365 [378 ff.]).

cc) Betriebsübergang (§ 613a BGB)

162 Der **Betriebsübergang an sich** ist kein Anwendungsfall des § 111, sondern kann allenfalls mit einer Betriebsänderung zusammenfallen (vgl. *Oetker* § 111 Rdn. 75, 146 m. w. N.). § 118 bezieht sich nur auf die Anwendbarkeit des Betriebsverfassungsrechts, nicht auf bürgerlich-rechtliche Vorschriften (*BAG* 07.11.1975 EzA § 118 BetrVG 1972 Nr. 7 S. 53 = AP Nr. 3 zu § 99 BetrVG 1972 [*Kraft/Geppert*]; *Fitting* § 118 Rn. 48; *Meisel* Anm. SAE 1977, 38 [40]; *Richardi/Forst* § 118 Rn. 177; *Wedde/DKKW* § 118 Rn. 119; **a. M.** *Mayer-Maly* BB 1973, 761 [768 f.]). Die Regelungen zum Betriebsübergang gelten deshalb auch in Tendenzbetrieben.

163 Allerdings ist auch anerkannt, dass bei einem **Betriebsübergang, der zugleich einen Tatbestand des § 111** erfüllt, die in den §§ 111–113 niedergelegten Regelungen zur Anwendung kommen (*BAG* 25.01.2000 EzA § 112 BetrVG 1972 Nr. 106 = AP Nr. 137 zu § 112 BetrVG 1972; *Oetker* § 111 Rdn. 75, 146; ausf. *Moll* RdA 2003, 129 ff.). Bei Tendenzunternehmen scheint dann wiederum § 118 zu greifen. Ob dies allerdings mit Blick auf europarechtliche Vorgaben zutrifft, erscheint zweifelhaft (vgl. dazu auch *Marhold* AR-Blattei SD 1570, Rn. 139). Denn die **europäische Betriebsübergangsrichtlinie** (RL 2001/23/EG [ABlEG Nr. L 082/16]) schreibt für den Fall eines Betriebsübergangs Informations- und Konsultationsrechte der Arbeitnehmervertretung im Vorfeld der geplanten Maßnahmen vor (Art. 7 Abs. 1 und 2 RL). Art. 7 Abs. 3 RL erlaubt mit Blick auf die deutsche Rechtslage eine Beschränkung auf Fälle der Betriebsänderung, deckt also die Anwendung der §§ 111 ff. BetrVG. Eine **Tendenzschutzklausel** kennt die Richtlinie aber **nicht**. Damit sind Informations- und Anhörungsrechte nach § 111 ff. BetrVG auch in Tendenzunternehmen für Fälle des Zusammentreffens von Betriebsübergang und Betriebsänderung europarechtlich vorgegeben. **§ 118 ist richtlinienkonform auszulegen** und auf solche Fälle **nicht anzuwenden** (zust. *Jatho* Tendenzunternehmen und Religionsgemeinschaften, S. 241 f.). Zwar könnte man auf die Tendenzschutzklausel des Art. 3 Abs. 2 der Rahmenrichtlinie 2002/14/EG zur Unterrichtung und Anhörung der Arbeitnehmer in der Europäischen Gemeinschaft (ABlEG Nr. L 80/29) verweisen, die immerhin jüngeren Datums ist als die Betriebsübergangsrichtlinie. Aber Art. 9 Abs. 1 RL 2002/14/EG bestimmt explizit, dass die in der Betriebsübergangsrichtlinie vorgesehenen spezifischen Informations- und Konsultationsverfahren unberührt bleiben. Damit kann man der Tendenzschutzklausel der Rahmenrichtlinie zur Unterrichtung und Anhörung der Arbeitnehmer keinen generellen Vorrang einräumen (vgl. auch *Ch. Weber* FS *Konzen* S. 921 [944 ff.]). Allenfalls wäre zu fragen, ob der fehlende Tendenzschutz in der Betriebsübergangsrichtlinie seinerseits mit dem **Grundrechtsschutz auf europäischer Ebene** vereinbar ist, den der *EuGH* in Anlehnung an die Europäische Menschenrechtskonvention entwickelt hat und der in der Europäischen Grundrechtecharta (ABlEG Nr. C 364) konkretisiert und nunmehr mit Art. 6 EUV seit dem Reformvertrag von Lissabon verbindlich in Bezug genommen wird (vgl. auch *Kloepfer* Innere Pressefreiheit, S. 156 ff. [bezogen auf Art. 10 EMRK und Art. 8 Abs. 3 der RL 94/45/EG über die Einsetzung eines Europäischen Betriebsrats]). Ob allerdings daraus ein Tendenzschutzgebot wie im deutschen Verfassungsrecht ableitbar ist, erscheint zweifelhaft, da einerseits der Tendenzschutz an sich in Europa keine vergleichbare Tradition aufweist und andererseits auch der nationale Grundrechtsschutz durch eine derartige Einschränkung des Tendenzschutzes nicht in seinem Wesensgehalt getroffen wäre. Jedenfalls beeinträchtigen die de lege lata bestehenden bloßen Unterrichtungs- und Anhörungsrechte den europäischen Grundrechtsschutz ebensowenig wie den nationalen (*Plum* Tendenzschutz, S. 428 f.; vgl. auch *Ch. Weber* FS *Konzen* S. 921 [946 f.]). Allgemein zur Frage nach der Bedeutung des europäischen Grundrechtsschutzes auch Rdn. 33 ff.

Geltung für Tendenzbetriebe und Religionsgemeinschaften § 118

**c) Anwendung des Betriebsverfassungsgesetzes im Übrigen
(§ 118 Abs. 1 Satz 1 letzter Halbs.)**

aa) Grundsätze

aaa) Konzeption der Relativklausel

§ 118 Abs. 1 Satz 1 letzter Halbs. schränkt die Geltung des Betriebsverfassungsgesetzes in Tendenz- 164
unternehmen und -betrieben auf einer weiteren Stufe nochmals insoweit ein, **als die Eigenart des
Unternehmens oder Betriebs der Tendenzverwirklichung entgegensteht**. Diese Relativklausel, die sich nicht nur auf die Mitbestimmungsrechte des Betriebsrats, sondern auch auf die Organisation der Betriebsverfassung bezieht, verlangt zusätzlich zu der abstrakten Feststellung der Tendenzbestimmung des Unternehmens oder Betriebs eine **einzelfallbezogene Betrachtung** (*Fitting* § 118 Rn. 29; *Marhold* AR-Blattei SD 1570, Rn. 141; *Matthes*/MünchArbR § 273 Rn. 9; *Wedde*/DKKW § 118 Rn. 74; vgl. auch *Richardi*/*Forst* § 118 Rn. 116, 119). Dabei kommt es gleichermaßen auf **die konkrete Eigenart des betreffenden Unternehmens oder Betriebes** wie auf die jeweils in Frage stehende **konkrete Maßnahme an**. Die Relativklausel bedeutet weiterhin, dass es bei der Anwendung von Mitbestimmungsrechten nicht stets um den völligen Ausschluss der Beteiligung des Betriebsrats gehen muss. Die **Wahrnehmung von Mitbestimmungsrechten** ist vielmehr **nur insoweit ausgeschlossen, als sie der Tendenzverwirklichung entgegensteht**. Daraus ergibt sich, dass im Einzelfall zwar eine echte Mitbestimmung ausgeschlossen sein mag, Anhörungs- und Beratungsrechte aber durchaus mit § 118 Abs. 1 Satz 1 letzter Halbs. in Einklang zu bringen sind (*BVerfG* 15.12.1999 EzA § 118 BetrVG 1972 Nr. 70 S. 8 = AP Nr. 67 zu BetrVG 1972; 15.12.1999 EzA § 118 BetrVG 1972 Nr. 71 S. 5 f. = AP Nr. 68 zu § 118 BetrVG 1972; ferner *BAG* 07.11.1975 EzA § 99 BetrVG 1972 Nr. 7 S. 55 = AP Nr. 3 zu § 99 BetrVG 1972 [*Kraft/Geppert*] = SAE 1977, 35 [*Meisel*]; 08.05.1990 EzA § 118 BetrVG 1972 Nr. 52 S. 4 = AP Nr. 46 zu § 118 BetrVG 1972; 14.01.1992 EzA § 118 BetrVG 1972 Nr. 59 S. 11 [*Kania*] = AP Nr. 49 zu § 118 BetrVG 1972 [*Berger-Delhey*] = AR-Blattei ES 1570, Nr. 48 [*Mayer-Maly*] = SAE 1992, 374 [*Berger-Delhey*]; *Ihlefeld* AuR 1980, 60 [62]; *Kania*/ErfK § 118 BetrVG Rn. 20; *Matthes*/MünchArbR § 273 Rn. 9; *Plander* AuR 1991, 353; *Richardi*/*Forst* § 118 Rn. 122; *Wedde*/DKKW § 118 Rn. 74, 77).

Die **Konkretisierung** der Relativklausel des § 118 Abs. 1 Satz 1 letzter Halbs. umfasst mehrere 165
Aspekte: Eine Einschränkung der Geltung des Betriebsverfassungsgesetzes und namentlich von Mitbestimmungsrechten des Betriebsrats ist zunächst nur geboten, wenn andernfalls die **Tendenzverwirklichung verhindert oder ernsthaft beeinträchtigt** würde (vgl. Rdn. 166). Soweit es um die Frage nach der Beteiligung des Betriebsrats an einer Maßnahme des Arbeitgebers geht, ist erforderlich, dass die fragliche Maßnahme **Tendenznähe** aufweist (vgl. Rdn. 168). Schließlich muss die Maßnahme einen **Tendenzträger** betreffen (vgl. Rdn. 169).

bbb) Verhinderung oder ernsthafte Beeinträchtigung der Tendenzverwirklichung

Nach gefestigter Rechtsprechung des *BAG* kommt eine Einschränkung der Anwendung des Betriebs- 166
verfassungsgesetzes nur in Betracht, wenn andernfalls die Verfolgung der Tendenzbestimmung **verhindert oder jedenfalls ernstlich beeinträchtigt** würde (seit *BAG* 22.04.1975 EzA § 118 BetrVG 1972 Nr. 4 S. 25 [*Mathy*] = AP Nr. 2 zu § 118 BetrVG 1972 [*Mayer-Maly*]; vgl. ferner 30.01.1990 EzA § 118 BetrVG 1972 Nr. 50 S. 11 [*Gaul*] = AP Nr. 44 zu § 118 BetrVG 1972 [*Berger-Delhey*] = SAE 1990, 281 [*Reske*/*Berger-Delhey*]; aus neuerer Zeit etwa 21.09.1993 EzA § 118 BetrVG 1972 Nr. 62 S. 4 = AP Nr. 4 zu § 94 BetrVG 1972; 28.05.2002 EzA § 87 BetrVG 1972 Betriebliche Ordnung Nr. 29 S. 9 [*K. Gamillscheg*] = AP Nr. 39 zu § 87 BetrVG 1972 Ordnung des Betriebs Bl. 4 R = AR-Blattei ES 530.14.2, Nr. 157 [*Wiese*]). Das *BVerfG* hat – ausdrücklich unter dem Gesichtspunkt der **Grundrechtsgewährleistung** – ebenso entschieden (*BVerfG* 15.12.1999 EzA § 118 BetrVG 1972 Nr. 70 = AP Nr. 67 zu BetrVG 1972; 15.12.1999 EzA § 118 BetrVG 1972 Nr. 71 = AP Nr. 68 zu § 118 BetrVG 1972).

Wenn demgegenüber im **Schrifttum** mit Blick auf die von § 118 zu verwirklichende Grundrechts- 167
gewährleistung zum Teil **schwächere Anforderungen** gestellt werden und man den Tendenzschutz bereits dann greifen lassen will, wenn durch die Anwendung einer Gesetzesvorschrift der Tendenzautonomie behindert werde (*Bargon* Tendenzunternehmen »zweiter Klasse«?, S. 107 ff.; *Dütz* BB 1975, 1261 [1267]; *ders.* AfP 1988, 193 [201]; *Plander* AuR 1976, 289 [291]); *ders.* AuR 1991, 353

[356 f.]; *Richardi/Forst* § 118 Rn. 117; *Thannhäuser* WissR 1997, 95 [99]), vermag das **nicht zu überzeugen**. Schon der allgemeine **Sprachgebrauch** legt es nahe, nicht bloß jede Behinderung als »Entgegenstehen« zu werten, sondern höhere Anforderungen zu stellen. Auch die **Entstehungsgeschichte** der Vorgängervorschrift zum BetrVG 1952 spricht dafür: In § 67 BRG hatte es noch »durch die Eigenart ... bedingt ...« geheißen, eine Formulierung, die zunächst auch in § 98 des Regierungsentwurfs zum Betriebsverfassungsgesetz 1952 übernommen worden war (BT-Drucks. I/1546, S. 32). Im Ausschuss für Arbeit wurde dann aber in § 81 das Wort »bedingt« durch die schärfere Formulierung »entgegenstehen« ersetzt (BT-Drucks. I/3585, S. 18). Vor allem decken auch **Normzweck** und **Systematik** des § 118 die Auffassung der Rechtsprechung. Im Anwendungsbereich der Relativklausel reicht der Tendenzschutz weniger weit als im Bereich der wirtschaftlichen Mitbestimmung. Während dort der Unternehmer nach dem klaren Anwendungsbefehl des Gesetzes vor jeder, auch nur mittelbaren Einflussnahme auf unternehmerische Entscheidungsprozesse in Form von Beratungsrechten geschützt werden soll, geht es bei § 118 Abs. 1 Satz 1 letzter Halbs. nur darum, dass der Unternehmer seine Tendenz **verwirklichen** können soll. Dazu bedarf es keines Schutzes vor einer Beeinflussung durch Anhörungs- und Beratungsrechte des Betriebsrats, sondern nur eines Schutzes vor Rechten, die die geplante unternehmerische Maßnahme verhindern können (im Ergebnis wie hier *Matthes*/MünchArbR § 273 Rn. 6; *Plander* AuR 1991, 353 [355]; *Richter* DB 1991, 2661 [2662]; *Wedde*/DKKW § 118 Rn. 75; *Weller* FS Gnade, S. 235 [237, 239]; noch enger *Fabricius* 6. Aufl., § 118 Rn. 563 ff., der nicht einmal eine ernsthafte Beeinträchtigung ausreichen lassen will).

ccc) Tendenznähe der Maßnahme

168 Tendenzschutz besteht nur für **Maßnahmen, die als solche tendenzbezogen** sind, sog. **Maßnahmetheorie** (st. Rspr., vgl. etwa BAG 27.07.1993 EzA § 118 BetrVG 1972 Nr. 61 S. 8 *[Dütz]* = AP Nr. 51 zu § 118 BetrVG 1972 = AR-Blattei ES 1570, Nr. 51 *[Marhold]*; *Fitting* § 118 Rn. 30; *Kraft/Raab* Anm. AP Nr. 34 zur § 87 BetrVG 1972 Arbeitszeit; *Marhold* AR-Blattei SD 1570, Rn. 142; *Matthes*/MünchArbR § 273 Rn. 9; *Richardi/Forst* § 118 Rn. 121; *Richter* DB 1991, 2661 [2662]; **krit.** *Rüthers/Franke* DB 1992, 374 ff.). Wertneutrale Vorgänge, um die es sich häufig bei der bloßen Gestaltung von Arbeitsabläufen oder Fragen der Betriebsorganisation handelt, berühren den Anwendungsbereich des § 118 nicht (zu den verschiedenen Varianten der Maßnahmetheorie *Dütz* BB 1975, 1261 [1262 ff.]; *Hanau* BB 1973, 901 ff.).

ddd) Tendenzträgereigenschaft der von der Maßnahme betroffenen Personen

169 Namentlich bei der Mitbestimmung in personellen Angelegenheiten, aber auch bei anderen Mitbestimmungstatbeständen, ist Voraussetzung für eine Einschränkung der Beteiligung des Betriebsrats, dass die von der Maßnahme betroffenen Arbeitnehmer unmittelbar und maßgeblich an der Tendenzverwirklichung beteiligt sind, es sich also um sog. **Tendenzträger** handelt (st. Rspr. seit BAG 30.04.1974 AP Nr. 1 zu § 118 BetrVG 1972 Bl. 3 *[Mayer-Maly]*; aus jüngerer Zeit etwa 12.11.2002 EzA § 99 BetrVG 2001 Nr. 2 S. 8 = AP Nr. 43 zu § 99 BetrVG 1972 Einstellung Bl. 4 *[von Hoyningen-Huene]* = AuR 2003, 311 *[Plander]*; 28.08.2003 EzA § 118 BetrVG 2001 Nr. 3 S. 14 f. = AP Nr. 49 zu § 103 BetrVG 1972 Bl. 6 f.; 13.02.2007 EzA § 118 BetrVG 2001 Nr. 7 Rn. 15 = AP Nr. 81 zu § 118 BetrVG 1972 *[Wedde]*; 20.04.2010 EzA § 118 BetrVG 2001 Nr. 9 Rn. 18, 21 = AP Nr. 9 zu Art. 5 Abs. 1 GG Pressefreiheit *[Franzen]* = BB 2010, 2766 *[Naber/Kiehn]*; 14.09.2010 EzA § 118 BetrVG 2001 Nr. 10 Rn. 22 = AP Nr. 83 zu § 118 BetrVG 1972; 14.05.2013 EzA § 118 BetrVG 2001 Nr. 13 Rn. 18 = AP Nr. 86 zu § 118 BetrVG 1972; vgl. auch BVerfG 06.11.1979 EzA § 118 BetrVG 1972 Nr. 23 = AP Nr. 14 zu § 118 BetrVG 1972 = AR-Blattei Tendenzbetrieb, Entsch. 19 *[Mayer-Maly]*; *Löffler/Dörner/Grund* Presserecht, ArbR BT Rn. 339; *Dütz* BB 1975, 1261; *Marhold* AR-Blattei SD 1570, Rn. 142; *Müller* FS Hilger/Stumpf, S. 477 [490 ff.]; *Richter* DB 1991, 2661 [2667]; *Wedde/DKKW* § 118 Rn. 56, 77; **einschränkend** *Richardi/Forst* § 118 Rn. 120, 143 [nur für personelle Angelegenheiten]; *Bargon* Tendenzunternehmen »zweiter Klasse«?, S. 111 f.; 163 ff. [nur bei Tendenzschutz ohne Grundrechtsbezug]; **krit.** *Asbeck* Tendenzschutz, S. 152 ff.; *Hohenstatt/Dzida/HWK* § 118 BetrVG Rn. 24; *dies.* NZA 2004, 1084 [1085 ff.]; *Lunk/NK-GA* § 118 BetrVG Rn. 27; *Rüthers/Franke* DB 1992, 374 [375]).

170 Die in § 118 Abs. 1 genannten **geistig-ideellen Bestimmungen müssen für die Tätigkeit des betreffenden Personenkreises prägend sein**. Das ist allerdings nicht erst dann der Fall, wenn die ten-

Geltung für Tendenzbetriebe und Religionsgemeinschaften § 118

denzbezogene Tätigkeit überwiegt, sie darf nur nicht ganz unerheblich sein (*BAG* 20.01.1990 EzA § 118 BetrVG 1972 Nr. 57 S. 11 f. = AP Nr. 47 zu § 118 BetrVG 1972; 20.04.2010 EzA § 118 BetrVG 2001 Nr. 9 Rn. 21 = AP Nr. 9 zu Art. 5 Abs. 1 GG Pressefreiheit *[Franzen]* = BB 2010, 2766 *[Naber/Kiehn]*; 14.05.2013 EzA § 118 BetrVG 2001 Nr. 13 Rn. 19, 23 = AP Nr. 86 zu § 118 BetrVG 1972). Andererseits ist Voraussetzung, dass der Beschäftigte die Möglichkeit einer inhaltlich prägenden Einflussnahme auf die Tendenzverwirklichung hat und nicht nur bei der Verfolgung der Tendenz mitwirkt (*BAG* 12.11.2002 EzA § 99 BetrVG 2001 Nr. 2 S. 8 = AP Nr. 43 zu § 99 BetrVG1972 Einstellung Bl. 4 *[von Hoyningen-Huene]* = AuR 2003, 311 *[Plander]*; 13.02.2007 EzA § 118 BetrVG 2001 Nr. 7 Rn. 16 f. = AP Nr. 81 zu § 118 BetrVG 1972 *[Wedde]*; 20.04.2010 EzA § 118 BetrVG 2001 Nr. 9 Rn. 21 = AP Nr. 9 zu Art. 5 Abs. 1 GG Pressefreiheit *[Franzen]* = BB 2010, 2766 *[Naber/Kiehn]*). Nicht zu den Tendenzträgern zählen solche Mitarbeiter, die Tätigkeiten verrichten, die unabhängig von der Eigenschaft des Tendenzbetriebs in jedem Betrieb anfallen (*BAG* 28.08.2003 EzA § 118 BetrVG 2001 Nr. 3 S. 15 = AP Nr. 49 zu § 103 BetrVG 1972 Bl. 6 R).

Das weite Verständnis des Begriffs des Tendenzträgers beruht auf der Herleitung des Tendenzschutzes aus grundrechtlichen Positionen. Wo diese Herleitung nicht gegeben ist, wie bei den **karitativen Bestimmungen sowie den erzieherischen Bestimmungen** außerhalb des Art. 7 Abs. 4, 5 GG, ist die mit einer derartigen Begriffsbildung einhergehende Einschränkung der Mitbestimmung nicht gerechtfertigt. Hier verlangt die Rechtsprechung zu Recht für die Tendenzträgereigenschaft ein **höheres Maß an Einflussnahme** auf die geschützte Tendenz. Dieses ist nur gegeben, wenn die betreffenden Arbeitnehmer bei den tendenzbezogenen Tätigkeitsinhalten **im Wesentlichen frei über ihre Aufgabenerledigung entscheiden** können, also keinem umfassenden Weisungsrecht oder Sachzwängen ausgesetzt sind. Ein inhaltlich prägender Einfluss auf die karitative oder erzieherische Tendenzverwirklichung kann sich aus der Einbeziehung des Arbeitnehmers in bedeutende planerische, konzeptionelle oder administrative Entscheidungen ergeben. In zeitlicher Hinsicht muss regelmäßig ein **bedeutender Anteil an der Gesamtarbeitszeit** in diesem Sinne tendenzbezogen sein (*BAG* 14.09.2010 EzA § 118 BetrVG 2001 Nr. 10 Rn. 24 ff. = AP Nr. 83 zu § 118 BetrVG 1972; 14.05.2013 EzA § 118 BetrVG 2001 Nr. 13 Rn. 22 ff. = AP Nr. 86 zu § 118 BetrVG 1972; *LAG Bremen* 30.08.2011 – 4 TaBV 4/10 – juris, Rn. 63 ff.; *Fitting* § 118 Rn. 30). 171

Als Tendenzträger wurden von der Rechtsprechung angesehen:

Im Bereich der **politischen und koalitionspolitischen Bestimmungen** (vgl. auch *Poeck* Tendenzträger, S. 38 ff., 44 f.): Funktionäre der Parteien, Gewerkschaften und Arbeitgeberverbände (*BAG* 06.12.1979 EzA § 1 KSchG Tendenzbetrieb Nr. 5 *[Rüthers]* = AP Nr. 2 zu § 1 KSchG 1969 Verhaltensbedingte Kündigung *[Kunze]*; Rechtsschutzsekretäre einer Gewerkschaft (*Hess. LAG* 03.09.1996 NZA 1997, 671). 172

Im Bereich der **konfessionellen, karitativen und erzieherischen Bestimmungen** (vgl. auch *Poeck* Tendenzträger, S. 48, 52 ff., 57 ff.): Leiterin eines katholischen Kindergartens (*BAG* 25.04.1978 EzA § 1 KSchG Tendenzbetrieb Nr. 4, 04.03.1980 EzA § 1 KSchG Tendenzbetrieb Nr. 8 = AP Nr. 2, 3 zu Art. 140 GG); Leiter eine Familienbildungsstätte (*ArbG Köln* 18.02.1976 EzA § 1 KSchG Tendenzbetrieb Nr. 1); Psychologen an einem Berufsförderungswerk für Behinderte (*BAG* 22.04.1975 EzA § 118 BetrVG 1972 Nr. 44 = AP Nr. 38 zu § 118 BetrVG 1972; 14.09.2010 – 1 ABR 16/09 – juris, Rn. 26 f.; vgl. auch *LAG Berlin-Brandenburg* 09.12.2008 – 16 TaBV 1234/08 – juris); Gruppenleiter und Betreuer einer Behindertenwerkstatt (*BAG* 31.01.1984 EzA § 87 BetrVG 1972 Betriebliche Lohngestaltung Nr. 8 = AP Nr. 15 zu § 87 BetrVG 1972 Lohngestaltung); Lehrer und Honorarkräfte (*BAG* 22.05.1979 EzA § 118 BetrVG 1972 Nr. 21 = AP Nr. 12 zu § 118 BetrVG 1972; 04.03.1980 EzA § 1 KSchG Tendenzbetrieb Nr. 9 = AP Nr. 4 zu § 140 GG; 31.10.1984 EzA § 1 KSchG Tendenzbetrieb Nr. 16 = AP Nr. 20 zu Art. 140 GG; 03.12.1985 EzA § 118 BetrVG 1972 Nr. 37 = AP Nr. 31 zu § 99 BetrVG 1972; 03.07.1990 EzA § 99 BetrVG 1972 Nr. 90 = AP Nr. 81 zu § 99 BetrVG 1972 = SAE 1991, 189 *[Kreßel]*; 31.01.1995 EzA § 99 BetrVG 1972 Nr. 126 *[Dütz/Dörrwächter]* = AP Nr. 56 zu § 118 BetrVG 1972; vgl. aber zu einem Honorardozenten eines Unternehmens der Jugend- und Erwachsenenbildung, der lediglich zu Ausbildungszwecken, nicht aber zu erzieherischen Tätigkeiten eingesetzt wird, *ArbG Leipzig* 22.06.2006 – 7 BV 71/05 – juris, Rn. 57). 173

174 Im Bereich der **wissenschaftlichen Bestimmungen** (vgl. auch *Poeck* Tendenzträger, S. 59 f.): Arbeitnehmer, die selbst forschen und lehren (*BAG* 20.11.1990 EzA § 118 BetrVG 1972 Nr. 57 = AP Nr. 47 zu § 118 BetrVG 1972; vgl. auch *LAG Berlin* 18.10.1982 BB 1983, 502).

175 Im Bereich der **künstlerischen Bestimmungen** (vgl. auch *Germelmann* PersV 2014, 4 [9 f.]; *Poeck* Tendenzträger, S. 62 ff.)**:** Orchestermusiker (*BAG* 07.11.1975 EzA § 118 BetrVG 1972 Nr. 8 = AP Nr. 1 zu § 130 BetrVG 1972; 03.11.1982 EzA § 15 KSchG n. F. 1972 Nr. 28 = AP Nr. 12 zu § 15 KSchG 1969); Schauspieler (*BAG* 04.08.1981 EzA § 87 BetrVG 1972 Arbeitszeit Nr. 10 = AP Nr. 5 zu § 87 BetrVG 1972 Arbeitszeit).

176 Im **Medienbereich** (vgl. auch *Poeck* Tendenzträger, S. 75 ff.) alle Arbeitnehmer, die inhaltlich auf Berichterstattung und Meinungsäußerung Einfluss nehmen können, wobei ihr Beitrag in eigenen Veröffentlichungen oder lediglich in der Auswahl oder Redigierung der Beiträge anderer Mitarbeiter bestehen kann (*BAG* 07.11.1975 EzA § 118 BetrVG 1972 Nr. 7 = AP Nr. 3 zu § 99 BetrVG 1972 *[Kraft/Geppert]* = SAE 1977, 35 *[Meisel]*; 09.12.1975 EzA § 118 BetrVG 1972 Nr. 10 = AP Nr. 7 zu § 118 BetrVG 1972; 19.05.1981 EzA § 99 BetrVG 1972 Nr. 32 = AP Nr. 18 zu § 118 BetrVG 1972; 30.01.1990 EzA § 118 BetrVG 1972 Nr. 50 *[Gaul]* = AP Nr. 44 zu § 118 BetrVG 1972 *[Berger-Delhey]* = SAE 1990, 281 *[Reske/Berger-Delhey]*); dazu gehören auch Lokalredakteure (*BAG* 07.11.1975 EzA § 118 BetrVG 1972 Nr. 7 = AP Nr. 3 zu § 99 BetrVG 1972 *[Kraft/Geppert]*); Sportredakteure (*BAG* 09.12.1975 EzA § 118 BetrVG 1972 Nr. 10 = AP Nr. 7 zu § 118 BetrVG 1972 *[Löwisch]*); Feuilletonredakteure (*BAG* 07.11.1975 EzA § 118 BetrVG 1972 Nr. 9 *[Dütz]* = AP Nr. 4 zu § 118 BetrVG 1972); Anzeigenredakteure (*BAG* 20.04.2010 EzA § 118 BetrVG 2001 Nr. 9 Rn. 20 ff. = AP Nr. 9 zu Art. 5 Abs. 1 GG Pressefreiheit *[zust. Franzen]*; vgl. auch *Poeck* Tendenzträger, S. 77; *LAG Köln* 24.06.2008 AfP 2009, 292, Rn. 29 ff.); Redaktionsvolontäre (*BAG* 19.05.1981 EzA § 118 BetrVG 1972 Nr. 30 = AP Nr. 21 zu § 118 BetrVG 1972; **a. M.** bezüglich der Anzeigenredakteure und der Volontäre *Wedde/DKKW* § 118 Rn. 63). Auf die presserechtliche Verantwortung kommt es nicht an (*BAG* 07.11.1975 EzA § 118 BetrVG 1972 Nr. 7 [S. 54], Nr. 10 [S. 75] = AP Nr. 4, 7 zu § 118 BetrVG 1972; **a. M.** insofern *Wedde/DKKW* § 118 Rn. 57).

Nicht als Tendenzträger wurden angesehen:

177 Im Bereich der **karitativen Bestimmungen**: Pflegekräfte in einem Dialysezentrum (*BAG* 18.04.1989 EzA § 76 BetrVG 1972 Nr. 48 = AP Nr. 34 zu § 87 BetrVG 1972 Arbeitszeit); Rot-Kreuz-Schwestern in einem Krankenhaus (*BAG* 22.04.1997 EzA § 99 BetrVG 1972 Einstellung Nr. 3 *[Kraft]* = AP Nr. 18 zu § 99 BetrVG 1972 Einstellung Bl. 6 f. *[Börgmann]*); Rettungssanitäter eines DRK-Rettungs- und Transportdienstes (*BAG* 12.11.2002 EzA § 99 BetrVG 2001 Nr. 2 S. 8 = AP Nr. 43 zu § 99 BetrVG 1972 Einstellung Bl. 4 R *[von Hoyningen-Huene]* = AuR 2003, 311 *[Plander]*); pädagogische Mitarbeiter in einem Wohnheim für behinderte Menschen, sofern sie keinen hinreichenden inhaltlichen Gestaltungsspielraum für die Tendenzverfolgung des Arbeitgebers haben (*BAG* 14.09.2010 EzA § 118 BetrVG 2001 Nr. 10 Rn. 28 ff. = AP Nr. 83 zu § 118 BetrVG 1972; s. dazu Rdn. 171); Heilerziehungspfleger und Physiotherapeuten in Behindertenwohnheimen (*LAG Berlin-Brandenburg* 09.12.2008 – 16 TaBV 1476/08 u. a. – juris); pädagogische Mitarbeiter ohne eigenverantwortlichen Gestaltungsspielraum in einer karitativen Tagesförderstätte oder einem Behindertenwohnheim (*LAG Nürnberg* 19.01.2007 AiB 2007, 550 *[Heese]*; *LAG Berlin-Brandenburg* 19.11.2008 – 21 TaBV 1084/08 – juris; *LAG Bremen* 30.08.2011 – 4 TaBV 4/10 – juris, Rn. 65 ff.); Schulassistenten, die für einen gemeinnützigen Verein behinderte Schüler während des Schulbesuchs betreuen (*BAG* 14.05.2013 EzA § 118 BetrVG 2001 Nr. 13 Rn. 30 ff. = AP Nr. 86 zu § 118 BetrVG 1972); ein im Angestelltenverhältnis beschäftigter Vormund mit Leitungsfunktionen einer karitativen Organisation im Jugendhilfebereich (*LAG Berlin-Brandenburg* 26.11.2010 – 6 TaBV 1159/10 – juris, Rn. 49 ff.).

178 Im Bereich der **künstlerischen Bestimmungen**: Maskenbildner ohne eigenen künstlerischen Gestaltungsspielraum (*BAG* 28.10.1986 EzA § 118 BetrVG 1972 Nr. 38 = AP Nr. 32 zu § 118 BetrVG 1972 *[abl. Mummenhoff]*); der Leiter der Kostümabteilung eines Theaters (*BAG* 13.02.2007 EzA § 118 BetrVG 2001 Nr. 7 = AP Nr. 81 zu § 118 BetrVG 1972 *[Wedde]*; *Richardi/Forst* § 118 Rn. 130).

179 Im **Medienbereich** die Angehörigen des technischen oder sonstigen nicht mit dem Inhalt der Zeitung befassten Personals (*BVerfG* 06.11.1979 EzA § 118 BetrVG 1972 Nr. 23 = AP Nr. 14 zu § 118

BetrVG 1972 = AR-Blattei Tendenzbetrieb, Entsch. 19 *[Mayer-Maly]*, z. B. Buchhalter, Sekretärinnen, Setzer, Drucker, in der Filmsatzmontage tätige Arbeitnehmer (*BAG* 30.04.1974 AP Nr. 1 zu § 118 BetrVG 1972 *[Mayer-Maly]*); der Korrektor in einem Verlagsbetrieb (*LAG Hamburg* 02.05.1974 DB 1974, 2406); Schlussredakteure, die in Presseunternehmen Texte auf einheitliche Schreibweise, Stil und formale Richtigkeit überprüfen (*LAG Hamburg* 22.10.2008 – 5 SaGa 5/08 – juris).

bb) Folgerungen

aaa) Organisationsfragen (§§ 1 bis 73b)

§ 118 Abs. 1 setzt die **Existenz eines Betriebsrates** voraus. Die **organisatorischen Vorschriften** über die Errichtung von Betriebsräten (§ 1), über deren Zusammensetzung und Wahl (§§ 7 bis 20), Amtszeit (§§ 21 bis 25), Geschäftsführung und innere Organisation (§§ 26 bis 41), über einen Gesamtbetriebsrat (§§ 47 bis 53; vgl. dazu *BAG* 23.09.1980 EzA § 47 BetrVG 1972 Nr. 3 = AP Nr. 4 zu § 47 BetrVG 1972), Konzernbetriebsrat (§§ 54 bis 59) und über eine Jugendvertretung (§§ 60 bis 73b) **gelten grundsätzlich ohne Einschränkung** auch im Rahmen des § 118. Das Gleiche gilt für die »Allgemeinen Vorschriften« §§ 2 bis 5, soweit sie auf die Wahl bzw. die Geschäftsführung und die innere Organisation der Betriebsräte bezogen sind. Modifikationen können aber geboten sein, soweit es um anlassbezogene oder generelle Freistellungen von Tendenzträgern nach §§ 37 Abs. 2 bzw. 38 sowie um deren Teilnahme an Schulungen nach § 37 Abs. 6 und 7 geht. Tendenzträger können zwar Betriebsratsmitglieder sein (*Poeck* Tendenzträger, S. 83 f.). Der Arbeitgeber kann aber ein tendenzbezogenes Interesse an der Verfügbarkeit dieser Personen haben, das es erforderlich macht, die sonst geltenden Regelungen zur betriebsratstätigkeitsbezogenen Freistellung zugunsten des Arbeitgebers zu lockern (ausf. *Poeck* Tendenzträger, S. 101 ff., 113 ff., 130 ff.). Zur Kündigung und Versetzung von Betriebsratsmitgliedern und zur Anwendbarkeit des § 103 vgl. Rdn. 223. 180

Der **Betriebsrat** hat gem. § 2 Abs. 1 mit dem Arbeitgeber »vertrauensvoll« auch »zum Wohl ... des Betriebs« zusammenzuarbeiten und daher auch die **geistig-ideelle Bestimmung zu fördern**; die Vorschrift ist uneingeschränkt auch im Rahmen des § 118 Abs. 1 anzuwenden. 181

Für den **Zugang der Gewerkschaften zum Betrieb** gem. § 2 Abs. 2 sind im Allgemeinen **keine Beschränkungen** geboten (vgl. zum generellen, nicht auf § 2 Abs. 2 gestützten Zutrittsrecht einer Gewerkschaft zu einer karitativen kirchlichen Einrichtung *BAG* 14.02.1978 EzA Art. 9 GG Nr. 25 S. 174 ff. *[Rüthers/Klosterkemper]* = AP Nr. 26 zu Art. 9 GG). Das gilt aber nach überwiegend vertretener und zutreffender Ansicht **nicht**, wenn es sich um einen **Arbeitgeberverband** oder eine **konkurrierende Gewerkschaft** handelt (; *Marhold* AR-Blattei SD 1570, Rn. 149; *Mayer-Maly* AfP 1972, 194 [198]; *Richardi/Forst* § 118 Rn. 137; *U. Weber* NZA 1989, Beil. 3, S. 2 [5]; vgl. auch *Hess/HWGNRH* § 118 Rn. 136 f., der ganz allgemein auf einen Konflikt mit dem Tendenzcharakter des Unternehmens abstellt; a. M. *Fabricius* 6. Aufl., § 118 Rn. 598; *Wedde/DKKW* § 118 Rn. 81). § 2 Abs. 2 eröffnet das Zutrittsrecht zwar nur einer im Betrieb vertretenen Gewerkschaft und auch dies nur zur Wahrnehmung von Aufgaben der Gewerkschaften »nach diesem Gesetz«, also in Abhängigkeit von den möglicherweise ohnehin eingeschränkten Beteiligungsrechten des Betriebsrats. Dennoch erscheint es angesichts des Bezugs zu Art. 9 Abs. 3 GG geboten, die Koalition vor dem Zutritt von Vertretern des sozialen Gegenspielers zu schützen. 182

§ 3 befasst sich auch in der Neufassung durch das BetrVerf-Reformgesetz von 2001 mit der Errichtung besonderer betriebsverfassungsrechtlicher Vertretungen, sei es zusätzlich zu dem Betriebsrat, sei es anstelle des Betriebsrats. Eine darauf gestützte abweichende Gestaltung der Arbeitnehmervertretung ist auch in Tendenzunternehmen und -betrieben möglich (vgl. auch *Richardi/Forst* § 118 Rn. 132; zum bisherigen Recht *Galperin/Löwisch* § 118 Rn. 56; *Mayer-Maly* AfP 1972, 194 [198]; *Schwerdtner* JR 1972, 357 [369]). Zu **Redaktionsvertretungen** Rdn. 45. 183

Die Vorschriften über die **Betriebsversammlung** (§§ 42 bis 46) finden Anwendung. Bezüglich der Pflicht zum wirtschaftlichen Lagebericht gem. § 43 Abs. 2 Satz 3 vgl. Rdn. 148. 184

bbb) Allgemeine Vorschriften über Mitwirkung und Mitbestimmung der Arbeitnehmer (§§ 74 bis 86a)

185 Sowohl § 74 (**Grundsätze für die Zusammenarbeit**) als auch § 75 (**Grundsätze für die Behandlung der Betriebsangehörigen**) sind auch in Tendenzunternehmen und Tendenzbetrieben anzuwenden. Aus der Relativklausel folgt aber etwa, dass das Verbot parteipolitischer Betätigung gem. § 74 Abs. 2 Satz 3 in einem Parteibetrieb nicht greift (*Galperin/Löwisch* § 118 Rn. 60; **a. M.** *Fabricius* 6. Aufl., § 118 Rn. 602). In Bezug auf **§ 75 Abs. 1** ist es als zulässig anzusehen, wenn der Arbeitgeber eines Tendenzunternehmens verlangt, dass sich die dort beschäftigten Arbeitnehmer zu dessen Zielen bekennen (*Fitting* § 118 Rn. 42; *Kania*/ErfK § 118 BetrVG Rn. 22; *Ricker/Weberling* Handbuch des Presserechts, Kap. 37 Rn. 26; *Richardi/Forst* § 118 Rn. 138).

186 Anwendbar ist § 78a. Ein **auszubildender betriebsverfassungsrechtlicher Amtsträger** kann also grundsätzlich gem. § 78a Abs. 2 die Weiterbeschäftigung in einer Position als Tendenzträger verlangen (*Wedde/DKKW* § 118 Rn. 81). Das *BAG* hat aber zu Recht entschieden, dass tendenzbedingte Gründe im Rahmen der Zumutbarkeitsprüfung zum Tragen kommen können. Insofern gelten die gleichen Maßstäbe wie bei einer Kündigung von betriebsverfassungsrechtlichen Mandatsträgern (*BAG* 23.06.1983 EzA § 78a BetrVG 1972 Nr. 11 S. 78 ff. = AP Nr. 10 zu § 78a BetrVG 1972 *[Natzel]*; im Ergebnis **zust.** *Oetker* § 78a Rdn. 22; **enger** *Galperin/Löwisch* § 118 Rn. 77).

187 Auch die **allgemeinen Aufgaben und Rechte des Betriebsrats** nach § 80 Abs. 1 berühren den Tendenzschutz nicht (*Galperin/Löwisch* § 118 Rn. 61).

188 Die **Unterrichtungspflicht des Arbeitgebers** nach § 80 Abs. 2 Satz 1 besteht auch in Tendenzunternehmen (*BAG* 15.12.1998 EzA § 80 BetrVG 1972 Nr. 43 S. 14 f. = AP Nr. 56 zu § 80 BetrVG 1972 *[Wank]*; dazu auch *Pohle* BB 1999, 2401). Das **Einblicksrecht in die Bruttolohn- und Gehaltslisten** gem. § 80 Abs. 2 Satz 2 Halbs. 2 steht dem Betriebsrat uneingeschränkt und auch in Bezug auf Tendenzträger zu (*BAG* 30.04.1974 AP Nr. 1 zu § 118 BetrVG 1972 Bl. 3 *[Mayer-Maly]*; 13.02.2007 EzA § 118 BetrVG 2001 Nr. 7 Rn. 29 ff. = AP Nr. 81 zu § 118 BetrVG 1972 *[Wedde]*; *BVerwG* 22.04.1998 NZA-RR 1999, 274 [275 f.], sofern nur der für ein solches Einsichtsrecht notwendige kollektive Charakter der Entgeltregelung besteht oder vom Betriebsrat zumindest behauptet wird, vgl. dazu § 80 Rdn. 107 ff.). Der Tendenzschutz dient nicht der Geheimhaltung tendenzbedingter Gründe. Alleine die Tatsache, dass der Betriebsrat die Kenntnis der Gehaltslisten von Tendenzträgern zu einer Auseinandersetzung mit dem Arbeitgeber nutzen könnte, ändert angesichts der weiter fortbestehenden Entscheidungsfreiheit des Arbeitgebers an dem Einsichtsrecht nichts (*BAG* 22.05.1979 EzA § 118 BetrVG 1972 Nr. 21 S. 168 = AP Nr. 12 zu § 118 BetrVG 1972; 30.06.1981 EzA § 80 BetrVG 1972 Nr. 19 S. 105 ff. = AP Nr. 15 zu § 80 BetrVG 1972; 13.02.2007 EzA § 118 BetrVG 2001 Nr. 7 Rn. 32 = AP Nr. 81 zu § 118 BetrVG 1972 *[Wedde]*; *BVerwG* 22.04.1998 NZA-RR 1999, 274 [275 f.]; im Ergebnis **zust.** *Fitting* § 118 Rn. 31; *Kaiser/LK* § 118 Rn. 32; *Kania*/ErfK § 118 BetrVG Rn. 22; *Ricker/Weberling* Handbuch des Presserechts, Kap. 37 Rn. 27; *Richardi/Forst* § 118 Rn. 141; *Wedde/DKKW* § 118 Rn. 81; **einschränkend** *Kraft* Anm. *BAG* AP Nr. 15 zu § 80 BetrVG 1972).

189 Die **§§ 81 bis 86a** behandeln Individualrechte des einzelnen Arbeitnehmers. Sie gelten grundsätzlich auch im Tendenzunternehmen. Allerdings ist zu differenzieren. Soweit es allein um **aus dem Arbeitsverhältnis herrührende Rechte** in der Beziehung zum Arbeitgeber geht (**§§ 81–83**), bestehen sie uneingeschränkt und auch für Tendenzträger (*Mayer-Maly* AfP 1972, 194; *Ricker/Weberling* Handbuch des Presserechts, Kap. 37 Rn. 28; *Richardi/Forst* § 118 Rn. 175; *Wedde/DKKW* § 118 Rn. 81). Beim **Beschwerderecht nach §§ 84, 85** kann im Bereich tendenzgeschützter Entscheidungen des Arbeitgebers zwar vom Betriebsrat durchaus verlangt werden, dass dieser beim Arbeitgeber auf Abhilfe hinwirkt. Eine lediglich durch Beratung mit dem Arbeitgeber vermittelte Einflussnahme ist mit der Relativklausel des § 118 Abs. 1 vereinbar, namentlich mit dem Grundsatz, dass eine Einschränkung der Beteiligungsrechte nur insoweit geboten ist, als die Tendenzverwirklichung verhindert oder ernstlich gefährdet würde. Daraus ergibt sich aber zugleich, dass das in § 85 Abs. 2 vorgesehene Einigungsstellenverfahren nicht zum Tragen kommen kann (*Galperin/Löwisch* § 118 Rn. 84; *Richardi/Forst* § 118 Rn. 176). Das **Vorschlagsrecht nach § 86a** richtet sich nur an den Betriebsrat und gilt deshalb auch in Tendenzunternehmen uneingeschränkt.

ccc) Soziale Angelegenheiten (§§ 87 bis 89)

(1) Grundlagen

Bei den sozialen Angelegenheiten geht es weithin um Regelungsbereiche, die schon von ihrem Gegenstand her keinen Tendenzbezug haben. Bei **wertneutralen Gestaltungsmaßnahmen** kommt nach der Relativklausel des § 118 Abs. 1 Satz 2 letzter Halbs. eine Einschränkung der Beteiligung des Betriebsrats nicht in Betracht. Insbesondere reicht es nicht aus, dass die Maßnahme der Sicherung des technischen Arbeitsablaufs dienen soll. Dies ist nicht Zweck des Tendenzschutzes (vgl. u. a. *BAG* 22.05.1979 EzA § 118 BetrVG 1972 Nr. 22 S. 174 ff. = AP Nr. 13 zu § 118 BetrVG 1972; 13.02.1990 EzA § 118 BetrVG 1972 Nr. 51 S. 6 f. = AP Nr. 45 zu § 118 BetrVG 1972; *Fitting* § 118 Rn. 32; *Hanau* BB 1973, 901 [904]; *Ihlefeld* RdA 1977, 223 [226]; *Ricker/Weberling* Handbuch des Presserechts, Kap. 37 Rn. 29; *Matthes*/MünchArbR § 273 Rn. 23; *Richter* DB 1991, 2661 [2663]; *Wedde/DKKW* § 118 Rn. 82; *Weiß/Weyand* AuR 1990, 33 [40]; *Weller* FS Gnade, S. 235 [238]). Nur dort, wo tendenzbedingte Gründe für die Regelung einer Angelegenheit des § 87 Abs. 1 den Ausschlag geben, entfällt die Mitbestimmung (*Hanau* BB 1973, 901 [903 f.]; *Otto* AuR 1980, 289 [300]). Diskutiert werden vor allem **Arbeitszeitfragen** gem. § 87 Abs. 1 Nr. 2, 3 (vgl. Rdn. 194 ff. sowie *Wiese/Gutzeit* § 87 Rdn. 302–304, 398) sowie Fragen der **betrieblichen Lohngestaltung** gem. § 87 Abs. 1 Nr. 10, 11 (vgl. Rdn. 199). Nach den in Rdn. 164–179 dargestellten allgemeinen Grundsätzen können aber in Einzelfällen Einschränkungen des Mitbestimmungsrechts des Betriebsrats durchaus auch in **anderen sozialen Angelegenheiten** in Betracht kommen (*Fitting* § 118 Rn. 32; *Poeche* Mitbestimmung, S. 179 ff. [mit eingehenden Erörterungen zu sämtlichen Mitbestimmungstatbeständen]; *Plander* AuR 1991, 353 [355]; *Richardi/Forst* § 118 Rn. 142 f.; *U. Weber* NZA 1989, Beil. 3 S. 2 [5]; *Weiß/Weyand* AuR 1990, 33 [37, 41 f.]; *Weller* FS Gnade, S. 235 [238]; **generell gegen** eine Einschränkung der Mitbestimmungsrechte in sozialen Angelegenheiten außer in Not- und Eilfällen *Fabricius* 6. Aufl., § 118 Rn. 610 ff. [unter Verweis auf das angeblich ausreichende Gebot zur vertrauensvollen Zusammenarbeit]). Beispielsweise entfällt das Mitbestimmungsrecht des Betriebsrats bei der Einführung von Ethikregeln zum Besitz von Wertpapieren für Redakteure einer Wirtschaftszeitung (*BAG* 28.05.2002 EzA § 87 BetrVG 1972 Betriebliche Ordnung Nr. 29 S. 9 f. [*K. Gamillscheg*] = AP Nr. 39 zu § 87 BetrVG 1972 Ordnung des Betriebs Bl. 4 R = AR-Blattei ES 530.14.2, Nr. 157 [*Wiese*]; *Richardi/Forst* § 118 Rn. 150a). Soweit es allerdings nur um die äußere Gestaltung des entsprechenden Formulars geht, bleibt es beim Mitbestimmungsrecht, da insoweit nur die Gestaltung betrieblicher Abläufe betroffen ist und eine Gefährdung der Tendenzverwirklichung nicht ersichtlich ist (*BAG* 28.05.2002 EzA § 87 BetrVG 1972 Betriebliche Ordnung Nr. 29 S. 17 [**insoweit krit.** *K. Gamillscheg*] = AP Nr. 39 zu § 87 BetrVG 1972 Ordnung des Betriebs Bl. 4 R = AR-Blattei ES 530.14.2, Nr. 157 [**zust.** *Wiese*], allgemein zu Ethikregeln im Arbeitsrecht *Borgmann* NZA 2003, 352).

190

Die sich aus § 118 Abs. 1 Satz 2 letzter Halbs. ergebende Einschränkung der Mitbestimmung in sozialen Angelegenheiten erweist sich zwar praktisch als Ausnahme, rechtlich kann aber, abgesehen davon, dass sich § 118 insgesamt als Ausnahmeregel darstellt, nicht von einem Regel-Ausnahmeverhältnis in dem Sinne gesprochen werden, dass die Mitbestimmung im Anwendungsbereich der Relativklausel regelmäßig entfalle oder umgekehrt regelmäßig nicht entfalle. Vielmehr ist wie stets im Anwendungsbereich der Relativklausel eine **Einzelfallbetrachtung** notwendig (zutr. *Richardi/Forst* § 118 Rn. 142). Andererseits ist aber für die sozialen Angelegenheiten an den allgemeinen Maßstäben auch insoweit festzuhalten, als die in Frage stehende Maßnahme sich auf **Tendenzträger** beziehen muss. Nur dann kann die Tendenzverwirklichung verhindert oder ernstlich beeinträchtigt werden (*Wedde/DKKW* § 118 Rn. 92; insoweit **a. M.** *Matthes*/MünchArbR § 273 Rn. 27; *Poeche* Mitbestimmung, S. 189; *Richardi/Forst* § 118 Rn. 143; *Rüthers/Franke* DB 1992, 374 [375]).

191

Der Tendenzschutz im Rahmen der sozialen Angelegenheiten ist nicht etwa nur von der Einigungsstelle im Rahmen der Berücksichtigung betrieblicher Belange i. S. d. § 76 Abs. 5 Satz 3 zu berücksichtigen (**so aber** *Fabricius* 6. Aufl., § 118 Rn. 613; *Wedde/DKKW* § 118 Rn. 82; *Weiss/Weyand* AuR 1990, 33 [36]). Vielmehr **entfällt in Ermangelung eines Mitbestimmungsrechts die Zuständigkeit der Einigungsstelle** von vornherein (vgl. auch *Dütz* AfP 1992, 329 [335 ff.]; *Matthes*/MünchArbR § 273 Rn. 27; *Poeche* Mitbestimmung, S. 190 ff.). Schon der Zwang zur Durchführung des Einigungsstellenverfahrens wäre mit § 118 und der dadurch vermittelten Grundrechtsgewährleistung

192

nicht in Einklang zu bringen (**a. M.** *BAG* 11.02.1992 EzA § 118 BetrVG 1972 Nr. 60 S. 7 = AP Nr. 50 zu § 118 BetrVG 1972 = AR-Blattei ES 1570 Nr. 49 *[Mayer-Maly]*).

193 Tendenzschutzprobleme existieren nur im Bereich der erzwingbaren Mitbestimmung. **Freiwillige Betriebsvereinbarungen** sind nach Maßgabe des § 88 in Bezug auf konkrete Regelungsangelegenheiten **möglich** (*Galperin/Löwisch* § 118 Rn. 65). Deshalb ist eine einmal unter Beteiligung des Arbeitgebers vereinbarte Regelung nicht allein deshalb unwirksam, weil sie nach den Maßstäben des § 118 Abs. 1 Satz 2 letzter Halbs. der Tendenzverwirklichung der Sache nach entgegensteht. Nur eine von der Einigungsstelle gegen den Willen der Arbeitgeberseite getroffene Regelung ist – insofern wegen fehlender Zuständigkeit der Einigungsstelle – unwirksam (*Matthes*/MünchArbR § 273 Rn. 27). Zur Dispositivität der Mitbestimmung insgesamt Rdn. 40 ff.

(2) Arbeitszeitregelungen
194 **Arbeitszeitregelungen nach § 87 Abs. 1 Nr. 2, 3 können Tendenzbezug haben**. Die Lage der Arbeitszeit von Tendenzträgern, aber auch die vorübergehende Verlängerung oder Verkürzung ihrer Arbeitszeit, können für die Tendenzverwirklichung von zentraler Bedeutung sein. Augenfällig wird das etwa im Medienbereich, wo namentlich die Aktualität der Berichterstattung von Redaktionszeiten und dergleichen abhängt, aber auch im Bereich der geistig-ideellen Bestimmungen des § 118 Abs. 1 Satz Nr. 1, etwa, wenn es in Hinblick auf die Präsentation von Theater- oder Orchesterstücken um die Lage der Arbeitszeit des künstlerischen Personals oder in Hinblick auf die Einführung des Ganztagsunterrichts einer Privatschule um diejenige von Erziehern und Lehrern geht. Allerdings lässt sich **nicht generell** sagen, dass Arbeitszeitfragen aus Gründen des Tendenzschutzes mitbestimmungsfrei blieben. Es kommt, wie das *BVerfG* in Bezug auf die Medienunternehmen zutreffend festgestellt hat, darauf an, ob die **Freiheit des Unternehmers zur Tendenzbestimmung und Tendenzverwirklichung ernsthaft beeinträchtigt und damit das durch § 118 geschützte Grundrecht verletzt werden könnte**. Das ist nicht generell bei jeder Beteiligung des Betriebsrats an einer tendenzbedingten Unternehmerentscheidung der Fall (*BVerfG* 15.12.1999 EzA § 118 BetrVG 1972 Nr. 70 S. 8 = AP Nr. 67 zu § 118 BetrVG 1972; 15.12.1999 EzA § 118 BetrVG 1972 Nr. 71 S. 6 = AP Nr. 68 zu § 118 BetrVG 1972; vgl. ferner etwa *BAG* 11.02.1992 EzA § 118 BetrVG 1972 Nr. 60 S. 5 = AP Nr. 50 zu § 118 BetrVG 1972 = AR-Blattei ES 1570, Nr. 49 *[Mayer-Maly]*; 30.06.2015 – 1 ABR 71/13 – juris Rn. 28 ff.; **weitergehend** für einen generellen Ausschluss der Mitbestimmung bei arbeitszeitregelungen von Redakteuren *Berger-Delhey* NZA 1992, 441; *Löffler/Dörner/Grund* Presserecht, ArbR BT Rn. 381; *Dütz* AfP 1992, 329; *Endlich* NZA 1990, 13 [18]; *Kania* Anm. EzA § 118 BetrVG 1972 Nr. 59; *Reske/Berger-Delhey* SAE 1990, 287; *dies.* SAE 1992, 380; *dies.* BB 1992, 1137; *Rüthers/Franke* DB 1992, 374; eine Vermutung für den Wissenschaftsbezug arbeitszeitrechtlicher Maßnahmen nimmt *Poeche* [Mitbestimmung, S. 195 ff.] an). Vielmehr ist mit Blick auf die Relativklausel des § 118 Abs. 1 Satz 2 letzter Halbs. der jeweilige **Einzelfall** zu untersuchen.

195 Bei einem **Theater** ist die Festlegung von Beginn und Ende der täglichen Aufführung mitbestimmungsfrei, und daher insoweit auch das Mitbestimmungsrecht über Beginn und Ende der täglichen Arbeitszeit einschließlich der Pausen beschränkt. Mitbestimmungspflichtig ist andererseits im Allgemeinen die Lage der einzelnen Probezeiten, nicht aber wiederum deren Gesamtdauer, da davon die künstlerische Qualität der Aufführung abhängen kann. Das Mitbestimmungsrecht entfällt auch, wenn künstlerische Gesichtspunkte eine bestimmte zeitliche Lage oder eine bestimmte Mindestdauer der einzelnen Proben erfordern (*BAG* 04.08.1981 EzA § 87 BetrVG 1972 Arbeitszeit Nr. 10 S. 71 f. = AP Nr. 5 zu § 87 BetrVG 1972 Arbeitszeit *[Herschel]*). Bei einem **Orchester** ist die Erstellung des Dienstplanes für die Orchestermusiker tendenzneutral und demzufolge mitbestimmungspflichtig (*BAG* 30.06.2015 – 1 ABR 71/13 – juris, Rn. 28 ff.).

196 Bei einer **Schule** unterliegt die pädagogisch motivierte Festlegung des Unterrichtsbeginns und der Pausen nicht der Mitbestimmung. Das Gleiche gilt für die Entscheidung des Schulträgers einer Privatschule, im Rahmen eines Ganztagsschulbetriebes Lehrer an den Nachmittagen zu Unterrichts- und Betreuungsstunden heranzuziehen (*BAG* 13.01.1987 EzA § 118 BetrVG 1972 Nr. 39 S. 292 = AP Nr. 33 zu § 118 BetrVG 1972). Bei der Festlegung der Höchstgrenzen für Vertretungsstunden hat der Betriebsrat aber ein Mitbestimmungsrecht nach § 87 Abs. 1 Nr. 3 (*BAG* 13.06.1989 EzA § 87

BetrVG 1972 Arbeitszeit Nr. 37 S. 6 ff. = AP Nr. 36 zu § 87 BetrVG 1972 Arbeitszeit = SAE 1990, 115 *[Reske/Berger-Delhey]*).

Bei einer **karitativen Einrichtung**, die ihre Leistungen durchgehend anbieten möchte, ist in Hinblick auf den Tendenzcharakter einer derartigen unternehmerischen Entscheidung die Einführung von Schichtarbeit jedenfalls für Tendenzträger mitbestimmungsfrei (*BAG* 18.04.1989 EzA § 76 BetrVG 1972 Nr. 48 S. 13 *[Rotter]* = AP Nr. 34 zu § 87 BetrVG 1972 Arbeitszeit *[Kraft/Raab]* = SAE 1990, 145 *[Hermann]*). Mitbestimmungspflichtig sind aber innerhalb eines vorgegebenen Zeitrahmens Fragen der Arbeitseinteilung unter gerechter Berücksichtigung der Interessen der Pflegekräfte (*BAG* 18.04.1989 EzA § 76 BetrVG 1972 Nr. 48 S. 13 = AP Nr. 34 zu § 87 BetrVG 1972 Arbeitszeit; vgl. auch *Löwisch* FS *Wlotzke*, S. 381 [391 f.]). Das Gleiche gilt für die Anordnung von Überstunden im Bereich der ärztlichen Mitarbeiter (*LAG Hamm* 17.05.2002 NZA-RR 2002, 625 [627 f.]). Auch die Frage, welche Anwesenheitszeiten der Betreuer für die in einer karitativen Einrichtung untergebrachten geistig behinderten Menschen unter therapeutischen Gesichtspunkten notwendig sind, ist tendenzgeschützt (*LAG Hamm* 19.03.2010 – 10 TaBV 85/09 – juris, Rn. 67). 197

Die Eigenart eines **Presseunternehmens** kann es erfordern, dass das Mitbestimmungsrecht bei einer Überstunden- und Arbeitszeitverteilungsregelung zurücktritt (*BAG* 22.05.1979 EzA § 118 BetrVG 1972 Nr. 22 S. 174 ff. = AP Nr. 13 zu § 118 BetrVG 1972). Geht es bei einer Arbeitszeitregelung um den regelmäßigen oder einmaligen Erscheinungstermin einer Publikation, so darf der Arbeitgeber hieran nicht durch die Mitbestimmung über die Arbeitszeit gehindert werden (*Galperin/Löwisch* § 118 Rn. 63). Namentlich die **Aktualität der Berichterstattung** ist ein zentrales Element der Tendenzverwirklichung, die es rechtfertigt, dass der Arbeitgeber die Arbeitszeit von Redakteuren mitbestimmungsfrei festlegt (*BAG* 14.01.1992 EzA § 118 BetrVG 1972 Nr. 59 S. 13 *[Kania]* = AP Nr. 49 zu § 118 BetrVG 1972 *[Berger-Delhey]* = SAE 1992, 374 *[Reske/Berger-Delhey]* = AR-Blattei ES 1570, Nr. 48 *[Mayer-Maly]*; *Fitting* § 118 Rn. 32). Allerdings muss die Gefährdung der Aktualität der Berichterstattung im Einzelfall **konkret dargelegt** werden (*BAG* 11.02.1992 EzA § 118 BetrVG 1972 Nr. 60 S. 6 = AP Nr. 50 zu § 118 BetrVG 1972 = AR-Blattei ES 1570, Nr. 49 *[Mayer-Maly]*). Tendenzbezug kommt danach in Betracht für die Festlegung von Redaktionszeiten, für Zeitvorgaben für den Redaktionsschluss, für die Lage von Redaktionskonferenzen, für die Festlegung von Wochenendarbeit oder der Arbeit an Feiertagen. Geht es andererseits nur darum, den Einsatz der Redakteure dem **technisch-organisatorischen Ablauf des Herstellungsprozesses der Zeitschrift anzupassen, ohne dass dabei besondere tendenzbedingte Gründe** eine Rolle spielen, so steht die Tendenzautonomie einem **Mitbestimmungsrecht des Betriebsrats nicht entgegen** (*BAG* 22.05.1979 EzA § 118 BetrVG 1972 Nr. 22 S. 175 = AP Nr. 13 zu § 118 BetrVG 1972; 14.01.1992 EzA § 118 BetrVG 1972 Nr. 59 S. 8 ff. = AP Nr. 49 zu § 118 BetrVG 1972; 11.02.1992 EzA § 118 BetrVG 1972 Nr. 60 S. 6 = AP Nr. 50 zu § 118 BetrVG 1972 = AR-Blattei ES 1570, Nr. 49 *[Mayer-Maly]*; *LAG Hamm* 23.04.2012 – 10 TaBV 19/12 – juris, Rn. 63 f.). Sofern die Vorbehalte in Hinblick auf die Aktualität der Berichterstattung beachten werden, ist auch die Festlegung von Dienst- und Schichtplänen (*BAG* 11.02.1992 EzA § 118 BetrVG 1972 Nr. 60 S. 7 = AP Nr. 50 zu § 118 BetrVG 1972 = AR-Blattei ES 1570 Nr. 49 *[Mayer-Maly]*) oder die Einführung der gleitenden Arbeitszeit (*BAG* 14.01.1992 EzA § 118 BetrVG 1972 Nr. 59 S. 8 ff. = AP Nr. 49 zu § 118 BetrVG 1972) mitbestimmungspflichtig. 198

(3) Betriebliche Lohngestaltung

Grundsätzlich hat die betriebliche Lohngestaltung keinen Bezug zur Tendenzverwirklichung im Unternehmen (*BAG* 31.01.1984 EzA § 87 BetrVG 1972 Betriebliche Lohngestaltung Nr. 8 S. 75 = AP Nr. 15 zu § 87 BetrVG 1972 Lohngestaltung; **krit.** für den Wissenschaftsbereich *Poeche* Mitbestimmung, S. 205 ff. sowie generell *Richardi/Forst* § 118 Rn. 149a). Anderes gilt aber etwa für die Einführung oder Abänderung eines Systems von Leistungszulagen für Journalisten, mit dem eine besondere Qualität der journalistischen Arbeit gewährleistet werden soll. Solche Zulagen unterliegen nicht der Mitbestimmung nach § 87 Abs. 1 Nr. 10 und 11 (*BAG* 31.01.1984 EzA § 87 BetrVG 1972 Betriebliche Lohngestaltung Nr. 8 S. 75 = AP Nr. 15 zu § 87 BetrVG 1972 Lohngestaltung; *Richardi/Forst* § 118 Rn. 149). Auch tendenzbezogene Forschungszulagen sind mitbestimmungsfrei (*BAG* 13.02.1990 EzA § 118 BetrVG 1972 Nr. 51 S. 7 = AP Nr. 45 zu § 118 BetrVG 1972; *Endlich* NZA 1990, 13; *Matthes*/MünchArbR § 273 Rn. 24). 199

ddd) Gestaltung von Arbeitsplatz, Arbeitsablauf und Arbeitsumgebung (§§ 90, 91)

200 Diese Vorschriften sind **uneingeschränkt anzuwenden** (*Fitting* § 118 Rn. 32; *Richardi/Forst* § 118 Rn. 150; *Wedde/DKKW* § 118 Rn. 97; **a. M.** für Beratung *Weberling* AfP 2005, 139 [142]). Das in § 90 geregelte Unterrichtungs- und Beratungsrecht des Betriebsrats ist schon seiner Art nach nicht geeignet, der geistig-ideellen Bestimmung des Unternehmens »entgegenzustehen«, also diese zu verhindern. Auch hier erweist sich der Unterschied zur strengeren Umsetzung des Tendenzschutzes bei wirtschaftlichen Angelegenheiten gem. § 118 Abs. 1 Satz 2 Halbs. 1. Für das Mitbestimmungsrecht des Betriebsrats **gem.** § 91 spielt die Relativklausel des § 118 Abs. 1 Satz 2 letzter Halbs. keine Rolle, da die Berücksichtigung von Tendenzschutzinteressen schon nach dem Wortlaut der Vorschrift gesichert ist, wonach der Betriebsrat nur »**angemessene**« Maßnahmen zur Sicherung einer menschengerechten Gestaltung der Arbeit verlangen kann (*Marhold* AR-Blattei SD 1570, Rn. 157; *Richardi/Forst* § 118 Rn. 150). Zu bedenken ist aber jeweils, dass es um Fälle geht, bei denen die Änderungen der Arbeitsplätze, des Arbeitsablaufs oder der Arbeitsumgebung »den gesicherten arbeitswissenschaftlichen Erkenntnissen über die menschengerechte Gestaltung der Arbeit **offensichtlich** widersprechen« und der bzw. die Arbeitnehmer dadurch »in besonderer Weise belastet« sein müssen. Der dann vorliegende Verstoß gegen nebenvertragliche Schutzpflichten des Arbeitgebers kann nicht dadurch gerechtfertigt werden, dass er auf die Verwirklichung einer geistig-ideellen Bestimmung des Unternehmens i. S. d. § 118 Abs. 1 gerichtet ist (**zutr.** *Fabricius* 6. Aufl., § 118 Rn. 615).

eee) Personelle Angelegenheiten (§§ 92 bis 105)

(1) Grundlagen

201 Der Tendenzschutz spielt im Bereich der Mitbestimmung **in personellen Angelegenheiten** eine wichtige Rolle. Für die Konkretisierung der Relativklausel des § 118 Abs. 1 Satz 2 letzter Halbs. gelten zunächst die Rdn. 164–179 näher dargestellten allgemeinen Grundsätze: Die Mitbestimmung ist nur eingeschränkt, wenn andernfalls die **Tendenzverwirklichung verhindert oder ernsthaft beeinträchtigt** würde. Die **Maßnahme** muss als solche **tendenzbezogen** sein und die von der Maßnahme betroffenen Personen müssen **Tendenzträger** sein. Aus der Relativklausel folgt namentlich im Bereich der personellen Angelegenheiten, dass im Rahmen eines Mitbestimmungstatbestands **zwischen unterschiedlichen Ausprägungen der Mitbestimmung abgestuft** werden kann. Der Tendenzschutz führt nur zum Ausschluss echter Mitbestimmungsrechte, während Anhörungs- und Beratungsrechte bestehen bleiben (vgl. Rdn. 164; zur Mitbestimmung im Rahmen des § 99 vgl. Rdn. 213 ff., zur Mitbestimmung bei Kündigungen Rdn. 221 ff.).

202 Bei den **allgemeinen personellen Angelegenheiten** gibt es – zum Teil durch die Reform des Betriebsverfassungsgesetzes im Jahre 2001 bedingte – **Berührungspunkte mit den wirtschaftlichen Angelegenheiten**: zum einen das Unterrichtungs-, Beratungs- und Vorschlagsrecht bei der Personalplanung, das jetzt um ein Vorschlags- und Beratungsrecht zu Maßnahmen der Beschäftigungssicherung ergänzt worden ist (**§§ 92, 92a**), zum anderen das ebenfalls neu eingeführte echte Mitbestimmungsrecht des Betriebsrats bei Qualifizierungsmaßnahmen (**§ 97 Abs. 2**). Jeweils stellt sich die Frage nach der Umsetzung der Relativklausel mit Blick auf die Regelung des § 118 Abs. 1 Satz 2. Die dort zum Ausdruck gebrachte gesetzgeberische Entscheidung zugunsten eines weit reichenden Tendenzschutzes in wirtschaftlichen Angelegenheiten darf nicht konterkariert werden. Andererseits stehen die personellen Angelegenheiten nur unter dem Vorbehalt der Relativklausel, die die Anforderungen an eine Einschränkung der Mitbestimmung im Vergleich zu der Regelung bei den wirtschaftlichen Angelegenheiten höher schraubt (vgl. auch *BAG* 06.11.1990 EzA § 92 BetrVG 1972 Nr. 2 S. 9 ff. = AP Nr. 3 zu § 92 BetrVG 1972 = SAE 1992, 1 [*Kraft/Raab*]; *Hanau* BB 1973, 901 [904]; *Poeche* Mitbestimmung, S. 121). Daraus ergibt sich eine **differenzierende Betrachtungsweise** für bloße Vorschlags- und Beratungsrechte einerseits (§§ 92, 92a: Rdn. 203–205) und echte Mitbestimmungsrechte andererseits (§ 97 Abs. 2: Rdn. 211).

(2) Allgemeine personelle Angelegenheiten und Berufsbildung (§§ 92 bis 98)

203 **Keinen Tendenzschutz** verlangt die Relativklausel des § 118 Abs. 1 Satz 1 letzter Halbs. im Bereich der Beteiligung des Betriebsrats bei der **Personalplanung gem.** § 92. Da das Gesetz hier lediglich ein Unterrichtungs- und Beratungsrecht vorsieht, droht eine Verhinderung oder ernsthafte Gefährdung der Tendenzverwirklichung nicht. Der Arbeitgeber kann die Planung letztlich nach seinen Vorstellungen realisieren (*BAG* 06.11.1990 EzA § 92 BetrVG 1972 Nr. 2 S. 9 ff. = AP Nr. 3 zu § 92 BetrVG 1972 = SAE 1992, 1 *[Kraft/Raab]*; *Fitting* § 118 Rn. 33; *Frey* Der Tendenzschutz, S. 70; *Matthes*/ MünchArbR § 273 Rn. 10; *Poeche* Mitbestimmung, S. 119 ff.; *Wedde/DKKW* § 118 Rn. 98; **a. M.** *Diller/JRH* Kap. 31 Rn. 95; *Hess/HWGNRH* § 118 Rn. 94; *Müller* FS *Hilger/Stumpf*, S. 477 [503]). Das gilt, obwohl die Personalplanung sich in Teilbereichen mit der Betriebs- und Unternehmensplanung deckt, für die gem. § 106 ff. die Unterrichtungs- und Beratungsrechte in Tendenzunternehmen gänzlich ausgeschlossen sind (**a. M.** insofern *Kaiser/LK* § 118 Rn. 38; *Richardi/Forst* § 118 Rn. 153, die zwischen Personalbedarfs- und Personaldeckungsplanung unterscheiden wollen). Die Personalplanung ist nach der Systematik des Betriebsverfassungsgesetzes insgesamt nicht den wirtschaftlichen Angelegenheiten der §§ 106 ff. zugeordnet. Hinzu kommt, dass der generelle Ausschluss von Beratungsrechten in § 118 Abs. 1 Satz 2 infolge der Inbezugnahme des Wirtschaftsausschusses allein die unternehmerische Ebene betrifft. Auf betrieblicher Ebene ist der Tendenzschutz weniger rigide ausgestaltet. Auch eine Differenzierung danach, ob die Personalplanung aus tendenzbedingten Gründen erfolgt oder nicht (*Dütz* BB 1975, 1261 [1269]), erscheint – trotz der zunächst denkbaren Parallele zum Problem der Berichtspflicht des Arbeitgebers auf der Betriebsversammlung gem. § 43 Abs. 2 Satz 3 (dazu Rdn. 148) – nicht gerechtfertigt. Denn auch die Mitbestimmung bei personellen Einzelmaßnahmen ist selbst bei Tendenzträgern nur insoweit eingeschränkt, als sie die Entscheidung an sich betrifft. Informations- und Anhörungsrechte bleiben bestehen (vgl. Rdn. 213 ff.). Entsprechendes muss auch für die generelle Personalplanung gelten (vgl. hierzu auch *Galperin/Löwisch* § 118 Rn. 67).

Das 2001 neu eingeführte Beteiligungsrecht hinsichtlich der **Förderung der Gleichstellung von** 204 **Männern und Frauen** nach **§ 92 Abs. 3** ist tendenzneutral und greift deshalb auch im Anwendungsbereich des § 118.

Auch das neue Vorschlags- und Beratungsrecht des Betriebsrats zu Maßnahmen der **Beschäftigungs-** 205 **sicherung gem. § 92a bleibt in Tendenzunternehmen und -betrieben bestehen.** Die Gründe, die gegen einen spezifischen Tendenzschutz bei der Personalplanung im Allgemeinen gelten, kommen auch hier trotz des unverkennbaren sachlichen Bezugs zu den wirtschaftlichen Angelegenheiten und trotz des in § 92a Abs. 2 formalisierten Beratungsverfahrens in gleicher Weise zum Tragen (*Fitting* § 118 Rn. 33; *Wedde/DKKW* § 118 Rn. 100; vgl. auch *Richardi/Forst* § 118 Rn. 153; **einschränkend** *Hess/HWGNRH* § 118 Rn. 95; *Kaiser/LK* § 118 Rn. 38; *Lunk*/NK-GA § 118 BetrVG Rn. 42).

Ebenfalls **keinen Tendenzschutz** gibt es hinsichtlich der Pflicht zur **Ausschreibung von Arbeits-** 206 **plätzen** innerhalb des Betriebs gem. **§ 93.** Die Beteiligung des Betriebsrats steht der Tendenzverwirklichung nicht entgegen, da der Arbeitgeber in seiner Entscheidungsfreiheit hinsichtlich der zu besetzenden Arbeitsplätze nicht beeinträchtigt ist (*BAG* 30.01.1979 EzA § 118 BetrVG 1972 Nr. 20 S. 162 = AP Nr. 11 zu § 118 BetrVG 1972 *[krit. Kraft]* = AuR 1980, 59 ff. *[zust. Ihlefeld]* = AR-Blattei Tendenzbetrieb, Entsch. 16 *[abl. Mayer-Maly]*; 01.02.2011 EzA § 93 BetrVG 2001 Nr. 1 Rn. 27 = AP Nr. 9 zu § 93 BetrVG 1972 *[zust. Richardi]*; **im Ergebnis wie hier** *Fitting* § 118 Rn. 33, 36; *Frey* Der Tendenzschutz, S. 71; *Ihlefeld/Blanke* Film und Recht 1973, 160 [165]; *Kania*/ErfK § 118 BetrVG Rn. 24; *Ricker/Weberling* Handbuch des Presserechts, Kap. 37 Rn. 40; *Marhold* AR-Blattei SD 1570, Rn. 161; *Menzel* Rechte des Betriebsrats im Tendenzbetrieb, S. 89 f.; *Otto* AuR 1980, 289 [300]; *Raab* § 93 Rdn. 17; *Richardi/Forst* § 118 Rn. 154; *Wedde/DKKW* § 118 Rn. 98; **a. M.** *Hanau* BB 1973, 901 [905]; *Hess/HWGNRH* § 118 Rn. 96; *Poeche* Mitbestimmung, S. 122 ff.). Zu beachten ist allerdings, dass anders als im tendenzfreien Betrieb im Falle einer unterbliebenen Ausschreibung **kein Zustimmungsverweigerungsrecht** nach § 99 Abs. 2 Nr. 5 besteht. Die Einstellungsentscheidung selbst ist tendenzgeschützt (*BAG* EzA § 118 BetrVG 1972 Nr. 20 S. 162 f. = AP Nr. 11 zu § 118 BetrVG 1972; *Raab* § 93 Rdn. 17; *Richardi/Forst* § 118 Rn. 154).

Tendenzschutz besteht aber hinsichtlich der Zustimmung des Betriebsrats zu **Personalfragebögen,** 207 zu **persönlichen Angaben in allgemein für den Betrieb verwendeten schriftlichen Arbeitsverträgen** und zur Aufstellung allgemeiner **Beurteilungsgrundsätze gem. § 94 Abs. 1 und 2.** Eine solche Zustimmung ist in Tendenzunternehmen gem. § 118 Abs. 1 Satz 1 letzter Halbs. nicht erforderlich. Es reicht insofern nicht aus, dass der Betriebsrat gem. § 2 Abs. 2 verpflichtet ist, auch die Belange des Betriebes zu berücksichtigen und deshalb auch eine geistig-ideelle Zielsetzung zu beachten hat (**so aber** *Fabricius* 6. Aufl., § 118 Rn. 626; ähnlich *Wedde*/DKKW § 118 Rn. 99: Prüfung einer möglichen Einschränkung der Mitbestimmungsrechte nach § 118 Abs. 1 Satz 1 BetrVG durch die Einigungsstelle als Vorfrage). Dieses Argument könnte entgegen der gesetzgeberischen Wertung in § 118 Abs. 1 stets zu einer Beteiligung des Betriebsrats führen. Faktisch bedeutete die Beteiligung des Betriebsrats angesichts der Bedeutung von Personalfragebögen und Beurteilungsgrundsätzen für die Personalpolitik jedenfalls eine ernsthafte Gefahr der Tendenzverwirklichung (*BAG* 21.09.1993 EzA § 118 BetrVG 1972 Nr. 62 S. 3 ff. = AP Nr. 4 zu § 94 BetrVG 1972; *Dütz* BB 1975, 1261 [1269 f.]; *Fitting* § 118 Rn. 33; *Frey* Der Tendenzschutz, S. 71; *Hanau* BB 1973, 901 [905]; *Kania*/ErfK § 118 BetrVG Rn. 24; *Marhold* AR-Blattei SD 1570, Rn. 160; *Matthes*/MünchArbR § 273 Rn. 12 f.; *Poeche* Mitbestimmung, S. 124 ff.; *Richardi*/Forst § 118 Rn. 155 f.; *Richter* DB 1991, 2661 [2663]; **a. M.** *Fabricius* 6. Aufl., § 118 Rn. 626; *Wedde*/DKKW § 118 Rn. 99). Zu Formblättern über die Mitteilung von Aktienbesitz im Zusammenhang mit Ethikregeln für Redakteure einer Wirtschaftszeitung vgl. Rdn. 190.

208 Bei der Aufstellung von **Auswahlrichtlinien (§ 95)** für Tendenzträger ist genauso zu entscheiden. Auch insoweit greift also der **Tendenzschutz** (*Dütz* BB 1975, 1261 [1270]; *Hanau* BB 1973, 901 [905]; *Matthes*/MünchArbR § 273 Rn. 11; *Poeche* Mitbestimmung, S. 124 ff.; *Richardi*/Forst § 118 Rn. 157; **a. M.** *Fabricius* 6. Aufl., § 118 Rn. 627; vgl. auch *Wedde*/DKKW § 118 Rn. 99: Einschränkung der Mitbestimmung nur in Ausnahmefällen). Müsste der Betriebsrat Richtlinien über die personelle Auswahl bei Einstellungen und Kündigungen von Tendenzträgern zustimmen, könnte er in einem Kernbereich der Personalplanung des Arbeitgebers Einfluss nehmen. Das betrifft zunächst tendenzbezogene fachliche und persönliche Auswahlkriterien (*Galperin*/Löwisch § 118 Rn. 69; *Hanau* BB 1973, 901 [905]), muss aber auch gelten, soweit es um die sonstigen fachlichen und persönlichen Voraussetzungen und die sozialen Gesichtspunkte bei der Auswahl von Tendenzträgern geht (*Poeche* Mitbestimmung, S. 126 f.; *Richardi*/Forst § 118 Rn. 157; **a. M.** insoweit *Kaiser*/LK § 118 Rn. 39). Auch in diesem Zusammenhang führt der Hinweis der Gegenmeinung auf § 2 Abs. 2, § 74 Abs. 2 Satz 2 (*Fabricius* 6. Aufl., § 118 Rn. 627) nicht weiter (vgl. Rdn. 207).

209 Zu beachten ist aber, dass in den Fällen der §§ 94 und 95 nur das dort vorgesehene Zustimmungsrecht des Betriebsrats entfällt. Das in **§ 80 Abs. 2** flankierend vorgesehene **Unterrichtungsrecht bleibt** auch bezüglich der Personalfragebögen, Beurteilungsgrundsätze und Auswahlrichtlinien **bestehen** (*Richardi*/Forst § 118 Rn. 158; **a. M.** *Hess*/HWGNRH § 118 Rn. 95).

210 Im Bereich der **Berufsbildung** bleiben zunächst die allgemeine **Förderungspflicht und die Beratungsrechte nach §§ 96, 97 Abs. 1 unberührt** (*Fitting* § 118 Rn. 33; *Kania*/ErfK § 118 BetrVG Rn. 24; *Matthes*/MünchArbR § 273 Rn. 14; *Richardi*/Forst § 118 Rn. 159; *Wedde*/DKKW § 118 Rn. 101).

211 Der im Jahre 2001 neu eingeführte **§ 97 Abs. 2** sieht vor, dass dem Betriebsrat bei geplanten oder durchgeführten Maßnahmen des Arbeitgebers, die zu einer Änderung der Tätigkeit der Arbeitnehmer führen und **berufliche Qualifizierungsmaßnahmen** erfordern, ein echtes Mitbestimmungsrecht zur Einführung von Maßnahmen der beruflichen Bildung zusteht. Welche Maßnahme der Gesetzgeber im Auge hatte, ist der Fassung des Regierungsentwurfs (BT-Drucks. 14/5741, S. 15, 49 f.) zu entnehmen: Dort sind die Einführung neuer technischer Anlagen, Arbeitsverfahren und Arbeitsabläufe oder Arbeitsplätze genannt. Die endgültige Gesetzesfassung beruht darauf, dass man den Bezugspunkt des Mitbestimmungsrechts noch weiter fassen wollte (vgl. die Beschlussempfehlung des BT-Ausschusses für Arbeit und Sozialordnung [BT-Drucks. 14/6352, S. 55]). Insofern kommt eine Einschränkung der Beteiligung des Betriebsrats schon deshalb in Betracht, da derartige unternehmerische Entscheidungen in Tendenzunternehmen gerade Ausdruck der **Tendenzverwirklichung** sein werden. Dann müssen auch Qualifizierungsmaßnahmen jedenfalls bezüglich der Tendenzträger mitbestimmungsfrei bleiben (ebenso *Kaiser*/LK § 118 Rn. 41). Zusätzlich ist ein möglicher Zusammenhang zu den Regelungen im Bereich der wirtschaftlichen Mitbestimmung zu bedenken. Bei den im Regierungsentwurf genannten Maßnahmen wird es regelmäßig um die Einführung grundlegend neuer Arbeitsmethoden und Fertigungsverfahren gehen, also um einen Fall der **Betriebsänderung** nach § 111 Abs. 1 Satz 3 Nr. 5. Insofern ist nach Maßgabe des § 118 Abs. 1 Satz 2 Halbs. 2 in Tendenzbetrieben die Mitbestimmung auf den Abschluss eines Sozialplanes beschränkt (vgl. Rdn. 151 ff.). Würde man dem Betriebsrat die Möglichkeit geben, im Tendenzunternehmen Art und Umfang

der Qualifizierungsmaßnahmen über die Einigungsstelle zu erzwingen, hätte er im **Widerspruch zu der Wertung des § 118 Abs. 1 Satz 2 Halbs. 2** die Möglichkeit, mittelbar auch auf die Betriebsänderung selbst Einfluss nehmen zu können. Insofern verlangt die Relativklausel des § 118 Abs. 1 Satz 1 letzter Halbs. einen wertenden Abgleich mit anderen Bereichen der Mitbestimmung (vgl. Rdn. 202).

Die Qualifikation der Tendenzträger eines Tendenzunternehmens ist für die Verwirklichung der dort verfolgten geistig ideellen Bestimmungen von zentraler Bedeutung. Deshalb besteht **Tendenzschutz** und sind die Beteiligungsrechte des Betriebsrats im Bereich der **Berufsbildungsmaßnahmen gem. § 98** eingeschränkt, **soweit es um tendenzrelevante Fortbildungsmaßnahmen** und um die **Auswahl von Tendenzträgern** geht (*BAG* 30.05.2006 EzA § 98 BetrVG 2001 Nr. 2 Rn. 21 ff. = AP Nr. 80 zu § 118 BetrVG 1972; 20.04.2010 EzA § 118 BetrVG 2001 Nr. 9 Rn. 29 = AP Nr. 9 zu Art. 5 Abs. 1 GG Pressefreiheit *[Franzen]*; *Kaiser/LK* § 118 Rn. 41; *Kania/ErfK* § 118 BetrVG Rn. 24; *Richardi/Forst* § 118 Rn. 159; *Ricker/Weberling* Handbuch des Presserechts, Kap. 37 Rn. 4; nur auf den Tendenzbezug der Fortbildungsmaßnahme abstellend *Oetker* Mitbestimmung, S. 110 ff.; *Poeche* Mitbestimmung, S. 127 ff.; **a. M.** *Richter* DB 1991, 2661 [2663]; *Wedde/DKKW* § 118 Rn. 101).

212

(3) Personelle Einzelmaßnahmen (§§ 99 bis 105)

Die §§ 99 bis 105 regeln **Beteiligungsrechte** des Betriebsrats von **unterschiedlicher Qualität und Intensität.** Entsprechend wirkt sich auch § 118 Abs. 1 Satz 1 letzter Halbs. unterschiedlich aus. Gerade im Bereich der personellen Einzelmaßnahmen kommt zum Tragen, dass die Beteiligungsrechte des Betriebsrats nach Maßgabe der Relativklausel in Tendenzbetrieben nicht schlechthin entfallen, sondern eben nur insoweit, als die Tendenzverwirklichung verhindert oder ernstlich gefährdet wird. Das führt bei Informations- und Anhörungsrechten zu anderen Konsequenzen als bei Zustimmungsrechten.

213

Sowohl bei der **Einstellung** als auch bei der **Versetzung entfällt** in Tendenzunternehmen und -betrieben das **Zustimmungserfordernis des § 99**, wenn die personelle Einzelmaßnahme Tendenzbezug und einen Tendenzträger betrifft. Gerade im Bereich personeller Einzelmaßnahmen ist die Tendenzverwirklichung in ihrem Kern betroffen. Wen der Arbeitgeber zu welchen Aufgaben und an welchen Stellen einsetzt, um Bestimmungen i. S. d. § 118 Satz 1 Abs. 1 Nr. 1 und 2 zu verwirklichen, muss unter Berücksichtigung der durch § 118 vermittelten Grundrechtsgewährleistung seiner freien Entscheidung überlassen bleiben (st. Rspr., vgl. *BAG* 07.11.1975 EzA § 118 BetrVG 1972 Nr. 7 S. 55 f. = AP Nr. 3 zu § 99 BetrVG 1972 *[Kraft/Geppert]*; 01.09.1987 EzA § 118 BetrVG 1972 Nr. 41 S. 11 ff. = AP Nr. 11 zu § 101 BetrVG 1972 *[Fabricius]*; 08.05.1990 EzA § 118 BetrVG 1972 Nr. 52 S. 4 f. = AP Nr. 46 zu § 118 BetrVG 1972; 27.07.1993 EzA § 118 BetrVG 1972 Nr. 61 S. 8 *[Dütz]* = AP Nr. 51 zu § 118 BetrVG 1972; 11.04.2006 EzA § 308 BGB 2002 Nr. 5 Rn. 56 ff. = AP Nr. 17 zu § 307 BGB; *Fitting* § 118 Rn. 35; *Kania/ErfK* § 118 BetrVG Rn. 25; *Ricker/Weberling* Handbuch des Presserechts, Kap. 37 Rn. 38; *Marhold* AR-Blattei SD 1570, Rn. 163; *Matthes/*MünchArbR § 273 Rn. 15; *Mayer-Maly* AfP 1976, 3 [9]; *Raab* § 99 Rdn. 182; *Richardi/Forst* § 118 Rn. 161, 163; **zweifelnd** *Diller/JRH* Kap. 31 Rn. 102; **ablehnend** *Hanau* BB 1973, 901 [906]; *Ihlefeld* RdA 1977, 223 [225]; *Plander* AuR 1976, 289 [296]; *Wedde/DKKW* § 118 Rn. 78 f., 103).

214

Nach allgemeinen Maßstäben ist für die Einschränkung des Mitbestimmungsrechts im Rahmen der Relativklausel notwendig, dass die Maßnahme einen **Tendenzträger** betrifft und dass sie **Tendenzbezug** hat. Insofern besteht nach Auffassung des *BAG* eine **tatsächliche Vermutung,** dass Einstellung und Versetzung (zur Kündigung Rdn. 221 ff.) **eines Tendenzträgers aus tendenzbedingten Gründen** erfolgt (*BAG* 19.05.1981 EzA § 99 BetrVG 1972 Nr. 32 S. 156 = AP Nr. 18 zu § 118 BetrVG 1972 *[Meisel]* = SAE 1982, 124 *[Kraft]*; *Fitting* § 118 Rn. 36; *Galperin/Löwisch* § 118 Rn. 76; *Hanau* BB 1973, 901 [906]; *Marhold* AR-Blattei SD 1570, Rn. 163; **a. M.** *Eisemann* RdA 1977, 336 [346 f.]). Für die Versetzung ist dieser Rechtsprechung zuzustimmen, da in der Tat die Konkretisierung des Einsatzes von Tendenzträgern typischerweise in Hinblick auf eine tendenzbedingte Entscheidung des Arbeitgebers erfolgt. Insofern lassen sich auch fachliche und tendenzspezifische Aspekte kaum trennen. Da es aber Fälle geben kann, in denen dies anders ist, kann man bei der Versetzung auf das Merkmal der Tendenzbedingtheit nicht ganz verzichten. Für die Einstellung eines Tendenzträgers allerdings ist kein Fall ersichtlich, in dem es an der Tendenzbedingtheit fehlen könnte (*Richardi/Forst*

215

§ 118 Rn. 161). Entweder der einzustellende Arbeitnehmer ist Tendenzträger, weil er mit Aufgaben betraut wird, die unmittelbar mit der Tendenzverwirklichung zusammenhängen – dann ist seine Einstellung tendenzbedingt. Oder er ist kein Tendenzträger, weil die vorgesehene Tätigkeit keinen Tendenzbezug aufweist. Dann scheitert eine Einschränkung des Mitbestimmungsrechts schon an dieser Voraussetzung. Zur Einstellung von Tendenzträgern als Zeitarbeitnehmer vgl. *Becke* FS zur 100. Arbeitstagung der *Arbeitsgemeinschaft der Verlagsjustitiare*, 2008, S. 121 (122 ff.).

216 Ist für eine Einstellung oder Versetzung nach den geschilderten Voraussetzungen Tendenzschutz geboten, so **entfällt** das in § 99 Abs. 1 Satz 1 zweiter Halbs. vorgesehene **Zustimmungserfordernis**. Die Eigenart des Unternehmens bzw. Betriebs steht der Beteiligung des Betriebsrats entgegen. Das bedeutet zugleich, dass auch das in § 99 geregelte Verfahren nicht zur Anwendung kommt, soweit es auf das Zustimmungserfordernis zugeschnitten ist: Eine Zustimmungsverweigerung durch den Betriebsrat ist, auch wenn sie auf einen der Gründe des § 99 Abs. 2 gestützt wird und unter Beachtung der formalen Voraussetzungen des § 99 Abs. 3 erfolgt, unbeachtlich. Das gilt **auch dann, wenn der Betriebsrat die Zustimmung aus tendenzneutralen Gründen verweigert hat** (*BAG* 27.07.1993 EzA § 118 BetrVG 1972 Nr. 61 S. 8 [*Dütz*] = AP Nr. 51 zu § 118 BetrVG 1972; *Kania*/ErfK § 118 BetrVG Rn. 25; **a. M.** *LAG Düsseldorf* 14.11.1990 LAGE § 118 BetrVG 1972 Nr. 15; *Hanau* BB 1973, 901, [905]; *Plander* AuR 1976, 289 [296]; eingehend *Poeche* Mitbestimmung, S. 135 ff.; **offen** gelassen in *BAG* 01.09.1987 EzA § 118 BetrVG 1972 Nr. 41 S. 12 = AP Nr. 11 zu § 101 BetrVG 1972 *[Fabricius]*). Der Arbeitgeber kann sich darüber hinwegsetzen und ist nicht darauf angewiesen, das **Zustimmungsersetzungsverfahren nach § 99 Abs. 4** einzuleiten (*BAG* 01.09.1987 EzA § 118 BetrVG 1972 Nr. 41 S. 13 = AP Nr. 11 zu § 101 BetrVG 1972 *[Fabricius]*; *Marhold* AR-Blattei SD 1570, Rn. 169).

217 Die in § 99 Abs. 1 Satz 1, 2 vorgesehenen **Unterrichtungs-, Vorlage- und Auskunftspflichten bleiben** auch bei der Einstellung oder Versetzung eines Tendenzträgers **uneingeschränkt bestehen** (*BAG* 07.11.1975 EzA § 118 BetrVG 1972 Nr. 7 S. 55 f. = AP Nr. 3 zu § 99 BetrVG 1972 *[Kraft/Geppert]*; *Fitting* § 118 Rn. 37; *Kania*/ErfK § 118 BetrVG Rn. 25; *Ricker/Weberling* Handbuch des Presserechts, Kap. 37 Rn. 37; *Marhold* AR-Blattei SD 1570, Rn. 165; *Matthes*/MünchArbR § 273 Rn. 15; *Richardi/Forst* § 118 Rn. 162; *Wedde*/DKKW § 118 Rn. 102; **krit.** *Stege/Weinspach/Schiefer* § 118 Rn. 8). Insbesondere ist der Arbeitgeber nach der Rechtsprechung des *BAG* verpflichtet, wie in tendenzfreien Betrieben auch die Unterlagen sämtlicher Bewerber vorzulegen (*BAG* 19.05.1981 EzA § 99 BetrVG 1972 Nr. 32 S. 157 = AP Nr. 18 zu § 118 BetrVG 1972 *[Meisel]* = SAE 1982, 124 *[Kraft]*; *Marhold* AR-Blattei SD 1570, Rn. 166; **a. M.** *Hess*/HWGNRH § 118 Rn. 103 ff.). Auch vor einer vorläufigen Maßnahme ist der Betriebsrat entsprechend zu unterrichten (*BAG* 08.05.1990 EzA § 118 BetrVG 1972 Nr. 52 S. 7 = AP Nr. 46 zu § 118 BetrVG 1972). Das Fortbestehen der Informationsrechte ergibt sich aus der Relativklausel des § 118 Abs. 1 Satz 1 letzter Halbs., die einen Tendenzschutz nur verlangt, »soweit« die Beteiligung des Betriebsrats der Tendenzverwirklichung entgegensteht. Das ist unterhalb der Schwelle der echten Mitbestimmung nicht der Fall. Zunächst rechtfertigt sich eine Einschränkung der Informationspflichten nicht daraus, dass der Arbeitgeber ein Interesse haben könnte, tendenzbedingte Personalentscheidungen vor dem Betriebsrat geheim zu halten. Ein solches Geheimhaltungsinteresse wird vom Schutzzweck des § 118 nicht erfasst (*BAG* 22.05.1979 EzA § 118 BetrVG 1972 Nr. 21 S. 168 = AP Nr. 12 zu § 118 BetrVG 1972; 30.06.1981 EzA § 80 BetrVG 1972 Nr. 19 S. 105 ff. = AP Nr. 15 zu § 80 BetrVG 1972). Auch die Tatsache, dass der Betriebsrat faktisch aufgrund der ihm zur Verfügung gestellten Informationen in die Lage versetzt wird, dem Arbeitgeber mögliche Gegenvorstellungen zu unterbreiten und ihm eine Erörterung der geplanten Maßnahme abzuverlangen, ändert nichts an der fortbestehenden Entscheidungsfreiheit des Arbeitgebers. Der Betriebsrat kann vom Arbeitgeber sogar verlangen, dass dieser sich mit seinen Bedenken auseinandersetzt (*BAG* 07.11.1975 EzA § 118 BetrVG 1972 Nr. 7 S. 55 = AP Nr. 3 zu § 99 BetrVG 1972 *[Kraft/Geppert]*; *Fitting* § 118 Rn. 37; **einschränkend** *LAG Düsseldorf* 14.11.1972 LAGE § 118 BetrVG 1972 Nr. 15). § 99 enthält nur deshalb keine eigene ausdrückliche Regelung bezüglich eines **Anhörungsrechts**, da der Arbeitgeber im Rahmen des formalisierten Zustimmungsersetzungsverfahrens ohnehin zu einer Auseinandersetzung mit der Position des Betriebsrats gezwungen ist. Der Tendenzschutz erfordert unter Berücksichtigung der Eigenartsklausel lediglich den Fortfall des Zustimmungserfordernisses, nicht aber des sonst darin enthaltenen Anhörungsrechtes. Insofern gilt für die Auswirkungen des § 118 Abs. 1 Satz 1 letzter Halbs. bei den personellen Einzelmaßnahmen nichts

Geltung für Tendenzbetriebe und Religionsgemeinschaften § 118

Missachtet der Arbeitgeber die Informations- und Anhörungsrechte des Betriebsrats, so 218 kann dieser nach **§ 101 die Aufhebung der Maßnahme** verlangen (*BAG* 01.09.1972 EzA § 118 BetrVG 1972 Nr. 40 S. 6 = AP Nr. 10 zu § 101 BetrVG 1972; 08.05.1990 EzA § 118 BetrVG 1972 Nr. 52 S. 5 = AP Nr. 46 zu § 118 BetrVG 1972; *Fitting* § 118 Rn. 37; *Kania*/ErfK § 118 BetrVG Rn. 25; *Matthes*/MünchArbR § 273 Rn. 16; *Poeche* Mitbestimmung, S. 155 ff.; *U. Weber* NZA 1989, Beil. 3, S. 2 [6]; *Wedde*/DKKW § 118 Rn. 105; **a. M.** *Galperin*/*Löwisch* § 118 Rn. 76; *Marhold* AR-Blattei SD 1570, Rn. 167; *Richardi*/*Forst* § 118 Rn. 162). Die Funktion des § 101 besteht in der Sicherung des durch § 99 vorgesehen Mitbestimmungsverfahrens. Gesteht man dem Betriebsrat auch bei tendenzbedingten personellen Einzelmaßnahmen gegenüber Tendenzträgern ein Beteiligungsrecht in Form von Information und Anhörung zu, da dadurch die Tendenzverwirklichung nicht verhindert oder ernsthaft beeinträchtigt wird, dann besteht kein Grund, das vom Gesetz vorgesehene Sanktionsinstrumentarium nicht ebenfalls zur Anwendung kommen zu lassen. § 118 Abs. 1 Satz 1 letzter Halbs. gebietet es nicht, den Arbeitgeber insoweit gegenüber tendenzfreien Unternehmen und Betrieben zu privilegieren und einen Verstoß gegen das Mitbestimmungsverfahren nur auf der Basis von § 121 bzw. § 23 Abs. 3 zu sanktionieren (**so aber** *Marhold* AR-Blattei SD 1570, Rn. 167).

§ 101 kommt erst recht zur Anwendung, wenn Arbeitgeber und Betriebsrat über das **Bestehen der** 219 **Zustimmungspflicht** nach § 99 unterschiedlicher Rechtsansicht sind und sich der Arbeitgeber über eine Zustimmungsverweigerung hinwegsetzt (*BAG* 20.11.1990 EzA § 118 BetrVG 1972 Nr. 57 = AP Nr. 47 zu § 118 BetrVG 1972; 01.09.19 *Löffler*/*Dörner*/*Grund* Presserecht, ArbR BT Rn. 360; 87 EzA § 118 BetrVG 1972 Nr. 41 S. 17 = AP Nr. 11 zu § 101 BetrVG 1972 *[Fabricius]*; *Marhold* AR-Blattei SD 1570, Rn. 168). Die Initiative liegt in diesem Fall beim Betriebsrat. Das Arbeitsgericht hat im Rahmen seiner Entscheidung über die Aufhebung der Maßnahme als Vorfrage zu klären, ob überhaupt eine Zustimmungspflicht bestand oder diese aus Gründen des Tendenzschutzes entfallen ist.

Bei **Ein- und Umgruppierungen gem. § 99** handelt es sich um Vorgänge, bei denen dem Betriebs- 220 rat von vornherein nur ein Mitbeurteilungsrecht beim rechtlichen Normenvollzug zusteht (vgl. *Raab* § 99 Rdn. 64 m. w. N.). Die Einstufung in eine Vergütungsgruppe ist insofern **tendenzneutral**, so dass eine Einschränkung der Beteiligungsrechte des Betriebsrats nicht in Betracht kommt (*BAG* 31.05.1983 EzA § 118 BetrVG 1972 Nr. 36 S. 268 = AP Nr. 27 zu § 118 BetrVG 1972 *[Misera]* = SAE 1984, 62 *[Kraft]*; 03.12.1985 EzA § 118 BetrVG 1972 Nr. 37 S. 274 = AP Nr. 31 zu § 99 BetrVG 1972; *Fitting* § 118 Rn. 36; *Kania*/ErfK § 118 BetrVG Rn. 25; *Ricker*/*Weberling* Handbuch des Presserechts, Kap. 37 Rn. 39; *Marhold* AR-Blattei SD 1570, Rn. 162; *Matthes*/MünchArbR § 273 Rn. 17; *Richardi*/*Forst* § 118 Rn. 160; *Wedde*/DKKW § 118 Rn. 107; **a. M.** *Galperin*/*Löwisch* § 118 Rn. 78; *Hess*/HWGNRH § 118 Rn. 109; *Meusel* NZA 1987, 658 f.; *Müller* FS *Hilger*/*Stumpf*, S. 477 [506]; *Poeche* Mitbestimmung, S. 148 ff.; *Thannhäuser* WissR 1997, 95 [105]).

Gem. **§ 102 Abs. 1** hat der Arbeitgeber vor jeder **Kündigung** den Betriebsrat über seine Kündi- 221 gungsabsicht zu informieren, sämtliche Gründe dafür mitzuteilen, seien es tendenzerhebliche oder nicht, und den Betriebsrat dazu zu hören. Dieses **Anhörungsrecht** besteht **auch bei der tendenzbedingten Kündigung.** Die Kündigung und damit die damit möglicherweise verbundene Tendenzverwirklichung werden nicht verhindert, da der Arbeitgeber sich über einen Widerspruch des Betriebsrats hinwegsetzen kann. Deshalb verlangt § 118 Abs. 1 Satz 1 letzter Halbs. insoweit keine Einschränkung des Mitbestimmungsrechts (*BAG* 22.04.1975 EzA § 118 BetrVG 1972 Nr. 4 *[Mathy]* = AP Nr. 2 zu § 118 BetrVG 1972 *[abl. Mayer-Maly]*; 07.11.1975 EzA § 118 BetrVG 1972 Nr. 8 S. 60 *[Dütz]* = AP Nr. 1 zu § 130 BetrVG 1972; 07.11.1975 EzA § 118 BetrVG 1972 Nr. 9 S. 66 ff. = AP Nr. 4 zu § 118 BetrVG 1972 *[abl. Mayer-Maly]*; *Fitting* § 118 Rn. 37; *Matthes*/MünchArbR § 273 Rn. 18; *Poeche* Mitbestimmung, S. 161 f.; *Raab* § 102 Rdn. 16; *Richardi*/*Forst* § 118 Rn. 164; *Wedde*/DKKW § 118 Rn. 108; **a. M.** *Dütz* BB 1975, 1261 ff.; *Gaul*/*Wamhoff* DB 1973, 2187; *Mayer-Maly* AfP 1976, 3 [14]). Das *BVerfG* hat erklärt, dass diese Umsetzung des § 118 Abs. 1 Satz 1 letzter Halbs. unter verfassungsrechtlichen Gesichtspunkten nicht zu beanstanden sei (*BVerfG* 06.11.1979 EzA § 118 BetrVG 1972 Nr. 23 = AP Nr. 14 zu § 118 BetrVG 1972).

222 Der Betriebsrat kann der Kündigung eines Tendenzträgers **widersprechen** und ist dabei auch nicht auf die Geltendmachung sozialer Gesichtspunkte beschränkt (*Bender/WPK* § 118 Rn. 67; *Matthes/*MünchArbR § 273 Rn. 18; *Poeche* Mitbestimmung, S. 162 ff.; *Richardi/Forst* § 118 Rn. 166; *Wedde/DKKW* § 118 Rn. 109 f.; vgl. aber *Lunk/*NK-GA § 118 BetrVG Rn. 54). Zwar scheint neuerdings das *BVerfG* dazu zu tendieren, schon eine »tendenzbezogene Auseinandersetzung« als unvereinbar mit der grundrechtlich gewährleisteten Entscheidungsfreiheit anzusehen (*BVerfG* 15.12.1999 EzA § 118 BetrVG 1972 Nr. 71 S. 6 = AP Nr. 68 zu § 118 BetrVG 1972). Die zur Begründung in Bezug genommene frühere Entscheidung des Gerichts deutet jedoch nur die »Möglichkeit« eines Verlustes oder einer Beschränkung der Freiheit zur Tendenzverwirklichung an, ohne eine entsprechende Festlegung zu treffen (*BVerfG* 06.11.1979 EzA § 118 BetrVG 1972 Nr. 23 = AP Nr. 14 zu § 118 BetrVG 1972). Auch unter verfassungsrechtlichen Gesichtspunkten erscheint es jedenfalls nicht geboten, im Bereich der Relativklausel des § 118 Abs. 1 Satz 1 letzter Halbs. jegliche Auseinandersetzung zwischen Arbeitgeber und Betriebsrat für tendenzwidrig zu erklären. Der Widerspruch hat die **Folge**, dass der Arbeitgeber dem Arbeitnehmer mit der Kündigung eine **Abschrift der Stellungnahme des Betriebsrats** zuzuleiten hat (*Richardi/Forst* § 118 Rn. 166). Allerdings ist zu bedenken, dass ein Widerspruch unter den Voraussetzungen des § 102 Abs. 2, 3 normalerweise den Weiterbeschäftigungsanspruch des § 102 Abs. 5 nach sich zieht, der anders als der von der Rechtsprechung entwickelte allgemeine Weiterbeschäftigungsanspruch bereits unmittelbar mit Ablauf der Kündigungsfrist zum Tragen kommt. Das könnte im Falle der tendenzbedingten Kündigung zu einer § 118 Abs. 1 Satz 1 Halbs. 2 entgegenlaufenden Beeinträchtigung der Tendenzverwirklichung führen (*Marhold* AR-Blattei SD 1570, Rn. 170 ff.). Aus diesem Grund löst der Widerspruch gegen eine ordentliche Kündigung, die gegenüber einem Tendenzträger aus **tendenzbedingten Gründen** erfolgt, **nicht den Weiterbeschäftigungsanspruch gem. § 102 Abs. 5** aus (*Diller/JRH* Kap. 31 Rn. 104; *Lunk/*NK-GA § 118 BetrVG Rn. 54; *Matthes/*MünchArbR § 273 Rn. 19; *Otto* AuR 1980, 289 [300]; *Poeche* Mitbestimmung, S. 166 f.; *Richardi/Forst* § 118 Rn. 166; *Richter* DB 1991, 2661 [2665]; **differenzierend** *Wedde/DKKW* § 118 Rn. 111). Weitergehend in derartigen Fällen sogar einen Ausschluss des Widerspruchsrechts zu fordern und den Betriebsrat auf das Geltendmachen von Bedenken zu verweisen (*Löffler/Dörner/Grund* Presserecht, ArbR BT Rn. 370 ff.; *Fitting* § 118 Rn. 38; *Kull* NJW 1982, 2227 f.; *Marhold* AR-Blattei SD 1570, Rn. 170 ff.; *Mayer-Maly/Löwisch* BB 1983, 913 [916 f.]; *Plander* NJW 1980, 1084; *Rüthers* AfP 1980, 2 [4]), ist nach der Systematik der Relativklausel nicht geboten. § 118 Abs. 1 Satz 1 letzter Halbs. besagt, dass »die Vorschriften« des Betriebsverfassungsgesetzes keine Anwendung finden, »soweit« die Eigenart des Betriebs oder Unternehmens dem entgegensteht. Das schließt auch eine allein auf die Rechtsfolgen des Widerspruchs bezogene einschränkende Anwendung des § 102 ein (**a. M.** *Marhold* AR-Blattei SD 1570, Rn. 171). Handelt es sich allerdings um eine **tendenzneutrale Kündigung** eines Tendenzträgers, etwa bei einem tendenzneutralen Leistungsmangel oder bei Vorliegen betriebsbedingter Gründe, so ist § 102 grundsätzlich anzuwenden (*Fitting* § 118 Rn. 39; *Ihlefeld* AuR 1976, 61 [64]; *Marhold* AR-Blattei SD 1570, Rn. 173; so im Grundsatz auch *Wedde/DKKW* § 118 Rn. 111 ff., der allerdings den Kreis tendenzbezogener Kündigungen stark einengt; **a. M.** *Oldenburg* NZA 1989, 412 [416]; *Raab* § 102 Rdn. 16). Dies gilt allerdings nur, soweit die Widerspruchsgründe ihrerseits auch tendenzneutral sind. Da der Betriebsrat bei der Versetzung von Tendenzträgern kein Zustimmungsverweigerungsrecht hat (vgl. Rdn. 214), kann dem Arbeitnehmer auch kein Weiterbeschäftigungsanspruch zustehen, wenn wie im Fall des § 102 Abs. 3 Nr. 3 letztlich doch die Tendenzverwirklichung des Arbeitgebers beeinträchtigt sein könnte (*Hess. LAG* 02.06.2006 AR-Blattei ES 1570 Nr. 71; *Grund* FS zur 100. Arbeitstagung der *Arbeitsgemeinschaft der Verlagsjustitiare*, S. 181 [194 ff.]). Für einen Tendenzbezug der Kündigung eines Tendenzträgers spricht **keine tatsächliche Vermutung** (*BAG* 28.08.2003 EzA § 118 BetrVG 2001 Nr. 3 S. 17 = AP Nr. 49 zu § 103 BetrVG 1972 Bl. 7 R; *Galperin/Löwisch* § 118 Rn. 80; im Ergebnis auch *Wedde/DKKW* § 118 Rn. 108; zu Einstellung und Versetzung vgl. Rdn. 215).

223 **Das in § 103** vorgesehene Zustimmungsrecht bei der außerordentlichen Kündigung und Versetzung eines betriebsverfassungsrechtlichen Mandatsträgers ist mit dem Grundsatz der ungehinderten Tendenzverwirklichung nicht vereinbar und gilt nicht bei Maßnahmen gegenüber Tendenzträgern. Wie in den Fällen des § 99 und des § 102 ist der Arbeitgeber aber zur Information und Anhörung verpflichtet (*BAG* 28.08.2003 EzA § 118 BetrVG 2001 Nr. 3 S. 13 = AP Nr. 49 zu § 103 BetrVG 1972 Bl. 6; *Dzida/Hohenstatt* NZA 2004, 1084 [1085]); *Fitting* § 118 Rn. 40; *Frey* Der Tendenzschutz,

S. 73; *Hanau* BB 1973, 901 [907]; *Marhold* AR-Blattei SD 1570, Rn. 174; *Müller* FS *Hilger/Stumpf*, S. 477 [509]; *Richardi/Forst* § 118 Rn. 135; **a. M.** [kein Entfallen der Zustimmungspflicht] *LAG Hamm* 01.07.1992 LAGE § 118 BetrVG 1972 Nr. 17; *Diller/JRH* Kap. 31 Rn. 107; *Ihlefeld* RdA 1977, 223 [226]; *Poeche* Mitbestimmung, S. 171 ff.; *Wedde/DKKW* § 118 Rn. 116). Eine Suspendierung des Betriebsratsmitglieds wahrt den Tendenzschutz nicht hinreichend. Abgesehen davon, dass die Suspendierung nicht zwangsläufig zum Wegfall der Lohnfortzahlungspflicht durch den Arbeitgeber führt, bliebe es beim Zustimmungserfordernis und damit bei der unmittelbaren Einflussnahme des Betriebsrats auf die Entscheidung des Arbeitgebers. § 118 Abs. 1 Satz 1 letzter Halbs. gibt aber dem **Tendenzschutz Vorrang vor dem Schutz von Mandatsträgern** (a. M. *Matthes*/MünchArbR § 273 Rn. 20). Aus dem gleichen Grund ist auch der durch **§ 15 KSchG** angeordnete Ausschluss der ordentlichen Kündigung eines mit Tendenzaufgaben betrauten Mandatsträgers **nur dann anwendbar**, wenn es sich um eine Kündigung **ohne Tendenzbezug** handelt (a. M. *Matthes*/MünchArbR § 273 Rn. 20; *Richardi/Forst* § 118 Rn. 135; das *BAG* [03.11.1982 EzA § 15 KSchG n. F. Nr. 28 S. 150 ff. = AP Nr. 12 zu § 15 KSchG 1969] hat eine ordentliche Kündigung eines Tendenzträgers aus tendenzneutralen Gründen zugelassen, aber offen gelassen, wie im Fall einer tendenzbedingten Kündigung zu entscheiden gewesen wäre).

§ 104 ist **anwendbar**, soweit sich der Vorwurf des Betriebsrats und sein Entfernungsverlangen nicht gerade auf den Tendenzcharakter der Tätigkeit des Arbeitnehmers bezieht (*Dütz* BB 1975, 1261 [1270]; *Fitting* § 118 Rn. 41; *Frey* Der Tendenzschutz, S. 73; *Marhold* AR-Blattei SD 1570, Rn. 174; *Richardi/Forst* § 118 Rn. 167; **a. M.** [uneingeschränkte Anwendbarkeit] *Fabricius* 6. Aufl., § 118 Rn. 663; *Hess/HWGNRH* § 118 Rn. 121; *Wedde/DKKW* § 118 Rn. 117). 224

Keinen Tendenzschutz erfordert in Ermangelung eines Einflusses auf die Arbeitgeberentscheidung die **Mitteilungspflicht bei der geplanten Einstellung leitender Angestellte**r nach § 105 (*Galperin/Löwisch* § 118 Rn. 83; *Marhold* AR-Blattei SD 1570, Rn. 174; *Richardi/Forst* § 118 Rn. 168). 225

III. Tendenzschutz nach § 118 Abs. 2

1. Grundlagen

Die Bereichsausnahme des § 118 Abs. 2 nimmt Religionsgemeinschaften und ihre karitativen und erzieherischen Einrichtungen **vollständig aus dem Anwendungsbereich des Betriebsverfassungsgesetzes** aus. Anders als bei den Tendenzbetrieben des § 118 Abs. 1 ist von vornherein kein Betriebsrat zu wählen. Eine gleichwohl erfolgte Betriebsratswahl ist nichtig (*BAG* 09.02.1982 EzA § 118 BetrVG 1972 Nr. 33 = AP Nr. 24 zu § 118 BetrVG 1972; 29.04.1998 EzA § 40 BetrVG 1972 Nr. 82 S. 4 = AP Nr. 58 zu § 118 BetrVG 1972). Die Regelung, die wortlautidentisch bereits in § 81 BetrVG 1952 enthalten war (zur Entstehung Rdn. 11), ist Ausfluss des **verfassungsrechtlichen Selbstbestimmungsrechts der Religionsgemeinschaften nach Art. 140 GG, Art. 137 WRV** (vgl. Rdn. 28 ff.). Zu **unionsrechtlichen** Fragen vgl. Rdn. 33 ff. 226

Ihre praktische Bedeutung gewinnt die Bereichsausnahme vor allem durch die Einbeziehung der karitativen und erzieherischen Einrichtungen von Religionsgemeinschaften. Soweit Religionsgemeinschaften nämlich als **Körperschaften des öffentlichen Rechts** organisiert sind, wie das namentlich bei den beiden großen christlichen Kirchen der Fall ist, findet das Betriebsverfassungsgesetz schon wegen **§ 130** keine Anwendung. Hier greift dann allerdings wiederum die Bereichsausnahme des § 112 BPersVG (dazu *Richardi/RDW* § 112 Rn. 3 f.). Das betrifft die Bistümer der römisch-katholischen Kirche, Ordensniederlassungen in Bayern (Art. 182 der Bayerischen Verfassung; vgl. dazu *BAG* 30.07.1987 EzA § 130 BetrVG 1972 Nr. 2 = AP Nr. 3 zu § 130 BetrVG [Klosterbrauerei Andechs als Eigenbetrieb eines Ordens]; vgl. ferner *BayVGH* 16.06.1999 BayVBl. 2000, 663 [Religiöser Verlag als erzieherische Einrichtung eines Ordens mit Sitz in Bayern unterliegt der Tendenzschutzbestimmung des § 92 BayPVG]) und den Verband der Diözesen Deutschlands ebenso wie die evangelischen Landeskirchen, ihre Zusammenschlüsse in der Evangelischen Kirche in Deutschland (EKD), der Evangelischen Kirche der Union (EKU) und der Vereinigten Evangelisch-Lutherischen Kirche Deutschlands (VELKD), ferner die evangelischen Freikirchen. Auch die jüdischen Kultusgemeinden und der Zentralrat der Juden in Deutschland sind Körperschaften des öffentlichen Rechts (vgl. die Auflis- 227 tung bei *Richardi/Forst* § 118 Rn. 193 sowie *Richardi/RDW* § 112 Rn. 13 ff.). Bezogen auf die Religionsgemeinschaften selbst greift die Vorschrift nur für **privatrechtliche Organisationsformen**.

228 Für die eigenständigen **karitativen und erzieherischen Einrichtungen von Religionsgemeinschaften** hingegen spielt die Zuordnung zu § 118 Abs. 2 eine große Rolle, da sie anders als im Fall des § 118 Abs. 1 nicht nur zu einer abgestuften Einschränkung des Betriebsverfassungsgesetzes führt, sondern die Einrichtung gänzlich aus dessen Anwendungsbereich herausführt.

2. Religionsgemeinschaften

229 Der **Begriff der Religionsgemeinschaft** ist mit demjenigen der Religionsgesellschaft des Art. 137 WRV identisch und weit auszulegen (*BAG* 24.07.1991 EzA § 118 BetrVG 1972 Nr. 58 S. 4 = AP Nr. 48 zu § 118 BetrVG 1972 = AR-Blattei ES 1570, Nr. 47 *[Mayer-Maly]*; *Fabricius* 6. Aufl., § 118 Rn. 756; *Fitting* § 118 Rn. 54; *Hess/HWGNRH* § 118 Rn. 152; *Kania*/ErfK § 118 BetrVG Rn. 30; *Richardi/RDW* § 112 Rn. 10; *Richardi/Forst* § 118 Rn. 189; *Wedde/DKKW* § 118 Rn. 124; **a. M.** noch *Frey* Tendenzschutz, S. 76; offen gelassen in *BAG* 21.11.1975 EzA § 118 BetrVG 1972 Nr. 11 S. 83 = AP Nr. 6 zu § 118 BetrVG 1972). Im Anschluss an die staatskirchenrechtliche Begriffsbildung und unter Berücksichtigung der grundrechtlichen Gewährleistung der Glaubensfreiheit in Art. 4 Abs. 1 und 2 GG ist als Religionsgemeinschaft ein Personenverband zu verstehen, »der die Angehörigen ein und desselben Glaubensbekenntnisses zu allseitiger Erfüllung der durch das gemeinsame Bekenntnis gestellten Aufgaben zusammenfasst« (*BVerwG* 15.06.1995 BVerwGE 99, 1 [3]; ferner *Mikat* in: *Bettermann/Nipperdey/Scheuner* Die Grundrechte 1960, IV/1 S. 148 f.; *v. Campenhausen/Unruh* in: *v. Mangold/Klein/Starck* GG, 6. Aufl. 2011, Art. 137 WRV Rn. 19 ff.; *Morlok* in: *Dreier* GG, 2. Aufl. 2008, Art. 137 WRV Rn. 28). Religionsgemeinschaften in diesem Sinne sind nicht nur die großen christlichen Religionen und Kirchen – für die § 130 ohnehin eine Regelung bereithält –, sondern auch christliche Minderheitsreligionen und Sekten sowie nicht christliche Religionen.

230 Soweit **Orden** nicht wie in Bayern als Körperschaften des öffentlichen Rechts organisiert sind und deshalb unter § 130 fallen (vgl. Rdn. 227), sind sie ebenso wie die den Orden gleichzustellenden sog. **Säkularinstitute** der katholischen Kirche als ausgegliederte Teile der Religionsgemeinschaft zuzurechnen, wenn sie als Wesens- und Lebensäußerung der Kirche selbst angesehen werden können (*BVerfG* 11.10.1977 EzA § 118 BetrVG 1972 Nr. 15 S. 116 ff. *[Rüthers]* = AP Nr. 1 zu Art. 140 GG; *BAG* 19.12.1969 AP Nr. 12 zu § 81 BetrVG Bl. 1 f. *[Mayer-Maly]*; *Richardi/Forst* § 118 Rn. 196; *Richardi* Arbeitsrecht in der Kirche, § 16 Rn. 43 f.; *Wedde/DKKW* § 118 Rn. 124 [abl. aber für Säkularinstitute]; **a. M.** *Fabricius* 6. Aufl., § 118 Rn. 763 ff.).

231 **Keine Religionsgemeinschaften sind religiöse Vereine** wie die selbständigen Vereine der Männer-, Frauen- und Jugendverbände der Kirchen, Missionsvereine, Verbände von Kirchenmusikern und andere Organisationen. Deren Besonderheit ist darin zu sehen, dass sie sich nicht das umfassende Bekenntnis der glaubensbezogenen Überzeugung zum Gegenstand machen, sondern **nur einen bestimmten Teil** der Anhänger eines Glaubensbekenntnisses zu einer speziellen Tätigkeit zusammenfasst (*BVerfG* 16.10.1968 BVerfGE 24, 236 [246 f.]; *Mikat* in: *Bettermann/Nipperdey/Scheuner*, Die Grundrechte 1960, IV/1, S. 148, 150; *Kästner* Bonner Kommentar, Art. 140 GG/Art. 137 WRV Rn. 278). Das Recht der Glaubensfreiheit nach Art. 4 GG steht auch religiösen Vereinen zu; als Religionsgemeinschaft i. S. v. § 118 Abs. 2 kann aber nur eine allseitige Vereinigung mit dem Gegenstand einer allseitigen Pflege des religiösen Lebens angesehen werden. Sofern religiöse Vereine nicht als Unternehmer karitativer oder erzieherischer Einrichtungen doch noch unter Abs. 2 fallen, sind sie in der Regel Inhaber von Betrieben bzw. Unternehmen, die konfessionellen Bestimmungen dienen und unterfallen damit § 118 Abs. 1 BetrVG (*Fabricius* 6. Aufl., § 118 Rn. 760 f.).

232 **Keine Religionsgemeinschaften** sind auch **Weltanschauungsgemeinschaften**, deren Weltbild gerade vom Fehlen eines religiösen Bezugs gekennzeichnet ist. Zwar werden in Art. 137 Abs. 7 WRV Weltanschauungsgemeinschaften in dem dortigen Zusammenhang den Religionsgemeinschaften gleichgestellt. Die Gleichstellung in Art. 137 Abs. 7 WRV bezieht sich aber nur auf den gegebenen staatskirchenrechtlichen Rahmen (*LAG Hamm* 17.05.2002 NZA-RR 2002, 625 [626 f.]; *Kania*/ErfK § 118 BetrVG Rn. 30; *Marhold* AR-Blattei SD 1570, Rn. 183 f.; *Richardi/RDW* § 112 Rn. 21; *Richardi/Thüsing* 14. Aufl. 2014, § 118 Rn. 210; nunmehr offenlassend *Richardi/Forst* § 118 Rn. 210; **a. M.**

Fitting § 118 Rn. 54; *Hess/HWGNRH* § 118 Rn. 152 ff.; *Hohenstatt/Dzida/HWK* § 118 BetrVG Rn. 33; *Kaiser/LK* § 118 Rn. 58; *Müller* RdA 1979, 71 [74]; *Wedde/DKKW* § 118 Rn. 124).

Das *BAG* hat entschieden, dass die **Scientology-Kirche vornehmlich wirtschaftliche Ziele verfolge und deshalb** keine Religionsgemeinschaft sei (*BAG* 22.03.1995 EzA Art. 140 GG Nr. 26 S. 2 ff. = AP Nr. 21 zu § 5 ArbGG 1979 = JZ 1995, 955 *[Görlich]*; offen gelassen aber später von *BAG* 26.09.2002 EzA § 2 ArbGG 1979 Nr. 57 S. 8 = AP Nr. 83 zu § 2 ArbGG 1979 Bl. 5 *[Reuter]* = AR-Blattei ES 160.5.2, Nr. 102 *[Bauschke]*; vgl. zur uneinheitlichen Rechtsprechung u. a. *BVerwG* 06.11.1997 *BVerwGE* 105, 313; 03.07.1998 NVwZ 1999, 766; 15.12.2005 NJW 2006, 1303; *VGH Baden-Württemberg* 12.12.2003 GewArch. 2004, 191; *OVG Berlin-Brandenburg* 09.07.2009 – OVG 5 S 5.09 – juris; *OVG Bremen* 25.02.1997 NVwZ-RR 1997, 408; *OLG Düsseldorf* 12.08.1983 NJW 1983, 2574; *OVG Hamburg* 24.08.1994 NVwZ 1995, 498; 17.06.2004 – 1 Bf 198/00 – juris; *VGH München* 02.04.2003 GewArch. 2003, 350; aus der Literatur u. a. *Diringer* NVwZ 2003, 901; *Thüsing* ZevKR 45, 592).

3. Karitative und erzieherische Einrichtungen von Religionsgemeinschaften

Die Bereichsausnahme des § 118 Abs. 2 erstreckt sich nicht nur auf die Religionsgemeinschaft selbst, sondern auch auf ihre **karitativen und erzieherischen Einrichtungen**, wobei es auf deren Rechtsform nicht ankommt. Auch insoweit manifestiert sich das verfassungsrechtlich geschützte Selbstbestimmungsrecht der Religionsgemeinschaften nach Art. 140 GG, Art. 137 WRV (zur europarechtlichen Perspektive vgl. Rdn. 33 ff.). Deshalb ist für die Zuordnung einer karitativen oder erzieherischen Einrichtung einer Religionsgemeinschaft zu § 118 Abs. 2 zunächst das **Selbstverständnis** dieser Gemeinschaft maßgebend (*BVerfG* 11.10.1977 EzA § 118 BetrVG 1972 Nr. 15 *[Rüthers]* = AP Nr. 1 zu § 140 GG; *BAG* 06.12.1977 EzA § 118 BetrVG 1972 Nr. 16 S. 140 f. [Anm. *Rüthers/Klosterkemper* bei EzA Art. 9 GG Nr. 25] = AP Nr. 10 zu § 118 BetrVG 1972 = SAE 1978, 207 *[Küchenhoff]*; 09.02.1982 EzA § 118 BetrVG 1972 Nr. 33 S. 244 ff. = AP Nr. 24 zu § 118 BetrVG 1972; 30.04.1997 EzA § 118 BetrVG 1972 Nr. 66 S. 2 = AP Nr. 60 zu § 118 BetrVG 1972; 23.10.2002 EzA § 118 BetrVG 2001 Nr. 1 S. 7 *[Thüsing]* = AP Nr. 72 zu § 118 BetrVG 1972 Bl. 2 R; *Dütz* ZfPR 2009, 23 [24]). Die Einrichtung muss nach dem Selbstverständnis der Religionsgemeinschaft zu deren »**Wesens- und Lebensäußerung**« gehören (*BAG* 06.12.1977 EzA § 118 BetrVG 1972 Nr. 16 S. 137, 141 [Anm. *Rüthers/Klosterkemper* bei EzA Art. 9 GG Nr. 25] = AP Nr. 10 zu § 118 BetrVG 1972 = SAE 1978, 207 *[Küchenhoff]*; *Richardi* ZevKR 1978, 367 [395 ff.]; *Richardi/Forst* § 118 Rn. 203; *Thüsing* ZTR 2002, 56 [57]). Im Bereich der katholischen Kirche verlangt die »Grundordnung des kirchlichen Dienstes im Rahmen kirchlicher Arbeitsverhältnisse« i. d. F. des Beschlusses der Vollversammlung des Verbandes der Diözesen Deutschlands vom 27.04.2015 in Art. 2 Abs. 2 Satz 1 GrO eine **verbindliche Übernahme der Grundordnung durch den kirchlichen Arbeitgeber**. Ohne eine derartige Übernahmeerklärung soll nicht kirchliches, sondern ausschließlich staatliches Arbeitsrecht gelten, Art. 2 Satz 2 GrO. Daraus folgt dann auch die Nichtanwendung des § 118 Abs. 2. Tendenzschutz kommt allenfalls nach § 118 Abs. 1 in Betracht (vgl. dazu etwa *Joussen* ZAT 2014, 13 [17 f.]).

Soweit sich die Frage stellt, ob bei einer Einrichtung auf den **Betrieb** oder das **Unternehmen** abzustellen ist, gelten die gleichen Grundsätze wie sonst bei Tendenzunternehmen (vgl. Rdn. 52 ff.). Auch im **Konzern** ist der Anwendungsbereich des § 118 Abs. 2 nach allgemeinen Grundsätzen zu bestimmen (vgl. Rdn. 56 ff.; zum Ganzen *Richardi/Forst* § 118 Rn. 211 ff.; ausführlich *Thüsing* ZTR 2002, 56). Zur Mitbestimmungsordnung in Gemeinschaftsbetrieben unter Beteiligung kirchlicher Träger vgl. *Loritz* GS Heinze, S. 541 ff.

Darüber hinaus ist aber als objektiver Anhaltspunkt eine **organisatorische Verbindung** erforderlich, die die Zugehörigkeit der Einrichtung zur Religionsgemeinschaft nach deren Selbstverständnis nach außen manifestiert (*BVerfG* 11.10.1977 EzA § 118 BetrVG 1972 Nr. 15 *[Rüthers]* = AP Nr. 1 zu § 140 GG; eingehend *BAG* 14.04.1988 EzA § 118 BetrVG 1972 Nr. 42 S. 7 ff. = AP Nr. 36 zu § 118 BetrVG 1972 *[Dütz/Bayer]* = JZ 1989, 150 *[Mayer-Maly]*; vgl. ferner *BAG* 31.07.2002 EzA § 118 BetrVG 1972 Nr. 74 S. 6 ff. = AP Nr. 70 zu § 118 BetrVG 1972 Bl. 3 ff. *[Thüsing]* = ZTR 2003, 45 [Anm. *Hünlein* ZTR 2002, 524]; 05.12.2007 EzA § 118 BetrVG 2001 Nr. 8 Rn. 31 f. = AP Nr. 82

zu § 118 BetrVG 1972 *[Dütz]*; *LAG Berlin-Brandenburg* 08.07.2010 – 26 TaBV 843/10 – juris, Rn. 37 ff.; *Dütz* FS *Stahlhacke*, S. 101 [105]; *Löwisch* AuR 1979, Sonderheft, S. 33 ff.; *Marhold* AR-Blattei SD 1570, Rn. 187; *Richardi / Forst* § 118 Rn. 200 ff.; *Thüsing* ZTR 2002, 56 [57]; *Weth / Wern* NZA 1998, 118 [120 f.]; **a. M.** *Mayer-Maly* BB 1977, 249 [250]; *Richardi* ZevKR 1978, 367 [395]). Wenn die Religionsgemeinschaft die Bereichsausnahme auf das kirchliche Selbstbestimmungsrecht stützt, dann gilt dies nur, wenn sie insofern selbst ordnend und verwaltend tätig wird (*BAG* 14.04.1988 EzA § 118 BetrVG 1972 Nr. 42 S. 7 ff. = AP Nr. 36 zu § 118 BetrVG 1972 *[Dütz / Bayer]* = JZ 1989, 150 *[Mayer-Maly]*; 30.04.1997 EzA § 118 BetrVG 1972 Nr. 66 S. 2 = AP Nr. 60 zu § 118 BetrVG 1972; *Löwisch* AuR 1979, Sonderheft, S. 33 ff.). Auch außerhalb des Regelungszusammenhangs des § 118 Abs. 2 stellt das *BVerfG* regelmäßig sowohl auf die bekenntnismäßige als auch die organisatorische Verbundenheit einer Einrichtung mit der Religionsgemeinschaft ab (*BVerfG* 25.03.1980 BVerfGE 53, 366, 392 ff.; 17.02.1981 BVerfGE 57, 220, 242; 04.06.1985 BVerfGE 70, 138, 163). Die bloße Mitgliedschaft des Rechtsträgers einer Einrichtung etwa im Diakonischen Werk reicht noch nicht, um die für die Zuordnung zu § 118 Abs. 2 erforderliche institutionelle Verbindung zu begründen. Es müssen weitere Anhaltspunkte hinzukommen, die auf eine inhaltliche Einflussnahme durch die Glaubensgemeinschaft schließen lassen (*BAG* 05.12.2007 EzA § 118 BetrVG 2001 Nr. 8 Rn. 37, 40 ff. = AP Nr. 82 zu § 118 BetrVG 1972 *[Dütz]*). Die Ausübung eines **maßgeblichen Einflusses** seitens der Religionsgemeinschaft ist aber **nicht erforderlich**, es reicht vielmehr ein **Mindestmaß an Einflussmöglichkeiten**, um auf Dauer eine Übereinstimmung der religiösen Betätigung der Einrichtung mit kirchlichen Vorstellungen gewährleisten zu können (*BAG* 14.04.1988 EzA § 118 BetrVG 1972 Nr. 42 S. 10 = AP Nr. 36 zu § 118 BetrVG 1972 *[Dütz / Bayer]* = JZ 1989, 150 *[Mayer-Maly]*; 31.07.2002 EzA 31.07.2002 § 118 BetrVG 1972 Nr. 74 S. 6 ff. = AP Nr. 70 zu § 118 BetrVG 1972 Bl. 3 ff. *[Thüsing]* = ZTR 2003, 45 [Anm. *Hünlein* ZTR 2002, 524]; 05.12.2007 EzA § 118 BetrVG 2001 Nr. 8 Rn. 32 = AP Nr. 82 zu § 118 BetrVG 1972 *[Dütz]*; *Richardi / Forst* § 118 Rn. 200 f.; *Thüsing* ZTR 2002, 56 [57 f.]; *LAG Mecklenburg-Vorpommern* 23.04.2013 – 5 TaBV 8/12 – juris, Rn. 112 ff.; **anders noch** *BAG* 21.11.1975 EzA § 118 BetrVG 1972 Nr. 11 S. 86 = AP Nr. 6 zu § 118 BetrVG 1972 *[Richardi / Küchenhoff]* – aufgehoben durch *BVerfG* 11.10.1977 EzA § 118 BetrVG 1972 Nr. 15 *[Rüthers]* = AP Nr. 1 zu § 140 GG; einen maßgeblichen Einfluss verlangen auch *Otto* AuR 1980, 289 [298]; *Wedde / DKKW* § 118 Rn. 126 f.).

237   **Indiziell** für eine solche organisatorische Zuordnung sprechen nach der Rechtsprechung kirchliche Trägerschaft, Verantwortlichkeit der leitenden Personen gegenüber der Amtskirche, konfessionelle Ausrichtung der geschäftsführenden Mitglieder, Einflussnahme durch Angehörige der Kirche auf die Tätigkeit der Einrichtung und auf Änderungen des Status, Finanzierung und gegebenenfalls Haftungsfreistellung durch die Religionsgemeinschaft (*Stolleis* ZevKR 1978, 230 [248 ff.]), Gewinnverwendung und Anfall des Gesellschaftsvermögens bei Auflösung oder Erfüllung des in der Satzung vorgesehenen Zwecks, ferner der Zeitraum der in der Vergangenheit liegenden Einbindung der Einrichtung in die kirchliche Glaubensgemeinschaft (zusammenfassend *BAG* 05.12.2007 EzA § 118 BetrVG 2001 Nr. 8 Rn. 35 = AP Nr. 82 zu § 118 BetrVG 1972 *[Dütz]*. Auch eine dokumentierte Anerkennung durch die zuständige Stelle in der Hierarchie der Religionsgesellschaft hat nur indizielle Bedeutung, da andernfalls das Kriterium der organisatorischen Einbindung praktisch obsolet wäre (weitergehend *Richardi* ZevKR 1978, 367 [400 f.]). Die für eine Zuordnung nach § 118 Abs. 2 notwendige Einflussnahme der Glaubensgemeinschaft muss im Wege einer **Gesamtbetrachtung** beurteilt werden. Auch wenn etwa der Gesellschaftsvertrag einer Einrichtung für sich gesehen hinter den üblicherweise geltenden Mindestanforderungen für eine inhaltliche und personelle Einflussnahmemöglichkeit der Glaubensgemeinschaft zurückbleibt, kann sich deren ordnender und verwaltender Einfluss bei einer bestehenden institutionellen Verbindung auch aus anderen Umständen ergeben (*BAG* 05.12.2007 EzA § 118 BetrVG 2001 Nr. 8 Rn. 50 = AP Nr. 82 zu § 118 BetrVG 1972 *[Dütz]*).

238   Die **Bereichsausnahme** des § 118 Abs. 2 ist nach dessen ausdrücklichem Wortlaut auf karitative und erzieherische Einrichtungen begrenzt. Damit hat der Gesetzgeber diejenigen Bestimmungen einem besonderen Schutz unterstellt, deren Verwirklichung typischerweise dem Selbstverständnis einer Religionsgemeinschaft entspricht. § 118 Abs. 2 kann deshalb auch **nicht** direkt oder im Wege der Analogie **auf andere selbständige Einrichtungen**, namentlich kirchliche Nachrichtenagenturen oder wissenschaftliche Institute in kirchlicher Trägerschaft erstreckt werden (vgl. aber *Dütz* ZfPR 2009, 23 [25]; *Thüsing* Anm. *BAG* EzA § 118 BetrVG 2001 Nr. 1, *ders.* Anm. *BAG* AP Nr. 70 zu § 118 BetrVG

1972; *ders.* ZTR 2002, 56 [57 f.]). Das kirchliche Selbstbestimmungsrecht ist insoweit hinreichend gewahrt: Die Beurteilung, ob eine Betätigung karitativ oder erzieherisch ist, obliegt der Religionsgemeinschaft (vgl. Rdn. 234). Andererseits verlangt das kirchliche Selbstbestimmungsrecht keinen Tendenzschutz, wenn sich eine Einrichtung nicht als Lebensäußerung der Kirche darstellt. Für solche Institutionen kann allerdings Tendenzschutz nach Maßgabe des § 118 Abs. 1 bestehen, auch wenn dabei die Anwendbarkeit des Betriebsverfassungsgesetzes nur nach Maßgabe des § 118 Abs. 1 Satz 1, 2 eingeschränkt und nicht wie im Falle des § 118 Abs. 2 völlig ausgeschlossen ist (*LAG Hamm* 05.12.1979 DB 1980, 696; *Fabricius* 6. Aufl., § 118 Rn. 786; *Fitting* § 118 Rn. 58 f.; *Hohenstatt/Dzida/HWK* § 118 BetrVG Rn. 36 f.; *Marhold* AR-Blattei SD 1570, Rn. 188; *Otto* AuR 1980, 289 [299]; *Wedde/DKKW* § 118 Rn. 131). Die Anerkennung eines selbständigen kirchlichen Presseverbands als Einrichtung nach § 118 Abs. 2 (*BAG* 24.07.1991 EzA § 118 BetrVG 1972 Nr. 58 S. 4 ff. = AP Nr. 48 zu § 118 BetrVG 1972 = AR-Blattei ES 1570, Nr. 47 *[zust. Mayer-Maly]*) ist deshalb nicht überzeugend (wie hier *Hohenstatt/Dzida/HWK* § 118 BetrVG Rn. 37; *Kania*/ErfK § 118 BetrVG Rn. 32; wohl auch *Lakies*/HaKo § 118 Rn. 41; dem *BAG* zust. *Dütz* ZfPR 2009, 23 [25]; *Richardi/Forst* § 118 Rn. 206; vgl. auch *LAG Hamburg* 15.02.2007 ZMV 2007, 271).

Als **karitative und erzieherische Einrichtungen i. S. d. § 118 Abs. 2** wurden **anerkannt**: ein als **239** Stiftung des privaten Rechts organisiertes **Pflegeheim** der evangelischen inneren Mission (*BAG* 06.12.1977 EzA § 118 BetrVG 1972 Nr. 16 [Anm. *Rüthers/Klosterkemper* bei EzA Art. 9 GG Nr. 25] = AP Nr. 10 zu § 118 BetrVG 1972 = SAE 1978, 207 *[Küchenhoff]*); ein **Berufsförderungswerk** der Evangelischen Kirche (*BAG* 24.11.1981 EzA § 72a ArbGG 1979 Nr. 37 = AP Nr. 10 zu § 72a ArbGG 1979 Divergenz); eine gemeinnützige GmbH, die **Projekte zur beruflichen Qualifizierung und Erwerbstätigkeit für Arbeitslose** betreibt (*LAG Hamburg* 15.02.2007 ZMV 2007, 271); eine privatrechtlich organisierte Behindertenwerkstatt als korporatives Mitglied eines Caritasverbandes (*LAG Hamm* 22.06.2001 – 10 TaBV 96/00 – juris; ein **Krankenhaus** des evangelischen Johanniterordens (*BAG* 09.02.1982 EzA § 118 BetrVG 1972 Nr. 33 = AP Nr. 24 zu § 118 BetrVG 1972; ferner *BAG* 31.07.2002 EzA § 118 BetrVG 1972 Nr. 74 S. 4 = AP Nr. 70 zu § 118 BetrVG 1972 *[Thüsing]* = ZTR 2003, 45 [Anm. *Hünlein* ZTR 2002, 524] zu einem von einem Mitglied des Diakonischen Werks betriebenen Krankenhaus; *LAG Mecklenburg-Vorpommern* 23.04.2013 – 5 TaBV 8/12 – juris, Rn. 127 ff. zu einem Krankenhaus mit hälftig kommunalen und hälftig kirchlichen Gesellschaftern); ein von der Johanniter-Unfall-Hilfe getragener **Rettungsdienst** (*LAG Berlin-Brandenburg* 08.07.2010 – 26 TaBV 843/10 – juris, Rn. 37 ff.); ein **Berufsbildungswerk für lernbehinderte Jungen** in Trägerschaft des katholischen Kolping-Bildungswerks (*BAG* 14.04.1988 EzA § 118 BetrVG 1972 Nr. 42 S. 7 ff. = AP Nr. 36 zu § 118 BetrVG 1972 *[Dütz/Bayer]* = JZ 1989, 150 *[Mayer-Maly]*); ein von einem rechtlich selbständigen Mitglied des Diakonischen Werks der Evangelischen Kirche geführtes **Jugenddorf** (*BAG* 30.04.1997 EzA § 118 BetrVG 1972 Nr. 66 = AP Nr. 60 zu § 118 BetrVG 1972; 29.04.1998 EzA § 40 BetrVG 1972 Nr. 82 = AP Nr. 58 zu § 118 BetrVG 1972); eine katholische **Wohnungsbau-und Siedlungs-GmbH**, sofern deren konkrete Betätigung dem kirchlichen Selbstverständnis von Caritas entspricht (*BAG* 23.10.2002 EzA § 118 BetrVG 2001 Nr. 1 *[Thüsing]* = AP Nr. 72 zu § 118 BetrVG 1972). Vgl. ferner *BAG* 25.04.1978 EzA § 1 KSchG Tendenzbetrieb Nr. 4 *[Dütz]* = AP Nr. 2 zu Art. 140 GG (**Kindergarten** des Caritas-Verbandes); 27.03.1981 EzA § 611 BGB Nr. 25 = AP Nr. 25 zu Art. 140 GG (**Kinderheim** des Diakonischen Werks); ein **religiöser Verlag** eines Ordens mit Sitz in Bayern (*BayVGH* BayVBl. 2000, 663: § 92 BayPVG). Zu weiteren Entscheidungen von Instanzgerichten vgl. *Thüsing* NZA 2002, 306 [308 f.]).

4. Anderweitige Regelung der Betriebsverfassung in kirchlichen Einrichtungen

Nach § 112 BPersVG bleibt den **körperschaftlich verfassten Religionsgemeinschaften** die selb- **240** ständige Ordnung eines Personalvertretungsrechts überlassen. Von der dadurch eröffneten Möglichkeit, eigene Kirchengesetze zur Regelung der Mitarbeitervertretungen zu erlassen, haben die beiden großen Kirchen Gebrauch gemacht.

Im Bereich der katholischen Kirche hat die Bischofskonferenz im Jahre 1977 eine Rahmenord- **241** nung für eine Mitarbeitervertretungsordnung (MAVO) verabschiedet, die zuletzt im Jahre 2011 novelliert wurde. Auf dieser Grundlage sind in den einzelnen Diözesen Mitarbeitervertretungsordnungen erlassen worden (vgl. näher *Hammer* Kirchliches Arbeitsrecht, S. 437 ff.; *Richardi* Arbeitsrecht in der

Kirche, § 18; ders./MünchArbR § 331; Kommentare: *Thiel/Fuhrmann/Jüngst* MAVO, 7. Aufl. 2014; *Beyer* Freiburger Kommentar [Loseblatt], 6. Aufl. 2016; zu prozessualen Fragen *Dütz* FS *Henckel*, 1995, S. 145 ff.).

242 **Im Bereich der evangelischen Kirche** hat die Synode der Evangelischen Kirche in Deutschland 1992 ein »Kirchengesetz über Mitarbeitervertretungen in Deutschland« (Neubekanntmachung v. 06.11.1996 [ABl. EKD 1997 S. 41] in der seit 15.01.2010 geltenden Fassung [ABl. EKD S. 3]) beschlossen (vgl. näher *Hammer* Kirchliches Arbeitsrecht, S. 487 ff.; *Richardi* Arbeitsrecht in der Kirche, § 19; ders./MünchArbR § 331; Kommentare: *Baumann-Czichon/Dembski/Germer* 4. Aufl. 2013; *Fey/Rehren* Loseblatt 2002 ff.; zu prozessualen Fragen *Dütz* FS *Henckel*, S. 145 ff.).

243 Das Mitarbeitervertretungsrecht der katholischen Kirche gilt aufgrund des Selbstbestimmungsrechts der Kirche nach Art. 140 GG, 137 Abs. 3 WRV **auch in privatrechtlichen Einrichtungen sonstiger kirchlicher Rechtsträger** (BAG 10.12.1992 EzA § 611 BGB Kirchliche Arbeitnehmer Nr. 38 = AP Nr. 41 zu § 140 GG; *Richardi/Forst* § 118 Rn. 220; **a. M.** *Fabricius* 6. Aufl., § 118 Rn. 792).

IV. Streitigkeiten

244 Gerichtliche Streitigkeiten um eine Auslegung des § 118 Abs. 1 BetrVG können sowohl im Urteils- als auch im Beschlussverfahren ausgetragen werden. Im arbeitsgerichtlichen **Urteilsverfahren** kann die Auslegung des § 118 Abs. 1 als eine Vorfrage zur Entscheidung gestellt werden, wenn z. B. einzelne Arbeitnehmer gegen eine ihnen nachteilige personelle Maßnahme (Kündigung, Versetzung) klagen und die Unwirksamkeit dieser Maßnahmen auf eine fehlende bzw. mangelhafte Beteiligung des Betriebsrats stützen.

245 Im arbeitsgerichtlichen **Beschlussverfahren** nach § 2a ArbGG kann die Auslegung des § 118 zur Entscheidung gestellt werden. Der Streit muss sich in den Fällen des **Abs. 1** jedoch auf ein **konkretes Rechtsverhältnis** beziehen. Dies ist etwa dann zu bejahen, wenn der Arbeitgeber Feststellung begehrt, dass ein **bestimmtes Mitbestimmungsrecht** nach § 118 Abs. 1 **entfällt** (BAG 13.07.1955 AP Nr. 2 zu § 81 BetrVG; 14.12.2010 EzA § 256 ZPO 2002 Nr. 10 Rn. 14 ff. = AP Nr. 84 zu § 118 BetrVG 1972 = SAE 2011, 206 *[Dahm]* unter ausdrücklicher Aufgabe von BAG 21.07.1998 EzA § 118 BetrVG 1972 Nr. 68 S. 5 ff. *[Oetker]* = AP Nr. 63 zu § 118 BetrVG 1972; 22.07.2014 EzA § 118 BetrVG 2001 Nr. 14 = AP Nr. 87 zu § 118 BetrVG 1972; *Fitting* § 118 Rn. 63, Anh. 3 Rn. 17; *Richardi/Forst* § 118 Rn. 180; *Wedde/DKKW* § 118 Rn. 137). Im Hinblick auf die Anforderungen an die Konkretisierung des Antrags ist allerding zu unterscheiden (vgl. *Gräf* jurisPR-ArbR 45/2014 Anm. 4 [unter C. I.]): Während das Nichtbestehen konkreter Mitbestimmungsrechte nach **Abs. 1 Satz 2 ohne Weiteres feststellungsfähig** ist, bedarf es bei den unter **Abs. 1 Satz 1** fallenden Mitbestimmungsrechten aufgrund des Einzelfallbezugs der Relativklausel in Halbs. 2 (vgl. Rdn. 164) **weiterer Konkretisierung**: Der Feststellungsantrag muss hier nicht nur ein bestimmtes Mitbestimmungsrecht bezeichnen, sondern – wegen des Tendenzträgererfordernisses (vgl. Rdn. 169 ff.) – auch eine bestimmte **Gruppe von Arbeitnehmern** (insoweit auch *Fitting* § 118 Rn. 63) und zusätzlich – im Hinblick auf das Erfordernis des Tendenzbezugs der Maßnahme (vgl. Rdn. 168) – einen ausreichend bestimmten **Kreis von Maßnahmen** (*Gräf* jurisPR-ArbR 45/2014 Anm. 4 [unter C. I. 3.]). Ein Antrag, der auf die **abstrakte Feststellung** der Tendenzeigenschaft eines Unternehmens oder Betriebs nach § 118 Abs. 1 Satz 1 Halbs. 1 gerichtet ist, ist nach der neuen Rechtsprechung des BAG **unzulässig** (BAG 14.12.2010 EzA § 256 ZPO 2002 Nr. 10 Rn. 14 ff. = AP Nr. 84 zu § 118 BetrVG 1972 = SAE 2011, 206 *[Dahm]* unter ausdrücklicher Aufgabe von BAG 21.07.1998 EzA § 118 BetrVG 1972 Nr. 68 S. 5 ff. *[Oetker]* = AP Nr. 63 zu § 118 BetrVG 1972; bestätigt durch BAG 22.07.2014 EzA § 118 BetrVG 2001 Nr. 14 = AP Nr. 87 zu § 118 BetrVG 1972; wie heute bereits BAG 13.07.1955 AP Nr. 2 zu § 81 BetrVG; ebenso *Fitting* § 118 Rn. 63, Anh. 3 Rn. 17; *Jacobs* Der Gegenstand des Feststellungsverfahrens, 2005, S. 300; *Richardi/Forst* § 118 Rn. 180; *Wedde/DKKW* § 118 Rn. 137). Dies gilt richtigerweise allerdings nur in Bezug auf isolierte Feststellungsanträge, nicht aber, wenn über die Tendenzeigenschaft eines Unternehmens oder Betriebs ohnehin als Vorfrage zu entscheiden ist; für eine Feststellungsfähigkeit der Tendenzeigenschaft spricht in solchen Fällen der Vorgreiflichkeit der

Rechtsgedanke des § 256 Abs. 2 ZPO (*Gräf* jurisPR-ArbR 45/2014 Anm. 4 [unter C. I. 2.]; **a. A.** wohl *Daem* SAE 2011, 201 [204 f.]).

Die **Beweislast** für die tatsächlichen Umstände, die eine Anwendbarkeit des § 118 voraussetzen, trägt 246 der Arbeitgeber. Dieser ist eher als der Arbeitnehmer in der Lage, die Umstände darzutun und zu beweisen, von denen die Tendenzeigenschaft des Unternehmens oder Betriebs, die Tendenznähe der Maßnahme und die Tendenzträgereigenschaft der betroffenen Arbeitnehmer abhängt (*Kania*/ErfK § 118 BetrVG Rn. 27; *Lunk*/NK-GA § 118 BetrVG Rn. 74; *Wedde*/DKKW § 118 Rn. 138; einschränkend für die Relativklausel des § 118 Abs. 1 Satz 1 letzter Halbs.; *Richardi*/*Forst* § 118 Rn. 118).

Streitigkeiten, ob ein Unternehmen oder Betrieb **nach Abs. 2** aus dem Geltungsbereich des Betriebs- 247 verfassungsgesetzes herausfällt, sind im arbeitsgerichtlichen **Beschlussverfahren** zu entscheiden (§§ 2a Abs. 1 Nr. 1, Abs. 2, 80 ff. ArbGG). Der Antrag auf Feststellung der Tendenzeigenschaft ist im Fall des Abs. 2 stets zulässig (*BAG* 23.10.2002 EzA § 118 BetrVG 2001 Nr. 1 = AP Nr. 72 zu § 118 BetrVG 1972; 14.12.2010 EzA § 256 ZPO 2002 Nr. 10 Rn. 16 = AP Nr. 84 zu § 118 BetrVG 1972; *LAG Berlin-Brandenburg* 29.04.2014 – 7 TaBV 1990/13 – juris, Rn. 15; *Gräf* jurisPR-ArbR 45/2014 Anm. 4 [unter D. I. 2.]).

Sechster Teil
Straf- und Bußgeldvorschriften

§ 119
Straftaten gegen Betriebsverfassungsorgane und ihre Mitglieder

(1) Mit Freiheitsstrafe bis zu einem Jahr oder mit Geldstrafe wird bestraft, wer
1. eine Wahl des Betriebsrats, der Jugend- und Auszubildendenvertretung, der Bordvertretung, des Seebetriebsrats oder der in § 3 Abs. 1 Nr. 1 bis 3 oder 5 bezeichneten Vertretungen der Arbeitnehmer behindert oder durch Zufügung oder Androhung von Nachteilen oder durch Gewährung oder Versprechen von Vorteilen beeinflusst,
2. die Tätigkeit des Betriebsrats, des Gesamtbetriebsrats, des Konzernbetriebsrats, der Jugend- und Auszubildendenvertretung, der Gesamt-Jugend- und Auszubildendenvertretung, der Konzern-Jugend- und Auszubildendenvertretung, der Bordvertretung, des Seebetriebsrats, der in § 3 Abs. 1 bezeichneten Vertretungen der Arbeitnehmer, der Einigungsstelle, der in § 76 Abs. 8 bezeichneten tariflichen Schlichtungsstelle, der in § 86 bezeichneten betrieblichen Beschwerdestelle oder des Wirtschaftsausschusses behindert oder stört, oder
3. ein Mitglied oder ein Ersatzmitglied des Betriebsrats, des Gesamtbetriebsrats, des Konzernbetriebsrats, der Jugend- und Auszubildendenvertretung, der Gesamt-Jugend- und Auszubildendenvertretung, der Konzern-Jugend- und Auszubildendenvertretung, der Bordvertretung, des Seebetriebsrats, der in § 3 Abs. 1 bezeichneten Vertretungen der Arbeitnehmer, der Einigungsstelle, der in § 76 Abs. 8 bezeichneten Schlichtungsstelle, der in § 86 bezeichneten betrieblichen Beschwerdestelle oder des Wirtschaftsausschusses um seiner Tätigkeit willen oder eine Auskunftsperson nach § 80 Abs. 2 Satz 4 um ihrer Tätigkeit willen benachteiligt oder begünstigt.

(2) Die Tat wird nur auf Antrag des Betriebsrats, des Gesamtbetriebsrats, des Konzernbetriebsrats, der Bordvertretung, des Seebetriebsrats, einer der in § 3 Abs. 1 bezeichneten Vertretungen der Arbeitnehmer, des Wahlvorstands, des Unternehmers oder einer im Betrieb vertretenen Gewerkschaft verfolgt.

Literatur

Literaturnachweise zum BetrVG 1952 siehe 8. Auflage.

Achenbach Zur Strafbarkeit von Betriebsratsmitgliedern (Diss. Göttingen), 2014 (zit.: Strafbarkeit); *Behrendt/Lilienthal* Unzulässige Begünstigung von Betriebsratsmitgliedern im unternehmerischen Alltag – wo sind die Grenzen?, KSzW 2014, 277; *Brand/Lotz* Neues zu § 119 Abs. 1 Nr. 1 Var. 2 BetrVG – oder die Aktivierung einer bislang ungenutzten Vorschrift, RdA 2012, 73; *Bross* (Hrsg.) Handbuch Arbeitsstrafrecht, 2017; *Cosack* Untreue von Betriebsräten gegenüber Arbeitnehmern (Diss. Trier), 2015 (zit.: Untreue); *Dannecker* Der strafrechtliche Schutz der betriebsverfassungsrechtlichen Organe und ihrer Mitglieder, FS *Gitter*, 1995, S. 167; *Dzida/Mehrens* Straf- und haftungsrechtliche Risiken im Umgang mit dem Betriebsrat, NZA 2013, 753; *Esser* Die Begünstigung von Mitgliedern des Betriebsrats (Diss. Köln 2013), 2014 (zit.: Begünstigung); *Fischer* Strafrechtliche Aspekte der verdeckten Finanzierung der »Kooperation« der Arbeitnehmervertretung durch den Arbeitgeber, AuR 2010, 4; *Gercke/Kraft/Richter* (Hrsg.) Arbeitsstrafrecht, 2. Aufl. 2015; *Ignor/Mosbacher* (Hrsg.) Handbuch Arbeitsstrafrecht, 3. Aufl. 2016 *Kraatz* Zur Strafbarkeit der Finanzierung einer Arbeitnehmervereinigung durch den Arbeitgeber – das »System Siemens-AuB«, wistra 2011, 447; *Krumm-Mauermann* Rechtsgüterschutz durch die Straf- und Bußgeldbestimmungen des Betriebsverfassungsgesetzes (Diss. Konstanz), 1990 (zit.: Rechtsgüterschutz); *Kudlich* »Gesetzesumgehung« und andere Fälle teleologischer Lückenschließung im Strafrecht, FS *Stöckel*, 2010, S. 93; *Latzel* Rechtsirrtum und Betriebsratsbenachteiligung, wistra 2013, 334; *Le Friant* Die straf- und verwaltungsrechtliche Verantwortung des Arbeitgebers, 1987 (zit.: Verantwortung); *Leitner/Rosenau* (Hrsg.) Wirtschafts- und Steuerstrafrecht, 2017; *Meyer* Arbeitsstrafrecht – Vorsatz und Irrtum bei § 119 BetrVG, BB 2016, 2421; *Müller-Gugenberger* (Hrsg.) Wirtschaftsstrafrecht, 6. Aufl. 2015, § 35; *Nagel* Arbeitnehmervertretung und Strafrecht (Diss. Bucerius Law School, Hamburg), 2013 (zit.: Arbeitnehmervertretung); *Pasewaldt* Straftaten gegen Betriebsverfassungsorgane und ihre Mitglieder gem. § 119 BetrVG, ZIS 2007, 75; *ders.* Strafbarkeitsrisiken bei Zuwendungen an Betriebsratsmitglieder und Arbeitnehmervereinigungen, Bucerius Law Journal 2011, 106; *Polzer/Helm* Behinderung der Betriebsratstätigkeit.

Ein Fall für den Staatsanwalt, AiB 2000, 133; *Reinecke* Die Rolle des Strafrechts bei der Durchsetzung des Arbeitsrechts, AuR 1997, 139; *Rieble* Betriebsratswahlwerbung durch den Arbeitgeber?, ZfA 2003, 283; *ders.* Gewerkschaftsbestechung?, CCZ 2008, 121; *ders.* Strafbare Arbeitgeberfinanzierung gelber Arbeitnehmervereinigungen, ZIP 2009, 1593; *Rieble/Klebeck* Strafrechtliche Risiken der Betriebsratsarbeit, NZA 2006, 758; *Roos* Strafrechtliche Sanktionen und Ordnungswidrigkeiten (§ 119 bis § 121 BetrVG), AiB 1999, 490; *Sax* Die Strafbestimmungen des Betriebsverfassungsgesetzes, Diss. Würzburg 1975 (zit.: Strafbestimmungen); *Schemmel/Slowinski* Notwendigkeit von Criminal Compliance im Bereich der Betriebsratstätigkeit, BB 2009, 830; *Schlösser* Zur Strafbarkeit des Betriebsrates nach § 119 BetrVG – ein Fall straffreier notwendiger Teilnahme?, NStZ 2007, 562; *Schlünder* Die Rechtsfolgen der Mißachtung der Betriebsverfassung durch den Arbeitgeber (Diss. Freiburg), 1991 (zit.: Rechtsfolgen); *Schneider/Rose* Die Strafbestimmungen des Betriebsverfassungsrechts in der Praxis, BetrR 1976, 407; *Schünemann* Die strafrechtliche Beurteilung der Beeinflussung von Betriebsratswahlen durch verdeckte Sponsoring, FS *Gauweiler*, 2009, S. 515; *Schweibert/Buse* Rechtliche Grenzen der Begünstigung von Betriebsratsmitgliedern – Schattenboxen zwischen »Macht und Ohnmacht«, NZA 2007, 1080; *Stang* Die Straf- und Bußgeldvorschriften des Betriebsverfassungsgesetzes, HBV-Gruppe 7, 2005, S. 69 (zit.: HBV-Gruppe 7).

Inhaltsübersicht Rdn.

I. Vorbemerkung	1–12
II. Schutzzweck und Rechtsgut	13–16
III. Tathandlungen	17–50
1. § 119 Abs. 1 Nr. 1	17–31
a) Allgemeines	17–25
aa) Erfasste Betriebsverfassungsorgane	18–21
bb) Wahlbegriff	22, 23
cc) Systematische Verknüpfung mit § 20	24
dd) Deliktscharakter	25
b) Behinderungstatbestand	26–28
c) Beeinflussungstatbestand	29–31
2. § 119 Abs. 1 Nr. 2	32–42
3. § 119 Abs. 1 Nr. 3	43–50
IV. Subjektiver Tatbestand	51–55
V. Begehungsformen	56, 57
VI. Rechtswidrigkeit und Schuld	58–60
VII. Täterschaft und Teilnahme	61–64
VIII. Vollendung	65
IX. Strafantragserfordernis	66–84
X. Strafverfahren	85–90
XI. Strafrahmen	91–93
XII. Konkurrenzen	94–97

I. Vorbemerkung

1 § 119 übernimmt dem Inhalt nach die Tatbestände in **§ 78 Abs. 1 Buchst. a bis c BetrVG 1952** und erweitert deren persönlichen Geltungsbereich in Anpassung an die neuen Regelungen im BetrVG 1972. Das Einführungsgesetz zum StGB vom 02.03.1974 (BGBl. I, S. 469) glich die Vorschrift an die Neufassung des StGB an. Gegenüber dem BetrVG 1952 wurde der Strafrahmen erhöht, der zum Strafantrag berechtigte Personenkreis ausgeweitet (§ 78 Abs. 5 Satz 1 BetrVG 1952: Betriebsrat, Wahlvorstand oder Unternehmer) und die verkürzte Strafantragsfrist (§ 78 Abs. 5 Satz 2 BetrVG 1952: vier Wochen) beseitigt.

2 Keine Fortführung findet in § 119 Abs. 1 die noch in § 78 Abs. 1 Buchst. a bis c BetrVG 1952 enthaltene Einbeziehung der »**Arbeitnehmervertreter im Aufsichtsrat**« in die Strafrechtsnorm. Dieser Schutz entfiel für diese Personengruppe zunächst ersatzlos, da der trotz des Inkrafttretens des BetrVG 1972 fortgeltende »Regelungsrest« des BetrVG 1952 nicht die Vorschrift in § 78 BetrVG 1952 umfasste. Auch das nachfolgend verabschiedete MitbestG sowie das DrittelbG hat – ebenso wie das Montan-MitbestG – von einem auf Arbeitnehmervertreter im Aufsichtsrat bezogenen und mit § 119 Abs. 1

vergleichbaren Strafrechtsschutz abgesehen. Aus dieser Perspektive ist es als Systembruch zu bewerten, dass für Arbeitnehmervertreter im Aufsichts- oder Verwaltungsorgan einer **Europäischen Gesellschaft (SE)** (s. § 45 Abs. 2 Nr. 2 und 3 SEBG i. V. m. § 44 SEBG), einer **Europäischen Genossenschaft (SCE)** (s. § 47 Abs. 2 Nr. 2 und 3 SCEBG i. V. m. § 45 SCEBG) sowie einer Gesellschaft, die aus einer **gesetzüberschreitenden Verschmelzung** hervorgegangen ist (s. § 34 Abs. 2 Nr. 2 und 3 MgVG i. V. m. § 33 MgVG) mit § 119 Abs. 1 vergleichbare Strafnormen existieren. Von den jeweiligen unionsrechtlichen Vorgaben war dies nicht gefordert, da diese auch für Arbeitnehmervertreter im Aufsichts- oder Verwaltungsorgan der Gesellschaften lediglich einen gleichen Schutz gebieten, den Arbeitnehmervertreter nach den mitgliedstaatlichen Rechtsvorschriften genießen (s. Art. 10 Abs. 1 der Richtlinie 2001/86/EG, Art. 12 Abs. 1 der Richtlinie 2003/73/EG; Art. 16 Abs. 3 Buchst. f der Richtlinie 2005/56/EG), und die einschlägigen Gesetze in Deutschland (DrittelbG, MitbestG, Montan-MitbestG) keinen auf Arbeitnehmervertreter im Aufsichtsrat bezogenen Strafrechtsschutz kennen (s. ferner Rdn. 21, 35 und 49).

Art. 1 Nr. 77 BetrVerf-ReformG glich die Vorschrift vor allem an die neu gefasste Bestimmung des 3 § 3 sowie die fakultativ ermöglichte Bildung einer Konzern- Jugend- und Auszubildendenvertretung (§ 73a) an. Zusätzlich wurde die strafrechtliche Sanktionierung einer Verletzung des Benachteiligungsverbots (§ 78 Satz 2) um die Auskunftsperson des Betriebsrats i. S. d. § 80 Abs. 2 Satz 4 ergänzt und das Strafantragsrecht in § 119 Abs. 2 entgegen der früheren Rechtslage auch den in § 3 Abs. 1 genannten Vertretungen der Arbeitnehmer zugesprochen (krit. insoweit *Richardi/Annuß* § 119 Rn. 30). Durch Art. 3 Nr. 4 des Gesetzes zur Änderung des Arbeitnehmerüberlassungsgesetzes und anderer Gesetze v. 21.02.2017 (BGBl. I, S. 258) wurde § 119 Abs. 1 Nr. 3 redaktionell an die durch dieses Gesetz (s. Art. 3 Nr. 2 Buchst. b) geänderte Vorschrift des § 80 Abs. 2 angepasst.

Mit der Strafnorm in § 119 greift das Gesetz auf ein **tradiertes Instrument** zum Schutz der Betriebs- 4 verfassung zurück (plastisch *Küchenhoff* § 119 Rn. 1: »Verfassungsschutz verlangt auch strafrechtlichen Schutz«), ohne dass hieraus jedoch abgeleitet werden kann, die gesamte Betriebsverfassung sei Bestandteil des öffentlichen Rechts (dazu *Wiese* Einl. Rdn. 89; so aber noch *Kamann/Hess/Schlochauer* § 1 Rn. 15 ff.; wie die h. M. nunmehr *Rose*/HWGNRH vor § 1 Rn. 83 f.). Es war nicht nur bereits im BetrVG 1952 enthalten (s. Rdn. 1); schon das Betriebsrätegesetz stellte die Nichtbeachtung der Beteiligungsrechte und den Verstoß gegen das Benachteiligungsverbot sowie die Verletzung der Pflicht zur Bildung eines Wahlvorstands in § 99 BRG unter Strafe. Es findet auch im österreichischen Betriebsverfassungsrecht eine Parallele (s. § 160 ArbVG).

Unionsrechtlich ist ein strafrechtlicher Schutz nicht gefordert, da **Art. 7** der **Richtlinie** 5 **2002/14/EG** lediglich einen ausreichenden Schutz fordert, der bereits durch § 78 und vergleichbare Schutznormen gewährleistet wird (s. a. *BAG* 05.12.2012 EzA § 14 TzBfG Nr. 39 Rn. 36 ff. = AP Nr. 102 zu § 14 TzBfG = NZA 2013, 515). Ungeachtet dessen trägt auch § 119 Abs. 1 dem unionsrechtlichen Schutzgebot Rechnung und dient dessen Verwirklichung (s. auch *Weber*/EuArbR Art. 7 RL 2002/14/EG Rn. 5 f.).

Das **Sprecherausschussgesetz** (§ 34 SprAuG), das Gesetz über **Europäische Betriebsräte** (§ 44 6 Abs. 1 Nr. 2 EBRG) und das Gesetz über die **Beteiligung der Arbeitnehmer** in einer **Europäischen Gesellschaft (SE)** (§ 45 Abs. 1 Nr. 2, Abs. 2 Nr. 2 und 3 SEBG) sowie das Gesetz über die Beteiligung der Arbeitnehmer in einer **Europäischen Genossenschaft** (§ 47 Abs. 2 Nr. 2 und 3 SCEBG) greifen ebenfalls auf den strafrechtlichen Schutz zurück. Das **Personalvertretungsrecht** kennt keine vergleichbare Strafbestimmung (*Kaiser*/LK § 119 Rn. 4). Entsprechendes gilt für die **Schwerbehindertenvertretung**; § 238 Abs. 1 Nr. 8 SGB IX (bis 01.01.2018: § 156 Abs. 1 Nr. 9 SGB IX) beschränkt sich darauf, die Verletzung ihrer Mitwirkungsrechte in § 178 Abs. 2 Satz 1 SGB IX (bis 01.01.2018: § 95 Abs. 2 Satz 1 SGB IX) als Ordnungswidrigkeit auszugestalten. Für die übrigen mit § 119 Abs. 1 Nr. 1 und 3 vergleichbaren Sachverhalte sowie die Schutznormen in den §§ 177 Abs. 6 Satz 2, 179 Abs. 2 und Abs. 3 Satz 1 SGB IX (bis 01.01.2018: §§ 94 Abs. 6 Satz 2, 96 Abs. 2 und Abs. 3 Satz 1 SGB IX) hat der Gesetzgeber von einer Bewehrung über das Strafrecht bzw. das Ordnungswidrigkeitenrecht abgesehen (krit. *Kaiser*/LK § 119 Rn. 4: nicht nachvollziehbar).

Die Straftatbestände in § 119 Abs. 1 sind **keine Schutzgesetze** i. S. d. § 823 Abs. 2 BGB, da bereits 7 die §§ 20 und 78 diese Funktion vollständig erfüllen (*Preis*/WPK § 119 Rn. 2; *Richardi/Annuß* vor

§ 119   VI. Straf- und Bußgeldvorschriften

§ 119 Rn. 2; *Sax* Strafbestimmungen, S. 98 ff.; ebenso zu § 78 BetrVG 1952 *Dietz* vor § 78 Rn. 2; mit Einschränkungen auch *Schnorr von Carolsfeld* RdA 1962, 400 [401]; **a. M.** *Herschel* DB 1975, 690 [690 f.], der für diesen Zweck sogar eine analoge Anwendung bei Störungen einer Betriebsversammlung bejaht; zugunsten des Schutzgesetzcharakters auch noch die h. M. zu § 99 BRG, s. *Flatow/Kahn-Freund* § 99 Anm. 4).

8   Die Strafbestimmung hatte ungeachtet ihrer generalpräventiven Wirkung lange Zeit nur **geringe praktische Bedeutung** (s. aufgrund empirischer Untersuchungen noch *Krumm-Mauermann* Rechtsgüterschutz, S. 33 ff. sowie mit übereinstimmender Bewertung *Dannecker* FS *Gitter*, S. 167 [168 f.]; *Fuchs/Hinderer* in: *Leitner/Rosenau* Wirtschafts- und Steuerstrafrecht, § 119 BetrVG Rn. 1; *Richardi/Annuß* § 119 Rn. 2; *Thul* in: *Müller/Gugenberger* Wirtschaftsstrafrecht, § 35 Rn. 1; *Trümner/DKKW* § 119 Rn. 3). Wegen des Gebots einer vertrauensvollen Zusammenarbeit (§ 2 Abs. 1) kommt die Einleitung eines Strafverfahrens auch im Interesse einer funktionsfähigen Betriebsverfassung stets nur als *ultima ratio* in Betracht (zutreffend *StA Freiburg* EzA § 119 BetrVG 1972 Nr. 1; *Galperin/Löwisch* vor § 119 Rn. 1; *von Hoyningen-Huene* Betriebsverfassungsrecht, § 4 V 4e; *Kaiser/LK* § 119 Rn. 2; *Preis/WPK* § 119 Rn. 7; *Rieble* ZfA 2003, 283 [309 f.]; *Stang* HBV-Gruppe 7, S. 69 [77] sowie schon *LAG Baden-Württemberg* 25.10.1957 AP Nr. 2 zu § 78 BetrVG Bl. 1; s. aber auch *Reinecke* AuR 1997, 139 [144] sowie *Joecks*/MK-StGB, § 119 BetrVG Rn. 3).

9   Die zurückhaltende Einschätzung in Rdn. 8 wurde in der jüngeren Vergangenheit durch zwei spektakuläre Strafverfahren in Frage gestellt, in deren Mittelpunkt neben einer Strafbarkeit wegen Untreue (§ 266 StGB) auch der Straftatbestand in § 119 Abs. 1 stand. So betraf die Vorteilsgewährung an ein einzelnes Betriebsratsmitglied bzw. dessen Angehörige im Fall »**VW**« nicht nur die Strafbarkeit wegen einer Untreue zum Nachteil des Unternehmens, sondern auch den Straftatbestand in **§ 119 Abs. 1 Nr. 3**, dessen Reichweite der *BGH* mangels rechtswirksamen Strafantrags (s. *BGH* 17.09.2009 BGHSt. 54, 148 Rn. 68 ff. = NJW 2010, 92 [Vorinstanz: *LG Braunschweig* 22.02.2008 – 6 KLs 20/07 – BeckRS 2009, 29834]; näher dazu Rdn. 78) indes nicht näher ausleuchtete (dazu Rdn. 43 ff.). Anders war der Fall »**Siemens**« gelagert, in dessen Zentrum der Beeinflussungstatbestand (**§ 119 Abs. 1 Nr. 1 2. Alt.**) stand, um über eine danach inkriminierte strafbare Handlung in Verbindung mit dem steuerlichen Abzugsverbot (§ 4 Abs. 5 Nr. 10 EStG, § 8 Abs. 1 Satz 1 KStG; krit. *Schünemann* FS *Gauweiler*, S. 515 [518 f.]) eine Strafbarkeit wegen Steuerhinterziehung (§ 370 Abs. 1 Nr. 1 AO) zu begründen (s. *BGH* 13.09.2010 BGHSt. 55, 288 Rn. 48 ff. = EzA § 20 BetrVG 2001 Nr. 3 = NJW 2011, 88 [Vorinstanz: *LG Nürnberg-Fürth* 24.11.2008 AuR 2010, 35 ff.]; dazu vor allem *Brand* JR 2011, 400 ff.; *ders./Lotz* RdA 2012, 73 ff.; *Kraatz* wistra 2011, 447 ff. sowie zur Vorinstanz *Fischer* AuR 2010, 4 ff.; *Kudlich* FS *Stöckel*, S. 93 [106 ff.]; *Pasewaldt* Bucerius Law Journal 2011, 106 ff.; *Rieble* ZIP 2009, 1593 ff.; *Schünemann* FS *Gauweiler*, S. 515 [519 ff.] sowie hier Rdn. 30).

10 Sowohl die geringe praktische Bedeutung der Vorschrift als auch die Schwierigkeiten bei deren Anwendung im Hinblick auf eine unzulässige Begünstigung des Betriebsrats und seiner Mitglieder hat verschiedentlich zu **Überlegungen *de lege ferenda*** geführt (s. z. B. *Esser* Begünstigung, S. 225 ff.; *Nagel* Arbeitnehmervertretung, S. 201 ff.; ferner *Cosack* Untreue, S. 180 ff.), in deren Fokus insbesondere auch das Strafantragserfordernis (§ 119 Abs. 2; s. Rdn. 66 f.) steht. Zu parlamentarischen Initiativen haben sich diese bislang nicht verdichtet. Ungeachtet dessen griffen die in der 18. Legislaturperiode seitens der Fraktion BÜNDNIS 90/DIE GRÜNEN und der Fraktion DIE LINKE eingebrachten Entschließungsanträge (s. BT-Drucks. 18/2750; BT-Drucks. 18/5327) auch Defizite der strafrechtlichen Sanktionierung auf. Die entsprechenden Vorschläge (z. B. Einführung von Schwerpunktstaatsanwaltschaften) stießen jedoch sowohl im BT-Ausschuss für Arbeit und Soziales (s. BT-Drucks. 18/7595, S. 3) als auch im Deutschen Bundestag (s. Plenarprotokoll 18/206, S. 20593) auf Ablehnung.

11 Im Unterschied zu § 121 knüpfen die Straftatbestände in § 119 Abs. 1 nicht ausdrücklich an die Verletzung der korrespondierenden betriebsverfassungsrechtlichen Schutzbestimmungen in § 20 und § 78 an. Deshalb handelt es sich bei den einzelnen Straftatbeständen in § 119 Abs. 1 an sich **nicht um Blankettnormen**. Gleichwohl rechtfertigen die grammatikalischen Übereinstimmungen sowie der systematische und teleologische Zusammenhang der Normen einen Gleichlauf bei der Auslegung der Straftatbestände mit den korrespondierenden Schutzbestimmungen in § 20 bzw. § 78 (ebenso im Anschluss zu § 119 Abs. 1 Nr. 1 *BGH* 13.09.2010 BGHSt. 55, 288 Rn. 64 = EzA § 20 BetrVG 2001

Nr. 3 = NJW 2011, 88 sowie Rdn. 24). Eine eigenständige Auslegung der Straftatbestände, die z. B. den Kreis der inkriminierten Handlungen enger als im Rahmen von § 20 bzw. § 78 zieht (hierfür *Dannecker* FS *Gitter*, S. 167 [173]; *Kaiser/LK* § 119 Rn. 3, 26; *Rieble*/AR §§ 119–121 BetrVG Rn. 5; *Schünemann* FS *Gauweiler*, S. 515 [524 f.]; tendenziell auch *Joecks*/MK-StGB, § 119 BetrVG Rn. 1), steht im Widerspruch zu dem mit § 20 und § 78 übereinstimmenden Gesetzeswort in § 119 Abs. 1. Zudem entspricht es gerade dem Zweck der Straftatbestände, durch sie eine Sanktionierung der von den §§ 20, 78 untersagten Handlungen zu ermöglichen (s. näher auch Rdn. 24, 32 und 43), da der Gesetzgeber einen entsprechenden Schutz als eine existenznotwendige Voraussetzung für eine funktionsfähige Betriebsverfassung bewertet.

Rechtskräftige Entscheidungen im Rahmen eines arbeitsgerichtlichen Beschlussverfahrens entfalten für ein späteres Strafverfahren **keine Bindungswirkung** (zust. *Preis/WPK* § 119 Rn. 36; so bereits die allgemeine Ansicht zu § 99 BRG *Flatow/Kahn-Freund* § 99 Anm. 1; *Mansfeld* § 99 Anm. 2). Das gilt auch für die umgekehrte Konstellation: das Arbeitsgericht ist im Rahmen eines Beschlussverfahrens nicht an die in einem Strafverfahren getroffenen rechtskräftigen Entscheidungen gebunden (arg. e § 14 Abs. 2 Nr. 1 EGZPO sowie allgemein *BAG* 16.09.1999 EzA § 103 BetrVG 1972 Nr. 40 S. 4 f. = AP Nr. 38 zu § 103 BetrVG 1972 Bl. 2 R = NZA 2000, 158 [159]; 08.06.2000 EzA § 15 KSchG n. F. Nr. 50 = AP Nr. 2 zu § 3 BeschSchG = NZA 2001, 91 [93 f.]; *LAG Rheinland-Pfalz* 02.11.2012 – 9 Sa 177/12 – BeckRS 2013, 65160; 13.06.2016 – 3 Sa 24/16 – BeckRS 2016, 73041; *OLG Koblenz* 07.04.1994 NJW-RR 1995, 727 f.; 28.11.2000 OLG-Report Koblenz 2001, 188 f.; *OLG Zweibrücken* 01.07.2010 NJW-RR 2011, 496 [497]; *Gruber*/MK-ZPO, § 14 EGZPO Rn. 4 sowie ausführlich *Völzmann* Die Bindungswirkung von Strafurteilen im Zivilprozeß [Diss. Köln], 2006). Dies schließt jedoch die Berücksichtigung eines vorherigen rechtskräftigen Strafurteils im Rahmen des **Urkundsbeweises** nicht aus. An die Tatsachenfeststellungen eines Strafurteils ist das Arbeitsgericht jedoch nicht gebunden, sondern dieses hat sich seine Überzeugung selbst zu bilden (s. *BAG* 08.06.2000 EzA § 15 KSchG n. F. Nr. 50 = AP Nr. 2 zu § 3 BeschSchG = NZA 2001, 91 [93]; *OLG Koblenz* 07.04.1994 NJW-RR 1995, 727 f.; *Gruber*/MK-ZPO, § 14 EGZPO Rn. 4, m. w. N.).

II. Schutzzweck und Rechtsgut

Schutzzweck der Strafnorm ist die **Wahl** und die **Funktionsfähigkeit** der im Gesetz abschließend aufgezählten **betriebsverfassungsrechtlichen Organe** (*BGH* 13.09.2010 BGHSt. 55, 288 Rn. 39 = EzA § 20 BetrVG 2001 Nr. 3 = NJW 2011, 88; *Galperin/Löwisch* § 119 Rn. 1; *Krumm-Mauermann* Rechtsgüterschutz, S. 13 f.; *Preis/WPK* § 119 Rn. 2; *Richter/GKR* Arbeitsstrafrecht, Kap. 2 Rn. 1073; *Sax* Strafbestimmungen, S. 186, 191; *Stege/Weinspach/Schiefer* § 119 Rn. 1; s. a. *LAG Baden-Württemberg* 25.10.1957 AP Nr. 2 zu § 78 BetrVG Bl. 1). In diesem Sinne hat auch der *Fünfte Strafsenat* des *BGH* im Ansatz zu Recht betont, dass § 119 Abs. 1 den Schutz der Beteiligungsrechte der Arbeitnehmer und Arbeitnehmervertreter bezweckt (*BGH* 17.09.2009 BGHSt. 54, 148 Rn. 72 = NJW 2010, 92; ebenso *Joecks*/MK-StGB, § 119 BetrVG Rn. 2; *Joussen* in: *Bross* Arbeitsstrafrecht, Kap. 25 Rn. 27; *Kische* in: *Ignor/Mosbacher* Arbeitsstrafrecht, § 11 Rn. 1; s. ferner *Nagel* Arbeitnehmervertretung, S. 40 ff.), wenngleich die von ihm zugleich betonte und auf die Verwirklichung des Sozialstaatsprinzips gestützte Verankerung dieser Rechte im »öffentlichen Recht« (so auch *Joecks*/MK-StGB § 119 BetrVG Rn. 2; *Joussen* in: *Bross* Arbeitsstrafrecht, Kap. 25 Rn. 27) nicht haltbar ist (s. *Wiese* Einl. Rdn. 89 ff.).

Der Normzweck erschöpft sich nicht in dem Schutz der betriebsverfassungsrechtlichen Organe, sondern die Vorschrift sichert – wie § 119 Abs. 1 Nr. 3 verdeutlicht – auch die **Amtstätigkeit** der jeweiligen **Organmitglieder** (*Hess/HWGNRH* § 119 Rn. 3; *Krumm-Mauermann* Rechtsgüterschutz, S. 13 f.). Sie werden jedoch nicht um ihrer selbst willen geschützt, sondern der strafrechtliche Schutz ist funktional auf das Organ ausgerichtet, weil zwischen dessen Tätigkeit und der Amtstätigkeit des einzelnen Organmitglieds ein unauflösbarer Sinnzusammenhang besteht (*Kreutz* § 78 Rdn. 20 sowie *Sax* Strafbestimmungen, S. 191 f.). Schutzzweck der Strafnorm ist deshalb die Mitbestimmung nach dem Betriebsverfassungsgesetz (*Dannecker* FS *Gitter*, S. 167 [171]; in diesem Sinne auch *BGH* 17.09.2009 BGHSt. 54, 148 Rn. 72 = NJW 2010, 92 sowie *Nagel* Arbeitnehmervertretung, S. 40 ff.).

§ 119 VI. Straf- und Bußgeldvorschriften

15 Für ein restriktives Verständnis, das den Schutzzweck auf die **von außen ungestörte Amtstätigkeit** begrenzt (so *Fitting* § 119 Rn. 8; *Hess/HWGNRH* § 119 Rn. 3, 5, 24; *Joussen* in: *Bross* Arbeitsstrafrecht, Kap. 25 Rn. 39; *Preis/WPK* § 119 Rn. 23; *Richardi/Annuß* § 119 Rn. 20; *Trümner/DKK* § 119 Rn. 14; ohne diese Einschränkung jedoch *Galperin/Löwisch* § 119 Rn. 1; *Kaiser/LK* § 119 Rn. 5; *Krumm-Mauermann* Rechtsgüterschutz, S. 13; *Stege/Weinspach/Schiefer* § 119 Rn. 1), fehlen ausreichende normative Anhaltspunkte, da die Tätigkeit der Organe auch »von innen her« durch ihre jeweiligen Mitglieder gestört werden kann (ebenso *BGH* 17.09.2009 BGHSt. 54, 148 Rn. 79 = NJW 2010, 92; *Dannecker* FS *Gitter*, S. 167 [171 ff.]; *Joecks*/MK-StGB, § 119 BetrVG Rn. 26; *Kaiser/LK* § 119 Rn. 5, 25; *Richter/GKR* Arbeitsstrafrecht, Kap. 2 Rn. 1074; *Steffan*/HaKo § 119 Rn. 3 sowie hier Rdn. 64).

16 Der Schutzzweck der Strafnorm darf nicht mit der Frage verwechselt werden, ob es sich bei der Konkretisierung in Rdn. 13 f. zugleich um ein **Rechtsgut** i. S. d. Strafrechtsdogmatik handelt. Im Schrifttum bejaht dies allerdings eine verbreitete Ansicht (*Hess/HWGNRH* § 119 Rn. 3; *Krumm-Mauermann* Rechtsgüterschutz, S. 13 f.; *Richter/GKR* Arbeitsstrafrecht, Kap. 2 Rn. 1073; *Steffan*/HaKo § 119 Rn. 1; *Stege/Weinspach/Schiefer* § 119 Rn. 1). Die tiefgreifende Untersuchung von *Sax*, der § 119 Abs. 1 den »rechtsgutsneutralen« Strafnormen zuordnet (*Sax* Strafbestimmungen, S. 31 ff.), hat jedoch die Abhängigkeit von der allgemeinen Diskussion der Strafrechtsdogmatik über den Rechtsgutsbegriff überzeugend aufgezeigt. Wer insoweit für einen engen Rechtsgutsbegriff plädiert (so z. B. *Rudolphi/Jäger* SK-StGB, vor § 1 Rn. 6 ff.), muss zwangsläufig in weiten Teilen des Nebenstrafrechts die Existenz »rechtsgutsneutraler« Strafnormen akzeptieren (so in der Konsequenz *Sax* Strafbestimmungen, S. 31 ff.; abl. dazu *Pasewaldt* ZIS 2007, 75 [75 f.]). Wird hingegen die These favorisiert, dass es Strafvorschriften ohne Rechtsgutsbeziehung nicht gibt (so *Schönke/Schröder/Eisele* StGB, Vorbem. §§ 13 ff. Rn. 9), dann ist zwingend vorgegeben, den in Rdn. 13 f. dargelegten Schutzzweck in den Rang eines strafrechtlich geschützten Rechtsguts zu erheben (hierfür *Dannecker* FS *Gitter*, S. 167 [170]; im Ansatz ebenso *Fuchs-Hinderer* in: *Leitner/Rosenau* Wirtschafts- und Steuerstrafrecht, § 119 BetrVG Rn. 1; *Joecks*/MK-StGB § 119 BetrVG Rn. 2; *Krumm-Mauermann* Rechtsgüterschutz, S. 14; *Kaiser/LK* § 119 Rn. 1; *Nagel* Arbeitnehmervertretung, S. 44; *Richter/GKR* Arbeitsstrafrecht, Kap. 2 Rn. 1073; wie hier auch *Pasewaldt* ZIS 2007, 75 [76]: »Mitbestimmung nach dem Betriebsverfassungsgesetz«; ebenso im Anschluss *Steffan*/HaKo § 119 Rn. 1).

III. Tathandlungen

1. § 119 Abs. 1 Nr. 1

a) Allgemeines

17 In § 119 Abs. 1 Nr. 1 wird ein Verstoß gegen die **Wahlvorschriften in § 20 Abs. 1 und 2** unter Strafe gestellt. Zwischen beiden Bestimmungen besteht deshalb ein untrennbarer systematischer Zusammenhang (treffend *BGH* 13.09.2010 BGHSt. 55, 288 Rn. 64 = EzA § 20 BetrVG 2001 Nr. 3 = NJW 2011, 88 sowie *Dzida/Mehrens* NZA 2013, 753 [754]; *Rieble* ZfA 2003, 283 [310 f.]; *Trümner/DKKW* § 119 Rn. 5; *Weiss/Weyand* § 119 Rn. 1; s. ferner Rdn. 24).

aa) Erfasste Betriebsverfassungsorgane

18 Die strafrechtliche Sanktion greift nicht nur bei einem unzulässigen Eingriff in die Wahl des Betriebsrats, sondern auch bei einer Störung der Wahl der **Jugend- und Auszubildendenvertretung**, der **Bordvertretung**, des **Seebetriebsrats** und der **Vertretungen nach § 3 Abs. 1 Nr. 1 bis 3 oder 5** ein. Das entspricht bezüglich der **Jugend- und Auszubildendenvertretung**, der **Bordvertretung** und des **Seebetriebsrats** den Verweisungen in § 63 Abs. 2, § 115 Abs. 2 und § 116 Abs. 2. Da eine korrespondierende Verweisungsnorm für die Wahl der in § 3 Abs. 1 genannten Vertretungen fehlt, musste der Gesetzgeber den Verbotstatbestand in Nr. 1 wiederholen (*Fitting* § 119 Rn. 5; *Galperin/Löwisch* § 119 Rn. 7).

19 Der Strafrechtsschutz besteht nur für die in Abs. 1 Nr. 1 ausdrücklich aufgezählten betriebsverfassungsrechtlichen Organe. **Betriebsratsinterne Wahlen** (Vorsitzender, Stellvertreter und Ausschuss-

mitglieder) sind demgegenüber nicht einbezogen (*Fitting* § 119 Rn. 1; *Gross/GTAW* § 119 Rn. 2; *Heise/HLS* § 119 Rn. 1; *Kaiser/LK* § 119 Rn. 9; *Kische* in: *Ignor/Mosbacher* Arbeitsstrafrecht, § 11 Rn. 13). Das gilt darüber hinaus auch für solche Organe, die nicht von den Arbeitnehmern des Betriebs gewählt werden, sondern sich durch **Entsendung** des Betriebsrats bzw. Gesamtbetriebsrats zusammensetzen. Deshalb ist die Behinderung oder Störung der Entsendung in den Gesamt- oder Konzernbetriebsrat, die Gesamt-Jugend- und Auszubildendenvertretung bzw. Konzern-Jugend- und Auszubildendenvertretung oder den Wirtschaftsausschuss – im Unterschied zu § 78 Abs. 1 Buchst. a BetrVG 1952, der noch die »Wahl« des Gesamtbetriebsrats erfasste, – nicht durch § 119 Abs. 1 Nr. 1 geschützt (*Brecht* § 119 Rn. 3; *Dannecker* FS *Gitter*, S. 167 [175]; *Fitting* § 119 Rn. 5; *Hess/HWGNRH* § 119 Rn. 18; *Kaiser/LK* § 119 Rn. 9; *Kische* in: *Ignor/Mosbacher* Arbeitsstrafrecht, § 11 Rn. 13; *Preis/WPK* § 119 Rn. 12; *Richardi/Annuß* § 119 Rn. 11; *Richter/GKR* Arbeitsstrafrecht, Kap. 2 Rn. 1076; *Thul* in: *Müller-Gugenberger* Wirtschaftsstrafrecht, § 35 Rn. 16; *Trümner/DKKW* § 119 Rn. 13). Allerdings kann die Behinderung oder Beeinflussung der Entsendung den Straftatbestand in **§ 119 Abs. 1 Nr. 2** erfüllen, da hierdurch die Tätigkeit der jeweiligen Organe behindert bzw. gestört wird (*Brecht* § 119 Rn. 3; *Richter/GKR* Arbeitsstrafrecht, Kap. 2 Rn. 1076). Entsprechendes gilt für die Störung betriebsratsinterner Wahlvorgänge.

Ebenfalls sind die Wahlen zu einer per Tarifvertrag (§ 117 Abs. 2) etablierten **Vertretung des fliegenden Personals** (dazu *de lege ferenda Krumm-Mauermann* Rechtsgüterschutz, S. 100 ff.) sowie zu den nach § 3 Abs. 1 Nr. 4 gebildeten **zusätzlichen betriebsverfassungsrechtlichen Gremien** nicht in den Straftatbestand einbezogen (*Kische* in: *Ignor/Mosbacher* Arbeitsstrafrecht, § 11 Rn. 13; *Preis/WPK* § 119 Rn. 12; *Richardi/Annuß* § 119 Rn. 11; *Richter/GKR* Arbeitsstrafrecht, Kap. 2 Rn. 1077; *Trümner/DKKW* § 119 Rn. 13). Einer entsprechenden Anwendung des § 119 Abs. 1 Nr. 1 auf die in dieser Norm nicht genannten betriebsverfassungsrechtlichen Organe steht das strafrechtliche Analogieverbot entgegen. 20

Die Wahl der **Arbeitnehmervertreter in den Aufsichtsrat** ist – im Unterschied zu der früheren Rechtslage (§ 78 Abs. 1 Buchst. a BetrVG 1952) – grundsätzlich nicht in den Straftatbestand einbezogen; auch die einschlägigen Kodifikationen zur Unternehmensmitbestimmung verzichten hierauf zumeist (s. Rdn. 2), so dass allenfalls die Bestimmungen des StGB eingreifen (*Fitting* § 119 Rn. 5; *Galperin/Löwisch* § 119 Rn. 8; *Hess/HWGNRH* § 119 Rn. 18; *Kaiser/LK* § 119 Rn. 4; *Trümner/DKKW* § 119 Rn. 13). Anders ist die Rechtslage bei den europäischen Rechtsformen. Sowohl für die **Europäische Gesellschaft (SE)** als auch bei der **Europäischen Genossenschaft (SCE)** wird die strafrechtliche Sanktion gegenüber einer Wahlbehinderung oder Wahlbeeinflussung ausdrücklich auf die Wahl der Arbeitnehmervertreter im Aufsichts- oder Verwaltungsorgan erstreckt (§ 45 Abs. 2 Nr. 2 SEBG i. V. m. § 44 Nr. 1 SEBG, § 47 Abs. 2 Nr. 2 SCEBG i. V. m. § 45 Nr. 1 SCEBG). Entsprechendes gilt für Gesellschaften, die aus einer **grenzüberschreitenden Verschmelzung** hervorgegangen sind (§ 34 Abs. 2 Nr. 2 MgVG i. V. m. § 33 Nr. 1 MgVG). Die hieraus folgende Konsequenz, dass die Wahl der Arbeitnehmervertreter in den Aufsichtsrat bei einzelnen großen börsennotierten Unternehmen (z. B. Allianz, BASF, E.ON, SAP und Münchener Rück.) strafrechtlich geschützt ist, bei anderen Unternehmen (z. B. Deutsche Bank, Deutsche Telekom, und Thyssen-Krupp, VW) hingegen nicht, ist nicht nur rechtspolitisch widersinnig, sondern weckt auch verfassungsrechtliche Bedenken im Hinblick auf Art. 3 Abs. 1 GG, da sachliche Gründe für die Diskrepanzen im Strafrechtsschutz nicht erkennbar sind. Das strafrechtliche Analogieverbot steht einer rechtsfortbildenden Rechtsangleichung jedoch entgegen. 21

bb) Wahlbegriff

Die Anknüpfung an die von § 20 Abs. 1 und 2 untersagten Handlungen (s. Rdn. 17 sowie allgemein Rdn. 11) beeinflusst auch den für § 119 Abs. 1 Nr. 1 maßgeblichen **Wahlbegriff**. Dieser ist – wie bereits das Strafantragsrecht des Wahlvorstandes zeigt – nicht in Anlehnung an § 107 StGB in einem engen und auf den Abstimmungsvorgang beschränkten Sinn zu verstehen, sondern umfasst aufgrund einer systematischen und teleologischen Auslegung auch die eine Wahl **vorbereitenden Maßnahmen** (ebenso *BayObLG* 29.07.1980 AP Nr. 1 zu § 119 BetrVG 1972 Bl. 2 R f.; *LG Braunschweig* 28.04.1999 NStZ-RR 2000, 93 [93]; *LG Siegen* 13.11.1986 AiB 1992, 41; *AmtsG Bremen* 06.09.1984 AiB 1992, 42; *AmtsG Detmold* 28.04.1978 BB 1979, 783; *Brand/Lotz* RdA 2012, 73 [76]; *Dannecker* FS 22

§ 119   VI. Straf- und Bußgeldvorschriften

Gitter, S. 167 [175 ff.]; *Fitting* § 119 Rn. 4; *Fuchs-Hinderer* in: *Leitner/Rosenau* Wirtschafts- und Steuerstrafrecht, § 119 BetrVG Rn. 5; *Galperin/Löwisch* § 119 Rn. 6; *Hess/HWGNRH* § 119 Rn. 19; *Hohenstatt/Dzida/HWK* § 119 BetrVG Rn. 2; *Joussen* in: *Bross* Arbeitsstrafrecht, Kap. 25 Rn. 31; *Kania/ErfK* § 119 BetrVG Rn. 2; *Krumm-Mauermann* Rechtsgüterschutz, S. 60; *Lunk/NK-GA* § 119 BetrVG Rn. 2; *Pasewaldt* ZIS 2007, 75 [76]; *Richardi/Annuß* § 119 Rn. 12; *Richter/GKR* Arbeitsstrafrecht, Kap. 2 Rn. 1078; *Roos* AiB 1999, 490 [491]; *Schnorr von Carolsfeld* RdA 1962, 400 [402]; *Schlünder* Rechtsfolgen, S. 193; *Steffan/HaKo* § 119 Rn. 2; *Stege/Weinspach/Schiefer* § 119 Rn. 8; *Thul* in: *Müller-Gugenberger* Wirtschaftsstrafrecht, § 35 Rn. 17; *Trümner/DKKW* § 119 Rn. 5; im Grundsatz auch *Sax* Strafbestimmungen, S. 130 ff. sowie beschränkt auf den Behinderungstatbestand *Kaiser/LK* § 119 Rn. 11; zu § 20 Abs. 1 und 2 s. *Kreutz* § 20 Rdn. 8).

23   In zeitlicher Hinsicht beginnt der strafrechtliche Wahlschutz mit den einleitenden Maßnahmen zur **Bestellung eines Wahlvorstands** (*BayObLG* 29.07.1980 AP Nr. 1 zu § 119 BetrVG 1972 Bl. 2 R: Betriebsversammlung zur Wahl eines Wahlvorstands) und endet mit Abschluss der Wahlen. Dieser liegt nicht schon mit der Bekanntgabe des Wahlergebnisses (§ 18 Abs. 3), sondern erst vor, wenn das Amt des Wahlvorstands mit dem **Abschluss der Wahl eines Wahlleiters** in der konstituierenden Sitzung des Betriebsrats endet (s. *Kreutz* § 16 Rdn. 90). Damit ist der gesamte Wahlvorgang im weitesten Sinne strafrechtlich geschützt, also nicht nur die Vorbereitung der Wahl einschließlich der Stimmabgabe, sondern auch die **Feststellung des korrekten Wahlergebnisses** (*LG Braunschweig* 28.04.1999 NStZ-RR 2000, 93 [93 f.]).

cc) Systematische Verknüpfung mit § 20

24   Hinsichtlich der **Tathandlung** erfasst § 119 Abs. 1 Nr. 1 zum einen die Wahlbehinderung (1. Alt.) und zum anderen die Wahlbeeinflussung (2. Alt.). Da die Norm den Wortlaut des § 20 Abs. 1 Satz 1 und § 20 Abs. 2 übernimmt sowie zwischen beiden Vorschriften ein systematischer und teleologischer Zusammenhang besteht, beanspruchen die zu § 20 für das Behinderungs- und Beeinflussungsverbot entwickelten Auslegungsresultate (s. *Kreutz* § 20 Rdn. 7 ff. [zur Wahlbehinderung], 24 ff. [zur Wahlbeeinflussung]) auch die tatbestandliche Reichweite der Strafrechtsnorm (ebenso die h. M., s. *BGH* 13.09.2010 BGHSt. 55, 288 Rn. 53, 64 = EzA § 20 BetrVG 2001 Nr. 3 = NJW 2011, 88; *Galperin/Löwisch* § 119 Rn. 6; *Kania/ErfK* § 119 BetrVG Rn. 2; *Preis/WPK* § 119 Rn. 13; *Stege/Weinspach/Schiefer* § 119 Rn. 8; *Weiss/Weyand* § 119 Rn. 1; **a. M.** dezidiert *Schünemann* FS *Gauweiler*, S. 515 [524 f.]; ferner *Dannecker* FS *Gitter*, S. 167 [173 f.], der für eine eigenständige Auslegung plädiert, § 20 jedoch eine Begrenzungsfunktion beimisst [S. 178]; ebenso im Ansatz *Kaiser/LK* § 119 Rn. 3, 9; einschränkend auch *Krumm-Mauermann* Rechtsgüterschutz, S. 56, die jedoch eine Präzisierungshilfe verneint; *Steffan/HaKo* § 119 Rn. 2, der allein darauf abstellt, ob das Verhalten »sittlich anstößig« ist). Eine eigenständige und autonome Auslegung der Straftatbestände läuft dem vor allem durch den nahezu identischen Gesetzeswortlaut vermittelten Sinnzusammenhang zwischen § 20 und § 119 Abs. 1 Nr. 1 zuwider (treffend im Anschluss an die hiesige Argumentation *BGH* 13.09.2010 BGHSt. 55, 288 Rn. 64 = EzA § 20 BetrVG 2001 Nr. 3 = NJW 2011, 88 sowie Rdn. 11). Zur Bindungswirkung von Entscheidungen im Rahmen eines arbeitsgerichtlichen Beschlussverfahrens oder eines Strafverfahrens s. Rdn. 12.

dd) Deliktscharakter

25   Zweifelhaft ist die dogmatische Bewertung des Straftatbestands in § 119 Abs. 1 Nr. 1 als **Tätigkeits- oder Erfolgsdelikt**, die sich angesichts der fehlenden Versuchsstrafbarkeit (s. Rdn. 65) gravierend auf die tatbestandliche Reichweite der Norm auswirkt. Da der Wortlaut der Vorschrift insoweit wenig ergiebig ist, steht die Frage im Mittelpunkt, ob der Unrechtsgehalt der Norm den Eintritt eines von außen abgrenzbaren Erfolges verlangt. Hierfür streiten die besseren Gründe, da ein Verhalten, das objektiv keine Wahlbehinderung oder -beeinflussung herbeiführt, nicht strafwürdig ist (im Ergebnis auch *BGH* 13.09.2010 BGHSt. 55, 288 Rn. 64 = EzA § 20 BetrVG 2001 Nr. 3 = NJW 2011, 88; *Brand/Lotz* RdA 2012, 73 [77]; *Fitting* § 119 Rn. 4; *Fuchs-Hinderer* in: *Leitner/Rosenau* Wirtschafts- und Steuerstrafrecht, § 119 BetrVG Rn. 5; *Joecks/MK-StGB*, § 119 BetrVG Rn. 11; *Joussen* in: *Bross* Arbeitsstrafrecht, Kap. 25 Rn. 29; *Kaiser/LK* § 119 Rn. 10; *Lunk/NK-GA* § 119 BetrVG Rn. 2; *Pasewaldt* ZIS 2007, 75 [77]; *Polzer/Helm* AiB 2000, 133 [136]; *Preis/WPK* § 119 Rn. 14; *Richter/GKR* Arbeits-

strafrecht, Kap. 2 Rn. 1079; *Rieble* ZfA 2003, 283 [311 ff.]; *ders./Klebeck* NZA 2006, 758 [767]; *ders.*/AR §§ 119–121 BetrVG Rn. 4; *Sax* Strafbestimmungen, S. 110 f.; ebenso für den Behinderungstatbestand *BayObLG* 29.07.1980 AP Nr. 1 zu § 119 BetrVG 1972; im Ergebnis auch *Thul* in: *Müller-Gugenberger* Wirtschaftsstrafrecht, § 35 Rn. 19; *Krumm-Mauermann* Rechtsgüterschutz, S. 63; *Richardi/Annuß* § 119 Rn. 13; **a. M.** insoweit *Küchenhoff* § 119 Rn. 10, der jedoch [Rn. 11] für den Beeinflussungstatbestand einen Erfolg verlangt; generell für eine Bewertung als Tätigkeitsdelikt *Stang* HBV-Gruppe 7, S. 69 [70]; *Trümner/DKKW* § 119 Rn. 2).

b) Behinderungstatbestand
Die Qualifizierung als Erfolgsdelikt entbindet nicht von der präzisen Festlegung des Erfolges, den §119 Abs. 1 Nr. 1 tatbestandlich voraussetzt. Anknüpfend an die Erläuterungen zu §20 (s. *Kreutz* §20 Rdn. 11 f.) liegt eine **Wahlbehinderung** vor, wenn ein Zustand die Wahlbeteiligten unmittelbar oder mittelbar in der Ausübung ihrer betriebsverfassungsrechtlichen Rechte und Pflichten dauernd oder vorübergehend einschränkt (*BayObLG* 29.07.1980 AP Nr. 1 zu § 119 BetrVG 1972 Bl. 4; ebenso *Fuchs-Hinderer* in: *Leitner/Rosenau* Wirtschafts- und Steuerstrafrecht, § 119 BetrVG Rn. 6; *Joecks*/MK-StGB, § 119 BetrVG Rn. 11; *Joussen* in: *Bross* Arbeitsstrafrecht, Kap. 25 Rn. 30; *Kische* in: *Ignor/Mosbacher* Arbeitsstrafrecht, § 11 Rn. 15; *Lunk*/NK-GA § 119 BetrVG Rn. 2). Dementsprechend erfordert eine strafbare Wahlbehinderung nicht, dass die Wahl tatsächlich verhindert wurde (*Kaiser*/LK § 119 Rn. 10; *Richardi/Annuß* § 119 Rn. 13; *Richter/GKR* Arbeitsstrafrecht, Kap. 2 Rn. 1080; *Trümner/DKKW* § 119 Rn. 7), es genügt eine **tatsächlich eingetretene Erschwerung** (*BayObLG* 29.07.1980 AP Nr. 1 zu § 119 BetrVG 1972 Bl. 4; *Kaiser*/LK § 119 Rn. 10; *Lunk*/NK-GA § 119 BetrVG Rn. 2; *Preis*/WPK § 119 Rn. 14; *Richardi/Annuß* § 119 Rn. 13; *Richter/GKR* Arbeitsstrafrecht, Kap. 2 Rn. 1080; *Rieble*/AR §§ 119–121 BetrVG Rn. 4; *Thul* in: *Müller-Gugenberger* Wirtschaftsstrafrecht, § 35 Rn. 19; *Trümner/DKKW* § 119 Rn. 7) oder **Verzögerung** (*Rieble*/AR §§ 119–121 BetrVG Rn. 4; *Schnorr von Carolsfeld* RdA 1962, 400 [401]; enger *Dannecker* FS Gitter, S. 167 [179], der zur Beschränkung auf strafwürdige und strafbedürftige Fälle eine »erhebliche Verletzung« verlangt [zust. *Kaiser*/LK § 119 Rn. 9, 13; *Richter/GKR* Arbeitsstrafrecht, Kap. 2 Rn. 1082; ähnlich *Steffan*/HaKo § 119 Rn. 2: spürbare Erschwerung oder Verzögerung]). Die in den §§ 107 ff. StGB unter Strafandrohung gestellten Sachverhalte können als zusätzliche Konkretisierung herangezogen werden, liefern jedoch keine abschließende Umschreibung des Unrechtstatbestands (so auch *Dannecker* FS Gitter, S. 167 [178]; *Sax* Strafbestimmungen, S. 135 f.).

Die Anwendung des Behinderungstatbestands ist problematisch, wenn vom Betriebsverfassungsgesetz vorgeschriebenen **Handlungspflichten nicht erfüllt** werden (z. B. Bestellung des Wahlvorstands, Freistellung und Kostentragung durch den Arbeitgeber, Vorenthaltung von nach § 2 Abs. 2 WO vorzulegenden Unterlagen). Der Vorwurf strafwürdigen Verhaltens liegt in dieser Konstellation bei normativer Betrachtung in der Nichtbeachtung gesetzlicher Pflichten, also einem **Unterlassen**. Das führt jedoch nicht zwingend dazu, dass für einen strafbaren Verstoß gegen das Behinderungsverbot eine strafrechtliche Garantenstellung hinzutreten muss. Wegen des systematischen sowie teleologischen Zusammenhangs zwischen § 119 Abs. 1 Nr. 1 und § 20 hat der Behinderungstatbestand vielmehr auch die Qualität eines **echten Unterlassungsdelikts** (ebenso *Richardi/Annuß* § 119 Rn. 14; *Richter/GKR* Arbeitsstrafrecht, Kap. 2 Rn. 1081; *Sax* Strafbestimmungen, S. 105 f.; im Ergebnis auch *Hess*/HWGNRH § 119 Rn. 22; *Lunk*/NK-GA § 119 BetrVG Rn. 2; **a. M.** *Preis*/WPK § 119 Rn. 15), so dass die Nichterfüllung von Pflichten im Rahmen des Wahlverfahrens unabhängig vom Vorliegen einer strafrechtlichen **Garantenstellung** nach § 119 Abs. 1 Nr. 1 strafbar ist (zust. *Richter/GKR* Arbeitsstrafrecht, Kap. 2 Rn. 1081; **a. M.** *Kania*/ErfK § 119 BetrVG Rn. 1; *Preis*/WPK § 119 Rn. 15; wohl auch *Kaiser*/LK § 119 Rn. 16; *Kische* in: *Ignor/Mosbacher* Arbeitsstrafrecht, § 11 Rn. 15; *Reich* § 119 Rn. 2, 3; *Trümner/DKKW* § 119 Rn. 7, die einschränkungslos eine Garantenstellung verlangen). Dies führt indes nicht zu abweichenden Ergebnissen (treffend *Richter/GKR* Arbeitsstrafrecht, Kap. 2 Rn. 1081), wenn die für notwendig erachtete Garantenstellung bereits aus der kraft Gesetzes bestehenden Handlungspflicht abgeleitet wird (so *Kania*/ErfK § 119 BetrVG Rn. 1; *Preis*/WPK § 119 Rn. 15). Ob die Existenz einer Handlungspflicht indes bereits ausreicht, um den Pflichtigen in den Rang eines Garanten für die Abwendung des von dem Straftatbestand geforderten Erfolgs (s. Rdn. 25 sowie Rdn. 26, 31) zu erheben (hierfür *Richter/GKR* Arbeitsstrafrecht, Kap. 2 Rn. 1081), erscheint zweifelhaft.

28 Als strafrechtlich relevant hat die **Rechtsprechung** bislang folgende Sachverhalte bewertet:
- Verzögerung einer Betriebsversammlung zur Bestellung eines Wahlvorstands (*BayObLG* 29.07.1980 AP Nr. 1 zu § 119 BetrVG 1972 Bl. 2 R f.; *LG Siegen* 13.11.1986 AiB 1992, 41; ebenso *Fitting* § 119 Rn. 4; *Galperin/Löwisch* § 119 Rn. 6; *Kaiser/LK* § 119 Rn. 14; *Krumm-Mauermann* Rechtsgüterschutz, S. 60; *Richardi/Annuß* § 119 Rn. 12; *Stege/Weinspach/Schiefer* § 119 Rn. 8; *Trümner/DKKW* § 119 Rn. 5);
- Weigerung, die zur Durchführung der Wahl notwendigen Unterlagen zu übergeben (*AmtsG Detmold* 28.04.1978 BB 1979, 783; *Galperin/Löwisch* § 119 Rn. 6; **a. M.** *Kaiser/LK* § 119 Rn. 16);
- Nichterteilung der zur Wahldurchführung notwendigen Informationen (*AmtsG Bremen* 06.09.1984 AiB 1992, 42; **a. M.** *Kaiser/LK* § 119 Rn. 16);
- Ausspruch eines Hausverbots gegen den Vorsitzenden des Wahlvorstands (*AmtsG Bremen* 06.09.1984 AiB 1992, 42; zust. *Kaiser/LK* § 119 Rn. 14);
- eigenmächtige Streichung von Namen und Unterschriften aus einer im Betrieb ausgehängten Wählerliste (*AmtsG Konstanz* 03.09.1981 AiB 1982, 34);
- Austausch von Wahlunterlagen nach der Stimmabgabe und vor der Feststellung des Wahlergebnisses (*LG Braunschweig* 28.04.1999 NStZ-RR 2000, 93 [93 f.]; **a. M.** *Kaiser/LK* § 119 Rn. 15);
- Einberufung einer Mitarbeiterversammlung, um die Arbeitnehmer von der Wahl eines Betriebsrats abzuhalten (*ArbG Regensburg* 06.06.2002 AiB 2003, 554; **a. M.** *Kaiser/LK* § 119 Rn. 13);
- schriftliche Ankündigung von Nachteilen bei Wahl eines Betriebsrats und Aufruf zu aktivem Verhalten gegen dessen Bildung (*ArbG Kiel* 13.11.2003 AiB 2004, 66; **a. M.** *Kaiser/LK* § 119 Rn. 13);
- Erzwingung des Änderungsvertrages mit der Folge, dass der Arbeitnehmer das aktive und passive Wahlrecht zum Betriebsrat verliert (*LG Marburg* 12.05.2007 AiB 2008, 108);
- Kündigung bzw. deren Androhung (*AmtsG Emmendingen* 24.07.2008 – 5 Cs 440 Js 26354 – BeckRS 2008, 19154).

c) Beeinflussungstatbestand

29 Die Ausführungen in Rdn. 22 bis 27 gelten für den **Beeinflussungstatbestand** (2. Alt.) entsprechend. Strafrechtlich relevant ist jeder Nachteil oder Vorteil, der bei **objektiver Betrachtung** geeignet ist, die freie Willensbildung auszuschließen oder zu erschweren (ebenso *Preis/WPK* § 119 Rn. 19; *Richter/GKR* Arbeitsstrafrecht, Kap. 2 Rn. 1084); fehlt es hieran, so scheidet – trotz entsprechendem Vorsatz – ein untauglicher Versuch wegen der fehlenden Strafbarkeit des Versuchs (s. Rdn. 65) aus (*Preis/WPK* § 119 Rn. 19).

30 Im Rahmen des Falles »**Siemens**« stand vor allem die Abgrenzung zwischen strafbarer Wahlbeeinflussung und noch zulässiger finanzieller **Unterstützung einer Wählerliste** (durch den Arbeitgeber) im Mittelpunkt. In Anknüpfung an das von der h. M. zu § 20 Abs. 2 befürwortete extensive Verständnis des Beeinflussungstatbestandes (s. *Kreutz* § 20 Rdn. 35) hat der *Erste Strafsenat* des *BGH* derartige Zuwendungen in den Straftatbestand einbezogen (*BGH* 13.09.2010 BGHSt. 55, 288 Rn. 55 ff. = EzA § 20 BetrVG 2001 Nr. 3 = NJW 2011, 88). Teile des Schrifttums stehen diesem Verständnis jedoch ablehnend gegenüber und plädieren dafür, nur solche Handlungen zu erfassen, die sich unmittelbar auf den einzelnen Wähler bzw. Wahlbewerber i. S. einer Wählernötigung (§ 108 StGB) oder Wählerbestechung (§ 108b StGB) beziehen (so insbesondere *Joecks*/MK-StGB, § 119 BetrVG Rn. 13 ff.; *Kaiser/LK* § 119 Rn. 19, 22; *Kraatz* wistra 2011, 447 [450]; *Kudlich* FS Stöckel, S. 93 [108 ff.]; *Rieble* in: *Rieble/Junker/Giesen* [Hrsg.], Arbeitsstrafrecht im Umbruch, 2009, S. 17 [33 Rn. 56]; *ders.* ZIP 2009, 1593 [1599]; *ders./AR* §§ 119–121 BetrVG Rn. 3; *Schünemann* FS Gauweiler, S. 515 [526 f.]; im Ergebnis ebenfalls ablehnend *Hohenstatt/Dzida/HWK* § 119 BetrVG Rn. 2 a. E.; *Kische* in: *Ignor/Mosbacher* Arbeitsstrafrecht, § 11 Rn. 7 ff., 16 f.; *Lunk*/NK-GA § 119 BetrVG Rn. 3; **a. M.** hingegen und dem *BGH* zustimmend *Fitting* § 119 Rn. 4; *Fuchs-Hinderer* in: *Leitner/Rosenau* Wirtschafts- und Steuerstrafrecht, § 119 BetrVG Rn. 7; *Kania*/ErfK § 119 BetrVG Rn. 2; *Richardi/Annuß* § 119 Rn. 17; *Trümner/DKKW* § 119 Rn. 10), bzw. diese Sachverhalte nur um solche Handlungen zu erweitern, die in vergleichbarer Intensität auf das geschützte Rechtsgut einwirken (so *Brand/Lotz* RdA 2012, 73 [77 ff.]). Diese Einwände sind bei dem hier befürworteten systematischen Verständnis (s. Rdn. 24) berechtigt, wenn der Schutz durch § 20 Abs. 2 auf den einzelnen Wähler bzw. Wahlbewerber verengt wird (so *Kreutz* § 20 Rdn. 26, 30 und 35). Mittelbare Einflussnahmen auf die freie Willensbildung bzw. die freie Willensbetätigungen sind bei diesem restriktiven Verständnis weder von § 20 Abs. 2 untersagt

(s. *Kreutz* § 20 Rdn. 35; *Maschmann* BB 2010, 245 [249]) noch durch § 119 Abs. 1 Nr. 1 unter Strafandrohung gestellt (*Kische* in: *Ignor/Mosbacher* Arbeitsstrafrecht, § 11 Rn. 17). Ausdrücklich offen gelassen hat der *BGH* indes, ob der Beeinflussungstatbestand zumindest auf »erhebliche Verstöße« (hierfür z. B. *Dannecker* FS Gitter, S. 167 [179]; ebenso *Kraatz* wistra 2011, 447 [450]) zu beschränken ist (s. BGH 13.09.2010 BGHSt. 55, 288 Rn. 65 = EzA § 20 BetrVG 2001 Nr. 3 = NJW 2011, 88).

Der zur **Vollendung** des Straftatbestands notwendige **Erfolg** liegt in dem Ausschluss oder der Erschwerung der freien Willensbildung durch die in dem Beeinflussungstatbestand genannten Handlungen (zust. *Preis/WPK* § 119 Rn. 18). Die Begünstigung oder Benachteiligung muss nicht eingetreten sein, weil § 119 Abs. 1 Nr. 1 bereits das Androhen oder in Aussicht stellen unter Strafe stellt. Da die Vollendung des Deliktstatbestands mit dem Ausschluss oder der Erschwerung der freien Willensbildung eintritt, ist eine **Kausalität** zwischen der Tathandlung und dem **Wahlergebnis** für die Strafbarkeit nicht erforderlich (*Dzida/Mehrens* NZA 2013, 753 [754]; *Fitting* § 119 Rn. 4; *Galperin/Löwisch* § 119 Rn. 10; *Heise/HLS* § 119 Rn. 6; *Hess/HWGNRH* § 119 Rn. 20; *Preis/WPK* § 119 Rn. 18; *Richardi/Annuß* § 119 Rn. 17; *Richter/GKR* Arbeitsstrafrecht, Kap. 2 Rn. 1084; *Rieble* ZfA 2003, 283 [313]; *Thul* in: *Müller-Gugenberger* Wirtschaftsstrafrecht, § 35 Rn. 21; im Ergebnis auch *BGH* 13.09.2010 BGHSt. 55, 288 Rn. 62 = EzA § 20 BetrVG 2001 Nr. 3 = NJW 2011, 88; einschränkend *Dannecker* FS Gitter, S. 167 [180], der bezüglich des Merkmals »Vorteil« eine »Unrechtsvereinbarung« verlangt [dagegen mit Recht *Kraatz* wistra 2011, 447 [450]; *Pasewaldt* ZIS 2007, 75 [78]: zust. hingegen *Rieble* ZIP 2009, 1593 [1599]]; **a. M.** *Lunk*/NK-GA § 119 BetrVG Rn. 3: Beeinflussung muss sich in dem Wahlergebnis niederschlagen). Zur Abgrenzung zwischen zulässiger Wahlwerbung und unzulässiger Wahlbehinderung s. im Übrigen näher *Kreutz* § 20 Rdn. 33 ff. sowie *StA Freiburg* EzA § 119 BetrVG 1972 Nr. 1. 31

2. § 119 Abs. 1 Nr. 2

Der Straftatbestand in § 119 Abs. 1 Nr. 2 korrespondiert mit dem **Behinderungs- und Störungsverbot in § 78 Satz 1** (ebenso *Steffan*/HaKo § 119 Rn. 3 sowie allgemein hier Rdn. 11; zweifelnd *Kaiser/LK* § 119 Rn. 26; für eine engere Fassung hingegen *Rieble*/AR §§ 119–121 BetrVG Rn. 5), so dass zur Auslegung auf die Erläuterungen zu § 78 zu verweisen ist (zur Bindungswirkung gerichtlicher Entscheidungen s. Rdn. 12). Im Unterschied zu dieser Norm knüpft § 119 Abs. 1 Nr. 2 nicht an die Amtstätigkeit der **Organmitglieder**, sondern – wie bereits § 78 Abs. 1 Buchst. b BetrVG 1952 – an die Tätigkeit des **Organs** an. Hierin liegt jedoch kein sachlicher Unterschied, da die Behinderung oder Störung eines Organmitglieds bei seiner Amtstätigkeit zugleich die Tätigkeit des Organs behindert oder stört (ebenso *Galperin/Löwisch* § 119 Rn. 13; *Hess/HWGNRH* § 119 Rn. 32; *Kaiser/LK* § 119 Rn. 24; *Krumm-Mauermann* Rechtsgüterschutz, S. 63; *Le Friant* Verantwortung, S. 25; *Preis/WPK* § 119 Rn. 22; *Richardi/Annuß* § 119 Rn. 20; *Richter/GKR* Arbeitsstrafrecht, Kap. 2 Rn. 1089; zu § 78 Satz 1 *Kreutz* § 78 Rdn. 21). 32

Der Straftatbestand schützt nur die in § 119 Abs. 1 Nr. 2 genannten Organe. Zweifelhaft ist die Einbeziehung des **Gewerkschaftsbeauftragten** in den Strafrechtsschutz, wenn ihm der Zutritt zum Betrieb verwehrt wird. Zwar ist seine Tätigkeit als solche nicht in § 119 Abs. 1 Nr. 2 erfasst (*Stege/Weinspach/Schiefer* § 119 Rn. 9), wohl aber kann seine Behinderung zugleich als eine Behinderung oder Störung der in § 119 Abs. 1 Nr. 2 genannten Organe zu bewerten sein, wenn er z. B. nach § 31 an einer Betriebsratssitzung teilnehmen soll (*OLG Stuttgart* 21.12.1977 BB 1978, 450; *Fitting* § 119 Rn. 7; *Galperin/Löwisch* § 119 Rn. 13; *Hess/HWGNRH* § 119 Rn. 33; *Kaiser/LK* § 119 Rn. 29; *Schlünder* Rechtsfolgen, S. 193 f.; *Stege/Weinspach/Schiefer* § 119 Rn. 9; *Trümner/DKKW* § 119 Rn. 14; weiter gehend *Zabel* AiB 1992, 42 [43], der auch vorbereitende Treffen einbezieht). 33

Die **Betriebsversammlung** als solche ist nicht in den Schutz durch § 119 Abs. 1 Nr. 2 einbezogen (*Herschel* DB 1975, 690 [690 f.]; *Lunk* Die Betriebsversammlung [Diss. Kiel], 1991, S. 86 f.; *Richardi/Annuß* § 119 Rn. 23). Im Einzelfall kann deren Störung oder Behinderung aber in das Recht des Betriebsrats auf Einberufung und Durchführung einer Betriebsversammlung eingreifen (*OLG Stuttgart* 09.09.1988 NStZ 1989, 31 [31]; im Ansatz schon *Herschel* DB 1975, 690 [690 f.] sowie ferner *Richardi/Annuß* § 119 Rn. 22; *Zabel* AiB 1992, 42 [43]). 34

35 Wie § 119 Abs. 1 Nr. 1 (s. Rdn. 21) und Nr. 3 (s. Rdn. 49) erfasst auch § 119 Abs. 1 Nr. 2 nicht die **Arbeitnehmervertreter im Aufsichtsrat**, wenn diese nach den Vorschriften des DrittelbG, des MitbestG oder des Montan-MitbestG in den Aufsichtsrat gewählt worden sind (anders noch § 78 Abs. 1 Buchst. b BetrVG 1952); auch die vorgenannten Gesetze zur Unternehmensmitbestimmung sehen von einem vergleichbaren Schutz ab (s. Rdn. 11). Anders ist die Rechtslage, wenn die Arbeitnehmervertreter dem Aufsichts- oder Verwaltungsorgan einer Europäischen Gesellschaft (SE) oder Europäischen Genossenschaft (SCE) angehören, da die für die Beteiligung der Arbeitnehmer maßgebenden Gesetze für diese Personen einen mit § 119 Abs. 1 Nr. 2 übereinstimmenden Strafrechtsschutz begründen (s. § 45 Abs. 2 Nr. 2 SEBG i. V. m. § 44 Nr. 2 SEBG, § 47 Abs. 2 Nr. 2 SCEBG i. V. m. § 45 Nr. 2 SCEBG). Entsprechendes gilt, wenn die Gesellschaft aus einer grenzüberschreitenden Verschmelzung hervorgegangen ist (§ 34 Abs. 2 Nr. 2 MgVG i. V. m. § 33 Nr. 2 MgVG). Zur Kritik hieran s. Rdn. 21.

36 Wie § 119 Abs. 1 Nr. 1 (s. Rdn. 25) ist auch § 119 Abs. 1 Nr. 2 ein **Erfolgsdelikt** (ebenso *Fitting* § 119 Rn. 7; *Joecks*/MK-StGB, § 119 BetrVG Rn. 24; *Joussen* in: *Bross* Arbeitsstrafrecht, Kap. 25 Rn. 36; *Kaiser*/LK § 119 Rn. 25; *Kische* in: *Ignor*/*Mosbacher* Arbeitsstrafrecht, § 11 Rn. 24; *Krumm-Mauermann* Rechtsgüterschutz, S. 76 f.; *Lunk*/NK-GA § 119 BetrVG Rn. 7; *Polzer*/*Helm* AiB 2000, 133 [136]; *Preis*/WPK § 119 Rn. 24; *Richardi*/*Annuß* § 119 Rn. 20; *Richter*/GKR Arbeitsstrafrecht, Kap. 2 Rn. 1091; *Sax* Strafbestimmungen, S. 110 f.). Es muss eine **Störung** oder **Behinderung** der Organtätigkeit eingetreten sein (so auch BAG 11.11.1997 EzA § 23 BetrVG 1972 Nr. 38 S. 4 = AP Nr. 27 zu § 23 BetrVG 1972 Bl. 2 R; OLG Stuttgart 09.09.1988 NStZ 1989, 31 [31]; *Fitting* § 119 Rn. 7; *Joecks*/MK-StGB, § 119 BetrVG Rn. 24; *Joussen* in: *Bross* Arbeitsstrafrecht, Kap. 25 Rn. 36; *Kaiser*/LK § 119 Rn. 25; *Kische* in: *Ignor*/*Mosbacher* Arbeitsstrafrecht, § 11 Rn. 24).

37 Bei den von § 78 Satz 1 erfassten Sachverhalten (zu diesen ausführlich *Kreutz* § 78 Rdn. 30 ff.) ist vor allem problematisch, ob die **Nichtbeachtung der Beteiligungsrechte** den Tatbestand des § 119 Abs. 1 Nr. 2 erfüllt. Hierin liegt – wie § 99 BRG zeigt – einer der historischen Wurzeln des Straftatbestands (s. Rdn. 4). Als Behinderung der Organtätigkeit ist die Nichtbeachtung der Beteiligungsrechte indes nicht per se zu bewerten, vielmehr muss hierin nach **h. M.** ein **bewusstes Beiseiteschieben des Betriebsrats** zum Ausdruck gelangen (so BAG 20.09.1957 AP Nr. 34 zu § 1 KSchG Bl. 3 R; *Galperin*/*Löwisch* § 119 Rn. 13; *Richardi*/*Annuß* § 119 Rn. 21; *Rieble*/AR §§ 119–121 BetrVG Rn. 4; *Roos* AiB 1999, 490 [492]; *Stege*/*Weinspach*/*Schiefer* § 119 Rn. 11; *Trümner*/DKKW § 119 Rn. 15; noch enger wohl *Hess*/HWGNRH § 119 Rn. 36, der die Absicht verlangt, den Betriebsrat zu umgehen; krit. gegenüber der h. M. aber *Dannecker* FS Gitter, S. 167 [182]; *Däubler* Das Arbeitsrecht I, Rn. 909; *Fuchs-Hinderer* in: *Leitner*/*Rosenau* Wirtschafts- und Steuerstrafrecht, § 119 BetrVG Rn. 15; *Joecks*/MK-StGB, § 119 BetrVG Rn. 25; *Kaiser*/LK § 119 Rn. 30).

38 Die Formel der h. M. ist wenig präzise, da sie insbesondere den Anschein eines zusätzlichen, im Gesetz nicht enthaltenen subjektiven Tatbestandsmerkmals erweckt (ablehnend deshalb mit Recht *Dannecker* FS Gitter, S. 167 [182]; zust. hierzu *Fuchs-Hinderer* in: *Leitner*/*Rosenau* Wirtschafts- und Steuerstrafrecht, § 119 BetrVG Rn. 15; *Kaiser*/LK § 119 Rn. 30; *Kische* in *Ignor*/*Mosbacher* Arbeitsstrafrecht, § 11 Rn. 29; *Pasewaldt* ZIS 2007, 75 [79]; wohl auch *Joecks*/MK-StGB, § 119 BetrVG Rn. 25; unklar *Preis*/WPK § 119 Rn. 26). In Anknüpfung an die Überlegungen zu § 78 Satz 1 (s. *Kreutz* § 78 Rdn. 37) ist eine Behinderung der Organtätigkeit jedoch bereits dann zu bejahen, wenn die Mitwirkungs- und Mitbestimmungsrechte **wiederholt und beharrlich missachtet** werden (*Fitting* § 119 Rn. 7; *Kaiser*/LK § 119 Rn. 30; ähnlich *Dannecker* FS Gitter, S. 167 [182], der eine erhebliche und spürbare Beeinträchtigung oder Störung verlangt). Dieses Verhalten verletzt nicht nur einzelne Beteiligungsrechte, sondern greift wegen seiner gesteigerten Intensität das Organ als betriebsverfassungsrechtliche Institution in seinem Geltungsanspruch an. Die Verletzung der in § 121 aufgezählten Unterrichtungs- und Beratungsrechte erfüllt deshalb für sich alleine ebenfalls den Straftatbestand in § 119 Abs. 1 Nr. 2 (*Fitting* § 119 Rn. 7; *Hess*/HWGNRH § 119 Rn. 35; *Kaiser*/LK § 119 Rn. 30; *Richardi*/*Annuß* § 119 Rn. 21; *Rieble* in: *Rieble*/*Junker*/*Giesen* [Hrsg.], Arbeitsstrafrecht im Umbruch, 2009, S. 17 [32 f., Rn. 55]; *Stege*/*Weinspach*/*Schiefer* § 119 Rn. 10). Treten allerdings weitere Umstände hinzu, kann dies den Straftatbestand erfüllen.

39 Die in Rdn. 37 wiedergegebene h. M. ist zudem im Grundansatz nicht zweifelsfrei, da der dem Täter zur Last gelegte Vorwurf bei wertender Betrachtung in einem Unterlassen liegt. Mit der allgemeinen

Strafrechtsdogmatik befindet sich die h. M. deshalb nur im Einklang, wenn das Behinderungsverbot zumindest auch den Charakter eines **echten Unterlassungsdelikts** hat. Da die Strafbestimmung den in § 78 normierten Organschutz aufgreift, sprechen hierfür gewichtige Gründe (ebenso *Sax* Strafbestimmungen, S. 105 ff. sowie im Anschluss *Richter/GKR* Arbeitsstrafrecht, Kap. 2 Rn. 1089; wohl auch *Richardi/Annuß* § 119 Rn. 20; **a. M.** *Diller/Powietzka* DB 2001, 1034 [1038]: unechtes Unterlassungsdelikt), so dass die Voraussetzungen einer strafrechtlichen Garantenstellung für den Behinderungstatbestand auch im Rahmen von § 119 Abs. 1 Nr. 2 (zu § 119 Abs. 1 Nr. 1 s. Rdn. 27) nicht vorliegen müssen (**a. M.** *Diller/Powietzka* DB 2001, 1034 [1038]; *Reich* § 119 Rn. 4).

Der Straftatbestand in § 119 Abs. 1 Nr. 2 beschränkt sich nicht auf die Verletzung der dem Organ zustehenden Beteiligungsrechte. Er erfasst vielmehr alle Handlungen, die geeignet sind, die Tätigkeit des Organs zu beeinträchtigen. Als solche hat die **Rechtsprechung** folgende Sachverhalte angesehen: 40
- Aufforderung an den Betriebsrat zum Rücktritt unter der Androhung, andernfalls Zulagen zu streichen (*BayObLG* 29.07.1980 AP Nr. 1 zu § 119 BetrVG 1972);
- Empfehlung des Arbeitgebers an die Arbeitnehmer, von dem Besuch einer Betriebsversammlung abzusehen (*OLG Stuttgart* 09.09.1988 NStZ 1989, 31 f.; **a. M.** *Hohenstatt/Dzida/HWK* § 119 BetrVG Rn. 3; *Kaiser/LK* § 119 Rn. 28);
- Hausverbot gegen Mitglieder des Betriebsrats (*AmtsG Göttingen* 13.11.1986 AiB 1992, 41);
- Verhinderung und aktive Unterbrechung von Telefongesprächen des Betriebsrats (*AmtsG Passau* 05.06.1985 AiB 1992, 42; **a. M.** *Kaiser/LK* § 119 Rn. 27);
- fälschliche Behauptung, die Betriebsratswahl sei angefochten (*AmtsG Konstanz* 03.09.1981 AiB 1982, 34; **a. M.** *Kaiser/LK* § 119 Rn. 34);
- wiederholte grundlose Kündigung von Betriebsratsmitgliedern (*AmtsG Hamburg-Harburg* 18.12.1989 AiB 1990, 212 ff.);
- Absage einer angekündigten Weihnachtsfeier und Zurückstellung einer Sonderzahlung, weil der Betriebsrat einen Antrag an das Arbeitsgericht nicht zurücknimmt (*AmtsG Kempten* 06.12.1999 AuR 2000, 361);
- Nichtgewährung einer geplanten Lohn- und Gehaltserhöhung, weil der Betriebsrat seine Zustimmung zu einem anderweitigen Vorschlag des Arbeitgebers verweigert hat (*AmtsG Kempten* 06.12.1999 AuR 2000, 361; **a. M.** *Kaiser/LK* § 119 Rn. 33);
- wiederholtes Drängen darauf, Betriebsratssitzungen am Ende der betriebsüblichen Arbeitszeit durchzuführen (*AmtsG Kempten* 06.12.1999 AuR 2000, 361);
- Auswertung der Aufzeichnungen über Internetaktivitäten des Betriebsrats (*BAG* 20.04.2016 EzA § 40 BetrVG 2001 Nr. 28 Rn. 25 = AP Nr. 113 zu § 40 BetrVG 1972 = NZA 2016, 1033).

Der Straftatbestand schützt in erster Linie die in § 119 Abs. 1 Nr. 2 genannten Betriebsverfassungsorgane vor Handlungen des Arbeitgebers. Er sichert jedoch auch die Rechtsbeziehungen zwischen den verschiedenen Betriebsverfassungsorganen, insbesondere z. B. die Auskunftsrechte des Betriebsrats gegenüber dem **Wirtschaftsausschuss** oder die Unterrichtungs- und Teilnahmerechte im Verhältnis zwischen Betriebsrat und **Jugend- und Auszubildendenvertretung** (*Galperin/Löwisch* § 119 Rn. 3; *Stege/Weinspach/Schiefer* § 119 Rn. 2). Zweifelhaft ist dies für die Nichtbeteiligung der **Schwerbehindertenvertretung** an den Betriebsratssitzungen (§ 32), da der durch § 119 Abs. 1 Nr. 2 etablierte Organschutz die Schwerbehinderung nicht einbezieht (s. a. Rdn. 6). Zu erwägen ist allenfalls eine Behinderung des Betriebsrats bei seiner vom Gesetz vorgesehenen internen Willensbildung. 41

Die Strafbestimmung schützt nur die **rechtmäßige Amtstätigkeit** der Organe. Überschreiten diese ihre Kompetenzen, so erfüllen hiergegen gerichtete Abwehrmaßnahmen des Arbeitgebers nicht den Tatbestand in § 119 Abs. 1 Nr. 2 (*LG Düsseldorf* 07.10.1958 BB 1959, 632 [632 f.]; *Dannecker* FS *Gitter*, S. 167 [182]; *Galperin/Löwisch* § 119 Rn. 14; *Hess/HWGNRH* § 119 Rn. 34, 36; *Preis/WPK* § 119 Rn. 23). 42

3. § 119 Abs. 1 Nr. 3

Der Tatbestand in § 119 Abs. 1 Nr. 3 knüpft an das **Benachteiligungs- und Begünstigungsverbot in § 78 Satz 2** an. Wegen dieses systematischen Zusammenhangs ist »Begünstigung« nicht i. S. d. § 257 43

StGB zu verstehen (so aber *Küchenhoff* § 119 Rn. 29), vielmehr sind wegen des systematischen und teleologischen Zusammenhangs mit § 78 (s. Rdn. 11) die Erläuterungen zu § 78 Satz 2 (s. *Kreutz* § 78 Rdn. 65 ff. [Benachteiligung], 62 ff. [Begünstigung]) für die Konkretisierung des Straftatbestands in § 119 Abs. 1 Nr. 3 heranzuziehen (zur Bindungswirkung gerichtlicher Entscheidungen s. Rdn. 12).

44 Eine nach § 119 Abs. 1 Nr. 3 strafbare **Begünstigung** liegt u. a. in der Gewährung von Sonderbonuszahlungen (s. *Richter/GKR* Arbeitsstrafrecht, Kap. 2 Rn. 1095 f.), der Übernahme dienstfremder Kosten sowie Leistungen an Dritte, die einem Betriebsratsmitglied nahe stehen (*LG Braunschweig* 25.01.2007 CCZ 2008, 32; s. a. *Schemmel/Slowinski* BB 2009, 830 [831 f.]; zur Strafbarkeit wegen Untreue s. vor allem *BGH* 17.09.2009 BGHSt. 54, 148 Rn. 30 ff. = NJW 2010, 92 sowie hier Rdn. 96). Die Verknüpfung mit § 78 Satz 2 gilt auch hinsichtlich der in § 119 Abs. 1 Nr. 3 nicht ausdrücklich genannten **beruflichen Entwicklung** (ebenso *Galperin/Löwisch* § 119 Rn. 19; *Kaiser/LK* § 119 Rn. 35; *Le Friant* Verantwortung, S. 26), da § 78 Satz 2, 2. Halbs. lediglich klarstellende Bedeutung hat.

45 Nicht strafbar ist die **Annahme der Begünstigung** (ausführlich *Nagel* Arbeitnehmervertretung, S. 78 ff.; *Schlösser* NStZ 2007, 562 [563 f.]; ebenso *LG Braunschweig* 22.02.2008 – 6 KLs 20/07 – BeckRS 2009, 29834; *Behrendt/Lilienthal* KSzW 2014, 277 [281]; *Cosack* Untreue, Rn. 76; *Dzida/Mehrens* NZA 2013, 753 [756]; *Esser* Begünstigung, S. 170 f.; *Fitting* § 119 Rn. 9; *Galperin/Löwisch* § 119 Rn. 21; *Hess/HWGNRH* § 119 Rn. 40; *Hohenstatt/Dzida/HWK* § 119 BetrVG Rn. 4; *Joecks/MK-StGB*, § 119 BetrVG Rn. 37; *Joussen* in: *Bross* Arbeitsstrafrecht, Kap. 25 Rn. 43; *Kaiser/LK* § 119 Rn. 39; *Kania/*ErfK § 119 BetrVG Rn. 4; *Kische* in: *Ignor/Mosbacher* Arbeitsstrafrecht, § 11 Rn. 39; *Lingemann/JRH* Kap. 30 Rn. 25; *Lunk/NK-GA* § 119 BetrVG Rn. 7; *Preis/WPK* § 119 Rn. 29; *Richardi/Annuß* § 119 Rn. 27; *Rieble/AR* §§ 119–121 BetrVG Rn. 6; *ders./Klebeck* NZA 2006, 758 [767]; *Stang* HBV-Gruppe 7, S. 69 [74]; *Steffan/*HaKo § 119 Rn. 4, 6; *Thul* in: *Müller-Gugenberger* Wirtschaftsstrafrecht, § 35 Rn. 35; krit. *Schweibert/Buse* NZA 2007, 1080 [1085 f.]). Bei dieser handelt es sich um eine **notwendige Teilnahme** (ebenso mit ausführlicher Begründung *Schlösser* NStZ 2007, 562 [564 ff.]; im Ergebnis auch *LG Braunschweig* 22.02.2008 – 6 KLs 20/07 – BeckRS 2009, 29834; *Cosack* Untreue, Rn. 76 f.; *Esser* Begünstigung, S. 172; *Joecks/*MK-StGB, § 119 BetrVG Rn. 37; *Kische* in: *Ignor/Mosbacher* Arbeitsstrafrecht, § 11 Rn. 39; *Krumm-Mauermann* Rechtsgüterschutz, S. 59 f.; *Lunk/NK-GA* § 119 BetrVG Rn. 7; *Nagel* Arbeitnehmervertretung, S. 82; *Pasewaldt* ZIS 2007, 75 [80]; *Thul* in: *Müller-Gugenberger* Wirtschaftsstrafrecht, § 35 Rn. 35).

46 Eine **Anstiftung** oder **Beihilfe** zu der eigenen Begünstigung ist durch die in Rdn. 45 befürwortete Auffassung zwar nicht denknotwendig ausgeschlossen, setzt aber voraus, dass der Tatbeitrag über die Entgegennahme des Vorteils hinaus geht (so auch *Cosack* Untreue, Rn. 77 f.; *Dzida/Mehrens* NZA 2013, 753 [757]; *Esser* Begünstigung, S. 172; *Joecks/*MK-StGB, § 119 BetrVG Rn. 37; *Joussen* in: *Bross* Arbeitsstrafrecht, Kap. 25 Rn. 43; *Kaiser/LK* § 119 Rn. 39; *Kische* in: *Ignor/Mosbacher* Arbeitsstrafrecht, § 11 Rn. 39; *Krumm-Mauermann* Rechtsgüterschutz, S. 59 f.; *Lunk/NK-GA* § 119 BetrVG Rn. 7; *Nagel* Arbeitnehmervertretung, S. 82 ff.; *Pasewaldt* ZIS 2007, 75 [80]; *Richter/GKR* Arbeitsstrafrecht, Kap. 2 Rn. 1074; *Rieble/AR* §§ 119–121 BetrVG Rn. 6; *ders./Klebeck* NZA 2006, 758 [767]; *Schlösser* NStZ 2007, 562 [566]; *Steffan/*HaKo § 119 Rn. 6 sowie allgemein *Schönke/Schröder/Heine/Weißer* StGB, Vorbem. §§ 25 ff. Rn. 44, m. w. N.), so z. B. durch das Fordern von Sonderleistungen (Bonuszahlungen, Übernahme privater Aufwendungen) (*BGH* 17.09.2009 BGHSt. 54, 148 Rn. 31 ff., 52 ff. = NJW 2010, 92; *LG Braunschweig* 22.02.2008 – 6 KLs 20/07 – BeckRS 2009, 29834; *Cosack* Untreue, Rn. 78; *Fitting* § 119 Rn. 9; *Kaiser/LK* § 119 Rn. 39; *Pasewaldt* ZIS 2007, 75 [80]; *Richter/GKR* Arbeitsstrafrecht, Kap. 2 Rn. 1074; *Rieble/Klebeck* NZA 2006, 758 [767 f.]).

47 Auch § 119 Abs. 1 Nr. 3 ist ein **Erfolgsdelikt** (*Esser* Begünstigung, S. 165, 172; *Fitting* § 119 Rn. 9; *Joecks/*MK-StGB, § 119 BetrVG Rn. 26; *Joussen* in: *Bross* Arbeitsstrafrecht, Kap. 25 Rn. 41; *Kaiser/LK* § 119 Rn. 38; *Kische* in: *Ignor/Mosbacher* Arbeitsstrafrecht, § 11 Rn. 35; *Latzel* wistra 2013, 334 [336]; *Lunk/NK-GA* § 119 BetrVG Rn. 7; *Pasewaldt* ZIS 2007, 75 [79]; *Preis/WPK* § 119 Rn. 30; *Sax* Strafrechtsbestimmungen, S. 109 ff., 192 f.; **a. M.** *Nagel* Arbeitnehmervertretung, S. 51 ff.: »Tätigkeitsdelikt im Sinne eines abstrakten Gefährdungsdelikts«; zu § 119 Abs. 1 Nr. 1 und 2 s. Rdn. 25, 36); es ist der Eintritt einer Begünstigung oder Benachteiligung erforderlich. Das **Versprechen oder Androhen** genügt – per argumentum e contrario aus § 119 Abs. 1 Nr. 1 (s. Rdn. 31) – im Rahmen des § 119 Abs. 1 Nr. 3 nicht (*Esser* Begünstigung, S. 166; *Fitting* § 119 Rn. 9; *Joecks/*MK-StGB, § 119 BetrVG

Rn. 29; *Kaiser/LK* § 119 Rn. 38; *Kische* in: *Ignor/Mosbacher* Arbeitsstrafrecht, § 11 Rn. 35; *Preis/WPK* § 119 Rn. 30; *Stang* HBV-Gruppe 7 S. 69 [73]; *Steffan/HaKo* § 119 BetrVG Rn. 4; *Trittin/Wedde* AiB 1997, 138 [145]; *Thul* in: *Müller-Gugenberger* Wirtschaftsstrafrecht, § 35 Rn. 32; *Trümner/DKKW* § 119 Rn. 21).

Im Unterschied zu § 78 Satz 2 bezieht § 119 Abs. 1 Nr. 3 auch **Ersatzmitglieder** der in dieser Vor- **48** schrift genannten Betriebsverfassungsorgane in den Schutz des Straftatbestands ein. Da § 119 Abs. 1 Nr. 3 die Amtstätigkeit schützen soll (s. Rdn. 14), muss es sich jeweils um nach § 25 Abs. 1 Satz 2 **amtierende Ersatzmitglieder** handeln (*Fitting/Kaiser/Heither/Engels* [bis zur 20. Aufl.] § 119 Rn. 7; *Hess/HWGNRH* § 119 Rn. 37; *Joussen* in: *Bross* Arbeitsstrafrecht, Kap. 25 Rn. 40; *Nagel* Arbeitnehmervertretung, S. 65 f.). Der weitergehenden Ansicht, die Ersatzmitglieder generell in den Schutz des Straftatbestandes einbezieht (*Esser* Begünstigung, S. 165; *Galperin/Löwisch* § 119 Rn. 26; ebenso *Dannecker* FS *Gitter*, S. 167 [174]; *Kaiser/LK* § 119 Rn. 36; *Kania/ErfK* § 119 BetrVG Rn. 4; *Kische* in: *Ignor/Mosbacher* Arbeitsstrafrecht, § 11 Rn. 33; *Preis/WPK* § 119 Rn. 28; *Weiss/Weyand* § 119 Rn. 4), ist nicht zu folgen, da die Eigenschaft als Ersatzmitglied erst im Fall des endgültigen oder vorübergehenden Nachrückens feststeht und vor diesem Zeitpunkt eine Benachteiligung »um ihrer Tätigkeit willen« nicht möglich ist. Im Hinblick auf den Zweck der Norm (s. Rdn. 13 f.) besteht der Strafrechtsschutz jedoch auch, wenn der Verhinderungsfall beendet ist, da in dieser Konstellation der Schutz der Amtstätigkeit ebenfalls erforderlich ist. Wie § 78 Satz 2 (s. *Kreutz* § 78 Rdn. 62) entfaltet die Strafnorm daher eine Nachwirkung (zust. *Preis/WPK* § 119 Rn. 28).

Die Strafandrohung erfasst – im Unterschied zu § 78 Abs. 1 Buchst. c BetrVG 1952 (s. Rdn. 2) – nicht **49** die Benachteiligung oder Begünstigung von **Arbeitnehmervertretern im Aufsichtsrat** (*Fitting* § 119 Rn. 9; *Hess/HWGNRH* § 119 Rn. 18, 41; *Joussen* in: *Bross* Arbeitsstrafrecht, Kap. 25 Rn. 43; *Kische* in: *Ignor/Mosbacher* Arbeitsstrafrecht, § 11 Rn. 33; *Lunk/NK-GA* § 119 BetrVG Rn. 7), sofern es sich nicht um solche handelt, die dem Aufsichts- oder Verwaltungsorgan einer Europäischen Gesellschaft (SE) oder Europäischen Genossenschaft (SCE) bzw. einer aus einer grenzüberschreitenden Verschmelzung hervorgegangenen Gesellschaft angehören (s. § 45 Abs. 2 Nr. 3 SEBG i. V. m. § 44 Nr. 3 SEBG, § 47 Abs. 2 Nr. 3 SCEBG i. V. m. § 45 Nr. 3 SCEBG, § 34 Abs. 2 Nr. 3 i. V. m. § 33 Nr. 3 MgVG; s. a. Rdn. 2, 21, 34). § 76 Abs. 2 Satz 5 BetrVG 1952 verwies zwar auf § 53 (jetzt § 78), eine analoge Anwendung des § 119 Abs. 1 Nr. 3 verbietet sich aber wegen des strafrechtlichen Analogieverbots (*Fitting* § 119 Rn. 9; *Lunk/NK-GA* § 119 BetrVG Rn. 7; ferner hier Rdn. 21).

Das Verbot einer analogen Anwendung des § 119 Abs. 1 Nr. 3 gilt ebenfalls für den **Vermittler i. S. d.** **50** § **18a**, den als Vermittler nach § 112 Abs. 2 Satz 1 tätigen Vorstand der **Bundesagentur für Arbeit** bzw. den von ihm beauftragten Bediensteten sowie die Mitglieder einer aufgrund Tarifvertrags (§ 117 Abs. 2) gebildeten **Vertretung des fliegenden Personals** (*Hess/HWGNRH* § 119 Rn. 41).

IV. Subjektiver Tatbestand

Anders als § 78 Abs. 1 BetrVG 1952 verlangt § 119 Abs. 1 für die dort genannten Straftatbestände nicht **51** eine vorsätzliche Begehung. Sachliche Änderungen resultieren hieraus nicht, da § 15 StGB fahrlässiges Handeln nur unter Strafe stellt, wenn das Gesetz dies ausdrücklich vorsieht. Für die Tatbestände in § 119 Abs. 1 fehlt eine derartige Regelung, so dass – im Unterschied zu § 78 Abs. 1 BetrVG 1952, der auch leichtfertiges, d. h. grob fahrlässiges Handeln strafbewehrte – nur die **vorsätzliche Tatbestandsverwirklichung** strafbar ist (*BAG* 11.11.1997 EzA § 23 BetrVG 1972 Nr. 38 S. 4 = AP Nr. 27 zu § 23 BetrVG 1972 Bl. 2 R; *OLG Stuttgart* 09.09.1988 NStZ 1989, 31 [32]; *Fitting* § 119 Rn. 10; *Galperin/Löwisch* § 119 Rn. 5; *Hess/HWGNRH* § 119 Rn. 9; *Joecks/MK-StGB*, § 119 BetrVG Rn. 22, 27, 33; *Joussen* in: *Bross* Arbeitsstrafrecht, Kap. 25 Rn. 26; *Kaiser/LK* § 119 Rn. 7; *Kische* in: *Ignor/Mosbacher* Arbeitsstrafrecht, § 11 Rn. 20, 29, 40; *Latzel* wistra 2013, 334 [336]; *Lunk/NK-GA* § 119 BetrVG Rn. 10; *Preis/WPK* § 119 Rn. 4; *Richardi/Annuß* § 119 Rn. 5; *Richter/GKR* Arbeitsstrafrecht, Kap. 2 Rn. 1098; *Sax* Strafbestimmungen, S. 111 f.; *Schlünder* Rechtsfolgen, S. 190 f.; *Stang* HBV-Gruppe 7, S. 69 [70]; *Steffan/HaKo* § 119 Rn. 1; *Stege/Weinspach/Schiefer* § 119 Rn. 4; *Trümner/DKKW* § 119 Rn. 33; *Weiss/Weyand* § 119 Rn. 5; die gegenteilige Ansicht von *Brecht* § 119 Rn. 6, der auch die fahrlässige Begehung einbezieht, ist nicht haltbar.

§ 119

52 Die Strafbarkeit nach § 119 Abs. 1 erfordert eine vorsätzliche Begehung, wobei – vorbehaltlich der Ausnahme in Rdn. 54 – **bedingter Vorsatz** genügt (so auch *Fitting* § 119 Rn. 10; *Galperin/Löwisch* § 119 Rn. 5; *Hess/HWGNRH* § 119 Rn. 9; *Joecks*/MK-StGB, § 119 BetrVG Rn. 22, 27, 33; *Joussen* in: *Bross* Arbeitsstrafrecht, Kap. 25 Rn. 26; *Kische* in: *Ignor/Mosbacher* Arbeitsstrafrecht, § 11 Rn. 20, 29, 40; *Krumm-Mauermann* Rechtsgüterschutz, S. 70 f.; *Latzel* wistra 2013, 334 [336]; *Lunk*/NK-GA § 119 BetrVG Rn. 10; *Preis/WPK* § 119 Rn. 4; *Richardi/Annuß* § 119 Rn. 5, 16; *Richter/GKR* Arbeitsstrafrecht, Kap. 2 Rn. 1099; *Schlünder* Rechtsfolgen, S. 191; *Stang* HBV-Gruppe 7 S. 69 [70]; *Stege/Weinspach/Schiefer* § 119 Rn. 4). Dieser ist nach der Rechtsprechung des *BGH* bereits gegeben, wenn der Täter die Verwirklichung des objektiven Tatbestands billigend in Kauf nimmt, mag ihm der Erfolg im Einzelfall auch an sich unerwünscht sein. Hält er es zwar für möglich, sein Verhalten werde den objektiven Straftatbestand verwirklichen, vertraut er aber pflichtwidrig und vorwerfbar darauf, der tatbestandliche Erfolg werde ausbleiben, so liegt lediglich bewusste Fahrlässigkeit vor, die nicht zur Strafbarkeit nach § 119 Abs. 1 führt (dazu allgemein *BGH* 22.04.1955 BGHSt. 7, 363 [368 f.]; 26.07.1967 BGHSt. 21, 283 [284 f.]; 04.11.1988 BGHSt. 36, 1 [9 f.]; s. a. *Schönke/Schröder/Sternberg-Lieben/Schuster* StGB, § 15 Rn. 72 ff., m. w. N. zu der im Detail umstrittenen Abgrenzung).

53 Soweit der Straftatbestand eine **Behinderung** oder **Störung** verlangt, muss der Vorsatz auch diese Tatbestandsmerkmale umfassen (*Fitting* § 119 Rn. 10; *Richardi/Annuß* § 119 Rn. 16, 22; *Rieble* ZfA 2003, 283 [313]). Die fehlerhafte **rechtliche Bewertung** des Sachverhalts lässt den Vorsatz grundsätzlich nicht entfallen, es handelt sich insoweit um **normative Tatbestandsmerkmale** (zust. *Richter/GKR* Arbeitsstrafrecht, Kap. 2 Rn. 1098; dazu allgemein *Joecks*/MK-StGB, § 16 Rn. 69 ff.; *Schönke/Schröder/Sternberg-Lieben/Schuster* StGB, § 16 Rn. 21 f.); in Betracht kommt allenfalls ein nach § 17 StGB zum Ausschluss der Schuld führender **Verbotsirrtum** (*Krumm-Mauermann* Rechtsgüterschutz, S. 79 ff.; *Richter/GKR* Arbeitsstrafrecht, Kap. 2 Rn. 1101; s. aber auch *Rieble* ZfA 2003, 283 [314], der regelmäßig einen Ausschluss des Vorsatzes nach § 16 StGB annimmt; ferner auch *Latzel* wistra 2013, 334 [338]; *Nagel* Arbeitnehmervertretung, S. 88 ff. sowie hier Rdn. 59).

54 Abweichend von dem allgemeinen Grundsatz in Rdn. 52 genügt bei **§ 119 Abs. 1 Nr. 3** nicht generell ein *dolus eventualis*, vielmehr verlangt das Gesetz durch die Formulierung »um seiner Tätigkeit willen« zusätzlich eine **Begünstigungs- bzw. Benachteiligungsabsicht** (ebenso *Galperin/Löwisch* § 119 Rn. 20; *Polzer/Helm* AiB 2000, 133 [138]; *Rieble*/AR §§ 119–121 BetrVG Rn. 6; *Sax* Strafbestimmungen, S. 194 ff.; zweifelhaft *Dietz/Richardi* § 119 Rn. 21, die auf die willentliche Herbeiführung abstellen; **a. M.** *Krumm-Mauermann* Rechtsgüterschutz, S. 71 f., da dieser Aspekt nur das allgemeine Erfordernis einer vorsätzlichen Begehung umschreibe; zust. *Dannecker* FS *Gitter*, S. 167 [183]; *Esser* Begünstigung, S. 167; *Fitting* § 119 Rn. 10; *Fuchs/Hinderer* in: *Leitner/Rosenau* Wirtschafts- und Steuerstrafrecht, § 119 BetrVG Rn. 15; *Hess/HWGNRH* § 119 Rn. 44; *Joecks*/MK-StGB, § 119 BetrVG Rn. 36; *Joussen* in: *Bross* Arbeitsstrafrecht, Kap. 25 Rn. 41; *Kaiser*/LK § 119 Rn. 7, 38; *Latzel* wistra 2013, 334 [336 f.]; *Nagel* Arbeitnehmervertretung, S. 67 f., 86 f.; *Pasewaldt* ZIS 2007, 75 [80]; *Preis/WPK* § 119 Rn. 31; *Richardi/Annuß* § 119 Rn. 26; ebenso im Ergebnis [aber ohne Problemvertiefung] *OLG Düsseldorf* 27.03.2008 LAGE § 119 BetrVG 2001 Nr. 1; offen *Richter/GKR* Arbeitsstrafrecht, Kap. 2 Rn. 1099; zu dem insoweit anders formulierten [»wegen ihrer Tätigkeit«] Verbot in § 78 Satz 2 s. *Kreutz* § 78 Rdn. 61). Die Absicht (*dolus directus* 1. Grades) muss nur hinsichtlich der Begünstigung oder Benachteiligung vorliegen, bezüglich der übrigen Tatbestandsmerkmale (z. B. Organmitgliedschaft) genügt bedingter Vorsatz; der Deliktstatbestand weist daher eine »überschießende Innentendenz« auf.

55 Für die Ansicht von *Galperin/Löwisch*, auch im Rahmen von **§ 119 Abs. 1 Nr. 1** sei eine Behinderungs- oder Beeinflussungsabsicht erforderlich, da das Verhalten andernfalls nicht als strafwürdig angesehen werden könne (*Galperin/Löwisch* § 119 Rn. 11; ähnlich *Sax* Strafbestimmungen, S. 112 ff., der für ein strafrechtlich relevantes Verhalten eine »betriebsverfassungsfeindliche Absicht« fordert), fehlt eine ausreichende Grundlage im Gesetz (ebenfalls ablehnend *Krumm-Mauermann* Rechtsgüterschutz, S. 70 f.; *Pasewaldt* ZIS 2007, 75 [80]; *Preis/WPK* § 119 Rn. 16; *Sax* Strafbestimmungen, S. 112 ff.). Das gilt ebenfalls für **§ 119 Abs. 1 Nr. 2** (**a. M.** aber *Sax* Strafbestimmungen, S. 112 ff.).

V. Begehungsformen

Die Straftatbestände in § 119 Abs. 1 können nicht nur durch aktives Tun, sondern auch durch **Unter-** 56 **lassen** verwirklicht werden (*Brecht* § 119 Rn. 3, 4; *Hess/HWGNRH* § 119 Rn. 22; *Joecks*/MK-StGB § 119 BetrVG Rn. 37; *Kania*/ErfK § 119 BetrVG Rn. 1; *Krumm-Mauermann* Rechtsgüterschutz, S. 73 ff.; *Richardi/Annuß* § 119 Rn. 14, 20; *Roos* AiB 1999, 490 [492]; *Sax* Strafbestimmungen, S. 105 ff.; *Trümner/DKKW* § 119 Rn. 7, 14). Die Strafbarkeit wegen eines Unterlassens setzt jedoch grundsätzlich voraus, dass der Unterlassende Garant für die Abwendung des Erfolgs war (hierfür *Behrendt/Lilienthal* KSzW 2014, 277 [281]; *Joecks*/MK-StGB, § 119 BetrVG Rn. 37, er also einer hierauf bezogenen Rechtspflicht unterlag. Hierin liegt das eigentliche Problem, solange § 119 Abs. 1 ausschließlich die Qualität eines unechten Unterlassungsdelikts beigemessen wird (treffend *Sax* Strafbestimmungen, S. 106).

§ 119 Abs. 1 ist jedoch nicht generell ein unechtes Unterlassungsdelikt. Für die **Behinderungstat-** 57 **bestände** in § 119 Abs. 1 Nr. 1 und 2 wurde dargelegt, dass der Normzweck ein Eingreifen der Strafbestimmungen auch dann verlangt, wenn eine gesetzlich festgelegte Handlungspflicht nicht erfüllt wird. Sie sind deshalb zugleich **auch echte Unterlassungsdelikte** (s. Rdn. 27 und 39 sowie *Sax* Strafbestimmungen, S. 105 ff.) Bei diesen Tatbeständen ist eine Garantenstellung im strafrechtlichen Sinne nicht erforderlich, um wegen der Nichterfüllung gesetzlicher Pflichten eine Strafbarkeit zu begründen.

VI. Rechtswidrigkeit und Schuld

Wie im Bereich des Kernstrafrechts entfällt bei § 119 Abs. 1 die Rechtswidrigkeit, wenn sich der Täter 58 auf einen **Rechtfertigungsgrund** stützen kann (*LG Düsseldorf* 07.10.1958 BB 1959, 632 [633]; *Richter/GKR* Arbeitsstrafrecht, Kap. 2 Rn. 1100). Bei der Anwendung der allgemeinen strafrechtlichen Grundsätze kommt eine **rechtfertigende Einwilligung** jedoch nicht in Betracht (ebenso *Krumm-Mauermann* Rechtsgüterschutz, S. 79; *Pasewaldt* ZIS 2007, 75 [80]; *Preis/WPK* § 119 Rn. 5; *Richter/GKR* Arbeitsstrafrecht, Kap. 2 Rn. 1100), da es sich bei den von § 119 Abs. 1 geschützten Rechtsgütern nicht um Individualrechtsgüter handelt (s. Rdn. 13 f.). Sie sind deshalb einer Disposition des Einzelnen oder der in § 119 Abs. 1 genannten Betriebsverfassungsorgane entzogen. Das gilt nicht nur im Rahmen des § 119 Abs. 1 Nr. 1 und 2, sondern wegen der funktionalen Ausrichtung auf den Organschutz (s. Rdn. 13) auch für den Straftatbestand in § 119 Abs. 1 Nr. 3.

Die **Schuld** kann entfallen, wenn der Täter einem **unvermeidbaren Verbotsirrtum** unterlag (§ 17 59 StGB). Das kommt insbesondere in Betracht, wenn der Täter die normativen Tatbestandsmerkmale in § 119 Abs. 1 rechtlich fehlerhaft subsumierte (*Krumm-Mauermann* Rechtsgüterschutz, S. 80 f.; *Richter/GKR* Arbeitsstrafrecht, Kap. 2 Rn. 1101; *Rieble*/AR §§ 119–121 BetrVG Rn. 6; s. aber auch *Latzel* wistra 2013, 334 [338 f.]; *Meyer* BB 2016, 2421 [2422 f.]; *Rieble* ZfA 2003, 283 [314]; *Thul* in: *Müller-Gugenberger* Wirtschaftsstrafrecht, § 35 Rn. 4).

Zweifelhaft ist die Unvermeidbarkeit des Verbotsirrtums, wenn sich der Täter zuvor bei einer rechts- 60 kundigen Person (Rechtsanwalt, Justitiar eines Arbeitgeberverbandes oder Rechtssekretär einer Gewerkschaft) informiert hatte und infolgedessen von der Rechtmäßigkeit seines Verhaltens ausging. Im Regelfall entfällt der Vorwurf, dass der Verbotsirrtum vermeidbar war (*Kaiser*/LK § 119 Rn. 7; *Meyer* BB 2016, 2421 [2426]), zumindest dann, wenn sich der Täter bei einer unabhängigen rechtskundigen Person, also in der Regel einem Rechtsanwalt, informiert hatte (*BGH* 06.10.1988 NJW 1989, 409 [410]; 16.05.2017 NJW 2017, 2463 Rn. 24 ff.; *Richter/GKR* Arbeitsstrafrecht, Kap. 2 Rn. 1101). Eine Auskunft bei dem zuständigen Arbeitgeberverband erachtet das *AmtsG Detmold* (28.04.1978 BB 1979, 783; **a. M.** *Kaiser*/LK § 119 Rn. 7; *Stege/Weinspach/Schiefer* § 119 Rn. 8) wegen des durch die koalitionspolitische Ausrichtung vermittelten Eigeninteresses nicht als ausreichend (zust. *Richter/GKR* Arbeitsstrafrecht, Kap. 2 Rn. 1101; in diesem Sinne auch allgemein *Schönke/Schröder/Sternberg-Lieben/Schuster* StGB, § 17 Rn. 18; abweichend aber *Rudolphi*/SK-StGB, § 17 Rn. 40, der ausschließlich auf die Vertrauenswürdigkeit abstellt und diese auch bei Interessenvertretern als möglich ansieht; s. ferner *Joecks*/MK-StGB, § 17 Rn. 62).

VII. Täterschaft und Teilnahme

61 Der Straftatbestand in § 119 Abs. 1 grenzt den Kreis der möglichen Täter nicht ein. Täter kann daher jedermann sein, es handelt sich um ein **Allgemeindelikt**. Als Täter kommen nicht nur betriebsinterne (z. B. Arbeitnehmer und leitende Angestellte; *LG Braunschweig* 22.02.2008 – 6 KLs 20/07 – BeckRS 2009, 29834; *Joussen* in: *Bross* Arbeitsstrafrecht, Kap. 25 Rn. 25; *Richer/GKR* Arbeitsstrafrecht, Kap. 2 Rn. 1074), sondern **auch betriebsexterne Personen** (z. B. Verbandsvertreter) in Betracht (für die allgemeine Ansicht *Fitting* § 119 Rn. 1; *Galperin/Löwisch* § 119 Rn. 2; *Hess/HWGNRH* § 119 Rn. 4; *Joussen* in: *Bross* Arbeitsstrafrecht, Kap. 25 Rn. 25; *Kaiser/LK* § 119 Rn. 5; *Kania/*ErfK § 119 BetrVG Rn. 1; *Kudlich* FS *Stöckel*, S. 93 [110]; *Lunk/*NK-GA § 119 BetrVG Rn. 9; *Nagel* Arbeitnehmervertretung, S. 77; *Richardi/Annuß* § 119 Rn. 4; *Richter/GKR* Arbeitsstrafrecht, Kap. 2 Rn. 1074; *Stege/Weinspach/Schiefer* § 119 Rn. 2; *Trümner/DKKW* § 119 Rn. 6). Gegebenenfalls können auch Personen Täter sein, die keine Arbeitnehmer i. S. d. Betriebsverfassungsgesetzes sind (z. B. leitende Angestellte, Organmitglieder und Familienangehörige; s. *Fitting* § 119 Rn. 1; *Kania/* ErfK § 119 BetrVG Rn. 1; *Richter/GKR* Arbeitsstrafrecht, Kap. 2 Rn. 1074; *Trümner/DKKW* § 119 Rn. 6; *Wlotzke* § 119 Rn. 1).

62 Strafbar sind nach allgemeiner Ansicht (für diese *Galperin/Löwisch* § 119 Rn. 4; *Hess/HWGNRH* § 119 Rn. 8; *Joussen* in: *Bross* Arbeitsstrafrecht, Kap. 25 Rn. 25; *Kaiser/LK* § 119 Rn. 6; *Kania/*ErfK § 119 BetrVG Rn. 1; *Richardi/Annuß* § 119 Rn. 8; *Schlünder* Rechtsfolgen, S. 190; *Stege/Weinspach/Schiefer* § 119 Rn. 3; *Trümner/DKKW* § 119 Rn. 33) alle Formen der **Täterschaft** (Alleintäterschaft, mittelbare Täterschaft, Mittäterschaft, Nebentäterschaft) und der **Teilnahme** (Anstiftung [§ 26 StGB], Beihilfe [§ 27 StGB]), nicht jedoch die **versuchte Anstiftung**, da es sich bei § 119 Abs. 1 um ein Vergehen (s. Rdn. 65) handelt (s. § 30 Abs. 1 StGB). Bei der für § 119 Abs. 1 Nr. 3 erforderlichen Benachteiligungs- bzw. Begünstigungsabsicht (s. Rdn. 54) handelt es sich nicht um einen **persönlichen Umstand** i. S. d. § 28 StGB, da die Absicht ein tatbezogenes Unrechtsmerkmal ist (dazu allgemein *Hoyer/*SK-StGB, § 28 Rn. 15 ff.; *Schönke/Schröder/Heine/Weißer* StGB, § 28 Rn. 20).

63 Täter oder Teilnehmer der in § 119 Abs. 1 genannten Delikte kann auch der **Inhaber des Betriebs** oder eine von ihm beauftragte Person sein. Ist der Betriebsinhaber eine **juristische Person**, so kommen als Täter ihre gesetzlichen Vertreter in Betracht; entsprechendes gilt für **rechtsfähige Personengesellschaften**.

64 Täter oder Teilnehmer können ferner die **Mitglieder** der in § 119 Abs. 1 genannten **Betriebsverfassungsorgane** sein. Unbestritten ist dies indes nur, wenn sie die Tätigkeit eines **anderen Organs** stören (s. *Galperin/Löwisch* § 119 Rn. 3; *Kaiser/LK* § 119 Rn. 1; *Richardi/Annuß* § 119 Rn. 20; *Stege/Weinspach/Schiefer* § 119 Rn. 2). Gleiches gilt aber auch, wenn sie die Tätigkeit desjenigen Organs stören, dem sie selbst angehören (s. Rdn. 15). Die hiervon abweichende Ansicht, die ein von außen gegen das Organ gerichtetes Verhalten verlangt (so für § 119 Abs. 1 Nr. 2 *Fitting* § 119 Rn. 8; *Heise/HLS* § 119 Rn. 10; *Hess/HWGNRH* § 119 Rn. 32; *Kania/*ErfK § 119 BetrVG Rn. 3; *Preis/WPK* § 119 Rn. 23; *Richardi/Annuß* § 119 Rn. 20; *Roos* AiB 1999, 490 [492]; *Trümner/DKKW* § 119 Rn. 16; *Weiss/Weyand* § 119 Rn. 4; im Ergebnis auch *Sax* Strafbestimmungen, S. 186 f. sowie generell für alle Tatbestände *Galperin/Löwisch* § 119 Rn. 3; *Hess/HWGNRH* § 119 Rn. 5; *Stege/Weinspach/Schiefer* § 119 Rn. 2), vermag nicht zu überzeugen (ablehnend auch *BGH* 17.09.2009 BGHSt. 54, 148 Rn. 79 = NJW 2010, 92). Diese restriktive Interpretation findet im Gesetzeswortlaut keine Stütze. Der Schutzzweck der Norm liefert hierfür ebenfalls keine Anhaltspunkte (s. Rdn. 13 f.), da auch einzelne seiner Mitglieder die amtliche Tätigkeit des Organs behindern oder stören können (wie hier *BGH* 17.09.2009 BGHSt. 54, 148 Rn. 79 = NJW 2010, 92; *Dannecker* FS *Gitter*, S. 167 [171 ff.]; *Joecks/*MK-StGB, § 119 BetrVG Rn. 23; *Kaiser/LK* § 119 Rn. 5, 25; *Krumm-Mauermann* Rechtsgüterschutz, S. 58 f.; *Nagel* Arbeitnehmervertretung, S. 78 ff.; *Pasewaldt* ZIS 2007, 75 [79]; *Richter/GKR* Arbeitsstrafrecht, Kap. 2 Rn. 1074; *Rieble/Klebeck* NZA 2006, 758 [767]; *Steffan/*HaKo § 119 Rn. 3; zurückhaltend *Thul* in: *Müller-Gugenberger* Wirtschaftsstrafrecht, § 35 Rn. 26).

VIII. Vollendung

Bei den Straftatbeständen in § 119 Abs. 1 handelt es sich aufgrund der Strafandrohung um **Vergehen** 65
(§ 12 Abs. 2 StGB). Nach § 23 Abs. 1 StGB ist wegen einer fehlenden ausdrücklichen Anordnung des
Gesetzes der **Versuch nicht strafbar** (statt aller *Fitting* § 119 Rn. 10; *Hess/HWGNRH* § 119 Rn. 7;
Joussen in: *Bross* Arbeitsstrafrecht, Kap. 25 Rn. 26; *Kaiser/LK* § 119 Rn. 8; *Krumm-Mauermann*
Rechtsgüterschutz, S. 76 f.; *Lunk/NK-GA* § 119 BetrVG Rn. 10; *Richardi/Annuß* § 119 Rn. 7;
Sax Strafbestimmungen, S. 109; *Schlünder* Rechtsfolgen, S. 190; *Stege/Weinspach/Schiefer* § 119 Rn. 3;
Trittin/Wedde AiB 1997, 138 [144]; *Trümner/DKKW* § 119 Rn. 2; hierfür jedoch *de lege ferenda Nagel*
Arbeitnehmervertretung, S. 211 f.). Zur Vollendung der jeweiligen Tatbestände s. Rdn. 26 (Nr. 1 1.
Alt.), 17 (Nr. 1 2. Alt.), 20 (Nr. 2) und 25 (Nr. 3).

IX. Strafantragserfordernis

Die Straftatbestände in § 119 Abs. 1 sind durch Abs. 2 der Vorschrift als **Antragsdelikt** ausgestaltet; sie 66
werden deshalb nicht von Amts wegen *(ex officio)* verfolgt (*Fitting* § 119 Rn. 12; kritisch *Hohenstatt/
Dzida/HWK* § 119 BetrVG Rn. 5; *Rieble* in: *Rieble/Junker/Giesen* [Hrsg.], Arbeitsstrafrecht im Umbruch, 2009, S. 17 [33 f., Rn. 57]; für eine Streichung des Antragserfordernisses *de lege ferenda
Kaiser/LK* § 119 Rn. 48; dagegen *Nagel* Arbeitnehmervertretung, S. 207). Auch ein **besonderes
öffentliches Interesse** ist nicht in der Lage, einen fehlenden Strafantrag zu überwinden (*Thul* in: *Müller-Gugenberger* Wirtschaftsstrafrecht, § 35 Rn. 8). Für eine hierauf gestützte Strafverfolgung bedarf es
bei Antragsdelikten einer ausdrücklichen Anordnung durch den Gesetzgeber (s. z. B. §§ 205 Abs. 1
Satz 1, 248a, 303c StGB).

Den Kreis der Antragsberechtigten legt § 119 Abs. 1 abschließend fest (s. a. Rdn. 72 f.). Anders als 67
noch das Betriebsrätegesetz (§ 99 Abs. 5) kennt das Betriebsverfassungsgesetz kein behördliches Antragsrecht. Auch den Arbeitnehmern steht kein Antragsrecht zu (krit. *[de lege ferenda] Esser* Begünstigung, S. 175 f.; *Jacobs/Frieling* ZfA 2015, 241 [260]; *Rüthers* NJW 2007, 195 [197]; *Schweibert/Buse*
NZA 1080 [1085]).

Zu den antragsberechtigten **Betriebsräten** zählt auch der gemäß § 22 **kommissarisch amtierende** 68
Betriebsrat (*OLG Düsseldorf* 30.12.1954 AP Nr. 1 zu § 78 BetrVG Bl. 1 R [mit zust. Anm. *Dietz*];
Fitting § 119 Rn. 13; *Galperin/Löwisch* § 119 Rn. 24; *Trümner/DKKW* § 119 Rn. 23) sowie derjenige
Betriebsrat, der aufgrund eines **Übergangsmandats** nach § 21a für einen Betrieb zuständig ist
(ebenso *Hess/HWGNRH* § 119 Rn. 14; *Preis/WPK* § 119 Rn. 32). Entsprechendes gilt, wenn
sich der Betriebsrat aufgrund eines **Restmandats** (§ 21b) im Amt befindet (*Preis/WPK* § 119
Rn. 31).

Das Antragsrecht der im **Betrieb vertretenen Gewerkschaft** war im BetrVG 1952 nicht enthalten, 69
dessen Aufnahme in das BetrVG 1972 soll einen wirksameren Schutz der Betriebsverfassungsorgane
sicherstellen (*Reg. Begr.* BT-Drucks. VI/1786, S. 58; *Dannecker* FS Gitter, S. 167 [184]; *Fitting* § 119
Rn. 13). Ob eine Gewerkschaft im Betrieb vertreten ist, beurteilt sich nach den allgemeinen Maßstäben (dazu *Franzen* § 2 Rdn. 39 ff.); zudem muss die Organisationseinheit der Gewerkschaft, die den
Strafantrag stellt, nach der Satzung vertretungsberechtigt sein (*BayObLG* 29.07.1980 AP Nr. 1 zu
§ 119 BetrVG 1972 Bl. 2 sowie allgemein *RG* 28.03.1916 GA Bd. 63, 116; *Schmid/LK-StGB*, § 77
Rn. 41). Andernfalls fehlt es an einem rechtswirksamen Strafantrag und damit an einer Prozessvoraussetzung.

Wie nach § 78 Abs. 5 Satz 1 BetrVG 1952 steht das Antragsrecht auch dem **Unternehmer** zu. Hierbei 70
handelt es sich um den Inhaber des Betriebs, so dass der Unternehmer zumeist mit dem Arbeitgeber
identisch ist. Zur Vertretung des Unternehmers bei der Stellung des Strafantrags s. Rdn. 76 f. Die Einbeziehung des Unternehmers in den Kreis der Antragsberechtigten beruht nicht auf seiner Eigenschaft
als Verletzter (s. Rdn. 74), sondern rechtfertigt sich in seinem Interesse an einer funktionierenden und
gesetzeskonformen betriebsverfassungsrechtlichen Ordnung (s. a. *BGH* 17.09.2009 BGHSt. 54, 148
Rn. 73 = NJW 2010, 92).

71 Das mit dem BetrVerf-ReformG (s. Rdn. 3) aufgenommene Strafantragsrecht zugunsten der **in § 3 Abs. 1 genannten Arbeitnehmervertretungen** ist mit den in § 119 Abs. 1 Nr. 1 bezeichneten Vertretungen der Arbeitnehmer auf kollektivvertraglicher Grundlage deckungsgleich. Bei den in **§ 3 Abs. 1 Nr. 4** angesprochenen Gremien, die bei alleiniger Betrachtung des Wortlauts von § 119 Abs. 2 ebenfalls einbezogen sind, handelt es sich jedoch nicht um Arbeitnehmervertretungen, sondern um zusätzliche Einrichtungen. Deshalb steht ihnen kein Strafantragsrecht zu (s. Rdn. 20; **a. M.** *Esser* Begünstigung, S. 174; *Richardi/Annuß* § 119 Rn. 30).

72 Die in § 119 Abs. 2 aufgezählten Betriebsverfassungsorgane sind nicht in allen Fällen mit den von § 119 Abs. 1 geschützten Betriebsverfassungsorganen deckungsgleich. Die Berechtigung zur Stellung eines Strafantrags fehlt nicht nur der Jugend- und Auszubildendenvertretung, sondern ebenso z. B. der Einigungsstelle und dem Wirtschaftsausschuss (*Galperin/Löwisch* § 119 Rn. 24). Auch den in § 119 Abs. 1 Nr. 3 genannten **Organmitgliedern** sowie der Auskunftsperson i. S. d. § 80 Abs. 2 Satz 4 steht kein Antragsrecht zu (*LAG Hamburg* 13.10.1954 BB 1954, 995; *Cosack* Untreue, Rn. 81; *Dannecker* FS *Gitter*, S. 167 [184]; *Galperin/Löwisch* § 119 Rn. 24; *Joussen* in: Bross Arbeitsstrafrecht, Kap. 25 Rn. 45; für eine Ausdehnung *de lege ferenda Cosack* Untreue, Rn. 501 ff.; *Esser* Begünstigung, S. 227 f.; *Krumm-Mauermann* Rechtsgüterschutz, S. 103 f.).

73 Die Antragsberechtigung der in Rdn. 72 genannten Organe und Personen kann nicht über eine entsprechende Anwendung des § 119 Abs. 2 begründet werden (*Polzer/Helm* AiB 2000, 133 [138]; *Preis/WPK* § 119 Rn. 32; *Richter/GKR* Arbeitsstrafrecht, Kap. 2 Rn. 1102; **a. M.** wohl *Kische* in: *Ignor/Mosbacher* Arbeitsstrafrecht, § 11 Rn. 43). Zwar ist im Strafverfahrensrecht eine Analogie nicht grundsätzlich ausgeschlossen (s. *BVerfG* 14.06.2007 BVerfGE 118, 212 [243] = NJW 2007, 2977), das Antragserfordernis ist aber ungeachtet seiner präzisen strafrechtsdogmatischen Fundierung (statt aller *Wolter/*SK-StGB, vor § 77 Rn. 10 ff.; *Schmid/*LK-StGB, vor §§ 77 ff. Rn. 7, jeweils m. w. N.) wertungsmäßig mit strafbegründenden Tatbestandsmerkmalen vergleichbar (zustimmend *Richter/GKR* Arbeitsstrafrecht, Kap. 2 Rn. 1102), da eine Bestrafung ohne Strafantrag wegen des Fehlens einer Prozessvoraussetzung nicht möglich ist (mit dieser Konsequenz *BGH* 17.09.2009 BGHSt. 54, 148 Rn. 68 = NJW 2010, 92 sowie allgemein *Schönke/Schröder/Sternberg-Lieben/Bosch* StGB, § 77 Rn. 6–8). Aus diesem Grunde steht das strafrechtliche Analogieverbot einer entsprechenden Anwendung von § 119 Abs. 2 zugunsten solcher Organe und Personen entgegen, die in dieser Norm nicht aufgezählt sind. Darüber hinaus zeigt ein Vergleich mit der früheren Regelung in § 78 Abs. 5 Satz 1 BetrVG 1952, dass die Aufzählung in § 119 Abs. 2 abschließenden Charakter besitzt, so dass eine lückenschließende Rechtsfortbildung auch im Widerspruch zu dem erkennbaren Willen des Gesetzgebers stünde und damit die einer Rechtsfortbildung gezogenen methodologischen und verfassungsrechtlichen Grenzen überschritte.

74 Die Berechtigung zur Stellung eines Strafantrags hängt – *per argumentum e contrario* aus § 120 Abs. 5 Satz 1 – nicht davon ab, ob der **Antragsteller zugleich Verletzter** ist (zust. *Esser* Begünstigung, S. 176 f.; *Preis/WPK* § 119 Rn. 32; **a. M.** *Kaiser/LK* § 119 Rn. 47). So kann z. B. auch der Unternehmer einen Strafantrag stellen, wenn sich die strafbare Handlung eines anderen gegen ein Betriebsverfassungsorgan richtet (*Galperin/Löwisch* § 119 Rn. 25; **a. M.** *Reich* § 119 Rn. 6) oder von eigenen Mitarbeitern im fehlverstandenen Unternehmensinteresse begangen wurde (s. a. *BGH* 17.09.2009 BGHSt. 54, 148 Rn. 73 = NJW 2010, 92). Das gilt entsprechend für den Wahlvorstand, dessen Antragsberechtigung mit Beendigung seines Amts (dazu *Kreutz* § 16 Rdn. 90) aber entfällt (enger jedoch *Dietz* § 78 Rn. 44, der das Antragsrecht auf solche Fälle beschränkt, die mit der Wahl des Betriebsrats zusammenhängen).

75 Soweit dem **Betriebsrat** oder anderen Arbeitnehmerorganen ein Antragsrecht zusteht, setzt ein rechtswirksamer Strafantrag eine vorherige (ordnungsgemäße) **Beschlussfassung des Organs** voraus (*OLG Düsseldorf* 30.12.1954 AP Nr. 1 zu § 78 BetrVG [mit zust. Anm. *Dietz*]; *Fitting* § 119 Rn. 13; *Galperin/Löwisch* § 119 Rn. 24; *Kaiser/LK* § 119 Rn. 47; *Kania/*ErfK § 119 BetrVG Rn. 5; *Lunk/*NK-GA § 119 BetrVG Rn. 11; *Preis/WPK* § 119 Rn. 33; *Richardi/Annuß* § 119 Rn. 31; *Richter/GKR* Arbeitsstrafrecht, Kap. 2 Rn. 1103; *Rieble* ZfA 2003, 283 [315]; *Roos* AiB 1999, 490 [491]; *Stang* HBV-Gruppe 7, S. 69 [75]; *Trümner/DKKW* § 119 Rn. 23). In formeller Hinsicht muss die Absicht eines Strafantrags in der **Tagesordnung** genannt sein (ebenso *Stang* HBV-Gruppe 7, S. 69 [75]; *Richter/GKR* Arbeitsstrafrecht, Kap. 2 Rn. 1103; *Trümner/DKKW* § 119 Rn. 23 sowie allgemein

Raab § 33 Rdn. 53); eine **Protokollierung** ist hingegen nicht zwingend erforderlich (zust. *Richter/ GKR* Arbeitsstrafrecht, Kap. 2 Rn. 1103; **a. M.** *OLG Düsseldorf* 30.12.1954 AP Nr. 1 zu § 78 BetrVG Bl. 2 [mit insoweit abl. Anm. *Dietz*]), da diese keine Wirksamkeitsvoraussetzung für eine ordnungsgemäße Beschlussfassung ist (*Raab* § 34 Rdn. 10, m. w. N.). Diese Grundsätze gelten entsprechend für den **Wahlvorstand**, da er mindestens aus drei Mitgliedern besteht (s. *Kreutz* § 16 Rdn. 37). Zur Stellung des Strafantrags wird stets der Vorsitzende des Organs als dessen Vertreter (in der Erklärung) tätig (für den Betriebsrat § 26 Abs. 2 Satz 1 sowie bereits *BayObLG* 22.02.1926 NZfA 1927, 314). Zu der Frage, ob der Arbeitgeber nach § 40 Abs. 1 die **Kosten** für die Hinzuziehung eines **Rechtsanwalts** bei der Stellung des Strafantrags tragen muss, s. *LAG Düsseldorf* 12.08.1993 NZA 1994, 1052 (LS); zust. dazu *Kaiser/LK* § 119 Rn. 49.

Die Grundsätze in Rdn. 75 gelten bei einer **juristischen Person** als **Unternehmer** entsprechend; **76** antragsberechtigt ist der gesetzliche Vertreter. Bei einer Vertretung durch ein mehrgliedriges Organ ist ein Beschluss des Gesamtorgans notwendig, das nach außen regelmäßig durch den Vorsitzenden vertreten wird (*RG* 28.03.1916 GA Bd. 63, 116). Bei **rechtsfähigen Personengesellschaften** ist auf die aus Gesellschaftsvertrag, Satzung oder Gesetz zu entnehmende Vertretungsberechtigung abzustellen (so bereits zu § 78 BetrVG 1952 *Dietz* § 78 Rn. 45).

Unabhängig davon, dass bei § 119 Abs. 1 keine vermögenswerten Rechtspositionen verletzt sind, ist **77** eine **Vertretung in der Erklärung** unproblematisch (*Richardi/Annuß* § 119 Rn. 31; allgemein statt aller *Schmid/LK-StGB*, § 77 Rn. 52, m. w. N.). Zweifelhaft ist indes, ob die höchstpersönliche Natur des Strafantragsrechts einer **Vertretung im Willen** entgegensteht. Da die Strafbarkeit nach § 119 Abs. 1 keine vermögenswerten Rechtspositionen betrifft (s. Rdn. 13 f.), schließt eine verbreitete Auffassung eine insbesondere rechtsgeschäftlich fundierte Vertretung im Willen aus (so *Richardi/Annuß* § 119 Rn. 31; *Rieble* ZfA 2003, 283 [315 f.]; **a. M.** wohl *BayObLG* 29.07.1980 AP Nr. 1 zu § 119 BetrVG 1972 Bl. 2, das eine Vollmacht zur Antragstellung für zulässig erachtet; in dieser Richtung auch *OLG Stuttgart* 09.09.1988 NStZ 1989, 31 [31]), so dass ein auf dieser Grundlage gestellter Strafantrag nicht rechtswirksam ist. Auch eine **(Prozess-)Vollmacht** ermöglicht nach dieser Auffassung nicht die Stellung eines rechtswirksamen Strafantrags; eine **nachträgliche Genehmigung** i. S. d. Stellvertretungsrechts ist zumindest nach Ablauf der Strafantragsfrist ausgeschlossen (s. *BayObLG* 29.07.1980 AP Nr. 1 zu § 119 BetrVG 1972 Bl. 2; *Kaiser/LK* § 119 Rn. 47; *Rieble* ZfA 2003, 283 [316] sowie allgemein *Schmid*/LK-StGB, § 77 Rn. 54).

Selbst wenn entgegen der Auffassung in Rdn. 77 für die Stellung des Strafantrags eine **Vertretung im 78 Willen** als zulässig erachtet wird (s. dazu allgemein *Schmid/LK-StGB*, § 77 Rn. 52, m. w. N.), darf eine rechtsgeschäftliche Vertretungsmacht nicht den durch § 119 Abs. 1 geschützten Interessen und Rechtsgütern widersprechen. Zudem muss die jeweilige **Vertretungsmacht** die Stellung eines Strafantrags umfassen. Relevant ist dies insbesondere für den **Strafantrag des Unternehmers**, wenn der Vertreter seine Vertretungsmacht auf eine **Prokura** (§ 48 HGB) oder **Handlungsvollmacht** (§ 54 HGB) stützt. Insoweit zählt die Stellung eines Strafantrags nicht zu den Geschäften, die der Betrieb eines Handelsgewerbes »gewöhnlich« mit sich bringt (§ 54 Abs. 1 HGB). Diese inhaltliche Schranke besteht zwar nicht bei der Prokura, die Wahrung der betriebsverfassungsrechtlichen Ordnung (s. Rdn. 13 f.) überschreitet gleichwohl den durch den »Betrieb des Handelsgewerbes« gezogenen Rahmen, so dass ein für den Unternehmer gestellter Strafantrag nicht von der Vertretungsmacht des Prokuristen umfasst ist (*BGH* 17.09.2009 BGHSt. 54, 148 Rn. 73 = NJW 2010, 92; **a. M.** noch die Vorinstanz *LG Braunschweig* 22.02.2008 – 6 KLs 20/07 – BeckRS 2009, 29834).

Die **Frist** zur Stellung des Strafantrags beträgt **drei Monate** (§ 77b Abs. 1 Satz 1 StGB). Sie beginnt **79** mit Ablauf des Tages, an dem der Antragsberechtigte von der Handlung und der Person des Täters **Kenntnis** erlangt (§ 77b Abs. 2 StGB; s. a. *LG Hamburg* 29.04.1954 SAE 1955, 25). Diese erfordert das Wissen von Tatsachen, die vom Standpunkt eines vernünftigen Menschen aus den Schluss auf die wesentlichen Tatumstände und den Täter zulassen (*Fitting* § 119 Rn. 16; *Joussen* in: Bross Arbeitsstrafrecht, Kap. 25 Rn. 45 sowie allgemein *RG* 02.05.1924 RGSt. 58, 203 [204]; *Fischer* StGB, § 77b Rn. 4 f., m. w. N.). Bloße Vermutungen oder ein Verdacht genügen nicht (*RG* 12.08.1941 RGSt. 75, 298 [300]). Bei Kollegialorganen, also insbesondere dem Betriebsrat, kommt es grundsätzlich auf die **Kenntnis des Vorsitzenden** an (*Galperin/Löwisch* § 119 Rn. 27; *Hess/HWGNR* § 119 Rn. 14; *Lunk*/NK-GA § 119 BetrVG Rn. 11; *Preis/WPK* § 119 Rn. 34; *Richardi/Annuß* § 119 Rn. 32;

Stege/Weinspach/Schiefer § 119 Rn. 5; *Trümner/DKKW* § 119 Rn. 25; **a. M.** *Nagel* Arbeitnehmervertretung, S. 96 ff.; *Weiss/Weyand* § 119 Rn. 7, die auf die Kenntnis des Gesamtgremiums abstellen; allgemein *RG* 28.03.1916 GA Bd. 63, 116). Für den Betriebsrat lässt sich dieses Resultat auf eine entsprechende Anwendung des § 26 Abs. 2 Satz 2 stützen. Diese Grundsätze gelten entsprechend, wenn der Unternehmer eine juristische Person ist; auf die Kenntnis des Gesamtorgans ist nur bei einer Gesamtvertretung abzustellen (zust. *Nagel* Arbeitnehmervertretung, S. 98 f.).

80 Für das **Ende der Frist** gilt § 77b Abs. 1 Satz 2 StGB, der § 193 BGB nachgebildet ist. Die Einhaltung der Antragsfrist ist für jeden Strafantrag gesondert zu prüfen (§ 77b Abs. 3 StGB), was vor allem zu beachten ist, wenn von mehreren Anträgen nur einer fristgerecht gestellt wurde und dieser später zurückgenommen wird.

81 Die **Zurücknahme** des Strafantrags ist möglich, allerdings nur bis zum **rechtskräftigen** Abschluss des Strafverfahrens (§ 77d Abs. 1 StGB); ein bereits eingeleitetes Strafverfahren ist einzustellen (§§ 206a, 260 Abs. 3 StPO), die Kosten des Verfahrens trägt regelmäßig der Antragsteller (§ 470 StPO). Rücknahmeberechtigt ist der Antragsteller; war dies der Betriebsrat, so ist ein entsprechender Beschluss erforderlich (s. Rdn. 75). Ein zurückgenommener Strafantrag kann nicht nochmals gestellt werden (§ 77d Abs. 1 Satz 3 StGB).

82 **Entfällt** die **Antragsberechtigung** nach frist- und formgerechter Stellung des Strafantrags, so wirkt sich dies auf den Fortgang des Strafverfahrens nicht aus (*RG* 12.03.1936 RGSt. 70, 140 [141]; *Wolter/SK-StGB*, § 77 Rn. 27). Dieses ist deshalb auch dann fortzuführen, wenn z. B. die Zahl der Arbeitnehmer die Mindestzahl (§ 1) unterschreitet, die Gewerkschaft nicht mehr im Betrieb vertreten ist oder das Amt des Wahlvorstands endet. Ausreichend ist stets die Antragsberechtigung im Zeitpunkt der Tat (*RG* 12.03.1936 RGSt. 70, 140 [141]).

83 Die Stellung eines Strafantrags wegen einer nach § 119 Abs. 1 begangenen Straftat ist nach h. M. regelmäßig weder ein Grund zur **fristlosen Entlassung des Arbeitnehmers**, der den Strafantrag gestellt hat, noch ein Anlass zur Einleitung eines **Verfahrens nach § 23 Abs. 1** (*LAG Baden-Württemberg* 25.10.1957 AP Nr. 2 zu § 78 BetrVG Bl. 1; *Fitting* § 119 Rn. 14; *Galperin/Löwisch* § 119 Rn. 28; *Hess/HWGNRH* § 119 Rn. 17; *Polzer/Helm* AiB 2000, 133 [139]; *Richardi/Annuß* § 119 Rn. 35; *Roos* AiB 1999, 490 [491]; *Schlünder* Rechtsfolgen, S. 198; *Stege/Weinspach/Schiefer* § 119 Rn. 7; *Trümner/DKKW* § 119 Rn. 32). Etwas anderes soll nur bei einem **rechtsmissbräuchlichen Handeln** des Antragstellers gelten (*LAG Baden-Württemberg* 25.10.1957 AP Nr. 2 zu § 78 BetrVG Bl. 1 R; *Fitting* § 119 Rn. 14; *Galperin/Löwisch* § 119 Rn. 28; *Hess/HWGNRH* § 119 Rn. 17; *Hohenstatt/Dzida/HWK* § 119 BetrVG Rn. 6; *Preis/WPK* § 119 Rn. 35; *Richardi/Annuß* § 119 Rn. 35; *Steffan/HaKo* § 119 Rn. 5; *Stege/Weinspach/Schiefer* § 119 Rn. 6; *Trümner/DKKW* § 119 Rn. 32).

84 Hinsichtlich der Stellung eines Strafantrags ist der h. M. beizupflichten. Zweifelhaft ist diese jedoch wegen der Gleichsetzung von Strafantrag und Strafanzeige. Selbst wenn diese häufig in einem Akt zusammenfallen, bleibt fraglich, ob die Strafanzeige mit Ausnahme des Rechtsmissbrauchs weder für das Amt noch für das Arbeitsverhältnis Konsequenzen entfaltet. Der Grundsatz der vertrauensvollen Zusammenarbeit (§ 2 Abs. 1) dürfte es zumindest gebieten, dass der Betriebsrat eine gütliche Beilegung versucht, bevor er mit einer Anzeige das Strafverfahren einleitet (ähnlich *Bychelberg* DB 1959, 1112 ff., der seine auf den Ultima-ratio-Gedanken gestützte Einschränkung auf die Strafanzeige beschränkt).

X. Strafverfahren

85 Die **Einleitung** des Strafverfahrens erfolgt durch **Anzeige** oder Stellung des **Strafantrags** bei der Staatsanwaltschaft, den Behörden und Beamten des Polizeidienstes oder den Amtsgerichten (§ 158 Abs. 1 StPO). Der Strafantrag ist schriftlich zu stellen oder zu Protokoll zu erklären (§ 158 Abs. 2 StPO). Die Anzeige können auch Organe bzw. Personen anbringen, denen nach § 119 Abs. 2 kein Antragsrecht zusteht. Für die Strafverfolgung ist weder ein öffentliches noch ein besonderes öffentliches Interesse erforderlich.

86 Ergeben die Ermittlungen keinen hinreichenden Tatverdacht oder fehlt der nach § 119 Abs. 2 erforderliche Strafantrag, ist das Strafverfahren gemäß § 170 Abs. 2 Satz 1 StPO **einzustellen**. Hierzu be-

rechtigen auch die §§ 153, 153a StPO. Von der Einstellung ist der Beschuldigte in Kenntnis zu setzen, wenn er als solcher vernommen wurde (§ 170 Abs. 2 Satz 2 StPO). Ferner erhält derjenige, der die Straftat angezeigt hat – unabhängig von seiner Antragsberechtigung – einen Einstellungsbescheid (§ 171 Satz 1 StPO). Mit einer Rechtsbelehrung ist dieser nur zu versehen, wenn der Anzeigende bzw. Antragsteller zugleich Verletzter (hierzu s. Rdn. 87) und deshalb zur **Einleitung eines Klageerzwingungsverfahrens** berechtigt ist; sie entfällt bei einer Einstellung des Verfahrens gemäß den §§ 153, 153a StPO (s. § 172 Abs. 2 Satz 3 StPO). Das Fehlen eines Strafantrags berührt nicht die Statthaftigkeit eines Klageerzwingungsverfahrens (*Löwe/Rosenberg/Graalmann-Scheerer* StPO, § 172 Rn. 47).

Die **Verletzteneigenschaft** ist nicht zwingend mit dem in § 119 Abs. 2 genannten Kreis der Antrags- **87** berechtigten identisch. Verletzte können auch die nicht in § 119 Abs. 2, wohl aber in § 119 Abs. 1 genannten Organe und Personen sein. Denkbar ist dies z. B. für die Jugend- und Auszubildendenvertretung und den Wirtschaftsausschuss. Umgekehrt folgt aus der Antragsberechtigung nicht zugleich die Verletzteneigenschaft. Diese entfällt stets bei dem **Unternehmer** sowie bei der **im Betrieb vertretenen Gewerkschaft**. Diese ist somit nicht zur Einleitung eines Klageerzwingungsverfahrens berechtigt (*Kaiser*/LK § 119 Rn. 49; *Rieble* ZfA 2003 283 [316]; im Grundsatz auch *Richardi/Annuß* § 119 Rn. 36, der eine Ausnahme jedoch dann befürwortet, wenn die im Betrieb vertretene Gewerkschaft einen eigenen Wahlvorschlag eingereicht hat; **a. M.** *Fitting* § 119 Rn. 15 [anders bis zur 18. Aufl.]; *Joussen* in: *Bross* Arbeitsstrafrecht, Kap. 25 Rn. 46; *Krumm-Mauermann* Rechtsgüterschutz, S. 85 f.; *Stang* HBV-Gruppe 7, S. 69 [76]; *Trümner/DKKW* § 119 Rn. 28 ff.). Ihr fehlt die Verletzteneigenschaft, weil § 119 keine eigenen rechtlichen Interessen der im Betrieb vertretenen Gewerkschaft schützt (allgemein zuletzt *OLG Stuttgart* 04.12.2000 NJW 2001, 840 [840]; ferner *Löwe/Rosenberg/Graalmann-Scheerer* StPO, § 172 Rn. 61 f.). Für den **Betriebsrat** ist die Verletzteneigenschaft zumindest dann zu bejahen, wenn die von § 119 Abs. 1 inkriminierten Handlungen oder Unterlassungen in seine Rechte eingreifen (*OLG Stuttgart* 09.09.1988 NStZ 1989, 31 [31]; *Löwe/Rosenberg/Graalmann-Scheerer* StPO, § 172 Rn. 62 sowie inzidenter bereits *OLG Düsseldorf* 30.12.1954 AP Nr. 1 zu § 78 BetrVG).

Gegen einen Bescheid der Staatsanwaltschaft, der die Anklageerhebung ablehnt, kann **Antrag auf ge-** **88** **richtliche Entscheidung** erhoben werden (§ 172 Abs. 2 StPO). Aus der Antragsschrift (§ 172 Abs. 3 Satz 1 StPO) muss sich ergeben, dass form- und fristgerecht Strafantrag gestellt wurde (*OLG Düsseldorf* 03.09.1982 JMBlNW 1983, 30; *Löwe/Rosenberg/Graalmann-Scheerer* StPO, § 172 Rn. 151, m. w. N.). Fehlt dieser, dann ist der Antrag durch Beschluss zu verwerfen (*Löwe/Rosenberg/Graalmann-Scheerer* StPO, § 172 Rn. 157, m. w. N.), der dem Antragsteller formlos mitzuteilen ist (§ 35 Abs. 2 Satz 2 StPO; s. *Löwe/Rosenberg/Graalmann-Scheerer* StPO, § 174 Rn. 4, m. w. N.). Ein Strafklageverbrauch (§ 174 Abs. 2 StPO) tritt hierdurch nicht ein (*Löwe/Rosenberg/Graalmann-Scheerer* StPO, § 174 Rn. 3).

Wird das **Hauptverfahren eröffnet**, so gelten die allgemeinen strafverfahrensrechtlichen Vorschrif- **89** ten; eine **Nebenklage** der von § 119 Abs. 1 geschützten Personen und Organe ist nicht statthaft, da § 395 StPO die Strafbestimmung des § 119 nicht nennt. Die in den **§§ 406d ff. StPO** aufgezählten Rechte des Verletzten dürften indes auch den in § 119 Abs. 1 genannten Personen und Organen zustehen und zwar selbst dann, wenn das Gesetz ihnen kein Strafantragsrecht zubilligt (s. Rdn. 87).

Die **Strafverfolgung verjährt** gemäß § 78 Abs. 3 Nr. 5 StGB **drei Jahre** nach Beendigung der Tat **90** (*Fitting* § 119 Rn. 18; *Galperin/Löwisch* § 119 Rn. 29; *Hess/HWGNRH* § 119 Rn. 13; *Kania*/ErfK § 119 BetrVG Rn. 5; *Lunk*/NK-GA § 119 BetrVG Rn. 11; *Richardi/Annuß* § 119 Rn. 37; *Stege/Weinspach/Schiefer* § 119 Rn. 5; *Trümner/DKKW* § 119 Rn. 26; **a. M.** *Hanau/Kania*/ErfK [bis zur 4. Aufl.] § 119 BetrVG Rn. 5; *Weiss/Weyand* § 119 Rn. 6, die zu Unrecht unter Berufung auf § 67 Abs. 2 und 4 StGB von fünf Jahren ausgehen, hierbei jedoch die bereits am 01.01.1975 [!] in Kraft getretene Gesetzesänderung übersehen). Die Verhängung eines **Ordnungsgelds** oder eines **Zwangsgelds** nach § 23 Abs. 3 (bzw. §§ 101, 104) führt nicht zu einem Verfahrenshindernis i. S. d. Art. 103 Abs. 3 GG (ebenso *Galperin/Löwisch* § 119 Rn. 17).

XI. Strafrahmen

91 Die Verstöße gegen die in § 119 Abs. 1 Nr. 1 bis 3 aufgezählten Tatbestände werden bedroht:
- mit **Freiheitsstrafe** von einem Monat bis zu einem Jahr (§ 38 Abs. 2 StGB, § 119 Abs. 1), sie kann zur Bewährung ausgesetzt werden (§ 56 Abs. 1 StGB; exemplarisch *AmtsG Hamburg-Harburg* 18.12.1989 AiB 1990, 212 [218]). Die Strafe wird nach vollen Wochen und Monaten bemessen (§ 39 StGB). Freiheitsstrafe unter sechs Monaten ist allerdings nur ausnahmsweise zu verhängen (s. § 47 Abs. 1 StGB); oder
- mit **Geldstrafe**. Sie wird in Tagessätzen verhängt. Deren Zahl (5 bis 360) bemisst sich nach der Schuld; ihre Höhe (1 bis 30 000 Euro) nach den persönlichen und wirtschaftlichen Verhältnissen des Täters, in der Regel nach seinem Nettoeinkommen (§ 40 Abs. 2 Satz 1 und 2 StGB).

92 Hat der Täter sich durch die Tat bereichert oder zu bereichern versucht, kann neben der Freiheitsstrafe eine Geldstrafe verhängt werden, obwohl § 119 diese nur wahlweise androht (§ 41 StGB; *Richardi/Annuß* § 119 Rn. 9).

93 Bei der **Strafzumessung** ist § 46 StGB zu beachten. Auszugehen ist von der Schuld des Täters. Das Gericht hat die Umstände, die für und gegen den Täter sprechen, gegeneinander abzuwägen und dabei u. a. seine Beweggründe und Ziele, das Maß der Pflichtwidrigkeit und die Auswirkungen der Tat zu berücksichtigen.

XII. Konkurrenzen

94 Zwischen § 119 Abs. 1 Nr. 2 und Nr. 1 kann eine **Idealkonkurrenz** bestehen (*Galperin/Löwisch* § 119 Rn. 16; *Richter/GKR* Arbeitsstrafrecht, Kap. 2 Rn. 1111). Dies gilt ebenfalls für § 119 Abs. 1 Nr. 2 und Nr. 3 (zust. *Richter/GKR* Arbeitsstrafrecht, Kap. 2 Rn. 1111), da in dem Verstoß gegen das Benachteiligungsverbot (Nr. 3) regelmäßig auch eine Verletzung des Behinderungs- und Störungsverbots (Nr. 2) liegt (zu § 78 s. *Kreutz* § 78 Rdn. 30). Wegen der unterschiedlichen Verletzten und den hieraus folgenden verschiedenen Schutzzwecken ist die Annahme einer Gesetzeskonkurrenz in diesem Fall ausgeschlossen (ebenso *Krumm-Mauermann* Rechtsgüterschutz, S. 90 f.).

95 Die Vorschriften des **StGB zum Schutz der Wahl** (§§ 107 ff. StGB) sind – entsprechend der einhelligen Ansicht (*Fitting* § 119 Rn. 6; *Galperin/Löwisch* § 119 Rn. 12; *Hess/HWGNRH* § 119 Rn. 31; *Richardi/Annuß* § 119 Rn. 18; *Richter/GKR* Arbeitsstrafrecht, Kap. 2 Rn. 1112; *Schnorr von Carolsfeld* RdA 1962, 400 [402]) und im Unterschied zu der Rechtslage bis zum Inkrafttreten des 3. Strafrechtsänderungsgesetzes vom 04.08.1953 (BGBl. I, S. 735) – nicht anwendbar, da diese nur für die allgemeinen Wahlen zur Volksvertretung und für sonstige Wahlen in Bund, Ländern und Gemeinden gelten (§ 108d StGB).

96 Denkbar ist **Tateinheit mit anderen Straftatbeständen** wie z. B. den §§ 123, 185 ff., 239, 241, 242, 249, 253, 303 StGB (s. schon *Schnorr von Carolsfeld* RdA 1962, 400 [402 Fn. 31]). Das gilt auch für § 240 StGB (ebenso *Kaiser/LK* § 119 Rn. 50; *Krumm-Mauermann* Rechtsgüterschutz, S. 91 f.). Hinzu tritt bei einer Verletzung des Begünstigungsverbots durch Organmitglieder oder Arbeitnehmer des Unternehmens eine Strafbarkeit nach **§ 266 StGB** wegen Untreue (s. zum Fall »VW«: *BGH* 17.09.2009 BGHSt. 54, 148 ff. = NJW 2010, 92; zum Fall »Siemens«: *BGH* 13.09.2010 BGHSt. 55, 288 ff. = EzA § 20 BetrVG 2001 Nr. 3 = NJW 2011, 88; ausführlich *Nagel* Arbeitnehmervertretung, S. 110 ff.; ferner auch *Jacobs/Frieling* ZfA 2015, 241 [260 f.]; *Richter/GKR* Arbeitsstrafrecht, Kap. 2 Rn. 1113). Selbst wenn sich die vorgenannten Straftatbestände im Einzelfall mit einer Strafbarkeit nach § 119 Abs. 1 BetrVG decken, verbietet sich die Annahme einer Gesetzeskonkurrenz wegen der unterschiedlichen Schutzzwecke bzw. verletzten Rechtsgüter (Klarstellungsfunktion der Idealkonkurrenz). Bei der Strafzumessung nach den vorgenannten Strafbestimmungen kann eine Strafbarkeit nach § 119 Abs. 1 selbst dann strafschärfend berücksichtigt werden, wenn diese wegen eines fehlenden Strafantrags für die Verurteilung des Täters nicht herangezogen wird (*BGH* 17.09.2009 BGHSt. 44, 148 Rn. 78 = NJW 2010, 92). Eine Strafbarkeit nach **§ 299 StGB** wegen Bestechung bzw. Bestechlichkeit scheitert regelmäßig daran, dass die Gegenleistung nicht im »geschäftlichen Ver-

kehr« gefordert oder erbracht wird (*Kaiser/LK* § 119 Rn. 52; *Kraatz* wistra 2011 447 [448]; *Rieble* CCZ 2008, 121 [122 f.]).

Ist die von § 119 Abs. 1 inkriminierte Handlung bei einem Unternehmen mit Geldaufwendungen 97 verbunden, so unterliegen diese dem steuerrechtlichen Abzugsverbot (s. § 4 Abs. 5 Nr. 10 EStG, § 8 Abs. 1 Satz 1 KStG); werden diese gleichwohl in Ansatz gebracht, dann kann dies eine Strafbarkeit nach **§ 370 AO** zur Folge haben (s. *BGH* 13.09.2010 BGHSt. 55, 288 Rn. 48 ff. = EzA § 20 BetrVG 2001 Nr. 3 = NJW 2011, 88), für deren Verfolgung ein Strafantrag nicht erforderlich ist (auch § 4 Abs. 5 Nr. 10 EStG stellt ausschließlich auf die Verwirklichung »des Tatbestandes eines Strafgesetzes« ab). Entsprechendes gilt für den Empfänger einer Begünstigung, wenn diese für ihn zu den steuerpflichtigen Einkünften zählt. Für deren Annahme scheidet zwar eine Strafbarkeit nach § 119 Abs. 1 Nr. 3 grundsätzlich aus (s. Rdn. 45), dies entbindet aber nicht davon, derartige Einkünfte zu versteuern (s. a. §§ 40 f. AO). Unterbleibt dies, kommt auch für den Empfänger einer Begünstigung eine Strafbarkeit nach § 370 AO in Betracht.

§ 120
Verletzung von Geheimnissen

(1) Wer unbefugt ein fremdes Betriebs- oder Geschäftsgeheimnis offenbart, das ihm in seiner Eigenschaft als
1. **Mitglied oder Ersatzmitglied des Betriebsrats oder einer der in § 79 Abs. 2 bezeichneten Stellen,**
2. **Vertreter einer Gewerkschaft oder Arbeitgebervereinigung,**
3. **Sachverständiger, der vom Betriebsrat nach § 80 Abs. 3 hinzugezogen oder von der Einigungsstelle nach § 109 Satz 3 angehört worden ist,**
3a. **Berater, der vom Betriebsrat nach § 111 Satz 2 hinzugezogen worden ist,**
3b. **Auskunftsperson, die dem Betriebsrat nach § 80 Abs. 2 Satz 4 zur Verfügung gestellt worden ist, oder**
4. **Arbeitnehmer, der vom Betriebsrat nach § 107 Abs. 3 Satz 3 oder vom Wirtschaftsausschuss nach § 108 Abs. 2 Satz 2 hinzugezogen worden ist,**

bekannt geworden und das vom Arbeitgeber ausdrücklich als geheimhaltungsbedürftig bezeichnet worden ist, wird mit Freiheitsstrafe bis zu einem Jahr oder mit Geldstrafe bestraft.

(2) Ebenso wird bestraft, wer unbefugt ein fremdes Geheimnis eines Arbeitnehmers, namentlich ein zu dessen persönlichen Lebensbereich gehörendes Geheimnis, offenbart, das ihm in seiner Eigenschaft als Mitglied oder Ersatzmitglied des Betriebsrats oder einer der in § 79 Abs. 2 bezeichneten Stellen bekannt geworden ist und über das nach den Vorschriften dieses Gesetzes Stillschweigen zu bewahren ist.

(3) Handelt der Täter gegen Entgelt oder in der Absicht, sich oder einen anderen zu bereichern oder einen anderen zu schädigen, so ist die Strafe Freiheitsstrafe bis zu zwei Jahren oder Geldstrafe. Ebenso wird bestraft, wer unbefugt ein fremdes Geheimnis, namentlich ein Betriebs- oder Geschäftsgeheimnis, zu dessen Geheimhaltung er nach den Absätzen 1 oder 2 verpflichtet ist, verwertet.

(4) Die Absätze 1 bis 3 sind auch anzuwenden, wenn der Täter das fremde Geheimnis nach dem Tode des Betroffenen unbefugt offenbart oder verwertet.

(5) Die Tat wird nur auf Antrag des Verletzten verfolgt. Stirbt der Verletzte, so geht das Antragsrecht nach § 77 Abs. 2 des Strafgesetzbuches auf die Angehörigen über, wenn das Geheimnis zum persönlichen Lebensbereich des Verletzten gehört; in anderen Fällen geht es auf die Erben über. Offenbart der Täter das Geheimnis nach dem Tode des Betroffenen, so gilt Satz 2 sinngemäß.

Literatur
Literaturnachweise zum BetrVG 1952 siehe 8. Auflage.

Achenbach Zur Strafbarkeit von Betriebsratsmitgliedern (Diss. Göttingen), 2014; *Bross* (Hrsg.), Handbuch Arbeitsstrafrecht, 2017; *Gercke/Kraft/Richter* (Hrsg.), Arbeitsstrafrecht, 2. Aufl. 2015; *Hitzfeld* Geheimnisschutz im Betriebsverfassungsrecht (Diss. Mannheim), 1990 (zit.: Geheimnisschutz); *Ignor/Mosbacher* (Hrsg.), Handbuch Arbeitsstrafrecht, 3. Aufl. 2016; *Krumm-Mauermann* Rechtsgüterschutz durch die Straf- und Bußgeldbestimmungen des Betriebsverfassungsgesetzes (Diss. Konstanz), 1990 (zit.: Rechtsgüterschutz); *Müller-Gugenberger* (Hrsg.) Wirtschaftsstrafrecht, 6. Aufl. 2015; *Rengier* Zum strafprozeßualen Zeugnisverweigerungsrecht des Betriebs- und Personalrats, BB 1980, 321; *Sax* Die Strafbestimmungen des Betriebsverfassungsrechts (Diss. Würzburg), 1975 (zit.: Strafbestimmungen); *Tag* Der lückenhafte Schutz von Arbeitnehmergeheimnissen gemäß § 120 Abs. 2 BetrVG, BB 2001, 1578.

Inhaltsübersicht   Rdn.

I. Vorbemerkung	1–7
II. Normzweck und Rechtsgut	8–10
III. Die Grundtatbestände	11–59
1. Offenbarung von Betriebs- oder Geschäftsgeheimnissen (Abs. 1)	11–39
a) Objektiver Tatbestand	11–16
b) Subjektiver Tatbestand	17, 18
c) Begehungsformen	19, 20
d) Rechtswidrigkeit und Schuld	21–27
e) Täterschaft und Teilnahme	28–38
f) Vollendung	39
2. Offenbarung persönlicher Geheimnisse (Abs. 2)	40–50
a) Objektiver Tatbestand	40–43
b) Subjektiver Tatbestand	44
c) Begehungsformen	45
d) Rechtswidrigkeit und Schuld	46
e) Täterschaft und Teilnahme	47–49
f) Vollendung	50
3. Verwertung fremder Geheimnisse (Abs. 3 Satz 2)	51–59
a) Deliktscharakter	51
b) Objektiver Tatbestand	52–55
c) Subjektiver Tatbestand	56
d) Rechtswidrigkeit und Schuld	57
e) Täterschaft und Teilnahme	58
f) Vollendung	59
IV. Qualifikationstatbestände (Abs. 3 Satz 1)	60–69
1. Deliktscharakter	60
2. Entgeltliches Handeln	61, 62
3. Bereicherungs- oder Schädigungsabsicht	63–68
a) Allgemeines	63
b) Bereicherungsabsicht	64–66
c) Schädigungsabsicht	67, 68
4. Täterschaft und Teilnahme	69
V. Strafantragserfordernis	70–72
VI. Strafverfahren	73
VII. Strafrahmen	74
VIII. Konkurrenzen	75–78

I. Vorbemerkung

1 Einen strafrechtlichen Schutz von Geheimnissen enthielt bereits das Betriebsrätegesetz (§ 100), § 79 BetrVG 1952 führte diese Norm fort. Gegenüber der letztgenannten Vorschrift erweitert § 120 den betroffenen Personenkreis hinsichtlich der möglichen Täter entsprechend den geänderten materiell-

rechtlichen Vorschriften, aber auch hinsichtlich der geschützten Personen (s. § 120 Abs. 2). Ebenso wurde der Strafrahmen ausgedehnt sowie die gegenüber dem allgemeinen Strafrecht im BetrVG 1952 verkürzte Strafantragsfrist (vier Wochen, s. § 79 Abs. 3 Satz 2 BetrVG 1952 i. V. m. § 78 Abs. 5 Satz 2 BetrVG 1952) beseitigt. Im Unterschied zu der früheren Rechtslage (§ 79 Abs. 1 BetrVG 1952 i. V. m. § 55 Abs. 1 BetrVG 1952, sowie auch noch § 110 Abs. 1 BRG) bezieht § 120 im Einklang mit § 79 Abs. 1 (s. § 79 Rdn. 2, 34) die Offenbarung »vertraulicher Angaben« nicht mehr in den Straftatbestand ein (krit. dazu *Krumm-Mauermann* Rechtsgüterschutz, S. 124 ff.).

Der Regierungsentwurf zum BetrVG 1972 (s. BT-Drucks. VI/1786) orientierte sich in § 121 ursprünglich noch an der Verweisungstechnik in § 79 Abs. 1 BetrVG 1952 und stellte die Verletzung derjenigen Bestimmungen unter Strafe, die eine Geheimhaltungs- bzw. Verschwiegenheitspflicht vorsahen (BT-Drucks. VI/1786, S. 27). Die nunmehr in § 120 Abs. 1 enthaltene enumerative Aufzählung geht vor allem (s. Rdn. 3) zurück auf die Beschlüsse des Bundestagsausschusses für Arbeit und Sozialordnung (s. BT-Drucks. VI/2729, S. 63). Beabsichtigt war hiermit eine klarere Gliederung der Vorschrift, um diese »übersichtlicher und verständlicher« zu gestalten (zu BT-Drucks. VI/2729, S. 35; krit. *Trümner/DKKW* § 120 Rn. 2: »relativ unübersichtlich«). Die Einbeziehung der Arbeitnehmergeheimnisse in den Strafrechtsschutz (vgl. § 120 Abs. 2) beruht auf einer Anregung des Bundesrats (BT-Drucks. VI/1786, S. 67), die von dem Bundestagsausschuss für Arbeit und Sozialordnung übernommen wurde (BT-Drucks. VI/2729, S. 63 sowie zu BT-Drucks. VI/2729, S. 35). 2

Art. 238 Nr. 7 des Einführungsgesetzes zum StGB (BGBl. 1974 I, S. 469 [607]) ergänzte § 120 und stellte – ebenso wie § 204 StGB – die Verwertung eines fremden Geheimnisses unter eine verschärfte Strafandrohung (§ 120 Abs. 3 Satz 2). Zusätzlich wurde der Geheimnisschutz auf die Zeit nach dem Tode des Betroffenen ausgedehnt (§ 120 Abs. 4) und der Übergang des Strafantragsrechts nach dem Tode des Verletzten ausdrücklich geregelt (§ 120 Abs. 5 Satz 2 und 3). Diese Änderungen passten § 120 an die neu in das StGB aufgenommene Bestimmung in § 203 StGB an (*Reg. Begr.* BT-Drucks. 7/550, S. 424). Das BetrVerf-ReformG erweitere den Kreis der möglichen Täter um die nach § 111 Abs 2 hinzugezogenen Berater (§ 120 Abs. 1 Nr. 3a) sowie Auskunftspersonen i. S. d. § 80 Abs. 2 Satz 4 (§ 120 Abs. 1 Nr. 3b). Art. 3 Nr. 4 des Gesetzes zur Änderung des Arbeitnehmerüberlassungsgesetzes und anderer Gesetze v. 21.02.2017 (BGBl. I, S. 258) glich § 120 Abs. 1 Nr. 3 lit. b redaktionell an die durch dieses Gesetz (s. Art. 3 Nr. 2 Buchst. b) geänderte Fassung des § 80 Abs. 2 an. 3

Die strafrechtliche Absicherung der Verschwiegenheitspflicht kann auf eine lange betriebsverfassungsrechtliche Tradition zurückblicken und zählt zu denjenigen Vorschriften, die das Gesetz stets dann in das Normengefüge aufnimmt, wenn Arbeitnehmervertreter aufgrund ihrer Organtätigkeit mit privaten Kenntnissen in Berührung kommen. Einen strafrechtlich bewehrten Geheimnisschutz begründen deshalb auch § 35 SprAuG für Mitglieder und Ersatzmitglieder von **Sprecherausschüssen**, die §§ 237a, 237b SGB IX (bis 01.01.2018: § 155 SGB IX) für **Vertrauenspersonen** der **Schwerbehinderten**, die §§ 43, 44 Abs. 1 Nr. 1 EBRG für Mitglieder des »**besonderen Verhandlungsgremiums**« (§ 8 ff. EBRG) und des **Europäischen Betriebsrats** sowie § 45 Abs. 1 Nr. 1, Abs. 2 Nr. 1 SEBG für die Mitglieder des **SE-Betriebsrats** und die in § 41 Abs. 4 SEBG genannten Personen. Für das **Personalvertretungsrecht** ist die strafrechtliche Sanktion in § 203 Abs. 2 Satz 1 Nr. 3 StGB geregelt (s. zuvor die §§ 110, 111 BPersVG, die durch Art. 287 Nr. 4 EGStGB aufgehoben wurden). Das **österreichische Betriebsverfassungsrecht** sanktioniert die Verletzung der Verschwiegenheitspflicht nicht als Straftat, sondern als Ordnungswidrigkeit (§ 160 Abs. 1 ArbVG i. V. m. § 115 Abs. 4 ArbVG). 4

Trotz ihres gemeinsamen teleologischen Fundaments weichen die in Rdn. 4 aufgezählten Strafbestimmungen in ihren Einzelheiten z. T. erheblich voneinander ab, ohne dass hierfür stets triftige Gründe erkennbar sind. So verzichten alle Normen auf die Einbeziehung »vertraulicher Angaben« in den Strafrechtsschutz, jedoch verlangen § 120 bzw. § 35 SprAuG, die §§ 43, 44 Abs. 1 Nr. 1 EBRG i. V. m. § 39 Abs. 2 EBRG sowie § 237a Abs. 1 i. V. m. § 179 Abs. 7 Satz 1 Nr. 2 SGB IX (bis 01.01.2018: § 155 SGB IX) für den strafrechtlichen Schutz der Betriebs- und Geschäftsgeheimnisse eine ausdrückliche Erklärung der Geheimhaltungsbedürftigkeit, während § 203 Abs. 2 StGB hierauf verzichtet. 5

Die **Richtlinie (EU) 2016/943 zum Schutz von Geschäftsgeheimnissen** (ABl. EU Nr. L 157 v. 15.06.2016, S. 1) hat für die Anwendung von § 120 Abs. 1 und 3 – im Unterschied zu § 79 Abs. 1 (s. 6

§ 79 Rdn. 7) keine unmittelbare Bedeutung, da die Richtlinie lediglich die Gewährleistung eines zivilrechtlichen Schutzes vorgibt (s. Art. 6 Abs. 1 der Richtlinie). Wegen der Anknüpfung des Tatbestandes in § 120 Abs. 1 an die Reichweite des durch § 79 Abs. 1 vermittelten Schutzes (s. Rdn. 11), beeinflusst die dortige Einstrahlung der Richtlinie auf den Begriff des Geschäftsgeheimnisses (s. § 79 Rdn. 7, 20) jedoch indirekt auch die Reichweite des durch § 120 Abs. 1 vermittelten strafrechtlichen Schutzes zugunsten von Geschäftsgeheimnissen.

7 § 120 ist kein **Schutzgesetz i. S. d. § 823 Abs. 2 BGB**, da § 79 sowie die in Rdn. 8 genannten Bestimmungen diese Funktion bereits vollständig erfüllen (*Hess/HWGNRH* § 120 Rn. 3; *Preis/WPK* § 120 Rn. 2; *Richardi/Annuß* vor § 119 Rn. 2; *Schnorr von Carolsfeld* RdA 1962, 400 [404 Fn. 60] sowie zu § 79 BetrVG 1952 *Dietz* vor § 78 Rn. 2; **a. M.** noch zu § 100 BRG *Flatow/Kahn-Freund* § 100 Anm. 1; *Mansfeld* § 100 Anm. 1 sowie zu § 404 AktG *Altenhain*/Kölner Komm. AktG, § 404 Rn. 4).

II. Normzweck und Rechtsgut

8 § 120 flankiert die im BetrVG an verschiedenen Stellen (§§ 79, 80 Abs. 4, 83 Abs. 1 Satz 3, 99 Abs. 1 Satz 3, 102 Abs. 2 Satz 5, 107 Abs. 3 Satz 4, 108 Abs. 2 Satz 3) normierten Verschwiegenheitspflichten durch Androhung strafrechtlicher Folgen für den Fall ihrer Verletzung. Der Grundtatbestand in § 120 Abs. 1 dient dem Schutz der **Betriebs- und Geschäftsgeheimnisse**, § 120 Abs. 2 schützt demgegenüber die personenbezogenen Geheimnisse der Arbeitnehmer und sichert deren Recht auf **informationelle Selbstbestimmung** (*Galperin/Löwisch* § 120 Rn. 1; *Hess/HWGNRH* § 120 Rn. 4; *Joussen* in: *Bross* Arbeitsstrafrecht, Kap. 25 Rn. 56; *Preis/WPK* § 120 Rn. 16; *Täg* BB 2001, 1578 [1579]; *Weiss/Weyand* § 120 Rn. 1).

9 Geschützt ist durch § 120 ausschließlich das **Individualinteresse** an der Geheimhaltung bestimmter Tatsachen, ein **Schutz der Allgemeinheit** – wie er nach (nicht zweifelsfreier) vorherrschender Ansicht bei § 203 StGB hinzutritt (*BGH* 08.10.1968 NJW 1968, 2288 [2290]; *Cierniak/Pohlit*/MK-StGB, § 203 Rn. 5; *Lackner/Kühl/Heger* StGB, § 203 Rn. 1; *Schönke/Schröder/Lenckner/Eisele* StGB, § 203 Rn. 3; einschränkend *Fischer* StGB, § 203 Rn. 2: nur mittelbar geschützt; **a. M.** jedoch *Hoyer*/SK-StGB, § 203 Rn. 2; *Rogall* NStZ 1983, 1 [3 f.]; *Schünemann*/LK-StGB, § 203 Rn. 14 ff. sowie zu § 85 GmbHG *Wißmann*/MK-GmbHG, § 85 Rn. 8) – kommt im Rahmen des § 120 nicht in Betracht (ebenso *Kaiser*/LK § 120 Rn. 1; *Kania*/ErfK § 120 BetrVG Rn. 1; *Preis/WPK* § 120 Rn. 2; *Sax* Strafbestimmungen, S. 29 f.; **a. M.** *Täg* BB 2001, 1578 [1580]: Funktionsfähigkeit der Institution Betriebsrat).

10 Im Unterschied zu § 119 (s. § 119 Rdn. 16) ist für § 120 unstreitig, dass die in Rdn. 8 genannten Schutzzwecke zugleich das jeweils geschützte **Rechtsgut** festlegen (*Krumm-Mauermann* Rechtsgüterschutz, S. 16 ff.; *Sax* Strafbestimmungen, S. 29 f.). Geschütztes Rechtsgut des § 120 Abs. 1 ist somit die betriebliche Geheimnissphäre, darüber hinaus aber auch das Vermögen (ebenso zu § 203 StGB *Rogall* NStZ 1983, 1 [3]; zu § 404 AktG *Altenhain*/Kölner Komm. AktG, § 404 Rn. 3; zu § 85 GmbHG *Tiedemann/Rönnau* in: *Scholz* GmbHG, § 85 Rn. 3; *Wißmann*/MK-GmbHG, § 85 Rn. 2, 6; **a. M.** *Reich* § 120 Rn. 1: Recht am eingerichteten und ausgeübten Gewerbebetrieb); bei § 120 Abs. 2 ist dies der Schutz persönlicher Geheimnisse. Damit ergänzt § 120 den Rechtsgüterschutz in § 203 StGB. Eine aus der gesetzestechnischen Sonderstellung im Betriebsverfassungsgesetz folgende Systemwidrigkeit (hiergegen *Krumm-Mauermann* Rechtsgüterschutz, S. 123) kann hierin nur erblicken, wer § 203 StGB ausschließlich einen individualschützenden Charakter beimisst (s. dazu Rdn. 8).

III. Die Grundtatbestände

1. Offenbarung von Betriebs- oder Geschäftsgeheimnissen (Abs. 1)

a) Objektiver Tatbestand

11 Hinsichtlich des objektiven Tatbestands in § 120 Abs. 1 ist weitgehend auf die **Auslegungsresultate zu § 79** zurückzugreifen (ebenso für ein inhaltlich kongruentes Normverständnis *Joussen* in: *Bross* Ar-

beitsstrafrecht, Kap. 25 Rn. 60; *Weiss/Weyand* § 120 Rn. 2; *Wlotzke* § 120 Rn. 1; zur Bindungswirkung strafgerichtlicher Entscheidungen s. § 119 Rdn. 12). Dieser systematische Zusammenhang kommt in dem identischen Gesetzeswortlaut zum Ausdruck. Zudem fehlen für eine sachliche Abkehr von der früheren Regelung in § 79 BetrVG 1952, die – wie noch der Regierungsentwurf zum BetrVG 1972 (s. Rdn. 2) – ausdrücklich auf die jeweiligen Normen zur Begründung der Verschwiegenheitspflicht Bezug nahm, jegliche Anhaltspunkte (s. a. § 119 Rdn. 11). Zu den einzelnen Tatbestandsmerkmalen in § 120 Abs. 1 s. deshalb § 79 Rdn. 11 ff. (Betriebs- und Geschäftsgeheimnis), 14 ff. (ausdrückliche Geheimhaltungserklärung), 20 ff. (Kenntniserlangung aufgrund betriebsverfassungsrechtlicher Stellung), 32 ff. (Offenbarung des Geheimnisses). Im Unterschied zur früheren Rechtslage (s. Rdn. 1) kommt bei der Offenbarung »**vertraulicher Angaben**« keine Strafbarkeit nach § 120 Abs. 1 in Betracht (*Richardi/Annuß* § 120 Rn. 10; *Wiese* FS *K. Molitor*, 1988, S. 365 [385 f.], m. w. N.).

Der strafrechtliche Schutz der Betriebs- oder Geschäftsgeheimnisse endet nicht mit dem **Tod des Betroffenen** (§ 120 Abs. 4 – postmortaler Geheimnisschutz). Die Vorschrift entspricht § 203 Abs. 4 StGB und wurde zur Angleichung an die letztgenannte Bestimmung eingefügt (*Reg. Begr.* BT-Drucks. 7/550, S. 424). Betroffener i. S. d. § 120 Abs. 4 ist der jeweilige **Geheimnisträger**. Bei Betriebs- oder Geschäftsgeheimnissen, deren Träger eine **natürliche Person** ist, bereitet die Anwendung der Norm keine Schwierigkeiten. Zweifelsfragen treten indes auf, wenn der Geheimnisträger eine **juristische Person** ist und diese durch Löschung ihre Existenz verliert, da die §§ 404 AktG, 85 GmbHG keinen postmortalen Geheimnisschutz kennen (insoweit zu § 85 GmbHG *Tiedemann/Rönnau* in: *Scholz* GmbHG, § 85 Rn. 45). Der Zweck des strafrechtlichen Geheimnisschutzes rechtfertigt es jedoch, auf den Rechtsnachfolger als neuen Geheimnisträger abzustellen (zust. *Richter/GKR* Arbeitsstrafrecht, Kap. 2 Rn. 1135). Erfolgt die Löschung aufgrund einer zum Verlust der Identität führenden Umwandlung, dann ist die neue Gesellschaft als Rechtsnachfolgerin Trägerin des Geheimnisses, so dass § 120 Abs. 4 auch nach seinem Zweck anwendbar ist. Problematisch ist die Rechtslage hingegen, wenn die juristische Person gelöscht wird, ohne dass eine Rechtsnachfolge eintritt. Nach dem Zweck ist § 120 Abs. 4 zumindest dann noch anzuwenden, wenn hinsichtlich des Betriebs- oder Geschäftsgeheimnisses eine Rechtsnachfolge stattfindet. 12

Bei § 120 Abs. 1 handelt es sich um ein **Erfolgsdelikt** (zust. *Joecks*/MK-StGB, § 120 BetrVG Rn. 2; *Joussen* in: *Bross* Arbeitsstrafrecht, Kap. 25 Rn. 63; *Kaiser*/LK § 120 Rn. 6; *Preis*/WPK § 120 Rn. 9; *Richter*/GKR Arbeitsstrafrecht, Kap. 2 Rn. 1119; abweichend aber zu § 203 StGB *Rogall* NStZ 1983, 1 [5]: »abstrakt-konkretes Gefährdungsdelikt« sowie zu § 404 AktG *Otto*/Großkomm. AktG, § 404 Rn. 5: »abstraktes Gefährdungsdelikt«; ebenso zu § 85 GmbHG *Wißmann*/MK-GmbHG, § 85 Rn. 11); die **Vollendung** tritt ein, wenn der Täter das Geheimnis einem anderen gegenüber offenbart, d. h. von diesem zur Kenntnis genommen wird und hierdurch ihm gegenüber seinen Charakter als Geheimnis verliert (*Kaiser*/LK § 120 Rn. 6; *Preis*/WPK § 120 Rn. 10; *Richardi/Annuß* § 120 Rn. 11; *Richter*/GKR Arbeitsstrafrecht, Kap. 2 Rn. 1121 f.). 13

Bei verkörperten Geheimnissen genügt für eine Offenbarung der Gewahrsam eines Dritten und die hiermit verbundene Möglichkeit der jederzeitigen Kenntnisnahme (*Joecks*/MK-StGB, § 120 BetrVG Rn. 15, 31; ebenso zu § 203 StGB *Hoyer*/SK-StGB, § 203 Rn. 31; *Schönke/Schröder/Lenckner/Eisele* StGB, § 203 Rn. 19, m. w. N.). Eine Verschwiegenheitspflicht des Empfängers steht der Strafbarkeit nicht entgegen (*Preis*/WPK § 120 Rn. 10; *Richardi/Annuß* § 120 Rn. 11 sowie allgemein RG 02.03.1922 RGSt. 57, 13 [14]; *Cierniak/Pohlit*/MK-StGB, § 203 Rn. 49; *Altenhain*/Kölner Komm. AktG, § 404 Rn. 22; *Otto*/Großkomm. AktG, § 404 Rn. 25; *Schönke/Schröder/Lenckner/Eisele* StGB, § 203 Rn. 19a; *Schünemann*/LK-StGB, § 203 Rn. 41); § 120 Abs. 1 erfasst deshalb auch die Offenbarung gegenüber einem Rechtsanwalt oder anderen beruflich zur Verschwiegenheit verpflichteten Personen. Nur wenn dem Empfänger das »Geheimnis« bereits bekannt war, ohne dass der Täter dies wusste, liegt ein untauglicher (strafloser; s. Rdn. 39) Versuch vor (*Preis*/WPK § 120 Rn. 10; *Richardi/Annuß* § 120 Rn. 11 sowie *Altenhain*/Kölner Komm. AktG, § 404 Rn. 30). 14

Zweifelhaft ist die dogmatische Einordnung der vom Geheimnisträger erklärten **Erlaubnis zur Offenbarung**. Überwiegend wird dafür plädiert, dass hierdurch bereits die **Tatbestandsmäßigkeit** entfällt (*Achenbach* Strafbarkeit, S. 215 f.; *Joecks*/MK-StGB, § 120 BetrVG Rn. 33; *Kaiser*/LK § 120 Rn. 15; *Krumm-Mauermann* Rechtsgüterschutz, S. 113; *Richter*/GKR Arbeitsstrafrecht, Kap. 2 Rn. 1136; im Ergebnis auch *Stege/Weinspach/Schiefer* § 120 Rn. 3; zu § 120 Abs. 2 s. Rdn. 43). Für 15 diese Ansicht streiten die besseren Gründe. Das Einverständnis des Geheimnisträgers mit der Offenbarung ist als (relative) Rücknahme der Geheimhaltungserklärung zu werten, so dass bereits eine tatbestandliche Voraussetzung für die Strafbarkeit fehlt. Einem Rückgriff auf das Merkmal »unbefugt« (so z. B. *Fitting* § 120 Rn. 3; *Hess/HWGNRH* § 120 Rn. 18; *Kaiser/LK* § 120 Rn. 15; *Lingemann/JRH* Kap. 30 Rn. 30; *Preis/WPK* § 120 Rn. 11; *Richardi/Annuß* § 120 Rn. 13) ist hierdurch die Grundlage entzogen. Ein Geheimnis, das nicht (mehr) als geheimhaltungsbedürftig erklärt ist, kann nicht befugt offenbart werden. Wegen der in diesem Punkt von § 203 Abs. 1 StGB abweichenden Normstruktur hat die präzise dogmatische Einordnung des Merkmals »unbefugt« (s. Rdn. 21) für die rechtliche Bewertung des Einverständnisses im Rahmen von § 120 Abs. 1 keine Bedeutung.

16 In tatsächlicher Hinsicht liegt ein **tatbestandsausschließendes Einverständnis** nur vor, wenn der Träger des geschützten Interesses dieses unmittelbar oder mittelbar erklärt hat (*Weiss/Weyand* § 120 Rn. 2). Bei juristischen Personen muss dies durch den gesetzlichen Vertreter erfolgen, er ist »Herr« über die Geschäftsgeheimnisse (so allgemein *BGH* 05.06.1975 BGHZ 64, 325 [329]; *Hengeler* FS *Schilling*, 1973, S. 175 [181] sowie allgemein *Lutter* Information und Vertraulichkeit im Aufsichtsrat, 3. Aufl. 2006, Rn. 429 ff.; zu § 203 StGB *Cierniak/Pohlit*/MK-StGB, § 203 Rn. 55; *Schönke/Schröder/Lenckner/Eisele* StGB, § 203 Rn. 23; *Schünemann*/LK-StGB, § 203 Rn. 91 ff.). Gegebenenfalls kommt auch eine **mutmaßliche Einwilligung** in Betracht (s. zu § 203 StGB *Cierniak/Pohlit*/MK-StGB, § 203 Rn. 84; *Hoyer*/SK-StGB, § 203 Rn. 79; *Schünemann*/LK-StGB, § 203 Rn. 130; zu § 85 GmbHG *Tiedemann/Rönnau* in: Scholz GmbHG, § 85 Rn. 40; **a. M.** zu § 404 AktG *Otto*/Großkomm. AktG, § 404 Rn. 46).

b) Subjektiver Tatbestand

17 Für eine Strafbarkeit nach dem Grundtatbestand in § 120 Abs. 1 ist **Vorsatz** erforderlich; die fahrlässige Offenbarung ist mangels ausdrücklicher Anordnung (§ 15 StGB) nicht strafbar (*Achenbach* Strafbarkeit, S. 216; *Fitting* § 120 Rn. 7; *Galperin/Löwisch* § 120 Rn. 3; *Hess/HWGNRH* § 120 Rn. 17; *Joecks*/MK-StGB, § 120 BetrVG Rn. 16; *Joussen* in: *Bross* Arbeitsstrafrecht, Kap. 25 Rn. 65; *Kaiser/LK* § 120 Rn. 5; *Richardi/Annuß* § 120 Rn. 14; *Richter/GKR* Arbeitsstrafrecht, Kap. 2 Rn. 1129; *Trümner/DKKW* § 120 Rn. 3; *Weiss/Weyand* § 120 Rn. 6; *Wlotzke* § 120 Rn. 1; **a. M.** *Brecht* § 120 Rn. 3; anders noch § 79 Abs. 1 BetrVG 1952, der auch die leichtfertige, d. h. grob fahrlässige Begehung erfasste). **Bedingter Vorsatz** (*dolus eventualis*) genügt für den subjektiven Tatbestand (*Achenbach* Strafbarkeit, S. 216; *Hess/HWGNRH* § 120 Rn. 19; *Joecks*/MK-StGB, § 120 BetrVG Rn. 16; *Joussen* in: *Bross* Arbeitsstrafrecht, Kap. 25 Rn. 65; *Richter/GKR* Arbeitsstrafrecht, Kap. 2 Rn. 1129; zur Abgrenzung s. § 119 Rdn. 52); eine darüber hinausgehende Absicht (*dolus directus* 1. Grades) verlangt nur die Qualifikation in § 120 Abs. 3 (s. hierzu unten Rdn. 66, 68).

18 Der Vorsatz muss alle Tatbestandsmerkmale umfassen. Insbesondere muss der Täter wissen, dass es sich um ein Betriebs- oder Geschäftsgeheimnis handelt und dieses ausdrücklich als geheimhaltungsbedürftig bezeichnet wurde. Geht er irrig davon aus, der Geheimnisträger sei mit der Offenbarung einverstanden, so liegt aufgrund der hier befürworteten Konzeption (s. Rdn. 15) ein nach § 16 StGB zum Vorsatzausschluss führender **Tatbestandsirrtum** vor (zust. *Richter/GKR* Arbeitsstrafrecht, Kap. 2 Rn. 1130; ebenso zu § 404 AktG *Altenhain*/Kölner Komm. AktG, § 404 Rn. 30 sowie im Ergebnis zu § 120 Abs. 1 *Hess/HWGNRH* § 120 Rn. 19; *Joecks*/MK-StGB, § 120 BetrVG Rn. 16; *Stege/Weinspach/Schiefer* § 120 Rn. 4, die jedoch auf die »Unbefugtheit« der Offenbarung abstellen und diese zu Unrecht [s. Rdn. 21] als Tatbestandsmerkmal bewerten).

c) Begehungsformen

19 Da § 120 Abs. 1 auf die Wahrung der Verschwiegenheit und nicht auf die Wahrung des Geheimnisses abzielt, ist zweifelhaft, ob nur ein aktives Tun oder auch ein **Unterlassen** den Tatbestand des § 120 Abs. 1 verwirklichen kann (z. B.: Betriebsratsmitglied duldet die Entfernung von Betriebs- oder Geschäftsgeheimnissen durch Außenstehende). Die h. M. hält ein »Offenbaren« durch Unterlassen generell für strafbar (so *Hess/HWGNRH* § 120 Rn. 17; *Joecks*/MK-StGB, § 120 BetrVG Rn. 32; *Krumm-Mauermann* Rechtsgüterschutz, S. 114 f.; *Preis/WPK* § 120 Rn. 3; zu § 79 Abs. 1 BetrVG 1952 *Dietz* § 79 Rn. 8; *Simon* Betriebsgeheimnisse, S. 242) und entspricht damit der h. M. zu § 203 Abs. 1 StGB

(für diese *Schönke/Schröder/Lenckner/Eisele* StGB, § 203 Rn. 20; *Schünemann*/LK-StGB, § 203 Rn. 46, jeweils m. w. N.).

Dogmatisch lässt sich dieses Resultat rechtfertigen, indem die Strafnorm zumindest auch als **echtes** 20 **Unterlassungsdelikt** qualifiziert wird, so dass es einer gesonderten Garantenstellung für die Erfolgsabwendung nicht bedarf (so auch *Richter/GKR* Arbeitsstrafrecht, Kap 2 Rn. 1117; **a. M.** *Preis/WPK* § 120 Rn. 3: unechtes Unterlassungsdelikt; in diesem Sinne auch *Joecks*/MK-StGB, § 120 BetrVG Rn. 32). Die systematische und teleologische Verknüpfung zwischen § 79 und § 120 Abs. 1 spricht für diese Auslegung (anders im konstruktiven Ansatz *Altenhain*/Kölner Komm. AktG, § 404 Rn. 24; *Tiedemann/Rönnau* in: *Scholz* GmbHG, § 85 Rn. 28, die über die generelle Annahme einer Garantenstellung der zur Verschwiegenheit Verpflichteten zum selben Ergebnis gelangen). Eines besonderen Nachweises bedarf jedoch stets die Kausalität des Unterlassens für die Offenbarung.

d) Rechtswidrigkeit und Schuld

Die Offenbarung des Betriebs- oder Geschäftsgeheimnisses kann nach den allgemeinen strafrecht- 21 lichen Maximen gerechtfertigt sein. Dies soll das **Merkmal »unbefugt«** in § 120 Abs. 1 klarstellen (ebenso *Brecht* § 120 Rn. 2; *Kania*/ErfK § 119 Rn. 3; *Krumm-Mauermann* Rechtsgüterschutz, S. 112 f.; *Küchenhoff* § 120 Rn. 1; *Richter/GKR* Arbeitsstrafrecht, Kap. 2 Rn. 1137; *Trümner/DKKW* § 120 Rn. 8; in diesem Sinne auch *Galperin/Löwisch* § 120 Rn. 5; **a. M.** *Reich* § 120 Rn. 1: widerlegliche Vermutung der fehlenden Befugnis zur Offenbarung). Es handelt sich bei diesem nicht um ein Tatbestandsmerkmal (so aber *Hess/HWGNRH* § 120 Rn. 18; *Stege/Weinspach/Schiefer* § 120 Rn. 3), weil die Unbefugtheit der Offenbarung nicht erforderlich ist, um den Unwertgehalt des von § 120 Abs. 1 inkriminierten Verhaltens zu umschreiben (zust. *Richter/GKR* Arbeitsstrafrecht, Kap. 2 Rn. 1137; allgemein zur Abgrenzung *Warda* Jura 1979, 286 [295]). Für § 120 Abs. 1 gelten insoweit keine anderen Grundsätze, als sie auch zu § 203 StGB nach überwiegender Ansicht anerkannt sind (für diese statt aller OLG Schleswig 24.09.1984 NJW 1985, 1090 [1092]; *Fischer* StGB, § 203 Rn. 31; *Hoyer*/SK-StGB, § 203 Rn. 67; *Lackner/Kühl/Kühl* StGB, vor § 201 Rn. 2; *Rogall* NStZ 1983, 1 [6]; *Schünemann*/LK-StGB, § 203 Rn. 119; *Warda* Jura 1979, 286 [296]; für einen Doppelcharakter hingegen *Schönke/Schröder/Lenckner/Eisele* StGB, § 203 Rn. 21; ebenso zu § 85 GmbHG *Tiedemann/Rönnau* in: *Scholz* GmbHG, § 85 Rn. 34, 35; *Wißmann*/MK-GmbHG, § 85 Rn. 64 und für § 404 AktG *Altenhain*/Kölner Komm. AktG, § 404 Rn. 28).

Die **Rechtswidrigkeit der Offenbarung** entfällt, wenn der Täter kraft Gesetzes zur Mitteilung ver- 22 pflichtet ist. Neben einer **Anzeigepflicht aus § 138 StGB** (ebenso *Richter/GKR* Arbeitsstrafrecht, Kap. 2 Rn. 1137; *Simon* Betriebsgeheimnisse, S. 243; allgemein *Hoyer*/SK-StGB, § 203 Rn. 82; *Schönke/Schröder/Lenckner/Eisele* StGB, § 203 Rn. 29; *Schünemann*/LK-StGB, § 203 Rn. 120) kommt vor allem eine **Zeugnispflicht im Strafverfahren** (§ 70 Abs. 1 StPO) als »befugte« Offenbarung in Betracht (*Achenbach* Strafbarkeit, S. 217 f.; *Richter/GKR* Arbeitsstrafrecht, Kap. 2 Rn. 1137; *Tag* BB 2001, 1578 [1583]; allgemein *Fischer* StGB, § 203 Anm. 39; *Hoyer*/SK-StGB, § 203 Rn. 84; *Schünemann*/LK-StGB, § 203 Rn. 128).

Die in § 120 Abs. 1 genannten Personen können sich nicht auf ein Zeugnisverweigerungsrecht beru- 23 fen, da § 53 StPO abschließend ist (ebenso LG Darmstadt 03.10.1978 DB 1979, 111; *Achenbach* Strafbarkeit, S. 218; *Kaiser*/LK § 120 Rn. 18; *Kania*/ErfK § 120 BetrVG Rn. 1; *Krumm-Mauermann* Rechtsgüterschutz, S. 117; *Richter/GKR* Arbeitsstrafrecht, Kap. 2 Rn. 1137; *Tag* BB 2001, 1578 [1584]; anders aber de lege ferenda *Rengier* BB 1980, 321 [322]; abweichend ist die Rechtslage wegen § 54 StPO für Personalratsmitglieder). Verfassungsrechtliche Bedenken gegenüber diesem Verständnis hat das BVerfG zurückgewiesen (BVerfG 19.01.1979 NJW 1979, 1286; ebenso *Krumm-Mauermann* Rechtsgüterschutz, S. 117; *Rengier* BB 1980, 321 [321]). Gegebenenfalls kommt jedoch ein Ausschluss der Öffentlichkeit nach § 172 Nr. 2 GVG in Betracht.

Anders ist die Rechtslage im Rahmen eines **Zivilprozesses** und eines **arbeitsgerichtlichen Verfah-** 24 **rens**, da sich die in § 120 Abs. 1 genannten Personen dort nach § 383 Nr. 6 ZPO auf ein **Aussageverweigerungsrecht** stützen können (*Achenbach* Strafbarkeit, S. 218 f.; *Krumm-Mauermann* Rechtsgüterschutz, S. 116 f.; *Richter/GKR* Arbeitsstrafrecht, Kap. 2 Rn. 1137). Üben sie dieses nicht aus, so liegt eine »befugte« Offenbarung nur noch vor, wenn nach allgemeinen Grundsätzen ein Rechtfertigungsgrund eingreift (*Krumm-Mauermann* Rechtsgüterschutz, S. 116 f.; sowie allgemein *Altenhain*/Kölner Komm. AktG, § 404 Rn. 33; *Fischer* StGB, § 203 Rn. 39; *Otto*/Großkomm. AktG, § 404 Rn. 43 ff.; *Tiedemann/Rönnau* in: *Scholz* GmbHG, § 85 Rn. 39; *Schünemann*/LK-StGB, § 203 Rn. 128).

25 Keine Befugnis zur Offenbarung liegt vor, wenn sich der Gesetzgeber darauf beschränkt hat, zugunsten des Offenbarenden einen gegen Maßnahmen des Arbeitgebers gerichteten **Benachteiligungsschutz** zu normieren, wie dies zum **Schutz von** *Whistleblowern* im Bereich der Finanzdienstleistungsaufsicht in § 4d FinDAG geschehen ist. Auch der von Art. 5 Nr. 2 der Geschäftsgeheimnis-Richtlinie (s. Rdn. 6) Schutz von *Whistleblowern*, wenn diese ein berufliches oder sonstiges Fehlverhalten oder eine illegale Tätigkeit zum Schutz des allgemeinen öffentlichen Interesses offenbaren (s. auch § 79 Rdn. 59), zwingt nicht zur Anerkennung einer allgemeinen Offenbarungsbefugnis, da Art. 5 der Richtlinie lediglich einen Schutz vor zivilrechtlichen Maßnahmen des Arbeitgebers fordert. In Betracht kommt in derartigen Sachverhalten allenfalls der Rückgriff auf die allgemeinen strafrechtlichen Rechtfertigungsgründe.

26 Eine »befugte« Offenbarung ist ferner zu bejahen, wenn Geheimnisse gegenüber den in **§ 79 Abs. 1 Satz 3 und 4** genannten Personen und Organen offenbart werden, insoweit liegt bereits wegen fehlender Verschwiegenheitspflicht kein tatbestandsmäßiges Handeln vor (*Achenbach* Strafbarkeit, S. 216; *Krumm-Mauermann* Rechtsgüterschutz, S. 115; *Richter*/GKR Arbeitsstrafrecht, Kap. 2 Rn. 1137; *Trümner*/DKKW § 120 Rn. 12; im Ergebnis auch *Fitting* § 120 Rn. 3). Entsprechendes gilt bei Auskünften gegenüber den für Arbeitsschutz zuständigen Behörden nach § 89 Abs. 1 Satz 2 (s. § 79 Rdn. 58 a. E., m. w. N.).

27 Als Rechtfertigungsgrund kommen auch die Grundsätze einer **Pflichtenkollision** in Betracht (zust. *Richter*/GKR Arbeitsstrafrecht, Kap. 2 Rn. 1138; allgemein dazu BGH 08.10.1968 NJW 1968, 2288 [2290]). Im Ausnahmefall kann hierzu auch die Unterrichtung der Arbeitnehmer im Betrieb oder der Öffentlichkeit zählen (s. näher BGH 05.06.1975 BGHZ 64, 325 [331]; *Säcker*/*Oetker* NJW 1986, 803 [804 f.]). Generell gilt dies jedoch nicht, da die geschützten Interessen als höherrangig zu werten sein müssen, was nicht stets der Fall ist (s. aber auch *Krumm-Mauermann* Rechtsgüterschutz, S. 119, die eine Rechtfertigung generell nicht anerkennt). Die **Wahrnehmung berechtigter Interessen** hat auch im Rahmen des § 120 Abs. 1 nicht die Qualität eines allgemeingültigen Rechtfertigungsgrundes (für die h. M. zu § 203 StGB *Cierniak/Pohlit*/MK-StGB, § 203 Rn. 85; *Fischer* StGB, § 203 Rn. 36; *Hoyer*/SK-StGB, § 203 Rn. 89; *Schönke/Schröder/Lenckner/Sternberg-Lieben* StGB, Vorbem. §§ 32 ff. Rn. 79, 80).

e) Täterschaft und Teilnahme

28 Täter können nur die in § 120 Abs. 1 Nr. 1 bis 4 abschließend aufgezählten Personen sein; es handelt sich um ein **echtes Sonderdelikt** (*Achenbach* Strafbarkeit, S. 216; *Joecks*/MK-StGB, § 120 BetrVG Rn. 2; *Joussen* in: *Bross* Arbeitsstrafrecht, Kap. 25 Rn. 57; *Kaiser*/LK § 120 Rn. 4; *Kania*/ErfK § 120 BetrVG Rn. 2; *Krumm-Mauermann* Rechtsgüterschutz, S. 114; *Lunk*/NK-GA § 120 BetrVG Rn. 4; *Steffan*/HaKo § 119 Rn. 2; zust. *Preis*/WPK § 120 Rn. 5; *Richter*/GKR Arbeitsstrafrecht, Kap. 2 Rn. 1118; *Thul* in: *Müller-Gugenberger* Wirtschaftsstrafrecht, § 35 Rn. 37; *Trümner*/DKKW § 120 Rn. 4).

29 Die **Mitgliedschaft in dem Organ** zieht keine zeitliche Grenze für die Strafbarkeit. Ausreichend ist die Kenntniserlangung während der Mitgliedschaft, so dass die in § 120 Abs. 1 genannten Personen auch dann noch Täter sein können, wenn sie nicht mehr amtieren (zust. *Joecks*/MK-StGB, § 120 BetrVG Rn. 9; *Kaiser*/LK § 120 Rn. 12; *Preis*/WPK § 120 Rn. 5; *Richter*/GKR Arbeitsstrafrecht, Kap. 2 Rn. 1118; ebenso zu § 404 AktG *Altenhain*/Kölner Komm. AktG, § 404 Rn. 8; *Otto*/Großkomm. AktG, § 404 Rn. 8 sowie zu § 85 GmbHG *Tiedemann/Rönnau* in: *Scholz* GmbHG, § 85 Rn. 12). Umgekehrt genügt es für die Strafbarkeit nach § 120 Abs. 1 nicht, wenn das Geheimnis zwar während der Amtszeit offenbart wird, die Kenntniserlangung aber bereits vor diesem Zeitpunkt eintrat (ebenso zu § 404 AktG *Otto*/Großkomm. AktG, § 404 Rn. 8; **a. M.** *Altenhain*/Kölner Komm. AktG, § 404 Rn. 8). In dieser Konstellation fehlt der für die Verschwiegenheitspflicht nach § 79 Abs. 1 notwendige funktionale Zusammenhang zwischen Amtsstellung und Kenntniserlangung (s. § 79 Rdn. 39 ff.).

Verletzung von Geheimnissen § 120

Zweifelhaft ist die konkrete **personelle Reichweite** des Sonderdelikts, da die Strafbestimmung nicht 30 – wie früher § 79 Abs. 1 BetrVG 1952 und selbst noch der Regierungsentwurf zum BetrVG (BT-Drucks. VI/1786, S. 27) – auf die jeweiligen zur Verschwiegenheit verpflichtenden Normen Bezug nimmt. Eine sachliche Abweichung war mit dieser geänderten Gesetzestechnik nicht bezweckt, die Vorschrift sollte lediglich »übersichtlicher und verständlicher« gefasst werden (s. *BT-Ausschuss für Arbeit und Sozialordnung* BT-Drucks. VI/2729, S. 35; krit. *Trümner/DKKW* § 120 Rn. 2: »relativ unübersichtlich«; sowie oben Rdn. 2).

Zu den in **§ 120 Abs. 1 Nr. 1** genannten **Mitgliedern des »Betriebsrats«** zählen nach dem Zweck 31 der Norm auch die Mitglieder des Gesamt- bzw. Konzernbetriebsrats, sie sind ebenfalls Mitglied eines Betriebsrats (so auch *Hess/HWGNRH* § 120 Rn. 7; *Kaiser/LK* § 120 Rn. 8; *Kania/ErfK* § 120 BetrVG Rn. 2; *Richter/GKR* Arbeitsstrafrecht, Kap. 2 Rn. 1120; *Trümner/DKKW* § 120 Rn. 6). Dieses extensive und vom Gesetzeswortlaut noch gedeckte Verständnis wird insbesondere durch die Entstehungsgeschichte (s. Rdn. 2, 30) gerechtfertigt. Das gilt auch für die **Mitglieder eines Seebetriebsrats** (*Hess/HWGNRH* § 120 Rn. 7; *Kaiser/LK* § 120 Rn. 8; *Kania/ErfK* § 120 BetrVG Rn. 2; *Richter/GKR* Arbeitsstrafrecht, Kap. 2 Rn. 1120; *Trümner/DKKW* § 120 Rn. 6) sowie wegen ihrer materiellen Stellung als »Betriebsrat« für die **Mitglieder der Bordvertretung** (*Kaiser/LK* § 120 Rn. 8; *Kania/ErfK* § 120 BetrVG Rn. 2; *Richter/GKR* Arbeitsstrafrecht, Kap. 2 Rn. 1120; *Trümner/DKKW* § 120 Rn. 6) und einer gemäß **§ 3 Abs. 1 errichteten Vertretung der Arbeitnehmer** (*Kaiser/LK* § 120 Rn. 8; *Kania/ErfK* § 120 BetrVG Rn. 2; *Richter/GKR* Arbeitsstrafrecht, Kap. 2 Rn. 1120; **a. M.** *Trümner/DKKW* § 120 Rn. 6). Zweifelhaft ist hingegen die Einbeziehung der Mitglieder einer per Tarifvertrag (§ 117 Abs. 2) etablierten **Vertretung des fliegenden Personals**, da § 79 diese ebenfalls nicht erfasst (abl. *Trümner/DKKW* § 120 Rn. 6).

Täter können nach § 120 Abs. 1 Nr. 1 auch die Mitglieder der in § 79 Abs. 2 genannten »**Stellen**« sein. 32 Bei einem restriktiven und wortlautgetreuen Verständnis der Verweisung erfasst diese nur die **Einigungsstelle**, die **tarifliche Schlichtungsstelle** und die **betriebliche Beschwerdestelle** (so *Joussen* in: *Bross* Arbeitsstrafrecht, Kap. 25 Rn. 58; *Kania/ErfK* § 120 Rn. 2; *Trümner/DKKW* § 120 Rn. 5; offen *Richter/GKR* Arbeitsstrafrecht, Kap. 2 Rn. 1120), nicht aber eine Offenbarung von Betriebs- und Geschäftsgeheimnissen durch Mitglieder der Jugend- und Auszubildendenvertretung (*Kania/ErfK* § 120 BetrVG Rn. 2; *Trümner/DKKW* § 120 Rn. 6; im Ergebnis ebenso *Joecks/MK-StGB*, § 120 BetrVG Rn. 6; **a. M.** *Galperin/Löwisch* § 120 Rn. 6; *Hess/HWGNRH* § 120 Rn. 7; *Kaiser/LK* § 120 Rn. 8; *Kraft* 4. Aufl., § 120 Rn. 5; *Richardi/Annuß* § 120 Rn. 9; *Thul* in: *Müller-Gugenberger* Wirtschaftsstrafrecht, § 35 Rn. 37). Die Gesetzessystematik unterstützt dieses im Hinblick auf Normzweck und Entstehungsgeschichte (s. Rdn. 2, 30) wenig einsichtige Resultat, da § 120 Abs. 1 Nr. 2 ausdrücklich die Vertreter einer Gewerkschaft oder Arbeitgebervereinigung nennt, obwohl § 79 Abs. 2 diese ebenfalls einbezieht. Das gilt entsprechend für die Mitglieder des Wirtschaftsausschusses, die nicht bereits Betriebsratsmitglieder sind (§ 120 Abs. 1 Nr. 4 1. Alt.). Auch § 10 ArbGG, der zwischen Personen und »Stellen« differenziert, erfasst wegen der ausdrücklichen Nennung natürlicher Personen als »Stellen« nur Personenmehrheiten, denen im Rahmen der Betriebsverfassung rechtliche Befugnisse zugewiesen sind (s. *Matthes/Schlewing/GMP* ArbGG, § 10 Rn. 25).

Aus den in Rdn. 32 genannten Gründen verbietet sich ein extensives Verständnis, das die in § 120 33 Abs. 1 Nr. 1 genannten »Stellen« mit den in § 79 Abs. 2 genannten Personen gleichsetzt (zust. *Joecks/MK-StGB*, § 120 BetrVG Rn. 6). Die gegenteilige Ansicht (*Galperin/Löwisch* § 120 Rn. 6; *Hess/HWGNRH* § 120 Rn. 7; *Kaiser/LK* § 120 Rn. 8; *Kraft* 4. Aufl., § 120 Rn. 5; *Preis/WPK* § 120 Rn. 13; *Richardi/Annuß* § 120 Rn. 9; *Thul* in: *Müller-Gugenberger* Wirtschaftsstrafrecht, § 35 Rn. 37) überschreitet die Grenzen des Wortsinns. Einer vom Normzweck und der Entstehungsgeschichte nahe liegenden entsprechenden Anwendung der Norm steht das strafrechtliche Analogieverbot entgegen (so auch *Trümner/DKKW* § 120 Rn. 6; im Ergebnis ebenso zu § 120 Abs. 2 *Tag* BB 2001, 1578 [1581]).

Auch die in **§ 120 Abs. 1 Nr. 2** genannten **Vertreter einer Gewerkschaft oder Arbeitgebervereinigung** können Täter sein. Bei ihnen ist jedoch stets erforderlich, dass sie von dem Geheimnis in 34 Ausübung ihrer durch das BetrVG eingeräumten Funktionen Kenntnis erlangt haben (*Joecks/MK-StGB*, § 120 BetrVG Rn. 7; *Kaiser/LK* § 120 Rn. 9; **a. M.** *Reich* § 120 Rn. 3). Diese Einschränkung folgt aus dem Normzweck sowie dem systematischen Zusammenhang mit § 79 (s. § 79 Rdn. 41). Er-

§ 120

langen Vertreter von Gewerkschaften oder Arbeitgebervereinigungen außerhalb dieses Bereichs Kenntnis von Betriebs- oder Geschäftsgeheimnissen, greift weder § 120 Abs. 1 noch § 203 StGB ein (zu § 203 StGB s. Rdn. 37). In den Kreis der tauglichen Täter bezieht § 120 Abs. 1 darüber hinaus auch diejenigen Personen ein, die der Betriebsrat zur Unterstützung seiner Tätigkeit beizieht, so den hinzugezogenen **Sachverständigen** (§ 120 Abs. 1 Nr. 3), den nach § 111 Satz 2 in Anspruch genommenen **Berater** (§ 120 Abs. 1 Nr. 3a) und die zur Verfügung gestellte **Auskunftsperson** i. S. d. § 80 Abs. 2 Satz 4 (§ 120 Abs. 1 Nr. 3b).

35 In § **120 Abs. 1 Nr. 4** werden zusätzlich Arbeitnehmer erwähnt, die »vom Wirtschaftsausschuss nach § 108 Abs. 2 Satz 2 hinzugezogen worden« sind. Hiermit können nur die vom Unternehmer hinzugezogenen Arbeitnehmer gemeint sein; es handelt sich um ein Redaktionsversehen, das einer Einbeziehung dieser Arbeitnehmer in den Straftatbestand nicht entgegensteht (ebenso *Fitting* § 120 Rn. 4; *Galperin/Löwisch* § 120 Rn. 7; *Heise/HLS* § 119 Rn. 10; *Hess/HWGNRH* § 120 Rn. 1; *Hitzfeld* Geheimnisschutz, S. 82 FN 114; *Joussen* in: *Bross* Arbeitsstrafrecht, Kap. 25 Rn. 58; *Kaiser/LK* § 120 Rn. 8; *Preis/WPK* § 120 Rn. 13; *Richardi/Annuß* § 120 Rn. 8; *Richter/GKR* Arbeitsstrafrecht, Kap. 2 Rn. 1120; *Thul* in: *Müller-Gugenberger* Wirtschaftsstrafrecht, § 35 Rn. 38; im Ergebnis auch *Kania/ErfK* § 120 BetrVG Rn. 2).

36 Nicht von § 120 Abs. 1 erfasst werden **Arbeitnehmervertreter im Aufsichtsrat** (so auch *Fitting* § 120 Rn. 4; *Galperin/Löwisch* § 120 Rn. 8; *Hess/HWGNRH* § 120 Rn. 7; *Kania/ErfK* § 120 BetrVG Rn. 2); sie unterliegen jedoch der Strafbestimmung in § 404 AktG (*Fitting* § 120 Rn. 4; *Galperin/Löwisch* § 120 Rn. 2; *Kania/ErfK* § 120 BetrVG Rn. 2). Als Täter des § 120 Abs. 1 scheiden ebenfalls der um Vermittlung ersuchte Vorstand der **Bundesagentur für Arbeit** bzw. ein von ihm beauftragter Bediensteter (§ 112 Abs. 2 Satz 1) sowie der **Vermittler nach § 18a** aus (*Hess/HWGNRH* § 120 Rn. 7). Bezüglich des Bediensteten der Bundesagentur für Arbeit gleicht § 203 Abs. 2 Nr. 1 StGB dieses Defizit aus.

37 § 120 Abs. 1 verzichtet im Unterschied zu § 203 Abs. 3 StGB, aber im Einklang mit § 404 AktG und § 85 GmbHG darauf, diejenigen Personen in den Anwendungsbereich einzubeziehen, die als **Helfer** für die in § 120 Abs. 1 genannten Personen und »Stellen« tätig sind, obwohl sie in gleicher Weise wie diese mit den Betriebs- und Geschäftsgeheimnissen in Berührung kommen (ebenso zu § 85 GmbHG *Tiedemann/Rönnau* in: *Scholz* GmbHG, § 85 Rn. 8). Insbesondere das dem Betriebsrat zur Verfügung gestellte **Büropersonal** (s. § 40 Abs. 2; hierzu *Weber* § 40 Rdn. 201 ff.) kommt nicht als Täter einer nach § 120 Abs. 1 strafbaren Handlung in Betracht (ebenso *Weber* § 40 Rdn. 205 a. E. sowie *Kaiser/LK* § 120 Rn. 8); eine **strafbare Teilnahme** (hierzu Rdn. 38) schließt dies jedoch nicht aus (*Kaiser/LK* § 120 Rn. 8). Diese Grundsätze gelten entsprechend für die einer Einigungsstelle zur Verfügung gestellte Schreibkraft, die den Vorsitzenden bei seiner **Protokollführung** unterstützt (*Kaiser/LK* § 120 Rn. 8). Zieht der Betriebsrat zur **Prozessvertretung** einen Rechtsanwalt hinzu, so unterliegt dieser zwar nicht der Strafbestimmung in § 120 Abs. 1, wohl aber derjenigen in § 203 Abs. 1 Nr. 3 StGB (*Kaiser/LK* § 120 Rn. 10). Das gilt indessen nicht für einen als Bevollmächtigten auftretenden Vertreter der Gewerkschaften, seine Einbeziehung in den Anwendungsbereich von § 203 Abs. 1 Nr. 3 StGB ist nicht möglich (ebenso allgemein *Cierniak/Pohlit* MK-StGB, § 203 Rn. 33; *Hoyer/SK-StGB*, § 203 Rn. 42).

38 **Täter** können in allen Formen, also auch als Mittäter oder mittelbarer Täter, wegen des Charakters von § 120 Abs. 1 als echtes **Sonderdelikt** (s. Rdn. 28) nur die in dieser Norm genannten Personen sein. Außenstehende sind selbst bei gemeinschaftlicher Tatbegehung nur als Anstifter oder Gehilfe strafbar (*Joecks/MK-StGB*, § 120 BetrVG Rn. 29; *Joussen* in: *Bross* Arbeitsstrafrecht, § 25 Rn. 57; *Kaiser/LK* § 120 Rn. 4 sowie allgemein zu § 203 StGB *Schünemann/LK-StGB*, § 203 Rn. 58; zu § 404 AktG *Altenhain/Kölner Komm.* AktG, § 404 Rn. 8; *Otto/Großkomm.* AktG, § 404 Rn. 50; zu § 85 GmbHG *Tiedemann/Rönnau* in: *Scholz* GmbHG, § 85 Rn. 8). Für **Teilnehmer** gilt die Strafzumessungsregel des § 28 Abs. 1, da die Wahrnehmung der betriebsverfassungsrechtlichen Aufgaben eine **persönliche Eigenschaft i. S. d. § 28 StGB** ist (*Achenbach* Strafbarkeit, S. 216; *Joecks/MK-StGB*, § 120 BetrVG Rn. 29; *Kania/ErfK* § 120 BetrVG Rn. 1; *Krumm-Mauermann* Rechtsgüterschutz, S. 114; *Preis/WPK* § 120 Rn. 5; *Richardi/Annuß* § 120 Rn. 16; *Thul* in: *Müller-Gugenberger* Wirtschaftsstrafrecht, § 35 Rn. 37; *Trümner/DKKW* § 120 Rn. 3), die im Rahmen von § 120 Abs. 1 **strafbegründende Wirkung** entfaltet (*Achenbach* Strafbarkeit, S. 216; *Joecks/MK-StGB*, § 120

BetrVG Rn. 29; *Kaiser/LK* § 120 Rn. 4; *Richardi/Annuß* § 120 Rn. 16; *Thul* in: *Müller-Gugenberger* Wirtschaftsstrafrecht, § 35 Rn. 37; *Trümner/DKKW* § 120 Rn. 3; wie hier zu § 203 StGB *Fischer* StGB, § 203 Rn. 49; *Hoyer/SK-StGB*, § 203 Rn. 66; *Lackner/Kühl* StGB, § 203 Rn. 2; *Schünemann/LK-StGB*, § 203 Rn. 160; **a. M.** jedoch zu § 203 StGB *Schönke/Schröder/Lenckner/Eisele* StGB, § 203 Rn. 73; zu § 404 AktG *Altenhain/*Kölner Komm. AktG, § 404 Rn. 8).

f) Vollendung

Aufgrund des Strafrahmens handelt es sich bei § 120 Abs. 1 um ein **Vergehen** (§ 12 Abs. 2 StGB). Der **Versuch** ist – entsprechend der allgemeinen Ansicht (stellvertretend *Galperin/Löwisch* § 120 Rn. 2; *Joecks/*MK-StGB, § 120 BetrVG Rn. 31; *Joussen* in: *Bross* Arbeitsstrafrecht, Kap. 25 Rn. 65; *Kaiser/LK* § 120 Rn. 6; *Richardi/Annuß* § 120 Rn. 15; *Trümner/DKKW* § 120 Rn. 3) – **nicht strafbar** (§ 23 Abs. 1 StGB). Das gilt ebenfalls für den Grundtatbestand in § 120 Abs. 3 Satz 2 sowie die Qualifikationen in § 120 Abs. 3 Satz 1 – auch bei ihnen ist der Versuch nicht strafbar (*Kaiser/LK* § 120 Rn. 6; *Küchenhoff* § 120 Rn. 8; *Trümner/DKKW* § 120 Rn. 3). Zur Vollendung des Deliktstatbestands s. Rdn. 13. 39

2. Offenbarung persönlicher Geheimnisse (Abs. 2)

a) Objektiver Tatbestand

Zum Schutz der Arbeitnehmer (s. Rdn. 8) wird die unbefugte Offenbarung eines fremden Geheimnisses eines Arbeitnehmers, vor allem soweit es seinem Intimbereich angehört, unter Strafe gestellt (§ 120 Abs. 2). Diese Ausdehnung der Strafnorm war im Regierungsentwurf noch nicht enthalten. Sie geht auf eine Anregung des Bundesrats zurück (BT-Drucks. VI/1786, S. 67), die der Bundestagsausschuss für Arbeit und Sozialordnung aufgegriffen hat (zu BT-Drucks. VI/2729, S. 35). 40

Unter »**Geheimnis**« versteht man eine Tatsache, die nur einem beschränkten Personenkreis bekannt ist und deren Geheimhaltung der davon Berührte in seinem Interesse will (zum Geheimnisbegriff näher § 79 Rdn. 11). Ein Geheimnis ohne **Geheimhaltungswillen** gibt es nicht (BGH 05.06.1975 BGHZ 64, 325 [329]; *Hengeler* FS *Schilling*, 1973, S. 175 [177]; *G. Hueck* RdA 1975, 35 [38]; *von Stebut* Geheimnisschutz und Verschwiegenheitspflicht im Aktienrecht, 1972, S. 28; *Wessing/Hölters* DB 1976, 1671 [1674]; zurückhaltend *Lutter* Information und Vertraulichkeit im Aufsichtsrat, 3. Aufl. 2006, Rn. 434 ff.). Einer ausdrücklichen **Erklärung des Arbeitnehmers** über seinen Geheimhaltungswillen bedarf es – per argumentum e contrario aus § 120 Abs. 1 – nicht (*Galperin/Löwisch* § 120 Rn. 11; *Kaiser/LK* § 120 Rn. 24; *Krumm-Mauermann* Rechtsgüterschutz, S. 112; *Preis/WPK* § 120 Rn. 20; *Reich* § 120 Rn. 9; *Richter/GKR* Arbeitsstrafrecht, Kap. 2 Rn. 1128; *Weiss/Weyand* § 120 Rn. 3; **a. M.** *Hess/HWGNRH* § 120 Rn. 20; wohl auch *Trümner/DKKW* § 120 Rn. 15, der auf den Willen des Arbeitnehmers abstellt). § 120 Abs. 2 bezieht nur Geheimnisse, nicht hingegen **vertrauliche Angaben** in den Anwendungsbereich der Strafbestimmung ein (*BT-Ausschuss für Arbeit und Sozialordnung* zu BT-Drucks. VI/2729, S. 35; *Hitzfeld* Geheimnisschutz, S. 143). Zum postmortalen Geheimnisschutz s. § 120 Abs. 4 sowie Rdn. 12. 41

Die geheimzuhaltende Tatsache muss nicht aus dem im Gesetz hervorgehobenen Intimbereich stammen, sondern umfasst auch andere, etwa betriebliche Belange (*Fitting* § 120 Rn. 5; *Joecks/*MK-StGB, § 120 BetrVG Rn. 18; *Preis/WPK* § 120 Rn. 21); die Geheimhaltungspflicht muss sich aber aus einer ausdrücklichen Anordnung im BetrVG ergeben. Die Offenbarung anderer persönlicher Geheimnisse unterfällt nicht § 120 Abs. 2 (*Kaiser/LK* § 120 Rn. 25; *Rieble/*AR §§ 119–121 BetrVG Rn. 7; s. a. § 79 Rdn. 74). Mit Strafe bedroht ist damit die Verletzung betriebsverfassungsrechtlicher Pflichten, die in § 82 Abs. 2 Satz 3, § 83 Abs. 1 Satz 3, § 99 Abs. 1 Satz 3 und § 102 Abs. 2 Satz 5 niedergelegt sind. Auf die Erläuterungen zu den vorgenannten Bestimmungen wird deshalb verwiesen. Die Ableitung einer Geheimhaltungspflicht aus § 75 reicht im Rahmen von § 120 nicht aus (*Galperin/Löwisch* § 120 Rn. 13; *Hitzfeld* Geheimnisschutz, S. 143; *Kaiser/LK* § 120 Rn. 28; *Preis/WPK* § 120 Rn. 18; wohl auch *Richardi/Annuß* § 120 Rn. 18). 42

Auch zu § 120 Abs. 2 ist die strafrechtsdogmatische Bewertung eines Einverständnisses des Arbeitnehmers mit der Offenbarung zweifelhaft. Da das »Geheimnis« einen Geheimhaltungswillen voraussetzt (s. 43

Rdn. 41), sprechen die besseren Gründe dafür, dass im Fall des Einverständnisses mit der Offenbarung generell oder zumindest relativ der Geheimnischarakter verloren geht, so dass – wie im Rahmen des § 120 Abs. 1 (s. Rdn. 15) – die Tatbestandsmäßigkeit entfällt (im Ergebnis ebenso *Galperin/Löwisch* § 120 Rn. 11; *Kaiser/LK* § 120 Rn. 24; *Krumm-Mauermann* Rechtsgüterschutz, S. 120 f.; *Tag* BB 2001, 1578 [1583]).

b) Subjektiver Tatbestand

44 Bezüglich des subjektiven Tatbestands ist aus den in Rdn. 17 genannten Gründen **dolus eventualis** erforderlich, aber auch ausreichend (*Galperin/Löwisch* § 120 Rn. 14; *Joecks*/MK-StGB, § 120 BetrVG Rn. 21). Die irrtümliche Annahme eines Einverständnisses des Arbeitnehmers mit der Offenbarung führt bei dem hier befürworteten Verständnis (dazu Rdn. 43) zum Vorsatzausschluss (§ 16 Abs. 1 StGB; im Ergebnis auch *Joecks*/MK-StGB, § 120 BetrVG Rn. 21).

c) Begehungsformen

45 Entsprechend den Ausführungen in Rdn. 19 kann nicht nur aktives Verhalten, sondern auch ein **Unterlassen** den Straftatbestand in § 120 Abs. 2 verwirklichen, ohne dass die gesonderten Voraussetzungen einer strafrechtlichen Garantenstellung vorliegen müssen; § 120 Abs. 2 hat insoweit auch die Qualität eines **echten Unterlassungsdelikts**.

d) Rechtswidrigkeit und Schuld

46 Hinsichtlich Rechtswidrigkeit und Schuld gelten die Ausführungen in Rdn. 21 bis 27 auch für den Straftatbestand in § 120 Abs. 2. Bei der Offenbarung privater Geheimnisse an Mitglieder des Betriebsrats oder anderer Betriebsverfassungsorgane greift § 79 Abs. 1 Satz 3 und 4 indessen nicht generell ein, sondern nur, solange und soweit die jeweiligen Vorschriften auf diese Norm verweisen (vgl. § 80 Abs. 4, § 99 Abs. 1 Satz 3, § 102 Abs. 2 Satz 5).

e) Täterschaft und Teilnahme

47 Zur Geheimhaltung verpflichtet sind Mitglieder und Ersatzmitglieder des Betriebsrats sowie die Mitglieder einer der in § 79 Abs. 2 genannten »Stellen«. Auch § 120 Abs. 2 ist deshalb ein **echtes Sonderdelikt**. Er nennt zwar nur die **Mitglieder des Betriebsrats**, wegen des Normzwecks ist aber wie bei § 120 Abs. 1 Nr. 1 (s. Rdn. 31) eine extensive Auslegung geboten, so dass auch die Mitglieder des Gesamt- und Konzernbetriebsrats als Täter in Betracht kommen. Nicht erfasst sind hingegen die aufgrund eines nach § 117 Abs. 2 abgeschlossenen Tarifvertrags gewählten **Vertreter des fliegenden Personals** (für ihre Einbeziehung *de lege ferenda Krumm-Mauermann* Rechtsgüterschutz, S. 128). Auch die Offenbarung persönlicher Geheimnisse durch einen **Vermittler i. S. d. § 18a** (z. B. Jahresarbeitsentgelt) unterliegt nicht dem Straftatbestand in § 120 Abs. 2. Eine Täterschaft der **Beauftragten von Arbeitgebervereinigungen und Gewerkschaften** scheidet ebenfalls aus, wenn sie die von § 120 Abs. 2 geschützten persönlichen Geheimnisse unbefugt offenbaren. Sie zählen nicht zu den in § 79 Abs. 2 genannten »Stellen« (so auch *Tag* BB 2001, 1578 [1581]; näher Rdn. 32).

48 Die strafrechtsdogmatische Qualität des § 120 Abs. 2 als echtes Sonderdelikt hat gravierende Bedeutung, wenn eine der in dieser Vorschrift genannten Personen das Privatgeheimnis des Arbeitnehmers »befugt« an eine der in § 79 Abs. 1 Satz 3 und 4 aufgezählten Personen bzw. Betriebsverfassungsorgane mitteilt (insoweit jedoch Rdn. 46) und diese das Geheimnis offenbaren. Gehören sie ebenfalls zu den »Mitgliedern des Betriebsrats oder einer der in § 79 Abs. 2 genannten Stellen«, so unterliegen sie dem in § 120 Abs. 2 normierten Straftatbestand (im Grundsatz auch *Galperin/Löwisch* § 120 Rn. 13; *Hess/ HWGNRH* § 120 Rn. 21). Weisen sie nicht die von § 120 Abs. 2 geforderte persönliche Eigenschaft auf, so scheiden sie als Täter von § 120 Abs. 2 aus. Dies trifft auf der Grundlage des hiesigen Verständnisses jedoch nur bei Arbeitnehmervertretern im Aufsichtsrat zu (s. Rdn. 49); § 404 AktG gleicht dieses Defizit wegen seiner Beschränkung auf »Geheimnisse der Gesellschaft« nur in Ausnahmefällen aus.

49 Nicht unter der Strafandrohung des § 120 Abs. 2 steht das Betriebsratsmitglied, das der Arbeitnehmer im **Beschwerdeverfahren nach § 84** beigezogen hat (*Kaiser/LK* § 120 Rn. 25). Auch **Arbeitnehmervertreter im Aufsichtsrat** erfasst § 120 Abs. 2 nicht (*Galperin/Löwisch* § 120 Rn. 12). Das gilt

Verletzung von Geheimnissen § 120

entsprechend für Personen, die dem Betriebsrat bei seiner Tätigkeit Hilfestellung (z. B.: Schreibkräfte) leisten. Hinsichtlich der Auswirkungen der Amtseigenschaft auf Täterschaft und Teilnahme gelten die Ausführungen in Rdn. 38 auch für den Straftatbestand in § 120 Abs. 2.

f) Vollendung
Die Strafbarkeit nach § 120 Abs. 2 setzt die Vollendung des Deliktstatbestands voraus; der Versuch ist aus den Gründen in Rdn. 39 nicht strafbar. Hinsichtlich des Zeitpunkts der Vollendung gelten die Ausführungen zu § 120 Abs. 1 (s. Rdn. 13) entsprechend. **50**

3. Verwertung fremder Geheimnisse (Abs. 3 Satz 2)

a) Deliktscharakter
Neben den Grundtatbeständen in § 120 Abs. 1 und 2 stellt § 120 Abs. 3 Satz 2 – ebenso wie § 204 **51** StGB, § 85 Abs. 2 Satz 2 GmbHG, § 404 Abs. 2 Satz 2 AktG – die Verwertung eines fremden Geheimnisses unter Strafe. Wegen des systematischen Zusammenhangs mit § 120 Abs. 3 Satz 1 handelt es sich trotz der tatbestandlichen Bezugnahme auf § 120 Abs. 1 und 2 um ein **eigenständiges Grunddelikt** (ebenso *Preis/WPK* § 120 Rn. 12; *Richardi/Annuß* § 120 Rn. 12; *Richter/GKR* Arbeitsstrafrecht, Kap. 2 Rn. 1125; ebenso zu § 85 GmbHG *Wißmann*/MK-GmbHG, § 85 Rn. 2), das eine **lückenschließende Funktion** hat und immer dann eingreift, wenn der Täter das Geheimnis verwertet, ohne dieses zugleich einem Dritten gegenüber zu offenbaren (s. Rdn. 52). Es ist deshalb keine strafschärfende Qualifikation (zust. *Richter/GKR* Arbeitsstrafrecht, Kap. 2 Rn. 1125; **a. M.** aber wohl *Galperin/Löwisch* § 120 Rn. 15; *Joecks*/MK-StGB, § 120 BetrVG Rn. 27; *Kaiser/LK* § 120 Rn. 32; *Kania*/ErfK § 120 BetrVG Rn. 5; *Reich* § 120 Rn. 10; *Weiss/Weyand* § 120 Rn. 5, die § 120 Abs. 3 pauschal als Qualifikation bezeichnen). Der Straftatbestand ist kein abstraktes oder konkretes Gefährdungsdelikt, sondern wegen des Erfordernisses einer Verwertung ein **Erfolgsdelikt** (s. a. Rdn. 55 a. E.).

b) Objektiver Tatbestand
Der Wortlaut des § 120 Abs. 3 Satz 2 bezieht sich auf jedes fremde Geheimnis. Eine ausdrückliche Bezugnahme auf die in § 120 Abs. 1 und 2 genannten Geheimnisse fehlt im Gesetz, so dass an sich jedes denkbare Geheimnis in den Straftatbestand einbezogen ist. Bedeutung hat das für solche Geheimnisse, die weder § 120 Abs. 1 noch § 120 Abs. 2 erfasst, also vor allem diejenigen, denen der Zusammenhang mit dem Betrieb oder Geschäft fehlt oder noch fehlt. **52**

Zu § 204 StGB, § 85 Abs. 2 Satz 2 GmbHG und § 404 Abs. 2 Satz 2 AktG ist insoweit ein extensives, **53** sich auf jedes Geheimnis beziehendes Verständnis anerkannt (vor allem *Reg. Begr.* BT-Drucks. 7/550, S. 244, zu § 204 StGB). Für § 120 Abs. 3 Satz 2 gilt dies nicht. Andernfalls würde der Verwertungsschutz über den Offenbarungsschutz hinausgehen, ein Ergebnis, das vom Gesetzgeber nicht gewollt ist, da auch die §§ 203 f. StGB sowie § 404 AktG und § 85 GmbHG für den Offenbarungs- und den Verwertungstatbestand von einer Identität der geschützten Geheimnisse ausgehen und die Bezugnahme auf die Betriebs- oder Geschäftsgeheimnisse lediglich exemplarische Bedeutung hat (*Reg. Begr.* BT-Drucks. 7/550, S. 244, zu § 204 StGB). Wegen des Zwecks des § 120 Abs. 3 Satz 2, § 120 an die §§ 203 f. StGB anzugleichen (s. *Reg. Begr.* BT-Drucks. 7/550, S. 424), hat dieses Verständnis eines inhaltlich kongruenten Geheimnisschutzes auch im Rahmen von § 120 Gültigkeit. Deshalb erfasst § 120 Abs. 3 Satz 2 nur solche »fremden Geheimnisse«, für die das Gesetz in § 120 Abs. 1 und 2 einen Offenbarungsschutz normiert.

Der Grundtatbestand in § 120 Abs. 3 Satz 2 setzt voraus, dass der Täter das fremde Geheimnis **nicht 54 offenbart** (ebenso *Fitting* § 120 Rn. 3; *Reich* § 120 Rn. 11; *Richardi/Annuß* § 120 Rn. 12; *Stege/Weinspach/Schiefer* § 120 Rn. 9). Diese negative tatbestandliche Voraussetzung folgt zwar nicht aus dem Wortlaut, wohl aber aus dem systematischen Kontext der Vorschrift. Wenn der Täter das Geheimnis zum Zwecke der Verwertung offenbart, dann handelt er in der Absicht, sich zu bereichern, so dass bereits § 120 Abs. 3 Satz 1 eingreift. Einen eigenständigen Anwendungsbereich hat § 120 Abs. 3 Satz 2 somit nur, wenn er das Geheimnis verwertet, ohne es zugleich einem Dritten gegenüber zu offenbaren. Die Entstehungsgeschichte bekräftigt dieses Verständnis, da die Einfügung von § 120 Abs. 3 Satz 2 eine Strafbarkeitslücke schließen sollte (zur früheren Rechtslage *Simon* Betriebsgeheimnisse, S. 243). Diesen Zweck kann die Norm nur bei dem hier befürworteten Verständnis erfüllen, das zudem mit der überwiegenden Ansicht zu § 204 StGB übereinstimmt (für diese *Reg. Begr.* BT-Drucks. 7/550, S. 244; *Fischer* StGB, § 204 Rn. 3; *Hoyer*/SK-StGB, § 204 Rn. 7; *Schönke/Schröder/Lenckner/Eisele* StGB, § 204 Rn. 5/6; *Schünemann*/LK-StGB, § 204 Rn. 5).

55 Die Verwertung des Geheimnisses besteht in der **eigenen wirtschaftlichen Nutzung** des in dem Geheimnis verkörperten Wertes zum Zweck der Gewinnerzielung (*Galperin/Löwisch* § 120 Rn. 19; *Joecks*/MK-StGB, § 120 BetrVG Rn. 27; *Joussen* in: *Bross* Arbeitsstrafrecht, Kap. 25 Rn. 69; *Kaiser*/LK § 120 Rn. 32; *Kania*/ErfK § 120 BetrVG Rn. 5; *Lunk*/NK-GA § 120 BetrVG Rn. 7; *Richter*/GKR Arbeitsstrafrecht, Kap. 2 Rn. 1125; *Trümner*/DKKW § 120 Rn. 13; *Wlotzke* § 120 Rn. 2 sowie allgemein *Reg. Begr.* BT-Drucks. 7/550, S. 244; *Hoyer*/SK-StGB, § 204 Rn. 7; *Schönke/Schröder/Lenckner/Eisele* StGB, § 204 Rn. 6; zu § 404 *Altenhain*/Kölner Komm. AktG, § 404 Rn. 26; *Otto*/Großkomm. AktG, § 404 Rn. 27; zu § 85 GmbHG *Tiedemann/Rönnau* in: *Scholz* GmbHG, § 85 Rn. 29). Ob dies zum eigenen oder fremden Vorteil geschieht, ist unerheblich (*Joecks*/MK-StGB, § 120 BetrVG Rn. 27). **Keine Verwertung** ist die Verwendung des Geheimnisses zu **nichtwirtschaftlichen**, z. B. partei- oder koalitionspolitischen **Zwecken** (zust. *Joussen* in: *Bross* Arbeitsstrafrecht, Kap. 25 Rn. 69; allgemein zu § 204 StGB *Fischer* StGB, § 204 Rn. 3; *Graf*/MK-StGB, § 204 Rn. 10; *Hoyer*/SK-StGB, § 204 Rn. 2; *Schünemann*/LK-StGB, § 204 Rn. 6; zu § 404 AktG *Altenhain*/Kölner Komm. AktG, § 404 Rn. 26; *Otto*/Großkomm. AktG, § 404 Rn. 27). Der Tatbestand knüpft nicht an der inneren Einstellung des Täters, sondern der Herbeiführung einer Verwertung an, so dass der Eintritt eines **Verwertungserfolgs** notwendig ist (ebenso *Joussen* in: *Bross* Arbeitsstrafrecht, Kap. 25 Rn. 69 sowie ferner *Lackner/Kühl* StGB, § 204 Rn. 4; *Wagner* JZ 1987, 658 [668]; **a. M.** *Joecks*/MK-StGB, § 120 BetrVG Rn. 27 sowie zu § 204 StGB *Graf*/MK-StGB, § 204 Rn. 10; *Hoyer*/SK-StGB, § 204 Rn. 7: objektiv geeignete Verwertungshandlung).

c) Subjektiver Tatbestand

56 Für den subjektiven Tatbestand reicht **Vorsatz** aus; es genügt aber **dolus eventualis**, eine darüber hinausgehende Absicht ist nicht notwendig. Die Grundsätze zu § 120 Abs. 1 (s. Rdn. 17 f.) gelten auch im Rahmen des § 120 Abs. 3 Satz 2. Zur Abgrenzung zwischen bedingtem Vorsatz und bewusster, bei § 120 Abs. 3 strafloser Fahrlässigkeit s. § 119 Rdn. 52.

d) Rechtswidrigkeit und Schuld

57 Wie die Offenbarung ist auch die Verwertung nur strafbar, wenn sie **unbefugt** erfolgt, wobei es sich um einen **Hinweis auf das allgemeine Verbrechensmerkmal** handelt (zu § 120 Abs. 1 s. Rdn. 21; zust. *Joussen* in: *Bross* Arbeitsstrafrecht, Kap. 25 Rn. 70; **a. M.** *Joecks*/MK-StGB, § 120 BetrVG Rn. 27).

e) Täterschaft und Teilnahme

58 Als Täter kommen nur solche Personen in Betracht, die bei einer Offenbarung nach § 120 Abs. 1 oder 2 strafbar sein können (ebenso zu § 204 StGB *Fischer* StGB, § 204 Rn. 2; *Hoyer*/SK-StGB, § 204 Rn. 6; *Lackner/Kühl* StGB, § 204 Rn. 2; *Schünemann*/LK-StGB, § 204 Rn. 4). Auch § 120 Abs. 3 Satz 2 hat deshalb die Qualität eines **echten Sonderdelikts** (ebenso zu § 204 StGB *Fischer* StGB, § 204 Rn. 1; *Hoyer*/SK-StGB, § 204 Rn. 1).

f) Vollendung

59 Wie § 120 Abs. 1 und 2 ist § 120 Abs. 3 Satz 2 ein **Vergehen** (§ 12 Abs. 2 StGB), so dass mangels gesetzlicher Anordnung (§ 23 Abs. 1 StGB) der **Versuch nicht strafbar** ist. Für die Vollendung des Deliktstatbestands ist eine Gewinnerzielung nicht erforderlich, es genügt die unmittelbare Möglichkeit derselben (zu § 85 GmbHG *Tiedemann/Rönnau* in: *Scholz* GmbHG, § 85 Rn. 30, m. w. N.).

IV. Qualifikationstatbestände (Abs. 3 Satz 1)

1. Deliktscharakter

Eine Strafschärfung sieht § 120 Abs. 3 Satz 1 vor, wenn der Täter gegen Entgelt (1. Alt.), mit Bereicherungs- (2. Alt.) oder Schädigungsabsicht (3. Alt.) das fremde Geheimnis offenbart. Diese Abwandlung, deren 2. und 3. Alternative in ihren Grundstrukturen bereits in § 100 Abs. 2 Satz 1 BRG und § 79 Abs. 2 Satz 1 BetrVG 1952 enthalten waren, berührt den Unwertgehalt der Grundtatbestände in § 120 Abs. 1 und 2 und führt zwingend zu einer schwereren Bestrafung. Strafrechtsdogmatisch handelt es sich deshalb um **Qualifikationstatbestände** (so auch *Joussen* in: *Bross* Arbeitsstrafrecht, Kap. 25 Rn. 67; *Richardi/Annuß* § 120 Rn. 23; *Richter/GKR* Arbeitsstrafrecht, Kap. 2 Rn. 1131 sowie pauschal für § 120 Abs. 3 *Galperin/Löwisch* § 120 Rn. 15; *Kaiser/LK* § 120 Rn. 32; *Kania/ErfK* § 120 BetrVG Rn. 5; *Preis/WPK* § 120 Rn. 23; *Trümner/DKKW* § 120 Rn. 1; *Weiss/Weyand* § 120 Rn. 5; wie hier schon zu § 79 Abs. 2 BetrVG 1952 *Simon* Betriebsgeheimnisse, S. 244; zu § 100 Abs. 2 BRG *Flatow/Kahn-Freund* § 100 Rn. 1; *Mansfeld* § 100 Rn. 2; ebenso zu § 203 Abs. 5 StGB *Hoyer/SK-StGB*, § 203 Rn. 62; *Schünemann/LK-StGB*, § 203 Rn. 161 ff.) und **nicht** um eine **Strafzumessungsregel**. 60

2. Entgeltliches Handeln

Ein Entgelt ist nach der Legaldefinition in § 11 Abs. 1 Nr. 9 StGB jede in einem Vermögensvorteil bestehende Gegenleistung. Das gilt auch für § 120 Abs. 3 Satz 1 1. Alt., da § 11 Abs. 1 Nr. 9 StGB wegen Art. 1 Abs. 1 EGStGB für das gesamte Bundesrecht gilt (ebenso *Richter/GKR* Arbeitsstrafrecht, Kap. 2 Rn. 1132) und ein für das Betriebsverfassungsgesetz abweichendes Begriffsverständnis weder ausdrücklich angeordnet wurde, noch diesem im Wege der Auslegung entnommen werden kann. 61

Das Gesetz verlangt ein Handeln gegen Entgelt und damit ein Gegenseitigkeitsverhältnis i. S. eines do-ut-des zwischen Offenbarung und Entgelt (*Joecks/MK-StGB*, § 120 BetrVG Rn. 24). Den besonderen Unwertgehalt erlangt die Qualifikation nicht wegen der Annahme des Entgelts, sondern wegen der vom Täter vorgenommenen Offenbarung, um durch diese ein Entgelt zu erzielen. Deshalb ist es für die Vollendung der Qualifikation nicht erforderlich, dass der Täter das Entgelt tatsächlich erlangt hat (*Joecks/MK-StGB*, § 120 BetrVG Rn. 24). Ausreichend ist zur Verwirklichung des spezifischen Unwertgehalts bereits die **Vereinbarung** (zust. *Richter/GKR* Arbeitsstrafrecht, Kap. 2 Rn. 1132; so auch zu § 203 Abs. 5 StGB *Hoyer/SK-StGB*, § 203 Rn. 62; *Schünemann/LK-StGB*, § 203 Rn. 162 sowie zu § 404 AktG *Altenhain/Kölner Komm. AktG*, § 403 Rn. 33). 62

3. Bereicherungs- oder Schädigungsabsicht

a) Allgemeines

Mit den in § 120 Abs. 3 Satz 1 2. und 3. Alt. genannten Qualifikationstatbeständen knüpft das Gesetz an die Motivation des Täters an und qualifiziert damit den bei § 120 Abs. 1 und 2 erforderlichen, aber auch ausreichenden subjektiven Tatbestand. Insoweit schreibt das Gesetz die bereits in § 100 Abs. 2 BRG und § 79 Abs. 2 Satz 1 BetrVG 1952 enthaltenen Regelungen fort. 63

b) Bereicherungsabsicht

Eine Bereicherung liegt nur vor, wenn ein **Vermögensvorteil** eintritt (*Galperin/Löwisch* § 120 Rn. 17). Ein sachlicher Unterschied zu § 79 Abs. 2 Satz 1 BetrVG 1952, der noch ausdrücklich auf den Vermögensvorteil abstellte, besteht jedoch nicht. Sonstige (immaterielle) Vorteile rechtfertigen deshalb nicht die Anwendung des Qualifikationstatbestands (zu § 203 StGB *Hoyer/SK-StGB*, § 203 Rn. 64). 64

Seinen spezifischen Unwertgehalt erlangt der Qualifikationstatbestand nicht erst dadurch, dass der Empfänger auf den Eintritt des Vermögensvorteils keinen Anspruch hat, es sich also um einen **rechtswidrigen Vermögensvorteil** handelt (*Galperin/Löwisch* § 120 Rn. 17; *Joecks/MK-StGB*, § 120 65

BetrVG Rn. 25; *Joussen* in: *Bross* Arbeitsstrafrecht, Kap. 25 Rn. 68; so auch bereits zu § 100 Abs. 2 BRG *Mansfeld* § 100 Anm. 2b sowie zu § 404 AktG *Altenhain*/Kölner Komm. AktG, § 403 Rn. 35; **a. M.** *Schnorr von Carolsfeld* RdA 1962, 400 [401] sowie zu § 203 StGB *Hoyer*/SK-StGB, § 203 Rn. 63; *Schönke/Schröder/Lenckner/Eisele* StGB, § 203 Rn. 74; *Schünemann*/LK-StGB, § 203 Rn. 163; zu § 404 AktG *Otto*/Großkomm. AktG, § 404 Rn. 32; zu § 85 GmbHG *Tiedemann/Rönnau* in: *Scholz* GmbHG, § 85 Rn. 51). Nur die zusätzliche Einbeziehung »rechtmäßiger« Vermögensvorteile wird dem Schutzzweck der Norm gerecht, da die erhöhte Strafwürdigkeit des Täters gerade darin besteht, dass er die in Ausübung seines Amtes erlangten Geheimnisse zur eigen- oder fremdnützigen Interessenverfolgung einsetzt, um sich oder Dritten hierdurch einen Vermögensvorteil zu verschaffen. Bei wem die Bereicherung eintritt, ist unerheblich, es kann dies der Offenbarende oder ein Dritter sein (zu § 79 Abs. 1 BetrVG 1952 bereits *Simon* Betriebsgeheimnisse, S. 244).

66 Der Qualifikationstatbestand lässt die »überschießende Innentendenz« ausreichen. Es ist deshalb nicht erforderlich, dass der Täter oder ein Dritter den Vermögensvorteil tatsächlich erhält (*Galperin/Löwisch* § 120 Rn. 17; *Preis/WPK* § 120 Rn. 23; *Richardi/Annuß* § 120 Rn. 23; *Richter/GKR* Arbeitsstrafrecht, Kap. 2 Rn. 1133). Die Absicht einer Bereicherung setzt zielgerichtetes Handeln voraus; dem Täter muss es darauf ankommen, dass er selbst oder ein Dritter einen Vermögensvorteil erhält (*dolus directus* 1. Grades; ebenso *Joecks*/MK-StGB, § 120 BetrVG Rn. 25; s. auch *Hoyer*/SK-StGB, § 203 Rn. 63).

c) Schädigungsabsicht

67 Das Gesetz knüpft für die Qualifikation in der 3. Alt. ausdrücklich an einen Schaden an. Aus dem Wortlaut lässt sich nicht entnehmen, dass es sich um einen Vermögensschaden handeln muss, der Eintritt eines **ideellen Nachteils** reicht deshalb aus (*Galperin/Löwisch* § 120 Abs. 18; *Hess*/HWGNRH § 120 Rn. 24; *Reich* § 120 Rn. 10; *Richter/GKR* Arbeitsstrafrecht, Kap. 2 Rn. 1134 [**a. M.** *Joecks*/ MK-StGB, § 120 BetrVG Rn. 26]; ebenso bereits zu § 79 BetrVG 1952 *Schnorr von Carolsfeld*, RdA 1962, 400 [401]; so auch zu § 100 Abs. 2 BRG *Mansfeld* § 100 Anm. 2b [**a. M.** *Flatow/Kahn-Freund* § 100 Anm. 7] sowie zu § 203 StGB *Schünemann*/LK-StGB, § 203 Rn. 164 [**a. M.** *Hoyer*/SK-StGB, § 203 Rn. 64]; zu § 404 AktG *Altenhain*/Kölner Komm. AktG, § 403 Rn. 36 [**a. M.** *Otto*/Großkomm. AktG, § 403 Rn. 35]; zu § 85 GmbHG *Tiedemann/Rönnau* in: *Scholz* GmbHG, § 85 Rn. 52). Er kann auch in der Rufschädigung oder öffentlichen Bloßstellung liegen. Es muss kein Nachteil für den von der Offenbarung Verletzten sein, es genügt, wenn dieser bei einem Dritten eintritt. § 120 Abs. 3 Satz 1 3. Alt. weicht insoweit ausdrücklich von § 79 Abs. 2 BetrVG 1952 ab, der noch verlangte, dass der Schaden bei dem Betrieb oder dem Unternehmen eintreten sollte.

68 Wie für die 2. Alt. genügt auch für die 3. Alt. des Qualifikationstatbestands, dass der Täter die **Absicht** hat, den Nachteil einem Dritten zuzufügen (*dolus directus* 1. Grades; *Joecks*/MK-StGB, § 120 BetrVG Rn. 26; s. auch Rdn. 66). Der Qualifikationstatbestand greift deshalb auch ein, wenn der Nachteil tatsächlich ausbleibt (*Galperin/Löwisch* § 120 Rn. 18; *Richardi/Annuß* § 120 Rn. 23).

4. Täterschaft und Teilnahme

69 Das in der **1. Alternative** des Qualifikationstatbestands genannte Merkmal ist **tatbezogen**, so dass der Strafrahmen in § 120 Abs. 3 Satz 1 auch für Teilnehmer zur Anwendung gelangt. Zweifelhaft ist die Einordnung für die **2. und 3. Alternative**, da die dort verlangte »überschießende Innentendenz« mit gewichtigen Gründen als ein **besonderes persönliches Merkmal** i. S. d. § 28 Abs. 2 StGB angesehen werden kann (**a. M.** *Joecks*/MK-StGB, § 120 BetrVG Rn. 30; *Krumm-Mauermann* Rechtsgüterschutz, S. 114: »tatbezogenes Merkmal«; ebenso auch zu § 203 StGB *Schönke/Schröder/Lenckner/Eisele* StGB, § 203 Rn. 75; wie hier zu § 203 StGB *Hoyer*/SK-StGB, § 203 Rn. 65; *Schünemann*/LK-StGB, § 203 Rn. 160; zu § 404 AktG *Altenhain*/Kölner Komm. AktG, § 403 Rn. 38 [**a. M.** *Otto*/Großkomm. AktG, § 403 Rn. 41]). Dies hat indes zur Folge, dass der Teilnehmer, der ohne Bereicherungs- oder Schädigungsabsicht handelt, nur nach dem allgemeinen Strafrahmen der Grundtatbestände in § 120 Abs. 1 oder 2 bestraft werden kann.

V. Strafantragserfordernis

Wie § 119 sind auch die in § 120 Abs. 1 bis 3 zusammengefassten Delikte Antragsdelikte. Ebenso ist im Hinblick auf eine Strafbarkeit nach § 120 Abs. 1 bis 3 ein »besonderes öffentliches Interesse« nicht in der Lage, einen fehlenden Strafantrag zu überwinden. Angesichts der Rechtslage bei einer Strafbarkeit nach § 17 UWG (s. Rdn. 75 sowie § 17 Abs. 5 UWG) ist dies zumindest im Hinblick auf den Schutz der Betriebs- und Geschäftsgeheimnisse nicht widerspruchsfrei, da ein fehlender Strafantrag nur aufgrund einer ausdrücklichen Anordnung des Gesetzgebers bei den Antragsdelikten entbehrlich ist. 70

Die Antragsbefugnis setzt im Unterschied zu § 119 Abs. 2 jedoch voraus, dass der Antragsteller **Verletzter**, d. h. Träger des offenbarten oder verwerteten Geheimnisses ist. Dies kann nur der Arbeitgeber bzw. das Unternehmen oder der Arbeitnehmer sein (*Hess/HWGNRH* § 120 Rn. 27; *Kaiser/LK* § 120 Rn. 33; *Richardi/Annuß* § 120 Rn. 26; *Trümner/DKKW* § 120 Rn. 21). Näher zum Strafantrag § 119 Rdn. 76 ff.; anders als bei einer Straftat nach § 119 Abs. 1 sprechen bei einer Straftat nach § 120 Abs. 1 gute Gründe dafür, eine Vertretung im Willen bei der Antragstellung als zulässig anzusehen, was selbst die Vertretungsmacht des Prokuristen einschließen dürfte, da die Vermögenssphäre des Unternehmens betroffen ist (s. § 119 Rdn. 78). Weil § 120 Abs. 4 den strafrechtlichen Schutz nicht mit dem Tod des Geschützten enden lässt, dehnt § 120 Abs. 5 Satz 2 und 3 das Antragsrecht auf die Angehörigen oder Erben aus. 71

Hinsichtlich der **Antragsfrist** gelten grundsätzlich die Ausführungen zu § 119 (s. § 119 Rdn. 79, 80). Geht das Antragsrecht auf die Erben bzw. die Angehörigen des Verletzten über, so ist § 77b Abs. 4 StGB zu beachten. 72

VI. Strafverfahren

Für das Strafverfahren gelten im Vergleich zu § 119 grundsätzlich keine Besonderheiten. Insoweit ist auf die dortigen Ausführungen zu verweisen (s. § 119 Rdn. 85 bis 87). Lediglich hinsichtlich der **Verjährungsfrist** ist bei dem Grundtatbestand in § 120 Abs. 3 Satz 2 sowie bezüglich der in § 120 Abs. 3 Satz 1 genannten Qualifikationen die verlängerte Frist von **fünf Jahren** (§ 78 Abs. 3 Nr. 4 StGB zu beachten; ansonsten gilt die allgemeine Verjährungsfrist von **drei Jahren** (§ 78 Abs. 3 Nr. 5 StGB). Eine Eingangszuständigkeit der bei den Landgerichten gebildeten Wirtschaftsstrafkammern (§ 74b Abs. 1 GVG) kommt bei einer alleinigen Strafbarkeit nach § 120 Abs. 1 und 3 nicht in Betracht (*Joecks/MK-StGB*, § 120 BetrVG Rn. 37). 73

VII. Strafrahmen

Hinsichtlich der Grundtatbestände in § 120 Abs. 1 und 2 gilt derselbe Strafrahmen wie bei § 119; auf die dortigen Ausführungen ist deshalb zu verweisen (s. § 119 Rdn. 91 bis 93). Für den Grundtatbestand in § 120 Abs. 3 Satz 2 sowie die in § 120 Abs. 3 Satz 1 genannten Qualifikationen gilt ein erhöhter Strafrahmen, der eine **Freiheitsstrafe von maximal zwei Jahren** ermöglicht. Hat der Täter durch die Tat einen Vermögensvorteil erlangt (§ 120 Abs. 3 Satz 1 1. Alt., § 120 Abs. 3 Satz 2), ist dessen Verfall anzuordnen (§ 73 StGB; *Joecks/MK-StGB*, § 120 BetrVG Rn. 39). In dieser Konstellation ist ebenfalls § 41 StGB anwendbar (*Joecks/MK-StGB*, § 120 BetrVG Rn. 39). 74

VIII. Konkurrenzen

Eine Konkurrenz zwischen § 120 Abs. 1 und **§ 17 UWG**, der ebenfalls dem Schutz der Betriebs- und Geschäftsgeheimnisse dient, kann nur in Ausnahmefällen eintreten, da § 17 UWG nur solche Geheimnisse erfasst, die dem Täter »im Rahmen des Dienstverhältnisses« anvertraut wurden (§ 17 Abs. 1 UWG). Denkbar ist dies lediglich, wenn das mitgeteilte Betriebs- oder Geschäftsgeheimnis zugleich wegen der Erfüllung der arbeitsvertraglichen Pflichten mitgeteilt wird. Bejahendenfalls liegt eine Idealkonkurrenz vor (*Achenbach* Strafbarkeit, S. 223; *Galperin/Löwisch* § 120 Rn. 10; *Hess/HWGNRH* 75

§ 120 Rn. 28; *Joecks*/MK-StGB, § 120 BetrVG Rn. 34; *Krumm-Mauermann* Rechtsgüterschutz, S. 119; *Lunk*/NK-GA § 120 BetrVG Rn. 12; *Richardi*/*Annuß* § 120 Rn. 29; *Richter*/*GKR* Arbeitsstrafrecht, Kap. 2 Rn. 1141; *Trümner*/*DKKW* § 120 Rn. 9; *Weiss*/*Weyand* § 120 Rn. 6; **a. M.** *Schnorr von Carolsfeld* RdA 1962, 400 [404], der § 17 UWG generell als verdrängt ansieht).

76 **§ 44 BDSG** ist neben § 120 Abs. 2 nicht anwendbar, da die Verletzung der betriebsverfassungsrechtlichen Verschwiegenheitspflichten aufgrund der spezialgesetzlichen Regelung (§ 1 Abs. 3 Satz 1 BDSG) dem BDSG vorgeht (*Fitting* § 120 Rn. 11; *Galperin*/*Löwisch* § 120 Rn. 14a; *Hitzfeld* Geheimnisschutz, S. 147; *Joecks*/MK-StGB, § 120 BetrVG Rn. 34; *Kaiser*/*LK* § 120 Rn. 36; *Kania*/ErfK § 120 BetrVG Rn. 4; *Krumm-Mauermann* Rechtsgüterschutz, S. 120 f.; *Lunk*/NK-GA § 120 BetrVG Rn. 12; *Richardi*/*Annuß* § 120 Rn. 31; *Trümner*/*DKKW* § 120 Rn. 15; **a. M.** *Rieble*/AR §§ 119–121 BetrVG Rn. 9; *ders.* /*Klebeck* NZA 2006, 758 [766]).

77 Eine Idealkonkurrenz mit **§ 203 Abs. 1 Nr. 3 StGB** kann bei Rechtsanwälten vorliegen, wenn sie Mitglied einer Einigungsstelle sind (ebenso *Fitting* § 120 Rn. 11; *Joecks*/MK-StGB, § 120 BetrVG Rn. 34; *Lunk*/NK-GA § 120 BetrVG Rn. 12; *Preis*/*WPK* § 120 Rn. 30; *Richardi*/*Annuß* § 120 Rn. 32; *Richter*/*GKR* Arbeitsstrafrecht, Kap. 2 Rn. 1142). Die von beiden Vorschriften geschützten unterschiedlichen Rechtsgüter (s. Rdn. 8 f.) stehen einer Gesetzeskonkurrenz entgegen. Idealkonkurrenz kann ferner zwischen § 120 und sonstigen Bestimmungen bestehen, die der Täter anlässlich der Begehung seiner Tat verwirklicht (z. B. §§ 185, 263 StGB). Denkbar ist auch eine Idealkonkurrenz mit § 119 Abs. 1 Nr. 2, wenn der Täter durch die Offenbarung des Geheimnisses zugleich die Organtätigkeit stört (s. § 119 Rdn. 64).

78 Eine Idealkonkurrenz kann ebenfalls vorliegen, wenn es sich bei dem Geheimnis um eine **Insiderinformation** i. S. d. Art. 7 Buchst. a MAR handelt. Die bei einer unbefugten Offenbarung eingreifende **Strafbarkeit nach § 38 Abs. 3 Nr. 3 WpHG i. V. m. Art. 14 Buchst. c MAR** wird wegen des geschützten Rechtsguts (Klarstellungsfunktion der Idealkonkurrenz) nicht durch § 120 Abs. 1 verdrängt (ebenso *Achenbach* Strafbarkeit, S. 223; *Fitting* § 120 Rn. 11).

§ 121
Bußgeldvorschriften

(1) Ordnungswidrig handelt, wer eine der in § 90 Abs. 1, 2 Satz 1, § 92 Abs. 1 Satz 1 auch in Verbindung mit Abs. 3, § 99 Abs. 1, § 106 Abs. 2, § 108 Abs. 5, § 110 oder § 111 bezeichneten Aufklärungs- oder Auskunftspflichten nicht, wahrheitswidrig, unvollständig oder verspätet erfüllt.

(2) Die Ordnungswidrigkeit kann mit einer Geldbuße bis zu zehntausend Euro geahndet werden.

Literatur
Borgaes Ein besonderer Praxisbericht: Das betriebsverfassungsrechtliche Bußgeldverfahren gegen Arbeitgeber (§ 121 BetrVG), BetrR 1983, 403; *Bross* (Hrsg.), Handbuch Arbeitsstrafrecht, 2017; *Dannecker* Der strafrechtliche Schutz der betriebsverfassungsrechtlichen Organe und ihrer Mitglieder, FS *Gitter*, 1995, S. 167; *Gercke*/*Kraft*/*Richter* (Hrsg.), Arbeitsstrafrecht, 2. Aufl. 2015; *Grimberg*/*Bösche* Abmahnung des Arbeitgebers durch den Betriebsrat, AiB 1990, 317; *Growe* Ordnungswidrigkeiten – Richtig gehandhabt ein scharfes Instrument, AiB 1989, 285; *ders.* Ordnungswidrigkeitenverfahren nach dem Betriebsverfassungsrecht, 1990 (zit.: Ordnungswidrigkeitenverfahren); *Ignor*/*Mosbacher* (Hrsg.), Handbuch Arbeitsstrafrecht, 3. Aufl. 2016; *Krumm-Mauermann* Rechtsgüterschutz durch die Straf- und Bußgeldbestimmungen des Betriebsverfassungsgesetzes (Diss. Konstanz), 1990 (zit.: Rechtsgüterschutz); *Roos* Strafrechtliche Sanktionen und Ordnungswidrigkeiten (§ 119 bis § 121 BetrVG), AiB 1999, 490; *Schlünder* Die Rechtsfolgen der Mißachtung der Betriebsverfassung durch den Arbeitgeber (Diss. Freiburg), 1991 (zit.: Rechtsfolgen); *Wahsner*/*Borgaes* Der folgenlose Rechtsbruch, 1982 (zit.: Rechtsbruch).

Bußgeldvorschriften **§ 121**

Inhaltsübersicht **Rdn.**

I. Vorbemerkung 1–4
II. Normzweck und Rechtsgut 5–7
III. Objektiver Tatbestand 8–24
    1. Aufklärungs- oder Auskunftspflichten 8–11
    2. Tathandlungen 12–24
        a) Allgemeines 12, 13
        b) Nichterfüllung 14, 15
        c) Wahrheitswidrige Erfüllung 16
        d) Unvollständige Erfüllung 17–20
        e) Verspätete Erfüllung 21–24
IV. Subjektiver Tatbestand 25, 26
V. Rechtswidrigkeit und Schuld 27–29
VI. Täterschaft und Beteiligung 30–33
VII. Vollendung 34, 35
VIII. Ordnungswidrigkeitenverfahren 36–40
IX. Geldbußen 41–43
X. Verletzung der Aufsichtspflicht (§ 130 OWiG) 44–46

I. Vorbemerkung

Die Verletzung von Aufklärungs- und Auskunftspflichten war nach § 78 Abs. 1 Buchst. d BetrVG **1**
1952, der insoweit § 99 Abs. 3 BRG fortführte, als Vergehen unter Strafe gestellt; sie wird nunmehr als Ordnungswidrigkeit gewertet. Demgemäß sieht das Gesetz als Sanktion die Verhängung einer Geldbuße vor.

Die Tatbestände sind im Hinblick auf die Ausdehnung dieser Pflichten im materiellen Recht ebenfalls **2**
erweitert worden. Das Gesetz zur Änderung des Betriebsverfassungsgesetzes, über Sprecherausschüsse der leitenden Angestellten und zur Sicherung der Montan-Mitbestimmung vom 20.12.1988 (BGBl. I, S. 2312) führte zu einer redaktionellen Überarbeitung der Vorschrift. Die Neufassung des § 90 ist entsprechend berücksichtigt worden; sie ist allerdings hinsichtlich der Verweisung auf § 90 Abs. 2 Satz 1 zweifelhaft, da das dortige Beratungsrecht qualitativ über eine »Aufklärungs- oder Auskunftspflicht« hinausgeht (s. näher Rdn. 9). Art. 1 Nr. 79 BetrVerf-ReformG passte die Vorschrift an den mit demselben Gesetz geänderten § 92 an. Da dieser in Absatz 3 bei Maßnahmen i. S. d. § 80 Abs. 1 Nr. 2a und 2b auch das Unterrichtungsrecht in § 92 Abs. 1 Satz 1 für entsprechend anwendbar erklärt, war es notwendig, den Katalog des § 121 zu ergänzen. Eine parlamentarische Initiative der Fraktion DIE LINKE, die auf eine Anhebung der möglichen Geldbuße auf bis zu 250.000,00 Euro abzielte (s. BT-Drucks. 18/5327, S. 4), wurde seitens des BT-Ausschusses für Arbeit und Soziales (s. BT-Drucks. 18/7595, S. 3) sowie des Deutschen Bundestags (Plenarprotokoll 18/206, S. 20593) abgelehnt.

Vergleichbare Kodifikationen enthalten ebenfalls einen Bußgeldtatbestand, um die Einhaltung von **3**
Unterrichtungspflichten abzusichern. Neben § 36 SprAuG behandelt auch § 238 Abs. 1 Nr. 8 SGB IX (bis 01.01.2018: § 156 Abs. 1 Nr. 7 und 9 SGB IX) die Verletzung der Anhörungs-, Erörterungs- und Unterrichtungspflichten gegenüber der Schwerbehindertenvertretung (s. vor allem § 178 Abs. 2 SGB IX [bis 01.01.2018: § 95 Abs. 2 SGB IX]) als Ordnungswidrigkeit (s. a. § 119 Rdn. 6). Eine entsprechende Regelung trifft § 45 EBRG für die Verletzung der Unterrichtungspflichten gegenüber dem Europäischen Betriebsrat sowie § 46 Abs. 1 Nr. 2 SEBG für ein vergleichbares Verhalten gegenüber dem SE-Betriebsrat (s. entsprechend für den SCE-Betriebsrat § 48 Abs. 1 Nr. 2 SCEBG). Diese Sanktion zeichnet zudem das österreichische Betriebsverfassungsrecht aus, das keine mit den §§ 119, 120 vergleichbaren Straftatbestände kennt (s. § 160 ArbVG).

Die Möglichkeit, die Einhaltung der Aufklärungs- und Auskunftspflichten im **arbeitsgerichtlichen** **4**
Beschlussverfahren zu erzwingen, bleibt neben § 121 bestehen (*Fitting* § 121 Rn. 3; *Galperin/Löwisch* § 121 Rn. 2; *Schlünder* Rechtsfolgen, S. 203; *Trümner/DKKW* § 121 Rn. 5), das gilt entspre-

chend für § 23 Abs. 3 (*Fitting* § 121 Rn. 3; *Galperin/Löwisch* § 121 Rn. 2; *Schlünder* Rechtsfolgen, S. 203; *Trümner/DKKW* § 121 Rn. 5).

II. Normzweck und Rechtsgut

5 Der Ordnungswidrigkeitentatbestand in § 121 dient dem Schutz der dort genannten Beteiligungsrechte (*Dannecker* FS Gitter, S. 167 [184 f.]; *Galperin/Löwisch* § 121 Rn. 2; *Joussen* in: *Bross* Arbeitsstrafrecht, Kap. 25 Rn. 47; *Kaiser/LK* § 121 Rn. 1; *Kania/*ErfK § 121 BetrVG Rn. 1; *Kische* in: *Ignor/Mosbacher* Arbeitsstrafrecht, § 11 Rn. 45; *Lingemann/JRH* Kap. 30 Rn. 33; *Steffan/*HaKo § 121 Rn. 1; *Trümner/DKKW* § 121 Rn. 4). Die Sanktionierung erklärt sich daraus, dass die Verletzung der Aufklärungs- oder Auskunftspflichten nicht zur zivilrechtlichen Unwirksamkeit der vom Arbeitgeber durchgeführten Maßnahmen führt; durch § 121 erhalten sie den Charakter von *leges minus quam perfectae*. Sie beschränkt sich deshalb auf Unterrichtungsrechte, für Mitbestimmungsrechte liefert die Theorie der notwendigen Mitbestimmung (dazu ausführlich *Wiese* § 87 Rdn. 97 ff.) eine ausreichende privatrechtliche Sanktion (*leges plus quam perfectae*). Beratungs- und Anhörungsrechte des Betriebsrats sind demgegenüber nicht in den Ordnungswidrigkeitentatbestand einbezogen. Sofern das Gesetz die privatrechtliche Unwirksamkeit bei ihrer Verletzung nicht ausdrücklich anordnet (so § 102 Abs. 1 Satz 3) sind sie *leges imperfectae*.

6 Die Effizienz des in § 121 normierten Sanktionsinstrumentariums wird unterschiedlich beurteilt. Nicht zuletzt im Hinblick auf die Gefahren für eine vertrauensvolle Zusammenarbeit (*Denck* RdA 1982, 279 [283]; *Lipke* DB 1980, 2239 [2241]) herrschte lange Zeit eine zurückhaltende Bewertung vor (s. z. B. *Fitting* § 121 Rn. 3; *Wahsner/Borgaes* Rechtsbruch, S. 102 f. sowie *Krumm-Mauermann* Rechtsgüterschutz, S. 214), die Einleitung eines Ordnungswidrigkeitenverfahrens wurde z. T. als »stumpfes Schwert« eingestuft (so *Burghard* Die Handlungsmöglichkeiten des Betriebsrates, 1979, S. 436; ebenso *Denck* RdA 1982, 279 [283]). Das (gewerkschaftsnahe) Schrifttum widerspricht dieser Würdigung (s. vor allem *Growe* AiB 1989, 285 ff.; *ders.* Ordnungswidrigkeitenverfahren, S. 259 ff. sowie *Trümner/DKKW* § 121 Rn. 5, 33; zurückhaltender *Roos* AiB 1999, 490 [494]). Empirische Untersuchungen belegen, dass das Ordnungswidrigkeitenverfahren als Sanktionsinstrumentarium eine praktische Relevanz besitzt, welche die der Strafbestimmungen bei weitem übersteigt (*Krumm-Mauermann* Rechtsgüterschutz, S. 138 ff. sowie *Growe* Ordnungswidrigkeitenverfahren, S. 115 ff.; *Wahsner/Borgaes* Rechtsbruch, S. 80 ff.). Trotz der auch vom Betriebsverfassungsrecht nicht negierten Interessengegensätze zwischen Arbeitgeber und Betriebsrat (s. *Franzen* § 2 Rdn. 12) kommt die Einleitung eines Ordnungswidrigkeitenverfahrens nur als *ultima ratio* in Betracht, da die Betriebsverfassung als Kooperations- und nicht als Konfrontationsmodell konzipiert ist. Unter dem permanenten Druck in Aussicht gestellter Ordnungswidrigkeitenverfahren lässt sich dieses nicht mit einem dem Normzweck dienenden Leben ausfüllen (zutreffend *Lipke* DB 1980, 2239 [2241]). Angesichts des Instrumentariums in § 23 Abs. 3 ist die Existenzberechtigung des Ordnungswidrigkeitentatbestands nicht zuletzt aufgrund der Diskrepanzen hinsichtlich der tatbestandlichen Voraussetzungen zweifelhaft (dazu *de lege ferenda Krumm-Mauermann* Rechtsgüterschutz, S. 208 ff., die § 121 ebenfalls für verzichtbar erachtet; **a. M.** jedoch *Schlünder* Rechtsfolgen, S. 243).

7 Die Ausrichtung des § 121 auf einen Rechtsgüterschutz unterliegt den bereits zu § 119 ausgeführten Vorbehalten (s. § 119 Rdn. 16). Wer ein extensives Verständnis des Rechtsgutsbegriffs favorisiert, gelangt auch für § 121 zu einem aus dem Schutzzweck abgeleiteten Rechtsgüterschutz (so *Krumm-Mauermann* Rechtsgüterschutz, S. 19 ff.).

III. Objektiver Tatbestand

1. Aufklärungs- oder Auskunftspflichten

8 Die Sanktionierung mit einer Geldbuße sieht das Gesetz nur bei den in § 121 Abs. 1 ausdrücklich benannten Aufklärungs- und Auskunftspflichten vor. Es handelt sich um:

Bußgeldvorschriften § 121

- Die Unterrichtung über die Gestaltung von Arbeitsplatz, Arbeitsablauf und Arbeitsumgebung (§ 90; s. *OLG Düsseldorf* 08.04.1982 BB 1982, 1113; *OLG Stuttgart* 22.11.1984 CR 1986, 367 [LS]);
- die Unterrichtung über die Personalplanung (§ 92 Abs. 1 Satz 1; s. *OLG Hamm* 07.12.1977 DB 1978, 748 f.; *AmtsG Arnsberg* 08.01.1992 BetrR 1977, 283 [289]; *Regierungspräsidium Tübingen* 08.01.1992 AiB 1992, 461 [462]);
- die Unterrichtung über Maßnahmen zur Durchsetzung der tatsächlichen Gleichstellung von Frauen und Männern sowie zur Förderung der Vereinbarkeit von Familie und Erwerbstätigkeit (§ 92 Abs. 3 i. V. m. § 92 Abs. 1 Satz 1);
- die Unterrichtung bei Einstellung, Versetzungen sowie Ein- und Umgruppierungen (§ 99; s. *Bezirksregierung Düsseldorf* 25.07.1996 AiB 1997, 177 f.; 24.10.2005 AiB 2006, 181 f.; *Freie und Hansestadt Hamburg* AiB 1993, 42 f.; *Landkreis Hannover* BetrR 1990, 24; *Regierungspräsidium Stuttgart* 27.10.1988 AiB 1989, 22 f.);
- die Unterrichtung des Wirtschaftsausschusses (§ 106; s. *OLG Hamburg* 04.06.1985 NZA 1985, 568 [569]; *OLG Karlsruhe* 07.06.1985 AP Nr. 1 zu § 121 BetrVG 1972; *KG* 25.09.1978 DB 1979, 112 ff.; *AmtsG Arnsberg* 01./03.03.1977 BetrR 1977, 283 [289 f.]; *Regierungspräsidium Tübingen* 08.01.1992 AiB 1992, 461 [461 f.]);
- die Erörterung des Jahresabschlusses (§ 108 Abs. 5);
- die Unterrichtung der Arbeitnehmer über die wirtschaftliche Lage und Entwicklung des Unternehmens (§ 110; vgl. *OLG Hamm* 07.12.1977 DB 1978, 748 f.; *AmtsG Arnsberg* 01./03.03.1977 BetrR 1977, 283 [287]);
- die Unterrichtung des Betriebsrats über geplante Betriebsänderungen (§ 111; s. *OLG Hamburg* 04.06.1985 NZA 1985, 568 [569]; *OLG Hamm* 07.12.1977 DB 1978, 748 f.; *OLG Stuttgart* 22.11.1984 AuR 1985, 293; *AmtsG Arnsberg* 01./03.03.1977 BetrR 1977, 283 [287 ff.]; *Regierungspräsidium Tübingen* 08.01.1992 AiB 1992, 461 [462]).

Die Verhängung einer Geldbuße ist nur statthaft, solange und soweit die in Bezug genommenen Vorschriften eine **Aufklärungs- und Auskunftspflicht** vorsehen. Wenn sie darüber hinaus eine **Beratungspflicht** anordnen (so § 90 Abs. 2 Satz 1, § 111 Satz 1), geht die materielle Pflicht über eine Aufklärungs- und Auskunftserteilung hinaus. Da § 121 die Sanktion auf die Verletzung von Aufklärungs- oder Auskunftspflichten begrenzt, ist die Verletzung von Beratungsrechten selbst dann nicht in den Ordnungswidrigkeitentatbestand einbezogen, wenn sie aus den in § 121 Abs. 1 genannten Bestimmungen folgen. Der Ordnungswidrigkeitentatbestand ist insoweit auf die in der Beratung als qualitatives Minus enthaltene Aufklärung und Auskunft zu reduzieren (zust. *Joussen* in: Bross Arbeitsstrafrecht, Kap. 25 Rn. 47; *Richter/GKR* Arbeitsstrafrecht, Kap. 2 Rn. 1148; in diesem Sinne wohl auch *Dannecker* FS Gitter, S. 167 [185]; **a. M.** *Kische* in: Ignor/Mosbacher Arbeitsstrafrecht, § 11 Rn. 45). Kommt der Arbeitgeber bzw. der Unternehmer seinen aus § 90 Abs. 2 Satz 1 bzw. § 111 Satz 1 folgenden Aufklärungs- oder Auskunftspflichten ausreichend nach, so ist die Verweigerung einer Beratung zwar betriebsverfassungswidrig, löst aber wegen des auch im Ordnungswidrigkeitsrecht geltenden Analogieverbots nicht die Sanktion einer Ordnungswidrigkeit aus. Die Verletzung der Beratungspflichten kann im Einzelfall jedoch eine Strafbarkeit nach § 119 Abs. 1 Nr. 2 begründen (s. § 119 Rdn. 36). **9**

Die **Aufzählung** der mit Geldbuße bewehrten Aufklärungs- und Auskunftspflichten in § 121 Abs. 1 ist **abschließend** (für die allgemeine Ansicht *Fitting* § 121 Rn. 3; *Galperin/Löwisch* § 121 Rn. 5; *Growe* Ordnungswidrigkeitenverfahren, S. 42; *Hess/HWGNRH* § 121 Rn. 4; *Joussen* in: Bross Arbeitsstrafrecht, Kap. 25 Rn. 47; *Kaiser/LK* § 121 Rn. 1; *Kania/ErfK* § 121 BetrVG Rn. 4; *Richardi/Annuß* § 121 Rn. 3; *Schlünder* Rechtsfolgen, S. 202; *Steffan/HaKo* § 121 Rn. 1; *Stege/Weinspach/Schiefer* § 121 Rn. 2; *Trümner/DKKW* § 121 Rn. 3). Eine Analogie scheidet aus (treffend *Joussen* in: Bross Arbeitsstrafrecht, Kap. 25 Rn. 49; *Lingemann/JRH* Kap. 30 Rn. 30; *Küchenhoff* § 121 Rn. 2; *Trümner/DKKW* § 121 Rn. 3). **10**

Die Verletzung **sonstiger Unterrichtungs- und Informationspflichten**, wie sie z. B. § 80 Abs. 2 vorsieht, kann deshalb nicht mit einer Geldbuße geahndet werden (*Kaiser/LK* § 121 Rn. 1; *Trümner/DKKW* § 121 Rn. 3). Neben dem allgemeinen Instrumentarium (arbeitsgerichtliches Beschlussverfahren, § 23 Abs. 3; s. a. Rdn. 4) bleibt insoweit aber eine Strafbarkeit nach § 119 Abs. 1 Nr. 2 möglich (für die nahezu allgemeine Ansicht *Fitting* § 121 Rn. 3; *Galperin/Löwisch* § 121 Rn. 5; *Growe* Ordnungswidrigkeitenverfahren, S. 42; *Hess/HWGNRH* § 121 Rn. 4; *Richardi/Annuß* § 121 Rn. 3; **11**

Stege / Weinspach / Schiefer § 121 Rn. 2; *Trümner / DKKW* § 121 Rn. 3 sowie hier § 119 Rdn. 36; **a. M.** *Kaiser / LK* § 121 Rn. 1; *Rieble* in: *Rieble / Junker / Giesen* [Hrsg.], Arbeitsstrafrecht im Umbruch, 2009, S. 17 [32f., Rn. 55]).

2. Tathandlungen

a) Allgemeines

12 Der Ordnungswidrigkeitentatbestand kann durch **vier Alternativen** verwirklicht werden. Neben der Nichterfüllung (1. Alt.) und der wahrheitswidrigen Erfüllung (2. Alt.), liegt die praktische Bedeutung der Norm vor allem in der unvollständigen (3. Alt.) und der verspäteten Erfüllung (4. Alt.). Zwischen den jeweiligen Tatbeständen kann es zu einer Tateinheit kommen, wenn der Arbeitgeber bezüglich eines beteiligungspflichtigen Sachverhalts die Beteiligungsrechte des Betriebsrats in unterschiedlicher Weise verletzt (*OLG Stuttgart* 22.11.1984 CR 1986, 367 [LS]). Der 1., 3. und 4. Alternative ist gemeinsam, dass sie sowohl durch positives Tun als auch durch Unterlassen verwirklicht werden können, sie haben insoweit auch die Qualität eines echten Unterlassungsdelikts (vgl. im Grundsatz ebenso schon *Schnorr von Carolsfeld* RdA 1962, 400 [403], der dies jedoch für alle Alternativen bejaht; wie hier für die 1. Alt. auch *Krumm-Mauermann* Rechtsgüterschutz, S. 195; **a. M.** für die 4. Alternative *Wahsner / Borgaes* Rechtsbruch, S. 31). Zur Verwirklichung des objektiven Tatbestandes bedarf es deshalb keiner gesondert zu prüfenden Garantenstellung. Das gilt nicht für die 2. Alternative, da eine wahrheitswidrige Unterrichtung durch das Verschweigen wesentlicher Einzelheiten von der 3. Alternative erfasst wird (s. Rdn. 16).

13 Ob der Täter eine der in § 121 Abs. 1 aufgeführten Alternativen verwirklicht hat, lässt sich nicht durch eine isolierte Auslegung des § 121 Abs. 1 ermitteln, maßgebend ist im Ausgangspunkt vielmehr der Bedeutungsgehalt der in Bezug genommenen Normen, die jeweils die in § 121 Abs. 1 genannten Aufklärungs- oder Auskunftspflichten festlegen. Die Verwirklichung des Ordnungswidrigkeitentatbestands ist im Grundsatz deshalb akzessorisch zu den in Bezug genommenen Aufklärungs- oder Auskunftspflichten (so auch *Krumm-Mauermann* Rechtsgüterschutz, S. 163 sowie *Dannecker* FS *Gitter*, S. 167 [185]; *Kania* / ErfK § 121 BetrVG Rn. 3; *Preis / WPK* § 121 Rn. 5; *Roos* AiB 1999, 490 [493]; *Trümner / DKKW* § 121 Rn. 11). Zur Bindungswirkung gerichtlicher Entscheidungen s. § 119 Rdn. 12.

b) Nichterfüllung

14 Eine Nichterfüllung der gebotenen Aufklärung oder Auskunft liegt vor, wenn sie **gänzlich unterbleibt**, da § 121 Abs. 1 in der 2. bis 4. Alternative die Fallgruppen einer nicht ordnungsgemäßen Erfüllung ausdrücklich aufzählt (ebenso *Joussen* in: *Bross* Arbeitsstrafrecht, Kap. 25 Rn. 51; *Lunk / NK-GA* § 120 BetrVG Rn. 3; *Richter / GKR* Arbeitsstrafrecht, Kap. 2 Rn. 1146). Die Nichterfüllung kommt deshalb selbst dann nicht in Betracht, wenn der Täter seiner Aufklärungs- oder Auskunftspflicht verspätet nachkommt, sie aber ihren Zweck nicht mehr erreichen kann.

15 Eine Nichterfüllung der Aufklärungs- oder Auskunftspflicht setzt voraus, dass der konkrete Inhalt der geschuldeten Aufklärung oder Auskunft aus dem Gesetz abzuleiten ist. Bei einer Verletzung der in **§ 106 Abs. 2** genannten Auskunftspflichten ist dies nicht stets der Fall, da der Umfang der Auskunftspflicht gegenüber dem Wirtschaftsausschuss nach der in § 109 zum Ausdruck gelangten Konzeption gegebenenfalls erst nach einem Spruch der Einigungsstelle verbindlich feststeht. Es würde dem Zweck dieses Verfahrens widersprechen und der Akzessorietätsmaxime in § 121 Abs. 1 (s. Rdn. 13) zuwiderlaufen, wenn der Unternehmer materiellrechtlich (noch) nicht zur Auskunft verpflichtet ist, wegen einer aus diesem Grunde unterbliebenen Unterrichtung aber mittels einer Geldbuße sanktioniert würde. Deshalb strahlt die in § 109 begründete **Primärzuständigkeit der Einigungsstelle** auch auf den Ordnungswidrigkeitentatbestand aus (ebenso *OLG Karlsruhe* 07.06.1985 AP Nr. 1 zu § 121 BetrVG 1972 Bl. 3 f.; *Kaiser / LK* § 121 Rn. 8; *Krumm-Mauermann* Rechtsgüterschutz, S. 136; *Stege / Weinspach / Schiefer* § 121 Rn. 4; **a. M.** *Dannecker* FS *Gitter*, S. 167 [191]; *Growe* Ordnungswidrigkeitenverfahren, S. 71; *Trümner / DKKW* § 121 Rn. 18). Der Vorbehalt greift indes nur ein, wenn ein Auskunftsverlangen des Wirtschaftsausschusses vorliegt (*OLG Karlsruhe* 07.06.1985 AP Nr. 1 zu § 121

BetrVG 1972 Bl. 3 R), er entfällt demgegenüber, wenn der Unternehmer seine Auskunftspflichten nicht erfüllt, ohne dass über ihren Umfang Meinungsverschiedenheiten bestehen.

c) Wahrheitswidrige Erfüllung

Eine wahrheitswidrige Erfüllung liegt vor, wenn der Wirklichkeit nicht entsprechende Tatsachen mitgeteilt werden (*Hess/HWGNRH* § 121 Rn. 7; *Kische* in: *Ignor/Mosbacher* Arbeitsstrafrecht, § 11 Rn. 48; *Lunk/NK-GA* § 120 BetrVG Rn. 3; *Richter/GKR* Arbeitsstrafrecht, Kap. 2 Rn. 1147; *Stege/Weinspach/Schiefer* § 121 Rn. 4; *Wahsner/Borgaes* Rechtsbruch, S. 31). **Fehlerhafte Prognosen** über die zukünftige Entwicklung sind deshalb nicht erfasst (*Hess/HWGNRH* § 121 Rn. 7). Eine wahrheitswidrige Erfüllung kann jedoch vorliegen, wenn die innere Überzeugung hinsichtlich der zukünftigen Entwicklung fehlerhaft mitgeteilt wird. Nach dem Gesetzeswortlaut kann eine wahrheitswidrige Auskunft zwar auch dann zu bejahen sein, wenn das Verschweigen wesentlicher Einzelheiten ihren Aussagegehalt verfälscht, insoweit ist aber die 3. Alternative als *lex specialis* einschlägig.

16

d) Unvollständige Erfüllung

Ob die Aufklärungs- oder Auskunftspflicht vollständig erfüllt wurde, lässt sich nicht abstrakt und einheitlich für alle in § 121 Abs. 1 aufgezählten Aufklärungs- und Auskunftspflichten festlegen (*Krumm-Mauermann* Rechtsgüterschutz, S. 163; *Richardi/Annuß* § 121 Rn. 7). Die in § 121 Abs. 1 genannten Aufklärungspflichten sehen z. T. eine »umfassende« Unterrichtung vor (so § 92 Abs. 1 Satz 1, § 106 Abs. 2, § 111 Satz 1); bei den anderen Vorschriften rechtfertigt der Verzicht auf dieses Merkmal jedoch keine substantiellen Einschränkungen hinsichtlich des Umfangs der geschuldeten Unterrichtung. Unvollständig ist die Unterrichtung gegebenenfalls auch, wenn der Arbeitgeber seine Pflicht verletzt, die erforderlichen Unterlagen vorzulegen (*Dannecker* FS *Gitter*, S. 167 [185 f.]).

17

Der Maßstab für den notwendigen Umfang der Aufklärung bzw. Auskunft ist dem **Zweck des jeweiligen Unterrichtungsrechts** zu entnehmen und anhand dessen zu beurteilen, ob die Information des Arbeitgebers bzw. Unternehmers diesen bereits bzw. noch erreicht (*Fitting* § 121 Rn. 5; *Galperin/Löwisch* § 121 Rn. 7; *Kaiser/LK* § 121 Rn. 4; *Kische* in: *Ignor/Mosbacher* Arbeitsstrafrecht, § 11 Rn. 48; *Lunk/NK-GA* § 120 BetrVG Rn. 4; *Preis/WPK* § 121 Rn. 6). Eine präzisere und vorhersehbarere Konkretisierung lässt sich aus dem Gesetz nicht ableiten; entscheidend sind stets die Umstände des Einzelfalls, bei dem auch die Vorkenntnisse des Betriebsrats bzw. Wirtschaftsausschusses aus anderen Beteiligungsverfahren zu berücksichtigen sind.

18

Die aus dem Rückgriff auf den Zweck der Beteiligungsrechte resultierende Unsicherheit über den Umfang der im Einzelfall geschuldeten Aufklärung oder Auskunft ist im Hinblick auf den Grundsatz »nulla poena sine lege« bedenklich, da das Gesetz mit dem Begriff »unvollständig« auf ein äußerst vages normatives Tatbestandsmerkmal zurückgreift (*Krumm-Mauermann* Rechtsgüterschutz, S. 162 ff. sowie *Ehmann* Betriebsstilllegung und Mitbestimmung, 1978, S. 84 f.; *Hohenstatt/Dzida/HWK* § 121 BetrVG Rn. 3). Selbst wenn im Hinblick auf den im Rechtsstaatsprinzip fundierten **Bestimmtheitsgrundsatz** formulierte Bedenken nicht durchgreifen (*Krumm-Mauermann* Rechtsgüterschutz, S. 163 f.; zust. *Dannecker* FS *Gitter*, S. 167 [187 f.]; *Richardi/Annuß* § 121 Rn. 7), bedarf die 3. Alternative einer einschränkenden Auslegung, um dem Unrechtsgehalt der Norm ausreichend gerecht zu werden. Da § 121 alle vier Alternativen mit einer identischen Sanktion (s. § 121 Abs. 2) belegt, bringt die Vorschrift zum Ausdruck, dass sie jeweils einen vergleichbaren Unrechtsgehalt aufweisen. Auch die »unvollständige« Unterrichtung muss in ihrem Unwertgehalt deshalb so gravierend sein, dass sie mit der Nichterfüllung (1. Alt.) oder der wahrheitswidrigen Auskunft (2. Alt.) wertungsmäßig auf einer Stufe steht. Das Postulat einer »wesentlichen« (so *Dannecker* FS *Gitter*, S. 167 [188]; *Richardi/Annuß* § 121 Rn. 7; *Richter/GKR* Arbeitsstrafrecht, Kap. 2 Rn. 1148; *Stege/Weinspach/Schiefer* § 121 Rn. 4) oder »offensichtlichen« (so *Kaiser/LK* § 121 Rn. 7; *Richter/GKR* Arbeitsstrafrecht, Kap. 2 Rn. 1148) Pflichtverletzung trägt diesem Anliegen zwar im Grundsatz Rechnung, ist aber gleichfalls mit dem Makel der Unbestimmtheit behaftet (ebenso *Lunk/NK-GA* § 120 BetrVG Rn. 4).

19

Als sachgerechter Ansatz zu einer den Maximen der Rechtssicherheit Rechnung tragenden Konkretisierung kommt eine Verallgemeinerung derjenigen Grundsätze in Betracht, die das Bundesarbeitsgericht hinsichtlich des Umfangs der Unterrichtungspflicht nach § 99 Abs. 1 aufgestellt hat (s. BAG

20

14.03.1989 EzA § 99 BetrVG 1972 Nr. 71 = AP Nr. 64 zu § 99 BetrVG 1972). Da sich das Ausmaß der gesetzlich geschuldeten und auch nach dem Telos der Norm ausreichenden Unterrichtung regelmäßig nicht ohne Mithilfe des Betriebsrats ermitteln lässt, gebietet es der Grundsatz der vertrauensvollen Zusammenarbeit, dass der Betriebsrat die Unvollständigkeit der Unterrichtung rügen muss, wenn er weitere Informationen benötigt (*BAG* 14.03.1989 EzA § 99 BetrVG 1972 Nr. 71 S. 9 = AP Nr. 64 zu § 99 BetrVG 1972 Bl. 4). Erst wenn der Auskunftspflichtige diesem Anliegen nicht nachkommt, ist es wertungsmäßig gerechtfertigt, die »unvollständige« Unterrichtung mit der 1. und 2. Alt. in § 121 Abs. 1 gleichzustellen (zust. *Joussen* in: *Bross* Arbeitsstrafrecht, Kap. 25 Rn. 51; *Lunk*/NK-GA § 120 BetrVG Rn. 4; **a. M.** *Preis*/*WPK* § 121 Rn. 6). Bei verbleibenden Meinungsverschiedenheiten über den Umfang der Unterrichtungspflichten handelt es sich mit dieser Eingrenzung um ein Vorsatz- bzw. Schuldproblem.

e) Verspätete Erfüllung

21 Im Unterschied zu den in § 121 Abs. 1 in Bezug genommenen Vorschriften, die den **Zeitpunkt der Unterrichtung** mit dem Merkmal »rechtzeitig« konkretisieren, verlangt § 121 Abs. 1 eine Verspätung. Sachlich liegt hierin kein Unterschied, § 121 Abs. 1 sanktioniert daher die nicht rechtzeitige Unterrichtung (*Ehmann* Betriebsstilllegung und Mitbestimmung, 1978, S. 83). Auch in zeitlicher Hinsicht bestimmt der **Zweck der Beteiligungsrechte** die ordnungsgemäße Erfüllung (ebenso *Lunk*/NK-GA § 120 BetrVG Rn. 5) und ist deshalb ebenso wie die 3. Alternative akzessorisch zu den in Bezug genommenen Beteiligungstatbeständen.

22 Die Aufklärung über geplante Vorhaben (z. B. §§ 90 Abs. 1 Satz 1, 92 Abs. 1 Satz 1, 111 Satz 1) muss so frühzeitig erfolgen, dass der Betriebsrat unter Zugrundelegung normaler Umstände noch in der Lage ist, eine sachliche Stellungnahme abzugeben, um hierdurch den Entscheidungsprozess des Arbeitgebers bzw. Unternehmers beeinflussen zu können (*Dannecker* FS *Gitter*, S. 167 [188, 191]; *Galperin*/*Löwisch* § 121 Rn. 7; *Kaiser*/LK § 121 Rn. 7; *Preis*/*WPK* § 121 Rn. 7; *Richardi*/*Annuß* § 121 Rn. 8; *Stege*/*Weinspach*/*Schiefer* § 121 Rn. 4). Dies ist nicht mehr gewährleistet, wenn der unternehmerische Plan bereits ganz oder teilweise verwirklicht ist oder bereits abschließend feststeht (*OLG Hamburg* 04.06.1985 NZA 1985, 568 [569]; *OLG Stuttgart* 22.11.1984 CR 1986, 367 [LS]). Die in § 121 Abs. 1 genannten Aufklärungs- oder Auskunftspflichten sollen eine Einflussnahme auf die Entscheidungsfindung und nicht erst auf den zeitlich nachgelagerten Entscheidungsvollzug schützen (s. Rdn. 5).

23 Die für die 3. Alternative dargelegten und aus der relativen Unbestimmtheit der Norm folgenden Probleme (s. Rdn. 19) treten in vergleichbarer Weise bei der »verspäteten« Unterrichtung auf, da der Zeitpunkt einer gesetzeskonformen Unterrichtung im konkreten Einzelfall zweifelhaft sein kann (*Dannecker* FS *Gitter*, S. 167 [189 f.]; *Ehmann* Betriebsstillegung und Mitbestimmung, 1978, S. 84 f.; *Richardi*/*Annuß* § 121 Rn. 8 sowie exemplarisch einerseits *OLG Hamburg* 04.06.1985 NZA 1985, 568 f.; andererseits *Heinze* NZA 1985, 555 f.). Auch im Hinblick auf den Unrechtsgehalt der 4. Alternative liegt eine »verspätete« Unterrichtung zumindest dann vor, wenn der Unterrichtungspflichtige eine vom Betriebsrat bzw. Wirtschaftsausschuss gesetzte angemessene Frist verstreichen lässt (s. a. Rdn. 20). Lehnt man weitergehende Restriktionen ab, so verschiebt sich die eigentliche Problematik der 4. Alternative auf die Ebene des Vorsatzes bzw. der Schuld (s. z. B. *Growe* Ordnungswidrigkeitenverfahren, S. 75 f., 91 f.).

24 Zweifelhaft ist die Fristüberschreitung im Rahmen des § 110. Da auch bei den übrigen Auskunftspflichten auf den Normzweck abzustellen ist, liegt eine Verspätung i. S. d. § 121 Abs. 1 erst vor, wenn die Unterrichtung der Arbeitnehmer ihren Zweck nicht mehr erfüllen kann (ebenso *Lunk*/NK-GA § 120 BetrVG Rn. 5; *Richardi*/*Annuß* § 121 Rn. 8). Bei geringfügigen Überschreitungen dürfte dies regelmäßig nicht zu bejahen sein (im Ergebnis auch *Galperin*/*Löwisch* § 121 Rn. 7; *Richardi*/*Annuß* § 121 Rn. 8; **a. M.** *Dannecker* FS *Gitter*, S. 167 [188]; *Growe* Ordnungswidrigkeitenverfahren, S. 75; *Krumm-Mauermann* Rechtsgüterschutz, S. 177; *Wahsner*/*Borgaes* Rechtsbruch, S. 42; *Weiss*/*Weyand* § 121 Rn. 3, die ausschließlich auf den im Gesetz festgelegten Zeitpunkt abstellen). Eine aus dem Gegenstand der Beteiligung folgende Zeitschranke gilt auch bei § 99 Abs. 1, da die Unterrichtung vor der Einstellung zu erfolgen hat. Liegen die Voraussetzungen einer vorläufigen Maßnahme (§ 100) nicht vor, so ist die Unterrichtung selbst dann verspätet, wenn sie nach der Einstellung

erfolgt (*Richardi/Annuß* § 121 Rn. 8; *Stege/Weinspach/Schiefer* § 121 Rn. 4a; *Wahsner/Borgaes* Rechtsbruch, S. 37; ohne diese Einschränkung *Galperin/Löwisch* § 121 Rn. 7; *Krumm-Mauermann* Rechtsgüterschutz, S. 177).

IV. Subjektiver Tatbestand

Die Verletzung der Auskunfts- oder Aufklärungspflicht wird nur bei einem **vorsätzlichen** Verstoß als Ordnungswidrigkeit verfolgt (statt aller *OLG Hamm* 07.12.1977 DB 1978, 748 [749]; *Ehmann* Betriebsstillegung und Mitbestimmung, 1978, S. 86; *Fitting* § 121 Rn. 6; *Galperin/Löwisch* § 121 Rn. 8; *Hess/HWGNRH* § 121 Rn. 9; *Joussen* in: *Bross* Arbeitsstrafrecht, Kap. 25 Rn. 52; *Kaiser/LK* § 121 Rn. 9; *Kische* in: *Ignor/Mosbacher* Arbeitsstrafrecht, § 11 Rn. 49; *Richardi/Annuß* § 121 Rn. 9; *Richter/GKR* Arbeitsstrafrecht, Kap. 2 Rn. 1150; *Schlünder* Rechtsfolgen, S. 200; *Stege/Weinspach/Schiefer* § 121 Rn. 1, 5; *Trümner/DKKW* § 121 Rn. 22); **fahrlässige Begehung** genügt mangels ausdrücklicher gesetzlicher Anordnung (§ 10 OWiG) nicht (*OLG Hamm* 07.12.1977 DB 1978, 748 [749]; *Fitting* § 121 Rn. 6; *Hess/HWGNRH* § 121 Rn. 10; *Joussen* in: *Bross* Arbeitsstrafrecht, Kap. 25 Rn. 52; *Kische* in: *Ignor/Mosbacher* Arbeitsstrafrecht, § 11 Rn. 49; *Richardi/Annuß* § 121 Rn. 9; *Richter/GKR* Arbeitsstrafrecht, Kap. 2 Rn. 1150; *Wahsner/Borgaes* Rechtsbruch, S. 50). Fahrlässiges Verhalten kann jedoch den eigenständigen Ordnungswidrigkeitentatbestand in § 130 OWiG erfüllen (s. dazu Rdn. 44 ff.). 25

Zur Verwirklichung des subjektiven Tatbestandes genügt **bedingter Vorsatz** (*Joussen* in: *Bross* Arbeitsstrafrecht, Kap. 25 Rn. 52; *Kische* in: *Ignor/Mosbacher* Arbeitsstrafrecht, § 11 Rn. 49; *Preis/WPK* § 121 Rn. 12; *Richardi/Annuß* § 121 Rn. 10; *Richter/GKR* Arbeitsstrafrecht, Kap. 2 Rn. 1150). Der Täter muss seine Verpflichtung zur Aufklärung oder Auskunft kennen und deren Verletzung zumindest billigend in Kauf nehmen (zur Abgrenzung s. § 119 Rdn. 52). Die Vorsatzprüfung wirft auf der Wissensebene Zweifelsfragen auf, wenn sich der Täter über Umfang und Zeitpunkt der Aufklärungs- oder Auskunftspflicht irrt. Die generelle Annahme eines Tatbestandsirrtums (§ 11 Abs. 1 OWiG) ist nicht möglich (so aber *Ehmann* Betriebsstillegung und Mitbestimmung, 1978, S. 86), da es sich bei der »Unvollständigkeit« bzw. der »Verspätung« um **normative Tatbestandsmerkmale** handelt. Es genügt deshalb, dass der Täter aufgrund einer **Parallelwertung in der Laiensphäre** den wesentlichen sozialen Bedeutungsgehalt des Tatbestandsmerkmals erkannt hat (zust. *Kische* in: *Ignor/Mosbacher* Arbeitsstrafrecht, § 11 Rn. 49; *Preis/WPK* § 121 Rn. 13; *Richter/GKR* Arbeitsstrafrecht, Kap. 2 Rn. 1151 sowie allgemein. *BGH* 24.09.1953 BGHSt. 4, 347 [352]; *Göhler/Gürtler* OWiG, § 11 Rn. 7; *Rengier/Karlsruher Komm.* OWiG, § 11 Rn. 15). Ist dies zu bejahen, so lässt die fehlerhafte rechtliche Einordnung den Vorsatz unberührt (Subsumtionsirrtum) und lediglich als Verbotsirrtum (§ 11 Abs. 2 OWiG) zu bewerten sein (s. Rdn. 27 f.). 26

V. Rechtswidrigkeit und Schuld

Die **Rechtswidrigkeit** kann nach den allgemeinen Grundsätzen entfallen (§§ 15, 16 OWiG). Angesichts der im Einzelfall bestehenden Unsicherheit über die konkrete Reichweite der Aufklärungs- oder Auskunftspflicht (s. Rdn. 19, 23) hat der **Verbotsirrtum** (§ 11 Abs. 2 OWiG) im Rahmen des § 121 Abs. 1 besondere Bedeutung. Die h. M. betont im Grundsatz zu Recht, dass dieser regelmäßig vermeidbar ist, da vom Arbeitgeber zu erwarten sei, dass er seine Pflichten aus dem Betriebsverfassungsgesetz kennt (*Fitting* § 121 Rn. 6; *Galperin/Löwisch* § 121 Rn. 8; *Kania/ErfK* § 121 BetrVG Rn. 5; *Kische* in: *Ignor/Mosbacher* Arbeitsstrafrecht, § 11 Rn. 49; *Preis/WPK* § 121 Rn. 16; *Richardi/Annuß* § 121 Rn. 11; *Richter/GKR* Arbeitsstrafrecht, Kap. 2 Rn. 1154; *Trümner/DKKW* § 121 Rn. 22). 27

Die h. M. hellt den aus der Unbestimmtheit des Verbotstatbestandes folgenden Problemhaushalt des Verbotsirrtums indes nur unzureichend auf (differenzierter *Wahsner/Borgaes* Rechtsbruch, S. 52 f., die allerdings trotz der »unklaren Tatbestandsfassung« nur in Randbereichen einen unvermeidbaren Verbotsirrtum anerkennen), wenn der Täter seine Aufklärungs- oder Auskunftspflicht nicht generell, sondern lediglich hinsichtlich Umfang oder Zeitpunkt negiert bzw. sich nicht in diesem Umfang bzw. 28

zu diesem Zeitpunkt zur Auskunft für verpflichtet hält. Da der Umfang der Unterrichtung bzw. ihr Zeitpunkt nur selten abstrakte Rechtsfragen aufwirft, sondern die Anwendung der Norm einschließlich ihrer höchstrichterlich judizierten Konkretisierungen auf den jeweiligen Lebenssachverhalt im Mittelpunkt steht, liegt ein unvermeidbarer Verbotsirrtum zumindest dann vor, wenn beide Seiten von denselben Rechtsgrundsätzen ausgehen, hinsichtlich des konkreten Einzelfalles jedoch zu unterschiedlichen Würdigungen gelangen. Das Beharren des Täters auf seinem Standpunkt ist in dieser Konstellation nicht als Auflehnung gegenüber der Rechtsordnung, sondern als Meinungsverschiedenheit über die Reichweite betriebsverfassungsrechtlicher Pflichten zu werten.

29 Ein **vermeidbarer Verbotsirrtum** liegt jedoch vor, wenn der Täter bei seiner Subsumtion fehlerhafte Rechtsansichten zu Grunde legt. Insofern rechtfertigt auch die Unbestimmtheit der Norm keine Abweichung von den allgemeinen Grundsätzen. Der Täter unterliegt deshalb einer Erkundigungspflicht, wenn er sich auf die Unvermeidbarkeit des Verbotsirrtums berufen will. Auf die Rechtsauskunft eines Rechtsanwalts darf er sich grundsätzlich verlassen. Sind ihm jedoch entgegenstehende Gerichtsentscheidungen bekannt, so ist die Vermeidbarkeit des Verbotsirrtums zweifelhaft (*OLG Hamburg* 04.06.1985 NZA 1985, 568 [569]; krit. hierzu *Heinze* NZA 1985, 555 [556]). Sie ist zu bejahen, wenn es sich hierbei um eine höchstrichterliche Rechtsprechung handelt und keine Anhaltspunkte für ihre Änderung erkennbar sind. Auskünfte eines Interessenverbands rechtfertigen nach Auffassung des *AmtsG Detmold* (28.04.1978 BB 1979, 783) nicht die Annahme, der Verbotsirrtum sei unvermeidbar gewesen (s. näher § 119 Rdn. 59).

VI. Täterschaft und Beteiligung

30 Der Gesetzeswortlaut deutet mit der Formulierung »wer« zwar darauf hin, dass § 121 ein Allgemeindelikt ist, der systematische Zusammenhang und der Normzweck zeigen aber, dass als Täter nur derjenige in Betracht kommt, dem das Gesetz die Aufklärungs- oder Auskunftspflicht auferlegt (*Growe* Ordnungswidrigkeitenverfahren, S. 82; *Hess/HWGNRH* § 121 Rn. 13; *Kaiser/LK* § 121 Rn. 4; *Kische* in: *Ignor/Mosbacher* Arbeitsstrafrecht, § 11 Rn. 47; *Krumm-Mauermann* Rechtsgüterschutz, S. 166 ff.; *Richardi/Annuß* § 121 Rn. 5; *Trümner/DKKW* § 121 Rn. 6; weiter gehend *Weiss/Weyand* § 121 Rn. 2, die auch diejenigen Personen einbeziehen, welche die Aufklärungs- oder Auskunftspflichten des Arbeitgebers erfüllen). Täter können deshalb grundsätzlich nur der Arbeitgeber bzw. der Unternehmer sein; § 121 besitzt den Charakter eines **echten Sonderdelikts** (*Dannecker* FS *Gitter*, S. 167 [186]; *Kaiser/LK* § 121 Rn. 4; **a. M.** *Preis/WPK* § 121 Rn. 9).

31 Schwierigkeiten bereitet die Täterschaft, wenn der Arbeitgeber bzw. Unternehmer eine **juristische Person** ist. In diesem Fall erfüllen die Mitglieder des vertretungsberechtigten Organs die Aufklärungs- oder Auskunftspflichten für die juristische Person, werden hierdurch aber nicht zum Adressaten der in § 121 Abs. 1 genannten Beteiligungsrechte. Sie können nach § 9 Abs. 1 Nr. 1 OWiG aber gleichwohl Täter sein (im Ergebnis auch *Richardi/Annuß* § 121 Rn. 5; *Richter/GKR* Arbeitsstrafrecht, Kap. 2 Rn. 1144). Die Anwendung dieser Vorschrift wirft bei einer Ordnungswidrigkeit nach § 121 wegen dessen Charakters als echtes Unterlassungsdelikt schwierige Fragen auf, wenn bei mehrgliedrigen Organen eine interne Geschäftsverteilung erfolgt ist. Die damit einhergehende Delegation entbindet jedoch nicht von der Verantwortung; nicht die Tätereigenschaft, sondern der Vorsatz hinsichtlich der Pflichtverletzung kann durch eine Delegation in Frage gestellt sein, solange die Pflichtverletzungen des zuständigen Organmitgliedes dem unzuständigen Organmitglied nicht bekannt sind (*Growe* Ordnungswidrigkeitenverfahren, S. 83; *Wahsner/Borgaes* Rechtsbruch, S. 54 f.; s. auch *Krumm-Mauermann* Rechtsgüterschutz, S. 175 sowie allgemein BGH 15.10.1996 BGHZ 133, 370 ff.; *Fleischer* AG 2003, 291 ff.; *ders.* NZG 2003, 449 ff.).

32 Neben den in Rdn. 30 und Rdn. 31 genannten Personen kommen als taugliche Täter zusätzlich der **Betriebsleiter** und der **Beauftragte** in Betracht (§ 9 Abs. 2 Satz 1 OWiG), wenn der Arbeitgeber bzw. Unternehmer diese mit der Erfüllung der Aufklärungs- oder Auskunftspflicht betraut hat (*Growe* Ordnungswidrigkeitenverfahren, S. 84 f.; *Kaiser/LK* § 121 Rn. 4; *Richardi/Annuß* § 121 Rn. 5; *Trümner/DKKW* § 121 Rn. 7). Hierfür genügt indes nicht jede Beauftragung mit der Aufklärung oder Auskunft, der Beauftragte muss vielmehr diese eigenverantwortlich wahrnehmen. Zustimmungsvor-

behalte zugunsten eines Vorgesetzten stehen dem entgegen (s. allgemein *Rogall/*Karlsruher Komm. OWiG, § 9 Rn. 72). Hieran fehlt es auch, wenn ein Dritter im Einzelfall zur Erteilung einer Auskunft angewiesen wird (*Galperin/Löwisch* § 121 Rn. 6; *Kaiser/LK* § 121 Rn. 4; *Kania/*ErfK § 121 BetrVG Rn. 3; *Preis/WPK* § 121 Rn. 10; **a. M.** *Weiss/Weyand* § 121 Rn. 2, die jedoch zu Unrecht nicht auf den Normadressaten der in § 121 Abs. 1 in Bezug genommenen Vorschriften abstellen; abweichend auch *Dannecker* FS Gitter, S. 167 [186]; *Richardi/Annuß* § 121 Rn. 5; *Trümner/DKKW* § 121 Rn. 7, die aber die Eigenverantwortlichkeit der Aufgabenwahrnehmung vernachlässigen).

Personen, die aus rechtlichen oder tatsächlichen Gründen nicht als Täter in Betracht kommen, können gleichwohl **Beteiligte** einer Ordnungswidrigkeit sein (§ 14 OWiG; s. *Growe* Ordnungswidrigkeitenverfahren, S. 92 ff.; *Richardi/Annuß* § 121 Rn. 5; *Trümner/DKKW* § 121 Rn. 8). Hierfür müssen sie nicht Adressat der Aufklärungs- oder Auskunftspflicht sein; Beteiligte der Ordnungswidrigkeit sind sie bereits, wenn sie einen ursächlichen Tatbeitrag leisten (zust. *Preis/WPK* § 121 Rn. 11). Ein Verbotsirrtum des Täters (§ 11 Abs. 2 OWiG; s. Rdn. 27 f.) schließt die Ahndung bei dem Beteiligten nicht aus (§ 14 Abs. 3 Satz 1 OWiG). 33

VII. Vollendung

Geahndet werden kann nur die Vollendung, da das Gesetz auf die Verfolgung des Versuchs (§ 13 Abs. 2 OWiG) verzichtet (*Fitting* § 121 Rn. 6; *Galperin/Löwisch* § 121 Rn. 3; *Growe* Ordnungswidrigkeitenverfahren, S. 92; *Kaiser/LK* § 121 Rn. 10; *Schlünder* Rechtsfolgen, S. 200; *Steffan/*HaKo § 121 Rn. 1; *Trümner/DKKW* § 121 Rn. 23). 34

Schwierigkeiten bereitet im Einzelfall die exakte Grenzziehung zwischen (straflosem) Versuch und Vollendung bei der 2. und 3. Alternative, weil sich die Erfüllung der Aufklärungs- oder Auskunftspflicht insbesondere bei komplexen betrieblichen Vorgängen häufig über einen längeren Zeitraum erstreckt. Da § 121 Abs. 1 auf die Erfüllung der Pflicht abstellt, dürfte die Grenze zur Vollendung erst überschritten sein, wenn der Täter hinsichtlich der beteiligungspflichtigen Angelegenheit zu erkennen gibt, dass er seinen bisherigen (wahrheitswidrigen oder unvollständigen) Angaben keine weiteren Informationen hinzufügen wird, er also das gesetzlich vorgeschriebene Beteiligungsverfahren für sich als beendet erachtet. Solange dieser Zeitpunkt nicht erreicht ist, kann der zur Aufklärung oder Auskunft Verpflichtete seine bisherigen Angaben ergänzen oder korrigieren. 35

VIII. Ordnungswidrigkeitenverfahren

Ordnungswidrigkeiten sind nach **pflichtgemäßem Ermessen** der Behörde **von Amts wegen** zu verfolgen (§ 47 Abs. 1 Satz 1 OWiG; s. *Kaiser/LK* § 121 Rn. 11; *Kania/*ErfK § 121 BetrVG Rn. 6; *Preis/WPK* § 121 Rn. 19; *Trümner/DKKW* § 121 Rn. 25); bei einer **Einstellung** ist dem Anzeigenden dies unter Angabe der Gründe mitzuteilen (§ 46 Abs. 1 OWiG i. V. m. § 171 StPO; *Trümner/DKKW* § 121 Rn. 28; **a. M.** *Fitting* § 121 Rn. 8; *Preis/WPK* § 121 Rn. 19). Der Anzeigende kann den Erlass eines Bußgeldbescheids nicht erzwingen, es gilt das **Opportunitätsprinzip** (*Richter/*GKR Arbeitsstrafrecht, Kap. 2 Rn. 1155); das Klageerzwingungsverfahren ist wegen seiner teleologischen Wurzel im Offizialprinzip ausgeschlossen (§ 46 Abs. 3 Satz 3 OWiG). Möglich ist aber eine **Aufsichtsbeschwerde** an die übergeordnete Behörde (*Fitting* § 121 Rn. 8; *Growe* Ordnungswidrigkeitenverfahren, S. 99; *Preis/WPK* § 121 Rn. 19; *Trümner/DKKW* § 121 Rn. 27). Die Hinzuziehung eines Rechtsanwalts zur Erstattung einer Anzeige kann »erforderlich« i. S. d. § 40 Abs. 1 sein (*LAG Schleswig-Holstein* 14.11.2000 NZA-RR 2001, 592 [593]; *ArbG Gießen* 09.06.2009 AiB 2010, 120 f. = BeckRS 2015, 70904; *Kaiser/LK* § 121 Rn. 12). Die **Verjährungsfrist** beträgt **zwei Jahre** (§ 31 Abs. 2 Nr. 2 OWiG). Dem Betroffenen ist vor Erlass des Bußgeldbescheids **Gelegenheit zur Äußerung** zu geben (§ 55 Abs. 1 OWiG). Zum Inhalt des Bußgeldbescheides s. § 66 OWiG. 36

Sachlich zuständig zum Erlass von Bußgeldbescheiden sind grundsätzlich die fachlich zuständigen obersten Landesbehörden (§ 36 Abs. 1 Nr. 2a OWiG), also die für Arbeit zuständigen **Minister bzw. Senatoren** (in Hamburg die Behörde für Arbeit, Soziales, Familie und Integration; Anordnung v. 37

02.09.1975, Amtl. Anz. 1975, 1337). Aufgrund der Ermächtigung in § 36 Abs. 2 OWiG gelten in folgenden Bundesländern abweichende Zuständigkeiten (Besonderheiten sind bei den Betrieben, die der Bergaufsicht unterliegen, zu beachten):
- **Baden-Württemberg** (Landratsämter, Große Kreisstädte, Verwaltungsgemeinschaften, Gemeinden; § 2 Abs. 1 der VO i. d. F. v. 02.02.1990, GBl. S. 73);
- **Bayern** (Kreisverwaltungsbehörden; § 87 Abs. 2 der VO v. 16.06.2015, GVBl. S. 184);
- **Hessen** (Regierungspräsidien; § 1 Nr. 1 Buchst. a der VO v. 27.11.2007, GVBl. I S. 823);
- **Niedersachsen** (Landkreise, Kreisfreie Städte, große selbständige Städte und selbständige Gemeinden; § 7 Nr. 4 Buchst. a der VO v. 17.11.2014, GVBl. S. 311);
- **Nordrhein-Westfalen** (Regierungspräsidenten [Bezirksregierungen]; § 1 der VO v. 12.07.1972, GVBl. S. 238);
- **Rheinland-Pfalz** (Aufsichts- und Dienstleistungsdirektion; § 1 der VO v. 21.08.1990, GVBl. S. 274);
- **Sachsen** (Landkreise, Kreisfreie Städte; § 2 der VO v. 16.06.2014, GVBl. S. 342);
- **Sachsen-Anhalt** (Landkreise, Kreisfreie Städte; § 5 Abs. 1 Nr. 2 Buchst. a der VO v. 02.03.2010, GVBl. S. 106).

38 Zur **örtlichen Zuständigkeit** vgl. § 37 OWiG: Örtlich zuständig ist die Verwaltungsbehörde, in deren Bezirk der Tatort oder der Wohnsitz des Betroffenen liegt.

39 Wegen der **Rechtsbehelfe** vgl. die §§ 67 ff. OWiG: Gegen den Bußgeldbescheid kann innerhalb von **zwei Wochen** nach Zustellung schriftlich **Einspruch** bei der Stelle eingelegt werden, die den Bescheid erlassen hat (§ 67 Abs. 1 Satz 1 OWiG). Zuständig zur Entscheidung über den Einspruch ist das **Amtsgericht** (vgl. zur örtlichen Zuständigkeit § 68 OWiG). Das Verschlechterungsverbot (Verbot der *reformatio in peius*) gilt grundsätzlich nicht (§ 71 Abs. 1 OWiG i. V. m. § 411 Abs. 4 StPO), eine Ausnahme gilt nach § 72 Abs. 3 Satz 2 OWiG nur bei einer Entscheidung (ohne vorherige Hauptverhandlung) durch Beschluss (statt aller *Bohnert*/Karlsruher Komm. OWiG, § 67 Rn. 5). Das Gericht kann deshalb auch zum Nachteil des Betroffenen von der im Bußgeldbescheid festgesetzten Geldbuße abweichen (zust. *Preis*/*WPK* § 121 Rn. 21).

40 Gegen die Entscheidung des Amtsgerichts ist die **Rechtsbeschwerde** unter anderem statthaft, wenn die Geldbuße 250 Euro übersteigt (§ 79 Abs. 1 Satz 1 Nr. 1 OWiG) oder vom Beschwerdegericht zugelassen wird (§ 79 Abs. 1 Satz 2 OWiG). Zuständig für die Rechtsbeschwerde ist das **Oberlandesgericht** (§ 79 Abs. 3 Satz 1 OWiG i. V. m. § 121 Abs. 1 Nr. 1 Buchst. a GVG). Die Rechtsbeschwerde bzw. der Zulassungsantrag ist binnen **einer Woche** nach der Verkündung zu Protokoll der Geschäftsstelle oder schriftlich bei dem Gericht einzulegen, dessen Entscheidung angefochten wird (§ 79 Abs. 3 Satz 1 OWiG i. V. m. § 341 StPO; § 80 Abs. 3 Satz 1 OWiG). Zu einer Entscheidung des **Bundesgerichtshofs** kommt es nur aufgrund einer **Divergenzvorlage** (§ 121 Abs. 2 GVG).

IX. Geldbußen

41 Geldbußen können nicht nur gegen natürliche Personen, sondern u. U. gleichzeitig auch gegen **juristische Personen** und andere Personenvereinigungen verhängt werden (**§ 30 OWiG**), wenn ein Mitglied des vertretungsberechtigten Organs die Ordnungswidrigkeit nach § 121 begangen hat (*Richardi*/*Annuß* § 121 Rn. 13; *Trümner*/*DKKW* § 121 Rn. 9). Deren alleinige Verwirklichung durch eine der in § 9 Abs. 2 OWiG genannten Personen (s. Rdn. 32) genügt hingegen nicht für die Verhängung einer Geldbuße gegen die juristische Person. Für die Anwendung von § 30 OWiG reicht die Begehung der Ordnungswidrigkeit, es ist nicht erforderlich, dass ihretwegen ein Bußgeldbescheid erlassen wurde (*Trümner*/*DKKW* § 121 Rn. 9); § 30 OWiG ermöglicht die selbständige Festsetzung einer Geldbuße. Das gilt jedoch nicht, wenn die Verhängung einer Geldbuße gegen den Täter wegen eines unvermeidbaren Verbotsirrtums (s. Rdn. 27, 29) entfällt; auch die Verhängung einer Geldbuße nach § 30 OWiG setzt wegen des Grundsatzes *nulla poena sine culpa* (BVerfG 25.10.1966 BVerfGE 20, 323 ff. = NJW 1967, 195 ff.) eine **schuldhafte Verwirklichung** des Ordnungswidrigkeitentatbestands in § 121 Abs. 1 voraus.

Der **Rahmen der Geldbuße** reicht von fünf Euro (§ 17 Abs. 1 OWiG) bis zu 10.000 Euro (§ 121 **42** Abs. 2). Die Höchstgrenze gilt auch bei der Verhängung der Geldbuße gegen eine juristische Person (§ 30 Abs. 2 Satz 2 OWiG). Die konkrete Festsetzung der Buße richtet sich nach der Bedeutung der Ordnungswidrigkeit, der Schwere des Vorwurfs und den wirtschaftlichen Verhältnissen des Täters (§ 17 Abs. 3 OWiG). Hat dieser wirtschaftliche Vorteile erzielt, soll die Geldbuße diese übersteigen, gegebenenfalls kann hierfür das gesetzliche Höchstmaß überschritten werden (§ 17 Abs. 4 OWiG). Die rechtskräftige Bußgeldentscheidung ist in das **Gewerbezentralregister** einzutragen, wenn die verhängte Geldbuße 200 Euro übersteigt (§ 149 Abs. 2 Nr. 3 GewO; s. a. *Growe* Ordnungswidrigkeitenverfahren, S. 102 f.).

Erfüllt der gleiche Sachverhalt die Voraussetzungen einer mit Strafe bedrohten Handlung (z. B. nach **43** § 119 Abs. 1 Nr. 2, s. § 119 Rdn. 36), kann eine Geldbuße nur verhängt werden, wenn die Verurteilung zu einer Strafe unterblieben ist (§ 21 OWiG). Ist umgekehrt ein rechtskräftiges Urteil über die Tat als Ordnungswidrigkeit ergangen, steht dies der Verfolgung als Straftat entgegen (§ 84 Abs. 2 Satz 1 OWiG).

X. Verletzung der Aufsichtspflicht (§ 130 OWiG)

Der Ordnungswidrigkeitentatbestand in § 121 wird ergänzt durch § 130 OWiG. Er ermöglicht die **44** Verhängung einer Geldbuße gegen den **Inhaber eines Betriebes oder Unternehmens** bzw. die Mitglieder des **vertretungsberechtigten Organs** einer juristischen Person auch dann, wenn sie die erforderlichen **Aufsichtsmaßnahmen unterlassen** haben, um in dem Betrieb die Begehung einer Ordnungswidrigkeit nach § 121 zu verhindern. Hierbei handelt es sich zwar um einen **Auffangtatbestand** (*Rogall*/Karlsruher Komm. OWiG, § 130 Rn. 124, m. w. N.; ferner *Rönnau* ZGR 2016, 277 [282]), er hat aber im Anwendungsbereich des § 121 besondere Bedeutung, weil er auch die **fahrlässige Begehung** mit Geldbuße bedroht. Eine Ordnungswidrigkeit nach § 130 OWiG kommt deshalb immer in Betracht, wenn die Erfüllung der Aufklärungs- oder Auskunftspflicht innerhalb des Betriebs bzw. Unternehmens oder aufgrund der Geschäftsverteilung eines zur Vertretung berechtigten Organs delegiert wird. Der von der h. M. im Rahmen des § 130 OWiG befürwortete weite Unternehmensbegriff ermöglicht auch die Verhängung einer Geldbuße gegen die **Vorstandsmitglieder einer Konzernobergesellschaft**, wenn auf der Ebene der unter einheitlicher Leitung stehenden Tochtergesellschaft deren Vorstandsmitglieder gegen die von § 121 Abs. 1 erfassten Aufklärungs- oder Auskunftspflichten verstoßen und ein Aufsichtsverschulden hinzutritt (*Rogall*/Karlsruher Komm. OWiG, § 130 Rn. 27; dazu auch *Ransiek* ZGR 1999, 613 [628 ff.]; *Rönnau* ZGR 2016, 277 [289 ff.]).

Das Ausmaß der von § 130 OWiG geforderten Aufsichtsmaßnahmen lässt sich nicht abschließend um- **45** schreiben. **Delegation** entbindet jedoch nicht von der Verantwortung, sondern verändert diese qualitativ in eine **Kontrollpflicht** (*BGH* 15.10.1996 BGHZ 133, 370 ff.). Deren Intensität wird vor allem durch den Verhältnismäßigkeitsgrundsatz geprägt (*Rogall*/Karlsruher Komm. OWiG, § 130 Rn. 38 ff.). Bei einem mehrgliedrigen Vorstand ist deshalb die **interne Geschäftsverteilung** beachtlich; die Aufsichtspflicht beschränkt sich darauf, ob die intern übertragenen Aufgaben wahrgenommen werden (*Rogall*/Karlsruher Komm. OWiG, § 130 Rn. 68 sowie allgemein *BGH* 15.10.1996 BGHZ 133, 370 ff.). Bei einer Delegation auf Personen unterhalb der Vorstandsebene verlangt § 130 OWiG eine »Oberaufsicht«, die Sorgfaltspflichten erstrecken sich auf Bestellung, Auswahl und Kontrolle.

Für die Verhängung einer auf § 130 OWiG gestützten Geldbuße gelten die Ausführungen in Rdn. 36 **46** bis 39 mit Ausnahme der Grundsätze für die sachliche Zuständigkeit (s. Rdn. 37). Der in § 121 festgelegte Höchstbetrag einer Geldbuße entfaltet auch für § 130 OWiG seine begrenzende Wirkung (§ 130 Abs. 3 Satz 3 OWiG).

**Siebenter Teil
Änderung von Gesetzen**

§§ 122–124 gegenstandslos.

Achter Teil
Übergangs- und Schlussvorschriften

§ 125
Erstmalige Wahlen nach diesem Gesetz

(1) Die erstmaligen Betriebsratswahlen nach § 13 Abs. 1 finden im Jahre 1972 statt.

(2) Die erstmaligen Wahlen der Jugend- und Auszubildendenvertretung nach § 64 Abs. 1 Satz 1 finden im Jahre 1988 statt. Die Amtszeit der Jugendvertretung endet mit der Bekanntgabe des Wahlergebnisses der neu gewählten Jugend- und Auszubildendenvertretung, spätestens am 30. November 1988.

(3) Auf Wahlen des Betriebsrats, der Bordvertretung des Seebetriebsrats und der Jugend- und Auszubildendenvertretung, die nach dem 28. Juli 2001 eingeleitet werden, finden die Erste Verordnung zur Durchführung des Betriebsverfassungsgesetzes vom 16. Januar 1972 (BGBl. I S. 49), zuletzt geändert durch die Verordnung vom 16. Januar 1995 (BGBl. I S. 43), die Zweite Verordnung zur Durchführung des Betriebsverfassungsgesetzes vom 24. Oktober 1972 (BGBl. I S. 2029), zuletzt geändert durch die Verordnung vom 28. September 1989 (BGBl. I S. 1795) und die Verordnung zur Durchführung der Betriebsratswahlen bei den Postunternehmen vom 26. Juni 1995 (BGBl. I S. 871) bis zu deren Änderung entsprechende Anwendung.

(4) Ergänzend findet für das vereinfachte Wahlverfahren nach § 14a die Erste Verordnung zur Durchführung des Betriebsverfassungsgesetzes bis zu deren Änderung mit folgenden Maßgaben entsprechende Anwendung:
1. Die Frist für die Einladung zur Wahlversammlung zur Wahl des Wahlvorstands nach § 14a Abs. 1 des Gesetzes beträgt mindestens sieben Tage. Die Einladung muss Ort, Tag und Zeit der Wahlversammlung sowie den Hinweis enthalten, dass bis zum Ende dieser Wahlversammlung Wahlvorschläge zur Wahl des Betriebsrats gemacht werden können (§ 14a Abs. 2 des Gesetzes).
2. § 3 findet wie folgt Anwendung:
    a) Im Fall des § 14a Abs. 1 des Gesetzes erlässt der Wahlvorstand auf der Wahlversammlung das Wahlausschreiben. Die Einspruchsfrist nach § 3 Abs. 2 Nr. 3 verkürzt sich auf drei Tage. Die Angabe nach § 3 Abs. 2 Nr. 4 muss die Zahl der Mindestsitze des Geschlechts in der Minderheit (§ 15 Abs. 2 des Gesetzes) enthalten. Die Wahlvorschläge sind abweichend von § 3 Abs. 2 Nr. 7 bis zum Abschluss der Wahlversammlung zur Wahl des Wahlvorstands bei diesem einzureichen. Ergänzend zu § 3 Abs. 2 Nr. 10 gibt der Wahlvorstand den Ort, Tag und Zeit der nachträglichen Stimmabgabe an (§ 14a Abs. 4 des Gesetzes).
    b) Im Fall des § 14a Abs. 3 des Gesetzes erlässt der Wahlvorstand unverzüglich das Wahlausschreiben mit den unter Buchstabe a) genannten Maßgaben zu § 3 Abs. 2 Nr. 3, 4 und 10. Abweichend von § 3 Abs. 2 Nr. 7 sind die Wahlvorschläge spätestens eine Woche vor der Wahlversammlung zur Wahl des Betriebsrats (§ 14a Abs. 3 Satz 2 des Gesetzes) beim Wahlvorstand einzureichen.
3. Die Einspruchsfrist des § 4 Abs. 1 verkürzt sich auf drei Tage.
4. Die §§ 6 bis 8 und 10 Abs. 2 finden entsprechende Anwendung mit der Maßgabe, dass die Wahl aufgrund von Wahlvorschlägen erfolgt. Im Fall des § 14a Abs. 1 des Gesetzes sind die Wahlvorschläge bis zum Abschluss der Wahlversammlung zur Wahl des Wahlvorstands bei diesem einzureichen; im Fall des § 14a Abs. 3 des Gesetzes sind die Wahlvorschläge spätestens eine Woche vor der Wahlversammlung zur Wahl des Betriebsrats (§ 14a Abs. 3 Satz 2 des Gesetzes) beim Wahlvorstand einzureichen.
5. § 9 findet keine Anwendung.
6. Auf das Wahlverfahren finden die §§ 21 ff. entsprechende Anwendung. Auf den Stimmzetteln sind die Bewerber in alphabetischer Reihenfolge unter Angabe von Familienname, Vorname und Art der Beschäftigung im Betrieb aufzuführen.

§ 125   *VIII. Übergangs- und Schlussvorschriften*

    7. § 25 Abs. 5 bis 8 findet keine Anwendung.
    8. § 26 Abs. 1 findet mit der Maßgabe Anwendung, dass der Wahlberechtigte sein Verlangen auf schriftliche Stimmabgabe spätestens drei Tage vor dem Tag der Wahlversammlung zur Wahl des Betriebsrats dem Wahlvorstand mitgeteilt haben muss.
    9. § 31 findet entsprechende Anwendung mit der Maßgabe, dass die Wahl der Jugend- und Auszubildendenvertretung aufgrund von Wahlvorschlägen erfolgt.

1   Die Übergangsvorschrift des § 125 regelt die Frage der erstmaligen Wahl betriebsverfassungsrechtlicher Vertretungsorgane nach Inkrafttreten des BetrVG 1972 sowie seiner Novellierungen in den Jahren 1988 und 2001.

2   **Abs. 1** legt den Zeitpunkt für die erstmaligen regelmäßigen **Betriebsratswahlen** (§ 13 Abs. 1) fest und bestimmt hierfür das Jahr 1972. Nach den im Jahre 1972 erfolgten Neuwahlen der Betriebsräte erschöpft sich die Bedeutung des Abs. 1 darin, dass das Jahr **1972 als Ausgangspunkt für alle folgenden regelmäßigen Wahlzeiträume** zu nehmen ist. Für die regelmäßigen Betriebsratswahlen hatte im Jahr 1972 der in § 13 Abs. 1 festgelegte ursprüngliche Dreijahresrhythmus begonnen. Mit der **Novelle vom 20.12.1988** (BGBl. I, S. 2316) wurde der Turnus für die regelmäßigen Betriebsratswahlen von drei auf vier Jahre erhöht, vgl. § 13 Abs. 1. Die letzten regelmäßigen Wahlen auf der Basis des Dreijahresrhythmus fanden **1990** statt, **seither gilt der Vierjahresrhythmus**. Die nächsten regelmäßigen Wahlen finden in den Jahren 2018, 2022 usw. statt.

3   **Abs. 2** regelt den Zeitpunkt für die erstmaligen Wahlen der **Jugend- und Auszubildendenvertretung** nach § 64 Abs. 1 Satz 1 sowie für das Ende der Amtszeit der Jugendvertretung. Außerdem wird das Jahr **1988 zum Ausgangspunkt für die folgenden Wahlen** im zweijährigen Turnus. Hier finden die nächsten regelmäßigen Wahlen in den Jahren 2018, 2020 usw. statt.

4   Der mit der Novelle vom 20.12.1988 (BGBl. I, S. 2316) eingeführte **Abs. 3** regelte **ursprünglich** den Beginn der Amtszeit bezüglich der Neubesetzung der Ausschüsse aufgrund des seinerzeit neu geregelten Minderheitenschutzes (dazu *Fabricius* 6. Aufl., § 125 Rn. 4).

5   **Abs. 3** wurde im Jahre 2001 durch das **BetrVerf-Reformgesetz** neu gefasst. Die jetzige Fassung des Abs. 3 diente als **Übergangsregelung bis zum Inkrafttreten einer** den Bestimmungen des neuen Betriebsverfassungsgesetzes **angepassten Wahlordnung**, hatte also Bedeutung für den Zeitraum bis zum 15.12.2001, dem Tag des Inkrafttretens der Wahlordnung vom 30.11.2001 (BGBl. I, S. 3494). Die Vorschrift besagt, dass auf die Wahlen der betriebsverfassungsrechtlichen Vertretungsorgane die jeweiligen Wahlordnungen in ihrer aktuellen Fassung bis zu ihrer Änderung entsprechende – das heißt den Wahlvorschriften des neuen Betriebsverfassungsgesetzes angepasste – Anwendung finden sollten, wenn die Wahlen nach dem Inkrafttreten des BetrVerf-Reformgesetzes (vgl. § 132) eingeleitet worden waren (zu Wahlen, die bereits zuvor eingeleitet worden waren, aber erst nach Inkrafttreten des BetrVerf-Reformgesetzes durchgeführt wurden, vgl. *LAG Bremen* 11.07.2002 LAGE § 14 BetrVG 2001 Nr. 3; *Däubler* DB 2001, 1669, 1672). Gemeint waren Wahlen außerhalb des durch § 13 Abs. 1 vorgegebenen Turnus (vgl. Begründung des Ausschusses für Arbeit und Sozialordnung, BT-Drucks. 14/6352, S. 59). Bei der sinngemäßen Anwendung der maßgeblichen Wahlordnungen waren insbesondere der **Wegfall des Gruppenprinzips** (§§ 6, 10, 12, 14, 16 a. F.), **die Änderungen bei Größe und Zusammensetzung des Betriebsrats** (§§ 9, 15 Abs. 1) **sowie die Geschlechterquote** (§ 15 Abs. 2) zu beachten (vgl. dazu auch *Däubler* DB 2001, 1669, 1672).

6   Für **im Amt befindliche Betriebsräte** galt **§ 13 Abs. 3** in seiner bisherigen Fassung, so dass Betriebsräte, die bei den nächsten ordentlichen Betriebsratswahlen noch nicht ein Jahr im Amt sind, erst im Rahmen der übernächsten Wahlen neu bestimmt werden mussten.

7   Eine entsprechende Übergangsregel sah der durch Art. 9 BetrVerf-Reformgesetz 2001 neu eingeführte **§ 87a BetrVG 1952 für die Wahlen zum Aufsichtsrat** vor (vgl. *Kraft* 7. Aufl., § 87a BetrVG 1952 sowie jetzt § 15 DrittelbG).

8   In **Abs. 4** wurde eine umfangreiche Übergangsregelung für das **vereinfachte Wahlverfahren** in Kleinbetrieben geschaffen, § 14a. Durch diese ergänzenden Maßgaberegelungen zur Wahlordnung 1972 sollte gewährleistet werden, dass bereits nach Inkrafttreten des BetrVerf-Reformgesetzes, aber noch vor Erlass der neuen Wahlordnung Wahlen zum Betriebsrat und Wahlen zur Jugend- und Auszubildendenvertretung in Kleinbetrieben stattfinden konnten (vgl. Begründung des *Ausschusses für Arbeit und Sozialordnung* BT-Drucks. 14/6352, S. 59).

§ 126
Ermächtigung zum Erlass von Wahlordnungen

Das Bundesministerium für Arbeit und Soziales wird ermächtigt, mit Zustimmung des Bundesrates Rechtsverordnungen zu erlassen zur Regelung der in den §§ 7 bis 20, 60 bis 63, 115 und 116 bezeichneten Wahlen über
1. die Vorbereitung der Wahl, insbesondere die Aufstellung der Wählerlisten und die Errechnung der Vertreterzahl;
2. die Frist für die Einsichtnahme in die Wählerlisten und die Erhebung von Einsprüchen gegen sie;
3. die Vorschlagslisten und die Frist für ihre Einreichung;
4. das Wahlausschreiben und die Fristen für seine Bekanntmachung;
5. die Stimmabgabe;
5a. die Verteilung der Sitze im Betriebsrat, in der Bordvertretung, im Seebetriebsrat sowie in der Jugend- und Auszubildendenvertretung auf die Geschlechter, auch soweit die Sitze nicht gem. § 15 Abs. 2 und § 62 Abs. 3 besetzt werden können;
6. die Feststellung des Wahlergebnisses und die Fristen für seine Bekanntmachung;
7. die Aufbewahrung der Wahlakten.

Durch § 126 wird – im Einklang mit den Anforderungen des Art. 80 Abs. 1 GG (*Richardi/Annuß* § 126 Rn. 1) – das jeweils zuständige Ministerium **ermächtigt**, mit Zustimmung des Bundesrates die zur Durchführung der Wahlen nach dem Betriebsverfassungsgesetz erforderlichen Verordnungen zu erlassen. Die Vorschrift entspricht mit redaktionellen Anpassungen hinsichtlich der betriebsverfassungsrechtlichen Wahlen dem § 87 BetrVG 1952 (vgl. dazu *Fabricius* 6. Aufl., § 126 Rn. 2 f.). 1

Gegenstand der Ermächtigung des § 126 ist die nach Maßgabe der Nr. 1 bis 7 vorzunehmende nähere Regelung der Wahlen zum **Betriebsrat** einschließlich seines Wahlvorstands (§§ 7 ff.), der Wahlen der **Jugend- und Auszubildendenvertretung** (§§ 60 ff.), der **Bordvertretung** und ihres Wahlvorstands (§ 115) und der Wahlen des **Seebetriebsrats** (§ 116). 2

§ 126 gibt keine Befugnis, Rechtsverordnungen für die »Wahl« anderer betriebsverfassungsrechtlicher Organe zu erlassen (Gesamt- und Konzernbetriebsrat, Wirtschaftsausschuss, Gesamt-Jugend- und Auszubildendenvertretung). Diese Gremien werden durch Beschluss des Betriebsrats oder anderer Institutionen bestimmt. Die Modalitäten der Beschlussfassung sind im Gesetz detailliert aufgeführt, so dass eine förmliche Wahlordnung entbehrlich ist. Auch andere betriebsverfassungsrechtliche Entsendungsakte, wie z. B. die Bildung von Ausschüssen für Betriebsrat, Gesamtbetriebsrat und Konzernbetriebsrat, sind einer Regelung im Verordnungswege nicht zugänglich (vgl. *Fitting* § 126 Rn. 4; *Richardi/Annuß* § 126 Rn. 1). 3

Welche Elemente des Wahlverfahrens durch generelle Rechtssätze geregelt werden können, bestimmt das Gesetz in den **Nr. 1 bis 7.** Neu aufgenommen in den Katalog des § 126 wurde durch das BetrVerf-Reformgesetz aus dem Jahre 2001 **Nr. 5a**, welcher festlegt, dass die Wahlordnungen auch Regelungen über die Frage der **Verteilung der Sitze auf die Geschlechter** in den in Nr. 5a genannten Gremien vorzusehen haben. Dies gilt selbst dann, wenn die Sitze im Betriebsrat, in der Bordvertretung, im Seebetriebsrat sowie in der Jugend- und Auszubildendenvertretung nicht entsprechend den § 15 Abs. 2 und § 62 Abs. 3 besetzt werden können. Durch die Wahlordnung soll sichergestellt werden, dass die nicht gemäß diesen Vorschriften zu besetzenden Betriebsratssitze auf das andere Geschlecht übergehen, soweit ein Geschlecht nicht genügend wählbare Arbeitnehmer hat oder sich nicht genügend Arbeitnehmer eines Geschlechts zur Übernahme des Betriebsratsamtes bereit erklären. Damit wird gewährleistet, dass der in § 9 vorgegebenen Größe des Betriebsrates auch dann entsprochen werden 4 kann, wenn ein Geschlecht die ihm grundsätzlich zustehende Zahl an Betriebsratssitzen nicht besetzen kann (vgl. die amtliche Begründung der Bundesregierung zum Entwurf eines Gesetzes zur Reform des Betriebsverfassungsgesetzes, BT-Drucks. 14/5741, S. 53). Die Wahlordnung sieht in den §§ 5, 15 Abs. 5 entsprechende Regelungen vor.

5 Auf der Basis des § 126 hat der Gesetzgeber folgende Wahlordnungen erlassen: Die erste Verordnung zur Durchführung des Betriebsverfassungsgesetzes vom 11.12.2001 (BGBl. I, S. 3494) – WahlO – regelt die Wahl des Betriebsrats (§§ 1 ff.) und die Wahl der Jugend- und Auszubildendenvertretung (§§ 38 und 40). Die zweite Verordnung zur Durchführung des Betriebsverfassungsgesetzes (Wahlordnung Seeschifffahrt – WOS) vom 07.02.2002 (BGBl. I, S. 594) enthält in den §§ 1 ff. Bestimmungen über die Wahl der Bordvertretung und in den §§ 32 ff. Vorschriften über die Wahl des Seebetriebsrats. In der **Übergangszeit seit Inkrafttreten des BetrVerf-Reformgesetzes** waren für außerturnusmäßige Wahlen gem. § 125 Abs. 3 die bisherigen Wahlordnungen in ihrer jeweiligen Fassung bis zu deren Änderung **entsprechend anzuwenden** (vgl. § 125 Rdn. 5). Für den Bereich der Postunternehmen regelt auf der Basis der Ermächtigungsgrundlage des § 34 Postpersonalrechtsgesetz vom 14.09.1994 (BGBl. I, S. 2325, 2353) die WahlO Post vom 22.02.2002 (BGBl. I, S. 946) die entsprechende Anwendung der Wahlordnung zum Betriebsverfassungsgesetz mit der Maßgabe von Sonderregelungen für die Beamten.

§ 127
Verweisungen

Soweit in anderen Vorschriften auf Vorschriften verwiesen wird oder Bezeichnungen verwendet werden, die durch dieses Gesetz aufgehoben oder geändert werden, treten an ihre Stelle die entsprechenden Vorschriften oder Bezeichnungen dieses Gesetzes.

1 Die Vorschrift enthält eine Klausel, wonach **Verweisungen** auf durch das Betriebsverfassungsgesetz 1972 aufgehobene oder geänderte gesetzliche Vorschriften des Betriebsverfassungsgesetzes 1952 sich auf die entsprechenden Bestimmungen der Neuregelung beziehen (Begr. des RegE, BR-Drucks. 715/70, S. 61). Gemeint waren formelle Gesetze, aber auch Rechtsverordnungen und namentlich die Wahlordnung von 1953 (vgl. *Fabricius* 6. Aufl., § 127 Rn. 2 ff.; *Richardi/Annuß* § 127 Rn. 1). Für die Verweisungen in den zunächst gem. § 129 Abs. 1 nicht aufgehobenen Vorschriften des Betriebsverfassungsgesetzes 1952 (§§ 76–77a, 81, 85, 87 BetrVG 1952) enthielt bis zum 30.06.2004 § 129 Abs. 2 eine inhaltlich dem § 127 weitgehend entsprechende klarstellende Vorschrift (zur Aufhebung des § 129 im Zuge der Ersetzung des BetrVG 1952 durch das Drittelbeteiligungsgesetz vgl. § 129 Rdn. 2).

2 Zu den durch das Betriebsverfassungsgesetz 1972 aufgehobenen oder geänderten Vorschriften gehörten gem. §§ 122 bis 124 solche des Bürgerlichen Gesetzbuchs, des Kündigungsschutzgesetzes, des Arbeitsgerichtsgesetzes und die in § 129 Abs. 1 genannten Bestimmungen des Betriebsverfassungsgesetzes 1952. An die Stelle der aufgehobenen oder geänderten Vorschriften oder Bezeichnungen traten die entsprechenden Vorschriften oder Bezeichnungen des Betriebsverfassungsgesetzes 1972.

§ 128
Bestehende abweichende Tarifverträge

Die im Zeitpunkt des Inkrafttretens dieses Gesetzes nach § 20 Abs. 3 des Betriebsverfassungsgesetzes vom 11. Oktober 1952 geltenden Tarifverträge über die Errichtung einer anderen Vertretung der Arbeitnehmer für Betriebe, in denen wegen ihrer Eigenart der Errichtung von Betriebsräten besondere Schwierigkeiten entgegenstehen, werden durch dieses Gesetz nicht berührt.

1 Die Bestimmung sollte sicherstellen, dass die bereits aufgrund des § 20 Abs. 3 BetrVG 1952 abgeschlossenen **Tarifverträge** über die Errichtung einer anderen Vertretung der Arbeitnehmer bis zu ihrer Beendigung durch Zeitablauf, Kündigung oder Aufhebung **aufrechterhalten** bleiben (vgl. Ausschussbericht, BT-Drucks. VI/2729, S. 36).

2 **§ 20 Abs. 3 BetrVG 1952** gestattete inhaltlich gleichlautend mit **§ 3 Abs. 1 Nr. 2 BetrVG 1972 a. F.** den Tarifvertragsparteien, für Betriebe, in denen wegen ihrer Eigenart der Errichtung von Betriebsräten besondere Schwierigkeiten entgegenstehen, durch Tarifverträge die Errichtung einer anderen Vertretung der Arbeitnehmer des Betriebs zu bestimmen. Wegen der materiell-rechtlich nahezu identischen Voraussetzungen für die Errichtung anderer Vertretungen der Arbeitnehmer durch Tarifverträge nach dem BetrVG 1952 und dem BetrVG 1972 wäre es formalistisch gewesen, mit Inkrafttreten des Gesetzes den Abschluss neuer Tarifverträge zu verlangen.

3 Das Gesetz enthält für Tarifverträge, die unter der Geltung des BetrVG 1972 auf der Basis von dessen § 3 a. F. abgeschlossen wurden, keine auf das **BetrVerf-Reformgesetz 2001** bezogene Regelung. Gleichwohl ist davon auszugehen, dass auch solche Tarifverträge in **analoger Anwendung der Vorschrift** unberührt bleiben. Der Gesetzgeber hat in der Neufassung des § 3 die Möglichkeiten tarifvertraglicher Gestaltungen der Betriebsverfassung sachlich erweitert und namentlich in den Generalklauseln des § 3 Abs. 1 Nr. 3 und 5 die bisherigen Möglichkeiten mit erfasst. Hinsichtlich des Verfahrens wurde die in § 3 Abs. 2 a. F. vorgesehene Zustimmung des Bundesministers für Arbeit und Sozialordnung gestrichen (vgl. näher *Franzen* § 3 Rdn. 1 ff.; zur Begründung BT-Drucks. 14/5741, S. 33 ff.). Das spricht dafür, dass auch ohne ausdrückliche Übergangsregel von einer Fortgeltung der bisherigen Tarifverträge auszugehen ist (vgl. *Däubler* DB 2001, 1669 [1671]; *Fitting* § 128 Rn. 2; *Trümner/DKKW* § 128).

§ 129
Außerkrafttreten von Vorschriften
(aufgehoben)

1 **§ 129 Abs. 1** regelte das Außerkrafttreten des BetrVG 1952 mit Inkrafttreten des BetrVG 1972 zum 19.01.1972. Ausgenommen waren seinerzeit die Vorschriften über die Beteiligung der Arbeitnehmer in den Unternehmensorganen (vgl. näher 7. Aufl., § 129 Rn. 1). Infolge der Ablösung des BetrVG 1952 durch das Drittelbeteiligungsgesetz ist die Vorschrift gegenstandslos geworden. Sie wurde deshalb mit Wirkung zum 01.07.2004 aufgehoben (vgl. Art. 5 Nr. 2 des Zweiten Gesetzes zur Vereinfachung der Wahl der Arbeitnehmer in den Aufsichtsrat v. 18.05.2004 [BGBl. I, S. 974]).

2 **§ 129 Abs. 2** sollte sicherstellen, dass an die Stelle von Verweisungen in den weiter geltenden Vorschriften des BetrVG 1952 auf aufgehobene Bestimmungen dieses Gesetzes die entsprechenden Vorschriften des BetrVG 1972 traten. Auch diese Regelung ist mit dem Inkrafttreten des Drittelbeteiligungsgesetzes gegenstandslos geworden. Soweit das Drittelbeteiligungsgesetz auf das Betriebsverfassungsgesetz verweist, ist generell dessen nunmehr geltende Fassung in Bezug genommen.

§ 130
Öffentlicher Dienst

Dieses Gesetz findet keine Anwendung auf Verwaltungen und Betriebe des Bundes, der Länder, der Gemeinden und sonstiger Körperschaften, Anstalten und Stiftungen des öffentlichen Rechts.

Inhaltsübersicht	Rdn.
I. Grundlagen	1, 2
II. Einzelfragen	3–7
III. Betriebliche Mitbestimmung und Privatisierung	8–11

I. Grundlagen

1 Die Vorschrift über die Nichtanwendung des Gesetzes auf die **Verwaltung und Betriebe des Bundes, der Länder, der Gemeinden und sonstiger Körperschaften, Anstalten und Stiftungen des öffentlichen Rechts** entspricht dem früheren § 88 Abs. 1 BetrVG 1952 und stellt klar, dass auch das BetrVG 1972 nicht den Bereich des öffentlichen Dienstes erfasst (zur Entstehungsgeschichte vgl. *Fabricius* 6. Aufl., § 130 Rn. 1). Die Mitbestimmung der Arbeitnehmer im öffentlichen Dienst des Bundes ist im **Bundespersonalvertretungsgesetz** (BPersVG v. 15.03.1974, BGBl. I, S. 693) und den unterschiedlichen **Landespersonalvertretungsgesetzen** geregelt (Übersicht bei *Germelmann/* MünchArbR § 276 Rn. 6; *Richardi/RDW* Einl. Rn. 54 ff.).

2 Das Betriebsverfassungsgesetz beschränkt sich auf Beschäftigte der Privatwirtschaft und schließt die Anwendung auf die in der Verwaltung eines öffentlich-rechtlichen Rechtssubjektes Tätigen oder auf die Bediensteten in einem Betrieb, dessen Inhaber unmittelbar eines der genannten Rechtssubjekte ist, aus. Entscheidend ist allein die **formelle Rechtsnatur des Inhabers** und nicht die wirtschaftliche Betriebsinhaberschaft durch eine Körperschaft des öffentlichen Rechts (vgl. *BAG* 07.11.1975 EzA § 118 BetrVG 1972 Nr. 8 S. 59 = AP Nr. 1 zu § 130 BetrVG 1972 *[Mayer-Maly]*: Städtische Bühnen in der Form einer Gesellschaft bürgerlichen Rechts unterfallen dem BetrVG; *BAG* 10.10.2006 EzA § 75 PersVG Nr. 3 Rn. 17 = AP Nr. 85 zu § 75 BPersVG: Betriebskrankenkasse als Körperschaft des öffentlichen Rechts unterfällt dem PersVG; *OVG Lüneburg* 29.09.2011 PersV 2012, 149 Rn. 36: Cafeteria einer Universität in der Rechtsform einer GmbH unterfällt dem BetrVG; *Edenfeld* PersV 2013, 368 [369]; *Fitting* § 130 Rn. 4; *Germelmann*/MünchArbR § 276 Rn. 4; *Kania*/ErfK § 130 BetrVG Rn. 2; *Richardi/Annuß* § 130 Rn. 3; *Trümner/DKKW* § 130 Rn. 1 f.). Mittelbar bestätigt das der Gesetzgeber in dem im Jahre 2009 (G. v. 29.07.2009, BGBl. I, S. 2424) eingefügten § 5 Abs. 1 Satz 3, wonach als Arbeitnehmer i. S. d. Betriebsverfassungsgesetzes auch Beamte, Soldaten und Arbeitnehmer des öffentlichen Dienstes gelten, wenn sie in Betrieben privatrechtlich organisierter Unternehmen tätig sind. Alle Betriebe in privater Rechtsform unterfallen dem Betriebsverfassungsgesetz, unabhängig davon, ob sie wirtschaftlich, z. B. aufgrund des Aktienbesitzes oder des Besitzes von Geschäftsanteilen, einem Subjekt des öffentlichen Rechts gehören (vgl. *Kania*/ErfK § 130 BetrVG Rn. 2). Dagegen ist das Betriebsverfassungsgesetz nicht anzuwenden, wenn eines der in § 130 genannten Subjekte selbst Rechtsträger des Betriebes ist. Wird also ein Energieversorgungsbetrieb von einer Gemeinde als Aktiengesellschaft oder GmbH geführt, so gilt für diesen **privatrechtlich organisierten** Betrieb das **Betriebsverfassungsgesetz**. Betreibt die Kommune als Rechtsträger den gleichen Betrieb unmittelbar selbst als **Eigen- oder Regiebetrieb**, dann ist auf die Arbeitnehmer dieses Betriebes das **Betriebsverfassungsgesetz nicht** anzuwenden (*Fitting* § 130 Rn. 5; *Trümner/DKKW* § 130 Rn. 2 ff.). Eine **Bundestagsfraktion** gem. § 46 Abs. 1, 3 AbgG ist nicht Teil der öffentlichen Verwaltung und unterfällt dem BetrVG (*ArbG Berlin* 17.01.2003 NZA-RR 2003, 656: ebenso *Löwisch/LK* § 130 Rn. 2; *Singer* NZA 2008, 789 ff.; zu **Mitarbeitern von Bundestagsabgeordneten** vgl. *Vetter* Das Arbeitsverhältnis der Mitarbeiter von Bundestagsabgeordneten [Diss. Freiburg], 2001, S. 113 ff., 215 ff., **a. M.** *Pieroth/Meßmann* PersV 2009, 444 [447 ff.]).

II. Einzelfragen

Sind an einem **gemeinschaftlichen Betrieb** sowohl eine juristische Person des Privatrechts als auch eine Körperschaft des öffentlichen Rechts beteiligt, findet das Betriebsverfassungsgesetz jedenfalls dann Anwendung, wenn sich die Betriebsführung mangels entgegenstehender Anhaltspunkte auf der Grundlage einer privatrechtlichen Vereinbarung in der Rechtsform einer Gesellschaft des bürgerlichen Rechts vollzieht (vgl. *BAG* 24.01.1996 EzA § 1 BetrVG 1972 Nr. 10 S. 9 = AP Nr. 8 zu § 1 BetrVG 1972 *[Däubler]* = AR-Blattei ES 450, Nr. 21 *[Löwisch]*; *BVerwG* 13.06.2001 AP Nr. 14 zu § 1 BetrVG 1972 Gemeinsamer Betrieb; *LAG Köln* 07.08.2009 – 19/3 Sa 576/08 – juris, Rn. 63; 18.12.2009 – 19/3 Sa 323/09 – juris, Rn. 23; *Bonanni* Der gemeinsame Betrieb mehrerer Unternehmen [Diss. Köln], 2002, S. 347; *Däubler* FS Zeuner, S. 19 [30]; *Düwell*/HaKo § 130 Rn. 5; *Fitting* § 130 Rn. 6; *Richardi*/MünchArbR § 22 Rn. 41; *Trümner*/DKKW § 1 Rn. 109 f., § 130 Rn. 7; **a. M.** *Löwisch* Anm. AR-Blattei ES 450, Nr. 21; *ders.* FS Söllner, S. 689 [695 ff.]). Beamte, welche in einem solchen Betrieb eingesetzt werden, sind weder passiv noch aktiv wahlberechtigt (vgl. *BAG* 25.08.1998 EzA § 5 BetrVG 1972 Nr. 62 = AP Nr. 8 zu § 8 BetrVG 1972).

Für den privatrechtlich organisierten Teil eines Unterordnungskonzerns mit öffentlich-rechtlich organisierter Konzernspitze (sog. **öffentlich-privatrechtlicher Mischkonzern**) kann ein Konzernbetriebsrat nach dem BetrVG errichtet werden. § 130 BetrVG wird hinreichend Rechnung getragen, wenn das herrschende, öffentlich-rechtlich organisierte und damit dem Personalvertretungsrecht unterfallende Unternehmen nicht in die Errichtung des Konzernbetriebsrats einbezogen wird (*BAG* 27.10.2010 EzA § 54 BetrVG 2001 Nr. 4 Rn. 29 ff. = AP Nr. 14 zu § 54 BetrVG 1972; *Trümner*/DKKW § 130 Rn. 10, der aber die Nichteinbeziehung der öffentlich-rechtlichen Dienststellen in die Konzernbetriebsratsbildung kritisiert).

Soweit Religionsgemeinschaften als **Körperschaften des öffentlichen Rechts** organisiert sind, wie das namentlich bei den beiden großen christlichen Kirchen der Fall ist, findet das Betriebsverfassungsgesetz keine Anwendung (vgl. dazu auch § 118 Rdn. 227).

Für die Verwaltungen und Betriebe **internationaler und zwischenstaatlicher Organisationen**, die in der Bundesrepublik Deutschland bestehen, gilt das **Betriebsverfassungsgesetz**, wenn keine besondere Regelung besteht. Das Personalvertretungsrecht ist nicht anzuwenden, da diese Organisationen keine juristischen Personen des öffentlichen Rechts i. S. d. Rechts der Bundesrepublik sind (vgl. *Fitting* § 130 Rn. 7; *Löwisch*/LK § 130 Rn. 3; *Richardi*/Annuß § 130 Rn. 6; *Trümner*/DKKW § 130 Rn. 17). Für Verwaltungen und Betriebe der **Europäischen Union** findet das BetrVG keine Anwendung. Hier gilt **Unionsrecht** (vgl. Art. 9 des Europäischen Beamtenstatuts vom 29.02.1968 [AblEG Nr. L 56 S. 1], zuletzt geändert durch Verordnung [EU, Euratom] Nr. 1023/2013 des Europäischen Parlamentes und des Rates vom 22.10.2013 [AblEU Nr. L 287 S. 15]). Sofern es um die **Beschäftigung in Deutschland** geht, die sich nach deutschem Arbeitsrecht richtet, gilt das **BetrVG** (*Löwisch* EuZA 2010, 198 [205 f.]).

Auf die **Beschäftigten bei** den in der Bundesrepublik stationierten **ausländischen Truppen** findet grundsätzlich das **Bundespersonalvertretungsgesetz** Anwendung, allerdings mit der Maßgabe, dass statt der Mitbestimmungsrechte – abgesehen von wenigen Ausnahmen – **nur Mitwirkungsrechte** gegeben sind, vgl. Art. 56 Abs. 9 des **Zusatzabkommens zum NATO-Truppenstatut** vom 03.08.1959 (G. v. 18.08.1961 – BGBl. 1961 II, S. 1183, 1218; zuletzt geändert durch Art. 227 der Verordnung vom 31.8.2015 [BGBl. I S. 1474]) i. V. m. Abs. 6 **Unterzeichnungsprotokoll** zu Art. 56 Abs. 9 v. 03.08.1959 (BGBl. 1961 II, S. 1313; zuletzt geändert durch Änderungsabkommen vom 16.05.1994 zum Unterzeichnungsprotokoll-NATO-Truppenstatut-Zusatzabkommen [G. v. 23.11.1994 – BGBl. II, S. 3710]). Vgl. dazu *Pfeifer* Die Mitbestimmung der Betriebsvertretungen der Zivilbeschäftigten im Spannungsfeld zwischen NATO und nationalem Recht (Diss. Frankfurt a. M.), 1995.

III. Betriebliche Mitbestimmung und Privatisierung

8 Im Falle des Wechsels von einer öffentlich-rechtlichen in eine private Organisationsform erlischt im Grundsatz mit dem Stichtag der Privatisierung das Amt des Personalrats (*Fitting* § 130 Rn. 10; *Richardi/Annuß* § 130 Rn. 12). Das Personalvertretungsrecht ist nicht mehr anwendbar und es gilt das BetrVG. Die Frage, ob der Personalrat bis zur (Neu-)Wahl eines Betriebsrates bei derartigen **Privatisierungsvorgängen** ein **Übergangsmandat** wahrnimmt, ist vom Gesetz nur punktuell für einzelne Bereiche geregelt worden, namentlich für die Privatisierungen bei **Post** und **Bahn** (**§ 15 DBGrG, § 25 PostPersRG** in der bis zum 06.06.2015 geltenden Fassung); dazu eingehend *Engels/Mauß-Trebinger* RdA 1997, 217 ff.; vgl. auch *Fitting* § 130 Rn. 11 ff.). **Weitere Sonderregelungen** enthalten das DSLBUmwG vom 16.12.1999 für die Umwandlung der Deutschen Siedlungs- und Landesrentenbank in eine Aktiengesellschaft (BGBl. I, S. 2441), das BwKoopG vom 30.07.2004 (BGBl. I, S. 2027) für Kooperationen zwischen der Bundeswehr und Wirtschaftsunternehmen, das RVOrgG vom 09.12.2004 (BGBl. I, S. 3242) für die Fälle des Zusammenschlusses bundesunmittelbarer mit privatrechtlich organisierten Rentenversicherungsträgern sowie das BWpVerwPG vom 12.07.2006 (BGBl. I, S. 1466) für Fälle des Personaleinsatzes von Beschäftigten der Bundeswertpapierverwaltung bei der BRD-Finanzagentur GmbH (näher *Fitting* § 130 Rn. 14).

9 Bereits vor der Reform des Betriebsverfassungsrechts im Jahre 2001 war die Frage umstritten, ob darüber hinaus ein umfassendes **Übergangsmandat auch ohne ausdrückliche Regelung** anzuerkennen sei (**dafür** *Engels* FS *Wlotzke*, S. 279 [289 f.]; *Fitting* 20. Aufl., § 130 Rn. 13; *Richardi* 7. Aufl., § 130 Rn. 12; *Trümner/DKK* 7. Aufl., § 130 Rn. 1 f.; *Wiedenfels* PersV 2001, 110 ff.; **dagegen** *LAG Köln* 11.02.2000 LAGE § 321 UmwG Nr. 2 S. 3 ff.; 10.03.2000 LAGE § 3 BetrVG 1972 Nr. 6 S. 6 ff.; *Schipp* NZA 1994, 865 [869]; **offen gelassen** von *BAG* 25.05.2000 EzA § 613a BGB Nr. 190 S. 7 [*Gaul/Bonnani*] = AP Nr. 209 zu § 613a BGB; *ArbG Berlin* 19.02.2001 NZA-RR 2002, 92 [94 f.]). Dafür sprach immerhin, dass der Gesetzgeber stets dann, wenn er in jüngerer Zeit im Zusammenhang mit Umstrukturierungsvorgängen tätig wurde, auch ein Übergangsmandat der Arbeitnehmervertretung vorsah. Neben den erwähnten Fällen der Privatisierung von Bahn und Post galt dies namentlich für rein privatrechtliche Umstrukturierungen (vgl. § 13 SpTrUG, § 6b Abs. 9 VermG sowie die inzwischen aufgehobenen Regelungen in § 321 UmwG und § 20 DBGrG). Der Gesetzgeber wollte ersichtlich verhindern, dass die Arbeitnehmer der betreffenden Betriebe im Zuge solcher Vorgänge bis zur Neuwahl eines Betriebsrates vertretungslos werden. Auch das *BAG* entschied noch kurz vor der Reform des BetrVG für den rein privatrechtlichen Bereich zugunsten eines allgemeinen Übergangsmandats (vgl. *BAG* 31.05.2000 EzA § 19 BetrVG 1972 Nr. 39 S. 7 ff. = AP Nr. 12 zu § 1 BetrVG 1972 Gemeinsamer Betrieb [*v. Hoyningen-Huene*] = SAE 2001, 102 [*Boecken*] = AuR 2001, 30 [*Buschmann*] = AR-Blattei ES 530.6.1, Nr. 33 [*Wiese*] = RdA 2001, 411 [*Willemsen*]).

10 § 21a, der durch das BetrVerf-Reformgesetz 2001 eingefügt wurde, regelt das Übergangsmandat des Betriebsrats **in privatrechtlichen Umstrukturierungsfällen** nunmehr ausdrücklich. § 321 UmwG und § 20 DBGrG wurden als überflüssige Regelungen aufgehoben (Art. 3 Nr. 1, Art. 5 Nr. 2 BetrVerf-Reformgesetz v. 23.07.2001 [BGBl. I, S. 1852]). Das bisher nur in Spezialgesetzen geregelte Übergangsmandat sollte ausweislich der Gesetzesmaterialien nunmehr als »allgemein gültiger Rechtsgrundsatz« im Betriebsverfassungsrecht verankert werden (vgl. Begr. des RegE, BT-Drucks. 14/5741, S. 38 f.). Für den privatrechtlichen Bereich entsprach der Gesetzgeber damit zugleich seiner Verpflichtung zur Umsetzung von Art. 6 Abs. 1 Unterabs. 4 der Betriebsübergangsrichtlinie (RL 2001/23/EG ABlEG Nr. L 82 S. 16). Dieses Regelungsprogramm wurde aber nicht vollständig umgesetzt. Für **Privatisierungsfälle**, in denen Art. 6 der RL ebenfalls zur Anwendung kommt (vgl. Art. 1 Abs. 1 lit. c Satz 1 RL; dazu *Blanke* ZfPR 2001, 242 [245 ff.]; *Fitting* § 130 Rn. 16; *Löwisch/Schmidt-Kessel* BB 2001, 2162; *v. Roetteken* NZA 2001, 414 [421 ff.]; *Trümner/DKKW* § 130 Rn. 14), fehlt weiterhin eine entsprechende generelle Regelung. Da der Gesetzgeber trotz entsprechender Vorschläge seitens des DGB und der DAG im Gesetzgebungsverfahren (vgl. § 118b DGB-Entwurf [Novellierungsvorschläge des DGB zum Betriebsverfassungsgesetz 1972, Hrsg. Deutscher Gewerkschaftsbund, Bundesvorstand, 1998]; § 118b DAG-Entwurf [DAG-Vorschlag zur Novellierung des BetrVG, Hrsg. Deutsche Angestelltengewerkschaft, Bundesvorstand Ressort Wirtschaftspolitik, 1999]) und im Angesicht der laufenden Diskussion eine Regelung für ein Übergangsmandat von Personalvertretungen unterließ (zu möglichen Gründen vgl. *Blanke* ZfPR 2001, 242 [243]), kann **nicht** von einer **planwidrigen**

Regelungslücke gesprochen werden. Eine Analogie zu § 21a BetrVG oder eine Gesamtanalogie zu den oben erwähnten Vorschriften scheidet deshalb aus. Sie kann auch nicht durch richtlinienkonforme Auslegung oder gar unmittelbare Anwendung der Richtlinie geschlossen werden (so jetzt auch *LAG Düsseldorf* 16.01.2012 – 14 TaBV 83/11 – juris, Rn. 45; *Lunk/NK-GA* § 130 BetrVG Rn. 7; **a. M.** *Blanke* ZfPR 2001, 242 [245 ff.]; *Düwell/HaKo* § 21a Rn. 16; *Trümner/DKKW* § 130 Rn. 15; dagegen zutr. *Pawlak/Leydecker* ZTR 2008, 74 [77]). Auch die richtlinienkonforme Rechtsfortbildung setzt eine planwidrige Regelungslücke im nationalen Recht voraus. Die Feststellung der Richtlinienwidrigkeit des nationalen Rechts reicht nicht aus (vgl. *Kerwer* Das europäische Gemeinschaftsrecht und die Rechtsprechung der deutschen Arbeitsgerichte, 2003, S. 370 ff.).

De lege lata besteht demnach **kein Übergangsmandat des Personalrats in Privatisierungsfällen** 11 (vgl. *LAG Düsseldorf* 16.01.2012 – 14 TaBV 83/11 – juris; *Besgen/Langner* NZA 2003, 1239 ff.; *Hohenstatt/Dzida/HWK* § 130 BetrVG Rn. 6; *Kast/Freihube* DB 2004, 2530 [2531]; *Kreutz* § 21a Rdn. 2; *Löwisch/LK* § 21a Rn. 3; *Löwisch/Schmidt-Kessel* BB 2001, 2162; *Lunk/NK-GA* § 130 BetrVG Rn. 7; *Pawlak/Leydecker* ZTR 2008, 74 ff.; *Richardi/Annuß* § 130 Rn. 13; *Schwarze/RDW* § 26 Rn. 26; *Stege/Weinspach/Schiefer* § 21a Rn. 3; *Vogelgesang* PersV 2005, 4 [11]; *Willemsen* FS, S. 287 [306]; *Wollenschläger/v. Harbou* NZA 2005, 1081 [1091]; **a. M.** *Blanke* ZfPR 2001, 242 [244 ff.]; *Fitting* § 130 Rn. 15 ff.; *Preis/WPK* § 130 Rn. 6; *v. Roetteken* NZA 2001, 414 [422]; *Trümner/DKKW* § 130 Rn. 11 ff.). Es bleibt aber in Hinblick auf die Schutzbedürftigkeit der Arbeitnehmer in solchen Situationen rechtspolitisch und in Hinblick auf die Regelungen der Betriebsübergangsrichtlinie europarechtlich geboten. Zur Schließung der Schutzlücke mittels Vereinbarung eines Übergangsmandats kraft **tariflicher Regelungen** *Trümner/DKKW* § 130 Rn. 12 f.; abl. *Pawlak/Leydecker* ZTR 2008, 74 (78 ff.).

§ 131
Berlin-Klausel
(gegenstandslos)
Die Vorschrift hatte folgenden Wortlaut:

Dieses Gesetz gilt nach Maßgabe des § 13 Abs. 1 des Dritten Überleitungsgesetzes auch im Land Berlin. Rechtsverordnungen, die auf Grund dieses Gesetzes erlassen werden, gelten im Land Berlin nach § 14 des Dritten Überleitungsgesetzes.

Da sich der Gesetzesbefehl des Bundesgesetzgebers kraft alliierten Vorbehaltes nicht auf das Land 1 Berlin erstreckte, bedurfte es zur Einführung von Bundesrecht eines Übernahmegesetzes durch den Berliner Gesetzgeber (vgl. Art. 87 der außer Kraft getretenen Verfassung von Berlin). Die Bestimmung enthielt die übliche Berlin-Klausel (vgl. Begr. des RegE, BR-Drucks. 715/70, S. 61).

Mit der Wiedervereinigung aufgrund des Einigungsvertrages v. 31.08.1990 (BGBl. II, S. 889) sowie 2 des Sechsten Überleitungsgesetzes v. 25.09.1990 (BGBl. I, S. 2106) ist diese Berlin-Klausel gegenstandslos geworden.

§ 132
Inkrafttreten

Dieses Gesetz tritt am Tage nach seiner Verkündung in Kraft.

Die Vorschrift regelt das **Inkrafttreten** des Gesetzes und bestimmt als Zeitpunkt den Tag nach seiner 1 Verkündung. Diese erfolgte in dem am 18.01.1972 ausgegebenen Blatt (BGBl. I, S. 13), so dass das Gesetz am 19.01.1972 in Kraft trat.

2 Die Neufassung des Betriebsverfassungsgesetzes nach dem Gesetz zur Reform des Betriebsverfassungsgesetzes (**BetrVerf-Reformgesetz**) trat am 28.07.2001 in Kraft (BGBl. I, S. 1852 vom 23.07.2001).

3 Nach Art. 14 BetrVerf-Reformgesetz galten für zum Zeitpunkt des Inkrafttretens des BetrVerf-Reformgesetzes bereits **bestehende Betriebsräte** die Vorschriften über die Anzahl der Betriebsratsmitglieder (§ 9), die Zusammensetzung des Betriebsrates nach Geschlechtern (§ 15) und über die geänderte Anzahl der in den Gesamtbetriebsrat zu entsendenden Betriebsratsmitglieder (§ 47 Abs. 2) erst bei deren Neuwahl. Die bestehenden Betriebsräte blieben demnach bis zu ihrer Neuwahl in der Größe und Zusammensetzung bestehen, in der sie gewählt wurden. Weiterhin war sichergestellt, dass für Betriebsräte mit bis zu drei Mitgliedern die Absenkung der Zahl der in den Gesamtbetriebsrat zu entsendenden Mitglieder des Betriebsrates von vormals zwei auf nunmehr ein Mitglied erst mit der Neuwahl des Betriebsrates zur Anwendung kam (vgl. Begründung des Ausschusses für Arbeit und Sozialordnung, BT-Drucks. 14/6352, S. 59).

Anhang 1

Allgemeine Verwaltungsvorschrift über das Zusammenwirken der technischen Aufsichtsbeamten der Träger der Unfallversicherung mit den Betriebsvertretungen[1]

vom 21. Juni 1968 (BAnz. Nr. 116)/28. November 1977
(BAnz. Nr. 225)[2]

Nach § 712 Abs. 4, § 769 Abs. 1 und § 801 Abs. 1 der Reichsversicherungsordnung wird mit Zustimmung des Bundesrates folgende allgemeine Verwaltungsvorschrift erlassen:

§ 1
Geltungsbereich[3]

Diese allgemeine Verwaltungsvorschrift gilt für die technischen Aufsichtsbeamten der Berufsgenossenschaften, der Gemeindeunfallversicherungsverbände und der besonderen Träger der Unfallversicherung für die Feuerwehren (im folgenden Unfallversicherungsträger genannt), soweit sie auf dem Gebiet der Unfallverhütung und Ersten Hilfe die §§ 546, 712 bis 715, 721, 769 Abs. 1, § 801 Abs. 1 und 865 der Reichsversicherungsordnung auszuführen haben.

§ 2
Allgemeiner Grundsatz[2]

Die technischen Aufsichtsbeamten müssen auf dem Gebiet der Unfallverhütung und Ersten Hilfe mit den Betriebsvertretungen (Betriebsräten, Bordvertretungen, Seebetriebsräten, Personalvertretungen) eng zusammenwirken. Die Pflicht der Unternehmer und der Berufsgenossenschaften, alle geeigneten Maßnahmen zur Unfallverhütung und ersten Hilfe zu treffen, bleibt unberührt.

§ 3
Erfahrungsaustausch

Die technischen Aufsichtsbeamten sollen bei jeder sich bietenden Gelegenheit (bei Ausbildungslehrgängen, Betriebsbesichtigungen, Unfalluntersuchungen, Aussprachetagungen) ihre Erfahrungen auf dem Gebiet der Unfallverhütung und Ersten Hilfe mit denen der Betriebsvertretungen austauschen.

§ 4
Betriebsbesichtigungen, Unfalluntersuchungen, Besprechungen

(1) Der technische Aufsichtsbeamte hat bei Betriebsbesichtigungen, Unfalluntersuchungen und bei der Besprechung von Unfallverhütungsfragen die Betriebsvertretung oder die von ihr bestimmten Mitglieder der Betriebsvertretung hinzuzuziehen.

(2) Will der technische Aufsichtsbeamte einen Betrieb besichtigen, einen Unfall untersuchen oder Unfallverhütungsfragen besprechen, ohne dies dem Unternehmer vorher angekündigt zu haben,

---

1 Bei Redaktionsschluss war die Verwaltungsvorschrift unverändert in Kraft.
2 In Kraft getreten am 01.01.1978.
3 In der Fassung der AV vom 28.11.1977.

darf er hiermit erst beginnen, nachdem er die Betriebsvertretung unterrichtet und zur Beteiligung aufgefordert hat.

(3) Kündigt der technische Aufsichtsbeamte dem Unternehmer vorher an, daß er den Betrieb besichtigen, einen Unfall untersuchen oder Unfallverhütungsfragen besprechen will, hat er den Termin auch der Betriebsvertretung mitzuteilen, und zwar so rechtzeitig, daß es der Betriebsvertretung möglich ist, eines oder mehrere ihrer Mitglieder daran teilnehmen zu lassen. Dies gilt auch, wenn die Besichtigung, die Untersuchung oder die Besprechung vom Unternehmer oder von der Betriebsvertretung angeregt worden ist. Vereinbart der technische Aufsichtsbeamte einen Termin, so ist hierbei auch die Betriebsvertretung zu beteiligen.

(4) Der technische Aufsichtsbeamte übersendet der Betriebsvertretung eine Abschrift seines Besichtigungsberichts und anderer Niederschriften. Das gleiche gilt für sonstige Schreiben an den Unternehmer, die Maßnahmen der Unfallverhütung zum Gegenstand haben.

(5) Der technische Aufsichtsbeamte hat in der Niederschrift über die Besichtigung, Untersuchung oder Besprechung zu vermerken, ob die Betriebsvertretung teilgenommen hat. Die Mitglieder der Betriebsvertretung, die hieran teilgenommen haben, sind namentlich in der Niederschrift aufzuführen. Eine nur zeitweilige Teilnahme ist zu vermerken.

(6) Der technische Aufsichtsbeamte hat in den Niederschriften und Schreiben für die Betriebsvertretung Betriebs- und Geschäftsgeheimnisse, die der Unternehmer als geheimhaltungsbedürftig bezeichnet hat, nur insoweit mitzuteilen, als der Unternehmer dem zugestimmt hat.

§ 5
Unfallanzeige[4]

(1) Ist dem Unfallversicherungsträger vom Unternehmer eine von der Betriebsvertretung nicht mitunterzeichnete Unfallanzeige erstattet worden, so hat der technische Aufsichtsbeamte der Betriebsvertretung eine Abschrift dieser Unfallanzeige zu übersenden oder mitzuteilen, daß die Unfallanzeige eingegangen ist.

(2) *gestrichen*

§ 6
Unterrichtung

(1) Der technische Aufsichtsbeamte, der einen Betrieb besichtigt, hat der Betriebsvertretung Gelegenheit zu geben,
1. ihn über Mängel auf dem Gebiet der Unfallverhütung und Ersten Hilfe zu unterrichten und
2. ihm vorzuschlagen, auf welche Weise die Mängel behoben und Maßnahmen zur Verbesserung der Unfallverhütung und Ersten Hilfe getroffen werden können.

(2) Der technische Aufsichtsbeamte hat die Betriebsvertretung auf ihren Wunsch in Fragen der Unfallverhütung und Ersten Hilfe zu beraten.

---

[4] In der Fassung der AV vom 28.11.1977.

§ 7
Anhörung

Ist beim Unfallversicherungsträger beantragt worden, von Unfallverhütungsvorschriften eine Ausnahme zu bewilligen, so hat der technische Aufsichtsbeamte der Betriebsvertretung Gelegenheit zur Stellungnahme zu geben.

§ 8
Beteiligung der Betriebsvertretungen an der Ausarbeitung sicherheitstechnischer Regeln

Werden beim Unfallversicherungsträger sicherheitstechnische Regeln (Durchführungsvorschriften, Richtlinien über durch Unfallverhütungsregeln zu Unfallverhütungsvorschriften noch nicht geregelte Gegenstände, Merkblätter) erarbeitet und ist zu erwarten, daß hierbei die Erfahrungen bestimmter Betriebsvertretungen verwertet werden können, so soll der technische Aufsichtsbeamte eine Stellungnahme dieser Betriebsvertretungen einholen.

§ 9
Unterrichtung über Lehrgänge

Werden von einem Unfallversicherungsträger Ausbildungslehrgänge auf dem Gebiet der Unfallverhütung und Ersten Hilfe durchgeführt, so hat der technische Aufsichtsbeamte den Betriebsvertretungen so rechtzeitig Ort, Zeit, Vortragsthemen und Namen der Vortragenden mitzuteilen, daß die Betriebsvertretungen den Unternehmern Teilnehmer vorschlagen können.

§ 10
Erfüllung durch andere Bedienstete

Die dem technischen Aufsichtsbeamten nach § 5 Abs. 1 und den §§ 7 bis 9 dieser allgemeinen Verwaltungsvorschrift obliegenden Pflichten sind als erfüllt anzusehen, soweit der Unfallversicherungsträger diese Pflichten durch andere Bedienstete erfüllen läßt.

§ 11
Inkrafttreten

Diese allgemeine Verwaltungsvorschrift tritt am ersten Tag des auf die Veröffentlichung folgenden Kalendermonats in Kraft. Gleichzeitig tritt der Runderlaß des Reichsversicherungsamtes über das Zusammenarbeiten der technischen Aufsichtsbeamten mit den Betriebsvertretungen vom 4. Dezember 1925 (Amtliche Nachrichten S. 360) außer Kraft.

Anhang 2

Allgemeine Verwaltungsvorschrift
über das Zusammenwirken der Berufsgenossenschaften
und der für die Bergaufsicht zuständigen Behörden

Vom 12. Februar 1986
(Bundesanzeiger S. 1803)

Nach § 717 der Reichsversicherungsordnung in der im Bundesgesetzblatt Teil III, Gliederungsnummer 820–1, veröffentlichten bereinigten Fassung, der durch § 174 Abs. 2 des Gesetzes vom 13. August 1980 (BGBl. I S. 1310) geändert worden ist, wird mit Zustimmung des Bundesrates folgende Allgemeine Verwaltungsvorschrift erlassen:

§ 1
Geltungsbereich

Diese Allgemeine Verwaltungsvorschrift gilt für
1. die Berufsgenossenschaften, soweit deren Mitglieder der Bergaufsicht unterliegen,
2. die für die Bergaufsicht zuständigen Behörden, soweit sie Aufgaben zum Schutz von Leben und Gesundheit von bei den Berufsgenossenschaften Versicherten wahrnehmen.

§ 2
Allgemeiner Grundsatz

Die Berufsgenossenschaften und die für die Bergaufsicht zuständigen Behörden arbeiten auf dem Gebiet der Unfallverhütung und Ersten Hilfe durch Information und Erfahrungsaustausch zusammen. Sie treffen hierzu im Rahmen ihrer jeweiligen Aufgaben und Zuständigkeiten die geeigneten Maßnahmen.

§ 3
Gemeinsame Betriebsbesichtigungen

Die Technischen Aufsichtsbeamten der Berufsgenossenschaften und die Beamten der für die Bergaufsicht zuständigen Behörden sollen einen Betrieb gemeinsam besichtigen, wenn hierfür im Hinblick auf § 2 ein wichtiger Anlaß gegeben ist.

§ 4
Gemeinsame Unfalluntersuchung

Die für die Bergaufsicht zuständigen Behörden sollen den Technischen Aufsichtsbeamten der Berufsgenossenschaften Gelegenheit geben, sich an der Untersuchung eines Unfalls zu beteiligen, wenn
1. es sich um einen Arbeitsunfall mit tödlichem Ausgang oder um einen Massenunfall handelt oder
2. aus der Unfallanzeige ersichtlich ist, daß der Unfall bei der Verwendung neuartiger Maschinen oder bei der Anwendung neuartiger Arbeitsverfahren eingetreten ist.

Dies gilt nicht für Untersuchungen im Rahmen eines strafrechtlichen Ermittlungsverfahrens.

§ 5
Gegenseitige Anhörung

Beabsichtigt eine Berufsgenossenschaft oder eine für die Bergaufsicht zuständige Behörde, eine Maßnahme zu treffen, die den Aufgabenbereich der jeweils mit der Sache nicht befaßten Stelle berührt und die für den Schutz von Leben und Gesundheit von grundlegender Bedeutung ist, so gibt sie dieser Stelle Gelegenheit, sich zu der beabsichtigten Maßnahme zu äußern.

§ 6
Inkrafttreten

Diese Allgemeine Verwaltungsvorschrift tritt am 1. Januar 1986 in Kraft.

Anhang 3

Rahmenvereinbarung über das Zusammenwirken der staatlichen Arbeitsschutzbehörden der Länder und der Träger der gesetzlichen Unfallversicherung im Rahmen der Gemeinsamen Deutschen Arbeitsschutzstrategie (GDA)

– Stand 23. August 2013 –

zwischen

den gewerblichen Unfallversicherungsträgern und den Unfallversicherungsträgern der öffentlichen Hand,

vertreten durch

die Deutsche Gesetzliche Unfallversicherung e. V. (DGUV) Landesverband
(Nordost, Nordwest, West, Mitte, Südost, Südwest)

als Gemeinsamer landesbezogener Stelle gemäß § 20 Abs. 2 Satz 3 Sozialgesetzbuch VII

und

dem Land ....,

vertreten durch

die für den Arbeitsschutz zuständige oberste Landesbehörde

Ministerium für ....

nachstehend insgesamt Vereinbarungspartner genannt.

Präambel

Arbeitsschutz umfasst den Erhalt und die Verbesserung der Sicherheit und der Gesundheit der Beschäftigten bei der Arbeit. Ein moderner Arbeitsschutzansatz muss die gemeinsamen Interessen der Arbeits-, Sozial-, Gesundheits- und Wirtschaftspolitik, der Arbeitgeber und Unternehmer sowie der Beschäftigten nach wettbewerbsfähigen Betrieben und menschengerechten, gesundheitsförderlichen Arbeitsbedingungen miteinander verknüpfen. Sichere und gesunde Arbeitsplätze liegen im Interesse der Beschäftigten und sind eine wesentliche Voraussetzung für den Erhalt und den Ausbau der Wettbewerbsfähigkeit in der Bundesrepublik Deutschland. Gesundheit, Motivation und Leistungsfähigkeit der Beschäftigten sind vom wirtschaftlichen Erfolg nicht zu trennen.

Mit dem Ziel, die Sicherheit und die Gesundheit der Beschäftigten bei der Arbeit zu erhalten, zu verbessern und zu fördern, um damit wichtige Beiträge zur besseren Entwicklung der Humanressourcen, zur Sicherung der Beschäftigungsfähigkeit und zur langfristigen Kostenentlastung der sozialen Sicherungssysteme zu leisten, haben der Bund, die Länder und die Unfallversicherungsträger die Gemeinsame Deutsche Arbeitsschutzstrategie (GDA) beschlossen. In dieser werden Arbeitsschutzziele festgelegt, die kooperativ und arbeitsteilig umgesetzt werden. Zur Erfolgskontrolle wird die Erreichung der Ziele einer Evaluation unterzogen.

In einer Zeit, die von grundlegenden wirtschaftlichen und gesellschaftlichen Änderungen geprägt ist, erfordert die Umsetzung der Ziele der gemeinsamen deutschen Arbeitsschutzstrategie von den Arbeitsschutzbehörden des Bundes und der Ländern sowie von den Trägern der gesetzlichen Unfallversicherung eine Neuorientierung und eine Neubestimmung von Handlungszielen und -methoden.

Die staatlichen Arbeitsschutzbehörden der Länder überwachen die Einhaltung der staatlichen Arbeitsschutzvorschriften und beraten den Arbeitgeber bei der Erfüllung der sich aus den Rechtsvorschriften ergebenen Pflichten. Die Unfallversicherungsträger überwachen die Durchführung der Maßnahmen zur Verhütung von Arbeitsunfällen, Berufskrankheiten, arbeitsbedingten Gesundheitsgefahren, sorgen für eine wirksame Erste Hilfe in den Unternehmen und beraten die Unternehmer und Versicherten gemäß ihres sozialversicherungsrechtlichen Präventionsauftrages nach dem Siebten Buch Sozialgesetzbuch (SGB VII).

Eine weitere Verbesserung der Kooperationsbeziehungen zwischen den Beteiligten im dualen Arbeitsschutzsystem ist eine wichtige Voraussetzung für die Verbesserung der Effektivität und Effizienz des Arbeitsschutzes in der Bundesrepublik Deutschland und ein Kernelement der Gemeinsamen Deutschen Arbeitsschutzstrategie.

Mit der Rahmenvereinbarung werden die gleichlautenden Aufträge des Arbeitsschutzgesetzes (ArbSchG) und des Siebten Buches Sozialgesetzbuch zum engen Zusammenwirken zwischen den staatlichen Arbeitsschutzbehörden und den Trägern der gesetzlichen Unfallversicherung bei der Beratung und Überwachung der Betriebe sowie zur Sicherstellung des Erfahrungsaustausches konkretisiert.

Die Rahmenvereinbarung beschreibt insbesondere die Inhalte, über die gemäß § 20 Abs. 2 Satz 3 SGB VII zwischen den Unfallversicherungsträgern, vertreten durch die gemeinsamen landesbezogenen Stellen, und den für den Arbeitsschutz zuständigen Landesbehörden Vereinbarungen abzuschließen sind (Maßnahmen zur Umsetzung der gemeinsamen Beratungs- und Überwachungsstrategie; Entwicklung und Durchführung gemeinsamer Arbeitsprogramme).

Hierdurch wird die Voraussetzung für ein vertrauensvolles, aufeinander abgestimmtes und arbeitsteiliges Handeln zwischen den Aufsichtsdiensten geschaffen, das den Prinzipien eines modernen, bedarfsgerechten und effizienten Verwaltungshandelns Rechnung trägt.

Dieses Zusammenwirken betrifft die betriebliche als auch die Landes- und Bundesebene.

I.
Allgemeines

Artikel 1
Geltungsbereich

(1) Diese Rahmenvereinbarung gilt für
1. die für den Arbeitsschutz zuständigen Landesbehörden (staatliche Arbeitsschutzbehörden)
2. die Träger der gesetzlichen Unfallversicherung (Unfallversicherungsträger) nach § 114 SGB VII im Rahmen ihres Präventionsauftrags gemäß § 14 SGB VII

Sie enthält die für die Umsetzung der Ziele der Gemeinsamen Deutschen Arbeitsschutzstrategie auf Länderebene erforderlichen Maßgaben an die staatlichen Arbeitsschutzbehörden und die Unfallversicherungsträger und dient der Untersetzung des in § 21 Abs. 3 ArbSchG und in § 20 Abs. 1 SGB VII geforderten Zusammenwirkens von staatlichen Arbeitsschutzbehörden und Unfallversicherungsträgern bei der Beratung und Überwachung der Unternehmen auf der Grundlage einer gemeinsamen Beratungs- und Überwachungsstrategie.

(2) Die Rahmenvereinbarung gilt nicht unmittelbar in Bereichen, in denen staatliche Arbeitsschutzvorschriften einschließlich des Arbeitsschutzgesetzes nicht oder teilweise nicht anwendbar sind (z. B. freiwillig Versicherte, landwirtschaftliche Betriebsunternehmer, deren Ehegatten und mithelfende Familienangehörige, Schüler, Schülerinnen und Studierende).

(3) Bestehende Vereinbarungen zum Regelungsbereich dieser Rahmenvereinbarung zwischen einzelnen Unfallversicherungsträgern mit den jeweiligen für den Arbeitsschutz zuständigen obersten Landesbehörden sind an die Bestimmungen der Rahmenvereinbarung anzupassen.

Artikel 2
Ziele und Grundsätze

(1) Auf der Grundlage dieser Rahmenvereinbarung und daraus gegebenenfalls abgeleiteter Umsetzungsvereinbarungen auf Länderebene verpflichten sich die Vereinbarungspartner, die im Rahmen der Gemeinsamen Deutschen Arbeitsschutzstrategie von der Nationalen Arbeitsschutzkonferenz festgelegten Arbeitsschutzziele in den vorrangigen Handlungsfeldern mit hieraus abgeleiteten Arbeitsprogrammen gemeinsam umzusetzen.

(2) Die aufgrund der von der Nationalen Arbeitsschutzkonferenz vorgegebenen Eckpunkte bundesweit nach einheitlichen Kriterien und gemeinsam durchzuführenden Arbeitsprogramme werden hinsichtlich der Zielerreichung mit den von der Nationalen Arbeitsschutzkonferenz bestimmten Indikatoren von den Vereinbarungspartnern gemeinsam evaluiert; die Ergebnisse der Evaluation werden der Nationalen Arbeitsschutzkonferenz zur Verfügung gestellt.

(3) In Ergänzung der Arbeitsprogramme der nationalen Arbeitsschutzkonferenz können Länder und Unfallversicherungsträger gemeinsame landesbezogene Arbeitsschutzaktivitäten planen, durchführen und evaluieren.

(4) Die im Rahmen der Gemeinsamen Deutschen Arbeitsschutzstrategie umzusetzenden Arbeitsprogramme und die sonstigen landesbezogenen Arbeitsschutzaktivitäten sowie die Beratungs- und Überwachungstätigkeiten nach dem Arbeitsschutzgesetz und dem Siebten Buch Sozialgesetzbuch werden im Sinne eines arbeitsteiligen und aufeinander abgestimmten Vorgehens der staatlichen Arbeitsschutzbehörden und der Unfallversicherungsträger in den Betrieben bzw. Branchen durchgeführt. Die Arbeitsteilung erfolgt vorrangig nach den vorhandenen Kompetenzen.

(5) Zur Umsetzung einer gemeinsamen Beratungs- und Überwachungsstrategie stimmen Unfallversicherungsträger und staatliche Arbeitsschutzbehörden gemäß § 20 Abs. 1 SGB VII und gemäß § 21 Abs. 3 ArbSchG Grundsätze und Leitlinien zur Durchführung der Beratungs- und Überwachungstätigkeit ab.

II.
Zusammenarbeit auf Betriebsebene

Artikel 3
Koordinierung und Informationsaustausch

(1) Die staatlichen Arbeitsschutzbehörden und die Unfallversicherungsträger berücksichtigen bei der Planung und Durchführung ihrer Beratungs- und Überwachungstätigkeiten die abgestimmten Grundsätze und Leitlinien nach Artikel 2 Abs. 5. Planung und Durchführung der Beratungs- und Überwachungstätigkeiten müssen gewährleisten, dass die für die Prävention zur Verfügung stehenden Personalressourcen zielgerichtet und arbeitsteilig eingesetzt und so inhaltliche oder zeitliche Überschneidungen von Aktivitäten in den Betrieben vermieden werden.

(2) Die staatlichen Arbeitsschutzbehörden und die Unfallversicherungsträger verpflichten sich insbesondere zum Austausch der hierfür wesentlichen Daten und Informationen. Zu diesem Zweck wird eine von beiden Seiten zu nutzende internetgestützte Daten- und Informationsbasis gemeinsam entwickelt, bereitgestellt und unterhalten. Hierbei sind Nutzen und Aufwand in einem für die praktischen Erfordernisse angemessenen Verhältnis zu halten.

(3) Die gemeinsame Daten- und Informationsbasis enthält landesbezogen und datenschutzgerecht
– Betriebliche Basisdaten, insbesondere Termine
– nutzbare Informationen und Daten über Betriebsbesichtigungen, sowohl retrospektiv (wesentliche Ergebnisse aus erfolgten Besichtigungen oder Programmen) als auch prospektiv (geplante Besichtigungen, zukünftige Programme),
– Angaben zu den Ansprechpartnern in den Aufsichtsdiensten.

(4) Über die Ergebnisse von Betriebsbesichtigungen aus besonderem Anlass, u. a. bei Anträgen des Betriebes auf Ausnahmen, Erlaubnisse oder Genehmigungen, bei Untersuchungen von Unfällen oder Berufskrankheiten oder beim Vorliegen unmittelbarer spezifischer Gefährdungen unterrichten sich die Aufsichtsdienste, soweit die Information für die Tätigkeit des anderen Aufsichtsdienstes von wesentlicher Bedeutung oder rechtlich geboten ist; dies soll möglichst zeitnah erfolgen.

(5) Bei der Beratung von Bauherren und Bauunternehmen sowie bei der Überwachung der Planung und Ausführung von Bauvorhaben ist nach dem »Leitfaden über das Zusammenwirken der für den Arbeitsschutz zuständigen staatlichen Behörden und der Unfallversicherungsträger zur Gewährleistung von Sicherheit und Gesundheitsschutz bei der Planung und Ausführung von Bauvorhaben« in der jeweils geltenden Fassung vorzugehen.

(6) Bei besonderen Vorkommnissen, z. B. bei schweren und bei tödlichen Arbeitsunfällen, unterrichten sich die staatlichen Arbeitsschutzbehörden und die Unfallversicherungsträger unverzüglich gegenseitig. Sie stimmen das weitere Vorgehen, insbesondere ob eine gemeinsame Betriebsbesichtigung der Aufsichtsdienste zu veranlassen ist, miteinander ab.

III.
Zusammenarbeit auf Landesebene

Artikel 4
Zusammenarbeit der staatlichen Arbeitsschutzbehörden und der gemeinsamen landesbezogenen Stelle der Unfallversicherungsträger

(1) Die Steuerung der Zusammenarbeit auf Landesebene erfolgt zwischen der für den Arbeitsschutz zuständigen obersten Landesbehörde und der gemeinsamen landesbezogenen Stelle der Unfallversicherungsträger gemäß § 20 Abs. 2 SGB VII.

(2) Die gemeinsame landesbezogene Stelle auf der Grundlage von § 20 Abs. 2 Satz 3 SGB VII und die für den Arbeitsschutz zuständige oberste Landesbehörde auf der Grundlage von § 21 Abs. 3 Satz 3 ArbSchG nehmen folgende Aufgaben wahr:
- Abschluss von Umsetzungsvereinbarungen über die Durchführung der Arbeitsprogramme nach Artikel 2 Abs. 2 auf der Grundlage bundesweit einheitlicher Projektpläne sowie über gemeinsame landesbezogene Arbeitsschutzaktivitäten nach Artikel 2 Abs. 3
- Steuerung der Umsetzung der Arbeitsprogramme sowie gemeinsamer landesbezogener Arbeitsschutzaktivitäten
- Evaluierung der mit den Arbeitsprogrammen und den gemeinsamen landesbezogenen Arbeitsschutzaktivitäten erzielten Wirkungen auf der Basis valider empirischer Erhebungsmethoden
- Abstimmung der arbeitsteiligen Planung und Durchführung der Beratungs- und Überwachungstätigkeiten sowie
- Sicherstellung der gemeinsamen Daten- und Informationsbasis.

(3) Zur Durchführung der Aufgaben gemäß Absatz 2 findet mindestens einmal jährlich eine Sitzung der gemeinsamen landesbezogene Stelle mit der für den Arbeitsschutz zuständigen obersten Landesbehörde statt.

(4) Die gemeinsame landesbezogene Stelle organisiert im Wechsel mit der für den Arbeitsschutz zuständigen obersten Landesbehörde einen regelmäßigen, mindestens einmal jährlich stattfindenden Erfahrungsaustausch der staatlichen Arbeitsschutzbehörden und der Unfallversicherungsträger über Themen der Beratungs- und Überwachungstätigkeit. Der Erfahrungsaustausch erfolgt auch durch die wechselseitige Teilnahme an Aus- und Fortbildungsveranstaltungen einschließlich Tagungen und Konferenzen sowie durch die gegenseitige Mitwirkung an Maßnahmen der Aus- und Fortbildung, insbesondere bei der Ausbildung von Fachkräften für Arbeitssicherheit, oder durch die Bereitstellung von Referenten für Vortragsveranstaltungen.

IV.
Zusammenarbeit auf Bundesebene

Artikel 5
Zusammenarbeit in der Nationalen Arbeitsschutzkonferenz

(1) Die Zusammenarbeit auf Bundesebene erfolgt in der Nationalen Arbeitsschutzkonferenz gemäß § 20b des Arbeitsschutzgesetzes.

(2) Die Vereinbarungspartner verpflichten sich, die Nationale Arbeitsschutzkonferenz bei der Erfüllung ihrer Aufgaben zu unterstützen, insbesondere auf Anforderung die erforderlichen Daten und Informationen aufzubereiten und zu übergeben.

Artikel 6
Inkrafttreten

(1) Die Rahmenvereinbarung tritt mit der Unterzeichnung in Kraft. Die Vereinbarungspartner verpflichten sich zu einer Zusammenarbeit unter Beachtung der Ziele der in Kraft getretenen Rahmenvereinbarung auch und solange die Umsetzungsvereinbarungen noch nicht geschlossen sind.

(2) Diese Vereinbarung gilt zunächst drei Jahre, gerechnet vom Zeitpunkt ihres Inkrafttretens. Sie gilt jeweils weitere drei Jahre, soweit sie nicht von den Vereinbarungspartnern mit einer Frist von drei Monaten zum Ende der laufenden Gültigkeitsperiode gekündigt wird.

.................., den ....

Deutsche Gesetzliche Unfallversicherung e. V.	Ministerium
Landesverband	für. ....
des Landes	....
als Gemeinsame Landesbezogene Stelle	
nach § 20 Abs. 2 SGB VII	des Landes ....

Sachverzeichnis

Die fettgedruckten Zahlen verweisen auf die Paragraphen des Gesetzes, die nachgestellten mageren Zahlen auf die Randnummern der Erläuterungen.

Abberufung
- Arbeitnehmervertreter im Aufsichtsrat **7** 9; **58** 33
- Ausbilder **23** 192; **60** 52; **67** 27, 41; **97** 7; **98** 1, 20 ff., 23 f., 35, 39, 43 f., 49
- Ausschussmitglieder **28** 24
- Betriebsarzt **87** 680, 684 ff., 702 f.
- Betriebsausschussmitglieder **27** 30 ff., 49
- Betriebsratsvorsitzender **26** 23, 26 f., 42, 75; **29** 31
- Einigungsstellenmitglieder **76** 53, 95
- Fachkräfte für Arbeitssicherheit **87** 680, 684 ff., 702 f.
- freigestellte Betriebsratsmitglieder **38** 22, 79, 80, 81 ff.
- Gesamt-Jugend- und Auszubildendenvertreter **72** 17 f., 25 ff., 48; **73** 5, 13, 45
- Gesamtbetriebsratsmitglieder **47** 43, 45, 126; **48** 2, 5, 10, 16; **49** 1, 5, 16 ff., 24; **51** 74; **53** 37, 55
- Gesamtbetriebsratsvorsitzender **51** 23, 36
- Konzern-Jugend- und Auszubildendenvertreter **vor 60** 11 f., 31, 37; **73a** 20, 26, 35; **73b** 5, 15
- Konzernbetriebsratsmitglieder **55** 14; **56** 3, 9; **57** 3, 12, 14
- Sicherheitsbeauftragter **89** 76, 78
- stellvertretender Betriebsratsvorsitzender **26** 23, 26
- Wahlvorstand **18** 48, 52
- Wirtschaftsausschussmitglieder **51** 70, 83; **107** 24, 32 f., 37; **108** 56, 60

Abfindung
- Abtretung **113** 102
- aufgrund Nachteilsausgleichanspruchs **113** 65 f., 80 ff., *s. unter Nachteilsausgleich*
- aufgrund Sozialplans **75** 83; **77** 382; **112, 112a** 195, 201, 203, 250, 367 ff., 391, 412, 422, 463, 464 f., 467 ff., 471 ff., 491, 493, 497, 498 ff.; **113** 106 ff.
- Ausgleichsklausel **113** 90
- Klageverzichtsklausel **77** 382
- steuerrechtliche Behandlung **112, 112a** 490 ff., 497; **113** 103
- Verrechnung von Abfindungsansprüchen **75** 84; **113** 106 ff.
- Verzicht **113** 90

Abgeltung des Freizeitausgleichs für Betriebsratstätigkeit, *s. unter Freizeitausgleich*

Abhängiges Unternehmen, *s. unter Konzern*

Ablösungsprinzip
- Betriebsvereinbarung **77** 256, 262, 268, 282, 285, 287, 289, 292, 359, 401 f., 446, 476; **87** 47; **112, 112a** 233 f.
- Sozialplan **112, 112a** 235, 363

ABM-Kräfte 5 107

Abmahnung 87 251 ff., 266
- Bekanntmachung im Betrieb **75** 125
- beleidigende ~ des Arbeitgebers **87** 254
- Berichtigung der Personalakte **83** 37 f.; **87** 257, 260
- Beschwerde wegen unberechtigter ~ **88** 15
- Beteiligungsrechte des Betriebsrats **87** 251, 258
- Betriebsratsmitglieder **23** 26, 37, 41, 47, 61; **37** 29, 45, 52, 62; **87** 259 ff.
- Form **87** 256
- gewerkschaftliche Vertrauensleute **87** 261
- Personalakte **83** 4, 37 f.
- Unterrichtungsanspruch **80** 70
- Zweck **87** 252 ff., 258

Abmelden vor Verlassen des Arbeitsplatzes 30 14; **36** 15; **37** 56 ff., 308, 312; **38** 93 f.; **87** 188 ff., 222

Absatzlage 106 62

Abschrift
- Lohn- und Gehaltslisten **80** 123
- Personalakte **83** 24 f.
- Unterlagen **34** 33; **80** 106; **106** 139; **108** 53

Abspaltung, *s. unter Spaltung von Betrieben und Unternehmen*

Abstammung 75 8, 28, 37
- Benachteiligungsverbot **75** 57 f.

Abteilungsversammlung 42 3, 6, 58, 70 ff.; **43** 1, 20 ff., 25, 33 ff.; **71** 6, 19
- Aufgaben der ~ **45** 7
- außerordentliche ~ **42** 76; **43** 25, 33, 43 f.
- Beschluss des Betriebsrats **42** 77
- besondere Belange der Arbeitnehmer **42** 70, 74 ff.; **43** 22
- Betriebsteil **42** 71 ff.
- Durchführung der ~ **42** 79; **43** 23
- Ersetzung der Betriebsversammlung durch ~ **42** 76; **43** 20 ff.
- Leitung der ~ **42** 79
- regelmäßige ~ **43** 1, 20, 25, *s. auch Betriebsversammlung*
- Streitigkeiten **42** 77, 80
- Teilnahmerecht von Gewerkschaftsvertretern, *s. unter Betriebsversammlung*
- Teilversammlung **42** 6, 58, 78; **43** 21
- Themen der ~ **42** 70, 74 ff.; **43** 8, 23, 40; **46** 7
- Vollversammlung **42** 58; **46** 6
- zeitliche Lage der ~ **43** 1, 20 f.; **44** 5
- Zusammensetzung **42** 77, 79; **43** 22
- zusätzliche ~ **42** 76; **43** 1, 22, 36 f.
- Zweck **42** 58

Abtretungsverbot, Lohn 77 351, 375, 377; **87** 450

Abweichende betriebsverfassungsrechtliche Organisationseinheiten 3 1 ff.
- Amtszeit bestehender Betriebsräte **3** 2
- andere Arbeitnehmervertretung, *s. dort*
- Arbeitsgemeinschaft, *s. dort*
- Außenseiterarbeitnehmer **3** 71 f.
- Behandlung der Betriebsangehörigen **75** 5
- Betriebsfiktion **vor 60** 39, 40; **3** 2, 48, 61 f.; **60** 10
- Beurteilungsspielraum der Kollektivvertragsparteien **3** 8, 23

2309

Sachverzeichnis

- Einbeziehung ausländischer Unternehmensteile **3** 60
- Errichtung durch Arbeitnehmerabstimmung **3** 1, 46 ff.
- Errichtung durch Betriebsvereinbarung **3** 1, 39 ff.
- – Erzwingbarkeit **3** 45
- – Gesamtbetriebsvereinbarung **3** 42 ff.
- – Konzernbetriebsvereinbarung **3** 43 f.
- – Parteien der Betriebsvereinbarung **3** 42
- – Tarifvorbehalt **3** 39 ff.
- Errichtung durch Tarifvertrag **3** 31 ff.
- – Beendigung des Tarifvertrages **3** 37 f.
- – Erkämpfbarkeit **3** 26, 32 f.
- – Nachwirkung **3** 37 f.
- – Parteien des Tarifvertrages **3** 31
- – Tarifkonkurrenz **3** 34 f.
- Fortgeltung bestehender Betriebsvereinbarungen **3** 62
- Genese **3** 1 ff.
- Inhalt der Kollektivverträge **3** 51 ff.
- Kündigungsschutzrecht **3** 70
- negative Koalitionsfreiheit **3** 71 f., 74
- Rechtskontrolle **3** 7 f., 75 f.
- Rückkehr zur gesetzlichen Struktur **3** 49, 62
- Spartenbetriebsrat, *s. dort*
- Streitigkeiten **3** 75
- Übergangsmandat **3** 38, 63, 64, 65
- Umstrukturierungsfolgen **3** 63 ff.
- Unternehmensautonomie **3** 73 f.
- unternehmenseinheitlicher Betriebsrat, *s. dort*
- Verbesserung der Wahrnehmung der Arbeitnehmerinteressen **3** 7, 12, 17, 19, 23
- Verfassungskonformität **3** 71 ff.
- Zeitpunkt der Anwendung **3** 50
- Zusammenfassung von Betrieben, *s. dort*
- zusätzliche Arbeitnehmervertretung, *s. dort*
- Zustimmung der Arbeitsbehörden **3** 2, 7
- Zweck **3** 1

Agentur für Arbeit 112, 112a 276
AIDS
- Frage nach ~ in Personalfragebogen **94** 29
- Schulungs- und Bildungsveranstaltung zum Thema ~ **37** 197

Akkordlohn **87** 935, 938, 955, 958, 973, 997 ff., 1016 ff., 1033 ff.
- Akkordausschuss **28** 14, 38
- Akkordkommission **87** 77, 1043 f.
- Akkordrichtsatz **87** 1018 f., 1027, 1030
- Akkordsätze **87** 35, 77, 90, 1025 ff., 1034, 1038
- Akkordvorgabe **87** 955, 958, 1018 f.
- Änderung **87** 90, 1038
- Begriff **87** 999
- Einführung **87** 1033 ff.
- Einzelakkord **87** 935, 1020
- Erholungszeiten **87** 363, 935, 1035
- Fließbandgeschwindigkeit **87** 546, 964
- Geldakkord **87** 1017, 1019, 1034
- Gruppenakkord **87** 935, 1020, 1091
- Heimarbeitnehmer **87** 1014, 1034, *s. auch Arbeitsentgelt, leistungsbezogenes*
- Stückakkord **87** 1014, 1016, 1019

- Verteilzeiten **87** 1035
- Wartezeiten **87** 935, 1035
- Zeitstudien **87** 530 f., 848, 962, 1036 f.

Akten des Betriebsrats 26 30; **34** 32; **40** 214 ff., 225
Aktiengesellschaft 108 17
Aktienoptionen **87** 852
Aktives Wahlrecht **7** 1 ff.; **19** 21 f., 23, 52, 63
- Aberkennung des Wahlrechts **7** 13
- Arbeitnehmer des Betriebs **7** 11, 16 ff., 96
- Arbeitnehmer des öffentlichen Dienstes **7** 16, 138
- Arbeitnehmereigenschaft **7** 11, 16, 17, 94, *s. unter Arbeitnehmer*
- Außendienstmitarbeiter **7** 47 ff., 84, 145; **24 WO** 10 f.
- ausländische Arbeitnehmer **7** 13; **2 WO** 19
- Auszubildende des öffentlichen Dienstes **7** 16, 65
- Beamte **7** 16, 138; **8** 16; **14a** 14; **130** 3
- Begriff **7** 5 ff.
- Betreute **7** 67
- Beurteilungszeitpunkt **7** 14, 152 f.
- bürgerliche Ehrenrechte **7** 1, 13
- Dispositivität in Kollektivvereinbarungen **7** 2
- Eintrag in die Wählerliste **7** 7, 15, 154 f.; **14** 29, 50; **2 WO** 1, 3; **3 WO** 10
- Entmündigte **7** 67
- Fremdfirmenarbeitnehmer **7** 25, 74, 145 f., 148
- Genese **7** 1, 93
- Geschäftsfähigkeit **7** 67
- Heimarbeitnehmer **5** 116; **7** 40, 47; **15** 18
- jugendliche Arbeitnehmer **vor 60** 21; **7** 66
- Leiharbeitnehmer, *s. dort*
- leitende Angestellte **5** 13, 160, 211, 212; **14a** 14; **18** 19
- Rechtsnatur **7** 6
- Soldaten **7** 16, 138
- Staatsangehörigkeit **7** 13
- Teilzeitarbeitnehmer **7** 34
- Telearbeitnehmer **7** 47; **15** 18
- Verzicht **7** 6; **14** 26
- Voraussetzungen des ~ **7** 11 ff.; **14** 29
- Wahlalter **7** 11, 66 ff., 106, 152, 155
- Wehrdienstleistende **7** 60
- Zivildienstleistende **7** 60

Alkoholverbot **37** 197, 220, 222; **75** 117; **87** 225
Allgemeine Arbeitsbedingungen **77** 4 f., 65, 79, 153, 254, 256, 262, 268, 282 ff., 361, 364 ff., 382, 385; **87** 52, 91, 123, 128
- arbeitsvertragliche Einheitsregelung **77** 4 f., 65, 153, 254, 256, 262, 282 ff., 361, 364 ff., 369, 382, 385, 476; **87** 52, 91, 123, 128
- betriebliche Übung **77** 4 f., 65, 79, 153, 254, 256, 262, 282 ff., 361, 364 ff., 369, 382, 385
- Gesamtzusage **77** 4 f., 20, 50, 52, 153, 254, 262, 282 ff., 361, 364 ff., 369, 382, 385; **87** 52
- Verschlechterung ~ durch Betriebsvereinbarung **77** 262, 268, 282 ff., 345, 348, 360, 361, 364 ff., 402

Allgemeine Aufgaben der Jugend- und Auszubildendenvertretung **vor 60** 12, 23, 35; **60** 3, 46 ff.; **65** 52; **70** 1 ff.
- Antragsrecht gegenüber dem Betriebsrat **vor 60** 12; **70** 3, 6, 7 ff., 44

Sachverzeichnis

– – Adressat des Antrags **70** 7, 44
– – Ausübung des Antragsrechts **70** 18
– – Behandlung des Antrags durch den Betriebsratsvorsitzenden **70** 19 ff.
– – Berufsbildungsfragen **70** 8 ff., 13
– – Bestellung und Abberufung von Ausbildern **70** 8
– – Gleichstellung von Frauen und Männern **vor 60** 12; **70** 3, 10, 14 f.
– – Integration ausländischer Arbeitnehmer **vor 60** 12; **70** 3, 16 f.
– – Übernahme von Auszubildenden in ein Arbeitsverhältnis **vor 60** 12; **70** 3, 9 ff., 13
– Aufgabenkatalog **70** 4 ff.
– Behandlung von Anregungen der Arbeitnehmer **70** 6, 45 ff.; **80** 2, 40 ff.
– – Anregungen, Begriff **70** 45 f.
– – Behandlung durch den Betriebsrat **70** 51 ff.; **80** 2, 40 ff.
– – Beratungspflicht in der nächsten Jugend- und Auszubildendenvertretungssitzung **70** 48 ff.
– – Entgegennahmepflicht **70** 47
– – Information des Antragstellers **70** 49
– – Weiterleitung an den Betriebsrat **70** 50
– Betriebsbegehungsrecht **70** 2, 39, 41
– Erweiterung durch Kollektivvereinbarung **vor 60** 35
– Streitigkeiten **60** 64 ff.; **70** 73
– Überwachungsaufgabe **65** 52; **70** 6, 26 ff., 55
– – Abhilfeantrag gegenüber dem Betriebsrat **70** 44
– – Aufsuchen der Jugendlichen und Auszubildenden am Arbeitsplatz **70** 37 ff., 43, 56
– – Befragung der Jugendlichen und Auszubildenden **70** 31 ff.
– – Gegenstand **65** 52; **70** 26 f.
– – Jugendarbeitsschutz **65** 52
– – konkreter Anlass **70** 43
– – Reichweite **70** 28 ff.
– – Überwachung des Arbeitgebers **70** 28
– – Überwachung des Betriebsrats **70** 28
– – Zustimmung des Betriebsrats **70** 30, 31, 32, 37, 40, 42
– Unterrichtsanspruch gegenüber dem Betriebsrat **67** 64; **70** 6, 55 ff.
– – Adressat **70** 56 ff.
– – Betriebs- und Geschäftsgeheimnisse **70** 64, 69
– – Erforderlichkeit der Unterrichtung **70** 59
– – Form **70** 63
– – persönliche Verhältnisse der Arbeitnehmer **70** 65
– – Umfang der Unterrichtung **70** 61 f.
– – Vorlage von Unterlagen **70** 66 ff.
– – Zeitpunkt **70** 60
– – Zweck **70** 55
– Wahrung der besonderen Belange der Jugendlichen und Auszubildenden **60** 47 ff.
Allgemeine Aufgaben des Betriebsrats 58 28; **80** 1 ff.
– allgemeiner Schutzauftrag des Betriebsrats **80** 1, 19
– Antragsrecht gegenüber dem Arbeitgeber **80** 34 ff., 40, 42; **88** 3
– – Gegenstand **80** 35 f.
– – Verhältnis zu anderen Beteiligungsrechten **80** 34, 36

– Aufgabenkatalog **80** 7 ff.
– – Antragsrecht gegenüber dem Arbeitgeber **80** 34 ff.; **88** 3
– – Behandlung von Anregungen der Arbeitnehmer und der Jugend- und Auszubildendenvertretung **80** 2, 40 ff.; **86a** 6
– – Förderung der Beschäftigung älterer Arbeitnehmer **80** 2, 43, 52
– – Förderung der Eingliederung schutzbedürftiger Personen **32** 1; **37** 197; **80** 43 ff., 74
– – Förderung der Gleichstellung von Frauen und Männern **E** 60; **28** 11; **37** 185, 197; **42** 4; **43** 1, 15; **45** 2 f., 15, 18; **62** 27; **80** 2, 37; **92** 1, 6, 41 ff.; **121** 2, 8
– – Förderung der Integration ausländischer Arbeitnehmer **E** 60; **28** 11; **42** 4; **43** 1, 15; **45** 3, 15, 19; **80** 2, 43, 53; **88** 30 f.
– – Förderung der Vereinbarkeit von Familie und Beruf **E** 60; **45** 2, 3, 15, 18; **80** 2, 37, 39; **92** 41, 44; **92a** 11; **121** 2, 8
– – Förderung des Arbeitsschutzes **80** 2, 55
– – Förderung des Umweltschutzes **E** 60; **42** 4; **43** 1, 8, 17; **45** 3, 12, 16; **80** 2, 55
– – Förderung und Sicherung der Beschäftigung **E** 60; **70** 10; **80** 2, 54; **92a** 1, 5
– – Überwachungsaufgabe **37** 197, 216; **39** 37; **50** 49; **75** 18, 21; **80** 10 ff., 74, 98; **87** 628, 645, *s. auch dort*
– – Vorbereitung der Wahl der Jugend- und Auszubildendenvertretung **60** 4; **63** 9; **80** 49
– – Zusammenarbeit mit der Jugend- und Auszubildendenvertretung **80** 2, 48 ff.
– Auskunftsperson i. S. des § 80 Abs. 2 **75** 148; **80** 3, 60, 69, 131 ff., *s. auch dort*
– Geheimhaltungspflicht **80** 94, *s. auch dort*
– Hinzuziehung von Sachverständigen **80** 3, 149 ff.; **108** 25, *s. auch dort*
– Lohn- und Gehaltslisten, *s. dort*
– persönlicher Geltungsbereich **80** 4
– – außertarifliche Angestellte **80** 22, 24, 118 f.
– – freie Mitarbeiter **80** 75
– – Fremdfirmenarbeitnehmer **80** 3 f., 75, 100
– – leitende Angestellte **80** 4, 109
– Schutzgesetz i. S. des § 823 Abs. 2 BGB **80** 25
– Streitigkeiten **80** 162
– Tendenzbetrieb **80** 112; **118** 187 ff., 209
– Unterlagen, *s. dort*
– Unterrichtsanspruch des Betriebsrats **2** 13; **80** 59, 65
– Unterrichtungspflicht des Arbeitgebers **80** 3, 27, 57 ff.; **98** 19; **106** 46; **118** 188, 209, *s. auch dort*
– Verhältnis zu anderen Beteiligungsrechten **80** 34
– – zu § 81 ff. **80** 19, 36, 41
– – zu § 85 **80** 2, 19, 41
– – zu § 87 **87** 543, 598, 607, 628, 645, 744
– – zu § 102 **80** 13
– Verhältnis zu § 75 **75** 5, 18
Allgemeiner Unterlassungsanspruch
– des Betriebsrats
– Verhältnis zu § 101 BetrVG **101** 25
Allgemeines Gleichbehandlungsgesetz
– allgemeine Aufgaben des Betriebsrats **80** 37, 43, 52 f.

Sachverzeichnis

– Betriebsversammlung **43** 15
Alter
– Benachteiligungsverbot **75** 69 ff.
Ältere Arbeitnehmer
– Arbeitszeitverkürzung **87** 407
– Diskriminierungsverbot **77** 330, 361; **80** 52
– Förderung der Berufsbildung **80** 52; **96** 2, 36
– Förderung der Beschäftigung **80** 2, 43, 52; **92a** 11, 13
– Kündigungsschutz **77** 382
– Zustimmungsverweigerungsrecht des Betriebsrats wegen Nichtberücksichtigung eines ~ **80** 52
Altersgrenzen
– Auswahlrichtlinien **95** 41
– Auszubildende **60** 2, 16, 25, 36
– automatische Beendigung des Arbeitsverhältnisses **77** 384 ff.
– Beschäftigung über die ~ hinaus als Einstellung **77** 389; **99** 37
– Betriebsvereinbarung **77** 289, 384 ff.; **88** 12
– Erlöschen der Mitgliedschaft im Betriebsrat **24** 25 f.
Altersversorgung, betriebliche
– Abschaffung **87** 879
– Anpassung laufender Renten **87** 759, 887
– Anrechnung einer Tarifrente auf betriebliche Versorgungsansprüche **87** 884
– AT-Angestellte **87** 980
– Beitragsleistung der Arbeitnehmer **87** 884
– Bindung des Arbeitgebers **87** 883
– Direktversicherung **87** 715, 729, 874 ff., 881
– Direktzusage **87** 874 ff., 881, 884
– Einführung **87** 879
– Erhöhung **87** 880
– Erzwingbarkeit **87** 879 f.
– Festlegung des Begünstigtenkreises **87** 882
– Form der Versorgungsleistung **87** 881
– freiwillige Betriebsvereinbarung über ~ **88** 12
– Gruppen- und Sammelversicherung **87** 715, 729, 876
– Gruppenunterstützungskasse **87** 729, 886
– Höherversicherung **87** 874 ff.
– Initiativrecht **87** 888, 988
– Kündigung von Betriebsvereinbarungen über ~ **77** 406, 408
– Kürzung **87** 880, 884
– Leistungsplan **87** 883, 884, 886
– Pensionskassen **87** 714 f., 721, 726, 747, 765, 777, 874, 881
– Regelung von Ruhestandsverhältnissen durch Betriebsvereinbarung **77** 199 ff., 206 f., 313
– Regelungsspielraum **87** 883 f.
– Rückdeckungsversicherung **87** 715, 729
– Schulungs- und Bildungsveranstaltung zum Thema ~ **37** 197
– Sozialeinrichtung **87** 714 ff., 721, 726, 728 f., 733, 734, 747, 759, 765, 777, 779 f.
– Sozialplan **77** 201; **112, 112a** 156
– Stichtagsregelung **87** 882
– Umfang **87** 880
– Unterstützungskasse **87** 714, 721, 729 f., 735, 741, 747, 759, 765, 779, 874, 881, 886

– Verschlechterung von Ruhegeldansprüchen und Anwartschaften durch Betriebsvereinbarung **77** 364 ff., 402
– Versorgungsgrundsätze **87** 883, 885
– Versorgungsmethoden **87** 883, 885
– Wegfall der Geschäftsgrundlage **87** 883, 884
– Widerrufsrecht des Arbeitgebers **77** 367 f.
– Zuständigkeit
– – Gesamtbetriebsrat **50** 50; **87** 888
– – Konzernbetriebsrat **87** 728 ff., 733, 888
Amtsenthebung
– Ersatzmitglieder **23** 73 ff.
– Jugend- und Auszubildendenvertreter **23** 6; **65** 3 f., 6 ff., 22, 61, 70; **67** 6; **72** 24
– Mitglieder des Europäischen Betriebsrats **23** 10
– Schwerbehindertenvertretung **23** 8
– Seebetriebsrat **23** 8
– Wahlvorstand **13** 25
Amtsenthebung des Betriebsratsmitglieds E **97**, 124; **7** 8; **8** 61; **13** 76; **24** 36, 62, 72; **26** 22, 25, 27, 42; **27** 39; **29** 10, 70; **30** 17, 25, 29; **38** 79; **48** 24; **60** 50; **65** 15 f.; **87** 165
– Abmahnung **23** 26, 37, 41, 47, 61; **37** 29, 45, 52, 62
– Antragsberechtigte **7** 8; **23** 79 ff.; **60** 51
– Arbeitgeber **23** 4, 81, 93 f., 128
– Beamtenverbände **23** 84
– Betriebsrat **23** 75, 79, 85
– ein Viertel der Arbeitnehmer **7** 8; **23** 77 ff., 92, 128
– Gewerkschaft **23** 14, 56, 79, 83, 128
– Jugend- und Auszubildendenvertretung **60** 50; **65** 15 f.
– Spitzenorganisation **23** 83
– außerordentliche Kündigung **23** 26, 28, 29 ff., 96
– grobe Pflichtverletzung **23** 16, 19 ff.; **37** 45, 62, 89, 171; **38** 92, 95 f.; **48** 1, 18 ff.; **53** 37
– – Amtshandlungstheorie **23** 30, 32 f.
– – Amtspflichtverletzung **23** 25, 28 ff., 60 ff.
– – Amtspflichtverletzung aus abgelaufener Amtszeit **23** 56 ff., 102 f.
– – Arbeitsvertragspflichtverletzung **23** 25, 26, 28 ff.
– – Erweiterungstheorie **23** 25
– – gesetzliche Pflichten **23** 19 ff.
– – gleichzeitige Verletzung von Amts- und Arbeitsvertragspflichten **23** 28 ff.
– – Intensität der Pflichtverletzung **23** 14, 41 ff., 50 ff.
– – Irrtum **23** 38; **37** 29, 46
– – Simultantheorie **23** 29, 32 ff.
– – Trennungstheorie **23** 31, 32 f.
– – Unzumutbarkeit der weiteren Zusammenarbeit **23** 54, 56
– – Verletzung der Geheimhaltungspflicht **79** 71
– – Verschulden **23** 38, 47 ff.
– – Zeitpunkt der Pflichtverletzung **23** 42, 55 ff.
– Rechtsfolgen der ~ **8** 61; **23** 109 ff.
– – Änderung der Arbeitsbedingungen **23** 113
– – Nachrücken des Ersatzmitglieds **23** 110, 120
– – Verlust des Amts **23** 106 ff., 114
– – Verlust des Kündigungsschutzes **23** 111 f.
– rechtsmissbräuchliche Ausübung von Befugnissen **23** 25, 38, 232

Sachverzeichnis

- Schadenersatzpflicht **23** 18, 41
- Unterlassungsanspruch **23** 18
- Verfahren **23** 77 ff.
- – Antrag **23** 76, 88 f.
- – Ausscheiden des Betriebsratsmitglieds **23** 99 ff.
- – Beurteilungsspielraum der Tatsacheninstanz **23** 41, 105
- – Einstellung des Verfahrens **23** 79, 99
- – einstweilige Verfügung **23** 104, 106, 112
- – Kosten **23** 76; **40** 64 f., 110 f.
- – nach Wiederwahl des Betriebsratsmitglieds **23** 56 ff., 102 f.
- – Verbindung mit Auflösung des Betriebsrats **23** 95 f.
- – Verbindung mit Wahlanfechtung **23** 98
- – Verbindung mit Zustimmungsersetzungsverfahren zur Kündigung **23** 93 f.
- – Zurücknahme des Antrags **23** 92
- – Zuständigkeit **23** 75
- Vernachlässigung gesetzlicher Pflichten **23** 24, 70
- Verwirkung des Antragsrechts **23** 61
- Wiederwählbarkeit des Betriebsratsmitglieds **8** 61; **23** 99, 116 ff.; **48** 24
- Zweck **23** 14 ff., 43, 47, 51, 53, 58

Amtshandlungstheorie 23 30, 32 f.

Amtsniederlegung 8 12; **13** 64, 69, 79; **14** 25; **21a** 34, 77; **21b** 18 f.; **23** 75, 99, 116 f., 129 f.; **24** 9 ff.; **25** 36, 65; **26** 25; **27** 30; **29** 10; **49** 9
- Ablehnung der Wahl **17 WO** 6
- Anfechtung der ~ **24** 16 f.
- Aufgabe sonstiger Funktionen **24** 21
- gleichzeitige ~ aller Betriebsratsmitglieder **13** 69, 79; **22** 12; **24** 20
- Rechtspflicht zur ~ **24** 9
- Widerruf **24** 19
- Willenserklärung **24** 12 ff.
- – Bedingung **24** 14, 18
- – Form **24** 12
- – gegenüber dem Arbeitgeber **24** 12
- – gegenüber dem Betriebsrat **24** 12
- – gegenüber der Betriebsversammlung **24** 12
- – Scherzerklärung **24** 17
- Zeitpunkt **24** 9, 18; **17 WO** 6

Amtspflichtverletzung
- Betriebsausschussmitglieder **27** 62
- Betriebsrat **23** 19 ff., 63 ff.; **36** 6, 19; **37** 300; **38** 44, 57; **63** 9
- Betriebsratsmitglieder **23** 122 ff., 128; **37** 29, 45, 62, 89, 171; **38** 92, 95 f.
- Nichtannahme der Wahl zum Betriebsratsvorsitzenden **26** 24
- Nichtannahme des Betriebsausschussamts **27** 29
- Nichterscheinen zu Betriebsratssitzungen **29** 10
- pflichtwidrige Besetzung des Wirtschaftsausschusses **107** 20
- Unterlassungsanspruch **23** 18

Amtszeit
- andere Arbeitnehmervertretung **3** 38; **21** 7, 35
- Arbeitsgemeinschaften **3** 38; **21** 7, 35
- Betriebsratsvorsitzender **26** 24 ff.
- Bordvertretung **21** 5; **115** 30 ff.
- Gesamt-Jugend- und Auszubildendenvertretung **72** 15 ff.
- Gesamtbetriebsrat **23** 4; **47** 46 ff., 49, 91; **49** 5
- Gesamtschwerbehindertenvertretung **52** 12
- Jugend- und Auszubildendenvertretung **21** 4; **60** 42 ff.; **64** 2, 17 ff.
- Konzern-Jugend- und Auszubildendenvertretung **73a** 19 f.
- Konzernbetriebsrat **54** 60; **57** 3, 5; **59** 13
- Konzernschwerbehindertenvertretung **59a** 4, 8
- Schwerbehindertenvertretung **21** 6
- Seebetriebsrat **21** 5; **116** 21
- Spartenbetriebsrat **3** 38
- stellvertretender Betriebsratsvorsitzender **26** 24 ff.
- unternehmenseinheitlicher Betriebsrat **3** 38; **21** 7, 35
- Wahlvorstand **14a** 52, 109; **16** 88, 90 f.; **18** 7, 54; **19** 39, 111; **9 WO** 7
- Wirtschaftsausschuss **106** 31; **107** 24, 30 f.
- zusätzliche Arbeitnehmervertretung **3** 38; **21** 7, 35

Amtszeit des Betriebsrats 21 1 ff.; **38** 79
- Beginn **13** 11, 15 f.; **14a** 82; **18** 39; **21** 1 f., 10 ff.; **47** 6
- – Ablauf der Amtszeit des bestehenden Betriebsrats **21** 10, 15 ff.
- – Bekanntgabe des Wahlergebnisses **21** 10 ff., 16, 18; **18 WO** 3
- Dauer **13** 83 f.; **21** 1 f., 9
- Dispositivität in Kollektivvereinbarungen **21** 7, 49
- Ende **13** 11, 16, 17 f., 49, 65; **19** 136 ff.; **21** 1 f., 17, 21 ff.; **21a** 27, 33, 49 f., 77; **21b** 7 ff.; **47** 6
- – Ablauf der regelmäßigen ~ **21** 17, 22 ff.; **22** 14; **24** 7, 8; **25** 10
- – Ablauf der verkürzten ~ **21** 26, 27, 29 f.; **22** 14
- – Ablauf der verlängerten ~ **21** 26, 28, 29 f.; **22** 14
- – Absinken der Zahl der Betriebsratsmitglieder **21** 31 f.; **22** 8
- – Arbeitskampf **21** 47
- – Auflösung des Betriebsrats **21** 34; **22** 14
- – Betriebsstilllegung **21b** 7 ff., 17
- – Betriebsübergang **21** 39 f.
- – Bildung von abweichenden betriebsverfassungsrechtlichen Organisationseinheiten **3** 2, 50; **21** 35
- – Insolvenz **21** 48
- – Rücktritt des Betriebsrats **21** 33; **22** 8, 10 f.
- – Spaltung des Betriebs **21** 45; **21a** 33
- – Veränderung der Belegschaftsstärke **21** 31 f.; **22** 8
- – Verlust der Betriebsratsfähigkeit **1** 107; **21** 37 f.; **21a** 27; **21b** 7 f.
- – Wahlanfechtung **19** 135 ff.; **21** 34; **22** 14
- – Zusammenschluss des Betriebs **21** 45
- Genese **21** 1 f.
- Streitigkeiten **21** 51

Andere Arbeitnehmervertretung 3 2, 20 ff., 55, 67; **18a** 8; **92** 32
- Amtszeit **3** 38; **21** 7, 35
- Arbeitsgruppe i. S. des § 28a **28a** 6
- Auffangtatbestand **3** 20 f., 55
- Aussetzung von Beschlüssen der ~ **35** 5
- Auswirkungen auf die Jugend- und Auszubildendenvertretung **vor 60** 39 f.; **60** 10

2313

Sachverzeichnis

- Behandlung der Betriebsangehörigen durch ~ **75** 5, 10
- Beschäftigungsgesellschaft **3** 21
- Beschlussfassung der ~ **33** 4
- Beteiligung bei Betriebsänderungen **111** 21
- Bildung eines Betriebsausschusses **27** 6 f.
- Bildung von Ausschüssen **28** 8 f.
- Errichtung eines Gesamtbetriebsrats **3** 20, 21, 56; **47** 3, 5, 10, 69
- Errichtung eines Konzernbetriebsrats **3** 20, 21, 56
- Ersatzmitglieder **25** 4
- Fortgeltung bestehender Tarifverträge über ~ **128** 1 ff.
- fraktale Fabrik **3** 22
- Geschäftsordnung **36** 2
- Gleichordnungskonzern **3** 21
- Inhalt der Kollektivverträge über ~ **3** 55 f.
- Inhouse-Produktion **3** 22
- just in time **3** 22
- Kosten der ~ **40** 3
- Mitgliederzahl **9** 2
- Qualifizierungsgesellschaft **3** 21
- Rechtsstellung der Mitglieder der ~ **3** 67; **37** 7
- – Arbeitskampfverbot **74** 39
- – Begünstigungsverbot **78** 8, 11; **119** 43 ff.
- – Behinderungsverbot **78** 8, 11; **119** 32 ff.
- – Benachteiligungsverbot **78** 8, 11; **119** 43 ff.
- – Freistellung **3** 67; **38** 5
- – Geheimhaltungspflicht **3** 67; **79** 48, 66; **120** 31, 47
- – Kündigungsschutz **3** 67; **103** 5, 16 f.
- – Teilnahme an Schulungs- und Bildungsveranstaltungen **3** 67, *s. auch abweichende betriebsverfassungsrechtliche Organisationseinheiten*; **37** 7, 162
- – Rechtsstellung der ~ **3** 55, 67
- – shop in shop **3** 22
- – Sitzungen der ~ **29** 2; **30** 1
- – Sitzungsniederschrift **34** 2
- – Teilnahme der Schwerbehindertenvertretung **32** 2
- – Teilnahme von Gewerkschaftsvertretern **31** 2
- – Verbot parteipolitischer Betätigung **74** 103
- – Sprechstunden der ~ **39** 5
- Tendenzbetrieb **118** 183
- Unternehmensnetzwerke **3** 22
- Verfassungskonformität **3** 71 f.
- virtuelles Unternehmen **3** 22
- Vorsitzender **26** 2 f.
- Wahl der ~ **13** 9; **14** 7
- Wahlschutz **119** 18 ff.
- Weiterbeschäftigung auszubildender Funktionsträger **78a** 29, 38, 53
- wirksame Vertretung der Arbeitnehmerinteressen **3** 23
- Zusammensetzung der ~ **15** 6

Änderungskündigung
- Anhörung des Betriebsrats **87** 436; **102** 26, 30, 65, 69, 94, 161 f., 173, 175 ff., 185; **111** 106
- Betriebsbuße **87** 266
- Betriebsvereinbarung **77** 20
- Entfernung betriebsstörender Arbeitnehmer **104** 11, 18, 23, 26, 30, 32, 34, 36
- gegenüber Funktionsträgern **103** 25, 29 f., 36, 69, 98
- kündigungsrechtlicher Interessenausgleich nach § 125 InsO **112**, **112a** 29
- Unterrichtung des Betriebsrats **102** 65, 69, 94
- Unwirksamkeit wegen Verletzung der notwendigen Mitbestimmung in sozialen Angelegenheiten **87** 118, 123
- Weiterbeschäftigungspflicht nach ~ **102** 175, 177 f., 224 ff.
- Zustimmung des Betriebsrats
- – Umgruppierung **99** 176; **102** 161, 163, 173, 176
- – Versetzung **99** 118, 131, 155 f., 175; **102** 161, 173, 176, 225

Anfechtung der Betriebsratswahl, *s. unter Wahlanfechtung*

Anforderungsprofile 50 52; **92** 13; **93** 33; **94** 49, 62; **95** 5, 35 f.; **96** 17, 20; **97** 14 f.

Angestellte, *s. unter Außertarifliche, s. unter Leitende*

Anhörung bei Kündigung 102 1 ff.; **112**, **112a** 69
- Anhörung des Arbeitnehmers **102** 122
- Anhörung, Begriff **102** 41
- Äußerungsfrist des Betriebsrats **102** 10, 137 ff.
- – außerordentliche Kündigung **102** 137, 139
- – Berechnung **102** 144
- – Eilfälle **102** 138 f.
- – Hemmung **102** 10, 137
- – ordentliche Kündigung **102** 137, 199
- – Verkürzung **102** 138, 140
- – Verlängerung **102** 140, 141 f., 199
- – Zustimmungsfiktion **102** 137, 145, 200, 245
- Darlegungs- und Beweislast **102** 122
- – Bestreiten mit Nichtwissen **102** 122
- – Entbehrlichkeit bei Kündigung auf Verlangen des Betriebsrats **104** 25
- – Erweiterung des Mitbestimmungsrechts durch einzelvertragliche Abrede **102** 246
- – Erweiterung des Mitbestimmungsrechts durch Kollektivvereinbarung **102** 120, 238 ff., *s. unter Kündigung*
- Mängel des Anhörungsverfahrens **102** 101 ff., 185 f., 197, 249
- – fehlende Anhörung **102** 105
- – fehlerhafte Anhörung **102** 106 ff.
- – Geltendmachung der Unwirksamkeit **102** 116, 121, 185 f.
- – Heilung **102** 49, 81, 86, 102, 105, 187
- – Kündigungsschutzprozess, *s. dort*
- – nachträgliche Zustimmung des Betriebsrats **102** 49, 105, 119
- – Rechtsfolgen **102** 105 ff., 185 f., 197
- – Sphäre des Arbeitgebers **102** 52, 76, 83 f., 101, 102, 104, 106 ff., 145, 187
- – Sphäre des Betriebsrats **102** 13, 14, 101, 103 f., 128 f., 145
- – Verzicht des Arbeitnehmers **102** 118 f.
- – Verzicht des Betriebsrats **102** 117, 140
- persönlicher Anwendungsbereich **102** 20 ff.
- – Amtsträger **102** 20, 26

Sachverzeichnis

– – Arbeitnehmer **102** 20 ff.
– – Arbeitnehmer des öffentlichen Dienstes **102** 23
– – Auszubildende des öffentlichen Dienstes **102** 23
– – Beamte **102** 23
– – Eingliederungsvertragsbeschäftigte **5** 108
– – Heimarbeitnehmer **102** 22, 210
– – Leiharbeitnehmer **5** 125; **102** 23
– – leitende Angestellte **102** 20, 40; **105** 8, 13 f.
– – nicht dem KSchG unterliegende Arbeitnehmer **102** 83 f.
– – Personen, die nach § 5 Abs. 2 keine Arbeitnehmer sind **102** 20
– – Soldaten **102** 23, *s. auch Kündigung*
– sachlicher Anwendungsbereich **102** 4 ff.
– – Arbeitskampf **102** 17 ff.
– – Bestehen eines Betriebsrats **102** 4 ff., 14
– – Betriebe mit Auslandsbezug **102** 15
– – Betriebsferien **102** 10, 13, 14
– – Funktionsunfähigkeit des Betriebsrats **102** 10 ff.
– – Insolvenz **102** 32, 40, 90
– – Tendenzbetrieb **102** 16, 20; **118** 4, 155, 208, 213, 215, 221 ff., 244
– – Sanktionen **23** 197
– Stellungnahme des Betriebsrats **102** 42, 122 ff.
– – abschließende Stellungnahme **102** 42, 131 ff., 135
– – Bedenken gegen die Kündigung **102** 131 f., 136, 145, 147, 196, 198
– – Form **102** 137, 148
– – Frist **102** 137 ff.
– – Widerspruch **102** 132, 136, 145, 146 ff., *s. unter Widerspruchsrecht gegen ordentliche Kündigung*
– – Zustimmung **102** 133 f., 136
– Träger des Mitbestimmungsrechts **102** 50
– Unterrichtung des Betriebsrats **102** 34 ff.; **112, 112a** 92
– – Änderungskündigung **102** 65, 69, 94
– – Arbeitgeberwechsel **102** 34
– – Beendigungstermin **102** 66 ff.
– – betriebsbedingte Kündigung **102** 88 ff.
– – Betriebsübergang **102** 34
– – Empfangsperson **102** 52
– – Form der Unterrichtung **102** 100
– – Grundsatz der subjektiven Determinierung **102** 74 f., 83, 106
– – hilfsweise ordentliche Kündigung **102** 27, 62 f., 186, 203
– – Inhalt der Unterrichtung **102** 56 ff.
– – Insolvenz **102** 34
– – Kenntnis des Betriebsrats **102** 86
– – Kündigungsart **102** 62 ff., 186
– – Kündigungsfrist **102** 66 ff., 94
– – Kündigungsgrund **102** 73 ff., 187
– – Nachholen der ordnungsgemäßen Unterrichtung **102** 81, 105, 189 ff.
– – Ort der Unterrichtung **102** 52
– – Person des zu Kündigenden **102** 59
– – personenbedingte Kündigung **102** 91
– – Sozialdaten des Arbeitnehmers **102** 59, 80, 90
– – Verdachtskündigung **102** 93
– – verhaltensbedingte Kündigung **102** 90, 92

– – Verhältnis zur Einleitung eines Zustimmungsersetzungsverfahrens nach § 103 **102** 40
– – Weiterbeschäftigungsmöglichkeit **102** 89
– – Zeitpunkt der Unterrichtung **102** 52
– – wiederholende Kündigungen **102** 28
– – Zeitpunkt der Anhörung **102** 43 ff.
– – Anhörung auf Vorrat **102** 45
– – Kündigung eines Schwerbehinderten **102** 43
– – Kündigungserklärung **102** 43
– – Kündigungswille **102** 44
– – nachträgliche Zustimmung **102** 49, 105, 119, 248
– – Verwirkung **102** 45
– Zuständigkeit für ~ **102** 50 ff., 128
– – Arbeitsgruppe i. S. des § 28a **102** 50
– – Ausschuss **102** 50, 52, 128
– – Betriebsrat **102** 50, 128
– – Betriebsübergang **102** 9, 51
– – Gesamtbetriebsrat **50** 52; **102** 9, 51
– – Konzernbetriebsrat **102** 9, 51
– – Spaltung des Betriebs **21b** 12, 34; **102** 8
– – Stilllegung des Betriebs **102** 8, 59
– – Zusammenlegung von Betrieben **21b** 12, 34; **102** 8
– Zwangsverfahren gegen den Arbeitgeber **23** 197
– Zweck **102** 3, 20, 26, 28, 44, 63, 69, 74, 105
Anhörungs- und Erörterungsrechte des Arbeitnehmers 82 1 ff.
– Ableitung aus der Fürsorgepflicht des Arbeitgebers **vor 81** 11 ff.; **82** 1
– Anhörung zu betrieblichen Angelegenheiten **82** 5 ff.
– – Abgrenzung zur Beschwerde nach § 84 Abs. 1 **82** 9
– – Gegenstand **82** 6
– – Umweltschutz **82** 6, 10
– – zuständige Stelle **82** 7
– Anhörung zu Maßnahmen mit Auswirkungen auf Sicherheit und Gesundheit **81** 18
– Benachteiligungsverbot **82** 3
– Erläuterung des Arbeitsentgelts **82** 12 ff.
– – Abgrenzung zum Recht des Betriebsrats zur Einsicht in Lohn- und Gehaltslisten **82** 14
– – Gegenstand **82** 12 f.
– – Zeitpunkt **82** 12
– – Erörterung von Leistungsbeurteilungen und beruflichen Entwicklungsmöglichkeiten **82** 15 ff.
– – kein Anspruch auf bestimmte Zusagen **82** 19
– – Zuständigkeit **82** 17
– – Zweck der Norm **82** 12
– Fortzahlung des Arbeitsentgelts **82** 3
– Hinzuziehung eines Betriebsratsmitglieds **82** 20 ff.
– – Rechte und Pflichten des hinzugezogenen Betriebsratsmitglieds **81** 24; **82** 21
– – Schweigepflicht des Betriebsratsmitglieds **79** 83, *s. auch Geheimhaltungspflicht*; **82** 22 f.
– – Wahlfreiheit des Arbeitnehmers **82** 20
– persönlicher Geltungsbereich **vor 81** 21 ff.; **82** 2, *s. auch Individualrechte des Arbeitnehmers*
– Stellungnahmen und Vorschläge des Arbeitnehmers **82** 10 f.
– Streitigkeiten **82** 24 f.

2315

Sachverzeichnis

Anhörungsverfahren
- Verhältnis zur Informationspflicht nach § 105 **105** 13

Anlernling 5 55; **60** 27

Antidiskriminierungsgesetz, arbeitsrechtliches 75 7

Antrag
- auf Aufhebung einer personellen Maßnahme **101** 8 ff.
- auf Aufrechterhaltung vorläufiger personeller Maßnahmen **100** 34 ff.
- auf Ersetzung der Zustimmung des Betriebsrats **99** 234 ff.
- auf Zwangsgeldfestsetzung **101** 20 ff.

Antrag auf Aufhebung einer personellen Maßnahme nach § 101
- zusätzlicher Feststellungsantrag **101** 8

Anwesenheitsliste
- Betriebsratssitzung **34** 15, 18, 21 ff., 27

Arbeitgeber
- allgemeine Handlungsfreiheit **E** 58, 62
- Anrufung des Arbeitsgerichts zur Bestellung eines Wahlvorstands für die Wahl zum Seebetriebsrat **116** 16, 17 f.
- Antragsrecht
- – Amtsenthebung des Betriebsratsmitglieds **23** 79, 81, 93 f.; **48** 9, 14, 21
- – Amtsenthebung des Jugend- und Auszubildendenvertreters **65** 7
- – Amtsenthebung des Konzernbetriebsratsmitglieds **56** 5, 7 f., 12
- – Auflösung der Jugend- und Auszubildendenvertretung **65** 11
- – Auflösung des Betriebsrats **23** 128
- – Betriebsabgrenzungsverfahren **18** 63
- – Einberufung der Betriebsräteversammlung **53** 37
- – Einberufung der Betriebsratssitzung **29** 27 ff., 37, 71 f., 76 f.
- – Einberufung der Gesamt-Jugend- und Auszubildendenvertretungssitzung **73** 22
- – Einberufung der Gesamtbetriebsratssitzung **51** 58
- – Einberufung der Jugend- und Auszubildendenversammlung **71** 26
- – Einberufung der Jugend- und Auszubildendenvertretungssitzung **65** 70, 76
- – Einberufung der Konzern-Jugend- und Auszubildendenvertretungssitzung **73b** 24
- – Begriff **E** 115; **vor 47** 3; **1** 92 ff.; **47** 17, 20
- – Begriff im Konzern **54** 25 ff.; **55** 30; **56** 7; **58** 9 ff., 20, 48 f., 53; **59** 25, 36
- – Behandlung der Betriebsangehörigen durch ~ **75** 1 f., 6, 9 f., 21, 22, 25, 145
- Beratungspflicht
- – Beschäftigungssicherung **92a** 3 ff.
- – Personalplanung **92** 33 ff.
- Berufsfreiheit **E** 58 ff.
- Eigentumsgarantie **E** 55 ff.
- Einsichtsrecht in Wahlakten **19 WO** 3
- Grundrechte des ~ **E** 54 ff.
- Haftung für Handlungen des Betriebsrats **1** 86
- Hausrecht **2** 66, 68, 71, 96
- Insolvenzverwalter **1** 95

- Teilnahmerecht
- – Betriebsausschusssitzungen **27** 55 f.
- – Betriebsratssitzungen, *s. unter Betriebsratssitzungen*
- – Gesamt-Jugend- und Auszubildendenvertretungssitzungen **73** 27, 34
- – Gesamtbetriebsratssitzungen **51** 12, 58, 78
- – Jugend- und Auszubildendenversammlung **71** 14, 41, 55
- – Jugend- und Auszubildendenvertretungssitzungen **65** 76
- – konstituierende Sitzung des Betriebsrats **29** 17
- – Konzern-Jugend- und Auszubildendenvertretungssitzungen **73b** 29, 36
- – Konzernbetriebsratssitzungen **59** 25
- Testamentsvollstrecker **1** 95
- Unternehmerfreiheit **E** 55, 58 ff.
- unternehmerische Entscheidungsfreiheit **E** 42, 60; **87** 146 ff.
- Unterstützungspflicht bei der Betriebsratswahl **9** 16; **14a** 18, 113; **18** 15; **18a** 36, 38, 50, 75, 80 ff.; **20** 14 ff., 30, 35; **2 WO** 9 ff.; **24 WO** 11; **28 WO** 6, 7; **30 WO** 2
- Vertreter des ~ **1** 94; **53** 50
- Wahlanfechtungsrecht
- – Betriebsrat **18** 84, 85; **18a** 110; **19** 62 f., 81, 109
- – Betriebsratsvorsitzender **26** 19
- – weitere Betriebsausschussmitglieder **27** 27
- Wählerliste
- – Einblicksrecht **2 WO** 18
- – Einspruchsrecht **4 WO** 3
- Wahlniederschrift **18 WO** 4
- Wahlvorschlagsrecht zum Betriebsrat **14** 49

Arbeitgeberverband, *s. unter Arbeitgebervereinigung*

Arbeitgebervereinigung E 39, 66 ff., 115
- Adressat des Behinderungs-, Begünstigungs- und Benachteiligungsverbots **78** 23, 32
- Anerkennungsverfahren für Schulungs- und Bildungsveranstaltungen der ~ **37** 247, 262 f., 336
- Antrag auf Kontrolle von Einigungsstellensprüchen **76** 151
- Arbeitskampfverbot **74** 41 ff.
- Begriff **2** 26, 37 f.
- Berufsbildung **96** 27; **97** 9
- Gebot der vertrauensvollen Zusammenarbeit **2** 10, 22 ff.
- Geheimhaltungspflicht des Vertreters der ~ **29** 84; **79** 39, 49, 66; **108** 47; **120** 34, 47
- Hinzuziehung eines Vertreters der ~ zu
- – Betriebsräteversammlungen **53** 7, 36, 41, 52, 54, 56
- – Betriebsratssitzungen **29** 49, 80 ff.; **30** 20
- – Betriebsversammlungen **42** 7, 19, 49; **43** 52; **46** 1, 3, 17 ff.
- – Gesamtbetriebsratssitzungen **51** 58
- – Jugend- und Auszubildendenversammlung **71** 14
- – Wirtschaftsausschusssitzungen **108** 42 f.
- im Betrieb vertretene ~ **2** 39
- Mitgliedschaft eines Vertreters der ~ in der Einigungsstelle **76** 51; **76a** 35 f.
- OT-Mitglieder **77** 113
- Teilnahmerecht an

- – Betriebsausschusssitzungen **27** 55 f.
- – monatlichen Besprechungen **74** 18
- – Tendenzschutz **118** 9, 85, 172, 182
- – Träger von Schulungs- und Bildungsveranstaltungen **37** 173, 292
- – Zusammenwirken mit Arbeitgeber und Betriebsrat **2** 10, 22 ff.

Arbeitnehmer E 62 ff.; **5** 1 ff.; **8** 23; **9** 6; **42** 15; **60** 13, 22, 24, 26, 28 f.
- ABM-Kräfte **5** 108
- Altersteilzeit **5** 106
- Angestellte **5** 4, 5, 15, 115
- Anlernlinge **5** 56
- Arbeiter **5** 4, 5, 15
- arbeitnehmerähnliche Personen **5** 35, 107, 111, *s. dort*
- Außendienstmitarbeiter **5** 4, 44, 65, 66, 73; **7** 16
- ausländische Arbeitnehmer **5** 54
- Auszubildende **5** 55 ff.; **7** 16
- – in reinen Ausbildungsbetrieben **5** 58 ff.; **7** 16
- Beamte **5** 8, 28, 170; **7** 16; **9** 6
- befristetes Arbeitsverhältnis **5** 51
- Begriffsbestimmung E 73 f.; **5** 15 ff., 65, 67; **7** 17, 34, 94
- – Eingliederung in den Organisationsbereich des Arbeitgebers **5** 16, 35, 50
- – Eingliederungstheorie **5** 30, 44
- – freiwillige Übernahme des Unternehmerrisikos **5** 39, 46
- – persönliche Abhängigkeit **5** 31 ff., 36 ff., 50
- – privatrechtlicher Dienstvertrag **5** 16, 27 ff.
- – unselbständige Dienste **5** 31 ff.
- – Vertragsbedingungen **5** 46 ff., 63
- – Weisungsgebundenheit **5** 16, 35 ff., 39 ff., 65
- Berufsfreiheit E 66
- Dispositivität in Kollektivvereinbarungen **5** 8
- Doppelarbeitsverhältnis **5** 48; **7** 54, 96
- Einfirmenvertreter **5** 107
- Eingliederungsvertrag **5** 108 f., 153
- Entwicklungshelfer **5** 110
- fehlerhaftes Arbeitsverhältnis **5** 30, 54
- Feststellung der Arbeitnehmereigenschaft **5** 46, 53, 64
- freie Mitarbeiter **7** 16, 34, 36, 94
- Fremdfirmenarbeitnehmer **5** 137
- Genese **5** 1 ff., 159
- geringfügig Beschäftigte **5** 50, 52; **7** 34
- Gesellschafter **5** 31
- Gesellschafter von Personen- oder Kapitalgesellschaften **5** 1, 105, 139 ff.
- Gestellungsvertrag **5** 135, 143 ff.
- GmbH-Geschäftsführer **5** 22, 140
- Grundrechte der ~ E 63 ff.; **3** 71 f.
- Hausgewerbetreibende **5** 113 ff.
- Heimarbeitnehmer **5** 5, 16, 68, 107, 111 ff., 118; **7** 16
- Helfer im freiwilligen ökologischen Jahr **5** 56, 110
- Helfer im freiwilligen sozialen Jahr **5** 56, 110
- Künstler **5** 42
- Kurzzeitbeschäftigte **5** 48, 50, 51
- Lehrlinge **5** 56
- Leiharbeitnehmer **5** 29, 118 ff.
- leitende Angestellte
- – Beamte **5** 159, *s. dort*
- – Soldaten **5** 159
- mittelbares Arbeitsverhältnis **5** 113 f., 136
- Nebenbeschäftigung **5** 52
- negative Koalitionsfreiheit **3** 71 f.
- öffentlich geförderte Beschäftigungsverhältnisse **5** 108 ff.
- – Arbeitsgelegenheiten nach § 16d SGB II **5** 108
- – Ein-Euro-Job **5** 108
- Praktikanten **5** 56, 63
- Rehabilitanden **5** 60, 108, 152 ff.
- Rote-Kreuz-Schwester **5** 145 ff.
- ruhendes Arbeitsverhältnis **5** 106, *s. auch unter Nichtarbeitnehmer*
- Schülerpraktikanten **5** 58, 63
- Schwerbehinderte **5** 154
- Sozialhilfeberechtigte **5** 108, 153
- Strafgefangene **5** 28, 152
- Streitigkeiten **5** 287 ff.
- Teilzeitarbeitnehmer **5** 48 f., 106
- Telearbeitnehmer **5** 4, 65 ff., 115; **7** 16
- Umschüler **5** 56
- Vereinsmitglieder **5** 31, 105, 135, 139 ff.
- Volontäre **5** 56
- Zeitungsausträger **7** 34
- Zivildienstleistende **5** 110
- Zweck **5** 12 f.

Arbeitnehmer des öffentlichen Dienstes **5** 6, 28
- aktives Wahlrecht **7** 16
- Betriebszugehörigkeit **7** 138
- doppelte Zuordnung **7** 138
- Störung des Betriebsfriedens **104** 4
- – Abberufung durch Dienstherrn **104** 11
- – Versetzung **104** 11
- Tätigkeit in privatrechtlich organisierten Unternehmen **5** 6, 28
- vorübergehende Abordnung **7** 138

Arbeitnehmerähnliche Person
- Begriff **5** 35, 107, 111
- Heimarbeitnehmer, *s. dort*
- Kooptationsfähigkeit **107** 54
- Mitgliedschaft im Wirtschaftsausschuss **107** 6

Arbeitnehmerbeteiligung im Aufsichtsrat, *s. unter Unternehmensmitbestimmung*

Arbeitnehmererfindungen **87** 1047, 1049, 1052, 1057, 1059, 1066, *s. auch Vorschlagswesen, betriebliches*

Arbeitnehmerkammern E 39

Arbeitnehmerüberlassung, *s. unter Leiharbeitnehmer*

Arbeitnehmervertreter im Aufsichtsrat
- Abberufung des ~ **7** 9; **58** 33
- Begünstigungsverbot **78** 9; **119** 49
- Behinderungsverbot **78** 9; **103** 14
- Benachteiligungsverbot **78** 9; **103** 14; **119** 49
- Geheimhaltungspflicht **79** 53, 69; **99** 159; **120** 36, 48 f.
- gewerkschaftliche Betätigung von ~ **74** 147, *s. dort*
- Kündigungsschutz **103** 14
- Mitgliedschaft im Wirtschaftsausschuss **107** 7, *s. auch Unternehmensmitbestimmung*

Sachverzeichnis

- Teilnahme an Betriebsversammlungen **42** 50
- Teilnahme an Schulungs- und Bildungsveranstaltungen **37** 162
- Wahl der ~, *s. dort*

Arbeitsablauf
- Änderung des ~ **91** 4 ff.
- Beeinträchtigung des ~, *s. unter Friedenspflicht, allgemeine*
- Begriff **74** 134; **90** 17
- Einweisung des Arbeitnehmers in den ~ **81** 5 f.; **96** 12 ff.; **98** 47
- flexible Arbeitszeitsysteme **90** 18
- Job-Sharing **90** 17
- KAPOVAZ **90** 17
- Kontrolle des ~ **90** 18, *s. auch Arbeitsplatz, s. auch Friedenspflicht, allgemeine*
- Telearbeit **90** 18; **91** 21
- Umweltmanagementsysteme **90** 18
- Vorschlag des Arbeitnehmers zur Gestaltung des ~ **82** 10 f.
- Zertifikationsverfahren **90** 18

Arbeitsbefreiung von Betriebsratsmitgliedern 30 13, 15; **37** 24 ff.; **41** 5
- Ab- und Rückmeldung am Arbeitsplatz **30** 12; **37** 56 ff., 308, 312; **38** 93 f.; **87** 188 ff.
- Arbeitsentgeltfortzahlung, *s. unter Arbeitsentgeltfortzahlung an Betriebsratsmitglieder*
- Auftreten vor Arbeitsgerichten **37** 35 ff., 49, 55; **40** 50
- – Betriebsrat als Beteiligter **37** 35, 49
- – Prozessbeobachter **37** 37
- – Prozessvertretung einzelner Arbeitnehmer **37** 35
- – Zeugenvernehmung **37** 36
- Befreiung von bestimmter Art der Arbeit **37** 27
- Betreuung einzelner Arbeitnehmer bei Verwirklichung ihrer Individualrechte **37** 31, 35, 47
- Durchführung der Betriebsratswahl **37** 41
- Durchführung von Sprechstunden des Betriebsrats **37** 30, 31; **39** 28, 40 f.; **40** 50
- Erforderlichkeit **37** 42 ff., 86, 165, 167
- – Beschluss des Betriebsrats **37** 44, 50, 51
- – Beurteilungsspielraum des Betriebsratsmitglieds **37** 29, 43 ff., 62
- – Fehlen der Erforderlichkeit **37** 18, 42, 45, 64
- – Führung der laufenden Geschäfte durch sämtliche Betriebsratsmitglieder **27** 12; **37** 48
- – Rechtsmissbrauch **37** 52
- – Verhältnismäßigkeitsgrundsatz **37** 42, 46 ff., 50
- Gespräche mit Gewerkschaften **37** 39, 101
- Information des Arbeitgebers **37** 59 ff.
- Informationsgespräche mit Betriebsräten anderer Betriebe **37** 41, 45
- persönlicher Geltungsbereich **37** 25
- – Ersatzmitglieder **37** 28
- – freigestellte Betriebsratsmitglieder **37** 25
- – nicht freigestellte Betriebsratsmitglieder **37** 25
- – teilweise freigestellte Betriebsratsmitglieder **37** 25
- Streitigkeiten **37** 50, 313 ff.
- – Beschlussverfahren **37** 322, 323 f., 325, 326, 327, 345 ff.
- – Darlegungs- und Beweislast **37** 50, 60, 320

- – Kosten **40** 113
- – Urteilsverfahren **37** 314, 315, 320 ff.
- – Zuständigkeit **37** 313
- Teilnahme an:
- – Ausschusssitzungen **37** 31, 49, 51 f.
- – Besprechungen des Arbeitgebers mit Sicherheitsbeauftragten **37** 31
- – Betriebs- und Abteilungsversammlungen **37** 31, 54, 91, 102, 123; **44** 47, 57
- – Betriebsausschusssitzungen **37** 31, 49, 51 f.
- – Betriebsbesichtigungen **37** 31, 91
- – Betriebsräteversammlungen **37** 31, 32, 41, 45, 55, 101; **40** 50
- – Betriebsratssitzungen **37** 30, 31, 47, 51 ff., 55, 91, 92, 97, 101; **40** 50
- – Einigungsstellenverfahren **37** 35, 49
- – Europäischer Betriebsratssitzungen **37** 31
- – Gesamt-Jugend- und Auszubildendenvertretungssitzungen **37** 31, 51 f.
- – Gesamtbetriebsratssitzungen **37** 30, 31, 32, 51 f., 55, 101; **40** 50
- – gewerkschaftliche Veranstaltungen **37** 39
- – Jugend- und Auszubildendenversammlung **37** 31
- – Jugend- und Auszubildendenvertretungssitzungen **37** 31, 51 f.
- – Konzern-Jugend- und Auszubildendenvertretungssitzungen **37** 31, 51 f.
- – Konzernbetriebsratssitzungen **37** 31, 32, 51 f., 55, 101; **40** 50
- – monatliche Besprechungen mit dem Arbeitgeber **37** 31, 49
- – Schulungs- und Bildungsveranstaltungen, *s. dort*
- – Tarifverhandlungen **37** 40
- – Unfalluntersuchungen **37** 31, 89, 91
- – Wirtschaftsausschusssitzungen **37** 31; **40** 50
- Umfang der ~ **37** 46
- Verhältnis zur Freistellung **37** 25; **38** 1, 8 f., 11, 28 ff., 34 ff., 40, 46, 48 f., 104
- Wahrnehmung von Betriebsratsaufgaben **37** 29 ff., 86, 165, 167
- – außerhalb der persönlichen Arbeitszeit **37** 53, 56
- – außerhalb des Betriebs **37** 32, 55
- – Betriebsratsaufgaben, Begriff **37** 31 ff.
- – Beurteilungsspielraum des Betriebsratsmitglieds **37** 29
- – Irrtum **37** 41
- – Vertrauensschutz **37** 29
- – Wahrnehmungszuständigkeit des Betriebsratsmitglieds **37** 30, 47, 64
- Wahrnehmung von Ehrenämtern in Verwaltung oder Gerichtsbarkeit **37** 38
- Werbung für die Gewerkschaft **37** 39
- Zusammenarbeit mit den für Arbeitssicherheit zuständigen Stellen **37** 32, 49, 91
- Zustimmung des Arbeitgebers **37** 56 ff., 308 ff.
- Zweck **37** 10, 12, 22, 24, 25, 53

Arbeitsbereich
- Änderung als Versetzung **99** 86 ff.
- Unterrichtung des Arbeitnehmers bei Änderung des ~ **81** 7 f.

Arbeitsdirektor 108 19

Sachverzeichnis

Arbeitsentgelt 50 50; **77** 108, 127 f.; **87** 448 ff., 847; **92** 11
- Arbeitsentgelt, Begriff **87** 449 f.
- Art der Entgeltleistung **87** 454 ff.
- – Einführung der bargeldlosen Lohnzahlung **87** 28, 43, 90, 454, 456 ff., 856, 963
- – Kontogebühren und -stunden **87** 43, 456 ff.
- – Personaleinkauf **87** 455, 713, 721, 859
- – Währung **87** 455
- AT-Angestellte **77** 128
- Auslösungen **87** 123, 449, 852, 899
- Durchführung der Mitbestimmung **87** 465
- freiwillige Betriebsvereinbarung **88** 12
- Geldleistungen **87** 449
- Gesetzes- und Tarifvorbehalt **87** 63, 462
- Initiativrecht **87** 145, 461, 464
- kollektiver Tatbestand **87** 463
- Leiharbeitnehmer **87** 465
- Lohnabtretungsverbot **77** 351, 375, 377; **87** 450
- Lohnverwendungsvorschriften **77** 351, 375 f.; **87** 740
- Nachtarbeitszulage **77** 127
- Ort der Entgeltleistung **87** 453
- Provision **87** 452, 852, 933, 947 ff., 961
- Regelungssperre des § 77 Abs. 3 **87** 462
- Reiskosten **87** 449, 856, 859, 873, s. auch Lohngestaltung, betriebliche
- Sachbezüge **87** 449, 453, 851, 936
- Spesen **87** 449
- Stundung **87** 452
- Umfang des ~ **87** 450
- vermögenswirksame Leistung **87** 452, 852, 853
- Wechselschichtzulage **77** 127
- Wegegeld **87** 449, 856, 859
- Zeitpunkt der Entgeltleistung **87** 451 f.
- Zuständigkeit des Gesamtbetriebsrats **50** 51

Arbeitsentgelt, leistungsbezogenes **87** 35, 38, 42, 44, 376, 836, 997 ff.
- Akkordlohn, s. dort
- andere leistungsbezogene Entgelte **87** 997, 1000 ff., 1025
- Durchführung der Mitbestimmung **87** 1043 ff.
- Gedingelohn **87** 1013
- Geldfaktoren **87** 997, 1017, 1021, 1025, 1027 ff., 1042
- Initiativrecht **87** 1032, 1042
- kollektiver Tatbestand **87** 1025 f.
- Leistungszulagen **87** 946, 1003 f.
- materielle Arbeitsbedingungen **E** 52, 55; **87** 38, 42, 44, 997, 1041 f.
- Prämienlohn, s. dort
- Provisionen **87** 1000, 1002, 1007 ff., s. auch Lohngestaltung, betriebliche
- Stücklohnsätze **87** 997
- Tarifvorbehalt **87** 1041
- Tendenzbetrieb **87** 998
- Verfassungskonformität **87** 45 f., 1031
- Zeitstudien **87** 530 f., 848, 962, 1036 ff., 1039
- Zustimmungsrecht des Betriebsrats **87** 1032
- Zweck der Mitbestimmung **87** 998, 1009, 1030

Arbeitsentgeltfortzahlung an Betriebsratsmitglieder **37** 45, 64 ff., 105, 118, 315; **38** 97 ff.; **40** 1, 7
- Arbeitsausfall **37** 68 f.
- Arbeitskampf **37** 69; **44** 47; **74** 61
- Aufwendungsersatz **37** 77 f.; **38** 98
- Betriebsrisikolehre **37** 68
- Entgeltberechnung bei
- – Heimarbeit **37** 70
- – Leistungslohn **37** 72
- – Zeitlohn **37** 70
- Firmenfahrzeugnutzung **37** 73
- für vor oder nach der Betriebsratstätigkeit liegende Arbeitszeit **37** 53
- Kurzarbeit **37** 68, 144
- Lohnausfallprinzip **37** 64 ff., 118, 226, 227, 229; **38** 97; **44** 47
- Mehraufwandsentschädigung **37** 77 f., s. auch Arbeitsbefreiung
- Schlechtwettergeld **37** 68
- Steuer- und Sozialabgaben **37** 66, 79; **38** 99
- tarifliche Ausschlussfrist **37** 66
- Verhältnis zu § 616 BGB **37** 64
- Wege- und Reisezeiten **37** 55, 103, 123, 222
- Zulagen **37** 73 ff., 144 f.; **38** 98
- Zusatzurlaub **37** 73
- Zuschläge **37** 73 f., 144 f.; **38** 98; **44** 47

Arbeitsentgeltschutz für Betriebsratsmitglieder **37** 129 ff.; **115** 36; **116** 28, 31 ff.
- laufende Anpassung des Arbeitsentgelts **37** 141
- – Kurzarbeit **37** 144
- – Nachteilsausgleich wegen geringer entlohnter Tätigkeit **37** 17, 141
- – Steigerungen des Arbeitsentgelts **37** 143
- – Zuschläge und Zulagen **37** 144
- persönlicher Geltungsbereich
- – Ersatzmitglieder **37** 139, 146
- – freigestellte Betriebsratsmitglieder **37** 128, 129, 135, 146; **38** 97, 103 ff.
- – nicht freigestellte Betriebsratsmitglieder **37** 129, 136, 146
- Streitigkeiten
- – Urteilsverfahren **37** 314, 318, 320 ff.
- – Zuständigkeit **37** 313
- Vergleichsmaßstab **37** 130 ff.
- – Beförderung **37** 136
- – Berufsfortbildungsmaßnahmen **37** 138, 153, 155
- – besondere Qualifikation **37** 133, 155
- – betriebsübliche berufliche Entwicklung **37** 130, 136
- – Dauer der Betriebszugehörigkeit **37** 131
- – personenbedingte Aufstiegshindernisse **37** 134
- – vergleichbare Arbeitnehmer **37** 130, 131 ff.
- – Vergleichszeitpunkt **37** 131, 133, 139
- – Wechsel des Betriebs **37** 136
- – Wegfall des Arbeitsplatzes **37** 135, 155
- zeitliche Dauer des ~ **37** 128, 146 ff., 150; **38** 103 ff.
- – Erlöschen der Mitgliedschaft im Betriebsrat **37** 147 f.
- – freigestellte Betriebsratsmitglieder **37** 128, 146
- – nicht freigestellte Betriebsratsmitglieder **37** 128, 146

Sachverzeichnis

– Zweck **37** 10, 12, 22, 128, 129, 131
Arbeitsgemeinschaften 3 2, 25 ff., 57, 68
– Amtszeit **3** 38; **21** 7, 35
– Funktion **3** 25
– Inhalt der Kollektivverträge über ~ **3** 57
– Rechtsstellung der Mitglieder der ~ **3** 68, *s. auch abweichende betriebsverfassungsrechtliche Organisationseinheiten*
– Rechtsstellung der ~ **3** 57, 58
– Sprechstunden der ~ **39** 5
– unternehmensübergreifende Zusammenarbeit **3** 26
– unternehmensübergreifendes Gremium der Jugend- und Auszubildendenvertretung **vor 60** 40
– Wahl **13** 9; **14** 7
Arbeitsgruppen, *s. unter Gruppenarbeit*
Arbeitsgruppen i. S. des § 28a 28a 1 ff.; **87** 1075, 1092
– Arbeitsgruppe, Begriff **28a** 12 ff., 24, 41
– Behandlung der Betriebsangehörigen durch ~ **75** 11, 22
– Förderung der Eigeninitiative der ~ **28a** 22, 31, 40, 63; **75** 142 ff.; **87** 1079 f., 1087
– Genese **28a** 1
– Gruppenvereinbarungen, *s. dort*
– Kosten der ~ **28a** 8
– Rahmenvereinbarung über ~ **28a** 17, 18 ff., 41, 48, 50, 63; **75** 152 f.
– – Abschluss **28a** 20 ff.
– – Beendigung **28a** 23, 27, 40
– – Inhalt **28a** 17, 19, 23 ff., 32, 47, 49
– – Nachwirkung **28a** 28
– – Rechtsnatur **28a** 20, 26
– – Zweck **28a** 18
– Rechtsstellung der Mitglieder der ~ **28a** 8; **37** 2; **38** 3
– – Arbeitsbefreiung **37** 2
– – Behinderungsverbot **103** 14
– – Benachteiligungsverbot **103** 14
– – Freistellung **28a** 8; **38** 3
– – Kündigungsschutz **28a** 8; **103** 14
– – Teilnahme an Schulungs- und Bildungsveranstaltungen **28a** 8
– Rechtsstellung der ~ **28a** 3, 7 f., 37, 61 f.
– Schwellenwert **7** 58; **85**; 91; 107 ff.; **28a** 1, 10 f., 41
– Streitigkeiten **28a** 61 ff.
– Übertragung von Aufgaben auf ~ **28a** 3, 10 ff., 63 f.; **75** 152 f.
– – Anhörung bei Kündigung **102** 50
– – Arbeitsplatz-, Arbeitsablauf-, Arbeitsumgebungsgestaltung **28a** 33
– – Berufsbildungsmaßnahmen **28a** 34
– – Beschluss des Betriebsrats **28a** 19, 25, 29 ff., 62
– – Meinungsverschiedenheiten zwischen Arbeitgeber und ~ **28a** 35, 41 f., 58
– – Mitteilung der Übertragung an die Arbeitsgruppe **28a** 30
– – Personalplanung **92** 32
– – personelle Angelegenheiten **28a** 34; **102** 50; **103** 54
– – Schriftform des Übertragungsbeschlusses **28a** 30, 38

– – soziale Angelegenheiten **28a** 33
– – Umfang **28a** 30, 32
– – Wegfall der Übertragungsvoraussetzungen **28a** 41 ff., 56
– – Widerruf des Betriebsrats **28a** 3, 31, 37, 38 f., 56, 62
– – Wirkung der Übertragung **28a** 35, 37 f.
– – wirtschaftliche Angelegenheiten **28a** 34
– – Zustimmung bei Kündigung **103** 54
– Unterrichtungsanspruch **80** 65
– Verhältnis zu zusätzlicher Arbeitnehmervertretung **3** 28
– Vertretung der ~ **28a** 9, 50 f.
– Zweck **28a** 2 f., 4 f., 7, 11, 13, 18, 32, 37, 47
Arbeitskampf
– arbeitskampfbedingte Produktionsunterbrechung als Betriebsänderung **74** 47, 80; **111** 83
– Auswirkungen auf Beteiligungsrechte des Betriebsrats **74** 59, 69 ff.; **99** 19 ff.
– – Arbeitszeitlage **87** 358 f.
– – Kündigung **74** 80, 83; **102** 17 ff.; **103** 34
– – Kurzarbeit **87** 393, 416, 430 ff.
– – personelle Einzelmaßnahmen während des ~ **99** 19 ff.
– – soziale Angelegenheiten **74** 80, 83; **87** 393, 416, 430 ff.
– – Überstunden **87** 430
– Auswirkungen auf das Betriebsratsamt **21** 47; **24** 23, 37, 52; **37** 69; **74** 57 ff., 69; **99** 19
– Betriebszugehörigkeit **7** 26; **8** 35
– Erhaltungs- und Notstandsarbeiten
– – Beteiligung des Betriebsrats **74** 81 ff.; **87** 359
– – freiwillige Betriebsvereinbarung **74** 81; **88** 12
– gewerkschaftliche Betätigung von Funktionsträgern während des ~ **2** 79
– Kündigung von Funktionsträgern während des ~ **103** 43 f.
– lösende Aussperrung als Betriebsstilllegung **87** 430, 468; **102** 26; **111** 83
– Schulungs- und Bildungsveranstaltung zum Thema ~ **37** 188
– Teilnahme an Betriebsversammlungen **42** 18; **44** 15, 40, 47
– Teilnahme von Betriebsratsmitgliedern am Streik **25** 17; **74** 64 ff.
– Versetzung von Funktionsträgern während des ~ **103** 45
– wilder Streik **74** 40, 47, 54, 55, 84 ff., 93; **102** 18
– Zugang der Gewerkschaft zum Betrieb **2** 79
– Zulässigkeit des ~ tariffähiger Parteien **74** 41 ff.
Arbeitskampfverbot 37 51; **60** 55; **74** 30 ff., 36 ff.; **77** 345; **87** 45
– absolut-abstrakter Verbotscharakter **74** 32 f., 36, 45, 48
– Adressaten **74** 34, 37 ff.
– – Arbeitgeber **74** 34, 37, 38, 63
– – Belegschaft **74** 40
– – Betriebsrat **74** 34, 37, 62, 67 f.
– – Betriebsratsmitglieder **74** 34, 38, 64 ff.
– – Betriebsversammlung **45** 5, 24 f., 26
– – einzelne Arbeitnehmer **74** 34, 40

2320

– – Mitglieder sonstiger Arbeitnehmervertretungen **60** 55; **74** 39
– – tariffähige Parteien **74** 41 ff.
– – zusätzliche Arbeitnehmervertreter **74** 39
– – Arbeitskampfmaßnahmen **74** 45 ff., 50
– – Arbeitskampfbegriff **74** 46 ff.
– – Maßnahmebegriff **74** 49 f.
– Einwirkungspflicht auf die Belegschaft **74** 84 ff., 89, *s. auch vertrauensvolle Zusammenarbeit*
– Umfang des ~ **74** 51 ff.
– – Arbeitskampf tariffähiger Parteien **74** 56 ff., 62 ff.
– – betriebsverfassungsrechtliche Kampfziele **74** 52 ff.
– – einzelarbeitsvertragliche Kampfziele **74** 55
– Unterlassungsanspruch **74** 35, 36, 85, 88 ff.
– Verhältnis zur allgemeinen Friedenspflicht **74** 32 f., 48, 132
– Verletzung des ~ **74** 87 ff.
– – Amtsenthebung **23** 63, 70; **74** 91, 95
– – Auflösung des Betriebsrats **23** 126; **74** 91, 95
– – außerordentliche Kündigung **74** 95
– – Beseitigungsanspruch **74** 89
– – individualrechtliche Rechtsfolgen **74** 93 ff.
– – Nichtigkeit verbotswidriger Rechtsgeschäfte **74** 87
– – Schadenersatzanspruch **74** 93 f.
– – Strafbarkeit **74** 91; **119** 32 ff.
– – Unterlassungsanspruch **74** 35, 36, 85, 88 ff.

Arbeitsmethoden
– Einführung neuer **87** 180, 1081; **106** 65, 70; **111** 68, 74, 125, 131, 136 ff.; **112, 112a** 494; **118** 4

Arbeitsort
– Wechsel als Versetzung **99** 94 ff.

Arbeitsplatz
– Änderung des ~ **91** 4 ff.
– Änderung des ~ als Versetzung **99** 86 ff., 147
– Ausschreibung von ~ **93** 1 ff., *s. auch dort*
– Begriff **90** 21 f.; **93** 5 ff.
– Bildschirmarbeitsplätze **90** 22, 40; **91** 21, 29
– Renovierungsarbeiten **90** 22, *s. auch Arbeitsplatz-*
– Unterrichtung des Arbeitnehmers bei Änderung des ~ **81** 7 f.
– Vorschlag des Arbeitnehmers zur Gestaltung des ~ **82** 10 f.

Arbeitsplatz-, Arbeitsablauf-, Arbeitsumgebungsgestaltung vor 90 1 ff.; **75** 137, 139; **87** 147, 180 f., 207 f.; **90** 1 ff.; **91** 1 ff.; **92** 11
– Abhilfemaßnahmen **91** 22 ff.
– – Abwendung **91** 28 ff.
– – Angemessenheit **91** 22 ff.
– – Durchsetzung **91** 36
– – Einführung betrieblicher Berufsbildungsmaßnahmen **97** 10 ff.
– – finanzieller Ausgleich **91** 32
– – Individualansprüche des Arbeitnehmers **91** 36
– – Milderung **91** 31
– – Stufenfolge der Maßnahmen **91** 27
– – Zeitausgleich **91** 33
– – Änderung von ~ **91** 4 ff.
– Arbeitsablauf **90** 16 ff.; **91** 4, 6, *s. auch dort*
– Arbeitsplatz **90** 20 ff.; **91** 4, 6, *s. auch dort*
– Arbeitsstättenverordnung **90** 11, 22, 40; **91** 6

– Arbeitsumgebung **91** 5
– Arbeitsverfahren **90** 16, 19
– arbeitswissenschaftliche Erkenntnisse **vor 90** 6 f.; **87** 609; **90** 33 ff.; **91** 11
– – Arbeitswissenschaft, Begriff **90** 34 f.
– – gesetzliche Normen **90** 40, 43
– – gesicherte Erkenntnisse **90** 36 ff.
– – tarifvertragliche Regelungen **90** 41, 43
– autonomer Arbeitsschutz **vor 90** 3
– Bauvorhaben **90** 9 ff.; **91** 4
– – Abbrucharbeiten **90** 10
– – Arbeitsräume **90** 9
– – Parkplätze **90** 9
– – Renovierungsarbeiten **90** 10
– – Reparaturarbeiten **90** 10; **91** 6
– – Sozialräume **90** 9
– Beratungsrecht des Betriebsrats **89** 37; **90** 28 ff.; **118** 200
– – Entscheidungsfreiheit des Arbeitgebers **90** 32
– – Gegenstand **89** 30; **90** 29 f.
– – Vorschlagsrecht **90** 31
– – besondere Belastung der Arbeitnehmer **91** 14 ff.
– – Belastung, Begriff **91** 16
– – Dauer der Belastung **91** 17
– – Maß der Belastung **91** 18 f.
– Betriebsvereinbarung
– – freiwillige **88** 12, 17; **90** 2
– – Individualansprüche des Arbeitnehmers **91** 36
– – Tarifvorrang **91** 25
– Bildschirmarbeitsplätze **90** 14, 22, 40; **91** 21, 29; **111** 160, 174, *s. auch dort*
– Bildung eines Ausschusses **90** 2
– Einführung betrieblicher Berufsbildungsmaßnahmen **97** 10 ff.
– Einigungsstelle **91** 34 f.
– Franchisebetriebe **90** 3; **91** 3
– Gruppenarbeit **87** 1081, *s. auch dort*
– Initiativrecht des Betriebsrats **90** 7, 11, 23, 31; **91** 1
– korrigierendes Mitbestimmungsrecht **vor 90** 5; **87** 180; **91** 1, 22
– menschengerechte Gestaltung der Arbeit **90** 44 ff.; **91** 11
– Mitbestimmungsrecht des Betriebsrats **vor 90** 5; **91** 1 ff.; **118** 200
– – Abhilferegelung **91** 22 ff.
– – Änderung von ~ **91** 4 ff.
– – Anrufung der Einigungsstelle **91** 34 ff.
– – besondere Belastung **91** 14 ff.
– – Darlegungslast **91** 19
– – im Planungsstadium **91** 7 ff.
– – offensichtlicher Widerspruch **91** 11 ff.
– – Verhältnis zu § 87 **91** 6, 21, 23 f.
– – Verhältnis zu § 90 **91** 9
– Modifizierung der Beteiligungsrechte des Betriebsrats durch Kollektivvereinbarung **vor 90** 10; **87** 13; **90** 2; **91** 25
– offensichtlicher Widerspruch **91** 11 ff.
– Planung, Begriff **90** 4 ff.; **91** 7 ff.
– Sanktionen bei Verletzung der Beteiligungsrechte **90** 7, 46 f.; **121** 8 ff.
– – Beseitigungsanspruch **23** 186

Sachverzeichnis

- – Durchsetzung im Beschlussverfahren **23** 185, 204
- – einstweilige Verfügung **23** 185 ff.
- – Strafbarkeit **23** 185; **121** 8 ff.
- – Unterlassungsanspruch **23** 186
- – Zwangsverfahren gegen den Arbeitgeber **23** 185
- – Schulungs- und Bildungsveranstaltung zum Thema ~ **37** 197
- – Streitigkeiten **90** 47; **91** 34 ff.
- – technische Anlagen **90** 9, 12 ff.; **91** 4
- – – Bildschirmgeräte **90** 14; **111** 129, 138
- – – Büromobiliar **90** 13
- – – Computersysteme **90** 14
- – – Ersatzmaßnahmen **90** 15; **91** 6
- – – Handwerkszeug des Arbeitnehmers **90** 13
- – – Reparaturarbeiten **90** 15; **91** 6
- – Tendenzbetrieb **118** 200
- – Unterrichtungspflicht des Arbeitgebers **89** 30; **90** 24 ff.; **118** 200
- – – Geheimhaltungspflicht des Betriebsrats **90** 27
- – – Umfang **90** 25
- – – Verletzung der Unterrichtungspflicht **121** 8 ff.
- – – Verpflichteter **90** 24
- – – Vorlage von Unterlagen **90** 26
- – – Zeitpunkt **90** 5 f., 25
- – Verbesserungsvorschläge **87** 1051, 1053, s. auch Vorschlagswesen, betriebliches
- – Verhältnis zu anderen Beteiligungsrechten
- – – Individualrechte des Arbeitnehmers **91** 1, 6, 19, 27
- – – soziale Angelegenheiten **vor 90** 2, 4; **87** 609, 629; **88** 16; **90** 11, 18, 23, 40; **91** 6, 21, 23 f.
- – – Umweltschutz **89** 37 f.
- – – wirtschaftliche Angelegenheiten **vor 90** 4; **91** 32; **111** 125, 137 f.
- – – § 80 **vor 90** 4; **90** 11, 23, 40; **91** 6
- – Verhältnis zum Arbeitsvertragsrecht **vor 90** 8 f.
- – Zuständigkeit
- – – Arbeitsgruppen i. S. des § 28a **28a** 33
- – – Gesamtbetriebsrat **50** 51
- – – Konzernbetriebsrat **58** 28
- – Zweck der Mitbestimmung **vor 90** 5; **90** 1
- – – Gesundheitsschutz **vor 90** 1
- – – Humanisierung der Arbeit **vor 90** 5
- – – Konkretisierung der Fürsorgepflicht des Arbeitgebers **vor 90** 8 f.
- **Arbeitsrechtliches Beschäftigungsförderungsgesetz 95** 44; **113** 2
- **Arbeitsschutz E** 60, 64, 97; **50** 50; **87** 21, 89, 173, 186, 223, 553 ff.; **89** 1 ff.
- – Abgrenzung zum Umweltschutz **87** 617, 765; **89** 36
- – Arbeitsförderungsgesellschaft **87** 610
- – arbeitsmedizinische Vorsorgeuntersuchung **87** 639, 652, 655, 661 ff.
- – Arbeitsschutzausschuss, s. dort
- – Begriff **89** 8, 36
- – Beratungsrecht des Betriebsrats **89** 66
- – Berufskrankheit **87** 610, 613, 615, 639, 650
- – Beseitigungsanspruch des Betriebsrats **87** 669
- – Bildschirmarbeitsplätze, s. dort
- – Durchführung der notwendigen Mitbestimmung **87** 668 f.
- – Eilfälle **87** 669
- – Einzelmaßnahmen **87** 21, 639
- – Ersthelfer **87** 646
- – Fachkräfte für Arbeitssicherheit, s. dort
- – Flucht- und Rettungsplan **87** 649
- – Förderung von Maßnahmen des ~ **80** 2, 55
- – freiwillige Betriebsvereinbarungen **88** 14 ff.
- – – Regelungsgegenstand **88** 17 f.
- – – Verhältnis zu § 87 **88** 14 f.
- – – Verhältnis zu § 91 **88** 16
- – Fremdfirmenarbeitnehmer **87** 612 f., 636
- – Hinzuziehung des Betriebsrats bei Besichtigungen und Fragen des ~ **37** 31, 91; **89** 66 ff.
- – – Besichtigungen **37** 31, 91; **89** 66, 69
- – – Einführung und Prüfung von Arbeitsschutzeinrichtungen **89** 69
- – – Niederschriften über Besichtigungen und Untersuchungen **89** 71 f.
- – – Unfalluntersuchungen **37** 31, 89, 91; **89** 66, 69 f.
- – Initiativrecht **87** 628, 632, 659, 667, 690, 697, 702 f.; **88** 15; **89** 59
- – kollektiver Tatbestand **87** 633, 639
- – konkrete Gesundheitsgefahr **87** 629
- – Krankengespräche **87** 666
- – Lärmschutz **87** 620, 647
- – Leiharbeitnehmer **87** 636, 639
- – Leistungsverweigerungsrecht des Arbeitnehmers **87** 669
- – Notfälle **87** 669
- – Rauchverbot **87** 193 f., 223 f., 648
- – Schulungs- und Bildungsveranstaltung zum Thema ~ **37** 185, 188, 194 ff., 203, 220, 222, 251; **65** 52, 54
- – Schutzkleidung und -ausrüstung **87** 623, 625, 641, 651 ff.; **88** 12, 18
- – – Kostentragungspflicht **87** 43, 652 f.
- – Seebetriebe
- – – Arbeitsschutzausschuss **115** 69
- – – Beteiligungsrechte der Bordvertretung **115** 69 f.
- – Sicherheitsbeauftragter, s. dort
- – Sicherheitswettbewerb **87** 173, 186, 608; **88** 15
- – Streitigkeiten **89** 88 f.
- – Telearbeit **87** 655
- – Tendenzbetrieb **87** 618
- – Überwachung der Durchführung von Vorschriften des ~ durch den Betriebsrat **50** 51; **89** 1 ff., 7
- – – Beauftragter für Fragen des ~ **89** 6
- – – Umfang der Maßnahmen des Betriebsrats **89** 10
- – – Zutrittsrecht des Betriebsrats **89** 11
- – – Zweck **89** 1 f.
- – Unfallanzeigen **87** 636; **89** 84 ff.
- – – Anzeigepflicht des Arbeitgebers **89** 84
- – – Aushändigung an den Betriebsrat **89** 86
- – – Mitunterzeichnung durch den Betriebsrat **89** 85, s. auch Unfall
- – Unfallverhütung **87** 21, 89, 173, 186, 223, 607 ff.
- – Unterlassungsanspruch des Betriebsrats **87** 669
- – Unterrichtungspflicht des Arbeitgebers **87** 676; **89** 66, 73 f.
- – – über Auflagen und Anordnungen **89** 73 f.
- – – Vorlage der erforderlichen Unterlagen **87** 635 f.; **89** 66

Sachverzeichnis

- Unterweisung der Arbeitnehmer **81** 12 ff.; **87** 639; **96** 16
- Verhältnis zu anderen Vorschriften **87** 607 ff.
- – allgemeine Aufgaben des Betriebsrats **87** 607, 628, 645
- – Arbeitsplatz- Arbeitsablauf-, Arbeitsumgebungsgestaltung **87** 609, 629
- – Ordnung des Betriebs **87** 608, 618, 641, 648
- Verletzung der Beteiligungsrechte des Betriebsrat **89** 87
- Verstoß des Arbeitgebers gegen ~
- – Bußgeld- und Strafvorschriften **89** 87
- – Veranlassung von Betriebskontrollen **89** 58
- Vorschriften des ~ **87** 616 ff.; **89** 9 ff.
- – Arbeitsschutzgesetz **87** 610 ff., 627 f., 635 ff., 672
- – Arbeitsschutzrahmengesetz **87** 610
- – Arbeitssicherheitsgesetz **87** 633, 660, 666, 671 ff.
- – Arbeitsstättenverordnung **87** 620, 625, 643 f., 647, 648, 649
- – Arbeitszeitgesetz **87** 280 ff., 642
- – Ausnahmegenehmigungen **87** 632, 644
- – Baustellenverordnung **87** 645
- – Biostoffverordnung **87** 635, 645, 651
- – Durchführungspflicht des Arbeitgebers **89** 59
- – Gefahrstoffverordnung **87** 645, 651
- – Generalklauseln **87** 625 ff., 654 f., 665
- – in Kollektivvereinbarungen **89** 9
- – Regeln der Technik **89** 9, 16 ff.
- – staatliche Arbeitsschutzvorschriften **89** 9, 12
- – Störfall-Verordnung **87** 645, 651, 696
- – unbestimmte Rechtsbegriffe mit Beurteilungsspielraum **87** 622 ff., 637
- – Unfallverhütungsvorschriften **87** 616, 643, 650, 652, 671, 674 ff., 689; **89** 9, 20 ff.
- – Vorschriften über Betriebs- und Gefahrenschutz **89** 13
- – zwingende Normen **87** 631 f., 643
- Zusammenarbeit des Betriebsrats mit den für ~ zuständigen Stellen **E** 98; **37** 32, 49, 91; **89** 57 ff.
- – Arbeitsschutzbehörden **89** 61, 67 f.
- – Einschränkung der Geheimhaltungspflicht **89** 60
- – sonstige Stellen **89** 65
- – Unfallversicherungsträger **89** 62 ff., 67
- Zuständigkeit des Gesamtbetriebsrats **50** 51
- Zweck der notwendigen Mitbestimmung **87** 610 ff.

Arbeitsschutzausschuss
- Aufgaben des ~ **28** 38; **87** 697; **89** 83
- Auswahl der Mitglieder **87** 700
- Bordvertretung **115** 69
- Zusammenarbeit mit dem Betriebsrat **89** 6
- Zusammensetzung des ~ **87** 697 ff.; **89** 79

Arbeitsschutzrahmengesetz 89 14
Arbeitssicherheit, *s. unter Arbeitsschutz*
Arbeitsunfall, *s. unter Unfall*
Arbeitsverhältnis
- betriebliches ~ **E** 72 ff.
- personenrechtliches Gemeinschaftsverhältnis **E** 15
- strukturelles Ungleichgewicht **E** 72 f., 78

Arbeitsvertrag
- Änderungskündigung des ~ und Versetzung **99** 120, 180
- Wirksamkeit bei Fehlen der Zustimmung des Betriebsrats zur Einstellung **99** 174 ff., 176

Arbeitswissenschaftliche Erkenntnisse vor 90 6 f.; **87** 609; **90** 33 ff.; **91** 11

Arbeitszeitdauer, betriebsübliche 42 12; **87** 22 f., 31, 38, 42, 44, 284 ff., 373 ff.; **111** 138
- Arbeitsbereitschaft **87** 350, 424
- Arbeitskampf **87** 393, 416, 430 ff.
- AT-Angestellte **87** 397
- Bereitschaftsdienst **87** 351, 424, 428
- betriebsratslose Betriebe **87** 384, 413
- betriebsübliche Arbeitszeit, Begriff **87** 402 ff.
- Dauerregelung **87** 407, 409
- Durchführung der Mitbestimmung **87** 383 ff., 444 ff.
- Eilfälle **87** 162, 428 f.
- Eingliederungsvertragsbeschäftigte **87** 397
- freiwillige Betriebsvereinbarung **88** 12
- Fremdfirmenarbeitnehmer **87** 397
- Gesetzes- und Tarifvorbehalt **87** 399 ff.
- Individualmaßnahmen **87** 22 f., 31, 394
- Initiativrecht **87** 144, 151 f., 385 ff.
- – Arbeitgeber **87** 385
- – Betriebsrat **87** 388 ff.
- – Einführung von Kurzarbeit **87** 388 ff.
- – Einführung von Überstunden **87** 393
- – Rückkehr zur Normalarbeitszeit **87** 393
- kollektiver Tatbestand **87** 394
- Koppelungsgeschäfte, normzweckwidrige **87** 377, 418
- Kurzarbeit, *s. dort*
- Leiharbeitnehmer **87** 397
- materielle Arbeitsbedingungen **E** 52, 55; **87** 38, 42, 44 ff.
- Mehrarbeit **87** 420 f.
- Mitarbeiterversammlung **42** 12
- Nichtbeachtung des Mitbestimmungsrechts **87** 429, 445 ff.
- – Beseitigungsanspruch des Betriebsrats **87** 446
- – einstweilige Verfügung **87** 447
- – individualarbeitsrechtliche Rechtsfolgen **87** 445
- – Unterlassungsanspruch des Betriebsrats **87** 429, 446
- Notfälle **87** 168, 426
- Regelungssperre des § 77 Abs. 3 **87** 375, 401, 444
- Rufbereitschaft **87** 355 f., 424
- Sommerzeit **87** 399
- Teilzeitbeschäftigte **87** 400, 405 f., 424, 427
- Telearbeit **87** 397
- Tendenzbetrieb **87** 398, 426; **118** 190, 194 ff.
- Überstunden, *s. dort*
- Umfang der Produktion **87** 151 f.
- vorübergehende Änderung der ~ **87** 402 ff., 407
- Zuständigkeit des Gesamtbetriebsrats **50** 51
- Zweck der Mitbestimmung **87** 377, 382

Arbeitszeitlage 5 108; **50** 50; **87** 28, 38, 126, 278 ff.; **92** 11; **111** 138
- Abgrenzung von Dauer und Lage der Arbeitszeit **87** 284 ff., 373, 407, 422
- Änderung der bisherigen ~ **87** 296 f.
- Arbeitsbereitschaft **87** 350, 424
- Arbeitskampf **87** 358 f.

2323

Sachverzeichnis

- AT-Angestellte **87** 300
- Außendienstmitarbeiter **87** 300
- Bedarfsarbeit **37** 85, 93 ff., 177; **87** 331 ff., 424
- – BAVAZ **87** 331 ff.
- – KAPOVAZ **87** 331 ff., 424
- Beginn der Arbeitszeit **87** 284, 287, 311
- Bereitschaftsdienst **87** 351, 424, 428
- Beseitigungsanspruch des Betriebsrats **87** 371
- Betriebsnutzungszeiten **87** 151 f., 314 ff., 321, 335 ff., 366
- Dienstpläne **87** 339, 345
- differenzierte Arbeitszeiten
- – Lage der Arbeitszeit **87** 305 ff., 319 ff., 406
- – Umsetzung von Tarifverträgen über Einführung **87** 289, 290 ff., 309
- Durchführung der Mitbestimmung **87** 367 ff.
- Eingliederungsvertragsbeschäftigte **5** 109; **87** 300
- einstweilige Verfügung **87** 293, 372
- Ende der Arbeitszeit **87** 284, 287, 311
- Ersatzruhetage **87** 306
- Festlegung der regelmäßigen ~ **87** 296
- flexible Arbeitszeitsysteme **87** 289, 306 ff., 319 ff., 406, 424
- Fremdfirmenarbeitnehmer **87** 301
- Gesetzes- und Tarifvorbehalt **87** 280 ff.
- gleitende Arbeitszeit **87** 329, 330, 347 ff., 359, 424, 425
- Individualmaßnahmen **87** 28, 299 f., 308, 327
- Initiativrecht **87** 144, 151 f., 314, 336, 338, 344, 365 f.
- Job-Sharing **87** 319, 329 f., 424
- Job-Splitting **87** 328
- kollektiver Tatbestand **87** 296 ff.
- Kurzarbeit **87** 310, 373, 440, 443
- Ladenöffnungszeiten **87** 151 f., 314 ff., 338, 366
- Leiharbeitnehmer **87** 300
- leitende Angestellte **87** 301
- Mitnahme von Arbeit nach Hause **87** 346, 427
- Pausen **87** 284, 319, 360 ff.
- Rollierregelungen **37** 234, 241; **87** 294, 307, 342 ff., 470
- Rufbereitschaft **87** 355 f., 424
- Schichtarbeit **87** 152, 335 ff., 364
- Schulungs- und Bildungsveranstaltung zum Thema ~ **37** 197, 220
- tägliche Arbeitszeit, Begriff **87** 311
- – Dienstreisezeiten **87** 311
- – Ruhezeiten **87** 360 ff.
- – Wege-, Wasch-, Umkleidezeiten **87** 311
- Teilzeitarbeit **87** 319, 323 ff., 360
- Telearbeit **87** 300
- Tendenzbetrieb **87** 302 ff., 313; **118** 190, 194 ff.
- Überstunden **87** 310, 373, 443
- Unterlassungsanspruch des Betriebsrats **87** 371
- Verteilung auf die Wochentage **87** 284, 287, 289, 305 ff.
- Zufallsbereitschaft **87** 357
- Zuständigkeit des Gesamtbetriebsrats **50** 51; **87** 368
- Zweck der Mitbestimmung **87** 279 ff.

Arbeitszeugnis 37 21; **38** 88; **75** 107; **78** 73
Ärztliche Fragebogen 94 21
Ärztliche Untersuchung 75 123, 125; **87** 233, 639, 652, 655, 661 ff.; **94** 21
AT-Angestellte, *s. außertarifliche Angestellte*
Aufgespaltene Arbeitgeberstellung 7 71; **71** 12; **77** 204; **107** 7
Aufhebungsvertrag
- Arbeitsverhältnis **78a** 107; **102** 25; **113** 69
- Betriebsratsamt **24** 23, 39
- Betriebsvereinbarung **77** 379, 446; **112**, **112a** 170

Aufklärungspflicht, *s. unter Unterrichtungspflicht*
Auflösung des Betriebsrats E 124; **7** 8; **8** 61; **16** 14, 17, 24; **17** 8; **21** 34; **21a** 43; **22** 14; **23** 1 f., 118 ff.; **24** 7, 62, 72; **26** 5, 22, 25, 42; **27** 11 f., 28; **30** 17, 25, 29; **38** 79; **51** 15; **65** 15 f.
- Antragsberechtigte, *s. unter Amtsenthebung*
- grobe Pflichtverletzung **23** 122 ff.; **36** 6, 19; **37** 300; **38** 44, 57; **43** 31 f., 43; **51** 15; **60** 5
- – Amtspflichtverletzung **23** 120 ff., 126
- – Amtspflichtverletzung aus vorangehender Amtszeit **23** 122
- – gesetzliche Pflichten **23** 120
- – Verletzung der Geheimhaltungspflicht **79** 71
- – Verschulden **23** 124 f.
- Neuwahl **13** 30, 32 f., 35, 75 ff.; **23** 2, 143 ff.
- – Einsetzung des Wahlvorstands durch das Arbeitsgericht **16** 14, 17; **17** 8; **23** 141 ff.
- – Vorschlagsrecht für die Zusammensetzung des Wahlvorstands **23** 2, 144
- Rechtsfolgen der ~ **23** 137 ff.
- – Beendigung der Amtszeit **21** 34; **22** 14; **23** 135 f.
- – Erlöschen der Mitgliedschaft im Betriebsrat **23** 137 f.
- – Nachrücken von Ersatzmitgliedern **23** 137; **25** 12
- – Übergangsmandat **21a** 8, 49
- – Verlust des Kündigungsschutzes **23** 139
- – Wiederwählbarkeit der Betriebsratsmitglieder **23** 140
- rechtsmissbräuchliche Ausübung der Mitbestimmungsrechte **23** 25, 232, *s. auch Amtsenthebung*
- Schadenersatzanspruch **23** 18
- Unterlassungsanspruch **23** 18
- Verfahren **23** 129 ff.
- – Antrag **23** 128
- – einstweilige Verfügung **23** 134
- – Entscheidung des Arbeitsgerichts **23** 133
- – nach Beendigung der Amtszeit **23** 122, 132
- – nach Rücktritt des Betriebsrats **23** 129 f.
- – Verbindung mit Amtsenthebung eines Betriebsratsmitglieds **23** 95 f.
- – Zuständigkeit **23** 127
- – Vernachlässigung der gesetzlichen Pflichten **23** 128
- Zweck **23** 14 ff.

Aufsichtsrat, *s. unter Unternehmensmitbestimmung*
Aufsichtsratsmitglieder, *s. unter Arbeitnehmervertreter im Aufsichtsrat*
Aufspaltung, *s. unter Spaltung von Betrieben und Unternehmen*
Aufsuchen von Arbeitnehmern am Arbeitsplatz 2 51, 64 ff.; **39** 37 f.; **87** 190
Aufwendungen, *s. unter Kosten der Betriebsratsmitglieder*
Ausbildung, *s. unter Berufsausbildung*

Ausbildungsbetrieb
- reiner **5** 58 ff.; **7** 16

Ausbildungsverhältnis 99 108, 113

Außendienstmitarbeiter 5 4, 44, 64, 65, 69; **7** 16, 47 ff., 84, 149; **8** 24; **15** 18; **87** 300, 849, 1009, 1023

Außenseiterarbeitnehmer 3 71 f.

Außerordentliche Kündigung
- Arbeitnehmer des öffentlichen Dienstes **103** 9
- Auszubildende des öffentlichen Dienstes **103** 9
- Beamte **103** 9
- Soldaten **103** 9

Außertarifliche Angestellte
- Arbeitszeitlage **87** 300
- Betriebsvereinbarung über Vergütungsrichtlinien **77** 128
- Einsicht des Betriebsrats in Lohn- und Gehaltslisten **80** 22, 24, 108, 110, 118 f.
- Kurzarbeit **87** 397
- Lohngestaltung, betriebliche **50** 51; **87** 835, 839, 845, 956, 975 ff., 980
- personelle Einzelmaßnahmen **99** 64, 83
- soziale Angelegenheiten **87** 72, 78, 130
- Überwachungsaufgaben des Betriebsrats **80** 22, 24

Ausgliederung von Unternehmen, *s. unter Spaltung von Betrieben und Unternehmen*

Aushändigung von Unterlagen
- an den Betriebsrat **80** 106
- – Arbeitsschutz **87** 635 f.; **89** 66
- – Gestaltung von Arbeitsplatz, -ablauf, -umgebung **90** 26
- – personelle Einzelmaßnahmen **99** 147 f.
- – über die Personalplanung **92** 28 f.
- an den Seebetriebsrat **116** 56
- an den Wirtschaftsausschuss **106** 137 f.
- an die Betriebsratsmitglieder **34** 33
- an die Bordvertretung **115** 66

Aushilfskraft 7 39; **8** 24; **9** 18, 20; **13** 41

Auskünfte des Betriebsrats
- Haftung **39** 39

Auskunftsperson i. S. des § 80 Abs. 2 E 55 f.
- Arbeitskreis **80** 133
- Beschluss des Betriebsrats **80** 140
- betriebsangehörige Arbeitnehmer als ~ **80** 137
- Erforderlichkeit der Hinzuziehung **80** 135 f.
- Funktion **80** 133
- gewerkschaftliche Betätigung **74** 147, *s. auch dort*
- Hinzuziehung in Fragen des Arbeits- und Umweltschutzes **89** 6
- Hinzuziehung zu Sitzungen des
  - Betriebsrats **30** 15, 22; **35** 24; **40** 45
  - Wirtschaftsausschusses **108** 25
- Hinzuziehung zu Sprechstunden des Betriebsrats **39** 21
- Kosten **40** 44 ff., 228
- leitende Angestellte als ~ **80** 138
- Rechtsstellung der ~ **80** 144 ff.
- Arbeitsbefreiung **30** 15
- Arbeitsentgeltfortzahlung **30** 15, 19
- Begünstigungsverbot **78** 4, 8, 11; **80** 148
- Behinderungsverbot **78** 4, 8, 11
- Benachteiligungsverbot **78** 4, 8, 11; **80** 148; **119** 1

- – Geheimhaltungspflicht **30** 22, 26; **79** 43; **80** 147, 161; **120** 3, 34
- – Weisungsgebundenheit **80** 144 f., *s. auch allgemeine Aufgaben des Betriebsrats, s. auch sachkundige Arbeitnehmer*
- – Sachkundigkeit, Begriff **80** 139
- – Umfang der Inanspruchnahme durch den Betriebsrat **75** 148
- – Verhältnis zum Berater des Betriebsrats i. S. des § 111 **111** 244
- – Verhältnis zum Sachverständigen **80** 150, 151
- – Vorschlagsrecht des Betriebsrats **80** 141 f.
- – Zweck **80** 131 f.

Auskunftspflicht, *s. unter Unterrichtspflicht*

Auslagen, *s. unter Kosten der Betriebsratsmitglieder*

Ausländische Arbeitnehmer 3 29
- aktives Wahlrecht **7** 13; **14** 18; **2 WO** 19
- Arbeitnehmereigenschaft **5** 54
- Betriebsratsmitglied **15** 7; **38** 59; **40** 40
- – Teilnahme an Schulungs- und Bildungsveranstaltungen **37** 197, 222
- Diskriminierungsverbot **80** 53
- Förderung der Integration von ~ **E** 61; **vor 60** 12; **28** 11; **70** 3, 16 f.; **80** 2, 43, 53; **88** 30 f.
- freiwillige Betriebsvereinbarung über Integration von ~ **88** 30 f.
- Jahresbericht des Arbeitgebers **43** 1, 15
- passives Wahlrecht **8** 4, 42, 59; **2 WO** 19
- Sonderurlaub **87** 479
- Teilnahme an Betriebsversammlungen **42** 32, 49, 51, 66
- Thema der Betriebsräteversammlung **53** 2, 22
- Thema der Betriebsversammlung **42** 4; **43** 1, 15; **45** 3, 15, 19
- Übersetzungskosten des Betriebsrats **39** 27; **40** 40, 173; **42** 32, 51; **2 WO** 21
- Unterrichtungs- und Erörterungspflicht des Arbeitgebers gegenüber ~ **81** 10, 15
- Unterrichtungspflicht des Wahlvorstands **7** 13; **14a** 29, 97; **18** 20; **19** 19, 31; **2 WO** 19 ff.; **3 WO** 2; **6 WO** 18; **38 WO** 8
- Vertrauensmann der ~ **30** 22
- Vertretung der ~ **E** 117

Ausländische Betriebe inländischer Unternehmen
- Abstimmung über Teilnahme an Betriebsratswahl im Hauptbetrieb **4** 23
- Anhörung bei Kündigung **102** 15
- Art der Entgeltleistung **87** 455
- ausländischer Betriebsteil **1** 10 f.; **7** 48 f., 51
- Berücksichtigung der Arbeitnehmer des ~ bei der Schwellenwertermittlung
- Betriebsänderung **111** 16
- – in § 110 **110** 15
- Betriebsversammlung **42** 16, 25
- Einbeziehung bei abweichenden betriebsverfassungsrechtlichen Organisationseinheiten **3** 60
- Errichtung eines
- – Betriebsrats **1** 9 ff.; **7** 48 ff.
- – Gesamtbetriebsrats **47** 8
- – Jugend- und Auszubildendenvertretung **vor 60** 31; **60** 12

Sachverzeichnis

– – Wirtschaftsausschusses **106** 34
– Mitgliedschaft von Arbeitnehmern im Wirtschaftsausschuss **107** 9
– Unterrichtung des Wirtschaftsausschusses **106** 61
Auslösungen 87 852
Ausschluß eines Betriebsratsmitglieds aus dem Betriebsrat, s. unter Amtsenthebung
Ausschlussfristen
– Auflösungsantrag nach Weiterbeschäftigungsverlangen Auszubildender **78a** 188
– Äußerungsfrist bei Kündigung **102** 137
– Betriebsvereinbarung **77** 310, 321, 323 ff., 374; **112**, **112a** 171, 191
– Einreichungsfrist für Wahlvorschlagslisten **6 WO** 4 ff., 9; **8 WO** 2; **9 WO** 1; **27 WO** 2; **41 WO** 1 ff.
– Einspruch gegen die Wählerliste **3 WO** 1, 10, 15; **4 WO** 5 f.; **30 WO** 3; **36 WO** 2; **41 WO** 1 ff.
– Ermessenskontrolle von Einigungsstellensprüchen **76** 146, 159, 160, 162 ff., 174
– freiwillige Betriebsvereinbarung über ~ **88** 12
– Freizeitausgleichsanspruch **37** 108 ff., 113 ff.; **38** 102
– für Antrag auf Aufrechterhaltung vorläufiger personeller Maßnahmen **100** 34
– für Zustimmungsverweigerung zu personellen Einzelmaßnahmen **99** 161 f.
– Individualarbeitsvertrag **77** 323, 374; **112**, **112a** 171
– Nachfrist bei Fehlen einer Wahlvorschlagsliste **6 WO** 9; **8 WO** 2; **9 WO** 1 ff.; **10 WO** 1; **27 WO** 2; **41 WO** 1 ff.
– Tarifvertrag **37** 66; **40** 101; **77** 324, 374; **112**, **112a** 171, 191
Ausschreibung von Arbeitsplätzen 93 1 ff.
– Anwendungsbereich **93** 5 ff.
– – Arbeitnehmer **93** 13, 14
– – Dienst- oder Werkverträge **93** 15
– – Ein-Euro-Jobber **93** 15
– – freie Mitarbeiter **93** 13 f.
– – Fremdfirmenarbeitnehmer **93** 15
– – joint-venture **93** 16
– – Leiharbeitnehmer **93** 15
– – leitende Angestellte **93** 15
– Arbeitsplatz, Begriff **93** 5 ff.
– Ausschreibungsdauer **93** 26
– Ausschreibungspflicht des Arbeitgebers **93** 18, 19, 21, 22 ff.
– – Erfüllung **93** 21, 25
– – generelle Ausschreibungspflicht **93** 22, 38
– – gruppenbezogene Ausschreibungspflicht **93** 23, 38
– – Zeitpunkt **93** 18
– – Zumutbarkeit **93** 19
– Ausschreibungsverlangen des Betriebsrats **93** 18 ff., **28** f.
– – Beschluss des Betriebsrats **93** 18
– – Form **93** 18
– – Zeitpunkt **93** 20, **28** f.
– Auswahlentscheidung des Arbeitgebers **93** 37, 40; **99** 226
– Begriff **93** 32
– diskriminierungsfreie ~ i. S. d. AGG **93** 36

– erneute betriebsinterne Ausschreibung **93** 21, 37, 47, 48
– externe Ausschreibung **93** 25, 26 f., 29, 33, 41, 42
– Form der ~ **93** 31, 32, 38
– Genese **93** 1 f.
– geschlechtsneutrale Ausschreibung **93** 36, 37, 43
– Inhalt der ~ **93** 31, 33 ff.
– Initiativrecht des Betriebsrats **93** 4, 13, 17, 18 ff., 29
– konzernweite ~ **93** 30
– Sanktionen bei Nichtbeachtung des Beteiligungsrechts des Betriebsrats **23** 192; **93** 49 ff.
– Streitigkeiten **93** 4, 49 ff.
– Teilzeitarbeitsplätze **80** 37; **93** 2, 5, 36, 43
– Tendenzbetriebe **93** 17; **118** 206
– unternehmensweite ~ **93** 30
– Vereinbarungen der Betriebspartner über ~ **93** 4, 38 ff., 46
– Zeitpunkt der ~ **93** 26 f.
– Zuständigkeit **93** 30, 41
– – Gesamtbetriebsrat **93** 30, 41
– – Konzernbetriebsrat **93** 30, 41
– – unternehmenseinheitlicher Betriebsrat **93** 30
– – Zustimmungsersetzungsverfahren **93** 47, 48, 50
– – Zustimmungsverweigerungsrecht des Betriebsrats **93** 14, 17, 19, 26, 28, 36, 38, 41 ff., 49; **99** 226
– – fehlerhafte Ausschreibung **93** 26, 38, 41 ff.
– – Heilung des Ausschreibungsmangels **93** 48
– – unterbliebene Ausschreibung **93** 19, 41, 48, 49
– Zweck **93** 3, 14, 15 f., 23, 26, 29, 32, 42, 49
Ausschuss des Betriebsrats
– **9** 29; **28** 1 ff., s. auch unter Betriebsausschuss
– Abberufung von Ausschussmitgliedern **28** 24
– Auflösung des ~ **28** 26
– Ausscheiden von Ausschussmitgliedern **28** 24
– Behandlung der Betriebsangehörigen durch ~ **75** 11, 22
– Berichtspflicht gegenüber dem Betriebsrat **28** 35
– Beschlussfähigkeit **33** 3
– Beschlussfassung **33** 3
– Bildung von ~ **28** 18 ff.
– Ermessen des Betriebsrats **28** 20
– Schwellenwert **7** 107; **28** 18 f.
– Dispositivität in Kollektivvereinbarungen **28** 9
– Einsichtnahmerecht der Betriebsratsmitglieder in die Unterlagen des ~ **34** 35, 40
– Ersatzmitglieder **28** 23
– Fachausschüsse **28** 11
– Führung der laufenden Geschäfte des Betriebsrats **27** 85 f.; **28** 12
– Geschäftsführung **28** 35 f.
– – Befugnis zur Bestimmung des Vorsitzenden **28** 36
– Geschäftsordnung **36** 3
– Größe **28** 31
– Kleinbetriebe **28** 3 f., 11, 27
– Kosten des ~ **40** 2, 7, 38; **41** 2
– Personalausschuss **28** 14
– Rechtsstellung des ~ **28** 16 f.
– Sitzungen des ~ **29** 2; **30** 2; **31** 3
– – Arbeitsbefreiung der Mitglieder des ~ **37** 31, 49, 51 f.
– – Sitzungsniederschrift **34** 3

– – Teilnahmerecht der Jugend- und Auszubildendenvertretung 67 7 f., 30 ff., 50 ff., 63, 68
– – Teilnahmerecht der Schwerbehindertenvertretung 32 1, 3
– – Teilnahmerecht eines Gewerkschaftsvertreters 31 3 f.; 108 36
– Streitigkeiten 28 20, 48
– Übertragung von Aufgaben 16 27; 28 12 f., 27 ff.
– – Abschluss von Betriebsvereinbarungen 28 29; 77 44
– – Arbeitsschutz 89 6; 115 69
– – Aussetzen von Beschlüssen des ~ 35 6
– – Beschäftigungssicherung 92a 15
– – Mitteilung an den Arbeitgeber 28 28
– – Personal 102 50, 52, 128; 103 57; 105 5
– – soziale Angelegenheiten 87 85
– – Übertragungsbeschluss 28 18; 34 11, 15
– – Umfang der Übertragung 28 12 f., 29
– – Umweltschutz 89 6, 40, 43
– – Verwaltung unselbständiger Sozialeinrichtungen 87 772
– – Widerruf der Übertragung 28 30
– – zur selbständigen Erledigung 16 27; 28 2 ff., 12 f., 16, 18, 19, 27 ff.; 33 3; 34 11, 15; 35 6; 47 39
– – zur Vorbereitung 28 4, 11 f., 17, 27 ff.
– Unterrichtungsanspruch 80 65
– Vorsitz 28 36; 108 3
– Wahl der Ausschussmitglieder 19 6; 28 21 ff., 25; 47 126
– Wahl der Ersatzmitglieder 28 23
– Zusammensetzung 28 5, 31 ff.
– – Betriebsratsvorsitzender 28 32, 36
– – Gruppenschutz 28 1, 5, 32
– – Minderheitenschutz 28 5, 33
– – Mitgliederzahl 28 22, 31
– Zweck 28 7, 11, 14
Ausschuss, gemeinsamer 28 37 ff.
– Behandlung der Betriebsangehörigen durch ~ 75 11
– beratende Funktion 28 39
– Berichtspflicht gegenüber dem Betriebsrat 28 46
– Beschlussfassung des ~ 28 44 ff.
– Beteiligung der Jugend- und Auszubildendenvertretung 28 43, 46
– Ermächtigung zu selbständiger Entscheidung 28 37, 40, 44 ff.
– Geschäftsführung des ~ 28 44
– Koordinationsausschuss 28 39
– Ordnungsausschuss 87 273
– Rechtsstellung 28 37
– Sitzungen des ~ 29 2; 32 3
– Stimmengleichheit 28 45
– Streitigkeiten 28 20, 48
– Teilnahmerecht der Jugend- und Auszubildendenvertretung 67 9, 32, 52
– Übertragung von Aufgaben auf ~ 28 38, 40 f.
– – Abschluss von Betriebsvereinbarungen 28 40, 47
– – Arbeitsschutz 89 6
– – Gestaltung von Arbeitsplatz, -ablauf, -umgebung 90 2
– – Personal 92 32; 102 50; 103 54
– – soziale Angelegenheiten 87 85, 163

– – Umweltschutz 89 6, 42 f.
– – Widerruf der Übertragung 28 41, 45
– Wahl der Ausschussmitglieder 28 43
– Zusammensetzung des ~ 28 42 f.
– Zweck 28 37
Aussetzung von Beschlüssen des Betriebsrats 35 1 ff.; 66 1 ff.; 67 35, 70
– Antragsberechtigte 35 10 ff.; 66 4 f., 13 ff.; 67 35, 70
– – Jugend- und Auszubildendenvertretung 35 1 f., 4, 6, 9, 10 ff., 18, 27, 31; 66 4 f., 13 ff.; 67 35, 70
– – Schwerbehindertenvertretung 35 1 f., 6, 9, 14, 18, 23, 27; 66 5
– – Vertreter einer Gruppe 35 1 f., 9, 18, 31
– – Vertreter einer Minderheit 35 2, 9, 31
– Antragsform 35 15; 66 6 f.
– Antragsfrist 35 16 f., 28; 66 7
– Behandlung durch den Betriebsratsvorsitzenden 35 20; 66 10, 16 ff.
– einstweilige Verfügung 66 25
– erneuter Beschluss 35 3, 25 ff.; 66 24
– – Ablauf der Frist 35 25 ff.; 66 24
– – Änderung 35 28, 29
– – Aufhebung 35 28, 30
– – Bestätigung 35 3, 28; 66 24
– – Gegenstand des Antrags 35 18 f.; 66 11 f.
– – Beschluss 35 18 f.; 66 11 f.
– – Wahlentscheidung 35 18; 66 11
– – Hinzuziehung eines Gewerkschaftsvertreters 35 24, 25 f.; 66 21 ff.
– Inhalt des Antrags 35 19; 66 8 ff., 16
– Minderheitsvotum 35 31
– Rechtsmissbrauch 35 12, 13; 66 13
– Streitigkeiten 35 32; 66 25
– Verlängerung der ~ 35 21 ff.; 66 20
– Verständigungsversuch 35 24, 25 f.; 66 21 ff.
– Wiederholung des Antrags auf ~ 35 3, 28, 29, 30; 66 24
– Wirkung der ~ 35 21 ff., 27; 66 20
– – Dauer der ~ 35 21 ff., 27; 66 20
– – Fristenkollision 35 22 f.
– Zurücknahme des Antrags 35 10, 26
– Zweck 35 9, 11, 27; 66 3, 11
Aussperrung 24 37, 51; 87 430, 468; 102 26; 111 67
Ausstrahlungstheorie 7 47 f.
Auswahlrichtlinien 50 52; 75 44; 77 229; 78a 102; 95 1 ff.; 98 26
– Abgrenzung zu Ausschreibungsrichtlinien 93 33, 40
– Altersgrenzen 95 41
– Anforderungsprofile 93 33; 95 5, 37 f.; 96 17, 20; 97 14 f.
– Begriff und Gegenstand 95 5, 13 ff., 36
– – Programme für automatische Datenverarbeitung 95 8
– – Punktwertungssysteme 95 16, 38
– – Regelung der Ermittlung der Auswahlkriterien 95 19
– – Regelung des Auswahlverfahrens 95 18 ff.
– Einigungsstelle
– – Anrufungsberechtigung 95 11, 24 f., 50
– – Entscheidungsspielraum der ~ 95 21

Sachverzeichnis

- – Überprüfung des Spruchs der ~ **95** 22
- Einstellungsrichtlinien **78a** 138; **95** 37 ff.
- Entscheidungsfreiheit des Arbeitgebers **95** 1 f., 18, 35, 37
- Funktionsbeschreibungen **95** 37 f.
- Inhaltsgrenzen **95** 34 ff.
- Initiativrecht des Betriebsrats **95** 26 f., 31
- Kündigungsrichtlinien **95** 9, 44 ff.; **102** 154, 194 f.; **112, 112a** 86
- Pflicht zur Anwendung durch den Arbeitgeber **95** 12
- Präferenzregeln **95** 41
- Quoten **95** 41
- Rechtsfolgen bei Fehlen der Zustimmung des Betriebsrats **23** 193; **95** 25
- Rechtsfolgen bei Nichtbeachtung **95** 30
- Rechtsfolgen bei Verstoß gegen ~ **95** 29
- Rechtsnatur **95** 6 ff.
- Schriftform **95** 8
- Skalen **95** 41
- Sozialauswahl bei betriebsbedingten Kündigungen **95** 47 ff.; **102** 154, 194 f.
- Stellenbeschreibungen **95** 37 f.; **96** 17
- Streitigkeiten **95** 51 f.
- Teilnehmer an Berufsbildungsmaßnahmen **98** 29
- Tendenzbetrieb **118** 208 f.
- Umgruppierungsrichtlinien **95** 43
- Unterlassungsanspruch **95** 30
- Unterlassungsanspruch des Betriebsrats **23** 193
- Vereinbarungen über ~ **95** 8 ff., 47 f.
- – Betriebsvereinbarung über Sozialauswahl bei betriebsbedingten Kündigungen **95** 9, 45 ff.; **102** 154, 194 f.
- – Form **95** 8 f.
- – Kündigung **95** 10
- – Nachwirkung **95** 11 f.
- – Widerruf **95** 10
- Verfassungskonformität **95** 32 f.
- Versetzungsrichtlinien **95** 42
- Vorrangregeln **95** 41
- Widerspruchsrecht des Betriebsrats nach § 102 Abs. 3 **95** 29; **102** 154, 194 f.
- Zuständigkeit des Gesamtbetriebsrats **50** 53; **95** 31
- Zuständigkeit des Konzernbetriebsrats **95** 31
- Zustimmung des Betriebsrats als Anwendungsvoraussetzung **95** 25
- Zustimmungsverweigerungsrecht des Betriebsrats nach § 99 Abs. 2 **95** 29
- Zweck der Mitbestimmung **95** 1

Ausweise 87 222
Auszahlung des Arbeitsentgelts 87 28, 43, 454 ff., 856, 963
Auszubildende
- aktives Wahlrecht
- – zum Betriebsrat **61** 8
- – zur Jugend- und Auszubildendenvertretung **vor 60** 9, 35; **60** 13, 17 f.; **61** 5, 7 ff.
- Altersgrenze **60** 2, 16, 25, 36
- Anregungsrecht **70** 45 f.
- Arbeitnehmereigenschaft **5** 55 ff.; **7** 16
- Begriff **60** 25 ff.; **78a** 15 ff.

- Berücksichtigung bei der Schwellenwertermittlung für
- – Betriebsratsfähigkeit **38** 12
- – Errichtung der Jugend- und Auszubildendenvertretung **60** 15 ff.
- – Errichtung des Wirtschaftsausschusses **106** 26
- Berufsausbildung **60** 27; **96** 7, 8 f., 35; **97** 9; **98** 7, 9, 14, 16, 17, 41
- Betriebsvereinbarung **77** 194
- Betriebszugehörigkeit **61** 15 ff.
- des öffentlichen Dienstes
- – Betriebszugehörigkeit **7** 65
- – Tätigkeit in privatrechtlich organisierten Unternehmen **5** 6, 28
- Einstellung **78a** 97; **98** 14; **99** 39
- Entgeltfortzahlungsanspruch **96** 35
- Freistellungsanspruch **96** 35
- in Drittbetrieben **7** 62
- Individualrechte **vor 81** 21; **70** 46
- Repräsentation durch die Jugend- und Auszubildendenvertretung **60** 1 f.
- Seebetrieb **114** 30
- Teilnahme an
- – Betriebsversammlung **71** 6
- – Jugend- und Auszubildendenversammlung **71** 8, 49 ff., 56, 58
- Versetzung **78a** 97; **99** 112, 115
- Wählbarkeit **78a** 67
- Weiterbeschäftigung **75** 44; **78** 74, 93; **78a** 8
- Weiterbeschäftigung auszubildender Funktionsträger, *s. dort*

Auszubildende des öffentlichen Dienstes 5 6, 28
- Störung des Betriebsfriedens **104** 4

Automatische Datenverarbeitung 75 126; **77** 394; **79** 97; **83** 42 ff.; **92** 20, 28, 30; **94** 17, 24 f., 53, 58; **95** 8, 14, *s. auch Daten, personenbezogene*

Bahn, *s. unter Deutsche Bahn*
Bargeldlose Arbeitsentgeltauszahlung 87 28, 90, 454 ff., 856, 963
Beamte E 47
- aktives Wahlrecht **7** 16
- als Arbeitnehmer **1** 23 f.; **5** 6 f., 28, 170; **7** 16; **9** 6; **99** 288
- Beteiligung bei Ausschussbildung **28** 15
- Betriebszugehörigkeit **7** 138
- doppelte Zuordnung **7** 138
- Einigungsverfahren **76** 2
- Gestaltung von Arbeitsplatz, -ablauf, -umgebung **90** 3; **91** 3
- Gewerkschaftseigenschaft des Beamtenverbands **2** 36; **14** 83; **16** 49, 68, 76; **17** 22; **18** 13, 49, 63, 84; **19** 79; **23** 88
- Gleichstellung mit Arbeitnehmern **5** 6, 28
- in Betrieben der privatisierten Postunternehmen
- – als Arbeitnehmer **10 Anhang** 1 f., 5 f.
- – Gewerkschaftseigenschaft des Beamtenverbands **10 Anhang** 11
- – leitende Angestellte **10 Anhang** 1, 5
- leitende Angestellte, *s. auch Deutsche Bahn AG, s. auch Postnachfolgegesellschaften*

- soziale Angelegenheiten **87** 3
- Störung des Betriebsfriedens **104** 4
- – Abberufung durch Dienstherrn **104** 11
- – Versetzung **104** 11
- Tätigkeit in privatrechtlich organisierten Unternehmen **5** 6, 28
- vorübergehende Abordnung **7** 138
- Wahlrecht **8** 16; **14a** 14; **126** 5; **130** 3
- Wahrnehmung von Aufgaben als leitende Angestellte **5** 159

Bedienungsgeld 87 854, 1006
Beeinflussung des Wahlergebnisses, s. unter Wahlschutz
Beförderung
- Anspruch auf ~ **102** 159, 168
- Arbeitsentgeltschutz für Betriebsratsmitglieder **37** 136
- beförderungshemmende Missbilligung **87** 253, 267
- Funktionsträger **37** 16, 18; **78** 66; **78a** 26
- Information des Betriebsrats über ~ zum leitenden Angestellten **105** 3, 7, 8
- Verlust der Chancen auf ~ als Zustimmungsverweigerungsgrund i. S. des § 99 **99** 204
- Veröffentlichung **83** 66

Befristete Arbeitsverhältnisse 1 101; **24** 24; **42** 15; **75** 38; **102** 25, 31
Begünstigungsverbot 18a 74; **23** 33; **37** 8, 10, 16 ff., 64, 77, 82 f., 130, 134, 154, 160, 174, 225, 248, 250; **38** 22, 95, 98, 101; **40** 57 f., 91; **44** 47; **78** 1 ff., 54 ff., 81 ff.; **78a** 22; **93** 3; **103** 30
- Adressaten **78** 23, 26, 81
- Ausnahme von der Verschlechterung der Arbeitsbedingungen **37** 19; **78** 76, 90; **103** 30
- Beförderung **37** 16, 18; **78** 66; **78a** 26
- Freizeitausgleich **37** 82 f.
- Geldleistungen **37** 16, 17 f., 22, 77; **78** 66, 84, 92
- Kausalität **78** 55, 58, 83
- Massenänderungskündigung **37** 20; **87** 90; **103** 30
- Nachwirkung **78** 62
- persönlicher Geltungsbereich **78** 4, 8 ff., 11 ff., 22, 54, s. unter Behinderungsverbot
- Rechtswidrigkeit **78** 64
- Sanktionen
- – Maßnahmen i. S. des § 23 **37** 23; **78** 26, 95
- – Nichtigkeit verbotswidriger Rechtsgeschäfte **37** 22; **78** 25, 103
- – Strafbarkeit **37** 23, 174; **78** 7, 22, 61, 105; **119** 43 ff.
- – Vindikation **37** 22
- Schutzgesetzcharakter **78** 28
- Sitzungsgelder **37** 18
- Streitigkeiten **78** 95
- Überstundenpauschale **37** 17
- Verbotscharakter **78** 23 ff.
- Vergleichsmaßstab **78** 56
- Verhältnis zu anderen Schutzvorschriften **78** 5, 56, 62, 93; **78a** 10
- Verschulden **78** 61
- Vorteilsgewährung **37** 16 ff.; **78** 55 ff., 66, 69, 73, 76, 77, 81 ff.
- Weiterbeschäftigung auszubildender Funktionsträger **78** 93; **78a** 10

- Zweck **78** 1 f., 24, 28, 54

Behandlung der Betriebsangehörigen, s. unter Grundsätze für die Behandlung der Betriebsangehörigen
Beherrschungsvertrag 54 18, 19, 29 f.; **106** 82; **112**, **112a** 338
Behinderung
- Benachteiligungsverbot **75** 66 ff.

Behinderungsverbot 78 1 ff.
- Adressaten **78** 23, 26, 48
- Behinderungstatbestand **78** 30 ff.
- – Amtstätigkeit der Funktionsträger **78** 31, 32, 39
- – Behinderung **78** 30, 32, 60
- – Rechtswidrigkeit **78** 34, 36 ff.
- – Störung **78** 30
- – Tun **78** 32 f., 39 ff.
- – Unterlassen **78** 32 f., 36
- – Verschulden **78** 35
- Bekanntgabe der Betriebsratskosten **40** 37; **78** 45
- Direktionsrecht des Arbeitgebers **78** 39 ff.
- geschützter Personenkreis **78** 4, 8 ff., 11 ff., 30
- – Arbeitnehmervertreter im Aufsichtsrat **78** 9; **119** 49
- – Auskunftsperson i. S. des § 80 Abs. 2 **78** 4, 8, 11
- – betriebliche Beschwerdestelle **vor 81** 31; **78** 8, 11; **86** 11; **119** 32 ff., 43 ff.
- – Betriebsratsmitglieder **78** 11, 68; **119** 32 ff., 43 ff.
- – Bordvertretung **78** 11, 68; **115** 36; **119** 32 ff., 43 ff.
- – Einigungsstellenmitglieder **76** 93; **76a** 23, 63 f.; **78** 8, 11, 18, 82; **119** 32 ff., 43 ff.
- – Ersatzmitglieder **78** 13, 62
- – Gesamt-Jugend- und Auszubildendenvertretung **78** 8, 11; **119** 32 ff., 43 ff.
- – Gesamtbehindertenvertretung **78** 9
- – Gesamtbetriebsrat **78** 8, 11; **119** 32 ff., 43 ff.
- – gewerkschaftliche Vertrauensleute **78** 19
- – Gewerkschaftsvertreter **78** 19
- – Jugend- und Auszubildendenvertretung **60** 59; **78** 11, 68; **119** 32 ff., 43 ff.
- – Konzern-Jugend- und Auszubildendenvertretung **78** 4, 14
- – Konzernbetriebsrat **78** 8, 11; **119** 32 ff., 43 ff.
- – Mitglieder einer anderen Arbeitnehmervertretung **78** 8, 11; **119** 32 ff., 43 ff.
- – Mitglieder einer zusätzlichen Arbeitnehmervertretung **78** 8, 11; **119** 32 ff., 43 ff.
- – Schwerbehindertenvertretung **78** 9; **119** 41
- – Seebetriebsrat **78** 11; **116** 31 ff.; **119** 32 ff., 43 ff.
- – Sicherheitsbeauftragter **89** 80
- – tarifliche Schlichtungsstelle **78** 8, 11; **119** 32 ff., 43 ff.
- – Vermittler i. S. des § 18a **18a** 74, 75, 77; **78** 15; **119** 49
- – Wahlbewerber **78** 15, 62, 68
- – Wahlvorstandsmitglieder **78** 14, 68
- – Wirtschaftsausschussmitglieder **78** 8, 11, 81; **107** 37 ff., 41 f.; **119** 32 ff., 43 ff.
- Kündigung **78** 40, 46, s. auch Kündigung von Funktionsträgern
- Nichtbeachtung von Beteiligungsrechten des Betriebsrats durch den Arbeitgeber **78** 37

2329

Sachverzeichnis

- Nichterfüllung von Mitwirkungspflichten durch den Arbeitgeber **78** 36
- Sanktionen **78** 48 ff.
- – Beseitigungsanspruch **78** 50
- – Maßnahmen i. S. des § 23 **78** 26, 53
- – Nichtigkeit verbotswidriger Rechtsgeschäfte **78** 25, 40, 53
- – Rechtswidrigkeit von Behinderungsmaßnahmen **78** 25
- – Strafbarkeit **78** 7, 20, 35, 53; **119** 32 ff.
- – Unterlassungsanspruch **78** 34, 48 f.
- – Schutz der Organe **78** 20 ff., 30
- – Schutzgesetzcharakter **78** 28
- – Suspendierung **78** 44
- – Verbotscharakter **78** 23 ff.
- – Verhältnis zu anderen Schutzvorschriften **78** 5
- – Versetzung **78** 43, 46; **103** 39, *s. auch Versetzung von Funktionsträgern*
- – Zweck **78** 1 f., 20, 24, 28, 35, 37, 40, 48

Beisitzer der Einigungsstelle, *s. unter Einigungsstellenbesetzung, s. unter Einigungsstellenmitglieder*

Beiträge
- Einziehung der Gewerkschaftsbeiträge **41** 7; **77** 376
- zur Finanzierung der Betriebsratsarbeit **41** 4, 9, *s. auch Umlageverbot*

Bekämpfung von Rassismus und Fremdenfeindlichkeit E 60; **75** 12
- allgemeine Aufgabe
- – Betriebsrat **80** 2, 43, 53
- – Jugend- und Auszubildendenvertretung **vor** 60 12; **70** 3, 16 f.
- – Entfernung betriebsstörender Arbeitnehmer **88** 30 f.; **104** 1 f., 7, *s. auch dort*
- – freiwillige Betriebsvereinbarung **88** 30 f.
- – Schulungs- und Bildungsveranstaltung zum Thema ~ **37** 185
- – Thema der Betriebsräteversammlung **53** 2, 22
- – Zustimmungsverweigerung des Betriebsrats bei personellen Einzelmaßnahmen **88** 30 f.; **99** 227 f.; **104** 2

Bekanntmachung
- Betriebsbußenordnung **87** 264
- Betriebsvereinbarung **77** 38, 45 ff., 49; **87** 282
- Geschäftsordnung des Betriebsrats **36** 10
- Interessenausgleich **112, 112a** 57
- Sozialplan **112, 112a** 223
- Wahlausschreiben **18** 23; **3 WO** 3, 26; **6 WO** 4; **31 WO** 3; **36 WO** 5
- Wahlergebnis **18** 27 f., 36, 39; **19** 13, 92 f.; **21** 10 ff., 16, 18; **63** 60 ff., 66, 68; **64** 9, 19, 20
- Wählerliste **18** 19, 24; **2 WO** 413 f.; **3 WO** 5
- Wahlvorschläge **14** 47, 74, 92; **14a** 108; **3 WO** 17, 26; **10 WO** 5 f.; **33 WO** 8 f.; **36 WO** 6 f.

Belegschaft E 1, 87 ff., 110
- Arbeitskampfverbot **74** 40
- Begriff **1** 89 ff.
- Teilrechtsfähigkeit **1** 91; **42** 8 f.; **45** 6

Belegschaftsaktien 87 852

Benachteiligungsverbot 18a 77; **23** 35, 37, 51; **37** 10, 12, 24, 53, 64, 70, 128, 131, 153, 288; **40** 1, 57 f., 105;
44 47; **60** 59; **78** 1 ff., 54 ff., 65 ff.; **84** 33 ff.; **85** 30; **86a** 15; **89** 80
- Adressaten **78** 23, 26
- Ausübung des Beschwerderechts durch den Arbeitnehmer **84** 33 ff.; **85** 30
- Ausübung des Vorschlagsrechts durch den Arbeitnehmer **86a** 15
- berufliche Entwicklung **78** 71 ff., 98; **78a** 8
- – Arbeitszeugnis **37** 21; **38** 88; **78** 73
- – Beförderung **77** 89; **78** 71
- – Weiterbeschäftigung Auszubildender **75** 44, 79; **78** 74; **78a** 8
- geschützter Personenkreis **78** 4, 8 ff., 11 ff., 22, 54, *s. unter Behinderungsverbot*
- Kausalität **78** 55, 58, 68, 71, 76 ff.
- Kündigung **78** 68 ff., 77
- Nachteilszufügung **78** 55 ff., 65 ff.
- Nachwirkung **78** 62, 68
- Rechtswidrigkeit **78** 64
- Sanktionen
- – Erfüllungsanspruch **78** 98
- – Maßnahmen i. S. des § 23 **78** 26, 95
- – Nichtigkeit verbotswidriger Rechtsgeschäfte **78** 25, 68, 103
- – Schadenersatzanspruch **78** 96
- – Strafbarkeit **78** 7, 22, 61, 105; **119** 43 ff.
- Schutzgesetzcharakter **78** 27
- Streitigkeiten **78** 95, 99
- Verbotscharakter **78** 23 ff.
- Vergleichsmaßstab **78** 56
- Vergütung **78** 65, 66, 79
- Verhältnis zu anderen Schutzvorschriften **78** 5, 56, 62, 66, 68, 74; **78a** 10
- Verschulden **78** 61
- Versetzung **78** 65
- Zweck **78** 1 f., 24, 27, 54

Benachteiligungsverbote (Diskriminierungsverbote) 75 45 ff., 53 ff.
- wegen Abstammung **75** 57 f.
- wegen Alter **75** 69 ff.
- wegen befristeter Beschäftigung **75** 28
- wegen Behinderung **75** 66 ff.
- wegen ethnischer Herkunft **75** 53, 55 f.
- wegen genetischer Eigenschaften **75** 123
- wegen Geschlecht **75** 86 ff.
- wegen gewerkschaftlicher Betätigung und Einstellung **75** 77 ff.
- wegen Nationalität **75** 61
- wegen politischer Tätigkeit und Einstellung **75** 75 f.
- wegen Rasse **75** 53 f.
- wegen Religion **75** 62 ff.
- wegen sexueller Identität **75** 99 f.
- wegen sonstiger Herkunft **75** 57, 59
- wegen Teilzeitarbeit **75** 28
- wegen Weltanschauung **75** 62, 64 f.

Berater des Betriebsrats i. S. des § 111 E 55 f.; **vor** 106 6; **111** 4, 167 ff., 200 f.
- Anzahl der ~ **111** 216
- Beratungsunternehmen **111** 214
- externer ~ **111** 214
- Form der Beratung **111** 236, 242

Sachverzeichnis

- Geheimhaltungspflicht **79** 44; **120** 3, 34
- Kosten des ~ **111** 237
- Qualifikation des ~ **111** 211
- Rechtsstellung des ~ **111** 242 f., 265 f.
- – Geheimhaltungspflicht **111** 185
- – Teilnahme des ~ an den Verhandlungen zwischen Betriebsrat und Unternehmer **111** 201
- – Unterrichtung des ~ **111** 200
- – Zutritt zum Betrieb **111** 184, *s. auch Betriebsänderung*
- Umfang der Beratungstätigkeit **111** 231 f.
- – Einigungsstellenverfahren **111** 179
- – Interessenausgleich **111** 179 f.
- – Sozialplanverhandlungen **111** 180
- – Vermittlungsverfahren vor dem Vorstand der Bundesagentur für Arbeit **111** 179
- Verhältnis zum Sachverständigen **80** 150; **111** 218, 245
- Verhältnis zur Auskunftsperson i. S. des § 80 Abs. 2 **111** 244
- Voraussetzungen der Hinzuziehung des ~ **111** 218 ff.
- – Beschluss des Betriebsrats **111** 177
- – Einigung mit dem Unternehmer **111** 168, 174, 177, 178, 183
- – Erforderlichkeit **111** 178
- – Schwellenwert **111** 174 ff.
- – Unterrichtung des Unternehmers über die Hinzuziehung **111** 177
- Zweck der Hinzuziehung des ~ **111** 207 f., 231

Beratungsrecht des Betriebsrats
- Berufsbildung **96** 3, 4, 22, 32 ff., 37 f.; **97** 1 ff., 16 f.; **98** 16, 26; **118** 210
- Beschäftigungssicherung **92a** 4, 15 ff., 42 f.
- Personalplanung **92** 6, 23, 33 ff., 42

Berichtigung der Personalakte 83 35 ff.
- Abmahnung **83** 37 f.; **85** 15; **87** 257, 260
- Anspruch auf ~ **83** 35 f.
- Anspruchsgrundlage **83** 35 f.
- Berichtigung personenbezogener Daten **83** 71
- Durchsetzung des Anspruchs auf ~ **83** 41, 71
- Entfernung von unzulässigen Beurteilungen **94** 65
- Ergänzungen des Arbeitnehmers **83** 32 ff., *s. auch Personalakte*
- Schadenersatz **83** 41
- unzulässig erhobene Daten **83** 37
- unzulässige Betriebsbuße **83** 39
- unzulässige Personalbeurteilung **83** 39

Berlin-Klausel 131 1 f.

Berufsausbildung 5 56, 59; **60** 27; **87** 1; **96** 7, 8 f., 29; **98** 11, 13, 14, 38, *s. unter Auszubildende, s. unter Berufsbildung*

Berufsausbildungsverhältnis, *s. unter Ausbildungsverhältnis*

Berufsauszubildende, *s. unter Auszubildende*

Berufsbildung 75 139; **87** 1; **92a** 11, 37 ff.; **96** 1 ff.; **97** 1 ff.; **98** 1 ff.
- Abgrenzung zur Einweisung in den Arbeitsbereich **96** 12 ff.; **98** 47
- ältere Arbeitnehmer **80** 52; **96** 2, 36
- Anrufung der Einigungsstelle **96** 34; **97** 4, 10, 18 ff.; **98** 18, 27 ff., 31
- Anspruch des Arbeitnehmers auf ~ **96** 22, 35 f.
- – Freistellungsanspruch **96** 35 f.
- – Teilnahmeanspruch **96** 22, 35 f.
- Arbeitnehmer mit Familienpflichten **96** 2, 36
- Ausbilder, *s. unter Berufsbildungsmaßnahmen*
- außerbetriebliche ~ **96** 6, 7; **97** 2 f., 4, 9; **98** 5 f., 16, 50
- Begriff **96** 6 f., 11 ff., 15 ff., 20 f.; **98** 2 ff.
- Beratungspflicht des Arbeitgebers **97** 2 ff., 16 f.
- Beratungsrecht des Betriebsrats **96** 3, 4, 22, 32 ff., 37 f.; **97** 1 ff., 16 f.; **98** 16, 26; **118** 210
- Berufsausbildung **96** 7, 8 f., 29; **98** 14, 16, 17, 41
- Berufsbildungseinrichtung **96** 4, 22, 33; **97** 2, 3, 4, 5 ff.; **98** 16
- – Änderungen **97** 5
- – Ausstattung **97** 3, 7; **98** 13
- – Begriff **97** 5, 6
- – Beseitigung **97** 5
- – Errichtung **97** 3, 4, 5; **98** 13
- Berufsbildungsgesetz **98** 13, 17, 41 f.
- Berufsbildungsmaßnahmen, *s. dort*
- betriebliche **98** 3 ff.
- Ermittlung des Berufsbildungsbedarfs **96** 2, 3, 29 f., 37
- Förderung der ~ **96** 3, 6, 22 ff., 38; **97** 1; **118** 210
- Fortbildung **37** 138, 153, 155; **96** 7, 10, 16, 29, 36; **97** 22; **98** 10, 13, 17, 22, *s. dort*
- Initiativrecht des Betriebsrats **96** 3, 4; **97** 3, 10 ff., 18, 22 ff.; **98** 10; **102** 171, 172
- Job-AQTIV-Gesetz **96** 7
- Kosten **96** 33; **97** 19 f., 24; **98** 10, 16, 25 f., 30, 45, 48, 50
- persönlicher Geltungsbereich **5** 109; **96** 5, 7, 11; **98** 7, 51 f.
- Qualitätszirkel **96** 21
- Sanktionen **23** 192; **96** 38; **97** 17; **98** 38 ff., 41
- Schulungs- und Bildungsveranstaltung zum Thema ~ **37** 197; **65** 53
- Streitigkeiten **96** 37; **97** 16; **98** 31 ff.
- Teilzeitbeschäftigte **80** 37; **96** 2, 36
- Testkäufe **96** 20
- Umschulung **96** 7, 10, 29, 36; **97** 22; **98** 10, 13, 17, 22, 41, *s. dort*
- Unterrichtung des Betriebsrats **92** 8, 16, 21; **95** 37 f.; **96** 3, 29, 32
- Verbesserung des Verkaufspersonalverhaltens **96** 20
- Vorschlagsrecht des Betriebsrats **96** 3, 22, 34, 37; **97** 5; **98** 19
- Weiterbildungsgesetze der Länder **96** 11
- Zusammenarbeit mit den zuständigen Stellen **96** 25 ff.; **98** 19, 20, 22, 41
- zuständige Stellen für ~ **96** 26 f.
- Zweck **96** 1 ff., 11; **97** 3; **98** 3

Berufsbildungsmaßnahmen 92 8, 16, 21, 35, 36
- Absage **98** 10
- Anrufung der Einigungsstelle **97** 22; **98** 18, 27 ff., 31
- Anspruch auf Arbeitsentgeltfortzahlung **97** 24; **98** 15
- Anspruch der Betriebsratsmitglieder auf Teilnahme an ~ **37** 138, 153, 155; **38** 109 ff.
- Ausbilder **97** 7; **98** 1, 14, 19 ff., 35 ff., 43 f., 49 f., 51 f.

Sachverzeichnis

– – Abberufung **23** 188; **60** 51; **67** 27, 41; **97** 7; **98** 1, 17 ff., 20 f., 29, 36, 40 f., 46
– – arbeitsgerichtliches Verfahren **98** 29 ff., 39
– – Auswahl **98** 19
– – Bestellung **23** 189; **67** 27, 41; **97** 7; **98** 1, 17 ff., 29 ff., 40, 46 f.
– – Eignung **98** 18 ff., 38, 46
– – Einstellung **98** 40
– – Kündigung **98** 41
– – Maßnahmen nach § 23 Abs. 3 **98** 37
– – Ordnungsgeld **98** 35 ff.
– – Sanktionen nach dem BBiG **98** 38 f.
– – Unterrichtung des Betriebsrats **98** 16
– – Versetzung **98** 40 f.
– – Widerspruch des Betriebsrats **98** 17 ff., 21, 30 f., 37, 40, 46
– außerbetriebliche ~ **98** 5 f., 16, 50
– – gemeinsame Maßnahme mit anderen Unternehmen **98** 4 f.
– – Maßnahmen Dritter **98** 4, 47
– Auswahl der Teilnehmer an ~ **27** 69; **67** 27; **97** 4, 23; **98** 1, 5, 7, 10, 14, 16, 25 ff., 31, 45, 48, 50, 51 f.; **118** 212
– – außerbetriebliche ~ **97** 4; **98** 4, 22, 27, 47
– – Auswahlrichtlinie **97** 2, 3, 9; **98** 26
– – betriebliche ~ **97** 4, 8
– Begriff **96** 12 ff.
– – Abgrenzung zur Einweisung in den Arbeitsbereich gem. § 81 **96** 12 ff.
– – Anpassung der vorhandenen Kenntnisse und Fähigkeiten an veränderte Umstände **96** 18
– – Maßnahmen zur beruflichen Entwicklung einzelner Arbeitnehmer **96** 20
– – nützliche aber nicht notwendige Kenntnisse und Fähigkeiten **96** 19
– – qualitative Anforderungen **96** 15
– – Zusatzqualifikationen **96** 17
– betriebliche
– Ausgestaltung **98** 11 ff.
– betriebliche Berufsbildung, Begriff **98** 2 ff.
– Dauer der ~ **98** 10
– Durchführung betrieblicher ~ **96** 4, 33; **97** 8, 10, 18; **98** 1, 10 ff., 31, 48, 50, 51 f.; **118** 212
– – Sinn und Zweck **98** 10
– Einführung betrieblicher ~ **96** 4, 33; **97** 2, 3, 4, 8, 10 ff.; **98** 10, 26, 28; **118** 211
– – Änderung der Tätigkeit der Arbeitnehmer **97** 13 f.
– – Anrufung der Einigungsstelle **97** 10, 18 ff.
– – Auswahl der Teilnehmer **97** 8, 23
– – Fortbildungskurs **97** 8
– – korrigierendes Mitbestimmungsrecht **97** 11
– – mangelnde Qualifikation der Arbeitnehmer **97** 15
– – Planung technischer Anlagen, Arbeitsverfahren und Arbeitsabläufe oder Arbeitsplätze **97** 11, 12 ff.
– – Verhältnis zum Widerspruchsrecht nach § 102 Abs. 3 Nr. 4 **97** 22 f., 31; **98** 9; **102** 171, 172
– – Initiativrecht des Betriebsrats **E** 61; **21b** 12; **96** 3, 4; **97** 3, 10 ff., 18, 22 ff.; **98** 10; **102** 171, 172
– kollektiver Tatbestand **97** 20

– Kosten der ~ **97** 24; **98** 10, 16, 25 f., 30, 45, 48, 50
– leitende Angestellte **98** 20, 51 f.
– Rückzahlung von Ausbildungskosten **96** 33; **97** 24; **98** 16, *s. auch Berufsbildung*
– Sanktionen **98** 38 ff., 41
– sonstige ~ **98** 1, 7, 8, 45 ff., 52
– Streitigkeiten **98** 31 ff.
– Teilnahme des Arbeitgebers an außerbetrieblichen ~ **97** 2, 3, 9; **98** 5 f.
– Teilnahmepflicht der Arbeitnehmer **98** 15
– Tendenzbetrieb **93**; **118** 202, 210 ff.
– Zumutbarkeit der ~ **97** 22
– Zuständigkeit **28a** 35; **50** 53; **98** 9, 24
Beschäftigungsarten
– Wahlvorschläge **3 WO** 24
– Zusammensetzung der Jugend- und Auszubildendenvertretung **62** 5, 24 ff.; **63** 6
– Zusammensetzung des Betriebsrats **15** 1 f., 3, 6, 12; **19** 20
Beschäftigungsförderung, *s. unter Beschäftigungssicherung*
Beschäftigungssicherung E 60; **70** 10; **80** 2, 54, 75; **92a** 1 ff.; **111** 189; **118** 202, 205
– Abgrenzung zu anderen Beteiligungsrechten **92a** 1, 5, 9, 28, 37 ff.; **111** 248
– allgemeine Aufgaben des Betriebsrats **80** 2, 54, 75; **92a** 1, 5, 11
– Begründungspflicht des Arbeitgebers **92a** 4, 5, 6, 29 ff., 42 f.
– – Form **92a** 6, 32 ff.
– – Inhalt **92a** 30 f.
– – Schwellenwert **92a** 33
– Beratungspflicht des Arbeitgebers **92a** 4, 15 ff., 42 f.
– – Form **92a** 15, 19
– – Geheimhaltungsinteresse des Arbeitgebers **92a** 18
– – Themenbezug **92a** 20
– – Wiederholung **92a** 21
– – Zeitpunkt **92a** 16
– – Ziel **92a** 17
– Beschäftigungsförderung, Begriff **92a** 11 ff.
– beschäftigungspolitisches Mandat **92a** 7, 12 f.
– Beschäftigungssicherung, Begriff **92a** 10, 13
– Betriebsvereinbarung über ~ **92a** 27 f.
– Genese **92a** 1 f.
– Hinzuziehung eines Vertreters der Bundesagentur für Arbeit **92a** 2, 22 ff., 37 ff.
– – Auswahl des Vertreters **92a** 23
– – Beschluss des Betriebsrats **92a** 24
– – Geheimhaltungspflicht **92a** 26
– – Kosten **92a** 25
– – Zustimmung des Arbeitgebers **92a** 25
– – Zutritt zum Betrieb **92a** 24
– Produktions- und Investitionsprogramm **92a** 12 f., 28
– Regelungsabrede über ~ **92a** 27 f.
– Rückwirkungen auf den Kündigungsschutz **92a** 40 f., *s. auch personelle Angelegenheiten*
– Sanktionen **23** 192; **92a** 43
– Schulungs- und Bildungsveranstaltung zum Thema ~ **37** 197
– Streitigkeiten **92** 6, 45 ff.

- Tendenzbetrieb **118** 202, 205
- Vereinbarkeit mit Europarecht **92a** 45
- Vorschlagsrecht des Betriebsrats **21b** 12; **80** 75; **92a** 3 f., 6 f., 8 ff., 20 f., 29; **111** 248
- – Durchsetzung **92a** 14
- – Gegenstand **92a** 8 ff.
- – Themenbezug **92a** 20
- – Wiederholung **92a** 21
- – Zweck der Norm **92a** 1 ff., 5 ff., 9, 16, 29, 35

Beschäftigungsverbot 77 351, 375, 379

Beschlüsse
- Betriebsausschuss **27** 60, 66; **33** 3
- Bordvertretung **33** 2
- Einigungsstelle, *s. unter Einigungsstellenverfahren*
- Gesamt-Jugend- und Auszubildendenvertretung **33** 2; **73** 19, 30, 32 ff., 36, 56; **73a** 13 ff., 23 f.
- Gesamtbetriebsrat **33** 2; **48** 15; **49** 11; **51** 14, 18, 21, 30, 37, 45, 52, 62 ff.
- Jugend- und Auszubildendenvertretung **33** 2; **65** 3 f., 8, 30, 67, 83 f.; **66** 6; **67** 6, 16 f., 58; **69** 8, 18; **70** 18; **71** 27; **72** 13, 21 f., 25 f.; **73** 4, 14
- Konzern-Jugend- und Auszubildendenvertretung **33** 2; **73a** 21, 32, 34 ff., 38
- Konzernbetriebsrat **33** 2; **59** 24, 29 ff.
- Seebetriebsrat **33** 2
- Wahlvorstand **18** 11; **1 WO** 7 ff.; **4 WO** 8
- Wirtschaftsausschuss **33** 2; **108** 12

Beschlüsse des Betriebsrats 33 1 ff.
- Abstimmung in eigenen Angelegenheiten **25** 29 f., 44; **26** 7, 26, 65; **29** 43; **33** 20, 24 ff., 28, 60; **37** 283; **38** 60; **47** 38; **49** 17, 19
- Abstimmungsverfahren **33** 5, 37 ff.
- Abstimmungsverhalten **34** 15 f.
- – Nichtteilnahme an der Abstimmung **33** 17, 20, 30 f.
- – Stimmenthaltung **33** 16, 18, 30 f.
- – Weisungen **33** 36
- Alternativbeschlüsse **26** 35
- Änderung von Beschlüssen **33** 43 ff.; **35** 16, 21, 28, 29
- Anfechtung der Stimmabgabe **33** 50
- Anwendbarkeit der Vorschriften
- – Arbeitsgruppe nach § 28a **33** 3
- – Ausschüsse **33** 3
- – Gremien **33** 2
- Aufhebung von Beschlüssen **33** 43 ff.; **35** 16, 21, 28, 30
- Aussetzung von ~, *s. dort*
- Berücksichtigung der Stimmen der Jugend- und Auszubildendenvertretung **33** 1, 13, 22 f., 29, 34 f.
- Beschluss, Begriff **33** 7
- Beschlussfähigkeit **33** 1, 13 ff., 23, 28, 29, 63, 69
- – Divergieren von Ist- und Sollstärke des Betriebsrats **33** 14
- – Feststellung der Beschlussfähigkeit **33** 17
- – gewollte Beschlussunfähigkeit **33** 20
- – Nachweis der Beschlussfähigkeit **33** 18, 58
- – Sitzungsniederschrift **34** 15, 22, 27
- – Teilnahme der Hälfte der Betriebsratsmitglieder **33** 13, 16 f., 29
- – Zeitpunkt der Beschlussfähigkeit **33** 19
- Beschlussmängel **33** 47 ff.; **34** 10 f., 15; **35** 20, 21, 27; **36** 6, 19
- – Anfechtung des Beschlusses **33** 48 f.
- – Berechnung **33** 30 ff.
- – Beschlussfassungsmängel **33** 58 ff., 68; **67** 49
- – Formmängel **33** 64 f.; **34** 11
- – Heilung **33** 67 ff.
- – Inhaltsmängel **33** 46, 50
- – Ladungsmängel **33** 52 ff., 68; **67** 20, 34, 44
- – Nichtanfertigung der Sitzungsniederschrift **34** 10 f.
- – Rückwirkung **33** 66 ff.
- – Unwirksamkeit des Beschlusses **33** 47 f.
- – Verfahrensmängel **33** 46, 50, 51; **67** 70
- – Verstoß gegen die Geschäftsordnung **36** 19
- – Form der ~ **33** 40, 42, 66 f.; **34** 11
- – förmliche Betriebsratssitzung **33** 9 ff., 53
- – gerichtliche Kontrolle der ~ **33** 47 ff., 70
- – Konferenzschaltung **33** 11
- – konkludente ~ **26** 41; **33** 40 f.
- – Leitung der Abstimmung **33** 62
- – Rahmenbeschlüsse **26** 35
- – stillschweigende ~ **26** 37, 41, 45; **33** 39 ff.
- – Stimmengleichheit **33** 32
- – Stimmenmehrheit **33** 29 ff., 64
- – – absolute **33** 32 f.
- – – Berechnung **33** 30, 32
- – – einfache **33** 29 f., 35
- – Stimmrecht **33** 21 ff., 59 ff., 69
- – – Betriebsratsmitglied **33** 21
- – – Ersatzmitglieder **33** 21, 28, 58
- – – Jugend- und Auszubildendenvertretung, *s. unter Jugend-und Auszubildendenvertretung*
- – Streitigkeiten **33** 70; **40** 109
- – Umfrage, telegrafische oder telefonische **33** 11
- – Umlaufverfahren **33** 10 f.
- – Unwirksamkeit, Vertrauensschutz **103** 59
- – Vollzug der Beschlüsse **33** 8; **35** 16 f., 21, 27
- Zweck **33** 7

Beschwerdebeauftragter 84 16; **86** 5

Beschwerdeordnung 86 5 f., *s. auch Beschwerderecht des Arbeitnehmers*

Beschwerderecht des Arbeitnehmers 70 46; **84** 1 ff.; **85** 1 ff.; **86** 1 ff.
- Benachteiligungsverbot **84** 33 ff.; **85** 30
- Beschwerdebegriff **84** 7; **85** 4
- Beschwerderecht gegenüber dem Arbeitgeber, *s. dort*
- Beschwerderecht gegenüber dem Betriebsrat, *s. dort*
- betriebliche Beschwerdestelle **86** 7 ff., *s. auch Beschwerdestelle, betriebliche*
- Gegenstand der Beschwerde **84** 7 ff.; **85** 4
- – Amtstätigkeit des Betriebsrates oder der Betriebsratsmitglieder **84** 14 f.; **85** 4, 22
- – Beeinträchtigung aus dem Arbeitsverhältnis **84** 7 f., 12 f.; **85** 4
- – Mobbing **84** 8
- – Popularbeschwerde **80** 41; **84** 11; **85** 4, 22 f.
- – sexuelle Belästigung am Arbeitsplatz **84** 6, 29, 33
- – Sicherheit am Arbeitsplatz **84** 9
- – Tätigkeit des Datenschutzbeauftragten **84** 13; **85** 4

Sachverzeichnis

– – unberechtigte Abmahnung **85** 15
– – Verstoß gegen Umweltschutzvorschriften **84** 10; **85** 12
– persönlicher Geltungsbereich **vor 81** 21 ff.; **84** 3
– Regelung durch Kollektivvereinbarung **86** 1 ff.
– – Beschwerdeverfahren **86** 5 ff.
– – Betriebsvereinbarung **86** 1
– – Errichtung der betrieblichen Beschwerdestelle **86** 7 ff., *s. auch Beschwerdestelle, betriebliche*
– – Streitigkeiten **86** 13
– – Tarifvertrag **86** 1
– – Umfang der Dispositionsbefugnis **86** 3 f.
– – Verhältnis der Beschwerdeverfahren nach § 84 und § 85 **86** 6
– – Zweck der Dispositionsbefugnis **86** 2, *s. auch Individualrechte des Arbeitnehmers*
– Seebetriebe **115** 46
– Tendenzbetrieb **118** 189
– Verhältnis der Beschwerdeverfahren nach § 84 und § 85 **84** 2, 31; **85** 1, 6; **86** 6
Beschwerderecht gegenüber dem Arbeitgeber 84 1 ff.
– Abhilfe durch den Arbeitgeber **84** 24 ff.
– – Bestätigung der Berechtigung der Beschwerde **84** 26
– – Maßnahmen zur Abhilfe **84** 25
– – Mitteilung an den Arbeitnehmer **84** 27 f.; **86** 5
– – Unverzüglichkeit der Abhilfe **84** 24; **86** 5
– – Voraussetzungen des Abhilfeanspruchs **84** 25
– Ableitung aus der Fürsorgepflicht des Arbeitgebers **vor 81** 16; **84** 4
– Beschwerdebeauftragter **84** 16; **86** 5
– Einlegung weiterer Beschwerden in derselben Sache **84** 30
– Form **84** 21; **86** 5
– Frist **84** 21; **86** 5
– Gegenstand der Beschwerde, *s. unter Beschwerderecht des Arbeitnehmers*
– Hinzuziehung eins Betriebsratsmitglieds **84** 22 f., 37; **86** 5
– – Rechte und Pflichten des hinzugezogenen Betriebsratsmitglieds **84** 22 f.
– – Schweigepflicht des hinzugezogenen Betriebsratsmitglieds **79** 83, *s. auch Geheimhaltungspflicht*; **84** 23; **120** 49
– Wahlfreiheit des Arbeitnehmers **84** 22
– Kosten bei Ausübung während der Arbeitszeit **84** 20
– Rechtsfolgen der Beschwerde **84** 18 f.
– – aufschiebende Wirkung **84** 18
– – Benachteiligungsverbot **84** 33 ff.
– – Fristhemmung **84** 19, 32
– – Leistungsverweigerungsrecht **84** 18
– – Regelung durch Kollektivvereinbarung **86** 1 ff., *s. auch Beschwerderecht des Arbeitnehmers*
– Seebetriebe **115** 46
– Streitigkeiten **84** 36 f.
– Tendenzbetrieb **118** 189
– Verhältnis zum Beschwerdeverfahren nach § 85 **84** 2, 31; **85** 1, 6; **86** 6
– Verhältnis zur gerichtlichen Geltendmachung von Rechtsansprüchen **84** 32

– Verwirkung des ~ **84** 21
– zuständige Stelle **84** 16 f.; **86** 5
Beschwerderecht gegenüber dem Betriebsrat E 76, 87, 123; **39** 8, 30, 35; **70** 46, 51; **75** 21; **84** 1 f.; **85** 1 ff.; **87** 24, 187, 299, 463, 498 f., 504; **92a** 9
– Abhilfe durch den Arbeitgeber **85** 8, 24 f., 27 ff.
– – Anspruch des Arbeitnehmers **85** 8, 25
– – Maßnahmen zur Abhilfe **85** 8, 24 f.
– – Mitteilung an den Arbeitnehmer **85** 29; **86** 5
– – Unterrichtung des Betriebsrats **85** 28; **86** 5
– Anrufung der Einigungsstelle **76** 15, 153; **85** 9 ff.; **87** 187
– Anhörung des Arbeitnehmers **85** 24
– Antragsberechtigung **85** 9, 18; **86** 5
– Begründung zusätzlicher Leistungspflichten **85** 21
– Schweigepflicht der Einigungsstellenmitglieder **85** 26, *s. auch Geheimhaltungspflicht*
– – Streitigkeiten **85** 31
– – Unzuständigkeit für Rechtsstreitigkeiten **85** 4, 10 ff., 23
– – Zuständigkeit für Rechtsstreitigkeiten aufgrund freiwilliger Vereinbarung nach § 76 Abs. 6 **85** 16
– – Zuständigkeit für Regelungsstreitigkeiten **85** 4, 17 ff.
– Behandlung der Beschwerde durch den Betriebsrat **85** 6 ff.
– – Beschluss über Berechtigung **85** 6; **86** 5
– – Mitteilung an den Arbeitnehmer **85** 6, 9; **86** 5
– – Verhandlung mit dem Arbeitgeber **85** 7 f.; **86** 5
– – Vorprüfung **85** 6
– – Weiterleitung an den Arbeitgeber **85** 7 f.; **86** 5
– betriebliche Beschwerdestelle **86** 7 ff., *s. auch Beschwerdestelle, betriebliche*
– Form **85** 5; **86** 5
– Frist **85** 5; **86** 5
– Gegenstand der Beschwerde, *s. unter Beschwerderecht des Arbeitnehmers*
– Kosten bei Ausübung während der Arbeitszeit **39** 35; **85** 6
– persönlicher Geltungsbereich **vor 81** 21 ff.; **85** 2
– Rechtsfolgen der Beschwerde **85** 5, 30
– – aufschiebende Wirkung **85** 5
– – Benachteiligungsverbot **85** 30
– – Fristhemmung **85** 5
– – Regelung durch Kollektivvereinbarung **86** 1 ff.
– Rücknahme der Beschwerde **85** 5, 9, 18, *s. auch Beschwerderecht des Arbeitnehmers*
– Streitigkeiten **85** 31 ff.
– Tendenzbetrieb **118** 189
– Verhältnis zu Anregungen gegenüber der Jugend- und Auszubildendenvertretung **70** 46, 51
– Verhältnis zu § 80 Abs. 1 Nr. 3 **80** 2, 19, 41
– Verhältnis zum Beschwerdeverfahren nach § 84 **84** 2, 31; **85** 1, 6; **86** 6
– Verhältnis zum Vorschlagsrecht des Arbeitnehmers **86a** 5, 11
Beschwerdestelle, betriebliche
– Begünstigungsverbot **78** 8, 11; **86** 11; **119** 43 ff.
– Behinderungsverbot **vor 81** 31; **78** 8, 11; **86** 11; **103** 14; **119** 32 ff.

- Benachteiligungsverbot **78** 8, 11; **86** 11; **103** 14; **119** 43 ff.
- Errichtung durch Kollektivvereinbarung **76** 85; **86** 1, 8
- Geheimhaltungspflicht **79** 49, 62; **86** 11; **99** 159; **120** 32, 47, *s. auch dort*
- Kündigungsschutz **103** 14, *s. auch Beschwerderecht des Arbeitnehmers*
- Verfahren vor der ~ **86** 10
- Verhältnis zur Einigungsstelle **76** 85; **86** 8
- Verhältnis zur tariflichen Schlichtungsstelle **86** 8
- Zusammensetzung **86** 9

Beschwerdeverfahren, individuelles, *s. unter Beschwerderecht gegenüber dem Arbeitgeber*

Beschwerdeverfahren, kollektives, *s. unter Beschwerderecht gegenüber dem Betriebsrat*

Besonderes Verhandlungsgremium vor 106 55 f.
- Bestellung der inländischen Mitglieder **51** 85; **58** 34
- Ersatzmitglieder **25** 6
- Kosten **40** 52
- Kündigungsschutz **103** 13
- Rechtsstellung der Mitglieder **23** 10, *s. auch Europäischer Betriebsrat, s. auch SE-Betriebsrat*
- Vereinbarungsbefugnis **EBRG 17** 10

Besprechungen zwischen Arbeitgeber und Betriebsrat, *s. unter Monatliche Besprechungen*

Beteiligung der Arbeitnehmer im Aufsichtsrat, *s. unter Unternehmensmitbestimmung*

Betriebliche Altersversorgung
- betriebliche, *s. unter Altersversorgung*

Betriebliche Beschwerdestelle, *s. unter Beschwerdestelle, betriebliche*

Betriebliche Übung 75 41; **77** 4 f., 65, 79, 153, 254, 256, 262, 282 ff., 361, 364 ff., 369, 382, 385

Betriebliche Vertrauensleute 2 104 ff.
- Aufgaben **2** 105
- Funktion **2** 105 f.
- Regelung durch Betriebsvereinbarung **2** 107
- Wahl **2** 107

Betriebliches Vorschlagswesen, *s. unter Vorschlagswesen, betriebliches*

Betriebs- oder Geschäftsgeheimnisse
- Begriff **30** 25 f.; **31** 26; **79** 11 ff., 13; **106** 142
- Gefährdung von ~ **18a** 82; **53** 23 f., 46; **106** 141 ff.; **108** 45, 70; **109** 12; **110** 12; **111** 198, *s. auch Geheimhaltungspflicht*
- Unterlagen über ~ **80** 106; **108** 70
- Unterrichtungspflicht des Arbeitgebers gegenüber dem Betriebsrat **80** 94; **106** 46; **111** 198
- Unterrichtungspflicht des Unternehmers gegenüber dem Wirtschaftsausschuss **80** 94; **106** 141 ff.
- Unterrichtungspflicht des Unternehmers gegenüber der Betriebsräteversammlung **53** 23 f., 46
- Verletzung von ~ als Straftatbestand **106** 58, 72; **108** 31, 36, 47, 50; **120** 1 ff.

Betriebsabgrenzungsverfahren 7 158; **13** 44; **18** 1 f., 8, 19, 56 ff.; **19** 21, 23, 30, 70, 84, 149 ff.; **21a** 22, 42, 98
- Antragsberechtigte **18** 63 f.
- - Arbeitnehmer **18** 65
- - Betriebsrat **18** 63
- - Gewerkschaft **18** 63, 68

- - Wahlvorstand **18** 63
- Bedeutung **18** 56
- Beschlussverfahren **18** 66
- Beteiligungsberechtigte **18** 68
- Neuwahl des Betriebsrats **13** 44
- Organisationseinheit, Begriff **18** 58
- Präjudizwirkung **18** 68, 78
- Rechtskraft der Entscheidung **18** 69 ff.
- Rechtsschutzinteresse **18** 58, 68
- Zeitpunkt **18** 57 f., 63; **2 WO** 3

Betriebsabspaltung 21a 19, 24 f., 42, 50, 71, 91, 92; **21b** 32, *s. auch Spaltung von Betrieben und Unternehmen*

Betriebsabsprache, *s. unter Regelungsabrede*

Betriebsabteilung 111 88, *s. auch Abteilungsversammlung*

Betriebsänderung E 41, 42; **vor 106** 18 f., 19 ff.; **111** 1 ff.
- Abweichen vom Interessenausgleich als ~ **113** 27
- Adressat der Beteiligungsrechte **111** 253
- - im Insolvenzverfahren **111** 194
- - im Liquidationsverfahren **111** 194
- - Unternehmer **111** 193, *s. auch dort*
- Änderung der Betriebsanlagen **111** 152, 160 ff., 165 ff.; **112, 112a** 10
- Änderung der Betriebsorganisation **111** 82, 84, 93, 139, 151, 152 ff., 156, 165 ff., 169; **112, 112a** 11, 318
- Änderung des Betriebszwecks **111** 76, 152, 156 ff., 165 ff., 169
- Arbeitskampf **111** 83
- Auffangtatbestand **vor 106** 18 f., 20; **111** 56 ff., 65, 66, 93, 113, 123, 136, 151, 179 ff.
- Begriff der ~ **111** 179 ff.
- Beratungsrecht des Betriebsrats **vor 106** 18 f.; **111** 193 ff., 196, 247 ff., 270; **118** 156 f., 160
- - Betriebsänderung als solche **vor 106** 16 f., *s. unter Interessenausgleich;* **111** 157, 158, 159, 189 f.
- - Dauer der Beratung **111** 191 f.
- - Durchsetzung **111** 203
- - Tendenzbetrieb **111** 32, 35; **118** 156 f., 160
- - Verletzung des Beratungsrechts **111** 204 ff.; **121** 9
- - Vorschläge zur Beschäftigungssicherung **111** 189
- - wirtschaftliche Nachteile der Arbeitnehmer **111** 157 f., 159, 189 f., *s. unter Sozialplan*
- Bestehen eines Betriebsrats im Zeitpunkt der Entschließung zur ~ **111** 36 ff.
- - Betriebsrat kraft Restmandat **111** 27
- - Betriebsrat kraft Übergangsmandat **111** 26
- - Gesamtbetriebsrat **111** 25
- Betriebsbegriff **111** 18 ff., 69, 140 f.
- Betriebserweiterung **vor 106** 2; **111** 66
- Betriebsinhaberwechsel **80** 70; **111** 69, 75, 85, 108, 145 ff., 180; **112, 112a** 34
- Betriebsteil
- - Begriff **111** 87 f., 108
- - Wesentlichkeit **111** 89 ff., 108
- Betriebsübergang **80** 70; **111** 69, 75, 85, 108, 145 ff., 180; **112, 112a** 34
- Einführung neuer Arbeitsmethoden und Fertigungsverfahren **87** 180, 1081; **vor 106** 2; **111** 84, 93, 155, 164, 172 ff.; **112, 112a** 10, 318; **118** 4
- - Arbeitsmethode **111** 137
- - Fertigungsverfahren **111** 139

2335

Sachverzeichnis

- Einschränkung des Betriebs oder Betriebsteils, *s. unter Betriebseinschränkung*
- Flaggenwechsel eines Schiffes **116** 55
- gemeinsamer Betrieb mehrerer Unternehmen **111** 15, 146
- Gemeinschaftsunternehmen **111** 15, 146
- Gesellschafterwechsel **80** 70
- Hinzuziehung einer Auskunftsperson i. S. des § 80 Abs. 2 **111** 244
- Hinzuziehung eines Beraters **vor 106** 6; **111** 4, 207 ff., *s. unter Berater des Betriebsrats i. S. des § 111*
- Hinzuziehung eines Sachverständigen **111** 218, 245
- Insolvenz **111** 42, 71, 73, 80, 180, 254, *s. auch dort*
- Interessenausgleich, *s. dort*
- Kleinbetrieb **111** 18, 22
- Kleinunternehmen **111** 12
- Personalabbau, *s. dort*
- Restmandat **21b** 1, 28
- Schulungs- und Bildungsveranstaltung zum Thema ~ **37** 197, 222
- Schwellenwertermittlung **7** 8; **51** 81; **vor 106** 6; **111** 4, 9 ff., 22 ff.
- – Arbeitnehmer in Kleinbetrieben **111** 16
- – Betrieb als Bezugsmaßstab **111** 4, 8, 13, 52
- – freie Mitarbeiter **111** 18
- – Fremdfirmenarbeitnehmer **111** 18
- – in ausländischen Betrieben beschäftigte Arbeitnehmer **111** 16
- – jugendliche Arbeitnehmer **111** 18
- – Konzern als Bezugsmaßstab **111** 11
- – Leiharbeitnehmer **5** 127; **7** 107 ff.; **111** 18
- – leitende Angestellte **111** 18
- – nach Abspaltung oder Teilübertragung eines Unternehmensteils **111** 22
- – regelmäßig beschäftigte Arbeitnehmer **111** 19 f.
- – Teilzeitbeschäftigte **111** 17
- – Unternehmen als Bezugsmaßstab **9** 28; **51** 81; **111** 4, 9, 11 f.
- – wahlberechtigte Arbeitnehmer **111** 16
- – Zeitpunkt der Überschreitung des Schwellenwerts **111** 21
- Sozialplan, *s. dort*
- Spaltung von Betrieben **vor 106** 20 f.; **111** 65, 85, 139 ff., 154, 158, 169, 180; **112, 112a** 34
- – partielle Universalsukzession **vor 106** 19 f.; **111** 110, 113, 115, 143; **112, 112a** 23 f.; *s. auch dort*
- – Singularsukzession **111** 115 ff., 143; **112, 112a** 23
- – teleologische Reduktion **111** 49, 118
- Spaltung von Betriebsteilen **111** 151, 154
- Spaltung von Unternehmen **vor 106** 20 f.; **111** 141, 158, 180; **112, 112a** 34 ff.
- – in Produktions- und Beteiligungsgesellschaft **111** 127, 143, *s. auch Umwandlung*
- Stilllegung des ganzen Betriebs, *s. unter Betriebsstilllegung*
- Stilllegung wesentlicher Betriebsteile, *s. unter Betriebsstilllegung*
- Tendenzbetrieb **111** 47 ff.; **118** 3, 4, 9, 22, 55, 140 ff., 203
- Übergangsmandat, *s. dort*

- Umwandlung von Unternehmen, *s. unter Umwandlung*
- Unternehmen mit Auslandsbezug **111** 13, 22
- Unternehmensbegriff **111** 13 f.
- Unterrichtungspflicht des Unternehmers **111** 193, 196 ff., 267; **118** 156 f., 160
- – Durchsetzung der Unterrichtungspflicht **111** 202
- – Form **111** 161
- – Gefährdung von Betriebs- und Geschäftsgeheimnissen **111** 160
- – Tendenzbetrieb **111** 32 f.; **118** 156 f., 160
- – Umfang **111** 159
- – Verletzung der Unterrichtungspflicht **111** 204 ff., 209; **121** 8 f.
- – Vorlage der erforderlichen Unterlagen **111** 162, 186
- – Zeitpunkt der Unterrichtung **111** 33, 163 ff.; **118** 157, 160
- Verhältnis zu anderen Beteiligungsrechten **111** 2, 174, 248
- Verhältnis zwischen § 111 Satz 1 und 3 **111** 55 ff., 123, 132
- – abschließender Katalog **111** 37 ff.
- – Fiktion **111** 47
- – Generalklausel **111** 38 ff., 49, 50, 74, 86, 93, 107, 121, 142 ff.
- – unwiderlegbare Vermutung wesentlicher Nachteile **111** 41 ff., 65, 71, 75, 86, 89, 93, 104, 121, 134, 142
- Verlegung von Betrieben und wesentlichen Betriebsteilen **99** 111; **111** 77, 131 ff.; **112, 112a** 10
- – Einsatz eines Schiffes unter fremder Flagge **116** 55
- – grenzüberschreitend **111** 102
- – innerhalb eines Betriebs **111** 108
- – teleologische Reduktion bei auf Ortswechsel angelegten Betrieben **111** 106
- – teleologische Reduktion wegen Geringfügigkeit **111** 49, 104 f.
- Verletzung der Beteiligungsrechte des Betriebsrats **23** 198 ff.; **111** 267 ff.; **113** 15 f.; **121** 8 f.
- – Beseitigungsanspruch des Betriebsrats **23** 201
- – Durchsetzung im arbeitsgerichtlichen Beschlussverfahren **23** 193
- – einstweilige Verfügung **23** 193, 201, 203
- – Nachteilsausgleich **111** 205, 209, 215, *s. auch dort*
- – Ordnungswidrigkeit **23** 203; **111** 209; **121** 8 f.
- – Unterlassungsanspruch des Betriebsrats **23** 197 ff.; **111** 211 ff.
- – Wirksamkeit der ~ **111** 204
- – Wirksamkeit personeller Einzelmaßnahmen **111** 204
- – Zwangsverfahren gegen den Arbeitgeber **23** 203, 204; **111** 207
- Verschmelzung, *s. unter Umwandlung*
- wesentliche Nachteile für die Belegschaft **111** 58, 60 ff., 166, 183 ff.
- – erhebliche Teile der Belegschaft **111** 152 f.
- – Nachteil, Begriff **111** 144 ff.
- – Schwellenwert des § 17 Abs. 1 KSchG **111** 153
- – unwiderlegbare Vermutung **111** 41 ff., 65, 71, 75, 86, 89, 93, 104, 121, 134, 142

– – Wesentlichkeit **111** 147 ff.
– Zusammenschluss von Betrieben **vor 106** 20 f.; **111** 140 ff.; **112, 112a** 34 f.
– Zuständigkeit
– – des Betriebsrats **111** 195
– – des Gesamtbetriebsrats **50** 53; **111** 196 ff.
– – des Konzernbetriebsrats **111** 199
Betriebsangehörige, *s. unter Betriebszugehörigkeit*
Betriebsanlagen, Änderung 111 122, 129 ff., 132 ff.; **112, 112a** 10
Betriebsarzt 87 646, 671 ff., 724
– Abberufung von ~ **87** 680, 684 ff., 702 f.
– arbeitsmedizinische Vorsorgeuntersuchung **87** 639, 652, 655, 661 ff.
– Arbeitsschutzausschuss, *s. auch dort*
– ärztlicher Fragebogen **94** 21
– Aufgaben des ~ **87** 689 ff., 702 f.
– Auswahl von ~ **87** 679 ff.
– Bestellung von ~ **87** 672 ff., 682 f., 685 f., 690, 702 f.
– betriebsärztliches EDV-System **87** 524, 570
– Einsatzrecht von ~ **87** 674, 677
– Einsichtsrecht des Arbeitnehmers in die Unterlagen des ~ **83** 11 f.
– Einstellung von ~ **87** 679, 682 f.
– Einstellungsuntersuchung **94** 21
– freiberuflicher ~ **87** 679, 687 f., 691
– freiwillige Betriebsvereinbarung über Zahl und Einsatz von ~ **88** 12
– Hinzuziehung zur Unterrichtung über Gesundheitsgefahren **81** 16
– Initiativrecht des Betriebsrats **87** 690, 702 f.
– Konzern **87** 684
– Krankengespräche **87** 666; **94** 20
– Kündigung von ~ **87** 684
– leitender Angestellter **5** 232
– Rechtsstellung des ~ **87** 692
– Schweigepflicht **83** 11 f.; **94** 21, *s. auch Geheimhaltungspflicht*
– Sozialeinrichtung **87** 724
– überbetrieblicher Dienst **87** 679, 681, 687 f., 691
– Zusammenarbeit mit dem Betriebsrat und anderen Stellen **87** 693 ff.
Betriebsaufspaltung 1 51; **3** 9, 38, 62; **21a** 19, 24 f., 42, 50, 71, 91, 92; **21b** 32, *s. auch Spaltung von Betrieben und Unternehmen*
Betriebsausschuss 27 1 ff.
– Abberufung von Betriebsausschussmitgliedern **27** 30 ff., 49
– – Neuwahl **27** 35, 38, 49, 50
– – Verfahren **27** 32 ff.
– – Zuständigkeit **27** 31 f.
– Anwendungsbereich **27** 5 ff.
– Ausscheiden von Betriebsausschussmitgliedern **27** 28 ff., 39
– – Amtsenthebung des Betriebsratsmitglieds **27** 39
– – Auflösung des Betriebsrats **27** 28
– – Ende der Amtszeit des Betriebsrats **27** 28
– – Erlöschen der Mitgliedschaft im Betriebsrat **27** 28
– – Niederlegung des Betriebsausschussamts **24** 21; **27** 30

– Berichtspflicht des ~ gegenüber dem Betriebsrat **27** 61, 80
– Beschlussfähigkeit **33** 3
– Beschlussfassung des ~ **27** 60, 66; **33** 3
– Dispositivität in Kollektivvereinbarungen **27** 7, 16
– Einsicht in Lohn- und Gehaltslisten **27** 67, 74; **80** 107 ff., 114, *s. auch Lohn-und Gehaltslisten*
– Einsichtnahmerecht der Betriebsratsmitglieder in die Unterlagen des ~ **27** 62; **34** 35, 40
– Ersetzung von Betriebsausschussmitgliedern **27** 38 ff.
– – Ausscheiden des Vorsitzenden / Stellvertreters **27** 41
– – Grundsatz **27** 38
– – Minderheitenschutz **27** 44, 46 f., 50
– – Nachwahl **27** 40, 41, 42, 45, 46, 49 ff.
– – Regelung der Stellvertretung für zeitweilig verhinderte Mitglieder **27** 46
– – Verfahren bei fehlender Regelung durch den Betriebsrat **27** 47 ff.
– – vorsorgliche Wahl von Ersatzmitgliedern **27** 40, 42 f.; **45** ff.
– – Wahlverfahren **27** 42, 45 ff.
– Führung der laufenden Geschäfte, *s. unter laufende Geschäfte des Betriebsrats*
– Geschäftsführung des ~ **27** 52, 54, 79
– Aufgabenverteilung **27** 53
– Unterausschüsse **27** 79
– Geschäftsordnung des ~ **27** 61, 68, 80; **36** 3
– Kosten des ~ **40** 2, 7, 38; **41** 2
– Mitgliederzahl **E** 56 f.; **27** 2, 14, 38
– Absinken während der Amtszeit **27** 10
– Pflicht zur Bildung **27** 2, 10 ff., 38
– Rechtsstellung des ~ **27** 52
– Sitzungen des ~ **27** 55 ff.; **29** 2; **30** 2
– Arbeitsbefreiung der Mitglieder des ~ **37** 31, 49, 51 f.
– – Einberufung **27** 54, 55
– – Niederschrift **27** 54; **34** 3
– – Stimmrecht der Jugend- und Auszubildendenvertretung **27** 58, 75; **67** 50 ff.
– – Teilnahmerecht der Jugend- und Auszubildendenvertretung **27** 57 f.; **67** 7 f., 30 ff., 50 ff., 63, 68
– – Teilnahmerecht der Schwerbehindertenvertretung **27** 55 f.; **32** 1, 3
– – Teilnahmerecht des Arbeitgebers **27** 55 f.
– – Teilnahmerecht des Vertrauensmanns der Zivildienstleistenden **27** 56
– – Teilnahmerecht eines Gewerkschaftsvertreters **27** 55 f.; **31** 3 f.; **108** 36
– – Teilnahmerecht eines Vertreters der Arbeitgebervereinigung **27** 55 f.
– – Verhinderung des Betriebsratsvorsitzenden **27** 44, 52
– – Verhinderung weiterer Betriebsausschussmitglieder **27** 41
– – Zeitpunkt **27** 54
– Sprechstunden **27** 67, 69; **39** 18
– Streitigkeiten **27** 88
– Teilnahme an Betriebsräteversammlungen **53** 1, 8 ff., 13, 35, 41, 47

Sachverzeichnis

- Übertragung von Aufgaben zur selbständigen Erledigung **16** 27; **27** 2, 9, 52, 56, 57, 58, 63, 68 f., 70 ff., 85; **33** 3; **34** 11, 15; **35** 6; **47** 39
- – Abschluss von Betriebsvereinbarungen **27** 70, 81
- – Anrufung der Einigungsstelle **27** 81
- – Aussetzung von Beschlüssen des ~ **35** 5
- – Mitteilung an den Arbeitgeber **27** 83
- – Regelung der Rechte und Pflichten des ~ **27** 80
- – Schriftform des Übertragungsbeschlusses **27** 76 ff., 82; **34** 11, 15
- – soziale Angelegenheiten **87** 85
- – Streitigkeiten **27** 71, 88
- – Übertragungsbeschluss **27** 65, 68 f., 75 ff.
- – Umfang der Übertragung **27** 70 ff., 79, 82
- – Widerruf der Übertragung **27** 79, 82 f.
- – Übertragung von Aufgaben zur Vorbereitung **27** 67, 84
- Vorsitz **27** 53, 55
- Wahl der weiteren Ausschussmitglieder **19** 6; **27** 3 f., 14 ff., 70; **33** 7, 15; **47** 126
- – aktives Wahlrecht **27** 17, 18
- – Anfechtung der Wahl **19** 6; **27** 25 f.; **47** 124
- – Anfechtungsberechtigte **27** 27; **47** 124
- – Annahme der Wahl **27** 23, 30, 45
- – geheime Wahl **27** 16, 22, 25, 37
- – Gruppenprinzip **27** 3 f.
- – Listenwahl **27** 16, 18, 19, 21, 22, 33 f., 37, 46 f., 50
- – Mehrheitswahl **27** 16, 18, 20, 22, 35 f., 45, 47, 49
- – Minderheitenschutz **27** 16, 19, 24, 33, 35, 44, 46 f., 50
- – Neuwahl **27** 38, 49, 50
- – Nichtigkeit der Wahl **27** 24 ff.
- – Niederschrift **27** 18, 33
- – passives Wahlrecht **27** 14, 15, 17, 18, 28
- – Personenwahl **27** 16, 18, 20, 22, 35 f., 45, 47, 49
- – Stimmengleichheit **27** 20
- – Streitigkeiten **27** 26
- – Verhältniswahl **27** 16, 18, 19, 21, 22, 33 f., 37, 46 f., 50
- – Wahlgänge **27** 19 ff., 45
- – Wahlverfahren **27** 17, 19 ff.; **33** 7, 15
- – Wahlvorschläge **27** 16, 18, 21
- – Zeitpunkt der Bildung des ~ **27** 13, 17
- – Zusammensetzung des ~ **E** 56 f.; **27** 10, 14, 38
- – Betriebsratsvorsitzender **26** 29; **27** 14 f., 29, 40, 44
- – stellvertretender Betriebsratsvorsitzender **26** 62; **27** 14 f., 29, 40, 44
- – Zahl der weiteren Ausschussmitglieder **27** 2, 14, 40
- Zweck **27** 9, 52, 63 f., 69, 73

Betriebsautonomie
- Arbeitsbedingungen **28a** 53 f.; **77** 85, 93 ff., 108, 147, 179, 203, 280, 358 ff., 361, 365, 367, 374, 375; **87** 66
- – alle **77** 93, 96, 98, 101, 103, 108, 179
- – formelle **77** 93, 98, 100, 103, 104, 108, 147, 280, 358, 361; **87** 66
- – materielle **77** 93, 98, 100 ff., 108, 147, 358 ff., 365, 367, 374, 375; **87** 68

- Außenschranken **77** 84 ff.; **87** 144; **92a** 28
- – gegenstandsabgrenzende Funktion **77** 85, 93 ff.
- – Geltungsbereich der Betriebsvereinbarung **77** 85, 187 f., 193 ff., *s. unter Betriebsvereinbarung*
- – Günstigkeitsprinzip, *s. dort*
- – Tarifautonomie, *s. unter Regelungssperre des Tarifvertrags gegenüber der Betriebsvereinbarung*
- – Überschreitung **77** 63, 85, 140 ff.
- – zuständigkeitsabgrenzende Funktion **77** 85 ff., 96, 107 ff.
- – Zweck **77** 86 ff., 103, 105, 150; **87** 47, 52
- Innenschranken **E** 70; **77** 84, 188, 207, 329 ff.; **87** 115, 144
- – abstrakt-generelle Regelungen **77** 354 ff.
- – Billigkeitskontrolle, arbeitsgerichtliche **75** 33, 35; **77** 54, 83, 287, 329, 340, 342 ff., 402, 491
- – Bindung an die Grundsätze für die Behandlung der Betriebsangehörigen **75** 22, 36, 93, 126, 136, 157; **87** 47, 68
- – Gemeinwohl **77** 333
- – Grundrechte **E** 69; **77** 332 f., 375
- – Individualschutz **77** 37, 153, 329, 350 ff.
- – Individualsphäre des Arbeitnehmers **77** 351 ff., 375; **87** 144, 519
- – Schutzzweck der Betriebsvereinbarung **77** 358 ff., 364, 365, 367, 374, 375, 382
- – tarifdispositives Recht **77** 339 ff.
- – Überschreitung **77** 63
- – Verhältnismäßigkeitsgrundsatz **77** 348 f., 361, 364 f., 371 f., 375, 402
- – zwingendes staatliches Recht **77** 329, 330 ff., 361
- Rechtsnatur der Regelungsmacht der Betriebsparteien **77** 188 ff., 238 ff., 229 ff., *s. auch Betriebsvereinbarung*

Betriebsbegriff E 41, 109; **vor 47** 1; **1** 26 ff.; **5** 64; **21a** 20, 59; **60** 7 ff.; **111** 13 ff., 52, 112
- Abgrenzung zum Unternehmen **1** 27, 29, 31 ff.
- Betriebsabteilung **111** 115
- Betriebsfiktion bei abweichenden betriebsverfassungsrechtlichen Organisationseinheiten **vor 60** 39, 40; **3** 2, 48, 61 f.; **60** 10
- Betriebsstilllegung, *s. auch dort*
- Betriebsstilllegung **1** 61
- Betriebsteil, *s. dort*
- Betriebsübergang **1** 59, *s. auch dort*
- Betriebsunterbrechung **1** 58
- Betriebsverlegung **1** 58
- Definition **1** 28 f.
- Dispositivität des ~ in Kollektivvereinbarungen **1** 45; **4** 21
- Eigenbetrieb **E** 49; **130** 2
- gemeinsamer Betrieb mehrerer Unternehmen, *s. dort*
- Kampagnebetrieb **1** 101, 105
- Landbetrieb eines Luftfahrtunternehmens **117** 6
- Luftfahrzeug **117** 7
- Merkmale des ~ **1** 35 ff.
- – Dauerhaftigkeit **1** 42
- – einheitliche Belegschaft **1** 41
- – einheitliche Entscheidung in mitbestimmungspflichtigen Angelegenheiten **1** 43 f.
- – einheitliche technische Leitung **1** 41

2338

- – einheitlicher arbeitstechnischer Zweck **1** 38
- – einheitlicher Inhaber **1** 37
- – räumliche Einheit **1** 40
- Nebenbetrieb, *s. dort*
- private Haushalte **1** 28
- Regiebetrieb **130** 2
- Saisonbetrieb **1** 101, 105; **8** 37, 39
- Schiff **115** 1, 2
- Seebetrieb **114** 12
- Sozialeinrichtung **87** 786 ff.
- Streitigkeiten **1** 107 ff.
- vom BetrVG abweichende Organisationseinheit **111** 21, 69, 140
- Wechsel des arbeitstechnischen Zwecks **1** 58
- Zusammenfassung mehrerer Betriebe **1** 18

Betriebsbuße E 7; **83** 8, 39; **87** 157, 244 ff.
- Abmahnung **87** 251 ff.
- beförderungshemmende Missbilligung **87** 253, 267
- Betriebsbußenausschuss **28** 38
- Betriebsbußenordnung **87** 157, 245, 247, 256, 263 ff.
- – Art der Buße **87** 264, 268
- – Bekanntmachung im Betrieb **87** 264
- – Bestimmtheit **87** 264
- – Betriebsvereinbarung **87** 245, 247, 264
- – Bußtatbestand **87** 264
- – Geldbuße **87** 264, 268, 270, 273
- – Rechtsgrundlage **87** 245, 247, 264
- – Tarifvertrag **87** 245, 247, 264
- Betriebsratsmitglieder **87** 261
- Entlassung **87** 265 f.
- Initiativrecht **87** 248, 274
- Kriminalstrafen **87** 250
- Kündigung **87** 255, 265 f., 277
- Personalakte, Berichtigung **83** 39
- Rückgruppierung **87** 267
- Sanktionscharakter **87** 246, 250, 253, 258
- Tilgung der ~ **87** 271, 273
- Verhängung einer ~ **87** 157, 246, 249, 250, 263, 268 f.
- – arbeitsgerichtliche Kontrolle **87** 273, 275 ff.
- – Beteiligung des Betriebsrats **87** 272
- – Beteiligung des Ordnungsausschusses **87** 273
- – Einsicht in die Unterlagen **83** 8
- – Opportunitätsprinzip **87** 271
- – Schriftform **87** 273
- – Verfahren **87** 271
- – Verhältnismäßigkeitsprinzip **87** 268 f.
- Versetzung **87** 267
- Vertragsstrafe i. S. des §§ 339 ff. BGB **87** 249
- Zulässigkeit **87** 244 ff., 263 f.

Betriebseinschränkung vor 106 2; **106** 72 f.
- Einschränkung des ganzen Betriebs **vor 106** 2; **111** 81 ff.; **112, 112a** 10, 319, 321
- – arbeitskampfbedingte Produktionsunterbrechung **74** 47, 80; **111** 67
- – Einführung von Kurzarbeit **111** 70
- – Entzug sächlicher Betriebsmittel **111** 68 ff.
- – Herabsetzung der Leistungsfähigkeit **111** 66 ff., 73 ff.
- – Personalabbau **111** 72 ff.

- – teleologische Reduktion **111** 47, 71
- – Verringerung der Betriebsanlagenauslastung **111** 70
- – Wechsel vom Mehr- zum Einschichtsystem **111** 70
- Einschränkung wesentlicher Betriebsteile **111** 81, 126 f., 130
- – Entzug sächlicher Betriebsmittel **111** 99
- – Herabsetzung der Leistungsfähigkeit **111** 96 f., 101
- – Personalabbau **111** 99, *s. auch Betriebsänderung*

Betriebsferien 87 151 f., 473 ff., 481 ff., 484, 487; **102** 10, 13, 14

Betriebsfrieden 70 31, 36, 39; **71** 47; **74** 30 ff.
- Arbeitskampfverbot, *s. dort*
- Begriff **74** 134
- Entfernung betriebsstörender Arbeitnehmer, *s. dort*
- Friedenspflicht, allgemeine, *s. dort*
- gewerkschaftliche Betätigung von Funktionsträgern, *s. dort*
- Plaketten-Tragen im Betrieb **20** 21; **74** 106, 123; **87** 236
- Störung des ~ **104** 8 f.
- Störung des ~ als Zustimmungsverweigerungsgrund i. S. des § 99 **88** 30 f.; **99** 227 f.; **104** 1 f., 4
- Störung des ~ durch Anbringen bzw. Entfernen von Aushängen am schwarzen Brett **40** 37, 169 f.; **74** 140 ff.
- Störung des ~ durch Gewerkschaftsvertreter **2** 77, 84, 90
- Störung des ~ durch parteipolitische Betätigung des Arbeitnehmers **74** 105 f., 135
- Verbot parteipolitischer Betätigung, *s. dort*

Betriebsführungsgesellschaft 47 24

Betriebsgeheimnis, *s. unter Betriebs- oder Geschäftsgeheimnisse*

Betriebsgruppe, *s. unter Arbeitsgruppe, s. unter Gruppenarbeit*

Betriebsinhaberwechsel, *s. unter Betriebsübergang*

Betriebskrankenkasse 87 724

Betriebsobmann E 13; **9** 1, 26 ff.; **13** 54, 59

Betriebsorganisation, Änderung 106 79; **111** 66, 68, 74, 110, 121, 122 ff., 126, 132 ff., 135; **112, 112a** 10, 252

Betriebsrat E 109, 117
- Akten des ~ **26** 30; **34** 32; **40** 214 ff., 225
- – Wahlakten **18** 42; **1 WO** 4, 13; **16 WO** 4; **19 WO** 1 ff.; **26 WO** 6 f.; **34 WO** 3
- Antragsrecht
- – Amtsenthebung eines Jugend- und Auszubildendenvertreters **65** 9
- – Auflösung der Jugend- und Auszubildendenvertretung **65** 11
- – Einberufung der Jugend- und Auszubildendenversammlung **71** 26
- – Einberufung der Jugend- und Auszubildendenvertretungssitzung **65** 71
- – Zwangsverfahren gegen den Arbeitgeber **23** 254 ff., 272, 295, 296
- Arbeitsverteilung **36** 15; **37** 30, 46 f., 101, 178, 218
- Behandlung der Betriebsangehörigen durch ~ **75** 1 f., 9 f., 21, 22, 101, 145

Sachverzeichnis

- Beratungsrecht
- – Beschäftigungssicherung **92a** 4, 15 ff., 42 f.
- – Personalplanung **92** 6, 33 ff.
- Bestellung und Abberufung der Wirtschaftsausschussmitglieder **107** 22 ff., 33
- Betriebsvereinbarungen mit ~ **77** 43, 63
- Einsichtsrecht in Unterlagen **80** 95 ff., *s. auch* Unterlagen
- Einziehung von Gewerkschaftsbeiträgen **41** 7
- Errichtung des ~ **14** 9
- – Zwang zur Errichtung **E** 96; **1** 2; **13** 19, 29
- Geheimhaltungspflicht **vor 81** 5; **79** 1 ff., 48; **80** 94, 124; **81** 25; **82** 22 f.; **83** 29; **84** 23; **90** 27; **94** 51; **99** 157 ff.; **102** 122
- Geldsammlungen des ~ **41** 4 f.
- Grundrechtsfähigkeit **E** 71
- Haftung, *s. dort*
- Information über personelle Veränderungen bei leitenden Angestellten **105** 5
- Initiativrecht
- – Auswahlrichtlinien **95** 25 f., 29
- – Berufsbildungsmaßnahmen **E** 60; **96** 3, 4; **97** 3, 10 f., 18, 22 f.; **98** 9; **102** 171, 172
- – Entfernung betriebsstörender Arbeitnehmer **104** 4
- – soziale Angelegenheiten, *s. dort*
- Kassenführung **41** 6
- Kooptationsrecht **107** 53 ff.
- Mitbeurteilungsrecht bei Ein- und Umgruppierung **99** 63 ff., 81; **100** 6
- Mitgliederzahl, *s. dort*
- Neutralitätspflicht, *s. dort*
- Organ der Betriebsverfassung **E** 97 f.
- Rechtsfähigkeit **E** 71; **1** 73 ff.; **40** 102, 208
- Rechtsnatur **1** 63 ff.
- Repräsentant der Belegschaft **1** 65 f.
- Selbstübernahme der Aufgaben des Wirtschaftsausschusses **107** 13, 47, 51 f.
- Spendenaufruf des ~ **41** 5
- Tendenzbetrieb **118** 180
- umfassende funktionelle Zuständigkeit in sozialen Angelegenheiten **vor 87** 3; **88** 7
- Unterrichtung durch den Arbeitgeber
- – Abhilfe einer Individualbeschwerde **85** 28
- – allgemeiner Anspruch auf Unterrichtung **80** 57 ff., 65
- – Erläuterung des Jahresabschlusses **108** 53, 57, 58, 68 ff.
- – Gestaltung von Arbeitsplatz, -ablauf, -umgebung **90** 25 ff.
- – Personalplanung **92** 6, 21 ff.; **95** 35 f.
- – personelle Einzelmaßnahmen **99** 120 ff.
- – Übernahmeangebot **vor 106** 35 ff.
- – vorläufige Durchführung personeller Maßnahmen **100** 23 ff.
- Unterrichtung durch den Wirtschaftsausschuss **106** 55; **108** 54 ff., 59; **111** 191 f., 209
- Verbot des Eingriffs in die Betriebsleitung **E** 95; **77** 23, 31 ff.
- Verhältnis zum

- – Gesamtbetriebsrat **50** 2, 6, 13 ff., 16 ff., 20, 23, 25, 59, 81 ff.; **51** 74
- – Konzernbetriebsrat **54** 3, 39; **58** 1 f., 7 f., 18, 21, 54
- Vermögensfähigkeit **1** 72 ff., 77, 79; **40** 208 ff., 218 f.
- Vertretung des ~, *s. dort*
- Vertretungsmonopol des ~ **2** 107; **3** 5
- Vorschlagsrecht
- – Beschäftigungssicherung **92a** 3 f., 6 f., 8 ff., 20 f.; 29; **111** 189
- – Frauenförderpläne **92** 42
- – Personalplanung **92** 6, 12, 21, 33, 37 ff.
- Wahlschutz **119** 18 ff.
- Weiterbeschäftigung auszubildender Funktionsträger **78a** 64, 97, 209; **99** 38
- Widerspruchsrecht
- bei vorläufiger Durchführung personeller Maßnahmen **100** 33 ff.
- Zusammenarbeit mit anderen Organen
- – Jugend- und Auszubildendenvertretung **80** 22 43 ff.
- – Schwerbehindertenvertretung **80** 46
- Zusammensetzung des ~, *s. dort*
- Zustimmungsrecht bei Kündigung oder Versetzung von Funktionsträgern **103** 54
- Zustimmungsverweigerungsrecht bei personellen Einzelmaßnahmen **99** 160 ff.

Betriebsräteversammlung E 109; **vor 47** 6, 11; **53** 1 ff.; **59** 4
- Abschluss von Betriebsvereinbarungen **53** 59
- Arbeitsbefreiung der Betriebsratsmitglieder **37** 31, 32, 41, 45, 55, 101; **40** 50
- Befugnisse der ~ **53** 55 ff.
- Beschlussfassung der ~ **53** 56 ff.
- Dispositivität in Kollektivvereinbarungen **53** 4
- Durchführung der ~ **53** 39 f.
- Einberufung der ~ **53** 29, 30 ff.
- – Folgen der Nichteinberufung **53** 37
- – Ladung **53** 32, 34 ff.
- – Tagesordnung **53** 31, 33, 34 ff., 51
- Friedenspflicht **53** 26
- Funktion **53** 3, 25, 55 ff.
- Genese **53** 1 f.
- Geschäftsordnung **53** 40
- Häufigkeit **53** 16, 27, 34
- Kosten der ~ **53** 27, 34, 60 f.
- Lagebericht des Unternehmers **vor 47** 11; **53** 1 ff., 16, 20, 29, 32, 33, 34, 40, 48
- – Gleichstellung von Frauen und Männern **53** 2, 22
- – Integration ausländischer Arbeitnehmer **53** 2, 22
- – Lage und Entwicklung des Unternehmens **53** 1, 23
- – Personalwesen **53** 1 f., 20 f.
- – Sozialwesen **53** 1 f., 20 f.
- – Umweltschutz **53** 2, 24
- – Vertreter des Unternehmers **53** 50
- Leitung der ~ **53** 19, 38
- Nichtöffentlichkeit **53** 41 ff.
- Ort **53** 31
- Presseerklärung der ~ **53** 45
- Streitigkeiten **53** 62

2340

Sachverzeichnis

- Tätigkeitsbericht des Gesamtbetriebsrats **53** 1, 3, 16, 18 f., 31, 33, 40, 47
- Teilnehmerkreis **53** 1, 7 ff., 28, 41 ff.
- – abweichende Entsendung von Betriebsratsmitgliedern **53** 7, 8, 11 ff., 41, 47
- – Arbeitgebervereinigungsvertreter **53** 7, 36, 41, 52, 54, 56
- – Betriebsausschussmitglieder **53** 1, 8 ff., 13, 35, 41, 47
- – Betriebsratsvorsitzende **53** 8 ff., 13, 35, 41, 47
- – einköpfiger Betriebsrat **53** 10, 14
- – Gäste **53** 43 f., 46, 52, 56
- – Gesamt-Jugend- und Auszubildendenvertreter **53** 42
- – Gesamtbetriebsratsmitglieder **53** 7, 13 ff., 28, 41, 47
- – Gesamtschwerbehindertenvertretung **52** 20; **53** 41
- – Gewerkschaftsvertreter **2** 61; **53** 7, 36, 41, 53, 56
- – Konzern-Jugend- und Auszubildendenvertreter **53** 42
- – Konzernbetriebsratsmitglieder **53** 42
- – Sachverständige **53** 43 f., 46, 52, 56
- – stellvertretende Betriebsratsvorsitzende **53** 8 ff., 13, 35, 41, 47
- – Unternehmer **53** 7, 32, 34, 41, 48 ff., 56
- – Wirtschaftsausschussmitglieder **53** 42
- Teilversammlung **53** 1, 28
- Themen der ~ **53** 16 ff., 25 f., 33
- Verbot parteipolitischer Betätigung **53** 26
- Zeitpunkt der ~ **53** 29, 31, 60
- Zweck **53** 1, 3

Betriebsratsbeschlüsse, *s. unter Beschlüsse des Betriebsrats*

Betriebsratsfähigkeit 1 97 ff.; **3** 11; **9** 5; **21** 37 f.; **21a** 26 ff., 34
- Absinken der Arbeitnehmerzahl **1** 107; **9** 23 f.; **3 WO** 1
- Arbeitnehmerbegriff, *s. dort*
- Betriebsbegriff, *s. dort*
- Betriebsteil, *s. dort*
- Nebenbetrieb, *s. dort*
- Schwellenwertermittlung **1** 97, 101 ff.
- – aktiv und passiv Wahlberechtigte **1** 106; **7** 8; **11** 2, 7; **38** 12
- – Auszubildende **38** 12
- – befristet Beschäftigte **1** 101
- – Eingliederungsvertragsbeschäftigte **5** 108
- – Fremdfirmenarbeitnehmer **1** 102
- – Heimarbeitnehmer **38** 12
- – Kampagnebetrieb **1** 101, 105
- – Leiharbeitnehmer **1** 102; **7** 107 ff.
- – leitende Angestellte **1** 100; **38** 12
- – Probezeit **1** 101
- – regelmäßig beschäftigte Arbeitnehmer **1** 104 f.; **7** 8; **38** 12; **60** 36
- – ruhendes Arbeitsverhältnis **1** 103
- – Saisonarbeitnehmer **1** 101, 105
- – ständig beschäftigte Arbeitnehmer **1** 101 ff.; **7** 8; **60** 21
- – Teilzeitbeschäftigte **38** 12
- Streitigkeiten **1** 108 ff.

- Verlust der ~ **1** 107; **21** 37 f.

Betriebsratsgröße, *s. unter Mitgliederzahl des Betriebsrats*

Betriebsratsloser Betrieb
- Bestellung des Wahlvorstands **1 WO** 2
- Gesamtbetriebsvereinbarung **50** 56, 62, 86
- Wahl eines Betriebsrats **vor 1 WO** 4; **7** 8
- Zuständigkeit der Gesamtschwerbehindertenvertretung **52** 14
- Zuständigkeit der Konzernschwerbehindertenvertretung **59a** 11
- Zuständigkeit des Betriebsrats **54** 68
- Zuständigkeit des Gesamtbetriebsrats
- – kraft Auftrags **50** 63, 73
- – originäre **vor 47** 11; **47** 22, 48; **48** 11; **50** 3, 54 ff., 85; **51** 67
- Zuständigkeit des Konzernbetriebsrats
- – kraft Auftrags **58** 40, 42
- – originäre **54** 56; **55** 8, 20; **58** 2, 35 ff., 42; **59** 8

Betriebsratsmitglied
- Ab- und Rückmeldung am Arbeitsplatz **30** 13; **36** 15; **37** 56 ff., 308, 312; **38** 93 f.; **87** 188 ff., 222
- Abmahnung **23** 26, 37, 41, 47, 61; **37** 29, 45, 52, 62; **87** 259 ff.
- Amtspflichtverletzungen **103** 70
- – gleichzeitig Mitglied eines Unternehmensorgans **103** 70
- Anfechtungsrecht
- – Betriebsratsvorsitzendenwahl **26** 19
- – Wahl der weiteren Betriebsausschussmitglieder **27** 27
- Anspruch auf Benutzung der Betriebsratsliteratur **34** 40
- Arbeitsbefreiung von ~, *s. dort*
- Arbeitsentgeltfortzahlung an ~, *s. dort*
- Arbeitsentgeltschutz **30** 13, 15, 18, *s. auch dort*
- Aufsuchen von Arbeitnehmern am Arbeitsplatz **2** 51, 64 ff.; **39** 37 f.; **87** 190
- Beendigung der Mitgliedschaft im Betriebsausschuss **27** 37
- Begünstigungsverbot **23** 34; **78** 11; **119** 43 ff.
- Behandlung der Betriebsangehörigen durch ~ **75** 10, 22, 101
- Behinderungsverbot **78** 11; **119** 32 ff.
- Benachteiligungsverbot **23** 36, 38, 54; **80** 13, 58; **119** 43 ff.
- Beschwerde des Arbeitnehmers über Tätigkeit eines ~ **84** 14 f.; **85** 4, 22
- Betriebsbuße **87** 261
- Ehrenamt **E** 99; **37** 11 ff., 82, 105, 159, 228 ff., 237, 326; **40** 1; **41** 1, 8
- Einsichtnahmerecht in die Unterlagen des Betriebsrats **34** 12, 26, 31 ff., *s. unter Unterlagen*
- Freizeitausgleich, *s. dort*
- Geheimhaltungspflicht **vor 81** 5; **23** 36; **30** 25; **79** 47; **80** 94, 124; **81** 25; **82** 22 f.; **83** 29; **84** 23; **90** 27; **92a** 18; **94** 51; **99** 157 ff.; **102** 122; **120** 31, 47
- gewerkschaftliche Betätigung **74** 146 ff., *s. auch dort*
- Grundrechte **E** 71
- Haftung, *s. dort*
- Kündigungsschutz **19** 136; **21** 20, 50; **23** 113 f., 141; **103** 4, 16 f., 26, 37, 47

2341

Sachverzeichnis

- Neutralitätspflicht, *s. dort*
- Sozialversicherung **37** 21
- Teilnahme an Betriebsratssitzungen **30** 13
- teilzeitbeschäftigte ~
- – Freistellung **38** 26, 31, 41, 43
- – Freizeitausgleich **37** 53, 81, 85, 88, 90, 93 ff., 103, 117, 122, 126
- – Teilnahme an Schulungs- und Bildungsveranstaltungen **37** 158, 166 f., 170, 177, 227 ff., 233 ff., 241, 242 f.
- Übergangsmandat **21a** 35
- Verlassen des Betriebs **87** 190
- Weiterbeschäftigung auszubildender Funktionsträger **78a** 29, 53
- Zahl der ~, *s. unter Mitgliederzahl*

Betriebsratssitzungen 29 23 ff.; **30** 1 ff.
- Arbeitsbefreiung der Betriebsratsmitglieder **37** 30, 31, 47, 51 ff., 55, 91, 92, 97, 101; **40** 50
- Berücksichtigung betrieblicher Notwendigkeiten
- – Nichtbeachtung **30** 10
- – Zeitpunkt **30** 5 ff.
- Dauer **37** 51
- Dispositivität in Kollektivvereinbarungen **29** 2; **30** 3
- Einberufung **29** 23 ff.; **77** 34
- – Anregung anderer Personen **29** 24, 27; **32** 12; **67** 53, 55
- – Antrag des Arbeitgebers **29** 27 ff., 37, 71 f.
- – Antrag eines Viertels der Betriebsratsmitglieder **29** 25, 27 ff., 53
- – außerordentliche ~ **29** 24, 35
- – Betriebsratsvorsitzender **26** 29; **27** 69; **29** 23 ff.
- – turnusmäßige, ordentliche ~ **29** 24, 37
- – Verpflichtung zur Einberufung **29** 24, 27 ff.
- – förmliche ~ **29** 23; **33** 9 f., 53; **34** 6; **38** 55
- – gemeinsame ~ mit dem Sprecherausschuss **29** 86 ff.; **30** 4; **34** 5
- – Hinzuziehung von
- – – Auskunftsperson i. S. des § 80 Abs. 2 **30** 15, 22
- – – sachkundiger Arbeitnehmer **30** 15, 22
- – – Sachverständiger **29** 49; **30** 15, 21 f.; **31** 14, 18
- – – Schreibkraft **30** 24; **34** 8, 9
- – – Vertreter der Arbeitgebervereinigung **29** 49, 80 ff.; **30** 20
- – informelle ~ **29** 23
- – Ladung **29** 33 ff.
- – – Arbeitgeber **29** 37, 47, 71 f.
- – – Betriebsratsmitglieder **29** 39
- – – durch den Betriebsratsvorsitzenden **26** 29; **29** 33
- – – Entbehrlichkeit **29** 37 f.; **33** 53
- – – Ersatzmitglieder **29** 43 ff.; **30** 23; **33** 26, 59, 68
- – – Ersetzung durch Beschluss **29** 25, **33** 53
- – – Form **29** 34
- – – Frist **29** 35
- – – Gewerkschaftsvertreter **29** 37, 48; **31** 1, 10, 15
- – – Inhalt **29** 33
- – – Jugend- und Auszubildendenvertreter **29** 42, 43, 45; **33** 56; **67** 19 f., 33 ff., 43 f.
- – – Mängel **33** 52 ff.; **37** 51; **67** 20, 34, 44
- – – Sachverständiger **29** 49
- – – Schwerbehindertenvertretung **29** 40, 46; **32** 12 f.
- – – Sprecherausschuss **29** 50, 86
- – – Vertrauensmann der Zivildienstleistenden **29** 41, 46
- – – Verzicht auf Ladung **29** 37
- – Leitung der ~ **29** 26, 65 ff., 75; **31** 22, 25
- – – Ausschluss von Sitzungsteilnehmern **29** 69 f.; **31** 25
- – – Betriebsratsvorsitzender **26** 29; **29** 26, 65
- – – Hausrecht **29** 67 f.; **31** 25
- – – Ordnungsruf **29** 68 f.; **31** 25
- – Nichtöffentlichkeit **29** 44, 67, 74; **30** 19 ff.; **33** 11, 61; **35** 31
- – Ort der ~ **30** 5
- – Protokollführer **30** 23; **34** 8, 9, 20
- – Selbstzusammentritt der Betriebsratsmitglieder **26** 50, 69 f., 71; **29** 25 f., 31
- – Sitzungsgelder **37** 18
- – Sitzungsniederschrift, *s. dort*
- – Streitigkeiten **29** 90; **30** 29
- – Tagesordnung **29** 29, 38 ff., 51 ff.; **30** 17; **86a** 6, 12, 13
- – – Absetzung eines Tagesordnungspunktes **29** 64, 79
- – – Änderung oder Ergänzung **29** 32, 59 ff.; **31** 12
- – – Antrag auf Aufnahme eines Beratungsgegenstands **29** 51, 53; **32** 12; **86a** 6, 12, 13
- – – Antrag auf Aufnahme eines Beratungsgegenstands durch die Jugend- und Auszubildendenvertretung, *s. unter Jugend-und Auszubildendenvertretung*
- – – Festsetzung **26** 29; **29** 51 f.
- – – Mitteilung an Arbeitgeber **29** 37, 47, 71 f.; **30** 18
- – – Mitteilung an Sitzungsteilnehmer **29** 38 ff., 51
- – – Vertagung eines Tagesordnungspunktes **29** 76; **31** 10
- – Teilnahmerecht der Jugend- und Auszubildendenvertretung, *s. unter Jugend-und Auszubildendenvertretung*
- – Teilnahmerecht der Schwerbehindertenvertretung **29** 40, 46, 75; **30** 14, 19; **32** 1 ff., 11 ff.
- – – Antragsrecht zur Aufnahme von Beratungsgegenständen **32** 12
- – – Beratungsrecht **32** 11, 16
- – – generelles Teilnahmerecht **32** 11, 19
- – – Ladung **29** 40, 46; **32** 12 f.
- – – Pflicht zur Teilnahme **32** 14
- – – Streitigkeiten **32** 20
- – – Verhinderung der Schwerbehindertenvertretung **32** 15
- – – Ziel **32** 1
- – – zusätzliche Teilnahmerechte **32** 3
- – – Zweck **32** 1
- – Teilnahmerecht des Arbeitgebers **29** 37, 47, 67 f., 71 ff.; **30** 16, 17, 19
- – – Aushändigung der Sitzungsniederschrift **29** 79; **34** 1, 2, 12, 24, 27, 29
- – – Einberufungsantrag **29** 27 ff., 37, 71 f., 76 f.
- – – Hinzuziehung eines Rechtsanwalts **29** 73, 74
- – – Hinzuziehung eines sachkundigen Arbeitnehmers **29** 74
- – – Hinzuziehung eines Vertreters der Arbeitgebervereinigung **29** 49, 80 ff.; **30** 20
- – – Ladung **29** 37, 47, 71 f.
- – – Pflicht des Arbeitgebers **29** 77 f.

Sachverzeichnis

- – Rederecht **29** 75
- – Stimmrecht **29** 75
- – Vertreter des Arbeitgebers **29** 73, 77, 80
- Teilnahmerecht des Gewerkschaftsvertreters **2** 60; **29** 37, 48, 75; **30** 19, 25; **31** 1 ff.
- – Antrag eines Viertels der Betriebsratsmitglieder **31** 1, 7 ff., 13
- – Aushändigung der Sitzungsniederschrift **34** 1, 2, 12, 24, 27
- – Ausschluss des Gewerkschaftsvertreters **31** 25
- – Auswahl des Gewerkschaftsvertreters **31** 16
- – Beratungsrecht **31** 22
- – Beschluss des Betriebsrats **31** 12, 13
- – generelles Teilnahmerecht **31** 19 f.
- – im Betrieb vertretene Gewerkschaft **31** 11, 13 f., 20
- – Ladung **29** 37, 48; **31** 1, 10, 15
- – Nachweis des Auftrags der Gewerkschaft **31** 17
- – nicht im Betrieb vertretene Gewerkschaft **31** 14
- – selbständiges Teilnahmerecht **31** 7
- – Streitigkeiten **31** 28
- Teilnahmerecht des Sprecherausschusses **29** 50, 86; **30** 19
- Teilnahmerecht des Vertrauensmanns der Zivildienstleistenden **29** 41, 46; **30** 19
- Teilnahmerecht des zusätzlichen Arbeitnehmervertreters **3** 59
- Zeitpunkt der ~ **30** 1 ff.; **33** 56; **37** 51, 53, 97
- – außerhalb der Arbeitszeit **30** 9, 16
- – Berücksichtigung betrieblicher Notwendigkeiten **29** 24; **30** 5 ff., 17
- – Mitteilung an den Arbeitgeber **30** 17 ff.
- – Nichtbeachtung betrieblicher Notwendigkeiten **30** 12, 17
- – während der Arbeitszeit **30** 5, 7

Betriebsratsvorsitzender 26 1 ff.
- Amtspflichtverletzung **29** 31 f.
- Amtszeit des ~ **26** 24 ff.
- – Abberufung **26** 23, 26 f., 42, 75; **29** 31
- – Amtsenthebung **26** 25, 27, 42, 65; **29** 31
- – Amtsniederlegung **26** 25, 75
- – regelmäßige **26** 25
- – Wahlanfechtung **26** 21, 76
- Aufgaben des ~ **26** 29 ff.; **27** 69
- – Aktenführung des Betriebsrats **26** 30; **34** 32
- – Aussetzung von Beschlüssen **35** 20
- – Einberufung von Betriebsratssitzungen **26** 29; **27** 69; **29** 23 ff.
- – Einsicht in Lohn- und Gehaltslisten **80** 115 f.
- – Festsetzung der Tagesordnung von Betriebsratssitzungen **26** 29; **29** 51 f.
- – Feststellung der Beschlussfähigkeit **33** 17
- – Führung der laufenden Geschäfte des Betriebsrats **26** 30, 34; **27** 2, 5, 85 ff.
- – Ladung zu Betriebsratssitzungen **26** 29; **29** 33
- – Leitung von Betriebsratssitzungen **26** 29; **29** 26, 65 ff., 75; **31** 22; **33** 61
- – Leitung von Betriebsversammlungen **26** 29, 60; **42** 20, 28, 33 ff., 69, 79
- – Mitgliedschaft im Betriebsausschuss **26** 29; **27** 14 f., 29, 40, 44, 52

- – Sprechstunden des Betriebsrats **39** 18
- – Teilnahme an Betriebsräteversammlungen **53** 8 ff., 13, 35, 41, 47
- – Teilnahme an Jugend- und Auszubildendenversammlungen **71** 14, 55
- – Teilnahme an Sitzungen der Jugend- und Auszubildendenvertretung **26** 29, 60; **65** 65, 67, 77; **67** 16
- – Teilnahme an Sprechstunden der Jugend- und Auszubildendenvertretung **26** 29, 60; **69** 22 ff.
- – Unterzeichnung der Sitzungsniederschriften **26** 29; **34** 8, 18, 20, 25
- – Vertretung des Betriebsrats, *s. dort*
- Dispositivität in Kollektivvereinbarungen **26** 3, 7, 10
- Rechtsstellung
- – Hausrecht **29** 67 ff.; **31** 25; **42** 20, 35 f., 38 ff., 41, 79; **45** 25; **46** 13
- – Schadenersatzverpflichtung **26** 42
- stellvertretender ~, *s. dort*
- Streitigkeiten **26** 75 f.
- Verhinderung des ~ **26** 57, 62, 64 ff.; **27** 41, 53; **42** 33
- Vertretung des Betriebsrats, *s. dort*
- Wahl des ~ **19** 6; **26** 5 ff., 75 f.; **27** 70; **29** 6, 9, 12; **33** 7, 15; **47** 126
- – aktives Wahlrecht **26** 7 f., 15
- – Anfechtung der Wahl **19** 6; **26** 16 ff., 76; **47** 124
- – Bestellung durch das Arbeitsgericht **26** 5
- – Gruppenprinzip **26** 1, 20
- – Neuwahl **26** 28, 67, 70
- – Nichtannahme der Wahl **26** 24
- – Nichtigkeit der Wahl **26** 15, 76
- – Niederschrift **26** 14
- – passives Wahlrecht **26** 7 f., 15
- – Verfahren **26** 9 ff., 15, 20; **33** 7, 15
- – Verzicht auf die Kandidatur **26** 24
- – Zeitpunkt **26** 6, 9, 24; **29** 6, 9, 12

Betriebsratswahl, *s. unter Wahl des Betriebsrats*

Betriebsstilllegung
- **1** 61; **8** 66; **21** 46; **111** 50 ff., *s. auch Betriebsänderung*
- Anhörung bei Kündigung **102** 8, 59
- Arbeitskampfmaßnahme **74** 47, 80; **87** 430, 468; **111** 83
- Auflösung der Arbeitsverhältnisse durch Betriebsvereinbarung **77** 383
- Betriebsänderung **111** 66 ff.
- Betriebsferien **87** 151 f.
- Betriebsvereinbarungen
- – Fortgeltung nach ~ **77** 419, 421 f., 446
- – Kündigung wegen ~ **77** 413
- Erlöschen der Mitgliedschaft im Betriebsrat **21** 46; **24** 23, 32, 49, 54
- Kündigung oder Versetzung von Funktionsträgern **103** 18, 31 f.; **34** 34
- Restmandat **21b** 1, 7 ff.
- Stilllegung des ganzen Betriebs **vor 106** 2; **111** 67 ff., 82, 83, 136; **112, 112a** 10, 320
- – Auffanggesellschaft **111** 64
- – Auflösung der Betriebs- und Produktionsgemeinschaft **111** 51, 55 ff.
- – Beschäftigungsgesellschaft **111** 64
- – Betriebsunterbrechung **111** 62 ff., 107

2343

Sachverzeichnis

- – Definition **111** 51
- – Liquidationsbeschluss **111** 57
- – Produktionseinstellung **111** 56
- – Saisonbetrieb **111** 64
- – volitive Komponente **111** 53 f.
- – Stilllegung wesentlicher Betriebsteile **111** 113 ff., 129 f., 136
- – Personalabbau **111** 93, 95
- – Schwellenwerte des § 17 Abs. 1 KSchG **111** 90 ff.
- – Tatbestand **111** 94 f.
- – Teilbetriebsstilllegung **21b** 15

Betriebsstörender Arbeitnehmer, s. unter Entfernung betriebsstörender Arbeitnehmer

Betriebsteil E 109; **1** 44; **4** 1 ff., 9 ff.; **18** 58 ff., 71 f.; **19** 70; **21a** 56

- Abstimmung der Arbeitnehmer über die Teilnahme an der Betriebsratswahl des Hauptbetriebs **vor 47** 5; **4** 1, 6, 15, 19 ff.; **60** 8
- – Abstimmung **4** 20 f.
- – ausländische Betriebsteile **4** 23
- – kein Betriebsrat **4** 20
- – Kosten der Abstimmung **4** 21
- – Rechtsfolgen **4** 22
- Abteilungsversammlung **42** 73
- Außendienst **7** 47
- ausländischer ~ inländischer Unternehmen **1** 10 f.; **4** 23; **7** 48 f., 51
- Begriff **1** 44; **4** 4 f.; **42** 73; **111** 114 f.
- Betriebsabgrenzungsverfahren, s. dort
- Betriebsabteilung **111** 115
- Betriebsversammlung **42** 73
- eigenständiger ~ **1** 11; **4** 1, 4, 9 ff., 18 ff.; **18** 58 ff., 71 f.; **60** 8, 13; **111** 19, 69, 114, 140
- – Betriebsfiktion **4** 18
- – eigene Leitung **4** 4, 9
- – eigenständiger Aufgabenbereich und Organisation **4** 1, 4, 9, 15 f.
- – räumliche Entfernung **4** 1, 4, 9, 10 ff.
- – Schwellenwert **4** 9, s. unter Betriebsratsfähigkeit
- – Zweck **4** 10
- einfacher ~ **4** 4, 15
- Hauptbetrieb, Begriff **4** 2, 6, 7
- Kündigungsschutzrecht **4** 24
- qualifizierter ~ **4** 4, 19, 22
- Satelliten- und Nachbarschaftsbüro **5** 69
- Streitigkeiten **4** 25 f.
- unselbständiger ~ **1** 11
- Wahl des Betriebsrats **3 WO** 20; **24 WO** 2, 12, 18, 19
- Zuordnung zum Hauptbetrieb **4** 1, 3, 7; **5** 69; **7** 47; **9** 6; **14a** 14, 28; **15** 11; **18** 58 ff., 71 f.; **38** 12; **60** 8 f., 11, 13 f.; **62** 11
- Zuordnungstarifvertrag **3** 1

Betriebsübergang 8 32, 36, 50 f.; **19** 81, 149
- Anhörung bei Kündigung **102** 9
- Auswirkungen auf
- Gesamtbetriebsrat **47** 26
- Auswirkungen auf das Betriebsratsamt
- – Veräußerung des gesamten Betriebs **21** 39 f.; **24** 45
- – Veräußerung eines Betriebsteils **24** 45 f., 56; **25** 30

- Betriebsänderungstatbestand **111** 69, 75, 85, 108, 145 ff., 180; **112, 112a** 34
- Betriebsarzt **87** 684
- Betriebsbegriff **1** 59
- Betriebsvereinbarung
- – Fortgeltung nach ~ **77** 432 ff.
- – mit dem Erwerber vor ~ **77** 48
- – Zustimmung der Arbeitnehmer **77** 383
- Gesamtbetriebsvereinbarung, Fortgeltung nach ~ **50** 92 ff.
- insolvenzbedingter ~ **112, 112a** 110 ff.
- Interessenausgleich **112, 112a** 34, 110 ff.
- – nach § 125 Abs. 1 InsO **112, 112a** 110 ff.
- – nach § 323 Abs. 2 UmwG **112, 112a** 121 ff.
- Kündigung oder Versetzung von Funktionsträgern **103** 18, 32 f.
- Nachteilsausgleich **113** 7, 66, 78
- Sozialeinrichtung **87** 728, 735, 785
- Sozialplan
- – Abänderung des Sozialplans nach ~ **112, 112a** 230, 250
- – Sozialplanansprüche nach ~ **112, 112a** 184, 230, 250
- – Sozialplanprivileg **112, 112a** 326, 332
- – steuerrechtliche Behandlung von Sozialplanleistungen nach ~ **112, 112a** 490 ff., 499
- – Verlust der Sozialplananwartschaft **112, 112a** 392, 423
- – Verringerung der Haftungsmasse **112, 112a** 423
- Tendenzbetrieb **118** 162 f.
- Übergangsmandat **21a** 1, 4, 84 ff., s. dort
- Unterrichtung des Betriebsrats **80** 70; **111** 69, 75, 85, 108, 145 ff., 180
- Unterrichtung des Wirtschaftsausschusses **vor 106** 46; **106** 87, 106, 109
- Widerspruchsrecht des Arbeitnehmers **24** 45 f., 59; **25** 36; **77** 383; **102** 8; **111** 108; **113** 66, 78
- – Kündigung **102** 8; **103** 33
- – Verlust des Abfindungsanspruchs **112, 112a** 348

Betriebsübung, s. unter Betriebliche Übung
Betriebsveräußerung, s. unter Betriebsübergang
Betriebsvereinbarung
- Abgrenzung zur Regelungsabrede **77** 9, 35
- Ablösungsprinzip **77** 256, 262, 268, 282, 285, 287, 289, 292, 359, 401 f., 446, 476; **87** 47; **112, 112a** 233 f.
- Abschluss der ~ **77** 37, 38 ff., 45
- Abschlussmängel **77** 51, 53, 60, 62 ff.
- Änderung der ~ **77** 80, 410, 417
- Anfechtung der ~ **77** 70
- Anhörung des Sprecherausschusses **2** 9; **77** 60 f.
- Arten
- – dreiseitige ~ **77** 44, 48, 197
- – erzwingbare ~ **77** 39, 448 ff.
- – freiwillige ~, s. dort
- – Gesamtbetriebsvereinbarung, s. dort
- – Konzernbetriebsvereinbarung, s. dort
- – lediglich nachwirkende ~ **77** 471
- – mehrgliedrige ~ **77** 46 f.
- – Rahmenbetriebsvereinbarung **77** 54
- – teilmitbestimmte ~ **77** 453 ff.

- – umstrukturierende ~ **77** 256, 287, 293 ff., 385, 422
- – verschlechternde ~ **77** 262, 268, 282 ff., 345, 348, 360, 361, 364 ff., 402
- Auslage im Betrieb **77** 38, 49, 55 ff.; **87** 282
- Auslegungsgrundsätze für ~ **77** 71 ff.; **112, 112a** 163
- Beendigung der ~ **77** 37, 184 f., 220, 225, 396 ff.
- – Ablösung durch nachfolgende Betriebsvereinbarung **77** 359, 401, 446
- – Amtszeit des Betriebsrats **77** 428 ff.
- – Anfechtung **77** 70
- – Aufhebungsvertrag **77** 400, 446
- – Befristung **77** 398, 408, 446, 474
- – Betriebsstilllegung **77** 419, 421 f., 446
- – Betriebsübergang **21a** 39, 79; **77** 432 ff.
- – Kündigung **77** 70, 396, 400, 403 ff., 422, 430, 446, 469; **87** 91
- – rechtsgeschäftlicher Betriebsinhaberwechsel **77** 436 ff.
- – Spaltung des Betriebs **21a** 39, 79; **77** 419, 423 ff., 433, 446
- – Tod des Arbeitgebers **77** 428
- – Umwandlung des Unternehmens **77** 432 ff.
- – Untergang des Betriebs **77** 419 ff., 446
- – Verschmelzung von Betrieben **21a** 39, 79; **77** 419, 423 ff., 435, 440, 446
- – Wegfall der Betriebsratsfähigkeit **77** 430, 446
- – Zweckerreichung **77** 399, 407
- Begriff **77** 7, 35
- Bekanntmachung im Betrieb **77** 38, 45 ff., 49; **87** 282
- Beschluss des Betriebsrats **77** 45, 51, 400, 414
- Betriebsautonomie, *s. dort*
- Billigkeitskontrolle, arbeitsgerichtliche **75** 33, 35; **77** 54, 83, 287, 329, 340, 342 ff., 402, 491
- Bordvereinbarung **115** 5, 54; **116** 53
- Durchführungsanspruch des Betriebsrats **77** 24 f., 55, 57, 210, 477
- Durchführungspflicht des Arbeitgebers **77** 23 ff., 55, 57, 210, 477
- Einigungsstellenspruch als ~ **76** 140 ff.; **77** 23, 24, 37, 38 f., 45, 55, 60, 63, 215, 224, 405
- Form der ~ **34** 25; **77** 38, 45, 49 ff., 63, 400, 417; **94** 13
- freiwillige ~, *s. dort*
- Geltungsgrund der ~ **77** 188 ff., 238 ff., 244 ff.
- – Delegationstheorie **77** 246 ff., 252
- – Lehre vom Arbeitsverband im Betrieb **77** 241
- – mandatorische Vertreterkonstruktion **77** 238, 241, 246
- – normologische Rechtstheorie **77** 239
- – privatheteronomes Rechtsgeschäft **77** 240, 250 ff., 356
- – Tatbestandstheorie **77** 245
- – Theorie delegierter Autonomie **77** 248 f.
- Genese **77** 36
- Grenzen der Regelungsmacht, *s. unter Betriebsautonomie*
- Günstigkeitsprinzip, *s. dort*
- Hinweispflicht des Arbeitgebers gegenüber den Arbeitnehmern auf ~ **77** 58 f.
- Inkrafttreten der ~ **77** 214 ff.
- Jeweiligkeitsklausel **77** 207
- Konkurrenz zwischen ~ und
- – Gesamtbetriebsvereinbarung **50** 82 f.
- – Gruppenbetriebsvereinbarung **28a** 54
- Kündigung der ~ **77** 70, 396, 400, 403 ff., 422, 430, 446, 469; **87** 91; **94** 14 f.
- – Änderungskündigung **77** 410, 417
- – außerordentliche Kündigung **77** 70, 407, 408, 413, 422, 446, 469; **112, 112a** 243 ff.
- – insolvenzbedingte Kündigung **77** 409; **112, 112a** 261
- – Kündigungserklärung **77** 414 f.
- – Kündigungsfrist **77** 403, 407, 408, 416
- – ordentliche Kündigung **77** 404 f., 416; **112, 112a** 237 ff.
- – Regelung in der Betriebsvereinbarung **77** 408
- – Teilkündigung **77** 70, 410; **112, 112a** 241
- Modifizierung der Betriebsverfassung durch ~ **77** 234, *s. unter Dispositivität der Betriebsverfassung in Kollektivvereinbarungen*
- Nachwirkung, *s. dort*
- Nichtigkeit der ~ **75** 144; **77** 63 ff., 85, 140 ff., 170, 184
- Öffnungsklausel in der ~ **77** 307 ff.
- Öffnungsklausel, tarifvertragliche, *s. dort*
- Parteien der ~ **77** 43 ff., 63
- – Arbeitsgruppe i. S. des § 28a **28a** 43, 50, 51 ff., 55 f., 57 ff.; **77** 44, 63
- – Ausschuss **77** 44
- – Betriebserwerber vor Betriebsübergang **77** 48
- – Betriebsrat **21a** 79; **77** 43, 63
- – Betriebsräteversammlung **53** 59
- – Betriebsversammlung **45** 12; **77** 44
- – gemeinsamer Betrieb mehrerer Unternehmen **77** 46
- – Gesamt-Jugend- und Auszubildendenvertretung **77** 44
- – Gesamtbetriebsrat **50** 11, 55, 72, 77; **77** 44, 63
- – Jugend- und Auszubildendenvertretung **60** 49; **77** 44
- – Konzernbetriebsrat **58** 6, 9 ff., 49, 53; **77** 44, 63
- – Sprecherausschuss **77** 44, 60 f., 197
- – Wirtschaftsausschuss **77** 44
- persönlicher Geltungsbereich von ~ **77** 187, 193 ff., 229, 237, 422
- – Aktivbelegschaft **77** 199 ff., 229, 421 f.
- – Arbeitgeber **77** 194
- – Auszubildende **77** 194
- – Belegschaft als solche **77** 208, 233
- – Beschränkung **77** 198
- – betriebsangehörige Arbeitnehmer **77** 194 ff., 229
- – Heimarbeitnehmer **77** 194
- – Leiharbeitnehmer **5** 128; **77** 204
- – leitende Angestellte **5** 12, 159; **77** 60, 195 f.
- – Ruhestandsverhältnisse **77** 199 ff., 206 f., 313, 365
- räumlicher Geltungsbereich von ~ **77** 187, 193, 212 f.
- Rechtsnatur der ~ **E** 70, 95; **77** 40 ff., 186, 189 ff.
- – Beschlusstheorie **77** 40 f.

2345

Sachverzeichnis

- – Normenvertrag **77** 189 ff., 196, 238
- – Satzungstheorie **77** 40 f.
- – Vereinbarungstheorie **77** 40 f.
- – Vertragstheorie **E** 69, 94; **77** 40 ff., 186
- – Rechtswirkungen **77** 186 ff.
- – normative **77** 35, 37, 81, 189 ff., 234, 238 ff., 253
- – obligatorische **77** 35, 82, 106, 187, 196, 209 ff., 226, 229
- – unmittelbar **77** 186 f., 189 ff., 194, 237 ff., 253, 309, 397, 444, 472 ff.
- – zwingend **77** 186 ff., 194, 209, 253 ff., 307 ff., 397, 444, 472 ff.; **87** 91
- – Regelungsinhalt
- – – Abhilfemaßnahmen bei Belastung durch Änderung von Arbeitsplatz, Arbeitsablauf, Arbeitsumgebung **91** 25
- – – Abkürzung von Verjährungsfristen **77** 310, 321, 323 ff., 380
- – – Altersgrenzen, *s. dort*
- – – Altersversorgungsansprüche, *s. unter Altersversorgung, betriebliche*
- – – Anhörungspflicht bei Kündigung **102** 120
- – – Arbeitskleidung, Kosten **77** 392
- – – außerbetriebliche Lebensgestaltung **77** 375 ff.
- – – Ausschluss der Arbeitsgerichtsbarkeit **77** 236
- – – Ausschlussfristen **77** 310, 321, 323 ff., 374
- – – Ausschreibung von Arbeitsplätzen **93** 38 ff., 46
- – – Auswahlrichtlinien **77** 229; **95** 8 ff., 45 f.
- – – Berufsbildung **98** 12, 15
- – – Beschäftigungssicherung **92a** 27 f.
- – – Beschwerdeverfahren **86** 1 ff.
- – – Beteiligungsrechte des Betriebsrats, *s. unter Dispositivität der Betriebsverfassung in Kollektivvereinbarungen*
- – – Betriebsausflüge **77** 381
- – – Betriebsbußenordnung, *s. unter Betriebsbuße*
- – – Datenerhebung **75** 126; **77** 394
- – – Einigungsstellenverfahren **76** 103, 123
- – – Einziehung von Gewerkschaftsbeiträgen **77** 376
- – – Errichtung der betrieblichen Beschwerdestelle **76** 85; **86** 7 ff.
- – – Errichtung der Einigungsstelle **76** 34
- – – Errichtung des Sprecherausschusses **3** 5, 24, 27
- – – Errichtung von vom BetrVG abweichenden betriebsverfassungsrechtlichen Organisationseinheiten **E** 104; **3** 1 ff.
- – – Formvorschriften **77** 230
- – – Geschäftsordnung des Betriebsrats **36** 14
- – – Haftungsbeschränkungen **77** 390 f.
- – – Individualrechte des Arbeitnehmers **vor 81** 34; **86** 1 ff.
- – – Kündigungsschutz **77** 382 ff.
- – – Kurzarbeit **77** 54, 393
- – – Lohnabtretungsverbot **77** 351, 375, 377
- – – Lohnverwendungsvorschrift **77** 351, 375 f.; **87** 740
- – – Nebenbeschäftigungsverbot **77** 351, 375, 379
- – – Rahmenvereinbarung über Arbeitsgruppen i. S. des § 28a **28a** 17, 18 ff., 40, 47, 49, 62; **75** 152 f.
- – – Rauchverbot **77** 361
- – – Schiedsvertrag **77** 236
- – – soziale Angelegenheiten, *s. dort*
- – – Sprechstunden des Betriebsrats **36** 14; **39** 2, 6, 11, 14 ff., 20, 29; **77** 235
- – – Stellenausschreibung, innerbetriebliche **93** 38 ff., 46
- – – Tendenzschutz **118** 17, 40, 42 f., 46
- – – Torkontrollen **75** 125; **77** 361; **87** 222, 564 f.
- – – Übergangsmandat, Verlängerung **21a** 8, 33, 45, 51 f., 81, 83
- – – Übertragung von Aufgaben auf gemeinsamen Ausschuss **28** 41, 46
- – – Vergütungsordnung für Einigungsstellenmitglieder **76a** 59 ff.
- – – Verlängerung der Äußerungsfrist bei Kündigung **102** 141
- – – Verwendung von Beurteilungsgrundsätzen **94** 13, 14 f., 25
- – – Verwendung von Formulararbeitsverträgen mit persönlichen Angaben **94** 13, 14 f., 25
- – – Verwendung von Personalfragebogen **94** 13, 14 f., 25
- – – Werkmietwohnungen **77** 205 ff., 217, 422
- – – Wettbewerbsverbot **77** 380, 422
- – – Wiedereinstellungsklausel **77** 230
- – – Zeitpunkt von Betriebsratssitzungen **30** 13
- – Regelungssperre des Tarifvertrages gegenüber der ~, *s. dort*
- – Regelungstypen **77** 208, 226 ff.
- – – Abschlussnormen **77** 227, 229
- – – Beendigungsnormen **77** 227, 228
- – – Betriebsnormen **77** 208, 227, 231, 279
- – – betriebsverfassungsrechtliche Fragen **77** 227, 234 ff.
- – – Individualnormen **77** 354 ff.
- – – Inhaltsnormen **77** 227, 228, 230, 232, 279
- – – Ordnungsnormen **77** 231 f.
- – – Solidarnormen **77** 208, 231, 233
- – Revisibilität **77** 81 f., 477 ff.
- – Rückwirkung der ~ **77** 217 ff., 364 f.; **87** 136
- – Schranken der Regelungsmacht, *s. unter Betriebsautonomie*
- – Schriftform **34** 25; **77** 38, 45, 49 ff., 63, 400, 417
- – schwebende Unwirksamkeit **77** 140
- – Seeschifffahrtsunternehmen **114** 1; **115** 1, 54; **116** 1, 53
- – Sozialplan **112, 112a** 157 ff., 161 f.
- – Streitigkeiten **77** 27, 31, 477 ff.
- – tarifvertragliche Öffnungsklausel, *s. unter Öffnungsklausel, tarifvertragliche*
- – Tarifvorrang **86** 1; **112, 112a** 174 ff.
- – teilmitbestimmte ~ **88** 5
- – Teilnichtigkeit **77** 66, 410; **112, 112a** 166
- – Überwachung der Durchführung von ~ durch den Betriebsrat **80** 21 ff.
- – Umdeutung der ~ **77** 64 f., 144 f.
- – Unterlassungsanspruch der Gewerkschaft **77** 143, 483 f., 486 f.
- – Unterlassungsanspruch des Betriebsrats **77** 27
- – Unwirksamkeit **50** 82 f.; **77** 140 f., 184, 397
- – Verbot des Eingriffs in die Betriebsleitung **E** 95; **77** 23, 31 ff.

- Verstoß gegen ~ als Zustimmungsverweigerungsgrund i. S. des § 99 **99** 75, 196
- Verweisung der ~ auf
  - - Anlagen **77** 50
  - - dynamische Verweisung **77** 53; **87** 5
  - - fremde Betriebsvereinbarung **77** 52 f.
  - - Gesamtzusage **77** 50, 52
  - - Tarifvertrag **77** 52 f., 150, 174, 176; **87** 5
- Verwirkung der Rechte aus der ~ **77** 310, 320 ff.
- Verzicht auf Rechte aus der ~ **77** 259, 310 ff.; **112, 112a** 169, 190
  - - Aufhebungsvertrag **112, 112a** 170
  - - Ausgleichsquittung **77** 315
  - - einseitiges Rechtsgeschäft **77** 314
  - - prozessualer Verzicht **77** 316
  - - Vergleich **77** 317; **112, 112a** 170
  - - Zustimmung des Betriebsrats **77** 310 ff.
- Vollzugsrecht des Betriebsrats **77** 33
- Wegfall der Geschäftsgrundlage **77** 422, 431
- zeitlicher Geltungsbereich von ~ **77** 187, 193, 214 ff.

Betriebsvereinbarungsautonomie, *s. unter Betriebsautonomie*

Betriebsverfassungsrecht
- Abgrenzung zur Unternehmensmitbestimmung **E** 41 ff.
- Grundrechte der Arbeitnehmer **E** 63 ff.; **3** 71 f., *s. auch Persönlichkeitsrecht*
- Grundrechte des Arbeitgebers **E** 54 ff.
- Koalitionsfreiheit **E** 67 ff., 71; **3** 71 f.
- Leitprinzipien des ~ **E** 101 ff.
- Rechtsnatur **E** 89 ff.
  - - Interessentheorie **E** 93
  - - öffentlich-rechtlicher Charakter **E** 88, 89 ff.
  - - privatrechtlicher Charakter **E** 88, 89, 91 ff., 96, 99; **37** 11; **50** 57
  - - Sonderrechtstheorie **E** 95
  - - Subjektionstheorie **E** 94
  - - Subjekttheorie **E** 95
  - - Subordinationstheorie **E** 94
  - - Verfassungskonformität **E** 52 ff.; **3** 71 f.; **76** 7, 86; **77** 90, 115, 150; **87** 45 f., 1031; **95** 32 f.
  - - verfassungsrechtliche Legitimation **E** 50 f.
- Zweck des ~, *s. dort*

Betriebsverfassungsrechtliche Friedensordnung, *s. unter Betriebsfrieden*

Betriebsverlegung 1 58; **99** 107; **106** 74; **111** 61, 102 ff.; **112, 112a** 9, *s. unter Betriebsänderung*

Betriebsversammlung E 41, 110; **1** 12; **42** 1 ff.; **43** 1 ff.; **44** 1 ff.; **45** 1 ff.; **46** 1 ff.; **75** 137
- Abteilungsversammlung, *s. dort*
- Amtsenthebung von Betriebsratsmitgliedern **23** 77
- Arbeitgeber, Rechtsstellung
  - - Hinzuziehung eines Rechtsanwalts **42** 51; **43** 53; **46** 18
  - - Hinzuziehung eines Vertreters der Arbeitgebervereinigung **42** 7, 19, 49; **43** 52; **46** 1, 3, 17 ff.
  - - Ladung **43** 4, 29, 36, 50; **46** 1, 3, 17 ff.
  - - Mitteilung der Tagesordnung **43** 4, 36
  - - Rederecht **43** 51
  - - Stimmrecht **43** 51
  - - Teilnahmepflicht **43** 49, 52
  - - Teilnahmerecht **42** 7, 12, 15, 19, 29 f., 49; **43** 48 ff.
  - - Unterrichtung über Teilnahmeberechtigte **42** 39, 50, 51
  - - Vertretung des Arbeitgebers **43** 52 f.; **46** 17
- Arbeitsbefreiung der Betriebsratsmitglieder **37** 31, 54, 91, 102, 123; **44** 47, 57
- Arbeitskampfverbot **45** 5, 24 f., 26
- Aufgaben der ~ **42** 1, 7, 12; **45** 6 f., 32 ff.
  - - Antragsrecht **45** 6, 32
  - - Bestellung des Wahlvorstands für die Betriebsratswahl **16** 1, 16 ff., 48; **17** 1 f., 6, 13, 16 ff., 51 f., 60 f.; *s. auch Wahlvorstand*
  - - Entscheidungsbefugnisse **42** 7; **45** 6, 33 f.
  - - innerbetriebliche Aussprache **42** 3, 7, 28, 61; **43** 5, 8, 27
  - - Stellungnahmerecht **45** 6, 13, 32
- Auflösung des Betriebsrats **23** 77
- außerordentliche ~ **42** 6, 19, 27, 29, 76; **43** 1, 25, 33, 41 ff., 49 f.
  - - Antrag eines Viertels der Wahlberechtigten **7** 8; **42** 6, 27, 63; **43** 1, 41 f., 44, 50; **44** 3, 5, 6, 17, 24 ff., 30, 35, 52
  - - Arbeitsentgeltfortzahlung **43** 41, 45, 50; **44** 3, 30, 35, 52 ff., 58 f.
  - - Durchführung **43** 47
  - - Themen **43** 47
  - - Verbot der Arbeitsentgeltminderung **44** 3, 30, 35, 53 ff.
  - - Vergütungsanspruch der Arbeitnehmer **43** 41, 45, 50; **44** 2, 28, 58 ff.
  - - Voraussetzungen **43** 45
  - - Wunsch des Arbeitgebers **42** 12, 19, 27, 29; **43** 1, 41 f., 46, 49; **44** 2, 5, 17, 23, 28
  - - zeitliche Lage **43** 41, 45 f., 50; **44** 2 f., 5, 6, 17, 23 ff.
- Behinderungsverbot **119** 33
- Betriebsvereinbarungen mit ~ **45** 12; **77** 44
- Dauer der **44** 16, 23, 41, 54
- Dispositivität in Kollektivvereinbarungen **42** 10; **43** 2; **44** 4
- Durchführung der ~ **42** 3, 33 ff., 69, 79; **43** 40, 47
  - - Abstimmung **42** 15, 46, 52, 69
  - - Geschäftsordnung **42** 43 f., 46; **46** 10 f.
  - - gesetzwidriger Verlauf **44** 62 ff.
  - - Hausrecht **42** 20, 35 f., 38 ff., 41, 79; **45** 25; **46** 13
  - - Lautsprecherübertragung **42** 56
  - - Leitung der ~ **26** 29, 60; **42** 20, 28, 33 ff., 69, 79
  - - Ordnungsrecht **42** 35 f., 37, 41, 79; **45** 25; **46** 13 f.
  - - Rederecht und -zeit **42** 44 f., 52; **43** 51; **46** 10
  - - Ton- und Bildaufzeichnungen **42** 54 f.
- Einberufung der ~ **7** 8; **42** 1, 3, 11, 21 ff., 46, 77; **43** 1, 3 f., 24 ff.; **77** 34
  - - Antrag der Gewerkschaft **17** 2, 6, 21 f., 23, 30; **42** 3, 6, 21; **43** 1, 24 f.
  - - Antrag eines Viertels der Wahlberechtigten **7** 8; **17** 2, 6, 21 ff.; **42** 6, 27, 63; **43** 1, 41 f., 44, 50; **44** 3, 5, 6, 17, 24 ff., 30, 35, 52
  - - Beschluss des Betriebsrats **17** 25; **42** 11, 21 ff., 77; **43** 1, 3 f.
  - - Wunsch des Arbeitgebers **17** 25 f., 45; **42** 12, 19, 27, 29; **43** 1, 41 f., 46, 49; **44** 2, 5, 17, 23, 28

Sachverzeichnis

- Ersetzung der ~ durch die Abteilungsversammlung **43** 20 ff.
- Friedenspflicht **45** 5, 24 f., 27
- Geheimhaltungspflicht **42** 57
- im Ausland **1** 12
- in Seebetrieben **115** 15, 17, 51, *s. auch Bordversammlung*
- Kosten der ~ **42** 23 f., 29, 31, 32, 51, 62, 80; **44** 70
  - – Anmietung von Räumen **42** 24, 31, 62
  - – Ladung **42** 29
  - – Räume **42** 23 f., 31, 62
  - – Übersetzungskosten **42** 32, 51
- Ladung **42** 29 f.; **43** 4; **46** 1, 15 f.
- Mitarbeiterversammlung, *s. dort*
- Nichteinberufung der ~ **43** 31 f., 43
- Nichtöffentlichkeit der ~ **42** 48 ff., 79; **45** 5
- Niederschrift **42** 34, 54 f.
- Organ der Betriebsverfassung **42** 8 f.
- Ort der ~ **42** 23 ff., 31, 62; **43** 46; **44** 48 f.
  - – außerbetriebliche Räume **42** 24, 31, 62
  - – betriebliche Räume **42** 23, 31, 62; **43** 46
  - – im Ausland **42** 25
- Pflichtversammlung **42** 2; **43** 2, 24 ff.
- Rechtsnatur der ~ **42** 8 f.; **45** 6
- regelmäßige ~ **42** 6, 76; **43** 1, 2, 25, 48; **44** 2, 5, 6, 7 ff., 17, 28, 60
- Schulungs- und Bildungsveranstaltung zum Thema ~ **37** 197, 220, 251
- Stimmrecht
  - – Arbeitgeber **42** 15, 51
  - – Arbeitnehmer **42** 69, 79
  - – Gäste **42** 52
  - – Gewerkschaftsvertreter **46** 10
  - – Vertreter der Arbeitgebervereinigung **46** 19
- Streitigkeiten **42** 20, 26, 28, 30, 31, 39, 65, 77, 80 ff.; **43** 30, 39, 55; **44** 27, 33, 70; **45** 37; **46** 14, 20
  - – Beschlussverfahren **42** 20, 29, 31, 65, 77; **43** 30, 39, 55; **44** 27, 70; **45** 37; **46** 14, 20
  - – einstweilige Verfügung **42** 26, 28, 30, 39, 65, 82; **43** 39; **44** 27; **45** 37; **46** 14, 20
  - – Urteilsverfahren **42** 81; **44** 33, 70
- Tagesordnung **42** 27 f., 29, 34, 42; **43** 4; **44** 26
- Teilnahmeberechtigte **7** 18 ff.; **42** 3, 7, 14 ff.; 29 f., 41, 48 ff., 66 ff., 69, 77, 79, 80; **43** 48 ff.; **44** 63; **46** 1 ff.
  - – Arbeitnehmer des Betriebs **42** 14 ff., 49, 69
  - – Arbeitnehmer im Arbeitskampf **42** 18; **44** 15, 40, 47
  - – Arbeitnehmer im Urlaub **42** 18; **44** 38, 48 f., 57
  - – Arbeitnehmer in Kurzarbeit **42** 18; **44** 39
  - – Aufsichtsratsmitglieder **42** 50
  - – ausländische Arbeitnehmer **42** 32, 49, 51, 66
  - – befristet Beschäftigte **42** 15
  - – betriebsfremde Gesamtbetriebsratsmitglieder **42** 16, 50
  - – betriebsfremde Konzernbetriebsratsmitglieder **42** 16, 50
  - – Dolmetscher **42** 51
  - – gekündigte Arbeitnehmer **42** 16
  - – Heimarbeitnehmer **42** 16; **44** 37
- – im Ausland beschäftigte Arbeitnehmer **42** 16, 25, 61
- – jugendliche Arbeitnehmer **42** 15; **71** 6
- – Leiharbeitnehmer **42** 16
- – leitende Angestellte **42** 15
- – Medienvertreter **42** 48, 49
- – Mitglieder des Europäischen Betriebsrats **42** 50
- – Rechtsanwalt **42** 51; **43** 53; **46** 18
- – sachkundige Personen **42** 51
- – Sachverständige **42** 51; **80** 160
- – Teilzeitbeschäftigte **42** 15; **44** 9, 14, 21, 36, 37, 48, 57
- – Telearbeitnehmer **42** 16; **44** 37
- – Unterrichtung des Arbeitgebers über Betriebsfremde **42** 39, 50, 51
- – Wissenschaftler **42** 49
- Teilnahmepflicht **42** 14
- Teilnahmerecht von Gewerkschaftsvertretern **2** 61; **23** 71; **42** 7, 12, 19, 29 f., 49; **46** 1 ff.
  - – Ausschluss des Gewerkschaftsvertreters **46** 13 f.
  - – Auswahl des Gewerkschaftsvertreters **46** 6 f.
  - – Benachrichtigung **46** 1, 15 f.
  - – Beratungsrecht **46** 2, 10 f.
  - – Einladung durch den Betriebsrat **46** 4, 8
  - – im Betrieb vertretene Gewerkschaft **46** 4, 15
  - – Rederecht **46** 10 f.
  - – Stimmrecht **46** 10
  - – Streitigkeiten **46** 14, 20
  - – Unterrichtung des Arbeitgebers **42** 39, 50, 51; **46** 8
  - – Verweigerung des Arbeitgebers **46** 8 f.
  - – Zweck **46** 2 f., 6
- Teilversammlung **42** 6, 24 f., 58 ff., 78, 80; **43** 5, 8, 21, 25, 38, 43; **44** 8, 12, 22; **71** 6
  - – außerordentliche Teilversammlung **43** 43 f.
  - – Beschluss des Betriebsrats **42** 63 f.
  - – Durchführung **42** 69
  - – Eigenart des Betriebs **42** 58, 59 ff., 64
  - – im Ausland beschäftigte Arbeitnehmer **42** 25, 61
  - – Themen **43** 5, 8
  - – Zulässigkeit **42** 63, 65; **44** 8, 12
  - – Zusammensetzung **42** 66 ff.
  - – Zweck **42** 58, 61, 66
- Tendenzbetrieb **118** 148, 184
- Themen der ~ **42** 3; **43** 1; **45** 1 ff.
  - – abschließender Charakter **45** 4, 20 ff.
  - – Arbeitnehmerbezug **45** 1, 5, 11, 21, 29
  - – Bericht über die wirtschaftliche Lage und Entwicklung des Unternehmens **110** 28
  - – Betriebsbezug **45** 1, 5, 11, 21, 29
  - – Betriebsklima **45** 12
  - – gewerkschaftliche Angelegenheiten **45** 22
  - – Gleichstellung von Frauen und Männern **42** 4; **43** 1, 15; **45** 2 f., 15, 18
  - – Grenzen **42** 28, 34, 41; **43** 42; **44** 62; **45** 5, 7, 9 f., 24 ff.
  - – Integration ausländischer Arbeitnehmer **42** 4; **43** 1, 15; **45** 3, 15, 19
  - – Jahresbericht des Arbeitgebers, *s. dort*
  - – Meinungsfreiheit **45** 9 f., 25, 27

- – sozialpolitische Angelegenheiten **45** 3, 4, 11, 14 f., 21, 29
- – tarifpolitische Angelegenheiten **45** 3, 4, 11, 13, 21, 29
- – Tätigkeitsbericht des Betriebsrats, *s. dort*
- – Umweltschutz, betrieblicher **42** 4; **43** 1, 8, 17; **45** 3, 12, 16
- – Vereinbarkeit von Familie und Erwerbstätigkeit **45** 2, 3, 15, 18
- – Verkehrsprobleme **45** 23
- – wirtschaftliche Angelegenheiten **45** 3, 4, 11, 17, 21, 29
- – Verantwortlichkeit des Betriebsrats gegenüber der ~ **45** 35 f.
- – Verbot parteipolitischer Betätigung **45** 5, 14, 21, 24 f., 28 ff.
- – Vergütungsanspruch der Arbeitnehmer **42** 3, 13, 14, 47, 81; **43** 33, 41, 45, 50; **44** 1 f., 9, 28 ff.
- – – abweichende individuelle Arbeitszeit **44** 9, 14, 21, 36, 37, 45, 48 f., 57
- – – Anspruchsgrundlage **44** 33 ff., 44
- – – Fahrtkosten **44** 2, 9, 10, 28, 36, 37, 49 ff., 61
- – – Hinweispflicht des Arbeitgebers **44** 58 ff.
- – – Lohnausfallprinzip **44** 34 ff., 44, 47, 56 f.
- – – Nichtteilnahme an der ~ **42** 14, 47; **44** 67 ff.
- – – Rechtsfolgen unzulässiger ~ **44** 58 ff.
- – – Steuer- und Sozialabgaben **44** 33, 39, 51
- – – Streitigkeiten **42** 81; **44** 33, 70
- – – Teilnahmebescheinigung **42** 47
- – – Umfang der Vergütung **44** 43 ff.
- – – Verbot der Arbeitsentgeltminderung **44** 3, 30, 35, 53 ff.
- – – Wegezeiten **44** 2, 10, 28, 36, 37, 48, 56, 61
- – – zeitliche Lage der ~ **44** 9, 28 f., 41, 43, 45, 52 ff.
- – – Zulagen **44** 46
- – – Zuschläge **44** 45, 57
- – Vollversammlung **42** 6, 24, 58, 63, 64; **43** 25; **44** 8 f., 22
- – zeitliche Lage der ~ **42** 2, 26, 64, 67; **43** 1, 2, 33, 41, 45 f., 50; **44** 1 ff.
- – – außerhalb der Arbeitszeit **44** 2 f., 5, 6, 9, 17 ff., 23, 24, 41
- – – betriebliche Arbeitszeit **44** 8 f., 21
- – – Eigenart des Betriebs **44** 17 f.
- – – während der Arbeitszeit **44** 2, 5, 6, 7 ff., 21 f., 23, 24 ff., 41
- – – während der Ladenöffnungszeiten **44** 20
- – – zusätzliche ~ **42** 6, 76; **43** 1, 25, 33 ff., 48
- – – – besondere Gründe **43** 33 ff., 38
- – – – Themen **43** 40
- – – – Vergütungsanspruch der Arbeitnehmer **43** 33; **44** 2, 28, 59
- – – – zeitliche Lage **43** 33, 38; **44** 2, 5, 6, 7 ff., 17
- – Zweck **42** 1, 7, 12, 61, 66; **43** 34; **44** 10

Betriebszeitung
- Ausschreibung von Arbeitsplätzen **93** 32, 38
- Bekanntmachung von Betriebsvereinbarungen **77** 33, 56
- Bericht über die wirtschaftliche Lage und Entwicklung des Unternehmens **110** 27
- Informationsblatt des Betriebsrats **E 71**; **40** 38, 171, 172 f., 174, 192; **41** 4
- Kosten **40** 172
- Mitteilungsblatt des Seebetriebsrat **116** 51
- Sozialeinrichtung **87** 723
- Veröffentlichung personenbezogener Daten **83** 66

Betriebszugehörigkeit **5** 14, 48, 69, 115, 118; **7** 11, 17 ff.; **8** 24, 26 ff.; **9** 5, 6 f.; **15** 18; **24** 22, 53; **60** 24; **61** 15 ff., 32 f.; **71** 10
- Altersteilzeit **7** 34
- Arbeitnehmer des öffentlichen Dienstes **7** 138
- Arbeitskampf **7** 35; **8** 35
- Außendienstmitarbeiter **5** 73; **7** 47 ff., 84, 145; **8** 24; **15** 18
- Aushilfskraft **7** 39; **8** 24; **9** 18, 20
- Ausstrahlungstheorie **7** 47 f.
- Auszubildende **15** 18 f.; **61** 15 ff.
- Auszubildende des öffentlichen Dienstes **7** 16
- Beamte **7** 138
- Bedienungspersonal **7** 146 ff., 96 f.; **8** 24
- Begriff **7** 18 ff.; **8** 31, 34
- Betriebsübergang **8** 36
- Dauer der ~ **61** 21, 32
- doppelte ~ **5** 49; **7** 40, 50, 84, 92, 144; **8** 24, 46
- Elternzeit **7** 56; **8** 35
- Erwerbsunfähigkeitsrente **7** 56
- fehlerhaftes Arbeitsverhältnis **7** 33; **8** 24; **60** 24
- Freistellung zur Arbeitsleistung in einer Arbeitsgemeinschaft **7** 56
- Fremdfirmenarbeitnehmer **7** 74, 145 f., 148; **8** 24, 33
- gekündigte Arbeitnehmer **7** 41 ff.; **8** 20; **61** 17
- gemeinsamer Betrieb mehrerer Unternehmen **7** 28, 40
- geringfügig Beschäftigte **7** 34
- Gesamthafenarbeitsverhältnis **7** 150 f., 98; **8** 24
- gespaltene Arbeitgeberstellung **7** 28, 71, 150, 149
- Gestellungsvertrag **7** 69, 138 ff., 96 f.; **8** 24
- Gruppenarbeit **7** 148, 96 f.; **8** 24
- Heimarbeitnehmer **5** 116; **7** 40, 47; **15** 18
- im Ausland tätige Arbeitnehmer **1** 13, 15 ff.; **7** 48 ff.; **8** 24
- in Vollzug gesetztes Arbeitsverhältnis **7** 33
- jugendliche Arbeitnehmer **61** 15 ff.
- KAPOVAZ **7** 39
- Krankheit **7** 56; **8** 24, 35, 63
- Kumulationstheorie **7** 19
- Leiharbeitnehmer, *s. dort*
- mittelbares Arbeitsverhältnis **7** 149, 96; **8** 24
- ruhendes Arbeitsverhältnis **7** 56 f.; **8** 24, 35, 40 ff.; **61** 17, 33
- Soldaten **7** 138
- Streitigkeiten **61** 49
- Suspendierung **7** 56 f., 41; **8** 24, 35
- Teilzeitarbeitnehmer **8** 24
- Telearbeitnehmer **7** 47; **15** 18
- Urlaub **7** 56; **8** 24, 35, 63
- vorübergehende Arbeitsbefreiung **7** 56; **8** 24, 35, 63
- Wehrdienstleistende **7** 60; **8** 24, 40 ff.; **61** 17
- Zeitungsausträger **7** 34, 47
- Zivildienstleistende **7** 60; **8** 24, 40 ff.; **61** 17

Sachverzeichnis

Betriebszusammenschluss, *s. unter Zusammenlegung von Betrieben*
Betriebszweck, Änderung 106 79; 111 60, 122, 126 ff., 132 ff., 135
Beurteilungsgrundsätze
– Änderung von ~ 94 6
– Anforderungsprofile 94 63
– Anrufung der Einigungsstelle 94 67
– Anwendungsbereich 94 8 ff., 53, 55 ff.
– – Datenerhebung 94 57
– – Einführung 94 57
– – freie Mitarbeiter 94 8
– – Leiharbeitnehmer 94 9
– – leitende Angestellte 94 8, 52
– – Neu- oder Wiederbesetzung 94 58
– Assessment-Center 94 58
– automatische Datenverarbeitung 94 59
– Begriff 94 55, 58, 60
– Beurteilungsmaßstab 94 60
– Durchführungsanspruch des Betriebsrats 94 12
– Fähigkeitsprofile 94 59
– Führungsrichtlinien 94 61
– Genese 94 1
– Mitarbeitergespräche 94 61
– Neueinführung von ~ 94 6
– Persönlichkeitssphäre des Arbeitnehmers 75 125, *s. auch dort*
– Rechtsfolge bei Nichtbeachtung der Zustimmungspflicht 23 193; 94 64 f.
– Stellenbeschreibungen 94 58, 63
– Streitigkeiten 94 66 ff.
– Tendenzbetriebe 94 11, 46; 118 207, 209
– Tests 94 55, 58
– Unterlassungsanspruch des Betriebsrats 23 193; 94 68
– Vereinbarung der Betriebspartner über ~ 94 12 ff.
– – Betriebsvereinbarung 94 13, 14 f., 25
– – Form 94 12, 13
– – Kündigung 94 14 f.
– – Nachwirkung 94 15
– – Regelungsabrede 94 12, 14 f.
– Weiterverwendung von ~ nach erstmaliger Betriebsratswahl 94 6, 15
– Zuständigkeit 94 7, 9
– – Gesamtbetriebsrat 94 7
– – Konzernbetriebsrat 94 7
– – Leiharbeitnehmer 94 9
– Zustimmungsrecht des Betriebsrats 94 5 f., 12, 55, 64
– Zweck der Mitbestimmung 94 4, 9, 55, 64
Bewerber
– Auskunft über innerbetriebliche ~ an den Betriebsrat bei Einstellungen 99 146
– Ausschreibung von Arbeitsplätzen für innerbetriebliche ~ 93 1 ff.
– Diskriminierungsverbot 75 17, 24, 44
– Wahlbewerber, *s. dort*
Bewerbungsunterlagen
– System zur Auswertung von ~ 94 55
– Vorlage von ~ bei personellen Einzelmaßnahmen 99 139 ff., 150 ff.

Bilanz vor 106 2; 108 59, 64
Bilanzanalyse 37 185
Bildschirmarbeitsplätze 50 50; 87 654 ff.; 90 14, 22, 40; 91 21, 29; 111 129, 138
– allgemeiner Unterrichtungsanspruch des Betriebsrats 80 24, 34
– Augenuntersuchungen 87 652, 655, 661 ff.
– Auswahl der Bildschirmgeräte 87 657
– Bildschirmarbeitsverordnung 87 655 ff.
– EDV-Bestandsverzeichnis 87 665
– Einführung von Bildschirmgeräten 87 180
– Initiativrecht 87 659
– Schulungs- und Bildungsveranstaltung zum Thema ~ 37 197
– Schwangerenschutz 87 664
– Sehhilfen 87 652, 661 ff.
– technische Überwachungseinrichtung 87 572, 576, 578 f.
– Unterbrechung, Pausen 87 362, 655, 659 f.
– Unterweisung der Arbeitnehmer 87 656
– Zuständigkeit des Gesamtbetriebsrats 50 51
Bildungsmaßnahmen, *s. unter Berufsbildungsmaßnahmen*
Bildungsurlaub
– für Betriebsratsmitglieder, *s. unter Schulungs- und Bildungsveranstaltungen*
– Mitbestimmungsrecht des Betriebsrats 37 249; 87 468 f., 471, 494
Billigkeitskontrolle, arbeitsgerichtliche 75 33, 35; 77 54, 83, 287, 329, 340, 342 f., 402, 491
Bordversammlung 115 39 ff.
– Bestellung des Wahlvorstands für die Wahl zur Bordvertretung 115 17, 18 f., 25
– Einberufung der ~
– – durch den Seebetriebsrat 115 39; 116 44, 48
– – durch die Bordvertretung 115 39; 116 44, 48
– – zur Bestellung des Wahlvorstands für die Wahl zur Bordvertretung 115 18 f.
– Ersetzung der Betriebsversammlung 116 51
– Fragerecht der Besatzungsmitglieder 115 42 f., *s. auch Seeschiffahrtsunternehmen*
– Teilversammlungen 115 40; 116 48
– Unterrichtung der ~ 115 41
– – Bericht des Kapitäns über die Schiffsreise 115 41
– – Bericht des Kapitäns über personelle, soziale und wirtschaftliche Angelegenheiten 115 41
– – Tätigkeitsbericht der Bordvertretung 115 41
Bordvertretung E 112; vor 47 8; 11 2; 115 1 ff.
– Amtszeit der ~ 21 5; 115 30 ff.
– regelmäßige Amtszeit 115 31
– vorzeitiges Ende der Amtszeit 115 13 f., 31 ff.
– Aussetzung von Beschlüssen der ~ 35 4
– Ausstattung der ~ mit Sachmitteln 115 38
– Beschlussfassung der ~ 33 2
– Beteiligungsrechte der ~
– – in Angelegenheit der Schiffssicherheit 115 43, 49, 65, 69
– – in Angelegenheit des Arbeitsschutzes 89 5, 69 f.; 115 69 f.
– – in personellen Angelegenheiten 103 54; 115 47, 55

– – in sozialen Angelegenheiten **87** 2; **115** 47, 56, 58, 60
– – in wirtschaftlichen Angelegenheiten **115** 47; **116** 55
– – Kündigung oder Versetzung von Funktionsträgern **103** 54
– – Unterrichtung der ~ **115** 63 ff.
– Bordvereinbarung **115** 5, 54
– – Durchführung **115** 5
– – Vorrang der Betriebsvereinbarung **115** 54; **116** 53
– Bordvertretungsfähigkeit **115** 2 ff.
– Erlöschen der Mitgliedschaft in ~ **24** 2
– Ersatzmitglieder **25** 2
– Geltungsbereich **115** 1, *s. auch unter Seeschifffahrtsunternehmen*
– Geschäftsführung der ~ **27** 5; **115** 35 ff., 51
– – Arbeitsschutzausschuss **115** 69
– – Bildung eines Betriebsausschusses **27** 5
– – Bildung von Ausschüssen **27** 7, 17; **115** 37
– – Geschäftsordnung **36** 2
– – laufende Geschäfte **27** 5
– – Kompetenzverteilung zwischen ~ und Seebetriebsrat **115** 4, 45 ff., 48 ff.; **116** 3, 41, 53 ff., 56
– – Kosten der ~ **40** 2; **41** 2; **115** 38
– – Rechte und Pflichten des Kapitäns, *s. unter Seeschifffahrtunternehmen*
– Rechtsstellung der Mitglieder der ~ **115** 3, 35 ff.
– – Amtsenthebung **23** 8
– – Arbeitsbefreiung **37** 2; **115** 36
– – Arbeitsentgeltschutz **115** 36
– – Begünstigungsverbot **78** 11; **119** 43 ff.
– – Behinderungsverbot **78** 11; **119** 32 ff.
– – Benachteiligungsverbot **78** 11, 68; **115** 36; **119** 43 ff.
– – Erlöschen der Mitgliedschaft in der ~ **115** 32 ff.
– – Freistellung **38** 3; **115** 36
– – Freizeitausgleich **37** 2
– – Geheimhaltungspflicht **79** 48; **120** 31, 47
– – Kündigungsschutz **103** 6, 16 f., 26, 37
– – Tätigkeitsschutz **115** 36
– – Teilnahme an Schulungs- und Bildungsveranstaltungen **115** 35
– Regelung durch Kollektivvereinbarung **115** 1, 2
– Regelungsabreden **115** 54
– Restmandat **21b** 4, *s. auch Seeschifffahrtsunternehmen*
– Schiffstagebuch **115** 67
– – Einsichtnahmerecht der ~ **115** 67
– – Erklärung der ~ zum Schiffstagebuch **115** 62, 67 f.
– – Erteilung von Abschriften **115** 67 f.
– Sitzungen der ~ **29** 2; **30** 1
– – Sitzungsniederschrift **34** 2
– – Teilnahme der Schwerbehindertenvertretung **32** 2
– – Teilnahme von Gewerkschaftsvertretern **31** 2
– Sprechstunden der ~ **39** 4
– Streitigkeiten aus der Anwendung des § 115 **115** 71
– Streitigkeiten zwischen ~ und Kapitän **115** 51 ff., 71
– – Abgabe an den Seebetriebsrat **115** 51, 61; **116** 54
– – Abgabebefugnis der ~ **115** 51
– – Abgabebefugnis des Kapitäns **115** 52
– – Anrufung der Einigungsstellen **115** 53, 71

– – Anrufung des Arbeitsgerichts **115** 53, 71
– – Erklärung der ~ zum Schiffstagebuch **115** 62, 68
– Übergangsmandat **21a** 10
– Unterrichtung der ~ **115** 63 ff.
– – Einsicht in Lohn- und Gehaltslisten **115** 66
– – über den Bordbetrieb **115** 49, 64
– – über den Schiffsbetrieb **115** 63 f.
– – über die Schiffssicherheit **115** 43, 49, 65, 69
– – Vorlage der erforderlichen Unterlagen **115** 66
– vorläufige Regelungen des Kapitäns **87** 162, 164; **115** 55 ff.
– – Aufrechterhaltung des ordnungsgemäßen Schiffsbetriebs **115** 43, 49, 57, 59
– – Ersetzung durch endgültige Regelungen **115** 61
– – Gegenstand **115** 55, 56, 57 f.
– – Nachteilsausgleichanspruch der Arbeitnehmer **115** 61 f., 71
– – Rechtsfolgen bei Unwirksamkeit **115** 60
– – über Durchführung personeller Maßnahmen **115** 55
– – über soziale Angelegenheiten **115** 56, 58, 60
– – Zweck der Norm **115** 55
– Vorsitzender **26** 2; **27** 5
– Wahl der Bordvertretung, *s. dort*
– Weiterbeschäftigung auszubildender Funktionsträger **78a** 29, 53, 64, 97, 209
– Weiterführung der Geschäfte **22** 4
– Zusammensetzung der ~ **15** 8; **115** 10 ff.
– – Geschlecht in der Minderheit **15** 8
– – Gruppenprinzip **115** 12
– – Mitgliederzahl **115** 10
– Zuständigkeit der ~ **115** 48 ff.
– – Bordbetrieb **115** 48 f., 64
– – Reichweite entsprechend der Befugnisse des Kapitäns **115** 48, 50
– – Schiffssicherheit **115** 43, 49, 65, 69
– Zwangsverfahren gegen den Arbeitgeber **23** 8
Briefwahl **14** 9, 12; **18** 19, 26; **19** 32
– geheime Wahl **14** 12, 22
– Kosten **24 WO** 18 f.
– Öffnung der Wahlbriefe **26 WO** 1 ff.
– persönliche Stimmangabe **14** 17; **24 WO** 23
– Stimmauszählung **14** 23
– Übermittlung von Amts wegen
– – Abwesenheit wegen Eigenart des Beschäftigungsverhältnisses **24 WO** 2, 7, 10 f.
– – räumlich weit entfernte Betriebsteile und Kleinstbetriebe **24 WO** 2, 7, 10 ff., 12, 18, 19
– Ungültigkeit **25 WO** 2 f., 4 ff.; **26 WO** 3, 6
– vereinfachtes Wahlverfahren **14a** 28, 57, 58 f., 65, 68, 71 ff., 100, 110; **31 WO** 2; **34 WO** 1, 3; **35 WO** 1 ff.; **36 WO** 8
– Verlangen einzelner abwesender Arbeitnehmer **24 WO** 2, 4 ff., 18, 20
– Vermerk in der Wählerliste **2 WO** 6; **24 WO** 22; **26 WO** 4
– verspäteter Eingang von Wahlbriefen **25 WO** 2 f.; **26 WO** 6 f.; **35 WO** 5
– Wahlunterlagen
– – Form der Übermittlung **24 WO** 18 ff.
– – Zeitpunkt der Übermittlung **24 WO** 13 ff., 18

Sachverzeichnis

- Wahlvorgang **25 WO** 1 ff.; **26 WO** 1 ff.
- Zulässigkeit **24 WO** 2, 4 ff.
- Zweck **3 WO** 20; **11 WO** 6, 8; **24 WO** 1, 1 ff.; **25 WO** 1 ff.; **26 WO** 1 ff.

Bundesdatenschutzgesetz 2 42; **87** 517 ff., 561, 585, 590 f., 601, 606; **94** 17, 24 f.
- Betriebsvereinbarung als Erlaubnisnorm **87** 518 ff., 585
- Datengeheimnis **79** 98; **99** 158
- Einsicht in Lohn- und Gehaltslisten **80** 113, 121, *s. auch Daten, personenbezogene, s. auch Personalakte*
- Übermittlung von Daten an den Betriebsrat **80** 93; **102** 90
- Überwachung der Einhaltung des ~ durch den Betriebsrat **40** 182; **80** 16
- Verarbeitung von Daten **75** 126; **77** 394; **83** 42 ff.; **87** 520, 545, 549 ff., 565, 567, 590 f.; **94** 17, 24 f., 54, 59
- Verarbeitung von Daten durch den Betriebsrat **75** 126; **80** 16; **83** 52 f.
- Verhältnis zu § 83 **83** 42 ff., 69 f., 71 ff.
- Verhältnis zum BetrVG **75** 126; **80** 93; **83** 42 ff., 69 f., 71 ff.; **87** 518
- Verwendung von automatisierten Personalinformationssystemen **75** 126; **80** 76; **87** 210 f., 552 ff., 568 ff., 576; **92** 20, 22, 28; **94** 17; **95** 14
- Verwendung von Daten **75** 126; **77** 394; **87** 560; **94** 25, 54
- Zweck des ~ **83** 42

Büropersonal des Betriebsrats
- Auswahl des ~ **40** 203
- Geheimhaltungspflicht **40** 205; **79** 44; **120** 37, 49
- Hilfskraft **40** 202 f.
- Kosten **39** 27; **40** 1, 20, 38, 134 ff., 201 ff., 207, 220
- – Beurteilungsspielraum des Betriebsrats **40** 139 f.
- – Erforderlichkeit **40** 137 ff., 142 ff., 201
- – Naturalleistung **40** 20, 38, 134 ff., 137, 140
- – Pauschalierung der Kosten **40** 4
- – Rechtsstellung des ~ **40** 204 ff., *s. auch Kosten des Betriebsrats*
- Schreibkraft **30** 23; **34** 8, 9; **40** 201 ff.

Cafeteria-Systeme 87 852
Caritas 118 94, 239

d'Hondtsches Höchstzahlenverfahren 9 36; **14** 34 ff.; **15** 23 ff., 31; **19** 130; **27** 21; **63** 59; **5 WO** 2, 4, 6; **15 WO** 1 ff.

Daten, personenbezogene
- Auskunft an den Arbeitnehmer über Verarbeitung und Verwendung von ~ **83** 69
- Begriff **83** 46
- Berichtigung von ~ **83** 71
- Datei **83** 48 f.
- Datengeheimnis **79** 98
- Einwilligung zur Verarbeitung von ~ **83** 42, 55, 56 ff., 61, 66
- Erheben von ~ **75** 122; **77** 394; **83** 15 f., 42, 46, 55; **87** 520, 545, 546, 567; **94** 17, 24, 59
- in Personalakten **83** 46, *s. auch Personalakte*
- Löschen von ~ **83** 72 f.; **87** 606
- Nutzen von ~ **83** 42, 55, 65
- Persönlichkeitssphäre des Arbeitnehmers, *s. dort*
- SCHUFA-Selbstauskunft **83** 63
- Schweigepflicht des Betriebsratsmitglieds **vor 81** 5; **79** 82 ff., 98; **81** 25; **82** 22 f.; **83** 29; **84** 23; **94** 51; **99** 136, 157 ff.
- sensible Daten **83** 19, 59, 62
- Speichern von ~ **75** 126; **83** 61, 64; **87** 523, 545, 547 f., 566; **94** 17
- – Benachrichtigung des Arbeitnehmers **83** 69
- – Speicherung in automatisierten Personalinformationssystemen **75** 126; **80** 76; **87** 210 f.; **92** 20, 30; **94** 17; **95** 14
- – verantwortliche Stelle **80** 93; **83** 50
- Sperren von ~ **83** 74
- Straftaten des Arbeitnehmers **83** 5, 19, 62, 73
- Übermittlung von ~ **83** 51, 65 f.; **87** 545, 547 f.
- – an den Betriebsrat **80** 93; **83** 50; **102** 90
- – an den Konzernbetriebsrat **83** 50
- – Auskunft an den Arbeitnehmer über ~ **83** 69
- – ins Ausland **83** 51
- – zwischen Konzernunternehmen **83** 50, 66
- Veränderung von ~ **83** 61
- verantwortliche Stelle **80** 93; **83** 50, 58
- Verarbeitung von ~ **75** 126; **83** 42 ff.; **87** 520, 545, 549 ff., 565, 567, 590 f.; **94** 17, 24 f., 54, 59
- Verarbeitung von ~ durch den Betriebsrat **83** 52
- Veröffentlichung von ~ **83** 49, 66
- – Internet **83** 66
- – Intranet **83** 66
- – Werkszeitung **83** 66
- Verwendung von ~ **77** 124, 394; **83** 42, 65; **87** 560; **94** 25, 54

Datengeheimnis
- Schweigepflicht des Betriebsratsmitglieds **79** 98; **94** 51; **99** 157 ff.

Datenschutz
- automatisierte Personalinformationssysteme und Beteiligungsrechte des Betriebsrats **75** 126; **80** 76; **87** 210 f.
- Datengeheimnis **79** 98
- Datensparsamkeit **83** 14, 43
- Datentransparenz **83** 43
- Datenvermeidung **83** 14, 43
- freiwillige Betriebsvereinbarung über ~ **77** 394; **88** 12
- Gemeinschaftsrecht **83** 42, 53, *s. auch Bundesdatenschutzgesetz*
- Schulungs- und Bildungsveranstaltung zum Thema ~ **37** 197
- Schweigepflicht des Betriebsrats **79** 98; **94** 51; **99** 136, 157 ff.
- Speicherung von Daten **83** 42 ff.; **87** 523, 545, 547 f., 566; **94** 17; **95** 14
- Unterrichtung des Betriebsrats über Sozialdaten **102** 90

Datenschutzbeauftragter 87 646
- Bestellung zum ~ als Versetzung **99** 100
- Bestellung zum ~ und Zustimmungsverweigerungsrecht des Betriebsrats **80** 16; **99** 186

Sachverzeichnis

- Kontrollbefugnisse gegenüber dem Betriebsrat **80** 16; **83** 53
- leitender Angestellter **5** 231
- Verhältnis zum Betriebsrat **80** 16

Deutsche Bahn AG
- Anwendbarkeit des BetrVG **1** 23; **10 Anhang** 2
- Arbeitszeitregelung **87** 281
- Beamtenverbände **2** 36; **10 Anhang** 11; **14** 83; **23** 88
- Beschlussfassung **33** 38
- Gestaltung von Arbeitsplatz, -ablauf, -umgebung **90** 3; **91** 3
- Schulungs- und Bildungsveranstaltungen **37** 197, 219
- Sonderregelung über Mitbestimmung bei personellen Einzelmaßnahmen **99** 296 ff.
- soziale Angelegenheiten **87** 3, 281
- Übergangsmandat **1** 23; **21a** 3, 5; **130** 8 f.

Deutsche Bundespost, *s. unter Postnachfolgegesellschaften*

Dienstpläne 87 339, 345

Dienstreisen 87 311, 422

Dienstreisenordnung 87 213

Differenzierungsverbot, *s. unter Diskriminierungsverbot*

Direktionsrecht des Arbeitgebers E 57, 72; **vor 87** 4 ff.; **5** 120; **38** 88; **75** 34, 42, 104, 151; **77** 4 f., 10, 20, 253, 359; **87** 56, 87, 90, 98, 105, 111, 118, 121, 156, 175, 187 f., 191, 252, 385, 394, 1076 f.; **88** 12; **104** 23, 30, 34, 36

Diskriminierungsverbot 38 59; **75** 1 ff.; **77** 198, 281, 330, 348 f., 357, 361
- absolutes Differenzierungsverbot **75** 28, 36, 39
- Abstammung **75** 8, 28, 37
- Adressaten, *s. unter Grundsätze für die Behandlung der Betriebsangehörigen*
- allgemeiner Gleichheitssatz **75** 36 f.
- – Benachteiligungsverbot **75** 37, 38, *s. dort*
- – Gleichberechtigungssatz **75** 37, 38
- ältere Arbeitnehmer, *s. dort*
- Beschwerderecht des Arbeitnehmers, *s. dort*
- Beteiligungsrechte des Betriebsrats **74** 44
- Entfernung betriebsstörender Arbeitnehmer **104** 6, 7, 8
- Geschlecht **37** 227 ff., 233, 242 f.; **75** 8, 28, 37, 38, 43, 44, 133
- geschützter Personenkreis, *s. unter Grundsätze für die Behandlung der Betriebsangehörigen*
- gewerkschaftliche Betätigung oder Einstellung **75** 8, 28, 44
- Gleichbehandlungsgrundsatz, individualarbeitsrechtlicher, *s. dort*
- Herkunft **75** 8, 28, 37, 44
- Nationalität **75** 8, 28, 37, 44
- politische Betätigung oder Einstellung **75** 8, 28, 37
- Religion **75** 8, 28, 37, *s. auch Grundsätze für die Behandlung der Betriebsangehörigen*
- Sanktionen, *s. unter Grundsätze für die Behandlung der Betriebsangehörigen*
- Schulungs- und Bildungsveranstaltung zum Thema ~ **37** 197
- Schutzgesetzcharakter **1** 82; **75** 156
- sexuelle Identität **75** 1, 8

- Überwachungspflicht **75** 3, 8 ff.

Dispositivität der Betriebsverfassung in Kollektivvereinbarungen E 104 ff.; **21a** 8; **21b** 3; **24** 5; **25** 5; **26** 3, 7, 10; **27** 7, 16; **28** 9; **29** 2; **30** 3; **34** 4; **35** 7; **36** 4; **37** 8, 64; **38** 5 f.; **39** 6; **40** 4; **41** 2; **42** 10; **43** 2; **44** 4; **47** 1, 34, 60 f., 64 ff., 91 ff., 108, 112 ff; **48** 3; **49** 2; **50** 6; **51** 3; **52** 4; **53** 4; **61** 1
- aktives Wahlrecht **7** 2
- Amtszeit des Betriebsrats **21** 7, 49; **22** 6
- Arbeitnehmerbegriff **5** 8
- Beschwerdeverfahren **86** 1 ff.
- Beteiligungsrechte des Betriebsrats **E** 106 f.; **1** 67 f.; **3** 3 f.; **74** 44; **77** 182, 227, 234 ff.
- – Gestaltung von Arbeitsplatz, -ablauf, -umgebung **vor 90** 10; **87** 13; **90** 2; **91** 25
- – Mitbestimmung bei Kündigung **102** 120, 238 ff.; **103** 5
- – personelle Angelegenheiten **vor 92** 9 ff.; **87** 13; **99** 4; **102** 120, 238 ff.; **103** 5
- – personelle Einzelmaßnahmen **99** 4; **102** 120, 238 ff.; **103** 5
- – soziale Angelegenheiten **87** 5 f., 7 ff., 77, 79, 80 ff., 292, 400, 602, 1094; **88** 4
- – wirtschaftlichen Angelegenheiten **vor 106** 19; **87** 13
- Einigungsstelle
- – Verfahren **76** 124
- – Zuständigkeit **76** 17
- Errichtung
- – der betrieblichen Beschwerdestelle **86** 7 ff.
- – von abweichenden betriebsverfassungsrechtlichen Organisationseinheiten **E** 104; **3** 3 f.; **77** 227, 234 ff.; **111** 15, 52, 112
- Fortgeltung von Beteiligungsrechte in abgespalteten Unternehmensteilen
- – des Betriebsrats **111** 22
- – des Wirtschaftsausschusses **106** 24
- Freistellung von Betriebsratsmitgliedern **38** 11, 27 f., 42 ff., 52
- Gesamt-Jugend- und Auszubildendenvertretung **72** 8, 20, 30 ff., 49 ff.; **73** 2, 57
- Individualrechte der Arbeitnehmer **vor 81** 34; **86** 1 ff.
- Konkretisierung des Versetzungsbegriffes **99** 131
- Konzern-Jugend- und Auszubildendenvertretung **73a** 6, 21, 28 ff.; **73b** 2, 58
- Mitgliederzahl im Betriebsrat **9** 2, 30; **11** 4
- passives Wahlrecht **8** 8; **11** 4
- Seebetriebsverfassung **114** 1; **115** 1, 2; **116** 1, 2
- Tendenzschutz **118** 17, 27, 40 ff.
- Verlängerung der Ausschlussfrist des § 99 Abs. 3 **99** 164
- Vollzugsrecht des Betriebsrats **77** 33
- Wahl des Betriebsrats **13** 8, 28; **14** 7; **14a** 6; **16** 4; **17** 3; **17a** 4; **18** 4; **18a** 10
- Wirtschaftsausschuss
- – Bildung **107** 3
- – Rechtsstellung **vor 106** 13 ff.
- – Zusammensetzung des Betriebsrats **15** 2, 4, 6, 15, 29

Doppelmandat 8 60; **61** 4, 35 ff.; **64** 6

Drittelbeteiligungsgesetz 129 1 f.

2353

Sachverzeichnis

EBRG
- räumlicher Geltungsbereich des EBRG **EBRG 2** 2 ff.
- sachlicher Geltungsbereich des EBRG **EBRG 2** 6 ff.

Effektivklauseln 77 127

Ehrenamt
- Betriebsrat **E** 99; **37** 11 ff., 82, 105, 159, 228 ff., 237, 326; **40** 1; **41** 1, 8
- Gesamtbetriebsrat **51** 53
- Jugend- und Auszubildendenvertreter **65** 32
- Vermittler **18a** 72; **20** 64
- Wahlvorstand **16** 80, 93; **20** 64
- Wirtschaftsausschuss **107** 38

Eigengruppe 7 148, 95 f.; **8** 24; **87** 1076

Eignungsprofile, *s. unter Anforderungsprofile*

Eilfälle 87 83, 107, 159 ff., 428 f., 669; **102** 138 f.

Einführung
- Arbeitsmethoden und Fertigungsverfahren **vor 106** 2; **81** 19 ff.; **87** 180, 1081; **96** 14, 18; **111** 84, 93, 155, 164, 172 ff.; **112, 112a** 10, 318; **118** 4
- automatisierte Personalinformationssysteme **80** 76; **87** 210 f., 552 ff., 568 ff., 576; **92** 20; **94** 17; **95** 8
- Entlohnungsmethoden **87** 832, 842, 883, 965 f.
- Formulararbeitsverträge **94** 6; **118** 207, 209
- Gruppenarbeit **75** 138; **87** 1080, 1081 ff.
- Kurzarbeit **78a** 154; **87** 318, 373, 374, 377, 388 ff., 393, 396, 423; **111** 86
- Personalfragebogen **94** 6; **118** 207, 209
- Sozialleistungen **87** 867 f.
- technische Überwachungseinrichtungen **87** 521, 542, 555 f., 592 f., 595, 597 f.
- Teilzeitarbeitsplätze **87** 323, 329
- Überstunden **87** 373, 374, 377, 393, 396, 411, 423
- Vorschlagswesen **87** 37, 1055 ff., 1060, 1062

Eingliederungstheorie 5 29, 44

Eingliederungsvertrag
- Anwendbarkeit der §§ 87, 88 **vor 87** 25
- Arbeitnehmereigenschaft der aufgrund ~ Beschäftigten **5** 108 f., 153
- Arbeitszeitlage **87** 300
- Auflösung des ~ **102** 25
- Berufsbildung **96** 7
- Individualrechte der aufgrund ~ Beschäftigten **vor 81** 24
- Kurzarbeit **87** 397
- mit Langzeitarbeitslosen **99** 39
- Überstunden **87** 397

Eingruppierung 99 63 ff.
- Anspruch des Arbeitnehmers auf richtige ~ **99** 75 f., 178
- Aufhebungsanspruch des Betriebsrats **101** 8, 19
- außertarifliche Angestellte **99** 64
- Begriff **99** 64
- Heimarbeitnehmer **99** 64
- in betriebliche Entgeltschemata **99** 64, 196
- in Entgeltschemata einer Betriebsvereinbarung **99** 64, 196
- in Entgeltschemata eines Tarifvertrages **99** 64, 193
- individualvertragliche Entgeltvereinbarung und Beteiligungsrecht des Betriebsrats **99** 73, 181
- Korrektur einer unrichtigen ~ **99** 81

- Leiharbeitnehmer **5** 125
- leitende Angestellte **105** 7, 12, 14
- Mitbeurteilungsrecht **99** 63 ff.
- Nichteingruppierung und Beteiligungsrecht des Betriebsrats **99** 64; **101** 9
- Pflicht des Arbeitgebers zur ~ **99** 64, 78
- Rechtsfolgen der unrichtigen ~ **99** 75 f.
- Rechtsfolgen für den Arbeitnehmer bei Fehlen der Zustimmung des Betriebsrats **99** 174 ff., 181, *s. auch personelle Einzelmaßnahmen*
- Schweigepflicht des Betriebsratsmitglieds **99** 156 ff.
- Tendenzbetrieb **99** 182; **118** 220
- Unterrichtungspflicht des Arbeitgebers **78a** 97; **99** 153, *s. auch personelle Einzelmaßnahmen*
- vorläufige Durchführung **100** 5 ff., 13, 49
- Zustimmungserfordernis **78a** 97; **99** 160 ff.
- Zustimmungsverweigerungsrecht des Betriebsrats, *s. dort*
- Zweck der Mitbestimmung **99** 63 ff.

Einheitsregelung, arbeitsvertragliche 77 4 f., 65, 153, 254, 256, 262, 282 ff., 361, 364 ff., 369, 382, 385, 476; **87** 52, 91, 123, 128

Einigungsstelle E 121 f.; **50** 78; **76** 1 ff.
- Besetzung der ~, *s. unter Einigungsstellenbesetzung*
- Einzelfallregelung **76** 10 f., 135
- Errichtung der ~ **76** 28 ff.; **112, 112a** 297 f.
- – Antrag beider Parteien **76** 33 f., 99
- – Antrag einer Partei **76** 29 ff., 99; **112, 112a** 44, 254
- – Antragsform **76** 30
- – Antragsfrist **76** 30
- – Antragsinhalt **76** 31, 33
- – Arbeitsgerichtsbeschluss **76** 29, 34, 38 ff., 62 ff.
- – Einverständnis **76** 33 f.
- – Widerruflichkeit **76** 34
- Funktion **76** 5 ff.
- Institution zur Beilegung von Interessenkonflikten **76** 1 ff., 86 ff.
- Kosten der ~, *s. dort*
- Rechtsfragen **E** 123, 124; **37** 301, 305 f.; **38** 73, 75, 78, 118; **76** 12 ff., 21 ff., 86, 126, 132, 135, 137 f., 139 f., 142, 147, 154 f., 177, 183; **85** 4, 10, 16; **94** 67; **102** 253; **109** 2, 36
- Rechtsnatur der ~ **76** 86 ff.
- Rechtsstellung der Mitglieder, *s. unter Einigungsstellenmitglieder*
- Rechtsweggarantie **76** 182
- Regelungsfragen **E** 123, 124; **38** 73, 78; **76** 9 ff., 13 f., 21, 24 ff., 132, 134 f., 137, 139 f., 147, 156 ff.; **85** 4, 17 ff.; **94** 67
- Schlichtungsfunktion **76** 5 ff.
- Spruch der ~, *s. unter Einigungsstellenspruch*
- ständige ~ **76** 28, 34, 81 ff., 85, 99, 101, 187
- Tendenzbetrieb **118** 189, 192 f., 211
- unbestimmte Rechtsbegriffe **37** 305 f., 309 ff.; **76** 132, 154 f.
- Verfahren vor der ~, *s. unter Einigungsstellenverfahren*
- Verfügungsbefugnis **76** 22 f.
- Zusammensetzung der ~, *s. unter Einigungsstellenbesetzung*
- Zuständigkeit der ~ **76** 15 ff., 68 ff., 82, 126 ff.

2354

– – allgemein **76** 20 ff.
– – Auswahlrichtlinien **95** 11, 21 f., 24 f., 50
– – Berufsbildung **96** 34; **97** 10, 18 ff.; **98** 15, 24 ff., 28
– – Beschwerdeverfahren nach § 85 **76** 15, *s. auch Beschwerderecht gegenüber dem Betriebsrat*; **85** 9 ff.; **87** 187
– – Beurteilungsgrundsätze **94** 66
– – Formulararbeitsverträge **94** 66
– – Freistellung von Betriebsratsmitgliedern **38** 32, 40, 42, 51, 56, 67 f., 69 ff., 82, 84, 86, 118
– – freiwillige Betriebsvereinbarung in sozialen Angelegenheiten **88** 4
– – Hinzuziehung eines Sachverständigen **80** 157
– – Interessenausgleich, *s. dort*
– – Meinungsverschiedenheiten über den Umfang der Unterrichtung des Wirtschaftsausschusses **106** 120, 122, *s. unter Unterrichtungspflicht des Unternehmers gegenüber dem Wirtschaftsausschuss;* **108** 73; **109** 4 f., 13; **110** 30
– – Mitgliederzahl der Gesamtjugend- und Auszubildendenvertretung **vor 60** 37; **72** 42 f.
– – Mitgliederzahl der Konzern-Jugend- und Auszubildendenvertretung **vor 60** 37; **73a** 33, 36
– – Mitgliederzahl des Gesamtbetriebsrats **47** 1, 91, 105 f., 123
– – Mitgliederzahl des Konzernbetriebsrats **55** 35
– – offensichtliche Unzuständigkeit der ~ **76** 68 ff.
– – Personalfragebogen **94** 66
– – Personalplanung **92** 36, 40
– – Rahmenvereinbarung über Arbeitsgruppen i. S. des § 28a **28a** 20 ff.
– – Rechtsfragen **E** 121, 123; **76** 21, 22 f., 126
– – Regelungsfragen **E** 121, 123; **76** 24 ff.
– – soziale Angelegenheiten **76** 18; **87** 96, 99, 140, 155, 156 f., 166, 377, 1093 ff.
– – Sozialplan, *s. dort*
– – spezielle Kompetenzzuweisung **76** 16
– – Sprechstunden der Jugend- und Auszubildendenvertretung **69** 16 f., 32
– – Sprechstunden des Betriebsrats **39** 16, 40
– – tarifvertragliche Kompetenzzuweisung **76** 17 f., 185
– – Teilnahme an Schulungs- und Bildungsveranstaltungen **37** 169, 298, 301 ff., 308, 313; **65** 48, 87
– – Übertragung von Aufgaben auf Ausschüsse **27** 81
– – Verfügungsbefugnis **76** 22 f.
– – Vorabentscheidungsverfahren vor dem Arbeitsgericht **76** 75 f., 128 f., 183; **87** 1102
– – Vorfragenkompetenz **76** 126 ff.
– – Zuständigkeitsverfahren vor dem Arbeitsgericht **76** 76, 127 ff., 157
– – Zustimmung zur Kündigung **102** 241, 246, 250 ff.
– – Zwangsschlichtung **76** 6 f.
– – Zweck **76** 1 ff., 21, 26 f.

Einigungsstellenbesetzung 76 8, 35 ff.; **112, 112a** 300
– Arbeitsgerichtsbeschluss über ~ **76** 38 f., 56, 58 f., 62 ff.
– – Ablehnung des Vorsitzenden **76** 59 f.
– – Antragsberechtigung **76** 62, 99
– – Aussetzung des Bestellungsverfahrens **76** 76
– – Auswahl der Beisitzer **76** 46
– – Bestellung des Vorsitzenden **76** 56, 58 f., 62 ff., 89
– – offensichtliche Unzuständigkeit der Einigungsstelle **76** 68 ff.
– – örtliche Zuständigkeit **76** 41
– – Rechtsmittel **76** 44, 80
– – Verfahren **76** 40, 42 f., 59
– – Zahl der Beisitzer **76** 38 ff.
– Beisitzer **76** 35, 37 ff.
– – Abberufung **76** 53, 95
– – Ablehnung **76** 52, 90
– – Annahme der Bestellung **76** 89 f.
– – Auswahl **76** 46 ff.
– – Ersatzbeisitzer **76** 53
– – persönliche Voraussetzungen **76** 47 f.
– – Zahl **76** 37 ff., 62
– Vorsitzender **76** 35 f., 54 ff.
– – Ablehnung **76** 56 ff., 78, 95
– – Annahme der Bestellung **76** 79, 89 f.
– – Bestellung durch das Arbeitsgericht **76** 56, 58 f., 62 ff.
– – Bestellung durch de Parteien **76** 54 f., 77 f.
– – Richter als Vorsitzender **76** 55, 64 ff.
– – Zuständigkeit für ~ **76** 35

Einigungsstellenmitglieder
– Abberufung **76** 53, 95
– Ablehnung **76** 52, 56 f., 91, 95
– Amtsniederlegung **76** 96
– Annahme der Bestellung zum ~ **76** 79, 89 f.
– Arbeitgeber als ~ **76** 51
– Bestellung, *s. unter Einigungsstellenbesetzung*
– Betriebsfremde als ~ **76** 51
– Betriebsratsmitglied als ~ **76** 51
– Koalitionsvertreter als ~ **76** 51; **76a** 35 f., 52
– leitende Angestellte als ~ **76** 51; **76a** 24
– persönliche Voraussetzungen **76** 47 ff., 55 ff., 63 ff., 95
– Rechtsstellung **76** 89 ff.
– – Arbeitsbefreiung **37** 2, 35, 49; **76a** 23, 67; **78** 82
– – Arbeitskampfverbot **74** 39
– – Begünstigungsverbot **76** 93; **76a** 23, 63 f.; **78** 8, 11, 18, 82; **119** 43 ff.
– – Behinderungsverbot **vor 81** 31; **76** 93; **78** 8, 11, 18; **103** 14; **119** 32 ff.
– – Benachteiligungsverbot **76** 93; **76a** 63; **78** 8, 11, 18; **103** 14; **119** 43 ff.
– – Freizeitausgleich **37** 2; **76a** 23, 67
– – Geheimhaltungspflicht **76** 20; **85** 26; **99** 157; **120** 32, 47
– – gewerkschaftliche Betätigung **74** 147, *s. auch dort*
– – Kündigungsschutz **76** 93; **103** 14
– – Schadenersatzpflicht **76** 96 f.
– – Verbot parteipolitischer Betätigung **74** 103
– – Vergütungsanspruch **1** 74; **76** 51, 90 f.; **76a** 4, 6, 9, 13, 15, 20, 21 f., 41 ff.; **78** 82
– – Vertragsverhältnis zum Arbeitgeber **76** 90 f., 96 f.; **76a** 28
– Vorsitzender **76** 36, 54 ff.
– – Ablehnung **76** 56 ff., 95
– – Eignung **76** 63 ff.
– – Schadenersatzpflicht **76** 97
– – Unparteilichkeit **76** 55 ff., 63, 95

2355

Sachverzeichnis

Einigungsstellenspruch
- Beschlussfassung, *s. unter Einigungsstellenverfahren*
- Ermessenskontrolle **37** 306, 332; **38** 78; **74** 3; **76** 121, 132, 133, 135, 143, 146, 147, 159, 160 ff.; **77** 345, 347
- – Antrag **76** 161, 172
- – Antragsbegründung **76** 164
- – Ausschlussfrist **76** 146, 159, 160, 162 ff., 174
- – Ermessensfehlgebrauch **76** 168
- – Ermessensüberschreitung **76** 167 ff.
- – Prüfungsumfang **76** 166 ff., 177
- – Rechtsfolgen der Ermessensüberschreitung **76** 173 f.
- Inhaltsschranken **76** 126 ff.; **87** 10, 150, 154, 377
- – Belange des Betriebs und der betroffenen Arbeitnehmer **76** 132, 135
- – billiges Ermessen **76** 132, 134 f.
- – Ermessensgrenzen **76** 132 ff.
- – Innenschranken **76** 131 ff.
- – Sozialplan, *s. dort*
- – Tarifvertrag **76** 130, 157
- – Zuständigkeit der Einigungsstelle **76** 126 ff., 157; **87** 10
- – zwingendes Recht **76** 130, 157
- nachträgliche Annahme **76** 23, 82, 118, 131, 133, 136 f.; **96** 34
- Rechtskontrolle **37** 305, 313, 332; **38** 68, 78, 118; **60** 52; **76** 7 f., 23, 61, 86, 132, 136, 137 f., 141 f., 145 f.f., 147 ff.; **95** 23; **109** 36 ff.
- – Antrag **76** 149, 161, 172
- – Antragsbefugnis **60** 51; **76** 150 ff., 161
- – Beteiligungsbefugnis **76** 152 f.
- – Ermessensgrenzen **74** 3; **76** 158 ff.
- – Frist **76** 154, 156
- – Kontrollverfahren **76** 145 f., 148 ff., 175 f.
- – Prüfungsumfang **76** 154 f., 175
- – Rechtsfragen **37** 305; **38** 78, 118; **76** 154 f., 177
- – Regelungsfragen **76** 156 ff.
- – Verfahrensmängel **76** 61, 66, 103, 110, 112, 157
- – Rechtsweggarantie **76** 182 f.
- Rechtswirkungen des ~ **76** 136 ff.
- – Teilunwirksamkeit des ~ **76** 179 f.
- – Unverbindlichkeit **76** 23, 130, 131, 133, 137
- – Unwirksamkeit des ~ **76** 175 ff.
- – Verbindlichkeit **76** 16 ff., 23, 88, 120, 130, 131, 133, 135, 139 ff.
- – Verfügungsbefugnis **76** 23
- – Vollstreckbarkeit **76** 181; **109** 35
- – Vorabunterwerfung **74** 26; **76** 23, 82, 113, 131, 133, 136; **77** 215; **87** 9; **96** 34
- – vorläufige Regelung **76** 119, 147
- – Zweckmäßigkeitskontrolle **76** 158

Einigungsstellenverfahren 76 1 ff.; **112, 112a** 301 ff.
- Antrag **76** 99 ff., 123
- Aussetzung **76** 60, 129
- Beschlussfassung **76** 110, 111 ff.
- – Abstimmungsverfahren **76** 116 f.
- – Begründung **76** 121, 167
- – Beschlussfähigkeit **76** 113
- – Bindung an die Anträge **76** 118
- – Form **76** 120

- – mündliche Beratung **76** 112, 117
- – Nichtöffentlichkeit **76** 110
- – Rechtsmittelbelehrung **76** 122
- – Stimmenmehrheit **76** 113, 115 ff.
- – Stimmenthaltung **76** 114 f.
- Einigungsversuch der Betriebspartner **74** 28
- erzwingbares ~ **76** 16 f., 29 ff., 62, 82, 101 f., 113, 127, 130, 131, 133, 135, 139 ff., 154, 159; **77** 215; **96** 18 ff.
- freiwilliges ~ **76** 20 ff., 24 ff., 33 f., 62, 82, 101, 118, 123, 130, 131, 133, 136 ff., 159; **77** 215; **96** 34; **112, 112a** 132, 145, 312
- Hinzuziehung von Sachverständigen durch die ~ **76a** 14; **109** 1, 33 f.
- Kosten **76** 107, 125; **76a** 11 f., 14, 16 ff., *s. auch Kosten der Einigungsstelle*
- Parteien des ~ **60** 53 f.; **76** 98, 106
- Prozessvoraussetzung **76** 22, 128, 183
- Stellung des Vorsitzenden **76** 103, 109
- Verfahrensablauf **76** 103 ff.
- Verfahrensgrundsätze
- – Bevollmächtigte der Parteien **76** 106 f.; **76a** 16 ff., 39
- – Beweiserhebung **76** 107
- – Mündlichkeit **76** 105, 109 f., 118
- – Nichtöffentlichkeit **76** 110; **112, 112a** 304 f.
- – Protokollierung **76** 109
- – rechtliches Gehör **76** 104, 118
- – Untersuchungsgrundsatz **76** 107
- – Zwangsmittel **76** 108
- Verfassungskonformität **76** 7, 86
- Vorverfahren **37** 313; **38** 118; **76** 8, 23, 86, 154

Einköpfiger Betriebsrat 9 1, 26 ff.; **13** 54, 59, 64, 79; **14** 4, 31, 43; **15** 17

Einschränkung
- der Beteiligungsrechte durch Kollektivvereinbarung **E** 106; **1** 71
- in personellen Angelegenheiten **vor 92** 9
- in sozialen Angelegenheiten **87** 5 f., 12, 77, 79, 80 ff., 400, 602; **88** 4
- in wirtschaftlichen Angelegenheiten **vor 106** 12

Einsicht in die Unterlagen
- durch den Betriebsausschuss **27** 62
- durch den Betriebsrat **80** 95 ff.
- durch den Seebetriebsrat **116** 56
- durch den Wirtschaftsausschuss **106** 137 ff.
- durch die Bordvertretung **115** 66 f., *s. auch Unterlagen*

Einsichtsrecht in die Personalakte vor 81 15; **83** 1 ff.
- Ableitung aus der Fürsorgepflicht des Arbeitgebers **vor 81** 15
- Art und Weise der Einsichtnahme **83** 22 ff.
- – Anfertigung von Notizen und Kopien **83** 24 f.
- – Bevollmächtigter **83** 26
- – Hinzuziehung der Schwerbehindertenvertretung **83** 28 f.
- – Hinzuziehung eines Betriebsratsmitglieds **80** 103; **83** 26, 28 f., 78
- Berichtigung der Personalakte, *s. dort*
- Einsicht Dritter **75** 125

Sachverzeichnis

- Einsichtsrecht des Betriebsrats **40** 182; **80** 103; **83** 30; **92** 31; **99** 133
- Erklärungen des Arbeitnehmers zur Personalakte **83** 32
- Führung der Personalakte durch Dritte **83** 13
- Hinzuziehung eines Betriebsratsmitglieds **83** 26, 28 ff., 78
- – Schweigepflicht des hinzugezogenen Betriebsratsmitglieds **83** 29, *s. auch Geheimhaltungspflicht*
- – Wahlfreiheit des Arbeitnehmers **83** 28
- – im Konzern **83** 13
- – im Unternehmen **83** 13
- Kosten der Einsichtnahme **83** 22, 24 f.
- Personalakte, *s. dort*
- personelle Einzelmaßnahme und ~ durch den Betriebsrat **99** 133
- persönlicher Geltungsbereich **vor 81** 21 ff.; **83** 2, *s. auch Individualrechte des Arbeitnehmers, s. auch Personalakte*
- Schweigepflicht des hinzugezogenen Betriebsratsmitglieds **79** 84
- Seebetriebe **115** 5
- Streitigkeiten **83** 77 f.
- Verhältnis zum BDSG **83** 42 ff., 69 f., *s. auch Bundesdatenschutzgesetz, s. auch Daten, personenbezogene*
- Vermittler **18a** 81
- Zeitpunkt der Einsichtnahme **83** 22, 27
- Zweck der Norm **83** 4

Einspruch gegen die Wählerliste, *s. unter Wählerliste*

Einstellung 99 28 ff.
- Abschluss des Arbeitsvertrages **99** 29 ff.
- Anspruch auf ~ **75** 24
- arbeitskampfbedingte ~ und Mitbestimmung des Betriebsrats **99** 21
- Aufhebungsanspruch des Betriebsrats **101** 8
- Ausbilder in der Berufsbildung **98** 43
- Auswahlrichtlinien **95** 37 ff.; **99** 144, 199
- Auszubildende **78a** 97; **98** 14; **99** 39
- Begriff **93** 13 f.; **99** 29 ff.
- Beschäftigung im Anschluss an Ausbildungsverhältnisse **78a** 97; **99** 38
- Beschäftigung im Anschluss an befristete Arbeitsverhältnisse **99** 36
- Beschäftigung im Anschluss an befristete Probearbeitsverhältnisse **99** 36
- Beschäftigung über die Altersgrenze hinaus **99** 37
- Datenschutzbeauftragte **99** 186
- Diskriminierungsverbot **75** 44
- Eingliederung **99** 29 ff.
- Eingliederungsvertrag mit Langzeitarbeitslosen **99** 39
- Einschaltung eines Personalberatungsunternehmens **99** 142
- Einstellungsrichtlinien **78a** 138; **95** 37 ff., *s. auch Auswahlrichtlinien*
- Fortsetzung eines gekündigten Arbeitsverhältnisses **99** 43
- freier Mitarbeiter **99** 14, 43
- Fremdfirmenarbeitnehmer **99** 14, 29, 39 f.
- Leiharbeitnehmer **5** 125; **99** 14, 29, 183, 211
- leitende Angestellte **105** 6, 10, 12, 14
- persönliche Vorstellung des Bewerbers beim Betriebsrat **99** 152
- Privatdetektiv **87** 201
- Rechtsfolgen für den Arbeitnehmer bei Fehlen der Zustimmung des Betriebsrats **99** 174 ff., 176; **102** 26, *s. auch personelle Einzelmaßnahmen*
- Schülerpraktikanten **99** 39
- Schweigepflicht des Betriebsratsmitglieds **99** 157 ff.
- Seebetrieb **114** 14; **116** 30
- Strafgefangene **99** 14, 62
- Teilnahme des Betriebsrats am Vorstellungsgespräch **99** 152
- Tendenzbetrieb **99** 182; **100** 8; **101** 6; **118** 4, 10, 208, 214 ff.
- Unterrichtungspflicht des Arbeitgebers **99** 136 ff., *s. auch personelle Einzelmaßnahmen*
- vorläufige Durchführung **100** 5, 8, 12, 47; **102** 26
- Wechsel des Arbeitnehmers in einen anderen Betrieb **99** 121 ff.; **102** 162
- Wiederaufnahme ruhender Arbeitsverhältnisse **99** 55 f.
- Zivildienstleistende **99** 62
- Zuständigkeit des Gesamtbetriebsrats **50** 53
- Zustimmungserfordernis **99** 160 ff.
- Zustimmungsverweigerungsrecht des Betriebsrats, *s. dort*

Einstellungsfragebogen 94 16, *s. auch Personalfragebogen*
Einstellungsrichtlinien 75 44; **78a** 102; **95** 35 ff., *s. auch Auswahlrichtlinien*
Einstellungsuntersuchung, ärztliche 75 123, 125; **87** 233; **94** 21
- Frage nach dem Gesundheitszustand **94** 30
- Fragebogen **94** 21

Einstweilige Verfügung
- Arbeitsplatz-, Arbeitsablauf-, Arbeitsumgebungsgestaltung **23** 188 ff.
- Auflösung des Betriebsrats **23** 136
- Entfernung von Anschlägen am Schwarzen Brett **40** 170
- Fortführung des Betriebsratsamts während Kündigungsschutzprozess **25** 37
- Freistellung von Auskunftspersonen für Teilnahme an Betriebsratssitzungen **30** 14
- Freistellung von Betriebsratsmitgliedern **38** 32, 65, 67
- Kostenerstattungsanspruch der Betriebsratsmitglieder **40** 233
- Kostenvorschuss des Rechtsanwalts des Betriebsrats **40** 131
- Teilnahme an Schulungs- und Bildungsveranstaltungen **37** 304, 307, 309 ff.
- Untersagung der Amtsausübung des Betriebsratsmitglieds **23** 106, 109, 114; **48** 8
- Untersagung der Betriebsratswahl **17** 60; **18** 102
- Verhältnis zu § 101 **101** 23
- Verhältnis zur vorläufigen Durchführung personeller Maßnahmen **100** 3
- Verletzung der notwendigen Mitbestimmung in sozialen Angelegenheiten **23** 186; **87** 166, 169, 293, 372, 447, 604, 1097

2357

Sachverzeichnis

- vorgeschaltetes Kontrollverfahren zur Betriebsratswahl **18** 54, 90 ff.; **18a** 109; **20** 22
- Wahlanfechtungsverfahren **19** 122 f.
- Wahlkosten **20** 63, 77 ff.
- Weiterbeschäftigungsanspruch nach Kündigung **102** 228 ff.
- wirtschaftliche Angelegenheiten **23** 198, 206, 208
- Zugangsrecht der Gewerkschaft zum Betrieb **2** 69
- Zuordnungsverfahren für leitende Angestellte **18a** 111
- Zwangsverfahren gegen den Arbeitgeber **23** 262 f., 285, 297

EMAS 89 45 ff.

Entfernung betriebsstörender Arbeitnehmer 60 51; **75** 12, 21; **88** 30 f.; **99** 221 f.; **118** 224
- Änderungskündigung **104** 11, 18, 23, 26, 30, 32, 34, 36
- Arbeitnehmer des Betriebs **104** 4
- Direktionsrecht des Arbeitgebers **104** 23, 30, 34, 36
- Druckkündigung **104** 24, 33 f.
- Durchführung der Maßnahme **104** 18 ff.
- – Beteiligung des Betriebsrats **104** 25 f.
- – Ermessen des Arbeitgebers **104** 18 ff., 30
- Entlassung **104** 11, 18, 19, 25, 29 f.
- Erzwingung der Maßnahme durch arbeitsgerichtliche Entscheidung **104** 4, 27 ff.
- – Antrag **60** 50; **104** 27
- – Beteiligung des Arbeitnehmers **104** 27, 35
- – Entscheidung des Gerichts **104** 29 f.
- – Frist **104** 27
- – Präjudizwirkung im Kündigungsschutzprozess **104** 35
- – Verhältnis zu § 23 Abs. 3 **104** 29
- – Zwangsgeldfestsetzung **104** 29
- Fürsorgepflicht des Arbeitgebers **104** 24
- gesetzwidriges Verhalten **104** 5, 8
- Kritik am Betriebsrat **104** 6, 8
- Kündigung **104** 10, 11, 18, 19, 23, 25 f., 29 f., 32 f., 35
- Kündigungsgrund **104** 19
- Leiharbeitnehmer **104** 4, 11
- leitende Angestellte **104** 4
- Nichtbeachtung des Verlangens durch den Arbeitgeber **23** 192; **104** 4, 27 ff.
- rassistische und fremdenfeindliche Betätigung **88** 30 f.; **99** 227 f.; **104** 1, 7
- Rechtsstellung des Arbeitnehmers **104** 27, 31 ff.
- – Kündigungsschutzklage **104** 32, 35, 36
- – Schadensersatzanspruch **104** 24, 33 f., 36
- – Weiterbeschäftigungsanspruch **104** 32
- Störung des Betriebsfriedens **104** 8 f., 27
- – Benachteiligung **104** 6
- – Verstöße gegen das Benachteiligungsverbot der §§ 1, 7 AGG **104** 5 ff.
- Tendenzbetrieb **118** 224
- Verhalten außerhalb des Betriebs **104** 5
- Verhältnismäßigkeit **104** 11, 19
- Verlangen des Betriebsrats **104** 3 ff., 11, 19
- Verschulden des Arbeitnehmers **104** 10
- Versetzung **104** 10, 11, 18, 19, 23, 25 f., 29 f., 34, 35, 36
- Verstoß gegen das Diskriminierungsverbot **104** 6, 7, 8
- Zweck **104** 2

Entgeltfortzahlungsanspruch, *s. unter Arbeitsentgeltfortzahlung an Betriebsratmitglieder*

Entgeltumwandlung 87 852

Entlassung 87 265 f.; **104** 11, 18, 19, 25, 29 f., *s. auch Kündigung*

Entleiherbetrieb, *s. unter Leiharbeitnehmer*

Entlohnungsgrundsätze 87 32, 123, 129, 132, 452, 832, 833, 838, 841 f., 847, 867 f., 873, 883, 895 f., 899 f., 905 ff., 929 ff., 965, 967, 986 f., 989 ff., 1002, 1032
- Änderung **87** 832, 842, 867, 873, 883, 899 f., 905 ff., 965, 967 f., 986 f., 989 ff., *s. auch Lohngestaltung, betriebliche*
- Aufstellung **87** 832, 842, 867, 873, 883, 899 f., 965
- Ausgestaltung **87** 934 f., 938 ff., 947 ff., 951
- Auswahl **87** 933, 937, 943, 947, 965, 1002
- Begriff **87** 930
- erfolgsabhängige Vergütung **87** 951 ff.
- Leistungslohn **87** 930 ff., 935, 937 ff., 955, 958, 973, 997 ff.
- Mischformen **87** 933, 937, 943, 948
- Neuaufstellung nach Änderung des Dotierungsrahmens **87** 123, 132 ff., 899, 905 ff.
- Prämienvergütung **87** 937 ff., 959 f., 973, 1021
- Provisionssystem **87** 947 ff.
- Spitzenvergütungsgruppe **87** 933
- Zeitlohn **87** 930 ff., 934, 937, 955 f., 973, 999
- Zulagen, *s. dort*
- Zuordnung der Arbeitnehmergruppen **87** 933

Entlohnungsmethoden 87 832, 833, 838, 841 f., 867, 883, 929, 940, 941, 942, 954 ff., 965 ff., 994; **111** 138
- Änderung **87** 832, 842, 883, 965, 967, 994
- Anwendung **87** 965, 973 f., 994
- Arbeitswert **87** 955
- Ausgestaltung **87** 961
- Begriff **87** 954
- Einführung **87** 832, 842, 883, 965 f.
- Leistungsgrad **87** 955, *s. auch Lohngestaltung, betriebliche*
- Vergütungsgruppen **87** 933, 955 f.

Entstehungsgeschichte der Betriebsverfassung, *s. unter Geschichte der betrieblichen Mitbestimmung*

Entwicklungshelfer 5 109

Erhaltungs- und Notstandsarbeiten
- Beteiligung des Betriebsrats **74** 81 ff.
- freiwillige Betriebsvereinbarung über ~ **74** 81; **88** 12

Erlöschen der Mitgliedschaft im Betriebsrat 8 54, 58, 70 f.; **13** 55, 65, 69; **24** 1 ff.; **26** 25, 27; **27** 28; **37** 271, 274; **38** 79; **42** 1; **48** 1, 21; **49** 1, 6 f., 9, 15, 24; **51** 16, 24
- Ablauf der Amtszeit des Betriebsrats **24** 7, 8
- Amtsenthebung des Betriebsratsmitglieds **8** 61; **24** 64, 74
- Amtsniederlegung des Betriebsratsmitglieds, *s. dort*
- anfängliche Nichtwählbarkeit **8** 54, 58, 70; **18a** 104; **19** 85, 101, 107, 108, 110, 142; **24** 1, 53, 65 ff.; **37** 148
- – Antrag **24** 64
- – Antragsberechtigte **24** 64
- – Behebung der Nichtwählbarkeit **24** 68 f.

2358

Sachverzeichnis

- – Frist **24** 65
- – gerichtliche Feststellung **24** 1, 63, 70
- – Kenntnis der Nichtwählbarkeit **24** 67
- – Rechtsfolge **24** 70
- – Verhältnis zur Wahlanfechtung **18a** 104; **24** 65, 66
- Auflösung des Betriebsrats **24** 7, 64, 74
- Beendigung des Arbeitsverhältnisses **24** 22 ff., 54
- – Abkehr während des Arbeitskampfes **24** 23, 37
- – Anfechtung des Arbeitsvertrages **24** 23, 29
- – Aufhebungsvertrag **24** 23, 39
- – auflösende Bedingung **24** 23, 28
- – Auflösung durch Urteil **24** 23, 40; **37** 148
- – außerordentliche Kündigung des Arbeitgebers **24** 32 f., 40
- – Betriebsstilllegung **21** 50 ff.; **21b** 7 ff.; **24** 23, 32, 48, 53
- – Insolvenzverfahren **24** 23, 48
- – Kündigung durch das Betriebsratsmitglied **24** 32
- – lösende Aussperrung **24** 37, 51
- – Nichtigkeit des Arbeitsvertrages **24** 23, 29
- – ordentliche Kündigung des Arbeitgebers **24** 32
- – Rentenalter **24** 25 f.
- – Ruhen des Arbeitsverhältnisses **24** 23, 37, 42
- – tatsächliche Fortsetzung des Arbeitsverhältnisses **24** 24, 49
- – Tod des Arbeitgebers **24** 23, 30
- – Tod des Arbeitnehmers **24** 23, 30
- – Veräußerung des Betriebs **21a** 33; **24** 23, 45 f.
- – Wiedereinstellung **24** 23, 49
- – Zeitablauf **24** 23, 24
- Dispositivität in Kollektivvereinbarungen **24** 5
- Einberufung zu Grundwehrdienst/Wehrübung **24** 42, 63; **25** 17
- Ersatzmitglieder, s. dort
- Rechtsfolgen des ~ **24** 73 ff.
- – Arbeitsentgeltschutz **37** 147 f.
- – Beendigung des Betriebsratsamts **24** 71
- – Beendigung sonstiger Ämter **24** 71; **48** 1, 21; **49** 1, 6 f., 9, 15, 24; **51** 16, 24
- – nachwirkender Kündigungsschutz **24** 72 f.
- – Verlust des Kündigungsschutzes **24** 72
- – Rücktritt des Betriebsrats **24** 7
- Ruhen des Arbeitsverhältnisses **24** 23, 37, 42, 54, 63
- Streitigkeiten **24** 79
- Verlust der Wählbarkeit **8** 71; **24** 22, 45, 53 ff.
- – Aberkennung durch Urteil **24** 59
- – Abordnung in einen anderen Betrieb **24** 53
- – Anordnung der Betreuung **24** 58
- – Ausgliederung von Betriebsteilen **24** 56
- – Ruhen des Arbeitsverhältnisses **24** 53, 61
- – Verlust der Arbeitnehmereigenschaft **24** 54
- – Verlust der Betriebszugehörigkeit **24** 53
- – Versetzung in einen anderen Betrieb **24** 53
- – Zusammenlegung von Betrieben und Betriebsteilen **24** 56
- Wahlanfechtung **8** 70; **19** 135, 136
- Wechsel der Gruppenzugehörigkeit **24** 1
- Zivildienst **24** 42

Erörterungsrecht des Arbeitnehmers, *s. unter Anhörungs-und Erörterungsrecht des Arbeitnehmers*

Ersatzmitglieder 24 7, 51, 74 ff.; **25** 1 ff.
- Amtsenthebung des ~ **23** 73 ff.
- Begriff **25** 8
- Dispositivität in Kollektivvereinbarungen **25** 5
- Erlöschen der Ersatzmitgliedschaft **24** 52, 76 ff.; **25** 14, 49, 68, 86
- – Ablauf der Amtszeit des Betriebsrats **25** 14, 65
- – Auflösung des Betriebsrats **25** 14, 65
- – lösende Aussperrung noch nicht nachgerückter ~ **24** 51
- – nachgerückte ~ **24** 74, 76
- – noch nicht nachgerückte ~ **24** 51, 75 f.; **25** 65
- – zeitweilig vertretende ~ **24** 74, 76; **25** 83
- Ladung zu Betriebsratssitzungen **29** 43 ff.; **30** 22; **33** 26, 60, 69
- Nachrücken von ~ **13** 56 ff., 69, 74; **15** 10; **21a** 34, 77; **25** 9 ff.; **26** 8, 28, 68, 69; **27** 39
- – Ablauf der Amtszeit des Betriebsrats **25** 10
- – Auflösung des Betriebsrats **23** 137; **25** 12
- – Ausscheiden eines Betriebsratsmitglieds **25** 9, 11, 13, 15, 42; **26** 8, 28; **27** 41; **33** 28; **38** 79
- – Rücktritt des Betriebsrat **24** 7; **25** 13
- – Unterrichtung des Arbeitgebers **25** 37
- – Wahlanfechtung **25** 11
- – Zeitpunkt des Nachrückens **25** 36 ff.
- – zeitweilige Verhinderung eines Betriebsratsmitglieds **25** 16 ff., 36, 42, 63
- Postnachfolgegesellschaften **10 Anhang** 4; **25** 1, 51, 61 f.
- Rechtsstellung nachgerückter ~ **25** 69 f.
- – Arbeitsbefreiung **37** 28
- – Arbeitsentgeltschutz **37** 139, 146
- – Begünstigungs- und Benachteiligungsverbot **78** 13, 62; **119** 48
- – Freistellung **25** 68; **38** 79
- – Geheimhaltungspflicht **30** 26; **79** 48, 61; **120** 31, 47
- – Kündigungsschutz **25** 37, 66; **103** 4, 19, 27
- – Mitgliedschaft im Betriebsrat **25** 66
- – sonstige Funktionen, Übernahme **25** 68
- – Teilnahme an Schulungs- und Bildungsveranstaltungen **25** 66; **37** 162, 177, 275, 287
- – Versetzungsschutz **25** 66
- Rechtsstellung noch nicht nachgerückter ~ **25** 66 f.; **37** 177, 275, 287
- Rechtsstellung zeitweilig vertretender ~ **25** 71 ff.
- – Arbeitsbefreiung **37** 28; **38** 48 f.
- – Benachteiligungsverbot **25** 71
- – Freistellung **38** 48
- – Geheimhaltungspflicht **30** 26; **79** 48, 61; **120** 31, 47
- – Kündigungsschutz **25** 37, 70 f., 77 ff.
- – Mitgliedschaft im Betriebsrat **25** 69
- – Teilnahme an Schulungs- und Bildungsveranstaltungen **37** 178, 275, 287
- – Versetzungsschutz **25** 70 f.
- – Weisungsrecht des vertretenen Betriebsratsmitglieds **25** 69
- Reihenfolge des Nachrückens **13** 56 f.; **25** 49 ff.
- Erschöpfung der Vorschlagsliste **25** 1, 51, 52 f., 62 f.

Sachverzeichnis

– – Geschlecht in der Minderheit **25** 51, 52 f., 55
– – Listenwahl **25** 44, 49 ff.
– – Mehrheitswahl **25** 44, 54 f.
– – Personenwahl **25** 44, 54 f.
– – Verhältniswahl **25** 44, 49 ff.
– – Verhinderung mehrerer Betriebsratsmitglieder **25** 57
– Stimmrecht **33** 21, 28
– Streitigkeiten **25** 87 f.
– Verhinderung des ~ **25** 44, 73
– Wahl der ~ **14** 4, 41, 43, 46
– Weiterbeschäftigung auszubildender Funktionsträger **78a** 35, 44 ff., 50 f., 105
– zeitweilige Verhinderung eines Betriebsratsmitglieds **25** 16 ff., 39, 47, 65; **26** 8, 68, 69; **27** 17, 18, 39; **33** 26, 28; **37** 52, 55, 98; **38** 48 ff., 60; **40** 53
– – außerordentliche Kündigung **25** 29 f.
– – Dauer der Verhinderung **25** 19, 26
– – eigene Angelegenheiten, Behandlung von **25** 27 f., 39
– – gewillkürte Stellvertretung **25** 22; **33** 28
– – krankheitsbedingte Arbeitsunfähigkeit **25** 18, 42, 70; **38** 49
– – Rechtsstreit über den Fortbestand des Arbeitsverhältnisses **25** 29 ff.
– – Selbstzusammentritt des Betriebsrats **29** 25
– – Unzumutbarkeit der Wahrnehmung des Amts **25** 23 f.
– – Urlaub **25** 17, 23, 42; **37** 98; **38** 49; **40** 53
– – Vorhersehbarkeit der Verhinderung **25** 19 f.
– – Zweck **25** 7
Ersetzung
– der Zustimmung des Betriebsrats zu personellen Einzelmaßnahmen **99** 234 ff.
Erweiterung der Beteiligungsrechte durch Kollektivvereinbarung E 105; **1** 71; **3** 3 f.; **77** 182
– allgemeine Aufgaben der Jugend- und Auszubildendenvertretung **vor 60** 35
– Arbeitsplatz-, Arbeitsablauf, Arbeitsumgebungsgestaltung **87** 13
– bei Kündigung **102** 120, 238 ff.; **103** 5
– bei personellen Einzelmaßnahmen **99** 4
– Geschäftsordnung des Betriebsrats **36** 13
– in personellen Angelegenheiten **vor 92** 10 ff.; **87** 13; **92** 32; **99** 4
– in sozialen Angelegenheiten **87** 7 ff., 292, 1094; **88** 4
– in wirtschaftlichen Angelegenheiten **vor 106** 12 ff.; **87** 13
Essensgeldzuschuss 87 852
Ethnische Herkunft
– Benachteiligungsverbot **75** 53, 55 f.
Europäische Aktiengesellschaft vor 106 46; **79** 4
– Geltung des BetrVG, *s. auch SE-etriebsrat*
Europäischer Betriebsrat E 34; **vor 47** 12; **vor 106** 46 ff.; **79** 4, 6, 61; **80** 5; **90** 3
– Anhörung **EBRG 1** 9 ff.
– Arbeitnehmerbegriff **EBRG 4** 2 f.
– Aufgaben des Vorsitzenden und seines Stellvertreters **EBRG 25** 8
– Aufnahme von Verhandlungen **EBRG 33** 1 ff.
– – Rechtsfolgen **EBRG 33** 4 ff.

– – Zeitpunkt der Beschlussfassung **EBRG 33** 2 f.
– Auskunftsanspruch **EBRG 5** 1 ff.
– – Durchsetzung des ~ **EBRG 5** 9
– – Umfang der Information **EBRG 5** 8
– – Auskunftsberechtigte **EBRG 5** 4 ff.
– – Auskunftsverpflichtete **EBRG 5** 4 ff.
– Ausschuss
– – Arbeitsweise und Organisation **EBRG 26** 12 f.
– – Aufgaben **EBRG 26** 9 ff
– – Mitglieder **EBRG 26** 3 ff.
– – Ausschuss des ~ **EBRG 18** 13
– Berechnung der Arbeitnehmerzahlen **EBRG 4** 5 ff.
– – in anderen Mitgliedstaaten **EBRG 4** 9
– Beschlussfassung **EBRG 28** 2 ff.
– besonderes Verhandlungsgremium **EBRG 8** 1 ff., *s. dort*
– – Antrag auf Bildung eines ~ **EBRG 9** 2 ff.
– – Aufgabe **EBRG 8** 5 ff.
– – Berechnung der Zusammensetzung **EBRG 10** 2 f.
– – Beschlussfassung **EBRG 15** 2 ff
– – Beschlussfassung des ~ **EBRG 13** 12 f.
– – Bestellung der Mitglieder **EBRG 11** 1 ff.
– – Bildung des ~ **EBRG 9** 1 ff.
– – Einbeziehung von Arbeitnehmern aus Drittstaaten **EBRG 14** 1 ff.
– – Ersatzmitglieder **EBRG 10** 4 f.
– – gesamtschuldnerische Haftung für Kostenerstattung **EBRG 16** 9
– – Geschlechterproportionalität **EBRG 11** 8
– – Hinzuziehung von Sachverständigen **EBRG 13** 14 ff.
– – konstituierende Sitzung **EBRG 13** 3 ff.
– – Niederschrift der Beschlussfassung **EBRG 15** 4
– – persönliche Bestellungsvoraussetzungen **EBRG 11** 6 f.
– – Rechtsfolgen der Beschlussfassung **EBRG 15** 6 ff.
– – Rechtsnatur **EBRG 8** 2 ff.
– – Sitzungen außerhalb der Verhandlungen **EBRG 13** 8 ff.
– – Umfang der Kostenerstattungspflicht **EBRG 16** 3 ff.
– – Unterrichtung über die Mitglieder **EBRG 12** 1 ff.
– – Unterrichtungspflichten vor der Bildung **EBRG 9** 5 f.
– – Vereinbarungen über grenzüberschreitende Unterrichtung und Anhörung der Arbeitnehmer **EBRG 17** 1 ff.
– – Zusammenarbeit **EBRG 8** 8 f.
– – zuständiges Bestellorgan **EBRG 11** 2 ff.
– – Zusammensetzung **EBRG 10** 1 ff.
– – bestehende Vereinbarungen **EBRG 41** 1 ff.
– – nachträgliche Anpassung **EBRG 41** 9 ff.
– – Verlängerungs- und Übergangsregelungen **EBRG 41** 13
– – Voraussetzungen für die Fortgeltung **EBRG 41** 2 ff.
– – Bestellung der inländischen Mitglieder **EBRG 18** 17
– – Bußgeldvorschriften **EBRG 45** 1 ff.

Sachverzeichnis

- Dauer der Mitgliedschaft **EBRG 32** 2 ff.
- EBRG **vor 1 EBRG** 3 ff.
- – unionsrechtskonforme Auslegung **vor 1 EBRG** 10
- Errichtung **vor 106** 51 f.
- Errichtungs- und Tätigkeitsschutz **EBRG 42** 1 ff.
- Europäischer Betriebsrat kraft Gesetzes
- – Bestellung der inländischen Mitglieder **51** 85; **58** 34
- – Erlöschen der Mitgliedschaft in ~ **24** 6
- – Ersatzmitglieder **25** 6
- – Jugend- und Auszubildendenvertretung **vor 60** 13 f.
- – Sitzungen **37** 31
- Europäischer Betriebsrat kraft Vereinbarung
- Fallgruppen zur Errichtung eines ~ kraft Gesetzes **EBRG 21** 5 ff.
- finanzielle und sachliche Mittel **EBRG 18** 14
- Fortbildung **EBRG 38** 1 ff.
- – Anspruchsberechtigte **EBRG 38** 3 ff.
- – Rechtsfolgen der Freistellung **EBRG 38** 9
- – Rechtsnatur des Anspruchs **EBRG 38** 3 ff.
- – Voraussetzung der Freistellung **EBRG 38** 7 f.
- Gebot der vertrauensvollen Zusammenarbeit **EBRG 34** 1 ff.
- Geheimhaltungspflicht **EBRG 35** 9 ff.
- Geheimhaltungsrecht **EBRG 35** 4 ff.
- Gemeinschaftscharta der sozialen Grundrecht **E** 35
- Gemeinschaftsunternehmen **EBRG 6** 4
- gemeinschaftsweite Tätigkeit von Unternehmen
- Definition **EBRG 3** 2 f.
- gemeinschaftsweite Tätigkeit von Unternehmensgruppen
- Definition **EBRG 3** 4 ff.
- Geschäftsordnung **EBRG 28** 7 f.
- herrschendes Unternehmen **EBRG 6** 1 ff.
- in Unternehmensgruppen **EBRG 7** 1 ff.
- Jugend- und Auszubildendenvertretung **vor 60** 13 f.
- Kompetenzen **vor 106** 51 f.
- konstituierende Sitzung **EBRG 25** 2 ff.
- Kosten des ~ **40** 52; **41** 3
- Kosten und Sachaufwand **EBRG 39** 1 ff.
- – persönliche Kosten **EBRG 39** 4
- – Sachaufwendungen **EBRG 39** 6
- – Sachverständige **EBRG 39** 7 ff.
- – Verhältnismäßigkeit **EBRG 39** 5
- kraft Gesetzes **EBRG 21** 1 ff.
- – Bestellung der inländischen Arbeitnehmer **EBRG 23** 1 ff.
- – Beteiligung der leitenden Angestellten **EBRG 23** 8 ff.
- – Drei-Jahres-Frist **EBRG 21** 16
- – Mitteilungspflichten gegenüber der zentralen Leitung **EBRG 24** 2 ff.
- – Unterrichtungspflichten der zentralen Leitung **EBRG 24** 4 ff.
- kraft schriftlicher Vereinbarung **EBRG 18** 1 ff.
- – Inhalt der Vereinbarung **EBRG 18** 2 ff.
- Mitwirkungsrechte und -pflichten des ~ kraft Gesetzes
- – Berichtpflicht gegenüber der örtlichen Arbeitnehmervertretung **51** 85
- – Beteiligung bei Betriebsänderungen **111** 6
- Neubestellung von Mitgliedern **EBRG 32** 5 ff.
- räumlicher Geltungsbereich des EBRG **EBRG 2** 2 ff.
- Rechtsnatur **EBRG 21** 2 ff.
- Rechtsstellung der Mitglieder des ~
- – Amtsenthebung **23** 10
- – Arbeitsbefreiung **37** 31
- – Kündigungsschutz **103** 13
- – Teilnahme an Betriebsversammlungen **42** 50
- Regelungen für Besatzungsmitglieder von Seeschiffen **EBRG 41a** 1 ff.
- RL 2009/38/EG
- Änderungen durch ~ **vor 1 EBRG** 5
- sachlicher Geltungsbereich des EBRG **EBRG 2** 6 ff.; **vor 106** 54, 56; **54** 48
- – – Tendenzunternehmen **118** 140
- – – Unternehmensgruppe **54** 48
- Schulungs- und Bildungsveranstaltung zum Thema ~ **37** 197
- Schutz inländischer Arbeitnehmervertreter **EBRG 40** 1 ff.
- – – persönlicher Schutzbereich **EBRG 40** 3 f.
- – – sachlicher Schutzbereich **EBRG 40** 5 ff.
- Sitzungen **EBRG 18** 10; **EBRG 27** 1 ff.
- – Nichtöffentlichkeit **EBRG 27** 7 f.
- Strafvorschriften **EBRG 43** 1 ff.; **EBRG 44** 1 ff.
- Tendenzunternehmen **EBRG 31** 1 ff.; **118** 140
- Übergangsmandat **EBRG 37** 11 ff.
- Unterrichtung **EBRG 1** 7 f.
- Unterrichtung der örtlichen Arbeitnehmervertreter **EBRG 36** 1 ff.
- – Adressat **EBRG 36** 5 ff.
- – Einschränkung der Berichtspflicht **EBRG 36** 11
- – Form der Berichterstattung **EBRG 36** 10
- – Unterrichtungsverpflichteter **EBRG 36** 3 f.
- Unterrichtungs- und Anhörungsrecht **EBRG 29** 1 ff.
- – außergewöhnliche Umstände **EBRG 30** 2 ff.
- – Beteiligung des Ausschusses **EBRG 30** 10
- – erforderliche Unterlagen **EBRG 29** 9
- – Form der Unterrichtung **EBRG 29** 5 ff.
- – Ort und Zeitpunkt **EBRG 29** 3 f.
- – Rechtzeitigkeit **EBRG 29** 10 ff.
- – Rechtzeitigkeit der Unterrichtung und Anhörung **EBRG 30** 6 f.
- – Umstände mit erheblichen Auswirkungen auf die Arbeitnehmer **EBRG 30** 4 f.
- – Unterlassungsanspruch des EBR **EBRG 30** 11 ff.
- – Unterrichtungs- und Anhörungsgegenstände **EBRG 29** 13 ff.
- – Verfahren zur Unterrichtung und Anhörung **EBRG 30** 9
- – Vorlage der erforderlichen Unterlagen **EBRG 30** 8
- Vereinbarung über die Errichtung
- Übergangsregelung **EBRG 20** 1 ff.
- Verfahren zur Unterrichtung und Anhörung der Arbeitnehmer **EBRG 19** 1 ff.

Sachverzeichnis

- Verhandlungen wegen wesentlicher Strukturänderungen **EBRG 37** 1 ff.
- – Auslösungsgründe der Verhandlungen **EBRG 37** 2 ff.
- – Verhandlungsverfahren **EBRG 37** 7 ff.
- Vredeling Richtlinie **vor 1 EBRG** 2
- Wahl des Vorsitzenden und seines Stellvertreters **EBRG 25** 5 ff.
- Zeitpunkt der Beteiligung **EBRG 1** 12
- zentrale Leitung **EBRG 1** 13
- Zusammensetzung **EBRG 18** 5; **EBRG 22** 1 ff.
- – Ersatzmitglieder **EBRG 22** 7
- – persönliche Voraussetzungen **EBRG 22** 3 ff.
- – Proportionalität **EBRG 22** 10 ff.
- – Repräsentativität **EBRG 22** 9
- Zuständigkeit **EBRG 1** 2 ff.
- Zuständigkeit und Aufgaben **EBRG 18** 6 ff.

Fabrikationsmethoden 106 69
Fachkräfte für Arbeitssicherheit 87 612 f., 635, 646, 671 ff., 724
- Abberufung **87** 680, 684 ff., 702 f.
- Arbeitsschutzausschuss, *s. dort*
- Aufgaben der ~ **87** 689 ff., 702 f.
- Auswahl **87** 679 ff.
- Bestellung **87** 672 ff., 682 f., 685 f., 690, 702 f.
- Einsatzzeit **87** 674, 677
- Einstellung **87** 114, 612 f., 679, 682 f.
- freiberufliche ~ **87** 679, 687 f., 691
- freiwillige Betriebsvereinbarung über Einsatz und Zahl von ~ **88** 12
- Hinzuziehung zur Unterrichtung über Unfall- und Gesundheitsgefahren **81** 16
- Initiativrecht des Betriebsrats **87** 690, 702 f.
- Kündigung **87** 684
- Rechtsstellung der ~ **87** 692
- Seebetrieb **115** 69
- Sozialeinrichtung **87** 724
- überbetrieblicher Dienst **87** 679, 681, 687 f., 691
- Zusammenarbeit mit dem Betriebsrat und anderen Stellen **87** 693 ff.

Fachliteratur, *s. unter Sachaufwand des Betriebsrats*
Fahrkosten, *s. unter Kosten der Betriebsratsmitglieder*
Familienangehörige des Arbeitgebers 5 1, 154 ff.
Fertigungsverfahren vor 106 2; **87** 180, 1081; **111** 68, 74, 125, 131, 136 ff.; **112, 112a** 9, 252; **118** 4
Finanzielle Lage des Unternehmens vor 106 2; **106** 58 ff.; **108** 57; **109** 12, 13; **110** 8
Firmenwagen
- private Nutzung **87** 852

Fliegendes Personal, *s. unter Luftfahrtunternehmen*
Formelle Arbeitsbedingungen 87 34 ff., 145
Formulararbeitsverträge
- Änderung von ~ **94** 6
- Anrufung der Einigungsstelle **94** 67
- Anwendungsbereich **94** 8 ff., 53
- – freie Mitarbeiter **94** 8
- – Leiharbeitnehmer **94** 9
- – leitende Angestellte **94** 8, 52
- automatische Datenverarbeitung **94** 54
- Begriff der persönlichen Angaben **94** 53
- Durchführungsanspruch des Betriebsrats **94** 12
- Einsichtnahmerecht des Betriebsrats **80** 98; **94** 54
- für leitende Angestellte **94** 8, 53
- Genese **94** 1, 52 f.
- Inhalt **94** 26 ff., *s. auch Fragerecht des Arbeitgebers*
- Neueinführung von ~ **94** 6
- Rechtsfolgen bei Nichtbeachtung der Zustimmungspflicht **94** 50
- Rechtsfolgen bei Nichtbeachtung der Zustimmungspflicht für Individualarbeitsverträge **94** 50
- Schweigepflicht der Betriebsratsmitglieds **94** 51
- Streitigkeiten **94** 66 ff.
- Tendenzbetrieb **94** 11, 46; **118** 207, 209
- Unterlassungsanspruch des Betriebsrats **94** 68
- Vereinbarung der Betriebspartner über ~ **94** 12 ff.
- – Betriebsvereinbarung **94** 13, 14 f., 25
- – Form **94** 12, 13
- – Kündigung **94** 14 f.
- – Nachwirkung **94** 15
- – Regelungsabrede **94** 12, 14 f.
- Weiterverwendung von ~ nach erstmaliger Betriebsratswahl **94** 6, 15
- Zuständigkeit **94** 7, 9
- – Gesamtbetriebsrat **94** 7
- – Konzernbetriebsrat **94** 7
- – Leiharbeitnehmer **94** 9
- Zustimmungsrecht des Betriebsrats **94** 5 f., 12, 52, 54, 66
- Zweck der Mitbestimmung **94** 3, 53

Fortbildung
- Anspruch der Betriebsratsmitglieder auf ~ **37** 138, 153, 155; **38** 109 ff.
- Begriff **96** 10; **102** 168
- Finanzierung **102** 171 f.
- Förderung der Berufsbildung **96** 7, 10, 16, 29, 36; **97** 22; **98** 10, 13, 17, 22
- Widerspruchsrecht des Betriebsrats gegen ordentliche Kündigung **97** 22 f.; **98** 10; **102** 159, 163
- Zumutbarkeit für den Arbeitgeber **102** 170 ff.

Fortzubildender 78a 15, 19, 22
Fragebogen
- ärztliche Fragebogen **94** 21
- Einstellungsfragebogen **94** 16, *s. auch Personalfragebogen*
- Fragebogenaktion des Betriebsrats **80** 69
- für Einstellungsuntersuchungen **94** 21
- Personalfragebogen, *s. dort*
- Zulässigkeit von Fragen, *s. unter Fragerecht des Arbeitgebers*

Fragerecht des Arbeitgebers 75 122; **83** 15; **94** 26 ff.
- Anfechtung des Arbeitsvertrages **94** 28, 50
- Begrenzung durch das AGG **94** 27
- Gegenstand des Fragerechts
- – Ableistung der Wehrpflicht **94** 33
- – AIDS **94** 29
- – Arbeitserlaubnis **94** 42
- – Aufenthaltserlaubnis **94** 42
- – Behinderung **94** 34 f.
- – berufliche Verfügbarkeit **94** 42
- – beruflicher Werdegang **94** 28
- – Familienplanung **94** 44

– – Gesundheitszustand **94** 29
– – Gewerkschaftszugehörigkeit **2** 42; **94** 46
– – Konkurrenzklausel **94** 41
– – Krankheiten **94** 20, 21, 29
– – Lohn- oder Gehaltspfändung **94** 42
– – MfS-Mitgliedschaft **94** 42
– – Parteizugehörigkeit **94** 45
– – Personenstand **94** 43
– – persönliche Daten **94** 28
– – persönliche Lebensverhältnisse **94** 43
– – Rasse **94** 45
– – Religionszugehörigkeit **94** 45
– – Schwangerschaft **94** 21, 30, 44
– – Schwerbehinderteneigenschaft **94** 35
– – Scientology **94** 46
– – SED-Mitgliedschaft **94** 42
– – Strafverfahren, schwebende **94** 37
– – Vergütung bei vorherigem Arbeitgeber **94** 28
– – Vermögensverhältnisse **94** 40
– – Vorstrafen **94** 36 f.
– – Wehrdienst **94** 35
– – Wettbewerbsverbot **94** 41
– – Wohnort **94** 28
– – Zivildienst **94** 33
– Mitbestimmung des Betriebsrats bei Verwendung von Formulararbeitsverträgen **94** 1 ff., *s. auch Formulararbeitsverträge*
– Mitbestimmung des Betriebsrats bei Verwendung von Personalfragebogen **94** 1 ff., *s. auch Personalfragebogen*
– Schutz der Privatsphäre des Arbeitnehmers **75** 122
– Tendenzbetrieb **94** 46
Franchisebetrieb
– Arbeitskleidung **87** 217
– Arbeitszeitlage **87** 318
– Errichtung eines Gesamtbetriebsrats **47** 25
– Gestaltung von Arbeitsplatz, -ablauf und -umgebung **90** 3; **91** 3
– Lohngestaltung, betriebliche **87** 841
– Urlaubsgrundsätze **87** 473, 481
– Vorschlagswesen, betriebliches **87** 1059
Frauen
– Diskriminierungsverbot **37** 227 ff., 233, 242 f.; **75** 8, 28, 37, 38, 43, 44
– Förderung der Gleichstellung von Männern und ~ **28** 11; **42** 4; **43** 1, 15; **45** 2 f., 15, 18; **vor 60** 11, 12; **62** 6, 17, 23, 27 ff.; **63** 6, 43; **70** 3, 10, 14 f.; **75** 37, 38; **80** 2, 37 f.; **92** 1, 41 ff.; **121** 2, 8
– Förderung der Vereinbarkeit von Familie und Beruf **45** 2, 3, 15, 18; **80** 2, 37; **92** 1, 42 ff.
– Frauenquote **vor 60** 11, 12; **62** 6, 17, 23, 27 ff.; **63** 6, 43
– Schulungs- und Bildungsveranstaltung zum Thema ~ **37** 185, 197
– Schwangerschaft, *s. dort*
Frauenförderpläne
– Vorschlagsrecht des Betriebsrats **92** 42
Freie Entfaltung der Persönlichkeit **E** 63, 79; **37** 150; **75** 102 ff.; **77** 330, 352, 361, 375; **87** 182, 241, 1053
– Adressaten, *s. unter Grundsätze für die Behandlung der Betriebsangehörigen*

– Alkoholverbot **75** 130; **87** 225
– allgemeines Persönlichkeitsrecht **75** 103 f., 108
– äußeres Erscheinungsbild des Arbeitnehmers **75** 129; **87** 193 f., 217, 218
– – Bekleidung **75** 129
– – Haar- und Barttracht **75** 129; **87** 218
– – Schmuck **75** 129; **87** 218
– Duzen der Mitarbeiter **87** 241
– Förderungspflicht **75** 102, 105, 134 ff.
– geschützter Personenkreis, *s. unter Grundsätze für die Behandlung der Betriebsangehörigen*
– Glaubens- und Gewissensfreiheit **75** 128
– Koalitionsfreiheit **75** 128
– Meinungsfreiheit **75** 128
– Persönlichkeitssphäre des Arbeitnehmers, *s. dort*
– Radioverbot **75** 130; **87** 227
– Rauchverbot **75** 130 ff.; **87** 193 f., 223 f., 238, 648
– Sanktionen, *s. unter Grundsätze für die Behandlung der Betriebsangehörigen*
– Schutzpflicht **75** 102, 105, 106 ff., 126, 136
– subjektives Recht der Arbeitnehmer **75** 102, 105, 138, 155
– Überwachungsrecht **75** 105
– Vereinigungsfreiheit **75** 128
Freier Mitarbeiter
– Arbeitnehmereigenschaft **7** 16, 34, 39, 94
– Ausschreibung von Arbeitsplätzen **93** 13 f.
– Berücksichtigung bei der Schwellenwertermittlung bei Betriebsänderung **111** 26
– Diskriminierungsverbot **75** 15
– Einstellung eines ~ und Beteiligung des Betriebsrats **99** 14, 43
– Mitgliedschaft im Wirtschaftsausschuss **107** 6
– Verwendung von Beurteilungsgrundsätzen, Formulararbeitsverträgen und Personalfragebögen **94** 8
Freistellung von Betriebsratsmitgliedern **38** 1 ff.; **41** 5; **80** 8
– Abberufung **38** 22, 79, 80, 81 ff.
– – Beschluss des Betriebsrats **38** 22, 81
– – Minderheitenschutz **38** 22, 81
– – Stimmenmehrheit **38** 81
– – Verlangen des Arbeitgebers **38** 82
– Anzahl der kraft Gesetzes freizustellenden Betriebsratsmitglieder **E** 56 f.; **38** 11 ff., 27, 52, 67
– – Absinken der Arbeitnehmerzahl **38** 22
– – Erhöhung der Arbeitnehmerzahl **38** 21
– – Freistellungsvolumen **38** 24 f., 41
– – Schwellenwerte **38** 1, 2, 11, 21, 24
– – Schwellenwertermittlung **7** 107, *s. auch unter Betriebsratsfähigkeit*; **38** 12
– – Zeitpunkt der Schwellenwertermittlung **38** 20
– Anzahl der kraft Kollektivvereinbarung freizustellenden Betriebsratsmitglieder **38** 11, 27 f., 42 ff., 52
– – Ausschluss der ~ **38** 44
– – Betriebsvereinbarung **38** 11, 27 f., 42, 44 ff., 47
– – Erhöhung der gesetzlichen Anzahl **38** 43
– – Herabsetzung der gesetzlichen Anzahl **38** 43, 47
– – Regelungsabrede **38** 27

Sachverzeichnis

- – Regelungssperre des Tarifvertrags gegenüber der Betriebsvereinbarung **38** 45
- – Tarifvertrag **38** 11, 27 f., 42, 44 ff.
- Auswahl der freizustellenden Betriebsratsmitglieder **38** 51 ff.
- – Berücksichtigung der betrieblichen Notwendigkeiten **38** 71 ff.
- – Einigung mit dem Arbeitgeber **38** 51, 64 ff., 75 f.
- Beendigung der ~ **38** 22, 79 ff.
- – Amtsenthebung **38** 79
- – Auflösung des Betriebsrats **38** 79
- – Befristung der ~ **38** 80
- – Ende der Amtszeit des Betriebsrats **38** 79
- – Erlöschen der Mitgliedschaft im Betriebsrat **38** 79
- – Verlangen des Arbeitgebers **38** 82
- – Widerruf des Einverständnisses des Betriebsratsmitglieds **38** 53, 80
- Beratung mit dem Arbeitgeber **38** 51, 55 ff.
- Betriebe mit weniger als 200 Arbeitnehmern **37** 25; **38** 34 ff., 43
- Bordvertretungsmitglieder **115** 36
- Einigungsstellenverfahren **38** 32, 40, 42, 51, 56, 67 f., 69 ff., 82, 84, 86, 118
- – Antrag des Arbeitgebers **38** 69, 74, 84, 86, 118
- – Antragsfrist **38** 69, 84, 86, 118
- – arbeitsgerichtliche Kontrolle **38** 68, 78, 118
- – Ermessensgrenzen der Einigungsstelle **38** 75 ff.
- – Gegenstand des Einigungsstellenverfahrens **38** 71 ff.
- – Spruch der Einigungsstelle **38** 68, 75 f.
- – Zuständigkeit der Einigungsstelle **38** 32, 40, 42, 67 f., 71, 82, 118
- Einverständnis des Betriebsratsmitglieds **38** 39, 53, 62
- Erforderlichkeit der ~ **37** 18; **38** 8 f., 40
- Ersatzfreistellung **37** 48, 85 f., 88
- Freistellung, Begriff **38** 8 f.; **80** 8
- Inhaber des Anspruchs **38** 10, 30
- Nachwahlen **38** 21, 80, 82, 83, 85 ff.
- Neuwahl **38** 21, 22, 81, 83
- Rechtsstellung der freigestellten Betriebsratsmitglieder **38** 64 f., 67 f., 88 ff.
- – Ab- und Rückmeldung am Arbeitsplatz **38** 93 f.
- – andere als Betriebsratstätigkeit **38** 95 f.
- – Anspruch auf Teilnahme an Berufsbildungsmaßnahmen **38** 109 ff.
- – Anwesenheitspflicht **38** 90 ff., 101
- – Arbeitsentgeltfortzahlung **37** 128, 129, 135, 146; **38** 97 ff.
- – Arbeitsentgeltschutz **37** 128, 129, 135, 146; **38** 97, 103 ff.
- – arbeitsvertragliche Pflichten **38** 88 ff.
- – Arbeitszeit **38** 90 ff.
- – Direktionsrecht des Arbeitgebers **38** 88
- – Freistellung **38** 64 f., 88
- – Freizeitausgleich **37** 85, 101, 122; **38** 98, 100 ff.
- – Tätigkeitsschutz **37** 128, 156; **38** 103 ff.
- – Teilnahme an Schulungs- und Bildungsveranstaltungen **38** 95
- – Überstunden im Betrieb **38** 91
- – Schulungs- und Bildungsveranstaltungen, *s. dort*

- Seebetriebsratsmitglieder **116** 10, 27
- Streitigkeiten **38** 116 ff.
- – Antragsberechtigte **38** 116
- – Beschlussverfahren **38** 32, 67, 78, 116
- – einstweilige Verfügung **38** 32, 65, 67
- – Urteilsverfahren **38** 119
- – Zuständigkeit **38** 32, 67, 70, 78, 82, 116 f.
- Teilfreistellung **37** 25, 161; **38** 2, 26, 38 ff., 104
- teilzeitbeschäftigte Betriebsratsmitglieder **38** 26, 31, 41, 43
- Übergangsmandat **38** 3
- Unterrichtung des Arbeitgebers **38** 64, 69, 84
- Verhältnis zu Arbeitsbefreiung **37** 25; **38** 1, 8 f., 11, 28 ff., 34 ff., 40, 46, 48 f., 104
- Verhinderung freigestellter Betriebsratsmitglieder **38** 48 ff., 53, 83
- Wahlverfahren **19** 6; **38** 2, 10, 52, 58 ff.
- – geheime Wahl **38** 58, 62, 81
- – Gruppenschutz **38** 2, 58, 76
- – Mängel der Wahl **19** 6; **38** 57, 63, 78
- – Mehrheitswahl **38** 58, 62, 81, 85, 87
- – Minderheitenschutz **38** 59, 76 f., 86 f.
- – Stimmenmehrheit **38** 58, 60, 62, 81, 86
- – Verhältniswahl **38** 2, 58, 62, 76 f., 81, 86
- – Zeitpunkt der Wahl **38** 60
- zusätzliche ~ **37** 47; **38** 26, 27 ff., 41, 48 ff.
- – Anspruchsgrundlage **38** 28 ff.
- – Auswahlverfahren **38** 33
- – Durchsetzung **38** 28, 32, 36
- – Erforderlichkeit **38** 26, 31 f., 34, 48 ff.
- – Streitigkeiten **38** 32
- – Umfang **38** 31
- – Zustimmung des Arbeitgebers zur ~ **38** 64 ff.
- – Fehlen der Zustimmung **38** 65
- – Fiktion der Zustimmung **38** 64, 67, 69
- – Gestaltungsrecht des Arbeitgebers **38** 64
- – konkludente Zustimmung **38** 66 f.
- Zweck **37** 10, 12, 22; **38** 1, 95

Freiwillige Betriebsvereinbarung 88 1 ff.
- Anrufung der Einigungsstelle **88** 4, 32
- Begriff **77** 39
- Initiativrecht des Betriebsrats **88** 4
- Kündigung der ~ **77** 404 f.; **88** 5; **112, 112a** 236 ff.
- Modifizierung der Mitbestimmung in sozialen Angelegenheiten durch ~ **88** 4
- Nachwirkung der ~ **77** 39, 451 ff., 469 ff., 473; **88** 5; **112, 112a** 172
- Nichtigkeit **77** 65
- Öffnungsklausel, tarifvertragliche **77** 182, *s. auch dort*
- Regelungsgegenstand **77** 98; **88** 10 ff.
- – Berufsbildung **98** 12, 15
- – betriebliche Schiedsstelle **76** 85; **88** 12
- – Errichtung von Sozialeinrichtungen **88** 23 ff., *s. auch unter Sozialeinrichtung*
- – formelle und materielle Arbeitsbedingungen **88** 12 f.
- – Freistellung von Betriebsratsmitgliedern **38** 11, 27 f., 42, 44 ff., 47
- – Gestaltung von Arbeitsplatz, -ablauf, -umgebung **88** 12; **90** 2
- – Gruppenarbeit **75** 151

2364

Sachverzeichnis

– – Integration ausländischer Arbeitnehmer sowie Bekämpfung von Rassismus und Fremdenfeindlichkeit **88** 30 f.
– – Mitbestimmung bei Kündigung **102** 120, 238 ff., 241 f., 244 f., 250 f.; **103** 5
– – personelle Angelegenheiten **88** 10
– – soziale Angelegenheiten, *s. dort*
– – Sozialplan **112, 112a** 132, 135, 138, 144 f., 150, 172, 178, 239, 315, 316
– – ständige Einigungsstelle **76** 81 ff.
– – Übertragung von Beteiligungsrechten auf Arbeitsgruppen i. S. des § 28a **75** 152 f.
– – Umweltschutz **88** 19 ff., *s. auch dort*
– – Verhütung von Arbeitsunfällen und Gesundheitsgefahren **88** 14 ff., *s. auch unter Arbeitsschutz*
– – Vermögensbildungsförderung **77** 157, 195, 376, *s. auch unter Vermögensbildung*; **87** 853; **88** 26 ff.
– – wirtschaftliche Angelegenheiten **88** 10, *s. auch soziale Angelegenheiten*; **111** 10; **112, 112a** 132, 135, 138, 144 f., 150, 172
– Schranken der Regelungsbefugnis **77** 98, 157, 158, 162, 356, 361; **88** 7 ff.
– – Innenschranken **77** 356, 361
– – kollektiver Tatbestand **88** 9, 22
– – Tarifvertragssperre **77** 98, 152, 157, 158, 162; **88** 8, 29; **112, 112a** 145, 178
– Streitigkeiten **88** 32
– Verschlechterung allgemeiner Arbeitsbedingungen durch ~ **77** 287
– Zweck **88** 3 f.
Freizeitausgleich für Betriebsratsmitglieder 37 1, 53, 64, 67, 81 ff.; **38** 98, 100 ff.; **39** 28, 40 f.; **40** 7
– Abgeltungsanspruch **37** 105, 113 ff., 120 ff., 242, 317; **38** 98, 102; **39** 28 f.; **40** 7
– – betriebsbedingte Gründe **37** 122 ff.
– – Ersetzungsbefugnis des Arbeitgebers **37** 124
– – Mehrarbeitsvergütung **37** 120, 125, 317; **44** 47
– – Subsidiarität **37** 105, 113 ff., 120 f., 242
– – Verjährung **37** 127
– – Wahlrecht **37** 113, 120
– Arbeitsbefreiung **37** 53, 105, 106 ff.
– Arbeitsentgeltfortzahlung **37** 105, 106 f.; **38** 100, *s. unter Arbeitsbefreiung von Betriebsratsmitgliedern*
– betriebsbedingte Gründe **37** 90 ff., 122, 167, 233 ff.; **38** 100
– – betriebsratsbedingte Gründe **37** 101, 122; **38** 100
– – flexible Arbeitszeitmodelle **37** 93 ff., 167, 234 ff., 241
– – freiwillige Tätigkeit außerhalb der Arbeitszeit **37** 98 f.
– – Sachzwänge des Betriebs **37** 91, 102, 122
– – Wunsch des Arbeitgebers **37** 92, 122, 233, 240
– Geltendmachung des ~ **37** 106 ff., 114 ff.
– Gestaltungsrecht des Arbeitgebers **37** 112, 114, 124; **38** 101
– Information des Arbeitgebers **27** 78
– Monatsfrist **37** 108 ff., 113 ff.; **38** 102
– persönlicher Geltungsbereich **37** 85
– – freigestellte Betriebsratsmitglieder **37** 85, 101, 122; **38** 98, 100 ff.
– – nicht freigestellte Betriebsratsmitglieder **37** 85

– Reise- und Wegezeiten **37** 103, 123
– Streitigkeiten
– – Beschlussverfahren **37** 322, 323 f., 325, 326, 328 f., 345 ff.
– – Urteilsverfahren **37** 314, 316, 317, 320 ff.
– – Zuständigkeit **37** 313
– Teilnahme an Schulungs- und Bildungsveranstaltungen, *s. dort*
– teilzeitbeschäftigte Betriebsratsmitglieder **E** 56 f.; **37** 53, 81, 85, 88, 90, 93 ff., 103, 117, 122, 126
– Umfang des ~ **37** 117, 158, 236, 243
– Verjährung **37** 119
– Verwirkung **37** 109
– Wahrnehmung von Betriebsratsaufgaben **37** 86 f.
– – außerhalb der Arbeitszeit **37** 88 f.
– – betriebsbedingte Gründe **37** 90 ff., 122, 167, 233 ff., 239 ff.; **38** 100
– – Erforderlichkeit **37** 86 f., *s. auch unter Arbeitsbefreiung*
– Zweck **37** 10, 12, 22, 53, 81 ff., 105, 120
Fremdfirmenarbeitnehmer
– aktives Wahlrecht **7** 25, 148, 145 f.
– Arbeitnehmereigenschaft **5** 137
– Arbeitsschutz **87** 612 f., 636
– Arbeitszeitlage **87** 301
– Ausschreibung von Arbeitsplätzen **93** 15
– Begriff **7** 145
– Berücksichtigung bei der Schwellenwertermittlung
– – Betriebsänderung **111** 18
– – Betriebsratsfähigkeit **1** 102
– Betriebszugehörigkeit **7** 25, 148, 145 f.; **8** 24, 33
– Diskriminierungsverbot **75** 13, 16
– Einsatz von ~ als personelle Einzelmaßnahme **99** 14, 29, 39 f.
– Einsichtnahme des Betriebsrats in Unterlagen über ~ **80** 100
– Kurzarbeit **87** 397
– passives Wahlrecht **8** 24
– Personalplanung **92** 14, 35, 38
– Überstunden **87** 397
– Unterrichtung des Betriebsrats über Einsatz von ~ **80** 3, 75
Friedensmaxime, *s. unter vertrauensvolle Zusammenarbeit*
Friedenspflicht, allgemeine 53 26; **60** 55; **74** 1, 30, 32, 64, 67, 132 ff.; **77** 210
– Adressaten **53** 26; **60** 56; **74** 135
– Auffangtatbestand **74** 32, 135
– Betriebsversammlung **45** 5, 24 f., 27
– Einwirkungspflicht **74** 136
– konkrete Beeinträchtigung der ~ **74** 32 f., 48, 137
– Rechtswidrigkeit der Beeinträchtigung **74** 138 ff., *s. auch Betriebsfrieden, s. auch vertrauensvolle Zusammenarbeit*
– Schutzgesetzcharakter **1** 82
– Unterlassungsanspruch **74** 35, 132, 143
– Unterlassungspflicht **74** 35, 132, 136 ff.
– Verletzung der ~ **74** 143 ff.
– – Amtsenthebung **23** 61, 64; **74** 124
– – Auflösung des Betriebsrats **23** 126; **74** 124
– – Zweck **74** 133 f.
– – Schutz des Arbeitsablaufs **74** 134

Sachverzeichnis

– – Schutz des Betriebsfriedens **74** 134
Führung laufender Geschäfte, *s. unter Laufende Geschäfte des Betriebsrats*
Führungsrichtlinien 87 208, 531; **94** 60
Funktionsbeschreibungen, *s. unter Stellenbeschreibungen*
Fürsorgepflicht des Arbeitgebers E 62, 118; **vor 81** 11 ff., 26 ff.; **vor 90** 8 f.; **37** 150; **75** 3, 14, 25, 104, 107, 141, 144, 155; **77** 57 f.; **78** 96; **78a** 55; **80** 17 f.; **86a** 4; **87** 616; **88** 12; **91** 6, 26; **94** 25; **104** 24, 33
Fusion von Unternehmen, *s. unter Umwandlung*

Gain-Sharing-Systeme 87 852
Gebot vertrauensvoller Zusammenarbeit, *s. unter Vertrauensvolle Zusammenarbeit*
Gedinge 87 1013
Geheimhaltungspflicht vor 81 5; **16** 93; **18a** 76; **23** 35; **29** 84; **30** 22, 26 ff.; **31** 26 f.; **32** 17; **34** 30, 31 f.; **39** 19; **40** 205; **42** 57; **43** 7, 18; **53** 23 f., 43, 45, 46; **60** 59; **67** 5; **70** 64 f., 69; **76** 94; **79** 1 ff.; **80** 94, 124, 147, 161; **81** 25; **82** 22 f.; **83** 29; **84** 23; **85** 26; **86** 11; **89** 60; **90** 27; **99** 157 ff.; **102** 122; **106** 42, 50, 62; **108** 30, 35, 41, 43, 46, 53; **111** 185
– Adressaten **42** 57; **79** 4 ff., 44 ff.
– allgemeiner Geheimnisschutz **2** 73, 76; **79** 88 ff.
– Ausnahmen von der ~ **79** 3, 58 ff.
– – gegenüber anderen Funktionsträgern **70** 64 f., 69; **79** 61 ff.; **99** 157; **108** 53
– – gegenüber anderen Mitgliedern desselben Organs **67** 5; **79** 60
– – gegenüber Arbeitsschutzbehörden **89** 60
– – gegenüber dem Berater des Betriebsrats i. S. des § 111 **111** 185
– – im Strafverfahren **79** 57
– Betriebsgeheimnis **2** 73, 76; **30** 25 f.; **31** 26; **70** 64, 69; **79** 13
– Dauer der ~ **79** 56 f.
– – Beginn **79** 54
– – Ende **79** 56
– Einsicht in Lohn- und Gehaltslisten **80** 124
– Geheimhaltungserklärung durch den Arbeitgeber **42** 57; **79** 27 ff.; **108** 31; **111** 198, 243
– – Begründung **79** 37
– – bei Übergangsmandat **79** 43
– – Erklärungsberechtigter **79** 31 ff.
– – Form **79** 31
– – Zeitpunkt **79** 33
– Geheimhaltungsinteresse **79** 18; **80** 94; **92a** 18
– Geheimnisbegriff **79** 11 ff.; **106** 142; **120** 41
– Geheimnisse des Betriebsrats **79** 85 f.
– Geschäftsgeheimnis **79** 13
– Hinweispflicht bei Weitergabe von Geheimnissen **79** 35, 70; **108** 57
– Hinzuziehung eines Betriebsratsmitglieds durch den Arbeitnehmer **vor 81** 5; **79** 84; **81** 25; **82** 22 f.; **83** 26, 28 f.; **84** 23
– – Einsicht in die Personalakte **79** 83; **83** 26, 28 f.
– – Erläuterung der Berechnung und Zusammensetzung des Arbeitsentgelts **79** 83; **82** 22 f.
– – Erörterung der Leistungsbeurteilung und der beruflichen Entwicklungsmöglichkeiten **79** 83; **82** 22 f.

– illegale Unternehmensgeheimnisse **79** 18
– im Beschwerdeverfahren **84** 23; **85** 26
– Inhalt der ~ **79** 54
– Kenntniserlangung als Amtsträger **79** 39 ff.
– Kündigung des Arbeitnehmers **79** 82 f.
– Normzweck **79** 8
– Offenbarungspflicht **79** 58, 71
– Offenkundigkeit **79** 17
– personelle Einzelmaßnahmen **79** 82 f.; **99** 157 ff.
– persönliche Verhältnisse und Angelegenheiten von Arbeitnehmern **vor 81** 5; **30** 27; **31** 26; **39** 19; **43** 7; **70** 65; **79** 82 f.; **80** 124; **81** 25; **82** 22 f.; **83** 29; **84** 23; **85** 26; **94** 51; **99** 157 ff.; **102** 122
– Persönlichkeitssphäre des Arbeitnehmers **vor 81** 5; **43** 7; **79** 97; **80** 124; **81** 25; **82** 22 f.; **83** 29; **84** 23; **85** 26; **94** 51; **99** 136, 157 ff.
– Presseerklärung des Betriebsrats **40** 174; **42** 57, 82, *s. auch Betriebs-oder Geschäftsgeheimnis, s. auch Schweigepflicht des Betriebsratsmitglieds*
– Sanktionen bei Verletzung der ~ **79** 72 ff.
– – Amtsenthebung **23** 67; **79** 71; **83** 29
– – Auflösung des Betriebsrats **23** 126; **79** 71
– – außerordentliche Kündigung **23** 35; **79** 76
– – Ausschluss aus dem Betriebsrat **23** 126
– – Schadenersatzanspruch **1** 82; **20** 27; **31** 27; **79** 72 f.; **82** 24; **83** 29; **99** 157
– – Strafbarkeit **30** 26, 28, 29; **31** 27; **79** 79; **106** 50, 62; **108** 30, 35, 43, 46; **120** 1 ff.
– – Unterlassungsanspruch **79** 75
– Schweigepflicht, *s. dort*
– Sitzungsniederschrift **34** 30
– Streitigkeiten **79** 99 ff.
– Umfang der ~ **79** 54
– Verhältnis zu anderen Geheimnisschutzbestimmungen **79** 26, 43, 88 ff.
– – arbeitsvertragliche Schweigepflicht **79** 86 f.
– – eingerichteter und ausgeübter Gewerbebetrieb § 823 BGB **79** 5
– – Geheimnisschutz nach BDSG **79** 93
– – Geheimnisschutz nach UWG **79** 92
– – Insiderkenntnisse gemäß WpHG **79** 93; **106** 96; **120** 78
– Verschwiegenheitspflicht, *s. unter Schweigepflicht*
– Vertreter der Bundesagentur für Arbeit **92a** 26
– Voraussetzungen der ~ **79** 11 ff.
Geheimnisverrat, *s. unter Straftatbestände*
Geldakkord 87 1017, 1019, 1034, *s. auch Akkordlohn*
Geldbuße 87 264, 268, 270, 273; **121** 41 ff., 46
Geldfaktor 87 997, 1017, 1021, 1025, 1027 ff., 1042
Geltungsbereich des Betriebsverfassungsgesetzes E 13, 47 f., 72, 107 f.; **1** 4 ff.
– persönlicher Geltungsbereich **E** 109; **1** 13, 14 ff.; **5** 16, 54
– – Beamte **1** 23 f.
– – Gestellungsverträge **7** 140 ff.
– – im Ausland tätige Arbeitnehmer **1** 13, 15 ff.; **7** 48 ff.; **42** 16, 25, 61; **60** 20
– – leitende Angestellte **E** 108; **1** 14, 23 f.
– – räumlicher Geltungsbereich **E** 108; **1** 4 ff.; **3** 60; **47** 8 f.; **54** 44 ff., 56

- – ausländische Betriebe inländischer Unternehmen **vor 60** 31; **1** 9 ff.; **7** 48 ff.; **42** 16, 25; **47** 8; **60** 12
- – inländische Betriebe ausländischer Unternehmen **1** 5 ff.; **47** 9
- – Konzern mit Auslandsbezug **54** 44 ff.
- – Rechtswahlvereinbarung **1** 5, 9
- – Territorialitätsprinzip **1** 4 ff.; **7** 48 f.; **8** 44; **47** 8 f.; **54** 44 ff., 56
- – sachlicher Geltungsbereich **E** 48 f., 73, 108; **1** 18 ff.; **vor 106** 54
- – Bundeswehr **1** 20
- – Deutsche Bahn AG **1** 23, *s. auch dort*
- – gemeinsamer Betrieb mehrerer Unternehmen **1** 18, *s. auch dort*
- – Haushalt **E** 72; **1** 28
- – Kleinbetrieb **1** 18
- – Land- und Forstwirtschaftsbetriebe **E** 107
- – Luftfahrtunternehmen **E** 107, *s. auch dort*; **1** 19
- – NATO-Truppen **1** 20
- – öffentlicher Dienst **E** 47 f., 107, *s. auch dort*; **1** 20; **7** 140; **54** 24, 27; **130** 1
- – Postnachfolgegesellschaften **1** 23 f., *s. auch dort*
- – Religionsgemeinschaft **E** 107, *s. auch dort*; **1** 19; **7** 140; **118** 3, 28 f., 89, 226 f., 234 ff.
- – Seeschifffahrtsunternehmen, *s. auch dort*
- – Seeschifffahrtsunternehmen **E** 13, 107; **1** 21
- – Tendenzbetrieb **E** 107, *s. auch dort*; **1** 21; **7** 140
- – Zusammenfassung mehrerer Betriebe **1** 18

Gemeinsamer Ausschuss
- gemeinsamer, *s. unter Ausschuss*

Gemeinsamer Betrieb mehrerer Unternehmen **1** 3, 34, 35, 46 ff.; **3** 14, 18; **5** 68; **8** 50; **16** 42; **18** 19, 58, 78, 89; **20** 54
- Auflösung **1** 61
- Begriff **1** 46; **106** 19
- Betriebsänderung **111** 15, 19, 146
- – Hinzuziehung eines Beraters des Betriebsrats i. S. § 111 **111** 175
- Betriebsratsamt nach Unternehmensspaltung **24** 45
- Betriebsvereinbarungen **77** 46
- Betriebszugehörigkeit der Arbeitnehmer **7** 17, 40
- einheitlicher Leitungsapparat **1** 46, 49
- Entsendung von Mitgliedern in die Gesamt-Jugend- und Auszubildendenvertretung **72** 4, 9, 49 ff.
- Errichtung eines Wirtschaftsausschusses
- – im gemeinsamen Betrieb mehrerer Unternehmen **106** 15 f., 28 f.
- – im Trägerunternehmen **106** 28, 30 f., 156
- Führungsvereinbarung **1** 46 ff., 52 ff.
- Gesamtbetriebsrat
- – Errichtung eines Gesamtbetriebsrats **47** 21 ff., 113
- – Kollektivvereinbarung über Stimmgewicht der aus ~ entsandten Mitglieder **47** 112 ff.
- – Stimmgewicht der aus ~ entsandten Mitglieder **47** 60, 109, 112 ff.
- – Zuständigkeit **47** 21 ff.
- Gesamtbetriebsvereinbarung **50** 88
- Jahresbericht des Arbeitgebers **43** 8
- Konzernbetriebsrat

- Kollektivvereinbarung über das Stimmgewicht der aus ~ entsandten Mitglieder **55** 3, 39 ff.
- Kosten des Betriebsrats **40** 6
- Mitgliedschaft von Arbeitnehmern des ~ im Wirtschaftsausschuss **107** 10
- öffentlicher Dienst **130** 3
- Spaltung **1** 51, 52, 56 ff.
- überbetriebliche Ausbildungseinrichtung **5** 60; **60** 13
- Übergangsmandat **21a** 20, 92, 93 f.
- Übermittlung personenbezogener Daten **83** 50 f.
- Vermutungsregelungen **1** 52 ff.
- – gemeinsamer Einsatz von Betriebsmitteln und Arbeitnehmern **1** 52, 53 ff.
- – Unternehmensspaltung **1** 56 ff.

Gemeinschaftsbetrieb, *s. unter gemeinsamer Betrieb mehrerer Unternehmen*

Gemeinschaftscharta der sozialen Grundrechte **E** 34

Gemeinschaftsunternehmen
- Betriebsänderung **111** 15, 146
- – Hinzuziehung eines Beraters des Betriebsrats i. S. des § 111 **111** 175
- Definition **EBRG 6** 4
- Errichtung eines Gesamtbetriebsrats **47** 23
- Errichtung eines Konzernbetriebsrats **54** 40 ff.
- Konzernbetriebsvereinbarung **54** 43
- Sozialplanpflicht nach Neugründung des ~ **112, 112a** 332
- Unterrichtung des Wirtschaftsausschusses über Bildung eines ~ **106** 86

Genetische Eigenschaften
- Benachteiligungsverbot **75** 123

Genossenschaft **108** 17, *s. auch Unternehmensmitbestimmung*

Gentest **75** 123

Gerichtskosten des Betriebsrats, *s. unter Kosten des Betriebsrats*

Geringfügig Beschäftigte **5** 49, 51; **7** 34

Gesamt-Jugend- und Auszubildendenvertretung
E 41, 111; **11** 2; **14** 6; **vor 47** 8; **vor 60** 5, 7, 14, 31, 37; **72** 1 ff.; **73** 1 ff.
- Abberufung eines Mitglieds der ~ **72** 17 f., 25 ff., 48; **73** 5, 13, 45
- – Beschluss der Jugend- und Auszubildendenvertretung **72** 13, 25 f.
- Amtszeit **72** 15 ff.
- Antragsrecht der ~
- – Aufnahme eines Beratungsgegenstands in die Tagesordnung der nächsten Gesamtbetriebsratssitzung **63** 11, 40; **73** 49 f., 53
- – Aussetzung von Beschlüssen des Gesamtbetriebsrats **35** 4; **51** 73; **73** 56
- – Zwangsverfahren gegen den Arbeitgeber **23** 7
- Arbeitsgruppe i. S. des § 28a **28a** 6
- Aufgaben der ~ **73** 41 ff.
- Auflösung der ~
- – Abberufung **72** 18, 27
- – arbeitsgerichtliche Auflösung **72** 19, 27
- – Selbstauflösungsbeschluss **72** 16
- – Wegfall der Errichtungsvoraussetzungen **72** 15
- Aussetzung von Beschlüssen der ~ **35** 4

2367

Sachverzeichnis

- Behandlung der Betriebsangehörigen durch ~ **75** 6, 10
- Beschlussfassung der ~ **33** 2; **73** 19, 30, 32 ff., 36, 56; **73a** 13 ff., 23 f.
- Besetzung **126** 3
- Betriebsvereinbarungen mit ~ **77** 44
- Bildung eines Betriebsausschusses **27** 5
- Bildung von Ausschüssen **27** 6; **73** 1, 17 ff.
- Dispositivität in Kollektivvereinbarungen **72** 8, 20, 30 ff., 49 ff.; **73** 2, 57
- Entsendung der Mitglieder **72** 20 ff.; **73** 4, 14
- – Auswahlbeschluss der Jugend- und Auszubildendenvertretung **72** 21 f.; **73** 4, 14
- – einköpfige Jugend- und Auszubildendenvertretung **72** 24
- – Entsendung von Ersatzmitgliedern **72** 22
- – Zustimmung des Betroffenen **73** 4
- Erlöschen der Mitgliedschaft in ~ **24** 4; **49** 3; **72** 17, 24, 27; **73** 5 ff.
- – Abberufung **72** 17 f., 25 ff., 48; **73** 5, 13
- – Amtsniederlegung **73** 5, 7 ff.
- – Ausschluss aus der ~ **23** 7; **73** 5, 10 ff.
- – Erlöschen der Mitgliedschaft in der Jugend- und Auszubildendenvertretung **73** 5, 6, 8, 10
- Errichtung der ~ **72** 9 ff.
- – Bestehen eines Gesamtbetriebsrats **72** 10 f.
- – Bestehen mehrerer Jugend- und Auszubildendenvertretungen im Unternehmen **72** 9
- – Errichtungsbeschluss **72** 12
- – gemeinsamer Betrieb mehrerer Unternehmen **72** 9
- – mehrere selbständige Betriebe eines Unternehmens **72** 9
- – Pflicht der Jugend- und Auszubildendenvertretungen zur Errichtung ~ **72** 12 ff.
- – Seeschifffahrtsunternehmen **116** 52
- Ersatzmitglieder **25** 3; **72** 4, 23, 24, 28, 41; **73** 1, 14
- – Abberufung **72** 4, 41
- – Bestellung **72** 23, 24, 41
- – Nachrücken **72** 28; **73** 14
- fakultative Kollektivvereinbarung über die Mitgliederzahl **vor 60** 37; **72** 20 ff., 46
- – Erhöhung der Mitgliederzahl **73** 30 f., 46
- – Gesamtbetriebsvereinbarung **72** 30, 33 ff.
- – Konkurrenz zwischen Gesamtbetriebsvereinbarung und Tarifvertrag **72** 36
- – Tarifvertrag **72** 30, 32
- – Verringerung der Mitgliederzahl **72** 30 f.
- Führung der laufenden Geschäfte **73** 16
- Geschäftsführung **73** 3, 15 ff.
- Geschäftsordnung **36** 2; **73** 36
- gesetzliche Mitgliederzahl **72** 29
- Hilfsorgan für den Gesamtbetriebsrat **72** 5, 11
- Kompetenzen der ~ **73** 47 f.
- konstituierende Sitzung **72** 13; **73** 15
- Kosten der ~ **40** 2; **41** 2; **73** 40
- obligatorische Kollektivvereinbarung über die Mitgliederzahl **vor 60** 37; **72** 31, 37 ff., 45
- – Einigungsstellenspruch **72** 42 f.
- – Gesamtbetriebsvereinbarung **72** 37 ff.
- – Konkurrenz zwischen Gesamtbetriebsvereinbarung und Tarifvertrag **72** 38
- – Tarifvertrag **72** 38
- – Verringerung der Mitgliederzahl **72** 31, 37, 40
- Rechtsstellung der Mitglieder der ~ **73** 37 ff.
- – Arbeitsbefreiung **37** 2; **73** 37 f., 57
- – Arbeitsentgeltschutz **37** 2
- – Begünstigungsverbot **78** 8, 11; **119** 43 ff.
- – Behinderungsverbot **78** 8, 11; **119** 32 ff.
- – Benachteiligungsverbot **78** 8, 11; **119** 43 ff.
- – Freistellung **38** 3; **73** 38, 57
- – Freizeitausgleich **37** 2
- – Geheimhaltungspflicht **79** 48, 62
- – Kündigungsschutz **73** 58
- – Tätigkeitsschutz **37** 2
- – Teilnahme an Schulungs- und Bildungsveranstaltungen **37** 2, 162; **73** 39, 57
- Sitzungen der ~ **29** 2; **30** 1; **72** 11; **73** 20 ff.
- – Antrag auf Einberufung **73** 22 ff., 27
- – Arbeitsbefreiung der Mitglieder **37** 31, 51 f.
- – Einberufung **73** 21
- – Ladung **73** 21, 27
- – Nichtöffentlichkeit **73** 31
- – Sitzungsniederschrift **34** 2; **73** 35
- – Teilnahme der Gesamtschwerbehindertenvertretung **32** 2; **52** 5; **73** 21
- – Teilnahme des Arbeitgebers **73** 27, 34
- – Teilnahme des Gesamtbetriebsratsvorsitzenden **73** 26, 34
- – Teilnahme eines Gewerkschaftsvertreters **2** 60; **31** 2; **73** 28 ff., 34
- – Unterrichtung des Gesamtbetriebsrats **73** 24
- – Zeitpunkt **73** 25
- soziale Angelegenheiten **87** 2
- Sprechstunden der ~ **39** 3; **73** 47
- Stimmgewicht **72** 4, 44 ff.; **73** 15, 22, 32
- – Aufteilung des Kontingents **72** 46, 49
- – einheitliche Stimmabgabe **72** 47
- – Kollektivvereinbarung über Stimmgewicht der aus gemeinsamem Betrieb mehrerer Unternehmen entsandten Mitglieder **72** 4, 49 ff.
- – Wählerliste der letzten Wahl **72** 44 f.
- – Weisungsgebundenheit **72** 48
- Stimmrecht in Gesamtbetriebsratssitzungen **51** 66, 75 f.; **72** 34, 42, 49 f., 51 f.
- Streitigkeiten **72** 52; **73** 59 f.
- Teilnahmerecht an
- – Betriebsräteversammlungen **53** 42
- – gemeinsamen Beratungen von Arbeitgeber und Betriebsrat **72** 34
- – Gesamtbetriebsratsausschusssitzungen **51** 78; **67** 30
- – Gesamtbetriebsratssitzungen, allgemeines **51** 12, 49, 61, 66, 75; **72** 49 f.
- – Gesamtbetriebsratssitzungen, besonderes **51** 12, 49, 61, 66, 75 f., 78; **72** 4 f., 34, 42; **98** 8
- – Sitzungen des Europäischen Betriebsrats **vor 60** 14
- – Verhältnis zur Jugend- und Auszubildendenvertretung **72** 6; **73** 45

- – Versammlung der Jugend- und Auszubildendenvertreter **53** 5
- – Vorsitzender **26** 2; **73** 15 f.
- – Zusammensetzung **15** 8
- – Zuständigkeit **72** 7; **73** 3, 41 ff.
- – – kraft Auftrags **73** 44 ff.
- – – originäre **73** 42 f., 45 f.
- – Zweck **72** 1 f.

Gesamtbetriebsausschuss **27** 5; **33** 2; **36** 3; **51** 1 f., 13, 26, 27 ff., 39, 41, 45, 70, 77 f., 89
- – Ausscheiden von Mitgliedern **51** 36 ff.
- – Beschlussfassung **51** 62 f., 77 f.
- – Ersatzmitglieder **51** 33, 36
- – Führung der laufenden Geschäfte **51** 27, 45
- – Übertragung von Aufgaben zur selbständigen Erledigung **51** 27, 45, 70, 77
- – Wahl der weiteren Ausschussmitglieder **51** 2, 13, 29 ff., 36, 41, 89
- – Zusammensetzung **51** 27 f.

Gesamtbetriebsrat **E** 13, 41, 109; **vor 47** 1 ff.; **11** 2; **14** 6; **47** 1 ff.; **48** 1 ff.; **49** 1 ff.; **50** 1 ff.; **51** 1 ff.; **52** 1 ff.
- – Abberufung eines Mitglieds des ~ **47** 43, 45, 126; **48** 2, 5, 10, 16; **49** 1, 5, 16 ff., 24; **51** 74; **53** 37, 55
- – – Beschluss des entsendenden Betriebsrats **49** 17
- – – gemeinsam von mehreren Betriebsräten entsandtes Mitglied **49** 20
- – – Zeitpunkt **49** 16, 19
- – Abschluss von Gesamtbetriebsvereinbarungen **50** 11, 56, 73, 78
- – Abschluss von Regelungsabreden **50** 77
- – Amtszeit **23** 4; **47** 46 ff., 49, 91; **49** 5
- – – Beginn **47** 46 f.
- – – Dauereinrichtung **23** 4; **47** 49 f.; **48** 2; **49** 5, 24; **51** 16
- – – Ende **47** 49 f., 89; **49** 5
- – – Wegfall der Errichtungsvoraussetzungen **47** 50; **49** 5
- – Arbeitsgruppe i. S. des § 28a **28a** 6
- – Auflösung des ~ **48** 2; **49** 24
- – – arbeitsgerichtliche Entscheidung **48** 2; **49** 24
- – – Rücktrittsbeschluss **49** 24
- – Ausschüsse des ~ **27** 6; **33** 2; **36** 3; **51** 1 f., 39, 46 ff., 70, 76, 77 f., 89
- – – Beschlussfassung **51** 62 f., 77 f.
- – – gemeinsame Ausschüsse **51** 48
- – – Übertragung von Aufgaben zur selbständigen Erledigung **51** 46 f., 70, 76, 77
- – – Übertragung von Aufgaben zur Vorbereitung **51** 47
- – – Wahl der Mitglieder **51** 2, 46
- – – Zusammensetzung **51** 46, 89
- – Aussetzung von Beschlüssen des ~ **35** 4; **51** 73; **52** 19
- – Behandlung der Betriebsangehörigen durch ~ **75** 6, 10
- – Beschlussfassung des ~ **33** 2; **48** 15; **49** 11; **51** 14, 18, 21, 30, 37, 45, 52, 62 ff.
- – – Abstimmung in eigenen Angelegenheiten **48** 15; **51** 65
- – – Beschlussfähigkeit **51** 14, 18, 30, 37, 52, 62, 64 ff., 72, 74
- – – Mehrheitserfordernis **51** 62, 69 ff., 76

- – Stellvertretung durch Ersatzmitglieder **51** 65; **53** 47
- – – Stimmengleichheit **51** 71
- – – Stimmgewicht **47** 1, 21, 33, 59 ff., 70, 73, 90, 107 ff., 123; **51** 1, 32, 62, 68, 71, 77
- – – Stimmrecht der Gesamt-Jugend- und Auszubildendenvertretung **51** 66, 75 f.; **72** 34, 42, 49 f., 51 f.
- – – Weisungsgebundenheit **47** 63; **51** 74
- – Dauereinrichtung **21** 3; **22** 2; **23** 4; **47** 49 f.; **48** 2; **49** 5, 24; **51** 16
- – Dispositivität in Kollektivvereinbarungen **47** 1, 34, 62 f., 66 ff., 93 ff., 110, 114 ff; **48** 3; **49** 2; **50** 6; **51** 3; **52** 4
- – Entsendung der Betriebsratsmitglieder in den ~ **27** 70; **47** 6, 31 ff., 79, 125 f.; **49** 1, 5, 10, 14
- – – Anfechtung der Entsendung **47** 124
- – – Anzahl der zu entsendenden Mitglieder **47** 33, 35 f., 37
- – – Auswahl der zu entsendenden Mitglieder **47** 40 f., 103 f.
- – – Beschluss des Betriebsrats **47** 38 f., 42 f., 77, 102 ff., 124
- – – einköpfiger Betriebsrat **47** 35, 37, 42; **49** 14
- – – Entsendung von Ersatzmitgliedern **47** 40, 77
- – – Entsendungspflicht der Betriebsräte **47** 6, 48
- – – Neuentsendung **13** 7; **48** 2, 24; **49** 13, 23
- – – Verfahrensregelungen **47** 103 f.
- – – Zustimmung des Betroffenen **47** 42 f.; **49** 10
- – Erlöschen der Mitgliedschaft im ~, s. unter *Gesamtbetriebsratsmitglieder*
- – Errichtung des ~ **vor 47** 1, 3, 8; **47** 1, 2 ff., 125, 130 ff.
- – – ausländische Betriebe inländischer Unternehmen **47** 8
- – – Bestehen eines unternehmenseinheitlichen Betriebsrats **47** 5
- – – Bestehen mehrerer Betriebe **vor 47** 3; **47** 4, 10
- – – Bestehen mehrerer Betriebsräte **vor 47** 1; **47** 1, 2 ff., 10, 29, 50
- – – Bestehen mehrerer betriebsverfassungsrechtlicher Organisationseinheiten aufgrund Kollektivvereinbarung **47** 3, 5, 10
- – – Betriebsführungsgesellschaft **47** 24
- – – Betriebsübergang **47** 26
- – – Franchise-Systeme **47** 25
- – – gemeinsamer Betrieb mehrerer Unternehmen **47** 21 ff., 113
- – – Gemeinschaftsunternehmen **47** 23
- – – inländische Betriebe ausländischer Unternehmen **47** 9
- – – Konzern **47** 27
- – – Pflicht zur Errichtung **vor 47** 1; **47** 1, 2, 29 f.
- – – Schulungs- und Bildungsveranstaltung zum Thema ~ **37** 185, 220
- – – Seeschifffahrtsunternehmen **vor 47** 8; **116** 52
- – – Tendenzbetrieb **118** 180
- – – Unternehmenseinheit **47** 10 ff.
- – – Unwirksamkeit der Errichtung **47** 123, 125 ff.
- – Ersatzmitglieder **25** 3; **47** 1, 57 ff., 125; **48** 6, 15; **49** 11, 18, 23; **51** 19 f., 33, 40, 65; **52** 17; **53** 47

Sachverzeichnis

- – Ausschluss aus dem ~ **48** 6
- – Bestellung **47** 1, 51 ff.
- – einköpfiger Betriebsrat **47** 58
- – Mitgliedschaft im Gesamtbetriebsausschuss **51** 33
- – Nachrücken **47** 51, 57 f.; **48** 15; **49** 11, 18, 23; **51** 19 f., 40, 65; **52** 17
- – Stellvertretung bei der Beschlussfassung des ~ **51** 65; **53** 47
- fakultative Kollektivvereinbarung über die Mitgliederzahl **47** 1, 34, 62, 63, 66 ff., 110, 125
- – Änderung der Berechnungsfaktoren **47** 69
- – Erhöhung der Mitgliederzahl **47** 69, 73 f.
- – Gesamtbetriebsvereinbarung **47** 1, 66, 76, 79, 85 ff., 89 f., 108
- – Inhalt **47** 69 ff.
- – Konkurrenz zwischen Gesamtbetriebsvereinbarung und Tarifvertrag **47** 88, 94
- – Reichweite der Regelungsbefugnis **47** 77 f.
- – Tarifvertrag **47** 1, 66, 76, 79, 80 ff., 89 f., 91, 94, 108
- – Verringerung der Mitgliederzahl **47** 69, 71 f.; **49** 7
- – Zweck **47** 64 ff.
- Führung der laufenden Geschäfte **51** 26, 27, 43, 45
- Funktion **vor 47** 1
- gemeinsame Ausschüsse **51** 48
- Genese **vor 47** 1 f.
- Gesamtbetriebsausschuss, s. dort
- Gesamtvertretung für Flugbetriebe in Luftfahrtunternehmen **117** 12
- Geschäftsführung des ~ **51** 1, 3, 39 ff., 87
- Geschäftsordnung **36** 2; **49** 12; **51** 3, 52, 70, 71
- Informationsblatt des ~ **40** 174
- Initiativrecht des ~ **50** 25
- konstituierende Sitzung **47** 30, 43, 46 f., 91; **51** 6 ff., 30, 44
- – Betriebsrat der Hauptverwaltung **51** 7 ff.
- – Betriebsrat des größten Betriebs **51** 8 f.
- – Einberufung **51** 7 ff., 15, 16, 44
- – Ladung **51** 12 f., 15, 30
- – Leitung **51** 14
- – Neukonstituierung **51** 16
- – Untätigkeit des zur Einberufung verpflichteten Betriebsrats **51** 15
- – Zweck **51** 11, 17
- Kooptationsrecht **107** 61
- Kosten des ~ **40** 2; **41** 2; **51** 57
- – Sachaufwand **51** 57
- – Umlageverbot **51** 57
- Mitgliederzahl, gesetzliche **47** 1, 33 ff., 125
- – Betriebsratsgröße **47** 33 f.
- Neubildung **13** 7
- obligatorische Kollektivvereinbarung über die Mitgliederzahl **47** 1, 34, 62 f., 70, 93 f., 110, 125; **49** 7; **51** 13
- – Einigungsstelle **51** 1, 91, 105 f., 123
- – gemeinsame Entsendung von Mitgliedern **47** 97, 98, 99 f., 101 f.; **49** 7
- – Gesamtbetriebsvereinbarung **47** 1, 91, 92, 95 f., 106, 108
- – Inhalt **47** 97 ff.

- – Konkurrenz zwischen Gesamtbetriebsvereinbarung und Tarifvertrag **47** 94
- – Pflicht zum Abschluss der Gesamtbetriebsvereinbarung **47** 95 f.
- – Tarifvertrag **47** 1,
- – Verringerung der Mitgliederzahl **47** 1, 91, 95, 97 ff.; **49** 7
- – Zweck **47** 91
- Rechtsstellung der Mitglieder des ~, s. unter Gesamtbetriebsratsmitglieder
- Restmandat **21b** 5
- Selbstübernahme der Aufgaben des Wirtschaftsausschusses **107** 59
- Sitzungen des ~ **29** 2; **30** 1; **40** 202; **51** 12, 14, 25, 44, 49 ff., 57 ff., 78; **52** 1 ff., 18
- – Antrag auf Einberufung **51** 49, 58; **52** 18
- – Arbeitsbefreiung der Mitglieder **37** 30, 31, 32, 51 f., 55, 101; **40** 50; **51** 57
- – Einberufung **51** 44, 49
- – Kosten **51** 57
- – Ladung **51** 49, 75; **52** 18
- – Leitung **51** 44
- – Nichtöffentlichkeit **51** 14, 50
- – Ort **51** 50
- – Sitzungsniederschrift **34** 2; **51** 25, 44, 51, 58, 72
- – Tagesordnung **51** 44; **52** 18
- – Teilnahme der Gesamtschwerbehindertenvertretung, s. dort
- – Teilnahme der Schwerbehindertenvertretung **32** 2
- – Teilnahme des Arbeitgebers **51** 12, 58, 78
- – Teilnahme eines Gewerkschaftsvertreters **2** 60; **31** 2; **51** 12, 59, 78
- – Teilnahme nicht in den ~ entsandter Betriebsratsmitglieder **37** 30
- – Zeitpunkt **51** 50
- Spartengesamtbetriebsrat **3** 18, 54
- Sprechstunden des ~ **39** 3; **51** 56
- stellvertretender Vorsitzender **47** 46, 51; **51** 1 f., 11, 14, 15, 16, 17 ff., 23, 24, 28, 36, 39, 41 ff., 89
- – Abberufung **51** 23, 36
- – Amtsniederlegung **51** 23, 36
- – Aufgaben **51** 26, 39, 42 ff.; **53** 19, 38
- – Mitgliedschaft im Gesamtbetriebsausschuss **51** 28, 36
- – Neuwahl **51** 24, 36
- – Wahl **51** 2, 11, 14, 15, 16, 17 ff., 41, 89
- – Stimmgewicht **47** 1, 21, 33, 61 ff., 72, 75, 92, 109 ff., 125; **51** 1, 32, 62, 68, 71, 77
- – Aufteilung des Stimmenkontingents **47** 61, 73, 110, 111; **51** 68
- – aus gemeinsamem Betrieb mehrerer Unternehmen entsandte Mitglieder **47** 60, 109, 112 ff.
- – einheitliche Stimmabgabe **47** 63; **51** 32, 74
- – Einzelvertreter **47** 60
- – gemeinsam von mehreren Betriebsräten entsandte Mitglieder **47** 1, 107 ff., 117 f.
- – Kollektivvereinbarung über Stimmgewicht der aus gemeinsamem Betrieb mehrerer Unternehmen entsandten Mitglieder **47** 1, 21, 112 ff.

– – Wählerliste der letzten Betriebsratswahl **47** 59 ff., 62, 109 f., 115 ff.; **51** 68
– Streitigkeiten **47** 125 ff.
– Teilnahme an Betriebsversammlungen **42** 16, 50
– Teilrechtsfähigkeit **50** 10 ff.
– Übergangsmandat **21a** 11; **47** 51
– Unterrichtung durch den Europäischen Betriebsrat **51** 85
– Unterrichtung durch den Wirtschaftsausschuss **106** 55; **108** 54 ff., 59
– Unterrichtungsanspruch gegenüber dem Arbeitgeber **50** 50; **80** 65
– Verbot parteipolitischer Betätigung **74** 103, 119, *s. auch dort*
– Verhältnis zu
– – Einzelbetriebsräte **50** 2, 6, 13 ff., 16 ff., 20, 23, 25, 59, 81 ff.; **51** 74
– – Konzernbetriebsrat **50** 15; **54** 3, 39; **58** 1 f., 7 f., 18, 21, 54
– Verhandlungspartner des **50** 80 f.
– Vertretung des ~ **51** 26, 42; **53** 38
– Vorsitzender **26** 2; **47** 46, 51; **51** 1 f., 11, 14, 15, 16, 17 ff., 23, 24, 28, 36, 39, 41 ff., 89; **73** 26, 34
– – Abberufung **51** 23, 36
– – Amtsniederlegung **51** 23, 36
– – Aufgaben **51** 26, 39, 42 ff.; **53** 19, 38
– – Mitgliedschaft im Gesamtbetriebsausschuss **51** 28, 36
– – Neuwahl **51** 24, 36
– – Wahl **51** 2, 11, 14, 15, 16, 17 ff., 41, 89
– – Zusammensetzung **15** 8; **47** 1, 32, 33, 41, 72, 80, 106; **126** 3; **132** 3
– – – Geschlecht in der Minderheit **15** 8; **47** 1, 32, 41, 78, 104
– Postnachfolgegesellschaften **47** 33
– Zuständigkeit kraft Auftrags **vor 47** 3 f.; **47** 21 f., 79; **50** 4, 9, 23, 63 ff., 87 f.
– – Beauftragung **50** 63, 64 ff.
– – Beschluss des Einzelbetriebsrats **50** 67 ff.
– – betriebsratslose Betriebe **50** 63, 73
– – Gegenstand **50** 71 ff.
– – gemeinsamer Betrieb mehrerer Unternehmen **47** 21 ff.
– – Schriftform **50** 68 f., 70, 75
– – Streitigkeiten **50** 86 f.
– – Übernahmepflicht des ~ **50** 66
– – Umfang **50** 62, 72, 75, 77
– – Vorbehalt der Entscheidungsbefugnis **50** 69, 75
– – Widerruf der Beauftragung **50** 70
– – Zweck **50** 4, 62
– – Zuständigkeit, ausschließliche **50** 17; **51** 70, 82
– – Anfechtung der Wahl der Arbeitnehmervertreter im Aufsichtsrat **51** 84
– – Bestellung der inländischen Mitglieder des besonderen Verhandlungsgremiums **51** 85
– – Bestellung der inländischen Mitglieder des Europäischen Betriebsrats **51** 85
– – Bestellung des Wahlvorstands für die Wahl der Arbeitnehmervertreter im Aufsichtsrat **51** 84

– – Bestellung des Wahlvorstands für die Wahl der Jugend- und Auszubildendenvertretung **vor 60** 12; **60** 5; **63** 4, 8, 11, 28, 39 ff., 45
– – Bestellung des Wahlvorstands für die Wahl des Betriebsrats **vor 1 WO** 4; **13** 48, 61, 65, 74, 81; **14a** 21; **16** 1, 81 ff.; **17** 1 f., 6 ff.; **17a** 12, 13 f., 15; **51** 83; **1 WO** 2; **28 WO** 1
– – Bestellung des Wahlvorstands für die Wahl des Seebetriebsrats **116** 14 f.
– – Bestellung und Abberufung der Wirtschaftsausschussmitglieder **51** 70, 83; **107** 22 f., 25, 32
– – Einberufung der Gesamt-Jugend- und Auszubildendenvertretungssitzung **73** 23
– – Erläuterung des Jahresabschlusses **108** 53, 57, 58, 68 ff.
– – Errichtung des Konzernbetriebsrats **51** 83
– – Unterrichtung bei Umwandlung von Unternehmen **51** 86
– – Unterrichtung durch den Europäischen Betriebsrat **51** 85
– – Zuständigkeit, originäre **vor 47** 3 f., 11; **47** 16, 21 f., 30, 48, 79; **50** 2 f., 9, 16 ff., 20, 22 ff., 82 ff.; **51** 74, 79 ff.
– – Abgrenzung zur Zuständigkeit der Einzelbetriebsräte **50** 16 ff., 20, 23, 25, 59, 81 ff.
– – Angelegenheiten des Gesamtunternehmens **50** 9, 16, 22, 23 ff.
– – Angelegenheiten mehrerer Betriebe **50** 9, 16, 22, 23 ff., 60
– – Arbeitsplatz-, Arbeitsablauf-, Arbeitsumgebungsgestaltung **50** 51
– – Ausschreibung von Arbeitsplätzen **93** 30, 41
– – Berufsbildungsmaßnahmen **50** 52; **98** 8
– – Betriebsänderung **50** 53; **111** 196 ff.
– – betriebsratslose Betriebe **vor 47** 11; **47** 22, 48; **48** 11; **50** 3, 54 ff., 85; **51** 67
– – Beurteilungsgrundsätze **94** 7
– – Erforderlichkeit unternehmenseinheitlicher Regelung **50** 34, 38 ff., 45
– – Formulararbeitsverträge **94** 7
– – gemeinsamer Betrieb mehrerer Unternehmen **47** 21 ff.
– – Information über personelle Veränderungen bei leitenden Angestellten **105** 5
– – Interessenausgleich **50** 53; **111** 196 ff.; **112, 112a** 45, 168
– – Kündigung **50** 52; **102** 9, 51
– – Nichtregelnkönnen durch die Einzelbetriebsräte **50** 22, 26 ff., 60
– – objektive Unmöglichkeit betrieblicher Regelungen **50** 27 ff., 39
– – Personalfragebogen **94** 7
– – Personalplanung **92** 27, 32
– – personelle Angelegenheiten **50** 20, 52
– – Rahmenkompetenz **50** 45, 85
– – soziale Angelegenheiten **50** 20, 30, 31 ff., 45, 50 f.; **87** 2, 243, 368, 444, 465, 483, 493, 603, 733, 831, 846, 888, 898, 996, 1048
– – Sozialeinrichtungen **50** 30, 50; **88** 25
– – Sozialplan **50** 53; **111** 196 ff.; **112, 112a** 167 f.
– – Streitigkeiten **50** 98 ff.

Sachverzeichnis

- – subjektive Unmöglichkeit betrieblicher Regelungen **50** 27 f., 31 ff., 39, 45
- – überbetriebliche Angelegenheiten **50** 9, 16, 22, 23 ff., 60
- – Überschreitung der Zuständigkeit **50** 81 ff.
- – Überwachungsaufgabe **50** 49
- – Umwandlung von Unternehmen **vor 106** 27
- – Umweltschutz, betrieblicher **89** 33
- – Unterrichtungsanspruch gegenüber dem Arbeitgeber **50** 49; **80** 65
- – Wechsel des Arbeitnehmers in einen anderen Betrieb **50** 52; **99** 121 ff.; **116** 30
- – wirtschaftliche Angelegenheiten **50** 20, 53
- – Zwangsverfahren gegen den Arbeitgeber **23** 4
- – Zweck **vor 47** 1, 4

Gesamtbetriebsratsmitglieder
- Ausschluss aus dem Gesamtbetriebsrat **48** 1 ff.; **49** 1, 15, 24; **51** 38; **53** 37
- – Antrag **48** 6 f.
- – Antragsfrist **48** 13
- – Antragsrecht der Einzelbetriebsräte **48** 16
- – Antragsrecht der Gewerkschaft **48** 9, 13, 17, 21
- – Antragsrecht des Arbeitgebers **48** 9, 14, 21
- – Antragsrecht des Gesamtbetriebsrats **48** 9, 15 f.
- – Antragsrecht eines Viertels der Arbeitnehmer des Unternehmens **48** 9, 10 ff.
- – arbeitsgerichtliche Entscheidung **48** 5 ff., 10
- – einstweilige Verfügung **48** 8
- – Ersatzmitglieder **48** 6
- – grobe Pflichtverletzung **48** 1, 18 ff.; **53** 37
- – Neuentsendung **48** 24
- – Rechtsfolgen **48** 21, 22 ff.
- – Wiederwahl des Mitglieds **48** 24
- – Zurücknahme des Antrags **48** 7, 12
- Erlöschen der Mitgliedschaft im Gesamtbetriebsrat **24** 4, 73; **47** 42, 51; **48** 1, 21; **49** 1 ff.; **51** 16, 23 f., 36, 38
- – Abberufung, *s. unter Gesamtbetriebsrat*
- – Amtsenthebung **23** 4, 20
- – Amtsniederlegung **47** 42; **49** 1, 8 ff., 24; **51** 16, 23, 36
- – Ausschluss aus dem Gesamtbetriebsrat **48** 1 ff.; **49** 1, 15, 24; **51** 38; **53** 37
- – Erlöschen der Mitgliedschaft im Betriebsrat **47** 50; **48** 21; **49** 1, 6 f., 9, 15, 24; **51** 16, 24
- – Rechtsfolgen **49** 22 ff.
- – Streitigkeiten **49** 21, 25
- – Rechtsstellung der ~ **51** 53 ff.
- – Arbeitsbefreiung **37** 2; **38** 3; **51** 53, 55, 88
- – Arbeitsentgeltschutz **37** 2; **51** 54
- – Begünstigungsverbot **78** 8, 11; **119** 43 ff.
- – Behinderungsverbot **78** 8, 11; **119** 32 ff.
- – Benachteiligungsverbot **78** 8, 11; **119** 43 ff.
- – Ehrenamt **51** 53
- – Freistellung **38** 3; **51** 55
- – Freizeitausgleich **37** 2; **51** 88
- – Geheimhaltungspflicht **79** 48; **99** 157; **120** 31, 47
- – Streitigkeiten **51** 88
- – Tätigkeitsschutz **37** 2; **51** 54
- – Teilnahme an Schulungs- und Bildungsveranstaltungen **37** 2, 162, 220; **51** 54

- – Teilnahme an Betriebsräteversammlungen **53** 7, 13 f., 28, 41, 47

Gesamtbetriebsvereinbarung 50 81 ff.; **77** 44, 63, 213
- Ablösung von Betriebsvereinbarungen **50** 82 f.
- Beendigung von ~ **50** 89 ff.
- – Beendigungsgründe **50** 88
- – Ende des Gesamtbetriebsratsamtes **50** 89
- – unternehmensinterne Betriebsumstrukturierungen **50** 90
- betriebsratslose Betriebe **50** 56, 62, 86, 87
- Form **72** 35
- Fortgeltung von ~ nach Betriebsübergang **50** 92 ff.
- Geltungsbereich **50** 56, 62, 87, 88; **77** 213
- gemeinsamer Betrieb mehrerer Unternehmen **50** 88
- Konkurrenz zwischen ~ und Betriebsvereinbarung **50** 84 f.
- Mitgliederzahl der Gesamt-Jugend- und Auszubildendenvertretung **72** 30, 33 ff., 37 ff., 49 ff.
- Mitgliederzahl des Gesamtbetriebsrats **47** 66 ff., 68, 78, 81, 87 ff., 91 f., 93 ff., 110
- Nachwirkung **47** 89, 108; **50** 89; **72** 35
- Parteien der ~ **3** 42 ff.; **50** 11, 56, 73, 78, 80 f.; **77** 44, 63
- Rahmenregelung **50** 86
- räumlicher Geltungsbereich **77** 213
- Stimmgewicht der aus gemeinsamem Betrieb mehrerer Unternehmen entsandten Gesamtbetriebsratsmitglieder **47** 114 ff.
- Unwirksamkeit **50** 82 f.
- Zuständigkeitsüberschreitung **50** 82
- Zuständigkeitswechsel **50** 84

Gesamthafenarbeitsverhältnis 7 150 f., 96; **8** 24
Gesamtschwerbehindertenvertretung 32 2, 15; **51** 12, 59, 60, 73, 78; **52** 1 ff., 15; **73** 21; **78** 9; **103** 7, 15, 16
- Amtszeit **52** 12
- Aufgaben der ~ **52** 13
- Aussetzung von Beschlüssen des Gesamtbetriebsrats **51** 73; **52** 19
- Doppelamt **52** 17
- Hinzuziehung zu monatlichen Besprechungen zwischen Arbeitgeber und Gesamtbetriebsrat **52** 21
- Organ der Betriebsverfassung **52** 17
- persönliche Rechtsstellung der ~ **52** 16, *s. auch unter Schwerbehindertenvertretung*
- Streitigkeiten **52** 23
- Teilnahme an Betriebsräteversammlungen **52** 20; **53** 41
- Teilnahme an Gesamt-Jugend- und Auszubildendenvertretungssitzungen **32** 2; **52** 5; **73** 21
- Teilnahme an Gesamtbetriebsratsausschusssitzungen **51** 78; **52** 1, 20
- Teilnahme an Gesamtbetriebsratssitzungen **51** 12, 49, 60, 78; **52** 1 ff.
- – Antrag auf Aufnahme eines Beratungsgegenstandes in die Tagesordnung der nächsten Gesamtbetriebsratssitzung **52** 18
- – Antrag auf Einberufung der Gesamtbetriebsratssitzung **52** 18
- – Beratungsrecht **52** 1, 18
- – Genese **52** 2 f.

– – Ladung **52** 18
– Teilnahme an Wirtschaftsausschusssitzungen **52** 20
– Verhältnis zu
– – Konzernschwerbehindertenvertretung **59a** 10
– – Schwerbehindertenvertretungen **52** 13
– – Versammlung der Schwerbehindertenvertretungen **52** 13
– Wahl der ~ **52** 8 ff.
– Zuständigkeit **52** 13 f.
Gesamtzusage 77 4 f., 20, 50, 52, 153, 254, 262, 282 ff., 361, 369, 382, 385; **87** 52
Geschäfts- oder Betriebsgeheimnisse, *s. unter Betriebs- oder Geschäftsgeheimnisse*
Geschäftsführer 5 36, 139
Geschäftsgeheimnis, *s. unter Betriebs-oder Geschäftsgeheimnis*
Geschäftsordnung des Betriebsrats 36 1 ff.; **65** 3 f., 30; **73** 36; **73b** 38
– absolute Stimmenmehrheit **36** 1, 7, 11
– Abweichen von der ~ **36** 11, 17
– Änderung der ~ **36** 8, 11, 17
– Aufhebung der ~ **36** 11
– Aushändigung an den Arbeitgeber **36** 10
– Bekanntmachung der ~ **36** 10
– Beschluss des Betriebsrats **34** 11; **36** 7, 8, 18
– einköpfiger Betriebsrat **36** 6
– Ergänzung der ~ **36** 11
– Geltungsdauer der ~ **36** 18
– Inhalt der ~ **36** 12 f.
– – Abstimmungsverfahren **33** 5, 36 ff.; **36** 12; **38** 60
– – Aufgabenverteilung **36** 15
– – Aussetzung von Beschlüssen des Betriebsrats **35** 7, 15
– – Beratungsgegenstände **29** 77
– – Bezeichnung der laufenden Geschäfte **27** 68; **36** 15
– – Durchführung von Betriebsratssitzungen **29** 66; **36** 15
– – Durchführung von Betriebsversammlungen **42** 43 f., 46; **46** 10 f.
– – Einsichtsrecht der Betriebsratsmitglieder in Unterlagen des Betriebsrats **34** 32, 34
– – Sitzungsniederschrift **34** 6, 9, 10, 17, 18, 20, 26
– – Sprechstunden des Betriebsrats **36** 13 f.
– – Übertragung von Aufgaben auf den Betriebsausschuss **27** 77
– – Wahl der weiteren Betriebsausschussmitglieder **27** 17
– – Zeitpunkt von Betriebsratssitzungen **29** 24; **30** 6, 13
– – zusätzliche Freistellung von Betriebsratsmitgliedern **38** 36
– Pflicht zum Erlass einer ~ **36** 6
– Schriftform **36** 1, 8, 11, 18
– Streitigkeiten **36** 20
– Verstoß gegen ~ **33** 52; **36** 19
– Wirkungen der ~ **36** 17 ff.
– Zweck **36** 6
Geschichte der betrieblichen Mitbestimmung E 1 ff.
– Abkommen der Zentralarbeitsgemeinschaft **E** 10
– Arbeiterausschüsse **E** 5 ff., 92

– Arbeiterschutzgesetz **E** 7, 9, 75
– Berggesetze **E** 8, 9, 11
– Betriebsarbeiterräte **E** 12
– Betriebsgewerkschaftsleitung **E** 32 f.
– Betriebsobmann **E** 13
– Betriebsräte **E** 13 f.
– Betriebsrätegesetz 1920 **E** 12, 13 f., 17, 18, 90 ff.
– Betriebsverfassungsgesetz 1952 **E** 19, 20, 21, 46
– Betriebsverfassungsgesetz 1972 **E** 21 ff., 26, 46, 52, 60
– Bezirksarbeiterräte **E** 12
– Deutsche Demokratische Republik **E** 32 ff.
– Einigungsvertrag **E** 34
– Europäische Betriebsräte-Gesetz **E** 35, *s. auch unter Europäischer Betriebsrat*
– Fabrikausschüsse **E** 1 f.
– Fabrikräte **E** 1, 3
– Gemeinschaftscharta der Sozialen Grundrechte **E** 35
– Gesetz über den vaterländischen Hilfsdienst **E** 9, 11
– Gesetz zur Ordnung der nationalen Arbeit **E** 15 f., 17
– Gewerbeordnung **E** 7, 9, 75
– Hattenheimer Gespräche **E** 20
– IAO-Abkommen Nr. 135 **E** 35
– konstitutionelle Fabrik **E** 5 f., 82
– Kontrollratsgesetz Nr. 22 **E** 17 f., 20, 32, 89, 91
– landesrechtliche Betriebsrätegesetze **E** 18, 20, 32
– Lex Berlepsch **E** 7, 9, 75
– Minderheitsentwurf einer Gewerbeordnung für das deutsche Reich **E** 1 ff., 5
– Mitbestimmungskommission **E** 22
– Novelle 1988 **E** 29 ff., 36
– Novelle 2001 **E** 36 ff., 53, 56 f., 61
– Reichsarbeiterrat **E** 12
– Stinnes/Legien-Abkommen **E** 10
– Tarifvertragsverordnung **E** 11
– Vertrag über die Schaffung einer Währungs-, Wirtschafts- und Sozialunion **E** 33
– Vertrauensrat **E** 16
– Weimarer Verfassung **E** 12, 20, 41, 50, 92
Geschlecht
– Benachteiligungsverbot **75** 86 ff.
Geschlecht in der Minderheit 9 33; **11** 12; **13** 44, 57; **15** 1 ff.; **18** 19, 36 f.; **19** 130, 139 f.; **38** 59; **125** 5; **126** 4; **132** 3
– Berücksichtigung bei der Sitzverteilung **14** 38, 39, 43, 46; **15** 24 ff., 32; **15 WO** 7 ff.; **17 WO** 4; **22 WO** 1 ff.; **23 WO** 2
– Dispositivität in Kollektivvereinbarungen **15** 2, 4, 15, 29
– einköpfiger Betriebsrat **15** 17
– Entsendung in Gesamt- bzw. Konzernbetriebsrat **15** 8
– Genese **15** 1 f., 4 f.
– Geschlecht, Begriff **15** 15
– Jugend- und Auszubildendenvertretung **vor 60** 11, 12; **15** 8, 19; **62** 6, 17, 23, 27 ff.; **63** 6, 43
– Minderheitenschutz **15** 15, 17, 21 f.
– Mindestsitze **15** 2, 5, 15, 21 ff.; **18** 19, 37
– – Ausfall **15** 26; **5 WO** 6

Sachverzeichnis

- – d'Hondtsches Höchstzahlenverfahren **15** 23 ff., 31; **5 WO** 2, 4, 6
- – Ermittlung durch den Wahlvorstand **5 WO** 2; **15 WO** 7
- – Gruppenschutz **5 WO** 6
- – Losentscheid **15** 25; **5 WO** 5
- – vereinfachtes Wahlverfahren **14a** 28, 77, 80, 95; **32 WO** 1 f.; **36 WO** 8
- – Vermerk im Wahlausschreiben **3 WO** 12; **15 WO** 7
- – Verzicht **15** 29
- – Wahlbewerberdefizit des ~ **15** 28, *s. auch Zusammensetzung des Betriebsrats*; **5 WO** 2, 4 ff.; **15 WO** 7; **32 WO** 1 f.; **36 WO** 8; **38 WO** 11
- – Streitigkeiten **15** 30 ff.
- – Übergangsregelung **15** 2
- – Verfassungskonformität **15** 16, 23
- – Vorschlagslisten **15** 21; **15 WO** 10
- – zahlenmäßiges Verhältnis der Geschlechter **13** 44; **15** 17 ff., 31; **18** 19
- – – Änderung **14** 44; **15** 18; **3 WO** 1; **5 WO** 3
- – – betriebszugehörige Arbeitnehmer **15** 18 ff., *s. auch Betriebszugehörigkeit*
- – – Ermittlung durch den Wahlvorstand **15** 17, 31 f.; **18** 19; **5 WO** 2 f.
- – – Vermerk im Wahlausschreiben **3 WO** 11; **38 WO** 11
- – – Zeitpunkt **15** 18
- – Zweck **15** 4 f., 15 f., 17, 28; **5 WO** 1 ff.
- Geschlechterproporz, *s. unter Geschlecht in der Minderheit*
- **Gesellschaft mit beschränkter Haftung** 108 17, *s. auch Unternehmensmitbestimmung*
- **Gesellschafter** 5 1, 73, 139, 140; **107** 6
- **Gesetzesvorbehalt des § 87 Abs. 1 Einleitungssatz** 87 47, 54 ff., 237 ff., 280 ff., 399, 462, 600 f., 981
- – Günstigkeitsprinzip **87** 65 f.
- – polizeiliche Anordnung **87** 61, 200, 238
- – Rahmenvorschriften **87** 76, 240
- – Richterrecht **87** 58, 60
- – Sperrwirkung **87** 84
- – tarifdispositives Recht **87** 60
- – Umfang der gesetzlichen Regelung **87** 71, 240
- – Unfallverhütungsvorschriften **87** 60, 237
- – Verwaltungsakt **87** 61 f.
- – Verwaltungsvorschrift **87** 239
- – Zweck **87** 47, 54 ff., 57
- – zwingendes Recht **87** 57, 58 ff., 280
- **Gespaltene Arbeitgeberstellung** 5 119; **7** 71, 150, 148; **77** 204; **107** 7
- **Gestellungsvertrag** 5 129, 142 ff.; **7** 69, 138 ff., 95 f.; **8** 24
- **Gesundheitsgefahren**
- – Unterrichtung des Arbeitnehmers über ~ **81** 12 ff.; **87** 639
- **Gesundheitsschutz**, *s. unter Arbeitsschutz*
- **Gewerkschaft** E 39, 66 ff., 115
- – Adressat des Behinderungs-, Begünstigungs- und Benachteiligungsverbots **20** 25, 34, 42, 43 ff.; **78** 23, 32
- – Anerkennungsverfahren für Schulungs- und Bildungsveranstaltungen **37** 247, 262 f., 336

- – Anrufung des Arbeitsgerichts zur Bestellung eines Wahlvorstands
- – – Betriebsrat **14** 79; **16** 60, 62 f., 68 f.; **17** 51, 53, 64; **17a** 26
- – – Bordvertretung **115** 24
- – – Jugend- und Auszubildendenvertretung **63** 29, 32, 45
- – – Seebetriebsrat **116** 13, 16
- – Antragsrecht der ~
- – – Amtsenthebung des Betriebsratsmitglieds **2** 58; **23** 14, 56, 79, 83; **48** 9, 13, 17, 21
- – – Amtsenthebung des Jugend- und Auszubildendenvertreters **65** 7
- – – Amtsenthebung des Konzernbetriebsratsmitglieds **56** 5, 10, 12
- – – Auflösung der Jugend- und Auszubildendenvertretung **65** 11
- – – Auflösung des Betriebsrats **2** 58; **23** 128
- – – Betriebsabgrenzungsverfahren **18** 63, 68
- – – Einberufung der Betriebsräteversammlung **53** 37
- – – Einberufung der Betriebsversammlung **42** 3, 6, 21; **43** 1, 24 ff.
- – – Einberufung der Bordversammlung **115** 19
- – – Einberufung der Jugend- und Auszubildendenversammlung **71** 26
- – – Kontrolle von Einigungsstellensprüchen **76** 151
- – – Statusverfahren **18a** 105 f.
- – – Strafantragsrecht **78** 105; **119** 68 ff.
- – – Unwirksamkeit der Errichtung des Gesamtbetriebsrats **47** 126 f.
- – – Zwangsverfahren gegen den Arbeitgeber **23** 4, 206, 254 ff., 272, 278, 296
- – Arbeitskampfverbot **74** 41 ff.
- – ausländische ~ **2** 39
- – Ausschluss aus der ~ **20** 43 ff.
- – Begriff **2** 26 ff.; **14** 83 ff., 88, 96 f.
- – – Beamtenverband **2** 36; **10 Anhang** 11; **14** 83; **16** 49, 68, 76; **17** 22; **18** 13, 49, 63, 84; **19** 78; **23** 84
- – – Verband leitender Angestellter **2** 36, 39
- – Berufsbildung **96** 27; **97** 9
- – Bestellung eines Wahlvorstands gemeinsam mit dem Arbeitgeber für die Wahl zum
- – – Seebetriebsrat **116** 14, 15, 17
- – Einziehung von Gewerkschaftsbeiträgen durch
- – – Arbeitgeber **77** 376
- – – Betriebsrat **41** 7
- – Europäischer Betriebsrat, *s. dort*
- – Funktionsfähigkeit der ~ **41** 7; **77** 86 ff., 103; **87** 47, 52
- – Gebot der vertrauensvollen Zusammenarbeit **2** 10, 22 ff., 52
- – Geltendmachung von Kosten des Betriebsrats **40** 223 f.
- – im Betrieb vertretene ~ **2** 39 ff., 55; **14** 87, 88; **31** 11, 13 f., 20
- – Benennung des Gewerkschaftsmitglieds im Arbeitsgerichtsprozess **2** 40 ff.; **14** 88
- – im Konzern vertretene ~ **23** 4
- – im Unternehmen vertretene ~ **23** 4

– Initiative zur Abstimmung über Teilnahme an Betriebsratswahl im Hauptbetrieb **4** 20
– Mitgliederbetreuung **2** 93
– Mitgliederwerbung **2** 85 ff.
– nicht im Betrieb vertretene ~ **2** 99; **31** 14
– Rechtsschutz für den Betriebsrat **40** 126, 129 f., s. auch Gewerkschaftsvertreter
– Spitzenorganisation **23** 85
– Tendenzschutz **118** 85, 172, 182
– Träger von Schulungs- und Bildungsveranstaltungen **E** 69; **37** 39, 173 f., 185, 206, 292
– – Beschlussfassung des Betriebsrats über Teilnahme **37** 283, 320, 345
– – Kosten der Schulungs- und Bildungsveranstaltung **40** 65 ff., 70 ff., 76 f., 85 ff.
– Überwachung des Betriebsrats **23** 85, 261
– Untergliederungen der ~ **2** 32; **23** 85
– Unterlassungsanspruch der ~ bei tarifwidrigen Betriebsvereinbarungen **77** 143, 483 f., 486 f.
– Verbot parteipolitischer Betätigung **74** 104
– Wahlakten, Einsichtsrecht in **19 WO** 3
– Wahlanfechtungsberechtigung
– – Betriebsrat **5** 287; **18** 84, 85; **18a** 110; **19** 62 f., 76, 78 ff., 108
– – Betriebsratsvorsitzender **26** 19
– – Bordvertretung **115** 25
– – Gesamtbetriebsratsmitglieder **47** 124
– – Jugend- und Auszubildendenvertretung **63** 77
– – Konzernbetriebsratsmitglieder **55** 44
– – Seebetriebsrat **116** 19
– – weitere Betriebsausschussmitglieder **27** 27
– Wählerliste
– – Einblicksrecht **2 WO** 18
– – Einspruchsrecht **4 WO** 3
– Wahlniederschrift **18 WO** 4
– Wahlvorschlagsrecht **2** 59, 64, 84; **15** 13; **20** 25; **23** 147
– – Betriebsrat **2** 59, 64, 84; **14a** 39, 44 f., 104; **15** 13; **20** 25; **23** 144; **3 WO** 14; **6 WO** 1 ff., 13 f., 16; **7 WO** 7; **8 WO** 2, 9; **27 WO** 1 ff.; **28 WO** 2; **33 WO** 4, 5
– – Jugend- und Auszubildendenvertretung **63** 54, 68
– – Seebetriebsrat **116** 11
– Wahlvorstand
– – Antrag auf arbeitsgerichtliche Bestellung **14** 79; **16** 60, 62 f., 68 f.; **17** 51, 53, 64; **17a** 26
– – betriebsfremde Gewerkschaftsmitglieder **16** 32, 52, 72, 76 f., 80, 94; **17** 58; **17a** 28; **18** 11, 53; **18a** 50
– – Einberufung der Betriebsversammlung zur Bestellung **17** 2, 6, 21 f., 23, 30
– – Entsendungsrecht **16** 3, 49 ff., 60; **17** 14; **17a** 60; **18** 11, 13; **63** 3, 23, 27, 37, 60; **38 WO** 5
– – Ersetzungsantrag **18** 43, 49
– – Sitzungsteilnahme **18** 13; **1 WO** 7, 11
– – Vorschlagsrecht **2** 59, 64, 84; **23** 2, 144
– – Werbung im Betrieb **E** 68 f.; **2** 51, 59, 84 ff.; **14** 27; **37** 39; **39** 9; **40** 153, 168 f.; **45** 22; **75** 59, 79 f.; **87** 194, 236
– – betriebsfremde Gewerkschaftsmitglieder **2** 96
– – digitales Werberecht **2** 94

– – durch Betriebsratsmitglieder **2** 99; **23** 69, 70; **37** 39; **39** 9; **40** 153; **75** 84 f.
– – e-mail **2** 94
– – Intranet **2** 94
– – Mitgliederwerbung **E** 67 f.; **2** 51, 85 ff.
– – Nutzung von Betriebsmitteln **2** 93 f.; **20** 21; **40** 153; **87** 194, 236
– – schwarzes Brett **2** 93 f.
– – Verteilung einer Gewerkschaftszeitung **2** 93
– – Wahlwerbung vor Betriebsratswahlen **E** 67 f.; **2** 59, 64, 84; **14** 96, 98; **20** 9 f., 17, 21, 33 ff., 56
– – während der Arbeitszeit **2** 90, 93 f.
– – Zugang zum Betrieb **E** 68; **2** 51 ff.; **14** 101; **16** 51; **18** 13, 33; **20** 17, 19; **23** 71, 259; **31** 16, 23 ff., 28; **46** 4 ff.; **74** 104; **78** 19; **114** 31 f.; **118** 182
– – akzessorisches Zugangsrecht **2** 63, 67
– – Arbeitskampf **2** 79
– – Aufgabenbezug des Zugangsrechts **2** 56 ff.
– – Begleitungsrecht des Arbeitgebers **2** 65
– – betriebsfremde Gewerkschaftsvertreter **2** 55, 90, 96, 97; **74** 104; **114** 32
– – Eilfälle **2** 70
– – Einladung des Betriebsrats **2** 63, 67; **31** 23 f.; **46** 4
– – im Betrieb vertretene ~ **2** 39 ff., 55, 90; **46** 4
– – koalitionsrechtliches Zugangsrecht **2** 81 ff.
– – nicht im Betrieb vertretene ~ **2** 97
– – Seebetrieb **114** 31 f.
– – Streitigkeiten **2** 40 ff., 80
– – Unterrichtung des Arbeitgebers **2** 67 ff., 72; **31** 23; **42** 39, 50, 51; **46** 8
– – Verweigerungsrecht des Arbeitgebers **2** 61, 66, 67 f., 70 f., 72 f.; **31** 16, 24 f.; **46** 8 f.
– – Zugangsrecht zu einzelnen Arbeitnehmern **2** 51, 64 ff.
– – Zweck **2** 52 f.
– Zusammenwirken mit Arbeitgeber und Betriebsrat **2** 10, 22 f., 52
Gewerkschaftliche Betätigung
– Benachteiligungsverbot **75** 77 ff.
Gewerkschaftliche Betätigung von Funktionsträgern 74 146 ff.
– Adressaten **74** 147
– Arbeitskampf **2** 79
– Aufgabentrennung **74** 146, 151 ff.
– Betätigungsformen **74** 148 ff.
– Gleichbehandlungsgebot **75** 58 f.
– Grenzen **74** 151
– Neutralitätspflicht **74** 151 f., s. auch vertrauensvolle Zusammenarbeit
– Schulungs- und Bildungsveranstaltung zum Thema ~ **37** 185, 252
– Teilnahme an gewerkschaftlichen Veranstaltungen **37** 39
– Werbung für die Gewerkschaft **2** 99; **23** 71, 72; **37** 39; **39** 9; **40** 153; **75** 84 f.
– Zweck **74** 146
Gewerkschaftliche Einstellung
– Benachteiligungsverbot **75** 77 ff.
Gewerkschaftliche Vertrauensleute E 68; **2** 100 ff.; **3** 24, 27; **45** 22
– Abmahnung **87** 261

Sachverzeichnis

- Begriff **2** 101
- Benachteiligungsverbot **2** 103; **78** 19
- Bildung eines Gremiums **78** 32
- Funktion **2** 103 f.
- Kündigungsschutz **2** 103 f.
- Tarifvertrag über Rechtsstellung der ~ **2** 104
- Teilnahme an Schulungs- und Bildungsveranstaltungen **37** 162
- Wahl **E** 69; **2** 102

Gewerkschaftsbeauftragter, *s. unter Gewerkschaftsvertreter*
Gewerkschaftsvertreter
- Behinderungsverbot **119** 33
- betriebsfremde ~ **16** 76 ff.; **23** 2, 147
- Gebot der vertrauensvollen Zusammenarbeit **2** 10, 22 ff., 52
- Geheimhaltungspflicht **2** 76; **30** 25; **31** 26 f.; **79** 39, 49, 66; **120** 34, 47
- Hinzuziehung
- – als Sachverständiger **31** 14, 18; **39** 20, 40
- – Aussetzung von Beschlüssen des Betriebsrats **35** 24, 25 f.; **66** 21 ff.
- Mitgliedschaft in
- – Einigungsstelle **76** 51; **76a** 35 f.
- – tarifliche Schlichtungsstelle **2** 62
- – Wahlvorstand **16** 76 ff.; **23** 2, 144
- Teilnahme an den Sitzungen
- – Ausschuss des Betriebsrats **31** 3 f.; **108** 36
- – Betriebsausschuss **27** 55 f.; **31** 3 f.; **108** 36
- – Betriebsrats, *s. unter Betriebsratssitzungen*
- – Gesamt-Jugend- und Auszubildendenvertretung **2** 60; **73** 28 ff., 34
- – Gesamtbetriebsrat **2** 60; **31** 2; **51** 12, 59, 78
- – Jugend- und Auszubildendenvertretung **2** 60; **65** 78 ff.
- – konstituierende Sitzung des Betriebsrats **29** 17
- – Konzern-Jugend- und Auszubildendenvertretung **73b** 30 ff., 36
- – Konzernbetriebsrat **2** 60; **31** 2; **59** 26
- – Wahlvorstand **18** 13; **1 WO** 7, 11
- – Wirtschaftsausschuss **2** 60; **108** 36 ff.
- Teilnahmerecht an
- – Betriebs- und Abteilungsversammlungen **2** 61, *s. unter Betriebsversammlung*; **23** 69; **42** 7, 12, 19, 29 f., 49; **46** 1 ff.
- – Betriebsräteversammlungen **2** 61; **53** 7, 36, 41, 53, 56
- – Jugend- und Auszubildendenversammlungen **2** 61; **71** 14, 41, 55
- – monatliche Besprechungen **74** 18
- – Sprechstunden des Betriebsrats **39** 20, 40
- Zugang zum Betrieb, *s. unter Gewerkschaft*

Gewinnbeteiligungen 87 852
Gleichbehandlungsgrundsatz, individualarbeitsrechtlicher 75 4, 14, 25, 36, 38 ff., 155; **77** 65, 196, 280, 306, 308, 476; **87** 130
Gleichberechtigungsgesetz, Zweites 80 2, 37; **84** 6, 29, 33; **92** 1, 41 ff.; **93** 2; **96** 2
Gleichstellung von Frauen und Männern E 28, 30, 60
- Diskriminierungsverbot wegen des Geschlechts **75** 8, 28, 37, 38, 43, 44, 133

- Förderung der ~ **vor 60** 11, 12; **62** 6, 17, 23, 27 ff.; **63** 6, 43; **70** 3, 10, 14 f.; **75** 37, 38; **80** 2, 37 f.; **92** 41; **96** 36; **118** 204; **121** 2, 8
- Frage nach Schwangerschaft **94** 21, 34, 45
- Frauenförderpläne **92** 42
- Frauenquoten **vor 60** 11, 12; **62** 6, 17, 23, 27 ff.; **63** 6, 43, *s. auch Geschlecht in der Minderheit*
- Jahresbericht des Arbeitgebers **43** 1, 15, *s. auch Geschlecht in der Minderheit*
- Schulungs- und Bildungsveranstaltung zum Thema ~ **37** 185, 197
- Thema der Betriebsräteversammlung **53** 2, 22
- Thema der Betriebsversammlung **42** 4; **43** 1, 15; **45** 2 f., 15, 18

Gleitende Arbeitszeit 87 329, 330, 347 ff., 359, 424, 425
Graphologisches Gutachten 75 119; **83** 6
Gratifikationen, *s. unter Zulagen*
Grobe Pflichtverletzung, *s. unter Amtsenthebung, s. unter Amtspflichtverletzung, s. unter Pflichtverletzung des Arbeitgebers*
Grundsätze für die Behandlung der Betriebsangehörigen E 63, 69, 76, 79, 82, 87, 97; **60** 55; **75** 1 ff.; **87** 47, 68
- Adressaten **75** 6, 9 ff.
- – andere Arbeitnehmervertretung **75** 6, 10
- – Arbeitgeber **75** 1 f., 6, 9 f., 21, 22, 25, 101, 145
- – Arbeitnehmer **75** 12, 107
- – Arbeitsgruppe i. S. des § 28a **75** 11, 22
- – Ausschuss **75** 11, 22
- – Betriebsrat **75** 1 f., 9 f., 21, 22, 101, 132
- – Betriebsratsmitglied **75** 10, 22, 77, 88
- – gemeinsamer Ausschuss **75** 11
- – Gesamt-Jugend- und Auszubildendenvertretung **75** 6, 10
- – Gesamtbetriebsrat **75** 6, 10
- – Jugend- und Auszubildendenvertretung **60** 55; **75** 6, 10
- – Konzern-Jugend- und Auszubildendenvertretung **75** 6, 10
- – Konzernbetriebsrat **75** 6, 10
- – Konzernwirtschaftsausschuss **75** 6, 10
- – Sprecherausschuss **75** 14
- – Wirtschaftsausschuss **75** 6, 10
- – zusätzliche Arbeitnehmervertretung **75** 6, 10
- Diskriminierungsverbot, *s. dort*
- Eigeninitiative der Arbeitnehmer und Arbeitsgruppen **28a** 22, 31, 40, 63; **75** 142 ff.; **87** 1079 f., 1087
- Förderungspflicht **75** 3, 102, 105, 134 ff., 142 ff.
- freie Entfaltung der Persönlichkeit, *s. dort*
- Fürsorgepflicht **75** 3, 14, 25, 104, 107, 141, 144, 155
- geschützter Personenkreis **75** 13 ff.
- – Betriebsangehörige **75** 13 ff.
- – Bewerber **75** 17, 24, 44
- – freie Mitarbeiter **75** 15
- – Fremdfirmenarbeitnehmer **75** 13, 16
- – Leiharbeitnehmer **75** 13, 16
- – leitende Angestellte **5** 12; **75** 13, 14
- – Grundsätze von Recht und Billigkeit, *s. dort*
- kollektivrechtliche Natur **75** 4, 23 ff., 144, 154, 156 f.

- Sanktionen **75** 154 ff.
- - Amtsenthebung **23** 66; **75** 154
- - Auflösung des Betriebsrats **23** 126; **75** 154
- - Beseitigungsanspruch **75** 24, 27, 105, 144, 154
- - individualarbeitsrechtliche Rechtsfolgen **75** 155 ff.
- - Nichtigkeit verbotswidriger Regelungen **75** 157
- - Schadenersatzanspruch **75** 156
- - Unterlassungsanspruch **75** 24, 27, 105, 144, 154, 155
- - Schutzgesetzcharakter **75** 156
- - Schutzpflicht **75** 102, 105, 106 ff., 126, 136
- - Selbständigkeit der Arbeitnehmer und Arbeitsgruppen **75** 142 ff.; **87** 1079 f., 1087
- - Streitigkeiten **75** 25, 27, 155, 159
- - subjektive Rechte der Arbeitnehmer **75** 23 ff., 30, 102, 105, 138, 144, 155 f.
- - Tendenzbetrieb **118** 185
- - Überwachungspflicht **75** 3, 8 ff., 18 ff., 39
- - - Abhilfe **75** 21, 24, 26
- - - Kontrollpflicht, gegenseitige **75** 20, 22, 24, 26, 30, 107
- - Überwachungsrecht **75** 18, 21, 26 f., 105
- - Verhaltensgebot **75** 22 f., 30
- - Verhältnis zu § 74 **75** 2, 9
- - Verhältnis zu § 80 **75** 5, 18
- **Grundsätze von Recht und Billigkeit 77** 330, 347, 348, 361
- - Differenzierungsverbot, *s. unter Diskriminierungsverbot*
- - Gleichbehandlungsgebot, *s. unter Diskriminierungsverbot*
- - Grundsätze der Billigkeit **75** 32 ff.
- - - Direktionsrecht des Arbeitgebers **75** 34
- - - einseitige Leistungsbestimmung i. S. des § 315 BGB **75** 32, 34 f.
- - - richterliche Billigkeitskontrolle **75** 34 f.
- - - richterliche Inhaltskontrolle **75** 35
- - Grundsätze des Rechts **75** 28 ff., 51 ff.
- - - Gewohnheitsrecht **75** 29
- - - Grundrechte **75** 29 ff.
- - - positive Arbeitsrechtsordnung **75** 29
- - - Richterrecht **75** 29
- - - Verhältnismäßigkeitsgrundsatz **75** 29; **77** 348 f., 361
- - Überwachungspflicht **75** 3, 8 ff.
- - Verstoß gegen ~ **75** 26
- **Grundwehrdienst**, *s. unter Wehrdienstleistende*
- **Gruppenakkord 87** 935, 1020, 1091, *s. auch Akkordlohn*
- **Gruppenarbeit E** 60, 116; **87** 1075 ff.
- - Arbeitsgruppe i. S. des § 28a, *s. dort*
- - Arbeitsgruppensprecher **E** 117; **28a** 33; **87** 1086
- - Art der Entgeltleistung **87** 454
- - Aufhebung von ~ **87** 1081
- - Begriff **75** 149; **87** 1076 ff.
- - Betriebsgruppe **87** 1076, 1091
- - Direktionsrecht des Arbeitgebers **87** 1076 f.
- - Durchführung von ~ **28a** 21 f., 33, 63; **75** 151, 153; **87** 1081, 1084 ff.
- - Eigengruppe **7** 148, 96 f.; **8** 24; **87** 1076
- - Einführung von ~ **75** 151; **87** 1080, 1081 ff.
- - Förderung der Selbständigkeit und Eigeninitiative von ~ **28a** 22, 31, 40, 63; **75** 142 ff.; **87** 1079 f., 1087
- - freiwillige Betriebsvereinbarung **75** 151
- - Gruppengespräche **87** 1089
- - individualarbeitsrechtliche Rechtsfolgen **87** 1091
- - Initiativrecht **28a** 21 f.; **87** 1084
- - kollektiver Tatbestand **87** 1085
- - Organisation **87** 208
- - Projektgruppe **87** 1078
- - Schulungs- und Bildungsveranstaltung zum Thema ~ **37** 185, 197
- - Steuerungsgruppe **87** 1078
- - Streitigkeiten **28a** 63
- - Überwachung von ~ **87** 573 f.
- - Unterrichtungs- und Erörterungspflicht des Arbeitgebers gegenüber dem Arbeitnehmer **81** 9, 12, 19, 23
- - Verhältnis zu anderen Vorschriften **87** 1081
- - Zweck der Mitbestimmung **87** 1079 f., 1087
- **Gruppenprinzip 5** 4, 5, 15; **10 Anhang** 3 ff.; **13** 15; **14** 3 f., 30, 49, 50; **16** 3, 41; **19** 51, 100, 138; **24** 1; **25** 44; **26** 1, 20; **27** 3 f.; **28** 1, 5, 21, 32; **29** 1; **31** 1; **35** 1 f., 31; **38** 2, 58, 76; **vor 47** 11; **47** 1, 32, 33, 38, 59, 70, 97, 107; **49** 16; **51** 2, 22, 29; **55** 2, 9, 11 f., 16; **59** 1, 14, 18; **125** 5
- **Gruppenvereinbarungen 28a** 5, 25, 27, 35, 43 ff.; **75** 22; **77** 2, 5, 44, 63
- - Abschluss **28a** 45, 50 f.
- - Abstimmung der Gruppenmitglieder **28a** 45 ff.
- - Beendigung **28a** 56 ff.
- - Durchsetzung **28a** 62
- - Gruppenbetriebsvereinbarungen **28a** 44, 51, 52 ff., 56 ff., 58 ff.; **77** 44, 63
- - - Beendigung **28a** 55 f.
- - - Geltungsbereich **28a** 51
- - - Konkurrenz zwischen Betriebsvereinbarung und Gruppenbetriebsvereinbarung **28a** 54
- - - Kündigung **28a** 55
- - - Nachwirkung **28a** 57 ff.
- - - Regelungssperre des Tarifvertrags **28a** 51
- - - Schranken der Regelungsbefugnis **28a** 53 f.
- - Schriftform **28a** 50
- - Meinungsverschiedenheiten zwischen Arbeitgeber und Arbeitsgruppe **28a** 36, 42 f., 59
- - Rechtsnatur **28a** 44
- - Regelungsabreden **28a** 44, 50, 56, 58, *s. auch unter Arbeitsgruppen i. S. des § 28a*
- - Wegfall der Voraussetzungen der Aufgabenübertragung **28a** 57, 60
- - Widerruf der Aufgabenübertragung **28a** 57, 60
- **Günstigkeitsprinzip 77** 21, 188, 219, 253 ff., 260 ff., 329, 356, 361, 364, 365, 374, 375, 382, 384 f., 401; **87** 14, 65 f., 119, 129, 165; **112, 112a** 124
- - abstrakter Günstigkeitsvergleich **77** 276
- - Ausschluss des ~ **77** 279 f.
- - Betriebsvereinbarungsoffenheit **77** 262, 289, 292, 296, 360, 361, 385 f.
- - Günstigkeitsabreden mit Dritten **77** 281
- - im Verhältnis der Betriebsvereinbarung zum Tarifvertrag **77** 123, 147 ff., 151, 153, 162
- - individueller Günstigkeitsvergleich **77** 269 ff., 283 f., 364, 384 f.

Sachverzeichnis

- kollektiver Günstigkeitsvergleich **77** 269, 283, 286 ff., 348, 385
- Mitbestimmungsrecht des Betriebsrats **77** 267 f., 283, 287
- Regelung mit Doppelwirkung **77** 492
- Rosinentheorie **77** 273, 276, *s. auch Betriebsvereinbarung*
- Sachgruppenvergleich **77** 273 f.
- umstrukturierende Betriebsvereinbarung **77** 256, 287, 293 ff., 385, 422
- Verschlechterung allgemeiner Arbeitsbedingungen **77** 262, 268, 282 ff., 345, 348, 360, 361, 364 ff., 402

Haftung des Betriebsrats
- Betriebsrat **1** 77 f.
- Betriebsratsmitglieder **1** 79 ff.; **23** 18, 41
- – Amtspflichtverletzung **1** 83; **37** 45, 62; **77** 32; **87** 165
- – Arbeitsvertragpflichtverletzung **1** 79; **37** 62
- – Delikt **1** 81 ff.; **30** 10, 19; **39** 39
- – Falschauskünfte **39** 39
- – Rechtsgeschäft **1** 79; **39** 39; **40** 24 f.

Hauptbetrieb **4** 2, 6 ff.
- Begriff **4** 2, 6, 7
- Kleinstbetrieb als ~ **4** 8
- Zuordnung von Betriebsteilen **4** 1, 3, 7; **5** 69; **7** 47; **9** 6; **14a** 14, 28; **15** 11; **18** 58 ff., 71 f.; **38** 12; **60** 8 f., 11, 13 f.; **62** 11
- Zuordnung von Kleinstbetrieben **4** 7; **8** 53; **9** 6; **14a** 14, 28; **15** 11; **18** 58 ff., 71; **50** 59
- Zuordnung von Nebenbetrieben **4** 1; **7** 47; **60** 8 f., 11, 13 f.; **62** 11

Hausgewerbetreibende 5 112 ff.

Hausrecht
- Arbeitgeber **42** 36, 38, 40, 41; **46** 8 f.
- Betriebsrat
- – Betriebsversammlung **42** 20, 35 f., 38 ff., 41, 79; **45** 25; **46** 13
- – Räume des Betriebsrats **40** 149, 218
- Betriebsräteversammlung **53** 39
- Jugend- und Auszubildendenvertretung **71** 44

Heimarbeitnehmer
- Akkordlohn **87** 1014, 1034
- aktives Wahlrecht **5** 116; **7** 40, 47; **15** 18
- Arbeitnehmereigenschaft **5** 5, 16, 68, 107, 111 f., 118; **7** 16
- Begriff **5** 112 ff.
- Berücksichtigung bei der Schwellenwertermittlung für Betriebsratsfähigkeit **38** 12
- Betriebsratsmitglied **37** 70
- – Arbeitsbefreiung **37** 70
- – Benachteiligungsverbot **37** 70
- Betriebsvereinbarung **77** 194
- Betriebsversammlung **42** 16; **44** 37
- Betriebszugehörigkeit **5** 116; **7** 40, 47; **15** 18
- Briefwahl **24 WO** 10 f.
- Erläuterung des Arbeitsentgelts **82** 12
- Hausgewerbetreibende **5** 113 ff.
- Kündigung **102** 22, 210; **103** 9, 15, 16 f., 31
- passives Wahlrecht **8** 5, 26, 53; **15** 18
- Sozialplan **112, 112a** 148

- Unterrichtung des ~ über seine Funktion **81** 7, 11

Herrschendes Unternehmen *s. unter Konzern*
- Definition **EBRG 6** 1 ff.

Heuergarantie 116 32 f., 57

Hilfspersonen des Betriebsrats, *s. unter Büropersonal*

Historische Entwicklung der Betriebsverfassung, *s. unter Geschichte der betrieblichen Mitbestimmung*

HIV, *s. unter AIDS*

Höhergruppierung, *s. unter Umgruppierung*

Homosexualität
- Diskriminierungsverbot **75** 1, 8

Immissionsschutzbeauftragter 87 646

Individualrechte des Arbeitnehmers E 62, 75, 76, 80, 118; **vor 81** 1 ff.; **1** 25; **23** 218, 254; **60** 54; **70** 46; **75** 147; **81** 1 ff.; **82** 1 ff.; **83** 1 ff.; **84** 1 ff.; **85** 1 ff.; **86** 1 ff.; **86a** 1 ff.; **87** 20, 24, 110
- Anhörungs- und Erörterungsrechte des Arbeitnehmers **82** 1 ff., *s. auch dort*
- arbeitsvertragsrechtliche Bedeutung **vor 81** 19 f., 26 ff.
- Beschwerderecht des Arbeitnehmers **vor 81** 16; **84** 1 ff.; **85** 1 ff.; **86** 1 ff.; **118** 189, *s. auch dort*
- betriebsratslose Betriebe **1** 25
- Durchsetzung der ~ **vor 81** 30 ff.
- – Erfüllungsanspruch **vor 81** 35
- – Hinzuziehung eines Betriebsratsmitglieds **vor 81** 31; **37** 31, 35, 47; **81** 23 ff.; **82** 20 ff.; **83** 26, 28 f.; **84** 22 f., 37
- – Kündigung aus wichtigem Grund **vor 81** 38
- – Schadenersatzanspruch **vor 81** 36, 39 f.; **1** 82; **82** 19, 24
- – Zurückbehaltungsrecht **vor 81** 37
- Einsichtsrecht in die Personalakte **vor 81** 15; **83** 1 ff., *s. auch dort*
- Erläuterung des Arbeitsentgelts **vor 81** 14
- Erörterung von Leistungsbeurteilung und beruflichen Entwicklungsmöglichkeiten **82** 15 ff.
- Fürsorgepflicht des Arbeitgebers **vor 81** 11 ff., 26 ff.
- persönlicher Geltungsbereich **vor 81** 21 ff.
- – aufgrund Eingliederungsvertrag Beschäftigte **vor 81** 24
- – Auszubildende **vor 81** 21
- – Leiharbeitnehmer **vor 81** 24; **5** 126; **81** 3
- – leitende Angestellte **vor 81** 21, 25
- Regelung durch Kollektivvereinbarung **vor 81** 34; **86** 1 ff.
- Seebetriebe **115** 5, 46
- Überwachungspflicht des Betriebsrats **75** 147; **80** 19
- Unterrichtungs- und Erörterungspflicht des Arbeitgebers **vor 81** 13, 17; **81** 1 ff.; **110** 6, *s. auch dort*
- Verfahren zur Durchsetzung der ~ **vor 81** 41 f.
- – Beschlussverfahren **vor 81** 32, 42; **81** 26; **82** 25; **83** 78; **84** 37; **85** 33; **86a** 16
- – Urteilsverfahren **vor 81** 41; **81** 26; **82** 24; **83** 77; **84** 36; **85** 32
- – Zwangsverfahren gegen den Arbeitgeber **23** 218
- Vorschlagsrecht des Arbeitnehmers **75** 147; **vor 81** 1, 6; **86a** 1 ff.; **118** 189, *s. auch dort*
- Zweck der Normen **vor 81** 1, 3, 11 ff.

Individualschutz vor 81 3 ff., *s. auch Schutzzweck des Betriebsverfassungsrechts*
Individuelles Beschwerdeverfahren, *s. unter Beschwerderecht gegenüber dem Arbeitgeber*
Information, *s. unter Unterrichtung*
Informationspflicht, *s. unter Unterrichtungspflicht des Arbeitgebers*
Informationspflicht nach § 105
– Verhältnis zum Anhörungsverfahren nach § 102 **105** 13
Inkrafttreten 132 1 ff.
Inländische Betriebe ausländischer Unternehmen
– Anhörung bei Kündigung **102** 15
– Errichtung
– – Betriebsrat **1** 5
– – Gesamtbetriebsrat **47** 9
– – Jugend- und Auszubildendenvertretung **vor 60** 31; **60** 12
– – Wirtschaftsausschuss **1** 6 ff.; **106** 17 f., 35
– Seeschifffahrtsunternehmen **114** 3 f., 13 f., 21; **116** 1, 5 f., 21
– Übersetzungskosten des Betriebsrats **39** 27; **40** 40, 173; **42** 32, 51
– Unterrichtung des Wirtschaftsausschusses **106** 61
Innerbetriebliche Stellenausschreibung, *s. unter Ausschreibung von Arbeitsplätzen*
Insiderinformationen 79 93; **106** 96; **120** 78
Insolvenz
– Anhörung bei Kündigung **102** 32, 40, 90
– Auswirkungen auf das Betriebsratsmitglied **21** 48; **24** 23, 49
– Beteiligungsrechte bei Betriebsänderungen während der ~ **111** 42, 254; **112, 112a** 2, 14, 337 ff., 342 f.; **113** 4
– – Adressat **111** 29, 194; **112, 112a** 71
– – Umfang **111** 41; **112, 112a** 2, 15, 337 ff., 342 f.
– Betriebsvereinbarung
– Kündigung **77** 409; **112, 112a** 261
– Bildung einer Auffanggesellschaft **111** 80
– Einigungsstellenverfahren über Interessenausgleich bzw. Sozialplan **112, 112a** 22, 39, 279, 301, 337 ff.; **113** 63
– – Besetzung der Einigungsstelle **76** 51
– – Entbindung vom Einigungsstellenverfahren durch das Arbeitsgericht **112, 112a** 337 ff.; **113** 60
– – Ermessensgrenzen der Einigungsstelle **112, 112a** 457
– – Kosten der Einigungsstelle **76a** 40
– – Verfahren vor der Einigungsstelle **112, 112a** 301
– insolvenzbedingter Betriebsübergang **112, 112a** 110 ff.
– Insolvenzverfahren als Betriebsänderung **111** 71, 73, 80, 180; **112, 112a** 398
– Insolvenzverwalter als Arbeitgeber **1** 95
– Interessenausgleich **102** 32, 40, 90; **112, 112a** 2, 13 ff., 39, 52 f., 62 f., 71, 77, 85, 97 ff.; **113** 19, 25, 29, 31, 63, 77
– – Abweichen vom Interessenausgleich **113** 18, 24, 28
– – Ausgewogenheit der Personalstruktur **112, 112a** 106 ff.
– – Betriebsübergang **112, 112a** 110 ff.
– – Einigung **112, 112a** 23, 39
– – Form **112, 112a** 45 ff., 62 f.
– – Inhalt **112, 112a** 19, 25, 26 ff.
– – Kündigungsverbot zugunsten der Arbeitnehmer **112, 112a** 85
– – Namensliste **112, 112a** 9, 13, 14, 19, 23, 25, 26 ff., 52, 62 f., 117
– – Negativliste **112, 112a** 28, 85
– – Privilegierungswirkung **112, 112a** 97 ff., 118 ff.; **113** 18, 24, 30
– – Rechtsnatur **112, 112a** 77
– – Überprüfbarkeit der Sozialauswahl **112, 112a** 102 ff.
– – Verfahren **112, 112a** 21
– – Vermutung der Betriebsbedingtheit von Kündigungen **112, 112a** 97 ff.
– – Zuständigkeit **112, 112a** 71, 339
– – Zweck **112, 112a** 13
– Kostenerstattungsanspruch des Betriebsrats **40** 230 ff.
– Kurzarbeit **87** 416
– Nachteilsausgleich **112, 112a** 358, 399; **113** 4, 7, 17, 19, 25, 48, 63, 77, 97, 99 ff.
– – Abfindung **113** 94, 96 ff.
– – Abweichen vom Interessenausgleich **113** 16, 18, 24, 74, 96 ff.
– – Anmeldung des Nachteilsausgleichsanspruchs bei dem Insolvenzverwalter **113** 16
– – Unterlassen des Versuchs eines Interessenausgleichs **113** 16, 46, 60, 96 ff.
– Sozialplan **112, 112a** 2, 23, 205 ff., 260 ff., 395 ff., 457
– – aktive Arbeitsförderung **112, 112a** 479 ff., 511 ff.
– – Aufhebung **112, 112a** 260
– – Entlassungssozialplan **112, 112a** 400 f.
– – Ermessensgrenzen der Einigungsstelle **112, 112a** 395
– – Insolvenzanfechtung des Sozialplans **112, 112a** 260, 264
– – Kündigung des Sozialplans **112, 112a** 261
– – Masseunzulänglichkeit **112, 112a** 217 ff.
– – nach Eröffnung des Insolvenzverfahrens **112, 112a** 206 ff., 260, 279, 314
– – Sozialplanvolumen **112, 112a** 395 f., 400 f., 405 ff., 457, 487
– – vor Eröffnung des Insolvenzverfahrens **112, 112a** 215 ff., 261, 262 ff., 279, 395 f., 399, 404
– – Widerruf des Sozialplans **112, 112a** 40, 262 ff., 395 f.
– Unterrichtung des Wirtschaftsausschusses über Insolvenzantrag **106** 70; **111** 180
– Vermittlungsverfahren vor dem Vorstand der Bundesagentur für Arbeit über Interessenausgleich bzw. Sozialplan **112, 112a** 279
Interessenausgleich vor 106 4, 16 f.; **111** 157 f.; **112, 112a** 1 ff.
– Abgrenzung zum Sozialplan **vor 106** 5; **112, 112a** 5 ff., 135
– Abweichen vom ~ **vor 106** 4; **77** 15; **112, 112a** 73, 82, 83 f., 129; **113** 18 ff.

Sachverzeichnis

- – Nachteilsausgleich, *s. dort*
- – Verfahren nach § 23 Abs. 3 **112, 112a** 83
- Arten des ~ **112, 112a** 5 ff.
- – besonderer ~ **112, 112a** 9
- – einfacher ~ **112, 112a** 8
- – im engeren Sinne **112, 112a** 7, 10, 59, 75
- – im weiteren Sinne **112, 112a** 7, 10, 11, 61, 135
- – kündigungsrechtlicher ~ i. S. des § 125 Abs. 1 InsO **112, 112a** 9 f., 13 ff., 39, 52 f., 62 f., 71 ff., 77, 85; **113** 26, 34, 39, 102
- – qualifizierter ~ **112, 112a** 8
- – Rahmeninteressenausgleich **112, 112a** 12
- – umwandlungsrechtlicher ~ i. S. des § 323 Abs. 2 UmwG **112, 112a** 9, 35 ff., 39, 52, 62 f., 77, 121 ff.; **113** 18, 24, 28
- Aufhebung des ~ **113** 26
- Bekanntmachung des ~ **112, 112a** 57
- Betriebsübergang **112, 112a** 34, 110 ff.
- Einigung über den ~ **112, 112a** 19, 23, 37, 39 ff.
- – Bedingung **112, 112a** 41
- – Beschluss des Betriebsrats **112, 112a** 51
- – Bezeichnung **112, 112a** 23, 55
- – Stellvertretung **112, 112a** 69, 71
- – Einigungsstellenverfahren 76 25; **112, 112a** 19, 37, 39, 42 ff., 132 f., 274, 293 ff., 315 f.; 329
- – Antragsberechtigung 76 33 f.; **112, 112a** 44, 254
- – Bildung der Einigungsstelle **112, 112a** 297 f.
- – Einigungsversuch **112, 112a** 301, 306 ff.
- – Entscheidungskompetenz der Einigungsstelle **vor 106** 5; **112, 112a** 19, 37, 39, 42, 44, 293, 310 f.; **113** 52 f.
- – freiwilliges Einigungsstellenverfahren **112, 112a** 312
- – Gegenstand des Einigungsstellenverfahrens **112, 112a** 293, 298 f., 313
- – Hinzuziehung eines Beraters des Betriebsrats i. S. des § 111 **111** 179
- – Hinzuziehung von Sachverständigen **112, 112a** 489
- – Insolvenz, *s. dort*
- – Rechtspflicht zur Verfahrenseinleitung **112, 112a** 43, 211, 271; **113** 50 ff.
- – Sperrwirkung des Vermittlungsverfahrens **112, 112a** 281 f., 289, 294
- – Sperrwirkung des vorsorglichen Sozialplans **112, 112a** 363
- – Teilnahme des Vorstands der Bundesagentur für Arbeit **112, 112a** 300, 304 f., 470
- – Verfahren vor der Einigungsstelle **112, 112a** 301 ff.
- – Vorschläge der Beteiligten **112, 112a** 306 f.; **113** 51
- – Wirkung des Spruchs der Einigungsstelle 76 16, 27; **112, 112a** 44
- – Zusammensetzung der Einigungsstelle **112, 112a** 300
- Einigungsversuch zwischen Betriebsrat und Unternehmer 23 201 f., 208; **112, 112a** 254, 271, 283, 294; **113** 49 f.
- – Hinzuziehung eines Beraters des Betriebsrats i. S. des § 111 **111** 179

- – Verhandlungsdauer 77 13; **112, 112a** 271; **113** 49
- – Form des ~ **112, 112a** 45 ff., 290, 309
- – Bezeichnung der Urkunde **112, 112a** 24, 55
- – Rechtsfolgen bei Nichtbeachtung **112, 112a** 58, 63, 309; **113** 21
- – Schriftform **112, 112a** 45 f., 62 ff., 290, 309
- – Unterschrift **112, 112a** 47, 49 ff., 290, 309
- Hinzuziehung eines Beraters des Betriebsrats i. S. des § 111 **111** 231 f., *s. auch Berater des Betriebsrats i. S. des § 111*
- Insolvenz, *s. dort*
- Kündigung des ~ **112, 112a** 129 ff.; **113** 26, 30, 34
- Rechtsnatur des ~ 77 13, 15, 17; **112, 112a** 72 ff.
- – Betriebsvereinbarung **112, 112a** 8, 57, 74 f., 84
- – Regelungsabrede 77 13, 15, 17; **112, 112a** 7
- Rechtswirkungen des ~ **112, 112a** 8, 78 ff.
- – Bindung des Betriebsrats **112, 112a** 80, 129 ff.
- – Bindung des Unternehmers **112, 112a** 78 f., 129 ff.; **113** 23 ff.
- – Erfüllungsanspruch der Arbeitnehmer **112, 112a** 84
- – Erfüllungsanspruch des Betriebsrats **112, 112a** 79, 87 f.; **113** 29
- – Kündigungsverbot zugunsten der Arbeitnehmer **112, 112a** 61
- – Reichweite der Bindungswirkung **112, 112a** 82; **113** 21 ff., 29
- – Unterlassungsanspruch des Betriebsrats **112, 112a** 79
- Regelungsgegenstand
- – Betriebsänderung als solche **112, 112a** 6 f., 10, 23, 61, 79
- – Folgen der Betriebsänderung **112, 112a** 6 f., 11, 57, 61, 75, 79, *s. auch Betriebsänderung*
- Spaltung, *s. unter Umwandlung*
- Tendenzbetrieb **113** 14 ff.; **118** 152 ff., 157, 158 ff.
- Umwandlung **112, 112a** 9 f., 32 ff., 39, 52 f., 62 f., 77
- Vermittlungsverfahren vor dem Vorstand der Bundesagentur für Arbeit **112, 112a** 42 f., 226, 272 ff., 316
- – Agentur für Arbeit **112, 112a** 276
- – Antragsberechtigung **112, 112a** 44, 278 ff.
- – Einlassungszwang **112, 112a** 272, 278, 279, 287 f.
- – Entscheidungskompetenz des Vorstands der Bundesagentur für Arbeit **112, 112a** 286
- – Erfolg des Vermittlungsversuchs **112, 112a** 290
- – Gegenstand des Vermittlungsverfahrens **112, 112a** 284 f.
- – Hinzuziehung eines Beraters des Betriebsrats i. S. des § 111 **111** 179
- – Person des Vermittlers **112, 112a** 275 f.
- – Rechtspflicht zur Verfahrenseinleitung **111** 100; **112, 112a** 43, 271, 281, 294; **113** 50 ff.
- – Scheitern des Vermittlungsversuchs **112, 112a** 289, 291 f., 294
- – Sperrwirkung des Einigungsstellenverfahrens **112, 112a** 283, 294
- – Sperrwirkung des vorsorglichen Sozialplans **112, 112a** 363

- – Vermittlungspflicht des Vorstands der Bundesagentur für Arbeit **112, 112a** 274, 277, 278, 291
- – Verschmelzung, *s. unter Umwandlung*
- – Wegfall der Geschäftsgrundlage **112, 112a** 131
- – Zuständigkeit **111** 255 ff.; **112, 112a** 65 ff.; **113** 22, 48
- – – Betriebsausschuss **112, 112a** 68
- – – Betriebsrat **111** 195; **112, 112a** 65
- – – Gesamtbetriebsrat **50** 53; **111** 196 ff.; **112, 112a** 65, 221
- – – Insolvenzverwalter **112, 112a** 71
- – – Konzernbetriebsrat **111** 199; **112, 112a** 67, 221
- – – Unternehmer **112, 112a** 69
- – Zweck des ~ **112, 112a** 136

Intimsphäre des Arbeitnehmers, *s. unter Persönlichkeitssphäre des Arbeitnehmers*

Investivlohn 87 852

Jahresabschluss
- Aushändigung an den Wirtschaftsausschuss, Betriebsrat bzw. Gesamtbetriebsrat **108** 69
- Einsichtsrecht des Wirtschaftsausschusses, Betriebsrats bzw. Gesamtbetriebsrats **108** 70
- Erläuterung des ~ gegenüber dem Wirtschaftsausschuss **108** 27, 34, 57, 61 ff.
- – Adressat der Erläuterungspflicht **108** 71
- – Anfertigung von Notizen **108** 66, 70
- – Hinzuziehung des Abschlussprüfers durch den Unternehmer **108** 26
- – Hinzuziehung von Sachverständigen durch den Wirtschaftsausschuss **108** 33
- – Meinungsverschiedenheiten über den Umfang der Erläuterung **109** 12
- – Teilnahme des Betriebsrats bzw. Gesamtbetriebsrats **108** 53, 57, 58, 68 ff.
- – Teilnahme des Konzernbetriebsrats **108** 68
- – Verletzung der Erläuterungspflicht **108** 72
- – Zeitpunkt **108** 67
- – Zweck **108** 57, 67
- Gegenstand der Erläuterung des ~ **108** 64 ff.
- – Bilanz **vor 106** 2; **108** 59
- – Gewinn- und Verlustrechnung **vor 106** 2; **108** 59
- – Konzernabschluss **108** 61, 68
- – Lagebericht **108** 57, 60
- – Steuerbilanz **108** 64
- – Wirtschaftsprüfungsbericht **108** 57, 63
- – Kleinunternehmen **106** 45, 46
- – Verletzung der Unterrichtungspflicht **121** 8 ff.
- – Vorlage gegenüber dem Wirtschaftsausschuss **106** 133; **108** 71

Jahresbericht des Arbeitgebers 42 3, 4, 7, 12, 27, 32, 57; **43** 1, 4, 8 ff., 27 f.; **45** 12, 18 f.
- Abgrenzung zum Bericht des Unternehmers über die wirtschaftliche Lage und Entwicklung des Unternehmens **43** 19; **45** 12; **110** 2, 31
- Abteilungsversammlung **43** 8, 23
- Betriebsversammlung **43** 8
- – außerordentliche **43** 47
- – zusätzliche **43** 40
- – gemeinsamer Betrieb mehrerer Unternehmen **43** 8
- Inhalt **43** 8 ff.
- – Gefährdung von Betriebs- und Geschäftsgeheimnissen **43** 18
- – Gleichstellung von Frauen und Männern **42** 4; **43** 1, 14; **45** 18
- – Integration ausländischer Arbeitnehmer **42** 4; **43** 1, 15; **45** 19
- – Personalwesen des Betriebs **43** 8 ff., 19
- – Sozialwesen des Betriebs **43** 8, 11 f., 19
- – Umweltschutz, betrieblicher **42** 4; **43** 1, 8, 17
- – wirtschaftliche Lage und Entwicklung des Betriebs **42** 57; **43** 8, 16, 19
- – mündlich **43** 8, 19, *s. auch Unterrichtungspflicht des Unternehmers gegenüber den Arbeitnehmern*
- Verweigerung des Arbeitgebers **43** 8

Jahressondervergütungen 87 852

Job-AQTIV-Gesetz 96 7

Job-Sharing 37 85, 93 ff., 177; **87** 319, 329 f., 424; **90** 17

Job-Splitting 87 328

Jugend- und Auszubildendenversammlung vor 60 5, 7, 11, 37; **11** 2; **42** 3; **60** 44; **63** 11 f.; **70** 31; **71** 1 ff.
- Abteilungsversammlung **71** 17 ff., 24
- Akzessorietät von Betriebsversammlung und ~ **71** 16, 18 f., 20 ff.
- Anträge der Jugend- und Auszubildendenvertretung **71** 4, 50 f.
- Arbeitsbefreiung der Funktionsträger **37** 31
- Berufsschulpflicht **71** 9, 35
- Durchführung der ~ **71** 43 ff., 59
- – Hausrecht **71** 44
- – Leitung der ~ **71** 43 f.
- – Nichtöffentlichkeit **71** 45
- Einberufung der ~ **60** 45; **71** 2, 5, 13, 20 ff., 59; **73** 47; **73b** 4
- – Akzessorietät von Betriebsversammlung und ~ **71** 16, 18 f., 20 ff., 26, 33
- – Antragsrecht der Arbeitnehmer **71** 26
- – Antragsrecht der Gewerkschaft **71** 26
- – Antragsrecht des Arbeitgebers **71** 26
- – Antragsrecht des Betriebsrats **71** 26
- – Beschluss der Jugend- und Auszubildendenvertretung **71** 27
- – Zustimmung des Betriebsrats **71** 28 ff., 57
- – Häufigkeit der ~ **71** 33
- Hilfsorgan der Jugend- und Auszubildendenvertretung **71** 4, 8, 13
- Kosten der ~ **71** 55
- Ort der ~ **71** 31
- Rechtsstellung der Jugendlichen und Auszubildenden
- – Entgeltfortzahlungsanspruch **71** 52, 58
- – Freistellungsanspruch **71** 52, 58
- – Kostenerstattungsanspruch **71** 52, 58
- – Stimmrecht **71** 49, 56
- Stellungnahmen der Jugend- und Auszubildendenvertretung **71** 4, 50 f.
- Streitigkeiten **71** 59 f.
- Tagesordnung **71** 31, 41 f.
- Teilnahmeberechtigte **71** 8 ff., 56 f., 59
- – Arbeitgeber **71** 14, 41, 55
- – Auszubildende **71** 8
- – Betriebsratsvorsitzender **71** 14, 55

Sachverzeichnis

– – Betriebszugehörigkeit **71** 10
– – Gewerkschaftsvertreter **2** 61; **71** 14, 42, 55
– – Jugend- und Auszubildendenvertretung **71** 13
– – jugendliche Arbeitnehmer **71** 8
– – Leiharbeitnehmer **71** 11 f.
– – Vertreter einer Arbeitgebervereinigung **71** 14
– Teilversammlung **71** 15 f., 23
– Thematik der ~ **71** 46 ff.
– Zeitpunkt der ~ **vor 60** 37; **71** 31, 34 ff.
– – abweichende Vereinbarungen **71** 38 ff.
– – am selben Tag wie Betriebsversammlung **71** 34 ff.
– – Regelung durch Kollektivvertrag **vor 60** 37
– – während der Arbeitszeit **71** 35, 36, 40
– – Zustimmung des Betriebsrats **71** 31
– Zweck der ~ **71** 3, 8, 13, 35
Jugend- und Auszubildendenvertreter 65 3 f., 31 ff.
– Amtsenthebung **23** 6; **65** 3 f., 6 ff., 22, 61, 70; **67** 6; **72** 24
– – Antragsberechtigte **65** 7 ff.
– – Rechtsverfolgungskosten **65** 61
– – Voraussetzungen **65** 6
– Arbeitsbefreiung **30** 14, 15; **37** 2; **39** 28, 40 f.; **65** 31, 33 ff., 67, 86; **69** 21; **71** 54
– Arbeitsentgeltschutz **30** 14, 15, 18; **37** 2; **65** 41
– Begünstigungsverbot **78** 11; **119** 43 ff.
– Behinderungsverbot **60** 60; **65** 34; **78** 11; **119** 32 ff.
– Benachteiligungsverbot **60** 60; **78** 11; **119** 43 ff.
– ehrenamtliche Tätigkeit **65** 32
– Erlöschen der Mitgliedschaft in der Jugend- und Auszubildendenvertretung **24** 3; **64** 17; **65** 3 f., 17 ff.
– – Aberkennung der Wählbarkeit durch Urteil **64** 21
– – Absinken der Arbeitnehmerzahl **62** 20; **64** 15
– – Amtsenthebung **23** 6; **65** 3 f., 6 ff., 22, 61, 70; **67** 6
– – Auflösung der Jugend- und Auszubildendenvertretung **65** 22
– – Beendigung des Arbeitsverhältnisses **65** 18
– – Ersatzmitgliedschaft im Betriebsrat **61** 38 ff.
– – Spaltung des Betriebs **64** 26 f.
– – Überschreitung der Altersgrenze **61** 26; **64** 3, 28 ff.; **65** 19; **71** 13
– – Verlust der Wählbarkeit **65** 19
– – Wahl in den Betriebsrat **61** 37; **65** 21
– – Wegfall der Betriebszugehörigkeit **61** 33
– – Wehr- oder Zivildienst **64** 20
– Freistellung **38** 3; **65** 31, 35 f., 86
– Freizeitausgleich **37** 2; **65** 38 ff.
– Geheimhaltungspflicht **30** 25; **60** 60; **67** 50; **70** 64 f., 69; **79** 49, 66; **120** 32, 47
– gewerkschaftliche Betätigung **74** 147, *s. auch dort*
– Kündigungsschutz **60** 60; **103** 2, 6, 16 f., 26, 37
– Tätigkeitsschutz **37** 2; **65** 41
– Teilnahme an Schulungs- und Bildungsveranstaltungen **vor 60** 5; **37** 2, 162, 245; **65** 3 f., 42 ff., 86 ff.
– – Beschluss der Jugend- und Auszubildendenvertretung **65** 44 f.
– – Betriebsratsbeschluss **65** 43 ff.
– – Erforderlichkeit **65** 49 ff.; **70** 61
– – Kostentragungspflicht des Arbeitgebers **65** 58, 88

– Verbot der Doppelmitgliedschaft in Betriebsrat und Jugend- und Auszubildendenvertretung **61** 4, 35 ff.; **64** 6
– Weiterbeschäftigung auszubildender Funktionsträger **60** 60; **78a** 29, 35, 53, 64, 97, 209
Jugend- und Auszubildendenvertretung E 111; **3** 61; **11** 2; **vor 60** 1 ff.; **60** 1 ff.; **61** 1 ff.; **62** 1 ff.; **63** 1 ff.; **64** 1 ff.; **65** 1 ff.; **66** 1 ff.; **67** 1 ff.; **68** 1 ff.; **69** 1 ff.; **70** 1 ff.
– allgemeine Aufgaben der ~, *s. dort*
– Amtszeit der ~ **21** 4; **60** 42 ff.; **64** 2, 17 ff.
– – Absinken der Mindestbeschäftigtenzahl **60** 41
– – arbeitsgerichtliche Auflösung **64** 24
– – Beginn **63** 63; **64** 2, 19
– – betriebsratsloser Zustand **60** 42 ff.
– – Dauer **64** 2, 7, 18
– – Ende **64** 20; **125** 3
– – Rücktritt der ~ **64** 21 ff.
– – Spaltung von Betrieben **64** 26 f.
– – Wegfall der Errichtungsvoraussetzungen **60** 41 ff.; **64** 25
– Anforderung von Stellungnahmen der ~ durch den Betriebsrat **80** 50
– Antragsrecht auf Aufnahme eines Beratungsgegenstands in die Tagesordnung der nächsten Betriebsratssitzung **67** 3, 21 f., 29, 45, 53 ff., 71; **70** 22, 42, 52; **80** 2, 40 ff.
– – Abberufung von Ausbildern **60** 51
– – Amtsenthebung eines Mitglieds der ~ **65** 8
– – arbeitsgerichtliche Kontrolle von Einigungsstellensprüchen **60** 51
– – Auflösung des Betriebsrats **65** 15 f.
– – Ausschluss von Betriebsratsmitgliedern **60** 50; **65** 15 f.
– – Behandlung durch den Betriebsratsvorsitzenden **67** 60 ff.
– – Beschluss der ~ **67** 58, 61
– – Bestellung eines Wahlvorstands für die Wahl zur ~ **63** 12, 16
– – Einberufung der Betriebsratssitzung **67** 53, 55
– – Einberufung der Gesamt-Jugend- und Auszubildendenvertretungssitzung **73** 23
– – Entfernung betriebsstörender Arbeitnehmer **60** 51
– – Gegenstand des Antragsrechts **67** 24 ff., 56, 61
– – Vorberatungspflicht **67** 57, 61
– – Zeitpunkt **67** 59
– – Zwangsverfahren gegen den Arbeitgeber **23** 6, 254; **60** 50; **65** 14
– – Zweck **67** 54
– Arbeitsgruppe i. S. des § 28a **28a** 6
– Arbeitskampfverbot **60** 56; **74** 39
– Auflösung der ~ **23** 6; **65** 3 f., 11 ff., 22
– – Antragsberechtigte **65** 11
– – Neuwahl **65** 12 f.
– – Aussetzung von Beschlüssen der ~ **35** 4; **66** 12
– – Aussetzung von Beschlüssen des Betriebsrats **35** 1 f., 4, 6, 9, 10 ff., 18, 27, 31; **66** 1 ff.; **67** 35, 70, *s. dort*
– – Behandlung der Betriebsangehörigen durch ~ **60** 56; **75** 6, 10
– – Behandlung von Anregungen der ~ durch den Betriebsrat **80** 2, 40, 42

- Beschlussfassung der ~ **33** 2; **65** 3 f., 8, 30, 67, 83 f.; **66** 6; **67** 6, 16 ff., 58; **69** 8, 18; **70** 18; **71** 27; **72** 13, 21 f., 25 f.; **73** 4, 14
- – Abstimmung in eigenen Angelegenheiten **65** 8
- – Beschlussfähigkeit **65** 83
- – Umlaufverfahren **65** 84
- – Wirksamkeitsvoraussetzungen **65** 84
- – Beteiligung der ~ in gemeinsamen Ausschüssen **28** 43, 46
- – Betriebsvereinbarungen mit ~ **60** 50; **77** 44
- – Bildung eines Betriebsausschusses der ~ **27** 5
- – Bildung von Ausschüssen der ~ **27** 6; **65** 2, 3 f., **28** f.
- – Dispositivität in Kollektivvereinbarungen **vor 60** 34 ff., 38 ff.; **60** 10, 16; **61** 1; **62** 8; **63** 5; **64** 5; **67** 4; **68** 1, 16; **69** 2
- – Erlöschen der Mitgliedschaft in ~, s. unter *Jugend-und Auszubildendenvertreter*
- – Errichtung der ~ **vor 60** 10 f.; **60** 1 ff., 38 ff., 43 ff.
- – – Absinken der Mindestbeschäftigtenzahl **60** 41
- – – abweichende betriebsverfassungsrechtliche Organisationseinheiten aufgrund Kollektivvereinbarung **vor 60** 38 ff.; **60** 10
- – – Bestehen eines Betriebsrats **60** 37 ff.
- – – Betriebsbegriff **60** 7 ff.
- – – betriebsratslose Betriebe **vor 60** 10 f., 12; **60** 37 ff., 42 ff.
- – – Betriebsteil **60** 8 ff.
- – – inländischer Betrieb eines ausländischen Unternehmens **vor 60** 31; **60** 12
- – – Luftfahrtunternehmen **vor 60** 31 f., 41 f.
- – – Nebenbetrieb **60** 8 ff.
- – – Pflicht zur Errichtung **60** 4, 6, 15
- – – Schwellenwertermittlung **60** 15 ff.
- – – Seeschifffahrtsunternehmen **vor 60** 22, 31 f.; **60** 19; **114** 1, 25; **115** 8, 37; **116** 22
- – – Streitigkeiten **60** 63 ff.
- – – überbetriebliche Ausbildungseinrichtung **5** 58 ff.; **60** 13, 32 f.; **61** 16
- – – Wegfall der Errichtungsvoraussetzungen **60** 41 ff.
- – Ersatzmitglieder **25** 2; **64** 29; **65** 3 f., 8, 23 f., 56; **67** 13, 33; **68** 15
- – Friedenspflicht **60** 56
- – Führung der laufenden Geschäfte **65** 3 f., 27, 28
- – Funktion der ~ **vor 60** 2, 5, 10, 18 f., 26 ff., 35; **60** 4, 44 f., 47 ff.; **67** 1 ff.; **68** 3; **70** 6
- – Gebot der vertrauensvollen Zusammenarbeit **60** 56
- – Genese **vor 60** 1 ff.
- – Gesamt-Jugend- und Auszubildendenvertretung, *s. dort*
- – Geschäftsführung der ~ **vor 60** 35; **65** 1 ff.
- – Geschäftsordnung **36** 2; **65** 3 f., 30
- – Hilfsorgan für den Betriebsrat **vor 60** 2, 18, 26 ff., 35; **60** 4, 39, 44 f., 50, 55; **62** 3; **68** 3; **70** 6
- – konstituierende Sitzung **65** 3 f., 25, 69
- – Kosten der ~, *s. dort*
- – Mitgliederzahl **E** 56 f.; **vor 60** 7, 11, 12; **62** 1 ff., 7 ff., 32, 34 f.; **64** 15
- – – Feststellung der Arbeitnehmerzahl **62** 9 ff., 21 f., 34 f.
- – – nicht ausreichende Kandidatenzahl **62** 15 ff., 32
- – – Veränderung der Arbeitnehmerzahl **62** 19 ff.; **64** 15
- – Pflichtverletzungen der ~ **65** 3 f., 5 ff., 67, 70; **67** 6; **72** 14
- – privatautonom gebildete ~ **vor 60** 32 f.
- – Rechtsfähigkeit der ~ **60** 50
- – Rechtsstellung der Mitglieder der ~, *s. unter Jugend- und Auszubildendenvertreter*
- – Regelungsabreden mit der ~ **60** 50
- – Restmandat **21b** 4; **60** 41; **62** 20
- – Schulungs- und Bildungsveranstaltung zum Thema ~ **37** 185, 197; **65** 51 ff.
- – Schwellenwertermittlung für die Errichtung der ~ **60** 15 ff.
- – – aktiv Wahlberechtigte **60** 17 f.
- – – Anlernlinge **60** 27
- – – Auszubildende **60** 15, 25 ff.
- – – im Ausland tätige Arbeitnehmer **60** 20
- – – jugendliche Arbeitnehmer **60** 15, 22 ff.
- – – Praktikanten **60** 29 f.
- – – regelmäßig beschäftigte Arbeitnehmer **60** 36
- – – ständig beschäftigte Arbeitnehmer **60** 21
- – – Umschüler **60** 27
- – – Volontäre **60** 27
- – – Werkstudenten **60** 31
- – Sitzungen der ~, *s. dort*
- – soziale Angelegenheiten **87** 2
- – Sprechstunden der ~, *s. dort*
- – Stimmrecht in Betriebsratssitzungen **vor 60** 2, 5, 7; **26** 7; **27** 75, 82; **28a** 29; **33** 22 f., 29, 34 f., 57, 59; **35** 11 f., 31; **61** 35; **63** 12, 16; **65** 9, 14, 47; **66** 9, 13; **67** 2, 22, 26, 29, 32, 34, 36 ff., 71; **69** 15, 23; **70** 23, 42; **71** 30
- – – Ausübung des Stimmrechts **67** 46
- – – Auswirkungen auf den Beschluss des Betriebsrats **67** 47 ff.
- – – Bestellung des Wahlvorstands für die Wahl zur ~ **63** 12, 16
- – – Genese **67** 37
- – – Ladung **67** 43 f.
- – – Teilnahme von Mitgliedern der ~ an Schulungs- und Bildungsveranstaltungen **65** 47
- – – Übertragung von Aufgaben auf den Betriebsausschuss **27** 75, 82
- – – überwiegende Betroffenheit der Jugendlichen und Auszubildenden **67** 26, 38 ff.
- – – Wahl des Betriebsratsvorsitzenden **26** 7
- – – Zweck **67** 36
- – Strafantragsrecht **60** 61 ff.
- – Streitigkeiten
- – – Verfahren vor dem Arbeitsgericht **60** 64 ff.
- – – Verfahren vor der Einigungsstelle **60** 52 ff.
- – Teilnahmerecht an Betriebsratsausschusssitzungen **27** 58 f., 75; **67** 7 f., 30 ff., 50 ff., 63, 68
- – – allgemeines Teilnahmerecht **67** 7 f.
- – – Antragsrecht **67** 63
- – – besonderes Teilnahmerecht **67** 30 ff.
- – – Stimmrecht **27** 58, 75; **67** 50 ff.
- – – Unterrichtspflicht des Ausschussvorsitzenden gegenüber der ~ **67** 68

Sachverzeichnis

– Teilnahmerecht an Betriebsratssitzungen, allgemeines 29 42, 43, 45; 30 14, 15, 19; 35 11 f., 13, 31; vor 60 2, 3, 7; 61 35; 65 9, 14; 66 9, 13 ff.; 67 2, 5 ff.; 69 23; 80 51; 98 9, 24
– – Auswahl des zu entsendenden Mitglieds 67 14 f.
– – Beratungsrecht vor 60 2, 3; 35 13; 61 35; 67 21
– – Entsendung eines Mitglieds 67 5, 12 f.
– – Entsendungsbeschluss 67 6, 16 ff.
– – Entsendungspflicht 67 6
– – Gegenstand der Betriebsratssitzung 67 10 f.
– – Ladung 67 19 f.
– – Stimmrecht 67 22
– – Zweck 67 5, 7
– Teilnahmerecht an Betriebsratssitzungen, besonderes 29 42, 43, 45; 30 14, 15, 19; 35 11 f., 13, 31; vor 60 2, 3, 7; 61 35; 65 9, 14; 66 9, 13 ff.; 67 2, 23 ff., 64, 70 f.; 69 15; 70 23, 52; 71 30; 80 51; 98 9, 24
– – Auswahl der Teilnehmer an Berufsausbildungsmaßnahmen 67 27
– – Beratungsrecht 35 13; 67 29
– – besondere Betroffenheit der Jugendlichen und Auszubildenden 67 23, 24 ff.
– – Bestellung und Abberufung von Ausbildern 67 27, 41
– – Ladung 67 33 ff., 43 f.
– – Stimmrecht 67 29
– – Teilnahme aller Mitglieder 67 23
– – Umfang der Teilnahme 67 28 ff.
– Teilnahmerecht an gemeinsamen Besprechungen von Arbeitgeber und Betriebsrat 68 1 ff.; 69 15; 70 24, 53; 74 16; 80 51
– – Anwesenheitsrecht 68 17
– – Beiziehungspflicht des Betriebsrats 68 1, 10
– – besondere Betroffenheit der Jugendlichen und Auszubildenden 67 24 ff.; 68 4 f.
– – Besprechungen, Begriff 68 6 ff.
– – Entsendung eines Mitglieds der ~ 68 12 ff.
– – Ladung 68 9
– – Streitigkeiten 68 18
– – Teilnahme aller Mitglieder der ~ 68 11 f.
– – Teilnahmepflicht 68 12
– – Zweck 68 3
– Teilnahmerecht an konstituierender Sitzung des Betriebsrats 29 17, 22
– Teilnahmerecht an Sitzungen gemeinsamer Ausschüsse 67 9, 32, 52
– Teilnahmerecht an Sprechstunden des Betriebsrats 39 6, 22 ff., 40; 69 5, 10
– Teilnahmerecht an Wirtschaftsausschusssitzungen 108 48
– Tendenzbetrieb vor 60 31; 118 180
– Übergangsmandat 21a 9; 60 41; 64 27
– Unterrichtungsanspruch gegenüber dem Arbeitgeber 80 65
– Unterrichtungspflicht des Betriebsrats gegenüber der ~ 34 31; 67 3, 11, 64 ff.; 70 55 ff.
– – Adressat 67 67 f.; 70 56 ff.
– – Gegenstand 67 24 ff., 66, s. auch unter allgemeine Aufgaben der ~; 70 61 f.
– – Verletzung der Unterrichtungspflicht 67 70
– – Zeitpunkt 67 69; 70 60

– – Zweck 67 64; 70 55
– Verbot parteipolitischer Betätigung 60 56; 74 103
– Vorsitzender 26 2; 60 65; 65 3 f., 25 ff., 65, 70; 66 7, 16; 67 16; 71 43 f.
– Wahl der ~, s. dort
– Weiterführung der Geschäfte 22 3
– Zusammenarbeit mit dem Betriebsrat 80 2, 48 ff.
– Zusammenarbeit mit dem Sprecherausschuss 60 57 ff.
– Zusammensetzung der ~ 15 8, 9; vor 60 7, 11, 12, 30; 62 1, 5 f., 17, 23, 24 ff.; 63 6, 43
– – Beschäftigungsarten und Ausbildungsberufe 62 5, 24 ff.; 63 6
– – Geschlecht in der Minderheit 15 8, 9; vor 60 11, 12; 62 6, 17, 23, 27 ff.; 63 6, 43
– – Minderheitenschutz 62 5 f., 27 ff.
– – Zweck der ~ vor 60 18 f.; 60 4
Jugendliche Arbeitnehmer
– aktives Wahlrecht
– – Betriebsrat vor 60 21
– – Jugend- und Auszubildendenvertretung vor 60 9, 35; 60 13, 17 f.; 61 5, 6, 9 ff.
– – Seebetriebe vor 60 22, 31 f.; 114 25; 115 8; 116 5
– Anregungsrecht 70 45 ff.
– Begriff 60 22 ff.
– Berücksichtigung bei der Schwellenwertermittlung
– Beteiligungsrechte bei Betriebsänderung 111 18
– Errichtung der Jugend- und Auszubildendenvertretung 60 15 ff.
– Errichtung des Wirtschaftsausschusses 106 26
– Berufsbildungsmaßnahmen 98 9
– Beschwerderecht 70 46
– Betriebszugehörigkeit 61 15 ff.
– Förderung der Eingliederung in den Betrieb 80 48
– Legaldefinition 60 22 ff.
– passives Wahlrecht
– Jugend- und Auszubildendenvertretung 61 27 ff.
– Repräsentation durch die Jugend- und Auszubildendenvertretung 60 1
– Teilnahme an
– – Betriebsversammlung 42 15; 71 6
– – Jugend- und Auszubildendenversammlung 71 8, 49 ff., 56, 58
– Weiterbeschäftigung auszubildender Funktionsträger 78a 25
Just-in-time 90 18

Kampagnebetrieb 1 101, 105; 8 39, 66; 9 20
Kantine 77 208, 233; 87 705, 717, 721, 728 f., 734, 736, 740, 748, 751, 757, 759, 765, 773, 859
Kapitän
– leitender Angestellter 5 166; 18a 7; 114 28; 115 4 ff.
– Rechtsstellung 115 4 ff., s. auch Seeschifffahrtsunternehmen
KAPOVAZ 7 39; 87 331 ff., 424; 90 17
Kauffahrteischiff 78a 23; vor 114 4; 114 3, 16, 17, 20
Kirche, s. unter Religionsgemeinschaft
Kleinbetriebe 14a 12
– Anwendbarkeit des BetrVG 1 18
– Bildung von Ausschüssen 28 3 f., 11, 27
– vereinfachtes Wahlverfahren, s. dort

Sachverzeichnis

Kleinstbetriebe E 109; **4** 2, 3, 7 ff.; **8** 53; **9** 6; **15** 11; **18** 58 ff., 71; **19** 70; **21a** 26; **38** 12; **50** 58; **58** 39
- als Hauptbetrieb **4** 8
- Begriff **4** 7
- Betriebsabgrenzungsverfahren, *s. dort*
- Wahl des Betriebsrats **3 WO** 20; **24 WO** 2, 12, 18, 19
- Zuordnung zum Hauptbetrieb **4** 7; **8** 53; **9** 6; **14a** 14, 28; **15** 11; **18** 58 ff., 71; **50** 59
- Zusammenfassung von Betrieben, *s. dort*

Koalitionen E 39, 66 ff., 70
- Aufgaben **2** 81 ff.
- Begriff **2** 27, 37 ff.
- Funktionsfähigkeit **77** 86 ff., 103; **87** 47, 52
- Gebot der vertrauensvollen Zusammenarbeit **2** 10, 22 ff., 52
- Koalitionspluralismus **2** 90

Koalitionsfreiheit E 66 ff., 70; **2** 86 ff.; **3** 71 f.; **14** 54, 79, 80, 95 ff.; **20** 9, 25, 47 f.; **40** 65 ff., 71 f., 85 f.; **75** 128

Kollektives Beschwerdeverfahren, *s. unter Beschwerderecht gegenüber dem Betriebsrat*

Konkurs, *s. unter Insolvenz*

Konsensprinzip
- negatives **77** 18
- positives **77** 18

Konstituierende Sitzung des Betriebsrats **21** 14, 19; **29** 6 ff.; **47** 6
- Einberufung **29** 7 ff.
- – durch den Wahlvorstand **29** 7, 12, 15
- – Einberufungsfrist **29** 7 ff., 12
- – Selbstzusammentritt des Betriebsrats **29** 13 f.; **1 WO** 4; **18 WO** 5
- Frist **29** 8 f.
- Gegenstand der ~ **29** 6, 22
- – Bestellung des Wahlleiters **29** 14, 15, 16, 18 f.
- – Bildung des Betriebsausschusses **27** 13, 17; **29** 6, 9, 12, 21
- – Wahl der freizustellenden Betriebsratsmitglieder **38** 60
- – Wahl des Betriebsratsvorsitzenden **26** 9, 17; **29** 6, 9, 12, 14, 20 f.
- – Wahl des stellvertretenden Betriebsratsvorsitzenden **26** 5, 11, 13; **29** 6, 9, 12, 14, 20 f.
- – weitere Gegenstände **29** 9, 22
- – Ladung der gewählten Arbeitnehmer **29** 10, 14 f.; **17 WO** 6
- Leitung der ~ **29** 14, 15, 17, 18 ff.
- Sitzungsniederschrift **26** 14; **29** 22; **34** 6
- Teilnahmerecht
- – Arbeitgeber **29** 17
- – Gewerkschaftsvertreter **29** 17
- – Jugend- und Auszubildendenvertreter **29** 17, 22
- – Schwerbehindertenvertretung **29** 17, 22
- – Sprecherausschuss **29** 17
- – Vertrauensmann der Zivildienstleistenden **29** 17
- – Wahlvorstandsvorsitzender **29** 16, 18 f.
- Vertretung des Betriebsrats vor der ~ **26** 6; **17 WO** 6; **18 WO** 5

Kontinuität der Arbeitnehmervertretung **3** 50; **16** 10; **21** 1; **22** 1; **24** 16, 46, 56; **25** 7, 53
- Kündigung von Funktionsträgern **103** 1, 24, 30, 34
- Übergangsmandat **21a** 3, 7, 15 f., 33, 70, 76; **77** 424 ff., 433, 438, 442, *s. dort*
- Versetzung von Funktionsträgern **103** 3, 38, 39, 49, 52, 60
- Weiterbeschäftigung auszubildender Funktionsträger **78a** 1, 111, 147, 172 f., 208 f.

Kontrolleinrichtungen, *s. unter technische Überwachungseinrichtungen*

Konzern **54** 4, 8 f., 13 ff.
- abhängige Unternehmen **47** 27; **54** 15, 17 ff., 23, 25, 31 f., 41
- Arbeitgeber im ~ **54** 25 ff.; **55** 30, 31; **56** 7; **58** 9 ff., 20, 48 f., 53; **59** 25, 36
- Arbeitnehmerüberlassung **7** 72, 98
- Auslandsbezug des ~ **54** 44 ff.
- Ausschuss für wirtschaftliche Angelegenheiten **106** 29 f., *s. auch Konzernwirtschaftsausschuss*
- Begriff **47** 27; **54** 13 ff.; **73a** 7 f.; **106** 26
- Beherrschungsvertrag **54** 18, 19, 29 f.; **106** 104; **112, 112a** 449
- Betriebsarzt **87** 684
- Betriebszugehörigkeit **8** 3, 26, 43 ff., 65
- Eingliederung **54** 18, 19, 29 f.
- einheitliche Leitung **54** 4, 14 f., 18, 28 ff., 35, 37 f., 42, 46, 63, 65
- Errichtung von Sozialeinrichtungen **88** 23 ff.
- faktischer Konzern **54** 29, 31 f., 38; **58** 15, 53; **112, 112a** 452
- Gemeinschaftsunternehmen, *s. dort*
- Gesamtbetriebsrat **47** 27
- Gewinnabführungsvertrag **112, 112a** 449
- Gleichordnungskonzern **3** 15, 21; **8** 44; **18a** 58; **54** 8; **112, 112a** 449
- Haftungsdurchgriff **112, 112a** 452 f.; **113** 82
- herrschendes Unternehmen **54** 15, 23, 24, 26 f.
- Konzern im Konzern **54** 22, 32, 34 ff., 46, 50, 65; **58** 20
- Konzernabschluss **54** 32, 38; **58** 31; **108** 66, 72
- Konzernbeträteversammlung **53** 5
- Konzerntatbestand **54** 8 f., 13 ff.
- Konzernvermutung **54** 18, 27, 30, 31 f., 42
- Konzernvertretung für Flugbetrieb in Luftfahrtunternehmen **117** 12, 14
- Konzernwirtschaftsausschuss, *s. dort*
- Nachteilsausgleich **113** 10, 82
- Personalakten **83** 13
- Personalplanung im ~ **92** 32
- qualifiziert faktischer Konzern **54** 27; **112, 112a** 449
- Sozialeinrichtung **87** 704, 727 f., 730 f., 733
- Sozialplan im ~, *s. unter Sozialplan*
- Spartenbetriebsrat, *s. dort*
- Teilrechtsfähigkeit des ~, betriebsverfassungsrechtliche **55** 30, 31; **56** 7; **57** 4, 20, 49, 53; **59** 25, 36
- Tendenzschutz **118** 56 ff., 146
- – abhängiges Unternehmen **118** 57
- – herrschendes Unternehmen **118** 58
- Übermittlung personenbezogener Daten **83** 50 f., 66
- Unternehmensbegriff **54** 23 ff.
- Unternehmenszugehörigkeit der Arbeitnehmer **107** 10, 36; **108** 28

Sachverzeichnis

- Unternehmerbegriff im ~ **vor 106** 11
- Unterordnungskonzern **3** 15; **8** 43 ff.; **18a** 58; **54** 8 f., 13 ff.; **73a** 7 f.
- Vermittler im Zuordnungsverfahren für leitende Angestellte **18a** 56, 58, 74
- Versetzung m ~ **8** 48
- Vertragskonzern **54** 18, 19, 29 f., 38; **58** 15, 53
- Weiterbeschäftigungsmöglichkeit in anderem Konzernunternehmen **112, 112a** 169
- wirtschaftliche Angelegenheiten **106** 54, 62, 104, 108; **107** 10, 36; **108** 28, 66; **111** 13, 253; **112, 112a** 65, 69, 184 f.

Konzern im Konzern
- Errichtung von Konzernbetriebsräten **54** 22, 32, 34 ff., 46, 50, 65; **58** 20
- Verhältnis des Gesamtkonzernbetriebsrats zu dem Konzernbetriebsrat des Unterkonzerns **54** 39; **58** 20

Konzern-Jugend- und Auszubildendenvertretung E 55 f., 111; **vor 47** 8; **11** 2; **14** 6; **54** 5; **55** 4; **56** 1; **57** 1; **59** 1; **73a** 1 ff.; **73b** 1 ff.
- Abberufung eines Mitglieds der ~ **vor 60** 11 f., 31, 37; **73a** 20, 26, 35; **73b** 5, 15
- Amtszeit der ~ **73a** 19 f.
- Antragsrecht der ~
- – Aufnahme eines Beratungsgegenstands in die Tagesordnung der nächsten Konzernbetriebsratssitzung **59** 28; **63** 11, 40; **73b** 50 f., 54
- – Aussetzung von Beschlüssen des Konzernbetriebsrats **35** 4; **59** 33; **73b** 57
- – Zwangsverfahren gegen den Arbeitgeber **23** 7
- Arbeitsgruppe i. S. des § 28a **28a** 6
- Aufgaben der ~ **73b** 43 ff.
- Auflösung der ~ **73a** 18, 19 f., 26; **73b** 6
- – arbeitsgerichtliche Auflösung **73a** 20, 26
- – Auflösungsbeschluss der Gesamt- bzw. Jugend- und Auszubildendenvertretungen **73a** 18, 19; **73b** 6
- – Selbstauflösungsbeschluss **73a** 19
- – Wegfall der Errichtungsvoraussetzungen **73a** 19; **73b** 6
- Aussetzung von Beschlüssen der ~ **35** 4
- Behandlung der Betriebsangehörigen durch ~ **75** 6, 10
- Beschlussfassung der ~ **33** 2; **73a** 21, 32, 34 ff., 38
- Bildung eines Betriebsausschusses **27** 5
- Bildung von Ausschüssen **27** 6; **73b** 19 ff.
- Dispositivität in Kollektivvereinbarungen **73a** 6, 21, 28 ff.; **73b** 2, 58
- Entsendung der Mitglieder **73a** 13, 18, 21 ff., 35; **73b** 4, 16
- – einköpfige Jugend- und Auszubildendenvertretung **73a** 25
- – Entsendung von Ersatzmitgliedern **73a** 23 f.
- – Entsendungsbeschluss **73a** 23; **73b** 4
- – Entsendungspflicht **73a** 22
- – Zustimmung der Betroffenen **73b** 4
- Erlöschen der Mitgliedschaft in ~ **24** 4; **49** 3; **73a** 19 f.; **73b** 5 f.
- – Abberufung **73a** 20; **73b** 5, 15
- – Amtsenthebung **23** 7

- – Amtsniederlegung **73a** 19; **73b** 5, 8 ff.
- – Ausscheiden eines Unternehmens aus dem Konzernverbund **73b** 6
- – Ausschluss aus der ~ **73a** 20; **73b** 5, 12 ff.
- – Erlöschen der Mitgliedschaft in der Gesamt- bzw. Jugend- und Auszubildendenvertretung **73a** 20; **73b** 6, 7, 9 f., 12
- Errichtung der ~ **vor 60** 12; **73a** 7 ff.
- – Bestehen eines Konzernbetriebsrats **73a** 7, 16 f.
- – Bestehen mehrerer Gesamt- bzw. Jugend- und Auszubildendenvertretungen **73a** 9 ff.
- – Errichtungsbeschlüsse **73a** 12 ff., 18
- – Pflicht zur Errichtung **73a** 12
- – Unterordnungskonzern **73a** 7 f.
- Ersatzmitglieder **25** 3; **73a** 24, 35; **73b** 16
- – Bestellung **73a** 24, 35
- – Nachrücken **73b** 16
- fakultative Kollektivvereinbarungen über die Mitgliederzahl **vor 60** 37; **73a** 21, 28 ff.
- – Erhöhung der Mitgliederzahl **73a** 28
- – Konkurrenz zwischen Tarifvertrag und Konzernbetriebsvereinbarung **73a** 32
- – Konzernbetriebsvereinbarung **73a** 28, 30 ff.
- – Tarifvertrag **73a** 28, 29, 32
- – Verringerung der Mitgliederzahl **73a** 28
- Genese **73a** 1 f.
- Geschäftsführung der ~ **73b** 3, 17 ff.
- Geschäftsordnung **36** 2; **73b** 38
- gesetzliche Mitgliederzahl **73a** 27
- Hilfsorgan für den Konzernbetriebsrat **73a** 3, 7, 17; **73b** 3, 50
- Kompetenzen der ~ **73b** 48 f.
- konstituierende Sitzung **73a** 18; **73b** 17
- Kosten der ~ **40** 2; **41** 2; **73b** 40
- obligatorische Kollektivvereinbarungen über die Mitgliederzahl **vor 60** 37; **73a** 21, 28, 33 ff.
- – Einigungsstellenspruch **73a** 33, 36
- – Konkurrenz zwischen Tarifvertrag und Konzernbetriebsvereinbarung **73a** 34
- – Konzernbetriebsvereinbarung **73a** 33 ff.
- – Tarifvertrag **73a** 34
- – Verringerung der Mitgliederzahl **33** 36
- Rechtsstellung der Mitglieder der ~ **73b** 39 ff., 58
- – Arbeitsbefreiung **37** 2; **73b** 39 f., 58
- – Arbeitsentgeltschutz **37** 2
- – Begünstigungs- und Benachteiligungsverbot **78** 4, 14
- – Behinderungsverbot **78** 4, 14
- – Freistellung **38** 3; **73b** 40, 58
- – Freizeitausgleich **37** 2
- – Kündigungsschutz **73b** 59
- – Tätigkeitsschutz **37** 2
- – Teilnahme an Schulungs- und Bildungsveranstaltungen **37** 2, 162; **73b** 41, 58
- Sitzungen der ~ **29** 2; **30** 1; **73b** 22 ff.
- – Antrag auf Einberufung **73b** 24 f.
- – Arbeitsbefreiung der Mitglieder **37** 31, 51 f.
- – Einberufung **73b** 23 f.
- – Ladung **73b** 23
- – Nichtöffentlichkeit **73b** 33
- – Sitzungsniederschrift **34** 2; **73b** 37

Sachverzeichnis

– – Teilnahme der Konzernschwerbehindertenvertretung **32** 2; **59a** 16; **73b** 23
– – Teilnahme des Arbeitgebers **73b** 29, 36
– – Teilnahme des Gewerkschaftsvertreters **2** 60; **31** 2; **73b** 30 ff., 36
– – Teilnahme des Konzernbetriebsratsvorsitzenden **73b** 28, 36
– – Unterrichtung des Konzernbetriebsrats **73b** 26
– – Zeitpunkt **73b** 27
– Sprechstunden der ~ **39** 3; **73b** 48
– Stimmgewicht **73a** 37 f.; **73b** 24, 34
– Stimmrecht in Konzernbetriebsratssitzungen **59** 32; **73a** 30; **73b** 50 f., 52 f.
– Streitigkeiten **73a** 39; **73b** 60 f.
– Teilnahmerecht an
– – Betriebsräteversammlung **53** 42
– – gemeinsame Beratungen von Arbeitgeber und Konzernbetriebsrat **73a** 30; **73b** 56
– – Konzernbetriebsratsausschusssitzungen **73b** 55
– – Konzernbetriebsratssitzungen, allgemeines **59** 28; **73b** 44, 50 f.
– – Konzernbetriebsratssitzungen, besonderes **59** 28, 32; **73a** 30; **73b** 50 f.
– Verhältnis zur Gesamt-Jugend- und Auszubildendenvertretung **73a** 4; **73b** 46
– Vorsitzender **26** 2; **73a** 18; **73b** 17 f.
– Zusammensetzung **15** 8
– Zuständigkeit der ~ **73a** 5; **73b** 3, 43 ff.
– – kraft Auftrags **73a** 5; **73b** 45 ff.
– – originäre **73a** 5; **73b** 44, 46 f.
– Zweck **73a** 2, 17
Konzernbetriebsausschuss **27** 5; **33** 2; **36** 3; **59** 3, 17, 18 ff., 24, 31; **59a** 1, 16; **73b** 55
– Beschlussfassung **59** 24, 34
– Übertragung von Aufgaben zur selbständigen Erledigung **59** 18, 31
– Wahl der weiteren Ausschussmitglieder **59** 18 ff.
– Zusammensetzung **59** 18, 24
Konzernbetriebsrat E 41, 109; **vor 47** 7; **11** 2; **14** 6; **54** 1 ff.; **55** 1 ff.; **56** 1 ff.; **57** 1 ff.; **58** 1 ff.; **59** 1 ff.
– Abberufung von Mitgliedern des ~ **55** 14; **56** 3, 9; **57** 3, 12, 14
– Abschluss von Konzernbetriebsvereinbarungen **58** 6, 9 ff., 22, 49, 50 ff.
– Abschluss von Regelungsabreden **58** 22, 49, 50
– Amtszeit **54** 60; **57** 3, 5; **59** 13
– Arbeitsgruppe i. S. des § 28a **28a** 6
– Auflösung des ~ **54** 62 ff.; **56** 1; **57** 3, 5 f.
– – arbeitsgerichtliche Entscheidung **54** 62; **56** 1; **57** 6
– – Ausscheiden von Unternehmen aus dem Konzernverbund **54** 64; **57** 4 f.
– – Beschlüsse der Gesamt- bzw. Einzelbetriebsräte **54** 63 f.; **57** 5
– – Eintritt von Unternehmen in den Konzernverbund **54** 64; **57** 5
– – Mehrheitserfordernis **54** 63; **57** 5
– – Streitigkeiten **54** 70
– – Wegfall der Errichtungsvoraussetzungen **54** 64 f.
– Ausschüsse des ~ **27** 6; **33** 2; **36** 3; **59** 1, 3, 22 f., 31; **73b** 55
– – Beschlussfassung **59** 24, 34

– – gemeinsamer Ausschuss **59** 23
– – Konzernwirtschaftsausschuss, *s. dort*
– – Übertragung von Aufgaben zur selbständigen Erledigung **59** 22, 23, 31
– – Übertragung von Aufgaben zur Vorbereitung **59** 22
– – Zusammensetzung **59** 22
– Aussetzung von Beschlüssen des ~ **35** 4; **59** 33; **59a** 15; **73b** 57
– Behandlung der Betriebsangehörigen durch ~ **75** 6, 10
– Beschlüsse des ~ **33** 2; **59** 24, 29 ff.
– – Beschlussfähigkeit **59** 29, 30, 32
– – Mehrheitserfordernis **59** 29, 31, 32
– – Stimmengleichheit **59** 31
– – Stimmgewicht **55** 1, 3, 9, 20 ff., 36 ff., 43; **59** 24
– – Stimmrecht der Konzern-Jugend- und Auszubildendenvertretung **59** 32; **73a** 30; **73b** 50 f., 52 f.
– – Umlaufverfahren **59** 30
– Dauereinrichtung **21** 3; **22** 2; **23** 4; **54** 60 f., 64; **57** 5; **59** 13
– Dispositivität in Kollektivvereinbarungen **54** 6; **55** 3, 24 ff.; **56** 2; **57** 2; **58** 4; **59** 4
– Entsendung von Mitgliedern in den ~ **13** 7; **54** 10, 58, 60; **55** 1 f., 6 ff., 26, 43 f.; **59** 5
– – Anzahl der zu entsenden Mitglieder **55** 2, 9
– – Beschluss des Gesamt- bzw. Einzelbetriebsrats **55** 11 f.
– – Entsendungspflicht **54** 10, 58; **55** 6 f., 26; **59** 5
– – Unwirksamkeit der Entsendung **55** 44
– – Zustimmung des Betroffenen **55** 13
– Erlöschen der Mitgliedschaft im ~, *s. unter Konzernbetriebsratsmitglied*
– Errichtung des ~ **51** 83; **54** 1 f., 6, 8 ff., 49 ff.; **55** 7, 44
– – Beschlüsse der Gesamt- bzw. Einzelbetriebsräte **54** 9, 50 ff., 57, 61, 64; **55** 7
– – Bestehen mehrerer Gesamt- bzw. Einzelbetriebsräte **54** 26 f., 50
– – Franchise-Systeme **54** 21
– – Gemeinschaftsunternehmen **54** 40 ff.
– – Initiative **54** 51
– – Konzern im Konzern **54** 22, 32, 34 ff., 46, 50, 65; **58** 20
– – Konzern mit Auslandsbezug **54** 44 ff.
– – Konzernunternehmen mit nur einem Betriebsrat **54** 50, 66 ff.
– – Mehrheitserfordernis **54** 2, 9, 49, 53 ff.
– – Pflicht zur Errichtung **54** 1 f., 9, 49, 63
– – Schulungs- und Bildungsveranstaltung zum Thema ~ **37** 185, 220
– – Streitigkeiten **54** 70; **55** 44
– – Unterordnungskonzern **54** 8 f., 13 ff., *s. auch unter Konzern*
– Ersatzmitglieder **25** 3; **55** 1, 14, 15 ff.; **56** 4, 14; **57** 9, 14
– – Ausschluss aus dem ~ **56** 4
– – Bestellung **55** 1, 15 f., 19
– – Nachrücken **55** 14, 17, 19; **56** 14; **57** 9, 14
– fakultative Kollektivvereinbarung über die Mitgliederzahl des ~ **55** 1, 3, 10, 24 ff., 43
– – Erhöhung der Mitgliederzahl **55** 25 f.

2387

Sachverzeichnis

- – Konzernbetriebsvereinbarung **55** 29, 31
- – Tarifvertrag **55** 27 ff.
- – Verringerung der Mitgliederzahl **55** 25 f., 33 f.
- – Zweck **55** 24
- Führung der laufenden Geschäfte **59** 17, 18
- Geschäftsführung **59** 1 ff.
- Geschäftsordnung **36** 2; **59** 4, 31
- konstituierende Sitzung **54** 10 f., 57 ff., 60; **59** 1, 5 ff., 14
- – Einberufung **54** 59; **59** 6 ff.
- – Ladung **59** 11
- – Leitung **59** 12
- – Neukonstituierung **59** 13
- – Untätigkeit des zur Einberufung verpflichteten Gesamtbetriebsrats **59** 9
- Konzernbetriebsausschuss, *s. dort*
- Kosten des ~ **40** 2; **41** 2; **59** 25
- Mitgliederzahl, gesetzliche **55** 2, 9 f., 24, 43
- Neubildung **13** 7
- obligatorische Kollektivvereinbarung über die Mitgliederzahl des ~ **55** 1, 3, 10, 24, 33 ff., 43
- – Einigungsstelle **55** 35
- – Konzernbetriebsvereinbarung **55** 33
- – Verringerung der Mitgliederzahl **55** 33 f.
- – Zweck **55** 24
- Organ der Betriebsverfassung **54** 3
- Rechtsstellung der Mitglieder des ~, *s. unter Konzernbetriebsratsmitglieder*
- Rücktritt des ~ **54** 62; **57** 6, 9
- Seeschifffahrtsunternehmen **116** 52
- Sitzungen des ~ **29** 2; **30** 1; **59** 25 ff., 30
- – Antrag auf Einberufung **59** 25; **59a** 14
- – Arbeitsbefreiung der Mitglieder des ~ **37** 31, 32, 51 f., 55, 101; **40** 50
- – Einberufung **59** 25
- – Ladung **59** 25; **59a** 14
- – Sitzungsniederschrift **34** 2
- – Tagesordnung **59** 28; **59a** 14; **63** 11, 40; **73b** 50 f., 54
- – Teilnahme der Konzern-Jugend- und Auszubildendenvertretung **59** 28, 32; **73a** 30; **73b** 44, 50 f.
- – Teilnahme der Konzernschwerbehindertenvertretung **32** 2; **59** 27; **59a** 1, 14
- – Teilnahme des Arbeitgebers **59** 25
- – Teilnahme eines Gewerkschaftsvertreters **2** 60; **31** 2; **59** 26
- Spartenkonzernbetriebsrat **3** 18, 54
- Sprechstunden des ~ **39** 3; **59** 4
- stellvertretender Vorsitzender des ~ **54** 11; **59** 3, 5, 10, 14 ff.
- – Aufgaben **59** 16 f.
- – Mitgliedschaft im Konzernbetriebsausschuss **59** 18
- – Wahl **54** 11; **59** 5, 10, 14
- Stimmgewicht **55** 1, 3, 9, 20 ff., 36 ff., 43; **59** 24
- – Aufteilung des Stimmkontingents **55** 20, 22, 37 f.
- – aus Einzelbetriebsräten entsandte Mitglieder **55** 22
- – bei abweichender Regelung der Mitgliederzahl **55** 36 ff.

- – einheitliche Stimmabgabe **55** 23
- – Kollektivvereinbarung über das Stimmgewicht der aus gemeinsamem Betrieb mehrerer Unternehmen entsandten Mitglieder **55** 3, 39 ff.
- – Wählerliste der letzten Betriebsratswahl **55** 21 f.
- – Weisungsgebundenheit **55** 23
- Streitigkeiten **54** 70; **55** 43 f.; **57** 15; **58** 55; **59** 37 f.
- Teilnahme an
- – Betriebsräteversammlungen **53** 42
- – Betriebsversammlungen **42** 16, 50
- Teilrechtsfähigkeit **58** 5 f.
- Tendenzschutz **118** 59, 180
- Übergangsmandat **21a** 11
- Übermittlung personenbezogener Daten an den ~ **83** 50
- Übertragung der Aufgaben des Wirtschaftsausschusses auf den ~ **107** 60
- Unterrichtungsanspruch **80** 65
- Verbot parteipolitischer Betätigung **74** 103, 119
- Verhältnis zu
- – Gesamt- und Einzelbetriebsräten **50** 15; **54** 3, 39; **58** 1 f., 7 f., 18, 21, 54
- – Konzernbetriebsrat des Unterkonzerns **54** 39; **58** 20
- Verhandlungspartner des ~ **58** 9 ff., 20, 48 f., 53
- Vertretung des ~ **59** 16
- Vorsitzender **26** 2; **54** 11; **59** 3, 5, 10, 14 ff.; **73b** 28, 36
- – Aufgaben **59** 16 f.
- – Mitgliedschaft im Konzernbetriebsausschuss **59** 18
- – Wahl **54** 11; **59** 5, 10, 14
- – Zusammensetzung des ~ **15** 8; **54** 64; **55** 1 ff., 6 ff., 43; **57** 4, 13; **126** 3
- – – Ausscheiden von Unternehmen aus dem Konzernverbund **54** 64; **57** 4 f., 13
- – – Eintritt von Unternehmen in den Konzernverbund **54** 64; **55** 7
- – – Geschlecht in der Minderheit **15** 8; **55** 2, 12, 16
- – – Postnachfolgegesellschaften **55** 3
- – Zuständigkeit kraft Auftrags **51** 70; **54** 3; **58** 2, 5, 40, 42 ff.
- – – Beauftragung **58** 43 f.
- – – Beschlüsse der Gesamt- bzw. Einzelbetriebsräte **51** 70; **58** 44 f., 46
- – – betriebsratslose Betriebe **58** 40, 42
- – – Gegenstand des Auftrags **58** 47
- – – Streitigkeiten **58** 59
- – – Widerruf des Auftrags **58** 45
- – – Zweck **58** 2, 42, 49
- – Zuständigkeit, ausschließliche **58** 33 f.
- – – Abberufung eines Arbeitnehmervertreters im Aufsichtsrat **58** 33
- – – Anfechtung der Wahl der Arbeitnehmervertreter im Aufsichtsrat **58** 33
- – – Bestellung der inländischen Mitglieder des besonderen Verhandlungsgremiums **58** 34
- – – Bestellung eines Wahlvorstands für die Wahl der Arbeitnehmervertreter im Aufsichtsrat **58** 33
- – – Bestellung und Abberufung der inländischen Mitglieder des Europäischen Betriebsrats **58** 34

– – Einberufung der Konzern-Jugend- und Auszubildendenvertretungssitzung **73b** 25
– Zuständigkeit, originäre **54** 3, 34, 39, 56; **55** 8, 20; **58** 2, 5, 8, 17 ff.; **59** 8
– Abgrenzung zur Zuständigkeit der Gesamt- und Einzelbetriebsräte **58** 8, 18, 21, 54
– allgemeine Aufgaben **58** 28
– Altersversorgung, betriebliche **87** 728 ff., 733
– Angelegenheiten des Gesamtkonzerns **58** 5, 18 f.
– Angelegenheiten mehrerer Konzernunternehmen **54** 34; **58** 5, 18 f.
– Arbeitsplatz-, Arbeitsablauf-, Arbeitsumgebungsgestaltung **58** 28
– Ausschreibung von Arbeitsplätzen **93** 30, 41
– Bestellung eines Wahlvorstands für die Betriebsratswahl **vor 1 WO** 4; **13** 48, 61, 65, 74, 81; **14a** 21; **16** 1, 81 ff.; **17** 1 f., 6 ff.; **17a** 12, 13 f., 15; **58** 32, 60; **1 WO** 2; **28 WO** 1
– Bestellung eines Wahlvorstands für die Jugend- und Auszubildendenvertretungswahl **vor 60** 12; **60** 5; **63** 4, 8, 11, 28, 39 ff., 45
– Bestellung eines Wahlvorstands für die Seebetriebsratswahl **116** 14 f.
– Betriebsänderung **58** 28, 31; **111** 199
– betriebsratslose Betriebe **54** 56; **55** 8, 20; **58** 2, 35 ff., 42; **59** 8
– Beurteilungsgrundsätze **94** 7
– Erforderlichkeit einer konzerneinheitlichen Regelung **58** 25 f.
– Erläuterung des Konzernjahresabschlusses **58** 31; **108** 68
– Formulararbeitsverträge **94** 7
– gesamtbetriebsratslose Unternehmen **58** 35 ff., 42
– Information über personelle Veränderungen bei leitenden Angestellten **105** 5
– Interessenausgleich **111** 199; **112, 112a** 67, 215
– konzerndimensionale Angelegenheiten **58** 5, 17, 18 ff.
– Kündigung **102** 9, 51
– Nichtregelnkönnen durch die Gesamt- bzw. Einzelbetriebsräte **58** 17, 20, 21 f.
– Personalfragebogen **94** 7
– Personalplanung **92** 32
– personelle Angelegenheiten **58** 28
– soziale Angelegenheiten **58** 19, 23, 24, 27, 28; **87** 2, 465, 733, 846, 888, 996
– Sozialeinrichtungen **58** 19, 23, 27; **88** 25
– Sozialleistungen **58** 24
– Sozialplan **111** 199; **112, 112a** 220
– Streitigkeiten **58** 59
– Überschreitung der Zuständigkeit **58** 54
– Umwandlung von Unternehmen **vor 106** 26
– Unmöglichkeit einer Regelung auf Unternehmensebene **58** 22 ff., 25 f., 28
– wirtschaftliche Angelegenheiten **58** 28, 31
– Zwangsverfahren gegen den Arbeitgeber **23** 4
– Zweck **54** 2 f., 4, 14, 20, 25 ff., 34, 43; **58** 2, 9, 26, 42, 49
Konzernbetriebsratsmitglieder
– Ausschluss aus dem Konzernbetriebsrat **23** 4, 21; **54** 62; **56** 1 ff.; **57** 10 f.

– – Antrag **56** 4
– – Antragsrecht der Gewerkschaft **56** 5, 10, 12
– – Antragsrecht des Arbeitgebers **56** 5, 7 f., 12
– – Antragsrecht des Konzernbetriebsrats **56** 5, 9
– – Antragsrecht eines Viertels der Arbeitnehmer **56** 5, 6
– – arbeitsgerichtliche Entscheidung **56** 1, 3 f.; **57** 10
– – grobe Pflichtverletzung **56** 1, 11 ff.
– – Rechtsfolgen **56** 12, 14
– – Erlöschen der Mitgliedschaft im Konzernbetriebsrat **24** 4, 73; **48** 23; **49** 3, 22; **54** 62; **55** 7, 13 f.; **56** 1 ff.; **57** 1 ff.; **59** 13, 15
– – Abberufung, *s. unter Konzernbetriebsrat*
– – Amtsniederlegung **54** 62; **57** 6, 9; **59** 15
– – Auflösung des Konzernbetriebsrats **54** 63 f.; **57** 5 f.
– – Ausscheiden eines Unternehmens aus dem Konzernverbund **54** 64; **57** 4, 13
– – Ausschluss aus dem Konzernbetriebsrat **23** 4, 20; **54** 62; **56** 1 ff.; **57** 10 f.
– – Erlöschen der Mitgliedschaft im Gesamt- bzw. Einzelbetriebsrat **48** 23; **49** 3, 22; **55** 7, 13; **56** 8, 12; **57** 7 f., 11; **59** 13, 15
– – Rechtsfolgen **56** 12, 14; **57** 13 f.
– – Streitigkeiten **57** 15
– Rechtsstellung der ~ **59** 35 f., 38
– – Arbeitsbefreiung **37** 2; **38** 3; **59** 36
– – Arbeitsentgeltschutz **37** 2
– – Begünstigungsverbot **78** 8, 11; **119** 43 ff.
– – Behinderungsverbot **78** 8, 11; **119** 32 ff.
– – Benachteiligungsverbot **78** 8, 11; **119** 43 ff.
– – Freistellung **38** 3
– – Freizeitausgleich **37** 2; **59** 36
– – Geheimhaltungspflicht **79** 48; **99** 157; **120** 31, 47
– – Streitigkeiten **59** 38
– – Tätigkeitsschutz **37** 2
– – Teilnahme an Schulungs- und Bildungsveranstaltungen **37** 2, 162, 220
Konzernbetriebsvereinbarung 3 31; **58** 50 ff.; **77** 44, 63, 213
– Beendigung der ~ **58** 51, 55
– betriebsratslose Betriebe **58** 38, 41, 57
– Form **58** 51; **73a** 31
– Fortgeltung der ~ nach Umstrukturierung **58** 56 ff.
– Geltungsbereich **58** 12, 15 f., 38, 41, 51; **77** 213
– Gemeinschaftsunternehmen **54** 43
– horizontale ~ **58** 16, 24
– Mitgliederzahl
– – Konzern-Jugend- und Auszubildendenvertretung **73a** 28, 30 ff., 33 ff.
– – Konzernbetriebsrat **55** 24 ff., 29, 31, 33 ff.
– Nachwirkung **58** 51; **73a** 31
– Parteien der ~ **3** 43 f.; **58** 6, 9 ff., 49, 53; **77** 44, 63
– Stimmgewicht der aus gemeinsamem Betrieb mehrerer Unternehmen entsandten Konzernbetriebsratsmitglieder **55** 3, 39 ff.
– Unwirksamkeit **58** 54
– vertikale ~ **58** 16, 24
Konzernschwerbehindertenvertretung **59** 27, 33; **59a** 1 ff.
– Amtszeit **59a** 4, 8

Sachverzeichnis

- Antrag auf Aufnahme eines Beratungsgegenstands auf die Tagesordnung der nächsten Konzernbetriebsratssitzung **59** 28; **59a** 14, 16
- Aufgaben der ~ **59a** 3, 10 ff.
- Aussetzung von Beschlüssen des Konzernbetriebsrats **59** 33; **59a** 15
- betriebsratslose Betriebe **59a** 11
- Dispositivität in Kollektivvereinbarungen **59a** 2
- Genese **59a** 1
- Hinzuziehung zu monatlichen Besprechungen zwischen Arbeitgeber und Konzernbetriebsrat **59a** 17
- Organ der Betriebsverfassung **59a** 13
- persönliche Rechtsstellung des ~ **59a** 12
- Rechtsstellung der ~ **59a** 3, 12, 13 ff.
- Streitigkeiten **59a** 18
- Teilnahmerecht an
- – Konzern-Jugend- und Auszubildendenvertretungssitzungen **32** 2; **59a** 16; **73b** 23
- – Konzernbetriebsausschusssitzungen **59a** 10 16
- – Konzernbetriebsratssitzungen **32** 2; **59** 27; **59a** 1, 14
- Verhältnis zu den Gesamtschwerbehindertenvertretungen **59a** 10
- Wahl **59a** 1, 3, 4 ff.

Konzernwirtschaftsausschuss vor 106 6, 12 f.; **58** 31; **59** 23; **106** 6, 19 ff.

- Behandlung der Betriebsangehörigen durch ~ **75** 6, 10
- Errichtung kraft Gesetzes **vor 106** 6; **106** 26 f.
- Errichtung kraft Kollektivvereinbarung **vor 106** 13 f.; **106** 30
- Rechtsstellung **106** 30

Kooperationsmaxime, *s. unter vertrauensvolle Zusammenarbeit*

Kooptation 28 34; **107** 5, 49, 52 ff., 60; **108** 48

- Beschluss des Betriebsrats bzw. Gesamtbetriebsrats **107** 53, 54
- kooptationsfähige Personen **107** 54
- – Arbeitnehmer **107** 5, 53
- – arbeitnehmerähnliche Personen **107** 53
- – fachliche und persönliche Eignung **107** 53
- – leitende Angestellte **107** 53
- – Personen i. S. des § 5 Abs. 2 **107** 53
- Rechtsstellung der kooptierten Personen **107** 56; **108** 52
- Zahl der zu kooptierenden Mitglieder **107** 55, 61
- Zusammensetzung **28** 34

Koppelungsgeschäft 2 15; **87** 377, 418

Kosten der Betriebsratsmitglieder 40 49 ff.

- Abtretung der Ansprüche **40** 56, 88, 223 f.
- Arbeitsentgeltfortzahlung, *s. unter Arbeitsbefreiung, s. unter Freizeitausgleich*
- Aufwendungsersatz
- nicht erforderliche Aufwendungen **37** 18
- Briefporto **40** 93
- Erforderlichkeit der ~ **40** 11 ff., 49, 51, 74 ff., 91 f.
- Fahrtkosten **40** 34, 96, 103
- Insolvenz des Arbeitgebers **40** 230 ff.
- Kinderbetreuungskosten **40** 95
- Kostentragungspflicht des Arbeitgeber **40** 1, 6, 49

- Personenschäden **40** 97, 99
- Pfändbarkeit der Ansprüche **40** 88
- Rechtsstreitigkeiten, Kosten von **40** 109 ff.
- – Amtsenthebung **23** 76; **40** 64 f., 110 f.
- – gegen den Arbeitgeber **40** 109, 112 f.
- – gegen den Betriebsrat **40** 109
- – individualrechtliche Ansprüche **40** 113
- – Kündigungsschutz **40** 112, 118
- – Rechtsanwalt **40** 111, 112, 113, 118, 132
- – über die Rechtsstellung des Betriebsratsmitglieds **40** 110 f.
- Reisekosten **40** 34, 49, 50 ff., 70, 79 ff.
- – Auslandsreisen **40** 51
- – Besuch erkrankter Arbeitnehmer **40** 53
- – ersparte Aufwendungen **40** 60
- – Fahrtkosten **40** 34, 50, 53, 57, 70, 79
- – Höhe der Erstattung **40** 55 ff.
- – Kilometergeld **40** 34
- – Lohnsteuerrichtlinien **40** 55 f., 59 f.
- – Nachweis **40** 60
- – Pauschalierung **40** 34, 58 ff.
- – Reisekostenordnung **40** 55 f., 59 f.
- – Tagegeld **40** 34, 50, 59 f., 70, 82, 84
- – Übernachtungsgeld **40** 34, 50, 59, 70, 80
- – Urlaubsabbruch **40** 53, *s. auch Kosten des Betriebsrats*
- Sachschäden **40** 97 f.
- Streitigkeiten **40** 220 ff.
- – Beschlussverfahren **40** 220 f.
- – Beteiligtenstellung des Betriebsrats **40** 221
- – einstweilige Verfügung **40** 233
- – Vollstreckung **40** 233
- – Zuständigkeit **40** 220 f.
- Teilnahme an Schulungs- und Bildungsveranstaltungen, *s. unter Schulungs-und Bildungsveranstaltungen*
- Telefonkosten **40** 93
- Unfallschäden am PKW **40** 98
- Verjährung **40** 101
- Verwirkung **40** 101

Kosten der Einigungsstelle 1 74; **40** 133; **76** 51, 90 ff., 107, 125; **76a** 1 ff.

- betriebsangehörige Beisitzer **76a** 4, 6, 11, 13, 15, 22 ff., 59, 63 f., 67; **78** 82
- betriebsfremde Beisitzer **1** 74; **76** 51, 90 ff.; **76a** 4, 6, 9, 11, 15, 24, 26, 27 ff., 41 ff., 50 ff., 60, 68
- betriebsfremde Beisitzer des Betriebsrats **76a** 27 f., 30 ff., 55, 63 f.
- Bevollmächtigte des Betriebsrats **76** 107; **76a** 16 ff., 39
- Erforderlichkeit **76a** 9 f., 12, 13, 14, 18, 29 ff.
- Gewerkschaftsvertreter **76a** 35 f., 52
- Honorardurchsetzungskosten **76a** 20, 68
- Insolvenz **76a**
- Kostentragungspflicht des Arbeitgebers **76a** 5 ff.
- persönliche Kosten der Mitglieder **76a** 11, 13, 15
- Rechtsanwalt **40** 133; **76** 107; **76a** 16 ff., 37 ff., 47, 51, 52
- Sachkosten **76a** 11 f.
- Sachverständigenhonorar **76a** 14
- Streitigkeiten **76a** 53, 57, 66 ff.

- Vergütungsansprüche **76** 51, 90 ff.; **76a** 4, 6, 9, 13, 15, 20, 21 ff.; **78** 82
- Vergütungshöhe **76** 41 ff.
- Vergütungsordnung **76a** 41 f., 59
- Vergütungsordnung durch Kollektivvereinbarung **76a** 59 ff., 65
- Vergütungsvereinbarung **76a** 54 ff., 61 ff.; **78** 82
- Verhältnismäßigkeit **76a** 9, 29 ff.
- Vorschusszahlungspflicht **76a** 58
- Vorsitzender **76a** 4, 6, 11, 15, 27, 29, 41, 43, 47, 50 f., 60, 62, 68; **78** 82

Kosten der Jugend- und Auszubildendenvertretung **40** 2, 221; **41** 2; **65** 3 f., 58 ff.; **69** 21; **73** 40; **73b** 40
- Kostentragungspflicht des Arbeitgebers **65** 58, 88
- Rechtsverfolgungskosten **65** 61
- Sachaufwand **65** 59 f.
- Sprechstunden **69** 21
- Umlageverbot **65** 62

Kosten des Betriebsrats E 55 f., 117; **1** 73 f.; **21a** 35; **21b** 21, 23; **40** 1 ff.; **41** 1 ff.
- Auskunftsperson i. S. des § 80 Abs. 2 **40** 44 ff., 228
- Bekanntgabe der ~ durch den Arbeitgeber **40** 37; **78** 45
- Berater **40** 44, 45
- Beschluss des Betriebsrats **40** 16, 21, 114 f., 139
- Büropersonal, *s. dort*
- Dispositionsfond **40** 21, 36, 136, 211
- Erforderlichkeit der ~ **40** 11 ff., 15, 17, 49, 106 f., 114, 137 ff., 142 ff., 220
- – Beurteilungsspielraum des Betriebsrats **40** 13, 118, 139 f.
- Erstattungsanspruch **40** 21 ff., 221
- Freistellungsanspruch **40** 21 ff., 221, 222
- gesetzliches Schuldverhältnis zwischen Arbeitgeber und Betriebsrat **40** 20 f., 209, 218
- Hinzuziehung eines Vertreters der Bundesagentur für Arbeit **92a** 25
- Insolvenz des Arbeitgebers **40** 230 ff.
- Kosten, Begriff **40** 1, 7 f.
- Kostentragungspflicht **40** 1, 6, 49, 137
- Kostenvorschuss **40** 20 f., 35 f., 136, 220, 222
- laufende Geschäftsführung **40** 38, 39 f., 134, 137
- Nachweis der ~ **40** 32, 36, 60
- Pauschalierung der ~ **40** 4, 33 f.
- Rechtsanwalt
- – Sachverständiger **1** 74; **33** 67 f.; **40** 16, 44 ff., 119; **80** 158; **111** 169
- – Verfahrensbeistand **40** 47, 102 f., 105, 114 ff., 127, 133, 223, 227 f.; **80** 158
- Rechtsstreitigkeiten, Kosten von **40** 38, 47, 102 ff., 226 ff.
- – außergerichtliche Kosten **40** 103, 105
- – Gerichtskosten **40** 102 f.
- – gewerkschaftlicher Rechtsschutz **40** 126, 129 f.
- – Honorarvereinbarung mit dem Rechtsanwalt **40** 127, 228
- – Ordnungswidrigkeitenanzeige **40** 124
- – Parallelverfahren **40** 108, 122
- – PKH-Anspruch des Betriebsrats **40** 226
- – Rechtsanwalt **40** 47, 102 f., 105, 114 ff. 127, 133, 223, 227 f.; **80** 158
- – Rechtsgutachten **40** 47
- – rechtsmissbräuchliche Rechtsverfolgung **40** 106 f., 119, 121, 127
- – Strafantrag **40** 124
- – Regelungsstreitigkeiten, *s. auch unter Kosten der Betriebsratsmitglieder, s. unter Kosten der Einigungsstelle*
- – Sachaufwand, *s. dort*
- – Sachverständiger **1** 74; **33** 68 f.; **40** 38, 44 ff., 154, 228; **76a** 14; **80** 154; **109** 34
- – Streitigkeiten über ~ **40** 13, 21, 220 ff.; **42** 80; **44** 70
- – – Beschlussverfahren **40** 220 ff.
- – – einstweilige Verfügung **40** 233
- – – Gewerkschaft **40** 223 f.
- – – Prozessstandschaft des Betriebsrats **40** 222
- – – Vollstreckung **40** 233
- – – Zuständigkeit **40** 220
- – Teilnahme an Schulungs- und Bildungsveranstaltungen, *s. unter Schulungs-und Bildungsveranstaltung*
- – Übergangsmandat **21a** 35; **40** 7
- – Umlageverbot **40** 1, 78, 209; **41** 1 ff., *s. auch dort*
- – Verfahren vor der Einigungsstelle bzw. dem Arbeitsgericht
- – Unterlassen des innerbetrieblichen Einigungsversuchs **74** 29
- – Verhältnismäßigkeit der ~ **40** 14 f., 17, 49, 106 f., 142
- – Vermögensfähigkeit des Betriebsrats **1** 72 ff., 79
- – Zustimmung des Arbeitgebers zur Verursachung der ~ **40** 15, 17

Krankheit
- Anzeige- und Nachweispflicht **87** 235
- arbeitsmedizinische Vorsorgeuntersuchung **87** 639, 652, 655, 661 ff.
- Arztbesuche während der Arbeitszeit **87** 233
- Berufskrankheit **87** 610, 613, 615, 639, 650
- Frage nach ~ in Personalfragebogen **94** 20, 21, 30
- Gespräche über krankheitsbedingte Fehlzeiten **87** 234, 666; **94** 20
- Kündigung wegen ~ **102** 91, 158
- Personalinformationssystem **87** 568 f.
- Überwachung krankheitsbedingter Fehlzeiten **87** 568 f.
- Weiterbeschäftigungsmöglichkeit **102** 158

Kumulationstheorie 7 19 ff.

Kündigung 87 419, 684, 769; **102** 1 ff.
- Änderungskündigung, *s. dort*
- Anfechtung **94** 28, 50; **102** 25
- Anhörungsverfahren, *s. unter Anhörung bei Kündigung*
- Arbeitskampf **102** 17 ff.
- Aufhebungsvertrag **102** 25
- Ausbilder in der Berufsbildung **98** 44
- außerordentliche Kündigung, *s. unter Kündigung, außerordentliche*
- Ausschluss der ordentlichen Kündigung **102** 64, 132, 137, 205; **103** 34
- Aussperrung, lösende **102** 26
- Auswahlrichtlinien **95** 9, 29, 44 ff.; **102** 154, 194 f.; **112, 112a** 86
- Befristung **102** 25, 31
- betriebsbedingte ~ **92a** 40 f.; **102** 18, 32, 80, 88 ff., 151, 154, 158, 164, 171, 174; **111** 106
- Betriebsbuße **87** 255, 265 f., 277

2391

Sachverzeichnis

- Diskriminierungsverbot **75** 43
- Druckkündigung **104** 24, 33 f.
- Entfernung betriebsstörender Arbeitnehmer, *s. dort*
- Erweiterung des Mitbestimmungsrechts durch Kollektivvereinbarung **102** 120, 238 ff.
- – Einschaltung der Einigungsstelle **102** 241, 246, 250 ff.
- – freiwillige Betriebsvereinbarung **102** 241 f., 244 f., 250 f.
- – Mängel des Verfahrens **102** 249
- – Stellung des Arbeitnehmers **102** 254 f.
- – Tarifvertrag **102** 243
- – Zustimmungsverfahren **77** 235; **102** 244 ff.
- freiwillige Betriebsvereinbarung über Voraussetzungen der ~ **88** 12
- Funktionsträger, *s. unter Kündigung von Funktionsträgern*
- hilfsweise ordentliche Kündigung **102** 27, 62 f., 186, 203, 206 ff.
- Informationspflicht bei ~ leitender Angestellter **102** 20, 40; **105** 8, 13 f., *s. unter leitende Angestellte*
- Insolvenz **102** 32, 40, 90
- Interessenausgleich bei Betriebsänderung **112**, **112a** 80, 84, 92 f.
- Kündigung auf Verlangen des Betriebsrats **102** 26; **104** 19, *s. unter Entfernung betriebsstörender Arbeitnehmer*
- Kündigung seitens des Arbeitnehmers **102** 25
- kündigungsrechtlicher Interessenausgleich nach § 125 Abs. 1 InsO **102** 32, 40, 90; **112**, **112a** 29, 97 ff.
- Kündigungsschutzprozeß, *s. dort*
- Massenentlassung **87** 419; **102** 59, 142; **118** 155
- Nachschieben von Kündigungsgründen **102** 27 f., 73, 88, 93, 99, 106, 115, 187 ff.; **103** 77
- ordentliche Kündigung **102** 27, 62 f., 132, 137, 145, 205 ff.
- personenbedingte ~ **75** 43; **102** 19, 80, 91, 151, 154, 158, 164, 174, 234; **111** 110
- Schweigepflicht des Betriebsratsmitglieds **79** 82 f.; **102** 122
- Suspendierung **102** 26
- Teilkündigung **102** 26
- Verdachtskündigung **102** 93
- verhaltensbedingte ~ **75** 43; **94** 28, 50; **102** 19, 80, 90, 92, 151, 154, 158, 164, 174, 234; **111** 110
- Vorrang von Berufsbildungsmaßnahmen **92a** 41; **97** 23, 31
- Weiterbeschäftigungspflicht, *s. dort*
- Widerspruchsrecht gegen ordentliche Kündigung, *s. dort*
- wiederholende Kündigung **102** 28 f., 221
- Zeitablauf **75** 20, 26, 31

Kündigung von Funktionsträgern 103 1 ff.
- Änderungskündigung **23** 115; **103** 25, 29 f., 36, 69, 98
- Arbeitskampf **103** 43 f.
- außerordentliche Kündigung **23** 26, 28, 29 ff., 96 f., 113 f.; **24** 32 f., 40; **25** 34 f.; **37** 45, 62; **77** 32; **103** 29, 66 ff., 89 f.
- Ausschluss der ordentlichen Kündigung **103** 34
- Auswirkungen auf das Amt **25** 34 f.
- betriebsratslose Betriebe **103** 46 f.
- Betriebsstilllegung **103** 18, 31 f., 34
- Betriebsübergang **103** 18, 32 f.
- Entgeltfortzahlung **103** 106
- geschützter Personenkreis **103** 2, 4 ff.
- – andere Arbeitnehmervertretung **103** 5, 16 f.
- – Arbeitnehmervertreter im Aufsichtsrat **103** 14
- – Arbeitsgruppe i. S. des § 28a **103** 14
- – besonderes Verhandlungsgremium **103** 13
- – betriebliche Beschwerdestelle **103** 14
- – Betriebsrat **19** 135; **21** 20, 50; **103** 4, 16 f., 26, 37, 47
- – Bordvertretung **103** 6, 16 f., 26, 37
- – Einigungsstelle **76** 93; **103** 14
- – Ersatzmitglieder **25** 37, 64, 66, 70 f., 77 ff.; **103** 4, 19, 27
- – Europäischer Betriebsrat **103** 14
- – Gesamtbehindertenvertretung **103** 7, 15, 16
- – Heimarbeitnehmer **103** 9, 15, 16 f., 31
- – Initiatoren der Wahlvorstandsbestellung **16** 68; **17** 23, 53; **17a** 21; **20** 1, 19
- – Jugend- und Auszubildendenvertretung **60** 59; **73** 58; **73b** 59; **103** 2, 6, 16 f., 26, 37
- – Schwerbehindertenvertretung **103** 7, 15, 16 f., 26, 46 f.
- – Seebetriebsrat **103** 6, 16 f., 26, 37
- – tarifliche Schlichtungsstelle **103** 14
- – Vermittler **18a** 77; **20** 1, 19
- – Wahlbewerber **20** 1, 19; **63** 71; **103** 6, 7, 17, 22 f., 28, 37, 46 f.
- – Wahlhelfer **1** WO 16
- – Wahlvorstand **16** 57, 91, 94; **17** 58; **18** 54; **20** 1, 19; **63** 71; **103** 6, 7, 21, 23, 28, 37, 46 f.
- – Wirtschaftsausschuss **103** 107 42
- – zusätzliche Arbeitnehmervertretung **103** 5, 14
- Kündigungsschutzklage des Funktionsträgers **40** 112, 118; **103** 77, 83, 95 ff.
- Massenänderungskündigung **24** 36; **87** 90; **103** 30
- ordentliche Kündigung **24** 32; **103** 31 ff.
- Tendenzbetrieb **118** 186, 223
- Umwandlung **103** 18
- Verhältnis zu § 102 **103** 48
- Verhältnis zum Amtsenthebungsverfahren **23** 26, 28, 29 ff., 96 f.
- Wahrung der Kündigungserklärungsfrist **103** 88 ff.
- Weiterbeschäftigungspflicht **24** 34; **25** 36; **103** 102, 107
- zeitliche Dauer des Schutzes **103** 15 ff., 24, 26 ff.
- – Amtsenthebung **23** 111 f.
- – Amtszeit **103** 16 ff., 24
- – Auflösung des Betriebsrats **23** 139
- – Erlöschen der Mitgliedschaft im Betriebsrat **24** 72
- – Nachwirkung **24** 72 f.; **25** 37, 64, 66, 77 ff.; **103** 24, 26 ff., 80
- – Restmandat **103** 18
- – Übergangsmandat **103** 18, 40
- Zustimmungsersetzungsverfahren **103** 1, 64 ff.
- – Antragsberechtigung **103** 63, 64 ff.
- – Beteiligung des Funktionsträgers **103** 87, 96 f.
- – betriebsratslose Betriebe **103** 46 f.

- – Entscheidung des Arbeitsgerichts **103** 81 ff.
- – Erledigung **103** 79 f.
- – Kündigungserklärungsfrist **103** 88 ff.
- – Nachschieben von Kündigungsgründen **103** 77
- – Rechtsmittel **103** 81, 94
- – Verbindung mit Amtsenthebungsverfahren **23** 93 f.
- – Verfahren **103** 64, 75 f., 86
- – Voraussetzungen der Zustimmungsersetzung **103** 66 ff.
- – Zustimmungsverfahren **103** 50 ff.
- – – Äußerungsfrist des Betriebsrats **103** 62
- – – Beteiligung des Funktionsträgers **103** 57 f.
- – – Entscheidung des Betriebsrats **103** 59, 61
- – – Form **103** 61
- – – Mängel des Verfahrens **103** 55 f., 63, 64, 77
- – – nachträgliche Zustimmung **103** 50, 65, 82
- – – Unterrichtung des Betriebsrats **103** 53
- – – Zeitpunkt **103** 50 f.
- – – Zuständigkeit **103** 54
- – Zutrittsrecht zum Betrieb **103** 105
- – Zweck **37** 10, 12, 22; **103** 1, 7, 22, 24, 30, 34

Kündigung, außerordentliche
- – Anhörungsverfahren **102** 27, 47, 62 ff., 72, 197
- – Äußerungsfrist des Betriebsrats **102** 137, 139, 199 f.
- – Ausschluss der ordentlichen Kündigung **24** 34; **102** 64, 132, 137, 205; **103** 34
- – Diskriminierungsverbot **75** 43
- – Druckkündigung **104** 24, 33 f.
- – Entfernung betriebsstörender Arbeitnehmer, s. dort
- – Entgeltfortzahlung **102** 201 f.; **103** 106
- – Erweiterung des Mitbestimmungsrechts durch Kollektivvereinbarung **102** 240, 246, 253
- – Funktionsträger **103** 1 ff., s. unter Kündigung von Funktionsträgern
- – Kündigungserklärungsfrist **102** 47, 105, 191, 199; **103** 88 ff.; **104** 19, 30
- – Mängel des Anhörungsverfahrens **102** 105, 197
- – Stellungnahme des Betriebsrats **102** 131 f., 136, 196 f., 200
- – Umdeutung der außerordentlichen in de ordentliche Kündigung **102** 27, 62 f., 186, 203, 206 ff.
- – Verlangen des Betriebsrats **104** 18 f., 23, 24, 25 f., 29 f., 32 f., 35

Kündigungsrichtlinien 95 9, 27, 42 ff.; **102** 154, 194 f.; **112, 112a** 62, s. auch Auswahlrichtlinien

Kündigungsschutzprozess 92a 41
- – Bedenken des Betriebsrats **102** 200
- – Entfernung betriebsstörender Arbeitnehmer **104** 32, 35, 36
- – Funktionsträger **103** 69, 83, 95 ff.
- – Mängel des Anhörungsverfahrens **102** 105 ff., 185 f.
- – Nachschieben von Kündigungsgründen **102** 27 f., 73, 88, 93, 99, 106, 115, 187 ff.
- – Tendenzbetrieb **118** 223
- – Umdeutung der außerordentlichen in die ordentliche Kündigung **102** 27, 62 f., 186, 203, 206 ff.
- – Weiterbeschäftigungspflicht **102** 204 ff.; s. auch dort
- – Widerspruch des Betriebsrats **102** 193 ff.

Künstler 5 42

Kurzarbeit 50 50; **87** 52, 104, 310, 413 ff.
- – Ankündigungsfristen **37** 68; **87** 401, 415
- – Arbeitsentgeltfortzahlung an Betriebsratsmitglieder **37** 68, 144
- – arbeitskampfbedingte **87** 393, 416, 430, 431 ff.
- – Arbeitszeitlage **87** 310, 373, 440, 443
- – Aufhebung **87** 393, 412
- – Betriebsvereinbarung **77** 54, 393
- – Briefwahl **24 WO** 10 f.
- – Einführung **87** 373, 374, 377, 393, 396, 411, 423
- – Einführung von ~ als Betriebsänderung **111** 86
- – Entbehrlichkeit der Zustimmung des Betriebsrats **87** 104
- – Initiativrecht **87** 385 ff.
- – insolvenzbedingte **87** 416
- – Kurzarbeitsgeld **87** 442
- – Nichtbeachtung des Mitbestimmungsrechts **87** 429, 445 ff., s. auch Arbeitszeitdauer, betriebsübliche
- – strukturelle **87** 419
- – Teilnahme an Betriebsversammlungen **42** 18; **44** 39
- – Weiterbeschäftigungsverlangen auszubildender Funktionsträger **78a** 154
- – Zulassung des Landesarbeitsamts **87** 417 f.
- – Zuständigkeit des Gesamtbetriebsrats **50** 51
- – Zweck **87** 377, 382

Lage der Arbeitszeit, s. unter Arbeitszeitlage
Lagebericht vor 47 11; **53** 1 ff., 16, 20, 29, 32, 33, 34, 40, 48; **108** 57, 60; **109** 8
Landbetrieb
- – Luftfahrtunternehmen **106** 16, 37; **117** 1, 5 f., 20
- – Seeschifffahrtsunternehmen **vor 114** 3; **114** 1, 3, 4, 12, 15, 23; **116** 8 f., 17

Laufende Geschäfte des Betriebsrats 26 30, 34, 60; **27** 2, 9, 12, 51, 56, 63 ff., 70; **28** 12; **65** 3 f., 27, 28; **73** 16
- – Akten des Betriebsrats **26** 30; **34** 32; **40** 214 ff., 225
- – Führung durch
- – – andere Betriebsratsmitglieder **26** 60; **27** 2, 85 f.; **28** 12
- – – Ausschuss des Betriebsrats **27** 85 f.; **28** 12
- – – Betriebsausschuss **27** 2, 9, 12, 51, 56, 63 ff.
- – – Betriebsrat **27** 12, 63 f.
- – – Betriebsratsvorsitzender **26** 30, 34; **27** 2, 5, 12, 28, 85 f.
- – Kosten **40** 38, 39 ff., 134, 137
- – laufende Geschäfte, Begriff **27** 65 ff.; **36** 15
- – Schulungs- und Bildungsveranstaltung zum Thema ~ **37** 185, 191
- – Sprechstunden **39** 18
- – Übertragungsbeschluss **27** 63, 87
- – Vertretung des Betriebsrats **27** 66, s. auch dort

Lean-Philosophie 75 145 ff., 149 ff.
Lehrling, s. unter Auszubildende
Leiharbeitnehmer
- – aktives Wahlrecht **1** 102; **7** 8, 11, 18, 72, 84, 93 ff.; **8** 33, 63; **9** 1, 6, 8, 10 ff.; **14a** 41; **51** 8; **61** 15, 20
- – – Abordnung zu einer Arge **7** 128
- – – Auffangcharakter **7** 95
- – – Bedienungspersonal **7** 95 f.
- – – Briefwahl im Verleiherbetrieb **24 WO** 10 f.
- – – Gesamthafenarbeitsverhältnis **7** 96

Sachverzeichnis

– – Gestellungsvertrag **7** 95 f.
– – Gruppenarbeit **7** 95 f.
– – im Entleiherbetrieb **1** 102; **7** 8, 11, 18, 72, 84, 68 ff.; **8** 33, 63; **9** 6; **14a** 41; **51** 8; **61** 15, 20; **2 WO** 1, 3, 16; **4 WO** 2; **29 WO** 2
– – im Verleiherbetrieb **7** 84, 106
– – Kollegenhilfe **7** 96
– – Konzern **7** 96
– – Rechtsfolgen **7** 106 ff.
– – Überlassungsdauer **7** 11, 68, 128 f.
– – Wahlalter **7** 11, 101
– – Zweck **7** 68; **2 WO** 1
– aktives Wahlrecht, Arbeitskampf **7** 98
– Arbeitnehmereigenschaft **5** 29, 118 ff.
– Arbeitsentgelt **87** 465
– Arbeitsschutz **87** 636, 639
– Arbeitszeitlage **87** 300
– Aufsuchen von Sprechstunden
– – Betriebsrat **39** 10, 29, 31, 34
– – Jugend- und Auszubildendenvertretung **69** 20, 27
– Ausschreibung von Arbeitsplätzen **93** 15
– Begriff **7** 94 f.
– Berücksichtigung bei der Ermittlung des zahlenmäßigen Verhältnisses der Geschlechter **5 WO** 3
– Berücksichtigung bei der Schwellenwertermittlung **7** 107 f.
– – Beteiligungsrechte bei Betriebsänderung **5** 127; **7** 93; **111** 18
– – Betriebsratsfähigkeit **1** 102; **7** 93 ff.
– – Freistellung von Betriebsratsmitgliedern **38** 12
– – Mitgliederzahl des Betriebsrats **9** 6, 20; **10 Anhang** 13
– – personelle Einzelmaßnahmen **7** 107 ff.; **99** 14
– – Zustimmung zur Errichtung des Konzernbetriebsrats **54** 55
– Betriebsvereinbarung **5** 129; **77** 204
– Betriebszugehörigkeit **5** 119; **7** 69, 72 ff.; **8** 24, 33; **9** 6; **14a** 15, 41; **15** 18; **61** 15, 20
– – Arbeitsvermittlung **7** 72, 149 f., 95
– – echte Leiharbeit **7** 96, 150, 146, 94; **8** 33
– – Entleiherbetrieb **7** 84, 145, 95, 106; **8** 33
– – erlaubte gewerbsmäßige Arbeitnehmerüberlassung **7** 72, 84 f., 146, 94, 96; **8** 33
– – Gesamthafenarbeitsverhältnis **7** 150 f., 96; **8** 24
– – Gestellungsvertrag **5** 129, 142 ff.; **7** 69, 138 ff., 95 f.; **8** 24
– – Kollegenhilfe **7** 81, 96
– – Konzern **7** 96
– – nicht gewerbsmäßige Arbeitnehmerüberlassung **7** 123 ff., 150, 146, 94, 95 f.; **8** 33
– – Überlassung von Bedienungspersonal **7** 145 ff., 95 f.; **8** 24
– – unechte Leiharbeit **7** 84 f., 146, 94; **8** 33
– – unechte Subunternehmerverhältnisse **7** 145; **8** 24
– – unerlaubte gewerbsmäßige Arbeitnehmerüberlassung **7** 72, 129, 146, 149 f., 94, 95
– – Verleiherbetrieb **7** 84 f., 129
– Diskriminierungsverbot **75** 13, 16
– Eingruppierung **5** 125

– Einsatz von ~ als personelle Einzelmaßnahme **5** 125; **99** 14, 29, 89, 148, 183
– Entfernung betriebsstörender Arbeitnehmer **104** 4, 11
– Flugbetrieb **117** 14
– Individualrechte **vor 81** 24; **5** 127
– Kündigung **5** 126; **102** 23
– Kurzarbeit **87** 397
– Lohngestaltung, betriebliche **87** 845
– Mitwirkungsrechte des Betriebsrats in Bezug auf~ **5** 120 ff.
– Nachteilsausgleich **5** 128
– passives Wahlrecht bei der Wahl des Betriebsrats
– – im Entleiherbetrieb **7** 84, 93 ff., 142; **8** 16, 24, 33, 63; **14** 50; **2 WO** 1, 3
– – im Verleiherbetrieb **7** 84
– Personaldeckungsplanung **92** 14, 15, 21, 35
– Personalführungsgesellschaften **7** 77
– Seebetrieb **114** 27
– soziale Angelegenheiten **vor 87** 25; **5** 123
– Sozialeinrichtung **87** 726
– Sozialplan **5** 128
– Stimmrecht in Arbeitsgruppen i. S. des § 28a **28a** 29
– technische Überwachung **87** 603
– Teilnahme an
– – Betriebsversammlung **42** 16
– – Jugend- und Auszubildendenversammlung **71** 11 f.
– Überlassungsdauer **7** 76
– Überstunden **87** 397
– Umgruppierung **5** 125
– Unterrichtungsanspruch des BR **92** 1
– Urlaub **87** 467
– Versetzung **5** 125
– Verwendung von Beurteilungsgrundsätzen, Formulararbeitsverträgen und Personalfragebögen **94** 9
– Vorschlagswesen, betriebliches **87** 1065
– Wahlanfechtungsrecht **19** 70, 76
– Wahlberechtigung **9** 21; **13** 41
– Wahlvorschlagsrecht **14a** 40

Leistungsverweigerungsrecht des Arbeitnehmers vor 81 37; **74** 47, 55; **75** 155; **84** 18; **87** 124, 445, 605, 669; **91** 36

Leitende Angestellte E 108
– Abgrenzung **5** 2 f., 12 ff., 16, 159 ff.
– – Außen- und Innenverhältnis **5** 171, 182 f., 185, 191 ff.
– – Bedeutung für Bestand und Entwicklung des Unternehmens oder eines Betriebs **5** 173 ff., 182, 188, 195, 200, 203, 204 ff., 223 f.
– – Beispiele aus der Rechtsprechung **5** 228 ff.
– – Berechtigung zur selbständigen Einstellung und Entlassung **5** 176 ff.
– – besondere Erfahrungen und Kenntnisse **5** 203, 212
– – Betriebsarzt **5** 231
– – Datenschutzbeauftragter **5** 230
– – Eigenverantwortlichkeit **5** 213 f.
– – Feststellung der Eigenschaft des ~ **5** 164 f., 210, 228 ff., 243 ff.

– – Gegnerbezug **5** 160, 174, 182, 188, 211 ff., 220, 225 f.
– – Generalvollmacht **5** 188, 189
– – Geprägetheorie **5** 227 ff.
– – Gesamtprokura **5** 190 f.
– – Handlungsvollmacht **5** 199
– – Interessenpolarität **5** 160, 174, 182, 188, 211 ff., 220, 225 f.
– – Linienfunktion **5** 202, 209, 216 f., 220, 254
– – maßgeblicher Einfluss **5** 203, 209, 213 ff., 218 ff.
– – nach Arbeitsvertrag und Stellung **5** 166 ff., 221, 224
– – nach Dienststellung und Dienstvertrag **5** 166
– – Niederlassungsprokura **5** 190 f.
– – Personalleiter **5** 186, 220
– – Prokurist **5** 188, 190 ff.; **108** 21
– – regelmäßige Wahrnehmung der Führungsaufgaben **5** 203, 222 ff.
– – sonstige Aufgaben **5** 201 ff.
– – Stabsfunktion **5** 195, 202, 209, 216 f., 220, 254
– – Stellung im Unternehmen oder Betrieb **5** 166, 173 ff.
– – Titularprokurist **5** 193, 195; **18a** 103
– – unternehmerische Aufgabenstellung **5** 173 ff., 200, 204 ff., 214
– – Verfassungskonformität **5** 261
– – Weisungsfreiheit **5** 203, 205 f., 213 ff., 217
– – Zweck **5** 160, 174, 182, 188, 211 ff., 220, 225
– aktives Wahlrecht bei der Wahl
– – Arbeitnehmervertreter im Aufsichtsrat **18a** 5
– – Betriebsrat **5** 12, 159, 211; **14a** 14; **18** 19
– allgemeine Aufgaben des Betriebsrats **80** 4
– als Auskunftsperson des Betriebsrats **80** 138
– andere Vertretung der ~ **3** 5, 24, 27
– angestellte Wirtschaftsprüfer **5** 166
– Arbeitnehmereigenschaft **7** 16; **9** 6; **15** 18
– Arbeitszeitlage **87** 301
– Ausschreibung von Arbeitsplätzen **93** 15
– Begriff, Legaldefinition **5** 16 ff., 159, 162 ff., 202, 212; **106** 2 f.
– Berücksichtigung bei der Schwellenwertermittlung **5** 13, 160
– – Betriebsratsfähigkeit **1** 14, 23 f., 100; **38** 12
– – des § 110 **110** 15
– – des § 111 **111** 18
– – Errichtung des Konzernbetriebsrats **54** 55
– – Errichtung des Wirtschaftsausschusses **106** 26
– – personelle Einzelmaßnahmen **99** 14
– Berufsbildung **96** 5; **98** 20, 51 f.
– Betriebsvereinbarung **5** 13, 160; **77** 60, 195 ff.
– Betriebsversammlung **42** 15
– Beurteilungsgrundsätze **94** 8, 53
– Chefarzt einer Klinik **5** 205
– Chefredakteur einer Tages- oder Wochenzeitung **5** 205
– Direktionsrecht des Arbeitgebers **5** 171
– Diskriminierungsverbot **75** 13, 14
– Einsicht des Betriebsrats in Lohn- und Gehaltslisten **80** 109
– Einstellung **87** 682
– Entfernung betriebsstörender Arbeitnehmer **104** 4

– Formulararbeitsverträge **94** 8, 53
– Gleichbehandlungsgrundsatz, arbeitsrechtlicher **77** 196
– Individualrechte **vor 81** 22, 25
– Informationspflicht des Arbeitgebers gegenüber dem Betriebsrat bei personellen Veränderungen **5** 13, 160; **76** 25; **99** 14, 83; **105** 1 ff., 9; **118** 225
– – Beförderung **105** 3, 7, 8
– – Eingruppierung **105** 7, 12, 14
– – Einstellung **87** 682; **105** 6, 10, 12
– – Kündigung **102** 20, 40; **105** 8, 13 f.
– – personelle Veränderung **105** 7 ff.
– – Sanktion **23** 188; **105** 15
– – Umgruppierung **105** 7, 12, 14
– – Versetzung **105** 8, 12, 14
– – Zeitpunkt der Information **105** 10 f.
– – Zweck **105** 2
– Interessenausgleich **112, 112a** 4
– Kapitän als ~ **5** 166; **18a** 7; **114** 28; **115** 4 ff.
– Kooptationsfähigkeit **107** 54
– Kündigung **5** 280; **76** 25; **102** 20, 40
– Leiter der Gesamtrevision einer Bank **5** 229
– Lohngestaltung, betriebliche **87** 919, 975 ff.
– Luftfahrtunternehmen **117** 2
– Mitgliedschaft in
– – Betriebsrat **24** 54
– – Einigungsstelle **76** 51; **76a** 24
– – Wirtschaftsausschuss **107** 10, 24, 27, 36; **108** 29
– passives Wahlrecht bei der Wahl des Betriebsrats **5** 13, 160, 211, 212
– Personalfragebogen **94** 8, 53
– Personalplanung für ~ und Beteiligung des Betriebsrats **92** 5, 16, 27
– personelle Einzelmaßnahmen und Beteiligung des Betriebsrats **76** 25; **99** 14, 83; **105** 3
– Richtlinien über Inhalt, Abschluss und Beendigung des Arbeitsverhältnisses **2** 9; **5** 277; **77** 44, 60 f., 197, 263
– Seeschifffahrtsunternehmen **5** 166; **114** 28
– Sozialeinrichtung **87** 726
– Sozialplan **77** 196; **112, 112a** 4, 150 ff.
– Trainer im Bereich des professionellen Mannschaftssports **5** 205
– Verband der ~ **2** 36, 39; **5** 273
– Verbot parteipolitischer Betätigung **74** 106, 115
– Vermögensbildung **77** 195
– Versammlung der ~ **5** 275
– Vertragsstrafe **87** 249
– Vorschlagswesen, betriebliches **87** 1065
– Werkmietwohnung **87** 798 f., 806 f., 814
– wirtschaftliche Nachteile infolge Betriebsänderung **111** 6
– Zuordnungsverfahren, *s. dort*
– Zweifel hinsichtlich der Eigenschaft als ~ **5** 233 ff.; **105** 12 ff.
– – arbeitsgerichtliche Überprüfung **5** 243 f., 261
– – Auslegungsregel **5** 236
– – Gehaltshöhe **5** 236, 246, 258, 259 f.
– – Gehaltsstruktur im Unternehmen **5** 236, 246, 256 f., 258
– – Hilfstatbestand **5** 237 f.

Sachverzeichnis

- – Leitungsebene, Zugehörigkeit **5** 246, 254 f., 258
- – rechtskräftige arbeitsgerichtliche Entscheidung **5** 250 ff.
- – Regelbeispiele **5** 235
- – unwiderlegbare Rechtsvermutung **5** 240
- – Verfassungskonformität **5** 261
- – Verhältnis der Tatbestände **5** 258, 260
- – widerlegbare Vermutung **5** 233 f.
- – Zuordnung bei früheren Wahlen **5** 164, 236, 246, 247 ff., 258
- – Zweifel, Begriff **5** 241 f., 243 ff., 259

Leitprinzipien der Betriebsverfassung E 101 ff., *s. auch unter Vertrauensvolle Zusammenarbeit*

Liquidationspool
- Chefärzte **87** 852

Listenwahl, *s. unter Wahl des Betriebsrats*

Lohn- und Gehaltslisten
- Abgrenzung zum Recht des Arbeitnehmers auf Erläuterung des Arbeitsentgelts **82** 14
- Anfertigung von Notizen und Kopien **80** 123
- Aufgabenbezug **80** 70 ff., 107
- Aushändigungsanspruch **80** 122
- Begriff der ~ **80** 118 ff.
- Betriebsausschuss **27** 74; **80** 107 ff., 114
- Bordvertretung **115** 66
- Bundesdatenschutzgesetz **80** 113
- Datenschutz **80** 113, 124
- Einblicksrecht **27** 74; **80** 3, 19, 22, 105, 107 ff.
- Einsichtnahmeberechtigte **80** 114 ff.
- Geheimhaltungspflicht **80** 124
- Jugend- und Auszubildendenvertretung **70** 68
- Kleinbetriebe **80** 114 ff.
- leitende Angestellte **80** 109, 118
- Listen außertariflicher Vergütung **80** 22, 24, 108, 110, 118 f.
- Persönlichkeitsrecht des Arbeitnehmers **80** 113, 120, 124
- Tendenzbetrieb **80** 112; **118** 188
- Überwachung durch den Arbeitgeber **80** 122
- Vermittler **18a** 82

Lohnabtretungsverbot 77 351, 375, 377; **87** 450

Lohngestaltung, betriebliche 50 50; **87** 705, 708, 832 ff.
- Akkordlohn, *s. dort*
- Aktienoptionen **87** 852, 952
- allgemeiner Unterrichtungsanspruch des Betriebsrats **80** 76
- Arbeitgeberdarlehen **37** 18; **50** 51; **87** 711, 856, 859, 860
- AT-Angestellte **50** 51; **87** 835, 839, 845, 956, 975 ff.
- Außendienstmitarbeiter **87** 849, 1009, 1023
- Auslösungen **87** 123, 449, 852, 899
- Autopauschale **87** 856
- Bedienungsgeld **87** 854, 1006
- Belegschaftsaktien **87** 852, 901
- betriebliche Altersversorgung, *s. dort*
- Betriebsausflüge **87** 712, 859
- Cafeteria-System **87** 710, 933
- Einzelmaßnahmen **87** 21, 28, 32, 844 f.
- Entlohnungsgrundsätze, *s. dort*
- Entlohnungsmethoden, *s. dort*

- Erzwingbarkeit zusätzlicher Leistungen **87** 39 f., 129, 839, 861, 866 f., 879 f., 892 f., 896, 903, 915 f., 985
- Essengeldzuschuss **87** 859
- Franchisebetrieb **87** 841
- Funktionsbeschreibungen **87** 849
- Gesetzes- und Tarifvorbehalt **87** 981 ff.
- Gewinn- und Ergebnisbeteiligungen **87** 852, 854, 901, 952, 1005 f., 1010, 1023
- Höhe des Arbeitsentgelts **87** 38, 450, 833, 837 ff., 984, 985
- Initiativrecht **87** 153, 840, 867, 888, 895, 897, 911 f., 943, 980, 985 ff., 1032
- innerbetriebliche Lohngerechtigkeit **87** 834, 897, 925
- Jahressondervergütungen **87** 850, 852, 873, 898, 901, 1005
- kollektiver Tatbestand **87** 842 ff., 858
- Leiharbeitnehmer **87** 845
- leistungsbezogenes Arbeitsentgelt, *s. unter Arbeitsentgelt, leistungsbezogenes*
- leitende Angestellte **87** 919, 975 ff.
- Liquidationspool von Chefärzten **87** 709, 852, 952
- Lohn, Begriff **87** 832, 850 ff.
- Lohngestaltung, Begriff **87** 841 ff., 929
- Mietzuschuss **87** 804, 859, 873
- Nacht- und Wechselschichtzuschlag **87** 295, 341, 852, 973
- Nichtbeachtung des Mitbestimmungsrechts **87** 921 ff., 996
- Prämien **87** 35, 90, 852, 859, 869, 897, 901, 905, 909, 933, 937 ff., 959 f., 973, 997, 999, 1021 ff., 1039 f., 1069, 1071 f., 1074
- Prämienlohn, *s. dort*
- Provisionen **50** 51; **87** 452, 852, 933, 947 ff., 961, 1000, 1002, 1007 ff.
- Regelungssperre des § 77 Abs. 3 **87** 984
- Reisekosten **87** 449, 856, 859, 873
- Rückzahlungsklauseln **87** 873
- Sachleistungen **87** 449, 453, 851, 936
- Schulungs- und Bildungsveranstaltung zum Thema ~ **37** 185, 191, 197, 220, 222
- Sozialleistungen, *s. dort*
- Tantiemen **87** 852, 952
- Telearbeit **87** 845
- Tendenzbetrieb **87** 841, 982; **118** 190, 199
- Trinkgeld **87** 854, 1006
- Tronc-Aufkommen **87** 982
- Überstundenzuschlag **87** 376, 377
- Unterlassungsanspruch des Betriebsrats **87** 996
- Urlaubsgeld, zusätzliches **87** 859, 936
- verbilligter Warenbezug **87** 455, 713, 721, 859
- Verhältnis zu anderen Vorschriften **87** 836, 841, 847 f., 865
- – Auszahlung des Arbeitsentgelts **87** 847, 963
- – leistungsbezogenes Arbeitsentgelt **87** 836, 838, 848, 930 ff., 935
- – Sozialeinrichtungen **87** 705, 708 ff., 716, 729, 779, 836, 865, 878, 886
- – – Werkmietwohnungen **87** 836
- vermögenswirksame Leistungen **87** 452, 852, 853

Sachverzeichnis

- Währungsart **87** 455
- Wegegeld **87** 449, 856, 859
- Werkdienstwohnung **87** 36, 796 f., 801, 851
- Zeitstudien **87** 530 f., 848, 962, 1036 f., 1039
- Zielvereinbarungen **87** 576, 852, 952, 1015
- Zulagen, *s. dort*
- Zusatzurlaub **87** 856, 859
- Zuständigkeit
  - – Gesamtbetriebsrat **50** 50; **87** 846, 888, 898, 996
  - – Konzernbetriebsrat **87** 846, 888, 907, 927 ff., 996
- Zweck der Mitbestimmung **87** 705, 833 ff.

Luftfahrtunternehmen
- Anwendbarkeit des BetrVG **E** 108, 113; **1** 19
- Begriff des ~ **117** 3
- Errichtung
  - – Jugend- und Auszubildendenvertretung **vor 60** 31 f., 41 f.
  - – Wirtschaftsausschusses **106** 27, 104
- Flugbetrieb **E** 113; **106** 37; **117** 1, 7 ff.
- Landbetrieb **E** 113; **vor 60** 31, 42; **106** 16, 37; **117** 1, 5 f.
- leitende Angestellte **117** 2
- Luftfahrzeug **117** 3, 7
- Mitgliedschaft von Angehörigen des fliegendes Personals im Wirtschaftsausschuss **107** 10; **117** 6
- Streitigkeiten **117** 24
- Unternehmensmitbestimmung **117** 21
- Vertretung des fliegenden Personals, *s. dort*

Maßregelungsverbot, *s. unter Benachteiligungsverbot*
Massenentlassung 87 419; **102** 59, 143; **113** 6; **118** 155
Materielle Arbeitsbedingungen E 51, 54; **87** 1, 34 ff., 44 ff., 68, 145, 373 f., 386, 389, 997, 1041 f.
Medienunternehmen E 50, 107
- Anzeigenblätter **118** 138
- Druckerei **87** 398; **118** 64, 71, 136, 179, 194
- Ethikregeln für Redakteure **118** 190, 209
- Fernsehunternehmen **118** 132, 199
- Filmunternehmen **118** 127, 132, 134
- Freiheit der Berichterstattung **118** 2, 7, 9, 14, 19, 24, 64, 125 ff.
- Meinungsfreiheit **118** 2, 7, 9, 14, 18 f., 24, 64, 78, 125 ff.
- Nachrichtenagentur **118** 84, 133, 238
- Pressefreiheit **E** 51; **118** 2, 5, 7, 9, 14, 19, 20, 24, 44 ff., 125 ff.
- Presseunternehmen **118** 14, 17, 19 f., 24, 44 ff., 95, 125 ff., 132, 176, 179, 194, 197, 199
- Redaktionsstatute **118** 44 ff.
- Redaktionsvertretungen **118** 44, 45, 183
- Rundfunkunternehmen **87** 303; **118** 14, 19 f., 24, 76, 125 ff., 132, 194, 199, *s. auch Tendenzunternehmen*
- Verlag **87** 302, 398; **118** 15, 17, 20, 24, 50, 53, 64, 71, 95, 117, 123, 129, 132, 135, 138, 179, 194, 227, 239
- Zeitungszustellunternehmen **118** 64, 137

Mehrarbeit 87 420 f.
Mehrheitswahl, *s. unter Wahl des Betriebsrats*
Mehrköpfiger Betriebsrat 9 26, 28, 29; **14** 31
Minderheitenschutz 14 3; **14a** 56; **15** 1, 7, 15, 17, 21 f.; **27** 16, 19, 24, 33, 44, 46 f., 50; **28** 5, 33; **35** 2, 9, 31; **38** 22, 43, 59, 76 f., 86 f.; **66** 3, 11; **107** 24; **108** 5

Mischbetrieb 118 23, 51, 65 ff., 144 f.
Mitarbeiterversammlung 42 11 ff., 21; **43** 42; **44** 23; **71** 7
- Arbeitsentgeltfortzahlung **42** 13
- Beteiligungsrechte des Betriebsrats **42** 12
- Initiative der Arbeitnehmer **42** 11, 13, 21
- Initiative des Arbeitgebers **42** 12 f.; **44** 23
- Jugendliche und Auszubildende **71** 7
- Rechtsmissbrauch **42** 13, *s. auch Betriebsversammlung*

Mitbestimmung
- Begriff **E** 41 ff.
- dualistisches Modell **E** 45
- Integrationsmodell **E** 45

Mitbestimmung im Aufsichtsrat, *s. unter Unternehmensmitbestimmung*
Mitbestimmungssicherungsverfahren
- Antrag des Betriebsrats **101** 8 ff.
- Aufhebungsanspruch des Betriebsrats **101** 8
- bei personellen Maßnahmen **101** 1 ff.
- Eingruppierung **101** 9 f.
- Einstellung **101** 10
- Frist zur Aufhebung der personellen Maßnahme **101** 19
- Rechtsmittel gegen die arbeitsgerichtliche Entscheidung **101** 18
- Sanktionen bei Aufrechterhaltung der personellen Maßnahme **101** 20 ff.
- Tendenzbetrieb **118** 218 f.
- Umgruppierung **101** 12
- Verfahrensart **101** 18
- Verhältnis zu § 23 Abs. 3 **101** 24
- Verhältnis zum vorläufigen Rechtsschutz **101** 25
- Versetzung **101** 8; **103** 52
- Verwirkung des Aufhebungsanspruchs **101** 7
- Voraussetzungen **101** 2 ff.

Mitgliederwerbung der Gewerkschaft, *s. unter Gewerkschaft*
Mitgliederzahl des Betriebsrats E 55 f.; **7** 8, 18; **9** 1 ff.; **11** 1 ff.; **19** 130, 150; **132** 3
- Änderung der Arbeitnehmerzahl **9** 23 f., 28; **11** 9 f.; **13** 36 ff., *s. auch Neuwahl des Betriebsrats*
- Aushilfskräfte **9** 18, 20; **13** 41
- Betriebsobmann **9** 1, 26 ff.; **13** 54, 59
- Dispositivität in Kollektivvereinbarungen **9** 2, 30; **11** 4
- einköpfiger Betriebsrat **9** 1, 26 ff.; **13** 54, 59, 64, 79
- Erhöhung der ~ **9** 30
- Feststellung der Arbeitnehmerzahl **9** 16 ff., 34 f.; **10 Anhang** 6
- Genese **9** 1
- Höchstzahl **9** 1, 25, 29
- in der Regel Beschäftigte **9** 18 ff.; **13** 41 f.
- Kampagnebetrieb **9** 20
- Leiharbeitnehmer **9** 6, 20; **10 Anhang** 6; **13** 41
- mehrköpfiger Betriebsrat **9** 26, 28, 29
- nicht ausreichende Zahl wählbarer Arbeitnehmer **9** 2, 30 ff.; **11** 1 ff.
- Reduzierung der ~ **9** 2, 30; **11** 1 ff.
- Saisonbetrieb **9** 20
- Streitigkeiten **9** 34 ff.; **11** 13 ff.
- Stufenkatalog **9** 1, 5, 6, 18, 25, 29, 31

2397

Sachverzeichnis

- Teilzeitarbeitnehmer **9** 20
- Übergangsmandat **21a** 34, 70, 77
- unrichtige ~ **9** 23 f., 32, 34 ff.; **11** 14 f.; **13** 50 ff., 60
- Vermerk im Wahlausschreiben **3 WO** 12
- Zahl der betriebszugehörigen Arbeitnehmer **9** 5, 6 ff., 29
- Zahl der wahlberechtigten Arbeitnehmer **9** 5, 6 ff., 29; **13** 43

Mitspracherechte des Arbeitnehmers, *s. unter Individualrechte des Arbeitnehmers*

Mitteilung, *s. unter Unterrichtung*

Mittelbares Arbeitsverhältnis 5 112 f., 135; **7** 148, 95; **8** 24

Mitwirkungsrecht des Arbeitnehmers, *s. unter Individualrechte des Arbeitnehmers*

Mobbing 37 197; **75** 76, 107; **84** 8; **87** 236

Monatliche Besprechungen mit dem Arbeitgeber 29 23, 71; **32** 3; **33** 9; **38** 55; **74** 9 ff.
- Arbeitsbefreiung der Betriebsratsmitglieder **37** 31, 49
- Durchführung **74** 20 ff.
- Hinzuziehung der Jugend- und Auszubildendenvertretung **68** 1 ff., 6; **69** 15; **70** 24, 53; **74** 16, *s. unter Jugend- und Auszubildendenvertretung*
- Hinzuziehung der Schwerbehindertenvertretung **74** 17
- Hinzuziehung des Sprecherausschusses **74** 19
- Pflichtencharakter der Norm **74** 10 ff.
- Pflichtverletzung **74** 10 ff.
- Sanktion **74** 12
- Teilnahmepflicht des Arbeitgebers **74** 15
- Teilnahmerecht für Koalitionsvertreter **74** 18
- Verbindung mit Betriebsratssitzung **74** 23
- Zeitpunkt **74** 10, 13, 22
- Zweck **74** 9, 14, 20

Nachrücken von Ersatzmitgliedern, *s. unter Ersatzmitglieder*

Nachschieben von Gründen
- im Kündigungsschutzprozess **102** 27 f., 73, 88, 93, 99, 106, 115, 187 ff.; **103** 77
- im Zustimmungsersetzungsverfahren bei personellen Einzelmaßnahmen **99** 171, 245

Nachtarbeitsausgleich 87 852

Nachteilsausgleich 113 1 ff.
- Abfindung **113** 65 f., 80 ff., 116
- Abtretung **113** 99
- - Anspruchsgrundlage **113** 77 f.
- - Ausgleichsklausel **113** 87
- - Frist **113** 84 f.
- - Gläubiger **113** 80
- - Höhe der Abfindung **113** 77, 88 ff.
- - Insolvenz **113** 94, 96 ff.
- - Leistungsklage vor dem Arbeitsgericht **113** 77 ff., 95
- - Pfändbarkeit **113** 102
- - Schuldner **113** 79
- - Sozialversicherung **113** 101
- - steuerrechtliche Behandlung **113** 100
- - Vererblichkeit **113** 99
- - Verjährung **113** 86

- - Verrechnung mit Abfindung aufgrund Sozialplans **113** 103 ff.
- - Verzicht **113** 87
- - Vorteilsausgleichung **113** 68
- Abweichen vom Interessenausgleich **77** 15; **vor 106** 4; **112, 112a** 83, 89, 129 f.; **113** 1, 18 ff., 75 f., 79
- - Absehen von der Betriebsänderung **113** 27
- - Bindungswirkung des Interessenausgleichs **113** 21 ff.
- - Konzept des Unternehmers **113** 17
- - kündigungsrechtlicher Interessenausgleich nach § 125 Abs. 1 InsO **113** 18, 28
- - neuer Interessenausgleich **113** 26
- - umwandlungsrechtlicher Interessenausgleich nach § 323 Abs. 2 UmwG **113** 18, 28
- - zwingende Gründe **112, 112a** 100, 186; **113** 28 ff.
- Abweichen vom Sozialplan **113** 8 f., 21, 29
- Adressat der Pflicht **113** 10, 82
- Arbeitnehmer in betriebsratslosen Betrieben **111** 39
- Ausgleich anderer wirtschaftlicher Nachteile **113** 72 ff., 112 ff., 116
- Durchsetzung des Anspruchs auf ~ **113** 12, 36, 80 ff., 98, 112, 116 ff.
- Entlassung **113** 65 ff.
- - Änderungskündigung **113** 65
- - Aufhebungsvertrag **113** 66
- - Befristung **113** 74
- - Eigenkündigung **113** 67, 74
- - Kündigung des Arbeitgebers **113** 64, 74, 81
- - Widerspruch bei Betriebsübergang **113** 64, 75
- Gemeinschaftsrecht **113** 7, 90
- Insolvenz, *s. dort*
- Kausalität des Nachteilseintritts **113** 75 ff., 85
- Konzern **113** 10, 82
- Nachteil **113** 64 ff., 112 ff.
- - sonstiger Nachteil **113** 62, 70
- - wirtschaftlicher Nachteil **113** 1, 7, 62, 65, 69, 71, 108 ff.
- Schuldner **113** 10, 82
- Streitigkeiten **113** 12, 59, 80 ff., 98, 112, 116 ff.
- Tendenzbetrieb **113** 14 ff.; **118** 158 ff.
- Unterlassen des Versuchs eines Interessenausgleichs **113** 1 f., 9, 22, 26, 27, 34, 37 ff., 75, 78 f.
- - hinsichtlich einzelner Teilabschnitte der Betriebsänderung **113** 39
- - Irrtum des Unternehmers **113** 38
- - nicht sozialplanpflichtige Betriebsänderung **112, 112a** 251
- - Nichteinleitung des Einigungsstellen- bzw. Vermittlungsverfahrens **111** 31, 33; **113** 52 ff.
- - Rahmeninteressenausgleich **112, 112a** 11
- - Rechtsfolgenverweisung **113** 56 f.
- - sofortige Betriebsstilllegung **113** 41, 58 f.
- - Verschulden des Unternehmers **113** 38
- - verspätete Einleitung des Interessenausgleichsverfahrens **113** 40 ff.
- - Versuch des Interessenausgleichs **112, 112a** 11, 30, 32, 211, 241, 251; **113** 45 ff.
- - zwingende Gründe **113** 55 ff.
- Unterlassen des Versuchs von Sozialplanverhandlungen **113** 9, 38

Sachverzeichnis

– verspätete Einleitung des Interessenausgleichsverfahrens **113** 41 ff.
– – interne Willensbildung **113** 41
– – vorbereitende Rechtsgeschäfte **113** 42
– – Vorbereitungshandlungen **113** 41
– – Weisung **113** 41
– Vorteilsausgleichung **113** 71, 114
– wirtschaftlicher Nachteil **113** 1, 8, 64, 68, 72, 74, 112 ff.
– Zweck
– – Kompensationscharakter **113** 5, 102, 105
– – Sanktionscharakter **111** 205, 209, 215; **112, 112a** 51, 57, 63 ff.; **113** 3 ff., 17, 34, 39, 88, 106 f.
Nachwahl 9 20
Nachwirkung der Betriebsvereinbarung 28a 28, 57 ff.; **77** 37, 39, 70, 220, 225, 443 ff.; **87** 91, 119, 904; **94** 15; **112, 112a** 127, 191
– Ablauf der Betriebsvereinbarung **77** 446
– Ablösung der Betriebsvereinbarung **77** 476
– außerordentlicher Kündigung **77** 446, 469; **112, 112a** 246
– Ausschluss der Nachwirkung **77** 446, 474
– erzwingbare Betriebsvereinbarung **77** 448 ff.
– freiwillige Betriebsvereinbarung **77** 451 f., 469 ff., 473
– Rechtsfolgen **77** 472 ff., *s. auch Betriebsvereinbarung*
– teilmitbestimmte Betriebsvereinbarung **77** 453 ff., 469 ff.
– Vereinbarung der Nachwirkung **77** 469 ff., 473
Nationalität
– Benachteiligungsverbot **75** 61
NATO-Streitkräfte 1 20; **99** 18
NATO-Truppenstatut 1 20; **87** 281; **130** 7
Nebenbeschäftigungsverbot 77 351, 375, 379
Nebenbetrieb 4 1, 2, 7; **111** 14, 112
– Begriff **4** 2
– Betriebsratsfähigkeit **60** 13
– Binnenschiff als ~ **114** 15, 23
– Kurzstreckenschiff als ~ **114** 15, 23
– Zuordnung zum Hauptbetrieb **4** 1; **7** 47; **60** 8 f., 11, 13 f.; **62** 11
– Zuordnungstarifvertrag **3** 1
Neutralitätspflicht
– arbeitskampfbezogene ~ **74** 5, 66, 67, 69, 72, 76, 81 ff., 84 f.; **102** 17 ff.
– koalitionspolitische ~ **20** 35, 56; **74** 151; **75** 58 f.
– parteipolitische ~ **23** 38; **74** 113 f.
Neuwahl des Betriebsrats 9 24, 32, 36 ff.; **11** 9, 11, 14 f.; **13** 5, 11, 14, 20, 28 ff.; **16** 13 ff., 19 f., 23 f.; **17** 6 f.; **47** 32
– Absinken der Zahl der Betriebsratsmitglieder **13** 30 f., 33, 35, 46, 50 ff., 79; **21** 31 f.; **22** 8
– Abwahl **13** 33
– Amtsniederlegung aller Betriebsratsmitglieder **13** 69, 79
– Anschluss an den regelmäßigen Wahlturnus **13** 5, 82 ff.
– Arbeitnehmerfluktuation **13** 44
– Auflösung des Betriebsrats durch das Arbeitsgericht **13** 30, 32 f., 35, 75 f.; **21** 34; **22** 14
– Beschlussunfähigkeit des Betriebsrats **13** 55
– Dispositivität in Kollektivvereinbarungen **13** 8, 28

– Durchführung der ~ **13** 34
– Erschöpfung aller Listen **25** 64
– fehlerhaftes Betriebsabgrenzungsverfahren **13** 44
– Generalklausel **13** 32 f., 78
– Genese **13** 5
– Nichtbestehen eines Betriebsrats **13** 5, 11, 18, 30, 32 f., 53 f., 59, 69, 78 ff.; **17** 6 f.
– Rücktritt des Betriebsrats **13** 30 ff., 35, 62 ff., 74; **21** 33; **22** 8, 10 f.
– Spaltung von Betrieben **13** 5, 11, 14, 28, 33, 79; **21** 45; **21a** 30 f., 40 ff., 80
– Streitigkeiten **13** 86
– Veränderung der Belegschaftsstärke **9** 24; **13** 5, 30 f., 33, 35, 36 ff., 52; **21** 31 f.; **22** 8
– Veränderung des Anteils der Geschlechter **13** 44
– Wahlanfechtung **13** 5, 30, 32 f., 35, 70 ff.; **15** 32; **19** 137 f., 142; **21** 34; **22** 14
– Zusammenlegung von Betrieben **13** 5, 11, 14, 28, 33, 79; **21** 45; **21a** 40 ff., 63, 70, 80
Nicht-Arbeitnehmer 5 137 ff.; **14a** 14
– arbeitnehmerähnliche Personen **5** 35, 107, 111
– Beamte **5** 8, 28
– Beschäftigung aus karitativen und religiösen Gründen **5** 143 ff.
– Ehegatte des Arbeitgeber **5** 1, 155 ff.
– Gesellschafter von Personen- oder Kapitalgesellschaften **5** 1, 105, 140, 142
– Gestellungsvertrag **5** 135, 143 ff.
– GmbH-Geschäftsführer **5** 22, 140
– Hausgewerbetreibende **5** 113 ff.
– Lebenspartner des Arbeitgebers **5** 156
– Liquidatoren **5** 140
– Mitglieder des Vertretungsorgans juristischer Personen **5** 139 ff.
– Rehabilitanden **5** 60, 62, 152 ff.
– Rote-Kreuz-Schwester **5** 145 ff.
– Selbständige **5** 35 ff., 118
– Strafgefangene **5** 28, 152
– Vereinsmitglieder **5** 105, 135, 140, 142
– Verwandte des Arbeitgebers **5** 157 f.
– Werkunternehmer **5** 15, 31, 51, 118
Nichtigkeit der Betriebsratswahl, *s. unter Wahl des Betriebsrats*
Notfälle 87 103 f., 107, 112, 167 ff., 309, 426, 669

Öffentlicher Dienst E 47 f., 107; **7** 140; **130** 1 ff.
– Abgrenzung zur Privatwirtschaft **E** 49; **130** 2
– Bereichsausnahme **E** 48 f., 108; **1** 20; **54** 24, 27; **130** 1
– gemeinsamer Betrieb mehrerer Unternehmen **130** 3
– internationale, zwischenstaatliche Organisationen **130** 6
– Kinderheim **118** 106
– Krankenhaus **7** 140; **118** 106
– NATO-Streitkräfte **99** 18; **130** 7
– Personalvertretungsrecht **E** 19, 22, 34, 48 f., 89
– Privatisierung **130** 8 ff.
– Religionsgemeinschaft **118** 227, 229 f., 240 ff.; **130** 5
– Tätigkeit in privatisierten Unternehmen

2399

Sachverzeichnis

- – Arbeitnehmer des öffentlichen Dienstes **5** 6, 28; **7** 16, 138
- – Auszubildende des öffentlichen Dienstes **5** 6, 28; **7** 16, 65
- – Beamte **5** 6, 28; **7** 16, 138
- – Soldaten **5** 6, 28; **7** 16, 138
- Übergangsmandat bei Privatisierung **130** 8 ff.

Öffnungsklausel, tarifvertragliche **77** 85, 88, 96, 119, 151, 165 ff., 193, 446; **87** 291
- abweichende Betriebsvereinbarung **77** 173, 175 f., 178
- Ausdrücklichkeit **77** 167, 170 ff., 181
- Beseitigung der Sperrwirkung **77** 168, 180
- Bestimmungsklausel **77** 181; **87** 291
- betriebsverfassungsrechtliche Tarifnorm **77** 169, 177
- Bezugnahme-Betriebsvereinbarung **77** 174, 176, 178
- Delegation tariflicher Normsetzungsbefugnis **77** 168, 177
- ergänzende Betriebsvereinbarung **77** 173 ff., 178
- Erweiterung von Beteiligungsrechten des Betriebsrats **77** 182
- Firmentarifvertrag **77** 119, 170, 171
- inhaltliche Vorgaben der ~ **77** 177 ff.
- Korridorlösung **77** 179
- nachtarifliche Betriebsvereinbarung **77** 172, 178
- rechtliche Grenzen der ~ **77** 177
- vortarifliche Betriebsvereinbarung **77** 172, 178, 185
- Wirksamkeitsvoraussetzungen **77** 167, 170 ff.
- Wirkungsdauer der ~ **77** 170, 183 ff., 399, 446
- Zulassungsnorm **77** 169

Ordnung des Betriebs **E** 74; **75** 130 ff., 137; **83** 22; **87** 34 f., 43, 90, 171 ff., 508, 542, 563 f., 608, 618, 641, 705
- Abmeldung und Rückmeldung am Arbeitsplatz **87** 188 ff., 222
- Alkoholverbot **75** 130; **87** 225
- Anrede »Du« **87** 241
- Anwesenheitskontrolle **87** 222, 531
- Anzeige- und Nachweispflicht bei Krankheit **87** 235
- arbeitsbegleitende Papiere **87** 212, 295, 530 f., 537, 577
- Arbeitskleidung **87** 43, 209, 217 f.
- – Hygiene **87** 217, 238
- – Kostentragungspflicht **87** 43, 218
- – Namensschild **87** 217
- – sorgsame Behandlung **87** 209
- arbeitsnotwendige Maßnahmen **87** 202 ff., 542
- arbeitstechnische Einrichtung und Organisation des Betriebs **87** 180 f.
- Arztbesuche während der Arbeitszeit **87** 233
- ärztliche Eignungsuntersuchung **75** 123, 125; **87** 233
- Aufräumen des Arbeitsplatzes **87** 209
- äußeres Erscheinungsbild des Arbeitnehmers **75** 129; **87** 193 f., 217, 218
- – Haar- und Barttracht **75** 129; **87** 218
- – Schmuck **75** 129; **87** 218
- Bankschaltertests **87** 201, 211, 577
- Begriff **87** 178 ff., 204

- Beseitigungsanspruch des Betriebsrats **87** 243
- Betriebsbuße, *s. dort*
- Bildschirmarbeitsplätze **87** 180
- Definition **87** 178 ff., 204
- Dienstreisenordnung **87** 213
- Durchführung der Mitbestimmung **87** 243
- Ehrlichkeitskontrollen **87** 211, 529
- Einsichtnahme in Personalakten **83** 22
- Fahrradstellplätze **87** 228
- Gesetzes- und Tarifvorbehalt **87** 235, 237 ff.
- Gespräche über krankheitsbedingte Fehlzeiten **87** 234
- Initiativrecht **87** 242
- kollektiver Tatbestand **87** 187, 205 f.
- Konkretisierung der Arbeitspflicht **87** 207 ff.
- Leibesvisitation **75** 125; **77** 361; **87** 222
- Leistungsverhalten der Arbeitnehmer **87** 202 ff., 529 ff., 563 f.
- Mittagspausen **87** 236
- Nutzung der Betriebsmittel **87** 43, 192 ff., 209
- – Diensttelefon **87** 195 ff., 582
- – Dienstwagen **87** 195, 197
- – Eigentumsschutz **87** 193 f., 198 f., 201, 209, 223
- – Gestattung privater Nutzung **87** 196 f.
- – gewerkschaftliche Werbung **87** 194
- Ordnungsverhalten der Arbeitnehmer **87** 178, 182 f., 185 f., 187 f., 204, 215 ff.
- Parkplätze **87** 228 ff., 564, 569
- Personalinformationssysteme **87** 210 f.
- polizeiliche Ermittlungen **87** 200
- Privatdetektive **87** 201, 210 f., 225, 529
- Pünktlichkeitskontrolle **87** 222
- Qualitätskontrolle **87** 210 f.
- Radioverbot **75** 130; **87** 227
- Rauchverbot **75** 130 ff.; **87** 193 f., 223 f., 238, 648
- Sicherheitswettbewerb **87** 173, 186, 608; **88** 15
- Singverbot **87** 226
- Stellenbeschreibungen **87** 215
- Taschenkontrolle **87** 222
- Teilzeitbeschäftigte **87** 187
- Tendenzbetrieb **87** 187
- Torkontrolle **75** 125; **77** 361; **87** 222, 564 f.
- Überwachung durch Vorgesetzte **87** 211, 529, 537
- Unterlassungsanspruch des Betriebsrats **87** 243
- Verhalten der Arbeitnehmer im Betrieb **87** 178, 182 f., 185 f., 187 f., 204, 215 ff., 563 f.
- Verhalten der Betriebsratsmitglieder **87** 188 ff.
- – Ab- und Rückmeldung im Betrieb **37** 63; **87** 188 ff.
- – Aufsuchen von Arbeitnehmern am Arbeitsplatz **39** 37 f.; **87** 190
- – Verlassen des Betriebs **87** 190
- Verhaltenskontrolle **87** 222
- Wasch- und Umkleideräume **87** 228
- Werksausweis **87** 222
- Werkschutz **87** 198 f.
- Zutritt zum Betrieb **87** 181, 222, 236, 548, 564 f.
- Zweck der Mitbestimmung **87** 175

Ordnungsgeld
- Androhung **23** 256, 267, 276, 280, 281 ff., 293
- Dulden einer Handlung **23** 270, 276

- Festsetzung **23** 284, 291 ff.
- Höchstmaß **23** 270, 291
- rechtskräftige Entscheidung **23** 276, 277 ff.
- Unterlassen einer Handlung **23** 270, 276
- Vergleich **23** 278, 291
- Verschulden **23** 288 f.
- Vollstreckung **23** 306 f.
- wegen Pflichtverletzung des Arbeitgebers **23** 264, 273 ff.
- Zuwiderhandlung **23** 276, 285 f.

Ordnungswidrigkeiten E 88, 99, 124; **121** 1 ff.
- Aufklärungs- und Auskunftspflichten **90** 7, 46; **92** 36; **106** 123, 155; **108** 56, 76; **109** 4; **110** 33; **111** 274; **121** 8 ff.
- Begehungsformen **121** 12
- Beteiligung **121** 33
- Fahrlässigkeit **121** 25, 44
- Geldbuße **121** 41 ff., 46
- Gewerbezentralregister **121** 42
- Normzweck **121** 5 f.
- Rechtsgüterschutz **121** 7
- Rechtswidrigkeit **121** 27, *s. auch Strafbestimmungen*
- Schuld **121** 20, 23, 27 f.
- Subjektiver Tatbestand **121** 25 f.
- Tatbestände, *s. unter Ordnungswidrigkeitentatbestände*
- Tatbestandsirrtum **121** 26
- Täterschaft **121** 30 ff., 44
- Unterlassungsdelikt **121** 12
- Verbotsirrtum **121** 26 ff., 41
- Verfahren, *s. unter Ordnungswidrigkeitenverfahren*
- Verjährung **121** 36
- Versuch **121** 34 f.
- Vollendung **121** 34 f.
- Vorsatz **121** 20, 23, 25 f. 28

Ordnungswidrigkeitentatbestände 121 12 ff.
- Aufsichtspflichtverletzung nach § 130 OWiG **121** 44 ff.
- Nichterfüllung **121** 14 f.
- unvollständige Erfüllung **121** 17 ff.
- verspätete Erfüllung **121** 21 ff.
- wahrheitswidrige Erfüllung **121** 16

Ordnungswidrigkeitenverfahren 121 36 ff., 46
- Aufsichtsbeschwerde **121** 36
- Einstellung **121** 36
- Kosten **40** 124
- Opportunitätsprinzip **121** 36
- örtliche Zuständigkeit **121** 38
- Rechtsbehelfe **121** 39 f.
- sachliche Zuständigkeit **121** 37, 46
- Verhältnis zu anderen Verfahren **121** 4, 6

Paritätischer Ausschuss
- gemeinsamer, *s. unter Ausschuss*

Parkplätze 37 18; **87** 228 ff., 564, 569; **90** 9

Parteipolitische Betätigung, Verbot 40 168; **53** 26; **60** 55; **71** 47; **74** 4, 30, 32, 96 ff.; **75** 1
- absolut-abstrakter Verbotscharakter **74** 32 f., 96, 107
- Adressaten **74** 34, 101 ff.
- – Arbeitgeber **74** 34, 101; **75** 1
- – Arbeitnehmer **74** 105 f., 115
- – Betriebsrat **74** 34, 101; **75** 1
- – Betriebsratsmitglieder **74** 34, 101 f., 119; **78** 31
- – Betriebsversammlung **5** 28, 46 ff.
- – Gewerkschaft **74** 104
- – Jugend- und Auszubildendenvertretung **60** 55; **71** 47
- – leitende Angestellte **74** 106, 115
- – sonstige Arbeitnehmervertretungen und ihre Mitglieder **53** 26; **60** 55; **74** 103, 119
- Bekämpfung von Rassismus und Fremdenfeindlichkeit **88** 31
- Betriebsbezug **74** 116 ff.
- – räumliche Komponente **74** 116, 118
- – zeitliche Komponente **74** 117
- Einwirkungspflicht auf die Belegschaft **74** 115
- parteipolitische Betätigung, Begriff **74** 108 ff.
- Plaketten-Tragen im Betrieb **20** 21; **74** 106, 113; **87** 236, *s. auch vertrauensvolle Zusammenarbeit*
- sozialpolitische Angelegenheiten **74** 4, 96, 120 ff.
- tarifpolitische Angelegenheiten **74** 4, 96, 120 ff.
- umweltpolitische Angelegenheiten **74** 4, 96, 120 ff.; **88** 19, *s. unter Umweltschutz, betrieblicher*
- Unterlassungsanspruch **74** 35, 115, 126
- Verhältnis zur allgemeinen Friedenspflicht **74** 32 f., 98, 132
- Verletzung des ~
- – Abmahnung **74** 131
- – Amtsenthebung **23** 37, 65, 70; **74** 130
- – arbeitsvertragliche Sanktionen **74** 105 f., 131
- – Auflösung des Betriebsrats **23** 126; **74** 130
- – außerordentliche Kündigung **74** 131
- – Unterlassungsanspruch **74** 35, 115, 126
- – wirtschaftliche Angelegenheiten **74** 4, 96, 120 ff.
- Zweck **74** 97 ff.

Passives Wahlrecht 7 5; **8** 1 ff.; **19** 15, 23 f., 54, 63, 150
- Aberkennung der Wählbarkeit **8** 6, 15, 55 ff., 69
- Altersgrenze **8** 2
- Amtsenthebung eines Betriebsratsmitglieds **8** 61
- Anrechnungszeiten auf Betriebszugehörigkeit **8** 3, 26, 30 f., 40 ff., 43 ff., 65
- – Beschäftigung als Fremdfirmenarbeitnehmer **8** 33
- – Beschäftigung als Leiharbeitnehmer **8** 33
- – Beschäftigung als leitender Angestellter **8** 33
- – Beschäftigung in anderem Betrieb desselben Unternehmens bzw. Konzerns **8** 3, 26, 43 ff., 65
- – vor Erreichen des Wahlalters **8** 30
- Aufnahme in einen Wahlvorschlag **8** 13, 15, 43, 62
- Außendienstmitarbeiter **8** 24; **15** 18
- ausländische Arbeitnehmer **8** 4, 42, 59; **2 WO** 19
- Beamte **8** 16
- Betreute **8** 59, 69
- Betriebsspaltung **8** 51 f., 66
- Betriebsübergang **8** 36, 50 f., 66
- Dauer der Betriebszugehörigkeit **8** 3, 15, 19, 26 ff.
- – Berechnung **8** 29, 31, 34
- – Betriebszugehörigkeit **8** 31 ff., *s. auch dort*
- – Beurteilungszeitpunkt **8** 27 f., 45, 52, 64 f.
- – Zweck **8** 26, 29, 34, 40, 43, 44
- Dispositivität in Kollektivvereinbarungen **8** 8; **11** 4
- Doppelmitgliedschaft in Betriebsrat und Jugend- und Auszubildendenvertretung **8** 60
- doppeltes ~ **8** 24

Sachverzeichnis

- Eintrag in die Wählerliste **8** 13, 15, 43, 62; **14** 50, 64; **2 WO** 1, 3; **3 WO** 10
- Fremdfirmenarbeitnehmer **8** 24, 33
- gekündigtes Arbeitsverhältnis **8** 20, 36
- Genese **8** 1 ff.
- Heimarbeitnehmer **5** 116; **8** 5, 26, 53; **15** 18
- Inhaber des aktiven Wahlrechts **8** 15, 16 ff., 64, 69, s. unter aktives Wahlrecht
- Jugend- und Auszubildendenvertreter **61** 36
- Kampagnebetrieb **8** 39, 66
- Leiharbeitnehmer, *s. dort*
- leitende Angestellte **5** 13, 160, 211, 212
- Mitglieder des Wahlvorstands **8** 60
- neu errichtete Betriebe **8** 51 f., 63 ff.
- Rechtsnatur **8** 12, 59
- Saisonbetrieb **8** 37, 39
- Streitigkeiten **8** 61, 68 ff.
- Teilzeitarbeitnehmer **8** 24
- Telearbeitnehmer **15** 18
- Unterbrechung der Betriebszugehörigkeit **8** 35, 36 ff., 40 ff., 50, 63
- – Beendigung des Arbeitsverhältnisses und Neueinstellung **8** 36 ff.
- – vorübergehende Arbeitsbefreiung **8** 35, 36, 37, 63
- Unternehmensspaltung **8** 50 f., 66
- Voraussetzungen des ~ **8** 13, 15 ff.
- Wahlrecht zum Deutschen Bundestag **8** 4, 59
- Wehrdienstleistende **8** 24, 36 ff., 40 ff.
- Zivildienstleistende **8** 24, 36 ff., 40 ff.

Pausen 87 236, 284, 319, 360 ff., 362, 655, 659 f.; **88** 12

Pensionskassen 87 714 f., 721, 726, 747, 765, 777, 874, 881

Pensumsentgelte 87 852

Personalabbau
- Betriebsänderungstatbestand **111** 90 ff., 123, 125, 127, 129; **112, 112a** 14, 318 ff.
- – Ausnahme von der Sozialplanpflichtigkeit **112, 112a** 318 ff.
- – erhebliche Teile der Belegschaft **111** 75 ff.
- – Großbetriebe **111** 80, 101
- – Herabsetzung der Leistungsfähigkeit **111** 73 ff., 99
- – Schwellenwerte des § 112a Abs. 1 **111** 72, 77, 82, 90, 100 f.
- – Schwellenwerte des § 117 Abs. 1 KSchG **111** 76 ff., 99
- – Schwellenwertermittlung **111** 82 ff.
- – Zeitspanne des § 117 Abs. 1 KSchG **111** 81
- Personalplanung **92** 14, 22, 35
- Sozialplan **112, 112a** 318 ff.
- Unterrichtung des Wirtschaftsausschusses **106** 83

Personalakte 75 125; **83** 1 ff.
- Auswahl der Daten durch den Arbeitgeber **83** 16
- Begriff **83** 4 ff.
- – ärztlicher Fragebogen **94** 21
- – ärztliches Gutachten **75** 125; **83** 5, 6, 11
- – Beschwerdebrief von Arbeitskollegen **83** 5
- – Bewerbungsunterlagen **83** 5, 6
- – geheime Sonderakten **83** 7
- – graphologisches Gutachten **83** 6
- – Haupt- und Nebenakten **83** 7, 14
- – Prozessakten eines arbeitsgerichtlichen Rechtsstreits **83** 8
- – Schriftstücke Dritter **83** 5, 6
- – Unterlagen des Betriebsarztes **83** 11
- – Unterlagen des Betriebsrats **83** 9
- – Unterlagen des Werkschutzes **83** 8
- – Unterlagen in Verfahren über Betriebsbußen **83** 5, 8
- – Unterlagen zu Ermittlungen vor Verdachtskündigungen **83** 8
- – Zeugnisse **83** 6, 9
- Berichtigung der ~, *s. dort*
- Datei i. S. des BDSG **83** 48 f., *s. auch Bundesdatenschutzgesetz, s. auch Daten, personenbezogene*
- Einsichtsrecht in die ~, *s. dort*
- elektronische **92** 31
- Ergänzung der ~ **83** 64 f.
- Erklärung des Arbeitnehmers zur ~ **83** 20, 31, 32 ff.
- Form der Führung von ~ **83** 13 f.
- Persönlichkeitsrecht des Arbeitnehmers **75** 125; **83** 36, 42, *s. auch Persönlichkeitssphäre des Arbeitnehmers*
- Pflicht des Arbeitgebers zur Führung von ~ **83** 13
- Streitigkeiten **83** 77 f.
- Verhältnis zum BDSG **83** 42 ff., 69 f., 71 ff., *s. auch Bundesdatenschutzgesetz, s. auch Daten, personenbezogene*
- Vernichtung der ~ **83** 20, 21
- Verwahrung der ~ **83** 7, 18, 65
- Vollständigkeit der ~ **83** 14

Personalberatungsunternehmen 99 136

Personalfragebogen 94 1 ff.
- Änderung von ~ **94** 6
- Anrufung der Einigungsstelle **94** 67
- Anwendungsbereich **94** 8 ff., 53
- – freie Mitarbeiter **94** 8
- – Leiharbeitnehmer **94** 9
- – leitende Angestellte **94** 8, 52
- ärztlicher Fragebogen **94** 21
- automatische Datenverarbeitung **94** 17, 24 f., 51
- Begriff **94** 16 f.
- – Interview **94** 17
- – Test **94** 17
- – Vorstellungsgespräch **94** 20
- Datei i. S. des BDSG **83** 48 f.
- Durchführungsanspruch des Betriebsrats **94** 12
- Einholung von Auskünften bei Dritten **94** 22
- Einstellungsfragebogen **94** 16
- Einstellungsuntersuchung **94** 21
- Fragerecht des Arbeitgebers, *s. dort*
- Genese **94** 1, 2
- genetische Untersuchungen **94** 22
- Inhalt **94** 26 ff., *s. auch Fragerecht des Arbeitgebers*
- Krankengespräche **94** 20
- Mitbeurteilungsrecht des Betriebsrats **94** 48 ff.
- Neueinführung von ~ **94** 6
- Personalinformationssysteme **75** 126; **80** 76; **87** 210 f.; **94** 17; **95** 14

- Persönlichkeitssphäre des Arbeitnehmers **75** 125, *s. auch dort*
- Rechtsfolgen bei Nichtbeachtung der Zustimmungspflicht **23** 193; **94** 49, 50
- Rechtsfolgen bei Nichtbeachtung der Zustimmungspflicht für Individualarbeitsverträge **94** 28, 49, 50
- Schweigepflicht des Betriebsratsmitglieds **94** 51
- Streitigkeiten **94** 66 ff.
- Tendenzbetrieb **94** 11, 46; **118** 207, 209
- Unterlassungsanspruch des Betriebsrats **23** 193; **94** 68
- Vereinbarung der Betriebspartner über ~ **94** 12 ff.
- – Betriebsvereinbarung **94** 13, 14 f., 25
- – Form **94** 12, 13
- – Kündigung **94** 14 f.
- – Nachwirkung **94** 15
- – Regelungsabrede **94** 12, 14 f.
- Weiterverwendung von ~ nach erstmaliger Betriebsratswahl **94** 6, 15
- Zielbarungen **94** 22
- Zuständigkeit **94** 7, 9
- – Gesamtbetriebsrat **94** 7
- – Konzernbetriebsrat **94** 7
- – Leiharbeitnehmer **94** 9
- Zustimmungsrecht des Betriebsrats **94** 5 f., 12, 66
- Zweck der Mitbestimmung **94** 2, 17, 48, 50

Personalinformationssysteme, automatisierte
- Beteiligung des Betriebsrats bei Einführung und Anwendung von ~ **80** 76; **87** 210 f., 552 ff., 568 ff., 576; **92** 20, 30; **94** 17; **95** 8
- Datenschutz **75** 126
- für Auswahlrichtlinien **95** 8
- Persönlichkeitssphäre des Arbeitnehmers **75** 126, *s. auch dort*
- Schulungs- und Bildungsveranstaltung zum Thema ~ **37** 197
- Unterrichtung des Betriebsrats über die Anwendung von ~ **80** 76
- Zuständigkeit des Gesamtbetriebsrats **50** 51

Personalkosten 92 7, 19
Personalorganisation 43 9; **92** 7, 20
Personalplanung 70 10; **78a** 106, 112; **92** 1 ff.; **93** 4, 15, 29; **95** 1, 35 f.; **96** 1, 3, 22 f., 32, 37; **97** 15; **99** 61; **106** 55 ff.; **108** 53
- Abgrenzung zu anderen Beteiligungsrechten **92** 9, 33, 35, 47; **96** 3
- – personelle Einzelmaßnahmen **92** 10, 18, 21, 34, 35, 36
- – soziale Angelegenheiten **92** 11, 42
- – wirtschaftliche Angelegenheiten **92** 9, 20, 26, 47
- Änderung der ~ **92** 25, 37
- Begriff der ~ **92** 7 ff., 21, 22, 23, 45
- Beratungspflicht des Arbeitgebers **92** 6, 23, 28, 33 ff., 42, 44; **92a** 4, 15 ff., 42 f.; **93** 15; **96** 32
- – Anrufung der Einigungsstelle **92** 36
- – Gegenstand der ~ **92** 6, 33, 42
- – Zeitpunkt **92** 23
- – Ziel der ~ **92** 34, 35
- Berufsbildung, *s. dort*
- Beschäftigungssicherung, *s. dort*
- Darstellung der Auswirkungen wirtschaftlicher Angelegenheiten auf die ~ gegenüber dem Wirtschaftsausschuss **106** 63 ff.
- Durchführung der ~ **92** 37, 38
- Einführung der ~ **92** 37
- Ermittlung des Berufsbildungsbedarfs **96** 2, 3, 29 f., 37
- Frauenanteil **92** 42
- Frauenförderpläne **92** 42
- Fremdfirmenarbeitnehmer **92** 14, 35, 38
- Geltungsbereich **92** 4 f., 27
- – persönlicher **92** 5, 27
- – sachlicher **92** 4, 27
- Genese **92** 1
- Gesamtbetriebsrat **92** 27, 32
- Gleichstellung von Frauen und Männern **92** 1, 6, 41 ff.
- Jahresbericht des Arbeitgebers **43** 8 ff., 19
- Kontrollplanung **92** 18
- Konzernbetriebsrat **92** 32
- Leiharbeitnehmer **92** 14, 21, 35
- leitende Angestellte **92** 5, 16, 27
- Normzweck **92** 2 f., 7, 8, 12, 18, 28, 33
- Personalabbau **92** 14, 22, 35
- Personalbedarfsplanung **43** 9; **92** 7, 12, 13, 21, 22, 34, 35; **95** 37 f.; **96** 23, 29; **97** 15
- Personalbeschaffungsplanung **92** 7, 14
- Personaldeckungsplanung **92** 5, 7, 12, 14, 16, 21, 34, 35; **93** 4, 29; **95** 1; **96** 1, 3, 23, 29
- Personaleinsatzplanung **92** 12, 17, 34
- Personalentwicklungsplanung **92** 5, 7, 16, 34; **96** 1, 3, 29
- Personalinformationssysteme **75** 126; **80** 76; **87** 210 f.; **92** 20, 30; **95** 14
- Personalkostenplanung **92** 7, 19
- Personalorganisationsplanung **43** 9; **92** 7, 20
- Personalplanungsausschuss, gemeinsamer **92** 32
- Sanktionen bei Nichtbeachtung **23** 192; **92** 48 f.; **121** 8 ff.
- Schulungs- und Bildungsveranstaltung zum Thema ~ **37** 251
- Streitigkeiten **92** 48 f.
- Teilzeitarbeitsplätze **92** 46
- Tendenzbetrieb **92** 4; **118** 202, 203, 205
- Unterlagen **92** 28 ff.
- Unternehmensplanung **92** 9; **106** 64 f.
- Unterrichtungspflicht des Arbeitgebers **92** 6, 12, 21 ff., 42; **95** 37 f.; **96** 3, 29, 32
- – Adressat **92** 27, 32
- – anhand von Unterlagen **92** 28 ff., 42
- – Gegenstand der ~ **92** 6, 21 ff., 42
- – Umfang **92** 26 f.
- – Verletzung der Unterrichtungspflicht **92** 48 f.; **121** 8 ff.
- – Zeitpunkt **92** 23, 24 f.
- Vermeidung von Härten **92** 35
- Vorschlagsrecht des Betriebsrats **92** 6, 12, 21, 33, 37 ff., 42, 44; **92a** 3 f., 6 f., 8 ff., 20 f., 29
- Vorstadium der ~ **92** 22 f.

Personalplanungsausschuss 92 32
Personalvertretungsrecht, *s. unter öffentlicher Dienst*

Sachverzeichnis

Personelle Angelegenheiten vor 92 1 ff.; **92** 1 ff.
- Ausschreibung von Arbeitsplätzen, *s. dort*
- Auswahlrichtlinien, *s. dort*
- automatisierte Personalinformationssysteme und Mitbestimmung des Betriebsrats **75** 126; **80** 76; **87** 210 f.; **92** 20, 30; **94** 17; **95** 14
- Berufsbildung, *s. dort*
- Beschäftigungssicherung, *s. dort*
- Beteiligungsrechte des Betriebsrats **vor 92** 5 ff.
- Eingruppierung, *s. dort*
- Einschränkung der Beteiligungsrechte in ~ **vor 92** 9
- Einstellung, *s. dort*
- Entfernung betriebsstörender Arbeitnehmer, *s. dort*
- Erstellung von Auswahlrichtlinien für personelle Einzelmaßnahmen, *s. unter Auswahlrichtlinien*
- Erstellung von Beurteilungsgrundsätzen, *s. unter Beurteilungsgrundsätze*
- Erstellung von Formulararbeitsverträgen, *s. unter Formulararbeitsverträge*
- Erstellung von Personalfragebogen, *s. unter Personalfragebogen*
- Erweiterung der Beteiligungsrechte in ~ **vor 92** 10 ff.; **87** 13; **92** 32; **99** 4; **101** 2
- Kündigung, *s. dort*
- Personalplanung, *s. dort*
- personelle Einzelmaßnahmen, *s. dort*
- Sanktionen bei Verletzung der Beteiligungsrechte **23** 192 ff.
- – Durchsetzung im arbeitsgerichtlichen Beschlussverfahren **23** 188
- – Unterlassungsanspruch **23** 162, 189 f.
- – Zwangsverfahren gegen den Arbeitgeber **23** 192
- Tendenzbetrieb **92** 4; **93** 17; **94** 11, 46; **98** 53; **99** 18, 139, 182, 228; **100** 8; **101** 6; **102** 16; **118** 54, 169, 201 ff.
- Umgruppierung, *s. dort*
- Verhältnis zu anderen Beteiligungsrechten **111** 2; **112, 112a** 86, 92 f.
- Versetzung, *s. dort*
- vorläufige Durchführung personeller Maßnahmen, *s. dort*
- Zuständigkeit
- – Arbeitsgruppen i. S. des § 28a **28a** 34; **102** 50; **103** 54
- – Gesamtbetriebsrat **50** 20, 52
- – Konzernbetriebsrat **58** 28
- – Zweck der Mitbestimmung **vor 92** 2 f.; **92** 2 f.

Personelle Einzelmaßnahmen E 41, 76; **78a** 68; **87** 613, 633, 646, 683, 768, 787, 1068; **92** 8, 10, 18, 21, 34, 35, 36; **99** 1 ff.
- Anspruch des Arbeitnehmers auf Erteilung der Zustimmung des Betriebsrats **75** 24 f.
- Anwendungsvoraussetzungen **7** 8; **9** 28; **99** 6 ff.
- – Arbeitnehmerzahl im Unternehmen **7** 110; **9** 28; **99** 6 ff.
- – ausländische Betriebe **99** 18
- – erfasste Personengruppen **99** 14 f.
- – Arbeitskampf **99** 19 ff.
- – Beamte **99** 14, 288
- – Eingruppierung **99** 65
- – Einstellung **99** 62
- – Versetzung **99** 112, 282
- – Deutsche Bahn AG, Sonderregelungen **99** 289 ff.
- – Eingruppierung, *s. dort*
- – Einstellung, *s. dort*
- – Erweiterung der Beteiligungsrechte durch Kollektivvereinbarung **99** 4; **101** 2
- – freier Mitarbeiter **99** 43
- – Fremdfirmenarbeitnehmer **99** 14, 29, 39 f.
- – Leiharbeitnehmer **5** 125 f.; **7** 107 ff.; **99** 14, 29, 39, 108, 183
- – leitende Angestellte **99** 11, 14
- – Mitbestimmungssicherungsverfahren **101** 2, 8 ff., *s. auch dort*
- – Postnachfolgegesellschaften, Sonderregelungen **99** 293 ff.
- – Rechtsfolgen der fehlenden Zustimmung für die individualarbeitsrechtliche Beziehung **87** 114; **99** 174 ff., 247; **102** 26
- – Sanktionen bei Durchführung der ~ unter Verletzung der Beteiligungsrechte des Betriebsrats **23** 195
- – – Mitbestimmungssicherungsverfahren **101** 2, 8 ff., *s. auch dort*
- – – Unterlassungsanspruch **23** 191
- – – Zwangsgeldfestsetzung **101** 20 ff., *s. auch dort*
- – Schweigepflicht des Betriebsratsmitglieds **79** 82 f.; **99** 157 ff.
- – Seebetriebe **114** 14; **116** 30, 53
- – Soldaten **99** 14, 288
- – – Eingruppierung **99** 65
- – – Einstellung **99** 62
- – – Versetzung **99** 112, 282
- – Strafgefangene **99** 14, 62
- – Tendenzbetrieb **99** 18, 139, 182, 228; **100** 8; **101** 6; **102** 16; **118** 10, 54, 206, 213 ff.
- – Umgruppierung, *s. dort*
- – Unterrichtungspflicht des Arbeitgebers **99** 132 ff.; **118** 217 f.
- – – Abgrenzung zur Unterrichtung nach § 100 Abs. 2 **100** 17, 25
- – – Adressat **99** 120
- – – Aushändigung von Unterlagen an den Betriebsrat **99** 147 f.; **118** 217 f.
- – – Auskunft über die Person der Beteiligten **99** 144 f.
- – – Einschaltung eines Personalberatungsunternehmens **99** 136
- – – Einsichtnahme in Unterlagen durch den Betriebsrat **99** 147 f.; **118** 217 f.
- – – Form **99** 142
- – – Inhalt und Umfang **99** 131 ff.
- – – Nachholen der Unterrichtung während des Zustimmungsersetzungsverfahrens **99** 229
- – – Verletzung der Unterrichtungspflicht **99** 241; **121** 8 ff.
- – – Vorlage der erforderlichen Bewerbungsunterlagen **99** 133 ff., 147 ff.
- – – Vorlage der erforderlichen Unterlagen über Auswirkungen der Maßnahme **99** 146 ff.
- – – Zeitpunkt der Unterrichtung **99** 28 ff., 268
- – Versetzung, *s. dort*
- – vorläufige Durchführung ~, *s. dort*
- – Zustimmungserfordernis **99** 160 ff.

– – Anfechtung der Zustimmung **99** 225 f.
– – Erteilung der Zustimmung **99** 224
– – Widerruf der Zustimmung **99** 224
– – Zuständigkeit für die Zustimmung **99** 120, 223
– Zustimmungsersetzungsverfahren, *s. dort*
– Zustimmungsfiktion **99** 161 ff., 230 ff.
– Zustimmungsverweigerungsgründe, *s. dort*
– Zustimmungsverweigerungsrecht des Betriebsrats, *s. dort*
– Zwangsgeld **101** 20 ff., *s. auch dort*
– Zweck der Mitbestimmung **99** 5
Personelle Mitbestimmung, *s. unter personelle Angelegenheiten, s. unter personelle Einzelmaßnahmen*
Personenbezogene Daten, *s. unter Daten, personenbezogene*
Persönliche Angaben in Formularverträgen, *s. unter Formulararbeitsverträge*
Persönlichkeitsentfaltung, *s. unter Freie Entfaltung der Persönlichkeit*
Persönlichkeitsrecht des Arbeitnehmers E 58, 62 f., 77 f.
– allgemein **75** 103 f., 108
– freie Entfaltung der Persönlichkeit, *s. dort*
– Verletzung des ~ **75** 108
Persönlichkeitssphäre des Arbeitnehmers 87 182, 241, 509 ff., 532, 554, 562, 575, 586, 606
– akustische Überwachung **75** 116 ff., 124
– ärztliche Untersuchung **75** 123, 125; **87** 233
– Betriebsvereinbarung **77** 351 ff., 375
– Duzen der Mitarbeiter **87** 241
– Fragerecht des Arbeitgebers **75** 122, *s. dort*
– graphologische Gutachten **75** 119; **83** 6
– Internetkommunikation, Überwachung **75** 116, 117, 118; **87** 576, 584
– Leibesvisitationen **75** 125; **77** 361; **87** 222
– optische Überwachungseinrichtungen **75** 110, 124
– Personalbeurteilung **75** 125
– Personalfragebogen **75** 122, 125
– Privatsphäre **75** 121 ff.
– Recht am Charakterbild **75** 119
– Recht am eigenen Bild **75** 110
– Recht am gesprochenen Wort **75** 116 ff.
– Recht an der Ehre **75** 120
– Recht auf informationelle Selbstbestimmung **75** 127; **87** 554
– Schadenersatzanspruch **87** 517
– Schutz der ~ **vor 81** 5; **75** 110 ff.; **79** 97; **80** 90, 113, 120, 124; **83** 15 ff., 36, 42; **94** 2, 3, 24, 26, 43, 45, 48 f.; **99** 136, 157 ff.; **120** 40 ff.
– Schweigepflicht des Betriebsratsmitglieds **vor 81** 5; **30** 27; **31** 26; **79** 82 ff.; **80** 124; **81** 25; **82** 22 f.; **83** 29; **84** 23; **94** 51; **99** 157 ff.; **102** 122
– Telefonüberwachung, *s. dort*
– Tests **75** 119, 123
– Torkontrollen **75** 125; **77** 361; **87** 222, 564 f.
– Unterlassungsanspruch des Arbeitnehmers **87** 606
– Verwendung automatisierter Personalinformationssysteme **75** 126; **80** 76; **87** 210 f., 552 ff., 568 ff.; **95** 14

Pflichtverletzung des Arbeitgebers i. S. des § 23 Abs. 3 E 124; **23** 3, 145 ff.; **29** 78; **30** 29; **31** 25; **38** 65; **60** 50; **65** 14
– Antragsberechtigte **23** 213 ff., 257 ff., 275, 282, 299
– – Arbeitnehmer **23** 254
– – Betriebsrat **23** 254 ff., 272, 278, 296
– – Bordvertretung **23** 8
– – Garantenstellung **23** 156
– – Gesamt-Jugend- und Auszubildendenvertretung **23** 7
– – Gesamtbetriebsrat **23** 4
– – Gewerkschaft **23** 4, 206, 254 ff., 272, 278, 296
– – Jugend- und Auszubildendenvertretung **23** 6, 254; **60** 50; **65** 14
– – Konzern-Jugend- und Auszubildendenvertretung **23** 7
– – Konzernbetriebsrat **23** 4
– – Prozessstandschaft **23** 157, 187, 204, 255
– – Seebetriebsrat **23** 8
– einstweilige Verfügung **23** 262 f., 285, 297
– Erkenntnisverfahren **23** 250 ff.
– – Antrag **23** 249 ff.
– – Entscheidung des Arbeitsgerichts **23** 261 f.
– – Feststellungsantrag **23** 251
– – Rechtsmittel **23** 262
– – Zurücknahme des Antrags **23** 252
– – Zuständigkeit **23** 245
– grobe Pflichtverletzung **23** 219 ff., 245 f.
– Erläuterung des Jahresabschlusses **108** 72
– gesetzliche Pflichten **23** 216 ff.
– Intensität der Pflichtverletzung **23** 219 ff.
– Irrtum **23** 226
– monatliche Besprechungen **74** 12
– Teilnahmepflicht an Wirtschaftsausschusssitzungen **108** 15, 20
– Übermittlung des Widerspruchs des Betriebsrats an den zu Kündigenden **102** 184
– Unterrichtungspflicht des Unternehmers bei Betriebsänderungen **111** 207
– Unterrichtungspflicht des Unternehmers gegenüber dem Wirtschaftsausschuss **109** 4, 20, 33
– Unterrichtungspflicht des Unternehmers gegenüber den Arbeitnehmern **110** 29
– Verschulden **23** 228
– Verweigerung des Jahresberichts **43** 8
– Wiederholungsgefahr **23** 234 f.
– Zeitpunkt der Pflichtverletzung **23** 230 f.
– Unterlassungsanspruch des Betriebsrats **23** 154 ff., 162, 210, *s. unter Unterlassungsanspruch*
– Verhältnis zu Straf- und Bußgeldvorschriften **23** 217, 239, 270
– Verhältnis zum allgemeinen Vollstreckungsverfahren **23** 149, 154 ff., 210 ff., 230
– – Arbeitsplatz-, Arbeitsablauf-, Arbeitsumgebungsgestaltung **23** 185 ff.
– – Ausschlusswirkung des § 23 Abs. 3 **23** 151, 157 f., 193, 204
– – Ergänzungsfunktion des § 23 Abs. 3 **23** 185, 204
– – personelle Angelegenheiten **23** 188 ff.
– – soziale Angelegenheiten **23** 161 ff.
– – Subsidiarität **23** 210 f.

Sachverzeichnis

– – wirtschaftliche Angelegenheiten **23** 193 ff.
– Vollstreckungsverfahren **23** 250, 268 ff.
– – Antrag **23** 268
– – Ordnungsgeld, *s. dort*
– – Rechtsmittel **23** 302
– – Zurücknahme des Antrags **23** 270
– – Zuständigkeit **23** 267, 278
– – Zwangsgeld, *s. dort*
– – Zwangsmittel **23** 264
– Zweck des § 23 Abs. 3 **23** 149 ff.
Pflichtverletzung des Betriebsrats, *s. unter Auflösung des Betriebsrats*
Pflichtverletzung des Betriebsratsmitglieds, *s. unter Amtsenthebung des Betriebsratsmitglieds*
Planung
– Arbeitsplatz-, Arbeitsablauf-, Arbeitsumgebungsgestaltung **90** 4 ff., *s. auch dort*
– Begriff **90** 4
– Personalkosten **92** 7, 19
– Personalorganisation **92** 7, 20
– Personalplanung, *s. dort*
Politische Betätigung
– Benachteiligungsverbot **75** 75 f.
Politische Einstellung
– Benachteiligungsverbot **75** 75 f.
Postnachfolgegesellschaften 10 Anhang 1 ff.; **125** 5
– Antrag auf
– – Aussetzung von Beschlüssen des Betriebsrats **35** 9, 18
– – Einberufung einer Betriebsratssitzung **29** 27
– Anwendbarkeit des BetrVG **1** 23, 24; **10** Anhang 1
– Beamt **5** 28
– Beamte **1** 24; **5** 8, 170; **7** 16; **9** 6; **10** Anhang 1 f., 5 f.; **126** 5
– Beamtenverbände **2** 36; **10** Anhang 11; **14** 83; **16** 49, 68, 76; **17** 22; **18** 13, 49, 63, 84; **19** 79; **23** 88
– Beschlussfassung **33** 15, 29, 38
– Bildung von Ausschüssen **28** 15
– Einigungsverfahren **76** 2
– Ersatzmitglieder **10** Anhang 4; **25** 1, 51, 61 f.
– Gesamtbetriebsrat, Zusammensetzung **47** 33
– Gestaltung von Arbeitsplatz, -ablauf, -umgebung **90** 3; **91** 3
– Jugend- und Auszubildendenvertretung **63** 6
– Konzernbetriebsrat, Zusammensetzung **55** 3
– personelle Angelegenheiten **50** 53; **58** 4
– Schulungs- und Bildungsveranstaltungen **37** 197, 219, 247
– Sonderregelungen über Mitbestimmung bei personellen Einzelmaßnahmen **99** 293 ff.
– soziale Angelegenheiten **87** 3
– Übergangsmandat **21a** 3; **130** 8 f.
– Überstunden der Postzusteller **87** 422
– Übertragung von Aufgaben auf den Betriebsausschuss **27** 71
– Wahl des Betriebsrats **vor 1 WO** 6; **10** Anhang 4 ff.; **16** 41, 49; **17** 38; **18** 8; **126** 5
– Zusammensetzung des Betriebsrats **10** Anhang 3 f., 6
Praktikant 5 55, 60; **60** 29 f.; **78a** 15 f.; **96** 11

Prämien 87 35, 90, 852, 859, 869, 897, 901, 905, 909, 933, 937 ff., 959 f.; 973, 997, 999, 1021 ff., 1039 f., 1069, 1071 f., 1074
Prämienlohn 87 997 ff., 1021 ff., 1039 f.
– Begriff **87** 999, 1022
– nichtleistungsbezogene Prämie **87** 1023
– Prämiensätze **87** 35, 90, 997, 1025 ff., 1039 f., *s. auch Arbeitsentgelt, leistungsbezogenes*
Presseunternehmen, *s. unter Medienunternehmen*
Privatisierung 130 8 ff.
Produktionsanlagen 106 61
Produktograph 87 172, 506, 511, 540 ff., 546 f., 576
Prokurist 5 188, 190 ff; **18a** 103; **108** 21
Protokoll, *s. unter Sitzungsniederschrift*
Provisionen 50 50; **87** 452, 852, 933, 947 ff., 961, 1000, 1002, 1007 ff.
Prüfungsbericht 106 106; **108** 63
Psychologischer Test 75 119
Punktsystem 95 16, 38

Qualifikationsentgelte 87 852
Quotenregelung, *s. unter Geschlecht in der Minderheit*

Radioverbot 75 130; **87** 227
Rasse
– Benachteiligungsverbot **75** 53 f.
Rationalisierungsmaßnahmen 106 65
Rauchen am Arbeitsplatz 75 130 ff.; **77** 361; **87** 193 f., 223 f., 238, 648, 1023
Rechtsanwalt 1 74; **2** 50; **29** 73, 74; **33** 67 f.; **40** 16, 44 ff., 102 f., 105, 111 ff., 118, 119, 127, 131, 132, 133, 223, 227 f.; **42** 51; **43** 53; **46** 18; **76** 107; **76a** 16 ff., 37 ff., 47, 51, 52; **80** 158; **111** 169
Regelungsabrede
– Abgrenzung zur Betriebsvereinbarung **77** 9, 35, 208, 211
– Ablösung von Betriebsvereinbarungen durch ~ **77** 400
– Abschluss der ~ **60** 50; **77** 10 f.
– Beendigung **77** 21 f.
– Begriff **77** 8
– Bindung an die Grundsätze für die Behandlung der Betriebsangehörigen **75** 22, 36, 106, 157
– Durchführungsanspruch des Betriebsrats **77** 15, 24 f., 208
– Durchführungspflicht des Arbeitgebers **77** 23 ff., 208
– Einigungsstellenspruch **76** 140
– Form **77** 13; **94** 12
– Gruppenregelungsabrede **28a** 44, 50, 56, 58
– Instrument zur Ausübung von Mitbestimmungsrechten **77** 18 ff., 165
– Kündigung **77** 21 f.; **87** 92; **94** 14 f.
– Nachwirkung **77** 22, 445, 476; **94** 15
– Nichtigkeit der ~ **75** 157
– Rechtsnatur **77** 4, 10, 12 ff.
– Rechtswirkungen
– – Abrede zugunsten Dritter **77** 13
– – betriebsverfassungsrechtliche **77** 16 f., 211, 233
– – schuldrechtliche **77** 4, 13 ff., 20, 211, 233
– Regelungsgegenstand **77** 14, 16 f.

- – Ausschreibung von Arbeitsplätzen **93** 38 ff., 46
- – Auswahlrichtlinien **95** 8 ff.
- – Berufsbildung **98** 15
- – Beschäftigungssicherung **92a** 27 f.
- – Bestellung des Einigungsstellenvorsitzenden **76** 54
- – Interessenausgleich **77** 13, 15, 17; **112, 112a** 7
- – Kantinen, Errichtung und Verwaltung **77** 208, 233
- – Kosten des Betriebsrats **77** 14
- – Pensions- und Urlaubskassen **77** 233
- – Rahmenvereinbarung über Arbeitsgruppen i. S. des § 28a **28a** 17, 18 ff., 40, 47, 49, 62; **75** 152 f.
- – soziale Angelegenheiten, *s. dort*
- – Umfang der Unterrichtung des Unternehmers gegenüber dem Wirtschaftsausschuss **77** 14; **109** 19
- – Verlängerung der Äußerungsfrist bei Kündigung **102** 141
- – Verwendung von Beurteilungsgrundsätzen **94** 12, 14 f.
- – Verwendung von Formulararbeitsverträgen mit persönlichen Angaben **94** 12, 14 f.
- – Verwendung von Personalfragebogen **94** 12, 14 f.
- – Regelungssperre des Tarifvertrags **77** 13, 105, 154, 161, 164
- – Streitigkeiten **77** 15, 27, 31, 486 f.
- – Teilnichtigkeit **77** 66
- – Umdeutung der Betriebsvereinbarung in ~ **77** 64, 145
- – Unterlassungsanspruch der Gewerkschaft **77** 143, 486 f.
- – Unterlassungsanspruch des Betriebsrats **77** 15, 27
- – Verbot des Eingriffs in die Betriebsleitung **E** 95; **77** 23, 31 ff.
- – Vollzugsrecht des Betriebsrats **77** 33, 154
- – zwischen Bordvertretung und Kapitän **115** 54
- **Regelungssperre des Tarifvertrags gegenüber der Betriebsvereinbarung E** 66, 115; **2** 15; **21a** 54; **28a** 51; **38** 45; **47** 88, 94; **72** 36, 38, 49 ff.; **73a** 32, 34; **76** 7; **77** 85 ff., 96, 100, 107 ff., 324, 364; **86** 1; **87** 45, 47 ff., 57, 68, 84, 88, 375, 401, 444, 462, 907, 984, 1041; **88** 8, 29; **112, 112a** 145, 174 ff.
- – Alternativität von tariflicher Regelung und Tarifüblichkeit **77** 117, 129
- – Arbeitskampf **77** 125
- – Ausschluss der ~ **77** 155 ff., 168
- – Firmentarifvertrag **77** 116, 119, 130, 134, 135, 137
- – freiwillige Betriebsvereinbarung **77** 98, 152, 157, 158, 162; **88** 8, 29; **112, 112a** 145
- – Funktionsfähigkeit der Gewerkschaft **77** 86 ff., 103; **87** 47, 52
- – individualarbeitsvertragliche Inbezugnahme von Tarifverträgen **77** 120
- – Individualautonomie **77** 153
- – Nachwirkung des Tarifvertrags **77** 121, 130 ff., 158; **87** 52, 64
- – Öffnungsklausel, tarifvertragliche, *s. dort*
- – Regelung durch Tarifvertrag **77** 109 ff., 129, 164
- – – erstmalige Regelung **77** 109, 117, 129
- – Geltungsbereich des Tarifvertrags **77** 110 f., 116, 122, 124, 128
- – – Negativregelung **77** 123, 124, 126 f.
- – – Nichtregelung **77** 123, 125
- – – OT-Mitglieder **77** 113
- – – positive Regelung **77** 123, 126
- – – Rahmenregelung **77** 126
- – – Repräsentativität der Regelung **77** 118 f.
- – – Tarifgebundenheit **77** 115 f., 122, 149, 150, 159, 164
- – – tarifidentische Regelung **77** 126
- – – Teilregelung **77** 123, 126
- – – Umfang der tariflichen Regelung **77** 122 ff.
- – Regelungsabreden **77** 13, 105, 154, 161, 164
- – Sozialplan **77** 155, 162; **112, 112a** 171 ff.
- – Sperrwirkung **77** 139 ff., 168, 180, 184
- – – Günstigkeitsprinzip im Verhältnis Betriebsvereinbarung zum Tarifvertrag **77** 123, 147 ff., 151, 153, 162
- – – im Anwendungsbereich des § 87 Abs. 1 **77** 104 f., 139, 152, 158 ff.
- – – Inbezugnahme von Tarifregelungen **77** 150, 174, 176, 178
- – – nachtarifliche Betriebsvereinbarung **77** 147, 151, 172, 178
- – – Nichtigkeit der Betriebsvereinbarung **77** 140 ff., 170, 184
- – – vortarifliche Betriebsvereinbarung **77** 147, 151, 172, 178
- – Streitigkeiten über die Unwirksamkeit der Betriebsvereinbarung wegen Verstoßes gegen ~ **77** 143, 481 ff.
- – – Feststellungsantrag der Tarifvertragsparteien **77** 482
- – – Leistungsantrag der Tarifvertragsparteien **77** 483 ff.
- – – Maßnahmen nach § 23 **23** 14, 126, 238
- – – Unterlassungsanspruch der Tarifvertragsparteien **77** 483 f., 486 f.
- – Tarifautonomie **77** 86 ff., 103, 119, 143, 148, 154, 162 ff., 175, 177; **87** 47, 52
- – Tarifüblichkeit **77** 121, 129 ff., 158, 159, 164, 175, 183
- – – Auffangcharakter **77** 129
- – – Ende **77** 133 f., 137
- – – Geltungsbereich des Tarifvertrags **77** 135
- – – Nachwirkung des Tarifvertrags **77** 121, 130 ff., 158; **87** 52, 64
- – – Repräsentativität der Regelung **77** 136
- – – Tarifgebundenheit **77** 135, 149, 150, 159, 164, 169
- – – Umfang der tariflichen Regelung **77** 138
- – – Unterlassungsanspruch der Tarifvertragsparteien **77** 143, 483 f., 486 f.
- – Verbot tarifübernehmender Betriebsvereinbarungen **77** 88, 150, 174, 176, 178; **87** 68, 84
- – Verfassungsgarantie **77** 90, 164
- – Verfassungskonformität **77** 90, 115, 150
- – Verhältnis zu § 87 Abs. 1 Einleitungssatz **77** 104 f., 139, 152, 158 ff.; **87** 47 ff., 57, 68, 84, 88

2407

Sachverzeichnis

- Vorrangkompetenz der Tarifvertragsparteien **77** 87 ff., 103, 107, 113, 116, 119, 124, 140 f., 148, 154, 162 f., 171, 176, 177, 178, 179
- Vorrangtheorie, *s. dort*
- Zweck **77** 86 ff., 103, 105, 119, 124, 140 f., 148, 150, 154, 162 f., 175, 176; **87** 47, 52
- Zwei-Schranken-Theorie, *s. dort*

Regelungsstreitigkeiten
- vor der Einigungsstelle **E** 121, 123; **38** 73, 78; **76** 9 ff., 13 f., 21, 24 ff., 132, 137, 139 f., 147, 156 ff.; **85** 4, 17 ff.; **94** 66

Rehabilitand 5 59, 107, 150 ff.

Reisekosten, *s. unter Kosten der Betriebsratsmitglieder*

Religion
- Benachteiligungsverbot **75** 62 ff.

Religionsgemeinschaft E 50, 107; **7** 140; **118** 1, 3, 6, 10, 11 f., 25 f., 28 ff., 89 f., 102, 109, 226 ff.; **130** 5
- Begriff **118** 229 ff.
- Bereichsausnahme **E** 51, 108; **1** 19; **118** 3, 28 f., 89, 226 ff., 234 ff.
- Caritas **118** 94, 239
- Entstehungsgeschichte **118** 10, 11 f., 226
- erzieherische Einrichtungen **118** 109, 226 f., 228, 231, 234 ff.
- Evangelischer Pressedienst **118** 95, 238
- Innere Mission **118** 94, 239
- karitative Einrichtungen **118** 109, 226 f., 228, 231, 234 ff.
- Kirche **78a** 43; **118** 11 f., 28 ff., 90, 227, 229, 234, 240 ff.
- Kirchenautonomie **118** 29 ff., 226, 243
- körperschaftlich verfasste ~ **118** 227, 229 f., 240 ff.; **130** 5
- Orden **118** 227, 230, *s. auch Tendenzunternehmen*
- Säkularinstitute **118** 230
- Scientology **118** 233
- Weltanschauungsgemeinschaften **118** 232
- Zentralrat der Juden in Deutschland **118** 227
- Zweck **118** 28 ff.

Repräsentationsprinzip E 44, 73, 76, 120; **1** 65 f.; **5** 6; **13** 36; **15** 10

Restmandat 9 24; **21** 46, 48; **21a** 63, 70; **21b** 1 ff.; **47** 6
- Anhörung bei Kündigung **21b** 12, 34; **102** 8 f.
- Arbeitsbefreiung der Betriebsratsmitglieder **37** 2
- Beschlussfähigkeit **33** 14
- Beteiligungsrechte bei Betriebsänderungen **21b** 8, 11 ff., 16, 20 f., 28; **111** 41
- Betriebsstilllegung **21b** 1, 7 ff.
- Betriebsübergang **102** 9
- Dauer des ~ **21b** 17 ff.
- Dispositivität in Kollektivvereinbarungen **21b** 3
- Erstarkung zum Vollmandat **21b** 21 f.
- Freizeitausgleich für Betriebsratsmitglieder **37** 2
- Genese **21b** 2
- Jugend- und Auszubildendenvertretung **60** 41; **64** 27
- Kosten des Betriebsrats **21b** 21, 23; **40** 7
- Kündigungsschutz für Funktionsträger **103** 18
- Rechtsstellung der Betriebsratsmitglieder **37** 2
- Spaltung von Betrieben **21b** 1, 28 ff., 32
- Betriebs(teil)abspaltung **21b** 32

- Betriebsaufspaltung **21b** 32
- Streitigkeiten **21b** 34
- Teilbetriebsstilllegung **21b** 15
- unerledigte Betriebsratsaufgaben **21b** 14
- Zusammenlegung von Betrieben **21b** 1, 28 ff., 33
- Eingliederung eines Betriebs **21b** 33
- Zusammenfassung von betrieben **21b** 33
- Zweck **21b** 2, 8, 10 f.

Risikobegrenzungsgesetz
- Betriebsrat **109a** 1 ff.
- Wirtschaftsausschuss vor **106** 7; **106** 4 ff.

Rote-Kreuz-Schwester 5 144 ff.

Rücktritt des Betriebsrats 8 61; **16** 13, 17, 19, 66; **17** 8; **19** 62, 118; **21** 33; **22** 8, 10 f.; **23** 75, 100, 116 f., 129 f.; **37** 180; **42** 1; **47** 6
- Ende der Amtszeit **21** 33
- Nachrücken eines Ersatzmitglieds **24** 7; **25** 13
- Neuwahl des Betriebsrats **13** 30 ff., 35, 62 ff., 74
- Weiterführung der Geschäfte **22** 8, 10 f.

Rückwirkung
- von Betriebsvereinbarungen **77** 217 ff., 364 f.; **87** 136

Ruhegeld, *s. unter Altersversorgung, betriebliche*

Ruhendes Arbeitsverhältnis 1 103; **5** 105; **7** 56 f.; **8** 24, 35, 40 ff.; **24** 23, 37, 42, 53, 61; **61** 17, 33; **99** 55 f.

Rumpfbetriebsrat 21 31; **22** 13; **23** 131; **25** 62

Rundfunk
- Tendenzunternehmen **87** 303; **118** 14, 19 f., 24, 76, 125 ff., 132, 194, 199

Rundschreiben
- Ausschreibung von Arbeitsplätzen **93** 32, 38, 46

Sachaufwand des Betriebsrats 40 1, 20, 38, 134 ff.
- Bekanntmachungen des Betriebsrats **40** 167, 207
- Betriebszeitung **40** 172
- Informationsblatt **E** 70; **40** 38, 171, 172 f., 174, 192; **41** 4
- Inhalt **40** 168, 173
- Presseerklärungen **40** 174; **42** 57, 82
- Rundschreiben **40** 171, 172, 192
- Schwarzes Brett, *s. dort*
- Besitzverhältnisse **40** 218 f., 225; **42** 46
- Beurteilungsspielraum des Betriebsrats **40** 139 f., 156
- Eigenbeschaffung des Betriebsrat **40** 135 f.; **42** 24, 31
- Eigentumsverhältnisse **40** 212 ff., 225; **42** 36
- Erforderlichkeit der ~ **40** 137 ff., 142 ff., 155 f., 176 ff.
- Erhaltungspflicht **40** 207, 213
- Informations- und Kommunikationsmittel **40** 1, 140, 143 ff., 150, 166, 175, 176 ff., 212
- Anrufbeantworter **40** 187
- betriebsinternes E-Mail-System **40** 175, 192, 194
- Erforderlichkeit **40** 143 f., 176 ff.
- Homepage **40** 175, 194
- Internet **40** 166, 192 ff.
- Personalcomputer **40** 140, 179 ff.
- Software **40** 165, 176, 188
- Telefax **40** 191
- Telefon **40** 140, 175, 183 ff.

- – Literatur **34** 40; **40** 140, 150, 154 ff., 212
- – – Art und Umfang **40** 155 f.
- – – CD-Rom-Basis **40** 165, 197
- – – Entscheidungssammlungen **40** 154, 157, 197
- – – Ermessensspielraum des Betriebsrats **40** 156
- – – Fachzeitschriften **40** 140, 154, 157, 161 f., 197
- – – für jedes Betriebsratsmitglied **40** 158
- – – Gesetzestexte **40** 140, 154, 158, 197
- – – Kommentare **40** 140, 154, 158, 160 f., 164, 197
- – – Mitbenutzung im Betrieb vorhandener Literatur **40** 157
- – – Mitnahme nach Hause **34** 40; **40** 159, 213
- – – Spezialliteratur **40** 163
- – – Tagespresse **40** 164
- – – Wörterbücher **40** 164
- – Naturalleistung **40** 20, 38, 134 ff., 137, 140
- – Pauschalierung der Kosten **40** 4
- – Räume **40** 134 ff., 146 ff., 207, 218, 220
- – – Anmietung von Räumen **40** 136, 147; **42** 24, 31, 62
- – – Beschaffenheit **40** 146
- – – betriebliche Räume **40** 147
- – – Betriebsversammlung **42** 23 f., 31, 62
- – – Sprechstunden des Betriebsrats **39** 27
- – – Zuweisung anderer Räume **40** 148, *s. auch Kosten des Betriebsrats*
- – sachliche Mittel **39** 27; **40** 134 ff., 150 ff., 212, 218, 220
- – – Büroeinrichtung **40** 150, 151, 212
- – – Büromaterial **40** 150, 151; **42** 29
- – – Firmenbriefpapier **40** 152, 212
- – – Kopiergerät **40** 153
- – – Schreibmaterial **40** 151, 212
- – Übersetzungskosten **39** 27; **40** 40, 173; **42** 32, 51

Sachkundige Arbeitnehmer
- Arbeitsbefreiung **30** 14
- Einschaltung bei Arbeitsplatz-, Arbeitsablauf-, Arbeitsumgebungsgestaltung **90** 24
- Entgeltfortzahlung **30** 14, 18
- Geheimhaltungspflicht **79** 44; **108** 31
- Gewerkschaftsvertreter als ~ **31** 14, 18
- Hinzuziehung zu Betriebsversammlungen **42** 51
- Hinzuziehung zu Sitzungen des
- – Betriebsrats **29** 74; **30** 15, 22
- – Wirtschaftsausschusses **108** 21, 24 ff., *s. unter Wirtschaftsausschuss*
- Hinzuziehung zu Sprechstunden des Betriebsrats **39** 21
- Mehrarbeitsvergütung **108** 31, *s. auch Auskunftsperson i. S. des § 80 Abs. 2*
- Sachkundigkeit, Begriff **80** 139; **108** 29

Sachmittel, *s. unter Sachaufwand des Betriebsrats*

Sachverständige 1 74; **80** 149 ff.
- Arbeitsbefreiung **30** 14
- Arbeitsentgeltfortzahlung **30** 14, 18
- Begriff des ~ **80** 158 ff.; **108** 34; **109** 33
- Geheimhaltungspflicht **30** 21, 25; **79** 44; **80** 161; **108** 36; **109** 34; **120** 34
- Hinzuziehung durch
- – Arbeitsgruppe i. S. des § 28a **28a** 8
- – Betriebsrat **29** 49; **30** 15, 21; **31** 14, 18; **39** 20
- – Betriebsräteversammlung **53** 43 f., 46, 52, 56
- – Einigungsstelle **76a** 14; **109** 1, 31 f.; **112, 112a** 362
- – Konzernbetriebsrat **59** 4
- – Wirtschaftsausschuss **106** 101, *s. unter Wirtschaftsausschuss*; **107** 20; **108** 25, 31, 32 ff.
- Hinzuziehung in Angelegenheiten
- – Arbeits- und Umweltschutz **89** 6
- – Betriebsänderung **111** 174
- – Gestaltung von Arbeitsplatz, -ablauf, -umgebung **90** 14, 27, 31; **91** 13
- Honoraranspruch des ~ **1** 74; **2** 50; **80** 154, 162
- Kosten der Hinzuziehung des ~ **1** 74; **33** 68 f.; **40** 38, 44 ff., 154, 228; **76a** 14; **80** 154; **109** 34
- Rechtsanwalt **1** 74; **2** 50; **33** 68 f.; **40** 16, 44 ff., 119; **80** 158; **111** 211
- Referent auf der Betriebsversammlung **42** 51; **80** 160
- Verhältnis zum Berater des Betriebsrats i. S. des § 111 **80** 150; **111** 218, 245
- Verhältnis zur Auskunftsperson i. S. des § 80 Abs. 2 **80** 150, 151
- Voraussetzung der Hinzuziehung des ~ **80** 149 ff.; **108** 34 f.
- – Aufgabenbezug **80** 70 ff., 151
- – Beschluss des Betriebsrats **80** 153
- – Einigung mit dem Arbeitgeber **30** 15, 21; **40** 45 f.; **80** 154 ff.; **108** 34; **109** 32; **111** 168
- – Erforderlichkeit der Hinzuziehung **80** 151; **108** 34; **109** 32
- – Ersetzung der Einigung mit dem Arbeitgeber durch das Arbeitsgericht **80** 156; **108** 34; **109** 32
- – vorrangige Informationsmöglichkeiten **80** 150 f.

Saisonbetrieb 1 101, 105; **8** 37, 39; **9** 20

Sanktionen E 124
- Amtsenthebung des Betriebsratsmitglieds, *s. dort*
- Auflösung des Betriebsrats, *s. dort*
- Ordnungswidrigkeiten, *s. dort*
- Pflichtverletzungen des Arbeitgebers, *s. dort*
- Strafbestimmungen, *s. dort*

Satzungstheorie 77 40 f.

SCE-Betriebsrat (SCEBG) vor 106 60

Schadenersatz
- Betriebsrat, *s. unter Haftung des Betriebsrats*
- Betriebsratsmitglieder, *s. unter Haftung des Betriebsrats*
- Druckkündigung **104** 24, 33 f.
- Einigungsstellenmitglied gegenüber dem Arbeitgeber **76** 96 f.
- Falschauskünfte des Betriebsrats **39** 39
- Fehlverhalten des Betriebsrats bei Anhörung zur Kündigung **102** 130
- unrichtige Personalakteneintragung **83** 41
- Unterlassen der Bekanntmachung von Betriebsvereinbarungen **77** 57
- Unterlassen der Übermittlung des Widerspruchs des Betriebsrats an den zu Kündigenden **102** 182 ff.
- Verletzung
- – Amtspflichten des Betriebsrats **1** 83; **77** 32; **87** 165
- – Arbeitskampfverbot **74** 93 f.

Sachverzeichnis

– – Aufklärungspflicht gegenüber dem Arbeitnehmer bei vorläufiger Durchführung personeller Maßnahmen **100** 20
– – Benachteiligungsverbot **78** 96; **84** 35
– – Diskriminierungsverbot **75** 156
– – Fürsorgepflicht **104** 24, 33, 36
– – Geheimhaltungspflicht **30** 27; **31** 27; **79** 72 f.
– – Grundsätze für die Behandlung der Betriebsangehörigen **75** 156
– – Hinweispflicht auf Betriebsvereinbarung **77** 58
– – Individualrechte des Arbeitnehmers **vor 81** 36, 39 f.; **vor 90** 9; **82** 19, 24; **83** 29, 41
– – Mitteilungspflicht an auszubildende Funktionsträger **78a** 55
– – notwendige Mitbestimmung in sozialen Angelegenheiten **87** 114, 118, 129, 165
– – Persönlichkeitssphäre **87** 517
– – Schweigepflicht **99** 157
– – vorläufige Regelung des Kapitäns **87** 162, 164; **115** 62
– – Zustimmungsverweigerung des Betriebsrats bei personellen Einzelmaßnahmen **87** 114; **99** 173, 250
Schichtarbeit 87 152, 335 ff., 364
Schiedsstelle, betriebliche
– Errichtung durch Tarifvertrag **76** 84
– freiwillige Betriebsvereinbarung über ~ **76** 84 f.; **88** 12
Schiff i. S. des Gesetzes 114 16 ff.
– Begriff **114** 16
– Binnenschiff **114** 15, 18, 22, 23
– Forschungsschiff **114** 17
– Führen der Bundesflagge **114** 3, 20 ff.
– – formelle Berechtigung zur Flaggenführung **114** 20
– – Schiffe ausländischer Unternehmen **114** 4, 14, 21; **116** 1
– – Schiffe inländischer Unternehmen unter ausländischer Flagge **114** 3, 4, 13, 21; **116** 5, 6, 21
– hoheitlichen Zwecken dienende Schiffe **114** 3, 17
– Kauffahrteischiff **vor 114** 4; **114** 3, 16, 17, 20
– Kurzstreckenschiff **114** 13 f., 15, 22 f.; **116** 6
– – Berechnung der 24-Stunden-Frist **114** 22
– – Landbezogenheit **114** 22
– – Nebenbetrieb **114** 23
– – Zuordnung zum Landbetrieb **114** 23
– Privatjacht **114** 3, 17, *s. auch Seeschifffahrtsunternehmen*
– Schulschiff **114** 17
Schlichtungsstelle, tarifliche E 123; **76** 6, 85, 128, 184 ff.; **87** 77, 292
– arbeitsgerichtliche Kontrolle des Spruchs der ~ **76** 191
– Begünstigungsverbot **78** 8, 11; **119** 43 ff.
– Behinderungsverbot **78** 8, 11; **103** 14; **119** 32 ff.
– Benachteiligungsverbot **78** 8, 11; **103** 14; **119** 43 ff.
– Besetzung **2** 62; **76** 188
– Ersetzung der Einigungsstelle durch die ~ **76** 85, 128, 184 f., 190; **109** 1
– Funktion **76** 184
– Geheimhaltungspflicht **79** 49, 62; **99** 159; **120** 32, 47

– Kosten **76** 192; **76a** 65
– Kündigungsschutz **103** 14
– ständige ~ **76** 187
– Tarifbindung des Arbeitgebers **76** 191
– Verfahren **76** 186
– Verhältnis zur betrieblichen Beschwerdestelle **86** 7
– Zuständigkeit **76** 185; **87** 1093 ff.
Schreibkräfte, *s. unter Hilfspersonen*
Schulungs- und Bildungsveranstaltungen, Freistellungsverfahren 37 159, 169, 170, 245 f., 281 ff.; **65** 43 ff.
– Auswahl der Teilnehmer **37** 169, 170, 282, 285 ff., 292; **65** 43 ff.
– – Anspruch des Betriebsratsmitglieds gegen den Betriebsrat **37** 169, 290, 292, 297
– – Benachteiligungsverbot **37** 288
– – Ermessensspielraum des Betriebsrats **37** 286, 289
– – individueller Teilnahmeanspruch **37** 282, 291, 293
– – kollektiver Teilnahmeanspruch **37** 169, 170, 282, 285 ff., 292
– – Reihenfolge der Teilnahme **37** 287
– – soziale Belange der Betriebsratsmitglieder **37** 288
– Auswahl der ~ **37** 175, 200, 292 f.
– – individueller Teilnahmeanspruch **37** 293
– – kollektiver Teilnahmeanspruch **37** 292
– Beschluss des Betriebsrats **37** 169, 170, 180, 245 f., 282 ff., 285; **65** 43 ff.
– – Abstimmung in eigenen Angelegenheiten **37** 283
– – Beschlussmängel **33** 67 f.; **37** 282
– – Beteiligung der Gewerkschaft **37** 283, 320, 345
– – nachträglicher Beschluss **37** 282
– – vorangegangener Beschluss **37** 282
– Einigungsstellenverfahren **37** 169, 298, 301 ff., 308, 313
– – Antrag des Arbeitgebers **37** 301, 303
– – Antragsfrist **37** 302 f., 309
– – arbeitsgerichtliche Kontrolle des Einigungsstellenspruchs **37** 305 f., 313, 332
– – Einigungsstellenspruch **37** 305 f.
– – Zuständigkeit der Einigungsstelle **37** 301, 313
– Festlegung der zeitlichen Lage der ~ **37** 169, 282, 291, 293, 294 ff.
– – Beginn der Teilnahme **37** 295
– – Dauer der Teilnahme **37** 295
– – Einigung mit dem Arbeitgeber **37** 169, 294 ff., 298, 304
– – individueller Teilnahmeanspruch **37** 294, 295, 296, 297
– – kollektiver Teilnahmeanspruch **37** 294, 295, 296
– Unterrichtung des Arbeitgebers **37** 284, 298 ff., 304
Schulungs- und Bildungsveranstaltungen, individueller Teilnahmeanspruch des Betriebsratsmitglieds 37 1, 157 ff., 245 ff.; **65** 57
– Abweichen vom Veranstaltungsprogramm **37** 201, 266
– Anerkennungsverfahren **37** 246, 247, 253, 257 ff.
– – Anerkennungsbescheid **37** 247, 257, 265, 334
– – Anfechtung des Anerkennungsbescheids **37** 334 ff.
– – Antrag des Trägers der ~ **37** 258 ff.

– – Antragsform **37** 259
– – Antragsfrist **37** 260
– – Beteiligung der Arbeitgebervereinigung **37** 247, 262 f.
– – Beteiligung der Gewerkschaft **37** 247, 262 f.
– – Bindungswirkung des Anerkennungsbescheids **37** 320
– – Prüfungsumfang **37** 264 f.
– – teilweise Geeignetheit der Thematik **37** 253
– – Wiederholungen der ~ **37** 264
– – Zuständigkeit **37** 257, 261
– Arbeitsbefreiung und Arbeitsentgeltfortzahlung **37** 157, 245, 260, 266, 268, 273, 276, 282, 300, 304, 308 ff.
– Bezug zur Betriebsratstätigkeit **37** 160, 184 f., 189 ff.
– Erlöschen des Schulungsanspruchs **37** 271, 274
– Freistellungsverfahren
– Freistellungsverfahren, *s. dort*
– Freizeitausgleich **37** 277 ff.
– Geeignetheit der ~ **37** 247 ff.
– – Dauer der ~ **37** 254
– – Form der ~ **37** 254 f., 257
– – teilweise Geeignetheit der Thematik **37** 253
– – Thematik der ~ **37** 249 ff., 257
– – Träger der ~ **37** 256, 257
– Haftung des Trägers der ~ gegenüber dem Arbeitgeber **37** 266
– Inhaber des Anspruchs **37** 245, 272, 279
– Kostentragungspflicht **37** 157, 276, 279; **40** 89 ff., 154
– Schulungsberechtigte **37** 177 ff., 245, 248, 267 ff., 275
– Streitigkeiten
– kollektiver Teilnahmeanspruch des Betriebsrats, *s. dort*
– Umfang des Schulungsanspruchs **37** 248, 267 ff., 295
– – Erstmitglieder **37** 248, 267, 272, 275
– – persönliche Arbeitszeit des Betriebsratsmitglieds **37** 268
– – regelmäßige Amtszeit **37** 267, 269
– – Verkürzung der Amtszeit **37** 271 f., 275
– – Verlängerung der Amtszeit **37** 270
– – Wiederwahl des Betriebsratsmitglieds **37** 269
– Verhältnis zum kollektiven Teilnahmeanspruch **37** 159, 189 f., 192, 207 ff., 245 f., 279
– Verpflichtung zur Teilnahme an ~ **37** 171
– Zurückstellung der Teilnahme an ~ **37** 304
– Zweck **37** 10, 12, 22, 157, 159 ff., 248, 250; **40** 91
– **Schulungs- und Bildungsveranstaltungen, kollektiver Teilnahmeanspruch des Betriebsrats 37** 1, 157 ff., 165 ff.; **65** 43 ff.; **87** 469; **107** 20, 38 ff.; **115** 35; **116** 27
– Abbruch der Teilnahme **37** 200
– Abweichen vom Veranstaltungsprogramm **37** 201, 266
– Arbeitsbefreiung und Arbeitsentgeltfortzahlung **37** 67, 68, 69, 70, 73, 157, 165, 168 f., 182, 226 f., 266, 300, 304, 308 ff.
– – Arbeitskampf **74** 61
– – Beschluss des Betriebsrats **33** 67 f.; **37** 169, 282

– – Inhaber des Anspruchs **37** 168 f., 285
– – Lohnausfallprinzip **37** 226, 227, 229
– – Teilnahme ohne Zustimmung des Arbeitgebers **37** 304, 309 ff.
– – Voraussetzungen **37** 165, 169, 226, 238
– – Wege- und Reisezeiten **37** 222
– – Zustimmung des Arbeitgebers **37** 303, 308 ff.
– Bezug zur Betriebsratstätigkeit **37** 160, 184 f., 189 ff.
– Erforderlichkeit von Kenntnissen **37** 183 ff., 238; **65** 49 ff.
– – Änderung der Rechtslage **37** 187, 188, 191, 223
– – Beurteilungsspielraum des Betriebsrats **37** 183, 224 f.
– – Beurteilungszeitpunkt **37** 183, 225
– – Bezug zur Betriebsratstätigkeit **37** 160, 184 f., 189 ff.
– – gegenwärtiges Bedürfnis **37** 186 ff., 194
– – konkreter betriebsbezogener Anlass **37** 187 f., 194
– Freistellungsverfahren, *s. unter Schulungs- und Bildungsveranstaltung*
– Freizeitausgleich **37** 157, 158, 166 f., 170, 227 ff., 233 ff.
– – Abgeltungsanspruch **37** 242
– – Beschluss des Betriebsrats **37** 170
– – Betriebsbedingtheit **37** 233 ff., 239 ff.
– – Einigungsstellenspruch **37** 240
– – flexible Arbeitszeitmodelle **37** 234 ff., 241
– – Reisezeiten **37** 243
– – Umfang **37** 158, 236, 243
– – Voraussetzungen **37** 167, 170, 233, 238
– gewerkschaftliche ~ **E** 69; **37** 39, 173 f., 185, 206, 292; **40** 65 ff., 70 ff., 76 f., 85 ff.
– Grundkenntnisse **37** 290
– – allgemeines Arbeitsrecht **37** 193, 203 f., 216; **65** 51
– – Arbeitssicherheit **37** 185, 188, 194 ff., 203 f.
– – Betriebsverfassungsrecht **37** 189 ff., 204, 215, 222
– – Haftung des Trägers der ~ gegenüber dem Arbeitgeber **37** 266
– – Inhaber des Anspruchs **37** 158, 168 f., 279, 285
– – Kosten der Teilnahme an ~ **33** 68 f.; **37** 157, 174, 182, 198, 212 f., 222, 226, 279, 282, 292, 300; **40** 16, 20, 32, 50, 59, 62 ff., 154, 229; **65** 58
– – Abtretung des Kostenerstattungsanspruchs **40** 88, 223 f.
– – Erforderlichkeit der Kosten **40** 74 ff.
– – Fahrtkosten **40** 70, 74, 79
– – gewerkschaftliche ~ **E** 68; **40** 65 ff., 70 ff., 76 f., 85 ff.
– – Grenzkosten **40** 72
– – kostengünstigere ~ **40** 75 ff.
– – Kostentragungspflicht des Arbeitgebers **33** 67 f.; **37** 157, 174, 182, 198, 212 ff., 222, 226, 279, 282, 292, 300; **40** 64; **65** 58
– – Nachweis der Kosten **40** 84 ff.
– – Referentenhonorare **40** 73
– – Reisekosten **40** 70, 74, 79 ff.
– – Streitigkeiten **40** 82, 229
– – Tagegeld **40** 70, 74, 82, 84
– – Teilnahmegebühren **40** 67, 70, 74
– – Übernachtungskosten **40** 70, 74, 80

2411

Sachverzeichnis

- – Verhältnismäßigkeit der Kosten **40** 74, 83
- – Vorhaltekosten **40** 67, 70 ff., 85 f.
- – Rechtsmissbrauch **37** 213
- – Schulungs- und Bildungsveranstaltung, Begriff **37** 172 ff.
- – Schulungsbedürftigkeit **37** 179 f., 190, 191, 192, 193, 202 ff., 238, 286
- – – betriebliche ~ **37** 206
- – – Beurteilungsspielraum des Betriebsrats **37** 224 f.
- – – Eigenstudium **37** 203, 223
- – – Erlangung der Kenntnisse von anderen Betriebsratsmitgliedern **37** 204
- – – kurz vor dem Ausscheiden aus dem Amt **37** 180, 191
- – – Vorkenntnisse des Betriebsratsmitglieds **37** 179, 192, 193
- – Schulungsberechtigte **37** 177 ff.
- – – Betriebsratsmitglieder **37** 177, 179 ff.
- – – Ersatzmitglieder **37** 162, 177 f., 275; **65** 56
- – – freigestellte Betriebsratsmitglieder **37** 182, 206, 222
- – – Jugend- und Auszubildendenvertreter, *s. dort*
- – – Rücktritt des Betriebsrats **37** 180
- – Spezialkenntnisse **37** 189, 190, 204, 214, 218, 290
- – Streitigkeiten
- – – Beschlussverfahren **37** 301, 310, 322, 323 f., 325, 330 ff., 345 ff.; **40** 229
- – – einstweilige Verfügung **37** 304, 307, 309 ff.
- – – Urteilsverfahren **37** 315, 316, 317, 320 ff.
- – – Zuständigkeit **37** 313
- – teilzeitbeschäftigte Betriebsratsmitglieder **E** 56 f.; **37** 158, 166 f., 170, 177, 227 ff., 233 ff., 241, 242 f.
- – Träger der ~ **37** 39, 173 f.
- – Umfang der Schulung **37** 210 ff., 238
- – Anzahl der Teilnehmer **37** 190, 191, 192, 210, 212, 214 ff.; **40** 83
- – – Beurteilungsspielraum des Betriebsrats **37** 224 f.
- – – Dauer der Schulung **37** 210, 212, 221 f.; **40** 83
- – – Vertiefungsveranstaltung **37** 210, 223
- – – Wiederholungsveranstaltung **37** 210, 223
- – – Veranstaltung mit teilweise erforderlicher Thematik **37** 198 ff.; **40** 74; **65** 55
- – – Geprägetheorie **37** 199; **40** 74
- – – Kosten **40** 74
- – – Teilbarkeit der Veranstaltung **37** 198; **40** 74
- – – Überwiegen der erforderlichen Thematik **37** 199 f.
- – Verhältnis zum individuellen Teilnahmeanspruch **37** 159, 189 f., 192, 207 ff., 245 f., 279
- – Verhältnismäßigkeitsgrundsatz **37** 200, 211 ff.
- – Verpflichtung zur Teilnahme an ~ **37** 171, 204
- – Zurückstellung der Teilnahme an ~ **37** 304
- – Zweck **37** 10, 12, 22, 157, 158 ff., 168, 286

Schutzgesetz i. S. des § 823 Abs. 2 BGB 1 82
- Arbeitskampfverbot gem. § 74 Abs. 2 Satz 1 **74** 94
- Begünstigungsverbot **78** 28
- Behinderungsverbot **78** 28
- Bekanntmachung von Betriebsvereinbarungen **77** 57
- Benachteiligungsverbot **78** 27, 96
- Diskriminierungsverbot **1** 82; **75** 156

- Friedenspflicht **1** 82
- Geheimhaltungspflicht **1** 82; **31** 27; **79** 74
- Individualrechte des Arbeitnehmers **vor 81** 39; **1** 82; **83** 29
- Strafbestimmungen **119** 7; **120** 7
- Überwachungsaufgabe des Betriebsrats nach § 80 Abs. 1 Nr. 1 **80** 25
- Verbot des Eingriffs in die Betriebsleitung **E** 95; **1** 82; **77** 32
- Wahlschutz **20** 52
- Weiterbeschäftigung auszubildender Funktionsträger **78a** 66

Schutzkleidung 87 623, 625, 641, 651 ff.; **88** 12, 18

Schwangerschaft
- Auskunft über ~ an den Betriebsrat **75** 125; **80** 90; **99** 145
- Bildschirmarbeitsplätze **87** 664
- Frage nach ~ in Personalfragebogen **94** 21, 34, 45
- Schweigepflicht des Betriebsratsmitglieds **39** 19; **79** 82

Schwarzes Brett
- Ausschreibung von Arbeitsplätzen **93** 32, 38, 46
- Bekanntmachung von Abmahnungen **75** 125; **87** 269
- Bekanntmachung von Betriebsvereinbarungen **77** 56
- Bericht über die wirtschaftliche Lage und Entwicklung des Unternehmens **110** 27
- Betriebsversammlung **44** 59
- Homepage des Betriebsrats **40** 175, 194
- Inhalt der Bekanntmachungen **40** 168
- Jugend- und Auszubildendenvertretung **65** 60
- Kostentragungspflicht des Arbeitgebers **40** 167, 172
- parteipolitische Propaganda **40** 168
- Störung des Betriebsfriedens durch Anbringen bzw. Entfernen von Aushängen am ~ **40** 37, 169 f.; **74** 140 ff.; **78** 31, 45
- Wahlausschreiben **17** 28; **18** 23; **3 WO** 3
- Werbung für die Gewerkschaft **40** 168 f.

Schweigepflicht
- bei Einsicht in Lohn- und Gehaltslisten **80** 124
- bei Hinzuziehung zur Einsicht in die Personalakte **79** 84; **83** 29
- bei Hinzuziehung zur Erläuterung der Berechnung und Zusammensetzung des Arbeitsentgelts **79** 84
- bei Hinzuziehung zur Erörterung der Leistungsbeurteilung und der beruflichen Entwicklungsmöglichkeiten **79** 84; **82** 22 f.
- des Betriebsratsmitglieds, *s. auch Geheimhaltungspflicht*
- Schutz der Persönlichkeitssphäre des Arbeitnehmers **vor 81** 3 ff.; **79** 97; **80** 124; **82** 22 f.; **99** 136, 157 ff.
- über persönliche Verhältnisse und Angelegenheiten von Arbeitnehmern **vor 81** 5; **30** 27; **31** 26; **39** 19; **43** 7; **70** 65; **79** 82 f.; **80** 124; **81** 25; **82** 22 f.; **83** 29; **84** 23; **94** 51; **99** 157 ff.; **102** 122
- Verletzung der ~ als Straftatbestand **vor 81** 5; **81** 25; **82** 23; **83** 29; **120** 40 ff.

Schwerbehinderte
- Arbeitnehmereigenschaft **5** 60, 108 f., 152 ff.

– Auskunft über die Schwerbehinderteneigenschaft an den Betriebsrat bei Einstellung **99** 145
– Bundesteilhabegesetz **32** 1; **52** 3; **59a** 1; **88** 1
– Förderung der Eingliederung in den Betrieb **32** 1; **37** 197; **80** 43 ff.; **92a** 11
– Frage nach Schwerbehinderteneigenschaft in Personalfragebogen **94** 37
– Frage nach Schwerbehinderung in Personalfragebogen **94** 36 f.
– Hinzuziehung der Schwerbehindertenvertretung zur Einsicht in die Personalakte **83** 28 f.
– Hinzuziehung einer Vertrauensperson zur Wahlstimmabgabe **14** 18; **12 WO** 6; **24 WO** 15; **25 WO** 1
– Kündigung **102** 45; **105** 13
– Sonderabfindung im Sozialplan **112, 112a** 392
– Verbände der ~ **35** 24

Schwerbehindertenbeauftragter 80 46
Schwerbehindertenvertretung 3 61
– Amtsenthebung **23** 8
– Amtszeit **21** 6
– Antragsrecht
– Aussetzung von Beschlüssen des Betriebsrats **35** 1 f., 6, 9, 14, 18, 23, 27; **66** 5
– Arbeitsbefreiung **30** 14; **32** 18 f.
– Arbeitskampfverbot **74** 39
– Aufgaben **32** 1, 8, 9 f.
– Begünstigungsverbot **78** 9
– Behinderungsverbot **32** 18; **78** 9; **119** 41
– Benachteiligungsverbot **78** 9
– Entgeltfortzahlung **30** 14, 18; **32** 19, 20
– Geheimhaltungspflicht **30** 25; **32** 17; **79** 5; **83** 29; **108** 50
– Gesamtbehindertenvertretung **78** 9
– Hinzuziehung durch den Arbeitnehmer zur Einsicht in die Personalakte **83** 28 f.
– Kündigungsschutz **103** 7, 15, 16 f., 26, 46 f.
– Organ der Betriebsverfassung **32** 9 f.
– Seeschifffahrtunternehmen **115** 37; **116** 23
– Teilnahme an Schulungs- und Bildungsveranstaltungen **37** 162; **40** 63
– Teilnahmerecht an
– – Betriebsausschusssitzungen **27** 55 f.; **32** 1, 3
– – Betriebsratssitzungen, *s. unter Betriebsratssitzungen*
– – konstituierender Sitzung des Betriebsrats **29** 17, 22
– – monatlichen Besprechungen **74** 13
– – Sitzungen der Betriebsratsausschüsse **32** 1, 3
– – Sitzungen der Jugend- und Auszubildendenvertretung **65** 73, 77
– – Wirtschaftsausschusssitzungen **108** 45 f.
– Verbot parteipolitischer Betätigung **74** 103
– Verhältnis zur Gesamtschwerbehindertenvertretung **52** 13
– Wahl **14a** 9
– Weiterführung der Geschäfte **22** 5
– Zusammenarbeit mit
– – Betriebsärzten **87** 693
– – Betriebsrat **80** 46
– – Fachkräfte für Arbeitssicherheit **87** 693

SE-Betriebsrat
– Befugnisse des ~ **vor 106** 55, 58
– besonderes Verhandlungsgremium **vor 106** 55 f.
– Errichtung **vor 106** 54 ff.
– Geschäftsführung **vor 106** 58
– Hinzuziehung von Sachverständigen **vor 106** 59
– Kosten des ~ **vor 106** 59
– Rechtsstellung der Mitglieder des ~ **vor 106** 59; **79** 4
– – Geheimhaltungspflicht **79** 4
– – Teilnahme an Schulungs- und Bildungsveranstaltungen, *s. auch Europäische Aktiengesellschaft*
– SE-Betriebsrat kraft Gesetzes **vor 106** 56 f.
– SE-Betriebsrat kraft Vereinbarung **vor 106** 55 f.
– Unterrichtung des ~ **vor 106** 55, 58
Seebetrieb vor 114 3; **114** 1, 12 ff., *s. auch Seeschifffahrtsunternehmen*
Seebetriebsrat E 112; **vor 47** 8; **11** 2; **116** 1 ff.
– Amtszeit des ~ **21** 5; **116** 21
– Aussetzung von Beschlüssen des ~ **35** 4
– Beschlussfassung des ~ **33** 2
– Beteiligungsrechte des ~ **116** 53 ff.
– Bestimmung des Arbeitsplatzes des Seebetriebsratsmitglieds **116** 29 f., 35
– – in wirtschaftlichen Angelegenheiten **116** 55
– – Unterrichtung über den Schiffsbetrieb **115** 63 f.; **116** 43, 56
– – Vorlage der erforderlichen Unterlagen **115** 56
– Betriebsvereinbarungen **116** 53
– Erlöschen der Mitgliedschaft in ~ **24** 2
– Ersatzmitglieder **25** 2
– Geltungsbereich **116** 1, *s. auch unter Seeschifffahrtsunternehmen*
– Geschäftsführung des ~ **27** 5; **116** 22 ff.
– – Beschlussfähigkeit **116** 25 ff.
– – Bildung eines Betriebsausschusses **27** 5
– – Bildung von Ausschüssen **27** 7, 17; **116** 22
– – Geschäftsordnung **36** 2
– – konstituierende Sitzung **116** 24
– – laufende Geschäfte **27** 5
– – ordnungsgemäße Ladung **116** 26
– Kompetenzverteilung zwischen ~ und Bordvertretung **115** 4, 45 ff., 48 ff.; **116** 41, 53 ff., 56
– Kosten des ~ **40** 2; **41** 2; **116** 24, 37 ff., 49 f.
– Mitteilungsblatt des ~ **116** 51
– Partner des ~ **115** 5, 48
– Rechtsstellung der Mitglieder des ~ **116** 27 ff.
– – Amtsenthebung **23** 8
– – Arbeitsbefreiung **37** 2; **116** 10, 27
– – Arbeitsentgeltschutz **37** 2; **116** 28, 31 ff.
– – Begünstigungsverbot **78** 11; **119** 43 ff.
– – Behinderungsverbot **78** 11; **119** 32 ff.
– – Benachteiligungsverbot **78** 11; **116** 31 ff.; **119** 43 ff.
– – doppelte Betriebszugehörigkeit **116** 28
– – Erlöschen der Mitgliedschaft **116** 21
– – Fortzahlung der Heuer **116** 32 f., 57
– – Freistellung **38** 3; **116** 10, 27
– – Freizeitausgleich **37** 2
– – Geheimhaltungspflicht **79** 48; **120** 31, 47
– – Kündigungsschutz **103** 6, 16 f., 26, 37
– – Tätigkeitsschutz **37** 2; **116** 27 ff.
– – Teilnahme an Schulungs- und Bildungsveranstaltungen **37** 2, 162; **116** 27

2413

Sachverzeichnis

- – – Unterkunftsanspruch **116** 33, 35
- – – Urlaubsanspruch **116** 36
- – Rechtsstellung des ~ **116** 3, 38 ff.
- – – außerordentliches Besuchsrecht **116** 45
- – – Bestellung des Wahlvorstands für die Wahl zur Bordvertretung **115** 18, 22 f.
- – – Betätigungsrecht an Bord **116** 38 ff., 41
- – – Einberufung der Bordversammlung **115** 39; **116** 44, 48, 51
- – – im Verhältnis zur Bordvertretung **115** 4, 45 ff., 48 ff.; **116** 3, 41, 53 ff., 56
- – – Sprechstunden an Bord **116** 44, 46 f.
- – – Teilnahmerecht an Sitzungen der Bordvertretung **116** 38 ff., 42
- – – Unterrichtung über den Schiffsbetrieb **116** 43, 56
- – – Zutrittsrecht zu Schiffen **116** 38 ff., 41
- – – Zwangsverfahren gegen den Arbeitgeber **23** 8
- – Regelung durch Kollektivvereinbarung **116** 1, 2
- – Restmandat **21b** 4, *s. auch Seeschifffahrtsunternehmen*
- – Seebetriebsratsfähigkeit **116** 2
- – Sitzungen des ~ **29** 2; **30** 1
- – – Sitzungsniederschrift **34** 2
- – – Teilnahme der Schwerbehindertenvertretung **32** 2
- – – Teilnahme von Gewerkschaftsvertretern **31** 2
- – Sprechstunden der ~ **39** 4
- – Streitigkeiten aus der Anwendung des § 116 **116** 57
- – Übergangsmandat **21a** 10
- – Vorsitzender **26** 2; **27** 5
- – Wahl des ~, *s. dort*
- – Weiterbeschäftigung auszubildender Funktionsträger **78a** 29, 53, 64, 97, 209
- – Weiterführung der Geschäfte **22** 4
- – Zusammensetzung des ~ **15** 8; **116** 10
- – – Geschlecht in der Minderheit **15** 8
- – – Gruppenprinzip **116** 11
- – – Mitgliederzahl **116** 10
- – Zuständigkeit des ~ **87** 2; **116** 53 ff.

Seeschifffahrtsunternehmen E 13, 107, 112; **vor 114** 1 ff.; **114** 1 ff.; **115** 1 ff; **116** 1 ff.
- – Anwendbarkeit des BetrVG **1** 21
- – Auszubildende auf Kauffahrteischiffen **78a** 28
- – Begriff des ~ **114** 2 ff.
- – – ähnliche Rechtsverhältnisse **114** 11
- – – Ausrüster **114** 5, 8
- – – Ausübung der Arbeitgeberbefugnisse **114** 5 ff.
- – – Charterverträge **114** 6, 8, 11, 17
- – – Handelsschifffahrt **114** 3
- – – Korrespondentreeder **114** 5, 6, 9
- – – Reeder **114** 5, 7
- – – Sitz im Geltungsbereich des BetrVG **114** 3, 4
- – – Vertragsreeder **114** 5, 10
- – – Binnenschifffahrt E 108; **114** 15, 18, 22, 23
- – Bordversammlung, *s. dort*
- – Bordvertretung, *s. dort*
- – Errichtung
- – – Gesamt-Jugend- und Auszubildendenvertretung **116** 52
- – – Gesamtbetriebsrat **vor 47** 8; **116** 52
- – – Jugend- und Auszubildendenvertretung **vor 60** 22, 31 f.; **60** 19; **114** 1, 25; **115** 8, 37; **116** 22

- – – Konzernbetriebsrat **116** 52
- – – Schwerbehindertenvertretung **115** 37; **116** 23
- – – Wirtschaftsausschuss **106** 10, 27
- – gewerkschaftliches Zutrittsrecht **114** 31 f.
- – Grund der Sonderregelung der Seebetriebsverfassung **vor 114** 3
- – Kompetenzverteilung zwischen Kapitän und ~ **115** 4
- – Landbetrieb **vor 60** 31; **60** 19; **vor 114** 3; **114** 1, 3, 4, 12, 15, 23; **116** 8 f., 17
- – persönlicher Geltungsbereich
- – – Auszubildende **114** 30
- – – Besatzungsmitglieder **114** 26 f.
- – – Bestehen eines Heuerverhältnisses **114** 26 f.
- – – Kapitän **5** 165; **114** 26, 28
- – – Leihheuerverhältnis **114** 27
- – – leitende Angestellte **5** 165; **114** 28
- – – Schiffsoffiziere **114** 26, 27, 28
- – räumlicher Geltungsbereich **vor 114** 4; **114** 3, 4, 20, 23
- – Rechte und Pflichten des Kapitäns **115** 4 ff.
- – – Anordnung vorläufiger Regelungen **87** 162, 164; **115** 55 ff.
- – – Ausübung der Arbeitgeberbefugnisse **115** 4 f., 48, 50
- – – Befugnis zur Abgabe einer Angelegenheit an den Seebetriebsrat **115** 52
- – – Bestellung des Wahlvorstands für die Wahl zur Bordvertretung **115** 18, 20 f.
- – – Inhaber der Schiffsgewalt **115** 6; **116** 41
- – – Organ der Seebetriebsverfassung **115** 4 f., 52, 54
- – – Partner der Bordvertretung **115** 4 f., 48
- – – Unterrichtung der Bordversammlung über die Schiffsreise **115** 41
- – – Unterrichtung der Bordversammlung über personelle, soziale und wirtschaftliche Angelegenheiten **115** 41
- – – Unterrichtung der Bordvertretung **115** 63 ff.
- – – Unterrichtung des Seebetriebsrats **116** 43
- – – Verhängung von Sanktionen nach § 23 Abs. 3 **115** 5
- – Regelung durch Kollektivvereinbarung **114** 1; **115** 1, 2; **116** 1, 2
- – sachlicher Geltungsbereich **vor 114** 4; **114** 16 ff.; **116** 1
- – Schiff i. S. des Gesetzes, *s. dort*
- – Seebetrieb **vor 60** 22, 31 f.; **vor 114** 3; **114** 1, 12 ff.
- – Seebetriebsrat, *s. dort*
- – Streitigkeiten **114** 33; **115** 71; **116** 57
- – Unternehmensmitbestimmung **vor 114** 1
- – Verhältnis zum SeemG **vor 114** 5
- – Zweistufigkeit der Vertretung in Seebetrieben **vor 114** 3; **114** 12; **115** 48, 52

Sexuelle Belästigung am Arbeitsplatz 23 69; **37** 197; **75** 107, 120; **84** 6, 29, 33; **87** 236; **104** 5
Sexuelle Identität
- Benachteiligungsverbot **75** 99 f.

Sicherheitsausschuss, *s. unter Arbeitsschutzausschuss*
Sicherheitsbeauftragter 87 646; **89** 75 ff.
- Aufgaben des ~ **89** 81
- Benachteiligungsverbot **89** 80

- Besprechungen des ~ mit dem Arbeitgeber **89** 82
- Beteiligung des Betriebsrats bei Bestellung und Abberufung von ~ **89** 76, 78
- Fortbildung des ~ **89** 80
- Hinzuziehung zur Unterrichtung über Unfall- und Gesundheitsgefahren **81** 16
- Mitgliedschaft des ~ im Arbeitsschutzausschuss **89** 79
- Pflicht zur Bestellung von ~ **89** 75
- Sicherheitsausschuss **89** 79, 80
- Teilnahmerecht des Betriebsrats an Besprechungen mit dem ~ **37** 31; **89** 82
- Zahl der ~ **89** 77
- Zusammenarbeit mit dem Betriebsrat **89** 6, 65

Simultantheorie 23 29, 32 ff.; **103** 31

Sitzungen der Jugend- und Auszubildendenvertretung 29 2; **30** 1; **vor 60** 7; **60** 44; **65** 3 f., 63 ff.; **67** 57; **70** 38
- Arbeitsbefreiung der Mitglieder **37** 31, 51 f.
- Duldungspflicht des Arbeitgebers **65** 63; **70** 38
- Einberufung **65** 70 ff.
- Gesamt-Jugend- und Auszubildendenvertretung, *s. dort*
- Konzern-Jugend- und Auszubildendenvertretung, *s. dort*
- Ladung **65** 66, 73 f.
- Nichtöffentlichkeit **65** 75
- Sitzungsniederschrift **34** 2; **65** 85
- Tagesordnung **65** 74
- Teilnahmerecht
- – Arbeitgeber **65** 76
- – Betriebsratsvorsitzender **26** 29, 60; **65** 65, 67, 77; **67** 16
- – Gewerkschaftsvertreter **2** 60; **31** 2; **65** 78 ff.
- – Schwerbehindertenvertretung **32** 2; **65** 73, 77
- – Sprecherausschuss **65** 77
- Unterrichtung des Betriebsrats **65** 64 ff.
- Zeitpunkt **65** 75

Sitzungen des Betriebsrats, *s. unter Betriebsratssitzungen*

Sitzungen des Wirtschaftsausschusses, *s. unter Wirtschaftsausschusssitzungen*

Sitzungsgelder 37 18

Sitzungsniederschrift 26 29; **27** 77; **29** 66, 79; **31** 12; **33** 18, 58; **34** 1 ff.; **65** 85; **73** 35; **73b** 37; **108** 13
- Anspruch auf Aufnahme der Erklärung in die ~ **34** 17
- Anwesenheitsliste **34** 15, 18, 21 ff., 27
- Arbeitsgruppe nach § 28a **34** 3
- Aufbewahrung der ~ **34** 41
- Aushändigung einer Abschrift der ~ **34** 24 ff.
- – Arbeitgeber **29** 79; **34** 1, 2, 12, 24, 27, 29
- – Gewerkschaftsvertreter **34** 1, 2, 12, 24, 27
- – Sitzungsteilnehmer **34** 24, 26
- Beweiskraft der ~ **34** 13 f., 28
- Einsichtsrecht des Betriebsratsmitglieds **34** 12, 26, 31 ff.
- – Grenzen **34** 32
- – Inhalt **34** 33 ff.
- – Einwendungen gegen die ~ **34** 27 ff.
- – Form **34** 18 ff.
- – Hinzuziehung einer Schreibkraft **34** 8, 9
- Inhalt der ~ **34** 15 f.; **35** 15
- – Anwesenheitsliste **34** 15, 18, 21 ff.
- – Beschluss über die Geschäftsordnung **36** 8
- – Datum **34** 15
- – geheimhaltungsbedürftige Tatsachen **34** 30
- – Stimmenmehrheit **34** 15, 27
- – Stimmverhalten **34** 15 f.
- – Wortlaut der Anträge **34** 15
- – Wortlaut der Beschlüsse **34** 9, 15
- – Nachweis der Beschlussfähigkeit **33** 18
- – Pflicht zur Anfertigung der ~ **34** 6 ff.
- – Betriebsratsvorsitzender **34** 8
- – Nichtbeachtung **34** 10
- – Verhandlungen des Betriebsrats **34** 6
- – Zeitpunkt **34** 9
- Privaturkunde **34** 13 f.
- Protokollführer **34** 8, 9, 20
- Streitigkeiten **34** 29, 42
- Tonaufnahmen **34** 19
- Unterzeichnung der ~ **34** 20
- – Arbeitgeber **34** 1, 25
- – Betriebsratsvorsitzender **26** 29; **34** 8, 18, 20, 25
- – weiteres Betriebsratsmitglied **34** 18, 20, 25
- Zweck **33** 18; **34** 6, 12, 15, 41

Sitzverteilung im Betriebsrat 18 36 f.; **19** 84, 130
- Berücksichtigung des Geschlechts in der Minderheit **14** 38, 39, 43, 46; **15 WO** 7 ff.; **17 WO** 4; **22 WO** 1 ff.; **23 WO** 2
- d'Hondtsches Höchstzahlenverfahren **14** 34 ff.; **15 WO** 1 ff.
- Erschöpfung einer Liste **14** 38, 41; **15 WO** 4
- Losentscheid **14** 38, 43; **15 WO** 6, 8; **22 WO** 1
- Mehrheitswahl **14** 43, 46; **22 WO** 1 ff.
- Nachrücken bei Ablehnung der Wahl **17 WO** 4 f.; **23 WO** 2
- Stimmengleichheit **14** 43
- vereinfachtes Wahlverfahren **14a** 76 f.; **34 WO** 4
- Verhältniswahl **14** 34 ff.; **14 WO** 6; **15 WO** 1 ff.; **17 WO** 4 f.; **22 WO** 1 ff.; **34 WO** 4

Societas Europaea, *s. unter Europäische Aktiengesellschaft*

Software 40 165, 176, 183

Soldaten 5 6, 28
- aktives Wahlrecht **7** 16
- Betriebszugehörigkeit **7** 138
- Gleichstellung mit Arbeitnehmern **5** 6, 28
- Störung des Betriebsfriedens **104** 4
- – Abberufung durch Dienstherrn **104** 11
- – Versetzung **104** 11
- Wahrnehmung von Aufgaben als leitende Angestellte **5** 159

Sonderurlaub 87 468 f., 471, 479, 494

Sondervertretungen
- Arbeitnehmervertretung, andere, *s. dort*
- Arbeitnehmervertretung, zusätzliche, *s. dort*
- Arbeitsgemeinschaften, *s. dort*
- Spartenbetriebsrat, *s. dort*
- unternehmenseinheitlicher Betriebsrat, *s. dort*
- Zusammenfassung von Betrieben, *s. dort*

Sonstige Herkunft
- Benachteiligungsverbot **75** 57, 59

2415

Sachverzeichnis

Sozialauswahl 95 9, 45 ff.; **99** 196; **102** 152 ff., 194 f., 233, 234; **112, 112a** 74 f.
Sozialdaten 102 60, 78, 80, 90
Soziale Angelegenheiten
– Abgrenzung zu anderen Beteiligungsrechten des Betriebsrats **vor 87** 3; **88** 11
– – Gestaltung von Arbeitsplatz, -ablauf, -umgebung **vor 90** 2, 4; **88** 16; **90** 11, 18, 23, 40; **91** 6, 21, 23 f.
– – Personalplanung **92** 11
– – personelle Einzelmaßnahmen **88** 11
– – wirtschaftliche Angelegenheiten **111** 2, 138
– allgemeiner Unterrichtungsanspruch des Betriebsrats **80** 76, 78, 80
– Arbeitsentgelt, *s. dort*
– Arbeitsschutz, *s. dort*
– Arbeitszeitdauer, *s. dort*
– Arbeitszeitlage, *s. dort*
– Begriff **vor 87** 3
– Beschluss des Betriebsrats **87** 85, 93 ff.
– Betriebsbuße, *s. dort*
– Direktionsrecht des Arbeitgebers **vor 87** 4 ff.; **87** 56, 87, 90, 98, 105, 111, 118, 121, 156, 175, 187 f., 191, 385, 394, 1076 f.
– Eilfälle **87** 83, 107, 159 ff., 428 f., 669
– – einstweilige Verfügung **87** 166
– – Verfahren **87** 164, 429
– – vorläufige einseitige Maßnahme **87** 161 f., 165 f.
– – Vorsorgeregelung **87** 163 ff., 428
– Eingliederungsvertrag **vor 87** 25
– Einigungsstelle **76** 18; **87** 96, 99, 140, 155, 156 f., 166, 1093 ff.
– Einschränkung der Beteiligungsrechte **87** 5 f., 12, 77, 79, 80 f., 400, 602; **88** 4
– – Betriebsvereinbarung **87** 5 f., 400, 602
– – Tarifvertrag **87** 5, 12, 77, 79, 80 ff.
– einstweilige Verfügung **23** 186; **87** 166, 169, 293, 372, 447, 604, 1097
– Einzelmaßnahmen **87** 15, 21 f., 26 ff., 92, 115, 205, 394, 844 f.
– Erweiterung der Beteiligungsrechte **87** 7 ff., 292, 1094; **88** 4
– – Betriebsvereinbarung **87** 8 ff., 14, 1094
– – Tarifvertrag **87** 8, 11 ff., 292, 1094
– Form **87** 88 ff.
– formelle Arbeitsbedingungen **87** 34 ff., 145
– freiwillige Betriebsvereinbarungen **87** 4, 54, 59, 65 f., 189, 196, 289, 334, 364, 377, 414, 428, 461, 470, 490; **88** 1 ff.; **118** 193, *s. dort*
– Geltungsbereich
– – persönlicher **vor 87** 25
– – sachlicher **vor 87** 1
– Genese **E** 7
– Individualmaßnahmen **87** 1, 15, 17 ff., 110, 115, 117, 119, 122, 129, 299 f., 308, 327, 394, 639, 844 f., 1026
– Initiativrecht **E** 42; **37** 188, 216; **87** 87, 98, 140 ff., 242, 248, 274, 314, 336, 338, 344, 365 f., 385 ff., 464, 481 f., 487, 491, 596, 597 ff., 628, 632, 659, 667, 690, 697, 702 f., 744, 753, 761, 765, 784, 814, 831, 840, 867, 888, 895, 897, 911 f., 943, 980, 985 ff., 1032, 1042, 1055, 1060 ff., 1084, 1095
– – des Arbeitgebers **87** 140, 156 ff., 248, 274, 385
– – des Betriebsrats **87** 141 ff.
– – Grenzen **87** 143 ff., 158
– – unternehmerische Entscheidungsfreiheit **87** 146 ff.
– Jahresbericht des Arbeitgebers **43** 8, 11 f., 19
– kollektiver Tatbestand **E** 83; **87** 14, 15 f., 18 ff., 98, 110, 115 ff., 122, 128 f., 187, 205 f., 296 f., 394 f., 463, 469, 472, 490 f., 528, 633, 639, 763, 842 ff., 884, 907, 927 ff., 1025 f., 1054, 1085
– Leiharbeitnehmer **vor 87** 25; **5** 123
– Lohngestaltung, betriebliche, *s. dort*
– materielle Annexbedingungen **87** 41 f., 461
– materielle Arbeitsbedingungen **E** 52, 55; **87** 1, 34 ff., 44 ff., 68, 145, 373 f., 386, 389, 997, 1041 f.
– Nichtigkeit abweichender Individualvereinbarungen **vor 87** 8
– Notfälle **87** 103 f., 107, 112, 167 ff., 309, 426, 669
– – einstweilige Verfügung **87** 169
– – Entbehrlichkeit der Zustimmung des Betriebsrats **87** 103 f., 107, 167 f.
– – Unterrichtung des Betriebsrats **87** 168, 170
– notwendige Mitbestimmung in **vor 87** 1 ff.; **87** 1 ff.
– Ordnung des Betriebs, *s. dort*
– quantitatives Kollektiv **87** 36 ff.
– Rahmenregelung **87** 6
– Rechtsfolgen der Verletzung der ~ **87** 100, 102, 114, 118 f., 121 ff., 243, 367 ff., 383 ff., 444 ff., 501 ff., 603 ff., 668 f., 811 f., 830, 921 ff., 996, 1043 ff., 1073 f.
– – Änderungskündigung **87** 118, 123
– – Beseitigungsanspruch des Betriebsrats **23** 168, 177; **87** 125, 243, 446, 604, 669, 811, 1097
– – Leistungsverweigerungsrecht des Arbeitnehmers **87** 124, 445, 605, 669
– – Rechtsgeschäfte mit Dritten **87** 114, 766 ff., 773, 811
– – Schadenersatzanspruch **87** 114, 118, 129, 165
– – Strafbarkeit **87** 125
– – Unterlassungsanspruch des Betriebsrats **23** 158, 161 ff.; **87** 243, 371, 429, 446, 604, 669, 752, 770, 996, 1097, 1099
– – Unwirksamkeit der Maßnahme **87** 100, 102, 114, 119, 121 ff., 133, 165
– – Verstoß gegen den Gleichbehandlungsgrundsatz **87** 130
– – Vertrauensschutz zugunsten der Arbeitnehmer **87** 123, 126 ff., 136
– Regelungsinstrument **87** 88 ff.
– – Betriebsvereinbarung **87** 52 f., 88 ff., 96, 156, 189, 191, 196, 243, 245, 247, 264, 289, 334, 367, 377, 383, 428, 444, 465, 501, 603, 668, 754, 762, 771, 830, 995, 1043 f., 1073
– – Regelungsabreden **77** 19; **87** 52 f., 88, 92 f., 96, 243, 367, 384, 444, 465, 501, 603, 668, 754, 762, 771, 781, 830, 995, 1043, 1073; **88** 6
– Schranken der Regelungsbefugnis in ~ **vor 87** 4 ff.; **87** 47 ff., 115, 144, 237 ff.; **88** 7 ff.

– – Gesetzesvorbehalt des § 87 Abs. 1 Einleitungssatz, *s. dort*
– – Günstigkeitsprinzip **87** 65 f., 119, 129, 165
– – Regelungssperre des Tarifvertrags nach § 77 Abs. 3 **77** 104 f., 139, 152, 158 ff.; **87** 47 ff., 57, 68, 84, 88, 375, 401, 444, 462, 907, 984, 1041
– – Sperrwirkung **87** 84
– – Tarifvorbehalt des § 87 Abs. 1 Einleitungssatz, *s. dort*
– – Vorrangtheorie, *s. dort*
– – Zweck **87** 47, 54 ff., 57
– – Zwei-Schranken-Theorie, *s. dort*
– Sozialeinrichtungen, *s. dort*
– Streitigkeiten **87** 1093 ff.
– – Beschlussverfahren **87** 1096 ff.
– – Feststellungsantrag **87** 1100 ff.
– – Globalantrag **87** 1098 f.
– – negativer Feststellungsantrag **87** 1102
– – Rechtskrafterstreckung **87** 1106
– – Rechtsschutzinteresse **87** 1100 ff.
– – Urteilsverfahren **87** 1105
– – Zwangsvollstreckung **87** 1104
– technische Überwachungseinrichtungen, *s. dort*
– Tendenzbetrieb **118** 54, 190 ff.
– Theorie der erzwingbaren Mitbestimmung, *s. dort*
– Theorie der notwendigen Mitbestimmung, *s. dort*
– umfassende funktionelle Zuständigkeit des Betriebsrats **vor 87** 3; **87** 4, 9, 66, 246; **88** 7
– Umweltschutz, *s. dort*
– Urlaub, *s. dort*
– Verzicht des Betriebsrats auf ~ **87** 5 f., 86, 370, 996
– Vorschlagswesen, betriebliches, *s. dort*
– Werkmietwohnungen, *s. dort*
– Zuständigkeit **87** 2 f., 85
– – Arbeitsgruppen i. S. des § 28a **28a** 33
– – Betriebsausschuss **87** 85
– – Betriebsrat **87** 85 ff.
– – betriebsratslose Betriebe **87** 87, 98, 109, 155
– – Bordvertretung **87** 2; **115** 47, 56, 58, 60
– – gemeinsamer Ausschuss **87** 85, 163
– – Gesamt-Jugend- und Auszubildendenvertretung **87** 2
– – Gesamtbetriebsrat **50** 20, 30, 31 ff., 45, 50 f.; **87** 2, 243, 368, 444, 465, 483, 493, 603, 733, 831, 846, 888, 898, 996, 1048
– – Jugend- und Auszubildendenvertretung **87** 2
– – Konzernbetriebsrat **58** 19, 23, 24, 27, 28; **87** 2, 465, 733, 846, 888
– – Seebetriebsrat **87** 2
– – Zustimmung des Betriebsrats **87** 100 ff., 113
– – Entbehrlichkeit **87** 103 f., 167 f.
– – konkludente **87** 93 ff., 113
– – nachträgliche **87** 102, 159, 170
– – Rechtsmissbrauch **87** 103, 165, 167 f.,
– – Unzumutbarkeit **87** 168
– – vorab **87** 102, 163 ff., 170, 911
– – widerspruchslose Hinnahme **87** 100
– – Zweck der Mitbestimmung **vor 87** 8, 10; **87** 97 ff., 110, 115 ff., 119 f., 129, 147, 175
Sozialeinrichtung 50 50; **87** 704 ff.
– Änderung von ~ **87** 741, 757

– Arbeitgeberdarlehen **37** 18; **87** 711, 856, 859, 860
– Auflösung von ~ **87** 741 ff., 749, 752
– Ausgestaltung von ~ **87** 704, 708, 737, 743, 745, 748, 755 ff.
– – Benutzungsrichtlinien **87** 756
– – Geschäftsordnung **87** 756
– – Grundsätze über Verwendung der Mittel **87** 758
– – Konkretisierung des Benutzerkreises **87** 757
– – Leistungsplan **87** 758 f.
– – Organisation **87** 707 f., 756, 765, 772 ff.
– – Pachtbedingungen **87** 757
– – Satzung **87** 748, 756, 761, 776, 781, 783
– – Versorgungsrichtlinien **87** 758
– betriebliche Altersversorgung, *s. dort*
– Betriebsfeiern und -ausflüge **87** 712, 859
– Betriebskrankenkasse **87** 724
– Betriebsübergang **87** 728, 735, 785
– Bibliothek **87** 721
– Cafeteria-System **87** 710, 933
– Dotierung von ~ **87** 37, 739 ff., 747, 753, 758 f.
– Errichtung von ~ **87** 37, 734 ff., 746, 765
– Errichtung von ~ durch freiwillige Betriebsvereinbarung **87** 734, 746, 773; **88** 23 ff.
– – Entscheidungsfreiheit des Arbeitgebers **88** 24
– – Wirkungsbereich **88** 23, 25
– – Zuständigkeit für Abschluss **88** 25
– Ferienheim **87** 721, 736, 759, 765
– Form **87** 704, 743, 745 ff.
– – Änderung **87** 751, 753
– – Fremdunternehmen **87** 749 ff.
– – GmbH **87** 747
– – Rechtsform **87** 745 ff.
– – selbständige ~ **87** 748, 776 ff., 786
– – unselbständige ~ **87** 748, 771 ff., 786
– – Veräußerung **87** 752
– – Verpachtung **87** 718, 750 ff.
– gemeinsame Einrichtung der Tarifvertragsparteien **87** 729
– Gewinnerzielung **87** 718, 750
– Initiativrecht **87** 744, 753, 761, 765, 784
– Kantine **87** 705, 717, 721, 728 f., 734, 736, 740, 748, 751, 757, 759, 765, 773, 859
– Kindergarten **87** 717, 721, 740, 859
– kostendeckende Nutzungsentgelte **87** 717, 740, 759, 765
– Liquidationspool von Chefärzten **87** 709, 852, 952
– Outplacement-Betreuung **87** 710
– Parkplätze **87** 228 ff., 231, 721, 734
– persönlicher Wirkungsbereich **87** 726 ff., 737 f., 741, 757, 759
– – Angehörige der Arbeitnehmer **87** 726, 728
– – Arbeitnehmer **87** 726, 728
– – Außenstehende **87** 728
– – Festlegung des Begünstigtenkreises **87** 737 f., 741, 757
– – Leiharbeitnehmer **87** 726
– – leitende Angestellte **87** 726
– – Ruhegehaltsempfänger **87** 726
– – Stichtagsregelung und Wartezeiten **87** 738, 759
– private Stiftung **87** 731
– rechnerische Fonds **87** 709

- sachlicher Wirkungsbereich **87** 727 ff., 735; **88** 23, 25
- – Betrieb **87** 704, 727 f., 731
- – Konzern **87** 704, 727 f., 730 f., 733
- – Unternehmen **87** 704, 727 f., 731, 733
- – selbständige ~ **87** 748, 776 ff., 786, 804, 809
- Selbsthilfeeinrichtung der Arbeitnehmer **87** 732
- Sozialeinrichtung mit eigenem Betriebsrat **87** 786 ff.
- Sozialeinrichtung, Begriff **87** 706 ff.
- Sportanlagen **87** 228, 717, 721, 734, 736
- Uneigennützigkeit **87** 720
- unselbständige ~ **87** 748, 771 ff., 786
- Unterlassungsanspruch des Betriebsrats **87** 752, 770
- verbilligter Warenbezug **87** 455, 713, 721, 859
- Verhältnis zu anderen Vorschriften **87** 704 f.
- – betriebliche Lohngestaltung **87** 705, 708 ff., 716, 729, 779, 836, 865, 878, 886
- – Ordnung des Betriebs **87** 705 f.
- – Wohnräume **87** 704, 705, 708, 717, 722, 736, 740 f., 756, 765, 791 ff.
- Verpachtung von ~ **87** 718, 750 ff., 757, 765, 775
- Verwaltung von ~ **87** 89, 114, 708, 736 f., 740, 743, 745, 751, 757, 759, 763 ff.
- – durch Ausschuss des Betriebsrats **28** 14, 38
- – Einstellung und Kündigung von Personal **87** 768 f., 787
- – Organisation der Verwaltung **87** 765
- – Rechtsgeschäfte mit Dritten **87** 766 ff., 773
- – selbständige ~ **87** 748, 776 ff., 786
- – Sozialeinrichtung mit eigenem Betriebsrat **87** 786 ff.
- – unselbständige ~ **87** 748, 771 ff., 786
- – Verwaltungsmaßnahmen **87** 763 ff., 787
- – Verwaltungsrichtlinien **87** 763 f.
- Vorteilscharakter **87** 716 ff.
- Warenautomaten **87** 749, 760
- Werksparkasse **87** 725
- Werkszeitung **87** 723
- Werkverkehr **87** 721
- Zuständigkeit
- – Gesamtbetriebsrat **50** 50
- – Konzernbetriebsrat **58** 19, 23, 27; **88** 25
- Zweck der Mitbestimmung **87** 705, 717, 718
- **Sozialleistungen 50** 31 ff., 50; **87** 855, 857 ff.
- Aufhebung **87** 870 f.
- Bindung des Arbeitgebers **87** 862 ff., 870 f.
- Einführung **87** 867 f.
- Erzwingbarkeit **87** 866 f.
- Festlegung des Begünstigtenkreises **87** 864, 869, 872
- freiwillige Betriebsvereinbarung über ~ **88** 12
- freiwillige ~ **87** 857 ff., 861 ff., 864 ff.
- Leistungsplan **87** 873
- Leistungsvoraussetzungen **87** 873
- Regelungsspielraum **87** 864, 869, 872 f.
- Umfang **87** 866, 870
- Verteilungsgrundsätze **87** 873
- Zuständigkeit
- – Gesamtbetriebsrat **50** 31 ff., 50
- – Konzernbetriebsrat **58** 24
- Zustimmungsrecht des Betriebsrats **87** 867 ff.
- Zweckbestimmung **87** 864, 868

Sozialplan 21b 8, 11 f., 16, 20 f., 28; **111** 44, 157 f.; **112, 112a** 1 ff.
- Abfindung, *s. dort*
- Abgrenzung zum Interessenausgleich **vor 106** 5; **112, 112a** 5 ff., 135
- Ablösung durch nachfolgenden ~ **77** 402
- Abweichen vom ~ **113** 21, 29
- aktive Arbeitsförderung durch den ~ **112, 112a** 479 ff., 511 ff.
- Änderung des ~ **112, 112a** 230, 234
- Ansprüche aus dem ~ **112, 112a** 183 ff.
- – Abfindung **77** 382, *s. dort*; **112, 112a** 195 f., 201, 203
- – Anspruchsgegner **112, 112a** 184 f.
- – Ausschlussfrist **112, 112a** 171, 190
- – Betriebsübergang **112, 112a** 185
- – Entstehen **112, 112a** 183, 199, 234, 242, 247, 257
- – Fälligkeit **112, 112a** 183, 199, 368 f.
- – Insolvenz **112, 112a** 205 ff., *s. dort*
- – Kündigung des Sozialplans **112, 112a** 242, 247, 264 f.
- – Masseunzulänglichkeit **112, 112a** 217 ff.
- – Pfändbarkeit **112, 112a** 201 ff.
- – rückwirkende Änderung des ~ **112, 112a** 234, 257
- – Sozialversicherung **112, 112a** 195 f.
- – Streitigkeiten **112, 112a** 193
- – Vererblichkeit **112, 112a** 199 f.
- – Verzicht **112, 112a** 169, 190
- Aufhebung des ~ **112, 112a** 230 ff., 260 ff.
- Ausgleich oder Milderung wirtschaftlicher Nachteile **111** 62, 194 f., 196, 248 f.; **112, 112a** 132 f., 178, 238, 367, 421, 437, 464
- – sonstige Nachteile **112, 112a** 6, 11, 423
- – wirtschaftliche Nachteile **111** 157 f., 159, 189 f.; **112, 112a** 103, 464
- Auslegungsgrundsätze **77** 71
- Ausnahmen von der Sozialplanpflichtigkeit **vor 106** 18; **111** 129; **112, 112a** 132, 178, 314 ff., 525; **113** 9, 13, 37
- – Entscheidungskompetenz der Einigungsstelle **112, 112a** 310 f., 329
- – freiwilliger Sozialplan **112, 112a** 315, 316
- – Neugründung von Unternehmen **112, 112a** 323 ff.
- – Personalabbau **112, 112a** 318 ff., *s. auch unter Betriebsänderung*
- – Recht zur Einleitung des Einigungsstellenverfahrens **112, 112a** 315 f., 329
- – Recht zur Einleitung des Vermittlungsverfahrens **112, 112a** 315 f., 329
- – rechtliche Umstrukturierung **112, 112a** 327, 330 ff.
- – Unterlassen des Versuchs von Sozialplanverhandlungen **113** 8, 37
- Beendigung des ~ **77** 402; **112, 112a** 230 ff.
- Begriff **112, 112a** 132 ff., 421 ff.
- Bekanntmachung des ~ **112, 112a** 223
- Billigkeitskontrolle, arbeitsgerichtliche **77** 348
- Eingliederungsmaßnahmen **112, 112a** 511 ff.

– – Einigungsstellenverfahren
– – – Entscheidungskompetenz der Einigungsstelle **vor 106** 5; **112, 112a** 132, 176 ff., 293, 310 ff., 315, 329, 432
– – – Ermessensgrenzen der Einigungsstelle **74** 3; **76** 132; **112, 112a** 420 ff.
– – – erzwingbarer Sozialplan **112, 112a** 176 f., 232, 240, 242, 251, 254, 310, 312, 432
– – – freiwilliges Einigungsstellenverfahren **112, 112a** 132, 145, 172, 312, 316, 424
– – – Hinzuziehung eines Beraters des Betriebsrats i. S. des § 111 **111** 179
– – – Insolvenz, *s. dort*
– – – nicht erzwingbarer Sozialplan **111** 100, *s. auch unter Interessenausgleich*; **112, 112a** 132, 144, 178, 310 f., 315, 329
– – Einigungsversuch zwischen Betriebsrat und Unternehmer **112, 112a** 254, 271, 283, 294
– – – Hinzuziehung eines Beraters des Betriebsrats i. S. des § 111 **111** 179
– – – Verhandlungsdauer **112, 112a** 271
– – Ermessensgrenzen der Einigungsstelle **74** 3; **112, 112a** 420 ff.
– – Abwägungsklausel **112, 112a** 425 f., 435 ff.
– – Ausgleich oder Milderung wirtschaftlicher Nachteile **112, 112a** 421 ff.
– – Aussichten auf dem Arbeitsmarkt **112, 112a** 467 f., 472
– – Berücksichtigung des Einzelfalls **112, 112a** 461 ff.
– – Ermessensrichtlinien **112, 112a** 366, 389, 425 ff., 459 ff.
– – Förderungsmöglichkeiten des SGB III **112, 112a** 479 ff., 511 ff.
– – Fortbestand des Unternehmens und der verbleibenden Arbeitsplätze **112, 112a** 486 ff.
– – Gesamtbetrag der Sozialplanleistungen **112, 112a** 486 ff.
– – soziale Belange der betroffenen Arbeitnehmer **112, 112a** 435, 436 ff.
– – Verstoß gegen die Ermessensgrenzen **112, 112a** 424, 427 f., 437 f., 459, 463, 482
– – Weiterbeschäftigungsmöglichkeit **112, 112a** 445, 464, 467, 471 ff.
– – wirtschaftliche Vertretbarkeit für das Unternehmen **112, 112a** 435, 436, 439 ff., 471
– Form des ~ **112, 112a** 223 ff., 290, 309
– – Rechtsfolgen bei Nichtbeachtung **112, 112a** 225, 309
– – Schriftform **112, 112a** 223 ff., 290, 309
– – Unterschrift **112, 112a** 223, 226, 290, 309
– freiwilliger ~ **112, 112a** 132, 135, 138, 144 f., 150, 172, 178, 238, 315, 316, 366, 399, 420, 432; **113** 9
– Inhalt **112, 112a** 133 f., 366 ff.
– Inhaltsschranken des ~ **112, 112a** 366 ff.
– – Billigkeitskontrolle, arbeitsgerichtliche **77** 348
– – Bindung an die Grundsätze für die Behandlung der Betriebsangehörigen **75** 22, 36, 157
– – Ermessensgrenzen der Betriebspartner **112, 112a** 389, 425 ff.
– – Ermessensgrenzen der Einigungsstelle **112, 112a** 420 ff.

– – Gleichbehandlungsgrundsatz **112, 112a** 374 ff., 418, 420
– – höherrangiges Recht **112, 112a** 374, 420, 427, 430, 437
– – Sozialplanvolumen in der Insolvenz **112, 112a** 395 ff., *s. unter Insolvenz*
– Insolvenz, *s. dort*
– Konzern
– – Bemessungsdurchgriff bei wirtschaftlicher Vertretbarkeit des ~ **112, 112a** 445 ff.
– – Eingliederungsmaßnahmen **112, 112a** 525
– – Haftung des herrschenden Unternehmens für Ansprüche aus ~ **112, 112a** 186
– – Sozialplanpflichtigkeit bei Neugründung von Konzernunternehmen **112, 112a** 326, 330 ff.
– – Weiterbeschäftigungsmöglichkeit **112, 112a** 445, 471 f., 518
– Kündigung des ~ **77** 418; **112, 112a** 236 ff.
– – außerordentliche Kündigung **112, 112a** 236, 241, 243 ff., 251, 254
– – Kündigungsklausel **112, 112a** 236, 241
– – ordentliche Kündigung **112, 112a** 236, 237 ff.
– – Rechtswirkungen **112, 112a** 242, 246
– – Teilkündigung **112, 112a** 241
– nachträglicher ~ **112, 112a** 146, 155
– Nachwirkung **77** 445; **112, 112a** 172, 232, 238 f., 242, 246
– Nichtigkeit **75** 157
– personelle Grenzen **112, 112a** 148 ff.
– – Arbeitnehmer **112, 112a** 148
– – ausgeschiedene Arbeitnehmer **77** 201; **112, 112a** 155
– – Betriebszugehörigkeit **112, 112a** 155
– – Heimarbeitnehmer **112, 112a** 148
– – Leiharbeitnehmer **5** 127
– – leitende Angestellte **112, 112a** 4, 150 ff.
– – Teilzeitbeschäftigte **112, 112a** 148
– Rahmensozialplan **112, 112a** 135, 144 f., 238, 363; **113** 45, 106
– Rechtsnatur **77** 9; **112, 112a** 74, 157 ff., 161 ff.
– Rechtswirkungen **112, 112a** 161 ff.
– – Ablösungsprinzip **112, 112a** 233 f., 363
– – Ausschlussfrist **112, 112a** 171, 190
– – Erfüllungsanspruch des Betriebsrats **112, 112a** 161
– – Günstigkeitsprinzip **112, 112a** 168, 181 f., 233
– – Individualabsprachen **112, 112a** 168
– – Nachwirkung **77** 445; **112, 112a** 172, 232, 238 f., 242, 246
– – normative Wirkung **112, 112a** 161 f., 225
– – Teilnichtigkeit **112, 112a** 166, 424
– – Verzicht **112, 112a** 169, 190, *s. auch Betriebsänderung*
– Sozialplanprivileg **111** 129; **112, 112a** 310 ff., 314 ff., 318 f., 323 ff.
– steuerrechtliche Behandlung von Sozialplanleistungen **112, 112a** 490 ff.
– – Arbeitnehmer **112, 112a** 490 ff.
– – Leistungen bei fortbestehendem Arbeitsverhältnis **112, 112a** 494 f., 498, 504

Sachverzeichnis

- – Steuerermäßigung für Abfindungen **112, 112a** 491, 496, 498 ff.
- – Steuerfreiheit für Abfindungen **112, 112a** 491, 493, 497 ff.
- – Unternehmer **112, 112a** 490
- Strukturkurzarbeitergeld **112, 112a** 514
- Tarifvertragssperre **77** 155, 162; **112, 112a** 174 ff.
- Tendenzbetrieb **111** 49; **113** 14 ff.; **118** 3, 151, 153, 156 f., 160
- Transferkurzarbeitergeld **112, 112a** 480, 514, 554 ff.
- Transfermaßnahmen **112, 112a** 479 ff., 511 ff., 517 ff.
- Transfersozialplan **112, 112a** 133, 139, 250, 272, 479 f., 511 ff., 514
- Vermittlungsverfahren vor dem Vorstand der Bundesagentur für Arbeit, *s. unter Interessenausgleich*
- vorsorglicher ~ **112, 112a** 144 f., 172, 178, 238, 363, 399
- Wegfall der Geschäftsgrundlage **112, 112a** 155, 234, 241, 243, 247, 248 ff.
- Zuständigkeit
- – Betriebsausschuss **112, 112a** 222
- – Betriebsrat **111** 195; **112, 112a** 220
- – Gesamtbetriebsrat **50** 53; **111** 196 ff.; **112, 112a** 220 f.
- – Konzernbetriebsrat **111** 199; **112, 112a** 184, 221
- Zweck des ~ **112, 112a** 136 ff., 213, 238, 367 f.
- – Ausgleich oder Milderung wesentlicher Nachteile **112, 112a** 238, 367 f., 421, 437
- – Entschädigungsfunktion **112, 112a** 138, 142
- – Steuerungsfunktion **112, 112a** 136
- – Überbrückungsfunktion **112, 112a** 138 f., 213

Sozialplananspruche, *s. unter Sozialplan*
Sozialräume 90 9
Sozialversicherung 37 21; **112, 112a** 195 f.; **113** 101
Spaltung von Betrieben und Unternehmen 1 67; **8** 50 ff., 66; **18** 58, 71; **21** 45; **92a** 10; **vor 106** 19 f., 21 ff.; **106** 77, 83; **112, 112a** 34

- Anhörung bei Kündigung **102** 8
- Auswirkungen auf
- Jugend- und Auszubildendenvertretung **64** 26 f.
- Beteiligungsrechte bei Betriebsänderungen im abgespaltenen Unternehmensteil **111** 35, 40
- – Schwellenwertermittlung **111** 22, 26
- – Zuständigkeit des Betriebsrats **111** 26
- Betriebsaufspaltung **1** 51; **3** 9, 38, 62; **21a** 19, 24 f., 42, 50, 71, 91, 92, 101; **21b** 32
- Fortgeltung von Betriebsvereinbarungen **21a** 39, 79; **50** 91; **58** 56 ff.; **77** 370, 423 ff., 433, 446
- gemeinsamer Betrieb mehrerer Unternehmen **1** 51, 52, 56 ff.; **21a** 92, 93 f., *s. auch dort*
- Kollektivvereinbarung über die Fortgeltung der Beteiligungsrechte
- – des Betriebsrats **111** 22
- – des Wirtschaftsausschusses **106** 24
- Neuwahl des Betriebsrats **13** 5, 11, 14, 28, 33, 79; **21a** 40 ff., 80
- Rechtsträgerspaltung **21a** 92, 95 f.
- Restmandat **21b** 1, 28 ff., 32, *s. auch Umwandlung*
- Sozialplanpflicht bei Neugründung von Unternehmen durch Spaltung **112, 112a** 332

- Spaltung, Begriff **21a** 18 ff., 42, 47
- Übergangsmandat, *s. dort*
- Unterrichtung
- – des Betriebsrats **vor 106** 19 f., 22 ff.; **111** 49, 69, 110 ff., 124, 127, 135
- – des Wirtschaftsausschusses **vor 106** 21; **106** 75 ff.
- – Zuleitung der erforderlichen Unterlagen **vor 106** 23 ff.

Spartenbetriebsrat 3 2, 13 ff., 53 f., 64, 67; **9** 2; **13** 9; **14** 7; **15** 6, 11; **18a** 8; **21** 7, 35; **47** 3, 5, 10, 67, 75; **vor 60** 39; **60** 10

- Abgrenzung zur Zuständigkeit anderer Gremien **3** 16 f.
- auf Konzernebene **3** 15
- auf Unternehmensebene **3** 15
- Entscheidungsbefugnis der Spartenleitung in mitbestimmungspflichtigen Angelegenheiten **3** 14
- Inhalt der Kollektivverträge über ~ **3** 53 f.
- Rechtsstellung der Mitglieder des ~ **3** 54, 67
- Rechtsstellung des ~ **3** 54, *s. auch abweichende betriebsverfassungsrechtliche Organisationseinheiten*
- sachgerechte Wahrnehmung der Betriebsratsaufgaben **3** 19
- Sparte, Begriff **3** 13
- Spartengesamtbetriebsrat **3** 18, 54
- Spartenkonzernbetriebsrat **3** 18, 54
- teilweise spartenmäßige Organisation **3** 17
- Zuschnitt der Repräsentationsebene **3** 16 f.

Sperrwirkung des Tarifvertrags, *s. unter Regelungssperre des Tarifvertrags*
Sphärentheorie 26 44, 51; **102** 13, 14, 52, 76, 83 f.; 100 f., 101, 102, 103 f.; **106** ff., 128 f., 145, 187; **103** 55 f., 63, *s. unter Anhörung bei Kündigung*
Sprecherausschuss E 27, 28, 29, 33, 41, 44, 116; **5** 158 f., 262 ff.

- Anhörung bei Abschluss von Betriebsvereinbarungen **2** 9; **5** 272; **77** 60 f.
- Anhörung bei Kündigung **5** 280; **102** 20
- Aufgaben **5** 160, 264, 276 ff.
- Behandlung der Betriebsangehörigen durch ~ **75** 14
- Behinderungsverbot **5** 160
- Beteiligung bei Betriebsänderungen **111** 6; **112, 112a** 4
- Betriebsvereinbarung **77** 44, 60 f., 197
- Errichtung aufgrund Kollektivvereinbarung **3** 5, 24, 27; **5** 264, 286; **18a** 9
- freiwillige ~ **5** 264, 283 ff.; **18a** 9
- Gebot der vertrauensvollen Zusammenarbeit **2** 9; **5** 270 f.
- Geheimhaltungspflicht **79** 6
- gemeinsame Sitzungen mit dem Betriebsrat **5** 272; **29** 86 ff.; **30** 4; **34** 5
- Genese **5** 159 f., 264
- Gesamtsprecherausschuss **5** 268, 282; **47** 10
- Hinzuziehung von Sachverständigen durch ~ **5** 276
- Interessenausgleich **112, 112a** 4
- Koalitionen **5** 273
- Konzernsprecherausschuss **5** 268, 282
- Kosten des ~ **5** 274 f., 276
- Mitgliedschaft der Mitglieder des ~ im Wirtschaftsausschuss **107** 11

- – personelle Angelegenheiten **5** 279
- – Richtlinien über Inhalt, Abschluss und Beendigung von Arbeitsverhältnissen **5** 277; **77** 44, 197, 263
- – Sanktionen **5** 282
- – Sozialplan **112**, **112a** 4, 150 ff.
- – Sprecherausschussfähigkeit **5** 265 ff.
- – Teilnahmerecht an
  - – Betriebsratssitzungen **5** 271; **29** 17, 50, 86; **30** 20
  - – Jugend- und Auszubildendenvertretungssitzungen **65** 77
  - – konstituierender Sitzung des Betriebsrats **29** 17
  - – monatlichen Besprechungen **74** 19
- – Tendenzunternehmen **5** 267
- – Unternehmenssprecherausschuss **5** 282; **13** 22; **18a** 15, 20 ff., 23, 49, 66; **47** 10
- – Unterrichtung durch den Arbeitgeber **5** 275, 277
- – Wahl **1** 2; **5** 269; **13** 4, 20 ff.; **14a** 30, 96; **16** 2, 19; **18a** 13, 14 ff., 27, 34 f., 37; **19** 58
- – wirtschaftliche Angelegenheiten **5** 281
- – Zuordnung der leitenden Angestellten zum nächsten Betrieb **5** 265 f.
- – Zusammenarbeit mit der Jugend- und Auszubildendenvertretung **60** 57 ff.
- – Zwang zur Errichtung **1** 2

Sprechstunden der Jugend- und Auszubildendenvertretung **39** 3; **60** 44; **69** 1 ff.; **70** 31, 38, 39; **73** 47; **73b** 48
- – Anspruch auf Einrichtung **69** 3 ff.
- – Aufsuchen der ~ durch die Arbeitnehmer **69** 19 f., 27 ff., 33
- – Durchführung der ~ **69** 18
- – Einigungsstellenspruch **69** 16 f., 32
- – Entscheidung der ~ über Einrichtung **69** 6, 7 ff.
- – freiwillige Einrichtung **69** 6
- – gemeinsame ~ für jugendliche und sonstige Arbeitnehmer **39** 26
- – Häufigkeit der ~ **69** 13
- – Kosten der ~ **69** 21
- – Ort der ~ **69** 9, 12 ff.
- – Streitigkeiten **69** 32 f.
- – Teilnahmerecht des Betriebsratsvorsitzenden **26** 29, 60; **69** 22 ff.
- – Zeitpunkt der ~ **69** 9, 11, 12 ff.
- – Zuständigkeit für Jugendliche und Auszubildende **69** 19 f.

Sprechstunden des Betriebsrats **39** 1 ff.
- – Arbeitsbefreiung
  - – Betriebsratsmitglieder **37** 30, 31; **39** 28, 40 f.; **40** 50
  - – Jugend- und Auszubildendenvertreter **39** 28, 40 f.
- – Aufsuchen der Arbeitnehmer am Arbeitsplatz **39** 37 f.
- – Aufsuchen der ~ durch die Arbeitnehmer **39** 6, 29 ff.
  - – Ab- und Rückmeldung am Arbeitsplatz **39** 29, 31 f.
  - – Erforderlichkeit **39** 29 f., 36, 38
  - – Leiharbeitnehmer **39** 10, 29, 31, 34
  - – Recht der Arbeitnehmer **39** 29
  - – Verbot der Arbeitsentgeltminderung **39** 34 ff., 38

- – Zustimmung des Arbeitgebers **39** 31 ff., 38
- – Aufsuchen des Betriebsrats durch die Arbeitnehmer außerhalb der ~ **39** 13, 35 f.
- – Durchführung der ~ **39** 17 ff., 40
- – Einigung mit dem Arbeitgeber **36** 13 f.; **39** 2, 6, 11, 14 ff., 20, 29; **77** 245
- – Einigungsstellenverfahren **39** 16, 40
- – Einrichtung von ~ **39** 11 ff., 16, 40
- – Freizeitausgleich für Betriebsratsmitglieder **39** 28, 40 f.
- – Gegenstand der ~ **39** 8 ff., 29
  - – Beratung von Leiharbeitnehmern **39** 10
  - – Beschwerden der Arbeitnehmer **39** 8, 30, 35
  - – Rechtsberatung **39** 8
  - – Vorschlagsrecht der Arbeitnehmer **39** 8
  - – Werbung für die Gewerkschaft **39** 9
- – gemeinsame ~ für jugendliche und sonstige Arbeitnehmer **39** 26
- – Haftung für Falschauskünfte **39** 39
- – Hinzuziehung von
  - – Auskunftsperson i. S. des § 80 Abs. 2 **39** 21
  - – Gewerkschaftsvertreter **39** 20, 40
  - – sachkundige Arbeitnehmer **39** 21
  - – Sachverständiger **39** 20
- – Kosten **39** 27
- – Ort der ~ **36** 13 f.; **39** 2, 6, 14 ff., 40
  - – außerhalb des Betriebs **39** 14
  - – innerhalb des Betriebs **39** 14
  - – Räume **39** 14, 15, 27
- – Schulungs- und Bildungsveranstaltung zum Thema ~ **37** 185
- – Schweigepflicht des Betriebsratsmitglieds **39** 19
- – Seebetriebsrat **116** 44, 46 f.
- – Streitigkeiten **39** 40 f.
- – Teilnahmerecht der Jugend- und Auszubildendenvertretung **39** 6, 22 ff., 40; **69** 5, 10
- – Zeit der ~ **36** 13 f.; **39** 2, 6, 14 ff., 40
  - – außerhalb der Arbeitszeit **39** 11, 14, 27, 28
  - – Dauer **39** 15
  - – Häufigkeit **39** 15
  - – während der Arbeitszeit **39** 11, 15, 27
- – Zweck **39** 1

Spruch der Einigungsstelle, *s. unter Einigungsstellenspruch*
Staatsangehörigkeit, fremde **7** 13; **61** 22, 34
Statusdaten **87** 566 ff.
Statusverfahren **5** 250; **18a** 96, 103, 105 ff.; **4 WO** 12, 18
Stechuhren **87** 172, 546 f., 576, 598, 605
Stellenausschreibung, innerbetriebliche, *s. unter Ausschreibung von Arbeitsplätzen*
Stellenbeschreibungen **81** 9; **87** 215, 849, 957; **92** 13; **93** 23, 33; **94** 57, 62; **95** 35 f.; **96** 17
Stellvertretender Betriebsratsvorsitzender
- – Abberufung des ~ **26** 23, 26
- – Amtszeit **26** 24 ff.
- – Arbeitsbefreiungsanspruch **26** 64
- – Aufgaben des ~ **26** 62 ff.
  - – Mitgliedschaft im Betriebsausschuss **26** 62; **27** 14 f., 29, 40, 44
  - – Teilnahme an Betriebsräteversammlungen **53** 8 ff., 13, 35, 41, 47
  - – Übertragung von Aufgaben auf den ~ **26** 63

2421

Sachverzeichnis

- – Vertretung des Betriebsrats **26** 37, 53, 55, 57, 62, 64 ff., *s. auch dort*
- – Ausscheiden des Betriebsratsvorsitzenden **26** 67, 70
- – Ausscheiden des ~ **26** 70
- – Freistellung des ~ **26** 64
- – Nachrücken eines Ersatzmitglieds **26** 68, 69
- – Streitigkeiten **26** 75 f.
- – Verhinderung des Betriebsratsvorsitzenden **26** 62, 65; **27** 41, 53; **29** 23, 26, 65; **34** 8, 20; **39** 18; **42** 33
- – Verhinderung des ~ **26** 57, 69; **27** 41; **29** 23, 26, 65; **42** 33
- – Wahl des ~ **19** 6; **26** 5, 11, 13, 28, 62, 70, 75; **27** 70; **29** 6, 9, 12; **33** 7, 15; **47** 126, *s. unter Betriebsratsvorsitzender*
- **Stilllegung von Betrieb oder Betriebsteil,** *s. unter Betriebsstilllegung*
- **Stimmabgabe 14** 12 ff.; **18** 19, 21, 25 f., 29; **19** 22, 30, 32, 36, 57, 130
- – Anzahl der Stimmen **14** 35, 44
- – Briefwahl, *s. dort*
- – Form **14** 14 f.; **3 WO** 20
- – freie ~ **14** 26 f.
- – Hinzuziehung einer Vertrauensperson **14** 18; **12 WO** 6; **24 WO** 15; **25 WO** 1
- – Mehrheitswahl **14** 44 f.; **20 WO** 1 ff.
- – Offenbarung des Abstimmungsverhaltens **14** 20
- – offene ~ **14** 14, 19
- – Ort **14** 13, 16, 18, 19; **18** 19; **3 WO** 18 f.
- – persönliche ~ **14** 17
- – Stellvertretung **14** 17
- – Stimmzettel **14** 12 ff., 27, 35, 44; **14a** 55, 57, 67; **6 WO** 1, 22; **10 WO** 1; **11 WO** 2 ff.; **12 WO** 5, 6; **14 WO** 3 ff.; **20 WO** 3 f., 7; **24 WO** 15
- – Ungültigkeit **14** 15, 35, 44; **11 WO** 1, 4 f., 9; **14 WO** 3 ff.; **20 WO** 5; **25 WO** 4 ff.; **26 WO** 3, 6
- – vereinfachtes Wahlverfahren **14a** 55, 57, 63 ff., 68, 93, 100, 110; **34 WO** 2
- – Verhältniswahl **14** 35
- – Wahlgeheimnis **14** 2, 4, 10 f., 12 ff.; **11 WO** 3; **12 WO** 1, 3; **25 WO** 1, 5; **26 WO** 7
- – Wahlkabine **14** 13, 16, 18, 19
- – Wahlumschlag **14** 12 ff., 27; **11 WO** 3, 5, 7; **12 WO** 5, 7; **14 WO** 3; **20 WO** 7; **24 WO** 15
- – Wahlurne **14** 9, 12 ff.; **14a** 5; **18** 26; **12 WO** 5, 7 f.; **14 WO** 1 f.; **16 WO** 4; **26 WO** 4 f.
- – Wahlvorgang **14** 12 ff., 35; **11 WO** 3; **12 WO** 1 ff.; **20 WO** 5 f.; **24 WO** 23; **25 WO** 1 ff.; **34 WO** 1 ff.; **36 WO** 8
- – Zeitpunkt **7** 14, 152; **8** 27 f.; **13** 12 ff., 16 f., 21, 39; **14** 26; **18** 19, 21; **3 WO** 18 f.; **11 WO** 1 ff.; **12 WO** 1 ff.; **20 WO** 1 ff.; **24 WO** 1 ff.; **25 WO** 1 ff.; **26 WO** 1 ff.; **34 WO** 2
- **Stimmauszählung 18** 19, 28 ff.; **19** 33, 35, 37, 57, 130
- – Mehrheitswahl **21 WO** 1 f.
- – öffentliche ~ **18** 29, 32 ff.; **13 WO** 4; **14 WO** 1 f., 4; **16 WO** 4; **21 WO** 1; **35 WO** 5
- – Ort **18** 19; **13 WO** 1; **35 WO** 5
- – vereinfachtes Wahlverfahren **14a** 68 ff.; **34 WO** 2 f.; **35 WO** 1, 5 f.
- – Verfahren der ~ **13 WO** 3; **14 WO** 1 ff.; **21 WO** 2; **35 WO** 5

- – Vermerk im Wahlausschreiben **3 WO** 23
- – Zeitpunkt **14** 23, 27; **18** 19, 30; **13 WO** 1, 2; **21 WO** 1; **35 WO** 5
- – Zuständigkeit **3 WO** 23; **13 WO** 1 ff.; **14 WO** 1 f., 1 ff.; **16 WO** 1 ff.; **17 WO** 2 f.; **21 WO** 1 f.; **34 WO** 2 f.; **35 WO** 1, 5
- **Störung des Betriebsfriedens,** *s. unter Betriebsfrieden*
- **Störungsverbot,** *s. unter Behinderungsverbot*
- **Strafantrag**
- – Antragsberechtigung **18** 9; **60** 61 ff.; **78** 105; **119** 1, 68 ff., 82; **120** 70
- – Antragserfordernis **119** 66; **120** 70
- – Antragsfrist **119** 79 f.; **120** 72
- – Beschlussfassung über den ~ **119** 75 f.
- – Kosten **40** 124
- – Kündigung wegen Stellung eines ~ **119** 83 f.
- – Rücknahme des ~ **119** 81
- **Strafbestimmungen E** 88, 99, 124; **119** 1 ff.; **120** 1 ff.
- – Begehungsformen **119** 56 f.; **120** 19, 45
- – Bindungswirkung rechtskräftiger Entscheidungen **119** 12
- – Einverständnis **120** 15 f., 43
- – Einwilligung **119** 58; **120** 15 f.
- – Erfolgsdelikt **119** 25, 36, 43; **120** 13, 51, 55
- – Konkurrenzen **119** 94 ff.; **120** 54, 75 ff.
- – Normzweck **119** 13; **120** 8
- – Rechtsgüterschutz **119** 16; **120** 10
- – Rechtswidrigkeit **119** 58; **120** 21 ff., 46, 57, *s. auch Ordnungswidrigkeiten*
- – Schuld **119** 59; **120** 21 ff., 46, 57
- – Schutzgesetzcharakter **119** 7; **120** 7
- – Strafantrag, *s. dort*
- – Strafrahmen **119** 91 f.; **120** 74
- – Straftatbestände, *s. dort*
- – Strafverfahren, *s. dort*
- – Strafzumessung **119** 93
- – subjektiver Tatbestand **119** 43 ff.; **120** 17 f., 44, 56, 63 ff.
- – Tatbestandsirrtum **120** 18
- – Täterschaft **119** 61 ff.; **120** 28 ff., 47 ff., 58, 69
- – Teilnahme **119** 43, 62 ff.; **120** 37 f., 47 ff., 58, 69
- – Unterlassungsdelikt **119** 27, 39, 56 f.; **120** 19, 45
- – Verbotsirrtum **119** 59
- – Verhältnis zum Zwangsverfahren gegen den Arbeitgeber **23** 217, 239, 270
- – Verjährung **119** 90; **120** 73
- – Versuch **119** 65; **120** 13, 39, 50, 59, 62
- – Vollendung **119** 65; **120** 13, 39, 50, 59, 62
- – Vorsatz **119** 43 ff.; **120** 17 f., 44, 56
- **Strafgefangene**
- – Arbeitnehmereigenschaft **5** 28, 152
- – Einsatz von ~ und Beteiligung des Betriebsrats **99** 14, 62
- **Straftatbestände 119** 17 ff.; **120** 11 ff.
- – Begünstigung von Organmitgliedern **37** 23, 174; **76** 93; **78** 7, 22, 61, 105; **119** 43 ff.
- – Behinderung und Störung der Organtätigkeit **29** 70, 78; **31** 25; **38** 65; **40** 234; **60** 5; **74** 27, 91; **76** 93; **78** 7, 20, 35, 53; **87** 125; **119** 32 ff.
- – Benachteiligung von Organmitgliedern **76** 93; **78** 7, 22, 61, 105; **119** 43 ff.

Sachverzeichnis

- Geheimnisschutz **120** 1 ff.
- Nichtbeachtung von Beteiligungsrechten **89** 87; **90** 46; **99** 296; **100** 23; **119** 36; **121** 9 f.
- Offenbarung von Geschäfts- und Betriebsgeheimnissen **30** 25, 27; **31** 27; **79** 54; **106** 58, 72; **108** 31, 36, 47, 50; **111** 243; **120** 11 ff.
- Offenbarung von persönlichen Geheimnissen **30** 27; **31** 26; **79** 83; **vor 81** 5; **81** 25; **82** 22 f.; **83** 29; **84** 23; **85** 26; **120** 40 ff., *s. auch Strafbestimmungen*
- Verwertung fremder Geheimnisse **79** 54; **120** 51 ff.
- Wahlbeeinflussung **18** 9; **18a** 74, 77; **20** 1, 53; **119** 17 ff., 29, *s. unter Wahlschutz*
- Wahlbehinderung **18** 9; **18a** 75, 114; **20** 1, 53; **63** 70; **119** 17 ff., 26; **2 WO** 10, 19, *s. unter Wahlschutz*

Strafverfahren 60 61; **79** 101; **119** 82 ff.; **120** 73
- Einleitung **119** 85
- Einstellung **119** 86
- Hauptverfahren **119** 89
- Klageerzwingungsverfahren **60** 62; **119** 86 ff.

Strahlenschutzbeauftragter 87 646, 682, 696

Streik
- Beteiligung des Betriebsrats bei personellen Einzelmaßnahmen **99** 25, *s. auch Arbeitskampf*
- Streikprämie **87** 937, 1023
- Warnstreik **87** 852
- wilder Streik **74** 40, 47, 54, 55, 84 ff., 93; **75** 43; **102** 18

Stücklohnsätze 87 997
Stundung des Lohns 87 452
Subsidiaritätsprinzip E 75
Suspendierung
- der Arbeitsleistung **7** 56 f., 41; **8** 24, 35; **102** 26

Tagesordnung, *s. unter Betriebsratssitzungen*
Tantiemen 87 852
Tarifautonomie E 39, 66 ff., 70; **77** 86 ff., 103, 119, 143, 148, 154, 162 f., 175, 177; **87** 45, 47
Tarifliche Schlichtungsstelle, *s. unter Schlichtungsstelle, tarifliche*
Tarifliche Sondervertretung, *s. unter Arbeitnehmervertretung, andere, s. unter Arbeitnehmervertretung, zusätzliche*
Tariflohn 87 32, 123, 131 ff., 839, 842, 893 f., 896, 901, 902 ff.
Tarifüblichkeit 77 117, 121, 129 ff., 158, 159, 164, 175, 183, *s. unter Regelungssperre des Tarifvertrags*
Tarifvertrag 77 4 f.
- Ausschlussfrist **37** 66
- – Anwendbarkeit auf Ansprüche aus Sozialplan **112, 112a** 171, 190
- Beachtung der geltenden ~ durch die Betriebspartner **2** 16 ff.
- Beschwerdeverfahren **86** 7 ff.
- Beteiligungsrechte des Betriebsrats **E** 106 f.; **1** 70 f.; **3** 3 f.; **74** 44
- – Gestaltung von Arbeitsplatz, -ablauf, -umgebung **vor 90** 10; **87** 13; **90** 2; **91** 25
- – Kündigung **102** 120, 238 ff., 243; **103** 5
- – personelle Angelegenheiten **87** 13; **99** 4; **vor 92** 10 ff.; **102** 120, 238 ff., 243; **103** 5
- – personelle Einzelmaßnahmen **99** 4; **102** 120, 238 ff., 243; **103** 5
- – soziale Angelegenheiten **87** 5, 8, 11 ff., 77, 79, 80 ff., 292, 1094
- – Tendenzschutz **118** 17, 40 ff., 44 f.
- – wirtschaftliche Angelegenheiten **87** 13; **vor 106** 11 ff., 16 f.
- Betriebsbußenordnung, *s. unter Betriebsbuße*
- Effektivklauseln **77** 127
- Einigungsstelle
- – Verfahren **76** 124
- – Vergütungsordnung für Einigungsstellenmitglieder **76a** 59 ff., 65
- – Zuständigkeit **76** 17, 185
- Errichtung der betrieblichen Beschwerdestelle **76** 85; **86** 7 ff.
- Errichtung der betrieblichen Schiedsstelle **76** 84
- Errichtung des Sprecherausschusses **3** 5, 24, 27
- Errichtung von Arbeitnehmervertretungen durch ~
- – auf nicht bordvertretungsfähigen Seeschiffen **115** 2
- – in Flugbetrieben **vor 60** 32, 41 f.; **117** 1, 10 ff., *s. auch Vertretung des fliegenden Personals*
- – in nicht seebetriebsratsfähigen Seebetrieben **116** 2
- – von abweichenden betriebsverfassungsrechtlichen Organisationseinheiten **E** 104; **1** 18; **3** 3 f.; **111** 15, 52, 112; **128** 1 ff.
- flexible Arbeitszeitsysteme **87** 289, 290 ff., 306 ff., 319 ff., 406, 424
- Fortgeltung von Beteiligungsrechten in abgespaltenen Unternehmensteilen
- – des Betriebsrats **111** 22
- – des Wirtschaftsausschusses **106** 24
- – Freistellung von Betriebsratsmitgliedern **38** 11, 27 f., 42, 44 ff.
- gemeinsame Einrichtung der Tarifvertragsparteien **87** 729
- gewerkschaftliche Vertrauensleute, Rechtsstellung **2** 104
- Individualrechte des Arbeitnehmers **vor 81** 34; **86** 1 ff.
- Konkretisierung des Versetzungsbegriffes **99** 131
- Mitgliederzahl
- – Gesamt-Jugend- und Auszubildendenvertretung **72** 30, 32, 36
- – Gesamtbetriebsrat **47** 64 ff., 66, 76, 79, 80 ff., 89 f., 91, 94, 108
- – Konzern-Jugend- und Auszubildendenvertretung **73a** 28, 29, 32, 34
- – Konzernbetriebsrat **55** 27 ff.
- Öffnungsklausel, tarifvertragliche, *s. dort*
- Regelungssperre des Tarifvertrags gegenüber der Betriebsvereinbarung, *s. auch unter Dispositivität der Betriebsverfassung in Kollektivvereinbarungen, s. dort*
- Seebetriebsverfassung **114** 1; **115** 1, 2; **116** 1, 2
- Stimmgewicht der aus gemeinsamem Betrieb mehrerer Unternehmen entsandten Mitglieder des
- – Gesamtbetriebsrat **47** 112 ff.
- – Konzernbetriebsrat **55** 3, 39 ff.
- tarifliche Schlichtungsstelle, *s. unter Schlichtungsstelle, tarifliche*

2423

Sachverzeichnis

- Tarifvorbehalt des § 87 Abs. 1 Einleitungssatz, *s. dort*
- Übergangsmandat, Verlängerung **21a** 8, 33, 45, 51 ff., 81, 83
- Überwachung der Durchführung von ~ durch den Betriebsrat **80** 21 ff.
- Verlängerung der Äußerungsfrist bei Kündigung **102** 141
- Verlängerung der Ausschlussfrist des § 99 Abs. 3 **99** 164
- Werbemöglichkeiten der Gewerkschaft im Betrieb **2** 100
- Wirtschaftsausschuss
- – Bildung **vor 106** 12 ff.; **107** 3
- – Rechtsstellung **vor 106** 15
- Zuordnungstarifvertrag **3** 1, 7

Tarifvorbehalt des § 87 Abs. 1 Einleitungssatz E 115; **2** 15; **87** 47, 54 ff., 237 ff., 283, 400 f., 462, 602, 907, 981 ff., 1041
- abschließende Tarifregelung **87** 66, 72 ff., 238, 462
- AT-Angestellte **87** 72, 78
- dispositive Tarifregelung **87** 59, 66
- Günstigkeitsprinzip **87** 65 f.
- individualarbeitsvertragliche Inbezugnahme des Tarifvertrags **87** 64
- Nachwirkung des Tarifvertrags **87** 64
- Negativregelung **87** 79, 80
- Nichtregelung **87** 72, 79
- Sperrwirkung **87** 84
- Tarifbindung **87** 67 f.
- Umfang der Tarifregelung **87** 71 ff.
- unabdingbare Tarifregelung **87** 57, 58
- Verfahrensregelung **87** 77, 82
- Verhältnis zu § 77 Abs. 3 **77** 104 f., 139, 152, 158 ff.; **87** 47 ff., 57, 68, 84, 88, 907
- Vorrangtheorie, *s. dort*
- Zweck **87** 47, 54 ff., 57
- Zwei-Schranken-Theorie, *s. dort*

Tarifvorrang, *s. unter Regelungssperre des Tarifvertrags gegenüber der Betriebsvereinbarung*

Tätigkeitsbericht
- Bordvertretung **115** 41
- Gesamtbetriebsrat **53** 1, 3, 16, 18 f., 31, 33, 40, 47

Tätigkeitsbericht des Betriebsrats 42 7, 27, 32; **43** 1, 3, 5 ff., 23, 26 ff.; **45** 12
- Abteilungsversammlung **43** 23
- Beschluss des Betriebsrats **43** 3, 23
- Betriebsversammlung
- – außerordentliche **43** 47
- – zusätzliche **43** 40
- Ergänzungen **43** 3
- Inhalt des ~ **43** 6 f., 23
- mündlich **43** 5
- Schweigepflicht **43** 7
- Stellungnahmen der Versammlungsteilnehmer **43** 5

Tätigkeitsschutz für Betriebsratsmitglieder 37 128, 150 ff.; **38** 103 ff.
- Anspruch auf Teilnahme an Berufsfortbildungsmaßnahmen **37** 138, 153, 155; **38** 109 ff.
- gleichwertige Tätigkeit **37** 152 ff.
- persönlicher Geltungsbereich **37** 151

- – freigestellte Betriebsratsmitglieder **37** 128, 151, 153; **38** 103 ff.
- – nicht freigestellte Betriebsratsmitglieder **37** 151, 153
- – teilweise freigestellte Betriebsratsmitglieder **37** 151; **38** 104
- Streitigkeiten
- – Urteilsverfahren **37** 314, 319, 320 ff.
- – Zuständigkeit **37** 313
- Vergleichsmaßstab, *s. unter Arbeitsentgeltschutz*
- zeitliche Dauer des ~ **37** 128, 150, 151, 156; **38** 103 ff.
- – freigestellte Betriebsratsmitglieder **37** 128, 151; **38** 103 ff.
- – nicht freigestellte Betriebsratsmitglieder **37** 128, 156
- Zweck **37** 10, 12, 128, 150, 152
- zwingende betriebliche Notwendigkeiten **37** 153, 154 f.

Technische Überwachungseinrichtungen E 63; **50** 50; **87** 6, 124 f., 172, 210, 222, 506 ff., 1037
- Abfrage-System **87** 557
- Abhör- und Tonaufzeichnungsgeräte **87** 523, 525, 546 f., 549, 576
- Abschaffung von ~ **87** 596, 599
- Anwendung von ~ **87** 592, 594 f., 599
- Begriff **87** 522 ff.
- – arbeitsnotwendige Maßnahmen **87** 542
- – Beurteilungsrelevanz **87** 544, 559, 563
- – Geeignetheit zur Überwachung **87** 532 ff., 536 ff.
- – technische Einrichtung **87** 523 ff.
- – Unmittelbarkeit der Überwachung **87** 535 f.
- Beseitigungsanspruch des Betriebsrats **87** 125, 604
- betriebsärztliches EDV-System **87** 524, 570
- Bildschirmgeräte **87** 572, 576, 578 f.
- Bundesdatenschutzgesetz **87** 517 ff., 561, 585, 590 f., 601, 606, *s. auch dort*
- Bürosprechanlage **87** 537, 543, 577
- Durchführung der Mitbestimmung **87** 603 ff.
- e-mail-Überwachung **75** 116, 117, 118; **87** 576
- EDV-Systeme **87** 546, 547, 552 ff., 567 ff., 576, 578 f., 593, 595
- Ehrlichkeitskontrollen **87** 211, 529
- Einführung von ~ **87** 521, 542, 555 f., 592 f., 595, 597 f.
- einstweilige Verfügung **87** 604
- Einwegschreiben **87** 537, 576
- Einweisung von Arbeitnehmer in die Bedienung der ~ **87** 534
- Fahrtenschreiber **87** 546, 547, 565, 576, 600 f.
- Fernseh- und Videokameras **87** 515, 523, 525 f., 537 ff., 546 f., 549, 564 f., 576, 598
- Fotoapparat **87** 528, 538, 576
- Gegenstand der Überwachung **87** 561 ff.
- – außerbetriebliches Verhalten der Arbeitnehmer **87** 565
- – Betriebsdaten **87** 556, 570
- – Gruppenarbeit **87** 573 f.
- – Individualisierbarkeit der Daten **87** 571 ff.
- – krankheitsbedingte Fehlzeiten **87** 568 f.
- – Leistung der Arbeitnehmer **87** 563 f.

– – Maschinenkontrolle **87** 575
– – Statusdaten **87** 566 ff.
– – Verhalten der Arbeitnehmer **87** 561 ff.
– Gesetzes- und Tarifvorbehalt **87** 600 ff.
– Initiativrecht **87** 144, 596, 597 ff.
– Internet-Überwachung **75** 116, 117, 118; **87** 576, 584
– kollektiver Tatbestand **87** 528
– Kontrolleinrichtung **87** 522
– Leiharbeitnehmer **87** 603
– Leistungsverweigerungsrecht der Arbeitnehmer **87** 605
– nichttechnische Überwachung **87** 529 ff., s. auch unter Ordnung des Betriebs
– Personalinformationssysteme, automatisierte **87** 210 f., 552 ff., 568 ff., 576
– Persönlichkeitssphäre des Arbeitnehmers **87** 509 ff., 532, 554, 562, 575, 586, 606, s. auch dort
– Produktograph **87** 172, 506, 511, 540 ff., 546 f., 576
– Query-System **87** 557
– Spiegelsystem **87** 537, 576
– Stechuhren **87** 172, 546 f., 576, 598, 605
– technische Hilfsmittel von Aufsichtspersonen **87** 537
– Telearbeit **87** 576, 579
– Telefonüberwachung, s. dort
– Tendenzbetrieb **87** 508
– Überwachungsphasen **87** 545 ff.
– – Aufzeichnung von Daten **87** 523, 545, 547 f., 566
– – Beurteilung von Daten **87** 544, 559
– – Erhebung von Daten **87** 545, 546, 567
– – Folgeregelung des Arbeitgebers **87** 560
– – Übermittlung von Daten **87** 545, 547 f.
– – Verarbeitung von Daten **87** 545, 549 ff., 565, 567
– – Verwendung von Daten **87** 560
– Unterlassungsanspruch des Arbeitnehmers **87** 606
– Unterlassungsanspruch des Betriebsrats **87** 604
– Verfahren vorbestimmter Zeiten **87** 531
– Zielvereinbarungen **87** 576
– Zugangskontrollsysteme **87** 548, 572, 576 f.
– Zuständigkeit des Gesamtbetriebsrats **50** 51; **87** 603
– Zweck der Mitbestimmung **87** 509 ff., 532, 554, 562, 575, 596, 597
Teilkündigung **77** 70, 410; **102** 26; **112, 112a** 241
Teilnichtigkeit **19** 147; **77** 66, 410; **112, 112a** 166, 424
Teilzeit- und Befristungsgesetz **1** 67; **75** 38; **80** 15, 37; **93** 2, 36, 43; **99** 199 ff.
Teilzeitarbeitnehmer **3** 29
– Altersteilzeit **7** 34
– Arbeitnehmereigenschaft **5** 48 f., 106
– Berücksichtigung bei der Schwellenwertermittlung
– – Betriebsratsfähigkeit **38** 12
– – des § 111 **111** 17, 84
– – Mitgliederzahl des Betriebsrats **9** 20
– Betriebsratsmitglieder
– – Freistellung **E** 55 f.; **38** 26, 31, 41, 43
– – Freizeitausgleich **E** 55 f.; **37** 53, 81, 85, 88, 90, 93 ff., 103, 117, 122, 126
– – Kinderbetreuungskosten **40** 95
– – Reisekostenerstattung **40** 59

– – Teilnahme an Schulungs- und Bildungsveranstaltungen **E** 55 f.; **37** 158, 166 f., 170, 177, 227 ff., 233 ff., 241, 242 f.
– Betriebsversammlung **42** 15; **44** 9, 21, 36, 37, 48 f., 57
– Betriebszugehörigkeit **7** 34 f.; **8** 24
– Diskriminierungsverbot **37** 227 ff., 233, 242 f.; **75** 38
– Förderung der Berufsbildung **80** 37; **96** 2, 36
– Kurzarbeit **87** 405 f.
– Sozialplan **112, 112a** 148, 392
– Überstunden **87** 400, 405 f., 424, 427
– Wahlrecht
– – aktives **7** 36 f.
– – passives **8** 24
Teilzeitarbeitsplätze
– Arbeitszeitdauer **87** 327
– Arbeitszeitlage **87** 324 ff., 360
– Ausschreibung von ~ **80** 37; **93** 2, 5, 36, 43
– Bedarfsarbeit **37** 85, 93 ff., 177; **87** 331 ff., 405, 424
– Einführung von ~ **87** 323, 329; **92a** 11, 13
– Job-Sharing **87** 319, 329 f., 424
– Job-Splitting **87** 328, 497
– Kontogebühren **87** 457
– Ordnung des Betriebs **87** 187
– Personalplanung **92** 46
– Pflicht des Arbeitgebers zur Schaffung von ~ **80** 37; **93** 43
– Schulungs- und Bildungsveranstaltung zum Thema ~ **37** 197
– Urlaubsgrundsätze **87** 479, 497
– Vorschlagsrecht des Betriebsrats **80** 113 f.
– Weiterbeschäftigung auszubildender Funktionsträger **78a** 109, 170 f.
Telearbeit **2** 66; **5** 4, 64 ff., 114; **7** 47; **15** 18; **37** 197; **42** 16; **44** 37; **87** 236, 300, 397, 576, 579, 655, 845; **90** 18
– alternierende ~ **5** 66, 67
– Begriff **5** 66
– Betriebszugehörigkeit **7** 47; **15** 18
– externe ~ **5** 66, 67, 115
– mobile ~ **5** 66, 67
– Satelliten- oder Nachbarschaftsbüro **5** 66, 67, 69, 115
– Telearbeitnehmer **5** 4, 65 ff.; **7** 16
– Wahlrecht **7** 47; **15** 18; **24 WO** 10 f.
Telefonüberwachung
– Abhören von Telefongesprächen **40** 188; **75** 116; **87** 580, 581
– Aufschaltanlage **40** 188; **87** 577, 580
– Aufzeichnen von Telefongesprächen **75** 116; **87** 580
– Dienstgespräche **40** 190; **87** 587
– Diensttelefonnutzung **87** 195 ff., 582
– ISDN **87** 584
– Mithören von Telefongesprächen **50** 51; **75** 116, 117; **87** 580
– Privatgespräche **40** 190; **87** 588 f.
– Recht am gesprochenen Wort **75** 116 ff., s. auch technische Überwachungseinrichtungen
– Telefonate von Betriebsratsmitgliedern **40** 188 ff.; **87** 582

Sachverzeichnis

- Telefondatenerfassung **40** 189; **75** 116, 117; **87** 519, 572, 576, 582 ff., 605
- Zuständigkeit des Gesamtbetriebsrats **50** 51
- **Tendenzbetrieb E** 34, 50, 107, 113; **1** 21; **118** 1 ff.
- allgemeine Aufgaben des Betriebsrats **80** 112; **118** 187 ff., 209
- – Einsicht des Betriebsrats in Lohn- und Gehaltslisten **80** 112; **118** 188
- – Unterrichtungspflicht des Arbeitgebers **118** 188, 209
- andere Arbeitnehmervertretung **118** 183
- Arbeitsplatz-, Arbeitsablauf-, Arbeitsumgebungsgestaltung **118** 200
- Arbeitsschutz **87** 618
- Begriff **118** 52 ff., 150
- Betriebsrat, Errichtung **118** 180 f.
- Betriebsübergang **118** 162 f.
- Betriebsversammlung **118** 148, 184
- Einigungsstelle **118** 189, 192 f., 211
- Europäischer Betriebsrat, Errichtung **118** 140
- Fragerecht des Arbeitgebers **94** 34
- Gesamtbetriebsrat, Errichtung **118** 180
- Grundsätze für die Behandlung Betriebsangehöriger **118** 185
- Grundsätze für die Zusammenarbeit **118** 185
- Individualrechte des Arbeitnehmers **118** 189
- Jugend- und Auszubildendenvertretung, Errichtung **118** 180
- Konzernbetriebsrat, Errichtung **118** 180
- Kündigung **102** 16, 20; **118** 4, 155, 208, 213, 215, 221 ff., 244
- – Anhörungsverfahren **118** 221, 223
- – außerordentliche Kündigung **118** 223
- – Weiterbeschäftigungspflicht **118** 222
- – Widerspruchsrecht des Betriebsrats **118** 221 f.
- Kündigung oder Versetzung von Funktionsträgern **118** 186, 223
- leitende Angestellte **118** 225
- Massenentlassung **118** 155
- Organisation der Betriebsverfassung **118** 180 ff.
- personelle Angelegenheiten **92** 4; **93** 17; **94** 11, 46; **98** 53; **99** 18, 139, 182, 228; **100** 8; **101** 6; **102** 16; **118** 54, 169, 201 ff.
- – Aufstellung von Beurteilungsgrundsätzen **94** 11, 45; **118** 207, 209
- – Ausschreibung von Arbeitsplätzen **93** 17; **118** 206
- – Auswahlrichtlinien **118** 208 f.
- – Berufsbildung **98** 50; **118** 202, 210 ff.
- – Beschäftigungssicherung **118** 202, 205
- – Einführung von Formulararbeitsverträgen **94** 11, 45; **118** 207, 209
- – Einführung von Personalfragebogen **94** 11, 45; **118** 207, 209
- – Gleichstellung von Männern und Frauen **118** 204
- – Personalplanung **92** 4; **118** 202, 203, 205
- – personellen Einzelmaßnahmen **99** 18, 139, 182, 228; **100** 8; **101** 6; **102** 16; **118** 10, 54, 206, 213 ff.
- – Anhörungsrecht des Betriebsrats **118** 217 f.
- – Eingruppierung **99** 178; **118** 220
- – Einstellung **99** 178; **100** 8; **101** 6; **118** 4, 10, 208, 214 ff.
- – Entfernung betriebsstörender Arbeitnehmer **118** 224
- – Mitbestimmungssicherungsverfahren **101** 6; **102** 16; **118** 218 f.
- – Umgruppierung **99** 178; **118** 208, 220
- – Unterrichtungspflicht des Arbeitgebers **118** 217 f.
- – Versetzung **99** 178; **100** 8; **101** 6; **118** 208, 214 ff., 223, 244
- – Vorlage der erforderlichen Unterlagen **118** 217 f.
- – Zustimmungsersetzungsverfahren **100** 8; **118** 216 f.
- – Zustimmungsverweigerungsrecht **118** 206, 216, 219, *s. auch* Tendenzschutz, *s. auch* Tendenzunternehmen
- Schulungs- und Bildungsveranstaltung zum Thema ~ **37** 220, 222
- soziale Angelegenheiten **87** 187, 302 ff., 313, 398, 426, 467, 841, 982, 998; **118** 54, 190 ff.
- – Arbeitszeitregelung **87** 302 ff., 313, 398, 426; **118** 190, 194 ff.
- – Einigungsstellenverfahren **118** 192 f.
- – freiwillige Betriebsvereinbarung **118** 193
- – Lohngestaltung, betriebliche **87** 841, 982, 998; **118** 190, 199
- – Ordnung des Betriebs **87** 187
- – Urlaub **87** 467
- Weiterbeschäftigung auszubildender Funktionsträger **78a** 22, 42 f.; **118** 186
- wirtschaftliche Angelegenheiten **106** 15; **111** 47 ff.; **113** 14 ff.; **118** 3, 4, 6, 9, 16, 22, 55, 140 ff., 202, 203, 211
- – Beteiligung bei Betriebsänderung **111** 30 ff.; **118** 3, 4, 9, 22, 55, 140 ff., 203
- – Interessenausgleich **111** 31; **113** 13 ff.; **118** 152 ff., 157, 158 ff.
- – Nachteilsausgleich **113** 13 ff.; **118** 158 ff.
- – Sozialplan **111** 31 ff.; **113** 13 ff.; **118** 3, 151, 153, 156 f., 160
- – Unterrichtung der Arbeitnehmer über wirtschaftliche Lage und Entwicklung des Unternehmens **118** 147 f.
- – Unterrichtungs- und Beratungsrecht des Betriebsrats **111** 32, 35; **118** 156 f., 160
- – Wirtschaftsausschuss **E** 114; **106** 15; **118** 3, 9, 22, 55, 140 ff., 203
- zusätzliche Arbeitnehmervertretung **118** 183
- Zutrittsrecht der Gewerkschaft zum Betrieb **118** 182
- **Tendenzschutz E** 34, 50
- Analogiefähigkeit **118** 38 f., 91
- Ausnahmecharakter **118** 38 f., 60, 191
- Beteiligungsrechte des Betriebsrats, *s. unter* Tendenzbetrieb
- Dispositivität in Kollektivvereinbarungen **118** 17, 27, 40 ff.
- – Betriebsvereinbarung **118** 17, 40, 42 f., 46
- – Medienunternehmen **118** 44 ff.
- – Tarifvertrag **118** 17, 40 ff., 44 f.
- Eigenartsklausel **118** 17, 53, 148, 164 ff., 185, 189, 190, 191, 194, 200, 201 f., 203, 211, 213, 215, 217, 222

2426

- Entstehungsgeschichte **118** 4 ff.
- Ethikregeln für Redakteure **118** 190, 209
- Europäischer ~ **118** 10, 22, 141, 156, 163
- geistig-ideelle Ausrichtung
  - - Berichterstattung **118** 1, 10, 24, 44 ff., 125 ff., 176, 179
  - - erzieherisch **118** 1, 6, 18, 19, 21, 26, 43, 74, 86, 107 ff., 173
  - - karitativ **118** 1, 6, 10, 18, 21, 25, 43, 96, 97 ff., 173, 177, 197
  - - koalitionspolitisch **118** 1, 4, 9, 19, 80, 85 ff., 172
  - - konfessionell **118** 1, 3, 4, 19, 28 ff., 89 ff., 173, 231
  - - künstlerisch **118** 1, 4, 19, 63, 121 ff., 175, 178
  - - Meinungsäußerung **118** 1, 10, 24, 44 ff., 125 ff., 176, 179
  - - militärisch **118** 4, 6
  - - politisch **118** 1, 4, 19, 78 ff., 128
  - - wissenschaftlich **87** 304, 398, 467, 508, 841, 998, 1054; **118** 1, 4, 19, 73, 114 ff., 174, 199
- Geprägetheorie **118** 66 f., 69 f., 144
- Gewinnerzielungsabsicht **118** 5, 7, 10, 17, 23 ff., 49, 96, 98, 104 f., 120, 131
- Grundrechtsbezug **118** 1 f., 13 ff., 18 ff., 41 f.
  - - Freiheit der Berichterstattung **118** 2, 7, 9, 14, 19, 24, 64, 125 ff.
  - - Freiheit der Parteien **118** 2, 14, 18, 20, 78, 82
  - - Freiheit der Privatschulen **118** 2, 18, 21, 26, 108, 110
  - - Kirchenautonomie **118** 28 ff., 226, 243
  - - Koalitionsfreiheit **118** 2, 18, 20, 85 ff.
  - - Kunstfreiheit **118** 2, 7, 18, 20, 121 ff.
  - - Meinungsfreiheit **118** 2, 7, 9, 14, 18 f., 24, 64, 78, 125 ff.
  - - Pressefreiheit **E** 50; **118** 2, 5, 7, 9, 14, 19, 20, 24, 44 ff., 125 ff.
  - - Religionsfreiheit **118** 2, 7, 18, 20, 89 ff., 229, 231
  - - Wissenschaftsfreiheit **118** 2, 7, 18, 20, 111 ff.
- Konzern **118** 56 ff., 146
  - - abhängige Unternehmen **118** 57
  - - herrschendes Unternehmen **118** 58
- Maßnahmentheorie **118** 168
- Relativklausel **118** 17, 53, 148, 164 ff., 185, 189, 190, 191, 194, 200, 201 f., 203, 211, 213, 215, 217, 222, *s. auch Tendenzbetrieb, s. auch Tendenzunternehmen*
- Sozialstaatsprinzip **118** 13 ff., 19, 141
- Streitigkeiten **118** 244 ff.
- Stufenprinzip **118** 3
- Tendenzbetrieb, *s. dort*
- Tendenzeigenschaft **118** 49 ff., 245 ff.
  - - Betrieb **118** 52 ff., 150
  - - Geprägetheorie **118** 66 f., 69 f., 144
  - - Gewinnerzielungsabsicht **118** 5, 7, 10, 17, 23 ff., 49, 96, 98, 104 f., 120, 131
  - - Konzern **118** 56 ff., 146
  - - Mischbetrieb bzw. -unternehmen **118** 23, 51, 65 ff., 144 f.
  - - Streitigkeiten **118** 245 ff.
  - - überwiegende Tendenzbestimmung **118** 65 ff., 87, 96, 116, 120
  - - unmittelbare Tendenzbestimmung **118** 61 ff., 87, 96, 116, 119, 120
- - Unternehmen **118** 49 ff., 52 ff., 60 ff., 143
- Tendenznähe **118** 165, 168, 214 f.
- Tendenzpluralität **118** 50 f.
- Tendenzträger **118** 165, 169 ff., 188, 189, 191, 201, 203, 208, 211, 214 f., 218, 222 f.
- Tendenzunternehmen, *s. dort*
- Verhältnis zu § 81 BetrVG 1952 **118** 5, 6 ff., 11, 15, 48
- Zweck **118** 1 f., 5, 7, 13 ff., 140 f., 154, 157, 167

Tendenzunternehmen
- Altersheim **118** 105, 197, 239
- anthroposophische Einrichtung **118** 91, 93
- Arbeiterwohlfahrt **118** 103
- Arbeitgebervereinigung **118** 9, 85, 172, 182
- Begriff **118** 49 ff., 52 ff., 60 ff., 143
- Behindertenwerkstatt **118** 104, 110, 173, 239
- Berufsbildungseinrichtung **118** 110, 239
- Bibelanstalt **118** 92
- Bibliothek **118** 63, 117
- Bildungswerk, gewerkschaftliches **118** 74, 86, 110
- Buchclub **118** 62, 72, 135
- Caritas **118** 94, 239
- Dialysezentrum **87** 304; **118** 105, 177
- DRK **118** 103, 177
- Druckerei, *s. unter Medienunternehmen*
- Eheanbahnungsinstitut, kirchliches **118** 92
- Evangelischer Pressedienst **118** 95, 238
- Fahrschule **118** 111
- Fernsehunternehmen, *s. unter Medienunternehmen*
- Filmunternehmen, *s. unter Medienunternehmen*
- Forschungsinstitut, privates **118** 116, 117, 120, 174, 199
- Freidenkerverband **118** 91, 93
- GEMA **118** 63, 124
- gemeinsame Einrichtungen der Tarifvertragsparteien **118** 87
- Gewerkschaft **118** 85, 172, 182
- Haus- und Grundbesitzerverein **118** 83, 88
- Heilsarmee **118** 92
- Innere Mission **118** 94, 239
- Internat **118** 110
- Kindergarten **118** 110, 173, 239
- Kinderheim **118** 105, 106, 110, 239
- Kino **118** 124
- Kirche, *s. unter Religionsgemeinschaft*
- Koalition **118** 85 ff., 172, 182
- Krankenhaus **7** 140; **87** 304; **118** 96, 105, 106, 197, 239
- Landessportverband **118** 39, 63, 77, 79, 83, 113
- Medienunternehmen, *s. dort*
- Mieterverein **118** 83, 88
- Mischunternehmen **118** 23, 51, 65 ff., 144 f.
- Missionsverein **118** 92, 231
- Museum **118** 117
- Musik- und Tanzschule **118** 111
- Nachrichtenagentur, *s. unter Medienunternehmen*
- Orchester **118** 123, 175, 194
- Parteien **118** 2, 14, 18, 20, 82, 172, 185
- Pfadfinderschaft **118** 92
- Presseunternehmen, *s. unter Medienunternehmen*

Sachverzeichnis

- Privatschulen **87** 304, 313, 398; **118** 2, 18, 21, 26, 108, 110, 194, 196
- Privatuniversität **118** 110, 117
- Rechenzentrum für wissenschaftliche Datenverarbeitung **118** 63, 75, 119
- Religionsgemeinschaft, *s. dort*
- Rundfunkunternehmen, *s. auch Tendenzbetrieb, s. auch Tendenzschutz, s. unter Medienunternehmen*
- Scientology **118** 233
- sozialpolitische Vereinigung **118** 78, 82, 99
- Sprachschule **118** 111
- Theater **87** 304, 313; **118** 123, 175, 178, 194, 195
- TÜV **118** 83
- Unternehmensmitbestimmung im Aufsichtsrat **118** 4, 8, 20
- Verlag, *s. unter Medienunternehmen*
- VG Wort **118** 63, 124
- Volkshochschule **118** 111
- wirtschaftspolitische Vereinigung **118** 78, 82
- Zeitungszustellunternehmen, *s. unter Medienunternehmen*
- zoologischer Garten **118** 73, 112, 118

Territorialitätsprinzip 1 4 ff.; 7 48 f.; 8 44; **47** 8 f.; 54 44 ff., 56; **106** 7, 17 f., 34, 53

Test 94 17, 54, 57
- genetischer Test 75 123
- Intelligenztest 75 119
- psychologischer Test 75 119

Theorie der erzwingbaren Mitbestimmung 23 164; **87** 105 ff.

Theorie der notwendigen Mitbestimmung 23 145, 162, 174; **77** 20, 449, 476; **87** 25, 100 ff., 108 ff., 127 ff., 161, 243, 369, 445, 465, 486, 502 f., 669, 766, 810 f., 816, 921 f., 996, 1045, 1074

Theorie der Wirksamkeitsvoraussetzung, *s. unter Theorie der notwendigen Mitbestimmung*

Trennungstheorie 23 31, 32 f.

Trinkgeld 87 854, 1006

Übergangsmandat 3 38, 63 ff.; **13** 79; **16** 12, 23, 32, 66; **17** 9 f.; **18** 71; **21** 44 f.; **21a** 1 ff.; **24** 46; **47** 6, 50; **77** 424 ff., 433 f., 438, 441
- Anhörung bei Kündigung **102** 8
- Arbeitentgeltfortzahlung an Betriebsratsmitglieder **37** 2
- Arbeitsbefreiung der Betriebsratsmitglieder **37** 2
- Beteiligungsrechte **21a** 36 ff., 79; **102** 8; **111** 35, 40
- Betriebsvereinbarung **21a** 39, 79
- Dauer des ~ **21a** 8, 33, 42, 45 ff., 81 ff., 98
- – Beginn **21a** 46 f., 82
- – Ende **21a** 45, 48 ff., 81
- – Regelung durch Kollektivvereinbarung **21a** 8, 33, 45, 51 ff., 81, 83
- Dispositivität in Kollektivvereinbarungen **21a** 8
- Eingliederung des Betriebs oder Betriebsteils **21a** 29 ff., 34, 57, 60 ff., 90, 92
- Einleitung von Neuwahlen **13** 5, 11, 14, 28; **21a** 40 ff., 80
- Freistellung von Betriebsratsmitgliedern **38** 3
- Freizeitausgleich für Betriebsratsmitglieder **37** 2
- Geheimhaltungspflicht **79** 44

- gemeinsamer Betrieb mehrerer Unternehmen **21a** 92, 93 f.
- Genese **21a** 2 ff.
- Gesamtbetriebsrat **21a** 11; **47** 51
- Identitätswahrung **21** 39; **21a** 6, 11, 19, 23 ff., 44, 50, 57, 60 ff.; **87** f.; **77** 315 ff., 440 f.
- Inhalt des ~ **21a** 33 ff., 75 ff.
- Jugend- und Auszubildendenvertretung **21a** 9; **60** 41; **64** 27
- Kollektivvereinbarung über die Fortgeltung der Beteiligungsrechte des Betriebsrats **111** 35
- Kosten des Betriebsrats **21a** 35; **40** 7
- Kündigungs- und Versetzungsschutz für Funktionsträger **103** 18, 40
- Mitgliederzahl des Betriebsrats **21a** 34, 70, 77
- Personalrat **130** 8, 10 f.
- Privatisierung 1 23; **21a** 3, 5; **130** 8 ff.
- rechtsgeschäftlicher Betriebsübergang **21a** 1, 4, 84 ff.
- Rechtsstellung der Betriebsratsmitglieder **21a** 35; **37** 2; **79** 44
- Spaltung von Betrieben **21a** 1, 14 ff., 86, 91, 92, 101; **102** 8
- – Bestehen eines Betriebsrats **21a** 17
- – Betriebs(teil)abspaltung **21a** 19, 24 f., 33, 42, 50, 71, 91, 92
- – Betriebsaufspaltung **21a** 19, 24 f., 42, 50, 71, 91, 92
- – Betriebsratsfähigkeit **21a** 26 ff., 34
- – Identitätsverlust **21a** 23 ff.
- – Spaltung, Begriff **21a** 18 ff., 42, 47
- – Streitigkeiten **21a** 105
- Umwandlung **21a** 1, 3, 11, 84 ff.; **130** 9 f.
- unternehmensinterne Betriebsumstrukturierung **21a** 6, 14 ff.
- unternehmensübergreifende Betriebsumstrukturierung **21a** 6, 84 ff.
- Zusammenfassung von Betrieben **21a** 1, 14, 30 ff., 55 ff., 86, 95 ff., 101; **102** 8
- – Bestehen eines Betriebsrats **21a** 57, 67 ff., 73 f.
- – Entstehung eines neuen Betriebs **21a** 60 ff.
- – Träger des ~ **21a** 58 f.
- – Zusammenfassung, Begriff **21a** 58 f.
- – Zusammensetzung des Betriebsrats **21a** 34, 70, 77
- Zweck **21a** 3, 7, 26, 40, 49, 69, 70, 73 f.

Überstunden 87 22 f., 31, 167, 310, 414, 420 ff.
- Abbau **87** 410 f., 428
- arbeitskampfbedingte **87** 430
- Arbeitszeitlage **87** 310, 373, 443
- Dienstreise **87** 422
- Duldung freiwilliger ~ **87** 425, 427
- Einführung **87** 373, 374, 377, 393, 396, 411, 423
- Freizeitausgleich **87** 377, 422
- Gleitzeitguthaben **87** 424, 425
- Initiativrecht **87** 385 ff., 393
- Lehrervertretungsstunden **87** 423
- Mehrarbeit **87** 420 f.
- Mitarbeiterversammlung **87** 422
- Neueinstellungen **87** 377
- Nichtbeachtung des Mitbestimmungsrechts **87** 429, 445 ff., *s. auch Arbeitszeitdauer, betriebsübliche*

2428

- Überstundenzuschlag **87** 376, 377
- Vorsorgeregelung **87** 428
- Wegezeitenverlängerung **87** 423
- Zweck **87** 377, 382, 414

Übertarifliche Entlohnung
- Anrechnung von Zulagen auf Tariflohnerhöhungen **87** 32, 123, 131 ff., 839, 842, 893 f., 896, 901, 902 ff.
- Beteiligung des Betriebsrats **99** 73, 181
- Einsicht des Betriebsrats in Listen ~ **80** 22, 24, 108, 110, 118 f.

Überwachungsaufgabe des Betriebsrats 80 10 ff.
- Gegenstand
  - Arbeitsbedingungen außertariflicher Angestellter **80** 22, 24
  - Arbeitsschutzvorschriften **80** 11; **87** 628, 645
  - arbeitsvertragliche Rechtspflichten **80** 17 ff.
  - Betriebsvereinbarung **77** 55; **80** 21 ff.
  - Bundesdatenschutzgesetz **80** 16
  - Fürsorgepflicht des Arbeitgebers **77** 55; **80** 17 f.
  - Gesetze zugunsten der Arbeitnehmer **80** 11 ff.
  - Gleichbehandlungsgrundsatz **80** 19
  - Lohnsteuerrecht **80** 18
  - Tarifvertrag **80** 21 ff.
  - übertarifliche Arbeitsbedingungen **80** 23
  - Unfallverhütungsvorschriften **80** 13, 26, 31, *s. auch allgemeine Aufgaben des Betriebsrats*
- Schutzgesetz i. S. des § 823 Abs. 2 BGB **80** 25
- Streitigkeiten **80** 32 f.
- Überwachungspflicht **80** 25, 28
- Überwachungsrecht **80** 25 ff.
  - Durchsetzung **80** 32 f.
  - Schranken **80** 25
  - Unterrichtungspflicht des Arbeitgebers **80** 27, 74, 98, *s. auch dort*
  - Zeitpunkt der Ausübung **80** 28
- Verletzung der Überwachungspflicht **80** 25

Übung, betriebliche, *s. unter Betriebliche Übung*

Umgruppierung 99 79 ff.
- Änderung der Entgeltschemata **99** 81
- Änderung der Gruppenmerkmale **99** 81
- Änderungskündigung in Verbindung mit ~ **99** 181; **102** 30, 161, 173, 176
- Aufhebungsanspruch des Betriebsrats **101** 8
- außertarifliche Angestellte **99** 83
- Auswahlrichtlinien **95** 43; **99** 200
- Beförderung zum leitenden Angestellten **99** 83
- Begriff **99** 79 ff.
- Betriebsbuße **87** 267
- individualvertragliche Entgeltänderung und Beteiligungsrecht des Betriebsrats **99** 83
- Korrektur einer unrichtigen Eingruppierung **99** 81
- Leiharbeitnehmer **5** 125
- leitende Angestellte **105** 7, 12, 14
- Mitbeurteilungsrecht **99** 68, 81
- Nichtumgruppierung und Beteiligungsrecht des Betriebsrats **99** 64
- Rechtsfolgen für den Arbeitnehmer bei Fehlen der Zustimmung des Betriebsrats **99** 174 ff., 181
- Rückgruppierung **87** 267, *s. auch personelle Einzelmaßnahmen*

- Schweigepflicht des Betriebsratsmitglieds **99** 157 ff.
- Tendenzbetrieb **99** 182; **118** 208, 220
- Unterrichtungspflicht des Arbeitgebers **99** 154, *s. auch personelle Einzelmaßnahmen*
  - vorläufige Durchführung **100** 5 ff., 13, 49
- Zustimmungserfordernis **99** 160 ff.; **102** 161, 173, 176
- Zustimmungsverweigerungsrecht des Betriebsrats, *s. dort*
- Zweck der Mitbestimmung **99** 75, 79, 81

Umgruppierungsrichtlinien 95 41, *s. auch Auswahlrichtlinien*

Umlageverbot 40 1, 78, 209; **41** 1 ff.; **51** 57; **65** 62
- Beiträge der Arbeitnehmer an den Betriebsrat **41** 4, 9
- Geldsammlungen für andere Zwecke **41** 5
- Leistungen Dritter an den Betriebsrat **41** 8
- Rückforderung von Beiträgen **41** 9
- Streitigkeiten **41** 10
- Verstoß gegen das ~ **41** 9
- zusätzliche Leistungen des Arbeitgebers an den Betriebsrat **40** 217; **41** 8

Umlaufverfahren 28a 48; **33** 10 f.; **59** 30; **65** 84; **1 WO** 7

Umschüler 5 55; **60** 27; **78a** 15, 19 ff.

Umschulung
- Begriff **96** 10; **102** 168
- Finanzierung **102** 171 f.
- Förderung der Berufsbildung **96** 7, 10, 29, 36; **97** 22; **98** 10, 13, 17, 22, 41
- Widerspruchsrecht des Betriebsrats gegen ordentliche Kündigung **97** 22 f., 31; **98** 10; **102** 159, 163
- Zumutbarkeit für den Arbeitgeber **102** 170 ff.

Umwandlung vor 106 19 ff.; **1** 67; **8** 50 ff., 66
- Betriebsänderungstatbestand **vor 106** 20 f.; **111** 139 ff., 158, 169, 180; **112, 112a** 34 f.
- Formwechsel **vor 106** 22, 23 ff.; **1** 67; **106** 88, 109
- Fortgeltung von Betriebsvereinbarungen **21a** 39, 79; **58** 56 ff.; **77** 432 ff.
- Interessenausgleich **112, 112a** 9, 32 ff., 39, 52 f., 62 f., 77
  - Abweichen vom Interessenausgleich **113** 18, 24, 28
  - Einigung **112, 112a** 37, 39
  - Einigungsstelle **112, 112a** 37, 39
  - Form **112, 112a** 52 f., 62 f.
  - Inhalt **112, 112a** 38
  - Namensliste **112, 112a** 38, 52, 62 f.
  - Privilegierungswirkungen **112, 112a** 121 ff.; **113** 18, 24
  - Rechtsnatur **112, 112a** 77
  - Verfahren **112, 112a** 37
  - Zweck **112, 112a** 32
- Kündigung oder Versetzung von Funktionsträgern **103** 18
- Sozialplanpflicht bei Neugründung von Unternehmen durch rechtliche Umstrukturierung **112, 112a** 326, 330 ff.
- Spaltung, *s. unter Spaltung von Betrieben und Unternehmen*
- Übergangsmandat **21a** 1, 3, 11, 84 ff.
- Unterrichtung

Sachverzeichnis

– – des Betriebsrats **vor 106** 22 ff.
– – des Gesamtbetriebsrats **51** 86
– – des Wirtschaftsausschusses **vor 106** 21, 22; **106** 75 ff., 83
– Vermögensübertragung **21a** 90, 92, 95 f.; **106** 86; **112, 112a** 34
– Verschmelzung **1** 67; **21a** 11, 90; **77** 419, 423 ff., 435, 440, 446; **vor 106** 20 f., 22 ff.; **106** 86; **112, 112a** 34, 332
– Zuleitung der erforderlichen Unterlagen gegenüber dem Betriebsrat **vor 106** 25 ff.
– – Änderung der Unterlagen **vor 106** 32
– – Frist für die Zuleitung **vor 106** 30 f.
– – Gegenstand der Vorlage **vor 106** 23
– – Rechtsfolgen fehlender Zuleitung **vor 106** 40, 33
– – Verzicht des Betriebsrats **vor 106** 31
– – Zuständigkeit **vor 106** 40 f.
Umweltschutz, betrieblicher
– Abgrenzung zum Arbeitsschutz **87** 617, 765; **89** 36
– Abgrenzung zum außerbetrieblichen ~ **88** 21; **89** 30 ff.
– Anhörungsrecht des Arbeitnehmers **82** 6, 10
– Anwendungsbereich des Mitwirkungsrechts **89** 29 ff.
– – persönlicher **89** 34
– – räumlicher **89** 30 ff.
– – sachlicher **89** 35
– Anzeige- und Abwendungspflicht des Arbeitnehmers **89** 55
– Arbeitsplatz-, Arbeitsablauf-, Arbeitsumgebungsgestaltung **89** 37 f.; **90** 29
– Begriff, Legaldefinition **89** 8, 26 ff.
– Beschwerderecht des Arbeitnehmers **84** 10; **85** 12; **89** 55
– Durchführung der Mitwirkung **89** 40 ff.
– EMAS **89** 45 ff.
– Förderung von Maßnahmen des ~ **80** 2, 55; **89** 23
– freiwillige Betriebsvereinbarung **88** 12, 19 ff.; **89** 44, 46
– Hinzuziehung des Betriebsrats bei Besichtigungen und Fragen des ~ **89** 44, 66
– Jahresbericht des Arbeitgebers **43** 1, 8, 17
– Legaldefinition **89** 8, 26 ff.
– Mitbestimmungsrecht des Betriebsrats bei Investitionsentscheidungen **80** 55; **89** 25, 39
– Schulungs- und Bildungsveranstaltung zum Thema ~ **37** 197, 251; **89** 41, 56
– Thema der Betriebsräteversammlung **53** 2, 24; **89** 27
– Thema der Betriebsversammlung **42** 4; **43** 1, 8, 17; **45** 3, 12, 16
– Überwachung der Durchführung von Vorschriften des ~ durch den Betriebsrat **89** 7, 43
– Umweltmanagementsysteme **88** 10; **89** 50 ff.; **90** 18
– umweltpolitische Betätigung im Betrieb **74** 4, 96, 120 ff.
– Umweltschutzausschuss **89** 40 f., 43
– Umweltschutzbeauftragter **87** 646; **89** 6, 40, 42
– Umweltschutzkommission **89** 42 f.
– Unterrichtung des Wirtschaftsausschusses **E** 61; **89** 41, 48; **vor 106** 6; **106** 79

– Unterrichtungspflicht des Arbeitgebers gegenüber dem Betriebsrat **89** 44, 73 f.
– – über Auflagen und Anordnungen **89** 74
– Verbesserungsvorschläge **87** 1051; **89** 25, 55
– Verhältnis zu §§ 90, 91 **89** 37 f.; **90** 29
– Zusammenarbeit des Betriebsrats mit Umweltschutzbehörden **89** 44
– Zuständigkeit des Gesamtbetriebsrats **89** 33
– Zweck der Beteiligung des Betriebsrats **88** 19; **89** 3, 23 ff., 35
Unfall
– Anzeigepflicht des Arbeitgebers **89** 84
– Arbeitsunfall, Begriff **87** 610, 613, 614
– Beteiligung des Betriebsrats bei ~
– – Unfallanzeige **89** 85 f.
– – Unfalluntersuchung **37** 31, 89, 91; **89** 66, 69 ff.
– Betriebsratsmitglied bei Teilnahme an Schulungs- und Bildungsveranstaltung **37** 226, 280
– Dokumentationspflicht des Arbeitgebers **87** 636
– Unfallversicherungsträger **89** 62 f., 67
Unfallverhütung, *s. unter Arbeitsschutz*
Unterlagen
– Anfertigung von
– – Abschriften und Kopien **34** 33; **80** 106; **92** 29; **106** 110; **108** 49
– – Notizen **34** 33; **92** 29; **106** 111; **108** 49, 66, 70
– Aushändigungsanspruch der Betriebsratsmitglieder **34** 33
– Aushändigungsanspruch der Bordvertretung **115** 66
– Aushändigungsanspruch der Jugend- und Auszubildendenvertretung gegenüber dem Betriebsrat **70** 66 ff.
– Aushändigungsanspruch des Betriebsrats **80** 3, 106; **87** 635 f.; **92** 28 f.; **102** 100
– – Arbeitsschutz **87** 635 f.; **89** 66
– – Dauer der Aushändigung **80** 106
– – Gestaltung von Arbeitsplatz, -ablauf, -umgebung **90** 26
– – Jahresabschluss **108** 65
– – Personalplanung **92** 28 f.
– – personelle Einzelmaßnahmen **99** 147 f.
– – Übernahmeangebot **vor 106** 38
– Aushändigungsanspruch des Seebetriebsrats **116** 56
– Aushändigungsanspruch des Wahlvorstands **2 WO** 11 f.; **24 WO** 11
– Aushändigungsanspruch des Wirtschaftsausschusses **106** 137 f.; **108** 53, 71
– Begriff der ~ **80** 100; **92** 30; **106** 131
– – Herstellung von ~ **80** 101 f.; **92** 26, 30; **106** 104
– – Lohn- und Gehaltslisten, *s. dort*
– – Personalakten **80** 103, *s. auch dort*
– – vorhandene ~ **80** 102; **92** 30; **106** 104
– – Einsichtnahmerecht in die ~ des Arbeitgebers **34** 31
– – Aufgabenbezug **80** 70 ff., 96
– – Betriebs- oder Geschäftsgeheimnis **80** 106
– – Betriebsänderung **111** 162, 186
– – Betriebsausschuss **27** 62
– – Betriebsrat **80** 3, 95 ff.; **vor 106** 37 f.; **108** 48
– – Bordvertretung **115** 66 f.
– – Einigungsstelle **76** 107
– – Formulararbeitsverträge **80** 98

2430

– – Gestaltung von Arbeitsplatz, -ablauf, -umgebung **90** 26
– – Grenzen der Einsichtnahme **80** 99; **108** 66
– – Jahresabschluss **108** 66
– – Personalakten **18a** 81; **80** 103; **83** 30
– – Personalplanung **92** 28 ff.
– – personelle Einzelmaßnahmen **99** 147 f.; **118** 217 f.
– – Seebetriebsrat **116** 56
– – Umwandlung von Unternehmen **vor 106** 23 ff.
– – Vermittler **18a** 81
– – Wirtschaftsausschuss **vor 106** 38; **106** 43, **108** ff.; **108** 47 ff., 66
– – Zeitpunkt der Einsichtnahme **80** 98
– Einsichtnahmerecht in die ~ des Betriebsrats durch die Betriebsratsmitglieder **34** 12, 26, 31 ff.
– – Ausschussunterlagen **34** 35, 40
– – Sitzungsniederschriften **34** 35
– – Voraussetzungen **34** 34
– – Wirtschaftsausschussunterlagen **34** 39
– Streitigkeiten **40** 125
Unterlassungsanspruch
– Amtspflichtverletzung **23** 18
– andere als Betriebsratstätigkeit während der Freistellung **38** 96
– Arbeitsplatz-, Arbeitsablauf-, Arbeitsumgebungsgestaltung **23** 188
– aufgrund des Gebots der vertrauensvollen Zusammenarbeit **2** 11; **23** 171 ff., 179, 187
– aufgrund des § 23 Abs. 3 **23** 154 ff., 162, 210
– aufgrund gesetzlichen Schuldverhältnisses zwischen Arbeitgeber und Betriebsrat **23** 170 ff.
– Bekanntgabe der Betriebsratskosten durch den Arbeitgeber **40** 37
– Berufsbildungsförderung **96** 38; **97** 31
– Beschäftigungssicherung **92a** 43
– Betriebsänderung **23** 203 ff.; **111** 276 ff.
– geplante wirtschaftliche Angelegenheit **23** 203 ff.; **106** 155
– Personalplanung **92** 49
– personelle Angelegenheiten **23** 193 f.
– personelle Einzelmaßnahmen **23** 166 ff., 195, 212
– Störung der Betriebsversammlung **46** 14
– tarifwidrige Betriebsvereinbarung und ~ der Gewerkschaft **77** 143, 483 f., 486 f.
– Verletzung
– – allgemeine Friedenspflicht **74** 35
– – Arbeitskampfverbot **74** 35
– – Behinderungsverbot **78** 34, 48 f.
– – Diskriminierungsverbot **75** 24, 27, 105, 144, 154, 155
– – Geheimhaltungspflicht **79** 75
– – Grundsätze für die Behandlung der Betriebsangehörigen **75** 24, 27, 105, 144, 154 155
– – notwendigen Mitbestimmung in sozialen Angelegenheiten **23** 158, 161 ff.; **78** 37; **87** 243, 371, 429, 446, 604, 669, 752, 770, 996, 1097, 1099
– – Persönlichkeitsrecht **87** 606
– – Verbot parteipolitischer Betätigung **74** 35
– – Verwendung von Beurteilungsgrundsätzen, Formulararbeitsverträgen und Personalfragebogen **94** 68

– Wiederholungsgefahr **23** 171, 183
Unternehmen
– Begriff i. S. des BetrVG **E** 110, 115; **vor 47** 1; **1** 30 ff.; **47** 11 ff., 20 ff.; **54** 23 ff.; **106** 17 ff., 26; **111** 13 f., 221; **112**, **112a** 69
– Definition gemeinschaftsweite Tätigkeit **EBRG** **3** 2 f.
– wirtschaftliche Vertretbarkeit des Sozialplans **112**, **112a** 435, 436, 439 ff.
Unternehmenseinheitlicher Betriebsrat vor 47 5; **3** 2, 9 ff., 46 ff., 51; **18a** 8; **54** 67; **93** 30
– Abgrenzung zur Zusammenfassung von Betrieben **3** 9
– Amtszeit **3** 38; **21** 7, 35
– Auswirkungen auf die Jugend- und Auszubildendenvertretung **vor 60** 39 f.; **60** 10
– Beteiligung bei der Errichtung des Konzernbetriebsrats **54** 67
– Erleichterung der Bildung von Betriebsräten **3** 12
– Errichtung durch Beschluss der Arbeitnehmer **3** 46 ff.; **7** 8
– Inhalt der Kollektivverträge **3** 51
– Mitgliederzahl **9** 2
– Rechtsstellung der Mitglieder des ~ **3** 67; **37** 7, 162; **38** 5
– Rechtsstellung des ~ **3** 67, *s. auch abweichende betriebsverfassungsrechtliche Organisationseinheiten*
– sachgerechte Wahrnehmung von Arbeitnehmerinteressen **3** 12
– Sprechstunden der ~ **39** 5
– Unternehmen mit mehreren Betrieben **3** 11, 46
– Verhältnis zum Gesamtbetriebsrat **47** 5, 69
– Wahl **13** 9; **14** 7
– Zusammensetzung **15** 6, 11
Unternehmensgruppen
– Definition gemeinschaftsweite Tätigkeit **EBRG** **3** 4 ff.
Unternehmensmitbestimmung vor 106 1, 9 f.; **129** 1 f.
– Abgrenzung zur betrieblichen Mitbestimmung **E** 41 ff.
– Arbeitsdirektor **108** 19
– Drittelbeteiligungsgesetz **129** 1 f.
– Genese **E** 12, 19, 29, 30, 108
– Luftfahrtunternehmen **117** 21, *s. auch unter Arbeitnehmervertreter im Aufsichtsrat*
– Seeschifffahrtsunternehmen **vor 114** 1
– Tendenzbetrieb **118** 4, 8, 20
– Wahl der Arbeitnehmer im Aufsichtsrat, *s. dort*
Unternehmensübernahme
– Betriebsrat
– – Beratungsrecht **109a** 16 ff
– – Betriebs- und Geschäftsgeheimnis **109a** 25
– – Pflichtverletzung **109a** 26 ff.
– – Streitigkeiten **109a** 31 ff.
– – Unterlagen **109a** 24
– – Unterrichtung **109a** 21
– – Zeitpunkt **109a** 23
– – Zuständigkeit **109a** 10 ff.
– Kleinunternehmen **109a** 6
– Übernahmetatbestand **106** 91 ff.; **109a** 5
– Wirtschaftsausschuss

2431

Sachverzeichnis

– – Angebotsunterlage **106** 136
– – Unterrichtung **106** 125 f.
– – Zeitpunkt **106** 121
Unternehmer
– Begriff **vor 47** 3; **vor 106** 4, 10 f.; **47** 16 ff.; **108** 17, 75; **110** 4; **111** 253
– Grundrechte des ~ **E** 54 ff.
– Lagebericht des ~ **vor 47** 11; **53** 1 ff., 16, 20, 29, 32, 33, 34, 40, 48
– Teilnahme an Betriebsräteversammlungen **53** 7, 32, 34, 41, 48 ff., 56
– unternehmerische Entscheidungsfreiheit **E** 42, 60; **87** 146 ff.
Unternehmerarbeiter, *s. unter Fremdfirmenarbeitnehmer*
Unterrichtung
– Pflicht des Arbeitgebers, *s. unter Unterrichtungspflicht des Arbeitgebers*
Unterrichtungs- und Erörterungspflicht
– Abgrenzung zu Berufsbildungsmaßnahmen **96** 12 ff.
– Ableitung aus der Fürsorgepflicht des Arbeitgebers **vor 81** 13, 17; **81** 1
– Änderung des Arbeitsbereichs **81** 8, 15
– ausländische Arbeitnehmer **81** 10, 15
– Belehrung über Unfall- und Gesundheitsgefahren **81** 12 ff.; **87** 639; **96** 16
– – Anhörungsrecht des Arbeitnehmers **81** 18, *s. auch Anhörungs- und Erörterungsrechte des Arbeitnehmers*
– – Inhalt und Umfang **81** 14
– – Überwachungspflicht des Arbeitgebers **81** 17
– – Verhältnis zu anderen Aufklärungsvorschriften **81** 12
– – Zeitpunkt **81** 15
– des Arbeitgebers gegenüber dem Arbeitnehmer **vor 81** 13, 17; **81** 1 ff.; **110** 6, *s. auch Individualrechte des Arbeitnehmers*
– Einweisung des Arbeitnehmers in seine Funktion **81** 5 ff.; **96** 12 ff.; **98** 47
– – Form der Einweisung **81** 9 ff.; **96** 16
– – Inhalt und Umfang **81** 5 f.
– – Zeitpunkt **81** 7
– Gruppenarbeit **81** 9, 12, 19, 23
– Hinzuziehung eines Betriebsratsmitglieds **81** 23 ff.
– – Rechte und Pflichten des hinzugezogenen Betriebsratsmitglieds **81** 24
– – Schweigepflicht des hinzugezogenen Betriebsratsmitglieds **81** 25, *s. auch Geheimhaltungspflicht*
– – Wahlfreiheit des Arbeitnehmers **81** 23
– Kosten der ~ **81** 1
– persönlicher Geltungsbereich **vor 81** 21 f.; **81** 3 f.
– Planung und Einführung neuer Techniken **81** 19 ff.; **96** 14, 18
– – Inhalt und Umfang **81** 19, 21
– – Verhältnis zu § 90 **81** 19
– – Zeitpunkt **81** 20, 22
– Rechtsbehelfe des Arbeitnehmers **vor 81** 30 ff.; **81** 26
– Sozialeinrichtungen **81** 5
– Streitigkeiten **vor 81** 41 f.; **81** 26
– Tendenzbetrieb **118** 147 f.
– Umweltschutz **81** 5
– Zweck der ~ **81** 1

Unterrichtungspflicht des Arbeitgebers
– Abhilfe einer Individualbeschwerde **85** 28
– allgemeine Unterrichtungspflicht **80** 3, 27, 57 ff.; **98** 19; **118** 187 ff., 209
– – Adressat **80** 60, 69, 131; **106** 39
– – allgemeines Persönlichkeitsrecht des Arbeitnehmers **80** 90 f.
– – Anspruch des Betriebsrats auf ~ **80** 59, 65
– – Aufgabenbezug **80** 70 ff.
– – Bundesdatenschutzgesetz **80** 93
– – Geheimhaltungsinteresse des Arbeitgebers **80** 94
– – Grenzen **80** 71, 87 ff.
– – Selbstbeschaffungsrecht des Betriebsrats **80** 68 f.
– – Tendenzbetrieb **80** 112; **118** 188, 209
– – über freie Mitarbeiter **80** 75
– – über Fremdfirmenarbeitnehmer **80** 3 f., 75, 100
– – Umfang **80** 81 f.
– – Verhältnis zu anderen Unterrichtungsansprüchen **80** 56 f.
– – Voraussetzungen der ~ **80** 70 ff., 85 f.
– – Zeitpunkt **80** 79, 80, 85 f.
– Arbeitsplatzgestaltung, Arbeitsablauf, Arbeitsumgebung **90** 24 ff., *s. dort*
– Betriebsänderungen **111** 193, 196 ff., 267; **118** 156 f., 160, *s. dort*
– Jahresabschluss, *s. dort*
– Kündigungen von Arbeitnehmern **102** 34 ff.; **112, 112a** 92, *s. unter Anhörung bei Kündigung*
– Personalplanung **96** 6, 21 ff.; **95** 37 f.
– personelle Angelegenheiten der leitenden Angestellten **5** 13, 160; **76** 25; **99** 14, 83; **105** 1 ff., 9; **118** 225, *s. unter leitende Angestellte*
– personelle Einzelmaßnahmen **99** 132 ff.
– Übernahmeangebot **vor 106** 46 ff.
– Verletzung der ~ **92** 49; **99** 296; **100** 23; **121** 1 ff.
– vorläufige Durchführung personeller Maßnahmen **100** 23 ff.
– wirtschaftliche Angelegenheiten **80** 58; **vor 106** 46 ff.; **106** 46, 56 ff., *s. unter Unterrichtungspflicht des Unternehmers*
Unterrichtungspflicht des Unternehmers gegenüber dem Wirtschaftsausschuss E 41; **vor 106** 3, 15, 35; **106** 1 ff.
– Absatzlage **106** 72
– Adressat der Unterrichtungspflicht **106** 148
– Änderung der Betriebsanlagen **106** 90
– Änderung der Betriebsorganisation oder des Betriebszwecks **106** 89
– Anrufung der Einigungsstelle **106** 155, 157
– Arbeitsmethoden **87** 180; **106** 75, 78
– Art und Weise der Unterrichtung **106** 112 ff.
– Auskunftsverlangen des Wirtschaftsausschusses **106** 112
– Auswirkungen für die Personalplanung **106** 63 ff.; **108** 57
– – Abgrenzung zu § 92 **92** 9, 26, 47; **106** 56
– – Darstellung **106** 57
– Betriebsinhaberwechsel **vor 106** 46; **106** 83, 87, 106, 109
– betriebsratslose Betriebe betreffende Angelegenheiten **106** 60, 83, 84

2432

Sachverzeichnis

- – Bildung eines Gemeinschaftsunternehmens **106** 86
- – Dienstleistungsunternehmen **106** 71, 72, 73
- – Einschränkung oder Stilllegung von Betrieben oder Betriebsteilen **106** 82 f.
- – Fabrikationsmethoden **106** 77
- – Form der Unterrichtung **106** 127 f.; **109** 9
- – Formwechsel **vor 106** 22; **106** 88, 109, *s. auch Umwandlung*
- – Gefährdung von Betriebs- und Geschäftsgeheimnissen **106** 46, 123, 141 ff.; **108** 11; **109** 12; **111** 198
- – Ermessen des Unternehmers **106** 118
- – Gefährdung des Geheimnischarakters **106** 115, 118
- – Gefährdung für Bestand und Entwicklung des Unternehmens **106** 117
- – Gefährdung, Begriff **106** 114 ff.
- – Geheimnisbegriff **79** 11 ff.; **106** 113
- – Meinungsverschiedenheiten **109** 11
- – im Konzern **106** 54, 62, 104, 108
- – im Unternehmen mit Auslandsbezug **106** 61
- – Insolvenz **106** 70; **111** 180
- – Investitionsprogramm **106** 74
- – Kennziffernkataloge **106** 56
- – laufende Geschäftsführung **106** 56
- – Meinungsverschiedenheiten über den Umfang der ~ **106** 129, 145, 155, 157; **108** 77; **109** 3 ff.
- – – Anrufung der Einigungsstelle **109** 22 ff.
- – – arbeitsgerichtliches Beschlussverfahren **109** 4, 20, 26, 33 ff.
- – – Auskunft, Begriff **109** 6 ff., 25; **110** 30
- – – Auskunftsverlangen des Wirtschaftsausschusses **109** 14 ff., 18
- – – Befugnis zur Anrufung der Einigungsstelle **109** 27 ff.
- – – Einigung zwischen Unternehmer und Betriebsrat bzw. Gesamtbetriebsrat **109** 3 f., 6, 14 ff., 22 f.
- – – Entscheidung der Einigungsstelle **109** 33 ff.
- – – Hinzuziehung von Sachverständigen durch die Einigungsstelle **109** 1, 31 f.
- – – Primärzuständigkeit der Einigungsstelle **106** 120, 122; **108** 73; **109** 4 f., 13; **110** 30
- – – Rechtskontrolle des Einigungsstellenspruchs **76** 155; **109** 34 ff.
- – – tarifliche Schlichtungsstelle **109** 1
- – – Zweck des Einigungsstellenverfahrens **109** 3 ff.
- – Nachteile für die Arbeitnehmer **vor 106** 5; **106** 59, 84, 111
- – Personalabbau **106** 83
- – Produktionslage **106** 71
- – Produktionsprogramm **106** 73
- – Rationalisierungsvorhaben **106** 75
- – sonstige Vorgänge und Vorhaben **vor 106** 16, 46; **106** 85, 86, 88, 90, 103 ff.
- – – Auffangtatbestand **106** 49, 81
- – – Betriebsübergang **vor 106** 35; **106** 77, 83, 85
- – – Gesellschafterwechsel **vor 106** 35; **106** 82, 85
- – – Kapitalerhöhung **106** 82, 85
- – – Konkretisierung durch Kollektivvereinbarung **vor 106** 15
- – – Unternehmensrückgabe nach VermG **106** 83
- – – Unternehmensverträge **106** 82, 85
- – – wesentliche Berührung der Arbeitnehmerinteressen **106** 50 f., 84 ff.
- – Spaltung von Betrieben und Unternehmen **vor 106** 22 f.; **106** 85 ff.; **111** 139 ff., *s. auch dort, s. auch unter Umwandlung*
- – – partielle Universalsukzession **vor 106** 21 f.; **106** 77, 83
- – – Singularsukzession **106** 77, 83
- – – Vermögensübertragung **106** 76
- – – Übernahmeangebot **vor 106** 46
- – – Umfang der Unterrichtung **106** 123 f.
- – Umweltschutz, betrieblicher **E** 61; **89** 41, 48; **vor 106** 6; **106** 79
- – Verlegung von Betrieben oder Betriebsteilen **106** 84
- – Verletzung der ~ **106** 123, 155; **109** 4; **121** 8 ff.
- – Vorlage der erforderlichen Unterlagen **vor 106** 48; **106** 52, 130 ff.; **108** 51, 61, 65 ff.; **109** 9; **111** 200
- – – Anfertigung von Abschriften und Kopien **106** 110; **108** 49
- – – Anfertigung von Notizen **106** 111; **108** 49, 66
- – – Aushändigung von Unterlagen **106** 108 f.; **108** 49, 65
- – – Einsichtnahmerecht des Wirtschaftsausschusses **106** 43, 108 ff.; **108** 47 ff., 66; **109** 8
- – – Erforderlichkeit **106** 105 ff.
- – – Jahresabschluss **106** 106; **108** 65 f.
- – – Konzernabschluss **108** 61
- – – Lagebericht **108** 57, 60; **109** 8
- – – Meinungsverschiedenheiten **109** 8
- – – Übernahmeangebot **vor 106** 38
- – – Unterlagen, Begriff **106** 104
- – – Vorlage **106** 108 ff.
- – – Wirtschaftsprüfungsbericht **106** 106; **108** 63
- – – Zeitpunkt **108** 47, 49
- – wesentliche Berührung der Arbeitnehmerinteressen **106** 58 f., 108 ff.
- – wirtschaftliche und finanzielle Lage des Unternehmens **vor 106** 2; **106** 66 ff.; **108** 61; **109** 14, 15; **110** 8
- – – finanzielle Lage **106** 58
- – – Insolvenz **106** 60
- – – private finanzielle Lage des Einzelkaufmanns bzw. Gesellschafters **106** 59
- – – wirtschaftliche Lage **106** 58
- – – zukünftige Entwicklung **106** 58
- – Zeitpunkt der Unterrichtung **106** 113 ff.
- – Zusammenschluß von Betrieben und Unternehmen, *s. auch unter Umwandlung*
- – Zusammenschluss von Betrieben und Unternehmen **106** 85 ff.; **111** 139 ff.
- – – Verschmelzung **vor 106** 21 f.; **106** 76
- – Zweck **106** 56, 115, 123

Unterrichtungspflicht des Unternehmers gegenüber den Arbeitnehmern **7** 8; **110** 1 ff.
- Abgrenzung zum Jahresbericht des Arbeitgebers **43** 19; **45** 12; **110** 2, 31
- Abstimmung mit dem Betriebsrat bzw. Gesamtbetriebsrat und dem Wirtschaftsausschuss **110** 20 ff.
- – Gegenstand der Abstimmung **110** 20
- – Meinungsverschiedenheiten über den Umfang der ~ **109** 13; **110** 30
- Adressat der Unterrichtung **110** 6

2433

Sachverzeichnis

– Adressat der Unterrichtungspflicht **110** 4
– Form der Unterrichtung **110** 26 ff.
– – Großunternehmen **110** 1, 13, 25 ff.
– – Kleinunternehmen **110** 28
– – Schriftform **110** 26
– Individualanspruch des Arbeitnehmers **110** 6
– Streitigkeiten **110** 34
– Unternehmensmindestgröße **7** 8; **110** 15 f.
– Verletzung der Unterrichtungspflicht **110** 33; **121** 8 ff.
– wirtschaftliche Lage und Entwicklung des Unternehmens **106** 66; **109** 15; **110** 8 ff.
– – Gefährdung von Betriebs- und Geschäftsgeheimnissen **110** 12
– – Prognose **110** 10
– – Rückschau **110** 10
– Zeitpunkt der Unterrichtung **110** 18 f.
Unterstützungskassen 87 714, 721, 729 f., 735, 741, 747, 759, 765, 779, 874, 881, 886
Urlaub E 76; **37** 18; **87** 19, 21, 43, 466 ff.
– abweichende individualarbeitsrechtliche Vereinbarung **87** 492
– ausländische Arbeitnehmer **87** 479
– Betriebsferien **87** 151 f., 473 ff., 481 ff., 484, 487
– betriebsratslose Betriebe **87** 467
– Bildungsurlaub **37** 249; **87** 468 f., 471, 494
– Dauer des ~ **87** 470
– Durchführung der Mitbestimmung **87** 486, 501 ff.
– Festsetzung der zeitlichen Lage des ~ für einzelne Arbeitnehmer **87** 19, 466, 472, 494 ff.
– Franchisebetrieb **87** 473, 481
– freiwillige Betriebsvereinbarung über ~ **88** 12
– individualarbeitsrechtliche Rechtsfolgen bei Nichtbeachtung des Mitbestimmungsrechts **87** 502 ff.
– Initiativrecht **87** 144, 151 f., 481, 487, 491, 494, 497
– kollektiver Tatbestand **87** 469, 472, 490 f., 495 ff.
– Leiharbeitnehmer **87** 467
– Sonderurlaub **87** 468 f., 471, 479, 494
– Suspendierung von der Arbeitspflicht **87** 468
– Teilnahme an Betriebsversammlungen **42** 18; **44** 38, 48 f., 57
– Teilnahme von Amtsträgern an Schulungs- und Bildungsveranstaltungen **87** 469
– Teilzeitbeschäftigte **87** 479, 497
– Tendenzbetrieb **87** 467
– Urlaub, Begriff **87** 468 f.
– Urlaubsanspruch **87** 43, 470, 488 f., 498 f., 504
– Urlaubsentgelt, zusätzliches **87** 43, 471, 488
– Urlaubsgeld **87** 43, 471
– Urlaubsgrundsätze **87** 21, 89, 466, 472, 473 ff., 502 f.
– Urlaubsliste **87** 478, 489
– Urlaubsplan **50** 51; **87** 21, 466, 472, 484 ff., 494, 497, 500, 502 f.
– Urlaubssperre **87** 477
– Urlaubsvertretung **87** 485, 492, 496, 505
– Urlaubswünsche **87** 500
– Zuständigkeit des Gesamtbetriebsrats **50** 51; **87** 483, 493
– Zweck der Mitbestimmung **87** 467
Urlaubsentgelt 87 852

Urlaubsgrundsätze 87 21, 89, 466, 472, 473 ff., 502 f.
Urlaubsplan 50 50; **87** 21, 466, 472, 484 ff., 494, 497, 500, 502 f.
Verbesserungsvorschläge 87 1047 ff., 1064, *s. auch unter Vorschlagswesen, betriebliches*
Verbot parteipolitischer Betätigung, *s. unter parteipolitische Betätigung*
Vereinbarungstheorie 77 40 f.
Vereinfachtes Wahlverfahren vor 1 WO 2 ff.; **8** 52, 65; **9** 32, 34; **10 Anhang** 7; **14a** 1 ff.; **17a** 1 ff.; **18** 10; **19** 29, 56, 130; **42** 4, 6 f., 11, 21; **46** 4, 13; **125** 8
– Abgrenzung zum Regelwahlverfahren **14a** 4 f., 17, 19, 24, 86 f.
– Anwendbarkeit **vor 1 WO** 4; **7** 8; **14** 1, 7, 31, 32; **14a** 3, 6 ff., 12 ff., 112; **28 WO** 1; **36 WO** 1
– Dispositivität in Kollektivvereinbarungen **14a** 6
– einstufiges ~, *s. unter vereinfachtes einstufiges Wahlverfahren*
– Genese **14** 1; **14a** 1
– Mehrheitswahl **vor 1 WO** 4; **14** 4, 32; **14a** 4, 5, 36, 55 f., 87, 113; **6 WO** 1, 8, 22; **33 WO** 1
– Schwellenwertermittlung **14a** 14 ff.
– Streitigkeiten **14a** 18, 125 ff.
– Unterstützungspflicht des Arbeitgebers **14a** 18, 113
– Vereinbarung zwischen Arbeitgeber und Wahlvorstand **vor 1 WO** 3 f.; **14** 31, 32; **14a** 3, 6, 7, 12, 24, 112 ff.; **17a** 4; **37 WO** 1 f.
– Wahl der Jugend- und Auszubildendenvertretung **vor 1 WO** 5; **vor 60** 12; **63** 2, 4, 7, 8, 9, 12, 15, 28, 33, 41, 48 f., 64, 67 f.; **38 WO** 3; **39 WO** 1; **40 WO** 1 ff.
– Zuordnungsverfahren für leitende Angestellte **13** 2, 4; **14a** 96
– Zweck **14a** 2
– zweistufiges ~. **1 WO** 2, 6, 11; **3 WO** 7; **6 WO** 1, 8, 22; **20 WO** 1; **28 WO** 1 ff.; **29 WO** 1 ff.; **30 WO** 1 ff.; **31 WO** 1 ff.; **32 WO** 1 f.; **33 WO** 1 ff.; **34 WO** 1 ff.; **35 WO** 1 ff.; **36 WO** 1 ff.; **37 WO** 1 f., *s. unter vereinfachtes zweistufiges Wahlverfahren*
Vereinfachtes Wahlverfahren, einstufiges vor 1 WO 4; **8** 52; **13** 21; **14a** 4, 7, 11 ff., 21, 85 ff.; **42** 4, 6 f., 11, 21; **46** 4, 13; **125** 8
– Abgrenzung zum zweistufigen Wahlverfahren **14a** 86
– Anwendbarkeit **7** 8; **14** 1, 7, 31, 32; **36 WO** 1
– Aufgaben des Wahlvorstands **36 WO** 2
– Bestellung des Wahlvorstands **14a** 4, 11, 21, 85, 88 ff.; **17a** 2, 8 ff., 13 f.
– Durchführung der Wahl **14a** 100 ff.
– Einleitung der Wahl **14a** 91 ff.
– Feststellung des Wahlergebnisses **14a** 111
– Mindestsitze des Geschlechts in der Minderheit **14a** 95; **36 WO** 8
– nachträgliche Stimmabgabe **7** 8, 153; **14a** 100, 110; **36 WO** 8
– Stimmabgabe **14a** 93, 100, 110
– Wahlausschreiben **7** 152; **14a** 17, 92 ff., 100; **36 WO** 3 ff.
– Wählerliste **7** 156; **14a** 96, 99; **36 WO** 2
– Wahlversammlung **14a** 87, 110; **42** 6 f., 11, 21; **46** 13

– – Teilnahme von Gewerkschaftsvertretern **46** 4
– – Vergütungsanspruch der Arbeitnehmer **44** 1, 28
– – zeitliche Lage der ~ **44** 1, 2, 5, 6, 17
– Wahlvorgang **36 WO** 8
– Wahlvorschläge **14** 53; **14a** 94 f., 101 ff.
– – Bekanntmachung **14a** 108
– – Form **14a** 102, 103, 106
– – Frist **14a** 102
– – Gewerkschaft **14a** 104
– – Prüfung durch den Wahlvorstand **14a** 105 ff.
– – Unterstützungsquorum **14a** 104
– – Vorschlagsberechtigte **14a** 103 ff.; **36 WO** 1 ff., 6 f.
Vereinfachtes Wahlverfahren, zweistufiges vor 1 WO 4; **8** 52, 65; **13** 21; **14a** 4, 11 ff., 20 ff.; **42** 4, 6 f., 11, 21; **46** 4, 13; **125** 8
– Anwendbarkeit **vor 1 WO** 4; **7** 8; **14** 1, 7, 31, 32; **14a** 4, 11, 20 f., 86; **28 WO** 1
– Aufgaben des Wahlvorstands **29 WO** 5; **30 WO** 1 ff.
– Bestellung des Wahlvorstand **14a** 4, 11, 17, 22 f., 89 f.; **17a** 2, 7, 15 ff.; **28 WO** 2 f.; **29 WO** 2 ff.
– Durchführung der Wahl **14a** 35 ff.
– Einleitung der Wahl **14a** 25 ff.
– Einspruch gegen die Wählerliste **14a** 34, 43, 46, 57
– erste Wahlversammlung **14a** 4, 17, 22 ff.; **28 WO** 2 ff.; **29 WO** 1 ff.; **30 WO** 1 ff.; **33 WO** 2
– Feststellung des Wahlergebnisses **14a** 78 ff.
– Gewerkschaft **14a** 39, 44 f.; **28 WO** 2
– Mindestsitze des Geschlechts in der Minderheit **14a** 28, 77, 80; **32 WO** 1 f.
– nachträgliche Stimmabgabe **7** 8, 153; **14a** 28, 57, 58 f., 65, 68, 71 ff.; **31 WO** 2; **34 WO** 1, 3; **35 WO** 1 ff.
– Neuausschreibung der Wahl **14a** 61 f.
– Sitzverteilung **14a** 76 ff.
– Stimmabgabe **14a** 57, 63 ff., 68
– Stimmauszählung **14a** 68 ff.
– Stimmzettel **14a** 55, 57, 67
– Unterstützungspflicht des Arbeitgebers **28 WO** 6, 7; **30 WO** 2
– Wahlausschreiben **7** 152; **14a** 28, 31 ff., 35, 57, 60 ff., 72 f.; **3 WO** 7; **29 WO** 5; **31 WO** 1 ff.; **32 WO** 2; **33 WO** 2, 5
– Wahlbewerber **14a** 42 f., 46 f., 79 ff.
– Wählerliste **7** 156; **14a** 28, 33 f., 57; **1 WO** 11; **28 WO** 7 f.; **30 WO** 1 ff.
– Wahlhelfer **14a** 25, 57, 70; **29 WO** 3; **30 WO** 1
– Wahlvorgang **34 WO** 1 ff.; **35 WO** 1 ff.
– Wahlvorschläge **14** 53; **14a** 26, 28, 34, 35 ff., 57
– – Form **14a** 37 f., 42, 45, 48 f.
– – Gewerkschaft **14a** 39, 44 f.; **28 WO** 2
– – Prüfung durch den Wahlvorstand **14a** 43, 51 ff.
– – Unterstützungsquorum **14a** 41 ff., 45
– – Vorschlagsberechtigte **14a** 39 f.
– – Zeitpunkt **14a** 38; **6 WO** 1, 8, 22; **28 WO** 6; **29 WO** 5; **33 WO** 1 ff.
– zweite Wahlversammlung **14a** 4, 28, 35, 54 ff.; **42** 6 f., 11, 21; **46** 13
– – Teilnahme von Gewerkschaftsvertretern **46** 4
– – Vergütungsanspruch der Arbeitnehmer **44** 1, 28
– – zeitliche Lage der ~ **44** 1, 2, 5, 6, 17; **1 WO** 6; **28 WO** 1 ff.; **29 WO** 1 ff.; **30 WO** 1 ff.

31 WO 1 ff.; **32 WO** 1 ff.; **33 WO** 1 ff.; **34 WO** 1 ff.; **35 WO** 1 ff.
Vereinigung von Arbeitgeber, s. unter Arbeitgebervereinigung
Verhältniswahl, s. unter Wahl des Betriebsrats
Verlag, s. unter Medienunternehmen
Verlegung von Betrieb oder Betriebsteil 111 102 ff., s. unter Betriebsänderung
Verleiherbetrieb, s. unter Leiharbeitnehmer
Vermittler 5 247; **9** 1; **13** 4; **18a** 12, 36, 42, 48, 54, 55 ff.
– Bestellung des ~ **18a** 54, 55, 63 ff.
– – Annahme der Bestellung **18a** 67, 73
– – Arbeitsgericht **18a** 63, 71
– – Einigung der Wahlvorstände **18a** 54, 55, 63 ff.
– – Losentscheid **18a** 54, 55, 63 ff., 68 ff., 73
– – mehrere ~ **18a** 65 f.
– – Einschaltungszeitpunkt **18a** 42, 48, 54, 55, 64
– Kosten des ~ **18a** 74
– Rechtsstellung des ~ **18a** 72 ff., 109
– – Arbeitsbefreiung **20** 15, 65
– – Arbeitsentgeltfortzahlung **18a** 74; **20** 2, 15, 64 f., 77 f.
– – Begünstigungs- und Benachteiligungsverbot **18a** 74, 77; **78** 15; **119** 49
– – Behinderungsverbot **18a** 75
– – Ehrenamt **18a** 72; **20** 64
– – Freizeitausgleich **18a** 74
– – Geheimhaltungspflicht **18a** 76; **79** 43; **120** 36, 47
– – Kostenerstattungsanspruch **20** 60 f.
– – Kündigungsschutz **18a** 77; **20** 1, 19
– – Vergütung **18a** 72 ff.
– – Weisungsgebundenheit **18a** 73, 78
– Tätigkeit des ~ **18a** 79 ff.
– – Beratung mit dem Arbeitgeber **18a** 86
– – Einigungsversuch **18a** 84 f.
– – Informationsbeschaffung **18a** 79 ff.
– – Zuordnungsentscheidung **18a** 86 f., 111
– Unterstützungspflicht des Arbeitgebers **18a** 36, 75, 80 ff.; **20** 14
– Vermittlerfähigkeit **18a** 56 ff., 101
– – Arbeitgeber **18a** 36, 56 f., 60 f., 72, 86
– – Beschäftigter **18a** 56 f., 61
– – Betriebsratsmitglied **18a** 59, 61
– – Externer **18a** 61 f.
– – Pensionär **18a** 57
– – Sprecherausschussmitglied **18a** 59, 61
– – Wahlvorstandsmitglied **18a** 59, 61; **2 WO** 9, 12; **4 WO** 13
Vermögensbildung
– freiwillige Betriebsvereinbarung **77** 195, 376; **87** 853; **88** 26 ff.
– – Abgrenzung zu Betriebsvereinbarungen nach dem Fünften Vermögensbildungsgesetz **88** 27
– – Tarifvertragssperre **77** 157; **88** 29
– – Schulungs- und Bildungsveranstaltung zum Thema ~ **37** 197, 251
– vermögenswirksame Leistung **87** 452, 852, 853
Verschmelzung
– grenzüberschreitende **vor 106** 40, s. unter Umwandlung
Verschwiegenheitspflicht, s. unter Schweigepflicht

2435

Sachverzeichnis

Versetzung 21b 12; **50** 52; **78** 43, 46; **78a** 68; **97** 18; **99** 84 ff.; **111** 84, 95; **112**, **112a** 86, 92 f.
- Änderung der betrieblichen Organisationseinheit **99** 107 f.
- – Verlegung von Betrieben oder Betriebsteilen **99** 107; **111** 102 ff.
- – Wechsel der Arbeitsgruppe **99** 104
- – Wechsel der Station in Altenpflegeheimen **99** 104
- – Wechsel von der Verkaufs- in die Einkaufsabteilung **99** 104
- Änderung der materiellen Arbeitsbedingungen **99** 103
- – Änderung der Wochenarbeitszeit **99** 103
- – Wechsel von der Tag- zur Nachtschicht **99** 103
- Änderung der Umstände, unter denen die Arbeit zu leisten ist **99** 91 f., 103, 117 ff.
- – Erheblichkeit **99** 116
- – Umstände **99** 115 f.
- – verschlechternde Änderung **99** 117
- Änderung des Ortes der Arbeitsleistung **99** 93 ff.; **111** 131 ff.
- Änderung des Tätigkeitsbildes **99** 100 f.
- – Bestellung zum Datenschutzbeauftragten **99** 102, 180
- – Freistellung von der Arbeit **99** 103
- – Wechsel vom Einzel- in den Gruppenakkord **99** 102
- Änderungskündigung in Verbindung mit einer ~ **99** 86, 120, 180; **102** 30, 161, 173, 176, 225
- Anspruch des Arbeitnehmers auf Zustimmung des Betriebsrats **75** 24 f.
- Arbeitnehmer des öffentlichen Dienstes **103** 9
- Arbeitsbereich **81** 7 f.; **99** 86 ff.
- arbeitskampfbedingte ~ und Beteiligungsrecht des Betriebsrat **99** 21
- Aufhebungsanspruch des Betriebsrats **101** 8
- Auswahlrichtlinien **95** 42; **99** 200
- Auszubildende des öffentlichen Dienstes **103** 9
- Beamte **103** 9
- Begriff **95** 50; **99** 84 ff.; **103** 36
- – Konkretisierung durch Kollektivvertrag **99** 119
- Betriebsbuße **87** 267
- Eingliederungsvertragsbeschäftigte **5** 109
- Einverständnis des Arbeitnehmers mit der ~ und Beteiligungsrecht des Betriebsrats **99** 120, 224; **103** 41 f.
- Entfernung betriebsstörender Arbeitnehmer, *s. dort*
- Legaldefinition **95** 50; **99** 84 ff.; **103** 36
- Leiharbeitnehmer **5** 125
- leitende Angestellte **105** 8, 12, 14
- Rechtsfolgen für den Arbeitnehmer bei Fehlen der Zustimmung des Betriebsrats **99** 174 ff., 178 f.; **102** 225, *s. auch personelle Einzelmaßnahmen*
- Schweigepflicht des Betriebsratsmitglieds **99** 157 ff.
- Seebetriebe **114** 14; **116** 30, 53
- Soldaten **103** 9
- Tendenzbetrieb **99** 182; **100** 8; **101** 6; **118** 208, 214 ff., 223, 244
- Überschreitung der Monatsfrist und Beteiligungsrecht des Betriebsrats **99** 116
- Übertragung der Zuständigkeit auf den Betriebsausschuss **27** 69
- üblicher Wechsel des Arbeitsbereichs als Ausnahmetatbestand **99** 115
- Unterrichtung des Arbeitnehmers über Änderung des Arbeitsbereichs **81** 7 f.
- Unterrichtungspflicht des Arbeitgebers **99** 155, *s. auch personelle Einzelmaßnahmen*
- Verhältnis zu § 102 bei Erfordernis einer Änderungskündigung **99** 120, 133
- Verlangen des Betriebsrats, *s. unter Entfernung betriebsstörender Arbeitnehmer*
- Versetzungsklausel und Beteiligungsrecht des Betriebsrats **99** 115
- von Ausbildern in der Berufsbildung **98** 43 f.
- von Auszubildenden **78a** 97; **99** 112, 115
- von Funktionsträgern **99** 114 f., *s. unter Versetzung von Funktionsträgern*
- vorläufige Durchführung **100** 5, 8, 14, 48
- Wechsel in einen anderen Betrieb **8** 48; **50** 53; **99** 95, 98, 113, 119, 121 ff.; **102** 162; **104** 19, 25 f.
- – Versetzung auf Dauer **99** 154 ff.; **103** 38
- – vorübergehende Abordnung **99** 154 ff.; **103** 38
- – Zuständigkeit des Gesamtbetriebsrats **50** 52; **99** 124
- Zustimmungserfordernis **99** 160 ff.; **102** 161, 173, 176; **112**, **112a** 92 f., *s. auch personelle Einzelmaßnahmen*
- Zustimmungsverweigerungsrecht des Betriebsrats, *s. dort*

Versetzung von Funktionsträgern **25** 66, 70 f.; **99** 112 f.; **103** 1 ff.
- Abordnung **103** 38
- Arbeitskampf **103** 43, 45
- Ausgliederung eines Betriebsteils **103** 40
- betriebsratslose Betriebe **103** 46 f.
- Betriebsstilllegung **103** 18
- Betriebsübergang **103** 18
- einseitige Durchführung **103** 52, 63
- Einverständnis des Funktionsträgers **103** 41 f.
- geschützter Personenkreis **25** 69, 73 f.; **103** 4 ff., 37, *s. unter Kündigung von Funktionsträgern*
- individualrechtliche Auswirkungen des Zustimmungserfordernisses **103** 98 ff.
- Mitbestimmungssicherungsverfahren **103** 52, 63
- Tendenzbetrieb **118** 186, 223
- Übergangsmandat **103** 18, 40
- Umwandlung **103** 18
- Verhältnis zu § 99 **103** 36, 38, 49, 60
- Versetzung, Begriff **103** 36 f.
- Wechsel in einen anderen Betrieb **103** 38 f.
- zeitliche Dauer des Schutzes **103** 15 ff., 25
- Zustimmungsersetzungsverfahren **103** 64 ff.
- – Antragsberechtigung **103** 63, 64 f.
- – Beteiligung des Funktionsträgers **103** 87, 100
- – betriebsratslose Betriebe **103** 46 f.
- – Entscheidung des Arbeitsgerichts **103** 81 ff.
- – Erledigung **103** 79 f.
- – Rechtsmittel **103** 81
- – Verfahren **103** 64, 75, 78, 86

- – Voraussetzungen der Zustimmungsersetzung **103** 70 f.
- – Zustimmungsverfahren **103** 52 ff.
- – Äußerungsfrist des Betriebsrats **103** 62
- – Beteiligung des Funktionsträgers **103** 57 f.
- – Entscheidung des Betriebsrats **103** 60 f.
- – Form **103** 61
- – Mängel des Verfahrens **103** 55 f., 63, 64
- – nachträgliche Zustimmung **103** 52, 65
- – Unterrichtung des Betriebsrats **103** 53
- – Zuständigkeit **103** 54
- – Zweck **103** 3, 38, 39, 42, 45, 49, 52, 60, 72

Versetzungsrichtlinien 95 38; **112, 112a** 86, s. auch Auswahlrichtlinien

Verteilungsgrundsätze 87 123, 132 ff., 873, 896 f., 905 ff., 943 ff.

Vertragstheorie E 69, 94; **77** 40 ff., 186

Vertrauensleute, s. unter Betriebliche Vertrauensleute, s. unter Gewerkschaftliche Vertrauensleute

Vertrauensmann der Zivildienstleistenden
- Geheimhaltungspflicht **79** 5
- Sprechstunden der ~ **39** 4
- Teilnahmerecht an
- – Betriebsausschusssitzungen **27** 56
- – Betriebsratssitzungen **29** 41, 46; **30** 20
- – konstituierender Sitzung des Betriebsrats **29** 17

Vertrauensvolle Zusammenarbeit E 83, 97, 101 ff.; **2** 1 ff.; **18** 15; **30** 6, 8; **37** 43, 52, 60 f., 81; **40** 13 ff., 37, 142, 169, 203; **60** 55; **92a** 1, 5, 15
- Adressaten **2** 7 ff.
- Arbeitskampfverbot, s. dort
- Beachtung der geltenden Tarifverträge **2** 16 ff.
- Betriebsfrieden, s. dort
- Betriebsratsmitglieder untereinander **2** 8
- betriebsverfassungsrechtliche Friedensordnung, s. unter Betriebsfrieden
- Friedensmaxime **74** 30 f.
- Friedenspflicht, allgemeine, s. dort
- Gemeinwohl E 103; **2** 1, 46
- Genese **2** 3
- gewerkschaftliche Betätigung von Funktionsträgern, s. dort
- Inhalt **2** 11 ff.
- Jugend- und Auszubildendenvertretung **60** 56
- Koalitionen **2** 10, 22 ff., 52
- Kooperationsmaxime **2** 12 ff., 43 ff.; **37** 161; **74** 30 f.
- Koppelungsgeschäfte **2** 13; **87** 377, 418
- monatliche Besprechungen mit dem Arbeitgeber, s. dort
- Rechtscharakter **2** 4 f.
- Sanktionen **2** 47 f.
- – Amtsenthebung **2** 48; **23** 61, 117
- – Auflösung des Betriebsrats **2** 48; **23** 120, 126
- Sprecherausschuss **2** 9
- Unterlassungsanspruch aufgrund des Gebots der ~ **2** 11; **23** 171 ff., 179, 187
- Verbot der parteipolitischen Betätigung, s. dort
- Verbot des Missbrauchs von Beteiligungsrechten **2** 11, 13
- Verhältnis zwischen § 2 und § 74 **2** 2, 6, 12; **74** 2, 13
- Verhältnis zwischen § 74 und § 75 **75** 2, 9
- Verhandlungspflicht bei Meinungsverschiedenheiten **74** 24 ff.
- – ernster Einigungsversuch **74** 25 f.
- – Prozessvoraussetzung für arbeitsgerichtliches Verfahren **74** 28
- – Sanktion **74** 27 ff.
- – Umfang **74** 24 ff.
- – Verfahrensvoraussetzung für Anrufung der Einigungsstelle **74** 28
- Wohl der Arbeitnehmer **2** 43 ff.
- Wohl des Betriebs **2** 43 ff.
- Zusammenwirken mit den Koalitionen **2** 10, 22 ff., 52

Vertreter der Bundesagentur für Arbeit
- Auswahl des Vertreters **92a** 23
- Beschluss des Betriebsrats **92a** 24
- Geheimhaltungspflicht **92a** 26
- Hinzuziehung zur Beratung über Beschäftigungssicherung **92a** 2, 22 ff., 37 ff.
- Kosten **92a** 25
- Zustimmung des Arbeitgebers **92a** 25
- Zutritt zum Betrieb **92a** 24

Vertreter der Koalitionen, s. unter Arbeitgebervereinigung, s. unter Gewerkschaftsvertreter

Vertretung des Betriebsrats 26 3, 6, 31 ff.
- anderes Betriebsratsmitglied
- – Bevollmächtigung **26** 72 ff.
- – Entgegennahme von Erklärungen **26** 56, 59 ff., 69
- – Rechtsscheinvollmacht **26** 50
- – Übertragung von einzelnen Aufgaben **26** 63
- Betriebsausschuss **27** 66
- Betriebsratsvorsitzender **26** 29, 31 ff., 73; **27** 66
- – Anscheinsvollmacht **26** 43, 45 ff.
- – Ausscheiden des Betriebsratsvorsitzenden **26** 67, 70
- – Duldungsvollmacht **26** 43, 45 ff.
- – Entgegennahme von Erklärungen **26** 1, 29, 31, 53 ff., 65
- – Entscheidungsspielraum **26** 34 ff., 38, 42; **28** 19
- – Genehmigung schwebend unwirksamer Erklärungen **26** 38 ff., 50
- – Nachweis der Vertretungsmacht **26** 43
- – Offenkundigkeit **26** 32
- – passive Vertretungsmacht **26** 1, 29, 31, 53 ff., 65
- – Schadenersatzpflicht des Betriebsratsvorsitzenden **26** 42
- – Überschreitung der Vertretungsmacht **26** 38 ff., 48 ff.
- – Umfang der Vertretungsmacht **26** 33 ff., 38, 73
- – Verhinderung des Betriebsratsvorsitzenden **26** 57, 62, 64 ff.
- – Vertrauensschutz des Arbeitgebers **26** 41, 43 ff.
- – Vertreter in der Erklärung **26** 31 f., 33
- Dritte **26** 72
- Selbstzusammentritt des Betriebsrats **26** 50, 69 f., 71
- Sphärentheorie, s. dort
- stellvertretender Betriebsratsvorsitzender **26** 37, 53, 55, 62, 64 ff.
- – Entscheidungsspielraum **26** 37, 64
- – Entzug der Aufgaben **26** 63
- – Genehmigung von Erklärungen **26** 64

- – passive Vertretungsmacht **26** 53, 55
- – Übertragung von Aufgaben **26** 63
- – Verhinderung des stellvertretenden Betriebsratsvorsitzenden **26** 57, 69 f.
- vor Konstituierung des Betriebsrats **26** 6, 71

Vertretung des fliegenden Personals
- Abgrenzung zu § 3 Abs. 1 Nr. 2 a. F. **117** 13
- Errichtung durch Tarifvertrag **3** 4; **117** 10 ff.
- Flugbetrieb **117** 8
- Gesamt- und Konzernvertretung **117** 12, 14
- Jugend- und Auszubildendenvertretung **vor 60** 32, 41 f.
- persönlicher Geltungsbereich **117** 8 f.
- Rechtsstellung der Mitglieder der ~
- – Begünstigungs- und Benachteiligungsverbot **119** 49
- – besonderer Kündigungsschutz **117** 19
- – finanzielle Sicherung **117** 13
- – Geheimhaltungspflicht **120** 31
- Reichweite der Regelungsbefugnisse der Tarifvertragsparteien **117** 12 f., 20, s. auch Luftfahrtunternehmen
- Streitigkeiten **117** 24
- Wahlschutz **119** 19
- Weiterbeschäftigung auszubildender Funktionsträger **78a** 38
- Zusammenarbeit mit den Vertretungen der Landbetriebe **117** 20

Verwandte des Arbeitgebers 5 154 ff.
Verweisungen 127 1 f.
Verwirkung 23 58; **37** 109; **40** 101; **77** 310, 320 ff.; **84** 21; **101** 7; **102** 45
Verzicht vor 106 31; **7** 6; **14** 26; **15** 29; **20** 5, 24; **26** 24; **29** 37; **77** 259, 310 ff., 382; **78a** 73; **87** 5 f., 86, 370, 996; **102** 117 ff., 140; **112, 112a** 169, 190
Volontär 5 55; **60** 27; **78a** 15 ff.; **118** 176
Volumen des Sozialplans 112, 112a 395 ff., 399 f., 405 ff., 457, 487
Vorabunterwerfung 74 26; **76** 23, 82, 113, 131, 133, 136; **77** 215; **87** 9; **96** 34

Vorläufige Durchführung personeller Maßnahmen 87 162; **100** 1 ff.
- Abgrenzung zum vorläufigen Rechtsschutz gemäß § 85 Abs. 2 ArbGG **100** 3
- Aufklärungspflicht des Arbeitgebers gegenüber dem Arbeitnehmer **100** 20 ff.
- Berechtigung des Arbeitgebers zur ~
- – bei Ausstehen der Entscheidung des Betriebsrats gemäß § 99 **100** 16, 27
- – bei Bestreiten des Betriebsrats **100** 33 ff.
- – nach negativer Entscheidung des Arbeitsgerichts über den Antrag gemäß § 100 **100** 40 f.
- – nach positiver Entscheidung des Arbeitsgerichts über den Antrag gemäß § 100 **100** 40 f.
- – nach rechtskräftiger negativer Entscheidung des Arbeitsgerichts über den Zustimmungsersetzungsantrag gemäß § 99 **100** 15 f., 44 f.
- – nach Zustimmungsverweigerung des Betriebsrats gemäß § 99 **100** 15, 30
- – vor Unterrichtung des Betriebsrats gemäß § 99 **100** 16 f.
- Bestreiten der Erforderlichkeit der ~ durch den Betriebsrat **100** 33 ff.
- – Frist **100** 33
- – Vorgehen des Arbeitgebers bei Ausstehen der Entscheidung des Betriebsrats gemäß § 99 **100** 31, 35 ff.
- – Vorgehen des Arbeitgebers bei Zustimmung oder Zustimmungsfiktion gemäß § 99 **100** 28 f.
- – Vorgehen des Arbeitgebers bei Zustimmungsverweigerung gemäß § 99 **100** 31 f., 35
- dringende Erforderlichkeit **100** 9 ff.
- Eingruppierung **100** 5 ff., 13, 49
- Einleitung des arbeitsgerichtlichen Verfahrens **100** 34 ff.
- – Antragsberechtigung **100** 39
- – Antragsfrist **100** 34
- – Antragspflicht des Arbeitgebers **100** 34
- – arbeitsgerichtliche Entscheidung **100** 40 ff.
- – Doppelantrag **100** 31, 35
- – Erledigung bei Zustimmung oder Zustimmungsfiktion gemäß § 99 **100** 16
- – Folgen der negativen arbeitsgerichtlichen Entscheidung für das Individualarbeitsverhältnis **100** 44 ff.
- – Verfahrensart **100** 39
- – Verhältnis zum Zustimmungsersetzungsverfahren gemäß § 99 **100** 35 ff., 51 f.
- Einstellung **100** 5, 8, 12, 47; **102** 26
- Maßnahmen i. S. der Vorschrift **100** 5 ff.
- Mitbestimmungssicherungsverfahren **101** 3 f., 8 ff., s. auch dort
- Normzweck **100** 2 ff.
- Sanktionen bei unberechtigter ~
- – Mitbestimmungssicherungsverfahren **101** 3 f., 8 ff., s. auch dort
- – Zwangsgeldfestsetzung **101** 20 ff., s. auch unter Zwangsgeld
- Schadenersatzanspruch des Arbeitnehmers bei unterbliebener Aufklärung **100** 20
- Schweigen des Betriebsrats zur ~ **100** 27, 30
- Seebetriebe **115** 55; **116** 25
- Tendenzbetrieb **100** 8; **118** 216 f.
- Umgruppierung **100** 5 ff., 13, 49
- Unterrichtungspflicht des Arbeitgebers **100** 23 ff.
- – Abgrenzung zur Unterrichtung nach § 99 **100** 17, 25
- – Inhalt **100** 23
- – Verletzung der ~ **100** 23
- – Zeitpunkt der Unterrichtung **100** 24
- Versetzung **100** 5, 8, 14, 48; **103** 52
- Zustimmung des Betriebsrats zur ~ **100** 26, 30
- Zwangsgeld **101** 20 ff.

Vorrang des Tarifvertrags, s. unter Tarifvorrang
Vorrangtheorie 77 105, 159 ff.; **87** 48 ff., 907
Vorschlagslisten 7 8; **14** 30, 32, 34 ff., 47
- Begriff **vor 1 WO** 3; **14** 47; **6 WO** 1 f.
- Bekanntmachung **14** 47, 74, 92; **10 WO** 5 f.
- Berichtigung **6 WO** 6, 9, 10, 15; **7 WO** 1, 11; **8 WO** 1, 4, 5 ff.; **10 WO** 1
- Einreichungsfrist **14** 47, 48; **6 WO** 4 ff., 9; **8 WO** 2; **9 WO** 1; **27 WO** 2; **41 WO** 1 ff.

Sachverzeichnis

- Inhalt **14** 47, 65, 92
- – Berücksichtigung des Geschlechts in der Minderheit **3 WO** 11; **15 WO** 10
- – Bewerberzahl **14** 38, 47 f., 72, 77; **6 WO** 7; **9 WO** 1
- – Identifizierbarkeit der Bewerber **6 WO** 10; **8 WO** 5 ff.
- – Reihenfolge der Bewerber **14** 35, 38, 44 f., 65, 70; **6 WO** 7 ff., 8 f.; **8 WO** 2, 5; **9 WO** 1; **15 WO** 10; **27 WO** 5
- – Kennwort der ~ **14** 35; **7 WO** 5 ff.; **10 WO** 5
- – Listenvertreter **14** 92; **6 WO** 11, 13 ff.; **7 WO** 2, 10 ff.; **8 WO** 6, 7; **10 WO** 3 f.; **27 WO** 4
- – Mehrfachkandidatur **6 WO** 20 ff.; **7 WO** 9
- – Nachfrist bei Fehlen einer gültigen ~ **14** 48, 77; **6 WO** 9; **8 WO** 2; **9 WO** 1 ff.; **10 WO** 1; **27 WO** 2; **41 WO** 1 ff.
- – Ordnungsnummer der ~ **14** 35, 74; **10 WO** 1 ff.
- – Prüfung durch den Wahlvorstand **14** 47, 65, 74, 88, 93
- – – andere Mängel **7 WO** 12
- – – Beanstandung **6 WO** 9, 10, 11, 15, 18; **7 WO** 6 f., 10 f.; **8 WO** 1, 5 ff.; **27 WO** 3
- – – heilbare Mängel **7 WO** 11; **8 WO** 5 ff.; **9 WO** 1, 5; **27 WO** 3
- – – unheilbare Mängel **6 WO** 9, 10, 11, 13, 15, 18, 21, *s. auch Wahlvorschläge*; **7 WO** 8 ff., 10; **8 WO** 1, 5 ff.; **9 WO** 1
- – Ungültigkeit **14** 48, 51, 65, 70, 72, 75, 88, 92
- – – andere Mängel **7 WO** 12; **8 WO** 1, 9
- – – heilbare Mängel **7 WO** 12; **8 WO** 1, 4, 5 ff.; **9 WO** 1, 5; **27 WO** 3
- – – Nachfrist bei heilbaren Mängeln **6 WO** 9; **7 WO** 11 f.; **8 WO** 5 ff.; **9 WO** 1, 5; **10 WO** 1; **27 WO** 2, 3; **41 WO** 1 ff.
- – – unheilbare Mängel **6 WO** 6, 9, 10, 11, 12, 16, 19, 21; **7 WO** 4, 6, 9, 10, 10 ff.; **8 WO** 1, 1 ff., 2 ff.; **9 WO** 1, 5; **27 WO** 2, 3
- – Unterstützungsunterschriften **7** 8; **14** 49, 51 ff., 67 ff., 78, 92 ff.
- – – Form **7 WO** 17
- – – Mehrfachunterzeichnung **6 WO** 18; **7 WO** 9; **8 WO** 3 f., 7
- – – Mindestzahl **6 WO** 16; **8 WO** 2 f., 5; **27 WO** 3
- – – Zurücknahme der Unterstützung **6 WO** 16 ff., 18, 19; **8 WO** 2 ff., 3 f.; **27 WO** 3
- – Vorschlagsberechtigte **14** 49, 50, 78 ff., 89; **6 WO** 3
- – Zurücknahme der Kandidatur **6 WO** 12, 20; **8 WO** 9
- – Zustimmung der Wahlbewerber **14** 65, 71, 91; **6 WO** 1 ff., 11, 20; **7 WO** 1 ff.; **8 WO** 1 ff., 5 ff.; **9 WO** 1 ff.; **10 WO** 1 ff.; **15 WO** 10; **17 WO** 3; **24 WO** 14; **27 WO** 5

Vorschlagsrecht des Arbeitnehmers E 76; **39** 8; **75** 147; **vor 81** 1, 6; **86a** 1 ff.; **89** 25, 55
- Adressat **86a** 10
- anonyme Behandlung **86a** 15
- Aufnahme in die Tagesordnung der nächsten Betriebsratssitzung **86a** 6, 12, 13
- Behandlung des Vorschlags durch den Betriebsrat **75** 147; **86a** 5, 12 ff.
- Benachteiligungsverbot **86a** 15
- Form **86a** 8
- Frist **86a** 8
- Gegenstand des ~ **86a** 4, 11
- persönlicher Geltungsbereich **vor 81** 21 ff., *s. auch Individualrechte des Arbeitnehmers*
- Streitigkeiten **86a** 16
- Unterrichtung des Arbeitnehmers **86a** 14
- Verhältnis zu § 80 Abs. 1 Nr. 3 **86a** 6
- Verhältnis zum Beschwerderecht gegenüber dem Betriebsrat **86a** 5, 11
- Zeitpunkt der Ausübung **86a** 7
- Zweck der Norm **86a** 4 f.

Vorschlagsrecht des Betriebsrats 92 36.1
- Beschäftigungssicherung **92a** 3 f., 6 f., 8 ff., 20 f., 29
- Frauenförderpläne **92** 42
- Personalplanung **92** 6, 12, 21, 33, 37 ff., 42, 44

Vorschlagswesen, betriebliches E 63; **87** 21, 37, 89, 186, 1046 ff.
- Änderung des ~ **87** 1063
- Arbeitnehmererfindungen **87** 1047, 1049, 1052, 1057, 1059, 1066
- Aufhebung des ~ **87** 1062
- Beauftragter für das ~ **87** 1066 f.
- Durchführung der Mitbestimmung **87** 1073 f.
- Einführung **87** 37, 1055 ff., 1060, 1062
- Einzelmaßnahmen **87** 21
- Expertensysteme **87** 1050
- Finanzierung **87** 1056 ff., 1060, 1062, 1063
- Franchisebetrieb **87** 1059
- Grundsätze für ~ **87** 89, 1060, 1062, 1064 ff.
- Gruppenvorschläge **87** 1071
- Initiativrecht **87** 1055, 1060 ff.
- kollektiver Tatbestand **87** 1054
- kontinuierlicher Verbesserungsprozess **87** 1050
- Kosten **87** 1058
- Leiharbeitnehmer **87** 1065
- leitende Angestellte **87** 1065
- Organisation des ~ **87** 1066 ff.
- Personenkreis **87** 1065
- Pflicht zu Verbesserungsvorschlägen **87** 186
- Quality-Circles **87** 1050
- steuerliche Behandlung von Prämien **87** 1069
- Total-Quality-Management **87** 1050
- Verbesserungsvorschläge **87** 1047 ff., 1064
- Verfahren des ~ **87** 1070
- Vergütungsanspruch des Arbeitnehmers **87** 1049, 1052, 1057, 1059, 1069, 1071 f., 1074
- Verwertung von Verbesserungsvorschlägen **87** 1059, 1063
- Zuständigkeit des Gesamtbetriebsrats **87** 1048
- Zweck der Mitbestimmung **87** 1053, 1060

Vorsitzender der Einigungsstelle, *s. unter Einigungsstellenbesetzung*, *s. unter Einigungsstellenmitglieder*

Vorsitzender des Betriebsrats, *s. unter Betriebsratsvorsitzender*

Vorstand der Bundesagentur für Arbeit
- Begünstigungs- und Benachteiligungsverbot **119** 49
- Geheimhaltungspflicht **120** 36

Sachverzeichnis

- Teilnahme des ~ am Einigungsstellenverfahren über Interessenausgleich bzw. Sozialplan **112, 112a** 300, 301, 304 f., 469
- Vermittlungsverfahren vor dem ~ über Interessenausgleich bzw. Sozialplan **112, 112a** 272 ff.; **113** 52, *s. unter Interessenausgleich*

Vorstellungsgespräch 94 20; **99** 150

Vorstrafen
- Auskunft über ~ an den Betriebsrat **99** 145
- Frage nach ~ in Personalfragebogen **94** 40 f.
- Zustimmungsverweigerungsgrund bei personellen Einzelmaßnahmen **99** 228

Vredeling-Richtlinie vor 106 43

Wahl der Arbeitnehmervertreter im Aufsichtsrat 125 7; **129** 1 f.
- aktives Wahlrecht **7** 9; **18a** 5
- Anfechtbarkeit **19** 5; **51** 84; **58** 33
- – Anfechtungsberechtigung **51** 84; **58** 33
- – Wahlanfechtungsverfahren **51** 84
- Kosten **20** 3
- passives Wahlrecht **8** 14, *s. auch Unternehmensmitbestimmung*
- Wahlordnung **125** 7
- Wahlschutz **20** 3; **119** 19
- Wahlvorschläge **7** 9
- Wahlvorstand **51** 84; **58** 33
- Zuordnungsverfahren für leitende Angestellte **18a** 5 f.

Wahl der Bordvertretung vor 1 WO 7; **14** 5; **14a** 8; **16** 8; **17** 4; **18** 3; **115** 7 ff.
- aktives Wahlrecht **115** 8
- – jugendliche Arbeitnehmer **vor 60** 22, 31; **114** 25; **115** 8
- – Wählerliste **115** 8, 9
- – Zugehörigkeit zur Schiffsbesatzung **115** 8
- Kosten der ~ **20** 3
- passives Wahlrecht **115** 9, 33, *s. auch Bordvertretung*
- vorgezogene Neuwahl **115** 13 f.
- Wahlanfechtung **19** 4; **115** 27 ff.
- – Anfechtungsberechtigung **115** 27, 28
- – Anfechtungsfrist **115** 27, 28
- – Seemannsamt **115** 28 f.; **116** 20
- Wahlordnung Seeschifffahrt **14** 5; **115** 7 ff.; **125** 5; **126** 2, 5
- Wahlschutz **20** 3; **119** 18 ff.
- Wahlverfahren **115** 15 ff.
- – abgekürztes Wahlverfahren **14a** 8; **115** 16
- Wahlvorstand **16** 8; **17** 4; **115** 17 ff.
- – Bestellung durch das Arbeitsgericht **115** 18, 24, 25 f.
- – Bestellung durch den Kapitän **115** 18, 20 f., 25 f.
- – Bestellung durch den Seebetriebsrat **115** 18, 22 f., 25 f.
- – Bestellung durch die Besatzungsmitglieder **115** 18, 25 f.
- – Bestellung durch die Bordversammlung **115** 18, 19, 25 f.
- – Bestellung durch die Bordvertretung **115** 17, 18, 25
- – Frist für die Bestellung **115** 17

- – Rangfolge der Zuständigkeit für die Bestellung **115** 25 f.
- Zeitpunkt der ~ **13** 7; **115** 13 f.
- Zuordnungsverfahren für leitende Angestellte **18a** 7

Wahl der Jugend- und Auszubildendenvertretung vor 1 WO 1, 5; **vor 60** 1, 7, 9, 12, 30; **14** 6; **14a** 8; **16** 8; **17** 4; **17a** 5; **18** 3; **60** 4 ff., 13 f., 45; **61** 1 ff.; **64** 1, 4, 6 ff.
- aktives Wahlrecht **vor 60** 9, 35; **7** 66; **60** 13, 17 f.; **61** 1, 5 ff.
- – Aberkennung des Wahlrechts **61** 23
- – Aufspaltung der Ausbilderfunktion **61** 20
- – Auszubildende **vor 60** 9, 35; **60** 13, 17 f.; **61** 5, 7 f.
- – Betriebszugehörigkeit **61** 15 ff., s. auch dort
- – Doppelwahlrecht **vor 60** 9; **61** 8
- – Eintragung in der Wählerliste **61** 24
- – Geschäftsfähigkeit **7** 67; **61** 9 ff.
- – jugendliche Arbeitnehmer **vor 60** 9, 35; **60** 13, 17 f.; **61** 5, 6
- – Staatsangehörigkeit **61** 22; **38 WO** 2, 7
- Anfechtbarkeit der Wahl **19** 4; **60** 14; **61** 48; **62** 21, 25, 33; **63** 51, 73 ff., 82; **64** 24
- – Anfechtungsberechtigte **63** 77, *s. auch unter Wahlanfechtung*
- – Verfahren, *s. unter Wahlanfechtungsverfahren*
- Annahme der Wahl **63** 61, 66
- Aufgaben des Wahlvorstands **63** 43 f., 55
- Bekanntmachung des Wahlergebnisses **63** 60 ff., 66, 68; **64** 9, 19, 20
- Bestellung des Wahlvorstands durch das Arbeitsgericht **vor 60** 9; **60** 5, 6, 46; **63** 8, 11, 26, 28 ff., 45; **65** 13
- – Antragsberechtigte **63** 29 ff., 45
- – Antragsrecht der Gewerkschaft **63** 29, 32, 45
- – Entsendungsrecht der Gewerkschaft **63** 37
- – Subsidiarität **63** 34 f.
- – Zeitpunkt **63** 33
- – Zusammensetzung **63** 36 ff.; **38 WO** 4
- Bestellung des Wahlvorstands durch den Betriebsrat **vor 60** 9; **16** 8; **17** 4; **60** 4 ff., 46; **63** 8 ff., 45; **65** 12
- – Entsendungsrecht der Gewerkschaft **63** 3, 23, 27, 37, 40; **38 WO** 3
- – Ersatzmitglieder **63** 21
- – Form **63** 16
- – Größe des Wahlvorstands **63** 17 ff.
- – Sitzungen **38 WO** 5
- – Streitigkeiten **38 WO** 6
- – Vorsitzender **63** 26, 38
- – Zeitpunkt **63** 13 ff.
- – Zusammensetzung **vor 60** 9; **63** 3, 22 ff.; **38 WO** 2, 3, 3 f.
- Bestellung des Wahlvorstands durch den Gesamt- bzw. Konzernbetriebsrat **vor 60** 12; **60** 5; **63** 4, 8, 11, 28, 39 ff., 45; **38 WO** 2, 3 f.
- Durchführung der Wahl **63** 6, 10, 47 ff.; **64** 8 f., 11
- – geheime Wahl **63** 6
- – gemeinsame Wahl **63** 6
- – Stimmenauszählung **63** 58 f., 65; **64** 9
- – unmittelbare Wahl **63** 6
- – Wahlniederschrift **63** 60, 66
- – Wahlvorgang **63** 56 f., 65, 68; **64** 8 f., 11; **39 WO** 3 ff.

2440

- Ersetzung des Wahlvorstands **63** 45 f.
- erstmalige Wahl **125** 3, 5
- Gruppenwahl **62** 26; **63** 6, 52
- Kosten der ~ **20** 3; **63** 9
- Mehrheitswahl **vor 60** 9; **63** 2, 7, 47, 48 f., 59, 61, 64 ff.; **39 WO** 1, 4
- Neuwahl **62** 16, 19, 22 f.; **64** 13 ff., 20; **65** 12 f.
- Nichtigkeit der Wahl **60** 14, 15, 39; **62** 26, 33; **63** 74, 82
- passives Wahlrecht **vor 60** 7; **60** 13; **61** 1, 2 f., 25 ff.
- – Aberkennung der Wählbarkeit **61** 42
- – Altersgrenze **61** 2 f., 26, 27
- – Betriebszugehörigkeit **61** 32 f.
- – Eintragung in der Wählerliste **61** 43 ff.
- – Geschäftsfähigkeit **61** 27 ff.
- – jugendliche Arbeitnehmer **61** 27 ff.
- – Personenkreis **61** 25
- – Staatsangehörigkeit **61** 34
- – Verbot der Doppelmitgliedschaft in Betriebsrat und Jugend- und Auszubildendenvertretung **8** 60; **61** 4, 35 ff.; **64** 6; **38 WO** 2, 7
- Postnachfolgegesellschaften **63** 6
- Streitigkeiten **63** 81 f.
- Übergangsregelung **125** 5; **126** 5
- vereinfachtes Wahlverfahren **14a** 8; **17a** 5; **vor 60** 12; **63** 2, 4, 7, 8, 9, 12, 15, 28, 33, 41, 48 f., 64, 67 f.; **vor 1 WO** 5; **38 WO** 3; **39 WO** 1; **40 WO** 1 ff.
- Verhältniswahl **vor 60** 9; **63** 2, 6 f., 47 ff., 48 ff., 61
- – Anwendungsbereich **63** 48 f.
- – Wahlvorgang **63** 56 f.; **39 WO** 1 f., 4
- Vorbereitung durch den Betriebsrat **80** 49
- Vorschlagslisten **vor 1 WO** 5; **63** 50 ff., 59, 64, 65 f., 68
- – Prüfung der Vorschlagslisten **63** 55
- – Unterzeichnung der Vorschlagslisten **63** 53
- – Vorschlagsberechtigte **63** 50
- – Vorschlagsliste der Gewerkschaft **63** 54, 68
- – Zahl der Bewerber **63** 51 f.; **39 WO** 1 f., 4
- Wahlausschreiben **63** 47, 68; **64** 12; **38 WO** 10 ff.
- Wählerliste **61** 24, 43 ff., 46 f.; **63** 43, 47, 81; **38 WO** 7 ff.
- Wahlhelfer **63** 21, 44; **38 WO** 5
- Wahlordnung **126** 2, 5
- Wahlschutz **20** 3; **63** 70 ff.; **119** 18 ff.
- Wahlvorstand **38 WO** 2 ff.
- Zeitpunkt der Wahl **13** 6; **64** 1, 4, 6 ff.
- – außerordentliche Wahl **64** 10, 13 ff.; **65** 12 f.
- – regelmäßige Wahl **64** 6 ff.
- – Wahlturnus **125** 3; **38 WO** 1 ff., 2; **39 WO** 1 ff.; **40 WO** 1 ff.

Wahl des Betriebsrats
- Abbruch der ~ **14** 48, 77; **14a** 26, 36, 44, 52, 109; **18** 26, 69, 94; **18a** 43, 107; **19** 37
- aktives Wahlrecht, *s. dort*
- Anfechtung der Wahl, *s. unter Wahlanfechtung*
- Bekanntgabe des Wahlergebnisses **18** 27 f., 36, 39; **19** 13, 92 f.; **21** 10 ff., 16, 18
- Benachrichtigung der Gewählten **18** 37; **17 WO** 1 ff; **34 WO** 2, *s. auch unter Wahlbewerber*
- Dispositivität in Kollektivvereinbarungen **14** 7
- Durchführung der ~ **18** 6 f., 25 ff.
- einköpfiger Betriebsrat **14** 4, 31, 43
- Einleitung der ~ **18** 6 f., 16 ff.
- Ende der ~ **18** 40
- Ersatzmitglieder **14** 41, 43, 46
- erstmalige Wahl **13** 20; **125** 2, 5
- Feststellung des Wahlergebnisses **18** 2, 6 f., 27 ff.; **19** 13, 34, 36, 38 f., 41, 92
- gemeinsame ~ **14** 3, 30, 50
- Gruppenwahl **14** 3, 30, 50
- Kosten, *s. unter Wahlkosten*
- Leitung der Wahl **1 WO** 1 ff.; **30 WO** 1
- mehrköpfiger Betriebsrat **14** 31
- Minderheitenschutz **14** 3
- Nichtigkeit der ~ **8** 69; **9** 35; **13** 14, 28, 79 f.; **14** 48; **14a** 36, 61, 127 f.; **16** 5, 14; **17** 8, 22, 30, 38, 58, 60, 63; **17a** 3; **18** 8, 39, 56, 71; **19** 2 f., 15 f., 52, 85, 93, 102, 124, 143 ff.; **20** 51; **47** 6
- – Einzelfälle **19** 149 f.
- – ex-tunc-Wirkung **19** 151 f.
- – Form der Geltendmachung **19** 155 ff.
- – Frist für die Geltendmachung **19** 153 f.
- – grober Verstoß **19** 143 ff.
- – Kausalität **19** 147
- – Kosten des Betriebsrats **40** 7
- – Offensichtlichkeit **19** 143, 144 ff.
- – Summierung der Wahlverstöße **19** 146
- – Teilnichtigkeit **19** 147; **3 WO** 1; **6 WO** 6; **13 WO** 4
- passives Wahlrecht, *s. dort*
- Postnachfolgegesellschaften **vor 1 WO** 6; **10 Anhang** 4 ff.
- Regelung des Wahlverfahrens
- – Form **26** 10
- Sitzverteilung, *s. dort*
- Stimmabgabe, *s. dort*
- Stimmauszählung, *s. dort*
- Übergangsregelung **125** 5; **126** 5
- Unterrichtung ausländischer Arbeitnehmer **7** 13; **14a** 29, 97; **18** 20; **19** 19, 31; **2 WO** 19 ff.; **6 WO** 18; **30 WO** 2; **38 WO** 8
- Unterstützungspflicht des Arbeitgebers **9** 16; **14a** 18, 113; **18** 15; **18a** 36, 38, 50, 75, 80 ff.; **19** 19; **20** 14 ff., 22; **2 WO** 9 ff.; **24 WO** 11; **28 WO** 6, 7; **30 WO** 2
- Wahlakten **18** 42; **1 WO** 4, 13; **16 WO** 4; **19 WO** 1 ff.; **26 WO** 6 f.; **34 WO** 3
- Wahlanfechtung, *s. dort*
- Wahlausschreiben, *s. dort*
- Wählerliste, *s. dort*
- Wahlgrundsätze **14** 1, 2, 7, 9 ff.
- – allgemeine ~ **14** 10 f., 28 f., 54, 56, 97; **14a** 54, 110; **17** 30, 39; **19** 32
- – freie ~ **14** 10 f., 23, 26 f.; **14a** 54, 66, 110; **15** 21; **19** 32; **20** 1, 26; **24 WO** 9
- – geheime ~ **14** 2, 4, 10 f., 12 ff., 68; **14a** 54, 63, 110; **15** 29; **19** 32, 45
- – gleiche ~ **14** 10 f., 28 f., 54, 56 f., 95 ff.; **14a** 54, 110; **19** 32
- – unmittelbare ~ **14** 2, 4, 10 f., 24 f.; **14a** 54, 110; **19** 32
- Wahlhelfer, *s. dort*
- Wahlkreisaufteilung **14** 29

Sachverzeichnis

- Wahllokale **3 WO** 18 f.; **12 WO** 4, 5; **24 WO** 12; **26 WO** 2
- Wahlniederschrift **18** 28, 36, 38, 41; **16 WO** 1 ff.; **17 WO** 5; **18 WO** 2, 4; **23 WO** 1; **26 WO** 6; **34 WO** 3
- Wahlordnung **126** 2, 5
- Wahltermin, *s. dort*
- Wahlturnus **13** 3 f., 11; **125** 2, 6
- Wahlverfahren **14** 30 ff.
- – Listenwahl **14** 35, 47; **19** 56
- – Mehrheitswahl **9** 36; **10 Anhang** 9; **11** 14; **14** 2, 4, 30, 32, 42 ff.; **14a** 4, 5, 36, 55 f., 87, 113; **18** 26; **19** 56, 130; **vor 1 WO** 3; **6 WO** 1, 8, 22; **20 WO** 1 ff.; **21 WO** 1 f.; **22 WO** 1 f.; **23 WO** 1 f.
- – Personenwahl **14** 43; **19** 56
- – vereinfachtes Wahlverfahren, *s. dort*
- – Verhältniswahl **vor 1 WO** 3; **9** 36; **11** 14; **14** 2, 4, 25, 30, 32 ff., 56; **14a** 5, 113; **18** 26; **19** 56, 130, 150; **6 WO** 1, 8, 22; **11 WO** 1; **15 WO** 1
- Wahlvorschläge, *s. dort*
- Wahlvorstand, *s. dort*
- Werbung **14** 27
- Zeitpunkt, *s. unter Wahltermin*

Wahl des Seebetriebsrats vor 1 WO 7; **14** 5; **14a** 8; **16** 8; **17** 4; **18** 3; **116** 4 ff.
- aktives Wahlrecht **116** 5
- – jugendliche Arbeitnehmer **vor 60** 22, 31; **114** 25; **116** 5
- – vorübergehend auf nicht zum Seebetrieb gehörenden Schiffen tätiger Arbeitnehmer **116** 5
- Kosten der ~ **20** 3
- passives Wahlrecht **116** 6 ff.
- – in großen Seebetrieben **116** 6 f.
- – in kleineren Seebetrieben **116** 8 f., *s. auch Seebetriebsrat*
- Wahlanfechtung **19** 4; **116** 19 f.
- – Anfechtungsberechtigung **116** 19
- – Anfechtungsfrist **116** 20
- Wahlordnung Seeschifffahrt **14** 5; **116** 5 ff.; **125** 5; **126** 2, 5
- Wahlschutz **20** 3; **119** 18 ff.
- Wahlverfahren **116** 11 ff.
- – Bestellung des Wahlvorstands **116** 13 ff.
- – Gruppenprinzip **116** 11
- – vereinfachtes Wahlverfahren **14a** 8; **116** 12
- – Wahlvorschläge **14** 5; **116** 11
- Wahlvorstand **16** 8; **17** 4; **116** 13 ff.
- – Bestellung durch das Arbeitsgericht **116** 13, 14, 16, 17
- – Bestellung durch den Arbeitgeber und die im Seebetrieb vertretene Gewerkschaft **116** 14, 15, 17
- – Bestellung durch den Gesamt- oder Konzernbetriebsrat **116** 14 f.
- – Bestellung durch den Seebetriebsrat **116** 13
- – Bestellung durch die Betriebsversammlung **116** 15, 17
- – Frist für die Bestellung **116** 13
- – Zusammensetzung **116** 15, 17 f.
- Zeitpunkt der Wahl **13** 7
- Zuordnungsverfahren für leitende Angestellte **18a** 7

Wahlakten 18 42; **1 WO** 4, 13; **16 WO** 4; **19 WO** 1 ff.; **26 WO** 6 f.; **34 WO** 3

Wahlanfechtung 16 14; **17** 8, 63; **19** 1 ff.; **47** 6
- Anfechtung, Begriff **19** 2, 9 f., 60
- Anfechtungsberechtigte **19** 9, 15, 60 ff., 84, 106
- – Arbeitgeber **19** 62 f., 81
- – Arbeitnehmer **7** 8; **19** 62 ff., 67, 69 ff.
- – Betriebsrat **19** 62, 67
- – Einspruch gegen die Wählerliste **19** 23, 63 f., 117; **4 WO** 4
- – Gewerkschaft **18** 33; **19** 62 f., 76, 78 ff.
- – Wahlvorstand **19** 62, 67
- Anfechtungsgegner **7** 160; **19** 104, 107
- Frist **14a** 83; **18** 40; **19** 9, 13, 15, 62, 69, 78, 81, 84 ff., 105; **18 WO** 3; **41 WO** 1 ff.
- Gegenstand der ~ **19** 12 f.
- Genese **19** 1, 45
- Kausalität **19** 9, 13, 14, 17, 42 ff.; **20** 51
- Kontrollverfahren, vorgeschaltetes **18** 4, 45, 80 ff.; **18a** 108 ff.; **19** 3, 93; **20** 22
- – Arbeitgeber **18** 84, 85; **18a** 110; **20** 22
- – Arbeitnehmer **18** 84, 85; **18a** 110
- – Beschlussverfahren **18** 82 ff.; **18a** 108
- – Beteiligungsberechtigte **18** 85; **18a** 109 f.
- – Betriebsrat **18** 84, 85; **18a** 110
- – einstweilige Verfügung **18** 54, 90 ff.; **18a** 109; **20** 22
- – Gegenstand **18** 83; **18a** 110
- – Gewerkschaft **18** 84, 85; **18a** 110
- – Rechtskraft **18** 89
- – Rechtsschutzinteresse **18** 86 ff.; **18a** 108 ff.
- – Umstellung des Antrags **18** 87
- – Zulässigkeit **18** 80 f.; **18a** 108
- – Zuordnungsentscheidungen **18a** 108 ff.
- – Zweck **18** 81, 93; **4 WO** 1, 3 f., 10, 12; **7 WO** 13
- Kosten der ~ **20** 55; **40** 7
- Nachrücken eines Ersatzmitglieds **25** 11
- Nichtberichtigung von Wahlfehlern **19** 35 ff.
- Rechtsfolgen der ~ **19** 124 ff.
- – Berichtigung des Wahlergebnisses **19** 12, 59, 98, 126, 127 ff., 134
- – Ende der Amtszeit **21** 34; **22** 14
- – ex-nunc-Wirkung **19** 126, 135
- – Kassation des Wahlergebnisses **19** 12, 59, 98, 126, 127, 129, 131 f., 135 ff.
- – Neuwahl des Betriebsrats **13** 5, 30, 32 f., 35, 70 ff.; **15** 32; **19** 136 f., 141
- – Übergangsmandat **21a** 8, 49, *s. auch Wahlanfechtungsverfahren*
- Verbindung mit Amtsenthebungsverfahren **23** 100
- Verfahren, *s. unter Wahlanfechtungsverfahren*
- Wahlfehler **18** 8, 20, 24, 39, 45; **19** 9, 12 f., 17 ff.
- – aktives Wahlrecht **7** 159; **8** 69; **19** 21 f., 23, 52, 63
- – anfängliche Nichtwählbarkeit **18a** 104; **24** 65, 66
- – Bekanntmachung des Wahlergebnisses **19** 91 f.
- – Bestellung des Wahlvorstands **16** 5, 58, 106; **19** 22, 26, 35, 39, 51, 149; **1 WO** 3
- – Betriebsabgrenzungsverfahren **18** 56, 71; **19** 21, 23, 30, 70, 84, 149 f.
- – Briefwahl **19** 32; **24 WO** 2, 6, 11, 17; **25 WO** 4 f.; **26 WO** 2, 6 f.

2442

Sachverzeichnis

– – Feststellung des Wahlergebnisses **19** 33, 35, 37 f., 40, 91
– – Geschlecht in der Minderheit **15** 32; **19** 130, 139 f.
– – Mitgliederzahl des Betriebsrats **9** 18, 35 ff.; **11** 14 f.; **19** 130, 150
– – Mussvorschrift **19** 17 f.
– – Ordnungsvorschrift **19** 17
– – passives Wahlrecht **8** 54, 58, 69 f.; **18a** 104; **19** 15, 23 f., 54, 63, 150
– – Sitzverteilung **19** 84, 130
– – Sollvorschrift **19** 17 ff.
– – Stimmabgabe **14a** 93; **19** 22, 30, 32, 36, 57, 130
– – Stimmauszählung **18** 39; **19** 33, 35, 37, 57, 130; **13 WO** 4
– – Stimmzettel **11 WO** 2, 9; **20 WO** 3
– – Unterrichtung ausländischer Arbeitnehmer **18** 20; **19** 18, 30; **2 WO** 19
– – Unterstützungspflicht des Arbeitgebers **19** 18
– – vereinfachtes Wahlverfahren **19** 29, 56, 130; **28 WO** 8; **31 WO** 2; **33 WO** 2
– – Wahlausschreiben **14a** 61 f.; **19** 30, 35, 36, 57, 130; **3 WO** 1, 4 f., 6, 7, 15, 19, 26, 27
– – Wahlbeeinflussung **19** 32, 58, 147; **20** 51
– – Wahlbehinderung **19** 32, 58, 147; **20** 51
– – Wählerliste **7** 153, 154; **19** 18, 21, 30, 36, 52 f., 63; **2 WO** 5, 15; **4 WO** 19 f.
– – Wahlgeheimnis **19** 32; **12 WO** 1
– – Wahlniederschrift **16 WO** 6
– – Wahltermin **13** 14, 25
– – Wahlverfahren **14a** 123, 127 f.; **19** 25 ff., 35, 56 f., 130, 150
– – Wahlvorschlag **8** 69; **14** 72, 74, 88; **14a** 53; **19** 19, 20, 30, 31, 35, 54 f., 57; **6 WO** 6, 7, 10, 11, 18; **7 WO** 10 ff.; **8 WO** 6, 8; **10 WO** 4, 6
– – Wahlvorstand **19** 19, 22, 26, 35, 39, 51, 149; **1 WO** 3
– – wesentliche Vorschrift **19** 16 ff.
– – zeitgleiche Einleitung der Wahl **18a** 17; **19** 57
– – Zuordnung leitender Angestellter **18a** 2 f., 17, 26, 32, 46 f., 70, 85, 89, 97 ff.; **112**; **19** 21, 23; **4 WO** 12, 14
– – Zuordnungsverfahren **18a** 101, 111 f.; **19** 25, 57
– – Zusammensetzung des Betriebsrats **15** 14, 32; **19** 19
– – Zusammensetzung des Wahlvorstands **19** 19, 26, 51, 149
– Zweck **19** 14 ff., 127, 130
Wahlanfechtungsverfahren 19 93 ff.
– Anfechtungsantrag **18** 68; **19** 60, 74 ff., 87, 95 ff.
– – Begründung **19** 103 f.
– – Form **19** 94
– – Inhalt **19** 94 ff.
– – Streitgegenstand **19** 97 ff., 115
– – Zurücknahme **19** 74 ff., 114, 120
– Anhörungsrecht **19** 113 f.
– Antragsänderung **19** 115, 121
– Antragsberechtigte **19** 95
– Antragsgegner **7** 160; **19** 104, 107
– Beteiligungsberechtigte **19** 107 ff.
– – Arbeitgeber **19** 107
– – Arbeitnehmer **19** 109

– – Betriebsrat **19** 106
– – Betriebsratsmitglied **19** 106, 107, 109
– – Ersatzmitglied **19** 109
– – Gewerkschaft **19** 108
– – Wahlbewerber **19** 109
– – Wahlvorstand **19** 110
– Entscheidung des Arbeitsgerichts **19** 124 ff.
– – Abweisung **19** 123, 128, 129
– – ex-nunc-Wirkung **19** 126, 135
– – Kassation des Wahlergebnisses **19** 12, 59, 98, 126, 127, 129, 131 f., 135 ff.
– – Korrektur des Wahlergebnisses **19** 12, 59, 98, 126, 127 ff., 134
– Erledigungserklärung **19** 115
– Gesamtanfechtung **19** 99 ff., 107 f., 118, 134, 139
– nachträglicher Beitritt **19** 78, 81, 87, 112
– Rechtsmittel **19** 114
– Rechtsschutzinteresse **19** 76, 93, 118 ff.
– Teilanfechtung **19** 99 ff., 107 f., 118, 134, 139
– Untersuchungsgrundsatz **19** 44, 76, 104, 117
– Vergleich **19** 115
– vorläufiger Rechtsschutz **19** 122 f.
– Zuständigkeit **19** 88, 94, 95
Wahlausschreiben 18 16 ff., 25, 34; **18a** 16; **19** 30, 35, 36, 57, 130
– Bekanntmachung **18** 23; **3 WO** 3, 26; **6 WO** 4; **31 WO** 3; **36 WO** 5
– Berichtigung des ~ **9** 34; **3 WO** 3, 6, 27 ff.; **4 WO** 15
– Ergänzung des ~ **3 WO** 19, 27 ff.
– Erlass des ~ **13** 21 ff.; **15** 18; **18** 16 ff., 22 ff.; **18a** 16
– – Form **18** 23; **3 WO** 3
– – Zeitpunkt **8** 52, 64 f.; **9** 17; **13** 21 ff.; **18** 16 ff.; **3 WO** 1, 2 ff., 8; **6 WO** 4; **31 WO** 1; **36 WO** 3
– – Inhalt des ~ **7** 152; **8** 28; **9** 16; **10 Anhang** 6; **11** 9; **14** 76; **15** 13, 31; **18** 22, 34; **3 WO** 1, 7 ff.; **4 WO** 5; **6 WO** 6; **13 WO** 1; **31 WO** 2; **36 WO** 4
– Neuerlass **9** 34; **3 WO** 19, 27 ff.; **4 WO** 15
– Rechtsmittelbelehrung **2 WO** 7
– Streitigkeiten **9** 16, 34; **3 WO** 30
– Unterstützungspflicht des Arbeitgebers **9** 16
– Unterzeichnung **2 WO** 7; **3 WO** 3, 6
– vereinfachtes Wahlverfahren **7** 152; **14a** 17, 28, 31 ff., 35, 57, 60 ff., 72 f., 92 ff., 100; **2 WO** 7, 14; **3 WO** 1 ff., 7; **4 WO** 15; **6 WO** 4, 6; **13 WO** 1; **24 WO** 13; **29 WO** 5; **31 WO** 1 ff.; **32 WO** 2; **33 WO** 2, 5; **36 WO** 3 ff.
Wählbarkeit, *s. unter passives Wahlrecht*
Wahlbeeinflussung, *s. unter Wahlschutz*
Wahlbehinderung, *s. unter Wahlschutz*
Wahlberechtigung, *s. unter aktives Wahlrecht*
Wahlbewerber 14 64 ff.; **14a** 42 f., 46 ff., 79 ff.; **19** 109
– Ablehnung der Wahl **9** 32; **11** 11; **14** 25, 41; **18** 37 f.; **17 WO** 2 ff.; **18 WO** 1, 5; **23 WO** 2; **34 WO** 4
– Annahme der Wahl **8** 12; **29** 10; **17 WO** 1, 2 f., 6; **18 WO** 1, 5
– Arbeitsbefreiung **14** 68
– Begünstigungs- und Benachteiligungsverbot **78** 15, 62, 68; **78a** 31
– Bekanntmachung der Gewählten **18 WO** 1 ff.; **34 WO** 3

Sachverzeichnis

- Benachrichtigung der Gewählten **18** 37; **17 WO** 1 ff.; **34 WO** 3
- Benennung in einem Wahlvorschlag **8** 13, 15, 43, 62; **14** 48, 91
- Eintrag in die Wählerliste **8** 13, 15, 43, 62; **14** 64
- Kündigungsschutz **8** 20; **14** 63, 64; **20** 1, 19; **103** 6, 7, 17, 22 f., 28, 37, 46 f.
- Mehrfachkandidatur **14** 66, 71; **6 WO** 20 ff.; **33 WO** 5
- Mitgliedschaft im Wahlvorstand **16** 35 f., 52, 96
- passives Wahlrecht **14** 64, *s. auch passives Wahlrecht*
- Zurücknahme der Kandidatur **14** 71; **6 WO** 12, 20; **8 WO** 9
- Zustimmung der ~ **14** 65, 71, 91; **6 WO** 11, 20; **8 WO** 5 ff.; **17 WO** 3; **27 WO** 5
- Zwangskandidatur **15** 21

Wählerliste **7** 7, 15, 153 ff.; **18** 19, 24, 26; **18a** 38, 43, 47, 89, 97; **19** 18, 21, 30, 36, 52 f., 63
- Aufstellung der ~ **7** 155, 156; **8** 68
- – Beschluss des Wahlvorstands **2 WO** 3, 8; **4 WO** 8, 14, 15
- – Streitigkeiten **2 WO** 8
- – Zeitpunkt **7** 154; **2 WO** 2; **3 WO** 5
- – Zuständigkeit **7** 155; **2 WO** 2, 3, 8; **3 WO** 5
- Bekanntmachung **18** 19, 24; **2 WO** 13 ff.; **3 WO** 9
- Berichtigung **7** 155; **14** 50, 64; **18a** 43, 47, 89, 107; **2 WO** 8; **4 WO** 9, 14, 15 ff.
- Einblicksrecht in die ~ **18** 24
- – Arbeitgeber **2 WO** 18
- – Arbeitnehmer **2 WO** 16 f.
- – Gewerkschaft **2 WO** 16 ff., 18
- Einspruch gegen die ~ **7** 155, 156; **8** 68; **14** 64; **14a** 34, 43, 46, 57; **18** 19, 24, 26; **18a** 97; **19** 23, 64 f.; **118**
- – Arbeitgeber **4 WO** 3
- – Einspruchsberechtigte **7** 155; **4 WO** 2
- – Entscheidung des Wahlvorstands **4 WO** 8 ff.
- – Form **7** 155; **3 WO** 10; **4 WO** 7
- – Frist **7** 155; **3 WO** 1, 10, 15; **4 WO** 5 f.; **30 WO** 3; **36 WO** 2; **41 WO** 1 ff.
- – Gegenstand **4 WO** 1
- – Gewerkschaft **2 WO** 8, 16, 18; **3 WO** 1, 10, 15; **4 WO** 1 ff., 3; **30 WO** 3; **36 WO** 2
- Ergänzung **7** 155; **2 WO** 8; **4 WO** 17, 19
- Form der ~ **2 WO** 3 ff.
- Inhalt der ~ **7** 154; **15** 19; **2 WO** 3 ff.; **24 WO** 22 f.
- Leiharbeitnehmer **2 WO** 1, 3, 16; **4 WO** 2
- leitende Angestellte **7** 156; **18** 19; **2 WO** 2, 4, 8, 9, 12; **4 WO** 2, 11 ff., 18
- Prüfungspflicht des Wahlvorstands **4 WO** 16 ff.
- Streitigkeiten **7** 157 ff.
- Unterstützungspflicht des Arbeitgebers **2 WO** 9 ff.
- vereinfachtes Wahlverfahren **7** 156; **14a** 28, 33 f., 57, 96, 99; **1 WO** 11; **2 WO** 1 ff.; **3 WO** 1, 5, 9 f.; **4 WO** 1 ff.; **12 WO** 5; **28 WO** 7 f.; **30 WO** 1 ff.; **36 WO** 2

Wahlhelfer **14a** 25, 57, 70; **16** 40; **18** 26, 32
- Anzahl **1 WO** 16; **12 WO** 4
- Arbeitsbefreiung **1 WO** 16
- Arbeitsentgeltfortzahlung **20** 69 f., 77 f.

- Aufgaben **14 WO** 1 f.; **24 WO** 22; **25 WO** 2; **26 WO** 3
- Behinderungsverbot **1 WO** 16
- Information des Arbeitgebers **1 WO** 16
- Kostenerstattungsanspruch **20** 60 f.
- Kündigungsschutz **1 WO** 16
- Versetzungsschutz **1 WO** 11, 16, 16 f.; **12 WO** 4, 5; **14 WO** 1 f.; **29 WO** 3; **30 WO** 1

Wahlkosten **13** 14; **14** 26; **18a** 74; **20** 2, 14, 15, 21, 54 ff.
- Arbeitsentgeltfortzahlung **20** 2, 54 ff., 64 ff., 77 f.
- Kosten arbeitsgerichtlicher Verfahren **20** 62
- Notwendigkeit **20** 57
- persönliche Kosten **20** 60 ff.
- Rechtsanwalt **20** 62
- Reisekosten **20** 61, 71, 79, *s. auch Kosten des Betriebsrats*
- Sachkosten **20** 58 f., 61
- Streitigkeiten **20** 63, 77 ff.
- Teilnahme an Schulungsveranstaltungen **20** 61, 70 f., 78 f.
- Verhältnismäßigkeit **20** 57
- Vermittler **18a** 74; **20** 2, 14, 15, 64 f., 76
- Wahlanfechtungskosten **20** 55; **40** 7
- Wahlkampfkosten **20** 56; **2 WO** 21; **24 WO** 12, 16, 21

Wahlordnung **14** 1, 5; **18** 8; **19** 5, 63; **vor 1 WO** 1 ff.
- Ermächtigung zum Erlass von ~ **vor 1 WO** 1; **18** 8; **126** 1 ff.
- Genese **vor 1 WO** 2
- Inkrafttreten **43 WO** 1 f.
- Übergangsregelung **125** 5; **126** 5; **43 WO** 1 f.

Wahlschutz **1** 2; **20** 1 ff.
- Nichtigkeit verbotswidriger Rechtsgeschäfte **20** 49
- Strafbarkeit **18** 9; **18a** 114; **20** 1, 53; **119** 17 ff., 26, 29; **2 WO** 10, 19
- Streitigkeiten **20** 41, 50
- Verzicht **20** 5, 24
- Wahlbeeinflussung **18a** 74, 77; **19** 33, 59, 149; **20** 1, 10, 25, 26 ff.
- – Adressaten **20** 26
- – Arbeitgeber **20** 30, 35
- – Ausschluss aus der Gewerkschaft **20** 34, 42, 43 ff.
- – Beeinflussungstatbestand **20** 27 ff.
- – Begünstigung **14** 26; **20** 26, 27 ff.
- – Benachteiligung **14** 26; **20** 26, 27 ff.
- – Gewerkschaft **20** 34, 42, 43 ff.
- – positives Tun **20** 27
- – Rechtswidrigkeit **20** 27, 45 ff.
- – Unterlassen **20** 27
- – Vorsatz **20** 27, 30
- – Wahlwerbung **20** 10, 33 ff., 56; **3 WO** 25; **10 WO** 5
- Wahlbehinderung **18a** 75, 114; **19** 33, 59, 149; **20** 1, 7 ff.
- – Adressaten **20** 7, 14 ff.
- – Arbeitgeber **20** 14 ff.
- – Arbeitnehmer **20** 24
- – Behinderungstatbestand **20** 11 ff.
- – Gewerkschaft **20** 25
- – Kündigung **20** 19, 30, 42, 49
- – positives Tun **20** 11, 18 ff.

2444

- – Rechtswidrigkeit **20** 12, 15
- – sachlicher Schutzbereich **20** 8 f.
- – Unterlassen **20** 11, 14
- – Unterrichtungspflicht gegenüber ausländischen Arbeitnehmern **2 WO** 10
- – Unterstützungspflicht durch den Arbeitgeber **20** 14 ff.; **2 WO** 10
- – Versetzung **20** 19, 30, 49
- – Wahlboykottaufruf **20** 24
- – Wahlvorstand **20** 23
- – Wahlwerbung **20** 9 f., 17, 21, 56; **24 WO** 12

Wahltermin 13 1 ff.
- Dispositivität in Kollektivvereinbarungen **13** 8, 25
- erstmalige Wahl **13** 20; **125** 2, 5
- Genese **13** 1 ff.
- Neuwahl, s. dort
- regelmäßige Betriebsratswahl **13** 3 f., 11 ff.
- – Drei-Jahres-Rhythmus **13** 3
- – erster Tag **13** 13 f., 18
- – letzter Tag **13** 13, 17 f.
- – Vier-Jahres-Rhythmus **13** 3 f., 11
- – Wahlzeitraum **13** 11 ff.
- – Streitigkeiten **13** 24 f., 86
- Vorbereitung der Wahl **13** 15 f.
- zeitgleiche Einleitung der Sprecherausschusswahl **13** 4, 20 ff.; **14a** 30, 96; **16** 2, 19; **18a** 13, 14 ff., 27, 34 f., 37; **19** 58
- Zweck **13** 2; **3 WO** 18 f.

Wahlvorschläge 14 2 ff., 32 ff., 42 ff., 47 ff.; **18** 19, 25; **19** 19, 20, 30, 31, 35, 54 f., 57; **20** 9 f., 25
- Änderung **14** 70 f.
- Anzahl der Bewerber **14** 38, 47 f., 72, 77
- Arbeitgeber **14** 49
- Beanstandung durch den Wahlvorstand **8** 68; **14** 47, 65, 74, 88, 93; **14a** 43, 51 ff., 105 ff.
- Begriff **14** 47
- Bekanntmachung **14** 47, 74, 92; **14a** 108; **3 WO** 17, 26; **27 WO** 2; **33 WO** 8 f.; **36 WO** 6 f.
- Berücksichtigung des Geschlechts in der Minderheit **15** 21; **3 WO** 11; **15 WO** 10
- Berücksichtigung von Organisationsbereichen und Beschäftigungsarten **3 WO** 24
- Dispositivität in Kollektivvereinbarungen **14** 7
- Einreichungsfrist **14** 47, 48, 75 ff., 92, 93; **14a** 38, 102; **18** 19; **3 WO** 1, 15, 29; **6 WO** 2; **27 WO** 2; **33 WO** 2 f.; **36 WO** 6; **41 WO** 1 ff.
- Form **14** 47, 48, 65, 67 ff., 92; **14a** 37 f., 42, 45, 48 f., 102, 103, 106; **3 WO** 15; **6 WO** 1 f.; **27 WO** 2; **33 WO** 4, 5; **36 WO** 6
- Genese **14** 3 f.
- Gewerkschaft **14** 47, 49, 78 ff.; **14a** 39, 44 f., 104; **15** 13; **20** 25; **3 WO** 14; **6 WO** 1 ff., 13 f., 16; **7 WO** 1; **8 WO** 2, 9; **27 WO** 1 ff.; **33 WO** 4, 5
- Gültigkeit **14** 47, 64, 65 f.
- Inhalt **14** 14, 47, 65, 92
- Kennwort **14** 35
- Listenvertreter **14** 92
- Mehrfachkandidatur **14** 66, 71; **6 WO** 22; **33 WO** 5
- Nachfrist bei fehlenden ~ **14** 48, 77
- Ordnungsnummer **14** 35, 74

- Reihenfolge der Bewerber **14** 35, 38, 44 f., 65, 70, s. auch unter Vorschlagslisten
- Streitigkeiten **8** 68; **14** 103 ff.
- Ungültigkeit **14** 48, 51, 65, 70, 72, 75, 88, 92
- – heilbare Mängel **14** 65, 92
- – Nachfrist **14** 65, 92; **6 WO** 16, 18; **27 WO** 2, 3; **33 WO** 6 f.; **36 WO** 6
- Unterstützungsunterschriften **7** 8; **10 Anhang** 8; **14** 4, 11, 21, 49, 51 f., 67 f., 78, 92 ff.; **14a** 41 ff., 45, 104; **18** 19
- – absolutes Quorum **14** 52 ff., 56 f.
- – Form **6 WO** 17; **33 WO** 4
- – gewerkschaftlicher ~ **14** 78, 92 ff.
- – Mehrfachunterzeichnung **6 WO** 18; **33 WO** 5; **36 WO** 6
- – Mindestzahl **14** 51 ff., 94; **3 WO** 13; **6 WO** 16; **27 WO** 3; **33 WO** 5
- – relatives Quorum **14** 52 ff., 55, 97
- – Stellvertretung **14** 67
- – Verfassungskonformität **14** 54 ff., 95 ff.
- – Zurücknahme der Unterstützung **6 WO** 18, 19
- – Zweck **14** 52, 55, 57, 97; **3 WO** 13; **6 WO** 16 ff.; **27 WO** 3; **33 WO** 4, 5; **36 WO** 6
- Verbindung von ~ **14** 73
- vereinfachtes Wahlverfahren **14** 53; **14a** 26, 28, 34, 35 ff., 57, 94 ff., 101 ff.; **6 WO** 1, 8, 22; **28 WO** 6; **29 WO** 5; **33 WO** 1 f.; **36 WO** 6 f.
- Vorschlagsberechtigte **7** 8; **14** 49, 50, 78 ff., 89; **14a** 39 ff., 103 ff.; **6 WO** 3
- Wahlausschreiben **3 WO** 1, 11, 13 ff., 24, 26, 29
- Zustimmung der Wahlbewerber **14** 65, 71, 91; **3 WO** 1, 11, 13 ff., 24, 29; **6 WO** 1 ff.; **27 WO** 1 ff.

Wahlvorstand
- Abberufung **18** 48, 52
- Abwahl **18** 48
- Amtsenthebung **13** 25
- Amtszeit **14a** 52, 109; **16** 88, 90 f.; **18** 7, 54; **19** 39, 111; **9 WO** 7
- Aufgaben des ~ **14a** 17, 25 ff.; **16** 89; **18** 1 f., 6 ff.
- – Durchführung der Wahl **18** 6 f., 25 ff.
- – Einleitung der Wahl **18** 6 f., 16 ff.
- – Feststellung des Wahlergebnisses **18** 2, 6 f., 27 ff.
- – vereinfachtes Wahlverfahren **14a** 17, 25 ff.; **1 WO** 2 ff.; **2 WO** 1
- Beschlussfassung des ~ **18** 11
- – Abstimmung **1 WO** 10
- – Beschlussfähigkeit **1 WO** 10
- – Stimmberechtigte **1 WO** 7, 10, 16
- – Umlaufverfahren **1 WO** 7
- – vereinfachtes Wahlverfahren **14a** 27
- – Wirksamkeit **1 WO** 7 ff., 14; **4 WO** 8
- Bestellung des ~ durch Arbeitsgericht **7** 8; **13** 25, 35, 48, 61, 65, 77; **14** 79; **16** 1, 15 ff., 60 ff., 104; **17** 1 ff., 8, 10, 19 f., 27, 51 ff., 62; **17a** 12, 26 ff.; **vor 1 WO** 4
- – Antrag der Arbeitnehmer **16** 60, 62 f., 68 ff.; **17** 51, 53; **17a** 26
- – Antrag der Gewerkschaft **16** 60, 62 f., 68 f.; **17** 51, 53, 64; **17a** 26
- – Auflösung des Betriebsrats **16** 14, 17; **17** 8; **23** 141 ff.

2445

Sachverzeichnis

– – betriebsratslose Betriebe **16** 1, 67, 71; **17** 1, 8, 10, 19 f., 27, 51 ff.; **17a** 26 ff.
– – Rechtskraft der Entscheidung **16** 15, 19, 66, 73, 84, 88; **17** 10, 20, 52
– – Rechtsmittel **16** 104; **17** 5
– – Untätigkeit des Betriebsrats **16** 15 f., 18, 24, 26, 48, 60 ff.; **17a** 12
– – vereinfachtes Wahlverfahren **14a** 23, 89 f.; **17a** 12, 26 ff.
– – Vorschläge der Antragsteller **16** 72
– – Zeitpunkt **16** 2, 19 ff., 64 ff.; **17a** 12; **1 WO** 2; **28 WO** 1; **29 WO** 2
– Bestellung des ~ durch Betriebsrat x**13** 26, 35, 48, 61, 73; **16** 1, 10 ff.; **17** 25; **17a** 8 ff.; **18a** 18; **22** 18; **77** 34; **vor 1 WO** 4
– – Beschluss des Betriebsrats **16** 26 ff.; **17a** 11
– – Dispositivität in Kollektivvereinbarungen **16** 4
– – Ergänzung **16** 48
– – Form **16** 25 ff.
– – Frist **16** 2, 19 ff.; **17a** 9; **18a** 18
– – Pflicht des Betriebsrats **16** 10 ff.
– – Streitigkeiten **16** 39, 100
– – Untätigkeit **16** 15 f., 26
– – vereinfachtes Wahlverfahren **17a** 8 ff.
– – Vorsitzender des ~ **16** 28, 43; **1 WO** 2 f.; **9 WO** 7
– Bestellung des ~ durch Betriebsversammlung **16** 1, 16 ff., 48; **17** 1 f., 6, 13, 16 ff., 51 f., 60 f.
– – Anwendbarkeit **17** 6, 13, 17 ff., 25, 52
– – Einberufung durch Arbeitnehmer **17** 2, 6, 21 ff.
– – Einberufung durch Betriebsrat **17** 25
– – Einberufung durch Gewerkschaft **17** 2, 6, 21 f., 23, 30
– – Form der Einladung **17** 28 ff., 39
– – Vorschläge **17** 34, 44
– – Wahl der Mitglieder **17** 2, 37 ff.
– – Zeitpunkt **17** 17, 35
– Bestellung des ~ durch Gesamt- bzw. Konzernbetriebsrat **13** 48, 61, 65, 74, 81; **14a** 21; **16** 1, 81 ff.; **17** 1 f., 6 ff.; **17a** 12, 13 f., 15; **51** 83; **58** 32, 40; **vor 1 WO** 4
– – betriebsratslose Betriebe **16** 1, 84; **17** 1 f., 6 ff., 18 f.; **17a** 13 f.; **1 WO** 2
– – Untätigkeit des Betriebsrats **16** 1, 3, 15, 19, 24, 26, 48, 61, 81 ff.; **17a** 12
– – vereinfachtes Wahlverfahren **17a** 12, 13 f., 15; **1 WO** 2; **28 WO** 1
– Bestellung des ~ im vereinfachten Wahlverfahren **14a** 88 ff.; **16** 1, 77; **17** 1; **17a** 1 ff.
– – Arbeitsgericht **14a** 23, 89 f.; **17a** 12, 26 ff.
– – Betriebsrat **14a** 89 f.
– – betriebsratslose Betriebe **17a** 7, 13 ff.
– – einstufiges **14a** 4, 11, 21, 85, 88 ff.; **17a** 2, 8 ff., 13 f.
– – Gesamt- bzw. Konzernbetriebsrat **14a** 89 f.
– – Kleinbetriebe mit Betriebsrat **17a** 7, 8 ff.
– – Wahlversammlung **14a** 23, 89 f.; **17a** 15 ff., 26 f.
– – zweistufiges **14a** 4, 11, 17, 22 ff., 89 f.; **17a** 2, 7, 15 ff.; **28 WO** 2 f.; **29 WO** 2
– Bestellung des ~ in betriebsratslosen Betrieben **16** 1, 16 ff., 67, 84; **17** 1 ff.; **17a** 7, 13 ff.

– – Arbeitsgericht **16** 1, 17 f., 48, 67, 71; **17** 1, 8, 10, 19 f., 51 ff., 62; **17a** 26 ff.
– – Betriebsversammlung **16** 1, 16 ff., 48; **17** 1 f., 6, 13, 16 ff., 51 f., 60 f.
– – Gesamt- bzw. Konzernbetriebsrat **16** 1, 48, 84; **17** 1 f., 6 ff., 18 f.; **17a** 13 f., 15
– – vereinfachtes Wahlverfahren **17** 1; **17a** 7, 13 ff.
– – Wahlversammlung **17a** 15 ff., 26 f.; **1 WO** 2
– Betriebsadresse **18** 19; **3 WO** 21 f.; **4 WO** 5, 7; **7 WO** 1, 3
– Einberufung der konstituierenden Sitzung **29** 7, 12, 15; **1 WO** 4
– Ersatzmitglieder **16** 50, 52; **17** 14, 38; **18** 11
– – Bestellung **16** 29 f., 44, 45 f., 48, 60; **17** 14, 38
– – Nachrücken **16** 46, 47, 94 f.
– – Rechtsstellung **18** 11
– – Ersetzung des ~ **18** 1 f., 43 ff.; **18a** 17, 113
– – Antrag der Arbeitnehmer **18** 43, 49
– – Antrag der Gewerkschaft **18** 43, 49
– – Antrag des Betriebsrats **18** 2, 43, 49 f.
– – Antrag des Gesamt- bzw. Konzernbetriebsrats **18** 49 f.
– – Beschlussverfahren **18** 51 ff.
– – Neubestellung **18** 52 f., 55
– – Pflichtverletzung des ~ **18** 44 ff.
– – Rechtskraft der Entscheidung **18** 54 f.
– Geschäftsführung des ~ **1 WO** 5 ff.
– Geschäftsordnung des ~ **18** 12; **1 WO** 6, 8, 12, 15; **3 WO** 22
– Leitung der Wahl **1 WO** 1 ff.; **30 WO** 1
– Mitglieder des ~, *s. unter* Wahlvorstandsmitglieder
– Mitgliederzahl des ~ **16** 37 ff., 60; **17** 14, 38; **17a** 10, 14, 23, 28
– Rechtshilfe der Gewerkschaft **18** 13
– Rechtsschutz gegen Entscheidungen des ~ **18** 8, 45, 80 ff., *s. unter* Wahlanfechtung
– Rechtsstellung des ~ **16** 88 ff.; **17** 58; **17a** 29; **18** 1 f., 6 ff.
– Sitzungen des ~ **18** 11, 13 f.
– – Antrag auf Einberufung **1 WO** 8
– – Arbeitgeber **18** 14; **1 WO** 11
– – Einberufung **1 WO** 8
– – gemeinsame Sitzung mit Wahlvorstand der Sprecherausschusswahl **18a** 48 ff.
– – Gewerkschaftsbeauftragte **18** 13; **1 WO** 7, 11
– – Ladung **1 WO** 7, 8
– – Leitung **1 WO** 9
– – Nichtöffentlichkeit **1 WO** 11; **29 WO** 5
– – Sitzungsniederschrift **1 WO** 10, 12 ff.; **4 WO** 8; **10 WO** 3
– – Tagesordnung **1 WO** 8
– – Teilnahmeberechtigte **1 WO** 7, 11
– – vereinfachtes Wahlverfahren **14a** 27; **1 WO** 7 ff.; **29 WO** 5; **30 WO** 1
– Sprechstunden des ~ **20** 66
– Strafantragsrecht des ~ **18** 9
– Streitigkeiten **1 WO** 18
– Untätigkeit des ~ **18** 45 ff.
– vertrauensvolle Zusammenarbeit **18** 15
– Vertretung des ~ **1 WO** 6; **3 WO** 22; **4 WO** 7

2446

- Vorsitzender des ~ **16** 28, 43 f., 51, 60; **17** 14, 38, 50; **17a** 25
- – Aufgaben **1 WO** 5 f., 8 f., 13; **2 WO** 7
- – Bestellung **16** 28, 43; **1 WO** 5 f., 6, 8 f., 13; **2 WO** 7; **29 WO** 4
- Zusammensetzung des ~ **10 Anhang** 10; **16** 3, 32 ff., 49 ff., 60, 72, 87; **17** 14, 38, 58; **17a** 10, 12, 14, 23, 28; **18** 2, 53; **19** 20, 27, 52, 150
- – betriebsfremde Gewerkschaftsmitglieder **16** 32, 52, 72, 76 ff.; **17** 58; **17a** 28; **18** 11, 53
- – Entsendungsrecht der Gewerkschaft **16** 3, 49 ff., 60; **17** 14; **17a** 10; **18** 11, 13; **63** 3, 23, 27, 37, 60; **38 WO** 3
- – Ersetzung **18** 2, 53
- – Geschlecht **16** 3, 42, 60; **17** 14, 38; **17a** 10; **19** 19, 26, 51, 149
- – Gruppenprinzip **16** 41
- – Postnachfolgegesellschaften **16** 41, 49; **17** 38
- – Streitigkeiten **16** 54, 100
- – vereinfachtes Wahlverfahren **17a** 10, 12, 14, 23, 28
- – Wahlbewerber **16** 35 f., 52, 96; **1 WO** 2 f.; **3 WO** 25; **12 WO** 4; **29 WO** 3
- **Wahlvorstandsmitglieder 16** 93 ff., 103; **17** 58; **17a** 29; **18** 11, 33, 54
- Amtsniederlegung **16** 91, 97
- Anzahl der ~ **16** 37 ff., 60; **17** 14, 38; **17a** 10, 14, 23, 28
- Arbeitsbefreiung **20** 2, 15, 65 f.; **37** 41
- Arbeitsentgeltfortzahlung **16** 80, 93; **20** 2, 15, 64 ff., 77 f.
- Begünstigungs- und Benachteiligungsverbot **78** 14, 68
- Behinderungsverbot **78** 14
- Bestellung, *s. unter Wahlvorstand*
- betriebsfremde Gewerkschaftsmitglieder **16** 80, 94; **18** 11; **18a** 50
- Ehrenamt **16** 80, 93; **20** 64
- Erlöschen der Mitgliedschaft **16** 91, 97, 99
- Freistellung **20** 66
- Freizeitausgleich **20** 66; **37** 85
- Geheimhaltungspflicht **16** 93
- Gewerkschaftsbeauftragter **16** 55 ff.; **18** 11, 33
- Kostenerstattungsanspruch **20** 60 f.
- Kündigungsschutz **16** 57, 91, 94; **17** 58; **18** 54; **20** 1, 19; **103** 6, 7, 21, 23, 28, 37, 46 f.
- passives Wahlrecht **8** 60
- Teilnahme an Schulungs- und Bildungsveranstaltungen **20** 61, 70 f., 78 f.; **37** 162, 185
- Weiterbeschäftigung auszubildender Funktionsträger **78a** 31
- Zustimmung zur Bestellung **16** 30 f., 47; **18** 17
- **Wechsel des Betriebsinhabers**, *s. unter Betriebsübergang*
- **Wehrdienstleistende 7** 60 f.; **8** 24, 36 ff., 40 f.; **24** 42, 61; **25** 17; **61** 17; **64** 20; **94** 33
- **Weisungsrecht**, *s. unter Direktionsrecht des Arbeitgebers*
- **Weiterbeschäftigung auszubildender Funktionsträger 60** 59; **78** 74, 93; **78a** 1 ff.
- Beginn des Schutzes **78a** 32
- Geltendmachung der Unzumutbarkeit der Weiterbeschäftigung **78a** 118, 123, 170, 178 ff.
- – Antragsfrist **78a** 92, 128 ff.
- – Auflösungsantrag **78a** 92, 128 ff., 134, 137 ff., 146
- – Beteiligung des Betriebsrats **78a** 145
- – Feststellungsantrag **78a** 92, 128, 132 ff., 139 ff., 146
- – Kosten des Verfahrens **40** 113; **78a** 143
- – Rechtsfolgen **78a** 126, 135, 137 ff.
- – Verfahren **78a** 90, 125 f., 136, 138, 142 ff., 147 f.
- geschützter Personenkreis **78a** 14 ff.
- – Auszubildende **78a** 14 ff.
- – Auszubildende auf Kauffahrteischiffen **78a** 23
- – befristete Arbeitsverhältnisse **78a** 16
- – Fortzubildende **78a** 15, 19, 22
- – Praktikanten **78a** 15 f.
- – Umschüler **78a** 15, 19 ff.
- – Volontäre **78a** 15 ff.
- – Wahlbewerber **78a** 25
- Mitgliedschaft in
- – andere Arbeitnehmervertretung **78a** 24, 29, 46
- – Betriebsrat **78a** 24, 46
- – Bordvertretung **78a** 24, 46
- – Ersatzmitgliedschaft **78a** 27, 33 ff., 44 f., 77
- – Jugend- und Auszubildendenvertretung **60** 59; **78a** 24, 27, 46
- – Seebetriebsrat **78a** 24, 46
- – Vertretung des fliegenden Personals **78a** 29
- – Wahlbewerber **63** 72
- – Wahlvorstand **63** 72; **78a** 25
- – zusätzliche Arbeitnehmervertretung **78a** 24, 29
- Mitteilungspflicht des Arbeitgebers **78a** 53 ff., 96
- – Begründung **78a** 46
- – Beteiligung des Betriebsrats **78a** 53
- – Form **78a** 46, 49
- – Frist **78a** 46, 48, 50 ff.
- – Nichtbeachtung der Mitteilungspflicht **78a** 47 f., 54 f.
- – Schadenersatzanspruch **78a** 55
- Nachwirkung **37** 2; **78a** 35 f., 49 ff., 111
- Schutzgesetzcharakter **78a** 66
- Tendenzbetrieb **78a** 22, 42 f.; **118** 186
- Unzumutbarkeit der Weiterbeschäftigung **78a** 109, 111, 123 ff.
- – Angebot der Weiterbeschäftigung zu anderen Arbeitsbedingungen **78a** 63, 73, 81 f., 119 ff., 124, 146
- – betriebsbedingte **78a** 81, 82, 96, 104 ff.
- – Beurteilungszeitpunkt **78a** 146
- – Einführung von Kurzarbeit **78a** 114
- – Entlassung anderer Arbeitnehmer **78a** 118
- – Freihalten eines Arbeitsplatzes **78a** 115 ff., 146
- – Geltendmachung der Unzumutbarkeit **78a** 90, 92, 121, 125 ff.
- – Neuschaffung eines Arbeitsplatzes **78a** 112 ff.
- – Nichtbestehen der Abschlussprüfung **78a** 101
- – personenbedingte **78a** 95 ff., 99 ff., 107
- – Prüfungsergebnis **78a** 99 ff.
- – Überstundenabbau **78a** 114
- – Unzumutbarkeit, Begriff **78a** 93 f.
- – verhaltensbedingte **78a** 95 ff., 98, 103, 107
- – Verhältnis zu anderen Schutzvorschriften **78a** 4, 8 f., 97, 107, 189

Sachverzeichnis

- Weiterbeschäftigungsverlangen des Auszubildenden **78a** 47, 51, 68 ff.
- – Anfechtung **78a** 76
- – Aufhebungsvertrag **78a** 79
- – Beteiligung des Betriebsrats **78a** 68; **99** 38
- – Fiktionswirkung **78a** 58, 64, 68, 70 ff., 81 ff., 135, 139 ff.
- – Form **78a** 57, 59 f., 72
- – Frist **78a** 57, 63, 64 ff.
- – Geschäftsfähigkeit **78a** 60, 73
- – Gestaltungsrecht **78a** 58, 62, 70
- – Inhalt des Arbeitsverhältnisses **37** 2; **78a** 81 ff.
- – Inhalt des Weiterbeschäftigungsverlangens **78a** 61 ff.
- – Kündigung **78a** 79
- – Nichtbestehen der Abschlussprüfung **78a** 78
- – Rechtsmissbrauch **78a** 77
- – Streitigkeiten **40** 113; **78a** 89 ff., 125 f.
- – Verzicht **78a** 73
- – Weiterbeschäftigung zu anderen Arbeitsbedingungen **78a** 63, 73, 81 f.
- – Widerruf **78a** 72
- – Wiederholung des Weiterbeschäftigungsverlangens **78a** 65
- Zweck **78a** 1, 4 ff., 26, 35, 51, 111, 142, 147, 172 f., 208 f.

Weiterbeschäftigungspflicht 3 70; **4** 24; **7** 44; **92a** 41; **97** 31; **98** 41; **102** 204 ff.
- allgemeiner Weiterbeschäftigungsanspruch **7** 44; **102** 204, 236 f.; **118** 222
- Änderungskündigung **102** 175, 177 f., 224 ff.
- Arbeitskampf **102** 18
- Ausschluss der ordentlichen Kündigung **102** 205
- Beendigung des Weiterbeschäftigungsverhältnisses **102** 219
- einstweilige Verfügung **102** 228 ff.
- Entbindung von der ~ **102** 216, 218, 229 ff.
- – Gründe **102** 232 ff.
- – Verfahren **102** 229 ff.
- Funktionsträger **103** 102
- hilfsweise ordentliche Kündigung **102** 206 ff.
- Inhalt des Weiterbeschäftigungsanspruchs **102** 216 f.
- Kündigung auf Verlangen des Betriebsrats **104** 32
- Kündigungsschutzklage **102** 210 f.
- ordentliche Kündigung **102** 205
- Rechtsnatur des Weiterbeschäftigungsanspruchs **102** 218
- Rücknahme des Widerspruchs **102** 150, s. auch Kündigung
- Tendenzbetrieb **118** 222
- Verfahren zur Durchsetzung des Weiterbeschäftigungsanspruchs **102** 227 ff.
- Verlangen des Arbeitnehmers **102** 213 f.
- Widerspruch des Betriebsrats **102** 209, 234 f., s. auch Widerspruchsrecht gegen ordentliche Kündigung

Weiterführung der Geschäfte des Betriebsrats 13 31, 53 f., 65 f., 67, 69, 74, 75; **16** 13, 16, 17, 24; **17** 8, 10; **19** 118, 135; **21** 2, 11, 24, 32, 33, 36, 49; **21a** 36; **21b** 17; **22** 1 ff.
- Ablauf der Amtszeit **22** 14
- Absinken der Zahl der Betriebsratsmitglieder **21** 32; **22** 8
- Anwendungsbereich **22** 8 ff.
- Auflösung des Betriebsrats **22** 14
- Bestellung des Wahlvorstands **22** 18
- Dispositivität in Kollektivvereinbarungen **22** 6
- Ende der Geschäftsführungsbefugnis **22** 19 ff.
- Erlöschen der Mitgliedschaft sämtlicher Betriebsratsmitglieder **21** 36; **22** 12
- Genese **22** 1
- Rechtsstellung der Betriebsratsmitglieder **22** 15, 16, 23
- Rücktritt des Betriebsrats **21** 33; **22** 8, 10 f.
- Streitigkeiten **22** 24
- Umfang der Geschäftsführungsbefugnis **22** 1, 16 ff.
- Veränderung der Belegschaftsstärke **21** 32; **22** 8
- Verhältnis zu § 21 Satz 5 **13** 31, 36, 48, 54, 61, 65; **16** 13, 24; **22** 9 f.
- vorübergehende Beschlussunfähigkeit **22** 13
- Wahlanfechtung **22** 14

Weltanschauung
- Benachteiligungsverbot **75** 62, 64 f.

Werbung für die Gewerkschaft, s. unter Gewerkschaft

Werkmietwohnung E 76; **37** 18; **87** 704 f., 708, 717, 722, 736, 740 f., 756, 765, 789 ff.
- Abschluss des Mietvertrags **87** 117, 794 f., 808, 810
- Aufhebung des Mietvertrags **87** 815
- Ausgestaltung des Mietvertrags **87** 820
- Baustellenunterkünfte **87** 822
- Beendigung des Arbeitsverhältnisses **87** 795, 796, 813
- Beseitigungsanspruch des Betriebsrats **87** 811
- betriebsfremde Personen **87** 800, 814, 820
- Betriebsvereinbarung über ~ **77** 205 ff., 217, 422
- Dotierung **87** 823 ff.
- Durchführung der Mitbestimmung **87** 812, 819, 830
- Entwidmung **87** 807, 831
- Festlegung des Begünstigtenkreises **87** 805 ff., 831
- Festlegung von Nutzungsbedingungen **87** 21, 36, 89, 789, 811, 820 ff., 827 f., 830 f.
- Initiativrecht **87** 814, 831
- Kündigung **27** 69; **87** 19, 36, 789, 811, 813 ff.; 830 f.
- – durch den Arbeitnehmer **87** 815
- – gesetzliche Kündigungsvorschriften **87** 815, 818
- – Individualmaßnahme **87** 815
- leitende Angestellte **87** 798 f., 806 f., 814
- Lieferung von Heizgas **87** 827
- Mietzins
- – Festlegung **87** 823 ff.
- – Grundsätze für die Mietzinsbildung **87** 36, 46, 740, 789, 823 ff.
- – Mieterhöhung **87** 824 f.
- – Streitigkeiten **87** 829
- Mietzuschuss **87** 804, 859, 873
- Pensionäre **87** 800, 814
- Schadenersatz bei fehlender Zustimmung des Betriebsrats **87** 114, 811
- Schaffung von ~ **87** 37, 805, 831
- Umwidmung **87** 807, 831
- Unterstützung bei der Wohnungssuche **87** 804

- – Verhältnis zu anderen Vorschriften
- – – betriebliche Lohngestaltung **87** 836
- – – Sozialeinrichtung **87** 704, 705, 708, 717, 722, 736, 740 f., 756, 765, 791 ff.
- – Vermieter **87** 803, 808, 817
- – Werkdienstwohnung **87** 36, 796 f., 801, 851
- – werkgeförderte Wohnungen **87** 803, 808 f., 817, 822
- – – Belegrecht des Arbeitgebers **87** 803
- – – Vorschlagsrecht des Arbeitgebers **87** 803, 809
- – Werkmietwohnung, Begriff **87** 793 ff., 801 ff.
- – Widmung **87** 805 f., 831
- – Wohnheim **87** 801 f., 822
- – Zuweisung **27** 69; **87** 19, 36, 789, 808 ff., 830 f.
- – Zweck der Mitbestimmung **87** 790

Werksarzt, *s. unter Betriebsarzt*
Werksausweis 87 222
Werkszeitung, *s. unter Betriebszeitung*
Wertpapiererwerbs- und Übernahmegesetz 109a 3, 29 ff.
Widerspruchsrecht bei Betriebsübergang, *s. unter Betriebsübergang*
Widerspruchsrecht gegen ordentliche Kündigung 76 25; **102** 122, 132, 136, 145, 146 ff., 209; **112, 112a** 58; **118** 221 f.
- Begründung **102** 147, 149, 153, 160
- Form **102** 136, 148
- Frist **102** 145, 146
- Kündigungsschutzprozess, *s. dort*
- Rechtsfolgen **102** 147, 175, 177, 193 ff., 205 ff.
- Rücknahme **102** 150
- Sozialauswahl **102** 152 f., 194, 233, 234
- Übermittlung des Widerspruchs an den Arbeitnehmer **102** 179 ff.
- Verstoß gegen Auswahlrichtlinien **95** 9, 29, 44 ff.; **102** 154, 194 f.
- Weiterbeschäftigungsmöglichkeit **102** 155 ff.
- – anderer Arbeitsplatz **102** 155 ff., 159 ff., 166, 178, 233
- – anderer Betrieb desselben Unternehmens **102** 162
- – anderes Konzernunternehmen **102** 156, 160
- – Fortbildung **97** 22 f., 31; **98** 9, 41; **102** 159, 163, 164 ff., 168 ff.
- – Umschulung **97** 22 f., 31; **98** 9; **102** 159, 163, 164 ff., 168 ff.
- – zu geänderten Vertragsbedingungen **102** 168, 174 ff.
- Weiterbeschäftigungspflicht **102** 205 ff., *s. dort*
- Widerspruchsgründe **102** 152 ff.
- Zustimmung des Arbeitnehmers **102** 122, 168 ff., 172, 174 f., 233

Wirtschaftliche
- Tendenzbetrieb **106** 15

Wirtschaftliche Angelegenheiten vor 106 1 ff.
- Berater des Betriebsrats i. S. des § 111, *s. dort*
- Betriebsänderung, *s. dort*
- Kleinunternehmen **106** 45 ff.; **111** 12
- Konzern **vor 106** 6, 11; **106** 54, 62, 104, 108; **107** 10, 36; **108** 28, 66; **111** 13, 253
- Modifizierung der Beteiligungsrechte in Kollektivvereinbarungen **vor 106** 12 ff.; **87** 13

- Nachteilsausgleich, *s. dort*
- Sanktionen bei Verletzung der Beteiligungsrechte **23** 198 ff.
- – Durchsetzung im arbeitsgerichtlichen Beschlussverfahren **23** 193
- – einstweilige Verfügung **23** 193, 201, 203
- – Strafbarkeit **23** 203
- – Unterlassungsanspruch des Betriebsrats **23** 197 f.
- – Zwangsverfahren gegen den Arbeitgeber **23** 203, 204
- Tendenzbetrieb **111** 47 ff.; **113** 14 ff.; **118** 3, 4, 6, 9, 16, 22, 55, 140 f., 202, 203, 211
- Übernahmeangebot **vor 106** 46 ff.
- Unternehmen mit Auslandsbezug **106** 24 f., 44, 61; **111** 13
- Unternehmensbegriff **vor 106** 1, 10 f.; **106** 17 ff., 26; **111** 13 f., 221; **112, 112a** 69
- Unterrichtspflicht des Unternehmers gegenüber dem Wirtschaftsausschuss, *s. dort*
- Verhältnis zu anderen Beteiligungsrechten
- – personelle Angelegenheiten **112, 112a** 86
- – soziale Angelegenheiten **111** 189
- Wirtschaftsausschuss, *s. dort*
- Wirtschaftsausschussmitglied, *s. dort*
- Zuständigkeit
- – Arbeitsgruppen i. S. des § 28a **28a** 34
- – Gesamtbetriebsrat **50** 20, 53
- – Konzernbetriebsrat **58** 28, 31
- Zweck der Beteiligungsrechte in ~ **vor 106** 8 f.

Wirtschaftsausschuss
- Amtszeit
- – Absinken der Arbeitnehmerzahl **106** 24; **107** 29
- – Dauer **107** 29 f.
- – Wegfall der Voraussetzungen für die Errichtung des Gesamtbetriebsrats **107** 23
- Aufgaben des ~ **106** 51 ff.
- – Beratung mit dem Arbeitgeber **vor 106** 3, 5; **106** 42 ff., 57; **109** 8
- – Berichtspflicht gegenüber dem Betriebsrat bzw. Gesamtbetriebsrat **106** 46; **108** 50 ff.; **111** 154 f., 168
- – Einsicht in die Unterlagen **106** 43, 108 ff.; **108** 47 ff.; **109** 8
- – Vorschlagsrecht **106** 44, 48
- Berichtspflicht gegenüber dem Betriebsrat bzw. Gesamtbetriebsrat **106** 55; **108** 54 ff.; **111** 191 f., 209
- – Adressat der Berichterstattung **108** 55
- – Adressat der Berichtspflicht **108** 56
- – Auswirkungen für die Personalplanung **108** 53
- – Betriebs- und Geschäftsgeheimnisse **108** 53
- – Form der Berichterstattung **108** 54
- – Inhalt der Berichterstattung **108** 54
- – Sitzungen des Wirtschaftsausschusses **108** 51
- – Zeitpunkt **108** 52
- Betriebsvereinbarungen mit ~ **77** 44
- Bildung mehrerer ~ **106** 49
- Einsichtnahmerecht der Betriebsratsmitglieder in die Unterlagen des ~ **34** 39
- Errichtung eines ~
- – ausländische Betriebe inländischer Unternehmen **106** 34

2449

Sachverzeichnis

– – Auszubildende **106** 26
– – gemeinsamer Betrieb mehrerer Unternehmen **106** 14 ff., 28 ff.
– – inländische Betriebe ausländischer Unternehmen **1** 6 ff.; **106** 17 f., 35
– – jugendliche Arbeitnehmer **106** 26
– – Kleinunternehmen **106** 37 ff.
– – Konzern **106** 6, 19 ff.
– – Konzernobergesellschaft **106** 21
– – leitende Angestellte **106** 26
– – Luftfahrtunternehmen **106** 10, 27
– – Pflicht zur Errichtung **106** 5
– – Rechtsform des Unternehmens **106** 7
– – Seeschifffahrtsunternehmen **106** 10, 27
– – Streitigkeiten **106** 121
– – Tendenzbetrieb **E** 113; **106** 8; **118** 3, 9, 22, 55, 140 ff., 203
– – Territorialitätsprinzip **106** 7, 17 f., 34, 53
– – Unternehmensgröße **106** 24 ff.
– Funktion **106** 1 ff., 51, 55
– Geschäftsordnung des ~ **108** 2, 6
– Hilfsorgan des Betriebsrats bzw. Gesamtbetriebsrats **vor 106** 3, 5; **106** 10 f., 51, 55; **107** 1, 47; **108** 2, 5, 35, 49, 54, 59
– Hinzuziehung von Sachverständigen **106** 128; **107** 21; **108** 25, 32, 33 ff.; **111** 209
– Kollektivvereinbarung über Rechtsstellung und Organisation des ~ **vor 106** 13 ff.; **107** 3
– Kosten des ~ **40** 2; **41** 2; **107** 45 f.; **108** 14
– Streitigkeiten über
– – Errichtung des ~ **106** 122
– – Stellung des ~ im Beschlussverfahren **107** 62; **108** 34; **109** 38
– – Umfang der Unterrichtung **106** 102, 117, 120, 122; **108** 73
– – Zuständigkeit des ~ **106** 123
– Übertragung der Aufgaben des ~ auf einen Ausschuss des Betriebsrats bzw. Gesamtbetriebsrats **107** 47 ff.; **108** 52, 72; **109** 17, 19, 25, 31
– – auf den Betriebsausschuss bzw. Gesamtbetriebsausschuss **107** 48, 50, 52, 57
– – auf den Konzernbetriebsrat **107** 59
– – auf einen Ausschuss i. S. des § 28 **107** 48, 50, 52, 57, 59
– Bestellung der Mitglieder **107** 49
– Einsichtsrecht in die Unterlagen **108** 48
– in Kleinbetrieben **107** 50 f.
– Kooptationsrecht **107** 52 ff., 60
– Meinungsverschiedenheiten über den Umfang der Unterrichtungspflicht des Unternehmers **109** 15, 17, 23, 28
– Mitgliederzahl **107** 48, 54
– Selbstübernahme durch den Betriebsrat bzw. Gesamtbetriebsrat **107** 12, 46, 50 f., 58
– Übertragungsbeschluss **107** 49, 56
– – Zuständigkeit des Betriebsrats **107** 21 f., 47
– – Zuständigkeit des Gesamtbetriebsrats **107** 22, 47, 56
– Zweck der Norm **107** 46
– Zusammensetzung des ~ **107** 4 ff.; **126** 3
– – Bestellung eines Vorsitzenden **26** 2; **108** 3

– – Betriebszugehörigkeit **107** 9
– – Eignung der Mitglieder **107** 16 ff., 31, 39, 53; **108** 25, 33
– – Ersatzmitgliedschaft im Betriebsrat **107** 13
– – Fehlen eines Betriebsratsmitglieds **107** 14, 15, 34
– – Gruppen- und Minderheitenschutz **107** 24; **108** 5
– – Mitgliederzahl **107** 4
– – Mitgliedschaft im Betriebsrat **107** 11 ff.
– – Modifizierung durch Kollektivvereinbarung **107** 3
– – Unternehmensangehörigkeit **107** 5 ff., 35, 53
Wirtschaftsausschussmitglieder
– Abberufung **51** 70, 83; **107** 24, 32 f., 37; **108** 56, 60
– – Grund **107** 31
– – Verfahren **107** 32
– – Zeitpunkt **107** 31
– – Zuständigkeit **51** 70, 83; **107** 23, 32
– Amtszeit
– – Abberufung **107** 31 f., 36; **108** 52, 56
– – Amtsniederlegung **107** 33
– – Pflichtverletzung **107** 36
– – Verlust der Mitgliedschaft im Betriebsrats **107** 14, 34
– – Verlust der Unternehmenszugehörigkeit **107** 35
– Behandlung der Betriebsangehörigen durch ~ **75** 6, 10
– Bestellung **51** 70, 83; **107** 22 ff.
– – Annahme der Bestellung **107** 27
– – Ersatzmitglieder **25** 2; **107** 28
– – Gruppen- bzw. Minderheitenschutz **107** 24
– – Nichtigkeit der Bestellung **107** 19
– – Verfahren **107** 24 ff.
– – Zuständigkeit des Betriebsrats **107** 21 f.
– – Zuständigkeit des Gesamtbetriebsrats **51** 70, 83; **107** 22, 25
– Eignung **107** 17 ff., 32, 40, 54; **108** 25, 34
– Rechtsstellung **107** 38 ff.
– – Arbeitsbefreiung **37** 31; **40** 50
– – Arbeitsentgeltfortzahlung **107** 37; **108** 10
– – Arbeitsentgeltschutz **107** 41
– – Arbeitskampfverbot **74** 39
– – Aufwendungsersatzanspruch **107** 45; **108** 14
– – Ausgleichsanspruch **107** 37; **108** 10
– – Begünstigungsverbot **78** 8, 11, 81; **107** 37, 41; **119** 43 ff.
– – Behinderungsverbot **78** 8, 11; **103** 14; **107** 42; **119** 32 ff.
– – Benachteiligungsverbot **78** 8, 11; **103** 14; **107** 37 ff.; **119** 43 ff.
– – Ehrenamt **107** 37
– – Geheimhaltungspflicht **79** 48, 62; **106** 114; **107** 36, 43; **108** 11; **120** 35
– – gewerkschaftliche Betätigung **74** 147
– – Kündigungsschutz **103** 14; **107** 42
– – Tätigkeitsschutz **107** 41
– – Teilnahme an Schulungs- und Bildungsveranstaltungen **37** 162, 197; **107** 20, 38 ff.
– – Verbot parteipolitischer Betätigung **74** 103
– – Streitigkeiten **107** 62 f.
– Teilnahme an Betriebsräteversammlungen **53** 42

- Unternehmensangehörigkeit **107** 6 ff., 36, 54
- - Aktionäre **107** 6
- - Angehörige des fliegenden Personals **107** 9; **117** 6
- - Arbeitnehmer in Auslandsbetrieben **107** 8
- - Arbeitnehmer in gemeinsamem Betrieb mehrerer Unternehmen **107** 9
- - Arbeitnehmer in Konzernunternehmen **107** 9, 35
- - arbeitnehmerähnliche Personen **107** 5
- - Arbeitnehmereigenschaft **107** 5, 10
- - Aufsichtsratsmitglieder **107** 6
- - freie Mitarbeiter **107** 5
- - Gesellschafter **107** 6
- - leitende Angestellte **107** 10, 24, 27, 36; **108** 29
- - Mitglieder des Sprecherausschusses **107** 10
- - Personen i. S. des § 5 Abs. 2 **107** 10
- - Vorsitzender **26** 2

Wirtschaftsausschusssitzungen **29** 2; **30** 2; **31** 3; **108** 4 ff.
- Arbeitsbefreiung der Mitglieder **37** 31; **40** 50
- Aussetzung von Beschlüssen des ~ **35** 6
- Beschlussfassung **33** 2; **108** 12
- Einberufung **108** 4 f.
- Häufigkeit **108** 7 f.
- Hinzuziehung von Gewerkschaftsbeauftragten **2** 60; **31** 3; **108** 37 ff.
- - Antragsbefugnis des Betriebsrats bzw. Gesamtbetriebsrats **108** 37
- - Beschluss des Wirtschaftsausschusses **108** 37 f.
- - Einschränkung vor Arbeitskämpfen **108** 41
- - Einsichtsrecht in die Unterlagen **108** 48
- - Geheimhaltungspflicht des Beauftragten **108** 41
- - im Betriebsrat bzw. Gesamtbetriebsrat vertretene Gewerkschaft **108** 39
- - Zweck der Hinzuziehung **108** 40
- Hinzuziehung von sachkundigen Arbeitnehmern **108** 21, 24 ff.
- - Anspruch des Wirtschaftsausschusses **108** 24 f.
- - Arbeitnehmereigenschaft des Sachkundigen **108** 26
- - Geheimhaltungspflicht des Sachkundigen **108** 30
- - leitende Angestellte **108** 29
- - Recht des Unternehmers bzw. seines Vertreters **108** 24 f.
- - Sachkundigkeit **108** 28
- - Teilnahmepflicht des Sachkundigen **108** 30
- - Unternehmenszugehörigkeit des Sachkundigen **108** 27, 31
- - Vetorecht des Wirtschaftsausschusses **108** 24
- Hinzuziehung von Sachverständigen **106** 128; **107** 21; **108** 25, 32, 33 ff.; **111** 209
- - Begriff **80** 158 ff.; **108** 33
- - Einigung zwischen Arbeitgeber und Betriebsrat bzw. Gesamtbetriebsrat **108** 34
- - Erforderlichkeit der Hinzuziehung **108** 33
- - Geheimhaltungspflicht des Sachverständigen **108** 35
- - Recht des Wirtschaftsausschusses **108** 32
- - Streitigkeiten **108** 34
- - Vereinbarungsbefugnis des Wirtschaftsausschusses **108** 34

- Hinzuziehung von Vertretern der Arbeitgebervereinigung **108** 46 f.
- - Geheimhaltungspflicht des Vertreters **108** 43
- - Recht des Unternehmers **108** 42
- - Zweck der Hinzuziehung **108** 42
- Kosten **108** 14
- Nichtöffentlichkeit **108** 11, 32
- Sitzungsniederschrift **34** 30; **108** 13
- Streitigkeiten **108** 35, 77
- Tagesordnung **108** 4 f.
- Teilnahme der Jugend- und Auszubildendenvertretung **108** 48
- Teilnahme der Schwerbehindertenvertretung **31** 3; **108** 49 f.
- Teilnahme des Unternehmers an den ~
- - Anspruch auf Teilnahme einer bestimmten Person **108** 18 f., 20, 23
- - Arbeitsdirektor **108** 19
- - Einfluss auf den Zeitpunkt der Sitzung **108** 9 f.
- - Person des Unternehmers **108** 17 ff.
- - Pflicht zur Teilnahme **108** 15 f.
- - Vertreter des Unternehmers **108** 21 f.
- - vorbereitende Treffen **108** 8, 16
- - vorbereitende Treffen **108** 7, 8, 11, 16, 55
- Zeitpunkt **108** 9 f.

Wirtschaftsprüfungsbericht
- Kleinunternehmen **106** 46
- Vorlage gegenüber dem Wirtschaftsausschuss **106** 133; **108** 67

Wohl der Arbeitnehmer **75** 135, 145
Wohlfahrtseinrichtung, s. unter Sozialeinrichtungen

Zahl der Betriebsratsmitglieder, s. unter Mitgliederzahl des Betriebsrats
Zeitweilige Verhinderung, s. unter Ersatzmitglieder
Zentrale Leitung, s. unter Europäischer Betriebsrat
Zeugnis **37** 21; **38** 88; **78** 73
Zielvereinbarungen **87** 208, 236, 576, 852, 952, 1015, 1081, s. Personalfragebogen
Zivildienstleistende **5** 109; **7** 60 f.; **8** 24, 36 ff., 40 ff.; **24** 42; **61** 17; **64** 20; **94** 33; **99** 62
Zugang zum Betrieb, s. unter Gewerkschaft
Zulagen **87** 153, 450, 852, 889 ff., 943 ff., 973
- Änderung der Verteilungsgrundsätze **87** 123, 132 ff., 896, 902 f., 905 ff.
- Anrechnung auf Tariflohnerhöhungen **87** 32, 123, 131 ff., 839, 842, 893 f., 896, 901, 902 ff.
- Aufhebung **87** 893 f., 902, 916, 922
- Begriff **87** 889
- Bindung des Arbeitgebers **87** 894, 897, 902 f.
- Einführung **87** 895 f., 943
- Erhöhung **87** 903, 918
- Erschwerniszulage **87** 944 f.
- Erzwingbarkeit **87** 892 f., 896, 903, 915 f.
- Festlegung des Begünstigtenkreises **87** 898, 915 f., 923, 926
- Initiativrecht **87** 153, 895, 897, 911 f., 943
- kollektiver Tatbestand **87** 907, 927 ff.
- Kürzung **87** 902, 908 ff., 915
- Leistungszulage **87** 946, 1003 f.

- Regelungsspielraum **87** 899, 915 f., *s. auch Lohngestaltung, betriebliche*
- Umfang **87** 892 f., 894, 902 f., 923, 945
- Verteilungsgrundsätze **87** 132 ff., 899 f., 905, 908 ff., 943 ff.
- Widerruf **87** 123, 130, 131 ff., 893 f., 902, 904 ff.
- Zuständigkeit des Gesamtbetriebsrats **87** 898
- Zustimmungsrecht des Betriebsrats **87** 895, 897, 943
- Zweckbestimmung **87** 892, 896 f., 915 f., 923

Zuordnungsverfahren für leitende Angestellte 7 155, 160; **13** 4, 20 f., 27; **16** 2; **18** 19, 21; **18a** 1 ff.
- Abstimmung zwischen den Wahlvorständen **13** 4, 21, 27
- abweichende betriebsverfassungsrechtliche Organisationseinheiten **18a** 8
- Berichtigung der Zuordnung **4 WO** 11 ff., 18
- Dispositivität in Kollektivvereinbarungen **18a** 10
- Einspruch **4 WO** 2, 11 ff.
- einstweilige Verfügung **18a** 111
- einvernehmliche Zuordnung durch die Wahlvorstände **18a** 37 ff.
- – Beendigung des ~ **18a** 43, 46 f.
- – Beginn **18a** 17, 37, 39 ff.
- – Einschaltung des Vermittlers, *s. unter Vermittler*
- – gegenseitige Unterrichtung **18a** 17, 37, 39, 44 ff.
- – gemeinsame Sitzung **18a** 48 ff.
- einvernehmliche Zuordnung mit amtierender Arbeitnehmervertretung **18a** 90 ff.
- freiwillige ~ **18a** 22, 23 ff., 34, 37 ff.
- Genese **18a** 1 ff., 15
- Kontrollverfahren, vorgeschaltetes **18a** 108 ff.
- nicht zeitgleich einzuleitende Wahlen **18a** 18, 21, 23, 27 ff., 90 ff.
- offensichtliche Fehlerhaftigkeit **18a** 97, 100, 102 f., 107
- Seeschifffahrtsunternehmen **18a** 7
- Statusverfahren **5** 251; **18a** 96, 103, 105 ff.; **4 WO** 12, 18
- Streitigkeiten wegen des ~ **18a** 111 ff.; **2 WO** 8
- Unternehmenssprecherausschuss **18a** 15, 20 ff., 23, 49, 66
- Unterrichtungspflicht des Wahlvorstands gegenüber Sprecherausschuss **2 WO** 2
- Unterstützungspflicht des Arbeitgebers **18a** 36, 38, 50, 75, 80 ff., 114; **2 WO** 9, 12
- vereinfachtes Wahlverfahren **13** 2, 4; **14a** 96
- Vermittler, *s. dort*
- Wirkung der Zuordnungsentscheidung **18a** 4 ff., 32, 96 ff., 106
- – Beschränkung der Wahlanfechtbarkeit **18a** 2 f., 17, 26, 32, 46 f., 70, 85, 89, 97 ff., 112; **19** 21, 23, 25
- – Bindungswirkung für künftige Betriebsratswahlen **18a** 98
- – Bindungswirkung für Wahl der Arbeitnehmervertreter im Aufsichtsrat **18a** 5 f.
- – materielle Rechtsstellung des Arbeitnehmers **18a** 4, 6, 96
- zeitgleich einzuleitende Wahlen **18a** 13, 14 ff., 27, 34 f., 37 ff.

- Zuordnungsvereinbarungen Dritter **18a** 10
- Zweck **18a** 2 f., 12, 34, 56, 61, 99; **2 WO** 2, 4, 8, 9, 12; **3 WO** 5; **4 WO** 2, 11 ff., 18

Zurückbehaltungsrecht der Arbeitnehmer vor 81 37; **84** 18; **91** 36

Zusammenfassung mehrerer Betriebe vor 47 5; **3** 2, 9 ff., 52, 67; **8** 51 f., 66; **18a** 8; **21** 7, 35; **21a** 95, 101; **47** 3, 5, 10, 67
- Abgrenzung zum unternehmenseinheitlichen Betriebsrat **3** 9
- Amtszeit der Arbeitnehmervertretung **3** 38; **21** 7, 35
- Anwendbarkeit des BetrVG **1** 18
- Auswirkungen auf die Jugend- und Auszubildendenvertretung **vor 60** 39 f.; **60** 10
- Erleichterung der Bildung von Betriebsräten **3** 12
- Errichtung eines Gesamtbetriebsrats **47** 3, 5, 10
- Inhalt der Kollektivverträge über ~ **3** 52
- Mitgliederzahl des Betriebsrats **9** 2
- Rechtsstellung der Arbeitnehmervertretung **3** 67
- regionale Betriebsräte **3** 12, *s. auch abweichende betriebsverfassungsrechtliche Organisationseinheiten*
- sachgerechte Wahrnehmung von Arbeitnehmerinteressen **3** 12
- Unternehmen mit mehreren Betrieben **3** 11, 46
- Wahl des Betriebsrats **13** 9; **14** 7
- Zusammensetzung des Betriebsrats **15** 6, 11

Zusammenlegung von Betrieben 3 38, 62; **18** 58, 71; **21** 45; **50** 90
- Betriebsänderung **vor 106** 20 f.; **111** 140 ff.; **112, 112a** 34 f.
- Erlöschen der Mitgliedschaft im Betriebsrat **24** 59
- Neuwahl des Betriebsrats **13** 5, 11, 14, 28, 33
- Übergangsmandat, *s. dort*
- Zusammenlegung, Begriff **21a** 58 f.

Zusammenschluss von Betrieben, *s. unter Zusammenlegung von Betrieben*

Zusammensetzung des Betriebsrats 13 44; **15** 1 ff.; **19** 19
- ausländische Arbeitnehmer **15** 7
- Berufsgruppen **15** 12; **19** 20
- Beschäftigungsarten **15** 1 f., 3, 6, 12; **19** 20
- Dispositivität in Kollektivvereinbarungen **15** 6
- Genese **15** 1 ff.
- Geschlechter, *s. unter Geschlecht in der Minderheit*
- Minderheitenschutz **15** 1, 7, 15
- Nichtbeachtung **15** 13 f.
- Organisationsbereiche **15** 1 f., 3, 6, 10 f.
- Postnachfolgegesellschaften **10 Anhang** 3 f., 6
- Restmandat **21b** 1, 28 ff., 33
- Sollvorschrift **15** 3, 6, 13
- Übergangsmandat **21a** 34, 70, 77

Zusätzliche Arbeitnehmervertretung 3 2, 27 ff., 58, 69; **9** 29, 30; **13** 9; **14** 7; **18a** 8; **92** 32
- Amtszeit **3** 30; **21** 7, 35
- Arbeitsgruppe i. S. des § 28a **3** 28; **28a** 6
- Aussetzung von Beschlüssen der ~ **35** 5
- Behandlung der Betriebsangehörigen durch ~ **75** 5, 10
- Beschlussfassung der ~ **33** 4
- Beteiligung bei Betriebsänderungen **111** 21
- betriebliche Vertrauensleute, *s. dort*

- Bildung eines Betriebsausschusses **27** 6 f.
- Bildung von Ausschüssen **28** 8 f.
- Erleichterung der Zusammenarbeit zwischen Betriebsrat und Arbeitnehmern **3** 29
- Ersatzmitglieder **25** 4
- Existenz eines Betriebsrats **3** 30
- Funktion der ~ **3** 5, 29, 69
- Geschäftsordnung **36** 2
- Inhalt der Kollektivverträge über ~ **3** 58
- Kosten der Tätigkeit der ~ **3** 59, 69; **40** 3
- Rechtsstellung der Mitglieder der ~ **3** 59, 69; **37** 7
  - – Arbeitskampfverbot **74** 39
  - – Begünstigungsverbot **3** 69; **78** 8, 11; **119** 43 ff.
  - – Behinderungsverbot **3** 69; **78** 8, 11; **103** 5, 14; **119** 32 ff.
  - – Benachteiligungsverbot **3** 69; **78** 8, 11; **103** 5, 14; **119** 43 ff.
  - – Freistellung **38** 5
  - – Geheimhaltungspflicht **3** 69; **79** 48, 67; **120** 31, 47
  - – Kündigungsschutz **3** 69; **103** 5, 14
  - – Teilnahme an Schulungs- und Bildungsveranstaltungen **37** 7, 162, s. auch *abweichende betriebsverfassungsrechtliche Organisationseinheiten*
- Rechtsstellung der ~ **3** 5, 58 f.
- Sitzungen der ~ **29** 3 f.; **30** 1
- Sitzungsniederschrift **34** 2
- Teilnahme der Schwerbehindertenvertretung **32** 4
- Teilnahme von Gewerkschaftsvertretern **31** 2
- Verbot parteipolitischer Betätigung **74** 103
- Sprechstunden der ~ **39** 5
- Stimmrecht in Betriebsratssitzungen **3** 59
- Teilnahme an Betriebsratssitzungen **3** 59
- Tendenzbetrieb **118** 183
- Verhältnis zum Betriebsrat **3** 28
- Vorsitzender **26** 2 f.
- Wahl der ~ **13** 9; **14** 7
- Wahlschutz **119** 18 ff.
- Weiterbeschäftigung auszubildender Funktionsträger **78a** 29, 38

Zustimmungsersetzungsverfahren bei personellen Einzelmaßnahmen **93** 47, 48, 50
- Anspruch des Arbeitnehmers auf Einleitung des ~ **75** 24 f.; **99** 250; **100** 22
- Antrag des Arbeitgebers **99** 234
- Antragsfrist **99** 234; **100** 31 f.
- Beweislast **99** 2, 161, 219, 246 f.
- einstweilige Verfügung **99** 245
- Erledigung **99** 249
- Fehlen der ordnungsgemäßen Unterrichtung des Betriebsrats **99** 242
- Nachholen der Unterrichtung **99** 242
- Nachschieben von Gründen durch den Betriebsrat **99** 171, 247
- Stellung des betroffenen Arbeitnehmers **99** 250; **102** 26
- Tendenzbetrieb **100** 8; **118** 216 f.
- Unwirksamkeit der Zustimmungsverweigerung **99** 244
- Verfahrensart **76** 25; **99** 234
- Verhältnis zum Verfahren gemäß § 100 Abs. 2 **100** 35 ff., 51

Zustimmungsverweigerungsgründe
- abschließender Charakter des Gesetzeskatalogs **99** 182
- bei personellen Einzelmaßnahmen **99** 178 ff.
- fehlerhafte Ausschreibung des Arbeitsplatzes **93** 14, 17, 26, 28, 36, 38, 42 ff.
- Nachteile für andere Arbeitnehmer
  - – Begriff **99** 193 f.
  - – Kündigung eines anderen Arbeitnehmers **99** 197
  - – Nichtberücksichtigung befristet Beschäftigter **99** 199
  - – Nichtberücksichtigung Teilzeitbeschäftigter **99** 199
  - – Rechtfertigung der Nachteile **99** 213
  - – sonstige Nachteile **99** 198
  - – Veränderung der Sozialauswahl **99** 197
  - – Verlust der Beförderungschancen **37** 136; **99** 198
- Nachteile für betroffene Arbeitnehmer **99** 221 ff.
  - – Einverständnis des Arbeitnehmers mit der Maßnahme **99** 218
- Störung des Betriebsfriedens **88** 30 f.; **98** 43; **99** 227 f.; **104** 1 f., 4
- Tendenzbetrieb **99** 182, 228; **118** 206
- Unterlassen der Ausschreibung des Arbeitsplatzes **93** 19, 41, 48, 49; **98** 43; **99** 226; **118** 206
- Verstoß gegen Auswahlrichtlinien **77** 229; **95** 29; **99** 200
- Verstoß gegen behördliche Anordnungen **99** 198
- Verstoß gegen den betrieblichen Gleichbehandlungsgrundsatz **75** 158; **99** 193, 222, 225
- Verstoß gegen ein Gesetz oder eine Verordnung **98** 43; **99** 183 ff.; **104** 2, 5
  - – Bestellung eines Datenschutzbeauftragten **99** 180
  - – Einstellung eines nicht schwerbehinderten Bewerbers **80** 44; **99** 179
  - – Fehlen eines sachlichen Grundes bei Befristung des Arbeitsverhältnisses **99** 180
  - – Gesetzwidrigkeit einzelner Vertragsabreden **99** 180
  - – Nichtberücksichtigung eines älteren Bewerbers **80** 52
  - – Unwirksamkeit der Änderungskündigung **99** 118
  - – Verstoß gegen die Unterrichtungspflicht des § 99 Abs. 1 **99** 182
- Verstoß gegen eine Betriebsvereinbarung **99** 75, 196
- Verstoß gegen einen Interessenausgleich **112, 112a** 86
- Verstoß gegen einen Tarifvertrag **99** 75, 193
  - – Fehlen eines sachlichen Grundes bei Befristung des Arbeitsverhältnisses **99** 180
  - – nachwirkender Tarifvertrag **99** 183
  - – Tarifbindung **99** 183
  - – Verstoß gegen Entgeltschemata **99** 183
- Verstoß gegen gerichtliche Entscheidungen **99** 197
  - – Berufsverbot **99** 186
  - – Fahrverbot **99** 186
- Verstoß gegen Unfallverhütungsvorschriften **99** 199

Zustimmungsverweigerungsrecht
- Aufhebung der Zustimmungsverweigerung **99** 233

Sachverzeichnis

- Äußerungsfrist **99** 161 ff.
- – Fristbeginn **99** 159; **100** 17
- – Fristversäumnis **99** 161
- – Verlängerung der ~ **99** 160 f.
- Begründung der Zustimmungsverweigerung **99** 166 ff.
- bei personellen Einzelmaßnahmen **75** 21, 158; **99** 158 ff.
- Diskriminierungsverbot **75** 44
- Form der Zustimmungsverweigerung **99** 167
- Nachschieben von Gründen im Zustimmungsersetzungsverfahren **99** 171, 247
- Rechtsfolgen der Zustimmungsverweigerung **99** 234 ff.
- Rechtsfolgen der Zustimmungsverweigerung für die individualarbeitsrechtliche Beziehung **99** 173, 174 ff., 250; **100** 22
- – Eingruppierung **99** 176
- – Einstellung **99** 173
- – Umgruppierung **99** 176
- – Versetzung **99** 174 f.
- Tendenzbetrieb **118** 206, 216, 219
- Zuständigkeit für die Entscheidung **99** 132, 229
- Zustimmungsersetzungsverfahren, *s. dort*
- Zustimmungsfiktion **99** 161 ff., 230 ff.
- Zustimmungsverweigerungsgründe, *s. dort*

Zutritt zum Betrieb, *s. unter Gewerkschaft*

Zwangsgeld 23 264, 291 ff.; **98** 35 ff.; **101** 20 ff.; **104** 29
- Bestellung und Abberufung ausbildender Personen **98** 38 ff.
- personelle Einzelmaßnahmen
- – Dauer der Zwangsmaßnahme **101** 21
- – Höhe des ~ **101** 20; **104** 29
- – Verfahren zur Festsetzung des ~ **101** 22; **104** 29
- Pflichtverletzung des Arbeitgebers **23** 270, 296 ff.
- – Androhung des ~ **23** 252, 262, 291, 295 f.
- – Anhörung des Arbeitgebers **23** 301
- – Festsetzung des ~ **23** 299 ff.
- – Höchstmaß des ~ **23** 264, 291, 299 f.
- – Nichtvornahme der Handlung **23** 297
- – rechtskräftige Entscheidung **23** 293
- – Verpflichtung zur Vornahme einer Handlung **23** 264, 291
- – Verschulden **23** 298
- – Vollstreckung **23** 299, 303 f.

Zwangsverfahren gegen den Arbeitgeber, *s. unter Pflichtverletzung des Arbeitgebers*

Zwangsvollstreckung
- Zwangsgeldfestsetzung bei unberechtigter Aufrechterhaltung einer personellen Maßnahme **101** 20 ff.

Zweck des Betriebsverfassungsrechts E 46, 49, 58, 62 f., 64, 71 ff., 93; **1** 36
- beschäftigungspolitisches Mandat **92a** 7, 12 f.
- betriebliche Demokratie **E** 82
- Integrationszweck **E** 85
- Ordnungsfunktion **E** 75
- Partnerschaftsgedanke **E** 84
- Schutzfunktion **E** 59, 63 f., 65, 78 f., 86 ff., 94; **vor 81** 3 ff.; **86a** 4; **87** 97 f., 115 f., 514
- – Leben und Gesundheit **E** 58, 64, 78
- – Persönlichkeitsrecht **E** 58, 62 f., 77 f., *s. auch dort*
- – wirtschaftliche Interessen **E** 78; **92a** 7, 13
- Teilhabefunktion **E** 47, 59, 63, 80 ff., 86 ff., 94; **5** 45; **28a** 7; **86a** 4 f.; **87** 97 f., 115 f., 120, 128 f., 147, 175, 382
- Verhältnis zwischen Schutz- und Teilhabefunktion **E** 87 f.

Zwei-Schranken-Theorie 77 105, 158 ff.; **87** 48 ff., 375, 401, 444, 984, 1041